BESTSELLING BILINGUAL DICTIONARIES

Collins

Collins

BESTSELLING BILINGUAL DICTIONARIES

Chinese Dictionary

英汉·汉英词典

HarperCollins Publishers
Westerhill Road
Bishopbriggs
Glasgow
G64 2QT
Great Britain

Third Edition 2011

Reprint 10 9 8 7 6 5 4 3 2 1

ISBN 978-0-00-738236-1

www.collinslanguage.com

A catalogue record for this book is available from the British Library

HarperCollins Publishers
10 East 53rd Street
New York, NY 10022

COLLINS CHINESE CONCISE DICTIONARY.
Second US Edition 2012

ISBN 978-0-06-218500-6

www.harpercollins.com

HarperCollins books may be purchased for educational, business, or sales promotional use.
For information, please write to:
Special Markets Department,
HarperCollins Publishers,
10 East 53rd Street
New York, NY 10022

Typeset by Davidson Publishing Solutions, Glasgow

Printed in Italy by LEGO Spa, Lavis (Trento)

Acknowledgements
We would like to thank those authors and publishers who kindly gave permission for copyright material to be used in the Collins Word Web. We would also like to thank Times Newspapers Ltd for providing valuable data.

EDITORIAL TEAM/编辑组
吴义诚 谢曦
Marianne Davidson, Julie Kleeman, Susanne Reichert, Sarah Waldram

陳佩玉 顾凌志 顾越施 黄建敏 李欣 罗婷 梅榕 申丕 吴乐军 於斌 赵立光
Julie Le Boulanger, Anthony Coogan, Kellie Dunn, Raphaëlle Frappin, Bob Grossmith, Jane Goldie, Julie Helmert, Derek Hird, Cordelia Lilly, Toby Lincoln, Duncan Marshall, Tom Mitford, Peter Offord, Rachel Stein, Peter Terrell, Esther Tyldesley, Val McNulty

English-Chinese translation in collaboration with Lexus Ltd

SPECIAL CONSULTANTS/特邀顾问
董琨教授, 中国社会科学院语言研究所
Professor Dong Kun, Institute of Linguistics, Chinese Academy of Social Sciences

王立弟教授, 北京外国语大学高级翻译学院院长
Professor Wang Lidi, Graduate School of Translation and Interpretation, Beijing Foreign Studies University

Dr David Pattinson, Department of East Asian Studies, Leeds University

Jack Halpern, The CJK Dictionary Institute, Inc.

FOR THE PUBLISHERS/出版经理人
Gaëlle Amiot-Cadey
Ruth O'Donovan
Rob Scriven

TYPESETTING/排版
Davidson Publishing Solutions

Special thanks to Jim Kell of the Bell Educational Trust for access to the linguistic queries sent to the China Daily 21st Century Bell Language Column between 1998 and 2002.

William Collins' dream of knowledge for all began with the publication of his first book in 1819. A self-educated mill worker, he not only enriched millions of lives, but also founded a flourishing publishing house. Today, staying true to this spirit, Collins books are packed with inspiration, innovation and practical expertise. They place you at the centre of a world of possibility and give you exactly what you need to explore it.

Language is the key to this exploration, and at the heart of Collins Dictionaries is language as it is really used. New words, phrases and meanings spring up every day, and all of them are captured and analysed by the Collins Word Web. Constantly updated, and with over 2.5 billion entries, this living language resource is unique to our dictionaries.

Words are tools for life. And a Collins Dictionary makes them work for you.

Collins. Do more.

▼ 目录/Contents

Introduction

Compared to most European languages, learning Chinese is a challenge. However, in some ways Chinese is not particularly complicated. For example, words do not change with gender, number, case or even tense, and there are not many complicated grammatical traps for the unwary. A lot of the time, there is a pleasing directness about this fascinating and unique language. There are, however, many other things about it that make it hard for native English speakers to learn.

Chinese Pronunciation

The Four Tones

Chinese is a tonal language – that is, the pitch at which any given syllable is spoken affects the meaning of the word. There are four tones: first tone (high, even pitch); second tone (rising pitch); third tone (falling and then rising) and fourth tone (falling pitch). There is also a fifth tone (or neutral tone), generally pronounced so quietly and quickly that there is no discernible tone at all.

The tones are a very important part of the pronunciation – and wrong tones can cause real confusion.

Examples of differences in tones:				
First tone	Second tone	Third tone	Fourth tone	Neutral tone
mā	má	mǎ	mà	ma
妈	麻	马	骂	吗
mother	hemp	horse	curse; swear	[question particle]

Sometimes it can get very confusing, as below:

mǎi	mài
买	卖
buy	sell

It may seem unnatural to native speakers of English to have pitch so rigidly attached to words, but the tone is as fundamental a part of any syllable as are its vowels and consonants. While Chinese people will generally, after some thought, be able to piece together the meaning of a sentence pronounced utterly without tones, using tones (even if not 100% accurate) will at least increase the likelihood of your words sounding recognisably Chinese.

Finally, a word of warning. Although a beginner learning Chinese is likely to feel that he or she is already facing too many challenges without having to deal with tones, anyone who is considering not bothering with tones for the present may like to consider that it is *much* easier to spend a little extra time to learn the right tone than it does to un-learn a tone that you have become accustomed to using wrongly!

Pinyin

Pinyin is a phonetic system for transcribing the Chinese language, which was first introduced to help children learn to write characters, and foreigners and speakers of non-Mandarin dialects to pronounce Standard Chinese correctly. It is also very useful for dictionaries such as this one, as it means that characters can be sorted into alphabetical order, which makes it much easier to find them.

However, *pinyin* is not in common, day-to-day use, and even educated Chinese people are often not very proficient in it. This is only reasonable – after all, how many English native speakers can use the phonetic alphabet? So, although in China you may see signs written in *pinyin* from time to time, do not assume that people can read it fluently. Most Chinese people would be hard put to write their own addresses in *pinyin*. Moreover, other Chinese-speaking countries do not use the *pinyin* system at all. For this reason, it should not be regarded as a substitute for learning Chinese characters. It is, however, a good, accurate guide to pronunciation once you are used to it.

Chinese Characters

The Chinese script has a written history that goes back over three thousand years, and there are over 80,000 characters in the Chinese dictionary *Cihai*. A lot of these are archaic (some are so old that even their meanings are subject to debate), and an educated person will know roughly 4000–6000 characters. A knowledge of about 3000 characters is generally considered sufficient for basic literacy (newspapers and the like).

Each of these characters has to be learned individually – and the shape of the character, the sound of it and the meaning are learned together as a unit. This is particularly trying for westerners, who already have to deal with the unfamiliar sounds and grammatical features of the language. But if you want to learn to read and write Chinese, it is unavoidable.

Introduction

There is no way of predicting the sound and meaning of an unknown Chinese character with any degree of accuracy. This does not mean, however, that there is no system behind the characters at all. All characters contain at least one of the component parts known as "radicals", and almost all radicals have an element of meaning; if you are familiar with these, not only will using a dictionary be much easier, it will also help you identify more of the building blocks of the characters you are trying to learn. The radical of a character is not always a reliable guide to the character's meaning. For example, the radicals in the Chinese word for *rose*, 玫瑰, are the jade radical 王; and the verb *to give* 给 is based on the radical 糸 for silk. Some radicals are more dependable than others though. For example, things containing the 'rain' radical 雨 almost always have something to do with the weather, and things containing the 'tree' radical 木 are generally either to do with wood or trees.

People who grow up in China have a much better start than their overseas counterparts when it comes to learning characters, as they can see Chinese writing wherever they go, and they are already familiar with the Chinese language by the time they start school. Even so, it takes a Chinese child a good many years to master reading and writing Chinese, and the amount of memorization needed to learn enough Chinese characters to be literate colours the entire education system. This – as well as historical causes – is perhaps one reason why 8.72% of China's adult population is illiterate.

A Chinese child who is learning to read and write is given homework every evening, which will involve copying out a number of characters five or more times each, to reinforce the characters in his or her memory. Everybody has their own preferred methods for learning Chinese characters – for most, it is a combination of reading and writing exercises to reinforce the character while helping the student to understand the context in which it is used, and flashcards with the character on one side and the *pinyin* and meaning on the other.

As with all languages, the most efficient way to learn Chinese characters is little and often. Ten minutes each day spent with a few flashcards is going to be far more productive in the long run than an afternoon's cramming every fortnight – and you will be far more likely to remember it later on. It is also important to remember that Chinese people too need regular exposure to Chinese writing to keep their Chinese in top form – even highly educated people start forgetting their characters if they spend too long overseas, in an environment where they neither see nor write them.

Introduction

Simplified and Complex Characters

The government of the People's Republic of China carried out a programme of simplifying the Chinese script in 1956 and another in 1964, in an effort to improve the literacy rate by making characters easier to write. However, for various cultural and political reasons, many regions outside the PRC did not accept these changes, and continued to use the old system. Taiwan still uses complex characters. So do Hong Kong and Singapore, although the simplified characters are now in increasingly common use. Overseas Chinese communities have tended to use complex characters, though that may change in the future, as the changes that are taking place in mainland China make it much easier for people to come to the West for work or study. This dictionary uses simplified characters, with traditional or complex character variants given in brackets.

Anyone who wants to work as a translator or academic needs a working knowledge of both simplified and complex Chinese characters. But learning one form at a time is more than enough of a challenge for most learners. Which one you end up studying will depend on textbooks available, and the parts of the Chinese-speaking world with which you wish to communicate. Fortunately, the majority of characters are the same or nearly the same in both systems – it does not take long for someone who can read in one system to adjust to reading the other.

Writing Chinese

You may ask 'do I really need to learn to write Chinese?'. That depends on what you want to do with it! If you are learning it as part of a university course, you will probably be made to learn Chinese writing, whether you want to or not. If you are learning on your own, or as preparation for a stay in China, you may have no desire or time to learn the script. If you want to know a few everyday phrases to ease your way through a short holiday, then learning the script is probably not for you. If you decide not to learn characters, you should be able to navigate your way around the dictionary well enough by using *pinyin* and the four tones.

Learning Chinese is a lot easier if you do not have the extra work of memorizing characters, at least in the initial stages. On the other hand, if you do not learn the characters, you are going to find some things more confusing as you progress. A lot of Chinese characters look completely different and have totally different meanings, but sound just the same, as a quick glance at the *shi* or *yi* section of your dictionary will show.

Introduction

One of the more cheering things about learning the Chinese writing system is that most words are made up of two or more characters. This means that once you get beyond a certain point, you encounter more and more characters you know already, just in different combinations. New words and expressions consequently become easier to learn. For someone who is not learning characters, however, every new word will just be a collection of vowels, consonants and tones –the element of meaning that the characters give is lost. They also lose out on the enjoyment involved in reading and writing Chinese, which is rather like the pleasure of doing a crossword puzzle or a difficult jigsaw.

To people who do not want to learn the Chinese script, I usually say that the two most necessary characters to learn are 男 **nán** (male) and 女 **nǚ** (female), as the inability to distinguish between these two in public places can lead to severe embarrassment!

Chinese Grammar

Compared to a lot of other languages, Chinese grammar is not particularly complicated. It is not an inflected language – that is, words do not change according to gender, number or case the way they do in many European languages. Sentence structure is generally straightforward, and there are not many exceptions to the grammatical rules (unlike, say, English).

What makes the Chinese language difficult for a native speaker of English is its unfamiliarity. Not only does it sound very different from English, making it hard to guess unfamiliar words the way we often can with languages like French and German, parts of Chinese grammar are very counterintuitive to a native speaker of English. Although there is nothing very complex about Chinese grammar, it takes a while to get accustomed to it, and to learn to adapt to some of its more unfamiliar features.

Talking about Time

It is sometimes said of Chinese that it has no tenses. This is not quite true, but speakers of Chinese talk about time in a way that is quite different from ours. The English tense system is based on the idea of before and after the point of view of the narrator. Things that happened before the time in which we are talking take the past tense, those that are in the process of going on, the present, and things that have yet to take place, the future. This is shown by a change in the verbs. Chinese verbs, on the other hand, do not change with tense, but an aspect marker is placed before or after the verb. Some of the most common are 了 le (for completed actions – usually *but not always* in the past), 过 guo (for events that have already taken place), 要 yào (for things that are going to happen) and 在 zài (for things that are in the process of happening). These are no more than generalizations, however, and it is important not to use them indiscriminately as substitutes for English tenses, as that is not what they are for.

Adverbs of time are often used to show what time relation events have to each other, such as 已经 yǐjing (already), 曾经 céngjīng (once), or specific times or dates.

明年我去中国。
Míngnián wǒ qù Zhōngguó.
(literally: Next year I go China).
I'm going to China next year.

Redundancies
Chinese is very sparing in its use of words. If a word can be guessed from the context of the surrounding text, it will seem redundant to a Chinese speaker, and so is likely to be omitted. Most languages do this to a certain extent, but speakers of Chinese will cheerfully leave out things that may seem essential to a speaker of English, such as

你吃晚饭了吗？
Nǐ chī wǎnfàn le ma?
Have you eaten supper?
吃了。
Chī le.
[I've] eaten [it].

When talking about causes and consequences, there is also a tendency to miss out the words for "if... then"

旧的不去，新的不来。
Jiù de bú qù, xīn de bù laí.
(literally: Old not go, new not come).
If the old does not go, then the new cannot come.

This can be initially confusing, but the omissions are mostly pretty obvious and easy to follow.

Introduction

Measure Words

These are not unique to Chinese – you occasionally see something similar in English.

a *gaggle* of geese
a *piece* of fruit
six *pints* of milk
etc.

They do not occur very often in English. In Chinese, however, measure words are mandatory when giving a number of nouns. It is important to remember to put them in – and also to get them right, as there are a lot of measure words in Chinese.

一只青蛙	yī **zhī** qīngwā	one frog
三部电影	sān **bù** diànyǐng	three films
五封信	wǔ **fēng** xìn	five letters

Different measure words are used for different types of objects. 张 **zhāng** is used for flat things, such as tickets, sheets and tables. 条 **tiáo** is used to talk about long, thin things such as ribbons, or fish. There are a lot of measure words, but some are not very common, such as 匹 **pǐ**, the measure word for horses. The most common measure word is 个 **gè**, and it is a useful "default setting" for when you cannot remember the exact term you need.

Word Order

Because of the less specific nature of the Chinese view of time, the tendency to avoid redundancy and the lack of cases to show what function words have in the sentence, word order is extremely important in Chinese. It generally follows a subject-verb-object pattern, although there are certain particles or rhetorical constructions that change the order slightly. If the word order is wrong, it can be very hard to unscramble the sense of a phrase or sentence.

This leads to the question of long sentences. Textbooks introduce the learner to Chinese with short, easy sentences, sensibly laid out. However, a lot of real-life texts – especially journalistic texts and political speeches – are prone to long, convoluted sentences, with many long, linked clauses, some of which may have other clauses embedded within them. However, thanks to the strict word order of Chinese, it is possible to tell which part belongs to which from its position in the sentence. So long as the student does not panic, it is usually possible, with a bit of care and thought, to unscramble the sentences, and mentally split them into more easily manageable sections.

All this seems very intimidating to a beginner – and there is no point in trying to pass Chinese off as an easy language. However, the challenge of learning Chinese is in direct proportion to the pleasure of being able to use it. Not only is it an absorbing and intriguing language, which can express both brutal frankness and extreme delicacy, it also brings with it great opportunities to explore and understand a country and culture that is very different from that of the west. And there could be no better time to begin that exploration than now, when China is increasingly opening up.

Esther Tyldesley, University of Edinburgh

How to use the Dictionary

CHINESE-ENGLISH SIDE

1 **Order**

1.1 On the Chinese side, head entries are ordered traditionally, that is by single-character entries with multiple-character entries beginning with the same character nested below them.

这 zhè
这个 zhège
这里 zhèlǐ
这么 zhème
这些 zhèxiē
这样 zhèyàng
这种 zhèzhǒng

蔗 zhè
蔗糖 zhètáng

1.2 Single character entries are ordered by pinyin, that is alphabetically and then by tone. In Chinese, there are four tones, each represented by a different mark above the relevant vowel:

¯	first tone	(flat tone)	mā
´	second tone	(rising tone)	má
ˇ	third tone	(falling rising tone)	mǎ
`	fourth tone	(falling tone)	mà
	light or no tone		ma

Where characters have the same pinyin and tone, they are ordered by the number of strokes in the characters, with the smallest number of strokes first.

召 zhào
兆 zhào
照 zhào

Where characters have the same pinyin, tone, and number of strokes, they are ordered by the first stroke in the character, as follows:

一丨丿丶乛

1.3 The multiple-character entries nested below single-character entries are similarly ordered by pinyin (including tone), and then by number of strokes.

蒸 zhēng
蒸馏 zhēngliú
蒸气 zhēngqì
蒸汽 zhēngqì

2 Radical and character index

If you do not know the pronunciation for the Chinese character you are looking for, you can use the index before the start of the Chinese-English side. For further information on how to use the radical index, see the introduction to that section.

3 Cross-references

Polyphones, that is characters with more than one pronunciation, are cross-referred to the alternative pinyin.

> 供 gōng [动] **1** (供应) supply **2** (提供) provide
> → 另见 gòng
>
> 供 gòng **I** [动] **1** (供奉) lay (*pt, pp* laid) ▷ 供奉祭品 **gòngfèng jìpǐn** lay offerings **2** (招供) confess ▷ 他供出了主犯的名字。**Tā gòngchūle zhǔfàn de míngzi.** He confessed the name of
> ...
> → 另见 gōng

4 The structure of entries

On the Chinese side there are two levels of entry (single-character entries and multiple-character entries), but these are essentially structured the same way:

4.1 Simplified and traditional characters

This dictionary uses simplified characters, with traditional character variants given in round brackets. On the Chinese side, traditional characters are given for head characters and headwords.

> 白银(銀) **báiyín** [名] silver

4.2 Pinyin

Pinyin romanization is given for all single-character and multiple-character entries as well as for phrases.

4.3 Grammatical information

4.3.1 Parts of speech appear in square brackets after the pinyin. Where a word has more than one part of speech, Roman numerals are used:

> 早 **zǎo** **I** [名] morning **II** [副] a long time ago ▷ 这事我早就知道了。**Zhè shì wǒ zǎo jiù zhīdào le.** I knew about this a long time ago.
> **III** [形] early ▷ 你早点来。**Nǐ zǎodiǎn lái.** Come early.

For a full list of parts of speech used, see page xxxviii.

4.3.2 Parts of speech are not given for head idioms (chengyu and other idioms), since these are often phrasal.

4.4 **Meaning divisions**

4.4.1 Where a word or grammatical category has more than one meaning, it is divided into categories which are shown by an Arabic numeral.

震 **zhèn I** [动] **1** (震动) shake (*pt* shook, *pp* shaken) **2** (激动) be excited **II** [名] earthquake ▷ 余震 **yúzhèn** after-shock

4.4.2 Further distinctions of meaning are shown by the use of information in round brackets after the meaning category number. This information functions as a 'signpost' to help the user select the right translation when there are many different possible translations to choose from. This indicating material can be of the following kinds:

– a synonym of the headword, or superordinate:

症候 **zhènghòu** [名] **1** (症状) symptom **2** (疾病) disease

– a typical context for the headword, such as:

– noun objects and subjects for verbs:

旺 **wàng** [形] **1** (火) roaring **2** (人, 生意) flourishing **3** (花) blooming ▷ 十月菊花开得正旺。 **Shíyuè júhuā kāi de zhèng wàng.** In October the chrysanthemums are in full bloom.

– noun complements for adjectives:

细(細) **xì I** [形] **1** (绳, 线等) thin **2** (颗粒小) fine **3** (音量小语等) gentle **4** (细微) detailed ▶ 细节 **xìjié** details (*pl*) **II** [副] minutely ▶ 细看 **xìkàn** scrutinize ▶ 细问 **xìwèn** ask in detail ▶ 细想 **xìxiǎng** consider carefully

– other words defining or restricting the headword:

蒸 **zhēng** [动] **1** (指烹饪方法) steam **2** (蒸发) evaporate

– a label indicating the field in which the word is used:

硬件 **yìngjiàn** [名] **1** (计算机) hardware **2** (设备) equipment

– a style label, which is used to mark non-neutral words and expressions as a warning to the user:

治学(學) **zhìxué** [动] (书) study

You will find a complete list of labels used in the dictionary on page xxxix.

4.5 **Examples**

4.5.1 Word examples, as well as a few 4-character idioms (chengyu etc.), appear under meanings which function as core senses of single characters, and are preceded by a shaded arrow ▶.

4.5.2 Fuller examples are preceded by an empty arrow ▷.

4.6 **Translations**

4.6.1 In general, we have only given one translation per meaning, since we believe this is the most accurate and helpful approach.

4.6.2 In a few cases, there is no equivalent at all, and an explanation rather than a translation has to be given. In such cases it is shown in italics:

压(壓)岁(歲)钱(錢) **yāsuìqián** [名] *traditional gifts of money given to children during the Spring Festival*

4.6.3 British and American English variants are shown where appropriate:

棒子 **bàngzi** [名] **1** (棍子) club **2** (玉米) corn (英), maize (美)

4.6.4 Alternative parts of translations are preceded by "或" ('or'):

摄(攝)影 **shèyǐng** [动] **1** (照相) take a photo (*pt* took, *pp* taken) **2** (拍电影) shoot a film (英) 或 movie (美) (*pt, pp* shot)

ENGLISH-CHINESE SIDE

Below you will find an outline of how information is presented in your dictionary. Our aim is to give you the maximum amount of detail in the clearest and most helpful way.

1 Alphabetical order

1.1 On the English side, strict alphabetical order applies for all headwords except for phrasal verbs (see 1.3 below). For instance, a headword with an initial capital comes before the same word with a lower-case initial.

1.2 Alphabetical order for headwords is as follows:

upper case
lower case
upper case + full stop
lower case + full stop

upper case + numeral
lower case + numeral

B
b.
B4
BA *etc.*

1.3 Phrasal verbs appear in alphabetical order at the end of the entry they belong with and before any other headwords. Thus, **buy back**, **buy in**, **buy into**, **buy off**, **buy out** and **buy up** all appear before **buyer**.

1.4 Except for phrasal verbs, all other compounds consisting of two or more words are shown as headwords in alphabetical order:

pedestrian
pedestrian crossing
pedestrianized
pedestrian precinct

2 Homonyms

2.1 Words which are written in the same way but have different pronunciations are shown as separate headwords and differentiated by the use of numbers:

bow¹ [bəu] N [c] **1** (*knot*) 蝴蝶结(結) húdiéjié [个 gè] **2** (*weapon*) 弓 gōng [把 bǎ] **3** (*Mus*) 琴弓 qíngōng [个 gè]
bow² [bau] **I** N [c] **1** (*of head, body*) 鞠躬 jūgōng **2** (*Naut*) (*also*: **bows**) 船首 chuánshǒu **II** VI

2.2 Words which are written in the same way and have the same pronunciation are treated at the same headword:

bear [bɛəʳ] (*pt* **bore**, *pp* **borne**) **I** N [c] (*animal*) 熊 xióng [头 tóu] **II** VT **1** (*liter: carry*) [+ *object*] 携(攜)带(帶) xiédài **2** (*support*) [+ *weight*] 支撑(撐) zhīchēng **3** [+ *responsibility*] 承担(擔) chéngdān **4** [+ *cost*] 负(負)担(擔) fùdān

2.3 Where the stress in a word changes according to which part of speech it is being used in, the different parts of speech are treated under the same headword, and the change of stress is indicated in the phonetic transcription:

escort [*n* ˈɛskɔːt, *vb* ɪsˈkɔːt] **I** N [c] **1** (*Mil*) 护(護)

3 Alternative forms of headwords

3.1 Part of a headword may be placed within round brackets to indicate that it is optional:

among(st) [əˈmʌŋ(st)] PREP **1** (*surrounded by*,

3.2 Spelling variants of headwords are entered as headwords and cross-referred to the primary form thus:

maneuver [mə'nu:vəʳ] (*US*) VT, VI, N
=**manoeuvre**

3.3 American spellings of words are always shown, at the headword which is spelled in the British way:

axe, (*US*) **ax** [æks] **I** N [C] 斧 fǔ [把 bǎ] **II** VT 大

3.4 Past tenses of irregular verbs, and inflections of irregular nouns are shown as headwords in their own right and cross-referred to the base form:

went [wɛnt] PT *of* **go**

children ['tʃɪldrən] N PL *of* **child**

4 The structure of entries

A typical English entry in your dictionary will be made up of the following elements:

4.1 Simplified and traditional characters

This dictionary uses simplified characters, with traditional character variants given in round brackets. On the English side, traditional characters are given for all translations of headwords and phrases preceded by ▶.

hotel [həu'tɛl] N [C] 旅馆(館) lǚguǎn [个 gè]
▶ **to stay at a hotel** 住旅馆(館) zhù lǚguǎn

4.2 The headword

As noted above, a part of the headword may be placed in brackets to show that it is optional, or a spelling variant of the headword may also be shown directly after the headword.

4.3 Phonetic transcription

Phonetics for English words appear in square brackets immediately after the headword. They are shown using the International Phonetic Alphabet (IPA), and a complete list of the symbols used in this system can be found on page xl.
The pronunciation given is for British English, but the American pronunciation is also shown where the pronunciation differs significantly from the British form, eg schedule, vase.

vase [vɑ:z], *US* veɪs] N [C] 花瓶 huāpíng [个 gè]

4.4 Grammatical information

4.4.1 Parts of speech appear in upper case letters after the phonetic spelling of the headword. Where a word has more than one part of speech, Roman numerals are used:

key [kiː] **I** N [c] **1** *(for lock, mechanism)* 钥(鑰)匙 yàoshi [把 bǎ] **2** *[of computer, typewriter, piano]* 键(鍵) jiàn [个 gè] **3** *(Mus)* 调(調) diào **4** ▸ **the**

For a full list of parts of speech used, see page xxxviii.

4.4.2 We have used the notation C, U and S and PL to show whether nouns are countable, uncountable, singular or plural. C means that the noun is countable, and has a plural form (eg *I'm reading a book; she's bought several books*). U means that the noun is not normally counted, and is not used in the plural (eg *Lesley refused to give me more information*). S (for singular noun) means the noun is always singular, and is usually preceded by *a*, *an* or *the* (eg *We need to persuade people to respect the environment*). PL means the noun is always plural, and is used with plural verbs or pronouns (eg *These clothes are ready to wear*).

hairdryer [ˈhɛədraɪəʳ] N [c] 吹风(風)机(機) chuīfēngjī [个 gè]

hair gel N [U] 发(髮)胶(膠) fàjiāo

kick-off [ˈkɪkɔf] *(Sport)* N [s] 开(開)场(場)时(時)间(間) kāichǎng shíjiān

4.4.3 For phrasal verbs, the parts of speech we have used are explained below:
VI – the verb and its particle are never separated, and the meaning is intransitive:

▸**melt away** VI **1** *[people +]* 逐渐(漸)散去 zhújiàn sànqù **2** *[doubts +]* 消除 xiāochú

VT – the verb and its particle can be separated by the object and the meaning is transitive.
VT FUS [不可拆分] – the verb and its particle cannot be separated, and the overall meaning is transitive:

▸**laugh at** VT FUS **1** *(lit)* 对(對)…发(發)笑 duì…fāxiào **2** *(fig: mock)* 嘲笑 cháoxiào
▸**laugh off** VT *[+ criticism, problem]* 对(對)…一笑置之 duì…yī xiào zhì zhī

4.4.4 Information on irregular inflections of verbs and nouns is shown after the headword to enable you to use the word correctly:

★ **child** [tʃaɪld] *(pl* **children***)* N [c] **1** 儿(兒)童

★ **fly** [flaɪ] *(pt* **flew**, *pp* **flown***)* **I** VT **1** *[+ plane]*

4.4.5 **Measure words**

Measure words are given for all translations of nouns which are countable and take a measure word. They are given in square brackets, with their pinyin. For more information on measure words, see the introduction on page xv.

banknote ['bæŋknəut] N [c] 纸(紙)币(幣) zhǐbì [张 zhāng]

4.5 Meaning divisions

4.5.1 Where a word or a grammatical category has more than one meaning, it is divided into categories which are shown by an Arabic numeral:

challenging ['tʃælɪndʒɪŋ] ADJ **1** [+ *job, task*] 具有挑战(戰)性的 jùyǒu tiǎozhànxìng de **2** [+ *tone, look etc*] 挑衅(釁)的 tiǎoxìn de

4.5.2 Distinctions of meaning are shown by the use of bracketed information in italics, which can be of the following kinds:

– a synonym of the headword, which is placed in round brackets.

definitive [dɪ'fɪnɪtɪv] ADJ **1** (*conclusive*) [+ *answer*] 确(確)定的 quèdìng de **2** (*authoritative*) [+ *version, account*] 权(權)威性的 quánwēixìng

– a typical context for the headword, shown in square brackets, such as:

– noun objects for transitive verbs:

tighten ['taɪtn] **I** VT **1** [+ *rope, strap*] 拉紧(緊) lājǐn **2** [+ *screw, bolt*] 弄紧(緊) nòngjǐn **3** [+ *grip, security, rules etc*] 加紧(緊) jiājǐn **II** VI **1** [*grip* +] 握紧(緊) wòjǐn **2** [*rope, strap etc* +] 拉紧(緊)

– noun subjects for intransitive verbs:

circulate ['sə:kjuleɪt] **I** VI [*traffic, blood* +] 循环(環) xúnhuán; [*news, rumour* +] 散播 sànbō; [*person* +] (*at party*) 交际(際) jiāojì **II** VT [+ *report*] 传(傳)阅(閱) chuányuè

– noun complements for adjectives:

tasteless ['teɪstlɪs] ADJ **1** [+ *food*] 无(無)味的 wúwèi de **2** [+ *remark, joke*] 不雅的 bùyǎ de **3** [+ *furniture, decor etc*] 低俗的 dīsú de

– other words defining or restricting the headword:

believer [bɪ'li:vəʳ] N [c] **1** (*in idea, activity*) 笃(篤)信者 dǔxìnzhě **2** (*Rel*) 信徒 xìntú [名 míng]

– a label indicating the field in which the word is used:

bishop ['bɪʃəp] N [c] **1** (*Rel*) 主教 zhǔjiào [位 wèi] **2** (*Chess*) 象 xiàng

You will find a complete list of labels used in the dictionary on page xxxix.

How to use the Dictionary

4.6 **Phrases**

These are shown in bold preceded by a shaded arrow ▶. Phrases include set constructions of many different kinds, as well as exclamations and grammatical structures:

to do something behind sb's back
back and forth
too bad!
on balance
to begin to do *or* **doing sth**

4.7 **Examples**

Examples are shown in italics preceded by an empty arrow ▷. The most common 500 words in English have all been given a significant number of examples to help you to use the translations in context.

★ **large** [lɑːdʒ] ADJ **1** *(big)* [*+ house, person*] 大的 dà de; [*+ number, amount*] 大量的 dàliàng de ▷ *We are facing a large number of problems.* 我们面临大量的问题。Wǒmen miànlín dàliàng de wèntí. ▷ *a large number of people* 许多人 xǔduōrén **2** *(serious)* [*+ problem, question*] 重大的 zhòngdà de ▶ **at large** *(as a whole)* 整个(個) zhěnggè ▷ *their attitude to the world at large* 他们对整个世 ...

4.8 **Translations**

In general, we have only given one translation per meaning, since we believe this is the most accurate and helpful approach. In a few cases, there is no equivalent at all, and an explanation rather than a translation has to be given.

au pair [ˈəuˈpɛəʳ] N [C] 为学习语言而住在当地人家里并提供家政服务的外国年轻人

4.9 **Pinyin**

Pinyin romanization is given for all translations. The only exception to this is in cases, as outlined above, where there is no real Chinese equivalent and so an explanation has been given for the benefit of the Chinese user, rather than a translation.

5 **Levels of formality and familiarity**

It is very important to communicate with the person you are talking or writing to in a way which is appropriate to the nature of the relationship between you. You would write very differently to a business colleague and to a friend. In order to help you choose which forms of expression to use and which to avoid, we have labelled words and expressions on both sides. The full list of these labels in on page xxxix.

6 Keywords

Certain very commonly used words, such as **have** and **do**, have been treated in special depth because they constitute basic elements of English and have very many uses and meanings. We have given them a special design to make it easier to find the meaning or construction you are looking for.

★ **have** [hæv] (*pt, pp* **had**) I VT **1** (*possess*) 有 yǒu ▸ **he has** *or* **he has got blue eyes/dark hair** 他长(長)着(著)蓝(藍)眼睛/黑头(頭)发(髮) tā zhǎngzhe lán yǎnjīng/hēi tóufa ▸ **do you have** *or* **have you got a car/phone?** 你有车(車)/电(電)话(話)吗(嗎)? nǐ yǒu chē/diànhuà ma? ▸ **I have** *or* **I have got an idea** 我有个(個)主意 wǒ yǒu gè zhǔyi ▸ **to have** *or* **have got sth to do** 有必须(須)得做的事 yǒu bìxū děi zuò de shì ▸ **she had her eyes closed** 她闭(閉)上了眼睛 tā bìshàng le yǎnjīng

2 (*with meals, drinks*) ▸ **to have breakfast** 吃早饭(飯) chī zǎofàn ▸ **to have a drink/a cigarette** 喝一杯/抽支烟(煙) hē yībēi/chōu zhī yān

3 (*with activity*) ▸ **to have a swim/bath** 游泳/ …

如何使用本词典

汉英部分

以下是词典中出现的主要内容的提纲。本词典旨在尽可能清晰、有效地为你提供最详尽的说明。

1 顺序

1.1 在汉语部分，词目按传统顺序排列，即单字词条下嵌入以相同汉字开头的多字词条。

这 zhè
这个 zhège
这里 zhèlǐ
这么 zhème
这些 zhèxiē
蔗 zhè
蔗糖 zhètáng

1.2 单字词条按拼音字母顺序排序，再按声调顺序排序。注意，轻声排在四声之后。同音字按笔画的多寡排列，笔画少的在前，笔画多的在后。

召 zhào
兆 zhào
照 zhào

笔画相同的同音字按起笔笔画排列，顺序为：一丨丿丶乛

1.3 单字词条下的多字词条也先按照拼音（包括声调），再按照笔画数进行排序。

蒸 zhēng
蒸馏 zhēngliú
蒸气 zhēngqì
蒸汽 zhēngqì

2 部首和汉字索引

如果使用者不知道所使用汉字的发音，部首目录和检字表位于汉英部分之前。有关如何使用部首索引，参见部首和汉字索引的第一部分。

3 交叉索引

多音字，即有一个以上发音的汉字，会标明“另见”，后接另一个发音。

供 gōng [动] **1** (供应) supply **2** (提供) provide
→另见 gòng

供 gòng **I** [动] **1** (供奉) lay (*pt, pp* laid) ▷供奉祭品 **gòngfèng jìpǐn** lay offerings **2** (招供) confess ▷他供出了主犯的名字。**Tā gòngchūle zhǔfàn de míngzi.** He confessed the name of …
→另见 gōng

4 词目构成

汉语部分的词条有两个层次, 单字词条和多字词条, 但它们的构成方式基本相同:

4.1 简体字与繁体字

本辞典使用简体字。繁体字附列在圆括号内。在汉英部分，单字词条和多字词条均附有繁体字。

白银(銀) **báiyín** [名] silver

4.2 拼音

单字词条、多字词条及短语都标注汉语拼音。

4.3 语法结构

4.3.1 词性在方括号中用中文标注，紧随拼音之后。如果有一个以上的词性, 用罗马数字标识:

早 **zǎo I** [名] morning **II** [副] a long time ago ▷这事我早就知道了。**Zhè shì wǒ zǎo jiù zhīdào le.** I knew about this a long time ago. **III** [形] early ▷你早点来。**Nǐ zǎodiǎn lái.** Come early.

词性列表参见第xxxix页。

4.3.2 惯用语，包括成语和其他惯用语，作为单独的条目列出，但不标词性。

4.4 词义划分

4.4.1 如果一个词条有一个以上的词义, 则归入不同的意类, 用阿拉伯数字标出。

震 **zhèn I** [动] **1** (震动) shake (*pt* shook, *pp* shaken) **2** (激动) be excited **II** [名] earthquake ▷余震 **yúzhèn** after-shock

4.4.2 当一个词条有多种含义时，读者可以根据阿拉伯数字后圆括号中的信息找到相关的语境，进而查到正确的翻译。圆括号中的信息起到“路标”的功能，指向恰当的翻译。圆括号有如下几种功用:

主词条的同义词或近义词:

症候 zhènghòu [名] **1** (症状) symptom **2** (疾病) disease

典型语境：在括号中显示使用主词条的典型情境，例如：

— 动词的名词宾语或主语：

旺 wàng [形] **1** (火) roaring **2** (人, 生意) flourishing **3** (花) blooming ▷ 十月菊花开得正旺。Shíyuè júhuā kāi de zhèng wàng. In October the chrysanthemums are in full bloom.

— 形容词的名词补足语：

细(細) xì **I** [形] **1** (绳, 线等) thin **2** (颗粒小) fine **3** (音量小语等) gentle **4** (细微) detailed ▶ 细节 xìjié details (*pl*) **II** [副] minutely ▶ 细看 xìkàn scrutinize ▶ 细问 xìwèn ask in detail ▶ 细想 xìxiǎng consider carefully

— 定义或用于限制主词条的其他词：

蒸 zhēng [动] **1** (指烹饪方法) steam **2** (蒸发) evaporate

— 该词使用的专业领域：

硬件 yìngjiàn [名] **1** (计算机) hardware **2** (设备) equipment

用修辞色彩缩略语标注语体色彩：

治学(學) zhìxué [动] (书) study

修辞色彩缩略语列表见第xxxviii页。

4.5 例子

4.5.1 以词的形式出现的例子，包括少数的四字习语（成语等），作为该汉字的核心意义出现在解释之后，前面用实心灰色箭头 ▶ 标出。
4.5.2 更完整的例子，前面用空心箭头 ▷ 标出。

4.6 翻译

4.6.1 一般情况下，作为最精确、有效的方法，每个意义只提供一个翻译。
4.6.2 在某些情况下，如果根本没有相应的翻译对等语，则提供该词的解释，而不是翻译，用斜体表示。

压(壓)岁(歲)钱(錢) yāsuìqián [名] *traditional gifts of money given to children during the Spring Festival*

4.6.3 不规则动词的过去式和过去分词和名词的复数形式出现在英语翻译之后，便于查阅。不规则动词的过去式和过去分词形式的完整列表见第xxxvii页。

包涵 bāohán [动] forgive (*pt* forgave, *pp* forgiven) ▷招待不周，请多包涵！ Zhāodài bùzhōu, qǐng duō bāohán! Please forgive me for giving you such a poor reception.

4.6.4 以-s 结尾的名词，若用作复数，则标注为pl，若用作单数，则标注为sg

鬓(鬢) bìn [名] sideburns (*pl*)

从(叢)书(書) cóngshū [名] series (*sg*)

4.6.5 必要时，同时给出美式英语和英式英语两种翻译。

棒子 bàngzi [名] **1** (棍子) club **2** (玉米) corn (英), maize (美)

4.6.6 可供选择的部分前标有"或"：

摄(攝)影 shèyǐng [动] **1** (照相) take a photo (*pt* took, *pp* taken) **2** (拍电影) shoot a film (英) 或 movie (美) (*pt*, *pp* shot)

5 语言注释

为了帮助读者更加准确、熟巧地掌握并运用英语，我们对一些易混淆词进行了详细的比较说明。

> **person** 的复数形式通常为 **people**。
> *At least fifty-four people have been killed.*
> **persons** 通常只用于非常正式的场合，或作为法律用语。

如何使用本词典

英汉部分

以下是词典中出现的主要内容的提纲。我们旨在尽可能清晰、有效地为你提供最详尽的说明。

1 顺序

1.1 在英语部分，除了短语动词外（见1.3），所有词条都严格按照字母顺序排列。例如，开头字母为大写的词条位于拼写相同但以小写字母开头的词条前面。

1.2 词条的排列顺序如下：

大写字母
小写字母
大写+句点
小写+句点
大写+数字
小写+数字

B
b.
B4
BA

1.3 短语动词出现在所属的词条末尾，其他同根词条之前。例如，**buy back**, **buy in**, **buy into**, **buy off**, **buy out** 和 **buy up** 都出现在 **buyer** 之前。

1.4 除了短语动词，两个或两个以上单词构成的复合词按照字母顺序以词条的形式出现：

pedestrian
pedestrian crossing
pedestrianized
pedestrian precinct

2 同音异义词

2.1 书写相同但发音完全不同的单词作为单独的词条出现，并且用数字上标加以区分：

bow[1] [bəu] N [c] **1** (*knot*) 蝴蝶结(結) húdiéjié [个 gè] **2** (*weapon*) 弓 gōng [把 bǎ] **3** (*Mus*) 琴弓 qíngōng [个 gè]
bow[2] [bau] **I** N [c] **1** (*of head, body*) 鞠躬 jūgōng **2** (*Naut*) (*also*: **bows**) 船首 chuánshǒu **II** VI

如上所示，数字上标明确表明该单词的发音完全不同。

2.2 书写和发音都相同的单词视作同一词条：

> **bear** [bɛəʳ] (*pt* **bore**, *pp* **borne**) **I** N [c] (*animal*) 熊 xióng [头 tóu] **II** VT **1** (*liter: carry*) [+ *object*] 携(攜)带(帶) xiédài **2** (*support*) [+ *weight*] 支撑(撐) zhīchēng **3** [+ *responsibility*] 承担(擔) chéngdān **4** [+ *cost*] 负(負)担(擔) fùdān

2.3 如果单词的重音随词性的变化而变化，不同的词性及相应的音标列在同一词条下：

> **escort** [*n* 'ɛskɔːt, *vb* ɪs'kɔːt] **I** N [c] **1** (*Mil*) 护(護)

3 词条的变化形式

3.1 词条的某些部分可置于圆括号中，表明两种书写形式均可：

> **among(st)** [ə'mʌŋ(st)] PREP **1** (*surrounded by,*

3.2 单词的拼写变化也作为单独的词条录入，并参见首先出现的拼写形式：

> **maneuver** [mə'nuːvəʳ] (*US*) VT, VI, N = **manoeuvre**

3.3 单词的美式拼写总是在括号中给出：

> **axe,** (*US*) **ax** [æks] **I** N [c] 斧 fǔ [把 bǎ] **II** VT 大

3.4 不规则动词的时态变化和不规则名词的复数形式作为单独的词条出现，并且指示参照原形：

> **went** [wɛnt] PT *of* **go**
>
> **children** ['tʃɪldrən] N PL *of* **child**

4 词目构成

本词典中的词目通常由下列要素构成：

4.1简体字与繁体字

本辞典使用简体字。单字词条和多字词条翻译中出现的繁体字附列在圆括号内，跟在　符号后。

> **hotel** [həu'tɛl] N [c] 旅馆(館) lǚguǎn [个 gè]
> ▸ **to stay at a hotel** 住旅馆(館) zhù lǚguǎn

4.2 词条

本词典收录了500个最常用的英语单词，并且加注特别的标志，以帮助读者明确学习和理解的先后次序。在这些单词中，列举了大量真实地道的例句，有助于了解单词在真实语言环境中的用法。

★**decision**[dɪ'sɪʒən] N **1** [c] (*choice*) 决(決)定 juédìng [个 gè] ▷ *The government has announced its decision.* 政府已经宣布了决定。Zhèngfǔ yǐjīng xuānbùle juédìng. **2** [ʊ] (*act of choosing*) 决(決)心 juéxīn ▷ *The moment of decision can't be delayed.* 下决心的时刻不能拖了。Xià juéxīn de shíkè bùnéng tuō le. **3** [ʊ] (*decisiveness*) 决(決)断(斷)力 juéduànlì ▶ **to make a decision** 作出决(決)定 zuòchū juédìng

4.3 音标

英语单词的注音采用国际音标（IPA），用方括号标识。完整的音标表参见第xl页。注音以英式发音为主，当美式发音与英式发音完全不同时，加注美式发音，例如 *schedule*，*vase*。

vase[vɑːz], *US* veɪs] N [c] 花瓶 huāpíng [个 gè]

4.4 语法结构

4.4.1 词性

词性用大写字母标注在单词的音标后。如果一个单词有　一个以上的词性, 用罗马数字标识：

key[kiː] **I** N [c] **1** (*for lock, mechanism*) 钥(鑰)匙 yàoshi [把 bǎ] **2** [*of computer, typewriter, piano*] 键(鍵) jiàn [个 gè] **3** (*Mus*) 调(調) diào **4** ▶ **the**

词性列表参见第xxxviii页。

4.4.2 名词

C, U, S 和 PL 等符号表示名词的各种形式。

C表示可数名词, 并具有复数形式（例如：*I'm reading a book; she's bought several books*）。

U表示不可数名词, 不具有复数形式（例如：*Lesley refused to give me more information*）。

S（用于单数名词）是指该名词总是用作单数, 而且通常跟在 *a*, *an* 或 *the* 之后（例如：*We need to persuade people to respect the environment.*）。

PL是指该名词总是用作复数形式, 并且相关的动词或代词也相应地使用复数形式（例如：*These clothes are ready to wear.*）。

hairdryer['hɛədraɪəʳ] N [c] 吹风(風)机(機) chuīfēngjī [个 gè]

hair gel N [ʊ] 发(髮)胶(膠) fàjiāo

kick-off['kɪkɔf] (*Sport*) N [s] 开(開)场(場)时(時)间(間) kāichǎng shíjiān

4.4.3 短语动词的词性

VI — 用作不及物动词，动词及其小品词不可分开：

▸**melt away** VI **1** [*people* +] 逐渐(漸)散去 zhújiàn sànqù **2** [*doubts* +] 消除 xiāochú

VT — 用作及物动词，动词及其小品词可用宾语隔开。

VT FUS [不可拆分] — 用作及物动词，动词及其小品词不能分开的：

▸**laugh at** VT FUS **1** (*lit*) 对(對)…发(發)笑 duì...fāxiào **2** (*fig: mock*) 嘲笑 cháoxiào
▸**laugh off** VT [+ *criticism, problem*] 对(對)…一笑置之 duì...yī xiào zhì zhī

4.4.4 动词和名词的变体
动词和名词的不规则变化直接列在相关的词条后，便于查阅：

★**child** [tʃaɪld] (*pl* **children**) N [C] **1** 儿(兒)童

★**fly** [flaɪ] (*pt* **flew**, *pp* **flown**) **I** VT **1** [+ *plane*]

4.4.5 量词
量词在可数名词的翻译之后，和拼音一起括在方括号中。关于量词的详细信息请见序言中的xv页。

4.5 词义划分
4.5.1 如果一个单词有一个以上的词义，则归入不同的意类，用阿拉伯数字标出：

challenging [ˈtʃælɪndʒɪŋ] ADJ **1** [+ *job, task*] 具有挑战(戰)性的 jùyǒu tiǎozhànxìng de **2** [+ *tone, look etc*] 挑衅(釁)的 tiǎoxìn de

4.5.2 进一步的词义区分在括号中用斜体表示，包括下列几种情况：
同义词置于在圆括号中，有助于拓展英语知识。

definitive [dɪˈfɪnɪtɪv] ADJ **1** (*conclusive*) [+ *answer*] 确(確)定的 quèdìng de **2** (*authoritative*) [+ *version, account*] 权(權)威性的 quánwēixìng

使用词条的主要语境也置于括号中，例如：

— 用作及物动词的名词宾语：

tighten [ˈtaɪtn] **I** VT **1** [+ *rope, strap*] 拉紧(緊) lājǐn **2** [+ *screw, bolt*] 弄紧(緊) nòngjǐn **3** [+ *grip, security, rules etc*] 加紧(緊) jiājǐn **II** VI **1** [*grip* +] 握紧(緊) wòjǐn **2** [*rope, strap etc* +] 拉紧(緊)

— 用作不及物动词的名词主语：

circulate [ˈsəːkjuleɪt] **I** VI [*traffic, blood* +] 循环(環) xúnhuán; [*news, rumour* +] 散播 sànbō; [*person* +] (*at party*) 交际(際) jiāojì **II** VT [+ *report*] 传(傳)阅(閱) chuányuè

— 用作形容词的名词补足语：

tasteless [ˈteɪstlɪs] ADJ **1** [+ *food*] 无(無)味的 wúwèi de **2** [+ *remark, joke*] 不雅的 bùyǎ de **3** [+ *furniture, decor etc*] 低俗的 dīsú de

— 其他用于界定或限制该词条的单词：

believer [bɪˈliːvəʳ] N [c] **1** (*in idea, activity*) 笃(篤)信者 dǔxìnzhě **2** (*Rel*) 信徒 xìntú [名 míng]

用汉语标注词条的专业学科领域：

bishop [ˈbɪʃəp] N [c] **1** (*Rel*) 主教 zhǔjiào [位 wèi] **2** (*Chess*) 象 xiàng

本词典中所使用的所有专业学科领域缩略词参见第xxxviii页。

4.6 短语

短语用黑体表示，并跟在实心灰色箭头标志 ▶ 后。短语包括不同种类的固定结构，感叹语和其他语法结构：

to do something behind sb's back
back and forth
too bad!
on balance
to begin to do *or* **doing sth**

4.7 例子

例句用斜体表示，并跟在空心箭头标志 ▷ 后。英语中最常用的500个单词，都给出了大量的例子及在相应语境中的翻译，有助于读者在具体的语境中正确使用单词。

★ **large** [lɑːdʒ] ADJ **1** (*big*) [+ *house, person*] 大的 dà de; [+ *number, amount*] 大量的 dàliàng de ▷ *We are facing a large number of problems.* 我们面临大量的问题。Wǒmen miànlín dàliàng de wèntí. ▷ *a large number of people* 许多人 xǔduōrén **2** (*serious*) [+ *problem, question*] 重大的 zhòngdà de ▶ **at large** (*as a whole*) 整个(個) zhěnggè ▷ *their attitude to the world at large* 他们对整个世 …

4.8 翻译

一般情况下，作为最精确、有效的方法，每个意义只提供一个翻译。
在某些情况下，如果根本没有相应的翻译对等语，则提供该词的解释，而不是翻译。

au pair [ˈəuˈpɛəʳ] N [c] 为学习语言而住在当地人家里并提供家政服务的外国年轻人

4.9 拼音

所有翻译都标注汉语拼音。如果该词条没有相应的翻译，则给出相关的解释以帮助读者理解，并省略拼音。

5 语体形式

使用正确的语体与人交流是十分重要的。给公司同事写信和给朋友写信需要使用两种不同的语体。为了帮助使用者选择正确恰当的语体，本词典在英汉和汉英两部分都对单词和表达方式作了标注。

修辞色彩缩略语列表见第xxxix页。

6 关键词

对于一些极其常用的词，例如have和do，我们给予了长篇的注释。这类词是构成英语的基本要素，语意众多，用法复杂。本词典对该类词作了特别的外观设计，便于读者查阅。

★**have** [hæv] (*pt, pp* **had**) **I** VT **1** (*possess*) 有 yǒu ▸ **he has** *or* **he has got blue eyes/dark hair** 他长(長)着(著)蓝(藍)眼睛/黑头(頭)发(髮) tā zhǎngzhe lán yǎnjīng/hēi tóufa ▸ **do you have** *or* **have you got a car/phone?** 你有车(車)/电(電)话(話)吗(嗎)? nǐ yǒu chē/diànhuà ma? ▸ **I have** *or* **I have got an idea** 我有个(個)主意 wǒ yǒu gè zhǔyi ▸ **to have** *or* **have got sth to do** 有必须(須)得做的事 yǒu bìxū děi zuò de shì ▸ **she had her eyes closed** 她闭(閉)上了眼睛 tā bìshàng le yǎnjīng
2 (*with meals, drinks*) ▸ **to have breakfast** 吃早饭(飯) chī zǎofàn ▸ **to have a drink/a cigarette** 喝一杯/抽支烟(煙) hē yībēi/chōu zhī yān
3 (*with activity*) ▸ **to have a swim/bath** 游泳/
…

7 语言注释

为了帮助读者更加准确、熟巧地掌握并运用英语,我们对一些易混淆词进行了详细的比较说明。

> 用 **fat** 形容某人胖，显得过于直接，甚至有些粗鲁。比较礼貌而又含蓄的说法是 **plump** 或 **chubby**，后者更为正式。**overweight** 和 **obese** 暗示某人因为肥胖而有健康问题。**obese** 是医学术语，表示某人极度肥胖或超重。一般而言，应尽量避免当面使用任何表示肥胖的词语。

8 文化注释

对于英语国家中特有的文化现象，我们都加注了说明及解释。

> **MISS, MRS, MS**
>
> 在说英语的国家中，**Mrs** (夫人)用于已婚女士的姓名前。**Miss** (小姐)用于未婚女士的姓名前。有些女士认为，让人们知道她是否结婚并不重要，所以往往用 **Ms** (女士)称呼自己。与 **Mr** (先生)类似，**Ms** 不表明任何婚姻状况。

略语表 / Reference list

▼ 词性 / PARTS OF SPEECH

abbreviation	ABBR	简
adjective	ADJ	形
adverb	ADV	副
auxiliary verb	AUX VB	助动
conjunction	CONJ	连
compound	CPD [复合词]	复合词
definite article	DEF ART	定冠词
indefinite article	INDEF ART	不定冠词
interjection	INT	叹
noun	N	名
noun abbreviation	N ABBR	名词缩写
singular noun	N SING	单数名词
noun (plural)	N(PL)	名词(复数)
noun plural	NPL	复数名词
numeral	NUM	数
plural	PL	复数
plural adjective	PL ADJ	复数形容词
plural pronoun	PL PRON	复数代词
past participle	PP	过去分词
prefix	PREFIX	前缀
preposition	PREP	介
pres part	PRES PART	现在分词
pronoun	PRON	代
past tense	PT	过去时
suffix	SUFFIX	后缀
verb	VB	动
intransitive verb	VI	不及物动词
transitive verb	VT	及物动词
indicates that particle cannot be separated from the main verb	VT FUS [不可拆分]	及物动词[不可拆分]

▼ 专业学科领域 / SUBJECT FIELD LABELS

Administration	*Admin*	行政
Agriculture	*Agr*	农
Anatomy	*Anat*	解剖
Architecture	*Archit*	建筑
Art		艺术
Astrology	*Astrol*	占星术
Astronomy	*Astron*	天文
Motoring	*Aut*	汽车
Aviation	*Aviat*	航空
Badminton		羽毛球
Baseball		棒球
Biology	*Bio*	生物
Bookkeeping		簿记
Botany	*Bot*	植
Bowls		滚木球
Boxing		拳击
Cards		纸牌
Chemistry	*Chem*	化
Chess		国际象棋
Cinema	*Cine*	电影
Climbing		登山
Clothing		服饰
Commerce	*Comm*	商
Computing	*Comput*	计算机
Cricket		板球
Cooking	*Culin*	烹饪

略语表 / Reference list

Drawing		绘画
Drugs		药品
Economics	*Econ*	经济
Electricity	*Elec*	电子
Fencing		击剑
FinAnce	*Fin*	金融
Fishing		钓鱼
Football		足球
Geography	*Geo*	地理
Geology	*Geol*	地质
Geometry	*Geom*	几何
Golf		高尔夫
Grammar	*Gram*	语法
History	*Hist*	历史
Industry	*Ind*	工业
Insurance		保险
Law		法
Linguistics	*Ling*	语言
Literature	*Liter*	文学
Mathematics	*Math*	数
Medicine	*Med*	医
Meteorology	*Met*	气象
Military	*Mil*	军
Mining	*Min*	矿
Music	*Mus*	音
Mythology	*Myth*	神
Nautical	*Naut*	航海
Parliament	*Parl*	议会
Philosophy	*Phil*	哲
Photography	*Phot*	摄影
Physics	*Phys*	物
Physiology	*Physiol*	生理
Politics	*Pol*	政治
Police		警察
Post Office	*Post*	邮政
PsycholoGy	*Psych*	心理
Publishing		出版
Radio	*Rad*	广播
Railways	*Rail*	铁路
Religion	*Rel*	宗
Rugby		橄榄球
Science	*Sci*	科学
School	*Scol*	教育
Sewing		缝纫
Sociology	*Sociol*	社会
Space		宇航
Sport		体育
Technical Usage	*Tech*	术语
Telecommunications	*Tel*	电信
Tennis		网球
Texting		手机短信
Theatre	*Theat*	戏剧
Television	*Tv*	电视
University	*Univ*	大学
Zoology	*Zool*	动

▼ 修辞色彩缩略语 / REGISTER LABELS

dialect		方
euphemism		婉
formal	*frm*	正式
formerly		旧
humorous		诙谐
informal	*inf*	非正式
literary	*liter*	文
offensive		侮辱
old-fashioned	*o.f.*	过时
offensive	*inf!*	疑讳 / 讳
pejorative	*pej*	贬
humble		谦
respectful		敬
slang		俚
spoken language		口
written		书
polite		客套
literal	*lit*	字
figurative	*fig*	喻

发音简表 / Guide to English phonetics

▼ 辅音 / CONSONANTS

[p]	puppy	[f]	farm raffle
[b]	baby	[v]	very rev
[t]	tent	[θ]	thin maths
[d]	daddy	[ð]	that other
[k]	cork kiss chord	[l]	little ball
[g]	gag guess	[r]	rat rare
[s]	so rice kiss	[m]	mummy comb
[z]	cousin buzz	[n]	no ran
[ʃ]	sheep sugar	[ŋ]	singing bank
[ʒ]	pleasure beige	[h]	hat reheat
[tʃ]	church	[x]	loch
[dʒ]	judge general		

▼ 半元音 / SEMIVOWELS

[j]	yet	[w]	wet

▼ 元音 / VOWELS

[iː]	heel	[ə]	over above
[ɪ]	hit pity	[əː]	urn fern work
[ɛ]	set tent	[ɔ]	wash pot
[æ]	bat apple	[ɔː]	born cork
[ɑː]	after car calm	[u]	full soot
[ʌ]	fun cousin	[uː]	pool lewd

▼ 双元音 / DIPHTHONGS

[ɪə]	beer tier	[au]	owl foul now
[ɛə]	tear fair there	[əu]	low no
[eɪ]	date plaice day	[ɔɪ]	boil boy oily
[aɪ]	life buy cry	[uə]	poor tour

不规则动词 / English irregular verbs

Present	Past tense	Past participle
arise	arose	arisen
awake	awoke	awoken
be (am, is, are; being)	was, were	been
bear	bore	born(e)
beat	beat	beaten
become	became	become
begin	began	begun
bend	bent	bent
bet	bet, betted	bet, betted
bid (*at auction, cards*)	bid	bid
bid (*say*)	bade	bidden
bind	bound	bound
bite	bit	bitten
bleed	bled	bled
blow	blew	blown
break	broke	broken
breed	bred	bred
bring	brought	brought
build	built	built
burn	burnt, burned	burnt, burned
burst	burst	burst
buy	bought	bought
can	could	(been able)
cast	cast	cast
catch	caught	caught
choose	chose	chosen
cling	clung	clung
come	came	come
cost	cost	cost
cost (*work out price of*)	costed	costed
creep	crept	crept
cut	cut	cut
deal	dealt	dealt
dig	dug	dug
do (does)	did	done
draw	drew	drawn
dream	dreamed, dreamt	dreamed, dreamt
drink	drank	drunk
drive	drove	driven
dwell	dwelt	dwelt
eat	ate	eaten

Present	Past tense	Past participle
fall	fell	fallen
feed	fed	fed
feel	felt	felt
fight	fought	fought
find	found	found
flee	fled	fled
fling	flung	flung
fly	flew	flown
forbid	forbad(e)	forbidden
forecast	forecast	forecast
forget	forgot	forgotten
forgive	forgave	forgiven
forsake	forsook	forsaken
freeze	froze	frozen
get	got	got, (美) gotten
give	gave	given
go (goes)	went	gone
grind	ground	ground
grow	grew	grown
hang	hung	hung
hang (*execute*)	hanged	hanged
have	had	had
hear	heard	heard
hide	hid	hidden
hit	hit	hit
hold	held	held
hurt	hurt	hurt
keep	kept	kept
kneel	knelt, kneeled	knelt, kneeled
know	knew	known
lay	laid	laid
lead	led	led
lean	leant, leaned	leant, leaned
leap	leapt, leaped	leapt, leaped
learn	learnt, learned	learnt, learned
leave	left	left
lend	lent	lent
let	let	let
lie (lying)	lay	lain
light	lit, lighted	lit, lighted
lose	lost	lost
make	made	made

不规则动词 / English irregular verbs

Present	Past tense	Past participle
may	might	—
mean	meant	meant
meet	met	met
mistake	mistook	mistaken
mow	mowed	mown, mowed
must	(had to)	(had to)
pay	paid	paid
put	put	put
quit	quit, quitted	quit, quitted
read	read	read
rid	rid	rid
ride	rode	ridden
ring	rang	rung
rise	rose	risen
run	ran	run
say	said	said
see	saw	seen
seek	sought	sought
sell	sold	sold
send	sent	sent
set	set	set
sew	sewed	sewn
shake	shook	shaken
shear	sheared	shorn, sheared
shed	shed	shed
shine	shone	shone
shoot	shot	shot
show	showed	shown
shrink	shrank	shrunk
shut	shut	shut
sing	sang	sung
sink	sank	sunk
sit	sat	sat
slay	slew	slain
sleep	slept	slept
slide	slid	slid
sling	slung	slung
slit	slit	slit
smell	smelt, smelled	smelt, smelled
sow	sowed	sown, sowed
speak	spoke	spoken
speed	sped, speeded	sped, speeded

Present	Past tense	Past participle
spell	spelt, spelled	spelt, spelled
spend	spent	spent
spill	spilt, spilled	spilt, spilled
spin	spun	spun
spit	spat	spat
spoil	spoiled, spoilt	spoiled, spoilt
spread	spread	spread
spring	sprang	sprung
stand	stood	stood
steal	stole	stolen
stick	stuck	stuck
sting	stung	stung
stink	stank	stunk
stride	strode	stridden
strike	struck	struck
strive	strove	striven
swear	swore	sworn
sweep	swept	swept
swell	swelled	swollen, swelled
swim	swam	swum
swing	swung	swung
take	took	taken
teach	taught	taught
tear	tore	torn
tell	told	told
think	thought	thought
throw	threw	thrown
thrust	thrust	thrust
tread	trod	trodden
wake	woke, waked	woken, waked
wear	wore	worn
weave	wove	woven
weave *(wind)*	weaved	weaved
wed	wedded, wed	wedded, wed
weep	wept	wept
win	won	won
wind	wound	wound
wring	wrung	wrung
write	wrote	written

部首检字表
Radical Index

检字方法说明：

1 根据字的部首在部首目录中查到该部首所在检字表中的号码；

2 按此号码在检字表中找到该部首，并根据字的笔画（字的笔画数不含其部首）查到该字的汉语拼音。

How to use this index:

1 Use pages 3–4 to identify the radical. Note the number preceding it.

2 In the index on pages 5–42, use this number to find all the characters appearing in this dictionary which contain the radical. Characters are ordered according to the number of strokes. The pinyin given will lead you to the correct entry.

部首目录

一画 (1 stroke)

1 一
2 丨
3 丿
4 丶
5 乙（𠃌乁乚乛）

二画 (2 strokes)

6 二
7 匕
8 十
9 厂
10 匚
11 刂
12 卜（⺊）
13 冂
14 亻
15 八（丷）
16 人（入）
17 勹
18 几
19 儿
20 亠
21 冫
22 冖
23 讠
24 卩
25 阝
(on the left (在左边))
26 阝
(on the right (在右边))
27 凵
28 刀（⺈）
29 力
30 厶
31 又
32 廴

三画 (3 strokes)

33 巛
34 工
35 土
36 士
37 扌
38 艹
39 寸
40 廾
(underneath (在下边))
41 大
42 尢
43 小（⺌）
44 口
45 囗
46 巾
47 山
48 彳
49 彡
50 犭
51 夕
52 夂
53 饣
54 丬
55 广
56 忄（⺗）
57 门
58 氵
59 宀
60 辶
61 彐（⺕）
62 尸
63 己（巳）
64 弓
65 子
66 女
67 纟
68 马
69 幺

四画 (4 strokes)

70 王
71 氏
72 毋（母）
73 殳
74 韦
75 木
76 犬
77 歹
78 车
79 比
80 瓦
81 止
82 攴
83 日
84 曰
85 水
86 贝
87 见
88 牛（牜）
89 手
90 毛
91 气
92 攵
93 片
94 斤
95 爪（爫）
96 父
97 月
98 欠
99 风
100 文
101 方
102 火
103 斗
104 灬
105 户
106 礻
107 心
108 肀（聿）
109 戈

五画 (5 strokes)

110 用
111 示
112 石
113 龙
114 目
115 田
116 罒
117 皿
118 钅
119 矢
120 禾
121 白
122 瓜
123 鸟
124 疒
125 立
126 穴
127 衤
128 疋（⺪）
129 皮
130 矛

六画 (6 strokes)

131 臣
132 自
133 耒
134 老（耂）
135 耳
136 西（覀）
137 页
138 虍
139 虫
140 缶
141 舌
142 竹（⺮）
143 臼
144 血
145 舟
146 衣
147 羊（⺶⺷）
148 米
149 艮（⺜）
150 羽
151 糸

七画 (7 strokes)

152 谷
153 辰
154 赤
155 走

156 豆
157 酉
158 卤
159 里
160 足（⻊）
161 身
162 釆
163 豸
164 角
165 言（訁 见 讠）
166 辛

八画 **(8 strokes)**

167 隶
168 非
169 齿
170 金
171 青
172 雨
173 隹
174 鱼

九画 **(9 strokes)**

175 音
176 革
177 骨
178 鬼
179 食

十画 **(10 strokes)**

180 髟

十一画 **(11 strokes)**

181 鹿
182 麻

十二画 **(12 strokes)**

183 黑

十三画 **(13 strokes)**

184 鼠

十四画 **(14 strokes)**

185 鼻

检字表

1 一

一 yī

一画 (1 stroke)

丁 dīng
七 qī

二画 (2 strokes)

三 sān
干 gān; gàn
于 yú
下 xià
丈 zhàng
才 cái
万 wàn
上 shàng
与 yǔ

三画 (3 strokes)

屯 tún
丐 gài
丰 fēng
井 jǐng
开 kāi
夫 fū
天 tiān
无 wú
五 wǔ
专 zhuān
不 bù
互 hù
牙 yá
丑 chǒu

四画 (4 strokes)

甘 gān
且 qiě
业 yè
丛 cóng
丙 bǐng
册 cè
东 dōng
可 kě
平 píng
世 shì
丝 sī
末 mò
未 wèi
正 zhēng; zhèng

五画 (5 strokes)

百 bǎi
而 ér
吏 lì
亚 yà
再 zài

六画 (6 strokes)

丽 lì
严 yán
更 gēng; gèng
束 shù
两 liǎng
来 lái
求 qiú

七画 (7 strokes)

表 biǎo
丧 sāng; sàng
事 shì

八画 (8 strokes)

甚 shèn
巷 hàng; xiàng
歪 wāi
面 miàn
奏 zòu

九画 (9 strokes)

哥 gē
艳 yàn

十五画 (15 strokes)

整 zhěng
臻 zhēn
噩 è

二十一画 (21 strokes)

囊 náng

2 丨

二画 (2 strokes)

丫 yā

三画 (3 strokes)

中 zhōng; zhòng
内 nèi

四画 (4 strokes)

北 běi
旧 jiù
申 shēn
电 diàn
由 yóu
史 shǐ
出 chū

五画 (5 strokes)

师 shī
曲 qū; qǔ
肉 ròu

六画 (6 strokes)

串 chuàn

七画 (7 strokes)

非 fēi

八画 (8 strokes)

临 lín

3 丿

一画 (1 stroke)

乃 nǎi
九 jiǔ

二画 (2 strokes)

川 chuān
及 jí
久 jiǔ
千 qiān
丸 wán

三画 (3 strokes)

丹 dān
币 bì
长 cháng; zhǎng
乏 fá
反 fǎn
升 shēng
乌 wū
午 wǔ

四画 (4 strokes)

生 shēng
失 shī
甩 shuǎi
乐 lè; yuè
丘 qiū

五画 (5 strokes)

乓 pāng

乔 qiáo
州 zhōu
年 nián
丢 diū
乒 pīng
向 xiàng
后 hòu

六画 (6 strokes)

我 wǒ
每 měi
龟 guī; jūn
系 jì; xì

七画 (7 strokes)

垂 chuí
乖 guāi
质 zhì
周 zhōu

八画 (8 strokes)

拜 bài
重 chóng; zhòng
复 fù

九画 (9 strokes)

乘 chéng

十一画 (11 strokes)

甥 shēng

十三画 (13 strokes)

舞 wǔ
疑 yí

十四画 (14 strokes)

靠 kào

4 丶

二画 (2 strokes)

义 yì
之 zhī

三画 (3 strokes)

为 wéi; wèi

四画 (4 strokes)

半 bàn
主 zhǔ
头 tóu

五画 (5 strokes)

兴 xīng; xìng
农 nóng

六画 (6 strokes)

良 liáng

七画 (7 strokes)

学 xué

八画 (8 strokes)

举 jǔ

5 乙（乚乛）

乙 yǐ

一画 (1 stroke)

了 le; liǎo

二画 (2 strokes)

乞 qǐ
也 yě
飞 fēi
习 xí
乡 xiāng

三画 (3 strokes)

予 yǔ
巴 bā
孔 kǒng
书 shū

四画 (4 strokes)

司 sī
民 mín

五画 (5 strokes)

买 mǎi

六画 (6 strokes)

乱 luàn

七画 (7 strokes)

承 chéng
乳 rǔ

十画 (10 strokes)

乾 qián

6 二

二 èr

一画 (1 stroke)

亏 kuī

二画 (2 strokes)

元 yuán
云 yún

四画 (4 strokes)

亘 gèn

六画 (6 strokes)

些 xiē

7 匕

匕 bǐ

九画 (9 strokes)

匙 chí

8 十

十 shí

二画 (2 strokes)

支 zhī

三画 (3 strokes)

卉 huì
古 gǔ

四画 (4 strokes)

考 kǎo
协 xié
毕 bì
华 huá

五画 (5 strokes)

克 kè

六画 (6 strokes)

卓 zhuó
卑 bēi
直 zhí
卖 mài

七画 (7 strokes)

南 nán

八画 (8 strokes)

真 zhēn

十画 (10 strokes)

博 bó

二十二画 (22 strokes)

矗 chù

9 厂

厂 chǎng

二画 (2 strokes)

厄 è
历 lì
厅 tīng

三画 (3 strokes)

厉 lì

四画 (4 strokes)

压 yā; yà
厌 yàn

六画 (6 strokes)

厕 cè

七画 (7 strokes)

厚 hòu
厘 lí

八画 (8 strokes)

原 yuán

九画 (9 strokes)

厩 jiù
厢 xiāng

十画 (10 strokes)

厥 jué
厦 shà
厨 chú
雁 yàn

十四画 (14 strokes)

赝 yàn

---

10 匚

二画 (2 strokes)

区 qū
匹 pǐ
巨 jù

四画 (4 strokes)

匠 jiàng

五画 (5 strokes)

匣 xiá
医 yī

八画 (8 strokes)

匪 fěi
匿 nì

九画 (9 strokes)

匮 kuì

---

11 刂

三画 (3 strokes)

刊 kān

四画 (4 strokes)

刘 liú
刎 wěn
则 zé
创 chuāng; chuàng
划 huá; huà
刑 xíng
列 liè
刚 gāng

五画 (5 strokes)

刨 bào; páo
别 bié
利 lì
判 pàn
删 shān

六画 (6 strokes)

剂 jì
刽 guì
刺 cī; cì
到 dào
剁 duò
制 zhì
刮 guā
刻 kè
刹 chà; shā
刷 shuā; shuà

七画 (7 strokes)

剑 jiàn
剐 guǎ
削 xiāo; xuē
前 qián
剃 tì

八画 (8 strokes)

剖 pōu
剜 wān
剥 bāo; bō
剧 jù
剔 tī

九画 (9 strokes)

副 fù

十画 (10 strokes)

割 gē
剩 shèng

十一画 (11 strokes)

剽 piāo

十三画 (13 strokes)

劐 huō

---

12 卜（⺊）

卜 bǔ

二画 (2 strokes)

卡 kǎ; qiǎ

三画 (3 strokes)

占 zhān; zhàn
外 wài

六画 (6 strokes)

卦 guà
卧 wò

八画 (8 strokes)

桌 zhuō

---

13 冂

二画 (2 strokes)

冈 gāng

三画 (3 strokes)

冉 rǎn

四画 (4 strokes)

同 tóng
网 wǎng

---

14 亻

一画 (1 stroke)

亿 yì

二画 (2 strokes)

仆 pú
仁 rén
仇 chóu
化 huà
什 shén; shí
仍 réng
仅 jǐn

三画 (3 strokes)

仟 qiān
仕 shì
仗 zhàng
代 dài
付 fù
们 men
仨 sā
仪 yí

他 tā
仔 zǎi; zǐ
仙 xiān

四画 (4 strokes)

伎 jì
伉 kàng
伏 fú
伐 fá
伊 yī
仲 zhòng
伫 zhù
传 chuán; zhuàn
份 fèn
仰 yǎng
仿 fǎng
伙 huǒ
价 jià
休 xiū
优 yōu
件 jiàn
伦 lún
任 rèn
伤 shāng
似 shì; sì
伟 wěi
伪 wěi
伍 wǔ

五画 (5 strokes)

伺 cì; sì
伶 líng
伺 sì
佐 zuǒ
估 gū
何 hé
体 tǐ
但 dàn
伸 shēn
作 zuō; zuò
伯 bó
佣 yōng; yòng
低 dī
你 nǐ
住 zhù
位 wèi
伴 bàn
佛 fó

六画 (6 strokes)

侥 jiǎo
佼 jiǎo
佳 jiā
供 gòng
侃 kǎn
佬 lǎo
侈 chǐ
侣 lǚ
侨 qiáo
侍 shì
侠 xiá
佯 yáng
侦 zhēn
侄 zhí
侏 zhū
供 gōng; gòng
佩 pèi
使 shǐ
佰 bǎi
例 lì
侄 zhí
侧 cè
依 yī

七画 (7 strokes)

侯 hóu
俊 jùn
俚 lǐ
俪 lì
俘 fú
俏 qiào
俨 yǎn
俑 yǒng
修 xiū
保 bǎo
便 biàn; pián
促 cù
俄 é
俩 liǎ
俭 jiǎn
侵 qīn
俗 sú
侮 wǔ
信 xìn

八画 (8 strokes)

候 hòu
倦 juàn
倔 jué; juè
俯 fǔ
俸 fèng
偌 ruò
倘 tǎng
倚 yǐ
倡 chàng
借 jiè
值 zhí
倾 qīng
倒 dǎo; dào
倍 bèi
健 jiàn
俱 jù

九画 (9 strokes)

傀 kuǐ
偎 wēi
偕 xié
偃 yǎn
偿 cháng
做 zuò
偶 ǒu
偏 piān
偷 tōu
停 tíng
假 jiǎ; jià

十画 (10 strokes)

傅 fù
傧 bīn
傲 ào
傍 bàng
储 chǔ

十一画 (11 strokes)

催 cuī
傻 shǎ

十二画 (12 strokes)

僚 liáo
僧 sēng
像 xiàng

十三画 (13 strokes)

僵 jiāng
僻 pì

十四画 (14 strokes)

儒 rú

15 八（丷）

八 bā

二画 (2 strokes)

分 fēn; fèn
公 gōng

三画 (3 strokes)

兰 lán
只 zhī; zhǐ

四画 (4 strokes)

共 gòng
并 bìng
关 guān

五画 (5 strokes)

兵 bīng
弟 dì
兑 duì

六画 (6 strokes)

其 qí
具 jù
典 diǎn
卷 juǎn; juàn
单 dān

七画 (7 strokes)

养 yǎng
首 shǒu

八画 (8 strokes)

兼 jiān
益 yì

九画 (9 strokes)

黄 huáng
兽 shòu

十画 (10 strokes)

普 pǔ
曾 céng; zēng

十四画 (14 strokes)

冀 jì

16 人（入）

人 rén
入 rù

一画 (1 stroke)

个 gè

二画 (2 strokes)

仓 cāng
介 jiè
从 cóng
今 jīn
以 yǐ

三画 (3 strokes)

令 lìng

四画 (4 strokes)

众 zhòng
全 quán
会 huì; kuài
合 hé
企 qǐ
伞 sǎn

五画 (5 strokes)

余 yú
含 hán

六画 (6 strokes)

舍 shě; shè
命 mìng

八画 (8 strokes)

拿 ná

九画 (9 strokes)

盒 hé

十画 (10 strokes)

禽 qín
舒 shū

17 勹

一画 (1 stroke)

勺 sháo

二画 (2 strokes)

勾 gōu; gòu
勿 wù
匀 yún

三画 (3 strokes)

句 jù
匆 cōng
包 bāo

七画 (7 strokes)

匍 pú

九画 (9 strokes)

够 gòu

18 几

几 jī; jǐ

一画 (1 stroke)

凡 fán

二画 (2 strokes)

凤 fèng

四画 (4 strokes)

夙 sù
凫 fú
朵 duǒ

六画 (6 strokes)

咒 zhòu
凯 kǎi
凭 píng

十二画 (12 strokes)

凳 dèng

19 儿

儿 ér

二画 (2 strokes)

允 yǔn

三画 (3 strokes)

兄 xiōng

四画 (4 strokes)

兆 zhào
光 guāng
先 xiān

八画 (8 strokes)

党 dǎng

九画 (9 strokes)

兜 dōu

十二画 (12 strokes)

兢 jīng

20 亠

一画 (1 stroke)

亡 wáng

二画 (2 strokes)

亢 kàng
六 liù

三画 (3 strokes)

市 shì
玄 xuán

四画 (4 strokes)

亦 yì
交 jiāo
产 chǎn
充 chōng

五画 (5 strokes)

亨 hēng

六画 (6 strokes)

变 biàn
京 jīng
享 xiǎng
夜 yè

七画 (7 strokes)

哀 āi
亮 liàng
亭 tíng
帝 dì

八画 (8 strokes)

高 gāo

离　lí
旁　páng

九画 (9 strokes)

率　lǜ; shuài
商　shāng

十画 (10 strokes)

亵　xiè
就　jiù

十二画 (12 strokes)

豪　háo
膏　gāo

十五画 (15 strokes)

嬴　yíng

21 冫

四画 (4 strokes)

冲　chōng; chòng
次　cì
决　jué
冰　bīng

五画 (5 strokes)

冶　yě
冻　dòng
况　kuàng
冷　lěng

六画 (6 strokes)

净　jìng

八画 (8 strokes)

凋　diāo
凌　líng
凄　qī
准　zhǔn
凉　liáng; liàng

九画 (9 strokes)

凑　còu
减　jiǎn

十画 (10 strokes)

寒　hán

十三画 (13 strokes)

凛　lǐn

十四画 (14 strokes)

凝　níng

22 冖

二画 (2 strokes)

冗　rǒng

三画 (3 strokes)

写　xiě

四画 (4 strokes)

军　jūn

五画 (5 strokes)

罕　hǎn

七画 (7 strokes)

冠　guān; guàn

八画 (8 strokes)

冥　míng
冤　yuān

23 讠

二画 (2 strokes)

讣　fù
讥　jī
计　jì
订　dìng
认　rèn

三画 (3 strokes)

讪　shàn
讯　xùn
讨　tǎo
让　ràng
训　xùn
议　yì
记　jì

四画 (4 strokes)

讳　huì
诀　jué
讹　é
讴　ōu
讼　sòng
讽　fěng
讲　jiǎng
许　xǔ
论　lún; lùn
设　shè
访　fǎng

五画 (5 strokes)

诋　dǐ
诊　zhěn
诅　zǔ
证　zhèng
评　píng
译　yì
词　cí
识　shí
诉　sù

六画 (6 strokes)

诘　jié
诙　huī
诡　guǐ
诓　kuāng
诧　chà
诠　quán
诩　xǔ
诞　dàn
试　shì
诗　shī
诚　chéng
话　huà
询　xún
该　gāi
详　xiáng

七画 (7 strokes)

诫　jiè
诵　sòng
诬　wū
语　yǔ
误　wù
诱　yòu
说　shuì; shuō
诲　huì

八画 (8 strokes)

诽　fěi
谄　chǎn
谅　liàng 诺 nuò
诸　zhū
谆　zhūn
谁　shéi; shuí
请　qǐng
读　dú
课　kè
调　diào; tiáo
谈　tán
谊　yì

九画 (9 strokes)

谍　dié
谓　wèi
谐　xié
谙　ān
谋　móu
谎　huǎng
谚　yàn
谜　mí

十画 (10 strokes)

谤　bàng
谢　xiè
谣　yáo

谦 qiān

十一画 (11 strokes)

谨 jǐn
谩 màn
谬 miù

十二画 (12 strokes)

谱 pǔ

十三画 (13 strokes)

谴 qiǎn

24 卩

一画 (1 stroke)

卫 wèi

三画 (3 strokes)

印 yìn

四画 (4 strokes)

危 wēi

五画 (5 strokes)

卵 luǎn
却 què
即 jí

七画 (7 strokes)

卸 xiè

25 阝
(on the left (在左边))

二画 (2 strokes)

队 duì

四画 (4 strokes)

阱 jǐng
阳 yáng
阶 jiē
阴 yīn
防 fáng
阵 zhèn

五画 (5 strokes)

际 jì
陈 chén
陆 liù; lù
阿 ā; ē
阻 zǔ
附 fù

六画 (6 strokes)

陋 lòu
陌 mò
降 jiàng; xiáng
限 xiàn

七画 (7 strokes)

陨 yǔn
陛 bì
除 chú
陡 dǒu
险 xiǎn
院 yuàn

八画 (8 strokes)

陵 líng
陪 péi
陶 táo
陷 xiàn

九画 (9 strokes)

隆 lóng
隅 yú
随 suí
隐 yǐn

十画 (10 strokes)

隙 xì
隘 ài
隔 gé

十一画 (11 strokes)

障 zhàng

十二画 (12 strokes)

隧 suì

26 阝
(on the right (在右边))

四画 (4 strokes)

邦 bāng
邪 xié
那 nà

五画 (5 strokes)

邻 lín
邮 yóu

六画 (6 strokes)

郎 láng
耶 yē
郁 yù
郊 jiāo
郑 zhèng

八画 (8 strokes)

都 dōu; dū
部 bù

十一画 (11 strokes)

鄙 bǐ

27 凵

二画 (2 strokes)

凶 xiōng

三画 (3 strokes)

击 jī
凹 āo
凸 tū

六画 (6 strokes)

函 hán
画 huà

七画 (7 strokes)

幽 yōu

十画 (10 strokes)

凿 záo

28 刀(⺈)

刀 dāo
刁 diāo

一画 (1 stroke)

刃 rèn

二画 (2 strokes)

切 qiē; qiè

三画 (3 strokes)

刍 chú
召 zhào

四画 (4 strokes)

争 zhēng
负 fù
色 sè; shǎi

五画 (5 strokes)

免 miǎn
初 chū

六画 (6 strokes)

券 quàn
兔 tù

九画 (9 strokes)

剪 jiǎn
象 xiàng

十三画 (13 strokes)

劈 pī; pǐ

29 力

力 lì

二画 (2 strokes)

办 bàn

三画 (3 strokes)

功 gōng
务 wù
加 jiā

四画 (4 strokes)

动 dòng
劣 liè

五画 (5 strokes)

劫 jié
励 lì
劲 jìn; jìng
劳 láo
助 zhù
男 nán
努 nǔ

六画 (6 strokes)

势 shì

七画 (7 strokes)

勃 bó
勋 xūn
勉 miǎn
勇 yǒng

九画 (9 strokes)

勘 kān
勒 lè; lēi

十画 (10 strokes)

募 mù

十一画 (11 strokes)

勤 qín

30 厶

三画 (3 strokes)

去 qù
台 tái

五画 (5 strokes)

县 xiàn

六画 (6 strokes)

参 cān; cēn; shēn
叁 sān

八画 (8 strokes)

能 néng

31 又

又 yòu

一画 (1 stroke)

叉 chā; chǎ

二画 (2 strokes)

友 yǒu
劝 quàn
双 shuāng

三画 (3 strokes)

发 fā; fà
圣 shèng
对 duì

四画 (4 strokes)

戏 xì
观 guān
欢 huān

五画 (5 strokes)

鸡 jī

六画 (6 strokes)

艰 jiān
取 qǔ
叔 shū
受 shòu

七画 (7 strokes)

叛 pàn
叙 xù

八画 (8 strokes)

难 nán; nàn
桑 sāng

十一画 (11 strokes)

叠 dié

32 廴

四画 (4 strokes)

廷 tíng
延 yán

六画 (6 strokes)

建 jiàn

33 巛

三画 (3 strokes)

巡 xún

八画 (8 strokes)

巢 cháo

34 工

工 gōng

二画 (2 strokes)

左 zuǒ
巧 qiǎo

三画 (3 strokes)

巩 gǒng
式 shì

四画 (4 strokes)

巫 wū
攻 gōng

六画 (6 strokes)

差 chā; chà; chāi
项 xiàng

35 土

土 tǔ

三画 (3 strokes)

寺 sì
地 de; dì
场 cháng; chǎng
在 zài
至 zhì

四画 (4 strokes)

均 jūn
坎 kǎn
坑 kēng
坊 fáng
坍 tān
坞 wù
坠 zhuì
坝 bà
坏 huài
坟 fén
块 kuài
坚 jiān
坐 zuò
社 shè

坛	tán

五画 (5 strokes)

坤	kūn
垄	lǒng
坪	píng
坨	tuó
垃	lā
坡	pō
坦	tǎn
幸	xìng

六画 (6 strokes)

垢	gòu
垦	kěn
垒	lěi
垛	duò
型	xíng
城	chéng
垫	diàn
垮	kuǎ

七画 (7 strokes)

埃	āi
埋	mái; mán

八画 (8 strokes)

埠	bù
堑	qiàn
域	yù
堵	dǔ
堆	duī
堕	duò
培	péi
基	jī
堂	táng

九画 (9 strokes)

堡	bǎo
堤	dī
塔	tǎ

十画 (10 strokes)

塘	táng
墓	mù
塑	sù
塌	tā
填	tián

十一画 (11 strokes)

境	jìng
墟	xū
墙	qiáng

十二画 (12 strokes)

墩	dūn
增	zēng
墨	mò

十三画 (13 strokes)

壅	yōng
壁	bì

十四画 (14 strokes)

壑	hè
壕	háo

十七画 (17 strokes)

壤	rǎng

36 士

士	shì

三画 (3 strokes)

壮	zhuàng

四画 (4 strokes)

壳	ké; qiào
声	shēng

七画 (7 strokes)

壶	hú

九画 (9 strokes)

喜	xǐ
壹	yī

十画 (10 strokes)

鼓	gǔ

十一画 (11 strokes)

嘉	jiā

十七画 (17 strokes)

馨	xīn

37 扌

一画 (1 stroke)

扎	zā; zhā

二画 (2 strokes)

扒	bā; pá
打	dá; dǎ
扑	pū
扔	rēng

三画 (3 strokes)

扪	mén
扬	yáng
扛	káng
扣	kòu
执	zhí
扩	kuò
扫	sǎo; sào
托	tuō

四画 (4 strokes)

抉	jué
抠	kōu
抚	fǔ
扼	è
抡	lūn
拟	nǐ
抒	shū
扳	bān
把	bǎ; bà
扮	bàn
报	bào
抄	chāo
扯	chě
抖	dǒu
扶	fú
护	hù
技	jì
拒	jù
抗	kàng
扭	niǔ
抛	pāo
找	zhǎo
批	pī
扰	rǎo
抢	qiǎng
抑	yì
折	shé; zhē; zhé
抓	zhuā
投	tóu

五画 (5 strokes)

拘	jū
拊	fǔ
拂	fú
抻	chēn
拢	lǒng
抿	mǐn
拗	ào; niù
抨	pēng
择	zé; zhái
拙	zhuō
拗	ào
招	zhāo
拔	bá
拌	bàn
抱	bào
拨	bō
拆	chāi
抽	chōu
押	yā
拎	līn
拥	yōng
担	dān; dàn
抵	dǐ
拐	guǎi
拣	jiǎn
拉	lā; lá
拦	lán
抹	mā; mǒ

拧 níng; nìng
拍 pāi
披 pī
抬 tái
拇 mǔ
拖 tuō
拓 tuò

六画 (6 strokes)

拮 jié
拱 gǒng
挎 kuà
挠 náo
拭 shì
拴 shuān
挟 xié
拽 zhuài
挪 nuó
按 àn
持 chí
挡 dǎng
挂 guà
挥 huī
挤 jǐ
拷 kǎo
括 kuò
拼 pīn
拾 shí
挑 tiāo; tiǎo
指 zhǐ
挣 zhēng; zhèng
挺 tǐng
挖 wā

七画 (7 strokes)

捐 juān
捍 hàn
捣 dǎo
捋 lǚ; luō
捏 niē
捎 shāo
捅 tǒng
捂 wǔ
挨 āi; ái
捌 bā
捕 bǔ
振 zhèn
捉 zhuō
挫 cuò
捣 dǎo
换 huàn
捡 jiǎn
捆 kǔn
捞 lāo
损 sǔn
挽 wǎn

八画 (8 strokes)

掬 jū
掘 jué
掇 duō
掳 lǔ
掠 lüè
捺 nà
掐 qiā
授 shòu
掩 yǎn
掖 yē
掷 zhì
措 cuò
掺 chān
捶 chuí
掸 dǎn
掉 diào
掂 diān
接 jiē
捷 jié
据 jù
控 kòng
描 miáo
排 pái
捧 pěng
探 tàn
掏 tāo
推 tuī
掀 xiān

九画 (9 strokes)

搜 sōu
揭 jiē
揪 jiū
揩 kāi
揽 lǎn
揣 chuāi; chuǎi
搽 chá
摒 bìng
搔 sāo
揠 yà
揍 zòu
援 yuán
搓 cuō
搀 chān
提 dī; tí
搁 gē; gé
搭 dā
插 chā
搂 lōu; lǒu
搅 jiǎo
揉 róu
握 wò

十画 (10 strokes)

摁 èn
搏 bó
摈 bìn
搪 táng
摇 yáo
摆 bǎi
搬 bān
搞 gǎo
摸 mō
摄 shè
摊 tān
携 xié

十一画 (11 strokes)

摧 cuī
撂 liào
摞 luò
撇 piē; piě
摘 zhāi
摔 shuāi

十二画 (12 strokes)

撅 juē
撩 liāo; liáo
撵 niǎn
撬 qiào
擒 qín
撰 zhuàn
播 bō
撞 zhuàng
撤 chè
撑 chēng
撮 cuō
撒 sā; sǎ
撕 sī

十三画 (13 strokes)

撼 hàn
擂 lèi
擀 gǎn
操 cāo
擅 shàn

十四画 (14 strokes)

擦 cā

十六画 (16 strokes)

攒 cuán; zǎn

二十画 (20 strokes)

攫 jué

38 艹

一画 (1 stroke)

艺 yì

二画 (2 strokes)

艾 ài
节 jiē; jié

三画 (3 strokes)

芋 yù
芝 zhī

四画 (4 strokes)

芥 jiè
芙 fú
芬 fēn

芳 fāng
芦 lú
芹 qín
苇 wěi
芜 wú
芸 yún
芭 bā
苍 cāng
花 huā
苏 sū
芽 yá

五画 (5 strokes)

茄 jiā; qié
茎 jīng
苟 gǒu
苛 kē
茅 máo
若 ruò
苔 tái
苑 yuàn
茁 zhuó
奔 bēn; bèn
苞 bāo
茉 mò
苦 kǔ
茂 mào
苹 píng
苗 miáo
英 yīng
范 fàn

六画 (6 strokes)

荤 hūn
荐 jiàn
茧 jiǎn
荟 huì
茴 huí
荆 jīng
荡 dàng
茬 chá
茫 máng
荞 qiáo
荏 rěn
茸 róng
茵 yīn
荧 yíng
草 cǎo
茶 chá
荒 huāng
荣 róng
荫 yìn
荔 lì
药 yào

七画 (7 strokes)

荷 hé; hè
莅 lì
莽 mǎng
莫 mò
莴 wō
莲 lián
获 huò

八画 (8 strokes)

菁 jīng
菊 jú
菇 gū
菌 jūn
菲 fěi
萃 cuì
菱 líng
萌 méng
萍 píng
菩 pú
萋 qī
萎 wěi
萧 xiāo
萦 yíng
著 zhù
萝 luó
菜 cài
菠 bō
萤 yíng
营 yíng

九画 (9 strokes)

葫 hú
蒂 dì
葬 zàng
葆 bǎo
葱 cōng
董 dǒng
葵 kuí
葡 pú
落 là; lào; luò

十画 (10 strokes)

蓦 mò
蓬 péng
蓄 xù
蓓 bèi
蒜 suàn
蓝 lán
蒙 mēng; méng; Měng
蒸 zhēng

十一画 (11 strokes)

蔓 màn
蔑 miè
蔷 qiáng
蔚 wèi
蔗 zhè
蔽 bì
蔼 ǎi
蔫 niān

十二画 (12 strokes)

蕉 jiāo
蕊 ruǐ
蔬 shū
蕴 yùn

十三画 (13 strokes)

蕾 lěi
薯 shǔ
薪 xīn
薄 báo; bó; bò

十四画 (14 strokes)

藐 miǎo
藏 cáng; zàng

十五画 (15 strokes)

藕 ǒu
藤 téng

十六画 (16 strokes)

孽 niè
蘑 mó

39 寸

寸 cùn

三画 (3 strokes)

寻 xún
导 dǎo

四画 (4 strokes)

寿 shòu

六画 (6 strokes)

封 fēng
耐 nài

七画 (7 strokes)

辱 rǔ
射 shè

九画 (9 strokes)

尊 zūn

40 廾 *(underneath 在下边)*

三画 (3 strokes)

异 yì

四画 (4 strokes)

弃 qì
弄 lòng; nòng

十一画 (11 strokes)

弊 bì

41 大

大 dà; dài

一画 (1 stroke)

夭 yāo
太 tài

二画 (2 strokes)

夯 hāng
央 yāng

三画 (3 strokes)

夷 yí
夸 kuā
夺 duó
夹 gā; jiā; jiá
尖 jiān

五画 (5 strokes)

奄 yǎn
奉 fèng
奇 jī; qí
奋 fèn
奔 bēn; bèn
态 tài

六画 (6 strokes)

契 qì
牵 qiān
美 měi
奖 jiǎng

七画 (7 strokes)

奚 xī
套 tào

八画 (8 strokes)

爽 shuǎng
奢 shē

九画 (9 strokes)

奠 diàn
奥 ào

十二画 (12 strokes)

樊 fán

42 尢

一画 (1 stroke)

尤 yóu

二画 (2 strokes)

龙 lóng

十画 (10 strokes)

尴 gān

43 小（⺌）

小 xiǎo

一画 (1 stroke)

少 shǎo; shào

二画 (2 strokes)

尔 ěr

三画 (3 strokes)

尘 chén
当 dāng; dàng

四画 (4 strokes)

肖 xiào

五画 (5 strokes)

尚 shàng

六画 (6 strokes)

省 shěng; xǐng
尝 cháng

八画 (8 strokes)

常 cháng

九画 (9 strokes)

掌 zhǎng

44 口

口 kǒu

二画 (2 strokes)

叽 jī
叩 kòu
叱 chì
叨 dāo
叼 diāo
叮 dīng
号 háo; hào
叫 jiào
另 lìng
右 yòu
叶 yè
叹 tàn

三画 (3 strokes)

吉 jí
吆 yāo
吁 xū; yù
吊 diào
吐 tǔ; tù
吓 hè; xià
吃 chī
吸 xī
吗 mǎ; ma
各 gè
名 míng

四画 (4 strokes)

吼 hǒu
君 jūn
吭 háng; kēng
吠 fèi
呈 chéng
呐 nà
呛 qiāng; qiàng
吮 shǔn
呜 wū
呓 yì
吟 yín
吱 zī
吧 bā; ba
吵 chǎo
员 yuán
吹 chuī
呆 dāi
吨 dūn
否 fǒu
告 gào
吝 lìn
呕 ǒu
呀 yā
启 qǐ
吩 fēn
听 tīng
吞 tūn
吻 wěn

五画 (5 strokes)

鸣 míng
咎 jiù
呵 hē
呱 gū; guā
咕 gū
咄 duō
亟 jí
咆 páo
呸 pēi
呻 shēn
呷 xiā
呦 yōu
咂 zā
咋 zǎ; zé; zhā
味 wèi
哎 āi
呼 hū
咖 gā; kā
和 hé; huó; huò
呢 ne; ní
咀 jǔ

六画 (6 strokes)

哗 huā; huá
哄 hōng; hǒng; hòng

咣 guāng
咯 gē
咧 liē; liě
咪 mī
哇 wā
咿 yī
咫 zhǐ
哆 duō
哈 hā; hǎ
咳 hāi; ké
哪 nǎ
哟 yō
品 pǐn
咽 yān; yàn
咱 zán
虽 suī
咸 xián
哑 yǎ
响 xiǎng
咨 zī
咬 yǎo

七画 (7 strokes)

唧 jī
哽 gěng
唠 láo
哺 bǔ
唆 suō
唁 yàn
唉 āi; ài
啊 ā; á; à
唇 chún
哼 hēng
唤 huàn
哭 kū
哦 ó; ò
哨 shào
哲 zhé
哮 xiào

八画 (8 strokes)

唬 hǔ
啃 kěn
啐 cuì
啜 chuò
喵 miāo
啪 pā
啬 sè
唯 wěi
啸 xiào
啧 zé
啄 zhuó
唱 chàng
啦 la
啤 pí
售 shòu
唾 tuò

九画 (9 strokes)

嗟 jiē
喙 huì
喋 dié
喘 chuǎn
喳 chā; zhā
嗖 sōu
啼 tí
喻 yù
喊 hǎn
喧 xuān
喝 hē; hè
喉 hóu
喇 lǎ
喷 pēn; pèn
善 shàn
喂 wèi

十画 (10 strokes)

嘟 dū
嗤 chī
嗔 chēn
嗡 wēng
嗅 xiù
嗷 áo
嗳 ǎi; ài
嗝 gé
嗓 sǎng
嗜 shì

十一画 (11 strokes)

嘎 gā
嘀 dī; dí
嘈 cáo
嗽 sòu
嘘 shī; xū
嘣 bēng
嘛 ma

十二画 (12 strokes)

嘿 hēi
噔 dēng
嘹 liáo
噙 qín
嘶 sī
嘻 xī
嘱 zhǔ
嘲 cháo
噎 yē

十三画 (13 strokes)

噤 jìn
嚄 ǒ
嘴 zuǐ
器 qì
噪 zào

十四画 (14 strokes)

嚎 háo

十五画 (15 strokes)

嚣 xiāo

十七画 (17 strokes)

嚼 jiáo; jué
嚷 rāng; rǎng

45 囗

二画 (2 strokes)

囚 qiú
四 sì

三画 (3 strokes)

因 yīn
回 huí
团 tuán

四画 (4 strokes)

囫 hú
囤 tún
园 yuán
围 wéi
困 kùn

五画 (5 strokes)

囹 líng
固 gù
国 guó
图 tú

六画 (6 strokes)

囿 yòu

七画 (7 strokes)

圃 pǔ
圆 yuán

八画 (8 strokes)

圈 juān; juàn; quān

46 巾

巾 jīn

一画 (1 stroke)

币 bì

二画 (2 strokes)

布 bù
帅 shuài

三画 (3 strokes)

帆 fān

四画 (4 strokes)

帐 zhàng
希 xī

五画 (5 strokes)

帛 bó
帕 pà
帖 tiē; tiě; tiè
帜 zhì
帚 zhǒu
帘 lián

六画 (6 strokes)

帮 bāng
带 dài

八画 (8 strokes)

帷 wéi

九画 (9 strokes)

幅 fú
帽 mào
幂 mì

十画 (10 strokes)

幌 huǎng
幕 mù

十二画 (12 strokes)

幢 zhuàng

47 山

山 shān

三画 (3 strokes)

岂 qǐ
屹 yì
屿 yǔ
岁 suì

四画 (4 strokes)

岛 dǎo
岗 gǎng
岔 chà

五画 (5 strokes)

岬 jiǎ
岭 lǐng
岸 àn
岳 yuè
岩 yán

六画 (6 strokes)

炭 tàn
峡 xiá

七画 (7 strokes)

峻 jùn
峰 fēng
峭 qiào

八画 (8 strokes)

崛 jué
崎 qí
崩 bēng
崇 chóng
崭 zhǎn
崖 yá

九画 (9 strokes)

嵌 qiàn
崴 wǎi

十二画 (12 strokes)

嶙 lín

十六画 (16 strokes)

巅 diān

十七画 (17 strokes)

巍 wēi

48 彳

三画 (3 strokes)

行 háng; xíng

四画 (4 strokes)

彷 páng
役 yì
彻 chè

五画 (5 strokes)

径 jìng
征 zhēng
往 wǎng
彼 bǐ

六画 (6 strokes)

徇 xùn
衍 yǎn
待 dāi; dài
律 lǜ
很 hěn

七画 (7 strokes)

徐 xú
徒 tú

八画 (8 strokes)

徜 cháng
衔 xián
得 dé; de; děi

九画 (9 strokes)

御 yù
循 xún
街 jiē

十画 (10 strokes)

微 wēi

十二画 (12 strokes)

德 dé

十三画 (13 strokes)

衡 héng

十四画 (14 strokes)

徽 huī

49 彡

四画 (4 strokes)

形 xíng

六画 (6 strokes)

须 xū

八画 (8 strokes)

彬 bīn
彪 biāo
彩 cǎi

十二画 (12 strokes)

影 yǐng

50 犭

二画 (2 strokes)

犯 fàn

三画 (3 strokes)

犷 guǎng

四画 (4 strokes)

狂 kuáng
犹 yóu

五画 (5 strokes)

狙 jū
狒 fèi
狞 níng
狐 hú
狗 gǒu

六画 (6 strokes)

狡 jiǎo
狠 hěn

狩 shòu
峥 zhēng
狭 xiá
狮 shī
独 dú
狱 yù

七画 (7 strokes)

狼 láng

八画 (8 strokes)

猝 cù
猖 chāng
猜 cāi
猪 zhū
猎 liè
猫 māo
猛 měng
猕 mí

九画 (9 strokes)

猾 huá
猥 wěi
猩 xīng
猴 hóu

十画 (10 strokes)

猿 yuán

十三画 (13 strokes)

獭 tǎ

51 夕

夕 xī

三画 (3 strokes)

多 duō

八画 (8 strokes)

梦 mèng

52 夂

二画 (2 strokes)

处 chǔ; chù
冬 dōng

四画 (4 strokes)

麦 mài
条 tiáo

五画 (5 strokes)

备 bèi

七画 (7 strokes)

夏 xià

53 饣

二画 (2 strokes)

饥 jī

四画 (4 strokes)

饬 chì
饮 yǐn
饭 fàn

五画 (5 strokes)

饯 jiàn
饱 bǎo
饰 shì
饲 sì

六画 (6 strokes)

蚀 shí
饵 ěr
饶 ráo
饺 jiǎo
饼 bǐng

七画 (7 strokes)

馁 něi
饿 è

八画 (8 strokes)

馄 hún
馅 xiàn

九画 (9 strokes)

馈 kuì
馋 chán
馊 sōu

十画 (10 strokes)

馏 liù

十一画 (11 strokes)

馒 mán

54 丬

四画 (4 strokes)

状 zhuàng

六画 (6 strokes)

将 jiāng; jiàng

55 广

广 guǎng

三画 (3 strokes)

庄 zhuāng
庆 qìng

四画 (4 strokes)

库 kù
庐 lú
序 xù
庇 bì
床 chuáng
应 yīng; yìng

五画 (5 strokes)

府 fǔ
庞 páng

店 diàn
庙 miào
底 dǐ
废 fèi

六画 (6 strokes)

度 dù; duó
庭 tíng

七画 (7 strokes)

唐 táng
席 xí
座 zuò

八画 (8 strokes)

庵 ān
康 kāng
廊 láng
庸 yōng

十画 (10 strokes)

廉 lián

十一画 (11 strokes)

腐 fǔ

十五画 (15 strokes)

鹰 yīng

56 忄 (⺌)

一画 (1 stroke)

忆 yì

三画 (3 strokes)

忏 chàn
忙 máng

四画 (4 strokes)

忡 chōng
忱 chén
怅 chàng

怄 òu
怀 huái
忧 yōu
快 kuài

五画 (5 strokes)

怜 lián
怦 pēng
怯 qiè
怡 yí
怔 zhēng
性 xìng
怕 pà
怪 guài

六画 (6 strokes)

恭 gōng
恍 huǎng
恒 héng
恪 kè
恼 nǎo
恬 tián
恤 xù
恢 huī
恰 qià
恨 hèn

七画 (7 strokes)

悔 huǐ
悍 hàn
悚 sǒng
悟 wù
悦 yuè
悖 bèi
悄 qiāo; qiǎo

八画 (8 strokes)

悸 jì
惧 jù
惆 chóu
惬 qiè
惋 wǎn
惜 xī
惭 cán
惨 cǎn
悼 dào

惦 diàn
惯 guàn
惊 jīng
情 qíng
惟 wéi

九画 (9 strokes)

惶 huáng
慨 kǎi
愧 kuì
愣 lèng
愕 è
惰 duò
惺 xīng
惴 zhuì
愤 fèn
慌 huāng
愉 yú

十画 (10 strokes)

慕 mù
慑 shè
慎 shèn

十一画 (11 strokes)

慷 kāng
慢 màn

十二画 (12 strokes)

憧 chōng
憔 qiáo
憎 zēng
懂 dǒng
懊 ào

十三画 (13 strokes)

憾 hàn
懈 xiè
懒 lǎn

十四画 (14 strokes)

懦 nuò

十五画 (15 strokes)

懵 měng

57 门

门 mén

一画 (1 stroke)

闩 shuān

二画 (2 strokes)

闪 shǎn

三画 (3 strokes)

闭 bì
闯 chuǎng
问 wèn

四画 (4 strokes)

闰 rùn
闲 xián
间 jiān; jiàn
闷 mēn; mèn

五画 (5 strokes)

闹 nào

六画 (6 strokes)

闺 guī
阁 gé
阀 fá
闻 wén

七画 (7 strokes)

阄 jiū
阅 yuè

八画 (8 strokes)

阐 chǎn
阉 yān

九画 (9 strokes)

阔 kuò
阑 lán

58 氵

二画 (2 strokes)

汁 zhī
汉 hàn
汇 huì

三画 (3 strokes)

汲 jí
汐 xī
汛 xùn
池 chí
汗 hàn
污 wū
江 jiāng
汤 tāng

四画 (4 strokes)

沆 hàng
汩 gǔ
沥 lì
泛 fàn
沧 cāng
沦 lún
沐 mù
沏 qī
沁 qìn
汪 wāng
汹 xiōng
沟 gōu
沙 shā
汽 qì
没 méi; mò
沉 chén

五画 (5 strokes)

沮 jǔ
泾 jīng
沽 gū
沸 fèi
泊 bó

泌 mì
泯 mǐn
泼 pō
泣 qì
泽 zé
沼 zhǎo
沫 mò
浅 qiǎn
法 fǎ
泄 xiè
河 hé
泪 lèi
油 yóu
沿 yán
泡 pào
注 zhù
泳 yǒng
泥 ní
波 bō
治 zhì
泻 xiè

六画 (6 strokes)

津 jīn
浇 jiāo
济 jǐ; jì
洁 jié
浏 liú
洽 qià
洼 wā
涎 xián
洇 yīn
洲 zhōu
浊 zhuó
测 cè
洞 dòng
洪 hóng
浑 hún
活 huó
派 pài
洋 yáng
浓 nóng
洒 sǎ
洗 xǐ

七画 (7 strokes)

涧 jiàn
浸 jìn
浣 huàn
涣 huàn
涓 juān
浩 hào
浚 jùn
涝 lào
涟 lián
涤 dí
润 rùn
涛 tāo
涕 tì
涡 wō
涌 yǒng
浮 fú
海 hǎi
浪 làng
浴 yù
流 liú
酒 jiǔ
涩 sè
涉 shè
涂 tú
消 xiāo
涨 zhǎng; zhàng

八画 (8 strokes)

涵 hán
渎 dú
淀 diàn
淬 cuì
淙 cóng
淳 chún
淑 shū
涮 shuàn
淌 tǎng
淅 xī
淆 xiáo
涯 yá
淫 yín
淤 yū
渔 yú
渍 zì
淡 dàn
混 hùn
渐 jiàn
淋 lín
淹 yān
清 qīng
渠 qú
渔 yú
液 yè
深 shēn
渗 shèn
淘 táo
添 tiān
鸿 hóng

九画 (9 strokes)

溅 jiàn
溃 kuì
渺 miǎo
湍 tuān
渲 xuàn
游 yóu
渝 yú
渣 zhā
滞 zhì
滋 zī
渡 dù
港 gǎng
滑 huá
渴 kě
湖 hú
湿 shī
湾 wān
温 wēn

十画 (10 strokes)

滥 làn
滨 bīn
滤 lǜ
漠 mò
溺 nì
滂 pāng
溶 róng
溯 sù
滩 tān
滔 tāo
溢 yì
满 mǎn
源 yuán
溪 xī
溜 liū
滚 gǔn

十一画 (11 strokes)

漆 qī
潇 xiāo
漩 xuán
漾 yàng
滴 dī
演 yǎn
漏 lòu
漫 màn
漂 piāo; piǎo; piào
漱 shù

十二画 (12 strokes)

澜 lán
澄 chéng; dèng
潮 cháo
澈 chè
潺 chán
潦 liáo
澎 péng
潜 qián
潸 shān
潭 tán
澳 ào

十三画 (13 strokes)

濒 bīn
澡 zǎo
激 jī

十五画 (15 strokes)

瀑 pù

十六画 (16 strokes)

瀚 hàn

十七画 (17 strokes)

灌 guàn

59 宀

二画 (2 strokes)

宁 níng; nìng
它 tā

三画 (3 strokes)

宇 yǔ
字 zì
安 ān
守 shǒu

四画 (4 strokes)

牢 láo
宏 hóng
完 wán
灾 zāi

五画 (5 strokes)

审 shěn
宛 wǎn
宗 zōng
宝 bǎo
定 dìng
宠 chǒng
官 guān
审 shěn
实 shí
宜 yí

六画 (6 strokes)

宦 huàn
宣 xuān
室 shì
宫 gōng
宪 xiàn
客 kè

七画 (7 strokes)

宴 yàn
宰 zǎi
害 hài
宽 kuān
家 jiā
宵 xiāo
宾 bīn

八画 (8 strokes)

寂 jì
寄 jì
宿 sù; xiǔ
密 mì
寇 kòu

九画 (9 strokes)

寓 yù
富 fù

十画 (10 strokes)

寝 qǐn
塞 sāi; sài

十一画 (11 strokes)

寡 guǎ
寥 liáo
察 chá
赛 sài
蜜 mì

十三画 (13 strokes)

寰 huán

60 辶

二画 (2 strokes)

辽 liáo
边 biān

三画 (3 strokes)

迁 qiān
迅 xùn
迂 yū
达 dá
迈 mài
过 guò

四画 (4 strokes)

迎 yíng
远 yuǎn
运 yùn
这 zhè
进 jìn
违 wéi
还 hái; huán
连 lián
近 jìn
返 fǎn
迟 chí

五画 (5 strokes)

迥 jiǒng
迭 dié
迢 tiáo
迪 dí
迫 pò
述 shù

六画 (6 strokes)

迹 jì
选 xuǎn
追 zhuī
迸 bèng
送 sòng
适 shì
逃 táo
迷 mí
退 tuì
逊 xùn
逆 nì

七画 (7 strokes)

逍 xiāo
造 zào
逐 zhú
逞 chěng
递 dì
逗 dòu
逢 féng
逛 guàng
逝 shì
速 sù
通 tōng; tòng
透 tòu
途 tú

八画 (8 strokes)

逸 yì
逮 dǎi; dài
逻 luó

九画 (9 strokes)

遏 è
遁 dùn
遒 qiú
遂 suí; suì
遐 xiá
遗 yí
逾 yú
遇 yù
逼 bī
道 dào
遍 biàn

十画 (10 strokes)

遣 qiǎn
遥 yáo
遨 áo
遛 liù

十一画 (11 strokes)

遭 zāo
遮 zhē

十二画 (12 strokes)

遵 zūn

十三画 (13 strokes)

邂 xiè
邀 yāo
避 bì

十五画 (15 strokes)

邋 lā

61 彐 (彑)

二画 (2 strokes)

归 guī

四画 (4 strokes)

灵 líng

五画 (5 strokes)

录 lù

八画 (8 strokes)

彗 huì

62 尸

尸 shī

一画 (1 stroke)

尺 chǐ

三画 (3 strokes)

尽 jǐn; jìn

四画 (4 strokes)

层 céng
尿 niào; suī
屁 pì
尾 wěi
局 jú

五画 (5 strokes)

屈 qū
屉 tì
届 jiè
居 jū

六画 (6 strokes)

昼 zhòu
屏 bǐng; píng
屋 wū
屎 shǐ

七画 (7 strokes)

屑 xiè

八画 (8 strokes)

屠 tú

九画 (9 strokes)

孱 chán
屡 lǚ
犀 xī
属 shǔ

十二画 (12 strokes)

履 lǚ

63 己（巳）

己 jǐ
已 yǐ

64 弓

弓 gōng

一画 (1 stroke)

引 yǐn

二画 (2 strokes)

弘 hóng

三画 (3 strokes)

弛 chí

四画 (4 strokes)

张 zhāng

五画 (5 strokes)

弧 hú
弥 mí
弦 xián

六画 (6 strokes)

弯 wān

七画 (7 strokes)

弱 ruò

八画 (8 strokes)

弹 dàn; tán

九画 (9 strokes)

强 jiàng; qiáng; qiǎng

65 子

子 zǐ
孑 jié

二画 (2 strokes)

孕 yùn

三画 (3 strokes)

存 cún
孙 sūn

四画 (4 strokes)

孚 fú
孜 zī
孝 xiào

五画 (5 strokes)

孢 bāo
孤 gū

六画 (6 strokes)

孪 luán
孩 hái

七画 (7 strokes)

孬 nāo

九画 (9 strokes)

孳 zī

十一画 (11 strokes)

孵 fū

十四画 (14 strokes)

孺 rú

66 女

女 nǚ

二画 (2 strokes)

奶 nǎi
奴 nú

三画 (3 strokes)

奸 jiān
妃 fēi
妄 wàng
妆 zhuāng
如 rú
妇 fù
她 tā
好 hǎo; hào
妈 mā

四画 (4 strokes)

妓 jì
妒 dù
妊 rèn
妩 wǔ
妖 yāo
姊 zǐ
妨 fáng
妙 miào
妥 tuǒ

五画 (5 strokes)

姗 shān
姓 xìng
妻 qī
妹 mèi
姑 gū
姐 jiě
始 shǐ

委　wěi
妾　qiè

六画 (6 strokes)

姣　jiāo
娇　jiāo
姹　chà
娄　lóu
姘　pīn
姨　yí
姻　yīn
姿　zī
姜　jiāng
姥　lǎo
耍　shuǎ
威　wēi
娃　wá

七画 (7 strokes)

娟　juān
娥　é
婀　ē
娩　miǎn
娘　niáng
娴　xián
娱　yú

八画 (8 strokes)

娼　chāng
婵　chán
婆　pó
婉　wǎn
婴　yīng
婊　biǎo
婢　bì
婚　hūn
娶　qǔ
婶　shěn

九画 (9 strokes)

媚　mèi
婿　xù
媒　méi
嫂　sǎo

十画 (10 strokes)

嫁　jià
嫉　jí
媲　pì
媳　xí
嫌　xián

十一画 (11 strokes)

嫡　dí
嫩　nèn
嫖　piáo

十二画 (12 strokes)

嬉　xī

十七画 (17 strokes)

孀　shuāng

67 纟

二画 (2 strokes)

纠　jiū

三画 (3 strokes)

纫　rèn
约　yuē
红　hóng
纤　qiàn; xiān
级　jí
纪　jì

四画 (4 strokes)

纲　gāng
纳　nà
纽　niǔ
纰　pī
纱　shā
纹　wén
纸　zhǐ
纵　zòng
纯　chún
纺　fǎng
纷　fēn
纱　shā
纬　wěi

五画 (5 strokes)

织　zhī
组　zǔ
线　xiàn
练　liàn
绅　shēn
细　xì
终　zhōng
绊　bàn
经　jīng

六画 (6 strokes)

绞　jiǎo
绛　jiàng
绘　huì
绝　jué
络　luò
绒　róng
绚　xuàn
绑　bǎng
结　jiē; jié
给　gěi; jǐ
绕　rào
统　tǒng

七画 (7 strokes)

绢　juàn
绣　xiù
继　jì

八画 (8 strokes)

绩　jì
绯　fēi
绰　chuò
绺　liǔ
绵　mián
绪　xù
续　xù
综　zōng
绷　bēng; běng; bèng
绸　chóu
绳　shéng
维　wéi
绿　lǜ

九画 (9 strokes)

缄　jiān
缉　jī
缔　dì
缕　lǚ
缘　yuán
编　biān
缎　duàn
缓　huǎn
缆　lǎn
缅　miǎn

十画 (10 strokes)

缚　fù
缤　bīn
缜　zhěn
缠　chán
缝　féng; fèng

十一画 (11 strokes)

缥　piāo
缨　yīng
缩　suō

十二画 (12 strokes)

缭　liáo
缮　shàn

十三画 (13 strokes)

缴　jiǎo
缰　jiāng

68 马

马　mǎ

二画 (2 strokes)

驭　yù

三画 (3 strokes)

驯　xùn

驰 chí
驮 duò; tuó

四画 (4 strokes)

驳 bó
驱 qū
驴 lǘ

五画 (5 strokes)

驹 jū
驶 shǐ
驻 zhù
驾 jià
驼 tuó

六画 (6 strokes)

骇 hài
骂 mà
骄 jiāo
骆 luò

七画 (7 strokes)

骏 jùn
骋 chěng
验 yàn

八画 (8 strokes)

骑 qí

九画 (9 strokes)

骛 wù
骗 piàn
骚 sāo

十画 (10 strokes)

骟 shàn

十一画 (11 strokes)

骡 luó

十四画 (14 strokes)

骤 zhòu

69 幺

幺 yāo

一画 (1 stroke)

幻 huàn

二画 (2 strokes)

幼 yòu

70 王

王 wáng

一画 (1 stroke)

玉 yù

三画 (3 strokes)

玛 mǎ
玖 jiǔ

四画 (4 strokes)

玩 wán
环 huán
现 xiàn
玫 méi

五画 (5 strokes)

玷 diàn
珍 zhēn
珐 fà
玳 dài
玲 líng
玻 bō
皇 huáng
珊 shān

六画 (6 strokes)

珠 zhū
班 bān

七画 (7 strokes)

琐 suǒ
球 qiú
理 lǐ
望 wàng

八画 (8 strokes)

琵 pí
琥 hǔ
琳 lín
琢 zhuó; zuó
琴 qín

九画 (9 strokes)

瑰 guī
瑞 ruì
瑟 sè
瑕 xiá

十一画 (11 strokes)

璀 cuǐ

71 氏

氏 shì

72 毋（母）

母 mǔ
毋 wú

四画 (4 strokes)

毒 dú

73 殳

四画 (4 strokes)

殴 ōu

五画 (5 strokes)

段 duàn

六画 (6 strokes)

殷 yān; yīn

九画 (9 strokes)

殿 diàn
毁 huǐ

十一画 (11 strokes)

毅 yì

74 韦

三画 (3 strokes)

韧 rèn

八画 (8 strokes)

韩 hán

十画 (10 strokes)

韬 tāo

75 木

木 mù

一画 (1 stroke)

本 běn
术 shù

二画 (2 strokes)

朽 xiǔ
杂 zá
朱 zhū
机 jī
朴 pǔ
权 quán
杀 shā

三画 (3 strokes)

杜 dù
李 lǐ
杠 gàng
杉 shān
杏 xìng
杨 yáng

杈 chà
杆 gān; gǎn
材 cái
村 cūn
极 jí
杖 zhàng

四画 (4 strokes)

枫 fēng
枚 méi
枢 shū
枉 wǎng
析 xī
杳 yǎo
枣 zǎo
枕 zhěn
枝 zhī
构 gòu
林 lín
杯 bēi
柜 guì
板 bǎn
松 sōng
枪 qiāng
果 guǒ
采 cǎi

五画 (5 strokes)

柬 jiǎn
枷 jiā
枯 kū
栎 lì
柑 gān
栋 dòng
柄 bǐng
某 mǒu
柠 níng
柏 bǎi
标 biāo
查 chá
相 xiāng; xiàng
柳 liǔ
柿 shì
栏 lán
染 rǎn
树 shù

亲 qīn
柒 qī
架 jià
柔 róu

六画 (6 strokes)

桀 jié
桨 jiǎng
桦 huà
桂 guì
栗 lì
栖 qī
栓 shuān
桅 wéi
栩 xǔ
样 yàng
桎 zhì
株 zhū
桩 zhuāng
案 àn
柴 chái
档 dàng
格 gé
根 gēn
核 hé
框 kuàng
桥 qiáo
桃 táo
校 jiào; xiào
栽 zāi

七画 (7 strokes)

梏 gù
梗 gěng
梁 liáng
梅 méi
梢 shāo
梭 suō
梧 wú
械 xiè
检 jiǎn
梳 shū
梯 tī
桶 tǒng
梨 lí

八画 (8 strokes)

椒 jiāo
棘 jí
棍 gùn
棺 guān
榔 láng
棱 léng
棉 mián
棚 péng
椰 yē
椅 yǐ
植 zhí
棕 zōng
棒 bàng
集 jí
棵 kē
棋 qí
森 sēn
椭 tuǒ

九画 (9 strokes)

槐 huái
楷 kǎi
楚 chǔ
楔 xiē
概 gài
楼 lóu

十画 (10 strokes)

模 mó; mú
榜 bǎng

十一画 (11 strokes)

橄 gǎn
槽 cáo
樱 yīng
樟 zhāng
横 héng; hèng
橡 xiàng

十二画 (12 strokes)

橛 jué
橇 qiāo
橙 chéng
橱 chú

橘 jú

十三画 (13 strokes)

檀 tán
檐 yán

---

76 犬

犬 quǎn

六画 (6 strokes)

臭 chòu; xiù

九画 (9 strokes)

献 xiàn

---

77 歹

歹 dǎi

二画 (2 strokes)

死 sǐ

三画 (3 stokes)

歼 jiān

五画 (5 stokes)

残 cán

六画 (6 stokes)

殊 shū
殉 xùn

七画 (7 strokes)

殓 liàn

八画 (8 strokes)

殖 zhí

十画 (10 strokes)

殡 bìn

78 车

车 chē; jū

一画 (1 stroke)

轧 yà; zhá

二画 (2 strokes)

轨 guǐ

三画 (3 strokes)

轩 xuān

四画 (4 strokes)

轭 è
转 zhuǎn; zhuàn
轮 lún
软 ruǎn
轰 hōng

五画 (5 strokes)

轱 gū
轶 yì
轴 zhóu
轻 qīng

六画 (6 strokes)

轿 jiào
载 zǎi; zài
较 jiào

七画 (7 strokes)

辅 fǔ
辆 liàng

八画 (8 strokes)

辉 huī
辍 chuò
辈 bèi

九画 (9 strokes)

辑 jí
辐 fú
输 shū

十画 (10 strokes)

辖 xiá

十一画 (11 strokes)

辘 lù

十二画 (12 strokes)

辙 zhé

79 比

比 bǐ

二画 (2 strokes)

毕 bì

五画 (5 strokes)

毗 pí

六画 (6 strokes)

毙 bì

80 瓦

瓦 wǎ

四画 (4 strokes)

瓮 wèng

六画 (6 strokes)

瓷 cí
瓶 píng

81 止

止 zhǐ

二画 (2 strokes)

此 cǐ

三画 (3 strokes)

步 bù

四画 (4 strokes)

歧 qí
武 wǔ
肯 kěn

82 攴

十画 (10 strokes)

敲 qiāo

83 日

日 rì

一画 (1 stroke)

旦 dàn

二画 (2 strokes)

旭 xù
旬 xún
早 zǎo

三画 (3 strokes)

旱 hàn
旷 kuàng
时 shí

四画 (4 strokes)

者 zhě
昌 chāng
昔 xī
易 yì
昂 áng
昏 hūn
昆 kūn
明 míng
旺 wàng

五画 (5 strokes)

昧 mèi
昵 nì
映 yìng
昭 zhāo
昨 zuó
春 chūn
是 shì
显 xiǎn
星 xīng
香 xiāng

六画 (6 strokes)

晋 jìn
晃 huǎng; huàng
晌 shǎng
晕 yūn; yùn
晒 shài
晓 xiǎo

七画 (7 strokes)

晦 huì
晤 wù
晨 chén
晚 wǎn

八画 (8 strokes)

晶 jīng
晰 xī
暂 zàn
智 zhì
量 liáng; liàng
晾 liàng
景 jǐng
晴 qíng
暑 shǔ
替 tì

九画 (9 strokes)

暖 nuǎn
暇 xiá
暗 àn

十画 (10 strokes)

暮 mù
暧 ài

十一画 (11 strokes)

暴 bào

十三画 (13 strokes)

曙 shǔ

十五画 (15 strokes)

曝 pù

十六画 (16 strokes)

曦 xī

84 曰

二画 (2 strokes)

曳 yè
旨 zhǐ

五画 (5 strokes)

冒 mào

七画 (7 strokes)

冕 miǎn
曼 màn

八画 (8 strokes)

最 zuì

85 水

水 shuǐ

一画 (1 stroke)

永 yǒng

二画 (2 strokes)

氽 cuān

四画 (4 strokes)

沓 dá

五画 (5 strokes)

泵 bèng
泉 quán

六画 (6 strokes)

浆 jiāng
泰 tài

86 贝

贝 bèi

二画 (2 strokes)

贞 zhēn

三画 (3 strokes)

财 cái
贡 gòng

四画 (4 strokes)

贩 fàn
贤 xián
责 zé
贮 zhù
败 bài
贬 biǎn
购 gòu
贯 guàn
货 huò
贫 pín
贪 tān

五画 (5 strokes)

贴 tiē; tiě
贱 jiàn
贻 yí
贷 dài
贰 èr
费 fèi
贵 guì
贺 hè
贸 mào

六画 (6 strokes)

赁 lìn
赃 zāng
贼 zéi
贿 huì
资 zī

七画 (7 strokes)

赊 shē
赈 zhèn

八画 (8 strokes)

赋 fù
赐 cì
赎 shú
赌 dǔ
赔 péi
赏 shǎng

九画 (9 strokes)

赖 lài

十画 (10 strokes)

赚 zhuàn
赘 zhuì

十二画 (12 strokes)

赞 zàn
赠 zèng

十三画 (13 strokes)

赡 shàn

87 见

见 jiàn

四画 (4 strokes)

觅 mì
规 guī

五画 (5 strokes)

览 lǎn
觉 jiào; jué

六画 (6 strokes)

觊 jì

十一画 (11 strokes)

觐 jìn

88 牛(牜)

牛 niú

二画 (2 strokes)

牟 móu

三画 (3 strokes)

牡 mǔ

四画 (4 strokes)

牧 mù
物 wù

五画 (5 strokes)

牯 gǔ
牲 shēng

六画 (6 strokes)

特 tè
牺 xī

七画 (7 strokes)

犁 lí

八画 (8 strokes)

犄 jī
犊 dú

十画 (10 strokes)

犒 kào

十二画 (12 strokes)

犟 jiàng

89 手

手 shǒu

六画 (6 strokes)

挛 luán
拳 quán
挚 zhì

八画 (8 strokes)

掣 chè
掰 bāi

十画 (10 strokes)

摹 mó

十一画 (11 strokes)

摩 mó

十五画 (15 strokes)

攀 pān

90 毛

毛 máo

七画 (7 strokes)

毫 háo

八画 (8 strokes)

毽 jiàn
毯 tǎn

91 气

气 qì

四画 (4 strokes)

氛 fēn

五画 (5 strokes)

氢 qīng

六画 (6 strokes)

氧 yǎng

八画 (8 strokes)

氮 dàn
氯 lǜ

92 攵

二画 (2 strokes)

收 shōu

三画 (3 strokes)

改 gǎi

五画 (5 strokes)

政 zhèng
故 gù

六画 (6 strokes)

敌 dí
效 xiào
致 zhì

七画 (7 strokes)

敕 chì
敛 liǎn
敝 bì
敢 gǎn
教 jiāo; jiào
救 jiù
敏 mǐn

八画 (8 strokes)

敦 dūn
敞 chǎng
散 sǎn; sàn
敬 jìng

九画 (9 strokes)

数 shǔ; shù

十一画 (11 strokes)

敷 fū

93 片

片 piān; piàn

四画 (4 strokes)

版 bǎn

八画 (8 strokes)

牍 dú
牌 pái

九画 (9 strokes)

牒 dié

94 斤

斤 jīn

一画 (1 stroke)

斥 chì

四画 (4 strokes)

欣 xīn

七画 (7 strokes)

断 duàn

八画 (8 strokes)

斯 sī

九画 (9 strokes)

新 xīn

95 爪(爫)

爪 zhǎo; zhuǎ

四画 (4 strokes)

爬 pá

六画 (6 strokes)

爱 ài

十三画 (13 strokes)

爵 jué

96 父

父 fù

二画 (2 strokes)

爷 yé

四画 (4 strokes)

斧 fǔ
爸 bà

六画 (6 strokes)

爹 diē
釜 fǔ

97 月

月 yuè

二画 (2 strokes)

有 yǒu
肌 jī
肋 lèi

三画 (3 strokes)

肛 gāng
肘 zhǒu
肠 cháng
肝 gān
肚 dù

四画 (4 strokes)

肤 fū
胁 xié
肴 yáo
育 yù
胀 zhàng
肢 zhī
肮 āng
肥 féi
肺 fèi
服 fú; fù
股 gǔ
肩 jiān
朋 péng
肾 shèn
肿 zhǒng

五画 (5 strokes)

胫 jìng
胚 pēi
胞 bāo
背 bēi; bèi
胆 dǎn
胡 hú
脉 mài; mò
胖 pàng
胜 shèng
胎 tāi
胃 wèi

六画 (6 strokes)

脊 jǐ
脍 kuài
脑 nǎo
脓 nóng
脐 qí
胸 xiōng
胭 yān
脏 zāng; zàng
脂 zhī
脆 cuì
胳 gē
胶 jiāo
胯 kuà
朗 lǎng

七画 (7 strokes)

脯 fǔ; pú
脚 jiǎo
脖 bó
脸 liǎn
脱 tuō
踌 chóu

八画 (8 strokes)

腱 jiàn
腊 là
腔 qiāng
腌 yān
朝 cháo; zhāo
脾 pí
期 qī
腕 wàn
腋 yè

九画 (9 strokes)

腹 fù
腭 è
腼 miǎn
腾 téng
腰 yāo
腻 nì
腮 sāi
腥 xīng
腺 xiàn
腿 tuǐ

十画 (10 strokes)

膊 bó
膑 bìn
膀 bǎng; páng
膜 mó

十一画 (11 strokes)

膘 biāo
膛 táng
膝 xī

十二画 (12 strokes)

膨 péng
膳 shàn

十三画 (13 strokes)

朦 méng
臊 sāo; sào
臆 yì
臃 yōng
臂 bì
臀 tún

98 欠

欠 qiàn

四画 (4 strokes)

欧 ōu

七画 (7 strokes)

欲 yù

八画 (8 strokes)

款 kuǎn
欺 qī

九画 (9 strokes)

歇 xiē

十画 (10 strokes)

歉 qiàn
歌 gē

99 风

风 fēng

五画 (5 strokes)

飒 sà

八画 (8 strokes)

飓 jù

十一画 (11 strokes)

飘 piāo

十二画 (12 strokes)

飙 biāo

100 文

文 wén

二画 (2 strokes)

齐 qí

八画 (8 strokes)

斑 bān
斐 fěi

101 方

方 fāng

四画 (4 strokes)

放 fàng
房 fáng

五画 (5 strokes)

施 shī

六画 (6 strokes)

旅 lǚ

七画 (7 strokes)

旋 xuán; xuàn
族 zú

十画 (10 strokes)

旖 yǐ
旗 qí

102 火

火 huǒ

一画 (1 stroke)

灭 miè

二画 (2 strokes)

灰 huī
灯 dēng

三画 (3 strokes)

灶 zào
灼 zhuó
灿 càn

四画 (4 strokes)

炬 jù
炎 yán
炒 chǎo
炊 chuī
炖 dùn
炉 lú

五画 (5 strokes)

炯 jiǒng
炽 chì
炼 liàn
炸 zhá; zhà
烁 shuò
炫 xuàn
烂 làn
炮 bāo; páo; pào

六画 (6 strokes)

烬 jìn
烙 lào
烟 yān
烛 zhú
烤 kǎo
烦 fán
烧 shāo
烫 tàng
烘 hōng

七画 (7 strokes)

焕 huàn
焊 hàn
焐 wù

八画 (8 strokes)

焚 fén
焰 yàn
焙 bèi

九画 (9 strokes)

煌 huáng
煳 hú
煨 wēi
煤 méi

十画 (10 strokes)

熔 róng
煽 shān
熄 xī

十一画 (11 strokes)

熨 yùn

十二画 (12 strokes)

燎 liáo
燧 suì
燃 rán

十三画 (13 strokes)

燥 zào

十五画 (15 strokes)

爆 bào

103 斗

斗 dǒu; dòu

六画 (6 strokes)

料 liào

七画 (7 strokes)

斜 xié

九画 (9 strokes)

斟 zhēn

十画 (10 strokes)

斡 wò

104 灬

四画 (4 strokes)

杰 jié

五画 (5 strokes)

点 diǎn

六画 (6 strokes)

羔 gāo
烈 liè
热 rè

七画 (7 strokes)

烹 pēng

八画 (8 strokes)

煮 zhǔ
焦 jiāo
然 rán

九画 (9 strokes)

煎 jiān
煞 shā; shà
照 zhào

十画 (10 strokes)

熙 xī
熊 xióng
熏 xūn; xùn
熬 áo

十一画 (11 strokes)

熟 shú

十二画 (12 strokes)

燕 yàn

105 户

户 hù

四画 (4 strokes)

所 suǒ

五画 (5 strokes)

扁 biǎn; piān

六画 (6 strokes)

扇 shān; shàn

八画 (8 strokes)

扉 fēi

106 礻

一画 (1 stroke)

礼 lǐ

四画 (4 strokes)

祈 qí
视 shì

五画 (5 strokes)

祝 zhù
祖 zǔ
神 shén
祠 cí
祛 qū

六画 (6 strokes)

祥 xiáng

七画 (7 strokes)

祸 huò

八画 (8 strokes)

禅 chán; shàn
禄 lù

九画 (9 strokes)

福 fú

十二画 (12 strokes)

禧 xǐ

107 心

心 xīn

一画 (1 stroke)

必 bì

三画 (3 strokes)

忌 jì
忐 tǎn
志 zhì
忘 wàng
忍 rěn

四画 (4 strokes)

念 niàn
怂 sǒng
忠 zhōng
忽 hū

五画 (5 strokes)

怠 dài
怒 nù
怨 yuàn
总 zǒng
急 jí
思 sī

六画 (6 strokes)

恳 kěn
恩 ēn
恕 shù
息 xī
恣 zì
恐 kǒng
恶 ě; è; wù
恋 liàn

七画 (7 strokes)

您 nín
悉 xī
悬 xuán
悠 yōu
患 huàn

八画 (8 strokes)

惑 huò
惠 huì
惫 bèi
悲 bēi
惩 chéng
惹 rě

九画 (9 strokes)

意 yì
愚 yú
愈 yù
慈 cí
愁 chóu
想 xiǎng
感 gǎn

十画 (10 strokes)

愿 yuàn

十一画 (11 strokes)

慧 huì
憨 hān
慰 wèi
憋 biē

十二画 (12 strokes)

憩 qì

108 聿(肀)

四画 (4 strokes)

肃 sù

七画 (7 strokes)

肆 sì
肄 yì

八画 (8 strokes)

肇 zhào

109 戈

二画 (2 strokes)

戎 róng
戍 shù
成 chéng

三画 (3 strokes)

戒 jiè

四画 (4 strokes)

或 huò

五画 (5 strokes)

战 zhàn

七画 (7 strokes)

戛 jiá
戚 qī

十画 (10 strokes)

截 jié

十一画 (11 strokes)

戮 lù

十三画 (13 strokes)

戴 dài

十四画 (14 strokes)

戳 chuō

110 用

用 yòng

四画 (4 strokes)

甭 béng

111 示

示 shì

六画 (6 strokes)

祭 jì
票 piào

八画 (8 strokes)

禀 bǐng
禁 jīn; jìn

112 石

石 shí

三画 (3 strokes)

矿 kuàng
码 mǎ

四画 (4 strokes)

砒 pī
砌 qì
砂 shā
研 yán
砖 zhuān
砍 kǎn
砚 yàn

五画 (5 strokes)

砾 lì
砝 fǎ
础 chǔ
砰 pēng
砸 zá
破 pò

六画 (6 strokes)

硕 shuò

七画 (7 strokes)

硫 liú
硬 yìng
确 què

八画 (8 strokes)

碌 lù
碘 diǎn
碍 ài
碑 bēi
碰 pèng
碎 suì
碗 wǎn

九画 (9 strokes)

碱 jiǎn
磋 cuō
碧 bì
磁 cí
碟 dié
碳 tàn

十画 (10 strokes)

磊 lěi
碾 niǎn
磐 pán
磅 bàng; páng
磕 kē

十一画 (11 strokes)

磺 huáng
磨 mó; mò

十二画 (12 strokes)

礁 jiāo
磷 lín

113 龙

六画 (6 strokes)

聋 lóng
袭 xí

114 目

目 mù

二画 (2 strokes)

盯 dīng

三画 (3 strokes)

盲 máng

四画 (4 strokes)

盾 dùn
盹 dǔn
看 kān; kàn
眉 méi
盼 pàn

五画 (5 strokes)

眩 xuàn
眠 mián

六画 (6 strokes)

眷 juàn
眯 mī; mí
眸 móu
眺 tiào
眼 yǎn
睁 zhēng
着 zhāo; zháo; zhuó
眶 kuàng

七画 (7 strokes)

睐 lài
鼎 dǐng

八画 (8 strokes)

睫 jié
睛 jīng
睹 dǔ
督 dū
睬 cǎi
睦 mù
瞄 miáo
睡 shuì

九画 (9 strokes)

睿 ruì
瞅 chǒu

十画 (10 strokes)

瞌 kē
瞑 míng
瞒 mán
瞎 xiā

十一画 (11 strokes)

瞠 chēng
瞟 piǎo
瞥 piē

十二画 (12 strokes)

瞭 liào
瞬 shùn
瞳 tóng
瞩 zhǔ
瞪 dèng
瞧 qiáo

115 田

田 tián
甲 jiǎ

三画 (3 strokes)

畅 chàng

四画 (4 strokes)

畏 wèi
界 jiè

五画 (5 strokes)

畔 pàn
畚 běn
畜 chù; xù
留 liú

六画 (6 strokes)

略 lè; lüè
累 léi; lěi; lèi

七画 (7 strokes)

畴 chóu
番 fān

八画 (8 strokes)

畸 jī

116 罒

三画 (3 strokes)

罗 luó

四画 (4 strokes)

罚 fá

五画 (5 strokes)

罢 bà

八画 (8 strokes)

署 shǔ
罩 zhào
置 zhì
罪 zuì

十一画 (11 strokes)

罹 lí

十二画 (12 strokes)

羁 jī

117 皿

三画 (3 strokes)

孟 mèng
盂 yú

四画 (4 strokes)

盈 yíng
盆 pén

五画 (5 strokes)

盐 yán
盎 àng
监 jiān

六画 (6 strokes)

盛 chéng; shèng
盗 dào
盔 kuī
盘 pán
盖 gài

八画 (8 strokes)

盟 méng

十一画 (11 strokes)

盥 guàn

118 钅

二画 (2 strokes)

针 zhēn
钉 dīng; dìng

三画 (3 strokes)

钓 diào

四画 (4 strokes)

钠 nà
钦 qīn
钥 yào
钟 zhōng
钝 dùn
钙 gài
钞 chāo
钢 gāng
钩 gōu

五画 (5 strokes)

钳 qián
钻 zuān; zuàn
钱 qián
铁 tiě
铃 líng
铅 qiān

六画 (6 strokes)

铰 jiǎo
铠 kǎi
铐 kào
铭 míng
铤 tǐng
银 yín
铲 chǎn
铝 lǚ
铜 tóng

七画 (7 strokes)

铿 kēng
锒 láng
锉 cuò
锄 chú
链 liàn
锐 ruì
锃 zèng
铸 zhù
铺 pū; pù
销 xiāo
锁 suǒ
锅 guō
锋 fēng
锈 xiù

八画 (8 strokes)

锦 jǐn
锣 luó
锰 měng
锡 xī
锨 xiān
锥 zhuī
锤 chuí
错 cuò
键 jiàn
锯 jù
锚 máo

九画 (9 strokes)

镀 dù
镂 lòu
镁 měi
锹 qiāo
锲 qiè
锻 duàn

十画 (10 strokes)

镌 juān
镍 niè
镇 zhèn
镑 bàng
镊 niè

十一画 (11 strokes)

镖 biāo
镜 jìng

十二画 (12 strokes)

镩 cuān
镣 liào

十三画 (13 strokes)

镭 léi
镰 lián
镯 zhuó

十七画 (17 strokes)

镶 xiāng

119 矢

矢 shǐ

三画 (3 strokes)

知 zhī

四画 (4 strokes)

矩 jǔ

六画 (6 strokes)

矫 jiǎo

七画 (7 strokes)

短 duǎn

八画 (8 strokes)

雉 zhì
矮 ǎi

120 禾

禾 hé

二画 (2 strokes)

秀 xiù
私 sī
秃 tū

三画 (3 strokes)

秆 gǎn
秉 bǐng
季 jì

四画 (4 strokes)

种 zhǒng; zhòng
秒 miǎo
秋 qiū
科 kē

五画 (5 strokes)

秧 yāng
秩 zhì
租 zū
称 chèn; chēng
秤 chèng
积 jī
秘 mì

六画 (6 strokes)

秸 jiē

秽 huì
移 yí

七画 (7 strokes)

程 chéng
稍 shāo; shào
税 shuì
稀 xī

八画 (8 strokes)

稚 zhì
稠 chóu

九画 (9 strokes)

稳 wěn

十画 (10 strokes)

黎 lí
稽 jī
稿 gǎo
稻 dào

十一画 (11 strokes)

穆 mù

十二画 (12 strokes)

穗 suì
黏 nián

十三画 (13 strokes)

馥 fù

---

121 白

白 bái

二画 (2 strokes)

皂 zào

三画 (3 strokes)

的 de; dí; dì

四画 (4 strokes)

皆 jiē

六画 (6 strokes)

皎 jiǎo
皑 ái

---

122 瓜

瓜 guā

十一画 (11 strokes)

瓢 piáo

十四画 (14 strokes)

瓣 bàn

十七画 (17 strokes)

瓤 ráng

---

123 鸟

鸟 niǎo

四画 (4 strokes)

鸥 ōu
鸦 yā

五画 (5 strokes)

鸭 yā
鸳 yuān
鸵 tuó

六画 (6 strokes)

鸽 gē

七画 (7 strokes)

鹅 é

八画 (8 strokes)

鹏 péng
鹊 què

鹌 ān

十画 (10 strokes)

鹤 hè

十一画 (11 strokes)

鹦 yīng

十二画 (12 strokes)

鹬 yù

---

124 疒

二画 (2 strokes)

疖 jiē
疗 liáo

三画 (3 strokes)

疚 jiù
疙 gē
疟 nüè

四画 (4 strokes)

疥 jiè
疤 bā
疮 chuāng
疯 fēng
疫 yì

五画 (5 strokes)

痂 jiā
疾 jí
痉 jìng
疱 pào
疹 zhěn
症 zhēng; zhèng
病 bìng
疲 pí
疼 téng

六画 (6 strokes)

痕 hén

疵 cī
痊 quán
痒 yǎng
痔 zhì

七画 (7 strokes)

痨 láo
痢 lì
痘 dòu
痞 pǐ
痣 zhì
痤 cuó
痛 tòng

八画 (8 strokes)

痼 gù
痱 fèi
瘁 cuì
痴 chī
痰 tán

九画 (9 strokes)

瘊 hóu
瘙 sào
瘟 wēn
瘦 shòu

十画 (10 strokes)

瘠 jí
瘪 biē; biě
瘤 liú
瘫 tān

十一画 (11 strokes)

瘾 yǐn
瘸 qué

十二画 (12 strokes)

癌 ái

十三画 (13 strokes)

癖 pǐ

十六画 (16 strokes)

癫 diān

125 立

立 lì

四画 (4 strokes)

竖 shù

五画 (5 strokes)

站 zhàn
竞 jìng

六画 (6 strokes)

竟 jìng

七画 (7 strokes)

竣 jùn
童 tóng

九画 (9 strokes)

竭 jié
端 duān

126 穴

穴 xué

二画 (2 strokes)

究 jiū
穷 qióng

三画 (3 strokes)

空 kōng; kòng

四画 (4 strokes)

突 tū
穿 chuān
窃 qiè

五画 (5 strokes)

窍 qiào
窈 yǎo
容 róng

六画 (6 strokes)

窑 yáo
室 zhì

七画 (7 strokes)

窖 jiào
窘 jiǒng
窜 cuàn
窗 chuāng
窝 wō

八画 (8 strokes)

窠 kē
窟 kū
窥 kuī
窦 dòu

127 衤

二画 (2 strokes)

补 bǔ

三画 (3 strokes)

衫 shān
衬 chèn

四画 (4 strokes)

袄 ǎo

五画 (5 strokes)

袍 páo
袒 tǎn
袖 xiù
袜 wà
被 bèi

七画 (7 strokes)

祷 dǎo
裕 yù
裤 kù
裙 qún

八画 (8 strokes)

裱 biǎo
褂 guà
裸 luǒ

九画 (9 strokes)

褐 hè
褪 tuì; tùn
褊 biǎn

十画 (10 strokes)

褴 lán
褥 rù

十一画 (11 strokes)

褶 zhě

十二画 (12 strokes)

襁 qiǎng

十三画 (13 strokes)

襟 jīn

128 疋（⻊）

六画 (6 strokes)

蛋 dàn

七画 (7 strokes)

疏 shū

129 皮

皮 pí

五画 (5 strokes)

皱 zhòu

六画 (6 strokes)

皲 jūn

七画 (7 strokes)

皴 cūn

130 矛

矛 máo

四画 (4 strokes)

矜 jīn

131 臣

臣 chén

132 自

自 zì

四画 (4 strokes)

臭 chòu; xiù

133 耒

四画 (4 strokes)

耗 hào
耘 yún
耙 bà; pá
耕 gēng

134 老（耂）

老 lǎo

135 耳

耳 ěr

三画 (3 strokes)

耷 dā

四画 (4 strokes)

耿 gěng
耸 sǒng
耻 chǐ
耽 dān

五画 (5 strokes)

聆 líng
职 zhí
聊 liáo

六画 (6 strokes)

联 lián

七画 (7 strokes)

聘 pìn

八画 (8 strokes)

聚 jù

九画 (9 strokes)

聪 cōng

136 西 (覀)

西 xī

三画 (3 strokes)

要 yāo; yào

十二画 (12 strokes)

覆 fù

137 页

页 yè

二画 (2 strokes)

顷 qǐng
顶 dǐng

三画 (3 strokes)

顺 shùn

四画 (4 strokes)

颂 sòng
预 yù
颁 bān
顿 dùn
顾 gù
顽 wán

五画 (5 strokes)

颈 jǐng
颅 lú
颇 pō
领 lǐng

六画 (6 strokes)

颊 jiá
颌 hé

七画 (7 strokes)

颓 tuí
颐 yí
颖 yǐng
频 pín

八画 (8 strokes)

颗 kē

九画 (9 strokes)

颜 yán
题 tí
额 é

十画 (10 strokes)

颠 diān

十三画 (13 strokes)

颤 chàn; zhàn

十七画 (17 strokes)

颧 quán

138 虍

二画 (2 strokes)

虏 lǔ
虎 hǔ

三画 (3 strokes)

虐 nüè

四画 (4 strokes)

虑 lǜ
虔 qián

五画 (5 strokes)

虚 xū

139 虫

虫 chóng

二画 (2 strokes)

虱 shī

三画 (3 strokes)

虹 hóng
蚁 yǐ
虾 xiā
蚂 mǎ; mà

四画 (4 strokes)

蚝 háo
蚌 bàng
蚕 cán
蚊 wén

五画 (5 strokes)

蚯 qiū
蛀 zhù
蛇 shé

六画 (6 strokes)

蛔 huí
蛤 gé; há
蛮 mán
蛐 qū
蛰 zhē
蛛 zhū
蛙 wā

七画 (7 strokes)

蜉 fú
蜃 shèn
蜕 tuì
蛾 é
蜂 fēng
蜗 wō

八画 (8 strokes)

蜻 qīng
蜷 quán
蜿 wān
蝇 yíng
蜘 zhī
蝉 chán
蜡 là

九画 (9 strokes)

蝗 huáng
蝌 kē
蝠 fú
蝙 biān
蝶 dié
蝴 hú
蝎 xiē

十画 (10 strokes)

螃 páng
融 róng
蟒 mǎng

十一画 (11 strokes)

螳 táng
蟑 zhāng
螺 luó

十三画 (13 strokes)

蟾 chán
蟹 xiè

十四画 (14 strokes)

蠕 rú

十五画 (15 strokes)

蠢 chǔn

140 缶

三画 (3 strokes)

缸 gāng

四画 (4 strokes)

缺 quē

十七画 (17 strokes)

罐 guàn

141 舌

舌 shé

五画 (5 strokes)

甜 tián

七画 (7 strokes)

辞 cí

八画 (8 strokes)

舔 tiǎn

142 竹 (⺮)

竹 zhú

三画 (3 strokes)

笃 dǔ
竿 gān

四画 (4 strokes)

笆 bā
笔 bǐ
笑 xiào
笋 sǔn

五画 (5 strokes)

笺 jiān
笞 chī
笤 tiáo
笨 bèn
笛 dí
笼 lóng; lǒng
符 fú
第 dì

六画 (6 strokes)

筋 jīn
筐 kuāng
筏 fá
筛 shāi
筵 yán
筑 zhù
策 cè
等 děng
答 dā; dá
筒 tǒng

七画 (7 strokes)

筹 chóu
签 qiān
筷 kuài
简 jiǎn

八画 (8 strokes)

箕 jī
箍 gū
箔 bó
箩 luó
算 suàn
管 guǎn

九画 (9 strokes)

篓 lǒu
箴 zhēn
箭 jiàn
箱 xiāng
篇 piān

十画 (10 strokes)

篝 gōu
篱 lí
篡 cuàn
篷 péng
篮 lán

十一画 (11 strokes)

簧 huáng
簇 cù
簌 sù

十二画 (12 strokes)

簪 zān

十三画 (13 strokes)

簿 bù
簸 bǒ; bò

十四画 (14 strokes)

籍 jí

143 臼

四画 (4 strokes)

舀 yǎo

五画 (5 strokes)

舂 chōng

七画 (7 strokes)

舅 jiù
舆 yú

144 血

血 xiě; xuè

五画 (5 strokes)

衅 xìn

145 舟

舟 zhōu

三画 (3 strokes)

舢 shān

四画 (4 strokes)

舰 jiàn
般 bān
舱 cāng
航 háng

五画 (5 strokes)

舵 duò
舶 bó
舷 xián
船 chuán

六画 (6 strokes)

艇 tǐng

七画 (7 strokes)

艄 shāo

九画 (9 strokes)

艘 sōu

146 衣

衣 yī

四画 (4 strokes)

袅 niǎo
衷 zhōng
衰 shuāi

五画 (5 strokes)

袋 dài

六画 (6 strokes)

裂 liě; liè
装 zhuāng
裁 cái

七画 (7 strokes)

裔 yì

八画 (8 strokes)

裹 guǒ

九画 (9 strokes)

褒 bāo

十一画 (11 strokes)

襄 xiāng

147 羊 (⺶⺷)

羊 yáng

四画 (4 strokes)

羞 xiū

五画 (5 strokes)

羚 líng

六画 (6 strokes)

羡 xiàn

七画 (7 strokes)

群 qún

十三画 (13 strokes)

羹 gēng

148 米

米 mǐ

三画 (3 strokes)

籽 zǐ
类 lèi

四画 (4 strokes)

粉 fěn

五画 (5 strokes)

粗 cū
粒 lì

六画 (6 strokes)

粪 fèn
粟 sù
粥 zhōu

七画 (7 strokes)

粮 liáng

八画 (8 strokes)

粹 cuì
粼 lín
粽 zòng
精 jīng

九画 (9 strokes)

糊 hū; hú; hù
糅 róu

十画 (10 strokes)

糙 cāo
糖 táng
糕 gāo

十一画 (11 strokes)

糜 mí
糟 zāo

十二画 (12 strokes)

糨 jiàng

十四画 (14 strokes)

糯 nuò

149 艮 (⺽)

四画 (4 strokes)

既 jì

150 羽

羽 yǔ

四画 (4 strokes)

翅 chì
翁 wēng

五画 (5 strokes)

翎 líng
翌 yì

六画 (6 strokes)

翘 qiáo; qiào
翔 xiáng

八画 (8 strokes)

翡 fěi
翠 cuì

十画 (10 strokes)

翱 áo

十一画 (11 strokes)

翼 yì

十二画 (12 strokes)

翻 fān

十四画 (14 strokes)

耀 yào

151 糸

四画 (4 strokes)

紊 wěn
紧 jǐn
素 sù
索 suǒ

六画 (6 strokes)

絮 xù
紫 zǐ

十一画 (11 strokes)

繁 fán

152 谷

谷 gǔ

十画 (10 strokes)

豁 huō; huò

153 辰

辰 chén

154 赤

赤 chì

四画 (4 strokes)

赦 shè

七画 (7 strokes)

赫 hè

155 走

走 zǒu

二画 (2 strokes)

赳 jiū

- 赴 fù

三画 (3 strokes)

- 赶 gǎn
- 起 qǐ

五画 (5 strokes)

- 越 yuè
- 趁 chèn
- 趋 qū
- 超 chāo

八画 (8 strokes)

- 趟 tāng; tàng
- 趣 qù

156 豆

- 豆 dòu

五画 (5 strokes)

- 登 dēng

八画 (8 strokes)

- 豌 wān

157 酉

二画 (2 strokes)

- 酋 qiú

三画 (3 strokes)

- 酌 zhuó
- 配 pèi

四画 (4 strokes)

- 酗 xù
- 酝 yùn

五画 (5 strokes)

- 酣 hān
- 酥 sū

六画 (6 strokes)

- 酬 chóu
- 酱 jiàng

七画 (7 strokes)

- 酵 jiào
- 酷 kù
- 酶 méi
- 酿 niàng
- 酸 suān

八画 (8 strokes)

- 醇 chún
- 醉 zuì
- 醋 cù

九画 (9 strokes)

- 醒 xǐng

158 卤

- 卤 lǔ

159 里

- 里 lǐ

四画 (4 strokes)

- 野 yě

160 足（⻊）

- 足 zú

二画 (2 strokes)

- 趴 pā

三画 (3 strokes)

- 趸 dǔn
- 趿 tā

四画 (4 strokes)

- 跃 yuè
- 趾 zhǐ
- 距 jù

五画 (5 strokes)

- 践 jiàn
- 跛 bǒ
- 跋 bá
- 跌 diē
- 跑 pǎo

六画 (6 strokes)

- 跨 kuà
- 跤 jiāo
- 跻 jī
- 跷 qiāo
- 跺 duò
- 跳 tiào
- 跪 guì
- 路 lù
- 跟 gēn

七画 (7 strokes)

- 踉 liàng
- 踊 yǒng

八画 (8 strokes)

- 踝 huái
- 踞 jù
- 踮 diǎn
- 踟 chí
- 踪 zōng
- 踩 cǎi
- 踏 tà
- 踢 tī

九画 (9 strokes)

- 踱 duó
- 蹉 cuō
- 蹂 róu
- 踹 chuài
- 蹄 tí

十画 (10 strokes)

- 蹈 dǎo
- 蹑 niè
- 蹒 pán
- 蹊 qī; xī

十一画 (11 strokes)

- 蹙 cù
- 蹩 bié
- 蹦 bèng

十二画 (12 strokes)

- 蹶 jué
- 蹿 cuān
- 蹴 cù
- 蹭 cèng
- 蹬 dēng
- 蹲 dūn

十三画 (13 strokes)

- 躁 zào

161 身

- 身 shēn

三画 (3 strokes)

- 躬 gōng

四画 (4 strokes)

- 躯 qū

六画 (6 strokes)

- 躲 duǒ

八画 (8 strokes)

- 躺 tǎng

162 釆

五画 (5 strokes)

释 shì

163 豸

三画 (3 strokes)

豹 bào
豺 chái

七画 (7 strokes)

貌 mào

164 角

角 jiǎo; jué

六画 (6 strokes)

触 chù
解 jiě; jiè

165 言（訁见 讠）

言 yán

六画 (6 strokes)

誊 téng
誉 yù

七画 (7 strokes)

誓 shì

十二画 (12 strokes)

警 jǐng

十三画 (13 strokes)

譬 pì

166 辛

辛 xīn

五画 (5 strokes)

辜 gū

六画 (6 strokes)

辟 bì; pì

七画 (7 strokes)

辣 là

九画 (9 strokes)

辩 biàn
辨 biàn

十画 (10 strokes)

辫 biàn

167 隶

隶 lì

168 非

一画 (1 stroke)

韭 jiǔ

十一画 (11 strokes)

靡 mǐ

169 齿

齿 chǐ

五画 (5 strokes)

龃 jǔ
龄 líng
龅 bāo

六画 (6 strokes)

龇 zī
龈 yín

九画 (9 strokes)

龋 qǔ
龌 wò

170 金

金 jīn

五画 (5 strokes)

鉴 jiàn

八画 (8 strokes)

錾 zàn

171 青

青 qīng

四画 (4 strokes)

靓 liàng

六画 (6 strokes)

静 jìng

八画 (8 strokes)

靛 diàn

172 雨

雨 yǔ

三画 (3 strokes)

雪 xuě

五画 (5 strokes)

雷 léi
零 líng
雾 wù

雹 báo

六画 (6 strokes)

需 xū

七画 (7 strokes)

霄 xiāo
震 zhèn
霉 méi

八画 (8 strokes)

霍 huò
霖 lín
霓 ní
霎 shà

九画 (9 strokes)

霜 shuāng
霞 xiá

十一画 (11 strokes)

霭 ǎi

十三画 (13 strokes)

霹 pī
霸 bà
露 lòu; lù

173 隹

二画 (2 strokes)

隽 juàn

三画 (3 strokes)

雀 què

四画 (4 strokes)

雄 xióng
雅 yǎ
雇 gù

五画 (5 strokes)

雏 chú
雍 yōng

六画 (6 strokes)

雌 cí

八画 (8 strokes)

雕 diāo

174 鱼

鱼 yú

四画 (4 strokes)

鲁 lǔ
鱿 yóu

六画 (6 strokes)

鲜 xiān

七画 (7 strokes)

鲤 lǐ
鲢 lián
鲨 shā

八画 (8 strokes)

鲸 jīng
鲱 fēi

九画 (9 strokes)

鳄 è

十画 (10 strokes)

鳏 guān
鳍 qí

十一画 (11 strokes)

鳖 biē

十二画 (12 strokes)

鳝 shàn
鳞 lín

175 音

音 yīn

四画 (4 strokes)

韵 yùn

176 革

革 gé

四画 (4 strokes)

靴 xuē
靶 bǎ

六画 (6 strokes)

鞋 xié
鞍 ān

七画 (7 strokes)

鞘 qiào

八画 (8 strokes)

鞠 jū

九画 (9 strokes)

鞭 biān

177 骨

骨 gū; gǔ

五画 (5 strokes)

骷 kū

六画 (6 strokes)

骸 hái

十二画 (12 strokes)

髓 suǐ

178 鬼

鬼 guǐ

四画 (4 strokes)

魂 hún
魁 kuí

五画 (5 strokes)

魄 pò
魅 mèi

十一画 (11 strokes)

魔 mó

179 食

食 shí

七画 (7 strokes)

餐 cān

180 髟

五画 (5 strokes)

髯 rán

六画 (6 strokes)

髻 jì

八画 (8 strokes)

鬈 quán
鬃 zōng

十画 (10 strokes)

鬓 bìn

181 鹿

鹿 lù

八画 (8 strokes)

麈 áo
麓 lù

182 麻

麻 má

183 黑

黑 hēi

四画 (4 strokes)

默 mò

五画 (5 strokes)

黜 chù
黝 yǒu

八画 (8 strokes)

黩 dú

九画 (9 strokes)

黯 àn

184 鼠

鼠 shǔ

十画 (10 strokes)

鼹 yǎn

185 鼻

鼻 bí

三画 (3 strokes)

鼾 hān

Chinese – English Dictionary

Aa

阿 ā [前缀] (方) ▶ 阿爸 ābà dad ▶ 阿妹 āmèi little sister
→ 另见 ē

阿斗 Ā Dǒu [名] (喻) incompetent ▷ 他这个经理真是个阿斗。Tā zhège jīnglǐ zhēn shì gè ādǒu. He's really an incompetent manager.

阿拉伯 Ālābó [名] Arabia

阿拉伯数(數)字 Ālābó shùzì [名] Arabic numerals (*pl*)

阿姨 āyí [名] **1** (指年长妇女) auntie ▷ 李阿姨是妈妈的好朋友。Lǐ āyí shì māma de hǎo péngyou. Auntie Li is a good friend of Mum's. **2** (女保育员) carer

啊 ā [叹] oh ▷ 啊！着火了！Ā! Zháohuǒ le! Oh! It's caught fire! ▷ 啊！我考过了！Ā! Wǒ kǎo guò le! Wow! I passed the exam!

啊 ǎ [叹] huh ▷ 啊？你在这儿干吗？Ǎ? Nǐ zài zhèr gàn má? Huh? What are you doing here?

啊 à [叹] **1** (表示应诺) all right ▷ 啊，这样可以。À, zhèyàng kěyǐ. All right, that's fine. **2** (表示醒悟) aha ▷ 啊，现在我知道了。À, xiànzài wǒ zhīdào le. Aha! Now I understand. **3** (表示惊异或赞叹) ah ▷ 啊，大海！À, dàhǎi! Ah, the sea!

哎 āi [叹] **1** (表示惊讶或不满) oh ▷ 哎！这么贵！Āi! Zhème guì! Oh! It's so expensive! **2** (表示提醒) hey ▷ 哎！别踩了那朵花。Āi! Bié cǎile nà duǒ huā. Hey! Careful not to tread on that flower.

哎呀 āiyā [叹] oh ▷ 哎呀，这条路真难走！Āiyā, zhè tiáo lù zhēn nán zǒu! Oh, this road is hard going! ▷ 哎呀，电脑又有病毒了。Āiyā, diànnǎo yòu yǒu bìngdú le. Oh no, the computer has been infected by a virus again.

哎哟(喲) āiyō [叹] **1** (表示惊讶) oh ▷ 哎哟！都这么晚了！Āiyō! Dōu zhème wǎn le! Oh, it's so late! **2** (表示痛苦) ow **3** (表示惋惜) oh no

哀 āi **I** [形] (悲痛) sad **II** [动] **1** (悼念) mourn **2** (怜悯) pity

哀愁 āichóu [名] sorrow

哀悼 āidào [动] mourn

哀怜(憐) āilián [名] compassion

哀求 āiqiú [动] plead ▷ 哀求饶命 āiqiú ráomìng plead for one's life

哀伤(傷) āishāng [名] grief

哀叹(嘆) āitàn [动] sigh

哀痛 āitòng [动] grieve ▷ 他哀痛失去了最好的朋友。Tā āitòng shīqùle zuì hǎo de péngyou. He is grieving for the loss of his best friend.

哀怨 āiyuàn [名] grief and resentment

哀乐(樂) āiyuè [名] funeral music

埃 āi [名] dust

挨 āi [动] **1** (靠近) be next to ▷ 网吧挨着一家礼品店。Wǎngbā āizhe yī jiā lǐpǐndiàn. The Internet café is next to a gift shop. ▷ 两个孩子挨着门坐。Liǎng gè háizi āizhe mén zuò. The two children sat by the door. **2** (逐个) ▶ 挨个儿 āigèr one by one ▷ 警察挨门搜查。Jǐngchá āi mén sōuchá. The police conducted a house-to-house search.
→ 另见 ái

挨个(個)儿(兒) āigèr [副] one by one ▷ 请大家排好队，挨个儿上车。Qǐng dàjiā páihǎo duì, āigèr shàngchē. Please will everyone line up and get on the bus one by one.

挨近 āijìn [动] be close to ▷ 我们学校挨近一家电影院。Wǒmen xuéxiào āijìn yī jiā diànyǐngyuàn. Our school is close to a cinema.

挨门(門)挨户(戶) āimén-āihù house-to-house ▷ 你对挨门挨户推销的做法有什么看法？Nǐ duì āimén-āihù tuīxiāo de zuòfǎ yǒu shénme kànfǎ? What do you think of the door-to-door sales method?

唉 āi [叹] **1** (表示答应) mm **2** (表示叹息) oh
→ 另见 ài

唉声(聲)叹(嘆)气(氣) āi shēng tàn qì sigh deeply

挨 ái [动] **1** (遭受) suffer ▶ 挨饿 ái'è suffer from hunger ▶ 挨骂 áimà get told off **2** (艰难度过) endure ▷ 那么困难的年代我们都挨过来了，这不算什么。Nàme kùnnán de niándài wǒmen dōu ái guòlái le, zhè bù suàn shénme. We have all endured such difficult times that this seems insignificant. **3** (拖延) put ... off (*pt*, *pp* put)
→ 另见 āi

挨打 áidǎ [动] be beaten up

挨整 áizhěng [动] be the target of attack

皑(皚) ái [形] 见下文
皑(皚)皑(皚) ái'ái [形] snow-white

癌 ái [名] cancer ▶ 癌症 áizhèng cancer
癌变(變) áibiàn [动] become cancerous (*pt* became, *pp* become)
癌症 áizhèng [名] cancer

嗳 ǎi [叹] oh
→ 另见 ài

矮 ǎi [形] 1 (指人) short ▷ 我矮他一头。Wǒ ǎi tā yī tóu. I'm a head shorter than him. 2 (指物) low
矮小 ǎixiǎo [形] 1 (身材) short 2 (树木, 草棚等) low
矮子 ǎizi [名] dwarf

蔼(藹) ǎi [形] friendly

霭(靄) ǎi [名] mist

艾 ài I [名] (植) mugwort II [动] (书) end
艾滋病 àizībìng [名] AIDS

唉 ài [叹] 1 (表伤感或惋惜) oh 2 (表示回应命令) OK
→ 另见 āi

爱(愛) ài [动] 1 (恋) love ▶ 爱人 àiren husband or wife, partner ▷ 我爱你。Wǒ ài nǐ. I love you. ▷ 爱祖国 ài zǔguó love one's country ▷ 他爱上了一个女孩。Tā àishàngle yī gè nǚhái. He fell in love with a girl. 2 (喜欢) enjoy ▷ 爱上网 ài shàngwǎng enjoy surfing the net ▷ 爱逛街 ài guàngjiē enjoy strolling around the streets 3 (爱惜) care about ▷ 爱公物 ài gōngwù respect public property 4 (容易) ▷ 她爱晕车。Tā ài yùnchē. She tends to get car sick. ▷ 爱发脾气 ài fā píqì be hot-tempered
爱(愛)不释(釋)手 ài bù shì shǒu be attached ▷ 他对那台笔记本电脑爱不释手。Tā duì nà tái bǐjìběn diànnǎo ài bù shì shǒu. He's very attached to that laptop.
爱(愛)称(稱) àichēng [名] pet name
爱(愛)戴 àidài [动] love and esteem
爱(愛)抚(撫) àifǔ [动] fondle
爱(愛)好 àihào [动] be keen on ▷ 爱好集邮 àihào jíyóu be keen on stamp collecting ▷ 她有广泛的爱好。Tā yǒu guǎngfàn de àihào. She has many hobbies.
爱(愛)护(護) àihù [动] take care of (*pt* took, *pp* taken)
爱(愛)怜(憐) àilián [动] coo over ▷ 这只小狗真惹人爱怜。Zhè zhī xiǎogǒu zhēn rěrén àilián. The puppy made everyone coo.
爱(愛)莫能助 ài mò néng zhù have one's hands tied ▷ 他有很多困难，但我爱莫能助。Tā yǒu hěnduō kùnnán, dàn wǒ ài mò néng zhù. He's having a lot of problems, but my hands are tied.
爱(愛)慕 àimù [动] adore ▷ 她爱慕她丈夫。Tā àimù tā zhàngfu. She adores her husband. ▷ 那女人爱慕虚荣。Nà nǚrén àimù xūróng. That woman is very vain.
爱(愛)情 àiqíng [名] love ▷ 爱情是无价的。Àiqíng shì wújià de. Love is priceless.
爱(愛)屋及乌(烏) ài wū jí wū love me, love my dog ▷ 他真是爱屋及乌，竟然喜欢上了女友听的音乐。Tā zhēnshì ài wū jí wū, jìngrán xǐhuān shàng le nǚyǒu tīng de yīnyuè. This really is a case of love me, love my dog. Now he's suddenly started to like his girlfriend's music.
爱(愛)惜 àixī [动] value ▷ 爱惜时间 àixī shíjiān value one's time
爱(愛)心 àixīn [名] affection

隘 ài I [形] narrow ▶ 隘巷 àixiàng narrow alley II [名] pass ▶ 要隘 yàoài pass

碍(礙) ài [动] be in the way ▷ 你干你的，我干我的，碍你啥了？Nǐ gàn nǐ de, wǒ gàn wǒ de, ài nǐ shá le? You get on with your business and I'll get on with mine. I'm not in your way, am I?
碍(礙)口 àikǒu [动] be too embarrassing for words ▷ 跟老师借钱真碍口！Gēn lǎoshī jièqián zhēn àikǒu! Borrowing money from a teacher is too embarrassing for words!
碍(礙)面子 ài miànzi ▷ 碍着上级的面子，他没提啥意见。Àizhe shàngjí de miànzi, tā méi tí shá yìjiàn. To avoid his superiors losing face, he didn't make any suggestions.
碍(礙)事 àishì I [动] matter ▷ 他出席不了会议不碍事。Tā chūxí bùliǎo huìyì bù àishì. It didn't matter that he couldn't attend the meeting. II [形] serious ▷ 他的病不碍事。Tā de bìng bù àishì. His illness isn't serious.
碍(礙)手碍脚(腳) ài shǒu ài jiǎo get in the way ▷ 我正忙着呢，别在这里碍手碍脚的。Wǒ zhèng mángzhe ne, bié zài zhèlǐ ài shǒu ài jiǎo de. I'm really busy – stop getting in the way.
碍(礙)眼 àiyǎn [形] 1 (不顺眼) ugly ▷ 这些花花绿绿的标牌立在校园里，怪碍眼的。Zhèxiē huāhuā-lǜlǜ de biāopái lì zài xiàoyuán lǐ, guài àiyǎn de. These gaudy signs all over campus are a real eyesore. 2 (不便) in the way ▷ 人家正忙着呢，我们在这里碍

眼，快走吧！Rénjia zhèng mángzhe ne, wǒmen zài zhèlǐ àiyǎn, kuài zǒu ba! Everyone's very busy. We're in the way here – let's go!

嗳 ài [叹] oh
→另见 ǎi

暧(曖) ài [形] (书) dim
暧(曖)昧 àimèi [形] **1** (含糊) vague **2** (关系) ambiguous

安 ān **I** [形] **1** (安定) quiet ▶不安 bù'ān anxious ▷坐立不安 zuòlì bù'ān be unable to sit still ▷心神不安 xīnshén bù'ān feel uneasy **2** (平安) safe ▶治安 zhì'ān public order ▷安抵目的地 ān dǐ mùdìdì arrive safely at one's destination **II** [动] **1** (使安静) calm ▶安心 ānxīn calm the nerves **2** (满足) be content with ▷安于现状 ān yú xiànzhuàng be content with the way things are **3** (放置) place ▷把他安在哪里合适呢？Bǎ tā ān zài nǎlǐ héshì ne? Where would be a good place to put him? **4** (安装) fit ▷安窗户 ān chuānghu fit a window ▷门上安把锁 mén shàng ān bǎ suǒ fit a lock on the door **5** (设立) set ... up (*pt, pp* set) ▷这里安了个收费站。Zhè lǐ ānle gè shōufèizhàn. A toll booth has been set up here. **6** (加上) bring (*pt, pp* brought) ▷安罪名 ān zuìmíng bring a charge **7** (怀着) harbour (英), harbor (美) ▷安坏心 ān huàixīn harbour (英) 或 harbor (美) evil intentions ▷你安的什么心？Nǐ ān de shénme xīn? What are you plotting?

安插 ānchā [动] **1** (人) install ▷安插亲信 ānchā qīnxìn install in place a trusted friend **2** (东西) insert ▷安插增刊 ānchā zēngkān insert supplements

安定 āndìng **I** [形] stable **II** [动] stabilize ▷安定局面 āndìng júmiàn stabilize the situation ▷安定民心 āndìng mínxīn reassure the public

安顿(頓) āndùn **I** [动] (表示安排妥当) (人) make arrangements for ▷安顿家小 āndùn jiāxiǎo make arrangements for the family **II** [形] (安稳) peaceful ▷这儿太嘈杂，我睡不安顿。Zhèr tài cáozá, wǒ shuì bù āndùn. It's too noisy here – I can't sleep properly.

安放 ānfàng [动] put ... in a safe place (*pt, pp* put) ▷把贵重物品安放好。Bǎ guìzhòng wùpǐn ānfàng hǎo. Put your valuables in a safe place.

安分 ānfèn [形] contented

安好 ānhǎo [形] safe and sound

安家(傢) ānjiā [动] **1** (安置家庭) settle ▷他们在北京安了家。Tāmen zài Běijīng ānle jiā. They settled in Beijing. **2** (结婚) get married

安检 ānjiǎn [名] security check ▷经过安检 jīngguò ānjiǎn go through security ▷乘客登机前必须安检。Chéngkè dēngjī qián bìxū ānjiǎn. Passengers must go through security before boarding.

安静(靜) ānjìng [形] **1** (无声) quiet **2** (平静) peaceful ▷婴儿在小床上睡得很安静。Yīng'ér zài xiǎochuáng shàng shuì de hěn ānjìng. The baby was sleeping peacefully in its cot.

安乐(樂) ānlè [形] comfortable

安乐(樂)死 ānlèsǐ [名] euthanasia

安宁(寧) ānníng [形] **1** (秩序正常) undisturbed **2** (宁静) calm ▷我心里天天不得安宁。Wǒ xīnlǐ tiāntiān bù dé ānníng. I never feel at ease.

安排 ānpái [动] arrange

安全 ānquán [形] safe ▷居民区有保安巡逻，比较安全。Jūmínqū yǒu bǎoān xúnluó, bǐjiào ānquán. There are security patrols in this district, so it is fairly safe. ▷安全驾驶 ānquán jiàshǐ drive safely ▷注意安全。Zhùyì ānquán. Be sure to take care. ▷一人出门在外，注意安全。Yī rén chūmén zài wài, zhùyì ānquán. When you are away from home, be sure to take care. ▷人身安全 rénshēn ānquán personal safety

安全套 ānquántào [名] condom

安然 ānrán [形] **1** (平安) safe ▷安然无恙 ānrán wú yàng safe and sound **2** (平静) peaceful ▷知道门已关好，她安然入睡了。Zhīdào mén yǐ guānhǎo, tā ānrán rùshuì le. Once she knew that the door had been locked, she fell asleep peacefully.

安身 ānshēn [动] settle down

安生 ānshēng [形] **1** (安定) peaceful **2** (安静) quiet

安慰 ānwèi **I** [动] comfort ▷我安慰了他几句。Wǒ ānwèile tā jǐ jù. I said a few comforting words to him. **II** [形] reassured ▷听了你讲的话，我心里很安慰。Tīngle nǐ jiǎng de huà, wǒ xīnlǐ hěn ānwèi. After hearing what you had to say, I felt reassured.

安稳(穩) ānwěn [形] **1** (稳当) steady **2** (方) (沉静) calm

安息 ānxī [动] **1** (休息) rest **2** (悼念用语) rest in peace

安详(詳) ānxiáng [形] composed

安心 ānxīn [动] **1** (心情安心) stop worrying ▷得知家中一切都好，我也就安心了。Dézhī jiāzhōng yīqiè dōu hǎo, wǒ yě jiù ānxīn le. Once I knew that everything was fine at home, I stopped worrying. **2** (居心) plot ▷你安的什么心？Nǐ ān de shénme xīn? What are you plotting? **3** (不分心) keep one's mind on (*pt, pp* kept)

安逸 ānyì [形] comfortable
安葬 ānzàng [动] bury
安置 ānzhì [动] make arrangements for
安装(裝) ānzhuāng [动] install

庵(菴) ān [名] **1** (书) (小草屋) hut **2** (佛寺) nunnery

谙(諳) ān [动] (书) be familiar with
谙(諳)熟 ānshú [动] have a good knowledge of

鹌(鵪) ān 见下文
鹌(鵪)鹑(鶉) ānchún [名] quail

鞍 ān [名] saddle ▶ 马鞍 mǎ'ān saddle

岸 àn **I** [名] edge ▶ 河岸 hé'àn river bank ▶ 海岸 hǎi'àn seashore **II** [形] (书) **1** (崇高) lofty ▶ 伟岸 wěi'àn strapping **2** (骄傲) proud ▶ 傲岸 ào'àn proud

按 àn **I** [动] **1** (用手压) press ▷ 按电钮 àn diànniǔ press a button ▷ 按门铃 àn ménlíng push a doorbell ▷ 按手印 àn shǒuyìn make a fingerprint **2** (人) push ... down ▷ 他把小偷按倒在地。Tā bǎ xiǎotōu àndǎo zài dì. He pushed the thief to the ground. **3** (搁下) shelve ▷ 按下此事不说 ànxià cǐ shì bù shuō put the matter aside **4** (抑制) restrain ▷ 按不住心头怒火 àn bùzhù xīntóu nùhuǒ be unable to restrain one's fury **II** [介] (依照) according to ▷ 按制度办事 àn zhìdù bànshì do things by the book ▷ 按质定价 àn zhì dìngjià price on the basis of quality

按部就班 àn bù jiù bān stick to the rules ▷ 时间不够了，不能这样按部就班。Shíjiān bù gòu le, bùnéng zhèyàng àn bù jiù bān. There's not enough time, so we will have to break the rules.
按揭 ànjiē [名] mortgage
按摩 ànmó [动] massage
按捺 ànnà [动] restrain
按图(圖)索骥(驥) àn tú suǒ jì be rigid in one's approach ▷ 他做什么事情都是按图索骥，效率太低。Tā zuò shénme shìqing dōushì àn tú suǒ jì, xiàolǜ tài dī. He's ineffective because his approach is too rigid.
按照 ànzhào [介] according to ▷ 按照课本 ànzhào kèběn according to the text book ▷ 方案按照大家的建议修改了。Fāng'àn ànzhào dàjiā de jiànyì xiūgǎi le. The plan was changed in line with everyone's recommendations.

案 àn [名] **1** (桌子) table **2** (案件) case ▶ 案子 ànzi case **3** (案卷) file **4** (提案) proposal

案件 ànjiàn [名] case
案卷 ànjuàn [名] file
案子 ànzi [名] **1** (家具) counter ▷ 熨衣案子 yùnyī ànzǐ ironing board **2** (案件) case

暗 àn **I** [形] **1** (昏暗) dim ▷ 今晚月光很暗。Jīnwǎn yuèguāng hěn àn. Tonight the moon is dim. **2** (秘密) underhand ▷ 明人不做暗事。Míngrén bù zuò ànshì. An honest person does nothing underhand. **II** [副] secretly

暗暗 àn'àn [副] secretly
暗藏 àncáng [动] conceal
暗淡 àndàn [形] **1** (昏暗) dim **2** (不明朗) dismal
暗害 ànhài [动] **1** (暗杀) murder **2** (陷害) stab ... in the back
暗号(號) ànhào [名] secret signal
暗杀(殺) ànshā [动] assassinate
暗示 ànshì [动] hint ▷ 他暗示我赶快离开。Tā ànshì wǒ gǎnkuài líkāi. He hinted that I should leave soon. ▷ 他没明白我的暗示。Tā méi míngbai wǒ de ànshì. He didn't pick up on my hint.
暗算 ànsuàn [动] plot against ▷ 他总是暗算别人。Tā zǒngshì ànsuàn biérén. He's always plotting against people. ▷ 他常常遭人暗算。Tā chángcháng zāo rén ànsuàn. He frequently falls prey to other people's machinations.
暗无(無)天日 àn wú tiān rì anarchy ▷ 当时的社会暗无天日。Dāngshí de shèhuì àn wú tiān rì. There was complete anarchy in society at that time.
暗语(語) ànyǔ [名] code word
暗中 ànzhōng **I** [名] the dark ▷ 我在暗中什么也看不见。Wǒ zài ànzhōng shénme yě kànbùjiàn. I couldn't see anything in the dark. **II** [副] surreptitiously ▷ 他暗中操纵选举。Tā ànzhōng cāozòng xuǎnjǔ. He surreptitiously fixed the election.
暗自 ànzì [副] secretly

黯 àn 见下文
黯然 ànrán [形] **1** (昏暗) dim **2** (低落) dejected

肮 āng 见下文
肮脏(髒) āngzāng [形] **1** (不干净) filthy ▷ 地板很肮脏。Dìbǎn hěn āngzāng. The floor is filthy. **2** (喻) (不道德) vile ▷ 他思想肮脏。Tā sīxiǎng āngzāng. His way of thinking is vile. ▷ 这是一笔肮脏的交易。Zhè shì yī bǐ āngzāng de jiāoyì. It's a dirty deal.

昂 áng [动] **1** (抬) lift ▷ 昂起头 áng qǐ tóu hold one's head high **2** (高涨) be high ▷ 她情绪高昂。Tā qíngxù gāoáng. She's high in spirits.

昂然 ángrán [形] resolute

昂首阔(闊)步 áng shǒu kuò bù stride with one's head held high ▷ 他昂首阔步地前进。Tā áng shǒu kuò bù de qiánjìn. He strode forward with his head held high.

昂扬(揚) ángyáng [形] upbeat

盎 àng [形] (书) abundant

盎然 àngrán [形] abundant

盎司 àngsī [量] ounce

凹 āo [形] sunken

凹陷 āoxiàn [动] sink (*pt* sank, *pp* sunk)

遨 áo 见下文

遨游(遊) áoyóu [动] travel

嗷 áo 见下文

嗷嗷 áo'áo [拟] ▷ 他疼得嗷嗷叫。Tā téng de áo'áo jiào. He howled with pain. ▷ 成群的雁在头顶嗷嗷叫着。Chéng qún de yàn zài tóudǐng áo'áo jiàozhe. Flocks of geese honked overhead.

熬 áo [动] **1** (煮) stew ▶ 熬粥 áozhōu make porridge **2** (提取) decoct **3** (忍受) endure

熬煎 áojiān [名] suffering

熬夜 áoyè [动] stay up late

翱 áo 见下文

翱翔 áoxiáng [动] soar

鏖 áo 见下文

鏖战(戰) áozhàn [动] fight hard (*pt*, *pp* fought)

袄(襖) ǎo [名] coat ▶ 棉袄 mián'ǎo padded jacket

拗 ào [动] awkward

→ 另见 niù

拗口 àokǒu [形] hard to pronounce

傲 ào [形] proud

傲骨 àogǔ [名] pride

傲慢 àomàn [形] arrogant

傲气(氣) àoqì [名] arrogance ▷ 他有股傲气。Tā yǒu gǔ àoqì. He is a bit arrogant.

傲然 àorán **I** [形] lofty **II** [副] proudly

奥(奧) ào [形] profound

奥(奧)林匹克运(運)动(動)会(會) Àolínpǐkè Yùndònghuì [名] Olympic Games (*pl*)

奥(奧)秘(祕) àomì [名] mystery ▷ 揭示大自然的奥秘 Jiēshì dàzìrán de àomì reveal Nature's mysteries

奥(奧)妙 àomiào [形] mysterious ▷ 这问题很好理解，其中并无奥妙。Zhe wèntí hěnhǎo lǐjiě, qízhōng bìng wú àomiào. This can be easily explained – there's nothing mysterious about it at all.

澳 ào [名] bay

澳大利亚(亞) Àodàlìyà [名] Australia

懊 ào [形] **1** (后悔) regretful **2** (恼怒) annoyed

懊悔 àohuǐ [动] regret ▷ 他错过了这个好机会，懊悔不已。Tā cuòguòle zhège hǎo jīhuì, àohuǐ bù yǐ. He really regretted having missed such a good opportunity.

懊恼(惱) àonǎo [形] upset ▷ 他因没考好而懊恼。Tā yīn méi kǎohǎo ér àonǎo. He was upset that he didn't get a better mark in the exam.

懊丧(喪) àosàng [形] despondent ▷ 他因失业而懊丧。Tā yīn shīyè ér àosàng. Losing his job left him rather despondent.

Bb

八 bā [数] eight ▶ 八月 bāyuè August

八方 bāfāng [名] all directions

八股 bāgǔ [名] lifeless writing

八九不离(離)十 bā jiǔ bù lí shí (口) pretty close ▷ 你的答案八九不离十。Nǐ de dá'àn bā jiǔ bù lí shí. Your answer is pretty close.

八面玲珑(瓏) bāmiàn línglóng be a smooth operator

八仙过(過)海, 各显(顯)神通 bāxiān guò hǎi, gè xiǎn shéntōng compete to demonstrate one's talents ▷ 他们大搞技术创新，真是八仙过海, 各显神通。Tāmen dà gǎo jìshù chuàngxīn, zhēnshi bāxiān guò hǎi, gè xiǎn shéntōng. They have been very innovative technically – each competing with the other to demonstrate their talents.

巴 bā **I** [动] **1** (盼望) hope ▶ 巴望 bāwàng look forward to **2** (紧贴) cling to (*pt, pp* clung) ▷ 葡萄藤巴在架子上。Pútáo téng bā zài jiàzi shàng. The vine clung to the trellis. **3** (方) (张开) open ▷ 巴着眼 bāzhe yǎn with eyes open **II** [名] **1** (粘结物) crust ▶ 锅巴 guōbā rice crust ▶ 泥巴 níbā mud **2** (器官) ▶ 下巴 xiàba chin ▶ 尾巴 wěiba tail ▶ 嘴巴 zuǐba mouth

巴结(結) bājie [动] suck up to ▷ 巴结上司 bājie shàngsī suck up to the boss

巴士 bāshì [名] bus

巴望 bāwàng [动] look forward to ▷ 他巴望着能来信。Tā bāwàngzhe néng láixìn. He was looking forward to getting a letter.

巴掌 bāzhang [名] (手掌) palm ▷ 拍巴掌 pāi bāzhang clap

扒 bā [动] **1** (挖) dig ... up (*pt, pp* dug) ▷ 她把埋的陶器扒了出来。Tā bǎ mái de táoqì bāle chūlai. She dug up buried pottery. **2** (拆) pull ... down ▷ 扒房子 bā fángzi pull down a house **3** (扶着) lean on ▷ 两个邻居扒在墙头上聊天。Liǎng gè línjū bā zài qiángtóu shàng liáotiān. The two neighbours (英) 或 neighbors (美) leaned on the wall chatting. **4** (拨动) push ... aside **5** (剥下) take ... off (*pt* took, *pp* taken) ▷ 扒下袜子 bā xià wàzi take off one's socks

→ 另见 pá

扒拉 bāla [动] brush ▷ 把土扒拉一边去 bǎ tǔ bāla yībiān qù brush the earth to one side

芭 bā [名] banana

芭蕉 bājiāo [名] banana

芭蕾舞 bāléiwǔ [名] ballet

吧 bā **I** [拟] crack ▷ 吧！枪响了。Bā! Qiāng xiǎng le. The gun went off with a crack. **II** [名] bar **III** [动] take a drag (*pt* took, *pp* taken) ▷ 他吧了一口烟。Tā bāle yī kǒu yān. He took a drag on his cigarette.

吧嗒 bādā [拟] click ▷ 门吧嗒一声关上了。Mén bādā yī shēng guānshàng le. The door closed with a click.

吧女 bānǚ [名] barmaid

疤 bā [名] **1** (疤痕) scar ▷ 他脸上有疤。Tā liǎn shàng yǒu bā. He had a scar on his face. **2** (痕迹) mark

疤痕 bāhén [名] scar ▷ 这件事给他心里留下一个疤痕。Zhè jiàn shì gěi tā xīnlǐ liú xià yī gè bāhén. This event left him psychologically scarred.

捌 bā [数] eight

This is the complex character for eight, which is mainly used in banks, on receipts, cheques etc.

笆 bā [名] basketry

笆斗 bādǒu [名] basket

拔 bá [动] **1** (抽出) pull ... up ▶ 拔草 bácǎo weed **2** (取下) pull ... out ▷ 拔牙 báyá pull out a tooth **3** (吸出) draw ... out (*pt* drew, *pp* drawn) **4** (挑选) choose (*pt* chose, *pp* chosen) ▷ 选拔人才 xuǎnbá réncái select talented people **5** (提高) raise **6** (超出) exceed ▶ 海拔 hǎibá height above sea level ▷ 出类拔萃 chū lèi bá cuì outstanding **7** (夺取) capture ▷ 连拔三城 lián bá sān chéng capture three towns in succession **8** (冷却) cool ▷ 用冰水拔啤酒 yòng bīngshuǐ bá píjiǔ cool beer in iced water

拔高 bágāo [动] raise ▷ 拔高嗓门 bágāo sǎngmén raise one's voice

拔河 báhé [名] tug-of-war

拔尖儿(兒) bájiānr [形] excellent

拔苗助长(長) bá miáo zhù zhǎng damage by applying too much pressure ▷ 用这种方法教育孩子，简直是拔苗助长。Yòng zhè zhǒng fāngfǎ jiàoyù háizi, jiǎnzhí shì bá miáo zhù zhǎng. Teaching kids this way can damage them from too much pressure.

跋 bá I [动] cross ▶跋山 bá shān cross mountains II [名] postscript

跋扈 báhù [形] domineering

跋山涉水 bá shān shè shuǐ cross mountains and rivers

跋涉 báshè [动] trek ▷长途跋涉 chángtú báshè make a long trek

把 bǎ I [动] 1 (握住) hold (*pt, pp* held) ▷把住栏杆 bǎzhù lángān hold onto the rails 2 (看守) guard ▷把大门 bǎ dàmén guard the gate 3 (控制) control ▷把舵 bǎduò be at the helm 4 (拿) take (*pt* took, *pp* taken) ▷别把这当回事。Bié bǎ zhè dàng huí shì. Don't take this too seriously. 5 (紧靠) be near to ▷把着十字路口有家超市。Bǎzhe shízì lùkǒu yǒu jiā chāoshì. There is a supermarket near the crossroads. 6 (束缚) secure ▷把住裂口 bǎzhù lièkǒu secure a breach II [名] 1 (把手) handle 2 (捆) bundle ▶草把 cǎobǎ a bundle of straw III [量] 1 ▷一把刀 yī bǎ dāo a knife ▷一把剪子 yī bǎ jiǎnzi a pair of scissors

measure word, used for objects with a handle

2 handful ▷一把米 yī bǎ mǐ a handful of rice

measure word, used for the quantity of something that can be held in a hand

3 ▷两把花 liǎng bǎ huā two bunches of flowers

measure word, used for something that can be bundled together

IV [介] ▷把门关好 bǎ mén guānhǎo shut the door ▷把作业做完 bǎ zuòyè zuòwán finish doing one's homework ▷她把书放在桌子上了。Tā bǎ shū fàngzài zhuōzi shàng le. She put the book on the table. V [副] about ▷个把月 gè bǎ yuè about one month

→另见 bà

把 bǎ is used to alter the word order of a sentence, especially when the verb is a complex one. The normal word order of Subject + Verb + Object, becomes Subject + 把 + Object + Verb. It is very commonly used when the verb implies a change of place, or when the verb is followed by certain complements. For instance, a word-for-word translation of the sentence, 我把书放在那儿。Wǒ bǎ shū fàngzài nàr. (I put the book there) is 'I 把 book put there'.

把柄 bǎbǐng [名] hold ▷他抓住了我的把柄。Tā zhuāzhùle wǒ de bǎbǐng. He's got a hold over me.

把持 bǎchí [动] 1 (独占) monopolize ▷把持高位 bǎchí gāowèi monopolize power 2 (控制) control ▷她被伤害得这么厉害，我怕她把持不住。Tā bèi shānghài de zhème lìhai, wǒ pà tā bǎchí bù zhù. She has been hurt so badly, I'm worried she may not be able to keep her feelings under control.

把关(關) bǎguān [动] 1 (把守关口) hold a pass (*pt, pp* held) 2 (严守标准) ensure standards (*pl*) ▷把好质量关 bǎhǎo zhìliàng guān ensure quality standards

把势(勢) bǎshi [名] 1 (武术) martial arts (*pl*) 2 (能手) skilled worker ▷干庄稼活儿，他是个好把势。Gàn zhuāngjiahuór, tā shì gè hǎo bǎshi. He is a skilled farmer.

把守 bǎshǒu [动] guard ▷把守边境 bǎshǒu biānjìng guard the border

把手 bǎshou [名] handle

把握 bǎwò I [动] grasp ▷把握实质 bǎwò shízhì have a grasp of the facts ▷把握时机 bǎwò shíjī seize the opportunity II [名] certainty ▷没把握 méi bǎwò there is no certainty ▷我对自己的未来毫无把握。Wǒ duì zìjǐ de wèilái háo wú bǎwò. My future is very uncertain.

把戏(戲) bǎxì [名] 1 (杂耍) acrobatics (*pl*) 2 (花招) trick ▷他耍的把戏很难看穿。Tā shuǎ de bǎxì hěn nán kànchuān. It's not easy to see through his tricks.

把兄弟 bǎxiōngdì [名] sworn brothers

靶 bǎ [名] target

靶子 bǎzi [名] target ▷你还未射中靶子。Nǐ hái wèi shèzhòng bǎzi. You haven't hit the target yet. ▷她因犯了个错而被当做攻击的靶子。Tā yīn fànle gè cuò ér bèi dāngzuò gōngjī de bǎzi. Because she made a mistake she became the target of attack.

把 bà [名] 1 (手柄) handle ▶镐把 gǎobà pickaxe handle 2 (茎秆) stem ▶花把 huābà stem 3 (话柄) butt ▶话把儿 huàbàr the butt of ridicule

→另见 bǎ

把子 bàzi [名] handle ▷刀把子 dāobàzi knife handle

坝(壩) bà [名] 1 (水闸) dam 2 (堤坝) dyke

爸 bà [名] father

爸爸 bàba [名] dad

耙 bà I [名] harrow II [动] harrow

→另见 pá

罢(罷) bà [动] 1 (停) stop ▷欲罢不能 yù bà bù néng compelled to carry on 2 (免去) dismiss ▶罢免 bàmiǎn recall 3 (完毕) finish ▷听罢，他哈哈大笑。Tīng bà, tā hāhā dà xiào. After listening, he laughed out loud. **4** (算了) give up (*pt* gave, *pp* given)

罢(罷)工 **bàgōng** [动] strike (*pt, pp* struck) ▷工人们罢工要求增加工资。**Gōngrénmen bàgōng yāoqiú zēngjiā gōngzī.** The workers are striking for higher wages.

罢(罷)了 **bàle** [助] ▷我的水平并不高, 只是尽自己的努力罢了。**Wǒ de shuǐpíng bìng bù gāo, zhǐshì jìn zìjǐ de nǔlì bàle.** My average is not high, but I put in my best effort that's all there is to it.

罢(罷)了 **bàliǎo** [动] let it pass (*pt, pp* let)

罢(罷)免 **bàmiǎn** [动] recall

罢(罷)手 **bàshǒu** [动] give up (*pt* gave, *pp* given)

罢(罷)休 **bàxiū** [动] give up (*pt* gave, *pp* given)

霸 **bà I** [名] **1** (指人) tyrant ▶恶霸 **èbà** local tyrant **2** (指国家) hegemonist power ▶争霸 **zhēngbà** struggle for hegemony **II** [动] tyrannize ▷独霸一方 **dú bà yī fāng** tyrannize a region **III** [形] tyrannical ▶霸气 **bàqì** domineering

霸道 **bàdào** [形] overbearing ▷横行霸道 **héngxíng bàdào** tyrannize

霸道 **bàdao** [形] potent

霸权(權) **bàquán** [名] hegemony

霸王 **bàwáng** [名] despot

霸业(業) **bàyè** [名] position of supremacy

霸占(佔) **bàzhàn** [动] seize

吧 **ba** [助] **1** (在句尾表示建议) ▷我们回家吧。**Wǒmen huíjiā ba.** Let's go home. ▷吃吧! **Chī ba!** Eat! ▷再想想吧。**Zài xiǎngxiǎng ba.** Think about it again. **2** (在句尾表示对推测的肯定) ▷你听说了吧? **Nǐ tīngshuōle ba?** You may have heard about this. ▷他明天走吧? **Tā míngtiān zuǒ ba?** Is he leaving tomorrow?

> Adding 吧 **ba** at the end of a sentence forms a suggestion, e.g. 我们走吧。**Wǒmen zǒu ba.** (Let's go). But adding 吗 **ma** at the end of a sentence forms a question, e.g. 我们走吗? **Wǒmen zǒu ma?** (Shall we go?).

掰 **bāi** [动] break ... off (*pt* broke, *pp* broken) ▷农民们在田地里正掰玉米呢。**Nóngmínmen zài tiándì lǐ zhèng bāi yùmǐ ne.** The farmers are picking maize in the fields.

掰腕子 **bāi wànzi** [动] arm wrestle

白 **bái I** [形] **1** (白色) white ▶白糖 **báitáng** white sugar ▶白领 **báilǐng** white-collar ▶苍白 **cāngbái** pale **2** (清楚) clear ▷真相大白 **zhēn xiàng dà bái** the truth has come out **3** (明亮) bright ▶白天 **báitiān** daytime **4** (平淡) plain ▶白开水 **báikāishuǐ** boiled water ▶白米饭 **báimǐfàn** boiled rice **II** [动] state ▶辩白 **biànbái** argue **III** [副] **1** (无结果) in vain ▶白费 **báifèi** waste ▶白等 **báiděng** wait in vain ▷我们这些试验是白做了。**Wǒmen zhèxiē shìyàn shì bái zuò le.** Our experiments were in vain. **2** (无偿地) free of charge ▷那些政客就喜欢白吃白喝。**Nàxiē zhèngkè jiù xǐhuān bái chī bái hē.** Those politicians just like eating and drinking, free of charge.

白白 **báibái** [副] in vain ▷不要白白浪费钱。**Bùyào báibái làngfèi qián.** Don't waste your money on nothing.

白璧微瑕 **bái bì wēi xiá** minor flaw

白菜 **báicài** [名] Chinese cabbage

白痴(癡) **báichī** [名] **1** (病症) idiocy **2** (病人) idiot **3** (贬) (傻瓜) moron

白费(費) **báifèi** [动] waste ▷我们的努力没有白费。**Wǒmen de nǔlì méiyǒu báifèi.** Our efforts have not been wasted. ▷你不要白费心思。**Nǐ bùyào báifèi xīnsi.** Don't strain your brain for nothing.

白宫(宮) **Báigōng** [名] the White House

白话(話) **báihuà** [名] unfounded statement

白金 **báijīn** [名] platinum

白净(淨) **báijìng** [形] fair and clear

白酒 **báijiǔ** [名] clear spirit

白卷 **báijuàn** [名] unanswered examination paper

白领(領) **báilǐng** [名] ▷白领职员 **báilǐng zhíyuán** white-collar worker

白马(馬)王子 **báimǎ wángzǐ** knight in shining armour (英) 或 armor (美)

白米饭(飯) **báimǐfàn** [名] boiled rice

白描 **báimiáo** [名] **1** (指美术) line drawing **2** (指写作) straightforward style of writing

白皮书(書) **báipíshū** [名] White Paper

白热(熱) **báirè** [形] white-hot

白人 **báirén** [名] white people (*pl*) ▷他是白人。**Tā shì báirén.** He's white.

白日做梦(夢) **báirì zuò mèng** daydream

白色 **báisè** [名] **1** (字) white **2** (喻) counterrevolutionary ▷白色政权 **báisè zhèngquán** counterrevolutionary regime

白手起(起)家 **báishǒu qǐ jiā** build up from nothing (*pt, pp* built) ▷他们夫妻是白手起家。**Tāmen fūqī shì báishǒu qǐ jiā.** The couple started out their business from scratch.

白糖 **báitáng** [名] white sugar

白天 **báitiān** [名] daytime, day

白条(條) **báitiáo** [名] IOU

白头(頭)偕老 **báitóu xié lǎo** live together to a ripe old age ▷祝愿这对新人白头偕老, 永远幸福。**Zhùyuàn zhè duì xīnrén báitóu xié**

lǎo, yǒngyuǎn xìngfú. May the bride and groom live happily ever after to a ripe old age.
白血病 báixuèbìng [名] leukaemia (英), leukemia (美)
白眼 báiyǎn [名] disdainful look ▷ 他恨遭人白眼。Tā hèn zāo rén báiyǎn. He hates being treated with disdain.
白银(銀) báiyín [名] silver
白昼(晝) báizhòu [名] daytime
白字 báizì [名] wrong character

百 bǎi **I** [数] hundred **II** [形] numerous ▷ 千方百计 qiān fāng bǎi jì in every way possible
百般 bǎibān [副] in every possible way
百出 bǎichū [动] be full of
百废(廢)俱兴(興) bǎi fèi jù xīng all neglected tasks are being dealt with
百分比 bǎifēnbǐ [名] percentage
百分点(點) bǎifēndiǎn [名] percentage point
百分制 bǎifēnzhì [名] percentage system
百分之百 bǎi fēn zhī bǎi absolutely ▷ 他百分之百会来。Tā bǎi fēn zhī bǎi huì lái. He will definitely come.
百花齐(齊)放 bǎi huā qí fàng blossom freely ▷ 我们国家的文艺事业百花齐放。Wǒmen guójiā de wényì shìyè bǎi huā qí fàng. Our country's literature and arts scenes are blossoming freely.
百货(貨) bǎihuò [名] general goods (*pl*) ▷ 百货商店 bǎihuò shāngdiàn department store
百科全书(書) bǎikē quánshū [名] encyclopaedia (英), encyclopedia (美)
百里(裡)挑一 bǎi lǐ tiāo yī one in a hundred ▷ 这小伙儿真是百里挑一。Zhè xiǎohuǒr zhēnshi bǎi lǐ tiāo yī. This lad is really one in a hundred.
百炼(煉)成钢(鋼) bǎi liàn chéng gāng experience makes you stronger ▷ 这支军队百炼成钢。Zhè zhī jūnduì bǎi liàn chéng gāng. This army has been toughened up by its experience.
百年大计(計) bǎinián dàjì [名] landmark event
百年树(樹)人 bǎinián shùrén it takes a long time to cultivate people
百万(萬) bǎiwàn [数] million ▷ 百万富翁 bǎiwàn fùwēng millionaire
百闻(聞)不如一见(見) bǎi wén bù rú yī jiàn seeing is believing
百无(無)聊赖(賴) bǎi wú liáolài bored stiff
百姓 bǎixìng [名] the common people
百依百顺(順) bǎiyī bǎishùn very obedient ▷ 他对妻子百依百顺。Tā duì qīzi bǎiyī bǎishùn. He obeys his wife in everything.
百折不挠(撓) bǎi zhé bù náo indomitable

佰 bǎi [名] hundred

This is the character for hundred which is used in banks, on receipts, cheques etc.

柏 bǎi [名] cypress
柏油 bǎiyóu [名] tar ▷ 柏油路 bǎiyóu lù asphalt road

摆(擺) bǎi **I** [动] **1** (放置) arrange ▶ 摆放 bǎifàng place ▷ 请把桌子摆好。Qǐng bǎ zhuōzi bǎihǎo. Please lay the table. **2** (陈述) state **3** (显示) assume ▷ 他总是摆出一副官架子。Tā zǒngshì bǎichū yī fù guān jiàzi. He's always assuming official airs. **4** (摇动) wave ▶ 摆动 bǎidòng sway ▷ 她向我摆手。Tā xiàng wǒ bǎi shǒu. She waved her hand at me. ▷ 摆手 bǎi shǒu beckon **II** [名] **1** (部件) pendulum **2** (下幅) hem
摆(擺)布(佈) bǎibù [动] **1** (操纵) order ... around **2** (布置) arrange
摆(擺)动(動) bǎidòng [动] sway
摆(擺)放 bǎifàng [动] place
摆(擺)阔(闊) bǎikuò [动] be ostentatious
摆(擺)弄 bǎinòng [动] **1** (玩弄) fiddle with **2** (运用) manipulate ▷ 他善于摆弄权力。Tā shànyú bǎinòng quánlì. He is adept at manipulation.
摆(擺)平 bǎipíng [动] treat ... equally ▷ 我们两边要摆平。Wǒmen liǎng biān yào bǎipíng. We should treat both parties equally.
摆(擺)谱(譜)儿(兒) bǎipǔr [动] show off (*pt* showed, *pp* shown)
摆(擺)设(設) bǎishè [动] furnish and decorate ▷ 客厅里摆设得很有品位。Kètīng lǐ bǎishè de hěn yǒu pǐnwèi. The living room is tastefully furnished and decorated.
摆(擺)设(設)儿(兒) bǎisher [名] ornament
摆(擺)脱(脫) bǎituō [动] break free from (*pt* broke, *pp* broken) ▷ 我们终于摆脱了贫困。Wǒmen zhōngyú bǎituōle pínkùn. We have finally broken free from poverty.

败(敗) bài **I** [动] **1** (打败) defeat ▷ 大败敌人 dà bài dírén defeat the enemy ▷ 我们败于主队。Wǒmen bài yú zhǔduì. We lost to the home team. **2** (消除) counteract ▷ 败毒 bài dú counteract a poison **3** (毁坏) ruin **II** [形] withered
败(敗)北 bàiběi [动] be defeated
败(敗)笔(筆) bàibǐ [名] artistic defect
败(敗)坏(壞) bàihuài **I** [动] corrupt **II** [形] corrupt ▷ 这些人道德品质败坏。Zhèxiē rén

dàodé pǐnzhì bàihuài. These people are morally corrupt.

败(敗)家子 bàijiāzǐ [名] spendthrift

败(敗)局 bàijú [名] defeat

败(敗)类(類) bàilèi [名] scum

败(敗)露 bàilù [动] be exposed

败(敗)落 bàiluò [动] decline ▷这个大家族逐渐败落了。Zhège dà jiāzú zhújiàn bàiluò le. The great family gradually went into decline.

败(敗)诉(訴) bàisù [动] lose a lawsuit (*pt*, *pp* lost)

败(敗)仗 bàizhàng [名] defeat ▷这位将军从未打过败仗。Zhè wèi jiāngjūn cóngwèi dǎguò bàizhàng. This general has never suffered defeat.

拜 bài [动] **1** (会见) pay a visit (*pt*, *pp* paid) ▶拜访 bàifǎng visit ▶拜会 bàihuì pay an official call **2** (结拜) acknowledge ▷我拜他为师。Wǒ bài tā wéi shī. I acknowledge him as my master. ▷结拜兄弟 jiébài xiōngdì sworn brothers

拜访(訪) bàifǎng [动] call on

拜会(會) bàihuì [动] pay an official call (*pt*, *pp* paid)

拜年 bàinián [动] pay a New Year call (*pt*, *pp* paid)

拜托(託) bàituō [动] ▷拜托您给看会儿我女儿。Bàituō nín gěi kān huìr wǒ nǚ'er. Would you be kind enough to look after my daughter for a while?

拜谒(謁) bàiyè [动] **1** (拜见) pay a formal visit (*pt*, *pp* paid) **2** (瞻仰) pay homage

---

扳 bān [动] **1** (拉动) pull ▷扳闸 bānzhá pull a switch **2** (扭转) turn ▷双方扳成平局。Shuāngfāng bānchéng píngjú. The score is now equal.

扳子 bānzi [名] spanner

班 bān **I** [名] **1** (班级) class ▶班长 bānzhǎng class monitor **2** (班组) team **3** (交通) scheduled trip ▶班机 bānjī scheduled flight ▶末班车 mòbānchē the last bus **4** (轮班) shift ▶上班 shàngbān go to work ▶下班 xiàbān finish work ▶晚班 wǎnbān night shift **5** (军) squad **II** [量] ▷下一班船 xià yī bān chuán the next boat ▷错过一班飞机 cuòguò yī bān fēijī miss a flight

measure word, used for scheduled transportations

III [形] regular ▶班车 bānchē regular bus
IV [动] deploy

班房 bānfáng [名] prison

班机(機) bānjī [名] **1** (指飞机) airliner **2** (指航班) scheduled flight

班级(級) bānjí [名] classes (*pl*)

班门(門)弄斧 bān mén nòng fǔ show oneself up in front of an expert

班子 bānzi [名] **1** (组织) group **2** (剧团) troupe

般 bān [名] sort

般配 bānpèi [动] be well matched

颁(頒) bān 见下文

颁(頒)布(佈) bānbù [动] promulgate

颁(頒)发(發) bānfā [动] **1** (发布) issue **2** (授予) award

斑 bān [名] spot

斑白 bānbái [形] greying (英), graying (美)

斑斓(斕) bānlán [形] brightly-coloured (英), brightly-colored (美)

斑马(馬)线(線) bānmǎxiàn [名] zebra crossing

搬 bān [动] **1** (移动) take ... away (*pt* took, *pp* taken) ▷把这些东西搬走。Bǎ zhèxiē dōngxi bānzǒu. Take these things away. **2** (迁移) move ▶搬家 bānjiā move house **3** (套用) copy mechanically

搬弄 bānnòng [动] **1** (搬动) fiddle with ▷不要搬弄枪。Bùyào bānnòng qiāng. Don't fiddle with the gun. **2** (挑拨) stir ... up ▷搬弄是非 bānnòng shìfēi make mischief **3** (炫耀) show ... off (*pt* showed, *pp* shown) ▷搬弄知识 bānnòng zhīshi show off one's knowledge

搬迁(遷) bānqiān [动] relocate

搬运(運) bānyùn [动] transport

板 bǎn **I** [名] **1** (片状硬物) board ▶天花板 tiānhuābǎn ceiling **2** (音) beat ▷有板有眼 yǒu bǎn yǒu yǎn rhythmical **II** [形] **1** (指人) stiff ▶古板 gǔbǎn inflexible **2** (指物) hard ▷地太板了。Dì tài bǎn le. The ground is very hard. **III** [动] put on a stern expression (*pt*, *pp* put) ▷我们经理老板着脸。Wǒmen jīnglǐ lǎo bǎnzhe liǎn. Our manager always looks stern.

板子 bǎnzi [名] board

版 bǎn [名] **1** (底版) printing plate ▶排版 páibǎn typesetting **2** (版本) edition ▶初版 chūbǎn first edition **3** (版面) page ▶头版 tóubǎn front page

版本 bǎnběn [名] edition

版权(權) bǎnquán [名] copyright ▷版权所有 bǎnquán suǒyǒu all rights reserved

版式 bǎnshì [名] format

版税(稅) bǎnshuì [名] royalty

版图(圖) bǎntú [名] territory

办(辦) **bàn** I [动] **1** (处理) handle ▶ 办事 **bànshì** handle affairs ▷ 我们该怎么办？**Wǒmen gāi zěnme bàn?** What should we do? **2** (创设) set ... up (*pt*, *pp* set) ▷ 办工厂 **bàn gōngchǎng** set up a factory ▷ 去年他们办了一个工厂。**Qùnián tāmen bànle yī gè gōngchǎng.** Last year they set up a factory. **3** (经营) run (*pt* ran, *pp* run) ▶ 办学 **bànxué** run a school ▷ 校办产业 **xiàobàn chǎnyè** school-run industry **4** (展览) stage ▷ 办画展 **bàn huàzhǎn** stage an art exhibition **5** (采购) purchase **6** (惩治) punish II [名] office

办(辦)法 **bànfǎ** [名] way ▷ 想办法解决问题 **xiǎng bànfǎ jiějué wèntí** find a way to solve the problem ▷ 这个办法可行。**Zhège bànfǎ kěxíng.** This is a feasible solution. ▷ 老师拿不努力的学生没办法。**Lǎoshī ná bù nǔlì de xuésheng méi bànfǎ.** Teachers can do nothing about lazy students. ▷ 你办法多，帮帮我们。**Nǐ bànfǎ duō, bāngbāng wǒmen.** You always know how to sort things out – give us a hand. ▷ 想办法 **xiǎng bànfǎ** find a way ▷ 联系办法 **liánxì bànfǎ** means of contact

办(辦)公 **bàngōng** [动] work

办(辦)理 **bànlǐ** [动] handle ▷ 办理丧事 **bànlǐ sāngshì** handle funeral arrangements

办(辦)学(學) **bànxué** [动] run a school (*pt* ran, *pp* run)

办(辦)罪 **bànzuì** [动] punish

半 **bàn** I [数] **1** (二分之一) half ▷ 半价 **bànjià** half price ▷ 半年 **bàn nián** half a year **2** (很少) very few ▷ 他半个字都没写。**Tā bàn gè zì dōu méi xiě.** He'd hardly written anything. II [名] (在中间) middle ▶ 半夜 **bànyè** midnight III [副] partially ▷ 半新 **bànxīn** almost new ▷ 他合上半开着的书。**Tā héshàng bàn kāizhe de shū.** He closed the half-open book.

半半拉拉 **bànbanlālā** [形] (口) unfinished

半辈(輩)子 **bànbèizi** [名] half a lifetime ▷ 他当了半辈子的教师。**Tā dāngle bànbèizi de jiàoshī.** He had spent half a lifetime as a teacher.

半壁江山 **bànbì jiāngshān** half the country ▷ 半壁江山沦落敌手。**Bànbì jiāngshān lúnluò díshǒu.** Half the country has fallen into the hands of the enemy. ▷ 他拥有这家公司的半壁江山。**Tā yōngyǒu zhè jiā gōngsī de bànbì jiāngshān.** He owns half of the company.

半边(邊)天 **bànbiāntiān** [名] **1** (指天空) half the sky **2** (指妇女) women (*pl*)

半…不… **bàn...bù...** neither ... nor ▶ 半新不旧 **bàn xīn bù jiù** nearly new ▷ 半懂不懂 **bàn dǒng bù dǒng** not quite clear

半成品 **bànchéngpǐn** [名] semi-finished product

半导(導)体(體) **bàndǎotǐ** [名] **1** (指物质) semiconductor **2** (收音机) transistor radio

半岛(島) **bàndǎo** [名] peninsula

半吊(弔)子 **bàndiàozi** [名] **1** (指言行举止) blunderer **2** (指水平) incompetent ▷ 半吊子的老师怎么能教出好学生呢？**Bàndiàozi de lǎoshī zěnme néng jiāochū hǎo xuéshēng ne?** How can that incompetent of a teacher produce good students? **3** (指处事态度) good-for-nothing

半斤八两(兩) **bàn jīn bā liǎng** (口) six of one and half a dozen of the other ▷ 这两个人半斤八两，都不能胜任这份工作。**Zhè liǎng gè rén bàn jīn bā liǎng, dōu bùnéng shèngrèn zhè fèn gōngzuò.** They're six of one and half a dozen of the other – neither of them are competent enough to do the job.

半径(徑) **bànjìng** [名] radius (*pl* radii)

半路出家 **bànlù chūjiā** (喻) have a complete career change

半瓶醋 **bànpíngcù** [名] (贬) ignoramus

半球 **bànqiú** [名] hemisphere ▷ 南半球 **nánbànqiú** the Southern Hemisphere

半死不活 **bàn sǐ bù huó** lifeless

半天 **bàntiān** [名] for quite a while ▷ 他等了半天。**Tā děngle bàntiān.** He waited for quite a while.

半途 **bàntú** [名] (书) halfway point

半途而废(廢) **bàntú ér fèi** give up halfway ▷ 我们一定要坚持到底，不能半途而废。**Wǒmen yīdìng yào jiānchí dàodǐ, bùnéng bàntú ér fèi.** We must persevere – we can't give up halfway.

扮 **bàn** [动] **1** (饰演) play ▷ 他在影片中扮坏人。**Tā zài yǐngpiàn zhōng bàn huàirén.** He played the villain in the film. **2** (指表情) pull ▷ 别冲我扮鬼脸。**Bié chòng wǒ bàn guǐliǎn.** Don't pull faces at me.

扮相 **bànxiàng** [名] look ▷ 我喜欢戏中女主角的扮相。**Wǒ xǐhuān xì zhōng nǚzhǔjué de bànxiàng.** I liked the look of the female character in the play.

扮演 **bànyǎn** [动] act

伴 **bàn** I [名] company ▶ 做伴 **zuòbàn** keep company ▷ 我会和你做伴的。**Wǒ huì hé nǐ zuòbàn de.** I will keep you company. ▷ 我和约翰搭伴去伦敦。**Wǒ hé Yuēhàn dābàn qù Lúndūn.** John and I travelled to London together. II [动] accompany ▷ 在他的陪伴下，我回到了故乡。**Zài tā de péibàn xià, wǒ huídàole gùxiāng.** He accompanied me back to my hometown.

伴唱 **bànchàng** [动] accompany

伴侣(侶) **bànlǚ** [名] **1**(爱人) partner **2**(伙伴) companion

伴娘 **bànniáng** [名] bridesmaid

伴随(隨) **bànsuí** [动] follow

伴舞 **bànwǔ** [动] ▷她过去是伴舞的。**Tā guòqù shì bànwǔ de.** She used to be a backing dancer.

伴奏 **bànzòu** [动] accompany ▷你唱支歌，我来给你用手风琴伴奏。**Nǐ chàng zhī gē, wǒ lái gěi nǐ yòng shǒufēngqín bànzòu.** Give us a song – I'll accompany you on the accordion.

拌

bàn [动] **1**(搅和) mix **2**(争吵) quarrel

拌嘴 **bànzuǐ** [动] quarrel

绊(絆)

bàn [动] **1**(使跌倒) trip ▷他下楼时绊了一跤。**Tā xiàlóu shí bànle yī jiāo.** He tripped over on his way downstairs. **2**(妨碍) get in the way **3**(缠住) hold ... up (*pt*, *pp* held) ▷他可能又被什么事情绊住了。**Tā kěnéng yòu bèi shénme shìqing bànzhù le.** Maybe something's held him up again.

绊(絆)脚(腳)石 **bànjiǎoshí** [名] stumbling block

瓣

bàn **I** [名] **1**(指花儿) petal **2**(指果实或球茎) segment **3**(碎片) fragment **II** [量] ▷几瓣蒜 **jǐ bàn suàn** a few cloves of garlic ▷一瓣橘子 **yī bàn júzi** a segment of orange

> measure word, used to describe flower petals and segments of fruits

瓣膜 **bànmó** [名] (医) valve

邦

bāng [名] country

邦交 **bāngjiāo** [名] diplomatic relations (*pl*) ▷断绝邦交 **duànjué bāngjiāo** break off diplomatic relations

---

帮(幫)

bāng **I** [动] **1**(帮助) help ▷我帮他买票。**Wǒ bāng tā mǎi piào.** I helped him get the tickets. ▷我帮他修改文章。**Wǒ bāng tā xiūgǎi wénzhāng.** I helped him to improve his essay. **2**(被雇用) be hired ▷帮短工 **bāng duǎngōng** be hired for short-term work **II** [名] **1**(物体周围的面) side ▶鞋帮 **xiébāng** shoe upper **2**(菜帮子) outer leaf (*pl* leaves) **3**(团伙) gang **III** [量] group ▷一帮小伙子 **yī bāng xiǎohuǒzi** a group of young men

帮(幫)厨(廚) **bāngchú** [动] help out in the kitchen

帮(幫)倒忙 **bāng dàománg** [动] do ... a disservice ▷他这么说其实是在给我帮倒忙。**Tā zhème shuō qíshí shì zài gěi wǒ bāng dàománg.** Actually what he said did me quite a disservice.

帮(幫)会(會) **bānghuì** [名] (旧) secret society

帮(幫)教 **bāngjiào** [动] help and teach (*pt*, *pp* taught)

帮(幫)忙 **bāngmáng** [动] help ▷请您帮我个忙。**Qǐng nín bāng wǒ gè máng.** Please can you help me out?

帮(幫)派 **bāngpài** [名] faction

帮(幫)腔 **bāngqiāng** [动] stick up for (*pt*, *pp* stuck) ▷你为什么总给他帮腔？**Nǐ wèi shénme zǒng gěi tā bāngqiāng?** Why are you always sticking up for him?

帮(幫)手 **bāngshǒu** [名] assistant

帮(幫)凶 **bāngxiōng** [名] accessory

帮(幫)助 **bāngzhù** [动] help ▷护士长帮助他做手术。**Hùshìzhǎng bāngzhù tā zuò shǒushù.** The head nurse helped him carry out the operation. ▷他帮助我们渡过难关。**Tā bāngzhù wǒmen dùguò nánguān.** He helped us through a difficult time. ▷水果帮助消化。**Shuǐguǒ bāngzhù xiāohuà.** Fruit aids the digestion. ▷我们需要专家的帮助。**Wǒmen xūyào zhuānjiā de bāngzhù.** We need the help of an expert. ▷谢谢您的帮助。**Xièxie nín de bāngzhù.** Thank you for your help.

帮(幫)子 **bāngzi** [名] outer leaf (*pl* leaves)

绑(綁)

bǎng [动] tie up

绑(綁)架 **bǎngjià** [动] kidnap

绑(綁)票 **bǎngpiào** [动] kidnap

榜

bǎng [名] list of names ▷光荣榜 **guāngróngbǎng** roll of honour (英), honor (美)

榜样(樣) **bǎngyàng** [名] model

膀

bǎng [名] **1**(肩膀) shoulder **2**(翅膀) wing →另见 **páng**

膀子 **bǎngzi** [名] **1**(手臂上部) upper arm ▷光着膀子 **guāngzhe bǎngzi** be stripped to the waist **2**(翅膀) wing

---

蚌

bàng [名] clam

棒

bàng **I** [名] **1**(棍子) cudgel ▶棒子 **bàngzi** club **2**(棍状物) rod **II** [形] (口) great ▷他英语说得很棒。**Tā Yīngyǔ shuō de hěn bàng.** He speaks great English.

棒槌 **bàngchui** [名] **1**(木棒) club **2**(外行) amateur

棒子 **bàngzi** [名] **1**(棍子) club **2**(玉米) corn (英), maize (美)

傍

bàng **I** [动] be close to **II** [介] near

傍大款 **bàng dàkuǎn** (口) be a gold-digger

傍晚 **bàngwǎn** [名] dusk

谤(謗) bàng [动] (书) slander

磅 bàng **I** [量] pound **II** [名] scales (*pl*) **III** [动] weigh
→另见 páng

镑(鎊) bàng [名] pound

包 bāo **I** [动] **1** (包裹) wrap **2** (包围) surround **3** (包含) include ▷这笔钱只是旅费，不包食宿。Zhè bǐ qián zhǐshì lǚfèi, bù bāo shísù. This money is just for travel expenses. It doesn't include food and lodgings. **4** (承诺完成) be contracted ▷我们包下了这个工程。Wǒmen bāoxiàle zhège gōngchéng. We've been contracted to do this project. **5** (担保) guarantee **6** (约定专用) hire ▷包车 bāochē hire a car ▷包飞机 bāojī charter a plane **II** [名] **1** (包裹) parcel ▶背包 bēibāo backpack **2** (口袋) bag ▶背包 bēibāo backpack ▶钱包 qiánbāo wallet **3** (疙瘩) lump **4** (隆起物) hump **5** (帐篷) tent **III** [量] packet, bag ▷一包烟 yī bāo yān a packet of cigarettes ▷一包衣服 yī bāo yīfu a bag of clothes

measure word, used to describe things that are wrapped up

包办(辦) bāobàn [动] **1** (单独负责) take sole charge of (*pt* took, *pp* taken) **2** (独断办理) monopolize ▷包办婚姻 bāobàn hūnyīn arranged marriage

包庇 bāobì [动] cover up ▷包庇朋友 bāobì péngyou cover up for one's friends

包藏 bāocáng [动] harbour (英), harbor (美) ▷包藏杀机 bāocáng shājī harbour murderous intentions

包场(場) bāochǎng [动] make a block booking

包袱 bāofu [名] **1** (布) bundle **2** (喻) (负担) burden ▷孩子不应是成就事业的包袱。Háizi bùyīng shì chéngjiù shìyè de bāofu. Children shouldn't get in the way of a successful career.

包干(乾)儿(兒) bāogānr [动] see a task through (*pt* saw, *pp* seen)

包工 bāogōng **I** [动] contract ▷这座桥由一家北京建筑公司包工。Zhè zuò qiáo yóu yī jiā Běijīng jiànzhù gōngsī bāogōng. A Beijing building company has been contracted to build the bridge. **II** [名] contractor

包裹 bāoguǒ **I** [动] wrap **II** [名] parcel

包含 bāohán [动] contain

包涵 bāohán [动] forgive (*pt* forgave, *pp* forgiven) ▷招待不周，请多包涵！Zhāodài bùzhōu, qǐng duō bāohán! Please forgive me for giving you such a poor reception.

包括 bāokuò [动] include ▷月租450元，不包括取暖费。Yuèzū sìbǎi wǔshí yuán, bù bāokuò qǔnuǎn fèi. The rent is 450 yuan a month, but this doesn't include heating. ▷医疗队包括10个医生和一辆救护车。Yīliáoduì bāokuò shí gè yīshēng hé yī liàng jiùhùchē. The medical team is comprised of ten doctors and one ambulance. ▷餐费包括百分之十的服务费。Cānfèi bāokuò bǎi fēn zhī shí de fúwù fèi. The bill includes a ten percent service charge.

包揽(攬) bāolǎn [动] take sole charge of (*pt* took, *pp* taken)

包罗(羅)万(萬)象 bāoluó wànxiàng all-inclusive

包票 bāopiào [名] guarantee ▷我敢打包票，他肯定来。Wǒ gǎn dǎ bāopiào, tā kěndìng lái. I can guarantee that he'll be coming.

包容 bāoróng [动] **1** (宽容) tolerate **2** (容纳) hold (*pt*, *pp* held)

包围(圍) bāowéi [动] surround ▷这座城市四周被群山包围着。Zhè zuò chéngshì sìzhōu bèi qúnshān bāowéizhe. The city is surrounded by mountains on all sides.

包厢(廂) bāoxiāng [名] box

包圆(圓)儿(兒) bāoyuánr [动] **1** (全部买下) buy ... up (*pt*, *pp* bought) **2** (全部承担) finish ... off ▷这点活儿我们包圆儿了。Zhè diǎn huór wǒmen bāoyuánr le. We're going to finish this job off.

包扎(紮) bāozā [动] bind (*pt*, *pp* bound)

包子 bāozi [名] *steamed stuffed bun*

包子 bāozi are bigger than 饺子 jiǎozi. Shaped like buns, they are usually stuffed with meat or vegetable fillings, and are steamed rather than boiled.

包装(裝) bāozhuāng **I** [动] package ... up **II** [名] package

苞 bāo [名] bud
苞米 bāomǐ [名] (方) corn (英), maize (美)

孢 bāo 见下文
孢子 bāozǐ [名] spore

炮(砲) bāo [动] (烹调方法) sauté
→另见 páo, pào

胞 bāo [名] **1** (指同父母) blood ▷胞兄 bāoxiōng full brother **2** (指同国家，同民族) fellow countryman (*pl* countrymen)

剥(剝) bāo [动] peel ▷剥香蕉 bāo xiāngjiāo peel a banana ▷剥豌豆 bāo wāndòu shell peas
→另见 bō

龅 **bāo** 见下文

龅牙 **bāoyá** [名] buck teeth (*pl*)

褒 **bāo** [动] praise

褒贬(貶) **bāobiǎn** [动] pass judgement on ▷ 不要随便褒贬人。**Bùyào suíbiàn bāobiǎn rén.** You can't pass judgment on people without proper consideration.

褒奖(獎) **bāojiǎng** [动] laud ▷ 这种行为应当受到褒奖。**Zhèzhǒng xíngwéi yīngdāng shòudào bāojiǎng.** This kind of behaviour should be lauded.

褒扬(揚) **bāoyáng** [动] praise

雹 **báo** [名] hail ▶ 雹子 **báozi** hailstone

雹子 **báozi** [名] hailstone

薄 **báo** [形] **1** (不厚) thin **2** (不浓) weak **3** (冷淡) cold ▷ 我对她不薄。**Wǒ duì tā bù báo.** I treat her very well. **4** (贫瘠) infertile ▷ 薄地 **báodì** poor land

→ 另见 **bó**, **bò**

宝(寶) **bǎo** **I** [名] treasure ▶ 国宝 **guóbǎo** national treasure **II** [形] precious

宝(寶)宝(寶) **bǎobǎo** [名] darling

宝(寶)贝(貝) **bǎobèi** [名] **1** (珍奇之物) treasure **2** (爱称) darling **3** (无能之人) idiot

宝(寶)贵(貴) **bǎoguì** **I** [形] valuable ▷ 宝贵首饰 **bǎoguì shǒushì** valuable jewellery ▷ 宝贵意见 **bǎoguì yìjiàn** valuable suggestion ▷ 宝贵文物 **bǎoguì wénwù** precious historical relics **II** [动] value ▷ 这玩意儿你不稀罕，他可宝贵得很。**Zhè wányìr nǐ bù xīhan, tā kě bǎoguì de hěn.** You don't care about it, but he values it dearly.

宝(寶)藏 **bǎozàng** [名] (矿产) precious minerals (*pl*)

宝(寶)座 **bǎozuò** [名] throne

饱(飽) **bǎo** **I** [形] full ▷ 我吃饱了。**Wǒ chībǎo le.** I am full. **II** [副] fully ▷ 饱读美国文学 **bǎodú Měiguó wénxué** be well-read in American literature **III** [动] satisfy ▷ 精彩演出让观众大饱眼福。**Jīngcǎi yǎnchū ràng guānzhòng dà bǎo yǎnfú.** The audience feasted their eyes on the wonderful performance.

饱(飽)餐 **bǎocān** [动] eat one's fill (*pt* ate, *pp* eaten) ▷ 我们已饱餐了一顿。**Wǒmen yǐ bǎocānle yī dùn.** We've had a magnificent meal. ▷ 他们饱餐了一顿野味。**Tāmen bǎocānle yī dùn yěwèi.** They feasted on game.

饱(飽)尝(嘗) **bǎocháng** [动] **1** (吃饱) feast ▷ 饱尝美味佳肴 **bǎocháng měiwèi jiāyáo** feast on fine food **2** (经历) experience

饱(飽)和 **bǎohé** [动] **1** (溶液) be saturated **2** (满) be full to capacity ▷ 政府机关的工作人员已经饱和了。**Zhèngfǔ jīguān de gōngzuò rényuán yǐjīng bǎohé le.** The staff quota in the government organization is full. ▷ 冰箱的市场已经处于饱和状态。**Bīngxiāng de shìchǎng yǐjīng chǔyú bǎohé zhuàngtài.** The market for refrigerators is already saturated.

饱(飽)经(經)风(風)霜 **bǎo jīng fēngshuāng** suffer hardship

饱(飽)满(滿) **bǎomǎn** [形] **1** (丰满) plump **2** (充足) full ▷ 精神饱满 **jīngshén bǎomǎn** full of energy

饱(飽)学(學) **bǎoxué** [形] scholarly

保 **bǎo** **I** [动] **1** (保护) protect **2** (保持) keep (*pt*, *pp* kept) ▶ 保密 **bǎomì** keep ... secret ▶ 保鲜膜 **bǎoxiānmó** Clingfilm® (英), Saran wrap® (美) ▷ 这盒子可以保鲜。**Zhè hézi kěyǐ bǎoxiān.** This box can keep food fresh. **3** (保证) ensure ▷ 吃了这药，保你很快恢复健康。**Chīle zhè yào, bǎo nǐ hěn kuài huīfù jiànkāng.** This medicine will ensure you a quick recovery.
4 (担保) stand guarantor (*pt*, *pp* stood) ▶ 保释 **bǎoshì** bail **II** [名] guarantor

保安 **bǎo'ān** **I** [动] **1** (保卫治安) ensure public security **2** (保护人身安全) ensure safety **II** [名] security guard

保镖(鏢) **bǎobiāo** [名] bodyguard

保藏 **bǎocáng** [动] conserve

保持 **bǎochí** [动] maintain ▷ 保持良好的秩序 **bǎochí liánghǎo de zhìxù** maintain good order ▷ 保持警惕 **bǎochí jǐngtì** stay vigilant ▷ 保持清醒的头脑 **bǎochí qīngxǐng de tóunǎo** keep a clear head

保存 **bǎocún** [动] preserve

保单(單) **bǎodān** [名] insurance policy

保费(費) **bǎofèi** [名] (保险费) insurance premium

保管 **bǎoguǎn** **I** [动] (保藏管理) take care of (*pt* took, *pp* taken) **II** [名] storekeeper **III** [副] certainly ▷ 他做的事保管能行。**Tā zuò de shì bǎoguǎn néng xíng.** What he is doing is sure to work.

保护(護) **bǎohù** [动] protect ▷ 保护环境 **bǎohù huánjìng** protect the environment ▷ 保护眼睛 **bǎohù yǎnjīng** protect one's eyes ▷ 保护私人资料 **bǎohù sīrén zīliào** data protection

保健 **bǎojiàn** [名] health care ▷ 保健食品 **bǎojiàn shípǐn** health food

保洁(潔) **bǎojié** [动] keep the environment clean (*pt, pp* kept)

保龄(齡)球 **bǎolíngqiú** [名] **1** (体育运动) bowling **2** (球) bowl

保留 **bǎoliú** [动] **1** (保存不变) preserve ▷ 这座城市还保留着500多年前的寺庙。**Zhè zuò chéngshì hái bǎoliúzhe wǔbǎi duō nián qián de sìmiào.** A temple more than 500 years old is preserved in the town. **2** (意见) hold back (*pt, pp* held) ▷ 你可以保留自己的意见。**Nǐ kěyǐ bǎoliú zìjǐ de yìjiàn.** You can keep your opinions to yourself. ▷ 各位可以保留自己的意见, 下次开会再讨论。**Gèwèi kěyǐ bǎoliú zìjǐ de yìjiàn, xiàcì kāihuì zài tǎolùn.** If everyone could hold back, we will discuss thoughts on this at the next meeting. **3** (不拿出来) retain

保密 **bǎomì** [动] keep ... secret (*pt, pp* kept) ▷ 这个消息可要保密。**Zhège xiāoxi kě yào bǎomì.** This information must be kept secret.

保姆 **bǎomǔ** [名] **1** (做家务的女工) domestic help **2** (保育员) nanny

保全 **bǎoquán** [动] save

保释(釋) **bǎoshì** [动] bail

保守 **bǎoshǒu I** [动] protect **II** [形] conservative

保送 **bǎosòng** [动] recommend ... for a place ▷ 他儿子保送到清华大学。**Tā érzi bǎosòng dào Qīnghuá dàxué.** His son was recommended for admission to Qinghua University.

保外就医(醫) **bǎo wài jiù yī** transfer a prisoner for medical attention

保卫(衛) **bǎowèi** [动] defend

保险(險) **bǎoxiǎn I** [名] insurance **II** [形] safe **III** [副] certainly ▷ 你听我的, 保险能行。**Nǐ tīng wǒ de, bǎoxiǎn néng xíng.** If you do as I say it's sure to work.

保修 **bǎoxiū** [动] guarantee ▷ 这台电脑保修一年。**Zhè tái diànnǎo bǎoxiū yī nián.** This computer is guaranteed for one year.

保养(養) **bǎoyǎng** [动] **1** (身体) take care of one's health (*pt* took, *pp* taken) **2** (机器) maintain

保佑(祐) **bǎoyòu** [动] bless

保育 **bǎoyù** [名] childcare ▷ 保育员 **bǎoyùyuán** childcare worker ▷ 保育院 **bǎoyùyuàn** nursery school

保障 **bǎozhàng** [动] protect ▷ 保障公民的生命财产安全 **bǎozhàng gōngmín de shēngmìng cáichǎn ānquán** protect people's lives and property ▷ 儿女多并不意味着晚年生活有保障。**Érnǚ duō bìng bù yìwèizhe wǎnnián shēnghuó yǒu bǎozhàng.** Having a lot of children certainly doesn't mean you will be protected in later life.

保证(證) **bǎozhèng** [动] guarantee ▷ 我保证能按时到达。**Wǒ bǎozhèng néng ànshí dàodá.** I guarantee I will be there on time. ▷ 你的支持是我取得成功的保证。**Nǐ de zhīchí shì wǒ qǔdé chénggōng de bǎozhèng.** Your support is my guarantee of success.

保重 **bǎozhòng** [动] take care of oneself (*pt* took, *pp* taken)

葆 **bǎo** [动] preserve

堡 **bǎo** [名] fort

堡垒(壘) **bǎolěi** [名] **1** (建筑物) fortress **2** (喻) (指难关) challenge **3** (指人) die-hard

---

报(報) **bào I** [动] **1** (告诉) report ▷ 报上级领导 **bào shàngjí lǐngdǎo** report to one's superiors **2** (回答) respond ▷ 报以掌声 **bào yǐ zhǎngshēng** greet with applause **3** (报答) repay (*pt, pp* repaid) ▶ 报恩 **bào'ēn** repay a favour (英) 或 favor (美) **4** (报复) take revenge (*pt* took, *pp* taken) ▶ 报仇 **bàochóu** take revenge **II** [名] **1** (报纸) newspaper ▶ 日报 **rìbào** daily ▶ 报社 **bàoshè** newspaper office **2** (刊物) periodical ▶ 画报 **huàbào** glossy magazine **3** (公告) report ▶ 公报 **gōngbào** bulletin **4** (电报) telegram ▶ 发报 **fābào** send a telegram

报(報)案 **bào'àn** [动] report ▷ 接到居民报案后, 警察以偷窃嫌疑将他逮捕。**Jiēdào jūmín bào'àn hòu, jǐngchá yǐ tōuqiè xiányí jiāng tā dàibǔ.** After a report from a local resident, the police arrested him on suspicion of theft.

报(報)表 **bàobiǎo** [名] report form

报(報)偿(償) **bàocháng** [动] repay (*pt, pp* repaid)

报(報)仇 **bàochóu** [动] take revenge (*pt* took, *pp* taken)

报(報)酬 **bàochou** [名] pay

报(報)答 **bàodá** [动] repay (*pt, pp* repaid)

报(報)到 **bàodào** [动] register

报(報)道 **bàodào I** [动] report ▷ 电视台报道了这条新闻。**Diànshìtái bàodàole zhè tiáo xīnwén.** The television station reported this item of news. **II** [名] report ▷ 一篇关于克隆人的报道 **yī piān guānyú kèlóngrén de bàodào** a report about human cloning ▷ 她负责体育新闻报道。**Tā fùzé tǐyù xīnwén bàodào.** She is in charge of sports coverage.

报(報)废(廢) **bàofèi** [动] discard ▷ 这辆汽车5年内报废。**Zhè liàng qìchē wǔ nián nèi bàofèi.** This car will have to be scrapped in five years.

报(報)复(復) **bàofù** [动] retaliate

报(報)告 **bàogào I** [动] report ▷ 向主管部门

报告 xiàng zhǔguǎn bùmén bàogào report to the department in charge ▷有问题就向主管部门报告。Yǒu wèntí jiù xiàng zhǔguǎn bùmén bàogào. If there is a problem just report it to the department responsible.
II [名] report ▷在大会上作报告 zài dàhuì shàng zuò bàogào give a talk at the conference

报(報)关(關) **bàoguān** [动] declare

报(報)价(價) **bàojià** [动] quote ▷这只手表报价500镑。Zhè zhī shǒubiǎo bàojià wǔbǎi bàng. This watch is quoted at £500. ▷你报价太高了。Nǐ bàojià tài gāo le. Your quote is too high.

报(報)捷 **bàojié** [动] report a success

报(報)警 **bàojǐng** [动] report to the police

报(報)刊 **bàokān** [名] newspapers and periodicals (*pl*)

报(報)考 **bàokǎo** [动] take an entrance exam (*pt* took, *pp* taken)

报(報)名 **bàomíng** [动] sign up ▷报名参加马拉松比赛 Bàomíng cānjiā mǎlāsōng bǐsài sign up for a marathon

报(報)幕 **bàomù** [动] compère

报(報)幕员(員) **bàomùyuán** [名] compère

报(報)社 **bàoshè** [名] newspaper office

报(報)失 **bàoshī** [动] report a loss ▷丢失信用卡要向警察报失。Diūshī xìnyòngkǎ yào xiàng jǐngchá bàoshī. If you lose a credit card you should report it to the police.

报(報)喜 **bàoxǐ** [动] give good news (*pt* gave, *pp* given) ▷报喜不报忧 bàoxǐ bù bàoyōu give the good news but not the bad

报(報)销(銷) **bàoxiāo** [动] **1** (费用) claim for **2** (口) (除掉) demolish

报(報)应(應) **bàoyìng** [名] just deserts ▷他迟早会遭报应。Tā chízǎo huì zāo bàoyìng. He'll get his just deserts sooner or later.

报(報)账(賬) **bàozhàng** [动] submit expenses

报(報)纸(紙) **bàozhǐ** [名] newspaper

刨 **bào I** [动] plane **II** [名] plane
→另见 páo

抱 **bào** [动] **1** (手臂围住) carry in one's arms **2** (儿孙) ▷我们校长快抱孙子了! Wǒmen xiàozhǎng kuài bào sūnzi le! Our head teacher is going to be a grandmother! **3** (领养) adopt **4** (方) (结合) join together ▷抱成一团 bàochéng yī tuán stand together **5** (心里存有) cherish ▷对某事抱幻想 duì mǒushì bào huànxiǎng have illusions about sth

抱病 **bàobìng** [动] be ill

抱残(殘)守缺 **bào cán shǒu quē** cling to the past ▷要强化创新意识, 不能抱残守缺。Yào qiánghuà chuàngxīn yìshi, bùnéng bào cán shǒu quē. We must emphasize creativity, and break the pattern of clinging to the past.

抱佛脚(腳) **bào fójiǎo** leave ... to the last minute ▷有些学生平时不努力, 考前临时抱佛脚。Yǒuxiē xuéshēng píngshí bù nǔlì, kǎo qián línshí bào fójiǎo. Some students are lazy most of the time, and then try to cram just before the exams.

抱负(負) **bàofù** [名] ambition

抱恨 **bàohèn** [动] harbour (英) 或 harbor (美) regrets

抱歉 **bàoqiàn I** [形] sorry ▷走时没来得及和你说一声, 很抱歉。Zǒu shí méi láidejí hé nǐ shuō yī shēng, hěn bàoqiàn. I'm sorry there was no time to speak with you before I left.
II [动] apologize

抱屈 **bàoqū** [动] feel wronged (*pt, pp* felt)

抱养(養) **bàoyǎng** [动] adopt

抱怨 **bàoyuàn** [动] complain ▷她报怨不平等的待遇。Tā bàoyuàn bù píngděng de dàiyù. She complained about the unfair treatment. ▷小男孩报怨说爸爸脾气坏。Xiǎo nánhái bàoyuàn shuō bàba píqì huài. The little boy complained that his dad had a bad temper. ▷多干点实事, 少一点抱怨。Duō gàn diǎn shíshì, shǎo yīdiǎn bàoyuàn. Get on with it and stop grumbling.

豹 **bào** [名] leopard

暴 **bào I** [形] **1** (猛烈) violent ▶暴雨 bàoyǔ rainstorm **2** (凶狠) brutal **3** (急躁) vicious ▷她脾气很暴。Tā píqì hěn bào. She has a vicious temper. **II** [动] **1** (鼓起) bulge **2** (糟蹋) go to ruin (*pt* went, *pp* gone)

暴动(動) **bàodòng** [名] insurrection

暴发(發) **bàofā** [动] **1** (突然发作) break out (*pt* broke, *pp* broken) **2** (贬) (突然发财) strike it rich (*pt, pp* struck)

暴力 **bàolì** [名] violence

暴利 **bàolì** [名] enormous profit

暴烈 **bàoliè** [形] fierce

暴露 **bàolù** [动] reveal

暴乱(亂) **bàoluàn** [名] riot

暴徒 **bàotú** [名] thug

暴行 **bàoxíng** [名] atrocity

暴躁 **bàozào** [形] irritable

暴卒 **bàozú** [动] die suddenly

爆 **bào** [动] **1** (猛然破裂) explode ▶爆炸 bàozhà explode ▷炸弹爆炸了。Zhàdàn bàozhà le. The bomb exploded. ▷气球爆了。Qìqiú bào le. The balloon burst. **2** (突然发生) break out ▸爆发 bàofā break out ▹一个无获胜希望的人爆了冷门。Yī gè wú huòshèng xīwàng de rén bàole lěngmén. An outsider emerged as the winner. **3** (烹调方法) quick-fry

爆发(發) bàofā [动] **1** (迸发) erupt **2** (突发) break out (*pt* broke, *pp* broken)

爆满(滿) bàomǎn [动] be completely packed

爆破 bàopò [动] blow ... up (*pt* blew, *pp* blown)

爆炸 bàozhà [动] explode

杯 bēi **I** [名] **1** (杯子) cup ▸玻璃杯 bōli bēi glass ▸酒杯 jiǔbēi wineglass ▸杯子 bēizi cup **2** (酒) drink ▹再喝一杯吧！ Zài hē yī bēi ba! Have another drink! **3** (奖杯) cup ▸世界杯 Shìjièbēi World Cup **II** [量] cup, glass ▹一杯咖啡 yī bēi kāfēi a cup of coffee ▹两杯水 liǎng bēi shuǐ two glasses of water

杯弓蛇影 bēi gōng shé yǐng suffer from imaginary fears

杯水车(車)薪 bēi shuǐ chē xīn a drop in the ocean

卑 bēi [形] **1** (书) (谦恭) humble **2** (品质低劣) inferior

卑鄙 bēibǐ [形] contemptible

卑躬屈节(節) bēi gōng qū jié bow and scrape

卑贱(賤) bēijiàn [形] **1** (地位低) lowly **2** (下贱) base

卑劣 bēiliè [形] despicable

背(揹) bēi [动] **1** (驮) carry ... on one's back ▹她背着书包走路。Tā bēizhe shūbāo zǒulù. She walked along the road with her schoolbag on her back. **2** (担负) take ... on (*pt* took, *pp* taken) ▹背起重任 bēi qǐ zhòngrèn take on great responsibility ▹政治家背起了重大的责任。Zhèngzhìjiā bēiqǐle zhòngdà de zérèn. The politician has taken on great responsibility.
→另见 bèi

背(揹)包袱 bēi bāofu have a load on one's mind

背(揹)负(負) bēifù [动] **1** (驮) carry on one's back **2** (担负) take ... on (*pt* took, *pp* taken) ▹他背负着父母的期望。Tā bēifùzhe fùmǔ de qīwàng. He has taken on his parents' aspirations.

背(揹)黑锅(鍋) bēi hēiguō carry the can

悲 bēi [形] **1** (悲伤) sad **2** (怜悯) compassionate ▹大慈大悲 dà cí dà bēi infinitely merciful

悲哀 bēi'āi [形] sad

悲惨(慘) bēicǎn [形] miserable

悲愤(憤) bēifèn [形] grievous and indignant

悲观(觀) bēiguān [形] pessimistic

悲伤(傷) bēishāng [形] sad

悲天悯(憫)人 bēi tiān mǐn rén be concerned about corruption and social welfare

悲痛 bēitòng [形] sorrowful

悲壮(壯) bēizhuàng [形] solemn and stirring

碑 bēi [名] tablet ▸纪念碑 jìniànbēi monument ▹墓碑 mùbēi tombstone

北 běi **I** [名] north ▸北方 běifāng the North ▸北京 Běijīng Beijing ▸北部 běibù the north **II** [动] (书) be defeated ▸败北 bàiběi be defeated

北斗星 běidǒuxīng [名] the Plough (英), the Big Dipper (美)

北极(極) běijí [名] the North Pole

贝(貝) bèi [名] shellfish

贝(貝)壳(殼) bèiké [名] shell

备(備) bèi **I** [动] **1** (具备) have (*pt*, *pp* had) ▹柜台上备有样品。Guìtái shàng bèi yǒu yàngpǐn. Samples are available on the counter. **2** (准备) prepare ▹佐料备齐了。Zuǒliào bèiqí le. The seasoning is prepared. **3** (防备) provide against **II** [名] equipment **III** [副] to the utmost ▹备受煎熬 bèi shòu jiān'áo endure the utmost suffering

备(備)查 bèichá [动] be at hand for reference

备(備)份 bèifèn [动] (计算机) keep a backup copy (*pt*, *pp* kept)

备(備)件 bèijiàn [名] spare part

备(備)考 bèikǎo **I** [名] notes (*pl*) **II** [动] be at hand for reference ▹这个文件要录以备考。Zhège wénjiàn yào lù yǐ bèikǎo. This document should be copied for future reference.

备(備)课(課) bèikè [动] prepare a lesson ▹上完课后，老师又在备课了。Shàngwán kè hòu, lǎoshī yòu zài bèikè le. When class was over the teacher prepared another lesson.

备(備)料 bèiliào [动] **1** (准备材料) get materials ready ▹建这栋房子要备很多料。Jiàn zhè dòng fángzi yào bèi hěnduō liào. We have to get a lot of materials for building this house. **2** (准备饲料) prepare animal feed

备(備)忘录(錄) bèiwànglù [名] **1** (记事本) notepad **2** (外交文书) memorandum

备(備)用 bèiyòng [动] backup ▹备用光盘 bèiyòng guāngpán backup CD

备(備)注(註) bèizhù [名] **1** (表格的栏) space for comments **2** (注解说明) notes (*pl*)

背(揹) bèi **I** [名] **1** (指身体) back ▸背疼

bèiténg backache ▶ 椅背 yǐbèi chairback **2** (指反面) back ▶ 背面 bèimiàn reverse side **3** (指后面) behind ▶ 背后 bèihòu behind **II** [动] **1** (指反向) have one's back to ▷ 他背着门站着。 Tā bèizhe mén zhànzhe. He is standing with his back to the door. **2** (离开) leave (*pt*, *pp* left) **3** (躲避) hide from (*pt* hid, *pp* hidden) ▷ 她有些背人的事。 Tā yǒuxiē bèirén de shì. She has something to hide from people. ▷ 他总是背着父母说他们的坏话。 Tā zǒngshì bèizhe fùmǔ shuō tāmen de huàihuà. He is always speaking badly of his parents behind their backs. **4** (背诵) recite ▷ 背首诗 bèi shǒu shī recite a poem **5** (违背) go against (*pt* went, *pp* gone) **III** [形] **1** (偏僻) out-of-the-way **2** (口) (倒霉) unlucky **3** (听觉不灵) hard of hearing
→ 另见 bēi

背道而驰(馳) bèi dào ér chí go in the opposite direction

背井离(離)乡(鄉) bèi jǐng lí xiāng be forced to leave one's home

背景 bèijǐng [名] **1** (布景) scenery **2** (指景物, 情况) background ▷ 这张照片的背景是连绵的山脉。 Zhè zhāng zhàopiàn de bèijǐng shì liánmián de shānmài. The photo shows a chain of mountains in the background. ▷ 我不知道他们的背景。 Wǒ bù zhīdào tāmen de bèijǐng. I know nothing about their background.

背靠背 bèikàobèi [动] be back-to-back

背离(離) bèilí [动] **1** (离开) depart from **2** (违背) deviate from

背叛 bèipàn [动] betray ▷ 背叛祖国 bèipàn zǔguó betray one's country ▷ 回国之后他就变了心, 背叛了女友。 Huíguó zhīhòu tā jiù biànle xīn, bèipànle nǚyǒu. After coming back from abroad he ditched his girlfriend.

背弃(棄) bèiqì [动] abandon ▷ 背弃信仰 bèiqì xìnyǎng abandon one's beliefs ▷ 背弃誓言 bèiqì shìyán go back on one's word

背时(時) bèishí [形] (方) **1** (过时) outmoded **2** (倒霉) unlucky

背诵(誦) bèisòng [动] recite

背信弃(棄)义(義) bèi xìn qì yì break faith with

背影 bèiyǐng [名] ▷ 我注视着他远去的背影。 Wǒ zhùshìzhe tā yuǎnqù de bèiyǐng. I gazed at his distant receding figure.

背运(運) bèiyùn **I** [名] bad luck **II** [动] be unlucky

悖 bèi **I** [动] (书) be contrary to **II** [形] perverse

悖谬(謬) bèimiù [形] (书) irrational

被 bèi **I** [名] quilt ▶ 被子 bèizi quilt ▶ 棉被 miánbèi cotton-padded quilt **II** [动] meet with (*pt*, *pp* met) ▶ 被灾 bèizāi meet with disaster **III** [介] ▷ 他被哥哥打了一顿。 Tā bèi gēge dǎle yī dùn. He was beaten up by his elder brother. **IV** [助] ▷ 被陷害 bèi xiànhài be framed ▷ 他被跟踪了。 Tā bèi gēnzōng le. He was followed.

被动(動) bèidòng [形] passive

被告 bèigào [名] defendant

被迫 bèipò [动] be forced ▷ 她被迫卖掉首饰。 Tā bèipò mài diào shǒushì. She was forced to sell her jewellery.

倍 bèi **I** [名] times (*pl*) ▷ 这本书的厚度是那本书的三倍。 Zhè běn shū de hòudù shì nà běn shū de sān bèi. This book is three times thicker than that one. ▷ 这本书比那本书厚三倍。 Zhè běn shū bǐ nà běn shū hòu sān bèi. This book is three times thicker than that one. ▷ 物价涨了一倍。 Wùjià zhǎng le yī bèi. Prices have doubled. **II** [形] double ▷ 事半功倍 shì bàn gōng bèi get twice the result with half the effort

---

焙 bèi [动] dry ... over heat

焙烧(燒) bèishāo [动] bake

辈(輩) bèi [名] **1** (辈分) generation **2** (类) ▷ 无能之辈 wúnéng zhī bèi people of no ability

辈(輩)出 bèichū [动] come forward in great numbers (*pt* came, *pp* come)

辈(輩)分 bèifen [名] seniority ▷ 我辈分比他小。 Wǒ bèifèn bǐ tā xiǎo. I am junior to him in the family.

惫(憊) bèi [形] exhausted

蓓 bèi 见下文

蓓蕾 bèilěi [名] bud

奔 bēn [动] **1** (急跑) speed (*pt*, *pp* sped) **2** (赶忙) hurry **3** (逃) flee (*pt*, *pp* fled)
→ 另见 bèn

奔波 bēnbō [动] dash around

奔驰(馳) bēnchí [动] speed (*pt*, *pp* sped) ▷ 汽车在高速公路上奔驰。 Qìchē zài gāosù gōnglù shàng bēnchí. The car is speeding along the motorway. ▷ 马在田野上奔驰。 Mǎ zài tiányě shàng bēnchí. The horse is galloping across the fields.

奔放 bēnfàng [形] bold and unrestrained

奔赴 bēnfù [动] hurry towards

奔流 bēnliú **I** [动] rush **II** [名] swift current

奔忙 bēnmáng [动] rush around

奔命 bēnmìng [动] be always on the go

奔跑**bēnpǎo** [动] dash

奔丧(喪)**bēnsāng** [动] go home for a funeral (*pt* went, *pp* gone)

奔腾(騰)**bēnténg** [动] **1** (奔跑) gallop **2** (奔流) surge

奔走**bēnzǒu** [动] **1** (急走) run (*pt* ran, *pp* run) **2** (到处活动) rush about

---

本 **běn I** [名] **1** (根) root ▶ 木本 **mùběn** tree root **2** (根源) basis (*pl* bases) ▷ 本末倒置 **běn mò dào zhì** put the cart before the horse **3** (本钱) capital ▶ 亏本 **kuīběn** lose money in business **4** (本子) book ▶ 笔记本 **bǐjìběn** notebook **5** (版本) edition ▶ 手抄本 **shǒuchāoběn** hand-written copy **6** (底本) master copy ▶ 剧本 **jùběn** script **II** [形] **1** (主要) main ▶ 本部 **běnbù** headquarters (*pl*) **2** (原来) original ▶ 本意 **běnyì** original meaning **3** (自己的) one's own ▶ 本身 **běnshēn** itself ▶ 本人 **běnrén** oneself ▶ 本校 **běnxiào** this school **4** (现今) this ▶ 本月 **běnyuè** this month **III** [副] originally ▷ 我本想亲自去一趟。**Wǒ běn xiǎng qīnzì qù yī tàng.** I originally wanted to go myself. **IV** [量] ▷ 几本书 **jǐ běn shū** a few books

measure word, used for counting books, magazines, dictionaries, etc.

本部**běnbù** [名] headquarters (*pl*)

本地**běndì** [名] locality ▷ 本地货 **běndì huò** local goods ▷ 她是本地人。**Tā shì běndì rén.** She is a native of this place.

本分**běnfèn I** [名] duty **II** [形] dutiful

本行**běnháng** [名] profession

本金**běnjīn** [名] principal

本科**běnkē** [名] undergraduate course ▷ 他本科毕业。**Tā běnkē bìyè.** He graduated with a bachelor's degree. ▷ 本科生 **běnkēshēng** undergraduate

本来(來)**běnlái I** [形] original ▷ 本来的打算 **běnlái de dǎsuàn** the original plan **II** [副] **1** (原先) at first ▷ 我本来以为你已经走了。**Wǒ běnlái yǐwéi nǐ yǐjīng zǒu le.** At first, I thought you had left. **2** (理所当然) of course

本领(領)**běnlǐng** [名] skill

本末**běnmò** [名] **1** (从头到尾) the whole story **2** (主要的和次要的) ▷ 本末倒置 **běn mò dào zhì** put the cart before the horse

本能**běnnéng** [名] instinct

本钱(錢)**běnqián** [名] **1** (钱财) capital **2** (资历) prerequisite

本人**běnrén** [名] **1** (我) I **2** (自己) oneself ▷ 我本人来处理这事。**Wǒ běnrén lái chǔlǐ zhè shì.** I will handle it myself. ▷ 你本人必须参加。**Nǐ běnrén bìxū cānjiā.** You must take part yourself. ▷ 身份证要他本人来办。**Shēnfènzhèng yào tā běnrén lái bàn.** He has to apply for an ID card himself.

本色**běnsè** [名] character

本色**běnshǎi** [名] natural colour (英) 或 color (美)

本身**běnshēn** [名] itself

本事**běnshi** [名] ability

本土**běntǔ** [名] (乡土) native land

本位**běnwèi** [名] **1** (经济) (标准) standard **2** (自己的岗位) post

本性**běnxìng** [名] nature

本义(義)**běnyì** [名] original meaning

本意**běnyì** [名] intention

本职(職)**běnzhí** [名] job

本质(質)**běnzhì** [名] essence

畚 **běn I** [名] scoop **II** [动] (方) scoop up

畚箕**běnjī** [名] (方) **1** (用于铲谷物) scoop **2** (用于扫垃圾) dustpan

---

奔 **bèn I** [动] **1** (走) head for ▷ 直奔教室 **zhí bèn jiàoshì** head straight for the classroom **2** (近) be getting on for ▷ 我是奔40的人了。**Wǒ shì bèn sìshí de rén le.** I'm getting on for forty. **II** [介] towards

→ 另见 bēn

奔命**bènmìng** [动] rush

奔头(頭)儿(兒)**bèntour** [名] (口) prospect

笨 **bèn** [形] **1** (不聪明) stupid **2** (不灵巧) clumsy ▷ 他嘴很笨。**Tā zuǐ hěn bèn.** He's quite inarticulate. **3** (笨重) cumbersome

笨蛋**bèndàn** [名] (侮辱) idiot

笨口拙舌**bèn kǒu zhuō shé** inarticulate

笨手笨脚(腳)**bèn shǒu bèn jiǎo** clumsy ▷ 看你笨手笨脚的，我来做吧。**Kàn nǐ bèn shǒu bèn jiǎo de, wǒ lái zuò ba.** Look how clumsy you are, let me do it.

笨重**bènzhòng** [形] heavy ▷ 笨重的家具 **bènzhòng de jiājù** heavy furniture ▷ 笨重的体力劳动 **bènzhòng de tǐlì láodòng** heavy physical work

笨拙**bènzhuō** [形] **1** (不灵巧) clumsy **2** (不聪明) stupid

崩 **bēng** [动] **1** (倒塌) collapse ▶ 雪崩 **xuěbēng** avalanche **2** (破裂) burst (*pt*, *pp* burst)

崩溃(潰)**bēngkuì** [动] collapse ▷ 失恋后，她精神处于崩溃边缘。**Shīliàn hòu, tā jīngshén chǔyú bēngkuì biānyuán.** After the break-up she was close to nervous breakdown.

崩塌**bēngtā** [动] collapse

绷(繃) **bēng** [动] **1** (拉紧) pull ... tight ▷ 绳子绷紧了。**Shéngzi bēngjǐn le.** The string is taut.

2 (弹) spring (*pt* sprang, *pp* sprung)
→另见 **bēng, bèng**

绷(綳)带(帶) **bēngdài** [名] bandage

嘣 bēng [拟] bang ▷除夕晚上鞭炮嘣嘣响。**Chúxī wǎnshàng biānpào bēngbēng xiǎng.** On New Year's Eve there were lots of bangs from firecrackers. ▷他紧张得心里嘣嘣直跳。**Tā jǐnzhāng de xīn lǐ bēngbēng zhí tiào.** His heart was pounding with nervousness.

甭 béng [副] (方) ▷你甭去了。**Nǐ béng qù le.** Don't bother going.

绷(綳) běng [动] (方) scowl
→另见 **bēng, bèng**

绷(綳)脸(臉) **běngliǎn** [动] pull a long face

迸 bèng [动] spout

迸发(發) **bèngfā** [动] burst out (*pt, pp* burst) ▷老师的幽默使学生迸发出阵阵笑声。**Lǎoshī de yōumò shǐ xuéshēng bèngfā chū zhènzhèn xiàoshēng.** The teacher's jokes made the students burst out laughing.

泵 bèng [名] pump

绷(綳) bèng [动] crack ▷木头门绷了几条缝。**Mùtou mén bēngle jǐ tiáo fèng.** The wooden door has cracked in a few places.
→另见 **bēng, běng**

蹦 bèng [动] leap

逼 bī [动] **1** (强迫) force **2** (强取) press for ▶逼债 **bīzhài** press for repayment of a debt **3** (逼近) close in on

逼供 **bīgòng** [动] extract a confession

逼近 **bījìn** [动] close in on ▷敌军已逼近城门。**Díjūn yǐ bījìn chéngmén.** The enemy have already closed in on the city gates.

逼迫 **bīpò** [动] force

逼债(債) **bīzhài** [动] press for repayment of a debt

逼真 **bīzhēn** [形] **1** (像真的) lifelike **2** (真切的) distinct

鼻 bí [名] **1** (鼻子) nose **2** (书) (首创) initiation ▶鼻祖 **bízǔ** originator

鼻孔 **bíkǒng** [名] nostril

鼻梁 **bíliáng** [名] bridge of the nose

鼻涕 **bítì** [名] mucus

鼻子 **bízi** [名] nose

鼻祖 **bízǔ** [名] originator

匕 bǐ [名] 见下文

匕首 **bǐshǒu** [名] dagger

比 bǐ I [动] **1** (比较) compare ▷比比过去，现在的生活好多了。**Bǐbǐ guòqù, xiànzài de shēnghuó hǎo duō le.** Life now is much better compared to the past. **2** (较量) compete ▷他们要比比谁游得快。**Tāmen yào bǐbǐ shuí yóu de kuài.** They are competing to see who swims the fastest. **3** (比拟) compare ▷中国人喜欢把大地比作母亲。**Zhōngguórén xǐhuān bǎ dàdì bǐzuò mǔqīn.** The Chinese like to compare the earth to a mother. **4** (仿照) copy ▷孩子们在比着图纸做飞机模型。**Háizimen zài bǐzhe túzhǐ zuò fēijī móxíng.** The children are making model planes from diagrams. **5** (比画) gesture ▷她连说带比。**Tā lián shuō dài bǐ.** She gesticulates as she talks. **II** [介] **1** (指得分) ▷零比零 **líng bǐ líng** nil-nil (英), no score (美) ▷两队最终以零比零战平。**Liǎngduì zuìzhōng yǐ líng bǐ líng zhànpíng.** The two teams finally drew nil-nil. **2** (相对) ▷今年冬天比去年冷。**Jīnnián dōngtiān bǐ qùnián lěng.** It is colder this winter than last winter.

> 比 **bǐ** is used to express comparisons: to say that X is taller than Y, simply say X 比 Y 高。e.g. 上海比南京大。**Shànghǎi bǐ Nánjīng dà.** (Shanghai is bigger than Nanjing).

比比皆是 **bǐbǐ jiēshì** ubiquitous

比方 **bǐfang I** [名] analogy ▶比方说 **bǐfang shuō** for example ▷她打了个比方，把学英语比作建房子。**Tā dǎle gè bǐfang, bǎ xué Yīngyǔ bǐzuò jiàn fángzi.** She drew an analogy between learning English and building a house. **II** [连] ▷你会有机会买房的，比方你中了彩。**Nǐ huì yǒu jīhuì mǎi fáng de, bǐfang nǐ zhòngle cǎi.** You would have the chance to buy a house – supposing you won the lottery.

比分 **bǐfēn** [名] score

比画(畫) **bǐhuà** [动] gesture ▷英语老师讲课时爱比画。**Yīngyǔ lǎoshī jiǎngkè shí ài bǐhuà.** The English teacher likes making gestures when he is teaching. ▷裁缝拿布料在我胸前比画着。**Cáifeng ná bùliào zài wǒ xiōng qián bǐhuàzhe.** The dressmaker held the material in front of me to take a measurement.

比基尼 **bǐjīní** [名] bikini

比价(價) **bǐjià** [名] exchange rate

比较(較) **bǐjiào I** [动] compare ▷让我们比较一下两个民族的风俗习惯。**Ràng wǒmen bǐjiào yī xià liǎng gè mínzú de fēngsú xíguàn.** Let us compare the customs of the two peoples. **II** [介] ▷国民生产总值比较去年有所增长。**Guómín shēngchǎn zǒngzhí bǐjiào qùnián yǒu suǒ zēngzhǎng.** Compared to last year, gross national product has increased somewhat. **III** [副] relatively ▷这里的水果比较新鲜。Zhèlǐ de shuǐguǒ bǐjiào xīnxiān. The fruit here is relatively fresh. ▷广州的夏天比较热。Guǎngzhōu de xiàtiān bǐjiào rè. Summers in Guangzhou are quite hot.

比例 **bǐlì** [名] **1** (指倍数) proportion **2** (指制图) scale ▷按比例制模型 àn bǐlì zhì móxíng make a scale model

比率 **bǐlǜ** [名] ratio

比拟(擬) **bǐnǐ** [动] match

比如 **bǐrú** [连] for instance ▷小事情可以成为大新闻，比如人咬了狗。Xiǎo shìqíng kěyǐ chéngwéi dà xīnwén, bǐrú rén yǎole gǒu. Small things can become big news, for instance if a person bites a dog. ▷有些人不适合做老师，比如小王。Yǒuxiē rén bù shìhé zuò lǎoshī, bǐrú Xiǎowáng. Some people are not suited to teaching, Xiao Wang for instance.

比赛(賽) **bǐsài** [名] match ▷足球比赛 zúqiú bǐsài football match ▷演讲比赛 yǎnjiǎng bǐsài public speaking competition

比上不足，比下有余(餘) **bǐ shàng bùzú, bǐ xià yǒuyú** reasonably well ▷咱们过的日子比上不足，比下有余。Zánmen guò de rìzi bǐ shàng bùzú, bǐ xià yǒuyú. We have been living reasonably well.

比试(試) **bǐshi** [动] **1** (较量) have a competition **2** (做姿势) flourish ▷拿把剑比试一下 ná bǎ jiàn bǐshì yī xià brandish a sword

比喻 **bǐyù** **I** [动] compare **II** [名] analogy

比照 **bǐzhào** [动] **1** (按照) base ... on ▷教练比照对手的特点制订了一个方案。Jiàoliàn bǐzhào duìshǒu de tèdiǎn zhìdìngle yī gè fāng'àn. The coach based his strategy on the opponent's particular strengths and weaknesses. **2** (对照) contrast

比值 **bǐzhí** [名] ratio

比重 **bǐzhòng** [名] (比例) proportion

彼 **bǐ** [代] **1** (那个) that **2** (对方) the other side

彼岸 **bǐ'àn** [名] the opposite shore

彼此 **bǐcǐ** [代] **1** (双方) both sides ▷这对混双选手彼此并不太了解。Zhè duì hùnshuāng xuǎnshǒu bǐcǐ bìng bù tài liǎojiě. This mixed-doubles pair don't know each other well. **2** (谦) ▷"你这次考得不错啊！" "彼此彼此！" "Nǐ zhè cì kǎode bùcuò a!" "Bǐcǐ bǐcǐ!" "You did really well in the exam!" – "You too!" ▷"你看上去很棒啊！" "彼此彼此！" "Nǐ kàn shàngqù hěn bàng a!" "Bǐcǐ bǐcǐ!" "You look great!" – "Likewise!"

笔(筆) **bǐ** **I** [名] **1** (工具) pen ▶圆珠笔 yuánzhūbǐ ball-point pen **2** (笔法) calligraphic technique **3** (笔画) brush stroke **4** (话语) ▷文章结尾处应该再添几笔。Wénzhāng jiéwěi chù yīnggāi zài tiān jǐ bǐ. The conclusion of the essay needs fleshing out a bit. **II** [动] write (*pt* wrote, *pp* written) ▶亲笔 qīnbǐ one's own handwriting **III** [量] **1** (款项) ▷一笔钱 yī bǐ qián a sum of money

measure word, used for money

2 (书画) ▷一笔好字 yī bǐ hǎo zì a good hand

笔(筆)调(調) **bǐdiào** [名] tone

笔(筆)法 **bǐfǎ** [名] artistic technique

笔(筆)杆(桿)子 **bǐgǎnzi** [名] **1** (笔) shaft **2** (指写作) ability to write **3** (指作家) skilled writer

笔(筆)画(畫) **bǐhuà** [名] brush stroke

笔(筆)迹(跡) **bǐjì** [名] handwriting

笔(筆)记(記) **bǐjì** **I** [动] take down (*pt* took, *pp* taken) **II** [名] **1** (记录) note ▷记笔记 jì bǐjì take notes **2** (指体裁) ▷笔记小说 bǐjì xiǎoshuō literary sketches

笔(筆)记(記)本电(電)脑(腦) **bǐjìběn diànnǎo** [名] laptop

笔(筆)名 **bǐmíng** [名] pen name

笔(筆)墨 **bǐmò** [名] words (*pl*) ▷写文章忌浪费笔墨。Xiě wénzhāng jì làngfèi bǐmò. When writing an essay you should not waste words.

笔(筆)试(試) **bǐshì** [名] written examination

笔(筆)挺 **bǐtǐng** **I** [形] neatly pressed ▷笔挺的西装 bǐtǐng de xīzhuāng a neatly pressed suit **II** [副] erect ▷卫兵们笔挺地站着。Wèibīngmen bǐtǐng de zhànzhe. The guards stood erect.

笔(筆)头(頭)儿(兒) **bǐtóur** [名] **1** (笔尖) nib **2** (写字) writing **3** (写作) writing ability

笔(筆)误(誤) **bǐwù** [名] slip of the pen

笔(筆)译(譯) **bǐyì** [名] written translation

笔(筆)者 **bǐzhě** [名] the author

笔(筆)直 **bǐzhí** [形] straight

鄙 **bǐ** **I** [形] **1** (粗俗) mean ▶卑鄙 bēibǐ mean **2** (自称) (谦) ▶鄙人 bǐrén my humble self **II** [动] despise

鄙薄 **bǐbó** [动] despise

鄙陋 **bǐlòu** [形] shallow

鄙视(視) **bǐshì** [动] despise

币(幣) **bì** [名] coin ▶货币 huòbì currency ▶外币 wàibì foreign currency

---

必 **bì** [副] **1** (必然) certainly **2** (必须) ▶必修课 bìxiūkè compulsory course ▷必修科目 bìxiū kēmù compulsory subjects

必定 **bìdìng** [副] surely ▷他必定知道真相。Tā bìdìng zhīdào zhēnxiàng. He surely knew the truth.

必恭必敬**bì gōng bì jìng** very deferential
必然**bìrán** I [形] inevitable II [名] necessity
必修课(課)**bìxiūkè** [名] compulsory course
必须(須)**bìxū** [副] ▷你们必须准时来上班。**Nǐmen bìxū zhǔnshí lái shàngbān.** You must start work on time. ▷记者们必须撤离战区。**Jìzhěmen bìxū chèlí zhànqū.** The journalists have to evacuate the war zone.
必需**bìxū** [动] need ▷考试时别忘带上必需的文具用品。**Kǎoshì shí bié wàng dàishàng bìxū de wénjù yòngpǐn.** Don't forget to bring the writing materials you need for the exam.
必要**bìyào** [形] essential ▷开展反腐行动是必要的。**Kāizhǎn fǎnfǔ xíngdòng shì bìyào de.** It's essential that we start a campaign against corruption.

闭(閉)
bì [动] **1** (关上) close **2** (堵塞) stop ... up ▶闭气 **bìqì** hold one's breath
闭(閉)路电(電)视(視)**bìlùdiànshì** [名] closed-circuit television
闭(閉)门(門)羹**bìméngēng** [名] ▷吃闭门羹 **chī bìméngēng** be left out in the cold
闭(閉)门(門)造车(車)**bì mén zào chē** divorce oneself from reality
闭(閉)幕**bìmù** [动] **1** (指舞台) lower the curtain **2** (指会议) conclude
闭(閉)塞**bìsè** [动] **1** (堵塞) obstruct **2** (不方便) be inaccessible

---

毕(畢)
bì I [动] finish II [副] fully
毕(畢)恭毕(畢)敬**bì gōng bì jìng** 见'必恭必敬'
毕(畢)竟**bìjìng** [副] actually ▷和过去相比，我们的生活水平毕竟有了提高。**Hé guòqù xiāngbǐ, wǒmen de shēnghuó shuǐpíng bìjìng yǒule tígāo.** If you compare with the past, actually our standard of living has improved.
毕(畢)生**bìshēng** [名] lifetime
毕(畢)业(業)**bìyè** [动] graduate ▷她毕业于牛津大学法律系。**Tā bìyè yú Niújīn dàxué fǎlǜxì.** She graduated in law from Oxford University.
毕(畢)业(業)论(論)文**bìyè lùnwén** [名] thesis (*pl* theses)

庇
bì [动] shelter ▶包庇 **bāobì** shield
庇护(護)**bìhù** [动] shelter

陛
bì [名] (书) flight of steps
陛下**bìxià** [名] Your Majesty

毙(斃)
bì [动] **1** (死) die **2** (口) (枪杀) shoot (*pt, pp* shot)
毙(斃)命**bìmìng** [动] meet a violent death (*pt, pp* met)

敝
bì [形] **1** (破烂) ragged **2** (谦) (自己的) ▷敝人姓李。**Bìrén xìng Lǐ.** My surname is Li.
敝帚自珍**bì zhǒu zì zhēn** attach sentimental value to

婢
bì [名] slave girl
婢女**bìnǚ** [名] slave girl

裨
bì [名] (书) benefit
裨益**bìyì** [名] (书) benefit ▷您的建议对我公司的发展大有裨益。**Nín de jiànyì duì wǒ gōngsī de fāzhǎn dà yǒu bìyì.** Your recommendation will be of great benefit to the development of our company.

辟(闢)
bì [动] (书) ward ... off
→另见 pì
辟(闢)邪**bìxié** [动] exorcize

碧
bì I [形] bluish green II [名] (书) green jade
碧绿(綠)**bìlǜ** [形] dark green
碧玉**bìyù** [名] jasper

蔽
bì [动] shelter ▷蔽雨 **bìyǔ** shelter from the rain

弊
bì [名] **1** (蒙骗) fraud ▷考试作弊 **kǎoshì zuòbì** cheat in an exam **2** (害处) disadvantage
弊病**bìbìng** [名] **1** (弊端) evil **2** (毛病) disadvantage
弊端**bìduān** [名] abuse ▷市场经济和计划经济各有弊端。**Shìchǎng jīngjì hé jìhuà jīngjì gè yǒu bìduān.** Abuses occur in both market and planned economies.

避
bì [动] **1** (躲开) avoid ▶避风 **bìfēng** shelter from the wind **2** (防止) prevent
避风(風)**bìfēng** [动] **1** (躲风) shelter from the wind **2** (躲麻烦) lie low (*pt* lay, *pp* lain)
避风(風)港**bìfēnggǎng** [名] haven
避免**bìmiǎn** [动] avoid
避难(難)**bìnàn** [动] take refuge (*pt* took, *pp* taken)
避暑**bìshǔ** [动] **1** (指去凉爽地方) go to a summer resort (*pt* went, *pp* gone) **2** (避免中暑) prevent sunstroke
避嫌**bìxián** [动] avoid arousing suspicion
避孕**bìyùn** [动] use contraceptives ▷避孕药 **bìyùnyào** the pill
避重就轻(輕)**bì zhòng jiù qīng** focus on small things, ignoring what's important ▷开

会时我避重就轻，只谈小问题。Kāihuì shí wǒ bì zhòng jiù qīng, zhǐ tán xiǎo wèntí. At the meeting, I avoided the important issues, and spoke only about minor points. ▷首相答记者问时，老是避重就轻。Shǒuxiàng dá jìzhě wèn shí, lǎoshì bì zhòng jiù qīng. When the prime minister answers journalists' questions he always evades the issue.

壁 bì [名] **1** (墙) wall **2** (山石) cliff

壁橱(櫥) bìchú [名] built-in cupboard (英) 或 closet (美)

壁灯(燈) bìdēng [名] wall lamp

壁挂(掛) bìguà [名] hanging

壁画(畫) bìhuà [名] mural

壁垒(壘) bìlěi [名] rampart ▷贸易壁垒 màoyì bìlěi trade barrier

壁毯 bìtǎn [名] tapestry

壁纸(紙) bìzhǐ [名] wallpaper

臂 bì [名] arm

臂膀 bìbǎng [名] arm

边(邊) biān [名] **1** (边线) side ▷街两边 jiē liǎngbiān both sides of the street **2** (边缘) edge ▷碗边儿 wǎn biānr edge of a bowl ▷路边 lù biān roadside ▷帽边儿 mào biānr brim of a hat **3** (边界) border ▶边城 biānchéng border town **4** (旁边) side ▷在床边 zài chuáng biān by the bed (界限) limit ▷宇宙浩瀚无边。Yǔzhòu hàohàn wú biān. The universe is limitless.

边(邊)…边(邊)… biān...biān... ▷边吃边谈 biān chī biān tán talk while eating

边(邊)陲 biānchuí [名] (书) frontier

边(邊)防 biānfáng [名] border defence (英) 或 defense (美)

边(邊)关(關) biānguān [名] border pass

边(邊)际(際) biānjì [名] limit

边(邊)疆 biānjiāng [名] border area

边(邊)界 biānjiè [名] border

边(邊)境 biānjìng [名] border ▷边境冲突 biānjìng chōngtū border conflict

边(邊)卡 biānqiǎ [名] border checkpoint

边(邊)缘(緣) biānyuán **I** [名] edge ▷这个国家正处于经济危机的边缘。Zhège guójiā zhèng chǔyú jīngjì wēijī de biānyuán. This country is on the verge of economic crisis. **II** [形] marginal ▷边缘人群 biānyuán rénqún fringe group

边(邊)缘(緣)科学(學) biānyuán kēxué [名] borderline science

边(邊)远(遠) biānyuǎn [形] outlying

编(編) biān **I** [动] **1** (编织) weave (*pt* wove, *pp* woven) **2** (编排) organize ▷编组 biānzǔ put into groups **3** (编辑) edit ▶编程 biānchéng program ▷编词典 biān cídiǎn compile a dictionary **4** (创作) write (*pt* wrote, *pp* written) ▷编歌词 biān gēcí write lyrics **5** (捏造) fabricate ▷编谎话 biān huǎnghuà fabricate a lie **II** [名] book

编(編)程 biānchéng [动] program

编(編)辑(輯) biānjí **I** [动] edit **II** [名] editor

编(編)码(碼) biānmǎ [动] encode ▷编码指令 biānmǎ zhǐlìng coded instructions

编(編)目 biānmù [动] catalogue

编(編)排 biānpái [动] arrange

编(編)审(審) biānshěn **I** [动] read and edit (*pt, pp* read) **II** [名] senior editor

编(編)写(寫) biānxiě [动] **1** (编著) compile **2** (创作) write (*pt* wrote, *pp* written)

编(編)译(譯) biānyì **I** [动] translate and edit **II** [名] translator-editor

编(編)造 biānzào [动] **1** (报表，名册等) draw ... up (*pt* drew, *pp* drawn) ▷编造预算 biānzào yùsuàn draw up a budget **2** (故事，谎言等) invent ▷编造谎言 biānzào huǎngyán invent a lie

编(編)者 biānzhě [名] editor

编(編)织(織) biānzhī [动] **1** (毛衣等) knit **2** (地毯等) weave (*pt* wove, *pp* woven)

编(編)制(製) biānzhì **I** [动] **1** (编织) weave (*pt* wove, *pp* woven) **2** (制做) draw ... up (*pt* drew, *pp* drawn) **II** [名] personnel quota ▷控制政府人员的编制 kòngzhì zhèngfǔ rényuán de biānzhì restrict the quota of government employees

编(編)著 biānzhù [动] compile

编(編)撰 biānzhuàn [动] compile

编(編)组(組) biānzǔ [动] put into groups (*pt, pp* put)

编(編)纂 biānzuǎn [动] compile

蝙 biān 见下文

蝙蝠 biānfú [名] bat

鞭 biān **I** [名] **1** (鞭子) whip **2** (教鞭) pointer **3** (爆竹) firecracker **II** [动] whip

鞭策 biāncè [动] spur on

鞭长(長)莫及 biān cháng mò jí be beyond one's influence

鞭笞 biānchī [动] (书) flog

鞭打 biāndǎ [动] whip

鞭炮(砲) biānpào [名] firecracker

Firecrackers are believed by the Chinese to scare off evil spirits and attract the god of good fortune to people's doorsteps, especially in the celebration of the Spring Festival and at weddings.

鞭辟(闢)入里(裡) biān pì rù lǐ incisive

鞭挞(撻) biāntà [动] lash out at

贬(貶) biǎn [动] **1** (降低) reduce ▶ 贬值 biǎnzhí depreciate ▷ 快要过期的食品会贬价出售。Kuài yào guòqī de shípǐn huì biǎnjià chūshòu. Foodstuffs getting close to their sell-by date need to be reduced in price. **2** (评价低) belittle ▷ 不要把别人贬得太低。Bùyào bǎ biérén biǎn de tài dī. You shouldn't belittle other people.

贬(貶)斥 biǎnchì [动] **1** (书) (降职) demote **2** (排斥) denigrate

贬(貶)义(義)词(詞) biǎnyìcí [名] derogatory expression

贬(貶)值 biǎnzhí [动] **1** (购买力下降) depreciate **2** (兑换率降低) devalue

扁 biǎn [形] flat ▷ 自行车胎扁了。Zìxíngchē tāi biǎn le. The bicycle tyre is flat.
→ 另见 piān

扁担(擔) biǎndan [名] carrying pole

褊 biǎn [形] (书) narrow

褊狭(狹) biǎnxiá [形] (书) cramped ▷ 住房褊狭 zhùfáng biǎnxiá cramped living conditions ▷ 气量褊狭 qìliàng biǎnxiá small-minded

变(變) biàn **I** [动] **1** (改变) change ▷ 小城的面貌变了。Xiǎochéng de miànmào biàn le. The appearance of the town has changed. **2** (变成) become (*pt* became, *pp* become) ▷ 他变成熟了。Tā biàn chéngshú le. He's become quite grown up. **3** (转换) transform ▷ 变乡村为城市 biàn xiāngcūn wéi chéngshì urbanize **II** [名] turn of events ▷ 情况可能有变。Qíngkuàng kěnéng yǒu biàn. There may have been a change in circumstances.

变(變)本加厉(厲) biàn běn jiā lì become aggravated

变(變)动(動) biàndòng [动] alter ▷ 会议安排变动了。Huìyì ānpái biàndòng le. The arrangements for the conference have altered.

变(變)革 biàngé [动] transform ▷ 中国正在经历巨大的社会变革。Zhōngguó zhèngzài jīnglì jùdà de shèhuì biàngé. China is currently undergoing a massive social transformation.

变(變)更 biàngēng [动] modify

变(變)故 biàngù [名] unforeseen event

变(變)卦 biànguà [动] go back on one's word (*pt* went, *pp* gone)

变(變)化 biànhuà **I** [动] change **II** [名] change

变(變)幻 biànhuàn [动] fluctuate

变(變)换(換) biànhuàn [动] vary

变(變)脸(臉) biànliǎn [动] turn hostile

变(變)量 biànliàng [名] variable

变(變)卖(賣) biànmài [动] sell ... off (*pt, pp* sold)

变(變)迁(遷) biànqiān [动] change

变(變)色龙(龍) biànsèlóng [名] chameleon

变(變)数(數) biànshù [名] variable

变(變)态(態) biàntài **I** [名] (生物) metamorphosis **II** [形] abnormal

变(變)天 biàntiān [动] **1** (指天气变化) ▷ 早上还有太阳, 下午就变天了。Zǎoshàng háiyǒu tàiyang, xiàwǔ jiù biàntiān le. It was sunny in the morning, but the weather changed in the afternoon. **2** (指政局变化) stage a comeback

变(變)通 biàntōng [动] be flexible

变(變)戏(戲)法 biàn xìfǎ [动] conjure

变(變)相 biànxiàng [动] disguise

变(變)心 biànxīn [动] cease to be loyal ▷ 他对女朋友变心了。Tā duì nǚpéngyou biànxīn le. He ceased to be loyal to his girlfriend.

变(變)形 biànxíng [动] become deformed (*pt* became, *pp* become)

变(變)性 biànxìng [动] **1** (化) denature **2** (改变性别) change sex

变(變)异(異) biànyì [名] variation

变(變)质(質) biànzhì [动] go bad (*pt* went, *pp* gone) ▷ 牛奶变质了。Niúnǎi biànzhì le. The milk has gone off.

便 biàn **I** [形] **1** (方便) convenient ▶ 轻便 qīngbiàn portable **2** (简单) simple ▶ 便饭 biànfàn simple meal **II** [名] **1** (方便之时) convenience ▷ 何时来讲学, 悉听尊便。Héshí lái jiǎngxué, xī tīng zūn biàn. Please come and speak to us at your own convenience. **2** (粪便) excretion **III** [动] excrete ▶ 小便 xiǎobiàn urinate ▶ 大便 dàbiàn defecate **IV** [副] ▷ 稍等片刻演出便开始。Shāoděng piànkè yǎnchū biàn kāishǐ. The performance is about to start in a moment.
→ 另见 pián

便当(當) biàndang [形] (口) handy

便道 biàndào [名] **1** (近路) shortcut **2** (人行道) pavement **3** (临时道路) temporary road

便饭(飯) biànfàn [名] quick meal

便服 biànfú [名] **1** (平常服装) everyday clothes (*pl*) **2** (中式服装) Chinese dress

便捷 biànjié [形] **1** (直捷方便) quick and convenient **2** (轻快敏捷) nimble

便利 biànlì **I** [形] convenient **II** [动] facilitate

便士 biànshì [量] pence
便条(條) biàntiáo [名] note
便携(攜)式 biànxiéshì [形] portable
便衣 biànyī [名] **1** (指服装) plain clothes (*pl*) **2** (指人) plain-clothes policeman
便于(於) biànyú [动] be easy to ▷ 便于联系 biànyú liánxì be easy to contact

遍 biàn **I** [副] all over ▷ 找了个遍 zhǎole gè biàn searched high and low ▷ 我把柜子翻了个遍也没找着。Wǒ bǎ guìzi fānle gè biàn yě méi zhǎozháo. I searched all through my wardrobe but couldn't find it. **II** [量] ▷ 我说了两遍。Wǒ shuōle liǎng biàn. I said it twice.

measure word, used for the number of times the same action takes place

遍布(佈) biànbù [动] be found everywhere
遍地 biàndì [名] everywhere
遍及 biànjí [动] spread all over (*pt, pp* spread)
遍体(體)鳞(鱗)伤(傷) biàn tǐ lín shāng beaten black and blue

辨 biàn [动] distinguish ▶ 辨别 biànbié distinguish
辨别(別) biànbié [动] distinguish
辨认(認) biànrèn [动] identify
辨析 biànxī [动] discriminate ▷ 辨析同义词 biànxī tóngyìcí discriminate between synonyms

辩(辯) biàn [动] debate ▶ 辩论 biànlùn argue ▶ 争辩 zhēngbiàn contend
辩(辯)白 biànbái [动] plead innocence
辩(辯)驳(駁) biànbó [动] refute
辩(辯)才 biàncái [名] eloquence
辩(辯)护(護) biànhù [动] **1** (辩解) defend **2** (申辩) plead ▷ 为被告人辩护 wèi bèigàorén biànhù plead on the behalf of the accused
辩(辯)护(護)人 biànhùrén [名] counsel
辩(辯)解 biànjiě [动] offer an explanation ▷ 不要为自己的错误行为辩解。Bùyào wèi zìjǐ de cuòwù xíngwéi biànjiě. Don't try to make excuses for your mistakes.
辩(辯)论(論) biànlùn [动] argue ▷ 我不想就这个问题与你辩论。Wǒ bùxiǎng jiù zhège wèntí yǔ nǐ biànlùn. I don't want to argue with you about this.

辫(辮) biàn [名] plait
辫(辮)子 biànzi [名] **1** (发辫) plait **2** (把柄) handle

标(標) biāo **I** [名] **1** (记号) mark **2** (标准) standard **3** (奖品) prize **4** (出价) bid **5** (表面) symptom **II** [动] mark
标(標)榜 biāobǎng [动] (贬) **1** (宣扬) flaunt **2** (吹捧) flatter
标(標)本 biāoběn [名] **1** (样品) specimen **2** (代表) sample **3** (指问题, 病) cause and effect ▷ 我们对这个问题得标本兼治。Wǒmen duì zhège wèntí děi biāoběn jiān zhì. We need to tackle both the cause and effect of this problem.
标(標)兵 biāobīng [名] (喻) (榜样) example
标(標)底 biāodǐ [名] minimum bid
标(標)的 biāodì [名] **1** (指合同) objective **2** (靶子) target
标(標)点(點) biāodiǎn **I** [名] punctuation **II** [动] punctuate
标(標)杆(桿) biāogān [名] **1** (样板) model **2** (指测量工具) measuring pole
标(標)记(記) biāojì [名] mark
标(標)价(價) biāojià [名] marked price ▷ 这套西装标价为500镑。Zhè tào xīzhuāng biāojià wéi wǔbǎi bàng. This suit is priced at £500.
标(標)明 biāomíng [动] mark
标(標)签(籤) biāoqiān [名] label
标(標)枪(槍) biāoqiāng [名] (体育) javelin
标(標)题(題) biāotí [名] **1** (指文章, 书) title **2** (指新闻) headline
标(標)新立异(異) biāo xīn lì yì break the mould
标(標)语(語) biāoyǔ [名] slogan
标(標)志(誌) biāozhì **I** [名] sign **II** [动] mark
标(標)致(緻) biāozhì [形] beautiful
标(標)准(準) biāozhǔn [名] **I** standard ▷ 道德标准 dàodé biāozhǔn moral standard ▷ 不能把钱作为衡量幸福的唯一标准。Bùnéng bǎ qián zuòwéi héngliáng xìngfú de wéiyī biāozhǔn. You can't take money as the only standard for happiness. ▷ 当警察要达到一定的身高标准。Dāng jǐngchá yào dádào yīdìng de shēngāo biāozhǔn. In order to be a policeman you have to meet certain height requirements. ▷ 录取标准 lùqǔ biāozhǔn entry requirements **II** [形] standard ▷ 标准时间 biāozhǔn shíjiān standard time ▷ 标准音 biāozhǔnyīn standard pronunciation

彪 biāo [名] (书) tiger cub
彪炳千古 biāobǐng qiāngǔ timeless
彪悍 biāohàn [形] valiant
彪形大汉(漢) biāoxíng dàhàn [名] strapping man

膘 biāo [名] fat

镖(鏢) biāo [名] dart

飙(飆) biāo [名] (书) whirlwind

飙(飆)升 **biāoshēng** [动] shoot up (*pt, pp* shot)

表(錶) biǎo **I** [名] **1** (计时器) watch ▶ 手表 **shǒubiǎo** wristwatch **2** (计量器) meter ▶ 电表 **diànbiǎo** electricity meter **3** (表格) form ▷ 火车时间表 **huǒchē shíjiānbiǎo** train timetable ▷ 填申请表 **tián shēnqǐngbiǎo** fill in the application form **4** (外表) appearance **5** (指亲戚) cousin ▶ 表哥 **biǎogē** cousin **6** (榜样) model **II** [动] express

表白 **biǎobái** [动] express

表层(層) **biǎocéng** [名] surface

表达(達) **biǎodá** [动] express ▷ 他的表达能力很强。**Tā de biǎodá nénglì hěn qiáng.** He's very good at expressing himself.

表格 **biǎogé** [名] form

表功 **biǎogōng** [动] (贬) talk oneself up ▷ 在经理面前, 他使劲表功。**Zài jīnglǐ miànqián, tā shǐjìn biǎogōng.** When he was with his manager he did his best to talk himself up.

表决(決) **biǎojué** [动] vote

表里(裡) **biǎolǐ** [名] (喻) (言行和思想) ▷ 这人表里不一。**Zhè rén biǎolǐ bù yī.** This man isn't what he appears. ▷ 她很可靠, 表里如一。**Tā hěn kěkào, biǎolǐ rú yī.** You can rely on her – what you see is what you get.

表露 **biǎolù** [动] reveal

表面 **biǎomiàn** [名] surface ▷ 我们不应只处理问题的表面。**Wǒmen bù yīng zhǐ chǔlǐ wèntí de biǎomiàn.** We shouldn't just be tackling the surface of the problem.

表面文章 **biǎomiàn wénzhāng** go through the motions ▷ 没有人真正遵守新规定, 都在做表面文章。**Méiyǒu rén zhēnzhèng zūnshǒu xīn guīdìng, dōu zài zuò biǎomiàn wénzhāng.** No one really respects the new regulations – they're all just going through the motions.

表明 **biǎomíng** [动] show (*pt* showed, *pp* shown)

表亲(親) **biǎoqīn** [名] cousin

表情 **biǎoqíng** [名] expression

表示 **biǎoshì** **I** [动] **1** (表达) express ▷ 表示衷心感谢 **biǎoshì zhōngxīn gǎnxiè** express heartfelt gratitude ▷ 表示歉意 **biǎoshì qiànyì** express regret ▷ 举手表示赞成 **jǔshǒu biǎoshì zànchéng** raise one's hand to express approval **2** (显示) indicate ▷ 路上结冰了, 表示温度是零下。**Lùshang jiébīng le, biǎoshì wēndù shì líng xià.** The road is iced up, which indicates that the temperature is below zero. **II** [名] **1** (言行或表情) gesture ▷ 他们不友好的表示激怒了我们。**Tāmen bù yǒuhǎo de biǎoshì jīnùle wǒmen.** Their unfriendly gesture infuriated us. **2** (意见) attitude ▷ 对于这个决定, 他还未做明确的表示。**Duìyú zhège juédìng, tā hái wèi zuò míngquè de biǎoshì.** He still hasn't given a clear indication of his attitude towards the decision.

表述 **biǎoshù** [动] express

表率 **biǎoshuài** [名] model

表态(態) **biǎotài** [动] make one's position known ▷ 在会上, 每个人都要对这个问题表态。**Zài huì shàng, měigè rén dōu yào duì zhège wèntí biǎotài.** Everyone at the meeting had to make known their position on the problem.

表现(現) **biǎoxiàn** **I** [动] **1** (显出) show (*pt* showed, *pp* shown) **2** (贬) (炫耀) show off (*pt* showed, *pp* shown) **II** [名] (指行为, 作风) performance

表演 **biǎoyǎn** **I** [动] **1** (演出) perform ▷ 演员们的精彩表演赢得了观众的喝彩。**Yǎnyuánmen de jīngcǎi biǎoyǎn yíngdéle guānzhòng de hècǎi.** The actors' wonderful performance won the audience's acclaim. **2** (演示) demonstrate

> **display** 是公共演出或其他意在娱乐大众的活动。它可能在室外进行。*a firework display... gymnastic displays...* **exhibition** 是指图片, 雕塑, 史料或者其他艺术品的展示, 例如在博物馆或者美术馆举办的展览。*an exhibition of modern art...* **performance** 或 **show** 是指演唱, 舞蹈或者其他娱乐观众的表演形式。**performance** 通常指某个具体的活动, 而 **show** 可能是在一段时期内每晚都进行的演出。**show** 经常包含不同的项目, 譬如音乐, 舞蹈或者喜剧表演。*They were giving a performance of Bizet's opera "Carmen"... How about going shopping and seeing a show in London?* **show** 也用来表示电视或者广播中的某个节目。*I had my own TV show.*

II [名] performance

表扬(揚) **biǎoyáng** [动] praise

表彰 **biǎozhāng** [动] commend

婊 biǎo 见下文

婊子 **biǎozi** [名] (贬) whore

裱 biǎo [动] mount

裱糊 **biǎohú** [动] paper

憋 biē [动] **1** (抑制) suppress **2** (憋闷) feel suffocated (*pt, pp* felt) ▷ 总呆在屋里憋得慌。**Zǒng dāi zài wūlǐ biēde huāng.** Staying indoors all day will make you feel absolutely suffocated.

憋闷(悶) **biēmen** [名] depression

憋气(氣) biēqì [动] 1 (呼吸困难) feel suffocated (*pt*, *pp* felt) 2 (无法发泄) be frustrated

瘪(癟) biē 见下文
→ 另见 biě

瘪(癟)三 biēsān [名] (方) layabout

鳖(鱉) biē [名] soft-shelled turtle

别(別) bié I [动] 1 (离开) say goodbye (*pt*, *pp* said) ▸ 告别 gàobié part 2 (区分) differentiate ▸ 区别 qūbié distinguish 3 (固定) pin ▹ 胸针可以再别高一点。Xiōngzhēn kěyǐ zài bié gāo yīdiǎn. The brooch could be pinned a little bit higher. ▹ 他腰间别着一支枪。Tā yāo jiān biézhe yī zhī qiāng. A gun was strapped round his waist. II [名] 1 (类别) category ▹ 请填写你的年龄, 性别及政治派别。Qǐng tiánxiě nǐ de niánlíng, xìngbié jí zhèngzhì pàibié. Please complete all parts of the form including age, gender and political party. 2 (差别) ▹ 天壤之别 tiān rǎng zhī bié worlds apart III [形] (其他) other ▸ 别人 biérén other people IV [副] 1 (不要) ▹ 别听信谣言。Bié tīngxìn yáoyán. Don't listen to gossip. ▹ 别忘了关灯。Bié wàngle guāndēng. Don't forget to turn off the light.
2 (莫非) maybe ▹ 他肯定在家的, 你别是敲错门了吧? Tā kěndìng zàijiā de, nǐ bié shì qiāo cuò mén le ba? I'm sure he's at home. Maybe you knocked on the wrong door.
→ 另见 biè

别(別)称(稱) biéchēng [名] alternative name

别(別)出心裁 bié chū xīncái be original ▹ 朱莉别出心裁, 想要徒步走新疆。Zhūlì bié chū xīncái, xiǎng yào túbù zǒu Xīnjiāng. Julie had the original idea of touring Xinjiang on foot.

别(別)号(號) biéhào [名] alternative name

别(別)具匠心 bié jù jiàngxīn be completely original ▹ 他的画总是别具匠心。Tā de huà zǒngshì bié jù jiàngxīn. His paintings are always completely original.

别(別)具一格 bié jù yī gé have a unique style ▹ 这座小城市有浓郁的地方特色, 别具一格。Zhè zuò xiǎo chéngshì yǒu nóngyù de dìfāng tèsè, bié jù yī gé. This small town is rich in local specialities, which gives it its own unique style.

别(別)开(開)生面 bié kāi shēng miàn innovative

别(別)离(離) biélí [动] leave (*pt*, *pp* left) ▹ 他别离了妻子, 外出打工。Tā biélíle qīzǐ, wàichū dǎgōng. He left his wife and went to look for work elsewhere.

别(別)名 biémíng [名] alternative name

别(別)人 biérén [名] other people ▹ 家里只有我, 没有别人。Jiā lǐ zhǐyǒu wǒ, méiyǒu biérén. There's only me at home, nobody else.

别(別)树(樹)一帜(幟) bié shù yī zhì found a new school of thought

别(別)墅 biéshù [名] villa

别(別)无(無)长(長)物 bié wú chángwù
1 (表示俭朴) own the mere bare necessities
2 (表示贫穷) not have a penny to one's name

别(別)有风(風)味 bié yǒu fēngwèi be unique

别(別)有用心 bié yǒu yòngxīn have something up one's sleeve

别(別)针(針) biézhēn [名] safety pin

别(別)致(緻) biézhì [形] unique ▹ 这辆车看上去很别致。Zhè liàng chē kàn shàngqù hěn biézhì. This car has a unique look.

别(別)字 biézì [名] misspelling

蹩 bié 见下文

蹩脚(腳) biéjiǎo [形] shoddy ▹ 他写的文章很蹩脚。Tā xiě de wénzhāng hěn biéjiǎo. His essay was a pretty shoddy piece of work.

瘪(癟) biě [形] 1 (表面下陷) dented ▹ 他把车头撞瘪了。Tā bǎ chētóu zhuàng biě le. He dented the front of the car. 2 (不饱满) shrivelled ▹ 大多数谷子已经瘪了。Dàduōshù gǔzi yǐjīng biě le. Most of the crop has shrivelled up.
→ 另见 biē

别(彆) biè [动] (方) talk ... out of ▹ 这个人很倔强, 我恐怕别不过他。Zhège rén hěn juèjiàng, wǒ kǒngpà biè bùguò tā. This guy is too stubborn – I'm afraid I won't be able to talk him out of it.
→ 另见 bié

别(彆)扭 bièniu I [形] 1 (指人, 工具) difficult ▹ 在这种人手下工作真别扭。Zài zhè zhǒng rén shǒuxià gōngzuò zhēn bièniu. This kind of man is always difficult to work for. ▹ 这把钳子用起来很别扭。Zhè bǎ qiánzi yòng qǐlái hěn bièniu. These pliers are very difficult to use. 2 (指文章, 说话) awkward ▹ 这篇文章读起来有点别扭。Zhè piān wénzhāng dú qǐlái yǒudiǎn bièniu. This essay reads a little awkwardly. II [名] spat ▹ 他在和老板闹别扭。Tā zài hé lǎobǎn nào bièniu. He's having a spat with his boss.

宾(賓) bīn [名] guest

宾(賓)馆(館) bīnguǎn [名] hotel

宾(賓)客 bīnkè [名] guest

宾(賓)至如归(歸) bīn zhì rú guī feel at home ▹ 好的旅馆服务让游客有宾至如归的感觉。

Hǎo de lǚguǎn fúwù ràng yóukè yǒu bīn zhì rú guī de gǎnjué. Good hotel service will make guests feel at home.

彬 bīn 见下文
彬彬有礼(禮) bīnbīn yǒulǐ courteous

傧(儐) bīn 见下文
傧(儐)相 bīnxiàng [名] **1** (伴娘) chief bridesmaid (英), maid of honor (美) **2** (伴郎) best man

滨(濱) bīn **I** [名] ▸ 海滨 hǎibīn seashore **II** [动] border

缤(繽) bīn 见下文
缤(繽)纷(紛) bīnfēn [形] (书) ▹ 五彩缤纷 wǔcǎi bīnfēn a dazzling array of colour

濒(瀕) bīn [动] **1** (紧挨) border on ▹ 濒临大海 bīnlín dàhǎi border on the sea **2** (临近) be on the point of ▸ 濒死 bīnsǐ on the point of death
濒(瀕)临(臨) bīnlín [动] border ▹ 中国濒临太平洋。Zhōngguó bīnlín Tàipíngyáng. China borders the Pacific.
濒(瀕)危 bīnwēi [动] be endangered

摈(擯) bìn [动] reject
摈(擯)除 bìnchú [动] discard
摈(擯)弃(棄) bìnqì [动] abandon

殡(殯) bìn [名] funeral ▸ 出殡 chūbìn funeral procession
殡(殯)仪(儀)馆(館) bìnyíguǎn [名] funeral parlour (英) 或 parlor (美)
殡(殯)葬 bìnzàng [动] hold a funeral (*pt*, *pp* held)

膑(臏) bìn [名] kneecap

鬓(鬢) bìn [名] sideburns (*pl*)
鬓(鬢)发(髮) bìnfà [名] sideburns (*pl*)
鬓(鬢)角 bìnjiǎo [名] sideburns (*pl*)

冰 bīng **I** [名] ice **II** [动] **1** (使感觉寒冷) be freezing ▹ 这水冰手。Zhè shuǐ bīng shǒu. This water is freezing. **2** (冰镇) cool ▸ 冰镇 bīngzhèn iced ▹ 你去冰冷饮, 我来煮咖啡。Nǐ qù bīng lěngyǐn, wǒ lái zhǔ kāfēi. You cool the drinks and I'll make the coffee.
冰川 bīngchuān [名] glacier
冰点(點) bīngdiǎn [名] freezing point
冰冷 bīnglěng [形] freezing
冰凉(涼) bīngliáng [形] ice-cold
冰淇淋 bīngqílín [名] ice cream
冰清玉洁(潔) bīng qīng yù jié as pure as jade
冰霜 bīngshuāng [名] coldness
冰炭不相容 bīngtàn bù xiāng róng be completely incompatible
冰糖 bīngtáng [名] rock sugar
冰天雪地 bīng tiān xuě dì mind-numbingly cold
冰箱 bīngxiāng [名] fridge
冰消瓦解 bīng xiāo wǎ jiě fall apart ▹ 头子被捕后, 这个黑社会集团很快就冰消瓦解了。Tóuzi bèibǔ hòu, zhège hēishèhuì jítuán hěnkuài jiù bīng xiāo wǎ jiě le. After their leader was caught, the underground gang soon fell apart.
冰镇(鎮) bīngzhèn [形] iced ▹ 冰镇啤酒 bīngzhèn píjiǔ ice-cold beer

兵 bīng [名] **1** (军队) the army ▸ 骑兵 qíbīng cavalry ▹ 当兵 dāngbīng join the army **2** (士兵) soldier **3** (兵器) arms (*pl*) ▹ 坚甲利兵 jiān jiǎ lì bīng military strength **4** (兵法) military strategy ▹ 纸上谈兵 zhǐ shàng tán bīng be an armchair strategist
兵变(變) bīngbiàn [名] mutiny
兵不血刃 bīng bù xuè rèn win without firing a shot
兵不厌(厭)诈(詐) bīng bù yàn zhà all's fair in love and war
兵法 bīngfǎ [名] military tactics (*pl*)
兵荒马(馬)乱(亂) bīng huāng mǎ luàn the turmoil of war
兵器 bīngqì [名] arms (*pl*)
兵强(強)马(馬)壮(壯) bīng qiáng mǎ zhuàng military might
兵团(團) bīngtuán [名] military corps (*pl* military corps)
兵役 bīngyì [名] military service ▹ 服兵役 fú bīngyì do military service
兵营(營) bīngyíng [名] barracks (*pl*)
兵种(種) bīngzhǒng [名] military division

丙 bǐng [名] third ▹ 丙组的运动员先上。Bǐngzǔ de yùndòngyuán xiān shàng. The athletes in group three are to go first. ▹ 甲, 乙, 丙组 jiǎ, yǐ, bǐngzǔ groups A, B and C

秉 bǐng [动] **1** (书) (拿) hold (*pt*, *pp* held) **2** (书) (掌握) preside over ▸ 秉权 bǐngquán be in power ▹ 康熙皇帝秉政61年。Kāngxī huángdì bǐngzhèng liùshíyī nián. The Emperor Kangxi ruled for 61 years. **3** (书) (根据) be in accordance with
秉承 bǐngchéng [动] **1** (传统) carry ... on ▹ 我们要秉承公司的优秀传统。Wǒmen yào bǐngchéng gōngsī de yōuxiù chuántǒng.

We must carry on the company's excellent traditions. **2** (意见) adopt

秉公 **bǐnggōng** [动] be impartial ▷ 秉公执法的法官 **bǐnggōng zhífǎ de fǎguān** a judge who is impartial in enforcing the law ▷ 法制人员要秉公办事。**Fǎzhì rényuán yào bǐnggōng bànshì.** Legal staff must be impartial about their work.

秉性 **bǐngxìng** [名] nature ▷ 她秉性坚强。**Tā bǐngxìng jiānqiáng.** She is strong by nature.

柄 **bǐng** [名] **1** (指器物) handle **2** (喻) (指言行) handle ▶ 笑柄 **xiàobǐng** laughing stock ▷ 别让任何人抓住你的把柄。**Bié ràng rènhé rén zhuā zhù nǐ de bǎbǐng.** Don't let anyone get a handle on you. **3** (指植物) stem

---

饼(餅) **bǐng** [名] **1** (指面食) cake ▶ 月饼 **yuèbǐng** moon cake **2** (饼状物) ▶ 铁饼 **tiěbǐng** discus ▶ 土豆饼 **tǔdòu bǐng** potato bread

饼(餅)干(乾) **bǐnggān** [名] biscuit (英), cookie (美)

屏 **bǐng** [动] **1** (气, 呼吸) hold (*pt*, *pp* held) **2** (除去) get rid of ▷ 屏弃坏习惯 **bǐngqì huài xíguàn** get rid of bad habits

→ 另见 **píng**

屏除 **bǐngchú** [动] discard

屏息 **bǐngxī** [动] hold one's breath (*pt*, *pp* held)

禀(稟) **bǐng** [动] (书) consult

禀(稟)报(報) **bǐngbào** [动] (书) report

禀(稟)承 **bǐngchéng** [动] 见 '秉承'

禀(稟)赋(賦) **bǐngfù** [名] gift ▷ 他运动禀赋很高。**Tā yùndòng bǐngfù hěn gāo.** He has a real gift for sports.

禀(稟)告 **bǐnggào** [动] (书) report

禀(稟)性 **bǐngxìng** [名] nature

并(並) **bìng I** [动] **1** (合并) merge ▷ 把两个部门并成一个 **bǎ liǎng gè bùmén bìngchéng yī gè** merge two departments into one **2** (并拢) bring ... together (*pt*, *pp* brought) ▷ 把脚并起来 **bǎ jiǎo bìng qǐlái** bring your feet together **II** [副] **1** (平排) side by side ▷ 齐头并进 **qí tóu bìng jìn** progress side by side **2** (同) simultaneously ▷ 人类能左右脑并用。**Rénlèi néng zuǒyòu nǎo bìng yòng.** Humans can use the left and right sides of their brains simultaneously. ▶ 相提并论 **xiāng tí bìng lùn** mention in the same breath **3** (表示强调) really ▷ 他今晚并不想出去。**Tā jīnwǎn bìng bù xiǎng chūqù.** He really doesn't want to go out this evening. **III** [连] and ▷ 他会说法语, 并在学习西班牙语。**Tā huì shuō Fǎyǔ, bìng zài xuéxí Xībānyáyǔ** He can speak French, and he is studying Spanish at the moment.

并(並)存 **bìngcún** [动] coexist

并(並)蒂莲(蓮) **bìngdìlián** [名] (喻) (夫妻) devoted married couple

并(並)发(發) **bìngfā** [动] develop into ▷ 他得了流感, 现在并发了肺炎。**Tā déle liúgǎn, xiànzài bìngfāle fèiyán.** He caught the flu, and now it has developed into pneumonia.

并发(發)症 **bìngfāzhèng** [名] complication

并(並)轨(軌) **bìngguǐ** [动] merge ▷ 两种体制并轨。**Liǎng zhǒng tǐzhì bìngguǐ.** The two systems have merged.

并(並)驾(駕)齐(齊)驱(驅) **bìng jià qí qū** be on a level pegging ▷ 两国的经济发展并驾齐驱。**Liǎng guó de jīngjì fāzhǎn bìng jià qí qū.** The two countries are on a level pegging in terms of economic development.

并(並)肩 **bìngjiān** [副] side by side ▷ 我们并肩在桥上走着。**Wǒmen bìngjiān zài qiáo shàng zǒuzhe.** We were walking side by side on the bridge.

并(並)举(舉) **bìngjǔ** [动] develop simultaneously

并(並)列 **bìngliè** [动] be equal ▷ 她俩期末考试并列第一。**Tā liǎ qīmò kǎoshì bìngliè dìyī.** They came equal first in the end of term exams. ▷ 他俩并列冠军。**Tā liǎ bìngliè guànjūn.** They are joint champions.

并(並)排 **bìngpái** [副] side by side ▷ 三个人并排骑着自行车。**Sān gè rén bìngpái qízhe zìxíngchē.** The three of them were cycling side by side.

并(並)且 **bìngqiě** [连] **1** (和) and ▷ 她聪明并且用功。**Tā cōngming bìngqiě yònggōng.** She is clever and diligent. **2** (此外) also ▷ 我们有信心, 并且有实力赢得这场比赛。**Wǒmen yǒu xìnxīn, bìngqiě yǒu shílì yíngdé zhè chǎng bǐsài.** We have the confidence and also the ability to win the match.

并(並)吞 **bìngtūn** [动] swallow ... up

并(並)行 **bìngxíng** [动] **1** (指位置) run side by side **2** (指时间) run concurrently

并(並)重 **bìngzhòng** [动] attach equal importance to

病 **bìng I** [名] **1** (疾病) disease ▶ 心脏病 **xīnzàngbìng** heart disease ▶ 生病 **shēngbìng** become ill ▷ 他去看病了。**Tā qù kànbìng le.** He went to see a doctor. **2** (错误) fault ▷ 这句话有语病。**Zhè jù huà yǒu yǔbìng.** This sentence is not grammatical. ▷ 发音不好是这班同学的通病。**Fāyīn bù hǎo shì zhè bān tóngxué de tōngbìng.** Bad pronunciation is a common fault among students in this class. **II** [动] be ill ▷ 他病得不轻。**Tā bìng de bù**

qīng. He was seriously ill.
病变(變)bìngbiàn [名] pathological changes (*pl*)
病毒bìngdú [名] virus
病房bìngfáng [名] ward
病故bìnggù [动] die of an illness
病号(號)bìnghào [名] patient
病句bìngjù [名] ungrammatical sentence
病菌bìngjūn [名] bacteria
病理bìnglǐ [名] pathology
病历(歷)bìnglì [名] medical record
病例bìnglì [名] case ▷非典型病例 fēi diǎnxíng bìnglì an atypical case
病魔bìngmó [名] serious illness
病情bìngqíng [名] condition ▷孩子的病情有好转。Háizi de bìngqíng yǒu hǎozhuǎn. The child's condition has improved a lot.
病人bìngrén [名] 1 (指医院里) patient 2 (指家里) invalid
病入膏肓 bìng rù gāo huāng beyond help
病态(態)bìngtài [名] illness ▷肥胖症是一种病态。Féipàngzhèng shì yī zhǒng bìngtài. Obesity is an illness.
病征(徵)bìngzhēng [名] symptom
病症bìngzhèng [名] illness

摒 bìng [动] exclude
摒弃(棄)bìngqì [动] abandon

波 bō [名] 1 (指水，声音，电) wave ▶短波 duǎnbō short wave ▶中波 zhōngbō medium wave ▶长波 chángbō long wave 2 (喻) (意外变化) unexpected turn of events
波动(動)bōdòng [动] fluctuate
波段bōduàn [名] wave
波及bōjí [动] affect
波澜(瀾)bōlán [名] waves (*pl*) ▷情感的波澜 qínggǎn de bōlán waves of emotion
波澜(瀾)壮(壯)阔(闊)bōlán zhuàngkuò magnificent
波浪bōlàng [名] wave
波涛(濤)bōtāo [名] billow
波折bōzhé [名] setback

拨(撥) bō I [动] 1 (号码) dial ▷拨电话号 bō diànhuà hào dial the phone number 2 (琴弦) pluck 3 (频道) change over to ▷请拨到中央一台好吗？Qǐng bō dào Zhōngyāng yītái hǎo ma? Can you change over to CCTV1 please? 4 (算盘) flick 5 (火) poke 6 (配给) allocate II [量] 1 (指人) group ▷我们公司为了新项目招了一拨人。Wǒmen gōngsī wèile xīn xiàngmù zhāole yī bō rén. Our company recruited a group of people for the new project. 2 (指物) batch ▷这两拨货昨天已经发出了。Zhè liǎng bō huò zuótiān yǐjīng fāchū le. The two batches of goods were sent out yesterday.
拨(撥)款bōkuǎn [动] allocate funds ▷政府拨款兴建了100所小学。Zhèngfǔ bōkuǎn xīngjiànle yībǎi suǒ xiǎoxué. The government allocated funds for the setting up of 100 primary schools. ▷教育拨款已经到位。Jiàoyù bōkuǎn yǐjīng dàowèi. The funding for education is already in place.
拨(撥)弄bōnong [动] 1 (琴弦) pluck 2 (算盘) flick 3 (指用器具) poke around ▷我用筷子拨弄着鸡块。Wǒ yòng kuàizi bōnòngzhe jīkuài. I poked at the chicken pieces with my chopsticks. 4 (挑拨) stir ... up

玻 bō 见下文
玻璃bōlí [名] glass

剥(剝) bō 见下文
→另见 bāo
剥(剝)夺(奪)bōduó [动] strip ... of ▷他被剥夺政治权利5年。Tā bèi bōduó zhèngzhì quánlì wǔ nián. He was stripped of his political rights for five years.
剥(剝)离(離)bōlí [动] come off (*pt* came, *pp* come)
剥(剝)削bōxuē [动] exploit ▷残酷的剥削 cánkù de bōxuē ruthless exploitation ▷废除剥削制度 fèichú bōxuē zhìdù abolish exploitative systems

菠 bō 见下文
菠菜bōcài [名] spinach
菠萝(蘿)bōluó [名] pineapple

播 bō [动] 1 (电视, 收音机) broadcast (*pt, pp* broadcast) ▶播放 bōfàng broadcast 2 (播种) sow (*pt* sowed, *pp* sown)
播放bōfàng [动] broadcast (*pt, pp* broadcast)
播弄bōnong [动] 见‘拨弄’
播送bōsòng [动] broadcast (*pt, pp* broadcast)
播音bōyīn [动] broadcast (*pt, pp* broadcast)
播音员(員)bōyīnyuán [名] broadcaster
播种(種)bōzhǒng [动] sow (*pt* sowed, *pp* sown)
播种(種)bōzhòng [动] sow (*pt* sowed, *pp* sown) ▷农民在田里播种小麦。Nóngmín zài tián lǐ bōzhòng xiǎomài. Farmers are sowing the field with wheat.

伯 bó [名] 1 (伯父) uncle 2 (大哥) eldest brother 3 (伯爵) earl
伯伯bóbo [名] 1 (伯父) uncle 2 (用于称呼) uncle

伯伯可作为对跟父亲同辈且年纪较大的男子的称呼。伯伯后通常跟姓氏，例如：李伯伯；而 **Uncle** 后跟名字，例如：**Uncle Tom**。

伯乐(樂)**Bólè** [名] talent scout

伯仲**bózhòng** [名] (书) ▷他俩不分伯仲。Tā liǎ bù fēn bózhòng. There's little to choose between them. ▷他们的英语能力在伯仲之间。Tāmen de Yīngyǔ nénglì zài bózhòng zhījiān. Their English is equally good.

驳(駁)**bó** [动] refute

驳(駁)斥**bóchì** [动] refute

驳(駁)杂(雜)**bózá** [形] mixed

泊**bó** [动] **1** (停靠) moor ▶泊船 **bóchuán** moor a boat **2** (停留) stop over

泊位**bówèi** [名] berth

帛**bó** [名] (书) silks (*pl*)

勃**bó** [形] (书) thriving

勃勃**bóbó** [形] exuberant

勃然**bórán** [副] suddenly

舶**bó** [名] ocean liner

舶来(來)品**bóláipǐn** [名] import

脖**bó** [名] neck ▶脖子 **bózi** neck

博**bó** **I** [动] **1** (通晓) possess a wide knowledge of **2** (取得) gain **II** [形] abundant

博爱(愛)**bó'ài** [名] universal love ▷自由，平等，博爱 zìyóu, píngděng, bó'ài liberty, equality and fraternity

博大精深**bó dà jīng shēn** deep

博导(導)**bódǎo** [名] doctoral supervisor

博客**bókè** [名] blog

博览(覽)**bólǎn** [动] read widely (*pt*, *pp* read)

博览(覽)会(會)**bólǎnhuì** [名] fair

博士**bóshì** [名] doctor

博士后(後)**bóshìhòu** [名] ▷我正在做博士后研究。Wǒ zhèngzài zuò bóshìhòu yánjiū. I'm doing postdoctoral research at the moment.

博闻(聞)强(強)记(記)**bó wén qiáng jì** be learned

博物**bówù** [名] natural sciences (*pl*)

博物馆(館)**bówùguǎn** [名] museum

博学(學)**bóxué** [形] learned

搏**bó** [动] **1** (搏斗) fight (*pt*, *pp* fought) **2** (跳动) beat (*pt* beat, *pp* beaten)

搏动(動)**bódòng** [动] beat (*pt* beat, *pp* beaten)

搏斗(鬥)**bódòu** **I** [动] **1** (对打) fight (*pt*, *pp* fought) **2** (斗争) struggle **II** [名] battle

箔**bó** [名] foil ▶金箔 **jīnbó** gold leaf

膊**bó** [名] arm

薄**bó** **I** [形] **1** (不强壮) weak **2** (少) meagre **3** (不厚道) mean **4** (不庄重) frivolous **II** [动] (轻视) look down on

→另见 **báo**, **bò**

薄利**bólì** [名] small profit

薄命**bómìng** [形] ill-fated

薄情**bóqíng** [形] heartless

薄弱**bóruò** [形] weak

跛**bǒ** [形] lame

跛子**bǒzi** [名] ▷他是个跛子。Tā shì gè bǒzi. He has a limp.

簸**bǒ** [动] **1** (扬去) fan **2** (上下颠动) be bumpy

→另见 **bò**

簸荡(蕩)**bǒdàng** [动] bump up and down

簸箩(籮)**bǒluo** [名] wicker basket

薄**bò** 见下文

→另见 **báo**, **bó**

薄荷**bòhe** [名] peppermint

簸**bò** 见下文

→另见 **bǒ**

簸箕**bòji** [名] (指器具) dustpan

卜(蔔)**bǔ** [动] practice divination

补(補)**bǔ** [动] **1** (衣服，鞋，车胎，袜子) mend **2** (牙) fill **3** (增加) add ▷请把邮编补上。Qǐng bǎ yóubiān bǔshàng. Please add the postcode. **4** (滋补) nourish

补(補)办(辦)**bǔbàn** [动] ▷我的身份证丢了，得去补办。Wǒ de shēnfènzhèng diūle, děi qù bǔbàn. I've lost my identity card and must replace it. ▷我错过了注册的时间，得以后补办。Wǒ cuòguòle zhùcè de shíjiān, děi yǐhòu bǔbàn. I missed the deadline for registration and had to deal with that at a later date.

补(補)偿(償)**bǔcháng** [动] **1** (损失) compensate ▷补偿费 **bǔcháng fèi** compensation **2** (欠缺，差额) make up for ▷公司给他5000美元以补偿他的损失。Gōngsī gěi tā wǔqiān měiyuán yǐ bǔcháng tā de sǔnshī. The company gave him US $5,000 in compensation for his injury.

补(補)充**bǔchōng** **I** [动] add **II** [形] supplementary ▷补充说明 **bǔchōng shuōmíng** additional explanation

补(補)丁**bǔding** [名] patch

补(補)给(給) bǔjǐ [名] supply

补(補)救 bǔjiù [动] remedy ▷ 我们必须采取补救措施。Wǒmen bìxū cǎiqǔ bǔjiù cuòshī. We must adopt remedial measures.

补(補)考 bǔkǎo [动] resit (*pt, pp* resat) ▷ 她下学期得补考数学。Tā xià xuéqī děi bǔkǎo shùxué. She has to resit her maths exam next term. ▷ 我下个月要参加补考。Wǒ xià gè yuè yào cānjiā bǔkǎo. I will be taking resits next month.

补(補)品 bǔpǐn [名] tonic

补(補)贴(貼) bǔtiē **I** [动] subsidize **II** [名] subsidy

补(補)习(習) bǔxí [动] take extra lessons (*pt* took, *pp* taken)

补(補)休 bǔxiū [名] time off in lieu

补(補)养(養) bǔyǎng [动] nourish

补(補)药(藥) bǔyào [名] tonic

补(補)助 bǔzhù [名] subsidy ▷ 学校每月补助他们200美元。Xuéxiào měi yuè bǔzhù tāmen liǎngbǎi měiyuán. The school gives them a subsidy of 200 dollars every month.

捕 bǔ [动] catch (*pt, pp* caught)

捕风(風)捉影 bǔ fēng zhuō yǐng listen to hearsay

捕获(獲) bǔhuò [动] capture

捕捞(撈) bǔlāo [动] fish ▷ 捕捞牡蛎 bǔlāo mǔlì fish for oysters

捕猎(獵) bǔliè [动] hunt

捕捉 bǔzhuō [动] **1** (抓住) seize ▷ 捕捉良机 bǔzhuō liángjī seize a golden opportunity **2** (捉拿) hunt down ▷ 捕捉逃犯 bǔzhuō táofàn hunt down a convict

---

哺 bǔ [动] feed (*pt, pp* fed)

哺乳 bǔrǔ [动] breast-feed (*pt, pp* breast-fed)

哺乳动(動)物 bǔrǔ dòngwù [名] mammal

哺育 bǔyù [动] **1** (喂养) feed (*pt, pp* fed) **2** (培养) nurture

---

不 bù [副] **1** (用于否定句) not ▷ 我不喜欢游泳。Wǒ bù xǐhuān yóuyǒng. I don't like swimming. ▶ 不法 bùfǎ illegal ▶ 不轨 bùguǐ undisciplined ▷ 不诚实 bù chéngshí dishonest ▷ 不人道 bù réndào inhumane ▷ 他不抽烟。Tā bù chōuyān. He doesn't smoke. **2** (用于否定回答) no ▷ "你累了吧？" "不，不累。" "Nǐ lèi le ba?" "Bù, bùlèi." "Are you tired?" – "No, I'm not." ▷ "你不忙吧？" "不，很忙。" "Nǐ bù máng ba?" "Bù, hěn máng." "You're not busy, are you?" – "Yes, I am." **3** (表示不能) ▷ 我吃不下。Wǒ chī bù xià. I can't eat it. ▷ 你找不到她吗？Nǐ zhǎo bù dào tā ma? Can't you find her? ▷ 他中文学不好。Tā zhōngwén xué bù hǎo. He's not good at Chinese. **4** (方) (用于问句) ▷ 你饿不？Nǐ è bù? Are you hungry? **5** (跟 '就是' 搭配) ▷ 周末，她不是购物，就是看电视。Zhōumò, tā bùshì gòuwù, jiùshì kàn diànshì. If she doesn't go shopping at the weekend she'll watch TV. **6** (客套) (不用) ▷ 不客气。Bù kèqi. Please don't mention it. ▷ 不谢。Bù xiè. You're welcome.

> Negating sentences in Chinese is very straightforward: just use 不 **bù** before the verb. E.g. 我不喝酒。**Wǒ bù hējiǔ** (I don't drink alcohol). The only exception is the verb 有 **yǒu**, to have, for which you must use 没 **méi**. E.g. 我没有钱。**Wǒ méiyǒu qián.** (I don't have any money). 不 **bù** is fourth tone unless it is followed by another fourth tone syllable, in which case it is usually pronounced as a second tone, eg. 不要 **búyào**. For more information on tones, please see the introduction.

不安 bù'ān [形] **1** (指局势) unstable **2** (指情绪) uneasy **3** (客套) (表示歉意) ▷ 让您花这么多钱，真是不安。Ràng nín huā zhème duō qián, zhēnshi bù'ān. I'm sorry to make you spend so much money.

不白之冤 bù bái zhī yuān injustice

不卑不亢 bù bēi bù kàng neither overbearing nor self-effacing ▷ 他待人的态度一向不卑不亢。Tā dài rén de tàidu yīxiàng bù bēi bù kàng. His manner with people is neither overbearing nor self-effacing.

不必 bùbì [副] ▷ 明天你们不必来了。Míngtiān nǐmen bùbì lái le. You don't have to come tomorrow.

不⋯不⋯ bù...bù... **1** (表示强式否定) ▷ 不知不觉 bù zhī bù jué unwittingly ▷ 不慌不忙 bù huāng bù máng unhurriedly ▷ 不折不扣 bù zhé bù kòu one hundred percent **2** (既不⋯也不⋯) neither ... nor ... ▷ 不亏不盈 bù kuī bù yíng neither too little nor too much ▷ 不大不小 bù dà bù xiǎo just the right size ▷ 不死不活 bù sǐ bù huó half dead **3** (如果不⋯就不⋯) unless ... then not ▷ 不破不立 bù pò bù lì without destruction there can be no construction ▷ 不见不散。Bù jiàn bù sàn. See you there.

不测(測) bùcè **I** [形] (预料不到的) unexpected **II** [名] (意外) contingency

不曾 bùcéng [副] never ▷ 我不曾见过你。Wǒ bùcéng jiànguò nǐ. I've never met you.

不耻(恥)下问(問) bù chǐ xià wèn learn from those beneath one ▷ 老教授不耻下问，令人敬佩。Lǎo jiàoshòu bù chǐ xià wèn, lìng rén jìngpèi. It's admirable that the old professor is willing to learn from those beneath him.

不错 bùcuò [形] correct

不但 bùdàn [连] not only ▷这辆车的设计不但美观, 而且实用。Zhè liàng chē de shèjì bùdàn měiguān, érqiě shíyòng. The design of this car is not only beautiful, it's also practical.

不当(當) bùdàng [形] inappropriate ▷用词不当 yòng cí bùdàng use inappropriate words ▷有不当之处, 谨请包涵。Yǒu bùdàng zhī chù, jǐn qǐng bāohán. Please excuse any improprieties.

不得了 bùdéliǎo [形] **1** (表示惊讶) My God! ▷不得了, 着火了! Bùdéliǎo, zháohuǒ le! My God! It's on fire. ▷带孩子去酒吧, 那可不得了。Dài háizi qù jiǔbā, nà kě bùdéliǎo. Taking children into bars is a shocking thing to do. **2** (表示程度) extreme ▷这孩子淘气得不得了。Zhè háizi táoqì de bùdéliǎo. This child is terribly naughty. ▷他难劝说得不得了。Tā nán quànshuō de bùdéliǎo. It is incredibly difficult to persuade him.

不得已 bùdéyǐ [动] have no alternative but to ▷这也是不得已而为之的事情。Zhè yě shì bùdéyǐ ér wéi zhī de shìqing. This is one of those things we have no alternative but to do.

不定 bùdìng **I** [副] ▷这货他们还不定要不要呢。Zhè huò tāmen hái bùdìng yào bù yào ne. It's still not certain whether they want these goods or not. **II** [形] ▷风向不定。Fēngxiàng bùdìng. The wind direction is changeable. ▷游移不定的目标 yóu yí bùdìng de mùbiāo moving target

不断(斷) bùduàn [副] continually ▷汽车不断减价。Qìchē bùduàn jiǎnjià. Cars are continually coming down in price. ▷沙漠不断扩大。Shāmò bùduàn kuòdà. The desert is expanding all the time. ▷人们的生活水平不断提高。Rénmen de shēnghuó shuǐpíng bùduàn tígāo. The quality of people's lives goes on getting better.

不…而… bù...ér... ▷不劳而获 bù láo ér huò acquire without working ▷不言而喻 bù yán ér yù it goes without saying ▷不胫而走 bù jìng ér zǒu spread like wildfire

不乏 bùfá [动] ▷这当中不乏知情者。Zhè dāngzhōng bùfá zhīqíngzhě. There is no shortage of people in the know about this.

不凡 bùfán [形] extraordinary

不妨 bùfáng [副] ▷你不妨先说说你的想法。Nǐ bùfáng xiān shuōshuo nǐ de xiǎngfǎ. There's no harm in saying what you think.

不服 bùfú [动] not accept ▷你如果不服判决还可以上诉。Nǐ rúguǒ bùfú pànjué hái kěyǐ shàngsù. If you don't accept the verdict, you can still appeal.

不敢 bùgǎn [动] not dare ▷她不敢说实话。Tā bùgǎn shuō shíhuà. She doesn't dare tell the truth.

不公 bùgōng [形] unfair

不苟 bùgǒu [形] careful ▷不苟言笑 bù gǒu yán xiào serious in manner

不管 bùguǎn [连] ▷不管那女人怎么欺负我们, 我们都不在乎。Bùguǎn nà nǚrén zěnme qīfu wǒmen, wǒmen dōu bùzàihu. No matter how that woman bullies us, we just don't care. ▷不管你去什么地方, 请一定和我保持联系。Bùguǎn nǐ qù shénme dìfang, qǐng yīdìng hé wǒ bǎochí liánxì. Wherever you go, please do keep in touch with me. ▷不管什么人求你帮忙, 你不要拒绝他们。Bùguǎn shénme rén qiú nǐ bāngmáng, nǐ bùyào jùjué tāmen. Whoever asks you for help, you shouldn't refuse them. ▷不管出什么事, 我们都要保持镇定。Bùguǎn chū shénme shì, wǒmen dōu yào bǎochí zhèndìng. Whatever happens, we must remain calm. ▷不管有多少人反对, 他们都坚持原计划。Bùguǎn yǒu duōshǎo rén fǎnduì, tāmen dōu jiānchí yuán jìhuà. It doesn't matter how many people disagree, they insist on implementing the original plan.

不轨(軌) bùguǐ [形] irregular ▷这些人行为不轨引起了警察的注意。Zhèxiē rén xíngwéi bùguǐ yǐnqǐle jǐngchá de zhùyì. The irregular conduct of these people has attracted the attention of the police.

不过(過) bùguò **I** [副] **1** (仅仅) only ▷不过是点小伤。Bùguò shì diǎn xiǎoshāng. It's only a slight injury. ▷不过是点小伤, 过几天就好了。Bùguò shì diǎn xiǎoshāng, guò jǐ tiān jiù hǎo le. It's only a slight injury. It'll be fine in a few days. ▷宝宝不过6个月大。Bǎobao bùguò liù gè yuè dà. The baby is only six months old. **2** (非常) can't be better ▷你要能帮忙, 那就再好不过了! Nǐ yào néng bāngmáng, nà jiù zài hǎo bùguò le! If you were able to help, that couldn't be better. ▷这是最简单不过的方法。Zhè shì zuì jiǎndān bùguò de fāngfǎ. This is by far the easiest method. **II** [连] but ▷他很喜欢新学校, 不过离家太远了。Tā hěn xǐhuān xīn xuéxiào, bùguò lí jiā tài yuǎn le. He really likes his new school, but it's a very long way from home.

不及 bùjí [动] **1** (不如) be not as good as **2** (来不及) be too late

不计(計)其数(數) bù jì qí shù countless

不假思索 bù jiǎ sīsuǒ without hesitation ▷他不假思索地给出了正确答案。Tā bù jiǎ sīsuǒ de gěichūle zhèngquè dá'àn. He gave the correct answer without hesitation.

不禁 bùjīn [动] cannot help ▷我不禁失笑。Wǒ

bùjīn shī xiào. I couldn't help laughing. ▷众人不禁欢呼起来。Zhòngrén bùjīn huānhū qǐlái. The crowd were unable to restrain a cheer.

不仅(僅)**bùjǐn** [副] **1** (不止) not just ▷这不仅是学校的问题。Zhè bùjǐn shì xuéxiào de wèntí. This is not just the school's problem. **2** (不但) not only ▷这地毯不仅质量好，而且价格便宜。Zhè dìtǎn bùjǐn zhìliàng hǎo, érqiě jiàgé piányi. Not only is the carpet good quality, it's also cheap.

不胫(脛)而走**bù jìng ér zǒu** spread like wildfire

不久**bùjiǔ** [名] ▷在不久的将来 zài bùjiǔ de jiānglái in the near future ▷这片田地不久前刚开垦。Zhè piàn tiándì bùjiǔ qián gāng kāikěn. This land has only just been cultivated. ▷他们不久就要结婚了。Tāmen bùjiǔ jiùyào jiéhūn le. They are getting married soon.

不拘**bùjū** **I** [动] **1** (不拘泥) not confine oneself **2** (不计较) not worry about **II** [连] regardless of ▷不拘什么人，他都以礼相待。Bùjū shénme rén, tā dōu yǐ lǐ xiāng dài. Regardless of who someone is, he is always polite.

不拘一格**bùjū yī gé** not be limited to one type ▷选用人才要不拘一格。Xuǎnyòng réncái yào bùjū yī gé. When selecting staff you mustn't be limited to just one type.

不堪**bùkān** **I** [动] **1** (承受不了) cannot stand ▷不堪其苦 bùkān qí kǔ can't stand the hardship **2** (不能) not able ▷不堪设想 bù kān shèxiǎng be inconceivable **II** [形] extreme

不可**bùkě** [动] **1** (不可以) ▷不可一概而论。Bùkě yīgài ér lùn. You can't generalize. ▷植物生长，水和阳光两者缺一不可。Zhíwù shēngzhǎng, shuǐ hé yángguāng liǎngzhě quē yī bùkě. For plants to grow they must have both sun and water. ▷我们不可忽视年轻人的心理健康。Wǒmen bùkě hūshì niánqīngrén de xīnlǐ jiànkāng. We shouldn't overlook the mental health of young people. ▷我们对这些疾病不可不防。Wǒmen duì zhèxiē jíbìng bùkě bù fáng. We mustn't fail to take steps against such diseases. **2** (与"非"连用) ▷今天非下雨不可。Jīntiān fēi xiàyǔ bùkě. It will certainly rain today. ▷你非挨批不可。Nǐ fēi ái pī bùkě. You are bound to be criticized. ▷我们非得解决这个问题不可。Wǒmen fēiděi jiějué zhège wèntí bùkě. We absolutely have to sort this problem out.

不可救药(藥)**bù kě jiù yào** be beyond help

不可思议(議)**bù kě sīyì** unbelievable

不可一世**bù kě yī shì** be insufferably arrogant

不快**bùkuài** [形] unhappy

不愧**bùkuì** [动] be worthy of

不力**bùlì** [形] **1** (不尽力) ▷领导常批评他办事不力。Lǐngdǎo cháng pīpíng tā bànshì bùlì. The boss frequently criticizes him for not doing his best. **2** (不得力) incompetent

不利**bùlì** [形] **1** (不好) disadvantageous **2** (不顺) unsuccessful

不了了之**bù liǎo liǎo zhī** leave unresolved ▷由于找不到嫌疑人，这个案件只能不了了之了。Yóuyú zhǎo bù dào xiányírén, zhège ànjiàn zhǐ néng bù liǎo liǎo zhī le. Since the suspect hasn't been found, the case simply had to be left unresolved.

不料**bùliào** [动] not anticipate ▷不料下午下雨。Bùliào xiàwǔ xiàyǔ. I didn't anticipate it would rain in the afternoon. ▷我们本想和她开个玩笑，不料她却当真了。Wǒmen běn xiǎng hé tā kāi gè wánxiào, bùliào tā què dàngzhēn le. We just wanted to have a laugh with her – we didn't expect her to take it so seriously.

不论(論)**bùlùn** **I** [连] no matter ▷不论是谁，都必须遵守法规。Bùlùn shì shuí, dōu bìxū zūnshǒu fǎguī. No matter who you are, you have to abide by the regulations. **II** [动] not consider

不满(滿)**bùmǎn** [形] dissatisfied

不免**bùmiǎn** [副] inevitably ▷竞争不免要有淘汰。Jìngzhēng bùmiǎn yào yǒu táotài. In competitions there is inevitably elimination.

不明飞(飛)行物**bù míng fēixíngwù** [名] UFO

不谋(謀)而合**bù móu ér hé** happen to coincide

不平**bùpíng** **I** [形] unfair **II** [名] **1** (不公) injustice **2** (愤怒) resentment **III** [动] feel resentful (*pt, pp* felt)

不巧**bùqiǎo** [形] unfortunate ▷你来得真不巧，王医生不在。Nǐ láide zhēn bùqiǎo, Wáng yīshēng bù zài. Unfortunately, you haven't come at a good time – Dr Wang isn't here.

不求甚解**bù qiú shèn jiě** be content with a superficial understanding ▷他学习一向不求甚解。Tā xuéxí yīxiàng bù qiú shèn jiě. He studies only to have a superficial understanding.

不屈**bùqū** [动] not yield

不然**bùrán** **I** [形] not so ▷这两件事看似一样，其实不然。Zhè liǎng jiàn shì kàn sì yīyàng, qíshí bùrán. These two seem the same, but in fact it is not so. **II** [连] otherwise ▷多谢你提醒我，不然我就忘了。Duōxiè nǐ tíxǐng wǒ, bùrán wǒ jiù wàng le. Thanks very much for reminding me, or I would have forgotten about it. ▷他家有老人，不然咱们倒可以去他家聚

会。Tā jiā yǒu lǎorén, bùrán zánmen dào kěyǐ qù tā jiā jùhuì. There is an elderly person in his house – otherwise we could get together at his house.

不忍 **bùrěn** [动] not bear (*pt* bore, *pp* born)

不如 **bùrú** [动] not be as good as ▷论跑步你不如她。**Lùn pǎobù nǐ bùrú tā.** You are not as good as her at running. ▷城里太吵，不如住在郊区。**Chénglǐ tài chǎo, bùrú zhù zài jiāoqū.** The city is too noisy – it's better living in the suburbs.

不三不四 **bù sān bù sì** **1** (不正经) shady **2** (不像样) neither one thing nor the other

不少 **bùshǎo** [形] a lot of ▷她有不少好朋友。**Tā yǒu bùshǎo hǎo péngyou.** She has a lot of good friends.

不胜(勝) **bùshèng** **I** [动] cannot bear ▷不胜其苦 **bùshèng qí kǔ** be unable to bear any more hardship ▷他不胜酒力，终于醉倒了。**Tā búshèng jiǔlì, zhōngyú zuìdǎo le.** He had no tolerance for alcohol, and in the end fell down dead drunk. **II** [副] deeply ▷我对你的帮助不胜感激。**Wǒ duì nǐ de bāngzhù bùshèng gǎnjī.** I am deeply grateful for your help.

不是 **bùshi** [名] fault

不舒服 **bùshūfu** [形] unwell

不速之客 **bù sù zhī kè** uninvited guest ▷她是晚会上的不速之客。**Tā shì wǎnhuì shàng de bù sù zhī kè.** She was an uninvited guest at the party. ▷昨晚我家来了一位不速之客。**Zuówǎn wǒ jiā láile yī wèi bù sù zhī kè.** Yesterday evening we had an unexpected guest.

不同 **bùtóng** [形] different

不同凡响(響) **bù tóng fánxiǎng** outstanding

不外 **bùwài** [动] be limited to

不闻(聞)不问(問) **bù wén bù wèn** be indifferent ▷他对与己无关的事情一概不闻不问。**Tā duì yǔ jǐ wúguān de shìqing yīgài bù wén bù wèn.** He's indifferent to anything that doesn't have a bearing on him.

不相上下 **bù xiāng shàng xià** be about the same

不屑 **bùxiè** [动] disdain ▷不屑一顾 **bùxiè yī gù** disdain to look at ▷他不屑金钱的诱惑。**Tā bùxiè jīnqián de yòuhuò.** He's scornful of the temptations of money. ▷不屑的神情 **bùxiè de shénqíng** a disdainful expression

不幸(倖) **bùxìng** **I** [形] **1** (不幸运) unhappy **2** (出人意料) unfortunate ▷不幸被言中了。**Bùxìng bèi yánzhòng le.** Unfortunately, it turned out to be true. **II** [名] disaster

不修边(邊)幅 **bù xiū biānfú** scruffy

不朽 **bùxiǔ** [形] immortal

不学(學)无(無)术(術) **bù xué wú shù** ignorant and incompetent ▷不学无术的人怎么能当校长？**Bù xué wú shù de rén zěnme néng dāng xiàozhǎng?** How can someone ignorant and incompetent be head teacher?

不要紧(緊) **bùyàojǐn** [形] **1** (不严重) not serious ▷他的病不要紧。**Tā de bìng bùyàojǐn.** His illness is not serious. **2** (没关系) it doesn't matter

不一定 **bùyīdìng** [副] may not ▷她未必会回电话。**Tā bùyīdìng huì huí diànhuà.** She may not return your call.

不宜 **bùyí** [动] not be suitable for ▷这种菜不宜生食。**Zhè zhǒng cài bùyí shēngshí.** This kind of vegetable is not suitable for serving raw.

不遗(遺)余(餘)力 **bù yí yú lì** do one's utmost ▷足球俱乐部不遗余力地引进外国球星。**Zúqiú jùlèbù bù yí yú lì de yǐnjìn wàiguó qiúxīng.** The football team did its utmost to attract foreign football stars.

不翼而飞(飛) **bù yì ér fēi** disappear without trace

不约(約)而同 **bù yuē ér tóng** happen to coincide ▷大家不约而同地投了赞成票。**Dàjiā bù yuē ér tóng de tóule zànchéng piào.** Everybody happened to vote in favour.

不择(擇)手段 **bù zé shǒuduàn** (贬) go to any lengths ▷为了发财，他不择手段。**Wèile fācái, tā bù zé shǒuduàn.** He'll go to any lengths to get rich.

不怎么(麼)样(樣) **bù zěnmeyàng** [形] not up to much

不折不扣 **bù zhé bù kòu** through and through ▷他是不折不扣的球迷。**Tā shì bù zhé bù kòu de qiúmí.** He's a football fan through and through.

不知所措 **bù zhī suǒ cuò** be at a loss

不止 **bùzhǐ** [副] **1** (不停地) incessantly ▷大笑不止 **dà xiào bùzhǐ** laugh incessantly **2** (多于) more than ▷不止一次 **bùzhǐ yī cì** on more than one occasion

不至于(於) **bùzhìyú** [副] ▷你不至于骗我吧？**Nǐ bùzhìyú piàn wǒ ba?** You won't go so far as to cheat me, will you?

不自量力 **bù zì liàng lì** overestimate one's abilities

布 **bù** **I** [名] cloth ▷布娃娃 **bù wáwa** rag doll **II** [动] **1** (宣告) publicize **2** (散布) spread (*pt*, *pp* spread) **3** (布置) arrange

布丁 **bùdīng** [名] pudding

布(佈)告 **bùgào** **I** [名] notice **II** [动] put up a notice (*pt*, *pp* put)

布(佈)景 **bùjǐng** [名] set

布(佈)局 **bùjú** [动] **1** (指结构) design ▷房间布局合理。**Fángjiān bùjú hélǐ.** The room is designed sensibly. ▷花园的布局很精巧。**Huāyuán de bùjú hěn jīngqiǎo.** The layout of the garden is ingenious. **2** (指下棋) deploy

布匹 **bùpǐ** [名] cloth

布(佈)置 **bùzhì** [动] **1** (房间等) decorate **2** (任务, 作业) assign

步 **bù** **I** [名] **1** (脚步) step ▶步伐 **bùfá** pace **2** (阶段) stage ▶步骤 **bùzhòu** step **3** (地步) situation **II** [动] step **III** [量] move

步调(調) **bùdiào** [名] step ▷步调一致 **bùdiào yīzhì** stay in step

步伐 **bùfá** [名] pace ▷加快步伐 **jiākuài bùfá** quicken one's pace

步人后(後)尘(塵) **bù rén hòu chén** follow in other people's footsteps

步行 **bùxíng** [动] go on foot (*pt* went, *pp* gone)

步骤(驟) **bùzhòu** [名] step

部 **bù** **I** [名] **1** (部分) part ▶局部 **júbù** part ▶头部 **tóubù** head ▷东部 **dōngbù** the eastern part **2** (部门) department ▶总部 **zǒngbù** headquarters (*pl*) ▶部长 **bùzhǎng** department head ▷教育部 **jiàoyùbù** education department ▶分部 **fēnbù** branch **3** (指军队) headquarters (*pl*) ▶司令部 **sīlìngbù** army headquarters **II** [量] ▷一部字典 **yī bù zìdiǎn** a dictionary ▷一部电话 **yī bù diànhuà** a telephone ▷三部电影 **sān bù diànyǐng** three films

measure word, used for films, phones, etc.

部队(隊) **bùduì** [名] armed forces (*pl*) ▷特种部队 **tèzhǒng bùduì** special forces

部分 **bùfen** [名] part ▷我们只完成了项目的第一部分。**Wǒmen zhǐ wánchéngle xiàngmù de dìyī bùfen.** We have only finished the first part of the project. ▷部分学生没有参加运动会。**Bùfen xuéshēng méiyǒu cānjiā yùndònghuì.** Some students didn't attend the sports meeting. ▷你要承担自己的那部分责任。**Nǐ yào chéngdān zìjǐ de nà bùfen zérèn.** You should shoulder your share of the responsibility. ▷我部分地同意他的观点。**Wǒ bùfen de tóngyì tā de guāndiǎn.** I partially agree with his view.

部件 **bùjiàn** [名] parts (*pl*)

部落 **bùluò** [名] tribe

部门(門) **bùmén** [名] department ▷政府部门 **zhèngfǔ bùmén** government department ▷邮政部门 **yóuzhèng bùmén** government department in charge of the postal system ▷农业部门 **nóngyè bùmén** department of agriculture

部署 **bùshǔ** [动] deploy

部位 **bùwèi** [名] place ▷手术部位 **shǒushù bùwèi** the place operated on

部下 **bùxià** [名] subordinate

埠 **bù** [名] port

簿 **bù** [名] book ▶练习簿 **liànxí bù** exercise book

簿子 **bùzi** [名] notebook

Cc

擦 cā [动] **1** (抹) wipe ... clean ▷ 擦眼镜 cā yǎnjìng wipe one's glasses clean ▷ 擦汗 cā hàn wipe away one's sweat **2** (指用水) wash **3** (皮鞋) polish **4** (摩擦) rub ▷ 摩拳擦掌 mó quán cā zhǎng be itching for a fight **5** (涂) apply ▷ 她粉底擦得太厚了。Tā fěndǐ cā de tài hòu le. She has applied too much foundation. **6** (火柴) strike (*pt, pp* struck) **7** (破) scrape ▶ 擦伤 cāshāng scrape **8** (挨着) brush ▷ 排球没发过去, 擦网了。Páiqiú méi fā guòqù, cā wǎng le. The volleyball didn't make it's way over – it just brushed the net. **9** (瓜果) shred

擦拭 cāshì [动] wipe ... clean ▷ 擦拭窗户 cāshì chuānghu wipe a window clean ▷ 擦拭银器 cāshì yínqì polish silverware

猜 cāi [动] **1** (猜测) guess **2** (猜疑) suspect

猜测(測) cāicè **I** [动] speculate ▷ 大家都在猜测谁能得奖。Dàjiā dōu zài cāicè shuí néng déjiǎng. Everybody was speculating about who was going to win the prize. **II** [名] speculation

猜忌 cāijì [动] be suspicious

猜谜(謎)儿(兒) cāimèir [动] guess

猜拳 cāiquán [动] *play a finger guessing game*

猜想 cāixiǎng [动] suppose

猜疑 cāiyí [动] have unfounded suspicions about

才 cái **I** [名] **1** (才能) ability ▷ 多才多艺 duōcái duōyì multi-talented **2** (人才) talent ▶ 奇才 qícái extraordinary talent **II** [副] **1** (刚) just ▷ 我才到家, 电话就响了。Wǒ cái dào jiā, diànhuà jiù xiǎng le. Just as I arrived home, the phone rang. **2** (表示晚) not...until ▷ 路上堵车, 我10点才到单位上班。Lù shàng dǔchē, wǒ shí diǎn cái dào dānwèi shàngbān. Because of the traffic jam, I did not arrive at work until ten. **3** (表示条件) only...if ▷ 学生只有用功, 才能取得好成绩。Xuéshēng zhǐyǒu yònggōng, cái néng qǔdé hǎo chéngjì. Students will only be able to do well if they study hard. **4** (表示情况改变) only after ▷ 他解释后, 我才明白他为什么那么难过。Tā jiěshì hòu, wǒ cái míngbai tā wèi shénme nàme nánguò. It was only after he explained that I understood why he was so sad. **5** (程度低) only ▷ 他才学会上网。Tā cái xuéhuì shàngwǎng. He has only just learned how to use the Internet. **6** (表示强调) really ▷ 他才不愿意见你呢! Tā cái bù yuànyì jiàn nǐ ne! He really doesn't want to see you!

才干(幹) cáigàn [名] ability

才华(華) cáihuá [名] talent

才貌 cáimào [名] ability and appearance

才能 cáinéng [名] ability ▷ 施展才能 shīzhǎn cáinéng put one's abilities to use ▷ 他有领导才能。Tā yǒu lǐngdǎo cáinéng. He has leadership qualities.

才气(氣) cáiqì [名] talent

才识(識) cáishí [名] ability and insight ▷ 他具有卓越的政治才识。Tā jùyǒu zhuóyuè de zhèngzhì cáishí. He is a man of outstanding political ability and insight.

才学(學) cáixué [名] ability and learning

才子 cáizǐ [名] talented man (*pl* men)

材 cái [名] **1** (指物) material ▶ 建材 jiàncái building material ▶ 教材 jiàocái teaching material **2** (人才) talented person

材料 cáiliào [名] **1** (原料) material ▷ 建筑材料公司 jiànzhù cáiliào gōngsī building materials company ▷ 这件大衣是用什么材料做的? Zhè jiàn dàyī shì yòng shénme cáiliào zuò de? What material is this coat made of? **2** (资料) material ▷ 我正为毕业论文搜集材料。Wǒ zhèng wèi bìyè lùnwén sōují cáiliào. I'm in the process of gathering material for my dissertation. **3** (人才) talent ▷ 我不是经商的材料。Wǒ bùshì jīngshāng de cáiliào. I have no talent for business.

财(財) cái [名] wealth

财(財)宝(寶) cáibǎo [名] treasure

财(財)阀(閥) cáifá [名] tycoon

财(財)富 cáifù [名] wealth

财(財)经(經) cáijīng [名] finance and economics ▷ 财经学院 cáijīng xuéyuàn Institute of Finance and Economics

财(財)路 cáilù [名] road to riches

财(財)贸(貿) cáimào [名] trade and finance

财(財)神 cáishén [名] *the god of wealth*

财(財)团(團) cáituán [名] consortium

财(財)务(務) cáiwù [名] financial affairs (*pl*)

财(財)物 cáiwù [名] assets (*pl*)

财(財)政 cáizhèng [名] finance

财(財)主 cáizhu [名] rich man (*pl* men)

裁 cái [动] **1** (衣服, 纸) cut (*pt, pp* cut) **2** (减) cut (*pt, pp* cut) ▶ 裁员 cáiyuán cut staff **3** (判断) decide

裁定 **cáidìng** [动] adjudicate

裁缝(縫) **cáifeng** [名] **1** (指男装) tailor **2** (指女装) dressmaker

裁决(決) **cáijué** [动] adjudicate

裁判 **cáipàn I** [名] judgment **II** [动] make a decision ▷ 我们要公平裁判这件事。**Wǒmen yào gōngpíng cáipàn zhè jiàn shì.** We should make a fair decision on this matter.

裁员(員) **cáiyuán** [动] make redundancies ▷ 信息产业内刮起了一阵裁员风暴。**Xìnxī chǎnyè nèi guāqǐle yī zhèn cáiyuán fēngbào.** There have been a wave of redundancies in the IT industry.

采(採) **cǎi I** [动] **1** (摘) pick **2** (选) choose (*pt* chose, *pp* chosen) **3** (开采) extract ▶ 采油 **cǎiyóu** extract oil **4** (采集) gather **II** [名] spirit ▶ 风采 **fēngcǎi** bearing

采(採)伐 **cǎifá** [动] fell ▷ 过度的采伐会破坏森林。**Guòdù de cǎifá huì pòhuài sēnlín.** Excessive felling will destroy the forest.

采(採)访(訪) **cǎifǎng** [动] interview ▷ 记者采访了一位著名作家。**Jìzhě cǎifǎngle yī wèi zhùmíng zuòjiā.** The reporter interviewed a famous writer. ▷ 她已经做了十几年的新闻采访工作。**Tā yǐjīng zuòle shíjǐ nián de xīnwén cǎifǎng gōngzuò.** She has already been working in investigative journalism for over ten years.

采(採)购(購) **cǎigòu I** [动] purchase **II** [名] buyer

采(採)光 **cǎiguāng** [名] lighting

采(採)集 **cǎijí** [动] collect

采(採)纳(納) **cǎinà** [动] adopt

采(採)取 **cǎiqǔ** [动] adopt ▷ 政府采取紧急措施防止病毒传播。**Zhèngfǔ cǎiqǔ jǐnjí cuòshī fángzhǐ bìngdú chuánbō.** The government is adopting urgent measures to prevent the spread of disease. ▷ 我们采取主动, 首先和新客户联络。**Wǒmen cǎiqǔ zhǔdòng, shǒuxiān hé xīn kèhù liánluò.** We took the initiative and contacted the new client first.

采(採)用 **cǎiyòng** [动] adopt ▷ 老师采用互动教学方式。**Lǎoshī cǎiyòng hùdòng jiàoxué fāngshì.** The teacher has adopted an interactive method of teaching.

采(採)摘 **cǎizhāi** [动] pick

彩 **cǎi** [名] **1** (颜色) colour (英), color (美) **2** (欢呼声) cheer **3** (花样) variety **4** (博彩) winnings (*pl*) **5** (血) blood ▶ 挂彩 **guàcǎi** be wounded

彩电(電) **cǎidiàn** [名] colour (英) 或 color (美) TV

彩卷 **cǎijuǎn** [名] colour (英) 或 color (美) film

彩礼(禮) **cǎilǐ** [名] wedding present

彩排 **cǎipái** [动] rehearse

彩票 **cǎipiào** [名] lottery ticket

彩色 **cǎisè** [名] colour (英), color (美)

睬 **cǎi** [动] take notice of (*pt* took, *pp* taken) ▷ 他太没人缘, 晚会上没人睬他。**Tā tài méi rényuán, wǎnhuì shàng méi rén cǎi tā.** He's not very good with people and no one takes any notice of him at parties.

踩 **cǎi** [动] **1** (脚) step on ▷ 跳舞时, 我踩到他的脚了。**Tiàowǔ shí, wǒ cǎi dào tā de jiǎo le.** During the dance I stepped on his foot. ▷ 我踩在椅子上擦窗户。**Wǒ cǎi zài yǐzi shàng cā chuānghu.** I stood on a chair and cleaned the window. **2** (贬低) put ... down (*pt, pp* put) ▷ 他不会夸人, 只会踩人。**Tā bù huì kuā rén, zhǐ huì cǎi rén.** He never praises people – he only puts them down.

菜 **cài** [名] **1** (植物) vegetable **2** (饭食) dish

菜单(單) **càidān** [名] menu

菜篮(籃)子 **càilánzi** [名] **1** (指买菜用的) shopping basket **2** (食品供应) food supply

菜谱(譜) **càipǔ** [名] **1** (菜单) menu **2** (指书) cookbook

菜肴(餚) **càiyáo** [名] dish

参(參) **cān** [动] **1** (加入) join ▶ 参军 **cānjūn** enlist **2** (参考) refer to

→ 另见 **cēn, shēn**

参(參)拜 **cānbài** [动] bow before

参(參)半 **cānbàn** [动] halve

参(參)观(觀) **cānguān** [动] tour ▷ 我们参观了故宫博物院。**Wǒmen cānguānle Gùgōng Bówùyuàn.** We toured the Forbidden City Museum.

参(參)加 **cānjiā** [动] take part in (*pt* took, *pp* taken) ▷ 参加演讲比赛 **cānjiā yǎnjiǎng bǐsài** take part in a public speaking competition ▷ 参加新年晚会 **cānjiā xīnnián wǎnhuì** attend a New Year's party ▷ 去年他参加了民主党。 **Qùnián tā cānjiāle Mínzhǔdǎng.** Last year he joined the Democratic Party.

参(參)军(軍) **cānjūn** [动] enlist ▷ 参军使他成熟了很多。**Cānjūn shǐ tā chéngshúle hěn duō.** Joining the army made him a lot more mature.

参(參)考 **cānkǎo I** [动] consult ▷ 为了写毕业论文, 我参考了几十本书。**Wèile xiě bìyè lùnwén, wǒ cānkǎole jǐshí běn shū.** For my dissertation I had to consult dozens of different books. **II** [名] reference ▷ 参考书 **cānkǎoshū** reference book ▷以上观点仅供参考。Yǐshàng guāndiǎn jǐn gōng cānkǎo. The above advice is only for reference.

参(參)谋(謀) **cānmóu I** [名] **1** (顾问) advisor **2** (指军职) staff officer **II** [动] give advice (*pt* gave, *pp* given) ▷你帮我参谋一下，看他俩谁更优秀。**Nǐ bāng wǒ cānmóu yī xià, kàn tā liǎ shuí gèng yōuxiù.** I need you to give me some advice – who do you think is the best out of those two?

参(參)数(數) **cānshù** [名] parameter

参(參)议(議)员(員) **cānyìyuán** [名] senator

参(參)与(與) **cānyù** [动] participate in ▷参与竞选活动 **cānyù jìngxuǎn huódòng** participate in campaign activities ▷参与决策制定 **cānyù juécè zhìdìng** participate in policy formulation ▷我参赛的态度是"重在参与，不重输赢"。**Wǒ cānsài de tàidu shì "zhòng zài cānyù, bù zhòng shūyíng".** My attitude towards competitions is: "It's not the winning, it's the taking part that counts."

参(參)赞(贊) **cānzàn** [名] attaché ▷美国大使馆文化参赞 **Měiguó dàshǐguǎn wénhuà cānzàn** the cultural attaché to the American embassy

参照 **cānzhào** [动] act in accordance with ▷我参照导师的意见修改了我的论文。**Wǒ cānzhào dǎoshī de yìjiàn xiūgǎile wǒ de lùnwén.** I acted in accordance with the advice of my supervisor, and amended my thesis.

餐 cān

I [名] meal **II** [量] meal

餐车(車) **cānchē** [名] **1** (指推车) food trolley **2** (指车厢) buffet (英) 或 dining (美) car

餐巾 **cānjīn** [名] napkin

餐具 **cānjù** [名] eating utensils (*pl*)

餐厅(廳) **cāntīng** [名] canteen

残(殘) cán

I [形] **1** (指器物) defective **2** (指人或动物) disabled ▷这是匹好马，可惜残了。**Zhè shì pǐ hǎo mǎ, kěxī cán le.** This is a good horse. It's a shame it's lame. **3** (剩余) remaining **4** (凶恶) cruel **II** [动] treat viciously

残(殘)暴 **cánbào** [形] cruel ▷侵略者的残暴 **qīnlüèzhě de cánbào** the cruelty of the invaders

残(殘)存 **cáncún** [动] survive ▷这是唯一残存的中国清代陶器样品。**Zhè shì wéiyī cáncún de Zhōngguó Qīngdài táoqì yàngpǐn.** This is the only surviving example of Qing Dynasty pottery in China. ▷公司里仍残存着性别歧视现象。**Gōngsī lǐ réng cáncúnzhe xìngbié qíshì xiànxiàng.** Sexual discrimination still goes on in the company.

残(殘)废(廢) **cánfèi** [动] be disabled ▷他中风后残废了。**Tā zhòngfēng hòu cánfèi le.** He was disabled by his stroke. ▷车祸使她成了残废。**Chēhuò shǐ tā chéngle cánfèi.** The car accident left her disabled.

残(殘)骸 **cánhái** [名] wreckage

残(殘)害 **cánhài** [动] devastate ▷战争残害了无数生命。**Zhànzhēng cánhàile wúshù shēngmìng.** The war devastated the lives of countless people.

残(殘)疾 **cánjí** [名] disability ▷残疾人 **cánjírén** people with disabilities ▷欢迎有残疾的人报名参加。**Huānyíng yǒu cánjí de rén bàomíng cānjiā.** People with disabilities are particularly encouraged to apply.

残(殘)局 **cánjú** [名] mess ▷公司倒闭后，只有经理在收拾残局。**Gōngsī dǎobì hòu, zhǐyǒu jīnglǐ zài shōushi cánjú.** When the company closed only the manager was left to clear up the mess.

残(殘)酷 **cánkù** [形] brutal ▷残酷的市场竞争 **cánkù de shìchǎng jìngzhēng** brutal market competition ▷他被敌人残酷地杀害了。**Tā bèi dírén cánkù de shāhài le.** He was brutally murdered by the enemy.

残(殘)年 **cánnián** [名] final years (*pl*) ▷老人无儿无女，只能孤单单地度过残年。**Lǎorén wú ér wú nǚ, zhǐ néng gūdāndān de dùguò cánnián.** The old man had no children, and lived out his final years in loneliness.

残(殘)缺 **cánquē** [形] deficient

残(殘)忍 **cánrěn** [形] cruel

残(殘)杀(殺) **cánshā** [动] brutally kill

残(殘)余(餘) **cányú** [形] remaining ▷战败后，残余的部队逃回老家。**Zhànbài hòu, cányú de bùduì táo huí lǎojiā.** After their defeat, the remaining troops fled home.

蚕(蠶) cán

[名] silkworm

蚕(蠶)豆 **cándòu** [名] broad (英) 或 fava (美) bean

蚕(蠶)食 **cánshí** [动] encroach on ▷沙皇俄国对邻国采取了蚕食政策。**Shāhuáng'éguó duì línguó cǎiqǔle cánshí zhèngcè.** Tsarist Russia adopted a policy of encroaching on its neighbours.

惭(慚) cán

见下文

惭(慚)愧 **cánkuì** [形] ashamed

惨(慘) cǎn

[形] **1** (悲惨) tragic **2** (厉害) severe **3** (凶恶) cruel

惨(慘)案 **cǎn'àn** [名] massacre

惨(慘)败(敗) **cǎnbài** [动] suffer a disastrous defeat

惨(慘)不忍睹 **cǎn bù rěn dǔ** too horrible to look at

惨(慘)淡 **cǎndàn** [形] **1** (暗淡) dim **2** (萧条) dismal ▷ 几年的惨淡经营后, 生意终于出现了转机。Jǐ nián de cǎndàn jīngyíng hòu, shēngyì zhōngyú chūxiànle zhuǎnjī. After several years' hard work, the business finally turned around.

惨(慘)绝(絕)人寰 **cǎn jué rén huán** horrific

惨(慘)痛 **cǎntòng** [形] bitter

惨(慘)无(無)人道 **cǎn wú rén dào** barbaric

惨(慘)重 **cǎnzhòng** [形] disastrous

灿(燦) **càn** 见下文

灿(燦)烂(爛) **cànlàn** [形] glorious

仓(倉) **cāng** [名] store ▶ 仓房 cāngfáng storehouse

仓(倉)储(儲) **cāngchǔ** [动] store

仓(倉)促 **cāngcù** [形] hasty

仓(倉)皇 **cānghuáng** [形] panic-stricken

仓(倉)库 **cāngkù** [名] storehouse

苍(蒼) **cāng** [形] **1** (指天空) deep blue **2** (指植物) dark green **3** (指鬓发) grey (英), gray (美)

苍(蒼)白 **cāngbái** [形] **1** (脸色) pale **2** (文章, 表演等) bland

苍(蒼)苍(蒼) **cāngcāng** [形] **1** (指天空) deep blue **2** (指植物) dark green **3** (指鬓发) grey (英), gray (美)

苍(蒼)劲(勁) **cāngjìng** [形] **1** (树) mighty **2** (书画) bold

苍(蒼)老 **cānglǎo** [形] old

苍(蒼)茫 **cāngmáng** [形] vast

苍(蒼)生 **cāngshēng** [名] (书) the masses (*pl*)

苍(蒼)天 **cāngtiān** [名] the heavens (*pl*)

苍(蒼)蝇(蠅) **cāngying** [名] fly

沧(滄) **cāng** [名] deep blue

沧(滄)海 **cānghǎi** [名] the sea

沧(滄)海桑田 **cāng hǎi sāng tián** radical changes ▷ 多年后重返故乡, 真有种沧海桑田的感觉。Duō nián hòu chóngfǎn gùxiāng, zhēn yǒu zhǒng cāng hǎi sāng tián de gǎnjué. Returning home after so many years, I had the impression that the place had undergone a complete transformation.

沧(滄)海一粟 **cāng hǎi yī sù** a drop in the ocean

沧(滄)桑 **cāngsāng** [名] all that life has to offer ▷ 在外漂泊了几十年, 他已经饱经沧桑。Zài wài piāobóle jǐshí nián, tā yǐjīng bǎo jīng cāngsāng. He spent years drifting about, and has experienced all that life has to offer.

舱(艙) **cāng** [名] **1** (用于载人) cabin ▶ 头等舱 tóuděngcāng first-class cabin **2** (用于装物) hold ▶ 货舱 huòcāng cargo hold

藏 **cáng** [动] **1** (隐藏) hide (*pt* hid, *pp* hidden) **2** (储存) store **3** (收集) collect ▶ 藏书 cángshū collect books

→ 另见 zàng

藏龙(龍)卧(臥)虎 **cáng lóng wò hǔ** hidden talent ▷ 人才招聘市场里藏龙卧虎。Réncái zhāopìn shìchǎng lǐ cáng lóng wò hǔ. There is a lot of hidden talent on the job market.

藏匿 **cángnì** [动] conceal

藏书(書) **cángshū** **I** [动] collect books **II** [名] book collection

藏污纳(納)垢 **cáng wū nà gòu** ▷ 这个地区真是个藏污纳垢之地。Zhège dìqū zhēnshì gè cáng wū nà gòu zhī dì. It's a really unsavoury area.

藏拙 **cángzhuō** [动] hide one's shortcomings (*pt, pp* kept) ▷ 他从不当众唱歌, 只是为了藏拙。Tā cóng bù dāngzhòng chànggē, zhǐshì wèile cángzhuō. He never sings in public – he prefers to keep his limitations to himself.

操 **cāo** **I** [动] **1** (拿) hold (*pt, pp* held) **2** (掌握) control **3** (从事) engage in **4** (语言, 口音) speak (*pt* spoke, *pp* spoken) **II** [名] **1** (体育活动) exercise ▷ 早操有益于学生的身体健康。Zǎocāo yǒuyì yú xuéshēng de shēntǐ jiànkāng. Morning exercises are beneficial to students' health. **2** (品行) conduct

操办(辦) **cāobàn** [动] make arrangements ▷ 他父母给他操办婚礼。Tā fùmǔ gěi tā cāobàn hūnlǐ. His parents made all the arrangements for his wedding.

操场(場) **cāochǎng** [名] sports ground

操持 **cāochí** [动] **1** (处理) take charge of (*pt* took, *pp* taken) **2** (筹办) make arrangements for

操劳(勞) **cāoláo** [动] work hard ▷ 校长为学生操劳过度, 病倒了。Xiàozhǎng wèi xuéshēng cāoláo guòdù, bìngdǎo le. The head teacher worked excessively hard for the pupils, and fell ill.

操练(練) **cāoliàn** [动] drill ▷ 教官正在操练新兵。Jiàoguān zhèngzài cāoliàn xīnbīng. The officer is putting the new soldiers through the drill.

操心 **cāoxīn** [动] concern ▷ 父母为他的身体操心。Fùmǔ wèi tā de shēntǐ cāoxīn. His parents were concerned about his health.

操行 **cāoxíng** [名] behaviour (英), behavior (美)

操之过(過)急 **cāo zhī guò jí** be in too much of a rush ▷ 我们慢慢解决这个问题, 不可操之

过急。Wǒmen mànmàn jiějué zhège wèntí, bùkě cāo zhī guò jí. Let's take our time over this problem. We don't want to be in too much of a rush.

操纵(縱) cāozòng [动] **1** (机器, 仪器) operate **2** (贬) manipulate

操作 cāozuò [动] operate ▷工人熟练地操作着机器。Gōngrén shúliàn de cāozuòzhe jīqì. The workers are operating the machine skilfully (英) 或 skillfully (美). ▷所有办公人员都能操作电脑。Suǒyǒu bàngōng rényuán dōu néng cāozuò diànnǎo. Everyone in the office knows how to use a computer. ▷操作说明 cāozuò shuōmíng operating instructions (*pl*) ▷操作方法 cāozuò fāngfǎ how to use ▷安全操作手册 ānquán cāozuò shǒucè safety handbook

---

糙 cāo [形] poor ▷这条裤子做得太糙。Zhè tiáo kùzi zuòde tài cāo. These trousers are very poorly made. ▷这书印得太糙了。Zhè shū yìnde tài cāo le. This book has been printed so shoddily.

嘈 cáo 见下文

嘈杂(雜) cáozá [形] noisy

槽 cáo [名] **1** (下凹) groove **2** (用于盛液体) channel **3** (用于装饲料) trough

---

草 cǎo **I** [名] **1** (植物) grass ▶草地 cǎodì lawn, meadow **2** (用作材料) straw **II** [形] **1** (字) illegible **2** (初步) draft

草案 cǎo'àn [名] draft

草包 cǎobāo [名] **1** (人) waster **2** (物) straw sack

草本 cǎoběn [形] herbal

草草 cǎocǎo [副] hastily ▷我草草看了一遍笔记, 就进了考场。Wǒ cǎocǎo kànle yī biàn bǐjì, jiù jìnle kǎochǎng. I glanced hastily at my notes and went into the examination hall. ▷因为观众不多, 所以演唱会草草收场了。Yīnwèi guānzhòng bù duō, suǒyǐ yǎnchànghuì cǎocǎo shōuchǎng le. Because there weren't enough people in the audience, the performance was brought to an abrupt end. ▷我们不能就这样草草了事, 一定要找出问题的根源。Wǒmen bùnéng jiù zhèyàng cǎocǎo liǎoshì, yīdìng yào zhǎo chū wèntí de gēnyuán. This isn't something that we can just dash off – we're going to have to get to the root of the problem.

草创(創) cǎochuàng [动] set ... up (*pt, pp* set) ▷我们市场部还处于草创阶段。Wǒmen shìchǎngbù hái chǔyú cǎochuàng jiēduàn. Our marketing department is still just being set up.

草稿 cǎogǎo [名] rough draft

草菅人命 cǎo jiān rénmìng have little regard for life

草帽 cǎomào [名] straw hat

草莓 cǎoméi [名] strawberry

草木皆兵 cǎo mù jiē bīng be panic-stricken ▷战争即将打响, 全国上下草木皆兵。Zhànzhēng jíjiāng dǎxiǎng, quánguó shàngxià cǎo mù jiē bīng. Just before the war, the whole country was panic-stricken.

草拟(擬) cǎonǐ [动] draft

草签(簽) cǎoqiān [动] initial

草书(書) cǎoshū [名] cursive writing

草率 cǎoshuài [形] rash ▷他没有认真考虑, 就草率地做了答复。Tā méiyǒu rènzhēn kǎolǜ, jiù cǎoshuài de zuòle dáfù. He didn't think about it properly and came up with a careless reply. ▷写作文前要仔细构思, 不要草率动笔。Xiě zuòwén qián yào zǐxì gòusī, bùyào cǎoshuài dòngbǐ. There's no point putting pen to paper before you have organised your thoughts. ▷结婚是人生大事, 绝不能草率。Jiéhūn shì rénshēng dàshì, jué bùnéng cǎoshuài. Marriage is a big deal. You should never go into it rashly.

草图(圖) cǎotú [名] sketch

草原 cǎoyuán [名] grasslands (*pl*)

草纸(紙) cǎozhǐ [名] rough paper

册(冊) cè **I** [名] book ▶手册 shǒucè handbook ▶相册 xiàngcè photo album **II** [量] **1** (指同一本书) copy **2** (指不同本书) volume

册(冊)子 cèzi [名] brochure

厕(廁) cè [名] toilet ▶公厕 gōngcè public toilet

厕(廁)所 cèsuǒ [名] toilet

侧(側) cè **I** [名] side ▶两侧 liǎngcè both sides ▷步行街两侧是大大小小的商店。Bùxíngjiē liǎngcè shì dàdà xiǎoxiǎo de shāngdiàn. On either side of the pedestrian walkway there are shops of various sizes. **II** [动] turn ... away ▷我侧过脸去, 不再理睬他。Wǒ cè guò liǎn qù, bù zài lǐcǎi tā. I turned my face away, and didn't take any more notice of him.

侧(側)面 cèmiàn **I** [形] **1** (非官方) unofficial ▷侧面消息证明他已经提交了辞呈。Cèmiàn xiāoxi zhèngmíng tā yǐjīng tíjiāole cíchéng. Unofficial sources have confirmed that he has already handed in his notice. **2** (指方位) side ▷侧面的大楼是另外一个公司的。Cèmiàn de dàlóu shì lìngwài yī gè gōngsī de. The building to the side here belongs to another company. **II** [名] side ▷船身的侧面遭

C

到了猛烈的攻击。Chuánshēn de cèmiàn zāodàole měngliè de gōngjī. The side of the ship was heavily attacked. ▷我们从多个侧面分析市场的发展现状。Wǒmen cóng duō gè cèmiàn fēnxī shìchǎng de fāzhǎn xiànzhuàng. We are looking at current market developments from many different angles.

侧(側)目 cèmù [动] (贬) shock ▷他无礼的行为令人侧目。Tā wúlǐ de xíngwéi lìng rén cèmù. His rudeness shocked people.

侧(側)身 cèshēn [动] turn sideways ▷她只能侧身过门。Tā zhǐ néng cèshēn guò mén. She had to turn sideways to get through the door.

侧(側)重 cèzhòng [动] emphasize

测(測) cè [动] **1** (测量) measure **2** (推测) predict

测(測)定 cèdìng [动] measure

测(測)量 cèliáng **I** [动] measure **II** [名] survey

测(測)评(評) cèpíng [动] evaluate ▷测评系统 cèpíng xìtǒng evaluation system

测(測)试(試) cèshì **I** [动] test **II** [名] test

测(測)验(驗) cèyàn **I** [动] test **II** [名] test

策 cè **I** [名] suggestion **II** [动] whip

策动(動) cèdòng [动] stir ... up

策划(劃) cèhuà **I** [动] design **II** [名] planning

策略 cèlüè **I** [名] strategy **II** [形] strategic

策源地 cèyuándì [名] starting place ▷内战的策源地 nèizhàn de cèyuándì the place where the civil war started

---

参(參) cēn 见下文

→另见 cān, shēn

参(參)差 cēncī [形] uneven ▷纪录片的质量参差不齐。Jìlùpiàn de zhìliàng cēncī bù qí. The documentaries are uneven in quality.

层(層) céng **I** [量] **1** (指建筑物) floor ▷这幢摩天大楼有50层。Zhè zhuàng mótiān dàlóu yǒu wǔshí céng. This skyscraper is 50 floors high. **2** (指覆盖物) layer ▷电脑屏幕上有一层灰。Diànnǎo píngmù shàng yǒu yī céng huī. There's a layer of dust on the computer screen. **3** (步) step ▷我们需要进一层研究。Wǒmen xūyào jìn yī céng yánjiū. We need to investigate this further. **4** (指含义) layer ▷他的话还有一层深意。Tā de huà hái yǒu yī céng shēnyì. There is another layer of meaning in what he says. **II** [名] (指物, 状态) layer ▷飞机穿过云层。Fēijī chuānguò yúncéng. The plane passed through layers of cloud.

在英式英语里 **ground floor** 是指紧贴地面的那个楼层。它上面的一层叫做 **first floor**。在美式英语中，**first floor** 是指紧贴地面的楼层，它上面的一层是 **second floor**.

层(層)出不穷(窮) céng chū bù qióng come thick and fast

层(層)次 céngcì [名] **1** (指言语, 文章) ▷他说话层次清楚。Tā shuōhuà céngcì qīngchǔ. He speaks very clearly. ▷这篇报道层次混乱。Zhè piān bàodào céngcì hùnluàn. This report has been put together very sloppily. **2** (指程度) level

层(層)面 céngmiàn [名] **1** (范围) range ▷杂志的读者层面很广。Zázhì de dúzhě céngmiàn hěn guǎng. Magazine readership is very broad. **2** (方面) aspect

---

曾 céng [副] once

→另见 zēng

曾经(經) céngjīng [副] once ▷我曾经想出国留学。Wǒ céngjīng xiǎng chūguó liúxué. I once wanted to study abroad.

蹭 cèng [动] **1** (摩擦) rub ▷他在门垫上把鞋底的泥蹭掉了。Tā zài méndiàn shàng bǎ xiédǐ de ní cèngdiào le. He rubbed the mud off his shoe onto the doormat. **2** (沾上) smear ▷他离得太近，袖子上蹭到了油漆。Tā líde tài jìn, xiùzi shàng cèngdàole yóuqī. He got too close to the wet paint and got his sleeve smeared. **3** (指速度) creep along (*pt, pp* crept) ▷路上很挤，她一点一点地往前蹭。Lùshang hěn jǐ, tā yīdiǎn yīdiǎn de wǎng qián cèng. The roads were packed, so she crept along at a snail's pace. **4** (占便宜) scrounge ▷她已经工作了，可是还去父母家蹭饭吃。Tā yǐjīng gōngzuò le, kěshì hái qù fùmǔ jiā cèng fàn chī. She has a job now, but still goes back to her parents' house to scrounge food.

叉 chā **I** [名] **1** (器具) fork **2** (餐具) fork **3** (符号) cross **II** [动] spear

→另见 chǎ

叉腰 chāyāo [动] put one's hands on one's hips ▷她站着的时候习惯叉腰。Tā zhànzhe de shíhòu xíguàn chāyāo. When she was standing she liked to put her hands on her hips.

叉子 chāzi [名] **1** (符号) cross **2** (餐具) fork

差 chā [名] difference ▷这两个数的差是多少？Zhè liǎng gè shù de chā shì duōshǎo? What's the difference between these two numbers?

→另见 chà, chāi

差别(別) chābié [名] difference

差错(錯) chācuò [名] **1** (错误) mistake **2** (意外) accident ▷万一他出了什么差错，他父母可

承受不了。Wànyī tā chūle shénme chācuò, tā fùmǔ kě chéngshòu bùliǎo. If he were ever to have any kind of accident, his parents wouldn't be able to bear it.
差额(額)chā'é [名] difference
差价(價)chājià [名] price difference
差距chājù [名] difference
差强(強)人意chā qiáng rényì just passable ▷公司去年的效益差强人意。Gōngsī qùnián de xiàoyì chā qiáng rényì. Last year the company's results were only just passable.
差异(異)chāyì [名] difference ▷中英文差异很大。Zhōng Yīngwén chāyì hěn dà. The differences between Chinese and English are huge.

插 chā [动] insert ▷插插销 chā chāxiāo insert a plug ▷我能不能插一句？Wǒ néng bùnéng chā yī jù? Can I interrupt just a second? ▷他开始插手公司事务。Tā kāishǐ chāshǒu gōngsī shìwù. He started meddling in the company's affairs.
插话(話)chāhuà **I** [动] interrupt **II** [名] interruption
插科打诨(諢)chā kē dǎ hùn joke around
插曲chāqǔ [名] **1** (音乐) incidental music **2** (事件) interlude
插入chārù [动] insert
插手chāshǒu [动] involve oneself in ▷雇主不应该插手职员的私事。Gùzhǔ bù yīnggāi chāshǒu zhíyuán de sīshì. Employers should not involve themselves in the private affairs of their staff.
插图(圖)chātú [名] illustration
插销(銷)chāxiāo [名] **1** (闩) bolt **2** (插头) electrical plug
插页(頁)chāyè [名] insert
插足chāzú [动] involve oneself in
插嘴chāzuǐ [动] interrupt
插座chāzuò [名] socket (英), outlet (美)

喳 chā 见下文
→另见 zhā
喳喳chāchā [拟] whisper

茬 chá [名] **1** (根茎) stubble **2** (次数) crop

茶 chá [名] tea ▸红茶 hóngchá black tea ▸茶杯 chábēi teacup ▸茶壶 cháhú teapot ▸茶馆 cháguǎn teahouse ▷泡茶 pào chá make tea
茶点(點)chádiǎn [名] refreshments (*pl*)
茶话(話)会(會)cháhuàhuì [名] tea party
茶具chájù [名] tea set
茶叶(葉)cháyè [名] tea leaves (*pl*)
茶余(餘)饭(飯)后(後)chá yú fàn hòu over a cup of tea ▷这个笑话成了茶余饭后的谈资。Zhège xiàohuà chéngle chá yú fàn hòu de tánzī. The joke became dinner-party material.
茶座cházuò [名] tea house

查 chá [动] **1** (检查) inspect **2** (调查) investigate ▷这个案子还需要查一查。Zhège ànzi hái xūyào chá yī chá. This case needs further investigation. **3** (字典, 词典) look … up
查抄cháchāo [动] confiscate
查点(點)chádiǎn [动] check the quantity of ▷查点车上装载物品 chádiǎn chē shàng zhuāngzài wùpǐn check the quantity of goods in a vehicle
查对(對)cháduì [动] verify
查访(訪)cháfǎng [动] make inquiries ▷查访民情 cháfǎng mínqíng sound out public feeling
查封cháfēng [动] seal … up
查号(號)台cháhàotái [名] directory inquiries (英) 或 assistance (美) (*sg*)
查看chákàn [动] examine
查问(問)cháwèn [动] interrogate ▷警察正在查问嫌疑犯。Jǐngchá zhèngzài cháwèn xiányífàn. The police are interrogating the suspect right now.
查询(詢)cháxún [动] inquire about ▷网上查询 wǎng shàng cháxún search the web
查阅(閱)cháyuè [动] look … up ▷我去图书馆查阅资料。Wǒ qù túshūguǎn cháyuè zīliào. I'm going to the library to look up some information. ▷写论文前必须查阅大量书刊。Xiě lùnwén qián bìxū cháyuè dàliàng shūkān. Before writing a thesis it is necessary to consult a lot of material.
查账(賬)cházhàng [动] check accounts
查找cházhǎo [动] look for
查证(證)cházhèng [动] verify

搽 chá [动] apply ▷搽化妆品 chá huàzhuāngpǐn apply cosmetics

察 chá [动] check ▸观察 guānchá observe
察访(訪)cháfǎng [动] make inquiries
察觉(覺)chájué [动] detect
察看chákàn [动] examine ▷察看事故现场 chákàn shìgù xiànchǎng examine the scene of the accident ▷察看工地 chákàn gōngdì inspect a building site
察言观(觀)色chá yán guān sè read people ▷他善于察言观色，讨好上司。Tā shànyú chá yán guān sè, tǎohǎo shàngsi. He's very good at reading people and ingratiating himself with his superiors.

叉 chǎ [动] cross ▷ 叉着腿 chǎzhe tuǐ with legs apart
→ 另见 chā

杈 chà [名] branch

岔 chà **I** [名] **1** (岔路) fork ▷ 三岔路口 sān chà lùkǒu a fork in the road **2** (毛病) accident ▶ 岔子 chàzi accident **II** [动] **1** (偏离方向) turn off ▷ 出租汽车岔上了小道。Chūzū qìchē chà shàng le xiǎodào. The taxi turned off onto a narrow track. **2** (分开) diverge ▶ 岔开 chàkāi diverge

岔子 chàzi [名] **1** (岔路) side road **2** (事故) accident

刹 chà [名] Buddhist temple
→ 另见 shā

刹那 chànà [名] instant ▷ 刹那间 chànà jiān in an instant

诧(詫) chà [动] be surprised

诧(詫)异(異) chàyì [动] be surprised ▷ 他突然辞职，大家都很诧异。Tā tūrán cízhí, dàjiā dōu hěn chàyì. When he suddenly resigned everybody was very surprised.

差 chà **I** [动] **1** (不相同) be different from **2** (缺欠) be short of ▷ 差3个人 chà sān gè rén be three people short ▷ 他还差我10镑钱。Tā hái chà wǒ shí bàng qián. He still owes me ten pounds. **II** [形] **1** (错误) mistaken **2** (不好) poor ▷ 这些鞋的质量很差。Zhèxiē xié de zhìliàng hěn chà. These shoes are of poor quality.
→ 另见 chā, chāi

差不多 chàbuduō **I** [形] very similar ▷ 这两块布颜色差不多。Zhè liǎng kuài bù yánsè chàbuduō. The colour (英) 或 color (美) of these two pieces of material is very similar. **II** [副] almost ▷ 晚饭差不多快做好了。Wǎnfàn chàbuduō kuài zuò hǎo le. Dinner is almost ready.

差劲(勁) chàjìn [形] bad

姹 chà [形] beautiful

姹紫嫣红(紅) chà zǐ yān hóng beautiful flowers (*pl*)

拆 chāi [动] **1** (打开) tear ... open (*pt* tore, *pp* torn) ▷ 拆信 chāi xìn tear open a letter **2** (拆毁) dismantle ▷ 拆房子 chāi fángzi demolish a house

拆穿 chāichuān [动] expose

拆毁(毀) chāihuǐ [动] demolish

拆台 chāitái [动] undermine

差 chāi [动] send (*pt*, *pp* sent) ▷ 校长差他去参加研讨会。Xiàozhǎng chāi tā qù cānjiā yántǎohuì. The principal is sending him to attend the seminar. ▶ 出差 chūchāi go on a business trip
→ 另见 chā, chà

差旅费(費) chāilǚfèi [名] travel expenses (*pl*)

差遣 chāiqiǎn [动] dispatch

差使 chāishǐ [动] assign

差使 chāishi [名] position

差事 chāishi [名] **1** (任务) assignment **2** (差使) position

柴 chái [名] firewood

柴火 cháihuo [名] firewood

柴油 cháiyóu [名] diesel

豺 chái [名] jackal

豺狼 cháiláng [名] **1** (豺和狼) jackals and wolves (*pl*) **2** (喻) (恶人) cruel and evil people (*pl*)

掺(摻) chān [动] mix

搀(攙) chān [动] **1** (搀扶) support ... by the arm ▷ 老两口相互搀着散步。Lǎo liǎngkǒu xiānghù chānzhe sànbù. The couple go walking arm in arm to support each other. **2** (混合) mix ▷ 咖啡里搀牛奶味道更佳。Kāfēi lǐ chān niúnǎi wèidào gèng jiā. Coffee tastes nicer with milk.

搀(攙)扶 chānfú [动] support ... by the arm

搀(攙)和 chānhuo [动] mix

搀(攙)杂(雜) chānzá [动] mix

婵(嬋) chán 见下文

婵(嬋)娟 chánjuān **I** [形] beautiful **II** [名] moon

谗(讒) chán [动] slander

谗(讒)言 chányán [名] slander

馋(饞) chán [形] greedy

馋(饞)涎欲滴 chán xián yù dī drool ▷ 牛肉的香味使我馋涎欲滴。Niúròu de xiāngwèi shǐ wǒ chán xián yù dī. The delicious smell of the beef made my mouth water.

禅(禪) chán [名] (宗) **1** (静坐) meditation **2** (指佛事) ▶ 禅林 chánlín Buddhist temple
→ 另见 shàn

禅(禪)宗 chánzōng [名] Zen

孱 chán [形] frail

孱弱 chánruò [形] (书) **1** (瘦弱) frail **2** (软弱) weak **3** (薄弱) faint

缠(纏) chán [动] **1** (缠绕) twine **2** (纠缠) pester ▷别老缠着我，自己玩儿去。Bié lǎo chánzhe wǒ, zìjǐ wánr qù. Stop pestering me, and go and play on your own. **3** (方) (应付) deal with (*pt, pp* dealt)

缠(纏)绵(綿) chánmián [形] **1** (摆脱不开) lingering **2** (婉转动人) moving

蝉(蟬) chán [名] cicada

蝉(蟬)联(聯) chánlián [动] continue to hold a post ▷蝉联奥运会冠军 chánlián Àoyùnhuì guànjūn be the reigning Olympic champion

潺 chán 见下文

潺潺 chánchán [拟] babble ▷溪水潺潺 xīshuǐ chánchán a babbling stream

蟾 chán [名] toad

蟾蜍 chánchú [名] toad

产(產) chǎn [动] **1** (生育) give birth to (*pt* gave, *pp* given) **2** (出产) produce ▷这里产石油。Zhèlǐ chǎn shíyóu. Oil is produced here. ▷荔枝产在南方。Lìzhī chǎn zài nánfāng. Lychees are grown in the South.

产(產)地 chǎndì [名] producing area ▷菠萝产地 bōluó chǎndì pineapple producing area

产(產)妇(婦) chǎnfù [名] *woman who is in labour or who has just given birth*

产(產)量 chǎnliàng [名] yield

产(產)品 chǎnpǐn [名] product ▷产品质量 chǎnpǐn zhìliàng product quality

产(產)权(權) chǎnquán [名] property rights (*pl*) ▷知识产权 zhīshi chǎnquán intellectual property

产(產)生 chǎnshēng [动] produce ▷产生结果 chǎnshēng jiéguǒ produce a result ▷他的小说在读者中产生了很大反响。Tā de xiǎoshuō zài dúzhě zhōng chǎnshēngle hěn dà fǎnxiǎng. His novel created a big stir among readers. ▷他对电脑产生了浓厚的兴趣。Tā duì diànnǎo chǎnshēngle nónghòu de xìngqù. He's become deeply interested in computers.

产(產)物 chǎnwù [名] product

产(產)业 chǎnyè [名] **1** (财产) property **2** (工业生产) industry ▷产业革命 chǎnyè gémìng the Industrial Revolution

产(產)值 chǎnzhí [名] output value

谄(諂) chǎn [动] flatter

谄(諂)媚 chǎnmèi [动] flatter

铲(鏟) chǎn **I** [名] shovel **II** [动] shovel

铲(鏟)除 chǎnchú [动] eradicate

阐(闡) chǎn [动] explain

阐(闡)明 chǎnmíng [动] expound

阐(闡)释(釋) chǎnshì [动] explain ▷他对合同条款作了详细的阐释。Tā duì hétong tiáokuǎn zuòle xiángxì de chǎnshì. He gave a detailed explanation of the clauses in the contract.

阐(闡)述 chǎnshù [动] expound

忏(懺) chàn [动] repent

忏(懺)悔 chànhuǐ [动] repent

颤(顫) chàn [动] tremble

→另见 zhàn

颤(顫)抖 chàndǒu [动] shiver ▷他激动得浑身颤抖。Tā jīdòng de húnshēn chàndǒu. He was trembling with excitement.

颤(顫)巍巍 chànwēiwēi [形] faltering ▷爷爷颤巍巍地端起碗。Yéye chànwēiwēi de duānqǐ wǎn. Grandpa lifted his bowl unsteadily.

昌 chāng [形] flourishing

昌明 chāngmíng [形] thriving

昌盛 chāngshèng [形] prosperous

猖 chāng [形] aggressive

猖獗 chāngjué [形] rampant

猖狂 chāngkuáng [形] fierce

娼 chāng [名] prostitute

娼妓 chāngjì [名] prostitute

长(長) cháng **I** [形] long ▷长发 chángfà long hair **II** [名] **1** (长度) length ▷这张桌子有两米长。Zhè zhāng zhuōzi yǒu liǎng mǐ cháng. This table is two metres in length. **2** (长处) strong point ▷取长补短 qǔ cháng bǔ duǎn learn from others' strong points

→另见 zhǎng

长(長)城 Chángchéng [名] the Great Wall

> As one of the longest man-made mega structures in the world, the Great Wall of China is nearly 4,000 miles in length, reaching from the border of Xinjiang province in the west to the eastern coast just north of Beijing. It is probably the most famous of China's landmarks, and was made a UNESCO World Heritage site in 1987. There are records of fortifications being built along the route which date from the 3rd century BC, although most of what remains today was built during the Ming

dynasty (1368-1644). Built as a defence mechanism, its primary function was to withstand invasions by the northern tribes.

长(長)处(處) chángchu [名] strong point

长(長)此以往 cháng cǐ yǐ wǎng if things carry on this way ▷这些学生天天吸烟喝酒，长此以往肯定荒废学业。Zhèxiē xuéshēng tiāntiān xīyān hējiǔ, cháng cǐ yǐ wǎng kěndìng huāngfèi xuéyè. These students smoke and drink every day – if they carry on this way they'll certainly neglect their studies.

长(長)度 chángdù [名] length

长(長)短 chángduǎn [名] **1** (长度) length **2** (意外) accident

长(長)方形 chángfāngxíng [名] rectangle

长(長)话(話)短说(說) cháng huà duǎn shuō cut a long story short ▷时间有限，我们就长话短说。Shíjiān yǒuxiàn, wǒmen jiù cháng huà duǎn shuō. There's not much time, so we'll keep it brief.

长(長)假 chángjià [名] extended break

长(長)江 Cháng Jiāng [名] the Yangtze River

长(長)久 chángjiǔ [形] long-term ▷长久之计 cháng jiǔ zhī jì long-term plan

长(長)空 chángkōng [名] vast sky

长(長)眠 chángmián [动] (婉) die

长(長)年累月 cháng nián lěi yuè year in year out

长(長)跑 chángpǎo [动] go long-distance running (*pt* went, *pp* gone) ▷你参加过长跑比赛吗？Nǐ cānjiāguò chángpǎo bǐsài ma? Have you ever taken part in any long-distance running competitions?

长(長)篇大论(論) cháng piān dà lùn be long-winded

长(長)篇小说(說) chángpiān xiǎoshuō [名] full-length novel

长(長)生不老 chángshēng bù lǎo immortality

长(長)逝 chángshì [动] pass away

长(長)寿(壽) chángshòu [形] long-lived ▷祝您长寿！Zhù nín chángshòu! Here's to a long life!

长(長)寿(壽)面(麵) chángshòumiàn [名] long-life noodles (*pl*)

In the Chinese tradition, long-life noodles are eaten on one's birthday. They are very long, thin noodles symbolizing longevity.

长(長)叹(嘆) chángtàn [动] sigh deeply

长(長)途 chángtú [形] long-distance ▷长途电话 chángtú diànhuà long-distance phone call ▷长途旅行 chángtú lǚxíng long journey

长(長)项(項) chángxiàng [名] strong point

长(長)于(於) chángyú [动] be good at

长(長)远(遠) chángyuǎn [形] long-term ▷长远利益 chángyuǎn lìyì long-term benefits ▷长远眼光 chángyuǎn yǎnguāng long-term view

长(長)治久安 cháng zhì jiǔ ān lasting stability and peace

长(長)足 chángzú [形] rapid ▷职业教育取得了长足发展。Zhíyè jiàoyù qǔdéle chángzú fāzhǎn. There has been rapid development in vocational education.

场(場)

cháng **I** [名] threshing ground **II** [量] ▷昨天下了一场大雨。Zuótiān xiàle yī cháng dàyǔ. Yesterday there was a downpour. ▷母亲生了一场病。Mǔqīn shēngle yī cháng bìng. Mother had an illness.

→另见 chǎng

肠(腸)

cháng [名] intestines (*pl*)

肠(腸)子 chángzi [名] intestines (*pl*)

尝(嘗)

cháng **I** [动] taste ▶品尝 pǐncháng taste **II** [副] (书) ever

尝(嘗)试(試) chángshì [动] try

常

cháng **I** [形] **1** (平常) common ▶常态 chángtài normality **2** (经常) frequent ▶常客 chángkè regular guest **II** [副] often ▷我常去看戏。Wǒ cháng qù kàn xì. I often go to the theatre (英) or theater (美).

常常 chángcháng [副] often ▷我常常去北京出差。Wǒ chángcháng qù Běijīng chūchāi. I often go to Beijing on business. ▷圣诞节人们常常互送礼物。Shèngdànjié rénmen chángcháng hù sòng lǐwù. At Christmas people usually give presents to each other.

常规(規) chángguī [名] **1** (规矩) convention ▷常规武器 chángguī wǔqì conventional weapons (*pl*) **2** (医) routine

常轨(軌) chángguǐ [名] normal practice

常客 chángkè [名] regular guest

常例 chánglì [名] common practice

常情 chángqíng [名] sense

常人 chángrén [名] ordinary person (*pl* people)

常任 chángrèn [形] permanent

常识(識) chángshí [名] **1** (非专业知识) general knowledge **2** (生活经验) common sense

常委 chángwěi [名] standing committee member

常务(務) chángwù [形] standing ▷常务委员会 chángwù wěiyuánhuì standing committee

常言 chángyán [名] saying

偿(償) cháng [动] 1 (归还) repay (*pt, pp* repaid) ▸ 偿付 chángfù pay ... back 2 (满足) fulfil ▹ 如愿以偿 rúyuàn yǐ cháng fulfil one's dreams

偿(償)还(還) chánghuán [动] repay (*pt, pp* repaid)

偿(償)命 chángmìng [动] pay with one's life (*pt, pp* paid)

徜 cháng 见下文

徜徉 chángyáng [动] (书) wander about at one's leisure

厂(廠) chǎng [名] 1 (工厂) factory ▹ 服装厂 fúzhuāng chǎng clothing factory 2 (厂子) works (*sg*) ▹ 木材厂 mùcái chǎng timber yard (英), lumberyard (美)

厂(廠)家 chǎngjiā [名] factory

场(場) chǎng I [名] 1 (地方) ground ▸ 排球场 páiqiú chǎng volleyball court ▸ 操场 cāochǎng sports ground ▸ 市场 shìchǎng market 2 (舞台) stage ▸ 上场 shàngchǎng go on stage 3 (戏剧片段) scene ▹ 话剧的第一幕第二场 huàjù de dìyī mù dì'èr chǎng Act I, Scene II of the play 4 (物) field ▹ 电磁场 diàncí chǎng electromagnetic field II [量] 1 (比赛, 演出) ▹ 一场足球赛 yī chǎng zúqiú sài a football match ▹ 两场音乐会 liǎng chǎng yīnyuèhuì two concerts

measure word, used for games and shows

2 (灾害, 战争, 事故) ▹ 一场火灾 yī chǎng huǒzāi a fire ▹ 一场战争 yī chǎng zhànzhēng a war ▹ 几场事故 jǐ chǎng shìgù several accidents

measure word, used for afflictions, wars, accidents, etc.

→ 另见 cháng

场(場)地 chǎngdì [名] space ▹ 运动场地 yùndòng chǎngdì sports area

场(場)合 chǎnghé [名] occasion

场(場)面 chǎngmiàn [名] 1 (戏剧景况) scene 2 (情景) occasion 3 (排场) front ▹ 撑场面 chēng chǎngmiàn keep up appearances

场(場)所 chǎngsuǒ [名] place ▹ 公共场所 gōnggòng chǎngsuǒ public place

敞 chǎng I [形] spacious ▸ 宽敞 kuānchǎng spacious II [动] be open ▹ 大门敞着。Dàmén chǎngzhe. The main door is open.

敞亮 chǎngliàng [形] 1 (明亮) light and spacious 2 (喻) (开阔) clear ▹ 听了你的解释，我心里敞亮多了。Tīngle nǐ de jiěshì, wǒ xīn lǐ chǎngliàng duō le. Having heard your explanation, I'm much clearer now.

怅(悵) chàng [形] disappointed

怅(悵)然 chàngrán [形] disappointed

怅(悵)惘 chàngwǎng [形] listless

畅(暢) chàng I [形] 1 (无阻碍) smooth ▸ 畅通 chàngtōng unimpeded 2 (舒适) untroubled ▹ 他心情不畅。Tā xīnqíng bùchàng. He's troubled by something. II [副] uninhibitedly ▸ 畅饮 chàngyǐn drink one's fill

畅(暢)达(達) chàngdá [形] free-flowing

畅(暢)快 chàngkuài [形] carefree

畅(暢)所欲言 chàng suǒ yù yán speak freely

畅(暢)谈(談) chàngtán [动] talk happily

畅(暢)通 chàngtōng [动] be open ▹ 道路畅通 dàolù chàngtōng open road

畅(暢)销(銷) chàngxiāo [动] have a ready market ▹ 这种新型洗衣机很畅销。Zhè zhǒng xīnxíng xǐyījī hěn chàngxiāo. There is a ready market for this new type of washing machine.

畅(暢)游(遊) chàngyóu [动] 1 (游览) enjoy sightseeing 2 (游泳) enjoy a swim

倡 chàng [动] initiate

倡导(導) chàngdǎo [动] initiate

倡议(議) chàngyì [动] propose ▹ 这项倡议得到了大家的认同。Zhè xiàng chàngyì dédàole dàjiā de rèntóng. This proposal met with everyone's agreement.

唱 chàng [动] 1 (发出乐音) sing (*pt* sang, *pp* sung) ▸ 独唱 dúchàng solo ▸ 合唱 héchàng chorus 2 (大叫) cry

唱段 chàngduàn [名] aria

唱反调(調) chàng fǎndiào [动] express a contrary opinion

唱高调(調) chàng gāodiào [动] speak fine-sounding words (*pt* spoke, *pp* spoken)

唱歌 chànggē [动] sing (*pt* sang, *pp* sung)

唱腔 chàngqiāng [名] aria

唱戏(戲) chàngxì [动] perform opera

唱主角 chàng zhǔjué [动] play the lead

抄 chāo [动] 1 (誊写) copy ▹ 抄诗 chāo shī copy out a poem 2 (抄袭) plagiarize 3 (查收) raid ▸ 抄家 chāojiā raid a home 4 (走近路) take a short cut (*pt* took, *pp* taken) ▸ 抄道 chāodào take a short cut 5 (插在袖子里) fold one's arms ▹ 他抄着手站在那儿。Tā chāozhe shǒu zhàn zài nàr. He stood there with his arms folded.

抄家 chāojiā [动] search a home and confiscate possessions

抄录 chāolù [动] make a copy

抄袭(襲) **chāoxí** [动] **1**(剽窃) plagiarize **2**(照搬) copy indiscriminately **3**(绕道袭击) launch a surprise attack

钞(鈔) **chāo** [名] banknote
钞(鈔)票 **chāopiào** [名] banknote

超 **chāo I** [动] **1**(超过) exceed ▷超额 **chāo'é** be above quota **2**(不受限制) transcend ▶超现实 **chāoxiànshí** surreal, transcend reality **II** [形] super ▷超低温 **chāo dīwēn** ultra-low temperature ▷超级明星 **chāojí míngxīng** superstar
超编(編) **chāobiān** [动] overstaff
超标(標) **chāobiāo** [动] exceed limits
超常 **chāocháng** [形] extraordinary
超额(額) **chāo'é** [动] be above quota
超级(級) **chāojí** [形] super ▷超级大国 **chāojí dàguó** superpower ▷超级市场 **chāojí shìchǎng** supermarket
超群 **chāoqún** [动] be pre-eminent
超然 **chāorán** [形] aloof
超人 **chāorén** [名] superman (*pl* supermen)
超声(聲)波 **chāoshēngbō** [名] ultrasonic wave
超市 **chāoshì** [名] supermarket
超脱(脫) **chāotuō I** [形] unconventional **II** [动] be detached from
超越 **chāoyuè** [动] overcome (*pt* overcame, *pp* overcome)
超载(載) **chāozài** [动] overload
超支 **chāozhī** [动] overspend (*pt*, *pp* overspent)
超重 **chāozhòng** [动] **1**(超过载重量) overload ▷货车超重了。**Huòchē chāozhòng le.** The truck is overloaded. **2**(超过标准量) be overweight ▷他的行李超重了。**Tā de xínglǐ chāozhòng le.** His luggage is over the limit.

巢 **cháo** [名] nest
巢穴 **cháoxué** [名] **1**(指动物) nest **2**(指匪徒) lair

朝 **cháo I** [名] **1**(宫廷) imperial court **2**(朝代) dynasty **3**(王朝) reign ▷康熙王朝 **Kāngxī wángcháo** Kangxi's reign **II** [动] face **III** [介] towards ▷他朝着我走过来。**Tā cháozhe wǒ zǒu guòlái.** He was walking towards me.
→另见 zhāo
朝拜 **cháobài** [动] **1**(皇帝) pay one's respects to (*pt*, *pp* paid) **2**(神) worship
朝代 **cháodài** [名] dynasty
朝圣(聖) **cháoshèng** [动] make a pilgrimage
朝廷 **cháotíng** [名] **1**(听政的地方) court **2**(统治机构) imperial government
朝鲜(鮮) **Cháoxiǎn** [名] North Korea
朝向 **cháoxiàng** [名] exposure
朝野 **cháoyě** [名] the government and the people

嘲 **cháo** [动] ridicule
嘲讽(諷) **cháofěng** [动] sneer at ▷他总爱嘲讽他的同伴。**Tā zǒng ài cháofěng tā de tóngbàn.** He loved to sneer at his mates. ▷她用嘲讽的眼神瞥了他一眼。**Tā yòng cháofěng de yǎnshén piēle tā yī yǎn.** She glanced at him with a sneering expression.
嘲弄 **cháonòng** [动] mock ▷嘲弄历史定会被历史所嘲弄。**Cháonòng lìshǐ dìng huì bèi lìshǐ suǒ cháonòng.** Those who mock history will be mocked by history.
嘲笑 **cháoxiào** [动] laugh at ▷不要嘲笑别人的短处。**Bùyào cháoxiào biérén de duǎnchù.** You shouldn't laugh at other people's weaknesses.

潮 **cháo I** [名] **1**(潮汐) tide **2**(社会运动) movement ▶工潮 **gōngcháo** labour (英) 或 labor (美) movement ▶思潮 **sīcháo** Zeitgeist **II** [形] damp
潮流 **cháoliú** [名] **1**(水流) tide **2**(发展趋势) trend
潮湿(濕) **cháoshī** [形] damp
潮水 **cháoshuǐ** [名] tidal waters (*pl*)
潮汐 **cháoxī** [名] tide

吵 **chǎo I** [动] **1**(喧闹) make a racket **2**(争吵) squabble **II** [形] noisy
吵架 **chǎojià** [动] quarrel
吵闹(鬧) **chǎonào** [动] **1**(争吵) bicker **2**(打扰) disturb
吵嘴 **chǎozuǐ** [动] bicker

炒 **chǎo** [动] **1**(烹调) stir-fry **2**(地皮, 外汇等) speculate ▶炒股 **chǎogǔ** speculate in stocks and shares **3**(方)(解雇) sack ▶炒鱿鱼 **chǎo yóuyú** be fired ▷他被老板给炒了。**Tā bèi lǎobǎn gěi chǎo le.** He was sacked by the boss.
炒股 **chǎogǔ** [动] speculate in stocks and shares
炒汇(匯) **chǎohuì** [动] speculate in foreign currency
炒货(貨) **chǎohuò** [名] roasted snacks (*pl*)
炒冷饭(飯) **chǎo lěngfàn** [动] rehash
炒买(買)炒卖(賣) **chǎomǎi-chǎomài** make a quick buck
炒鱿(魷)鱼(魚) **chǎo yóuyú** [动] ▷她被炒了鱿鱼。**Tā bèi chǎole yóuyú.** She was given her marching orders.
炒作 **chǎozuò** [动] hype ▷她歌唱得很糟, 但被炒作得很好。**Tā gē chàng de hěn zāo, dàn bèi chǎozuò de hěn hǎo.** She's a hopeless singer but she's been really hyped.

车(車) chē [名] **1** (运输工具) vehicle ▸ 小汽车 xiǎoqìchē car ▸ 公共汽车 gōnggòng qìchē bus **2** (带轮的装置) wheel ▸ 风车 fēngchē windmill **3** (机器) machine

车(車)次 chēcì [名] **1** (火车的) train number **2** (长途汽车的) coach number

车(車)费(費) chēfèi [名] fare

车(車)祸(禍) chēhuò [名] traffic accident

车(車)间(間) chējiān [名] workshop

车(車)库 chēkù [名] garage

车(車)辆(輛) chēliàng [名] vehicle

车(車)轮(輪) chēlún [名] wheel

车(車)皮 chēpí [名] wagon

车(車)水马(馬)龙(龍) chē shuǐ mǎ lóng heavy traffic

车(車)胎 chētāi [名] tyre (英), tire (美)

车(車)厢(廂) chēxiāng [名] coach

车(車)载(載)斗量 chē zài dǒu liáng ten a penny (英), a dime a dozen (美)

车(車)站 chēzhàn [名] **1** (火车的) railway station **2** (汽车的) bus stop

车(車)子 chēzi [名] **1** (小型运输车) vehicle **2** (自行车) bicycle

扯 chě [动] **1** (拉) pull ▹ 别扯我袖子。Bié chě wǒ xiùzi. Stop pulling at my sleeve. **2** (撕) tear (*pt* tore, *pp* torn) **3** (闲谈) chat ▸ 闲扯 xiánchě chat

扯谎(謊) chěhuǎng [动] lie

扯皮 chěpí [动] wrangle

彻(徹) chè [动] penetrate ▸ 透彻 tòuchè penetrating ▸ 彻夜 chèyè all night

彻(徹)底 chèdǐ [形] thorough ▹ 房子打扫得很彻底。Fángzi dǎsǎo de hěn chèdǐ. The room has been given a thorough cleaning. ▹ 他们的计划彻底落空了。Tāmen de jìhuà chèdǐ luòkōng le. Their plan was a complete failure.

彻(徹)头(頭)彻(徹)尾 chè tóu chè wěi outright

掣 chè [动] **1** (退) withdraw (*pt* withdrew, *pp* withdrawn) **2** (闪) flash by ▹ 风驰电掣 fēng chí diàn chè go like the wind

撤 chè [动] **1** (除去) take … away (*pt* took, *pp* taken) ▸ 撤职 chèzhí dismiss from one's job ▹ 他的职务给撤了。Tā de zhíwù gěi chè le. He was dismissed from his job. **2** (退) move away ▹ 请向后撤一撤。Qǐng xiànghòu chè yī chè. Please move back a little.

撤除 chèchú [动] dismantle

撤换(換) chèhuàn [动] replace

撤离(離) chèlí [动] evacuate

撤诉(訴) chèsù [动] drop charges

撤退 chètuì [动] withdraw (*pt* withdrew, *pp* withdrawn)

撤销(銷) chèxiāo [动] **1** (职务) dismiss **2** (计划) cancel **3** (法令) rescind

撤职(職) chèzhí [动] dismiss

澈 chè [形] clear

抻 chēn [动] stretch

嗔 chēn [动] **1** (生气) be angry **2** (埋怨) complain

嗔怪 chēnguài [动] rebuke

臣 chén 见下文

臣服 chénfú [动] acknowledge allegiance to

臣民 chénmín [名] subject

尘(塵) chén [名] **1** (尘土) dirt ▸ 灰尘 huīchén dust **2** (尘世) the material world ▸ 红尘 hóngchén worldly affairs (*pl*)

尘(塵)埃 chén'āi [名] dust

尘(塵)封 chénfēng [动] be dusty

尘(塵)世 chénshì [名] worldly affairs (*pl*)

尘(塵)土 chéntǔ [名] dust

辰 chén [名] **1** (星辰) heavenly body **2** (时间) birthday ▸ 寿辰 shòuchén birthday

沉 chén **I** [动] **1** (向下落) sink (*pt* sank, *pp* sunk) ▹ 船沉到了海底。Chuán chéndàole hǎidǐ. The ship sank to the bottom of the sea. **2** (指情绪) become grave (*pt* became, *pp* become) ▹ 遇到不如意的事，她马上就会沉下脸来。Yùdào bù rúyì de shì, tā mǎshàng jiù huì chén xià liǎn lái. She pulls a long face as soon as anything happens to displease her. **II** [形] **1** (指程度深) deep ▹ 昨晚我睡得很沉。Zuówǎn wǒ shuì de hěn chén. Last night I slept very deeply. **2** (重) heavy **3** (不舒服) heavy ▹ 我两条腿发沉。Wǒ liǎng tiáo tuǐ fāchén. My legs feel heavy.

沉沉 chénchén [形] **1** (重) heavy **2** (程度深) deep ▹ 孩子们沉沉地睡了。Háizimen chénchén de shuì le. Children sleep deeply.

沉甸甸 chéndiàndiàn [形] **1** (重) heavy **2** (喻) worried ▹ 任务还没完成，我心里沉甸甸的。Rènwù hái méi wánchéng, wǒ xīn lǐ chéndiàndiàn de. The job is not finished, and that worries me.

沉浮 chénfú **I** [动] drift **II** [名] vicissitude

沉积(積) chénjī [动] silt up

沉寂 chénjì [形] **1** (十分寂静) quiet **2** (没有消息) ▹ 他沉寂了很久后，突然给我们来了一封信。Tā chénjìle hěnjiǔ hòu, tūrán gěi wǒmen láile yī fēng xìn. There was no news from him for ages, and then suddenly he sent us a letter. ▷那位小说家已沉寂了多年。Nà wèi xiǎoshuōjiā yǐ chénjìle duō nián. We've heard nothing from the novelist for years.

沉浸 chénjìn [动] immerse

沉静(靜) chénjìng [形] **1**(肃静) quiet **2**(指性格) placid

沉沦(淪) chénlún [动] sink into (*pt* sank, *pp* sunk)

沉闷(悶) chénmèn [形] **1**(天气, 气氛) depressing **2**(心情) depressed ▷最近我心情很沉闷。Zuìjìn wǒ xīnqíng hěn chénmèn. I've been feeling really depressed lately. **3**(指性格) introverted

沉湎 chénmiǎn [动] indulge in

沉没(沒) chénmò [动] sink (*pt* sank, *pp* sunk)

沉默 chénmò **I** [形] taciturn **II** [动] be silent

沉溺 chénnì [动] indulge in

沉睡 chénshuì [动] be fast asleep

沉思 chénsī [动] ponder ▷他为此事沉思了很久。Tā wèi cǐ shì chénsīle hěn jiǔ. He pondered this matter for a long time. ▷他陷入了沉思。Tā xiànrùle chénsī. He was lost in thought.

沉痛 chéntòng [形] **1**(心情) grieving **2**(教训) bitter

沉稳(穩) chénwěn [形] **1**(稳重) steady **2**(安稳) peaceful ▷他一向睡得沉稳。Tā yīxiàng shuì de chénwěn. He always sleeps peacefully.

沉重 chénzhòng [形] heavy

沉着(著) chénzhuó [形] calm ▷他处理问题沉着冷静。Tā chǔlǐ wèntí chénzhuó lěngjìng. He deals with problems calmly and soberly.

沉醉 chénzuì [动] be intoxicated ▷他沉醉在成功的喜悦中。Tā chénzuì zài chénggōng de xǐyuè zhōng. He was intoxicated with success.

忱 chén [名] sincerity ▶热忱 rèchén ardour (英), ardor (美)

陈(陳) chén **I** [动] **1**(陈列) set ... out (*pt*, *pp* set) **2**(陈述) state **II** [形] old

陈(陳)词(詞)滥(濫)调(調) chén cí làn diào clichés

陈(陳)腐 chénfǔ [形] dated

陈(陳)规(規) chénguī [名] outmoded conventions (*pl*)

陈(陳)旧(舊) chénjiù [形] out-of-date

陈(陳)列 chénliè [动] display

陈(陳)年 chénnián [形] aged ▷陈年老酒 chénnián lǎojiǔ old wine

陈(陳)设(設) chénshè **I** [动] display ▷房间里陈设着几张古画。Fángjiān lǐ chénshèzhe jǐ zhāng gǔhuà. Some old pictures are on display in the room. **II** [名] furnishings (*pl*)

陈(陳)述 chénshù [动] state

晨 chén [名] morning ▶早晨 zǎochén early morning ▶清晨 qīngchén dawn

晨光 chénguāng [名] dawn

晨练(練) chénliàn [动] morning exercise

衬(襯) chèn **I** [名] lining **II** [动] **1**(垫) line **2**(衬托) set ... off (*pt*, *pp* set) **III** [形] lining ▶衬布 chènbù lining material ▶衬衫 chènshān shirt

衬(襯)托 chèntuō [动] set ... off (*pt*, *pp* set)

称(稱) chèn [动] match ▶相称 xiāngchèn match ▶对称 duìchèn be symmetrical
→另见 chēng

称(稱)心 chènxīn [动] be satisfactory ▷这台电脑我买得称心。Zhè tái diànnǎo wǒ mǎi de chènxīn. I am satisfied with the computer I bought.

称(稱)职(職) chènzhí [动] be competent ▷他担任这个职务很称职。Tā dānrèn zhège zhíwù hěn chènzhí. He's very competent at his job.

趁 chèn [介] ▷趁这个机会我讲几句话。Chèn zhège jīhuì wǒ jiǎng jǐ jù huà. I would like to take this opportunity to say a few words. ▷趁年轻多学点知识。Chèn niánqīng duō xué diǎn zhīshi. Learn something while you are young.

趁火打劫 chèn huǒ dǎ jié profit from other people's misfortunes

趁热(熱)打铁(鐵) chèn rè dǎ tiě strike while the iron is hot

趁势(勢) chènshì [动] take the opportunity (*pt* took, *pp* taken)

称(稱) chēng **I** [动] **1**(叫) call ▷我们都称他老王。Wǒmen dōu chēng tā Lǎo Wáng. We call him Old Wang. **2**(说) say (*pt*, *pp* said) ▶称谢 chēngxiè express one's gratitude **3**(测量) weigh **II** [名] name ▶简称 jiǎnchēng short form
→另见 chèn

称(稱)病 chēngbìng [动] plead illness

称(稱)道 chēngdào [动] praise ▷他孝敬父母值得称道。Tā xiàojìng fùmǔ zhídé chēngdào. The respect he shows towards his parents is worthy of praise.

称(稱)号(號) chēnghào [名] title

称(稱)呼 chēnghu **I** [动] call ▷我不知道怎么称呼他。Wǒ bù zhīdào zěnme chēnghū tā. I don't know what I should call him. **II** [名] form of address

称(稱)颂(頌)chēngsòng [动] praise

称(稱)王称(稱)霸 chēng wáng chēng bà domineer

称(稱)谓(謂)chēngwèi [名] title

称(稱)赞(讚)chēngzàn [动] praise

撑(撐) chēng [动] **1** (抵住) prop ... up ▷ 他两手撑着下巴在深思。Tā liǎng shǒu chēngzhe xiàba zài shēnsī. His chin was propped on his hands, and he was deep in thought. **2** (船) punt **3** (坚持住) keep ... up (*pt*, *pp* kept) ▷ 他撑不住了,到底笑了。Tā chēng bù zhù le, dàodǐ xiào le. In the end, he couldn't help laughing. **4** (张开) open **5** (容不下) fill to bursting ▷ 少吃点吧,别撑着! Shǎo chī diǎn ba, bié chēngzhe! Don't eat so much, you'll burst!

撑(撐)腰 chēngyāo [动] support

瞠 chēng [动] stare

瞠目结(結)舌 chēng mù jié shé be flabbergasted ▷ 他的回答令我瞠目结舌。Tā de huídá lìng wǒ chēng mù jié shé. I was flabbergasted at his reply.

成 chéng **I** [动] **1** (成功) accomplish ▷ 那件事成了。 Nà jiàn shì chéng le. The job is done. **2** (成为) become (*pt* became, *pp* become) ▷ 两个人成了好朋友。Liǎng gè rén chéngle hǎo péngyou. The two of them became good friends. **II** [名] result **III** [形] **1** (成熟的) mature ▶ 成虫 chéngchóng adult **2** (现成的) established ▶ 成品 chéngpǐn finished product **3** (表示数量) ▷ 成千上万 chéng qiān shàng wàn hundreds and thousands of ▷ 成批生产 chéngpī shēngchǎn bulk production **4** (可以) OK ▷ 成! 就这么定了。Chéng! Jiù zhème dìng le. OK — that's agreed.

成本 chéngběn [名] cost ▷ 生产成本 shēngchǎn chéngběn production cost (*pl*)

> 请勿混淆 **cost** 和 **costs**。某事物的 **cost** 是指用于购买,完成或者制造它所需的费用。*...the cost of the telephone call... the total cost was over a million pounds...* 企业或者家庭的 **costs** 是指保证它们继续运转所需要的费用,包括电费,修理费用和税款。*...attempts to cut costs and boost profits...*

成材 chéngcái [动] become useful (*pt* became, *pp* become)

成分 chéngfèn [名] **1** (组成部分) composition ▷ 化学成分 huàxué chéngfèn chemical composition **2** (社会阶层) status

成功 chénggōng [动] succeed ▷ 他这次试验获得了成功。Tā zhè cì shìyàn huòdéle chénggōng. This time his experiment was successful. ▷ 本届运动会开得很成功。Běnjiè yùndònghuì kāi de hěn chénggōng. This year's sports event was a great success.

成果 chéngguǒ [名] achievement

成活 chénghuó [动] survive

成绩(績) chéngjì [名] success ▷ 我们在环境保护方面取得了很大成绩。Wǒmen zài huánjìng bǎohù fāngmiàn qǔdéle hěn dà chéngjì. We have had considerable success in environmental protection. ▷ 他的学习成绩不理想。Tā de xuéxí chéngjì bù lǐxiǎng. His school record is not satisfactory.

成家 chéngjiā [动] **1** (结婚) marry **2** (成为专家) become an authority (*pt* became, *pp* become)

成见(見) chéngjiàn [名] prejudice ▷ 他分明对我有成见。Tā fēnmíng duì wǒ yǒu chéngjiàn. He is clearly prejudiced against me.

成交 chéngjiāo [动] strike a deal (*pt*, *pp* struck)

成就 chéngjiù **I** [名] achievement ▷ 他在事业上很有成就。Tā zài shìyè shàng hěn yǒu chéngjiù. He has achieved much in his career. **II** [动] achieve ▷ 他立志成就一番事业。Tā lìzhì chéngjiù yī fān shìyè. He aspires to succeed in his career.

成立 chénglì [动] **1** (建立) found ▷ 联合国成立于1945年。Liánhéguó chénglì yú yī jiǔ sì wǔ nián. The United Nations was founded in 1945. ▷ 一所新学校成立了。Yī suǒ xīn xuéxiào chénglì le. A new school has been established. **2** (有根据) be tenable ▷ 你的结论根本无法成立。Nǐ de jiélùn gēnběn wúfǎ chénglì. Your conclusions are completely untenable.

成名成家 chéng míng chéng jiā become an established authority

成年 chéngnián **I** [动] **1** (指动植物) mature **2** (指人) grow up (*pp* grew, *pt* grown) **II** [副] all year round

成年人 chéngniánrén [名] adult

成品 chéngpǐn [名] end product

成气(氣)候 chéng qìhòu [动] get somewhere ▷ 这孩子将来能成气候。Zhè háizi jiānglái néng chéng qìhòu. This child will really go places one day.

成器 chéngqì [动] grow up to be a useful person (*pp* grew, *pt* grown) ▷ 那孩子将来成不了器。Nà háizi jiānglái chéng bùliǎo qì. That child is never going to get anywhere in life.

成亲(親) chéngqīn [动] marry

成全 chéngquán [动] help ... get what he/she wants

成人 chéngrén **I** [名] adult **II** [动] grow up (*pp* grew, *pt* grown)

成人之美 chéng rén zhī měi help others achieve their goals

成熟 **chéngshú** [形] **1** (指果实) ripe **2** (指思想) mature **3** (指机会等) ripe

成为(為) **chéngwéi** [动] become (*pt* became, *pp* become)

成文 **chéngwén** **I** [名] existing writing ▷ 他抄袭成文。**Tā chāoxí chéngwén.** He is copying existing works. **II** [动] write (*pt* wrote, *pp* written) ▷ 这些规定必须成文。**Zhèxiē guīdìng bìxū chéngwén.** These provisions must be in writing.

成问(問)题(題) **chéng wèntí** [动] be a problem

成效 **chéngxiào** [名] result

成心 **chéngxīn** [副] deliberately

成性 **chéngxìng** [动] become second nature (*pt* became, *pp* become)

成语(語) **chéngyǔ** [名] idiom

成员(員) **chéngyuán** [名] member ▷ 家庭成员 **jiātíng chéngyuán** family member

成长(長) **chéngzhǎng** [动] grow up (*pp* grew, *pt* grown)

成竹在胸 **chéng zhú zài xiōng** have well-thought-out ideas

呈 **chéng** [动] **1** (呈现) assume ▷ 苹果呈圆型。**Píngguǒ chéng yuánxíng.** Apples have a round form. **2** (呈送) present

呈报(報) **chéngbào** [动] submit a report

呈请(請) **chéngqǐng** [动] apply

呈现(現) **chéngxiàn** [动] appear

诚(誠) **chéng** **I** [形] honest ▶ 忠诚 **zhōngchéng** loyal ▶ 诚心 **chéngxīn** sincere **II** [副] really

诚(誠)惶诚(誠)恐 **chéng huáng chéng kǒng** in fear and trepidation

诚(誠)恳(懇) **chéngkěn** [形] sincere ▷ 他诚恳地向她表示了感谢。**Tā chéngkěn de xiàng tā biǎoshìle gǎnxiè.** He thanked her sincerely.

诚(誠)然 **chéngrán** [副] **1** (确实) truly ▷ 这孩子诚然懂礼貌。**Zhè háizi chéngrán dǒng lǐmào.** This child really does know how to be polite. **2** (固然) admittedly ▷ 困难诚然很多，但我们有信心克服。**Kùnnán chéngrán hěn duō, dàn wǒmen yǒu xìnxīn kèfú.** Admittedly there are many difficulties, but we are confident of overcoming them.

诚(誠)实(實) **chéngshí** [形] honest

诚(誠)心诚(誠)意 **chéng xīn chéng yì** in all sincerity

诚(誠)挚 **chéngzhì** [形] sincere

承 **chéng** [动] **1** (承受) bear (*pt* bore, *pp* borne) ▷ 这桥承不住这么重的货车。**Zhè qiáo chéng bù zhù zhème zhòng de huòchē.** This bridge cannot bear the weight of such a heavy lorry. **2** (承担) undertake (*pt* undertook, *pp* undertaken) **3** (承蒙) be indebted to ▷ 承您夸奖。**Chéng nín kuājiǎng.** You're flattering me. **4** (继续) inherit ▶ 继承 **jìchéng** be a successor to

承办(辦) **chéngbàn** [动] undertake (*pt* undertook, *pp* undertaken)

承包 **chéngbāo** [动] contract

承保 **chéngbǎo** [动] underwrite (*pt* underwrote, *pp* underwritten)

承担(擔) **chéngdān** [动] **1** (责任) bear (*pt* bore, *pp* borne) **2** (工作) undertake (*pt* undertook, *pp* undertaken) **3** (费用) bear (*pt* bore, *pp* borne)

承当(當) **chéngdāng** [动] bear (*pt* bore, *pp* borne) ▷ 一切责任都由我来承当。**Yīqiè zérèn dōu yóu wǒ lái chéngdāng.** All responsibility will be borne by me.

承接 **chéngjiē** [动] **1** (接受) accept **2** (接续) continue

承揽(攬) **chénglǎn** [动] contract ▷ 我公司承揽房屋装修业务。**Wǒ gōngsī chénglǎn fángwū zhuāngxiū yèwù.** My company's contracted to do the decorating work.

承蒙 **chéngméng** [动] (书) be indebted to

承诺(諾) **chéngnuò** **I** [动] undertake (*pt* undertook, *pp* undertaken) **II** [名] commitment

承认(認) **chéngrèn** [动] **1** (认可) acknowledge **2** (政权) recognize

承上启(啟)下 **chéng shàng qǐ xià** link the preceding and the following ▷ 这段起了承上启下的作用。**Zhè duàn qǐle chéng shàng qǐ xià de zuòyòng.** This paragraph is a link between the one before it and the one after it.

承受 **chéngshòu** [动] **1** (禁受) bear (*pt* bore, *pp* borne) ▷ 这木板承受不住100公斤的重量。**Zhè mùbǎn chéngshòu bù zhù yībǎi gōngjīn de zhòngliàng.** This plank cannot bear a weight of 100 kilos. **2** (经受) experience

---

城 **chéng** [名] **1** (城墙) city wall ▶ 城外 **chéngwài** outside the city **2** (城市) city ▶ 进城 **jìnchéng** go to town **3** (城镇) town

城堡 **chéngbǎo** [名] castle

城府 **chéngfǔ** [名] shrewdness ▷ 他城府很深。**Tā chéngfǔ hěn shēn.** He's very shrewd.

城区(區) **chéngqū** [名] metropolitan area

城市 **chéngshì** [名] city

乘 **chéng** [动] **1** (搭坐) travel by ▷ 乘火车 **chéng huǒchē** travel by train **2** (利用) take advantage of (*pt* took, *pp* taken) ▷ 乘人之危 **chéng rén zhī wēi** take advantage of sb's difficulties **3** (几倍于) multiply ▷ 8乘5等于40。**Bā chéng wǔ**

dĕngyú sìshí. Eight times five is forty.
乘法 chéngfǎ [名] multiplication
乘方 chéngfāng [名] (数) power
乘机(機) chéngjī [动] seize an opportunity
乘客 chéngkè [名] passenger
乘凉(涼) chéngliáng [动] enjoy the cool
乘人之危 chéng rén zhī wēi take advantage of others' difficulties
乘务(務)员(員) chéngwùyuán [名] conductor
乘虚(虛)而入 chéngxū'érrù exploit a weakness

盛 chéng [动] 1 (装) ladle ... out ▷ 帮我盛碗饭。Bāng wǒ chéng wǎn fàn. Give me a bowl of rice. 2 (容纳) contain ▷ 这袋子可盛50公斤。Zhè dàizi kě chéng wǔshí gōngjīn. This bag can hold 50 kilos.
→ 另见 shèng

程 chéng [名] 1 (规矩) rule ▶ 章程 zhāngchéng constitution 2 (程序) procedure ▶ 议程 yìchéng agenda ▶ 课程 kèchéng curriculum 3 (距离) distance ▶ 路程 lùchéng journey 4 (道路) journey ▶ 登程 dēngchéng set off
程度 chéngdù [名] 1 (水平) level 2 (限度) extent ▷ 在一定程度上 zài yīdìng chéngdù shàng to some extent
程控 chéngkòng [动] automate
程式 chéngshì [名] form
程序 chéngxù [名] 1 (次序) procedure 2 (计算机) program

惩(懲) chéng [动] punish
惩(懲)办(辦) chéngbàn [动] punish
惩(懲)处(處) chéngchǔ [动] punish
惩(懲)罚(罰) chéngfá [动] punish ▷ 侵略者受到了应得的惩罚。Qīnlüèzhě shòudàole yīngdé de chéngfá. The invaders got the punishment they deserved.
惩(懲)前毖后(後) chéng qián bì hòu learn from the past

澄(澂) chéng I [形] clear ▶ 澄空 chéngkōng clear sky II [动] make ... clear ▶ 澄清 chéngqīng purify
→ 另见 dèng
澄清 chéngqīng I [形] clear II [动] clear ... up ▷ 我们之间的误会澄清了。Wǒmen zhījiān de wùhuì chéngqīng le. We have cleared up our misunderstanding.

橙 chéng 见下文
橙子 chéngzi [名] orange

逞 chěng [动] 1 (夸耀) flaunt ▷ 逞威风 chěng wēifèng flaunt one's power 2 (达到目的) succeed ▶ 得逞 déchěng have one's way 3 (纵容) indulge ▶ 逞性 chěngxìng headstrong
逞能 chěngnéng [动] show off (*pt* showed, *pp* shown) ▷ 他为了逞能，喝酒醉得东倒西歪。Tā wèile chěngnéng, hējiǔ zuì de dōng dǎo xī wāi. He showed off by drinking until he was staggering about all over the place.
逞强(強) chěngqiáng [动] flaunt one's superiority
逞凶 chěngxiōng [动] behave violently

骋(騁) chěng [动] 1 (跑) gallop ▶ 驰骋 chíchěng gallop 2 (放任) give free rein to (*pt* gave, *pp* given)
骋(騁)目 chěngmù [动] (书) look into the distance

秤 chèng [名] scales (*pl*)

吃 chī [动] 1 (咀嚼吞咽) eat (*pt* ate, *pp* eaten) ▷ 吃面条 chī miàntiáo eat noodles ▶ 吃药 chīyào take medicine ▷ 吃奶 chī nǎi suckle 2 (就餐) eat in (*pt* ate, *pp* eaten) ▷ 我中午不做饭，吃食堂。Wǒ zhōngwǔ bù zuòfàn, chī shítáng. I don't cook lunch – I eat in the canteen. 3 (依靠) live off ▷ 吃劳保 chī láobǎo live off welfare ▷ 吃老本 chī lǎoběn rest on one's laurels 4 (消灭) wipe ... out ▷ 吃掉一个棋子 chī diào yī gè qízǐ take a chess piece 5 (耗费) withstand (*pt*, *pp* withstood) ▶ 吃力 chīlì strenuous ▷ 吃不消 chībùxiāo unable to withstand 6 (吸收) absorb ▷ 棉布吃水。Miánbù chīshuǐ. Cloth absorbs water. 7 (受) take (*pt* took, *pp* taken) ▷ 他胸口吃了一枪。Tā xiōngkǒu chīle yī qiāng. He took a bullet in the chest. ▶ 吃亏 chīkuī lose out
吃醋 chīcù [动] be jealous ▷ 我的女友好吃醋。Wǒ de nǚyǒu hào chīcù. My girlfriend gets jealous easily.
吃豆腐 chī dòufu [动] (喻) (方) be lecherous
吃饭(飯) chīfàn [动] have a meal

> To ask **How do you do?**, Chinese people will often ask 你吃饭了吗? Nǐ chī fàn le ma? which literally means **Have you eaten?**

吃官司 chī guānsi [动] be taken to court
吃喝玩乐(樂) chī hē wán lè eat, drink and be merry
吃紧(緊) chījǐn [形] 1 (紧张) tense ▷ 前线战事吃紧。Qiánxiàn zhànshì chījǐn. The situation on the front line was tense. ▷ 节前火车票吃紧。Jié qián huǒchēpiào chījǐn. In the run-up to the holiday, the ticket situation was tense. 2 (重要) important ▷ 做事最吃紧

的是要专心。Zuòshì zuì chījǐn de shì yào zhuānxīn. The most important thing is to concentrate on what you're doing.

吃惊(驚) chījīng [动] surprise ▷ 她这么快就去了澳大利亚，让人吃了一惊。Tā zhème kuài jiù qùle Àodàlìyà, ràng rén chī le yī jīng. The speed with which she left for Australia surprised everyone.

吃苦 chīkǔ [动] put up with hardship (*pt*, *pp* put) ▷ 儿时的经历使我很能吃苦。Érshí de jīnglì shǐ wǒ hěn néng chīkǔ. My childhood experiences have helped me to put up with all kinds of hardship.

吃亏(虧) chīkuī [动] **1** (受损失) lose out (*pt*, *pp* lost) ▷ 在谈判中我们吃亏了。Zài tánpàn zhōng wǒmen chīkuī le. We lost out in the negotiation. **2** (条件不利) be at a disadvantage

吃里(裡)爬外 chī lǐ pá wài double-cross

吃力 chīlì [形] **1** (费力) exhausting **2** (方) (疲劳) exhausted

吃请(請) chīqǐng [动] buy ... off with a meal (*pt*, *pp* bought) ▷ 他为人廉洁，从不接受吃请。Tā wéirén liánjié, cóng bù jiēshòu chīqǐng. He's very straight-up, and would never be bought by a meal out.

吃素 chīsù [动] be vegetarian

吃香 chīxiāng [形] (口) popular

吃一堑(塹)，长(長)一智 chī yī qiàn, zhǎng yī zhì experience is the mother of all wisdom

---

笞 chī [动] beat (*pt* beat, *pp* beaten) ▶ 鞭笞 biānchī whip

嗤 chī [动] (书) sneer

嗤笑 chīxiào [动] sneer at ▷ 他因为是文盲而遭人嗤笑。Tā yīnwèi shì wénmáng ér zāo rén chīxiào. He was sneered at because he was illiterate.

嗤之以鼻 chī zhī yǐ bí turn one's nose up at

痴(癡) chī **I** [形] idiotic ▷ 别理他，他在发痴。Bié lǐ tā, tā zài fāchī. Don't listen to him – he's just being silly. **II** [名] obsession

痴(癡)呆(獃) chīdāi [形] idiotic ▷ 老年痴呆症 lǎonián chīdāi zhèng senile dementia

痴(癡)迷 chīmí [形] infatuated

痴(癡)情 chīqíng **I** [名] passion **II** [形] deeply passionate

痴(癡)人说(說)梦(夢) chī rén shuō mèng unrealistic expectation

痴(癡)心妄想 chī xīn wàng xiǎng wishful thinking

池 chí [名] **1** (池塘) pond ▶ 泳池 yǒngchí swimming pool ▷ 养鱼池 yǎngyú chí fish pond **2** (池状设施) pit ▶ 乐池 yuèchí orchestra pit **3** (护城河) moat ▶ 城池 chéngchí city moat

池塘 chítáng [名] pond

池鱼(魚)之殃 chí yú zhī yāng be involved in a disaster not of one's own making

---

弛 chí [动] (书) relax

弛缓(緩) chíhuǎn **I** [动] calm down **II** [形] slackened

驰(馳) chí [动] **1** (跑得快) speed (*pt*, *pp* sped) ▶ 奔驰 bēnchí gallop **2** (传播) disseminate **3** (向往) long for ▶ 驰想 chíxiǎng be lost in thought

驰(馳)骋(騁) chíchěng [动] **1** (字) (快跑) gallop ▷ 驰骋辽阔草原 chíchěng liáokuò cǎoyuán gallop across the wide plains **2** (喻) (活跃) be very active in ▷ 他驰骋于歌坛多年。Tā chíchěng yú gētán duō nián. He has been very active in the music world for years.

驰(馳)名 chímíng [动] become famous (*pt* became, *pp* become)

驰(馳)驱(驅) chíqū [动] (骑马快跑) go at a gallop (*pt* went, *pp* gone)

迟(遲) chí [形] **1** (慢) slow **2** (晚) late ▷ 对不起，迟了10分钟。Duìbuqǐ, chíle shí fēnzhōng. Sorry, I'm ten minutes late. **3** (久) long ▷ 迟迟不做决定 chíchí bù zuò juédìng dither

迟(遲)到 chídào [动] be late ▷ 上班迟到会扣奖金。Shàngbān chídào huì kòu jiǎngjīn. If you're late for work your bonus can be docked.

迟(遲)钝(鈍) chídùn [形] (贬) slow ▷ 他对股市变化反应迟钝。Tā duì gǔshì biànhuà fǎnyìng chídùn. He was slow to react to the changes on the stock exchange.

迟(遲)缓(緩) chíhuǎn [形] slow

迟(遲)疑 chíyí [动] hesitate ▷ 她毫不迟疑地离开了家。Tā háo bù chíyí de líkāile jiā. She didn't hesitate to leave home.

迟(遲)早 chízǎo [副] sooner or later ▷ 他胡作非为，迟早要出事。Tā hú zuò fēi wéi, chízǎo yào chūshì. His behaviour (英) 或 behavior (美) is outrageous. Sooner or later it'll end in disaster.

持 chí [动] **1** (拿着) hold (*pt*, *pp* held) ▷ 他手持护照。Tā shǒu chí hùzhào. He held a passport in his hand. **2** (支持) support ▶ 坚持 jiānchí maintain **3** (主管) manage ▷ 操持家务 cāochí jiāwù manage the housework **4** (对抗) oppose ▶ 僵持 jiāngchí reach a stalemate

持久 chíjiǔ [形] protracted

持平 chípíng **I** [形] fair **II** [动] be equal ▷公司今年的利润与去年持平。Gōngsī jīnnián de lìrùn yǔ qùnián chípíng. This year's company profits are the same as last year's.

持续(續) chíxù [动] go on (*pt* went, *pp* gone) ▷高温天气持续了几天。Gāowēn tiānqì chíxùle jǐ tiān. The hot weather went on for some days. ▷该电视节目的收视率持续上升。Gāi diànshì jiémù de shōushìlǜ chíxù shàngshēng. The ratings for this TV programme (英) 或 program (美) continued to rise.

持之以恒(恆) chí zhī yǐ héng persevere ▷英语学习要持之以恒。Yīngyǔ xuéxí yào chí zhī yǐ héng. You must persevere with your English studies.

持之有故 chí zhī yǒu gù insist with good reason

匙 chí [名] spoon

踟 chí 见下文

踟蹰(躕) chíchú [动] waver

尺 chǐ **I** [量] *unit of length, equal to a third of a metre* **II** [名] ruler ▶尺子 chǐzi ruler

尺寸 chǐcun [名] **1** (长度) size **2** (口) (分寸) sense of propriety

尺牍(牘) chǐdú [名] (书) letter

尺度 chǐdù [名] yardstick

尺码(碼) chǐmǎ [名] **1** (尺寸) size **2** (标准) standard

齿(齒) chǐ **I** [名] **1** (器官) tooth (*pl* teeth) ▶牙齿 yáchǐ tooth (*pl* teeth) **2** (齿状物) protrusion ▶梳齿 shūchǐ teeth of a comb **II** [动] (书) mention

齿(齒)轮(輪) chǐlún [名] gear wheel

侈 chǐ [形] (书) **1** (浪费) wasteful ▶奢侈 shēchǐ extravagant **2** (夸大) exaggerated

侈谈(談) chǐtán (书) **I** [动] brag **II** [名] extravagant flights of fancy

---

耻(恥) chǐ [名] **1** (羞愧) shame **2** (耻辱) disgrace

耻(恥)辱 chǐrǔ [名] disgrace

耻(恥)笑 chǐxiào [动] mock

叱 chì [动] (书) rebuke

叱责(責) chìzé [动] scold

叱咤(吒) chìzhà [动] (书) roar

叱咤(吒)风(風)云(雲) chìzhà fēngyún all-powerful

斥 chì [动] **1** (责备) denounce **2** (使离开) drive ... away (*pt* drove, *pp* driven) ▶排斥 páichì repel **3** (支付) fund **4** (扩展) expand

斥退 chìtuì [动] **1** (开除) dismiss ▷他被老板斥退了。Tā bèi lǎobǎn chìtuì le. He was dismissed by the boss. **2** (喝令退出) shout at ... to go away ▷他斥退了手下。Tā chìtuìle shǒuxià. He shouted at his subordinate to go away.

斥责(責) chìzé [动] denounce

斥资(資) chìzī [动] fund

赤 chì **I** [形] **1** (红色) red **2** (表示革命) revolutionary **3** (忠诚) sincere **II** [动] bare

赤膊上阵(陣) chì bó shàng zhèn **1** (字) do ... bare-chested ▷参赛者身穿短裤, 赤膊上阵。Cānsàizhě shēn chuān duǎnkù, chì bó shàng zhèn. The competitors entered the field in shorts and with bare chests. **2** (喻) lay oneself bare (*pt*, *pp* laid)

赤诚(誠) chìchéng [形] completely sincere

赤胆(膽)忠心 chì dǎn zhōng xīn utter devotion

赤道 chìdào [名] the equator

赤脚(腳) chìjiǎo [动] be barefoot ▷赤脚走路 chìjiǎo zǒulù walk barefoot

赤裸裸 chìluǒluǒ [形] **1** (光身子) stark naked **2** (喻) (毫无掩饰) undisguised

赤贫(貧) chìpín [形] utterly destitute ▷一个从赤贫走向成功的商业奇才 yī gè cóng chìpín zǒu xiàng chénggōng de shāngyè qícái a commercial genius who rose from utter destitution to success

赤手空拳 chì shǒu kōng quán unarmed ▷赤手空拳地搏斗 chì shǒu kōng quán de bódòu engage in unarmed combat

赤条(條)条(條) chìtiáotiáo [形] stark naked

赤子 chìzǐ [名] **1** (初生儿) newborn baby ▷赤子之心 chìzǐ zhī xīn pure and innocent **2** (爱国的人) patriot

赤字 chìzì [名] deficit ▷财政赤字 cáizhèng chìzì financial deficit

饬(飭) chì **I** [动] **1** (命令) order **2** (整顿) reorganize **II** [形] prudent

饬(飭)令 chìlìng [动] order

炽(熾) chì [形] **1** (书) (旺) ablaze **2** (热烈) fiery

炽(熾)烈 chìliè [形] **1** (字) (指火) raging **2** (喻) passionate ▷炽烈的情感 chìliè de qínggǎn passionate emotions

炽(熾)热(熱) chìrè [形] red-hot

翅 chì [名] **1** (翅膀) wing **2** (鳍) fin

翅膀 chìbǎng [名] wing

敕 chì [名] edict

冲(衝) chōng **I** [名] important place ▷战略要冲 zhànlüè yàochōng place of strategic importance **II** [动] **1** (向前闯) rush forward ▷横冲直撞 héng chōng zhí zhuàng push one's way through **2** (猛撞) clash ▶冲撞 chōngzhuàng collide **3** (浇) pour boiling water on ▷这药需用开水冲服。Zhè yào xū yòng kāishuǐ chōngfú. This medicine should be taken mixed with boiled water. **4** (冲洗) rinse ▷冲一冲碗碟 chōng yī chōng wǎn dié rinse the dishes **5** (指胶片) develop ▷冲胶卷 chōng jiāojuǎn develop a roll of film **6** (抵消) balance ▶冲账 chōngzhàng balance the accounts
→另见 chòng

冲(衝)刺 chōngcì [动] **1** (字) sprint ▷向终点冲刺 xiàng zhōngdiǎn chōngcì sprint to the finishing line **2** (喻) make a final spurt

冲(衝)动(動) chōngdòng [动] be impulsive ▷不要冲动，理智些吧。Bùyào chōngdòng, lǐzhì xiē ba. Don't be so impulsive – have some sense. ▷我当时有种购物的冲动。Wǒ dāngshí yǒu zhǒng gòuwù de chōngdòng. I had an impulse to go shopping.

冲(衝)锋(鋒) chōngfēng [动] charge

冲(衝)锋(鋒)陷阵(陣) chōng fēng xiàn zhèn **1** (作战英勇) charge the enemy lines **2** (喻) fight a brave battle

冲(衝)击(擊) chōngjī [动] **1** (撞击) pound **2** (喻) (影响) have a big impact on ▷进入世界贸易组织将会冲击中国农业。Jìnrù Shìjiè Màoyì Zǔzhī jiāng huì chōngjī Zhōngguó nóngyè. Entering the World Trade Organisation will have a big impact on China's agriculture. **3** (冲锋) charge

冲(沖)剂(劑) chōngjì [名] *medicine to be taken in water*

冲(衝)浪 chōnglàng [名] surf

冲(沖)天 chōngtiān [动] soar ▷怒火冲天 nùhuǒ chōngtiān in a towering rage

冲(衝)突 chōngtū **I** [动] **1** (激烈争斗) conflict **2** (相抵触) clash ▷英语课和法语课冲突了。Yīngyǔ kè hé Fǎyǔ kè chōngtū le. The English class clashes with the French class. **II** [名] (矛盾) conflict

冲(沖)洗 chōngxǐ [动] **1** (洗涤) wash ▷冲洗汽车 chōngxǐ qìchē clean a car **2** (指胶片) develop ▷冲洗照片 chōngxǐ zhàopiàn develop a photograph

充 chōng [动] **1** (满) fill ▶充电 chōngdiàn charge a battery ▶充其量 chōngqíliàng at most **2** (担任) act as ▷充当助理经理 chōngdāng zhùlǐ jīnglǐ act as assistant manager ▷充当配角 chōngdāng pèijué take a supporting role **3** (假装) pass ... off as ▷以次充好 yǐ cì chōng hǎo pass things off as good quality

充斥 chōngchì [动] (贬) flood ▷市场上充斥着假货。Shìchǎng shàng chōngchìzhe jiǎhuò. The market is flooded with fake goods.

充当(當) chōngdāng [动] act as ▷朋友不懂英语，我充当翻译。Péngyou bù dǒng Yīngyǔ, wǒ chōngdāng fānyì. My friend doesn't understand English, so I act as interpreter.

充电(電) chōngdiàn [动] **1** (字) charge **2** (喻) (指人) recharge one's batteries

充耳不闻(聞) chōng ěr bù wén turn a deaf ear

充分 chōngfèn **I** [形] ample ▷做好充分的准备 zuòhǎo chōngfèn de zhǔnbèi make ample preparations **II** [副] fully ▷充分展示自己的才华 chōngfèn zhǎnshì zìjǐ de cáihuá show one's talents to the full

充饥(飢) chōngjī [动] alleviate one's hunger

充军(軍) chōngjūn [动] banish ▷他被发配边疆充军。Tā bèi fāpèi biānjiāng chōngjūn. He was banished to the border area.

充满(滿) chōngmǎn [动] **1** (填满) fill **2** (有) brim with ▷他的话充满自信。Tā de huà chōngmǎn zìxìn. His speech brimmed with confidence.

充沛 chōngpèi [形] abundant

充其量 chōngqíliàng [副] at best

充实(實) chōngshí **I** [形] rich **II** [动] enrich

充数(數) chōngshù [动] make up the numbers

充裕 chōngyù [形] plentiful

充足 chōngzú [形] sufficient

忡 chōng 见下文

忡忡 chōngchōng [形] anxious ▷忧心忡忡 yōu xīn chōngchōng be worried sick

舂 chōng [动] pound ▷舂米 chōng mǐ husk rice

憧 chōng 见下文

憧憬 chōngjǐng [动] look forward to

虫(蟲) chóng [名] insect ▶虫子 chóngzi insect

虫(蟲)害 chónghài [名] pests (*pl*)

重 chóng **I** [动] **1** (重复) repeat ▷书买重了 shū mǎichóng le buy two copies of the same book **2** (重叠) overlap **II** [副] again ▷他把作文重写了一遍。Tā bǎ zuòwén chóng xiěle yī biàn. He wrote his essay all over again. ▷重返英国 chóngfǎn Yīngguó return to Britain **III** [量] layer ▷万重山 wàn chóng shān range after

range of mountains ▷ 一重重的困难 yī chóngchóng de kùnnan endless difficulties
→ 另见 zhòng

重唱 chóngchàng [名] ensemble ▷ 二重唱 èr chóngchàng duo

重蹈覆辙(轍) chóng dǎo fù zhé make the same old mistakes

重叠 chóngdié [形] overlapping

重逢 chóngféng [动] reunite ▷ 和好友重逢 hé hǎoyǒu chóngféng be reunited with a good friend

重复(複) chóngfù [动] repeat

重婚 chónghūn [动] commit bigamy

重申 chóngshēn [动] reiterate

重新 chóngxīn [副] again ▷ 我把床重新铺了一遍。Wǒ bǎ chuáng chóngxīn pūle yī biàn. I made the bed again. ▷ 重新命名文件 chóngxīn mìngmíng wénjiàn rename a file ▷ 重新开始 chóngxīn kāishǐ start afresh

重洋 chóngyáng [名] the ocean

重奏 chóngzòu [名] ensemble

崇 chóng I [形] high II [动] think highly of (*pt*, *pp* thought) ▶ 推崇 tuīchóng hold ... in great esteem

崇拜 chóngbài [动] worship

崇高 chónggāo [形] lofty

崇敬 chóngjìng [动] respect ▷ 谁是你最崇敬的人? Shuí shì nǐ zuì chóngjìng de rén? Who do you respect most?

崇山峻岭(嶺) chóng shān jùn lǐng towering mountains

崇尚 chóngshàng [动] advocate

宠(寵) chǒng [动] spoil

宠(寵)爱(愛) chǒng'ài [动] dote on

宠(寵)儿(兒) chǒng'ér [名] favourite (英), favorite (美)

宠(寵)辱不惊(驚) chǒng rǔ bù jīng be unflappable

宠(寵)物 chǒngwù [名] pet

冲(衝) chòng I [形] 1 (指气味刺鼻) pungent ▷ 大蒜味很冲。Dàsuàn wèi hěn chòng. Garlic is very pungent. 2 (劲儿足) vigorous ▷ 他说话挺冲的。Tā shuōhuà tǐng chòng de. He speaks quite bluntly. II [介] 1 (对着) at ▷ 他冲我做了个鬼脸。Tā chòng wǒ zuòle gè guǐliǎn. He made a face at me. ▷ 这些意见都是冲他提的。Zhèxiē yìjiàn dōu shì chòng tā tí de. All the criticisms were aimed at him. 2 (凭) because of ▷ 顾客就是冲着这家超市的良好服务而来的。Gùkè jiùshì chòngzhe zhè jiā chāoshì de liánghǎo fúwù ér lái de. Customers go to that supermarket because of the excellent service. III [动] 1 (冲压) punch 2 (口) (正对) face ▷ 这道门冲南。Zhè dào mén chòng nán. This door faces south.
→ 另见 chōng

冲(衝)劲(勁)儿(兒) chòngjìnr [名] 1 (指人) vigour (英), vigor (美) 2 (刺激性) kick

---

抽 chōu [动] 1 (取出) take ... out (*pt* took, *pp* taken) ▷ 他从钱夹中抽出一张钞票。Tā cóng qiánjiā zhōng chōuchū yī zhāng chāopiào. He took a note (英) 或 bill (美) out of his wallet. 2 (取出部分) take (*pt* took, *pp* taken) ▷ 抽时间 chōu shíjiān find time 3 (长出) sprout ▶ 抽芽 chōuyá sprout 4 (吸) inhale ▶ 抽烟 chōuyān smoke ▶ 抽血 chōuxiě take blood ▷ 抽水 chōushuǐ pump water 5 (抽缩) shrink (*pt* shrank, *pp* shrunk) ▷ 棉布洗后会抽。Miánbù xǐ hòu huì chōu. Cotton shrinks after washing. 6 (打) whip ▷ 抽鞭子 chōu biānzi whip

抽查 chōuchá [动] do a spot-check ▷ 产品质量抽查 chǎnpǐn zhìliàng chōuchá do a spot-check on product quality

抽搐 chōuchù [动] twitch

抽风(風) chōufēng [动] 1 (指疾病) have convulsions 2 (喻) (不合常理) lose the plot (*pt*, *pp* lost)

抽奖(獎) chōujiǎng [动] draw prizes (*pt* drew, *pp* drawn)

抽筋 chōujīn [动] (口) (肌肉痉挛) have cramp ▷ 脚抽筋 jiǎo chōujīn have cramp in one's foot

抽空 chōukòng [动] find time (*pt*, *pp* found)

抽泣 chōuqì [动] sob

抽签(籤) chōuqiān [动] draw lots (*pt* drew, *pp* drawn) ▷ 昨天我们是抽签决定谁洗碗的。Zuótiān wǒmen shì chōuqiān juédìng shuí xǐwǎn de. Yesterday we drew lots to decide who was going to wash the dishes.

抽水 chōushuǐ [动] 1 (吸水) pump water 2 (缩水) shrink (*pt* shrank, *pp* shrunk) ▷ 这种布料不会抽水。Zhèzhǒng bùliào bù huì chōushuǐ. This type of cloth doesn't shrink.

抽屉(屜) chōuti [名] drawer

抽象 chōuxiàng [形] abstract

抽烟(煙) chōuyān [动] smoke ▷ 他过去抽烟。Tā guòqù chōuyān. He used to smoke.

抽样(樣) chōuyàng [动] sample

仇 chóu [名] 1 (仇敌) enemy 2 (仇恨) hatred ▶ 报仇 bàochóu avenge

仇敌(敵) chóudí [名] enemy

仇恨 chóuhèn [动] hate

仇视(視) chóushì [动] be hostile to

C

惆 **chóu** [形] grief-stricken
惆怅(悵) **chóuchàng** [形] melancholy

绸(綢) **chóu** [名] silk ▶ 丝绸 **sīchóu** silk
绸(綢)缎(緞) **chóuduàn** [名] silk and satin

畴(疇) **chóu** [名] (书) (种类) variety ▶ 范畴 **fànchóu** category

酬 **chóu** **I** [动] **1** (书) (敬酒) toast **2** (报答) reward **3** (往来) socialize ▶ 应酬 **yìngchóu** socialize **4** (实现) realize **II** [名] payment
酬报(報) **chóubào** [动] reward ▷ 酬报好心人 **chóubào hǎoxīnrén** reward good-hearted people ▷ 公司给每个员工500美金作为酬报。**Gōngsī gěiměi gè yuángōng wǔbǎi měijīn zuòwéi chóubào.** The company gave each of its employees a bonus of five hundred US dollars.
酬宾(賓) **chóubīn** [动] have a sale ▷ 周末百货公司将有大酬宾活动。**Zhōumò bǎihuò gōngsī jiāng yǒu dà chóubīn huódòng.** This weekend the department store is having a big sale.
酬金 **chóujīn** [名] remuneration
酬劳(勞) **chóuláo** **I** [动] repay (*pt*, *pp* repaid) **II** [名] repayment
酬谢(謝) **chóuxiè** [动] repay (*pt*, *pp* repaid)

稠 **chóu** [形] **1** (浓度大) thick **2** (稠密) dense
稠密 **chóumì** [形] dense

愁 **chóu** [动] be anxious ▶ 忧愁 **yōuchóu** be worried
愁眉苦脸(臉) **chóu méi kǔ liǎn** pull a long face
愁闷(悶) **chóumèn** [形] gloomy

筹(籌) **chóu** **I** [名] **1** (小片) counter **2** (计策) plan ▷ 一筹莫展 **yī chóu mò zhǎn** be at one's wits end **II** [动] prepare
筹(籌)办(辦) **chóubàn** [动] make preparations ▷ 筹办酒席 **chóubàn jiǔxí** make preparations for a banquet
筹(籌)备(備) **chóubèi** [动] arrange
筹(籌)划(劃) **chóuhuà** [动] plan
筹(籌)集 **chóují** [动] raise
筹(籌)码(碼) **chóumǎ** [名] **1** (计数用具) counter **2** (喻) bargaining counter

踌(躊) **chóu** 见下文
踌(躊)躇 **chóuchú** **I** [动] hesitate **II** [形] (书) complacent
踌(躊)躇满(滿)志 **chóu chú mǎn zhì** be full of pride

丑(醜) **chǒu** [形] **1** (丑陋) ugly **2** (令人厌恶) disgraceful
丑(醜)八怪 **chǒubāguài** [名] (口) ▷ 他是个丑八怪。**Tā shì gè chǒubāguài.** He's really ugly.
丑(醜)恶(惡) **chǒu'è** [形] ugly
丑(醜)化 **chǒuhuà** [动] vilify
丑(醜)剧(劇) **chǒujù** [名] farce
丑(醜)陋 **chǒulòu** [形] ugly
丑(醜)闻(聞) **chǒuwén** [名] scandal

瞅 **chǒu** [动] (方) look at ▷ 我瞅了孩子一眼。**Wǒ chǒule háizi yī yǎn.** I glanced at the child.

臭 **chòu** **I** [形] **1** (指气味) smelly **2** (惹人厌恶) disgusting **3** (拙劣) lousy **II** [副] severely
→ 另见 **xiù**
臭虫(蟲) **chòuchóng** [名] bedbug
臭烘烘 **chòuhōnghōng** [形] foul-smelling
臭美 **chòuměi** [形] (贬) smug
臭名昭著 **chòu míng zhāo zhù** notorious
臭味相投 **chòu wèi xiāng tóu** be two of a kind
臭氧 **chòuyǎng** [名] ozone ▷ 臭氧层 **chòuyǎngcéng** ozone layer

出 **chū** [动] **1** (与入相对) go out ▶ 出国 **chūguó** go abroad ▶ 出行 **chūxíng** go on a journey ▶ 出游 **chūyóu** go sightseeing **2** (来到) appear ▶ 出庭 **chūtíng** appear in court ▷ 刚出台的法律 **gāng chūtái de fǎlǜ** brand-new laws **3** (超出) exceed ▶ 出轨 **chūguǐ** derail ▷ 不出3天货就到了。**Bù chū sān tiān huò jiù dào le.** The goods arrived within three days. **4** (给) give out (*pt* gave, *pp* given) ▷ 出考题 **chū kǎotí** set an exam paper ▷ 他为此出了很多力。**Tā wèi cǐ chūle hěn duō lì.** He put a lot of effort into this. **5** (产生) produce ▷ 这个学校出优秀教师。**Zhège xuéxiào chū yōuxiù jiàoshī.** This college produces excellent teachers. **6** (发生) occur ▶ 出事 **chūshì** have an accident **7** (发出) come out (*pt* came, *pp* come) ▶ 出血 **chūxiě** bleed ▶ 出汗 **chūhàn** sweat **8** (显露) appear ▶ 出名 **chūmíng** become famous **9** (支出) pay out (*pt*, *pp* paid) ▷ 量入为出 **liàng rù wéi chū** spend what one earns
出版 **chūbǎn** [动] publish
出殡(殯) **chūbìn** [动] hold a funeral procession (*pt*, *pp* held)
出兵 **chūbīng** [动] dispatch troops
出差 **chūchāi** [动] go away on business (*pt* went, *pp* gone) ▷ 我经常去北京出差。**Wǒ jīngcháng qù Běijīng chūchāi.** I often go to Beijing on business.
出产(產) **chūchǎn** [动] produce
出丑(醜) **chūchǒu** [动] make a fool of oneself

▹他表演失败，当众出丑了。Tā biǎoyǎn shībài, dāngzhòng chūchǒu le. His performance was a failure – he made a fool of himself in front of everyone.

出处(處) **chūchù** [名] source

出道 **chūdào** [动] launch one's career

出动(動) **chūdòng** [动] **1** (外出活动) set off (*pt, pp* set) **2** (派出) dispatch

出尔(爾)反尔(爾) **chū ěr fǎn ěr** go back on one's word

出发(發) **chūfā** [动] **1** (离开) set out (*pt, pp* set) **2** (表示着眼点) take ... as a starting point (*pt* took, *pp* taken) ▹从实际出发 **cóng shíjì chūfā** take reality as one's starting point

出访(訪) **chūfǎng** [动] travel on official business

出风(風)头(頭) **chū fēngtou** **1** (表示贬义) show off (*pt* showed, *pp* shown) **2** (抢眼) steal the show (*pt* stole, *pp* stolen)

出格 **chūgé** [动] **1** (出众) be outstanding **2** (过分) step out of line ▹你的所作所为出格了。**Nǐ de suǒ zuò suǒ wéi chūgé le.** Your behaviour (英) 或 behavior (美) is out of line.

出活 **chūhuó** **I** [动] get work done ▹他花了很长时间，但就是不出活。**Tā huāle hěn cháng shíjiān, dàn jiùshì bù chūhuó.** He spent a lot of time on it, but didn't actually get any work done. **II** [形] efficient

出击(擊) **chūjī** [动] attack

出家 **chūjiā** [动] **1** (当和尚) become a monk (*pt* became, *pp* become) **2** (当尼姑) become a nun (*pt* became, *pp* become)

出嫁 **chūjià** [动] marry

出境 **chūjìng** [动] **1** (指国境) leave the country (*pt, pp* left) **2** (指某一区域) leave a place

出局 **chūjú** [动] be knocked out

出口 **chūkǒu** **I** [动] **1** (说) utter **2** (指贸易) export **II** [名] exit

出口成章 **chū kǒu chéng zhāng** eloquent and articulate

出类(類)拔萃 **chū lèi bá cuì** stand out from the crowd

出力 **chūlì** [动] put effort into (*pt, pp* put) ▹他为公司的创建出力不少。**Tā wèi gōngsī de chuàngjiàn chūlì bù shǎo.** He put a lot of effort into establishing the company.

出笼(籠) **chūlóng** [动] **1** (指蒸笼) come out of the steamer (*pt* came, *pp* come) **2** (喻) come out (*pt* came, *pp* come) ▹新政策出笼后，倍受抨击。**Xīn zhèngcè chūlóng hòu, bèi shòu pēngjī.** When the new policies came out, they were heavily criticized.

出路 **chūlù** [名] **1** (指道路) way out **2** (前途) prospects (*pl*) **3** (销路) market

出落 **chūluo** [动] blossom

出马(馬) **chūmǎ** [动] take the lead (*pt* took, *pp* taken) ▹厂长亲自出马谈这些生意。**Chǎngzhǎng qīnzì chūmǎ tán zhèxiē shēngyì.** The factory director took the lead in these business discussions.

出卖(賣) **chūmài** [动] **1** (卖) sell (*pt, pp* sold) **2** (贬) (背弃) betray

出面 **chūmiàn** [动] come out (*pt* came, *pp* come) ▹由董事会出面召集会议。**Yóu dǒngshìhuì chūmiàn zhàojí huìyì.** The board of directors came out with a request for a meeting.

出名 **chūmíng** [动] become famous (*pt* became, *pp* become)

出没(沒) **chūmò** [动] haunt

出纳(納) **chūnà** **I** [动] (指财务管理) keep the books (*pt, pp* kept) **II** [名] cashier

出品 **chūpǐn** **I** [动] produce **II** [名] product

出奇 **chūqí** [形] extraordinary

出奇制胜(勝) **chū qí zhì shèng** seize victory through a surprise attack

出勤 **chūqín** [动] **1** (按时到) show up on time (*pt* showed, *pp* shown) ▸出勤率 **chūqínlǜ** ratio of attendance **2** (外出办公) go away for work (*pt* went, *pp* gone)

出去 **chūqù** [动] go out ▹出去吃饭 **chūqù chīfàn** go out and eat

出让(讓) **chūràng** [动] sell (*pt, pp* sold)

出人头(頭)地 **chū rén tóu dì** stand out

出任 **chūrèn** [动] (书) take up the post of (*pt* took, *pp* taken) ▹出任总理 **chūrèn zǒnglǐ** take up the post of prime minister

出入 **chūrù** **I** [动] come and go **II** [名] discrepancy

出色 **chūsè** [形] outstanding

出山 **chūshān** [动] take up a post (*pt* took, *pp* taken)

出身 **chūshēn** **I** [动] come from (*pt* came, *pp* come) ▹他出身于一个富裕的家庭。**Tā chūshēn yú yī gè fùyù de jiātíng.** He comes from a wealthy family. **II** [名] background ▹他是农民出身。**Tā shì nóngmín chūshēn.** He comes from a farming background.

出神入化 **chū shén rù huà** reach perfection

出生 **chūshēng** [动] be born ▹她出生在英国。**Tā chūshēng zài Yīngguó.** She was born in Britain.

出生入死 **chū shēng rù sǐ** risk one's life

出师(師) **chūshī** [动] **1** (期满学成) finish one's apprenticeship **2** (书) (出兵) dispatch troops

出使 **chūshǐ** [动] be sent on a diplomatic mission

出世 **chūshì** [动] **1** (出生) be born ▹刚刚出世的婴儿 **gānggāng chūshì de yīng'ér** a new-born baby **2** (产生) arise (*pt* arose,

C

pp arisen) **3** (超脱人世) be detached from the rest of the world

出手 **chūshǒu** I [动] **1** (卖出) sell (*pt*, *pp* sold) **2** (拿出) give ... out (*pt* gave, *pp* given) **3** (行动) hit (*pt*, *pp* hit) II [名] (本领) skill

出售 **chūshòu** [动] sell (*pt*, *pp* sold)

出台(臺) **chūtái** [动] **1** (上场) make an appearance **2** (公布实施) promulgate

出息 **chūxi** I [名] prospect II [动] come on (*pt* came, *pp* come) ▷ 他上大学后出息多了。**Tā shàng dàxué hòu chūxi duō le.** He's really come along since going to university.

出席 **chūxí** [动] attend

出现(現) **chūxiàn** [动] appear ▷ 他没有出现在聚会上, 朋友很失望。**Tā méiyǒu chūxiàn zài jùhuì shàng, péngyou hěn shīwàng.** He didn't appear at the gathering and his friends were very disappointed. ▷ 她的出现令我感到意外。**Tā de chūxiàn lìng wǒ gǎndào yìwài.** I was surprised by her unexpected appearance.

出血 **chūxiě** [动] **1** (字) bleed (*pt*, *pp* bled) **2** (喻) (花钱) blow a lot of money (*pt* blew, *pp* blown)

出洋相 **chū yángxiàng** [动] make a fool of oneself

出狱(獄) **chūyù** [动] be released from prison

出院 **chūyuàn** [动] leave hospital (*pt*, *pp* left)

出众(衆) **chūzhòng** [形] outstanding

出租 **chūzū** [动] let (*pt*, *pp* let) ▷ 有房出租 **yǒu fáng chūzū** room to let

出租汽车(車) **chūzū qìchē** [名] taxi

初

chū I [名] original ▷ 和好如初 **héhǎo rú chū** become reconciled II [形] **1** (第一) first ▶ 初恋 **chūliàn** first love ▷ 初次交往 **chūcì jiāowǎng** first contact **2** (最低) primary ▶ 初级 **chūjí** primary **3** (开始) early ▶ 初冬 **chūdōng** early winter

初步 **chūbù** [形] fundamental

初出茅庐(廬) **chū chū máolú** be wet behind the ears

初级(級) **chūjí** [形] primary ▷ 初级阶段 **chūjí jiēduàn** initial stages

初期 **chūqī** [名] initial stage

初生之犊(犢)不怕虎 **chū shēng zhī dú bù pà hǔ** the young are fearless

初中 **chūzhōng** [名] junior middle school ▷ 上初中 **shàng chūzhōng** go to junior middle school

初衷 **chūzhōng** [名] original intention

刍(芻)

chú I [名] hay II [动] (书) mow the lawn (*pt* mowed, *pp* mown) III [形] (书, 谦) meagre

刍(芻)议(議) **chúyì** [名] (谦) my humble opinion

除

chú I [动] **1** (去掉) get rid of ▶ 开除 **kāichú** dismiss ▶ 去除 **qùchú** remove **2** (指算术) divide ▶ 除法 **chúfǎ** division ▷ 16除以8等于2。**Shíliù chú yǐ bā děngyú èr.** Sixteen divided by eight is two. II [介] **1** (表示绝对排除关系) except ▷ 除彼得外大家都来了。**Chú Bǐdé wài dàjiā dōu lái le.** Everyone came except Peter. **2** (表示并非唯一) apart from ▷ 除了珍妮, 谁还去过上海? **Chúle Zhēnnī, shuí hái qùguò Shànghǎi?** Apart from Jenny, who else has been to Shanghai?

除非 **chúfēi** I [连] unless ▷ 除非天下雨, 我通常晚饭后出去散步。**Chúfēi tiān xiàyǔ, wǒ tōngcháng wǎnfàn hòu chūqù sànbù.** Unless it's raining, I normally go for a walk after dinner. ▷ 除非他要我去, 否则我不去。**Chúfēi tā yào wǒ qù, fǒuzé wǒ bù qù.** I won't go unless he wants me to. II [介] other than ▷ 这个秘方, 除非他没人知道。**Zhège mìfāng, chúfēi tā méi rén zhīdào.** Other than him, no one else knows the secret recipe.

除了 **chúle** [介] **1** (表示不包括) except ▷ 除了你其他人都参加了会议。**Chúle nǐ qítā rén dōu cānjiāle huìyì.** Everyone else attended the meeting except you. **2** (除此以外) apart from ▷ 他除了学习英语, 还学习日语。**Tā chúle xuéxí Yīngyǔ, hái xuéxí Rìyǔ.** Apart from studying English, he also studies Japanese. **3** (表示非此即彼) apart from ... the only ...

除名 **chúmíng** [动] strike ... off (*pt*, *pp* struck)

除外 **chúwài** [动] ▷ 班长除外, 每个人都得写份报告。**Bānzhǎng chúwài, měigè rén dōu děi xiě fèn bàogào.** Everyone had to write a report except the class monitor. ▷ 雨天除外, 他每天步行上班。**Yǔtiān chúwài, tā měitiān bùxíng shàngbān.** He walks to work every day, except when it rains.

除夕 **chúxī** [名] New Year's Eve

厨(廚)

chú [名] **1** (厨房) kitchen ▶ 厨房 **chúfáng** kitchen **2** (厨师) cook

厨(廚)师(師) **chúshī** [名] cook

锄(鋤)

chú I [名] hoe II [动] **1** (松土) hoe ▶ 锄地 **chúdì** hoe the fields **2** (铲除) wipe ... out

锄(鋤)头(頭) **chútou** [名] hoe

雏(雛)

chú [形] (幼小) nestling

雏(雛)儿(兒) **chúr** [名] (口) **1** (幼鸟) chick **2** (喻) (指人) innocent

雏(雛)形 **chúxíng** [名] **1** (最初形式) original state ▷ 公司的雏形不是这样的。**Gōngsī de chúxíng bù shì zhèyàng de.** The company didn't originally look like this. **2** (指模型) model

C

橱(櫥) chú [名] cabinet
橱(櫥)窗 chúchuāng [名] **1** (指商店的展示窗) shop (英) 或 store (美) window **2** (用于展览图片等) display case
橱柜(櫃) chúguì [名] cupboard

处(處) chǔ [动] **1** (交往) get on with **2** (在) be in ▷ 处于困境 chǔyú kùnjìng be in a difficult position ▷ 他身处他乡，倍感孤独。Tā shēn chǔ tāxiāng, bèi gǎn gūdú. When he's away from home he feels twice as lonely. **3** (办理) deal with (*pt, pp* dealt) **4** (处罚) penalize ▶ 惩处 chéngchǔ penalize
→ 另见 chù
处(處)罚(罰) chǔfá [动] punish
处(處)方 chǔfāng [名] prescription
处(處)分 chǔfèn **I** [动] punish **II** [名] punishment
处(處)境 chǔjìng [名] situation
处(處)决(決) chǔjué [动] **1** (执行死刑) execute **2** (决断) decide ▷ 提工资的事由董事会处决。Tí gōngzī de shì yóu dǒngshìhuì chǔjué. Salary increases are decided on by the board of directors.
处(處)理 chǔlǐ [动] **1** (解决) deal with (*pt, pp* dealt) ▷ 遇到问题应该及时处理。Yùdào wèntí yīnggāi jíshí chǔlǐ. You should deal with problems as they arise. **2** (减价) sell ... at a reduced price (*pt, pp* sold) ▷ 处理品 chǔlǐpǐn goods sold at a discount **3** (加工) treat ▷ 经高温处理过的牛奶 jīng gāowēn chǔlǐguò de niúnǎi milk pasteurized at a high temperature
处(處)女 chǔnǚ [名] virgin ▷ 处女地 chǔnǚdì virgin land ▷ 处女航 chǔnǚháng maiden voyage
处(處)世 chǔshì [动] conduct oneself
处(處)心积(積)虑(慮) chǔ xīn jī lǜ plot and scheme
处(處)于(於) chǔyú [动] be in a position ▷ 处于困境 chǔyú kùnjìng be in a difficult position
处(處)治 chǔzhì [动] punish
处(處)置 chǔzhì [动] **1** (处理) deal with (*pt, pp* dealt) **2** (惩治) punish

础(礎) chǔ [名] plinth

储(儲) chǔ [动] store
储(儲)备(備) chǔbèi **I** [动] store ... up **II** [名] reserve
储(儲)藏 chǔcáng [动] **1** (保藏) store **2** (蕴藏) contain ▷ 大量的石油储藏在这片沙漠中。Dàliàng de shíyóu chǔcáng zài zhè piàn shāmò zhōng. Large reserves of oil are contained in this desert.
储(儲)存 chǔcún [动] stockpile
储(儲)蓄 chǔxù **I** [动] save **II** [名] savings (*pl*)

楚 chǔ **I** [名] (书) (痛苦) suffering **II** [形] (清晰) clear
楚楚 chǔchǔ [形] **1** (整洁) neat and tidy **2** (娇柔) dainty

处(處) chù [名] **1** (地方) place ▶ 暗处 ànchù secret place ▶ 益处 yìchù profit ▷ 四处都是人。Sìchù dōu shì rén. There were people everywhere. **2** (部门) department ▷ 人事处 rénshìchù human resources department
→ 另见 chǔ
处(處)所 chùsuǒ [名] area

畜 chù [名] livestock
→ 另见 xù
畜生 chùsheng [名] beast

触(觸) chù [动] **1** (接触) touch **2** (触动) move
触(觸)动(動) chùdòng [动] **1** (碰撞) bump into **2** (损害) offend **3** (打动) stir ... up
触(觸)犯 chùfàn [动] violate
触(觸)及 chùjí [动] touch
触(觸)角 chùjiǎo [名] tentacle
触(觸)类(類)旁通 chù lèi páng tōng reason by analogy
触(觸)摸 chùmō [动] touch ▷ 触摸式屏幕 chùmō shì píngmù touch screen
触(觸)目惊(驚)心 chù mù jīng xīn shocking

黜 chù [动] (书) dismiss
黜免 chùmiǎn [动] (书) dismiss

矗 chù [动] (书) stand straight (*pt, pp* stood)
矗立 chùlì [动] stand majestically (*pt, pp* stood)

揣 chuāi [动] conceal ... in one's clothes
→ 另见 chuǎi

揣 chuǎi [动] (书) surmise
→ 另见 chuāi
揣测(測) chuǎicè [动] guess
揣度 chuǎiduó [动] (书) speculate
揣摩 chuǎimó [动] speculate ▷ 我不停地揣摩他的心思。Wǒ bùtíng de chuǎimó tā de xīnsi. I kept speculating on what he might be thinking.

踹 chuài [动] **1** (踢) kick **2** (踩) tread (*pt* trod, *pp* trodden) ▷ 他踹到了狗屎。Tā chuàidàole gǒushǐ. He trod in dog's mess.

川 chuān [名] **1** (河流) river **2** (平地) plain

川流不息 **chuān liú bù xī** endless streams ▷街上的人群川流不息。**Jiē shàng de rénqún chuān liú bù xī.** There were endless streams of people and cars on the road.

川资(資) **chuānzī** [名] travel expenses (*pl*)

穿 chuān [动] **1** (破) (纸) pierce **2** (谎言, 事实) expose **3** (通过) pass through ▷穿过人群 **chuān guò rénqún** pass through the crowd ▷周末的街头, 行人穿行不息。**Zhōumò de jiētóu, xíngrén chuānxíng bù xī.** Endless streams of people pass through the streets at the weekends. ▷穿针 **chuān zhēn** thread a needle **4** (串) piece ... together ▷把线索穿起来 **bǎ xiànsuǒ chuān qǐlái** piece together all the clues ▷穿珍珠 **chuān zhēnzhū** string pearls together **5** (衣服, 鞋帽, 首饰等) wear (*pt* wore, *pp* worn) ▷她喜欢穿金戴银。**Tā xǐhuān chuān jīn dài yín.** She likes to wear gold and silver. ▷他迅速穿上衣服。**Tā xùnsù chuānshàng yīfu.** He put his clothes on very quickly. **6** (表示透彻) penetrate ▷看穿事情的真相 **kànchuān shìqing de zhēnxiàng** see through to the truth of a situation

穿插 **chuānchā** **I** [副] alternately ▷工作和休闲穿插进行 **gōngzuò hé xiūxián chuānchā jìnxíng** take turns to work and rest **II** [动] weave ... in (*pt* wove, *pp* woven) ▷他在论文中穿插了些引文。**Tā zài lùnwén zhōng chuānchāle xiē yǐnwén.** He wove some quotations into his essay.

穿戴 **chuāndài** **I** [名] dress ▷他不讲究穿戴。**Tā bù jiǎngjiu chuāndài.** He's not particular about what he wears. **II** [动] dress ▷全家穿戴整齐, 准备去参加宴会。**Quánjiā chuāndài zhěngqí, zhǔnbèi qù cānjiā yànhuì.** The whole family dressed up very smartly in preparation for the dinner party.

穿梭 **chuānsuō** [动] shuttle back and forth ▷机场大巴穿梭往来于机场和火车站。**Jīchǎng dàbā chuānsuō wǎnglái yú jīchǎng hé huǒchēzhàn.** The airport bus shuttles back and forth between the airport and the train station.

穿小鞋 **chuān xiǎoxié** [动] (喻) make things hard for

穿越 **chuānyuè** [动] pass through

穿凿(鑿) **chuānzáo** [动] give a far-fetched account (*pt* gave, *pp* given)

穿着(著) **chuānzhuó** [名] outfit

传(傳) chuán [动] **1** (交给) hand ... down **2** (传授) pass ... on **3** (传播) spread (*pt, pp* spread) **4** (传导) conduct **5** (表达) express ▶传情 **chuánqíng** express one's feelings ▷他们俩在会上眉目传情。**Tāmen liǎ zài huìshang méimù chuánqíng.** They were eyeing each other up at the meeting. **6** (命令) summon **7** (传染) infect

→另见 **zhuàn**

传(傳)播 **chuánbō** [动] disseminate

传(傳)达(達) **chuándá** **I** [动] pass ... on ▷传达指示 **chuándá zhǐshì** pass on an instruction **II** [名] receptionist ▷传达室 **chuándáshì** reception room

传(傳)单(單) **chuándān** [名] leaflet

传(傳)递(遞) **chuándì** [动] extend ▷传递祝福 **chuándì zhùfú** extend good wishes ▷传递信息 **chuándì xìnxī** transmit information

传(傳)媒 **chuánméi** [名] **1** (传播媒介) media (*pl*) ▷新闻传媒 **xīnwén chuánméi** the news media **2** (传染媒介) medium ▷苍蝇是许多疾病的传媒。**Cāngying shì xǔduō jíbìng de chuánméi.** Flies are the medium of many infections.

传(傳)票 **chuánpiào** [名] **1** (传唤凭证) summons (*sg*) **2** (账目凭单) voucher

传(傳)奇 **chuánqí** [形] legendary ▷传奇人物 **chuánqí rénwù** legendary figure

传(傳)染 **chuánrǎn** [动] infect ▷蚊子传染疟疾。**Wénzi chuánrǎn nüèji.** Mosquitoes carry the malaria infection.

传(傳)染病 **chuánrǎnbìng** [名] infectious disease

传(傳)世 **chuánshì** [动] hand ... down

传(傳)授 **chuánshòu** [动] pass ... on ▷传授经验 **chuánshòu jīngyàn** pass on one's experience ▷传授知识 **chuánshòu zhīshi** pass on knowledge

传(傳)说(說) **chuánshuō** **I** [动] ▷传说几百年前, 这儿是一片海。**Chuánshuō jǐ bǎi nián qián, zhèr shì yī piàn hǎi.** People say that several hundred years ago this was all ocean. ▷传说他10年前就去了海外。**Chuánshuō tā shí nián qián jiù qùle hǎiwài.** It is said that he went abroad ten years ago. **II** [名] legend

传(傳)统(統) **chuántǒng** **I** [名] tradition **II** [形] **1** (世代相传) traditional ▷传统文化 **chuántǒng wénhuà** traditional culture ▷传统医学 **chuántǒng yīxué** traditional medicine **2** (保守) conservative

传(傳)真 **chuánzhēn** [动] (指通讯方式) fax ▷我把文件传真给他了。**Wǒ bǎ wénjiàn chuánzhēn gěi tā le.** I faxed the documents to him. ▷给我发个传真吧。**Gěi wǒ fā gè chuánzhēn ba.** Please send me a fax.

传(傳)真机(機) **chuánzhēnjī** [名] fax machine

船 chuán [名] boat, ship ▶渔船 **yúchuán**

fishing boat
船舶 chuánbó [名] shipping
船只(隻) chuánzhī [名] vessels (*pl*)

喘 chuǎn **I** [动] gasp **II** [名] asthma
喘息 chuǎnxī [动] **1** (急促呼吸) pant **2** (短时休息) come up for air (*pt* came, *pp* come)
喘吁吁 chuǎnxūxū [形] puffing and panting

串 chuàn **I** [动] **1** (连贯) string ... together (*pt*, *pp* strung) ▷ 她把珍珠串了起来。Tā bǎ zhēnzhū chuànle qǐlái. She strung the pearls together. **2** (勾结) conspire **3** (指信号) get mixed up ▷ 电视串台了。Diànshì chuàntái le. The TV channels were all mixed up. ▷ 电话串线了。Diànhuà chuànxiàn le. There was a crossed line. **4** (走动) drop by ▷ 他爱来我家串门。Tā ài lái wǒ jiā chuànmén. He likes to drop by my place. **5** (担任角色) act **II** [量] bunch ▷ 两串钥匙 liǎng chuàn yàoshi two bunches of keys ▷ 一串珍珠 yī chuàn zhēnzhū a string of pearls
串通 chuàntōng [动] (暗中勾结) collude ▷ 他俩串通作伪证。Tā liǎ chuàntōng zuò wěizhèng. The two men colluded as false witnesses.

创(創) chuāng [名] wound ▶ 创痕 chuānghén scar ▶ 创口 chuāngkǒu cut ▶ 创可贴 chuāngkětiē plaster (英), Band-Aid ® (美) $
→ 另见 chuàng
创(創)伤(傷) chuāngshāng [名] **1** (指肉体) wound **2** (指精神) trauma

疮(瘡) chuāng [名] **1** (指疾病) ulcer ▶ 口疮 kǒuchuāng mouth ulcer ▶ 冻疮 dòngchuāng chilblain **2** (指外伤) cut
疮(瘡)疤 chuāngbā [名] **1** (疤痕) scar **2** (喻) weak point
疮(瘡)痍 chuāngyí [名] (书) trauma

窗 chuāng [名] window ▶ 窗子 chuāngzi window
窗户(戶) chuānghu [名] window
窗口 chuāngkǒu [名] **1** (字) window ▷ 售票窗口 shòupiào chuāngkǒu ticket window **2** (喻) (渠道) vehicle **3** (喻) (反映处) window ▷ 眼睛是心灵的窗口。Yǎnjīng shì xīnlíng de chuāngkǒu. The eyes are a window on the soul.
窗口行业(業) chuāngkǒu hángyè [名] service industry

床 chuáng **I** [名] bed ▶ 单人床 dānrénchuáng single bed ▶ 床单 chuángdān bed sheet ▶ 上床 shàngchuáng go to bed ▶ 河床 héchuáng river bed ▶ 机床 jīchuáng lathe **II** [量] ▷ 一床棉被 yī chuáng miánbèi a quilt
床位 chuángwèi [名] bed

闯(闖) chuǎng [动] **1** (冲) rush **2** (磨炼) steel oneself **3** (惹) stir ... up ▶ 闯祸 chuǎnghuò cause trouble
闯(闖)荡(蕩) chuǎngdàng [动] steel oneself to face the outside world
闯(闖)祸(禍) chuǎnghuò [动] cause trouble
闯(闖)江湖 chuǎng jiānghú lead a nomadic lifestyle (*pt*, *pp* led)

创(創) chuàng [动] create ▶ 独创 dúchuàng make an original creation ▷ 开创新纪元 kāichuàng xīn jìyuán create a new era ▷ 今年钢铁产量又创新高。Jīnnián gāngtiě chǎnliàng yòu chuàng xīngāo. This year steel production has reached new highs.
→ 另见 chuāng
创(創)见(見) chuàngjiàn [名] original idea
创(創)建 chuàngjiàn [动] establish
创(創)举(舉) chuàngjǔ [名] pioneering work
创(創)刊 chuàngkān [动] start publication
创(創)立 chuànglì [动] establish ▷ 创立事业 chuànglì shìyè establish a career ▷ 创立品牌 chuànglì pǐnpái create a trademark
创(創)始 chuàngshǐ [动] found
创(創)业(業) chuàngyè [动] carve out a career
创(創)意 chuàngyì [名] creativity
创(創)造 chuàngzào [动] create ▷ 创造财富 chuàngzào cáifù create wealth
创(創)作 chuàngzuò **I** [动] create **II** [名] work

吹 chuī [动] **1** (出气) blow (*pt* blew, *pp* blown) ▷ 吹蜡烛 chuī làzhú blow out a candle **2** (演奏) play ▷ 吹口琴 chuī kǒuqín play the harmonica **3** (夸口) boast **4** (口) (破裂) fall through (*pt* fell, *pp* fallen) ▷ 他们去夏威夷的计划吹了。Tāmen qù Xiàwēiyí de jìhuà chuī le. Their plan to go to Hawaii fell through. ▷ 我和女友吹了。Wǒ hé nǚyǒu chuī le. I've broken up with my girlfriend.
吹风(風) chuīfēng [动] **1** (受风寒) catch a chill (*pt*, *pp* caught) **2** (吹干) blow-dry **3** (口) (透露) give advance warning (*pt* gave, *pp* given)
吹灰之力 chuī huī zhī lì [名] little effort ▷ 他不费吹灰之力就通过了考试。Tā bù fèi chuī huī zhī lì jiù tōngguòle kǎoshì. He got through the exam with very little effort.
吹毛求疵 chuī máo qiú cī find fault
吹牛 chuīniú [动] brag
吹捧 chuīpěng [动] flatter
吹嘘(噓) chuīxū [动] boast ▷ 吹嘘自己的长处

chuīxū zìjǐ de chángchu boast about one's strengths

炊 chuī [动] cook ▸炊具 chuījù cooking utensil ▹炊事 chuīshì cooking

垂 chuí **I** [动] **1** (一头向下) hang down (*pt, pp* hung) **2** (敬) (长辈或上级) condescend **3** (书) (流传) hand ... down ▹永垂不朽 yǒng chuí bù xiǔ be everlasting **II** [副] (书) on the verge of ▸生命垂危 shēngmìng chuíwēi be on the verge of death

垂手 chuíshǒu [动] (表示恭敬) stand to attention (*pt, pp* stood)

垂手可得 chuí shǒu kě dé do... with one's eyes shut

垂头(頭)丧(喪)气(氣) chuí tóu sàng qì be crestfallen

垂直 chuízhí [形] vertical

捶 chuí [动] pound

锤(錘) chuí **I** [名] hammer **II** [动] hammer

锤(錘)炼(鍊) chuíliàn [动] **1** (冶金) hammer ... into shape **2** (磨炼) harden ▹锤炼意志 chuíliàn yìzhì harden one's resolve ▹锤炼孩子的思考力 chuíliàn háizi de sīkǎolì sharpen a child's powers of thought **3** (钻研琢磨) refine ▹锤炼写作技巧 chuíliàn xiězuò jìqiǎo refine one's writing skills

春 chūn [名] **1** (春季) spring **2** (情欲) sexual desire **3** (生机) vitality

春分 chūnfēn [名] spring equinox

春风(風)得意 chūnfēng déyì take pride in one's successes

春风(風)化雨 chūnfēng huàyǔ (喻) inspirational teaching

春光 chūnguāng [名] spring scenes (*pl*)

春节(節) Chūn Jié [名] Chinese New Year

> Chinese New Year, or Spring Festival, is the most important festival of the year and falls on the first day of the lunar calendar. Traditionally families gather together, children receive money in red envelopes, and in some parts of China everyone helps make and eat a festival feast. On greeting people over this festival it is traditional to wish them wealth and happiness, by saying 恭喜发财 gōngxǐ fācái.

春卷(捲) chūnjuǎn [名] spring roll

春联(聯) chūnlián [名] Spring Festival couplets (*pl*)

春秋 chūnqiū [名] year

春天 chūntiān [名] spring

春药(藥) chūnyào [名] aphrodisiac

纯(純) chún [形] **1** (纯净) pure **2** (纯熟) skilful (英), skillful (美)

纯(純)粹 chúncuì **I** [形] pure **II** [副] purely

纯(純)洁(潔) chúnjié **I** [形] pure **II** [动] purify

纯(純)净(淨) chúnjìng [形] pure

纯净水 chúnjìngshuǐ [名] pure water

纯(純)利 chúnlì [名] net profit

纯(純)真 chúnzhēn [形] pure

纯(純)正 chúnzhèng [形] **1** (纯粹) pure **2** (正当) unselfish ▹动机纯正 dòngjī chúnzhèng unselfish motivation

唇(脣) chún [名] lip

唇(脣)舌 chúnshé [名] argument

唇(脣)亡齿(齒)寒 chún wáng chǐ hán share a common fate

淳 chún [形] (书) honest

淳朴(樸) chúnpǔ [形] simple

醇 chún **I** [名] **1** (烈酒) spirit **2** (化) alcohol **II** [形] (书) pure

醇厚 chúnhòu [形] (纯正浓厚) rich

蠢 chǔn [形] **1** (愚蠢) stupid **2** (笨拙) clumsy

蠢蠢欲(慾)动(動) chǔnchǔn yù dòng on the point of stirring up trouble

戳 chuō **I** [动] **1** (穿过) poke ▹他不小心戳到了我的眼睛。Tā bù xiǎoxīn chuōdàole wǒ de yǎnjīng. He accidentally poked me in the eye. **2** (方) (损坏) pierce **II** [名] seal

戳穿 chuōchuān [动] **1** (刺穿) pierce **2** (揭穿) expose

戳子 chuōzi [名] seal

啜 chuò [动] (书) **1** (喝) sip **2** (抽噎) sob

啜泣 chuòqì [动] sob

绰(綽) chuò [形] (书) **1** (宽绰) abundant **2** (柔美) graceful

绰(綽)绰(綽)有余(餘) chuòchuò yǒu yú more than enough ▹用我的工资支付日常的生活绰绰有余。Yòng wǒ de gōngzī zhīfù rìcháng de shēnghuó chuòchuò yǒu yú. My wages are more than enough to pay for my daily outgoings.

绰(綽)号(號) chuòhào [名] nickname

辍(輟) chuò [动] stop

辍(輟)笔(筆) chuòbǐ [动] stop ▹辍笔5年后他又开始作画。Chuòbǐ wǔ nián hòu tā yòu kāishǐ zuòhuà. Five years after he stopped painting he started up again. ▷他40岁时就辍笔了。Tā sìshí suì shí jiù chuòbǐ le. He stopped writing at the age of forty.

辍(輟)学(學) **chuòxué** [动] give up one's studies (*pt* gave, *pp* given) ▷她被迫辍学。Tā bèipò chuòxué. She was forced to give up her studies.

刺 cī [拟] whoosh
→另见cì

疵 cī [名] flaw

词(詞) cí [名] **1** (语句) words (*pl*) ▶台词 táicí lines ▶闭幕词 bìmùcí closing speech **2** (指语言单位) word **3** (指韵文形式) *classical poetry using a set pattern*

词(詞)典 **cídiǎn** [名] dictionary ▷双语词典 shuāngyǔ cídiǎn bilingual dictionary

词(詞)典学(學) **cídiǎnxué** [名] lexicography

词(詞)法 **cífǎ** [名] morphology

词(詞)汇(匯) **cíhuì** [名] vocabulary

词(詞)语(語) **cíyǔ** [名] word

词(詞)藻 **cízǎo** [名] rhetoric

词(詞)组(組) **cízǔ** [名] phrase

祠 cí [名] ancestral temple

祠堂 **cítáng** [名] ancestral temple

瓷 cí [名] porcelain

辞(辭) cí **I** [名] **1** (语言) diction **2** (文学体裁) *early form of classical Chinese poetry* **II** [动] **1** (告别) bid ... farewell (*pt* bade, *pp* bidden) **2** (辞职) resign ▷他辞掉了市长的职务。Tā cídiàole shìzhǎng de zhíwù. He resigned from his position as mayor. **3** (辞退) dismiss ▷他被经理辞了。Tā bèi jīnglǐ cí le. He was dismissed by the manager. **4** (躲避) decline

辞(辭)别(別) **cíbié** [动] bid ... farewell (*pt* bade, *pp* bidden) ▷他辞别了亲人去国外打工。Tā cíbiéle qīnrén qù guówài dǎgōng. He bade farewell to his relatives as he left to work overseas.

辞(辭)呈 **cíchéng** [名] letter of resignation ▷他向老板递交了辞呈。Tā xiàng lǎobǎn dìjiāole cíchéng. He gave his boss his letter of resignation.

辞(辭)典 **cídiǎn** [名] dictionary

辞(辭)令 **cílìng** [名] language ▷外交辞令 wàijiāo cílìng diplomatic language

辞(辭)世 **císhì** [动] pass away ▷因病辞世 yīn bìng císhì pass away due to illness

辞(辭)书(書) **císhū** [名] reference books (*pl*)

辞(辭)退 **cítuì** [动] dismiss ▷他因工作不力，被老板辞退。Tā yīn gōngzuò bùlì, bèi lǎobǎn cítuì. He wasn't hardworking enough, and so was dismissed by the boss.

辞(辭)行 **cíxíng** [动] bid ... farewell (*pt* bade, *pp* bidden)

辞(辭)藻 **cízǎo** [名] rhetoric

辞(辭)章 **cízhāng** [名] **1** (韵文和散文) poetry and prose **2** (写作技巧) writing skills (*pl*)

辞(辭)职(職) **cízhí** [动] resign

> 请勿混淆 **resign** 和 **retire**。**resign** 表示某人在提出不愿再做某份工作后离职。*He resigned last week after a newspaper published claims that he had lied to get the job...She has threatened to resign from her well-paid job as a protest.* **retire** 表示离职并停止工作，通常此时是由于该人已达到领取养老金的年龄。*He retired in 1960... Her mum retired from her job as a teacher at the age of 60.* 当职业运动员不再从事职业体育运动，即使他们还非常年轻，也可以使用 **retire**。

慈 cí [形] kind

慈爱(愛) **cí'ài** [形] affectionate

慈悲 **cíbēi** [名] compassion

慈善 **císhàn** [形] charitable

慈祥 **cíxiáng** [形] kind

磁 cí [名] (物) magnetism

磁场(場) **cíchǎng** [名] magnetic field

磁盘(盤) **cípán** [名] disk

磁盘(盤)驱(驅)动(動)器 **cípán qūdòngqì** [名] disk drive

雌 cí [形] female ▶雌性 cíxìng female

雌雄 **cíxióng** [名] (喻) winners and losers (*pl*)

此 cǐ [代] (这) this (*pl* these) ▷此书 cǐshū this book ▷此时此刻 cǐshí cǐkè right now ▷就此分手 jiù cǐ fēnshǒu part company now ▷由此向前 yóu cǐ xiàngqián from now on ▷长此以往 cháng cǐ yǐ wǎng if things continue like this

此起彼伏 **cǐ qǐ bǐ fú** continuously rising and falling

此外 **cǐwài** [连] apart from this ▷抽屉里就几件衣服，此外别无他物。Chōuti lǐ jiù jǐ jiàn yīfu, cǐwài bié wú tā wù. There were just a few items of clothing in the drawer. Apart from that there was nothing.

此一时(時)，彼一时(時) **cǐ yī shí, bǐ yī shí** things have changed ▷此一时，彼一时，现在家庭妇男越来越多了。Cǐ yī shí, bǐ yī shí, xiànzài jiātíng fùnán yuèláiyuè duō le. Things have changed – there are more and more house-husbands around today.

次 **cì I** [名] ranking ▸ 档次 **dàngcì** grade ▸ 层次 **céngcì** level ▸ 名次 **míngcì** position (*in a competition*) **II** [形] **1** (第二) second ▸ 次子 **cìzǐ** second son ▸ 次日 **cìrì** next day **2** (差) inferior ▸ 次品 **cìpǐn** inferior product ▹ 电影拍得太次了。**Diànyǐng pāide tài cì le.** The film was badly made. **III** [量] time ▸ 初次 **chūcì** first time ▸ 屡次 **lǚcì** repeatedly

次序 **cìxù** [名] order ▹ 老师按字母次序点名。**Lǎoshī àn zìmǔ cìxù diǎnmíng.** The teacher read the names out in alphabetical order.

次要 **cìyào** [形] secondary

伺 **cì** 见下文
→ 另见 **sì**

伺候 **cìhou** [动] wait on ▹ 许多男人都希望老婆好好伺候他。**Xǔduō nánren dōu xīwàng lǎopo hǎohǎo cìhou tā.** A lot of men hope that their wives will wait on them.

刺 **cì I** [动] **1** (穿过) pierce **2** (刺激) irritate **3** (暗杀) assassinate **4** (侦探) spy **5** (讽刺) satirize **II** [名] sting
→ 另见 **cī**

刺刺不休 **cìcì bù xiū** go on and on ▹ 他对此刺刺不休地说了一下午。**Tā duì cǐ cì cì bù xiū de shuōle yī xiàwǔ.** He went on and on about it all afternoon.

刺耳 **cì'ěr** [形] **1** (指声音) ear-piercing **2** (喻) (指言语) jarring

刺骨 **cìgǔ** [动] be piercing ▹ 海水冰冷刺骨。**Hǎishuǐ bīnglěng cìgǔ.** The seawater was piercingly cold.

刺激 **cìjī** [动] **1** (指生物现象) stimulate **2** (推动) stimulate **3** (打击) provoke

刺客 **cìkè** [名] assassin

刺杀(殺) **cìshā** [动] **1** (暗杀) assassinate **2** (拼杀) bayonet

刺探 **cìtàn** [动] spy ▹ 刺探商业情报 **cìtàn shāngyè qíngbào** gather business intelligence

刺猬(蝟) **cìwei** [名] hedgehog

刺绣(繡) **cìxiù I** [动] embroider **II** [名] embroidery

刺眼 **cìyǎn** [形] **1** (光线太强) dazzling **2** (扎眼) loud

赐(賜) **cì** [动] **1** (赏赐) bestow ▹ 国王赐给他一箱黄金。**Guówáng cì gěi tā yī xiāng huángjīn.** The king bestowed a case of gold on him. **2** (敬) grant

赐(賜)教 **cìjiào** [动] (敬) give instructions (*pt* gave, *pp* given) ▹ 请高手赐教。**Qǐng gāoshǒu cìjiào.** Please give me instructions.

匆 **cōng** [副] hastily

匆匆 **cōngcōng** [形] hasty

匆促 **cōngcù** [形] hasty

匆忙 **cōngmáng** [形] hurried

葱(蔥) **cōng I** [名] spring onion **II** [形] green

葱(蔥)翠 **cōngcuì** [形] lush green

聪(聰) **cōng I** [名] hearing **II** [形] **1** (指听力) acute **2** (聪明) clever

聪(聰)明 **cōngmíng** [形] clever

从(從) **cóng I** [动] **1** (跟随) follow ▸ 从众 **cóngzhòng** follow the crowd ▸ 从俗 **cóngsú** follow convention **2** (顺从) comply with ▸ 服从 **fúcóng** obey ▹ 言听计从 **yán tīng jì cóng** blindly follow **3** (从事) participate in ▸ 从戎 **cóngróng** enlist **4** (采取) ▹ 从严治理 **cóngyán zhìlǐ** govern according to tougher principles ▹ 一切从简 **yīqiè cóngjiǎn** do everything simply **II** [名] follower ▸ 仆从 **púcóng** attendant **III** [形] (从属) subordinate ▸ 从犯 **cóngfàn** accessory **IV** [介] **1** (起于) from ▹ 从前到后 **cóng qián dào hòu** from front to back ▹ 从明天起 **cóng míngtiān qǐ** from tomorrow onwards ▹ 从山顶向远处眺望 **cóng shāndǐng xiàng yuǎnchù tiàowàng** look out into the distance from the top of the mountain ▹ 从东到西 **cóng dōng dào xī** from east to west **2** (经过) ▹ 轮船从桥下经过。**Lúnchuán cóng qiáo xià jīngguò.** The boat passed underneath the bridge. ▹ 飞机从我们头顶飞过。**Fēijī cóng wǒmen tóudǐng fēiguò.** The plane passed over our heads. **V** [副] ▸ 从未 **cóng wèi** never ▹ 他从未见过大海。**Tā cóng wèi jiànguò dàhǎi.** He's never seen the sea. ▹ 她从未到过苏格兰。**Tā cóng wèi dàoguò Sūgélán.** She's never been to Scotland.

从(從)此 **cóngcǐ** [副] after that ▹ 他们从此不再贫穷。**Tāmen cóngcǐ bù zài pínqióng.** After that they were no longer poor.

从(從)而 **cóng'ér** [连] thus ▹ 公司决定裁员，从而削减成本。**Gōngsī juédìng cáiyuán, cóng'ér xuējiǎn chéngběn.** The company decided to lay people off, and thus reduce their costs.

从(從)犯 **cóngfàn** [名] accessory

从(從)军(軍) **cóngjūn** [动] enlist

从(從)来(來) **cónglái** [副] ▹ 我从来没去过美国。**Wǒ cónglái méi qùguò Měiguó.** I've never been to the States. ▹ 她从来未说过。**Tā cónglái wèi shuōguò.** She never said it.

从(從)来(來)不 **cóngláibù** [副] never

从(從)没 **cóngméi** [副] never ▹ 他从没见过大海。**Tā cóngméi jiàn guò dàhǎi.** He has never seen the ocean.

When using 从没 cóngméi, 过 guò is placed after the verb.

从(從)命 cóngmìng [动] obey orders

从(從)前 cóngqián [名] **1** (过去) past ▷ 希望你比从前快乐。Xīwàng nǐ bǐ cóngqián kuàilè. I hope you are happier than you were before. **2** (很久以前) once upon a time

从(從)容 cóngróng [形] **1** (镇静) calm ▷ 神态从容 shéntài cóngróng calm manner ▷ 从容应对 cóngróng yìngduì respond calmly **2** (宽裕) ample ▷ 时间从容。Shíjiān cóngróng. There's ample time.

从(從)善如流 cóng shàn rú liú take good advice

从(從)事 cóngshì [动] **1** (投身) undertake (*pt* undertook, *pp* undertaken) **2** (处理) deal with (*pt*, *pp* dealt)

从(從)速 cóngsù [副] as soon as possible

从(從)业 cóngyè [动] be employed ▷ 她从业于教育界。Tā cóngyè yú jiàoyùjiè. She is employed as a teacher.

从(叢) cóng **I** [动] crowd together **II** [名] **1** (指草木) thicket **2** (指人或物) crowd

从(叢)书(書) cóngshū [名] series (*sg*)

淙 cóng 见下文

淙淙 cóngcóng [拟] gurgling

凑(湊) còu [动] **1** (聚集) gather ... together **2** (碰) encounter **3** (接近) approach

凑(湊)合 còuhe [动] **1** (聚集) gather ... together **2** (拼凑) improvise **3** (将就) get by

凑(湊)巧 còuqiǎo [形] lucky ▷ 真不凑巧，没带多少现金。Zhēn bù còuqiǎo, méi dài duōshǎo xiànjīn. How unlucky – I didn't bring enough cash. ▷ 我凑巧也搭乘那趟火车。Wǒ còuqiǎo yě dāchéng nà tàng huǒchē. I happened to take the same train.

凑(湊)数(數) còushù [动] **1** (凑足数额) make enough ▷ 几个月的工资积攒下来凑数买了台电脑。Jǐ gè yuè de gōngzī jīzǎn xiàlái còushù mǎile tái diànnǎo. My months of saving gave me enough to buy a computer. **2** (滥竽充数) make up the numbers ▷ 这张唱片中没有一首凑数之作。Zhè zhāng chàngpiàn zhōng méiyǒu yī shǒu còushù zhī zuò. Not one song on this album is there just to make up the numbers.

粗 cū **I** [形] **1** (横剖面大) thick **2** (颗粒大) coarse **3** (指声音) gruff **4** (糙) crude **5** (疏忽) careless **6** (鲁莽) reckless **II** [副] sketchily ▷ 粗知一二 cū zhī yī'èr have a sketchy understanding

粗暴 cūbào [形] rough ▷ 他态度粗暴。Tā tàidu cūbào. He has a rough manner.

粗糙 cūcāo [形] **1** (不光滑) rough **2** (不细致) crude

粗茶淡饭(飯) cū chá dàn fàn simple fare

粗放 cūfàng [形] extensive

粗犷(獷) cūguǎng [形] **1** (粗野) crude **2** (粗豪) forthright

粗话(話) cūhuà [名] obscene language

粗粮(糧) cūliáng [名] coarse grain

粗鲁(魯) cūlǔ [形] crude

粗疏 cūshū [形] careless

粗俗 cūsú [形] obscene

粗心 cūxīn [形] careless

粗野 cūyě [形] rough

粗枝大叶(葉) cū zhī dà yè slapdash

粗制(製)滥(濫)造 cū zhì làn zào shoddy

促 cù **I** [形] urgent **II** [动] **1** (催) press ▶ 敦促 dūncù press **2** (靠近) be near

促成 cùchéng [动] bring about (*pt*, *pp* brought)

促进(進) cùjìn [动] promote

促使 cùshǐ [动] press for ▷ 促使经济快速发展 cùshǐ jīngjì kuàisù fāzhǎn press for speedy economic development

猝 cù [副] suddenly

猝然 cùrán [副] all of a sudden

醋 cù [名] **1** (指调味品) vinegar **2** (嫉妒) jealousy

簇 cù **I** [动] cluster **II** [量] bunch ▷ 一簇花 yī cù huā a bunch of flowers

簇新 cùxīn [形] brand new

簇拥(擁) cùyōng [动] cluster round

蹙 cù **I** [形] urgent **II** [动] tighten ▶ 蹙额 cù'é knit one's brow

蹴 cù [动] **1** (踢) kick **2** (踏) tread (*pt* trod, *pp* trodden)

汆 cuān [动] blanch

镩 cuān **I** [名] ice pick **II** [动] hack

蹿(躥) cuān [动] leap

攒(攢) cuán [动] assemble
→ 另见 zǎn

攒(攢)动(動) cuándòng [动] huddle together

窜(竄) cuàn [动] **1** (乱跑) rush about **2** (改动) falsify

窜(竄)改 cuàngǎi [动] falsify

篡 cuàn [动] usurp
篡夺(奪) cuànduó [动] usurp
篡改 cuàngǎi [动] falsify

催 cuī [动] 1 (敦促) hurry ▶ 催促 cuīcù hurry 2 (加快) speed ... up (*pt*, *pp* sped) ▶ 催眠 cuīmián hypnotize
催促 cuīcù [动] hurry ▷ 你不要老是催促我。Nǐ bùyào lǎoshì cuīcù wǒ. You've got to stop hurrying me all the time.
催化 cuīhuà [动] catalyze
催眠 cuīmián [动] hypnotize

摧 cuī [动] destroy
摧残(殘) cuīcán [动] destroy
摧毁(毀) cuīhuǐ [动] destroy
摧枯拉朽 cuī kū lā xiǔ with incredible ease
摧折 cuīzhé [动] 1 (折断) break (*pt* broke, *pp* broken) 2 (折磨) devastate ▷ 百姓饱受战火的摧折。Bǎixìng bǎoshòu zhànhuǒ de cuīzhé. The people were devastated by the war.

璀 cuǐ 见下文
璀璨 cuǐcàn [形] dazzling

脆 cuì [形] 1 (易碎) brittle 2 (指食物) crispy 3 (声音) crisp
脆弱 cuìruò [形] fragile

萃 cuì I [动] assemble II [名] gathering
萃集 cuìjí [动] cream ... off

啐 cuì [动] spit (*pt*, *pp* spat)

淬 cuì 见下文
淬火 cuìhuǒ [动] quench

瘁 cuì [形] (书) overwhelmed with work

粹 cuì I [形] pure II [名] essence

翠 cuì I [形] green II [名] jadeite
翠绿(綠) cuìlǜ [形] emerald green

村 cūn I [名] village ▶ 村子 cūnzi village II [形] rustic
村落 cūnluò [名] village
村野 cūnyě I [名] countryside II [形] rustic
村庄(莊) cūnzhuāng [名] village

皴 cūn [动] chapped

存 cún [动] 1 (存在) exist 2 (储存) store 3 (储蓄) save ▶ 存款 cúnkuǎn savings (*pl*) 4 (寄存) check ... in ▷ 存行李 cún xíngli check in one's bags 5 (保留) retain 6 (结存) be leftover ▷ 3年后公司净结存为零。Sān nián hòu gōngsī jìng jiécún wéi líng. After three years the company was left with nothing. 7 (心里怀着) harbour (英), harbor (美)
存储(儲) cúnchǔ [动] store
存档(檔(cúndàng [动] file
存放 cúnfàng [动] deposit ▷ 他将手提箱存放在朋友处。Tā jiāng shǒutíxiāng cúnfàng zài péngyou chù. He deposited his suitcase at his friend's place.
存盘(盤) cúnpán [动] save ▷ 打完文件后注意存盘。Dǎ wán wénjiàn hòu zhùyì cúnpán. Make sure that you save your file after you've finished your keying in.
存心 cúnxīn I [动] ▷ 他对她存心不良。Tā duì tā cúnxīn bù liáng. He has designs on her. II [副] deliberately ▷ 她存心叫我出丑。Tā cúnxīn jiào wǒ chūchǒu. She deliberately made a fool of me.
存在 cúnzài [动] exist ▷ 这颗行星上可能存在生命。Zhè kē xíngxīng shàng kěnéng cúnzài shēngmìng. Life may exist on this planet. ▷ 企业管理存在严重的缺陷。Qǐyè guǎnlǐ cúnzài yánzhòng de quēxiàn. There are serious failings in the management of this enterprise. ▷ 各国政府在这个问题上存在分歧。Gè guó zhèngfǔ zài zhège wèntí shàng cúnzài fēnqí. Each country differs on this point. ▷ 他沉浸在往事的追忆中，忘记了我的存在。Tā chénjìn zài wǎngshì de zhuīyì zhōng, wàngjìle wǒ de cúnzài. He was immersed in his recollection of the past and forgot about my existence.
存折(摺) cúnzhé [名] passbook

寸 cùn I [量] *unit of length, approximately 3 cm* II [形] tiny
寸步 cùnbù [名] tiny step
寸草不留 cùn cǎo bù liú raze to the ground
寸心 cùnxīn [名] 1 (内心) heart 2 (心意) feelings (*pl*)

搓 cuō [动] rub

磋 cuō [动] consult
磋商 cuōshāng [动] discuss

撮 cuō I [动] 1 (聚集) scoop ... up 2 (摘取) summarize 3 (方) (吃) grab a bite ▷ 上馆子撮一顿吧。Shàng guǎnzi cuō yī dùn ba. Let's go to a restaurant to grab a bite to eat. II [量] 1 (指物) pinch ▷ 一撮面粉 yī cuō miànfěn a pinch of flour 2 (指人) clique

撮合 **cuōhe** [动] matchmake (*pt, pp* matchmade) ▷朋友撮合的婚姻 **péngyou cuōhe de hūnyīn** a marriage matchmade by friends

---

蹉 **cuō** 见下文

蹉跎 **cuōtuó** [动] waste time

痤 **cuó** 见下文

痤疮(瘡) **cuóchuāng** [名] acne

挫 **cuò** [动] **1** (挫折) defeat ▶挫折 **cuòzhé** setback **2** (降低) wear ... down (*pt* wore, *pp* worn)

挫折 **cuòzhé** [名] setback

措 **cuò** [动] **1** (安排) handle **2** (筹划) make plans

措辞(辭) **cuòcí** [动] diction

措施 **cuòshī** [名] measure ▷采取环保措施 **cǎiqǔ huánbǎo cuòshī** take measures to protect the environment ▷预防措施 **yùfáng cuòshī** preventative measures

措手不及 **cuò shǒu bù jí** be caught off-guard

锉(銼) **cuò** **I** [名] file **II** [动] file

错(錯) **cuò** **I** [形] **1** (参差) interlocking **2** (不正确) incorrect **3** (糟糕) bad **II** [动] **1** (摩擦) grind (*pt, pp* ground) **2** (避开) miss ▷错过机会 **cuòguò jīhuì** miss an opportunity **3** (使不冲突) stagger ▷把上课和开会时间错开 **bǎ shàngkè hé kāihuì shíjiān cuòkāi** stagger the time between classes and meetings **III** [名] fault ▷这是我的错。**Zhè shì wǒ de cuò.** This is my fault.

错(錯)爱(愛) **cuò'ài** [动] (谦) ▷承蒙您错爱。**Chéngméng nín cuò'ài.** You are too kind.

错(錯)怪 **cuòguài** [动] blame ... wrongly ▷对不起，是我错怪你了。**Duìbuqǐ, shì wǒ cuòguài nǐ le.** Please accept my apologies for having wrongly blamed you.

错(錯)过(過) **cuòguò** [动] miss ▷错过机会 **cuòguò jīhuì** miss an opportunity

错(錯)觉(覺) **cuòjué** [名] illusion

错(錯)乱(亂) **cuòluàn** [形] cluttered

错(錯)位 **cuòwèi** [动] displace

错(錯)误(誤) **cuòwù** **I** [形] wrong **II** [名] mistake

错(錯)综(綜)复(複)杂(雜) **cuòzōng fùzá** complex ▷错综复杂的经济现象 **cuòzōng fùzá de jīngjì xiànxiàng** complex economic phenomenon

Dd

耷 **dā** 见下文

耷拉 **dāla** [动] droop ▷她的眼皮耷拉着。**Tā de yǎnpí dālazhe.** Her eyelids were drooping.

搭 **dā** [动] **1** (建造) put ... up (*pt, pp* put) ▷搭帐篷 **dā zhàngpeng** put up a tent **2** (挂) hang (*pt, pp* hung) ▷我把大衣搭在胳膊上。**Wǒ bǎ dàyī dā zài gēbo shàng.** I hung my overcoat over my arm. **3** (乘) take (*pt* took, *pp* taken) ▷他每个月搭飞机去上海。**Tā měigè yuè dā fēijī qù Shànghǎi.** He takes the plane to Shanghai every month. ▷搭便车 **dā biànchē** get a lift **4** (连接) join ▶搭伙 **dāhuǒ** join forces ▷两家公司终于搭上了关系。**Liǎng jiā gōngsī zhōngyú dāshàngle guānxì.** The two companies finally joined forces. **5** (加上) come up with (*pt* came, *pp* come) ▷再搭上点钱，我就能买辆新汽车。**Zài dāshàng diǎn qián, wǒ jiù néng mǎi liàng xīn qìchē.** If I can come up with a bit more money, I'll be able to buy a new car. **6** (抬) carry ▷帮我把餐桌搭到厨房去。**Bāng wǒ bǎ cānzhuō dādào chúfáng qù.** Help me carry the dining table into the kitchen.

搭档(檔) **dādàng** **I** [名] partner **II** [动] team up ▷这个项目我和大卫搭档。**Zhège xiàngmù wǒ hé Dàwèi dādàng.** I teamed up with David on the project. ▷咱们搭档开饭馆吧！**Zánmen dādàng kāi fànguǎn ba!** Let's open a restaurant together!

搭救 **dājiù** [动] rescue

搭配 **dāpèi** [动] **1** (安排) combine **2** (配合) pair up **3** (指语言) collocate

搭腔 **dāqiāng** [动] respond

答 **dā** [动] answer

→另见 **dá**

答理 **dāli** [动] **1** (理睬) bother ▷她从不答理她不喜欢的人。**Tā cóng bùdāli tā bù xǐhuān de rén.** She never bothers with people she doesn't like. ▷他性格古怪，别答理他。**Tā xìnggé gǔguài, bié dāli tā.** Don't take any notice of him – he's weird. **2** (打招呼) acknowledge ▷他跟我打招呼，我没答理他。**Tā gēn wǒ dǎ zhāohu, wǒ méi dāli tā.** He said hello to me, but I didn't acknowledge him.

答应(應) **dāying** [动] **1** (回答) answer **2** (同意) agree ▷ 我答应借他钱。 **Wǒ dāying jiè tā qián.** I agreed to lend him money. **3** (承诺) promise

打 **dá** [量] dozen
→ 另见 **dǎ**

达(達) **dá** [动] **1** (数量, 目标) reach **2** (指时间) last ▷ 长达两个小时的报告 **chángdá liǎng gè xiǎoshí de bàogào** a report lasting two hours **3** (通) ▶ 直达 **zhídá** non-stop journey ▷ 这趟火车直达北京。 **Zhè tàng huǒchē zhídá Běijīng.** This train is going direct to Beijing. ▷ 你要坐直达火车还是直达班机? **Nǐ yào zuò zhídá huǒchē háishì zhídá bānjī?** Are you going by express train or direct flight? **4** (表示) express ▶ 转达 **zhuǎndá** convey ▷ 请尽快把我的话转达给她。 **Qǐng jìnkuài bǎ wǒ de huà zhuǎndá gěi tā.** Please convey my message to her as soon as possible.

达(達)标(標) **dábiāo** [动] reach a standard

达(達)到 **dádào** [动] **1** (要求, 水平, 目的) achieve ▷ 达到目的 **dádào mùdì** achieve an aim ▷ 达到要求 **dádào yāoqiú** satisfy requirements **2** (指过程) reach ▷ 剧情达到高潮。 **Jùqíng dádào gāocháo.** The plot reached its climax.

达(達)观(觀) **dáguān** [形] philosophical

沓 **dá** [量] pile ▷ 一沓信 **yī dá xìn** a pile of letters ▷ 两沓文件夹 **liǎng dá wénjiànjiā** two piles of files

答 **dá** [动] **1** (回答) answer ▷ 认真答题! **Rènzhēn dátí!** Answer the question properly! **2** (还报) repay (*pt*, *pp* repaid) ▶ 报答 **bàodá** repay ▷ 我怎么才能答谢你的帮助呀? **Wǒ zěnme cái néng dáxiè nǐ de bāngzhù ya?** How can I repay you for all your help?
→ 另见 **dā**

答案 **dá'àn** [名] answer

答辩(辯) **dábiàn** [动] defend ▷ 法庭答辩 **fǎtíng dábiàn** defend at court ▷ 我明天论文答辩。 **Wǒ míngtiān lùnwén dábiàn.** Tomorrow I have the viva for my thesis.

答复(復) **dáfù** [动] respond ▷ 等我仔细考虑后再答复你。 **Děng wǒ zǐxì kǎolǜ hòu zài dáfù nǐ.** I'll get back to you after I've thought it over. ▷ 这不是个令人满意的答复。 **Zhè bù shì gè lìng rén mǎnyì de dáfù.** This is not a satisfactory response.

答卷 **dájuàn** I [名] answer sheet II [动] answer exam questions

答谢(謝) **dáxiè** [动] express appreciation

答疑 **dáyí** [动] take questions (*pt* took, *pp* taken)

打 **dǎ** I [动] **1** (指暴力) hit (*pt*, *pp* hit) ▶ 殴打 **ōudǎ** beat up ▶ 打人 **dǎ rén** beat sb up **2** (敲) beat (*pt* beat, *pp* beaten) ▷ 打鼓 **dǎ gǔ** beat a drum **3** (破) break (*pt* broke, *pp* broken) ▷ 我把暖瓶给打了。 **Wǒ bǎ nuǎnpíng gěi dǎ le.** I broke the Thermos$.® **4** (发出) send (*pt*, *pp* sent) ▷ 打信号 **dǎ xìnhào** send a signal ▷ 打电话 **dǎ diànhuà** make a phone call ▷ 打手电 **dǎ shǒudiàn** shine a torch **5** (做游戏) play ▷ 打篮球 **dǎ lánqiú** play basketball **6** (表示动作) ▶ 打喷嚏 **dǎ pēntì** sneeze ▶ 打滚 **dǎgǔn** roll about ▶ 打针 **dǎzhēn** have an injection ▷ 小狗在雪堆里打滚。 **Xiǎogǒu zài xuěduī lǐ dǎgǔn.** The little dog rolled about in the snow. **7** (建造) build (*pt*, *pp* built) ▷ 打基础 **dǎ jīchǔ** build the foundation **8** (涂抹) polish ▶ 打蜡 **dǎlà** wax ▷ 鞋子得打油了。 **Xiézi děi dǎyóu le.** These shoes need a polish. ▷ 明天我要给汽车打蜡。 **Míngtiān wǒ yào gěi qìchē dǎlà.** Tomorrow I'm going to wax the car. **9** (交涉) deal with (*pt*, *pp* dealt) ▷ 我再也不和他打交道了。 **Wǒ zài yě bù hé tā dǎ jiāodào le.** I don't want to have to deal with him any more. ▷ 打交道 **dǎ jiāodào** socialize ▷ 打官司 **dǎ guānsi** file a lawsuit **10** (制造) make (*pt*, *pp* made) ▷ 打家具 **dǎ jiājù** make furniture **11** (搅拌) beat (*pt* beat, *pp* beaten) ▷ 打两个鸡蛋 **dǎ liǎng gè jīdàn** beat two eggs **12** (编织) knit ▷ 打毛衣 **dǎ máoyī** knit a sweater **13** (捕捉) catch (*pt*, *pp* caught) ▶ 打猎 **dǎliè** go hunting ▷ 他打了两只麻雀。 **Tā dǎle liǎng zhī máquè.** He caught two sparrows. **14** (画) draw (*pt* drew, *pp* drawn) ▷ 打草稿 **dǎ cǎogǎo** draw up a draft ▷ 他在纸上打横线。 **Tā zài zhǐ shàng dǎ héngxiàn.** He drew horizontal lines on the paper. **15** (举) hold (*pt*, *pp* held) ▶ 打伞 **dǎsǎn** hold an umbrella **16** (除去) get rid of **17** (买) buy (*pt*, *pp* bought) ▷ 请帮我去打瓶料酒。 **Qǐng bāng wǒ qù dǎ píng liàojiǔ.** Please buy me a bottle of cooking wine. **18** (揭) open ▶ 打开 **dǎkāi** open ▷ 打开礼物 **dǎkāi lǐwù** open a present **19** (穿凿) dig (*pt*, *pp* dug) ▷ 打油井 **dǎ yóujǐng** dig an oil well ▷ 打耳洞 **dǎ ěrdòng** pierce one's ears **20** (证明, 介绍信) issue **21** (舀) spoon out ▷ 你能帮我打碗汤吗? **Nǐ néng bāng wǒ dǎ wǎn tāng ma?** Can you spoon me out a bowl of soup? **22** (收集) gather ▶ 打柴 **dǎchái** gather firewood **23** (从事) do (*pt* did, *pp* done) ▶ 打杂儿 **dǎzár** do odd jobs **24** (用) make (*pt*, *pp* made) ▷ 打比喻 **dǎ bǐyù** make a comparison **25** (定罪名) convict ▷ 他被打成反动派。 **Tā bèi dǎchéng fǎndòngpài.** He was convicted of being a reactionary. **26** (捆) pack ▷ 打行李 **dǎ xíngli** pack one's bags **27** (计算) calculate ▷ 这笔费用应打入成本。 **Zhè bǐ fèiyòng yīng dǎrù chéngběn.** This expenditure has to be factored into our costs. **28** (拨动) flick ▶ 打字 **dǎzì** type ▶ 打字机 **dǎzìjī**

typewriter ▸打字员 dǎzìyuán typist ▹他算盘打得很快。Tā suànpán dǎ de hěn kuài. He's very quick with his abacus. **II** [介] from ▹打今儿起 dǎ jīnr qǐ from today ▹打这儿左转。Dǎ zhèr zuǒ zhuǎn. Turn left just here.
→另见 dá

打靶 **dǎbǎ** [动] practise (英) 或 practice (美) shooting ▹打靶练习 dǎbǎ liànxí target practice

打败(敗) **dǎbài** [动] defeat

打扮 **dǎban** **I** [动] make oneself up **II** [名] look

打抱不平 **dǎ bàobùpíng** defend against an injustice

打草惊(驚)蛇 **dǎ cǎo jīng shé** give the game away

打岔 **dǎchà** [动] interrupt

打倒 **dǎdǎo** [动] **1** (击倒在地) knock down **2** (指口号) down with ▹打倒帝国主义！Dǎdǎo dìguó zhǔyì! Down with imperialism! **3** (推翻) overthrow (*pt* overthrew, *pp* overthrown)

打的 **dǎ dí** [动] take a taxi (*pt* took, *pp* taken)

打点(點) **dǎdian** [动] **1** (收拾) organize ▹公司全靠他打点。Gōngsī quán kào tā dǎdian. The company left him to organize everything. ▹打点行装 dǎdian xíngzhuāng pack one's bags **2** (贿赂) bribe

打动(動) **dǎdòng** [动] move

打赌(賭) **dǎdǔ** [动] bet (*pt*, *pp* bet)

打发(發) **dǎfa** [动] **1** (时间) while away **2** (哄走) get rid of **3** (派) send (*pt*, *pp* sent)

打非 **dǎfēi** [动] crack down on illegal publications

打工 **dǎgōng** [动] temp ▹他在我们公司打了一个月的工。Tā zài wǒmen gōngsī dǎle yī gè yuè de gōng. He temped in our company for a month. ▹打工妹 dǎgōngmèi female migrant worker

打官司 **dǎ guānsi** [动] take legal action (*pt* took, *pp* taken)

打黑 **dǎhēi** [动] combat criminal organizations

打火 **dǎhuǒ** [动] **1** (发动) start ▹他的摩托车不打火。Tā de mótuōchē bù dǎhuǒ. His motorbike wouldn't start. **2** (点燃) light (*pt*, *pp* lit)

打火机(機) **dǎhuǒjī** [名] lighter

打击(擊) **dǎjī** **I** [动] crack down on **II** [名] **1** (指精神上) blow ▹高考落榜对他是一个沉重的打击。Gāokǎo luòbǎng duì tā shì yī gè chénzhòng de dǎjī. It was a major blow when he failed to pass the college entrance exams. **2** (指音乐) percussion ▹打击乐器 dǎjī yuèqì percussion instrument

打家劫舍 **dǎ jiā jié shè** loot

打假 **dǎjiǎ** [动] crack down on counterfeiting ▹打假行动 dǎjiǎ xíngdòng a campaign to crack down on counterfeiting

打架 **dǎjià** [动] have a fight

打搅(攪) **dǎjiǎo** [动] **1** (扰乱) disturb **2** (婉) disturb ▹对不起，打搅您一下！Duìbuqǐ, dǎjiǎo nín yī xià! Sorry, may I disturb you for just a second?

打卡 **dǎkǎ** [动] **1** (指上班) clock in **2** (指下班) clock out **3** (付费) swipe

打开(開) **dǎkāi** [动] **1** (开启) open ▹请打开车门。Qǐng dǎkāi chēmén. Please open the car door. **2** (扩展) expand ▹打开局面 dǎkāi júmiàn expand operations **3** (开) turn ... on ▹打开空调 dǎkāi kōngtiáo turn on the air conditioning

打捞(撈) **dǎlāo** [动] salvage

打雷 **dǎléi** [动] thunder

打量 **dǎliang** [动] size up

打猎(獵) **dǎliè** [动] hunt

打乱(亂) **dǎluàn** [动] disrupt ▹公司的计划被打乱了。Gōngsī de jìhuà bèi dǎluàn le. The company's plans were disrupted.

打埋伏 **dǎ máifu** **1** (隐藏) lie in ambush **2** (隐瞒) cover-up

打破沙锅(鍋)问(問)到底 **dǎpò shāguō wèn dào dǐ** get to the bottom of things

打气(氣) **dǎqì** [动] **1** (球，轮胎) inflate **2** (人) encourage

打趣 **dǎqù** [动] tease ▹别打趣我了。Bié dǎqù wǒ le. Don't tease me.

打拳 **dǎquán** [动] do shadow boxing

打扫(掃) **dǎsǎo** [动] clean ▹妈妈花了整个下午在打扫厨房。Māma huāle zhěnggè xiàwǔ zài dǎsǎo chúfáng. Mum spent an entire afternoon cleaning the kitchen.

打手 **dǎshou** [名] hired thug

打算 **dǎsuàn** **I** [动] plan ▹你明天打算干什么？Nǐ míngtiān dǎsuàn gàn shénme? What are you planning to do tomorrow? **II** [名] plan

打听(聽) **dǎting** [动] ask about

打消 **dǎxiāo** [动] give up (*pt* gave, *pp* given) ▹我打消了去参加晚会的念头。Wǒ dǎxiāole qù cānjiā wǎnhuì de niàntou. I gave up the idea of going to the party.

打小报(報)告 **dǎ xiǎobàogào** (贬) tell tales

打雪仗 **dǎ xuězhàng** [动] have a snowball fight

打印 **dǎyìn** [动] print

打印机(機) **dǎyìnjī** [名] printer

打油诗(詩) **dǎyóushī** [名] doggerel

打游(遊)击(擊) **dǎ yóujī** [动] **1** (不固定) drift ▹他没有固定工作，四处打游击。Tā méiyǒu gùdìng gōngzuò, sìchù dǎ yóujī. He has no fixed work – he just drifts about. ▷他没钱租房子，到朋友家打游击。Tā méi qián zū fángzi, dào péngyou jiā dǎ yóujī. He doesn't have enough money to rent a flat so just drifts between friends' houses. **2** (战斗) fight a guerrilla war (*pt, pp* fought)

打杂(雜)儿(兒) **dǎ zár** [动] do odd jobs

打仗 **dǎzhàng** [动] fight a war (*pt, pp* fought) ▷打败仗 dǎ bàizhàng be defeated ▷打胜仗 dǎ shèngzhàng win a war

打招呼 **dǎ zhāohu** [动] **1** (问好) greet ▷他笑呵呵地和每个到场的人打招呼。Tā xiàohēhē de hé měigè dàochǎng de rén dǎ zhāohu. He cheerily greeted everyone who came. **2** (通知) inform

打折 **dǎzhé** [动] discount

打折扣 **dǎ zhékòu** [动] **1** (指做事情) fall short of a requirement (*pt* fell, *pp* fallen) **2** (降价) discount

---

大 **dà** [形] **1** (数量, 体积, 面积) big ▶大街 dàjiē street ▶一大批 yī dà pī a large amount of **2** (指力气) great ▷他劲儿真大！Tā jìnr zhēn dà! He's so strong! **3** (重要) important ▷法国是葡萄酒大国。Fǎguó shì pútáojiǔ dàguó. France is an important wine-producing country. **4** (强) strong ▷大风 dàfēng strong wind **5** (指声音) loud ▶大声 dàshēng loudly ▷音乐声太大，请关小一点。Yīnyuèshēng tài dà, qǐng guān xiǎo yīdiǎn. The music's too loud – could you turn it down a bit please? **6** (雨, 雪) heavy ▷大雨 dàyǔ heavy rain **7** (指年龄) old ▷你多大了？Nǐ duō dà le? How old are you? ▷他比我大。Tā bǐ wǒ dà. He's older than me. **8** (指程度) ▶大笑 dàxiào roar with laughter ▷大吃一惊 dà chī yī jīng take a big shock ▷大哭 dàkū sob one's heart out **9** (老大) eldest ▷大姐 dàjiě eldest sister **10** (敬) (名字, 作品等) ▷请问尊姓大名？Qǐngwèn zūn xìng dàmíng? Would you be kind enough to tell me your name?
→另见 dài

> **big, large** 和 **great** 都用来表示大小。一般而言，**large** 比 **big** 正式，而 **great** 又比 **large** 更为正式。**big** 和 **large** 通常用于描述物体。**big** 还表示某事物很重要或给人印象深刻。*...his influence over the big advertisers...* **great** 通常用于强调某人或某事物的重要性。*...the great artist, Van Gogh...* **great** 还可以暗示某事物因其大小而给人深刻的印象。*The great bird of prey soared into the sky.* 表示数量大可以用 **large** 或 **great**，但不能用 **big**。*...a large amount of blood on the floor... the arrival of tourists in great numbers...* **big** 和 **great** 都可用于表示程度，**great** 比 **big** 更正式。*Most of them act like big fools... It gives me great pleasure to welcome you.* 注意，**great** 除了表示大小外还有其他的含义，比如它可以表示某事物很独特，非常好或很有趣。

大本营(營) **dàběnyíng** [名] base

大不了 **dàbuliǎo I** [副] at the worst **II** [形] serious ▷没考好没什么大不了，再努力点就是了。Méi kǎohǎo méi shénme dàbuliǎo, zài nǔlì diǎn jiù shì le. If you don't do well in your exams it's not serious – you'll just have to work a bit harder.

大步流星 **dàbù liúxīng** at a stride ▷老师大步流星地走进教室。Lǎoshī dàbù liúxīng de zǒujìn jiàoshì. The teacher came striding into the classroom.

大材小用 **dà cái xiǎo yòng** waste of talent

大吹大擂 **dà chuī dà léi** make a great noise

大打出手 **dà dǎ chūshǒu** come to blows

大胆(膽) **dàdǎn** [形] bold

大刀阔(闊)斧 **dà dāo kuò fǔ** boldly

大抵 **dàdǐ** [副] generally

大地 **dàdì** [名] the land

大动(動)干戈 **dà dòng gāngē** make a big fuss

大凡 **dàfán** [副] generally speaking

大方 **dàfang** [形] **1** (慷慨) generous **2** (不拘束) natural **3** (不俗气) tasteful ▷她穿着文雅大方。Tā chuānzhuó wényǎ dàfang. She dresses tastefully and elegantly.

大概 **dàgài I** [名] general idea **II** [形] approximate **III** [副] probably

大纲(綱) **dàgāng** [名] outline

大公无(無)私 **dà gōng wú sī** impartial

大功告成 **dà gōng gào chéng** complete successfully

大锅(鍋)饭(飯) **dàguōfàn** [名] extreme egalitarianism

大海捞(撈)针 **dà hǎi lāo zhēn** look for a needle in a haystack

大亨 **dàhēng** [名] magnate

大户(戶) **dàhù** [名] important customer

大伙(夥)儿(兒) **dàhuǒr** [代] everybody ▷我们大伙儿一起做饭。Wǒmen dàhuǒr yīqǐ zuòfàn. Everybody cooks together.

大惑不解 **dà huò bù jiě** be very puzzled

大家 **dàjiā I** [名] master ▷国画大家 guóhuà dàjiā a master of traditional Chinese painting **II** [代] everybody ▷大家都很喜欢这部电影。Dàjiā dōu hěn xǐhuān zhè bù diànyǐng. Everyone really likes this film. ▷大家都认为她是个好老师。Dàjiā dōu rènwéi tā shì gè hǎo lǎoshī. Everybody thought she was a good teacher. ▷大家都会上网吗？Dàjiā dōu huì shàngwǎng ma? Does everybody know how to get on to the Internet? ▷我们大家必

须继续努力。Wǒmen dàjiā bìxū jìxù nǔlì. We must all keep on trying.
大惊(驚)小怪 dà jīng xiǎo guài make a mountain out of a molehill
大局 dàjú [名] overall picture
大举(舉) dàjǔ [形] large-scale
大快人心 dà kuài rén xīn to everybody's satisfaction
大款 dàkuǎn [名] (贬) moneybags (*sg*)
大理石 dàlǐshí [名] marble
大量 dàliàng [形] **1** (数量多) large amount of ▷大量资金 dàliàng zījīn a large investment ▷大量裁员 dàliàng cáiyuán lay off a large number of people ▷这家公司吸引了大量的资金。Zhè jiā gōngsī xīyǐnle dàliàng de zījīn. This company attracted a large amount of investment. ▷公司准备大量裁员。Gōngsī zhǔnbèi dàliàng cáiyuán. The company is preparing to lay off a large number of people. **2** (气量大) generous ▷宽宏大量 kuān hóng dà liàng broadminded
大陆(陸) dàlù [名] **1** (指各大洲) continent ▷亚洲大陆 Yàzhōu dàlù the Asian continent **2** (指中国) the mainland ▷中国大陆 Zhōngguó dàlù mainland China
大路货(貨) dàlùhuò [名] basic goods (*pl*)
大米 dàmǐ [名] rice
大名 dàmíng [名] **1** (名字) full name **2** (名气) great reputation
大名鼎鼎 dàmíng dǐngdǐng celebrated
大模大样(樣) dà mú dà yàng haughtily
大逆不道 dà nì bù dào traitorous
大年 dànián [名] (丰年) bumper year
大排档(檔) dàpáidàng [名] (方) market ▷夜间大排档 yèjiān dàpáidàng night market
大牌 dàpái **I** [形] hotshot ▷大牌影星 dàpái yǐngxīng hotshot movie star **II** [名] **1** (品牌) famous brand **2** (威风) airs and graces (*pl*)
大盘(盤) dàpán [名] market index
大片 dàpiàn [名] blockbuster
大起大落 dà qǐ dà luò wild fluctuations ▷股票价格大起大落。Gǔpiào jiàgé dà qǐ dà luò. Share prices are fluctuating wildly.
大气(氣) dàqì **I** [名] **1** (气体) atmosphere **2** (呼吸) heavy breathing **II** [形] open-minded
大气(氣)候 dàqìhòu [名] climate
大器晚成 dà qì wǎn chéng great talent takes time to develop ▷她是位大器晚成的作家。Tā shì wèi dà qì wǎn chéng de zuòjiā. She's a writer who will take time to develop.
大千世界 dàqiān-shìjiè the boundless universe
大人 dàren [名] adult
大赦 dàshè [动] amnesty
大失所望 dà shī suǒ wàng to one's great disappointment
大师(師) dàshī [名] master
大师(師)傅 dàshifu [名] head chef
大使 dàshǐ [名] ambassador
大使馆(館) dàshǐguǎn [名] embassy
大事 dàshì **I** [名] important event **II** [副] greatly
大势(勢)所趋(趨) dàshì suǒ qū in tune with the general trend
大手笔(筆) dàshǒubǐ [名] **1** (作品) masterpiece **2** (作家) well-known writer
大手大脚(腳) dà shǒu dà jiǎo be extravagant ▷他花钱大手大脚的。Tā huāqián dà shǒu dà jiǎo de. He's very extravagant with money.
大提琴 dàtíqín [名] cello
大体(體) dàtǐ **I** [名] fundamental principle **II** [副] more or less ▷两国意见大体一致。Liǎng guó yìjiàn dàtǐ yīzhì. The opinions of the two countries are more or less the same.
大庭广(廣)众(眾) dà tíng guǎng zhòng in broad daylight
大同小异(異) dà tóng xiǎo yì much the same ▷他的新书和上本书大同小异。Tā de xīnshū hé shàng běn shū dà tóng xiǎo yì. His new book is much the same as his last one.
大腕 dàwàn [名] big name ▷大腕级导演 dàwàn jí dǎoyǎn a big-name director ▷他是歌坛的大腕。Tā shì gētán de dàwàn. He's a big name in the singing world.
大喜过(過)望 dà xǐ guò wàng pleased beyond expectation ▷她没有想到会得到这份工作，因此她大喜过望。Tā méiyǒu xiǎngdào huì dédào zhè fèn gōngzuò, yīncǐ tā dà xǐ guò wàng. She never thought she'd get the job, and so was pleased beyond all expectation.
大显(顯)身手 dà xiǎn shēnshǒu use one's talents to the full
大相径(逕)庭 dà xiāng jìngtíng as different as chalk and cheese
大小 dàxiǎo **I** [名] **1** (尺寸) size **2** (辈分) seniority ▷这女孩子说话真没大小！Zhè nǚháizi shuōhuà zhēn méi dàxiǎo! The way this girl talks is so disrespectful! ▷全校不分大小，公平竞争。Quánxiào bù fēn dàxiǎo, gōngpíng jìngzhēng. There are no distinctions of seniority at all on this campus – everyone competes on an equal footing. **3** (人口) people (*pl*) ▷全家大小共三口人。Quánjiā dàxiǎo gòng sān kǒu rén. There are three people in my family altogether. **4** (大的和小的) total ▷我市大小超市有上百家。Wǒ shì dàxiǎo chāoshì yǒu shàng bǎi jiā. Our city has a

total of over one hundred supermarkets. **II** [副] anyway ▷ 他大小是个经理, 说话算数。**Tā dàxiǎo shì gè jīnglǐ, shuōhuà suànshù.** Anyway, he's a manager so it's his word that counts.

大熊猫 **dàxióngmāo** [名] panda

大写(寫) **dàxiě** **I** [名] **1** (指字母) capital letter **2** (指数字) *Chinese numeral written in full form* **II** [动] write in capitals (*pt* wrote, *pp* written)

大兴(興)土木 **dà xīng tǔmù** carry out major building works

大型 **dàxíng** [形] large-scale ▷ 大型企业 **dàxíng qǐyè** large-scale enterprises ▷ 大型艺术展 **dàxíng yìshùzhǎn** large-scale art exhibition

大选(選) **dàxuǎn** [名] general election

大学(學) **dàxué** [名] university (英) 或 college (美) ▷ 大学毕业 **dàxué bìyè** graduate from university (英) 或 college (美) ▷ 上大学 **shàng dàxué** go to university (英) 或 college (美)

大学(學)生 **dàxuéshēng** [名] university (英) 或 college (美) student

大雪 **dàxuě** [名] heavy snow ▷ 昨天下了场大雪。**Zuótiān xiàle chǎng dàxuě.** It snowed heavily yesterday.

大雅 **dàyǎ** [名] elegance

大言不惭(慚) **dà yán bù cán** brag shamelessly

大衣 **dàyī** [名] overcoat

大意 **dàyì** [名] general idea

大意 **dàyi** [形] careless

大有作为(為) **dà yǒu zuòwéi** make the most of one's abilities

大雨 **dàyǔ** [名] downpour

大约(約) **dàyuē** [副] **1** (指数量) approximately ▷ 我大约有200块钱。**Wǒ dàyuē yǒu liǎngbǎi kuài qián.** I have approximately 200 yuan. **2** (可能) probably ▷ 他大约在上网。**Tā dàyuē zài shàngwǎng.** He's probably on the Internet.

大杂(雜)烩(燴) **dàzáhuì** [名] **1** (指事物) mishmash **2** (指食物) hotchpotch

大张(張)旗鼓 **dà zhāng qí gǔ** with great fanfare

大丈夫 **dàzhàngfu** [名] true man (*pl* men)

大致 **dàzhì** [副] **1** (大体上) approximately ▷ 两个人的水平大致相同。**Liǎng gè rén de shuǐpíng dàzhì xiāngtóng.** They are both at approximately the same level. **2** (大约) probably ▷ 他看上去大致20岁。**Tā kàn shàngqù dàzhì èrshí suì.** By the look of him he's probably around 20 years old.

大众(眾) **dàzhòng** [名] the people (*pl*) ▷ 大众文学 **dàzhòng wénxué** popular literature ▷ 大众品味 **dàzhòng pǐnwèi** popular tastes

大众(眾)化 **dàzhònghuà** [名] popularization

大自然 **dàzìrán** [名] nature

大作 **dàzuò** [名] (敬) masterpiece

呆(獃)

dāi **I** [形] **1** (傻) slow-witted **2** (发愣) blank ▶ 发呆 **fādāi** stare blankly **3** (吓, 惊) dumbstruck **II** [动] stay ▷ 我在北京呆了一个星期。**Wǒ zài Běijīng dāile yī gè xīngqī.** I stayed in Beijing for a week.

呆(獃)板(闆) **dāibǎn** [形] stiff

呆若木鸡(雞) **dāi ruò mù jī** dumbstruck

呆账(賬) **dāizhàng** [名] bad debt

呆(獃)子 **dāizi** [名] fool ▷ 书呆子 **shūdāizi** bookworm ▷ 他真是个呆子! **Tā zhēnshi gè dāizi!** He's such a fool!

待

dāi [动] stay ▷ 你再多待一会儿。**Nǐ zài duō dāi yīhuǐr.** Do stay a little longer. ▷ 她成天待在家里。**Tā chéngtiān dāi zài jiā lǐ.** She stays at home all day.

→ 另见 **dài**

歹

dǎi [形] evil

歹毒 **dǎidú** [形] vicious

歹徒 **dǎitú** [名] gangster

逮

dǎi [动] catch (*pt, pp* caught)

→ 另见 **dài**

大

dài 见下文

大夫 **dàifu** [名] doctor

→ 另见 **dà**

代

dài **I** [动] **1** (替) do ... on behalf of ▷ 经理病了, 经理助理代他在会上发言。**Jīnglǐ bìng le, jīnglǐ zhùlǐ dài tā zài huì shàng fāyán.** As the manager was ill, his assistant spoke on his behalf. ▷ 我代她在合同上签了字。**Wǒ dài tā zài hétong shàng qiānle zì.** I signed the contract on her behalf. **2** (指问候) send regards to ▷ 你见到他时, 代我问好。**Nǐ jiàndào tā shí, dài wǒ wènhǎo.** When you see him, say hello from me. **3** (代理) act as ▷ 代校长 **dài xiàozhǎng** acting headmaster **II** [名] **1** (时代) times (*pl*) ▶ 古代 **gǔdài** ancient times **2** (辈分) generation **3** (朝代) dynasty ▷ 清代 **Qīng dài** Qing Dynasty

代办(辦) **dàibàn** [动] take ... over (*pt* took, *pp* taken)

代笔(筆) **dàibǐ** [动] write on behalf of (*pt* wrote, *pp* written) ▷ 我为他代笔写申请信。**Wǒ wèi tā dàibǐ xiě shēnqǐngxìn.** I wrote the application on his behalf.

代表 **dàibiǎo** **I** [名] representative ▷ 谈判代表 **tánpàn dàibiǎo** the delegate to the negotiations **II** [动] **1** (代替) stand in for (*pt*, *pp* stood) ▷副主任代表主任主持会议。**Fùzhǔrèn dàibiǎo zhǔrèn zhǔchí huìyì.** The deputy director stood in for the director as chair of the meeting. **2** (委托) represent ▷他全权代表我们公司。**Tā quánquán dàibiǎo wǒmen gōngsī.** He has full authority to represent our company. **3** (指意义, 概念) be representative of ▷他的诗代表了时代精神。**Tā de shī dàibiǎole shídài jīngshen.** His poem is representative of the spirit of the age. **III** [形] archetypal ▷达芬奇是文艺复兴时期的代表人物。**Dáfēnqí shì wényì fùxīng shíqī de dàibiǎo rénwù.** Da Vinci was an archetypal Renaissance figure.

代词(詞) **dàicí** [名] pronoun

代沟(溝) **dàigōu** [名] generation gap

代号(號) **dàihào** [名] code name

代价(價) **dàijià** [名] cost

代劳(勞) **dàiláo** [动] help ... out ▷打印的事就请您代劳了！**Dǎyìn de shì jiù qǐng nín dàiláo le!** Could you help me out with the printing?

代理 **dàilǐ** [动] **1** (暂时替代) act on behalf of ▷代理经理 **dàilǐ jīnglǐ** acting manager ▷代理校长 **dàilǐ xiàozhǎng** acting headmaster **2** (委托) represent

代理人 **dàilǐrén** [名] agent

代码(碼) **dàimǎ** [名] code

代数(數) **dàishù** [名] algebra

代替 **dàitì** [动] substitute for

代谢(謝) **dàixiè** [动] metabolize

代言人 **dàiyánrén** [名] spokesperson

玳 **dài** 见下文

玳瑁 **dàimào** [名] tortoiseshell

带(帶) **dài** **I** [名] **1** (长条物) strap ▶皮带 **pídài** leather belt ▶磁带 **cídài** cassette ▶录像带 **lùxiàngdài** videotape **2** (轮胎) tyre (英) 或 tire (美) ▶车带 **chēdài** car tyre (英) 或 tire (美) **3** (区域) zone ▶热带 **rèdài** the tropics ▷长江一带 **Cháng Jiāng yīdài** the Yangtze region **II** [动] **1** (携带) take (*pt* took, *pp* taken) ▷别忘了带钱包！**Bié wàngle dài qiánbāo!** Don't forget to take your wallet! **2** (捎带) ▷你出去时带点牛奶回来, 好吗？**Nǐ chūqù shí dài diǎn niúnǎi huílái, hǎo ma?** Can you buy some milk when you're out? ▷你去邮局时, 能帮我带几张邮票吗？**Nǐ qù yóujú shí, néng bāng wǒ dài jǐ zhāng yóupiào ma?** If you're going to the post office, could you get me some stamps? **3** (呈现) wear (*pt* wore, *pp* worn) ▷面带笑容 **miàn dài xiàoróng** wear a smile on one's face **4** (含有) have (*pt*, *pp* had) ▷这些豆子带苦味儿。**Zhèxiē dòuzi dài kǔwèir.** These beans have a bitter taste. ▷他这么说, 是话里带刺儿。**Tā zhème shuō, shì huà lǐ dài cìr.** His remarks smacked of sarcasm. **5** (连带) come with (*pt* came, *pp* come) ▷买电脑, 带免费打印机。**Mǎi diànnǎo, dài miǎnfèi dǎyìnjī.** When you buy a computer the printer comes free. ▷这本书带免费光盘吗？**Zhè běn shū dài miǎnfèi guāngpán ma?** Does the book come with a free CD? **6** (指导) direct ▷老教授带着两个博士生。**Lǎo jiàoshòu dàizhe liǎng gè bóshìshēng.** The old professor was supervising two doctoral students. **7** (领) lead (*pt*, *pp* led) ▷她带着一组学生去野营。**Tā dàizhe yī zǔ xuéshēng qù yěyíng.** She led a group of students on a camping expedition. **8** (养) bring ... up (*pt*, *pp* brought) ▷她是由奶奶带大的。**Tā shì yóu nǎinai dàidà de.** She was brought up by her grandmother. **9** (带动) inspire ▷他带得我也爱运动了。**Tā dài de wǒ yě ài yùndòng le.** He inspired my love of sport.

带(帶)动(動) **dàidòng** [动] **1** (指进步) drive (*pt* drove, *pp* driven) ▷高科技带动社会进步。**Gāokējì dàidòng shèhuì jìnbù.** Technology drives social progress. **2** (指机械动力) power

带(帶)劲(勁) **dàijìn** [形] **1** (指兴致) interesting **2** (形容情绪高昂) energetic ▷他的演讲很带劲。**Tā de yǎnjiǎng hěn dàijìn.** He gave an impassioned speech.

带(帶)领(領) **dàilǐng** [动] **1** (领着) guide **2** (指挥) lead (*pt*, *pp* led)

带(帶)头(頭) **dàitóu** [动] take the initiative (*pt* took, *pp* taken) ▷他带头捐书给图书馆。**Tā dàitóu juān shū gěi túshūguǎn.** He took the initiative in donating books to the library.

待 **dài** [动] **1** (对待) treat ▶优待 **yōudài** treat **2** (招待) entertain **3** (等待) wait for ▷这个问题有待解决。**Zhège wèntí yǒudài jiějué.** This problem will have to wait for a solution.

→另见 **dāi**

待命 **dàimìng** [动] await orders

待人接物 **dài rén jiē wù** people skills

待业(業) **dàiyè** [动] be unemployed ▷待业青年 **dàiyè qīngnián** unemployed youth

待遇 **dàiyù** [名] pay

贷(貸) **dài** **I** [动] **1** (指银行) lend (*pt*, *pp* lent) ▷银行贷给公司一笔款。**Yínháng dài gěi gōngsī yī bǐ kuǎn.** The bank lent money to the company. **2** (指借钱方) take out a loan (*pt* took, *pp* taken) ▷公司向银行贷了一笔款。**Gōngsī xiàng yínháng dàile yī bǐ kuǎn.** The company took out a loan from the bank. **II** [名] loan

贷(貸)款 **dàikuǎn** **I** [动] lend (*pt*, *pp* lent) ▷他向银行贷款买房。**Tā xiàng yínháng dàikuǎn** mǎi fáng. He took out a loan from the bank to buy a house. ▷这次银行拒绝贷款给他。Zhè cì yínháng jùjué dàikuǎn gěi tā. The bank refused to lend him money this time. **II** [名] loan

怠 dài [形] **1** (懒惰) lazy **2** (不恭敬) disrespectful
怠工 dàigōng [动] go slow
怠慢 dàimàn **I** [动] slight ▷他怠慢了客人。Tā dàimànle kèren. He slighted the guests. **II** [形] (谦) remiss ▷如有怠慢之处, 请多包涵。Rú yǒu dàimàn zhī chù, qǐng duō bāohan. If I have been at all remiss, please accept my full apologies.

袋 dài **I** [名] bag **II** [量] bag
袋鼠 dàishǔ [名] kangaroo

逮 dài [动] capture
→另见 dǎi
逮捕 dàibǔ [动] arrest

戴 dài [动] **1** (眼镜, 帽子, 小装饰品等) wear (*pt* wore, *pp* worn) **2** (拥护尊敬) support
戴罪立功 dài zuì lì gōng atone for one's crimes

丹 dān **I** [形] red **II** [名] pellet ▷灵丹妙药 líng dān miào yào panacea
丹青 dānqīng [名] (书) painting
丹心 dānxīn [名] loyalty

单(單) dān **I** [形] **1** (一个) single ▶单身 dānshēn single ▷单人床 dānrénchuáng single bed **2** (奇数) odd **3** (单独) solitary **4** (不复杂) simple **5** (薄弱) weak **6** (衣, 裤) thin **II** [副] only ▷成功不能单凭运气。Chénggōng bùnéng dān píng yùnqi. To be successful you can't rely only on luck. **III** [名] **1** (单子) sheet ▶床单 chuángdān bed sheet **2** (列表) list ▶菜单 càidān menu
单(單)薄 dānbó [形] **1** (穿得少) flimsy **2** (瘦弱) frail **3** (薄弱) weak
单(單)车(車) dānchē [名] (方) (自行车) bicycle
单(單)程 dānchéng [名] single trip
单(單)纯(純) dānchún **I** [形] simple **II** [副] merely ▷单纯地注入资金是无法挽救公司的。Dānchún de zhùrù zījīn shì wúfǎ wǎnjiù gōngsī de. A mere cash injection isn't going to save the company.
单(單)词(詞) dāncí [名] word
单(單)打 dāndǎ [名] singles (*pl*) ▷乒乓球女子单打 pīngpāngqiú nǚzǐ dāndǎ the women's table-tennis singles
单(單)单(單) dāndān [副] only ▷别人都懂了, 单单他不明白。Biérén dōu dǒng le, dāndān tā bù míngbai. The others all understood – only he didn't get it.
单(單)调(調) dāndiào [形] monotonous
单(單)独(獨) dāndú [形] **1** (独自) alone **2** (独立) unaided ▷我能单独处理这事。Wǒ néng dāndú chǔlǐ zhè shì. I can handle this by myself.
单(單)杠 dāngàng [名] horizontal bar
单(單)价(價) dānjià [名] unit price
单(單)间(間) dānjiān [名] separate room
单(單)据(據) dānjù [名] receipt
单(單)枪(槍)匹马(馬) dān qiāng pǐ mǎ single-handedly
单(單)亲(親) dānqīn [名] single parent ▷他来自单亲家庭。Tā láizì dānqīn jiātíng. He comes from a single-parent family.
单(單)身 dānshēn [名] single ▶单身汉 dānshēnhàn bachelor
单(單)数(數) dānshù [名] **1** (指数字) odd number **2** (指词) singular ▷名词的单数形式 míngcí de dānshù xíngshì the singular form of the noun
单(單)位 dānwèi [名] **1** (指标准量) unit ▷以平方米为测量单位 yǐ píngfāngmǐ wéi cèliáng dānwèi use square metres as the unit of measurement ▷单位人口密度 dānwèi rénkǒu mìdù
population density by area **2** (机构) unit ▷事业单位 shìyè dānwèi work unit
单(單)相思 dānxiāngsī [名] unrequited love
单(單)一 dānyī [形] single
单(單)音词(詞) dānyīncí [名] monosyllabic word
单(單)元 dānyuán [名] unit ▷单元房 dānyuánfáng self-contained flat (英) 或 apartment (美)
单(單)子 dānzi [名] **1** (指床上用品) sheet **2** (列表) list

担(擔) dān [动] **1** (挑) carry ... on one's shoulder **2** (负) take ... on (*pt* took, *pp* taken) ▷担起责任 dānqǐ zérèn take on a responsibility
→另见 dàn
担(擔)保 dānbǎo [动] guarantee ▷他为我做担保。Tā wèi wǒ zuò dānbǎo. He acted as my guarantor. ▷我能担保产品质量。Wǒ néng dānbǎo chǎnpǐn zhìliàng. I can vouch for the quality of the product.
担(擔)待 dāndài [动] **1** (原谅) forgive (*pt* forgave, *pp* forgiven) **2** (负责) take responsibility (*pt* took, *pp* taken) ▷出了事儿, 她会担待的。Chūle shìr, tā huì dāndài de. If anything goes wrong, she will take responsibility for it.

担(擔)当(當) dāndāng [动] take ... on (*pt* took, *pp* taken) ▷他勇于担当重任。Tā yǒngyú dāndāng zhòngrèn. He has the courage to take on important tasks.

担(擔)负(負) dānfù [动] shoulder

担(擔)架 dānjià [名] stretcher

担(擔)任 dānrèn [动] hold the post of (*pt, pp* held) ▷她担任经理助理。Tā dānrèn jīnglǐ zhùlǐ. She holds the post of manager's assistant.

担(擔)心 dānxīn [动] worry ▷他担心母亲的身体。Tā dānxīn mǔqīn de shēntǐ. He worried about his mother's health.

耽 dān 见下文

耽搁(擱) dānge [动] **1** (拖延) delay ▷这事儿不能再耽搁了。Zhè shìr bùnéng zài dānge le. This cannot be delayed any further. **2** (停留) stay ▷我不能在这儿再耽搁了。Wǒ bùnéng zài zhèr zài dānge le. I can't stay here any longer.

耽误(誤) dānwu [动] delay ▷因为机械故障，耽误了飞机的起飞。Yīnwèi jīxiè gùzhàng, dānwule fēijī de qǐfēi. The flight was delayed because of a mechanical fault. ▷别耽误时间！Bié dānwu shíjiān! Don't waste time!

胆(膽) dǎn [名] **1** (指器官) gall bladder **2** (胆量) courage **3** (指器皿) liner

胆(膽)敢 dǎngǎn [动] dare

胆(膽)固醇 dǎngùchún [名] cholesterol

胆(膽)量 dǎnliàng [名] guts (*pl*)

胆(膽)怯 dǎnqiè [形] timid

胆(膽)识(識) dǎnshí [名] courage and insight

胆(膽)战(戰)心惊(驚) dǎn zhàn xīn jīng be scared out of one's wits

胆(膽)子 dǎnzi [名] guts (*pl*) ▷他胆子不小。Tā dǎnzi bù xiǎo. He's got a lot guts.

掸(撣) dǎn [动] brush

掸(撣)子 dǎnzi [名] duster

旦 dàn [名] **1** (书) (早晨) dawn **2** (天) day

旦夕 dànxī [名] short while ▷危在旦夕 wēi zài dàn xī in imminent danger

---

但 dàn **I** [连] but ▷她不很聪明，但很努力。Tā bù hěn cōngmíng, dàn hěn nǔlì. She wasn't very clever, but she was very hardworking. ▷他有驾照，但没有车。Tā yǒu jiàzhào, dàn méiyǒu chē. He has a driver's licence, but no car. **II** [副] only ▶但愿 dànyuàn wish ▷晴空万里，但见骄阳。Qíngkōng wàn lǐ, dàn jiàn jiāoyáng. In the clear and boundless sky all you could see was the blazing sun.

但凡 dànfán [副] ▷但凡星期天，她都去游泳。Dànfán xīngqītiān, tā dōu qù yóuyǒng. She goes swimming every Sunday. ▷但凡中国人，都知道孔子。Dànfán Zhōngguórén, dōu zhīdào Kǒngzǐ. All Chinese people know about Confucius.

但是 dànshì [连] but ▷工作很忙，但是她还坚持锻炼。Gōngzuò hěn máng, dànshì tā hái jiānchí duànliàn. She was very busy at work, but she managed to stick to her exercise regime. ▷虽然下雨，但是不冷。Suīrán xiàyǔ, dànshì bù lěng. Even though it's raining, it's not cold.

担(擔) dàn **I** [名] load **II** [量] ▷一担水 yī dàn shuǐ one bucket of water
→另见 dān

担(擔)子 dànzi [名] **1** (扁担) shoulder pole **2** (责任) responsibility

---

诞(誕) dàn **I** [动] be born **II** [名] birthday **III** [形] absurd

诞(誕)辰 dànchén [名] birthday

诞(誕)生 dànshēng [动] be born ▷新一代手机诞生了。Xīn yī dài shǒujī dànshēng le. A new generation of mobile phones was born.

淡 dàn [形] **1** (味道淡) weak **2** (不咸) bland **3** (颜色浅) light **4** (稀薄) light **5** (不热情) indifferent **6** (不红火) slack ▷最近生意很清淡。Zuìjìn shēngyi hěn qīngdàn. Business has been very slack lately.

淡泊 dànbó [动] (书) be unconcerned about

淡薄 dànbó [形] **1** (不浓厚) indifferent **2** (模糊) faint **3** (密度小) thin

淡化 dànhuà [动] **1** (指观念，感情，问题等) water down ▷淡化政治 dànhuà zhèngzhì watered-down politics **2** (水) desalinate ▷海水淡化工程 hǎishuǐ dànhuà gōngchéng sea water desalination project

淡季 dànjì [名] low season ▷旅游淡季 lǚyóu dànjì the low tourist season ▷现在是西瓜的淡季。Xiànzài shì xīguā de dànjì. Watermelons are currently out of season.

淡漠 dànmò [形] **1** (冷淡) indifferent **2** (记忆，印象) faded

淡然 dànrán [形] (书) indifferent

淡然处(處)之 dànrán chǔ zhī be unruffled ▷面对困难，他淡然处之。Miànduì kùnnan, tā dànrán chǔ zhī. He was unruffled in the face of difficulty.

淡忘 dànwàng [动] fade from memory

蛋 dàn [名] **1** (卵) egg ▶鸡蛋 jīdàn egg **2** (球状物) ball ▶鱼蛋 yúdàn fish ball

d

蛋白质(質) **dànbáizhì** [名] protein

蛋糕 **dàngāo** [名] cake

弹(彈) **dàn** [名] **1** (用于弹弓) pellet **2** (子弹) bullet **3** (炸弹) bomb ▶ 子弹 **zǐdàn** bullet ▶ 原子弹 **yuánzǐdàn** atomic bomb
→ 另见 **tán**

弹(彈)丸 **dànwán** [名] **1** (用于弹弓) pellet **2** (书) (狭小之地) tiny place

弹(彈)药(藥) **dànyào** [名] ammunition

氮 **dàn** [名] nitrogen

当(當) **dāng** **I** [助动] should ▷ 你有问题，当问就问。**Nǐ yǒu wèntí, dāng wèn jiù wèn.** If you have questions that should be raised, then raise them. **II** [介] **1** (向) in front of ▶ 当众 **dāngzhòng** in public ▷ 老师当着全班批评了班长。**Lǎoshī dāngzhe quánbān pīpíngle bānzhǎng.** The teacher criticized the class monitor in front of the whole class. **2** (正在) ▷ 当我们到时，电影已开始了。**Dāng wǒmen dào shí, diànyǐng yǐ kāishǐ le.** When we arrived the film had already started. ▷ 当他在美国时，他爷爷去世了。**Dāng tā zài Měiguó shí, tā yéye qùshì le.** His grandfather passed away while he was in America. **III** [动] **1** (担任) act as ▷ 当经理 **dāng jīnglǐ** act as manager **2** (承当) deserve ▷ 不敢当！**Bù gǎndāng!** I don't deserve it! **3** (掌管) be in charge ▶ 当家 **dāngjiā** rule the roost **4** (相当) match ▷ 门当户对 **mén dāng hù duì** be well-matched **IV** [拟] **1** (指金属敲击声) chime ▷ 当当的钟声 **dāngdāng de zhōngshēng** the chiming of the bell **2** (指敲门声) knock
→ 另见 **dàng**

当(當)场(場) **dāngchǎng** [副] there and then ▷ 经理当场签了合同。**Jīnglǐ dāngchǎng qiānle hétong.** The manager signed the contract there and then.

当(當)初 **dāngchū** [名] those days ▷ 当初他俩就不和。**Dāngchū tā liǎ jiù bùhé.** Even in those days they didn't get on.

当(當)代 **dāngdài** [名] the present ▷ 当代文学 **dāngdài wénxué** contemporary literature

当(當)道 **dāngdào** **I** [名] the middle of the road **II** [动] (贬) hold power (*pt, pp* held)

当(當)地 **dāngdì** [名] locality ▷ 我在当地买了一所房子。**Wǒ zài dāngdì mǎile yī suǒ fángzi.** I bought a house in the locality. ▷ 当地风俗 **dāngdì fēngsú** local customs

当(當)机(機)立断(斷) **dāng jī lì duàn** make an on-the-spot decision

当(當)即 **dāngjí** [副] immediately

当(當)家 **dāngjiā** [动] rule the roost

当(當)今 **dāngjīn** [名] the present

当(當)局 **dāngjú** [名] authorities (*pl*)

当(當)令 **dānglìng** [动] be in season ▷ 葡萄正当令。**Pútáo zhèng dānglìng.** Grapes are currently in season.

当(當)面 **dāngmiàn** [动] do ... face to face ▷ 当面讨论 **dāngmiàn tǎolùn** have a face-to-face discussion

当(當)年 **dāngnián** **I** [名] those days ▷ 想当年，我们都很幼稚。**Xiǎng dāngnián, wǒmen dōu hěn yòuzhì.** Thinking back to those days, we were all so naïve. **II** [动] be in the prime of one's life ▷ 三十多岁是男人正当年的时候。**Sānshí duō suì shì nánrén zhèng dāngnián de shíhòu.** A man is in his prime when he's in his thirties.

当(當)前 **dāngqián** **I** [动] be faced with **II** [名] present ▷ 当前的目标 **dāngqián de mùbiāo** the present aim

当(當)权(權) **dāngquán** [动] hold power (*pt, pp* held)

当(當)然 **dāngrán** **I** [副] of course ▷ "能帮个忙吗？" "当然可以！" **"Néng bāng gè máng ma?" "Dāngrán kěyǐ!"** "Can you help me?" – "Of course!" ▷ 坐公共汽车当然要买票。**Zuò gōnggòng qìchē dāngrán yào mǎi piào.** Of course you have to buy a ticket if you want to take the bus. **II** [形] natural ▷ 你不努力，成绩差是当然的。**Nǐ bù nǔlì, chéngjì chà shì dāngrán de.** If you don't work hard, it's only natural that you'll get low marks.

当(當)仁不让(讓) **dāng rén bù ràng** not shirk responsibility

当(當)时(時) **dāngshí** [名] ▷ 他当时不知道犯了法。**Tā dāngshí bù zhīdào fànle fǎ.** At the time he didn't know he'd broken the law. ▷ 我当时高兴极了。**Wǒ dāngshí gāoxìng jí le.** I was ecstatic at the time.

当(當)头(頭) **dāngtóu** [动] **1** (迎头) take ... in the face (*pt* took, *pp* taken) ▷ 当头一拳 **dāng tóu yī quán** take a punch in the face **2** (在眼前) confront **3** (放在首位) prioritize ▷ 生意人是利字当头。**Shēngyìrén shì lì zì dāngtóu.** Businesspeople prioritize profit above all else.

当(當)务(務)之急 **dāng wù zhī jí** top priority ▷ 我们的当务之急是解决资金问题。**Wǒmen de dāng wù zhī jí shì jiějué zījīn wèntí.** Our top priority is to resolve the issue of funding.

当(當)心 **dāngxīn** [动] be careful

当(當)选(選) **dāngxuǎn** [动] be elected ▷ 他当选为新一届主席。**Tā dāngxuǎn wéi xīn yī jiè zhǔxí.** He was elected as the new chairman.

当(當)政 **dāngzhèng** [动] be in power ▷ 他当政时，国泰民安。**Tā dāngzhèng shí, guó tài** mín ān. When he was in power the state was prosperous and the people were at peace.

当(當)之无(無)愧 **dāng zhī wúkuì** fully deserve ▷ 他是当之无愧的好领导。**Tā shì dāng zhī wúkuì de hǎo lǐngdǎo.** He fully deserved the title of good leader.

当(當)中 **dāngzhōng** [名] **1** (中间) ▷ 几个人当中，只有我信任她。**Jǐ gè rén dāngzhōng, zhǐyǒu wǒ xìnrèn tā.** Out of a number of people, I was the only one who believed her. ▷ 讨论当中，他言辞激烈。**Tǎolùn dāngzhōng, tā yáncí jīliè.** During the discussion he spoke forcefully. **2** (正中间) the centre (英) 或 center (美) ▷ 他站在舞台当中。**Tā zhàn zài wǔtái dāngzhōng.** He stood in the centre of the stage.

当(當)众(眾) **dāngzhòng** [副] publicly

挡(擋) **dǎng I** [动] **1** (拦) keep off (*pt*, *pp* kept) ▷ 别挡路！**Bié dǎnglù!** Keep off the road! **2** (遮蔽) shelter from **II** [名] (排挡) gear

挡(擋)箭牌 **dǎngjiànpái** [名] excuse

党(黨) **dǎng** [名] **1** (政党) party ▶ 党员 **dǎngyuán** party member **2** (集团) faction

党(黨)派 **dǎngpài** [名] clique

党(黨)羽 **dǎngyǔ** [名] (贬) adherents (*pl*)

当(當) **dàng I** [形] appropriate ▶ 不当 **bùdàng** inappropriate ▶ 妥当 **tuǒdàng** appropriate ▷ 用词不当 **yòngcí bùdàng** an inappropriate choice of words **II** [动] **1** (作为) treat ... as ▷ 我把妈妈当做最好的朋友。**Wǒ bǎ māma dàngzuò zuìhǎo de péngyou.** I treat my mother like my best friend. **2** (认为) assume ▷ 我当你明白了。**Wǒ dàng nǐ míngbai le.**
I assumed you'd understood. **3** (抵押) pawn ▷ 他把手表给当了。**Tā bǎ shǒubiǎo gěi dàng le.** He pawned his watch. **4** (指时间) ▶ 当天 **dàngtiān** that day
→ 另见 **dāng**

当(當)年 **dàngnián** [名] that same year

当(當)铺(鋪) **dàngpù** [名] pawnshop

当(當)时(時) **dàngshí** [名] ▷ 他当时就在合同上签了字。**Tā dàngshí jiù zài hétong shàng qiānle zì.** He signed the contract there and then. ▷ 接到他的短信，我当时就给他回了电话。**Jiēdào tā de duǎnxìn, wǒ dàngshí jiù gěi tā huíle diànhuà.** I called him back as soon as I received his text.

当(當)天 **dàngtiān** [名] the same day ▷ 我明天去天津，当天就回来。**Wǒ míngtiān qù Tiānjīn, dàngtiān jiù huílái.** I'm going to Tianjin tomorrow, and returning the same day.

当(當)真 **dàngzhēn I** [动] take ... seriously (*pt* took, *pp* taken) ▷ 别把他的话当真！**Bié bǎ tā de huà dàngzhēn!** Don't take what he said seriously! **II** [形] serious **III** [副] really ▷ 他当真辞职了？**Tā dàngzhēn cízhí le?** Did he really resign?

当(當)做 **dàngzuò** [动] regard ... as ▷ 人们经常把狗当做最忠实的朋友。**Rénmen jīngcháng bǎ gǒu dàngzuò zuì zhōngshí de péngyou.** People often regard dogs as their most loyal friends.

荡(蕩) **dàng I** [动] **1** (摇摆) sway **2** (闲逛) loaf about **3** (清除) clear ... away **II** [形] **1** (广阔) vast **2** (放纵) loose in morals

荡(蕩)妇(婦) **dàngfù** [名] tart

荡(蕩)气(氣)回(迴)肠(腸) **dàng qì huí cháng** soul-stirring

荡(蕩)然无(無)存 **dàngrán wú cún** completely disappear

荡(蕩)漾 **dàngyàng** [动] undulate

档(檔) **dàng** [名] **1** (档案) file **2** (等级) grade

档(檔)案 **dàng'àn** [名] files (*pl*)

档(檔)次 **dàngcì** [名] grade

刀 **dāo** [名] **1** (指工具) knife (*pl* knives) ▶ 刀子 **dāozi** knife (*pl* knives) **2** (刀状物) blade

刀枪(槍) **dāoqiāng** [名] weapons (*pl*)

刀刃 **dāorèn** [名] **1** (字) knife edge **2** (喻) the most vital thing ▷ 他总能把钱花在刀刃上。**Tā zǒng néng bǎ qián huā zài dāorèn shàng.** He always spends his money on vital things.

刀山火海 **dāo shān huǒ hǎi** extremely dangerous place

叨 **dāo** 见下文

叨唠(嘮) **dāolao** [动] prattle on ▷ 别为了一点小事就叨唠。**Bié wèile yīdiǎn xiǎoshì jiù dāolao.** You really shouldn't prattle on about something so trivial.

导(導) **dǎo** [动] **1** (引导) guide ▶ 导游 **dǎoyóu** guide **2** (传导) conduct **3** (开导) give guidance (*pt* gave, *pp* given) **4** (导演) direct

导(導)播 **dǎobō I** [动] produce **II** [名] director

导(導)弹(彈) **dǎodàn** [名] missile

导(導)电(電) **dǎodiàn** [动] conduct electricity

导(導)购(購) **dǎogòu** [动] give shopping advice (*pt* gave, *pp* given) ▷ 导购小姐 **dǎogòu xiǎojiě** salesgirl

导(導)航 **dǎoháng** [动] navigate ▷ 雷达导航系统 **léidá dǎoháng xìtǒng** radar navigation system

d

导(導)火线(線) **dǎohuǒxiàn** [名] **1** (字) fuse **2** (喻) trigger

导(導)论(論) **dǎolùn** [名] introduction

导(導)师(師) **dǎoshī** [名] **1** (字) tutor **2** (喻) mentor

导(導)体(體) **dǎotǐ** [名] conductor

导(導)向 **dǎoxiàng** **I** [名] guidance **II** [动] lead to (*pt, pp* led)

导(導)演 **dǎoyǎn** **I** [动] direct **II** [名] director

导(導)游(遊) **dǎoyóu** **I** [动] guide **II** [名] tour guide

导(導)致 **dǎozhì** [动] lead to (*pt, pp* led) ▷ 首相的决定导致了暴动。**Shǒuxiàng de juédìng dǎozhìle bàodòng.** The prime minister's decision led to rioting. ▷ 粗心导致她没考好。**Cūxīn dǎozhì tā méi kǎohǎo.** Because of her carelessness she failed the exam.

岛(島)

dǎo [名] island ▶ 岛国 **dǎoguó** island nation ▶ 半岛 **bàndǎo** peninsula

岛(島)屿(嶼) **dǎoyǔ** [名] islands (*pl*)

倒

dǎo **I** [动] **1** (横躺) fall (*pt* fell, *pp* fallen) ▶ 摔倒 **shuāidǎo** fall down ▶ 卧倒 **wòdǎo** lie down ▷ 我倒在床上就睡。**Wǒ dǎo zài chuáng shàng jiù shuì.** I collapsed into bed and fell asleep immediately. **2** (失败) fail ▶ 倒闭 **dǎobì** go bankrupt ▷ 击倒竞争对手 **jīdǎo jìngzhēng duìshǒu** beat a rival competitor **3** (食欲) spoil ▷ 倒胃口 **dǎo wèikou** lose one's appetite **4** (换) change ▶ 倒班 **dǎobān** change shifts **5** (倒买倒卖) speculate **6** (嗓子) lose ▷ 歌唱家的嗓子倒了。**Gēchàngjiā de sǎngzi dǎo le.** The singer lost her voice. **II** [名] (贬) wheeler-dealer → 另见 **dào**

倒闭(閉) **dǎobì** [动] go bankrupt

倒戈 **dǎogē** [动] swap sides

倒买(買)倒卖(賣) **dǎo mǎi dǎo mài** speculate

倒霉 **dǎoméi** [形] unlucky

倒手 **dǎoshǒu** [动] **1** (换手) swap hands ▷ 他倒着手拎行李。**Tā dǎozhe shǒu līn xíngli.** He swapped the suitcase from one hand to the other. **2** (买卖货物) change hands

倒塌 **dǎotā** [动] collapse

倒台(臺) **dǎotái** [动] fall from power (*pt* fell, *pp* fallen) ▷ 保守党政府倒台了。**Bǎoshǒudǎng zhèngfǔ dǎotái le.** The Conservative government fell from power.

倒腾(騰) **dǎoteng** [动] **1** (买进卖出) deal in (*pt, pp* dealt) ▷ 他在倒腾香烟。**Tā zài dǎoteng xiāngyān.** He deals in cigarettes. **2** (翻腾) rummage around

倒胃口 **dǎo wèikou** [动] **1** (指食欲) lose one's appetite (*pt, pp* lost) **2** (使人生厌) put ... off (*pt, pp* put) ▷ 他的所作所为让人倒胃口。**Tā de suǒ zuò suǒ wéi ràng rén dǎo wèikou.** People were really put off by what he had done.

捣(搗)

dǎo [动] **1** (捶打) crush **2** (搅乱) make trouble

捣(搗)鬼 **dǎoguǐ** [动] make mischief

捣(搗)毁(毀) **dǎohuǐ** [动] destroy

捣(搗)乱(亂) **dǎoluàn** [动] **1** (扰乱) disturb **2** (制造麻烦) make trouble

---

祷(禱)

dǎo [动] pray

祷(禱)告 **dǎogào** [动] pray

蹈

dǎo [动] **1** (跳动) skip ▶ 舞蹈 **wǔdǎo** dancing **2** (书) (踩) tread (*pt* trod, *pp* trodden)

到

dào **I** [动] **1** (达到) arrive ▷ 火车到了。**Huǒchē dào le.** The train has arrived. ▷ 到点了！**Dào diǎn le!** Time is up! ▷ 我是昨天到上海的。**Wǒ shì zuótiān dào Shànghǎi de.** I arrived in Shanghai yesterday. ▷ 到点了，起床！**Dào diǎn le, qǐchuáng!** Time to get up! **2** (去) go (*pt* went, *pp* gone) ▷ 我到厦门旅游。**Wǒ dào Xiàmén lǚyóu.** I'm going to Xiamen on a tour. **3** (用作动词的补语) ▷ 听到这个消息我很吃惊。**Tīngdào zhège xiāoxi wǒ hěn chījīng.** When I heard the news I was very surprised. ▷ 老师没想到我们会来医院看他。**Lǎoshī méi xiǎngdào wǒmen huì lái yīyuàn kàn tā.** Our teacher hadn't imagined we would visit him in hospital. ▷ 真想不到他会离婚。**Zhēn xiǎng bù dào tā huì líhūn.** I never would have thought he'd get divorced. ▷ 你的要求我办不到。**Nǐ de yāoqiú wǒ bàn bù dào.** I can't handle your demands. **II** [形] (周到) considerate

到处(處) **dàochù** [名] all places (*pl*) ▷ 这种植物到处都有。**Zhè zhǒng zhíwù dàochù dōu yǒu.** You can find this kind of plant everywhere.

到达(達) **dàodá** [动] arrive

到底 **dàodǐ** **I** [动] ▷ 坚持到底 **jiānchí dàodǐ** keep going until the end ▷ 把改革进行到底 **bǎ gǎigé jìnxíng dàodǐ** carry through reforms **II** [副] **1** (究竟) ▷ 你到底在干什么？**Nǐ dàodǐ zài gàn shénme?** What on earth are you up to? ▷ 你到底还想不想上大学？**Nǐ dàodǐ hái xiǎng bù xiǎng shàng dàxué?** Do you actually want to go to university? **2** (毕竟) after all ▷ 他到底还只是个孩子。**Tā dàodǐ hái zhǐshì gè háizi.** After all, he's still just a kid. **3** (终于) at last

到家 **dàojiā** [形] perfect

到位 **dàowèi** **I** [动] be in place ▷ 资金已经到位。**Zījīn yǐjīng dàowèi.** The money is already in place. ▷ 货物一次到位。**Huòwù yī** cì dàowèi. The goods will be sent in one go. **II** [形] precise ▷ 他回答得很到位。Tā huídá de hěn dàowèi. He answered very precisely.

到职(職) **dàozhí** [动] take office (*pt* took, *pp* taken)

倒 **dào I** [动] **1** (颠倒) ▷ 倒数第一 dàoshǔ dìyī the very last ▷ 老师倒着点名。Lǎoshī dàozhe diǎnmíng. The teacher did the roll call in reverse order. ▷ 他把地图挂倒了。Tā bǎ dìtú guà dào le. He hung the map up upside down. ▷ 姓和名写倒了。Xìng hé míng xiě dào le. The first name and surname were written the wrong way round. **2** (后退) reverse ▶ 倒车 dàochē reverse a car **3** (倾倒) empty out ▷ 倒垃圾 dào lājī empty the rubbish out ▷ 我来给您倒杯茶。Wǒ lái gěi nín dào bēi chá. Let me pour you a cup of tea. ▷ 在会上, 他把所有的想法都倒了出来。Zài huì shàng, tā bǎ suǒyǒu de xiǎngfǎ dōu dàole chūlái. He poured out all his ideas at the meeting. **II** [副] **1** (表示意料之外) unexpectedly **2** (反而) instead ▷ 她没哭, 倒笑了。Tā méi kū, dào xiào le. She didn't cry, but laughed instead. **3** (表示让步) though ▷ 这房子地段倒好, 就是太小。Zhè fángzi dìduàn dào hǎo, jiùshì tài xiǎo. Although the location of the house is good, it's still too small. ▷ 这部手提电脑新倒是新, 就是太沉。Zhè bù shǒutí diànnǎo xīn dàoshì xīn, jiùshì tài chén. Even though this laptop is new, it's just too heavy. **4** (表示转折) but ▷ 他其貌不扬, 倒是很聪明。Tā qí mào bù yáng, dàoshì hěn cōngmíng. He's not very attractive, but he's clever. ▷ 这包不漂亮, 倒很实用。Zhè bāo bù piàoliang, dào hěn shíyòng. This bag isn't very smart, but it's practical. **5** (表示不耐烦) ▷ 你倒快点走啊! Nǐ dào kuàidiǎn zǒu a! Can you go a bit faster? ▷ 你倒是说呀! Nǐ dàoshì shuō ya! Can you get on with it please! **6** (表示责怪) ▷ 他说得倒漂亮。Tā shuō de dào piàoliang. He's all talk.

→ 另见 dǎo

倒彩 **dàocǎi** [名] booing ▷ 喝倒彩 hè dàocǎi boo

倒插门(門) **dàochāmén I** [动] live off one's wife's family **II** [名] *son-in-law living off his wife's family*

倒打一耙 **dào dǎ yī pá** hit back unfairly ▷ 他倒打一耙, 要求赔偿。Tā dào dǎ yī pá, yāoqiú péicháng. He hit back with an unfair demand for compensation.

倒挂(掛) **dàoguà** [动] **1** (颠倒地挂) hang ... upside down (*pt, pp* hung) **2** (价格等) be topsy-turvy ▷ 市场价与出厂价倒挂。Shìchǎngjià yǔ chūchǎngjià dàoguà. The market prices are topsy-turvy in relation to factory prices.

倒立 **dàolì** [动] **1** (物) be upside down **2** (人) do a handstand

倒计(計)时(時) **dàojìshí** [动] count down ▷ 奥运会进入了倒计时阶段。Àoyùnhuì jìnrùle dàojìshí jiēduàn. The countdown to the Olympics has begun.

倒贴(貼) **dàotiē** [动] lose money unexpectedly (*pt, pp* lost)

倒退 **dàotuì** [动] go back ▷ 倒退5年, 他只是个学徒。Dàotuì wǔ nián, tā zhǐshì gè xuétú. Going back five years, he was still a trainee. ▷ 她被吓得倒退了几步。Tā bèi xià de dàotuìle jǐ bù. She was so shocked that she had to take a few steps back.

倒影 **dàoyǐng** [名] reflection

倒置 **dàozhì** [动] reverse

悼 **dào** [动] mourn

悼词(詞) **dàocí** [名] eulogy

悼念(唸) **dàoniàn** [动] mourn

盗(盜) **dào I** [动] rob ▶ 盗窃 dàoqiè steal **II** [名] robber ▶ 海盗 hǎidào pirate

盗(盜)版 **dàobǎn I** [动] pirate ▷ 盗版软件 dàobǎn ruǎnjiàn pirated software **II** [名] pirate copy

盗(盜)匪 **dàofěi** [名] robber

盗(盜)汗 **dàohàn** [名] night sweat

盗(盜)墓 **dàomù** [动] rob tombs

盗(盜)窃(竊) **dàoqiè** [动] steal (*pt* stole, *pp* stolen)

盗(盜)用 **dàoyòng** [动] misappropriate

盗(盜)贼(賊) **dàozéi** [名] thieves (*pl*)

道 **dào I** [名] **1** (路) road ▶ 近道 jìndào shortcut **2** (方法) way ▷ 生财之道 shēngcái zhī dào the road to riches **3** (德) morals **4** (技艺) art ▶ 茶道 chádào tea ceremony **5** (道教) the Tao **6** (线) line ▶ 横道儿 héngdàor horizontal line **7** (水流途径) channel ▶ 下水道 xiàshuǐdào sewer **II** [量] **1** (用于长条形物体) ▷ 一道阳光 yī dào yángguāng a beam of sunlight ▷ 两道泪痕 liǎng dào lèihén two tear streaks

measure word, used for things in the shape of a long strip

2 (门, 墙等) ▷ 第二道门 dì'èr dào mén the second door ▷ 一道墙 yī dào qiáng a wall

measure word, used for doors, walls, etc.

3 (题目, 命令) ▷ 三道题 sān dào tí three questions ▷ 两道命令 liǎng dào mìnglìng two orders

measure word, used for orders, questions, procedures, etc.

4 (次) ▷ 我还要办一道手续。Wǒ háiyào bàn yī dào shǒuxù. I still need to complete one formality. ▷ 刷了两道漆 shuāle liǎng dào qī paint two coats **5** ▷ 五道菜 wǔ dào cài five dishes

measure word, used for dishes or courses of a meal

道别(別) dàobié [动] **1** (辞行) part ▷ 我们握手道别。Wǒmen wòshǒu dàobié. We shook hands in parting. **2** (离别) say goodbye (*pt, pp* said) ▷ 临行前，他向全家道别。Línxíng qián, tā xiàng quánjiā dàobié. Before he left he said goodbye to everyone.

道德 dàodé [名] morals (*pl*) ▷ 偷东西真不道德。Tōu dōngxi zhēn bù dàodé. Stealing is so immoral.

道家 Dàojiā [名] Taoist school of thought

道教 Dàojiào [名] Taoism

道具 dàojù [名] prop

道理 dàolǐ [名] **1** (规律) principle **2** (情理) sense

道路 dàolù [名] path

道貌岸然 dàomào ànrán (贬) be sanctimonious

道歉 dàoqiàn [动] apologize ▷ 我向你们道歉。Wǒ xiàng nǐmen dàoqiàn. I apologize to you all.

道士 dàoshi [名] Taoist priest

道听(聽)途说(說) dào tīng tú shuō hearsay

道谢(謝) dàoxiè [动] thank

道学(學) dàoxué [名] **1** (理学) Neo-Confucianism **2** (古板迂腐) old school ▷ 她道学气太重。Tā dàoxuéqì tài zhòng. She's so old-school.

道义(義) dàoyì [名] morality and justice

稻 dào [名] paddy

稻子 dàozi [名] rice

得 dé **I** [动] **1** (得到) get (*pt* got, *pp* got (英) 或 gotten (美)) ▶ 得奖 déjiǎng win a prize **2** (病) catch (*pt, pp* caught) ▷ 他得了流感。Tā déle liúgǎn. He caught flu. ▷ 她得了胃病。Tā déle wèibìng. She's developed a stomach problem. **3** (计算) equal ▷ 四减二得二。Sì jiǎn èr dé èr. Four minus two equals two. ▷ 三三得九。Sān sān dé jiǔ. Three threes are nine. **4** (完成) be ready ▷ 晚饭得了。Wǎnfàn dé le. Dinner is ready. **5** (适合) be suitable ▶ 得体 détǐ appropriate **II** [叹] **1** (表示同意，禁止) OK ▷ 得，就这么决定了。Dé, jiù zhème juédìng le. OK, that's settled then. ▷ 得了，别再想了。Dé le, bié zài xiǎng le. That's enough. Stop thinking about it. **2** (表示无可奈何) Oh no! ▷ 得，我又没考及格！Dé, wǒ yòu méi kǎo jígé! Oh no, I failed again! **III** [助动] ▷ 版权所有，不得转载。Bǎnquán suǒyǒu, bùdé zhuǎnzǎi. All rights reserved, copying not allowed. ▷ 未经许可，不得擅自播放。Wèi jīng xǔkě, bùdé shànzì bōfàng. Not to be transmitted without permission.

→ 另见 de, děi

得便 débiàn [动] be convenient ▷ 我有个口信，请您得便转告他。Wǒ yǒu gè kǒuxìn, qǐng nín débiàn zhuǎngào tā. I've a message – please pass it on to him when it's convenient.

得不偿(償)失 dé bù cháng shī not be worth the effort

得逞 déchěng [动] (贬) succeed ▷ 他们的阴谋没能得逞。Tāmen de yīnmóu méi néng déchěng. Their plot failed to succeed.

得寸进(進)尺 dé cùn jìn chǐ be insatiably greedy

得当(當) dédàng [形] proper ▷ 这些问题处理得很得当。Zhèxiē wèntí chǔlǐ de hěn dédàng. These issues have been dealt with properly.

得到 dédào [动] get (*pt* got, *pp* got (英) 或 gotten (美)) ▷ 得到表扬 dédào biǎoyáng win praise ▷ 得到奖学金 dédào jiǎngxuéjīn win a scholarship ▷ 得到帮助 dédào bāngzhù get help ▷ 得到一张唱片 dédào yī zhāng chàngpiàn get hold of a record ▷ 得到提拔 dédào tíbá get a promotion ▷ 他得到了一次出国的机会。Tā dédàole yī cì chūguó de jīhuì. He got an opportunity to go abroad.

得法 défǎ [动] have the right technique ▷ 老师教学得法，学生成绩大大提高。Lǎoshī jiàoxué défǎ, xuéshēng chéngjì dàdà tígāo. When a teacher has the right technique, the students get much better results.

得过(過)且过(過) dé guò qiě guò drift along ▷ 他没有责任心，得过且过。Tā méiyǒu zérènxīn, dé guò qiě guò. He has no sense of responsibility – he just drifts along.

得力 délì **I** [动] benefit from **II** [形] competent

得失 déshī [名] ▷ 他太计较个人得失。Tā tài jìjiào gèrén déshī. He pays too much attention to personal gain.

得势(勢) déshì [动] (贬) be in power

得手 déshǒu **I** [动] succeed **II** [副] smoothly

得体(體) détǐ [形] appropriate

得天独(獨)厚 dé tiān dú hòu enjoy great natural advantages ▷ 香港的地理位置得天独厚。Xiānggǎng de dìlǐ wèizhì dé tiān dú hòu. Hong Kong enjoys great geographical advantages.

得心应(應)手 dé xīn yìng shǒu be very proficient ▷ 有了丰富的教学经验，她教起书来得心应手。Yǒule fēngfù de jiàoxué jīngyàn, tā jiāoqǐ shū lái dé xīn yìng shǒu.

With her wealth of teaching experience, she is a very proficient teacher.

得意 déyì [形] pleased with oneself ▷ 他对自己的工作感到很得意。Tā duì zìjǐ de gōngzuò gǎndào hěn déyì. He has a high opinion of his own work.

得主 dézhǔ [名] winner

得罪 dézuì [动] offend

德 dé [名] 1 (品行) morality ▶ 品德 pǐndé moral character ▷ 社会公德 shèhuì gōngdé public morals 2 (恩惠) kindness ▶ 恩德 ēndé kindness 3 (德国) Germany ▶ 德国 Déguó Germany ▶ 德语 Déyǔ German

德文 Déwén [名] German language

德高望重 dé gāo wàng zhòng have integrity and a good reputation

德行 déxing [名] (贬) revolting behaviour (英) 或 behavior (美)

德育 déyù [名] ethics (*sg*)

地 de [助] ▷ 刻苦地学习 kèkǔ de xuéxí study hard ▷ 努力地工作 nǔlì de gōngzuò work hard ▷ 我们激烈地讨论了这个问题。Wǒmen jīliè de tǎolùnle zhège wèntí. We discussed the question heatedly. ▷ 委员会认真地考虑了雇员的意见。Wěiyuánhuì rènzhēn de kǎolǜle gùyuán de yìjiàn. The committee took staff opinion into careful consideration. ▷ 学生大声地回答问题。Xuéshēng dàshēng de huídá wèntí. The student answered questions loudly. ▷ 警察仔细地检查了小包。Jǐngchá zǐxì de jiǎnchále xiǎobāo. The police officer closely inspected the bag.

→ 另见 dì

Use 地 de after adjectives to form adverbs.

的 de [助] 1 (用于定语后) ▷ 昂贵的价格 ángguì de jiàgé high price ▷ 他的哥哥 tā de gēge his elder brother ▷ 经理的秘书 jīnglǐ de mìshū the manager's secretary ▷ 住在那座房子里的夫妇很少出去。Zhù zài nà zuò fángzi lǐ de fūfù hěn shǎo chūqù. The couple who live in that house rarely go out. ▷ 你买的书真有意思。Nǐ mǎi de shū zhēn yǒu yìsi. The book you bought is really interesting. ▷ 进行的改革有一定的效力。Jìnxíng de gǎigé yǒu yīdìng de xiàolì. The reforms that were brought in had some effect. ▷ 我最喜欢的裙子在这儿买不到。Wǒ zuì xǐhuān de qúnzi zài zhèr mǎi bù dào. The skirt which I like the best is not on sale here. 2 (名词化) ▷ 画画的 huàhuà de painter ▷ 这是你的，那是我的。Zhè shì nǐ de, nà shì wǒ de. This is yours and that is mine. 3 (用于是…的强调结构) ▷ 我的嗓子是喊哑的。Wǒ de sǎngzi shì hǎnyǎ de. My voice became hoarse from shouting.

→ 另见 dí, dì

Use 的 de to link descriptive words, phrases and clauses to the noun they describe, e.g. 她是一个很漂亮的女人。Tā shì yī gè hěn piàoliang de nǚrén. (She is a very beautiful woman.); 这是他昨天给我的书。Zhè shì tā zuótiān gěi wǒ de shū. (This is the book which he gave me yesterday.)

的话(話) dehuà [助] ▷ 如果没有问题的话，会就开到这儿。Rúguǒ méiyǒu wèntí dehuà, huì jiù kāi dào zhèr. If there are no questions, we can end the meeting here. ▷ 见到她的话，替我问好。Jiàndào tā dehuà, tì wǒ wènhǎo. Please give her my regards if you see her.

得 de [助] 1 (用于动词后面) ▷ 这种野菜吃得。Zhè zhǒng yěcài chī de. This wild herb is edible. ▷ 这事太危险，我做不得。Zhèshì tài wēixiǎn, wǒ zuò bù de. It's too dangerous – I shouldn't do it. 2 (动词或补语中间) ▷ 她抬得动。Tā tái de dòng. She can carry it. ▷ 我写得完。Wǒ xiě de wán. I am able to finish writing it. 3 (动词和形容词后面) ▷ 他英语学得很快。Tā Yīngyǔ xué de hěn kuài. He's learning English very quickly. ▷ 风大得很。Fēng dà de hěn. The wind's very strong.

→ 另见 dé, děi

Most adverbial phrases follow the verb and are joined to it by 得 de. Such statements are often evaluations or judgements, and contain the idea of *to the extent of* or *to the degree that*, e.g. 她说得很流利。Tā shuō de hěn liúlì. (She speaks very fluently.)

得 děi I [动] (口) (需要) need ▷ 买房得多少钱？Mǎifáng děi duōshao qián? How much money do you need to buy a house? II [助动] (口) 1 (必要) must ▷ 要想成功，就得艰苦奋斗。Yào xiǎng chénggōng, jiù děi jiānkǔ fèndòu. If you want to succeed, you must work hard. ▷ 我们得6点出发。Wǒmen děi liùdiǎn chūfā. We have to leave at six. 2 (表示推测) will ▷ 再不听话，就得挨批评了。Zài bù tīnghuà, jiù děi ái pīpíng le. If you don't do as you are told, you will get a telling off. ▷ 快走，电影得开始了。Kuài zǒu, diànyǐng děi kāishǐ le. Get a move on, the film's just about to start.

→ 另见 dé, de

灯(燈) dēng [名] light ▶ 台灯 táidēng desk lamp ▶ 红绿灯 hónglǜdēng traffic lights (*pl*)

灯(燈)红(紅)酒绿(綠) dēng hóng jiǔ lǜ (喻) the high life ▷ 这座城市是个灯红酒绿的花花世界。Zhè zuò chéngshì shì gè dēng hóng jiǔ lǜ de huāhuā shìjiè. The city is happening

and has a great nightlife.
灯(燈)火 **dēnghuǒ** [名] lights (*pl*)
灯(燈)具 **dēngjù** [名] lighting
灯(燈)塔 **dēngtǎ** [名] lighthouse

登 **dēng** [动] **1** (由低到高) go up **2** (刊登) publish **3** (踩踏板) pedal **4** (踩) get up onto **5** (裤子, 鞋) put ... on (*pt, pp* put) ▷ 他登上鞋就出去了。**Tā dēngshàng xié jiù chūqù le.** He put his shoes on and went out.
登场(場) **dēngchǎng** [动] go on stage
登峰造极(極) **dēng fēng zào jí** attain the height of perfection
登记(記) **dēngjì** [动] register
登录(錄) **dēnglù** [动] log in ▷ 登录网站 **dēnglù wǎngzhàn** log in to a website
登门(門) **dēngmén** [动] call by ▷ 明天我登门拜访你。**Míngtiān wǒ dēngmén bàifǎng nǐ.** I'll call by to see you tomorrow.
登时(時) **dēngshí** [副] immediately
登台(臺) **dēngtái** [动] **1** (上场) go on stage ▷ 登台演出 **dēngtái yǎnchū** perform on stage ▷ 登台演讲 **dēngtái yǎnjiǎng** go up to speak **2** (政治) enter politics
登载(載) **dēngzǎi** [动] publish

噔 **dēng** [拟] thud ▷ 他噔噔地跑上楼去。**Tā dēngdēng de pǎoshàng lóu qù.** He thudded upstairs.

蹬 **dēng** [动] pedal

等 **děng I** [名] **1** (等级) grade ▶ 中等 **zhōngděng** medium ▶ 优等 **yōuděng** outstanding ▷ 二等奖 **èr děng jiǎng** second prize ▷ 一等品 **yī děng pǐn** first-rate goods **2** (类) kind ▷ 这等人 **zhè děng rén** this kind of person **II** [动] **1** (相同) equal ▶ 等于 **děngyú** be equal to **2** (等待) wait ▶ 等车 **děngchē** wait for a bus **III** [连] (等到) when ▷ 等他来了, 我们再讨论。**Děng tā lái le, wǒmen zài tǎolùn.** We'll talk about it when he comes. **IV** [助] **1** (列举未尽的) etc. ▷ 他爱读诗歌, 小说等等。**Tā ài dú shīgē, xiǎoshuō děngděng.** He likes to read poems, novels, etc. **2** (煞尾的) namely ▷ 我喜欢足球, 篮球, 排球等三项运动。**Wǒ xǐhuān zúqiú, lánqiú, páiqiú děng sān xiàng yùndòng.** I enjoy three sports, namely football, basketball and volleyball.
等待 **děngdài** [动] wait ▷ 他耐心地等待时机。**Tā nàixīn de děngdài shíjī.** He patiently waited for an opportunity.
等到 **děngdào** [连] when
等等 **děngděng** [助] and so on ▷ 参赛国有英国, 爱尔兰, 法国等等。**Cānsàiguó yǒu Yīngguó, Ài'ěrlán, Fǎguó děngděng.** Countries taking part in the contest include Britain, Ireland, France, and so on.
等号(號) **děnghào** [名] (数) equals sign
等候 **děnghòu** [动] expect
等级(級) **děngjí** [名] grade
等量齐(齊)观(觀) **děng liàng qí guān** equate
等式 **děngshì** [名] (数) equality
等同 **děngtóng** [动] equate
等闲(閒) **děngxián** [形] (书) ordinary
等于(於) **děngyú** [动] **1** (相等于) equal **2** (等同) be equivalent to ▷ 保持沉默等于拒绝。**Bǎochí chénmò děngyú jùjué.** To keep silent is equivalent to saying no.

凳 **dèng** [名] stool ▶ 板凳 **bǎndèng** wooden stool ▶ 凳子 **dèngzi** stool

---

澄(澂) **dèng** [动] settle
→ 另见 **chéng**
澄清 **dèngqīng** [动] become clear (*pt* became, *pp* become)

瞪 **dèng** [动] **1** (表示生气) glare at **2** (睁大) open one's eyes wide

---

低 **dī I** [形] **1** (指高度, 程度) low ▷ 房子的天花板很低。**Fángzi de tiānhuābǎn hěn dī.** The house has a low ceiling. ▷ 蜻蜓飞得很低。**Qīngtíng fēide hěn dī.** Dragonflies fly very low. ▷ 水平低 **shuǐpíng dī** low level ▷ 他们的工资低。**Tāmen de gōngzī dī.** Their wages are very low. ▷ 他喜欢低声说话。**Tā xǐhuan dīshēng shuōhuà.** He likes to speak quietly. **2** (指等级) junior ▷ 她是低年级学生。**Tā shì dīniánjí xuéshēng.** She's a junior student. ▷ 我比她低两届。**Wǒ bǐ tā dī liǎngjiè.** I am two years below her. **II** [动] (头) bend (*pt, pp* bent) ▷ 他低下了头。**Tā dīxiàle tóu.** He bent his head.
低潮 **dīcháo** [名] low ebb ▷ 生意处于低潮。**Shēngyì chǔyú dīcháo.** Business is at a low ebb.
低沉 **dīchén** [形] **1** (声音) deep ▷ 他声音低沉。**Tā shēngyīn dīchén.** He's got a deep voice. **2** (天空) overcast ▷ 低沉的夜空 **dīchén de yèkōng** an overcast night **3** (心情) ▷ 他情绪低沉。**Tā qíngxù dīchén.** He's feeling a bit low.
低档(檔) **dīdàng** [形] inferior
低调(調) **dīdiào** [形] low-key ▷ 问题处理得很低调。**Wèntí chǔlǐ de hěn dīdiào.** The problem was dealt with in a low-key way.
低谷 **dīgǔ** [名] doldrums (*pl*) ▷ 他的情绪陷入了低谷。**Tā de qíngxù xiànrùle dīgǔ.** He's in the doldrums.
低级(級) **dījí** [形] **1** (不高级) inferior **2** (庸俗) vulgar

低贱(賤) **dījiàn** [形] humble
低廉 **dīlián** [形] cheap
低劣 **dīliè** [形] shoddy
低落 **dīluò** [形] depressed
低迷 **dīmí** [形] depressed
低能 **dīnéng** [名] low intelligence
低三下四 **dī sān xià sì** servile
低声(聲)下气(氣) **dī shēng xià qì** meek
低下 **dīxià** [形] inferior

堤(隄) **dī** [名] dyke
堤(隄)坝(壩) **dībà** [名] water defences (英) 或 defenses (美) (*pl*)

提 **dī** [动] carry ▷ 提溜着行李 **dīliuzhe xíngli** carry luggage
→ 另见 **tí**
提防 **dīfang** [动] guard against

滴 **dī** **I** [动] drip ▷ 汗水从脑门上往下滴。 **Hànshuǐ cóng nǎomén shàng wǎng xià dī.** Sweat kept dripping from his forehead. ▷ 我给他滴了几滴眼药水。 **Wǒ gěi tā dīle jǐ dī yǎnyàoshuǐ.** I put some eye drops in his eyes. **II** [名] drop ▶ 水滴 **shuǐdī** drop of water **III** [量] drop ▷ 几滴墨水 **jǐ dī mòshuǐ** a few drops of ink
滴答 **dīdā** [拟] **1** (指水滴) drip **2** (指钟表) tick
滴水不漏 **dī shuǐ bù lòu** be watertight ▷ 她的反驳滴水不漏 。 **Tā de fǎnbó dī shuǐ bù lòu.** Her refutation is watertight.

嘀 **dī** 见下文
→ 另见 **dí**
嘀嗒 **dīdā** [拟]

的 **dí** 见下文
→ 另见 **de, dì**
的确(確) **díquè** [副] really ▷ 这的确是事实。 **Zhè díquè shì shìshí.** This really is the truth.
的士 **díshì** [名] taxi

迪 **dí** [动] (书) enlighten
迪斯科 **dísikē** [名] disco

敌(敵) **dí** **I** [名] enemy **II** [动] oppose **III** [形] equal
敌(敵)对(對) **díduì** [形] hostile
敌(敵)人 **dírén** [名] enemy
敌(敵)视(視) **díshì** [动] be hostile towards ▷ 敌视的态度 **díshì de tàidu** a hostile attitude
敌(敵)手 **díshǒu** [名] rival
敌(敵)意 **díyì** [名] hostility

涤(滌) **dí** [动] wash

笛 **dí** [名] **1** (音) flute **2** (警笛) siren
笛子 **dízi** [名] bamboo flute

嘀 **dí** 见下文
→ 另见 **dī**
嘀咕 **dígu** [动] **1** (小声说) whisper **2** (猜疑) have misgivings ▷ 我对是否考及格心里直嘀咕。 **Wǒ duì shìfǒu kǎo jígé xīn lǐ zhí dígu.** I have misgivings about whether I'll pass the exam.

嫡 **dí** [形] **1** (指血统) blood ▶ 嫡亲 **díqīn** blood relation **2** (正宗) orthodox
嫡系 **díxì** [名] direct line of descent

诋(詆) **dǐ** [动] (书) curse
诋(詆)毁(毀) **dǐhuǐ** [动] defame

底 **dǐ** [名] **1** (最下部分) bottom ▶ 鞋底 **xiédǐ** sole ▶ 底下 **dǐxia** under ▷ 湖底 **húdǐ** the bottom of a lake **2** (内情) ▷ 魔术师终于露了底。 **Móshùshī zhōngyú lòuledǐ.** The magician finally showed how the trick worked. ▷ 会计向我们交了底，公司只赔不赚。 **Kuàijì xiàng wǒmen jiāoledǐ, gōngsī zhǐ péi bù zhuàn.** The accountant let us see everything – the company simply can't pay. **3** (指文件) record ▷ 重要文件要留底儿。 **Zhòngyào wénjiàn yào liúdǐr.** Records of important documents should be kept. **4** (末尾) end ▶ 年底 **niándǐ** the end of the year **5** (衬托面) background ▷ 白底蓝花 **bái dǐ lán huā** blue flowers on a white background
底层(層) **dǐcéng** [名] **1** (指建筑) ground floor **2** (最下部) bottom ▷ 没受教育的人经常留在社会底层。 **Méi shòu jiàoyù de rén jīngcháng liú zài shèhuì dǐcéng.** Those without education are often left at the bottom of heap.
底稿 **dǐgǎo** [名] original
底价(價) **dǐjià** [名] reserve price
底牌 **dǐpái** [名] hand ▷ 谈判对手最后亮了底牌。 **Tánpàn duìshǒu zuìhòu liàngle dǐpái.** The other side's negotiator came clean at last.
底气(氣) **dǐqì** [名] lung power
底细(細) **dǐxì** [名] ▷ 我没摸清他的底细。 **Wǒ méi mōqīng tā de dǐxì.** I don't get where he's coming from. ▷ 事情的底细她没了解。 **Shìqing de dǐxì tā méi liǎojiě.** She hasn't understood how the situation came about.
底子 **dǐzi** [名] **1** (最下部分) ▷ 我的鞋底子破了。 **Wǒ de xié dǐzi pò le.** I have a hole in the sole of my shoe. ▷ 她化妆底子颜色不好看。 **Tā huàzhuāng dǐzi yánsè bù hǎokàn.** Her foundation is the wrong colour. **2** (内情) inside information **3** (基础) foundation ▷ 他的数学底

d

子好。Tā de shùxué dǐzi hǎo. He has a good grounding in maths (英) 或 math (美). **4** (草稿) draft ▷ 画设计图前要打底子。Huà shèjìtú qián yào dǎ dǐzi. Before you draw a design you must make a draft. **5** (衬托面) background

抵 dǐ [动] **1** (支撑) support **2** (抵抗) resist **3** (补偿) compensate for **4** (抵押) mortgage **5** (抵消) offset **6** (代替) be equal to

抵偿(償) dǐcháng [动] make good ▷ 我来抵偿损失。Wǒ lái dǐcháng sǔnshī. I'll make good the loss. ▷ 他们用实物抵偿欠款。Tāmen yòng shíwù dǐcháng qiànkuǎn. They paid off their debt in kind.

抵触(觸) dǐchù [动] clash ▷ 他们的意见相抵触。 Tāmen de yìjiàn xiāng dǐchù. They have a difference of opinion. ▷ 他与我在定期考核问题上抵触。Tā yǔ wǒ zài dìngqī kǎohé wèntí shàng dǐchù. We clashed on the question of regular assessment.

抵达(達) dǐdá [动] reach

抵挡(擋) dǐdǎng [动] withstand (*pt, pp* withstood)

抵抗 dǐkàng [动] resist ▷ 我们应该坚持锻炼以增强对疾病的抵抗力。Wǒmen yīnggāi jiānchí duànliàn yǐ zēngqiáng duì jíbìng de dǐkànglì. We should take exercise to build up resistance to disease.

抵赖(賴) dǐlài [动] deny

抵消 dǐxiāo [动] ▷ 他的勤奋抵消了经验不足。Tā de qínfèn dǐxiāole jīngyàn bùzú. His industriousness is enough to compensate for his inexperience. ▷ 正, 负数抵消。Zhèng, fùshù dǐxiāo. Positive and negative numbers cancel each other out.

抵押 dǐyā [动] mortgage

抵御 dǐyù [动] resist

抵制 dǐzhì [动] resist

抵罪 dǐzuì [动] be punished for a crime

地 dì [名] **1** (地球) the Earth ▶ 地球 dìqiú the Earth ▶ 地心 dìxīn the Earth's core **2** (陆地) land ▶ 地下水 dìxiàshuǐ ground water **3** (土地) fields (*pl*) ▷ 农民们正在地里干活。Nóngmínmen zhèngzài dì lǐ gànhuó. The peasants are working in the fields. **4** (地点) location ▶ 目的地 mùdìdì destination **5** (路程) ▷ 车刚开了3英里就抛锚了。Chē gāng kāile sān yīnglǐ jiù pāomáo le. The car had only gone three miles when it broke down. ▷ 他家离城有5公里地。Tā jiā lí chéng yǒu wǔ gōnglǐ dì. His home is five kilometres from the town. ▷ 从家到学校坐4站地。Cóng jiā dào xuéxiào zuò sì zhàn dì. There are four stops between home and school. **6** (衬托面) background ▷ 白地儿红字 bái dìr hóng zì red characters on a white background → 另见 de

地步 dìbù [名] **1** (处境) state, situation ▷ 你怎么到了这个地步了？Nǐ zěnme dàole zhège dìbù le? How did you get into such a state? ▷ 他竟落到沿街乞讨的地步。Tā jìng luòdào yánjiē qǐtǎo de dìbù. He was eventually reduced to begging in the street. **2** (程度) extent ▷ 她紧张到晕倒的地步。Tā jǐnzhāngdào yūndǎo de dìbù. She was so nervous that she passed out.

地产(產) dìchǎn [名] property (英) 或 real estate (美)

地大物博 dì dà wù bó a vast territory with rich resources

地带(帶) dìdài [名] zone

地道 dìdào [名] tunnel

地道 dìdao [形] **1** (真正) genuine ▷ 一颗地道的珍珠 yī kē dìdao de zhēnzhū a genuine pearl **2** (纯正) pure ▷ 他的汉语说得真地道。Tā de Hànyǔ shuō de zhēn dìdao. His Chinese is very idiomatic. **3** (指质量) well done ▷ 这项工作干得真地道！Zhè xiàng gōngzuò gàn de zhēn dìdao! The work has been really well done.

地点(點) dìdiǎn [名] location

地段 dìduàn [名] area

地方 dìfāng [名] locality ▷ 地方政府 dìfāng zhèngfǔ local government ▷ 地方方言 dìfāng fāngyán local accent

地方 dìfang [名] **1** (区域) place ▷ 这个地方真美。Zhège dìfang zhēn měi. This place is beautiful. ▷ 你是哪个地方的人？Nǐ shì nǎge dìfang de rén? Where do you come from? **2** (空间) room ▷ 车里没地方了。Chē lǐ méi dìfang le. There is no room in the car. **3** (身体部位) ▷ 我这个地方痛。Wǒ zhège dìfang tòng. I ache here. **4** (部分) part ▷ 有不明白的地方吗？Yǒu bù míngbai de dìfang ma? Are there any parts that are not clear?

地理 dìlǐ [名] geography ▷ 地理位置 dìlǐ wèizhì geographical location

地利 dìlì [名] favourable geography

地面 dìmiàn [名] **1** (地表) the Earth's surface **2** (指房屋) floor

地盘(盤) dìpán [名] territory

地皮 dìpí [名] building land

地平线(線) dìpíngxiàn [名] horizon ▷ 地平线上有一条船。Dìpíngxiàn shàng yǒu yī tiáo chuán. There is a ship on the horizon.

地球 dìqiú [名] the Earth

地球村 dìqiúcūn [名] global village

地球仪(儀) dìqiúyí [名] globe

地区(區)dìqū [名] area ▷北京地区普降大雨。Běijīng dìqū pǔ jiàng dàyǔ. The whole Beijing area gets a lot of rain. ▷贫困地区 pínkùn dìqū poor area

地势(勢)dìshì [名] topography

地摊(攤)dìtān [名] stall

地毯 dìtǎn [名] carpet

地铁(鐵)dìtiě [名] 1 (地下铁道) underground (英) 或 subway (美) 2 (列车) underground (英) 或 subway (美) train ▷坐地铁 zuò dìtiě take the underground (英) 或 subway (美) ▷他每天坐地铁上班。Tā měitiān zuò dìtiě shàngbān. Every day he takes the underground (英) 或 subway (美) to work.

地图(圖)dìtú [名] map

地位 dìwèi [名] position ▷学术地位 xuéshù dìwèi academic position ▷国际地位 guójì dìwèi international standing ▷平等的地位 píngděng de dìwèi equal status ▷历史地位 lìshǐ dìwèi place in history

地下 dìxià [名] underground ▷地下管道 dìxià guǎndào underground pipe ▷非法地下组织 fēifǎ dìxià zǔzhī an illegal underground organization

地下室 dìxiàshì [名] basement

地形 dìxíng [名] topography

地狱(獄)dìyù [名] hell ▷孩子过着地狱般的生活。Háizi guòzhe dìyùbān de shēnghuó. This child has had a hellish life.

地域 dìyù [名] 1 (领土) territory 2 (本土) locality

地震 dìzhèn [名] earthquake ▷新疆地震了。Xīnjiāng dìzhèn le. There has been an earthquake in Xinjiang.

地址 dìzhǐ [名] address ▷通信地址 tōngxìn dìzhǐ postal address ▷家庭地址 jiātíng dìzhǐ home address ▷办公地址 bàngōng dìzhǐ business address ▷请留下您的地址。Qǐng liúxià nín de dìzhǐ. Please leave your address.

地址簿 dìzhǐbù [名] address book

地质(質)dìzhì [名] geology

地质(質)学(學)dìzhìxué [名] geology

地主 dìzhǔ [名] landlord

弟 dì [名] younger brother ▶表弟 biǎodì cousin ▶弟弟 dìdi younger brother

弟兄 dìxiong [名] brothers (*pl*)

弟子 dìzǐ [名] disciple

的 dì [名] target ▶目的 mùdì goal → 另见 de, dí

帝 dì [名] 1 (神) God 2 (君主) emperor 3 (帝国主义) imperialism

帝国(國)dìguó [名] empire

帝国(國)主义(義)dìguó zhǔyì [名] imperialism

帝王 dìwáng [名] emperor

递(遞) dì I [动] (传送) pass ▷请把碗递给她。Qǐng bǎ wǎn dì gěi tā. Please would you pass her the bowl. ▷能给她递个口信吗? Néng gěi tā dì gè kǒuxìn ma? Could you pass on a message to her? ▷他给我递了个眼色。Tā gěi wǒ dìle gè yǎnsè. He gave me a meaningful look. II [副] (顺次) in succession ▶递增 dìzēng progressively increase

递(遞)补(補)dìbǔ [动] substitute ▷甲队员由乙队员递补。Jiǎ duìyuán yóu yǐ duìyuán dìbǔ. Player A was substituted by player B.

递(遞)交 dìjiāo [动] hand over

递(遞)进(進)dìjìn [动] progress ▷分层递进的教育方法 fēncéng dìjìn de jiàoyù fāngfǎ a teaching method that progresses in stages

递(遞)送 dìsòng [动] deliver ▷递送邮包 dìsòng yóubāo deliver parcels

第 dì [名] ▷得第一名 dé dìyī míng come first ▶第二职业 dì'èr zhíyè second job ▶第三产业 dìsān chǎnyè tertiary industry ▶第三世界 dìsān shìjiè the Third World ▶第一次世界大战 Dìyīcì Shìjiè Dàzhàn the First World War

第六感觉(覺)dìliù gǎnjué [名] sixth sense

第三者 dìsānzhě [名] (破坏感情者) ▷因为第三者插足, 他们分手了。Yīnwèi dìsānzhě chāzú, tāmen fēnshǒu le. They split up because of an affair.

第一夫人 dìyī fūrén [名] First Lady

第一手 dìyīshǒu [形] first-hand

蒂 dì [名] base

缔(締) dì [动] establish

缔(締)交 dìjiāo [动] establish diplomatic relations

缔(締)结(結)dìjié [动] conclude

缔(締)约(約)dìyuē [动] conclude a treaty

缔(締)造 dìzào [动] found

掂 diān [动] weigh in one's hand

掂量 diānliáng [动] 1 (字) weigh in one's hand ▷他掂量了一下邮件的重量。Tā diānliángle yī xià yóujiàn de zhòngliàng. He weighed the mail in his hand. 2 (喻) (斟酌) consider ▷他仔细掂量了经理的话。Tā zǐxì diānliángle jīnglǐ de huà. He considered the manager's words carefully.

颠 diān [动] 1 (颠簸) jolt 2 (跌落) fall (*pt* fell, *pp* fallen)

颠簸 **diānbǒ** [动] toss

颠倒 **diāndǎo** [动] ▷这张照片上下颠倒了。**Zhè zhāng zhàopiàn shàng xià diāndǎo le.** The photo is upside down. ▷请把拖把颠倒过来放。**Qǐng bǎ tuōbǎ diāndǎo guòlái fàng.** Please could you put the mop the other way up.

颠覆 **diānfù** [动] overturn

颠扑(撲)不破 **diān pū bù pò** irrefutable

颠三倒四 **diān sān dǎo sì** incoherent ▷他说话颠三倒四的。**Tā shuōhuà diān sān dǎo sì de.** He talks incoherently. ▷他做事颠三倒四的。**Tā zuòshì diān sān dǎo sì de.** When he tries to do something he always gets in a muddle.

巅(巔) **diān** [名] summit

巅(巔)峰 **diānfēng** [名] summit

癫(癲) **diān** [形] insane

癫(癲)痫(癇) **diānxián** [名] epilepsy

典 **diǎn** **I** [名] **1** (标准) standard **2** (书籍) standard work ▶词典 **cídiǎn** dictionary **3** (典故) allusion **4** (典礼) ceremony **II** [动] pawn

典当(當) **diǎndàng** [动] ▷她典当房子以获得10万英镑贷款。**Tā diǎndàng fángzi yǐ huòdé shíwàn yīngbàng dàikuǎn.** She got a mortgage of £100,000 on her house.

典范(範) **diǎnfàn** [名] model

典故 **diǎngù** [名] allusion

典礼(禮) **diǎnlǐ** [名] ceremony ▷毕业典礼 **bìyè diǎnlǐ** graduation ceremony ▷开幕典礼 **kāimù diǎnlǐ** opening ceremony ▷闭幕典礼 **bìmù diǎnlǐ** closing ceremony ▷结婚典礼 **jiéhūn diǎnlǐ** wedding ceremony

典型 **diǎnxíng** **I** [名] model **II** [形] (代表性) representative ▷典型案例 **diǎnxíng ànlì** a representative case ▷典型文学作品 **diǎnxíng wénxué zuòpǐn** typical works of literature

典雅 **diǎnyǎ** [形] elegant

点(點) **diǎn** **I** [名] **1** (时间单位) o'clock ▷早上8点 **zǎoshang bā diǎn** eight o'clock in the morning ▷他早上8点上课。**Tā zǎoshang bā diǎn shàngkè.** He starts class at eight o'clock in the morning. **2** (钟点) ▷到点了。**Dào diǎn le.** It's time. ▷到点了, 该开会了。**Dào diǎn le, gāi kāihuì le.** It's time for the meeting. **3** (小滴液体) drop ▶雨点 **yǔdiǎn** raindrops (*pl*) **4** (痕迹) stain ▷油点儿 **yóudiǎnr** oil stain **5** (指字, 画) dot **6** (指几何) point ▷两点之间, 直线最短。**Liǎng diǎn zhī jiān, zhíxiàn zuì duǎn.** Between two points, a straight line is the shortest. **7** (小数点) decimal point ▷五点六 **wǔ diǎn liù** five point six **8** (标志) point ▶终点 **zhōngdiǎn** end point ▶沸点 **fèidiǎn** boiling point **9** (方面) point ▶优点 **yōudiǎn** strong point ▶重点 **zhòngdiǎn** focal point ▷从这点看, 他是对的。**Cóng zhè diǎn kàn, tā shì duì de.** From this point of view he is right. ▷我对这点毫不怀疑。**Wǒ duì zhè diǎn háo bù huáiyí.** I have no doubts about that. **II** [动] **1** (画点) make a dot **2** (头) nod ▶点头 **diǎntóu** nod one's head **3** (药水等) apply ▷点眼药 **diǎn yǎnyào** apply eye drops **4** (查对) check ▶点名 **diǎnmíng** call the register **5** (指定) select ▶点菜 **diǎncài** order food **6** (灯, 火, 烟等) light (*pt, pp* lit) ▷点烟 **diǎnyān** light a cigarette **7** (点缀) decorate ▷客厅里点缀着彩灯。**Kètīng lǐ diǎnzhuìzhe cǎidēng.** The sitting room is decorated with coloured lights. **8** (启发) hint ▷老师一点他就明白了。**Lǎoshī yī diǎn tā jiù míngbai le.** He quickly took the teacher's hint. **III** [量] **1** (少量) a little ▷有一点问题。**Yǒu yī diǎn wèntí.** There is a bit of a problem. ▷她会说一点日语。**Tā huì shuō yī diǎn Rìyǔ.** She can speak a little Japanese. ▷请给我一点糖。**Qǐng gěi wǒ yī diǎn táng.** Could you give me some sugar? **2** (事项) item ▷议事日程上有6点。**Yìshì rìchéng shàng yǒu liù diǎn.** There are six items on the agenda. ▷领导的讲话主要有3点。**Lǐngdǎo de jiǎnghuà zhǔyào yǒu sān diǎn.** There are three main points in the leader's speech. ▷我们有4点建议。**Wǒmen yǒu sì diǎn jiànyì.** We have four recommendations.

点(點)拨(撥) **diǎnbo** [动] instruct

点(點)滴 **diǎndī** [名] bit ▷丰富的知识是点点滴滴积累成的。**Fēngfù de zhīshi shì diǎndiǎn dīdī jīlěi chéng de.** In-depth knowledge is accumulated bit by bit.

点(點)击(擊) **diǎnjī** [动] click

点(點)题(題) **diǎntí** [动] set the theme (*pt, pp* set) ▷这段的第一句点了题。**Zhè duàn de dìyī jù diǎnle tí.** The first sentence of this section sets the theme.

点(點)头(頭) **diǎntóu** [动] nod

点(點)头(頭)哈腰 **diǎn tóu hā yāo** bow and scrape

点(點)心 **diǎnxin** [名] snack

点(點)缀(綴) **diǎnzhuì** [动] decorate

点(點)子 **diǎnzi** [名] **1** (关键部分) key point **2** (主意) idea

碘 **diǎn** [名] iodine

踮 **diǎn** [动] stand on tiptoe (*pt, pp* stood)

电(電) **diàn** **I** [名] **1** (能源) electricity ▶电能 **diànnéng** electric power ▶发电站 **fādiànzhàn** electric power station ▷停电了。**Tíng diàn le.** There's been a power cut. **2** (电报) telegram ▷发

急电 fā jídiàn send an urgent telegram **II** [动] **1** (触电) get an electric shock **2** (发电报) send a telegram (*pt*, *pp* sent) ▶ 电贺 diànhè congratulate by telegram

电(電)报(報) **diànbào** [名] telegram

电(電)波 **diànbō** [名] electro-magnetic wave

电(電)池 **diànchí** [名] battery

电(電)动(動) **diàndòng** [形] electric ▷ 电动玩具 diàndòng wánjù electric toy

电(電)荷 **diànhè** [名] electric charge

电(電)话(話) **diànhuà** [名] **1** (电话机) telephone ▷ 办公室的电话占线。Bàngōngshì de diànhuà zhànxiàn. The office phone is engaged (英) 或 busy (美). ▷ 别挂电话! Bié guà diànhuà! Don't hang up! **2** (打, 接, 回) call ▷ 接电话 jiē diànhuà answer the phone ▷ 我接到了妈妈的长途电话。Wǒ jiēdàole māma de chángtú diànhuà. I received a long-distance call from Mum. ▷ 上午有你的两个电话。Shàngwǔ yǒu nǐ de liǎng gè diànhuà. This morning there were two calls for you.

电(電)话(話)号(號)码(碼) **diànhuà hàomǎ** [名] phone number

电(電)力 **diànlì** [名] electricity ▷ 电力供应 diànlì gōngyìng electricity supply

电(電)流 **diànliú** [名] electric current

电(電)路 **diànlù** [名] electric circuit

电(電)脑(腦) **diànnǎo** [名] computer ▷ 台式电脑 táishì diànnǎo desktop computer ▷ 手提电脑 shǒutí diànnǎo laptop ▷ 电脑病毒 diànnǎo bìngdú computer virus ▷ 他电脑专业毕业。Tā diànnǎo zhuānyè bìyè. He graduated in computing. ▷ 我在上电脑课。Wǒ zài shàng diànnǎokè. I'm taking a computer class.

电(電)器 **diànqì** [名] electrical appliance ▷ 家用电器 jiāyòng diànqì home appliance

电(電)视(視) **diànshì** [名] television, TV ▷ 彩色电视 cǎisè diànshì colour (英) 或 color (美) television ▷ 卫星电视 wèixīng diànshì satellite television ▷ 看电视 kàn diànshì watch television ▷ 开电视 kāi diànshì turn on the television ▷ 关电视 guān diànshì turn off the television

电(電)台(臺) **diàntái** [名] station

电(電)信 **diànxìn** [名] telecommunications (*pl*)

电(電)压(壓) **diànyā** [名] voltage

电(電)影 **diànyǐng** [名] film (英) 或 movie (美)

电(電)影院 **diànyǐngyuàn** [名] cinema

电(電)源 **diànyuán** [名] power supply

电(電)子 **diànzǐ** [名] electron ▷ 电子表 diànzǐbiǎo digital watch ▷ 电子游戏 diànzǐ yóuxì electronic game ▷ 电子商务 diànzǐ shāngwù e-commerce ▷ 电子琴 diànzǐqín electronic piano ▷ 电子音乐 diànzǐ yīnyuè electronic music ▶ 电子图书 diànzǐ túshū e-book ▶ 电子邮件 diànzǐ yóujiàn e-mail ▷ 发电子邮件 fā diànzǐ yóujiàn send an e-mail

电(電)阻 **diànzǔ** [名] resistance

店 **diàn** [名] **1** (商店) shop (英) 或 store (美) **2** (旅店) hotel

店铺(舖) **diànpù** [名] shop (英) 或 store (美)

玷 **diàn** 见下文

玷污 **diànwū** [动] tarnish

垫(墊) **diàn** **I** [名] cushion ▶ 椅垫 yǐdiàn chair cushion ▶ 鞋垫 xiédiàn insole **II** [动] **1** (铺) insert ▷ 她在桌子腿下垫了点纸。Tā zài zhuōzi tuǐ xià diànle diǎn zhǐ. She inserted a bit of paper under the table leg. **2** (付钱) pay (*pt*, *pp* paid) ▷ 书钱我先替你垫上。Shūqián wǒ xiān tì nǐ diàn shàng. For now I'll pay for the book for you. **3** (填补) ▷ 吃点小菜, 先垫垫肚子。Chī diǎn xiǎocài, xiān diàndiàn dùzi. Have a snack – it'll take the edge off.

淀(澱) **diàn** 见下文

淀(澱)粉 **diànfěn** [名] starch

惦 **diàn** 见下文

惦记(記) **diànjì** [动] think about (*pt*, *pp* thought) ▷ 她老惦记着这些老人。Tā lǎo diànjìzhe zhèxiē lǎorén. She's always thinking about these old people.

惦念(唸) **diànniàn** [动] worry about

奠 **diàn** [动] establish

奠定 **diàndìng** [动] establish

奠基 **diànjī** [动] lay a foundation (*pt*, *pp* laid) ▷ 奠基石 diànjīshí cornerstone

---

殿 **diàn** [名] palace ▶ 宫殿 gōngdiàn palace

殿军(軍) **diànjūn** [名] ▷ 他是殿军。Tā shì diànjūn. He is at the bottom of the pile.

殿堂 **diàntáng** [名] hall

殿下 **diànxià** [名] (敬) Your Majesty

靛 **diàn** [名] indigo

靛蓝(藍) **diànlán** [名] indigo

刁 **diāo** [形] **1** (狡猾) cunning **2** (方) (挑食的) fussy ▷ 孩子嘴真刁。Háizi zuǐ zhēn diāo. The child is a really fussy eater.

刁难(難) **diāonàn** [动] make things difficult ▷ 他这是故意刁难我们。Tā zhè shì gùyì

d

diāonàn wǒmen. He is intentionally making things difficult for us.

刁钻(鑽) diāozuān [形] cunning

叼 diāo [动] have … in one's mouth

凋 diāo [动] wither ▶凋零 diāolíng wither ▷松柏常绿不凋。Sōngbǎi cháng lǜ bù diāo. Pine trees are evergreen.

凋零 diāolíng [动] wither

凋谢(謝) diāoxiè [动] wither

雕(彫) diāo I [动] carve II [名] **1** (指艺术) sculpture ▶石雕 shídiāo stone sculpture ▶浮雕 fúdiāo relief **2** (鸟) vulture

雕(彫)虫(蟲)小技 diāo chóng xiǎo jì lesser talent

雕(彫)刻 diāokè I [动] carve II [名] carving

雕(彫)塑 diāosù [名] sculpture

雕(彫)琢 diāozhuó [动] **1** (雕刻) carve ▷用玉石雕琢成的荷花 yòng yùshí diāozhuó chéng de héhuā a lotus flower carved in jade **2** (修饰) ▷这位作家爱过分雕琢文字。Zhè wèi zuòjiā ài guòfèn diāozhuó wénzì. This writer writes in an overly ornate style.

吊 diào [动] **1** (悬挂) hang (*pt*, *pp* hung) ▷门前吊着一盏灯。Mén qián diàozhe yī zhǎn dēng. A lamp is hanging at the doorway. **2** (提) hoist … up **3** (收回) revoke ▷吊销执照 diàoxiāo zhízhào revoke a licence (英) 或 license (美) **4** (轻打) drop ▷他轻轻一吊，球过网了。Tā qīngqīng yī diào, qiú guò wǎng le. He lightly dropped the ball over the net.

吊儿(兒)郎当(當) diào'erlángdāng fool around

吊胃口 diào wèikǒu [动] whet sb's appetite ▷这味道真吊胃口。Zhè wèidào zhēn diào wèikǒu. The smell is really whetting my appetite.

吊销(銷) diàoxiāo [动] revoke

吊(弔)唁 diàoyàn [动] express one's condolences

钓(釣) diào [动] fish ▶钓鱼 diàoyú go fishing ▷钓名利 diào mínglì fish for a compliment

钓(釣)饵(餌) diào'ěr [名] bait

钓(釣)具 diàojù [名] fishing tackle

调(調) diào I [动] transfer ▷他被调到我们单位了。Tā bèi diào dào wǒmen dānwèi le. He was transferred to our unit. II [名] **1** (口音) accent ▷他说话有四川调。Tā shuōhuà yǒu Sìchuān diào. He has a Sichuan accent. **2** (曲调) melody ▶走调 zǒudiào be out of tune ▷他唱走调了。Tā chàng zǒudiào le. He sings out of tune. ▷我不喜欢这个调。Wǒ bù xǐhuān zhège diào. I don't like the melody. **3** (音) key ▷B调奏鸣曲 B diào zòumíngqǔ a sonata in the key of B **4** (声调) pitch

→另见 tiáo

调(調)兵遣将(將) diào bīng qiǎn jiàng deploy troops

调(調)拨(撥) diàobō [动] send (*pt*, *pp* sent)

调(調)查 diàochá [动] investigate ▷这件事情一定要调查清楚。Zhè jiàn shìqing yīdìng yào diàochá qīngchǔ. This matter must certainly be investigated and clarified.

调(調)动(動) diàodòng [动] **1** (工作) transfer **2** (部队) deploy **3** (积极性) mobilize

调(調)度 diàodù I [动] **1** (车辆) control **2** (生产, 工作, 人力) manage II [名] controller

调(調)虎离(離)山 diào hǔ lí shān entice … out

调(調)换(換) diàohuàn [动] swap

调(調)门(門)儿(兒) diàoménr [名] **1** (声音) pitch ▷调门儿别太高了，我唱不上去。Diàoménr bié tài gāo le, wǒ chàng bù shàngqù. Don't pitch it too high. I won't be able to sing it. ▷她说话调门儿真高。Tā shuōhuà diàoménr zhēn gāo. She has a very high-pitched voice. **2** (论调) line ▷几篇评论文章的调门儿都一样。Jǐ piān pínglùn wénzhāng de diàoménr dōu yīyàng. A number of reviews took the same line.

调(調)配 diàopèi [动] deploy

调(調)遣 diàoqiǎn [动] assign ▷我会听从组织的调遣。Wǒ huì tīngcóng zǔzhī de diàoqiǎn. I'll accept the organization's assignment.

调(調)子 diàozi [名] **1** (音) melody **2** (喻) tone ▷他的话语中带着悲观的调子。Tā de huàyǔ zhōng dàizhe bēiguān de diàozi. There is a pessimistic tone to what he is saying.

掉 diào [动] **1** (落下) fall (*pt* fell, *pp* fallen) ▷树叶纷纷从树上掉下来。Shùyè fēnfēn cóng shù shàng diào xiàlái. The leaves are gradually falling from the trees. **2** (落后) fall behind (*pt* fell, *pp* fallen) **3** (遗失) lose (*pt*, *pp* lost) ▷我的上衣掉了一个扣子。Wǒ de shàngyī diàole yī gè kòuzi. I've lost a button off my shirt. **4** (减少) reduce **5** (转回) turn … round ▷把车头掉过来 bǎ chētóu diào guòlái turn the car round **6** (互换) swap ▷我们掉一下座位好吗？Wǒmen diào yīxià zuòwèi hǎo ma? Let's swap seats, OK? ▶掉换 diàohuàn [动] swap

掉价(價) diàojià [动] **1** (指价格) come down in price (*pt* came, *pp* come) **2** (指身份) lose social status (*pt*, *pp* lost)

掉以轻(輕)心 diào yǐ qīng xīn treat ... lightly ▷对安全问题千万不能掉以轻心。Duì ānquán wèntí qiānwàn bùnéng diào yǐ qīng xīn. Safety issues should never be treated lightly.

爹 diē [名] (方) dad

跌 diē [动] fall down (*pt* fell, *pp* fallen)

跌宕 diēdàng [形] (书) twisting and turning

跌跌撞撞 diēdiēzhuàngzhuàng staggering ▷他喝醉了，走路跌跌撞撞的。Tā hēzuì le, zǒulù diēdiēzhuàngzhuàng de. He's drunk and is staggering.

跌落 diēluò [动] (价格，产量) fall (*pt* fell, *pp* fallen) ▷最近物价有些跌落。Zuìjìn wùjià yǒuxiē diēluò. Recently prices have fallen somewhat.

迭 dié I [动] alternate II [副] again and again ▷这种错误迭有发生。Zhè zhǒng cuòwù dié yǒu fāshēng. This sort of mistake is happening again and again.

迭起 diéqǐ [动] occur frequently

谍(諜) dié [名] 1 (谍报) espionage 2 (间谍) spy

谍(諜)报(報) diébào [名] intelligence report

喋 dié 见下文

喋喋不休 diédié bù xiū ramble on ▷他喋喋不休地谈着对未来的设想。Tā diédié bù xiū de tánzhe duì wèilái de shèxiǎng. He rambles on and on about his plans for the future.

牒 dié [名] official document ▷最后通牒 zuìhòu tōngdié ultimatum

叠 dié [动] 1 (一层加一层) pile ... up 2 (信，纸，衣，被) fold

叠床架屋 dié chuáng jià wū duplication ▷写文章切忌叠床架屋。Xiě wénzhāng qièjì dié chuáng jià wū. When you write an essay you should avoid repeating yourself.

碟 dié 见下文

碟子 diézi [名] saucer

蝶 dié [名] butterfly ▶蝴蝶 húdié butterfly

丁 dīng [名] 1 (成年男子) man (*pl* men) 2 (人口) population 3 (小块) cube ▶肉丁 ròudīng diced meat

丁当(當) dīngdāng [拟] 1 (瓷器，玉器) chink 2 (铃铛) tinkle 3 (指没钱) ▷他穷得丁当响。Tā qióng de dīngdāng xiǎng. He's penniless.

丁零 dīnglíng [拟] tinkle

叮 dīng [动] 1 (蚊虫) bite (*pt* bit, *pp* bitten) 2 (叮嘱) warn

叮嘱(囑) dīngzhǔ [动] warn ▷妈妈叮嘱我注意交通安全。Māma dīngzhǔ wǒ zhùyì jiāotōng ānquán. Mother keeps warning me about watching the traffic.

盯 dīng [动] stare at

盯梢 dīngshāo [动] tail

钉(釘) dīng I [名] nail II [动] 1 (紧跟) follow ... closely 2 (督促) put pressure on (*pt*, *pp* put) ▷妈妈钉着他写作业。Māma dīngzhe tā xiě zuòyè. Mother is putting pressure on him to do his homework.
→另见 dìng

顶(頂) dǐng I [名] top ▶头顶 tóudǐng top of one's head ▶山顶 shāndǐng mountain top II [动] 1 (指用头) carry ... on one's head ▷她头顶一个水罐。Tā tóu dǐng yī gè shuǐguàn. She is carrying a water pot on her head. 2 (拱起) lift ... up ▷我们把汽车顶了起来。Wǒmen bǎ qìchē dǐngle qǐlái. We lifted the car up. ▷小猫把土顶起来了。Xiǎomāo bǎ tǔ dǐng qǐlái le. The kitten is pushing up the soil. 3 (支撑) prop ... up 4 (撞) butt 5 (迎着) face ▷他们顶着烈日在训练。Tāmen dǐngzhe lièrì zài xùnliàn. They do their training facing the sun. 6 (顶撞) be rude to 7 (承担) undertake (*pt* undertook, *pp* undertaken) 8 (相当) ▷他干活一个人能顶两个。Tā gànhuó yī gè rén néng dǐng liǎng gè. He can do as much work as two people. 9 (顶替) take the place of (*pt* took, *pp* taken) III [量] ▷一顶帽子 yī dǐng màozi a hat ▷一顶蚊帐 yī dǐng wénzhàng a mosquito net

measure word, used for things with a pointy tip, such as caps and hats

IV [副] extremely ▷顶棒 dǐng bàng extremely good ▷顶好 dǐng hǎo extremely good

顶(頂)点(點) dǐngdiǎn [名] 1 (最高点) top ▷我们爬到了山的顶点。Wǒmen pádàole shān de dǐngdiǎn. We reached the top of the mountain. 2 (数) node

顶(頂)峰 dǐngfēng [名] summit

顶(頂)呱呱 dǐngguāguā [形] first-rate

顶(頂)礼(禮)膜拜 dǐnglǐ móbài (贬) worship

顶(頂)牛儿(兒) dǐngniúr [动] be at loggerheads with

顶(頂)替 dǐngtì [动] 1 (替代) take the place of (*pt* took, *pp* taken) ▷他走了，谁来顶替他的岗位？Tā zǒu le, shuí lái dǐngtì tā de gǎngwèi? After he's gone, who will take his place? 2 (冒名) pose as

顶(頂)天立地 **dǐng tiān lì dì** dauntless
顶(頂)头(頭)上司 **dǐngtóu shàngsi** [名] direct superior
顶(頂)用 **dǐngyòng** [动] do the trick
顶(頂)嘴 **dǐngzuǐ** [动] answer back

鼎 **dǐng** I [名] tripod II [形] (书) (大) substantial
鼎鼎大名 **dǐngdǐng dàmíng** renowned
鼎沸 **dǐngfèi** [形] (书) tumultuous
鼎力 **dǐnglì** [动] (书) make a great effort
鼎盛 **dǐngshèng** [形] flourishing

订(訂) **dìng** [动] **1** (确立) draw ... up (*pt* drew, *pp* drawn) ▷我们必须订生产指标。**Wǒmen bìxū dìng shēngchǎn zhǐbiāo.** We must draw up production targets. **2** (预订) order ▶订报 **dìngbào** subscribe to a newspaper **3** (校正) revise **4** (装订) fasten ... together
订(訂)单(單) **dìngdān** [名] order form
订(訂)购(購) **dìnggòu** [动] order
订(訂)婚 **dìnghūn** [动] get engaged
订(訂)货(貨) **dìnghuò** [动] order goods
订(訂)交 **dìngjiāo** [动] establish relations
订(訂)金 **dìngjīn** [名] deposit
订(訂)立 **dìnglì** [动] establish
订(訂)正 **dìngzhèng** [动] correct

钉(釘) **dìng** [动] **1** (固定) nail **2** (缝) sew ... on (*pt* sewed, *pp* sewn)
→另见 **dīng**

定 **dìng** I [形] **1** (平静) calm ▷她好像心神不定。**Tā hǎoxiàng xīn shén bùdìng.** She doesn't seem to be in a calm state of mind. **2** (不变的) settled ▶定论 **dìnglùn** final conclusion **3** (规定的) fixed ▶定义 **dìngyì** definition II [动] **1** (决定) decide ▷我们必须尽快定计划。**Wǒmen bìxū jǐnkuài dìng jìhuà.** We must quickly decide on a plan. **2** (固定) settle ▷他们打算定居杭州。**Tāmen dǎsuàn dìngjū Hángzhōu.** They plan to settle in Hangzhou. **3** (预定) order ▶定报 **dìng bào** subscribe to a newspaper ▷他定了一批货。**Tā dìngle yī pī huò.** He ordered some goods. ▷我们定了音乐会的票。**Wǒmen dìngle yīnyuèhuì de piào.** We booked tickets for the concert. III [副] definitely ▷我们的事业定会成功。**Wǒmen de shìyè dìng huì chénggōng.** Our project will definitely succeed.
定案 **dìng'àn** [动] reach a verdict
定夺(奪) **dìngduó** [动] make a final decision
定额(額) **dìng'é** I [名] quota II [动] set a quota (*pt*, *pp* set)
定稿 **dìnggǎo** [动] finalize a manuscript
定购(購) **dìnggòu** [动] order
定婚 **dìnghūn** [动] get engaged
定货(貨) **dìnghuò** [动] order goods
定价(價) **dìngjià** [动] set a price (*pt*, *pp* set)
定金 **dìngjīn** [名] deposit
定居 **dìngjū** [动] settle ▷他们准备定居国外。**Tāmen zhǔnbèi dìngjū guówài.** They are planning to settle abroad.
定局 **dìngjú** I [名] foregone conclusion II [动] make a final decision
定理 **dìnglǐ** [名] theorem
定量 **dìngliàng** I [动] **1** (规定数量) ration **2** (测定含量) quantify ▷我们对药物要进行定量分析。**Wǒmen duì yàowù yào jìnxíng dìngliàng fēnxī.** We need to do some quantitative analysis of the drugs. II [名] ration
定律 **dìnglǜ** [名] law
定论(論) **dìnglùn** [名] conclusion
定期 **dìngqī** I [动] set a date (*pt*, *pp* set) II [形] fixed III [副] regularly
定情 **dìngqíng** [动] pledge one's love
定位 **dìngwèi** I [动] appraise II [名] position ▷我们必须找到这颗行星的定位。**Wǒmen bìxū zhǎodào zhè kē xíngxīng de dìngwèi.** We must establish the exact position of the planet.
定型 **dìngxíng** [动] finalize a design
定性 **dìngxìng** [动] determine ▷我们对他的过失必须定性。**Wǒmen duì tā de guòshī bìxū dìngxìng.** We must determine what his error is.
定义(義) **dìngyì** [名] definition
定语(語) **dìngyǔ** [名] attribute
定罪 **dìngzuì** [动] convict

丢(丟) **diū** [动] **1** (遗失) lose (*pt*, *pp* lost) **2** (扔掉) throw away (*pt* threw, *pp* thrown) **3** (投) toss ▷他丢给乞丐一便士。**Tā diū gěi qǐgài yī biànshì.** He tossed the beggar a penny. **4** (搁置) ▷这件事我丢不开。**Zhè jiàn shì wǒ diū bù kāi.** I can't let go of it. ▷我的日语丢了好多年, 都忘光了。**Wǒ de Rìyǔ diūle hǎoduō nián, dōu wàngguāng le.** I've not used my Japanese for years and have now forgotten it all. **5** (留下) leave ... behind (*pt*, *pp* left)
丢(丟)丑(醜) **diūchǒu** [动] lose face (*pt*, *pp* lost)
丢(丟)盔卸甲 **diū kuī xiè jiǎ** make a run for it
丢(丟)脸(臉) **diūliǎn** [动] lose face (*pt*, *pp* lost)
丢(丟)人 **diūrén** [动] lose face (*pt*, *pp* lost)
丢(丟)三落四 **diū sān là sì** scatterbrained
丢(丟)卒保车(車) **diū zú bǎo jū** lose a pawn to save a castle

东(東) dōng [名] **1** (方向) east ▶ 东南亚 Dōngnányà Southeast Asia ▶ 东风 dōngfēng east wind ▷ 中国东临太平洋。Zhōngguó dōng lín Tàipíngyáng. China borders on the Pacific Ocean to the east. **2** (主人) owner ▶ 房东 fángdōng landlord ▶ 股东 gǔdōng shareholder **3** (东道主) host

东(東)半球 dōngbànqiú [名] eastern hemisphere

东(東)北 dōngběi [名] north-east

东(東)边(邊) dōngbiān [名] east side

东(東)方 dōngfāng [名] the East

东(東)道 dōngdào [名] host

东(東)道国(國) dōngdàoguó [名] host nation

东(東)拉西扯 dōng lā xī chě rambling ▷ 你不要再东拉西扯了，快说正经事。Nǐ bùyào zài dōng lā xī chě le, kuài shuō zhèngjingshì. Stop rambling and get to the point.

东(東)跑西颠 dōng pǎo xī diān rush around

东(東)拼西凑(湊) dōng pīn xī còu scrimp and save ▷ 他就这样东拼西凑，硬把学费交上了。Tā jiù zhèyàng dōng pīn xī còu, yìng bǎ xuéfèi jiāoshàng le. This is how he scrimped and saved, and managed to pay for the school fees.

东(東)山再起 Dōng shān zài qǐ make a comeback

东(東)西 dōngxī [名] east and west

东(東)西 dōngxi [名] **1** (物品) thing ▷ 你把东西放在这儿吧。Nǐ bǎ dōngxi fàng zài zhèr ba. Why don't you leave your things here. ▷ 今天他买了不少东西。Jīntiān tā mǎile bùshǎo dōngxi. He did quite a bit of shopping today. **2** (家伙) ▷ 他这个小东西，真滑头！Tā zhège xiǎo dōngxi, zhēn huátóu! He's a slippery character! **3** (与'什么'一词连用) ▷ 我什么东西也看不见。Wǒ shénme dōngxi yě kànbujiàn. I can't see anything. ▷ 他在大学里没学到什么东西。Tā zài dàxué lǐ méi xuédào shénme dōngxi. He didn't learn anything at university.

东(東)…西… dōng … xī … ▷ 东倒西歪 dōng dǎo xī wāi walk unsteadily ▷ 他说话是东一句，西一句。Tā shuōhuà shì dōng yī jù, xī yī jù. He talks incoherently.

东(東)张(張)西望 dōng zhāng xī wàng look in all directions ▷ 他东张西望，也没找到出租车。Tā dōng zhāng xī wàng, yě méi zhǎo dào chūzūchē. He looked in all directions, but couldn't find a taxi. ▷ 考试时，不许东张西望。Kǎoshì shí, bùxǔ dōng zhāng xī wàng. During exams it is not permitted to look around.

冬 dōng **I** [名] winter **II** [拟] knock

冬眠 dōngmián [动] hibernate

冬天 dōngtiān [名] winter

冬至 dōngzhì [名] winter solstice

董 dǒng [名] director

董事 dǒngshì [名] director

董事会(會) dǒngshìhuì [名] **1** (指企业) board of directors **2** (指学校) board of trustees

懂 dǒng [动] understand (*pt*, *pp* understood) ▶ 懂得 dǒngdé understand

懂行 dǒngháng [动] (方) know the ropes (*pt* knew, *pp* known)

栋(棟) dòng **I** [名] (书) ridgepole **II** [量] ▷ 一栋楼 yī dòng lóu a building

栋梁 dòngliáng [名] (喻) pillar of the state

动(動) dòng [动] **1** (指改变位置) move ▷ 不要动我的书。Bùyào dòng wǒ de shū. Don't move my books. ▷ 不许动！Bùxǔ dòng! Freeze! **2** (行动) act **3** (用作动补) ▷ 我提不动这个大箱子。Wǒ tí bù dòng zhège dà xiāngzi. I can't lift this case. ▷ 她太累了，走不动。Tā tài lèi le, zǒu bù dòng. She's too tired – she can't go on. ▷ 他能举得动100公斤的杠铃。Tā néng jǔde dòng yībǎi gōngjīn de gànglíng. He can lift barbells weighing 100 kilograms. **4** (使用) use ▷ 我们得动脑筋，想个办法。Wǒmen děi dòng nǎojīn, xiǎng gè bànfǎ. We must use our brains and think of a way. **5** (触动) affect **6** (感动) move ▶ 动人 dòngrén moving ▷ 这首歌很动人。Zhè shǒu gē hěn dòngrén. This song is very moving.

动(動)产(產) dòngchǎn [名] movable property

动(動)词(詞) dòngcí [名] verb

动(動)荡(盪) dòngdàng [形] unstable

动(動)工 dònggōng [动] begin construction (*pt* began, *pp* begun)

动(動)机(機) dòngjī [名] motive

动(動)静(靜) dòngjing [名] **1** (声音) sound **2** (情况) movement ▷ 敌军没有什么动静。Díjūn méiyǒu shénme dòngjing. There's no activity among the enemy troops.

动(動)力 dònglì [名] **1** (指机械) power **2** (力量) strength

动(動)乱(亂) dòngluàn [名] unrest

动(動)脉(脈) dòngmài [名] artery

动(動)情 dòngqíng [动] **1** (激动) be moving **2** (爱上) fall for (*pt* fell, *pp* fallen)

动(動)人 dòngrén [形] moving ▷ 动人的故事 dòngrén de gùshi moving story

动(動)身 dòngshēn [动] set out (*pt*, *pp* set)

动(動)手 dòngshǒu [动] **1** (开始做) get to work **2** (用手摸) touch ▷只许看，不许动手。Zhǐxǔ kàn, bùxǔ dòngshǒu. You can look, but don't touch. **3** (打人) strike a blow (*pt, pp* struck) ▷到底是谁先动手的？Dàodǐ shì shuí xiān dòngshǒu de? So who struck the first blow?

动(動)态(態) dòngtài [名] developments (*pl*)

动(動)弹(彈) dòngtan [动] move ▷我的腿麻了，动弹不了。Wǒ de tuǐ mále, dòngtan bùliǎo. My leg has gone to sleep. I can't move it.

动(動)听(聽) dòngtīng [形] ▷动听的音乐 dòngtīng de yīnyuè beautiful music ▷动听的故事 dòngtīng de gùshi interesting story

动(動)武 dòngwǔ [动] use military force

动(動)物 dòngwù [名] animal

动(動)物园(園) dòngwùyuán [名] zoo

动(動)向 dòngxiàng [名] trend

动(動)心 dòngxīn [动] be affected

动(動)摇(搖) dòngyáo [动] shake (*pt* shook, *pp* shaken)

动(動)议(議) dòngyì [名] motion

动(動)用 dòngyòng [动] use

动(動)员(員) dòngyuán [动] mobilize

动(動)辄(輒) dòngzhé [副] (书) readily ▷他动辄发火。Tā dòngzhé fāhuǒ. He gets angry very readily.

动(動)辄(輒)得咎 dòng zhé dé jiù be blamed no matter what one does

动(動)作 dòngzuò **I** [名] movement **II** [动] make a move

冻(凍)

dòng **I** [动] freeze (*pt* froze, *pp* frozen) ▶冻死 dòngsǐ freeze to death **II** [名] jelly

冻(凍)结(結) dòngjié [动] freeze ▷他的全部资产已被冻结。Tā de quánbù zīchǎn yǐ bèi dòngjié. All his assets have been frozen.

洞

dòng **I** [名] **1** (孔) hole **2** (穴) cave **II** [副] thoroughly

洞察 dòngchá [动] see clearly (*pt* saw, *pp* seen)

洞房 dòngfáng [名] bridal suite

洞悉 dòngxī [动] understand ... clearly (*pt, pp* understood)

洞穴 dòngxué [名] cave

都

dōu [副] **1** (全部) all ▷全体成员 quántǐ chéngyuán all the members **2** (表示理由) all ▷都是他才酿成了车祸。Dōu shì tā de cuò. It's all his fault. **3** (甚至) even ▷老师待他比亲生父母都好。Lǎoshī dài tā bǐ qīnshēng fùmǔ dōu hǎo. The teacher treated him even better than his parents. **4** (已经) already ▷都到冬天了！Dōu dào dōngtiān le! It's winter already! ▷都到寒冬了，他衣服还穿得很少。Dōu dào hándōng le, tā yīfu hái chuān de hěnshǎo. It's mid-winter already, but he's still lightly dressed.

→另见 dū

兜

dōu **I** [名] **1** (衣袋) pocket ▶裤兜 kùdōu trouser pocket **2** (拎兜) bag ▶网兜 wǎngdōu string bag **II** [动] **1** (绕) ▷她说话爱兜圈子。Tā shuōhuà ài dōu quānzi. She tends to skirt around the subject. **2** (招揽) canvass **3** (承担) take responsibility (*pt* took, *pp* taken) ▷这样做要是有差错，我兜着。Zhèyàng zuò yàoshi yǒu chācuò, wǒ dōuzhe. If we do it this way and it's a mistake, I will take responsibility for it.

兜底 dōudǐ [动] expose ▷市长的风流韵事被兜了底。Shìzhǎng de fēngliú yùnshì bèi dōule dǐ. The mayor's illicit affair was exposed.

兜风(風) dōufēng [动] **1** (挡风) catch the wind (*pt, pp* caught) **2** (游逛) go for a spin (*pt* went, *pp* gone)

兜揽(攬) dōulǎn [动] **1** (招揽) drum ... up ▷小贩在街头兜揽生意。Xiǎofàn zài jiētóu dōulǎn shēngyì. The vendor drummed up business on the street corner. **2** (包揽) take ... on (*pt* took, *pp* taken) ▷我绝不随便兜揽这事。Wǒ juébù suíbiàn dōulǎn zhè shì. There's no way I'm taking this on lightly.

兜圈子 dōuquānzi [动] **1** (盘旋) circle **2** (喻) (拐弯抹角) beat about the bush (*pt* beat, *pp* beaten)

兜售 dōushòu [动] flog

斗

dǒu **I** [名] **1** (指容器) cup **2** (斗状物) ▶烟斗 yāndǒu pipe ▶漏斗 lòudǒu funnel **3** (北斗星) the Plough (英) 或 the Big Dipper (美) **II** [量] *measurement of capacity, equal to 10 litres*

→另见 dòu

斗胆(膽) dǒudǎn [副] (用于自谦) boldly ▷容我斗胆评论一下你的工作。Róng wǒ dǒudǎn pínglùn yī xià nǐ de gōngzuò. May I be so bold as to pass comment on your work?

抖

dǒu [动] **1** (颤抖) shiver **2** (甩动) shake (*pt* shook, *pp* shaken) ▷她把外套在门口抖了抖。Tā bǎ wàitào zài ménkǒu dǒuledǒu. She gave her coat a good shake in the doorway. **3** (倒出) bring ... to light (*pt, pp* brought) ▷首相受贿的丑闻被媒体给抖了出来。Shǒuxiàng shòuhuì de chǒuwén bèi méitǐ gěi dǒule chūlái. The media brought to light the scandal of the prime minister taking bribes. **4** (振作) gear...up ▷队员们抖起精神迎接下一场比赛。Duìyuánmen dǒuqǐ jīngshén yíngjiē xià yī chǎng bǐsài. The players geared themselves up in preparation for the next match. **5** (贬)

(得意) throw one's weight about (*pt* threw, *pp* thrown) ▷他发财后抖得不得了。**Tā fācái hòu dǒu de bù déliǎo.** After he'd made his fortune, he threw his weight about like you wouldn't believe.

抖动(動)**dǒudòng** [动] **1** (振动) shake (*pt* shook, *pp* shaken) **2** (颤动) tremble

抖擞(擻)**dǒusǒu** [动] rouse ▷战士们精神抖擞地开往前线。**Zhànshìmen jīngshén dǒusǒu de kāi wǎng qiánxiàn.** The soldiers made their way to the front line with spirits roused.

陡 **dǒu I** [形] steep **II** [副] suddenly

陡峻 **dǒujùn** [形] precipitous

陡峭 **dǒuqiào** [形] steep ▷陡峭的悬崖 **dǒuqiào de xuányá** steep cliff

陡然 **dǒurán** [副] suddenly ▷总统竞选陡然升温。**Zǒngtǒng jìngxuǎn dǒurán shēngwēn.** The presidential election is suddenly heating up.

斗(鬥) **dòu** [动] **1** (打斗) fight (*pt, pp* fought) ▶斗鸡 **dòujī** cock fighting **2** (战胜) beat (*pt* beat, *pp* beaten)
→另见 **dǒu**

斗(鬥)殴(毆)**dòu'ōu** [动] fight (*pt, pp* fought)

斗(鬥)气(氣)**dòuqì** [动] nurse a grudge ▷他正在和女朋友斗气。**Tā zhèngzài hé nǚpéngyou dòuqì.** He's nursing a grudge against his girlfriend.

斗(鬥)争(爭)**dòuzhēng** [动] **1** (努力战胜) struggle ▷阶级斗争 **jiējí dòuzhēng** class struggle **2** (打击) combat **3** (奋斗) fight for (*pt, pp* fought)

斗(鬥)志(誌)**dòuzhì** [名] will to fight

斗(鬥)嘴 **dòuzuǐ** [动] **1** (吵架) quarrel **2** (耍嘴皮子) exchange banter

豆 **dòu** [名] bean

豆蔻年华(華) **dòukòu niánhuá** teenage

豆子 **dòuzi** [名] **1** (豆类作物) bean **2** (豆状物) bead

逗 **dòu**
I [动] **1** (引逗) tease **2** (招引) attract **3** (逗留) stay **II** [形] amusing

逗号(號)**dòuhào** [名] comma

逗留 **dòuliú** [动] stay ▷她在巴黎逗留了3天。**Tā zài Bālí dòuliúle sān tiān.** She stayed in Paris for three days.

逗趣儿(兒)**dòuqùr** [动] amuse ▷她是个爱逗趣儿的人。**Tā shì gè ài dòuqùr de rén.** She loves to make people laugh.

痘 **dòu** [名] **1** (痘苗) vaccine ▶种痘 **zhòngdòu** vaccinate **2** (天花) smallpox

窦(竇) **dòu** [名] **1** (洞) hole ▶疑窦 **yídòu** doubtful point **2** (医) (指器官) sinus ▶鼻窦 **bídòu** sinuses (*pl*)

都 **dū** [名] **1** (首都) capital **2** (大城市) major city ▷景德镇有瓷都之称。**Jǐngdézhèn yǒu Cídū zhī chēng.** Jingdezhen is known as the porcelain city.
→另见 **dōu**

都市 **dūshì** [名] metropolis ▷都市的夜生活丰富多彩。**Dūshì de yèshēnghuó fēngfù duōcǎi.** The city's nightlife is rich and varied.

嘟 **dū I** [拟] honk **II** [动] (方) pout ▷他嘟着嘴，在一旁生气。**Tā dūzhe zuǐ, zài yīpáng shēngqì.** He pouted in annoyance.

嘟囔 **dūnang** [动] mumble ▷他一边嘟囔着一边走了出去。**Tā yībiān dūnangzhe yībiān zǒule chūqù.** He mumbled to himself as he walked out.

督 **dū** [动] supervise

督察 **dūchá I** [动] supervise **II** [名] supervisor

督促 **dūcù** [动] watch over

毒 **dú I** [名] poison **II** [形] **1** (有毒) poisonous **2** (毒辣) malicious **III** [动] poison

毒害 **dúhài** [动] poison

毒辣 **dúlà** [形] malicious

毒品 **dúpǐn** [名] drug

毒手 **dúshǒu** [名] treachery

独(獨) **dú I** [形] only ▶独生子 **dúshēngzǐ** only son ▶独生女 **dúshēngnǚ** only daughter ▷他是家里的独子。**Tā shì jiā lǐ de dúzǐ.** He's the only son in the family. **II** [副] **1** (独自) alone ▷他现在独居。**Tā xiànzài dújū.** He lives alone. **2** (惟独) only ▷会议独缺山姆一人。**Huìyì dú quē Shānmǔ yī rén.** Only Sam was missing from the meeting. **III** [名] old people without children

独(獨)霸 **dúbà** [动] dominate

独(獨)白 **dúbái** [名] soliloquy

独(獨)步 **dúbù** [动] **1** (无敌) be unrivalled (英) 或 unrivaled (美) ▷他在60年代独步文坛。**Tā zài liùshí niándài dúbù wéntán.** In the sixties he was unrivalled in literary circles. **2** (独自行走) walk alone ▷他独步旅行，走遍了全国的城市。**Tā dúbù lǚxíng, zǒubiànle quánguó de chéngshì.** He travelled alone, visiting cities all over the country.

独(獨)裁 **dúcái** [动] dictate

独(獨)唱 **dúchàng** [名] solo

独(獨)出心裁 **dú chū xīncái** be original

独(獨)创(創) **dúchuàng** [动] invent by oneself ▷他独创了新的风格。Tā dúchuàngle xīn de fēnggé. He invented this new style all by himself.

独(獨)当(當)一面 **dú dāng yī miàn** take full responsibility

独(獨)到 **dúdào** [形] unique

独(獨)断(斷)独(獨)行 **dú duàn dú xíng** act autocratically

独(獨)家 **dújiā** [名] the only one ▷他独家生产这种设备。Tā dújiā shēngchǎn zhè zhǒng shèbèi. He's the only one who makes this equipment. ▷该报刊登了关于首相的独家新闻。Gāi bào kāndēngle guānyú shǒuxiàng de dújiā xīnwén. The paper ran an exclusive on the prime minister.

独(獨)角戏(戲) **dújiǎoxì** [名] one-man show

独(獨)具匠心 **dú jù jiàngxīn** have ingenuity

独(獨)揽(攬) **dúlǎn** [动] have a monopoly on ▷在封建社会中, 皇帝独揽大权。Zài fēngjiàn shèhuì zhōng, huángdì dúlǎn dàquán. During feudal times, emperors had a monopoly on power.

独(獨)立 **dúlì** [动] **1** (指国家) declare independence ▷独立宣言 dúlì xuānyán declaration of independence **2** (指个人) be independent **3** (单独站立) stand alone (*pt, pp* stood)

独(獨)木不成林 **dú mù bù chéng lín** many hands make light work

独(獨)木难(難)支 **dú mù nán zhī** no one can save a difficult situation alone

独(獨)木桥(橋) **dúmùqiáo** [名] **1** (字) single-plank bridge **2** (喻) rocky road

独(獨)辟(闢)蹊径(徑) **dú pì xī jìng** be revolutionary

独(獨)身 **dúshēn** [动] be single ▷他独身多年后终于结婚了。Tā dúshēn duō nián hòu zhōngyú jiéhūn le. After being single for many years, he finally got married.

独(獨)树(樹)一帜(幟) **dú shù yī zhì** start a trend

独(獨)特 **dútè** [形] distinctive

独(獨)一无(無)二 **dú yī wú èr** unparalleled

独(獨)占(佔)鳌(鰲)头(頭) **dú zhàn áo tóu** emerge as the winner

独(獨)自 **dúzì** [副] alone

读(讀)

dú [动] **1** (朗读) read aloud (*pt, pp* read) ▷我每天给奶奶读报。Wǒ měi tiān gěi nǎinai dú bào. I read the newspaper to my grandmother every day. **2** (阅读) read (*pt, pp* read) ▷大家需要仔细读这篇文章。Dàjiā xūyào zǐxì dú zhè piān wénzhāng. Everyone should read this article carefully. **3** (上学) go to school ▷他因家庭生活困难只读完小学。Tā yīn jiātíng shēnghuó kùnnan zhǐ dúwán xiǎoxué. His family were poor so he only managed to get through primary school.

读(讀)书(書) **dúshū** [动] **1** (阅读) read (*pt, pp* read) **2** (学习) study **3** (上学) go to school (*pt* went, *pp* gone)

读(讀)物 **dúwù** [名] reading material

读(讀)者 **dúzhě** [名] reader

渎(瀆)

dú **I** [动] (书) show disrespect (*pt* showed, *pp* shown) ▶亵渎 xièdú blaspheme **II** [名] (书) drain

渎(瀆)职(職) **dúzhí** [动] neglect one's duty

犊(犢)

dú [名] calf

牍(牘)

dú [名] **1** (木简) wooden writing tablet **2** (文件) documents (*pl*)

黩(黷)

dú [动] (书) **1** (轻举妄动) act wantonly ▶黩武 dúwǔ warlike **2** (玷污) blacken

---

笃(篤)

dǔ [形] **1** (忠诚) sincere **2** (危急) critical

笃(篤)实(實) **dǔshí** [形] **1** (忠诚老实) faithful **2** (实在) sound

笃(篤)学(學) **dǔxué** [动] be studious

堵

dǔ **I** [动] **1** (堵塞) block ▶堵车 dǔchē traffic jam ▷水管子堵了。Shuǐguǎnzi dǔ le. The water pipe was blocked. ▷他们把漏水的地方给堵上了。Tāmen bǎ lòushuǐ de dìfang gěi dǔshàng le. They blocked up the leak. ▷因为车辆过多, 公路上很堵。Yīnwèi chēliàng guòduō, gōnglù shàng hěn dǔ. The road was blocked due to an excessive number of vehicles. **2** (发闷) suffocate ▷房间很闷, 我胸口堵得很。Fángjiān hěn mēn, wǒ xiōngkǒu dǔ de hěn. The room was really stuffy and I felt quite suffocated. **II** [量] ▷一堵墙 yī dǔ qiáng a wall

measure word, used for walls

堵截 **dǔjié** [动] intercept ▷他们堵截了敌人的运输车。Tāmen dǔjiéle dírén de yùnshūchē. They intercepted the enemy convoy.

堵塞 **dǔsè** [动] block up ▷用洗面奶清洁被堵塞的毛孔。Yòng xǐmiànnǎi qīngjié bèi dǔsè de máokǒng. You should use cleansing milk to clean blocked pores.

赌(賭)

dǔ [动] **1** (赌博) gamble **2** (打赌) bet (*pt, pp* bet)

赌(賭)博 **dǔbó** [动] gamble ▷他决心放弃赌博。Tā juéxīn fàngqì dǔbó. He decided to give up gambling.

赌(賭)气(氣) dǔqì [动] act rashly out of a sense of injustice

赌(賭)咒 dǔzhòu [动] swear (*pt* swore, *pp* sworn)

赌(賭)注 dǔzhù [名] bet

睹 dǔ [动] see (*pt* saw, *pp* seen)

睹物思人 **dǔ wù sī rén** ▷ 夫妻俩睹物思人，想起了远在他乡的儿子。**Fūqī liǎ dǔ wù sī rén, xiǎngqǐle yuǎn zài tāxiāng de érzi.** The couple saw something that reminded them of their son who was far away from home.

杜 dù [动] shut ... out (*pt*, *pp* shut)

杜绝(絕) **dùjué** [动] put an end to (*pt*, *pp* put)

杜撰 **dùzhuàn** [动] make ... up ▷ 这个故事纯属杜撰。**Zhège gùshi chún shǔ dùzhuàn.** This story is pure fabrication.

肚 dù [名] belly

肚子 **dùzi** [名] **1** (腹部) stomach **2** (圆而突起部分) ▶ 腿肚子 **tuǐdùzi** calf

---

妒 dù [动] envy

妒忌 **dùjì** [动] envy

度 dù **I** [名] **1** (限度) limit ▷ 他疲劳过度。**Tā píláo guòdù.** He was totally exhausted. **2** (气量) tolerance ▶ 大度 **dàdù** magnanimous **3** (考虑) consideration ▷ 消防员们已把生死置之度外。**Xiāofángyuánmen yǐ bǎ shēngsǐ zhì zhī dù wài.** The firemen didn't give a thought to their personal safety. **4** (程度) degree ▶ 厚度 **hòudù** thickness ▶ 亮度 **liàngdù** brightness
II [量] **1** (指经度或纬度) degree ▷ 北纬42度 **běiwěi sìshí'èr dù** latitude 42 degrees north **2** (指电量) kilowatt-hour ▷ 1度电 **yī dù diàn** one kilowatt-hour **3** (指温度) degree ▷ 零下十度 **língxià shí dù** minus ten degrees ▷ 水的沸点为100度。**Shuǐ de fèidiǎn wéi yībǎi dù.** The boiling point of water is 100 degrees. **4** (指弧度或角度) degree ▷ 直角为90度。**Zhíjiǎo wéi jiǔshí dù.** A right-angle is 90 degrees. **5** (次) time ▷ 一年一度的会议 **yī nián yī dù de huìyì** annual meeting **III** [动] spend (*pt*, *pp* spent) ▷ 他们要去瑞士度周末。**Tāmen yào qù Ruìshì dù zhōumò.** They are going to spend the weekend in Switzerland.
→ 另见 **duó**

度量 **dùliàng** [名] tolerance

度日如年 **dù rì rú nián** drag on for years

渡 dù [动] **1** (越过) cross ▷ 横渡英吉利海峡 **héngdù Yīngjílì Hǎixiá** cross the English Channel **2** (指用船只) ferry **3** (喻) (通过) survive ▷ 渡难关 **dù nánguān** go through a difficult time

渡口 **dùkǒu** [名] ferry crossing

镀(鍍) dù [动] plate

镀(鍍)金 **dùjīn** [动] **1** (字) gold-plate **2** (喻) do ... for show ▷ 他出国留学只不过是为镀金。**Tā chūguó liúxué zhǐ bùguò shì wèi dùjīn.** His going abroad to study was really just for show.

端 duān **I** [名] **1** (头) end **2** (开头) beginning ▶ 开端 **kāiduān** beginning **3** (方面) aspect **4** (理由) reason ▷ 他无端指责我。**Tā wúduān zhǐzé wǒ.** There was no reason for him to blame me. **II** [形] proper **III** [动] carry ▷ 他习惯端着碗喝汤。**Tā xíguàn duānzhe wǎn hē tāng.** When he eats soup, he holds his bowl in both hands.

端倪 **duānní** [名] clue

端午节(節) **Duānwǔ Jié** [名] Dragon Boat Festival

> Dragon Boat Festival is celebrated on the fifth day of the fifth month of the Chinese lunar calendar. The two main activities which take place at this time are dragon boat racing and eating 粽子 **zòngzi**.

端详(詳) **duānxiáng I** [名] details (*pl*) **II** [形] dignified and serene

端详(詳) **duānxiang** [动] look closely

端正 **duānzhèng I** [形] **1** (不歪斜) upright **2** (正派) proper **II** [动] correct

端庄(莊) **duānzhuāng** [形] dignified

短 duǎn **I** [形] short ▷ 一封短信 **yī fēng duǎnxìn** a short letter ▶ 短期 **duǎnqī** short-term **II** [动] owe ▷ 我不短你钱。**Wǒ bù duǎn nǐ qián.** I don't owe you money. **III** [名] weakness ▷ 揭别人的短儿 **jiē biérén de duǎnr** expose other people's weaknesses

短兵相接 **duǎn bīng xiāng jiē 1** (字) (指搏斗) engage in close combat **2** (喻) (针锋相对) tit for tat

短处(處) **duǎnchu** [名] weakness

短促 **duǎncù** [形] very brief

短见(見) **duǎnjiàn** [名] **1** (短浅的见识) short-sighted view **2** (自杀) suicide

短裤(褲) **duǎnkù** [名] **1** (指女式内裤) pants (*pl*) **2** (指男式内裤) briefs (*pl*) **3** (指夏装) shorts (*pl*)

短路 **duǎnlù** [名] (电子) short circuit

短命 **duǎnmìng** [形] short-lived

短平快 **duǎn píng kuài I** [名] smash **II** [形] ▷ 此类项目以短平快著称。**Cǐ lèi xiàngmù yǐ duǎn píng kuài zhùchēng.** This type of project is famous for giving quick returns on your investment.

d

短评(評)duǎnpíng [名] brief comment

短浅(淺)duǎnqiǎn [形] narrow and shallow ▷目光短浅 mùguāng duǎnqiǎn short-sighted

短缺 duǎnquē [动] lack ▷短缺商品 duǎnquē shāngpǐn commodities in short supply

短视(視)duǎnshì [形] short-sighted

短途 duǎntú [名] short distance ▷短途旅行 duǎntú lǚxíng short excursion

短小 duǎnxiǎo [形] short ▷他身材短小。Tā shēncái duǎnxiǎo. He's short. ▷短小精悍的文章 Duǎnxiǎo jīnghàn de wénzhāng a concise article

短信 duǎnxìn [名] text message

短暂(暫)duǎnzàn [形] brief ▷短暂的分别 duǎnzàn de fēnbié brief parting

段 duàn [量] **1** (用于长条物) ▷一段铁轨 yī duàn tiěguǐ a section of railway ▷一段木头 yī duàn mùtou a chunk of wood

measure word, used for a part of something that is thin and long

2 (指时间) period ▷一段时间 yī duàn shíjiān a period of time **3** (指路程) stretch ▷下一段路会很难走。Xià yī duàn lù huì hěn nán zǒu. The next stretch of road may be difficult to walk. **4** (部分) piece ▷一段对话 yī duàn duìhuà a piece of dialogue

段落 duànluò [名] **1** (指文章) paragraph **2** (阶段) stage

断(斷)duàn **I** [动] **1** (分成段) break (*pt* broke, *pp* broken) **2** (断绝) break ... off (*pt* broke, *pp* broken) **3** (判断) decide **II** [副] absolutely

断(斷)案 duàn'àn [动] settle a lawsuit

断(斷)层(層)duàncéng [名] **1** (指地质) fault **2** (不相衔接) gap

断(斷)代 duàndài [动] **1** (无后代) be childless **2** (喻) (后继无人) lack a successor

断(斷)代史 duàndàishǐ [名] dynastic history

断(斷)档 duàndàng [动] be sold out

断(斷)定 duàndìng [动] determine

断(斷)断(斷)续(續)续(續)duànduànxùxù on and off ▷这本小说他断断续续地写了3年。Zhè běn xiǎoshuō tā duànduànxùxù de xiěle sān nián. He wrote the novel on and off for three years.

断(斷)交 duànjiāo [动] **1** (指国家) sever diplomatic relations ▷断交3年后，两国又重建外交关系。Duànjiāo sān nián hòu, liǎng guó yòu chóng jiàn wàijiāo guānxì. Three years after severing diplomatic relations, the two countries re-established their ties. **2** (指朋友) fall out (*pt* fell, *pp* fallen) ▷两人多年前就已断交了。Liǎng rén duō nián qián jiù yǐ duànjiāo le. The two friends fell out years ago.

断(斷)绝(絕)duànjué [动] break ... off (*pt* broke, *pp* broken) ▷断绝往来 duànjué wǎnglái break contact

断(斷)然 duànrán **I** [形] resolute **II** [副] categorically

断(斷)送 duànsòng [动] forfeit ▷断送前程 duànsòng qiánchéng forfeit one's future

断(斷)言 duànyán [动] assert

断(斷)章取义(義)duàn zhāng qǔ yì quote out of context ▷他断章取义，曲解我的本意。Tā duàn zhāng qǔ yì, qūjiě wǒ de běnyì. He quoted me out of context and quite distorted my original meaning.

缎(緞)duàn [名] satin

锻(鍛)duàn [动] forge

锻(鍛)炼(鍊)duànliàn [动] **1** (指身体) work out **2** (磨炼) toughen ▷艰苦的环境锻炼人的意志。Jiānkǔ de huánjìng duànliàn rén de yìzhì. People are toughened by difficult experiences. **3** (冶炼) temper

堆 duī **I** [动] pile ▷别把垃圾堆在这里。Bié bǎ lājī duī zài zhèli. Don't pile the rubbish up here. **II** [名] pile **III** [量] pile ▷一堆石头 yī duī shítou a pile of stones

堆放 duīfàng [动] stack ▷房间里堆放着很多书。Fángjiān lǐ duīfàngzhe hěn duō shū. Scores of books were stacked in the room.

堆积(積)duījī [动] pile ... up ▷粮食堆积如山。Liángshi duījī rú shān. The grain was piled up like a mountain.

队(隊)duì **I** [名] **1** (行列) line ▷列队欢迎 lièduì huānyíng line up to welcome **2** (指集体) team ▶队长 duìzhǎng team leader ▶队员 duìyuán team member ▷篮球队 lánqiúduì basketball team **II** [量] troop ▷一队人马 yī duì rénmǎ an array of troops

队(隊)列 duìliè [名] formation

队(隊)伍 duìwu [名] **1** (军队) troops (*pl*) **2** (指集体) contingent **3** (行列) formation

对(對)duì **I** [动] **1** (回答) answer ▶对答 duìdá answer **2** (对待) treat ▷他对待他的父母很糟糕。Tā duìdài tā de fùmǔ hěn zāogāo. He treated his parents horribly. **3** (朝着) face ▷对准目标 duìzhǔn mùbiāo aim at the target **4** (接触) come into contact with (*pt* came, *pp* come) **5** (投合) suit ▷对脾气 duì píqi suit one's temperament ▷今天的菜很对他的胃口。Jīntiān de cài hěn duì tā de wèikǒu.

Today's meal was definitely to his liking. **6** (调整) adjust ▷对焦距 **duì jiāojù** adjust the focus **7** (核对) check ▷对表 **duìbiǎo** set one's watch **8** (加进) add ▷往酒里对点水 **wǎng jiǔ lǐ duì diǎn shuǐ** add some water to the alcohol **II** [形] **1** (对面) opposite ▷河对岸 **hé duì'àn** the opposite side of the river **2** (正确) correct ▷这题我回答对了。**Zhè tí wǒ huídá duì le.** I answered this question correctly. **3** (正常) normal **III** [介] **1** (朝) at ▷他对着她咯咯笑。**Tā duìzhe tā gē gē xiào.** He giggled at her. **2** (对于) ▷吸烟对健康有害。**Xīyān duì jiànkāng yǒuhài.** Smoking is harmful to your health. ▷他对自己的未来做了详尽的规划。**Tā duì zìjǐ de wèilái zuòle xiángjìn de guīhuà.** He planned exhaustively for his future. ▷大家对选举的结果都很关心。**Dàjiā duì xuǎnjǔ de jiéguǒ dōu hěn guānxīn.** Everyone was very concerned about the results of the election. **IV** [量] pair ▷一对绣花鞋 **yī duì xiùhuā xié** a pair of embroidered shoes ▷一对夫妻 **yī duì fūqī** a married couple

对(對)白 **duìbái** [名] dialogue

对(對)比 **duìbǐ I** [动] contrast ▷鲜明的对比 **xiānmíng de duìbǐ** marked contrast **II** [名] ratio

对(對)不起 **duìbuqǐ** [动] (愧疚) be sorry ▷对不起，我迟到了10分钟。**Duìbuqǐ, wǒ chídàole shí fēnzhōng.** Sorry, I'm ten minutes late. ▷对不起，请再说一遍。**Duìbuqǐ, qǐng zài shuō yī biàn.** Sorry? Can you say that again please? ▷对不起，借过。**Duìbuqǐ, jièguò.** Excuse me – may I just get through?

对(對)策 **duìcè** [名] countermeasure

对(對)称(稱) **duìchèn** [形] symmetrical

对(對)答 **duìdá** [动] answer

对(對)待 **duìdài** [动] treat

对(對)等 **duìděng** [形] equal ▷两国在对等的基础上签定了条约。**Liǎng guó zài duìděng de jīchǔ shàng qiāndìngle tiáoyuē.** The two countries signed the agreement on an equal basis.

对(對)调(調) **duìdiào** [动] swap ▷如果你不喜欢这个位置的话，我们可以对调。**Rúguǒ nǐ bù xǐhuān zhège wèizhi de huà, wǒmen kěyǐ duìdiào.** If you don't like your seat, we can swap.

对(對)方 **duìfāng** [名] other side ▷恋爱中的男女很少介意对方的缺点。**Liàn'ài zhōng de nánnǚ hěnshǎo jièyì duìfāng de quēdiǎn.** People who are in love rarely mind about their partner's weaknesses.

对(對)付 **duìfu** [动] **1** (应对) deal with (*pt, pp* dealt) ▷对付复杂局面 **duìfu fùzá júmiàn** deal with a complicated situation ▷他不是一个好对付的人。**Tā bùshì yī gè hǎo duìfu de rén.** He isn't easy to handle. **2** (将就) make do ▷没有别的，我们只好吃点方便面对付了。**Méiyǒu bié de, wǒmen zhǐhǎo chī diǎn fāngbiànmiàn duìfu le.** There's nothing else, so we'll just have to make do with some instant noodles.

对(對)话(話) **duìhuà I** [名] dialogue ▷两国将就边境问题对话。**Liǎng guó jiāng jiù biānjìng wèntí duìhuà.** The two countries will have a dialogue about the border issue. **II** [动] hold talks (*pt, pp* held) ▷劳资双方终于开始对话。**Láozī shuāngfāng zhōngyú kāishǐ duìhuà.** Employers and employees began holding talks.

对(對)讲(講)机(機) **duìjiǎngjī** [名] intercom

对(對)角线(線) **duìjiǎoxiàn** [名] diagonal

对(對)接 **duìjiē** [动] link ... up

对(對)劲(勁) **duìjìn** [形] **1** (合适) well-suited **2** (投缘) compatible **3** (正常) normal ▷这几天她好像不太对劲。**Zhè jǐ tiān tā hǎoxiàng bù tài duìjìn.** She hasn't been altogether right these last few days.

对(對)抗 **duìkàng** [动] **1** (对立) confront ▷两党之间的对抗并未消除。**Liǎng dǎng zhījiān de duìkàng bìng wèi xiāochú.** There are still some major disputes between the two parties. **2** (抵抗) oppose

对(對)口 **duìkǒu** [动] be appropriate to ▷对口的工作 **duìkǒu de gōngzuò** a job that is appropriate to one's training

对(對)立 **duìlì I** [动] counter **II** [形] antagonistic

对(對)路 **duìlù** [形] **1** (合适) suitable ▷该产品在法国市场不对路。**Gāi chǎnpǐn zài Fǎguó shìchǎng bù duìlù.** This product is unsuitable for the French market. **2** (投缘) suited ▷两个人好像不对路。**Liǎng gè rén hǎoxiàng bù duìlù.** These two don't seem very suited to each other.

对(對)面 **duìmiàn I** [名] **1** (对过) the opposite ▷街对面有一家餐馆。**Jiē duìmiàn yǒu yī jiā cānguǎn.** There's a restaurant on the opposite side of the street. **2** (正前方) the front ▷对面跑过来一只小狗。**Duìmiàn pǎo guòlái yī zhī xiǎogǒu.** A small dog ran up right in front of us. **II** [副] face to face ▷他们终于对面儿把事情说清楚了。**Tāmen zhōngyú duìmiànr bǎ shìqing shuō qīngchǔ le.** They finally clarified the matter face to face.

对(對)牛弹(彈)琴 **duì niú tán qín** preach to deaf ears

对(對)手 **duìshǒu** [名] **1** (指比赛) opponent **2** (指能力) match ▷论工作能力，他根本不是你的对手。**Lùn gōngzuò nénglì, tā gēnběn bùshì nǐ de duìshǒu.** In terms of his professional abilities, he's just no match for you.

对(對)头(頭) duìtóu [形]
1 (正常) normal **2** (投合) compatible

对(對)头(頭) duìtou [名] **1** (仇人) enemy **2** (竞争对手) rival ▷ 她的对头也在竞争这个项目。 Tā de duìtou yě zài jìngzhēng zhège xiàngmù. Her rival is also competing for this project.

对(對)象 duìxiàng [名] **1** (目标) object ▷ 爱丽斯是他爱慕的对象。 Àilìsī shì tā àimù de duìxiàng. Alice is the object of his affections. **2** (指男女朋友) partner

对(對)应(應) duìyìng [动] correspond

对(對)于(於) duìyú [介] ▷ 对于离婚, 社会舆论反应不一。 Duìyú líhūn, shèhuì yúlùn fǎnyìng bùyī. Society is divided in its opinion of divorce. ▷ 对于这篇文章, 大家理解不一。 Duìyú zhè piān wénzhāng, dàjiā lǐjiě bù yī. Not everyone understands this article in the same way.

对(對)照 duìzhào [动] compare

对(對)症下药(藥) duì zhèng xià yào use appropriate methods ▷ 治病要对症下药。 Zhìbìng yào duì zhèng xià yào. When treating illnesses, appropriate methods must be used.

对(對)峙 duìzhì [动] confront

兑(兌) duì [动] **1** (互换) exchange **2** (汇兑) cash

兑(兌)付 duìfù [动] cash ▷ 兑付支票 duìfù zhīpiào cash a cheque (英) 或 check (美)

兑(兌)换(換) duìhuàn [动] convert ▷ 将欧元兑换成美元 jiāng ōuyuán duìhuàn chéng měiyuán convert euros into US dollars

兑(兌)现(現) duìxiàn [动] **1** (兑换现金) cash **2** (实现承诺) keep one's word (*pt, pp* kept)

吨(噸) dūn [量] ton

吨(噸)位 dūnwèi [名] tonnage

敦 dūn [形] sincere

敦促 dūncù [动] urge

敦厚 dūnhòu [形] genuine

敦请(請) dūnqǐng [动] cordially invite

敦实(實) dūnshi [形] stocky ▷ 保镖长得通常都挺敦实。 Bǎobiāo zhǎng de tōngcháng dōu tǐng dūnshi. Bodyguards are usually very stocky.

墩 dūn [名] **1** (堆) mound **2** (墩子) block ▶ 桥墩 qiáodūn pier

蹲 dūn [动] **1** (弯腿) squat **2** (逗留) stay

盹 dǔn [名] nap ▷ 我得打个盹。 Wǒ děi dǎ gè dǔn. I must take a nap.

趸(躉) dǔn **I** [名] wholesale **II** [动] buy ... wholesale (*pt, pp* bought)

趸(躉)批 dǔnpī [名] wholesale

炖(燉) dùn [动] stew ▷ 土豆炖牛肉 tǔdòu dùn niúròu stewed beef with potato

---

盾 dùn [名] (盾牌) (或盾形物) shield

盾牌 dùnpái [名] **1** (字) shield **2** (喻) pretext

钝(鈍) dùn [形] **1** (不锋利) blunt **2** (不灵活) dim

钝(鈍)角 dùnjiǎo [名] obtuse angle

顿(頓) dùn **I** [动] **1** (停顿) pause **2** (叩) kowtow ▶ 顿首 dùnshǒu kowtow **3** (跺) stamp ▶ 顿足 dùnzú stamp one's foot **4** (安置) arrange ▶ 安顿 āndùn settle down **II** [形] tired ▶ 劳顿 láodùn fatigued **III** [副] suddenly **IV** [量] ▷ 一顿饭 yī dùn fàn a meal ▷ 挨了一顿打 áile yī dùn dǎ take a beating ▷ 亨利昨晚挨了一顿打。 Hēnglì zuówǎn áile yī dùn dǎ. Henry took quite a beating last night.

measure word, used for meals

顿(頓)号(號) dùnhào [名] *Chinese serial comma*

顿(頓)时(時) dùnshí [副] immediately

遁 dùn [动] escape

遁词(詞) dùncí [名] pretext

多 duō **I** [形] **1** (数量大) a lot of ▷ 很多书 hěn duō shū a lot of books **2** (相差大) more ▷ 我比你大多了。 Wǒ bǐ nǐ dà duō le. I'm much older than you are. ▷ 中国领土面积比日本大多了。 Zhōngguó lǐngtǔ miànjī bǐ Rìběn dà duō le. China has a much bigger land mass than Japan. **3** (超出) too many ▷ 你多给了我2英镑。 Nǐ duō gěile wǒ liǎng yīngbàng. You gave me two pounds too much. ▷ 她喝多了。 Tā hē duō le. She drank too much. **4** (过分) excessive ▶ 多疑 duōyí over-suspicious **II** [数] ▷ 300多艘军舰 sānbǎi duō sōu jūnjiàn over three hundred warships ▷ 两年多前 liǎng nián duō qián over two years ago **III** [动] be more than ▷ 这个游戏多了两个人。 Zhège yóuxì duōle liǎng gè rén. We have two people too many for the game. ▷ 多个人就多份力量。 Duō gè rén jiù duō fèn lìliàng. The more people we have, the stronger we will be. **IV** [副] **1** (用在疑问句中) how ▷ 从北京到上海有多远？ Cóng Běijīng dào Shànghǎi yǒu duō yuǎn? How far is it from Beijing to Shanghai? ▷ 你儿子多大了？ Nǐ érzi duō dà le? How old is your son? **2** (表示感叹) how ▷ 多美的城

市！Duō měi de chéngshì! How beautiful this town is! ▷这女孩儿多聪明啊！Zhè nǚháir duō cōngmíng a! This girl is so clever! **3** (表示任何一种程度) however ▷无论多晚，她都会等他回家。Wúlùn duō wǎn, tā dōu huì děng tā huíjiā. However late it got, she would wait up for him to return home. ▷给我一把尺，多长都行。Gěi wǒ yī bǎ chǐ, duō cháng dōu xíng. Give me a ruler – any length will do.

多半 **duōbàn I** [数] ▷这个班的学生多半英语好。**Zhège bān de xuéshēng duōbàn Yīngyǔ hǎo.** Most of the students in this class have good English. ▷他的家庭成员多半赞同他的婚事。**Tā de jiātíng chéngyuán duōbàn zàntóng tā de hūnshì.** On the whole, most of his family were happy about his marriage. **II** [副] (大概) very likely ▷今天多半要下雨。**Jīntiān duōbàn yào xiàyǔ.** It's very likely to rain today.

多边(邊) **duōbiān** [名] ▷多边贸易谈判 **duōbiān màoyì tánpàn** multilateral trade talks ▷多边协议 **duōbiān xiéyì** multilateral agreement

多才多艺(藝) **duō cái duō yì** versatile

多长(長) **duōcháng** [副] how long

多此一举(舉) **duō cǐ yī jǔ** take unnecessary action

多愁善感 **duō chóu shàn gǎn** oversensitive

多多益善 **duō duō yì shàn** the more the better ▷你给我多少我都要，多多益善。**Nǐ gěi wǒ duōshǎo wǒ dōu yào, duō duō yì shàn.** Give me whatever you want, but the more the better.

多方 **duōfāng** [名] every way ▷多方协助 **duōfāng xiézhù** all manner of help

多亏(虧) **duōkuī** [动] be lucky ▷多亏你把他送医院了。**Duōkuī nǐ bǎ tā sòng yīyuàn le.** It's lucky that you took him to hospital. ▷多亏你告诉我们，不然我们就迷路了。**Duōkuī nǐ gàosù wǒmen, bùrán wǒmen jiù mílù le.** It's lucky that you told us or we would have got lost.

多媒体(體) **duōméitǐ** [名] multimedia

多米诺(諾)骨牌 **duōmǐnuò gǔpái** [名] dominoes (*pl*)

多么(麼) **duōme** [副] **1** (用于询问程度) how ▷他到底有多么聪明？**Tā dàodǐ yǒu duōme cōngming?** How clever is he really? **2** (用在感叹句) ▷多么蓝的天啊！**Duōme lán de tiān a!** What a clear day! ▷海洋是多么广阔啊！**Hǎiyáng shì duōme guǎngkuò a!** The ocean is so vast! **3** (表示程度深) no matter how ▷不管天气多么冷，我们都要坚持锻炼。**Bùguǎn tiānqì duōme lěng, wǒmen dōu yào jiānchí duànliàn.** No matter how cold it gets, we must all stick to our exercise routine.

多面手 **duōmiànshǒu** [名] all-rounder

多谋(謀)善断(斷) **duō móu shàn duàn** shrewd

多情 **duōqíng** [形] affectionate

多少 **duōshǎo** [副] **1** (或多或少) somewhat ▷经历了许多挫折后，他多少有些变化。**Jīnglìle xǔduō cuòzhé hòu, tā duōshǎo yǒuxiē biànhuà.** After all the setbacks, he's somewhat changed. ▷这笔买卖多少能赚点钱。**Zhè bǐ mǎimài duōshǎo néng zhuàn diǎn qián.** We're bound to earn some money from this deal. **2** (稍微) slightly

多少 **duōshao I** [代] (用于询问数量) ▷这台电视机多少钱？**Zhè tái diànshìjī duōshao qián?** How much is this television? ▷今天有多少人到会？**Jīntiān yǒu duōshao rén dàohuì?** How many people attended the meeting today? **II** [数] ▷你们有多少我们要多少。**Nǐmen yǒu duōshao wǒmen yào duōshao.** We want everything you've got. ▷这样的电影，没有多少人会喜欢的。**Zhèyàng de diànyǐng, méiyǒu duōshao rén huì xǐhuān de.** There can't be many people who like this kind of film. ▷他的棋艺实在太高，多少人败在他的手下。**Tā de qíyì shízài tài gāo, duōshao rén bài zài tā de shǒuxià.** He's just too good at chess – countless people have lost to him.

多事之秋 **duō shì zhī qiū** troubled times ▷今年真是多事之秋，家里接二连三地出事。**Jīnnián zhēnshì duō shì zhī qiū, jiā lǐ jiē èr lián sān de chūshì.** This year we've had really troubled times – our family has had one problem after another.

多数(數) **duōshù** [名] the majority ▷多数民众参加了公投。**Duōshù mínzhòng cānjiāle gōngtóu.** The majority of people voted in the referendum.

多心 **duōxīn** [动] be oversensitive

多样(樣) **duōyàng** [形] diverse

多余(餘) **duōyú** [形] **1** (超出需要量的) surplus **2** (不必要的) redundant

多嘴 **duōzuǐ** [动] speak out of turn (*pt* spoke, *pp* spoken)

咄 **duō** [动] (书) scold

咄咄逼人 **duōduō bī rén** overbearing

咄咄怪事 **duōduō guàishì** strange goings-on

哆 **duō** 见下文

哆嗦 **duōsuo** [动] tremble ▷他气得直哆嗦。**Tā qì de zhí duōsuo.** He trembled with rage. ▷她冷得直哆嗦。**Tā lěng de zhí duōsuo.** She was so cold she was shivering.

掇 duō [动] pick ... up ▶拾掇 shíduo tidy ... up
掇弄 duōnòng [动] (方) 1 (收拾) fix 2 (怂恿) provoke

夺(奪) duó [动] 1 (抢) seize ▷夺门而出 duó mén ér chū force one's way out 2 (争取) compete for 3 (剥夺) deprive ▷父亲剥夺了我的继承权。Fùqin bōduóle wǒ de jìchéngquán. My father deprived me of my inheritance. 4 (决定) resolve
夺(奪)标(標) duóbiāo [动] 1 (夺冠) win first prize (*pt, pp* won) 2 (中标) win the bid (*pt, pp* won)
夺(奪)冠 duóguàn [动] win the championship (*pt, pp* won)
夺(奪)目 duómù [形] dazzling
夺(奪)取 duóqǔ [动] 1 (武力强取) capture 2 (努力争取) strive for (*pt* strove, *pp* striven)

度 duó [动] (书) surmise
→另见 dù

踱 duó [动] stroll

朵 duǒ [量] ▷朵朵白云 duǒduǒ báiyún white clouds ▷几朵玫瑰 jǐ duǒ méigui some roses
measure word, used for clouds and flowers

躲 duǒ [动] 1 (隐藏) hide (*pt* hid, *pp* hidden) 2 (避让) avoid ▶躲债 duǒzhài avoid a creditor
躲避 duǒbì [动] 1 (回避) run away from (*pt* ran, *pp* run) ▷躲避问题 duǒbì wèntí run away from one's problems 2 (躲藏) hide (*pt* hid, *pp* hidden) ▷我不知道他躲避到哪里去了。Wǒ bù zhīdào tā duǒbì dào nǎlǐ qù le. I don't know where he had hidden himself.
躲藏 duǒcáng [动] hide (*pt* hid, *pp* hidden)
躲闪(閃) duǒshǎn [动] dodge

驮(馱) duò [名] load
→另见 tuó

剁 duò [动] chop

垛 duò I [动] stack II [名] stack

舵 duò [名] helm
舵手 duòshǒu [名] helmsman

堕(墮) duò [动] fall (*pt* fell, *pp* fallen)
堕(墮)落 duòluò [动] go to the bad
堕(墮)胎 duòtāi [动] have an abortion ▷堕胎在一些国家还是不合法的。Duòtāi zài yīxiē guójiā háishì bù héfǎ de. Abortion is still illegal in some countries.

惰 duò [形] lazy ▶懒惰 lǎnduò indolent
惰性 duòxìng [名] 1 (消极态度) apathy 2 (指化学性质) inertia

跺 duò [动] stamp ▷他气得直跺脚。Tā qì de zhí duòjiǎo. He was so angry that he stamped his feet repeatedly.

Ee

阿 ē [动] pander to ▸ 阿谀 ēyú flatter
→ 另见 ā

阿谀(諛)奉承 **ēyú fèngcheng** creep and crawl ▹ 我讨厌那些阿谀奉承的人。**Wǒ tǎoyàn nàxiē ēyú fèngcheng de rén.** I hate people who creep and crawl to others.

婀 ē 见下文

婀娜 **ēnuó** [形] graceful ▹ 婀娜多姿 **ēnuó duō zī** lithe and graceful

讹(訛) é **I** [名] error ▹ 以讹传讹 **yǐ é chuán é** spread misinformation **II** [动] extort ▹ 他绑架的目的只是为了讹钱。**Tā bǎngjià de mùdì zhǐshì wèile éqián.** He did the kidnapping as a way of extorting money.

讹(訛)传(傳) **échuán** [名] hearsay

讹(訛)诈(詐) **ézhà** [动] extort

俄 é **I** [名] (俄罗斯) **Éluósī** Russia ▸ 俄国 **Éguó** Russia **II** [副] suddenly

俄顷(頃) **éqǐng** [副] (书) presently

俄语(語) **Éyǔ** [名] Russian language

娥 é [名] pretty woman (*pl* women)

娥眉 **éméi** [名] **1** (字) beautiful eyebrows **2** (喻) (美女) beautiful woman (*pl* women)

鹅(鵝) é [名] goose (*pl* geese)

鹅(鵝)毛 **émáo** [名] **1** (字) goose feather **2** (喻) trivial gift

蛾 é [名] moth ▸ 蛾子 **ézi** moth

蛾子 **ézi** [名] moth

额(額) é [名] **1** (额头) forehead ▸ 额头 **étóu** forehead **2** (牌匾) board **3** (规定数目) quota

额(額)度 **édù** [名] amount

额(額)外 **èwài** [形] additional

恶(噁) ě 见下文
→ 另见 è, wù

恶(噁)心 **ěxin** **I** [动] feel nauseous (*pt, pp* felt) **II** [形] nauseating

厄 è **I** [名] **1** (书) (险要处) strategic place **2** (艰难困苦) disaster **II** [动] encounter difficulties

厄运(運) **èyùn** [名] misfortune

扼 è [动] **1** (用力掐) clutch **2** (把守) guard

扼杀(殺) **èshā** [动] **1** (掐死) strangle **2** (喻) stifle

扼要 **èyào** [形] concise

扼制 **èzhì** [动] control

轭(軛) è [名] yoke

垩(堊) è [名] chalk

恶(惡) è **I** [名] evil **II** [形] **1** (凶恶) ferocious **2** (恶劣) evil
→ 另见 ě, wù

恶(惡)霸 **èbà** [名] local bully

恶(惡)毒 **èdú** [形] vicious

恶(惡)贯(貫)满(滿)盈 **è guàn mǎn yíng** evil and deserving of punishment

恶(惡)棍 **ègùn** [名] scoundrel

恶(惡)果 **èguǒ** [名] disastrous consequences (*pl*)

恶(惡)化 **èhuà** [动] deteriorate ▹ 两国关系恶化。**Liǎng guó guānxì èhuà.** Relations between the two countries deteriorated.

恶(惡)劣 **èliè** [形] bad

恶(惡)梦(夢) **èmèng** [名] nightmare

恶(惡)魔 **èmó** [名] **1** (指宗教) demon **2** (喻) devil

恶(惡)习(習) **èxí** [名] vice

恶(惡)性 **èxìng** [形] **1** (疾病) malignant ▹ 恶性肿瘤 **èxìng zhǒngliú** malignant tumour **2** (事故) horrific ▹ 恶性循环 **èxìng xúnhuán** vicious circle

恶(惡)浊(濁) **èzhuó** [形] filthy

恶(惡)作剧(劇) **èzuòjù** [名] practical joke ▹ 不要再搞恶作剧了。**Bùyào zài gǎo èzuòjù le.** Don't play any more practical jokes.

饿(餓) è **I** [形] hungry ▹ 我很饿。**Wǒ hěn è.** I'm very hungry. **II** [动] starve

饿(餓)虎扑(撲)食 **è hǔ pū shí** like a hungry tiger

遏 è [动] suppress

遏止 **èzhǐ** [动] check ▹ 民主化是不可遏止的趋势。**Mínzhǔhuà shì bùkě èzhǐ de qūshì.** The trend towards democracy cannot be checked. ▹ 遏止腐败现象 **èzhǐ fǔbài xiànxiàng** check corruption

遏制 **èzhì** [动] keep a check on (*pt, pp* kept)

愕 è [动] astound

愕然 **èrán** [形] (书) stunned

腭(齶) è [名] palate

噩 è [形] terrifying

噩耗 èhào [名] devastating news (*sg*)

鳄(鱷) è [名] crocodile, alligator ▶ 鳄鱼 èyú crocodile, alligator

恩 ēn [名] kindness ▶ 报恩 bào'ēn repay a favour (英) 或 favour (美)

恩爱(愛) ēn'ài [形] loving ▷ 他们是一对恩爱夫妻。Tāmen shì yī duì ēn'ài fūqī. They are a devoted couple.

恩赐(賜) ēncì [动] bestow ▷ 大丰收是上苍对我们的恩赐。Dàfēngshōu shì shàngcāng duì wǒmen de ēncì. A plentiful harvest is a gift from heaven.

恩德 ēndé [名] kindness

恩典 ēndiǎn **I** [名] favour (英), favor (美) **II** [动] bestow kindness on

恩惠 ēnhuì [名] favour (英), favor (美)

恩将(將)仇报(報) ēn jiāng chóu bào bite the hand that feeds one

恩情 ēnqíng [名] great kindness

恩人 ēnrén [名] benefactor ▷ 他是我的大恩人。Tā shì wǒ de dà ēnrén. He is my saviour (英) 或 savior (美).

恩怨 ēnyuàn [名] a mixture of gratitude and resentment

摁 èn [动] press ▷ 请摁一下开关。Qǐng èn yī xià kāiguān. Please press the switch.

儿(兒) ér **I** [名] **1** (小孩子) child (*pl* children) **2** (年轻人) youngster ▶ 男儿 nán'ér young man **3** (儿子) son ▶ 儿子 érzi son **II** [形] male ▶ 儿马 érmǎ stallion

儿(兒)歌 érgē [名] nursery rhyme

儿(兒)女 érnǚ [名] **1** (儿子和女儿) children (*pl*) **2** (青年男女) men and women (*pl*)

儿(兒)童 értóng [名] child (*pl* children)

儿(兒)戏(戲) érxì [名] (喻) trivial thing ▷ 工作不是儿戏。Gōngzuò bùshì érxì. Work is not a game.

而 ér [连] **1** (并且) and ▷ 美丽而聪明 měilì ér cōngming beautiful and clever ▷ 抽烟有其害而无其利。Chōuyān yǒu qí hài ér wú qí lì. Smoking does nothing but harm. **2** (但是) but ▷ 这种香水的香味儿浓而不烈。Zhè zhǒng xiāngshuǐ de xiāngwèir nóng ér bù liè. This perfume is strong but the smell is not overpowering. ▷ 她不是学生，而是老师。Tā bù shì xuéshēng, ér shì lǎoshī. She isn't a student, but a teacher. **3** (连接状语和动词) ▷ 夺门而逃 duó mén ér táo force the door and rush out **4** (如果) if ▷ 想成功而不努力，那是痴心妄想。Xiǎng chénggōng ér bù nǔlì, nà shì chīxīn wàngxiǎng. It's just wishful thinking to imagine that you can be successful without putting in the work. **5** (到) to ▷ 由始而终 yóu shǐ ér zhōng from start to finish

而后(後) érhòu [连] then ▷ 他去年来过一封信，而后再没联系过。Tā qùnián láiguò yī fēng xìn, érhòu zài méi liánxì guò. Last year he sent a letter, but after that he didn't get in contact again.

而今 érjīn [名] today ▷ 原本荒凉的郊外，而今已是高楼林立。Yuánběn huāngliáng de jiāowài, érjīn yǐ shì gāolóu línlì. Today the old wasteland is a forest of skyscrapers.

而且 érqiě [连] and what's more ▷ 他会讲英语，而且讲得好。Tā huì jiǎng Yīngyǔ, érqiě jiǎng de hǎo. He can speak English, and what's more he speaks it very well. ▷ 他不但歌唱得好，而且还会作曲。Tā bùdàn gē chàng de hǎo, érqiě hái huì zuòqǔ. He sings very well, and on top of that he can also write music.

而已 éryǐ [助] ▷ 我没别的意思，只是提醒你而已。Wǒ méi bié de yìsi, zhǐshì tíxǐng nǐ éryǐ. All I'm doing is cautioning you. ▷ 她只是说说而已，不会真做的。Tā zhǐshì shuōshuō éryǐ, bù huì zhēn zuò de. She's all talk – she won't really do it.

尔(爾) ěr [代] (书) **1** (你) you ▷ 非尔之过。fēi ěr zhī guò. It's not your fault. **2** (这样) so ▶ 果尔 guǒ'ěr if so **3** (那) that ▷ 尔日 ěrrì on that day ▷ 尔时 ěrshí at that time

尔(爾)虞我诈(詐) ěr yú wǒ zhà each trying to cheat the other

耳 ěr [名] **1** (耳朵) ear ▶ 耳朵 ěrduo ear **2** (耳状物) ear **3** (指位置) side

耳边(邊)风(風) ěrbiānfēng [名] deaf ear ▷ 她把妈妈的建议当做耳边风。Tā bǎ māma de jiànyì dàngzuò ěrbiānfēng. She turned a deaf ear to her mother's advice.

耳聪(聰)目明 ěr cōng mù míng **1** (字) have good eyesight and hearing **2** (喻) have one's wits about one ▷ 他耳聪目明，极少上当。Tā ěr cōng mù míng, jíshǎo shàngdàng. He has his wits about him and is rarely fooled.

耳光 ěrguāng [名] slap in the face

耳目 ěrmù [名] **1** (见闻) information ▷ 耳目闭塞 ěrmù bìsè ill-informed **2** (密探) spy

耳目一新 ěr mù yī xīn refreshing

耳濡目染 ěr rú mù rǎn be subtly influenced

耳熟能详(詳) ěr shú néng xiáng ▷ 这个曲子

我耳熟能详。Zhège qǔzi wǒ ěr shú néng xiáng. I've heard this tune so many times that I know it off by heart.

耳闻(聞)目睹 ěr wén mù dǔ witness ... first-hand

耳语(語) ěryǔ [动] whisper

饵(餌) ěr **I** [名] **1** (糕饼) cake **2** (鱼饵) bait **II** [动] (书) entice

饵(餌)子 ěrzi [名] bait

二 èr **I** [数] two ▸ 二月 èryuè February ▹ 第二次 dì èr cì the second time ▹ 一心二用 yī xīn èr yòng do two things at once **II** [动] ▹ 本店不二价。Běn diàn bù èr jià. No bargaining in this shop.

二百五 èrbǎiwǔ [名] **1** (傻气的人) imbecile **2** (方) (半瓶醋) dabbler

二胡 èrhú [名] (中国乐器) erhu

二郎腿 èrlángtuǐ [名] cross-legged position ▹ 他坐着时老翘着二郎腿。Tā zuòzhe shí lǎo qiàozhe èrlángtuǐ. He always sat cross-legged.

二流子 èrliúzi [名] layabout

二十 èrshí [数] twenty

二十四节(節)气(氣) èrshísì jiéqì [名] *the twenty-four Chinese solar terms*

二心 èrxīn [名] **1** (异心) disloyalty ▹ 他早就有了二心。Tā zǎo jiù yǒule èrxīn. He's been disloyal for a long time now. **2** (旁骛) half-heartedness

二一添作五 èr yī tiān zuò wǔ go fifty-fifty ▹ 我们二一添作五吧！Wǒmen èr yī tiān zuò wǔ ba! Let's go fifty-fifty!

贰(貳) èr [数] two

This is the complex character for two, which is mainly used in banks, on receipts, cheques etc.

发(發) fā **I** [动] **1** (送出) send (*pt, pp* sent) ▹ 发电子邮件 fā diànzǐ yóujiàn send an e-mail ▹ 发货 fāhuò deliver goods ▹ 发工资 fā gōngzī pay wages **2** (发射) emit ▸ 发光 fāguāng shine **3** (产生) produce ▸ 发电 fādiàn generate electricity ▸ 发芽 fāyá sprout **4** (表达) express ▸ 发言 fāyán speak ▹ 发指示 fā zhǐshì give instructions **5** (扩大) develop ▸ 发扬 fāyáng carry on **6** (兴旺) prosper ▸ 发家 fājiā make a family fortune **7** (使膨胀) ▸ 发面 fāmiàn leaven dough ▹ 蛋糕发起来了。Dàngāo fā qǐlái le. The cake has risen. **8** (散开) spread (*pt, pp* spread) ▸ 发散 fāsàn diverge ▸ 发挥 fāhuī bring into play **9** (揭开) uncover ▸ 发现 fāxiàn discover ▸ 发掘 fājué unearth ▸ 揭发 jiēfā expose **10** (变得) become ▸ 发霉 fāméi go mouldy (英) 或 moldy (美) ▸ 发臭 fāchòu smell bad **11** (流露) ▸ 发愁 fāchóu worry ▹ 发脾气 fā píqi lose one's temper **12** (感到) feel (*pt, pp* felt) ▹ 发冷 fālěng feel cold **13** (起程) leave (*pt, pp* left) ▸ 出发 chūfā set out **II** [量] ▹ 九发子弹 jiǔ fā zǐdàn nine bullets

→ 另见 fà

发(發)榜 fābǎng [动] post up

发(發)报(報) fābào [动] send a telegram (*pt, pp* sent)

发(發)表 fābiǎo [动] **1** (宣布) announce ▹ 发表消息 fābiǎo xiāoxi announce the news ▹ 发表演说 fābiǎo yǎnshuō make a speech **2** (刊登) publish

发(發)布(佈) fābù [动] issue

发(發)财(財) fācái [动] make a fortune

发(發)愁 fāchóu [动] worry

发(發)出 fāchū [动] **1** (发送) send out (*pt, pp* sent) ▹ 发出求救信号 fāchū qiújiù xìnhào send out an SOS ▹ 发出传票 fāchū chuánpiào issue a summons **2** (散发) give out ▹ 发出光和热 fāchū guāng hé rè give out light and heat

发(發)达(達) fādá **I** [形] developed ▹ 他肌肉发达。Tā jīròu fādá. He has well-developed muscles. **II** [动] promote

发(發)呆(獃) fādāi [动] be in a daze

发(發)电(電) fādiàn [动] generate electricity

发(發)电(電)厂(廠) **fādiànchǎng** [名] power station (英), power plant (美)

发(發)动(動) **fādòng** [动] **1** (启动) start **2** (发起) launch **3** (鼓动) mobilize

发(發)动(動)机(機) **fādòngjī** [名] engine

发(發)抖 **fādǒu** [动] **1** (因恐惧等) tremble **2** (因寒冷等) shiver

发(發)放 **fāfàng** [动] grant ▷ 发放通行证 **fāfàng tōngxíngzhèng** grant a pass

发(發)愤(憤) **fāfèn** [动] make a determined effort

发(發)疯(瘋) **fāfēng** [动] go mad (*pt* went, *pp* gone)

发(發)福 **fāfú** [动] put on weight (*pt*, *pp* put)

发(發)稿 **fāgǎo** [动] file a report

发(發)号(號)施令 **fā hào shī lìng** go around issuing orders

发(發)狠 **fāhěn** [动] **1** (下决心) make a determined effort **2** (恼火) be annoyed

发(發)还(還) **fāhuán** [动] return ▷ 老师把作文发还给了学生。**Lǎoshī bǎ zuòwén fāhuán gěile xuéshēng.** The teacher returned the essays to the students.

发(發)慌 **fāhuāng** [动] be nervous

发(發)挥(揮) **fāhuī** [动] **1** (充分利用) bring ... into play (*pt*, *pp* brought) ▷ 这份工作使我充分发挥了专长。**Zhè fèn gōngzuò shǐ wǒ chōngfèn fāhuīle zhuānchǎng.** This job enabled me to make full use of my special skills. ▷ 发挥想象力 **fāhuī xiǎngxiànglì** give one's imagination free rein ▷ 发挥电脑的作用 **fāhuī diànnǎo de zuòyòng** make the most of a computer **2** (详尽论述) elaborate ▷ 这一理论需要进一步发挥。**Zhè yī lǐlùn xūyào jìnyībù fāhuī.** This theory needs further elaboration.

发(發)火 **fāhuǒ** [动] **1** (着火) catch fire (*pt*, *pp* caught) **2** (爆炸) detonate **3** (发脾气) lose one's temper (*pt*, *pp* lost)

发(發)货(貨) **fāhuò** [动] deliver goods

发(發)迹(跡) **fājì** [动] rise to power (*pt* rose, *pp* risen)

发(發)家 **fājiā** [动] make a family fortune

发(發)酵 **fājiào** [动] ferment ▷ 发酵饮料 **fājiào yǐnliào** fermented drink

发(發)觉(覺) **fājué** [动] discover ▷ 她发觉有错误。**Tā fājué yǒu cuòwù.** She discovered a mistake. ▷ 我发觉他有些不对劲。**Wǒ fājué tā yǒuxiē bù duìjìn.** I realized there was something wrong with him.

发(發)掘 **fājué** [动] unearth ▷ 发掘地下宝藏 **fājué dìxià bǎozàng** unearth buried treasure ▷ 发掘潜力 **fājué qiánlì** discover hidden potential

发(發)狂 **fākuáng** [动] go mad (*pt* went, *pp* gone)

发(發)困(睏) **fākùn** [动] feel sleepy (*pt*, *pp* felt)

发(發)愣 **fālèng** [动] be in a daze

发(發)霉(黴) **fāméi** [动] go mouldy (英) 或 moldy (美) (*pt* went, *pp* gone)

发(發)明 **fāmíng** [动] invent ▷ 计算机的发明是对人类的巨大贡献。**Jìsuànjī de fāmíng shì duì rénlèi de jùdà gòngxiàn.** The invention of the computer was of great benefit to humanity.

发(發)难(難) **fānàn** [动] revolt ▷ 他们向政府发难。**Tāmen xiàng zhèngfǔ fānàn.** They revolted against the government.

发(發)怒 **fānù** [动] get angry

发(發)配 **fāpèi** [动] banish

发(發)票 **fāpiào** [名] **1** (收据) receipt **2** (发货清单) invoice

发(發)起 **fāqǐ** [动] **1** (倡议) sponsor **2** (发动) launch

发(發)情 **fāqíng** [动] be in heat

发(發)热(熱) **fārè** [动] **1** (发烧) have a fever **2** (发出热量) give off heat (*pt* gave, *pp* given) **3** (不冷静) be hot-headed

发(發)人深省 **fā rén shēn xǐng** give food for thought

发(發)烧(燒) **fāshāo** [动] have a temperature

发(發)射 **fāshè** [动] launch

发(發)生 **fāshēng** [动] happen ▷ 这是什么时候发生的？**Zhè shì shénme shíhòu fāshēng de?** When did this happen? ▷ 近些年这座城市发生了很大变化。**Jìn xiē nián zhè zuò chéngshì fāshēngle hěn dà biànhuà.** In recent years great changes have taken place in this city. ▷ 发生了一起车祸。**Fāshēngle yī qǐ chēhuò.** There was a car accident.

发(發)誓 **fāshì** [动] vow

发(發)售 **fāshòu** [动] sell (*pt*, *pp* sold)

发(發)条(條) **fātiáo** [名] spring ▷ 我的表上发条了。**Wǒ de biǎo shàng fātiáo le.** My watch is wound up.

发(發)问(問) **fāwèn** [动] ask

发(發)现(現) **fāxiàn** [动] discover ▷ 发现一个新油田 **fāxiàn yī gè xīn yóutián** discover a new oilfield ▷ 发现线索 **fāxiàn xiànsuǒ** find clues ▷ 他在物理学上做出了很多重要发现。**Tā zài wùlǐxué shàng zuòchūle hěnduō zhòngyào fāxiàn.** He made many important discoveries in physics.

发(發)祥地 **fāxiángdì** [名] birthplace

发(發)泄(洩) **fāxiè** [动] vent

发(發)行 **fāxíng** [动] publish ▷ 发行词典 **fāxíng cídiǎn** publish a dictionary ▷ 发行影片

fāxíng yǐngpiàn release a film ▷发行股票 fāxíng gǔpiào issue stocks
发(發)芽 **fāyá** [动] sprout
发(發)言 **fāyán** [动] make a speech ▷工会主席的发言很精彩。Gōnghuì zhǔxí de fāyán hěn jīngcǎi. The chairman of the trade union made a wonderful speech. ▷他要在明天的会上发言。Tā yào zài míngtiān de huì shàng fāyán. He is going to speak at the meeting tomorrow.
发(發)言人 **fāyánrén** [名] spokesperson (*pl* spokespersons)
发(發)炎 **fāyán** [动] become inflamed
发(發)扬(揚) **fāyáng** [动] carry on
发(發)音 **fāyīn** [动] pronounce ▷你这个单词发音不对。Nǐ zhège dāncí fāyīn bùduì. You pronounced this word wrong. ▷她的发音很标准。Tā de fāyīn hěn biāozhǔn. She has standard pronunciation.
发(發)育 **fāyù** [动] develop ▷这些小鸡发育正常。Zhèxiē xiǎojī fāyù zhèngcháng. These chicks are developing normally. ▷你要密切注意孩子智力的发育。Nǐ yào mìqiè zhùyì háizi zhìlì de fāyù. You need to monitor children's intellectual development closely.
发(發)源 **fāyuán** [动] rise (*pt* rose, *pp* risen)
发(發)展 **fāzhǎn** [动] **1** (变化) develop ▷发展友好关系 fāzhǎn yǒuhǎo guānxì develop friendly relations ▷中国的发展是对全球的重大贡献。Zhōngguó de fāzhǎn shì duì quánqiú de zhòngdà gòngxiàn. The development of China has a lot to offer the world. **2** (扩大) expand
发(發)作 **fāzuò** [动] **1** (突发) ▷激光唱机的老毛病发作了。Jīguāng chàngjī de lǎomáobìng fāzuò le. The CD player is playing up again. ▷爷爷的心脏病又发作了。Yéye de xīnzàngbìng yòu fāzuò le. Grandpa had another heart attack. **2** (发脾气) flare up ▷他爱为小事发作。Tā ài wèi xiǎoshì fāzuò. He is liable to flare up at trivial things.

乏 **fá** [动] **1** (缺乏) lack **2** (疲倦) be tired
乏味 **fáwèi** [形] dull

伐 **fá** [动] **1** (砍树) cut ... down (*pt, pp* cut) **2** (攻打) attack ▶讨伐 tǎofá suppress

罚(罰) **fá** [动] punish ▶罚款 fákuǎn fine ▷罚输者喝酒。Fá shūzhě hē jiǔ. The loser has to drink as a forfeit.
罚(罰)金 **fájīn** [名] fine ▷对他应处以罚金。Duì tā yīng chǔ yǐ fájīn. A fine should be imposed on him.
罚(罰)款 **fákuǎn** **I** [动] fine **II** [名] fine

阀(閥) **fá** [名] **1** (指人或家族) ▶军阀 jūnfá warlord ▶财阀 cáifá tycoon **2** (指机器部件) valve
阀(閥)门(門) **fámén** [名] valve

筏 **fá** [名] raft

法 **fǎ** [名] **1** (法律) law ▷守法 shǒufǎ abide by the law ▷犯法 fànfǎ break the law **2** (方法) method ▶用法 yòngfǎ use **3** (标准) model ▷效法 xiàofǎ follow an example **4** (佛理) Buddhism **5** (法术) magic ▶戏法 xìfǎ conjuring tricks
法办(辦) **fǎbàn** [动] bring to justice (*pt, pp* brought)
法宝(寶) **fǎbǎo** [名] magic weapon
法典 **fǎdiǎn** [名] statutes (*pl*)
法定 **fǎdìng** [形] statutory ▷法定假日 fǎdìng jiàrì statutory holiday ▷法定继承权 fǎdìng jìchéngquán legal right of inheritance
法官 **fǎguān** [名] judge
法规(規) **fǎguī** [名] laws and regulations (*pl*)
法国(國) **Fǎguó** [名] France
法理 **fǎlǐ** [名] legal principle
法令 **fǎlìng** [名] decree
法律 **fǎlǜ** [名] law
法门(門) **fǎmén** [名] Buddhism
法术(術) **fǎshù** [名] magic
法庭 **fǎtíng** [名] court ▷军事法庭 jūnshì fǎtíng military court ▷民事法庭 mínshì fǎtíng civil court
法学(學) **fǎxué** [名] law
法医(醫) **fǎyī** [名] forensic medical expert
法语(語) **Fǎyǔ** [名] French
法院 **fǎyuàn** [名] court
法则(則) **fǎzé** [名] law
法制 **fǎzhì** [名] legal system
法治 **fǎzhì** [名] rule of law
法子 **fǎzi** [名] way

砝 **fǎ** 见下文
砝码(碼) **fǎmǎ** [名] weight

发(髮) **fà** [名] hair ▶发辫 fàbiàn plait
→另见 fā

hair 既可以用作可数名词也可以用作不可数名词。在描述人时, **hair** 通常用作不可数名词。*She has long blonde hair and blue eyes... the girl with red hair and freckles...* 然而, 当强调一根根或几簇头发或毛发时, 可以将它用作可数名词。*There were some blonde hairs in the car.*

发(髮)廊 **fàláng** [名] hairdresser's
发(髮)型 **fàxíng** [名] hairstyle

f

珐(琺) **fà** 见下文

珐(琺)琅(瑯) **fàláng** [名] enamel

帆 **fān** [名] sail

帆布 **fānbù** [名] canvas

帆船 **fānchuán** [名] sailing boat ▷ 帆船运动 **fānchuán yùndòng** sailing

番 **fān** [量] ▷ 三番五次 **sān fān wǔ cì** time and time again ▷ 我三番五次告诉他不要抽烟。**Wǒ sān fān wǔ cì gàosu tā bùyào chōuyān.** I've told him time and time again he shouldn't smoke. ▷ 经过几番挫折他明白了许多道理。**Jīngguò jǐ fān cuòzhé tā míngbaile xǔduō dàolǐ.** After a few false starts he picked up quite a lot. ▷ 他是出于一番好意才做的。**Tā shì chūyú yī fān hǎoyì cái zuò de.** He just did it out of a kind impulse. ▷ 这首曲子别有一番情调。**Zhè shǒu qǔzi bié yǒu yī fān qíngdiào.** This melody has an entirely different feel.

measure word, used for actions

番茄 **fānqié** [名] tomato (*pl* tomatoes)

翻 **fān** [动] **1** (换位置) turn over ▷ 服务员把垫子翻过来。**Fúwùyuán bǎ diànzi fān guòlái.** The staff turned the mattress over. ▷ 他在床上翻了个身。**Tā zài chuáng shàng fānle gè shēn.** He turned over in bed. ▷ 车翻了。**Chē fān le.** The car overturned. **2** (寻找) rummage ▷ 她正在屋里东找西翻。**Tā zhèngzài wū lǐ dōng zhǎo xī fān.** She is rummaging around in her room. **3** (推翻) reverse **4** (越过) get across **5** (增加) multiply **6** (翻译) translate **7** (翻脸) fall out (*pt* fell, *pp* fallen)

翻案 **fān'àn** [动] overturn a verdict

翻版 **fānbǎn** [名] reprint

翻番 **fānfān** [动] double

翻覆 **fānfù** [动] **1** (颠覆) overturn **2** (彻底变化) be transformed **3** (翻身) turn over

翻供 **fāngòng** [动] retract one's testimony

翻滚(滾) **fāngǔn** [动] **1** (沸腾) seethe **2** (翻筋斗) roll

翻悔 **fānhuǐ** [动] back out ▷ 她说和我一起去，可又翻悔了。**Tā shuō hé wǒ yīqǐ qù, kě yòu fānhuǐ le.** She said she'd go with me, but then backed out. ▷ 现在要翻悔你的承诺为时已晚。**Xiànzài yào fānhuǐ nǐ de chéngnuò wéishí yǐ wǎn.** It's too late to go back on your promise.

翻江倒海 **fān jiāng dǎo hǎi** earth-shaking

翻来(來)覆去 **fān lái fù qù** **1** (来回翻身) toss and turn **2** (反反复复) repeatedly

翻脸(臉) **fānliǎn** [动] fall out (*pt* fell, *pp* fallen) ▷ 我和姐姐从没翻过脸。**Wǒ hé jiějie cóng méi fānguò liǎn.** I've never fallen out with my sister.

翻身 **fānshēn** [动] **1** (转身) turn over **2** (解放) emancipate oneself

翻腾(騰) **fānténg** [动] **1** (滚动) churn **2** (翻动) rummage **3** (思考) think over (*pt*, *pp* thought)

翻天覆地 **fān tiān fù dì** earth-shattering

翻箱倒柜(櫃) **fān xiāng dǎo guì** search high and low

翻新 **fānxīn** [动] renovate ▷ 这所房子正在翻新。**Zhè suǒ fángzi zhèngzài fānxīn.** This house is being renovated. ▷ 皮沙发刚刚翻新过。**Pí shāfā gānggāng fānxīnguò.** The leather sofa has just been reconditioned. ▷ 花样翻新 **huāyàng fānxīn** in a new guise

翻译(譯) **fānyì** **I** [动] translate **II** [名] translator

翻云(雲)覆雨 **fān yún fù yǔ** shifty

凡 **fán** **I** [名] **1** (人世间) mortal world **2** (大概) approximation **II** [形] ordinary **III** [副] **1** (凡是) ▷ 凡年满16周岁的，可申办身份证。**Fán nián mǎn shíliù zhōusuì de, kě shēnbàn shēnfènzhèng.** All those who have reached the age of 16 can apply for an ID card. ▷ 凡坏人没有好下场。**Fán huàirén méiyǒu hǎo xiàchǎng.** Bad people always come to a sticky end. **2** (总共) in all ▷ 全书凡6卷。**Quánshū fán liù juàn.** The set contains six volumes in all.

凡人 **fánrén** [名] **1** (平常人) ordinary person (*pl* people) **2** (俗人) mortal

凡是 **fánshì** [副] ▷ 凡是去过大连的人都说那儿好。**Fánshì qùguo Dàlián de rén dōu shuō nàr hǎo.** Everyone who's been to Dalian says it's lovely. ▷ 凡是没洗干净的杯子都要放这儿。**Fánshì méi xǐ gānjìng de bēizi dōu yào fàng zhèr.** Any glasses that have not been washed properly should be put here.

烦(煩) **fán** **I** [名] trouble ▷ 不厌其烦 **bù yàn qí fán** not mind taking the trouble **II** [动] (谦) trouble ▷ 烦你给我弄杯水。**Fán nǐ gěi wǒ nòng bēi shuǐ.** May I trouble you to get me a glass of water? ▷ 烦请您给她捎个话儿? **Fán qǐng nín gěi tā shāo gè huàr?** Could you please pass on a message to her? **III** [形] (厌烦) fed up ▷ 我烦那些人。**Wǒ fán nàxiē rén.** I am fed up with those people. ▷ 这事真叫人烦！ **Zhè shì zhēn jiào rén fán!** It's so annoying!

烦(煩)劳(勞) **fánláo** [动] trouble ▷ 烦劳您给孩子们读个故事。**Fánláo nín gěi háizimen dú gè gùshi.** Would you mind reading a story to the children?

烦(煩)闷(悶) **fánmèn** [形] depressed

烦(煩)恼(惱) **fánnǎo** [形] worried ▷ 你不要为

小事烦恼。Nǐ bùyào wèi xiǎoshì fánnǎo. You shouldn't worry about little things.
烦(煩)琐(瑣) fánsuǒ [形] over-elaborate
烦(煩)躁 fánzào [形] agitated

樊 fán [名] (书) fence
樊篱(籬) fánlí [名] 1 (篱笆) fence 2 (喻) (形容限制) barrier

繁 fán I [形] numerous II [动] propagate
繁多 fánduō [形] numerous ▷名目繁多 míngmù fánduō numerous items ▷花样繁多 huāyàng fánduō a great variety
繁复(複) fánfù [形] laborious and complicated
繁华(華) fánhuá [形] bustling
繁忙 fánmáng [形] busy
繁茂 fánmào [形] lush
繁荣 fánróng I [形] flourishing ▷经济在繁荣。Jīngjì zài fánróng. The economy is booming. II [动] ▷繁荣市场 fánróng shìchǎng create a strong market
繁体(體)字 fántǐzì [名] complex characters (*pl*)

Complex characters, also known as traditional Chinese characters, had been used as the Chinese script for centuries in all parts of China until 1956 when the government of the People's Republic of China carried out a programme of simplifying these characters in an effort to improve the literacy rate by making characters easier to write. Since then, 简体字 jiǎntǐzì 'simplified characters', have become the dominant form of the Chinese script. However, for various cultural and political reasons, many Chinese-speaking regions and communities did not accept these changes, and continue to use the old system. Hong Kong and Taiwan are among these regions.

繁文缛(縟)节(節) fán wén rù jié bureaucracy
繁衍 fányǎn [动] multiply
繁杂(雜) fánzá [形] diverse
繁殖 fánzhí [动] breed (*pt, pp* bred)
繁重 fánzhòng [形] strenuous ▷繁重的工作 fánzhòng de gōngzuò strenuous work ▷繁重的任务 fánzhòng de rènwù arduous tasks

---

反 fǎn I [名] 1 (相反) opposite ▷适得其反 shì dé qí fǎn lead to just the opposite 2 (造反) rebellion II [动] 1 (转换) turn ▷反败为胜 fǎn bài wéi shèng turn defeat into victory 2 (回) return 3 (反对) oppose 4 (背叛) rebel III [形] opposite IV [副] 1 (相反地) on the contrary ▷我觉得她不但不丑，反倒挺美。Wǒ juéde tā bùdàn bù chǒu, fǎndào tǐng měi. She is not ugly to me; on the contrary, I think she's beautiful. ▷他不安慰我，反伤我的感情。Tā bù ānwèi wǒ, fǎn shāng wǒ de gǎnqíng. Instead of comforting me, he hurt my feelings. 2 (从反面) again ▶反顾 fǎngù look back ▶反思 fǎnsī review
反驳(駁) fǎnbó [动] refute
反差 fǎnchā [名] contrast
反常 fǎncháng [形] unusual
反衬(襯) fǎnchèn [动] set ... off (*pt, pp* set) ▷绿叶将花朵反衬得更加美丽。Lǜyè jiāng huāduǒ fǎnchèn de gèngjiā měilì. The green leaves set off the flowers beautifully.
反唇(脣)相讥(譏) fǎn chún xiāng jī respond sharply
反倒 fǎndào [副] ▷让她等我，她反倒上车了。Ràng tā děng wǒ, tā fǎndào shàng chē le. I asked her to wait for me, but instead she got on the bus. ▷雪停了，天反倒冷了。Xuě tíng le, tiān fǎndào lěng le. The snow has stopped, but the weather has turned colder.
反动(動) fǎndòng I [形] reactionary II [名] reaction
反对(對) fǎnduì [动] oppose
反而 fǎn'ér [副] instead ▷她不但没有平静下来，反而越来越激动。Tā bùdàn méiyǒu píngjìng xiàlái, fǎn'ér yuèláiyuè jīdòng. Instead of calming down, she became more and more agitated. ▷他不感到累，反而劲头更足。Tā bù gǎndào lèi, fǎn'ér jìntóu gèng zú. He didn't feel tired; on the contrary, he had even more energy.
反复(復) fǎnfù [副] 1 (重复) repeatedly 2 (多变) capriciously
反感 fǎngǎn [形] disgusted ▷我对他们的行为很反感。Wǒ duì tāmen de xíngwéi hěn fǎngǎn. I'm disgusted by their behaviour.
反攻 fǎngōng [名] counterattack
反躬自问(問) fǎn gōng zì wèn ask oneself
反光 fǎnguāng I [动] reflect light II [名] reflected light
反话(話) fǎnhuà [名] irony
反悔 fǎnhuǐ [动] go back on one's word (*pt* went, *pp* gone) ▷答应别人的事可不能反悔。Dāyìng biérén de shì kě bùnéng fǎnhuǐ. You can't go back on your promise.
反击(擊) fǎnjī [动] fight back (*pt, pp* fought) ▷他们决定进行有力的反击。Tāmen juédìng jìnxíng yǒulì de fǎnjī. They decided to launch a major counterattack.
反抗 fǎnkàng [动] resist ▷反抗压迫 fǎnkàng yāpò resist oppression ▷反抗精神 fǎnkàng jīngshen spirit of resistance

反恐怖主义(義) **fǎn kǒngbù zhǔyì** [名] anti-terrorism

反馈(饋) **fǎnkuì** [动] give feedback (*pt* gave, *pp* given) ▷ 反馈意见 **fǎnkuì yìjiàn** feedback

反面 **fǎnmiàn** **I** [名] other side **II** [形] negative

反目 **fǎnmù** [动] turn against

反派 **fǎnpài** [名] villain

反叛 **fǎnpàn** [动] revolt

反扑(撲) **fǎnpū** [动] launch a counterattack

反其道而行之 **fǎn qí dào ér xíng zhī** do just the opposite

反射 **fǎnshè** **I** [动] reflect **II** [名] reflex ▷ 条件反射 **tiáojiàn fǎnshè** conditioned reflex

反思 **fǎnsī** [动] review ▷ 对这次事故我们要进行深刻的反思。**Duì zhè cì shìgù wǒmen yào jìnxíng shēnkè de fǎnsī.** We need to have a full review of this accident.

反诉(訴) **fǎnsù** [动] counterclaim

反问(問) **fǎnwèn** **I** [动] answer a question with a question ▷ 他没回答我的问题，却反问我一个。**Tā méi huídá wǒ de wèntí, què fǎnwèn wǒ yī gè.** He didn't reply to my question, but answered with a question of his own. **II** [名] rhetorical question

反响(響) **fǎnxiǎng** [名] reverberation

反省 **fǎnxǐng** [动] question oneself ▷ 我们需要反省自己的行为。**Wǒmen xūyào fǎnxǐng zìjǐ de xíngwéi.** We need to question our own behaviour.

反义(義)词(詞) **fǎnyìcí** [名] opposite

反应(應) **fǎnyìng** [名] **1** (反响) response ▷ 上级对我们的意见很快有了反应。**Shàngjí duì wǒmen de yìjiàn hěn kuài yǒule fǎnyìng.** Management made a quick response to our suggestion. ▷ 观众对这部影片的反应不一。**Guānzhòng duì zhè bù yǐngpiàn de fǎnyìng bùyī.** Audience reaction to the film varied. ▷ 这孩子反应很快。**Zhè háizi fǎnyìng hěn kuài.** The kid is quick-witted. **2** (指机体) reaction ▷ 过敏反应 **guòmǐn fǎnyìng** allergic reaction **3** (指物理, 化学) reaction ▷ 核反应 **héfǎnyìng** nuclear reaction

反映 **fǎnyìng** [动] **1** (反照) reflect **2** (汇报) report

反语(語) **fǎnyǔ** [名] irony

反正 **fǎnzhèng** [副] anyway ▷ 反正必须有人去，就让我去吧！**Fǎnzhèng bìxū yǒurén qù, jiù ràng wǒ qù ba!** Since someone has to go anyway, why not let me go!

反之 **fǎnzhī** [连] otherwise ▷ 努力了我们就会成功，反之就难说了。**Nǔlìle wǒmen jiù huì chénggōng, fǎnzhī jiù nánshuō le.** If we work hard we will succeed — otherwise we may not.

返 **fǎn** [动] return

返潮 **fǎncháo** [动] get damp

返工 **fǎngōng** [动] redo

返航 **fǎnháng** [动] return

返回 **fǎnhuí** [动] come back (*pt* came, *pp* come)

返老还(還)童 **fǎn lǎo huán tóng** regain one's youth

犯 **fàn** **I** [动] **1** (违犯) violate **2** (侵犯) attack **3** (发作) ▷ 他心脏病又犯了。**Tā xīnzàngbìng yòu fàn le.** He had another heart attack. **4** (错误, 罪行等) commit **II** [名] criminal

犯病 **fànbìng** [动] have a relapse

犯愁 **fànchóu** [动] worry

犯法 **fànfǎ** [动] break the law (*pt* broke, *pp* broken)

犯规(規) **fànguī** [动] break the rules (*pt* broke, *pp* broken)

犯忌 **fànjì** [动] break a taboo (*pt* broke, *pp* broken)

犯禁 **fànjìn** [动] violate a prohibition

犯人 **fànrén** [名] prisoner

犯罪 **fànzuì** [动] commit a crime ▷ 犯罪心理 **fànzuì xīnlǐ** criminal mind

---

饭(飯) **fàn** [名] **1** (餐) meal ▶ 早饭 **zǎofàn** breakfast ▶ 晚饭 **wǎnfàn** supper **2** (米饭) rice

饭(飯)店 **fàndiàn** [名] **1** (住宿) hotel **2** (吃饭) restaurant

饭(飯)馆(館) **fànguǎn** [名] restaurant

饭(飯)厅(廳) **fàntīng** [名] dining room

饭(飯)局(侷) **fànjú** [名] dinner party

饭(飯)桶 **fàntǒng** [名] **1** (盛饭工具) rice container **2** (饭量大的人) big eater **3** (喻) (无用的人) imbecile

饭(飯)碗 **fànwǎn** [名] **1** (盛饭的碗) rice bowl **2** (口) (职业) job

---

泛 **fàn** **I** [动] **1** (书) (漂浮) float **2** (透出) suffuse ▷ 他脸上泛红。**Tā liǎn shàng fàn hóng.** He blushed. **3** (泛滥) flood **II** [副] superficially

泛泛而谈(談) **fànfàn ér tán** talk generally

泛泛之交 **fànfàn zhī jiāo** acquaintance

泛(氾)滥(濫) **fànlàn** [动] overflow

范(範) **fàn** [名] **1** (模范) model ▶ 典范 **diǎnfàn** model **2** (范围) limit ▶ 规范 **guīfàn** standard **3** (模子) pattern

范(範)畴(疇) **fànchóu** [名] category

范(範)例 **fànlì** [名] example

范(範)围(圍) **fànwéi** [名] limit ▷ 管辖范围 **guǎnxiá fànwéi** limits of jurisdiction ▷ 势力范围 **shìlì fànwéi** sphere of influence

范(範)文 fànwén [名] model essay

贩(販) fàn **I** [动] deal in (*pt*, *pp* dealt) **II** [名] dealer

贩(販)卖(賣) fànmài [动] deal in (*pt*, *pp* dealt) ▷贩卖艺术品 fànmài yìshùpǐn deal in art ▷贩卖丝绸 fànmài sīchóu be in the silk trade ▷贩卖人口 fànmài rénkǒu traffic in human beings

贩(販)子 fànzi [名] dealer

方 fāng **I** [名] **1** (方向) direction ▶南方 nánfāng the South **2** (方形) square ▶长方形 chángfāngxíng rectangle **3** (方面) side **4** (方法) method **5** (地方) place **6** (方子) prescription **7** (数) (乘方) power ▷3的4次方是81。Sān de sì cì fāng shì bāshíyī. Three to the power of four is 81. **II** [形] **1** (方形) square **2** (正直) honest **III** [副] **1** (书) (正当) ▶方今 fāngjīn nowadays ▷方兴未艾 fāng xìng wèi ài be on the rise ▷来日方长 láirì fāng cháng there is still time **2** (方才) just ▷如梦方醒 rú mèng fāng xǐng as if just awakened from a dream **IV** [量] **1** (指方形物) ▷一方豆腐 yī fāng dòufu a piece of tofu ▷一方毛巾 yī fāng máojīn a towel **2** (指平方或立方) ▷一方木材 yī fāng mùcái a cubic metre of timber ▷办公室有30方。Bàngōngshì yǒu sānshí fāng. The office is 30 square metres.

方案 fāng'àn [名] plan ▷退休金方案 tuìxiūjīn fāng'àn pension scheme ▷校长在制定本期工作方案。Xiàozhǎng zài zhìdìng běn qī gōngzuò fāng'àn. The head teacher is drawing up a work plan for the term.

方便 fāngbiàn [形] **1** (便利) convenient ▷上海的交通很方便。Shànghǎi de jiāotōng hěn fāngbiàn. Transport in Shanghai is easy. ▷我们应把方便留给他人。Wǒmen yīng bǎ fāngbiàn liú gěi tārén. We should make things easy for people. **2** (适宜) appropriate ▷这里谈话不方便。Zhèlǐ tánhuà bù fāngbiàn. It's not appropriate to talk here.

方才 fāngcái [副] just now ▷方才的事你不要放在心上。Fāngcái de shì nǐ bùyào fàng zài xīn shàng. Don't take to heart what happened just now.

方程 fāngchéng [名] equation

方寸 fāngcùn [名] (心绪) mind ▷他乱了方寸。Tā luànle fāngcùn. He felt very troubled.

方法 fāngfǎ [名] method

方法论(論) fāngfǎlùn [名] methodology

方略 fānglüè [名] strategy

方面 fāngmiàn [名] **1** (指人) side ▷优势在我们方面。Yōushì zài wǒmen fāngmiàn. Our side has the advantage. **2** (指物) aspect ▷我们应该分析问题的所有方面。Wǒmen yīnggāi fēnxī wèntí de suǒyǒu fāngmiàn. We should analyse all aspects of the problem.

方式 fāngshì [名] way ▷生活方式 shēnghuó fāngshì way of life ▷生产方式 shēngchǎn fāngshì production method ▷她用简单的方式解决了问题。Tā yòng jiǎndān de fāngshì jiějuéle wèntí. She solved the problem in a simple way.

方位 fāngwèi [名] position

方向 fāngxiàng [名] direction ▷你要朝那个方向走。Nǐ yào cháo nàge fāngxiàng zǒu. You need to go in that direction. ▷他们在森林里迷失了方向。Tāmen zài sēnlín lǐ míshīle fāngxiàng. They got disoriented in the wood.

方兴(興)未艾 fāng xìng wèi ài be on the rise

方言 fāngyán [名] dialect

方正 fāngzhèng [形] **1** (不歪斜) square **2** (正直) honest

方针(針) fāngzhēn [名] policy

方子 fāngzi [名] **1** (药方) prescription ▷开方子 kāi fāngzi write a prescription **2** (配方) formula

芳 fāng [名] **1** (香味) fragrance **2** (好名声) virtue

芳香 fāngxiāng [名] fragrance ▷芳香的花朵 fāngxiāng de huāduǒ fragrant flower

防 fáng **I** [动] **1** (防备) prevent ▷防冻 fángdòng prevent frostbite ▷防盗 fángdào guard against theft **2** (防守) defend ▷海防 hǎifáng sea defences (英) 或 defenses (美) **II** [名] dyke

防暴 fángbào [动] ▷防暴警察 fángbào jǐngchá riot police

防备(備) fángbèi [动] guard against ▷防备敌人偷袭 fángbèi dírén tōuxí guard against surprise attacks by the enemy ▷防备火灾 fángbèi huǒzāi take precautions against fire

防不胜(勝)防 fáng bù shèng fáng be unable to defend

防范(範) fángfàn [动] keep a lookout (*pt*, *pp* kept)

防护(護) fánghù [动] protect

防患未然 fáng huàn wèi rán take preventative measures

防空 fángkōng [名] air defence (英) 或 defense (美) ▷防空导弹 fángkōng dǎodàn air defence missile

防身 fángshēn [动] defend oneself

防微杜渐(漸) fáng wēi dù jiàn nip in the bud

防卫(衛) fánwèi [动] defend

防务(務) fángwù [名] defence (英), defense (美)

防线(線) fángxiàn [名] line of defence (英) 或 defense (美)

防御 fángyù [动] defend ▷修筑防御工事 xiūzhù fángyù gōngshì construct defences

(英) 或 defenses (美)

防止 fángzhǐ [动] prevent ▶ 防止疾病扩散 fángzhǐ jíbìng kuòsàn prevent disease from spreading

防治 fángzhì [动] prevent and cure

坊 fáng [名] workshop

妨 fáng [动] obstruct ▶ 妨碍 fáng'ài obstruct

妨碍(礙) fáng'ài [动] obstruct ▷ 车祸妨碍了交通。Chēhuò fáng'àile jiāotōng. The car accident obstructed the traffic. ▷ 嘈杂声会妨碍他人学习。Cáozá shēng huì fáng'ài tārén xuéxí. The noise will disturb those who are studying.

妨害 fánghài [动] jeopardize

房 fáng [名] **1** (房子) house ▶ 楼房 lóufáng tower block **2** (房间) room ▶ 书房 shūfáng study ▶ 卧房 wòfáng bedroom **3** (像房子之物) ▷ 蜂房 fēngfáng beehive **4** (家族) ▷ 远房亲戚 yuǎnfáng qīnqi a distant relative

房地产(產) fángdìchǎn [名] real estate

房东(東) fángdōng [名] landlord

房客 fángkè [名] tenant

房事 fángshì [名] sex

房屋 fángwū [名] building

房租 fángzū [名] rent

仿 fǎng [动] **1** (仿效) copy **2** (类似) be like ▷ 他们两个人年龄相仿。Tāmen liǎng gè rén niánlíng xiāngfǎng. They are both about the same age.

仿佛(彿) fǎngfú **I** [连] as if **II** [形] similar

仿生学(學) fǎngshēngxué [名] bionics (*pl*)

仿效 fǎngxiào [动] imitate

仿造 fǎngzào [动] copy

仿照 fǎngzhào [动] copy ▷ 这个方法不错，我们可以仿照。Zhège fāngfǎ bùcuò, wǒmen kěyǐ fǎngzhào. That's a good method — let's copy it.

仿制(製) fǎngzhì [动] fake ▷ 这是仿制品。Zhè shì fǎngzhìpǐn. This is a fake.

访(訪) fǎng [动] **1** (访问) call on ▶ 访友 fǎngyǒu call on a friend ▶ 访谈 fǎngtán call in for a chat **2** (调查) investigate ▶ 访查 fǎngchá investigate

访(訪)问(問) fǎngwèn [动] visit

纺(紡) fǎng **I** [动] spin (*pt, pp* spun) **II** [名] silk

纺(紡)织(織) fǎngzhī [动] ▶ 纺织品 fǎngzhīpǐn textiles (*pl*) ▷ 纺织工业 fǎngzhī gōngyè textile industry

放 fàng [动] **1** (使自由) release ▶ 释放 shìfàng release ▶ 解放 jiěfàng free **2** (暂时停止) ▷ 下周我放两天假。Xià zhōu wǒ fàng liǎng tiān jià. I'll have two days off next week. ▷ 放学了。Fàngxué le. School is now over. **3** (放纵) let oneself go ▷ 放声歌唱 fàngshēng gēchàng sing uninhibitedly ▷ 放言高论 fàng yán gāo lùn speak without restraint **4** (赶牲畜吃草) graze ▷ 放牛 fàngniú graze cattle **5** (驱逐) expel ▶ 流放 liúfàng banish **6** (发出) send out (*pt, pp* sent) ▶ 放炮 fàngpào fire a gun ▶ 放风筝 fàng fēngzheng fly a kite **7** (点燃) set ... off (*pt, pp* set) ▷ 放爆竹 fàng bàozhú set off firecrackers **8** (借出收息) lend (*pt, pp* lent) ▷ 放高利贷 fàng gāolìdài practise (英) 或 practice (美) usury **9** (扩展) ▷ 把照片放大 bǎ zhàopiàn fàngdà enlarge a photo ▷ 把裙子放长 bǎ qúnzi fàngcháng let down a skirt **10** (花开) bloom **11** (搁置) put ... to one side (*pt, pp* put) **12** (弄倒) cut down (*pt, pp* cut) **13** (使处于) put (*pt, pp* put) ▷ 她把课本放在桌子上。Tā bǎ kèběn fàng zài zhuōzi shàng. She put the book on the table. **14** (加进) add ▷ 你往里放点糖就好喝。Nǐ wǎng lǐ fàng diǎn táng jiù hǎo hē. If you add some sugar it will taste better. **15** (控制自己) ▷ 放严肃点 fàng yánsù diǎn become more serious **16** (放映) project ▷ 放电影 fàng diànyǐng project a film **17** (保存) leave (*pt, pp* left) ▷ 把东西就放我这里吧。Bǎ dōngxi jiù fàng wǒ zhèlǐ ba. Leave your things with me.

放大 fàngdà [动] enlarge ▷ 把照片放大 bǎ zhàopiàn fàngdà enlarge a photo ▷ 把音量放大 bǎ yīnliàng fàngdà turn up the volume

放荡(蕩) fàngdàng [形] dissipated

放风(風) fàngfēng [动] **1** (开窗通风) let in fresh air (*pt, pp* let) **2** (从牢房出来) let out for exercise **3** (散发消息) leak

放牧 fàngmù [动] graze

放假 fàngjià [动] go on holiday (英) 或 vacation (美)

放屁 fàngpì [动] **1** (指生理现象) break wind (*pt* broke, *pp* broken) **2** (侮辱) (用来骂人) talk nonsense ▷ 放屁！Fàngpì! (讳) That's complete crap!

放弃(棄) fàngqì [动] give ... up (*pt* gave, *pp* given)

放晴 fàngqíng [动] clear up

放任 fàngrèn [动] ignore ▷ 对错误的行为不能放任不管。Duì cuòwù de xíngwéi bùnéng fàngrèn bùguǎn. Bad behaviour should not be ignored. ▷ 放任政策 fàngrèn zhèngcè laissez-faire policy

放射 fàngshè [动] radiate

放射性 fàngshèxìng [名] **1** (指原子能) radioactivity ▷ 放射性灰尘 **fàngshèxìng huīchén** radioactive dust **2** (指医学) radiation

放生 fàngshēng [动] release

放肆 fàngsì [形] wanton

放松 fàngsōng [动] relax

放心 fàngxīn [动] set one's mind at rest (*pt*, *pp* set) ▷ 孩子还没回来, 我不放心。**Háizi hái méi huílái, wǒ bù fàngxīn.** My mind won't rest because the child hasn't come back yet.

放学(學) fàngxué [动] finish school

放眼 fàngyǎn [动] survey

放逐 fàngzhú [动] banish

放纵(縱) fàngzòng **I** [动] indulge ▷ 不要太放纵孩子。**Bùyào tài fàngzòng háizi.** Don't be too indulgent with the children. **II** [形] undisciplined

---

飞(飛) fēi **I** [动] **1** (鸟, 虫, 飞机) fly (*pt* flew, *pp* flown) ▷ 这架飞机将由广州飞往北京。**Zhè jià fēijī jiāng yóu Guǎngzhōu fēiwǎng Běijīng.** This plane is going from Guangzhou to Beijing. **2** (空中游动) flutter ▷ 叶子在空中飞着。**Yèzi zài kōngzhōng fēizhe.** The leaves are fluttering in the air. ▷ 飞雪花了。**Fēi xuěhuā le.** It's snowing. **3** (挥发) evaporate **II** [形] **1** (意外的) unexpected ▶ 飞祸 **fēihuò** unexpected disaster **2** (凭空而来的) unfounded ▷ 流言飞语 **liú yán fēi yǔ** unfounded rumours (英) 或 rumors (美) (*pl*) **III** [副] swiftly

飞(飛)驰(馳) fēichí [动] speed (*pt*, *pp* sped)

飞(飛)碟 fēidié [名] UFO

飞(飛)短流长(長) fēi duǎn liú cháng tell stories

飞(飛)黄(黃)腾(騰)达(達) fēihuáng téngdá have a meteoric rise

飞(飛)机(機) fēijī [名] aeroplane (英), airplane (美)

飞(飛)快 fēikuài **I** [形] razor-sharp **II** [副] rapidly

飞(飛)毛腿 fēimáotuǐ [名] fast runner

飞(飛)速 fēisù [形] very fast

飞(飛)吻 fēiwěn [动] blow a kiss (*pt* blew, *pp* blown) ▷ 女孩儿给妈妈一个飞吻。**Nǚháir gěi māma yī gè fēiwěn.** The girl blew her mother a kiss.

飞(飛)翔 fēixiáng [动] hover

飞(飛)行 fēixíng [动] fly (*pt* flew, *pp* flown)

飞(飛)扬(揚) fēiyáng [动] rise (*pt* rose, *pp* risen)

飞(飛)扬(揚)跋扈 fēi yáng bá hù pushy

飞(飛)跃(躍) fēiyuè [动] leap ▷ 近几年, 中国经济飞跃发展。**Jìn jǐ nián, Zhōngguó jīngjì fēiyuè fāzhǎn.** China's economy has developed by leaps and bounds in recent years.

飞(飛)涨(漲) fēizhǎng [动] soar

妃 fēi [名] concubine

非 fēi **I** [名] **1** (错误) wrong ▶ 是非 **shìfēi** right and wrong **2** (非洲) Fēizhōu Africa **II** [动] **1** (非议) blame ▷ 无可厚非 **wú kě hòu fēi** beyond reproach **2** (违反) run counter to (*pt* ran, *pp* run) ▶ 非法 **fēifǎ** illegal ▶ 非礼 **fēilǐ** impolite **3** (不是) not be ▷ 我非三言两语就能把这事说完的。**Wǒ fēi sān yán liǎng yǔ jiù néng bǎ zhè shì shuō wán de.** I am not able to say it in a few words. **4** (强硬) insist on ▷ 他非要我参加。**Tā fēi yào wǒ cānjiā.** He insists on my taking part. ▷ 不行, 我非得走。**Bùxíng, wǒ fēi děi zǒu.** No, I must go. **III** [副] (必须) ▷ 我不让他去, 他非去不可。**Wǒ bù ràng tā qù, tā fēi qù bùkě.** I've tried to stop him, but he simply has to go. ▷ 要想通过考试, 你非努力不行。**Yào xiǎng tōngguò kǎoshì, nǐ fēi nǔlì bùxíng.** You can't pass the exam without working hard.

非常 fēicháng **I** [形] exceptional **II** [副] very ▷ 你的同情让我非常感动。**Nǐ de tóngqíng ràng wǒ fēicháng gǎndòng.** Your sympathy moved me very much. ▷ 这项工作非常难。**Zhè xiàng gōngzuò fēicháng nán.** This job is very hard. ▷ 你说的话非常重要。**Nǐ shuō de huà fēicháng zhòngyào.** What you said is extremely important. ▷ 我非常抱歉。**Wǒ fēicháng bàoqiàn.** I'm terribly sorry.

非典 fēidiǎn [名] (非典型性肺炎) SARS

非法 fēifǎ [形] illegal

非凡 fēifán [形] outstanding

非…非… fēi...fēi... [连] neither...nor... ▷ 非亲非故 **fēi qīn fēi gù** neither a relative nor a friend

非分 fēifèn [形] inappropriate

非金属(屬) fēijīnshǔ [名] nonmetal

非礼(禮) fēilǐ **I** [形] impolite **II** [动] sexually assault

非驴(驢)非马(馬) fēi lú fēi mǎ be neither one thing nor the other

非难(難) fēinàn [动] censure

非人 fēirén [形] inhuman

非同小可 fēi tóng xiǎo kě no small matter

非议(議) fēiyì [动] reproach

非洲 Fēizhōu [名] Africa

绯(緋) fēi [形] red

绯(緋)红(紅) fēihóng [形] bright red ▷ 她脸蛋热得绯红。**Tā liǎndàn rè de fēihóng.** Her face was red with the heat.

扉 fēi [名] door
扉页(頁) fēiyè [名] title page

蜚 见下文
蜚声(聲) fēishēng [动] become famous

鲱 fēi [名] herring

肥 féi I [名] fertilizer II [动] 1 (使肥沃) fertilize 2 (暴富) get rich III [形] 1 (脂肪多) fat 2 (肥沃) fertile 3 (肥大) loose
肥大 féidà [形] 1 (宽大) loose 2 (肿大) swollen
肥料 féiliào [名] fertilizer
肥胖 féipàng [形] fat
肥沃 féiwò [形] fertile
肥皂 féizào [名] soap
肥壮(壯) féizhuàng [形] stout

匪 fěi I [名] robber II [副] not ▷受益匪浅 shòuyì fěi qiǎn gain quite significantly
匪徒 fěitú [名] gangster
匪夷所思 fěi yí suǒ sī fantastic

诽(誹) fěi [动] slander
诽(誹)谤(謗) fěibàng [动] slander

菲 fěi 见下文
菲薄 fěibó I [动] look down on II [形] humble

斐 fěi [形] brilliant
斐然 fěirán [形] brilliant

翡 fěi 见下文
翡翠 fěicuì [名] jadeite

吠 fèi [动] bark

肺 fèi [名] lung
肺腑 fèifǔ [名] heart ▷肺腑之言 fèifǔ zhī yán heartfelt words ▷感人肺腑 gǎn rén fèifǔ deeply moving

狒 fèi 见下文
狒狒 fèifèi [名] baboon

废(廢) fèi I [动] abandon II [形] 1 (不用的) waste 2 (没用的) useless 3 (残废的) disabled
废(廢)除 fèichú [动] abolish
废(廢)黜 fèichù [动] depose
废(廢)话(話) fèihuà [名] nonsense
废(廢)品 fèipǐn [名] 1 (不合格产品) reject 2 (废旧物品) waste
废(廢)弃(棄) fèiqì [动] abandon
废(廢)寝(寢)忘食 fèi qǐn wàng shí forget to eat or sleep
废(廢)物 fèiwù [名] waste
废(廢)止 fèizhǐ [动] annul
废(廢)置 fèizhì [动] abandon

沸 fèi [形] boiling
沸点(點) fèidiǎn [名] boiling point
沸腾(騰) fèiténg [动] 1 (汽化) boil 2 (喻) (指情绪) ▷大家沸腾起来。Dàjiā fèiténg qǐlái. There was uproar.

费(費) fèi I [名] fee ▷车费 chēfèi bus fare ▷医药费 yīyào fèi medical expenses II [形] expensive III [动] 1 (花费) spend (*pt*, *pp* spent) ▷我费了好大的劲才明白他的意思。Wǒ fèile hǎo dà de jìn cái míngbái tā de yìsi. It was ages before I understood what he meant. ▷买这件皮大衣费了我很多钱。Mǎi zhè jiàn pídàyī fèile wǒ hěnduō qián. This leather coat cost me a lot of money. 2 (消耗过度) ▷这个牌子的冰箱很费电。Zhège páizi de bīngxiāng hěn fèidiàn. This brand of refrigerator consumes too much electricity. ▷孩子们穿鞋太费。Háizimen chuān xié tài fèi. Children wear out their shoes too quickly.
费(費)解 fèijiě [形] incomprehensible
费(費)尽(盡)心机(機) fèi jìn xīnjī rack one's brains
费(費)力 fèilì [动] take a lot of effort (*pt* took, *pp* taken) ▷我毫不费力地就把工作做完了。Wǒ háo bù fèilì de jiù bǎ gōngzuò zuò wán le. I got the job done without too much effort.
费(費)神 fèishén [动] 1 (敬) ▷劳您费神把稿子看一下。Láo nín fèishén bǎ gǎozi kàn yī xià. Can I trouble you to take a look at this draft? 2 (耗费精神) put energy into (*pt*, *pp* put) ▷为写这篇文章我费了很大的神。Wèi xiě zhè piān wénzhāng wǒ fèile hěn dà de shén. I put a lot of energy into writing this article.
费(費)事 fèishì [动] take trouble (*pt* took, *pp* taken) ▷他不怕费事，尽量做好会议的筹办工作。Tā bùpà fèishì, jǐnliàng zuò hǎo huìyì de chóubàn gōngzuò. He is taking a lot of trouble in making arrangements for the meeting.
费(費)心 fèixīn [动] 1 (敬) ▷您费心照看一会儿我的儿子好吗？Nín fèixīn zhàokàn yīhuìr wǒ de érzi hǎo ma? Would you mind looking after my son for a while? ▷您费心帮我看看有没有错误。Nín fèixīn bāng wǒ kànkan yǒu méiyǒu cuòwù. Can you check this for mistakes? 2 (耗费心思) devote a lot of care ▷我为他费了很多心。Wǒ wèi tā fèile hěnduō

xīn. I devoted a lot of care to him.

费(費)用 **fèiyong** [名] expense ▷ 生活费用 **shēnghuó fèiyong** living expenses

---

痱 fèi [名] prickly heat

痱子 **fèizi** [名] prickly heat

分 fēn I [动] **1** (分开) divide ▶ 分离 **fēnlí** separate ▶ 分散 **fēnsàn** scatter ▶ 分裂 **fēnliè** split **2** (分配) assign ▷ 这些电脑已分给我们了。**Zhèxiē diànnǎo yǐ fēn gěi wǒmen le.** These computers have been assigned to us. **3** (辨别) distinguish ▷ 不分皂白 **bù fēn zào bái** make no distinction between right and wrong **II** [名] **1** (分支) branch ▷ 分公司 **fēngōngsī** branch of a company **2** (分数) fraction ▶ 分母 **fēnmǔ** denominator **III** [量] **1** (分数) fraction ▷ 四分之三 **sì fēn zhī sān** three quarters **2** (十分之一) one tenth ▷ 我们都怕老板三分。**Wǒmen dōu pà lǎobǎn sān fēn.** We are all a little afraid of the boss. **3** (长度单位) *unit of length, equivalent to 3mm* **4** (指货币) *unit of Chinese currency, equal to a hundredth of a yuan* **5** (指时间) minute ▷ 5点过5分 **wǔ diǎn guò wǔ fēn** 5 minutes past 5 **6** (指弧度或角度) minute ▷ 36度20分角 **sānshíliù dù èrshí fēn jiǎo** 36 degrees 20 minutes **7** (百分之一) per cent ▷ 月利1分 **yuèlì yī fēn** monthly interest of 1 per cent ▷ 他物理是93分。**Tā wùlǐ shì jiǔshísān fēn.** He got 93 per cent in physics.

→ 另见 fèn

分崩离(離)析 **fēn bēng lí xī** fall to pieces

分辨 **fēnbiàn** [动] distinguish ▷ 分辨花样 **fēnbiàn huāyàng** distinguish one variety from another ▷ 我分辨不出这是什么颜色。**Wǒ fēnbiàn bù chū zhè shì shénme yánsè.** I can't tell what colour it is.

分别(別) **fēnbié I** [动] **1** (离别) split up (*pt, pp* split) **2** (辨别) distinguish ▷ 分别善恶 **fēnbié shàn'è** distinguish the good from the bad
II [名] difference

分布 **fēnbù** [动] distribute

分成 **fēnchéng** [动] divide

分词(詞) **fēncí** [名] participle

分寸 **fēncun** [名] ▷ 经理说话很有分寸。**Jīnglǐ shuōhuà hěn yǒu fēncun.** The manager talks in a measured way.

分道扬(揚)镳(鑣) **fēn dào yáng biāo** each goes their own way

分割 **fēngē** [动] break apart (*pt* broke, *pp* broken)

分工 **fēngōng** [名] division of labour ▷ 社会分工 **shèhuì fēngōng** division of labour in society

分红(紅) **fēnhóng** [动] get a bonus

分化 **fēnhuà** [动] **1** (分成) split up (*pt, pp* split) **2** (瓦解) break up (*pt* broke, *pp* broken) **3** (细胞, 组织等) divide

分解 **fēnjiě** [动] **1** (数) break down (*pt* broke, *pp* broken) **2** (书) (解说) explain

分居 **fēnjū** [动] separate

分句 **fēnjù** [名] clause

分开(開) **fēnkāi** [动] separate

分类(類) **fēnlèi** [动] classify ▷ 粗略的分类 **cūlüè de fēnlèi** rough classification

分离(離) **fēnlí** [动] **1** (分开) separate **2** (离别) part

分裂 **fēnliè** [动] **1** (分开) split (*pt, pp* split) **2** (生物) divide

分门(門)别(別)类(類) **fēn mén bié lèi** categorize

分泌 **fēnmì** [动] secrete

分娩 **fēnmiǎn** [动] give birth (*pt* gave, *pp* given)

分明 **fēnmíng I** [形] clear **II** [副] clearly

分派 **fēnpài** [动] assign

分配 **fēnpèi** [动] assign

分歧 **fēnqí** [名] difference

分散 **fēnsàn** [动] **1** (不集中) divert ▷ 不要分散你的注意力。**Bùyào fēnsàn nǐ de zhùyìlì.** Don't allow your attention to be diverted.
2 (散居) disperse

分身 **fēnshēn** [动] spare time

分神 **fēnshén** [动] ▷ 麻烦您分神帮我讲一讲这句话。**Máfan nín fēnshén bāng wǒ jiǎng yī jiǎng zhè jù huà.** Can I trouble you to help me with this speech?

分手 **fēnshǒu** [动] **1** (告别) say goodbye (*pt, pp* said) **2** (指男女关系) break up (*pt* broke, *pp* broken)

分数(數) **fēnshù** [名] mark

分水岭(嶺) **fēnshuǐlǐng** [名] **1** (地理) watershed **2** (喻) (界限) dividing line

分摊(攤) **fēntān** [动] share

分庭抗礼(禮) **fēn tíng kàng lǐ** stand up to

分析 **fēnxī** [动] analyse (英), analyze (美) ▷ 对当前国际形势的透彻分析 **Duì dāngqián guójì xíngshì de tòuchè fēnxī** a thorough analysis of recent international trends

分享 **fēnxiǎng** [动] share in ▷ 我们一起分享成功的欢乐。**Wǒmen yīqǐ fēnxiǎng chénggōng de huānlè.** We will all share in the pleasure of success.

分晓(曉) **fēnxiǎo I** [名] **1** (结果) solution **2** (道理) reason **II** [形] clear

分心 **fēnxīn** [动] **1** (分散注意力) be distracted **2** (费心) ▷ 这事让您分心了。**Zhè shì ràng nín fēnxīn le.** Sorry to trouble you with this.

分忧(憂) **fēnyōu** [动] ▷ 她始终帮我分忧。**Tā shǐzhōng bāng wǒ fēnyōu.** She always helps me through my problems.

分赃(贓) fēnzāng [动] share the spoils

分支 fēnzhī [名] branch ▷学科的分支 xuékē de fēnzhī branch of science ▷河流的分支 héliú de fēnzhī tributary

分钟(鐘) fēnzhōng [名] minute

分子 fēnzǐ [名] **1** (数) numerator **2** (化) molecule

芬 fēn [名] fragrance ▶芬芳 fēnfāng fragrant

芬芳 fēnfāng [形] fragrant

吩 fēn 见下文

吩咐 fēnfù [动] instruct ▷母亲吩咐我看管好房子。Mǔqīn fēnfù wǒ kānguǎn hǎo fángzi. Mother instructed me to look after the house.

纷(紛) fēn [形] **1** (多) numerous ▶纷繁 fēnfán numerous **2** (乱) confused ▶纷扰 fēnrǎo confusion

纷(紛)繁 fēnfán [形] numerous

纷(紛)纷(紛) fēnfēn **I** [形] diverse **II** [副] one after another

纷(紛)乱(亂) fēnluàn [形] chaotic

纷(紛)纭(紜) fēnyún [形] disorderly

纷(紛)争(爭) fēnzhēng [名] dispute

纷(紛)至沓来(來) fēn zhì tà lái come thick and fast

氛 fēn [名] atmosphere

氛围(圍) fēnwéi [名] atmosphere

坟(墳) fén [名] grave

坟(墳)墓 fénmù [名] grave

焚 fén [动] burn

焚化 fénhuà [动] incinerate

焚烧(燒) fénshāo [动] burn

粉 fěn **I** [名] **1** (粉末) powder **2** (粉丝) vermicelli **II** [动] **1** (成碎末) crumble ▶粉碎 fěnsuì crush **2** (变成粉状) pulverize **III** [形] **1** (白色) white **2** (粉红色) pink

粉笔(筆) fěnbǐ [名] chalk

粉红(紅) fěnhóng [形] pink

粉末 fěnmò [名] powder

粉墨登场(場) fěn mò dēng chǎng **1** (贬) embark upon a political career **2** (产品新人) be launched

粉饰(飾) fěnshì [动] gloss over

粉刷 fěnshuā [动] whitewash

粉碎 fěnsuì **I** [形] crushed **II** [动] smash

分 fèn [名] **1** (成分) component ▶水分 shuǐfèn water content **2** (限度) limit ▶过分 guòfèn excessive ▶本分 běnfèn duty **3** (情分) feelings (*pl*)

→另见 fēn

分量 fènliàng [名] weight ▷这两个西瓜是一样的分量。Zhè liǎng gè xīguā shì yīyàng de fènliàng. These two watermelons are the same weight. ▷他说的话很有分量。Tā shuō de huà hěn yǒu fènliàng. He speaks with authority.

分子 fènzǐ [名] ▷积极分子 jījí fènzǐ activist ▷知识分子 zhīshí fènzǐ intellectual ▷保守分子 bǎoshǒu fènzǐ conservative

---

份 fèn **I** [名] **1** (一部分) part ▶股份 gǔfèn share ▷他们把钱平分成4份。Tāmen bǎ qián píngfēn chéng sì fèn. The money was divided equally between the four of them. **2** (指划分单位) ▶年份 niánfèn year **II** [量] **1** (指食物) portion ▷一份快餐 yī fèn kuàicān a portion of fast food **2** (指报刊) copy

份额(額) fèn'é [名] share

份子 fènzi [名] share ▷出份子 chū fènzi club together

奋(奮) fèn [动] **1** (振作) exert oneself ▶勤奋 qínfèn diligent **2** (举起) raise

奋(奮)不顾(顧)身 fèn bù gù shēn act bravely and selflessly ▷抢险队员奋不顾身营救孩子们。Qiǎngxiǎn duìyuán fèn bù gù shēn yíngjiù háizimen. The emergency worker showed great courage in rescuing the children.

奋(奮)斗(鬥) fèndòu [动] fight (*pt, pp* fought) ▷为前途而奋斗 wèi qiántú ér fèndòu fight for the future

奋(奮)发(發) fènfā [动] work hard

奋(奮)发(發)图(圖)强(強) fènfā tú qiáng work hard for success

奋(奮)勇 fènyǒng [动] act bravely ▷奋勇杀敌 fènyǒng shā dí fight the enemy bravely

---

粪(糞) fèn [名] excrement

粪(糞)土 fèntǔ [名] rubbish

愤(憤) fèn [形] indignant ▶气愤 qìfèn indignant

愤(憤)慨 fènkǎi [形] indignant ▷这种无耻行为令人愤慨！Zhè zhǒng wúchǐ xíngwéi lìng rén fènkǎi! This is outrageous behaviour (英) 或 behavior (美), quite infuriating!

愤(憤)怒 fènnù [形] angry ▷同事们愤怒谴责他卑鄙无耻的行径。Tóngshìmen fènnù qiǎnzé tā bēibǐ wúchǐ de xíngjìng. His colleagues angrily condemned his despicable conduct.

愤(憤)世嫉俗 fèn shì jí sú detest the ways

of the world

丰(豐) fēng [形] **1** (丰富) abundant **2** (大) great **3** (貌美) good-looking
丰(豐)碑 fēngbēi [名] monument
丰(豐)富 fēngfù **I** [形] abundant ▷丰富多彩的生活 fēngfù duōcǎi de shēnghuó a full and interesting life **II** [动] enrich
丰(豐)功伟(偉)绩(績) fēng gōng wěi jì great achievements
丰(豐)厚 fēnghòu [形] abundant ▷丰厚的皮毛 fēnghòu de pímáo thick fur ▷丰厚的薪水 fēnghòu de xīnshuǐ a generous salary
丰(豐)满(滿) fēngmǎn [形] **1** (指物品) plentiful **2** (指身材) well-developed ▷身体丰满匀称 shēntǐ fēngmǎn yúnchèn a full and well-proportioned figure
丰(豐)年 fēngnián [名] good year ▷瑞雪兆丰年。Ruìxuě zhào fēngnián. Snow at the right time is a sign of a good harvest.
丰(豐)盛 fēngshèng [形] rich
丰(豐)收 fēngshōu [动] have a good harvest
丰(豐)硕(碩) fēngshuò [形] substantial
丰(豐)衣足食 fēng yī zú shí be comfortably off
丰(豐)足 fēngzú [形] ample

风(風) fēng **I** [名] **1** (指空气流动) wind ▶狂风 kuángfēng gale ▷今天刮大风。Jīntiān guā dàfēng. It's very windy today. **2** (风气) trend **3** (景象) scene ▶风光 fēngguān scenery **4** (态度) manner ▶风度 fēngdù bearing **5** (消息) information ▷闻风而动 wén fēng ér dòng respond immediately **II** [形] rumoured (英), rumored (美) ▷风言风语 fēng yán fēng yǔ gossip **III** [动] air ▶风干 fēnggān air-dry
风(風)波 fēngbō [名] storm
风(風)采 fēngcǎi [名] **1** (神采) elegance **2** (文采) writing talent
风(風)餐露宿 fēng cān lù sù face the elements
风(風)尘(塵) fēngchén [名] (指旅行) travel weariness
风(風)驰(馳)电(電)掣 fēng chí diàn chè quick as lightning
风(風)传(傳) fēngchuán [动] be rumoured (英) 或 rumored (美)
风(風)度 fēngdù [名] bearing
风(風)格 fēnggé [名] **1** (气度) manner ▷高尚风格 gāoshàng fēnggé refined manner **2** (特点) style ▷绘画风格 huìhuà fēnggé style of painting
风(風)光 fēngguāng [名] scenery
风(風)花雪月 fēng huā xuě yuè love affair
风(風)华(華) fēnghuá [名] (书) elegance and talent ▷风华正茂 fēnghuá zhèng mào be in one's prime
风(風)化 fēnghuà **I** [名] morals (*pl*) **II** [动] weather
风(風)纪(紀) fēngjì [名] discipline
风(風)景 fēngjǐng [名] scenery
风(風)浪 fēnglàng [名] **1** (风和波浪) rough waters (*pl*) **2** (遭遇) difficulties (*pl*) ▷久经风浪 jiǔ jīng fēnglàng have survived many troubles
风(風)凉(涼) fēngliáng [形] cool
风(風)凉(涼)话(話) fēngliánghuà [名] sarcastic remark
风(風)流 fēngliú [形] **1** (指功绩) outstanding **2** (指才学) free-spirited **3** (指男女关系) promiscuous ▷一夜风流 yī yè fēngliú one night stand
风(風)马(馬)牛不相及 fēng mǎ niú bù xiāng jí be completely at odds ▷这部电影的配乐与剧情风马牛不相及。Zhè bù diànyǐng de pèiyuè yǔ jùqíng fēng mǎ niú bù xiāng jí. The background music to this film is completely at odds with the storyline.
风(風)貌 fēngmào [名] **1** (风格) style ▷民间艺术的风貌 mínjiān yìshù de fēngmào folk-art style **2** (景象) scene
风(風)靡一时(時) fēngmí yīshí be in fashion
风(風)起云(雲)涌(湧) fēng qǐ yún yǒng **1** (字) rising storm **2** (喻) upsurge ▷外资合作风起云涌。Wàizī hézuò fēng qǐ yún yǒng. Joint ventures with foreign investment have really taken off.
风(風)气(氣) fēngqì [名] ▷社会风气越来越好。Shèhuì fēngqì yuèláiyuè hǎo. Social mores are improving. ▷全校出现了做早操的风气。Quánxiào chūxiànle zuò zǎocāo de fēngqì. Everyone at school has taken to doing morning exercises.
风(風)情 fēngqíng [名] **1** (风向, 风力) wind force and direction **2** (感情) expressions of love (*pl*) ▷卖弄风情 màinòng fēngqíng flirt **3** (风土人情) local customs (*pl*)
风(風)趣 fēngqù [名] wit ▷他说话特别风趣。Tā shuōhuà tèbié fēngqù. He is exceedingly witty.
风(風)骚(騷) fēngsāo **I** [名] literary brilliance **II** [形] flirtatious
风(風)尚 fēngshàng [名] custom
风(風)声(聲) fēngshēng [名] **1** (指风) sound of the wind **2** (消息) rumour (英), rumor (美)
风(風)水 fēngshuǐ [名] feng shui
风(風)俗 fēngsú [名] custom
风(風)调(調)雨顺(順) fēng tiáo yǔ shùn favourable conditions

风(風)头(頭) fēngtou [名] **1** (情势) situation ▷看风头办事 kàn fēngtou bànshì act according to the situation **2** (出头露面) limelight ▷出风头 chū fēngtou seek the limelight

风(風)土 fēngtǔ [名] ▷风土人情 fēngtǔ rénqíng local landscape and customs

风(風)味 fēngwèi [名] distinctive style ▷北京风味小吃 Běijīng fēngwèi xiǎochī dishes in the Beijing style

风(風)闻(聞) fēngwén [动] hear a rumour (英) 或 rumor (美) (*pt*, *pp* heard)

风(風)险(險) fēngxiǎn [名] risk

风(風)向 fēngxiàng [名] wind direction

风(風)行 fēngxíng [动] be in fashion

风(風)雅 fēngyǎ [形] refined

风(風)言风(風)语(語) fēng yán fēng yǔ gossip

风(風)雨 fēngyǔ [名] **1** (字) wind and rain **2** (喻) (困难) hardship

风(風)雨同舟 fēngyǔ tóng zhōu stick together ▷风雨同舟共渡难关 fēngyǔ tóng zhōu gòng dù nánguān stick together in difficulty

风(風)云(雲) fēngyún [名] turmoil ▷战争风云 zhànzhēng fēngyún the turmoil of war

风(風)云(雲)人物 fēngyún rénwù influential person (*pl* people)

风(風)韵(韻) fēngyùn [名] charm

风(風)姿 fēngzī [名] poise

枫 fēng [名] maple

封 fēng **I** [动] (封闭) seal ▷因车祸，路被封了。Yīn chēhuò, lù bèi fēng le. The road was sealed off because of the car accident. **II** [名] envelope **III** [量] ▷一封信 yī fēng xìn a letter

封闭(閉) fēngbì [动] **1** (盖住) seal **2** (查封) seal off

封存 fēngcún [动] freeze (*pt* froze, *pp* frozen) ▷封存账号 fēngcún zhànghào freeze an account

封顶(頂) fēngdǐng [动] cap ▷封顶价格 fēngdǐng jiàgé cap prices

封建 fēngjiàn **I** [名] feudalism **II** [形] feudal ▷封建社会 fēngjiàn shèhuì feudal society

封镜(鏡) fēngjìng [动] finish shooting

封杀(殺) fēngshā [动] blacklist

封锁(鎖) fēngsuǒ [动] **1** (断绝联系) block ▷封锁经济 fēngsuǒ jīngjì impose an economic blockade **2** (不能通行) seal off

---

疯(瘋) fēng **I** [形] mad **II** [副] madly ▷野草疯长。Yěcǎo fēng zhǎng. The weeds are out of control.

疯(瘋)狂 fēngkuáng [形] crazy

疯(瘋)子 fēngzi [名] lunatic ▷他是疯子。Tā shì fēngzi. He's mad.

峰 fēng [名] **1** (山顶) peak **2** (喻) hump

峰会(會) fēnghuì [名] summit meeting

峰峦 fēngluán [名] a row of peaks

锋(鋒) fēng [名] **1** (尖端) point **2** (带头的) vanguard **3** (锋面) front ▶冷锋 lěngfēng cold front

锋(鋒)利 fēnglì [形] **1** (工具) sharp **2** (言论) cutting ▷锋利的言辞 fēnglì de yáncí cutting remarks (*pl*)

锋(鋒)芒 fēngmáng [名] **1** (尖利部分) the cutting edge ▷斗争锋芒直指官场腐败。Dòuzhēng fēngmáng zhí zhǐ guānchǎng fǔbài. The focus of attack is official corruption. **2** (才干) talent

---

蜂 fēng **I** [名] **1** (黄蜂) wasp **2** (蜜蜂) bee **II** [副] in swarms ▷蜂聚 fēngjù gather in swarms

蜂蜜 fēngmì [名] honey

蜂拥(擁) fēngyōng [动] swarm ▷球迷蜂拥而至。Qiúmí fēngyōng ér zhì. The football fans swarmed in.

逢 féng [动] come across (*pt* came, *pp* come)

逢场(場)作戏(戲) féng chǎng zuò xì enjoy the fun while it lasts ▷有的人把交朋友当作是逢场作戏。Yǒude rén bǎ jiāo péngyǒu dāngzuò shì féng chǎng zuò xì. Some people regard friendship as a game.

逢凶化吉 féng xiōng huà jí land on one's feet

逢迎 féngyíng [动] (贬) ingratiate oneself with

缝(縫) féng [动] sew (*pt* sewed, *pp* sewn) → 另见 fèng

缝(縫)纫(紉) féngrèn [动] sew (*pt* sewed, *pp* sewn)

讽(諷) fěng [动] mock ▶讥讽 jīfěng satirize

讽(諷)刺 fěngcì [动] ridicule

凤(鳳) fèng [名] phoenix

凤(鳳)毛麟角 fèng máo lín jiǎo as rare as hen's teeth

奉 fèng [动] **1** (献给) present **2** (接受) receive **3** (尊重) respect **4** (信仰) believe in **5** (伺候) attend to

奉承 fèngcheng [动] flatter

奉告 fènggào [动] (敬) inform

奉公守法 fèng gōng shǒu fǎ be public-spirited and respect the law

奉命 fèngmìng [动] be instructed ▷部委奉命紧急调查。Bùwěi fèngmìng jǐnjí diàochá. Government departments were instructed to carry out an urgent investigation.

奉陪 fèngpéi [动] accompany ▷谁想下棋，我都愿奉陪。Shuí xiǎng xiàqí, wǒ dōu yuàn fèngpéi. If anyone wants to play a game of chess, I'd be glad to join them.

奉若神明 fèng ruò shén míng idolize

奉献(獻) fèngxiàn [动] dedicate ▷为教育奉献生命 wèi jiàoyù fèngxiàn shēngmìng dedicate one's life to education

奉行 fèngxíng [动] pursue

俸 fèng [名] salary

俸禄(祿) fènglù [名] official's salary

缝(縫) fèng [名] **1** (接合处) seam ▷无缝长袜 wúfèng chángwà seamless stockings **2** (缝隙) crack

→另见 féng

缝(縫)隙 fèngxì [名] crack

佛 fó [名] **1** (佛教) Buddhism **2** (佛像) Buddha

佛教 fójiào [名] Buddhism

佛学(學) fóxué [名] Buddhism

否 fǒu **I** [动] deny **II** [副] **1** (书) (不) no **2** (是，能，可) or not ▷他明天是否来参加聚会？Tā míngtiān shìfǒu lái cānjiā jùhuì? Is he coming to the party tomorrow or not?

否定 fǒudìng **I** [动] negate ▷事实否定了他说的话。Shìshí fǒudìngle tā shuō de huà. The facts negate what he said. ▷我否定了他的建议。Wǒ fǒudìngle tā de jiànyì. I refuted his suggestion. **II** [形] negative

否决(決) fǒujué [动] veto ▷否决提议 fǒujué tíyì veto the motion

否认(認) fǒurèn [动] deny

否则(則) fǒuzé [连] otherwise ▷好好温习功课，否则考试通不过。Hǎohǎo wēnxí gōngkè, fǒuzé kǎoshì tōng bù guò. Revise properly, otherwise you won't pass your exams.

夫 fū [名] **1** (丈夫) husband **2** (男子) man (*pl* men) **3** (劳动者) manual worker

夫妇(婦) fūfù [名] husband and wife

夫妻 fūqī [名] husband and wife

夫人 fūren [名] Mrs ▷胡夫人 Hú fūren Mrs Hu ▷第一夫人 Dìyī fūren First Lady

夫子 fūzǐ [名] **1** (学者) scholar **2** (贬) (陈腐的人) old fogey

肤(膚) fū [名] skin

肤(膚)浅(淺) fūqiǎn [形] superficial

孵 fū [动] hatch ▷孵小鸡 fū xiǎojī hatch chicks

敷 fū [动] **1** (涂) apply **2** (铺开) lay (*pt, pp* laid) **3** (足够) be sufficient for ▷入不敷出 rù bù fū chū income falls short of expenditure

敷设(設) fūshè [动] lay (*pt, pp* laid) ▷敷设电缆 fūshè diànlǎn lay an electric cable ▷敷设地雷 fūshè dìléi lay landmines

敷衍 fūyǎn [动] **1** (应付) go through the motions (*pt* went, *pp* gone) ▷敷衍了事 fūyǎn liǎoshì do a superficial job **2** (维持) get by ▷手里的钱还够敷衍几天。Shǒu lǐ de qián hái gòu fūyǎn jǐ tiān. I have enough money to get by for a few days.

伏 fú **I** [动] **1** (趴) lean over **2** (低下去) fall (*pt* fell, *pp* fallen) **3** (隐藏) hide (*pt* hid, *pp* hidden) **4** (屈服) concede ▷伏输 fúshū concede defeat **5** (降伏) subdue **II** [名] the height of summer

伏案 fú'àn [动] hunch over one's desk

伏笔(筆) fúbǐ [名] foreshadowing ▷故事的开端为悲剧性的结尾埋下了伏笔。Gùshi de kāiduān wèi bēijùxìng de jiéwěi máixiàle fúbǐ. The beginning of the story foreshadows the tragic ending.

伏兵 fúbīng [名] ambush

伏法 fúfǎ [动] be executed

伏击(擊) fújī [动] ambush

伏侍 fúshi [动] look after

伏输(輸) fúshū [动] concede defeat

伏特 fútè [量] volt

伏天 fútiān [名] the height of summer

伏帖 fútiē [形] **1** (舒服) content **2** (平整) neat ▷衣服熨烫得很伏帖。Yīfu yùntàng de hěn fútiē. The clothes were ironed neatly.

伏罪 fúzuì [动] plead guilty

凫(鳧) fú **I** [名] wild duck **II** [动] swim (*pt* swam, *pp* swum)

芙 fú 见下文

芙蓉 fúróng [名] (荷花) lotus

扶 fú [动] **1** (稳住) steady ▷老太太扶着栏杆使自己站稳。Lǎotàitai fúzhe lángān shǐ zìjǐ zhànwěn. The old woman steadied herself by holding on to the rail. ▷姑娘扶老大爷过马路。Gūniang fú lǎodàye guò mǎlù. The girl helped the old man across the road. **2** (搀起) help up ▷护士把孩子扶起来。Hùshì bǎ háizi fú qǐlái. The nurse helped the child up. **3** (扶助) help

f

扶持 **fúchí** [动] support
扶贫(貧) **fúpín** [动] help the poor
扶养(養) **fúyǎng** [动] **1** provide for ▷ 夫妻俩努力工作以扶养父母和孩子。Fūqī liǎ nǔlì gōngzuò yǐ fúyǎng fùmǔ hé háizi. The couple work hard to provide for their parents and children. **2** bring up (*pt*, *pp* brought) ▷ 他是由奶奶扶养大的。Tā shì yóu nǎinai fúyǎng dà de. He was brought up by his grandmother.
扶摇(搖)直上 **fúyáo zhí shàng** rise sharply ▷ 公司产量扶摇直上。Gōngsī chǎnliàng fúyáo zhí shàng. The company's output rose sharply.
扶植 **fúzhí** [动] foster
扶助 **fúzhù** [动] support

孚 **fú** [动] inspire confidence ▷ 深孚众望 shēn fú zhòng wàng inspire public confidence

拂 **fú** [动] **1** (轻擦) brush **2** (甩动) flick
拂拭 **fúshì** [动] wipe
拂晓(曉) **fúxiǎo** [名] dawn
拂袖而去 **fúxiù ér qù** storm off

服 **fú I** [名] clothes (*pl*) ▶ 校服 xiàofú school uniform **II** [动] **1** (吃) take (*pt* took, *pp* taken) ▶ 服药 fúyào take medicine **2** (担任) serve ▶ 服役 fúyì serve in the army **3** (服从) comply with ▷ 心服口服 xīn fú kǒu fú be totally compliant **4** (使信服) convince **5** (适应) adapt ▷ 不服水土 bù fú shuǐtǔ not acclimatized
→ 另见 fù
服从(從) **fúcóng** [动] obey
服毒 **fúdú** [动] take poison (*pt* took, *pp* taken)
服法 **fúfǎ** [名] directions (*pl*) ▷ 中药的服法 zhōngyào de fúfǎ directions for using traditional Chinese medicine
服气(氣) **fúqì** [动] accept ▷ 我对老师的批评感到不服气。Wǒ duì lǎoshī de pīpíng gǎndào bù fúqì. I was unconvinced by the teacher's criticism.
服饰(飾) **fúshì** [名] dress and accessories (*pl*)
服侍 **fúshi** [动] look after
服输(輸) **fúshū** [动] concede
服帖 **fútiē** [形] **1** (驯服) docile **2** (妥当) proper ▷ 他把每件事安排得服服帖帖。Tā bǎ měi jiàn shì ānpái de fúfú tiētiē. He sorted everything into its proper place.
服务(務) **fúwù** [动] serve ▷ 很高兴为您服务。Hěn gāoxìng wèi nín fúwù. I am very happy to be of service to you.
服务(務)员(員) **fúwùyuán** [名] **1** (指商店里) attendant **2** (指饭馆里) waiter, waitress **3** (指宾馆里) room attendant
服刑 **fúxíng** [动] serve a prison sentence ▷ 他在监狱中服了3年刑。Tā zài jiānyù zhōng fúle sān nián xíng. He served a three-year prison sentence.
服药(藥) **fúyào** [动] take medicine (*pt* took, *pp* taken)
服役 **fúyì** [动] serve (*in the forces*) ▷ 他的儿子在海军服役。Tā de érzi zài hǎijūn fúyì. His son is serving in the navy.
服用 **fúyòng** [动] (药) take (*pt* took, *pp* taken)
服装(裝) **fúzhuāng** [名] clothing

俘 **fú I** [动] capture **II** [名] prisoner ▶ 战俘 zhànfú prisoner of war
俘获(獲) **fúhuò** [动] capture
俘虏(虜) **fúlǔ** [名] prisoner

浮 **fú I** [动] float ▷ 她脸上浮现一丝笑容。Tā liǎn shàng fúxiàn yī sī xiàoróng. She gave a faint smile. **II** [形] **1** (表面上) superficial ▶ 浮面 fúmiàn surface **2** (可移动) movable ▶ 浮财 fúcái movable assets (*pl*) **3** (暂时) temporary **4** (轻浮) slapdash **5** (空虚) empty ▶ 浮夸 fúkuā exaggerated **6** (多余) surplus
浮沉 **fúchén** [动] drift ▷ 与世浮沉 yǔ shì fúchén swim with the tide ▷ 商海浮沉 shānghǎi fúchén the ups and downs of business
浮动(動) **fúdòng** [动] **1** (流动) float **2** (不稳定) fluctuate
浮光掠影 **fú guāng lüè yǐng** fleeting ▷ 浮光掠影看厦门 fú guāng lüè yǐng kàn Xiàmén make a fleeting visit to Xiamen
浮华(華) **fúhuá** [形] ostentatious
浮夸 **fúkuā** [动] exaggerate
浮力 **fúlì** [名] buoyancy
浮浅(淺) **fúqiǎn** [形] shallow
浮现(現) **fúxiàn** [动] come back (*pt* came, *pp* come) ▷ 他的音容笑貌又浮现在眼前。Tā de yīnróng xiàomào yòu fúxiàn zài yǎnqián. His voice and smiling face came back to me.
浮想联(聯)翩 **fúxiǎng liánpiān** many thoughts run through one's mind
浮游(遊) **fúyóu** [动] float
浮躁 **fúzào** [形] impulsive
浮肿(腫) **fúzhǒng** [动] puff up ▷ 一夜没睡，他的眼睛有些浮肿。Yī yè méi shuì, tā de yǎnjīng yǒuxiē fúzhǒng. After a sleepless night, his eyes are a bit puffy.

符 **fú I** [名] **1** (标记) mark ▶ 音符 yīnfú musical note **2** (图形) Daoist motif ▷ 护身符 hùshēnfú talisman **II** [动] be in keeping with ▷ 他说的和

做的不符。Tā shuō de hé zuò de bù fú. His words are out of keeping with his actions.
符号(號) fúhào [名] mark
符合 fúhé [动] match ▷符合招生条件 fúhé zhāoshēng tiáojiàn meet admission requirements

幅 fú I [名] 1 (指布) width 2 (泛指大小) size ▶幅度 fúdù range ▷大幅油画 dà fú yóuhuà a large oil painting II [量] ▷一幅画 yī fú huà a painting ▷一幅照片 yī fú zhàopiàn a photograph ▷三幅书法 sān fú shūfǎ three calligraphies

measure word, used for paintings, portraits and Chinese calligraphies

幅度 fúdù [名] range ▷两臂摆动的幅度不要太大。Liǎng bì bǎidòng de fúdù bùyào tài dà. You must not swing your arms too much. ▷此次降价的幅度非常大。Cǐ cì jiàngjià de fúdù fēicháng dà. This time prices fell very sharply.
幅员(員) fúyuán [名] size ▷中国幅员辽阔。Zhōngguó fúyuán liáokuò. China is vast in size.

辐(輻) fú [名] spoke
辐(輻)射 fúshè I [动] radiate II [名] radiation

蜉 fú 见下文
蜉蝣 fúyóu [名] mayfly

福 fú [名] good fortune
福分 fúfen [名] good fortune ▷有这么好的闺女，真是你的福分。Yǒu zhème hǎo de guīnü, zhēnshì nǐ de fúfen. You are really fortunate to have such a good daughter.
福利 fúlì [名] welfare ▷你们公司的福利好吗？Nǐmen gōngsī de fúlì hǎo ma? Do you have good company benefits?
福气(氣) fúqi [名] good fortune
福音 fúyīn [名] 1 (宗) (教义) Gospel 2 (好消息) good news

蝠 fú [名] bat ▶蝙蝠 biānfú bat

抚(撫) fǔ [动] 1 (安慰) comfort ▶抚恤 fǔxù give relief to (*pt* gave, *pp* given) 2 (保护) nurture 3 (按着) stroke
抚(撫)爱(愛) fǔ'ài [动] cherish ▷缺乏抚爱的童年 quēfá fǔ'ài de tóngnián a loveless childhood
抚(撫)今追昔 fǔ jīn zhuī xī evoke memories of the past
抚(撫)摩 fǔmó [动] stroke
抚(撫)弄 fǔnòng [动] fondle
抚(撫)慰 fǔwèi [动] comfort
抚(撫)恤(卹) fǔxù [动] give relief to (*pt* gave, *pp* given)
抚(撫)养(養) fǔyǎng [动] bring ... up (*pt*, *pp* brought)
抚(撫)育 fǔyù [动] 1 (人) raise 2 (动植物) tend

拊 fǔ [动] (书) clap
拊掌 fǔzhǎng [动] clap one's hands

斧 fǔ [名] axe (英), ax (美)
斧子 fǔzi [名] axe (英), ax (美)

府 fǔ [名] 1 (机关) government body ▶官府 guānfǔ the authorities ▶政府 zhèngfǔ government 2 (住宅) official residence

俯 fǔ [动] bend over (*pt*, *pp* bent) ▶俯伏 fǔfú lie prone ▶俯冲 fǔchōng nose-dive
俯就 fǔjiù [动] 1 (敬) (担任) kindly accept ▷请您俯就经理一职。Qǐng nín fǔjiù jīnglǐ yī zhí. Please accept the position of director. 2 (迁就) go along with (*pt* went, *pp* gone)
俯瞰 fǔkàn [动] look down on ▷她从飞机上俯瞰长江。Tā cóng fēijī shàng fǔkàn Chángjiāng. She looked down on the Yangtze from the plane.
俯拾即是 fǔ shí jí shì extremely common ▷民间故事俯拾即是。Mínjiān gùshi fǔ shí jí shì. Folk tales are to be found everywhere.
俯视(視) fǔshì [动] look down on
俯首 fǔshǒu [动] bow one's head
俯首帖耳 fǔ shǒu tiē ěr be totally subservient ▷他对上司俯首帖耳。Tā duì shàngsi fǔ shǒu tiē ěr. He's totally subservient to his boss.

釜 fǔ [名] pot
釜底抽薪 fǔ dǐ chōu xīn take drastic action

辅(輔) fǔ [动] complement ▷相辅而行 xiāngfǔ ér xíng complement each other
辅(輔)导(導) fǔdǎo [动] coach ▷辅导学生学习物理 fǔdǎo xuéshēng xuéxí wùlǐ coach students in physics
辅(輔)助 fǔzhù I [动] assist ▷他辅助我写这本书。Tā fǔzhù wǒ xiě zhè běn shū. He assisted me in writing this book. II [形] supplementary ▷辅助教材 fǔzhù jiàocái supplementary teaching materials ▷辅助信息 fǔzhù xìnxī additional information
辅(輔)佐 fǔzuǒ [动] assist ▷辅佐朝政 fǔzuǒ cháozhèng assist in the affairs of state

脯 fǔ [名] 1 (肉干) dried meat 2 (蜜饯) preserved fruit

f

腐 fǔ I [形] rotten II [名] bean curd ▶ 腐竹 fǔzhú roll of dried bean curd

腐败(敗) **fǔbài** I [动] rot ▷ 腐败的食物 fǔbài de shíwù rotten food II [形] corrupt

腐化 **fǔhuà** [动] 1 (堕落) corrupt ▷ 贪污腐化 tānwū fǔhuà corruption 2 (腐烂) decompose

腐烂(爛) **fǔlàn** I [动] rot II [形] decadent

腐蚀(蝕) **fǔshí** [动] 1 (消损) corrode ▷ 金属工具被腐蚀了。Jīnshǔ gōngjù bèi fǔshí le. The metal tools have corroded. 2 (堕落) corrupt

腐朽 **fǔxiǔ** I [动] rot II [形] decadent

腐竹 **fǔzhú** [名] roll of dried bean curd

父 fù [名] 1 (父亲) father 2 (指男性长辈) *senior male relative* ▶ 祖父 zǔfù grandfather

父老 **fùlǎo** [名] elder

父母 **fùmǔ** [名] parents

父亲(親) **fùqīn** [名] father

父兄 **fùxiōng** [名] 1 (父亲和哥哥) father and elder brothers 2 (家长) head of the family

讣(訃) fù I [动] announce a death II [名] obituary

讣(訃)告 **fùgào** I [动] announce a death II [名] obituary

付 fù [动] 1 (事物) hand over ▶ 托付 tuōfù entrust ▷ 付诸实施 fù zhū shíshī put into effect 2 (钱) pay (*pt, pp* paid) ▶ 偿付 chángfù pay back ▷ 付邮资 fù yóuzī pay postage

付排 **fùpái** [动] have typeset

付托(託) **fùtuō** [动] entrust ▷ 付托重任 fùtuō zhòngrèn entrust with a heavy responsibility

付印 **fùyìn** [动] 1 (指交付出版社) submit for publication 2 (指交付印刷) go to press (*pt* went, *pp* gone)

付账(賬) **fùzhàng** [动] pay the bill (*pt, pp* paid)

付之一炬 **fù zhī yī jù** be consumed by fire ▷ 失恋的女孩儿把男朋友的信付之一炬。Shīliàn de nǚháir bǎ nánpéngyou de xìn fù zhī yī jù. The jilted girl burned all her boyfriend's letters.

付之一笑 **fù zhī yī xiào** brush off with a smile ▷ 他把感情得失，爱与不爱都付之一笑。Tā bǎ gǎnqíng déshī, ài yǔ bù ài dōu fù zhī yī xiào. He treats love and loss lightly.

付诸(諸)东(東)流 **fù zhū dōng liú** waste ▷ 巨额投资付诸东流。Jù'é tóuzī fù zhū dōng liú. A huge investment was wasted.

负(負) fù I [动] 1 (书) (背) carry on one's back ▶ 负重 fùzhòng carry a heavy load 2 (担负) bear (*pt* bore, *pp* borne) 3 (遭受) suffer ▷ 负伤 fùshāng be wounded 4 (享有) enjoy 5 (拖欠) be in arrears ▷ 负债 fùzhài be in debt 6 (背弃) turn one's back on 7 (失败) lose (*pt, pp* lost) ▷ 甲队0比2负于乙队。Jiǎduì líng bǐ èr fù yú yǐduì. The A team lost to the B team two-nil. II [形] negative ▶ 负数 fùshù negative number

负(負)担(擔) **fùdān** I [动] bear (*pt* bore, *pp* borne) II [名] burden

负(負)荷 **fùhè** I [动] (书) carry II [名] load

负(負)荆(荊)请(請)罪 **fùjīng qǐngzuì** humbly apologize

负(負)疚 **fùjiù** [动] feel guilty (*pt, pp* felt)

负(負)面效应(應) **fùmiàn xiàoyìng** [名] negative effect

负(負)气(氣) **fùqì** [动] ▷ 负气出走 fùqì chūzǒu leave in a fit of anger

负(負)伤(傷) **fùshāng** [动] be wounded

负(負)心 **fùxīn** [动] be heartless

负(負)隅顽(頑)抗 **fùyú wánkàng** put up a stiff resistance

负(負)约(約) **fùyuē** [动] 1 (违背诺言) break a promise (*pt* broke, *pp* broken) 2 (失约) miss an appointment

负(負)责(責) **fùzé** I [动] be responsible ▷ 谁应对这起事故负责？Shuí yīng duì zhè qǐ shìgù fùzé? Who should be held responsible for this accident? II [形] conscientious ▷ 他对工作很负责。Tā duì gōngzuò hěn fùzé. He is very conscientious about his work.

负(負)债(債) **fùzhài** [动] be in debt

负(負)重 **fùzhòng** [动] 1 (背着重物) carry a heavy load 2 (承担重任) take on an important task (*pt* took, *pp* taken)

妇(婦) fù [名] 1 (妇女) woman (*pl* women) ▶ 妇科 fùkē gynaecology (英), gynecology (美) 2 (已婚妇女) married woman (*pl* women) 3 (妻) wife (*pl* wives)

妇(婦)科 **fùkē** [名] gynaecology (英), gynecology (美)

妇(婦)女 **fùnǚ** [名] woman (*pl* women)

附 fù [动] 1 (附带) attach 2 (靠近) get close to 3 (依从) depend on

附带(帶) **fùdài** [动] add ▷ 附带说一句 fùdài shuō yī jù mention in passing

附和 **fùhè** [动] echo ▷ 随声附和别人的说法 suí shēng fùhé biérén de shuōfǎ echo the views of others

附会(會) **fùhuì** [动] make a false analogy

附加 **fùjiā** [动] add ▷ 附加手续费 fùjiā shǒuxùfèi additional administrative charge

附件 **fùjiàn** [名] 1 (文件) attachment 2 (零件) spare parts (*pl*)

附近 **fùjìn** I [形] nearby II [名] vicinity ▷ 附近有

电话亭吗？Fùjìn yǒu diànhuàtíng ma? Is there a telephone box in the vicinity?
附录 fùlù [名] appendix
附设(設) fùshè [动] add ▷办公楼里附设了个休息室。Bàngōnglóu lǐ fùshèle gè xiūxishì. A new lounge has been opened in the office building.
附属(屬) fùshǔ I [动] attach to ▷该医院附属于一所大学。Gāi yīyuàn fùshǔ yú yī suǒ dàxué. This hospital is attached to a university. II [形] affiliated to
附议(議) fùyì [动] support a motion
附庸 fùyōng [名] dependency
附注 fùzhù [名] annotation
附着(著) fùzhuó [动] stick to (*pt*, *pp* stuck)

服 fù [量] dose
→另见 fú

赴 fù [动] go to (*pt* went, *pp* gone) ▷奔赴前线 bēnfù qiánxiàn rush to the front
赴任 fùrèn [动] take up a job (*pt* took, *pp* taken)
赴汤(湯)蹈火 fù tāng dǎo huǒ go through hell and high water
赴约(約) fùyuē [动] keep an appointment (*pt*, *pp* kept)

复(複) fù I [形] 1 (重复) duplicated ▶复制 fùzhì reproduce 2 (繁复) complex II [动] 1 (转) turn 2 (回答) reply 3 (恢复) recover 4 (报复) take revenge (*pt* took, *pp* taken) III [副] again ▶复查 fùchá re-examine
复(復)辟 fùbì [动] restore to power
复(復)仇 fùchóu [动] take revenge (*pt* took, *pp* taken) ▷3年后他终于为死去的儿子复仇了。Sān nián hòu tā zhōngyú wèi sǐqù de érzi fùchóu le. After three years, he finally avenged his son's death.
复(復)读(讀) fùdú [动] retake
复(復)发(發) fùfā [动] recur ▷病治愈后要防止复发。Bìng zhìyù hòu yào fángzhǐ fùfā. After an illness is cured, you must prevent it from recurring.
复(復)古 fùgǔ [动] go back to the old ways (*pt* went, *pp* gone)
复(復)合 fùhé [形] compound
复(復)活 fùhuó [动] revive
复(復)活节(節) Fùhuó Jié [名] (宗) Easter
复(複)句 fùjù [名] compound sentence
复(複)述 fùshù [动] 1 (重复) repeat 2 (重新表达) retell
复(複)数(數) fùshù [名] plural
复(復)苏(甦) fùsū [动] 1 (生物体) resuscitate 2 (经济) recover
复(複)习(習) fùxí [动] revise ▷为考试而复习 wèi kǎoshì ér fùxí revise for exams ▷复习功课 fùxí gōngkè go over one's lessons
复(復)兴(興) fùxīng [动] revive ▷文艺复兴 wényì fùxīng the Renaissance
复(復)议(議) fùyì [动] reconsider
复(複)印 fùyìn [动] photocopy
复(複)印机(機) fùyìnjī [名] photocopy machine
复(復)员(員) fùyuán [动] 1 (转入和平) return to peacetime conditions 2 (退役) demobilize
复(復)原 fùyuán [动] 1 (恢复健康) recover ▷老师病后身体已经复原。Lǎoshī bìng hòu shēntǐ yǐjīng fùyuán. Our teacher has already recovered from his illness. 2 (恢复原样) restore
复(複)杂(雜) fùzá [形] complex
复(複)制(製) fùzhì [动] reproduce

副 fù I [形] 1 (辅助) deputy ▷副局长 fù júzhǎng deputy director 2 (附带) subsidiary ▶副业 fùyè subsidiary business ▶副作用 fùzuòyòng side effect II [名] assistant ▶大副 dàfù first mate III [动] correspond to ▷名副其实 míng fù qí shí live up to its name IV [量] 1 (套) pair ▷一副耳机 yī fù ěrjī a pair of headphones ▷一副手套 yī fù shǒutào a pair of gloves 2 (指表情) ▷一副冷面孔 yī fù lěng miànkǒng a cold expression ▷一副笑脸 yī fù xiàoliǎn a smiling face

measure word, used for expressions

副本 fùběn [名] duplicate
副词(詞) fùcí [名] adverb
副刊 fùkān [名] supplement
副食 fùshí [名] non-staple food
副手 fùshǒu [名] assistant
副业 fùyè [名] subsidiary business
副作用 fùzuòyòng [名] side effect

赋(賦) fù I [动] 1 compose ▷赋诗一首 fù shī yī shǒu compose a poem 2 bestow II [名] (旧) tax ▶田赋 tiánfù land tax
赋(賦)税(稅) fùshuì [名] tax
赋(賦)闲(閒) fùxián [动] be out of work
赋(賦)有 fùyǒu [动] possess ▷赋有朝气 fùyǒu zhāoqì possess vitality ▷赋有个性 fùyǒu gèxìng have individuality
赋(賦)予 fùyǔ [动] give (*pt* gave, *pp* given) ▷赋予权利 fùyǔ quánlì grant rights

傅 fù [名] teacher

富 fù I [形] 1 (有钱) rich 2 (丰富) abundant II [名] wealth III [动] enrich
富贵(貴) fùguì [形] rich and influential

富豪 **fùháo** [名] rich and powerful person (*pl* people)
富丽(麗)堂皇 **fù lì táng huáng** splendid
富强(強) **fùqiáng** [形] prosperous and powerful
富饶 **fùráo** [形] abundant
富庶 **fùshù** [形] rich and populous
富翁 **fùwēng** [名] man of means (*pl* men) ▷ 百万富翁 **bǎiwàn fùwēng** millionaire
富有 **fùyǒu** **I** [形] wealthy **II** [动] be full of ▷ 富有创造力 **fùyǒu chuàngzàolì** be very creative
富裕 **fùyù** [形] prosperous ▷ 富裕地区 **fùyù dìqū** prosperous area ▷ 他家很富裕。**Tā jiā hěn fùyù.** His family is very well off.
富余(餘) **fùyu** [形] surplus
富足 **fùzú** [形] comfortable

腹 **fù** [名] **1** (指躯干) stomach **2** (指物体) belly **3** (内心) mind ▶ 腹稿 **fùgǎo** mental outline
腹背(揹)受敌(敵) **fù bèi shòu dí** be attacked from all sides
腹地 **fùdì** [名] hinterland
腹稿 **fùgǎo** [名] mental outline ▷ 演讲前先打个腹稿。**Yǎnjiǎng qián xiān dǎ gè fùgǎo.** Before making a speech, first have a mental outline.

缚(縛) **fù** [动] bind (*pt, pp* bound) ▷ 作茧自缚 **zuò jiǎn zì fù** make a noose for one's own neck

---

覆 **fù** [动] **1** (盖住) cover **2** (翻过来) overturn
覆盖(蓋) **fùgài** [动] cover ▷ 地上覆盖着厚厚的白雪。**Dì shang fùgàizhe hòuhòu de báixuě.** The ground was covered in thick white snow.
覆灭(滅) **fùmiè** [动] wipe out ▷ 全军覆灭。**Quánjūn fùmiè.** The whole army was wiped out.
覆没(沒) **fùmò** [动] **1** (书) (指船) sink (*pt* sank, *pp* sunk) **2** (被消灭) annihilate
覆辙(轍) **fùzhé** [名] ▷ 重蹈覆辙 **chóng dǎo fù zhé** take the same path to disaster

---

馥 **fù** [名] (书) fragrance
馥郁(鬱) **fùyù** [形] strongly scented

Gg

夹(夾) **gā** 见下文
→ 另见 **jiā, jiá**
夹(夾)肢窝(窩) **gāzhiwō** [名] armpit

咖 **gā** 见下文
→ 另见 **kā**
咖喱 **gālí** [名] curry

嘎 **gā** [拟] screech ▷ 火车嘎的一声停了下来。**Huǒchē gā de yīshēng tíngle xiàlái.** The train screeched to a halt.
嘎吱 **gāzhī** [拟] creak ▷ 小板凳被他压得嘎吱嘎吱地响。**Xiǎo bǎndèng bèi tā yā de gāzīgāzī de xiǎng.** The stool creaked under his weight.

该(該) **gāi** **I** [动] **1** (应当) ought to **2** (轮到) be the turn of ▷ 这次该他主持会议了。**Zhècì gāi tā zhǔchí huìyì le.** It's his turn to chair the meeting this time. **3** (活该) serve ... right ▶ 活该 **huógāi** serve ... right ▷ 他睡懒觉误了火车，活该！**Tā shuì lǎnjiào wùle huǒchē, huógāi!** He overslept and missed the train — serves him right! **II** [助动] **1** (应该) should ▷ 工作明天该完成了。**Gōngzuò míngtiān gāi wánchéng le.** The work should be finished by tomorrow. **2** (表示推测) ▷ 他还没回来，该不是又加班了吧？**Tā hái méi huílái, gāi bùshì yòu jiābān le ba?** He's still not back — isn't he doing overtime? ▷ 再不吃的话，菜都该凉了。**Zài bù chī dehuà, cài dōu gāi liáng le.** If we keep waiting the food is only going to get colder. **3** (用于加强语气) ▷ 房间里放些鲜花该多温馨啊！**Fángjiān lǐ fàng xiē xiānhuā gāi duō wēnxī a!** It would be so lovely to have some flowers in the room. ▷ 要是他能在这儿该多好啊！**Yàoshi tā néng zài zhèr gāi duō hǎo a!** It would be great if he could be here. **III** [代] that, this
该(該)当(當) **gāidāng** [动] deserve
该(該)死 **gāisǐ** [形] damn

改 **gǎi** [动] **1** (改变) change **2** (修改) alter **3** (改正) correct
改编(編) **gǎibiān** [动] **1** (重写) adapt ▷ 将小说

改编为电影 jiāng xiǎoshuō gǎibiān wéi diànyǐng adapt a novel for the screen **2** (指编制) reorganise ▷ 改编军队 gǎibiān jūnduì reorganize an army ▷ 改编预算体制 gǎibiān yùsuàn tǐzhì restructure a budgetary system

改变(變) gǎibiàn [动] change ▷ 我改变了主意。Wǒ gǎibiànle zhǔyi. I changed my mind.

改朝换(換)代 gǎi cháo huàn dài a change of regime

改动(動) gǎidòng [动] change

改恶(惡)从(從)善 gǎi è cóng shàn turn over a new leaf

改革 gǎigé [动] reform ▷ 改革经济体制 gǎigé jīngjì tǐzhì reform the economic system ▷ 改革开放 gǎigé kāifàng reform and opening up

改观(觀) gǎiguān [动] **1** (指面貌) take on a new look (*pt* took, *pp* taken) ▷ 城市的面貌改观了许多。Chéngshì de miànmào gǎiguānle xǔduō. The city has already taken on quite a new look. **2** (指观点) change one's attitude ▷ 家人对他完全改观了。Jiārén duì tā wánquán gǎiguān le. His family completely changed their attitude towards him.

改过(過)自新 gǎi guò zì xīn wipe the slate clean

改行 gǎiháng [动] change profession

改换(換) gǎihuàn [动] replace

改悔 gǎihuǐ [动] mend one's ways

改嫁 gǎijià [动] remarry ▷ 在中国封建社会里，改嫁是不被容许的。Zài zhōngguó fēngjiàn shèhuì lǐ, gǎijià shì bùbèi róngxǔ de. Remarriage wasn't acceptable in feudal Chinese society.

改进(進) gǎijìn [动] improve

改口 gǎikǒu [动] correct oneself

改良 gǎiliáng [动] **1** (改善) improve **2** (改进) reform

改善 gǎishàn [动] improve

改头(頭)换(換)面 gǎi tóu huàn miàn make superficial changes

改弦更张(張) gǎi xián gēng zhāng make a fresh start

改邪归(歸)正 gǎi xié guī zhèng turn over a new leaf

改选(選) gǎixuǎn [动] re-elect

改造 gǎizào [动] **1** (指对自然) reclaim ▷ 改造农田 gǎizào nóngtián reclaim farmland **2** (彻底改变) transform ▷ 改造社会 gǎizào shèhuì transform society ▷ 改造罪犯 gǎizào zuìfàn rehabilitate offenders

改正 gǎizhèng [动] correct ▷ 他改正了文中的错字。Tā gǎizhèngle wén zhōng de cuòzì. He corrected the wrong characters in his essay. ▷ 改正缺点 gǎizhèng quēdiǎn mend one's ways

改组(組) gǎizǔ [动] reshuffle ▷ 政府改组 zhèngfǔ gǎizǔ government reshuffle

---

丐

gài [名] beggar

钙(鈣)

gài [名] (化) calcium

盖(蓋)

gài **I** [名] **1** (指器皿) cover ▶ 盖子 gàizi lid **2** (甲壳) shell **II** [动] **1** (蒙上) cover **2** (遮掩) cover ... up ▷ 他们想盖住丑闻。Tāmen xiǎng gàizhù chǒuwén. They wanted to cover the scandal up. **3** (打上) stamp **4** (压过) block ... out ▷ 汽车的噪音把我们的说话声盖下去了。Qìchē de zàoyīn bǎ wǒmen de shuōhuàshēng gài xiàqù le. The noise from the car blocked out the sound of our voices. **5** (建造) build (*pt, pp* built)

盖(蓋)棺论(論)定 gài guān lùn dìng only when a man is dead can he be judged

盖(蓋)世 gàishì [动] be unparalleled ▷ 才华盖世 cáihuá gàishì be of unparalleled talent

盖(蓋)子 gàizi [名] (口) **1** (遮蔽物) lid **2** (甲壳) shell

概

gài **I** [名] **1** (大略) outline **2** (气度) bearing **II** [副] without exception

概况(況) gàikuàng [名] general situation

概括 gàikuò **I** [动] summarize **II** [形] brief

概率 gàilǜ [名] probability

概论(論) gàilùn [名] introduction

概貌 gàimào [名] general picture

概莫能外 gài mò néng wài without exception

概念 gàiniàn [名] concept

概念化 gàiniànhuà [动] conceptualize

概述 gàishù [动] summarize

概数(數) gàishù [名] approximate number

概要 gàiyào [名] outline

干

gān **I** [动] have to do with ▶ 干连 gānlián be responsible for ▷ 这不干我事。Zhè bù gān wǒ shì. This has nothing to do with me. **II** [形] **1** (无水) dry **2** (不用水) dry ▶ 干洗 gānxǐ dry-clean **3** (干涸) dried-up **4** (空) empty ▷ 外强中干 wài qiáng zhōng gān outwardly strong but inwardly weak **5** (指拜认的关系) adoptive **III** [名] ▶ 笋干 sǔngān dried bamboo shoots ▶ 豆腐干 dòufugān dried tofu ▶ 葡萄干 pútaogān raisin **IV** [副] **1** (只具形式) hollowly ▶ 干笑 gānxiào laugh hollowly **2** (白白) in vain ▷ 他失约了，害得我干等了半天。Tā shīyuē le, hài de wǒ gānděngle bàntiān. He failed to make the appointment and I ended up wasting a long time waiting for him.

→ 另见 gàn

g

干(乾)巴巴 **gānbābā** [形] **1** (干燥) dried-up **2** (不生动) bland

干(乾)杯 **gānbēi** [动] drink a toast (*pt* drank, *pp* drunk) ▷ 为我们成功的合作而干杯。**Wèi wǒmen chénggōng de hézuò ér gānbēi.** Let's drink a toast to our successful cooperation. ▷ "干杯!" "**Gānbēi!**" "Cheers!"

干(乾)瘪(癟) **gānbiě** [形] **1** (不丰满) shrivelled ▷ 干瘪的水果 **gānbiě de shuǐguǒ** shrivelled fruit ▷ 干瘪的老头子 **gānbiě de lǎotóuzi** a wizened old man **2** (枯燥) dull

干(乾)脆 **gāncuì** **I** [形] direct **II** [副] just ▷ 报酬这么低,干脆别干了。**Bàochóu zhème dī, gāncuì bié gàn le.** There's so little money in it — just give it up.

干戈 **gāngē** [名] arms ▷ 两国为了领土问题大动干戈。**Liǎng guó wèile lǐngtǔ wèntí dà dòng gāngē.** The two nations went to war over a territorial dispute.

干(乾)旱 **gānhàn** [形] arid

干(乾)涸 **gānhé** [形] dried-up

干(乾)货(貨) **gānhuò** [名] dried food

干(乾)净(淨) **gānjìng** [形] **1** (无尘) clean **2** (利落) clear ▷ 他干净利落地介绍完整个项目。**Tā gānjìng lìluo de jièshào wán zhěnggè xiàngmù.** He gave a clear and comprehensive introduction to the project. **3** (一点不剩) complete ▷ 请把汤喝干净。**Qǐng bǎ tāng hē gānjìng.** Please finish your soup.

干(乾)枯 **gānkū** [形] withered ▷ 干枯的叶子 **gānkū de yèzi** withered leaves

干扰(擾) **gānrǎo** [动] disturb ▷ 别干扰他学习。**Bié gānrǎo tā xuéxí.** Don't disturb him when he's studying.

干涉 **gānshè** **I** [动] meddle ▷ 干涉别人私事 **gānshè biérén sīshì** meddle in other people's affairs **II** [名] (关系) interference

干(乾)洗 **gānxǐ** [动] dry-clean

干系(係) **gānxì** [名] responsibility ▷ 这件事故和他脱不了干系。**Zhè jiàn shìgù hé tā tuō bùliǎo gānxì.** He cannot escape responsibility for the accident.

干预(預) **gānyù** [动] interfere ▷ 干预总统选举 **gānyù zǒngtǒng xuǎnjǔ** interfere in a presidential election

干(乾)燥 **gānzào** [形] dry

甘 **gān** **I** [形] **1** (指味觉) sweet **2** (幸福) fortunate **II** [副] willingly ▷ 他甘愿在家照看孩子。**Tā gānyuàn zài jiā zhàokàn háizi.** He willingly stayed at home to look after the children.

甘拜下风(風) **gān bài xià fēng** throw in the towel

甘苦 **gānkǔ** [名] **1** (美好和艰辛) ups and downs (*pl*) **2** (艰辛) hardship

甘甜 **gāntián** [形] sweet

甘心 **gānxīn** [动] **1** (愿意) be willing **2** (满意) be satisfied

甘休 **gānxiū** [动] take ... lying down (*pt* took, *pp* taken) ▷ 他考试非得拿A才甘休。**Tā kǎoshì fēiděi ná eī cái gānxiū.** If he doesn't get an A in the exam he's not going to take it lying down.

甘于(於) **gānyú** [动] be willing to

甘愿(願) **gānyuàn** [动] be willing to

杆(桿) **gān** [名] post

→ 另见 **gǎn**

肝 **gān** [名] liver

肝胆(膽) **gāndǎn** [名] **1** (真诚) sincerity **2** (勇气) courage

肝胆(膽)相照 **gāndǎn xiāng zhào** open one's heart

肝火 **gānhuǒ** [名] anger ▷ 不必为这点小事大动肝火。**Bùbì wèi zhèdiǎn xiǎoshì dà dòng gānhuǒ.** There is no need to get so angry over something so trivial.

肝脑(腦)涂(塗)地 **gān nǎo tú dì** lay down one's life

柑 **gān** [名] mandarin orange

竿 **gān** [名] pole ▸ 竿子 **gānzi** pole

尴(尷) **gān** 见下文

尴(尷)尬 **gāngà** [形] **1** (困难) awkward ▷ 尴尬的处境 **gāngà de chǔjìng** an awkward situation **2** (方) (不自然) embarrassed ▷ 她看上去很尴尬。**Tā kàn shàngqù hěn gāngà.** She looked very embarrassed.

杆(桿) **gǎn** **I** [名] shaft **II** [量] ▷ 一杆笔 **yī gǎn bǐ** a pen ▷ 几杆枪 **jǐ gǎn qiāng** several guns

→ 另见 **gān**

秆(稈) **gǎn** [名] stalk

赶(趕) **gǎn** **I** [动] **1** (追) catch (*pt*, *pp* caught) ▷ 赶公共汽车 **gǎn gōnggòng qìchē** catch a bus ▷ 赶潮流 **gǎn cháoliú** catch up with the latest fashions **2** (加快) rush ▷ 赶功课 **gǎn gōngkè** rush off an assignment ▷ 天黑了,学生们赶着回家。**Tiān hēile, xuéshēngmen gǎnzhe huíjiā.** It was getting dark so the students rushed home. ▷ 赶着回家 **gǎnzhe huíjiā** rush home **3** (驱赶) drive (*pt* drove, *pp* driven) ▷ 赶着马车进城 **gǎnzhe mǎchē jìnchéng** drive a cart into town **4** (驱逐) drive ...

out ▷赶走外来政权 gǎnzǒu wàilái zhèngquán drive out the foreign regime **5** (遇到) happen to ▷她的生日赶上是国庆节。 Tā de shēngrì gǎnshàng shì guóqìngjié. Her birthday happened to be the same day as National Day. **II** [介] until ▷这株树赶明年春天再种吧。 Zhè zhū shù gǎn míngnián chūntiān zài zhǒng ba. Let's not plant this tree until next spring.

赶(趕)场(場) **gǎnchǎng** [动] rush from one place to another

赶(趕)集 **gǎnjí** [动] go to market

赶(趕)紧(緊) **gǎnjǐn** [副] quickly ▷下课后我赶紧回家。 Xiàkè hòu wǒ gǎnjǐn huíjiā. After class I quickly went home.

赶(趕)快 **gǎnkuài** [副] at once ▷我们得赶快走了! Wǒmen děi gǎnkuài zǒu le! We must go at once!

赶(趕)上 **gǎnshàng** [动] catch up with (*pt, pp* caught)

赶(趕)浪头(頭) **gǎn làngtou** [动] follow the trend

赶(趕)路 **gǎnlù** [动] race ahead

赶(趕)忙 **gǎnmáng** [副] hurriedly

赶(趕)巧 **gǎnqiǎo** [副] by chance ▷我散步时赶巧遇见个老同学。 Wǒ sànbù shí gǎnqiǎo yùjiàn gè lǎotóngxué. I was out for a walk when I bumped into an old school friend. ▷他赶巧也在那儿。 Tā gǎnqiǎo yě zài nàr. By chance he happened to be there as well.

赶(趕)时(時)髦 **gǎn shímáo** [动] be fashionable

赶(趕)鸭(鴨)子上架 **gǎn yāzi shàng jià** set an impossible challenge

---

敢 gǎn **I** [形] courageous **II** [动] **1** (有胆量) dare ▶敢于 gǎnyú dare to **2** (有把握) be sure ▷我敢断定他在撒谎。 Wǒ gǎn duàndìng tā zài sāhuǎng. I'm sure he is lying. **3** (谦) (请求) venture ▷敢问 姓大名? Gǎnwèn zūn xìng dà míng? May I ask your name?

敢于(於) **gǎnyú** [动] dare to ▷他敢于批评他的老板。 Tā gǎnyú pīpíng tā de lǎobǎn. He dared to criticize his boss.

敢作敢当(當) **gǎn zuò gǎn dāng** be ready to stand up and be counted

---

感 gǎn **I** [动] **1** (觉得) feel (*pt, pp* felt) **2** (感动) move ▶感人 gǎnrén moving ▷这个故事很感人。 Zhège gùshi hěn gǎnrén. This story is very moving. ▷他被她的爱所感动。 Tā bèi tā de ài suǒ gǎndòng. He was moved by her affection. ▷感人肺腑 gǎn rén fèi fǔ extremely moving **3** (怀谢意) be grateful **4** (受) be affected by **5** (接触) be sensitive to **II** [名] sense ▷成就感 chéngjiùgǎn a sense of achievement ▷方向感 fāngxiànggǎn a sense of direction ▷新鲜感 xīnxiān gǎn a breath of fresh air

感触(觸) **gǎnchù** [名] emotion ▷对家乡的变化他深有感触。 Duì jiāxiāng de biànhuà tā shēn yǒu gǎnchù. He was very emotional about the changes to his home town.

感到 **gǎndào** [动] feel ▷我感到幸运。 Wǒ gǎndào xìngyùn. I feel lucky.

感动(動) **gǎndòng** [动] move ▷他容易被感动。 Tā róngyì bèi gǎndòng. He's very easily moved.

感恩 **gǎn'ēn** [动] be grateful

感恩节(節) **Gǎn'ēn Jié** [名] Thanksgiving

感官 **gǎnguān** [名] sense organs (*pl*)

感光 **gǎnguāng** [动] be light-sensitive

感化 **gǎnhuà** [动] reform

感激 **gǎnjī** [动] appreciate ▷我感激你所做的一切。 Wǒ gǎnjī nǐ suǒzuò de yīqiè. I appreciate everything you have done.

感激涕零 **gǎnjī tì líng** shed tears of gratitude

感觉(覺) **gǎnjué** **I** [名] feeling **II** [动] **1** (感到) feel (*pt, pp* felt) ▷感觉不舒服 gǎnjué bù shūfu feel below par ▷感觉轻松 gǎnjué qīngsōng feel relaxed **2** (认为) sense ▷他感觉到有点儿不对劲。 Tā gǎnjué dào yǒudiǎnr bù duìjìn. He sensed that there was something wrong.

感慨 **gǎnkǎi** [动] sigh

感冒 **gǎnmào** [动] catch a cold (*pt, pp* caught)

感情 **gǎnqíng** [名] **1** (心理反应) emotion **2** (喜爱) feelings (*pl*) ▷他们感情一直没变。 Tāmen gǎnqíng yīzhí méibiàn. They never lost their feelings for each other.

感染 **gǎnrǎn** [动] **1** (传染) infect ▷伤口感染了。 Shāngkǒu gǎnrǎn le. The cut was infected. **2** (引起共鸣) strike a chord (*pt, pp* struck) ▷他的演讲感染了在场的每个人。 Tā de yǎnjiǎng gǎnrǎnle zàichǎng de měigè rén. His speech struck a chord with everyone present.

感人肺腑 **gǎn rén fèifǔ** pull at one's heartstrings ▷这本书感人肺腑。 Zhè běn shū gǎn rén fèifǔ. This book really pulls at people's heartstrings.

感伤(傷) **gǎnshāng** [动] be inconsolable

感受 **gǎnshòu** **I** [动] feel (*pt, pp* felt) **II** [名] impression ▷重返故乡后, 他感受良多。 Chóngfǎn gùxiāng hòu, tā gǎnshòu liángduō. His return home left a deep impression on him.

感叹(嘆) **gǎntàn** [动] sigh

感悟 **gǎnwù** [动] come to understand (*pt* came, *pp* come)

感想 **gǎnxiǎng** [名] thoughts (*pl*) ▷你对这些评论有何感想? Nǐ duì zhèxiē pínglùn yǒuhé gǎnxiǎng? Did you have any particular thoughts on these comments?

感谢(謝) gǎnxiè [动] thank ▷感谢您的指导。Gǎnxiè nín de zhǐdǎo. Thank you for your guidance.

感兴(興)趣 gǎn xìngqù [动] be interested in ▷他对绘画感兴趣。Tā duì huìhuà gǎn xìngqù. He's interested in painting.

感性 gǎnxìng [名] perception

感应(應) gǎnyìng [动] 1 (物理) induce 2 (感情变化) respond

感召 gǎnzhào [动] inspire

感知 gǎnzhī [动] perceive

橄 gǎn 见下文

橄榄(欖) gǎnlǎn [名] olive

擀 gǎn [动] roll

擀面(麵)杖 gǎnmiànzhàng [名] rolling pin

干(幹) gàn I [名] 1 (主体) trunk ▶躯干 qūgàn trunk ▷公司骨干 gōngsī gǔgàn the backbone of the company 2 (干部) cadre II [动] 1 (做) do (*pt* did, *pp* done) ▶干活 gànhuó work 2 (担任) act as ▷他干过队长。Tā gànguò duìzhǎng. He acted as team leader. III [形] capable
→另见 gān

干(幹)部 gànbù [名] cadre

干(幹)活 gànhuó [动] work

干(幹)才 gàncái [名] 1 (才能) ability 2 (指人) able person

> 请勿将 **ability, capability** 和 **capacity** 混淆。**ability** 通常表示某人有能力做好某事。*He had remarkable ability as a musician... the ability to bear hardship...* **capability** 表示某人做事的能力。*...a job that was beyond the capability of one man...the film director's ideas of the capability of the actor...* 如果某人有某种 **capacity** 或 **capacity for something** 或 **capacity to do something** 表示他具备做此事的能力。**capacity** 比 **ability** 更为正式。*...their capacity for hard work...his capacity to see the other person's point of view...*

干(幹)将(將) gànjiàng [名] go-getter

干(幹)劲(勁) gànjìn [名] vigour (英), vigor (美)

干(幹)警 gànjǐng [名] police

干(幹)练(練) gànliàn [形] capable and experienced

干(幹)流 gànliú [名] trunk stream

干(幹)线(線) gànxiàn [名] artery

冈(岡) gāng [名] ridge

刚(剛) gāng I [形] strong II [副] 1 (恰好) just ▷水温刚好。Shuǐwēn gāng hǎo. The temperature of the water was just right. 2 (仅仅) just ▷这儿刚够放一把椅子。Zhèr gāng gòu fàng yī bǎ yǐzi. There is just enough room for a chair. 3 (不久以前) only just ▷小宝宝刚会走路。Xiǎo bǎobao gāng huì zǒulù. The baby has only just started walking.

刚(剛)愎自用 gāng bì zì yòng obstinate

刚(剛)才 gāngcái [名] just now

刚(剛)刚(剛) gānggāng [副] just ▷我刚刚吃完晚餐。Wǒ gānggāng chīwán wǎncān. I've just finished dinner.

刚(剛)好 gānghǎo I [形] just right II [副] luckily ▷我到车站的时候刚好有车。Wǒ dào chēzhàn de shíhòu gānghǎo yǒuchē. Luckily there was a bus when I got to the station.

刚(剛)健 gāngjiàn [形] bold

刚(剛)劲(勁) gāngjìng [形] vigorous

刚(剛)烈 gāngliè [形] fiery

刚(剛)强(強) gāngqiáng [形] unyielding ▷刚强的性格 gāngqiáng de xìnggé unyielding personality

刚(剛)毅 gāngyì [形] determined

刚(剛)正 gāngzhèng [形] principled

刚(剛)直 gāngzhí [形] upright

肛 gāng [名] anus

纲(綱) gāng [名] 1 (总绳) headrope 2 (主体) key part 3 (生物群) class

纲(綱)举(舉)目张(張) gāng jǔ mù zhāng take care of the big things and the little things will take care of themselves

纲(綱)领(領) gānglǐng [名] guiding principle

纲(綱)目 gāngmù [名] detailed outline

纲(綱)要 gāngyào [名] outline

钢(鋼) gāng [名] steel ▶钢铁 gāngtiě steel

钢(鋼)笔(筆) gāngbǐ [名] fountain pen

钢(鋼)材 gāngcái [名] steel products (*pl*)

钢(鋼)琴 gāngqín [名] piano

钢(鋼)铁(鐵) gāngtiě [名] 1 (字) steel 2 (喻) iron ▷钢铁意志 gāngtiě yìzhì an iron will

缸 gāng [名] 1 (器物) vat ▶鱼缸 yúgāng fish bowl 2 (像缸之物) jar ▶汽缸 qìgāng cylinder

岗(崗) gǎng [名] 1 (土坡) ridge 2 (岗位) post ▶下岗 xiàgǎng be laid-off

岗(崗)哨 gǎngshào [名] 1 (指处所) lookout post 2 (指人) sentry

岗(崗)位 gǎngwèi [名] post

港 gǎng [名] 1 (港湾) harbour (英), harbor (美) 2 (香港) Hong Kong ▸ 香港 Xiānggǎng Hong Kong ▸ 港币 gǎngbì Hong Kong dollar
港币(幣) gǎngbì [名] Hong Kong dollar
港口 gǎngkǒu [名] port
港湾(灣) gǎngwān [名] harbour (英), harbor (美)

杠 gàng I [名] 1 (棍子) bar 2 (直线) thick line ▹ 在错误的地方划上红杠。Zài cuòwù de dìfàng huàshàng hónggàng. Where there is a mistake, mark it with a thick red line. II [动] cross out
杠子 gàngzi [名] 1 (棍子) carrying pole 2 (直线) thick line

高 gāo [形] 1 (指高度) tall ▸ 高楼 gāolóu tall building 2 (指标准或程度) high ▸ 高标准 gāo biāozhǔn high standard 3 (指等级) senior ▸ 高中 gāozhōng senior school 4 (指声音) high-pitched 5 (指年龄) old 6 (指价格) high 7 (敬) ▹ 您有何高见？Nín yǒu hé gāojiàn? What is your opinion?
高矮 gāo'ǎi [名] height
高昂 gāo'áng [形] 1 (高起) elated 2 (昂贵) exorbitant
高傲 gāo'ào [形] arrogant
高不成，低不就 gāo bù chéng, dī bù jiù have ideas above one's station
高不可攀 gāo bù kě pān unattainable
高超 gāochāo [形] excellent
高潮 gāocháo [名] 1 (字) high tide 2 (喻) climax
高大 gāodà [形] 1 (字) huge 2 (喻) glorious
高档 gāodàng [形] top quality
高等 gāoděng [形] higher ▹ 高等教育 gāoděng jiàoyù higher education
高低 gāodī [名] 1 (高低程度) height 2 (高下) difference 3 (深浅) appropriateness
高地 gāodì [名] highlands (*pl*)
高调(調) gāodiào [名] big talk
高度 gāodù I [名] altitude II [副] highly
高峰 gāofēng [名] summit ▹ 珠穆朗玛峰是世界第一高峰。Zhūmùlǎngmǎfēng shì shìjiè dìyī gāofēng. Mount Qomolangma is the highest summit in the world. ▹ 上班高峰时间 shàngbān gāofēng shíjiān morning rush hour
高峰会(會)议(議) gāofēng huìyì [名] summit meeting
高峰时(時)间(間) gāofēng shíjiān [名] rush hour
高高在上 gāogāo zài shàng be superior
高官厚禄(祿) gāoguān hòulù plum job
高贵(貴) gāoguì [形] 1 (指道德) dignified 2 (指地位) noble
高级(級) gāojí [形] 1 (指级别) senior ▹ 高级讲师 gāojí jiǎngshī senior lecturer ▹ 高级法院 gāojí fǎyuàn high court 2 (超过一般) high-quality ▹ 高级英语 gāojí Yīngyǔ advanced English ▹ 高级宾馆 gāojí bīnguǎn luxury hotel
高架桥(橋) gāojiàqiáo [名] flyover (英), overpass (美)
高见(見) gāojiàn [名] (敬) opinion
高洁(潔) gāojié [形] noble
高就 gāojiù [动] (敬) be employed
高踞 gāojù [动] set oneself above (*pt*, *pp* set) ▹ 高踞榜首 gāojù bǎngshǒu take first place
高亢 gāokàng [形] resounding
高考 gāokǎo [名] college entrance examination
高科技 gāokējì [形] hi-tech
高科技园(園)区(區) gāokējì yuánqū [形] hi-tech zone
高空 gāokōng [名] high altitude
高利贷(貸) gāolìdài [名] usury
高龄(齡) gāolíng I [名] (敬) old age II [形] older ▹ 高龄孕妇 gāolíng yùnfù women who are pregnant later in life
高论(論) gāolùn [名] (敬) brilliant remarks (*pl*)
高帽子 gāomàozi [名] flattery
高明 gāomíng I [形] wise II [名] expert
高攀 gāopān [动] be a social climber
高强(強) gāoqiáng [形] outstanding
高人 gāorén [名] master
高人一等 gāo rén yī děng regard oneself as a cut above the rest
高尚 gāoshàng [形] 1 (指道德) noble 2 (有意义的) respectable
高深 gāoshēn [形] profound
高深莫测(測) gāoshēn mò cè unfathomable
高手 gāoshǒu [名] expert
高寿(壽) gāoshòu [名] 1 (敬) (年纪) age ▹ 您高寿了？Nín gāoshòu le? May I ask how old you are? 2 (长寿) longevity
高速 gāosù [形] rapid ▹ 中国经济正高速发展。Zhōngguó jīngjì zhèng gāosù fāzhǎn. China's economy is developing rapidly.
高速公路 gāosù gōnglù [名] motorway (英), freeway (美)
高抬贵(貴)手 gāo tái guì shǒu be merciful
高谈(談)阔(闊)论(論) gāo tán kuò lùn talk off the top of one's head
高屋建瓴 gāo wū jiàn líng be strategically situated
高下 gāoxià [名] superiority and inferiority

g

高兴(興) gāoxìng I [形] happy II [动] enjoy
高压(壓) gāoyā I [名] 1 (指气压) high pressure 2 (指电压) high voltage 3 (指血压) high blood pressure II [形] high-handed ▷ 高压政策 gāoyā zhèngcè high-handed policy
高雅 gāoyǎ [形] elegant
高原 gāoyuán [名] plateau (*pl* plateaux)
高瞻远(遠)瞩(矚) gāo zhān yuǎn zhǔ far-sighted
高涨(漲) gāozhǎng [动] rocket ▷ 物价高涨。Wùjià gāozhǎng. Prices are rocketing.
高招 gāozhāo [名] bright ideas (*pl*)
高枕无(無)忧(憂) gāo zhěn wú yōu rest easy
高中 gāozhōng [名] (高级中学) senior school (英), high school (美)
高姿态(態) gāozītài [名] generous attitude

羔 gāo [名] young
羔羊 gāoyáng [名] lamb

膏 gāo [名] 1 (脂肪) grease 2 (糊状物) paste ▸ 药膏 yàogāo ointment
膏药(藥) gāoyao [名] plaster

糕 gāo [名] cake ▸ 蛋糕 dàngāo cake
糕点(點) gāodiǎn [名] pastries (*pl*)

搞 gǎo [动] 1 (干) do (*pt* did, *pp* done) 2 (弄) get (*pt* got, *pp* got (英) 或 gotten (美)) ▷ 搞到资金 gǎodào zījīn secure funding ▷ 搞到消息 gǎodào xiāoxi get information
搞定 gǎodìng [动] (口) sort ... out ▷ 这事一定要搞定！Zhè shì yīdìng yào gǎodìng! This has really got to be sorted out!
搞鬼 gǎoguǐ [动] be up to mischief

稿 gǎo [名] draft
稿本 gǎoběn [名] manuscript
稿费(費) gǎofèi [名] fee
稿件 gǎojiàn [名] manuscript
稿子 gǎozi [名] 1 (草稿) draft 2 (诗文) manuscript 3 (计划) plan

告 gào [动] 1 (陈述) tell (*pt, pp* told) 2 (控诉) sue 3 (请求) request 4 (表明) announce ▸ 告辞 gàocí take one's leave 5 (宣布) declare
告白 gàobái [名] expression
告别(別) gàobié [动] say goodbye (*pt, pp* said)
告成 gàochéng [动] accomplish
告吹 gàochuī [动] come to nothing (*pt* came, *pp* come) ▷ 我们去大陆投资的计划告吹了。Wǒmen qù dàlù tóuzī de jìhuà gàochuī le. Our plans to invest on the mainland came to nothing.
告辞(辭) gàocí [动] take leave (*pt* took, *pp* taken) ▷ 晚饭后他起身告辞。Wǎnfàn hòu tā qǐshēn gàocí. After the meal, he stood up and took his leave.
告发(發) gàofā [动] prosecute
告急 gàojí [动] report an emergency
告捷 gàojié [动] 1 (获胜) triumph 2 (报告胜利) report a victory
告诫(誡) gàojiè [动] warn ▷ 我告诫孩子别太晚回家。Wǒ gàojiè háizi bié tàiwǎn huíjiā. I warned the children not to be too late home.
告警 gàojǐng [动] raise the alarm
告老还(還)乡(鄉) gào lǎo huán xiāng retire to one's hometown
告密 gàomì [动] ▷ 她向当局告密说会有军事政变。Tā xiàng dāngjú gàomì shuō huìyǒu jūnshì zhèngbiàn. She tipped off the authorities about the coup.
告罄 gàoqìng [动] run out (*pt* ran, *pp* run) ▷ 门票已告罄。Ménpiào yǐ gàoqìng. There aren't any tickets left.
告饶 gàoráo [动] beg for mercy
告示 gàoshi [名] notification
告诉(訴) gàosu [动] tell (*pt, pp* told)

> **tell** 表示告知某人某事。*The manufacturer told me that the product did not contain corn.* 动词 **tell** 通常可以带直接宾语，用来指受话方。*He told Alison he was suffering from leukaemia...What did she tell you?* 以下表达是错误的 *'What did she tell to you?'*。**tell** 后还可以加动词不定式，表示命令或指示。**say** 是表示某人说话最常用的词汇。请注意，在使用动词 **say** 时，表示受话方，应该使用介词 **to** 。不能说 *'What did she say you?'* 正确的说法是 *'What did she say to you?'*。

告退 gàotuì [动] request to leave
告知 gàozhī [动] let ... know (*pt, pp* let) ▷ 我写信告知父母我的近况。Wǒ xiěxìn gàozhī fùmǔ wǒ de jìnkuàng. I wrote to my parents to let them know my latest news.
告终(終) gàozhōng [动] end up ▷ 以失败告终 yǐ shībài gàozhōng end up in failure
告状(狀) gàozhuàng [动] (口) 1 (起诉) file a lawsuit 2 (抱怨) complain ▷ 他向老板告状说我工作不卖力。Tā xiàng lǎobǎn gàozhuàng shuō wǒ gōngzuò bù màilì. He went to the boss to complain that I wasn't working hard enough.

疙 gē 见下文
疙瘩 gēda [名] 1 (指皮肤) pimple ▷ 起鸡皮疙瘩 qǐ jīpí gēda come out in goose bumps 2 (小块) lump 3 (问题) unease ▷ 他们之间有点疙瘩。Tāmen zhījiān yǒudiǎn gēda. There was a

certain amount of unease between them.

咯 gē 见下文
咯咯 **gēgē** [拟] chuckle
咯吱 **gēzhī** [拟] creak

哥 gē [名] **1** (哥哥) elder brother **2** (亲热称呼) brother
哥哥 **gēge** [名] elder brother
哥儿(兒)们(們) **gērmen** [名] **1** (弟兄) brothers (*pl*) **2** (朋友) mate (英), buddy (美)

胳 gē 见下文
胳膊 **gēbo** [名] arm

鸽(鴿) gē [名] dove ▶ 鸽子 **gēzi** dove
鸽(鴿)子 **gēzi** [名] dove

搁(擱) gē [动] **1** (放) put (*pt, pp* put) **2** (搁置) put aside
→ 另见 **gé**
搁(擱)笔(筆) **gēbǐ** [动] stop ▷ 那个画家已搁笔多年。**Nàge huàjiā yǐ gēbǐ duōnián.** That artist stopped painting a long time ago.
搁(擱)浅(淺) **gēqiǎn** [动] **1** (字) be stranded **2** (喻) come to a standstill (*pt* came, *pp* come) ▷ 项目搁浅了。**Xiàngmù gēqiǎn le.** The project came to a standstill.
搁(擱)置 **gēzhì** [动] shelve ▷ 议案被搁置。**Yì'àn bèi gēzhì.** The proposal was shelved.

割 gē [动] cut (*pt, pp* cut)
割爱(愛) **gē'ài** [动] give up what one treasures (*pt* gave, *pp* given)
割裂 **gēliè** [动] separate
割让(讓) **gēràng** [动] cede ▷ 割让领土 **gēràng lǐngtǔ** cede territory
割舍(捨) **gēshě** [动] give up (*pt* gave, *pp* given)

歌 gē **I** [名] song **II** [动] sing (*pt* sang, *pp* sung)
歌唱 **gēchàng** [动] **1** (唱) sing (*pt* sang, *pp* sung) **2** (颂扬) sing the praises of
歌功颂(頌)德 **gē gōng sòng dé** sing the praises of
歌剧(劇) **gējù** [名] opera
歌曲 **gēqǔ** [名] song
歌手 **gēshǒu** [名] singer
歌颂(頌) **gēsòng** [动] sing the praises of
歌坛(壇) **gētán** [名] singing circles (*pl*) ▷ 他在歌坛很有名。**Tā zài gētán hěn yǒumíng.** He's very well-known in singing circles.
歌舞 **gēwǔ** [名] singing and dancing
歌星 **gēxīng** [名] pop star
歌谣(謠) **gēyáo** [名] ballad
歌咏(詠) **gēyǒng** [动] sing (*pt* sang, *pp* sung)

革 gé **I** [名] leather **II** [动] **1** (改变) change **2** (开除) expel
革除 **géchú** [动] **1** (铲除) eliminate **2** (开除) expel
革命 **gémìng** [动] revolutionize ▷ 工业革命 **gōngyè gémìng** industrial revolution
革新 **géxīn** [动] innovate
革职(職) **gézhí** [动] dismiss

阁(閣) gé [名] **1** (指建筑) pavilion **2** (内阁) cabinet ▷ 内阁成员 **nèigé chéngyuán** a member of the cabinet **3** (女子的居室) boudoir **4** (架子) shelf (*pl* shelves)
阁(閣)下 **géxià** [名] (敬) Your Excellency

格 gé [名] **1** (格子) check **2** (规格) standard **3** (品质) character
格调(調) **gédiào** [名] **1** (艺术特点) style **2** (书) (品格) character ▷ 他格调不高。**Tā gédiào bùgāo.** He does not have a nice character.
格斗(鬥) **gédòu** [动] wrestle
格格不入 **gé gé bù rù** be incompatible
格局 **géjú** [名] set-up
格式 **géshi** [名] format
格外 **géwài** [副] **1** (特别) especially **2** (额外) additionally ▷ 店里忙的时候就得格外找帮手。**Diàn lǐ máng de shíhòu jiù děi géwài zhǎo bāngshǒu.** When the stall is busy we need additional staff.
格言 **géyán** [名] maxim
格子 **gézi** [名] shelf (*pl* shelves)

搁(擱) gé [动] withstand (*pt, pp* withstood) ▷ 刚出土的文物搁不住阳光直射。**Gāng chūtǔ de wénwù gé bùzhù yángguāng zhíshè.** Newly excavated cultural relics are unable to withstand direct sunshine.
→ 另见 **gē**

蛤 gé [名] clam
→ 另见 **há**
蛤蜊 **gélí** [名] clam

隔 gé [动] **1** (阻隔) separate **2** (间隔) be apart ▷ 两地相隔不远。**Liǎngdì xiānggé bùyuǎn.** The two places aren't far apart.
隔岸观(觀)火 **gé àn guān huǒ** stand by and watch
隔壁 **gébì** [名] next door ▷ 隔壁邻居 **gébì línjū** next-door neighbour (英) 或 neighbor (美)
隔阂(閡) **géhé** [名] misunderstanding ▷ 文化隔阂 **wénhuà géhé** cultural misunderstanding ▷ 男女朋友间难免会有些

隔阂。Nánnǚ péngyou jiān nánmiǎn huì yǒuxiē géhé. Misunderstandings are more or less inevitable in relationships.

隔绝(絕) **géjué** [动] isolate ▷ 他在乡村过着与世隔绝的生活。**Tā zài xiāngcūn guòzhe yǔ shì géjué de shēnghuó.** He led a completely isolated life in the countryside. ▷ 两家隔绝往来已久。**Liǎngjiā géjué wǎnglái yǐjiǔ.** All contact between the two families stopped a long time ago.

隔离(離) **gélí** [动] quarantine ▷ 病人已被隔离观察。**Bìngrén yǐ bèi gélí guānchá.** The patient has already been quarantined and observed. ▷ 种族隔离 **zhǒngzú gélí** racial segregation ▷ 南非种族隔离 **Nánfēi zhǒngzú gélí** apartheid

隔膜 **gémó** **I** [名] gulf ▷ 距离使两人产生隔膜。**Jùlí shǐ liǎngrén chǎnshēng gémó.** Distance created a gulf between them. **II** [形] (不了解) inept

隔墙(牆)有耳 **gé qiáng yǒu ěr** the walls have ears

隔靴搔痒(癢) **gé xuē sāo yǎng** fail to get to the heart of a matter

隔音 **géyīn** [动] soundproof

嗝 **gé** [名] **1** (饱嗝) burp ▶ 打饱嗝 **dǎ bǎogé** burp **2** (冷嗝) hiccup ▶ 打冷嗝 **dǎ lěnggé** have a hiccup

---

个(個) **gè** **I** [名] (指身材或大小) size ▶ 个头儿 **gètóur** build **II** [量] **1** (表示个数) ▷ 6个桃子 **liù gè táozi** six peaches ▷ 两个月 **liǎng gè yuè** two months

> This is the most useful and common measure word, and can be used as the default measure word when you are unsure. It can be used for people, objects, fruits, countries, cities, companies, dates, weeks, months, ideas etc.

2 (表示约数) ▷ 俩人相差个两三岁。**Liǎrén xiāngchā gè liǎngsān suì.** There's about two or three years between them. ▷ 她比她丈夫大个一两岁。**Tā bǐ tā zhàngfu dà gè yīliǎng suì.** She's about one or two years older than her husband. **3** (表示动量) ▷ 开个会 **kāi gè huì** have a meeting ▷ 冲个澡 **chōng gè zǎo** have a shower

> the most useful measure word, used for actions

4 (用在动补之间) ▷ 讲个不停 **jiǎng:o gè bùtíng** talk incessantly **III** [形] individual

个(個)案 **gè'àn** [名] case ▷ 个案研究 **gè'àn yánjiū** case study

个(個)别(別) **gèbié** [形] **1** (单个) individual **2** (少数) a couple ▷ 有个别人违反纪律。**Yǒu gèbiérén wéifǎn jìlǜ.** A couple of people broke the rules.

个(個)人 **gèrén** **I** [名] individual **II** [代] oneself ▷ 就他个人而言 **jiù tā gèrén éryán** as far as he's concerned ▷ 在我个人看来，这是个好主意。**Zài wǒ gèrén kànlái, zhè shì gè hǎo zhǔyi.** As far as I'm concerned this is a good idea.

个(個)体(體) **gètǐ** [名] **1** (指生物) individual ▷ 生物个体 **shēngwù gètǐ** each and every individual **2** (指经济形态) ▷ 个体所有制 **gètǐ suǒyǒuzhì** private ownership ▷ 个体经营 **gètǐ jīngyíng** private enterprise

个(個)头(頭)儿(兒) **gètóur** [名] **1** (指人) build ▷ 这男孩儿个头儿大。**Zhè nánháir gètóur dà.** This boy is well-built. **2** (指物) size ▷ 大个头儿的西瓜 **dà gètóur de xīguā** a big watermelon

个(個)性 **gèxìng** [名] personality ▷ 他个性很强。**Tā gèxìng hěn qiáng.** He has a very strong personality.

个(個)子 **gèzi** [名] stature ▷ 高个子女人 **gāo gèzi nǚrén** a tall woman

---

各 **gè** **I** [代] each ▷ 他们各取所好。**Tāmen gè qǔ suǒ hào.** Each of them will get what they want. **II** [副] individually

各奔前程 **gè bèn qiánchéng** go one's own way

各别(別) **gèbié** [形] **1** (不同) different **2** (方) (别致) unique **3** (特别) peculiar

各得其所 **gè dé qí suǒ** everyone in their proper place

各个(個) **gègè** **I** [代] each ▷ 各个成员 **gègè chéngyuán** each member **II** [副] one by one ▷ 问题得各个解决。**Wèntí děi gègè jiějué.** The problems need to be dealt with one by one.

各尽(盡)所能 **gè jìn suǒ néng** do what one can in one's role

各色 **gèsè** [形] all kinds of

各抒己见(見) **gè shū jǐ jiàn** everyone has their say

各行其是 **gè xíng qí shì** do as one pleases ▷ 这个部门的人各行其是。**Zhège bùmén de rén gè xíng qí shì.** Everyone in this department does as they please.

各有千秋 **gè yǒu qiān qiū** each has its strong points

各种(種) **gèzhǒng** [代] all kinds ▷ 各种颜色 **gèzhǒng yánsè** all kinds of colours

各自 **gèzì** [代] each

各自为(為)政 **gè zì wéi zhèng** everyone does their own thing

给(給) gěi **I** [动] **1** (给予) give (*pt* gave, *pp* given) ▷ 给我勇气 gěiwǒ yǒngqì give me courage **2** (让) let (*pt*, *pp* let) ▷ 给他看看照片。Gěi tā kànkan zhàopiàn. Let him see the photos. **II** [介] **1** (为) for ▷ 我给妻子做早餐。Wǒ gěi qīzi zuò zǎocān. I made breakfast for my wife. **2** (向) to ▷ 留给他 liú gěi tā leave it to him ▷ 递给我 dì gěi wǒ pass it to me **III** [助] ▷ 我把开会的事给忘了。Wǒ bǎ kāihuì de shì gěi wàng le. I forgot about the meeting. ▷ 他把钥匙给丢了。Tā bǎ yàoshi gěi diù le. He lost the key.

→ 另见 jǐ

给(給)以 gěiyǐ [动] give (*pt* gave, *pp* given) ▷ 给以资助 gěiyǐ zīzhù give financial support

根 gēn **I** [名] **1** (指植物) root **2** (子孙) offspring **3** (指物体) base **4** (本原) origin ▶ 祸根 huògēn the root of the problem **5** (依据) grounds (*pl*) ▷ 无根之谈 wúgēn zhī tán groundless claims **II** [副] thoroughly ▶ 根除 gēnchú root ... out **III** [量] ▷ 一根绳子 yī gēn shéngzi a rope ▷ 几根稻草 jǐ gēn dàocǎo some pieces of straw ▷ 一根头发 yī gēn tóufa a hair

measure word, used for long thin objects, body parts and plants

根本 gēnběn **I** [名] root **II** [形] fundamental **III** [副] **1** (完全) at all ▷ 根本没人告诉我。Gēnběn méirén gàosù wǒ. Nobody told me at all. **2** (彻底) thoroughly ▷ 根本转变态度 gēnběn zhuǎnbiàn tàidu completely change one's attitude

根除 gēnchú [动] eliminate

根底 gēndǐ [名] **1** (基础) grounding ▷ 他数学根底不错。Tā shùxué gēndǐ bùcuò. He has a good grounding in maths. **2** (底细) cause ▷ 灾祸的根底 zāihuò de gēndǐ the cause of the tragic accident

根基 gēnjī [名] **1** (字) foundations (*pl*) ▷ 建筑物的根基 jiànzhùwù de gēnjī the foundations of the building **2** (喻) foundation ▷ 事业的根基 shìyè de gēnjī the foundation of a career

根究 gēnjiū [动] get to the bottom of

根据(據) gēnjù **I** [介] according to **II** [名] basis (*pl* bases) ▷ 她的说法毫无根据。Tā de shuōfǎ háo wú gēnjù. Her argument had absolutely no basis whatsoever. ▷ 文章的根据 wénzhāng de gēnjù the basis of the article

根绝(絕) gēnjué [动] eradicate

根深蒂固 gēn shēn dì gù deep-rooted

根由 gēnyóu [名] cause

根源 gēnyuán [名] cause

根治 gēnzhì [动] bring ... to an end (*pt*, *pp* brought)

根子 gēnzi [名] (口) **1** (字) root **2** (喻) source

跟 gēn **I** [名] heel **II** [动] **1** (跟随) follow **2** (嫁) marry **III** [介] **1** (同) with ▷ 我跟朋友去公园了。Wǒ gēn péngyou qù gōngyuán le. I went to the park with friends. **2** (向) ▷ 跟我说说这件事。Gēn wǒ shuōshuo zhè jiàn shì. Tell me what happened. ▷ 婚姻大事得跟父母商量。Hūnyīn dàshì děi gēn fùmǔ shāngliang. When it comes to marriage you really should talk it through with your parents. **3** (表示比较) as ▷ 他的教育背景跟我相似。Tā de jiàoyù bèijǐng gēn wǒ xiāngsì. His educational background is similar to mine. **IV** [连] and ▷ 珍妮跟海伦都去上课了。Zhēnnī gēn Hǎilún dōu qù shàngkè le. Jenny and Helen both went to their lectures.

跟前 gēnqián [名] ▷ 他走到我跟前耳语了几句。Tā zǒudào wǒ gēnqián ěryǔle jǐjù. He came close and whispered a few words. ▷ 有只猫蹲在窗户跟前。Yǒu zhī māo dūnzài chuānghu gēnqián. There's a cat sitting at the window.

跟随(隨) gēnsuí [动] follow

跟头(頭) gēntou [名] fall ▷ 跌了个跟头 diēle gè gēntou have a fall ▷ 翻跟头 fān gēntou do a somersault

跟踪(蹤) gēnzōng [动] tail

亘(亙) gèn [动] stretch

亘(亙)古未有 gèn gǔ wèi yǒu unprecedented

更 gēng **I** [动] **1** (改变) change ▶ 更正 gēngzhèng correct **2** (书) (经历) experience **II** [名] watch

→ 另见 gèng

更迭 gēngdié [动] alternate

更动(動) gēngdòng [动] change

更改 gēnggǎi [动] alter

更换(換) gēnghuàn [动] change

更生 gēngshēng [动] **1** (复兴) revive **2** (再生) regenerate ▷ 更生玻璃 gēngshēng bōli recycled glass

更替 gēngtì [动] replace ▷ 这个国家政权更替频繁。Zhège guójiā zhèngquán gēngtì pínfán. This country's governments are constantly being replaced.

更新 gēngxīn [动] **1** (事物) replace ▷ 更新网站内容 gēngxīn wǎngzhàn nèiróng update web content ▷ 更新设备 gēngxīn shèbèi replace old equipment **2** (森林) renew

更衣 gēngyī [动] change one's clothes ▷ 更衣间 gēngyījiān changing room

更衣室 gēngyīshì [名] fitting room

更正 gēngzhèng [动] correct ▷ 自我更正 zìwǒ gēngzhèng correct oneself

耕 gēng [动] plough
耕地 gēngdì I [动] plough II [名] cultivated land
耕耘 gēngyún [动] cultivate
耕作 gēngzuò [动] farm

羹 gēng [名] thick soup
羹匙 gēngchí [名] soup spoon

耿 gěng [形] upright
耿耿 gěnggěng [形] 1 (忠诚) devoted 2 (有心事) troubled
耿耿于(於)怀(懷) gěnggěng yú huái dwell on ▷ 她对同事的话一直耿耿于怀。Tā duì tóngshì de huà yīzhí gěng gěng yú huái. She kept dwelling on what her colleague had said.
耿直 gěngzhí [形] upright

哽 gěng [动] choke
哽咽(嚥) gěngyè [动] choke down sobs

梗 gěng I [名] stalk II [动] 1 (挺直) straighten 2 (阻塞) obstruct
梗概 gěnggài [名] outline
梗塞 gěngsè [动] 1 (阻塞) block 2 (梗死) obstruct
梗阻 gěngzǔ [动] block

更 gèng [形] 1 (更加) even more ▷ 天更黑了。Tiān gèng hēi le. It's getting even darker. ▷ 她更漂亮了。Tā gēng piàoliang le. She is becoming even more beautiful. 2 (书) (再) further
→ 另见 gēng
更加 gèngjiā [副] even more ▷ 天气更加热了。Tiānqì gèngjiā rè le. The weather got even hotter.

工 gōng I [名] 1 (指人) worker ▸ 童工 tónggōng child labour 2 (指阶级) the working class 3 (工作或劳动) work 4 (工程) project 5 (工业) industry 6 (指时间) man-day ▷ 这个工程得要7个工。Zhège gōngchéng děi yào qī gè gōng. This project will require seven man-days. 7 (技术) skill ▸ 做工 zuògōng workmanship ▷ 他的唱工很好。Tā de chànggōng hěn hǎo. He's a good singer. II [动] be skilled in III [形] exquisite
工本 gōngběn [名] production cost
工厂(廠) gōngchǎng [名] factory
工场(場) gōngchǎng [名] workshop
工程 gōngchéng [名] engineering project ▷ 大兴土木工程 dàxīng tǔmù gōngchéng launch massive construction projects
工程师(師) gōngchéngshī [名] engineer
工夫 gōngfu [名] 1 (时间) time ▷ 这份作业很花工夫。Zhèfèn zuòyè hěn huā gōngfu. The assignment took a long time to complete. 2 (空闲) spare time ▷ 有工夫到我这里来。Yǒu gōngfu dào wǒ zhèlǐ lái. If you have any spare time do come over to my place.
工会(會) gōnghuì [名] trade union
工匠 gōngjiàng [名] craftsman
工具 gōngjù [名] 1 (器具) tool ▷ 工具箱 gōngjùxiāng toolbox ▷ 运输工具 yùnshū gōngjù means of transport 2 (喻) instrument ▷ 语言是交流的工具。Yǔyán shì jiāoliú de gōngjù. Language is a means of communication.
工具栏(欄) gōngjùlán [名] (计算机) toolbar
工力 gōnglì [名] expertise
工期 gōngqī [名] time limit
工巧 gōngqiǎo [形] exquisite
工人 gōngrén [名] worker
工时(時) gōngshí [名] man-hour ▷ 他每天干8个工时的活。Tā měitiān gàn bā gè gōngshí de huó. He works for eight hours a day.
工事 gōngshì [名] fortifications (*pl*)
工薪族 gōngxīnzú [名] wage earners (*pl*)
工序 gōngxù [名] process
工业 gōngyè [名] industry ▷ 石油工业 shíyóu gōngyè petroleum industry
工艺(藝) gōngyì [名] 1 (技术) technology 2 (手工艺) craft
工艺(藝)品 gōngyìpǐn [名] handicraft item
工友 gōngyǒu [名] 1 (同事) fellow worker 2 (勤杂工) caretaker
工于(於)心计(計) gōngyú xīnjì calculating
工整 gōngzhěng [形] neat
工资(資) gōngzī [名] pay

> **pay** 是概括性的词汇，表示通过工作从雇主处得到的报酬。专业人员和办公室职员的工资是 **salary**，通常按月支付。然而，当谈论某人的 **salary** 时，通常是指年薪。*I'm paid a salary of £15,000 a year.* 体力劳动者的工资称为 **wages** 或 **a wage**。*Every week he handed all his wages in cash to his wife.* **wages** 通常是以小时或星期计算。*...a wage of five dollars an hour...* **income** 指各种来源的收入的总和，其中也包括工资。*Only 25% of his income comes from his job, the rest is from investments.*

工作 gōngzuò [名] 1 (劳动) work ▷ 编译字典不是一件简单的工作。Biānyì zìdiǎn bùshì yījiàn jiǎndān de gōngzuò. Translating and editing a dictionary is not an easy job. ▷ 他做任何工作都很尽力。Tā zuò rènhé gōngzuò dōu hěn jìnlì. He does his best on any work given to him. 2 (职业) job ▷ 我想找份好工作。Wǒ xiǎng zhǎo fèn hǎo gōngzuò. I am looking for a good job. **3** (业务) work ▷ 科研工作 **kēyán gōngzuò** scientific research work

弓 **gōng I** [名] bow **II** [动] bend (*pt*, *pp* bent)
弓箭 **gōngjiàn** [名] bow and arrow

公 **gōng I** [形] **1** (非私有) public ▶ 公共 **gōnggòng** public ▶ 公共服务 **gōnggòng fúwù** public service **2** (共识) general **3** (共用) international **4** (公正) fair **5** (雄性) male **II** [动] make ... public **III** [名] **1** (公务) official business ▷ 因公出差 **yīngōng chūchāi** go on a business trip **2** (集体) authorities (*pl*) **3** (指爵位) duke **4** (敬) (老先生) ▷ 王公 **Wáng gōng** Mr Wang **5** (丈夫的父亲) father-in-law ▶ 公公 **gōnggong** father-in-law
公安 **gōng'ān** [名] public security
公安局 **gōng'ānjú** [名] **1** (公安机关) Public Security Bureau **2** (派出所) police station
公报(報) **gōngbào** [名] bulletin ▷ 新闻公报 **xīnwén gōngbào** news bulletin
公布(佈) **gōngbù** [动] announce
公厕(廁) **gōngcè** [名] public toilet
公道 **gōngdào** [形] fair
公德 **gōngdé** [名] social norms (*pl*)
公断(斷) **gōngduàn** [动] arbitrate
公尺 **gōngchǐ** [名] metre (英), meter (美)
公费(費) **gōngfèi** [名] public expense
公分 **gōngfēn** [名] centimetre (英), centimeter (美)
公愤(憤) **gōngfèn** [名] public outcry ▷ 他的暴行引起了公愤。**Tā de bàoxíng yǐnqǐle gōngfèn.** There was public outcry at his atrocious behaviour.
公干(幹) **gōnggàn** [名] business
公告 **gōnggào** [名] proclamation ▷ 发布公告 **fābù gōnggào** issue a proclamation
公共 **gōnggòng** [形] public
公共汽车(車) **gōnggòng qìchē** [名] bus
公共汽车(車)站 **gōnggòng qìchēzhàn** [名] **1** (指总站) bus station **2** (指路边站) bus stop
公斤 **gōngjīn** [名] kilogram
公共关(關)系(係) **gōnggòng guānxì** [名] public relations (*pl*)
公关(關) **gōngguān** [名] (公共关系) public relations (*pl*)
公海 **gōnghǎi** [名] the high seas (*pl*)
公害 **gōnghài** [名] **1** (指对环境) environmental hazard **2** (指对社会) public hazard
公函 **gōnghán** [名] official correspondence
公家 **gōngjia** [名] the state
公开(開) **gōngkāi I** [形] public ▷ 公开演讲 **gōngkāi yǎnjiǎng** public speech **II** [动] make public
公款 **gōngkuǎn** [名] public funds (*pl*)
公里(裡) **gōnglǐ** [名] kilometre (英), kilometer (美)
公理 **gōnglǐ** [名] universal truth
公历(曆) **gōnglì** [名] Gregorian calendar
公路 **gōnglù** [名] motorway
公论(論) **gōnglùn** [名] public opinion
公民 **gōngmín** [名] citizen
公墓 **gōngmù** [名] cemetery
公平 **gōngpíng** [形] fair
公社 **gōngshè** [名] commune
公婆 **gōngpó** [名] one's husband's parents
公仆(僕) **gōngpú** [名] public servant
公然 **gōngrán** [副] openly
公认(認) **gōngrèn** [动] acknowledge ▷ 他是大家公认的好学生。**Tā shì dàjiā gōngrèn de hǎo xuésheng.** He was generally acknowledged to be a good student.
公审(審) **gōngshěn** [动] put ... on trial (*pt*, *pp* put)
公式 **gōngshì** [名] formula (*pl* formulae)
公事 **gōngshì** [名] official business
公司 **gōngsī** [名] company ▷ 进出口公司 **jìnchūkǒu gōngsī** import-export company
公诉(訴) **gōngsù** [动] (法) publicly prosecute
公文 **gōngwén** [名] official document
公务(務) **gōngwù** [名] official business
公物 **gōngwù** [名] public property
公休 **gōngxiū** [名] public holiday
公演 **gōngyǎn** [动] perform ▷ 这部歌剧一个月后将公演。**Zhè bù gējù yī gè yuè hòu jiāng gōngyǎn.** The opera will be performed a month from now.
公益 **gōngyì** [名] public welfare
公有 **gōngyǒu** [形] public ▷ 公有土地 **gōngyǒu tǔdì** public land
公用 **gōngyòng** [形] public
公寓 **gōngyù** [名] **1** (旅馆) boarding house **2** (楼房) flat (英), apartment (美)
公元 **gōngyuán** [名] A.D. ▷ 公元2003年 **gōngyuán liǎngqiān língsān nián** 2003 A.D.
公园(園) **gōngyuán** [名] park
公约(約) **gōngyuē** [名] treaty
公允 **gōngyǔn** [形] even-handed
公债(債) **gōngzhài** [名] government bonds (*pl*)
公章 **gōngzhāng** [名] official seal
公正 **gōngzhèng** [形] impartial
公证(證) **gōngzhèng** [名] authentication
公职(職) **gōngzhí** [名] public employment
公众(眾) **gōngzhòng** [名] public
公主 **gōngzhǔ** [名] princess

功 gōng [名] **1** (功劳) contribution **2** (成效) achievement **3** (技术) skill
功夫 gōngfu [名] martial arts
功败(敗)垂成 gōng bài chuí chéng fall at the last hurdle
功臣 gōngchén [名] hero (*pl* heroes)
功到自然成 gōng dào zìrán chéng success is born out of hard work
功德 gōngdé [名] merits (*pl*)
功底 gōngdǐ [名] grounding
功绩(績) gōngjì [名] contribution
功课(課) gōngkè [名] homework
功亏(虧)一篑(簣) gōng kuī yī kuì fall at the last hurdle
功劳(勞) gōngláo [名] contribution
功能 gōngnéng [名] function ▷ 电视有教育功能。Diànshì yǒu jiàoyù gōngnéng. Television has an educational function. ▷ 多功能电话 duōgōngnéng diànhuà multi-functional telephone
功效 gōngxiào [名] efficiency
功勋(勳) gōngxūn [名] feats (*pl*)
功业 gōngyè [名] exploits (*pl*)
功用 gōngyòng [名] function

攻 gōng [动] **1** (攻打) attack **2** (驳斥) accuse **3** (学习) study hard
攻读(讀) gōngdú [动] study hard ▷ 攻读学位 gōngdú xuéwèi study for a degree
攻关(關) gōngguān [动] (突破难点) tackle a key problem
攻击(擊) gōngjī [动] **1** (进攻) attack **2** (中伤) slander
攻克 gōngkè [动] capture
攻势(勢) gōngshì [名] offensive
攻占(佔) gōngzhàn [动] attack and occupy

供 gōng [动] **1** (供应) supply **2** (提供) provide → 另见 gòng
供给(給) gōngjǐ [动] supply
供求 gōngqiú [名] supply and demand
供养(養) gōngyǎng [动] look after
供应(應) gōngyìng [动] supply

宫(宮) gōng [名] **1** (皇宫) palace ▶ 宫殿 gōngdiàn palace **2** (庙宇) temple **3** (文化娱乐场所) club
宫(宮)殿 gōngdiàn [名] palace
宫(宮)廷 gōngtíng [名] **1** (宫殿) palace **2** (统治集团) court

恭 gōng [形] respectful
恭贺(賀) gōnghè [动] congratulate
恭敬 gōngjìng [形] respectful ▷ 他对老师非常恭敬。Tā duì lǎoshī fēicháng gōngjìng. He was very respectful towards the teacher.
恭顺(順) gōngshùn [动] be respectful
恭维(維) gōngwéi [动] flatter
恭喜 gōngxǐ [动] congratulate

躬 gōng **I** [动] (弯下身子) bow **II** [副] (自身) in person

巩(鞏) gǒng 见下文
巩(鞏)固 gǒnggù **I** [形] solid **II** [动] strengthen

拱 gǒng [动] **1** (两手相合) join one's hands together **2** (环绕) encircle **3** (肢体弯曲) arch **4** (顶动) push ▶ 拱芽 gǒngyá sprout ▷ 拱开海外市场的大门 gǒngkāi hǎiwài shìchǎng de dàmén push open the doors to overseas markets
拱手 gǒngshǒu [动] cup one's hands

共 gòng **I** [形] common **II** [动] share **III** [副] **1** (一齐) together ▷ 共唱一首歌 gòng chàng yī shǒu gē sing a song together **2** (总共) altogether ▷ 该校共有学生8000人。Gāi xiào gòng yǒu xuéshēng bāqiān rén. This school has 8,000 students altogether. **IV** [名] (共产党) the communist party
共产(產)党(黨) gòngchǎndǎng [名] the communist party
共产(產)主义(義) gòngchǎn zhǔyì [名] communism
共和国(國) gònghéguó [名] republic
共处(處) gòngchǔ [动] coexist ▷ 和平共处 hépíng gòngchǔ peaceful coexistence
共存 gòngcún [动] coexist
共和 gònghé [名] republic
共聚一堂 gòng jù yī táng gather together ▷ 亲朋好友共聚一堂，祝贺他的成功。Qīn péng hǎo yǒu gòng jù yī táng, zhùhè tā de chénggōng. His relatives and close friends gathered together to congratulate him on his success.
共鸣(鳴) gòngmíng [名] **1** (物) resonance **2** (指情绪) sympathy
共识(識) gòngshí [名] consensus
共事 gòngshì [动] work together ▷ 和她共事很愉快。Hé tā gòngshì hěn yúkuài. It's great working with her.
共通 gòngtōng [形] universal
共同 gòngtóng **I** [形] common ▷ 共同愿望 gòngtóng yuànwàng common aspiration **II** [副] together ▷ 共同生活 gòngtóng

shēnghuó live together
共同体(體) gòngtóngtǐ [名] community
共性 gòngxìng [名] similarity

贡(貢) gòng [名] tribute
贡(貢)品 gòngpǐn [名] tribute
贡(貢)献(獻) gòngxiàn I [动] devote ▷ 他把一生贡献给了科学事业。Tā bǎ yīshēng gòngxiàn gěile kēxué shìyè. He devoted his whole life to science. II [名] contribution

供 gòng I [动] 1 (供奉) lay (*pt, pp* laid) ▷ 供奉祭品 gòngfèng jìpǐn lay offerings 2 (招供) confess ▷ 他供出了主犯的名字。Tā gòngchūle zhǔfàn de míngzi. He confessed the name of the chief culprit. II [名] 1 (供品) offerings (*pl*) ▶ 上供 shànggòng lay offerings 2 (口供) confession ▶ 翻供 fāngòng withdraw a confession
→ 另见 gōng
供词(詞) gòngcí [名] confession
供奉 gòngfèng [动] make offerings to
供品 gòngpǐn [名] offerings (*pl*)
供认(認) gòngrèn [动] confess
供职(職) gòngzhí [动] hold a position (*pt, pp* held) ▷ 他供职于清华大学。Tā gòngzhí yú qīnghuá dàxué. He held a position at Tsinghua University.

勾 gōu [动] 1 (删除) cross out ▷ 把这句话勾掉。Bǎ zhè jù huà gōudiào. Cross out this sentence. 2 (描画) draw (*pt* drew, *pp* drawn) 3 (调和使黏) thicken ▶ 勾芡 gōuqiàn thicken 4 (引起) evoke ▷ 勾起对往事的回忆 gōuqǐ duì wǎngshì de huíyì evoke memories of the past 5 (结合) gang up ▷ 他和坏人勾在一起。Tā hé huàirén gōuzài yīqǐ. He's got in with some bad people.
→ 另见 gòu
勾搭 gōuda [动] 1 (串通) gang up 2 (引诱) seduce ▷ 他用花言巧语勾搭那个姑娘。Tā yòng huā yán qiǎo yǔ gōuda nàge gūniang. He used all kinds of sweet talk to seduce the girl.
勾画(畫) gōuhuà [动] sketch
勾结(結) gōujié [动] collude ▷ 他与敌人相勾结。Tā yǔ dírén xiāng gōujié. He colluded with the enemy.
勾引 gōuyǐn [动] entice ▷ 勾引某人犯罪 gōuyǐn mǒurén fànzuì entice sb to commit a crime

沟(溝) gōu [名] 1 (指人工的) ditch 2 (指自然的) gully 3 (浅槽) groove
沟(溝)壑 gōuhè [名] gully
沟(溝)通 gōutōng [动] communicate ▷ 父母与子女应该经常沟通。Fùmǔ yǔ zǐnǚ yīnggāi jīngcháng gōutōng. Parents should always communicate with their children.

钩(鉤) gōu I [名] 1 (钩子) hook 2 (汉字笔画) hooked stroke 3 (符号) tick II [动] 1 (用钩子挂) hook 2 (编织, 缝) crochet
钩(鉤)心斗(鬥)角 gōu xīn dòu jiǎo scheme against one another

篝 gōu [名] (书) cage
篝火 gōuhuǒ [名] bonfire

苟 gǒu I [形] casual II [副] temporarily III [连] (书) provided
苟活 gǒuhuó [动] lead a dog's life (*pt, pp* led)
苟且 gǒuqiě [形] 1 (得过且过) drifting 2 (敷衍) perfunctory 3 (不正当) illicit
苟全 gǒuquán [动] barely manage to survive
苟同 gǒutóng [动] (书) agree without due consideration ▷ 你的观点我可不能苟同。Nǐ de guāndiǎn wǒ kě bùnéng gǒutóng. I can't agree with you just like that.

狗 gǒu [名] dog
狗急跳墙(牆) gǒu jí tiào qiáng clutch at straws ▷ 他狗急跳墙, 口不择言。Tā gǒu jí tiào qiáng, kǒu bù zé yán. He's really clutching at straws now — he'll say whatever it takes.
狗腿子 gǒutuǐzi [名] henchman
狗血喷头(頭) gǒuxuè pēn tóu abusively
狗仔队(隊) gǒuzǎiduì [名] paparazzi

勾 gòu 见下文
→ 另见 gōu
勾当(當) gòudàng [名] dealings (*pl*) ▷ 罪恶勾当 zuì'è gòudàng criminal dealings

构(構) gòu I [动] 1 (组成) compose 2 (结成) form 3 (建造) construct II [名] 1 (结构) structure 2 (文艺作品) composition
构(構)成 gòuchéng I [动] 1 (造成) constitute ▷ 他的行为已构成行贿。Tā de xíngwéi yǐ gòuchéng xínghuì. His actions already constitute bribery. 2 (组成) compose ▷ 氢和氧构成水。Qīng hé yǎng gòuchéng shuǐ. Water is composed of hydrogen and oxygen. II [名] line-up ▷ 这支队伍的成员构成很合理。Zhè zhī duìwu de chéngyuán gòuchéng hěn hélǐ. The team line-up made a lot of sense.
构(構)件 gòujiàn [名] component part
构(構)思 gòusī [动] compose
构(構)想 gòuxiǎng I [动] compose II [名] concept

构(構)造 gòuzào [名] structure

购(購) gòu [动] buy (*pt*, *pp* bought)

购(購)买(買) gòumǎi [动] buy (*pt*, *pp* bought) ▷购买食品和药品 gòumǎi shípǐn hé yàopǐn buy food and medicines

购(購)物 gòuwù [动] go shopping (*pt* went, *pp* gone) ▷她爱购物。Tā ài gòuwù. She likes shopping. ▷我刚才去购物了。Wǒ gāngcái qù gòuwù le. I've just been shopping.

购(購)销(銷) gòuxiāo [名] buying and selling

购(購)置 gòuzhì [动] purchase ▷学校又购置了一批计算机。Xuéxiào yòu gòuzhìle yī pī jìsuànjī. The school has purchased another batch of computers.

垢 gòu **I** [名] **1** (脏东西) filth **2** (书) (耻辱) insult **II** [形] (书) (污秽) filthy

够(夠) gòu **I** [形] enough ▷5个就够了。Wǔ gè jiù gòu le. Five is enough. ▷只要你满意就够了。Zhǐyào nǐ mǎnyì jiù gòu le. As long as you are satisfied, that's enough. **II** [动] reach ▷我够不到顶层书架上的书。Wǒ gòubùdào dǐngcéng shūjià shàng de shū. I can't reach the books on the top shelf. ▷这些产品不够标准。Zhèxiē chǎnpǐn bùgòu biāozhǔn. These products do not come up to standard. **III** [副] quite

够(夠)本 gòuběn [动] **1** (不输不赚) break even (*pt* broke, *pp* broken) **2** (喻) be worth the effort

够(夠)戗(戧) gòuqiàng [形] (方) awful

够(夠)味儿(兒) gòuwèir [形] (口) **1** (口味纯正) just right **2** (水平高) excellent

够(夠)意思 gòu yìsi [形] (口) wonderful

估 gū [动] guess

估计(計) gūjì [动] reckon ▷我估计明天能完工。Wǒ gūjì míngtiān néng wángōng. I reckon we should be able to finish tomorrow. ▷这是个保守的估计。Zhè shì gè bǎoshǒu de gūjì. This is a conservative estimate.

估价(價) gūjià [动] **1** (对商品) estimate **2** (对人或事物) evaluate

估量 gūliáng [动] measure ▷这场火灾的损失难以估量。Zhè cháng huǒzāi de sǔnshī nányǐ gūliáng. It'll be hard to measure the damage caused by the fire.

估摸 gūmo [动] (口) reckon

估算 gūsuàn [动] guess

咕 gū [拟] coo

咕咚 gūdōng [拟] splash

咕嘟 gūdū [拟] **1** (指液体) bubble **2** (指喝水声) gulp ▷他咕嘟咕嘟地喝了一大杯水。Tā gūdū gūdū de hēle yī dàbēi shuǐ. He gulped down a large glass of water.

咕唧 gūji [动] whisper

咕噜 gūlū [拟] rumble ▷我肚子咕噜咕噜直响。Wǒ dùzi gūlū gūlū zhí xiǎng. My stomach rumbled.

呱 gū [拟] cry

沽 gū [动] (书) **1** (买) purchase **2** (卖) sell (*pt*, *pp* sold)

沽名钓(釣)誉(譽) gū míng diào yù court publicity ▷他从不沽名钓誉。Tā cóng bù gū míng diào yù. He never courts publicity.

姑 gū **I** [名] **1** (姑母) aunt **2** (丈夫的姐妹) sister-in-law **3** (尼姑) nun **II** [副] (姑且) for the time being

姑娘 gūniang [名] girl

姑姑 gūgu [名] aunt

姑息 gūxī [动] appease

孤 gū [形] **1** (幼年丧父或父母双亡) orphaned **2** (孤单) alone

孤傲 gū'ào [形] aloof

孤单(單) gūdān [形] **1** (单薄) weak ▷工党在该选区势力孤单。Gōngdǎng zài gāi xuǎnqū shìlì gūdān. Support for the Labour Party is pretty weak in this constituency. **2** (寂寞) lonely ▷他时常感到孤单。Tā shícháng gǎndào gūdān. He often feels lonely.

孤独(獨) gūdú [形] solitary

孤儿(兒) gū'ér [名] orphan

孤芳自赏(賞) gū fāng zì shǎng narcissistic

孤家寡人 gūjiā guǎrén loner

孤苦伶仃 gūkǔ língdīng lonely and wretched

孤立 gūlì **I** [形] **1** (无联系) isolated ▷这个案件绝对不是孤立的。Zhège ànjiàn juéduì bùshì gūlì de. This is definitely not an isolated case. **2** (无助) unsupported **II** [动] isolate

孤零零 gūlínglíng [形] alone

孤陋寡闻(聞) gū lòu guǎ wén out of touch

孤僻 gūpì [形] antisocial

孤掌难(難)鸣(鳴) gū zhǎng nán míng hard to achieve by oneself

孤注一掷(擲) gū zhù yī zhì put all one's eggs in one basket ▷他从不做孤注一掷的事。Tā cóng bù zuò gū zhù yī zhì de shì. He never puts all his eggs in one basket.

轱 gū 见下文

轱辘(轆) gūlu [名] wheel

骨 gū 见下文

→另见gǔ
骨朵儿(兒) gūduor [名] bud

菇 gū [名] mushroom

辜 gū [名] guilt
辜负(負) gūfù [动] fail to live up to ▷他辜负了家长和老师对他的期望。Tā gūfùle jiāchǎng hé lǎoshī duì tā de qīwàng. He failed to live up to the expectations of his parents and teachers.

箍 gū I [名] hoop II [动] bind (*pt*, *pp* bound)

古 gǔ I [名] ancient times (*pl*) II [形] ancient ▷古文明 gǔwénmíng ancient civilization
古板 gǔbǎn [形] set in one's ways ▷他为人处事很古板。Tā wéirén chǔshì hěn gǔbǎn. He's so set in his ways.
古代 gǔdài [名] antiquity
古典 gǔdiǎn I [名] classics (*pl*) II [形] classical
古董 gǔdǒng [名] **1** (古代器物) antique **2** (喻) (指人) old fogey
古怪 gǔguài [形] bizarre
古籍 gǔjí [名] ancient books (*pl*)
古迹(蹟) gǔjì [名] historic site
古老 gǔlǎo [形] ancient
古朴(樸) gǔpǔ [形] simple
古色古香 gǔ sè gǔ xiāng have an antique feel ▷故宫里的建筑物古色古香。Gùgōng lǐ de jiànzhùwù gǔ sè gǔ xiāng. The architecture of the Forbidden City has a real antique feel to it.
古诗(詩) gǔshī [名] ancient poetry
古玩 gǔwán [名] antiques (*pl*)
古往今来(來) gǔ wǎng jīn lái throughout the ages
古文 gǔwén [名] (文言文) classical prose
古稀 gǔxī [名] seventy years of age
古雅 gǔyǎ [形] quaint
古装(裝) gǔzhuāng [名] ancient costume

谷 gǔ [名] **1** (山谷) valley **2** (谷类作物) grain **3** (谷子) millet **4** (方) (稻谷) unhusked rice
谷(穀)物 gǔwù [名] grain
谷(穀)子 gǔzi [名] millet

汩 gǔ [形] (书) gurgling
汩汩 gǔgǔ [拟] gurgle

股 gǔ I [名] **1** (大腿) thigh **2** (指组织单位) department **3** (指绳或线) strand **4** (股份) share II [量] **1** (指条状) ▷一股水流 yī gǔ shuǐliú a trickle of water ▷两股毛线 liǎng gǔ máoxiàn two strands of thread **2** (气体) (气味) whiff
股东(東) gǔdōng [名] shareholder
股份 gǔfèn [名] share
股票 gǔpiào [名] share
股市 gǔshì [名] stock market

骨 gǔ [名] bone
→另见gū
骨干(幹) gǔgàn [名] **1** (解剖) backbone **2** (指重要) core
骨骼 gǔgé [名] (解剖) skeleton
骨架 gǔjià [名] **1** (骨头架子) skeleton **2** (支架) framework
骨气(氣) gǔqì [名] integrity
骨肉 gǔròu [名] flesh and blood ▷这个孩子是他的亲骨肉。Zhège háizi shì tā de qīngǔròu. The child is his flesh and blood.
骨头(頭) gǔtou [名] **1** (字) bone **2** (喻) character
骨子里(裡) gǔzilǐ [名] deep down ▷他表面答应, 骨子里却另有打算。Tā biǎomiàn dāyīng, gǔzilǐ què lìng yǒu dǎsuàn. He made a show of agreement but deep down he had other ideas.

牯 gǔ [名] bull

鼓 gǔ I [名] drum II [动] **1** (敲击) ▷鼓琴 gǔqín play the zither ▶鼓掌 gǔzhǎng applaud **2** (扇) blow (*pt* blew, *pp* blown) **3** (振奋) rouse **4** (拍打) beat (*pt* beat, *pp* beaten) **5** (凸起, 胀大) bulge ▷他鼓着嘴。Tā gǔzhe zuǐ. He puffed his cheeks out. III [形] bulging ▷她的书包鼓鼓的。Tā de shūbāo gǔgǔ de. Her schoolbag was full to bursting.
鼓吹 gǔchuī [动] **1** (宣传) advocate **2** (吹嘘) boast about ▷他鼓吹他所谓的发明。Tā gǔchuī tā suǒwèi de fāmíng. He boasted about his so-called invention.
鼓动(動) gudòng [动] rouse
鼓励(勵) gǔlì [动] encourage
鼓舞 gǔwǔ I [动] inspire II [形] inspiring
鼓掌 gǔzhǎng [动] applaud

固 gù I [形] strong ▶坚固 jiāngù solid ▶稳固 wěngù stable ▶牢固 láogù firm II [副] **1** (坚定) firmly **2** (本来) originally III [连] (固然) no doubt ▷中餐固好, 西餐也不错。Zhōngcān gù hǎo, xīcān yě bùcuò. There's no doubt that Chinese food is good, but Western cuisine isn't bad either. IV [动] **1** (使坚固) solidify **2** (防卫) strengthen
固步自封 gù bù zì fēng be a stick-in-the-mud
固定 gùdìng I [形] fixed II [动] fix ▷她把锻炼的时间固定在星期六下午。Tā bǎ duànliàn de

shíjiān gùdìng zài xīngqīliù xiàwǔ. She fixed the exercise time for Saturday afternoons.

固然 **gùrán** [连] **1** (虽然) admittedly ▷ 这样办固然可以，但就是需要时间。**Zhèyàng bàn gùrán kěyǐ, dàn jiùshì xūyào shíjiān.** Admittedly, you can do this but it will take time. **2** (的确) no doubt ▷ 事业固然重要，但家庭也不可忽视。**Shìyè gùrán zhòngyào, dàn jiātíng yě bùkě hūshì.** There's no doubt that work is important, but you can't neglect your family over it.

固守 **gùshǒu** [动] **1** (坚守) vigorously defend **2** (固执遵循) cling to (*pt*, *pp* clung) ▷ 固守陈规 **gù shǒu chén guī** cling to old-fashioned conventions

固体(體) **gùtǐ** [名] solid

固有 **gùyǒu** [形] inherent

固执(執) **gùzhí** [形] stubborn

固执(執)己见(見) **gùzhí jǐjiàn** be stubborn

故 gù **I** [名] **1** (变故) incident **2** (原因) reason **3** (友情) friendship **4** (老友) old friend **II** [动] pass away **III** [形] **1** (旧的) old **2** (亡故) deceased **IV** [副] on purpose **V** [连] therefore ▷ 他病了，故未参加会议。**Tā bìng le, gù wèi cānjiā huìyì.** He was ill, and therefore not at the meeting.

故步自封 **gù bù zì fēng** be complacent

故宫(宮) **gùgōng** [名] the Forbidden City

> As the largest collection of ancient wooden structures in the world, 故宫 **gùgōng** formed the imperial palaces of the Ming (1368-1644) and Qing (1644-1911) dynasties. It is located at what was once the exact centre of the old city of Beijing, just to the north of Tiananmen Square. It is now a major tourist attraction, both for the architecture of its 800-plus wooden buildings, and for the many artistic and cultural treasures which are housed within them. In 1987 it was declared a World Heritage Site by UNESCO.

故技 **gùjì** [名] old trick ▷ 故技重演 **gù jì chóng yǎn** be up to one's old tricks

故居 **gùjū** [名] former home

故里(裡) **gùlǐ** [名] home town

故弄玄虚(虛) **gù nòng xuánxū** make a mystery of something ▷ 媒体总爱故弄玄虚。**Méitǐ zǒng ài gù nòng xuánxū.** The media always likes to make a mystery out of things.

故事 **gùshi** [名] story

故土 **gùtǔ** [名] native soil

故乡(鄉) **gùxiāng** [名] birthplace

故意 **gùyì** [副] deliberately ▷ 他故意气他的父亲。**Tā gùyì qì tā de fùqīn.** He deliberately angered his father.

故障 **gùzhàng** [名] fault ▷ 这台机器出了故障。**Zhè tái jīqì chū le gùzhàng.** This machine is faulty.

故作姿态(態) **gù zuò zītài** pose ▷ 别故作姿态了，赶快照吧！**Bié gù zuò zītài le, gǎnkuài zhào ba!** Stop posing and let me take the picture!

顾(顧) gù **I** [动] **1** (看) look ▶ 回顾 **huígù** look back ▶ 环顾 **huángù** look around **2** (注意，照管) attend to ▶ 照顾 **zhàogù** attend to ▶ 兼顾 **jiāngù** give consideration to both sides **3** (拜访) visit **4** (光临) shop at ▷ 他爱光顾这家书店。**Tā ài guānggù zhè jiā shūdiàn.** He likes to shop at this bookshop. **II** [副] (书) however

顾(顧)此失彼 **gù cǐ shī bǐ** let things slip

顾(顧)及 **gùjí** [动] consider

顾(顧)忌 **gùjì** [动] be guarded ▷ 他说话毫无顾忌。**Tā shuōhuà háo wú gùjì.** He was never guarded about what he said.

顾(顧)客 **gùkè** [名] customer

顾(顧)虑(慮) **gùlǜ** [名] misgivings (*pl*) ▷ 顾虑重重 **gùlǜ chóngchóng** have serious misgivings

顾(顧)名思义(義) **gù míng sī yì** as the name implies

顾(顧)盼 **gùpàn** [动] look around ▷ 他上课的时候老是左右顾盼。**Tā shàngkè de shíhòu lǎo shì zuǒ yòu gùpàn.** He was always looking around in class.

顾(顧)全 **gùquán** [动] consider ... fully

顾(顧)问(問) **gùwèn** [名] consultant

顾(顧)惜 **gùxī** [动] value

顾(顧)影自怜(憐) **gù yǐng zì lián** **1** (孤独失意) self-pity **2** (自我欣赏) narcissism

---

梏 gù [名] wooden handcuffs (*pl*) ▶ 桎梏 **zhìgù** fetters and handcuffs (*pl*)

雇(僱) gù [动] **1** (雇佣) employ **2** (租赁) hire

雇(僱)佣(傭) **gùyōng** [动] employ

雇(僱)员(員) **gùyuán** [名] employee

雇(僱)主 **gùzhǔ** [名] employer

痼 gù [形] **1** (难治愈) chronic **2** (难克服) inveterate

痼疾 **gùjí** [名] chronic illness

瓜 guā [名] (植) melon

瓜分 **guāfēn** [动] carve ... up ▷ 企图瓜分别国领土 **qǐtú guāfēn biéguó lǐngtǔ** plot to carve up other countries' territories

瓜葛 **guāgé** [名] association ▷我不想和这件事有任何瓜葛。Wǒ bùxiǎng hé zhè jiàn shì yǒu rènhé guāgé. I don't want to be associated with this in any way.

瓜熟蒂落 **guā shú dì luò** everything works out when the time is right

呱

guā 见下文

呱呱 **guāguā** [拟] croak

呱呱叫 **guāguājiào** [形] (口) fantastic

刮

guā [动] **1** (指用刀) shave **2** (涂抹) smear **3** (搜刮) plunder **4** (风) blow (*pt* blew, *pp* blown)

刮目相看 **guāmù xiāng kàn** look at someone with new eyes

剐

guǎ [动] cut (*pt, pp* cut)

寡

guǎ **I** [形] **1** (少) few **2** (淡而无味) bland **II** [名] **1** (寡妇) widow **2** (寡居) widowhood

寡妇(婦) **guǎfu** [名] widow

寡廉鲜(鮮)耻(恥) **guǎ lián xiǎn chǐ** shameless

卦

guà [名] divinatory symbol

挂(掛)

guà [动] **1** (悬) (吊) hang **2** (中断电话) hang up ▷他愤怒地把电话挂了。Tā fènnù de bǎ diànhuà guà le. He hung up angrily. **3** (接通电话) connect ▷请挂传达室。Qǐng guà chuándáshì. Can you please put me through to reception? **4** (钩) hitch ... up

挂(掛)彩 **guàcǎi** [动] **1** (悬挂彩带) decorate **2** (受伤) be wounded

挂(掛)齿(齒) **guàchǐ** [动] mention

挂(掛)钩(鉤) **guàgōu** **I** [名] hook **II** [动] link ... up with

挂(掛)号(號) **guàhào** **I** [动] register **II** [形] registered ▷挂号信 guàhàoxìn registered mail

挂(掛)靠 **guàkào** [动] be affiliated to ▷挂靠在浙江大学 guàkào zài zhèjiāng dàxué be affiliated to Zhejiang University

挂(掛)历(曆) **guàlì** [名] calendar

挂(掛)名 **guàmíng** [动] be nominal ▷我只在该公司挂名而已。Wǒ zhǐzài gāi gōngsī guàmíng éryǐ. I only have nominal responsibility for this company.

挂(掛)念 **guàniàn** [动] be concerned about ▷小张很挂念出国的妻子。Xiǎozhāng hěn guàniàn chūguó de qīzi. Xiao Zhang was very concerned about his wife, who had gone abroad.

挂(掛)拍 **guàpāi** [动] retire

挂(掛)失 **guàshī** [动] report the loss of

挂(掛)帅(帥) **guàshuài** [动] take charge (*pt* took, *pp* taken)

挂(掛)图(圖) **guàtú** [名] wall chart

挂(掛)靴 **guàxuē** [名] retire

挂(掛)一漏万(萬) **guà yī lòu wàn** be far from exhaustive

褂

guà [名] gown ▶褂子 **guàzi** gown

乖

guāi **I** [形] **1** (听话) well-behaved **2** (机灵) clever **3** (书) (不正常) abnormal **II** [动] (书) (违反) violate

乖戾 **guāilì** [形] (书) twisted ▷他的行为乖戾。Tā de xíngwéi guāilì. He's so twisted.

乖僻 **guāipì** [形] eccentric

乖巧 **guāiqiǎo** [形] **1** (机灵) clever **2** (惹人爱) lovable

拐(柺)

guǎi **I** [名] **1** (拐杖) walking stick **2** (拐角处) turning **3** (七) seven **II** [动] **1** (转变方向) turn ▷向左/右拐 xiàng zuǒ/yòu guǎi turn left ▷车从大路拐进一条小胡同。Chē cóng dàlù guǎijìn yī tiáo xiǎo hútòng. The car left the main road and turned into a small alley. **2** (拐骗) swindle

拐(柺)卖(賣) **guǎimài** [动] abduct and sell

拐(柺)骗(騙) **guǎipiàn** [动] **1** (钱财) swindle **2** (妇女或儿童等) abduct

拐(柺)弯(彎)抹角 **guǎi wān mò jiǎo** **1** (道路不畅) twist and turn **2** (不直接) beat about the bush

怪

guài **I** [形] strange **II** [动] **1** (觉得奇怪) be surprised **2** (责怪) blame ▷这事也不能全怪他。Zhè shì yě bùnéng quán guài tā. We can't blame this entirely on him. **III** [副] (口) really ▷这行李怪沉的。Zhè xínglǐ guài chén de. This bag is really heavy. **IV** [名] monster

怪诞(誕) **guàidàn** [形] uncanny

怪话(話) **guàihuà** [名] snide remark

怪模怪样(樣) **guài mú guài yàng** grotesque

怪圈 **guàiquān** [名] strange phenomenon (*pl* phenomena)

怪异(異) **guàiyì** [形] weird

怪罪 **guàizuì** [动] blame

怪不得 **guàibude** [连] no wonder

关(關)

guān **I** [动] **1** (合拢) close ▷关窗户 guān chuānghu close the window **2** (圈起来) imprison ▷战俘被关进集中营。Zhànfú bèi guānjìn jízhōngyíng. The prisoners of war were imprisoned in a concentration camp. ▷别让孩子整天关在家里。Bié ràng háizi zhěngtiān guānzài jiā lǐ. Make sure the children aren't cooped up at home all day. **3** (停业) close down

g

▷这家公司早就关了。Zhè jiā gōngsī zǎo jiù guān le. The company closed down a long time ago. **4** (中断 终止) turn ... off ▷关灯 guān dēng turn off the light **5** (牵连) concern ▷这不关他的事。Zhè bù guān tā de shì. This matter does not concern him. **II** [名] **1** (守卫处所) pass **2** (出入境收税处) customs (*pl*) ▶海关 hǎiguān customs (*pl*) **3** (转折点) critical point ▷手术这一关他总算闯过去了。Shǒushù zhè yī guān tā zǒngsuàn chuǎng guòqù le. His critical operation passed off safely. **4** (关联部分) ▶关节 guānjié joint ▶关键 guānjiàn key

关(關)爱(愛) guān'ài [动] cherish

关(關)闭(閉) guānbì [动] **1** (合拢) close **2** (歇业或停办) close down

关(關)怀(懷) guānhuái [动] be concerned about ▷关怀社会弱势群体 guānhuái shèhuì ruòshì qúntǐ be concerned about disadvantaged social groups

关(關)键(鍵) guānjiàn **I** [名] crux **II** [形] key

关(關)节(節) guānjié [名] joint

关(關)口 guānkǒu [名] **1** (必经之地) strategic pass **2** (关头) juncture

关(關)联(聯) guānlián [动] be interrelated ▷发展经济和保护环境是互相关联的。Fāzhǎn jīngjì hé bǎohù huánjìng shì hùxiāng guānlián de. Developing the economy and protecting the environment are interrelated.

关(關)卡 guānqiǎ [名] checkpoint

关(關)切 guānqiè **I** [形] deeply concerned **II** [动] be concerned

关(關)税(稅) guānshuì [名] customs duty

关(關)头(頭) guāntóu [名] juncture

关(關)系(係) guānxì **I** [名] **1** (联系) relation ▷外交关系 wàijiāo guānxì diplomatic relations **2** (意义) bearing ▷此事关系重大。Cǐ shì guānxì zhòngdà. This matter is of grave importance. **3** (原因) reason ▷由于健康关系，他提前退休了。Yóuyú jiànkāng guānxì, tā tíqián tuìxiū le. He retired early for reasons of ill health. **4** (证件) identification papers ▷出门把关系带上。Chūmén bǎ guānxì dàishàng. Take your papers with you when you go out. **II** [动] impact on ▷会议的决定关系到公司的未来。Huìyì de juédìng guānxì dào gōngsī de wèilái. The decisions made at this meeting will impact on the future of the company.

关(關)心 guānxīn [动] be concerned about ▷关心股市走向 guānxīn gǔshì zǒuxiàng be concerned about stock market trends

关(關)押 guānyā [动] imprison

关(關)于(於) guānyú [介] on ▷关于这个问题有很多争议。Guānyú zhège wèntí yǒu hěn duō zhēngyì. There is a lot of controversy on this point.

关(關)照 guānzhào [动] **1** (关心照顾) look after **2** (口头通知) tell

关(關)注 guānzhù [动] pay close attention to (*pt*, *pp* paid) ▷社会都应该关注老年人问题。Shèhuì dōu yīnggāi guānzhù lǎoniánrén wèntí. Society should pay close attention to the problems of the elderly.

观(觀) guān **I** [动] look ▶围观 wéiguān gather round to watch ▶旁观 pángguān look on **II** [名] view ▶景观 jǐngguān sight ▶奇观 qíguān spectacle

观(觀)测(測) guāncè [动] observe

观(觀)察 guānchá [动] observe

观(觀)点(點) guāndiǎn [名] point of view

观(觀)感 guāngǎn [名] impressions (*pl*)

观(觀)光 guānguāng [动] go sightseeing (*pt* went, *pp* gone) ▷去巴黎观光 qù bālí guānguāng go sightseeing in Paris

观(觀)看 guānkàn [动] watch

观(觀)摩 guānmó [动] watch and learn

观(觀)念 guānniàn [名] concept

观(觀)赏(賞) guānshǎng [动] stand back and enjoy

观(觀)望 guānwàng [动] wait and see ▷他们采取观望的态度。Tāmen cǎiqǔ guānwàng de tàidu. They took a "wait-and-see" attitude.

观(觀)众(眾) guānzhòng [名] spectator

官 guān [名] **1** (公职人员) official **2** (器官) organ

官场(場) guānchǎng [名] official circles ▷这在官场中很常见。Zhè zài guānchǎng zhōng hěn chángjiàn. This is very common in official circles.

官邸 guāndǐ [名] official residence

官方 guānfāng [名] official

官官相护(護) guān guān xiāng hù ▷这种官官相护的情况必须制止。Zhè zhǒng guān guān xiāng hù de qíngkuàng bìxū zhìzhǐ. The way that officials stick up for and protect one another has got to stop.

官吏 guānlì [名] (旧) official

官僚 guānliáo [名] bureaucrat ▷官僚作风 guānliáo zuòfēng bureaucracy

官能 guānnéng [名] sense

官腔 guānqiāng [名] bureaucratic manner

官司 guānsi [名] lawsuit ▷和某人打官司 hé mǒurén dǎ guānsi file a lawsuit against somebody

官员(員) guānyuán [名] official

官运(運)亨通 guānyùn hēngtōng have a successful career as an official

官职(職) guānzhí [名] official position

冠 guān [名] 1 (帽子) hat 2 (帽状物) ▶ 鸡冠 jīguān crown ▶ 花冠 huāguān garland
→ 另见 guàn
冠冕堂皇 guānmiǎn tánghuáng grandiose

棺 guān [名] coffin

鳏(鰥) guān [名] widower
鳏(鰥)寡孤独(獨) guān guǎ gū dú [名] people with no family to support them

管 guǎn I [名] 1 (管子) pipe ▶ 水管 shuǐguǎn water pipe ▶ 管子 guǎnzi tube 2 (乐器) wind instrument ▶ 双簧管 shuānghuángguǎn oboe 3 (管状物) tube ▶ 晶体管 jīngtǐguǎn transistor 4 (医) duct II [动] 1 (负责) be in charge of ▷ 管销售 guǎn xiāoshòu be in charge of sales 2 (管辖) have jurisdiction over ▷ 这个市管3个区和5个县。Zhège shì guǎn sān gè qū hé wǔ gè xiàn. This city has jurisdiction over three districts and five counties. 3 (管教) discipline ▷ 把自己家的孩子管好 bǎ zìjǐ jiā de háizi guǎnhǎo discipline one's children well 4 (过问) interfere ▷ 这事不用你管。Zhè shì bù yòng nǐ guǎn.
It's no use you interfering in this. 5 (担任) be in charge of ▷ 她管市场部。Tā guǎn shìchǎngbù. She's in charge of the marketing department. 6 (保证) guarantee ▶ 管保 guǎnbǎo guarantee ▷ 管换管退。Guǎn huàn guǎn tuì. The replacement or refund of defective goods is guaranteed. 7 (提供) provide ▷ 管吃管住 guǎn chī guǎn zhù provide food and accommodation III [形] narrow ▶ 管见 guǎnjiàn in my humble opinion IV [介] ▷ 大家管他叫"小王"。Dàjiā guǎn tā jiào "xiǎowáng". Everyone calls him "Xiao Wang".
管保 guǎnbǎo [动] guarantee
管道 guǎndào [名] pipeline ▷ 管道煤气 guǎndào méiqì piped gas ▷ 石油运输管道 shíyóu yùnshū guǎndào oil pipeline
管家 guǎnjiā [名] housekeeper
管教 guǎnjiào [动] discipline ▷ 管教子女是父母的责任。Guǎnjiào zǐnǚ shì fùmǔ de zérèn. It's the responsibility of parents to instil a sense of discipline in their children.
管理 guǎnlǐ [动] 1 (负责) be in charge ▷ 管理财务 guǎnlǐ cáiwù be in charge of finance 2 (保管) take care of (pt took, pp taken) ▷ 他管理计算机。Tā guǎnlǐ jìsuànjī. He takes care of the computers. 3 (看管) keep guard over (pt, pp kept) ▷ 管理犯人 guǎnlǐ fànrén keep guard over the prisoners ▷ 企业管理 qǐyè guǎnlǐ business management
管事 guǎnshì [动] 1 (负责) be in charge 2 (有效) be effective
管束 guǎnshù [动] discipline
管辖(轄) guǎnxiá [动] have jurisdiction over
管弦乐(樂) guǎnxiányuè [名] orchestral music
管用 guǎnyòng [形] effective
管制 guǎnzhì I [名] control II [动] place under surveillance
管子 guǎnzi [名] tube

贯(貫) guàn I [动] 1 (贯穿) pass through 2 (连贯) keep following (pt, pp kept) II [名] ancestral home ▶ 籍贯 jíguàn place of origin
贯(貫)彻(徹) guànchè [动] implement
贯(貫)穿 guànchuān [动] run through (pt ran, pp run) ▷ 这项政策应该贯穿于整个工程。Zhè xiàng zhèngcè yīnggāi guànchuān yú zhěnggè gōngchéng. This policy should run through the whole project. ▷ 这条铁路贯穿南北。Zhè tiáo tiělù guànchuān nánběi. The railway runs from north to south.
贯(貫)串 guànchuàn [动] permeate
贯(貫)通 guàntōng [名] 1 (理解透彻) be well versed in 2 (连接) link ... up
贯(貫)注 guànzhù [动] concentrate ▷ 你应该全神贯注于工作。Nǐ yīnggāi quán shén guàn zhù yú gōngzuò. You should concentrate fully on your work.

冠 guàn I [动] crown II [名] crown
→ 另见 guān
冠词(詞) guàncí [名] (语法) article
冠军(軍) guànjūn [名] champion

惯(慣) guàn [动] 1 (习惯) be used to ▷ 我吃西餐已经惯了。Wǒ chī xīcān yǐjīng guàn le. I'm already used to Western food. 2 (纵容) spoil ▷ 惯孩子 guàn háizi spoil the children
惯(慣)犯 guànfàn [名] reoffender
惯(慣)技 guànjì [名] old trick
惯(慣)例 guànlì [名] convention
惯(慣)用 guànyòng I [动] often use ▷ 他惯用这种方法。Tā guànyòng zhè zhǒng fāngfǎ. He often uses this sort of method. II [形] habitual

盥 guàn 见下文
盥洗 guànxǐ [动] wash (英), wash up (美)

灌 guàn [动] 1 (灌溉) irrigate 2 (注入) pour ... into ▷ 灌热水瓶 guàn rèshuǐpíng pour water into a flask 3 (强行劝酒) force ... to drink ▷ 他把别人都灌醉了。Tā bǎ biérén dōu guànzuì le. He got them all drunk. 4 (录音) record

g

灌溉 guàngài [动] irrigate
灌木 guànmù [名] (植) bush
灌输(輸) guànshū [动] **1** (指水) divert water **2** (指思想，知识) indoctrinate ▷ 有人向他灌输迷信思想。Yǒurén xiàng tā guànshū míxìn sīxiǎng. Someone indoctrinated him with superstitious beliefs.
灌注 guànzhù [动] pour ... into

罐 guàn **I** [名] **1** (盛茶叶, 糖等) jar **2** (易拉罐) can **3** (煤气) cylinder ▶ 煤气罐 méiqìguàn gas cylinder **II** [量] can ▷ 两罐啤酒 liǎng guàn píjiǔ two cans of beer ▷ 五罐苏打水 wǔ guàn sūdáshuǐ five cans of soda water 见下文
罐头(頭) guàntou [名] tin ▷ 金枪鱼罐头 jīnqiāngyú guàntou tinned tuna fish

---

光 guāng **I** [名] **1** (指物质) light ▶ 月光 yuèguāng moonlight ▶ 阳光 yángguāng sunlight **2** (景物) scenery ▶ 风光 fēngguāng scenery ▷ 迷人的风光 mírén de fēngguāng enchanting scenery **3** (荣誉) glory ▶ 增光 zēngguāng bring glory (*pt, pp* brought) ▷ 奥运冠军为国增光。Àoyùn guànjūn wèi guó zēngguāng. Olympic champions bring glory to their country. **4** (明亮) glint ▷ 他看到金子时两眼放光。Tā kàndào jīnzi shí liǎng yǎn fàng guāng. His eyes glinted when he saw the gold. **5** (好处) benefit **II** [动] **1** (光大) glorify ▷ 光耀门庭 guāng yào mén tíng bring glory to the family name **2** (露出) bare ▷ 大冬天他还光着上身。Dàdōngtiān tā hái guāngzhe shàngshēn. He went bare-chested even in the depths of winter. **III** [形] **1** (光滑) smooth ▶ 光滑 guānghuá smooth **2** (露着) bare ▶ 光脚 guāngjiǎo barefooted **3** (穷尽) used up ▷ 钱都用光了。Qián dōu yòng guāng le. All the money's used up. **IV** [副] just ▷ 这件事光有热情是不够的。Zhè jiàn shì guāng yǒu rèqíng shì bùgòu de. This requires more than just enthusiasm. ▷ 他光说不做。Tā guāng shuō bù zuò. He's all talk.
光波 guāngbō [名] (物) light wave
光彩 guāngcǎi **I** [名] radiance **II** [形] glorious
光大 guāngdà [动] carry ... forward
光复(復) guāngfù [动] recover
光顾(顧) guānggù [动] shop at ▷ 欢迎光顾我店。Huānyíng guānggù wǒ diàn. Welcome to our shop.
光怪陆(陸)离(離) guāng guài lù lí bizarre and fantastic
光棍 guānggùn [名] **1** (地痞) hooligan **2** (单身汉) bachelor
光滑 guānghuá [形] smooth
光辉(輝) guānghuī **I** [名] radiance **II** [形] magnificent
光洁(潔) guāngjié [形] bright and clean
光景 guāngjǐng **I** [名] **1** (情景) scene **2** (境况) situation **II** [副] **1** (大约) about ▷ 半夜光景下起了雪。Bànyè guāngjǐng xiàqǐle xuě. It started snowing about halfway through the night. **2** (很可能) probably ▷ 她很努力, 将来光景有出息。Tā hěn nǔlì, jiānglái guāngjǐng yǒu chūxi. She's so hard-working — in the future she'll probably be very successful.
光亮 guāngliàng [形] shiny
光临(臨) guānglín [动] be present
光溜溜 guāngliūliū [形] **1** (光滑) slippery **2** (无遮掩的) naked
光芒 guāngmáng [名] radiance
光芒万(萬)丈 guāngmáng wànzhàng resplendent
光明 guāngmíng **I** [名] light **II** [形] bright
光明正大 guāngmíng zhèngdà open and aboveboard
光盘(盤) guāngpán [名] CD
光荣 guāngróng [形] glorious ▷ 光荣属于那些默默无闻的幕后工作者。Guāngróng shǔyú nàxiē mòmò wú wén de mùhòu gōngzuòzhě. The glory should go to those who go unrecognised behind the scenes.
光天化日 guāng tiān huà rì in broad daylight
光秃(禿)秃(禿) guāngtūtū [形] barren
光线(線) guāngxiàn [名] light
光阴(陰) guāngyīn [名] time
光阴(陰)似箭 guāngyīn sì jiàn time flies
光泽(澤) guāngzé [名] gloss
光照 guāngzhào [名] light
光宗耀祖 guāng zōng yào zǔ bring glory to one's ancestors

咣 guāng [拟] bang

广(廣) guǎng [形] **1** (宽阔) broad **2** (多) numerous
广(廣)播 guǎngbō [动] broadcast (*pt, pp* broadcast) ▷ 他们正在广播找人。Tāmen zhèngzài guǎngbō zhǎorén. They are currently broadcasting missing person announcements. ▷ 英语广播 Yīngyǔ guǎngbō English language broadcast
广(廣)博 guǎngbó [形] erudite
广(廣)场(場) guǎngchǎng [名] square
广(廣)大 guǎngdà [形] **1** (宽广) vast **2** (众多) numerous
广(廣)度 guǎngdù [名] range
广(廣)泛 guǎngfàn [形] wide-ranging ▷ 广泛的群众基础 guǎngfàn de qúnzhòng jīchǔ broad popular base ▷ 广泛开展活动

guǎngfàn kāizhǎn huódòng initiate a wide range of activities

广(廣)告 guǎnggào [名] advertisement

广(廣)阔(闊) guǎngkuò [形] broad

广(廣)义(義) guǎngyì [名] broad sense

犷(獷) guǎng [形] uncouth ▶ 粗犷 cūguǎng rough and uncouth

犷(獷)悍 guǎnghàn [形] intrepid

逛 guàng [动] stroll

逛荡(蕩) guàngdang [动] loiter

归(歸) guī [动] **1** (返回, 还给) return **2** (合并) group ... together ▶ 归类 guīlèi categorise ▷ 我把书籍归类了。Wǒ bǎ shūjí guīlèi le. I sorted out the books. **3** (属于) be under the charge of ▷ 这支部队归他指挥。Zhè zhī bùduì guī tā zhǐhuī. This team is under his charge. ▷ 这本书归他所有。Zhè běn shū guī tā suǒyǒu. This book belongs to him.

归(歸)并 guībìng [动] **1** (并入) merge **2** (归拢) add ... up ▷ 费用归并后惊人得高。Fèiyòng guībìng hòu jīngrén de gāo. When you add it all up it's prohibitively expensive.

归(歸)档 guīdàng [动] file ▷ 将这些资料归档备查。Jiāng zhèxiē zīliào guīdàng bèichá. Please file these materials away for future reference.

归(歸)根结(結)底 guī gēn jié dǐ in the final analysis

归(歸)功 guīgōng [动] give credit to (*pt* gave, *pp* given) ▷ 成绩不能都归功于一个人。Chéngjì bùnéng dōu guīgōng yú yī gè rén. You can't give one person the credit for all the success.

归(歸)还(還) guīhuán [动] return

归(歸)咎 guījiù [动] blame ▷ 不能把责任都归咎于他。Bùnéng bǎ zérèn dōu guījiù yú tā. You can't lay the blame entirely on him.

归(歸)纳(納) guīnà [动] sum ... up

归(歸)属(屬) guīshǔ [动] come under (*pt* came, *pp* come) ▷ 这个小组归属于人事部。Zhège xiǎozǔ guīshǔ yú rénshìbù. This team comes under the human resources department.

归(歸)顺(順) guīshùn [动] swear allegiance to (*pt* swore, *pp* sworn)

归(歸)降 guīxiáng [动] surrender

归(歸)心似箭 guīxīn sì jiàn long to return home

归(歸)于(於) guīyú [动] **1** (属于) attribute ... to ▷ 成功归于大家的努力。Chénggōng guīyú dàjiā de nǔlì. The success is down to everyone's hard work. **2** (趋于) tend to

归(歸)置 guīzhi [动] (口) tidy ... up

龟(龜) guī [名] tortoise ▶ 乌龟 wūguī tortoise
→ 另见 jūn

龟(龜)甲 guījiǎ [名] tortoiseshell

龟(龜)缩(縮) guīsuō [动] recoil ▷ 遇到困难我们不应该龟缩。Yùdào kùnnan wǒmen bù yīnggāi guīsuō. We shouldn't recoil in the face of difficulty.

规(規) guī **I** [名] **1** (工具) compasses (*pl*) **2** (规则) rule **II** [动] **1** (劝告) admonish ▶ 规劝 guīquàn admonish **2** (谋划) plan ▶ 规划 guīhuà plan

规(規)程 guīchéng [名] rules (*pl*)

规(規)定 guīdìng **I** [动] stipulate ▷ 请在规定的时间内完成。Qǐng zài guīdìng de shíjiān nèi wánchéng. Please complete this within the specified time. **II** [名] regulation ▷ 这项规定过于苛刻。Zhèxiàng guīdìng guòyú kēkè. This directive is excessively harsh.

规(規)范(範) guīfàn [名] standard ▷ 良好的行为规范 liánghǎo de xíngwéi guīfàn standards of good conduct ▷ 他的汉语不规范。Tā de hànyǔ bù guīfàn. His Chinese is not standard. ▷ 一定要规范市场秩序。Yīdìng yào guīfàn shìchǎng zhìxù. We must standardize the market economy.

规(規)格 guīgé [名] specification

规(規)划(劃) guīhuà **I** [名] plan **II** [动] plan

规(規)矩 guīju **I** [名] norm **II** [形] well-behaved ▷ 她的女儿很规矩。Tā de nǚ'ér hěn guīju. Her daughter is so well-behaved. ▷ 他办事总是规矩。Tā bànshì zǒngshì guīju. He always plays by the rules.

规(規)律 guīlǜ [名] law

规(規)模 guīmó [名] scale

规(規)劝(勸) guīquàn [动] remonstrate

规(規)则(則) guīzé **I** [名] regulation **II** [形] orderly

规(規)章 guīzhāng [名] regulations (*pl*)

闺(閨) guī [名] **1** (书) (门) gate **2** (闺房) boudoir

闺(閨)女 guīnü [名] **1** (未婚女子) girl **2** (女儿) daughter

瑰 guī [形] magnificent

瑰宝(寶) guībǎo [名] treasure

瑰丽(麗) guīlì [形] magnificent

轨(軌) guǐ [名] **1** (轨道) rail ▶ 轨道 guǐdào track **2** (秩序) course

轨(軌)道 guǐdào [名] **1**(指机车) track **2**(指天体) orbit **3**(秩序) course ▹这个项目已进入轨道。Zhège xiàngmù yǐ jìnrù guǐdào. The project is now on course.

轨(軌)迹(跡) guǐjì [名] **1**(数) locus **2**(天文) orbit

诡(詭) guǐ [形] **1**(奸猾) scheming **2**(奇异) eerie

诡(詭)辩(辯) guǐbiàn [动] quibble ▹你实际上是在诡辩。Nǐ shíjì shàng shì zài guǐbiàn. What you are really doing is quibbling. ▹诡辩改变不了事实。Guǐbiàn gǎibiàn bùliǎo shìshí. Quibbling cannot change the facts.

诡(詭)计(計) guǐjì [名] intrigue

诡(詭)秘(祕) guǐmì [形] surreptitious

诡(詭)异(異) guǐyì [形] strange

鬼 guǐ I [名] **1**(灵魂) ghost **2**(勾当) dirty trick **3**(不良行为者) ▸酒鬼 jiǔguǐ drunkard ▸色鬼 sèguǐ lech **4**(表示爱称) ▸机灵鬼 jīlingguǐ smart aleck II [形] **1**(不光明) secretive **2**(恶劣) damned **3**(机灵) clever

鬼把戏(戲) guǐbǎxì [名] dirty trick

鬼点(點)子 guǐdiǎnzi [名] wicked idea

鬼鬼祟祟 guǐguǐ suìsuì stealthy

鬼话(話) guǐhuà [名] lie

鬼混 guǐhùn [动] hang around (*pt, pp* hung) ▹不要整天和不三不四的人鬼混。Bùyào zhěngtiān hé bù sān bù sì de rén guǐhùn. You shouldn't be hanging around with such shady people.

鬼脸(臉) guǐliǎn [名] grimace ▹做鬼脸 zuò guǐliǎn make a funny face

鬼迷心窍(竅) guǐ mí xīn qiào be obsessed

鬼使神差 guǐ shǐ shén chāi strange coincidence

柜(櫃) guì [名] **1**(柜子) cupboard ▸衣柜 yīguì wardrobe ▸保险柜 bǎoxiǎnguì safe **2**(柜房) shop

柜(櫃)台(臺) guìtái [名] counter

刽(劊) guì [动] cut off (*pt, pp* cut)

刽(劊)子手 guìzishǒu [名] **1**(死刑犯执行者) executioner **2**(屠杀者) butcher

贵(貴) guì [形] **1**(指价格) expensive **2**(值得珍视) valuable ▸贵宾 guìbīn VIP

贵(貴)宾(賓) guìbīn [名] distinguished guest ▹贵宾卡 guìbīnkǎ VIP card

贵(貴)干(幹) guìgàn [名] business

贵(貴)人 guìrén [名] **1**(尊贵的人) eminent person **2**(好人) good person

贵(貴)重 guìzhòng [形] valuable

贵(貴)族 guìzú [名] aristocrat

桂 guì [名] laurel

桂冠 guìguān [名] laurel ▹桂冠诗人 guìguān shīrén Poet Laureate

跪 guì [动] kneel (*pt, pp* knelt) ▸跪下 guìxià kneel down (*pt, pp* knelt)

跪拜 guìbài [动] worship on bended knee

滚(滾) gǔn I [动] **1**(滚动) roll ▸滚动 gǔndòng roll **2**(走开) get lost ▹你赶快滚! Nǐ gǎnkuài gǔn! Just get lost, will you! **3**(沸腾) boil ▸滚烫 gǔntàng boiling hot **4**(指缝纫方法) hem II [形] **1**(滚动的) rolling **2**(沸腾的) boiling III [副] very

滚(滾)动(動) gǔndòng [动] roll

滚(滾)瓜烂(爛)熟 gǔnguā lànshú know by heart ▹他把那首诗背得滚瓜烂熟。Tā bǎ nà shǒu shī bèi de gǔnguā lànshú. He knew the whole poem by heart.

滚(滾)滚(滾) gǔngǔn [形] **1**(指河流) surging **2**(指财富) rolling ▹财源滚滚。Cái yuán gǔngǔn. The money is rolling in.

滚(滾)热(熱) gǔnrè [形] boiling hot

滚(滾)烫(燙) gǔntàng [形] boiling

滚(滾)圆(圓) gǔnyuán [形] perfectly round

棍 gùn [名] **1**(棍子) stick ▸棍子 gùnzi stick **2**(地痞) ruffian

棍子 gùnzi [名] rod

锅(鍋) guō [名] **1**(指炊具) pot ▸炒菜锅 chǎocàiguō wok **2**(锅状物) bowl ▸火锅 huǒguō hotpot

锅(鍋)巴 guōbā [名] rice crust

锅(鍋)台(臺) guōtái [名] kitchen range

国(國) guó I [名] country II [形] **1**(国家) national ▸国徽 guóhuī national emblem ▸国歌 guógē national anthem ▸国旗 guóqí national flag **2**(中国) Chinese ▹国剧 guójù Chinese opera

国(國)宝(寶) guóbǎo [名] national treasure

国(國)宾(賓) guóbīn [名] guest of the state

国(國)策 guócè [名] national policy

国(國)产(產) guóchǎn [形] domestic

国(國)粹 guócuì [名] the embodiment of a country

国(國)都 guódū [名] capital

国(國)度 guódù [名] country

国(國)法 guófǎ [名] national law

国(國)防 guófáng [名] national defence (英) 或 defense (美)

国(國)歌 **guógē** [名] national anthem
国(國)格 **guógé** [名] national dignity
国(國)画(畫) **guóhuà** [名] traditional Chinese painting
国(國)徽 **guóhuī** [名] national emblem
国(國)会(會) **guóhuì** [名] parliament
国(國)货(貨) **guóhuò** [名] domestic goods (*pl*)
国(國)籍 **guójí** [名] nationality
国(國)计(計)民生 **guó jì mín shēng** the national economy and the people's livelihood
国(國)际(際) **guójì** [形] international ▷ 国际和平与稳定 **guójì hépíng yǔ wěndìng** international peace and stability
国(國)家 **guójiā** [名] state
国(國)界 **guójiè** [名] national border
国(國)境 **guójìng** [名] **1** (指范围) national territory **2** (边境) frontier
国(國)库 **guókù** [名] treasury
国(國)力 **guólì** [名] national strength
国(國)门(門) **guómén** [名] border
国(國)民 **guómín** [名] citizen
国(國)民经(經)济(濟) **guómín jīngjì** [名] national economy
国(國)难(難) **guónàn** [名] national crisis (*pl* crises)
国(國)内(內) **guónèi** [形] domestic ▷ 国内生产总值 **guónèi shēngchǎn zǒngzhí** gross domestic product
国(國)旗 **guóqí** [名] national flag
国(國)企 **guóqǐ** [名] (国有企业) state-owned enterprise
国(國)情 **guóqíng** [名] the state of the country
国(國)庆(慶) **guóqìng** [名] national day
国(國)庆(慶)节(節) **Guóqìng jié** [名] National Day

> 国庆节 Guóqìng jié (National Day) falls on 1 October, and commemorates the anniversary of the founding of the People's Republic of China in 1949. The PRC was declared by Chairman Mao Zedong, in Tiananmen Square in Beijing.

国(國)色天香 **guó sè tiān xiāng** stunningly beautiful
国(國)手 **guóshǒu** [名] national champion
国(國)书(書) **guóshū** [名] credentials (*pl*)
国(國)税(稅) **guóshuì** [名] national taxation
国(國)泰民安 **guó tài mín ān** a contented people living in a country at peace
国(國)土 **guótǔ** [名] national territory
国(國)王 **guówáng** [名] king
国(國)威 **guówēi** [名] national prestige
国(國)务(務) **guówù** [名] domestic affairs (*pl*)
国(國)务(務)院 **guówùyuàn** [名] the State Council

> 国务院 **guówùyuàn**, the State Council, is the highest executive and administrative organ of the PRC government, headed by the Premier, and overseeing all the various ministries.

国(國)宴 **guóyàn** [名] state banquet
国(國)营(營) **guóyíng** [形] state-run ▷ 国营企业 **guóyíng qǐyè** state-run enterprises
国(國)有 **guóyǒu** [形] state-owned
国(國)债(債) **guózhài** [名] national debt

果 **guǒ I** [名] **1** (果子) fruit ▸ 果子 **guǒzi** fruit **2** (结局) outcome ▸ 效果 **xiàoguǒ** result ▸ 成果 **chéngguǒ** achievement **II** [动] be full **III** [形] resolute **IV** [副] naturally **V** [连] if
果不其然 **guǒ bù qí rán** as expected ▷ 果不其然，他在图书馆看书。**Guǒ bù qí rán, tā zài túshūguǎn kàn shū.** As expected, he was in the library reading books.
果断(斷) **guǒduàn** [形] resolute
果脯 **guǒfǔ** [名] preserved fruit
果敢 **guǒgǎn** [形] resolute and daring
果品 **guǒpǐn** [名] fruit
果然 **guǒrán** [副] really
果实(實) **guǒshí** [名] **1** (果子) fruit **2** (成果) fruits (*pl*) ▷ 成功的果实 **chénggōng de guǒshí** the fruits of success
果真 **guǒzhēn I** [副] really ▷ 他果真是个勤奋的年轻人。**Tā guǒzhēn shì gè qínfèn de niánqīngrén.** He really is a very hard-working young man. **II** [连] if
果子 **guǒzi** [名] fruit

裹 **guǒ** [动] **1** (缠绕) wrap ▷ 我把身子用毯子裹上。**Wǒ bǎ shēnzi yòng tǎnzi guǒshàng.** I wrapped myself up in a blanket. **2** (夹带) smuggle ... away ▷ 他临走时裹走了一些首饰。**Tā línzǒu shí guǒzǒule yīxiē shǒushì.** When he left he smuggled away some jewellery. **3** (方) (吸) suck
裹足不前 **guǒ zú bù qián** drag one's feet

过(過) **guò I** [动] **1** (经过) pass through **2** (度过) spend (*pt*, *pp* spent) ▷ 你假期怎么过的? **Nǐ jiàqī zěnme guò de?** How did you spend your holiday? **3** (过去) pass ▷ 几天过去了，他还杳无音信。**Jǐtiān guòqu le, tā hái yǎo wú yīn xìn.** Several days passed and still there was no news of him. **4** (处理) go over (*pt* went, *pp* gone) ▷ 这段文字还得过一遍。**Zhè duàn wénzì hái děi guò yībiàn.** This piece of text should be gone over again. **5** (转移到) transfer ▸ 过账 **guòzhàng** transfer from one account to another **6** (超过) be more than ▷工程已经过半。**Gōngchéng yǐjīng guòbàn.** The project is already more than half way through. ▷年过半百 **nián guò bàn bǎi** over fifty years old **7** (生活) live ▷我们过得很好。**Wǒmen guò de hěn hǎo.** We live well. **8** (庆祝) celebrate ▷过生日 **guò shēngrì** celebrate a birthday **II** [名] fault ▷将功补过 **jiāng gōng bǔ guò** atone for one's crimes **III** [介] past ▷现在是9点过8分。**Xiànzài shì jiǔ diǎn guò bā fēn.** It is now eight minutes past nine.

When 过 **guò** is used as a verb suffix to indicate a past action, it often corresponds to the present perfect tense (e.g. 'I have done') in English, stressing that the subject has experienced something, e.g. 我去过中国三次 **Wǒ qùguo Zhōngguó sān cì** (I have been to China three times).

过(過)不去 **guò bu qù** [动] **1** (堵塞) be impassable **2** (为难) make things difficult for ▷他有意和我过不去。**Tā yǒuyì hé wǒ guò bu qù.** He wanted to make things difficult for me. **3** (通不过) not get past ▷这在老板那儿一定过不去的。**Zhè zài lǎobǎn nàr yīdìng guò bu qù de.** This definitely isn't going to get past the boss. **4** (抱歉) feel sorry

过(過)场(場) **guòchǎng** [名] interlude ▷走过场 **zǒuguòchǎng** (喻) do as a formality

过(過)程 **guòchéng** [名] process ▷理解过程 **lǐjiě guòchéng** process of understanding

过(過)错(錯) **guòcuò** [名] fault

过(過)道 **guòdào** [名] corridor

过(過)得去 **guò de qù** [动] **1** (可通过) be passable **2** (不错) be passable ▷饭菜还过得去。**Fàncài hái guò de qù.** The food is just passable. **3** (过意得去) feel at ease

过(過)度 **guòdù** [形] excessive

过(過)分 **guòfèn** [形] excessive

过(過)关(關) **guòguān** [动] **1** (通过关口) cross a pass **2** (通过检验) pass a test

过(過)河拆桥(橋) **guò hé chāi qiáo** turn one's back on

过(過)后(後) **guòhòu** [副] later ▷我们过后再谈。**Wǒmen guòhòu zàitán.** Let's talk again later.

过(過)户(戶) **guòhù** [动] (法) transfer ownership

过(過)火 **guòhuǒ** [形] excessive

过(過)激 **guòjī** [形] extreme

过(過)继(繼) **guòjì** [动] adopt ▷他从小就过继给了他的叔叔。**Tā cóngxiǎo jiù guòjì gěile tā de shūshu.** He was adopted by his uncle when he was little.

过(過)奖(獎) **guòjiǎng** [动] flatter ▷您过奖了。**Nín guòjiǎng le.** I'm flattered.

过(過)街老鼠 **guò jiē lǎoshǔ** public enemy

过(過)节(節)儿(兒) **guòjiér** [名] grudge

过(過)客 **guòkè** [名] passer-by

过(過)来(來) **guòlái** [动] come over (*pt* came, *pp* come) ▷你赶快过来，大家都等你呢！**Nǐ gǎnkuài guòlái, dàjiā dōu děng nǐ ne!** Come straight over — everyone is waiting for you!

过(過)来(來)人 **guòláirén** [名] old hand

过(過)量 **guòliàng** [形] excessive

过(過)虑(慮) **guòlǜ** [动] (过分担心) be overanxious ▷此事你不必过虑。**Cǐshì nǐ bùbì guòlǜ.** There's no need for you to get overanxious about this.

过(過)滤(濾) **guòlǜ** [动] filter ▷过滤杂质 **guòlǜ zázhì** filter out impurities

过(過)门(門) **guòmén** [动] get married

过(過)敏 **guòmǐn** [名] (医) allergy

过(過)目 **guòmù** [动] look over

过(過)目成诵(誦) **guò mù chéng sòng** blessed with an extraordinary memory

过(過)期 **guòqī** [动] expire

过(過)谦(謙) **guòqiān** [形] overly modest

过(過)年 **guònián** [动] celebrate the new year

过(過)去 **guòqù** [名] the past ▷他比过去胖多了。**Tā bǐ guòqù pàng duō le.** He weighs a lot more than he used to.

过(過)去 **guòqu** [动] pass by ▷一辆车刚过去。**Yī liàng chē gāng guòqu.** A car just went past.

过(過)人 **guòrén** [动] excel

过(過)日子 **guò rìzi** [动] live

过(過)剩 **guòshèng** [形] excessive

过(過)失 **guòshī** [名] mistake

过(過)时(時) **guòshí** **I** [形] outdated **II** [动] pass time

过(過)世 **guòshì** [动] pass away

过(過)头(頭) **guòtóu** [形] excessive

过(過)往 **guòwǎng** [动] **1** (来去) come and go **2** (交往) associate with

过(過)问(問) **guòwèn** [动] concern oneself with ▷这件事你就不必过问了。**Zhèjiàn shì nǐ jiù bùbì guòwèn le.** There's no need for you to concern yourself with this.

过(過)细(細) **guòxì** [形] meticulous

过(過)眼云(雲)烟(煙) **guò yǎn yúnyān** fleeting

过(過)瘾(癮) **guòyǐn** [动] do to one's heart's content ▷昨天我们玩得很过瘾。**Zuótiān wǒmen wán de hěn guòyǐn.** Yesterday we played to our heart's content.

过(過)硬 **guòyìng** [形] completely proficient

过(過)于(於) **guòyú** [副] too

哈 hā **I** [叹] aha **II** [拟] ha ha ▷ 哈哈大笑 hā hā dàxiào roar with laughter **III** [动] breathe out ▷ 他冲着手哈气，好暖和些。Tā chòngzhe shǒu hāqì, hǎo nuǎnhuo xiē. He breathed on his hands to warm them up.
→ 另见 hǎ

哈欠 hāqian [名] yawn

哈腰 hāyāo [动] **1** (字) stoop ▷ 哈腰捡钱包 hāyāo jiǎn qiánbāo stoop to pick up one's wallet **2** (喻) suck up to

蛤 há 见下文
→ 另见 gé

蛤蟆 háma [名] toad

哈 hǎ 见下文
→ 另见 hā

哈巴狗 hǎbagǒu [名] **1** (字) Pekin(g)ese **2** (喻) sycophant

咳 hāi [叹] oh
→ 另见 ké

还(還) hái [副] **1** (仍旧) still, yet ▷ 那家老饭店还很兴旺。Nà jiā lǎo fàndiàn hái hěn xīngwàng. The old restaurant is still thriving. ▷ 她还没回来。Tā hái méi huílai. She hasn't come back yet. **2** (更加) even more ▷ 他比我还想家。Tā bǐ wǒ hái xiǎng jiā. He's even more homesick than I am. **3** (尚) still ▷ 她不聪明，但还算老实。Tā bù cōngmíng, dàn háisuàn lǎoshi. She's no great brain, but still, she's honest. **4** (尚且) even ▷ 她还不着急，你急什么？Tā hái bù zháojí, nǐ jí shénme? If even she isn't worried then why are you? **5** (居然) really ▷ 他这次考试还真的通过了。Tā zhècì kǎoshì hái zhēnde tōngguò le. He really did pass the exam this time round. **6** (早在) as early as ▷ 当他还在襁褓中就被父母遗弃了。Dāng tā hái zài qiǎngbǎo zhōng jiù bèi fùmǔ yíqì le. He was abandoned by his parents in infancy.
→ 另见 huán

still 用于强调对于某事的发生或者对某事持续了如此长的时间而感到惊讶。*She was still looking at me... There are still plenty of horses round here.* **yet** 用于否定句和疑问句中，用于强调语气，暗示说话人对某事未发生，或者晚于预期时间发生而感到惊讶。*Have you seen it yet? ... The troops could not yet see the shore ... It isn't dark yet.*

还(還)是 háishì **I** [副] **1** (仍然) still ▷ 尽管很危险，警察们还是冲了进去。Jǐnguǎn hěn wēixiǎn, jǐngchámen háishì chōng le jìnqù. In spite of the danger, the police still rushed on in. **2** (最好) had better ▷ 你还是先完成作业吧。Nǐ háishì xiān wánchéng zuòyè ba. You'd better finish your homework first. **II** [连] or ▷ 你是去巴黎还是去伦敦？Nǐ shì qù Bālí háishì qù Lúndūn? Are you going to Paris or London?

孩 hái [名] child (*pl* children)

孩提 háití [名] (书) early childhood

孩子 háizi [名] child (*pl* children)

骸 hái [名] **1** (骨) bones (*pl*) ▸ 骸骨 háigǔ skeleton **2** (身体) body ▸ 形骸 xínghái human body ▸ 遗骸 yíhái remains (*pl*)

海 hǎi **I** [名] **1** (海洋) ocean ▸ 地中海 Dìzhōnghǎi the Mediterranean Sea ▸ 海岸线 hǎi ànxiàn coastline **2** (湖泊) lake **3** (喻) (指数量) sea ▸ 人海 rénhǎi sea of people ▸ 火海 huǒhǎi inferno **II** [形] extra large ▷ 你先不要夸海口，事后再说。Nǐ xiān bùyào kuā hǎikǒu, shìhòu zài shuō. Don't go making wild boasts just yet — let's wait until after the event.

海岸 hǎi'àn [名] shore

海边(邊) hǎibiān [名] coast

海拔 hǎibá [名] elevation

海报(報) hǎibào [名] poster

海滨(濱) hǎibīn [名] seaside

海底捞(撈)针(針) hǎidǐlāozhēn look for a needle in a haystack

海港 hǎigǎng [名] harbour (英), harbor (美)

海关(關) hǎiguān [名] customs (*pl*)

海货(貨) hǎihuò [名] seafood

海疆 hǎijiāng [名] territorial waters (*pl*)

海军(軍) hǎijūn [名] the navy

海枯石烂(爛) hǎi kū shí làn forever ▷ 他们发誓海枯石烂不变心。Tāmen fāshì hǎi kū shí làn bù biànxīn. They vowed that they would always be faithful.

海阔(闊)天空 hǎi kuò tiān kōng **1** (字) (指自然) boundless **2** (喻) (无拘束) anything and everything ▷ 他们海阔天空地聊了起来。Tāmen hǎi kuò tiān kōng de liáo le qǐlái. They started chatting about anything and everything.

海里(裡) hǎilǐ [名] nautical mile
海量 hǎiliàng [名] 1(敬)(大度) magnanimity ▷多谢您海量包涵。Duōxiè nín hǎiliàng bāohán. Thank you so much for your generosity. 2(指酒量) tolerance ▷论喝酒，我可比不了您的海量。Lùn hējiǔ, wǒ kě bǐbùliǎo nín de hǎiliàng. When it comes to alcohol, my tolerance just isn't as great as yours.
海洛因 hǎiluòyīn [名] heroin
海绵(綿) hǎimián [名] sponge
海事 hǎishì [名] 1(指事务) maritime affairs (*pl*) 2(指事故) maritime accident
海誓山盟 hǎi shì shān méng pledge everlasting love
海滩(灘) hǎitān [名] beach
海外 hǎiwài [名] ▷海外学子 hǎiwài xuézǐ overseas student
海味 hǎiwèi [名] seafood
海峡(峽) hǎixiá [名] strait ▷台湾海峡 Táiwān hǎixiá the Taiwan Straits
海鲜(鮮) hǎixiān [名] seafood
海洋 hǎiyáng [名] ocean
海域 hǎiyù [名] waters (*pl*)
海员(員) hǎiyuán [名] sailor

骇(駭) hài [动] shock
骇(駭)然 hàirán [形] dumbstruck
骇(駭)人听(聽)闻(聞) hài rén tīng wén shocking

害 hài I [动] 1(损害) harm ▶害人害己 hài rén hài jǐ harm others as well as oneself ▷他的失误害得公司破产。Tā de shīwù hàide gōngsī pòchǎn. His mistake forced the company into bankruptcy. 2(杀害) kill ▶遇害 yùhài be murdered 3(指疾病) contract ▶害病 hàibìng contract an illness 4(感到) feel uneasy (*pt, pp* felt) ▶害羞 hàixiū be shy II [名] harm ▶害处 hàichu harm ▶灾害 zāihài disaster III [形] harmful ▶害虫 hàichóng pest
害处(處) hàichu [名] harm ▷多吃蔬菜没有害处。Duō chī shūcài méiyǒu hàichu. It won't do you any harm to eat more vegetables.
害怕 hàipà [动] be afraid
害群之马(馬) hài qún zhī mǎ black sheep ▷她是这个班里的害群之马。Tā shì zhège bānlǐ de hài qún zhī mǎ. She's the black sheep of the class.
害臊 hàisào [动] feel ashamed (*pt, pp* felt)
害羞 hàixiū [动] be shy

酣 hān 见下文
酣畅(暢) hānchàng [形] unrestrained ▷笔墨酣畅 bǐ mò hānchàng free-flowing writing

憨 hān [形] 1(傻) silly ▶憨笑 hānxiào simper 2(朴实) naive ▷憨态可鞠 hān tài kě jū charmingly naive
憨厚 hānhòu [形] down-to-earth
憨笑 hānxiào [动] simper

鼾 hān [名] snore
鼾睡 hānshuì [动] be sound asleep

含 hán [动] 1(用嘴) keep ... in the mouth (*pt, pp* kept) ▷把温度计含在嘴巴里。Bǎ wēndùjì hán zài zuǐba lǐ. Hold the thermometer in your mouth. 2(包含) contain ▷含氟的牙膏 hánfú de yágāo toothpaste with fluoride ▷这些烟不含尼古丁。Zhèxiē yān bù hán nígǔdīng. These cigarettes do not contain nicotine. 3(怀有) hold (*pt, pp* held) ▶含冤 hányuān suffer a gross injustice ▶含笑 hánxiào with a smile
含苞 hánbāo [动] be in bud
含糊 hánhu [形] 1(不清楚) vague 2(马虎) careless ▷关键之处不可含糊。guānjiàn zhī chù bùkě hánhu. Make sure not to overlook the key points.
含混 hánhùn [形] ambiguous
含量 hánliàng [名] content
含情脉(脈)脉(脈) hánqíng mòmò full of tender affection ▷他含情脉脉地望着新娘。Tā hán qíng mòmò de wàngzhe xīnniáng. He gazed at his bride with tender affection.
含沙射影 hán shā shè yǐng make insinuations
含辛茹苦 hán xīn rú kǔ endure hardship ▷她含辛茹苦地养大了5个孩子。Tā hán xīn rú kǔ de yǎngdàle wǔ gè háizi. She endured a lot of hardship bringing up her five children.
含蓄 hánxù I [动] be full of ▷文章中含蓄着深意。Wénzhāng zhōng hánxùzhe shēnyì. The essay had real depth. II [形] 1(耐人寻味) measured 2(内敛) reserved
含义(義) hányì [名] meaning, implication

函 hán [名] letter ▶公函 gōnghán official letter
函电(電) hándiàn [名] correspondence
函授 hánshòu [动] teach by correspondence (*pt, pp* taught)
函数(數) hánshù [名] function

涵 hán [动] contain ▶涵盖 hángài cover
涵养(養) hányǎng I [名] self-control II [动] conserve ▷树木有助于涵养水源。Shùmù yǒuzhùyú hányǎng shuǐyuán. Trees are helpful in water conservation.

寒 **hán** **I** [形] **1** (冷) cold ▶ 春寒 **chūnhán** spring chill ▶ 寒风 **hánfēng** chilly wind **2** (贫穷) poor ▶ 贫寒 **pínhán** poverty-stricken ▶ 寒士 **hánshì** poor scholar **II** [动] tremble with fear ▶ 心寒 **xīnhán** be bitterly disappointed

寒假 **hánjià** [名] winter holiday

寒碜(磣) **hánchen** **I** [形] **1** (丑) ugly **2** (丢脸) disgraceful ▷ 我考试没过，真寒碜！ **Wǒ kǎoshì méiguò, zhēn hánchen!** I failed the exam — what a disgrace! **II** [动] (讥笑) ridicule

寒窗 **hánchuāng** [名] difficult learning conditions (*pl*)

寒带(帶) **hándài** [名] Frigid Zone

寒噤 **hánjìn** [名] shiver

寒冷 **hánlěng** [形] cold

寒流 **hánliú** [名] cold spell

寒酸(痠) **hánsuān** [形] shabby ▷ 穿着寒酸 **chuānzhuó hánsuān** dress shabbily

寒心 **hánxīn** [动] be bitterly disappointed

寒暄 **hánxuān** [动] engage in small talk ▷ 我不善于与人寒暄。 **Wǒ bù shànyú yǔrén hánxuān.** I'm no good at making small talk.

韩(韓) **hán** [名] 见下文

韩(韓)国(國) **Hánguó** [名] South Korea

罕 **hǎn** 见下文

罕见(見) **hǎnjiàn** [形] rare

罕有 **hǎnyǒu** [形] rare

喊 **hǎn** [动] **1** (大声叫) shout ▶ 喊叫 **hǎnjiào** cry out ▶ 呼喊 **hūhǎn** yell **2** (叫) call ▷ 有人在喊你。 **Yǒurén zài hǎnnǐ.** Somebody's calling you.

喊叫 **hǎnjiào** [动] cry out

汉(漢) **hàn** [名] **1** (汉族) the Han (*pl*) ▶ 汉人 **Hànrén** the Han people (*pl*) **2** (男子) man (*pl* men) ▶ 庄稼汉 **zhuāngjiahàn** farmer ▶ 好汉 **hǎohàn** a real man

汉(漢)奸 **hànjiān** [名] traitor

汉(漢)学(學) **hànxué** [名] Sinology

汉(漢)语(語) **Hànyǔ** [名] Chinese

汉(漢)字 **Hànzì** [名] Chinese characters (*pl*)

汉(漢)子 **hànzi** [名] **1** (男子) man (*pl* men) **2** (方) (丈夫) husband

汉(漢)族 **Hànzú** [名] the Han (*pl*)

汗 **hàn** [名] sweat ▶ 汗水 **hànshuǐ** sweat

汗流浃(浹)背 **hàn liú jiā bèi** sweat profusely

汗马(馬)功劳(勞) **hàn mǎ gōngláo** distinguished service ▷ 他为公司的创建立下了汗马功劳。 **Tā wèi gōngsī de chuàngjiàn lìxiàle hàn mǎ gōngláo.** He distinguished himself in the work involved in setting up the company.

汗水 **hànshuǐ** [名] sweat

汗颜(顏) **hànyán** [动] (书) feel ashamed (*pt, pp* felt)

旱 **hàn** [形] dry ▶ 旱灾 **hànzāi** drought ▶ 旱季 **hànjì** dry season ▶ 旱田 **hàntián** non-irrigated land ▶ 旱冰 **hànbīng** roller skating

旱涝(澇)保收 **hàn lào bǎo shōu** **1** (字) be sure of a stable yield **2** (喻) ensure a safe income ▷ 旱涝保收的工作 **hàn lào bǎo shōu de gōngzuò** financially stable employment

旱灾(災) **hànzāi** [名] drought

悍 **hàn** [形] **1** (勇猛) brave **2** (凶狠) ferocious ▶ 凶悍 **xiōnghàn** ferocious

悍然 **hànrán** [形] flagrant

捍 **hàn** [动] defend

捍卫(衛) **hànwèi** [动] defend

焊(銲) **hàn** [动] weld ▷ 他俩好得像是焊在了一起。 **Tā liǎ hǎo de xiàngshì hànzàile yīqǐ.** The two of them go about as if they were joined at the hip.

焊接 **hànjiē** [动] weld

憾 **hàn** 见下文

憾事 **hànshì** [名] regret

撼 **hàn** [动] shake (*pt* shook, *pp* shaken)

撼动(動) **hàndòng** [动] vibrate

瀚 **hàn** [形] vast ▶ 浩瀚 **hàohàn** vast

夯 **hāng** **I** [名] rammer ▶ 石夯 **shíhāng** stone rammer **II** [动] **1** (砸) pound **2** (方) (击打) strike (*pt, pp* struck) ▷ 他被人用木棍夯倒了。 **Tā bèi rén yòng mùgùn hāngdǎo le.** Someone struck him down with a stick.

行 **háng** **I** [名] **1** (行列) row ▶ 第一行 **dìyī háng** first row ▷ 请把图标排成竖行。 **Qǐng bǎ túbiāo páichéng shùháng.** Please arrange the icons in vertical rows. **2** (行业) profession ▶ 同行 **tóngháng** people in the same profession ▶ 行规 **hángguī** industry rules **3** (机构) firm ▶ 银行 **yínháng** bank ▶ 车行 **chēháng** car dealer **II** [动] place ▷ 在家你行几？ **Zài jiā nǐ háng jǐ?** Where do you come in your family? **III** [量] line ▶ 一行大雁 **yīháng dàyàn** ▷ 一行字 **yī háng zì** a line of words ▷ 十四行诗 **shísìhángshī** a sonnet

→ 另见 **xíng**

行当(當) hángdang [名] **1** (口) (行业) line of work **2** (角色) role ▷ 他在戏班子里演好几个行当。Tā zài xìbānzi lǐ yǎn hǎojǐ gè hángdang. He played several roles in the opera troupe.
行话(話) hánghuà [名] jargon
行家 hángjia [名] expert
行列 hángliè [名] ranks (*pl*)
行情 hángqíng [名] market conditions (*pl*)
行市 hángshi [名] prices (*pl*)
行伍 hángwǔ [名] the ranks (*pl*)
行业 hángyè [名] industry ▷ 服务行业 fúwù hángyè service industry ▷ 行业规则 hángyè guīzé industry rules

---

吭 háng [名] throat ▷ 引吭高歌 yǐn háng gāo gē belt out a song
→ 另见 kēng

航 háng **I** [名] (书) boat **II** [动] **1** (指船) sail ▷ 扬帆远航 yángfān yuǎnháng set sail on a long voyage **2** (指飞机) fly (*pt* flew, *pp* flown) ▶ 航空公司 hángkōng gōngsī airline
航班 hángbān [名] **1** (指客轮) scheduled voyage **2** (指客机) scheduled flight
航程 hángchéng [名] voyage
航道 hángdào [名] channel
航海 hánghǎi [动] navigate
航空 hángkōng [动] fly (*pt* flew, *pp* flown) ▷ 航空信 hángkōngxìn airmail ▷ 航空公司 hángkōng gōngsī airline
航天 hángtiān [动] fly through the air (*pt* flew, *pp* flown)
航线(線) hángxiàn [名] route
航向 hángxiàng [名] course
航行 hángxíng [动] **1** (指船) sail **2** (指飞机) fly (*pt* flew, *pp* flown)

沆 hàng 见下文
沆瀣一气(氣) hàng xiè yī qì (贬) be in cahoots with

巷 hàng 见下文
→ 另见 xiàng
巷道 hàngdào [名] tunnel

号(號) háo [动] **1** (叫) yell **2** (哭) howl
→ 另见 hào
号(號)啕 háotáo [动] wail

蚝(蠔) háo [名] oyster
蚝(蠔)油 háoyóu [名] oyster sauce

毫 háo **I** [名] **1** (细毛) fine hair **2** (笔) writing brush **3** (千分之一) ▶ 毫米 háomǐ millimetre (英), millimeter (美) ▶ 毫升 háoshēng millilitre (英), milliliter (美) **II** [形] (一点儿) tiny
毫不 háobù [副] not at all
毫无(無) háowú [副] without the slightest
毫毛 háomáo [名] body hair

豪 háo **I** [名] giant ▶ 文豪 wénháo literary giant **II** [形] grand ▶ 豪华 háohuá luxurious **1** (指性格) unrestrained **2** (指语言) heroic **3** (指文笔) outstanding **4** (有权势) powerful ▶ 豪门 háomén dynasty
豪放 háofàng [形] uninhibited
豪富 háofù [名] tycoon ▷ 非豪富买不起这里的别墅。Fēi háofù mǎibùqǐ zhèlǐ de biéshù. Unless you're rolling in it, you won't be able to afford a villa around here.
豪华(華) háohuá [形] luxurious
豪杰(傑) háojié [名] hero (*pl* heroes)
豪迈(邁) háomài [形] heroic
豪门(門) háomén [名] dynasty
豪爽 háoshuǎng [形] straightforward
豪言壮(壯)语(語) háo yán zhuàng yǔ inspirational words ▷ 教练发豪言壮语, 保证下场比赛能赢。Jiàoliàn fā háo yán zhuàng yǔ, bǎozhèng xià chǎng bǐsài néng yíng. The coach gave a really inspirational speech, guaranteeing that they could win the next match.

壕 háo [名] (指作战) moat
壕沟(溝) háogōu [名] **1** (指作战) trench **2** (指大沟) ditch

嚎 háo [动] **1** (大声叫) howl **2** (大声哭) wail
嚎啕 háotáo [动] wail

好 hǎo **I** [形] **1** (令人满意) good ▷ 他脾气好。Tā píqì hǎo. He's good-natured. ▷ 他为班里做了很多好事。Tā wèi bānlǐ zuòle hěnduō hǎoshì. He's done a lot of good things for the class. ▷ 汤很好闻。Tāng hěn hǎowén. The soup smells good. **2** (容易) easy ▷ 这事不好办。Zhè shì bù hǎo bàn. This won't be easy to manage. ▷ 英语好学吗？Yīngyǔ hǎo xué ma? Is English easy to learn? **3** (健康) well ▷ 你身体好吗？Nǐ shēntǐ hǎo ma? Are you keeping well? **4** (亲密) good ▷ 我们是好朋友。Wǒmen shì hǎo péngyou. We're good friends. **5** (表示问候) ▷ 你好！Nǐ hǎo! Hello! ▷ 大家好。Dàjiā hǎo. Hello everyone. **6** (表示完成) ▷ 工作找好了。Gōngzuò zhǎohǎo le. I've found work. ▷ 衣服洗好了。Yīfu xǐhǎo le. The clothes have been washed. **7** (表示答应, 结束等) ▷ 好，我们现在就去！Hǎo, wǒmen xiànzài jiù qù!

OK, let's go then! ▷好了，今天课就上到这里。Hǎole, jīntiān kè jiù shàngdào zhèlǐ. Right, let's finish today's lesson here. **8** (表示反语) ▷好啊！你这下考砸了吧。Hǎo'a! nǐ zhèxià kǎozá le ba. Well done for going and flunking the exam. **II** [副] **1** (强调多或久) very ▷我等了好久她才来。Wǒ děngle hǎojiǔ tā cái lái. I'd waited for a long time before she arrived. **2** (表示程度深) ▷好无礼的要求啊！Hǎo wúlǐ de yāoqiú a! Such a rude request! ▷他话说得好快。Tā huà shuō de hǎo kuài. He speaks so quickly. **III** [助动] (以便) ▷准备一下，我们好出发。Zhǔnbèi yīxià, wǒmen hǎo chūfā. Get yourself ready so that we can go out. **IV** [名] **1** (喝彩) cheer ▷他一唱完，全场叫好。Tā yī chàngwán, quánchǎng jiàohǎo. As soon as he'd finished singing, everyone cheered. **2** (问候) regards (*pl*) ▷请代我向你太太问好。Qǐng dài wǒ xiàng nǐ tàitai wènhǎo. Please send my regards to your wife. → 另见 hào

好比 **hǎobǐ** [动] be just like ▷情场好比战场。Qíngchǎng hǎobǐ zhànchǎng. Affairs of the heart are just like battlefields.

好不 **hǎobù** [副] so ▷当时好不热闹。Dāngshí hǎo bù rènao. It was so lively then.

好吃 **hǎochī** [形] delicious

好处(處) **hǎochu** [名] **1** (益处) benefit **2** (利益) profit

好歹 **hǎodǎi** **I** [名] **1** (好坏) right and wrong ▷别理他，这人不知好歹。Bié lǐ tā, zhè rén bù zhī hǎodǎi. Don't listen to him — he doesn't know right from wrong. **2** (危险) the unthinkable **II** [副] **1** (将就) anyhow **2** (无论如何) at any rate ▷他好歹是你弟弟，这事就算了吧。Tā hǎodǎi shì nǐ dìdi, zhèshì jiù suàn le ba. At any rate, he's your brother, so just forget it.

好多 **hǎoduō** [形] many

好感 **hǎogǎn** [名] attraction ▷她对他有好感。Tā duì tā yǒu hǎogǎn. She's attracted to him.

好汉(漢) **hǎohàn** [名] brave man

好好先生 **hǎohǎoxiānsheng** yes man ▷他是个好好先生，谁都不想得罪。Tā shì gè hǎo hǎo xiānsheng, shéi dōu bù xiǎng dézuì. He's such a yes man — he doesn't like to offend anyone.

好久 **hǎojiǔ** [副] for a long time ▷我们好久没听到他的消息了。Wǒmen hǎojiǔ méi tīngdào tā de xiāoxi le. We haven't heard any news from him for a long time.

好看 **hǎokàn** [形] **1** (漂亮) nice-looking **2** (精彩) good ▷这本书很好看。Zhè běn shū hěn hǎokàn. This book is very good. **3** (光荣) proud ▷你成绩好，父母脸上也不知有多好看。Nǐ chéngjì hǎo, fùmǔ liǎnshàng yě bùzhī yǒu duō hǎokàn. If you get good results, your parents will be so proud. **4** (难堪) embarrassed ▷我要他好看！Wǒ yào tā hǎokàn! I want to really embarrass him.

好了疮(瘡)疤忘了疼 **hǎole chuāngbā wàngle téng** make the same mistakes all over again

好评(評) **hǎopíng** [名] high praise ▷他的小说大受好评。Tā de xiǎoshuō dà shòu hǎopíng. His novel was very highly praised.

好事 **hǎoshì** [名] (好事情) good deed ▷他为学校做了很多好事。Tā wèi xuéxiào zuò le hěnduō hǎoshì. He has done a lot of good deeds for the school.

好事多磨 **hǎoshì duō mó** it's never easy to get what you want

好手 **hǎoshǒu** [名] expert

好受 **hǎoshòu** [形] comfortable

好说(說) **hǎoshuō** [动] (没问题) be fine ▷你只要把钱交了，其他的事都好说。Nǐ zhǐyào bǎ qián jiāo le, qítā de shì dōu hǎoshuō. Just pay the fee — don't worry about the rest.

好似 **hǎosì** [副] ▷想起来那件事好似是昨天发生的。Xiǎng qǐlái nàjiàn shì hǎosì shì zuótiān fāshēng de. I think this is like what happened yesterday.

好容易 **hǎoróngyì** [副] with great effort

好听(聽) **hǎotīng** [形] **1** (指声音，音乐) lovely **2** (指言语) nice

好玩儿(兒) **hǎowánr** [形] fun

好像 **hǎoxiàng** [副] apparently ▷我们好像在哪儿见过。Wǒmen hǎoxiàng zài nǎr jiànguò. Apparently we've met somewhere before.

好笑 **hǎoxiào** [形] funny

好些 **hǎoxiē** [形] quite a great deal of

好样(樣)儿(兒)的 **hǎoyàngrde** [名] ▷这些小伙子个个是好样儿的。Zhèxiē xiǎohuǒzi gègè shì hǎoyàngrde. These lads have got real guts.

好意 **hǎoyì** [名] kindness

好意思 **hǎoyìsi** [动] dare ▷这种话你也好意思说？Zhèzhǒng huà nǐ yě hǎoyìsi shuō? How dare you talk like this! ▷让您久等了，真不好意思。Ràng nín jiǔ děng le, zhēn bù hǎoyìsi. I'm very embarrassed for making you wait so long.

好在 **hǎozài** [副] luckily ▷他好在还有个姐姐。Tā hǎozài háiyǒu gè jiějie. Luckily he still has a sister.

好转(轉) **hǎozhuǎn** [动] improve

号(號) **hào** **I** [名] **1** (名称) name ▶外号 wàihào nickname ▶绰号 chuòhào nickname

h

2 (商店) firm ▶ 商号 **shānghào** firm **3** (标记) sign ▶ 逗号 **dòuhào** comma **4** (次序) number ▷ 我的座位在10号车厢。**Wǒ de zuòwèi zài shí hào chēxiāng.** My seat is in coach ten. **5** (日期) date ▷ 6月1号 **liùyuè yī hào** the first of June ▷ 今天几月几号？**Jīntiān jǐ yuè jǐ hào?** What's the date today? ▷ 6月1号是国际儿童节。**Liùyuè yī hào shì Guójì Értóng Jié.** The first of June is International Children's Day. **6** (大小) size ▶ 大号 **dàhào** large-size ▷ 他得穿大号T恤衫。**Tā děi chuān dàhào tìxùshān.** He needs a large-sized T-shirt. ▷ 我穿36号的鞋。**Wǒ chuān sānshíliù hào de xié.** I wear size thirty-six shoes. **7** (命令) order ▷ 他总向别人发号施令。**Tā zǒng xiàng biérén fā hào shī lìng.** He's always giving other people orders. **8** (乐器) brass instrument ▶ 小号 **xiǎohào** trumpet **II** [动] (脉) take (*pt* took, *pp* taken) ▶ 号脉 **hàomài** take a pulse
→ 另见 **háo**

号(號)称(稱) **hàochēng** [动] **1** (著称) be known as **2** (声称) claim to be ▷ 军队实际八十万，号称百万。**Jūnduì shíjì bāshí wàn, hàochēng bǎiwàn.** The army actually has 800,000 soldiers, but it claims to have a million.

号(號)角 **hàojiǎo** [名] bugle

号(號)令 **hàolìng** [名] order

号(號)码(碼) **hàomǎ** [名] number

号(號)脉(脈) **hàomài** [动] take a pulse (*pt* took, *pp* taken)

号(號)召 **hàozhào** [动] appeal

好

hào [动] **1** (喜爱) like ▷ 他好集邮。**Tā hào jíyóu.** He likes collecting stamps. ▷ 他好背后议论人。**Tā hào bèihòu yìlùn rén.** He likes discussing other people behind their backs. **2** (容易) be easy ▷ 天太热，人好中暑。**Tiān tài rè, rén hào zhòngshǔ.** It's too hot – you could easily get sunstroke.
→ 另见 **hǎo**

好客 **hàokè** [形] hospitable

好奇 **hàoqí** [形] curious ▷ 好奇有时会引致灾祸。**Hàoqí yǒushí huì yǐnzhì zāihuò.** Curiosity can sometimes lead to disaster.

好强(強) **hàoqiáng** [形] ambitious

好胜(勝) **hàoshèng** [形] competitive

好事 **hàoshi** [动] be nosy

好恶(惡) **hàowù** [名] likes and dislikes (*pl*)

好学(學) **hàoxué** [形] studious

好逸恶(惡)劳(勞) **hào yì wù láo** bone idle

耗

hào I [动] **1** (用) use **2** (方) (拖延) dawdle **II** [名] (坏消息) bad news (*sg*)

耗费(費) **hàofèi** [动] consume

耗损(損) **hàosǔn** [动] waste

耗子 **hàozi** [名] (方) mouse (*pl* mice)

浩

hào [形] **1** (大) great **2** (多) many

浩荡(蕩) **hàodàng** [形] mighty

浩浩荡(蕩)荡(蕩) **hàohào dàngdàng** awesome

浩劫 **hàojié** [名] catastrophe

浩如烟(煙)海 **hào rú yān hǎi** myriad ▷ 中国古典诗歌浩如烟海。**Zhōngguó gǔdiǎn shīgē hào rú yān hǎi.** There are a myriad of Chinese ancient classical poems.

呵

hē [动] **1** (气) breathe out **2** (责备) scold

呵斥 **hēchì** [动] bawl ▷ 孩子还小，不要总呵斥他。**Háizi hái xiǎo, bù yào zǒng hēchì tā.** The kid's still small — you shouldn't be bawling at him all the time.

呵护(護) **hēhù** [动] look after

喝

hē [动] drink (*pt* drank, *pp* drunk)
→ 另见 **hè**

喝醉 **hēzuì** [动] get drunk

喝西北风(風) **hē xīběifēng** starve ▷ 他没了工作，全家只能喝西北风了。**Tā méile gōngzuò, quánjiā zhǐ néng hē xīběifēng le.** He lost his job, so the whole family is going to starve.

禾

hé 见下文

禾苗 **hémiáo** [名] grain seedling

合(閤)

hé I [动] **1** (闭) close ▷ 我把书合上了。**Wǒ bǎ shū héshàng le.** I closed the book. **2** (合在一起) join ▶ 合资 **hézī** joint venture **3** (折合) be equal to ▷ 一英镑合人民币多少钱？**Yī yīngbàng hé rénmínbì duōshǎo qián?** How much is a pound equal to in Renminbi? **4** (符合) tally with ▷ 他所说的不合事实。**Tā suǒshuō de bù hé shìshí.** His story doesn't tally with the facts. ▷ 这段话不合逻辑。**Zhè duàn huà bù hé luóji.** There's no logic in these words. **II** [形] whole ▷ 合家团聚 **héjiā tuánjù** the whole family reunited

合并(並) **hébìng** [动] merge

合唱 **héchàng** [名] chorus

合成 **héchéng** [动] **1** (联合) merge **2** (化) synthesize

合法 **héfǎ** [形] legal

合格 **hégé** [形] qualified

合乎 **héhū** [动] conform to

合伙(夥) **héhuǒ** [动] form a partnership

合计(計) **héjì** [动] add up to

合计(計) **héji** [动] **1** (琢磨) think (*pt*, *pp* thought) ▷ 他合计来合计去还是觉得不划算。

Tā héjilái héjiqù háishì juéde bù huásuàn. He thought and thought about it and still reckoned it wasn't worth it. **2** (商量) discuss

合剂(劑) **héjì** [名] mixture

合金 **héjīn** [名] alloy

合刊 **hékān** [名] combined issue

合理 **hélǐ** [形] rational

合流 **héliú** [动] (汇合) merge

合拍 **hépāi I** [形] in step with ▷ 他的生活方式与时代不太合拍。Tā de shēnghuó fāngshì yǔ shídài bù tài hépāi. His lifestyle is not really in step with the times. **II** [动] co-produce

合情合理 **hé qíng hé lǐ** fair ▷ 他的做法合情合理。Tā de zuòfǎ hé qíng hé lǐ. He has a fair way of doing things.

合群 **héqún** [形] gregarious

合身 **héshēn** [形] fitted ▷ 这些衣服很合身。Zhèxiē yīfu hěn héshēn. These clothes are a good fit.

合适(適) **héshì** [形] appropriate

合算 **hésuàn** [动] be worthwhile

合同 **hétong** [名] contract

合意 **héyì** [形] suitable

合(部)营(營) **héyíng** [动] co-own

合资(資) **hézī** [名] joint venture

合资(資)公司 **hézī gōngsī** [名] joint venture company

合奏 **hézòu** [动] ensemble

合作 **hézuò** [动] cooperate ▷ 两家出版社合作出版了这套百科全书。Liǎng jiā chūbǎnshè hézuò chūbǎnle zhè tào bǎikēquánshū. Two publishing companies collaborated to publish this encyclopedia. ▷ 加强国际间的经济合作 jiāqiáng guójì jiān de jīngjì hézuò increase international economic cooperation ▷ 我们是合作伙伴。Wǒmen shì hézuò huǒbàn. We are partners in this collaboration.

何 **hé** [代] **1** (什么) ▶ 何时 héshí when ▶ 何人 hérén who ▶ 何地 hédì where **2** (哪里) ▷ 这消息从何而来 ? Zhè xiāoxi cóng hé ér lái? Where did this information come from?

何必 **hébì** [副] why

何不 **hébù** [副] why ... not ▷ 何不叫你女朋友一起来？Hébù jiào nǐ nǚpéngyou yīqǐ lái? Why don't you ask your girlfriend to come too? ▷ 既然有事，何不早说？Jìrán yǒushì, hébù zǎo shuō? You may have had things to do, but why didn't you say so earlier?

何尝(嘗) **hécháng** [副] ▷ 我何尝不想多学些英语，实在是没时间。Wǒ hécháng bù xiǎng duō xué xiē Yīngyǔ, shízài shì méi shíjiān. It's not that I don't want to study English any more. I just don't have the time.

何等 **héděng** [副] how ▷ 他们何等幸福啊！Tāmen héděng xìngfú a! How lucky are they!

何妨 **héfáng I** [动] (书) be no harm in ▷ 说说何妨？Shuōshuo héfáng? What's the harm in talking? **II** [副] why ▷ 你何妨不出国留学呢？Nǐ héfáng bù chūguó liúxué ne? Why don't you go abroad to study?

何苦 **hékǔ** [副] ▷ 你何苦这么做呢？Nǐ hékǔ zhème zuò ne? Why are you bothering to do it? ▷ 你何苦去那么早呢？Nǐ hékǔ qù nàme zǎo ne? Why are you bothering to go so early?

何况(況) **hékuàng** [连] ▷ 那影片大人看了都害怕，何况儿童。Nà yǐngpiàn dàrén kànle dōu hàipà, hékuàng értóng. Even adults find the film scary, never mind children. ▷ 山路很难走，何况还下着雨。Shānlù hěn nán zǒu, hékuàng hái xiàzhe yǔ. The mountain pass is tricky, even when it's not raining.

何其 **héqí** [副] how ▷ 何其贪婪！Héqí tānlán! How greedy!

何以 **héyǐ** [副] (书) **1** (怎么) how **2** (为什么) why

何止 **hézhǐ** [动] be far more than

和 **hé I** [连] and ▷ 他和我是同事。Tā hé wǒ shì tóngshì. He and I are colleagues. ▷ 工作和学习 gōngzuò hé xuéxí work and study **II** [介] with ▷ 这事和你没关系。Zhè shì hé nǐ méi guānxi. This has nothing to do with you. **III** [形] **1** (平和) mild ▶ 温和 wēnhé temperate **2** (暖) warm ▶ 和煦 héxù pleasantly warm **3** (和睦) on good terms ▷ 夫妻不和。Fūqī bùhé. The couple are not on good terms. **IV** [名] **1** (和解) reconciliation ▶ 讲和 jiǎnghé talk of reconciliation **2** (和平) peace ▷ 维和部队 wéihé bùduì peace-keeping forces **3** (总数) total ▷ 5与5的和是10。Wǔ yǔ wǔ de hé shì shí. 5 and 5 is 10. **V** [动] draw (*pt* drew, *pp* drawn) ▷ 这场比赛和了。Zhè chǎng bǐsài hé le. The match was a draw.

→ 另见 huó, huò

和蔼(藹) **hé'ǎi** [形] affable

和风(風) **héfēng** [名] light breeze

和服 **héfú** [名] kimono

和好 **héhǎo** [动] reconcile

和缓(緩) **héhuǎn I** [形] gentle **II** [动] relax

和解 **héjiě** [动] settle ... differences ▷ 虽经国际社会调停，两国终未和解。Suī jīng guójì shèhuì tiáotíng, liǎngguó zhōngwèi héjiě. Despite the intervention of the international community, the two countries were ultimately unable to settle their differences.

和睦 **hémù** [形] harmonious

和盘(盤)托出 **hé pán tuō chū** tell the whole truth ▷ 她要将秘密和盘托出。Tā yàojiāng

mìmì hé pán tuō chū. She will tell the whole truth about her secrets.
和平 hépíng [名] (指战争) peace
和气(氣) héqi **I** [形] polite **II** [名] peace
和善 héshàn [形] kind
和尚 héshang [名] Buddhist monk
和声(聲) héshēng [名] (指音乐) chord
和事老 héshìlǎo [名] mediator
和数(數) héshù [名] sum
和谐(諧) héxié [形] harmonious
和煦 héxù [形] warm
和颜(顏)悦(悅)色 hé yán yuè sè be all sweetness and light ▷ 老师对学生总是和颜悦色。Lǎoshī duì xuésheng zǒng shì hé yán yuè sè. The teacher is all sweetness and light with the students.
和约(約) héyuē [名] peace treaty

河 hé [名] **1** (河) river **2** (银河) galaxy
河川 héchuān [名] river
河道 hédào [名] river's course
河流 héliú [名] river

荷 hé [名] lotus
→ 另见 hè
荷包蛋 hébāodàn [名] poached egg

核 hé **I** [名] **1** (指水果) stone **2** (指细胞, 原子) nucleus **II** [动] examine ▶ 审核 shěnhé examine and verify
核(覈)查 héchá [动] examine
核(覈)定 hédìng [动] verify
核(覈)对(對) héduì [动] check
核计(計) héjì [动] calculate
核(覈)实(實) héshí [动] verify
核算 hésuàn [动] calculate
核武器 héwǔqì [名] nuclear weapon
核心 héxīn [名] core
核准 hézhǔn [动] verify and approve
核子 hézǐ [名] nucleus

盒 hé [名] box
盒子 hézi [名] box

颌 hé [名] jaw

吓(嚇) hè **I** [动] scare **II** [叹] damn ▷ 吓, 这是怎么搞的! Hè, zhè shì zěnme gǎo de! Damn! How has this happened?
→ 另见 xià

贺(賀) hè [动] congratulate
贺(賀)词(詞) hècí [名] congratulatory speech
贺(賀)卡 hèkǎ [名] greetings card
贺(賀)年 hènián [动] extend New Year's greetings ▷ 贺年卡 hèniánkǎ New Year's card
贺(賀)喜 hèxǐ [动] congratulate

荷 hè **I** [动] (扛) shoulder **II** [名] load
→ 另见 hé
荷枪(槍)实(實)弹(彈) hè qiāng shí dàn armed ▷ 荷枪实弹的警察在巡逻。Hè qiāng shí dàn de jǐngchá zài xúnluó. Armed police are on the beat.

喝 hè [动] shout
→ 另见 hē
喝彩 hècǎi [动] cheer
喝倒彩 hè dàocǎi [动] boo

赫 hè **I** [形] conspicuous **II** [名] (赫兹) hertz
赫然 hèrán [副] (突然出现) impressively
赫兹(茲) hèzī [名] hertz

褐 hè [名] (指颜色) brown

鹤(鶴) hè [名] crane

壑 hè [名] gully

黑 hēi [形] **1** (指颜色) black ▶ 黑板 hēibǎn blackboard **2** (暗) dark ▷ 天快黑了。Tiān kuài hēi le. It's nearly dark. **3** (秘密) secret ▶ 黑话 hēihuà jargon ▶ 黑市 hēishì black market **4** (狠毒) wicked ▷ 他的心真黑! Tā de xīn zhēn hēi! He's so wicked! **5** (反动) ▶ 黑社会 hēishèhuì gangland ▶ 黑手党 hēishǒudǎng the Mafia
黑暗 hēi'àn [形] **1** (指光线) dark **2** (腐败) corrupt
黑白 hēibái [名] **1** (颜色) black and white ▷ 黑白电视机 hēibái diànshìjī black and white television **2** (是非) right and wrong
黑板 hēibǎn [名] blackboard
黑帮 hēibāng [名] bunch of gangsters
黑道 hēidào [名] **1** (指路) dark street **2** (黑社会) gangland
黑话(話) hēihuà [名] jargon
黑客 hēikè [名] hacker
黑名单(單) hēimíngdān [名] blacklist
黑幕 hēimù [名] dark secret
黑钱(錢) hēiqián [名] dirty money
黑人 hēirén [名] black person (*pl* people)
黑色幽默 hēisè yōumò [名] black humour (英) 或 humor (美)
黑哨 hēishào [名] referee's biased call
黑社会(會) hēishèhuì [名] the underworld
黑市 hēishì [名] black market

黑手党(黨) hēishǒudǎng [名] the Mafia
黑压(壓)压(壓) hēiyāyā [形] masses of
黑油油 hēiyóuyóu [形] greasy
黑黝黝 hēiyǒuyǒu [形] shiny black

嘿 hēi **I** [叹] **1** (用于提起注意) hey ▷ 嘿，快来！ **Hēi, kuài lái!** Hey, come quickly! **2** (表示得意) wow **3** (表示惊异) oh **II** [拟] ha ha

痕 hén [名] trace
痕迹(跡) hénjì [名] **1** (印记) imprint **2** (迹象) trace

很 hěn [副] very ▷ 他个子很高。**Tā gèzi hěn gāo.** He is very tall. ▷ 她钢琴弹得很不错。**Tā gāngqín tán de hěn bùcuò.** She plays the piano very well. ▷ 我很了解他。**Wǒ hěn liǎojiě tā.** I understand him very well. ▷ 伦敦的房价贵得很。**Lúndūn de fángjià guì de hěn.** House prices in London are very high.

狠 hěn **I** [形] **1** (凶恶) ruthless **2** (坚决) resolute **3** (厉害) relentless **II** [动] harden
狠毒 hěndú [形] cruel
狠心 hěnxīn [形] heartless

恨 hèn [动] **1** (憎恶) hate ▷ 他恨懒惰的人。**Tā hèn lǎnduò de rén.** He hates lazy people. **2** (后悔) regret ▷ 她恨当初和他结了婚。**Tā hèn dāngchū hé tā jiéle hūn.** She regretted getting married to him in the first place.
恨铁(鐵)不成钢(鋼) hèn tiě bù chéng gāng be cruel to be kind
恨之入骨 hèn zhī rù gǔ detest ▷ 他对贪官恨之入骨。**Tā duì tānguān hèn zhī rù gǔ.** He detests corruption.

亨 hēng 见下文
亨通 hēngtōng [形] smooth

哼 hēng **I** [拟] moan **II** [动] **1** (轻唱) hum ▷ 他一边走一边哼着一支小曲。**Tā yībiān zǒu yībiān hēngzhe yī zhī xiǎoqǔ.** He hummed a tune as he walked. **2** (发出鼻音) groan
哼哧 hēngchī [拟] snort

恒(恆) héng **I** [形] **1** (永久) permanent **2** (平常) common **II** [名] perseverance
恒(恆)量 héngliàng [名] constant
恒(恆)温(溫) héngwēn [名] constant temperature
恒(恆)心 héngxīn [名] perseverance
恒(恆)星 héngxīng [名] star

横(橫) héng **I** [名] horizontal **II** [形] **1** (梁，线，行) horizontal ▷ 横线 **héngxiàn** horizontal line **2** (左右向) sideways ▷ 横躺 **héngtǎng** lie sideways ▷ 他横躺在床上。**Tā héngtǎng zài chuáng shàng.** He lay sideways on the bed. **3** (指横截) across ▶ 人行横道 **rénxíng héngdào** zebra crossing **III** [副] **1** (纷杂) flowingly ▷ 妙趣横生 **miàoqù héngshēng** sparkle with wit **2** (蛮横) flagrantly ▷ 横行霸道 **héngxíng bàdào** throw one's weight about **IV** [动] turn ... lengthways ▷ 请把桌子横过来。**Qǐng bǎ zhuōzi héng guòlái.** Please turn the table lengthways.
→ 另见 hèng
横(橫)冲(衝)直撞 héng chōng zhí zhuàng swerve about recklessly ▷ 巴士在车道里横冲直撞。**Bāshì zài chēdào lǐ héng chōng zhí zhuàng.** The bus swerved about recklessly in the bus lane.
横(橫)七竖(豎)八 héng qī shù bā lying this way and that ▷ 门前横七竖八地停着很多自行车。**Ménqián héng qī shù bā de tíngzhe hěnduō zìxíngchē.** Bicycles were lying this way and that in front of the door.
横(橫)扫(掃) héngsǎo [动] sweep ... away (*pt*, *pp* swept) ▷ 秋风横扫落叶。**Qiūfēng héngsǎo luòyè.** The autumn wind swept away the fallen leaves.
横(橫)竖(豎) héngshù [副] in any case ▷ 我横竖会把那笔钱还给你的。**Wǒ héngshù huì bǎ nà bǐ qián huángěi nǐ de.** I'll give you the money back in any case.
横(橫)向 héngxiàng [形] **1** (平行) horizontal **2** (指东西方向) lateral
横(橫)行 héngxíng [动] run wild (*pt* ran, *pp* run)
横(橫)行霸道 héngxíng bàdào terrorize ▷ 黑社会成员在社会上横行霸道。**Hēishèhuì chéngyuán zài shèhuì shàng héngxíng bàdào.** Members of the criminal underworld are terrorizing society.

衡 héng **I** [名] weight **II** [动] weigh
衡量 héngliáng [动] weigh

横(橫) hèng [形] **1** (粗暴) harsh **2** (指意外) unexpected
→ 另见 héng
横(橫)财(財) hèngcái [名] ill-gotten gains (*pl*) ▷ 发横财 **fā hèngcái** get rich by foul means

哼 hng [叹] hmmph

轰(轟) hōng **I** [拟] bang **II** [动] **1** (指炮) bang **2** (指火药) boom **3** (指雷) rumble **4** (动物) herd **5** (人) drive (*pt* drove, *pp* driven)
轰(轟)动(動) hōngdòng [动] take ... by storm (*pt* took, *pp* taken) ▷ 轰动世界 **hōngdòng**

h

shìjiè take the world by storm
轰(轟)轰(轟)烈烈 hōnghōnglièliè vigorously ▷我们要轰轰烈烈地干一番事业。Wǒmen yào hōnghōnglièliè de gàn yī fān shìyè. We are going to promote this cause vigorously.
轰(轟)隆 hōnglōng [拟] rumble
轰(轟)炸 hōngzhà [动] bomb

哄(鬨) hōng [动] (形容大笑) roar
→另见 hǒng, hòng
哄(鬨)传(傳) hōngchuán [动] spread (*pt*, *pp* spread) ▷人们在哄传地震的消息。Rénmen zài hōngchuán dìzhèn de xiāoxi. People are spreading the news of the earthquake.
哄(鬨)抢(搶) hōngqiǎng [动] scramble for
哄堂大笑 hōngtángdàxiào make everyone roar with laughter ▷他的笑话引得大家哄堂大笑。Tā de xiàohua yǐn de dàjiā hōngtángdàxiào. His joke made everyone roar with laughter.

烘 hōng [动] (烘烤) dry ▷她把衣服烘干了。Tā bǎ yīfu hōnggān le. She dried her clothes.
烘托 hōngtuō [动] (使突出) set ... off (*pt*, *pp* set) ▷绿叶烘托着粉红色的花朵。Lǜyè hōngtuōzhe fěnhóngsè de huāduǒ. The greenery set off the pink flowers.

弘 hóng **I** [形] great **II** [动] expand
弘扬(揚) hóngyáng [动] promote

红(紅) hóng **I** [形] **1** (指颜色) red ▶红旗 hóngqí red flag ▶红十字会 Hóngshízìhuì the Red Cross **2** (形容受欢迎) popular ▶走红 zǒuhóng be popular ▶红人 hóngrén rising star **3** (形容成功) successful ▶红运 hóngyùn lucky **4** (革命) red **II** [名] (红利) bonus ▶分红 fēnhóng get a bonus
红(紅)白喜事 hóng bái xǐshì [名] weddings and funerals (*pl*)
红(紅)包 hóngbāo [名] **1** (作为贺礼) lucky money **2** (贿赂) dirty money
红(紅)茶 hóngchá [名] black tea
红(紅)尘(塵) hóngchén [名] the human world
红(紅)灯(燈)区(區) hóngdēngqū [名] red-light district
红(紅)火 hónghuo [形] flourishing
红(紅)利 hónglì [名] bonus
红(紅)领(領)巾 hónglǐngjīn [名] red scarf (*worn by members of the Young Pioneers organization*)
红(紅)绿(綠)灯(燈) hónglǜdēng [名] traffic lights (*pl*)
红(紅)马(馬)甲 hóngmǎjiǎ [名] stockbroker
红(紅)娘 hóngniáng [名] matchmaker
红(紅)旗 hóngqí [名] red flag
红(紅)人 hóngrén [名] rising star ▷他是剧团里的红人。Tā shì jùtuán lǐ de hóngrén. He is the rising star of the theatrical troupe.
红(紅)润(潤) hóngrùn [形] ruddy
红(紅)色 hóngsè [形] red ▷红色的头发 hóngsè de tóufa red hair ▷红色政权 hóngsè zhèngquán revolutionary power
红(紅)十字会(會) Hóngshízìhuì [名] the Red Cross
红(紅)彤彤 hóngtōngtōng [形] scarlet
红(紅)外线(線) hóngwàixiàn [名] infrared rays (*pl*)
红(紅)眼 hóngyǎn [动] see red (*pt* saw, *pp* seen)
红(紅)眼病 hóngyǎnbìng [名] **1** (病) conjunctivitis **2** (嫉妒) jealousy
红(紅)艳(豔)艳(豔) hóngyànyàn [形] scarlet

宏 hóng [形] great
宏大 hóngdà [形] grand
宏观(觀) hóngguān [名] ▷宏观经济 hóngguān jīngjì macroeconomics
宏论(論) hónglùn [名] bright idea
宏图(圖) hóngtú [名] grand plan
宏伟(偉) hóngwěi [形] magnificent

虹 hóng [名] rainbow

洪 hóng [名] (指洪水) flood ▶洪水 hóngshuǐ flood
洪亮 hóngliàng [形] sonorous
洪水 hóngshuǐ [名] flood

鸿(鴻) hóng **I** [名] **1** (大雁) wild goose (*pl* geese) **2** (书信) letter **II** [形] vast
鸿(鴻)沟(溝) Hónggōu [名] gap
鸿(鴻)雁 hóngyàn [名] (鸟) wild goose (*pl* geese)
鸿(鴻)运(運) hóngyùn [名] fortune

哄 hǒng [动] **1** (哄骗) cheat **2** (安抚) calm ▷妈妈哄 小孩睡觉。Māma hǒng xiǎohái shuìjiào. The mother calmed the child so that he could sleep.
→另见 hōng, hòng
哄骗(騙) hǒngpiàn [动] cheat

哄(鬨) hòng [动] cause an uproar
→另见 hōng, hǒng

侯 hóu [名] **1** (贵族) nobleman (*pl* noblemen) **2** (侯爵) marquis

喉 **hóu** [名] throat
喉咙(嚨) **hóulóng** [名] throat
喉舌 **hóushé** [名] mouthpiece

猴 **hóu** [名] monkey
猴子 **hóuzi** [名] monkey

瘊 **hóu** 见下文
瘊子 **hóuzi** [名] wart

吼 **hǒu** [动] **1** (狮子, 老虎) roar **2** (人, 风) howl
吼叫 **hǒujiào** [动] howl

后(後) **hòu** [名] **1** (背面) the back ▷ 房后有个车库。**Fáng hòu yǒu gè chēkù.** At the back of the house is a garage. **2** (指时间) ▶ 后天 **hòutiān** the day after tomorrow ▷ 后来的人没有位置坐。**Hòulái de rén méiyǒu wèizhì zuò.** The people who arrive late won't get seats. **3** (指次序) the last ▷ 我坐在后排。**Wǒ zuò zài hòupái.** I'm sitting in the last row. ▷ 他的考试成绩在全班后十名。**Tā de kǎoshì chéngjì zài quánbān hòu shí míng.** His test mark puts him in the last ten of the class. **4** (子孙) children **5** (君主的妻子) empress ▶ 皇后 **huánghòu** empress
后(後)备(備) **hòubèi** [名] reserve
后(後)辈(輩) **hòubèi** [名] younger generation
后(後)边(邊) **hòubian** [名] back
后(後)代 **hòudài** [名] **1** (指时代) later generations (*pl*) **2** (子孙) offspring
后(後)盾 **hòudùn** [名] backup
后(後)方 **hòufāng** [名] rear
后(後)福 **hòufú** [名] future fortune
后(後)果 **hòuguǒ** [名] consequence
后(後)患 **hòuhuàn** [名] bad consequences (*pl*)
后(後)悔 **hòuhuǐ** [动] regret
后(後)会(會)有期 **hòu huì yǒu qī** we'll meet again someday
后(後)继(繼) **hòujì** [动] carry on
后(後)进(進) **hòujìn** **I** [形] backward **II** [名] slowcoach
后(後)劲(勁) **hòujìn** [名] **1** (指酒) after-effects (*pl*) **2** (形容力量) stamina
后(後)来(來) **hòulái** [副] afterwards ▷ 后来他们谁也不理谁。**Hòulái tāmen shéi yě bù lǐ shéi.** Afterwards they didn't talk to each other. ▷ 我后来再也没有见过他。**Wǒ hòulái zài yě méi yǒu jiànguo tā.** I didn't see him again after that.
后(後)路 **hòulù** [名] (指机会) way out
后(後)门(門) **hòumén** [名] back door
后(後)面 **hòumiàn** **I** [名] back **II** [副] later
后(後)年 **hòunián** [名] the year after next
后(後)怕 **hòupà** [动] have a lingering fear
后(後)起之秀 **hòu qǐ zhī xiù** ▷ 他是文学界的后起之秀。**Tā shì wénxuéjiè de hòu qǐ zhī xiù.** He's up-and-coming in the literary world.
后(後)勤 **hòuqín** [名] logistics (*pl*)
后(後)人 **hòurén** [名] **1** (指非亲属) follower **2** (子孙) offspring
后(後)任 **hòurèn** [名] successor
后(後)事 **hòushì** [名] funeral
后(後)手 **hòushǒu** [名] way out
后(後)台(臺) **hòutái** [名] **1** (指舞台) backstage **2** (喻) (指人或集团) backstage support
后(後)天 **hòutiān** [名] the day after tomorrow
后(後)退 **hòutuì** [动] retreat
后(後)卫(衛) **hòuwèi** [名] rear
后(後)裔 **hòuyì** [名] descendant
后(後)援 **hòuyuán** [名] reinforcements (*pl*)
后(後)缀(綴) **hòuzhuì** [名] suffix

厚 **hòu** **I** [形] **1** (书, 衣服, 脸皮) thick ▷ 他脸皮真厚! **Tā liǎnpí zhēn hòu!** He's so thick-skinned! ▷ 厚被子 **hòu bèizi** thick blanket **2** (雪, 土) deep **3** (指感情) profound **4** (指性格) honourable **5** (指利润, 礼品) extravagant **6** (指味道) rich **7** (指家产) loaded **II** [动] **1** (优待) favour (英), favor (美) **2** (重视) stress
厚爱(愛) **hòu'ài** [名] adoration
厚道 **hòudao** [形] kind
厚望 **hòuwàng** [名] expectation
厚颜(顏)无(無)耻(恥) **hòuyán wúchǐ** shameless ▷ 厚颜无耻的叛徒 **hòuyán wúchǐ de pàntú** shameless turncoat
厚重 **hòuzhòng** [形] **1** (字典, 大衣) thick **2** (奖赏, 礼物) extravagant **3** (文化沉积) dignified

候 **hòu** **I** [动] **1** (等待) wait **2** (问好) inquire after **II** [名] **1** (时节) season **2** (情况) state
候补(補) **hòubǔ** [动] be a candidate for
候鸟(鳥) **hòuniǎo** [名] migratory bird
候选(選)人 **hòuxuǎnrén** [名] candidate

呼 **hū** **I** [动] **1** (排气) exhale **2** (喊) shout ▶ 呼喊 **hūhǎn** shout **3** (叫) call ▶ 呼叫 **hūjiào** call ▶ 呼救 **hūjiù** call for help **II** [拟] whistle
呼哧 **hūchī** [拟] pant
呼喊 **hūhǎn** [动] shout
呼号(號) **hūháo** [动] **1** (因悲伤) wail **2** (为求援) cry out
呼唤(喚) **hūhuàn** [动] call
呼机(機) **hūjī** [名] pager
呼叫 **hūjiào** [动] **1** (指电台) call **2** (呼喊) shout

h

呼救 **hūjiù** [动] call for help
呼噜 **hūlu** [名] (口) snore
呼哨 **hūshào** [名] whistle
呼声(聲) **hūshēng** [名] **1** (指声音) cry ▷震天动地的呼声 **zhèn tiān dòng dì de hūshēng** an earth-shattering cry **2** (意见) voice
呼吸 **hūxī** [动] breathe
呼啸(嘯) **hūxiào** [动] whistle ▷警车呼啸而过。**Jǐngchē hūxiào ér guò.** The police car whistled past.
呼应(應) **hūyìng** [动] echo
呼吁(籲) **hūyù** [动] call for ▷联合国呼吁双方停火。**Liánhéguó hūyù shuāngfāng tínghuǒ.** The United Nations is calling for a bilateral ceasefire.

忽 **hū I** [动] neglect **II** [副] suddenly
忽而 **hū'ér** [副] suddenly ▷远处的灯光忽而明，忽而暗。**Yuǎnchù de dēngguāng hū'er míng, hū'er àn.** The lights in the distance flickered on and off.
忽略 **hūlüè** [动] overlook ▷易被忽略的细节 **yìbèi hūlüè de xìjié** details that could be easily overlooked
忽然 **hūrán** [副] suddenly ▷天空忽然飘起了雪花。**Tiānkōng hūrán piāoqǐle xuěhuā.** All at once the sky filled with snow.
忽视(視) **hūshì** [动] ignore

糊 **hū** [动] plaster
→另见 **hú, hù**

囫 **hú** 见下文
囫囵(圇)吞枣(棗) **húlún tūn zǎo** read without understanding

狐 **hú** 见下文
狐狸(貍) **húli** [名] fox
狐假虎威 **hú jiǎ hǔ wēi** exploit another person's power
狐疑 **húyí** [动] suspect

弧 **hú** [名] arc
弧度 **húdù** [名] radian
弧形 **húxíng** [名] arc

胡 **hú I** [名] **1** (鬍) moustache (英), mustache (美) **2** (长在下颚, 两腮) beard **II** [副] recklessly
胡扯 **húchě** [动] talk nonsense ▷他尽胡扯。**Tā jìn húchě.** He is talking complete nonsense.
胡搅(攪)蛮(蠻)缠(纏) **hú jiǎo mán chán** pester incessantly
胡乱(亂) **húluàn** [副] **1** (随便) casually ▷她胡乱地吃了两口就出门了。**Tā húluàn de chīle liǎng kǒu jiù chūmén le.** She grabbed a quick bite, then went out. **2** (任意) wilfully ▷他总是胡乱地发表意见。**Tā zǒngshì húluàn de fābiǎo yìjiàn.** He's always spouting off his opinions.
胡闹(鬧) **húnào** [动] play around ▷睡觉去吧，别胡闹了。**Shuìjiào qù ba, bié húnào le.** Go to bed, and no playing around.
胡说(說) **húshuō** [动] talk nonsense
胡思乱(亂)想 **hú sī luàn xiǎng** let one's imagination go wild
胡同 **hútòng** [名] lane
胡言乱(亂)语(語) **hú yán luàn yǔ** talk nonsense ▷他一喝酒就会胡言乱语。**Tā yī hējiǔ jiù huì hú yán luàn yǔ.** Once he starts drinking he talks all sorts of nonsense.
胡(鬍)子 **húzi** [名] **1** (髭) moustache (英), mustache (美) **2** (指长在下颚, 两腮) beard **3** (方) (胡匪) bandit
胡作非为(為) **hú zuò fēi wéi** run amok

壶(壺) **hú** [名] pot ▷一壶咖啡 **yī hú kāfēi** a pot of coffee

葫 **hú** 见下文
葫芦(蘆) **húlu** [名] gourd

湖 **hú** [名] lake
湖泊 **húpō** [名] lake

煳 **hú** [动] burn ▷饭烧煳了。**Fàn shāohú le.** The rice is burnt.

蝴 **hú** 见下文
蝴蝶 **húdié** [名] butterfly

糊 **hú** [动] paste
→另见 **hū, hù**
糊里(裡)糊涂(塗) **húlihútu** confused
糊涂(塗) **hútu** [形] **1** (不明白) confused **2** (混乱) chaotic ▷办公室里乱得一塌糊涂。**Bàngōngshì lǐ luàn de yītāhútù.** The office was in complete chaos.

虎 **hǔ I** [名] tiger **II** [形] vigorous
虎口余(餘)生 **hǔ kǒu yú shēng** narrowly escape death
虎头(頭)蛇尾 **hǔ tóu shé wěi** peter out after a good start

唬 **hǔ** [动] intimidate

琥 **hǔ** 见下文
琥珀 **hǔpò** [名] amber

互 hù [副] mutually ▷ 两国领导定期互访。Liǎng guó lǐngdǎo dìngqī hùfǎng. The leaders of the two countries met one another regularly in each place.

互补(補) hùbǔ [动] complement one another

互动(動) hùdòng [动] interact ▷ 教与学是互动的。Jiāo yǔ xué shì hùdòng de. There is interaction between teaching and learning.

互惠 hùhuì [动] reciprocate

互利 hùlì [动] be of mutual benefit

互联(聯)网(網) hùliánwǎng [名] the Internet

互通有无(無) hùtōng yǒuwú provide what another lacks

互相 hùxiāng [副] mutually

互助 hùzhù [动] help one another out

户(戶) hù [名] **1** (门) door **2** (住户) family ▷ 几百户人家 jǐ bǎi hù rénjiā several hundred families **3** (门第) social standing ▷ 门当户对 mén dāng hù duì be well-matched **4** (户头) bank account ▶ 账户 zhànghù account

户(戶)籍 hùjí [名] registered permanent residence

户(戶)口 hùkǒu [名] **1** (住户人口) number of households and total population **2** (户籍) registered permanent residence ▷ 迁户口 qiān hùkǒu change one's permanent address

护(護) hù [动] **1** (保护) protect **2** (庇护) take sides (*pt* took, *pp* taken)

护(護)城河 hùchénghé [名] moat

护(護)短 hùduǎn [动] cover up ▷ 你不应该给他护短。Nǐ bù yīnggāi gěi tā hùduǎn. You shouldn't have covered up for him.

护(護)航 hùháng [动] escort

护(護)理 hùlǐ [动] nurse ▷ 护理伤员 hùlǐ shāngyuán nurse the wounded

护(護)身符 hùshēnfú [名] talisman

护(護)士 hùshi [名] nurse

护(護)送 hùsòng [动] escort

护(護)卫(衛) hùwèi [动] protect

护(護)照 hùzhào [名] passport

糊 hù [名] paste

→ 另见 hū, hú

糊弄 hùnong [动] (方) **1** (欺骗) fool ▷ 他爱编造谎言糊弄我。Tā ài biānzào huǎngyán hùnong wǒ. He loves to make up lies to fool me with. **2** (将就) make do with ▷ 粗茶淡饭，糊弄着吃吧。Cū chá dàn fàn, hùnongzhe chī ba. It's just simple fare, but I hope it will do.

花 huā **I** [名] **1** (指植物) flower **2** (花状物) ▶ 泪花 lèihuā tear ▶ 雪花 xuěhuā snowflake ▶ 火花 huǒhuā spark **3** (烟火) fireworks (*pl*) **4** (花纹) pattern ▷ 印花布料 yìnhuā bùliào patterned material ▷ 白底红花 báidǐ hónghuā a red pattern on a white background **5** (精华) pinnacle ▷ 艺术之花 yìshù zhī huā the pinnacle of artistic achievement **6** (美女) beauty ▶ 校花 xiàohuā school beauties (*pl*) **7** (妓女) lady of the night ▷ 花街柳巷 huā jiē liǔ xiàng red-light district **II** [形] **1** (多彩) multi-coloured (英), multi-colored (美) ▷ 花花绿绿 huāhuālùlù colourful (英), colorful (美) **2** (有花的) floral ▶ 花篮 huālán flower basket ▶ 花车 huāchē float **3** (模糊) blurred ▶ 头昏眼花 tóuhūn yǎnhuā muddle-headed and bleary-eyed **4** (虚假) superficial ▶ 花招 huāzhāo trick ▷ 花言巧语 huā yán qiǎo yǔ smooth talk **III** [动] spend (*pt, pp* spent) ▷ 花钱 huā qián spend money ▷ 花工夫 huā gōngfu put in effort

花白 huābái [形] grey (英), gray (美)

花边(邊) huābiān [名] **1** (花纹) flowery border **2** (饰带) lace

花边(邊)新闻(聞) huābiān xīnwén [名] tabloid gossip

花草 huācǎo [名] flowers and plants (*pl*)

花朵 huāduǒ [名] flower

花费(費) huāfèi [动] spend (*pt, pp* spent) ▷ 花费心血 huāfèi xīnxuè expend effort ▷ 留学的花费很大。Liúxué de huāfèi hěn dà. It's very expensive to study abroad.

花好月圆(圓) huā hǎo yuè yuán blissful harmony

花花公子 huāhuā-gōngzǐ playboy

花花绿(綠)绿(綠) huāhuālùlù [形] colourful (英), colorful (美)

花花世界 huāhuā-shìjiè world full of temptations

花卉 huāhuì [名] flowers and plants (*pl*)

花季 huājì [名] the flower of one's youth ▷ 花季少女 huājì shàonǚ a young girl in the flower of her youth

花架子 huājiàzi [名] (喻) *something done merely for show*

花里(裡)胡哨 huālihúshào **1** (鲜艳) garish **2** (浮华) showy

花柳病 huāliǔbìng [名] sexually transmitted disease

花名册(冊) huāmíngcè [名] register

花容月貌 huā róng yuè mào stunningly beautiful

花色 huāsè [名] **1** (颜色) design and colour (英) 或 color (美) **2** (种类) variety

花哨 huāshao [形] **1** (颜色鲜艳) garish **2** (花样多) complex

h

花生 **huāshēng** [名] peanut
花束 **huāshù** [名] bouquet
花天酒地 **huā tiān jiǔ dì** lead a life of debauchery
花纹(紋) **huāwén** [名] decorative design
花销 **huāxiao** [名] cost
花言巧语(語) **huā yán qiǎo yǔ** smooth talk
花样(様) **huāyàng** [名] **1** (式样) variety **2** (花招) trick
花椰菜 **huāyēcài** [名] broccoli
花园(園) **huāyuán** [名] garden
花招 **huāzhāo** [名] trick
花枝招展 **huāzhī zhāozhǎn** gaudily dressed

哗(嘩) **huā** [拟] ▷ 自来水哗哗地流。**Zìláishuǐ huāhuā de liú.** The water gushed out of the tap. ▷ 窗帘哗的一声拉上了。**Chuānglián huā de yī shēng lāshàng le.** The curtains were pulled closed with a swoosh.
→ 另见 huá
哗(嘩)啦 **huālā** [拟] ▷ 他哗啦哗啦地翻着书。**Tā huālā huālā de fānzhe shū.** He sped through the book. ▷ 大桥哗啦一声就坍了。**Dàqiáo huālā yī shēng jiù tān le.** The bridge collapsed with a great crash.

划 **huá** [动] **1** (拨水) row ▶ 划桨 **huájiǎng** paddle **2** (合算) be worthwhile ▷ 划不来 **huábulái** not worth it **3** (擦) scratch ▷ 我把手指划破了。**Wǒ bǎ shǒuzhǐ huápò le.** I've scratched my finger.
→ 另见 huà
划算 **huásuàn I** [动] calculate **II** [形] good value

华(華) **huá I** [形] **1** (光彩) magnificent ▶ 华美 **huáměi** gorgeous **2** (繁盛) prosperous ▶ 繁华 **fánhuá** flourishing **3** (奢侈) extravagant ▶ 浮华 **fúhuá** flashy **4** (花白) grey (英), gray (美) ▶ 华发 **huáfà** grey (英) 或 gray (美) hair **II** [名] **1** (精华) the cream ▶ 才华 **cáihuá** talent **2** (时光) time ▷ 青春年华 **qīngchūn niánhuá** youth **3** (中国) China ▶ 华人 **huárén** Chinese person
华(華)灯(燈) **huádēng** [名] decorated lantern
华(華)而不实(實) **huá ér bù shí** showy
华(華)发(髮) **huáfà** [名] grey (英) 或 gray (美) hair
华(華)贵(貴) **huáguì** [形] **1** (华丽珍贵) sumptuous **2** (豪华富贵) luxurious
华(華)丽(麗) **huálì** [形] resplendent
华(華)美 **huáměi** [形] resplendent
华(華)侨(僑) **huáqiáo** [名] overseas Chinese
华(華)人 **huárén** [名] Chinese
华(華)裔 **huáyì** [名] *person of Chinese origin*

哗(譁) **huá** [动] make a noise
→ 另见 huā
哗(譁)变(變) **huábiàn** [动] mutiny
哗(譁)然 **huárán** [形] in uproar
哗(譁)众(眾)取宠(寵) **huá zhòng qǔ chǒng** play to the gallery

滑 **huá I** [形] **1** (光滑) slippery ▷ 路很滑。**Lù hěn huá.** The road is very slippery. **2** (指皮肤) smooth ▷ 她的皮肤很滑。**Tā de pífū hěn huá.** Her skin is silky smooth. **3** (油滑) crafty **II** [动] slip
滑冰 **huábīng** [动] ice skate
滑动(動) **huádòng** [动] slide (*pt, pp* slid)
滑稽 **huájī** [形] comical
滑溜 **huáliu** [形] smooth ▷ 滑溜的秀发 **huáliu de xiùfà** beautiful sleek hair
滑腻(膩) **huánì** [形] silky-smooth
滑坡 **huápō** [动] **1** (字) slide (*pt, pp* slid) ▷ 昨天发生山体滑坡。**Zuótiān fāshēng shāntǐ huápō.** Yesterday there was a landslide. **2** (喻) drop
滑润(潤) **huárùn** [形] smooth
滑头(頭) **huátóu** [名] sly old fox
滑翔 **huáxiáng** [动] glide
滑行 **huáxíng** [动] slide (*pt, pp* slid)
滑雪 **huáxuě** [动] ski

猾 **huá** [形] cunning

化 **huà I** [名] chemistry ▶ 化肥 **huàféi** chemical fertilizer **II** [动] **1** (变化) change ▶ 化装 **huàzhuāng** disguise oneself **2** (感化) convert ▶ 教化 **jiàohuà** educate **3** (融化) melt ▷ 积雪融化了。**Jīxuě rónghuà le.** The piles of snow have melted. **4** (消化) digest ▷ 消化饼干 **xiāohuà bǐnggān** digestive biscuit **5** (烧化) burn ▶ 火化 **huǒhuà** cremate **6** (死) die
化工 **huàgōng** [名] chemical industry
化合 **huàhé** [动] chemically combine
化解 **huàjiě** [动] eliminate
化疗(療) **huàliáo** [动] treat ... with chemotherapy
化名 **huàmíng** [名] pseudonym
化身 **huàshēn** [名] embodiment
化石 **huàshí** [名] fossil
化险(險)为(為)夷 **huà xiǎn wéi yí** head off a disaster
化学(學) **huàxué** [名] chemistry
化验(驗) **huàyàn** [动] test
化妆(妝) **huàzhuāng** [动] make oneself up
化装(裝) **huàzhuāng** [动] **1** (修饰) get into costume **2** (假扮) disguise oneself

划(劃) huà [动] **1** (划分) demarcate ▶ 划分 huàfēn divide **2** (划拨) transfer **3** (计划) plan → 另见 huá

划(劃)拨(撥) **huàbō** [动] **1** (资金) transfer **2** (物品) allocate ▷ 政府把食品划拨给灾区。Zhèngfǔ bǎ shípǐn huàbō gěi zāiqū. The government allocated food to the disaster zone.

划(劃)分 **huàfēn** [动] **1** (分成部分) divide **2** (区分) differentiate

划(劃)价(價) **huàjià** [动] get a prescription priced

划(劃)时(時)代 **huàshídài** epoch-making

划(劃)一 **huàyī** [形] uniform

画(畫) huà **I** [动] **1** (用铅笔) draw (*pt* drew, *pp* drawn) **2** (用刷状) (笔画) paint **II** [名] **1** (用铅笔) drawing **2** (用刷状) (笔画) painting ▶ 油画 yóuhuà oil painting **3** (笔画) stroke **III** [形] painted

画(畫)报(報) **huàbào** [名] pictorial

画(畫)饼(餅)充饥(飢) **huà bǐng chōng jī** comfort oneself with illusions

画(畫)工 **huàgōng** [名] **1** (指人) painter **2** (指技法) drawing skill

画(畫)家 **huàjiā** [名] painter

画(畫)具 **huàjù** [名] painting utensil

画(畫)龙(龍)点(點)睛 **huà lóng diǎn jīng** add the crowning touch

画(畫)面 **huàmiàn** [名] tableau (*pl* tableaux)

画(畫)蛇添足 **huà shé tiān zú** gild the lily

画(畫)坛(壇) **huàtán** [名] artistic circles (*pl*)

画(畫)图(圖) **huàtú** [名] picture

画(畫)外音 **huàwàiyīn** [名] voice-over

画(畫)像 **huàxiàng** [名] portrait

画(畫)押 **huàyā** [动] sign

画(畫)展 **huàzhǎn** [名] art exhibition

话(話) huà **I** [名] words (*pl*) ▶ 说话 shuōhuà talk ▶ 对话 duìhuà conversation ▶ 谎话 huǎnghuà lie **II** [动] talk about ▶ 话旧 huàjiù reminisce ▷ 闲话家常 xiánhuà jiācháng chat about everyday things

话(話)别(別) **huàbié** [动] part ▷ 依依话别 yīyī huàbié be reluctant to part

话(話)柄 **huàbǐng** [名] basis for attack

话(話)旧(舊) **huàjiù** [动] reminisce

话(話)剧(劇) **huàjù** [名] stage play

话(話)题(題) **huàtí** [名] subject

话(話)头(頭) **huàtóu** [名] topic of conversation

话(話)匣子 **huàxiázi** [名] chatterbox

话(話)音 **huàyīn** [名] **1** (声音) voice **2** (言外之意) tone

话(話)语(語) **huàyǔ** [名] words (*pl*)

桦(樺) huà [名] birch

怀(懷) huái **I** [名] **1** (胸前) bosom **2** (胸怀) mind ▷ 满怀壮志 mǎnhuái zhuàngzhì have a head full of plans **II** [动] **1** (思念) think of (*pt*, *pp* thought) **2** (存有) keep ... in mind (*pt*, *pp* kept) **3** (有孕) become pregnant (*pt* became, *pp* become)

怀(懷)抱 **huáibào I** [动] **1** (抱在怀) hold ... in one's arms (*pt*, *pp* held) ▷ 女孩怀抱着猫咪。Nǚhái huáibàozhe māomī. The girl held a cat in her arms. **2** (心里有) cherish **II** [名] bosom

怀(懷)才不遇 **huái cái bù yù** be unable to give full play to one's talent

怀(懷)春 **huáichūn** [动] have amorous thoughts

怀(懷)古 **huáigǔ** [动] ruminate on the past

怀(懷)恨 **huáihèn** [动] nurse a grudge

怀(懷)旧(舊) **huáijiù** [动] ruminate on the past

怀(懷)念 **huáiniàn** [动] yearn for ▷ 怀念故乡 huáiniàn gùxiāng yearn for one's hometown

怀(懷)疑 **huáiyí** [动] **1** (认为是真) suspect ▷ 我怀疑她没说实话。Wǒ huáiyí tā méi shuō shíhuà. I suspect that she's not telling the truth. **2** (认为不可能) doubt ▷ 我对他是否会来表示怀疑。Wǒ duì tā shìfǒu huì lái biǎoshì huáiyí. I doubt he will come.

怀(懷)孕 **huáiyùn** [动] be pregnant

槐 huái [名] Chinese scholar tree

踝 huái [名] ankle

坏(壞) huài **I** [形] **1** (不好) bad ▶ 坏蛋 huàidàn bad egg ▷ 坏习惯 huài xíguàn bad habit **2** (程度深) extreme ▷ 便宜的价格乐坏了顾客。Piányi de jiàgé lèhuàile gùkè. The cheap prices made the customers extremely happy. **II** [动] go off (*pt* went, *pp* gone) ▷ 牛奶坏了。Niúnǎi huài le. The milk has gone off. ▷ 空调坏了。Kōngtiáo huài le. The air-conditioning has broken down. **III** [名] dirty trick

坏(壞)处(處) **huàichu** [名] harm ▷ 多喝绿茶没坏处。Duō hē lǜchá méi huàichu. There's no harm in drinking more green tea. ▷ 缺乏睡眠对身体有坏处。Quēfá shuìmián duì shēntǐ yǒu huàichu. It's bad for you not to get enough sleep.

坏(壞)蛋 **huàidàn** [名] (讳) bastard

坏(壞)话(話) **huàihuà** [名] **1** (逆耳之言) honest truth ▷ 他好话坏话一并听。Tā hǎohuà huàihuà yībìng tīng. He's prepared to hear things he doesn't want to hear as well as that which is more welcome. **2** (不利的话) bad words (*pl*) ▹他从不说老婆坏话。**Tā cóng bù shuō lǎopo huàihuà.** He never speaks ill of his wife.

坏(壞)事 **huàishì** **I** [名] bad things (*pl*) **II** [动] mess things up

坏(壞)水 **huàishuǐ** [名] evil idea

欢(歡) **huān** [形] **1** (快乐) happy **2** (活跃) vigorous

欢(歡)畅(暢) **huānchàng** [形] overjoyed

欢(歡)呼 **huānhū** [动] cheer

欢(歡)聚 **huānjù** [动] happily gather

欢(歡)快 **huānkuài** [形] cheerful ▹欢快的气氛 **huānkuài de qìfèn** cheerful atmosphere

欢(歡)乐(樂) **huānlè** [形] joyful

欢(歡)声(聲)笑语(語) **huān shēng xiào yǔ** happy chatter ▹校园里留下了我们的欢声笑语。**Xiàoyuán lǐ liúxiàle wǒmen de huān shēng xiào yǔ.** Our happy chatter lingered in the schoolyard.

欢(歡)送 **huānsòng** [动] see ... off (*pt* saw, *pp* seen) ▹欢送代表团 **huānsòng dàibiǎotuán** see a delegation off

欢(歡)腾(騰) **huānténg** [动] rejoice

欢(歡)天喜地 **huān tiān xǐ dì** with great joy ▹大家欢天喜地迎新年。**Dàjiā huān tiān xǐ dì yíng xīnnián.** Everyone welcomed in the new year with great joy.

欢(歡)喜 **huānxǐ** **I** [形] overjoyed ▹她满心欢喜地等他回来。**Tā mǎn xīn huānxǐ de děng tā huílái.** Her heart was full of joy as she waited for him to return. **II** [动] be fond of

欢(歡)心 **huānxīn** [名] favour (英), favor (美) ▹她拼命想讨老师的欢心。**Tā pīnmìng xiǎng tǎo lǎoshī de huānxīn.** She desperately wanted to gain favour with her teacher.

欢(歡)迎 **huānyíng** [动] welcome ▹欢迎光临! **Huānyíng guānglín!** Welcome! ▹欢迎来中国。**Huānyín lái Zhōngguó.** Welcome to China.

还(還) **huán** [动] **1** (回) return ▸还乡 **huánxiāng** return to one's hometown ▸生还 **shēnghuán** survive **2** (归还) return ▸还债 **huánzhài** repay a debt ▹请把字典还给我。**Qǐng bǎ zìdiǎn huángěi wǒ.** Please return the dictionary to me. **3** (回报) repay (*pt, pp* repaid) ▸还礼 **huánlǐ** return a gift with a gift ▸还价 **huánjià** haggle ▸还击 **huánjī** fight back (*pt, pp* fought) ▸还手 **huánshǒu** strike back →另见 **hái**

还(還)本 **huánběn** [动] repay capital (*pt, pp* repaid)

还(還)击(擊) **huánjī** [动] fight back (*pt, pp* fought) ▹驻军奋起还击。**Zhùjūn fènqǐ huánjī.** The garrison readied itself for a counterattack.

还(還)价(價) **huánjià** [动] make a counter-offer ▹讨价还价 **tǎo jià huán jià** haggle

还(還)手 **huánshǒu** [动] retaliate ▹我还手打了他一巴掌。**Wǒ huánshǒu dǎle tā yī bāzhang.** I slapped him in retaliation.

还(還)原 **huányuán** [动] **1** (恢复) restore **2** (化) reduce

还(還)愿(願) **huányuàn** [动] **1** (对神) thank the gods for answering one's prayers **2** (对人) fulfil a promise

---

环(環) **huán** **I** [名] **1** (圆圈) ring ▸耳环 **ěrhuán** earring **2** (环节) element ▸环节 **huánjié** element ▹销售是重要的一个环节。**Xiāoshòu shì zhòngyào de yī gè huánjié.** Marketing is an important element. **II** [动] surround ▹四面环海 **sìmiàn huánhǎi** be surrounded by sea on all sides

环(環)保 **huánbǎo** [名] (环境保护) **huánjìng bǎohù** environmental protection

环(環)抱 **huánbào** [动] surround

环(環)顾(顧) **huángù** [动] look around

环(環)节(節) **huánjié** [名] **1** (指事物) element **2** (指动物) segment

环(環)境 **huánjìng** [名] environment ▹生活环境 **shēnghuó huánjìng** living conditions (*pl*) ▹投资环境 **tóuzī huánjìng** investment environment

环(環)境保护(護) **huánjìng bǎohù** [名] environmental protection

环(環)球 **huánqiú** **I** [动] go round the world (*pt* went, *pp* gone) **II** [名] the whole world

环(環)绕(繞) **huánrào** [动] surround

环(環)视(視) **huánshì** [动] look around

环(環)行 **huánxíng** [动] circle

寰 **huán** [名] world

寰球 **huánqiú** [名] the whole world

缓(緩) **huǎn** **I** [形] **1** (慢) slow **2** (缓和) relaxed **II** [动] **1** (推迟) delay **2** (恢复) revive

缓(緩)兵之计(計) **huǎn bīng zhī jì** delaying tactics

缓(緩)冲(衝) **huǎnchōng** [动] buffer

缓(緩)和 **huǎnhé** [形] relaxed

缓(緩)急 **huǎnjí** [名] degree of urgency

缓(緩)解 **huǎnjiě** [动] alleviate

缓(緩)慢 **huǎnmàn** [形] slow

缓(緩)刑 **huǎnxíng** [动] suspend a sentence

幻 huàn **I** [形] unreal **II** [动] change magically
幻灯(燈) **huàndēng** [名] **1** (幻灯片) slide **2** (幻灯机) slide projector
幻境 **huànjìng** [名] fairyland
幻觉(覺) **huànjué** [名] illusion
幻灭(滅) **huànmiè** [动] vanish into thin air
幻想 **huànxiǎng I** [动] dream ▷ 他幻想成为宇航员。**Tā huànxiǎng chéngwéi yǔhángyuán.** He dreamed of becoming an astronaut. **II** [名] fantasy
幻影 **huànyǐng** [名] illusion

宦 huàn **I** [名] **1** (官吏) official **2** (太监) eunuch **II** [动] fill an office
宦官 **huànguān** [名] eunuch
宦海 **huànhǎi** [名] official circles (*pl*)
宦途 **huàntú** [名] official career

换(換) huàn [动] **1** (交换) exchange ▷ 我拿书换你的杂志。**Wǒ ná shū huàn nǐ de zázhì.** I've got this book to exchange for your magazine. ▷ 用美元换英镑 **yòng měiyuán huàn yīngbàng** exchange US dollars for pounds **2** (更换) replace ▷ 家具换成新的了。**Jiājù huànchéng xīn de le.** The furniture has been replaced.
换(換)代 **huàndài** [动] (产品更新) upgrade
换(換)季 **huànjì** [动] change clothes for the season
换(換)届(屆) **huànjiè** [动] reappoint ▷ 政府官员每隔5年换届。**Zhèngfǔ guānyuán měi gé wǔ nián huànjiè.** Government officials are reappointed to their jobs every five years.
换(換)取 **huànqǔ** [动] exchange ... for ▷ 该国用石油换取食品。**Gāi guó yòng shíyóu huànqǔ shípǐn.** The country provides oil in exchange for food.
换(換)算 **huànsuàn** [动] convert ▷ 把外汇换算成人民币 **Bǎ wàihuì huànsuàn chéng rénmínbì** convert foreign currency into Renminbi
换(換)汤(湯)不换(換)药(藥) **huàn tāng bù huàn yào** make superficial changes
换(換)血 **huànxiě** [动] (喻) introduce fresh blood

唤(喚) huàn [名] summon
唤(喚)起 **huànqǐ** [动] **1** (号召) appeal ▷ 唤起民众的人权意识 **huànqǐ mínzhòng de rénquán yìshi** appeal to people's awareness of human rights **2** (引起) call on
唤(喚)醒 **huànxǐng** [动] **1** (叫醒) wake up (*pt* woke, *pp* woken) ▷ 每天早晨闹钟把我唤醒。**Měitiān zǎochén nàozhōng bǎ wǒ huànxǐng.** Every morning I am woken up by my alarm clock. **2** (使醒悟) awaken (*pt* awoke, *pp* awoken)

涣(渙) huàn [动] vanish
涣(渙)然冰释(釋) **huànrán bīng shì** melt away
涣(渙)散 **huànsàn I** [形] slack **II** [动] slacken

浣 huàn [动] wash
浣熊 **huànxióng** [名] racoon

患 huàn **I** [动] **1** (害) suffer from ▶ 患者 **huànzhě** sufferer **2** (忧虑) worry **II** [名] trouble
患得患失 **huàn dé huàn shī** worry about personal gains and losses
患难(難) **huànnàn** [名] adversity
患者 **huànzhě** [名] sufferer

焕(煥) huàn [形] shining
焕(煥)发(發) **huànfā** [动] **1** (有光彩) shine (*pt*, *pp* shone) **2** (振作) brace oneself
焕(煥)然一新 **huànrán yī xīn** take on an entirely new look

荒 huāng **I** [形] **1** (荒芜) waste **2** (荒凉) desolate **3** (短缺) short **4** (荒歉) famine **5** (非理性) ridiculous **II** [动] neglect **III** [名] wasteland
荒诞(誕) **huāngdàn** [形] absurd
荒废(廢) **huāngfèi** [动] **1** (没耕种) leave ... uncultivated (*pt*, *pp* left) **2** (荒疏) neglect **3** (浪费) waste
荒郊 **huāngjiāo** [名] wilderness
荒凉(涼) **huāngliáng** [形] desolate
荒谬(謬) **huāngmiù** [形] ridiculous
荒漠 **huāngmò I** [形] deserted **II** [名] desert
荒年 **huāngnián** [名] famine year
荒疏 **huāngshū** [动] neglect
荒唐 **huāngtáng** [形] **1** (荒谬) absurd **2** (放荡) unconventional
荒无(無)人烟(煙) **huāng wú rén yān** desolate and uninhabited
荒芜(蕪) **huāngwú** [形] waste
荒淫 **huāngyín** [形] debauched

慌 huāng [形] nervous
慌乱(亂) **huāngluàn** [形] flustered
慌忙 **huāngmáng** [形] hurried
慌张(張) **huāngzhāng** [形] nervous

皇 huáng [名] emperor ▶ 皇帝 **huángdì** emperor ▶ 皇后 **huánghòu** empress
皇帝 **huángdì** [名] emperor

皇宫(宮) **huánggōng** [名] palace
皇后 **huánghòu** [名] empress
皇家 **huángjiā** [名] royal family
皇历(曆) **huángli** [名] (口) almanac
皇亲(親)国(國)戚 **huángqīn guóqī** relatives of the emperor

黄(黃) **huáng** **I** [形] **1** (指颜色) yellow **2** (色情) pornographic **II** [名] **1** (蛋黄) yolk **2** (黄金) gold
黄(黃)灿(燦)灿(燦) **huángcàncàn** [形] golden
黄(黃)道吉日 **huángdào jírì** [名] auspicious day
黄(黃)澄澄 **huángdēngdēng** [形] golden
黄(黃)瓜 **huángguā** [名] cucumber
黄(黃)河 **Huánghé** [名] Yellow River
黄(黃)昏 **huánghūn** [名] dusk
黄(黃)金 **huángjīn** [名] gold
黄(黃)金时(時)代 **huángjīn shídài** [名] **1** (繁荣时期) golden age **2** (指人生) the prime of one's life
黄(黃)粱美梦(夢) **huángliáng měimèng** pipe dream
黄(黃)牛 **huángniú** [名] **1** (指动物) ox (*pl* oxen) **2** (票贩子) ticket tout
黄(黃)牌 **huángpái** [名] yellow card
黄(黃)泉 **huángquán** [名] the underworld
黄(黃)色 **huángsè** [名] **1** (指颜色) yellow **2** (色情) pornographic
黄(黃)油 **huángyóu** [名] butter
黄(黃)种(種) **Huángzhǒng** [名] Mongoloid race

惶 **huáng** [名] fear
惶惶 **huánghuáng** [形] on tenterhooks
惶惑 **huánghuò** [形] apprehensive
惶恐 **huángkǒng** [形] terrified

煌 **huáng** [形] bright

蝗 **huáng** 见下文
蝗虫(蟲) **huángchóng** [名] locust

磺 **huáng** [名] (化) sulphur (英), sulfur (美)

簧 **huáng** [名] **1** (指乐器) reed **2** (指器物) spring

恍 **huǎng** [副] **1** (恍然) suddenly **2** (仿佛) seemingly
恍惚 **huǎnghū** [形] **1** (神志不清) absent-minded **2** (不真切) faint
恍然大悟 **huǎngrán dàwù** suddenly see the light
恍如隔世 **huǎng rú gé shì** seem like a long time ago

晃 **huǎng** [动] **1** (闪耀) dazzle **2** (闪过) flash past → 另见 **huàng**
晃眼 **huǎngyǎn** [动] **1** (耀眼) dazzle **2** (瞬间) happen in the blink of an eye

---

谎(謊) **huǎng** [名] lie
谎(謊)言 **huǎngyán** [名] lie

幌 **huǎng** [名] (书) heavy curtain
幌子 **huǎngzi** [名] **1** (商品标志) shop (英) 或 store (美) sign **2** (名义) veneer

---

晃 **huàng** [动] shake (*pt* shook, *pp* shaken) → 另见 **huǎng**
晃动(動) **huàngdòng** [动] rock
晃悠 **huàngyou** [动] **1** (摆动) sway **2** (闲逛) wander about

灰 **huī** **I** [名] **1** (灰烬) ash **2** (尘土) dust **3** (石灰) lime **II** [动] (消沉) be disheartened ▶ 灰暗 **huī'àn** gloomy
灰暗 **huī'àn** [形] gloomy
灰尘(塵) **huīchén** [名] dust
灰飞(飛)烟(煙)灭(滅) **huī fēi yān miè** disappear
灰烬(燼) **huījìn** [名] ashes (*pl*)
灰溜溜 **huīliūliū** [形] **1** (指颜色) dull grey (英) 或 gray (美) **2** (神情沮丧) dejected
灰蒙(濛)蒙(濛) **huīméngméng** [形] overcast
灰色 **huīsè** [名] **1** (指颜色) grey (英), gray (美) **2** (喻) (颓废) melancholy ▷ 灰色的心情 **huīsè de xīnqíng** melancholy emotions ▷ 灰色的电影 **huīsè de diànyǐng** melancholy film
灰心 **huīxīn** [动] lose heart (*pt*, *pp* lost)
灰心丧(喪)气(氣) **huī xīn sàng qì** down in the dumps

诙(詼) **huī** 见下文
诙(詼)谐(諧) **huīxié** [形] humorous

恢 **huī** [形] vast
恢复(復) **huīfù** [动] recover
恢弘 **huīhóng** [形] (书) extensive
恢恢 **huīhuī** [形] vast

挥(揮) **huī** [动] **1** (挥舞) wave **2** (抹掉) wipe ... away **3** (指挥) command **4** (散出) scatter ▶ 挥发 **huīfā** evaporate
挥(揮)发(發) **huīfā** [动] evaporate
挥(揮)汗如雨 **huī hàn rú yǔ** drip with sweat
挥(揮)霍 **huīhuò** [动] squander

挥(揮)金如土 huī jīn rú tǔ throw one's money about
挥(揮)舞 huīwǔ [动] wave

辉(輝) huī **I** [名] splendour (英), splendor (美) **II** [动] shine (*pt, pp* shone)
辉(輝)煌 huīhuáng [形] brilliant
辉(輝)映 huīyìng [动] reflect

徽 huī [名] badge
徽章 huīzhāng [名] badge

回(迴) huí **I** [动] **1** (旋转) circle ▶ 巡回 xúnhuí make a circuit **2** (还) return ▶ 回国 huíguó return to one's country **3** (掉转) turn around ▶ 回头 huítóu turn one's head **4** (答复) reply ▶ 回信 huíxìn reply to a letter **5** (回绝) decline ▷ 我回了他的邀请。Wǒ huíle tā de yāoqǐng. I declined his invitation. **II** [量] **1** (次数) time ▷ 这是我第三回到杭州。Zhè shì wǒ dìsān huí dào Hángzhōu. This is my third time in Hangzhou. ▷ 我去过两回。Wǒ qùguo liǎng huí. I have been there twice. **2** (章) chapter ▷ 小说的第二回 xiǎoshuō de dìèr huí the novel's second chapter
回报(報) huíbào [动] **1** (报告) report back **2** (报答) repay (*pt, pp* repaid) ▷ 回报父母 huíbào fùmǔ repay one's parents **3** (报复) retaliate
回(迴)避 huíbì [动] avoid
回肠(腸)荡(蕩)气(氣) huí cháng dàng qì soul-stirring
回潮 huícháo [动] **1** (字) get damp again **2** (喻) (重现) reappear
回车键(鍵) huíchējiàn [名] return key
回程 huíchéng [名] return (英) 或 round (美) trip
回答 huídá [动] answer
回(迴)荡(盪) huídàng [动] reverberate
回(迴)复(復) huífù [动] **1** (答复) reply **2** (恢复) return ▷ 回复原状 huífù yuánzhuàng return to a former state
回顾(顧) huígù [动] look back
回(迴)光返照 huí guāng fǎn zhào brief revival before the end
回归(歸) huíguī [动] return
回合 huíhé [名] round
回话(話) huíhuà [动] reply
回击(擊) huíjī [动] counterattack
回敬 huíjìng [动] **1** (回报) do ... in return ▷ 回敬你一杯 huíjìng nǐ yī bēi raise a glass in return **2** (回击) give tit-for-tat (*pt* gave, *pp* given)
回扣 huíkòu [名] commission
回教 Huíjiào [名] Islam
回来(來) huílái [动] come back
回老家 huí lǎojiā **1** (字) return home **2** (喻) (诙谐) kick the bucket
回笼(籠) huílóng [动] **1** (食物) reheat ▷ 把冷包子回笼 bǎ lěng bāozi huílóng reheat cooled buns **2** (货币) withdraw ... from circulation (*pt* withdrew, *pp* withdrawn) ▷ 货币回笼 huòbì huílóng withdraw currency from circulation
回落 huíluò [动] drop back
回马(馬)枪(槍) huímǎqiāng [名] sudden retaliation
回迁(遷) huíqiān [动] move back
回去 huíqù [动] go back
回升 huíshēng [动] pick ... up
回生 huíshēng [动] resurrect
回声(聲) huíshēng [名] echo (*pl* echoes)
回收 huíshōu [动] **1** (再利用) recycle **2** (收回) retrieve ▷ 回收成本 huíshōu chéngběn retrieve one's costs
回首 huíshǒu [动] **1** (回头) look back **2** (书) (回忆) recollect
回天乏术(術) huí tiān fá shù be unable to turn around a hopeless situation
回条(條) huítiáo [名] receipt
回头(頭) huítóu **I** [动] **1** (转头) turn around **2** (回来) return **3** (悔悟) repent **II** [副] in a moment ▷ 你先休息,回头我再找你吃晚饭。Nǐ xiān xiūxi, huítóu wǒ zài zhǎo nǐ chī wǎnfàn. You have a rest just now, and in a moment I'll come back and get you for supper. ▷ 回头见。Huítóu jiàn. See you later.
回头(頭)客 huítóukè [名] returning customer
回头(頭)是岸 huí tóu shì àn never too late to mend one's ways
回味 huíwèi **I** [名] aftertaste **II** [动] reflect on
回(迴)响(響) huíxiǎng **I** [动] **1** (响应) respond **2** (回声) echo **II** [名] echo (*pl* echoes)
回想 huíxiǎng [动] recall
回信 huíxìn [动] write in reply
回心转(轉)意 huí xīn zhuǎn yì change one's mind
回(迴)旋 huíxuán [动] **1** (盘旋) circle **2** (进退) have room for manoeuvre
回忆(憶) huíyì [动] recall
回音 huíyīn [名] **1** (回声) echo (*pl* echoes) **2** (答复) reply
回执(執) huízhí [名] receipt

茴 huí 见下文
茴香 huíxiāng [名] fennel

蛔 huí 见下文

蛔虫(蟲) huíchóng [名] roundworm

悔 huǐ [动] regret

悔不当(當)初 huǐ bù dāngchū regret a decision

悔改 huǐgǎi [动] repent

悔过(過)自新 huǐguò zìxīn turn over a new leaf

悔恨 huǐhèn [动] deeply regret

悔悟 huǐwù [动] repent

毁(毀) huǐ [动] **1** (破坏) destroy **2** (烧) burn **3** (诽谤) defame

毁(毀)谤(謗) huǐbàng [动] slander

毁(毀)害 huǐhài [动] destroy

毁(毀)坏(壞) huǐhuài [动] destroy ▷ 蓄意毁坏公物 xùyì huǐhuài gōngwù vandalism

毁(毀)灭(滅) huǐmiè [动] exterminate

毁(毀)容 huǐróng [动] disfigure

毁(毀)约(約) huǐyuē [动] go back on one's word

卉 huì [名] grass

汇(匯) huì **I** [动] **1** (汇合) converge **2** (聚集) gather **3** (划拨) transfer **II** [名] **1** (外汇) foreign exchange **2** (聚集物) collection ▶ 词汇 cíhuì vocabulary

汇(匯)报(報) huìbào [动] report

汇(匯)单(單) huìdān [名] remittance advice

汇(匯)兑(兌) huìduì [动] remit

汇(匯)合 huìhé [动] **1** (水流) converge **2** (人群, 意志, 力量) come together (*pt* came, *pp* come)

汇(匯)集 huìjí [动] collect ▷ 人群汇集到广场上。Rénqún huìjí dào guǎngchǎng shàng. A crowd gathered on the square.

汇(匯)率 huìlǜ [名] exchange rate

汇(匯)总(總) huìzǒng [动] collect

会(會) huì **I** [动] **1** (聚合) assemble ▶ 会诊 huìzhěn have a consultation **2** (见面) meet (*pt, pp* met) ▶ 会客 huìkè receive a guest **3** (理解) understand (*pt, pp* understood) ▶ 领会 lǐnghuì understand **4** (通晓) be able to ▷ 会武术 huì wǔshù be able to do martial arts **II** [助动] **1** (能做) can ▷ 我不会下象棋。Wǒ bùhuì xià xiàngqí. I can't play chess. **2** (擅长) ▷ 会过日子 huì guò rìzi know how to economize ▷ 能说会道 néng shuō huì dào be eloquent **3** (可能) might ▷ 明天会更热。Míngtiān huì gèng rè. Tomorrow might be hotter. **III** [名] **1** (集会) gathering ▶ 茶话会 cháhuàhuì tea party **2** (团体) association ▶ 学生会 xuéshēnghuì student union **3** (城市) city ▶ 大都会 dàdūhuì metropolis **4** (时机) opportunity ▶ 机会 jīhuì opportunity **5** (庙会) fair
→ 另见 kuài

> Both 会 huì and 要 yào can be used to express the future tense. 会 huì is usually used to express a possible or probable outcome, e.g. 明天会下雨 míngtiān huì xiàyǔ (it might rain tomorrow); 要 yào refers to something definite, e.g. 我明天要上班 wǒ míngtiān yào shàngbān (I am going to work tomorrow). 会 huì, 能 néng, and 可以 kěyǐ can all be used to express ability and are sometimes used interchangeably. Strictly, 会 huì should express a learned ability, e.g. 我会说法语 wǒ huì shuō Fǎyǔ (I can speak French), while 能 néng should be used to express physical ability, e.g. 我能跑得很快 wǒ néng pǎo de hěn kuài (I can run very fast).

会(會)餐 huìcān [动] dine together

会(會)合 huìhé [动] meet (*pt, pp* met)

会(會)话(話) huìhuà [动] converse

会(會)见(見) huìjiàn [动] meet (*pt, pp* met)

会(會)聚 huìjù [动] assemble

会(會)客 huìkè [动] receive a guest

会(會)商 huìshāng [动] consult

会(會)师(師) huìshī [动] join forces

会(會)谈(談) huìtán [动] hold talks (*pt, pp* held)

会(會)同 huìtóng [动] join together

会(會)晤 huìwù [动] meet (*pt, pp* met)

会(會)心 huìxīn [动] understand (*pt, pp* understood)

会(會)议(議) huìyì [名] **1** (集会) meeting ▷ 首脑会议 shǒunǎo huìyì summit meeting **2** (机构) council ▷ 政治协商会议 zhèngzhì xiéshāng huìyì political consultation council

会(會)员(員) huìyuán [名] member ▷ 会员注册 huìyuán zhùcè apply for membership

会(會)战(戰) huìzhàn [动] **1** (字) meet for a decisive battle (*pt, pp* met) **2** (喻) launch a campaign

会(會)账(賬) huìzhàng [动] pick up the bill

会(會)诊(診) huìzhěn [动] consult

讳(諱) huì **I** [动] regard ... as taboo **II** [名] taboo

讳(諱)疾忌医(醫) huì jí jì yī (喻) conceal one's shortcomings for fear of criticism

讳(諱)言 huìyán [动] be afraid to speak up

荟(薈) huì [形] (书) lush

荟(薈)萃 huìcuì [动] assemble

诲(誨) huì [动] teach (*pt, pp* taught)

诲(誨)人不倦 **huì rén bù juàn** teach tirelessly

绘(繪) **huì** [动] **1** (用铅笔) draw (*pt* drew, *pp* drawn) **2** (用刷状) (笔画) paint
绘(繪)画(畫) **huìhuà** [动] **1** (用铅笔) draw (*pt* drew, *pp* drawn) **2** (用刷状) (笔画) paint
绘(繪)声(聲)绘(繪)色 **huì shēng huì sè** vivid
绘(繪)制(製) **huìzhì** [动] draw (*pt* drew, *pp* drawn)

贿(賄) **huì** [名] bribe ▸ 贿赂 **huìlù** bribe
贿(賄)赂(賂) **huìlù** [动] bribe ▹ 接受贿赂 **jiēshòu huìlù** accept a bribe

彗 **huì** [名] (书) broom
彗星 **huìxīng** [名] comet

晦 **huì I** [形] **1** (昏暗) dark **2** (不明显) unclear **II** [名] night
晦气(氣) **huìqì I** [形] unlucky **II** [名] bad luck
晦涩(澀) **huìsè** [形] obscure

秽(穢) **huì** [形] **1** (肮脏) filthy **2** (丑恶) abominable **3** (淫乱) promiscuous
秽(穢)闻(聞) **huìwén** [名] (书) notoriety
秽(穢)行 **huìxíng** [名] (书) debauched behaviour (英) 或 behavior (美)
秽(穢)语(語) **huìyǔ** [名] obscene language

惠 **huì** [动] (书) be beneficial ▸ 恩惠 **ēnhuì** kindness ▹ 互利互惠 **hù lì hù huì** mutually beneficial
惠顾(顧) **huìgù** [动] patronize
惠临(臨) **huìlín** [动] (敬) honour (英) 或 honor (美) ... with one's presence

喙 **huì** [名] (书) **1** (鸟嘴) beak **2** (人嘴) mouth

慧 **huì** [形] intelligent
慧心 **huìxīn** [名] (智慧) wisdom
慧眼 **huìyǎn** [名] penetrating insight

昏 **hūn I** [名] dusk **II** [形] **1** (黑暗) dark ▸ 昏暗 **hūn'àn** dim **2** (迷糊) muddled **III** [动] faint
昏暗 **hūn'àn** [形] dim
昏沉 **hūnchén** [形] **1** (暗淡) murky **2** (昏乱) muddled
昏花 **hūnhuā** [形] poor ▹ 老眼昏花 **lǎoyǎn hūnhuā** poor eyesight in old age
昏黄(黃) **hūnhuáng** [形] dim
昏厥 **hūnjué** [动] faint
昏聩(聵) **hūnkuì** [形] (喻) (糊涂) muddle-headed
昏乱(亂) **hūnluàn** [形] **1** (指头脑) confused **2** (书) (指社会) chaotic
昏迷 **hūnmí** [动] be unconscious
昏天黑地 **hūn tiān hēi dì 1** (指天色) pitch-black **2** (神志不清) dizzy **3** (激烈) fiercely **4** (指社会混乱) chaotic
昏庸 **hūnyōng** [形] ineffectual

荤(葷) **hūn I** [名] meat **II** [形] dirty ▹ 荤笑话 **hūn xiàohuà** dirty jokes
荤(葷)腥 **hūnxīng** [名] meat

婚 **hūn I** [名] marriage **II** [动] marry
婚变(變) **hūnbiàn** [动] go through a marital breakdown
婚嫁 **hūnjià** [名] marriage
婚检 **hūnjiǎn** [动] have a pre-marital medical
婚礼(禮) **hūnlǐ** [名] wedding ceremony
婚配 **hūnpèi** [动] get married
婚外恋(戀) **hūnwàiliàn** [名] extra-marital relationship
婚姻 **hūnyīn** [名] marriage

浑(渾) **hún** [形] **1** (浑浊) muddy **2** (糊涂) muddled **3** (天然) natural **4** (满) whole
浑(渾)蛋 **húndàn** [名] (讳) bastard
浑(渾)厚 **húnhòu** [形] **1** (指性格) straightforward **2** (指风格) powerful **3** (指声音) deep and resonant
浑(渾)浑(渾)噩噩 **húnhún'è'è** muddle-headed
浑(渾)朴(樸) **húnpǔ** [形] straightforward
浑(渾)然一体(體) **húnrán yītǐ** completely blend in
浑(渾)身 **húnshēn** [副] from head to toe
浑(渾)水摸鱼(魚) **hún shuǐ mō yú** fish in troubled waters
浑(渾)浊(濁) **húnzhuó** [形] murky

馄(餛) **hún** 见下文
馄(餛)饨(飩) **húntun** [名] wonton

> In Chinese cooking, 馄饨 **húntun** is a kind of dumpling filled with spiced minced meat and other ingredients such as chopped mushrooms, shrimps etc. It is usually served in the soup in which it is cooked. The English name for 馄饨 comes from the Cantonese pronunciation, wantan.

魂 **hún** [名] **1** (灵魂) soul **2** (精神) spirit
魂不附体(體) **hún bù fù tǐ** scared out of one's wits
魂魄 **húnpò** [名] soul

混 **hùn I** [动] **1** (搀杂) mix **2** (蒙混) pass off ... as

▷鱼目混珠 yú mù hùn zhū pass off something fake as genuine **3** (苟且生活) drift ▷混日子 hùn rìzi drift through the days **II** [副] aimlessly

混沌 hùndùn **I** [名] chaos **II** [形] ignorant

混合 hùnhé [动] mix

混混儿(兒) hùnhunr [名] rascal

混乱(亂) hùnluàn [形] **1** (无秩序) chaotic **2** (无条理) disordered

混同 hùntóng [动] mix ... up

混为(為)一谈(談) hùn wéi yī tán confuse ▷你不能将这两个概念混为一谈。Nǐ bùnéng jiāng zhè liǎng gè gàiniàn hùn wéi yī tán. You mustn't lump these two concepts together.

混淆 hùnxiáo [动] confuse

混血儿(兒) hùnxuè'ér [名] ▷马丁是个混血儿。Mǎdīng shì gè hùnxuè'ér. Martin is mixed-race.

混杂(雜) hùnzá [动] mix

混战(戰) hùnzhàn [动] engage in long and complicated warfare

混浊(濁) hùnzhuó [形] murky

剨 huō [动] slit (*pt*, *pp* slit)

豁 huō [动] **1** (裂开) break ... open (*pt* broke, *pp* broken) **2** (舍弃) go all out (*pt* went, *pp* gone)
→另见 huò

豁口 huōkǒu [名] breach

和 huó [动] mix ... with liquid
→另见 hé, huò

和面(麵) huómiàn [动] knead dough

活 huó **I** [动] **1** (生存) live **2** (使生存) keep ... alive (*pt*, *pp* kept) **II** [形] **1** (有生命) alive **2** (不固定) flexible ▷活期账号 huóqī zhànghào current account **3** (不死板) lively **4** (逼真) lifelike **III** [副] completely ▷他活像个白痴。Tā huó xiàng gè báichī. He acted like a complete idiot. **IV** [名] **1** (工作) work **2** (产品) product

活宝(寶) huóbǎo [名] clown

活蹦乱(亂)跳 huó bèng luàn tiào lively and energetic

活动(動) huódòng **I** [动] **1** (运动) take exercise (*pt* took, *pp* taken) ▷我想到公园活动活动。Wǒ xiǎng dào gōngyuán huódòng huódòng. I'd like to go to the park for a spot of exercise. **2** (行动) operate ▷黑帮常在该地区活动。Hēibāng cháng zài gāi dìqū huódòng. The gang often operates in this area. **3** (动用关系) use connections ▷她为逃脱责任到处活动。Tā wèi táotuō zérèn dàochù huódòng. She used all the connections she could to get herself out of trouble. **II** [名] activity ▷文娱活动 wényú huódòng recreational activities **III** [形] movable

活该(該) huógāi [动] (口) serve ... right ▷他和女朋友分手后很孤独—活该！Tā hé nǚpéngyǒu fēnshǒu hòu hěn gūdú — huógāi! He has been lonely after breaking up with his girlfriend — serves him right!

活活 huóhuó [副] when still alive

活计(計) huóji [名] **1** (体力劳动) manual labour (英) 或 labor (美) **2** (手工制品) handicrafts (*pl*)

活见(見)鬼 huójiànguǐ preposterous

活口 huókǒu [名] **1** (指受害者) survivor **2** (指俘虏, 罪犯) captive

活力 huólì [名] vitality

活灵(靈)活现(現) huó líng huó xiàn lifelike

活路 huólù [名] **1** (指道路) through pass **2** (生存之道) means of subsistence **3** (可行之道) feasible method

活络(絡) huóluò [形] **1** (活动) wobbly **2** (不确定) uncertain **3** (灵活) quick ▷头脑活络 tóunǎo huóluò quick brain

活埋 huómái [动] bury ... alive

活命 huómìng **I** [动] survive **II** [名] life (*pl* lives)

活泼(潑) huópō [形] lively

活菩萨(薩) huópúsa [名] (喻) angel

活期 huóqī [形] current ▷活期账号 huóqī zhànghào current account

活塞 huósāi [名] piston

活生生 huóshēngshēng [形] **1** (真实) living **2** (活活) alive

活受罪 huóshòuzuì (口) suffer a living hell

活水 huóshuǐ [名] running water

活页(頁) huóyè [名] ▷活页笔记本 huóyè bǐjìběn loose-leaf notebook

活跃(躍) huóyuè **I** [形] brisk **II** [动] **1** (使有生气) invigorate **2** (积极从事) be active

活捉 huózhuō [动] capture ... alive

活字典 huózìdiǎn [名] walking dictionary

火 huǒ **I** [名] **1** (火焰) fire **2** (枪支弹药) ammunition **3** (医) (指内火) internal heat **4** (喻) (愤怒) rage **II** [动] be in a rage **III** [形] **1** (红色) flaming red ▶火红 huǒhóng flaming red **2** (兴旺) prosperous **IV** [副] urgently

火把 huǒbǎ [名] torch

火暴 huǒbào [形] (方) **1** (暴躁) fiery **2** (旺盛) bustling

火柴 huǒchái [名] match

火车(車) huǒchē [名] train

火鸡(雞) huǒjī [名] turkey

火箭 huǒjiàn [名] rocket

火红(紅) huǒhóng [形] **1** (指颜色) flaming red

2 (旺盛) active ▷ 火红的生命 huǒhóng de shēngmìng an active life
火候 huǒhou [名] 1 (火力) cooking power 2 (喻) (修养) level of attainment 3 (时机) crucial moment
火化 huǒhuà [动] cremate
火急 huǒjí [形] urgent
火警 huǒjǐng [名] fire alarm
火炬 huǒjù [名] torch
火坑 huǒkēng [名] (喻) living hell
火辣辣 huǒlàlà [形] 1 (表示热) burning 2 (表示疼) burning 3 (表示激动) agitated 4 (泼辣尖锐) fiery ▷ 火辣辣的个性 huǒlàlà de gèxìng a fiery character
火力 huǒlì [名] 1 (指燃料) thermal energy 2 (指弹药) firepower
火冒三丈 huǒ mào sān zhàng burn with rage
火气(氣) huǒqì [名] 1 (医) (指病因) internal heat 2 (怒气) temper
火器 huǒqì [名] firearm
火热(熱) huǒrè [形] 1 (极热) burning hot 2 (热烈) powerful ▷ 火热的表演 huǒrè de biǎoyǎn a powerful performance 3 (亲热) intimate ▷ 双方谈得火热。Shuāngfāng tán de huǒrè. The two sides engaged in intense talks. 4 (激烈) energetic ▷ 两人辩论得火热。Liǎng rén biànlùn de huǒrè. The two of them engaged in an energetic debate.
火山 huǒshān [名] volcano (*pl* volcanoes)
火上加油 huǒ shàng jiā yóu (喻) pour oil on the flames
火烧(燒)眉毛 huǒ shāo méimao (喻) be pressing
火速 huǒsù [副] at top speed
火腿 huǒtuǐ [名] ham
火险(險) huǒxiǎn [名] 1 (指保险) fire insurance 2 (火灾) fire risk
火眼金睛 huǒ yǎn jīn jīng eagle-eyed
火焰 huǒyàn [名] flame
火药(藥) huǒyào [名] gunpowder
火药(藥)味 huǒyàowèi [名] (喻) belligerence
火葬 huǒzàng [动] cremate

伙(夥) huǒ I [名] 1 (同伴) companion 2 (指集体) partnership 3 (伙食) meals (*pl*) II [量] group III [副] together with
伙(夥)伴 huǒbàn [名] companion
伙房 huǒfáng [名] kitchen
伙(夥)计(計) huǒji [名] 1 (伙伴) partner 2 (店员) shop assistant (英), sales clerk (美)
伙食 huǒshí [名] meals (*pl*)
伙(夥)同 huǒtóng [动] (贬) be in league with

或 huò I [副] (书) 1 (也许) probably ▷ 到下周或可完成任务。Dào xiàzhōu huòkě wánchéng rènwù. The task will probably be completed by next week. 2 (稍微) remotely ▷ 不可或缺 bù kě huò quē indispensable II [连] or ▷ 无论刮风或下雨，他都准时上班。Wúlùn guāfēng huò xiàyǔ, tā dōu zhǔnshí shàngbān. Even when it's windy or rainy, he's always at work on time. ▷ 今天或明天，这份功课我一定得完成。Jīntiān huò míngtiān, zhè fèn gōngkè wǒ yīdìng děi wánchéng. I must finish this homework today or tomorrow.
或许(許) huòxǔ [副] perhaps
或者 huòzhě I [副] maybe ▷ 再给他发封信，或者会有回音的。Zài gěi tā fā fēng xìn, huòzhě huì yǒu huíyīn de. If you send him another letter, maybe he'll reply. II [连] or ▷ 周末我或者在家做饭，或者出去吃。Zhōumò wǒ huòzhě zàijiā zuòfàn, huòzhě chūqù chī. At the weekend I will either cook at home or go out to eat. ▷ 你先发言，或者他先发言都可以。Nǐ xiān fāyán, huòzhě tā xiān fāyán dōu kěyǐ. Whether you speak first or he does doesn't really matter.

和 huò [动] mix
→ 另见 hé, huó

货(貨) huò [名] 1 (货币) currency 2 (货物) goods (*pl*) 3 (人) person (*pl* people) ▶ 蠢货 chǔnhuò idiot
货(貨)币(幣) huòbì [名] currency
货(貨)单(單) huòdān [名] invoice
货(貨)款 huòkuǎn [名] payment for goods
货(貨)色 huòsè [名] 1 (货物) goods (*pl*) 2 (贬指人言行思想) rubbish (英), garbage (美)
货(貨)物 huòwù [名] goods (*pl*)
货(貨)真价(價)实(實) huò zhēn jià shí 1 (字) high quality at a decent price ▷ 本店提供的服务货真价实。Běn diàn tígòng de fúwù huò zhēn jià shí. The service in this shop (英) 或 store (美) is of a high quality and it comes at a decent price. 2 (喻) through and through

---

获(穫) huò [动] 1 (捉住) capture 2 (得到) obtain 3 (收割) reap ▶ 收获 shōuhuò harvest
获(獲)得 huòdé [动] gain ▷ 获得灵感 huòdé línggǎn gain inspiration ▷ 获得冠军 huòdé guànjūn win the championship
获(獲)取 huòqǔ [动] obtain
获(獲)释(釋) huòshì [动] be set free
获(獲)悉 huòxī [动] (书) learn ▷ 我从朋友那里获悉他早已出国。Wǒ cóng péngyǒu nàlǐ huòxī tā zǎoyǐ chūguó. I learned from friends that he had already gone abroad.

获(獲)准 **huòzhǔn** [动] get permission

祸(禍) **huò** [名] **I** [名] misfortune **II** [动] harm

祸(禍)不单(單)行 **huò bù dān xíng** it never rains but it pours

祸(禍)根 **huògēn** [名] root of the trouble

祸(禍)国(國)殃民 **huò guó yāng mín** bring disaster upon the country and the people

祸(禍)害 **huòhai** **I** [名] **1** (祸患) disaster **2** (指人或事物) scourge **II** [动] destroy

祸(禍)患 **huòhuàn** [名] disaster

祸(禍)首 **huòshǒu** [名] chief culprit

祸(禍)水 **huòshuǐ** [名] (喻) culprit

惑 **huò** [动] **1** (疑惑) be puzzled **2** (蛊惑) delude

惑乱(亂) **huòluàn** [动] befuddle

霍 **huò** [副] suddenly

霍地 **huòdì** [副] suddenly

霍霍 **huòhuò** **I** [拟] swish **II** [形] flash

霍乱(亂) **huòluàn** [名] cholera

霍然 **huòrán** [副] suddenly

豁 **huò** **I** [形] **1** (指人) positive **2** (开阔) clear **II** [动] be exempt
→ 另见 huō

豁达(達) **huòdá** [形] positive ▷ 妮科尔为人豁达。**Nīkē'ěr wéirén huòdá.** Nicole is such a positive person.

豁亮 **huòliàng** [形] **1** (敞亮) roomy and bright **2** (响亮) resonant

豁免 **huòmiǎn** [动] be exempt from ▷ 豁免关税 **huòmiǎn guānshuì** be exempt from import duty

豁然开(開)朗 **huòrán kāilǎng** **1** (字) suddenly come across a panoramic scene **2** (喻) (突然领悟) suddenly see the light

Jj

几(幾) **jī** **I** [名] small table ▶ 茶几 **chájī** tea table ▷ 窗明几净 **chuāng míng jī jìng** bright and clean **II** [副] (书) almost ▷ 当他到的时候几近3点。**Dāng tā dào de shíhòu jījìn sān diǎn.** It was almost three o'clock by the time he arrived.
→ 另见 jǐ

几(幾)乎 **jīhū** [副] almost ▷ 从这儿到海边几乎有3公里。**Cóng zhèr dào hǎibiān jīhū yǒu sān gōnglǐ.** It is almost three kilometres from here to the coast. ▷ 他几乎就要成功了。**Tā jīhū jiùyào chénggōng le.** He almost succeeded.

几(幾)率 **jīlǜ** [名] probability

讥(譏) **jī** [动] mock ▷ 反唇相讥 **fǎn chún xiāng jī** retort sarcastically

讥(譏)讽(諷) **jīfěng** [动] ridicule

讥(譏)笑 **jīxiào** [动] jeer

击(擊) **jī** [动] **1** (打) strike (*pt*, *pp* struck) ▷ 用拳头猛击 **yòng quántóu měngjī** pummel wildly ▷ 击鼓 **jīgǔ** beat a drum **2** (攻) attack ▷ 回击 **huíjī** launch a counterattack **3** (接触) meet (*pt*, *pp* met) ▶ 目击 **mùjī** witness ▶ 撞击 **zhuàngjī** ram

击(擊)发(發) **jīfā** [动] fire

击(擊)掌 **jīzhǎng** [动] clap

击(擊)中要害 **jīzhòng yàohài** hit home ▷ 他的评论击中了要害。**Tā de pínglùn jīzhòngle yàohài.** His review hit home.

叽(嘰) **jī** [拟] chirp

叽(嘰)咕 **jīgu** [动] whisper

叽(嘰)叽(嘰)喳喳 **jījizhāzhā** [拟] chirp

饥(飢) **jī** **I** [形] hungry **II** [名] famine

饥(飢)饿(餓) **jī'è** [形] starving

饥(飢)荒 **jīhuang** [名] **1** (粮灾) famine **2** (债务) debt

机(機) **jī** **I** [名] **1** (机器) machine ▶ 起重机 **qǐzhòngjī** crane ▶ 发动机 **fādòngjī** engine **2** (飞机) aeroplane (英), airplane (美) ▶ 客机 **kèjī** airliner ▶ 直升机 **zhíshēngjī** helicopter **3** (枢纽)

pivot ▶转机 zhuǎnjī turning point **4** (机会) opportunity ▷见机行事 jiàn jī xíng shì play it by ear **5** (机能) ▶有机体 yǒujītǐ organism ▷无机化学 wújī huàxué inorganic chemistry **II** [形] quick-witted ▶机智 jīzhì ingenious

机(機)场(場) jīchǎng [名] airport

机(機)动(動) jīdòng [形] **1** (传动的) motorized ▷机动车 jīdòng chē motor vehicle **2** (灵活) flexible **3** (备用的) reserve ▷机动兵力 jīdòng bīnglì reserve forces

机(機)构(構) jīgòu [名] **1** (指机器) mechanism ▷传动机构 chuándòng jīgòu transmission **2** (指机关) body ▷管理机构 guǎnlǐ jīgòu administrative body ▷科研机构 kēyán jīgòu scientific research institute **3** (指内部) internal structure ▷机构调整 jīgòu tiáozhěng restructuring

机(機)关(關) jīguān [名] **1** (部门) department ▷政府机关 zhèngfǔ jīguān government department **2** (机械) mechanism ▷启动机关 qǐdòng jīguān starting mechanism **3** (计谋) scheme

机(機)关(關)枪(槍) jīguānqiāng [名] machine gun

机(機)会(會) jīhuì [名] opportunity ▷抓住机会 zhuāzhù jīhuì grasp an opportunity ▷错过机会 cuòguò jīhuì miss an opportunity

机(機)警 jījǐng [形] alert

机(機)灵(靈) jīling [形] clever

机(機)能 jīnéng [名] function

机(機)器 jīqì [名] **1** (指装置) machine **2** (指机构) apparatus

机(機)巧 jīqiǎo [形] dexterous

机(機)械 jīxiè **I** [名] machinery **II** [形] rigid ▷机械照搬他人的做法 jīxiè zhàobān tārén de zuòfǎ copy someone else's method exactly

机(機)械化 jīxièhuà [动] mechanize ▷农业机械化 nóngyè jīxièhuà agricultural mechanization

机(機)要 jīyào [形] confidential

机(機)遇 jīyù [名] opportunity

机(機)智 jīzhì [形] resourceful

机(機)组(組) jīzǔ [名] **1** (一组机器) set **2** (空勤人员) aircrew

肌 jī [名] muscle

肌肤(膚) jīfū [名] skin

肌肉 jīròu [名] muscle

肌体(體) jītǐ [名] body

鸡(雞) jī [名] chicken ▶公鸡 gōngjī cock ▶母鸡 mǔjī hen

鸡(雞)蛋 jīdàn [名] egg

鸡(雞)毛蒜皮 jīmáo suànpí trivial thing

鸡(雞)尾酒 jīwěijiǔ [名] cocktail

奇 jī [形] odd
→另见 qí

奇数(數) jīshù [名] odd number

唧 jī [动] squirt

唧唧喳喳 jījizhāzhā [拟] chirp

积(積) jī **I** [动] accumulate ▷积少成多 Jī shǎo chéng duō. Many a little makes a mickle. **II** [形] long-standing ▷积习难改。Jīxí nán gǎi. Old habits die hard. **III** [名] (数) product

积(積)存 jīcún [动] stockpile

积(積)德 jīdé [动] do good deeds

积(積)极 jījí [形] **1** (肯定的) positive **2** (热心的) active ▷她积极参加学校组织的活动。Tā jījí cānjiā xuéxiào zǔzhī de huódòng. She takes an active part in events organized by the college. ▷他上课发言很积极。Tā shàngkè fāyán hěn jījí. He participates actively in class.

积(積)极性 jījíxìng [名] positive attitude

积(積)累 jīlěi [动] accumulate ▷资本积累 zīběn jīlěi accumulation of capital

积(積)习(習) jīxí [名] habit

积(積)蓄 jīxù **I** [动] save **II** [名] savings (*pl*)

积(積)压(壓) jīyā [动] **1** (指物品) overstock ▷店里积压了大量商品。Diàn lǐ jīyāle dàliàng shāngpǐn. The shop has overstocked on a lot of products. **2** (指情绪) ▷我积压了一肚子怒火。Wǒ jīyāle yī dùzi nùhuǒ. I have a lot of pent-up anger.

积(積)怨 jīyuàn [名] accumulated resentment

积(積)攒(攢) jīzǎn [动] save ... bit by bit

积(積)重难(難)返 jī zhòng nán fǎn old habits die hard

基 jī **I** [名] base **II** [形] primary ▶基层 jīcéng grass roots

基本 jīběn **I** [形] **1** (根本) basic ▷基本规律 jīběn guīlǜ basic norms **2** (主要) essential ▷基本特点 jīběn tèdiǎn essential characteristics **3** (基础) elementary ▷基本知识 jīběn zhīshi basic knowledge **II** [副] basically ▷饭菜基本准备好了。Fàncài jīběn zhǔnbèi hǎo le. The food is basically ready.

基本功 jīběngōng [名] basic skill

基础(礎) jīchǔ **I** [名] foundation **II** [形] basic ▷基础知识 jīchǔ zhīshi basic knowledge

基地 jīdì [名] base ▷军事基地 jūnshì jīdì military base

基点(點) jīdiǎn [名] starting point

基调(調) jīdiào [名] **1** (基本精神) keynote **2** (音) main key

j

基督 Jīdū [名] Jesus
基督教 Jīdūjiào [名] Christianity
基建 jījiàn [名] infrastructure development
基金 jījīn [名] fund ▷ 助学基金 zhùxué jījīn study fund
基石 jīshí [名] cornerstone
基数(數) jīshù [名] **1** (数) cardinal number **2** (统计) base
基因 jīyīn [名] gene ▷ 基因工程 jīyīn gōngchéng genetic engineering
基于(於) jīyú [介] on the basis of ▷ 基于确凿的证据，他被判入狱。Jīyú quèzáo de zhèngjù, tā bèi pàn rùyù. On the basis of irrefutable evidence he was sent to jail.

犄 jī 见下文
犄角 jījiǎo [名] (角落) corner
犄角 jījiao [名] (指动物) horn

缉(緝) jī [动] seize ▶ 侦缉 zhēnjī apprehend
缉(緝)捕 jībǔ [动] arrest
缉(緝)查 jīchá [动] raid
缉(緝)毒 jīdú [动] crack down on drug trafficking
缉(緝)拿 jīná [动] apprehend
缉(緝)私 jīsī [动] crack down on smuggling

畸 jī [形] **1** (不平衡) lopsided **2** (不正常) abnormal
畸轻(輕)畸重 jī qīng jī zhòng give more weight to one than the other
畸形 jīxíng [形] **1** (有缺陷的) deformed **2** (不平衡的) unbalanced

跻(躋) jī [动] mount
跻(躋)身 jīshēn [动] ascend

箕 jī [名] (指器具) dustpan

稽 jī [动] check
稽查 jīchá **I** [动] check **II** [名] customs officer
稽考 jīkǎo [动] ascertain

激 jī **I** [动] **1** (涌起) surge **2** (刺激) catch a chill (*pt*, *pp* caught) ▷ 他被大雨激了一下。Tā bèi dàyǔ jīle yīxià. He caught a chill in the rain. **3** (唤起) excite ▷ 申奥成功激起了北京市民的热情。Shēnào chénggōng jīqǐle Běijīng shìmín de rèqíng. The successful bid for the Olympic Games excited Beijingers' enthusiasm. **4** (冰) chill ▷ 把啤酒放凉水里激一下。Bǎ píjiǔ fàng liángshuǐ lǐ jī yīxià. Put the beer in cold water to chill it a little. **II** [形] violent
激昂 jī'áng [形] aroused
激荡(盪) jīdàng [动] inspire
激动(動) jīdòng [动] excite ▷ 激动的孩子 jīdòng de háizi excited child ▷ 令人激动的电影 lìng rén jīdòng de diànyǐng exciting film
激发(發) jīfā [动] arouse
激愤(憤) jīfèn [形] indignant
激光 jīguāng [名] laser
激化 jīhuà [动] intensify
激活 jīhuó [动] activate
激进(進) jījìn [形] radical
激励(勵) jīlì [动] inspire
激烈 jīliè [形] intense
激怒 jīnù [动] enrage
激情 jīqíng [名] passion
激素 jīsù [名] hormone
激增 jīzēng [动] shoot up (*pt*, *pp* shot) ▷ 电子产品在激增。Diànzǐ chǎnpǐn zài jīzēng. The quantity of electrical goods being produced has shot up.

羁(羈) jī **I** [名] bridle **II** [动] **1** (拘束) restrain **2** (拦阻) delay
羁(羈)绊(絆) jībàn [名] fetters (*pl*)
羁(羈)留 jīliú [动] **1** (逗留) stay **2** (拘留) detain
羁(羈)押 jīyā [动] detain

及 jí **I** [动] **1** (到达) reach ▷ 他过河时，水深及腰。Tā guò hé shí, shuǐ shēn jí yāo. When he crossed the river, the water reached his waist. **2** (比得上) be as good as ▷ 我的法语水平不及她。Wǒ de Fǎyǔ shuǐpíng bù jí tā. My French isn't as good as hers. **3** (赶上) be in time for ▷ 现在去看电影还来得及。Xiànzài qù kàn diànyǐng hái láidejí. There is still time to get to the film. **II** [连] and ▷ 老师及学生 lǎoshī jí xuésheng teachers and students
及格 jígé [动] pass
及时(時) jíshí **I** [形] timely ▷ 这场雨下得很及时。Zhè cháng yǔ xià de hěn jíshí. This rain has come at the right time. **II** [副] without delay ▷ 有病要及时去就医。Yǒu bìng yào jíshí qù jiùyī. If you are ill you should go to the doctor without delay.
及早 jízǎo [副] as soon as possible

吉 jí [形] lucky ▶ 吉祥 jíxiáng auspicious ▷ 逢凶化吉 féng xiōng huà jí land on one's feet
吉利 jílì [形] lucky
吉庆(慶) jíqìng [形] auspicious
吉日 jírì [名] lucky day
吉他 jítā [名] guitar
吉祥 jíxiáng [形] auspicious
吉凶 jíxiōng [名] good and bad luck

汲 jí [动] draw (*pt* drew, *pp* drawn)
汲取 jíqǔ [动] derive

级(級) jí **I** [名] **1** (等级) level ▷ 各级政府部门 gè jí zhèngfǔ bùmén government departments of all levels **2** (年级) year (英), grade (美) ▷ 三年级 sān niánjí third year (英) 或 grade (美) **3** (台阶) step ▷ 石级 shíjí stone step **4** (语言) degree ▷ 比较级 bǐjiào jí the comparative degree **II** [量] step ▷ 100多级台阶 yībǎi duō jí táijiē a staircase of more than 100 steps
级(級)别(別) jíbié [名] level

极(極) jí **I** [名] **1** (顶点) extreme ▷ 真是荒谬之极。 Zhēnshi huāngmiù zhījí. This is absurd in the extreme. **2** (指地球或磁体) pole ▶ 南极 nánjí the South Pole ▶ 阴极 yīnjí negative pole **II** [动] go to an extreme (*pt* went, *pp* gone) **III** [形] extreme ▶ 极限 jíxiàn limit **IV** [副] very ▷ 极少数 jí shǎoshù very few
极(極)点(點) jídiǎn [名] **1** (极限) extreme **2** (指地球或磁体) pole
极(極)度 jídù [副] extremely
极(極)端 jíduān **I** [名] extreme ▷ 做什么事情都不要走极端。 Zuò shénme shìqing dōu bùyào zǒu jíduān. You should exercise moderation in all that you do. **II** [形] absolute ▷ 极端仇视 jíduān chóushì absolute hostility
极(極)力 jílì [副] to the utmost ▷ 极力劝说 jílì quànshuō do one's utmost to persuade
极(極)其 jíqí [副] extremely
极(極)限 jíxiàn [名] limit
极(極)刑 jíxíng [名] death penalty

即 jí **I** [动] **1** (书) (就是) mean (*pt*, *pp* meant) ▷ 对她来说，结婚即生儿育女。 Duì tā lái shuō, jiéhūn jí shēng ér yù nǚ. From her point of view, marriage means having children. **2** (靠近) approach ▷ 这个目标可望而不可即。 Zhège mùbiāo kě wàng ér bù kě jí. This goal is unattainable. **3** (到) ▶ 即位 jíwèi ascend the throne **4** (就着) ▷ 即兴演唱 jíxìng yǎnchàng ad-lib **II** [形] present ▶ 即日 jírì this very day **III** [副] immediately ▷ 我打个电话即到。 Wǒ dǎ gè diànhuà jídào. I will be there immediately — I just have to make a phone call.
即便 jíbiàn [连] even if ▷ 即便我忙，也要为你送行。 Jíbiàn wǒ máng, yě yào wèi nǐ sòngxíng. Even though I'm busy, I'll see you off.
即将(將) jíjiāng [副] soon
即刻 jíkè [副] immediately
即日 jírì [副] **1** (当天) this very day **2** (近几天) the next few days
即使 jíshǐ [连] even if ▷ 即使他不来，我们也照样干。 Jíshǐ tā bù lái, wǒmen yě zhàoyàng gàn. Even if he doesn't come, we'll go ahead as usual. ▷ 即使分手了，他们还是朋友。 Jíshǐ fēnshǒu le, tāmen hái shì péngyou. Even though they've split up they're still friends.
即位 jíwèi [动] ascend the throne
即席(蓆) jíxí [形] impromptu ▷ 即席发言 jíxí fāyán make an impromptu speech
即兴(興) jíxìng [形] impromptu

亟 jí [副] urgently

急 jí **I** [形] **1** (着急) anxious ▷ 他急着赶火车。 Tā jízhe gǎn huǒchē. He is anxious to catch the train. **2** (急躁) impatient **3** (猛烈) ▷ 雨下得真急。 Yǔ xià de zhēn jí. It's raining really hard. ▷ 水流很急。 shuǐliú hěn jí There's a strong current. **4** (紧急) urgent ▷ 这件事很急。 Zhè jiàn shì hěn jí. This matter is urgent. ▷ 急刹车 jí shāchē slam on the brakes **II** [名] priority ▷ 当务之急是解决难民的吃住问题。 Dāng wù zhī jí shì jiějué nànmín de chīzhù wèntí. Our top priority is to resolve the refugee accommodation and food supply problems. **III** [动] worry ▷ 他还没来，真急死人了。 Tā hái méi lái, zhēn jísǐ rén le. He still hasn't arrived — we're worried to death.
急不可待 jí bù kě dài extremely anxious
急促 jícù [形] **1** (短促) rapid **2** (紧急) pressing ▷ 时间急促，我们赶快出发。 Shíjiān jícù, wǒmen gǎnkuài chūfā. Time is pressing — we had better go.
急功近利 jí gōng jìn lì seek short-term benefits
急救 jíjiù [动] give first-aid (*pt* gave, *pp* given)
急剧(劇) jíjù [副] rapidly ▷ 那座城市的环境急剧恶化。 Nà zuò chéngshì de huánjìng jíjù èhuà. The environment in the city is rapidly getting worse.
急忙 jímáng [副] hurriedly
急迫 jípò [形] urgent
急切 jíqiè [形] eager ▷ 我怀着急切的心情等他的来信。 Wǒ huáizhe jíqiè de xīnqíng děng tā de láixìn. I waited eagerly for his letter.
急速 jísù [副] rapidly ▷ 经济形势急速恶化。 Jīngjì xíngshì jísù èhuà. The economy is deteriorating rapidly.
急性 jíxìng [形] acute
急性子 jíxìngzi [名] hothead
急于(於) jíyú [副] anxiously ▷ 他急于要走。 Tā jíyú yào zǒu. He is anxious to go. ▷ 不要急于下结论。 Bùyào jíyú xià jiélùn. Don't be in such a hurry to pass judgment.
急躁 jízào [形] impatient

急诊(診) **jízhěn** [名] emergency treatment

急中生智 **jí zhōng shēng zhì** show resourcefulness in an emergency

疾 **jí I** [名] disease **II** [形] rapid

疾病 **jíbìng** [名] disease

棘 **jí** [名] thorn

棘手 **jíshǒu** [形] thorny

集 **jí I** [动] gather ▷ 集大家的智慧 **jí dàjiā de zhìhuì** draw on collective wisdom **II** [名] **1** (集市) market ▶ 赶集 **gǎnjí** go to market **2** (集子) anthology ▶ 诗集 **shījí** an anthology of poems **3** (册) part ▷ 该书分上下两集。**Gāi shū fēn shàngxià liǎng jí.** This book is divided into two parts.

集合 **jíhé** [动] assemble

集会(會) **jíhuì** [名] assembly

集结(結) **jíjié** [动] build ... up (*pt, pp* built)

集权(權) **jíquán** [动] centralize

集散地 **jísàndì** [名] distribution centre (英) 或 center (美)

集市 **jíshì** [名] market

集思广(廣)益 **jí sī guǎng yì** pool knowledge

集体(體) **jítǐ** [名] collective

集团(團) **jítuán** [名] group

集腋成裘 **jí yè chéng qiú** every little helps

集镇(鎮) **jízhèn** [名] market town

集中 **jízhōng** [动] concentrate ▷ 大商场多集中在市中心。**Dà shāngchǎng duō jízhōng zài shìzhōngxīn.** Most of the department stores are concentrated in the city centre.

集装(裝)箱 **jízhuāngxiāng** [名] container

集资(資) **jízī** [动] raise funds

辑(輯) **jí I** [动] edit **II** [名] volume

辑(輯)录(錄) **jílù** [动] compile

嫉 **jí** [动] envy

嫉妒 **jídù** [动] envy ▷ 你不要嫉妒他人。**Nǐ bùyào jídù tārén.** You shouldn't be jealous of other people.

嫉贤(賢)妒能 **jí xián dù néng** envy successful and talented people

瘠 **jí** [形] **1** (瘦弱) thin and weak **2** (瘠薄) barren

瘠田 **jítián** [名] infertile land

籍 **jí** [名] **1** (籍贯) native place **2** (书籍) book **3** (小册子) register **4** (身份) ▶ 国籍 **guójí** nationality

籍贯(貫) **jíguàn** [名] native place ▷ 他籍贯是福建厦门。**Tā jíguàn shì Fújiàn Xiàmén.** He was born in Xiamen in Fujian.

几(幾) **jǐ** [数] **1** (用于疑问句) ▷ 昨天来了几位客人? **Zuótiān láile jǐ wèi kèrén?** How many customers came yesterday? **2** (用于陈述句) ▷ 几本书 **jǐ běn shū** several books ▷ 十几本书 **shíjǐ běn shū** more than ten books ▷ 几十本书 **jǐshí běn shū** several tens of books ▷ 我在图书馆借了几本书。**Wǒ zài túshūguǎn jièle jǐ běn shū.** I borrowed several books from the library.

→ 另见 jī

几(幾)何 **jǐhé** [名] geometry

几(幾)经(經) **jǐjīng** [副] ▷ 几经周折, 他终于找到了失散多年的亲人。**Jǐjīng zhōuzhé, tā zhōngyú zhǎodàole shīsàn duōnián de qīnrén.** After much effort, he finally found the relatives he'd lost touch with for many years. ▷ 几经努力, 她终于考上了重点大学。**Jǐjīng nǔlì, tā zhōngyú kǎoshàngle zhòngdiǎn dàxué.** After much hard work, she finally got into a key university.

几(幾)时(時) **jǐshí** [代] **1** (什么时候) ▷ 你几时回来? **Nǐ jǐshí huílái?** When will you come back? ▷ 电脑几时修好? **Diànnǎo jǐshí xiūhǎo?** When will the computer be fixed? **2** (任何时候) any time ▷ 我几时也没有说过这话。**Wǒ jǐshí yě méiyǒu shuōguo zhè huà.** I never said anything of the sort.

己 **jǐ** [名] self ▶ 自己 **zìjǐ** oneself

挤(擠) **jǐ** [动] **1** (拥挤) crowd ▷ 公共汽车很挤。**Gōnggòng qìchē hěn jǐ.** The bus is very crowded. ▷ 过道里挤满了人。**Guòdào lǐ jǐmǎnle rén.** The passageway was packed with people. **2** (时间集中) be close ▷ 两个会议都挤在一起。**Liǎng gè huìyì dōu jǐ zài yīqǐ.** The two meetings are very close to each other. ▷ 事情都挤在一块儿了。**Shìqing dōu jǐ zài yīkuàir le.** Everything's happening at the same time. **3** (推人) elbow one's way ▷ 他挤上拥挤的汽车。**Tā jǐshàng yōngjǐ de qìchē.** He elbowed his way onto the crowded bus. **4** (贬) (指社交) push one's way ▷ 她拼命想挤进上层社会。**Tā pīnmìng xiǎng jǐjìn shàngcéng shèhuì.** She worked hard to push her way into top society. **5** (牙膏, 颜料) squeeze ... out ▶ 挤奶 **jǐ nǎi** milk **6** (时间) make (*pt, pp* made) ▷ 他挤时间学英语。**Tā jǐ shíjiān xué Yīngyǔ.** He made time to study English. **7** (排斥) rob ... of ▷ 他的晋升机会被挤掉了。**Tā de jìnshēng jīhuì bèi jǐdiào le.** He was robbed of his opportunity for promotion.

济(濟) **jǐ** 见下文

→ 另见 jì

济(濟)济(濟)一堂 jǐjǐ yī táng assemble ▷研讨会上全国的语言学家济济一堂。Yántǎohuì shàng quánguó de yǔyánxuéjiā jǐjǐ yī táng. Linguists from all over the country assembled at the symposium.

给(給) jǐ I [动] provide ▶补给 bǔjǐ supply II [形] sufficient

→另见 gěi

给(給)养(養) jǐyǎng [名] supplies (*pl*)

给(給)予 jǐyǔ [动] (书) give (*pt* gave, *pp* given) ▷他对我们给予了很大帮助。Tā duì wǒmen jǐyǔle hěn dà bāngzhù. He has rendered us much help.

脊 jǐ [名] 1 (指人或动物) spine ▶脊柱 jǐzhù spinal column 2 (指物体) ridge ▶山脊 shānjǐ mountain ridge ▶书脊 shūjǐ spine

脊背 jǐbèi [名] back

脊梁 jǐliang [名] (脊背) back

脊髓 jǐsuǐ [名] spinal cord

脊椎 jǐzhuī [名] 1 (脊柱) spinal column ▷脊椎动物 jǐzhuī dòngwù vertebrates 2 (脊骨) vertebra (*pl* vertebrae)

计(計) jì I [动] 1 (核算) calculate ▶共计 gòngjì total 2 (打算) plan 3 (考虑) bother ▷他工作不计报酬。Tā gōngzuò bùjì bàochou. He's not bothered about what he's paid for his work. II [名] 1 (计谋) strategy 2 (测量仪器) gauge ▶温度计 wēndùjì thermometer

计(計)策 jìcè [名] strategy

计(計)划(劃) jìhuà I [名] plan ▷你们应制定学习计划。Nǐmen yīng zhìdìng xuéxí jìhuà. You should devise a study plan. II [动] plan ▷你计划不周, 怎么能成功呢? Nǐ jìhuà bùzhōu, zěnme néng chénggōng ne? If you don't plan properly, how can you succeed?

计(計)较(較) jìjiào [动] 1 (在乎) bother ▷斤斤计较 jīn jīn jìjiào quibble over every detail 2 (争论) argue ▷先不跟你计较, 有空我再说。Xiān bù gēn nǐ jìjiào, yǒu kōng wǒ zài shuō. I won't argue with you now. Let's talk about it when I have time. 3 (计议) deliberate

计(計)算 jìsuàn [动] 1 (数) calculate 2 (筹划) plan ▷做事没个计算可不行。Zuò shì méi gè jìsuàn kě bùxíng. It's no good taking action without a plan. 3 (暗算) scheme ▷小心别被人计算。Xiǎoxīn bié bèi rén jìsuàn. Be careful others aren't scheming against you.

计(計)算机(機) jìsuànjī [名] computer

计(計)算器 jìsuànqì [名] calculator

记(記) jì I [动] 1 (记住) remember 2 (记录) record ▷记名字 jì míngzi record a name ▷记笔记 jì bǐjì make notes ▷记账 jì zhàng keep accounts II [名] 1 (指书或文章) record ▶游记 yóujì travel journal ▶日记 rìjì diary 2 (标志) mark 3 (指皮肤) birthmark III [量] (方) ▷一记远射, 球进了! yī jì yuǎnshè, qiú jìn le! A long shot—and it's a goal! ▷他被打了一记耳光。Tā bèi dǎle yī jì ěrguāng. He got a slap in the face.

> **remember** 后接带 **to** 的不定式或者动词的 **-ing** 形式。**remember to do something** 表示记得得去做某事。*He remembered to buy his wife chocolates.* **remember doing something** 则表示记得已经做过某事。*I remember reading the newspaper aloud to my father at the age of five.*

记(記)得 jìde [动] remember

记(記)挂(掛) jìguà [动] be concerned about

记(記)过(過) jìguò [动] give ... a black mark (*pt* gave, *pp* given) ▷他没完成任务, 被记过一次。Tā méi wánchéng rènwù, bèi jìguò yī cì. He didn't finish his work, and was given a black mark.

记(記)号(號) jìhao [名] mark ▷在你不会的地方作个记号。Zài nǐ bùhuì de dìfang zuò ge jìhao. Make a mark by the ones you are unable to do.

记(記)录(錄) jìlù I [动] (写下) write ... down (*pt* wrote, *pp* written) ▷请把你的心得体会记录下来。Qǐng bǎ nǐ de xīndé tǐhuì jìlù xiàlái. Please write down what your own understanding is. II [名] 1 (材料) record ▷请整理一下会议记录。Qǐng zhěnglǐ yīxià huìyì jìlù. Please tidy up the minutes of the meeting. 2 (指人) secretary ▷她是这次会议的记录。Tā shì zhè cì huìyì de jìlù. She is the secretary for this meeting. 3 (成绩) record ▷他打破了男子100米世界记录。Tā dǎpòle nánzǐ yībǎi mǐ shìjiè jìlù. He broke the world record for the men's 100 metres (英) 或 meters (美).

记(記)名 jìmíng [动] register ▷总经理通过无记名投票选出。Zǒngjīnglǐ tōngguò wú jìmíng tóupiào xuǎnchū. The general manager was elected by secret ballot.

记(記)取 jìqǔ [动] remember

记(記)事 jìshì I [动] keep a record (*pt*, *pp* kept) ▷记事本 jìshìběn notebook II [名] chronicles (*pl*)

记(記)事儿(兒) jìshìr [动] have memories ▷她打5岁起就记事儿了。Tā dǎ wǔ suì qǐ jiù jìshìr le. Her memories start from when she was five.

记(記)述 jìshù [动] tell (*pt*, *pp* told) ▷这部影片记述了一个真实的故事。Zhè bù yǐngpiàn jìshùle yī gè zhēnshí de gùshi. This film tells a true story. ▷记者对此事进行了完整的记

述。Jìzhě duì cǐshì jìnxíngle wánzhěng de jìshù. The journalist gave a full account of the event.

记(記)性 jìxing [名] memory

记(記)忆(憶) jìyì **I** [动] remember **II** [名] memory ▷ 记忆犹新 jìyì yóu xīn the memory is fresh

记(記)忆(憶)卡 jìyì kǎ [名] memory card

记(記)载(載) jìzǎi [动] record ▷ 这篇文章记载了当时的情况。Zhè piān wénzhāng jìzǎile dāngshí de qíngkuàng. This essay records the situation at that time. ▷ 请据实记载事情经过。Qǐng jùshí jìzǎi shìqing jīngguò. Please write down exactly what happened.

记(記)者 jìzhě [名] journalist ▷ 他是一名出色的摄影记者。Tā shì yī míng chūsè de shèyǐng jìzhě. He is a famous photo-journalist.

伎 jì 见下文

伎俩(倆) jìliǎng [名] trick ▷ 逃票是他惯用的伎俩。Táopiào shì tā guànyòng de jìliǎng. Not buying tickets is his favourite trick. ▷ 我们识破了他的伎俩。Wǒmen shípò le tā de jìliǎng. We saw through his ploy.

纪(紀) jì **I** [名] **1** age ▶ 中世纪 zhōngshìjì the Middle Ages (*pl*) **2** (指地质) period ▶ 侏罗纪 zhūluójì the Jurassic period **3** (纪律) discipline **II** [动] record

纪(紀)律 jìlǜ [名] discipline

纪(紀)念 jìniàn **I** [动] commemorate **II** [名] memento ▷ 送给你一支钢笔作纪念。Sònggěi nǐ yī zhī gāngbǐ zuò jìniàn. Here is a pen as a memento. ▷ 给我签个名留作纪念吧。Gěi wǒ qiān gè míng liúzuò jìniàn ba. Please give me your autograph as a souvenir.

纪(紀)实(實) jìshí [名] record ▷ 纪实文学 jìshí wénxué literature based on actual events

纪(紀)要 jìyào [名] summary ▷ 请整理好会议纪要。Qǐng zhěnglǐ hǎo huìyì jìyào. Please put together a summary of the meeting.

纪(紀)元 jìyuán [名] era ▷ 新纪元 xīnjìyuán new era ▷ 公历从耶稣诞生的那年开始纪元。Gōnglì cóng Yēsū dànshēng de nà nián kāishǐ jìyuán. The Western calendar begins in the year of the birth of Christ.

技 jì [名] **1** (技艺) skill ▶ 技能 jìnéng skill ▶ 技巧 jìqiǎo technique **2** (本领) ability ▶ 绝技 juéjì unique ability

技能 jìnéng [名] skill

技巧 jìqiǎo [名] technique

技术(術) jìshù [名] technology ▷ 我们需要不断学习国际先进技术。Wǒmen xūyào bùduàn xuéxí guójì xiānjìn jìshù. We need to keep up with international advances in technology. ▷ 生产要与技术改造同时进行。Shēngchǎn yào yǔ jìshù gǎizào tóngshí jìnxíng. Production must go hand in hand with technological improvement.

技术(術)员(員) jìshùyuán [名] technician

技艺(藝) jìyì [名] skill

系(繫) jì [动] **1** (打结) tie **2** (扣上) fasten ▷ 把领扣系好。Bǎ lǐngkòu jì hǎo. Button up your collar.

→ 另见 xì

忌 jì [动] **1** (嫉妒) envy ▷ 当领导决不能忌才。Dāng lǐngdǎo jué bùnéng jìcái. A leader should never be resentful of others' ability. **2** (害怕) fear ▶ 忌惮 jìdàn dread **3** (避免) avoid **4** (戒除) give ... up (*pt* gave, *pp* given) ▶ 忌酒 jìjiǔ give up drinking ▷ 为了健康, 你需要忌烟。Wèile jiànkāng, nǐ xūyào jìyān. You should give up smoking for the sake of your health.

忌妒 jìdu **I** [动] be jealous ▷ 他总是忌妒别人的成功。Tā zǒngshì jìdu biérén de chénggōng. He is always jealous of other people's success. **II** [名] jealousy ▷ 她这么做是出于忌妒。Tā zhème zuò shì chūyú jìdu. She's done that out of jealousy.

忌讳(諱) jìhuì [动] **1** (禁忌) be superstitious about **2** (避免) avoid ▷ 夜里我忌讳走墓地。Yèlǐ wǒ jìhuì zǒu mùdì. At night I try to avoid walking by the graveyard.

际(際) jì [名] **1** (边缘) border ▶ 天际 tiānjì horizon **2** (里边) interior ▶ 脑际 nǎojì in one's mind **3** (彼此之间) ▶ 国际 guójì international **4** (时候) occasion **5** (遭遇) lot

际(際)遇 jìyù [名] (书) experience

妓 jì 见下文

妓女 jìnǚ [名] prostitute

季 jì [名] season ▶ 春季 chūnjì spring ▶ 旺季 wàngjì busy season ▶ 雨季 yǔjì rainy season

季度 jìdù [名] quarter

季节(節) jìjié [名] season

季军(軍) jìjūn [名] third place ▷ 她在这次写作大赛中获得季军。Tā zài zhè cì xiězuò dàsài zhōng huòdé jìjūn. She came third in this major writing competition.

剂(劑) jì **I** [名] **1** (指药, 针, 麻醉) preparation ▶ 针剂 zhēnjì injection **2** (指起化学物理作用) ▶ 杀虫剂 shāchóngjì insecticide ▶ 除臭剂 chúchòujì deodorant **II** [量] (指配的汤药) dose ▶ 一剂药 yī jì yào a dose of medicine

剂(劑)量 jìliàng [名] dosage

迹(跡) jì [名] **1** (印) trace ▶ 足迹 zújì footprint ▶ 血迹 xuèjì bloodstain ▶ 笔迹 bǐjì writing **2** (遗留物) remains (*pl*) ▶ 古迹 gǔjì historic sites (*pl*)

迹(跡)象 jìxiàng [名] indication ▷ 种种迹象表明他们不会来了。Zhǒngzhǒng jìxiàng biǎomíng tāmen bùhuì lái le. All the indications are that they won't come. ▷ 他还没有好转的迹象。Tā hái méiyǒu hǎozhuǎn de jìxiàng. He's still not showing any signs of improvement.

济(濟) jì [动] **1** (渡过) cross ▷ 让我们同舟共济, 共同努力吧。Ràng wǒmen tóng zhōu gòng jì, gòngtóng nǔlì ba. We're all in the same boat, so let's work together. **2** (救) help ▶ 接济 jiējì give aid **3** (有益) be of help ▷ 无济于事 wú jì yú shì be of no help
→ 另见 jǐ

济(濟)事 jìshì [动] be of use ▷ 你这点儿钱根本不济事。Nǐ zhè diǎnr qián gēnběn bù jìshì. This is simply not enough money to be of any use. ▷ 他去了也不济事。Tā qùle yě bù jìshì. It won't be of any use even if he does go.

既 jì **I** [副] already ▶ 既定 jìdìng fixed ▷ 既成事实 jì chéng shì shí a fait accompli **II** [连] **1** (表示兼而有之) ▷ 他字写得既快又好。Tā zì xiě de jì kuài yòu hǎo. He writes both quickly and well. ▷ 他既高又壮。Tā jì gāo yòu zhuàng. He's tall and strong. **2** (既然) since ▷ 既来之, 则安之。Jì lái zhī, zé ān zhī. Since we've come, let's make the best of it.

既然 jìrán [连] since ▷ 既然你知道错误了, 为什么不及时纠正呢? Jìrán nǐ zhīdào cuòwù le, wèishénme bù jíshí jiūzhèng ne? Since you knew you'd made a mistake, why didn't you put it right immediately? ▷ 既然他执意要去, 你就答应吧。Jìrán tā zhíyì yào qù, nǐ jiù dāyìng ba. Seeing as he's determined to go, why don't you just agree to it?

既往不咎 jì wǎng bù jiù let bygones be bygones

觊(覬) jì 见下文

觊(覬)觎(覦) jìyú [动] (书) covet

继(繼) jì **I** [副] **1** (接续) continuously ▶ 继任 jìrèn succeed to a post **2** (接连) successively ▶ 相继 xiāngjì one after another **II** [动] continue

继(繼)承 jìchéng [动] **1** (遗产, 文化等) inherit **2** (遗志, 未成事业) take ... on (*pt* took, *pp* taken)

继(繼)而 jì'ér [副] then ▷ 他先是一愣, 继而大笑。Tā xiān shì yī lèng, jì'ér dà xiào. At first he was taken aback — then he burst out laughing.

继(繼)往开(開)来(來) jì wǎng kāi lái forge ahead

继(繼)续(續) jìxù **I** [动] continue ▷ 你们要继续努力。Nǐmen yào jìxù nǔlì. You must continue to work hard. ▷ 我们继续昨天的话题接着谈。Wǒmen jìxù zuótiān de huàtí jiēzhe tán. We'll continue with the topic we discussed yesterday. ▷ 身体痊愈后, 他继续工作。Shēntǐ quányù hòu, tā jìxù gōngzuò. After he recovered he went back to work. ▷ 我们继续往下读。Wǒmen jìxù wǎng xià dú. Let's read on. **II** [名] continuation

祭 jì [动] **1** (祭祀) sacrifice ▶ 祭坛 jìtán sacrificial altar **2** (祭奠) hold a memorial service (*pt*, *pp* held)

祭奠 jìdiàn [动] hold a memorial service (*pt*, *pp* held)

祭祀 jìsì [动] sacrifice ▷ 一头小牛被用作祭祀。Yī tóu xiǎo niú bèi yòngzuò jìsì. A young cow is used as a sacrifice.

祭文 jìwén [名] eulogy

悸 jì [动] (书) palpitate ▷ 想起那次历险, 我到现在都心有余悸。Xiǎngqǐ nà cì lìxiǎn, wǒ dào xiànzài dōu xīn yǒu yú jì. When I think about the danger we were in, I still have palpitations.

悸动(動) jìdòng [动] pound

寄 jì [动] **1** (邮递) post (英), mail (美) ▷ 包裹已经寄走了。Bāoguǒ yǐjīng jìzǒu le. The package has already been posted (英) 或 mailed (美). **2** (付托) place ▷ 我寄希望于他。Wǒ jì xīwàng yú tā. I pinned my hopes on him. **3** (依附) depend on ▷ 寄人篱下 jì rén lí xià be a dependant (英) 或 dependent (美)

寄存 jìcún [动] deposit ▷ 我把行李寄存在存包处了。Wǒ bǎ xíngli jìcún zài cúnbāochù le. I've checked my bag in.

寄放 jìfàng [动] leave (*pt*, *pp* left)

寄居 jìjū [动] live ▷ 她从小寄居在姑姑家。Tā cóngxiǎo jìjū zài gūgu jiā. She has lived with her aunt ever since she was little.

寄生 jìshēng [动] be a parasite ▷ 真菌寄生在某些植物中。Zhēnjūn jìshēng zài mǒuxiē zhíwù zhōng. Fungus is a parasite on certain plants. ▷ 我们不能过寄生生活。Wǒmen bùnéng guò jìshēng shēnghuó. We can't live as parasites.

寄宿 jìsù [动] **1** (借宿) stay ▷ 昨晚下大雨, 我只好寄宿朋友家。Zuówǎn xià dàyǔ, wǒ zhǐhǎo jìsù péngyou jiā. With the heavy rain last night, I had no choice but to stay over at my friend's house. **2** (住校) board ▷ 我所在的学校是一所寄宿学校。Wǒ suǒ zài de xuéxiào shì yī suǒ jìsù xuéxiào. The school I attended was a boarding school.

寄托(託) jìtuō [动] **1** (物品) leave (*pt*, *pp* left) **2** (理想, 感情, 希望) focus ▷ 葬礼是我们寄托感情的时刻。Zànglǐ shì wǒmen jìtuō gǎnqíng de shíkè. The funeral was an occasion for focusing our feelings. ▷ 她把希望寄托在女儿身上。Tā bǎ xīwàng jìtuō zài nǚ'ér shēnshàng. Her hopes were pinned on her daughter.

寄养(養) jìyǎng [动] **1** (指人) foster **2** (指动植物) give ... to look after (*pt* gave, *pp* given) ▷ 我把这盆花寄养在你这儿行吗？Wǒ bǎ zhè pén huā jìyǎng zài nǐ zhèr xíng ma? Would it be all right if I give you this plant to look after?

寄予 jìyǔ [动] **1** (寄托) place ▷ 父亲对他寄予了无限希望。Fùqīn duì tā jìyǔle wúxiàn xīwàng. His father places all his hopes in him. **2** (给予) show (*pt* showed, *pp* shown) ▷ 全社区对他家的不幸>寄予了无限的同情。Quán shèqū duì tā jiā de bùxìng jìyǔle wúxiàn de tóngqíng. The whole community showed boundless sympathy for the family's misfortunes. ▷ 他对年轻人寄予了无限关怀。Tā duì niánqīngrén jìyǔle wúxiàn guānhuái. He's deeply committed to young people.

寂 jì [形] **1** (静) quiet **2** (寂寞) lonely

寂静(靜) jìjìng **I** [形] peaceful ▷ 尖叫声划破了寂静的夜晚。Jiānjiào shēng huápò le jìjìng de yèwǎn. A scream broke the silence of the night. **II** [名] tranquillity

寂寞 jìmò [形] lonely

绩(績) jì [名] achievement ▶ 功绩 gōngjì accomplishment ▶ 战绩 zhànjì military success

---

髻 jì [名] chignon

冀 jì [动] (书) hope ▶ 冀望 jìwàng long for

加 jiā [动] **1** (相加) ▷ 2加2等于4。Èr jiā èr děngyú sì. Two plus two is four. ▷ 雪上加霜 xuě shàng jiā shuāng one disaster after another **2** (增加) increase ▷ 老板要给我们加工资。Lǎobǎn yào gěi wǒmen jiā gōngzī. The boss wants to increase our wages. **3** (添加) add ▷ 加点糖 jiā diǎn táng add some sugar ▷ 请加一副碗筷。Qǐng jiā yī fù wǎnkuài. Can you give us another bowl and another set of chopsticks? **4** (加以) ▷ 我们对孩子要严加管教。Wǒmen duì háizi yào yán jiā guǎnjiào. We should be strict with children.

加班 jiābān [动] work overtime

加倍 jiābèi [动] double ▷ 下个月油价可能加倍。Xià gè yuè yóujià kěnéng jiābèi. Next month the price of oil may double. ▷ 值夜班要加倍警惕。Zhí yèbān yào jiābèi jǐngtì. The night shift has to be doubly vigilant.

加法 jiāfǎ [名] addition

加封 jiāfēng [动] **1** (提升) grant **2** (查封) seal

加工 jiāgōng [动] **1** (制作) process **2** (完善) polish

加害 jiāhài [动] do ... harm

加紧(緊) jiājǐn [动] step up

加剧(劇) jiājù [动] make ... worse ▷ 谣言加剧了他们之间的矛盾。Yáoyán jiājùle tāmen zhījiān de máodùn. The allegation made the tension between them worse. ▷ 这项政策加剧了贫富差距。Zhè xiàng zhèngcè jiājùle pínfù chājù. This policy exacerbates the gap between rich and poor.

加仑(侖) jiālún [量] gallon

加码(碼) jiāmǎ [动] **1** (加注) raise the stakes **2** (增加) increase a quota

加盟 jiāméng [动] join ▷ 本俱乐部欢迎青年人加盟。Běn jùlèbù huānyíng qīngniánrén jiāméng. This club encourages young people to join.

加密 jiāmì [动] encrypt

加冕 jiāmiǎn [动] crown

加拿大 Jiānádà [名] Canada

加强(強) jiāqiáng [动] strengthen ▷ 加强防卫 jiāqiáng fángwèi strengthen defences (英) 或 defenses (美)

加入 jiārù [动] **1** (添加) add ▷ 汤里需要再加入点盐。Tāng lǐ xūyào zài jiārù diǎn yán. You need to add a bit more salt to the soup. **2** (参加) join

加塞儿(兒) jiāsāir [动] queue-jump (英), line-jump (美)

加速 jiāsù [动] accelerate

加以 jiāyǐ **I** [动] ▷ 旧的工作方法必须加以改进。Jiù de gōngzuò fāngfǎ bìxū jiāyǐ gǎijìn. The old working methods need to be improved. **II** [连] ▷ 这家商店离学校近, 加以价格便宜, 所以顾客很多。Zhè jiā shāngdiàn lí xuéxiào jìn, jiāyǐ jiàgé piányi, suǒyǐ gùkè hěn duō. This shop is close to campus, and it's also cheap, so there are a lot of customers.

加油 jiāyóu [动] **1** (加燃料) refuel ▷ 飞机需要加油了。Fēijī xūyào jiāyóu le. The plane needs to refuel. ▷ 我的汽车该加油了。Wǒ de qìchē gāi jiāyóu le. I should get some petrol (英) 或 gas (美) for the car. **2** (加劲儿) make more effort ▷ 老板一再叮嘱大家加油干。Lǎobǎn yīzài dīngzhǔ dàjiā jiāyóu gàn. The boss kept urging people to make more effort. ▷ 快，加油！ Kuài, jiāyóu! Come on, come on!

夹(夾) jiā I [动] 1 (固定) get hold of 2 (携带) carry ... under one's arm ▷ 我们校长总是夹着公文包。Wǒmen xiàozhǎng zǒngshì jiāzhe gōngwén bāo. Our head teacher always carries a briefcase under his arm. 3 (使在中间) ▷ 两边高楼夹着一条狭窄的街道。Liǎngbiān gāolóu jiāzhe yī tiáo xiázhǎi de jiēdào. A narrow street hemmed in by tall buildings on either side. 4 (掺杂) mix ... with ▷ 笑声夹杂着哭声 xiàoshēng jiāzázhe kūshēng laughter mixed with tears II [名] folder ▷ 文件夹 wénjiàn jiā document folder
→ 另见 gā, jiá

夹(夾)带(帶) jiādài [动] smuggle

夹(夾)道 jiādào I [名] alleyway II [动] line the road

夹(夾)缝(縫) jiāfèng [名] crevice

夹(夾)攻 jiāgōng [动] attack in a pincer movement

夹(夾)克 jiākè [名] jacket

夹(夾)生 jiāshēng [形] half-cooked

夹(夾)杂(雜) jiāzá [动] be mixed with

茄 jiā 见下文
→ 另见 qié

茄克 jiākè [名] jacket

佳 jiā [形] fine ▷ 佳音 jiāyīn good news ▷ 她最近身体欠佳。Tā zuìjìn shēntǐ qiànjiā. She has recently been in poor health.

佳话(話) jiāhuà [名] talking point

佳节(節) jiājié [名] festival

佳境 jiājìng [名] beauty spot

佳丽(麗) jiālì [名] beauty

佳偶 jiā'ǒu [名] happily married couple

佳期 jiāqī [名] wedding day

佳人 jiārén [名] beautiful woman (*pl* women)

佳肴(餚) jiāyáo [名] delicacies (*pl*)

佳音 jiāyīn [名] good news (*sg*)

枷 jiā 见下文

枷锁(鎖) jiāsuǒ [名] fetters (*pl*)

痂 jiā [名] scab

家 jiā I [名] 1 (家庭) family 2 (住所) home ▷ 他一放假就回家。Tā yī fàngjià jiù huíjiā. As soon as the holiday started he went back home. 3 (学派) school of thought 4 (指人) ▶ 船家 chuánjiā boatman (*pl* boatmen) ▶ 农家 nóngjiā peasant ▶ 专家 zhuānjiā expert ▶ 歌唱家 gēchàngjiā singer ▶ 画家 huàjiā painter II [形] 1 (饲养的) domestic ▶ 家畜 jiāchù domestic animal 2 (嫡亲的) ▶ 家兄 jiāxiōng elder brother III [量] ▷ 一家公司 yī jiā gōngsī a company ▷ 两家人 liǎng jiā rén two families

measure word, used for families, companies, banks, factories, restaurants, hotels etc.

家产(產) jiāchǎn [名] estate

家常 jiācháng [名] domestic affairs (*pl*)

家丑(醜) jiāchǒu [名] family scandal

家畜 jiāchù [名] domestic animal

家传(傳) jiāchuán [动] hand ... down

家当(當) jiādàng [名] family possessions (*pl*)

家底 jiādǐ [名] property ▷ 他家底颇厚。Tā jiādǐ pō hòu. His family is quite wealthy.

家电(電) jiādiàn [名] domestic electrical appliance

家(傢)伙 jiāhuo [名] 1 (工具) tool 2 (武器) weapon 3 (人) guy

家计(計) jiājì [名] (书) family livelihood

家教 jiājiào I [动] bring ... up (*pt, pp* brought) II [名] private tutor

家境 jiājìng [名] family circumstances (*pl*)

家(傢)具 jiājù [名] furniture

注意 **furniture** 只能用作不可数名词。不能说 *'a furniture'* 或 *'furnitures'*。如要具体指代桌子，椅子或床等家具，可以用 *a piece of furniture* 或 *an item of furniture*。

家眷 jiājuàn [名] wife and children

家禽 jiāqín [名] poultry (*pl*)

家室 jiāshì [名] 1 (妻子) wife (*pl* wives) ▷ 他已有家室。Tā yǐ yǒu jiāshì. He's married. 2 (家庭) family

家属(屬) jiāshǔ [名] family members (*pl*)

家庭 jiātíng [名] family ▷ 他妻子很会处理家庭关系。Tā qīzi hěn huì chǔlǐ jiātíng guānxì. His wife is very good at sorting out relationships within the family. ▷ 我的家庭很和睦。Wǒ de jiātíng hěn hémù. My household is harmonious.

家务(務) jiāwù [名] housework

家乡(鄉) jiāxiāng [名] hometown

家小 jiāxiǎo [名] wife and children

家业(業) jiāyè [名] family property

家用 jiāyòng I [名] living expenses (*pl*) II [形] domestic ▷ 家用电器 jiāyòng diànqì domestic electrical appliance ▷ 家用电脑 jiāyòng diànnǎo home computer

家喻户(戶)晓(曉) jiā yù hù xiǎo be a household name

家园(園) jiāyuán [名] homeland

家长(長) jiāzhǎng [名] 1(一家之长) head of the family 2(父母) parent
家政 jiāzhèng [名] housekeeping
家族 jiāzú [名] family

嘉 jiā I [形] fine ▶嘉宾 jiābīn honoured (英) 或 honored (美) guest II [动] praise
嘉宾(賓) jiābīn [名] honoured (英) 或 honored (美) guest
嘉奖(獎) jiājiǎng [动] commend
嘉许(許) jiāxǔ [动] praise

夹(夾) jiá [形] lined ▶夹袄 jiá'ǎo padded jacket
→另见 gā, jiā

戛 jiá 见下文
戛然而止 jiárán ér zhǐ stop suddenly

颊(頰) jiá [名] cheek

甲 jiǎ [名] 1(第一) ▶甲级品 jiǎjípǐn A-grade 2(动物硬壳) shell ▶龟甲 guījiǎ tortoiseshell 3(角质硬壳) nail ▶指甲 zhǐjiǎ fingernail 4(装备) armour (英), armor (美) ▶装甲车 zhuāngjiǎchē armoured (英) 或 armored (美) car
甲板 jiǎbǎn [名] deck
甲虫(蟲) jiǎchóng [名] beetle

岬 jiǎ [名] cape
岬角 jiǎjiǎo [名] headland

假 jiǎ I [形] 1(虚伪) false ▷他表面上热情，其实特假。Tā biǎomiàn shàng rèqíng, qíshí tè jiǎ. He gives a false impression of being friendly. 2(不真) artificial ▶假发 jiǎfà wig ▶假山 jiǎshān rockery ▶假话 jiǎhuà lie II [连] if ▶假如 jiǎrú if III [动] borrow
→另见 jià
假扮 jiǎbàn [动] dress up as
假充 jiǎchōng [动] pretend to be
假定 jiǎdìng [动] suppose ▷假定你中了大奖，你会做什么？Jiǎdìng nǐ zhòngle dàjiǎng, nǐ huì zuò shénme? Supposing you won the jackpot, what would you do with it? ▷有外星人的说法只是一种假定。Yǒu wàixīngrén de shuōfǎ zhǐshì yī zhǒng jiǎdìng. The existence of extraterrestrials is just hypothesis.
假借 jiǎjiè [动] make use of
假冒 jiǎmào [动] pass oneself off as ▷他假冒总经理的名义诈骗银行。Tā jiǎmào zǒngjīnglǐ de míngyì zhàpiàn yínháng. He passed himself off as the managing director to defraud the bank. ▷假冒伪劣产品 jiǎmào wěiliè chǎnpǐn fake, sub-standard goods
假面具 jiǎmiànjù [名] mask
假名 jiǎmíng [名] pseudonym
假如 jiǎrú [连] if
假设(設) jiǎshè I [动] suppose ▷假设这是真的，我们该怎么办？Jiǎshè zhè shì zhēn de, wǒmen gāi zěnme bàn? Supposing it's true, what should we do? II [名] hypothesis (*pl* hypotheses)
假使 jiǎshǐ [连] if
假释(釋) jiǎshì [动] release ... on parole
假象 jiǎxiàng [名] deceptive appearance ▷现在的经济繁荣只是一种假象。Xiànzài de jīngjì fánróng zhǐshì yī zhǒng jiǎxiàng. The current apparent economic boom is deceptive.
假惺惺 jiǎxīngxīng [形] hypocritical
假意 jiǎyì I [名] insincerity ▷谁知道她是真情还是假意？Shuí zhīdào tā shì zhēnqíng háishì jiǎyì? Who knows whether she is sincere or not? II [动] pretend ▷他假意吃惊。Tā jiǎyì chījīng. He pretended to be surprised. ▷他假意笑着向我问好。Tā jiǎyì xiàozhe xiàng wǒ wèn hǎo. He greeted me with a false smile.
假装(裝) jiǎzhuāng [动] pretend ▷我假装不懂他的意思。Wǒ jiǎzhuāng bù dǒng tā de yìsi. I pretended not to understand what he meant.

价(價) jià [名] 1(价格) price ▶物价 wùjià price 2(价值) value
价(價)格 jiàgé [名] price ▷价格标签 jiàgé biāoqiān price tag
价(價)目 jiàmù [名] marked price
价(價)钱(錢) jiàqin [名] price
价(價)值 jiàzhí [名] value ▷价值观念 jiàzhí guānniàn values ▷商业价值 shāngyè jiàzhí market potential
价(價)值连(連)城 jiàzhí liánchéng priceless

驾(駕) jià I [动] 1(驾驭) harness 2(驾驶) drive (*pt* drove, *pp* driven) ▷驾车 jià chē drive a car ▷驾飞机 jià fēijī fly a plane II [代](敬) ▶劳驾 láojià excuse me III [量] ▷3驾马车 sān jià mǎchē three carts
驾(駕)轻(輕)就熟 jià qīng jiù shú be a piece of cake
驾(駕)驶(駛) jiàshǐ [动] steer
驾(駕)驭(馭) jiàyù [动] master
驾(駕)照 jiàzhào [名] driving licence (英), driver's license (美)

架 jià I [名] 1(架子) frame ▶书架 shūjià bookshelf ▶脚手架 jiǎoshǒujià scaffolding 2(指行为) ▶吵架 chǎojià quarrel ▶打架 dǎjià fight **II** [动] **1** (撑起) support ▷架电线 **jià diànxiàn** carry electrical cables **2** (招架) ward ... off **3** (绑架) kidnap ▷孩子被人架走了。**Háizi bèi rén jiàzǒu le.** The child was kidnapped. **4** (搀扶) support ... under the arm ▷我们把伤员架上了救护车。**Wǒmen bǎ shāngyuán jiàshàngle jiùhùchē.** Supporting the injured person under the arm, we helped him into the ambulance. **III** [量] ▷5架飞机 **wǔ jià fēijī** five planes ▷一架钢琴 **yī jià gāngqín** a piano

measure word, used for pianos, aircrafts, machines etc.

架次 **jiàcì** [名] flight

架空 **jiàkōng** [动] build ... on stilts (*pt, pp* built)

架设(設) **jiàshè** [动] erect

架势(勢) **jiàshi** [名] stance

架子 **jiàzi** [名] **1** (支撑物) rack ▷衣服架子 **yīfu jiàzi** clothes rack **2** (指武术) position **3** (傲气) air ▷他一点都没有明星的架子。**Tā yīdiǎn dōu méiyǒu míngxīng de jiàzi.** He doesn't have the air of a star at all. **4** (结构) structure ▷这篇论文我已经搭好了架子。**Zhè piān lùnwén wǒ yǐjīng dāhǎole jiàzi.** I've already worked out the structure for this essay.

假 **jià** [名] holiday ▶暑假 **shǔjià** summer holiday ▶病假 **bìngjià** sick leave

→另见 **jiǎ**

假条(條) **jiàtiáo** [名] note

假期 **jiàqī** [名] holiday

假日 **jiàrì** [名] holiday

嫁 **jià** [动] **1** (结婚) marry **2** (转移) shift the blame

嫁祸(禍)于(於)人 **jià huò yú rén** shift the blame onto another person ▷这是你自己的错, 怎么能嫁祸于人? **Zhè shì nǐ zìjǐ de cuò, zěnme néng jià huò yú rén?** It's your fault. How can you shift the blame onto someone else?

嫁接 **jiàjiē** [动] graft

嫁妆(妝) **jiàzhuang** [名] dowry

尖 **jiān I** [形] **1** (锐利) pointed ▷这支铅笔削得太尖了。**Zhè zhī qiānbǐ xiāo de tài jiān le.** This pencil is too sharp. **2** (指声音) shrill **3** (敏锐) sensitive ▷他的眼睛很尖。**Tā de yǎnjīng hěn jiān.** His eyesight is very acute. **4** (吝啬) stingy **5** (尖刻) biting **II** [动] ▷她尖着眼睛找别人的错。**Tā jiānzhe yǎnjīng zhǎo biérén de cuò.** She kept her eyes peeled in the search for peoples' mistakes. ▷这孩子尖着耳朵听父母说什么。**Zhè háizi jiānzhe ěrduǒ tīng fùmǔ shuō shénme.** The child strained to hear what his parents were saying. **III** [名] **1** (尖端) tip ▶笔尖 **bǐjiān** pen tip **2** (精华) the best ▷他是我们中的尖子。**Tā shì wǒmen zhōng de jiānzi.** Of all of us he is the best.

尖端 **jiānduān I** [名] point ▷长矛的尖端 **chángmáo de jiānduān** spearhead **II** [形] cutting-edge ▷尖端科技 **jiānduān kējì** the cutting edge of science and technology

尖刻 **jiānkè** [形] acrimonious

尖利 **jiānlì** [形] sharp

尖锐(銳) **jiānruì** [形] **1** (锋利) sharp **2** (敏锐) penetrating ▷他的看法很尖锐。**Tā de kànfǎ hěn jiānruì.** He has insightful ideas. **3** (刺耳) shrill

尖酸刻薄 **jiānsuān kèbó** bitterly sarcastic

尖子 **jiānzi** [名] the best

奸 **jiān I** [形] **1** (奸诈) wicked ▶奸计 **jiānjì** trickery **2** (不忠) treacherous ▶奸臣 **jiānchén** treacherous official **II** [动] ▶通奸 **tōngjiān** adultery ▶强奸 **qiángjiān** rape **III** [名] traitor ▶内奸 **nèijiān** traitor

奸猾 **jiānhuá** [名] treachery

奸计(計) **jiānjì** [名] trickery

奸商 **jiānshāng** [名] shark

奸(姦)污 **jiānwū** [动] rape

奸细(細) **jiānxì** [名] spy

奸险(險) **jiānxiǎn** [形] malicious

奸邪 **jiānxié** [形] crafty and evil

奸(姦)淫 **jiānyín** [动] rape

奸诈(詐) **jiānzhà** [形] fraudulent

歼(殲) **jiān** 见下文

歼(殲)灭(滅) **jiānmiè** [动] annihilate

坚(堅) **jiān I** [形] hard ▷坚冰 **jiānbīng** solid ice **II** [名] stronghold ▷坚不可摧 **jiān bù kě cuī** indestructible **III** [副] firmly ▶坚信 **jiānxìn** firmly believe

坚(堅)持 **jiānchí** [动] go on ▷你应该坚持锻炼身体。**Nǐ yīnggāi jiānchí duànliàn shēntǐ.** You should go on taking exercise. ▷他坚持要我参加。**Tā jiānchí yào wǒ cānjiā.** He insisted that I take part. ▷系主任一向坚持原则。**Xì zhǔrèn yīxiàng jiānchí yuánzé.** The head of department sticks to his principles.

坚(堅)定 **jiāndìng** [形] steadfast ▷我们要坚定地走正确的道路。**Wǒmen yào jiāndìng de zǒu zhèngquè de dàolù.** We must steadfastly keep to the correct path.

坚(堅)固 **jiāngù** [形] solid

坚(堅)果 **jiānguǒ** [名] nut

坚(堅)决(決) **jiānjué** [副] resolutely

坚(堅)强(強) **jiānqiáng** [形] strong ▷他意志坚强。**Tā yìzhì jiānqiáng.** He is strong-willed.

j

坚(堅)韧(韌) jiānrèn [形] tenacious
坚(堅)如磐石 jiān rú pánshí solid as a rock
坚(堅)实(實) jiānshí [形] solid
坚(堅)挺 jiāntǐng [形] strong
坚(堅)硬 jiānyìng [形] hard
坚(堅)贞(貞) jiānzhēn [形] constant

间(間) jiān **I** [介] between ▶课间 kèjiān between lessons **II** [名] **1** (范围) ▶晚间 wǎnjiān in the evening ▶田间 tiánjiān field ▷人世间 rénshìjiān in this world **2** (屋子) room ▶房间 fángjiān room ▶洗手间 xǐshǒujiān toilet ▶车间 chējiān workshop **III** [量] ▷两间客厅 liǎng jiān kètīng two living rooms ▷一间病房 yī jiān bìngfáng one ward
→另见 jiàn

measure word, used for rooms, lounges, hospital wards etc.

间(間)距 jiānjù [名] distance ▷高速行驶应注意行车间距。Gāosù xíngshǐ yīng zhùyì xíngchē jiānjù. When driving fast you must keep your distance from other cars.

肩 jiān 见下文

肩膀 jiānbǎng [名] shoulder
肩负(負) jiānfù [动] shoulder ▷父亲肩负着养家糊口的责任。Fùqīn jiānfùzhe yǎngjiā húkǒu de zérèn. Our father shoulders the responsibility of supporting the family. ▷他肩负了整项工程的组织工作。Tā jiānfùle zhěngxiàng gōngchéng de zǔzhī gōngzuò. He has taken on the administration of the whole project.

艰(艱) jiān [形] difficult ▶艰辛 jiānxīn hardship

艰(艱)巨(鉅) jiānjù [形] formidable
艰(艱)苦 jiānkǔ [形] harsh
艰(艱)难(難) jiānnán [形] hard ▷他们生活艰难。Tāmen shēnghuó jiānnán. Their life is hard. ▷这位病人觉得走路很艰难。Zhèwèi bìngrén jué de zǒulù hěn jiānnán. The invalid finds it difficult to walk.
艰(艱)深 jiānshēn [形] abstruse
艰(艱)险(險) jiānxiǎn [形] hard and dangerous ▷路途极其艰险。lùtú jíqí jiānxiǎn. The journey is hard and dangerous.

监(監) jiān **I** [动] supervise ▶监视 jiānshì keep watch **II** [名] **1** (监狱) prison ▶探监 tànjiān visit a prison **2** (负责人) inspector ▶总监 zǒngjiān chief-inspector

监(監)测(測) jiāncè [动] monitor
监(監)察 jiānchá [动] supervise
监(監)督 jiāndū [动] supervise ▷舞台监督 wǔtái jiāndū stage manager
监(監)工 jiāngōng **I** [动] oversee (*pt* oversaw, *pp* overseen) **II** [名] supervisor
监(監)管 jiānguǎn [动] take charge of (*pt* took, *pp* taken)
监(監)护(護) jiānhù [动] be a guardian ▷孩子由祖父母监护。Háizi yóu zǔfùmǔ jiānhù. The child's grandparents are its guardians.
监(監)禁 jiānjìn [动] take ... into custody (*pt* took, *pp* taken)
监(監)考 jiānkǎo [动] invigilate
监(監)控 jiānkòng [动] monitor and control
监(監)牢 jiānláo [名] prison
监(監)视(視) jiānshì [动] spy on
监(監)听(聽) jiāntīng [动] monitor ▷警方一直在监听罪犯。Jǐngfāng yīzhí zài jiāntīng zuìfàn. The police are continuously monitoring criminals.
监(監)狱(獄) jiānyù [名] prison

兼 jiān [动] ▷这位董事长又兼着总经理的职位。Zhè wèi dǒngshìzhǎng yòu jiānzhe zǒngjīnglǐ de zhíwèi. The Chairman of the Board is also the CEO.

兼并(並) jiānbìng [动] acquire
兼程 jiānchéng [动] advance at the double speed
兼而有之 jiān ér yǒu zhī be both ... and ... ▷一次学术性与娱乐性兼而有之的活动 yī cì xuéshùxìng yǔ yúlèxìng jiān ér yǒu zhī de huódòng an activity that is both educational and fun
兼顾(顧) jiāngù [动] be concerned about both ... and ... ▷公司执行安全与效率兼顾的原则。Gōngsī zhíxíng ānquán yǔ xiàolǜ jiāngù de yuánzé. The company philosophy is to be concerned about both safety and efficiency.
兼任 jiānrèn [动] be concurrently
兼容 jiānróng [动] be compatible
兼容性 jiānróngxìng [名] compatibility
兼收并(並)蓄 jiān shōu bìng xù incorporate diverse elements
兼职(職) jiānzhí [动] have more than one job ▷由于兼职太多，他终于累垮了。Yóuyú jiānzhí tài duō, tā zhōngyú léikuǎ le. Because he had too many jobs, he eventually collapsed with exhaustion. ▷兼职教师 jiānzhí jiàoshī part-time teacher

笺(箋) jiān [名] writing paper ▶信笺 xìnjiān letter paper

缄(緘) jiān 见下文

缄(緘)口 jiānkǒu [动] (书) hold one's tongue (*pt, pp* held)
缄(緘)默 jiānmò [动] (书) keep silent (*pt, pp* kept)

煎 jiān [动] **1** (油炸) fry ▷ 煎鸡蛋 jiān jīdàn fry an egg **2** (水煮) decoct
煎熬 jiān'áo [动] suffer ▷ 他承受了许多煎熬。Tā chéngshòu le xǔduō jiān'áo. He's experienced a lot of suffering.

拣(揀) jiǎn [动] choose (*pt* chose, *pp* chosen)
拣(揀)选(選) jiǎnxuǎn [动] select

茧(繭) jiǎn [名] **1** (指昆虫) cocoon ▶ 蚕茧 cánjiǎn silkworm cocoon **2** (指手脚) callus

---

柬 jiǎn [名] card ▶ 请柬 qǐngjiǎn invitation
柬帖 jiǎntiě [名] card

俭(儉) jiǎn [形] frugal
俭(儉)朴(樸) jiǎnpǔ [形] economical
俭(儉)省 jiǎnshěng [形] frugal

捡(撿) jiǎn [动] pick ... up ▷ 谁捡到了我的手表？Shuí jiǎndàole wǒ de shǒubiǎo? Who picked up my watch?

检(檢) jiǎn [动] **1** (检查) examine ▶ 体检 tǐjiǎn medical examination **2** (检点) show restraint
(*pt* showed, *pp* shown)
检(檢)测(測) jiǎncè [动] determine
检(檢)查 jiǎnchá **I** [动] examine ▷ 明天我要检查身体。Míngtiān wǒ yào jiǎnchá shēntǐ. I'm going to be medically examined tomorrow. **II** [名] self-criticism
检(檢)察 jiǎnchá [名] procuratorial work
检(檢)点(點) jiǎndiǎn **I** [动] check **II** [形] cautious
检(檢)举(舉) jiǎnjǔ [动] accuse
检(檢)索 jiǎnsuǒ [动] look ... up ▷ 我喜欢在网上检索信息。Wǒ xǐhuān zài wǎngshàng jiǎnsuǒ xìnxī. I like to look up information on the Internet.
检(檢)讨(討) jiǎntǎo [动] examine
检(檢)修 jiǎnxiū [动] overhaul
检(檢)验(驗) jiǎnyàn [动] inspect
检(檢)疫 jiǎnyì [动] quarantine
检(檢)阅(閱) jiǎnyuè [动] inspect

减(減) jiǎn [动] **1** (减去) subtract ▷ 3减2等于1。Sān jiǎn èr děngyú yī. Three minus two is one. **2** (减少) reduce ▶ 裁减 cáijiǎn cut down **3** (降低) decrease ▶ 减退 jiǎntuì fail
减(減)产(產) jiǎnchǎn [动] ▷ 战争使石油大幅度减产。Zhànzhēng shǐ shíyóu dà fúdù jiǎnchǎn. The war caused a large-scale drop in oil production.
减(減)法 jiǎnfǎ [名] subtraction
减(減)肥 jiǎnféi [动] slim ▷ 减肥食谱 jiǎnféi shípǔ diet
减(減)缓(緩) jiǎnhuǎn [动] slow down
减(減)免 jiǎnmiǎn [动] reduce
减(減)轻(輕) jiǎnqīng [动] reduce
减(減)色 jiǎnsè [动] spoil
减(減)少 jiǎnshǎo [动] reduce
减(減)员(員) jiǎnyuán [动] cut staff (*pt, pp* cut)

剪 jiǎn **I** [名] scissors (*pl*) **II** [动] **1** (铰) cut (*pt, pp* cut) ▷ 我该剪头了。Wǒ gāi jiǎn tóu le. I need to get my hair cut. ▷ 剪羊毛 jiǎn yángmáo shear a sheep **2** (除去) eliminate
剪裁 jiǎncái [动] cut (*pt, pp* cut) ▷ 文章太长，需要剪裁。Wénzhāng tài cháng, xūyào jiǎncái. The article is too long — it needs cutting. ▷ 这条裙子是我自己剪裁的。Zhè tiáo qúnzi shì wǒ zìjǐ jiǎncái de. I made this skirt myself.
剪彩(綵) jiǎncǎi [动] cut a ribbon (*pt, pp* cut) ▷ 市长将为开幕式剪彩。Shìzhǎng jiāng wèi kāimùshì jiǎncǎi. The mayor is cutting the ribbon at the opening ceremony.
剪刀 jiǎndāo [名] scissors (*pl*)
剪辑(輯) jiǎnjí [动] edit ▷ 电影剪辑 diànyǐng jiǎnjí film editing
剪贴(貼) jiǎntiē [动] cut and paste (*pt, pp* cut)
剪影 jiǎnyǐng [名] silhouette

简(簡) jiǎn **I** [形] simple ▶ 简单 jiǎndān simple **II** [动] simplify ▶ 简化 jiǎnhuà simplify
简(簡)报(報) jiǎnbào [名] briefing ▷ 要闻简报 yàowén jiǎnbào news bulletin
简(簡)编(編) jiǎnbiān [名] concise edition
简(簡)便 jiǎnbiàn [形] handy
简(簡)称(稱) jiǎnchēng [名] abbreviation
简(簡)单(單) jiǎndān [形] **1** (不复杂) simple ▷ 他头脑简单。Tā tóunǎo jiǎndān. He's simple-minded. ▷ 医生简单地处理了他的伤口。Yīshēng jiǎndān de chǔlǐle tā de shāngkǒu. The doctor treated his wound simply. **2** (草率) casual ▷ 不可用简单的方式对待学生的思想变化。Bùkě yòng jiǎndān de fāngshì duìdài xuésheng de sīxiǎng biànhuà. Changes in student attitudes shouldn't be treated lightly. ▷ 简单从事 jiǎndān cóngshì treat things casually **3** (平凡) ▷ 这孩子能说两门外语，真不简单。Zhè

j

háizi néng shuō liǎng mén wàiyǔ, zhēn bù jiǎndān. It is quite extraordinary that this child can speak two foreign languages.

简(簡)短 **jiǎnduǎn** [形] brief

简(簡)化 **jiǎnhuà** [动] simplify

简(簡)洁(潔) **jiǎnjié** [形] concise

简(簡)捷 **jiǎnjié** [形] direct ▷这种简捷的方法真省时。**Zhè zhǒng jiǎnjié de fāngfǎ zhēn shěngshí.** The direct method really saves time. ▷他说话简捷, 从不拐弯抹角。**Tā shuōhuà jiǎnjié, cóng bù guǎi wān mò jiǎo.** He always gets straight to the point and doesn't beat about the bush.

简(簡)介 **jiǎnjiè** [名] synopsis (*pl* synopses)

简(簡)历(歷) **jiǎnlì** [名] CV (英), résumé (美)

简(簡)练(練) **jiǎnliàn** [形] concise

简(簡)陋 **jiǎnlòu** [形] crude

简(簡)略 **jiǎnlüè** [形] brief ▷他说话一贯很简略。**Tā shuōhuà yīguàn hěn jiǎnlüè.** What he says is always very sketchy. ▷他简略介绍了公司的情况。**Tā jiǎnlüè jièshào le gōngsī de qíngkuàng.** He gave a brief description of the situation at the company.

简(簡)明 **jiǎnmíng** [形] concise

简(簡)朴(樸) **jiǎnpǔ** [形] simple ▷她穿着简朴。**Tā chuānzhuó jiǎnpǔ.** She dresses simply.

简(簡)体(體)字 **jiǎntǐzì** [名] simplified characters (*pl*)

> 简体字 **jiǎntǐzì** (simplified characters) are the type of Chinese characters used today throughout Mainland China, and mostly derive from the PRC government's efforts during the 1950s and 60s to make the script more accessible and improve literacy. The alternative and older form of the script, known as complex or traditional characters, 繁体字 **fántǐzì**, is used predominantly in Taiwan, Hong Kong and many overseas Chinese communities. The two systems are closely related and if you have learnt one then, with a little effort, the other form should not pose too many problems!

简(簡)写(寫) **jiǎnxiě** [动] abridge

简(簡)要 **jiǎnyào** [形] brief

简(簡)易 **jiǎnyì** [形] simple

简(簡)直 **jiǎnzhí** [副] simply ▷这简直是浪费口舌。**Zhè jiǎnzhí shì làngfèi kǒushé.** This is simply a waste of breath.

简(簡)装(裝) **jiǎnzhuāng** [名] standard edition

碱(鹼) **jiǎn** [名] alkali

见(見) **jiàn I** [动] **1** (看到) see (*pt* saw, *pp* seen) ▶常见 **chángjiàn** common ▶罕见 **hǎnjiàn** rare ▷我们俩好久没见了。**Wǒmen liǎ hǎojiǔ méi jiàn le.** We have not seen each other in a long time. **2** (接触) come into contact with (*pt* came, *pp* come) ▷汽油见火就着。**Qìyóu jiàn huǒ jiù zháo.** Petrol ignites on contact with a flame. **3** (看得出) be visible ▶见效 **jiànxiào** take effect **4** (参照) see (*pt* saw, *pp* seen) ▷见上图 **jiàn shàngtú** see the above diagram **5** (会见) meet (*pt, pp* met) ▶接见 **jiējiàn** receive ▷我下午见校长。**Wǒ xiàwǔ jiàn xiàozhǎng.** I'm meeting the principal this afternoon. **II** [名] opinion ▶偏见 **piānjiàn** prejudice **III** [助动] (书) ▷请见谅。**Qǐng jiànliàng.** Please excuse me.

见(見)不得 **jiàn bu dé** [动] **1** (不能接触) be unable to stand exposure to ▷这种细菌见不得光。**Zhè zhǒng xìjūn jiànbudé guāng.** This type of bacteria can't stand exposure to light. **2** (不能公开) be unmentionable ▷这个政客做了很多见不得人的事。**Zhège zhèngkè zuò le hěnduō jiànbudé rén de shì.** This politician has done a lot of shameful things. **3** (不能忍受) be unable to endure ▷我见不得别人可怜的样子。**Wǒ jiànbudé biérén kělián de yàngzi.** I can't bear seeing others suffer.

见(見)长(長) **jiàncháng** [动] be good at

见(見)地 **jiàndì** [名] insight ▷这篇文章颇有见地。**Zhè piān wénzhāng pō yǒu jiàndì.** This essay is quite insightful.

见(見)多识(識)广(廣) **jiàn duō shí guǎng** have wide experience

见(見)方 **jiànfāng** [名] square

见(見)缝(縫)插针(針) **jiàn fèng chā zhēn** take every opportunity

见(見)怪 **jiànguài** [动] take offence (英) 或 offense (美) (*pt* took, *pp* taken) ▷他说话不得体, 请别见怪。**Tā shuōhuà bù détǐ, qǐng bié jiànguài.** He is talking inappropriately — please don't take offence.

见(見)鬼 **jiànguǐ** [动] **1** (毁灭) go to hell ▷让陈旧的传统观念见鬼去吧！**Ràng chénjiù de chuántǒng guānniàn jiànguǐ qù ba!** To hell with those old-fashioned ideas! **2** (奇怪) odd

见(見)好 **jiànhǎo** [动] get better ▷他的病见好了。**Tā de bìng jiànhǎo le.** He is getting better.

见(見)机(機)行事 **jiànjī xíngshì** play ... by ear ▷情况复杂, 你就见机行事吧。**Qíngkuàng fùzá, nǐ jiù jiàn jī xíng shì ba.** It is a complex situation — you'd better play it by ear.

见(見)解 **jiànjiě** [名] opinion

见(見)面 **jiànmiàn** [动] meet (*pt, pp* met)

见(見)仁见(見)智 **jiàn rén jiàn zhì** have different opinions

见(見)识(識) **jiànshi** I [动] experience II [名] experience ▷增长见识 **zēngzhǎng jiànshi** widen one's experience

见(見)外 **jiànwài** [形] treat ... as a stranger ▷大家都是朋友, 请别见外。**Dàjiā dōu shì péngyou, qǐng bié jiànwài.** We are all friends — please don't stand on ceremony.

见(見)微知著 **jiàn wēi zhī zhù** recognize telltale signs

见(見)闻(聞) **jiànwén** [名] information

见(見)习(習) **jiànxí** [动] learn on the job ▷见习记者 **jiànxí jìzhě** trainee reporter

见(見)笑 **jiànxiào** [动] laugh at

见(見)义(義)勇为(為) **jiàn yì yǒng wéi** stand up for what is right

见(見)异(異)思迁(遷) **jiàn yì sī qiān** be fickle

见(見)长(長) **jiànzhǎng** [动] shoot up (*pt, pp* shot)

见(見)证(證) **jiànzhèng** I [动] witness II [名] clear proof

见(見)证(證)人 **jiànzhèngrén** [名] witness

件 **jiàn** I [量] item ▷一件衣服 **yī jiàn yīfu** an item of clothing ▷两件事 **liǎng jiàn shì** two things II [名] correspondence ▷急件 **jíjiàn** urgent letter

间(間) **jiàn** I [名] space ▶间隙 **jiànxì** interval ▷亲密无间 **qīn mì wú jiàn** as thick as thieves II [动] 1 (使分隔) keep apart (*pt, pp* kept) ▶间隔 **jiàngé** separate 2 (使不和) sow discord (*pt* sowed, *pp* sown) ▶离间 **líjiàn** alienate 3 (使稀少) thin ... out
→另见 **jiān**

间(間)谍(諜) **jiàndié** [名] spy

间(間)断(斷) **jiànduàn** [动] interrupt ▷大雨一夜没有间断。**Dàyǔ yīyè méiyǒu jiànduàn.** The rain didn't let up all night.

间(間)隔 **jiàngé** I [名] distance II [动] divide

间(間)或 **jiànhuò** [副] (书) occasionally

间(間)接 **jiànjiē** [形] indirect ▷这些经验我是间接得到的。**Zhèxiē jīngyàn wǒ shì jiànjiē dédào de.** I gained this experience indirectly.

间(間)隙 **jiànxì** [名] gap ▷他们利用会议间隙到城里逛了逛。**Tāmen lìyòng huìyì jiànxì dào chénglǐ guàngle guàng.** They took advantage of a gap between meetings to go into town.

间(間)歇 **jiànxiē** [名] intermission

饯(餞) **jiàn** 见下文

饯(餞)行 **jiànxíng** [动] give a farewell dinner (*pt* gave, *pp* given)

建 **jiàn** [动] 1 (建造) build (*pt, pp* built) ▶扩建 **kuòjiàn** extend 2 (建立) found ▶建国 **jiànguó** found a new state 3 (提出) propose ▶建议 **jiànyì** propose

建交 **jiànjiāo** [动] establish diplomatic relations

建立 **jiànlì** [动] establish ▷两个国家建立了友好关系。**liǎng gè guójiā jiànlìle yǒuhǎo guānxì.** The two countries have established friendly relations.

建设(設) **jiànshè** [动] build (*pt, pp* built) ▷建设未来 **jiànshè wèilái** build for the future

建树(樹) **jiànshù** [名] contribution ▷他在物理研究方面颇有建树。**Tā zài wùlǐ yánjiū fāngmiàn pō yǒu jiànshù.** He has made a significant contribution to physics.

建议(議) **jiànyì** [动] propose ▷他建议重新装修办公室。**Tā jiànyì chóngxīn zhuāngxiū bàngōngshì.** He proposed that we redecorate the office. ▷她提了很多合理的建议。**Tā tíle hěnduō hélǐ de jiànyì.** She made a lot of sensible proposals.

建造 **jiànzào** [动] build (*pt, pp* built)

建制(製) **jiànzhì** [名] system ▷行政建制 **xíngzhèng jiànzhì** administrative system

建筑(築) **jiànzhù** I [动] build (*pt, pp* built) ▷建筑房屋 **jiànzhù fángwū** build houses II [名] building ▷高层建筑 **gāocéng jiànzhù** high-rise building ▷建筑工地 **jiànzhù gōngdì** building site

建筑(築)师(師) **jiànzhùshī** [名] architect

荐(薦) **jiàn** [动] recommend ▶推荐 **tuījiàn** recommend ▷推荐信 **tuījiàn xìn** letter of recommendation

荐(薦)举(舉) **jiànjǔ** [动] recommend

贱(賤) **jiàn** [形] 1 (便宜) cheap 2 (地位低) lowly ▶贫贱 **pínjiàn** poor and lowly 3 (卑鄙) contemptible ▶下贱 **xiàjiàn** contemptible

贱(賤)民 **jiànmín** [名] rabble

剑(劍) **jiàn** [名] sword

剑(劍)拔弩张(張) **jiàn bá nǔ zhāng** at each other's throats

涧(澗) **jiàn** [名] gully ▶山涧 **shānjiàn** mountain stream

健 **jiàn** I [形] ▶强健 **qiángjiàn** strong and healthy ▶健全 **jiànquán** sound II [动] 1 (使强健) strengthen ▶健身 **jiànshēn** keep fit 2 (善于) be good at ▶健谈 **jiàntán** be good at small-talk

健步如飞(飛) **jiàn bù rú fēi** be a good walker
健儿(兒) **jiàn'ér** [名] good athlete
健将(將) **jiànjiàng** [名] great sportsman
健康 **jiànkāng** [形] healthy ▷奶奶身体很健康。**Nǎinai shēntǐ hěn jiànkāng.** Granny is very healthy. ▷他已经恢复了健康。**Tā yǐjīng huīfùle jiànkāng.** He's already recovered his health.
健美 **jiànměi** [形] strong and handsome ▷他体格健美。**Tā tǐgé jiànměi.** His physique is very good.
健全 **jiànquán** [形] sound
健身 **jiànshēn** [动] keep fit (*pt, pp* kept) ▷健身运动 **jiànshēn yùndòng** fitness activity
健谈(談) **jiàntán** [形] glib
健忘 **jiànwàng** [形] forgetful
健旺 **jiànwàng** [形] thriving
健在 **jiànzài** [动] be still alive
健壮(壯) **jiànzhuàng** [形] robust

舰(艦) **jiàn** [名] warship ▶巡洋舰 **xúnyángjiàn** cruiser ▶舰队 **jiànduì** fleet ▶航空母舰 **hángkōng mǔjiàn** aircraft-carrier
舰(艦)只(隻) **jiànzhī** [名] naval vessel

渐(漸) **jiàn** [副] gradually ▷天气渐暖。**Tiānqì jiànnuǎn.** The weather is getting warmer.
渐(漸)渐(漸) **jiànjiàn** [副] gradually ▷物价渐渐上涨。**Wùjià jiànjiàn shàngzhǎng.** Prices are gradually going up.
渐(漸)进(進) **jiànjìn** [动] advance gradually ▷掌握一门语言是个渐进过程。**Zhǎngwò yī mén yǔyán shì gè jiànjìn guòchéng.** Mastering a language is a gradual process.
渐(漸)入佳境 **jiàn rù jiājìng** gradually improve

践(踐) **jiàn** [动] **1** (踩) trample ▶践踏 **jiàntà** trample **2** (履行) carry out ▶实践 **shíjiàn** carry out ▶践约 **jiànyuē** keep an appointment
践(踐)踏 **jiàntà** [动] trample ▷请勿践踏草地！**Qǐng wù jiàntà cǎodì!** Keep off the grass!
践(踐)约(約) **jiànyuē** [动] keep an appointment (*pt, pp* kept)

毽 **jiàn** 见下文
毽子 **jiànzi** [名] shuttlecock

腱 **jiàn** [名] tendon

溅(濺) **jiàn** [动] splash
溅(濺)落 **jiànluò** [动] splash down

鉴(鑒) **jiàn** **I** [动] **1** (照见) reflect ▷水清可鉴。**Shuǐ qīng kě jiàn.** The water is so clear you can see reflections in it. **2** (细看) scrutinize ▶鉴别 **jiànbié** distinguish **II** [名] warning ▷引以为鉴 **yǐn yǐ wéi jiàn** take ... as a warning
鉴(鑒)别(別) **jiànbié** [动] distinguish ▷鉴别是非 **jiànbié shìfēi** distinguish between right and wrong
鉴(鑒)定 **jiàndìng** [名] appraisal ▷经理对安娜的表现做了客观的鉴定。**Jīnglǐ duì Ānnà de biǎoxiàn zuòle kèguān de jiàndìng.** The manager gave an objective appraisal of Anna's performance.
鉴(鑒)赏(賞) **jiànshǎng** [动] appreciate ▷鉴赏艺术作品 **jiànshǎng yìshù zuòpǐn** appreciate artworks
鉴(鑒)于(於) **jiànyú** [连] ▷鉴于天气不好，我们决定取消比赛。**Jiànyú tiānqì bù hǎo, wǒmen juédìng qǔxiāo bǐsài.** Seeing that the weather was bad, we decided to cancel the competition.

键(鍵) **jiàn** [名] key ▶键盘 **jiànpán** keyboard ▶琴键 **qínjiàn** key
键(鍵)盘(盤) **jiànpán** [名] keyboard

箭 **jiàn** [名] arrow
箭步 **jiànbù** [名] big stride

江 **jiāng** [名] **1** (大河) river **2** (长江) Yangtze
江河日下 **jiāng hé rì xià** go from bad to worse
江湖 **jiānghú** [名] rivers and lakes (*pl*) ▷江湖艺人 **jiānghú yìrén** itinerant entertainer
江郎才尽(盡) **Jiāngláng cái jìn** lose one's touch
江山 **jiāngshān** [名] **1** (江河和山岭) rivers and mountains (*pl*) **2** (国家) the country

---

将(將) **jiāng** **I** [副] ▷他将成为一名医生。**Tā jiāng chéngwéi yī míng yīshēng.** He is going to become a doctor. **II** [助] ▷丑闻传将开来。**Chǒuwén chuán jiāng kāi lái.** News of the scandal began to spread. ▷他把一本字典扔将过去。**Tā bǎ yī běn zìdiǎn rēng jiāng guòqù.** He threw over a dictionary. **III** [动] **1** (下棋用语) check **2** (激) egg ... on **IV** [介] with ▷将功折罪 **jiāng gōng zhé zuì** atone for a crime with good deeds ▷请将车停在路边。**Qǐng jiāng chē tíng zài lùbiān.** Please stop the car by the side of the road. ▷他将孩子送到了私立学校。**Tā jiāng háizi sòngdàole sīlì xuéxiào.** He sent the child to a private school. → 另见 **jiàng**
将(將)错(錯)就错(錯) **jiāng cuò jiù cuò** make the best of a bad situation

将(將)功补(補)过(過) **jiāng gōng bǔ guò** atone for a crime with good deeds

将(將)计(計)就计(計) **jiāng jì jiù jì** beat someone at their own game

将(將)近 **jiāngjìn** [动] be approximately ▷ 这位足球明星的月收入将近3万镑。**Zhè wèi zúqiú míngxīng de yuè shōurù jiāngjìn sānwàn bàng.** This football star has a monthly income of approximately £30,000.

将(將)就 **jiāngjiu** [动] make do with ▷ 饭菜不好, 将就吃吧。**Fàncài bù hǎo, jiāngjiù chī ba.** The food isn't great, but we'll just have to make do with it.

将(將)军(軍) **jiāngjūn** **I** [名] general **II** [动] challenge

将(將)来(來) **jiānglái** [名] future ▷ 不远的将来, 人类就能消灭艾滋病。**Bù yuǎn de jiānglái, rénlèi jiù néng xiāomiè àizībìng.** In the not-too-distant future, we are going to be able to wipe out AIDS.

将(將)心比心 **jiāng xīn bǐ xīn** have empathy for

将(將)信将(將)疑 **jiāng xìn jiāng yí** only half believe

将(將)要 **jiāngyào** [副] ▷ 她将要做妈妈了。**Tā jiāngyào zuò māma le.** She is going to be a mother.

姜(薑) **jiāng** [名] ginger

浆(漿) **jiāng** **I** [名] paste ▶ 纸浆 **zhǐjiāng** pulp ▶ 糖浆 **tángjiāng** syrup **II** [动] starch ▶ 浆洗 **jiāngxǐ** starch

---

僵 **jiāng** [形] **1** (僵硬) stiff ▷ 我浑身冻僵了。**Wǒ húnshēn dòngjiāng le.** I'm frozen. **2** (相持不下) deadlocked ▷ 说话注意点, 别把事情弄僵了。**Shuōhuà zhùyì diǎn, bié bǎ shìqing nòngjiāng le.** Be careful what you say — you don't want to reach a deadlock.

僵持 **jiāngchí** [动] refuse to budge

僵化 **jiānghuà** [动] become rigid ▷ 他思想变得越来越僵化了。**Tā sīxiǎng biàn de yuèláiyuè jiānghuà le.** He's becoming more and more rigid in the way he thinks.

僵局 **jiāngjú** [名] deadlock ▷ 谈判陷入僵局。**Tánpàn xiànrù jiāngjú.** The talks reached a deadlock.

僵尸(屍) **jiāngshī** [名] corpse

僵死 **jiāngsǐ** [动] be dead

僵硬 **jiāngyìng** [形] stiff ▷ 计算机前坐久了浑身会僵硬。**Jìsuànjī qián zuòjiǔle húnshēn huì jiāngyìng.** If you sit in front of a computer a long time you get stiff.

缰(韁) **jiāng** [名] rein ▶ 缰绳 **jiāngshéng** rein

疆 **jiāng** [名] border ▶ 边疆 **biānjiāng** frontier

疆场(場) **jiāngchǎng** [名] battlefield

疆界 **jiāngjiè** [名] border

疆土 **jiāngtǔ** [名] territory

疆域 **jiāngyù** [名] domain

讲(講) **jiǎng** [动] **1** (说) speak (*pt* spoke, *pp* spoken) ▷ 讲英语 **jiǎng Yīngyǔ** speak English **2** (解释) explain ▷ 他在给我们讲计算机的用法。**Tā zài gěi wǒmen jiǎng jìsuànjī de yòngfǎ.** He is explaining to us how to use the computer. **3** (谈) discuss ▷ 讲条件 **jiǎng tiáojiàn** discuss terms **4** (提及) ▷ 讲足球, 他可是专家。**Jiǎng zúqiú, tā kě shì zhuānjiā.** As for football, he's quite an expert. **5** (讲求) emphasize ▷ 讲卫生 **jiǎng wèishēng** pay attention to hygiene

讲(講)和 **jiǎnghé** [动] make peace

讲(講)话(話) **jiǎnghuà** [动] **1** (说话) speak (*pt* spoke, *pp* spoken) ▷ 上课不许讲话。**Shàngkè bùxǔ jiǎnghuà.** No talking in class. **2** (发言) address ▷ 校长要来给我们讲话。**Xiàozhǎng yào lái gěi wǒmen jiǎnghuà.** The principal is coming to address us.

讲(講)解 **jiǎngjiě** [动] explain

讲(講)究 **jiǎngjiu** **I** [动] be particular about **II** [名] art ▷ 养花大有讲究。**Yǎng huā dà yǒu jiǎngjiu.** Growing flowers is quite an art. **III** [形] exquisite ▷ 他穿着一向讲究。**Tā chuānzhuó yīxiàng jiǎngjiu.** He is always exquisitely dressed.

讲(講)理 **jiǎnglǐ** [动] be reasonable ▷ 他这个人不讲理。**Tā zhège rén bù jiǎnglǐ.** He is quite unreasonable.

讲(講)排场(場) **jiǎng páichǎng** [动] be ostentatious

讲(講)评(評) **jiǎngpíng** [动] critique

讲(講)情 **jiǎngqíng** [动] intercede ▷ 她为逃学的儿子向老师讲情。**Tā wèi táoxué de érzi xiàng lǎoshī jiǎngqíng.** She interceded with the teacher for her son, who'd been playing truant.

讲(講)师(師) **jiǎngshī** [名] lecturer

讲(講)授 **jiǎngshòu** [动] teach (*pt*, *pp* taught)

讲(講)述 **jiǎngshù** [动] relate

讲(講)台(臺) **jiǎngtái** [名] dais

讲(講)坛(壇) **jiǎngtán** [名] forum

讲(講)学(學) **jiǎngxué** [动] give lectures (*pt* gave, *pt* given)

讲(講)演 **jiǎngyǎn** [动] lecture ▷ 他的讲演很鼓舞人心。**Tā de jiǎngyǎn hěn gǔwǔ**

j

rénxīn. His lectures are inspiring.
讲(講)义(義) jiǎngyì [名] teaching materials (*pl*)
讲(講)座 jiǎngzuò [名] course of lectures ▷ 系列讲座 xìliè jiǎngzuò lecture series

奖(獎) jiǎng **I** [动] encourage ▶ 夸奖 kuājiǎng praise **II** [名] award ▶ 奖品 jiǎngpǐn prize
奖(獎)杯(盃) jiǎngbēi [名] cup
奖(獎)惩(懲) jiǎngchéng [名] reward and punish
奖(獎)金 jiǎngjīn [名] bonus
奖(獎)励(勵) jiǎnglì [动] encourage and reward ▷ 物质奖励 wùzhì jiǎnglì material incentive
奖(獎)牌 jiǎngpái [名] medal
奖(獎)品 jiǎngpǐn [名] trophy
奖(獎)券 jiǎngquàn [名] lottery ticket
奖(獎)赏(賞) jiǎngshǎng [动] reward ▷ 他因科研成果而获得奖赏。Tā yīn kēyán chéngguǒ ér huòdé jiǎngshǎng. He gained an award for his scientific achievements.
奖(獎)学(學)金 jiǎngxuéjīn [名] scholarship
奖(獎)状(狀) jiǎngzhuàng [名] certificate

桨(槳) jiǎng [名] oar

匠 jiàng [名] **1** (工匠) craftsman (*pl* craftsmen) ▶ 木匠 mùjiang carpenter **2** (书) (名家) master ▶ 文学巨匠 wénxué jùjiàng great literary master
匠人 jiàngrén [名] craftsman (*pl* craftsmen)
匠心 jiàngxīn [名] (书) craftsmanship

降 jiàng [动] **1** (落下) drop ▶ 降雪 jiàngxuě snow **2** (降低) reduce ▶ 降价 jiàngjià reduce prices
→ 另见 xiáng
降低 jiàngdī [动] reduce ▷ 降低生活开支 jiàngdī shēnghuó kāizhī reduce living expenses
降格以求 jiàng gé yǐ qiú compromise one's standards
降落 jiàngluò [动] land
降生 jiàngshēng [动] be born
降温(溫) jiàngwēn [动] **1** (变天) cool ▷ 明天开始降温。Míngtiān kāishǐ jiàngwēn. It will start getting cooler tomorrow. **2** (缓和) wane ▷ 暑假结束后，旅游热开始降温。Shǔjià jiéshù hòu, lǚyóurè kāishǐ jiàngwēn. Once the summer vacation is over, interest in travel starts to wane.

将(將) jiàng [名] **1** (军官) general ▶ 上将 shàngjiàng general **2** (总指挥) commander-in-chief
→ 另见 jiāng
将(將)领(領) jiànglǐng [名] general
将(將)士 jiàngshì [名] officers and men

绛(絳) jiàng [形] crimson

强(強) jiàng [形] stubborn ▶ 倔强 juéjiàng stubborn
→ 另见 qiáng, qiǎng
强(強)嘴 jiàngzuǐ [动] answer ... back

酱(醬) jiàng **I** [名] **1** (调味品) soya bean (英) 或 soybean (美) paste ▶ 酱油 jiàngyóu soy sauce **2** (糊状食品) paste ▶ 果酱 guǒjiàng jam **II** [形] ▶ 酱肘子 jiàngzhǒuzi knuckle of pork in soy sauce
酱(醬)菜 jiàngcài [名] vegetables in soy sauce
酱(醬)油 jiàngyóu [名] soy sauce

犟 jiàng [形] obstinate
犟劲(勁) jiàngjìn [名] stubbornness

糨(糨) jiàng [形] thick
糨(糨)糊 jiànghu [名] paste

交 jiāo **I** [动] **1** (交出) hand ... in ▷ 请按时交作业。Qǐng ànshí jiāo zuòyè. Please hand in your homework on time. **2** (付给) pay (*pt, pp* paid) ▷ 这个月的房租你交了吗？Zhège yuè de fángzū nǐ jiāole ma? Have you paid this month's rent? **3** (托付) entrust ▷ 我要把这事交给他办。Wǒ yào bǎ zhè shì jiāogěi tā bàn. I am going to entrust it to him. **4** (交叉) cross ▷ 她站立不动，双臂交于胸前。Tā zhànlì bù dòng, shuāngbì jiāo yú xiōng qián. She stood still,
with her arms crossed in front of her. **5** (结交) associate with ▶ 交友 jiāoyǒu make friends **6** (书) (到) arrive at ▷ 时令已交立冬。Shílìng yǐ jiāo lìdōng. It's already the beginning of winter. **II** [名] **1** (交情) friendship ▶ 深交 shēnjiāo deep friendship **2** (交接处) boundary ▷ 小镇位于两省之交。Xiǎozhèn wèiyú liǎng shěng zhī jiāo. The town is situated on the boundary between the two provinces. ▷ 此时正是秋冬之交。Cǐ shí zhèng shì qiū dōng zhī jiāo. We are just on the cusp between autumn and winter. **III** [副] ▷ 风雨交加的夜晚 fēngyǔ jiāojiā de yèwǎn a night of both wind and rain ▷ 她小时候过着饥寒交迫的生活。Tā xiǎo shíhou guòzhe jīhán jiāopò de shēnghuó. When she was young she experienced both hunger and cold.
交白卷 jiāo báijuàn [动] **1** (指考试) hand in a blank examination paper **2** (喻) ▷ 到现在还没

开始，你想明天交白卷啊？ Dào xiànzài hái méi kāishǐ, nǐ xiǎng míngtiān jiāo báijuàn a? You still haven't even started. You won't have done it by tomorrow, will you?

交班 **jiāobān** [动] hand over to the next shift

交兵 **jiāobīng** [动] (书) engage militarily

交叉 **jiāochā** **I** [动] **1** (相交) intersect ▷ 一条公路与铁路在此交叉。**Yī tiáo gōnglù yǔ tiělù zài cǐ jiāochā.** A highway and a railway intersect here. **2** (穿插) alternate ▷ 各种体育活动交叉进行，学生会更感兴趣。**Gè zhǒng tǐyù huódòng jiāochā jìnxíng, xuésheng huì gèng gǎn xìngqù.** If sports activities alternate with each other, students will find it more fun. **II** [形] overlapping ▷ 两篇论文有交叉的内容。**Liǎng piān lùnwén yǒu jiāochā de nèiróng.** The two theses overlap in content. ▷ 交叉学科 **jiāochā xuékē** interdisciplinary subjects

交差 **jiāochāi** [动] report ▷ 工作完不成，我们没办法向上级交差。**Gōngzuò wán bùchéng, wǒmen méi bànfǎ xiàng shàngjí jiāochāi.** If we don't finish the work, we'll have nothing to report to management.

交错(錯) **jiāocuò** [动] (书) crisscross

交代 **jiāodài** [动] **1** (移交) hand ... over ▷ 临走前，我已经向一位同事交代了工作。**Lín zǒu qián, wǒ yǐjīng xiàng yī wèi tóngshì jiāodài le gōngzuò.** Before I left I handed my work over to a colleague. **2** (说明) explain ▷ 你要把有关政策交代清楚。**Nǐ yào bǎ yǒuguān zhèngcè jiāodài qīngchu.** You need to explain the relevant policy clearly. **3** (嘱咐) instruct

交底 **jiāodǐ** [动] lay one's cards on the table (*pt*, *pp* laid)

交点(點) **jiāodiǎn** [名] intersection ▷ 这里是两条铁路的交点。**Zhèlǐ shì liǎng tiáo tiělù de jiāodiǎn.** This is the intersection of two railway lines.

交锋(鋒) **jiāofēng** [动] **1** (交战) engage in combat **2** (比赛) compete ▷ 两支足球队将在上海交锋。**Liǎng zhī zúqiúduì jiāng zài Shànghǎi jiāofēng.** The two football teams will compete in Shanghai.

交付 **jiāofù** [动] **1** (交纳) pay (*pt*, *pp* paid) ▷ 房客还没有交付租金。**Fángkè hái méiyǒu jiāofù zūjīn.** The tenant has not yet paid his rent. **2** (交给) hand ... over ▷ 交付任务 **jiāofù rènwù** hand over a task ▷ 那座新的办公楼即将交付使用。**Nà zuò xīn de bàngōng lóu jíjiāng jiāofù shǐyòng.** That new office building is about to be made available for use.

交割 **jiāogē** [动] complete a transaction ▷ 双方已将每一笔货款交割清楚。**Shuāngfāng yǐ jiāng měi yī bǐ huòkuǎn jiāogē qīngchu.** The parties have completed payment transactions for the consignments.

交互 **jiāohù** [副] **1** (一起) together ▷ 做这项工作需要两种工具交互使用。**Zuò zhèxiàng gōngzuò xūyào liǎngzhǒng gōngjù jiāohù shǐyòng.** For this job you need to use the two tools together. **2** (替换) in turn ▷ 队员们交互上场，免得过度劳累。**Duìyuánmen jiāohù shàngchǎng, miǎn de guòdù láolèi.** The players took it in turns to go on, so as not to get too tired. **3** (互相) ▷ 老师让我们交互批改听写。**Lǎoshī ràng wǒmen jiāohù pīgǎi tīngxiě.** The teacher asked us to correct each other's dictations.

交换(換) **jiāohuàn** [动] exchange ▷ 毕业前，同学们互相交换礼物。**Bìyè qián, tóngxuémen hùxiāng jiāohuàn lǐwù.** Before graduation, students exchange presents with each other. ▷ 我和她交换了座位。**Wǒ hé tā jiāohuànle zuòwèi.** I swapped my seat with her. ▷ 农民们正在市场上交换农产品。**Nóngmínmen zhèngzài shìchǎng shàng jiāohuàn nóngchǎnpǐn.** The farmers trade agricultural produce in the market.

交火 **jiāohuǒ** [动] engage in battle

交集 **jiāojí** [动] mix ▷ 听到这个消息，她悲喜交集。**Tīngdào zhège xiāoxi, tā bēi xǐ jiāojí.** On hearing the news, she had mixed feelings of joy and sorrow.

交际(際) **jiāojì** [动] socialize ▷ 他不善与人交际。**Tā bùshàn yǔrén jiāojì.** He is not good at socializing. ▷ 语言是重要的交际工具。**Yǔyán shì zhòngyào de jiāojì gōngjù.** Language is an important tool for social interaction.

交加 **jiāojiā** [动] ▷ 在一个风雪交加的夜晚，他突然出现在村头。**Zài yī gè fēngxuě jiāojiā de yèwǎn, tā tūrán chūxiàn zài cūntóu.** On a night of wind and snow, he suddenly appeared in the village.

交接 **jiāojiē** [动] **1** (连接) ▷ 现正是春夏交接之际。**Xiàn zhèng shì chūn xià jiāojiē zhī jì.** Now is the time when spring is turning into summer. **2** (移交) hand ... over **3** (结交) associate with ▷ 她交接的人都是上流社会的。**Tā jiāojiē de rén dōu shì shàngliú shèhuì de.** The people she associates with are all upper class.

交界 **jiāojiè** [动] share a border

交警 **jiāojǐng** [名] traffic police

交口称(稱)誉(譽) **jiāokǒu chēng yù** be universally praised

交流 **jiāoliú** [动] exchange ▷ 交流学习经验 **jiāoliú xuéxí jīngyàn** exchange learning techniques ▷ 老师们就传统教育问题交流了

看法。Lǎoshīmen jiù chuántǒng jiàoyù wèntí jiāoliúle kànfǎ. The teachers exchanged views on traditional education.

交配 jiāopèi [动] (动物) mate

交情 jiāoqing [名] friendship

交涉 jiāoshè [动] negotiate ▷关于人质问题，双方已经过多次交涉。Guānyú rénzhì wèntí, shuāngfāng yǐ jīngguò duōcì jiāoshè. The two sides have negotiated several times over the hostage.

交手 jiāoshǒu [动] compete ▷我和他还从未交过手。Wǒ hé tā hái cóngwèi jiāoguo shǒu. I've never competed against him.

交谈(談) jiāotán [动] talk ▷两个好朋友交谈了一整夜。Liǎng gè hǎo péngyou jiāotánle yī zhěng yè. The two friends talked together the whole night.

交替 jiāotì [动] **1** (接替) ▷中国人常在新旧年交替时吃饺子。Zhōngguórén cháng zài xīnjiùnián jiāotì shí chī jiǎozi. Chinese people often eat dumplings to see in the New Year. **2** (轮换) alternate ▷工作和休息应交替进行。Gōngzuò hé xiūxi yīng jiāotì jìnxíng. One should alternate work and relaxation.

交通 jiāotōng [名] **1** (交流的工具) communications (*pl*) **2** (运输) traffic ▷这个地区的公路交通繁忙而有序。Zhège dìqū de gōnglù jiāotōng fánmáng ér yǒuxù. Road traffic in the area is heavy but well-regulated.

交头(頭)接耳 jiāo tóu jiē ěr (贬) whisper to each other ▷这俩学生在课堂上老是交头接耳。Zhè liǎ xuésheng zài kètáng shàng lǎoshì jiāo tóu jiē ěr. The two students are always whispering to each other in class.

交往 jiāowǎng [动] have contact ▷他与国际友人交往频繁。Tā yǔ guójì yǒurén jiāowǎng pínfán. He is in frequent contact with international friends. ▷他交往了很多不三不四的朋友。Tā jiāowǎngle hěn duō bù sān bù sì de péngyou. He has relations with a lot of dubious characters. ▷这小伙子不爱交往。Zhè xiǎohuǒzi bù ài jiāowǎng. This young man is not very sociable. ▷我们与外界的交往日益广泛。Wǒmen yǔ wàijiè de jiāowǎng rì yì guǎng fàn. Our contact with the outside world is becoming more and more extensive.

交响(響)乐(樂) jiāoxiǎngyuè [名] symphony

交椅 jiāoyǐ [名] **1** (折叠椅) folding chair **2** (喻) (地位) position ▷她在部门坐上了第一把交椅。Tā zài bùmén zuòshàngle dìyī bǎ jiāoyǐ. She occupies the highest position in the department.

交易 jiāoyì **I** [动] trade ▷他们在交易股票。Tāmen zài jiāoyì gǔpiào. They are trading shares. ▷新产品开始上市交易。Xīn chǎnpǐn kāishǐ shàngshì jiāoyì. The new products have gone onto the market. ▷电子市场里交易很红火。Diànzǐ shìchǎng lǐ jiāoyì hěn hónghuǒ. Trade in the electronics market is flourishing. **II** [名] transaction ▷一笔划算的交易 yī bǐ huásuàn de jiāoyì a good deal

交谊(誼) jiāoyì [名] (书) friendship

交战(戰) jiāozhàn [动] engage in war

交织(織) jiāozhī [动] intertwine ▷两棵大树枝叶交织在一起。Liǎng kē dàshù zhīyè jiāozhī zài yīqǐ. The branches of the two trees are intertwined. ▷喜悦和伤感交织在一起。Xǐyuè hé shānggǎn jiāozhī zài yīqǐ. Joy is mingled with sadness.

郊 jiāo [名] suburbs (*pl*) ▶市郊 shìjiāo suburbs (*pl*) ▶郊外 jiāowài outskirts (*pl*) ▷他在北郊买了房子。Tā zài běijiāo mǎile fángzi. He bought a house on the northern outskirts of the city.

郊区(區) jiāoqū [名] suburbs (*pl*) ▷他住在北京郊区。Tā zhù zài Běijīng jiāoqū. He lives in the Beijing suburbs.

浇(澆) jiāo [动] **1** (灌溉) irrigate **2** (洒水) water ▷浇花 jiāohuā water the flowers **3** (浸透) soak ▷他被浇了一身雨。Tā bèi jiāole yīshēn yǔ. He was soaked in the rain. **4** (浇铸) cast (*pt, pp* cast)

浇(澆)灌 jiāoguàn [动] **1** (灌溉) irrigate ▷浇灌土地 jiāoguàn tǔdì irrigate the land ▷浇灌花园 jiāoguàn huāyuán water a garden **2** (灌注) pour ▷他们向墙体内浇灌了混凝土。Tāmen xiàng qiángtǐ nèi jiāoguànle hùnníngtǔ. They poured concrete into the wall frame.

娇(嬌) jiāo **I** [形] **1** (柔嫩) delicate ▷嫩红娇绿 nènhóng jiāolǜ delicate blossoms and leaves **2** (秀美) lovely ▷江山如此多娇。Jiāngshān rúcǐ duōjiāo. The scenery is so lovely. **3** (娇气) fragile **II** [动] spoil ▷这个女孩儿被父母娇坏了。Zhège nǚháir bèi fùmǔ jiāohuài le. The girl has been spoiled by her parents.

娇(嬌)滴滴 jiāodīdī [形] coy

娇(嬌)惯(慣) jiāoguàn [动] pamper

娇(嬌)贵(貴) jiāogui [形] fragile ▷刚走一小段路就受不了，怎么这么娇贵？Gāng zǒu yī xiǎo duàn lù jiù shòubuliǎo, zěnme zhème jiāogui? Walking just a short distance is too much for you — how come you are so fragile? ▷这个花瓶很娇贵，搬的时候要小心。Zhège huāpíng hěn jiāogui, bān de shíhòu yào xiǎoxīn. This vase is fragile — be careful when you move it.

娇(嬌)嫩 jiāonen [形] delicate

娇(嬌)气(氣) jiāoqì I [形] fragile II [名] fussiness ▷我们要想办法去掉这孩子的娇气。Wǒmen yào xiǎng bànfǎ qùdiào zhè háizi de jiāoqì. We've got to find a way of stopping the child from being so fussy.
娇(嬌)生惯(慣)养(養) jiāo shēng guàn yǎng be pampered all one's life
娇(嬌)小玲珑(瓏) jiāoxiǎo línglóng exquisite ▷她长得娇小玲珑。Tā zhǎng de jiāoxiǎo línglóng. She looks exquisite.
娇(嬌)纵(縱) jiāozòng [动] indulge

姣 jiāo [形] (书) good-looking ▶姣美 jiāoměi beautiful
姣好 jiāohǎo [形] beautiful ▷她相貌姣好，身材苗条。Tā xiàngmào jiāohǎo, shēncái miáotiao. She has a beautiful face and a slender figure.

骄(驕) jiāo [形] 1 (骄傲) arrogant ▶骄气 jiāoqì arrogance 2 (书) (猛烈) fierce ▷7月的西安，骄阳似火。Qīyuè de xī'ān, jiāoyáng sìhuǒ. In Xi'an in July the sun is incredibly fierce.
骄(驕)傲 jiāo'ào I [形] 1 (傲慢) arrogant 2 (自豪) proud II [名] pride ▷5000年悠久的历史是中国人民的骄傲。Wǔqiān nián yōujiǔ de lìshǐ shì zhōngguó rénmín de jiāo ào. Their 5,000 years of history is the pride of the Chinese people.
骄(驕)横(橫) jiāohèng [形] overbearing ▷他态度骄横，让人无法忍受。Tā tàidu jiāohèng, ràng rén wúfǎ rěnshòu. People can't stand his overbearing attitude.
骄(驕)气(氣) jiāoqì [名] arrogance
骄(驕)奢淫逸 jiāo shē yín yì dissipated
骄(驕)子 jiāozǐ [名] favourite (英) 或 favorite (美) son

胶(膠) jiāo I [名] 1 (黏性物质) glue ▶万能胶 wànnéngjiāo all-purpose glue ▶树胶 shùjiāo resin 2 (橡胶) rubber ▶胶鞋 jiāoxié rubber boots (*pl*) II [动] glue ▷请把我的皮鞋胶上吧。Qǐng bǎ wǒ de píxié jiāoshàng ba. Could you glue my shoes back together, please.
胶(膠)合 jiāohé [动] glue ... together ▷把这两张纸胶合在一起吧。Bǎ zhè liǎng zhāng zhǐ jiāohé zài yīqǐ ba. Let's glue these two pieces of paper together.
胶(膠)卷 jiāojuǎn [名] film ▷我买了一个彩色胶卷儿。Wǒ mǎile yī gè cǎisè jiāojuǎnr. I bought a roll of colour (英) 或 color (美) film.
胶(膠)囊 jiāonáng [名] capsule
胶(膠)着(著) jiāozhuó [动] (喻) stalemate

教 jiāo [动] teach (*pt*, *pp* taught) ▷他在中学教计算机。Tā zài zhōngxué jiāo jìsuànjī. He teaches computing in a middle school. ▷我教孩子画画。Wǒ jiāo háizi huàhuà. I teach children drawing.
→另见 jiào
教学(學) jiāoxué [动] teach (*pt*, *pp* taught) ▷他在一个小山村教学。Tā zài yī gè xiǎo shāncūn jiāoxué. He teaches in a mountain village.

椒 jiāo [名] 1 (胡椒) pepper ▶胡椒 hújiāo pepper 2 (辣椒) chilli ▶辣椒 làjiāo chilli

焦 jiāo I [形] 1 (成黄黑色) burnt ▷米饭烧焦了。Mǐfàn shāojiāo le. The rice is burnt. ▷孩子的衣服烤焦了。Háizi de yīfu kǎojiāo le. The child's clothes are scorched. ▷北京烤鸭外焦里嫩。Běijīng kǎoyā wài jiāo lǐ nèn. Peking duck is charred on the outside and tender on the inside. 2 (喻) (干) dry ▷她说得口焦舌燥。Tā shuō de kǒu jiāo shé zào. She spoke until her mouth was parched. 3 (着急) agitated ▶心焦 xīnjiāo feel agitated II [名] coke
焦点(點) jiāodiǎn [名] 1 (物) focal point ▷主焦点 zhǔ jiāodiǎn main focus 2 (喻) (关键) focus ▷选课问题成了同学们议论的焦点。Xuǎnkè wèntí chéngle tóngxuémen yìlùn de jiāodiǎn. The problem of choosing courses has become a focus of discussion among the students. ▷她光彩夺目，成了晚会的焦点。Tā guāngcǎi duómù, chéngle wǎnhuì de jiāodiǎn. She was stunningly beautiful and became the focus of attention at the party.
焦急 jiāojí [形] anxious ▷她为母亲的健康而感到焦急。Tā wèi mǔqīn de jiànkāng ér gǎndào jiāojí. She's anxious about her mother's health. ▷她焦急地等待着丈夫归来。Tā jiāojí de děngdàizhe zhàngfu guīlái. She waited anxiously for her husband to return.
焦距 jiāojù [名] (物) focal length
焦虑(慮) jiāolù [形] anxious
焦头(頭)烂(爛)额(額) jiāo tóu làn é be in a terrible way
焦躁 jiāozào [形] restless
焦灼 jiāozhuó [形] (书) anxious

跤 jiāo [名] fall ▶摔跤 shuāijiāo fall down

蕉 jiāo [名] banana ▶香蕉 xiāngjiāo banana

礁 jiāo [名] reef
礁石 jiāoshí [名] reef

嚼 jiáo [动] chew
→另见 jué

角 jiǎo [名] **1** (指动物) horn ▶ 羊角 yángjiǎo ram's horn **2** (军号) bugle **3** (数) angle ▶ 直角 zhíjiǎo right angle **4** (角落) corner ▶ 墙角 qiángjiǎo corner of a wall
→ 另见 jué

角度 **jiǎodù** [名] **1** (数) angle **2** (视角) point of view ▷ 从不同角度分析 cóng bùtóng jiǎodù fēnxi analyze from different points of view ▷ 我们可以从多个角度来看待这个问题。Wǒmen kěyǐ cóng duō gè jiǎodù lái kàndài zhège wèntí. We could look at this problem from different angles.

角落 **jiǎoluò** [名] corner ▷ 屋子的角落里挂了很多蜘蛛网。Wūzi de jiǎoluò lǐ guàle hěnduō zhīzhūwǎng. There were a lot of spider webs in the corner of the room.

侥(僥) jiǎo 见下文

侥(僥)幸(倖) **jiǎoxìng** [形] lucky ▷ 对考试不要心存侥幸。Duì kǎoshì bù yào xīn cún jiǎoxìng. In exams you shouldn't put your faith in luck.

佼 jiǎo [形] (书) beautiful

佼佼 **jiǎojiǎo** [形] (书) outstanding ▷ 佼佼者 jiǎojiǎozhě outstanding figure

狡 jiǎo [形] cunning ▶ 狡计 jiǎojì crafty trick

狡辩(辯) **jiǎobiàn** [动] use specious arguments

狡猾 **jiǎohuá** [形] cunning

狡诈(詐) **jiǎozhà** [形] deceitful

饺(餃) jiǎo [名] Chinese dumpling ▶ 水饺 shuǐjiǎo Chinese dumpling

饺(餃)子 **jiǎozi** [名] dumpling

> Chinese dumplings, wrapped with a thin doughy skin, are usually filled with minced meat and mixed vegetables. They are normally steamed or boiled, and served with vinegar, soy sauce and other spices.

绞(絞) jiǎo [动] **1** (扭) twist **2** (勒死) hang (*pt, pp* hanged) ▶ 绞死 jiǎosǐ hang

绞(絞)杀(殺) **jiǎoshā** [动] hang

绞(絞)刑 **jiǎoxíng** [名] hanging

铰(鉸) jiǎo [动] cut (*pt, pp* cut) ▷ 这张纸太大, 用剪子铰一下。Zhè zhāng zhǐ tài dà, yòng jiǎnzi jiǎo yīxià. This piece of paper is too big, so let's cut it down with the scissors.

矫(矯) jiǎo **I** [动] correct ▶ 矫正 jiǎozhèng correct ▷ 他现已痛矫前非。Tā xiàn yǐ tòng jiǎo qián fēi. He's cleaned up his act now.
II [形] strong

矫(矯)健 **jiǎojiàn** [形] vigorous

矫(矯)揉造作 **jiǎo róu zào zuò** forced ▷ 那个演员的表演矫揉造作。Nàge yǎnyuán de biǎoyǎn jiǎo róu zào zuò. That actor's performance was very forced. ▷ 她矫揉造作的姿态令人反感。Tā jiǎo róu zào zuò de zītài lìngrén fǎngǎn. Her affected manners are off-putting.

矫(矯)枉过(過)正 **jiǎo wǎng guò zhèng** overcompensate ▷ 因超重而节食固然不错, 但如果矫枉过正, 就会造成营养不良。Yīn chāozhòng ér jiéshí gùrán bùcuò, dàn rúguǒ jiǎo wǎng guò zhèng, jiù huì zàochéng yíngyǎng bùliáng. It's good to go on a diet if you're overweight. But if you go too far you'll end up malnourished.

矫(矯)正 **jiǎozhèng** [动] correct ▷ 你应该好好矫正一下发音。Nǐ yīnggāi hǎohǎo jiǎozhèng yīxià fāyīn. You really should correct your pronunciation.

皎 jiǎo [形] bright ▶ 皎月 jiǎoyuè bright moon

皎洁(潔) **jiǎojié** [形] bright

脚(腳) jiǎo [名] **1** (指人, 动物) foot (*pl* feet) ▶ 脚印 jiǎoyìn footprint **2** (指物体) base ▶ 墙脚 qiángjiǎo base of a wall ▶ 山脚 shānjiǎo foot of a mountain

脚(腳)本 **jiǎoběn** [名] script ▷ 电视剧脚本 diànshìjù jiǎoběn television script

脚(腳)步 **jiǎobù** [名] **1** (步伐) step ▷ 重重的脚步声 zhòngzhòng de jiǎobù shēng the sound of heavy footsteps **2** (速度) pace

脚(腳)镣(鐐) **jiǎoliào** [名] shackles (*pl*)

脚(腳)踏两(兩)只(隻)船 **jiǎo tà liǎng zhī chuán** (喻) (贬) sit on the fence

脚(腳)踏实(實)地 **jiǎo tà shídì** keep one's feet on the ground ▷ 我们要脚踏实地地工作。Wǒmen yào jiǎo tà shídì de gōngzuò. It's important to have a down-to-earth attitude towards work.

脚(腳)注(註) **jiǎozhù** [名] footnote

搅(攪) jiǎo [动] **1** (搅拌) stir ▷ 把汤搅匀了再喝。Bǎ tāng jiǎoyúnle zài hē. Stir the soup before drinking it. **2** (混杂) mix ▷ 不要把这两件事搅在一块儿。Bùyào bǎ zhè liǎng jiàn shì jiǎo zài yīkuàir. Don't mix these two things. **3** (搅扰) disturb ▷ 噪音搅得我无法入睡。Zàoyīn jiǎo de wǒ wúfǎ rùshuì. The noise disturbed me so much I couldn't sleep.

搅(攪)拌 **jiǎobàn** [动] stir ▷ 他往咖啡里加了点糖, 搅拌了一下。Tā wǎng kāfēi lǐ jiāle diǎn táng, jiǎobànle yīxià. He put some sugar in the coffee and stirred it. ▷ 把饺子馅儿

搅拌均匀。Bǎ jiǎozi xiànr jiǎobàn jūnyún. Mix the dumpling filling until smooth.

搅(攪)和 jiǎohuo [动] 1 (混合) mix ▷别把这两种东西搅和在一起。Bié bǎ zhè liǎngzhǒng dōngxi jiǎohuo zài yīqǐ. Don't mix these two things together 2 (扰乱) mess ... up ▷这件事全让你给搅和了！Zhè jiàn shì quán ràng nǐ gěi jiǎohuo le! You've completely messed it up!

缴(繳) jiǎo [动] 1 (交纳) pay (*pt, pp* paid) ▷缴租金 jiǎo zūjīn pay the rent 2 (收缴) seize

缴(繳)获(獲) jiǎohuò [动] seize

叫 jiào I [动] 1 (喊叫) shout ▷他们听到这个好消息都叫了起来。Tāmen tīngdào zhège hǎo xiāoxi dōu jiàole qǐlái. When they heard the good news they shouted for joy. 2 (招呼) call ▷他被人叫出去了。Tā bèirén jiào chūqù le. Somebody called him outside. 3 (菜, 车) order ▷叫菜 jiàocài order food ▷叫车 jiàochē order a cab 4 (称为) be called ▷洛杉矶又叫天使之城。Luòshānjī yòu jiào tiānshǐ zhī chéng. Los Angeles is also called the City of Angels. ▷你叫什么名字？Nǐ jiào shénme míngzi? What's your name? 5 (吩咐) order ▷大夫叫他卧床休息。Dàifu jiào tā wòchuáng xiūxi. The doctor ordered him to stay in bed and rest. 6 (叫牌) bid (*pt, pp* bid) ▷他叫3个黑桃。Tā jiào sān ge hēitáo. He bid three spades. II [形] male ▷叫驴 jiàolú male donkey III [介] by ▷词典叫汤姆拿走了。Cídiǎn jiào Tāngmǔ názǒu le. The dictionary was taken away by Tom.

叫喊 jiàohǎn [动] yell

叫花子 jiàohuāzi [名] beggar

叫唤(喚) jiàohuan [动] cry out

叫苦 jiàokǔ [动] moan

叫骂(罵) jiàomà [动] hurl abuse

叫卖(賣) jiàomài [动] peddle

叫牌 jiàopái [动] bid (*pt, pp* bid)

叫屈 jiàoqū [动] complain of unfair treatment

叫嚷 jiàorǎng [动] shout

叫嚣(囂) jiàoxiāo [动] yell

叫座 jiàozuò [动] attract a crowd ▷这部电影很叫座。Zhè bù diànyǐng hěn jiàozuò. This show has pulled in quite an audience.

叫做 jiàozuò [动] be called

觉(覺) jiào [名] sleep ▷希望你睡个好觉。Xīwàng nǐ shuì ge hǎojiào. I hope you'll have a good sleep.
→另见 jué

校 jiào [动] check
→另见 xiào

校订(訂) jiàodìng [动] check

校对(對) jiàoduì I [动] proofread II [名] proofreader

校勘 jiàokān [动] cross-check

校样(樣) jiàoyàng [名] proofs (*pl*)

轿(轎) jiào [名] sedan chair

轿(轎)车(車) jiàochē [名] car

轿(轎)子 jiàozi [名] sedan chair

较(較) jiào [动] 1 (比较) compare ▶较量 jiàoliàng test one's strength 2 (书) (计较) dispute

较(較)劲(勁)儿(兒) jiàojìnr [动] be competitive ▷不大的事，你较什么劲！Bù dà de shì, nǐ jiào shénme jìn! It's not that important. Why be so competitive?

较(較)量 jiàoliàng [动] 1 (竞争) compete ▷我们无法和他们较量。Wǒmen wúfǎ hé tāmen jiàoliàng. There's no way we can compete with them. 2 (计较) dispute

较(較)真儿(兒) jiàozhēnr [形] serious ▷什么事情你不要太较真儿。Shénme shìqing nǐ bùyào tài jiàozhēnr. You shouldn't take everything so seriously.

教 jiào I [动] teach (*pt, pp* taught) ▶教导 jiàodǎo instruct II [名] religion ▶信教 xìnjiào be religious
→另见 jiāo

教材 jiàocái [名] teaching materials (*pl*)

教程 jiàochéng [名] course

教导(導) jiàodǎo [动] instruct

教皇 jiàohuáng [名] the Pope

教会(會) jiàohuì [名] the Church

教诲(誨) jiàohuì [名] teaching

教具 jiàojù [名] teaching aid

教科书(書) jiàokēshū [名] textbook

教练(練) jiàoliàn [名] coach

教师(師) jiàoshī [名] teacher ▷家庭教师 jiātíng jiàoshī home tutor

教室 jiàoshì [名] classroom

教授 jiàoshòu I [名] professor II [动] lecture in ▷教授法学 jiàoshòu fǎxué lecture in Law

教唆 jiàosuō [动] incite

教堂 jiàotáng [名] church

教条(條) jiàotiáo [名] doctrine

教徒 jiàotú [名] disciple

教学(學) jiàoxué [名] 1 (知识传授) teaching 2 (教与学) teaching and study

教训(訓) jiàoxun I [名] lesson ▷我从这件事中吸取了教训。Wǒ cóng zhè jiàn shì zhōng xīqǔ le jiàoxun. I drew lessons from this.

j

II [动] teach ... a lesson (*pt, pp* taught)

教养(養) **jiàoyǎng** [动] **1** (教育培养) bring ... up (*pt, pp* brought) ▷ 这孩子很有教养。**Zhè háizi hěn yǒu jiàoyǎng.** The child is well brought-up. **2** (感化) reform

教益 **jiàoyì** [名] benefit

教育 **jiàoyù** I [名] education II [动] educate ▷ 要教育青少年遵纪守法。**Yào jiàoyù qīngshàonián zūn jì shǒu fǎ.** We must educate young people to obey the law.

教育部 **jiàoyùbù** [名] the Ministry of Education

教员(員) **jiàoyuán** [名] teacher

窖 **jiào** I [名] cellar II [动] store ... in a cellar

窖藏 **jiàocáng** [动] store ... in a cellar

酵 **jiào** [动] ferment

酵母 **jiàomǔ** [名] yeast

节(節) **jiē** 见下文

→ 另见 **jié**

节(節)骨眼 **jiēguyǎn** [名] crucial moment

阶(階) **jiē** [名] **1** (台阶) step **2** (官阶) rank

阶(階)层(層) **jiēcéng** [名] stratum (*pl* strata)

阶(階)段 **jiēduàn** [名] stage ▷ 工程第一阶段已经完工。**Gōngchéng dìyī jiēduàn yǐjīng wángōng.** The first stage of the project has already been completed.

阶(階)级(級) **jiējí** [名] class ▷ 有产阶级 **yǒuchǎn jiējí** the propertied class

阶(階)梯 **jiētī** [名] **1** (梯子) ladder **2** (楼梯) flight of stairs

阶(階)下囚 **jiēxiàqiú** [名] prisoner

疖(癤) **jiē** [名] boil

皆 **jiē** [副] all ▷ 这个消息人人皆知。**Zhège xiāoxi rén rén jiē zhī.** Everyone knows all about it.

皆大欢(歡)喜 **jiē dà huān xǐ** everyone's happy

结(結) **jiē** [动] bear (*pt* bore, *pp* borne) ▶ 结果 **jiēguǒ** bear fruit

→ 另见 **jié**

结(結)巴 **jiēba** [动] stutter

结(結)实(實) **jiēshi** [形] **1** (坚固耐用) sturdy **2** (健壮) strong ▷ 我儿子体格结实。**Wǒ érzi tǐgé jiēshi.** My son has a strong build.

接 **jiē** [动] **1** (靠近) draw near (*pt* drew, *pp* drawn) ▶ 接近 **jiējìn** be close to **2** (连接) connect ▷ 接电线 **jiē diànxiàn** connect a cable **3** (托住) catch (*pt, pp* caught) ▷ 接球 **jiēqiú** catch a ball **4** (接收) receive ▷ 接到一封信 **jiē dào yī fēng xìn** receive a letter ▷ 接电话 **jiē diànhuà** answer the phone **5** (迎接) meet (*pt, pp* met) ▷ 去火车站接人 **qù huǒchēzhàn jiē rén** meet someone at the station **6** (接替) take over (*pt* took, *pp* taken) ▷ 接工作 **jiē gōngzuò** take over a job

接班 **jiēbān** [动] come on shift (*pt* came, *pp* come)

接触(觸) **jiēchù** [动] **1** (交往) come into contact with (*pt* came, *pp* come) **2** (冲突) clash **3** (遇到) encounter

接待 **jiēdài** [动] receive

接到 **jiēdào** [动] receive

接二连(連)三 **jiē èr lián sān** one after another ▷ 他接二连三来信叫我去他那里过圣诞节。**Tā jiē èr lián sān láixìn jiào wǒ qù tā nàlǐ guò Shèngdàn Jié.** He sent one letter after another asking me to spend Christmas at his place.

接风(風) **jiēfēng** [动] hold a welcoming dinner (*pt, pp* held)

接管 **jiēguǎn** [动] take over (*pt* took, *pp* taken)

接轨(軌) **jiēguǐ** [动] be brought into line with

接火 **jiēhuǒ** [动] **1** (射击) exchange fire **2** (接电) connect ▷ 照明设备安装好了，就等接火。**Zhàomíng shèbèi ānzhuāng hǎo le, jiù děng jiēhuǒ.** The lights have been installed. We're just waiting for them to be connected.

接济(濟) **jiējì** [动] support

接见(見) **jiējiàn** [动] have an interview with

接近 **jiējìn** I [动] approach II [形] approachable

接口 **jiēkǒu** [名] (计算机的) interface

接力 **jiēlì** [动] relay ▷ 接力赛跑 **jiēlì sàipǎo** relay race

接连(連) **jiēlián** [副] in a row ▷ 雨接连下了3天。**Yǔ jiēlián xiàle sān tiān.** It rained for three days in a row.

接纳(納) **jiēnà** [动] **1** (接受) admit ▷ 我被俱乐部接纳为会员。**Wǒ bèi jùlèbù jiēnà wéi huìyuán.** I was admitted as a member of the club. **2** (采纳) accept ▷ 他的建议被大家所接纳。**Tā de jiànyì bèi dàjiā suǒ jiēnà.** His proposal was accepted by everyone.

接洽 **jiēqià** [动] take up a matter with (*pt* took, *pp* taken) ▷ 我们将与有关部门接洽。**Wǒmen jiāng yǔ yǒuguān bùmén jiēqià.** We are taking the matter up with the relevant department.

接任 **jiērèn** [动] take over (*pt* took, *pp* taken)

接生 **jiēshēng** [动] deliver

接收 **jiēshōu** [动] **1** (收受) receive **2** (接管) take over (*pt* took, *pp* taken) **3** (接纳) admit ▷ 我们俱乐部准备接收一批新会员。**Wǒmen jùlèbù zhǔnbèi jiēshōu yī pī xīn huìyuán.** Our club is getting ready to admit a new group of members.

接手 **jiēshǒu** [动] take over (*pt* took, *pp* taken)

接受 **jiēshòu** [动] accept

接替 **jiētì** [动] replace ▷ 他将接替原来的大使。**Tā jiāng jiētì yuánlái de dàshǐ.** He's replacing the former ambassador.

接头(頭) **jiētóu** [动] **1** (连接) link up ▷ 两颗卫星要在太空中接头了。**Liǎng kē wèixīng yào zài tàikōng zhōng jiētóu le.** The two satellites will link up with one another in space. **2** (联系) contact ▷ 我明天和他接头。**Wǒ míngtiān hé tā jiētóu.** I'll contact him tomorrow.

接吻 **jiēwěn** [动] kiss

接应(應) **jiēyìng** [动] **1** (配合) back ... up ▷ 你们先干，随后我们接应。**Nǐmen xiān gàn, suíhòu wǒmen jiēyìng.** You go first, we'll act as backup. **2** (供应) supply ▷ 药品暂时接应不上。**Yàopǐn zànshí jiēyìng bù shàng.** There's a temporary shortage of medical supplies.

接着(著) **jiēzhe** [动] **1** (用手接) catch (*pt, pp* caught) ▷ 给你一个桃子，接着！**Gěi nǐ yī gè táozi, jiēzhe!** Here's a peach for you — catch! **2** (紧跟着) follow

接踵而来(來) **jiēzhǒng ér lái** a constant stream of people ▷ 到这里旅游的人接踵而来。**Dào zhèlǐ lǚyóu de rén jiēzhǒng ér lái.** There's a constant stream of tourists here.

秸 **jiē** [名] straw

揭 **jiē** [动] **1** (取下) take ... down (*pt* took, *pp* taken) ▷ 把墙上的画揭下来。**Bǎ qiáng shàng de huà jiē xiàlái.** Take the picture down from the wall. **2** (拿起) pick ... up **3** (揭露) reveal

揭穿 **jiēchuān** [动] expose

揭发(發) **jiēfā** [动] expose

揭竿而起 **jiē gān ér qǐ** rise up in arms

揭露 **jiēlù** [动] reveal

揭幕 **jiēmù** [动] unveil

揭示 **jiēshì** [动] **1** (发布) announce **2** (使人领会) reveal

揭晓(曉) **jiēxiǎo** [动] announce

嗟 **jiē** [动] (书) sigh

嗟来(來)之食 **jiē lái zhī shí** handouts

街 **jiē** [名] **1** (街道) street **2** (方) (集市) market

街道 **jiēdào** [名] **1** (马路) street **2** (社区) neighbourhood (英), neighborhood (美)

街坊 **jiēfang** [名] (口) neighbour (英), neighbor (美)

街谈(談)巷议(議) **jiē tán xiàng yì** the talk of the town

街头(頭)巷尾 **jiē tóu xiàng wěi** all over town

孑 **jié** [形] solitary

孑然 **jiérán** [形] alone ▷ 他孑然一身。**Tā jié rán yī shēn.** He's all alone in the world.

节(節) **jié** **I** [名] **1** (连接处) joint **2** (段落) paragraph **3** (节日) festival ▶ 圣诞节 **Shèngdàn Jié** Christmas **4** (事项) item ▶ 细节 **xìjié** details (*pl*) **5** (节操) moral fibre (英) 或 fiber (美) ▶ 气节 **qìjié** integrity **II** [动] **1** (节约) save **2** (删节) abridge **III** [量] **1** (指部分) section ▷ 一节管子 **yī jié guǎnzi** a length of pipe **2** ▷ 三节课 **sān jié kè** three classes ▷ 四节车厢 **sì jié chēxiāng** four carriages ▷ 两节电池 **liǎng jié diànchí** two batteries

→ 另见 **jiē**

measure word, used for school classes, carriages, batteries etc.

节(節)哀 **jié'āi** [动] overcome one's grief (*pt* overcame, *pp* overcome)

节(節)操 **jiécāo** [名] integrity

节(節)俭(儉) **jiéjiǎn** [形] frugal

节(節)令 **jiélìng** [名] seasonal changes (*pl*) ▷ 吃穿跟着节令走。**Chīchuān gēnzhe jiélìng zǒu.** What we eat and wear depends on what festival it is.

节(節)目 **jiémù** [名] programme (英), program (美)

节(節)拍 **jiépāi** [名] beat

节(節)气(氣) **jiéqi** [名] solar term

节(節)日 **jiérì** [名] festival

节(節)省 **jiéshěng** [动] conserve

节(節)外生枝 **jié wài shēng zhī** complicate matters ▷ 眼看问题就要解决了，没想到又节外生枝。**Yǎnkàn wèntí jiù yào jiějué le, méi xiǎngdào yòu jié wài shēng zhī.** We were just about to solve the problem. We hadn't imagined that there would be additional complications.

节(節)衣缩(縮)食 **jié yī suō shí** scrimp and save

节(節)余(餘) **jiéyú** [名] saving

节(節)育 **jiéyù** [动] practise (英) 或 practice (美) birth control

节(節)约(約) **jiéyuē** [动] save

节(節)制 **jiézhì** [动] **1** (控制) control **2** (指挥) command

节(節)奏 **jiézòu** [名] rhythm

劫 **jié** [动] **1** (抢劫) rob ▶ 打劫 **dǎjié** take ... by force **2** (胁迫) coerce

劫持 **jiéchí** [动]

劫富济(濟)贫(貧) **jié fù jì pín** rob the rich to

give to the poor

劫后(後)余(餘)生 **jié hòu yúshēng** have a close brush with death

劫机(機) **jiéjī** [动] hijack a plane

杰(傑) **jié I** [名] hero (*pl* heroes) ▶ 豪杰 **háojié** hero **II** [形] outstanding ▶ 杰作 **jiézuò** masterpiece

诘(詰) **jié** [动] question ... closely ▶ 反诘 **fǎnjié** refute

诘(詰)问(問) **jiéwèn** [动] interrogate

拮 **jié** 见下文

拮据(據) **jiéjū** [形] hard-up ▷ 他手头拮据。 **Tā shǒutóu jiéjū.** He's pretty hard-up.

洁(潔) **jié I** [形] clean ▶ 整洁 **zhěngjié** clean and tidy **II** [动] clean

洁(潔)白 **jiébái** [形] pure white

洁(潔)净(淨) **jiéjìng** [形] clean

洁(潔)具 **jiéjù** [名] cleaning materials (*pl*)

洁(潔)身自好 **jié shēn zì hào** maintain one's moral integrity

结(結) **jié I** [动] **1** (编织) tie ▶ 结网 **jiéwǎng** weave a net **2** (结合) unite ▷ 两国结为联盟。 **Liǎng guó jiēwéi liánméng.** The two countries formed an alliance. **3** (凝聚) freeze (*pt* froze, *pp* frozen) ▶ 结冰 **jiébīng** ice up **4** (了结) settle up ▶ 结账 **jiézhàng** settle up **II** [名] **1** (绳扣) knot ▶ 活结 **huójié** slip-knot **2** (字据) written undertaking **3** (生理) node
→ 另见 **jiē**

结(結)案 **jié'àn** [动] close a case

结(結)拜 **jiébài** [动] swear friendship (*pt* swore, *pp* sworn) ▷ 结拜兄弟 **jiébài xiōngdì** blood brothers

结(結)伴 **jiébàn** [动] form groups ▷ 结伴而行 **jiébàn ér xíng** go in groups

结(結)冰 **jiébīng** [动] ice over

结(結)仇 **jiéchóu** [动] become enemies (*pt* became, *pp* become)

结(結)党(黨)营(營)私 **jié dǎng yíng sī** form a conspiracy

结(結)发(髮)夫妻 **jiéfà fūqī** couple married for the first time

结(結)构(構) **jiégòu** [名] composition ▷ 产品结构 **chǎnpǐn jiégòu** composition of a product

结(結)果 **jiéguǒ I** [名] result ▷ 结果出人预料。 **Jiéguǒ chū rén yùliào.** The result was unexpected. **II** [副] in the end ▷ 结果，他赢了比赛。 **Jiéguǒ, tā yíngle bǐsài.** In the end, he won the contest.

结(結)合 **jiéhé** [动] **1** (联系) combine ▷ 劳逸结合 **láoyì jiéhé** strike a balance between work and play **2** (结为夫妇) become husband and wife (*pt* became, *pt* become)

结(結)婚 **jiéhūn** [动] get married ▷ 她和一位富商结了婚。 **Tā hé yī wèi fùshāng jiēle hūn.** She married a rich businessman. ▷ 这对夫妇结婚30多年了。 **Zhè duì fūfù jiéhūn sānshí duō nián le.** This couple have been married for over thirty years.

结(結)交 **jiéjiāo** [动] associate with

结(結)晶 **jiéjīng I** [动] crystallize **II** [名] **1** (晶体) crystal **2** (成果) crystallization

结(結)局 **jiéjú** [名] outcome

结(結)论(論) **jiélùn** [名] conclusion ▷ 得出结论 **déchū jiélùn** come to a conclusion

结(結)盟 **jiéméng** [动] align ▷ 不结盟政策 **bù jiéméng zhèngcè** policy of non-alignment

结(結)亲(親) **jiéqīn** [动] become related through marriage (*pt* became, *pp* become) ▷ 两家最近结亲了。 **Liǎng jiā zuìjìn jiéqīn le.** The two families have recently become related through marriage.

结(結)社 **jiéshè** [动] form an association

结(結)识(識) **jiéshí** [动] become acquainted with (*pt* became, *pp* become)

结(結)束 **jiéshù** [动] end

结(結)算 **jiésuàn** [动] settle up ▷ 你先付账，事后我们再结算。 **Nǐ xiān fùzhàng, shìhòu wǒmen zài jiésuàn.** You pay the bill, and we can settle up later.

结(結)尾 **jiéwěi** [名] ending

结(結)业(業) **jiéyè** [动] finish ▷ 两个月的学习班即将结业。 **Liǎng gè yuè de xuéxíbān jíjiāng jiéyè.** The two-month course is about to finish.

结(結)账(賬) **jiézhàng** [动] settle up ▷ 饭菜我来结账。 **Fàncài wǒ lái jiézhàng.** Let me pay for the meal.

桀 **jié** 见下文

桀骜(鰲)不驯(馴) **jié'ào bù xún** stubborn and intractable

捷 **jié I** [形] quick ▶ 敏捷 **mǐnjié** nimble **II** [名] victory

捷报(報) **jiébào** [名] news of victory (*sg*)

捷径(徑) **jiéjìng** [名] short cut ▷ 这是去公园的捷径。 **Zhè shì qù gōngyuán de jiéjìng.** This is the short cut to the park. ▷ 他在工作上总想走捷径。 **Tā zài gōngzuò shàng zǒng xiǎng zǒu jiéjìng.** He always tries to take short cuts in his work.

捷足先登 jié zú xiān dēng the early bird catches the worm

睫 jié [名] eyelash

截 jié I [动] 1 (切断) chop 2 (阻拦) block II [量] piece ▷一截木头 yī jié mùtou a piece of wood ▷半截粉笔 bàn jié fěnbǐ half a stick of chalk

截长(長)补(補)短 jié cháng bǔ duǎn use one's strengths to compensate for one's shortcomings

截断(斷) jiéduàn [动] 1 (切断) cut ... off (*pt*, *pp* cut) 2 (打断) interrupt

截获(獲) jiéhuò [动] intercept

截流 jiéliú [动] dam

截取 jiéqǔ [动] cut ... out (*pt*, *pp* cut)

截然 jiérán [副] completely ▷截然不同 jiérán bù tóng completely different

截止 jiézhǐ [动] be over ▷报名已经截止了。Bàomíng yǐjīng jiézhǐ le. Registration is already over.

竭 jié [动] use ... up

竭诚(誠) jiéchéng [副] wholeheartedly

竭尽(盡) jiéjìn [动] exert ▷他们竭尽全力完成了这项任务。Tāmen jiéjìn quánlì wánchéngle zhè xiàng rènwù. They really pulled out all the stops to get the task finished.

竭力 jiélì [动] do one's utmost

竭泽(澤)而渔(漁) jié zé ér yú kill the goose that lays the golden eggs

姐 jiě [名] elder sister

姐姐 jiějie [名] elder sister

姐妹 jiěmèi [名] sisters (*pl*)

解 jiě [动] 1 (分开) divide ▶解剖 jiěpōu dissect 2 (解开) untie ▷解鞋带 jiě xiédài untie one's shoelaces 3 (解除) relieve ▶解热 jiěrè allay a fever 4 (解答) answer ▶解题 jiětí solve a problem 5 (理解) understand ▷令人不解 lìng rén bù jiě confusing

→另见 jiè

解除 jiěchú [动] get rid of ▷解除痛苦 jiěchú tòngkǔ get rid of suffering ▷解除婚约 jiěchú hūnyuē break off one's engagement

解答 jiědá [动] answer

解冻(凍) jiědòng [动] 1 (融化) thaw 2 (解除冻结) unfreeze (*pt* unfroze, *pp* unfrozen) 3 (喻) (缓和关系) thaw

解放 jiěfàng [动] liberate ▷妇女解放运动 fùnǚ jiěfàng yùndòng the women's liberation movement

解雇(僱) jiěgù [动] fire

解救 jiějiù [动] rescue

解决(決) jiějué [动] 1 (处理) resolve ▷解决问题 jiějué wèntí resolve a problem 2 (消灭) annihilate

解闷(悶) jiěmèn [动] relieve the boredom

解囊相助 jiěnáng xiāngzhù be generous to those in need ▷当他人遇到困难的时候，我们应该慷慨解囊相助。Dāng tārén yùdào kùnnán de shíhòu, wǒmen yīnggāi kāngkǎi jiěnáng xiāngzhù. When others are in difficulties, we should be generous to them.

解聘 jiěpìn [动] dismiss ▷解聘某人的职务 jiěpìn mǒurén de zhíwù dismiss someone from their job

解剖 jiěpōu [动] dissect

解气(氣) jiěqì [动] let off steam (*pt*, *pp* let)

解散 jiěsàn [动] 1 (散开) dismiss 2 (取消) dissolve

解释(釋) jiěshì [动] explain

解手 jiěshǒu [动] relieve oneself

解说(說) jiěshuō [动] explain

解体(體) jiětǐ [动] disintegrate

解脱(脫) jiětuō [动] 1 (摆脱) break away from (*pt* broke, *pp* broken) ▷他终于从逆境中解脱出来了。Tā zhōngyú cóng nìjìng zhōng jiětuō chūlái le. He finally extricated himself from the predicament. 2 (开脱) explain ... away ▷不要为自己的过失解脱。Bùyào wèi zìjǐ de guòshī jiětuō. Don't go explaining away your mistakes.

解围(圍) jiěwéi [动] 1 (解除包围) break a siege (*pt* broke, *pp* broken) 2 (摆脱窘境) save ... blushes ▷他们捉弄我，你该帮我解围。Tāmen zhuōnòng wǒ, nǐ gāi bāng wǒ jiěwéi. If they tease me you'll have to save my blushes.

介 jiè I [动] be situated between ▷这个湖介于两座山之间。Zhège hú jiè yú liǎng zuò shān zhījiān. The lake is situated between the two mountains. II [形] upstanding ▶耿介 gěngjiè principled

介词(詞) jiècí [名] preposition

介入 jièrù [动] intervene ▷我们不该介入他们夫妻间的争吵。Wǒmen bùgāi jièrù tāmen fūqī jiān de zhēngchǎo. We really shouldn't intervene in their marital strife.

介绍(紹) jièshào [动] 1 (使相识) introduce ▷自我介绍 zìwǒ jièshào introduce oneself ▷我把妻子介绍给了同事。Wǒ bǎ qīzi jièshào gěile tóngshì. I introduced my wife to my colleagues. 2 (推荐) sponsor 3 (使了解) give an introduction to (*pt* gave, *pp* given) ▷导游向我们介绍了当地的风土人情。Dǎoyóu xiàng wǒmen jièshàole dāngdì de fēngtǔ rénqíng.

The guide gave us an introduction to local customs and culture.

介意 **jièyì** [动] mind ▷ 我打开窗户你介意吗？**Wǒ dǎkāi chuānghu nǐ jièyì ma?** Do you mind if I open the window?

戒 **jiè I** [动] **1** (防备) guard against **2** (戒除) give up (*pt* gave, *pp* given) ▶ 戒烟 **jièyān** give up smoking **II** [名] **1** (警告) warning **2** (戒律) religious discipline **3** (戒指) ring

戒备(備) **jièbèi** [动] be on the alert

戒除 **jièchú** [动] give up (*pt* gave, *pp* given)

戒毒 **jièdú** [动] come off drugs (*pt* came, *pp* come)

戒律 **jièlǜ** [名] religious tenets (*pl*)

戒严(嚴) **jièyán** [动] impose martial law ▷ 宣布戒严 **xuānbù jièyán** declare martial law

戒指 **jièzhi** [名] ring

芥 **jiè** 见下文

芥菜 **jiècài** [名] mustard leaf (*pl* leaves)

届(屆) **jiè I** [动] fall due (*pt* fell, *pp* fallen) ▶ 届期 **jièqī** at the appointed time **II** [量] **1** (指毕业的班级) year ▷ 82届毕业生 **bā èr jiè bìyèshēng** the class of '82 **2** (指大会, 首脑) ▷ 第10届奥运会 **dì shí jiè Àoyùnhuì** the tenth Olympic Games ▷ 第26届总统 **dì èrshíliù jiè zǒngtǒng** the twenty-sixth president ▷ 第九届人代会 **dì jiǔ jiè réndàihuì** the Ninth People's Congress

measure word, used for conferences, sports events, trade fairs, terms of office etc.

届(屆)时(時) **jièshí** [动] ▷ 届时请您光临。**Jièshí qǐng nín guānglín.** When the time comes, do come and have a look around.

界 **jiè** [名] **1** (界限) boundary ▷ 国界 **guójiè** national boundaries (*pl*) **2** (阶层) circles (*pl*) ▷ 各界人士 **gè jiè rénshì** people from all walks of life ▷ 新闻界 **xīnwénjiè** media circles **3** (范围) range ▷ 大开眼界 **dà kāi yǎnjiè** broaden one's horizons **4** (类别) category ▷ 动物界 **dòngwùjiè** the animal kingdom

界定 **jièdìng** [动] demarcate

界面 **jièmiàn** [名] interface

界限 **jièxiàn** [名] **1** (分界) dividing line **2** (限度) limits (*pl*)

界线(線) **jièxiàn** [名] **1** (边界) boundary **2** (分界线) dividing line

疥 **jiè** [名] scabies

诫(誡) **jiè I** [动] warn ▶ 告诫 **gàojiè** warn **II** [名] religious tenets (*pl*)

借 **jiè** [动] **1** (借入) borrow ▷ 我从图书馆借了几本书。**Wǒ cóng túshūguǎn jièle jǐ běn shū.** I borrowed some books from the library. **2** (借出) lend (*pt*, *pp* lent) ▷ 请把词典借我用一下。**Qǐng bǎ cídiǎn jiè wǒ yòng yīxià.** Please can you lend me your dictionary a moment? **3** (假托) use ... as a means of ▷ 这家公司借广告欺骗消费者。**Zhè jiā gōngsī jiè guǎnggào qīpiàn xiāofèizhě.** The company uses advertising as a means of cheating consumers. **4** (凭借) make use of ▷ 我借此机会向大家表示感谢。**Wǒ jiè cǐ jīhuì xiàng dàjiā biǎoshì gǎnxiè.** May I take this opportunity to express my thanks to all of you.

借词(詞) **jiècí** [名] loan word

借贷(貸) **jièdài I** [动] **1** (借入) borrow money **2** (借出) lend money (*pt*, *pp* lent) **II** [名] debtors and creditors (*pl*)

借刀杀(殺)人 **jiè dāo shā rén** get others to do one's dirty work

借端 **jièduān** [动] use ... as a pretext

借故 **jiègù** [动] make an excuse

借光 **jièguāng** [动] (谦) excuse me

借鉴(鑒) **jièjiàn** [动] learn from ▷ 借鉴别人的经验 **Jièjiàn biérén de jīngyàn** learn from other people's experiences

借酒浇(澆)愁 **jiè jiǔ jiāo chóu** drown one's sorrows

借据(據) **jièjù** [名] IOU

借口 **jièkǒu I** [动] use ... as an excuse ▷ 他借口有事不来上班。**Tā jièkǒu yǒushì bù lái shàngbān.** He used the fact that he had things to do as an excuse not to go to work. **II** [名] excuse ▷ 他企图找借口为自己辩护。**Tā qǐtú zhǎo jièkǒu wèi zìjǐ biànhù.** He tried to find an excuse to justify himself.

借尸(屍)还(還)魂 **jiè shī huán hún** come back in a new form

借题(題)发(發)挥(揮) **jiè tí fāhuī** use an excuse to hold forth

借助 **jièzhù** [动] enlist the help of

解 **jiè** [动] escort
→ 另见 **jiě**

解送 **jièsòng** [动] escort

巾 **jīn** [名] cloth ▶ 毛巾 **máojīn** towel

巾帼(幗) **jīnguó** [名] (书) women (*pl*)

斤 **jīn** [量] *unit of weight, equal to 500 grams*

斤斤计(計)较(較) **jīnjīn jìjiào** quibble over every detail

今 jīn I [形] 1 (现在的) present 2 (当前的) current II [名] today ▷今明两天都可以来。**Jīn míng liǎng tiān dōu kěyǐ lái.** Come today or tomorrow, as you wish.

今后(後) **jīnhòu** [副] from now on

今年 **jīnnián** [名] this year ▷今年年底我父亲就要退休了。**Jīnnián niándǐ wǒ fùqīn jiù yào tuìxiū le.** My father will retire at the end of this year. ▷今年夏天他大学就要毕业了。**Jīnnián xiàtiān tā dàxué jiù yào bìyè le.** He graduates from university this summer.

今日 **jīnrì** [名] today ▷今日气温偏高。**Jīnrì qìwēn piān gāo.** It's pretty hot today.

今世 **jīnshì** [名] this life ▷今生今世我都不会忘记父母的恩情。**Jīnshēng jīnshì wǒ dōu bù huì wàngjì fùmǔ de ēnqíng.** I will remember my parents' kindness for the rest of my life.

今天 **jīntiān** [名] today ▷今天是我的生日。**Jīntiān shì wǒ de shēngrì.** Today's my birthday. ▷今天我想去看场戏。**Jīntiān wǒ xiǎng qù kàn chǎng xì.** I want to go and see a play today.

今朝 **jīnzhāo** [名] today

金 jīn I [名] 1 (化) gold 2 (金属) metal ▶五金 **wǔjīn** hardware 3 (钱) money ▷奖金 **jiǎngjīn** prize money II [形] golden ▶金发 **jīnfà** blonde hair

金榜 **jīnbǎng** [名] roll of honour (英) 或 honor (美)

金碧辉(輝)煌 **jīnbì-huīhuáng** magnificent

金蝉(蟬)脱(脫)壳(殼) **jīnchán tuō qiào** make a cunning getaway

金额(額) **jīn'é** [名] sum

金刚(剛)石 **jīngāngshí** [名] diamond

金黄(黃) **jīnhuáng** [形] golden

金婚 **jīnhūn** [名] golden wedding

金科玉律 **jīn kē yù lǜ** golden rule

金口玉言 **jīnkǒu-yùyán** pearls of wisdom

金牌 **jīnpái** [名] gold medal

金钱(錢) **jīnqián** [名] money

金秋 **jīnqiū** [名] autumn (英), fall (美)

金融 **jīnróng** [名] finance ▷金融行业 **jīnróng hángyè** the financial sector

金属(屬) **jīnshǔ** [名] metal

金丝(絲)猴 **jīnsīhóu** [名] golden monkey

金玉良言 **jīnyù liángyán** words of wisdom

金枝玉叶(葉) **jīn zhī yù yè** aristocrat

金子 **jīnzi** [名] gold

金字塔 **jīnzìtǎ** [名] pyramid

津 jīn [名] 1 (津液) saliva 2 (汗) sweat 3 (渡口) ferry

津津乐(樂)道 **jīnjīn lè dào** talk with great enthusiasm ▷不要对别人的隐私津津乐道。**Bùyào duì biérén de yǐnsī jīnjīn lè dào.** Don't talk about other people's private business with such enthusiasm.

津津有味 **jīnjīn yǒu wèi** with great enjoyment

津贴(貼) **jīntiē** [名] subsidy

矜 jīn I [动] have pity on ▶矜恤 **jīnxù** pity II [形] 1 (自大) egotistical ▶骄矜 **jiāojīn** self-important 2 (拘谨) reserved

矜持 **jīnchí** [形] reserved

筋 jīn [名] 1 (肌腱) tendon 2 (肌肉) muscle ▶筋骨 **jīngǔ** physique 3 (口) (静脉血管) vein ▶青筋 **qīngjīn** blue vein 4 (像筋的东西) ▶橡皮筋 **xiàngpíjīn** rubber band

筋道 **jīndao** [形] (方) chewy

筋斗 **jīndǒu** [名] (方) somersault

筋骨 **jīngǔ** [名] physique

筋疲力尽(盡) **jīn pí lì jìn** dog-tired

筋肉 **jīnròu** [名] muscle

禁 jīn [动] 1 (禁受) endure 2 (忍住) restrain 3 (耐) bear (*pt* bore, *pp* borne)

→另见 jìn

禁受 **jīnshòu** [动] stand (*pt, pp* stood) ▷我们的友谊禁受了时间的考验。**Wǒmen de yǒuyì jīnshòu le shíjiān de kǎoyàn.** Our friendship has stood the test of time.

襟 jīn [名] 1 (上衣前面) front ▶衣襟 **yījīn** shirt front 2 (连襟) brother-in-law (*pl* brothers-in-law) 3 (胸怀) mind ▷胸襟广阔 **xiōngjīn guǎngkuò** broad-minded

襟怀(懷) **jīnhuái** [名] mind

仅(僅) jǐn [副] only ▷此书仅存一本。**Cǐ shū jǐn cún yī běn.** We only keep one copy of this book.

仅(僅)仅(僅) **jǐnjǐn** [副] just ▷这仅仅是开始。**Zhè jǐnjǐn shì kāishǐ.** This is just the beginning.

尽(儘) jǐn I [副] 1 (尽量) as far as possible ▶尽快 **jǐnkuài** as early as possible 2 (最) most ▷尽东边 **jǐn dōngbiān** the most easterly point ▷尽底下 **jǐn dǐxià** the very bottom 3 (表示继续) constantly ▷这些天尽下雨了。**Zhèxiē tiān jǐn xiàyǔ le.** It's been raining non-stop for the last few days. II [动] 1 (不超过) take no more than (*pt* took, *pp* taken) ▷我们准备尽着4天把工作做完。**Wǒmen zhǔnbèi jǐnzhe sì tiān bǎ gōngzuò zuòwán.** We're planning to take no more than four days over this work. 2 (考虑在先)

j

give priority to (*pt* gave, *pp* given) ▷ 他爱尽旧衣服穿。Tā ài jǐn jiù yīfu chuān. He likes wearing old clothes.

→ 另见 jìn

尽(儘)管 **jǐnguǎn** I [副] without reserve ▷ 有话尽管说。Yǒu huà jǐnguǎn shuō. If there's something you'd like to say please don't hold back. II [连] even though ▷ 尽管在下大雨, 他还是要出去。Jǐnguǎn zài xià dà yǔ, tā háishì yāo chūqù. Even though it was pouring with rain, he still wanted to go out.

尽(儘)量 **jǐnliàng** [副] to the best of one's ability ▷ 你尽量早点来。Nǐ jǐnliàng zǎo diǎn lái. Do your best to come a bit earlier.

尽(儘)早 **jǐnzǎo** [副] as soon as possible ▷ 有消息, 我会尽早通知你。Yǒu xiāoxi, wǒ huì jǐnzǎo tōngzhī nǐ. As soon as I have news I will contact you.

紧(緊)

jǐn I [形] **1** (不松) tight **2** (牢固) secure **3** (接近) close **4** (急迫) pressing **5** (严格) strict **6** (拮据) short of money II [动] tighten

紧(緊)巴巴 **jǐnbābā** [形] **1** (不松) tight **2** (拮据) hard-up

紧(緊)凑(湊) **jǐncòu** [形] tight ▷ 日程安排得很紧凑。Rìchéng ānpái de hěn jǐncòu. We're on a very tight schedule.

紧(緊)急 **jǐnjí** [形] urgent

紧(緊)密 **jǐnmì** [形] **1** (密切的) close **2** (密集的) dense

紧(緊)迫 **jǐnpò** [形] pressing

紧(緊)俏 **jǐnqiào** [形] in demand ▷ 紧俏商品 jǐnqiào shāngpǐn products in demand

紧(緊)缩(縮) **jǐnsuō** [动] cut down on (*pt*, *pp* cut)

紧(緊)要 **jǐnyào** [形] crucial

紧(緊)张(張) **jǐnzhāng** [形] **1** (激烈) intense **2** (不安) nervous **3** (不足) in short supply ▷ 最近药品比较紧张。Zuìjìn yàopǐn bǐjiào jǐnzhāng. Recently, the demand for medicines has exceeded the supply.

锦(錦)

jǐn I [名] brocade II [形] glorious

锦(錦)标(標) **jǐnbiāo** [名] prize ▷ 锦标赛 jǐnbiāosài championship

锦(錦)缎(緞) **jǐnduàn** [名] brocade

锦(錦)囊妙计(計) **jǐnnáng miàojì** a master plan

锦(錦)上添花 **jǐn shàng tiān huā** improve on perfection

锦(錦)绣(繡) **jǐnxiù** [形] splendid

谨(謹)

jǐn [副] **1** (谨慎地) warily **2** (郑重地) solemnly

谨(謹)慎 **jǐnshèn** [形] wary

谨(謹)小慎微 **jǐn xiǎo shèn wēi** over-cautious

谨(謹)严(嚴) **jǐnyán** [形] meticulous

尽(盡)

jìn I [动] **1** (完) exhaust ▷ 我已经想尽了办法。Wǒ yǐjīng xiǎngjìnle bànfǎ. I've exhausted all my ideas. **2** (达到极限) go to extremes (*pt* went, *pp* gone) ▷ 山穷水尽 shān qióng shuǐ jìn at the end of one's tether **3** (充分发挥) use ... to the full ▷ 人尽其才 rén jìn qí cái everyone uses their talents to the full **4** (努力完成) strive to accomplish (*pt* strove, *pp* striven) ▷ 尽职尽责 jìn zhí jìn zé strive to fulfil one's professional responsibilities II [形] complete ▷ 尽人皆知 jìn rén jiē zhī be common knowledge ▷ 尽收眼底 jìn shōu yǎn dǐ have a grandstand view

→ 另见 jǐn

尽(盡)瘁 **jìncuì** [动] drive oneself to the brink of exhaustion (*pt* drove, *pp* driven)

尽(盡)力 **jìnlì** [动] try one's hardest ▷ 我们会尽力完成。Wǒmen huì jìnlì wánchéng. We'll try our hardest to get the job done.

尽(盡)量 **jìnliàng** [动] do all one can ▷ 我尽量不麻烦别人。Wǒ jìnliàng bù máfan biérén. I do all I can to avoid annoying other people.

尽(盡)情 **jìnqíng** [副] to one's heart's content ▷ 尽情享受 jìnqíng xiǎngshòu enjoy oneself to one's heart's content

尽(盡)善尽(盡)美 **jìn shàn jìn měi** flawless

尽(盡)头(頭) **jìntóu** [名] end

尽(盡)心 **jìnxīn** [动] put one's heart and soul into (*pt*, *pp* put) ▷ 医护人员要尽心尽力抢救病人。Yīhù rényuán yào jìnxīn-jìnlì qiǎngjiù bìngrén. Medical workers should put their hearts and souls into saving their patients.

尽(盡)心竭力 **jìnxīn-jiélì** give one's all ▷ 在工作上, 他尽心竭力。Zài gōngzuò shàng, tā jìnxīn-jiélì. He gave his all to the job.

尽(盡)兴(興) **jìnxìng** [副] to one's heart's content ▷ 大家尽兴玩吧！Dàjiā jìnxìng wán ba! Have a wonderful time, everybody!

尽(盡)责(責) **jìnzé** [动] meet all one's obligations (*pt*, *pp* met)

尽(盡)职(職) **jìnzhí** [动] fulfil (英) 或 fulfill (美) one's duty

进(進)

jìn [动] **1** (前进) advance **2** (进入) enter ▶ 进城 jìnchéng go to town **3** (接纳) bring ... in (*pt*, *pp* brought) ▶ 进货 jìnhuò stock up **4** (吃食) eat (*pt* ate, *pp* eaten) ▷ 他滴水不进。Tā dī shuǐ bù jìn. Not even a drop of water passed his lips. **5** (呈上) submit **6** (攻进) enter ▶ 进球 jìnqiú score a goal

进(進)逼 jìnbī [动] press on

进(進)补(補) jìnbǔ [动] pep ... up ▷喝鸡汤可进补。Hē jītāng kě jìnbǔ. Drinking chicken soup can pep you up.

进(進)步 jìnbù **I** [动] improve **II** [形] advanced

进(進)程 jìnchéng [名] progression

进(進)度 jìndù [名] **1** (进行速度) pace **2** (工作计划) schedule

进(進)而 jìn'ér [连] then ▷首先我们得先测试产品, 进而再推广。Shǒuxiān wǒmen děi xiān cèshì chǎnpǐn, jìn'ér zài tuīguǎng. First we have to test the product, and then we have to promote it.

进(進)发(發) jìnfā [动] set out for (*pt*, *pp* set)

进(進)犯 jìnfàn [动] invade

进(進)攻 jìngōng [动] attack

进(進)贡(貢) jìngòng [动] offer tribute

进(進)化 jìnhuà [动] evolve ▷人类的进化 rénlèi de jìnhuà human evolution

进(進)货(貨) jìnhuò [动] stock up

进(進)军(軍) jìnjūn [动] advance ▷中国正在向现代化进军。Zhōngguó zhèngzài xiàng xiàndàihuà jìnjūn. China is advancing towards modernization.

进(進)口 jìnkǒu [动] import

进(進)来(來) jìnlái [动] come in

进(進)去 jìnqù [动] enter

进(進)取 jìnqǔ [动] forge ahead ▷进取精神 jìnqǔ jīngshén ambition

进(進)入 jìnrù [动] **1** (走进) enter **2** (到了) reach **3** (到位) get inside ▷进入角色 jìnrù juésè get inside a role

进(進)退 jìntuì [动] advance and retreat

进(進)退维(維)谷 jìn tuì wéi gǔ on the horns of a dilemma

进(進)项(項) jìnxiàng [名] income

进(進)行 jìnxíng [动] carry ... out ▷我们正在进行改革。Wǒmen zhèngzài jìnxíng gǎigé. We're carrying out reforms. ▷会议正在进行。Huìyì zhèngzài jìnxíng. The meeting is in progress.

进(進)行曲 jìnxíngqǔ [名] march

进(進)修 jìnxiū [动] take a refresher course (*pt* took, *pp* taken)

进(進)展 jìnzhǎn [动] make progress

近 jìn [形] **1** (不远) near ▷这两所大学离得很近。Zhè liǎng suǒ dàxué lí de hěn jìn. The two universities are very near one another. ▶近日 jìnrì recently **2** (接近) close ▷平易近人 píng yì jìn rén approachable **3** (亲近) close to ▶近邻 jìnjiāo family and neighbours (英) 或 neighbors (美)

近代 jìndài [名] modern times (*pl*)

近乎 jìnhū [动] be little short of ▷你不及格的可能性近乎为零。Nǐ bù jígé de kěnéngxìng jìnhū wéi líng. The chances of you failing this exam are little short of zero.

近乎 jìnhu [形] intimate

近况(況) jìnkuàng [名] the latest ▷你知道史蒂芬的近况吗? Nǐ zhīdào shǐdìfēn de jìnkuàng ma? Have you heard the latest about Stephen?

近来(來) jìnlái [副] recently

近亲(親) jìnqīn [动] be closely related ▷近亲不能结婚。Jìnqīn bù néng jiéhūn. Close relatives cannot marry.

近视(視) jìnshì [形] short-sighted (英), near-sighted (美)

近水楼(樓)台(臺) jìn shuǐ lóu tái be favourably (英) 或 favorably (美) situated

近似 jìnsì [形] similar ▷两种物质很近似。Liǎng zhǒng wùzhì hěn jìnsì. The two types of material are very similar.

劲(勁) jìn [名] **1** (力气) strength **2** (情绪) spirit **3** (态度) manner **4** (趣味) fun
→另见 jìng

劲(勁)头(頭) jìntóu [名] energy

晋(晉) jìn [动] call on

晋(晉)级(級) jìnjí [动] be promoted

晋(晉)见(見) jìnjiàn [动] have an audience with

晋(晉)升 jìnshēng [动] promote ▷学院将他晋升为教授。Xuéyuàn jiāng tā jìnshēng wéi jiàoshòu. The college promoted him to a professorship.

烬(燼) jìn [名] ash

浸 jìn [动] **1** (浸泡) soak **2** (渗入) soak through ▷汗水把她的衣服浸透了。Hànshuǐ bǎ tā de yīfu jìntòu le. Sweat soaked through her clothes.

浸礼(禮) jìnlǐ [名] (基督教的) baptism

浸没(沒) jìnmò [动] immerse

浸透 jìntòu [动] drench ▷他浑身被雨水浸透了。Tā húnshēn bèi yǔshuǐ jìntòu le. He got drenched to the bone.

禁 jìn **I** [动] **1** (禁止) forbid (*pt* forbade, *pp* forbidden) ▷严禁赌博。Yánjìn dǔbó. Gambling is forbidden. **2** (监禁) imprison ▶禁闭 jìnbì lock ... up **II** [名] taboo
→另见 jīn

禁闭(閉) jìnbì [动] lock ... up

禁地 jìndì [名] restricted area

禁锢(錮) jìngù [动] **1** (关押) imprison **2** (束缚) fetter

禁忌 jìnjì **I** [名] taboo **II** [动] avoid

禁令 jìnlìng [名] ban ▷政府已经解除了对这部电影的禁令。Zhèngfǔ yǐjīng jiěchúle duì zhè bù diànyǐng de jìnlìng. The government has lifted the ban on the film.

禁区(區) jìnqū [名] restricted area

禁止 jìnzhǐ [动] forbid (*pt* forbade, *pp* forbidden)

覲(覲) jìn [动] have an audience with

覲(覲)见(見) jìnjiàn [动] have an audience with

噤 jìn [动] **1** (不说话) keep silent (*pt, pp* kept) **2** (哆嗦) shiver

噤若寒蝉(蟬) jìn ruò hán chán keep one's mouth shut

茎(莖) jīng [名] **1** (指植物) stem **2** (茎状物) ▷刀茎 dāojīng handle of a knife

京 jīng [名] **1** (首都) capital **2** (北京) Beijing

京城 jīngchéng [名] capital

京剧(劇) jīngjù [名] Beijing opera

> 京剧 jīngjù is a form of Chinese traditional opera which enjoys a history of over two hundred years, and is regarded as one of the most important Chinese cultural heritages. The performances combine singing, acting, music, dialogue, dancing and acrobatics. Different roles follow different patterns of acting, which are all rather symbolic, suggestive and exaggerated.

京腔 jīngqiāng [名] Beijing accent

泾(涇) jīng 见下文

泾(涇)渭分明 Jīng Wèi fēnmíng entirely different

经(經) jīng **I** [名] **1** (经线) warp ▸经纱 jīngshā warp **2** (指中医) channels (*pl*) **3** (经度) longitude **4** (经典) scripture ▸佛经 fójīng Buddhist sutra **II** [动] **1** (经营) run (*pt* ran, *pp* run) ▸经商 jīngshāng be in business **2** (经受) endure ▷她经得起折腾。Tā jīngdeqǐ zhēteng. She can endure suffering. **3** (经过) ▷这文章经老师一解释，我们都理解了。Zhè wénzhāng jīng lǎoshī yī jiěshì, wǒmen dōu lǐjiě le. Once the article had been explained by the teacher, we all understood it. ▷途经西安 tújīng Xī'ān go via Xi'an **III** [形] regular ▸经常 jīngcháng often

经(經)办(辦) jīngbàn [动] handle

经(經)常 jīngcháng **I** [形] day-to-day ▷经常开支 jīngcháng kāizhī day-to-day costs **II** [副] often ▷我经常出差。Wǒ jīngcháng chūchāi. I often go on business trips.

经(經)典 jīngdiǎn [名] classics (*pl*) ▷经典著作 jīngdiǎn zhùzuò classical works

经(經)度 jīngdù [名] longitude

经(經)费(費) jīngfèi [名] funds (*pl*)

经(經)管 jīngguǎn [动] be in charge of ▷他经管这个项目。Tā jīngguǎn zhège xiàngmù. He's in charge of this project. ▷招聘会计由我经管。Zhāopìn kuàijì yóu wǒ jīngguǎn. Recruiting accountants is my responsibility.

经(經)过(過) jīngguò **I** [动] **1** (通过) pass ▷这路公共汽车经过我家。Zhè lù gōnggòng qìchē jīngguò wǒ jiā. This bus passes by my home. ▷我们将经过王子街。Wǒmen jiāng jīngguò Wángzǐ Jiē. We'll go along Prince's Street. **2** (延续) ▷经过3年的恋爱，他们终于结婚了。Jīngguò sān nián de liàn'ài, tāmen zhōngyú jiéhūn le. Having been together for three years, they finally got married. **3** (经历) ▷企业经过裁员缩减了经费开支。Qǐyè jīngguò cáiyuán suōjiǎn le jīngfèi kāizhī. Business expenditure was reduced through staff cutbacks. **II** [名] course ▷事情发生的经过 Shìqing fāshēng de jīngguò the course of events

经(經)纪(紀) jīngjì **I** [动] (管理) manage **II** [名] broker

经(經)纪(紀)人 jīngjìrén [名] broker

经(經)济(濟) jīngjì **I** [名] **1** (社会生产关系) economy ▷国民经济 guómín jīngjì national economy ▷经济发展 jīngjì fāzhǎn economic development **2** (个人财政状况) financial situation ▷他家经济条件好。Tā jiā jīngjì tiáojiàn hǎo. His family are well-off. ▷经济拮据 jīngjì jiéjū hard-up **II** [形] **1** (有关国民经济) economic ▷经济作物 jīngjì zuòwù cash crop **2** (实惠) economical ▷经济舱 jīngjìcāng economy-class cabin

经(經)济(濟)危机(機) jīngjì wēijī [名] economic crisis

经(經)济(濟)学(學) jīngjìxué [名] economics (*sg*)

经(經)久 jīngjiǔ [形] **1** (时间长) prolonged **2** (耐久) durable

经(經)理 jīnglǐ [名] manager

经(經)历(歷) jīnglì [动] experience ▷成长经历 chéngzhǎng jīnglì the experience of growing up

经(經)贸(貿) jīngmào [名] economy and trade ▷经贸关系 jīngmào guānxì economic and trade relations

经(經)商 jīngshāng [动] be in business

经(經)手 jīngshǒu [动] handle

经(經)手人 jīngshǒurén [名] ▷她是这个案件的经手人。Tā shì zhège ànjiàn de jīngshǒurén. She's handling this case.

经(經)受 jīngshòu [动] experience ▷经受折磨 jīngshòu zhémó experience suffering ▷经受打击 jīngshòu dǎjī sustain an attack

经(經)销(銷) jīngxiāo [动] deal in (*pt*, *pp* dealt) ▷经销商 jīngxiāoshāng dealer

经(經)验(驗) jīngyàn [名] experience ▷丰富的教学经验 fēngfù de jiàoxué jīngyàn rich teaching experience ▷交流经验 jiāoliú jīngyàn exchange experiences

经(經)营(營) jīngyíng [动] **1** (管理) run (*pt* ran, *pp* run) ▷经营一个小牧场 jīngyíng yī gè xiǎo mùchǎng run a small farm ▷经营地产开发 jīngyíng dìchǎn kāifā manage a property business ▷企业经营管理 qǐyè jīngyíng guǎnlǐ business management **2** (组织) organize an art exhibition **3** (销售) deal in (*pt*, *pp* dealt) ▷该店经营各类摄影器材。Gāi diàn jīngyíng gè lèi shèyǐng qìcái. This shop deals in all sorts of photography equipment.

经(經)传(傳) jīngzhuàn [名] classics (*pl*)

荆(荊) jīng 见下文

荆(荊)棘 jīngjí [名] **1** (字) brambles (*pl*) **2** (喻) difficulties (*pl*)

菁 jīng 见下文

菁华(華) jīnghuá [名] cream ▷社会的菁华 shèhuì de jīnghuá the cream of society

---

惊(驚) jīng [动] **1** (紧张) start **2** (惊动) startle ▷打草惊蛇 dǎ cǎo jīng shé alert the enemy

惊(驚)诧(詫) jīngchà [动] be amazed ▷他工作效率之高让我惊诧。Tā gōngzuò xiàolǜ zhī gāo ràng wǒ jīngchà. I was amazed at his efficiency. ▷她脸上现出惊诧的神色。Tā liǎnshàng xiànchū jīngchà de shénsè. A look of amazement appeared on her face.

惊(驚)动(動) jīngdòng [动] **1** (震动) alarm **2** (打扰) disturb

惊(驚)慌 jīnghuāng [形] scared ▷惊慌失措 jīnghuāng shī cuò be scared out of one's wits

惊(驚)厥 jīngjué [动] faint from fear

惊(驚)恐 jīngkǒng [形] terrified ▷惊恐失色 jīngkǒng shīsè turn pale with terror

惊(驚)奇 jīngqí [形] surprised

惊(驚)人 jīngrén [形] amazing

惊(驚)世骇(駭)俗 jīng shì hài sú astounding

惊(驚)叹(嘆)号(號) jīngtànhào [名] exclamation mark (英) 或 point (美)

惊(驚)涛(濤)骇(駭)浪 jīng tāo hài làng stormy seas (*pl*)

惊(驚)天动(動)地 jīng tiān dòng dì earth-shattering

惊(驚)喜 jīngxǐ [动] be pleasantly surprised

惊(驚)险(險) jīngxiǎn [形] thrilling

惊(驚)心动(動)魄 jīng xīn dòng pò horrifying

惊(驚)讶(訝) jīngyà [形] astonished ▷听到这个消息后他感到很惊讶。Tīngdào zhège xiāoxi hòu tā gǎndào hěn jīngyà. He was astonished to hear the news.

晶 jīng I [形] sparkling II [名] crystal

晶体(體) jīngtǐ [名] crystal

晶莹(瑩) jīngyíng [形] sparkling and translucent

睛 jīng [名] eyeball ▷目不转睛 mù bù zhuǎn jīng stare fixedly

兢 jīng 见下文

兢兢业(業)业(業) jīngjīngyèyè meticulous ▷她工作兢兢业业。Tā gōngzuò jīngjīngyèyè. She works meticulously.

精 jīng I [形] **1** (经挑选的) refined ▶精兵 jīngbīng crack troops **2** (完美) excellent **3** (细密) precise ▷精打细算 jīng dǎ xì suàn careful budgeting **4** (心细) sharp ▶精明 jīngmíng shrewd **5** (精通) skilled ▷精于书法 jīng yú shūfǎ be good at calligraphy II [名] **1** (精华) essence ▶酒精 jiǔjīng alcohol **2** (精力) energy ▷聚精会神 jù jīng huì shén focus all one's energies on **3** (精子) sperm **4** (妖) demon III [副] (方) extremely

精彩 jīngcǎi [形] wonderful

精粹 jīngcuì [形] succinct

精打细(細)算 jīng dǎ xì suàn budget carefully

精当(當) jīngdàng [形] precise

精干(幹) jīnggàn [形] competent

精光 jīngguāng [形] ▷她饿极了，把饭菜吃了个精光。Tā è jí le, bǎ fàncài chīle gè jīngguāng. She was so hungry, she cleaned her plate. ▷电影票卖得精光。Diànyǐngpiào mài de jīngguāng. Tickets for the film are all sold out.

精华(華) jīnghuá [名] cream

精力 jīnglì [名] energy

精练(練) jīngliàn [形] succinct

精炼(煉) jīngliàn I [动] refine II [形] succinct

精良 jīngliáng [形] excellent

精灵(靈) jīnglíng [名] **1** (鬼怪) spirit **2** (指人) clever thing

精美 jīngměi [形] exquisite

j

精密 jīngmì [形] accurate ▷ 精密仪器 jīngmì yíqì precision instrument
精明 jīngmíng [形] shrewd
精疲力竭 jīng pí lì jié completely worn out
精辟(闢) jīngpì [形] penetrating
精品 jīngpǐn [名] quality goods (pl) ▷ 精品书店 jīngpǐn shūdiàn quality bookshop ▷ 民间艺术精品 mínjiān yìshù jīngpǐn fine pieces of folk art
精巧 jīngqiǎo [形] exquisite
精确(確) jīngquè [形] precise ▷ 这篇论文对海外市场作了精确的分析。Zhè piān lùnwén duì hǎiwài shìchǎng zuòle jīngquè de fēnxī. This essay gives a thorough analysis of overseas markets.
精锐(鋭) jīngruì [形] crack ▷ 精锐部队 jīngruì bùduì crack troops
精深 jīngshēn [形] profound
精神 jīngshén [名] 1 (主观世界) mind ▷ 精神负担 jīngshén fùdān a load on one's mind ▷ 精神病 jīngshénbìng mental illness 2 (宗旨) gist ▷ 把握文件精神 bǎwò wénjiàn jīngshén get the gist of a document
精神文明 jīngshén wénmíng [名] intellectual and ideological development
精神 jīngshen I [名] energy II [形] energetic
精髓 jīngsuǐ [名] (喻) essence
精通 jīngtōng [动] be proficient in
精细(細) jīngxì [形] fine
精心 jīngxīn [形] meticulous ▷ 精心策划的阴谋 jīngxīn cèhuà de yīnmóu a meticulously planned plot
精选(選) jīngxuǎn [动] select ... carefully
精益求精 jīng yì qiú jīng always striving to improve
精英 jīngyīng [名] elite ▷ 信息技术行业的精英 xìnxī jìshù hángyè de jīngyīng the elite of the IT industry
精湛 jīngzhàn [形] exquisite
精致(緻) jīngzhì [形] delicate
精装(裝) jīngzhuāng [形] (指书) hard-back
精子 jīngzǐ [名] sperm

鲸(鯨) jīng [名] whale
鲸(鯨)吞 jīngtūn [动] swallow up

井 jǐng I [名] 1 (用于取水) well 2 (井状物) ▶ 天井 tiānjǐng skylight ▶ 矿井 kuàngjǐng mine shaft II [形] neat
井底之蛙 jǐng dǐ zhī wā person with limited vision
井井有条(條) jǐngjǐng yǒu tiáo in perfect order
井然 jǐngrán [形] orderly

阱 jǐng [名] trap

颈(頸) jǐng [名] neck

景 jǐng I [名] 1 (风景) scenery 2 (情形) situation ▶ 背景 bèijǐng background 3 (布景) scene ▶ 外景 wàijǐng outdoor scene II [动] admire
景点(點) jǐngdiǎn [名] scenic spot
景观(觀) jǐngguān [名] scenery
景况(況) jǐngkuàng [名] situation ▷ 他景况很不如意。Tā jǐngkuàng hěn bù rúyì. His situation is not at all to his liking. ▷ 生活景况 shēnghuó jǐngkuàng living conditions
景气(氣) jǐngqì I [名] boom II [形] booming
景色 jǐngsè [名] scenery
景物 jǐngwù [名] scenery
景象 jǐngxiàng [名] scene
景致 jǐngzhì [名] scenery

警 jǐng I [形] alert ▶ 警惕 jǐngtì on the alert II [动] 1 (使警觉) warn 2 (戒备) be on the alert III [名] 1 (危急) alarm ▶ 报警 bàojǐng raise the alarm 2 (警察) police ▶ 巡警 xúnjǐng an officer on the beat
警报(報) jǐngbào [名] alarm
警备(備) jǐngbèi [动] guard
警察 jǐngchá [名] police ▷ 便衣警察 biànyī jǐngchá plain-clothes police
警告 jǐnggào [动] warn ▷ 警察鸣枪警告。Jǐngchá míngqiāng jǐnggào. The police fired a warning shot.
警戒 jǐngjiè [动] 1 (告戒) warn 2 (防备) guard ▷ 放松警戒 fàngsōng jǐngjiè let one's guard down ▷ 采取警戒措施 cǎiqǔ jǐngjiè cuòshī take precautionary measures
警句 jǐngjù [名] epigram
警觉(覺) jǐngjué [名] vigilance ▷ 保持警觉 bǎochí jǐngjué maintain vigilance ▷ 一人出门在外必须提高警觉。Yī rén chūmén zàiwài bìxū tígāo jǐngjué. Anyone going out alone should be extra vigilant.
警力 jǐnglì [名] police force ▷ 每天有4000警力上街巡逻。Měi tiān yǒu sìqiān jǐnglì shàngjiē xúnluó. Every day 4,000 police patrol the streets.
警示 jǐngshì [名] warning
警惕 jǐngtì [动] watch out for
警卫(衛) jǐngwèi [名] guard
警钟(鐘) jǐngzhōng [名] alarm bell

劲(勁) jìng [形] powerful
→ 另见 jìn

劲(勁)敌(敵) jìngdí [名] formidable opponent

径(徑) jìng I [名] 1 (小路) path 2 (方法) way ▶捷径 jiéjìng short cut 3 (直径) diameter ▶半径 bànjìng radius II [副] directly ▶径自 jìngzì without letting anyone know

径(徑)赛(賽) jìngsài [名] track event

径(逕)自 jìngzì [副] without consultation ▷我决定径自到她家走一趟。Wǒ juédìng jìngzì dào tā jiā zǒu yī tàng. Without asking I decided to pay her a visit at home.

净(淨) jìng I [形] 1 (干净) clean 2 (光) all gone ▷钱花净了。Qián huājìng le. The money is all gone. 3 (纯) net II [副] only ▷啥都不干, 净吹牛 shá dōu bù gàn, jìng chuīniú all talk and no action

净(淨)化 jìnghuà [动] purify

净(淨)值 jìngzhí [名] net value

净(淨)重 jìngzhòng [名] net weight

胫(脛) jìng [名] shin

痉(痙) jìng 见下文

痉(痙)挛(攣) jìngluán [动] convulse

竞(競) jìng [动] compete

竞(競)技 jìngjì [名] sports (*pl*)

竞(競)赛(賽) jìngsài [名] competition

竞(競)相 jìngxiāng [动] compete

竞(競)选(選) jìngxuǎn [动] run for (*pt* ran, *pp* run) ▷竞选总统 jìngxuǎn zǒngtǒng run for president

竞(競)争(爭) jìngzhēng [动] compete ▷竞争上岗 jìngzhēng shànggǎng compete for a job

竟 jìng I [动] finish ▷未竟之业 wèi jìng zhī yè unfinished task II [副] 1 (终于) in the end ▷有志者事竟成。Yǒuzhìzhě shì jìng chéng. Where there's a will there's a way. 2 (竟然) actually ▷谁也没想到, 他竟发这么大的火。Shuí yě méi xiǎngdào, tā jìng fā zhème dà de huǒ. Who would have thought he would actually get this angry.

竟然 jìngrán [副] unexpectedly ▷玛丽竟然放弃事业, 甘当家庭妇女。Mǎlì jìngrán fàngqì shìyè, gān dāng jiātíng fùnǚ. Mary unexpectedly gave up her career and became a housewife. ▷走到半路上竟然下起雨来。Zǒudào bànlù shàng jìngrán xiàqǐ yǔ lái. They were halfway down the road when, to their surprise, it began to rain.

敬 jìng I [动] 1 (尊重) respect 2 (恭敬地给) offer II [形] respectful

敬爱(愛) jìng'ài [动] revere

敬而远(遠)之 jìng ér yuǎn zhī keep away from

敬酒 jìngjiǔ [动] propose a toast ▷主席举杯向来宾们敬酒。Zhǔxí jǔbēi xiàng láibīnmen jìngjiǔ. The chairman proposed a toast to the guests.

敬礼(禮) jìnglǐ [动] salute

敬佩 jìngpèi [动] admire

敬畏 jìngwèi [动] be in awe of

敬仰 jìngyǎng [动] revere ▷令人敬仰的作家 Lìngrén jìngyǎng de zuòjiā a revered author

敬业(業) jìngyè [动] be committed to one's work

敬意 jìngyì [名] tribute ▷我们对奋战在第一线的护士表示崇高的敬意。Wǒmen duì fènzhàn zài dìyī xiàn de hùshì biǎoshì chónggāo de jìngyì. We paid tribute to the nurses who worked on the front line.

敬重 jìngzhòng [动] have high regard for ▷他深受同事敬重。Tā shēnshòu tóngshì jìngzhòng. He is highly regarded by those who have worked with him.

静(靜) jìng [形] 1 (不动) still 2 (无声) quiet

静(靜)电(電) jìngdiàn [名] static electricity

静(靜)脉(脈) jìngmài [名] vein

静(靜)悄悄 jìngqiāoqiāo [形] very quiet

静(靜)态(態) jìngtài [名] static state

静(靜)物 jìngwù [名] still life

静(靜)止 jìngzhǐ [动] be still

静(靜)坐 jìngzuò [动] 1 (指气功) meditate 2 (指抗议) stage a sit-in

境 jìng [名] 1 (边界) border ▶国境 guójìng border 2 (地方) place ▶仙境 xiānjìng fairyland 3 (景况) situation ▶困境 kùnjìng predicament

境地 jìngdì [名] (地步) situation

境界 jìngjiè [名] 1 (界限) boundary 2 (程度) level

境况(況) jìngkuàng [名] condition

境遇 jìngyù [名] circumstances (*pl*)

镜(鏡) jìng [名] 1 (镜子) mirror 2 (指光学器具) lens ▶眼镜 yǎnjìng glasses ▶望远镜 wàngyuǎnjìng telescope

镜(鏡)头(頭) jìngtóu [名] 1 (指装置) camera lens 2 (照相画面) shot 3 (指一系列画面) take

镜(鏡)子 jìngzi [名] mirror

迥 jiǒng [形] (书) (相差大) completely different

迥然 jiǒngrán [形] completely different

炯 jiǒng 见下文

炯炯 jiǒngjiǒng [形] bright

窘 jiǒng [形] **1**(穷困) hard-up **2**(为难) embarrassed

窘况(況) **jiǒngkuàng** [名] difficult situation

窘迫 **jiǒngpò** [形] **1**(穷困) very poor **2**(为难) embarrassed

窘态(態) **jiǒngtài** [名] embarrassment ▷ 在记者的追问下，总统面露窘态。**Zài jìzhě de zhuīwèn xià, zǒngtǒng miàn lù jiǒngtài.** Under questioning from the journalist, the president looked embarrassed.

纠(糾) jiū [动] **1**(缠绕) entangle **2**(集合) assemble **3**(督察) supervise **4**(改正) correct

纠(糾)察 **jiūchá I** [动] maintain order **II** [名] steward

纠(糾)缠(纏) **jiūchán** [动] **1**(绕在一起) entangle ▷ 他们两人的关系纠缠不清。**Tāmen liǎng rén de guānxì jiūchán bù qīng.** Their relationship is very complicated. **2**(找麻烦) hassle

纠(糾)纷(紛) **jiūfēn** [名] dispute

纠(糾)葛 **jiūgé** [名] dispute

纠(糾)合 **jiūhé** [动] (贬) gang up ▷ 当地的毒贩纠合起来走私海洛因。**Dāngdì de dúfàn jiūhé qǐlái zǒusī hǎiluòyīn.** The local drug traffickers worked together on a heroin smuggling operation.

纠(糾)正 **jiūzhèng** [动] correct

究 jiū **I** [动] investigate ▸ 深究 **shēnjiū** investigate thoroughly **II** [副] actually

究竟 **jiūjìng I** [名] outcome **II** [副] actually ▷ 究竟发生了什么事？**Jiūjìng fāshēng le shénme shì?** What actually happened?

赳 jiū 见下文

赳赳 **jiūjiū** [形] valiant

阄(鬮) jiū [名] lot ▸ 抓阄 **zhuājiū** draw lots

揪 jiū [动] seize

揪辫(辮)子 **jiū biànzi** (喻) have a hold over

揪心 **jiūxīn** [动] worry ▷ 用不着揪心，他会应付的。**Yòngbùzháo jiūxīn, tā huì yìngfù de.** No need to worry — he can cope.

九 jiǔ [数] **1**(指数字) nine **2**(表示多数或多次) ▷ 九死一生 **jiǔ sǐ yī shēng** have a narrow escape

九牛二虎之力 **jiǔ niú èr hǔ zhī lì** (喻) enormous effort ▷ 我费了九牛二虎之力将冰箱运回家。**Wǒ fèile jiǔ niú èr hǔ zhī lì jiāng bīngxiāng yùn huí jiā.** I bust a gut to get the fridge home.

九牛一毛 **jiǔ niú yī máo** a drop in the ocean

九泉 **jiǔquán** [名] the underworld ▷ 含笑九泉 **hán xiào jiǔquán** rest happy in one's grave

九死一生 **jiǔ sǐ yī shēng** have a narrow escape

九霄云(雲)外 **jiǔ xiāo yún wài** far away ▷ 他早把誓言抛到了九霄云外。**Tā zǎo bǎ shìyán pāodàole jiǔ xiāo yún wài.** He has long since forgotten his promise.

九月 **jiǔyuè** [名] September

久 jiǔ [形] **1**(时间长) long ▸ 恒久 **héngjiǔ** permanent ▷ 久别重逢 **jiǔbié chóngféng** be reunited after a long time apart **2**(时间长短) long ▷ 回家住了多久？**Huíjiā zhùle duō jiǔ?** How long did you go home for?

久而久之 **jiǔ ér jiǔ zhī** over time

久久 **jiǔjiǔ** [形] ▷ 精彩表演使观众久久不愿离去。**Jīngcǎi biǎoyǎn shǐ guānzhòng jiǔjiǔ bùyuàn líqù.** The performance was so good that for a long time the audience didn't want to leave.

久违(違) **jiǔwéi** [动] (客套) ▷ 聚会上有许多久违的老友。**Jùhuì shàng yǒu xǔduō jiǔwéi de lǎoyǒu.** There were loads of old friends at the party that we hadn't seen for ages. ▷ 久违了！近来还好吗？**Jiǔwéi le! Jìnlái hái hǎo ma?** Long time no see! Have you been well?

久仰 **jiǔyǎng** [动] (客套) ▷ 久仰大名，幸会幸会！**Jiǔyǎng dàmíng, xìnghuì xìnghuì!** I'm delighted to have the opportunity to meet you at last!

久远(遠) **jiǔyuǎn** [形] remote ▷ 久远的历史 **Jiǔyuǎn de lìshǐ** remote history

玖 jiǔ [数] nine

This is the complex character for "nine", which is mainly used in banks, on receipts etc. to prevent mistakes and forgery.

韭 jiǔ 见下文

韭菜 **jiǔcài** [名] chive

酒 jiǔ [名] alcohol ▸ 葡萄酒 **pútáojiǔ** wine ▸ 敬酒 **jìngjiǔ** propose a toast ▸ 啤酒 **píjiǔ** beer ▸ 酒鬼 **jiǔguǐ** wino

酒店 **jiǔdiàn** [名] **1**(酒馆) bar **2**(宾馆) hotel

酒会(會) **jiǔhuì** [名] party ▷ 鸡尾酒会 **jīwěijiǔhuì** cocktail party

酒家 **jiǔjiā** [名] (饭馆) restaurant

酒精 **jiǔjīng** [名] alcohol

酒量 **jiǔliàng** [名] alcohol tolerance ▷ 他酒量大，喝七八杯没问题。**Tā jiǔliàng dà, hē qībā bēi méi wèntí.** He can hold his drink well — he drinks seven or eight glasses without a problem.

酒令 **jiǔlìng** [名] drinking game

酒楼(樓) **jiǔlóu** [名] restaurant
酒肉朋友 **jiǔròu péngyou** [名] fair-weather friend
酒窝(窩) **jiǔwō** [名] dimple
酒席 **jiǔxí** [名] feast

旧(舊) **jiù I** [形] **1** (过时) old ▷ 旧观念 **jiù guānniàn** old-fashioned idea **2** (陈旧) used ▷ 旧衣服 **jiù yīfu** used clothes **II** [名] old friend
旧(舊)地 **jiùdì** [名] familiar place
旧(舊)观(觀) **jiùguān** [名] old look
旧(舊)交 **jiùjiāo** [名] old friend
旧(舊)居 **jiùjū** [名] former residence
旧(舊)历(曆) **jiùlì** [名] lunar calendar
旧(舊)情 **jiùqíng** [名] old friendship
旧(舊)式 **jiùshì** [形] old-style

咎 **jiù I** [名] blame ▷ 引咎辞职 **yǐnjiù cízhí** take the blame and resign **II** [动] blame ▷ 既往不咎 **jì wǎng bù jiù** let bygones be bygones
咎由自取 **jiù yóu zì qǔ** only have oneself to blame

疚 **jiù** [动] (书) be remorseful ▶ 内疚 **nèijiù** have a guilty conscience

厩(廄) **jiù** [名] barn

救 **jiù** [动] save ▶ 呼救 **hūjiù** cry for help ▶ 救灾 **jiùzāi** provide disaster relief
救国(國) **jiùguó** [动] save the nation
救护(護) **jiùhù** [动] give first-aid (*pt* gave, *pp* given) ▷ 救护伤员 **jiùhù shāngyuán** give first-aid to the wounded
救护(護)车(車) **jiùhùchē** [名] ambulance
救荒 **jiùhuāng** [动] send relief (*pt*, *pp* sent)
救济(濟) **jiùjì** [动] provide relief ▷ 救济灾民 **jiùjì zāimín** provide relief to disaster victims
救命 **jiùmìng** [动] save a life ▷ 他救了我的命。**Tā jiùle wǒ de mìng.** He saved my life. ▷ 救命啊! **Jiùmìng a!** Help!
救生 **jiùshēng** [动] save a life ▶ 救生员 **jiùshēngyuán** lifeguard
救世主 **Jiùshìzhǔ** [名] the Saviour
救死扶伤(傷) **jiù sǐ fú shāng** save the dying and nurse the wounded
救亡 **jiùwáng** [动] save a nation
救星 **jiùxīng** [名] saviour
救援 **jiùyuán** [动] go to the rescue ▷ 救援小组 **jiùyuán xiǎozǔ** rescue team ▷ 救援灾区 **jiùyuán zāiqū** bring relief to a disaster area
救灾(災) **jiùzāi** [动] **1** (救济灾民) provide disaster relief **2** (消除灾害) perform a clean-up operation

就 **jiù I** [动] **1** (靠近) move close to ▷ 避重就轻 **bì zhòng jiù qīng** evade serious issues and dwell on the trivial **2** (开始) take ... up (*pt* took, *pp* taken) ▷ 就职 **jiùzhí** take up a position **3** (完成) accomplish **4** (趁) take the opportunity (*pt* took, *pp* taken) ▷ 等你看完了这本书, 就手把读后感写完吧。**Děng nǐ kànwánle zhè běn shū, jiùshǒu bǎ dúhòugǎn xiěwán ba.** You should write the review as soon as you've finished reading the book. **5** (搭配着吃) eat ... with (*pt* ate, *pp* eaten) ▷ 泡菜就稀粥 **pàocài jiù xīzhōu** eat pickles with rice congee **II** [副] **1** (强调时间短) shortly ▷ 请稍等, 我这就做完。**Qǐng shāo děng, wǒ zhè jiù zuòwán.** Wait a moment, I'll be finished shortly. **2** (早已) already ▷ 他清晨5点就起床了。**Tā qīngchén wǔ diǎn jiù qǐchuáng le.** He was already up at five in the morning. **3** (表示紧接着) as soon as ▷ 我一回家就打电话给你。**Wǒ yī huíjiā jiù dǎ diànhuà gěi nǐ.** I'll call you as soon as I get home. **4** (表示条件关系) then ▷ 用功点就能考出好成绩。**Yònggōng diǎn jiù néng kǎochū hǎo chéngjì.** If you put in a bit of work then you'll get good exam results. **5** (强调数量多) as much as ▷ 他一个月写两篇文章, 我一星期就写3篇。**Tā yī gè yuè xiě liǎng piān wénzhāng, wǒ yī xīngqī jiù xiě sān piān.** He writes two articles a month. I write as many as three a week. ▷ 那么多行李他一人就拎走了。**Nàme duō xínglǐ tā yī rén jiù līnzǒu le.** He carried all that luggage by himself. **6** (仅仅) only ▷ 就他一人没来。**Jiù tā yī rén méi lái.** He was the only one who didn't come. **7** (原本) already ▷ 我就知道他喜欢撒谎。**Wǒ jiù zhīdào tā xǐhuān sāhuǎng.** I already knew he liked to tell lies. ▷ 裤子本来就小, 洗了后更小。**Kùzi běnlái jiù xiǎo, xǐle hòu gèng xiǎo.** The trousers were already small, and after washing them they got even smaller. **8** (表示坚决) simply ▷ 我就不信完成不了任务。**Wǒ jiù bù xìn wánchéng bùliǎo rènwù.** I simply don't believe I can't finish the job. **9** (强调事实) exactly ▷ 这里就是我童年生活过的地方。**Zhèlǐ jiù shì wǒ tóngnián shēnghuóguo de dìfang.** This is exactly the place where I spent my childhood. **10** (表示容忍) even though ▷ 衬衫难看就难看些吧, 因为便宜, 我就买了。**Chènshān nánkàn jiù nánkàn xiē ba, yīnwèi piányi, wǒ jiù mǎi le.** Even though the shirt wasn't that nice, I bought it because it was cheap. **III** [连] even if ▷ 你就不来, 我也无所谓。**Nǐ jiù bù lái, wǒ yě wúsuǒwèi.** Even if you don't come, I really don't care. **IV** [介] on ▷ 就贸易争端进行了会谈 **jiù màoyì zhēngduān jìnxíngle huìtán** hold talks on trade disputes

J

就便 **jiùbiàn** [副] in passing ▷ 你来学校时，请就便到我办公室来一下。**Nǐ lái xuéxiào shí, qǐng jiùbiàn dào wǒ bàngōngshì lái yīxià.** When you come to school, please visit my office at your convenience.

就餐 **jiùcān** [动] dine

就此 **jiùcǐ** [副] at this point ▷ 今天的课就此结束。**Jīntiān de kè jiùcǐ jiéshù.** We'll conclude today's class here.

就地 **jiùdì** [副] on the spot

就读(讀) **jiùdú** [动] study ▷ 就读于清华大学历史系 **jiùdú yú qīnghuá dàxué lìshǐ xì** study at Qinghua University's history department

就范(範) **jiùfàn** [动] give in (*pt* gave, *pp* given)

就近 **jiùjìn** [副] nearby

就寝(寢) **jiùqǐn** [动] go to bed

就任 **jiùrèn** [动] take up a post (*pt* took, *pp* taken) ▷ 就任市长一职 **jiùrèn shìzhǎng yī zhí** take up the post of mayor

就事论(論)事 **jiù shì lùn shì** confine oneself to the facts

就是 **jiùshì I** [副] **1** (表示赞同) exactly ▷ "他索价太高。" "就是！" **"Tā suǒjià tàigāo." "Jiùshì!"** "He's asking too much." – "Exactly!" **2** (表示坚决) still ▷ 无论大家怎么解释，他就是不相信。**Wúlùn dàjiā zěnme jiěshì, tā jiùshì bù xiāngxìn.** No matter what everyone said, he still didn't believe them. **3** (表示强调) really ▷ 东立就是聪明。**Dōnglì jiùshì cōngmíng.** Dongli is really clever. **4** (确定范围) only ▷ 他挺聪明的，就是不够勤勉。**Tā tǐng cōngmíng de, jiùshì bù gòu qínmiǎn.** He's very clever, only he doesn't work hard enough. **II** [助] ▷ 我一定准时到。你放心就是了。**Wǒ yīdìng zhǔnshí dào. Nǐ fàngxīn jiùshì le.** I will definitely arrive on time — just stop worrying! ▷ 你干就是了，没人说你。**Nǐ gàn jiùshì le, méi rén shuō nǐ.** Just go ahead and do it — no one will blame you! **III** [连] even if ▷ 你就是再努力，也没人理你。**Nǐ jiùshì zài nǔlì, yě méirén lǐ nǐ.** Even if you try harder, people still won't pay attention to you.

就手 **jiùshǒu** [副] on the way ▷ 出门时就手关灯。**Chūmén shí jiùshǒu guān dēng.** Can you turn off the lights on your way out?

就算 **jiùsuàn** [连] even if ▷ 就算你不去参加会议也没关系。**Jiùsuàn nǐ bù qù cānjiā huìyì yě méi guānxi.** Even if you don't attend the conference, it is not a problem.

就位 **jiùwèi** [动] be in place

就绪(緒) **jiùxù** [动] be in order ▷ 爆破准备就绪。**Bàopò zhǔnbèi jiùxù.** Preparations for the demolition are all in order.

就业(業) **jiùyè** [动] get a job ▷ 就业指导 **jiùyè zhǐdǎo** careers advice ▷ 就业服务中心 **jiùyè fúwù zhōngxīn** job centre (英) 或 center (美) ▷ 帮助下岗工人再就业 **bāngzhù xiàgǎng gōngrén zài jiùyè** help those laid off to find a new job

就医(醫) **jiùyī** [动] go to the doctor (*pt* went, *pp* gone)

就义(義) **jiùyì** [动] die a martyr

就诊(診) **jiùzhěn** [动] see a doctor (*pt* saw, *pp* seen)

就职(職) **jiùzhí** [动] take office (*pt* took, *pp* taken) ▷ 新总统宣誓就职。**Xīn zǒngtǒng xuānshì jiùzhí.** The new president was sworn into office.

就座 **jiùzuò** [动] take one's seat (*pt* took, *pp* taken) ▷ 双方就座后，谈判就开始了。**Shuāngfāng jiùzuò hòu, tánpàn jiù kāishǐ le.** After the two sides took their seats, the talks began. ▷ 大型会议室能容纳500余人就座。**Dàxíng huìyìshì néng róngnà wǔbǎi yú rén jiùzuò.** The large conference hall can seat more than 500 people.

舅 **jiù** [名] **1** (舅父) uncle **2** (妻子的弟兄) brother-in-law (*pl* brothers-in-law)

舅舅 **jiùjiu** [名] uncle

舅子 **jiùzi** [名] brother-in-law (*pl* brothers-in-law)

拘 **jū** [动] **1** (逮捕) arrest **2** (拘束) restrain ▷ 无拘无束 **wú jū wú shù** free and easy **3** (拘泥) be small-minded ▷ 王教授是个不拘小节的人。**Wáng jiàoshòu shì gè bù jū xiǎo jié de rén.** Professor Wang isn't the type to worry about little things.

拘捕 **jūbǔ** [动] arrest

拘谨(謹) **jūjǐn** [形] overcautious

拘留 **jūliú** [动] detain

拘拿 **jūná** [动] arrest

拘泥 **jūní** [动] stick rigidly to (*pt, pp* stuck)

拘束 **jūshù I** [动] restrain ▷ 少一份拘束多一份积极 **shǎo yī fèn jūshù duō yī fèn jījí** a little less restraint and a little more action **II** [形] restrained

拘押 **jūyā** [动] take ... into custody (*pt* took, *pp* taken)

狙 **jū** [动] (书) watch for

狙击(擊) **jūjī** [动] snipe ▷ 狙击手 **jūjīshǒu** sniper

居 **jū I** [动] **1** (住) live **2** (在) be (*pt* was, *pp* been) ▷ 居全国第一 **jū quánguó dìyī** be number one in the country **3** (任) claim ▶ 居功 **jūgōng** claim the credit **4** (积蓄) store ... up **II** [名] house

居安思危 **jū ān sī wēi** be prepared for danger in times of peace

居多 jūduō [动] be in the majority ▷ 这个商场里本地货居多。Zhège shāngchǎng lǐ běndìhuò jūduō. The majority of the goods in the store are local. ▷ 相册里黑白照片居多。Xiàngcè lǐ hēibái zhàopiàn jūduō. Most of the photos in the album are black and white.

居高临(臨)下 jū gāo lín xià occupy a commanding position

居家 jūjiā [动] run a household (*pt* ran, *pp* run) ▷ 居家过日，以俭为本。Jūjiā guòrì, yǐ jiǎn wéi běn. In order to run an efficient household, you have to be thrifty. ▷ 居家生活 jūjiā shēnghuó domestic life

居民 jūmín [名] resident

居然 jūrán [副] unexpectedly ▷ 他考试居然敢做弊！Tā kǎoshì jūrán gǎn zuòbì! No one would have expected him to cheat in his exam.

居室 jūshì [名] room

居心 jūxīn [动] ▷ 居心不良 jūxīn bùliáng harbour (英) 或 harbor (美) bad intentions

居心叵测(測) jū xīn pǒ cè have ulterior motives

居住 jūzhù [动] live

驹(駒) jū [名] **1** (好马) fine horse **2** (驹子) foal

掬 jū [动] hold ... in both hands (*pt*, *pp* held)

鞠 jū [动] (书) bow

鞠躬 jūgōng [动] bow

鞠躬尽(盡)瘁 jūgōng jìn cuì devote oneself entirely to

局 jú **I** [名] **1** (棋盘) chessboard **2** (比赛) game ▸ 平局 píngjú a draw **3** (形势) situation ▸ 时局 shíjú current political situation **4** (聚会) gathering ▸ 赌局 dǔjú gambling party ▸ 饭局 fànjú dinner party **5** (圈套) ruse ▸ 骗局 piànjú fraud **6** (部分) part **7** (机关部门) department **8** (业务机构) office **9** (商店) shop **II** [量] set ▷ 我赢了这局棋。Wǒ yíngle zhè jú qí. I won the chess game. ▷ 下一局比赛明天进行。Xià yī jú bǐsài míngtiān jìnxíng. The next match is taking place tomorrow.

局部 júbù [名] part ▷ 局部麻醉 júbù mázuì local anaesthetic (英) 或 anesthetic (美)

局(跼)促 júcù [形] **1** (拘谨) inhibited **2** (狭小) cramped

局面 júmiàn [名] situation ▷ 打破电信垄断局面 dǎpò diànxìn lǒngduàn júmiàn break the telecommunications monopoly

局势(勢) júshì [名] situation

局(侷)限 júxiàn [动] limit

局(侷)限性 júxiànxìng [名] limitation

局域网(網) júyùwǎng [名] local area network

局长(長) júzhǎng [名] director

菊 jú [名] chrysanthemum

橘 jú [名] tangerine

橘子 júzi [名] orange ▷ 橘子汁 júzi zhī orange juice

咀 jǔ [动] chew

咀嚼 jǔjué [动] **1** (嚼) chew **2** (体会) mull ... over

沮 jǔ [形] depressed

沮丧(喪) jǔsàng [形] depressed

矩 jǔ [名] **1** (曲尺) square **2** (规则) regulation

矩形 jǔxíng [名] rectangle

举(舉) jǔ **I** [动] **1** (往上托) raise ▸ 举重 jǔzhòng weightlifting **2** (兴起) mobilize ▸ 举兵 jǔbīng dispatch troops **3** (选举) elect **4** (提出) cite ▸ 举例 jǔlì cite an example **II** [名] act **III** [形] (书) whole

> 请勿混淆 **raise** 和 **rise**。**raise** 是及物动词，其后通常要跟宾语，而 **rise** 是不及物动词，其后通常不跟宾语。**rise** 不能用在被动语态中。*...the government's decision to raise prices...The number of people affected is likely to rise.* **raise** 和 **rise** 都能够用作名词，表示加薪；**raise** 用于美式英语中，而**rise** 用在英式英语中。*Millions of Americans get a pay raise today...Last year she got a rise of 12 per cent.*

举(舉)办(辦) jǔbàn [动] hold (*pt*, *pp* held)

举(舉)报(報) jǔbào [动] report

举(舉)措 jǔcuò [名] measure

举(舉)动(動) jǔdòng [名] action

举(舉)国(國) jǔguó [名] the whole country

举(舉)荐(薦) jǔjiàn [动] recommend

举(舉)例 jǔlì [动] give an example (*pt* gave, *pp* given) ▷ 举例说明 jǔlì shuōmíng illustrate with examples

举(舉)目无(無)亲(親) jǔmù wú qīn be a stranger in a strange land

举(舉)棋不定 jǔ qí bù dìng dither

举(舉)世 jǔshì [名] the whole world ▷ 举世闻名 jǔshì wénmíng world-famous ▷ 举世无双 jǔshì wúshuāng unrivalled

举(舉)手之劳(勞) jǔ shǒu zhī láo no trouble at all ▷ "谢谢你开车送我回家。" "不客气。举手之劳。" "Xièxiè nǐ kāichē sòng wǒ huíjiā." "Bù kèqi. Jǔ shǒu zhī láo." "Thanks for driving me home." "You're welcome – it was no trouble at all."

举(舉)行 jǔxíng [动] hold (*pt*, *pp* held) ▷ 举行会

议 jǔxíng huìyì hold a meeting
举(舉)一反三 jǔ yī fǎn sān extrapolate information
举(舉)止 jǔzhǐ [名] conduct
举(舉)足轻(輕)重 jǔ zú qīng zhòng play a key role

齟(齟) jǔ 见下文
齟(齟)齬(齬) jǔyǔ [动](书)(喻) disagree

巨(鉅) jù [形] huge ▶巨著 jùzhù monumental work ▶艰巨 jiānjù onerous
巨大 jùdà [形] huge
巨额(額) jù'é [名] enormous amounts (*pl*)
巨匠 jùjiàng [名](书) giant
巨人 jùrén [名] giant
巨(鉅)头(頭) jùtóu [名] tycoon
巨(鉅)子 jùzǐ [名] giant ▷媒体巨子 méitǐ jùzǐ media giant

句 jù I [名] sentence II [量] ▷说几句话 shuō jǐ jù huà say a few words ▷写两句诗 xiě liǎng jù shī write two lines of verse

measure word, used for sentences, and lines in a speech, song or poem

句法 jùfǎ [名] 1 (句子结构) sentence structure 2 (指语法学) syntax
句号(號) jùhào [名] full stop (英), period (美)
句型 jùxíng [名] sentence pattern
句子 jùzi [名] sentence

拒 jù [动] 1 (抵抗) resist 2 (拒绝) refuse
拒捕 jùbǔ [动] resist arrest
拒绝(絕) jùjué [动] refuse ▷他拒绝签合同。Tā jùjué qiān hétong. He refused to sign the contract. ▷婉言拒绝邀请 wǎnyán jùjué yāoqǐng turn down an invitation

具 jù I [动] have (*pt*, *pp* had) ▷初具规模 chūjù guīmó begin to take shape II [名] utensil ▶餐具 cānjù tableware ▶玩具 wánjù toy ▶文具 wénjù stationery III [量] ▷一具棺材 yī jù guāncai a coffin ▷一具尸体 yī jù shītǐ a corpse
具备(備) jùbèi [动] have (*pt*, *pp* had) ▷这手机具备收发电子信件的功能。Zhè shǒujī jùbèi shōufā diànzǐ xìnjiàn de gōngnéng. This mobile phone has the capacity to send and receive emails.
具体(體) jùtǐ [形] 1 (明确) detailed 2 (特定) particular
具有 jùyǒu [动] have (*pt*, *pp* had)

炬 jù [名] torch

俱 jù [副] ▷面面俱到 miàn miàn jù dào attend to each and every aspect
俱乐(樂)部 jùlèbù [名] club

剧(劇) jù I [名] drama ▶喜剧 xǐjù comedy ▶丑剧 chǒujù farce ▶剧团 jùtuán troupe II [形] severe ▶剧变 jùbiàn dramatic change
剧(劇)本 jùběn [名] script
剧(劇)场(場) jùchǎng [名] theatre (英), theater (美)
剧(劇)毒 jùdú [名] deadly poison
剧(劇)烈 jùliè [形] severe
剧(劇)目 jùmù [名] repertoire
剧(劇)务(務) jùwù [名] 1 (指事务) stage management 2 (指人) stage manager
剧(劇)院 jùyuàn [名] 1 (剧场) theatre (英), theater (美) 2 (剧团) company
剧(劇)种(種) jùzhǒng [名] genre
剧(劇)组(組) jùzǔ [名] crew

据(據) jù I [动] 1 (占据) occupy ▶盘据 pánjù forcibly occupy ▷据为己有 jù wéi jǐ yǒu appropriate 2 (凭借) rely on ▶据点 jùdiǎn stronghold II [介] according to ▷据报道 jù bàodào according to reports III [名] evidence ▶收据 shōujù receipt ▶论据 lùnjù grounds for argument ▷真凭实据 zhēn píng shí jù hard evidence
据(據)点(點) jùdiǎn [名] stronghold
据(據)理力争(爭) jù lǐ lìzhēng put forward a strong and fair argument
据(據)说(說) jùshuō [动] be said ▷据说他已定居美国。Jùshuō tā yǐ dìngjū měiguó. It is said that he's already settled in America.

距 jù [名] distance ▷这两个城市相距不远。Zhè liǎng gè chéngshì xiāngjù bùyuǎn. The distance between these two cities is not great. ▷相距遥远 xiāngjù yáoyuǎn far apart from each other
距离(離) jùlí [动] be at a distance from ▷住宅距离办公室约有3英里。Zhùzhái jùlí bàngōngshì yuē yǒu sān yīnglǐ. The house is about 3 miles from the office. ▷俩人的观点有距离。Liǎng rén de guāndiǎn yǒu jùlí. The two of them have quite different views.

惧(懼) jù [动] be frightened
惧(懼)怕 jùpà [动] fear ▷人人都惧怕生病。Rénrén dōu jùpà shēngbìng. Everyone fears getting ill.

飓 jù 见下文
飓(颶)风(風) jùfēng [名] hurricane

锯(鋸) jù **I** [名] saw **II** [动] saw (*pt* sawed, *pp* sawn)

聚 jù [动] **1** (集合) get together ▶ 团聚 tuánjù reunite **2** (积聚) amass ▶ 凝聚 níngjù condense ▷ 聚敛财富 jùliǎn cáifù amass a vast illegal fortune

聚宝(寶)盆 jùbǎopén [名] treasure trove

聚餐 jùcān [动] have a dinner party

聚合 jùhé [动] (聚集) get together

聚会(會) jùhuì [动] get together ▷ 周末有个同学聚会。Zhōumò yǒu gè tóngxué jùhuì. At the weekend there's a get-together of classmates.

聚积(積) jùjī [动] accumulate ▷ 聚积一些钱 jùjī yīxiē qián save a bit of money

聚集 jùjí [动] gather

聚焦 jùjiāo [动] focus ▷ 聚焦保险市场 jùjiāo bǎoxiǎn shìchǎng focus on the insurance market

聚精会(會)神 jù jīng huì shén focus all one's attention on

聚众(眾) jùzhòng [动] mob

踞 jù [动] (占据) occupy

踞守 jùshǒu [动] guard

捐 juān **I** [动] **1** (舍弃) relinquish ▷ 捐躯 juānqū die for a cause **2** (捐助) donate ▶ 募捐 mùjuān appeal for donations **II** [名] levy

捐款 juānkuǎn [动] donate money ▷ 收到一笔捐款 shōudào yī bǐ juānkuǎn receive a donation

捐躯(軀) juānqū [动] sacrifice one's life

捐献(獻) juānxiàn [动] donate

捐助 juānzhù [动] contribute

涓 juān [名] (书) trickle

涓涓 juānjuān [形] (书) trickling

娟 juān [形] (书) beautiful

娟秀 juānxiù [形] (书) beautiful

圈 juān [动] pen ... in ▷ 别总把孩子圈在家里。Bié zǒng bǎ háizi juān zài jiā lǐ. You shouldn't keep the children penned up in the house.
→ 另见 juàn, quān

镌(鐫) juān [动] (书) engrave ▶ 镌刻 juānkè engrave

卷(捲) juǎn **I** [动] **1** (裹成筒形) roll ... up **2** (撮起) sweep ... up (*pt, pp* swept) ▷ 飓风把房屋卷走了。Jùfēng bǎ fángwū juǎnzǒu le. The hurricane swept the house away. **3** (喻) (牵涉) be swept up in **II** [名] roll **III** [量] roll ▷ 一卷卫生纸 yī juǎn wèishēngzhǐ a roll of toilet paper
→ 另见 juàn

卷(捲)逃 juǎntáo [动] run off with (*pt* ran, *pp* run)

卷(捲)土重来(來) juǎn tǔ chóng lái stage a comeback

卷 juàn **I** [名] **1** (书本) book **2** (试卷) exam paper **3** (文件) document **II** [量] volume
→ 另见 juǎn

卷子 juànzi [名] exam paper ▷ 出卷子 chū juànzǐ set exam papers

卷宗 juànzōng [名] **1** (文件) file **2** (纸夹子) folder

隽(雋) juàn [形] (书) meaningful ▶ 隽永 juànyǒng meaningful

倦 juàn **I** [形] tired **II** [动] be tired of

倦容 juànróng [名] tired look ▷ 满脸倦容 mǎnliǎn juànróng look completely tired out

倦色 juànsè [名] tired look

绢(絹) juàn [名] silk

眷 juàn **I** [名] family member **II** [动] (书) care about

眷恋(戀) juànliàn [动] (书) be sentimentally attached to

眷念 juànniàn [动] (书) feel nostalgic about (*pt, pp* felt)

眷属(屬) juànshǔ [名] **1** (亲属) family member **2** (夫妻) husband and wife

圈 juàn [名] pen ▶ 猪圈 zhūjuàn pigsty
→ 另见 juān, quān

撅 juē [动] stick up (*pt, pp* stuck) ▷ 撅起嘴巴 juēqǐ zuǐba pout

决(決) jué **I** [动] **1** (决定) decide ▷ 犹豫不决 yóuyù bù jué be unable to make a decision **2** (执行死刑) execute **3** (决口) burst (*pt, pp* burst) **4** (定胜负) decide on a result ▶ 决战 juézhàn decisive battle **II** [副] under any circumstances ▷ 无论多困难，我都决不放弃努力。Wúlùn duō kùnnan, wǒ dōu jué bù fàngqì nǔlì. No matter how difficult it is, I won't give up under any circumstances. **III** [形] decisive ▶ 果决 guǒjué resolute

决(決)策 juécè [动] make a strategic decision

决(決)定 juédìng [动] **1** (打定主意) decide ▷ 决定远走高飞 juédìng yuǎn zǒu gāo fēi decide to run away ▷ 这盘棋决定胜负。Zhè pán qí juédìng shèngfù. This game of chess will be

j

the decider. ▷作出惊人的决定 zuòchū jīngrén de juédìng make a startling decision **2**(表示条件关系) determine ▷他的个性决定了他对职业的选择。Tā de gèxìng juédìngle tā duì zhíyè de xuǎnzé. His character was the determining factor in his choice of career.

决(決)斗(鬥) **juédòu** [动] **1**(字) duel **2**(殊死的斗争) engage in a decisive battle

决(決)断(斷) **juéduàn I** [动] make a decision **II** [名] **1**(决定) decision **2**(指作风) decisiveness

决(決)计(計) **juéjì I** [动] have made up one's mind **II** [副] definitely

决(決)口 **juékǒu** [动] burst (*pt, pp* burst)

决(決)裂 **juéliè** [动] break with (*pt* broke, *pp* broken) ▷戒毒后，他与过去的生活彻底决裂了。Jièdú hòu, tā yǔ guòqù de shēnghuó chèdǐ juéliè le. After giving up drugs, he made a complete break with his past life. ▷夫妻俩争吵之后彻底决裂了。Fūqī liǎ zhēngchǎo zhīhòu chèdǐ juéliè le. After their quarrel the couple completely broke it off.

决(決)赛(賽) **juésài** [名] final ▷半决赛 bàn juésài semi-final ▷四分之一决赛 sìfēnzhīyī juésài quarter-final

决(決)心 **juéxīn** [名] determination ▷我从未见过像他这样有决心的人。Wǒ cóngwèi jiànguo xiàng tā zhèyàng yǒu juéxīn de rén. I've never seen anyone as determined as him.

决(決)一雌雄 **jué yī cí xióng** fight it out

决(決)议(議) **juéyì** [名] resolution

决(決)意 **juéyì** [动] be determined ▷她决意要辞职。Tā juéyì yào cízhí. She was determined to resign.

决(決)战(戰) **juézhàn** [动] fight a decisive battle (*pt, pp* fought)

诀(訣)

jué I [名] **1**(指词句) mnemonic **2**(诀窍) knack **II** [动] part

诀(訣)别(別) **juébié** [动] bid farewell (*pt* bade, *pp* bidden)

诀(訣)窍(竅) **juéqiào** [名] knack

抉

jué [动] (书) pick ... out ▶抉择 juézé choose

角

jué I [名] **1**(角色) role **2**(女演员) actress **3**(男演员) actor **II** [动] fight (*pt, pp* fought) ▶口角 kǒujué quarrel

→另见 jiǎo

角斗(鬥) **juédòu** [动] wrestle ▷角斗士 juédòushì wrestler ▷角斗场 juédòuchǎng wrestling ring

角色 **juésè** [名] **1**(剧中人物) part ▷扮演主要角色 bànyǎn zhǔyào juésè play the main part **2**(某类人) role ▷他在公司中是什么样的角色？Tā zài gōngsī zhōng shì shénme yàng de juésè? What role does he have in the company?

角逐 **juézhú** [动] compete ▷权力角逐 quánlì juézhú power struggle ▷角逐诺贝尔文学奖 juézhú Nuòbèiěr Wénxué Jiǎng compete for the Nobel Prize for Literature

---

觉(覺)

jué I [动] **1**(感觉) feel (*pt, pp* felt) ▷穿得太少，会觉得冷的。Chuān de tài shǎo, huì juéde lěng de. If you don't wear enough clothes you'll feel cold. **2**(睡醒) wake up (*pt* woke, *pp* woken) ▷大梦初觉 dàmèng chūjué come to one's senses (*pt* came, *pp* come) **3**(觉悟) become aware of (*pt* became, *pp* become) **II** [名] sense ▶触觉 chùjué sense of touch ▶知觉 zhījué consciousness

→另见 jiào

觉(覺)察 **juéchá** [动] detect

觉(覺)得 **juéde** [动] **1**(感到) feel (*pt, pp* felt) ▷觉得有点冷 juéde yǒudiǎn lěng feel a bit cold **2**(认为) think (*pt, pp* thought) ▷他觉得我不适合做这项工作。Tā juéde wǒ bù shìhé zuò zhè xiàng gōngzuò. He doesn't think I'm suited for this work. ▷我觉得应该亲自去一趟。Wǒ juéde yīnggāi qīnzì qù yī tàng. I think I should go in person.

觉(覺)悟 **juéwù** [名] awareness ▷觉悟到改革的重要性 juéwù dào gǎigé de zhòngyàoxìng become aware of the importance of reform

觉(覺)醒 **juéxǐng** [动] awaken ▷民族意识的觉醒 mínzú yìshi de juéxǐng the awakening of a national consciousness

---

绝(絕)

jué I [动] **1**(断绝) cut ... off (*pt, pp* cut) ▶隔绝 géjué isolate **2**(穷尽) exhaust **3**(无后代) have no descendants ▷断子绝孙 duàn zǐ jué sūn be the last in one's line **4**(死) die ▷悲痛欲绝 bēitòng yù jué be torn apart with grief **II** [形] **1**(不通) hopeless ▶绝路 juélù blind alley ▶绝地 juédì impasse **2**(高超) superb **III** [副] **1**(最) extremely ▶绝密 juémì top secret **2**(绝对) absolutely ▷绝无此意 jué wú cǐ yì have absolutely no such intentions

绝(絕)笔(筆) **juébǐ** [名] **1**(最后的作品) last work **2**(最好的作品) masterpiece

绝(絕)处(處)逢生 **jué chù féng shēng** make a miraculous recovery

绝(絕)代 **juédài** [形] (书) exceptional

绝(絕)顶(頂) **juédǐng I** [副] extremely ▷绝顶聪明 juédǐng cōngmíng extremely intelligent **II** [名] (书) summit

绝(絕)对(對) **juéduì I** [形] absolute ▷绝对真理 juéduì zhēnlǐ absolute truth **II** [副] absolutely

绝(絕)后(後) juéhòu [动] 1 (无后代) be childless 2 (不会再有) never to be seen again ▷ 空前绝后 kōngqián juéhòu unprecedented and unrepeatable

绝(絕)活 juéhuó [名] speciality (英), specialty (美)

绝(絕)技 juéjì [名] expertise

绝(絕)交 juéjiāo [动] 1 (指国家间) break ties (*pt* broke, *pp* broken) 2 (指个人) break up (*pt* broke, *pp* broken) ▷ 他背信弃义, 我只好和他绝交。Tā bèi xìn qì yì, wǒ zhǐhǎo hé tā juéjiāo. He was dishonest with me so I had no choice but to break up with him.

绝(絕)境 juéjìng [名] (绝望的境地) hopeless situation

绝(絕)口 juékǒu [动] 1 (住口) stop talking ▷ 骂不绝口 mà bù juékǒu continuously insult 2 (回避不谈) not open one's mouth

绝(絕)妙 juémiào [形] brilliant

绝(絕)情 juéqíng [形] heartless

绝(絕)食 juéshí [动] go on hunger strike (*pt* went, *pp* gone)

绝(絕)望 juéwàng [动] feel desperate (*pt*, *pp* felt)

绝(絕)无(無)仅(僅)有 jué wú jǐn yǒu unique

绝(絕)育 juéyù [动] sterilize

绝(絕)缘(緣) juéyuán [动] (电子) insulate ▷ 绝缘材料 juéyuán cáiliào insulating materials ▷ 绝缘体 juéyuántǐ insulator

绝(絕)招 juézhāo [名] 1 (绝技) unique skill 2 (妙举) masterstroke

绝(絕)症 juézhèng [名] terminal illness

绝(絕)种(種) juézhǒng [动] become extinct (*pt* became, *pp* become) ▷ 保护濒临绝种的野生动物 bǎohù bīnlín juézhǒng de yěshēng dòngwù protect wild animals on the verge of extinction

---

倔 jué 见下文
→ 另见 juè

倔强(強) juéjiàng [动] be stubborn

掘 jué [动] dig (*pt*, *pp* dug) ▶ 挖掘 wājué excavate

崛 jué 见下文

崛起 juéqǐ [动] (书) 1 (突起) soar 2 (兴起) spring up (*pt* sprang, *pp* sprung)

厥 jué [动] faint ▶ 晕厥 yūnjué faint

橛 jué [名] peg

爵 jué [名] peerage ▶ 公爵 gōngjué duke

爵士 juéshì [名] 1 (作为头衔, 用于全名前) Sir ▷ 温斯顿丘吉尔爵士 Wēnsīdùn Qiūjí'ěr Juéshì Sir Winston Churchill 2 (指级别) knight ▷ 他被封为爵士。Tā bèi fēngwéi juéshì. He was awarded a knighthood.

爵士乐(樂) juéshìyuè [名] jazz

蹶 jué [动] (喻) (失败) suffer a setback ▷ 一蹶不振 yī jué bù zhèn unable to recover from a setback

---

嚼 jué [动] chew
→ 另见 jiáo

攫 jué [动] seize

攫取 juéqǔ [动] plunder

倔 juè [形] surly
→ 另见 jué

军(軍) jūn I [名] 1 (军队) army ▶ 参军 cānjūn enlist ▶ 海军 hǎijūn navy 2 (指军队编制单位) regiment 3 (指集体) forces (*pl*) ▷ 革命的后备军 gémìng de hòubèijūn revolutionary reserve forces II [形] military ▶ 军费 jūnfèi military expenditure ▶ 军令 jūnlìng military order ▶ 军乐 jūnyuè military music

军(軍)备(備) jūnbèi [名] arms (*pl*)

军(軍)队(隊) jūnduì [名] troops (*pl*)

军(軍)阀(閥) jūnfá [名] warlord

军(軍)工 jūngōng [名] 1 (军事工业) arms industry 2 (军事工程) military project

军(軍)官 jūnguān [名] officer

军(軍)国(國)主义(義) jūnguó zhǔyì [名] militarism

军(軍)火 jūnhuǒ [名] ammunitions (*pl*) ▷ 军火商 jūnhuǒshāng arms dealer

军(軍)界 jūnjiè [名] the military

军(軍)情 jūnqíng [名] military movement ▷ 刺探军情 cìtàn jūnqíng gather military intelligence

军(軍)区(區) jūnqū [名] military region

军(軍)人 jūnrén [名] soldier ▷ 退伍军人 tuìwǔ jūnrén ex-serviceman

军(軍)事 jūnshì [名] military affairs (*pl*) ▷ 军事法庭 jūnshì fǎtíng military tribunal

军(軍)属(屬) jūnshǔ [名] soldier's family

军(軍)衔(銜) jūnxián [名] military rank ▷ 他被授予上校军衔。Tā bèi shòuyǔ shàngxiào jūnxián. He was given the rank of colonel.

军(軍)心 jūnxīn [名] troop morale

军(軍)需 jūnxū [名] military supplies (*pl*)

军(軍)营(營) jūnyíng [名] barracks

军(軍)用 jūnyòng [形] military ▷ 军用物资

jūnyòng wùzī military supplies
军(軍)长(長) jūnzhǎng [名] military commander
军(軍)政 jūnzhèng [名] **1** (军事和政治) military affairs and politics (*pl*) **2** (指军中行政工作) military administration **3** (军队和政府) army and government
军(軍)职(職) jūnzhí [名] military post
军(軍)种(種) jūnzhǒng [名] armed services (*pl*)
军(軍)装(裝) jūnzhuāng [名] army uniform

均 jūn **I** [动] divide ... equally ▷ 把钱均一下。 Bǎ qián jūn yīxià. Divide the money out equally. **II** [形] even ▸ 平均 píngjūn average ▷ 分配不均 fēnpèi bù jūn uneven distribution **III** [副] **1** (都) all ▷ 来作客的均是老同学。 Lái zuòkè de jūn shì lǎotóngxué. All the guests were old classmates. **2** (平均) equally ▷ 均分利润 jūnfēn lìrùn divide the profits equally
均等 jūnděng [形] equal ▷ 机会均等 jīhuì jūnděng equal opportunities
均分 jūnfēn [动] divide ... equally
均衡 jūnhéng [形] balanced
均势(勢) jūnshì [名] even balance
均摊(攤) jūntān [动] share ... equally
均匀(勻) jūnyún [形] even ▷ 将咖啡牛奶搅拌均匀。 Jiāng kāfēi niúnǎi jiǎobàn jūnyún. Mix the coffee and milk evenly.
均沾(霑) jūnzhān [动] share ... equally ▷ 利益均沾 lìyì jūnzhān share the profits equally

龟(龜) jūn 见下文
→ 另见 guī
龟(龜)裂 jūnliè [动] **1** (指皮肤) chap ▷ 龟裂的嘴唇 jūnliè de zuǐchún chapped lips **2** (裂缝) crack

君 jūn [名] **1** (君主) monarch **2** (书) (指尊称) Mr. ▷ 李君 Lǐ jūn Mr. Li
君权(權) jūnquán [名] monarchical power
君王 jūnwáng [名] monarch
君主 jūnzhǔ [名] monarch
君子 jūnzǐ [名] gentleman (*pl* gentlemen)
君子协(協)定 jūnzǐxiédìng [名] gentleman's agreement

菌 jūn [名] **1** (指植物) fungus ▷ 蘑菇是食用菌的一种。 Mógu shì shíyòngjūn de yī zhǒng. Mushrooms are a type of edible fungus. **2** (特指细菌) bacterium (*pl* bacteria)

皲(皸) jūn 见下文
皲(皸)裂 jūnliè [动] chap ▷ 皲裂的皮肤 jūnliè de pífū chapped skin

俊 jùn **I** [形] **1** (指女性) pretty **2** (指男性) handsome **II** [名] talented
俊杰(傑) jùnjié [名] hero
俊美 jùnměi [形] beautiful
俊俏 jùnqiào [形] (口) charming
俊秀 jùnxiù [形] delicate

峻 jùn [形] **1** (高大) high **2** (严厉) harsh
峻峭 jùnqiào [形] precipitous

浚(濬) jùn [动] dredge

骏(駿) jùn [名] fine horse ▸ 骏马 jùnmǎ steed

竣 jùn [动] complete
竣工 jùngōng [动] be complete ▷ 写字楼按时竣工。 Xiězìlóu ànshí jùngōng. The office block has been completed to schedule.

Kk

咖 **kā** 见下文
→另见 gā

咖啡 **kāfēi** [名] coffee ▷咖啡豆 **kāfēidòu** coffee bean ▷速溶咖啡 **sùróng kāfēi** instant coffee ▷我想喝杯咖啡。**Wǒ xiǎng hē bēi kāfēi.** I'd like a cup of coffee. ▷请来3杯加奶的咖啡。**Qǐng lái sān bēi jiā nǎi de kāfēi.** Three white coffees, please.

卡 **kǎ** **I** [量] (物) (卡路里) calorie **II** [名] **1** (卡片) card ▷生日卡 **shēngrì kǎ** birthday card ▷电话卡 **diànhuà kǎ** phone card **2** (指录音机) cassette
→另见 qiǎ

卡车(車) **kǎchē** [名] lorry (英), truck (美)

卡拉OK **kǎlā'ōukèi** [名] karaoke

卡路里 **kǎlùlǐ** [量] calorie

卡片 **kǎpiàn** [名] card

卡通 **kǎtōng** [名] cartoon

开(開) **kāi** **I** [动] **1** (打开) open ▶开门 **kāimén** open the door **2** (银行, 商店) be open ▷银行开了。**Yínháng kāi le.** The bank is open. **3** (绽放) bloom ▷菊花开了。**Júhuā kāi le.** The chrysanthemums are in bloom. **4** (松开) come undone (*pt* came, *pp* come) ▷信封开了。**Xìnfēng kāi le.** The envelope has come unstuck. ▷扣子开了。**Kòuzi kāi le.** The buttons have come undone. **5** (驾驶) drive (*pt* drove, *pp* driven) ▷开汽车 **kāi qìchē** drive a car ▷开飞机 **kāi fēijī** fly a plane **6** (办) open ... up (*pt* ran, *pp* run) ▷开书店 **kāi shūdiàn** open up a bookstore ▷开公司 **kāi gōngsī** start up a business **7** (开始) start ▶开课 **kāikè** give a course ▶开学 **kāixué** start school ▶开演 **kāiyǎn** start the show **8** (举行) hold (*pt, pp* held) ▶开会 **kāihuì** have a meeting **9** (写出) write ... out (*pt* wrote, *pp* written) ▷开药方 **kāi yàofāng** write out a prescription ▷开支票 **kāi zhīpiào** write out a cheque ▷开发票 **kāi fāpiào** write out a receipt **10** (灯, 电器, 煤气) turn on ▷开灯 **kāi dēng** turn on the light **11** (沸腾) boil ▷水刚开。**Shuǐ gāng kāi.** The water was just boiled. **12** (饭) serve ▷开饭了。**Kāifàn le.** Dinner is ready. **13** (指比例) be in a ratio of ▷三七开 **sānqī kāi** be in a ratio of three to seven **II** [量] (出版) (开本) ▷这个本子是4开的。**Zhège běnzi shì sì kāi de.** This book is in quarto format.

开(開)办(辦) **kāibàn** [动] set ... up (*pt, pp* set) ▷他们开办了一家药店。**Tāmen kāibànle yī jiā yàodiàn.** They set up a pharmacy.

开(開)本 **kāiběn** [名] ▷这本杂志是8开本的。**Zhè běn zázhì shì bā kāiběn de.** This magazine is in octavo format.

开(開)场(場) **kāichǎng** [动] start

开(開)场(場)白 **kāichǎngbái** [名] **1** (指演出) prologue (英), prolog (美) **2** (指话语) introduction

开(開)诚(誠)布(佈)公 **kāi chéng bù gōng** frank ▷大家开诚布公地谈了自己的看法。**Dàjiā kāi chéng bù gōng de tánle zìjǐ de kànfǎ.** Everyone spoke their mind.

开(開)除 **kāichú** [动] dismiss ▷他被开除了。**Tā bèi kāichú le.** He was fired.

开(開)创(創) **kāichuàng** [动] initiate

开(開)刀 **kāidāo** [动] **1** (做手术) operate on ▷她开刀了。**Tā kāidāo le.** She had an operation. **2** (喻) make an example of

开(開)导(導) **kāidǎo** [动] talk ... round ▷经朋友们开导, 她终于想通了。**Jīng péngyoumen kāidǎo, tā zhōngyú xiǎngtōng le.** Her friends talked her round and finally she agreed.

开(開)动(動) **kāidòng** [动] **1** (启动) start ▷请大家开动脑筋, 想想办法。**Qǐng dàjiā kāidòng nǎojīn, xiǎngxiǎng bànfǎ.** Please would everyone get their brains in gear, and think of a solution. **2** (前进) get going

开(開)端 **kāiduān** [名] beginning

开(開)发(發) **kāifā** [动] **1** (开采) exploit ▷开发自然资源 **kāifā zìrán zīyuán** exploit natural resources **2** (开垦) reclaim **3** (发现) develop

开(開)放 **kāifàng** [动] **1** (展开) bloom **2** (解禁) open ▷对外开放政策 **duìwài kāifàng zhèngcè** the opening-up policy **3** (开朗) be open-minded

开(開)工 **kāigōng** [动] **1** (指工厂) go into operation (*pt* went, *pp* gone) **2** (指工程) start

开(開)关(關) **kāiguān** [名] **1** (指电器) switch **2** (指管道) valve

开(開)国(國) **kāiguó** [动] found a state

开(開)户(戶) **kāihù** [动] open an account ▷我要在另一家银行开户。**Wǒ yào zài lìng yī jiā yínháng kāihù.** I'm going to open an account with another bank.

开(開)花 **kāihuā** [动] **1** (开放) flower ▷茉莉开了花。**Mòlì kāile huā.** The jasmine is in flower. **2** (喻) (破裂) split (*pt, pp* split) **3** (喻) (高兴) ▷她心里乐开了花。**Tā xīnli lèkāile** huā. She's bursting with joy. **4** (喻) (兴起) take off (*pt* took, *pp* taken) ▷ 这项新技术在农村已遍地开花。 Zhè xiàng xīn jìshù zài nóngcūn yǐ biàndì kāihuā. The new technology has already taken off in the countryside.

开(開)化 **kāihuà** [动] **1** (文明) become civilized (*pt* became, *pp* become) **2** (方) (融化) thaw

开(開)怀(懷) **kāihuái** [形] happy ▷ 乐开怀 lè kāihuái be extremely happy ▷ 宴会上，大家开怀畅饮。 Yànhuì shàng, dàjiā kāihuái chàngyǐn. At the dinner party everyone drank to their heart's content.

开(開)会(會) **kāihuì** [动] have a meeting

开(開)火 **kāihuǒ** [动] **1** (进攻) open fire **2** (喻) (抨击) attack

开(開)价(價) **kāijià** [动] be priced at ▷ 这件古董开价5千美元。 Zhè jiàn gǔdǒng kāijià wǔqiān měiyuán. This antique is quoted at five thousand dollars.

开(開)奖(獎) **kāijiǎng** [动] announce the winner

开(開)禁 **kāijìn** [动] lift a ban ▷ 那部电影终于开禁了。 Nà bù diànyǐng zhōngyú kāijìn le. At last the ban on that film has been lifted.

开(開)局 **kāijú** I [动] start II [名] opening

开(開)卷有益 **kāi juàn yǒu yì** reading broadens the mind

开(開)课(課) **kāikè** [动] **1** (开学) start **2** (授课) teach a course (*pt, pp* taught) ▷ 胡教授准备给研究生开课。 Hú jiàoshòu zhǔnbèi gěi yánjiūshēng kāikè. Professor Hu will be teaching a postgraduate course.

开(開)垦(墾) **kāikěn** [动] reclaim

开(開)口 **kāikǒu** [动] **1** (说话) speak ▷ 开会时她一直没开口。 Kāihuì shí tā yīzhí méi kāikǒu. She didn't open her mouth during the meeting. **2** (开刃) sharpen **3** (裂开) split (*pt, pp* split)

开(開)口子 **kāi kǒuzi** [动] **1** (指堤岸等) burst (*pt, pp* burst) ▷ 河堤开口子了！ Hédī kāi kǒuzi le! The dam has burst! **2** (指政策等) gain a concession ▷ 在这件事上不能给任何人开口子。 Zài zhè jiàn shì shàng bùnéng gěi rènhé rén kāi kǒuzi. We can't allow anyone any concessions.

开(開)阔(闊) **kāikuò** [形] **1** (指地域) wide **2** (指胸怀) broad ▷ 他心胸开阔。 Tā xīnxiōng kāikuò. He's broad-minded. ▷ 旅游能开阔眼界。 Lǚyóu néng kāikuò yǎnjiè. Travel broadens the horizons.

开(開)朗 **kāilǎng** [形] **1** (指空间) open **2** (指性格) cheerful

开(開)路 **kāilù** [动] **1** (开辟道路) open up a path ▷ 我们开了一条穿山路。 Wǒmen kāile yī tiáo chuānshānlù. We opened up a path through the mountains. **2** (引路) lead the way (*pt, pp* led) ▷ 村民在森林里开路。 Cūnmín zài sēnlín lǐ kāilù. The villager led the way into the forest.

开(開)门(門)见(見)山 **kāi mén jiàn shān** get straight to the point ▷ 我写文章喜欢开门见山。 Wǒ xiě wénzhāng xǐhuān kāi mén jiàn shān. When I write essays I like to get straight to the point.

开(開)明 **kāimíng** [形] enlightened

开(開)幕 **kāimù** [动] **1** (指演出) start **2** (指会) open

开(開)辟(闢) **kāipì** [动] **1** (开通) open ... up **2** (开发) develop

开(開)窍(竅) **kāiqiào** [动] **1** (指思想) get it straight ▷ 无论我怎么说，她就是不开窍。 Wúlùn wǒ zěnme shuō, tā jiùshì bù kāiqiào. No matter how often I explained, she couldn't get it straight. **2** (指儿童) grow up (*pt* grew, *pp* grown) ▷ 他还没有开窍，不知道生孩子是怎么一回事。 Tā hái méiyǒu kāiqiào, bù zhīdào shēng háizi shì zěnme yī huí shì. He's not yet grown-up enough to understand the facts of life.

开(開)设(設) **kāishè** [动] set ... up (*pt, pp* set) ▷ 开设工厂 kāishè gōngchǎng set up a factory

开(開)始 **kāishǐ** I [动] start, begin ▷ 他明天开始上班。 Tā míngtiān kāishǐ shàngbān. He'll start work tomorrow. II [名] beginning

> **start, begin** 和 **commence** 在语义上很相近，不过 **commence** 更为正式，通常不用于日常会话。*The meeting is ready to begin/start... He tore the list up and started/began a new one... the new school term commences in September...* 注意，**start, begin** 和 **commence** 后面都可以跟名词或动词的 **-ing** 形式，但是，只有 **start** 和 **begin** 后面能够跟带 **'to'** 的动词不定式。可以说 *It's starting/beginning to rain.*，但不能说 *'It's commencing to rain.'*

开(開)水 **kāishuǐ** [名] boiling water

开(開)庭 **kāitíng** [动] convene ▷ 明天法庭要开庭审理那宗杀人案。 Míngtiān fǎtíng yào kāitíng shěnlǐ nà zōng shārén'àn. The court is convening tomorrow to hear the murder case.

开(開)通 **kāitōng** [动] **1** (通畅) clear **2** (开始使用) start to use

开(開)通 **kāitong** [形] broad-minded

开(開)头(頭) **kāitóu** I [动] begin (*pt* began, *pp* begun) II [名] beginning

开(開)脱(脫) **kāituō** [动] shake ... off (*pt* shook, *pp* shaken) ▷ 他尽力为自己开脱罪责。 Tā jìnlì wèi zìjǐ kāituō zuìzé. He did everything he could to shake off the guilt.

开(開)拓 **kāituò** [动] **1** (开辟) open ... up ▷ 开拓新市场 **kāituò xīn shìchǎng** open up new markets **2** (开阔) broaden ▷ 开拓眼界 **kāituò yǎnjiè** broaden one's horizons

开(開)玩笑 **kāi wánxiào** [动] joke ▷ 我只是开玩笑。**Wǒ zhǐshì kāi wánxiào.** I was only joking. ▷ 别拿我开玩笑。**Bié ná wǒ kāi wánxiào.** Don't make fun of me.

开(開)销(銷) **kāixiāo I** [动] cover one's expenses ▷ 每月的工资不够他开销。**Měi yuè de gōngzī bù gòu tā kāixiāo.** His monthly salary is not enough to cover his expenses. **II** [名] expenses (*pl*) ▷ 旅游开销 **lǚyóu kāixiāo** travel expenses

开(開)小差 **kāi xiǎochāi** [动] **1** (当逃兵) desert **2** (喻) (走神儿) be absent-minded

开(開)心 **kāixīn I** [形] happy ▷ 不开心 **bù kāixīn** unhappy ▷ 他们玩得开心极了。**Tāmen wán de kāixīn jí le.** They had a lot of fun. **II** [动] make fun of ▷ 他老拿别人开心。**Tā lǎo ná biérén kāixīn.** He's always making fun of people.

开(開)眼 **kāiyǎn** [动] open one's eyes ▷ 这次旅游让我们对地方风情开了眼。**Zhè cì lǚyóu ràng wǒmen duì dìfāng fēngqíng kāile yǎn.** The trip opened our eyes to local customs. ▷ 义务劳动可真叫人开眼。**Yìwù láodòng kě zhēn jiào rén kāiyǎn.** Voluntary work is a real eye-opener.

开(開)业(業) **kāiyè** [动] start a business

开(開)凿(鑿) **kāizáo** [动] cut (*pt, pp* cut)

开(開)展 **kāizhǎn** [动] launch ▷ 他们为灾区开展募捐活动。**Tāmen wèi zāiqū kāizhǎn mùjuān huódòng.** They launched a campaign to get donations for the disaster area.

开(開)张(張) **kāizhāng** [动] **1** (开业) open a business **2** (开门) open for business ▷ 这个小店每天上午9点开张。**Zhège xiǎodiàn měi tiān shàngwǔ jiǔ diǎn kāizhāng.** This shop opens for business at 9 a.m. every day. **3** (喻) (重新开始) start again ▷ 失败了不要紧，可以重打鼓另开张嘛！**Shībài le bù yàojǐn, kěyǐ chóng dágǔ lìng kāizhāng ma!** Don't worry about losing — you can always have another go!

开(開)支 **kāizhī** [动] **1** (支付) spend (*pt, pp* spent) ▷ 她从不乱开支。**Tā cóngbù luàn kāizhī.** She never spends extravagantly. ▷ 我们要节约开支。**Wǒmen yào jiéyuē kāizhī.** We should cut down on expenses. **2** (方) (发工资) pay wages (*pt, pp* paid) ▷ 我公司月底开支。**Wǒ gōngsī yuèdǐ kāizhī.** My firm pays us at the end of the month.

揩 **kāi** [动] wipe ▷ 揩干碟子 **kāigān diézǐ** dry the dishes ▷ 他用手绢揩了揩汗。**Tā yòng shǒujuàn kāile kāi hàn.** He wiped away the sweat with his handkerchief.

凯(凱) **kǎi** [名] triumph

凯(凱)歌 **kǎigē** [名] victory song

凯(凱)旋 **kǎixuán** [动] return in triumph

铠(鎧) **kǎi** [名] armour (英), armor (美)

铠(鎧)甲 **kǎijiǎ** [名] suit of armour (英) 或 armor (美)

慨 **kǎi I** [动] be indignant **II** [形] generous

慨叹(嘆) **kǎitàn** [动] sigh with regret

楷 **kǎi** [名] (典范) model

楷模 **kǎimó** [名] example

刊 **kān I** [动] **1** (出版) publish **2** (修改) correct ▶ 刊误 **kānwù** correct printing errors **II** [名] periodical ▶ 报刊 **bàokān** the press ▶ 月刊 **yuèkān** monthly

刊登 **kāndēng** [动] publish

刊物 **kānwù** [名] periodical

刊载(載) **kānzǎi** [动] publish ▷ 这份报纸正在连续刊载她的小说。**Zhè fèn bàozhǐ zhèngzài liánxù kānzǎi tā de xiǎoshuō.** This newspaper is serializing her novel.

看 **kān** [动] **1** (照料) look after ▶ 看家 **kānjiā** look after the house ▷ 她每天在家看孩子。**Tā měi tiān zàijiā kān háizi.** She's at home every day looking after the children. ▷ 帮我看会儿行李吧。**Bāng wǒ kān huìr xíngli ba.** Please could you watch my luggage? **2** (看管) watch over ▷ 父母不应看着孩子学习。**Fùmǔ bù yīng kānzhe háizi xuéxí.** Parents shouldn't watch over their children while they study. ▷ 这些囚犯不易看。**Zhèxiē qiúfàn bù yì kān.** Guarding these prisoners isn't easy.

→ 另见 **kàn**

看管 **kānguǎn** [动] **1** (看守) guard **2** (照管) look after ▷ 孩子需要好好看管。**Háizi xūyào hǎohǎo kānguǎn.** Children need a lot of looking after. ▷ 我不在时他会看管花园。**Wǒ bù zài shí tā huì kānguǎn huāyuán.** He'll look after the garden while I'm away.

看护(護) **kānhù** [动] take care of (*pt* took, *pp* taken)

看家 **kānjiā I** [动] look after the house **II** [形] special ▷ 看家本领 **kānjiā běnlǐng** special skill

看守 **kānshǒu I** [动] guard **II** [名] guard

勘 **kān** [动] **1** (校订) collate **2** (探测) survey ▶ 勘

k

察 kānchá explore
勘测(測) kāncè [动] survey
勘探 kāntàn [动] explore
勘误(誤) kānwù [动] correct printing errors

坎 kǎn [名] ridge
坎肩儿(兒) kǎnjiānr [名] sleeveless jacket
坎坷 kǎnkě [形] 1 (字) (坑坑洼洼) bumpy 2 (喻) (不顺利) rough ▷ 他经历相当坎坷。Tā jīnglì xiāngdāng kǎnkě. He's had a really rough ride. ▷ 坎坷的人生之路 kǎnkě de rénshēng zhī lù the rocky road of life

侃 kǎn [动] (口) chat
侃大山 kǎn dàshān [动] (方) shoot the breeze (*pt*, *pp* shot)
侃侃而谈(談) kǎnkǎn'értán speak frankly and in measured tones

砍 kǎn [动] 1 (劈) chop 2 (减) cut (*pt*, *pp* cut)
砍伐 kǎnfá [动] fell

看 kàn I [动] 1 (观看) look at ▶ 看到 kàndào see ▷ 看电视 kàn diànshì watch TV ▷ 我昨天晚上去看京剧了。Wǒ zuótiān wǎnshang qù kàn jīngjù le. I went to see Beijing Opera last night. 2 (阅读) read (*pt*, *pp* read) 3 (认为) think (*pt*, *pp* thought) ▶ 看成 kànchéng consider ▷ 你看这事儿怎么办？Nǐ kàn zhèshì zěnme bàn? What do you think we should do about this?
4 (拜访) visit ▶ 看望 kànwàng visit 5 (照料) look after 6 (预测) expect ▷ 英镑看涨。Yīngbàng kànzhǎng. The pound is expected to rise.
7 (对待) treat ▷ 我把他当知己看。Wǒ bǎ tā dàng zhījǐ kàn. I treat him like a bosom friend.
8 (诊治) treat ▷ 昨天张医生给她看过病。Zuótiān Zhāng yīshēng gěi tā kànguo bìng. Doctor Zhang treated her yesterday. ▶ 看病 kànbìng see a doctor 9 (取决于) depend on ▷ "你明年买车吗？" "看情况吧。" "Nǐ míngnián mǎi chē ma?" "Kàn qíngkuàng ba." "Are you going to buy a car next year?" — "It depends." ▷ 下午踢不踢球得看天气。Xiàwǔ tī bù tī qiú děi kàn tiānqì. Whether we play football this afternoon depends on the weather.
II [助] (表示尝试) ▷ 试试看 shìshì kàn try on (the clothes) ▷ 尝尝看 chángcháng kàn have a taste III [叹] (表示惊讶, 责备) ▷ 你看你！怎么又迟到了！Nǐ kàn nǐ! Zěnme yòu chídào le! Goodness! How come you're late again! ▷ 看, 你又忘了锁门吧！Kàn, nǐ yòu wàngle suǒmén ba! Look, you forgot to lock the door again!
→ 另见 kān

look at 或 **watch** 表示某人注意到某个可见的事物。通常, **look at** 表示观看静止不动的物体, 而 **watch** 用于移动中或者变化中的事物。*He watched David run down the stairs... I stayed up late to watch the film... I asked him to look at the picture above his bed... It is polite to look at people when they are talking to you.* **look** 不能够直接跟宾语, 其后必须加 **at** 或其他介词。*He looked at me for a long time before he spoke... I looked towards the plane.*

看不起 kànbuqǐ [动] look down on
看待 kàndài [动] regard ▷ 当朋友看待 dàng péngyou kàndài regard as a friend
看法 kànfǎ [名] opinion
看好 kànhǎo [动] look good ▷ 今年的经济形势看好。Jīnnián de jīngjì xíngshì kànhǎo. The economic prospects look good this year.
看见(見) kànjiàn [动] see (*pt* saw, *pp* seen) ▷ 黑暗中我看见一个人影。Hēi'àn zhōng wǒ kànjiàn yī gè rényǐng. I could make out a figure in the dark. ▷ 你看见过瀑布吗？Nǐ kànjiànguo pùbù ma? Have you ever seen a waterfall?
看来(來) kànlái [动] seem ▷ 她看来好多了。Tā kànlái hǎo duō le. She seems much better. ▷ 这看来是个好主意。Zhè kànlái shì gè hǎo zhǔyi. That seems like a good idea. ▷ 看来他不想来了。Kànlái tā bù xiǎng lái le. It seems he didn't want to come.
看破红(紅)尘(塵) kàn pò hóngchén be disillusioned with the world ▷ 他因看破红尘而出家了。Tā yīn kàn pò hóngchén ér chūjiā le. He became a monk because he was disillusioned with the world.
看望 kànwàng [动] visit
看重 kànzhòng [动] value

康 kāng [形] 1 (健康) healthy ▶ 康复 kāngfù recover 2 (书) (富裕) well off ▷ 小康生活 xiǎokāng shēnghuó a relatively comfortable life
康复(復) kāngfù [动] recover ▷ 祝您早日康复！Zhù nín zǎorì kāngfù! I hope you get well soon.
康乐(樂) kānglè [形] happy and peaceful

慷 kāng 见下文
慷慨 kāngkǎi [形] 1 (激昂) fervent 2 (大方) generous

扛 káng [动] shoulder ▷ 他能扛两百磅的袋子。Tā néng káng liǎngbǎi bàng de dàizi. He can shoulder a 200-pound bag. ▷ 他老板的过失由他扛着。Tā lǎobǎn de guòshī yóu tā kángzhe. He's shouldering the blame for the boss's mistake.

亢 kàng [形] 1 (高亢) high 2 (高傲) haughty
亢奋(奮) kàngfèn [形] excited

伉 kàng [动] be equal
伉俪(儷) kànglì [名] (书) married couple

抗 kàng [动] 1 (抵抗) resist ▷ 抗衰老 kàng shuāilǎo anti-aging 2 (抗拒) refuse ▶ 违抗 wéikàng defy 3 (对等) be a match for ▶ 抗衡 kànghéng contend with
抗衡 kànghéng [动] match ▷ 我们的实力无法与他们抗衡。Wǒmen de shílì wúfǎ yǔ tāmen kànghéng. There's no way we can match them in strength.
抗拒 kàngjù [动] resist
抗议(議) kàngyì [动] protest ▷ 他们对虐待动物的行为提出了强烈抗议。Tāmen duì nüèdài dòngwù de xíngwéi tíchūle qiángliè kàngyì. They protested vehemently against cruelty to animals.
抗争(爭) kàngzhēng [动] resist

考 kǎo [动] 1 (测试) have an exam ▶ 考上 kǎoshàng pass the entrance exam ▷ 明天我们考数学。Míngtiān wǒmen kǎo shùxué. We have our maths exam tomorrow. 2 (检查) check ▶ 考察 kǎochá investigate 3 (研究) study ▶ 考古 kǎogǔ archaeology
考查 kǎochá [动] check
考察 kǎochá [动] 1 (实地调查) investigate 2 (细致观察) analyse (英), analyze (美) ▷ 仔细考察后，他们终于发现了问题的所在。Zǐxì kǎochá hòu, tāmen zhōngyú fāxiànle wèntí de suǒzài. After careful analysis they finally understood what was wrong.
考古 kǎogǔ I [动] study archaeology (英) 或 archeology (美) II [名] archaeology (英), archeology (美)
考核(覈) kǎohé [动] check
考究 kǎojiu I [动] 1 (考察) investigate 2 (讲究) be particular about ▷ 她在衣着方面非常考究。Tā zài yīzhuó fāngmiàn fēicháng kǎojiu. She's extremely particular about her clothes. II [形] exquisite
考虑(慮) kǎolǜ [动] consider ▷ 慎重考虑 shènzhòng kǎolǜ considered carefully ▷ 这事儿你考虑了吗？Zhè shìr nǐ kǎolǜle ma? Have you thought it over? ▷ 我已把一切都考虑在内。Wǒ yǐ bǎ yīqiè dōu kǎolǜ zàinèi. I've already taken everything into consideration.
考勤 kǎoqín [动] check attendance ▷ 学校开始对学生加强考勤。Xuéxiào kāishǐ duì xuésheng jiāqiáng kǎoqín. The school is stepping up attendance checks on its pupils.
考试(試) kǎoshì [动] sit an exam (*pt*, *pp* sat) ▷ 他英语考试没及格。Tā Yīngyǔ kǎoshì méi jígé. He failed the English exam.
考研 kǎoyán [动] sit the entrance exam for postgraduate studies (*pt*, *pp* sat)
考验(驗) kǎoyàn [动] test ▷ 她想考验一下我的诚实。Tā xiǎng kǎoyàn yīxià wǒ de chéngshí. She wants to test my honesty. ▷ 经受考验 jīngshòu kǎoyàn undergo an ordeal
考证(證) kǎozhèng [动] confirm through research

拷 kǎo [动] 1 (打) beat (*pt* beat, *pp* beaten) ▶ 拷打 kǎodǎ beat 2 (拷贝) copy ▷ 文件已拷到光盘上了。Wénjiàn yǐ kǎodào guāngpán shàng le. The file has been copied to CD-ROM.
拷贝(貝) kǎobèi I [名] copy II [动] copy
拷打 kǎodǎ [动] torture

烤 kǎo [动] 1 (指东西) roast ▷ 烤牛肉 kǎo niúròu roast beef ▶ 烤鸭 kǎoyā 2 (指人体) warm oneself ▶ 烤火 kǎohuǒ warm oneself by a fire
烤炉(爐) kǎolú [名] oven
烤面(麵)包 kǎomiànbāo [名] toast
烤鸭(鴨) kǎoyā [名] roast duck

铐(銬) kào I [名] handcuffs (*pl*) II [动] handcuff

犒 kào [动] reward
犒劳(勞) kàoláo [动] reward with a feast

靠 kào [动] 1 (倚) lean ▷ 梯子靠在墙上。Tīzi kào zài qiáng shàng. The ladder was leaning against the wall. 2 (近) keep to (*pt*, *pp* kept) ▷ 请往这边靠一点。Qǐng wǎng zhèbiān kào yīdiǎn. Could everyone keep this way please. 3 (依赖) rely on ▷ 他靠自己的努力实现了梦想。Tā kào zìjǐ de nǔlì shíxiànle mèngxiǎng. He achieved his dreams through hard work. ▷ 不要指望别人，要靠自己。Bùyào zhǐwàng biérén, yào kào zìjǐ. There's no use in looking to anyone else – you have to do it yourself. 4 (信赖) trust ▷ 他的话靠不住。Tā de huà kàobuzhù. You can't trust what he says.
靠拢(攏) kàolǒng [动] draw close (*pt* drew, *pp* drawn)
靠山 kàoshān [名] (贬) patron

苛 kē [形] harsh
苛捐杂(雜)税(稅) kē juān zá shuì heavy taxation
苛刻 kēkè [形] harsh
苛求 kēqiú [动] be demanding ▷ 你对人不能太

k

苛求。Nǐ duì rén bùnéng tài kēqiú. You shouldn't be so demanding of others.

科 kē [名] **1** (指学术) discipline ▶ 文科 **wénkē** humanities (*pl*) **2** (指部门) department ▶ 人事科 **rénshìkē** human resources (*pl*) **3** (生物) (指分类) family ▶ 猫科 **māokē** cat family **4** (法律条文) law

科班 **kēbān** [名] professional training

科幻 **kēhuàn** [名] science fiction

科技 **kējì** [名] science and technology ▷ 他在科技战线工作了一辈子。**Tā zài kējì zhànxiàn gōngzuòle yībèizi.** He's spent a lifetime working at the forefront of science and technology.

科举(舉) **kējǔ** [名] imperial examination

科目 **kēmù** [名] subject

科普 **kēpǔ** [名] popular science

科学(學) **kēxué** **I** [名] science **II** [形] scientific

科学(學)家 **kēxuéjiā** [名] scientist

科研 **kēyán** [名] scientific research

棵 kē [量] ▷ 一棵稻草 **yī kē dàocǎo** a piece of straw ▷ 一棵水仙 **yī kē shuǐxiān** a narcissus ▷ 三百棵树 **sānbǎi kē shù** three hundred trees

measure word, used for plants, trees and vegetables

窠 kē [名] nest

窠臼 **kējiù** [名] (书) set pattern

颗(顆) kē [量] ▷ 一颗种子 **yī kē zhǒngzi** a seed ▷ 一颗汗珠 **yī kē hànzhū** a bead of sweat

measure word, used for small, round objects

颗(顆)粒 **kēlì** [名] **1** (指药片等) ▷ 这些药物颗粒颜色不一。**Zhèxiē yàowù kēlì yánsè bùyī.** These pills are not uniform in colour (英) 或 color (美). **2** (指粮食等) grain

磕 kē [动] **1** (碰) bump ▷ 我的头磕在了门框上。**Wǒ de tóu kē zàile ménkuàng shàng.** My head bumped against the doorframe. **2** (敲) knock ▷ 她把米粒从碗里磕了出来。**Tā bǎ mǐlì cóng wǎn lǐ kēle chūlái.** She knocked the grains of rice out of the bowl.

磕碰 **kēpèng** **I** [动] knock ▷ 玻璃器皿禁不住磕碰。**Bōlí qìmǐn jīnbuzhù kēpèng.** Glass objects cannot be knocked about. ▷ 碗上有个磕碰儿。**Wǎn shàng yǒu gè kēpèngr.** There's a crack in the bowl. **II** [名] clash ▷ 同事之间出现磕碰是难免的。**Tóngshì zhījiān chūxiàn kēpèng shì nánmiǎn de.** It's difficult to avoid clashes between colleagues.

瞌 kē 见下文

瞌睡 **kēshuì** [动] doze

蝌 kē 见下文

蝌蚪 **kēdǒu** [名] tadpole

壳(殼) ké [名] shell

→ 另见 qiào

咳 ké [动] cough

→ 另见 hāi

咳嗽 **késou** [动] cough

可 kě **I** [动] **1** (同意) approve ▶ 认可 **rènkě** approve **2** (适合) suit ▶ 可心 **kěxīn** satisfying **II** [助动] **1** (可以) can ▷ 对我来说，房子可大可小。**Duì wǒ láishuō, fángzi kě dà kě xiǎo.** As far as I'm concerned, the house can be big or small. ▷ 公共场所不可吸烟。**Gōnggòng chǎngsuǒ bù kě xīyān.** No smoking in public places. **2** (值得) ▷ 没什么可担心的。**Méi shénme kě dānxīn de.** There's no need to worry. ▷ 没有什么可抱怨的。**Méiyǒu shénme kě bàoyuàn de.** There's nothing to complain about. ▷ 展览的确可看。**Zhǎnlǎn díquè kě kàn.** The exhibition is really worth seeing. **III** [连] but ▷ 不让他去，可他还是去了。**Bù ràng tā qù, kě tā háishì qù le.** I didn't give him permission to go, but he went anyway. **IV** [副] **1** (表示强调) very **2** (加强反问) ▷ 可不是嘛！**Kě bù shì ma!** Absolutely! ▷ 这个建议好是好，可谁愿意去做呢？**Zhège jiànyì hǎo shì hǎo, kě shéi yuànyì qù zuò ne?** The proposal is great but who's actually going to implement it? **3** (加强疑问) ▷ 这件事他可知道？**Zhè jiàn shì tā kě zhīdào?** Did he ever know about this? ▷ 这书你可看过？**Zhè shū nǐ kě kànguo?** Have you read this book before?

可爱(愛) **kě'ài** [形] adorable

可悲 **kěbēi** [形] lamentable

可鄙 **kěbǐ** [形] despicable

可耻(恥) **kěchǐ** [形] disgraceful

可歌可泣 **kě gē kě qì** be deeply moving

可观(觀) **kěguān** [形] **1** (值得看) worth seeing ▷ 展览馆的艺术品着实可观。**Zhǎnlǎnguǎn de yìshùpǐn zhuóshí kěguān.** The gallery's art collection is really worth seeing. **2** (程度高) considerable

可贵(貴) **kěguì** [形] valuable

可恨 **kěhèn** [形] detestable

可见(見) **kějiàn** [连] so ▷ 玛丽苗条了，可见她减肥成功。**Mǎlì miáotiao le, kějiàn tā jiǎnféi chénggōng.** Mary has slimmed down, so her diet has obviously been successful.

可见(見)度 **kějiàndù** [名] visibility

可靠 **kěkào** [形] reliable

可可 **kěkě** [名] cocoa ▷ 可可豆 **kěkědòu** cocoa bean

可口 **kěkǒu** [形] tasty

可乐(樂) **kělè** [名] Coke®

可怜(憐) **kělián** **I** [形] pitiful ▷ 那位病人看上去很可怜。**Nà wèi bìngrén kànshàngqù hěn kělián.** That patient looks pitiful. ▷ 我存的那点钱少得可怜。**Wǒ cún de nà diǎn qián shǎo de kělián.** I've only managed to save a pitiful amount. **II** [动] pity

可能 **kěnéng** **I** [形] possible ▷ 我们实现目标是可能的。**Wǒmen shíxiàn mùbiāo shì kěnéng de.** It's possible we'll realize our targets. **II** [副] maybe ▷ 他可能去重庆了。**Tā kěnéng qù Chóngqìng le.** Maybe he went to Chongqing. **III** [名] possibility ▶ 可能性 **kěnéngxìng** possibility

可怕 **kěpà** [形] frightening

可气(氣) **kěqì** [形] annoying

可巧 **kěqiǎo** [副] as luck would have it

可是 **kěshì** **I** [副] ▷ 他儿子可是真聪明。**Tā érzi kěshì zhēn cōngmíng.** His son is really clever. ▷ 我可是不和他一起去。**Wǒ kěshì bù hé tā yīqǐ qù.** I'll definitely not be going with him. **II** [连] but ▷ 这个小镇不大, 可是很热闹。**Zhège xiǎozhèn bù dà, kěshì hěn rènao.** This is a small town, but it's very lively.

可视(視)电(電)话(話) **kěshì diànhuà** [名] videophone

可塑性 **kěsùxìng** [名] **1** (指物) plasticity **2** (指人) flexibility

可望而不可即 **kě wàng ér bù kě jí** unattainable ▷ 登上月球, 对古人来说是可望而不可即的幻想。**Dēngshàng yuèqiú, duì gǔrén lái shuō shì kě wàng ér bù kě jí de huànxiǎng.** Previous generations would never have believed that man could go to the moon.

可恶(惡) **kěwù** [形] detestable

可惜 **kěxī** **I** [形] regrettable ▷ 错过了那个工作机会, 真可惜! **Cuòguò le nàge gōngzuò jīhuì, zhēn kěxī!** What a shame you missed out on that job opportunity! **II** [副] regrettably ▷ 可惜我不能参加你们的婚礼了。**Kěxī wǒ bùnéng cānjiā nǐmen de hūnlǐ le.** Unfortunately, I can't attend your wedding.

可喜 **kěxǐ** [形] heartening

可笑 **kěxiào** [形] **1** (令人耻笑) ridiculous **2** (引人发笑) funny

可行 **kěxíng** [形] workable

可疑 **kěyí** [形] suspicious

可以 **kěyǐ** **I** [助动] **1** (能够) can ▷ 别人能做到的, 你也可以。**Biérén néng zuòdào de, nǐ yě kěyǐ.** If other people can do it, so can you. **2** (有权) may ▷ 这个俱乐部任何人都可以参加。**Zhège jùlèbù rènhé rén dōu kěyǐ cānjiā.** Anyone may attend this club. **II** [形] **1** (不坏) not bad ▷ 他乒乓球打得还可以。**Tā pīngpāngqiú dǎ de hái kěyǐ.** He's not bad at table tennis. **2** (厉害) awful ▷ 今天我忙得够可以的。**Jīntiān wǒ máng de gòu kěyǐ de.** I'm awfully busy today.

> 可以 **kěyǐ**, 能 **néng**, and 会 **huì** can all be used to express ability and are sometimes used interchangeably. Both 可以 **kěyǐ** and 能 **néng** can express being able to do something because you have been granted permission, e.g. 你可以/能借我的照相机 **nǐ kěyǐ/néng jiè wǒ de zhàoxiàngjī** (you may/can borrow my camera). Strictly, 能 **néng** should be used to express physical ability, e.g. 我能跑得很快 **wǒ néng pǎo de hěn kuài** (I can run very fast), while 会 **huì** should express a learned ability, e.g. 我会说法语 **wǒ huì shuō Fǎyǔ** (I can speak French).

渴 **kě** **I** [形] thirsty ▶ 渴望 **kěwàng** long for **II** [副] eagerly ▶ 渴慕 **kěmù** admire

渴求 **kěqiú** [动] hunger for ▷ 她渴求成功。**Tā kěqiú chénggōng.** She's hungry for success.

渴望 **kěwàng** [动] long ▷ 他渴望回国。**Tā kěwàng huíguó.** He longs to return to his country.

克 **kè** **I** [动] **1** (克制) restrain ▶ 克己 **kèjǐ** restrain oneself **2** (战胜) overcome (*pt* overcame, *pp* overcome) ▷ 克敌制胜 **kè dí zhì shèng** win victory over the enemy **II** [量] gram

克服 **kèfú** [动] **1** (战胜) overcome (*pt* overcame, *pp* overcome) ▷ 克服困难 **kèfú kùnnan** overcome difficulties **2** (克制) put up with (*pt*, *pp* put)

克己奉公 **kè jǐ fèng gōng** make sacrifices for the public good

克隆 **kèlóng** [动] clone

克制 **kèzhì** [动] restrain

刻 **kè** **I** [动] engrave **II** [名] **1** (雕刻物品) engraving ▶ 石刻 **shíkè** stone inscription **2** (指十五分钟) quarter ▷ 现在十点一刻。**Xiànzài shí diǎn yīkè.** It's now a quarter past ten. **3** (泛指时间) moment ▷ 刻不容缓 **kè bù róng huǎn** be very urgent **III** [形] **1** (表示程度) extreme ▶ 刻苦 **kèkǔ** hardworking **2** (刻薄) harsh ▶ 刻毒 **kèdú** evil

刻板 **kèbǎn** **I** [动] cut printing blocks (*pt*, *pp* cut) **II** [形] rigid

刻薄 **kèbó** [形] harsh

刻骨铭(銘)心 **kè gǔ míng xīn** be engraved in one's memory ▷ 那件事给我留下了刻骨铭心

的记忆。Nà jiàn shì gěi wǒ liúxiàle kè gǔ míng xīn de jìyì. That event is engraved in my memory.

刻画(畫) kèhuà [动] **1** (涂抹) scribble on **2** (描绘) portray

刻苦 kèkǔ [形] hardworking

刻意 kèyì [副] painstakingly

恪 kè [形] (书) scrupulous

恪守 kèshǒu [动] (书) keep scrupulously (*pt, pp* kept) ▷ 多年来，他一直恪守诺言。Duō nián lái, tā yīzhí kèshǒu nuòyán. He's kept his promise scrupulously for many years now.

客 kè **I** [名] **1** (客人) visitor ▶ 送客 sòngkè see off a visitor ▶ 客厅 kètīng living room **2** (旅客) traveller (英), traveler (美) ▶ 客车 kèchē passenger train **3** (顾客) customer ▶ 客户 kèhù customer **4** (指某类人) ▶ 政客 zhèngkè politician ▶ 刺客 cìkè assassin **II** [动] settle down

客场(場) kèchǎng [名] guest team ▷ 曼联队本周将客场作战。Mànlián duì běnzhōu jiāng kèchǎng zuòzhàn. Manchester United are playing away this weekend.

客串 kèchuàn [动] be a guest performer

客观(觀) kèguān [形] objective

客户(戶) kèhù [名] customer ▷ 客户对这种新产品非常满意。Kèhù duì zhè zhǒng xīn chǎnpǐn fēicháng mǎnyì. The customers are very satisfied with this new product.

客气(氣) kèqi **I** [形] polite ▷ 他对人总是那么客气。Tā duì rén zǒngshì nàme kèqi. He's always polite to people. **II** [动] be polite ▷ 女主人请我们不要客气。Nǚ zhǔrén qǐng wǒmen bùyào kèqi. The hostess asked us not to stand on ceremony.

客人 kèrén [名] guest

客套 kètào **I** [名] civility **II** [动] exchange greetings

客座 kèzuò [名] guest seat ▷ 这边是主人座位，那边是客座。Zhèbiān shì zhǔrén zuòwèi, nàbiān shì kèzuò. These seats are for the hosts and those are for the guests. ▷ 他是这所大学的客座教授。Tā shì zhè suǒ dàxué de kèzuò jiàoshòu. He's a visiting professor at the university.

课(課) kè [名] **1** (学科) subject **2** (学时) class **3** (单元) lesson

课(課)本 kèběn [名] textbook

课(課)程 kèchéng [名] course ▶ 课程表 kèchéngbiǎo school timetable

课(課)程表 kèchéngbiǎo [名] timetable

课(課)堂 kètáng [名] classroom

课(課)题(題) kètí [名] **1** (论题) topic ▷ 研究课题 yánjiū kètí research topic **2** (难题) problem

课(課)文 kèwén [名] text

肯 kěn [助动] be willing ▷ 他不肯帮我。Tā bùkěn bāng wǒ. He isn't willing to help me. ▷ 孩子肯接受老师的意见。Háizi kěn jiēshòu lǎoshī de yìjiàn. The child is ready to take the teacher's advice.

肯定 kěndìng **I** [动] confirm ▷ 他是否同意，我不能肯定。Tā shìfǒu tóngyì, wǒ bùnéng kěndìng. I can't confirm whether he agrees or not. **II** [形] **1** (确定的) affirmative ▷ 老师的回答是肯定的。Lǎoshī de huídá shì kěndìng de. The teacher answered in the affirmative. **2** (明确的) clear ▷ 她没有给我肯定的答复。Tā méiyǒu gěi wǒ kěndìng de dáfù. She didn't give me a clear reply. **III** [副] certainly

垦(墾) kěn [动] cultivate

垦(墾)殖 kěnzhí [动] reclaim land

恳(懇) kěn **I** [形] sincere **II** [动] request

恳(懇)切 kěnqiè [形] earnest

恳(懇)求 kěnqiú [动] beg ▷ 她恳求朋友陪她一起去。Tā kěnqiú péngyou péi tā yīqǐ qù. She begged her friend to go with her.

啃 kěn [动] **1** (咬) gnaw **2** (喻) pore over ▷ 他喜欢啃书本。Tā xǐhuān kěn shūběn. He likes to pore over books.

坑 kēng **I** [名] **1** (洼) hole **2** (洞) tunnel **II** [动] cheat

坑害 kēnghài [动] entrap

坑坑洼(窪)洼(窪) kēngkengwāwā bumpy

坑骗(騙) kēngpiàn [动] cheat

吭 kēng [动] utter

→ 另见 háng

吭哧 kēngchi **I** [拟] huff and puff ▷ 他搬箱子时，累得吭哧吭哧的。Tā bān xiāngzi shí, lèi de kēngchi kēngchi de. Moving the box left him huffing and puffing with exhaustion. **II** [动] toil ▷ 他吭哧了半天才把活儿干完。Tā kēngchi le bàntiān cái bǎ huór gànwán. He toiled for a long time to finish the work.

铿(鏗) kēng [拟] clang

铿(鏗)锵(鏘) kēngqiāng [形] ringing

空 kōng **I** [形] empty ▶ 空虚 kōngxū empty ▷ 柜子里是空的。Guìzi lǐ shì kōng de. The cupboard is empty. **II** [名] sky ▶ 空中小姐 kōngzhōng xiǎojiě stewardess **III** [副] for nothing ▷ 我们空欢喜了一场。Wǒmen kōng

huānxǐle yī chǎng. Our happiness had no foundation.
→另见 kòng

空荡(蕩)荡(蕩) kōngdàngdàng [形] empty

空洞 kōngdòng I [名] cavity II [形] empty

空间(間) kōngjiān [名] space ▷实验室没有足够的空间放设备。Shíyànshì méiyǒu zúgòu de kōngjiān fàng shèbèi. There isn't enough space for the equipment in the laboratory. ▷这个故事给读者留下了想象的空间。Zhège gùshi gěi dúzhě liúxià le xiǎngxiàng de kōngjiān. This story gives the reader space to use their imagination.

空军(軍) kōngjūn [名] air force

空调(調) kōngtiáo [名] air conditioner

空旷(曠) kōngkuàng [形] spacious

空难(難) kōngnàn [名] air crash

空气(氣) kōngqì [名] 1(大气) air 2(气氛) atmosphere

空前 kōngqián [形] unprecedented

空前绝(絕)后(後) kōng qián jué hòu unmatched ▷恺撒大帝被称为罗马历史上空前绝后的军事领袖。Kǎisā dàdì bèi chēnwéi Luómǎ lìshǐ shàng kōng qián jué hòu de jūnshì lǐngxiù. Julius Caesar has been called the most unmatched military general in Roman history.

空谈(談) kōngtán [动] talk idly ▷他的许诺不过是一纸空谈。Tā de xǔnuò bùguò shì yī zhǐ kōngtán. His promise is just idle talk.

空袭(襲) kōngxí [动] attack from the air ▷这个城市又一次遭受了空袭。Zhège chéngshì yòu yī cì zāoshòule kōngxí. The city experienced another air raid.

空想 kōngxiǎng [动] fantasize ▷别再空想了。Bié zài kōngxiǎng le. Stop fantasizing. ▷这种理论纯粹是一种空想。Zhè zhǒng lǐlùn chúncuì shì yī zhǒng kōngxiǎng. This theory is just pure fantasy.

空虚(虛) kōngxū [形] empty ▷我感到精神空虚。Wǒ gǎndào jīngshén kōngxū. I feel spiritually empty.

孔 kǒng [名] hole ▶鼻孔 bíkǒng nostril

孔穴 kǒngxué [名] hole

孔子 Kǒngzǐ [名] Confucius

> 孔子 Kǒngzǐ, Confucius, (trad. 551-479 BC) was a hugely influential thinker. A posthumous compilation of his sayings, 《论语》 Lúnyǔ, The Analects, is China's most important philosophical work, and was the key text on which much of the traditional Chinese education system was based.

恐 kǒng I [动] fear ▶惶恐 huángkǒng be frightened II [副] probably ▷恐明天要变天。Kǒng míngtiān yào biàntiān. The weather will probably change tomorrow. ▷此人恐不可靠。Cǐ rén kǒng bù kěkào. I'm afraid he's unreliable.

恐怖 kǒngbù I [形] terrifying II [名] terror ▶恐怖主义 kǒngbù zhǔyì terrorism ▷恐怖小说 kǒngbù xiǎoshuō horror fiction

恐吓(嚇) kǒnghè [动] threaten

恐慌 kǒnghuāng [形] frightened

恐惧(懼) kǒngjù [动] be frightened ▷突如其来的暴风雨使我恐惧万分。Tū rú qí lái de bàofēngyǔ shǐ wǒ kǒngjù wànfēn. The sudden thunderstorm really frightened me. ▷这条新闻引起了人们的恐惧。Zhè tiáo xīnwén yǐnqǐle rénmen de kǒngjù. This news created fear among the people.

恐龙(龍) kǒnglóng [名] dinosaur

恐怕 kǒngpà [副] 1(担心) fearfully ▷他恐怕考不好。Tā kǒngpà kǎo bù hǎo. He's afraid that he won't do well in the exam. 2(大概) probably ▷火车恐怕要晚点了。Huǒchē kǒngpà yào wǎndiǎn le. The train will probably be late.

空 kòng I [动] leave ... empty (*pt, pp* left) ▷请你把书架的第一层空出来。Qǐng nǐ bǎ shūjià de dìyī céng kòng chūlái. Please empty out the first shelf of the bookcase. II [形] vacant ▶空位 kòngwèi vacant seats ▶空白 kòngbái blank ▶空缺 kòngquē vacancy III [名] 1(空间) space ▷储藏室里没空放你的行李了。Chǔcángshì lǐ méikòng fàng nǐ de xíngli le. There's no space left in the cupboard for your luggage. 2(时间) free time ▶空儿 kòngr spare time ▶有空 yǒu kòng have free time
→另见 kōng

空白 kòngbái [名] blank ▷他们的研究成果填补了科学技术上的一项空白。Tāmen de yánjiū chéngguǒ tiánbǔle kēxué jìshù shàng de yī xiàng kòngbái. The findings of their research filled a scientific and technological gap.

空缺 kòngquē [名] vacancy

空隙 kòngxì [名] 1(指空间) gap 2(指时间) interval 3(指机会) opening ▷别给你的对手留下任何空隙。Bié gěi nǐ de duìshǒu liúxià rènhé kòngxì. Don't give your opponent any kind of opening.

空闲(閒) kòngxián [动] be free ▷等我空闲下来再去拜访你。Děng wǒ kòngxián xiàlái zài qù bàifǎng nǐ. I'll call on you when I'm free. ▷这个操场空闲两年了。Zhège cāochǎng kòngxián liǎng nián le. This games area has been unused for two years. ▷他一有空闲就下棋。Tā yī yǒu kòngxián jiù xiàqí. When he has free time he plays chess.

空子 kòngzi [名] **1** (空间) space ▷车里没空子了。Chē li méi kòngzi le. There's no space left in the car. **2** (时间) time ▷咱们抽空子去打篮球吧。Zánmen chōu kòngzi qù dǎ lánqiú ba. Let's find time to go and play basketball. **3** (喻) (机会) opportunity ▷他这人爱钻空子。Tā zhè rén ài zuān kòngzi. He's a bit of an opportunist.

控 kòng [动] **1** (控制) control ▶自控 zìkòng self-control **2** (控告) charge ▶指控 zhǐkòng charge **3** (指流体) drain ▷她把瓶子里的水控干了。Tā bǎ píngzi lǐ de shuǐ kònggān le. She drained the water from the bottle.

控告 kònggào [动] accuse ▷员工们控告公司违反劳动法。Yuángōngmen kònggào gōngsī wéifǎn láodòngfǎ. The workers accused the company of violating the labour (英) 或 labor (美) laws.

控股公司 kònggǔ gōngsī [名] holding company

控诉(訴) kòngsù [动] denounce

控制 kòngzhì [动] control

抠(摳) kōu **I** [动] **1** (挖) pick ▷他把掉在洞里的东西抠了出来。Tā bǎ diào zài dòng lǐ de dōngxi kōule chūlái. He picked out the things that had fallen into the hole. **2** (雕刻) carve **3** (探明) work out ▷我非把这道题抠出来不可。Wǒ fēi bǎ zhè dào tí kōu chūlái bùkě. I simply have to work the problem out. **II** [形] (口) stingy

抠(摳)门(門)儿(兒) kōuménr [形] stingy

口 kǒu **I** [名] **1** (嘴) mouth ▶口才 kǒucái eloquence ▶口吃 kǒuchī stammering ▶口红 kǒuhóng lipstick **2** (人口) ▶家口 jiākǒu family member **3** (口味) taste ▷口轻 kǒuqīng not too salty ▶口味 kǒuwèi taste **4** (指容器) rim ▶瓶口 píngkǒu the mouth of a bottle **5** (指端口) ▶出口 chūkǒu exit ▶入口 rùkǒu entrance ▶窗口 chuāngkǒu window **6** (缝) split **7** (刃) edge ▶刀口 dāokǒu the edge of a knife **8** (部门) department ▷卫生口 wèishēngkǒu public health department **II** [量] ▷两口猪 liǎng kǒu zhū two pigs ▷一口井 yī kǒu jǐng one well ▷我家有五口人。Wǒ jiā yǒu wǔ kǒu rén. There are five people in my family.

measure word, used for the number of people in a family

口岸 kǒu'àn [名] port

口碑 kǒubēi [名] opinion ▷他在同事中口碑很差。Tā zài tóngshì zhōng kǒubēi hěn chà. His colleagues have a poor opinion of him.

口才 kǒucái [名] eloquence ▷她的口才很好。Tā de kǒucái hěn hǎo. She speaks eloquently.

口吃 kǒuchī [形] stammering ▷他有点儿口吃。Tā yǒudiǎnr kǒuchī. He has a slight stammer.

口齿(齒) kǒuchǐ [名] **1** (发音) enunciation ▷他口齿不清。Tā kǒuchǐ bùqīng. He doesn't enunciate clearly. **2** (说话) ability to speak ▷这个小姑娘口齿伶俐。Zhège xiǎo gūniang kǒuchǐ línglì. The little girl is very eloquent.

口袋 kǒudài [名] bag

口供 kǒugòng [名] confession

口号(號) kǒuhào [名] slogan

口红(紅) kǒuhóng [名] lipstick

口技 kǒujì [名] vocal mimicry

口角 kǒujiǎo [名] corner of the mouth

口角 kǒujué [动] quarrel

口渴 kǒukě [形] thirsty ▷他口渴了。Tā kǒukě le. He's thirsty.

口口声(聲)声(聲) kǒukoushēngshēng keep on saying ▷他口口声声说要参加比赛，却没报名。Tā kǒukoushēngshēng shuō yào cānjiā bǐsài, què méi bàomíng. He kept on saying that he wanted to enter the competition but he never did enrol.

口令 kǒulìng [名] **1** (命令) verbal command **2** (暗语) password

口气(氣) kǒuqì [名] **1** (语气) tone **2** (气势) spoken manner ▷他没什么本事，口气倒不小。Tā méi shénme běnshì, kǒuqì dǎo bù xiǎo. He has no real ability, but his spoken manner is very imposing. **3** (含义) implication ▷听你的口气，你是不想给她道歉了？Tīng nǐ de kǒuqì, nǐ shì bù xiǎng gěi tā dàoqiàn le? Are you implying that you don't want to apologize to her?

口腔 kǒuqiāng [名] the inside of the mouth

口舌 kǒushé [名] **1** (纠纷) dispute **2** (话语) persuasion ▷为了她俩和解，我费了不少口舌。Wèile tā liǎ héjiě, wǒ fèile bùshǎo kǒushé. I spent ages persuading them to make up.

口试(試) kǒushì [名] oral exam

口是心非 kǒu shì xīn fēi not say what one means ▷口是心非的人很令人厌恶。Kǒu shì xīn fēi de rén hěn lìng rén yànwù. People hate it when you don't say what you mean.

口述 kǒushù [动] dictate

口头(頭) kǒutóu [名] **1** (嘴) word ▷他只是口头上答应了。Tā zhǐshì kǒutóu shàng dāying le. He agreed verbally. **2** (口语) ▷口头作文 kǒutóu zuòwén oral composition

口头(頭)禅(禪) kǒutóuchán [名] pet phrase

口味 kǒuwèi [名] taste ▷流行音乐不合我的口味。Liúxíng yīnyuè bù hé wǒ de kǒuwèi. Pop music is not to my taste. ▷每个人欣赏艺术品的口味不同。Měigè rén xīnshǎng yìshùpǐn de kǒuwèi bùtóng. Everyone has their own different taste in art. ▷她做菜口味不错。Tā zuòcài kǒuwèi bùcuò. She cooks delicious food.

口吻 kǒuwěn [名] **1** (指动物器官) snout **2** (口气) tone

口信 kǒuxìn [名] message

口音 kǒuyīn [名] **1** (声音) voice **2** (方音) accent

口语(語) kǒuyǔ [名] spoken language

口子 kǒuzi **I** [量] person (*pl* people) ▷他家有六口子。Tā jiā yǒu liù kǒuzi. There are six people in his family. **II** [名] **1** (豁口) crack ▷院墙上出了个大口子。Yuànqiáng shàng chūle gè dà kǒuzi. There's a big gap in the garden wall. **2** (喻) (指变通做法) exception

叩 kòu [动] **1** (敲) knock ▶叩门 kòu mén knock at a door **2** (磕头) kowtow

叩拜 kòubài [动] kowtow

扣 kòu **I** [动] **1** (拉紧) fasten **2** (朝下) put ... upside down (*pt, pp* put) ▷孩子把碗扣在了桌子上。Háizi bǎ wǎn kòu zài le zhuōzi shàng. The child put the bowl upside down on the table. **3** (喻) (戴) frame **4** (抓) arrest ▶扣留 kòuliú arrest **5** (击) smash **6** (减) deduct **II** [名] button ▶扣子 kòuzi button

扣除 kòuchú [动] deduct

扣留 kòuliú [动] arrest

扣人心弦 kòu rén xīnxián be thrilling

扣押 kòuyā [动] detain

扣(釦)子 kòuzi [名] button

寇 kòu **I** [动] invade **II** [名] invader

枯 kū [形] **1** (枯萎) withered ▶枯草 kūcǎo withered grass **2** (干涸) dried-up **3** (指肌肉) emaciated ▶枯瘦 kūshòu skinny **4** (乏味) dull ▶枯燥 kūzào uninteresting

枯竭 kūjié [形] **1** (干涸) dried-up **2** (用尽) exhausted

枯萎 kūwěi [形] withered

枯燥 kūzào [形] dull

哭 kū [动] cry

哭鼻子 kū bízi [动] (口) snivel

哭哭啼啼 kūkūtítí sob one's eyes out ▷一晚上她都哭哭啼啼的。Yī wǎnshang tā dōu kūkūtítí de. She sobbed her eyes out the entire evening.

哭泣 kūqì [动] weep (*pt, pp* wept)

窟 kū [名] **1** (洞穴) cave **2** (聚居地) ▶匪窟 fěikū gangster hideout ▷贫民窟 pínmínkū slum

窟窿 kūlong [名] **1** (洞) hole **2** (亏空) deficit

骷 kū 见下文

骷髅(髏) kūlóu [名] skeleton

苦 kǔ **I** [形] **1** (苦涩) bitter **2** (艰苦) hard **II** [动] **1** (使受苦) be hard on ▷照顾六个孩子可苦了她。Zhàogù liù gè háizi kě kǔle tā. Looking after six children has taken its toll on her. **2** (遭受) suffer from ▶苦旱 kǔhàn suffer from drought **III** [副] painstakingly ▶苦练 kǔ liàn train hard **IV** [名] suffering ▶吃苦 chīkǔ bear hardships

苦处(處) kǔchu [名] suffering

苦干(幹) kǔgàn [动] work hard

苦功 kǔgōng [名] hard work

苦果 kǔguǒ [名] **1** (指果实) bitter fruit **2** (指结果) unfortunate consequences

苦口婆心 kǔ kǒu pó xīn do one's best to persuade ▷父母苦口婆心地劝他，他就是不听。Fùmǔ kǔ kǒu pó xīn de quàn tā, tā jiùshì bù tīng. His parents did their best to persuade him but he just didn't listen.

苦闷(悶) kǔmèn [形] depressed

苦难(難) kǔnàn **I** [名] hardship **II** [形] hard

苦恼(惱) kǔnǎo [形] distressed

苦涩(澀) kǔsè [形] bitter

苦思冥想 kǔ sī míng xiǎng rack one's brains ▷他苦思冥想了一整天，仍然没有结果。Tā kǔ sī míng xiǎngle yī zhěng tiān, réngrán méiyǒu jiéguǒ. He racked his brains for the whole day to no effect.

苦头(頭) kǔtóu [名] suffering

苦笑 kǔxiào [动] give a wry smile (*pt* gave, *pp* given)

苦心 kǔxīn **I** [名] pains ▷煞费苦心 shà fèi kǔxīn take great pains **II** [副] painstakingly ▷他曾苦心研究过这题目。Tā céng kǔxīn yánjiūguo zhè tímù. He painstakingly researched the topic.

苦衷 kǔzhōng [名] predicament

库(庫) kù [名] warehouse ▶国库 guókù state treasury

库(庫)存 kùcún [名] stock

裤(褲) kù [名] ▶裤子 kùzi trousers (英) (*pl*) pants (美) (*pl*)

裤(褲)子 kùzi [名] trousers (英) (*pl*) pants (美) (*pl*)

酷 kù **I** [形] cruel **II** [副] (书) extremely ▶酷热

kùrè extremely hot ▸ 酷爱 kù'ài love passionately

夸(誇) kuā [动] 1 (夸大) exaggerate 2 (夸奖) praise

夸(誇)大 kuādà [动] exaggerate

夸(誇)奖(獎) kuājiǎng [动] praise

夸(誇)口 kuākǒu [动] boast ▹ 李太太总夸口说自己的女儿聪明。Lǐ tàitai zǒng kuākǒu shuō zìjǐ de nǚ'ér cōngmíng. Mrs. Li is always boasting about how clever her daughter is. ▹ 他夸口说自己能得冠军。Tā kuākǒu shuō zìjǐ néng dé guànjūn. He boasted that he would become a champion.

夸(誇)夸其谈(談) kuākuā qí tán hype things up ▹ 我们提倡脚踏实地, 反对夸夸其谈。Wǒmen tíchàng jiǎo tà shí dì, fǎnduì kuā kuā qí tán. We encourage a down-to-earth manner — we don't go in for hype.

夸(誇)张(張) kuāzhāng I [形] exaggerated II [名] hyperbole

垮 kuǎ [动] 1 (坍塌) collapse ▹ 大坝被水冲垮了。Dàbà bèi shuǐ chōngkuǎ le. The dyke burst under the weight of the water. ▸ 垮台 kuǎtái collapse 2 (伤身) wear down (*pt* wore, *pp* worn) ▹ 她因繁重的工作而垮了下来。Tā yīn fánzhòng de gōngzuò ér kuǎle xiàlái. She was worn down by the heavy work.

垮台(臺) kuǎtái [动] collapse

挎 kuà [动] carry

挎包 kuàbāo [名] satchel

胯 kuà [名] hip

胯骨 kuàgǔ [名] hipbone

跨 kuà [动] 1 (迈步) step 2 (骑) mount (*pt* rode, *pp* ridden) ▹ 跨上马 kuàshàng mǎ mount a horse 3 (架) span ▹ 独木桥横跨在山谷。Dúmùqiáo héngkuà zài shāngǔ. The single-plank bridge spans the mountain valley. 4 (超越) surpass ▸ 跨国 kuàguó transnational 5 (附着) adhere to

跨度 kuàdù [名] span

跨越 kuàyuè [动] surpass

会(會) kuài [名] accounting ▸ 财会 cáikuài finance and accounting
→ 另见 huì

会(會)计(計) kuàijì [名] 1 (指工作) accounting 2 (指人员) accountant

块(塊) kuài I [名] lump ▸ 土块 tǔkuài lump of earth II [量] piece ▹ 一块蛋糕 yī kuài dàngāo a piece of cake ▹ 一块烤面包 yī kuài kǎomiànbāo a slice of toast ▹ 一块方糖 yī kuài fāngtáng a lump of sugar

块(塊)头(頭) kuàitóu [名] build

快 kuài I [形] 1 (快速) fast 2 (赶快) ▹ 快点儿, 要不我们就迟到了。Kuài diǎnr, yào bù wǒmen jiù chídào le. Hurry up, or we'll be late. 3 (灵敏) quick ▹ 她反应特别快。Tā fǎnyìng tèbié kuài. She responds extremely quickly. ▹ 他脑子快。Tā nǎozi kuài. He's quick-witted. 4 (锋利) sharp 5 (直爽) straightforward ▸ 爽快 shuǎngkuài frank 6 (书) (愉快) happy II [副] soon ▸ 快要 kuàiyào soon ▹ 学生快毕业了。Xuésheng kuài bìyè le. The students will graduate soon.

快餐 kuàicān [名] fast food

快感 kuàigǎn [名] delight

快活 kuàihuo [形] delighted

快件 kuàijiàn [名] 1 (指货品) express delivery ▹ 这件行李用快件托运。Zhè jiàn xíngli yòng kuàijiàn tuōyùn. The luggage will be sent express. 2 (指邮件) express mail

快乐(樂) kuàilè [形] happy

快马(馬)加鞭 kuài mǎ jiā biān go at top speed

快速 kuàisù [形] quick ▹ 面对突发事件, 当地政府做出了快速反应。Miànduì tūfā shìjiàn, dāngdì zhèngfǔ zuòchūle kuàisù fǎnyìng. Local government reacted quickly to the sudden turn of events.

快要 kuàiyào [副] soon ▹ 路快要修好了。Lù kuàiyào xiūhǎo le. The road will be repaired soon.

脍(膾) kuài (书) I [名] sliced meat II [动] slice

脍(膾)炙人口 kuài zhì rén kǒu win universal acclaim ▹ 他的文章脍炙人口。Tā de wénzhāng kuài zhì rén kǒu. His article won universal acclaim.

筷 kuài [名] chopsticks (*pl*) ▸ 筷子 kuàizi chopsticks (*pl*)

宽(寬) kuān I [形] 1 (距离大) wide 2 (范围广) broad ▸ 宽敞 kuānchang spacious 3 (宽大) lenient ▸ 宽容 kuānróng tolerant 4 (宽裕) well-off ▹ 日子比原来宽点儿了。Rìzi bǐ yuánlái kuān diǎnr le. We are better-off than we were before. II [动] extend ▹ 我们的访问时间宽至本月底。Wǒmen de fǎngwèn shíjiān kuānzhì běn yuèdǐ. Our visit is extended until the end of the month. III [名] width ▹ 这条路有20米宽。Zhè tiáo lù yǒu èrshí mǐ kuān. The road is twenty metres wide.

宽(寬)敞 **kuānchang** [形] spacious
宽(寬)大 **kuāndà** [形] **1** (指面积) spacious **2** (宽容) lenient
宽(寬)带(帶) **kuāndài** [名] broadband
宽(寬)广(廣) **kuānguǎng** [形] extensive
宽(寬)宏大量 **kuānhóng dàliàng** generous-minded
宽(寬)厚 **kuānhòu** [形] **1** (指人体) muscular **2** (指为人) generous
宽(寬)阔(闊) **kuānkuò** [形] **1** (指范围) wide **2** (指心胸) broad ▷心胸宽阔 xīnxiōng kuānkuò broad-minded
宽(寬)容 **kuānróng** [形] lenient
宽(寬)松(鬆) **kuānsōng** [形] **1** (指衣服) ▷这条裤子很宽松。Zhè tiáo kùzi hěn kuānsōng. These trousers are quite loose. ▷电影院人不多, 很宽松。Diànyǐngyuàn rén bù duō, hěn kuānsōng. There aren't many people in the cinema — it's not crowded. **2** (宽畅) relieved **3** (宽裕) well-off **4** (宽舒) relaxed
宽(寬)裕 **kuānyù** [形] **1** (指生活) good **2** (指时间) ample ▷不用着急, 时间还很宽裕。Bùyòng zháojí, shíjiān hái hěn kuānyù. Don't worry, there's still ample time.
宽(寬)窄 **kuānzhǎi** [名] width

款 **kuǎn** [名] **1** (项目) section ▷第1条第3款 dìyī tiáo dìsān kuǎn article 1, section 3 **2** (钱) sum of money ▶现款 xiànkuǎn cash **3** (题名) signature ▶落款 luòkuǎn inscribe **4** (样式) style ▶款式 kuǎnshì style
款待 **kuǎndài** [动] entertain
款式 **kuǎnshì** [名] style
款项(項) **kuǎnxiàng** [名] **1** (钱) sum of money **2** (项目) section

---

诓(誆) **kuāng** [动] deceive
诓(誆)骗(騙) **kuāngpiàn** [动] deceive

筐 **kuāng I** [名] basket **II** [量] basket ▷一筐土豆 yī kuāng tǔdòu a basket of potatoes

---

狂 **kuáng I** [形] **1** (疯狂) crazy ▶发狂 fākuáng go crazy **2** (猛烈) violent ▶狂风 kuángfēng gale **3** (狂妄) arrogant **4** (狂热) wild ▷欣喜若狂 xīn xǐ ruò kuáng be wild with joy **II** [副] wildly
狂暴 **kuángbào** [形] violent
狂欢(歡) **kuánghuān** [动] have a mad time of it
狂热(熱) **kuángrè** [形] fanatical
狂妄 **kuángwàng** [形] arrogant

旷(曠) **kuàng I** [形] **1** (空阔) spacious ▶旷野 kuàngyě wilderness **2** (开阔) free from worry ▷心旷神怡 xīn kuàng shén yí carefree and happy **3** (松) loose **II** [动] neglect ▶旷课 kuàngkè play truant
旷(曠)达(達) **kuàngdá** [形] (书) broad-minded
旷(曠)课(課) **kuàngkè** [动] play truant
旷(曠)日持久 **kuàng rì chí jiǔ** protracted ▷双方进行了旷日持久的谈判。Shuāngfāng jìnxíngle kuàng rì chí jiǔ de tánpàn. The negotiations between the two sides were protracted.

况(況) **kuàng I** [名] situation ▶状况 zhuàngkuàng condition **II** [连] (书) besides ▶何况 hékuàng moreover
况(況)且 **kuàngqiě** [连] besides

矿(礦) **kuàng** [名] **1** (矿场) mine **2** (矿石) ore
矿(礦)藏 **kuàngcáng** [名] mineral resources (*pl*)
矿(礦)产(產) **kuàngchǎn** [名] mineral
矿(礦)井 **kuàngjǐng** [名] mine
矿(礦)泉水 **kuàngquánshuǐ** [名] mineral water
矿(礦)山 **kuàngshān** [名] mine
矿(礦)石 **kuàngshí** [名] ore
矿(礦)物 **kuàngwù** [名] mineral
矿(礦)业(業) **kuàngyè** [名] mining industry

框 **kuàng I** [名] **1** (框架) frame **2** (方框) box **II** [动] **1** (画圈) box ▷我用红笔把这句话框了起来。Wǒ yòng hóngbǐ bǎ zhè jù huà kuàngle qǐlái. I put a red box around the sentence. **2** (口) (限制) limit ▷我们不能把市场只框在北京。Wǒmen bùnéng bǎ shìchǎng zhǐ kuàng zài Běijīng. We can't limit the market to Beijing.
框架 **kuàngjià** [名] **1** (指建筑) frame **2** (指文书) framework

眶 **kuàng** [名] socket ▶眼眶 yǎnkuàng eye socket

亏(虧) **kuī I** [动] **1** (亏损) lose (*pt, pp* lost) **2** (欠缺) lack ▶理亏 lǐkuī be in the wrong **3** (亏负) allow ... to suffer losses ▷公司亏不了股东。Gōngsī kuībuliǎo gǔdōng. The company can't allow its shareholders to suffer losses. **II** [副] **1** (幸亏) luckily ▷亏你把我叫醒, 要不我就迟到了。Kūi nǐ bǎ wǒ jiào xǐng, yàobù wǒ jiù chídào le. It's lucky you woke me up or I would have been late. **2** (表示讥讽) ▷这种烂主意, 亏你想得出来！ Zhè zhǒng làn zhǔyi, kuī nǐ xiǎng de chūlái! How could you think up such a stupid idea? ▷亏他还是个经理, 连这点问题都解决不了！ Kuī tā hái shì gè jīnglǐ, lián zhè diǎn wèntí dōu jiějué bùliǎo! What a joy to have him as a manager — when he can't even solve a problem as small as this!

k

亏(虧)待 kuīdài [动] treat ... badly ▷ 公司不能亏待员工。Gōngsī bùnéng kuīdài yuángōng. The company can't treat its workers badly.
亏(虧)空 kuīkong I [动] be in debt II [名] deficit
亏(虧)欠 kuīqiàn [动] be in arrears
亏(虧)心 kuīxīn [动] feel guilty (*pt*, *pp* felt)

盔 kuī [名] helmet
盔甲 kuījiǎ [名] suit of armour (英) 或 armor (美)

窥(窺) kuī [动] 1 (偷看) peep 2 (窥探) pry
窥(窺)测(測) kuīcè [动] seek out (*pt*, *pp* sought)
窥(窺)探 kuītàn [动] pry ▷ 不要窥探别人的隐私。Bùyào kuītàn biérén de yǐnsī. You shouldn't pry into other people's private affairs. ▷ 字体专家能从字体中窥探人的性格。Zìtǐ zhuānjiā néng cóng zìtǐ zhōng kuītàn rén de xìnggé. Handwriting specialists can tell people's character from their handwriting.

葵 kuí 见下文
葵花 kuíhuā [名] sunflower

魁 kuí I [名] head ▸ 夺魁 duókuí win first place II [形] well-built ▸ 魁梧 kuíwú tall and sturdy
魁梧 kuíwú [形] tall and sturdy

傀 kuǐ 见下文
傀儡 kuǐlěi [名] puppet

匮(匱) kuì [动] (书) be deficient
匮(匱)乏 kuìfá [形] (书) deficient ▷ 灾区生活用品极为匮乏。Zāiqū shēnghuó yòngpǐn jí wéi kuìfá. The disaster area is very low in basic necessities.

馈(饋) kuì [动] (书) present
馈(餽)赠(贈) kuìzèng [动] (书) present

溃(潰) kuì [动] 1 (指伤口) fester 2 (指军队) be defeated
溃(潰)败(敗) kuìbài [动] be defeated
溃(潰)烂(爛) kuìlàn [动] fester

愧 kuì I [形] ashamed II [名] shame ▷ 问心无愧 wèn xīn wú kuì have nothing to be ashamed of
愧疚 kuìjiù [形] (书) guilty

坤 kūn [形] female
坤表(錶) kūnbiǎo [名] lady's watch

昆 kūn 见下文
昆虫(蟲) kūnchóng [名] insect

捆(綑) kǔn I [动] tie ... up ▷ 请你把报纸捆一捆。Qǐng nǐ bǎ bàozhǐ kǔn yī kǔn. Could you please tie up the newspapers. II [量] bundle ▷ 一捆书 yī kǔn shū a bundle of books
捆(綑)绑(綁) kǔnbǎng [动] tie ... up

困 kùn I [动] 1 (困扰) be stricken ▷ 少女为情所困。Shàonǚ wèi qíng suǒ kùn. The girl was stricken by love. 2 (限制) trap II [形] 1 (瞌睡) sleepy 2 (困难) difficult ▸ 困境 kùnjìng predicament
困乏 kùnfá [形] tired
困惑 kùnhuò [形] confused ▷ 我对下一步该怎么做感到困惑。Wǒ duì xià yī bù gāi zěnme zuò gǎndào kùnhuò. I'm confused about what to do next.
困苦 kùnkǔ [形] hard
困难(難) kùnnan [形] 1 (指事情) difficult ▷ 克服困难 kèfú kùnnan overcome difficulties 2 (指经济) poor ▷ 他家生活困难。Tā jiā shēnghuó kùnnan. His family lives in poverty.
困扰(擾) kùnrǎo [动] trouble

扩(擴) kuò [动] expand
扩(擴)充 kuòchōng [动] expand ▷ 实验室需要扩充设备。Shíyànshì xūyào kuòchōng shèbèi. The laboratory needs additional equipment.
扩(擴)大 kuòdà [动] expand ▷ 扩大生产 kuòdà shēngchǎn expand production ▷ 扩大经济影响 kuòdà jīngjì yǐngxiǎng extend economic influence
扩(擴)散 kuòsàn [动] spread (*pt*, *pp* spread)
扩(擴)展 kuòzhǎn [动] expand
扩(擴)张(張) kuòzhāng [动] 1 (医) (指血管等) dilate 2 (指领土等) expand

括 kuò [动] 1 (包括) include 2 (加括号) bracket
括弧 kuòhú [名] bracket

阔(闊) kuò [形] 1 (宽广) wide 2 (阔气) wealthy
阔(闊)别(別) kuòbié [动] be separated for a long time ▷ 他阔别故乡已多年。Tā kuòbié gùxiāng yǐ duō nián. He hasn't seen his home town for a long time. ▷ 阔别多年的朋友 kuòbié duō nián de péngyou long-lost friend
阔(闊)步 kuòbù [动] take great strides (*pt* took, *pp* taken)
阔(闊)绰(綽) kuòchuò [形] ostentatious
阔(闊)气(氣) kuòqi [形] extravagant ▷ 他爱摆阔气。Tā ài bǎi kuòqi. He likes to throw his money about.

Ll

垃 lā 见下文

垃圾 lājī [名] rubbish (英), garbage (美) ▷ 垃圾邮件 lājī yóujiàn junk mail ▷ 垃圾食品 lājī shípǐn junk food

> 在英式英语中，表示垃圾最常用的词汇是 **rubbish**。在美式英语中，**garbage** 和 **trash** 更为常用。*...the smell of rotten garbage ... She threw the bottle into the trash.* **garbage** 和 **trash** 有时也用于英式英语中，但语体仅限于非正式或者具有喻义。*I don't have to listen to this garbage...The book was trash.*

拉 lā [动] **1** (用力移动) pull ▷ 拉人力车 lā rénlìchē pull a rickshaw ▶ 拉纤 lāqiàn tow **2** (载运) transport ▷ 拉一车货 lā yī chē huò transport a truckload of goods ▷ 出租车司机拉我到了机场。Chūzūchē sījī lā wǒ dàole jīchǎng. The taxi driver took me to the airport. **3** (演奏) play ▷ 拉小提琴 lā xiǎotíqín play the violin **4** (拖长) extend ▷ 拉橡皮筋 lā xiàngpíjīn stretch an elastic band ▷ 拉长声音 lācháng shēngyīn hold a note **5** (帮助) help ▷ 朋友遇到困难，我就拉他一把。Péngyou yùdào kùnnan, wǒ jiù lā tā yībǎ. I would always help a friend in trouble. **6** (拉拢) draw ... in (*pt* drew, *pp* drawn) ▷ 不是我主动加入俱乐部的，而是被拉入伙的。Bùshì wǒ zhǔdòng jiārù jùlèbù de, ér shì bèi lā rùhuǒ de. I didn't join the club of my own volition, I got drawn in. ▷ 拉关系 lā guānxi establish connections **7** (口) (排泄) excrete ▷ 拉肚子 lā dùzi have diarrhoea (英) 或 diarrhea (美)
→ 另见 lá

拉扯 lāche [动] **1** (抚养) bring ... up (*pt, pp* brought) **2** (拽住) stop ▷ 你不要拉扯他，否则他揍你。Nǐ bùyào lāche tā, fǒuzé tā zòu nǐ. Don't stop him, or else he'll punch you. **3** (牵涉) drag ... in ▷ 一人做事一人当，别把我拉扯进去。Yī rén zuòshì yī rén dāng, bié bǎ wǒ lāche jìnqù. This has nothing to do with me — don't drag me into it.

拉锯(鋸) lājù [动] see-saw ▶ 拉锯战 lājùzhàn stalemate

拉拉队(隊) lālāduì [名] cheering squad

拉拢(攏) lālǒng [动] draw ... in (*pt* drew, *pp* drawn)

拉平 lāpíng [动] draw level (*pt* drew, *pp* drawn)

拉纤(縴) lāqiàn [动] tow

邋 lā 见下文

邋遢 lātā [形] (口) scruffy

拉 lá [动] tear (*pt* tore, *pp* torn) ▷ 我把大衣拉了个口子。Wǒ bǎ dàyī lále gè kǒuzi. I've torn a hole in my coat.
→ 另见 lā

喇 lǎ 见下文

喇叭 lǎba [名] **1** (管乐器) trumpet ▷ 吹喇叭 chuī lǎba play the trumpet **2** (扩音器) loudspeaker

落 là [动] **1** (遗漏) be missing ▷ 文章结尾落了个句号。Wénzhāng jiéwěi làle gè jùhào. There's a full stop missing at the end of the article. **2** (忘记) leave (*pt, pp* left) **3** (落后) fall behind (*pt* fell, *pp* fallen) ▷ 快点走，别落下。Kuài diǎn zǒu, bié làxià. You'd better walk a bit quicker — you don't want to fall behind.
→ 另见 lào, luò, luō

腊(臘) là [名] **1** (农历12月) twelfth lunar month **2** (冬天腌制的) cured meat ▶ 腊肠 làcháng sausage

腊(臘)味 làwèi [名] cured meat

辣 là **I** [形] **1** (指味道) hot ▶ 辣酱 làjiàng chilli sauce ▶ 辣椒 làjiāo chillies **2** (指心肠) vicious **II** [动] sting (*pt, pp* stung) ▷ 我被洋葱辣得直流眼泪。Wǒ bèi yángcōng là de zhí liú yǎnlèi. The onion stung my eyes and made them water.

辣椒 làjiāo [名] chilli pepper

辣手 làshǒu **I** [名] vicious behaviour (英) 或 behavior (美) **II** [形] tricky

蜡(蠟) là [名] candle

蜡(蠟)烛(燭) làzhú [名] candle

啦 la [助] ▷ 你回来啦！Nǐ huílái la! Hey — you're back!

来(來) lái **I** [动] **1** (来到) come (*pt* came, *pp* come) ▷ 家里来了几个客人。Jiā li láile jǐ gè kèrén. Some guests came to the house. **2** (发生) happen ▷ 刚到家，麻烦来了。Gāng dào jiā, máfan lái le. As soon as I got home, the trouble started. **3** (泛指做事) ▷ 请来碗面条。Qǐng lái wǎn miàntiáo. A bowl of noodles, please. ▷ 你累了，让我来。Nǐ lèi le, ràng wǒ lái. You're tired — let me do it. **4** (表示可能) can, be able to ▷ 她弹得来钢琴。Tā tán de lái gāngqín. She can play the piano. ▷ 芭蕾舞我跳不来。

Bālěiwǔ wǒ tiào bù lái. I can't do ballet. **5** (表示要做) ▷ 请你来帮个忙。Qǐng nǐ lái bāng gè máng. Can you help me with this? ▷ 让我们大家一起来渡难关。Ràng wǒmen dàjiā yīqǐ lái dù nánguān. Together we can get through this crisis. **6** (表示目的) ▷ 母亲买了些调料来腌肉。Mǔqīn mǎile xiē tiáoliào lái yānròu. My mother bought some seasonings to cure the meat. ▷ 我要想个法子来对付他。Wǒ yào xiǎng gè fǎzi lái duìfu ta. I must think of a way to deal with him. **7** (表示朝向) ▷ 服务员很快就把饭菜端了上来。Fúwùyuán hěn kuài jiù bǎ fàncài duānle shànglái. Soon the waiter had brought the food to the table. **II** [形] coming ▶ 来年 láinián the coming year **III** [助] **1** (表示持续) ▶ 近来 jìnlái lately ▷ 几年来 jǐ nián lái in the last few years **2** (表示概数) about ▷ 10来公斤重 shí lái gōngjīn zhòng about 10 kilos

来(來)宾(賓) láibīn [名] guest

来(來)访(訪) láifǎng [动] visit

来(來)不及 láibují [动] lack sufficient time for

来(來)得及 láidejí [动] have enough time for

来(來)回 láihuí **I** [动] **1** (去了再来) make a round trip ▷ 从住宅小区到市中心来回有多远？Cóng zhùzhái xiǎoqū dào shìzhōngxīn láihuí yǒu duō yuǎn? How far is it from the residential area to town and back? **2** (来来去去) move back and forth **II** [名] round trip ▷ 我从学校到家一天跑两个来回。Wǒ cóng xuéxiào dào jiā yī tiān pǎo liǎng gè láihuí. I make the round trip from school to home twice a day.

来(來)历(歷) láilì [名] past

来(來)临(臨) láilín [动] come (*pt* came, *pp* come) ▷ 你会有好运来临。Nǐ huì yǒu hǎoyùn láilín. Good luck will come to you.

来(來)龙(龍)去脉(脈) lái lóng qù mài ins and outs

来(來)路 láilù [名] **1** (道路) approach **2** (来历) origins (*pl*) ▷ 不要打开来路不明的下载文件。Bùyào dǎkāi láilù bù míng de xiàzǎi wénjiàn. Don't open downloaded documents if it's not clear where they came from.

…来(來)…去 ...lái...qù [动] ▷ 跑来跑去 pǎo lái pǎo qù run back and forth ▷ 眉来眼去 méi lái yǎn qù make eyes at each other

来(來)日方长(長) lái rì fāng cháng have plenty of time

来(來)势(勢) láishì [名] force

来(來)头(頭) láitou [名] **1** (来历) connections (*pl*) **2** (缘由) reason

来(來)往 láiwǎng [动] have dealings with

来(來)由 láiyóu [名] reason

来(來)源 láiyuán **I** [名] origin **II** [动] originate ▷ 小说素材来源于生活。Xiǎoshuō sùcái láiyuán yú shēnghuó. The material for the novel originates in real life.

来(來)自 láizì [动] come from

来(來)之不易 lái zhī bù yì be hard to come by

睐(睞) lài [动] look at

赖(賴) lài **I** [动] **1** (依靠) depend **2** (留) stay **3** (抵赖) deny **4** (诬赖) blame ... wrongly ▷ 你自己做错了事不要赖别人。Nǐ zìjǐ zuòcuòle shì bùyào lài biérén. You shouldn't blame others for your mistakes. **II** [形] bad

赖(賴)皮 làipí [名] shameless behaviour (英) 或 behavior (美) ▷ 耍赖皮 shuǎ làipí act shamelessly

---

兰(蘭) lán [名] orchid

拦(攔) lán [动] stop ▷ 你喜欢去就去，我不拦你。Nǐ xǐhuān qù jiù qù, wǒ bù lán nǐ. If you want to go, just go — I won't stop you.

拦(攔)劫 lánjié [动] rob

拦(攔)截 lánjié [动] intercept

拦(攔)路虎 lánlùhǔ a stumbling block

拦(攔)腰 lányāo [动] break in half (*pt* broke, *pp* broken) ▷ 狂风将大树拦腰斩断。Kuángfēng jiāng dàshù lányāo zhǎnduàn. The trees were snapped in half by the storm.

拦(攔)阻 lánzǔ [动] block

栏(欄) lán [名] **1** (栏杆) fence ▶ 栏杆 lángān railing **2** (圈) shed **3** (部分版面) column ▷ 备注栏 bèizhùlán comments column

栏(欄)杆 lángān [名] fence

栏(欄)目 lánmù [名] column

阑(闌) lán [形] (书) late

阑(闌)珊 lánshān [动] fade

蓝(藍) lán [形] blue ▶ 蓝色 lánsè blue ▶ 蓝天 lántiān sky

蓝(藍)本 lánběn [名] original version

蓝(藍)领(領) lánlǐng [名] ▷ 蓝领工人 lánlǐng gōngrén blue-collar worker

蓝(藍)图(圖) lántú [名] blueprint

蓝(藍)牙 lányá [名] Bluetooth®

澜(瀾) lán [名] waves (*pl*)

褴(襤) lán 见下文

褴(襤)褛(褸) lánlǚ [形] shabby

篮(籃) lán [名] **1** (篮子) basket ▶ 篮子 lánzi basket **2** (球篮) hoop

篮(籃)球 lánqiú [名] basketball

览(覽) lǎn [动] **1** (观看) see (*pt* saw, *pp* seen) ▶游览 yóulǎn go sightseeing **2** (阅读) read (*pt*, *pp* read) ▶阅览 yuèlǎn read

揽(攬) lǎn [动] **1** (搂) hug **2** (捆) tie **3** (包揽) take ... on (*pt* took, *pp* taken) **4** (把持) monopolize

揽(攬)活 lǎnhuó [动] take on work (*pt* took, *pp* taken)

缆(纜) lǎn **I** [名] **1** (粗绳) rope **2** (似缆之物) cable **II** [动] moor

缆(纜)车(車) lǎnchē [名] cable car

懒(懶) lǎn [形] **1** (懒惰) lazy **2** (疲倦) lethargic

懒(懶)怠 lǎndai **I** [形] lazy **II** [动] be lazy

懒(懶)得 lǎnde [动] not feel like ▷天太热，我懒得出门。Tiān tài rè, wǒ lǎn de chūmén. I don't feel like going out, it's too hot.

懒(懶)惰 lǎnduò [形] lazy

懒(懶)散 lǎnsǎn [形] lazy

懒(懶)洋洋 lǎnyángyáng [形] lethargic

烂(爛) làn **I** [形] **1** (松软) soft ▷土豆炖烂了。Tǔdòu dùnlàn le. The potatoes are done. **2** (破烂) worn-out **3** (头绪乱) messy ▶烂摊子 làn tānzi a shambles **II** [动] be rotten ▷西瓜烂了。Xīguā làn le. The watermelon has gone off.

烂(爛)漫 lànmàn [形] **1** (指颜色) brightly-coloured (英), brightly-colored (美) **2** (指性格) unaffected

烂(爛)熟 lànshú [形] **1** (煮得熟) well-cooked ▷牛肉炖得烂熟。Niúròu dùn de lànshú. The beef is overcooked. **2** (熟练) learn ... by heart ▷他把这首诗背得烂熟。Tā bǎ zhè shǒu shī bèi de lànshú. He learned the poem off by heart.

烂(爛)摊(攤)子 làntānzi [名] mess

滥(濫) làn **I** [动] flood **II** [副] excessively ▶滥用 lànyòng squander

滥(濫)调(調) làndiào [名] cliché

滥(濫)用 lànyòng [动] misuse

滥(濫)竽充数(數) làn yú chōng shù be a makeweight

郎 láng [名] ▶放牛郎 fàngniúláng cowherd ▶女郎 nǚláng young lady

狼 láng [名] wolf (*pl* wolves)

狼狈(狽) lángbèi [形] in dire straits ▷他遭遇失败，处境狼狈。Tā zāoyù shībài, chǔjìng lángbèi. He failed, and is now in dire straits.

狼狈(狽)为(為)奸 lángbèi wéi jiān join in a conspiracy

狼藉 lángjí [形] (书) messy ▷屋子久未整理，一片狼藉。Wūzi jiǔ wèi zhěnglǐ, yī piàn lángjí. This room hasn't been tidied for ages — it's a complete mess. ▷声名狼藉 shēng míng lángjí have a bad name

狼吞虎咽(嚥) láng tūn hǔ yàn wolf ... down ▷他狼吞虎咽地吃下了一大碗面。Tā láng tūn hǔ yàn de chīxiàle yī dà wǎn miàn. He wolfed down a big bowl of noodles.

廊 láng [名] corridor ▶走廊 zǒuláng corridor ▶画廊 huàláng gallery

榔 láng 见下文

榔头(頭) lángtou [名] hammer

锒(鋃) láng 见下文

锒(鋃)铛(鐺) lángdāng **I** [名] (书) iron chain **II** [拟] clink

朗 lǎng [形] **1** (明亮) bright **2** (响亮) clear

朗读(讀) lǎngdú [动] read ... aloud (*pt*, *pp* read)

朗诵(誦) lǎngsòng [动] recite

浪 làng **I** [名] wave ▶浪潮 làngcháo tide ▶浪花 lànghuā foam ▶声浪 shēnglàng sound wave **II** [形] wasteful ▶浪费 làngfèi squander

浪潮 làngcháo [名] tide

浪荡(蕩) làngdàng [动] loaf around

浪费(費) làngfèi [动] waste

浪迹(跡) làngjì [动] wander ▷浪迹天涯 làngjì tiānyá wander to the ends of the earth

浪漫 làngmàn [形] romantic

浪头(頭) làngtou [名] **1** (口) (波浪) wave **2** (潮流) trend

浪子 làngzǐ [名] prodigal

捞(撈) lāo [动] **1** (取) take (*pt* took, *pp* taken) ▶捕捞 bǔlāo fish for **2** (攫取) wangle ▷捞好处 lāo hǎochu wangle benefits

捞(撈)取 lāoqǔ [动] seek (*pt*, *pp* sought)

牢 láo **I** [名] **1** (牲畜圈) pen **2** (监狱) prison **II** [形] firm

牢固 láogù [形] firm

牢靠 láokào [形] **1** (坚固) firm **2** (可靠) reliable

牢笼(籠) láolóng [名] shackles (*pl*)

牢骚(騷) láosāo [名] grumble ▷他一肚子牢骚。Tā yī dùzi láosāo. He's full of complaints. ▷他牢骚了一整天。Tā láosāole yī zhěng tiān. He grumbled for the entire day.

劳(勞) **láo I** [动] **1** (劳动) work **2** (烦劳) trouble ▷ 劳您帮我看下行李。**Láo nín bāng wǒ kān xià xíngli.** Would you mind keeping an eye on my luggage? **3** (慰劳) reward **II** [名] **1** (劳苦) toil ▷ 积劳成疾 **jīláo chéng jí** collapse from overwork **2** (功劳) service

劳(勞)动(動) **láodòng** [名] labour (英) 或 labor (美) ▷ 脑力劳动 **nǎolì láodòng** brain work ▷ 他下地劳动去了。**Tā xiàdì láodòng qù le.** He's gone to work in the fields.

劳(勞)动(動)力 **láodònglì** [名] **1** (劳动能力) labour (英), labor (美) **2** (人力) workforce

劳(勞)改 **láogǎi** [动] *reform through hard labour*

劳(勞)驾(駕) **láojià** [动] (客套) excuse me ▷ 劳驾, 把盐递过来。**Láojià, bǎ yán dì guòlái.** Excuse me, would you mind passing me the salt?

劳(勞)苦 **láokǔ** [形] hard-working

劳(勞)累 **láolèi** [形] exhausted

劳(勞)力 **láolì** [名] **1** (气力) labour (英), labor (美) **2** (劳动力) labour (英) 或 labor (美) force

劳(勞)碌(碌) **láolù** [动] toil

劳(勞)民伤(傷)财(財) **láo mín shāng cái** waste of manpower and resources

劳(勞)务(務) **láowù** [名] labour (英) 或 labor (美) service

劳(勞)役 **láoyì** [名] hard labour (英) 或 labor (美)

劳(勞)资(資) **láozī** [名] labour (英) 或 labor (美) and capital

唠(嘮) **láo** 见下文

唠(嘮)叨 **láodao** [动] be talkative

痨(癆) **láo** [名] TB, tuberculosis

痨(癆)病 **láobìng** [名] TB, tuberculosis

老 **lǎo I** [形] **1** (年岁大的) old ▷ 老婆婆 **lǎopópo** old lady **2** (有经验的) experienced ▶ 老手 **lǎoshǒu** veteran **3** (旧的) old ▷ 老同学 **lǎo tóngxué** old school friend **4** (火候大的) over-done ▷ 肉煮老了。**Ròu zhǔlǎo le.** The beef is over-done. **II** [名] (老人) old people ▷ 爱老携幼 **ài lǎo xié yòu** care for and nurture the old and young **III** [副] **1** (经常) always ▷ 他老去父母家吃饭。**Tā lǎo qù fùmǔ jiā chīfàn.** He always eats dinner at his parent's house. **2** (长久) for a long time ▷ 电器老不用就会坏。**Diànqì lǎo bù yòng jiù huì huài.** If electrical equipment isn't used for a long time it can break down. **3** (非常) very ▶ 老远 **lǎo yuǎn** very far

老百姓 **lǎobǎixìng** [名] ordinary people

老板(闆) **lǎobǎn** [名] boss

老本 **lǎoběn** [名] capital ▷ 他失业后尽吃老本。**Tā shīyè hòu jìn chī lǎoběn.** After he lost his job, he had to use up all his savings.

老巢 **lǎocháo** [名] den

老成 **lǎochéng** [形] mature

老大 **lǎodà I** [名] head ▷ 他是我们小组的老大。**Tā shì wǒmen xiǎozǔ de lǎodà.** He is the leader of our group. **II** [副] very ▷ 今天我心里老大不高兴。**Jīntiān wǒ xīnli lǎodà bù gāoxìng.** I'm feeling very upset today.

老大难(難) **lǎodànán** [名] long-standing problem ▷ 交通阻塞的确是北京的老大难。**Jiāotōng zǔsè díquè shì Běijīng de lǎodànán.** Congestion really is a long-standing problem in Beijing.

老底 **lǎodǐ** [名] dubious past

老调(調)重弹(彈) **lǎo diào chóng tán** it's the same old tune

老公 **lǎogōng** [名] (方) husband

老汉(漢) **lǎohàn** [名] old man (*pl* men)

老虎 **lǎohǔ** [名] tiger

老化 **lǎohuà** [动] age ▷ 这些机器设备正在老化。**Zhèxiē jīqì shèbèi zhèng zài lǎohuà.** These machines are getting old.

老话(話) **lǎohuà** [名] saying

老家 **lǎojiā** [名] home ▷ 回老家 **huí lǎojiā** return home ▷ 我老家在上海。**Wǒ lǎojiā zài Shànghǎi.** Shanghai is my hometown.

老奸巨滑 **lǎo jiān jù huá** sly old devil

老练(練) **lǎoliàn** [形] experienced

老迈(邁) **lǎomài** [形] aged

老谋(謀)深算 **lǎo móu shēn suàn** ▷ 我们教练老谋深算, 善于利用对手的弱点。**Wǒmen jiàoliàn lǎo móu shēn suàn, shànyú lìyòng duìshǒu de ruòdiǎn.** Our coach is a wise old bird — he's good at using the opponents' weaknesses.

老年 **lǎonián** [名] old age

老牌 **lǎopái** [名] established brand

老婆 **lǎopo** [名] (口) wife (*pl* wives)

老气(氣) **lǎoqì** [形] **1** (指人) mature **2** (指服装) old-fashioned

老生常谈(談) **lǎo shēng cháng tán** commonplace

老师(師) **lǎoshī** [名] teacher

老实(實) **lǎoshi** [形] **1** (诚实规矩) honest **2** (不聪明) naive ▷ 你怎么这样老实, 居然把实情告诉他！**Nǐ zěnme zhèyàng lǎoshi, jūrán bǎ shíqíng gàosù tā!** How can you be so naive? I can't believe you told him!

老手 **lǎoshǒu** [名] expert ▷ 修车老手 **xiūchē lǎoshǒu** expert mechanic

老鼠 **lǎoshǔ** [名] mouse (*pl* mice)

老态(態)龙(龍)钟(鐘) **lǎotài lóngzhōng** worn out with age ▷ 他变得老态龙钟, 牙掉

了，路也走不动。Tā biàn de lǎotài lóngzhōng, yá diào le, lù yě zǒu bù dòng. He has aged a great deal — he's lost his teeth and has become house-bound.

老外 lǎowài [名] foreigner

老乡(鄉) lǎoxiāng [名] fellow villager

老朽 lǎoxiǔ [形] decrepit

老爷(爺) lǎoye [名] master

老于(於)世故 lǎo yú shì gù worldly-wise

老账(賬) lǎozhàng [名] old debts

老子 lǎozi [名] (口) **1** (父亲) father **2** (自称) I ▷ 老子才不怕老板呢。Lǎozi cái bù pà lǎobǎn ne. I'm not afraid of the boss.

老字号(號) lǎozìhào [名] established name

佬 lǎo [名] (贬) guy ▶ 乡巴佬 xiāngbalǎo country bumpkin ▶ 阔佬 kuòlǎo rich guy

姥 lǎo 见下文

姥姥 lǎolao [名] (口) (母方的) granny

姥爷(爺) lǎoye [名] (口) (母方的) grandpa

涝(澇) lào [名] waterlogging ▶ 洪涝 hónglào flood

烙 lào [动] **1** (物体) iron **2** (食品) bake

烙印 làoyìn [名] **1** (火印) brand **2** (印象) impression ▷ 童年生活在我心底留下了深刻烙印。Tóngnián shēnghuó zài wǒ xīndǐ liúxiàle shēnkè làoyìn. My childhood has left a deep impression on me.

落 lào 见下文

→ 另见 là, luò

落价(價) làojià [动] drop in price

乐(樂) lè **I** [形] happy **II** [动] **1** (乐于) take pleasure in (*pt* took, *pp* taken) ▷ 幸灾乐祸 xìng zāi lè huò take pleasure in the misfortunes of others **2** (笑) laugh ▷ 漫画把大家逗乐了。Mànhuà bǎ dàjiā dòulè le. The cartoon made everybody laugh.

→ 另见 yuè

乐(樂)观(觀) lèguān [形] optimistic ▷ 保持乐观情绪 bǎochí lèguān qíngxù adopt an optimistic attitude

乐(樂)呵呵 lèhēhē [形] joyful

乐(樂)极(極)生悲 lè jí shēng bēi out of extreme joy comes extreme sorrow

乐(樂)趣 lèqù [名] delight

乐(樂)土 lètǔ [名] paradise

乐(樂)意 lèyì **I** [动] be willing to ▷ 他不乐意帮我们。Tā bù lèyì bāng wǒmen. He's unwilling to help us. **II** [形] happy

乐(樂)园(園) lèyuán [名] playground ▷ 迪士尼乐园 Díshìní Lèyuán Disneyland

乐(樂)滋滋 lèzīzī [形] contented

勒 lè [动] **1** (收住缰绳) rein ... in **2** (强制) force ▶ 勒令 lèlìng order ▶ 勒索 lèsuǒ extort

→ 另见 lēi

勒令 lèlìng [动] order

勒索 lèsuǒ [动] blackmail

了 le [助] **1** (表示动作或变化已完成) ▷ 他买了这本书。Tā mǎile zhè běn shū. He's bought this book. **2** (表示对未来的假设已完成) ▷ 下个月我考完了试回家。Xià gè yuè wǒ kǎowánle shì huíjiā. I'll go home next month once my exams are over. **3** (在句尾，表示出现变化) ▷ 下雨了。Xiàyǔ le. It's raining. **4** (在句尾，表示提醒，劝告或催促) ▷ 该回家了。Gāi huíjiā le. It's time to go home. ▷ 别喊了！Bié hǎn le! Stop shouting!

→ 另见 liǎo

> The usage of 了 le is one of the most complex parts of Chinese grammar, partly because it has two completely different functions. It can indicate completion of an action, e.g. 他喝了三杯啤酒 tā hēle sān bēi píjiǔ (he drank three glasses of beer). Sometimes, when placed at the end of a clause or a sentence, it usually indicates a change of some kind, e.g. 天黑了 tiān hēi le (it's gone dark).

勒 lēi [动] tie ... tightly ▷ 勒紧绳子 lēijǐn shéngzi tie a tight knot

→ 另见 lè

累 léi 见下文

→ 另见 lěi, lèi

累累 léiléi [形] (书) countless

累赘(贅) léizhui [形] cumbersome

雷 léi [名] **1** (雷电) thunder ▶ 雷电 léidiàn thunder and lightning ▷ 电闪雷鸣 diàn shǎn léi míng thunder and lightning **2** (武器) mine ▶ 鱼雷 yúléi torpedo

雷电(電) léidiàn [名] thunder and lightning

雷厉(厲)风(風)行 léi lì fēng xíng with the speed of lightning

雷同 léitóng **I** [动] echo **II** [形] duplicate

镭(鐳) léi [名] radium

垒(壘) lěi **I** [动] build (*pt*, *pp* built) **II** [名] rampart

垒(壘)球 lěiqiú [名] softball

累 **lěi** I [动] 1 (积累) accumulate ▶ 累积 lěijī accumulate 2 (牵连) involve II [形] repeated → 另见 léi, lèi

累次 **lěicì** [副] repeatedly ▷ 经过累次打击, 走私得到遏制。Jīngguò lěicì dǎjī, zǒusī dédào èzhì. After repeated attacks the smuggling was finally contained.

累积(積) **lěijī** [动] accumulate

累及 **lěijí** [动] involve

累计(計) **lěijì** [动] add up

累累 **lěilěi** [形] countless

磊 **lěi** 见下文

磊落 **lěiluò** [形] open and upright

蕾 **lěi** [名] bud

肋 **lèi** [名] rib ▶ 肋骨 lèigǔ rib

肋骨 **lèigǔ** [名] rib

泪(淚) **lèi** [名] tear ▶ 眼泪 yǎnlèi tears (*pl*) ▶ 流泪 liúlèi shed tears

泪(淚)花 **lèihuā** [名] teardrop

泪(淚)汪汪 **lèiwāngwāng** [形] teary

类(類) **lèi** I [名] kind ▶ 分类 fēnlèi classify ▶ 类型 lèixíng type ▶ 另类 lìnglèi alternative II [动] be similar to ▶ 类似 lèisì similar to

类(類)比 **lèibǐ** [名] analogy

类(類)别(別) **lèibié** [名] category

类(類)似 **lèisì** [形] similar

类(類)型 **lèixíng** [名] type

累 **lèi** I [形] tired II [动] 1 (使劳累) tire ▷ 别累着自己。Bié lèizhe zìjǐ. Don't tire yourself out. ▷ 孩子身体弱, 别累着他。Háizi shēntǐ ruò, bié léizhe tā. The child isn't strong — be careful not to tire him out. 2 (操劳) work hard → 另见 léi, lěi, lěi

累死累活 **lèi sǐ lèi huó** work oneself to death

擂 **lèi** I [动] beat (*pt* beat, *pp* beaten) II [名] competition

擂台(臺) **lèitái** [名] 1 (指拳击) ring 2 (指竞技) arena

棱(稜) **léng** [名] 1 (平面连接处) edge 2 (凸起处) ridge

棱(稜)角 **léngjiǎo** [名] 1 (字) edges and corners (*pl*) ▷ 一张棱角分明的脸 yī zhāng léngjiǎo fēnmíng de liǎn an angular face 2 (喻) sharp-wittedness

冷 **lěng** [形] 1 (温度低) cold ▷ 我觉得好冷。Wǒ juéde hǎo lěng. I feel really cold. 2 (不热情) frosty ▶ 冷淡 lěngdàn give the cold shoulder to ▷ 他冷冷地对我说了声再见。Tā lěnglěng de duì wǒ shuōle shēng zàijiàn. He said goodbye to me very coldly. 3 (寂静) silent 4 (生僻) rare 5 (不受欢迎的) unpopular 6 (暗中的) hidden ▶ 冷枪 lěngqiāng a shot from a sniper

冷冰冰 **lěngbīngbīng** [形] cold ▷ 那个老师对我们总是冷冰冰的。Nàge lǎoshī duì wǒmen zǒngshì lěngbīngbīng de. That teacher is always cold towards us. ▷ 孩子们的手和脚冻得冷冰冰的。Háizimen de shǒu hé jiǎo dòng de lěngbīngbīng de. The kids' hands and feet are frozen.

冷不防 **lěngbufáng** [副] suddenly

冷藏 **lěngcáng** [动] refrigerate

冷场(場) **lěngchǎng** [动] 1 (指演出) freeze up (*pt* froze, *pp* frozen) ▷ 请把台词再背几遍, 以免上台时冷场。Qǐng bǎ táicí zài bèi jǐ biàn, yǐmiǎn shàngtái shí lěngchǎng. You should run through your lines a few more times, to avoid drying up on stage. 2 (指开会) go silent ▷ 我们最好事先多安排几个发言人，不要在开会时冷场。Wǒmen zuìhǎo shìxiān duō ānpái jǐ gè fāyánrén, bùyào zài kāihuì shí lěngchǎng. We'd better organise several people to speak at the meeting — we don't want any awkward silences.

冷嘲热(熱)讽(諷) **lěng cháo rè fěng** have a dig at

冷处(處)理 **lěngchǔlǐ** [动] shelve temporarily ▷ 专家认为此问题需冷处理。Zhuānjiā rènwéi cǐ wèntí xū lěngchǔlǐ. Experts think this problem should be shelved temporarily.

冷淡 **lěngdàn** I [形] cold II [动] cold-shoulder ▷ 多炒几个菜，别冷淡了客人。Duō chǎo jǐ gè cài, bié lěngdànle kèrén. Make sure you do enough food — we don't want our guests to feel slighted.

冷冻(凍) **lěngdòng** [动] freeze (*pt* froze, *pp* frozen) ▷ 冷冻食品 lěngdòng shípǐn frozen food

冷宫(宮) **lěnggōng** [名] limbo

冷静(靜) **lěngjìng** [形] 1 (方) (不热闹) quiet 2 (沉着) cool-headed

冷酷 **lěngkù** [形] cold-blooded

冷酷无(無)情 **lěngkù wúqíng** ruthless

冷冷清清 **lěnglěngqīngqīng** [形] deserted

冷落 **lěngluò** I [形] isolated II [动] isolate ▷ 陪他聊聊, 别冷落了他。Péi tā liáoliao, bié lěngluòle tā. Why don't you go chat to him — you shouldn't be leaving him out.

冷门(門) **lěngmén** [名] 1 (指专业) unpopular speciality (英) 或 specialty (美) ▷ 我弟弟选了个冷门专业。Wǒ dìdi xuǎnle gè lěngmén zhuānyè. My brother has chosen an unusual speciality. **2** (指比赛) outsider

冷漠 **lěngmò** [形] indifferent

冷暖 **lěngnuǎn** [名] changes in temperature (*pl*) ▷冷暖空调设备 **lěngnuǎn kōngtiáo shèbèi** adjustable air-conditioning equipment

冷僻 **lěngpì** [形] **1** (冷落偏僻) deserted **2** (不常见的) rare

冷清 **lěngqīng** [形] deserted ▷没有你家里变得多么冷清。**Méiyǒu nǐ jiā li biàn de duōme lěngqīng.** The house seems so deserted without you.

冷却(卻) **lěngquè** [动] cool

冷若冰霜 **lěng ruò bīng shuāng** icy manner

冷色 **lěngsè** [名] cool colour (英) 或 color (美)

冷飕(颼)飕(颼) **lěngsōusōu** [形] chilly

冷笑 **lěngxiào** [动] smile sarcastically

冷血动(動)物 **lěngxuè dòngwù** [名] **1** (指动物) cold-blooded animal **2** (指人) cold fish

冷言冷语(語) **lěng yán lěng yǔ** make sarcastic comments

冷眼 **lěngyǎn** [名] **1** (冷静的态度) cool detachment **2** (冷淡的待遇) cold shoulder ▷冷眼相待 **lěngyǎn xiāng dài** give sb the cold shoulder

冷饮(飲) **lěngyǐn** [名] cold drink

冷遇 **lěngyù** [名] the cold shoulder ▷我遭到了她的冷遇。**Wǒ zāodàole tā de lěngyù.** She gave me the cold shoulder.

冷战(戰) **lěngzhàn** [名] cold war

愣 lèng **I** [形] staggered ▷听到这个消息，大家愣住了。**Tīngdào zhège xiāoxi, dàjiā lèngzhù le.** Everyone was staggered at the news. **II** [副] bluntly

---

厘(釐) lí 见下文

厘(釐)米 **límǐ** [量] centimetre (英), centimeter (美)

离(離) lí [动] **1** (分离) leave (*pt, pp* left) ▷离乡 **líxiāng** leave the country **2** (距离) be far away from ▷我家离办公室不太远。**Wǒ jiā lí bàngōngshì bù tài yuǎn.** My home is quite near to the office. **3** (缺少) do without ▷成功离不开奋斗和自信心。**Chénggōng lí bùkāi fèndòu hé zìxìnxīn.** There can be no achievement without diligence and self-confidence.

> 离 lí is used to express separation of two things, or distance of one thing from another: to say that X is far away from Y, say "X 离Y远", e.g. 我家离火车站不远 **wǒ jiā lí huǒchēzhàn bù yuǎn** (my home is not far from the train station).

离(離)别(別) **líbié** [动] part

离(離)婚 **líhūn** [动] divorce

离(離)间(間) **líjiàn** [动] sow dissent (*pt* sowed, *pp* sown)

离(離)开(開) **líkāi** [动] depart

离(離)谱(譜) **lípǔ** [形] unreasonable

离(離)奇 **líqí** [形] odd

离(離)散 **lísàn** [动] be separated

离(離)休 **líxiū** [动] retire

离(離)异(異) **líyì** [动] get divorced ▷离异后她独自生活。**Líyì hòu tā dúzì shēnghuó.** After the divorce, she lived alone.

离(離)子 **lízǐ** [名] ion

梨 lí [名] pear

犁 lí **I** [名] plough (英), plow (美) **II** [动] plough (英), plow (美)

黎 lí 见下文

黎明 **límíng** [名] dawn

罹 lí [动] (书) suffer from ▶罹祸 **líhuò** suffer misfortune

罹难(難) **línàn** [动] (书) have a fatal accident

篱(籬) lí [名] fence

篱(籬)笆 **líba** [名] bamboo fence

礼(禮) lǐ [名] **1** (仪式) ceremony **2** (礼节) courtesy **3** (礼物) present

礼(禮)拜 **lǐbài** [名] **1** (宗) religious service **2** (星期) week **3** (天) day of the week ▷礼拜六你来我家吃饭吧！**Lǐbài liù nǐ lái wǒ jiā chīfàn ba!** Come over for a meal on Saturday.

礼(禮)服 **lǐfú** [名] ceremonial robe

礼(禮)节(節) **lǐjié** [名] courtesy

礼(禮)貌 **lǐmào** [名] manners (*pl*)

礼(禮)品 **lǐpǐn** [名] gift

礼(禮)尚往来(來) **lǐ shàng wǎng lái** ▷朋友之间应该礼尚往来。**Péngyou zhījiān yīnggāi lǐ shàng wǎng lái.** Friends should treat each other the way they would like to be treated themselves.

礼(禮)堂 **lǐtáng** [名] hall

礼(禮)物 **lǐwù** [名] present

礼(禮)仪(儀) **lǐyí** [名] etiquette

礼(禮)遇 **lǐyù** [动] receive special treatment

李 lǐ [名] plum

里(裡) lǐ **I** [名] **1** (反面) inside ▷裤子里儿 **kùzi lǐr** trouser lining **2** (里边) inner ▶里屋 **lǐwū**

inner room **3** (街坊) neighbour (英), neighbor (美) ▶ 邻里 línlǐ neighbourhood (英), neighborhood (美) **4** (家乡) hometown ▶ 故里 gùlǐ birthplace **II** [介] in ▷ 屋子里 wūzi lǐ in the room **III** [副] ▶ 这里 zhèlǐ here ▶ 那里 nàlǐ there **IV** [量] *li, a Chinese unit of length, equal to 1/3 of a mile; unit of length, equal to 500 metres* ▶ 英里 yīnglǐ mile

里程 lǐchéng [名] **1** (路程) mileage **2** (发展过程) course

里程碑 lǐchéngbēi [名] milestone

里(裡)面 lǐmiàn [形] inside

里(裡)手 lǐshǒu [名] **1** (左边) left-hand side **2** (内行) expert

里(裡)应(應)外合 lǐ yìng wài hé have inside help ▷ 我军与城里的部队里应外合攻下了这座城市。 **Wǒ jūn yǔ chéng li de bùduì lǐ yìng wài hé gōngxiàle zhè zuò chéngshì.** Our troops collaborated with troops inside the town to take the city.

俚

lǐ [名] vulgar

俚语(語) lǐyǔ [名] slang

理

lǐ **I** [名] **1** (条纹) texture **2** (道理) reason ▶ 合理 hélǐ reasonable **3** (自然科学) natural science ▶ 理科 lǐkē science **II** [动] **1** (管理) manage ▶ 理财 lǐcái manage the finances **2** (整理) tidy ▶ 理发 lǐfà get a hair cut **3** (表示态度) acknowledge ▶ 理睬 lǐcǎi pay attention (*pt, pp* paid) ▷ 置之不理 zhì zhī bù lǐ ignore

理财(財) lǐcái [动] manage the finances

理睬 lǐcǎi [动] pay attention (*pt, pp* paid) ▷ 3个电话打了过来，他都不予理睬。 **Sān gè diànhuà dǎle guòlái, tā dōu bù yǔ lǐcǎi.** Three phone calls came though, but he ignored them all.

理发(髮) lǐfà [动] get a haircut

理会(會) lǐhuì [动] **1** (懂) understand (*pt, pp* understood) ▷ 我理会他的意思。 **Wǒ lǐhuì tā de yìsi.** I understand what he means. **2** (注意) notice ▷ 他下车之后，竟没有理会站在对面的我。 **Tā xiàchē zhīhòu, jìng méiyǒu lǐhuì zhàn zài duìmiàn de wǒ.** He got out of the car, but didn't notice me standing opposite him.

理解 lǐjiě [动] understand (*pt, pp* understood)

理科 lǐkē [名] science

理疗(療) lǐliáo [名] physiotherapy

理论(論) lǐlùn [名] theory

理念(唸) lǐniàn [名] principle

理事 lǐshì [名] **1** (负责人) director ▷ 常务理事 chángwù lǐshì managing director ▷ 理事会 lǐshìhuì board of directors **2** (成员国) member ▷ 理事国 lǐshìguó member of the UN Security Council

理所当(當)然 lǐ suǒ dāng rán natural ▷ 他认为我给他礼物是理所当然的。 **Tā rènwéi wǒ gěi tā lǐwù shì lǐ suǒ dāng rán de.** He reckons it's entirely natural that I should give him a present.

理想 lǐxiǎng **I** [名] ideal **II** [形] ideal

理性 lǐxìng [名] reason

理由 lǐyóu [名] reason

理直气(氣)壮(壯) lǐ zhí qì zhuàng with complete confidence

理智 lǐzhì **I** [名] intellect **II** [形] rational ▷ 我们一定要理智地去想想啊。 **Wǒmen yīdìng yào lǐzhì de qù xiǎngxiǎng a.** We must think about this rationally.

鲤(鯉)

lǐ [名] carp (*pl* carp) ▶ 鲤鱼 lǐyú carp

力

lì **I** [名] **1** (物) force **2** (功能) strength ▷ 理解力 lǐjiělì comprehension **3** (体力) physical strength ▷ 四肢无力 sìzhī wúlì weak all over **II** [动] fight (*pt, pp* fought) ▷ 力争冠军 lìzhēng guànjūn fight for the championship

力不从(從)心 lì bù cóng xīn feel inadequate to the task

力度 lìdù [名] intensity

力量 lìliàng [名] **1** (力气) strength ▷ 这一拳力量很大。 **Zhè yī quán lìliàng hěn dà.** That was a very powerful punch. **2** (能力) power ▷ 请尽一切力量按时完成任务。 **Qǐng jìn yīqiè lìliàng ànshí wánchéng rènwù.** Please do everything in your power to complete the task on time. **3** (作用) strength ▷ 这种药的力量大。 **Zhè zhǒng yào de lìliàng dà.** This medicine is very strong.

力排众(眾)议(議) lì pái zhòng yì override objections

力气(氣) lìqi [名] strength ▷ 生病后我走路没力气。 **Shēngbìng hòu wǒ zǒulù méi lìqi.** After the illness I didn't have enough strength to walk.

力所能及 lì suǒ néng jí do everything in one's power ▷ 红十字会将为战争受害者提供力所能及的援助。 **Hóngshízìhuì jiāng wèi zhànzhēng shòuhàizhě tígòng lì suǒ néng jí de yuánzhù.** The Red Cross will do everything in their power to help the war victims. ▷ 让孩子去做一些自己力所能及的家务事。 **Ràng háizi qù zuò yīxiē zìjǐ lì suǒ néng jí de jiāwùshì.** Let the child do his best with the housework.

力图(圖) lìtú [动] strive (*pt* strove, *pp* striven) ▷ 新政府力图解决经济危机。 **Xīn zhèngfǔ lìtú jiějué jīngjì wēijī.** The new government strove to solve the economic crisis.

力学(學) lìxué [名] mechanics (*pl*)

力争(爭) lìzhēng [动] **1** (极力争取) strive (*pt* strove, *pp* striven) ▷ 力争上游 **lìzhēng shàngyóu** strive for progress **2** (极力争辩) argue ▷ 据理力争 **jù lǐ lìzhēng** argue on good grounds

力作 lìzuò [名] masterpiece

历(歷) lì I [名] **1** (经历) experience **2** (历法) calendar II [形] previous

历(歷)程 lìchéng [名] course

历(歷)次 lìcì [名] all previous occasions (*pl*) ▷ 他在历次战斗中都立下了功勋。**Tā zài lìcì zhàndòu zhōng dōu lìxiàle gōngxūn.** In all previous battles he has achieved glorious victories.

历(歷)代 lìdài [名] successive generations (*pl*)

历(歷)来(來) lìlái [副] always

历(歷)历(歷)在目 lìlì zài mù flood back

历(歷)史 lìshǐ [名] history ▷ 历史文物 **lìshǐ wénwù** historical relic

厉(厲) lì [形] **1** (严格) strict **2** (严肃) stern

厉(厲)害 lìhai [形] **1** (剧烈) terrible ▷ 他口渴得厉害。**Tā kǒukě de lìhai.** He was terribly thirsty. **2** (严厉) strict

立 lì I [动] **1** (站) stand (*pt, pp* stood) **2** (竖立) stand ... up (*pt, pp* stood) ▷ 请把竹竿立在角落里。**Qǐng bǎ zhúgān lì zài jiǎoluò lǐ.** Please stand the bamboo pole in the corner. **3** (建立) ▶ 立功 **lìgōng** make contributions **4** (制定) set ... up (*pt, pp* set) ▶ 立法 **lìfǎ** legislate **5** (存在) exist ▶ 自立 **zìlì** stand on one's own two feet II [形] upright ▶ 立柜 **lìguì** wardrobe III [副] immediately

立场(場) lìchǎng [名] position

立春 lìchūn [名] the start of spring

立冬 lìdōng [名] the start of winter

立法 lìfǎ [动] legislate

立方 lìfāng I [名] cube ▷ 2的立方是8。**Èr de lìfāng shì bā.** 2 cubed is 8. II [量] cubic ▶ 立方米 **lìfāngmǐ** cubic metre (英) 或 meter (美)

立竿见(見)影 lì gān jiàn yǐng produce instant results

立即 lìjí [副] immediately ▷ 家中有急事，我得立即回去。**Jiāzhōng yǒu jíshì, wǒ děi lìjí huíqù.** There's a crisis at home, I have to go back immediately. ▷ 听到留言后他立即回了电话。**Tīngdào liúyán hòu tā lìjí huíle diànhuà.** As soon as he got the message he returned the call.

立刻 lìkè [副] immediately ▷ 老师让我们立刻打扫教室卫生。**Lǎoshī ràng wǒmen lìkè dǎsǎo jiàoshì wèishēng.** The teacher told us to tidy up the classroom immediately. ▷ 回家后立刻给我打个电话。**Huíjiā hòu lìkè gěi wǒ dǎ gè diànhuà.** Give me a call as soon as you get home.

立论(論) lìlùn I [动] present one's argument II [名] argument

立秋 lìqiū [名] the start of autumn

立身处(處)世 lì shēn chǔ shì social conduct

立体(體) lìtǐ I [名] solid II [形] solid

立体(體)声(聲) lìtǐshēng [名] stereo

立夏 lìxià [名] the start of summer

立项(項) lìxiàng [动] officially set up a project

立意 lìyì [动] **1** (打定主意) be determined ▷ 他立意要走。**Tā lìyì yào zǒu.** He's determined to go. **2** (命意) approach ▷ 文章立意独特。**Wénzhāng lìyì dútè.** The article has a unique approach.

立正 lìzhèng [动] stand to attention (*pt, pp* stood)

立志 lìzhì [动] be determined ▷ 他立志当一名海军。**Tā lìzhì dāng yī míng hǎijūn.** He is determined to become a naval captain.

立足 lìzú [动] **1** (站得住脚) be established ▷ 在海外立足对她来说不容易。**Zài hǎiwài lìzú duì tā lái shuō bù róngyì.** It wasn't easy for her to establish herself overseas. **2** (处于某立场) be based in

吏 lì [名] official

沥(瀝) lì I [动] drip II [名] drop

沥(瀝)青 lìqīng [名] asphalt

丽(麗) lì [形] beautiful ▶ 壮丽 **zhuànglì** magnificent

丽(麗)人 lìrén [名] beauty

丽(麗)质(質) lìzhì [名] beauty

励(勵) lì [动] encourage ▶ 奖励 **jiǎnglì** reward

利 lì I [形] **1** (锋利) sharp **2** (顺利) advantageous II [名] **1** (利益) interest ▶ 利弊 **lìbì** pros and cons (*pl*) **2** (利润) profit and interest ▶ 暴利 **bàolì** staggering profits (*pl*) ▷ 高利贷 **gāolìdài** high-interest loan III [动] benefit ▷ 利国利民 **lì guó lì mín** benefit both people and country ▷ 互惠互利 **hùhuì hùlì** mutually beneficial

利弊 lìbì [名] pros and cons (*pl*)

利害 lìhài [名] advantages and disadvantages (*pl*) ▷ 利害得失 **lìhài déshī** gains and losses

利害 lìhai [形] terrible ▷ 这句话真利害。**Zhè jù huà zhēn lìhai.** That's a terrible thing to say. ▷ 天冷得利害。**Tiān lěng de lìhai.** It's terribly cold today.

l

利率 lìlǜ [名] interest rate

利(俐)落 lìluo [形] **1** (灵活的) nimble ▷ 说话利落 shuōhuà lìluo be quick with words **2** (有条理的) orderly **3** (完毕的) settled ▷ 事情办利落了。Shìqing bàn lìluo le. The matter has been settled.

利器 lìqì [名] **1** (兵器) sharp weapon **2** (工具) useful tool

利润(潤) lìrùn [名] profit

利税(稅) lìshuì [名] profits tax

利息 lìxī [名] interest

利益 lìyì [名] benefit

利用 lìyòng [动] **1** (物) use ▷ 合理利用自然资源 hélǐ lìyòng zìrán zīyuán use natural resources appropriately **2** (人) exploit ▷ 你甭想利用我，我没那么幼稚。Nǐ béng xiǎng lìyòng wǒ, wǒ méi nàme yòuzhì. Don't even consider taking advantage of me — I'm not that naive.

利诱(誘) lìyòu [动] entice

例 lì **I** [名] **1** (例子) example ▶ 举例 jǔlì give an example **2** (依据) precedent ▶ 先例 xiānlì precedent ▷ 史无前例 shǐ wú qián lì without precedent **3** (事例) case **4** (规则) rule **II** [形] regular

例假 lìjià [名] public holiday

例如 lìrú [动] give an example (*pt* gave, *pp* given) ▷ 大商场货物齐全，例如服装，家电，食品等。Dà shāngchǎng huòwù qíquán, lìrú fúzhuāng, jiādiàn, shípǐn děng. The big shopping centre sells all kinds of goods, for example, clothes, household appliances and food.

例外 lìwài [动] be an exception ▷ 每个人都要加班加点，头儿也不例外。Měigè rén dōu yào jiā bān jiā diǎn, tóur yě bù lìwài. Everyone had to work overtime, and the boss was no exception. ▷ 所有人见到市长都点头哈腰，只有他是个例外。Suǒyǒu rén jiàndào shìzhǎng dōu diǎn tóu hā yāo, zhǐyǒu tā shì gè lìwài. When everyone saw the mayor, they all bowed obsequiously — he was the only exception.

例行公事 lìxíng-gōngshì mere formality

例证(證) lìzhèng [名] instance

例子 lìzi [名] example

隶(隸) lì **I** [动] be subordinate to **II** [名] slave

隶(隸)属(屬) lìshǔ [动] be subordinate to

栎(櫟) lì [名] oak

荔 lì 见下文

荔枝 lìzhī [名] lychee

俪(儷) lì **I** [形] parallel **II** [名] couple

莅(蒞) lì [动] (书) arrive

莅(蒞)临(臨) lìlín [动] (书) arrive

栗(慄) lì **I** [名] chestnut ▶ 栗子 lìzi chestnut **II** [动] tremble

砾(礫) lì [名] debris (*sg*)

砾(礫)石 lìshí [名] gravel

粒 lì **I** [名] grain **II** [量] ▷ 一粒珍珠 yī lì zhēnzhū a pearl ▷ 三粒种子 sān lì zhǒngzi three seeds ▷ 三粒入球 sān lì rùqiú three goals

measure word, used for small round objects, such as sand, grains, pills etc.

粒子 lìzi [名] **1** (颗粒) grain ▷ 米粒子 mǐlìzi a grain of rice **2** (物) granule

痢 lì 见下文

痢疾 lìji [名] dysentery

俩(倆) liǎ [数] (口) **1** (两个) two ▷ 我俩 wǒ liǎ the two of us **2** (几个) some ▷ 多赚俩钱 duō zhuàn liǎ qián make some profit

连(連) lián **I** [动] connect ▶ 连接 liánjiē link **II** [副] in succession ▷ 连年闹水灾 liánnián nào shuǐzāi be flooded several years in succession ▷ 连看了几眼 lián kànle jǐ yǎn glance at several times **III** [介] **1** (包括) including ▷ 连他4人 lián tā sì rén four people, including him **2** (甚至) even ▷ 连小伙都嫌冷。Lián xiǎohuǒ dōu xián lěng. Even the young men thought it was too cold.

连(連)词(詞) liáncí [名] conjunction

连(連)带(帶) liándài [动] be related

连(連)…带(帶)… lián…dài… and ▷ 连人带车 lián rén dài chē people and cars ▷ 连滚带爬 lián gǔn dài pá roll and crawl ▷ 连蹦带跳 lián bèng dài tiào jump and skip

连(連)贯(貫) liánguàn [动] be coherent ▷ 她讲话简明，连贯，得体。Tā jiǎnghuà jiǎnmíng, liánguàn, détǐ. She spoke concisely, coherently and appropriately.

连(連)接 liánjiē [动] connect

连(連)累 liánlěi [动] implicate ▷ 战争连累了旅游业。Zhànzhēng liánlěile lǚyóuyè. The war had negative implications for tourism. ▷ 自己做事不要连累别人。Zìjǐ zuòshì bùyào liánlěi biérén. You should not involve other people in things you have done.

连(連)忙 liánmáng [副] at once ▷ 孩子发烧，他连忙去请大夫。Háizi fāshāo, tā liánmáng qù qǐng dàifu. When he found out that the child had a fever, he went to call a doctor at once.

连(連)绵(綿) liánmián [形] continuous ▷ 阴雨连绵 yīnyǔ liánmián rainy spell

连(連)任 liánrèn [动] re-elect ▷ 他连任市长一职。Tā liánrèn shìzhǎng yī zhí. He was re-elected as mayor for another term.

连(連)锁(鎖) liánsuǒ [名] chain ▷ 连锁反应 liánsuǒ fǎnyìng chain reaction

连(連)续(續) liánxù [动] go on without stopping ▷ 他连续干了3天，觉都没睡。Tā liánxù gànle sān tiān, jiào dōu méi shuì. He worked for three days in a row without sleeping.

连(連)夜 liányè [副] **1** (当天夜里) that night ▷ 接到电话后，我连夜赶到他家去。Jiēdào diànhuà hòu, wǒ liányè gǎndào tā jiā qù. After receiving the call, I went to his house that very night. **2** (连续几夜) nights on end (*pl*) ▷ 听说他生病了，我连夜不得安心。Tīngshuō tā shēngbìng le, wǒ liányè bù dé ān xīn. After hearing that he was ill, I couldn't stop worrying for nights on end.

连(連)载(載) liánzǎi [动] serialize

帘(簾) lián [名] curtain (英), drape (美) ▸ 窗帘 chuānglián curtain (英), drape (美)

怜(憐) lián [动] **1** (怜悯) pity **2** (怜爱) love

怜(憐)悯(憫) liánmǐn [动] pity

怜(憐)惜 liánxī [动] take pity on (*pt* took, *pp* taken)

涟(漣) lián [名] **1** (波纹) waves (*pl*) **2** (泪痕) flow

涟(漣)漪 liányī [名] (书) ripple ▷ 感情涟漪 gǎnqíng liányī waves of emotion

莲(蓮) lián [名] lotus

莲(蓮)花 liánhuā [名] lotus flower

联(聯) lián **I** [动] unite ▸ 联赛 liánsài league match **II** [名] couplet

联(聯)邦 liánbāng [名] federation ▷ 英联邦 yīngliánbāng the British Commonwealth

联(聯)播 liánbō [动] broadcast (*pt*, *pp* broadcast) ▷ 新闻联播 xīnwén liánbō news broadcast

联(聯)合 liánhé **I** [动] **1** (人) unite **2** (骨) rejoin **II** [形] joint ▷ 联合声明 liánhé shēngmíng joint statement

联(聯)合国(國) Liánhéguó [名] United Nations, UN

联(聯)欢(歡) liánhuān [动] have a get-together ▷ 师生联欢 shīshēng liánhuān a student and teacher get-together

联(聯)结(結) liánjié [动] connect ▷ 全球由因特网联结起来了。Quánqiú yóu Yīntèwǎng liánjié qǐlái le. The entire world is connected by the Internet.

联(聯)络(絡) liánluò [动] contact ▷ 保持联络 bǎochí liánluò maintain contact ▷ 联络方式 liánluò fāngshì ways to maintain contact

联(聯)袂 liánmèi [副] (书) together ▷ 联袂出演 liánmèi chūyǎn perform together ▷ 联袂提议 liánmèi tíyì make a joint proposal

联(聯)盟 liánméng [名] alliance

联(聯)名 liánmíng [动] do ... jointly

联(聯)网(網) liánwǎng [动] network

联(聯)系(繫) liánxì [动] connect ▷ 他与恐怖分子有联系。Tā yǔ kǒngbù fènzǐ yǒu liánxì. He has connections with terrorists. ▷ 理论联系实际 lǐlùn liánxì shíjì apply theory to practice ▷ 和老同学失去了联系 hé lǎotóngxué shīqùle liánxì lose touch with old schoolmates ▷ 和上层人物联系紧密 hé shàngcéng rénwù liánxì jǐnmì have close relations with one's superiors ▷ 促进经济贸易联系 cùjìn jīngjì màoyì liánxì encourage economic and trade relations

联(聯)想 liánxiǎng [动] associate

联(聯)谊(誼) liányì [动] keep up a friendship (*pt*, *pp* kept) ▷ 联谊会 liányìhuì reunion

联(聯)姻 liányīn [动] be related by marriage

廉 lián [形] **1** (廉洁) honest **2** (便宜) cheap

廉耻(恥) liánchǐ [名] integrity

廉价(價) liánjià [形] cheap ▷ 廉价日用品 liánjià rìyòngpǐn cheap everyday goods

廉洁(潔) liánjié [形] honest

廉政 liánzhèng [动] govern honestly

鲢(鰱) lián [名] silver carp (*pl* silver carp)

镰(鐮) lián [名] sickle ▸ 镰刀 liándāo sickle

敛(斂) liǎn [动] **1** (收起) collect ▸ 敛容 liǎnróng assume a serious expression **2** (约束) restrain ▸ 敛迹 liǎnjì lie low **3** (收集) collect

敛(斂)财(財) liǎncái [动] accumulate wealth

敛(斂)迹(跡) liǎnjì [动] lie low (*pt* lay, *pp* lain) ▷ 刑满出狱后他有所敛迹。Xíng mǎn chūyù hòu tā yǒusuǒ liǎnjì. After he was released from jail he lay low for a while.

脸(臉) liǎn [名] **1** (面部) face ▷ 洗脸 xǐliǎn wash one's face **2** (前部) front ▸ 门脸 ménliǎn shop front (英), storefront (美) **3** (情面) face ▸ 脸面 liǎnmiàn face ▷ 脸皮厚 liǎnpí hòu thick-skinned

脸(臉)蛋儿(兒) liǎndànr [名] cheeks (*pl*)

脸(臉)面 **liǎnmiàn** [名] **1** (面部) face **2** (情面) feelings (*pl*)

脸(臉)皮 **liǎnpí** [名] **1** (情面) feelings (*pl*) **2** (羞耻心) skin ▷ 他脸皮厚，不知羞耻。**Tā liǎnpí hòu, bù zhī xiūchǐ.** He's very thick-skinned and has no sense of shame.

脸(臉)色 **liǎnsè** [名] **1** (气色) complexion **2** (表情) expression

---

练(練) **liàn** **I** [动] practise (英), practice (美) ▶ 练武 **liànwǔ** practise martial arts **II** [形] experienced ▶ 熟练 **shúliàn** skilful (英), skillful (美)

练(練)笔(筆) **liànbǐ** [动] **1** (练习写作) practise (英) 或 practice (美) writing **2** (练习书法) practise (英) 或 practice (美) calligraphy

练(練)兵 **liànbīng** [动] drill

练(練)功 **liàngōng** [动] do exercises

练(練)习(習) **liànxí** **I** [动] practise (英), practice (美) **II** [名] exercise ▷ 练习簿 **liànxíbù** exercise book

---

炼(煉) **liàn** [动] **1** (锻炼) do exercise **2** (烧铸) smelt **3** (琢磨) consider

炼(煉)制(製) **liànzhì** [动] refine ▷ 石油炼制 **shíyóu liànzhì** petroleum refining

---

恋(戀) **liàn** [动] **1** (恋爱) love ▶ 相恋 **xiāngliàn** fall in love with each other **2** (想念) miss ▶ 恋家 **liànjiā** be homesick

恋(戀)爱(愛) **liàn'ài** [动] love ▷ 你和谁恋爱了？**Nǐ hé shéi liàn'ài le?** Who are you in love with? ▷ 谈恋爱 **tán liàn'ài** be in love

恋(戀)恋(戀)不舍(捨) **liànliàn bù shě** be reluctant to part

恋(戀)情 **liànqíng** [名] romantic love

恋(戀)人 **liànrén** [名] lover

殓(殮) **liàn** [动] put ... in a coffin (*pt*, *pp* put)

链(鏈) **liàn** [名] chain ▶ 项链 **xiàngliàn** necklace

链(鏈)条(條) **liàntiáo** [名] chain

良 **liáng** **I** [形] good **II** [副] much

良好 **liánghǎo** [形] good ▷ 考试成绩良好 **kǎoshì chéngjì liánghǎo** good exam results

良师(師)益友 **liáng shī yì yǒu** [名] ▷ 书籍是我们的良师益友。**Shūjí shì wǒmen de liáng shī yì yǒu.** Books are our best teachers and most faithful friends.

良心 **liángxīn** [名] conscience ▷ 昧着良心做事 **mèizhe liángxīn zuòshì** act against one's conscience

良性 **liángxìng** [形] benign ▷ 良性肿瘤 **liángxìng zhǒngliú** benign tumour

良知 **liángzhī** [名] intuition

凉(涼) **liáng** [形] **1** (冷) cool **2** (灰心) disappointed
→ 另见 **liàng**

凉(涼)快 **liángkuai** [形] cool ▷ 树阴下面挺凉快。**Shùyīn xiàmiàn tǐng liángkuai.** It's nice and cool under the trees. ▷ 我去空调房里凉快凉快。**Wǒ qù kōngtiáo fáng lǐ liángkuai liángkuai.** I'm going into the air-conditioned room to cool off.

凉(涼)爽 **liángshuǎng** [形] cool

凉(涼)飕(颼)飕(颼) **liángsōusōu** [形] chilly

梁(樑) **liáng** [名] **1** (房梁) beam **2** (桥梁) bridge **3** (隆起物) ridge

---

量 **liáng** [动] **1** (测量) measure ▷ 让我们量一量这张床的长宽高。**Ràng wǒmen liáng yī liáng zhè zhāng chuáng de cháng kuān gāo.** Let's measure the bed. **2** (估量) appraise
→ 另见 **liàng**

量度 **liángdù** [动] measure

量具 **liángjù** [名] measuring tool

粮(糧) **liáng** [名] grain

粮(糧)食 **liángshi** [名] food, cereals (*pl*)

两(兩) **liǎng** **I** [数] **1** (表示具体数目) two ▷ 两米 **liǎng mǐ** two metres (英) 或 meters (美) ▷ 两个小时 **liǎng gè xiǎoshí** two hours **2** (表示不定数目) a few ▷ 说两句 **shuō liǎng jù** say a few words ▷ 敲两下门 **qiāo liǎng xià mén** knock several times on the door **II** [名] both ▷ 两全其美 **liǎng quán qí měi** satisfy both sides ▷ 势不两立 **shì bù liǎng lì** be mutually exclusive **III** [量] *liang, a Chinese unit of weight, equal to 50 grams*

> When citing numbers, including cardinal numbers, ordinal numbers, telephone numbers and serial numbers etc., 二 **èr** is used for the number two. However, when you want to talk about two things, you must use 两 **liǎng** and a measure word, e.g. 两个人 **liǎng gè rén** (2 people), 两杯茶 **liǎng bēi chá** (2 cups of tea) etc.

两(兩)败(敗)俱伤(傷) **liǎng bài jù shāng** lose-lose situation

两(兩)便 **liǎngbiàn** [形] be convenient for all involved ▷ 你去拜会老友，我去喝茶，咱们两便。**Nǐ qù bàihuì lǎoyǒu, wǒ qù hēchá, zánmen liǎngbiàn.** You go and visit old friends, and I'll go and drink tea — that way everyone will be happy.

两(兩)可 liǎngkě [动] be ambiguous

两(兩)口子 liǎngkǒuzi [名] couple

两(兩)难(難) liǎngnán [形] difficult ▷ 他面临两难选择。Tā miànlín liǎngnán xuǎnzé. He's facing some difficult choices.

两(兩)栖(棲) liǎngqī [动] be amphibious ▷ 两栖作战 liǎngqī zuòzhàn an amphibious military operation

两(兩)全其美 liǎng quán qí měi satisfy both sides ▷ 我有个两全其美的方法。Wǒ yǒu gè liǎng quán qí měi de fāngfǎ. I have a solution that will please everybody.

两(兩)袖清风(風) liǎng xiù qīng fēng be incorruptible

亮 liàng I [形] 1 (光线) bright 2 (声音) clear 3 (心胸) tolerant ▷ 心明眼亮 xīn míng yǎn liàng see and think clearly II [动] 1 (发光) shine (*pt, pp* shone) ▷ 灯还亮着。Dēng hái liàngzhe. The lights are still lit. 2 (显露) show (*pt* showed, *pp* shown) ▶ 亮底 liàngdǐ come clean ▷ 亮身份 liàng shēnfen reveal one's identity

亮光 liàngguāng [名] light ▷ 屋子里透出一丝亮光。Wūzi lǐ tòuchū yī sī liàngguāng. A ray of light shone through the room.

亮晶晶 liàngjīngjīng [形] sparkling ▷ 她的珠宝在烛光下显得亮晶晶的。Tā de zhūbǎo zài zhúguāng xià xiǎnde liàngjīngjīng de. All her jewels were sparkling in the candlelight.

亮堂 liàngtang [形] 1 (物体) bright 2 (胸怀) enlightened

亮相 liàngxiàng [动] appear on stage ▷ 香港歌星昨日亮相广州。Xiānggǎng gēxīng zuórì liàngxiàng guǎngzhōu. Yesterday, pop stars from Hong Kong were playing Guangzhou.

凉(涼) liàng [动] let ... cool (*pt, pp* let) ▷ 夏天我喜欢把西瓜放冰箱里凉凉。Xiàtiān wǒ xǐhuān bǎ xīguā fàng bīngxiāng lǐ liàngliang. In summer I like to put the watermelon in the fridge to cool.
→ 另见 liáng

谅(諒) liàng [动] understand (*pt, pp* understood)

谅(諒)解 liàngjiě [动] forgive (*pt* forgave, *pp* forgiven) ▷ 网站正在建设之中，不便之处，敬请谅解。Wǎngzhàn zhèng zài jiànshè zhīzhōng, bùbiàn zhī chù, jìngqǐng liàngjiě. This website is still under construction — please forgive us for any inconvenience.

辆(輛) liàng [量] ▷ 一辆汽车 yī liàng qìchē a car ▷ 两辆自行车 liǎng liàng zìxíngchē two bicycles ▷ 两辆坦克 liǎng liàng tǎnkè two tanks measure word, used for vehicles and bicycles

靓(靚) liàng [形] (方) 1 (指女性) beautiful 2 (指男性) handsome

靓(靚)女 liàngnǚ [名] pretty girl

靓(靚)仔 liàngzǎi [名] handsome man (*pl* men)

量 liàng I [名] 1 (限度) capacity 2 (数量) quantity II [动] estimate ▶ 量力 liànglì make an estimation of one's own abilities ▷ 量入为出 liàng rù wéi chū live within one's means
→ 另见 liáng

量变(變) liàngbiàn [名] quantitative change

量力 liànglì [动] make an estimation of one's own abilities ▷ 凡事须量力而行。Fánshì xū liànglì ér xíng. In all matters one should act according to one's abilities.

量入为(為)出 liàng rù wéi chū live according to one's means

量刑 liàngxíng [动] determine a penalty

量子 liàngzǐ [名] quantum

晾 liàng [动] 1 (弄干) dry ▷ 晾干菜 liàng gāncài dry out vegetables 2 (晒干) air

踉 liàng 见下文

踉跄(蹌) liàngqiàng [动] stagger

撩 liāo [动] 1 (掀) raise ▷ 撩起窗帘 liāoqǐ chuānglián raise the curtain ▷ 撩撩头发 liāoliāo tóufa put one's hair up 2 (水) sprinkle
→ 另见 liáo

辽(遼) liáo [形] distant

辽(遼)阔(闊) liáokuò [形] vast ▷ 辽阔的土地 liáokuò de tǔdì vast territory

疗(療) liáo [动] treat ▶ 治疗 zhìliáo treat

疗(療)程 liáochéng [名] course of treatment

疗(療)养(養) liáoyǎng [动] convalesce ▷ 疗养院 liáoyǎngyuàn convalescent home

聊 liáo I [副] just ▷ 聊以自慰 liáo yǐ zì wèi just to console oneself II [动] (口) chat ▶ 聊天室 liáotiānshì chat room ▷ 我们经常聚在一起聊聊。Wǒmen jīngcháng jù zài yīqǐ liáoliao. We often get together for a chat.

聊赖(賴) liáolài [名] interest ▷ 百无聊赖 bǎi wú liáolài bored stiff

聊天儿(兒) liáotiānr [动] (口) chat

聊天室 liáotiānshì [名] chat room

寥 liáo [形] 1 (稀少) few ▷ 寥寥无几 liáoliáo wú jǐ very few 2 (静寂) silent

I

寥廓 liáokuò [形] (书) vast
寥寥 liáoliáo [形] few

僚 liáo [名] 1 (官吏) official ▶ 官僚 guānliáo bureaucrat 2 (同僚) associate ▶ 同僚 tóngliáo colleague

撩 liáo [动] tease
→ 另见 liāo
撩拨(撥) liáobō [动] tease

嘹 liáo 见下文
嘹亮 liáoliàng [形] clear

潦 liáo 见下文
潦草 liáocǎo [形] 1 (字迹) illegible 2 (做事) sloppy ▷ 办事潦草 bànshì liáocǎo do things sloppily
潦倒 liáodǎo [形] down on one's luck

缭(繚) liáo [动] 1 (缠绕) curl 2 (缝纫) sew (*pt* sewed, *pp* sewn) ▷ 缭贴边 liáo tiēbiān hem
缭(繚)乱(亂) liáoluàn [形] (书) confused ▷ 眼花缭乱 yǎn huā liáoluàn dazzled
缭(繚)绕(繞) liáorào [动] float in the air ▷ 烟雾缭绕。Yānwù liáorào. The smoke floated into the air.

燎 liáo [动] burn

了 liǎo I [动] 1 (完毕) finish ▷ 不了了之 bù liǎo liǎo zhī finish without any concrete results ▷ 了账 liǎozhàng settle a debt 2 (放在动词之后表示可能) ▷ 办不了 bànbuliǎo not be able to handle ▷ 受得了 shòu de liǎo be able to bear 3 (明白) understand (*pt*, *pp* understood) ▶ 明了 míngliǎo understand II [副] (书) ▷ 了无惧色 liǎowú jùsè without a trace of fear ▷ 了无长进 liǎowú zhǎngjìn no progress at all
→ 另见 le
了不得 liǎobudé [形] 1 (惊异) amazing ▷ 能做这样的事情真是了不得。Néng zuò zhèyàng de shìqing zhēnshi liǎobudé. It's amazing to be able to do such a thing. 2 (非凡) extraordinary ▷ 高兴得了不得 gāoxìng de liǎobudé extraordinarily happy 3 (严重) terrible
了不起 liǎobuqǐ [形] amazing
了得 liǎodé [形] terrible
了结(結) liǎojié [动] put an end to (*pt*, *pp* put)
了解 liǎojiě [动] 1 (知道) understand (*pt*, *pp* understood) ▷ 我了解他的为人。Wǒ liǎojiě tā de wéirén. I understand his behaviour. ▷ 政府应推动对艾滋病的了解。Zhèngfǔ yīng tuīdòng duì àizībìng de liǎojiě. The government should promote understanding of the AIDS crisis. 2 (打听) find ... out (*pt*, *pp* found) ▷ 你去了解一下事情的真相。Nǐ qù liǎojiě yīxià shìqing de zhēnxiàng. You go and find out the truth behind this matter.
了然 liǎorán [形] clear ▷ 一目了然 yī mù liǎorán in a flash of understanding
了如指掌 liǎo rú zhǐ zhǎng know like the back of one's hand

料 liào I [动] expect ▷ 我没料到你会来。Wǒ méi liàodào nǐ huì lái. I never expected that you would be able to come. ▷ 世事难料。Shì shì nán liào. Human affairs are hard to predict. ▷ 不出所料 bù chū suǒ liào as expected II [名] 1 (材料) material ▶ 木料 mùliào timber ▶ 燃料 ránliào fuel ▶ 布料 bùliào cloth 2 (谷物) feed ▶ 草料 cǎoliào fodder
料理 liàolǐ [动] manage
料想 liàoxiǎng [动] expect

撂 liào [动] (口) 1 (放下) put ... down (*pt*, *pp* put) ▷ 他把纸牌撂在桌上走出去了。Tā bǎ zhǐpái liào zài zhuō shàng zǒu chūqù le. He put the cards down on the table and left. 2 (弄倒) knock ... down ▷ 他一下就把我撂倒了。Tā yīxià jiù bǎ wǒ liàodǎo le. He knocked me down with one blow. 3 (抛弃) abandon ▷ 孩子出生后被撂掉了。Háizi chūshēng hòu bèi liàodiào le. The baby was abandoned at birth.

瞭 liào 见下文
瞭望 liàowàng [动] keep a look-out (*pt*, *pp* kept)

镣(鐐) liào [名] fetters (*pl*)
镣(鐐)铐(銬) liàokào [名] shackles (*pl*)

咧 liē 见下文
→ 另见 liě
咧咧 liēlie [动] (方) 1 (乱说) gossip 2 (哭啼) cry

咧 liě [动] grin
→ 另见 liē
咧嘴 liězuǐ [动] grin

裂 liě [动] (方) split (*pt*, *pp* split)
→ 另见 liè

列 liè I [动] 1 (排列) set ... out (*pt*, *pp* set) 2 (安排) list ▶ 列举 lièjǔ list II [名] 1 (行列) rank 2 (类别) category
列兵 lièbīng [名] private
列车(車) lièchē [名] train
列岛(島) lièdǎo [名] archipelago
列举(舉) lièjǔ [动] list

列席 lièxí [动] attend as an observer ▷ 列席会议 lièxí huìyì attend a meeting as an observer

劣 liè [形] bad ▶ 恶劣 èliè bad ▶ 低劣 dīliè inferior

劣根性 liègēnxìng [名] inherent flaw

劣迹(跡) lièjì [名] offence (英), offense (美)

劣势(勢) lièshì [名] position of weakness

劣质(質) lièzhì [形] poor-quality

烈 liè **I** [形] **1** (强烈) strong ▶ 激烈 jīliè fierce ▶ 烈性酒 lièxìng jiǔ strong liquor ▶ 猛烈 měngliè violent **2** (刚正) upright ▶ 壮烈 zhuàngliè heroic **II** [名] **1** (烈士) martyr **2** (功业) exploits (*pl*)

烈士 lièshì [名] martyr

烈性 lièxìng [形] **1** (指性情) fiery ▷ 烈性马 lièxìng mǎ a spirited horse **2** (指浓度) strong ▷ 烈性酒 lièxìng jiǔ strong liquor

猎(獵) liè [动] hunt ▶ 打猎 dǎliè go hunting

猎(獵)奇 lièqí [动] seek novelty (*pt*, *pp* sought)

裂 liè [动] split (*pt*, *pp* split) ▶ 分裂 fēnliè split ▶ 破裂 pòliè break

→ 另见 liě

裂变(變) lièbiàn [动] split (*pt*, *pp* split)

裂痕 lièhén [名] crack

裂口 lièkǒu [名] split

拎 līn [动] carry

邻(鄰) lín **I** [名] neighbour (英), neighbor (美) ▶ 邻居 línjū neighbour **II** [形] neighbouring (英), neighboring (美) ▶ 邻邦 línbāng neighbouring (英) 或 neighboring (美) country

邻(鄰)邦 línbāng [名] neighbouring (英) 或 neighboring (美) country

邻(鄰)近 línjìn **I** [动] be close to **II** [名] vicinity ▷ 邻近就有一家超市。Línjìn jiù yǒu yī jiā chāoshì. There's a supermarket in the vicinity.

邻(鄰)居 línjū [名] neighbour (英), neighbor (美)

林 lín [名] **1** (树林) wood ▷ 风景林 fēngjǐnglín scenic wood **2** (同类) ▶ 艺林 yìlín artistic circles (*pl*) ▶ 石林 shílín the Stone Forest **3** (林业) forestry ▶ 林业 línyè forestry

林立 línlì [动] cluster

林木 línmù [名] forest

林业(業) línyè [名] forestry

临(臨) lín [动] **1** (靠近) face ▶ 临危 línwēi face danger **2** (到达) reach ▶ 光临 guānglín presence **3** (将要) be about to ▶ 临产 línchǎn be in labour (英) 或 labor (美) **4** (临摹) copy

临(臨)场(場) línchǎng [动] enter a competition

临(臨)床(牀) línchuáng [形] clinical

临(臨)近 línjìn [动] be close to ▷ 那家饭店临近机场。Nà jiā fàndiàn línjìn jīchǎng. That restaurant is close to the airport. ▷ 考试临近了。Kǎoshì línjìn le. The exams are approaching.

临(臨)摹 línmó [动] copy

临(臨)时(時) línshí [副] temporarily ▷ 临时措施 línshí cuòshī temporary measures

临(臨)头(頭) líntóu [动] happen

临(臨)危 línwēi [动] **1** (即将死亡) be dying **2** (面临危险) be in mortal danger

临(臨)阵(陣)磨枪(槍) lín zhèn mó qiāng leave things until the last moment ▷ 平时要努力, 靠临阵磨枪不行。Píngshí yào nǔlì, kào lín zhèn mó qiāng bùxíng. You should work hard all the time, and not leave everything until the last moment.

临(臨)终(終) línzhōng [动] be on the point of death

淋 lín [动] drench

淋巴 línbā [名] lymph

淋漓尽(盡)致 línlí jìn zhì thorough

淋浴 línyù [动] take a shower (*pt* took, *pp* taken)

琳 lín [名] precious jade

琳琅(瑯)满(滿)目 línláng mǎn mù a feast for the eyes

粼 lín 见下文

粼粼 línlín [形] clear

嶙 lín 见下文

嶙峋 línxún [形] **1** (指山石) jagged **2** (指人体) bony

霖 lín [名] downpour

磷 lín [名] phosphorus

鳞(鱗) lín **I** [名] scale **II** [形] scaly

鳞(鱗)次栉比 lín cì zhì bǐ row upon row ▷ 街道两旁的建筑物鳞次栉比。Jiēdào liǎngpáng de jiànzhùwù lín cì zhì bǐ. On either side of the road are row upon row of houses.

凛(凜) lǐn [形] **1** (寒冷) cold **2** (严肃) strict ▶ 凛然 lǐnrán stern **3** (害怕) afraid

凛(凜)冽 lǐnliè [形] bitterly cold

凛(凜)然 lǐnrán [形] stern

吝 lìn [形] stingy ▶ 吝啬 lìnsè stingy
吝啬(嗇) lìnsè [形] stingy
吝惜 lìnxī [动] grudge

赁(賃) lìn [动] rent ▷ 房屋出赁 fángwū chūlìn room for rent
赁(賃)金 lìnjīn [名] rent

伶 líng [名](旧) actor
伶仃 língdīng [形] lonely
伶俐 línglì [形] clever
伶牙俐齿(齒) líng yá lì chǐ articulate

灵(靈) líng **I** [形] **1** (灵活) nimble ▶ 灵敏 língmǐn agile **2** (灵验) effective **II** [名] **1** (灵魂) soul **2** (神灵) deity ▶ 精灵 jīnglíng spirit **3** (灵柩) bier
灵(靈)便 língbiàn [形] **1** (指身体) nimble **2** (指工具) easy
灵(靈)丹妙药(藥) líng dān miào yào panacea
灵(靈)魂 línghún [名] soul, spirit
灵(靈)活 línghuó [形] **1** (敏捷的) agile **2** (机动的) flexible
灵(靈)机(機)一动(動) língjī yī dòng have a brainwave
灵(靈)柩 língjiù [名] bier
灵(靈)敏 língmǐn [形] sensitive
灵(靈)巧 língqiǎo [形] agile
灵(靈)堂 língtáng [名] mourning hall
灵(靈)通 língtōng [形] **1** (指信息) well-informed ▷ 他这个人信息灵通。Tā zhège rén xìnxī língtōng. He is well informed about current affairs. **2** (指效果) effective
灵(靈)性 língxìng [名] aptitude
灵(靈)验(驗) língyàn [形] **1** (有效) effective **2** (应验) accurate

囹 líng 见下文
囹圄 língyǔ [名] prison

玲 líng 见下文
玲珑(瓏) línglóng [形] **1** (精巧细致) exquisite **2** (灵活敏捷) nimble
玲珑(瓏)剔透 línglóng tītòu exquisitely made

凌(淩) líng **I** [动] **1** (侵犯) insult ▶ 欺凌 qīlíng bully **2** (升高) rise (*pt* rose, *pp* risen) **3** (逼近) approach ▶ 凌晨 língchén before daybreak **II** [名] ice ▶ 冰凌 bīnglíng icicle
凌(淩)晨 língchén [名] before daybreak
凌(淩)驾(駕) língjià [动] look down one's nose at ▷ 他总是凌驾于他人之上。Tā zǒng shì língjià yú tārén zhī shàng. He always looks down his nose at other people.
凌(淩)厉(厲) línglì [形] quick and powerful
凌(淩)乱(亂) língluàn [形] messy
凌(淩)辱 língrǔ [动] insult

铃(鈴) líng [名] **1** (响器) bell **2** (铃状物) ▶ 哑铃 yǎlíng dumb-bell
铃(鈴)铛(鐺) língdng [名] small bell

陵 líng [名] **1** (小山) mound ▶ 丘陵 qiūlíng hill **2** (陵墓) tomb
陵墓 língmù [名] tomb
陵园(園) língyuán [名] cemetery

羚 líng [名] antelope
羚羊 língyáng [名] antelope

聆 líng [动] listen
聆听(聽) língtīng [动] listen attentively

菱 líng [名] water chestnut
菱形 língxíng [名] rhombus

翎 líng [名] feather
翎毛 língmáo [名] plumage

零 líng **I** [名] **1** (零数) zero **2** (零头) odd ▷ 她年纪七十有零。Tā niánjì qīshí yǒu líng. She's seventy-odd years old. **II** [形] **1** (零碎的) odd ▶ 零活 línghuó odd jobs (*pl*) ▶ 零钱 língqián small change **2** (部分的) spare ▶ 零件 língjiàn spare parts (*pl*) **III** [动] wither ▶ 凋零 diāolíng wither and fall **IV** [连] ▷ 两年零三个月 liǎng nián líng sān gè yuè two years and three months ▷ 五元零二分 wǔ yuán líng èr fēn five yuan two fen
零部件 língbùjiàn [名] parts (*pl*)
零点(點) língdiǎn [名] midnight
零件 língjiàn [名] spare parts (*pl*)
零钱(錢) língqián [名] small change
零敲碎打 líng qiāo suì dǎ do things in bits and pieces ▷ 我建议你把作业一次做完, 别零敲碎打。Wǒ jiànyì nǐ bǎ zuòyè yī cì zuòwán, bié líng qiāo suì dǎ. I suggest that you finish your homework in one go — don't do it in bits and pieces.
零散 língsǎn [形] scattered
零食 língshí [名] snack
零售 língshòu [动] retail ▷ 零售店 língshòudiàn retail shop
零碎 língsuì **I** [形] trivial **II** [名] odds and ends (*pl*)
零头(頭) língtóu [名] **1** (零碎部分) remnant **2** (零钱) small change
零星 língxīng [形] **1** (零碎的) fragmentary **2** (少量

的) a little **3** (零散的) scattered

零用 língyòng [动] use ... as spending money

零用钱(錢) língyòngqián [名] pocket money (英), allowance (美)

龄(齡) líng [名] **1** (年龄) age **2** (年限) duration

岭(嶺) lǐng [名] **1** (山) mountain ridge **2** (山脉) range

领(領) lǐng **I** [名] **1** (衣领) collar **2** (脖颈) neck **3** (大纲) outline **II** [动] **1** (带领) lead (*pt*, *pp* led) **2** (占有) possess ▶ 占领 zhànlǐng occupy **3** (领取) get ▶ 招领 zhāolǐng advertise lost property ▶ 冒领 màolǐng falsely lay claim to **4** (接受) accept **5** (了解) understand (*pt*, *pp* understood) **6** (领养) adopt ▷ 这孩子有人领了。 Zhè háizi yǒu rén lǐng le. Someone has adopted this child. **III** [形] belonging to ▶ 领土 lǐngtǔ territory **IV** [量] ▷ 一领凉席 yī lǐng liángxí a summer mat ▷ 一领长袍 yī lǐng chángpáo a long dress

领(領)班 lǐngbān [名] supervisor

领(領)带(帶) lǐngdài [名] tie

领(領)导(導) lǐngdǎo **I** [动] lead (*pt*, *pp* led) ▷ 他领导有方。 Tā lǐngdǎo yǒu fāng. He's an effective leader. **II** [名] leader ▷ 好的领导总是承认自己的错误。 Hǎo de lǐngdǎo zǒng shì chéngrèn zìjǐ de cuòwù. A good leader always acknowledges his or her mistakes.

领(領)地 lǐngdì [名] **1** (指私人土地) fief **2** (指国家领土) territory

领(領)海 lǐnghǎi [名] territorial waters (*pl*)

领(領)会(會) lǐnghuì [动] understand (*pt*, *pp* understood)

领(領)教 lǐngjiào [动] **1** (表示客气) accept ▷ 你说得对，领教了！ Nǐ shuō de duì, lǐngjiào le! You're right, I take your point. **2** (表示请教) ask for advice ▷ 有几个问题要向您领教一下，好吗？ Yǒu jǐ gè wèntí yào xiàng nín lǐngjiào yīxià, hǎo ma? Can I ask you for your advice about a few things? **3** (体验) experience

领(領)空 lǐngkōng [名] air space

领(領)略 lǐnglüè [动] appreciate

领(領)情 lǐngqíng [动] be grateful ▷ 你的帮助，我十分领情。 Nǐ de bāngzhù, wǒ shífēn lǐngqíng. I am extremely grateful for your help.

领(領)取 lǐngqǔ [动] get

领(領)事 lǐngshì [名] consul

领(領)受 lǐngshòu [动] accept

领(領)头(頭)儿(兒) lǐngtóur [动] take the lead (*pt* took, *pp* taken)

领(領)土 lǐngtǔ [名] territory

领(領)悟 lǐngwù [动] comprehend

领(領)先 lǐngxiān [动] lead (*pt*, *pp* led) ▷ 他在比赛中遥遥领先。 Tā zài bǐsài zhōng yáoyáo lǐngxiān. He took a runaway lead in the competition.

领(領)衔(銜) lǐngxián [动] **1** (领头) head a list **2** (主演) star ▷ 他在一部新影片中领衔主演。 Tā zài yī bù xīn yǐngpiàn zhōng lǐngxián zhǔyǎn. He's starring in a new film.

领(領)袖 lǐngxiù [名] leader

领(領)养(養) lǐngyǎng [动] adopt

领(領)有 lǐngyǒu [动] possess

领(領)域 lǐngyù [名] **1** (区域) district **2** (范围) field ▷ 社会科学领域 shèhuì kēxué lǐngyù the field of social sciences

---

另 lìng **I** [代] another **II** [副] separately

另当(當)别(別)论(論) lìng dāng bié lùn treat ... differently ▷ 他的问题应该另当别论。 Tā de wèntí yīnggāi lìng dāng bié lùn. His problem should be treated differently.

另类(類) lìnglèi [名] something out of the ordinary

另起炉(爐)灶 lìng qǐ lú zào make a fresh start

另外 lìngwài **I** [代] other ▷ 我不喜欢这些衣服，我喜欢另外那些。 Wǒ bù xǐhuan zhèxiē yīfu, wǒ xǐhuan lìngwài nàxiē. I don't like these clothes — I like the others. **II** [副] in addition ▷ 我去了邮局，另外还去了果蔬店。 Wǒ qùle yóujú, lìngwài hái qùle guǒshūdiàn. In addition to going to the post office, I also went to the greengrocer.

另眼相看 lìng yǎn xiāng kàn look at ... in a new light

令 lìng **I** [名] **1** (命令) order **2** (酒令) drinking game **3** (时节) season ▷ 时令菜 shílìngcài seasonal vegetables **II** [动] **1** (命令) order **2** (使) make **III** [形] **1** (美好) excellent ▶ 令誉 lìngyù good reputation **2** (表示尊敬) your

令行禁止 lìng xíng jìn zhǐ stick to the letter of the law

溜 liū **I** [动] **1** (滑行) slide (*pt*, *pp* slid) **2** (走开) sneak off **3** (加热) heat **4** (熘) quick fry **II** [形] smooth

溜达(達) liūda [动] go for a stroll

溜须(鬚)拍马(馬) liū xū pāi mǎ toady

刘(劉) liú 见下文

刘(劉)海儿(兒) liúhǎir [名] fringe (英), bangs (美) (*pl*)

浏(瀏) liú [形] clear

浏(瀏)览(覽) liúlǎn [动] glance over

留 liú [动] **1** (不走) stay **2** (使留) keep ... back (*pt*, *pp* kept) ▶ 挽留 wǎnliú persuade ... to stay **3** (留意) be careful ▶ 留神 liúshén be careful **4** (保留) keep (*pt*, *pp* kept) **5** (积蓄) grow (*pt* grew, *pp* grown) ▷ 留胡子 liú húzi grow a beard **6** (接受) accept **7** (遗留) leave ... behind (*pt*, *pp* left) ▷ 他死后留下很多遗产。Tā sǐ hòu liúxià hěn duō yíchǎn. When he died he left behind a considerable legacy. **8** (留学) study abroad ▷ 留英 liú Yīng study in Britain

留步 **liúbù** [动] stop here

留后(後)路 **liú hòulù** [动] leave a way out (*pt*, *pp* left)

留后(後)手 **liú hòushǒu** [名] leave room for manoeuvre (英) 或 maneuver (美) (*pt*, *pp* left)

留恋(戀) **liúliàn** [动] be reluctant to leave

留念 **liúniàn** [动] keep as a souvenir (*pt*, *pp* kept)

留情 **liúqíng** [动] show mercy (*pt* showed, *pp* shown)

留任 **liúrèn** [动] remain in office

留神 **liúshén** [动] be on the alert

留宿 **liúsù** [动] put ... up for the night (*pt*, *pp* put)

留心 **liúxīn** [动] take note (*pt* took, *pp* taken)

留学(學) **liúxué** [动] study abroad ▷ 她要到国外去留学。Tā yào dào guówài qù liúxué. She wants to go abroad to study.

留言 **liúyán** [动] leave a message (*pt*, *pp* left)

留意 **liúyì** [动] look ... out

留影 **liúyǐng** [动] have a picture taken as a souvenir

流 liú **I** [动] **1** (流动) flow ▶ 漂流 piāoliú drift **2** (传播) spread (*pt*, *pp* spread) **3** (转变) change for the worse **4** (发配) banish ▶ 流放 liúfàng exile **II** [名] **1** (水流) current ▶ 洪流 hóngliú torrent **2** (等级) grade ▶ 一流 yīliú first-class

流弊 **liúbì** [名] abuse

流产(產) **liúchǎn** [动] **1** (医) have an abortion **2** (失败) fall through (*pt* fell, *pp* fallen)

流畅(暢) **liúchàng** [形] graceful

流程 **liúchéng** [名] **1** (指水流) course **2** (指生产) flow

流传(傳) **liúchuán** [动] spread (*pt*, *pp* spread)

流窜(竄) **liúcuàn** [动] go on the run

流动(動) **liúdòng** [动] **1** (移动) flow **2** (流离) move about ▷ 流动演出队 liúdòng yǎnchūduì travelling (英) 或 traveling (美) performing troupe

流毒 **liúdú** [动] spread evil influence (*pt*, *pp* spread)

流芳百世 **liúfāng bǎishì** be remembered for posterity

流放 **liúfàng** [动] exile

流感 **liúgǎn** [名] the flu

流浪 **liúlàng** [动] roam about

流离(離)失所 **liúlí shī suǒ** destitute and homeless

流利 **liúlì** [形] fluent ▷ 他讲一口非常流利的英语。Tā jiǎng yī kǒu fēicháng liúlì de Yīngyǔ. He speaks completely fluent English.

流里(裡)流气(氣) **liúliliúqì** naughty

流连(連)忘返 **liúlián wàngfǎn** enjoy oneself so much that one forgets to go home ▷ 这里的美景令我们流连忘返。Zhèlǐ de měijǐng lìng wǒmen liúlián wàngfǎn. The scenery here is so lovely that I don't want to go home.

流露 **liúlù** [动] reveal

流落 **liúluò** [动] drift about

流氓 **liúmáng** [名] **1** (指行为) perversion **2** (指人) hooligan

流派 **liúpài** [名] school

流失 **liúshī** [动] erode

流水 **liúshuǐ** [名] **1** (流动水) running water **2** (销售额) turnover

流淌 **liútǎng** [动] flow

流体(體) **liútǐ** [名] fluid

流通 **liútōng** [动] circulate ▷ 货币流通 huòbì liútōng circulation of money

流线(線)型 **liúxiànxíng** [形] streamlined

流星 **liúxīng** [名] meteor

流行 **liúxíng** [动] be fashionable ▷ 这种服装开始流行起来。Zhè zhǒng fúzhuāng kāishǐ liúxíng qǐlái. These clothes are becoming fashionable. ▷ 流行音乐 liúxíng yīnyuè pop music

流言 **liúyán** [名] gossip

流域 **liúyù** [名] basin

硫 liú [名] sulphur (英), sulfur (美)

硫酸 **liúsuān** [名] sulphuric (英) 或 sulfuric (美) acid

瘤 liú [名] tumour (英), tumor (美) ▶ 瘤子 liúzi tumour (英), tumor (美)

瘤子 **liúzi** [名] tumour (英), tumor (美)

柳 liǔ [名] willow ▶ 柳树 liǔshù willow

柳树(樹) **liǔshù** [名] willow

柳絮 **liǔxù** [名] catkin

绺(綹) liǔ [量] hank ▷ 一绺头发 yī liǔ tóufa a lock of hair

六 liù [数] six

六月 **liùyuè** [名] June

陆(陸) liù [数] six
→另见 lù

This is the complex character for "six", which is mainly used in banks, on receipts etc. to prevent mistakes and forgery.

遛 liù [动] **1** (指人) take a stroll (*pt* took, *pp* taken) **2** (指动物) walk ▸遛狗 liùgǒu walk the dog ▹我要出去遛狗。Wǒ yào chūqù liùgǒu. I have to go out to walk the dog.

馏(餾) liù [动] warm ... up

龙(龍) lóng **I** [名] dragon **II** [形] imperial ▹龙袍 lóngpáo imperial robe
龙(龍)飞(飛)凤(鳳)舞 lóng fēi fèng wǔ lively and elegant
龙(龍)卷(捲)风(風) lóngjuǎnfēng [名] tornado
龙(龍)腾(騰)虎跃(躍) lóng téng hǔ yuè bustle about
龙(龍)头(頭) lóngtóu [名] tap (英), faucet (美)

聋(聾) lóng [形] deaf
聋(聾)子 lóngzi [名] ▹他是个聋子。Tā shì gè lóngzi. He's deaf.

笼(籠) lóng [名] **1** (笼子) cage ▸笼子 lóngzi cage **2** (笼屉) steamer
→另见 lǒng

隆 lóng **I** [形] **1** (盛大) grand ▸隆重 lóngzhòng solemn **2** (兴盛) prosperous **3** (深厚) deep **II** [动] bulge
隆冬 lóngdōng [名] midwinter
隆隆 lónglóng [拟] rumble
隆重 lóngzhòng [形] solemn

拢(攏) lǒng [动] **1** (聚拢) hold (*pt*, *pp* held) **2** (靠近) get close to **3** (总合) add ... up **4** (梳理) comb **5** (合上) close

垄(壟) lǒng [名] **1** (土埂) ridge **2** (小路) *raised path between fields*
垄(壟)断(斷) lǒngduàn [动] monopolize

笼(籠) lǒng [动] cover
→另见 lóng
笼(籠)络(絡) lǒngluò [动] win ... over (*pt*, *pp* won)
笼(籠)统(統) lǒngtǒng [形] general ▹笼统地介绍 lǒngtǒng de jièshào give a general introduction
笼(籠)罩 lǒngzhào [动] envelop

弄 lòng [名] (方) lane
→另见 nòng
弄堂 lòngtáng [名] (方) alley

搂(摟) lōu [动] **1** (聚集) rake ... up **2** (提起) pull ... up **3** (搜刮) extort **4** (方) (扳) pull **5** (方) (核算) check
→另见 lǒu

娄(婁) lóu **I** [形] (方) feeble **II** [动] (方) go bad
娄(婁)子 lóuzi [名] (口) blunder

楼(樓) lóu [名] **1** (楼房) tall building ▹教学楼 jiàoxuélóu teaching block **2** (楼层) floor ▹语音室在二楼。Yǔyīn shì zài èr lóu. The language lab is on the second floor. **3** (城楼) city gate tower
楼(樓)房 lóufáng [名] multi-storey building
楼(樓)盘(盤) lóupán [名] building
楼(樓)梯 lóutī [名] stairs (*pl*)

搂(摟) lǒu [动] embrace
→另见 lōu
搂(摟)抱 lǒubào [动] embrace

篓(簍) lǒu [名] basket

陋 lòu [形] **1** (难看) ugly ▸丑陋 chǒulòu ugly **2** (狭小) narrow **3** (粗俗) common **4** (肤浅) shallow ▸浅陋 qiǎnlòu superficial
陋习(習) lòuxí [名]

漏 lòu [动] **1** (雨, 水) leak **2** (消息, 风声) divulge **3** (词, 句) leave ... out (*pt*, *pp* left)
漏洞 lòudòng [名] **1** (空隙) leak **2** (破绽) loophole
漏斗 lòudǒu [名] funnel
漏网(網) lòuwǎng [动] slip through the net

镂(鏤) lòu **I** [动] engrave **II** [名] engraving plate
镂(鏤)刻 lòukè [动] engrave

露 lòu [动] reveal
→另见 lù
露富 lòufù [动] flaunt one's wealth
露脸(臉) lòuliǎn [动] enjoy one's moment of fame
露马(馬)脚(腳) lòu mǎjiǎo [动] give oneself away (*pt* gave, *pp* given)
露头(頭) lòutóu [动] **1** (露出头) show one's face (*pt* showed, *pp* shown) **2** (刚出现) appear
露馅(餡)儿(兒) lòuxiànr [动] give the game away (*pt* gave, *pp* given)

芦(蘆) lú [名] reed
芦(蘆)苇(葦) lúwěi [名] reed

庐(廬) lú [名] cottage
庐(廬)山真面目 Lú Shān zhēn miànmù true character

炉(爐) lú [名] stove ▷ 煤油炉 méiyóulú paraffin (英) 或 kerosene (美) stove ▷ 炼钢炉 liàngānglú steel-making furnace
炉(爐)火纯(純)青 lú huǒ chún qīng reach perfection
炉(爐)灶 lúzào [名] kitchen range

颅(顱) lú [名] skull

卤(滷) lǔ I [名] 1 (盐卤) bittern 2 (卤汁) thick gravy II [动] stew ... in soy sauce
卤(滷)肉 lǔròu [名] pot-stewed meat

虏(虜) lǔ I [名] captive ▶ 俘虏 fúlǔ prisoner of war II [动] capture

掳(擄) lǔ [动] carry ... off
掳(擄)掠 lǔlüè [动] pillage

鲁(魯) lǔ [形] 1 (迟钝) stupid ▶ 愚鲁 yúlǔ ignorant 2 (莽撞) impetuous ▶ 粗鲁 cūlǔ coarse
鲁(魯)莽 lǔmǎng [形] rash

陆(陸) lù [名] land
→ 另见 liù
陆(陸)地 lùdì [名] land
陆(陸)军(軍) lùjūn [名] land forces (*pl*)
陆(陸)续(續) lùxù [副] one after another ▷ 代表团陆续抵达。Dàibiǎotuán lùxù dǐdá. The delegates arrived one after the other.

录(錄) lù I [名] record II [动] 1 (记载) record ▶ 记录 jìlù take notes 2 (选取) choose (*pt* chose, *pp* chosen) ▶ 选录 xuǎnlù select 3 (录音) tape-record
录(錄)取 lùqǔ [动] admit ▷ 她被剑桥大学录取了。 Tā bèi Jiànqiáo Dàxué lùqǔ le. She was given a place at the University of Cambridge.
录(錄)像 lùxiàng [动] video (英), videotape (美)
录(錄)音 lùyīn [动] record
录(錄)用 lùyòng [动] recruit

鹿 lù [名] deer
鹿死谁(誰)手 lù sǐ shéi shǒu who will win the prize ▷ 到底鹿死谁手，一会儿就见分晓了。 Dàodǐ lù sǐ shéi shǒu, yīhuìr jiù jiàn fēnxiǎo le. As to who will win the prize, we'll find out soon.

禄(祿) lù [名] (旧) official pay ▶ 俸禄 fènglù official's salary

碌(碌) lù [形] 1 (平凡) ordinary ▶ 庸碌 yōnglù mediocre 2 (繁忙) busy ▶ 忙碌 mánglù busy
碌(碌) lùlù [形] 1 (平庸) commonplace 2 (辛苦) busy

路 lù [名] 1 (道路) road ▶ 路标 lùbiāo signpost 2 (路程) journey ▷ 一路平安 yī lù píng'ān have a safe journey 3 (门路) means ▶ 财路 cáilù a means of getting rich 4 (条理) sequence ▶ 思路 sīlù train of thought 5 (地区) sort ▷ 外路货 wàilùhuò foreign goods 6 (路线) route ▶ 8路车 bā lù chē No. 8 bus 7 (种类) kind ▷ 他俩是一路的。Tā liǎ shì yīlù de. They're two of a kind. ▷ 他们俩不是一路人。Tāmen liǎ bùshì yīlù rén. They're two very different people.
路标(標) lùbiāo [名] signpost
路程 lùchéng [名] journey
路过(過) lùguò [动] pass through
路径(徑) lùjìng [名] 1 (道路) route 2 (门路) means (*sg*)
路况(況) lùkuàng [名] road conditions (*pl*)
路口 lùkǒu [名] crossing (英), intersection (美)
路线(線) lùxiàn [名] 1 (指交通) route 2 (指思想) line
路子 lùzi [名] way

辘(轆) lù 见下文
辘(轆)轳(轤) lùlu [名] winch
辘(轆)辘(轆) lùlù [拟] rumble

戮 lù [动] 1 (杀) kill ▶ 杀戮 shālù slaughter 2 (合) unite

麓 lù [名] (书) foot of a mountain ▶ 山麓 shānlù foot of a mountain

露 lù I [名] 1 (水珠) dew 2 (饮品) juice II [动] reveal ▶ 暴露 bàolù expose ▶ 揭露 jiēlù unmask
→ 另见 lòu
露骨 lùgǔ [形] undisguised
露宿 lùsù [动] sleep outdoors (*pt*, *pp* slept)
露天 lùtiān [名] the open air ▷ 露天剧场 lùtiān jùchǎng open-air theatre (英) 或 theater (美)
露头(頭)角 lù tóujiǎo [动] show promise (*pt* showed, *pp* shown)
露营(營) lùyíng [动] camp out

驴(驢) lú [名] donkey
驴(驢)唇(脣)不对(對)马(馬)嘴 lú chún bù duì mǎ zuǐ incongruous

侣(侶) lǚ [名] companion ▸ 情侣 qínglǚ lover ▸ 伴侣 bànlǚ partner

侣(侶)伴 lǚbàn [名] partner

捋 lǚ [动] stroke

→ 另见 luō

旅 lǚ I [名] 1 (军队编制) brigade 2 (泛指军队) force II [动] travel ▸ 差旅费 chāilǚfèi travel expenses (pl) III [副] together

旅伴 lǚbàn [名] travelling (英) 或 theater (美) companion

旅程 lǚchéng [名] itinerary

旅居 lǚjū [动] live away from home

旅馆(館) lǚguǎn [名] hotel

旅客 lǚkè [名] passenger

旅途 lǚtú [名] journey ▹ 祝你旅途愉快！ Zhù nǐ lǚtú yúkuài! Have a good journey!

旅行 lǚxíng [动] travel

旅游(遊) lǚyóu [名] tour ▹ 旅游业 lǚyóuyè tourism ▹ 去国外旅游 qù guówài lǚyóu travel abroad

铝(鋁) lǚ [名] aluminium (英), aluminum (美)

屡(屢) lǚ [副] repeatedly

屡(屢)次 lǚcì [副] repeatedly

屡(屢)见(見)不鲜(鮮) lǚ jiàn bù xiān common occurrence

屡(屢)屡(屢) lǚlǚ [副] time and again

缕(縷) lǚ I [名] thread II [量] wisp ▹ 一缕烟 yī lǚ yān a wisp of smoke

缕(縷)缕(縷) lǚlǚ [形] continuous

履 lǚ I [名] 1 (鞋子) shoe 2 (脚步) step II [动] 1 (踩踏) walk on ▹ 如履薄冰 rú lǚ báo bīng treading on thin ice 2 (执行) carry ... out

履历(歷) lǚlì [名] personal details (pl) ▹ 履历表 lǚlìbiǎo CV (英), résumé (美)

履行 lǚxíng [动] carry ... out

律 lǜ I [名] law ▸ 纪律 jìlǜ discipline ▸ 定律 dìnglǜ law II [动] restrain ▸ 自律 zìlǜ self-disciplined

律师(師) lǜshī [名] lawyer

> 在英式英语和美式英语中，**lawyer** 是对律师的通称，表示某人具有法律专业资格，并能够为他人做司法代理。在美式英语中，**lawyer** 具有备案资格，并且可以代表其当事人上庭辩护。美式英语中，**lawyer** 的同义词是 **attorney**。在英国，由 **solicitor** 处理诸如遗嘱和合同之类的法律文件，并且准备上庭所需要的各类文件；由 **solicitor** 上庭为当事人辩护，特别是在初级法院审理的案件。在高等法院中，通常由 **barrister** 为控辩双方辩护。在苏格兰，**barrister** 被称为 **advocate**。

虑(慮) lǜ I [动] think about (pt, pp thought) ▸ 考虑 kǎolǜ consider II [名] concern ▸ 忧虑 yōulǜ worry

绿(綠) lǜ [形] green ▸ 绿灯 lǜdēng green light

绿(綠)灯(燈) lǜdēng [名] 1 (指交通信号) green light 2 (指方便条件) the go-ahead

绿(綠)化 lǜhuà [动] make ... green ▹ 绿化荒山 lǜhuà huāngshān plant trees on the mountains

绿(綠)卡 lǜkǎ [名] green card

绿(綠)油油 lǜyóuyóu [形] glossy green

绿(綠)洲 lǜzhōu [名] oasis (pl oases)

氯 lǜ [名] chlorine

滤(濾) lǜ [动] filter ▸ 过滤 guòlǜ filter

孪(孿) luán 见下文

孪(孿)生 luánshēng [动] be a twin ▹ 孪生兄弟 luánshēng xiōngdì twin brothers

挛(攣) luán [动] curl up ▸ 痉挛 jìngluán convulse

卵 luǎn [名] ovum (pl ova)

卵巢 luǎncháo [名] ovary

卵子 luǎnzǐ [名] ovum (pl ova)

乱(亂) luàn I [形] 1 (没有秩序的) disorderly ▸ 杂乱 záluàn messy ▸ 混乱 hùnluàn confused 2 (心绪不宁的) disturbed II [名] 1 (指冲突) chaos ▸ 战乱 zhuànluàn war chaos ▸ 骚乱 sāoluàn disturbance 2 (指男女) promiscuity ▸ 淫乱 yínluàn licentiousness III [动] confuse ▸ 扰乱 rǎoluàn disturb IV [副] carelessly

乱(亂)哄哄 luànhōnghōng [形] chaotic

乱(亂)七八糟 luànqībāzāo in a mess

乱(亂)世 luànshì [名] turbulent times (pl)

乱(亂)真 luànzhēn [动] pass ... off as genuine ▹ 以假乱真 yǐ jiǎ luàn zhēn pass off a fake as genuine

乱(亂)子 luànzi [名] disturbance

掠 lüè [动] 1 (掠夺) ransack ▸ 抢掠 qiǎnglüè plunder 2 (拂过) speed past (pt, pp sped)

掠夺(奪) lüèduó [动] plunder

掠取 lüèqǔ [动] grab

l

掠影 lüèyǐng [名] panorama

略 lüè **I** [名] **1** (简述) summary ▶ 要略 yàolüè summary ▶ 节略 jiélüè outline **2** (计谋) plan ▶ 策略 cèlüè tactic ▶ 方略 fānglüè general plan **II** [动] **1** (夺取) capture ▶ 侵略 qīnlüè invade **2** (简化) simplify ▶ 省略 shěnglüè omit **III** [形] simple **IV** [副] slightly

略微 lüèwēi [副] a little

略语(語) lüèyǔ [名] abbreviation

抡(掄) lūn [动] swing (*pt, pp* swung)

伦(倫) lún [名] **1** (人伦) human relationships (*pl*) **2** (条理) order **3** (同类) match

伦(倫)敦 Lúndūn [名] London

伦(倫)比 lúnbǐ [动] rival

伦(倫)理 lúnlǐ [名] ethics (*sg*)

沦(淪) lún [动] **1** (沉没) sink (*pt* sank, *pp* sunk) **2** (没落) be reduced to ▷ 这位前总统已沦为阶下囚。Zhè wèi qián zǒngtǒng yǐ lúnwéi jiēxiàqiú. The former president was reduced to the status of a prisoner.

沦(淪)落 lúnluò [动] sink to (*pt* sank, *pp* sunk)

沦(淪)丧(喪) lúnsàng [动] be ruined

沦(淪)陷 lúnxiàn [动] be occupied

轮(輪) lún **I** [名] **1** (轮子) wheel **2** (轮状物) ▶ 年轮 niánlún growth ring **3** (轮船) steamship **II** [量] ▷ 一轮明月 yī lún míngyuè a bright moon ▷ 他比我大一轮。Tā bǐ wǒ dà yī lún. He's a dozen years older than me.

轮(輪)船 lúnchuán [名] steamship

轮(輪)番 lúnfān [副] successively

轮(輪)换(換) lúnhuàn [动] take turns (*pt* took, *pp* taken) ▷ 他们轮换站岗。Tāmen lúnhuàn zhàngǎng. They took turns to stand guard.

轮(輪)回(迴) lúnhuí [动] recur

轮(輪)廓 lúnkuò [名] outline

轮(輪)流 lúnliú [副] in turns ▷ 我们轮流辅导孩子学习。Wǒmen lúnliú fǔdǎo háizi xuéxí. We take it in turns to coach the child.

轮(輪)椅 lúnyǐ [名] wheelchair

论(論) lùn **I** [名] **1** (文章) essay ▶ 立论 lìlùn argument ▶ 社论 shèlùn editorial **2** (学说) theory ▷ 相对论 xiāngduìlùn theory of relativity **II** [动] **1** (分析) discuss ▶ 评论 pínglùn comment on ▶ 争论 zhēnglùn dispute **2** (看待) consider ▷ 不能一概而论。Bùnéng yī gài ér lùn. You can't consider everything at once. **3** (衡量) set (*pt, pp* set) ▷ 按质论价 àn zhì lùn jià determine price according to quality **III** [介] in terms of ▷ 论水平，他比我强。Lùn shuǐpíng, tā bǐ wǒ qiáng. In terms of ability, he's better than I am.

论(論)处(處) lùnchǔ [动] punish

论(論)点(點) lùndiǎn [名] argument

论(論)调(調) lùndiào [名] view

论(論)断(斷) lùnduàn [名] thesis (*pl* theses)

论(論)据(據) lùnjù [名] argument

论(論)述 lùnshù [动] set forth (*pt, pp* set) ▷ 精辟的论述 jīngpì de lùnshù brilliant analysis

论(論)坛(壇) lùntán [名] forum ▷ 世界经济论坛 shìjiè jīngjì lùntán the World Economic Forum

论(論)文 lùnwén [名] dissertation

论(論)战(戰) lùnzhàn [动] debate

论(論)证(證) lùnzhèng **I** [名] proof **II** [动] expound

论(論)著 lùnzhù [名] work

捋 luō [动] stroke
→ 另见 lǚ

罗(羅) luó **I** [名] **1** (网) net **2** (筛) sieve **3** (丝织品) silk gauze **II** [动] **1** (捕捉) catch ... with a net (*pt, pp* caught) **2** (陈列) spread ... out (*pt, pp* spread) **3** (搜集) collect

罗(羅)锅(鍋)儿(兒) luóguōr **I** [名] hunchback **II** [形] hunchbacked ▷ 罗锅桥 luóguōqiáo humpbacked bridge

罗(羅)列 luóliè [动] **1** (陈列) set ... out (*pt, pp* set) **2** (列举) enumerate

罗(羅)马(馬)数(數)字 Luómǎ shùzì [名] Roman numeral

罗(羅)盘(盤) luópán [名] compass

罗(羅)网(網) luówǎng [名] net

罗(羅)织(織) luózhī [动] frame

萝(蘿) luó [名] trailing plant

萝(蘿)卜(蔔) luóbo [名] turnip ▶ 胡萝卜 húluóbo carrot

逻(邏) luó [动] patrol

逻(邏)辑(輯) luóji [名] logic ▷ 逻辑推理 luóji tuīlǐ logical reasoning

锣(鑼) luó [名] gong

箩(籮) luó [名] bamboo basket

箩(籮)筐 luókuāng [名] large bamboo basket

骡(騾) luó [名] mule

螺 luó [名] **1** (指动物) snail **2** (指指纹) whorl

螺钉(釘) luódīng [名] screw

螺旋 **luóxuán** [名] **1** (曲线) spiral **2** (指简单机械) screw

裸 **luǒ** [动] expose

裸露 **luǒlù** [动] expose

裸体(體) **luǒtǐ** [形] naked

骆(駱) **luò** 见下文

骆(駱)驼(駝) **luòtuo** [名] camel

络(絡) **luò** 见下文

络(絡)绎(繹)不绝(絕) **luòyì bù jué** endless stream ▷ 参观的人络绎不绝。**Cānguān de rén luòyì bù jué.** There was an endless stream of spectators.

落 **luò I** [动] **1** (掉下) fall (*pt* fell, *pp* fallen) ▶ 脱落 **tuōluò** shed ▶ 坠落 **zhuìluò** drop **2** (下降) go down ▶ 降落 **jiàngluò** descend **3** (降下) lower **4** (衰败) decline ▶ 衰落 **shuāiluò** wane **5** (落后) fall behind (*pt* fell, *pp* fallen) ▶ 落榜 **luòbǎng** fail an examination **6** (停留) stay ▶ 落栈 **luòzhàn** stay at a hotel **7** (归属) fall to (*pt* fell, *pp* fallen) ▷ 家庭的重任落在了他的身上。**Jiātíng de zhòngrèn luòzàile tā de shēnshang.** The responsibilities of the household fell to him. **8** (得到) suffer ▷ 从政就意味着要落责难。**Cóngzhèng jiù yìwèi zhe yào luò zénàn.** Being a politician means laying oneself open to public censure. **9** (记录) record **II** [名] **1** (停留之地) whereabouts (*pl*) ▶ 着落 **zhuóluò** location ▶ 下落 **xiàluò** whereabouts (*pl*) **2** (聚居之地) settlement ▶ 部落 **bùluò** tribe ▶ 村落 **cūnluò** village

→ 另见 **là**, **lào**, **là**

落榜 **luòbǎng** [动] fail the college entrance examination

落差 **luòchā** [名] drop

落成 **luòchéng** [动] complete

落地 **luòdì** [动] **1** (坠地) fall to the ground (*pt* fell, *pp* fallen) **2** (出生) be born

落后(後) **luòhòu I** [动] fall behind (*pt* fell, *pp* fallen) ▷ 落后于时代 **luòhòu yú shídài** fall behind the times **II** [形] backward

落户(戶) **luòhù** [动] settle

落花流水 **luò huā liú shuǐ** in a sorry state

落脚(腳) **luòjiǎo** [动] stay

落井下石 **luò jǐng xià shí** kick a man when he's down

落空 **luòkōng** [动] come to nothing (*pt* came, *pp* come)

落落大方 **luòluò dàfang** elegant and graceful

落马(馬) **luòmǎ** [动] be brought to justice

落难(難) **luònàn** [动] suffer misfortune

落魄 **luòpò** [形] (书) (潦倒) down-and-out

落实(實) **luòshí I** [形] workable **II** [动] implement

落网(網) **luòwǎng** [动] be caught

落伍 **luòwǔ I** [动] drop out **II** [形] outdated

落叶(葉)归(歸)根 **luò yè guī gēn** return to one's roots

落座 **luòzuò** [动] take one's seat (*pt* took, *pp* taken)

摞 **luò I** [动] pile ... up **II** [量] ▷ 一摞杂志 **yī luò zázhì** a stack of magazines ▷ 一摞碟子 **yī luò diézi** a pile of plates

Mm

妈(媽) mā [名] 1 (口) (母亲) mum (英), mom (美) 2 (长一辈妇女) ▶ 姑妈 gūmā aunt ▶ 舅妈 jiùmā aunt

妈(媽)妈(媽) **māma** [名] (口) mum (英), mom (美)

抹 mā [动] 1 (擦) wipe ▷ 我把桌子抹干净了。 **Wǒ bǎ zhuōzi mā gānjìng le.** I wiped the table clean. 2 (拉) pull ▷ 他把帽檐儿往下一抹。 **Tā bǎ màoyánr wǎng xià yī mā.** He pulled the brim of his hat down.

→ 另见 **mǒ**

抹布 **mābù** [名] cloth

麻 má I [名] 1 (指植物) hemp ▶ 大麻 **dàmá** marijuana ▶ 亚麻 **yàmá** flax 2 (指纤维) hemp 3 (芝麻) sesame 4 (麻将牌) mahjong II [形] 1 (麻木) numb ▷ 我的脚都站麻了。 **Wǒ de jiǎo dōu zhànmá le.** My foot has gone numb from standing for so long. 2 (粗糙) rough

麻痹(痺) **mábì** I [名] paralysis ▶ 小儿麻痹症 **xiǎo'ér mábìzhèng** polio II [动] lower one's guard ▷ 麻痹对手 **mábì duìshǒu** throw one's opponent off guard

麻烦(煩) **máfan** I [形] problematic ▷ 入学手续很麻烦。 **Rùxué shǒuxù hěn máfan.** The enrolment process was problematic. ▷ 申请签证很麻烦。 **Shēnqǐng qiānzhèng hěn máfan.** Applying for visas can be such a hassle. II [名] trouble III [动] trouble ▷ 不好意思，麻烦您了。 **Bù hǎoyìsi, máfan nín le.** Sorry to trouble you.

麻将(將) **májiàng** [名] mahjong

> The game of mahjong is usually played by four people. 144 tiles appearing like dominoes and bearing various designs are drawn and discarded until one player has an entire hand of winning combinations. The game requires strategy as well as luck. In China, mahjong is also a popular gambling game.

麻利 **máli** [形] dexterous

麻木 **mámù** [形] 1 (指知觉) numb ▷ 他冻得手脚麻木了。 **Tā dòng de shǒujiǎo mámù le.** He was so cold that his hands and feet went numb. 2 (喻) (迟钝) insensitive ▷ 他对别人的批评很麻木。 **Tā duì biérén de pīpíng hěn mámù.** He's insensitive to the criticisms of others.

麻木不仁 **mámù bù rén** (贬) 1 (反应迟钝) be insensitive 2 (不关心) uncaring

麻酥酥 **másūsū** [形] tingly ▷ 蹲了一小会儿，脚就麻酥酥的。 **Dūnle yī xiǎo huìr, jiǎo jiù másūsū de.** After squatting for a short while, I got pins and needles in my feet.

麻醉 **mázuì** [动] 1 (医) anaesthetize (英), anesthetize (美) ▷ 全身麻醉 **quánshēn mázuì** a general anaesthetic (英) 或 anesthetic (美) 2 (喻) be lulled

马(馬) mǎ [名] horse

马(馬)不停蹄 **mǎ bù tíng tí** non-stop

马(馬)达(達) **mǎdá** [名] motor

马(馬)大哈 **mǎdàhā** I [形] careless II [名] scatterbrain

马(馬)到成功 **mǎ dào chénggōng** achieve immediate success

马(馬)后(後)炮(砲) **mǎhòupào** [名] ▷ 他总是爱放马后炮。 **Tā zǒngshì ài fàng mǎhòupào.** He's always too slow to act. ▷ 事后才提建议，这不是马后炮嘛！ **Shì hòu cái tí jiànyì, zhè bùshì mǎhòupào ma!** Isn't it a bit late to be making suggestions after the event?

马(馬)虎 **mǎhu** [形] careless

马(馬)脚(腳) **mǎjiǎo** [名] giveaway ▷ 走私者在海关露了马脚。 **Zǒusīzhě zài hǎiguān lòule mǎjiǎo.** The smugglers gave themselves away at customs.

马(馬)拉松 **mǎlāsōng** [名] marathon ▷ 马拉松式的研究 **mǎlāsōng shì de yánjiū** a marathon piece of research

马(馬)来(來)西亚(亞) **Mǎláixīyà** [名] Malaysia

马(馬)路 **mǎlù** [名] road

马(馬)马(馬)虎虎 **mǎmǎhūhū** [形] 1 (随随便便) careless 2 (勉强) just passable

马(馬)匹 **mǎpǐ** [名] horse

马(馬)赛(賽)克 **mǎsàikè** [名] (建筑) mosaic

马(馬)上 **mǎshàng** [副] right away ▷ 他马上就到。 **Tā mǎshàng jiù dào.** He'll be here right away. ▷ 妈妈接到电话后，马上就走了。 **Māma jiēdào diànhuà hòu, mǎshàng jiù zǒu le.** After getting the call, Mum left right away. ▷ 准备好了吗？我们马上就走。 **Zhǔnbèi hǎole ma? wǒmen mǎshàng jiù zǒu.** Are you ready? We're going right now.

马(馬)戏(戲) **mǎxì** [名] circus

吗(嗎) mǎ 见下文

吗(嗎)啡 mǎfēi [名] morphine
→另见 ma

玛(瑪) mǎ 见下文
玛(瑪)瑙 mǎnǎo [名] agate

码(碼) mǎ I [名] numeral ▸数码 shùmǎ number ▸页码 yèmǎ page number II [量] ▹我们说的是两码事儿。Wǒmen shuō de shì liǎng mǎ shìr. We were talking about two different things. ▹这根本就是一码事儿嘛！ Zhè gēnběn jiùshì yī mǎ shìr ma! These are basically the same thing after all! III [动] (口) stack ... up
码(碼)头(頭) mǎtou [名] pier

蚂(螞) mǎ 见下文
→另见 mà
蚂(螞)蚁(蟻) mǎyǐ [名] ant

蚂(螞) mà 见下文
→另见 mǎ
蚂(螞)蚱 màzha [名] locust

骂(罵) mà [动] 1 (侮辱) insult 2 (斥责) tell ... off (pt, pp told) ▹他因为没完成家庭作业而挨骂。Tā yīnwèi méi wánchéng jiātíng zuòyè ér áimà. He was told off for not doing his homework.
骂(罵)街 màjiē [动] shout abuse
骂(罵)名 màmíng [名] bad reputation

吗(嗎) ma [助] 1 (表示疑问) ▹你去银行吗？ Nǐ qù yínháng ma? Are you going to the bank? 2 (表示反问) ▹你不是去过她的家吗？ Nǐ bùshì qùguo tā de jiā ma? Haven't you been to her house before?
→另见 mǎ

> 吗 ma is added to the end of any statement to turn it into a simple yes/no question, e.g. 你忙吗？ Nǐ máng ma? (Are you busy?), whereas 呢 ne is added to the end of a statement to form a tentative question, or to indicate that a response is expected, e.g. 你好吗？我很好，你呢？ Nǐ hǎo ma? Wǒ hěn hǎo, nǐ ne? (How are you? Fine, and you?).

嘛 ma [助] 1 (表示显而易见) ▹事实就是这样嘛！ Shìshí jiùshì zhèyàng ma! That's just the way things are! 2 (表示期望) ▹别不高兴嘛！ Bié bù gāoxìng ma! Please don't be unhappy. 3 (表示停顿) ▹那件事嘛，明天再说吧！ Nà jiàn shì ma, míngtiān zài shuō ba! Oh that! Well, let's talk about it tomorrow.

埋 mái [动] 1 (盖住) bury 2 (隐藏) hide (pt hid, pp hidden) ▹隐姓埋名 yǐn xìng mái míng go incognito
→另见 mán
埋藏 máicáng [动] bury ▹埋藏在心中的秘密 máicáng zài xīn zhōng de mìmì a secret buried in one's heart
埋伏 máifú [动] 1 (密置兵力) lie in ambush (pt lay, pp lain) 2 (潜伏) ambush
埋没(沒) máimò [动] 1 (埋住) cover 2 (忽视) overlook
埋头(頭) máitóu [动] bury oneself in ▹埋头苦读 máitóu kǔ dú bury oneself in serious reading
埋葬 máizàng [动] bury

买(買) mǎi [动] 1 (购买) buy (pt, pp bought) ▹她爱买贵的衣服。Tā ài mǎi guì de yīfu. She liked to buy expensive clothes. ▹不是每个人都买得起房。Bùshì měigè rén dōu mǎi de qǐ fáng. Not everyone can afford to buy a flat. ▹我去市场买东西。Wǒ qù shìchǎng mǎi dōngxi. I'm going shopping in the market. 2 (换取) win ... over (pt, pp won) ▹收买民心 shōumǎi mínxīn win people over ▸买通 mǎitōng buy ... off
买(買)单(單) mǎidān [动] (方) pay a bill (pt, pp paid) ▹买单！ Mǎidān! The bill, please! ▹今天吃饭我来买单吧！ Jīntiān chīfàn wǒ lái mǎidān ba! Today the meal's on me.
买(買)空卖(賣)空 mǎi kōng mài kōng speculate on the stock market
买(買)卖(賣) mǎimai [名] 1 (生意) business ▹当地市场的买卖很兴隆。Dāngdì shìchǎng de mǎimai hěn xīnglóng. Business is brisk at the local market. 2 (商店) shop (英), store (美)
买(買)通 mǎitōng [动] bribe ▹为了提前出狱，他买通了监狱长。Wèile tíqián chūyù, tā mǎitōngle jiānyùzhǎng. In order to get out of prison early he bribed the prison governor.
买(買)账(賬) mǎizhàng [动] buy (pt, pp bought) ▹他喜欢对别人指手画脚，但没人买他的账。Tā xǐhuan duì biérén zhǐ shǒu huà jiǎo, dàn méi rén mǎi tā de zhàng. He likes to try and order people around, but no one buys it.

迈(邁) mài I [动] step ▸迈步 màibù stride II [形] elderly III [量] mile
迈(邁)进(進) màijìn [动] stride forward (pt strode, pp stridden) ▹我们正向我们的目标迈进。Wǒmen zhèng xiàng wǒmen de mùbiāo màijìn. We are making great strides towards our objectives.

麦(麥) **mài** [名] **1** (麦类粮食) wheat ▶ 燕麦 **yànmài** oats (*pl*) **2** (小麦) wheat

麦(麥)克风(風) **màikèfēng** [名] microphone, mike (口)

麦(麥)秋 **màiqiū** [名] wheat-harvesting season

卖(賣) **mài** [动] **1** (出售) sell (*pt, pp* sold) ▷ 书都卖完了。**Shū dōu màiwán le.** The books are all sold out. **2** (出卖) betray **3** (尽量使出) do all one can ▶ 卖劲儿 **màijìnr** spare no effort **4** (故意表现) make a show of ▷ 装疯卖傻 **zhuāng fēng mài shǎ** play the fool

卖(賣)点(點) **màidiǎn** [名] selling point

卖(賣)关(關)子 **mài guānzi** [动] keep ... guessing (*pt, pp* kept) ▷ 她说话爱卖关子。**Tā shuōhuà ài mài guānzi.** When she talks she likes to keep people guessing.

卖(賣)命 **màimìng** [动] work oneself to the bone ▷ 他每天卖命赚钱。**Tā měi tiān màimìng zhuànqián.** He works himself to the bone every day.

卖(賣)弄 **màinong** [动] show off (*pt* showed, *pp* shown)

卖(賣)淫 **màiyín** [动] sell sex (*pt, pp* sold)

卖(賣)座 **màizuò** [动] attract customers ▷ 这个小咖啡馆儿很卖座。**Zhège xiǎo kāfēiguǎnr hěn màizuò.** This small coffee house attracts a lot of customers.

脉(脈) **mài** [名] **1** (血管) blood vessels (*pl*) ▶ 动脉 **dòngmài** artery (*pl* arteries) ▶ 静脉 **jìngmài** vein **2** (脉搏) pulse ▶ 号脉 **hàomài** feel a pulse **3** (脉状物) ▶ 山脉 **shānmài** mountain range ▶ 矿脉 **kuàngmài** mineral veins (*pl*) ▶ 叶脉 **yèmài** leaf veins (*pl*)
→ 另见 **mò**

脉(脈)搏 **màibó** [名] pulse

脉(脈)络(絡) **màiluò** [名] **1** (医) blood vessels (*pl*) **2** (喻) (条理) train of thought ▷ 写文章脉络要清楚。**Xiě wénzhāng màiluò yào qīngchu.** When writing essays, the sequence of ideas must be clear.

埋 **mán** 见下文
→ 另见 **mái**

埋怨 **mányuàn** [动] **1** (指责) blame **2** (抱怨) complain

蛮(蠻) **mán I** [形] rough ▶ 野蛮 **yěmán** wild **II** [副] **1** (鲁莽) recklessly **2** (方) (很) very

蛮(蠻)干(幹) **mángàn** [动] act recklessly

蛮(蠻)横(橫) **mánhèng** [形] boorish

馒(饅) **mán** 见下文

馒(饅)头(頭) **mántou** [名] steamed bun

瞒(瞞) **mán** [动] hide the truth from (*pt* hid, *pp* hidden) ▷ 别瞒着我们！**Bié mánzhe wǒmen!** Don't keep us in the dark! ▷ 快告诉我们吧，别瞒着啦！**Kuài gàosù wǒmen ba, bié mánzhe la!** Hurry up and tell us — don't keep us in the dark!

瞒(瞞)天过(過)海 **mán tiān guò hǎi** act in an underhand way

满(滿) **mǎn I** [形] **1** (充实) full **2** (全) complete ▷ 满分 **mǎnfēn** full marks ▷ 她满眼泪花。**Tā mǎnyǎn lèihuā.** Her eyes are full of tears. **II** [动] **1** (使充满) fill ▷ 快给客人满上酒。**Kuài gěi kèrén mǎn shàng jiǔ.** Hurry up and fill the guests' glasses with wine. **2** (到) reach ▷ 孩子刚满六岁。**Háizi gāng mǎn liù suì.** The child has just turned six years old. (满足) be satisfied ▷ 他对自己的生活心满意足。**Tā duì zìjǐ de shēnghuó xīn mǎn yì zú.** He is fully satisfied with his life. **III** [副] fully

满(滿)不在乎 **mǎn bù zàihu** be indifferent to

满(滿)城风(風)雨 **mǎn chéng fēng yǔ** cause a sensation

满(滿)怀(懷) **mǎnhuái I** [动] be filled with ▷ 她满怀着伤痛，离开了家乡。**Tā mǎnhuáizhe shāngtòng, líkāile jiāxiāng.** She left her hometown filled with sorrow. **II** [名] chest ▷ 他们在黑暗中撞了个满怀。**Tāmen zài hēi'àn zhōng zhuàngle gè mǎnhuái.** They bumped right into each other in the darkness.

满(滿)面春风(風) **mǎn miàn chūnfēng** beaming with joy

满(滿)腔 **mǎnqiāng** [动] be filled with ▷ 他对工作满腔热情。**Tā duì gōngzuò mǎnqiāng rèqíng.** He is full of enthusiasm about his work.

满(滿)意 **mǎnyì** [动] be satisfied

满(滿)员(員) **mǎnyuán** [动] be full

满(滿)月 **mǎnyuè I** [动] ▷ 孩子马上就满月了。**Háizi mǎshàng jiù mǎnyuè le.** The child is almost a month old. **II** [名] full moon

满(滿)足 **mǎnzú** [动] **1** (感到满意) be satisfied ▷ 他对生活很满足。**Tā duì shēnghuó hěn mǎnzú.** He is very satisfied with life. ▷ 满足现状 **mǎnzú xiànzhuàng** satisfied with the status quo **2** (使满足) satisfy ▷ 产量无法满足市场需求。**Chǎnliàng wúfǎ mǎnzú shìchǎng xūqiú.** Output cannot satisfy the demands of the market.

曼 **màn** [形] **1** (轻柔) graceful **2** (长) prolonged

曼延 **mànyán** [动] stretch

谩(謾) màn [形] rude
谩(謾)骂(罵) mànmà [动] hurl abuse at

蔓 màn 见下文
蔓延 mànyán [动] spread (*pt, pp* spread) ▷ 大火迅速蔓延到整个村落。Dàhuǒ xùnsù mànyándào zhěnggè cūnluò. The fire spread quickly to the whole village.

漫 màn **I** [动] overflow **II** [形] all over **III** [副] (随便) randomly
漫不经(經)心 màn bù jīngxīn absent-mindedly
漫步 mànbù [动] stroll
漫长(長) màncháng [形] endless
漫画(畫) mànhuà [名] comic strip
漫骂(罵) mànmà [动] rant and rave
漫山遍野 màn shān biàn yě all over the place
漫谈(談) màntán [动] discuss ... informally
漫天 màntiān [形] **1** (满天) filling the sky ▷ 云雾漫天。yúnwù màntiān. The sky was filled with clouds and mist. **2** (无限度) outrageous
漫延 mànyán [动] spread (*pt, pp* spread)
漫游(遊) mànyóu [动] travel around ▷ 我希望将来能漫游全世界。Wǒ xīwàng jiānglái néng mànyóu quánshìjiè. I hope that in the future I will be able to travel the world.

慢 màn **I** [形] **1** (缓慢) slow **2** (冷漠) indifferent ▶ 傲慢 àomàn haughty **II** [动] slow ▷ 慢点儿！Màn diǎnr! Slow down! ▷ 钟慢了十分钟。Zhōng mànle shí fēnzhōng. The clock is ten minutes slow., hold on (*pt, pp* held) ▷ 且慢，我有话要说。Qiěmàn, wǒ yǒu huà yào shuō. Hold on — I have something to say.
慢慢腾(騰)腾(騰) mànmantēngtēng sluggish
慢条(條)斯理 màntiáo-sīlǐ in a leisurely way
慢悠悠 mànyōuyōu [形] leisurely

忙 máng **I** [形] busy **II** [动] be busy with ▷ 你这一段忙什么呢？Nǐ zhè yī duàn máng shénme ne? What's been keeping you busy recently?
忙乎 mánghu [动] be busy ▷ 我忙乎着搬家呢！Wǒ mánghuzhe bānjiā ne! I'm busy moving house.
忙碌(碌) mánglù [动] be busy ▷ 快考试了，同学们都很忙碌。Kuài kǎoshì le, tóngxuémen dōu hěn mánglù. The exams are approaching and the students are all very busy.
忙乱(亂) mángluàn [形] rushed ▷ 早上总是很忙乱。Zǎoshang zǒngshì hěn mángluàn. Mornings are always rushed.

盲 máng [形] blind ▶ 文盲 wénmáng illiterate
盲从(從) mángcóng [动] follow ... blindly
盲打 mángdǎ [动] touch-type
盲点(點) mángdiǎn [名] blind spot ▷ 法律盲点 fǎlǜ mángdiǎn loopholes in the law
盲动(動) mángdòng [动] act rashly
盲目 mángmù [形] blind ▷ 盲目崇拜 mángmù chóngbài blind worship
盲目性 mángmùxìng [名] blindness
盲人摸象 mángrén mō xiàng mistake a part for the whole
盲文 mángwén [名] braille

茫 máng [形] **1** (远而模糊) hazy **2** (迷惑) puzzling
茫茫 mángmáng [形] vast
茫然 mángrán [形] at a loss ▷ 给他解释了半天，他还是茫然地望着我。Gěi tā jiěshìle bàntiān, tā háishì mángrán de wàngzhe wǒ. I took a long time explaining it to him but he still stared at me blankly.

莽 mǎng **I** [名] coarse grass **II** [形] rash
莽莽 mǎngmǎng [形] vast
莽撞 mǎngzhuàng [形] impetuous

蟒 mǎng [名] (动物) python

猫(貓) māo [名] cat
猫(貓)儿(兒)腻(膩) māornì [名] (方) trick
猫(貓)儿(兒)眼 māoryǎn [名] spyhole

毛 máo **I** [名] **1** (毛发) hair ▶ 羽毛 yǔmáo feather **2** (指墙上或衣物上) mildew (指食物上) mould (英), mold (美) ▷ 面包上长毛了。Miànbāo shàng zhǎng máo le. The bread is mouldy (英) 或 moldy (美). **3** (指动物) fur ▶ 毛皮 máopí fur **4** (羊毛) wool ▶ 毛衣 máoyī sweater (指植物) ▷ 不毛之地 bù máo zhī dì barren land ▷ 空气中飞着一些小毛毛。Kōngqì zhōng fēizhe yīxiē xiǎo máomao. There are small bits of fluff floating in the air. **5** (中国货币单位) mao *unit of Chinese currency, 1/10 yuan* **II** [形] **1** (粗糙) crude ▶ 毛坯 máopī semi-finished product **2** (不纯) gross ▶ 毛重 máozhòng gross weight **3** (粗率) careless **4** (小) little
毛笔(筆) máobǐ [名] brush pen
毛病 máobìng [名] **1** (故障) problem **2** (缺点) shortcoming **3** (疾病) illness ▷ 他的腿有点毛病。Tā de tuǐ yǒudiǎn máobìng. He has something wrong with his leg.
毛糙 máocao [形] **1** (指物) crude **2** (指人) careless ▷ 他干活毛糙。Tā gànhuó máocao. He's careless about his work.

m

毛骨悚然 **máo gǔ sǒngrán** make sb's flesh creep

毛巾 **máojīn** [名] towel

毛孔 **máokǒng** [名] pore

毛利 **máolì** [名] gross profit

毛皮 **máopí** [名] fur

毛茸茸 **máoróngróng** [形] **1** (指人) hairy **2** (指有羽动物) feathered **3** (指有毛皮的动物) furry

毛手毛脚(腳) **máo shǒu máo jiǎo** careless

毛遂自荐(薦) **Máo Suì zì jiàn** volunteer one's services

毛重 **máozhòng** [名] gross weight

矛 **máo** [名] spear

矛盾 **máodùn** **I** [名] **1** (相抵之处) conflict **2** (哲) contradiction **II** [形] uncertain ▷ 对于选择哪个专业，她内心很矛盾。**Duìyú xuǎnzé nǎge zhuānyè, tā nèixīn hěn máodùn.** She's uncertain about which major to choose.

矛头(頭) **máotóu** [名] (喻) target ▷ 会上，大家把批评的矛头都指向了老赵。**Huì shàng, dàjiā bǎ pīpíng de máotóu dōu zhǐxiàngle Lǎo Zhào.** At the meeting, Lao Zhao was the target of everybody's criticism.

茅 **máo** [名] thatch

茅庐(廬) **máolú** [名] thatched cottage

茅塞顿(頓)开(開) **máo sè dùn kāi** suddenly see the light

锚(錨) **máo** [名] anchor ▶ 起锚 **qǐmáo** weigh anchor

茂 **mào** [形] **1** (茂盛) luxuriant **2** (丰富) abundant

茂密 **màomì** [形] dense

茂盛 **màoshèng** [形] flourishing

冒 **mào** **I** [动] **1** (往外) give ... off (*pt* gave, *pp* given) ▷ 锅冒烟了。**Guō mào yān le.** The wok is giving off smoke. **2** (不顾) risk ▷ 冒着生命危险 **màozhe shēngmìng wēixiǎn** putting one's life at risk **3** (假充) pretend to be ▶ 冒牌 **màopái** bogus ▷ 冒认 **màorèn** lay false claim to **II** [副] falsely ▶ 冒进 **màojìn** jump the gun

冒充 **màochōng** [动] pass ... off as ▷ 这个店将商品冒充名牌出售。**Zhège diàn jiāng shāngpǐn màochōng míngpái chūshòu.** This store sells products which are passed off as brand names.

冒犯 **màofàn** [动] **1** (他人，尊严) offend **2** (纪律，规定) violate ▷ 无人敢冒犯军纪。**Wúrén gǎn màofàn jūnjì.** No one dares to violate military discipline.

冒火 **màohuǒ** [动] fly into a rage (*pt* flew, *pp* flown)

冒尖儿(兒) **màojiānr** [动] **1** (高出容器) brim over **2** (稍稍超出) be just over ▷ 他10岁冒点尖儿。**Tā shí suì mào diǎn jiānr.** He's just over ten years old. **3** (突出) be outstanding **4** (初显) emerge

冒进(進) **màojìn** [动] jump the gun

冒昧 **màomèi** [形] (谦) presumptuous ▷ 冒昧打断您一下。**Màomèi dǎduàn nín yīxià.** May I interrupt you a moment?

冒牌 **màopái** [动] pirate ▷ 冒牌商品 **màopái shāngpǐn** pirated goods

冒失 **màoshi** [形] abrupt

冒头(頭) **màotóu** [动] emerge

冒险(險) **màoxiǎn** [动] take a risk (*pt* took, *pp* taken) ▷ 不要轻易去冒险。**Bùyào qīngyì qù màoxiǎn.** Don't take risks lightly.

贸(貿) **mào** [动] trade ▶ 外贸 **wàimào** foreign trade

贸(貿)然 **màorán** [副] rashly

贸(貿)易 **màoyì** [名] trade ▷ 他在一家对外贸易公司工作。**Tā zài yī jiā duìwài màoyì gōngsī gōngzuò.** He works for a company that's engaged in foreign trade.

帽 **mào** [名] **1** (帽子) hat **2** (帽状物) ▶ 笔帽儿 **bǐmàor** pen cap ▶ 螺丝帽 **luósīmào** screw cap

帽子 **màozi** [名] **1** (字) hat **2** (喻) (坏名义) label ▷ 他脱不掉捣蛋鬼的帽子。**Tā tuō bù diào dǎodànguǐ de màozi.** He can't shake off the label of troublemaker.

貌 **mào** [名] (相貌，外表) appearance

貌合神离(離) **mào hé shén lí** appear united on the outside but be troubled underneath

貌似 **màosì** [动] appear to be

没(沒) **méi** **I** [动] not have ▶ 没关系 **méi guānxi** it doesn't matter ▷ 他们没孩子。**Tāmen méi háizi.** They don't have any children. ▷ 屋子里没人。**Wūzi lǐ méi rén.** There's no one in the room. **II** [副] not ▷ 他没去美国。**Tā méi qù Měiguó.** He did not go to America. ▷ 他没看过大海。**Tā méi kànguo dàhǎi.** He's never seen the sea before. ▷ 他没吃早餐就走了。**Tā méi chī zǎocān jiù zǒu le.** He left before eating breakfast.

→ 另见 mò

> Constructing negating sentences in Chinese is very straightforward: just use 不 **bù** before the verb, e.g. 我不喝酒。**Wǒ bù hējiǔ.** (I don't drink alcohol). The only exception is the verb 有 **yǒu**, to have, for which you must use 没 **méi**, e.g. 我没有钱。**Wǒ méiyǒu qián.** (I don't have any money).

没(沒)错(錯)儿 méicuòr [动] that's right

没(沒)大没(沒)小 méi dà méi xiǎo show no respect for one's elders

没(沒)劲(勁) méijìn I [动] have no energy II [形] uninteresting

没(沒)精打采(採) méi jīng dǎ cǎi be out of sorts

没(沒)门(門)儿 méiménr [动] (方) 1 (没门路) not have the right connections 2 (不可能) be impossible ▷不努力工作就想赚大钱？没门儿！Bù nǔlì gōngzuò jiù xiǎng zhuàn dàqián? Méi ménr! You want to earn big bucks without hard work? Not a chance!

没(沒)谱(譜)儿(兒) méipǔr [动] 1 (心里没数) not have a clue ▷论文怎么写，他根本没谱儿。Lùnwén zěnme xiě, tā gēnběn méipǔr. He doesn't have a clue how to write his thesis. 2 (没准儿) be unreliable ▷不要听他的，他说话没谱儿。Bùyào tīng tā de, tā shuōhuà méipǔr. Don't listen to him — he's a loose cannon.

没(沒)趣 méiqù [形] put out

没(沒)事 méishì [动] 1 (有空) be free ▷我今晚没事。Wǒ jīnwǎn méishì. I'm free tonight. 2 (不要紧) ▷没事。Méishì. It doesn't matter.

没(沒)完 méiwán [动] 1 (没结束) be unfinished ▷活儿还没完，你怎么就走了？Huór hái méi wán, nǐ zěnme jiù zǒu le? The work isn't finished yet — how can you just leave? 2 (不罢休) not let ... drop ▷你要是不还我钱，我跟你没完！Nǐ yàoshi bù huán wǒ qián, wǒ gēn nǐ méiwán! If you don't give me my money back, I'll never let it drop!

没(沒)戏(戲) méixì [动] (方) be a lost cause

没(沒)心没(沒)肺 méi xīn méi fèi 1 (没良心) heartless 2 (缺心眼) thoughtless 3 (过于单纯) simple-minded

没(沒)有 méiyǒu I [动] 1 (不具有) not have ▷我没有手机。Wǒ méiyǒu shǒujī. I don't have a mobile phone. 2 (不存在) there is not ▷办公室里没有人。Bàngōngshì lǐ méiyǒu rén. There's no one in the office. 3 (全都不) ▷放心吧，没有谁敢欺负你。Fàngxīn ba, méiyǒu shuí gǎn qīfu nǐ. Relax — no one's going to dare to bully you. ▷他们中没有谁敢说谎。Tāmen zhōng méiyǒu shuí gǎn shuōhuǎng. None of them dares to lie. ▷没有一个答案是正确的。Méiyǒu yī gè dá'àn shì zhèngquè de. None of the answers are correct. 4 (不如) be not as ... as ... ▷他没有你努力。Tā méiyǒu nǐ nǔlì. He's not as hard-working as you. ▷我的房子没有你的大。Wǒ de fángzi méiyǒu nǐ de dà. My house isn't as big as yours. 5 (不到) be less than ▷他们干了没有两个小时就休息了。Tāmen gànle méiyǒu liǎng gè xiǎoshí jiù xiūxi le. They had been working for less than two hours when they took a rest. II [副] 1 (尚未) not yet ▷她还没有到。Tā hái méiyǒu dào. She hasn't arrived yet. ▷庄稼还没有成熟。Zhuāngjia hái méiyǒu chéngshú. The crops haven't ripened yet. 2 (未曾) never before ▷我没有吃过西餐。Wǒ méiyǒu chīguo xīcān. I have never eaten Western food before.

没(沒)辙(轍) méizhé [动] (方) not be able to do anything about ▷他不想去，我也没辙。Tā bù xiǎng qù, wǒ yě méizhé. He doesn't want to go, and I can't do anything about it.

玫 méi 见下文

玫瑰 méigui [名] rose

枚 méi [量] ▷一枚硬币 yī méi yìngbì one coin ▷两枚炸弹 liǎng méi zhàdàn two bombs

---

眉 méi [名] 1 (眉毛) eyebrow ▶眉毛 méimao eyebrow 2 (书眉) top margin

眉飞(飛)色舞 méi fēi sè wǔ beam with joy ▷运动会上得了冠军，他高兴得眉飞色舞。Yùndònghuì shàng déle guànjūn, tā gāoxìng de méi fēi sè wǔ. His whole face lit up when he became champion at the athletics meeting.

眉开(開)眼笑 méi kāi yǎn xiào beam with joy

眉目 méimù [名] 1 (容貌) features (*pl*) 2 (条理) order ▷这篇文章眉目不清。Zhè piān wénzhāng méimù bù qīng. This article is badly ordered. 3 (头绪) light at the end of the tunnel

眉批 méipī [名] headnote

眉头(頭) méitóu [名] brows (*pl*)

梅 méi [名] 1 (指树) plum tree 2 (指花) plum blossom 3 (指果) plum

梅毒 méidú [名] syphilis

梅花 méihuā [名] plum blossom

媒 méi [名] 1 (媒人) matchmaker ▶做媒 zuòméi be a matchmaker 2 (媒介) intermediary

媒介 méijiè [名] intermediary

媒人 méiren [名] matchmaker

媒体(體) méitǐ [名] media

煤 méi [名] coal

煤气(氣) méiqì [名] 1 (指燃料) gas 2 (指有毒气体) carbon monoxide ▷煤气中毒 méiqì zhòngdú carbon monoxide poisoning

煤油 méiyóu [名] kerosene

m

酶 **méi** [名] enzyme

霉 **méi** [动] **1** (指食物) mould (英), mold (美) **2** (指衣物) mildew

霉变(變) **méibiàn** [动] **1** (指衣物) become mildewy (*pt* became, *pp* become) **2** (指食物) go mouldy (英) 或 moldy (美)

霉烂(爛) **méilàn** [动] go rotten

每 **měi I** [形] every, each ▶ 每次 **měi cì** every time ▷ 每个晚上 **měigè wǎnshang** every evening ▷ 每个晚上他都要加班。**Měigè wǎnshàng tā dōu yào jiābān.** He has to work overtime every evening. ▷ 他热爱这里的每一片土地。**Tā rè'ài zhèlǐ de měi yī piàn tǔdì.** He loves every corner of this land. ▷ 她努力做好每一项工作。**Tā nǔlì zuòhǎo měi yī xiàng gōngzuò.** She worked hard on each piece of work. **II** [副] every time ▷ 每走一步，他的脚都很疼。**Měi zǒu yī bù, tā de jiǎo dōu hěn téng.** His feet ache with every step he takes. ▷ 每回答一个问题，他都增强一份信心。**Měi huídá yī gè wèntí, tā dōu zēngqiáng yī fèn xìnxīn.** Every time he answers a question, he gains in confidence. ▷ 每逢周六他都去打工。**Měi féng zhōuliù tā dōu qù dǎgōng.** He works every Saturday.

每况(況)愈下 **měi kuàng yù xià** go from bad to worse

每每 **měiměi** [副] more often than not

美 **měi I** [形] **1** (美丽) beautiful ▷ 这幅画太美了。**Zhè fú huà tài měi le.** This painting is so beautiful. ▷ 京剧演员表演得真美。**Jīngjù yǎnyuán biǎoyǎn de zhēn měi.** The Beijing Opera actress performed beautifully. **2** (好) good ▷ 这个店的商品物美价廉。**Zhège diàn de shāngpǐn wù měi jià lián.** The merchandise in this shop is good and reasonably priced. ▷ 我们的明天会更美。**Wǒmen de míngtiān huì gèng měi.** Our future will be even better. **II** [动] (方) be pleased with oneself ▷ 穿了身儿新衣服，看把你美的！**Chuānle shēnr xīn yīfu, kàn bǎ nǐ měi de!** Don't you look pleased with yourself, all dressed up in your new clothes! **III** [名] **1** (美丽) beauty (好事) good deed ▷ 成人之美 **chéng rén zhī měi** do a good deed **2** (美洲) North and South America ▶ 南美 **Nán Měi** South America ▶ 北美 **Běi Měi** North America **3** (美国) the USA ▷ 中美关系 **Zhōng Měi guānxì** Sino-American relations

美不胜(勝)收 **měi bù shèng shōu** indescribably beautiful ▷ 黄山的风景美不胜收。**Huáng Shān de fēngjǐng měi bù shèng shōu.** The scenery at Huang Shan is indescribably beautiful.

美感 **měigǎn** [名] beautiful impression

美观(觀) **měiguān** [形] beautiful

美国(國) **Měiguó** [名] the US, the USA ▶ 美国人 **Měiguórén** American

> 美国被称为 **the US** 或 **the USA**，其相应的全称为 **the United States** 和 **the United States of America**。美国还可被称为 **America** 或 **the States**，后者的语体更加不正式。

美好 **měihǎo** [形] wonderful

美化 **měihuà** [动] beautify

美丽(麗) **měilì** [形] beautiful ▷ 像花儿一样美丽 **Xiàng huār yīyàng měilì** as beautiful as a flower ▷ 美丽的人生 **měilì de rénshēng** beautiful life

> 描述某人的外貌时，通常使用 **beautiful** 和 **pretty** 形容漂亮的妇女，女孩或婴儿。**beautiful** 比 **pretty** 的程度强烈得多。*She was a pretty little girl who grew up to be a beautiful woman.* 表示男性英俊的词是 **handsome**。*David is a very handsome man and popular with women.* **good-looking** 和 **attractive** 既可以描述女性也可以描述男性。*Not all of the boys in the class were as good-looking as John... His wife isn't particularly attractive but she's nice and has a good sense of humour.*

美满(滿) **měimǎn** [形] perfectly satisfactory

美妙 **měimiào** [动] splendid

美容 **měiróng** [动] make oneself more beautiful ▷ 美容店 **měiróngdiàn** beauty salon ▷ 她做了美容手术。**Tā zuòle měiróng shǒushù.** She's had cosmetic surgery.

美食 **měishí** [名] delicacy

美术(術) **měishù** [名] **1** (造型艺术) fine arts (*pl*) **2** (绘画) painting

美谈(談) **měitán** [名] legend

美味 **měiwèi** [名] delicacy

美学(學) **měixué** [名] aesthetics (英), esthetics (美) (*pl*)

美言 **měiyán** [动] put in a good word for (*pt*, *pp* put)

美元 **měiyuán** [名] US dollar

美中不足 **měi zhōng bù zú** small imperfection ▷ 这汤美中不足的是不够咸。**Zhè tāng měi zhōng bù zú de shì bù gòu xián.** The only thing wrong with the soup is that it isn't salty enough.

美滋滋 **měizīzī** [形] (口) pleased with oneself

镁(鎂) **měi** [名] magnesium

妹 **mèi** [名] **1** (指直系) younger sister **2** (指亲戚) ▶ 表妹 **biǎomèi** cousin **3** (方) (指年轻女子) young girl

妹妹 **mèimei** [名] **1** (指直系) younger sister **2** (指亲戚) ▷她是我叔伯妹妹。**Tā shì wǒ shūbó mèimei.** She's my cousin.

昧 **mèi I** [形] hazy ▶愚昧 **yúmèi** ignorant **II** [动] **1** (隐藏) conceal **2** (违背) go against

昧心 **mèixīn** [形] against one's principles ▷他从不说昧心话。**Tā cóng bù shuō mèixīn huà.** He never says anything that goes against his principles. ▷他从不赚昧心钱。**Tā cóng bù zhuàn mèixīn qián.** He'll never make money dishonestly.

媚 **mèi I** [动] flatter **II** [形] charming

媚俗 **mèisú** [动] pander to public opinion

媚态(態) **mèitài** [名] **1** (讨好姿态) obsequiousness **2** (妩媚姿态) feminine charms (*pl*)

魅 **mèi** [名] demon

魅力 **mèilì** [名] charm ▷他已经50岁了，却依然魅力十足。**Tā yǐjing wǔshí suì le, què yīrán mèilì shízú.** He's already 50 but he's still utterly charming.

闷(悶) **mēn I** [形] stuffy **II** [动] **1** (盖) cover ... tightly **2** (不出声) keep silent (*pt*, *pp* kept) **3** (呆) shut oneself in (*pt*, *pp* shut) ▷星期天他也闷在教室里学习。**Xīngqītiān tā yě mēn zài jiàoshì lǐ xuéxí.** Even on Sundays he shuts himself in the classroom and studies.
→另见 **mèn**

闷(悶)热(熱) **mēnrè** [形] muggy

闷(悶)头(頭)儿(兒) **mēntóur** [副] silently

门(門) **mén I** [名] **1** (指出入口) door ▶门口 **ménkǒu** entrance ▷北门 **běimén** north gate **2** (指开关装置) switch ▶电门 **diànmén** switch **3** (门状物) ▷橱门 **chúmén** cupboard door ▶球门 **qiúmén** goal **4** (门路) knack ▷对于修电脑，他终于摸着点门儿了。**Duìyú xiū diànnǎo, tā zhōngyú mōzháo diǎn ménr le.** He finally got the hang of repairing computers. **5** (派别) school of thought ▶佛门 **fómén** Buddhism **6** (门类) category **II** [量] ▷5门课 **wǔ mén kè** five courses ▷一门新技术 **yī mén xīn jìshù** a new technology ▷一门大炮 **yī mén dàpào** a cannon

measure word, used for academic subjects, courses and technology

门(門)当(當)户(戶)对(對) **mén dāng hù duì** families of equal rank ▷门当户对的婚姻未必幸福。**Mén dāng hù duì de hūnyīn wèibì xìngfú.** Marrying within your own class will not necessarily make you happy.

门(門)道 **méndao** [名] know-how ▷他做生意很有门道。**Tā zuò shēngyi hěn yǒu méndao.** He has excellent business know-how.

门(門)第 **méndì** [名] family status

门(門)户(戶) **ménhù** [名] **1** (门) door **2** (通路) gateway **3** (家) family **4** (派别) sect

门(門)类(類) **ménlèi** [名] category

门(門)路 **ménlu** [名] **1** (窍门) knack ▷多动脑筋，就能找出门路来。**Duō dòng nǎojīn, jiù néng zhǎochū ménlù lái.** If you put your mind to it you'll get the knack of it. **2** (贬) (后门儿) connection ▷他家很有门路。**Tā jiā hěn yǒu ménlu.** His family is very well-connected.

门(門)面 **ménmian** [名] **1** (门脸儿) shop front (英), storefront (美) **2** (喻) (外表) appearance

门(門)徒 **méntú** [名] disciple

门(門)外汉(漢) **ménwàihàn** [名] layman (*pl* laymen)

门(門)卫(衛) **ménwèi** [名] guard

门(門)诊(診) **ménzhěn** [名] outpatient department

扪(捫) **mén** [动] (书) touch

扪(捫)心自问(問) **mén xīn zì wèn** examine one's conscience

闷(悶) **mèn** [形] **1** (心烦) low **2** (无聊) bored **3** (密闭) tightly closed ▷闷罐子 **mènguànzi** a sealed jar
→另见 **mēn**

闷(悶)棍 **mèngùn** [名] **1** (字) blow ▷一闷棍打得他眼冒金星儿。**Yī mèngùn dǎ de tā yǎn mào jīn xīngr.** After one blow he saw stars. **2** (喻) (打击) bolt from the blue

闷(悶)闷(悶)不乐(樂) **mènmèn bù lè** be low ▷他这几天总是闷闷不乐的。**Tā zhè jǐ tiān zǒngshì mènmèn bù lè de.** These last few days he's been really low.

们(們) **men** [后缀] ▶我们 **wǒmen** we, us ▶你们 **nǐmen** you ▶他们 **tāmen** they, them

蒙(矇) **mēng** [动] **1** (欺骗) deceive **2** (乱猜) make a wild guess
→另见 **méng, Měng**

蒙(濛)蒙(濛)亮 **mēngmēngliàng** [形] just light ▷天刚蒙蒙亮，部队就出发了。**Tiān gāng mēngmēngliàng, bùduì jiù chūfā le.** Dawn was just breaking as the team set off.

蒙(矇)骗(騙) **mēngpiàn** [动] deceive

萌 **méng** [动] sprout

萌动(動) **méngdòng** [动] **1** (指植物) sprout **2** (指事物) arise (*pt* arose, *pp* arisen) ▷对私家车的市场需求萌动。**Duì sījiāchē de shìchǎng** xūqiú méngdòng. A demand for private cars has arisen.

萌发(發) **méngfā** [动] **1** (指种子) sprout **2** (指事物) come into being (*pt* came, *pp* come)

萌生 **méngshēng** [动] form ▷ 看到别人发了财，他就萌生了邪念。**Kàndào biérén fāle cái, tā jiù méngshēngle xiéniàn.** Seeing other people getting rich, wicked thoughts formed in his mind.

萌芽 **méngyá** [动] **1** (指植物) sprout **2** (指事物) emerge

蒙 **méng** **I** [动] **1** (遮盖) cover **2** (受到) receive **II** [形] ignorant ▶ 启蒙 **qǐméng** enlighten
→ 另见 **mēng, Měng**

蒙(矇)蔽 **méngbì** [动] deceive

蒙(矇)混 **ménghùn** [动] deceive ▷ 蒙混过关 **ménghùn guòguān** muddle through

蒙(矇)**ménglóng** [形] sleepy

蒙昧 **méngmèi** [形] **1** (未开化) uncivilized **2** (无知) ignorant ▷ 有些人因为蒙昧无知而犯罪。**Yǒuxiē rén yīnwèi méngmèi wúzhī ér fànzuì.** Some people commit crimes through ignorance.

蒙(濛)蒙(濛) **méngméng** [形] **1** (指雨) drizzly **2** (指烟雾) misty

蒙受 **méngshòu** [动] **1** (耻辱，冤屈) suffer ▷ 蒙受了巨大损失 **méngshòule jùdà sǔnshī** suffer a great loss **2** (恩惠) receive

蒙太奇 **méngtàiqí** [名] montage

盟 **méng** [名] **1** (同盟) alliance ▷ 二战盟国 **Èrzhàn méngguó** the Allies **2** (指行政区) league

盟军(軍) **méngjūn** [名] allied forces (*pl*)

盟誓 **méngshì** [动] swear an oath (*pt* swore, *pp* sworn)

盟约(約) **méngyuē** [名] treaty of alliance

朦 **méng** 见下文

朦胧(朧) **ménglóng** [形] **1** (月光) hazy **2** (烟雾) misty

猛 **měng** **I** [形] **1** (凶猛) fierce **2** (勇猛) brave **II** [副] **1** (猛烈) fiercely **2** (忽然) suddenly

猛烈 **měngliè** [形] fierce

猛然 **měngrán** [副] suddenly

猛醒 **měngxǐng** [动] wake up to reality (*pt* woke, *pp* woken)

蒙 **Měng** [名] Mongolia ▶ 蒙古 **Měnggǔ** Mongolia ▶ 蒙古人 **Měnggǔrén** Mongolian ▶ 内蒙古 **Nèiměnggǔ** Inner Mongolia
→ 另见 **mēng, méng**

蒙古族 **Měnggǔzú** [名] Mongolian nationality

锰(錳) **měng** [名] manganese

懵 **měng** [形] muddled

懵懵懂懂 **měngměng dǒngdǒng** muddled ▷ 听了他的解释，我还是懵懵懂懂。**Tīngle tā de jiěshì, wǒ háishì měngměng dǒngdǒng.** I was still muddled, even after he had explained.

孟 **mèng** [形] (指排行) eldest

孟子 **Mèngzǐ** [名] Mencius

梦(夢) **mèng** **I** [名] **1** (睡梦) dream ▶ 白日梦 **báirìmèng** daydream ▶ 做梦 **zuòmèng** have a dream **2** (幻想) illusion **II** [动] dream ▷ 她梦到自己是电影明星。**Tā mèngdào zìjǐ shì diànyǐng míngxīng.** She dreamed she was a film star.

梦(夢)话(話) **mènghuà** [名] **1** (字) ▷ 说梦话 **shuō mènghuà** talk in one's sleep ▷ 我听见你晚上说梦话了。**Wǒ tīngjiàn nǐ wǎnshang shuō mènghuà le.** I heard you talk in your sleep. **2** (喻) nonsense

梦(夢)幻 **mènghuàn** [名] illusion ▷ 她仿佛来到了梦幻世界。**Tā fǎngfú láidàole mènghuàn shìjiè.** She seemed to have entered a dreamworld.

梦(夢)境 **mèngjìng** [名] dreamworld

梦(夢)寐以求 **mèngmèi yǐ qiú** ▷ 他梦寐以求的愿望终于实现了。**Tā mèngmèi yǐ qiú de yuànwàng zhōngyú shíxiàn le.** He finally realized his long-cherished dream.

梦(夢)想 **mèngxiǎng** [动] dream ▷ 不奋斗就能成功，简直是梦想！**Bù fèndòu jiù néng chénggōng, jiǎnzhí shì mèngxiǎng!** You'd be dreaming to imagine that success can be achieved without a struggle. ▷ 他梦想着开一家自己的公司。**Tā mèngxiǎngzhe kāi yī jiā zìjǐ de gōngsī.** He dreamed of opening his own company. ▷ 她实现了当一名作家的梦想。**Tā shíxiànle dāng yī míng zuòjiā de mèngxiǎng.** She fulfilled her dream of being a writer.

咪 **mī** 见下文

咪咪 **mīmī** [拟] miaow (英), meow (美)

眯 **mī** [动] **1** (眼皮微合) squint **2** (方) (小睡) take a nap (*pt* took, *pp* taken)
→ 另见 **mí**

眯缝(縫) **mīfeng** [动] squint

弥(彌) **mí** **I** [形] full **II** [动] fill **III** [副] more

弥(彌)补(補) **míbǔ** [动] make ... up ▷ 我们要想方设法弥补这一重大损失。**Wǒmen yào** xiǎng fāng shè fǎ míbǔ zhè yī zhòngdà sǔnshī. We must think of a way to make up for this heavy loss.

弥(彌)合 míhé [动] patch ... up ▷感情上的裂痕是不容易弥合的。Gǎnqíng shàng de lièhén shì bù róngyì míhé de. It's hard to patch up emotional wounds.

弥(彌)留 míliú [动] (书) be on one's deathbed

弥(瀰)漫 mímàn [动] pervade

弥(彌)撒 mísa [名] mass

弥(瀰)散 mísàn [动] disperse

迷 mí I [动] 1 (迷失) be lost ▶迷路 mílù lose one's way 2 (迷恋) become obsessed with (*pt* became, *pp* become) 3 (迷惑) be deluded II [名] fan ▶球迷 qiúmí sports fan ▷足球迷 zúqiúmí football fan

迷彩服 mícǎifú [名] camouflage clothing

迷宫(宮) mígōng [名] maze

迷糊 míhu [形] confused

迷惑 míhuò [动] 1 (不明白) be confused ▷听了他的话，我更迷惑了。Tīngle tā de huà, wǒ gèng míhuò le. After listening to him I was even more confused. 2 (使迷糊) baffle

迷恋(戀) míliàn [动] be obsessed with

迷茫 mímáng [形] 1 (广阔而模糊) vast and hazy 2 (迷离) dazed ▷他神色迷茫地望着前方，仿佛周围的一切都不存在了。Tā shénsè mímáng de wàngzhe qiánfāng, fǎngfú zhōuwéi de yīqiè dōu bù cúnzài le. He stared ahead in a daze as if nothing around him existed.

迷你 mínǐ [形] mini ▷迷你裙 mínǐqún mini-skirt ▷你的迷你裙真漂亮。Nǐ de mínǐqún zhēn piàoliang. Your mini-skirt is really lovely.

迷失 míshī [动] lose (*pt, pp* lost) ▷迷失方向 míshī fāngxiàng lose one's bearings ▷在诱惑面前，不要迷失了自己。Zài yòuhuò miànqián, bùyào míshīle zìjǐ. You mustn't lose your head in the face of temptation.

迷途 mítú [动] lose one's way (*pt, pp* lost) ▷误入迷途 wùrù mítú go astray

迷信 míxìn [动] 1 (鬼神) be superstitious about ▷他迷信鬼神。Tā míxìn guǐshén. He has a superstitious belief in ghosts and spirits. 2 (人或事) have blind faith in ▷迷信可能会让人丧失理智。Míxìn kěnéng huì ràngrén sàngshī lǐzhì. Superstition may cause people to behave irrationally.

眯 mí [动] get ... into one's eye ▷沙子眯了我的眼。Shāzi míle wǒ de yǎn. The sand got into my eye.
→另见 mī

猕(獼) mí 见下文

猕(獼)猴 míhóu [名] rhesus monkey

猕(獼)猴桃 míhóutáo [名] 1 (指植物) kiwi plant 2 (指果实) kiwi fruit

谜(謎) mí [名] 1 (谜语) riddle 2 (神秘) mystery

谜(謎)语(語) míyǔ [名] riddle

糜 mí I [名] gruel ▶肉糜 ròumí mincemeat II [形] rotten III [动] waste

糜烂(爛) mílàn [形] 1 (腐烂) rotten ▷他的伤口已经糜烂。Tā de shāngkǒu yǐjīng mílàn. His wound has already become infected. 2 (喻) (腐化) debauched

米 mǐ I [名] 1 (稻米) rice ▶米饭 mǐfàn cooked rice 2 (去壳种子) husked seeds (*pl*) ▶虾米 xiāmǐ dried shrimp ▶花生米 huāshēngmǐ peanuts (*pl*) II [量] metre (英), meter (美)

米饭(飯) mǐfàn [名] cooked rice

米色 mǐsè [名] beige

靡 mǐ [动] blow ... down (*pt* blew, *pp* blown) ▶风靡 fēngmǐ be fashionable

觅(覓) mì [动] look for

觅(覓)取 mìqǔ [动] look for

泌 mì [动] secrete

泌尿 mìniào [动] urinate ▷泌尿系统疾病 mìniào xìtǒng jíbìng disease of the urinary system

秘(祕) mì I [形] secret II [动] keep ... secret (*pt, pp* kept) III [名] secretary

秘(祕)方 mìfāng [名] secret recipe

秘(祕)诀(訣) mìjué [名] secret ▷成功的秘诀 chénggōng de mìjué secret of success

秘(祕)密 mìmì [名] secret ▷一定要保守秘密！Yīdìng yào bǎoshǒu mìmì! You must keep this a secret!

秘(祕)书(書) mìshū [名] 1 (指人) secretary 2 (指工作) secretarial work

秘(祕)书(書)处(處) mìshūchù [名] secretariat

密 mì [形] 1 (空隙小) dense 2 (关系近) close ▶亲密 qīnmì intimate 3 (精致) meticulous ▶精密 jīngmì precise 4 (秘密) secret ▶保密 bǎomì keep sth a secret

密布(佈) mìbù [动] be full of

密度 mìdù [名] density ▷这个地区人口密度很大。Zhège dìqū rénkǒu mìdù hěn dà. This

m

region has a high population density.

密封 mìfēng [动] seal ... tightly ▷密封机舱 mìfēng jīcāng air-tight cabin

密集 mìjí [形] concentrated

密码(碼) mìmǎ [名] **1** (口令) password **2** (符号系统) code

密密麻麻 mìmimámá crammed ▷他笔记上的字密密麻麻的。**Tā bǐjì shàng de zì mìmimámá de.** His notebook was crammed full of writing.

密谋(謀) mìmóu [动] conspire

密切 mìqiè [形] close ▷他俩的关系一直很密切。**Tā liǎ de guānxì yīzhí hěn mìqiè.** They've always had a very close relationship. ▷密切与欧洲的关系是十分重要的。**Mìqiè yǔ Ōuzhōu de guānxì shì shífēn zhòngyào de.** It is important to establish close links with Europe.

密探 mìtàn [名] spy

幂(冪) mì [名] (数) power ▷2的3次幂得8。**Èr de sān cì mì dé bā.** 2 to the power of 3 is 8.

蜜 mì **I** [名] honey **II** [形] sweet

蜜蜂 mìfēng [名] bee

蜜饯(餞) mìjiàn [名] preserved fruit

蜜月 mìyuè [名] honeymoon ▷新婚夫妇一起去度蜜月了。**Xīnhūn fūfù yīqǐ qù dù mìyuè le.** The newly married couple went on their honeymoon. ▷两个人的关系正处在蜜月期。**Liǎng gè rén de guānxì zhèng chǔ zài mìyuèqī.** The two of them are going through their honeymoon period.

眠 mián [动] **1** (睡) sleep (*pt*, *pp* slept) ▶失眠 **shīmián** suffer from insomnia **2** (冬眠) hibernate ▶休眠 **xiūmián** be dormant

绵(綿) mián **I** [名] silk thread **II** [形] **1** (连绵) continuous **2** (柔软) soft

绵(綿)薄 miánbó [名] (谦) meagre effort

绵(綿)长(長) miáncháng [形] long ▷绵长的岁月 **miáncháng de suìyuè** many years

绵(綿)里(裡)藏针(針) mián lǐ cáng zhēn **1** (贬) soft on the outside but ruthless within **2** (褒) an iron fist in a velvet glove

绵(綿)绵(綿) miánmián [形] continuous

绵(綿)软(軟) miánruǎn [形] weak

绵(綿)延 miányán [动] go on and on ▷绵延不断的文化传统 **miányán bù duàn de wénhuà chuántǒng** unbroken cultural tradition

棉 mián [名] **1** (指植物) cotton ▶棉田 **miántián** cotton field **2** (棉花) cotton ▷姑娘们正在纺棉织布。**Gūniangmen zhèng zài fǎng mián zhībù.** The girls are weaving cotton cloth. **3** (棉状物) fibre (英), fiber (美)

棉花 miánhua [名] **1** (指植物) cotton **2** (棉絮) cotton wadding

棉衣 miányī [名] cotton-padded clothing

免 miǎn [动] **1** (除去) exempt ▶免试 **miǎnshì** be exempt from an exam ▶免费 **miǎnfèi** free ▷她被免职了。**Tā bèi miǎnzhí le.** She was fired from her job. **2** (避免) avoid ▶免不了 **miǎnbuliǎo** be unavoidable **3** (不要) not be allowed ▷闲人免进 **xiánrén miǎnjìn** staff only ▷此事免谈。**Cǐ shì miǎntán.** This matter is non-negotiable.

免除 miǎnchú [动] **1** (避免) prevent ▷机器常检修，能免除大的故障。**Jīqì cháng jiǎnxiū, néng miǎnchú dà de gùzhàng.** Frequent servicing can prevent machines from having major breakdowns. **2** (免去) discharge ▷他被免除了职务。**Tā bèi miǎnchúle zhíwù.** He was discharged from his post. ▷他的债务被免除了。**Tā de zhàiwù bèi miǎnchú le.** He was relieved of his debts.

免费(費) miǎnfèi [动] be free of charge ▷世上没有免费午餐。**Shìshàng méiyǒu miǎnfèi wǔcān.** There's no such thing as a free lunch in this world. ▷这里的孩子可以免费入学。**Zhèlǐ de háizi kěyǐ miǎnfèi rùxué.** Children here can attend school free of charge. ▷送你一张免费参观券。**Sòng nǐ yī zhāng miǎnfèi cānguānquàn.** I'll give you a free visitor's ticket. ▷实行免费医疗制度 **Shíxíng miǎnfèi yīliáo zhìdù** implement a system of free medical care ▷注册一个免费电子邮箱 **zhùcè yī gè miǎnfèi diànzǐ yóuxiāng** register for free e-mail

免检(檢) miǎnjiǎn [动] be exempt from inspection

免俗 miǎnsú [动] do one's own thing

免疫 miǎnyì [名] immunity ▷这位病人的免疫系统受到了破坏。**Zhè wèi bìngrén de miǎnyì xìtǒng shòudàole pòhuài.** This patient's immune system has been destroyed.

免罪 miǎnzuì [动] be exempt from punishment

勉 miǎn [动] **1** (努力) strive ▶勉力 **miǎnlì** exert oneself **2** (勉励) encourage **3** (勉强) force ... to carry on

勉励(勵) miǎnlì [动] encourage

勉强(強) miǎnqiǎng **I** [动] **1** (尽力) push oneself hard ▷做事不要太勉强。**Zuòshì bùyào tài miǎnqiǎng.** Don't push yourself too hard. ▷身体不好，做事就不要太勉强。**Shēntǐ bù hǎo, zuòshì jiù bùyào tài miǎnqiǎng.** If your health is not good, don't push yourself too hard. **2** (强迫) force ▷ 不要勉强孩子学钢琴。 **Bùyào miǎnqiǎng háizi xué gāngqín.** Don't force the child to study the piano. ▷ 孩子不想学钢琴，就不要勉强他。 **Háizi bù xiǎng xué gāngqín, jiù bùyào miǎnqiǎng tā.** If the child does not want to study the piano, don't force him. **II** [形] **1** (不情愿) reluctant ▷ 我让他帮忙，他勉强答应了。 **Wǒ ràng tā bāngmáng, tā miǎnqiǎng dāying le.** I asked him to help, and he reluctantly agreed. **2** (凑合) barely enough ▷ 他挣的钱勉强够自己花。 **Tā zhèng de qián miǎnqiǎng gòu zìjǐ huā.** The money he earned was barely enough to support himself. **3** (牵强) far-fetched ▷ 这个理论有点勉强。 **Zhège lǐlùn yǒudiǎn miǎnqiǎng.** This theory is a bit far-fetched.

勉为(為)其难(難) **miǎn wéi qí nán** attempt the impossible ▷ 拿不到冠军也无所谓，不要勉为其难。 **Ná bù dào guànjūn yě wúsuǒwèi, bùyào miǎn wéi qí nán.** It doesn't matter if you don't win first prize — don't be attempting the impossible.

娩 **miǎn** [动] give birth (*pt* gave, *pp* given)

冕 **miǎn** [名] **1** (皇冠) crown ▶ 加冕 **jiāmiǎn** be crowned **2** (冠军头衔) title ▶ 卫冕 **wèimiǎn** defend one's title

---

缅(緬) **miǎn** **I** [形] (书) remote **II** [动] (方) roll ... up

缅(緬)甸 **Miǎndiàn** [名] Myanmar

缅(緬)怀(懷) **miǎnhuái** [动] cherish the memory of

腼(靦) **miǎn** 见下文

腼(靦)腆 **miǎntiǎn** [形] bashful

面 **miàn** **I** [名] **1** (脸) face ▶ 面色 **miànsè** expression ▷ 面露难色 **miàn lù nán sè** look reluctant ▷ 他面带笑容。 **Tā miàn dài xiàoróng.** He had a smile on his face. **2** (表面) surface ▶ 水面 **shuǐmiàn** surface of the water **3** (方位) aspect ▶ 前面 **qiánmiàn** front ▷ 考虑问题要全面。 **Kǎolǜ wèntí yào quánmiàn.** We should examine every aspect of this problem. **4** (书) (当面) ▶ 面试 **miànshì** interview ▷ 法国签证得面签。 **Fǎguó qiānzhèng děi miànqiān.** You have to have an interview to get a French visa. **5** (情面) self-respect ▶ 面子 **miànzi** face **6** (粉末) powder ▶ 辣椒面 **làjiāomiàn** chilli powder **7** (磨成粉的粮食) flour ▶ 面粉 **miànfěn** flour ▶ 白面 **báimiàn** wheat flour **8** (面条) noodles (*pl*) **II** [动] (朝) face ▷ 面墙而坐 **miàn qiáng ér zuò** sit facing the wall **III** [量] **1** (用于扁平物) ▷ 一面墙 **yī miàn qiáng** a wall ▷ 两面镜子 **liǎng miàn jìngzi** two mirrors

measure word, used for objects with a flat surface, such as walls, mirrors, drums etc.

2 (指见面的次数) ▷ 我只见过她一面。 **Wǒ zhǐ jiànguo tā yī miàn.** I've only met her once before. ▷ 我们见过几面。 **Wǒmen jiànguo jǐ miàn.** We've met a few times.

measure word, used for encounters between two people

面(麵)包 **miànbāo** [名] bread

面(麵)包房 **miànbāofáng** [名] bakery

面(麵)点(點) **miàndiǎn** [名] pastry

面对(對) **miànduì** [动] face ▷ 我们要勇于面对任何困难。 **Wǒmen yào yǒngyú miànduì rènhé kùnnan.** We must face any difficulties head on. ▷ 面对失败，他毫不气馁。 **Miànduì shībài, tā háo bù qìněi.** In the face of defeat he wasn't in the least disheartened.

面额(額) **miàn'é** [名] denomination

面红(紅)耳赤 **miàn hóng ěr chì** go red in the face

面积(積) **miànjī** [名] area

面颊(頰) **miànjiá** [名] cheek

面孔 **miànkǒng** [名] face

面料 **miànliào** [名] **1** (布料) material **2** (表层材料) covering

面临(臨) **miànlín** [动] face

面貌 **miànmào** [名] **1** (面容) features (*pl*) **2** (喻) appearance

面面俱到 **miàn miàn jù dào** cover every detail

面目 **miànmù** [名] **1** (相貌) appearance ▷ 他面目可憎。 **Tā miànmù kě zēng.** He looks repulsive. ▷ 车祸后，那辆车已经面目全非。 **Chēhuò hòu, nà liàng chē yǐjīng miànmù quán fēi.** After the accident, the car was totally unrecognizable. **2** (颜面) face

面前 **miànqián** [名] ▷ 在困难面前 **zài kùnnan miànqián** in the face of difficulties ▷ 当他出现在我面前时，我又惊又喜。 **Dāng tā chūxiàn zài wǒ miànqián shí, wǒ yòu jīng yòu xǐ.** When he appeared in front of me, I was surprised and pleased. ▷ 在困难面前，他们没有低头。 **Zài kùnnan miànqián, tāmen méiyǒu dītóu.** They never admitted defeat in the face of difficulties.

面色 **miànsè** [名] **1** (气色) complexion **2** (神情) expression

面纱(紗) **miànshā** [名] veil

面善 **miànshàn** [形] **1** (面熟) familiar ▷ 他看着面善。 **Tā kànzhe miànshàn.** He looks familiar. **2** (面容和善) kind-faced ▷ 面善的老婆婆 **miànshàn de lǎopópo** kind-faced old lady

面生 **miànshēng** [形] unfamiliar

面世 **miànshì** [动] come out (*pt* came, *pp* come)

面试(試) **miànshì** [动] have an interview

m

面熟 miànshú [形] familiar

面(麵)条(條) miàntiáo [名] noodles (*pl*) ▷意大利面条 Yìdàlì miàntiáo spaghetti

面值 miànzhí [名] denomination

面子 miànzi [名] **1** (表面) outside **2** (体面) face ▷丢面子 diū miànzi lose face **3** (情面) feelings (*pl*) ▷给我点面子，你就答应吧！ Gěi wǒ diǎn miànzi, nǐ jiù dāying ba! Show some respect for my feelings and say yes!

喵 miāo [拟] miaow (英), meow (美)

苗 miáo [名] **1** (指植物) seedling ▶树苗 shùmiáo sapling **2** (指动物) young ▶鱼苗 yúmiáo fry **3** (指人) descendant ▷他是他家的独苗儿。Tā shì tā jiā de dúmiáor. He's the only remaining descendant in his family.

苗条(條) miáotiao [形] slim

苗头(頭) miáotou [名] premonition ▷他早就看出了这件事的苗头。Tā zǎo jiù kànchūle zhè jiàn shì de miáotou. He had had a premonition about this a long time ago.

苗子 miáozi [名] **1** (农) seedling **2** (喻) (指人) ▷他是个当总经理的苗子。Tā shì gè dāng zǒngjīnglǐ de miáozi. He's a managing director in the making. ▷她是个当记者的好苗子。Tā shì gè dāng jìzhě de hǎo miáozi. She's a budding young journalist.

描 miáo [动] **1** (画) trace ▷描图纸 miáo túzhǐ tracing paper **2** (涂抹) touch ... up

描绘(繪) miáohuì [动] depict

描摹 miáomó [动] **1** (照底样写画) trace **2** (文字描绘) portray

描述 miáoshù [动] describe

描写(寫) miáoxiě [动] describe

瞄 miáo [动] fix one's eyes on ▷瞄靶子 miáo bǎzi aim at the target

瞄准(準) miáozhǔn [动] **1** (对准) take aim (*pt* took, *pp* taken) **2** (专注于) focus on

---

秒 miǎo [量] (指时间) second ▷5秒 wǔ miǎo five seconds

秒表(錶) miǎobiǎo [名] stopwatch

渺 miǎo [形] **1** (远而模糊) distant **2** (微小) tiny

渺茫 miǎománg [形] **1** (远而模糊) distant **2** (难料) uncertain

渺小 miǎoxiǎo [形] tiny

藐 miǎo **I** [形] small **II** [动] treat ... with contempt

藐视(視) miǎoshì [动] treat ... with contempt ▷对困难既不要藐视，也不要惧怕。Duì kùnnan jì bùyào miǎoshì, yě bùyào jùpà. You should neither belittle nor fear difficulties.

藐小 miǎoxiǎo [形] tiny

妙 miào [形] **1** (好) wonderful **2** (巧妙) ingenious ▶妙举 miàojǔ ingenious move

妙龄(齡) miàolíng [名] youthfulness

妙趣横(橫)生 miàoqù héngshēng sparkling with wit

妙手回春 miào shǒu huí chūn achieve a miraculous cure

庙(廟) miào [名] temple

庙(廟)宇 miàoyǔ [名] temple

灭(滅) miè [动] **1** (熄灭) go out ▷炉子里的火灭了吗？ Lúzi lǐ de huǒ miè le ma? Has the fire in the stove gone out? **2** (使熄灭) extinguish ▶灭火器 mièhuǒqì fire extinguisher **3** (淹没) submerge **4** (消亡) perish **5** (消灭) kill

灭(滅)迹(跡) mièjì [动] destroy evidence

灭(滅)绝(絕) mièjué [动] **1** (消亡) become extinct (*pt* became, *pp* become) **2** (完全失掉) ▷灭绝人性 mièjué rénxìng inhuman

灭(滅)口 mièkǒu [动] dispose of a witness

灭(滅)亡 mièwáng [动] destroy

灭(滅)种(種) mièzhǒng [动] **1** (指人类) be exterminated **2** (指动植物) become extinct (*pt* became, *pp* become)

蔑 miè **I** [形] contemptuous **II** [动] slander

蔑视(視) mièshì [动] show contempt for (*pt* showed, *pp* shown)

民 mín [名] **1** (人民) the people (*pl*) **2** (人) person ▶网民 wǎngmín Internet user **3** (民间) folk **4** (非军方) civilian

民办(辦) mínbàn [动] privately run ▷民办大学 mínbàn dàxué private university

民兵 mínbīng [名] militia

民法 mínfǎ [名] civil law

民愤(憤) mínfèn [名] public anger

民风(風) mínfēng [名] folklore

民歌 míngē [名] folk song

民间(間) mínjiān [名] **1** (百姓中间) folk ▷民间传说 mínjiān chuánshuō folklore **2** (非官方) ▷民间交往 mínjiān jiāowǎng non-governmental exchanges ▷民间组织 mínjiān zǔzhi non-governmental organization

民警 mínjǐng [名] civil police

民居 mínjū [名] private house

民情 mínqíng [名] **1** (风俗情况) conditions (*pl*) **2** (民意) public opinion

民权(權) mínquán [名] civil rights (*pl*)

民俗 mínsú [名] folklore
民谣(謠) mínyáo [名] popular ballad
民营(營) mínyíng [动] run privately ▷ 民营企业 mínyíng qǐyè privately-run enterprise
民乐(樂) mínyuè [名] folk music
民政 mínzhèng [名] civil administration
民众(眾) mínzhòng [名] the common people (*pl*)
民主 mínzhǔ **I** [名] democracy **II** [形] democratic
民族 mínzú [名] nationality ▷ 少数民族 shǎoshù mínzú ethnic minority

抿 mǐn [动] **1** (轻轻合拢) close ... lightly ▷ 抿嘴一笑 mǐnzuǐ yī xiào smile with one's lips closed **2** (用嘴轻沾) sip

泯 mǐn [动] (书) vanish
泯灭(滅) mǐnmiè [动] disappear

敏 mǐn [形] **1** (快) quick ▶ 敏感 mǐngǎn sensitive **2** (聪明) clever ▶ 机敏 jīmǐn quick-witted
敏感 mǐngǎn [形] sensitive
敏捷 mǐnjié [形] quick ▷ 反应敏捷 fǎnyìng mǐnjié quick reactions ▷ 猴子的动作非常敏捷。Hóuzi de dòngzuò fēicháng mǐnjié. Monkeys are extremely agile.
敏锐(銳) mǐnruì [形] keen

名 míng **I** [名] **1** (名字) name ▷ 书名 shūmíng book title **2** (名声) reputation ▷ 这部名著早已名扬四海。Zhè bù míngzhù zǎo yǐ míng yáng sì hǎi. This famous work has long enjoyed a worldwide reputation. ▷ 名利双收 mínglì shuāng shōu win fame and fortune **II** [形] famous ▶ 名著 míngzhù classics (*pl*) ▷ 世界名校 shìjiè míngxiào world-famous school ▷ 她抄写了一整本名人名言。Tā chāoxiěle yī zhěng běn míngrén míngyán. She copied out a whole book of well-known sayings of famous people. **III** [量] **1** (指人) ▷ 5名工人 wǔ míng gōngrén five workers ▷ 10名教师 shí míng jiàoshī ten teachers

measure word, used for people of any profession

2 (指名次) ▷ 期末考试她得了第一名。Qīmò kǎoshì tā déle dìyī míng. She came first in the end-of-term exams.

measure word, used for rankings in competitions and exams

IV [动] describe ▷ 不可名状 bù kě míng zhuàng indescribable
名不副实(實) míng bù fù shí not live up to one's reputation
名不虚(虛)传(傳) míng bù xū chuán live up to one's reputation
名称(稱) míngchēng [名] name
名词(詞) míngcí [名] noun
名次 míngcì [名] ranking
名存实(實)亡 míng cún shí wáng exist in name only
名单(單) míngdān [名] list of names ▷ 他上了黑名单。Tā shàngle hēimíngdān. He was blacklisted.
名额(額) míng'é [名] quota
名分 míngfèn [名] (书) status
名副其实(實) míng fù qí shí live up to the name of ▷ 他是一位名副其实的大科学家。Tā shì yī wèi míng fù qí shí de dà kēxuéjiā. He really lives up to his name as a great scientist.
名贵(貴) míngguì [形] priceless
名家 míngjiā [名] master
名利 mínglì [名] fame and fortune
名列前茅 míng liè qiánmáo come out among the top ▷ 他在期末考试中名列前茅。Tā zài qīmò kǎoshì zhōng míng liè qiánmáo. He came out among the top candidates in the end-of-term exams.
名流 míngliú [名] celebrity
名落孙(孫)山 míng luò Sūn Shān fail to make the grade ▷ 这次考试他又名落孙山。Zhè cì kǎoshì tā yòu míng luò Sūn Shān. Yet again he failed the exams.
名目 míngmù [名] items (*pl*) ▷ 名目众多的收费 míngmù zhòngduō de shōufèi all kinds of charges
名牌 míngpái [名] famous name ▷ 名牌服装 míngpái fúzhuāng designer clothing ▷ 他从上到下穿的都是名牌。Tā cóng shàng dào xià chuān de dōu shì míngpái. He was dressed in designer clothing from head to foot.
名片 míngpiàn [名] business card
名气(氣) míngqi [名] fame ▷ 有名气 yǒu míngqi be famous
名人 míngrén [名] famous person (*pl* people)
名声(聲) míngshēng [名] reputation
名胜(勝) míngshèng [名] tourist site ▷ 名胜古迹 míngshèng gǔjì sites of scenic and historical interest
名堂 míngtang [名] **1** (花样) variety **2** (花招) trick ▷ 你搞什么名堂！Nǐ gǎo shénme míngtang! What are you up to? **3** (道理) reason ▷ 他这么做一定有名堂。Tā zhème zuò yīdìng yǒu míngtang. There must be a reason why he did this. **4** (结果) achievement
名望 míngwàng [名] fame ▷ 老先生在学术圈里很有名望。Lǎo xiānsheng zài

xuéshùquān lǐ hěn yǒu míngwàng. The old gentleman is very famous in academic circles.

名义(義) míngyì [名] name ▷以人民的名义 yǐ rénmín de míngyì in the name of the people ▷他名义上是校长，其实很多事并不由他决定。Tā míngyì shàng shì xiàozhǎng, qíshí hěnduō shì bìng bù yóu tā juédìng. He is the College Principal in name only — in fact many decisions are not taken by him.

名誉(譽) míngyù [名] **1** (名声) reputation **2** (名义) ▷名誉校长 míngyù xiàozhǎng honorary principal

名正言顺(順) míng zhèng yán shùn legitimate

名字 míngzi [名] name ▷你叫什么名字? Nǐ jiào shénme míngzi? What's your name?

明 míng **I** [形] **1** (亮) bright ▷明月 míngyuè bright moon **2** (清楚) clear ▷讲明 jiǎngmíng clarify **3** (公开) open ▷明知故犯 míng zhī gù fàn openly do wrong **4** (有眼力) perceptive **II** [名] **1** (视力) sight ▶失明 shīmíng lose one's eyesight ▷他双目失明。Tā shuāngmù shīmíng. He's lost his sight in both eyes. **2** (光明) light **III** [动] **1** (懂) understand (*pt, pp* understood) ▶明理 mínglǐ be understanding ▷他是个明理的人。Tā shì gè mínglǐ de rén. He's an understanding person. **2** (显示) show (*pt* showed, *pp* shown) ▶表明 biǎomíng indicate ▷以死明志 yǐ sǐ míngzhì be willing to die for one's beliefs

明白 míngbai **I** [形] **1** (清楚) clear ▷他没讲明白。Tā méi jiǎng míngbai. He didn't explain clearly. **2** (聪明) sensible **3** (公开) explicit ▷他已明白表示不会退出比赛。Tā yǐ míngbai biǎoshì bùhuì tuìchū bǐsài. He explicitly said that he wouldn't be retiring from the match. **II** [动] understand (*pt, pp* understood)

明察秋毫 míng chá qiūháo not miss a trick

明晃晃 mínghuǎnghuǎng [形] gleaming

明净(淨) míngjìng [形] clear and bright

明快 míngkuài [形] **1** (明白顺畅) lucid and lively **2** (爽快) straightforward

明朗 mínglǎng [形] **1** (明亮) bright and clear **2** (明确) clear-cut **3** (明快) bright and cheerful

明亮 míngliàng [形] **1** (亮堂) bright **2** (发亮) shining **3** (明白) clear

明媚 míngmèi [形] bright and beautiful

明明 míngmíng [副] obviously

明目张(張)胆(膽) míng mù zhāng dǎn brazenly

明确(確) míngquè **I** [形] clear-cut **II** [动] clarify ▷大会明确了今后的奋斗目标。Dàhuì míngquèle jīnhòu de fèndòu mùbiāo. The congress clarified the future goals to strive for.

明天 míngtiān [名] tomorrow

明文 míngwén [名] written document ▷教育部明文规定，一定要减轻学生负担。Jiàoyùbù míngwén guīdìng, yīdìng yào jiǎnqīng xuésheng fùdān. The Education Department has stipulated in writing that the burden on students must be reduced.

明显(顯) míngxiǎn [形] obvious ▷他的进步非常明显。Tā de jìnbù fēicháng míngxiǎn. It's obvious that he's progressed. ▷人民的生活水平明显提高了。Rénmín de shēnghuó shuǐpíng míngxiǎn tígāo le. The people's standard of living has visibly improved.

明信片 míngxìnpiàn [名] postcard

明星 míngxīng [名] star

明哲保身 míng zhé bǎo shēn keep one's distance

明智 míngzhì [形] sensible

鸣(鳴) míng [动] **1** (叫) chirp **2** (响) sound ▷仪式开始了，首先鸣礼炮20响。Yíshì kāishǐ le, shǒuxiān míng lǐpào èrshí xiǎng. The ceremony began, and first a 20-gun salute was sounded. ▷电闪雷鸣 diàn shǎn léi míng a flash of lightning and the rumble of thunder ▷鸣枪警告 míngqiāng jǐnggào fire a warning shot **3** (表达) express

---

冥 míng **I** [形] (书) **1** (昏暗) dark **2** (深沉) deep **3** (糊涂) stupid ▶冥昧 míngmèi ignorant **II** [名] the underworld

冥思苦想 míng sī kǔ xiǎng be deep in thought

冥想 míngxiǎng [动] be deep in thought

铭(銘) míng **I** [名] inscription **II** [动] (书) engrave

瞑 míng [动] close one's eyes

瞑目 míngmù [动] die content

命 mìng **I** [名] **1** (性命) life **2** (命运) fate **3** (寿命) lifespan **4** (命令) order **II** [动] set (*pt, pp* set)

命案 mìng'àn [名] murder case

命根子 mìnggēnzi [名] lifeblood ▷经理说，顾客就是我们的命根子。Jīnglǐ shuō, gùkè jiùshì wǒmen de mìnggēnzi. The manager says that the customers are our lifeblood. ▷这孩子是全家人的命根子。Zhè háizi shì quánjiārén de mìnggēnzi. This child is the very life of the family.

命令 mìnglìng [动] order ▷我们还没接到上级的命令。Wǒmen hái méi jiēdào shàngjí de mìnglìng. We still haven't received the order from above.

命脉(脈) mìngmài [名] lifeblood

命名 mìngmíng [动] name ▷这座山被命名为“英雄山”。Zhè zuò shān bèi mìngmíngwéi "Yīngxióng Shān". This mountain was named Heroes' Mountain.

命题(題) mìngtí [动] assign ... a topic

命运(運) mìngyùn [名] fate

命中 mìngzhòng [动] hit the target (*pt, pp* hit)

谬(謬) miù [形] false

谬(謬)论(論) miùlùn [名] fallacy

谬(謬)误(誤) miùwù [名] falsehood

摸 mō [动] **1** (触摸) stroke **2** (取) fish ... out ▷他从兜儿里摸出两块钱。Tā cóng dōur lǐ mōchū liǎng kuài qián. He fished two yuan out of his pocket. **3** (偷) pilfer ▷小偷小摸 xiǎo tōu xiǎo mō petty theft **4** (探索) find one's way (*pt, pp* found) ▷别急，慢慢就能摸出门道儿来。Bié jí, mànmàn jiù néng mōchū méndàor lái. Don't worry — slowly does it and you'll find your way. **5** (摸黑行动) feel one's way (*pt, pp* felt) ▶摸索 mōsuǒ grope

摸底 mōdǐ [动] make a full assessment of a situation

摸索 mōsuǒ [动] **1** (试探) grope ▷黑暗中，他摸索着上楼。Hēi'àn zhōng, tā mōsuǒzhe shànglóu. He groped his way upstairs in the dark. **2** (探索) try to find out

摹 mó [动] copy

摹拟(擬) mónǐ [动] imitate

模 mó **I** [名] model ▶模型 móxíng model **II** [动] imitate
→另见 mú

模范(範) mófàn [形] model ▷他是一位劳动模范。Tā shì yī wèi láodòng mófàn. He's a model worker.

模仿 mófǎng [动] imitate

模糊 móhu [形] blurred ▷不要模糊事物之间的差别。Bùyào móhu shìwù zhījiān de chābié. Don't blur the distinctions between things.

模棱(稜)两(兩)可 móléng liǎngkě equivocal

模拟(擬) mónǐ [动] imitate ▶模拟考试 mónǐ kǎoshì mock exam

模式 móshì [名] pattern ▷写文章没有固定的模式。Xiě wénzhāng méiyǒu gùdìng de móshì. There's no fixed pattern for essay-writing.

模特儿(兒) mótèr [名] model

模型 móxíng [名] **1** (样品) model **2** (模具) mould (英), mold (美)

膜 mó [名] **1** (体内薄皮组织) membrane **2** (膜状物) film ▶保鲜膜 bǎoxiānmó clingfilm (英), plastic wrap (美)

膜拜 móbài [动] prostrate oneself

摩 mó [动] **1** (摩擦) rub ... together **2** (轻抚) stroke ▶按摩 ànmó massage **3** (切磋) mull ... over

摩擦 mócā **I** [动] rub ▷两个物体摩擦会生热。Liǎng gè wùtǐ mócā huì shēngrè. When two objects are rubbed together they will produce heat. **II** [名] **1** (阻力) friction **2** (冲突) conflict

摩登 módēng [形] modern

摩肩接踵 mó jiān jiē zhǒng jostle each other

摩拳擦掌 mó quán cā zhǎng itch to

摩托车(車) mótuōchē [名] motorbike

磨 mó [动] **1** (摩擦) rub **2** (指用磨料) grind (*pt, pp* ground) ▶打磨 dǎmó polish **3** (折磨) wear ... down (*pt* wore, *pp* worn) **4** (纠缠) pester **5** (拖延) dawdle **6** (消亡) die out
→另见 mò

磨擦 mócā [名] rub

磨蹭 móceng **I** [动] **1** (摩擦) rub ... lightly **2** (纠缠) be in a tangle **II** [形] sluggish

磨合 móhé [动] **1** (指机器) run ... in (*pt* ran, *pp* run) **2** (适应) adapt to each other **3** (协商) consult ▷经过多次磨合，双方签署了协议。Jīngguò duō cì móhé, shuāngfāng qiānshǔle xiéyì. After much consultation both parties signed the agreement.

磨炼(鍊) móliàn [动] steel

磨灭(滅) mómiè [动] obliterate ▷他的伟大功绩不可磨灭。Tā de wěidà gōngjì bùkě mómiè. His huge achievements cannot be obliterated.

磨难(難) mónàn [名] hardship

磨损(損) mósǔn [动] wear ... out (*pt* wore, *pp* worn)

磨洋工 mó yánggōng [动] dawdle over one's work

蘑 mó [名] mushroom

蘑菇 mógu **I** [名] mushroom **II** [动] **1** (纠缠) pester **2** (磨蹭) dawdle

魔 mó **I** [名] **1** (魔鬼) demon **2** (魔法) magic **II** [形] magic

魔法 mófǎ [名] magic

魔鬼 móguǐ [名] devil

魔力 mólì [名] charm

魔术(術) móshù [名] magic

魔术(術)师(師) móshùshī [名] magician

魔王 mówáng [名] **1** (字) demon king **2** (喻) fiend

魔掌 mózhǎng [名] (喻) clutches (*pl*) ▷ 她终于逃出了歹徒的魔掌。Tā zhōngyú táochūle dǎitú de mózhǎng. She finally escaped from the clutches of the thugs.

魔爪 mózhǎo [名] (喻) claws (*pl*)

抹 mǒ [动] **1** (涂抹) apply **2** (擦) wipe **3** (去除) erase ▷ 我很难将这次经历从记忆中抹去。Wǒ hěn nán jiāng zhè cì jīnglì cóng jìyì zhōng mǒqù. I'm finding it hard to erase the experience from my memory.
→ 另见 mā

抹黑 mǒhēi [动] (喻) blacken sb's name ▷ 媒体企图抹黑他的形象。Méitǐ qǐtú mǒhēi tā de xíngxiàng. The media tried to blacken his name.

抹杀(殺) mǒshā [动] write ... off (*pt* wrote, *pp* written)

末 mò [名] **1** (尾) end ▶ 末梢 mòshāo end ▷ 世纪末 shìjì mò the end of the century **2** (次要) minor details (*pl*) **3** (屑) powder ▷ 面包末 miànbāomò breadcrumbs

末端(耑) mòduān [名] end

末了 mòliǎo [名] end

末流 mòliú [形] inferior

末日 mòrì [名] **1** (宗) Judgment Day **2** (灭亡日) end ▷ 侵略者的末日终于到来了。Qīnlüèzhě de mòrì zhōngyú dàolái le. The end had finally come for the invaders.

末尾 mòwěi [名] end

没(沒) mò [动] **1** (沉没) sink (*pt* sank, *pp* sunk) **2** (漫过) overflow **3** (隐没) disappear ▶ 出没 chūmò appear and disappear
→ 另见 méi

没(沒)落 mòluò [动] decline

没(沒)收 mòshōu [动] confiscate

沫 mò [名] foam ▶ 泡沫 pàomò bubble

茉 mò 见下文

茉莉 mòlì [名] jasmine

陌 mò [名] (书) footpath

陌生 mòshēng [形] unfamiliar

陌生人 mòshēngrén [名] stranger

脉(脈) mò 见下文
→ 另见 mài

脉(脈)脉(脈) mòmò [形] affectionate

莫 mò **I** [代] (书) **1** (指人) nobody **2** (指物) nothing **II** [副] (书) **1** (不) not ▷ 望尘莫及 wàng chén mò jí be too far behind to catch up **2** (别) ▷ 莫打岔 mò dǎchà don't interrupt ▷ 莫生气 mò shēngqì don't get angry

莫不 mòbù [副] ▷ 大家对他莫不啧啧称赞。Dàjiā duì tā mòbù zézé chēngzàn. There was no-one who did not sing his praises. ▷ 全家莫不为他感到骄傲。Quánjiā mòbù wèi tā gǎndào jiāo'ào. There is no-one in the family who is not proud of him.

莫大 mòdà [形] greatest

莫非 mòfēi [副] ▷ 莫非那对恋人分手了？Mòfēi nà duì liànrén fēnshǒu le? Can it be that the couple have split up? ▷ 莫非老板要给我加工资？Mòfēi lǎobǎn yào gěi wǒ jiā gōngzī? Is it possible that the boss is going to give me a pay rise?

莫名其妙 mò míng qí miào baffling

莫须(須)有 mòxūyǒu fabricated

蓦(驀) mò [副] suddenly ▶ 蓦然 mòrán suddenly

漠 mò **I** [名] desert **II** [副] indifferently

漠不关(關)心 mò bù guānxīn indifferent

漠然 mòrán [形] indifferent

漠视(視) mòshì [动] ignore

墨 mò **I** [名] **1** (墨汁) ink ▶ 墨汁 mòzhī ink **2** (字画) calligraphy and painting **3** (喻) (学问) learning **II** [形] dark ▶ 墨镜 mòjìng sunglasses ▷ 一副墨镜 yī fù mòjìng a pair of sunglasses

墨迹(跡) mòjì [名] **1** (字) ink mark **2** (真迹) true work

墨绿(綠) mòlǜ [形] dark green

墨守成规(規) Mò shǒu chéngguī (贬) be a stickler for routine

默 mò [动] **1** (不出声) do ... silently ▶ 默哀 mò'āi pay ... silent tribute (*pt, pp* paid) **2** (默写) write ... from memory (*pt* wrote, *pp* written) ▷ 默古诗 mò gǔshī write classical poetry from memory ▷ 每个字默5遍。Měigè zì mò wǔ biàn. Write out every character five times.

默哀 mò'āi [动] pay ... silent tribute (*pt, pp* paid)

默默 mòmò [形] silent

默契 mòqì **I** [形] ▷ 双方合作非常默契。Shuāngfāng hézuò fēicháng mòqì. The cooperation between the two sides is one of tacit agreement. **II** [名] tacit agreement ▷ 我们俩之间很有默契。Wǒmen liǎ zhījiān hěn yǒu mòqì. There's a tacit agreement between us.

默认(認) mòrèn [动] tacitly agree

默写(寫) mòxiě [动] write ... from memory (*pt* wrote, *pp* written)

默许(許) mòxǔ [动] tacitly consent to

磨 mò **I** [名] mill ▶ 磨坊 mòfáng mill **II** [动] grind (*pt*, *pp* ground) ▷ 磨咖啡豆 mò kāfēidòu grind coffee beans
→ 另见 mó

磨坊 mòfáng [名] mill

牟 móu [动] seek (*pt*, *pp* sought) ▷ 牟私利 móu sīlì seek personal gain

牟取 móuqǔ [动] seek (*pt*, *pp* sought) ▷ 牟取巨额利润 Móuqǔ jù'é lìrùn seek a vast profit

眸 móu [名] (书) eye

眸子 móuzǐ [名] pupil

谋(謀) móu **I** [名] plan ▶ 阴谋 yīnmóu plot ▷ 他是个足智多谋的人。Tā shì gè zú zhì duō móu de rén. He is a resourceful person. **II** [动] **1** (谋求) seek (*pt*, *pp* sought) **2** (商议) consult ▷ 不谋而合 bù móu ér hé agree without prior consultation

谋(謀)反 móufǎn [动] plot a rebellion

谋(謀)害 móuhài [动] **1** (谋杀) plot a murder **2** (陷害) plot against

谋(謀)划(劃) móuhuà [动] plan

谋(謀)略 móulüè [名] strategy ▷ 他是个有谋略, 有才智的军事家。Tā shì gè yǒu móulüè, yǒu cáizhì de jūnshìjiā. He is a resourceful and astute strategist.

谋(謀)求 móuqiú [动] seek (*pt*, *pp* sought)

谋(謀)取 móuqǔ [动] seek (*pt*, *pp* sought)

谋(謀)杀(殺) móushā [动] murder ▷ 谋杀案 móushā'àn murder case

谋(謀)生 móushēng [动] make a living

谋(謀)私 móusī [动] seek personal advantage (*pt*, *pp* sought) ▷ 以权谋私 yǐ quán móu sī abuse power for personal gain

谋(謀)事 móushì [动] **1** (筹划事情) plan things **2** (找工作) look for a job

某 mǒu [代] **1** (指确定的人或事) ▷ 张某 zhāngmǒu a certain person called Zhang **2** (指不确定的人或事) ▶ 某人 mǒurén somebody ▷ 找出某种办法解决问题。Zhǎochū mǒu zhǒng bànfǎ jiějué wèntí. Find some way to solve the problem. ▷ 一定有某人知道这件事。Yīdìng yǒu mǒurén zhīdào zhè jiàn shì. Someone must know about this.

某人 mǒurén [代] (指他人) somebody

模 mú [名] mould (英), mold (美)
→ 另见 mó

模具 mújù [名] mould (英), mold (美)

模样(樣) múyàng [名] **1** (相貌) looks (*pl*) ▷ 她模样不错。Tā múyàng bùcuò. She is not bad-looking. **2** (表示大概) ▷ 这女人有40岁模样儿。Zhè nǚrén yǒu sìshí suì múyàngr. This woman is about forty. ▷ 吃了一个小时模样, 大家就结束了。Chīle yī gè xiǎoshí múyàng, dàjiā jiù jiéshù le. After eating for about an hour everyone has finished.

母 mǔ **I** [名] **1** (母亲) mother **2** (指长辈女子) ▶ 祖母 zǔmǔ grandmother **3** (喻) (基础) origin ▷ 失败乃成功之母。Shībài nǎi chénggōng zhī mǔ. Failure is the mother of success. **II** [形] **1** (雌性) female ▶ 母牛 mǔniú cow **2** (指能力或作用) ▶ 航空母舰 hángkōngmǔjiàn aircraft carrier ▶ 母体 mǔtǐ matrix

母爱(愛) mǔ'ài [名] maternal love

母带(帶) mǔdài [名] master tape

母公司 mǔgōngsī [名] parent company

母亲(親) mǔqīn [名] mother

母系(係) mǔxì [形] **1** (母亲方面) maternal ▷ 他家母系亲属很多。Tā jiā mǔxì qīnshǔ hěn duō. He has a lot of relatives on his mother's side. **2** (母女相承) matriarchal ▷ 母系社会 mǔxì shèhuì matriarchal society

母校 mǔxiào [名] alma mater ▷ 我离开母校已经20年了。Wǒ líkāi mǔxiào yǐjīng èrshí nián le. I left my old school twenty years ago.

母性 mǔxìng [名] maternal instinct

母语(語) mǔyǔ [名] (第一语言) mother tongue

牡 mǔ [形] (书) male

牡丹 mǔdan [名] peony

拇 mǔ [名] 见下文

拇指 mǔzhǐ [名] **1** (指手) thumb **2** (指脚) big toe

木 mù **I** [名] **1** (树) tree **2** (木材) wood **II** [形] **1** (僵) numb ▷ 天太冷, 我的脚都冻木了。Tiān tài lěng, wǒ de jiǎo dōu dòngmù le. It's freezing, my feet are numb with cold. **2** (呆) stupid

木材 mùcái [名] timber

木工 mùgōng [名] **1** (指工作) woodwork **2** (指人) carpenter

木匠 mùjiang [名] carpenter

木刻 mùkè [名] woodcarving

木料 mùliào [名] timber

木马(馬) mùmǎ [名] **1** (鞍马) vaulting horse **2** (跳马) vault **3** (指玩具) rocking horse

木乃伊 mùnǎiyī [名] mummy

木偶 mù'ǒu [名] puppet

木然 mùrán [形] stupefied

木头(頭) mùtou [名] wood

木已成舟 mù yǐ chéng zhōu what's done is done

目 mù [名] **1** (眼睛) eye **2** (条目) item **3** (目录) catalogue (英), catalog (美) **4** (名称) title **5** (指生物) order

目标(標) **mùbiāo** [名] **1** (对象) target ▷雾太大, 看不清目标。**Wù tài dà, kàn bù qīng mùbiāo.** The fog's too heavy — we can't see the target properly. ▷他们侦察了一个晚上, 也没发现目标。**Tāmen zhēnchále yī gè wǎnshang, yě méi fāxiàn mùbiāo.** They searched all evening, but didn't find what they were looking for. **2** (目的) goal ▷有目标的生活才有意义。**Yǒu mùbiāo de shēnghuó cái yǒu yìyì.** Life only has meaning if you have goals.

目不识(識)丁 **mù bù shí dīng** completely illiterate

目不暇接 **mù bù xiá jiē** too much for the eye to take in

目不转(轉)睛 **mù bù zhuǎn jīng** stare fixedly

目瞪口呆 **mù dèng kǒu dāi** be dumbstruck ▷听了那个消息, 他惊得目瞪口呆。**Tīngle nàge xiāoxi, tā jīng de mù dèng kǒu dāi.** He was dumbstruck at the news.

目的 **mùdì** [名] **1** (指地点) destination ▷旅游目的国 **lǚyóu mùdìguó** tourist destination **2** (结果) aim ▷有明确的学习目的 **yǒu míngquè de xuéxí mùdì** have clear study aims ▷他终于达到了目的了。**Tā zhōngyú dádàole mùdì le.** He finally achieved his goal. ▷学习的目的是为了增长知识。**Xuéxí de mùdì shì wèile zēngzhǎng zhīshi.** The purpose of study is to increase knowledge. **3** (企图) intention

目睹 **mùdǔ** [动] witness

目光 **mùguāng** [名] **1** (视线) gaze ▷大家的目光都聚集在老师身上。**Dàjiā de mùguāng dōu jùjí zài lǎoshī shēnshang.** Everyone's gaze was focused on the teacher. **2** (眼神) look ▷他用奇怪的目光看着我。**Tā yòng qíguài de mùguāng kànzhe wǒ.** He gave me a strange look. **3** (见识) sight ▷目光敏锐 **mùguāng mǐnruì** sharp-eyed

目击(擊) **mùjī** [动] witness ▶目击者 **mùjīzhě** eyewitness

目空一切 **mù kōng yīqiè** supercilious

目录(錄) **mùlù** [名] **1** (指事物) catalogue (英), catalog (美) **2** (指书刊中) table of contents

目前 **mùqián** [名] present ▷到目前为止 **dào mùqián wéizhǐ** to date ▷我们目前的任务 **wǒmen mùqián de rènwù** our current tasks ▷目前, 全国经济形势很好。**Mùqián, quánguó jīngjì xíngshì hěn hǎo.** At present the country's economic situation is very good. ▷我们目前的任务是什么? **Wǒmen mùqián de rènwù shì shénme?** What are our current duties? ▷到目前为止, 公司已出售两万台电脑。**Dào mùqián wéizhǐ, gōngsī yǐ chūshòu liǎng wàn tái diànnǎo.** To date the company has sold 20,000 computers.

目中无(無)人 **mù zhōng wú rén** be condescending

沐 mù [动] (书) **1** (洗头) wash one's hair **2** (蒙受) receive

沐浴 **mùyù** [动] **1** (洗澡) take a bath (*pt* took, *pp* taken) **2** (喻) (沉浸) revel ▷沐浴在幸福和欢乐之中 **mùyù zài xìngfú hé huānlè zhī zhōng** revel in one's fortune and happiness

牧 mù [动] herd

牧民 **mùmín** [名] herdsman (*pl* herdsmen)

牧师(師) **mùshī** [名] priest

牧童 **mùtóng** [名] shepherd boy

牧业(業) **mùyè** [名] animal husbandry

募 mù [动] **1** (钱款) raise ▷募款 **mùkuǎn** raise funds **2** (兵员) enlist

募集 **mùjí** [动] collect

募捐 **mùjuān** [动] collect donations

墓 mù [名] grave

墓碑 **mùbēi** [名] gravestone

墓地 **mùdì** [名] graveyard

幕 mù **I** [名] **1** (帐篷) tent **2** (帷幔) curtain ▶银幕 **yínmù** the silver screen **II** [量] act

幕后(後) **mùhòu** [名] (贬) behind the scenes ▷将军正在幕后策划一起叛乱。**Jiāngjūn zhèng zài mùhòu cèhuà yī qǐ pànluàn.** The General is plotting a rebellion behind the scenes.

睦 mù [动] get on ▶和睦 **hémù** harmonious

睦邻(鄰) **mùlín** [动] get on with one's neighbours (英) 或 neighbors (美) ▷两国建立了睦邻友好关系。**Liǎng guó jiànlìle mùlín yǒuhǎo guānxì.** The two countries have built up good neighbourly (英) 或 neighborly (美) relations.

慕 mù [动] admire

慕名 **mùmíng** [动] be impressed by a reputation

暮 mù [名] **1** (傍晚) dusk **2** (晚) ▷暮春时节 **mùchūn shíjié** in late spring

暮年 **mùnián** [名] old age

暮气(氣) **mùqì** [名] lethargy

穆 mù [形]

穆斯林 **mùsīlín** [名] Muslim

Nn

拿 **ná** **I** [动] **1** (握) hold (*pt*, *pp* held) ▷ 他手里拿着一本书。**Tā shǒu lǐ názhe yī běn shū.** He's holding a book in his hand. **2** (夺) capture ▷ 我们拿下了敌人的阵地。**Wǒmen náxiàle dírén de zhèndì.** We captured the enemy position. **3** (有把握) be sure ▷ 我拿不准他到底来不来。**Wǒ ná bù zhǔn tā dàodǐ lái bù lái.** I'm not sure whether he's coming or not. **4** (掌握) cope with ▷ 家里活他样样拿得起来。 **Jiālǐhuó tā yàngyàng ná de qǐlái.** He can cope with all the housework. **5** (矜持，摆) put on (*pt*, *pp* put) ▷ 我们老板总拿架子。**Wǒmen lǎobǎn zǒng ná jiàzi.** Our boss always puts on airs. **6** (得) get (*pt* got, *pp* got (英) 或 gotten (美)) ▷ 他拿了季军。**Tā nále jìjūn.** He got third prize. **II** [介] **1** (用) with ▷ 她拿毛巾把头发擦干。**Tā ná máojīn bǎ tóufa cāgān.** She dried her hair with a towel. ▷ 少拿这个吓唬我！ **Shǎo ná zhège xiàhu wǒ!** Stop trying to scare me with that stuff! **2** (把) ▷ 他不拿工作当回事。**Tā bù ná gōngzuò dàng huí shì.** He doesn't take the job seriously.

拿手 **náshǒu** [动] be good at ▷ 做菜她很拿手。**Zuòcài tā hěn náshǒu.** She's good at cooking.

哪 **nǎ** **I** [代] **1** (什么) which ▷ 哪是我的包裹？**Nǎ shì wǒ de bāoguǒ?** Which is my parcel? ▷ 你喜欢哪种音乐？ **Nǐ xǐhuan nǎ zhǒng yīnyuè?** What kind of music do you like? ▷ 哪个人是李先生？ **Nǎge rén shì Lǐ xiānsheng?** Which one is Mr Li? **2** (任何一个) any ▷ 你哪天来都行。**Nǐ nǎ tiān lái dōu xíng.** You can come any day. **II** [副] how ▷ 不努力哪会成功? **Bù nǔlì nǎ huì chénggōng?** How can you be successful without hard work?

哪个(個) **nǎge** [代] which

哪里(裡) **nǎlǐ** [代] **1** (用于问处所) ▷ 你住在哪里？ **Nǐ zhù zài nǎlǐ?** Where do you live? **2** (指任何地方) ▷ 游牧民族总是哪里有水，就迁往哪里。**Yóumù mínzú zǒngshì nǎlǐ yǒu shuǐ, jiù qiānwǎng nǎlǐ.** Nomads always move to wherever there is water. **3** (指某一地方) ▷ 我们应该在哪里见过。**Wǒmen yīnggāi zài nǎli jiànguo.** I'm sure we've met somewhere before. **4** (用于反问) ▷ 我哪里去过美国？ **Wǒ nǎlǐ qùguo Měiguó?** When was I supposed to have gone to America? ▷ 他哪里会弹钢琴? **Tā nǎlǐ huì tán gāngqín?** How is he supposed to be able to play the piano? **5** (谦) ▷ 哪里，哪里，你过奖了。**Nǎlǐ, nǎlǐ, nǐ guòjiǎng le.** No, no, it was nothing.

哪怕 **nǎpà** [连] no matter ▷ 哪怕有再多的困难，我也要坚持到底。**Nǎpà yǒu zài duō de kùnnán, wǒ yě yào jiānchí dàodǐ.** No matter how many difficulties remain, I will hold fast till the end.

哪些 **nǎxiē** [代] which

哪样(樣) **nǎyàng** [代] **1** (表示提问) what kind **2** (表示任何一种) whatever

那 **nà** **I** [代] **1** (指远处) that (*pl* those) ▷ 那些人 **nàxiē rén** those people ▷ 那楼是去年建的。**Nà lóu shì qùnián jiàn de.** That block was built last year. **2** (表示不确指) ▷ 他这也想学，那也想学。**Tā zhè yě xiǎng xué, nà yě xiǎng xué.** He wants to study everything. **3** (表示复指) that ▷ 赚钱，那个才是商人真正关心的。**Zhuànqián, nàge cái shì shāngrén zhēnzhèng guānxīn de.** Making money — that's all businessmen care about. **II** [连] then ▷ 你想买，那就买吧。**Nǐ xiǎng mǎi, nà jiù mǎi ba.** If you want to buy it, then buy it. ▷ 小明不在家，那我们就走吧。**Xiǎo Míng bù zài jiā, nà wǒmen jiù zǒu ba.** Xiao Ming is out, so we should just go.

那边(邊) **nàbiān** [名] that side

那个(個) **nàge** [代] **1** (指代人，事或物) that (*pl* those) ▷ 那个是主卧。**Nàge shì zhǔwò.** That's the master bedroom. ▷ 那个房间是我妹妹的。**Nàge fángjiān shì wǒ mèimei de.** That's my sister's room. **2** (表示婉转) ▷ 他说话挺那个的。**Tā shuōhuà tǐng nàge de.** What he said was too much.

那里(裡) **nàlǐ** [代] ▷ 我去过那里。**Wǒ qùguo nàlǐ.** I've been there. ▷ 我也要去那里吗? **Wǒ yě yào qù nàlǐ ma?** Shall I go over there as well?

那么(麼) **nàme** [代] **1** (表示程度) ▷ 你不该那么相信他。**Nǐ bùgāi nàme xiāngxìn tā.** You shouldn't trust him so much. **2** (表示数量) ▷ 再有那么七八个就够了。**Zài yǒu nàme qībā gè jiù gòu le.** Another seven or so will be enough. **3** (表示方式) ▷ 你别那么想。**Nǐ bié nàme xiǎng.** Don't think in that way.

那儿(兒) **nàr** [副] there

那些 **nàxiē** [代] those ▷ 那些书是我的。**Nàxiē shū shì wǒ de.** Those are my books.

那样(樣) **nàyàng** [副] ▷ 我没有说过那样的话。**Wǒ méiyǒu shuōguo nàyàng de huà.** I never said anything like that.

呐 nà 见下文
呐喊 **nàhǎn** [动] cheer

纳(納) nà [动] **1** (收) receive ▶出纳 **chūnà** cashier **2** (接受) accept ▶采纳 **cǎinà** accept **3** (享受) enjoy **4** (放进去) put (*pt*, *pp* put) **5** (交付) pay (*pt*, *pp* paid) **6** (缝纫) sew (*pt* sewed, *pp* sewn)
纳(納)粹 **Nàcuì** [名] Nazi
纳(納)凉(涼) **nàliáng** [动] enjoy the shade
纳(納)闷(悶)儿(兒) **nàmènr** [动] (口) not see ▷我纳闷儿他为什么还没到。**Wǒ nàmènr tā wèishénme hái méi dào.** I don't understand why he hasn't arrived yet.
纳(納)米技术(術) **nàmǐ jìshù** [名] nanotechnology
纳(納)入 **nàrù** [动] be incorporated into ▷他的提议被纳入议事范围。**Tā de tíyì bèi nàrù yìshì fànwéi.** His suggestion was incorporated into the agenda of the meeting.
纳(納)税(稅) **nàshuì** [动] pay taxes (*pt*, *pp* paid)
纳(納)税(稅)人 **nàshuìrén** [名] taxpayer

钠(鈉) nà [名] sodium

捺 nà [动] control

乃 nǎi [动] (书) be (*pt* was, *pp* been) ▷失败乃成功之母。**Shībài nǎi chénggōng zhī mǔ.** Failure is the mother of success.
乃至 **nǎizhì** [连] (书) even ▷他在国内乃至海外都很有影响。**Tā zài guónèi nǎizhì hǎiwài dōu hěn yǒu yǐngxiǎng.** He's very influential, in his own country and even overseas.

奶 nǎi **I** [名] milk ▶酸奶 **suānnǎi** yoghurt **1** (乳房) breast **2** (乳汁) milk **II** [动] breast-feed (*pt*, *pp* breast-fed)
奶酪 **nǎilào** [名] cheese
奶妈(媽) **nǎimā** [名] wet nurse
奶名 **nǎimíng** [名] baby name
奶奶 **nǎinai** [名] (父方的) granny
奶昔 **nǎixī** [名] milkshake

耐 nài [动] **1** (指人) endure ▶耐性 **nàixìng** patience **2** (指衣服) be durable **3** (指材料) be resistant ▶耐用 **nàiyòng** enduring ▷这种材料耐腐蚀。**Zhè zhǒng cáiliào nài fǔshí.** This material is corrosion-resistant.
耐烦(煩) **nàifán** [形] patient ▷她有点不耐烦了。**Tā yǒudiǎn bù nàifán le.** She's getting a bit impatient.
耐久 **nàijiǔ** [形] long-lasting
耐劳(勞) **nàiláo** [动] not be afraid of hard work
耐力 **nàilì** [名] stamina
耐人寻(尋)味 **nài rén xún wèi** be thought-provoking
耐心 **nàixīn** [形] patient ▷她对孩子很有耐心。**Tā duì háizi hěn yǒu nàixīn.** She's very patient with children.
耐用 **nàiyòng** [形] enduring
耐性 **nàixìng** [名] patience

男 nán [名] **1** (男性) male **2** (儿子) son
男儿(兒) **nán'ér** [名] man (*pl* men)
男孩子 **nánháizi** [名] boy
男朋友 **nánpéngyou** [名] boyfriend
男女 **nánnǚ** [名] men and women (*pl*) ▷男女平等 **nánnǚ píngděng** equality between men and women
男人 **nánrén** [名] man (*pl* men)
男人 **nánren** [名] (方) husband
男士 **nánshì** [名] gentleman (*pl* gentlemen)
男性 **nánxìng** [名] male
男子汉(漢) **nánzǐhàn** [名] man (*pl* men) ▷孩子已经长成了男子汉。**Háizi yǐjīng zhǎngchéngle nánzǐhàn.** The child has already become a man.

南 nán [名] south ▶东南 **dōngnán** south-east ▶西南 **xīnán** south-west
南边(邊) **nánbiān** [名] the south
南部 **nánbù** [名] southern part
南方 **nánfāng** [名] the South ▷南方风俗 **nánfāng fēngsú** a southern custom
南国(國) **nánguó** [名] (书) the South ▷南国风光 **nánguó fēngguāng** southern scenery
南极(極) **nánjí** [名] South Pole
南面 **nánmiàn** [名] south
南腔北调(調) **nán qiāng běi diào** strong accent ▷他讲话南腔北调的。**Tā jiǎnghuà nán qiāng běi diào de.** He speaks with a strong accent.
南辕(轅)北辙(轍) **nán yuán běi zhé** at odds with ▷你的行为和你的承诺南辕北辙。**Nǐ de xíngwéi hé nǐ de chéngnuò nán yuán běi zhé.** Your actions are at odds with your words.

难(難) nán **I** [形] **1** (困难) hard **2** (不好) bad ▷难吃 **nánchī** unpalatable **II** [动] baffle
→另见 **nàn**
难(難)产(產) **nánchǎn** [动] **1** (医) have a difficult labour **2** (不易完成) be hard to carry out ▷我们的计划一再难产。**Wǒmen de jìhuà yīzài nánchǎn.** Our plan was beset with difficulties.
难(難)处(處) **nánchǔ** [动] be hard to get along with

难(難)处(處) nánchu [名] trouble ▷各家有各家的难处。Gè jiā yǒu gè jiā de nánchu. Every family has its own troubles.
难(難)道 nándào [副] ▷你难道还不明白吗？Nǐ nándào hái bù míngbai ma? How can you not understand? ▷难道你就不累？Nándào nǐ jiù bù lèi? Aren't you tired?
难(難)怪 nánguài I [副] ▷难怪一个人找不到，原来今天不上班。Nánguài yī gè rén zhǎo bù dào, yuánlái jīntiān bù shàngbān. No wonder no one's here — it's not a working day! II [动] be understandable
难(難)关(關) nánguān [名] crisis (*pl* crises)
难(難)过(過) nánguò I [动] have a hard time ▷他挣得不多，日子难过。Tā zhèng de bù duō, rìzi nánguò. He doesn't earn much — he has a hard time of it. II [形] upset
难(難)解难(難)分 nán jiě nán fēn 1 (形容比赛) be locked in battle 2 (形容关系) be inseparable
难(難)堪 nánkān [形] (尴尬) embarrassed ▷他因为没钱付小费而感到难堪。Tā yīnwèi méi qián fù xiǎofèi ér gǎndào nánkān. He felt embarrassed at not having enough money for a tip.
难(難)看 nánkàn [形] 1 (丑) ugly 2 (不体面) ashamed
难(難)免 nánmiǎn [动] be unavoidable ▷年轻人犯点错误是难免的，关键要从中吸取教训。Niánqīngrén fàn diǎn cuòwù shì nánmiǎn de, guānjiàn yào cóngzhōng xīqǔ jiàoxùn. It's unavoidable that young people will make mistakes. The important thing is that they learn from them.
难(難)能可贵(貴) nán néng kě guì highly commendable
难(難)受 nánshòu [动] 1 (指身体) not feel well ▷我头疼得难受。Wǒ tóuténg de nánshòu. I've got a bad headache. 2 (指心情) feel down (*pt, pp* felt)
难(難)说(說) nánshuō [动] be hard to say ▷他来不来还难说。Tā lái bù lái hái nánshuō. It's hard to say if he'll come or not.
难(難)听(聽) nántīng [动] 1 (不悦耳) sound awful 2 (粗俗) be crude 3 (不体面) be shameful
难(難)为(為)情 nánwéiqíng [形] 1 (难堪) embarrassed 2 (过意不去) awkward
难(難)为(為) nánwei [动] 1 (使人为难) embarrass 2 (客套) (表示感谢) put ... out (*pt, pp* put) ▷帮我打扫房间，真难为你了。Bāng wǒ dǎsǎo fángjiān, zhēn nánwei nǐ le. Thank you for helping me with the cleaning — I know I've really put you out. 3 (指做难事) be tough ▷一个人把几个孩子拉扯大，真难为她了。Yī gè rén bǎ jǐ gè háizi lāchě dà, zhēn nánwei tā le. It must have been very tough for her, bringing up all those children on her own.
难(難)言之隐(隱) nán yán zhī yǐn be reluctant to discuss ▷他似乎有难言之隐。Tā sìhū yǒu nán yán zhī yǐn. He seemed reluctant to discuss the subject.
难(難)以 nányǐ [副] hard ▷难以启齿 nányǐ qǐchǐ not know where to start ▷难以置信 nányǐ zhìxìn hard to believe
难(難)于(於) nányú [副] hard ▷没有本科学历，难于找工作。Méiyǒu běnkē xuélì, nányú zhǎo gōngzuò. Without an undergraduate degree it can be hard to find work.

难(難) nàn I [名] trouble II [动] blame ▶非难 fēinàn blame
→另见 nán
难(難)民 nànmín [名] refugee
难(難)兄难(難)弟 nànxiōng-nàndì fellow sufferers (*pl*) ▷大家都是难兄难弟，应该互相关照。Dàjiā dōushì nànxiōng-nàndì, yīnggāi hùxiāng guānzhào. Everyone's in the same boat — we should be looking after each other.

囊 náng [名] 1 (口袋) bag 2 (袋状物) pocket ▶胆囊 dǎnnáng gall bladder
囊括 nángkuò [动] 1 (包罗) encompass 2 (指比赛) win (*pt, pp* won)

孬 nāo [形] (方) (怯懦) cowardly
孬种(種) nāozhǒng [名] coward

挠(撓) náo [动] 1 (轻抓) scratch 2 (阻止) prevent ▶阻挠 zǔnáo hinder 3 (屈服) yield
挠(撓)头(頭) náotóu [形] troublesome

恼(惱) nǎo [形] 1 (生气) angry ▶气恼 qìnǎo get angry 2 (不痛快) unhappy ▶烦恼 fánnǎo worried
恼(惱)火 nǎohuǒ [形] annoyed
恼(惱)羞成怒 nǎo xiū chéng nù fly off the handle

脑(腦) nǎo [名] 1 (生理) brain 2 (脑筋) brain ▷他不爱动脑。Tā bù ài dòngnǎo. He's not in the habit of using his brain. 3 (头部) head 4 (头领) leader ▶首脑 shǒunǎo head
脑(腦)袋 nǎodai [名] head
脑(腦)海 nǎohǎi [名] mind
脑(腦)筋 nǎojīn [名] 1 (指思考能力) brain 2 (指思想) mind ▷他脑筋灵活。Tā nǎojīn línghuó. He's got a quick mind.

n

脑(腦)力 nǎolì [名] brain power ▷脑力劳动 nǎolì láodòng brain work
脑(腦)子 nǎozi [名] brain

闹(鬧) nào **I** [形] noisy **II** [动] **1** (吵闹) have a row ▷闹别扭 nào bièniu fall out (*pt* fell, *pp* fallen) **2** (发泄) vent **3** (病, 灾难) suffer from ▷闹肚子 nào dùzi have diarrhoea (英) 或 diarrhea (美) ▷他家乡闹了地震。Tā jiāxiāng nàole dìzhèn. His hometown suffered an earthquake. ▷前两天她闹胃炎。Qián liǎng tiān tā nào wèiyán. A couple of days ago she had a bout of gastritis. **4** (玩) go out (*pt* went, *pp* gone)

闹(鬧)别(彆)扭 nào bièniu [动] **1** (吵架) fall out (*pt* fell, *pp* fallen) ▷夫妻俩闹别扭了。Fūqī liǎ nào bièniu le. The couple have fallen out. **2** (合不来) be at loggerheads ▷两国就贸易问题闹别扭。Liǎng guó jiù màoyì wèntí nào bièniu. The two countries are at loggerheads over trading issues.
闹(鬧)肚子 nào dùzi [动] have diarrhoea (英) 或 diarrhea (美)
闹(鬧)鬼 nàoguǐ [动] be haunted
闹(鬧)哄哄 nàohōnghōng [形] noisy
闹(鬧)剧(劇) nàojù [名] farce ▷你们的闹剧也该收场了。Nǐmen de nàojù yě gāi shōuchǎng le. You should put a stop to this nonsense.
闹(鬧)情绪(緒) nào qíngxù [动] take things badly (*pt* took, *pp* taken)
闹(鬧)市 nàoshì [名] busy commercial area
闹(鬧)腾(騰) nàoteng [动] **1** (吵闹) make a row **2** (大声说笑) make a din
闹(鬧)钟(鐘) nàozhōng [名] alarm clock

呢 ne [助] **1** (表示疑问) ▷你们都走, 我呢？Nǐmen dōu zǒu, wǒ ne? If you all go, what about me? ▷我到底错在哪儿呢？Wǒ dàodǐ cuò zài nǎr ne? What did I actually do wrong? **2** (表示陈述) ▷离北京还远着呢。Lí Běijīng hái yuǎnzhe ne. Beijing is still quite far. ▷他导演的电影好看着呢。Tā dǎoyǎn de diànyǐng hǎokànzhe ne. The film he directed is actually really good. **3** (表示持续) ▷老师还在办公室呢。Lǎoshī hái zài bàngōngshì ne. The teacher is still in the office. ▷警察正在搜索逃犯呢。Jǐngchá zhèngzài sōusuǒ táofàn ne. The police are hunting down the escaped convict. **4** (表示停顿) ▷如今呢, 我们住上了大房子。Rújīn ne, wǒmen zhùshàngle dà fángzi. Nowadays, we live in a big house.
→另见 ní

呢 ne is added to the end of a statement to form a tentative question, or to indicate that a response is expected, e.g. 你好吗？我很好，你呢？Nǐ hǎo ma? Wǒ hěn hǎo, nǐ ne? (How are you? Fine, and you?). It may also be used to stress continuity, e.g. 我还在吃饭呢 Wǒ hái zài chīfàn ne (I am still eating dinner), whereas 吗 ma is added to the end of any statement to turn it into a simple yes/no question, e.g. 你忙吗？Nǐ máng ma? (Are you busy?).

馁(餒) něi [形] disheartened

内(內) nèi [名] **1** (里头) inside ▷他躲在大楼内。Tā duǒ zài dàlóu nèi. He hid inside the building. ▷保龄球是室内运动。Bǎolíngqiú shì shìnèi yùndòng. Bowling is an indoor sport. ▶室内 shìnèi indoor ▶内地 nèidì inland ▷他在一个月内完成了任务。Tā zài yī gè yuè nèi wánchéngle rènwu. He finished the task within a month. **2** (指妻子的亲属) in-laws (*pl*) ▶内弟 nèidì brother-in-law (*pl* brothers-in-law)
内(內)部 nèibù [形] internal
内(內)存 nèicún [名] memory
内(內)地 nèidì [名] the interior ▷很多港澳台同胞到内地旅游参观。Hěnduō Gǎng-Ào Tái tóngbāo dào nèidì lǚyóu cānguān. Many tourists from Hong Kong, Macao and Taiwan come to mainland China for sightseeing.
内(內)定 nèidìng [动] be appointed internally
内(內)分泌 nèifēnmì [名] endocrine system
内(內)服 nèifú [动] take orally (*pt* took, *pp* taken) ▷此药可内服。Cǐ yào kě nèifú. This medicine is to be taken orally.
内(內)阁(閣) nèigé [名] cabinet
内(內)涵 nèihán [名] connotation
内(內)行 nèiháng **I** [名] expert **II** [形] expert
内(內)河 nèihé [名] inland river
内(內)讧(訌) nèihòng [名] internal conflict
内(內)疚 nèijiù [动] feel guilty (*pt*, *pp* felt) ▷我为失职而内疚。Wǒ wèi shīzhí ér nèijiù. I felt guilty about my unprofessional behaviour. ▷他被内疚折磨着。Tā bèi nèijiù zhémózhe. He is tortured by guilt.
内(內)科 nèikē [名] internal medicine ▷内科病房 nèikē bìngfáng medical ward ▷内科医生 nèikē yīshēng physician
内(內)陆(陸) nèilù [形] inland
内(內)乱(亂) nèiluàn [名] civil conflict
内(內)幕 nèimù [名] inside story
内(內)勤 nèiqín **I** [形] office-based **II** [名] office staff
内(內)容 nèiróng [名] content
内(內)务(務) nèiwù [名] (国内事务) internal affairs (*pl*)

内(内)线(線) **nèixiàn** [名] **1** (指人) mole **2** (指电话) internal line ▷ 内线电话 **nèixiàn diànhuà** internal phone call

内(内)向 **nèixiàng** [形] introverted

内(内)销(銷) **nèixiāo** [动] sell on the domestic market (*pt, pp* sold)

内(内)心 **nèixīn** [名] mind ▷ 谁知道他内心怎么想的? **Shuí zhīdào tā nèixīn zěnme xiǎng de?** Who knows what he's thinking deep down?

内(内)秀 **nèixiù** [形] quietly intelligent ▷ 我的男朋友长相平平, 但很内秀。**Wǒ de nánpéngyou zhǎngxiàng píngpíng, dàn hěn nèixiù.** My boyfriend looks pretty ordinary, but he's intelligent in an understated way.

内(内)应(應) **nèiyìng** [名] mole

内(内)在 **nèizài** [形] internal ▷ 内在规律 **nèizài guīlǜ** intrinsic law

内(内)脏(臟) **nèizàng** [名] internal organs (*pl*)

内(内)债(債) **nèizhài** [名] internal debt

内(内)政 **nèizhèng** [名] domestic affairs (*pl*)

嫩 **nèn** [形] **1** (指皮肤) delicate **2** (指食品) tender **3** (指颜色) light **4** (口) (指阅历) green

---

能 **néng I** [名] **1** (能力) ability ▷ 无才无能 **wú cái wú néng** untalented and incapable **2** (物) (能量) energy ▶ 能量 **néngliàng** energy ▷ 核能 **hénéng** nuclear energy **II** [形] capable **III** [助动] can ▷ 我能照顾好自己。**Wǒ néng zhàogù hǎo zìjǐ.** I can take care of myself.

> 能 **néng**, 会 **huì**, and 可以 **kěyǐ** can all be used to express ability and are sometimes used interchangeably. Strictly, 能 **néng** should be used to express physical ability, e.g. 我能跑得很快 **wǒ néng pǎo de hěn kuài** (I can run very fast), while 会 **huì** should express a learned ability, e.g. 我会说法语 **wǒ huì shuō Fǎyǔ** (I can speak French). Both 能 **néng** and 可以 **kěyǐ** can express being able to do something because you have been granted permission, e.g. 你能/可以借我的照相机 **nǐ néng/kěyǐ jiè wǒ de zhàoxiàngjī** (You can/may borrow my camera).

能动(動) **néngdòng** [形] active ▷ 我们能动地改造世界。**Wǒmen néngdòng de gǎizào shìjiè.** We are working actively to change the world.

能干(幹) **nénggàn** [形] capable

能够(夠) **nénggòu** [动] be able to ▷ 飞机一个小时后能够起飞。**Fēijī yī gè xiǎoshí hòu nénggòu qǐfēi.** The flight will be able to take off in an hour. ▷ 有谁能够帮我解决这个问题? **Yǒu shuí nénggòu bāng wǒ jiějué zhège wèntí?** Who can help me solve this problem?

> 请勿混淆 **able** 和 **capable**。这两个词都可以表示某人能做某事。如果说某人 **able to do something**，表示他有能力做某事，因为他具备做此事所需的知识或技能，或条件允许可以做此事。*He wondered if he would be able to climb over the rail...They were able to use their profits for new investments.* 注意，如果时态是过去时，则表示某人事实上已经做了某事。*We were able to reduce costs.* 如果某人 **capable of doing something** 表示他具备做某事的知识和技能，或者他有可能去做某事。*The workers are perfectly capable of running the organization themselves... She was quite capable of ruining the project if it didn't please her.* 可以说某人 **capable of** 某种感情或行为。*He's capable of loyalty...I don't believe he's capable of murder.* 也可以用 **capable of** 表示汽车或机器的性能。*The car was capable of 110 miles per hour.* 如果将某人描述为 **able** 或者 **capable**，说明他能力很强。*His father was an able golfer...She's certainly a capable gardener.*

能力 **nénglì** [名] ability

> 请勿混淆 **ability, capability** 和 **capacity**。**ability** 表示某人有能力做好某事。*He had remarkable ability as a musician... the ability to bear hardship...* 某人的 **capability** 是指他所能完成的工作量及工作质量的好坏。*...a job that was beyond the capability of one man... the film director's ideas of the capability of the actor...* 如果某人具有某种特殊的 **capacity**，或 **a capacity for something**，或 **a capacity to do something**，说明他具备做该事所需的能力。**capacity** 比 **ability** 更为正式。*...their capacity for hard work... his capacity to see the other person's point of view...*

能量 **néngliàng** [名] (物) energy

能耐 **néngnai** [名] ability

能人 **néngrén** [名] ▷ 我们要让个能人来处理这件事。**Wǒmen yào ràng gè néngrén lái chǔlǐ zhè jiàn shì.** We should let somebody competent take care of this.

能手 **néngshǒu** [名] expert

能源 **néngyuán** [名] energy ▷ 能源短缺 **néngyuán duǎnquē** energy shortage

---

呢 **ní** [名] woollen cloth
→ 另见 **ne**

呢子 **nízi** [名] woollen cloth ▷ 呢子大衣 **nízi dàyī** woollen overcoat

---

泥 **ní** [名] **1** (指土) mud **2** (泥状物) paste ▷ 土豆泥 **tǔdòuní** mashed potato

n

泥泞(濘) nínìng **I** [形] muddy **II** [名] mud
泥潭 nítán [名] marsh

霓 ní 见下文
霓虹灯(燈) níhóngdēng [名] neon light

拟(擬) nǐ [动] **1** (起草) draft **2** (打算) plan
拟(擬)订(訂) nǐdìng [动] draft
拟(擬)人 nǐrén [名] personification
拟(擬)声(聲)词(詞) nǐshēngcí [名] onomatopoeia

你 nǐ [代] **1** (称对方) you ▷ 你是我最好的朋友。Nǐ shì wǒ zuìhǎo de péngyou. You are my best friend. **2** (你的) your ▷ 你家有几口人？Nǐ jiā yǒu jǐ kǒu rén? How many people are there in your family?
你们(們) nǐmen [代] you (*pl*)
你好 nǐhǎo [叹] hello

> 你好 nǐhǎo is the most common way to say **hello** in Chinese. It is also used to ask **How are you?** 你好吗？Nǐhǎo ma?. The literal translation of **How are you?**, 你怎么样？Nǐ zěnmeyàng?, means **What happened to you?**

昵(暱) nì [形] intimate ▶ 亲昵 qīnnì affectionate
昵(暱)称(稱) nìchēng [名] pet name

逆 nì **I** [形] adverse **II** [动] go against (*pt* went, *pp* gone)
逆差 nìchā [名] deficit
逆耳 nì'ěr [形] hard to take ▷ 忠言逆耳 zhōngyán nì'ěr the truth hurts
逆反心理 nìfǎn xīnlǐ [名] rebellious mentality
逆境 nìjìng [名] adversity
逆来(來)顺(順)受 nì lái shùn shòu resign oneself to
逆流 nìliú **I** [动] go against the trend (*pt* went, *pp* gone) **II** [名] (喻) unhealthy trend ▷ 我们一定要抵制这股社会逆流。Wǒmen yīdìng yào dǐzhì zhè gǔ shèhuì nìliú. We must fight this unhealthy social trend.
逆水行舟 nì shuǐ xíng zhōu go against the stream
逆子 nìzǐ [名] disobedient son

匿 nì [动] (书) conceal ▶ 隐匿 yǐnnì secrete
匿迹(跡) nìjì [动] go into hiding (*pt* went, *pp* gone) ▷ 他怎么销声匿迹了？Tā zěnme xiāo shēng nìjì le? Why has he vanished from the scene?
匿名 nìmíng [形] anonymous

腻(膩) nì **I** [形] **1** (太油) oily **2** (厌烦) fed-up **3** (细致) meticulous ▶ 细腻 xìnì exquisite **II** [名] dirt
腻(膩)烦(煩) nìfan [动] **1** (厌烦) be bored ▷ 这个电影我看了3遍也没有腻烦。Zhège diànyǐng wǒ kànle sān biàn yě méiyǒu nìfan. I've seen this film three times and I'm still not bored of it. **2** (厌恶) loathe
腻(膩)味 nìwei [动] **1** (方) (厌烦) be bored ▷ 这纪录片真腻味人。Zhè jìlùpiàn zhēn nìwei rén. This documentary is so boring. **2** (方) (厌恶) dislike

溺 nì [动] **1** (淹没) drown **2** (过分) indulge in ▶ 溺爱 nìài overindulge

蔫 niān [形] **1** (枯萎) withered ▷ 花因为缺水都蔫了。Huā yīnwèi quēshuǐ dōu niān le. The flowers withered from lack of water. **2** (萎靡不振) listless

年 nián **I** [名] **1** (时间单位) year ▷ 今年 jīnnián this year **2** (元旦或春节) New Year ▷ 过年 guònián celebrate Spring Festival **3** (岁数) age ▷ 年过半百 nián guò bànbǎi over fifty years old **4** (阶段) age ▷ 老年 lǎonián old age ▶ 童年 tóngnián childhood **5** (时代) era ▷ 明朝末年 míngcháo mònián the end of the Ming dynasty ▷ 近年来 jìnniánlái in recent years **6** (年成) harvest **II** [形] annual ▷ 年薪 niánxīn annual salary
年表 niánbiǎo [名] chronology
年成 niáncheng [名] harvest
年代 niándài [名] **1** (时代) period **2** (十年) decade
年度 niándù [名] year ▷ 年度预算 niándù yùsuàn annual budget
年份 niánfèn [名] a particular year ▷ 这两笔支出不在一个年份。Zhè liǎng bǐ zhīchū bù zài yī gè niánfèn. These two expenses were not incurred in the same year.
年富力强(強) nián fù lì qiáng in the prime of life
年关(關) niánguān [名] the end of the year
年华(華) niánhuá [名] (书) years (*pl*)
年会(會) niánhuì [名] annual meeting
年货(貨) niánhuò [名] Spring Festival goods (*pl*)
年级(級) niánjí [名] year (英), grade (美)
年纪(紀) niánjì [名] age ▷ 他年纪不大。Tā niánjì bù dà. He's quite young.
年鉴(鑑) niánjiàn [名] yearbook
年景 niánjǐng [名] **1** (年成) harvest **2** (过年景象) holiday atmosphere
年龄(齡) niánlíng [名] age
年迈(邁) niánmài [形] (书) old
年谱(譜) niánpǔ [名] chronology

年青 niánqīng [形] young

年轻(輕) niánqīng [形] young

年头(頭) niántóu [名] **1** (年份) year **2** (多年时间) years (*pl*) ▷ 他从事翻译有年头了。**Tā cóngshì fānyì yǒu niántóu le.** He's been doing translation for years. **3** (时代) times (*pl*) ▷ 那年头, 日子不好过。**Nà niántóu, rìzi bù hǎo guò.** In those days, life was hard.

年限 **niánxiàn** [名] time limit ▷ 贷款偿还年限 **dàikuǎn chánghuán niánxiàn** mortgage repayment period

年月 **niányue** [名] (书) years (*pl*)

黏 **nián** [形] sticky

黏糊 **niánhu** [形] **1** (指东西) sticky ▷ 这粥黏糊了。**Zhè zhōu niánhu le.** The rice porridge has thickened. **2** (指人) languid

黏着(著) **niánzhuó** [动] stick together (*pt, pp* stuck)

碾 **niǎn** I [名] roller II [动] **1** (使粉碎) grind (*pt, pp* ground) **2** (使平坦) flatten

撵(攆) **niǎn** [动] drive ... away (*pt* drove, *pp* driven) ▷ 我们把他撵走了。**Wǒmen bǎ tā niǎn zǒu le.** We drove him away.

念(唸) **niàn** I [动] **1** (读) read (*pt, pp* read) **2** (上学) study **3** (想念) miss II [名] idea

念(唸)叨 **niàndao** [动] **1** (唠叨) nag **2** (谈论) discuss ▷ 我有些事情想念叨念叨。**Wǒ yǒuxiē shìqing xiǎng niàndao niàndao.** There's something I want to discuss with you.

念(唸)旧(舊) **niànjiù** [动] be nostalgic

念(唸)念(唸)不忘 **niànniàn bù wàng** always remember ▷ 他对老师的帮助念念不忘。**Tā duì lǎoshī de bāngzhù niànniàn bù wàng.** He always remembered his teacher's help.

念(唸)书(書) **niànshū** [动] study

念(唸)头(頭) **niàntou** [名] idea

娘 **niáng** [名] **1** (方) (母亲) mum **2** (指年长妇女) auntie

娘家 **niángjia** [名] *a married woman's parents' home* ▷ 她要带孩子回娘家。**Tā yào dài háizi huí niángjia.** She wants to take her child back to her parents' home.

娘胎 **niángtāi** [名] womb

酿(釀) **niàng** I [动] **1** (葡萄酒, 蜜) make (*pt, pp* made) **2** (啤酒) brew **3** (祸事) lead to (*pt, pp* led) ▷ 酒后驾车会酿成大祸。**Jiǔ hòu jiàchē huì niàngchéng dà huò.** Drink-driving can lead to disaster. II [名] alcohol

酿(釀)造 **niàngzào** [动] **1** (葡萄酒, 醋, 酱油) make (*pt, pp* made) **2** (啤酒) brew

鸟(鳥) **niǎo** [名] bird

鸟(鳥)瞰 **niǎokàn** I [动] get a bird's-eye view ▷ 从山顶可以鸟瞰全城。**Cóng shāndǐng kěyǐ niǎokàn quánchéng.** From the mountain top you get a bird's-eye view of the whole city. II [名] (书) overview

鸟(鳥)语(語)花香 **niǎo yǔ huā xiāng** the sounds and scents of nature

袅(嫋) **niǎo** [形] (书) delicate

袅(嫋)袅(嫋) **niǎoniǎo** [形] **1** (书) (指烟雾) curling **2** (书) (指声音) lingering

尿 **niào** I [名] urine ▶ 撒尿 **sāniào** urinate II [动] urinate

→ 另见 suī

捏 **niē** [动] **1** (拿) hold (*pt, pp* held) **2** (饺子) make (*pt, pp* made) **3** (泥人) mould (英), mold (美)

镊(鑷) **niè** I [名] tweezers (*pl*) ▶ 镊子 **nièzi** tweezers (*pl*) II [动] pick ... up

镍(鎳) **niè** [名] nickel

蹑(躡) **niè** [动] creep (*pt, pp* crept)

蹑(躡)手蹑(躡)脚(腳) **niè shǒu niè jiǎo** creep ▷ 他蹑手蹑脚地走进教室。**Tā niè shǒu niè jiǎo de zǒujìn jiàoshì.** He crept into the classroom.

孽 **niè** [名] sin

孽种(種) **nièzhǒng** [名] (旧) undutiful child (*pl* children)

您 **nín** [代] you ▷ 您慢走！**nín màn zǒu!** Mind how you go!

宁(寧) **níng** [形] peaceful

→ 另见 nìng

宁(寧)静(靜) **níngjìng** [形] quiet

拧(擰) **níng** [动] **1** (毛巾, 衣服) wring (*pt, pp* wrung) ▷ 你洗完衣服后, 把它们拧一下。**Nǐ xǐwán yīfu hòu, bǎ tāmen níng yīxià.** When you've washed the clothes, wring them out. **2** (皮肤) pinch

→ 另见 nìng

狞(獰) **níng** [形] (书) ferocious ▶ 狰狞 **zhēngníng** savage

狞(獰)笑 **níngxiào** [名] evil laugh

柠(檸) **níng** 见下文

n

柠(檸)檬 níngméng [名] lemon

凝 níng [动] **1** (凝结) congeal **2** (集中注意力) gaze
凝固 nínggù [动] solidify
凝结(結) níngjié [动] **1** (指气体) liquefy **2** (指液体) solidify
凝聚 níngjù [动] embody
凝练(練) níngliàn [形] (书) concise
凝视(視) níngshì [动] gaze
凝重 níngzhòng [形] (书) imposing

宁(寧) nìng [副] ▶ 宁愿 nìngyuàn would rather ▷ 我们宁早勿晚。Wǒmen nìng zǎo wù wǎn. We'd rather be early than late.
→ 另见 níng
宁(寧)可 nìngkě [副] ▷ 我宁可回家。Wǒ nìngkě huíjiā. I'd rather go home.
宁(寧)肯 nìngkěn [副] ▷ 我宁肯熬夜，也不要迟交作业。Wǒ nìngkěn áoyè, yě bùyào chí jiāo zuòyè. I'd rather work all night than hand my homework in late.
宁(寧)缺毋滥(濫) nìng quē wú làn place quality over quantity ▷ 对于买衣服，我的原则是宁缺毋滥。Duìyú mǎi yīfu, wǒ de yuánzé shì nìng quē wú làn. When buying clothes, I go by the principle of quality over quantity.
宁(寧)死不屈 nìng sǐ bù qū rather die than surrender
宁(寧)愿(願) nìngyuàn [副] ▷ 我宁愿走也不乘公交车。Wǒ nìngyuàn zǒu yě bù chéng gōngjiāochē. I'd rather walk than take the bus.

拧(擰) nìng [形] stubborn
→ 另见 níng

牛 niú [名] **1** (指动物) cow ▶ 公牛 gōngniú bull **2** (指肉) beef ▶ 牛肉 niúròu beef
牛犊(犢) niúdú [名] calf (*pl* calves)
牛劲(勁) niújìn [名] **1** (大力气) great strength ▷ 这小子还真有股牛劲。Zhè xiǎozi hái zhēn yǒu gǔ niújìn. This child is really strong. **2** (牛脾气) obstinacy
牛奶 niúnǎi [名] milk
牛肉 niúròu [名] beef
牛皮 niúpí [名] **1** (牛的皮) leather **2** (大话) boast
牛脾气(氣) niúpíqi [名] stubbornness
牛市 niúshì [名] bull market
牛头(頭)不对(對)马(馬)嘴 niú tóu bù duì mǎ zuǐ incongruous
牛仔裤(褲) niúzǎikù [名] jeans (*pl*)

扭 niǔ [动] **1** (掉转) turn around **2** (拧) twist **3** (崴) sprain **4** (指走路) sway **5** (指打架) wrestle
扭打 niǔdǎ [动] wrestle
扭捏 niǔnie [形] coy ▷ 他扭捏地说话。Tā niǔnie de shuōhuà. He spoke coyly.
扭曲 niǔqū [动] twist ▷ 扭曲事实 niǔqū shìshí twist the facts ▷ 扭曲的灵魂 niǔqū de línghún twisted soul
扭转(轉) niǔzhuǎn [动] turn ... around ▷ 他扭转船头。Tā niǔzhuǎn chuántóu. He turned the boat around. ▷ 她突然扭转身子。Tā tūrán niǔzhuǎn shēnzi. Suddenly, she turned round. ▷ 最后的进球扭转了整个局面。Zuìhòu de jìnqiú niǔzhuǎn le zhěnggè júmiàn. The last goal turned the whole game around.

纽(紐) niǔ [名] (扣子) button ▶ 纽扣 niǔkòu button
纽(紐)带(帶) niǔdài [名] tie ▷ 建立起友谊的纽带 Jiànlì qǐ yǒuyì de niǔdài establish ties of friendship
纽(紐)约(約) Niǔyuē [名] New York

拗 niù [形] obstinate ▷ 他脾气拗得很。Tā píqi niù de hěn. He's terribly obstinate. ▷ 我可拗不过他。Wǒ kě niù bù guò tā. I won't be able to persuade him.
→ 另见 ào

农(農) nóng [名] **1** (农业) agriculture **2** (农民) farmer
农(農)产(產)品 nóngchǎnpǐn [名] agricultural produce
农(農)场(場) nóngchǎng [名] farm
农(農)村 nóngcūn [名] the countryside
农(農)活 nónghuó [名] farm work
农(農)具 nóngjù [名] farm tools
农(農)历(曆) nónglì [名] lunar calendar
农(農)贸(貿)市场(場) nóngmào shìchǎng [名] farmer's market
农(農)民 nóngmín [名] farmer
农(農)药(藥) nóngyào [名] pesticide
农(農)业 nóngyè [名] agriculture ▷ 农业现代化 nóngyè xiàndàihuà agricultural modernisation
农(農)作物 nóngzuòwù [名] crops (*pl*)

浓(濃) nóng [形] **1** (指气味，味道) strong **2** (指烟雾) thick ▷ 浓烟 nóngyān thick smoke **3** (指兴趣) great ▷ 他对语言有很浓的兴趣。Tā duì yǔyán yǒu hěn nóng de xìngqù. He has a great interest in languages.
浓(濃)度 nóngdù [名] **1** (化) concentration **2** (指酒) strength ▷ 威士忌浓度高。Wēishìjìnóngdù gāo. Whisky is strong.
浓(濃)厚 nónghòu [形] **1** (指烟雾，云层) thick **2** (指色彩，气氛，意识) strong **3** (指兴趣) great
浓(濃)烈 nóngliè [形] strong

浓(濃)缩(縮) **nóngsuō** **I** [动] condense **II** [形] condensed
浓(濃)郁(鬱) **nóngyù** [形] strong
浓(濃)重 **nóngzhòng** [形] strong

脓(膿) **nóng** [名] pus
脓(膿)包 **nóngbāo** [名] boil

弄 **nòng** [动] **1** (搞) make (*pt, pp* made) ▷ 我要把问题弄清楚。**Wǒ yào bǎ wèntí nòng qīngchu.** I'd like to clarify this issue. ▷ 别把衣服弄脏了。**Bié bǎ yīfu nòngzāng le.** Don't get your clothes dirty. **2** (设法取得) get (*pt* got, *pp* got (英) 或 gotten (美)) **3** (摆弄) play with
→ 另见 lòng
弄巧成拙 **nòng qiǎo chéng zhuō** be too clever for one's own good
弄虚(虛)作假 **nòng xū zuò jiǎ** falsify

奴 **nú** [名] slave
奴才 **núcai** [名] flunkey
奴隶(隸) **núlì** [名] slave
奴仆(僕) **núpú** [名] servant
奴役 **núyì** [动] enslave

努 **nǔ** [动] **1** (劲儿) make an effort ▷ 我们再努把力。**wǒmen zài nǔ bǎ lì.** Let's make one last effort. **2** (嘴) pout ▷ 他努了下嘴，摆出不在乎的样子。**Tā nǔle xià zuǐ, bǎichū bù zàihu de yàngzi.** He pouted, making a big show of not caring.
努力 **nǔlì** [动] try hard ▷ 他不努力工作。**Tā bù nǔlì gōngzuò.** He doesn't work hard. ▷ 我会尽最大努力。**Wǒ huì jìn zuìdà nǔlì.** I'll try my very best.

怒 **nù** **I** [形] **1** (生气) angry ▶ 恼怒 **nǎonù** furious **2** (指气势) powerful ▷ 玫瑰在怒放。**Méiguī zài nùfàng.** The roses are in full bloom. **II** [名] anger ▶ 发怒 **fānù** lose one's temper
怒斥 **nùchì** [动] (书) reproach
怒吼 **nùhǒu** [动] roar
怒火 **nùhuǒ** [名] fury ▷ 强压怒火 **qiáng yā nùhuǒ** curb one's fury

---

女 **nǚ** [名] **1** (女子) woman (*pl* women) ▷ 女科学家 **nǚ kēxuéjiā** female scientist ▷ 女演员 **nǚ yǎnyuán** actress **2** (女儿) daughter ▷ 长女 **zhǎngnǚ** eldest daughter ▶ 子女 **zǐnǚ** children (*pl*)
女儿(兒) **nǚ'ér** [名] daughter
女孩儿(兒) **nǚháir** [名] girl
女孩子 **nǚháizi** [名] girl
女朋友 **nǚpéngyou** [名] girlfriend
女郎 **nǚláng** [名] girl ▷ 封面女郎 **fēngmiàn nǚláng** cover girl
女强(強)人 **nǚqiángrén** [名] superwoman (*pl* superwomen)
女权(權) **nǚquán** [名] women's rights (*pl*) ▷ 女权运动 **nǚquán yùndòng** Women's Movement
女人 **nǚrén** [名] woman (*pl* women)
女人 **nǚren** [名] **1** (妻子) wife (*pl* wives) **2** (口) (情妇) mistress
女色 **nǚsè** [名] feminine charm ▷ 他贪图女色。**tā tāntú nǚsè.** He chases after women.
女士 **nǚshì** [名] **1** (指称呼) Ms. ▷ 王女士，你好！**Wáng nǚshì, nǐhǎo!** Hello, Ms. Wang! **2** (对妇女的尊称) lady
女性 **nǚxìng** [名] **1** (指性别) the female sex **2** (指女人) woman (*pl* women)
女婿 **nǚxu** [名] son-in-law (*pl* sons-in-law)
女子 **nǚzǐ** [名] woman (*pl* women)

暖 **nuǎn** **I** [形] warm **II** [动] warm ▷ 天气暖起来了。**Tiānqì nuǎn qǐlái le.** The weather has become warmer.
暖和 **nuǎnhuo** **I** [形] warm **II** [动] warm up
暖流 **nuǎnliú** [名] **1** (地理) warm current **2** (喻) (指感觉) glow
暖气(氣) **nuǎnqì** [名] heating
暖色 **nuǎnsè** [名] warm colour (英) 或 color (美)
暖水瓶 **nuǎnshuǐpíng** [名] Thermos flask®
暖洋洋 **nuǎnyángyáng** [形] balmy

疟(瘧) **nüè** 见下文
疟(瘧)疾 **nüèji** [名] malaria

虐 **nüè** [形] cruel ▶ 暴虐 **bàonüè** brutality ▷ 虐政 **nüèzhèng** tyranny
虐待 **nüèdài** [动] ill-treat

挪 **nuó** [动] move
挪动(動) **nuódong** [动] move
挪用 **nuóyòng** [动] **1** (移作别用) divert **2** (公款) misappropriate

---

诺(諾) **nuò** [动] promise ▶ 承诺 **chéngnuò** undertake
诺(諾)言 **nuòyán** [名] promise

懦 **nuò** [形] weak ▶ 怯懦 **qiènuò** timid
懦夫 **nuòfū** [名] coward
懦弱 **nuòruò** [形] cowardly

糯 **nuò** [形] glutinous
糯米 **nuòmǐ** [名] glutinous rice

n

哦 ó [叹] oh ▷ 哦，他也来了。Ó, tā yě lái le. Oh, he's come too.
→ 另见 ò

噢 ǒ [叹] oh ▷ 噢，你竟然也在。Ǒ, nǐ jìngrán yě zài. Oh, you're actually in.

哦 ò [叹] oh ▷ 哦，我明白了。Ò, wǒ míngbai le. Oh, now I understand.
→ 另见 ó

讴(謳) ōu 见下文
讴(謳)歌 **ōugē** [动] (书) sing the praises of (*pt* sang, *pp* sung) ▷ 这篇报道讴歌了白衣天使。Zhè piān bàodào ōugēle báiyī tiānshǐ. This report sings the praises of doctors and nurses.

欧(歐) ōu [名] **1** (欧洲) Europe **2** (欧姆) ohm
欧(歐)元 **ōuyuán** [名] euro
欧(歐)洲 **Ōuzhōu** [名] Europe

殴(毆) ōu [动] beat ... up (*pt* beat, *pp* beaten) ▶ 斗殴 dòuōu fight
殴(毆)打 **ōudǎ** [动] beat ... up (*pt* beat, *pp* beaten)

鸥(鷗) ōu [名] gull

呕(嘔) ǒu [动] vomit
呕(嘔)吐 **ǒutù** [动] vomit
呕(嘔)心沥(瀝)血 **ǒu xīn lì xuè** work one's heart out

偶 ǒu **I** [名] **1** (人像) image ▶ 木偶 mù'ǒu puppet **2** (双数) even number ▶ 偶数 ǒushù even number **3** (配偶) mate **II** [形] chance ▷ 我们的相识是由于一次偶遇。Wǒmen de xiāngshí shì yóuyú yī cì ǒuyù. We met through a chance encounter.
偶尔(爾) **ǒu'ěr** [副] occasionally ▷ 我偶而去游泳。Wǒ ǒu'ěr qù yóuyǒng. Occasionally I go swimming.
偶然 **ǒurán** [形] chance ▷ 我偶然发现了这则消息。Wǒ ǒurán fāxiànle zhè zé xiāoxi. I found out this piece of news by chance.
偶然性 **ǒuránxìng** [名] chance
偶数(數) **ǒushù** [名] even number
偶像 **ǒuxiàng** [名] idol

藕 ǒu [名] lotus root
藕断(斷)丝(絲)连(連) **ǒu duàn sī lián** separated but still together in spirit

怄 òu [动] (方) annoy
怄气(氣) **òuqì** [动] (方) be annoyed

Pp

趴 pā [动] 1 (卧倒) lie prone (*pt* lay, *pp* lain) 2 (伏靠) bend over (*pt*, *pp* bent) ▷ 上课别趴在桌子上。Shàngkè bié pā zài zhuōzi shàng. Don't lean on the desk during class.

趴伏 pāfú [动] lie prone (*pt* lay, *pp* lain)

啪 pā [拟] bang ▷ 字典啪地一声掉在地上。Zìdiǎn pā de yī shēng diào zài dì shàng. The dictionary dropped to the floor with a bang.

扒 pá [动] 1 (拢) rake 2 (方) (挠) scratch ▶ 扒痒 páyǎng scratch an itch 3 (偷) steal (*pt* stole, *pp* stolen) ▷ 我的钱包被扒走了。Wǒ de qiánbāo bèi pá zǒu le. My wallet has been stolen.

→ 另见 bā

扒窃(竊) páqiè [动] steal (*pt* stole, *pp* stolen)

扒手 páshǒu [名] pickpocket

爬 pá [动] 1 (前移) crawl 2 (上移) climb ▶ 爬山 páshān climb a mountain 3 (起床) get up 4 (升迁) be promoted ▷ 他靠巴结老板往上爬。Tā kào bājie lǎobǎn wǎngshàng pá. He got promoted by sucking up to the boss.

爬格子 pá gézi [动] write (*pt* wrote, *pp* written)

爬升 páshēng [动] rise (*pt* rose, *pp* risen) ▷ 飞机爬升到万米高空。Fēijī páshēng dào wàn mǐ gāokōng. The plane rose to an altitude of 10,000 metres. ▷ 物价的不断爬升令人担忧。Wùjià de bùduàn páshēng lìng rén dānyōu. Continual price rises are worrying. ▷ 近两年, 他爬升很快。Jìn liǎng nián, tā páshēng hěn kuài. He's risen very fast in the last two years.

爬行 páxíng [动] crawl

耙 pá [名] rake

→ 另见 bà

耙子 pázi [名] rake

帕 pà [名] handkerchief

怕 pà [动] 1 (惧怕) fear 2 (担心) be afraid ▷ 我怕这么做不合适。Wǒ pà zhème zuò bù héshì. I'm afraid it's not appropriate to do it this way. 3 (估计) may be ▷ 我们怕有3年没见面了。Wǒmen pà yǒu sān nián méi jiànmiàn le. It might be three years since we last met.

怕生 pàshēng [动] be shy

怕羞 pàxiū [动] be shy ▷ 在生人面前, 她很怕羞。Zài shēngrén miànqián, tā hěn pàxiū. She's very shy in front of strangers.

拍 pāi I [动] 1 (击打) beat (*pt* beat, *pp* beaten) ▷ 我拍掉了鞋上的泥。Wǒ pāidiàole xié shàng de ní. I knocked the mud off my shoes. 2 (拍摄) shoot (*pt*, *pp* shot) ▷ 他最近拍了一部电影。Tā zuìjìn pāile yī bù diànyǐng. He's recently shot a film. 3 (发) send (*pt*, *pp* sent) 4 (拍马屁) flatter II [名] 1 (用具) bat (英), paddle (美) 2 (节奏) beat

拍板 pāibǎn I [名] 1 (指乐器) clappers (*pl*) 2 (决定) final say ▷ 没有老板的拍板, 谁也不敢行动。Méiyǒu lǎobǎn de pāibǎn, shuí yě bùgǎn xíngdòng. No one will want to act without the go-ahead from the boss. II [动] 1 (字) (成交) clinch a deal ▷ 又一批生意拍板成交了。Yòu yī pī shēngyì pāibǎn chéngjiāo le. Another business deal has been clinched. 2 (喻) (同意) give the OK (*pt* gave, *pp* given) ▷ 这个方案老板还没拍板。Zhège fāng'àn lǎobǎn hái méi pāibǎn. The boss still hasn't given the proposal the OK.

拍击(擊) pāijī [动] strike (*pt*, *pp* struck)

拍马(馬)屁 pāi mǎpì [动] suck up ▷ 他很善于拍马屁。Tā hěn shànyú pāi mǎpì. He's very good at sucking up to people.

拍卖(賣) pāimài [动] auction

拍摄(攝) pāishè [动] shoot (*pt*, *pp* shot)

拍手称(稱)快 pāi shǒu chēng kuài applaud ▷ 犯罪分子落网, 人人拍手称快。Fànzuì fènzǐ luòwǎng, rénrén pāi shǒu chēng kuài. Everyone applauded when the criminals were caught.

拍照 pāizhào [动] take a photograph (*pt* took, *pp* taken)

拍子 pāizi [名] 1 (用具) bat (英), paddle (美) ▷ 网球拍子 wǎngqiú pāizi tennis racket 2 (节奏) beat ▷ 打拍子 dǎ pāizi beat time

排 pái I [动] 1 (摆放) put ... in order (*pt*, *pp* put) ▷ 请把椅子排好。Qǐng bǎ yǐzi pái hǎo. Please arrange the chairs. 2 (排演) rehearse 3 (除去) drain II [名] 1 (行列) row ▷ 我坐在教室的前排。Wǒ zuò zài jiàoshì de qiánpái. I sit in the front row in class. 2 (指军队) platoon 3 (指水运) raft III [量] row ▷ 两排桌子 liǎng pái zhuōzi two rows of tables

排比 páibǐ [名] parallelism
排场(場) páichǎng [名] ostentation ▷ 他们的婚宴办得真排场。Tāmen de hūnyàn bàn de zhēn páichǎng. Their wedding was very ostentatious.
排斥 páichì [动] exclude
排除 páichú [动] remove
排放 páifàng [动] discharge
排挤(擠) páijǐ [动] squeeze ... out ▷ 她被排挤出了决策层。Tā bèi páijǐ chūle juécècéng. She was squeezed out of policy-making.
排解 páijiě [动] **1** (调解) mediate ▷ 朋友排解了他们的纠纷。Péngyou páijiěle tāmen de jiūfēn. Friends mediated between them in the dispute. **2** (消除) dispel
排练(練) páiliàn [动] rehearse
排列 páiliè [动] arrange ▷ 人名按字母顺序排列。Rénmíng àn zìmǔ shùnxù páiliè. People's names have been put in alphabetical order.
排遣 páiqiǎn [动] shake ... off (*pt* shook, *pp* shaken) ▷ 我无法排遣心中郁闷。Wǒ wúfǎ páiqiǎn xīnzhōng yùmèn. I can't shake off these gloomy feelings.
排山倒海 pái shān dǎo hǎi overwhelming
排外 páiwài [动] be xenophobic ▷ 排外阻碍了这个国家的发展。Páiwài zǔ'àile zhège guójiā de fāzhǎn. Xenophobia hindered the country's development.
排泄(洩) páixiè [动] **1** (指雨水, 污水) discharge **2** (指新陈代谢) excrete
排演 páiyǎn [动] rehearse
排印 páiyìn [动] typeset and print (*pt, pp* typeset)
排忧(憂)解难(難) pái yōu jiě nàn sort out problems
排队(隊) páiduì [动] queue (英), stand in line (美) (*pt, pp* stood)
排球 páiqiú [名] volleyball

牌 pái [名] **1** (标志板) board ▷ 广告牌 guǎnggàopái hoarding ▶ 门牌 ménpái house number ▶ 招牌 zhāopái shop sign **2** (商标) brand
牌号(號) páihào [名] **1** (字号) store name **2** (商标) brand
牌价(價) páijià [名] list price
牌照 páizhào [名] **1** (指车辆) registration number **2** (指商业) licence (英), license (美)
牌子 páizi [名] **1** (标志板) board **2** (商标) brand

派 pài **I** [名] **1** (帮派) group ▶ 学派 xuépài school of thought **2** (风度) manner **II** [动] **1** (分配) set (*pt, pp* set) ▷ 他派给我一大堆活。Tā pài gěi wǒ yī dà duī huó. He set me a huge pile of work. **2** (委派) send (*pt, pp* sent) **3** (安排) assign ▷ 他们派我去机场接客人。Tāmen pài wǒ qù jīchǎng jiē kèrén. They assigned me to go to the airport to meet people. **4** (分摊) apportion **5** (指摘) expose **III** [形] stylish **IV** [量] **1** (帮) ▷ 两派学者 liǎng pài xuézhě scholars of two schools ▷ 这两派总是意见不一。Zhè liǎng pài zǒngshì yìjiàn bùyī. The two parties never agree. **2** (用于景色, 语言等) ▷ 一派新气象 yī pài xīn qìxiàng a new scene ▷ 一派胡言 yī pài húyán a pack of lies
派别(別) pàibié [名] school of thought
派对(對) pàiduì [名] party
派遣 pàiqiǎn [动] dispatch
派生 pàishēng [动] derive ▷ 许多英语词汇是拉丁文的派生。Xǔduō Yīngyǔ cíhuì shì Lādīngwén de pàishēng. Many English words are derived from Latin.
派头(頭) pàitóu [名] style ▷ 你穿这件夹克很有派头。Nǐ chuān zhè jiàn jiākè hěn yǒu pàitóu. You look very stylish in this jacket.
派系 pàixì [名] faction

攀 pān [动] **1** (向上爬) climb ▶ 攀岩 pānyán rock-climbing **2** (指关系) seek friends in high places (*pt, pp* sought) ▶ 高攀 gāopān be a social climber **3** (拉扯) chat
攀比 pānbǐ [动] compete
攀登 pāndēng [动] scale
攀附 pānfù [动] **1** (指植物) climb **2** (指人) try to get in with
攀谈(談) pāntán [动] chat

盘(盤) pán **I** [名] **1** (盘子) tray ▶ 茶盘 chápán tea tray **2** (盘状物) ▶ 棋盘 qípán chessboard **3** (行情) quotation **II** [动] **1** (绕) wind (*pt, pp* wound) ▶ 盘旋 pánxuán wind **2** (核查) examine ▶ 盘问 pánwèn interrogate **3** (清点) make an inventory ▶ 盘货 pánhuò stocktake **4** (转让) transfer **III** [量] **1** (指物量) ▷ 一盘电线 yī pán diànxiàn a coil of wire ▷ 三盘录像带 sān pán lùxiàngdài three videotapes **2** (指动量) game ▷ 我再跟你下盘棋。Wǒ zài gēn nǐ xià pán qí. I'll play another game of chess with you.
measure word, used for videotapes, cassettes and board games
盘(盤)查 pánchá [动] interrogate
盘(盤)点(點) pándiǎn [动] stocktake
盘(盤)根错(錯)节(節) pán gēn cuò jié knotty
盘(盤)根究底 pán gēn jiū dǐ get to the heart of the matter
盘(盤)踞 pánjù [动] occupy
盘(盤)绕(繞) pánrào [动] wind ... round (*pt, pp* wound)

盘(盤)算 **pánsuàn** [动] figure ... out
盘(盤)问(問) **pánwèn** [动] interrogate
盘(盤)旋 **pánxuán** [动] **1** (环绕) circle ▷ 飞机在上空盘旋。**Fēijī zài shàngkōng pánxuán.** The plane circled overhead. **2** (萦绕) linger ▷ 这个想法一直在他脑子里盘旋。**Zhège xiǎngfǎ yīzhí zài tā nǎozi lǐ pánxuán.** The thought lingered in his mind.
盘(盤)子 **pánzi** [名] plate

磐 **pán** 见下文
磐石 **pánshí** [名] huge rock

蹒(蹣) **pán** 见下文
蹒(蹣)跚 **pánshān** [形] limp

判 **pàn I** [动] **1** (分辨) distinguish ▶ 判明 **pànmíng** ascertain **2** (评定) judge ▷ 判卷子 **pàn juànzi** mark exams **3** (裁决) sentence ▶ 审判 **shěnpàn** try **II** [副] clearly
判别(別) **pànbié** [动] distinguish ▷ 判别是非 **pànbié shìfēi** tell right from wrong
判处(處) **pànchǔ** [动] sentence
判定 **pàndìng** [动] judge ▷ 法院判定他无罪。**Fǎyuàn pàndìng tā wúzuì.** The court found him not guilty.
判断(斷) **pànduàn** [动] judge
判决(決) **pànjué** [动] **1** (裁定) come to a verdict (*pt* came, *pp* come) ▷ 法院的判决已经出来了。**Fǎyuàn de pànjué yǐjīng chūlái le.** The court has already come to a verdict. **2** (判断) judge
判若两(兩)人 **pàn ruò liǎng rén** become a completely different person ▷ 他一工作起来简直判若两人。**Tā yī gōngzuò qǐlái jiǎnzhí pàn ruò liǎng rén.** When he's working he's a completely different person.

盼 **pàn** [动] **1** (盼望) long ▷ 我盼着见到亲人。**Wǒ pànzhe jiàndào qīnrén.** I long to see my loved ones. **2** (看) look ▷ 左顾右盼 **zuǒ gù yòu pàn** look around
盼头(頭) **pàntou** [名] good prospects (*pl*)
盼望 **pànwàng** [动] long ▷ 人们盼望战争早日结束。**Rénmen pànwàng zhànzhēng zǎorì jiéshù.** The people longed for the war to be over soon.

叛 **pàn** [动] betray
叛变(變) **pànbiàn** [动] betray
叛离(離) **pànlí** [动] betray
叛乱(亂) **pànluàn** [名] revolt
叛逆 **pànnì** [动] rebel ▷ 他从小就是个叛逆的人。**Tā cóngxiǎo jiùshì gè pànnì de rén.** He has been a rebel ever since he was young.

畔 **pàn** [名] **1** (旁边) bank **2** (田边) boundary ▶ 田畔 **tiánpàn** edge of a field

乓 **pāng** [拟] bang ▷ 门乓地一声关上了。**Mén pāng de yī shēng guān shàng le.** The door banged shut.

滂 **pāng** 见下文
滂沱 **pāngtuó** [形] torrential

彷(徬) **páng** 见下文
彷(徬)徨 **pánghuáng** [动] hesitate

庞(龐) **páng I** [形] **1** (体积大) huge **2** (多而杂) innumerable and disordered **II** [名] face ▶ 脸庞 **liǎnpáng** face
庞(龐)大 **pángdà** [形] huge
庞(龐)然大物 **pàngrán dà wù** giant
庞(龐)杂(雜) **pángzá** [形] jumbled up

旁 **páng I** [名] side ▷ 他站在了我身旁。**Tā zhànzàile wǒ shēn páng.** He stood by my side. **II** [形] (口) other ▷ 我还有旁的事儿要做。**Wǒ háiyǒu páng de shìr yào zuò.** I still have other things to do.
旁边(邊) **pángbiān I** [名] side **II** [副] beside
旁观(觀) **pángguān** [动] look on
旁敲侧(側)击(擊) **páng qiāo cè jī** make oblique references
旁若无(無)人 **páng ruò wú rén** oblivious of others
旁听(聽) **pángtīng** [动] **1** (指开会) sit in on (*pt*, *pp* sat) ▷ 他旁听了昨天的董事会。**Tā pángtīngle zuótiān de dǒngshìhuì.** He sat in on yesterday's board meeting. **2** (指上课) take (*pt* took, *pp* taken) ▷ 他旁听夜校的课。**Tā pángtīng yèxiào de kè.** He's taking evening classes.
旁征(徵)博引 **páng zhēng bó yǐn** cite extensive sources
旁证(證) **pángzhèng** [名] circumstantial evidence

膀 **páng** 见下文
→ 另见 **bǎng**
膀胱 **pángguāng** [名] bladder

磅 **páng** 见下文
→ 另见 **bàng**
磅礴 **pángbó** [形] majestic

螃 **páng** 见下文
螃蟹 **pángxiè** [名] crab

P

胖 pàng [形] fat

胖墩儿(兒) pàngdūnr [名] chubby little thing

胖乎乎 pànghūhū [形] fat

胖子 pàngzi [名] fatty

抛(拋) pāo [动] **1** (投掷) throw (*pt* threw, *pp* thrown) **2** (丢下) leave ... behind (*pt*, *pp* left) ▷他把别的车手远远抛在了后面。Tā bǎ bié de chēshǒu yuǎnyuǎn pāozàile hòumiàn. He left the other drivers far behind him. **3** (暴露) bare ▷抛头露面 pāo tóu lù miàn appear in public **4** (脱手) dispose of

抛(拋)光 pāoguāng [动] polish

抛(拋)锚(錨) pāomáo [动] **1** (指船) cast anchor (*pt*, *pp* cast) **2** (指车) break down (*pt* broke, *pp* broken) ▷我的车半路上抛锚了。Wǒ de chē bànlù shàng pāomáo le. My car broke down on the way.

抛(拋)弃(棄) pāoqì [动] desert ▷抛弃妻子 pāoqì qīzi desert one's wife ▷抛弃旧观念 pāoqì jiù guānniàn give up on one's old ideas

抛(拋)售 pāoshòu [动] dispose of

抛(拋)头(頭)露面 pāo tóu lù miàn (贬) appear in public ▷他是个经常抛头露面的公众人物。Tā shì gè jīngcháng pāo tóu lù miàn de gōngzhòng rénwù. He is a highly visible public figure.

抛(拋)砖(磚)引玉 pāo zhuān yǐn yù (谦) get the ball rolling

刨 páo [动] **1** (挖掘) dig (*pt*, *pp* dug) **2** (除去) exclude

→另见 bào

刨除 páochú [动] deduct

刨根问(問)底 páo gēn wèn dǐ get to the root of things

咆 páo 见下文

咆哮 páoxiào [动] roar

炮 páo 见下文

→另见 bāo, pào

炮制 páozhì [动] concoct

袍 páo [名] gown ▶旗袍 qípáo cheongsam

跑 pǎo [动] **1** (奔) run (*pt* ran, *pp* run) ▷小男孩跑向妈妈。Xiǎo nánhái pǎo xiàng māma. The little boy ran to his mother. **2** (逃) escape **3** (奔波) run around (*pt* ran, *pp* run) ▷我为这事跑了好几天。Wǒ wèi zhè shì pǎole hǎo jǐ tiān. I've been running around trying to sort this out for several days. **4** (漏) leak ▷车胎跑气了。Chētāi pǎo qì le. The tyre (英) 或 tire (美) is flat.

跑步 pǎobù [动] run (*pt* ran, *pp* run) ▷我每天跑步去学校。Wǒ měi tiān pǎobù qù xuéxiào. I run to school every day. ▷他喜欢跑步。Tā xǐhuan pǎobù. He likes jogging.

跑买(買)卖(賣) pǎo mǎimai [动] travel on business

跑题(題) pǎotí [动] stray from the topic

跑腿 pǎotuǐ [动] do the legwork

泡 pào **I** [名] **1** (指气体) bubble **2** (泡状物) ▶灯泡 dēngpào light bulb ▷我的脚上磨起了泡。Wǒ de jiǎo shàng móqǐle pào. I've got blisters on my feet from the rubbing. **II** [动] **1** (浸) soak **2** (消磨) dawdle **3** (沏) infuse ▷泡茶 pào chá make tea

泡吧 pàobā [动] go clubbing (*pt* went, *pp* gone)

泡沫 pàomò [名] foam

泡影 pàoyǐng [名] lost hope ▷他的一切希望都化为泡影。Tā de yīqiè xīwàng dōu huàwéi pàoyǐng. All his hopes came to nothing.

炮(砲) pào [名] **1** (武器) cannon **2** (爆竹) firecracker

→另见 bāo, páo

炮(砲)火 pàohuǒ [名] gunfire

炮(砲)筒子 pàotǒngzi [名] **1** (指物) barrel **2** (指人) ▷他像个炮筒子。Tā xiàng gè pàotǒngzi. He's always shooting his mouth off.

疱(皰) pào [名] blister

呸 pēi [叹] bah

胚 pēi 见下文

胚胎 pēitāi [名] **1** (生物) (指动物) embryo **2** (雏形) embryonic form ▷欧共体是欧盟的胚胎。Ōugòngtǐ shì Ōuméng de pēitāi. The EEC was the EU in embryonic form.

陪 péi [动] **1** (相伴) go with (*pt* went, *pp* gone) ▷我要陪母亲去医院。wǒ yào péi mǔqīn qù yīyuàn I have to go to the hospital with my mother. ▷我不用你陪。Wǒ bùyòng nǐ péi. You don't need to come with me. **2** (协助) assist ▷陪考 péikǎo assistant examiner

陪伴 péibàn [动] keep ... company (*pt*, *pp* kept) ▷她常常陪伴在奶奶身边。Tā chángcháng péibàn zài nǎinai shēnbiān. She often keeps her grandma company.

陪衬(襯) péichèn [动] set off (*pt*, *pp* set)

陪同 péitóng **I** [动] accompany ▷他陪同外宾参观了工厂。Tā péitóng wàibīn cānguānle gōngchǎng. He accompanied the foreigners visiting the factory. **II** [名] guide

培 péi [动] foster

培训(訓) **péixùn** [动] train ▷新教师需要培训。**Xīn jiàoshī xūyào péixùn.** New teachers need training.

培养(養) **péiyǎng** [动] cultivate ▷培养细菌 **péiyǎng xìjūn** cultivate bacteria

培育 **péiyù** [动] **1** (培植养育) cultivate ▷培育幼苗 **péiyù yòumiáo** cultivate seedlings **2** (培养教育) nurture

赔(賠) péi [动] **1** (赔偿) make good ▷损失应该你来赔。**Sǔnshī yīnggāi nǐ lái péi.** You should make good the loss. **2** (亏本) make a loss ▷这次生意我们赔了。**Zhè cì shēngyì wǒmen péi le.** We've made a loss in this transaction.

赔(賠)本 **péiběn** [动] make a loss

赔(賠)偿(償) **péicháng** [动] compensate ▷他应该赔偿我们的损失。**Tā yīnggāi péicháng wǒmen de sǔnshī.** He should compensate us for the loss. ▷他们得到了及时的赔偿。**Tāmen dédàole jíshí de péicháng.** They received prompt compensation.

赔(賠)了夫人又折兵 **péile fūrén yòu zhé bīng** pay a double penalty

赔(賠)罪 **péizuì** [动] apologize

佩 pèi [动] **1** (佩带) wear (*pt* wore, *pp* worn) ▷他腰佩一支手枪。**Tā yāo pèi yī zhī shǒuqiāng.** He carries a pistol at his belt. **2** (佩服) admire ▶钦佩 **qīnpèi** esteem

佩带(帶) **pèidài** [动] wear (*pt* wore, *pp* worn) ▷他胸前佩带着一枚勋章。**Tā xiōng qián pèidàizhe yī méi xūnzhāng.** He is wearing a medal on his chest.

佩服 **pèifú** [动] admire

配 pèi **I** [动] **1** (指两性) marry **2** (指动物) mate **3** (调和) mix ▶配药 **pèiyào** make up a prescription **4** (分派) allocate ▶配售 **pèishòu** ration **5** (补充) ▷配钥匙 **pèi yàoshi** have a key made ▷配货 **pèi huò** replace goods **6** (衬托) match **7** (符合) fit ▷她的穿着和身份很相配。**Tā de chuānzhuó hé shēnfèn hěn xiāngpèi.** She dresses to fit her role. **II** [名] spouse

配备(備) **pèibèi I** [动] provide ▷公司给他配备了一辆轿车。**Gōngsī gěi tā pèibèile yī liàng jiàochē.** The company provided him with a car. **II** [名] equipment

配餐 **pèicān I** [动] ▷配餐要讲究营养均衡。**Pèicān yào jiǎngjiū yíngyǎng jūnhéng.** Planning meals demands particular attention to nutritional balance. **II** [名] meal planned according to nutritional requirements

配方 **pèifāng I** [动] dispense prescriptions **II** [名] prescription

配合 **pèihé I** [动] cooperate ▷他们善于相互配合。**Tāmen shànyú xiānghù pèihé.** They are good at cooperating with each other **II** [形] complementary

配角 **pèijué** [名] supporting role

配偶 **pèi'ǒu** (书) [名] spouse

配套 **pèitào I** [动] be a set ▷所有的家具都要配套。**Suǒyǒu de jiājù dōu yào pèitào.** The furniture should all be from the same range. **II** [形] coherent

配制 **pèizhì** [动] **1** (调制) make ... up ▷他在酒吧里配制鸡尾酒。**Tā zài jiǔbā lǐ pèizhì jīwěijiǔ.** He mixes cocktails in a bar. **2** (附衬) add ▷他为这本书配制了插图。**Tā wèi zhè běn shū pèizhìle chātú.** He added illustrations to the book.

配置 **pèizhì** [动] deploy

喷 pēn [动] gush ▷油井终于喷油了。**Yóujǐng zhōngyú pēn yóu le.** Finally oil gushed from the well.

→另见 pèn

喷发(發) **pēnfā** [动] erupt

喷泉 **pēnquán** [名] fountain

喷洒(灑) **pēnsǎ** [动] spray

喷嚏 **pēntì** [名] sneeze

喷泻(瀉) **pēnxiè** [动] gush

喷嘴 **pēnzuǐ** [名] nozzle

盆 pén [名] **1** (盛具) basin ▶脸盆 **liǎnpén** washbasin **2** (盆状物) ▶骨盆 **gǔpén** pelvis

盆地 **péndì** [名] basin

盆盆罐罐 **pénpén guànguàn** [名] household utensils (*pl*)

喷 pèn 见下文

→另见 pēn

喷香 **pènxiāng** [形] delicious

抨 pēng 见下文

抨击(擊) **pēngjī** [动] attack

怦 pēng [拟] thump ▷我吓得心怦怦直跳。**Wǒ xià de xīn pēngpēng zhí tiào.** My heart is thumping with fear.

砰 pēng [拟] bang

烹 pēng [动] cook

烹饪(飪) **pēngrèn** [动] cook ▷他擅长烹饪。**Tā shàncháng pēngrèn.** He's an excellent cook.

烹调(調) **pēngtiáo** [动] cook

P

朋 **péng** [名] friend
朋党(黨) **péngdǎng** [名] clique
朋友 **péngyou** [名] **1** (指友谊) friend **2** (女友) girlfriend **3** (男友) boyfriend

棚 **péng** [名] awning ▷ 自行车棚 **zìxíngchē péng** bicycle shed

蓬 **péng** **I** [形] dishevelled (英), disheveled (美) **II** [量] clump ▷ 一蓬草 **yī péng cǎo** a clump of grass
蓬勃 **péngbó** [形] vigorous
蓬松(鬆) **péngsōng** [形] fluffy
蓬头(頭)垢面 **péng tóu gòu miàn** unkempt appearance

鹏(鵬) **péng** 见下文
鹏(鵬)程万(萬)里 **péng chéng wàn lǐ** go far ▷ 祝你鹏程万里, 事业有成。**Zhù nǐ péng chéng wàn lǐ, shìyè yǒu chéng.** I hope your undertaking succeeds and that you go far.

澎 **péng** 见下文
澎湃 **péngpài** [形] **1** (指波涛) surging **2** (指心情) racing

篷 **péng** [名] **1** (顶) covering ▶ 篷车 **péngchē** wagon **2** (帆) sail

膨 **péng** [动] expand
膨化 **pénghuà** [动] pop
膨胀(脹) **péngzhàng** [动] **1** (指体积) expand **2** (指事物) inflate ▷ 政府有效地抑制了通货膨胀。**Zhèngfǔ yǒuxiào de yìzhìle tōnghuò péngzhàng.** The government controlled inflation effectively.

捧 **pěng** **I** [动] **1** (托) hold ... in both hands (*pt, pp* held) ▷ 他手捧一束鲜花。**Tā shǒu pěng yī shù xiānhuā.** He held a bouquet of flowers in both hands. **2** (奉承) flatter **II** [量] handful ▷ 一捧花生 **yī pěng huāshēng** a handful of peanuts
捧场(場) **pěngchǎng** [动] support ▷ 感谢各位的捧场。**Gǎnxiè gèwèi de pěngchǎng.** Thanks for everyone's support.
捧腹 **pěngfù** [动] split one's sides laughing (*pt, pp* split) ▷ 这段小品令人捧腹。**Zhè duàn xiǎopǐn lìng rén pěngfù.** This sketch is side-splittingly funny.

碰 **pèng** [动] **1** (撞击) hit (*pt, pp* hit) **2** (遇见) bump into ▷ 我在街上碰到了一位老同学。**Wǒ zài jiē shàng pèngdàole yī wèi lǎo tóngxué.** I bumped into an old classmate in the street. **3** (试探) take a chance (*pt* took, *pp* taken)
碰见(見) **pèngjiàn** [动] encounter
碰壁 **pèngbì** [动] hit a brick wall (*pt, pp* hit)
碰钉(釘)子 **pèng dīngzi** [动] be rebuffed
碰巧 **pèngqiǎo** [副] by chance ▷ 我碰巧遇见他。**Wǒ pèngqiǎo yùjiàn tā.** I met him by chance.
碰头(頭) **pèngtóu** [动] meet (*pt, pp* met)
碰一鼻子灰 **pèng yī bízi huī** meet with a rebuff
碰撞 **pèngzhuàng** [动] **1** (撞击) collide **2** (冒犯) offend

批 **pī** **I** [动] **1** (批示) comment ▶ 批示 **pīshì** comment **2** (批评) criticize **II** [名] wholesale ▷ 我们将成批购进材料。**Wǒmen jiāng chéngpī gòu jìn cáiliào.** We are going to buy the materials wholesale. **III** [量] **1** (指人) group ▷ 一批大学生 **yī pī dàxuéshēng** a group of university students **2** (指物) batch ▷ 新到的一批货 **xīn dào de yī pī huò** a new batch of goods
批驳(駁) **pībó** [动] rebut
批发(發) **pīfā** [动] **1** (成批出售) sell ... wholesale (*pt, pp* sold) ▷ 他专门批发建筑材料。**Tā zhuānmén pīfā jiànzhù cáiliào.** He specializes in selling building materials wholesale. **2** (批准转发) be authorized for dispatch
批复(復) **pīfù** [动] respond to ▷ 总经理批复了我们的申请。**Zǒngjīnglǐ pīfùle wǒmen de shēnqǐng.** The managing director has responded to our request.
批改 **pīgǎi** [动] correct
批量 **pīliàng** [名] batch
批判 **pīpàn** [动] **1** (驳斥) repudiate **2** (批评) criticize
批评(評) **pīpíng** [动] criticize ▷ 接受批评 **jiēshòu pīpíng** accept criticism
批示 **pīshì** [动] comment ▷ 文件上有校长的亲笔批示。**Wénjiàn shàng yǒu xiàozhǎng de qīnbǐ pīshì.** The document contained comments from the principal himself.
批准 **pīzhǔn** [动] approve ▷ 没有我的批准, 谁也不许离开。**Méiyǒu wǒ de pīzhǔn, shuí yě bùxǔ líkāi.** No one may leave without my approval.

纰(紕) **pī** [动] unravel
纰(紕)漏 **pīlòu** [名] slip

披 **pī** [动] **1** (搭) drape ... over one's shoulders ▷ 他披上了大衣。**Tā pīshàngle dàyī.** He draped the coat over his shoulders. ▷ 她披着白

色披肩。Tā pīzhe báisè pījiān. She's wrapped in a white shawl. **2** (开裂) split (*pt, pp* split)

披风(風) pīfēng [名] cape

披肝沥(瀝)胆(膽) pī gān lì dǎn loyal and sincere

披肩 pījiān [名] **1** (指饰物) scarf **2** (指衣服) cape

披荆(荊)斩(斬)棘 pī jīng zhǎn jí clear away obstacles

披露 pīlù [动] **1** (公布) announce **2** (表露) reveal

披星戴月 pī xīng dài yuè day and night

砒 pī 见下文

砒霜 pīshuāng [名] arsenic

劈 pī **I** [动] **1** (砍) chop ▷他把木头劈成了两半。Tā bǎ mùtou pīchéngle liǎngbàn. He chopped the wood in two. **2** (裂开) split (*pt, pp* split) **3** (雷击) strike (*pt, pp* struck) **II** [形] (方) hoarse ▷他嗓子喊劈了。Tā sǎngzi hǎn pī le. He's shouted himself hoarse. **III** [介] right in ▶劈头 pītóu in one's face

→另见 pǐ

劈波斩(斬)浪 pī bō zhǎn làng weather a storm

劈里啪啦 pīlipālā [拟] pitter-patter

劈头(頭) pītóu [副] **1** (朝头上) right on the head **2** (迎面) in one's face ▷我一出门，劈头遇上了老王。Wǒ yī chūmén, pītóu yùshàngle Lǎo Wáng. As soon as I went out, I came face to face with Lao Wang. **3** (开头) at the very start ▷他劈头第一句话就问出了什么事。Tā pītóu dìyī jù huà jiù wèn chūle shénme shì. His first words were to ask what was up.

劈头(頭)盖(蓋)脸(臉) pī tóu gài liǎn in one's face

霹 pī 见下文

霹雳(靂) pīlì [名] thunderbolt

皮 pí **I** [名] **1** (表皮) skin **2** (皮革) leather ▶漆皮 qīpí patent leather **3** (外皮) covering **4** (表面) surface **5** (薄片) sheet ▶奶皮 nǎipí skin on the milk **6** (指橡胶) rubber **II** [形] **1** (韧) thick-skinned **2** (变韧的) rubbery **3** (顽皮) naughty

皮包 píbāo [名] leather handbag

皮尺 píchǐ [名] tape measure

皮肤(膚) pífū [名] skin

皮革 pígé [名] leather

皮货(貨) píhuò [名] fur

皮开(開)肉绽(綻) pí kāi ròu zhàn be horrifically beaten

皮毛 pímáo [名] **1** (指兽皮) fur **2** (指知识) superficial knowledge

皮实(實) píshi [形] **1** (结实) sturdy **2** (耐用) durable

皮试(試) píshì [动] have a skin test

皮笑肉不笑 pí xiào ròu bù xiào (贬) put on a false smile ▷他皮笑肉不笑的样子真可恶。Tā pí xiào ròu bù xiào de yàngzi zhēn kěwù. His false smile is really unbearable.

皮子 pízi [名] hide

毗 pí 见下文

毗连(連) pílián [动] border on ▷美国的北部跟加拿大毗连。Měiguó de běibù gēn Jiānádà pílián. The United States borders on Canada to the north.

疲 pí [形] **1** (疲劳) tired ▷筋疲力尽 jīn pí lì jìn be exhausted **2** (厌倦) tired of

疲惫(憊) píbèi [形] weary

疲乏 pífá [形] tired

疲倦 píjuàn [形] tired

疲劳(勞) píláo [形] **1** (劳累) weary **2** (衰退) weakened

疲软(軟) píruǎn [形] **1** (怠倦) weary **2** (不景气) weak

疲塌 píta [形] slack

疲于(於)奔命 pí yú bēn mìng be constantly on the run

啤 pí 见下文

啤酒 píjiǔ [名] beer

琵 pí 见下文

琵琶 pípá [名] Chinese lute

脾 pí [名] spleen

脾气(氣) píqi [名] **1** (怒气) temper **2** (性情) temperament

脾性 píxìng [名] (方) character

匹 pǐ **I** [动] match **II** [量] **1** (指动物) ▷三匹马 sān pǐ mǎ three horses ▷几匹骡子 jǐ pǐ luózi some mules **2** (指布料) bolt ▷两匹绸缎 liǎng pǐ chóuduàn two bolts of silk

> measure word, used for horses, mules, donkeys and bolts of silk

III [形] single

匹敌(敵) pǐdí [动] match

匹夫 pǐfū [名] the man on the street

匹配 pǐpèi [动] match

痞 pǐ 见下文

痞子 pǐzi [名] hooligan

劈 pǐ [动] **1** (分开) split (*pt, pp* split) ▷他把线劈成了两股。Tā bǎ xiàn pǐ chéngle liǎng gǔ. He split the thread into two strands. **2** (分裂)

P

break off (*pt* broke, *pp* broken) **3** (叉开) open very wide
→另见 pī

劈叉 **pǐchà** [动] do the splits

劈柴 **pǐchái** [动] chop firewood

癖 **pǐ** [名] addiction

癖好 **pǐhào** [名] favourite (英) 或 favorite (美) hobby

癖性 **pǐxìng** [名] inclination

屁 **pì** **I** [名] wind ▶放屁 **fàngpì** fart **II** [形] meaningless ▶屁事 **pìshì** trivialities (*pl*)

屁股 **pìgu** [名] **1** (指人) bottom **2** (指后部) rear

屁滚(滾)尿流 **pì gǔn niào liú** (贬) scare the hell out of

屁话(話) **pìhuà** [名] (讳) rubbish

辟(闢) **pì** **I** [动] **1** (开辟) open ... up ▷这里将辟为工业园区。**Zhèlǐ jiāng pìwéi gōngyè yuánqū.** This will be opened up as industrial land. ▷新辟一块菜地 **xīn pì yī kuài càidì** start a vegetable patch **2** (驳斥) repudiate ▶辟谣 **pìyáo** deny a rumour (英) 或 rumor (美) **II** [形] incisive ▶透辟 **tòubì** penetrating
→另见 bì

媲 **pì** 见下文

媲美 **pìměi** [动] rival

僻 **pì** [形] **1** (僻静) secluded ▶偏僻 **piānpì** out-of-the-way **2** (古怪) eccentric **3** (不常见) rare

僻静(靜) **pìjìng** [形] secluded

譬 **pì** [名] analogy

譬如 **pìrú** [动] take ... for example (*pt* took, *pp* taken) ▷譬如饮食习惯，南北各不相同。**Pìrú yǐnshí xíguàn, nánběi gè bù xiāngtóng.** Taking eating habits as an example, there are big differences between the north and the south.

譬喻 **pìyù** [名] analogy

片 **piān** 见下文
→另见 piàn

片子 **piānzi** [名] **1** (电影) film (英), movie (美) **2** (X光) X-ray **3** (唱片) record

扁 **piān** 见下文
→另见 biǎn

扁舟 **piānzhōu** [名] skiff

偏 **piān** [形] **1** (倾斜的) slanting **2** (不公的) biased

偏爱(愛) **piān'ài** [动] show favouritism (英) 或 favoritism (美) to (*pt* showed, *pp* shown)

偏差 **piānchā** [名] **1** (指方向) deviation **2** (指工作) error

偏废(廢) **piānfèi** [动] give unequal emphasis to (*pt* gave, *pp* given) ▷经济增长与环境保护，二者不可偏废。**Jīngjì zēngzhǎng yǔ huánjìng bǎohù, èr zhě bù kě piānfèi.** Economic growth and environmental protection should be given equal emphasis.

偏激 **piānjī** [形] extreme

偏见(見) **piānjiàn** [名] prejudice ▷你对他有偏见。**Nǐ duì tā yǒu piānjiàn.** You're prejudiced against him.

偏劳(勞) **piānláo** [动] (敬) go to trouble (*pt* went, *pp* gone) ▷让您偏劳，谢谢了。**Ràng nín piānláo, xièxie le.** Thanks for going to so much trouble.

偏离(離) **piānlí** [动] deviate from ▷飞机偏离了航线。**Fēijī piānlíle hángxiàn.** The plane went off course.

偏僻 **piānpì** [形] remote

偏偏 **piānpiān** [副] **1** (表示主观) persistently ▷别人都同意，他偏偏唱反调。**Biérén dōu tóngyì, tā piānpiān chàng fǎndiào.** Everyone else agreed, but he was persistent in his disagreement. **2** (表示客观) contrary to expectation ▷我去找他，他偏偏离开了。**Wǒ qù zhǎo tā, tā piānpiān líkāi le.** I went to see him, but he happened to be out. **3** (表示范围) only ▷大家我都想到了，偏偏把他给漏了。**Dàjiā wǒ dōu xiǎngdàole, piānpiān bǎ tā gěi lòu le.** I thought of everyone, but of all people I left him out.

偏颇(頗) **piānpō** [形] (书) biased ▷您这种看法有点偏颇。**Nín zhè zhǒng kànfǎ yǒudiǎn piānpō.** You're a bit biased in your outlook.

偏巧 **piānqiǎo** [副] **1** (刚好) as luck would have it ▷我正要去找他，偏巧，他来了。**Wǒ zhèng yào qù zhǎo tā, piānqiǎo, tā lái le.** I was just going to see him when, as luck would have it, he turned up. **2** (偏偏) as it happens ▷我找他有事，偏巧他不在。**Wǒ zhǎo tā yǒu shì, piānqiǎo tā bù zài.** I went to see him about something, but as it happens he was out.

偏袒 **piāntǎn** [动] side with ▷爸爸总是偏袒弟弟。**Bàba zǒngshì piāntǎn dìdi.** Dad always sides with my younger brother.

偏向 **piānxiàng** **I** [动] **1** (袒护) favour (英), favor (美) ▷你不能这么偏向他。**Nǐ bùnéng zhème piānxiàng tā.** You shouldn't favour him like this. **2** (倾向) prefer to **II** [名] deviation

偏心 **piānxīn** [动] be biased ▷经理的偏心引起了员工的不满。**Jīnglǐ de piānxīn yǐnqǐle yuángōng de bùmǎn.** The manager's bias created dissatisfaction among the workers.

偏重 **piānzhòng** [动] emphasize

篇 piān I [名] 1 (文章) writing ▶ 篇章 piānzhāng sections (*pl*) 2 (单张纸) sheet ▶ 歌篇儿 gēpiānr song sheet II [量] ▷ 一篇作文 yī piān zuòwén a composition ▷ 三篇文章 sān piān wénzhāng three articles

measure word, used for articles, essays etc.

篇幅 piānfu [名] 1 (指文章长度) length ▷ 文章篇幅不要过长。Wénzhāng piānfu bùyào guò cháng. The essay shouldn't be overlong. 2 (指篇页数量) space ▷ 报纸用整版篇幅登载了这条消息。Bàozhǐ yòng zhěngbǎn piānfu dēngzǎile zhè tiáo xiāoxi. The newspaper gave this story a whole page.

篇目 piānmù [名] 1 (标题) title 2 (目录) contents (*pl*)

篇章 piānzhāng [名] sections (*pl*) ▷ 篇章布局 piānzhāng bùjú structure of an article

便 pián 见下文

→ 另见 biàn

便便 piánpián [形] fat ▷ 他大腹便便。Tā dà fù piánpián. He's got a pot-belly.

便宜 piányi I [形] cheap II [名] small gains (*pl*) III [动] let ... off lightly (*pt*, *pp* let) ▷ 你不能这么便宜了他。Nǐ bùnéng zhème piányile tā. You shouldn't let him off so lightly.

片 piàn I [名] 1 (指薄度) piece ▶ 纸片 zhǐpiàn scraps of paper 2 (指地区) area II [动] slice III [形] 1 (不全) incomplete ▶ 片面 piànmiàn one-sided 2 (简短) brief IV [量] 1 (指片状物) ▷ 两片药 liǎng piàn yào two tablets ▷ 几片树叶 jǐ piàn shùyè some leaves ▷ 一片面包 yī piàn miànbāo a slice of bread 2 (指水陆) stretch ▷ 一片沼泽地 yī piàn zhǎozédì a stretch of marsh 3 (指声音, 心意等) ▷ 一片忠心 yī piàn zhōngxīn in all sincerity ▷ 一片掌声 yī piàn zhǎngshēng a burst of applause

→ 另见 piān

measure word, used for thin flat objects

片段 piànduàn [名] extract

片断(斷) piànduàn I [名] 1 (零碎) fragment 2 (片段) extract II [形] fragmentary

片刻 piànkè [名] instant ▷ 昨晚, 我片刻也没离开房间。Zuówǎn, wǒ piànkè yě méi líkāi fángjiān. Last night I didn't leave my room for a moment.

片面 piànmiàn I [名] one side ▷ 不要听信他的片面之词。Bùyào tīngxìn tā de piànmiàn zhī cí. You shouldn't listen to his one-sided account. II [形] one-sided

片言只(隻)语(語) piàn yán zhī yǔ just a few words ▷ 你要经常给我发电邮, 哪怕片言只语也好。Nǐ yào jīngcháng gěi wǒ fā diànyóu, nǎpà piàn yán zhī yǔ yě hǎo. You should e-mail me often — just a few words will do.

片子 piànzi [名] 1 (薄片) piece ▷ 玻璃片子 bōli piànzi pieces of glass 2 (名片) name card

骗(騙) piàn [动] 1 (欺骗) deceive 2 (骗得) swindle ▶ 骗钱 piànqián swindle

骗(騙)局 piànjú [名] swindle

骗(騙)取 piànqǔ [动] ▷ 他骗取了上级的信任。Tā piànqǔle shàngjí de xìnrèn. He wormed his way into his boss's confidence. ▷ 你骗取不了我的同情。Nǐ piànqǔ bùliǎo wǒ de tóngqíng. You can't trick me into sympathizing with you.

骗(騙)术(術) piànshù [名] trick

骗(騙)子 piànzi [名] swindler

剽 piāo I [动] rob II [形] agile

剽悍 piāohàn [形] agile and brave

剽窃(竊) piāoqiè [动] plagiarize

漂 piāo [动] 1 (浮) float 2 (流动) drift

→ 另见 piǎo, piào

漂泊 piāobó [动] 1 (指船舶) float 2 (指生活) drift

漂浮 piāofú I [动] float II [形] superficial

漂流 piāoliú [动] drift

漂移 piāoyí [动] drift

漂游(遊) piāoyóu [动] 1 (浮动) float 2 (漂泊) drift

缥(縹) piāo 见下文

缥(縹)缈(緲) piāomiǎo [形] indistinct

飘(飄) piāo [动] 1 (飞扬) flutter 2 (发软) wobble

飘(飄)荡(蕩) piāodàng [动] 1 (浮动) float 2 (漂泊) drift

飘(飄)动(動) piāodòng [动] drift

飘(飄)零 piāolíng [动] 1 (坠落) fall (*pt* fell, *pp* fallen) 2 (流浪) wander

飘(飄)飘(飄)然 piāopiāorán [形] 1 (轻飘飘) floating 2 (很得意) smug

飘(飄)洒(灑) piāosǎ [动] I fall (*pt* fell, *pp* fallen) II [形] graceful

飘(飄)扬(揚) piāoyáng [动] flutter

飘(飄)摇(搖) piāoyáo [动] sway

飘(飄)逸 piāoyì I [形] (书) graceful II [动] drift

嫖 piáo [动] visit prostitutes

嫖客 piáokè [名] client (*of a prostitute*)

瓢 piáo [名] ladle

瓢虫 piáochóng [名] ladybird (英), ladybug (美)

P

瓢泼(潑)大雨 **piáopōdàyǔ** downpour

漂 piǎo [动] **1** (漂白) bleach **2** (冲洗) rinse
→另见 **piāo, piào**

漂白 **piǎobái** [动] bleach

漂洗 **piǎoxǐ** [动] rinse

瞟 piǎo [动] give a sidelong look (*pt* gave, *pp* given)

票 piào [名] **1** (作凭证) ticket **2** (指钞票) note (英), bill (美) **3** (指戏曲) amateur performance

票房价(價)值 **piàofáng jiàzhí** [名] box office takings (*pl*)

票据(據) **piàojù** [名] **1** (汇票) note (英), bill (美) **2** (凭证) voucher

票子 **piàozi** [名] (口) note (英), bill (美)

漂 piào 见下文
→另见 **piāo, piǎo**

漂亮 **piàoliang** [形] **1** (好看) good-looking ▷过新年了, 孩子们穿上了漂亮衣服。**Guò xīnnián le, háizimen chuānshàngle piàoliang yīfu.** At New Year, the children wore beautiful clothes. ▷你女儿真漂亮。**Nǐ nǚ'ér zhēn piàoliang.** Your daughter is very pretty. **2** (精彩) wonderful ▷这场球踢得漂亮。**Zhè chǎng qiú tī de piàoliang.** It was a brilliant football match.

撇 piē [动] **1** (弃) cast ... aside (*pt, pp* cast) ▷他撇下家庭, 外出创业。**Tā piēxià jiātíng, wàichū chuàngyè.** He cast aside his family and went off to make a new career for himself. **2** (舀) skim
→另见 **piě**

瞥 piē [动] shoot a glance at (*pt, pp* shot) ▷他瞥了我一眼。**Tā piēle wǒ yī yǎn.** He shot me a glance.

瞥视(視) **piēshì** [动] glance at

撇 piě I [动] **1** (扔) throw (*pt* threw, *pp* thrown) **2** (扭) curl ▶撇嘴 **piě zuǐ** curl one's lip **II** [量] tuft ▷两撇胡子 **liǎng piě húzi** two tufts of facial hair
→另见 **piē**

撇开(開) **piěkāi** [动] leave ... aside (*pt, pp* left) ▷撇开成见 **piěkāi chéngjiàn** leave one's prejudices aside

撇嘴 **piězuǐ** [动] curl one's lip

拼 pīn [动] **1** (合) join together ▷我们把两张桌子拼了起来。**Wǒmen bǎ liǎng zhāng zhuōzi pīnle qǐlái.** We joined the two tables together. ▷拼图游戏 **pīntú yóuxì** jigsaw puzzle **2** (竭尽全力) go all out (*pt* went, *pp* gone) ▶拼命 **pīnmìng** with all one's might **3** (字, 词) spell ▷你能拼一下这个词吗? **nǐ néng pīn yīxià zhège cí ma?** Can you spell this word?

拼搏 **pīnbó** [动] go all out (*pt* went, *pp* gone) ▷经过90分钟的拼搏, 我们终于赢得了那场足球赛。**Jīngguò jiǔshí fēnzhōng de pīnbó, wǒmen zhōngyú yíngdéle nà chǎng zúqiú sài.** By going all out for ninety minutes, we finally won the football match.

拼凑(湊) **pīncòu** [动] piece ... together

拼命 **pīnmìng** [动] **1** (不要命) risk one's life ▷歹徒见她要拼命转身跑掉了。**Dǎitú jiàn tā yào pīnmìng zhuǎnshēn pǎodiào le.** When the thugs saw that she was ready to fight to the death, they turned and fled. **2** (努力) go all out (*pt* went, *pp* gone) ▷他为了给父亲治病拼命挣钱。**Tā wèile gěi fùqīn zhìbìng pīnmìng zhèngqián.** He went all out to earn the money to cure his father.

拼盘(盤) **pīnpán** [名] cold platter

拼死 **pīnsǐ** [动] risk one's life

拼写(寫) **pīnxiě** [动] spell

拼音 **pīnyīn** [名] Pinyin

姘 pīn [动] (贬) have an affair ▶姘妇 **pīnfù** lover ▶姘夫 **pīnfū** lover

姘头(頭) **pīntou** [名] (贬) lover

贫(貧) pín I [形] **1** (穷) poor ▶贫民 **pínmín** the poor **2** (少) deficient ▶贫血 **pínxuè** anaemia (英), anemia (美) **II** [动] (方) be a chatterbox

贫(貧)乏 **pínfá** [形] lacking ▷自然资源贫乏 **zìrán zīyuán pínfá** lacking in natural resources

贫(貧)寒 **pínhán** [形] (书) impoverished

贫(貧)瘠 **pínjí** [形] poor

贫(貧)苦 **pínkǔ** [形] poverty-stricken

贫(貧)困 **pínkùn** [形] impoverished

贫(貧)民 **pínmín** [名] the poor (*pl*)

贫(貧)民窟 **pínmínkū** [名] slums (*pl*)

贫(貧)穷(窮) **pínqióng** [形] poor ▷贫穷是造成犯罪的原因之一。**Pínqióng shì zàochéng fànzuì de yuányīn zhī yī.** Poverty is one of the causes of crime.

贫(貧)嘴 **pínzuǐ** [形] (方) garrulous

频(頻) pín [副] frequently ▷他频频旷课。**Tā pínpín kuàngkè.** He frequently plays truant.

频(頻)道 **píndào** [名] channel

频(頻)繁 **pínfán** [形] frequent

频(頻)率 **pínlǜ** [名] **1** (物) frequency **2** (指心脏) rate

频(頻)频(頻) **pínpín** [副] frequently

品 pǐn I [名] 1 (物品) article ▸ 商品 shāngpǐn merchandise 2 (等级) grade ▸ 精品 jīngpǐn special product 3 (种类) type ▸ 品种 pǐnzhǒng variety 4 (品质) character ▸ 品德 pǐndé moral character II [动] taste

品尝(嘗) pǐncháng [动] savour (英), savor (美)

品德 pǐndé [名] moral character

品格 pǐngé [名] character

品级(級) pǐnjí [名] grade

品貌 pǐnmào [名] appearance

品牌 pǐnpái [名] brand

品评(評) pǐnpíng [动] (书) judge

品头(頭)论(論)足 pǐn tóu lùn zú make personal remarks

品位 pǐnwèi [名] 1 (质量) quality 2 (喜好) taste

品味 pǐnwèi [动] 1 (尝) taste 2 (体会) appreciate ▹ 品味古典音乐 pǐnwèi gǔdiǎn yīnyuè appreciate classical music

品行 pǐnxíng [名] character and conduct

品性 pǐnxìng [名] nature

品质(質) pǐnzhì [名] 1 (品德) character 2 (质量) quality ▹ 这些种子品质优良。Zhèxiē zhǒngzi pǐnzhì yōuliáng. These are top-quality seeds.

品种(種) pǐnzhǒng [名] 1 (动) breed 2 (植) species 3 (指产品) kind ▹ 超市里货物品种齐全。Chāoshì lǐ huòwù pǐnzhǒng qíquán. There are all kinds of products in the supermarket.

聘 pìn [动] engage

聘礼(禮) pìnlǐ [名] betrothal gift

聘请(請) pìnqǐng [动] invite

聘任 pìnrèn [动] engage

聘用 pìnyòng [动] engage

乒 pīng I [拟] bang ▹ 乒的一声气球爆了。Pīng de yī shēng qìqiú bào le. The balloon exploded with a bang. II [名] (乒乓球) table tennis ▹ 世乒赛 Shìpīngsài Table Tennis World Championships

乒乓 pīngpāng I [拟] bang ▹ 隔壁一天到晚的乒乓声不断。Gébì yī tiān dào wǎn de pīngpāng shēng bùduàn. There was an incessant banging noise next door. II [名] ping-pong

乒乓球 pīngpāngqiú [名] table tennis

平 píng I [形] 1 (平坦) flat ▸ 平原 píngyuán plain 2 (安定) calm ▹ 心平气和 xīn píng qì hé even-tempered 3 (普通) ordinary 4 (平均) even ▸ 平分 píngfēn fifty-fifty 5 (指比分) ▸ 平局 píngjú a draw II [动] 1 (夷平) level 2 (指成绩) equal 3 (镇压) suppress

平安 píng'ān [形] safe and sound

平常 píngcháng I [形] common II [副] usually

平淡 píngdàn [形] 1 (语气, 文章) flat 2 (谈话, 生活) dull

平等 píngděng [形] equal

平定 píngdìng [动] 1 (叛乱, 暴乱) put ... down (*pt*, *pp* put) 2 (情绪) calm ... down

平凡 píngfán [形] uneventful

平反 píngfǎn [动] overturn a sentence ▹ 他被平反了。Tā bèi píngfǎn le. His sentence was overturned.

平方 píngfāng [名] 1 (数) square 2 (平方米) square metre (英) 或 meter (美)

平房 píngfáng [名] single-storey house

平分 píngfēn [动] divide equally ▹ 咱们一起干, 赚了钱平分。Zánmen yīqǐ gàn, zhuànle qián píngfēn. Let's do the work together, and go halves on the money we earn.

平和 pínghé [形] 1 (指人) placid 2 (指药物) mild

平衡 pínghéng [名] balance ▹ 保持平衡 bǎochí pínghéng maintain a balance ▹ 平衡收支 pínghéng shōuzhī balance revenue and expenditure

平缓(緩) pínghuǎn [形] gentle

平静(靜) píngjìng [形] calm

平均 píngjūn [形] average

平米 píngmǐ [名] square metre (英) 或 meter (美)

平民 píngmín [名] the common people (*pl*)

平平 píngpíng [形] mediocre

平铺(鋪)直叙(敘) píng pū zhí xù pedestrian ▹ 这篇文章虽然平铺直叙, 但十分感人。Zhè piān wénzhāng suīrán píng pū zhí xù, dàn shífēn gǎnrén. Although this essay is a little pedestrian, it's deeply moving all the same.

平起平坐 píng qǐ píng zuò be on an equal footing ▹ 他和总经理平起平坐。Tā hé zǒngjīnglǐ píng qǐ píng zuò. He's on an equal footing with the general manager.

平日 píngrì [名] the usual

平生 píngshēng [名] one's whole life ▹ 这是他平生最大的遗憾。Zhè shì tā píngshēng zuìdà de yíhàn. This is the greatest regret of his whole life.

平时(時) píngshí [副] usually

平手 píngshǒu [名] draw ▹ 我看这场拳击会成平手。Wǒ kàn zhè chǎng quánjī huì chéng píngshǒu. I think the fight will end in a draw.

平台(臺) píngtái [名] platform

平坦 píngtǎn [形] flat

平稳(穩) píngwěn [形] 1 (稳定) stable 2 (不摇晃) steady

平息 píngxī [动] quieten (英) 或 quiet (美) down

P

平心而论(論) píng xīn ér lùn in all fairness
平心静(靜)气(氣) píng xīn jìng qì calmly
平行 píngxíng [形] parallel
平易 píngyì [形] amiable
平庸 píngyōng [形] mediocre
平原 píngyuán [名] plain
平整 píngzhěng **I** [动] level **II** [形] neat

评(評) píng [动] **1** (评论) criticize ▶ 批评 pīpíng criticize ▶ 书评 shūpíng book review ▷ 他的新书获得好评。Tā de xīnshū huòdé hǎopíng. His new book was well received. **2** (评判) judge ▶ 评分 píngfēn mark **3** (选) select
评(評)比 píngbǐ [动] appraise
评(評)定 píngdìng [动] assess
评(評)估 pínggū [动] evaluate
评(評)价(價) píngjià [动] evaluate ▷ 后人对他的一生给予了高度的评价。Hòurén duì tā de yīshēng gěiyǔle gāodù de píngjià. He was very much revered by later generations.
评(評)介 píngjiè [动] review
评(評)论(論) pínglùn [动] review
评(評)判 píngpàn [动] judge
评(評)书(書) píngshū [名] storytelling
评(評)述 píngshù [动] comment on
评(評)说(說) píngshuō [动] evaluate
评(評)头(頭)论(論)足 píng tóu lùn zú make personal remarks
评(評)选(選) píngxuǎn [动] select ▷ 印度小姐被大众评选为新一届世界小姐。Yìndù xiǎojiě bèi dàzhòng píngxuǎn wéi xīn yī jiè Shìjiè Xiǎojiě. The public selected Miss India as the new Miss World.
评(評)议(議) píngyì [动] consult
评(評)语(語) píngyǔ [名] comment

坪 píng [名] level ground ▶ 草坪 cǎopíng lawn

苹(蘋) píng 见下文
苹(蘋)果 píngguǒ [名] apple

凭(憑) píng **I** [动] rely on ▷ 他总是凭经验解决难题。Tā zǒngshì píng jīngyàn jiějué nántí. He relies on experience to solve his problems. ▷ 他是凭能力当上市长的。Tā shì píng nénglì dāngshàng shìzhǎng de. He became mayor thanks to his own ability. **II** [介] ▷ 减价商品能凭礼券购买。jiǎnjià shāngpǐn néng píng lǐquàn gòumǎi. Cut-price products can be paid for with gift vouchers. ▷ 你凭什么说我们的产品不合格？Nǐ píng shénme shuō wǒmen de chǎnpǐn bù hégé? On what basis are you saying that our products are not up to standard? **III** [名] evidence ▶ 凭据 píngjù credentials (*pl*) ▷ 真凭实据 zhēn píng shí jù hard evidence **IV** [连] no matter ▷ 凭他怎么叫，也没人答理他。Píng tā zěnme jiào, yě méi rén dāli tā. No matter what he asked for, no one took any notice of him.
凭(憑)借 píngjiè [动] be based on ▷ 公司凭借高质量的产品占领市场。Gōngsī píngjiè gāo zhìliàng de chǎnpǐn zhànlǐng shìchǎng. The company's domination of the market is based on the high quality of its products.
凭(憑)据(據) píngjù [名] credentials (*pl*)
凭(憑)空 píngkōng [副] out of thin air ▷ 小报凭空捏造最荒谬的新闻。Xiǎobào píngkōng niēzào zuì huāngmiù de xīnwén. The tabloids make up the most ridiculous stories out of thin air.
凭(憑)仗 píngzhàng [动] rely on
凭(憑)证(證) píngzhèng [名] evidence

屏 píng [名] (屏风) screen
→ 另见 bǐng
屏蔽 píngbì [名] screen
屏风(風) píngfēng [名] screen
屏幕 píngmù [名] screen
屏障 píngzhàng [名] barrier

瓶 píng [名] bottle
瓶子 píngzi [名] bottle

萍 píng 见下文
萍水相逢 píng shuǐ xiāng féng have a chance encounter ▷ 我和他在巴黎萍水相逢。Wǒ hé tā zài Bālí píng shuǐ xiāng féng. I had a chance encounter with him in Paris.

坡 pō [名] slope ▶ 山坡 shānpō slope
坡度 pōdù [名] gradient

泼(潑) pō **I** [动] splash **II** [形] shrewish ▶ 泼妇 pōfù harridan
泼(潑)辣 pōla [形] bold
泼(潑)冷水 pō lěngshuǐ [动] ▷ 他有信心的时候，不要给他泼冷水。Tā yǒu xìnxīn de shíhòu, bùyào gěi tā pō lěngshuǐ. Don't dampen his spirits when he's feeling confident.

颇(頗) pō [副] rather

婆 pó [名] **1** (老年妇女) old lady ▶ 老太婆 lǎotàipó old lady **2** (丈夫的母亲) mother-in-law (*pl* mothers-in-law) ▶ 公婆 gōngpó parents-in-law (*pl*)
婆家 pójia [名] husband's family
婆婆妈(媽)妈(媽) pópomāmā fussy

迫 **pò** **I** [动] **1** (逼迫) force **2** (接近) approach **II** [形] urgent ▷ 迫不及待 **pò bù jí dài** cannot wait

迫不得已 **pò bù dé yǐ** have no alternative ▷ 市长迫不得已向市民道歉。**Shìzhǎng pò bù dé yǐ xiàng shìmín dàoqiàn.** The mayor had no alternative but to apologize to the townspeople.

迫不及待 **pò bù jí dài** be unable to wait ▷ 她迫不及待地把房子卖掉。**Tā pò bù jí dài de bǎ fángzi mài diào.** She couldn't wait to sell the house.

迫害 **pòhài** [动] persecute

迫降 **pòjiàng** [动] crash-land

迫近 **pòjìn** [动] approach

迫切 **pòqiè** [形] pressing

迫使 **pòshǐ** [动] necessitate

迫在眉睫 **pò zài méi jié** be imminent ▷ 解决交通堵塞迫在眉睫。**Jiějué jiāotōng dǔsè pò zài méi jié.** A solution to the traffic jam problem is imminent.

破 **pò** **I** [形] **1** (受损) broken ▷ 裤子都被穿破了。**Kùzi dōu bèi chuānpò le.** The trousers were completely worn out. **2** (烂) lousy ▷ 没人愿做那破工作。**Méi rén yuàn zuò nà pò gōngzuò.** No one is willing to do that lousy job. **II** [动] **1** (受损) cut ▷ 他的膝盖破了。**Tā de xīgài pò le.** He's cut his knee. **2** (破除) break (*pt* broke, *pp* broken) ▶ 破例 **pòlì** make an exception ▷ 我不想把10镑钱破开。**Wǒ bùxiǎng bǎ shí bàng qián pòkāi.** I don't want to have to break a ten pound note. ▷ 破世界记录 **pò shìjiè jìlù** break a world record **3** (钱, 工夫) spend (*pt, pp* spent) **4** (揭穿) expose ▶ 破案 **pò'àn** solve a case **5** (打败) defeat

破败(敗) **pòbài** [形] **1** (衰败) declining **2** (残破) run-down

破产(產) **pòchǎn** [动] go bankrupt (*pt* went, *pp* gone)

破除 **pòchú** [动] do away with

破费(費) **pòfèi** [动] spend money (*pt, pp* spent)

破釜沉舟 **pò fǔ chén zhōu** burn one's bridges

破格 **pògé** [动] break a rule (*pt* broke, *pp* broken)

破罐破摔 **pò guàn pò shuāi** not learn from one's mistakes ▷ 他失业后破罐破摔。**Tā shīyè hòu pò guàn pò shuāi.** After he lost his job, he learned nothing from his mistakes.

破坏(壞) **pòhuài** [动] **1** (建筑, 环境, 文物, 公物) destroy **2** (团结, 社会秩序) undermine **3** (协定, 法规, 规章) violate **4** (计划) bring ... down (*pt, pp* brought) **5** (名誉) damage

破解 **pòjiě** [动] decipher

破镜(鏡)重圆(圓) **pò jìng chóng yuán** get back together

破旧(舊) **pòjiù** [形] shabby

破烂(爛) **pòlàn** **I** [形] ragged **II** [名] scrap

破例 **pòlì** [动] make an exception

破裂 **pòliè** [动] **1** (谈判) break down (*pt* broke, *pp* broken) **2** (感情) break up **3** (外交关系) break off

破落 **pòluò** [形] declining

破灭(滅) **pòmiè** [动] destroy

破碎 **pòsuì** **I** [动] **1** (破成碎块) smash **2** (指梦想) break (*pt* broke, *pp* broken) **II** [形] broken

破天荒 **pòtiānhuāng** be unprecedented ▷ 他破天荒地给妻子买了一束玫瑰。**Tā pòtiānhuāng de gěi qīzi mǎile yī shù méiguī.** In an unprecedented move, he bought his wife a bouquet of roses.

破译(譯) **pòyì** [动] crack

破折号(號) **pòzhéhào** [名] dash

魄 **pò** [名] **1** (精神) spirit ▶ 魂魄 **húnpò** soul **2** (魄力) courage ▶ 气魄 **qìpò** verve

魄力 **pòlì** [名] courage

剖 **pōu** [动] **1** (破开) cut open (*pt, pp* cut) ▶ 解剖 **jiěpōu** dissect **2** (分析) analyse (英), analyze (美)

剖白 **pōubái** [动] explain oneself

剖面 **pōumiàn** [名] section

剖析 **pōuxī** [动] analyse (英), analyze (美)

扑(撲) **pū** [动] **1** (冲向) rush at ▷ 狮子猛地向猎物扑过去。**Shīzi měng de xiàng lièwù pū guòqù.** The lion rushed after its prey. **2** (专注于) devote ▷ 他一心扑在工作上。**Tā yī xīn pū zài gōngzuò shàng.** He's totally devoted to his work. **3** (扑打) swat ▷ 他用树枝扑蜻蜓。**Tā yòng shùzhī pū qīngtíng.** He used a branch to swat at dragonflies. **4** (翅膀) beat (*pt* beat, *pp* beaten)

扑(撲)鼻 **pūbí** [动] be pungent ▷ 香水味扑鼻。**Xiāngshuǐ wèi pūbí.** The smell of the perfume was pungent.

扑(撲)哧 **pūchī** [拟] **1** (指笑声) chuckle **2** (指撒气) hiss

扑(撲)打 **pūdǎ** [动] beat (*pt* beat, *pp* beaten)

扑(撲)救 **pūjiù** [动] put ... out (*pt, pp* put)

扑(撲)克 **pūkè** [名] poker

扑(撲)空 **pūkōng** [动] come away empty-handed (*pt* came, *pp* come)

扑(撲)灭(滅) **pūmiè** [动] put...out (*pt, pp* put)

扑(撲)朔迷离(離) **pūshuò mílí** complicated and confusing

扑(撲)簌 **pūsù** [形] streaming ▷ 听到那个消息, 他的眼泪就扑簌簌地落了下来。**Tīngdào nàge xiāoxi, tā de yǎnlèi jiù pūsùsù de luòle xiàlái.** When he heard the

news, tears streamed from his eyes.
扑(撲)腾(騰) **pūtēng** [拟] thud
扑(撲)腾(騰) **pūteng** [动] **1**(打水) splash **2**(跳动) flop
扑(撲)通 **pūtōng** [拟] plop

铺(鋪) **pū** [动] **1**(摊开) spread (*pt*, *pp* spread) **2**(铺设) lay (*pt*, *pp* laid)
→另见 **pù**
铺(鋪)垫(墊) **pūdiàn** [动] **1**(垫子) cushion **2**(指叙事) foreshadow
铺(鋪)盖(蓋) **pūgài** [动] cover
铺(鋪)盖(蓋) **pūgi** [名] bedroll
铺(鋪)设(設) **pūshè** [动] lay (*pt*, *pp* laid)
铺(鋪)天盖(蓋)地 **pū tiān gài dì** all over the place
铺(鋪)张(張) **pūzhāng** [形] extravagant

仆(僕) **pú** [动] (旧) servant
仆(僕)人 **púrén** [名] servant

匍 **pú** 见下文
匍匐 **púfú** [动] grovel

菩 **pú** 见下文
菩萨(薩) **púsà** [名] **1**(宗) bodhisattva **2**(善人) saint ▷老婆婆像菩萨一样善良。**Lǎopópo xiàng púsà yīyàng shànliáng.** The old lady is as kind as a saint.

葡 **pú** 见下文
葡萄 **pútáo** [名] grape

朴(樸) **pǔ** 见下文
朴(樸)实(實) **pǔshí** [形] **1**(简朴) simple **2**(诚实) honest
朴(樸)素 **pǔsù** [形] **1**(衣着) plain **2**(生活) simple **3**(语言) plain

---

圃 **pǔ** [名] garden

普 **pǔ** [形] general
普遍 **pǔbiàn I** [形] common **II** [副] commonly
普及 **pǔjí** [动] **1**(传布) spread (*pt*, *pp* spread) **2**(推广) popularize
普通 **pǔtōng** [形] common
普通话(話) **pǔtōnghuà** [名] Mandarin

谱(譜) **pǔ I** [名] **1**(指烹饪) book **2**(指音乐) score **3**(指棋) manual **4**(指家族) family records (*pl*) **5**(口)(把握) confidence ▷这项工程需要多少钱他心里有谱儿。**Zhè xiàng gōngchéng xūyào duōshǎo qián tā xīnli yǒu pǔr.** He is fairly confident about how much money this project will require. **II** [动] set to music (*pt*, *pp* set)
谱(譜)写(寫) **pǔxiě** [动] compose
谱(譜)子 **pǔzi** [名] score

铺(鋪) **pù** [名] **1**(商店) shop ▶杂货铺 **záhuòpù** general store **2**(床) plank bed ▶卧铺 **wòpù** berth
→另见 **pū**
铺(鋪)面 **pùmiàn** [名] shop front
铺(鋪)位 **pùwèi** [名] bunk
铺(鋪)子 **pùzi** [名] (口) shop

瀑 **pù** [名] waterfall
瀑布 **pùbù** [名] waterfall

曝 **pù** [动] (书) expose ... to the sun
曝露 **pùlù** [动] (书) expose
曝晒 **pùshài** [动] expose ... to strong sunlight

Qq

七 qī [数] seven ▷ 七年 qīnián seven years
七月 qīyuè [名] July
七零八落 qī líng bā luò scattered around ▷ 屋子里七零八落地放着一些书。Wūzi lǐ qī líng bā luò de fàngzhe yīxiē shū. Books were scattered around the room.
七上八下 qī shàng bā xià be agitated
七十二行 qīshí'èr háng [名] all sorts of occupations (pl)
七手八脚(腳) qī shǒu bā jiǎo with great commotion

沏 qī [动] brew ▷ 她沏了壶茶。Tā qīle hú chá. She made a pot of tea.

妻 qī [名] wife (pl wives) ▶ 未婚妻 wèihūnqī fiancée
妻小 qīxiǎo [名] wife and children
妻子 qīzi [名] wife (pl wives)

柒 qī [数] seven
This is the complex character for "seven", which is mainly used in banks, on receipts, etc. to prevent mistakes and forgery.

栖(棲) qī [动] perch ▶ 两栖动物 liǎngqī dòngwù amphibian
栖(棲)身 qīshēn [动] (书) inhabit
栖(棲)息 qīxī [动] roost

凄(淒) qī [形] (书) **1** (寒冷) cold **2** (萧条) miserable **3** (悲伤) sad
凄(淒)惨(慘) qīcǎn [形] tragic
凄(淒)厉(厲) qīlì [形] (书) **1** (风声) howling **2** (叫声) shrill
凄(淒)凉(涼) qīliáng [形] dreary

萋 qī 见下文
萋萋 qīqī [形] (书) luxuriant

戚 qī [名] (亲人) relative ▶ 亲戚 qīnqī relative

期 qī **I** [名] **1** (预定时间) time limit ▶ 到期 dàoqī expire **2** (一段时间) period of time ▶ 假期 jiàqī holiday **II** [量] **1** (指训练班) class **2** (指杂志, 报纸) edition **III** [动] expect
期待 qīdài [动] await
期货(貨) qīhuò [名] futures (pl)
期刊 qīkān [名] periodical
期盼 qīpàn [动] await
期间(間) qījiān [名] period of time
期望 qīwàng **I** [名] expectations (pl) **II** [动] expect
期限 qīxiàn [名] time limit

欺 qī [动] **1** (欺骗) deceive **2** (欺负) bully
欺负(負) qīfu [动] bully
欺行霸市 qī háng bà shì monopolize
欺凌(淩) qīlíng [动] humiliate
欺骗(騙) qīpiàn [动] deceive
欺生 qīshēng [动] take advantage of a fresh face (pt took, pp taken)
欺侮 qīwǔ [动] (书) bully
欺压(壓) qīyā [动] tyrannize
欺诈(詐) qīzhà [动] swindle ▷ 欺诈他人钱财 qīzhà tārén qiáncái swindle people out of their money

漆 qī **I** [名] lacquer ▶ 油漆 yóuqī paint **II** [动] paint
漆黑 qīhēi [形] pitch-black ▷ 房间里一片漆黑。Fángjiān lǐ yīpiàn qīhēi. The room was in complete darkness.

蹊 qī 见下文
蹊跷(蹺) qīqiāo [形] odd
→ 另见 xī

齐(齊) qí **I** [形] **1** (整齐) neat **2** (一致) joint **3** (完备) ready ▷ 人都到齐了。Rén dōu dàoqí le. Everyone is present. **II** [动] **1** (达到) reach ▷ 水深齐腰。Shuǐ shēn qí yāo. The water is waist deep. **2** (取齐) level **III** [副] at the same time
齐(齊)备(備) qíbèi [形] ready
齐(齊)全 qíquán [形] complete
齐(齊)心 qíxīn [动] be of one mind ▷ 大家齐心了, 事情就好办了。Dàjiā qíxīn le, shìqing jiù hǎobàn le. With everyone working together, everything will be well managed.
齐(齊)心协(協)力 qí xīn xié lì join forces
齐(齊)整 qízhěng [形] neat

其 qí [代] (书) **1** (他的) his ▷ 他是演员, 其父也是演员。Tā shì yǎnyuán, qí fù yěshì yǎnyuán. He's an actor, and his father is also an actor. **2** (她的) her **3** (它的) its **4** (他们的, 她们的, 它们的) their **5** (他) him **6** (她) her **7** (它) it ▷ 我们

应尽量促其成功。Wǒmen yīng jǐnliàng cù qí chénggōng. We must make sure that it is successful. **8** (他们, 她们, 它们) them **9** (那个) that

其次 **qícì** [代] **1** (下一个) next ▷ 其次要做的事是什么? Qícì yào zuò de shì shì shénme? What are we going to do next? **2** (次要的) the second

其貌不扬(揚) **qí mào bù yáng** plain

其实(實) **qíshí** [副] actually ▷ 其实不然。Qíshí bù rán. Actually, it wasn't like that. ▷ 他看起来很壮, 其实身体不好。Tā kàn qǐlái hěn zhuàng, qíshí shēntǐ bù hǎo. He looks very strong, but he's actually in poor health.

其它 **qítā** [代] other

其他 **qítā** [代] other ▷ 除了看书, 他还有很多其他爱好。Chúle kànshū, tā háiyǒu hěnduō qítā àihào. Apart from reading, he has a lot of other hobbies. ▷ 我不知道, 你问其他人吧。Wǒ bù zhīdào, nǐ wèn qítā rén ba. I don't know, ask someone else. ▷ 还有其他事情没有? Háiyǒu qítā shìqing méiyǒu? Is there anything else?

其余(餘) **qíyú** [代] the rest

其中 **qízhōng** [名] among which ▷ 他有六套西服, 其中两套是黑色的。Tā yǒu liù tào xīfú, qízhōng liǎng tào shì hēisè de. He has six suits, of which two are black. ▷ 学校有50位老师, 其中10位是男老师。Xuéxiào yǒu wǔshí wèi lǎoshī, qízhōng shí wèi shì nán lǎoshī. The school has 50 teachers, and ten of them are male.

奇 **qí I** [形] **1** (非常少见的) strange ▶ 奇闻 qíwén fantastic story ▶ 奇事 qíshì miracle **2** (出人意料的) unexpected ▶ 奇袭 qíxí surprise attack ▶ 奇遇 qíyù lucky encounter **II** [动] surprise ▶ 惊奇 jīngqí surprise ▷ 不足为奇 bù zú wéi qí be not at all surprising **III** [副] unusually ▷ 天气奇冷。Tiānqì qí lěng. The weather is unusually cold. → 另见 jī

奇才 **qícái** [名] genius ▷ 足球奇才 zúqiú qícái footballing genius

奇耻(恥)大辱 **qí chǐ dà rǔ** a crying shame

奇怪 **qíguài** [形] strange

奇观(觀) **qíguān** [名] wonder ▷ 世界七大奇观 shìjiè qī dà qíguān the seven wonders of the world

奇迹(跡) **qíjì** [名] miracle

奇妙 **qímiào** [形] wonderful

奇缺 **qíquē** [动] be very short of

奇特 **qítè** [形] peculiar

奇闻(聞) **qíwén** [名] incredible story ▷ 简直是天下奇闻! Jiǎnzhí shì tiānxià qíwén! That really is the most incredible story!

奇形怪状(狀) **qí xíng guài zhuàng** grotesque

奇异(異) **qíyì** [形] **1** (奇怪) strange **2** (惊异) astonished ▷ 他用奇异的目光看着我。Tā yòng qíyì de mùguāng kànzhe wǒ. He looked at me in astonishment.

奇遇 **qíyù** [名] chance encounter

祈 **qí** [动] (书) **1** (祈祷) pray **2** (希望) wish ▶ 祈求 qíqiú invoke

---

歧 **qí** [形] **1** (途, 路) forked **2** (不一致) different

歧路 **qílù** [名] (书) (喻) wrong turning ▷ 他走上了条人生歧路。Tā zǒushàngle tiáo rénshēng qílù. He took a wrong turning in life.

歧视(視) **qíshì** [动] discriminate ▷ 种族歧视 zhǒngzú qíshì racial discrimination ▷ 不要歧视残疾人。Bùyào qíshì cánjírén. Don't discriminate against handicapped people.

歧途 **qítú** [名] wrong path ▷ 误入歧途 wùrù qítú go astray

歧义(義) **qíyì** [名] ambiguity

脐(臍) **qí** [名] navel

脐(臍)带(帶) **qídài** [名] (生理) umbilical cord

崎 **qí** 见下文

崎岖(嶇) **qíqū** [形] rugged

骑(騎) **qí I** [动] ride (*pt* rode, *pp* ridden) **II** [名] cavalry

---

棋 **qí** [名] chess ▶ 围棋 wéiqí go (*board game*)

棋子 **qízǐ** [名] piece

旗 **qí** [名] flag ▶ 锦旗 jǐnqí silk banner

旗袍 **qípáo** [名] cheongsam

旗子 **qízi** [名] flag

旗鼓相当(當) **qí gǔ xiāngdāng** be well-matched

旗开(開)得胜(勝) **qí kāi dé shèng** win in the first contest

旗帜(幟) **qízhì** [名] **1** (旗子) banner **2** (立场) stand **3** (榜样) model

---

鳍 **qí** [名] fin

乞 **qǐ** [动] beg ▶ 行乞 xíngqǐ go begging

乞丐 **qǐgài** [名] beggar

乞求 **qǐqiú** [动] beg ▷ 乞求宽恕 qǐqiú kuānshù beg for forgiveness

乞讨(討) **qǐtǎo** [动] beg

岂(豈) **qǐ** [副] (书) how ▷ 工作很多, 岂敢懈

息！Gōngzuò hěn duō, qǐgǎn xièdài! With so much on, how can you dare be so lazy?

岂(豈)敢 qǐgǎn [动] dare ▷ 我岂敢不承担责任？Wǒ qǐgǎn bù chéngdān zérèn? Do I dare shirk the responsibility?

岂(豈)有此理 qǐ yǒu cǐ lǐ outrageous

企 qǐ [动] look forward to

企鹅(鵝) qǐ'é [名] penguin

企及 qǐjí [动] hope ▷ 这个目标无法企及。Zhège mùbiāo wúfǎ qǐjí. There's no hope for this cause.

企盼 qǐpàn [动] (书) wait in hope

企求 qǐqiú [动] (书) seek (*pt*, *pp* sought)

企图(圖) qǐtú **I** [动] plan **II** [名] (贬) plan

企业(業) qǐyè [名] enterprise ▷ 国有企业 guóyǒu qǐyè state-owned enterprise

---

启(啟) qǐ [动] **1** (打开) open ▶ 开启 kāiqǐ open **2** (开导) enlighten ▶ 启发 qǐfā enlighten **3** (开始) start

启(啟)程 qǐchéng [动] set out (*pt*, *pp* set)

启(啟)迪 qǐdí [动] enlighten ▷ 他的话给了我们很多启迪。Tā de huà gěile wǒmen hěn duō qǐdí. We found his words very enlightening.

启(啟)动(動) qǐdòng [动] start

启(啟)发(發) qǐfā **I** [动] inspire ▷ 我从这个故事里得到很大启发。Wǒ cóng zhège gùshi lǐ dédào hěndà qǐfā. I drew a lot of inspiration from this story. **II** [名] inspiration

启(啟)蒙 qǐméng [动] **1** (促使思想进步) enlighten **2** (传授基本知识) impart rudimentary knowledge ▷ 启蒙读物 qǐméng dúwù early learning materials

启(啟)示 qǐshì [动] enlighten ▷ 她从这则寓言中得到了启示。Tā cóng zhè zé yùyán zhōng dédàole qǐshì. She was very inspired by the parable.

启(啟)事 qǐshì [名] announcement ▷ 寻人启事 xúnrén qǐshì missing persons announcement

启(啟)用 qǐyòng [动] start using

启(啟)运(運) qǐyùn [动] begin shipping (*pt* began, *pp* begun)

起 qǐ **I** [动] **1** (起来) rise (*pt* rose, *pp* risen) ▶ 起立 qǐlì stand up **2** (取出) remove ▷ 起瓶盖 qǐ pínggài remove a bottle top **3** (长出) form ▷ 脚上起泡 jiǎo shang qǐ pào form a blister on one's foot **4** (产生) become (*pt* became, *pp* become) ▷ 起疑心 qǐ yíxīn become suspicious **5** (拟订) sketch out ▶ 起草 qǐcǎo draft **6** (建立) establish ▷ 白手起家 báishǒu qǐjiā make a fortune from nothing **II** [量] ▷ 一起交通事故 yī qǐ jiāotōng shìgù a traffic accident ▷ 一起火灾 yī qǐ huǒzāi a fire

measure word, used for accidents

起步 qǐbù [动] get going ▷ 我们的事业才刚刚起步。Wǒmen de shìyè cái gānggāng qǐbù. Our careers have only just got going.

起草 qǐcǎo [动] draft

起程 qǐchéng [动] set out (*pt*, *pp* set) ▷ 我们起程前往巴黎。Wǒmen qǐchéng qiánwǎng Bālí. We set out in the direction of Paris.

起初 qǐchū [名] origin ▷ 他起初在班里排名第一。Tā qǐchū zài bān lǐ páimíng dìyī. Originally he was top of the class.

起床 qǐchuáng [动] get up

起点(點) qǐdiǎn [名] starting point

起动(動) qǐdòng [动] start

起飞(飛) qǐfēi [动] take off (*pt* took, *pp* taken) ▷ 飞机准时起飞。Fēijī zhǔnshí qǐfēi. The plane took off on time. ▷ 中国经济起飞了。Zhōngguó jīngjì qǐfēi le. China's economy has taken off.

起伏 qǐfú [动] undulate

起哄(鬨) qǐhòng [动] **1** (捣乱) create a disturbance **2** (开玩笑) mock

起家 qǐjiā [动] build ... up (*pt*, *pp* built) ▷ 他靠卖服装起家。Tā kào mài fúzhuāng qǐjiā. He built himself up by selling clothes.

起见(見) qǐjiàn [动] be for ▷ 为方便起见 wèi fāngbiàn qǐjiàn for the sake of convenience ▷ 为安全起见 wèi ānquán qǐjiàn for safety's sake

起劲(勁) qǐjìn [形] enthusiastic

起居 qǐjū [名] everyday life

起来(來) qǐlái [动] **1** (站起或坐起) get up ▷ 赶快起来，来客人了。Gǎnkuài qǐlái, lái kèrén le. Get up quick, there's a visitor. **2** (起床) get up ▷ 起来吧，天都亮了。Qǐlái ba, tiān dōu liàng le. Time to get up — it's already light.

起立 qǐlì [动] stand up (*pt*, *pp* stood)

起落 qǐluò [动] rise and fall (*pt* rose and fell, *pp* risen and fallen)

起码(碼) qǐmǎ [形] minimum ▷ 起码的常识 qǐmǎ de chángshí the minimum of common sense ▷ 一本词典起码要50块。Yī běn cídiǎn qǐmǎ yào wǔshí kuài. A dictionary should cost at least fifty yuan.

起色 qǐsè [名] improvement

起身 qǐshēn [动] set out (*pt*, *pp* set) ▷ 我明天天亮就起身。Wǒ míngtiān tiānliàng jiù qǐshēn. I am setting out at first light tomorrow.

起誓 qǐshì [动] swear (*pt*, *pp* sworn)

起死回生 qǐ sǐ huí shēng bring ... back from the dead

起诉(訴) **qǐsù** [动] sue ▷ 向法院起诉 **xiàng fǎyuàn qǐsù** take a case to court

起头(頭) **qǐtóu** **I** [动] start **II** [名] the beginning ▷ 我们起头遇到些困难, 后来就好多了。**Wǒmen qǐtóu yùdào xiē kùnnan, hòulái jiù hǎo duō le.** We encountered some difficulties at the beginning, but later things got a lot better.

起先 **qǐxiān** [名] the beginning

起义(義) **qǐyì** [动] revolt ▷ 农民起义 **nóngmín qǐyì** peasant revolt

起因 **qǐyīn** [名] cause

起用 **qǐyòng** [动] employ

起源 **qǐyuán** **I** [动] originate ▷ 这种舞起源于亚洲。**Zhè zhǒng wǔ qǐyuán yú Yàzhōu.** This type of dancing originated in Asia. **II** [名] origin ▷ 生命的起源 **shēngmìng de qǐyuán** the origins of life

起早贪(貪)黑 **qǐ zǎo tān hēi** work from dawn until dusk

起子 **qǐzi** [名] **1** (开瓶盖) bottle opener **2** (螺丝刀) screwdriver

气(氣) **qì** **I** [名] **1** (气体) gas ▶ 毒气 **dúqì** poison gas **2** (空气) air ▷ 这球没气了。**Zhè qiú méi qì le.** This ball is deflated. **3** (气息) breath ▷ 上气不接下气 **shàngqì bùjiē xiàqì** out of breath **4** (精神) mood ▷ 垂头丧气 **chuí tóu sàng qì** be dejected **5** (气味) smell ▶ 臭气 **chòuqì** stink **6** (习气) manner ▶ 孩子气 **háiziqì** childishness ▶ 书生气 **shūshēngqì** scholarly manner **7** (怒气) anger ▷ 忍下这口气 **rěnxià zhè kǒu qì** put up with someone's attitude **8** (中医) qi **II** [动] **1** (生气) be angry **2** (使生气) provoke ▷ 别气我! **Bié qì wǒ!** Don't provoke me!

气(氣)冲(沖)冲(沖) **qìchōngchōng** [形] furious

气(氣)度 **qìdù** [名] bearing

气(氣)氛 **qìfēn** [名] atmosphere

气(氣)愤(憤) **qìfèn** [形] angry ▷ 我们对这种恶劣行为十分气愤。**Wǒmen duì zhè zhǒng èliè xíngwéi shífēn qìfèn.** We got extremely angry about this terrible behaviour.

气(氣)概 **qìgài** [名] spirit

气(氣)功 **qìgōng** [名] qigong

气(氣)候 **qìhòu** [名] climate

气(氣)急败(敗)坏(壞) **qìjí bàihuài** exasperated

气(氣)力 **qìlì** [名] strength

气(氣)量 **qìliàng** [名] tolerance

气(氣)流 **qìliú** [名] air flow

气(氣)恼(惱) **qìnǎo** [形] sulky

气(氣)派 **qìpài** [名] impressive manner

气(氣)魄 **qìpò** [名] imposing manner

气(氣)球 **qìqiú** [名] balloon

气(氣)色 **qìsè** [名] complexion

气(氣)势(勢) **qìshì** [名] imposing manner

气(氣)体(體) **qìtǐ** [名] gas

气(氣)味 **qìwèi** [名] smell

气(氣)息 **qìxī** [名] **1** (呼吸) breath **2** (气味) smell ▷ 春天的气息 **chūntiān de qìxī** the smell of spring **3** (指时代, 生活) sign ▷ 时代气息 **shídài qìxī** a sign of the times

气(氣)温(溫) **qìwēn** [名] temperature

气(氣)象 **qìxiàng** [名] **1** (大气现象) weather **2** (气象学) meteorology **3** (情景) atmosphere

气(氣)压(壓) **qìyā** [名] air pressure

气(氣)质(質) **qìzhì** [名] disposition

弃(棄) **qì** [动] abandon

弃(棄)权(權) **qìquán** [动] abstain ▶ 弃权票 **qìquánpiào** abstention

汽 **qì** [名] **1** (气体) vapour (英), vapor (美) **2** (蒸气) steam

汽车(車) **qìchē** [名] car ▶ 公共汽车 **gōnggòng qìchē** bus

汽化 **qìhuà** [动] (物) vaporize

汽水 **qìshuǐ** [名] fizzy drink

汽油 **qìyóu** [名] petrol (英), gasoline (美)

泣 **qì** [动] (书) weep (*pt, pp* wept)

泣不成声(聲) **qì bù chéng shēng** choke with tears ▷ 她哭得泣不成声。**Tā kū de qì bù chéng shēng.** She was crying so much that she couldn't get the words out.

契 **qì** **I** [动] agree ▶ 默契 **mòqì** tacit agreement **II** [名] deed

契合 **qìhé** [动] agree with

契约(約) **qìyuē** [名] contract

砌 **qì** [动] build (*pt, pp* built) ▷ 他在房子后面砌了堵墙。**Tā zài fángzi hòumiàn qìle dǔ qiáng.** He has built a wall at the back of the house.

器 **qì** [名] **1** (器具) utensil ▶ 乐器 **yuèqì** musical instrument ▶ 瓷器 **cíqì** china **2** (器官) organ

器材 **qìcái** [名] equipment

器官 **qìguān** [名] organ

器具 **qìjù** [名] utensil

器量 **qìliàng** [名] tolerance

器皿 **qìmǐn** [名] container

器械 **qìxiè** [名] instrument ▷ 手术器械 **shǒushù qìxiè** surgical instruments

器重 qìzhòng [动] think highly of (*pt, pp* thought) ▷上司很器重他。Shàngsi hěn qìzhòng tā. The boss thinks highly of him.

憩 qì [动] (书) rest

掐 qiā [动] **1** (截断) pinch **2** (按住) throttle

掐算 qiāsuàn [动] count ... on one's fingers

卡 qiǎ **I** [动] **1** (不能动) get stuck **2** (脖子) wedge **3** (阻挡) block **II** [名] **1** (指夹东西) fastener ▶发卡 fàqiǎ hairpin **2** (关卡) checkpoint ▶边卡 biānqiǎ border checkpoint

→另见 kǎ

卡壳(殼) qiǎké [动] get stuck

洽 qià **I** [形] harmonious **II** [动] consult

洽谈(談) qiàtán [动] hold talks (*pt, pp* held)

恰 qià [副] **1** (适当) appropriately **2** (刚好) exactly

恰当(當) qiàdàng [形] appropriate

恰好 qiàhǎo [副] luckily ▷他恰好也在。Tā qiàhǎo yě zài. Luckily he's here as well.

恰恰 qiàqià [副] exactly ▷这恰恰是我们不想看到的。Zhè qiàqià shì wǒmen bùxiǎng kàndào de. This is exactly what we didn't want to see.

恰巧 qiàqiǎo [副] luckily ▷恰巧我带着这本书。Qiàqiǎo wǒ dàizhe zhè běn shū. Luckily I had the book with me.

恰如其分 qià rú qí fèn appropriate

千 qiān **I** [数] thousand **II** [形] many

千差万(萬)别(別) qiān chā wàn bié different in every possible way

千方百计(計) qiān fāng bǎi jì do everything in one's power ▷医护人员千方百计抢救病人。Yīhù rényuán qiān fāng bǎi jì qiǎngjiù bìngrén. The hospital staff did everything in their power to save the patient.

千古 qiāngǔ [名] ▷千古名言 qiāngǔ míngyán ancient wisdom ▷千古遗恨 qiāngǔ yíhèn eternal regret

千金 qiānjīn [名] (敬) daughter

千钧(鈞)一发(髮) qiān jūn yī fà at the crucial moment

千里迢迢 qiān lǐ tiáotiáo from far away

千篇一律 qiān piān yī lǜ follow the same pattern

千万(萬) qiānwàn **I** [数] ten million **II** [副] ▷你千万要记住老师的话。Nǐ qiānwàn yào jìzhù lǎoshī de huà. Be sure to remember what the teacher said. ▷你千万别做傻事。Nǐ qiānwàn bié zuò shǎshì. You absolutely mustn't do anything stupid.

仟 qiān [数] *an elaborate form of "thousand", used in writing cheques etc to prevent mistakes and forgery*

迁(遷) qiān [动] **1** (迁移) move **2** (转变) change

迁(遷)就 qiānjiù [动] make allowances ▷我们不能迁就这么多错误。Wǒmen bùnéng qiānjiù zhème duō cuòwù. We cannot make allowances for so many mistakes.

迁(遷)怒 qiānnù [动] ▷不要迁怒于他人。Bùyào qiānnù yú tārén. Don't take your anger out on other's.

迁(遷)徙 qiānxǐ [动] migrate

迁(遷)移 qiānyí [动] move

牵(牽) qiān [动] **1** (拉住) pull **2** (牵涉) involve

牵(牽)扯 qiānchě [动] involve ▷这起案件牵扯到许多人。Zhè qǐ ànjiàn qiānchě dào xǔduō rén. This case has involved a lot of people.

牵(牽)动(動) qiāndòng [动] influence

牵(牽)挂(掛) qiānguà [动] worry ▷她牵挂孩子。Tā qiānguà háizi. She worried about her children.

牵(牽)就 qiānjiù [动] yield to

牵(牽)累 qiānlěi [动] **1** (牵制) tie ... down **2** (连累) implicate

牵(牽)连(連) qiānlián [动] **1** (连累) implicate **2** (联系) connect ▷不要把两件事故意牵连到一起。Bùyào bǎ liǎng jiàn shì gùyì qiānlián dào yīqǐ. You shouldn't deliberately connect the two issues.

牵(牽)强(強) qiānqiǎng [形] far-fetched

牵(牽)涉 qiānshè [动] involve

牵(牽)引 qiānyǐn [动] draw (*pt* drew, *pp* drawn) ▷火车由内燃机牵引。Huǒchē yóu nèiránjī qiānyǐn. Trains are drawn by internal combustion engines.

铅(鉛) qiān [名] (化) lead

铅(鉛)笔(筆) qiānbǐ [名] pencil

谦(謙) qiān [形] modest

谦(謙)卑 qiānbēi [形] modest

谦(謙)恭 qiāngōng [形] courteous

谦(謙)和 qiānhé [形] modest and gentle

谦(謙)让(讓) qiānràng [动] modestly decline

谦(謙)虚(虛) qiānxū **I** [形] modest ▷谦虚是一种美德。Qiānxū shì yī zhǒng měidé. Modesty is a virtue. **II** [动] speak modestly (*pt* spoke, *pp* spoken) ▷他谦虚了一下，最后接受了礼物。Tā qiānxūle yīxià, zuìhòu jiēshòule lǐwù. He was shy about it at first, but in the end he accepted the present.

谦(謙)逊 **qiānxùn** [形] unassuming

签(簽) **qiān** **I** [动] **1** (名字) sign **2** (意见) endorse **II** [名] **1** (指占卜, 赌博, 比赛) lot ▷ 抽签决定 **chōuqiān juédìng** draw lots **2** (标志) label ▶ 书签 **shūqiān** bookmark **3** (细棍子) stick ▶ 牙签 **yáqiān** toothpick

签(簽)到 **qiāndào** [动] sign in

签(簽)名 **qiānmíng** [动] sign

签(簽)署 **qiānshǔ** [动] sign

签(簽)约(約) **qiānyuē** [动] sign

签(簽)证(證) **qiānzhèng** [名] visa

签(簽)字 **qiānzì** [动] sign one's name

前 **qián** **I** [形] **1** (正面的) front ▷ 前门 **qiánmén** front door **2** (指次序) first ▷ 前几名 **qián jǐ míng** the front-runners **3** (从前的) former ▷ 前市长 **qián shìzhǎng** the former mayor ▶ 前夫 **qiánfū** ex-husband **4** (未来的) future **II** [动] advance ▷ 勇往直前 **yǒng wǎng zhí qián** take the bull by the horns

前辈(輩) **qiánbèi** [名] older generation

前程 **qiánchéng** [名] future

前方 **qiánfāng** [名] **1** (前面) front **2** (前线) the front

前锋(鋒) **qiánfēng** [名] (体育) forward

前功尽(盡)弃(棄) **qián gōng jìn qì** a waste of effort

前后(後) **qiánhòu** [名] **1** (时间接近) ▷ 春节前后 **chūnjié qiánhòu** around the time of the Spring Festival ▷ 暑假前后 **shǔjià qiánhòu** summer holiday time **2** (自始至终) ▷ 创作这部小说, 前后用了3年时间。**Chuàngzuò zhè bù xiǎoshuō, qiánhòu yòngle sān nián shíjiān.** Creating the story took three years from start to finish. **3** (总共) ▷ 他前后去过3次欧洲。**Tā qiánhòu qùguo sān cì Ōuzhōu.** He's been to Europe three times altogether. **4** (前面和后面) the front and the back

前进(進) **qiánjìn** [动] **1** (向前走) advance **2** (发展) make progress

前景 **qiánjǐng** [名] prospects (*pl*)

前科 **qiánkē** [名] criminal record

前列 **qiánliè** [名] **1** (指排, 列) front row **2** (指带头) forefront

前面 **qiánmian** [副] in front

前年 **qiánnián** [名] the year before last

前驱(驅) **qiánqū** [名] pioneer

前人 **qiánrén** [名] predecessor

前身 **qiánshēn** [名] previous existence ▷ 这所大学的前身是一所女子师范学校。**Zhè suǒ dàxué de qiánshēn shì yī suǒ nǚzǐ shīfàn xuéxiào.** In a previous existence, this university was a ladies' teaching college.

前提 **qiántí** [名] precondition

前天 **qiántiān** [名] the day before yesterday

前头(頭) **qiántou** [副] front

前途 **qiántú** [名] future

前往 **qiánwǎng** [动] be bound for

前卫(衛) **qiánwèi** **I** [名] forward **II** [形] fashionable

前夕 **qiánxī** [名] eve ▷ 圣诞节前夕 **shèngdànjié qiánxī** Christmas Eve

前线(線) **qiánxiàn** [名] front line

前言 **qiányán** [名] foreword

前沿 **qiányán** [名] front line

前兆 **qiánzhào** [名] omen

前缀(綴) **qiánzhuì** [名] (语言) prefix

前奏 **qiánzòu** [名] (音) prelude

虔 **qián** 见下文

虔诚(誠) **qiánchéng** [形] devout

钱(錢) **qián** [名] money ▷ 挣钱 **zhèngqián** make money

钱(錢)包 **qiánbāo** [名] **1** (女用) purse **2** (男用) wallet

钱(錢)财(財) **qiáncái** [名] money

钳(鉗) **qián** [名] pliers (*pl*)

钳(鉗)子 **qiánzi** [名] pliers (*pl*)

乾 **qián** 见下文

乾坤 **qiánkūn** [名] (书) the universe

潜(潛) **qián** **I** [动] **1** (入水) dive **2** (隐藏) hide (*pt* hid, *pp* hidden) ▶ 潜伏 **qiánfú** lurk **II** [形] latent ▶ 潜能 **qiánnéng** potential **III** [副] secretly ▶ 潜逃 **qiántáo** abscond

潜(潛)藏 **qiáncáng** [动] hide (*pt* hid, *pp* hidden)

潜(潛)伏 **qiánfú** [形] hidden

潜(潛)力 **qiánlì** [名] potential

潜(潛)台(臺)词(詞) **qiántáicí** [名] (喻) implication

潜(潛)移默化 **qián yí mò huà** exert a subtle influence over

潜(潛)意识(識) **qiányìshi** [名] the subconscious

潜(潛)在 **qiánzài** [形] latent

浅(淺) **qiǎn** [形] **1** (指深度) shallow **2** (指难度) easy **3** (指学识) lacking **4** (指颜色) light ▷ 浅蓝色 **qiǎnlánsè** light blue ▷ 浅绿色 **qiǎnlǜsè** pale green **5** (指时间) short

浅(淺)薄 **qiǎnbó** [形] superficial

浅(淺)近 **qiǎnjìn** [形] (书) simple

浅(淺)显(顯) **qiǎnxiǎn** [形] obvious

遣 qiǎn [动] send (*pt*, *pp* sent) ▶ 派遣 pàiqiǎn dispatch
遣返 qiǎnfǎn [动] repatriate
遣送 qiǎnsòng [动] deport

谴(譴) qiǎn [动] censure
谴(譴)责(責) qiǎnzé [动] condemn

欠 qiàn [动] **1** (钱, 情) owe **2** (缺乏) lack **3** (移动) raise ... slightly
欠缺 qiànquē [动] lack
欠身 qiànshēn [动] lift oneself up

纤(縴) qiàn [名] towrope
→ 另见 xiān
纤(縴)夫 qiànfū [名] tracker

堑(塹) qiàn [名] **1** (沟) moat ▶ 堑壕 qiànháo trench **2** (挫折) setback

嵌 qiàn [动] inlay

歉 qiàn **I** [形] poor ▶ 歉收 qiànshōu poor harvest **II** [名] apology ▶ 抱歉 bàoqiàn apologize
歉疚 qiànjiù [动] regret
歉收 qiànshōu [动] have a poor harvest
歉意 qiànyì [名] apology

呛(嗆) qiāng [动] choke
→ 另见 qiàng

枪(槍) qiāng [名] **1** (旧兵器) spear **2** (兵器) gun ▶ 手枪 shǒuqiāng pistol
枪(槍)毙(斃) qiāngbì [动] **1** (打死) execute **2** (否定) turn down
枪(槍)手 qiāngshǒu [名] **1** (射击手) gunman (*pl* gunmen) **2** (顶替者) *someone who sits in for someone else in an exam*
枪(槍)械 qiāngxiè [名] weapons (*pl*)
枪(槍)支 qiāngzhī [名] firearms (*pl*)

腔 qiāng [名] **1** (指身体) cavity **2** (曲调) tune **3** (指口音) accent

强(強) qiáng **I** [形] **1** (力量大) strong **2** (程度高) able **3** (好) better ▷ 现在的生活是一年比一年强。Xiànzài de shēnghuó shì yīnián bǐ yīnián qiáng. Life is getting better year by year. **4** (略多于) extra ▷ 三分之一强 sān fēn zhī yī qiáng a third extra **II** [动] force
→ 另见 jiàng, qiǎng
强(強)暴 qiángbào **I** [形] violent **II** [动] rape
强(強)大 qiángdà [形] powerful
强(強)盗(盜) qiángdào [名] robber
强(強)调(調) qiángdiào [动] stress ▷ 强调重点 qiángdiào zhòngdiǎn stress the important points
强(強)度 qiángdù [名] intensity
强(強)固 qiánggù [形] solid
强(強)悍 qiánghàn [形] valiant
强(強)化 qiánghuà [动] strengthen ▷ 强化地板 qiánghuà dìbǎn reinforced floor
强(強)奸(姦) qiángjiān [动] rape
强(強)健 qiángjiàn [形] strong
强(強)劲(勁) qiángjìng [形] powerful
强(強)烈 qiángliè [形] intense ▷ 强烈地震 qiángliè dìzhèn a powerful earthquake
强(強)权(權) qiángquán [名] power
强(強)身 qiángshēn [动] work out ▷ 强身健体 qiángshēn jiàntǐ get fit by working out
强(強)盛 qiángshèng [形] powerful and prosperous
强(強)手 qiángshǒu [名] talent
强(強)项(項) qiángxiàng [名] forte
强(強)行 qiángxíng [动] force
强(強)硬 qiángyìng [形] tough ▷ 采取强硬的态度 cǎiqǔ qiángyìng de tàidù take a tough stance
强(強)有力 qiángyǒulì [形] forceful
强(強)制 qiángzhì [动] force ▷ 采取强制手段 cǎiqǔ qiángzhì shǒuduàn adopt forceful measures
强(強)壮(壯) qiángzhuàng [形] strong

墙(牆) qiáng [名] wall

蔷(薔) qiáng 见下文
蔷(薔)薇 qiángwēi [名] rose

抢(搶) qiǎng [动] **1** (抢劫) rob **2** (抢夺) grab **3** (抢先) forestall **4** (赶紧) rush
抢(搶)夺(奪) qiǎngduó [动] loot ▷ 抢夺市场 qiǎngduó shìchǎng seize a market
抢(搶)购(購) qiǎnggòu [动] panic-buy (*pt*, *pp* panic-bought)
抢(搶)劫 qiǎngjié [动] rob ▷ 抢劫银行 qiǎngjié yínháng rob a bank
抢(搶)手 qiǎngshǒu [形] in great demand ▷ 这种商品在市场上很抢手。Zhè zhǒng shāngpǐn zài shìchǎng shàng hěn qiǎngshǒu. These products are in great demand on the market.
抢(搶)先 qiǎngxiān [动] be the first ▷ 抢先报道新闻 qiǎngxiān bàodào xīnwén be the first to report the news
抢(搶)眼 qiǎngyǎn [形] striking

强(強) qiǎng [动] **1** (勉强) make an effort ▷强装笑脸 qiǎng zhuāng xiàoliǎn force a smile **2** (迫使) force
→另见 jiàng, qiáng
强(強)词(詞)夺(奪)理 qiǎng cí duó lǐ argue irrationally
强(強)迫 qiǎngpò [动] force
强(強)求 qiǎngqiú [动] insist on

襁 qiǎng [名] swaddling clothes (*pl*)
襁褓 qiǎngbǎo [名] swaddling clothes (*pl*)

呛(嗆) qiàng [动] irritate
→另见 qiāng

悄 qiāo 见下文
→另见 qiǎo
悄悄 qiāoqiāo [副] **1** (悄然无声) quietly ▷天黑了, 到处静悄悄的。Tiān hēi le, dàochù jìngqiāoqiāo de. As darkness fell everything became very quiet. **2** (偷偷) stealthily

跷(蹺) qiāo [名] (高跷) stilt
跷(蹺)跷(蹺)板 qiāoqiāobǎn [名] seesaw

锹(鍬) qiāo [名] spade

敲 qiāo [动] **1** (击) knock ▷他使劲敲门。Tā shǐjìn qiāomén. He knocked hard on the door. ▷这事给我们敲了警钟。Zhè shì gěi wǒmen qiāole jǐngzhōng. This rang alarm bells with us. **2** (敲诈) blackmail ▷他想敲我一笔钱。Tā xiǎng qiāo wǒ yī bǐ qián. He wants to blackmail some money out of me.
敲打 qiāodǎ [动] beat (*pt* beat, *pp* beaten)
敲定 qiāodìng [动] determine
敲诈(詐) qiāozhà [动] extort ▷敲诈他人钱财 qiāozhà tārén qiáncái extort money

橇 qiāo [名] sledge

乔(喬) qiáo [形] tall
乔(喬)木 qiáomù [名] (植) arbour (英), arbor (美)
乔(喬)迁(遷) qiáoqiān [动] (书) move ▷乔迁新居 qiáoqiān xīnjū move to a new house
乔(喬)装(裝) qiáozhuāng [动] disguise

侨(僑) qiáo **I** [动] live abroad **II** [名] expatriate ▶华侨 huáqiáo overseas Chinese
侨(僑)胞 qiáobāo [名] *fellow countryman living abroad*
侨(僑)居 qiáojū [动] emigrate
侨(僑)眷 qiáojuàn [名] *relatives of nationals living abroad*
侨(僑)民 qiáomín [名] emigrant

荞(蕎) qiáo 见下文
荞(蕎)麦(麥) qiáomài [名] (农) buckwheat

桥(橋) qiáo [名] bridge
桥(橋)梁(樑) qiáoliáng [名] bridge
桥(橋)牌 qiáopái [名] bridge

翘(翹) qiáo [动] raise
→另见 qiào
翘(翹)盼 qiáopàn [动] long for

憔 qiáo 见下文
憔悴 qiáocuì [形] haggard

瞧 qiáo [动] look ▶瞧病 qiáo bìng see a doctor

巧 qiǎo [形] **1** (手, 口) nimble **2** (有技能的) skilful (英), skillful (美) **3** (恰好) coincidental **4** (虚浮的) false ▷花言巧语 huā yán qiǎo yǔ falsehood
巧合 qiǎohé [名] coincidence
巧克力 qiǎokèlì [名] chocolate
巧妙 qiǎomiào [形] clever ▷巧妙地拒绝 qiǎomiào de jùjué cleverly deny

悄 qiǎo 见下文
→另见 qiāo
悄然 qiǎorán [副] (书) quietly

壳(殼) qiào [名] shell ▶地壳 dìqiào the earth's crust
→另见 ké

俏 qiào [形] **1** (漂亮) pretty **2** (畅销) saleable
俏货(貨) qiàohuò [名] saleable goods (*pl*)
俏丽(麗) qiàolì [形] beautiful
俏皮 qiàopi [形] witty

峭 qiào [形] steep ▶陡峭 dǒuqiào steep
峭壁 qiàobì [名] precipice
峭立 qiàolì [形] steep

窍(竅) qiào [名] **1** (窟窿) hole **2** (关键) crux ▶开窍 kāiqiào enlighten ▶诀窍 juéqiào knack
窍(竅)门(門) qiàomén [名] knack

翘(翹) qiào [动] **1** (仰起) stick up (*pt, pp* stuck) **2** (腿, 拇指) raise
→另见 qiáo

撬 qiào [动] prise ▷她把门撬开了。Tā bǎ mén qiàokāi le. She prised the door open.

鞘 qiào [名] scabbard

切 qiē [动] cut (*pt, pp* cut) ▷ 请把土豆切成块儿。Qǐng bǎ tǔdòu qiēchéng kuàir. Please cut the potatoes into pieces.
→ 另见 qiè

切除 qiēchú [动] excise

切磋 qiēcuō [动] compare notes

切割 qiēgē [动] cut (*pt, pp* cut)

切削 qiēxiāo [动] cut (*pt, pp* cut)

茄 qié [名] aubergine (英), eggplant (美)
→ 另见 jiā

茄子 qiézi [名] aubergine (英), eggplant (美)

且 qiě **I** [副] for the time being ▷ 这件事且放放。Zhè jiàn shì qiě fàngfang. Leave this for the time being. ▷ 先别急，且听我说。Xiān bié jí, qiě tīng wǒ shuō. Stop worrying: listen to me a moment. **II** [连] **1** (尚且) even ▷ 既便宜且实用 jì piányi qiě shíyòng cheap and useful **2** (而且) and

切 qiè **I** [动] correspond to ▷ 他的想法不切实际。Tā de xiǎngfǎ bù qiè shíjì. His ideas don't correspond to reality. **II** [形] eager **III** [副] definitely
→ 另见 qiē

切合 qièhé [动] correspond to ▷ 切合实际 qièhé shíjì correspond to reality

切记(記) qièjì [动] bear ... in mind (*pt* bore, *pp* borne)

切身 qièshēn [形] personal ▷ 切身利益 qièshēn lìyì personal gain ▷ 切身经历 qièshēn jīnglì personal experience

切实(實) qièshí **I** [形] realistic **II** [副] conscientiously

切中 qièzhòng [动] hit (*pt, pp* hit) ▷ 你的批评切中要害。Nǐ de pīpíng qièzhòng yàohài. Your criticism hits the mark.

妾 qiè [名] concubine

怯 qiè [形] timid ▶ 胆怯 dǎnqiè timid

怯场(場) qièchǎng [动] get stage fright

怯懦 qiènuò [形] over-cautious

怯弱 qièruò [形] timid and weak-willed

怯生生 qièshēngshēng [形] shy

窃(竊) qiè **I** [动] steal (*pt* stole, *pp* stolen) **II** [副] surreptitiously

窃(竊)取 qièqǔ [动] steal (*pt* stole, *pp* stolen)

窃(竊)听(聽) qiètīng [动] eavesdrop

窃(竊)贼(賊) qièzéi [名] thief (*pl* thieves)

惬(愜) qiè 见下文

惬(愜)意 qièyì [形] pleased

锲(鍥) qiè [动] carve

锲(鍥)而不舍(捨) qiè ér bù shě persevering

钦(欽) qīn 见下文

钦(欽)佩 qīnpèi [动] admire

侵 qīn [动] invade

侵犯 qīnfàn [动] infringe ▷ 侵犯著作权 qīnfàn zhùzuòquán infringe copyright

侵害 qīnhài [动] **1** (权利利益) violate **2** (指自然) encroach on

侵略 qīnlüè [动] invade

侵权(權) qīnquán [动] violate rights

侵入 qīnrù [动] invade ▷ 侵入他国领空 qīnrù tā guó lǐngkōng violate another country's airspace

侵蚀(蝕) qīnshí [动] erode ▷ 土壤侵蚀 tǔrǎng qīnshí soil erosion

侵吞 qīntūn [动] **1** (非法占有) embezzle **2** (武力吞并) annex

侵袭(襲) qīnxí [动] invade ▷ 台风侵袭东南沿海地区。Táifēng qīnxí dōngnán yánhǎi dìqū. The typhoon has struck the south-east coastal area.

侵占(佔) qīnzhàn [动] seize

亲(親) qīn **I** [名] **1** (父母) parent **2** (亲戚) relative **3** (婚姻) marriage ▶ 定亲 dìngqīn engagement **4** (新娘) bride **II** [形] **1** (指血缘近) blood ▷ 亲兄弟 qīnxiōngdì blood brothers **2** (指感情好) intimate **III** [副] personally **IV** [动] **1** (亲吻) kiss ▷ 她亲了一下孩子的脸。Tā qīnle yīxià háizi de liǎn. She gave the child a kiss on the cheek. **2** (亲近) be close to

亲(親)爱(愛) qīn'ài [形] dear

亲(親)爱(愛)的 qīn'ài de [名] darling (*an affectionate term of address*)

亲(親)笔(筆) qīnbǐ **I** [动] write ... personally (*pt* wrote, *pp* written) **II** [名] personal inscription

亲(親)近 qīnjìn [形] close ▷ 大家都愿亲近她。Dàjiā dōu yuàn qīnjìn tā. Everyone wants to be close to her.

亲(親)眷 qīnjuàn [名] relatives (*pl*)

亲(親)密 qīnmì [形] close ▷ 亲密朋友 qīnmì péngyou close friend ▷ 亲密无间 qīnmì wújiàn be as thick as thieves

亲(親)昵(暱) qīnnì [形] very intimate

亲(親)戚(慼) qīnqi [名] relative

亲(親)切 qīnqiè [形] warm

亲(親)热(熱) **qīnrè** [形] affectionate
亲(親)人 **qīnrén** [名] close relative
亲(親)身 **qīnshēn** [形] personal
亲(親)生 **qīnshēng** [形] one's own ▷ 亲生父母 **qīnshēng fùmǔ** one's own parents
亲(親)事 **qīnshì** [名] marriage
亲(親)属(屬) **qīnshǔ** [名] relatives (*pl*)
亲(親)吻 **qīnwěn** [动] kiss
亲(親)眼 **qīnyǎn** [副] with one's own eyes ▷ 他亲眼看到了事情的经过。**Tā qīnyǎn kàndàole shìqing de jīngguò.** He witnessed the whole event.
亲(親)自 **qīnzì** [副] personally

芹 **qín** 见下文
芹菜 **qíncài** [名] celery

琴 **qín** [名] ▶ 钢琴 **gāngqín** piano ▶ 小提琴 **xiǎotíqín** violin

禽 **qín** [名] birds (*pl*)
禽兽(獸) **qínshòu** [名] **1** (字) birds and animals (*pl*) **2** (喻) beast

勤 **qín I** [形] hard-working **II** [副] regularly **III** [名] **1** (勤务) duty ▶ 值勤 **zhíqín** be on duty **2** (到场) attendance ▶ 考勤 **kǎoqín** check attendance
勤奋(奮) **qínfèn** [形] diligent
勤俭(儉) **qínjiǎn** [形] hard-working and thrifty
勤恳(懇) **qínkěn** [形] hard-working and conscientious
勤快 **qínkuai** [形] hard-working
勤劳(勞) **qínláo** [形] hard-working
勤勉 **qínmiǎn** [形] hard-working

擒 **qín** [动] capture
擒拿 **qínná I** [名] (拳术) grip **II** [动] (捉拿) catch (*pt, pp* caught)

噙 **qín** [动] **1** (叼) hold ... in the mouth (*pt, pp* held) ▷ 老板总是噙着雪茄。**Lǎobǎn zǒngshì qínzhe xuějiā.** The boss always has a cigar in his mouth. **2** (含) ▷ 她眼里噙着泪花。**Tā yǎn lǐ qínzhe lèihuā.** Her eyes are full of tears.

寝(寢) **qǐn I** [动] sleep (*pt, pp* slept) **II** [名] **1** (指卧室) bedroom **2** (指陵墓) tomb

沁 **qìn** [动] ooze
沁人心脾 **qìn rén xīn pí** be refreshing

青 **qīng I** [形] **1** (指绿色) green **2** (指黑色) black **3** (指年纪) young ▶ 青年 **qīngnián** youth **II** [名] **1** (指青草) grass **2** (指庄稼) unripe crops (*pl*)
青出于(於)蓝(藍)而胜(勝)于(於)蓝(藍) **qīng chū yú lán ér shèng yú lán** the student surpasses the teacher
青春 **qīngchūn** [名] youth ▷ 充满青春活力 **chōngmǎn qīngchūn huólì** full of youthful energy
青春期 **qīngchūnqī** [名] youth
青红(紅)皂白 **qīng hóng zào bái** the rights and wrongs ▷ 他不分青红皂白就批评人。**Tā bùfēn qīng hóng zào bái jiù pīpíng rén.** He just started to criticize people, without taking any interest in the rights and wrongs of the matter.
青黄(黃)不接 **qīng huáng bù jiē** temporary shortage ▷ 大学师资出现了青黄不接现象。**Dàxué shīzī chūxiànle qīng huáng bù jiē xiànxiàng.** There is a temporary shortage of university teachers.
青年 **qīngnián** [名] youth
青少年 **qīngshàonián** [名] teenager
青山绿(綠)水 **qīngshān lǜshuǐ** [名] beautiful landscape
青丝(絲) **qīngsī** [名] black hair ▷ 她的青丝已成白发。**Tā de qīngsī yǐ chéng báifà.** Her black hair has gone grey.
青天 **qīngtiān** [名] **1** (蓝天) blue sky **2** (清官) unbiased judge

轻(輕) **qīng I** [形] **1** (指重量) light **2** (指数量或程度) ▷ 他们年纪很轻。**Tāmen niánjì hěn qīng.** They are quite young. ▷ 他的病可不轻。**Tā de bìng kě bù qīng.** His illness is very serious. **3** (指无足轻重) not important ▷ 任务轻 **rènwù qīng** light task **4** (指轻松愉快) relaxed ▶ 轻音乐 **qīngyīnyuè** light music **II** [副] **1** (指少用力) gently ▷ 这只箱子得轻拿轻放。**Zhè zhī xiāngzi děi qīng ná qīng fàng.** This box should be handled with care. **2** (轻率) rashly ▷ 不要轻信他人。**Bùyào qīngxìn tārén.** Don't trust people too readily. **III** [动] disparage
轻(輕)便(鬆) **qīngbiàn** [形] portable ▷ 轻便式电视机 **qīngbiàn shì diànshìjī** portable TV
轻(輕)薄 **qīngbó** [形] frivolous
轻(輕)车(車)熟路 **qīng chē shú lù** a piece of cake ▷ 干这项工作，他是轻车熟路。**Gàn zhè xiàng gōngzuò, tā shì qīng chē shú lù.** This job is a piece of cake for him.
轻(輕)而易举(舉) **qīng ér yì jǔ** without effort
轻(輕)浮 **qīngfú** [形] frivolous
轻(輕)举(舉)妄动(動) **qīng jǔ wàng dòng** act rashly

轻(輕)快 qīngkuài [形] **1** (轻捷) brisk **2** (轻松) light-hearted

轻(輕)慢 qīngmàn [动] treat ... disrespectfully ▷不要轻慢客人。Bùyào qīngmàn kèrén. Be sure not to treat the guests disrespectfully.

轻(輕)描淡写(寫) qīng miáo dàn xiě brush over

轻(輕)蔑(衊) qīngmiè [形] disdainful ▷他轻蔑地瞪了我一眼。Tā qīngmiè de dèngle wǒ yīyǎn. He stared disdainfully at me.

轻(輕)飘(飄)飘(飄) qīngpiāopiāo [形] light

轻(輕)巧 qīngqiǎo [形] **1** (灵巧) handy **2** (灵活) dexterous **3** (容易) simple

轻(輕)柔 qīngróu [形] gentle ▷轻柔的音乐 qīngróu de yīnyuè gentle music

轻(輕)生 qīngshēng [动] commit suicide

轻(輕)声(聲) qīngshēng [副] in a gentle voice

轻(輕)视(視) qīngshì [动] look down on ▷轻视他人 qīngshì tārén look down on others

轻(輕)率 qīngshuài [形] hasty

轻(輕)松 qīngsōng [形] relaxing

轻(輕)佻 qīngtiāo [形] frivolous

轻(輕)闲(閒) qīngxián [形] free

轻(輕)信 qīngxìn [动] be credulous ▷不要轻信谣传。Bùyào qīngxìn yáochuán. Don't believe rumours (英) 或 rumors (美) too readily.

轻(輕)易 qīngyì [副] **1** (容易) easily ▷这些资料不是轻易能得到的。Zhèxiē zīliào bùshì qīngyì néng dédào de. These materials are not easily obtained. **2** (随便) rashly ▷不要轻易下结论。Bùyào qīngyì xià jiélùn. Don't jump to rash conclusions.

轻(輕)音乐(樂) qīngyīnyuè [名] light music

轻(輕)盈 qīngyíng [形] graceful

氢(氫) qīng [名] (化) hydrogen

氢(氫)弹(彈) qīngdàn [名] hydrogen bomb

倾(傾) qīng **I** [动] **1** (斜) lean ▷房子的墙有点往外倾。Fángzi de qiáng yǒudiǎn wǎngwài qīng. The walls of the house lean outwards slightly. **2** (塌) collapse **3** (倒出) empty out **4** (用尽) exhaust **II** [名] tendency

倾(傾)巢 qīngcháo [动] turn out in full force

倾(傾)倒 qīngdǎo [动] **1** (倒下) topple **2** (佩服) fall for (*pt* fell, *pp* fallen) ▷大家都为她的美貌而倾倒。Dàjiā dōu wèi tā de měimào ér qīngdǎo. Everyone fell for her good looks.

倾(傾)倒 qīngdào [动] empty ▷倾倒垃圾 qīngdào lājī empty the rubbish (英) 或 garbage (美)

倾(傾)覆 qīngfù [动] overturn

倾(傾)家荡(蕩)产(產) qīng jiā dàng chǎn be ruined ▷赌博使他倾家荡产。Dǔbó shǐ tā qīng jiā dàng chǎn. Gambling ruined him.

倾(傾)慕 qīngmù [动] admire

倾(傾)盆大雨 qīngpén dàyǔ downpour ▷昨天下了场倾盆大雨。Zuótiān xiàle cháng qīngpén dà yǔ. There was a downpour yesterday.

倾(傾)诉(訴) qīngsù [动] pour ... out ▷倾诉衷肠 qīngsù zhōngcháng pour out one's feelings

倾(傾)吐 qīngtǔ [动] pour out ▷倾吐心中的苦水 qīngtǔ xīnzhōng de kǔshuǐ pour out one's pain

倾(傾)向 qīngxiàng **I** [动] incline to ▷这两种观点我倾向于前者。Zhè liǎngzhǒng guāndiǎn wǒ qīngxiàng yú qiánzhě. I incline to the first of these two views. **II** [名] tendency ▷他有发胖的倾向。Tā yǒu fāpàng de qīngxiàng. He has a tendency to put on weight.

倾(傾)销(銷) qīngxiāo [动] dump

倾(傾)斜 qīngxié [动] slant

倾(傾)泻(瀉) qīngxiè [动] come down in torrents (*pt* came, *pp* come)

倾(傾)心 qīngxīn [动] **1** (爱慕) have a soft spot for ▷她倾心于那个戴眼镜的老师。Tā qīngxīn yú nàge dài yǎnjìng de lǎoshī. She likes that teacher with the glasses. **2** (尽心) be sincere ▷老师和学生在倾心交谈。Lǎoshī hé xuésheng zài qīngxīn jiāotán. The teacher is having a heart-to-heart talk with his student.

倾(傾)注 qīngzhù [动] **1** (流泻) pour ▷山洪向河里倾注。Shānhóng xiàng hé lǐ qīngzhù. The mountain torrents poured into the river. **2** (集中) throw into (*pt* threw, *pp* thrown) ▷他把自己的精力都倾注在事业上。Tā bǎ zìjǐ de jīnglì dōu qīngzhù zài shìyè shàng. He threw all his energy into the undertaking.

清 qīng **I** [形] **1** (纯净) clear ▷清水 qīngshuǐ clear water **2** (寂静) quiet ▷你该享清福了。Nǐ gāi xiǎng qīngfú le. You ought to enjoy a quiet life. **3** (清楚) distinct ▶分清 fēnqīng distinguish **4** (完全) settled ▷把钱还清 bǎ qián huánqīng settle the debt **5** (纯洁) pure ▷玉洁冰清 yù jié bīng qīng pure and virtuous **II** [动] **1** (清除) get rid of ▷清垃圾 qīng lājī get rid of the rubbish (英) 或 garbage (美) **2** (结清) settle ▷账都清了吗？Zhàng dōu qīngle ma? Are the accounts all settled? **3** (清点) check **4** (清理) put in order (*pt*, *pp* put)

清白 qīngbái [形] clean ▷历史清白 lìshǐ qīngbái clean record

清查 qīngchá [动] check

清场(場) qīngchǎng [动] clear the place ▷电影

q

演完了，该清场了。Diànyǐng yǎnwán le, gāi qīngchǎng le. The film's finished — the cinema should be cleared.

清除 **qīngchú** [动] get rid of

清楚 **qīngchu I** [形] clear ▷ 发音清楚 fāyīn qīngchu clear pronunciation ▷ 头脑清楚 tóunǎo qīngchu clear-headed **II** [动] understand (*pt, pp* understood) ▷ 这个问题你清楚吗？Zhège wèntí nǐ qīngchu ma? Do you understand this question?

清脆 **qīngcuì** [形] melodious

清单(單) **qīngdān** [名] detailed list ▷ 货物清单 huòwù qīngdān stock inventory

清淡 **qīngdàn** [形] **1** (不浓) light ▷ 清淡口味 qīngdàn kǒuwèi delicate flavour **2** (不腻) non-oily **3** (萧条) slack ▷ 最近生意清淡。Zuìjìn shēngyì qīngdàn. Business has been slack recently.

清点(點) **qīngdiǎn** [动] check ▷ 清点货物 qīngdiǎn huòwù do stock-taking

清高 **qīnggāo** [形] noble and virtuous

清规(規)戒律 **qīngguī jièlǜ** excessive rules ▷ 我们不要受某些清规戒律的束缚。Wǒmen bùyào shòu mǒuxiē qīngguī jièlǜ de shùfù. We don't want to be bound by any excessive rules.

清寒 **qīnghán** [形] **1** (清贫) impoverished **2** (清冷) clear and crisp

清洁(潔) **qīngjié** [形] clean

清净(淨) **qīngjìng** [形] quiet

清静(靜) **qīngjìng** [形] quiet

清苦 **qīngkǔ** [形] poor and honest

清朗 **qīnglǎng** [形] clear ▷ 清朗的月夜 qīnglǎng de yuèyè a clear moonlit night ▷ 清朗的声音 qīnglǎng de shēngyīn a clear sound

清冷 **qīnglěng** [形] **1** (凉) chilly **2** (冷清) deserted

清理 **qīnglǐ** [动] tidy ... up ▷ 清理房间 qīnglǐ fángjiān tidy up a room

清廉 **qīnglián** [形] honest

清凉(涼) **qīngliáng** [形] refreshing ▷ 清凉饮料 qīngliáng yǐnliào refreshing drink

清明 **qīngmíng** [形] **1** (清朗) clear and bright **2** (清醒) clear ▷ 神志清明 shénzhì qīngmíng clear-headed

清明节(節) **Qīngmíng Jié** [名] Tomb Sweeping Festival

> 清明节 Qīngmíng Jié, **Tomb Sweeping Festival**, sometimes translated literally as **Clear and Bright Festival**, is celebrated on the 4th, 5th, or 6th of April. It is traditionally the time when Chinese families visit graves to honour their dead ancestors.

清贫(貧) **qīngpín** [形] impoverished

清扫(掃) **qīngsǎo** [动] sweep ... clean (*pt, pp* swept)

清爽 **qīngshuǎng** [形] **1** (清凉) refreshing **2** (轻松) relaxed ▷ 听了他的话，我心里清爽多了。Tīngle tā de huà, wǒ xīnli qīngshuǎng duō le. Hearing his words put me more at ease.

清算 **qīngsuàn** [动] **1** (账目) settle **2** (罪行) redress

清晰 **qīngxī** [形] clear ▷ 口齿清晰 kǒuchǐ qīngxī clear enunciation

清洗 **qīngxǐ** [动] **1** (洗净) wash ▷ 清洗衣物 qīngxǐ yīwù wash clothes **2** (清除) purge

清闲(閒) **qīngxián** [形] leisurely

清香 **qīngxiāng** [形] lightly scented

清心寡欲(慾) **qīng xīn guǎ yù** be pure of heart and free from desire

清新 **qīngxīn** [形] refreshing

清醒 **qīngxǐng I** [形] clear-headed **II** [动] come to (*pt* came, *pp* come) ▷ 我们去看病人时，他还没有清醒。Wǒmen qù kàn bìngrén shí, tā hái méiyǒu qīngxǐng. When we went to see him, he still hadn't come to.

清秀 **qīngxiù** [形] delicate

清一色 **qīngyīsè** [形] uniform

清真 **qīngzhēn** [形] Muslim

蜻 qīng 见下文

蜻蜓 **qīngtíng** [名] dragonfly

蜻蜓点(點)水 **qīngtíng diǎn shuǐ** skim over

情 qíng [名] **1** (感情) feeling ▶ 热情 rèqíng warmth **2** (情面) kindness ▷ 求情 qiúqíng plead for leniency **3** (爱情) love ▷ 一见钟情 yī jiàn zhōngqíng love at first sight **4** (性欲) passion ▶ 情欲 qíngyù passion **5** (情况) condition ▶ 病情 bìngqíng patient's condition ▶ 实情 shíqíng true state of affairs ▶ 军情 jūnqíng military situation

情报(報) **qíngbào** [名] intelligence report ▷ 军事情报 jūnshì qíngbào military intelligence

情不自禁 **qíng bù zì jīn** be unable to refrain from ▷ 他们情不自禁地欢呼起来。Tāmen qíng bù zì jīn de huānhū qǐlái. They were unable to refrain from cheering. ▷ 我们情不自禁唱了起来。Wǒmen qíng bù zì jīn chàngle qǐlái. We couldn't help but start singing.

情操 **qíngcāo** [名] sentiment

情敌(敵) **qíngdí** [名] rival (*in a love triangle*)

情调(調) **qíngdiào** [名] sentiment

情窦(竇)初开(開) **qíngdòu chū kāi** adolescent love

情分 qíngfèn [名] affection ▷夫妻情分 fūqī qíngfèn affection between husband and wife
情感 qínggǎn [名] feeling
情怀(懷) qínghuái [名] feelings (*pl*)
情节(節) qíngjié [名] **1** (内容) plot **2** (事实) circumstances (*pl*)
情结(結) qíngjié [名] complex ▷自卑情结 zìbēi qíngjié inferiority complex
情景 qíngjǐng [名] sight ▷感人的情景 gǎnrén de qíngjǐng moving sight
情况(況) qíngkuàng [名] **1** (状况) situation ▷情况危急 qíngkuàng wēijí desperate situation ▷我父母身体情况良好。Wǒ fùmǔ shēntǐ qíngkuàng liánghǎo. My parents are in excellent health. **2** (变化) military development ▷前线有什么情况？Qiánxiàn yǒu shénme qíngkuàng? What developments are there on the front line?
情理 qínglǐ [名] reason ▷合乎情理 héhū qínglǐ reasonable
情侣(侶) qínglǚ [名] lovers (*pl*)
情面 qíngmiàn [名] feelings (*pl*) ▷他一点不讲情面。Tā yīdiǎn bù jiǎng qíngmiàn. He's completely ruthless.
情趣 qíngqù [名] interest ▷她的生活充满情趣。Tā de shēnghuó chōngmǎn qíngqù. She's got an interesting life.
情人 qíngrén [名] sweetheart
情人节(節) Qíngrén Jié [名] Valentine's Day
情书(書) qíngshū [名] love letter
情投意合 qíng tóu yì hé have a lot in common
情形 qíngxíng [名] situation
情绪(緒) qíngxù [名] **1** (心理状态) mood ▷急躁情绪 jízào qíngxù irritable mood ▷情绪低落 qíngxù dīluò depressed **2** (不很开心) moodiness ▷他有点情绪。Tā yǒudiǎn qíngxù. He's a bit moody.
情义(義) qíngyì [名] affection
情谊(誼) qíngyì [名] friendship
情意 qíngyì [名] affection
情由 qíngyóu [名] whys and wherefores (*pl*) ▷他不分情由就开始胡乱批评人。Tā bù fēn qíngyóu jiù kāishǐ húluàn pīpíng rén. Without asking the whys and wherefores he started to criticize people indiscriminately.
情有可原 qíng yǒu kě yuán forgivable ▷他这样做情有可原。Tā zhèyàng zuò qíng yǒu kě yuán. What he did is forgivable.
情愿(願) qíngyuàn [动] **1** (愿意) be willing to **2** (宁愿) prefer ▷天太热，我情愿留在家里。Tiān tài rè, wǒ qíngyuàn liú zài jiā lǐ. It's too hot. I would prefer to stay at home.

晴 qíng [形] fine ▷天晴了。Tiān qíng le. It's cleared up.
晴好 qínghǎo [形] fine
晴朗 qínglǎng [形] sunny
晴天霹雳(靂) qíngtiān pīlì a bolt from the blue ▷她父亲去世的消息对她来说是晴天霹雳。Tā fùqīn qùshì de xiāoxi duì tā lái shuō shì qíngtiān pīlì. The news that her father had died came like a bolt from the blue.

顷(頃) qǐng **I** [名] a little while **II** [副] just now

请(請) qǐng [动] **1** (请求) ask ▷请他进来。Qǐng tā jìnlái. Ask him to come in. **2** (邀请) invite ▷我们将请一位知名学者来讲学。Wǒmen jiāng qǐng yīwèi zhīmíng xuézhě lái jiǎngxué. We will invite a well-known scholar to come and lecture. ▷这位教授是从国外请来的。Zhè wèi jiàoshòu shì cóng guówài qǐnglái de. This professor has been invited from abroad. **3** (敬) ▷请这边走。Qǐng zhèbiān zǒu. This way, please. ▷请大家安静一下。Qǐng dàjiā ānjìng yīxià. Everyone quiet, please.
请(請)便 qǐngbiàn [动] go ahead ▷如果你现在就想吃午餐，那就请便吧。Rúguǒ nǐ xiànzài jiù xiǎng chī wǔcān, nà jiù qǐngbiàn ba. If you want to have your lunch now, do go ahead. ▷你若要退出这个项目，请便！Nǐ ruòyào tuìchū zhège xiàngmù, qǐngbiàn! If you want to quit this project, go ahead!
请(請)假 qǐngjià [动] ask for leave ▷她请假10天去度假。Tā qǐngjià shí tiān qù dùjià. She asked for ten days' holiday leave.
请(請)教 qǐngjiào [动] consult
请(請)客 qǐngkè [动] treat ▷昨晚伊芙请客吃晚餐。Zuówǎn Yīfú qǐngkè chī wǎncān. Last night Eve treated us to dinner. ▷今天我来请客。Jīntiān wǒ lái qǐngkè. Today it's on me.
请(請)命 qǐngmìng [动] plead on behalf of
请(請)求 qǐngqiú [动] ask ▷请求谅解 qǐngqiú liàngjiě ask for understanding
请(請)示 qǐngshì [动] ask for instructions
请(請)帖 qǐngtiě [名] invitation ▷发请帖 fā qǐngtiě send out invitations
请(請)问(問) qǐngwèn [动] ▷请问你几岁了？Qǐngwèn nǐ jǐsuì le? May I ask you how old you are? ▷请问怎么出去？Qǐngwèn zěnme chūqù? Could you show me the way out, please?
请(請)勿 qǐngwù [动] ▷请勿触摸。Qǐngwù chùmō. Please don't touch. ▷请勿吸烟。Qǐngwù xīyān. No smoking.

请(請)愿(願) qǐngyuàn [动] petition
请(請)罪 qǐngzuì [动] apologize

庆(慶) qìng I [动] celebrate ▷ 庆新年 qìng xīnnián celebrate New Year II [名] festival ▶ 国庆 guóqìng National Day
庆(慶)典 qìngdiǎn [名] celebration
庆(慶)贺(賀) qìnghè [动] celebrate ▷ 值得庆贺的事 zhídé qìnghè de shì something worth celebrating
庆(慶)幸 qìngxìng [动] rejoice
庆(慶)祝 qìngzhù [动] celebrate ▷ 庆祝生日 qìngzhù shēngrì celebrate a birthday

穷(窮) qióng I [形] poor II [名] limit ▷ 无穷无尽 wúqióng wújìn limitless III [副] 1 (彻底) thoroughly 2 (极端) extremely
穷(窮)苦 qióngkǔ [形] destitute
穷(窮)困 qióngkùn [形] poverty-stricken
穷(窮)年累月 qióng nián lěi yuè for years on end ▷ 他们穷年累月在这儿工作。Tāmen qióng nián lěi yuè zài zhèr gōngzuò. They've worked here for years on end.
穷(窮)酸 qióngsuān [形] down at heel
穷(窮)乡(鄉)僻壤 qióng xiāng pì rǎng remote and backward places
穷(窮)凶极(極)恶(惡) qióng xiōng jí è diabolical

丘 qiū [名] 1 (指土堆) mound ▶ 沙丘 shāqiū sand dune 2 (指坟墓) grave ▶ 坟丘 fénqiū grave
丘陵 qiūlíng [名] hill

秋 qiū [名] 1 (指季节) autumn (英), fall (美) 2 (指庄稼) harvest time 3 (指一年) year ▷ 千秋万代 qiānqiū wàndài thousands of years 4 (指厄运期) period
秋分 qiūfēn [名] autumnal equinox
秋高气(氣)爽 qiū gāo qì shuǎng crisp autumn weather
秋(鞦)千(韆) qiūqiān [名] swing
秋天 qiūtiān [名] autumn (英), fall (美)

蚯 qiū 见下文
蚯蚓 qiūyǐn [名] earthworm

囚 qiú I [动] imprison II [名] prisoner
囚犯 qiúfàn [名] prisoner
囚禁 qiújìn [动] imprison

求 qiú I [动] 1 (请求) request ▷ 求人帮助 qiú rén bāngzhù request help ▷ 他求我办事。Tā qiú wǒ bànshì. He asked me to handle things. 2 (追求) strive (*pt* strove, *pp* striven) ▷ 求和平 qiú hépíng strive for peace ▷ 求进步 qiú jìnbù seek advancement II [名] demand ▷ 供不应求 gōng bù yìng qiú supply doesn't meet demand ▷ 供大于求 gōng dàyú qiú supply outstrips demand
求爱(愛) qiú'ài [动] woo
求和 qiúhé [动] 1 (指战争) sue for peace 2 (指下棋) claim a draw
求婚 qiúhūn [动] propose ▷ 他向她求婚。Tā xiàng tā qiúhūn. He proposed to her.
求教 qiújiào [动] seek advice (*pt, pp* sought)
求情 qiúqíng [动] beg for leniency ▷ 他为同学向老师求情。Tā wèi tóngxué xiàng lǎoshī qiúqíng. He interceded with the teacher on behalf of his classmate.
求饶(饒) qiúráo [动] ask for forgiveness
求同存异(異) qiú tóng cún yì seek common ground while retaining independence
求证(證) qiúzhèng [动] seek verification (*pt, pp* sought)
求之不得 qiú zhī bù dé exactly what one's been looking for ▷ 你帮助我，真是求之不得啊！Nǐ bāngzhù wǒ, zhēnshì qiú zhī bù dé a! Your help was exactly what I needed!
求知 qiúzhī [动] seek knowledge (*pt, pp* sought) ▷ 他把精力都放在求知上。Tā bǎ jīnglì dōu fàngzài qiúzhī shàng. He put all his energy into the pursuit of knowledge.
求助 qiúzhù [动] seek help (*pt, pp* sought)

酋 qiú [名] 1 (酋长) tribal chief 2 (头领) chief
酋长(長) qiúzhǎng [名] 1 (指部落首领) tribal chief 2 (指酋长国首领) sheikh

球 qiú [名] 1 (数) (球体) sphere 2 (指球状) ball ▶ 雪球 xuěqiú snowball 3 (指体育) ball ▶ 橡皮球 xiàngpíqiú rubber ball ▶ 篮球 lánqiú basketball ▶ 足球 zúqiú football 4 (指比赛) ball game 5 (地球) the Earth ▶ 全球 quánqiú the whole world ▷ 西半球 xībànqiú western hemisphere
球场(場) qiúchǎng [名] court
球迷 qiúmí [名] fan
球赛(賽) qiúsài [名] ball game
球艺(藝) qiúyì [名] ball skills (*pl*)

遒 qiú [形] powerful
遒劲(勁) qiújìng [形] vigorous

区(區) qū I [动] distinguish ▶ 区别 qūbié distinguish II [名] 1 (地区) area ▷ 林区 línqū wooded area ▷ 工业区 gōngyèqū industrial area 2 (指行政单位) region ▶ 自治区 zìzhìqū autonomous region ▷ 海淀区 Hǎidiànqū Haidian District

区(區)别(別) **qūbié** [动] distinguish ▷ 我看不出它们之间有什么区别。**Wǒ kàn bù chū tāmen zhījiān yǒu shénme qūbié.** I can't see any distinction between them.

区(區)分 **qūfēn** [动] differentiate ▷ 区分两种植物 **qūfēn liǎng zhǒng zhíwù** differentiate between two kinds of plant

区(區)区(區) **qūqū** [形] trivial

区(區)域 **qūyù** [名] area ▷ 行政区域 **xíngzhèng qūyù** administrative area

曲 **qū** **I** [形] **1** (弯曲) bent **2** (理亏) wrong ▷ 是非曲直 **shì fēi qū zhí** the rights and wrongs of a matter **II** [动] bend (*pt, pp* bent) **III** [名] **1** (弯曲处) bend ▶ 河曲 **héqū** bend in a river **2** (发酵剂) leaven

→ 另见 **qǔ**

曲解 **qūjiě** [动] distort ▷ 你曲解了我的本意。**Nǐ qūjiěle wǒ de běnyì.** You've distorted my original meaning.

曲线(線) **qūxiàn** [名] curve

曲折 **qūzhé** [形] **1** (弯曲) winding **2** (复杂) complicated

曲直 **qūzhí** [名] right and wrong

驱(驅) **qū** [动] **1** (赶) drive (*pt* drove, *pp* driven) **2** (奔) gallop **3** (赶) expel ▶ 驱散 **qūsàn** disperse

驱(驅)除 **qūchú** [动] drive ... away (*pt* drove, *pp* driven) ▷ 驱除侵略者 **qūchú qīnlüèzhě** drive away invaders

驱(驅)动(動) **qūdòng** [动] drive (*pt* drove, *pp* driven)

驱(驅)赶(趕) **qūgǎn** [动] drive ... away (*pt* drove, *pp* driven)

驱(驅)使 **qūshǐ** [动] **1** (迫使) order ... about **2** (推动) urge

驱(驅)逐 **qūzhú** [动] drive ... out (*pt* drove, *pp* driven)

屈 **qū** **I** [动] **1** (弯) bend (*pt, pp* bent) **2** (服) submit ▶ 屈服 **qūfú** surrender **3** (冤) wrong ▷ 你这样说真屈他了。**Nǐ zhèyàng shuō zhēn qū tā le.** What you said really wronged him. **II** [形] wrong **III** [名] injustice

屈才 **qūcái** [动] do work beneath one's ability

屈从(從) **qūcóng** [动] give way (*pt* gave, *pp* given)

屈服 **qūfú** [动] give in (*pt* gave, *pp* given)

屈辱 **qūrǔ** [名] humiliation

屈膝 **qūxī** [动] kneel (*pt, pp* knelt)

屈指可数(數) **qūzhǐ kě shǔ** can be counted on the fingers ▷ 这样的好作家屈指可数。**Zhèyàng de hǎo zuòjiā qūzhǐ kě shǔ.** Good authors like this are few and far between.

屈尊 **qūzūn** [动] lower oneself

祛 **qū** [动] dispel

祛除 **qūchú** [动] get rid of

躯(軀) **qū** [名] human body ▷ 为国捐躯 **wèi guó juānqū** die for one's country

躯(軀)干(幹) **qūgàn** [名] trunk

躯(軀)体(體) **qūtǐ** [名] body

趋(趨) **qū** [动] **1** (走) hasten ▷ 疾趋而过 **jí qū ér guò** speed past **2** (趋向) tend to become ▷ 大家的观点趋于一致。**Dàjiā de guāndiǎn qū yú yīzhì.** All our opinions are tending to unanimity.

趋(趨)势(勢) **qūshì** [名] trend

趋(趨)向 **qūxiàng** **I** [动] tend to **II** [名] trend

趋(趨)炎附势(勢) **qū yán fù shì** ingratiate oneself with influential people

蛐 **qū** 见下文

蛐蛐儿(兒) **qūqur** [名] cricket

渠 **qú** [名] ditch ▷ 排水渠 **páishuǐqú** drainage ditch

渠道 **qúdào** [名] **1** (水道) irrigation ditch **2** (途径) channel ▷ 两国应通过外交渠道解决彼此间的分歧。**Liǎng guó yīng tōngguò wàijiāo qúdào jiějué bǐcǐ jiān de fēnqí.** The two countries need to resolve their differences through diplomatic channels.

曲 **qǔ** [名] **1** (指歌曲) song ▷ 让我们高歌一曲。**Ràng wǒmen gāogē yīqǔ.** Let's sing a song. **2** (指乐曲) music ▷ 钢琴曲 **gāngqínqǔ** piano music

→ 另见 **qū**

曲调(調) **qǔdiào** [名] melody

曲子 **qǔzi** [名] tune

取 **qǔ** **1** (拿到) take (*pt* took, *pp* taken) ▷ 取款 **qǔ kuǎn** withdraw money ▷ 取包 **qǔ bāo** collect a parcel **2** (得到) obtain ▷ 咎由自取 **jiù yóu zì qǔ** have only oneself to blame ▷ 取信于人 **qǔ xìn yú rén** win the trust of others **3** (采取) adopt ▷ 取中立态度 **qǔ zhōnglì tàidu** adopt a neutral position ▷ 取赞成立场 **qǔ zànchéng lìchǎng** give the seal of approval **4** (选取) choose (*pt* chose, *pp* chosen) ▷ 给孩子取个名 **gěi háizi qǔ gè míng** name a child

取材 **qǔcái** [动] draw material (*pt* drew, *pp* drawn) ▷ 这部小说取材于现实生活。**Zhè bù xiǎoshuō qǔcái yú xiànshí shēnghuó.** This novel draws on real life.

取长(長)补(補)短 **qǔ cháng bǔ duǎn** learn from each other's strong points

取代 **qǔdài** [动] replace ▷ 许多人工劳动被计算机取代了。**Xǔduō réngōng láodòng bèi jìsuànjī qǔdài le.** A lot of manual work has been replaced by computers.

取得 **qǔdé** [动] get (*pt* got, *pp* got (英) 或 gotten (美)) ▷ 取得学位 **qǔdé xuéwèi** get a degree ▷ 取得圆满成功 **qǔdé yuánmǎn chénggōng** achieve complete success

取缔(締) **qǔdì** [动] ban

取而代之 **qǔ ér dài zhī** replace ▷ 老前锋受伤了，教练只能让替补球员取而代之。**Lǎo qiánfēng shòushāng le, jiàoliàn zhǐnéng ràng tìbǔ qiúyuán qǔ ér dài zhī.** The original forward was injured — the coach had to replace him with a substitute player.

取经(經) **qǔjīng** [动] learn from the experience of others

取决(決) **qǔjué** [动] depend on

取名 **qǔmíng** [动] choose a name (*pt* chose, *pp* chosen)

取巧 **qǔqiǎo** [动] pull a fast one

取舍(捨) **qǔshě** [动] make a choice

取消 **qǔxiāo** [动] cancel ▷ 取消比赛 **qǔxiāo bǐsài** cancel the competition ▷ 半决赛由于下雨取消了。**Bànjuésài yóuyú xiàyǔ qǔxiāo le.** The semi-final has been called off because of rain. ▷ 市政府取消了放鞭炮的禁令。**Shìzhèngfǔ qǔxiāole fàng biānpào de jìnlìng.** The municipal government has lifted a ban on firecrackers.

取笑 **qǔxiào** [动] make fun of

取样(樣) **qǔyàng** [动] take a sample (*pt* took, *pp* taken)

取悦(悅) **qǔyuè** [动] please

取证(證) **qǔzhèng** [动] collect evidence

娶 **qǔ** [动] marry ▷ 我哥哥娶了位护士。**Wǒ gēge qǔle wèi hùshi.** My brother got married to a nurse.

娶亲(親) **qǔqīn** [动] get married

龋(齲) **qǔ** 见下文

龋(齲)齿(齒) **qǔchǐ** [名] tooth decay

去 **qù** **I** [动] **1** (到) go (*pt* went, *pp* gone) ▷ 从广州去北京 **cóng Guǎngzhōu qù Běijīng** go from Guangzhou to Beijing ▷ 我们昨天去上海了。**Wǒmen zuótiān qù Shànghǎi le.** We went to Shanghai yesterday. **2** (除) get rid of **3** (距) be apart ▷ 相去不远 **xiāng qù bù yuǎn** not far apart **4** (发) send (*pt*, *pp* sent) ▷ 去了一封信 **qùle yī fēng xìn** send a letter **II** [形] past ▶ 去年 **qùnián** last year

去处(處) **qùchù** [名] site

去路 **qùlù** [名] way ▷ 挡住某人的去路 **dǎngzhù mǒurén de qùlù** block someone's way

去年 **qùnián** [名] last year

去世 **qùshì** [动] pass away

去向 **qùxiàng** [名] whereabouts (*pl*) ▷ 不知去向 **bùzhī qùxiàng** nowhere to be found

---

趣 **qù** **I** [名] interest ▶ 志趣 **zhìqù** interest ▷ 这个故事有趣。**Zhège gùshi yǒuqù.** This is an interesting story. **II** [形] interesting

趣味 **qùwèi** [名] taste ▷ 低级趣味 **dījí qùwèi** vulgar taste

圈 **quān** **I** [名] **1** (环形物) circle ▶ 北极圈 **Běijíquān** Arctic Circle **2** (范围) circle **II** [动] circle ▷ 请圈出正确的答案。**Qǐng quānchū zhèngquè de dáàn.** Please circle the right answer.

→ 另见 **juān**, **juàn**

圈点(點) **quāndiǎn** [动] **1** (加标点) punctuate **2** (标出) mark

圈套 **quāntào** [名] trap ▷ 落入圈套 **luòrù quāntào** fall into a trap

圈子 **quānzi** [名] **1** (环形) circle ▷ 说话绕圈子 **shuōhuà rào quānzi** express oneself in a roundabout way **2** (范围) ▷ 学生的活动圈子很小。**Xuésheng de huódòng quānzi hěn xiǎo.** The students socialize within a small circle. ▷ 她到哪儿都搞小圈子。**Tā dào nǎr dōu gǎo xiǎo quānzi.** Wherever she goes she creates little networks.

权(權) **quán** **I** [名] **1** (权力) power ▶ 当权 **dāngquán** be in power **2** (权利) right ▷ 表决权 **biǎojuéquán** the right to vote **3** (形势) ▷ 主动权 **zhǔdòngquán** initiative ▷ 控制权 **kòngzhìquán** control **4** (权宜) expediency ▷ 通权达变 **tōng quán dá biàn** adapt to circumstances **II** [副] for the time being

权(權)衡 **quánhéng** [动] weigh ... up ▷ 权衡利弊 **quánhéng lìbì** weigh up the pros and cons

权(權)力 **quánlì** [名] power ▷ 滥用权力 **lànyòng quánlì** abuse power

权(權)利 **quánlì** [名] right ▷ 受教育权利 **shòu jiàoyù quánlì** right to education ▷ 民主权利 **mínzhǔ quánlì** democratic rights

权(權)且 **quánqiě** [副] for the time being

权(權)势(勢) **quánshì** [名] power and influence

权(權)术(術) **quánshù** [名] political trickery ▷ 玩弄权术 **wánnòng quánshù** play politics

权(權)威 **quánwēi** [名] authority

权(權)限 **quánxiàn** [名] jurisdiction ▷ 超越权

限 chāoyuè quánxiàn go beyond one's jurisdiction

权(權)宜 quányí [形] expedient

权(權)益 quányì [名] rights and interests (*pl*) ▷保护消费者的权益 bǎohù xiāofèizhě de quányì protect the rights and interests of consumers

全 quán I [形] 1 (齐全) complete ▷人都到全了吗？ Rén dōu dàoquánle ma? Is everyone here? 2 (整个) whole ▷全世界 quán shìjiè the whole world II [副] entirely ▷我们班同学全去了。 Wǒmen bān tóngxué quán qù le. Our entire class went. III [动] keep ... intact (*pt, pp* kept) ▷两全齐美 liǎng quán qí měi satisfy both sides

全部 quánbù [形] whole

全才 quáncái [名] all-rounder ▷他是个全才。 Tā shì gè quáncái. He's an all-rounder.

全称(稱) quánchēng [名] full name

全程 quánchéng [名] whole journey

全副 quánfù [形] complete ▷全副武装 quánfù wǔzhuāng fully armed

全国(國) quánguó [形] nationwide ▷全国人口普查 quánguó rénkǒu pǔchá nationwide census ▷全国游泳冠军 quánguó yóuyǒng guànjūn national swimming champion

全会(會) quánhuì [名] plenary session

全集 quánjí [名] complete works ▷莎士比亚全集 Shāshìbǐyà quánjí the complete works of Shakespeare

全家福 quánjiāfú [名] family photo

全局 quánjú [名] overall situation

全军(軍)覆没(沒) quán jūn fùmò be wiped out

全力 quánlì [名] all one's strength ▷竭尽全力 jiéjìn quánlì spare no effort ▷全力以赴 quánlì yǐ fù go all out

全貌 quánmào [名] full view

全面 quánmiàn [形] comprehensive ▷全面发展 quánmiàn fāzhǎn comprehensive development ▷全面出击 quánmiàn chūjī all-out attack

全民 quánmín [名] all the people

全能 quánnéng [形] all-round ▷全能运动员 quánnéng yùndòngyuán all-round athlete

全盘(盤) quánpán [形] overall ▷全盘否定 quánpán fǒudìng total denial

全球 quánqiú [名] the whole world

全权(權) quánquán [名] full powers (*pl*)

全神贯(貫)注 quán shén guàn zhù with undivided attention ▷学生们全神贯注地听老师讲课。 Xuéshengmen quán shén guàn zhù de tīng lǎoshī jiǎngkè. The students listened to the teacher with undivided attention.

全速 quánsù [名] full speed ▷警车全速前进。 Jǐngchē quánsù qiánjìn. The police car is driving at full speed.

全体(體) quántǐ [名] everyone

全心全意 quán xīn quán yì wholeheartedly

全自动(動) quánzìdòng [形] automatic ▷全自动洗衣机 quánzìdòng xǐyījī automatic washing machine

诠(詮) quán [动] (书) annotate

诠(詮)释(釋) quánshì [动] annotate

泉 quán [名] spring ▶温泉 wēnquán hot spring

泉水 quánshuǐ [名] spring water

泉源 quányuán [名] 1 (水源) spring 2 (来源) source ▷知识的泉源 zhīshi de quányuán source of knowledge

拳 quán [名] fist

拳头(頭) quántóu [名] fist

拳打脚(腳)踢 quán dǎ jiǎo tī beat ... up

拳击(擊) quánjī [名] boxing

拳击(擊)手 quánjīshǒu [名] boxer

痊 quán 见下文

痊愈(癒) quányù [动] recover

蜷(踡) quán [动] coil ▷蛇把身子蜷成一团儿。 Shé bǎ shēnzi quánchéng yītuánr. The snake coiled itself up.

蜷(踡)曲 quánqū [动] curl ▷乞丐把身体蜷曲成一团儿。 Qǐgài bǎ shēntǐ quánqū chéng yītuánr. The beggar curled up.

鬈 quán [形] curly

鬈曲 quánqū [形] crinkled

颧(顴) quán 见下文

颧(顴)骨 quángǔ [名] cheekbone

犬 quǎn [名] dog ▷嗅探犬 xiùtànquǎn sniffer dog

犬牙交错(錯) quǎnyá jiāocuò jigsaw pattern

劝(勸) quàn [动] 1 (说服) advise ▷我劝他放弃这个计划。 Wǒ quàn tā fàngqì zhège jìhuà. I advised him to abandon this plan. 2 (勉励) encourage

劝(勸)导(導) quàndǎo [动] persuade ▷在家人的劝导下，他想通了。 Zài jiārén de quàndǎo xià, tā xiǎngtōng le. Under the persuasive influence of his family, he came round.

劝(勸)告 quàngào [动] advise ▷我们劝告他不要这样做。Wǒmen quàngào tā bùyào zhèyàng zuò. We advised him not to do it. (注意) **advice** 是不可数名词。可以说 **a piece of advice** 或 **some advice**, 但不能说 *'an advice'* 或 *'advices'*。请勿混淆 **advice** 和 **advise**。**advise** 是与 **advice** 同词根的动词。

劝(勸)架 quànjià [动] mediate

劝(勸)解 quànjiě [动] **1** (劝导) reassure ▷经他人劝解, 他终于想通了。Jīng tārén quànjiě, tā zhōngyú xiǎngtōng le. With others' reassurance, he finally came round. **2** (劝架) mediate

劝(勸)诫(誡) quànjiè [动] admonish

劝(勸)说(說) quànshuō [动] persuade ▷他们劝说我们去青岛度假。Tāmen quànshuō wǒmen qù Qīngdǎo dùjià. They persuaded us to go on holiday to Qingdao.

劝(勸)阻 quànzǔ [动] dissuade

券 quàn [名] ticket ▶奖券 jiǎngquàn lottery ticket ▶入场券 rùchǎngquàn admission ticket

缺 quē **I** [动] **1** (缺乏) lack ▷这地方缺水。Zhè dìfang quēshuǐ. This place is short of water. **2** (残破) be incomplete ▷这本书缺两页。Zhè běn shū quē liǎng yè. This book is missing two pages. **3** (缺席) be absent ▷人全到了, 一个不缺。Rén quán dào le, yī gè bù quē. Everyone's here, no one's absent. **II** [名] vacancy ▶补缺 bǔquē fill a vacancy

缺德 quēdé [形] wicked

缺点(點) quēdiǎn [名] shortcoming

缺乏 quēfá [动] lack ▷缺乏资源 quēfá zīyuán lack the resources

缺憾 quēhàn [名] regret

缺口 quēkǒu [名] **1** (口子) gap **2** (缺额) shortfall ▷我们的资金还有很大缺口。Wǒmen de zījīn háiyǒu hěn dà quēkǒu. There's still a huge shortfall in our funds.

缺门(門) quēmén [名] gap

缺欠 quēqiàn [名] defect

缺勤 quēqín [动] be absent ▷他最近常缺勤。Tā zuìjìn cháng quēqín. He's been absent a lot recently.

缺少 quēshǎo [动] lack ▷我这里缺少人手。Wǒ zhèlǐ quēshǎo rénshǒu. I'm shorthanded here.

缺席 quēxí [动] be absent

缺陷 quēxiàn [名] defect ▷生理缺陷 shēnglǐ quēxiàn physical defect

瘸 qué [动] be lame

瘸子 quézi [名] ▷她是瘸子。Tā shì quézi. She is lame.

却(卻) què **I** [动] **1** (后退) step back **2** (使退却) drive ... back (*pt* drove, *pp* driven) **3** (拒绝) decline ▶推却 tuīquè decline ▷盛情难却。Shèngqíng nánquè. It's difficult to refuse such a kind offer. **4** (表示完成) ▶冷却 lěngquè cool off ▶忘却 wàngquè forget **II** [副] however ▷我有许多话要说, 却不知从何说起。Wǒ yǒu xǔduō huà yào shuō, què bùzhī cóng hé shuō qǐ. I have a lot to say, but don't know where to start.

却(卻)步 quèbù [动] shrink back (*pt* shrank, *pp* shrunk)

雀 què [名] sparrow

雀跃(躍) quèyuè [动] jump for joy

确(確) què [副] **1** (确实地) really ▷确有其事。Què yǒu qí shì. It really happened. **2** (坚定地) firmly ▶确信 quèxìn firmly believe

确(確)定 quèdìng **I** [动] determine **II** [形] definite ▷确定的证据 quèdìng de zhèngjù definite proof

确(確)立 quèlì [动] establish

确(確)切 quèqiè [形] precise

确(確)认(認) quèrèn [动] confirm

确(確)实(實) quèshí **I** [形] true **II** [副] really ▷他确实聪明。Tā quèshí cōngmíng. He's really clever.

确(確)凿(鑿) quèzáo [形] irrefutable

确(確)诊(診) quèzhěn [动] diagnose

鹊(鵲) què [名] magpie

裙 qún [名] skirt

裙子 qúnzi [名] skirt

群 qún **I** [名] crowd **II** [量] **1** (指动物) herd, flock ▷一群绵羊 yī qún miányáng a flock of sheep ▷一群蜜蜂 yī qún mìfēng a swarm of bees ▷一群奶牛 yī qún nǎiniú a herd of cows **2** (指人) group ▷一群学生 yī qún xuésheng a group of students

群策群力 qún cè qún lì pull together

群岛(島) qúndǎo [名] archipelago

群起 qúnqǐ [动] rise together (*pt* rose, *pp* risen)

群情 qúnqíng [名] popular feeling

群体(體) qúntǐ [名] **1** (指生物) colony **2** (指社会) group

群众(眾) qúnzhòng [名] the masses (*pl*)

Rr

然 rán I [形] correct II [代] so III [连] (书) however

然而 rán'ér [连] however ▷ 他发了财, 然而生活依然俭朴。Tā fāle cái, rán'ér shēnghuó yīrán jiǎnpǔ. Even after he'd made it, he led a simple and thrifty life.

然后(後) ránhòu [连] afterwards ▷ 我先看新闻, 然后吃晚饭。Wǒ xiān kàn xīnwén, ránhòu chī wǎnfàn. I'm watching the news first, and I'll have supper afterwards.

髯 rán [名] side whiskers (*pl*)

燃 rán [动] **1** (燃烧) burn ▶ 易燃物 yìránwù flammable substance **2** (点燃) light (*pt*, *pp* lit)

燃点(點) rándiǎn I [动] light (*pt*, *pp* lit) II [名] ignition point

燃放 ránfàng [动] let ... off (*pt*, *pp* let) ▷ 燃放烟花 ránfàng yānhuā let off fireworks

燃料 ránliào [名] fuel ▷ 炭是一种固体燃料。Tàn shì yī zhǒng gùtǐ ránliào. Coal is a form of solid fuel.

燃眉之急 rán méi zhī jí matter of extreme urgency

燃烧(燒) ránshāo [动] burn

冉 rǎn 见下文

冉冉 rǎnrǎn [副] slowly ▷ 冉冉升起的太阳 rǎnrǎn shēngqǐ de tàiyáng the slowly rising sun

染 rǎn [动] **1** (着色) dye ▷ 她把头发染成了蓝色。Tā bǎ tóufa rǎnchéngle lánsè. She dyed her hair blue. **2** (感染) contract ▷ 他身染重病。Tā shēnrǎn zhòngbìng. He's contracted a serious illness. **3** (沾染) catch (*pt*, *pp* caught) ▷ 他染上了抽烟喝酒的习惯。Tā rǎnshàngle chōuyān hējiǔ de xíguàn. He's acquired the habit of smoking and drinking.

染料 rǎnliào [名] dye

染指 rǎnzhǐ [动] take more than one's fair share (*pt* took, *pp* taken)

嚷 rāng 见下文

→ 另见 rǎng

嚷嚷 rāngrang [动] **1** (喧哗) shout ▷ 小声点儿, 别嚷嚷了！Xiǎo shēng diǎnr, bié rāngrang le! Quieten down a bit — don't shout! **2** (声张) make ... widely known

瓤 ráng [名] **1** (指瓜果) flesh **2** (指物品) padding

壤 rǎng [名] **1** (土地) soil **2** (地域) region ▷ 穷乡僻壤 qióng xiāng pì rǎng remote backwater

嚷 rǎng [动] **1** (喊叫) howl **2** (吵闹) make a racket

→ 另见 rāng

嚷叫 rǎngjiào [动] shout

让(讓) ràng I [动] **1** (退让) make allowances ▷ 孩子小, 你就让着点吧。Háizi xiǎo, nǐ jiù ràngzhe diǎn ba. The child's only young — you should make allowances for him. **2** (谦让) invite ▷ 先把客人让进屋 xiān bǎ kèren ràngjìn wū invite guests to enter a room first **3** (允许) let (*pt*, *pp* let) ▷ 老板不让我休假。Lǎobǎn bù ràng wǒ xiūjià. My boss won't let me take any holiday. **4** (避开) make way **5** (转让) transfer ▷ 这张演出票能让给我吗？Zhè zhāng yǎnchūpiào néng rànggěi wǒ ma? Can the ticket for the performance be transferred to me? II [介] by ▷ 大树让风吹倒了。Dàshù ràng fēng chuīdǎo le. The big tree was blown down by the wind.

让(讓)步 ràngbù [动] make a concession

让(讓)利 rànglì [动] give up a share of the profits (*pt* gave, *pp* given)

让(讓)位 ràngwèi [动] **1** (指职位) step down ▷ 老领导主动让位给年轻人。Lǎo lǐngdǎo zhǔdòng ràngwèi gěi niánqīngrén. The old leader stepped down in favour of someone younger. **2** (指座位) give up one's seat (*pt* gave, *pp* given)

让(讓)贤(賢) ràngxián [动] step down in favour of a worthier candidate

饶(饒) ráo I [形] rich II [动] **1** (宽恕) forgive (*pt* forgave, *pp* forgiven) **2** (添加) add

饶(饒)命 ráomìng [动] spare a life ▷ 皇帝饶了他一命。Huángdì ráole tā yī mìng. The emperor spared his life. ▷ 小偷被打得连喊饶命。 Xiǎotōu bèi dǎ de lián hǎn ráomìng. They beat the thief until he begged for mercy.

饶(饒)舌 ráoshé [动] prattle ▷ 快点说, 别再饶舌了。Kuài diǎn shuō, bié zài ráoshé le. Tell me quickly — no more beating about the bush.

饶(饒)恕 ráoshù [动] let ... off (*pt*, *pp* let) ▷ 他还年轻, 就饶恕他这一次吧！Tā hái niánqīng, jiù ráoshù tā zhè yī cì ba! He's still young — can't you let him off just this once?

扰(擾) **rǎo** **I** [动] (搅扰) disturb ▶ 打扰 **dǎrǎo** disturb **II** [形] (书) (混乱) chaotic
扰(擾)乱(亂) **rǎoluàn** [动] disrupt

绕(繞) **rào** [动] **1** (缠绕) wind (*pt*, *pp* wound) **2** (围绕) go round (*pt* went, *pp* gone) ▷ 他每天绕着操场跑步。Tā měi tiān rào zhe cāochǎng pǎobù. He runs several times round the sports ground every day. **3** (迂回) make a detour ▷ 前方修路, 车辆绕行。Qiánfāng xiūlù, chēliàng ràoxíng. There are road-works ahead — please make a detour.
绕(繞)口令 **ràokǒulìng** [名] tongue twister
绕(繞)圈子 **rào quānzi** [动] **1** (指走路) go round and round in circles (*pt* went, *pp* gone) **2** (喻) (指说话) beat about the bush (*pt* beat, *pp* beaten)
绕(繞)弯(彎)子 **rào wānzi** [动] (喻) beat about the bush (*pt* beat, *pp* beaten)
绕(繞)嘴 **ràozuǐ** [形] awkward ▷ 这篇文章读起来绕嘴。Zhè piān wénzhāng dú qǐlái ràozuǐ. This essay doesn't read well.

惹 **rě** [动] **1** (引起) stir up ▷ 他在单位老惹麻烦。Tā zài dānwèi lǎo rě máfan. He's always stirring up trouble at work. **2** (触动) provoke ▷ 她爱生气, 你不要惹她。Tā ài shēngqì, nǐ bùyào rě tā. She's got a quick temper — don't provoke her. **3** (招) make (*pt*, *pp* made) ▷ 他的话常常惹人发笑。Tā de huà chángcháng rě rén fā xiào. He often makes people laugh when he talks.
惹祸(禍) **rěhuò** [动] stir up trouble
惹事 **rěshì** [动] cause trouble
惹是生非 **rě shì shēng fēi** stir up trouble
惹眼 **rěyǎn** [形] showy ▷ 她那件粉色衣服很惹眼。Tā nà jiàn fěnsè yīfu hěn rěyǎn. That pink dress of hers is very showy.

热(熱) **rè** **I** [名] **1** (物) heat **2** (高烧) fever ▶ 发热 **fārè** have a fever ▶ 退热 **tuìrè** dispel a fever **II** [形] **1** (温度高) hot ▷ 今天真热。Jīntiān zhēn rè. It's so hot today. **2** (情谊深) warm ▷ 她是个热心肠。Tā shì gè rèxīncháng. She's very warm-hearted. **3** (羡慕) envious **4** (走俏) popular **5** (热潮) ▷ 出国热开始降温了。Chūguórè kāishǐ jiàngwēn le. The craze for going abroad is starting to wear off. ▷ 西方国家兴起了汉语热。Xīfāng guójiā xīngqǐle hànyǔrè. Studying Chinese has become all the rage in Western countries. **III** [动] heat ▷ 把米饭热一热再吃。Bǎ mǐfàn rè yī rè zàichī. Heat up the rice before you eat it.
热(熱)爱(愛) **rè'ài** [动] love ▷ 她非常热爱教育事业。Tā fēicháng rè'ài jiàoyù shìyè. She loves her work as a teacher.
热(熱)潮 **rècháo** [名] craze
热(熱)忱 **rèchén** [名] enthusiasm
热(熱)诚(誠) **rèchéng** [形] warm and sincere
热(熱)带(帶) **rèdài** [名] the tropics (*pl*) ▷ 这些都是热带植物。Zhèxiē dōushì rèdài zhíwù. These are all tropical plants.
热(熱)点(點) **rèdiǎn** [名] **1** (指地区) prime site ▷ 这一地区已成为外商投资的热点。Zhè yī dìqū yǐ chéngwéi wàishāng tóuzī de rèdiǎn. This region has become a prime site for foreign investment. **2** (指问题) sticking point
热(熱)度 **rèdù** [名] **1** (冷热程度) temperature **2** (高烧) fever **3** (热情) enthusiasm
热(熱)敷 **rèfū** [名] hot compress
热(熱)狗 **règǒu** [名] hot dog
热(熱)乎乎 **rèhūhū** [形] warm
热(熱)乎 **rèhu** [形] **1** (热) hot **2** (亲热) (指人际关系) affectionate
热(熱)火朝天 **rè huǒ cháo tiān** be in full swing ▷ 建筑工地上, 大家干得热火朝天。Jiànzhù gōngdì shàng, dàjiā gàn de rè huǒ cháo tiān. On the construction site, the work was in full swing.
热(熱)辣辣 **rèlàlà** [形] burning hot ▷ 他觉得脸上热辣辣的。Tā jué de liǎn shàng rèlàlà de. He felt his face was burning. ▷ 阳光热辣辣地炙烤着大地。Yángguāng rèlàlà de zhìkǎozhe dàdì. The land was roasting under the burning hot sun.
热(熱)浪 **rèlàng** [名] heat wave
热(熱)恋(戀) **rèliàn** [动] be passionately in love ▷ 两人正处于热恋之中。Liǎng rén zhèng chǔyú rèliàn zhī zhōng. They are having a passionate love affair.
热(熱)量 **rèliàng** [名] amount of heat
热(熱)烈 **rèliè** [形] heated ▷ 班会上, 大家讨论得非常热烈。Bānhuì shàng, dàjiā tǎolùn de fēicháng rèliè. At the class meeting, everyone was having a heated discussion.
热(熱)流 **rèliú** [名] **1** (热气流) warm front **2** (指感受) warmth **3** (热潮) upsurge ▷ 移民的热流 yímín de rèliú a rise in emigration
热(熱)卖(賣) **rèmài** [动] sell like hot cakes (*pt*, *pp* sold)
热(熱)门(門) **rèmén** [名] popularity ▷ 这些都属于热门专业。Zhèxiē dōu shǔyú rèmén zhuānyè. These are all very popular majors.
热(熱)闹(鬧) **rènao** **I** [形] lively **II** [动] liven up ▷ 我们准备在元旦热闹热闹。Wǒmen zhǔnbèi zài yuándàn rènao rènao. We're getting ready for a lively time at New Year's. **III** [名] spectacle
热(熱)启(啟)动(動) **rèqǐdòng** [动] reboot

▷电脑死机时，试试热启动。Diànnǎo sǐjī shí, shìshi rèqǐdòng. When the computer crashes, try rebooting it.

热(熱)切 **rèqiè** [形] eager ▷孩子们热切地盼望着儿童节的到来。Háizimen rèqiè de pànwàngzhe Értóng Jié de dàolái. The children were eagerly looking forward to Children's Day.

热(熱)情 **rèqíng** **I** [名] passion **II** [形] enthusiastic ▷招待客人要热情周到。Zhāodài kèrén yào rèqíng zhōudào. When entertaining guests you should be enthusiastic and attentive. ▷她对顾客非常热情。Tā duì gùkè fēicháng rèqíng. She's very friendly to the clients.

热(熱)身 **rèshēn** [动] warm ... up ▶热身赛 rèshēnsài warm-up match

热(熱)腾(騰)腾(騰) **rèténgténg** [形] piping hot

热(熱)线(線) **rèxiàn** [名] **1** (指电话或电报) hotline ▷这个广播电台开通了观众热线。Zhège guǎngbō diàntái kāitōngle guānzhòng rèxiàn. This radio station has opened an audience hotline. **2** (指交通) busy route ▷旅游热线 lǚyóu rèxiàn busy tourist route

热(熱)销(銷) **rèxiāo** [动] sell like hot cakes (*pt, pp* sold)

热(熱)心 **rèxīn** [形] warm-hearted

热(熱)血 **rèxuè** [名] enthusiasm ▷20年前，他还是一个热血青年。Èrshí nián qián, tā hái shì yī gè rèxuè qīngnián. Twenty years ago he was still an enthusiastic youth.

热(熱)饮(飲) **rèyǐn** [名] hot drink

热(熱)战(戰) **rèzhàn** [动] open war

热(熱)中 **rèzhōng** [动] **1** (渴望) be desperate for ▷他热中于权势和金钱。Tā rèzhōng yú quánshì hé jīnqián. He's desperate for power and money. **2** (爱好) be keen on ▷他热中于集邮。Tā rèzhōng yú jíyóu. He's keen on stamp collecting.

人 **rén** [名] **1** (人类) human being ▶人权 rénquán human rights (*pl*) **2** (指某种人) person (*pl* people) ▶军人 jūnrén soldier ▶中国人 Zhōngguórén a Chinese person/Chinese people **3** (每人) everybody ▷这个孩子人见人爱。Zhège háizi rén jiàn rén ài. Everyone who sees this child likes him. **4** (成年人) adult **5** (别人) other people (*pl*) ▷我们要真诚待人。Wǒmen yào zhēnchéng dàirén. We must treat other people with honesty. **6** (为人) personality **7** (人手) manpower ▷我们这里活儿多，能不能派几个人？Wǒmen zhèlǐ huór duō, néng bù néng pài jǐ gè rén? We've got so much to do here — can you send us some more manpower? ▷我们办公室缺人。Wǒmen bàngōngshì quē rén. Our office is short-staffed.

> **person** 的复数形式通常为 **people**。
> *At least fifty-four people have been killed.*
> **persons** 通常只用于非常正式的场合，或作为法律用语。

人才 **réncái** [名] **1** (指能人) talent ▷他是个难得的人才。Tā shì gè nándé de réncái. He is an unusually talented person. **2** (指外貌) good looks (*pl*) ▷他长得一表人才。Tā zhǎng de yī biǎo rén cái. He's a good-looking man.

人称(稱) **rénchēng** [名] person ▷"我"是第一人称。"Wǒ" shì dìyī rénchēng. "I" is the first person.

人次 **réncì** [量] person time

人道 **réndào** [形] humane ▶人道主义 réndào zhǔyì humanitarianism

人地生疏 **rén dì shēngshū** ▷我对这里人地生疏，请多多指教。Wǒ duì zhèlǐ rén dì shēngshū, qǐng duōduō zhǐjiào. I'm a stranger here — please give me as much advice as you can.

人多势(勢)众(眾) **rén duō shì zhòng** safety in numbers

人浮于(於)事 **rén fú yú shì** be overstaffed

人格 **réngé** [名] **1** (品质) character **2** (资格) dignity

人工 **réngōng** **I** [形] man-made **II** [名] manpower **III** [量] man-day

人和 **rénhé** [动] stand united (*pt, pp* stood)

人际(際) **rénjì** [名] ▷人际状况 rénjì zhuàngkuàng personal situation ▷搞好人际关系非常重要。Gǎohǎo rénjì guānxì fēicháng zhòngyào. It's very important to have good personal relationships.

人家 **rénjiā** [名] **1** (住户) household **2** (家庭) family **3** (婆家) fiancé's family ▷姑娘大了，该找个人家了。Gūniang dà le, gāi zhǎo ge rénjiā le. The girl's grown up — should find her a husband.

人家 **rénjia** [代] **1** (别人) others ▷人家都去了，你怎么不去？Rénjia dōu qù le, nǐ zěnme bù qù? Other people have gone, so why don't you go? **2** (他) he **3** (她) she **4** (他们) they **5** (指自己) I

人间(間) **rénjiān** [名] the world

人口 **rénkǒu** [名] **1** (地区人数) population ▷人口众多 rénkǒu zhòngduō large population ▷全国人口普查 quánguó rénkǒu pǔchá national census **2** (家庭人数) ▷他家人口很多。Tā jiā rénkǒu hěn duō. There are a lot of people in his family. **3** (泛指人) people (*pl*)

人来(來)疯(瘋) **rénláifēng** [动] ▷我儿子总是人来疯。Wǒ érzi zǒngshì rénláifēng. My son always gets over-excited when we have guests.

r

人类(類) **rénlèi** [名] mankind, humankind ▷人类正面临着越来越多的挑战。**Rénlèi zhèng miànlínzhe yuèláiyuè duō de tiǎozhàn.** Mankind is facing more and more challenges.

人力 **rénlì** [名] manpower

人马(馬) **rénmǎ** [名] **1** (指军队) forces (*pl*) **2** (指机构) members (*pl*)

人面兽(獸)心 **rén miàn shòu xīn** a wolf in sheep's clothing

人们(們) **rénmen** [名] people

人民 **rénmín** [名] the people ▷为人民服务 **wèi rénmín fúwù** serve the people ▷公务员是人民的公仆。**Gōngwùyuán shì rénmín de gōngpú.** Government officials are the servants of the people.

人民币(幣) **rénmínbì** [名] Renminbi, RMB

人命 **rénmìng** [名] life (*pl* lives)

人品 **rénpǐn** [名] **1** (品质) character **2** (仪表) appearance

人气(氣) **rénqì** [名] popularity

人情 **rénqíng** [名] **1** (人的感情) human emotion **2** (情面) feelings (*pl*) ▷好朋友都不愿帮我，真不讲人情！**Hǎo péngyou dōu bù yuàn bāng wǒ, zhēn bù jiǎng rénqíng!** None of my good friends were willing to help me — what an unfeeling bunch! **3** (礼俗) etiquette **4** (礼物) gift

人权(權) **rénquán** [名] human rights (*pl*)

人山人海 **rén shān rén hǎi** a sea of people ▷国庆节那天，天安门广场上人山人海。**Guóqìng Jié nà tiān, tiān ānmén guǎngchǎng shàng rén shān rén hǎi.** On National Day, Tiananmen Square was a sea of people.

人身 **rénshēn** [名] person (*pl* people)

人参(參) **rénshēn** [名] ginseng

人生 **rénshēng** [名] life (*pl* lives) ▶人生观 **rénshēng guān** philosophy of life

人士 **rénshì** [名] figure ▷知名人士 **zhīmíng rénshì** famous figure

人世 **rénshì** [名] the world ▷他离开人世已经5年了。**Tā líkāi rénshì yǐjīng wǔ nián le.** It's already five years since he passed away.

人事 **rénshì** [名] **1** (指人员安排) personnel **2** (指人际关系) personal relations (*pl*) **3** (指人情事理) the ways of the world ▷他这么大了，应该懂点人事了。**Tā zhème dà le, yīnggāi dǒng diǎn rénshì le.** At his age, he ought to know the ways of the world. **4** (指人的意识) consciousness ▷等我赶到时，他已人事不知。**Děng wǒ gǎndào shí, tā yǐ rénshì bù zhī.** By the time I got there, he'd already lost consciousness.

人手 **rénshǒu** [名] manpower ▷缺人手 **quē rénshǒu** lack the manpower

人体(體) **réntǐ** [名] the human body ▷人体器官移植 **réntǐ qìguān yízhí** human organ transplants

人头(頭) **réntóu** [名] **1** (人的头) human head **2** (人数) people (*pl* ▷按人头拨款 **àn réntóu bōkuǎn** allocate money according to the number of people **3** (指人际关系) links (*pl*)

人为(為) **rénwéi** **I** [动] put in the effort (*pt, pp* put) ▷事在人为 **shì zài rén wéi** human effort can achieve anything **II** [形] man-made

人文科学(學) **rénwén kēxué** [名] humanities (*pl*)

人物 **rénwù** [名] **1** (能人) figure ▷他是一位有世界影响的领袖人物。**Tā shì yī wèi yǒu shìjiè yǐngxiǎng de lǐngxiù rénwù.** He is a figure of global stature. **2** (艺术形象) character ▷这部小说塑造了100多个人物。**Zhè bù xiǎoshuō sùzàole yībǎi duō gè rénwù.** There are over a hundred characters in this novel.

人心 **rénxīn** [名] **1** (感情和愿望) popular feeling **2** (人性) conscience

人性 **rénxìng** [名] human nature ▷这是一种灭绝人性的行为。**Zhè shì yī zhǒng mièjué rénxìng de xíngwéi.** This is inhuman behaviour.

人选(選) **rénxuǎn** [名] candidate

人烟(煙) **rényān** [名] signs of human habitation (*pl*)

人员(員) **rényuán** [名] **1** (雇员) staff **2** (指某类人) ▷退休人员 **tuìxiū rényuán** retirees ▷走私人员 **zǒusī rényuán** smugglers

人缘(緣)儿(兒) **rényuánr** [名] personal relations (*pl*) ▷她人缘儿很好。**Tā rényuánr hěnhǎo.** She gets on very well with people.

人云亦云 **rén yún yì yún** parrot

人造 **rénzào** [形] artificial ▷发射人造卫星 **fāshè rénzào wèixīng** launch an artificial satellite

人证(證) **rénzhèng** [名] testimony

人质(質) **rénzhì** [名] hostage

人种(種) **rénzhǒng** [名] ethnic group

仁 **rén** [名] **1** (仁爱) benevolence **2** (果肉) kernel

仁爱(愛) **rén'ài** [名] benevolence

仁慈 **réncí** [形] benevolent

仁义(義) **rényì** [名] benevolence and righteousness

仁至义(義)尽(盡) **rén zhì yì jìn** do everything one can ▷我对他已做到仁至义尽。**Wǒ duì tā yǐ zuòdào rén zhì yì jìn.** I've already done all I can for him.

忍 **rěn** [动] **1** (忍受) endure ▶容忍 **róngrěn** tolerate **2** (忍心) have the heart to ▶残忍 **cánrěn** ruthless

忍耐 **rěnnài** [动] show restraint (*pt* showed, *pp* shown)
忍气(氣)吞声(聲) **rěn qì tūn shēng** suffer in silence
忍让(讓) **rěnràng** [动] hold back (*pt, pp* held) ▷ 大家都忍让一点儿。**Dàjiā dōu rěnràng yīdiǎnr.** Everyone held back a bit.
忍辱负(負)重 **rěn rǔ fù zhòng** ▷ 他忍辱负重30年, 终于完成了使命。**Tā rěn rǔ fù zhòng sānshí nián, zhōngyú wánchéngle shǐmìng.** After enduring thirty years of humiliation, he finally accomplished his mission.
忍受 **rěnshòu** [动] bear (*pt* bore, *pp* borne)
忍无(無)可忍 **rěn wú kě rěn** ▷ 对于他们的卑劣行为, 大家已忍无可忍。**Duìyú tāmen de bēiliè xíngwéi, dàjiā yǐ rěn wú kě rěn.** Everyone is at the end of their tether with their appalling behaviour.
忍心 **rěnxīn** [动] bear (*pt* bore, *pp* borne) ▷ 看到孩子受罪, 你忍心吗？**Kàndào háizi shòuzuì, nǐ rěnxīn ma?** How can you bear to watch the children suffer?

荏 **rěn** [形] weak ▷ 色厉内荏 **sè lì nèi rěn** all bark no bite
荏苒 **rěnrǎn** [动] (书) slip by

刃 **rèn** **I** [名] **1** (锋) blade **2** (刀) knife (*pl* knives) **II** [动] (书) kill

---

认(認) **rèn** [动] **1** (识) know (*pt* knew, *pp* known) **2** (建立关系) establish a relationship **3** (承认) admit ▷ 认输 **rènshū** admit defeat **4** (接受吃亏) accept ▷ 这东西贵就贵吧, 我认了。**Zhè dōngxi guì jiù guì ba, wǒ rèn le.** Never mind the expense — I can take it.
认(認)错(錯) **rèncuò** [动] **1** (承认错误) admit one's mistakes ▷ 你去向老师认个错吧。**Nǐ qù xiàng lǎoshī rèn gè cuò ba.** Go and tell the teacher you admit you were wrong. **2** (误认) mistake ... for ... (*pt* mistook, *pp* mistaken) ▷ 他不是你同学, 你认错了人。**Tā bùshì nǐ tóngxué, nǐ rèncuòle rén.** He's not your classmate — you've got the wrong man.
认(認)可 **rènkě** [动] **1** (许可) endorse ▷ 他的方案已得到上级认可。**Tā de fāng'àn yǐ dédào shàngjí rènkě.** His project was endorsed by his superiors. **2** (承认) approve ▷ 他的能力得到了同事们的认可。**Tā de nénglì dédàole tóngshìmen de rènkě.** His abilities won him the approval of his colleagues.
认(認)生 **rènshēng** [动] be shy of strangers
认(認)得 **rènde** [动] be acquainted with
认(認)识(識) **rènshi** **I** [动] know (*pt* knew, *pp* known) ▷ 他们是在一次晚会上认识的。**Tāmen shì zài yī cì wǎnhuì shàng rènshi de.** They got to know each other at a party. **II** [名] understanding ▷ 他对这件事的认识是不对的。**Tā duì zhè jiàn shì de rènshi shì bùduì de.** His knowledge of this is incorrect.
认(認)输(輸) **rènshū** [动] concede defeat
认(認)为(為) **rènwéi** [动] think (*pt, pp* thought) ▷ 你认为这篇文章怎么样？**Nǐ rènwéi zhè piān wénzhāng zěnmeyàng?** What do you think of this essay? ▷ 我们认为, 这个决定是错误的。**Wǒmen rènwéi, zhège juédìng shì cuòwù de.** We think that the decision is wrong.
认(認)真 **rènzhēn** **I** [形] serious **II** [动] take ... seriously (*pt* took, *pp* taken) ▷ 他开个玩笑, 你就认真了。**Tā kāi gè wánxiào, nǐ jiù rènzhēn le.** He was joking, but you took him seriously.
认(認)证(證) **rènzhèng** [动] authenticate
认(認)罪 **rènzuì** [动] plead guilty ▷ 证据确凿, 他不得不低头认罪。**Zhèngjù quèzáo, tā bùdébù dītóu rènzuì.** The proof was incontestable — he had no choice but to admit defeat and plead guilty.

任 **rèn** **I** [动] **1** (聘) appoint ▶ 委任 **wěirèn** appoint **2** (担当) take up (*pt* took) taken (*pp* **3** (听凭) let (*pt, pp* let) ▷ 各种款式, 任你选择。**Gè zhǒng kuǎnshì, rèn nǐ xuǎnzé.** There's a variety of different styles — I'll let you decide. **II** [名] (职责) responsibility **III** [量] ▷ 他是这个公司的第3任总裁。**Tā shì zhège gōngsī de dìsān rèn zǒngcái.** He's the third CEO of this company. ▷ 他当了两任总统。**Tā dāngle liǎng rèn zǒngtǒng.** He's been president for two terms. **IV** [连] no matter ▷ 任你去哪里, 我也不管。**Rèn nǐ qù nǎlǐ, wǒ yě bùguǎn.** No matter where you go, I won't care.
任何 **rènhé** [形] any ▷ 你们可以从中选择任何一个。**Nǐmen kěyǐ cóngzhōng xuǎnzé rènhé yī gè.** You can choose any one of them. ▷ 任何人都不能迟到。**Rènhé rén dōu bùnéng chídào.** No one can be late. ▷ 任何事物都有两面性。**Rènhé shìwù dōu yǒu liǎngmiànxìng.** Every coin has two sides.
任劳(勞)任怨 **rèn láo rèn yuàn** work hard despite other people's criticism
任命 **rènmìng** [动] appoint ▷ 他被任命为部门经理。**Tā bèi rènmìng wéi bùmén jīnglǐ.** He was appointed branch manager.
任凭(憑) **rènpíng** **I** [动] allow ... to do as they please ▷ 这种情况下不能任凭你一人做主。**Zhè zhǒng qíngkuàng xià bùnéng rènpíng nǐ yī rén zuòzhǔ.** Under these circumstances we can't let you take the decision alone. **II** [连] no matter ▷ 任凭你是谁, 都不该违反规定。**Rènpíng nǐ shì shuí, dōu bùgāi wéifǎn**

guīdìng. No matter who you are, you still can't break the rules.

任人唯贤(賢) **rèn rén wéi xián** choose the best person for the job

任务(務) **rènwu** [名] task

任性 **rènxìng** [形] headstrong

任意 **rènyì** **I** [副] at will ▷ 你可以任意指派一个人做这件事。**Nǐ kěyǐ rènyì zhǐpài yī gè rén zuò zhè jiàn shì.** You can send anyone you like to do this job. **II** [形] unconditional

任用 **rènyòng** [动] appoint

任重道远(遠) **rèn zhòng dào yuǎn** shoulder a heavy responsibility

---

纫(紉) **rèn** [动] **1** (穿针) thread **2** (缝) sew (*pt* sewed, *pp* sewn)

韧(韌) **rèn** [形] resilient ▶ 柔韧 **róurèn** pliant

韧(韌)劲(勁) **rènjìn** [名] (口) tenacity

韧(韌)性 **rènxìng** [名] **1** (指物体) flexibility **2** (指精神) tenacity

---

妊 **rèn** 见下文

妊娠 **rènshēn** [动] be pregnant

扔 **rēng** [动] **1** (掷) throw (*pt* threw, *pp* thrown) **2** (丢) throw ... away ▷ 他把垃圾扔了。**Tā bǎ lājī rēng le.** He threw the rubbish away.

仍 **réng** (书) **I** [动] **1** (沿袭) remain **2** (频繁) occur frequently **II** [副] still ▷ 事故仍在调查中。**Shìgu réng zài diàochá zhōng.** The accident is still under investigation. ▷ 困难仍未克服。**Kùnnan réng wèi kèfú.** The difficulties have not yet been overcome.

仍旧(舊) **réngjiù** **I** [动] continue as before ▷ 此项法规仍旧。**Cǐ xiàng fǎguī réngjiù.** This statute will remain as it was before. **II** [副] still ▷ 我劝了半天, 她仍旧不同意。**Wǒ quànle bàntiān, tā réngjiù bù tóngyì.** I spent ages trying to persuade her, but she still wouldn't agree.

仍然 **réngrán** [副] **1** (表示继续) still ▷ 他仍然保持着老习惯。**Tā réngrán bǎochízhe lǎoxíguàn.** He still sticks to his old habits. **2** (表示恢复) ▷ 回国后, 他仍然到原公司工作。**Huíguó hòu, tā réngrán dào yuángōngsī gōngzuò.** After his return from overseas he went back to work in his old company.

日 **rì** [名] **1** (太阳) sun ▶ 日出 **rìchū** sunrise ▶ 日落 **rìluò** sunset **2** (白天) daytime ▷ 他们日夜不停地赶路。**Tāmen rìyè bùtíng de gǎnlù.** They travelled onwards, not stopping during the day or at night. **3** (天) day ▶ 明日 **míngrì** tomorrow **4** (每天) every day ▷ 城市面貌日见改善。**Chéngshì miànmào rìjiàn gǎishàn.** The city looks better and better every day. **5** (泛指一段时间) days (*pl*) ▶ 往日 **wǎngrì** the past **6** (指某一天) day ▶ 生日 **shēngrì** birthday **7** (日本) Japan ▷ 日货 **rìhuò** Japanese goods

日报(報) **rìbào** [名] daily paper

日本 **Rìběn** [名] Japan

日常 **rìcháng** [形] everyday ▷ 日常生活用语 **rìcháng shēnghuó yòngyǔ** everyday words and expressions

日程 **rìchéng** [名] agenda

日记(記) **rìjì** [名] diary

日后(後) **rìhòu** [名] future ▷ 这个问题日后再解决。**Zhège wèntí rìhòu zài jiějué.** This problem can be resolved at some point in the future.

日积(積)月累 **rì jī yuè lěi** accumulate ... over a long period

日久天长(長) **rì jiǔ tiān cháng** year in, year out ▷ 只要坚持锻炼, 日久天长就会有效果。**Zhǐyào jiānchí duànliàn, rì jiǔ tiān cháng jiù huì yǒu xiàoguǒ.** You just have to keep on with the exercise — you'll see the results over time.

日理万(萬)机(機) **rì lǐ wàn jī** be occupied with important matters

日历(曆) **rìlì** [名] calendar

日内(內) **rìnèi** [名] next few days (*pl*) ▷ 运动员将于日内回国。**Yùndòngyuán jiāng yú rìnèi huíguó.** The athletes will return home within the next few days.

日期 **rìqī** [名] date ▷ 出生日期 **chūshēng rìqī** date of birth ▷ 考试日期还没定下来。**Kǎoshì rìqī hái méi dìng xiàlái.** The date of the exam hasn't been fixed yet.

日新月异(異) **rì xīn yuè yì** change rapidly and continuously

日以继(繼)夜 **rì yǐ jì yè** work round the clock

日益 **rìyì** [副] increasingly

日用 **rìyòng** **I** [形] everyday **II** [名] day-to-day expenses (*pl*)

日用品 **rìyòngpǐn** [名] daily necessities

日语(語) **Rìyǔ** [名] Japanese

日元(圓) **rìyuán** [名] Japanese yen

日子 **rìzi** [名] **1** (日期) date **2** (时间) day ▷ 近些日子, 你都忙什么呢? **Jìnxiē rìzi, nǐ dōu máng shénme ne?** What have you been up to these last few days? **3** (生活) life (*pl* lives) ▷ 老百姓的日子越来越好了。**Lǎobǎixìng de rìzi yuèláiyuè hǎo le.** The lives of ordinary people are getting better and better.

戎 róng [名] army ▷ 戎装 róngzhuāng military uniform

戎马(馬) róngmǎ [名] 1 (字) war horse 2 (喻) military career

茸 róng I [形] downy II [名] young deer antlers (pl)

茸毛 róngmáo [名] down

茸茸 róngróng [形] downy

荣(榮) róng [形] 1 (茂盛) flourishing 2 (兴旺) thriving 3 (光荣) glorious

荣(榮)华(華)富贵(貴) rónghuá fùguì glory and wealth

荣(榮)幸 róngxìng [形] honoured (英), honored (美) ▷ 认识您，我感到非常荣幸。Rèngshi nín, wǒ gǎndào fēicháng róngxìng. I feel honoured to know you.

荣(榮)耀 róngyào [形] glorious

荣(榮)誉(譽) róngyù [名] 1 (指名声) honour (英), honor (美), glory ▷ 这次比赛，他为学校赢得了荣誉。Zhè cì bǐsài, tā wèi xuéxiào yíngdéle róngyù. He won glory for the school in this competition. 2 (指名义上的) honour (英), honor (美) ▷ 荣誉市民 róngyù shìmín honoured (英) 或 honored (美) citizens

绒(絨) róng [名] 1 (绒毛) down 2 (纺织品) ▶ 天鹅绒 tiān'éróng velvet ▶ 灯芯绒 dēngxīnróng corduroy

绒(絨)线(線) róngxiàn [名] 1 (丝线) floss 2 (毛线) (方) wool ▷ 绒线背心 róngxiàn bèixīn a woollen (英) 或 woolen (美) vest

容 róng I [动] 1 (容纳) fit ▶ 容纳 róngnà hold (pt, pp held) ▶ 容量 róngliàng capacity ▷ 这个会议室容得下300人吗？Zhège huìyìshì róng de xià sānbǎi rén ma? Can this meeting room fit three hundred people? ▶ 容器 róngqì container 2 (容忍) tolerate ▶ 容忍 róngrěn tolerate ▷ 他容不得比他强的人。Tā róng bùde bǐ tā qiáng de rén. He can't tolerate anyone better than him. 3 (允许) allow ▷ 他根本不容别人发表观点。Tā gēnběn bùróng biérén fābiǎo guāndiǎn. He just doesn't allow anyone else to express their views. II [名] 1 (神情) facial expression 2 (相貌) appearance ▶ 容貌 róngmào features (pl) 3 (喻) (外观) appearance ▶ 市容 shìróng appearance of a city

容光焕(煥)发(發) róngguāng huànfā glowing with health

容积(積) róngjī [名] volume

容量 róngliàng [名] capacity

容貌 róngmào [名] features (pl)

容纳(納) róngnà [动] 1 (盛下) hold (pt, pp held) ▷ 这个电影院能容纳近千人。Zhège diànyǐngyuàn néng róngnà jìn qiān rén. This cinema can hold almost a thousand people. 2 (接受) tolerate ▷ 容纳异议 róngnà yìyì tolerate different opinions

容器 róngqì [名] container

容忍 róngrěn [动] tolerate ▷ 她不能容忍孩子的懒惰。Tā bùnéng róngrěn háizi de lǎnduò. She couldn't tolerate the child's laziness.

容许(許) róngxǔ [动] allow ▷ 老师不容许任何人缺课。Lǎoshī bù róngxǔ rènhérén quēkè. The teacher didn't allow anyone to miss class.

容易 róngyì [形] 1 (简便) easy ▷ 学好一门外语不容易。Xuéhǎo yī mén wàiyǔ bù róngyì. Learning a foreign language isn't easy. ▷ 英文录入比中文录入容易。Yīngwén lùrù bǐ zhōngwén lùrù róngyì. It's easier to type in English than it is to type in Chinese. 2 (较可能) likely ▷ 天冷容易感冒。Tiān lěng róngyì gǎnmào. When the weather's cold it's easy to catch a cold.

溶 róng [动] dissolve

溶化 rónghuà [动] 1 (溶解) dissolve 2 (融化) melt

溶解 róngjiě [动] dissolve

溶液 róngyè [名] solution

熔 róng [动] melt

熔点(點) róngdiǎn [名] melting point

熔化 rónghuà [动] melt

熔炼(煉) róngliàn [动] 1 (指物质) smelt 2 (喻) steel oneself ▷ 熔炼意志 róngliàn yìzhì steel oneself

熔炉(爐) rónglú [名] 1 (指炉子) furnace 2 (喻) forge

融 róng [动] 1 (融化) melt 2 (融合) blend 3 (流通) circulate

融合 rónghé [动] merge ▷ 两种文化正在互相融合。Liǎng zhǒng wénhuà zhèngzài hùxiāng rónghé. The two cultures are merging together.

融化 rónghuà [动] melt

融会(會)贯(貫)通 rónghuì guàntōng thoroughly master

融洽 róngqià [形] harmonious ▷ 他们的关系一直很融洽。Tāmen de guānxì yīzhí hěn róngqià. Their relationship has always been very harmonious.

融资(資) róngzī [动] pool funds ▷ 这个公司通过融资解决了资金问题。Zhège gōngsī tōngguò róngzī jiějuéle zījīn wèntí. The

r

company resolved its financial problems through a pooling of funds.

冗 rǒng [形] **1** (多余) superfluous ▶ 冗员 **rǒngyuán** redundant personnel **2** (烦琐) trivial
冗长(長) **rǒngcháng** [形] long-winded

柔 **róu** [形] **1** (软) soft **2** (柔和) gentle
柔肠(腸) **róucháng** [名] (喻) tender feelings (*pl*)
柔道 **róudào** [名] judo
柔和 **róuhé** [形] **1** (温和) gentle **2** (柔软) soft
柔滑 **róuhuá** [形] silky
柔美 **róuměi** [形] gentle and beautiful
柔情 **róuqíng** [名] tender feelings (*pl*)
柔软(軟) **róuruǎn** [形] soft
柔顺(順) **róushùn** [形] meek

揉 **róu** [动] **1** (搓) rub ▷ 揉伤口 **róu shāngkǒu** rub a wound **2** (团弄) knead
揉搓 **róucuo** [动] **1** (搓) rub ▷ 别老揉搓你的衣服。**Bié lǎo róucuo nǐ de yīfu.** Don't keep rubbing at your clothes. **2** (方) (折磨) torment ▷ 别老揉搓我了。**Bié lǎo róucuo wǒ le.** Stop tormenting me.

糅 **róu** [动] mix ▶ 糅杂 **róuzá** mix
糅合 **róuhé** [动] blend ▷ 糅合东西方文化 **róuhé dōngxīfāng wénhuà** blend Eastern and Western cultures

蹂 **róu** [动] (书) tread on (*pt* trod, *pp* trodden)
蹂躏(躪) **róulìn** [动] trample on ▷ 饱受战争蹂躏的城市 **bǎo shòu zhànzhēng róulìn de chéngshì** a city trampled on by war

肉 **ròu I** [名] **1** (指人) flesh **2** (指动物) meat ▷ 猪肉 **zhūròu** pork **3** (指瓜果) flesh **II** [形] (不脆) spongy
肉搏 **ròubó** [动] fight hand to hand (*pt, pp* fought)
肉麻 **ròumá** [形] sickening ▷ 不要说那么肉麻的话。**Bùyào shuō nàme ròumá de huà.** Don't say such sickening things.
肉体(體) **ròutǐ** [名] the human body ▷ 他的精神和肉体都受到了折磨。**Tā de jīngshén hé ròutǐ dōu shòudàole zhémó.** He endured both physical and mental torture.
肉刑 **ròuxíng** [名] corporal punishment
肉眼 **ròuyǎn** [名] **1** (指视力) the naked eye ▷ 肉眼看到的星星很有限。**Ròuyǎn kàndào de xīngxīng hěn yǒuxiàn.** A limited number of stars can be seen with the naked eye. **2** (喻) lack of perceptiveness
肉欲(慾) **ròuyù** [名] sexual desires (*pl*)

如 **rú I** [动] **1** (依从) comply with **2** (好似) be like ▷ 她俩亲如姐妹。**Tā liǎ qīn rú jiěmèi.** The two of them are as close as sisters. ▷ 对她来说，这话如五雷轰顶。**Duì tā láishuō, zhè huà rú wǔ léi hōng dǐng.** The words hit her like a thunderbolt. **3** (比得上) be as good as ▶ 不如 **bùrú** not as good as **4** (例如) ▷ 北京有很多名胜，如故宫，天坛等。**Běijīng yǒu hěnduō míngshèng, rú Gùgōng, Tiāntán děng.** Beijing has many tourist attractions, such as the Forbidden City, the Temple of Heaven and so on. **II** [介] as **III** [连] if ▷ 如一切顺利，我们会提前到达。**Rú yīqiè shùnlì, wǒmen huì tíqián dàodá.** If everything goes well, we'll be arriving early.
如出一辙(轍) **rú chū yī zhé** be exactly the same
如此 **rúcǐ** [代] so ▷ 人生如此美好！**Rénshēng rúcǐ měihǎo!** Life is so beautiful! ▷ 他的态度竟如此恶劣。**Tā de tàidu jìng rúcǐ èliè.** His attitude was so unpleasant. ▷ 听说要放10天假。—但愿如此。**Tīngshuō yào fàng shí tiān jià. – Dànyuàn rúcǐ.** I've heard we're getting ten days holiday — let's hope so.
如法炮制 **rú fǎ páozhì** follow a set pattern
如果 **rúguǒ** [连] if ▷ 如果我是你，就接受那份工作。**Rúguǒ wǒ shì nǐ, jiù jiēshòu nà fèn gōngzuò.** If I were you, I'd accept that job. ▷ 我想周末去爬山，如果不下雨的话。**Wǒ xiǎng zhōumò qù páshān, rúguǒ bù xiàyǔ de huà.** I'd like to go mountain-climbing at the weekend, as long as it doesn't rain.
如何 **rúhé** [代] ▷ 此事如何解决？**Cǐ shì rúhé jiějué?** How are we going to sort this out? ▷ 你今后如何打算？**Nǐ jīnhòu rúhé dǎsuàn?** What are your plans for the future?
如火如荼 **rú huǒ rú tú** magnificent
如获(獲)至宝(寶) **rú huò zhì bǎo** like hitting the jackpot
如饥(飢)似渴 **rú jī sì kě** be hungry for ▷ 他如饥似渴地学习古代汉语。**Tā rú jī sì kě de xuéxí gǔdài Hànyǔ.** He threw himself eagerly into the study of classical Chinese.
如箭在弦 **rú jiàn zài xián** have one's finger on the trigger
如胶(膠)似漆 **rú jiāo sì qī** joined at the hip ▷ 小两口新婚燕尔，如胶似漆。**Xiǎoliǎngkǒu xīnhūn yàn'ěr, rú jiāo sì qī.** That newly-wed couple are joined at the hip.
如今 **rújīn** [名] today
如雷贯(貫)耳 **rú léi guàn ěr** be a household name
如梦(夢)初醒 **rú mèng chū xǐng** as if woken from a dream ▷ 老师的一番话，使他如梦初

醒。Lǎoshī de yī fān huà, shǐ tā rú mèng chū xǐng. It was as if the teacher's words had woken him from a dream.

如期 rúqī [副] on time ▷ 工人们如期完成了生产指标。Gōngrénmen rúqī wánchéngle shēngchǎn zhǐbiāo. The workers achieved their production target on time.

如日中天 rú rì zhōng tiān be at the height of one's powers

如实(實) rúshí [副] accurately ▷ 如实讲述事情的经过 rúshí jiǎngshù shìqing de jīngguò tell it like it is

如释(釋)重负(負) rú shì zhòng fù breathe a sigh of relief

如数(數)家珍 rú shǔ jiā zhēn know ... like the back of one's hand

如数(數) rúshù [副] exactly the right number

如同 rútóng [动] be like

如意 rúyì [动] be satisfied ▷ 大家对你这么好,还不如意? Dàjiā duì nǐ zhème hǎo, hái bù rúyì? Everyone's been so good to you — are you still not satisfied?

如意算盘(盤) rúyì suànpán wishful thinking

如鱼(魚)得水 rú yú dé shuǐ (喻) like a duck to water ▷ 他在新公司如鱼得水。Tā zài xīn gōngsī rú yú dé shuǐ. He took to his new post like a duck to water.

如愿(願)以偿(償) rúyuàn yǐ cháng have one's wish granted

如醉如痴 rú zuì rú chī be entranced

如坐针(針)毡(氈) rú zuò zhēn zhān be on edge ▷ 案情毫无进展,使他如坐针毡。Ànqíng háowú jìnzhǎn, shǐ tā rú zuò zhēn zhān. The case was making no progress at all, and he was completely on edge.

儒 rú [名] **1** (儒家) Confucianism **2** (旧) (读书人) scholar

儒家 Rújiā [名] Confucianism

孺 rú [名] child (*pl* children)

蠕 rú [动] 见下文

蠕动(動) rúdòng [动] wriggle

乳 rǔ **I** [名] **1** (乳房) breast **2** (乳汁) milk **3** (乳状物) milk ▷ 炼乳 liànrǔ condensed milk ▷ 豆乳 dòurǔ soya milk **II** [形] suckling ▶ 乳猪 rǔzhū suckling 或 sucking pig

乳儿(兒) rǔ'ér [名] nursing baby

乳名 rǔmíng [名] pet name

乳臭未干(乾) rǔxiù wèi gān wet behind the ears

乳制(製)品 rǔzhìpǐn [名] milk products (*pl*)

辱 rǔ **I** [名] dishonour (英), dishonor (美) **II** [动] **1** (侮辱) insult **2** (玷污) disgrace

辱骂(罵) rǔmà [动] call ... names

辱没(沒) rǔmò [动] disgrace

入 rù **I** [动] **1** (进入) enter ▶ 入场 rùchǎng enter **2** (参加) join ▶ 入学 rùxué enrol **3** (合乎) agree with **II** [名] (收入) income ▶ 岁入 suìrù yearly income

入不敷出 rù bù fū chū live beyond one's means

入超 rùchāo [名] import surplus

入耳 rù'ěr [形] pleasant-sounding

入股 rùgǔ [动] buy shares (*pt, pp* bought)

入骨 rùgǔ [动] cut to the bone (*pt, pp* cut)

入伙(夥) rùhuǒ [动] **1** (参加) join **2** (搭伙) share a meal

入籍 rùjí [动] become a citizen (*pt* became, *pp* become) ▷ 他在美国居住10年后入籍。Tā zài měiguó jūzhù shí nián hòu rùjí. He was resident in America for ten years before becoming a citizen.

入境 rùjìng [动] enter a country ▷ 他去办理美国入境签证。Tā qù bànlǐ Měiguó rùjìng qiānzhèng. He went to apply for a US visa.

入口 rùkǒu **I** [动] **1** (指嘴) put ... in the mouth (*pt, pp* put) ▷ 入口的东西,要注意卫生。Rùkǒu de dōngxi, yào zhùyì wèishēng. You should make sure that you only put clean things in your mouth. **2** (指货物) import **II** [名] (门) entrance

入流 rùliú [动] be up to standard ▷ 他写的小说不入流。Tā xiě de xiǎoshuō bù rùliú. His novel isn't up to standard.

入门(門) rùmén **I** [动] cross the threshold **II** [名] introduction ▷ 他正在读《电脑入门》。Tā zhèngzài dú "diànnǎo rùmén". He's reading "An Introduction to Computers".

入迷 rùmí [动] be engrossed in ▷ 他下棋入了迷。Tā xiàqí rùle mí. He was engrossed in his chess game.

入魔 rùmó [动] be obsessed ▷ 他玩游戏像入了魔一样。Tā wán yóuxì xiàng rùle mó yīyàng. He is obsessed with playing games.

入木三分 rù mù sān fēn (喻) incisive

入侵 rùqīn [动] invade

入情入理 rù qíng rù lǐ reasonable and logical

入神 rùshén **I** [动] be enthralled ▷ 她看小说看得入了神。Tā kàn xiǎoshuō kàn de rùle shén. She was enthralled by the novel. **II** [形] wonderful

入时(時) rùshí [形] fashionable

入手 rùshǒu [动] begin (*pt* began, *pp* begun) ▷ 教学应该从培养孩子兴趣入手。Jiàoxué yīnggāi cóng péiyǎng háizi xìngqù rùshǒu. Education should begin with encouraging the child's interests.

入网(網) **rùwǎng** [动] **1** (手机, 寻呼机) have a network connection **2** (计算机) connect to the Internet

入围(圍) **rùwéi** [动] be short-listed

入味 **rùwèi** [形] **1** (有滋味) tasty **2** (有趣味) interesting

入伍 **rùwǔ** [动] join the army

入乡(鄉)随(隨)俗 **rù xiāng suí sú** when in Rome, do as the Romans do

入选(選) **rùxuǎn** [动] be selected

入眼 **rùyǎn** [形] eye-catching ▷这衣服不怎么入眼。**Zhè yīfu bù zěnme rùyǎn.** These clothes don't look good.

褥 **rù** [名] bedding

软(軟) **ruǎn** [形] **1** (柔) soft ▶软和 **ruǎnhuo** soft **2** (温和) gentle **3** (柔弱) weak ▶软弱 **ruǎnruò** weak **4** (没主见) easily swayed

软(軟)包装(裝) **ruǎnbāozhuāng** [名] **1** (指材料) soft packaging **2** (指包装) soft package

软(軟)刀子 **ruǎndāozi** [名] (喻) underhand tactics (*pl*)

软(軟)骨头(頭) **ruǎngǔtou** [名] (喻) spineless person (*pl* people)

软(軟)化 **ruǎnhuà** [动] soften

软(軟)和 **ruǎnhuo** [形] soft

软(軟)件 **ruǎnjiàn** [名] **1** (计算机) software ▷他们正在开发更先进的软件。**Tāmen zhèngzài kāifā gèng xiānjìn de ruǎnjiàn.** They're developing more advanced software. **2** (指素质, 服务, 水平等) staff capacity

软(軟)禁 **ruǎnjìn** [动] put under house arrest (*pt, pp* put)

软(軟)绵(綿)绵(綿) **ruǎnmiánmián** [形] **1** (柔软) soft **2** (缠绵) sentimental **3** (软弱) feeble

软(軟)盘(盤) **ruǎnpán** [名] floppy disk

软(軟)弱 **ruǎnruò** [形] weak ▷她大病初愈, 身子还有些软弱。**Tā dàbìng chūyù, shēnzi hái yǒuxiē ruǎnruò.** She's just getting over a serious illness, and she's still quite weak.

软(軟)水 **ruǎnshuǐ** [名] soft water

软(軟)卧(臥) **ruǎnwò** [名] light sleeper

软(軟)饮(飲)料 **ruǎnyǐnliào** [名] soft drink

软(軟)硬兼施 **ruǎn yìng jiān shī** (贬) use both hard and soft tactics

软(軟)着(著)陆(陸) **ruǎnzhuólù** [动] make a soft landing ▷这颗卫星安全地实现了软着陆。**Zhè kē wèixīng ānquán de shíxiànle ruǎnzhuólù.** The satellite safely achieved a soft landing.

蕊 **ruǐ** [名] pistil

锐(鋭) **ruì I** [形] sharp **II** [名] vigour (英), vigor (美) **III** [副] sharply

锐(鋭)不可当(當) **ruì bù kě dāng** unstoppable ▷这个球队锐不可当, 一举拿下冠军。**Zhège qiúduì ruì bù kě dāng, yījǔ náxià guànjūn.** This team is unstoppable — they won the championship with one bash at it.

锐(鋭)角 **ruìjiǎo** [名] acute angle

锐(鋭)利 **ruìlì** [形] **1** (锋利) sharp **2** (尖锐) astute ▷锐利的辞令 **ruìlì de cílìng** astute language

锐(鋭)气(氣) **ruìqì** [名] drive

锐(鋭)意 **ruìyì** [形] determined

瑞 **ruì** [名] good luck

瑞雪 **ruìxuě** [名] timely fall of snow

睿 **ruì** [形] (书) far-sighted

睿智 **ruìzhì** [形] (书) far-sighted

闰(閏) **rùn** [名] 见下文

闰(閏)年 **rùnnián** [名] leap year

闰(閏)日 **rùnrì** [名] February 29th

闰(閏)月 **rùnyuè** [名] leap month

润(潤) **rùn I** [形] sleek **II** [动] **1** (加油或水) lubricate **2** (修饰) polish **III** [名] profit

润(潤)滑 **rùnhuá** [动] lubricate

润(潤)色 **rùnsè** [动] polish

润(潤)泽(澤) **rùnzé I** [形] moist **II** [动] moisten

若 **ruò I** [动] be like ▷他一副若有所失的样子。**Tā yī fù ruò yǒu suǒ shī de yàngzi.** He looked as if he had lost something. **II** [连] if ▷现在若不努力, 将来会后悔的。**Xiànzài ruò bù nǔlì, jiānglái huì hòuhuǐ de.** If you don't work hard now you'll regret it in the future.

若非 **ruòfēi** [连] if not ▷若非众人相助, 哪有他的今天？**Ruòfēi zhòngrén xiāngzhù, nǎ yǒu tā de jīntiān?** If it wasn't for everybody's help, where would he be today?

若干 **ruògān** [数] several ▷若干人 **ruògānrén** several people

若是 **ruòshì** [连] if ▷若是你能参加, 那就太好了。**Ruòshì nǐ néng cānjiā, nà jiù tài hǎo le.** It would be great if you could join in.

若无(無)其事 **ruò wú qí shì** act as if nothing is the matter ▷他心里很生气, 表面上却装出若无其事的样子。**Tā xīnli hěn shēngqì, biǎomiàn shàng què zhuāngchū ruò wú qí shì de yàngzi.** Inside he was very angry, but on the outside he pretended that nothing was the matter.

若有所思 **ruò yǒu suǒ sī** as if lost in thought

偌 **ruò** 见下文

偌大 **ruòdà** [形] so big ▷ 偌大的公园，连个人影也没有。**Ruòdà de gōngyuán, lián gè rényǐng yě méiyǒu.** This park is so big, and yet there isn't a soul in sight.

弱 **ruò** [形] **1** (弱小) weak **2** (年幼) young **3** (软弱) weak

弱不禁风(風) **ruò bù jīn fēng** fragile

弱点(點) **ruòdiǎn** [名] weakness

弱化 **ruòhuà** [动] weaken

弱肉强(強)食 **ruò ròu qiáng shí** the weak are food for the strong

弱视(視) **ruòshì** [名] lazy eye

弱项(項) **ruòxiàng** [名] Achilles' heel

弱小 **ruòxiǎo** [形] weak

弱智 **ruòzhì** [形] retarded ▷ 她女儿有点弱智。**Tā nǚ'ér yǒudiǎn ruòzhì.** Her daughter has learning difficulties.

Ss

仨 **sā** [数] (口) three ▶ 哥仨 **gē sā** three brothers

撒 **sā** [动] **1** (手，网) let ... go (*pt*, *pp* let) **2** (贬) (疯，野) lose control of oneself (*pt*, *pp* lost) ▶ 撒野 **sāyě** have a tantrum
→ 另见 **sǎ**

撒欢(歡)儿(兒) **sāhuānr** [动] (方) gambol

撒谎(謊) **sāhuǎng** [动] (口) lie

撒娇(嬌) **sājiāo** [动] behave like a spoiled child

撒泼(潑) **sāpō** [动] make a scene

撒气(氣) **sāqì** [动] **1** (球，车胎) get a puncture **2** (发泄怒气) take one's anger out on (*pt* took, *pp* taken) ▷ 别拿我撒气！**Bié ná wǒ sāqì!** Don't take your anger out on me!

撒手 **sāshǒu** [动] **1** (松手) let go (*pt*, *pp* let) **2** (不管) ignore ▷ 这么大的事你不能撒手不管。**Zhème dà de shì nǐ bùnéng sāshǒu bùguǎn.** This matter is too important — you can't just ignore it. **3** (婉) (死) pass away

撒手锏(鐧) **sāshǒujiǎn** [名] trump card ▷ 不到紧急关头不要亮出撒手锏。**Bù dào jǐnjí guāntóu bùyào liàngchū sāshǒujiǎn.** Don't reveal your trump card before the crucial moment.

撒野 **sāyě** [动] throw a fit (*pt* threw, *pp* thrown) ▷ 一个醉汉在街上撒野。**Yī gè zuìhàn zài jiē shang sāyě.** A man was throwing a drunken fit in the middle of the street. ▷ 这孩子没得到礼物，就在后院里撒野。**Zhè háizi méi dédào lǐwù, jiù zài hòuyuàn li sāyě.** Not having received a gift, the child had a tantrum in the back yard.

洒(灑) **sǎ** [动] **1** (泼) sprinkle **2** (指不小心) spill

洒(灑)落 **sǎluò** [动] shower

洒(灑)脱(脫) **sǎtuō** [形] carefree

撒 **sǎ** [动] **1** (散布) scatter ▷ 撒点酱油 **sǎdiǎn jiàngyóu** sprinkle soy sauce **2** (散落) spill
→ 另见 **sā**

撒播 **sǎbō** [动] sow (*pt* sowed, *pp* sown)

飒(颯) sà 见下文
飒(颯)爽 sàshuǎng [形] valiant

腮 sāi [名] cheek
腮帮(幫)子 sāibāngzi [名] (口) cheek

塞 sāi **I** [动] stuff ... into ▷我把零碎东西塞进了抽屉。Wǒ bǎ língsuì dōngxi sāijìnle chōuti. I stuffed the bits and pieces into the drawer. **II** [名] cork
→另见 sài
塞车(車) sāichē [名] traffic jam ▷长安街上经常塞车。Cháng'ān Jiē shang jīngcháng sāichē. Chang'an Street is often congested.
塞子 sāizi [名] cork

塞 sài [名] place of strategic importance
→另见 sāi
塞翁失马(馬) sài wēng shī mǎ blessing in disguise

赛(賽) sài **I** [名] match ▷排球赛 páiqiúsài volleyball match ▷演讲比赛 yǎnjiǎng bǐsài debating contest **II** [动] compete, outdo (*pt* outdid, *pp* outdone)
赛(賽)车(車) sàichē **I** [动] race **II** [名] **1** (指汽车) racing car **2** (指自行车) racer
赛(賽)程 sàichéng [名] **1** (指距离) distance **2** (比赛日程) programme (英), program (美) **3** (比赛进度) schedule
赛(賽)季 sàijì [名] season
赛(賽)跑 sàipǎo [动] race
赛(賽)区(區) sàiqū [名] area
赛(賽)事 sàishì [名] competition
赛(賽)制 sàizhì [名] competition rules (*pl*)

三 sān [数] **1** (指数目) three ▷三本书 sān běn shū three books ▶三月 sānyuè March **2** (表示序数) third ▷我住三层。Wǒ zhù sān céng. I live on the third floor. **3** (表示多数) several ▶三思 sānsī think twice ▷三番五次 sān fān wǔ cì over and over again **4** (表示少数) a few ▷三言两语 sān yán liǎng yǔ in a few words ▷三三两两 sānsānliǎngliǎng in twos and threes
三百六十行 sānbǎi liùshí háng [名] all walks of life
三长(長)两(兩)短 sān cháng liǎng duǎn accident ▷孩子要有个三长两短，父母该怎么办呢？Háizi yào yǒu gè sān cháng liǎng duǎn, fùmǔ gāi zěnme bàn ne? If something happens and the child dies, what will his parents do then?
三番五次 sān fān wǔ cì over and over again
三伏 sānfú [名] the hottest days of summer (*pl*)
三更半夜 sāngēng-bànyè the middle of the night ▷你三更半夜不睡觉，跑出去干吗？Nǐ sāngēng-bànyè bù shuìjiào, pǎo chūqù gànmá? It's the middle of the night — why aren't you asleep and what are you doing outside?
三角 sānjiǎo [名] triangle ▷三角恋爱 sānjiǎo liàn'ài love triangle
三九天 sānjiǔtiān [名] the coldest days of winter (*pl*)
三令五申 sān lìng wǔ shēn give repeated orders ▷政府三令五申司机不能在开车时打手机。Zhèngfǔ sān lìng wǔ shēn sījī bù néng zài kāichē shí dǎ shǒujī. The government has given repeated orders that drivers must not use mobile phones while driving.
三明治 sānmíngzhì [名] sandwich
三亲(親)六故 sān qīn liù gù friends and relatives
三三两(兩)两(兩) sānsānliǎngliǎng in twos and threes ▷大家三三两两地离开了办公室。Dàjiā sānsānliǎngliǎng de líkāile bàngōngshì. Everyone left the office in twos and threes.
三生有幸 sān shēng yǒu xìng be extremely lucky
三思而行 sān sī ér xíng think twice ▷处理这个棘手的问题，望你三思而行，切莫鲁莽。Chǔlǐ zhège jíshǒu de wèntí, wàng nǐ sān sī ér xíng, qiè mò lǔmǎng. I hope you'll think twice before you deal with this difficult issue, and not do anything rash.
三天打鱼(魚)，两天晒(曬)网(網) sān tiān dǎ yú, liǎng tiān shài wǎng work in fits and starts ▷你三天打鱼，两天晒网，根本练不好书法。Nǐ sāntiān dǎyú, liǎngtiān shàiwǎng, gēnběn liàn bùhǎo shūfǎ. You lack perseverance, so you'll never get anywhere with your calligraphy.
三天两(兩)头(頭) sān tiān liǎng tóu (口) almost every day
三围(圍) sānwéi [名] vital statistics (*pl*)
三维(維)空间(間) sānwéi kōngjiān [名] three-dimensional space
三五成群 sān wǔ chéng qún (口) in little groups
三下五除二 sān xià wǔ chú èr efficiently ▷他三下五除二把我交给的任务完成了。Tā sān xià wǔ chú èr bǎ wǒ jiāo gěi de rènwù wánchéng le. He efficiently completed the task I gave him.
三心二意 sān xīn èr yì half-hearted ▷他工作三心二意的。Tā gōngzuò sān xīn èr yì de. He's half-hearted about his work.

三言两(兩)语(語) **sān yán liǎng yǔ** in a few words ▷三言两语解释不清。**Sān yán liǎng yǔ jiěshì bù qīng.** It's not possible to explain in a few words.

叁 **sān** [数] three

This is the complex character for "three", which is mainly used in banks, on receipts, etc. to prevent mistakes and forgery.

伞(傘) **sǎn** [名] umbrella
伞(傘)兵 **sǎnbīng** [名] paratrooper

散 **sǎn** I [动] loosen II [形] loose
→另见 sàn
散户(戶) **sǎnhù** [名] small-scale investor
散乱(亂) **sǎnluàn** [形] messy
散漫 **sǎnmàn** [形] slack
散文 **sǎnwén** [名] prose
散装(裝) **sǎnzhuāng** [形] loose

散 **sàn** [动] 1 (分离) break up (*pt* broke, *pp* broken) ▷班会散了。**Bānhuì sàn le.** The class meeting broke up. ▷乌云散了。**Wūyún sàn le.** The dark clouds scattered. 2 (散布) give ... out (*pt* gave, *pp* given) 3 (排除) dispel
→另见 sǎn
散布 **sànbù** [动] 1 (传单) distribute 2 (谣言) spread (*pt, pp* spread)
散步 **sànbù** [动] go for a stroll
散发(發) **sànfā** [动] give ... off (*pt* gave, *pp* given) ▷她身上散发出一股香水味。**Tā shēnshang sànfāchū yī gǔ xiāngshuǐ wèi.** She gives off a scent of perfume. ▷散发广告单 **sànfā guǎnggàodān** send out flyers
散会(會) **sànhuì** [动] end a meeting ▷散会之后请把会议室打扫一下。**Sànhuì zhīhòu qǐng bǎ huìyìshì dǎsǎo yīxià.** When the meeting is over, please tidy up the meeting room.
散伙(夥) **sànhuǒ** [动] 1 (团体, 组织) dissolve 2 (夫妻) split up (*pt, pp* split) ▷小夫妻散伙后，孩子怎么办？**Xiǎofūqī sànhuǒ hòu, háizi zěnme bàn?** When the young couple split up, what will happen to the children?
散失 **sànshī** [动] 1 (物品) lose (*pt, pp* lost) ▷一些文物在战争中散失了。**Yīxiē wénwù zài zhànzhēng zhōng sànshī le.** Some cultural relics were lost in the war. 2 (水分) evaporate

丧(喪) **sāng** [名] funeral
→另见 sàng
丧(喪)服 **sāngfú** [名] mourning suit
丧(喪)事 **sāngshì** [名] funeral arrangements (*pl*)
丧(喪)葬 **sāngzàng** [动] bury
丧(喪)钟(鐘) **sāngzhōng** [名] death knell

桑 **sāng** [名] mulberry
桑拿浴 **sāngnáyù** [名] sauna
桑那浴 **sāngnàyù** [名] sauna

嗓 **sǎng** [名] 1 (嗓子) throat 2 (嗓音) voice
嗓门(門) **sǎngmén** [名] voice ▷他嗓门大。**Tā sǎngmén dà.** He's got a loud voice.
嗓音 **sǎngyīn** [名] voice
嗓子 **sǎngzi** [名] 1 (喉咙) throat 2 (嗓音) voice

丧(喪) **sàng** [动] lose (*pt, pp* lost)
→另见 sāng
丧(喪)胆(膽) **sàng dǎn** [动] be terrified ▷敌军闻风丧胆。**Díjūn wén fēng sàng dǎn.** The enemy were terrified.
丧(喪)尽(盡)天良 **sàng jìn tiān liáng** heartless ▷她为私利而贩卖奴隶丧尽天良。**Tā wèi sīlì ér fànmài núlì sàng jìn tiān liáng.** She heartlessly sold people into slavery for her own profit.
丧(喪)命 **sàngmìng** [动] die
丧(喪)偶 **sàng'ǒu** [动] be widowed
丧(喪)气(氣) **sàngqì** [动] lose heart (*pt, pp* lost)
丧(喪)气(氣) **sàngqi** [形] (口) unlucky ▷烧烤会碰上下雨，真丧气！**Shāokǎohuì pèngshàng xiàyǔ, zhēn sàngqi!** It rained on our barbecue — what bad luck!
丧(喪)失 **sàngshī** [动] lose (*pt, pp* lost) ▷丧失尊严 **sàngshī zūnyán** lose one's dignity
丧(喪)心病狂 **sàng xīn bìng kuáng** frenzied

搔 **sāo** [动] scratch

骚(騷) **sāo** I [动] disturb II [形] (贬) flirty
骚(騷)动(動) **sāodòng** I [名] disturbance ▷总统被暗杀，在全国引起骚动。**Zǒngtǒng bèi ànshā, zài quánguó yǐnqǐ sāodòng.** The assassination of the president led to disturbances all over the country. II [动] create an uproar ▷电影放到一半突然停电，观众骚动起来。**Diànyǐng fàngdào yībàn tūrán tíng diàn, guānzhòng sāodòng qǐlái.** Halfway through the film there was a power cut and the audience was in an uproar.
骚(騷)乱(亂) **sāoluàn** [动] riot
骚(騷)扰(擾) **sāorǎo** [动] harass ▷性骚扰 **xìngsāorǎo** sexual harassment

臊 **sāo** [名] foul smell
→另见 sào

S

扫(掃) sǎo [动] **1** (打扫) sweep (*pt*, *pp* swept) **2** (除去) clear ... away ▶ 扫黄 **sǎohuáng** anti-pornography campaign **3** (快速掠过) sweep (*pt*, *pp* swept) ▷ 演员向观众扫了一眼。 **Yǎnyuán xiàng guānzhòng sǎole yī yǎn.** The actor's gaze swept over the audience.
→ 另见 **sào**

扫(掃)除 **sǎochú** [动] **1** (打扫) sweep ... up (*pt*, *pp* swept) **2** (除掉) eliminate ▷ 扫除文盲 **sǎochú wénmáng** eliminate illiteracy

扫(掃)地出门(門) **sǎo dì chū mén** be cast out into the world with nothing to one's name ▷ 父母死后, 她被扫地出门。 **Fùmǔ sǐ hòu, tā bèi sǎo dì chū mén.** After her parents died, she was cast out into the world with nothing to her name.

扫(掃)黄(黃) **sǎohuáng** [动] hold an anti-pornography campaign (*pt*, *pp* held)

扫(掃)盲 **sǎománg** [动] eliminate illiteracy

扫(掃)描 **sǎomiáo** [动] scan

扫(掃)描仪(儀) **sǎomiáoyí** [名] scanner

扫(掃)墓 **sǎomù** [动] tend a grave

扫(掃)射 **sǎoshè** [动] strafe

扫(掃)视(視) **sǎoshì** [动] take a quick look (*pt* took, *pp* taken) ▷ 他向人群扫视了一遍, 开始发表演讲。 **Tā xiàng rénqún sǎoshìle yī biàn, kāishǐ fābiǎo yǎnjiǎng.** He took a quick look at the audience and then began his speech.

扫(掃)尾 **sǎowěi** [动] wind ... up (*pt*, *pp* wound) ▷ 工作大体做完了, 明日谁来扫尾? **Gōngzuò dàtǐ zuòwán le, míngrì shuí lái sǎowěi?** The work is pretty much finished. Who's going to come in tomorrow to wind things up?

扫(掃)兴(興) **sǎoxìng** [形] disappointed

嫂 sǎo [名] **1** (哥哥之妻) sister-in-law (*pl* sisters-in-law) **2** (泛称已婚妇女) auntie

嫂子 **sǎozi** [名] (口) sister-in-law (*pl* sisters-in-law)

扫(掃) sào 见下文
→ 另见 **sǎo**

扫(掃)帚 **sàozhou** [名] broom

瘙 sào 见下文

瘙痒(癢) **sàoyǎng** [动] itch

臊 sào [形] shy
→ 另见 **sāo**

色 sè [名] **1** (颜色) colour (英), color (美) **2** (脸色) expression **3** (种类) kind **4** (景象) scenery **5** (质量) quality **6** (美貌) good looks (*pl*)
→ 另见 **shǎi**

色彩 **sècǎi** [名] **1** (颜色) colour (英), color (美) **2** (指情调) tone ▷ 小说笼罩着悲剧色彩。 **Xiǎoshuō lǒngzhàozhe bēijù sècǎi.** The novel is tragic in tone.

色调(調) **sèdiào** [名] **1** (指色彩) shade **2** (指思想) tone

色鬼 **sèguǐ** [名] lecher

色狼 **sèláng** [名] lecher

色盲 **sèmáng** [名] colour (英) 或 color (美) blindness

色眯眯 **sèmīmī** [形] lewd

色情 **sèqíng** [形] pornographic

色素 **sèsù** [名] pigment

色相 **sèxiàng** [名] charm

色泽(澤) **sèzé** [名] lustre (英), luster (美)

涩(澀) sè [形] **1** (味道) astringent **2** (文句) obscure

啬(嗇) sè [形] ▶ 吝啬 **lìnsè** stingy

瑟 sè [名] Chinese harp

瑟缩(縮) **sèsuō** [动] huddle ▷ 他瑟缩在角落里抽烟。 **Tā sèsuō zài jiǎoluò lǐ chōu yān.** He huddled in the corner to have a smoke.

森 sēn [形] **1** (形容树多) wooded **2** (阴暗) gloomy

森林 **sēnlín** [名] forest

森严(嚴) **sēnyán** [形] heavily guarded ▷ 军事重地戒备森严。 **Jūnshì zhòngdì jièbèi sēnyán.** The military area is heavily guarded.

僧 sēng [名] Buddhist monk ▶ 僧人 **sēngrén** Buddhist monk

僧侣(侶) **sēnglǚ** [名] Buddhist monk

杀(殺) shā **I** [动] **1** (杀死) kill **2** (战斗) fight (*pt*, *pp* fought) **3** (削弱) reduce ▷ 杀威风 **shā wēifēng** cut down to size **II** [助] ▷ 这个喜剧笑杀人。 **Zhège xǐjù xiào shā rén.** The comedy was utterly hilarious.

杀(殺)毒 **shādú** [动] get rid of a virus ▷ 杀毒软件 **shādú ruǎnjiàn** anti-virus software

杀(殺)风(風)景 **shā fēngjǐng** spoil the mood ▷ 草坪上的垃圾真杀风景。 **Cǎopíng shàng de lājī zhēn shā fēngjǐng.** The rubbish on the lawn really spoils the atmosphere.

杀(殺)害 **shāhài** [动] murder

杀(殺)机(機) **shājī** [名] murderous intent

杀(殺)价(價) **shājià** [动] bargain ▷ 我很会杀价。 **Wǒ hěn huì shājià.** I'm a very good bargainer.

杀(殺)戒 **shājiè** [名] *Buddhist prohibition against taking life*
杀(殺)戮 **shālù** [动] massacre
杀(殺)气(氣) **shāqì** [名] murderous look
杀(殺)青 **shāqīng** [动] be complete ▷ 电影杀青并进入发行阶段。**Diànyǐng shāqīng bìng jìnrù fāxíng jiēduàn.** The film is complete and ready for release.
杀(殺)生 **shāshēng** [动] kill
杀(殺)手 **shāshǒu** [名] killer

沙 **shā** **I** [名] **1** (石粒) sand **2** (指食品) paste **II** [形] hoarse
沙场(場) **shāchǎng** [名] (书) battlefield
沙尘(塵) **shāchén** [名] dust
沙尘(塵)暴 **shāchénbào** [名] sandstorm
沙发(發) **shāfā** [名] sofa
沙锅(鍋) **shāguō** [名] casserole
沙化 **shāhuà** [动] desertify ▷ 草原逐渐沙化。**Cǎoyuán zhújiàn shāhuà.** The grasslands are gradually turning into desert. ▷ 沙化是自然环境的大患。**Shāhuà shì zìrán huánjìng de dàhuàn.** Desertification is a disaster for the natural environment.
沙皇 **shāhuáng** [名] tsar
沙龙(龍) **shālóng** [名] salon
沙漠 **shāmò** [名] desert
沙滩(灘) **shātān** [名] beach
沙哑(啞) **shāyǎ** [形] hoarse
沙眼 **shāyǎn** [名] trachoma
沙子 **shāzi** [名] sand

纱(紗) **shā** [名] **1** (指材料) yarn **2** (指织品) gauze
纱(紗)布 **shābù** [名] gauze

刹 **shā** [动] brake
→ 另见 chà
刹车(車) **shāchē** **I** [动] **1** (停止机器) brake ▷ 他没能刹住车，撞到了树上。**Tā méi néng shāzhù chē, zhuàngdàole shù shang.** He didn't brake in time, and crashed into the tree. **2** (喻) (制止) put a stop to (*pt, pp* put) ▷ 这个项目成了烂摊子，赶快刹车吧。**Zhège xiàngmù chéngle làn tānzi, gǎnkuài shāchē ba.** This project is turning into a real shambles. We should put a stop to it at once. **II** [名] brake

砂 **shā** [名] grit (*pl* grit)

煞 **shā** **I** [动] **1** (结束) stop **2** (勒紧) tighten ▶ 煞车 **shāchē** brake **II** [副] (书) extremely
→ 另见 shà
煞车(車) **shāchē** **I** [动] **1** (停止机器) brake **2** (喻) (制止) put a stop to (*pt, pp* put) **II** [名] brake

鲨(鯊) **shā** [名] shark ▶ 鲨鱼 **shāyú** shark

傻 **shǎ** [形] **1** (蠢) stupid **2** (死心眼) inflexible
傻瓜 **shǎguā** [名] fool
傻乎乎 **shǎhūhū** [形] simple-minded
傻气(氣) **shǎqì** [形] foolish
傻笑 **shǎxiào** [动] giggle
傻眼 **shǎyǎn** [动] be stunned
傻子 **shǎzi** [名] fool

厦(廈) **shà** [名] tall building ▷ 摩天大厦 **mótiān dàshà** skyscraper

煞 **shà** **I** [名] evil spirit **II** [副] extremely
→ 另见 shā
煞白 **shàbái** [形] deathly pale
煞费(費)苦心 **shà fèi kǔxīn** take great pains ▷ 父母对孩子的教育煞费苦心。**Fùmǔ duì háizi de jiàoyù shà fèi kǔxīn.** Parents take great pains over their children's education.

霎 **shà** [名] instant
霎时(時)间(間) **shàshíjiān** [名] instant

筛(篩) **shāi** [动] sieve
筛(篩)选(選) **shāixuǎn** [动] **1** (指用筛子) sieve **2** (挑选) select ▷ 筛选运动员 **shāixuǎn yùndòngyuán** select athletes

色 **shǎi** [名] colour (英), color (美)
→ 另见 sè
色子 **shǎizi** [名] dice

晒(曬) **shài** [动] **1** (阳光照射) shine upon ▷ 他被晒黑了。**Tā bèi shàihēi le.** He's tanned. ▷ 我被晒伤了。**Wǒ bèi shàishāng le.** I've got sunburn. ▷ 我被晒得直出汗。**Wǒ bèi shài de zhí chūhàn.** I was sweating constantly out in the sun. **2** (吸收光热) lie in the sun (*pt* lay, *pp* lain) ▷ 她在沙滩上晒太阳。**Tā zài shātān shàng shài tàiyáng.** She was sunbathing on the beach. ▷ 她躺在沙滩上晒太阳。**Tā tǎngzài shātān shàng shài tàiyáng.** She was lying on the beach, sunbathing. ▷ 我把衣服拿出去晒。**Wǒ bǎ yīfu ná chūqù shài.** I put the clothes out to dry in the sun.
晒(曬)台(臺) **shàitái** [名] roof terrace

山 **shān** [名] **1** (地质) mountain ▶ 小山 **xiǎoshān** hill ▶ 山峦 **shānluán** mountain range **2** (似山之物) ▶ 冰山 **bīngshān** iceberg ▷ 人山人海 **rén shān rén hǎi** crowds of people
山崩 **shānbēng** [名] landslide

S

山川 **shānchuān** [名] landscape
山村 **shāncūn** [名] mountain village
山洞 **shāndòng** [名] cave
山峰 **shānfēng** [名] peak
山冈(岡) **shāngāng** [名] hillock
山歌 **shāngē** [名] folk song
山沟(溝) **shāngōu** [名] **1** (流水沟) gully **2** (山谷) valley **3** (偏僻山区) mountainous area
山谷 **shāngǔ** [名] valley
山河 **shānhé** [名] (书) lands (*pl*)
山货(貨) **shānhuò** [名] mountain delicacies (*pl*)
山涧(澗) **shānjiàn** [名] mountain stream
山脚(腳) **shānjiǎo** [名] foothills (*pl*)
山林 **shānlín** [名] wooded hill
山峦(巒) **shānluán** [名] mountain range
山脉(脈) **shānmài** [名] mountain range
山盟海誓 **shān méng hǎi shì** make a pledge of everlasting love
山南海北 **shān nán hǎi běi** **1** (字) far and wide **2** (喻) (指说话) far-ranging
山坡 **shānpō** [名] mountainside
山清水秀 **shān qīng shuǐ xiù** beautiful natural scenery
山穷(窮)水尽(盡) **shān qióng shuǐ jìn** reach the end of the road ▷ 股市还没到山穷水尽的地步。**Gǔshì hái méi dào shān qióng shuǐ jìn de dìbù.** The stock market still hasn't reached its lowest point.
山区(區) **shānqū** [名] mountainous area
山水 **shānshuǐ** [名] **1** (风景) scenery **2** (画) landscape painting
山头(頭) **shāntóu** [名] mountaintop
山寨 **shānzhài** **I** [名] mountain village **II** [形] knock-off
山珍海味 **shān zhēn hǎi wèi** [名] exotic delicacies (*pl*)

杉 **shān** [名] Chinese fir

删(刪) **shān** [动] delete
删(刪)除 **shānchú** [动] delete
删(刪)改 **shāngǎi** [动] revise
删(刪)节(節) **shānjié** [动] abridge

衫 **shān** [名] shirt

姗(姍) **shān** 见下文
姗(姍)姗(姍)来(來)迟(遲) **shānshān lái chí** arrive late

珊 **shān** 见下文
珊瑚 **shānhú** [名] coral

舢 **shān** 见下文
舢板 **shānbǎn** [名] sampan

扇 **shān** [动] **1** (扇子) fan **2** (耳光) slap
→ 另见 **shàn**
扇动(動) **shāndòng** [动] flap

煽 **shān** [动] incite
煽动(動) **shāndòng** [动] incite ▷ 煽动民族仇恨 **shāndòng mínzú chóuhèn** incite racial hatred
煽风(風)点(點)火 **shān fēng diǎn huǒ** (喻) stir up trouble
煽情 **shānqíng** **I** [动] stir up emotion **II** [形] **1** (褒) moving **2** (贬) sentimental

---

潸 **shān** [动] (书) shed tears (*pt*, *pp* shed)
潸然 **shānrán** [形] (书) tearful ▷ 潸然泪下 **shānrán lèi xià** with tears rolling down one's cheeks

---

闪(閃) **shǎn** **I** [动] **1** (闪避) dodge **2** (受伤) sprain **3** (突然出现) flash ▷ 流星一闪而过。**Liúxīng yī shǎn ér guò.** The meteor flashed by. **4** (闪耀) shine (*pt*, *pp* shone) **II** [名] lightning ▷ 打闪了。**Dǎ shǎn le.** Lightning flashed.
闪(閃)避 **shǎnbì** [动] dodge
闪(閃)电(電) **shǎndiàn** [名] lightning
闪(閃)动(動) **shǎndòng** [动] flash
闪(閃)念 **shǎnniàn** [动] be seized by a sudden thought
闪(閃)闪(閃) **shǎnshǎn** [形] sparkling
闪(閃)身 **shǎnshēn** [动] sidestep
闪(閃)失 **shǎnshī** [名] accident
闪(閃)烁(爍) **shǎnshuò** [动] **1** (忽明忽暗) twinkle ▷ 星星闪烁着。**Xīngxīng shǎnshuò zhe.** The stars were twinkling. **2** (吞吞吐吐) speak evasively (*pt* spoke, *pp* spoken)
闪(閃)烁(爍)其词(詞) **shǎnshuò qí cí** speak evasively (*pt* spoke, *pp* spoken) ▷ 从他的闪烁其词能看出他分明是在掩饰什么。**Cóng tā de shǎnshuò qí cí néng kànchū tā fēnmíng shì zài yǎnshì shénme.** You can tell from his evasive language that he's got something to hide.
闪(閃)现(現) **shǎnxiàn** [动] flash
闪(閃)耀 **shǎnyào** [动] shine (*pt*, *pp* shone)

讪(訕) **shàn** **I** [动] mock **II** [形] embarrassed
讪(訕)笑 **shànxiào** [动] mock

扇 **shàn** **I** [名] **1** (扇子) fan **2** (板状物) leaf (*pl* leaves) **II** [量] ▷ 一扇窗 **yī shàn chuāng** a window ▷两扇门 liǎng shàn mén two doors

measure word, used for doors, windows, screens etc.
→另见 shān

善 shàn I [形] 1 (善良) kind 2 (良好) good ▶善事 shànshì good deeds 3 (友好) friendly II [动] 1 (办好) sort ... out ▶善后 shànhòu deal with the aftermath 2 (擅长) be an expert at 3 (容易) be prone to ▶善忘 shànwàng forgetful III [副] well

善罢(罷)甘休 shàn bà gān xiū ▷你就这样打发他走，他绝不会善罢甘休的。Nǐ jiù zhèyàng dǎfā tā zǒu, tā jué bù huì shàn bà gān xiū de. If you send him away like that, he won't take it lying down.

善待 shàndài [动] treat ... well ▷善待朋友 shàndài péngyou treat friends well

善后(後) shànhòu [动] deal with the aftermath (*pt*, *pp* dealt) ▷处理事故的善后问题 chǔlǐ shìgù de shànhòu wèntí deal with the aftermath of an accident

善举(舉) shànjǔ [名] charitable act

善良 shànliáng [形] kind-hearted

善始善终(終) shàn shǐ shàn zhōng start well and end well

善意 shànyì [名] good intention ▷善意的提醒 shànyì de tíxǐng a well-intentioned warning

善于(於) shànyú [动] be good at ▷善于绘画 shànyú huìhuà be good at painting

善终(終) shànzhōng [动] 1 (老死) die a natural death 2 (做好最后工作) end well

禅(禪) shàn [动] abdicate
→另见 chán

禅(禪)让(讓) shànràng [动] abdicate

骟(騸) shàn [动] neuter

缮(繕) shàn [动] 1 (修补) repair 2 (书) (抄写) copy

缮(繕)写(寫) shànxiě [动] copy ▷缮写文件 shànxiě wénjiàn copy documents

擅 shàn I [动] be expert at ▷他擅辩。Tā shànbiàn. He's an expert debater. II [副] without leave ▷擅离职守 shàn lí zhí shǒu be absent without leave

擅长(長) shàncháng [动] be skilled in ▷擅长外交 shàncháng wàijiāo be skilled in diplomacy ▷擅长武术 shàncháng wǔshù be skilled at martial arts

擅自 shànzì [动] take it upon oneself (*pt* took, *pp* taken) ▷上司不在，他擅自和客户签了协议。Shàngsi bù zài, tā shànzì hé kèhù qiānle xiéyì. Since the boss was out, he took it upon himself to sign the agreement.

膳 shàn [名] (书) meal

膳食 shànshí [名] food

赡(贍) shàn [动] support

赡(贍)养(養) shànyǎng [动] support ▷赡养父母 shànyǎng fùmǔ support one's parents

鳝(鱔) shàn [名] eel ▶鳝鱼 shànyú eel

伤(傷) shāng I [动] 1 (身体部位) injure ▶扭伤 niǔshāng sprain ▷她伤了胳膊。Tā shāngle gēbo. She injured her arm. 2 (感情) hurt (*pt*, *pp* hurt) II [名] injury

伤(傷)残(殘) shāngcán [名] the disabled (*pl*) ▷伤残军人 shāngcán jūnrén a disabled soldier

伤(傷)风(風) shāngfēng [动] catch a cold (*pt*, *pp* caught)

伤(傷)风(風)败(敗)俗 shāng fēng bài sú offend public decency ▷这本小说被公认为伤风败俗。Zhè běn xiǎoshuō bèi gōngrèn wéi shāng fēng bài sú. This novel was widely condemned as an offence to public decency.

伤(傷)感 shānggǎn [形] sentimental ▷一部伤感的电影 yī bù shānggǎn de diànyǐng a sentimental film

伤(傷)害 shānghài [动] 1 (感情) hurt (*pt*, *pp* hurt) 2 (身体) damage ▷吸烟伤害身体。Xīyān shānghài shēntǐ. Smoking damages your health.

伤(傷)痕 shānghén [名] scar

伤(傷)口 shāngkǒu [名] wound

伤(傷)脑(腦)筋 shāng nǎojīn [动] be a headache ▷他让父母伤脑筋。Tā ràng fùmǔ shāng nǎojīn. He's a headache for his parents.

伤(傷)神 shāngshén [动] 1 (耗费精神) be stressful ▷你天天熬夜工作很伤神的。Nǐ tiāntiān áoyè gōngzuò hěn shāngshén de. It's very stressful for you to stay up late working every night. 2 (伤心) be upset

伤(傷)天害理 shāng tiān hài lǐ do things that are against reason or nature

伤(傷)亡 shāngwáng [名] casualty

伤(傷)心 shāngxīn [形] sad

商 shāng I [动] discuss ▶磋商 cuōshāng consult ▶协商 xiéshāng negotiate II [名] 1 (商业) commerce ▶经商 jīngshāng trade 2 (商人) businessman (*pl* businessmen) businesswoman (*pl* businesswomen) ▷珠宝商 zhūbǎoshāng jeweller (英), jeweler (美) 3 (数)

S

quotient ▷10被5除的商是2。Shí bèi wǔ chú de shāng shì èr. Ten divided by five is two.
商标(標) **shāngbiāo** [名] trademark
商场(場) **shāngchǎng** [名] shopping centre (英), mall (美)
商店 **shāngdiàn** [名] shop (英), store (美)
商定 **shāngdìng** [动] agree on ▷合同条款还未商定。**Hétong tiáokuǎn hái wèi shāngdìng.** The articles in the contract have not yet been agreed on.
商贩(販) **shāngfàn** [名] pedlar
商会(會) **shānghuì** [名] chamber of commerce
商机(機) **shāngjī** [名] business opportunity
商界 **shāngjiè** [名] business circles (*pl*)
商量 **shāngliang** [动] discuss
商贸(貿) **shāngmào** [名] commerce
商品 **shāngpǐn** [名] commodity ▷商品交易会 **shāngpǐn jiāoyìhuì** trade fair ▷进出口商品 **jìnchūkǒu shāngpǐn** the import and export of goods
商品房 **shāngpǐnfáng** [名] commercial housing
商洽 **shāngqià** [动] discuss ▷我们需要与制造商商洽。**Wǒmen xūyào yǔ zhìzàoshāng shāngqià.** We need to discuss matters with the manufacturer.
商情 **shāngqíng** [名] market conditions (*pl*)
商榷 **shāngquè** [动] discuss
商人 **shāngrén** [名] businessman (*pl* businessmen) businesswoman (*pl* businesswomen)
商谈(談) **shāngtán** [动] negotiate
商讨(討) **shāngtǎo** [动] discuss
商务(務) **shāngwù** [名] business ▷商务谈判 **shāngwù tánpàn** business negotiation ▷电子商务 **diànzǐ shāngwù** e-commerce
商学(學)院 **shāngxuéyuàn** [名] business school
商业(業) **shāngyè** [名] commerce ▷商业合作 **shāngyè hézuò** commercial collaboration ▷商业银行 **shāngyè yínháng** merchant bank ▷商业信息 **shāngyè xìnxī** commercial information
商酌 **shāngzhuó** [动] deliberate over ▷商酌反恐怖法案 **shāngzhuó fǎnkǒngbù fǎ'àn** deliberate over the anti-terrorism bill

---

晌 **shǎng** [名] **1** (一段时间) moment **2** (方) (晌午) noon
晌午 **shǎngwu** [名] (方) noon

赏(賞) **shǎng I** [动] **1** (赏赐) award ▷因为他的出色表现, 公司赏他一辆车。**Yīnwèi tā de chūsè biǎoxiàn, gōngsī shǎng tā yī liàng chē.** Because of his outstanding performance, the company awarded him a car. **2** (欣赏) admire ▷赏月 **shǎng yuè** enjoy the moon **3** (赏识) appreciate **II** [名] reward
赏(賞)赐(賜) **shǎngcì I** [动] grant **II** [名] reward
赏(賞)罚(罰)分明 **shǎngfá fēn míng** [动] be fair in meting out rewards and punishments
赏(賞)光 **shǎngguāng** [动] (敬) visit
赏(賞)鉴(鑑) **shǎngjiàn** [动] appreciate
赏(賞)脸(臉) **shǎngliǎn** [动] (敬) do ... the honour (英) 或 honor (美) ▷请您赏脸收下这份礼物。**Qǐng nín shǎngliǎn shōuxià zhè fèn lǐwù.** Please do me the honour of accepting this gift.
赏(賞)识(識) **shǎngshí** [动] think highly of (*pt, pp* thought)
赏(賞)析 **shǎngxī** [动] appreciate
赏(賞)心悦(悅)目 **shǎng xīn yuè mù** aesthetically pleasing ▷一幅赏心悦目的山水画 **yī fú shǎng xīn yuè mù de shānshuǐhuà** an aesthetically pleasing landscape painting

---

上 **shàng I** [名] **1** (指方位) upper part ▶上游 **shàngyóu** upper stream ▷上层 **shàngcéng** upper layer **2** (指等级, 质量) ▶上级 **shàngjí** higher authorities (*pl*) ▶上品 **shàngpǐn** high-quality products **3** (指时间, 次序) ▷上星期 **shàng xīngqī** last week ▷上个月 **shàng gè yuè** last month ▷上半年 **shàng bànnián** the first half of the year **II** [动] **1** (向上) go up ▷上楼 **shànglóu** go upstairs **2** (按点前往) go ▶上学 **shàngxué** go to school ▶上班 **shàngbān** go to work **3** (去) go to ▷他上天津开会去了。**Tā shàng Tiānjīn kāihuì qù le.** He went to Tianjin to attend a meeting. **4** (出场) make an entrance ▷上场时, 队长先上。**Shàngchǎng shí, duìzhǎng xiān shàng.** When a team makes its entrance, the captain leads the way. **5** (添补) fill ▶上货 **shànghuò** stock up **6** (饭, 菜) serve ▷上菜 **shàng cài** serve food **7** (安装) fix ▷上螺丝 **shàng luósī** fix a screw **8** (涂) apply ▷上涂料 **shàng túliào** apply paint **9** (登载) appear ▷上杂志 **shàng zázhì** appear in a magazine **10** (拧紧) tighten ▷我的表已上弦了。**Wǒde biǎo yǐ shàngxián le.** I've wound up my watch. **11** (达到) reach ▷上岁数 **shàng suìshu** reach a great age ▷上百艘船停靠在岸边。**Shàng bǎi sōu chuán tíngkào zài ànbiān.** Over a hundred boats were moored on the bank. **12** (车, 船, 飞机) board (楼, 山) go up **13** (表示从低到高) ▷我跑上楼梯。**Wǒ pǎoshàng lóutī.** I ran up the stairs. ▷演员走上舞台。**Yǎnyuán zǒushàng wǔtái.** The performer walked onto the stage. **14** (表示达到目的) ▷考上大学 **kǎoshàng dàxué** pass the university entrance exams ▷当上老师 **dāngshàng lǎoshī** become a teacher **15** (表示开始) ▷喜欢上古典音乐 **xǐhuān shàng gǔdiǎn yīnyuè** come to like classical music ▷他干上了导游。**Tā gàn shàng le dǎoyóu.** He's started work as a tour guide. **III** [介] **1** (在物体表面) on ▷椅子上 **yǐzi shang** on the chair **2** (表示范围) in ▷报纸上 **bàozhǐ shang** in the newspaper **3** (表示某方面) in ▷事实上 **shìshíshang** in fact

上班 **shàngbān** [动] go to work

上报(報) **shàngbào** [动] **1** (报告) report ▷这一紧急情况应及时上报。**Zhè yī jǐn jí qíngkuàng yīng jíshí shàngbào.** This urgent matter should be reported immediately. **2** (刊登) be in the newspaper

上辈(輩) **shàngbèi** [名] **1** (祖先) ancestor **2** (上代) previous generation

上菜 **shàngcài** [动] serve food

上操 **shàngcāo** [动] do morning exercises

上策 **shàngcè** [名] the best plan

上层(層) **shàngcéng** [名] upper level ▷上层领导 **shàngcéng lǐngdǎo** upper echelons of leadership

上层(層)建筑(築) **shàngcéng jiànzhù** [名] superstructure

上场(場) **shàngchǎng** [动] enter (*of actors or players*)

上车(車) **shàng chē** [动] get into a vehicle ▷快上车，我们要迟到了。**Kuài shàng chē, wǒmen yào chídào le.** Hurry up and get in the car, we're going to be late.

上乘 **shàngchéng** [形] first-class ▷中国家具质量上乘。**Zhōngguó jiājù zhìliàng shàngchéng.** The quality of Chinese furniture is first class.

上蹿(躥)下跳 **shàng cuān xià tiào** **1** (乱蹦) jump about ▷小丑上蹿下跳，把观众逗得哈哈大笑。**Xiǎochǒu shàng cuān xià tiào, bǎ guānzhòng dòu de hāhā dà xiào.** The clown jumped about, and the audience burst into peals of laughter. **2** (贬) (指拉拢人) pull strings

上当(當) **shàngdàng** [动] be taken in ▷数次上当之后，我不再信他的话了。**Shù cì shàngdàng zhīhòu, wǒ bùzài xìn tā de huà le.** After I'd been taken in several times, I stopped believing what he said.

上等 **shàngděng** [形] first-class

上帝 **Shàngdì** [名] God

上吊 **shàngdiào** [动] hang oneself (*pt, pp* hanged)

上访(訪) **shàngfǎng** [动] appeal to the higher authorities

上坟(墳) **shàngfén** [动] pay one's respects at a grave (*pt, pp* paid)

上风(風) **shàngfēng** [名] **1** (指风) windward **2** (喻) (有利地位) advantage ▷占上风 **zhàn shàngfēng** get the upper hand

上浮 **shàngfú** [动] raise

上岗(崗) **shànggǎng** [动] take up a post (*pt* took, *pp* taken) ▷企业员工竞争上岗。**Qǐyè yuángōng jìngzhēng shànggǎng.** The workers are competing for jobs.

上告 **shànggào** [动] **1** (告状) appeal ▷上告法院 **shànggào fǎyuàn** appeal to a higher court **2** (报告) report

上钩(鉤) **shànggōu** [动] rise to the bait (*pt* rose, *pp* risen)

上古 **shànggǔ** [名] ancient times (*pl*)

上轨(軌)道 **shàng guǐdào** [动] be on the right track

上海 **Shànghǎi** [名] Shanghai

上好 **shànghǎo** [形] top-quality ▷上好的丝绸 **shànghǎo de sīchóu** top-quality silk

上火 **shànghuǒ** [动] (方) (发怒) get angry

上货(貨) **shàng huò** [动] stock up ▷新品上货 **xīnpǐn shàng huò** stock up on new goods

上机(機) **shàngjī** [动] use a computer

上级(級) **shàng jí** [名] higher authorities (*pl*) ▷上级机关 **shàngjí jīguān** higher level organization

上将(將) **shàngjiàng** [名] general

上交 **shàngjiāo** [动] hand ... in

上缴(繳) **shàngjiǎo** [动] hand ... over

上进(進) **shàngjìn** [动] make progress

上课(課) **shàngkè** [动] go to class

上空 **shàngkōng** [名] ▷直升机在上空盘旋。**Zhíshēngjī zài shàngkōng pánxuán.** A helicopter is hovering overhead.

上口 **shàngkǒu** **I** [动] flow well **II** [形] flowing

上来(來) **shànglái** [动] **1** (指动作趋向) ▷饭菜端上来了。**Fàncài duān shànglái le.** The meal was brought to the table. ▷他从坑里爬上来了。**Tā cóng kēng li pá shànglái le.** He climbed out of the pit. **2** (表示成功) ▷这个问题我答不上来。**Zhège wèntí wǒ dá bù shànglái.** I can't answer this question. **3** (指等级提升) promote ▷这名干部是从基层提拔上来的。**Zhè míng gànbù shì cóng jīcéng tíbá shànglái de.** This official was promoted from the grass roots.

上梁(樑)不正下梁(樑)歪 **shàngliáng bù zhèng xiàliáng wāi** those in subordinate positions will follow the example set by their superiors

上流 **shàngliú** **I** [名] upper reaches (*pl*) **II** [形] upper-class

上马(馬) **shàngmǎ** [动] begin (*pt* began, *pp* begun)

S

上门(門) shàngmén [动] **1** (到家里) call on ▹他亲自上门向他们道谢。Tā qīnzì shàngmén xiàng tāmen dàoxiè. He called on them in person to offer his thanks. ▹送货上门 sòng huò shàngmén delivery service **2** (锁门) lock the door

上面 shàngmiàn [名] **1** (指位置高) ▹书桌上面挂着风铃。Shūzhuō shàngmiàn guàzhe fēnglíng. A wind chime is hanging above the desk. ▹他住在我上面。Tā zhù zài wǒ shàngmiàn. He lives above me. **2** (物体表面) ▹墙上面挂着相片。Qiáng shàngmian guàzhe xiàngpiàn. Photographs were hanging on the walls. ▹袖子上面有墨迹。Xiùzi shàngmiàn yǒu mòjì. There are ink stains on the sleeve. **3** (以上的部分) ▹上面的例子很具说服力。Shàngmiàn de lìzi hěn jù shuōfúlì. The previous example is very persuasive. ▹上面我们分析了各种可能性。Shàngmiàn wǒmen fēnxīle gè zhǒng kěnéngxìng. As can be seen above, we have made an analysis of all possibilities. **4** (方面) ▹他没时间花在看小说上面。Tā méi shíjiān huā zài kàn xiǎoshuō shàngmiàn. He doesn't have time for reading novels. ▹他在音乐上面的造诣很深。Tā zài yīnyuè shàngmiàn de zàoyì hěn shēn. His achievements in the field of music are considerable. **5** (上级) superior ▹上面来了指示。Shàngmiàn láile zhǐshì. We have received instructions from our superiors.

上年纪(紀) shàng niánji [动] get old ▹妈妈上了年纪, 视力下降了。Māma shàngle niánji, shìlì xiàjiàng le. Mum's getting old — her eyesight is failing.

上品 shàngpǐn [名] top grade

上去 shàngqù [动] **1** (指由低到高) go up **2** (提高) improve

上任 shàngrèn [动] take up a new post (*pt* took, *pp* taken)

上色 shàngshǎi [动] colour (英), color (美)

上身 shàngshēn **I** [名] upper body **II** [动] put ... on (*pt*, *pp* put)

上升 shàngshēng [动] **1** (往高处移) ascend **2** (增加) increase

上市 shàngshì [动] appear on the market ▹明日有新股上市。Míngrì yǒu xīn gǔ shàngshì. Tomorrow the new stock will appear on the market. ▹8月桃子大量上市。Bāyuè táozi dàliàng shàngshì. In August, peaches are in season.

上手 shàngshǒu [动] start

上书(書) shàngshū [动] submit a statement ▹工人联名上书揭发厂长贪污受贿。Gōngrén liánmíng shàngshū jiēfā chǎngzhǎng tānwū shòuhuì. The workers submitted a statement revealing how the plant manager had accepted bribes.

上司 shàngsi [名] superior

上诉(訴) shàngsù [动] appeal

上溯 shàngsù [动] trace ... back

上算 shàngsuàn [形] worthwhile

上台(臺) shàngtái [动] **1** (指舞台, 讲台) appear on stage **2** (贬) (掌权) come to power (*pt* came, *pp* come) ▹新领导上台了。Xīn lǐngdǎo shàngtái le. The new leader has come to power.

上天 shàngtiān **I** [动] **1** (升空) launch ▹人造卫星上天了。Rénzào wèixīng shàngtiān le. A man-made satellite was launched. **2** (婉) (死亡) pass away **II** [名] Heaven

上网(網) shàngwǎng [动] go online ▹上网查信 shàngwǎng chá xìn go online to check one's e-mail ▹上网聊天 shàngwǎng liáotiān go online to chat

上文 shàngwén [名] preceding paragraph ▹请见上文。Qǐng jiàn shàngwén. Please see above.

上午 shàngwǔ [名] morning

上西天 shàng xītiān (口, 贬) kick the bucket

上限 shàngxiàn [名] upper limit

上相 shàngxiàng [形] photogenic

上演 shàngyǎn [动] perform

上衣 shàngyī [名] top

上瘾(癮) shàngyǐn [动] be addicted to

上映 shàngyìng [动] show (*pt* showed, *pp* shown)

上游(遊) shàngyóu [名] **1** (指河流) upper reaches (*pl*) **2** (先进) front rank

上涨(漲) shàngzhǎng [动] rise (*pt* rose, *pp* risen)

上阵(陣) shàngzhèn [动] pitch in ▹厂长亲自上阵抓生产。Chǎngzhǎng qīnzì shàngzhèn zhuā shēngchǎn. The boss pitched in personally in the struggle to increase production.

上座率 shàngzuòlǜ [名] box-office figures (*pl*)

尚 shàng **I** [动] esteem **II** [副] (书) still ▹现在下结论还为时尚早。Xiànzài xià jiélùn hái wéishí shàng zǎo. It's still too early to jump to conclusions.

尚且 shàngqiě [连] ▹简单的对话他尚且都不懂, 更何况难的了。Jiǎndān de duìhuà tā shàngqiě dōu bù dǒng, gèng hékuàng nán de le. He can't even understand simple conversations, let alone difficult ones. ▹宝宝尚且不会走路, 更何况跑呢。Bǎobao shàngqiě bù huì zǒulù, gèng hékuàng pǎo ne. The baby can't even walk, let alone run.

捎 shāo [动] deliver ▷捎口信 shāo kǒuxìn deliver a message
捎带(帶) shāodài [副] in passing ▷每次出差我都捎带买些礼物。Měi cì chūchāi wǒ dōu shāodài mǎi xiē lǐwù. Every time I go away on business I always pick up presents.

烧(燒) shāo [动] **1** (着火) burn ▷她把信烧掉了。Tā bǎ xìn shāodiào le. She burned the letter. ▷房子烧了。Fángzi shāo le. The house was burned down. **2** (加热) heat ▷烧水 shāo shuǐ boil water **3** (烹) braise ▷红烧牛肉 hóngshāo niúròu beef braised in soy sauce **4** (烤) roast ▶烧鸡 shāojī roast chicken **5** (发烧) have a temperature ▷她烧到了39度。Tā shāodàole sānshíjiǔ dù. She has a temperature of 39 degrees.
烧(燒)毁(毀) shāohuǐ [动] be burned down
烧(燒)烤 shāokǎo [动] barbecue
烧(燒)香 shāoxiāng [动] burn incense
烧(燒)灼 shāozhuó [动] burn

梢 shāo [名] top ▶树梢 shùshāo treetop

稍 shāo [副] slightly ▷他比我稍矮点。Tā bǐ wǒ shāo ǎi diǎn. He's slightly shorter than me.
→另见 shào
稍稍 shāoshāo [副] a little
稍微 shāowēi [副] a little
稍纵(縱)即逝 shāo zòng jí shì fleeting ▷商人要善于抓住稍纵即逝的市场机遇。Shāngrén yào shànyú zhuāzhù shāo zòng jí shì de shìchǎng jīyù. Business people must be good at taking advantage of every fleeting window of opportunity.

艄 shāo [名] **1** (船尾) stern **2** (舵) rudder ▷撑艄 chēng shāo be at the helm
艄公 shāogōng [名] helmsman

勺 sháo [名] ladle

少 shǎo **I** [形] few ▷你要少吃甜食。Nǐ yào shǎo chī tiánshí. You should eat fewer sweet things. ▷屋里家具太少。Wū li jiājù tài shǎo. There is very little furniture in the room. **II** [动] **1** (缺) lack ▷汤里少了葱。Tāng li shǎole cōng. There is no onion in the soup. **2** (丢) be missing ▷她发现钱包里的钱少了一百块。Tā fāxiàn qiánbāo li de qián shǎole yī bǎi kuài. She discovered that one hundred kuai were missing from her purse. ▷她发现自行车少了。Tā fāxiàn zìxíngchē shǎo le. She discovered that a bike was missing. **III** [副] ▷少等一会儿 shǎo děng yīhuìr Please wait a moment.
→另见 shào
少见(見)多怪 shǎo jiàn duō guài ▷大千世界无奇不有，你用不着少见多怪。Dàqiānshìjiè wú qí bù yǒu, nǐ yòng bù zháo shǎo jiàn duō guài. The world is full of miraculous things, you shouldn't be so easily impressed. ▷也许是我少见多怪，我觉得最美丽的地方莫过于桂林了。Yěxǔ shì wǒ shǎo jiàn duō guài, wǒ juéde zuì měilì de dìfang mò guò yú Guìlín le. Perhaps I haven't seen much of the world, but I think nowhere is more beautiful than Guilin.
少量 shǎoliàng [名] a little ▷在汤里放少量盐。Zài tāng li fàng shǎoliàng yán. Put a little salt in the soup.
少陪 shǎopéi [动] (客套) ▷我得先走一步，少陪了。Wǒ děi xiān zǒu yī bù, shǎopéi le. I'm afraid I really have to go.
少时(時) shǎoshí [名] ▷他少时就回来了。Tā shǎoshí jiù huílái le. He came back after a short while. ▷少时雷雨停了，探险队又继续赶路。Shǎoshí léiyǔ tíng le, tànxiǎnduì yòu jìxù gǎnlù. Before long the storm stopped and the exploration team continued on its way.
少数(數) shǎoshù [名] minority
少数(數)民族 shǎoshù mínzú [名] ethnic minorities (*pl*)

> 少数民族 shǎoshù mínzú refers to China's ethnic minorities. There are 56 distinct ethnic groups in China, of which the Han is by far the largest, accounting for over 90% of the population. The other 55 minorities are mainly located in the southwestern and northwestern provinces. Five regions have been set up as ethnic minorities autonomous regions.

少许(許) shǎoxǔ [形] (书) a little

少 shào **I** [形] young ▶少女 shàonǚ young girl **II** [名] teenager ▶阔少 kuòshào rich kid
→另见 shǎo
少不更事 shào bù gēng shì green ▷新来的工人少不更事。Xīn lái de gōngrén shào bù gēng shì. The new workers are very green.
少妇(婦) shàofù [名] young wife (*pl* wives)
少男少女 shàonán shàonǚ [名] teenagers (*pl*)
少年 shàonián [名] youth
少年老成 shàonián lǎochéng mature beyond one's years
少女 shàonǚ [名] young girl
少相 shàoxiang [形] young-looking
少壮(壯) shàozhuàng [形] young and strong

哨 shào [名] **1** (兵站) post ▶哨所 shàosuǒ post **2** (哨子) whistle ▷吹哨 chuīshào whistle

哨兵 shàobīng [名] sentry
哨卡 shàoqiǎ [名] sentry post
哨子 shàozi [名] whistle

稍 shào 见下文
→另见 shāo
稍息 shàoxī [动] stand at ease (*pt, pp* stood)

奢 shē [形] extravagant ▸奢靡 shēmǐ wasteful ▸奢望 shēwàng high hopes (*pl*)
奢侈 shēchǐ [形] luxurious
奢华(華) shēhuá [形] sumptuous
奢求 shēqiú [动] make excessive demands
奢望 shēwàng [名] high hopes (*pl*)

赊(賒) shē [动] buy ... on credit (*pt, pp* bought) ▸赊购 shēgòu buy ... on credit
赊(賒)欠 shēqiàn [动] buy on credit (*pt, pp* bought)
赊(賒)账(賬) shēzhàng [动] buy on credit (*pt, pp* bought)

舌 shé [名] tongue ▸火舌 huǒshé flame
舌头(頭) shétou [名] tongue
舌战(戰) shézhàn [动] have a heated dispute

折 shé [动] **1** (折断) snap ▹他的腿折了。Tā de tuǐ shé le. He broke his leg. ▹树枝折了。Shùzhī shé le. The branch snapped. **2** (亏损) lose money (*pt, pp* lost)
→另见 zhē, zhé
折本 shéběn [动] lose money (*pt, pp* lost) ▹他把那批货折本卖掉了。Tā bǎ nà pī huò shéběn màidiào le. He sold all of those goods at a loss.

蛇 shé [名] snake

舍(捨) shě [动] **1** (舍弃) abandon ▹舍己为人 shě jǐ wèi rén be altruistic **2** (施舍) give (*pt* gave, *pp* given) ▹他时常舍些钱给乞丐。Tā shícháng shě xiē qián gěi qǐgài. He frequently gives to beggars.
→另见 shè
舍(捨)本逐末 shě běn zhú mò get one's priorities wrong ▹大学生过多参与社会活动其实是舍本逐末。Dàxuéshēng guò duō cānyù shèhuì huódòng qíshí shì shě běn zhú mò. Students who get too involved in social activities have got their priorities wrong.
舍(捨)己为(為)人 shě jǐ wèi rén be altruistic ▹他舍己为人的精神令人感动。Dā shě jǐ wèi rén de jīngshén lìng rén gǎndòng. His sense of altruism is touching.
舍(捨)近求远(遠) shě jìn qiú yuǎn go far afield ▹附近商店有各种装修材料，我们不必舍近求远。Fùjìn shāngdiàn yǒu gè zhǒng zhuāngxiū cáiliào, wǒmen bùbì shě jìn qiú yuǎn. The local shops have all sorts of decorating materials — there's no need for us to go far afield.
舍(捨)命 shěmìng [动] risk one's life
舍(捨)弃(棄) shěqì [动] give up (*pt* gave, *pp* given)
舍(捨)身 shěshēn [动] give one's life (*pt* gave, *pp* given) ▹舍身救人 shěshēn jiù rén give one's life for others

设(設) shè [动] **1** (设立，布置) set ... up (*pt, pp* set) ▹山顶设了个气象站。Shāndǐng shèle gè qìxiàngzhàn. A weather station has been set up at the summit. ▹设宴 shè yàn give a banquet **2** (想) plan ▸设计 shèjì work out a plan **3** (假定) suppose ▸设想 shèxiǎng envisage
设(設)备(備) shèbèi [名] equipment ▹办公设备 bàngōng shèbèi office equipment
设(設)法 shèfǎ [动] try
设(設)防 shèfáng [动] set up defences (英) 或 defenses (美) (*pt, pp* set)
设(設)计(計) shèjì [动] design ▹服装设计 fúzhuāng shèjì fashion design ▹这本词典的封面设计太美了。Zhè běn cídiǎn de fēngmiàn shèjì tài měi le. This dictionary has a great jacket design.
设(設)立 shèlì [动] establish
设(設)身处(處)地 shè shēn chǔ dì put oneself in another person's shoes
设(設)施 shèshī [名] facilities (*pl*)
设(設)想 shèxiǎng [动] **1** (想象) imagine **2** (着想) consider
设(設)置 shèzhì [动] **1** (设立) set ... up (*pt, pp* set) ▹设置障碍 shèzhì zhàng'ài set up a barrier **2** (安装) install ▹起居室里设置了空调。Qǐjūshì li shèzhìle kōngtiáo. Air conditioning has been installed in the living room.

社 shè [名] organization ▸报社 bàoshè newspaper office ▸旅行社 lǚxíngshè travel agent
社会(會) shèhuì [名] society ▹国际社会 guójì shèhuì international community ▹社会福利 shèhuì fúlì social welfare
社会(會)主义(義) shèhuì zhǔyì [名] socialism
社交 shèjiāo [名] social contact ▹社交活动 shèjiāo huódòng social activity
社论(論) shèlùn [名] editorial
社区(區) shèqū [名] community ▹社区服务 shèqū fúwù community service
社团(團) shètuán [名] organization

舍 shè [名] house ▶宿舍 sùshè dormitory ▶猪舍 zhūshè pigsty
→另见 shě

射 shè [动] 1 (发) shoot (*pt*, *pp* shot) ▷射箭 shèjiàn shoot an arrow 2 (喷) spout ▶喷射 pēnshè spurt 3 (放出) emit ▶照射 zhàoshè shine
射程 shèchéng [名] range
射击(擊) shèjī I [动] fire II [名] shooting
射门(門) shèmén [动] shoot (*pt*, *pp* shot)
射线(綫) shèxiàn [名] 1 (电磁波) ray 2 (数) straight line
射影 shèyǐng [名] projection

涉 shè [动] 1 (渡) cross ▷跋山涉水 bá shān shè shuǐ cross mountains and rivers 2 (经历) go through ▶涉险 shèxiǎn go through dangerous situations 3 (牵涉) involve ▶涉嫌 shèxián be a suspect
涉及 shèjí [动] involve ▷走私案涉及海关和警方。Zǒusī'àn shèjí hǎiguān hé jǐngfāng. The smuggling case involves Customs and the police. ▷这个问题书里面没涉及到。Zhège wèntí shū lǐmiàn méi shèjídào. The book does not touch on this question.
涉猎(獵) shèliè [动] 1 (浏览) browse ▷这类书只需涉猎就行了。Zhè lèi shū zhǐxū shèliè jiù xíng le. It's enough just to browse through a book like this. 2 (接触) touch
涉世 shèshì [动] have experience of life ▷他涉世不深，常常受骗。Tā shèshì bù shēn, chángcháng shòu piàn. He has little experience of life and is always getting cheated.
涉嫌 shèxián [动] be a suspect

赦 shè [动] pardon
赦免 shèmiǎn [动] pardon

摄(攝) shè [动] 1 (吸取) absorb 2 (摄影) take a photo (*pt* took, *pp* taken) 3 (代理) act for
摄(攝)取 shèqǔ [动] 1 (吸收) take in (*pt* took, *pp* taken) 2 (拍摄) take a photo of
摄(攝)像 shèxiàng [动] make a video
摄(攝)影 shèyǐng [动] 1 (照相) take a photo (*pt* took, *pp* taken) 2 (拍电影) shoot a film (英) 或 movie (美) (*pt*, *pp* shot)
摄(攝)制(製) shèzhì [动] produce ▷摄制电影 shèzhì diànyǐng produce a film (英) 或 movie (美)

慑(懾) shè [动] (书) fear
慑(懾)服 shèfú [动] 1 (屈服) submit 2 (使屈服) make ... submit

谁(誰) shéi [代] 1 (表示问人) who ▷谁在门外？Shéi zài mén wài? Who's at the door? 2 (指任何一个人) whoever ▷谁先到谁买票。Shéi xiān dào shéi mǎi piào. Whoever arrives first buys the tickets.

申 shēn [动] express
申办(辦) shēnbàn [动] 1 (申请举办) bid for (*pt*, *pp* bid) ▷申办奥运会 shēnbàn Àoyùnhuì bid for the Olympics 2 (申请办理) apply for ▷申办养老金 shēnbàn yǎnglǎojīn apply for a pension
申报(報) shēnbào [动] declare
申辩(辯) shēnbiàn [动] defend oneself
申斥 shēnchì [动] reprimand
申明 shēnmíng [动] declare
申请(請) shēnqǐng [动] apply ▷申请工作 shēnqǐng gōngzuò apply for a job
申诉(訴) shēnsù [动] appeal
申冤 shēnyuān [动] 1 (昭雪冤屈) get justice 2 (申诉冤屈) appeal for justice

伸 shēn [动] stretch ▶伸懒腰 shēn lǎnyāo stretch oneself
伸手 shēnshǒu [动] 1 (伸出手) hold out one's hand (*pt*, *pp* held) 2 (索要) ask for help
伸缩(縮) shēnsuō [动] 1 (伸展和收缩) expand and contract 2 (变通) be flexible
伸展 shēnzhǎn [动] stretch
伸张(張) shēnzhāng [动] uphold (*pt*, *pp* upheld)

身 shēn I [名] 1 (身体) body ▷身强力壮 shēn qiáng lì zhuàng be strong and fit 2 (生命) life ▷舍身 shěshēn lay down one's life 3 (自己) oneself ▷以身作则 yǐ shēn zuò zé set a good example (*with one's own conduct*) 4 (品德) moral character 5 (部分) body ▶车身 chēshēn body (*of a car*) II [量] ▷一身新衣 yī shēn xīn yī a set of new clothes
身败(敗)名裂 shēn bài míng liè be utterly discredited
身不由己 shēn bù yóu jǐ not be able to help oneself ▷他社交活动太多，确实身不由己。Tā shèjiāo huódòng tài duō, quèshí shēn bù yóu jǐ. He's got himself involved so many activities — he just can't help himself.
身材 shēncái [名] figure
身段 shēnduàn [名] figure
身份 shēnfen [名] 1 (地位) position 2 (尊严) dignity
身份证(證) shēnfènzhèng [名] identity card
身价(價) shēnjià [名] social status
身教 shēnjiào [动] teach by example (*pt*, *pp* taught)

身经(經)百战(戰) **shēn jīng bǎi zhàn** be seasoned ▷这位球星身经百战。Zhè wèi qiúxīng shēn jīng bǎi zhàn. This football star is a seasoned player.

身临(臨)其境 **shēn lín qí jìng** actually be there ▷这幅油画使人有身临其境之感。Zhè fú yóuhuà shǐ rén yǒu shēn lín qí jìng zhī gǎn. This painting makes you feel you are actually there.

身强(強)力壮(壯) **shēn qiáng lì zhuàng** tough

身躯(軀) **shēnqū** [名] body

身世 **shēnshì** [名] life experience

身手 **shēnshǒu** [名] skill

身受 **shēnshòu** [动] experience ... personally

身体(體) **shēntǐ** [名] body

身体(體)力行 **shēn tǐ lì xíng** practise (英) 或 practice (美) what one preaches ▷当领导身体力行非常重要。Dāng lǐngdǎo shēn tǐ lì xíng fēicháng zhòngyào. It's very important for a leader to practise what he preaches.

身外之物 **shēn wài zhī wù** worldly things ▷金钱和荣誉都是身外之物。Jīnqián hé róngyù dōu shì shēn wài zhī wù. Money and fame are worldly things.

身心 **shēnxīn** [名] body and mind ▷身心健康 shēnxīn jiànkāng physical and mental health

身孕 **shēnyùn** [名] pregnancy ▷她有了身孕。Tā yǒule shēnyùn. She is pregnant.

身子 **shēnzi** [名] (口) **1** (身体) body ▷她生病后身子很弱。Tā shēngbìng hòu shēnzi hěn ruò. Since she became ill she has been very weak. **2** (身孕) pregnancy ▷她已有了3个月的身子。Tā yǐ yǒule sān gè yuè de shēnzi. She is three months pregnant.

呻 **shēn** 见下文

呻吟 **shēnyín** [动] groan

参(參) **shēn** [名] ginseng ▶人参 rénshēn ginseng

→另见 cān, cēn

绅(紳) **shēn** [名] gentry

绅(紳)士 **shēnshì** [名] gentleman

深 **shēn** I [形] **1** (指深度) deep ▶深水 shēn shuǐ deep water **2** (指距离) remote ▶深山 shēn shān remote mountain **3** (深奥) difficult ▷这本书对孩子来说太深了。Zhè běn shū duì háizi lái shuō tài shēn le. This book is too difficult for children. **4** (深刻) deep ▷印象深 yìnxiàng shēn a deep impression ▷我对老经理的印象特别深。Wǒ duì lǎojīnglǐ de yìnxiàng tèbié shēn. My old boss left a deep impression on me. **5** (密切) close ▷我和父母的感情都很深。Wǒ hé fùmǔ de gǎnqíng dōu hěn shēn. I am very close to my parents. **6** (浓重) dark ▷深蓝 shēn lán dark blue **7** (指时间久) late ▶深夜 shēnyè late at night II [名] depth ▷这口井有10米深。Zhè kǒu jǐng yǒu shí mǐ shēn. This well is 10 metres (英) 或 meters (美) deep. III [副] very ▶深信 shēnxìn firmly believe ▶深信不疑 shēnxìn bù yí firmly believe

深奥(奧) **shēn'ào** [形] profound

深层(層) **shēncéng** [名] the depths (*pl*) ▷雨水渗到了土壤的深层。Yǔshuǐ shèndàole tǔrǎng de shēncéng. The rain has seeped deep into the soil. ▷深层原因 shēncéng yuányīn underlying reason

深沉 **shēnchén** [形] deep ▷暮色深沉。Mùsè shēnchén. The dusk is deepening. ▷他的嗓音深沉。Tā de sǎngyīn shēnchén. He has a deep voice. ▷我哥哥很深沉。Wǒ gēge hěn shēnchén. My brother is a deep one.

深仇大恨 **shēn chóu dà hèn** deep hatred

深度 **shēndù** I [名] depth ▷测量油井的深度 cèliáng yóujǐng de shēndù gauge the depth of an oil well ▷这篇文章缺乏深度。Zhè piān wénzhāng quēfá shēndù. This essay lacks depth. II [形] extreme ▷深度近视 shēndù jìnshì extreme short-sightedness

深更半夜 **shēngēng-bànyè** in the dead of night

深广(廣) **shēnguǎng** [形] broad

深厚 **shēnhòu** [形] **1** (浓厚) deep **2** (坚实) solid

深化 **shēnhuà** [动] deepen

深究 **shēnjiū** [动] get to the bottom of

深居简(簡)出 **shēn jū jiǎn chū** be a recluse

深刻 **shēnkè** [形] deep ▷首相的讲话给我留下深刻的印象。Shǒuxiàng de jiǎnghuà gěi wǒ liúxià shēnkè de yìnxiàng. The prime minister's speech made a deep impression on me.

深明大义(義) **shēn míng dà yì** be principled ▷父亲深明大义，送儿子去投案自首。Fùqīn shēn míng dà yì, sòng érzi qù tóu'àn zìshǒu. The father was very principled: he sent his son to give himself up.

深谋(謀)远(遠)虑(慮) **shēn móu yuǎn lǜ** think ahead ▷决策者需要深谋远虑。Juécèzhě xūyào shēn móu yuǎn lǜ. Policy makers need to think ahead.

深浅(淺) **shēnqiǎn** [名] **1** (深度) depth **2** (分寸) sense of propriety ▷他说话没深浅。Tā shuōhuà méi shēnqiǎn. He often speaks inappropriately.

深切 **shēnqiè** [形] **1** (深厚) heartfelt ▷对朋友们深切的关怀我非常感谢。Duì péngyoumen shēnqiè de guānhuái wǒ fēicháng gǎnxiè.

Many thanks to my friends for their heartfelt concern. **2** (切实) deep ▷ 我对这种事有深切的体会。Wǒ duì zhè zhǒng shì yǒu shēnqiè de tǐhuì. I have a deep understanding of these things.

深情 **shēnqíng** [名] deep feeling

深情厚谊(誼) **shēn qíng hòu yì** [名] deep friendship

深入 **shēnrù** **I** [动] penetrate **II** [形] thorough

深入浅(淺)出 **shēn rù qiǎn chū** explain difficult concepts simply

深山 **shēnshān** [名] remote mountains (*pl*)

深思 **shēnsī** [动] reflect on

深思熟虑(慮) **shēnsī shúlǜ** careful consideration ▷ 购房时一定要深思熟虑。Gòufáng shí yīdìng yào shēn sī shú lǜ. When buying a house you must give it careful consideration.

深邃 **shēnsuì** [形] **1** (距离远) deep **2** (深奥) profound

深恶(惡)痛绝(絕) **shēn wù tòng jué** detest

深信 **shēnxìn** [动] believe deeply

深渊(淵) **shēnyuān** [名] abyss

深远(遠) **shēnyuǎn** [形] far-reaching

深造 **shēnzào** [动] pursue advanced studies

深湛 **shēnzhàn** [形] profound

深重 **shēnzhòng** [形] serious

什 **shén** 见下文

→ 另见 shí

什么(麼) **shénme** [代] **1** (表示疑问) what ▷ 你要什么？Nǐ yào shénme? What do you want? **2** (表示虚指) something ▷ 他们在商量着什么。Tāmen zài shāngliangzhe shénme. They are discussing something. **3** (表示任指) anything ▷ 我什么都不怕。Wǒ shénme dōu bù pà. I'm not afraid of anything. **4** (表示惊讶，不满) what ▷ 什么！他拒绝出席会议！Shénme! Tā jùjué chūxí huìyì! What! He refused to attend the meeting! ▷ 这是什么菜！一点都不好吃。Zhè shì shénme cài! Yīdiǎn dōu bù hǎo chī. What sort of food is this? It's disgusting. **5** (表示责难) ▷ 你在胡说什么！Nǐ zài húshuō shénme! What's that rubbish? **6** (表示不同意) ▷ 什么不好意思？她脸皮厚得很。Shénme bù hǎo yìsi? Tā liǎnpí hòu de hěn. What do you mean she's embarrassed? She's very thick-skinned. **7** (表示例举不尽) ▷ 什么水果, 酸奶, 糖果，她都爱吃。Shénme shuǐguǒ, suānnǎi, tángguǒ, tā dōu ài chī. She likes eating things like fruit, yoghurt and sweets.

什么(麼)的 **shénmede** [代] and so on ▷ 餐桌上摆满了香蕉, 李子, 苹果什么的。Cānzhuō shang bǎimǎnle xiāngjiāo, lǐzi, píngguǒ shénmede. The dining table was loaded with bananas, plums, apples and so on.

神 **shén** **I** [名] **1** (宗) god ▶ 鬼神 guǐshén supernatural beings (*pl*) **2** (精神) spirit ▶ 走神 zǒushén be absent-minded **II** [形] **1** (高超) amazing ▶ 神奇 shénqí magical **2** (方) (聪明) clever ▷ 你可真神！Nǐ kě zhēn shén! How clever you are!

神不守舍 **shén bù shǒu shè** drift off ▷ 他在课堂上总是神不守舍。Tā zài kètáng shang zǒngshì shén bù shǒu shè. He's always drifting off in class.

神采 **shéncǎi** [名] demeanour

神出鬼没(沒) **shén chū guǐ mò** come and go ▷ 那批人神出鬼没，居无定所。Nà pī rén shén chū guǐ mò, jū wú dìng suǒ. That bunch come and go — they don't live anywhere permanently.

神乎其神 **shén hū qí shén** so wonderful ▷ 这是一个神乎其神的传说。Zhè shì yī gè shén hū qí shén de chuánshuō. This is such a wonderful legend.

神化 **shénhuà** [动] deify

神话(話) **shénhuà** [名] myth

神魂颠(顛)倒 **shén hún diān dǎo** be infatuated ▷ 他被那女人弄得神魂颠倒。Tā bèi nà nǚrén nòng de shén hún diān dǎo. He's become infatuated with that woman.

神机(機)妙算 **shén jī miào suàn** have foresight

神经(經) **shénjīng** [名] nerve ▷ 神经系统 shénjīng xìtǒng nervous system

神灵(靈) **shénlíng** [名] spirit

神秘(祕) **shénmì** [形] mysterious

神明 **shénmíng** [名] god

神奇 **shénqí** [形] magical

神气(氣) **shénqì** **I** [名] manner ▷ 他说话的神气很严肃。Tā shuōhuà de shénqì hěn yánsù. His manner as he spoke was serious. **II** [形] **1** (精神) impressive ▷ 他穿上西装显得很神气。Tā chuānshàng xīzhuāng xiǎnde hěn shénqì. He looks impressive in a suit. **2** (得意) cocky

神情 **shénqíng** [名] expression

神色 **shénsè** [名] look

神圣(聖) **shénshèng** [形] sacred

神思 **shénsī** [名] state of mind

神似 **shénsì** [形] lifelike

神速 **shénsù** [形] incredibly fast

神态(態) **shéntài** [名] look

神通 **shéntōng** [名] remarkable ability

神往 **shénwǎng** [动] be amazed ▷ 桂林山水令人神往。**Guìlín shānshuǐ lìng rén shénwǎng.** The scenery around Guilin is amazing.
神仙 **shénxiān** [名] immortal
神学(學) **shénxué** [名] theology
神志 **shénzhì** [名] mind

审(審) **shěn I** [形] careful ▶ 审慎 **shěnshèn** cautious **II** [动] **1** (审查) go over ▷ 审稿 **shěn gǎo** review **2** (审讯) try ▷ 审案子 **shěn ànzi** try a case ▷ 审案 **shěn àn** try a case
审(審)查 **shěnchá** [动] examine
审(審)订(訂) **shěndìng** [动] revise
审(審)定 **shěndìng** [动] examine and approve
审(審)核(覈) **shěnhé** [动] verify
审(審)计(計) **shěnjì** [动] audit
审(審)理 **shěnlǐ** [动] hear (*pt*, *pp* heard)
审(審)美 **shěnměi** [动] appreciate
审(審)判 **shěnpàn** [动] try
审(審)批 **shěnpī** [动] examine and approve
审(審)慎 **shěnshèn** [形] cautious
审(審)时(時)度势(勢) **shěn shí duó shì** take stock of a situation
审(審)视(視) **shěnshì** [动] examine ... closely
审(審)问(問) **shěnwèn** [动] interrogate
审(審)讯(訊) **shěnxùn** [动] interrogate
审(審)议(議) **shěnyì** [动] consider
审(審)阅(閱) **shěnyuè** [动] check

婶(嬸) **shěn** [名] aunt

肾(腎) **shèn** [名] kidney

甚 **shèn I** [形] extreme ▷ 欺人太甚 **qī rén tài shèn** be too high-handed **II** [副] very ▷ 这家饭店的服务甚佳。**Zhè jiā fàndiàn de fúwù shèn jiā.** The service at this restaurant is very good.
甚至 **shènzhì I** [副] even ▷ 父亲去世后, 他痛苦得甚至无法工作。**Fùqīn qùshì hòu, tā tòngkǔ de shènzhì wúfǎ gōngzuò.** After his father passed away, he was so distressed he couldn't even work. **II** [连] ▷ 对职员们的相继辞职, 老板感到遗憾甚至痛苦。**Duì zhíyuánmen de xiāngjì cízhí, lǎobǎn gǎndào yíhàn shènzhì tòngkǔ.** The boss felt regret, even distress, about the spate of resignations. ▷ 在巴西, 不但年轻人, 甚至老年人都喜欢足球。**Zài Bāxī, bùdàn niánqīngrén, shènzhì lǎoniánrén dōu xǐhuān zúqiú.** In Brazil everybody loves football, not just the young, but older people too.

渗(滲) **shèn** [动] seep
渗(滲)漏 **shènlòu** [动] leak
渗(滲)入 **shènrù** [动] **1** (液体) seep into **2** (势力等) penetrate
渗(滲)透 **shèntòu** [动] **1** (液体, 气体) permeate **2** (抽象事物) infiltrate

蜃 **shèn** 见下文
蜃景 **shènjǐng** [名] mirage

慎 **shèn** [形] careful
慎重 **shènzhòng** [形] cautious

升 **shēng I** [动] **1** (由低往高) rise (*pt* rose, *pp* risen) **2** (提升) promote ▶ 升职 **shēngzhí** be promoted **II** [量] litre (英), liter (美) ▷ 1升牛奶 **yī shēng niúnǎi** a litre of milk
升格 **shēnggé** [动] promote ▷ 他由系主任升格为校长。**Tā yóu xìzhǔrèn shēnggé wéi xiàozhǎng.** He was promoted from head of department to principal.
升(昇)华(華) **shēnghuá** [动] **1** (物) sublimate **2** (升级) distil (英), distill (美)
升级(級) **shēngjí** [动] **1** (升高年级) go up ▷ 我儿子将升到2年级。**Wǒ érzi jiāng shēngdào èr niánjí.** My son will go up into year two (英) or second grade (美). **2** (规模扩大) escalate ▷ 战争还在升级。**Zhànzhēng hái zài shēngjí.** The war continues to escalate. **3** (指电脑) upgrade
升级(級)换(換)代 **shēngjí huàndài** upgrade
升迁(遷) **shēngqiān** [动] *get promoted and transferred to a different department*
升天 **shēngtiān** [动] die
升学(學) **shēngxué** [动] *move to a more advanced school*
升值 **shēngzhí** [动] appreciate

生 **shēng I** [动] **1** (生育) give birth to (*pt* gave, *pp* given) ▷ 生孩子 **shēng háizi** have a baby **2** (长) grow (*pt* grew, *pp* grown) ▷ 生根 **shēnggēn** take root **3** (活) live ▶ 生死 **shēngsǐ** life and death **4** (患) get ▶ 生病 **shēngbìng** get ill **5** (点) light (*pt*, *pp* lit) ▶ 生火 **shēnghuǒ** light a fire **II** [名] **1** (生命) life (*pl* lives) ▶ 求生 **qiúshēng** eke out a living **2** (生平) life (*pl* lives) ▶ 今生 **jīnshēng** this life **3** (学生) student ▶ 新生 **xīnshēng** new student ▶ 小学生 **xiǎoxuéshēng** primary school pupil (英), elementary school student (美) **III** [形] **1** (活的) living ▶ 生物 **shēngwù** living things **2** (未熟的) unripe ▷ 生苹果 **shēng píngguǒ** unripe apples **3** (未煮的) raw ▷ 生鱼片 **shēngyúpiàn** slices of raw fish **4** (未加工的) crude ▶ 生铁 **shēngtiě** crude iron **5** (生疏) unfamiliar **6** (生硬) stiff ▷ 这个句子是生凑的。**Zhège jùzi shì shēngcòu**

de. This sentence is awkwardly put together.
IV [副] very ▶ 生疼 **shēngténg** very painful

生搬硬套 **shēng bān yìng tào** copy ... mechanically ▷ 对别人的学习方法不能生搬硬套。Duì biérén de xuéxí fāngfǎ bùnéng shēng bān yìng tào. One should not mechanically copy other students' study methods.

生产(產) **shēngchǎn** [动] **1** (制造) produce **2** (生孩子) give birth to (*pt* gave, *pp* given)

生产(產)线(線) **shēngchǎnxiàn** [名] production line

生辰 **shēngchén** [名] birthday

生存 **shēngcún** [动] survive

生动(動) **shēngdòng** [形] lively

生还(還) **shēnghuán** [动] survive

生活 **shēnghuó** **I** [名] life ▷ 提高生活质量 tígāo shēnghuó zhìliàng improve quality of life ▷ 日常生活 rìcháng shēnghuó daily life **II** [动] **1** (居住) live ▷ 他从小和祖母一起生活。Tā cóngxiǎo hé zǔmǔ yīqǐ shēnghuó. He's lived with his grandmother since he was little. **2** (生存) survive ▷ 没有水，人就不能生活。Méiyǒu shuǐ, rén jiù bùnéng shēnghuó. Without water, human beings can't survive.

生机(機) **shēngjī** [名] **1** (生存机会) lease of life ▷ 一线生机 yī xiàn shēngjī a chance of survival **2** (活力) life ▷ 春天来了，大地充满生机。Chūntiān lái le, dàdì chōngmǎn shēngjī. It's spring and the earth is teeming with life.

生计(計) **shēngjì** [名] livelihood

生就 **shēngjiù** [动] be born with

生来(來) **shēnglái** [副] ▷ 人生来都是平等的。Rén shēnglái dōu shì píngděng de. All human beings are born equal.

生离(離)死别(別) **shēng lí sǐ bié** part forever

生理 **shēnglǐ** [名] physiology

生力军(軍) **shēnglìjūn** [名] **1** (指军队) new troops (*pl*) **2** (指人员) fresh blood

生灵(靈) **shēnglíng** [名] (书) (生命) the people (*pl*)

生龙(龍)活虎 **shēng lóng huó hǔ** full of energy

生路 **shēnglù** [名] way out

生命 **shēngmìng** [名] life (*pl* lives) ▷ 挽救生命 wǎnjiù shēngmìng save a life ▷ 生命科学 shēngmìng kēxué life science

生命力 **shēngmìnglì** [名] vitality

生命线(線) **shēngmìngxiàn** [名] lifeblood

生怕 **shēngpà** [副] ▷ 我生怕着凉，多盖了条毯子。Wǒ shēngpà zháoliáng, duō gàile tiáo tǎnzi. So as not to get cold, I put on another blanket. ▷ 我睡觉时把钱放在枕头下，生怕贼偷了去。Wǒ shuìjiào shí bǎ qián fàng zài zhěntou xià, shēngpà zéi tōule qù. I slept with all my money under my pillow for fear of thieves.

生僻 **shēngpì** [形] obscure

生平 **shēngpíng** [名] one's life ▷ 我生平从未感到这么震惊过。Wǒ shēngpíng cóngwèi gǎndào zhème zhènjīng guo. I have never been so astonished in my whole life.

生气(氣) **shēngqì** **I** [动] get angry **II** [名] vitality

生趣 **shēngqù** [名] life's pleasures (*pl*)

生人 **shēngrén** [名] stranger

生日 **shēngrì** [名] birthday

生色 **shēngsè** [动] add colour (英) 或 color (美) to

生身父母 **shēngshēn fùmǔ** [名] natural parents (*pl*)

生事 **shēngshì** [动] make trouble

生手 **shēngshǒu** [名] ▷ 我刚来，是个生手。Wǒ gāng lái, shì gè shēngshǒu. I've just arrived and am new to the job.

生疏 **shēngshū** [形] **1** (没接触过的) unfamiliar **2** (不熟练的) rusty **3** (疏远的) distant

生死存亡 **shēng sǐ cún wáng** of vital importance

生死攸关(關) **shēng sǐ yōu guān** a matter of life and death

生死与(與)共 **shēng sǐ yǔ gòng** live and die side by side

生态(態) **shēngtài** [名] ecology

生吞活剥(剝) **shēng tūn huó bō** adopt ... wholesale ▷ 学习他国经验不能生吞活剥。Xuéxí tā guó jīngyàn bùnéng shēng tūn huó bō. When learning from the experience of other countries, it's no good adopting everything wholesale.

生物 **shēngwù** [名] living things (*pl*)

生物学(學) **shēngwùxué** [名] biology

生息 **shēngxī** [动] **1** (取得利息) bear interest (*pt* bore, *pp* borne) **2** (书) (生存) live

生肖 **shēngxiào** [名] animal of the Chinese zodiac

生效 **shēngxiào** [动] come into effect (*pt* came, *pp* come)

生性 **shēngxìng** [名] disposition

生涯 **shēngyá** [名] career

生意 **shēngyi** [名] business

生硬 **shēngyìng** [形] **1** (不自然) unnatural **2** (不柔和) rigid

生育 **shēngyù** [动] give birth to (*pt* gave, *pp* given)

生长(長) **shēngzhǎng** [动] **1** (植物) grow (*pt* grew, *pp* grown) **2** (生物) grow up (*pt* grew, *pp* grown)

生殖 **shēngzhí** [动] reproduce

生字 **shēngzì** [名] new word

声(聲) shēng **I** [名] **1** (声音) sound ▶ 歌声 gēshēng song **2** (名声) reputation ▶ 声誉 shēngyù fame **3** (声调) tone (*of Chinese phonetics*) **II** [动] make a sound ▷ 不声不响 bù shēng bù xiǎng silent

声(聲)辩(辯) **shēngbiàn** [动] argue

声(聲)波 **shēngbō** [名] sound wave

声(聲)称(稱) **shēngchēng** [动] claim ▷ 他声称将把所有财产捐献给慈善机构。Tā shēngchēng jiāng bǎ suǒyǒu cáichǎn juānxiàn gěi císhàn jīgòu. He claims he will give all his money to charity.

声(聲)带(帶) **shēngdài** [名] vocal cords (*pl*)

声(聲)调(調) **shēngdiào** [名] tone

声(聲)东(東)击(擊)西 **shēng dōng jī xī** decoy tactics ▷ 这位将军作战时善于声东击西。Zhè wèi jiāngjūn zuòzhàn shí shànyú shēng dōng jī xī. In war this general is excellent at decoy tactics.

声(聲)价(價) **shēngjià** [名] reputation

声(聲)明 **shēngmíng** [动] state ▷ 联合声明 liánhé shēngmíng joint statement

声(聲)色 **shēngsè** [名] voice and expression ▷ 不动声色 bù dòng shēngsè maintain one's composure

声(聲)势(勢) **shēngshì** [名] power and influence

声(聲)嘶力竭 **shēng sī lì jié** hoarse

声(聲)讨(討) **shēngtǎo** [动] condemn

声(聲)望 **shēngwàng** [名] prestige

声(聲)息 **shēngxī** [名] **1** (声音) noise **2** (消息) information

声(聲)响(響) **shēngxiǎng** [名] noise

声(聲)言 **shēngyán** [动] declare

声(聲)音 **shēngyīn** [名] **1** (指人) voice **2** (指物) sound

声(聲)誉(譽) **shēngyù** [名] reputation

声(聲)援 **shēngyuán** [动] publicly support

声(聲)乐(樂) **shēngyuè** [名] (音) vocal music

声(聲)张(張) **shēngzhāng** [动] disclose

牲 shēng [名] **1** (家畜) domestic animal **2** (祭神的牲畜) animal sacrifice

牲畜 **shēngchù** [名] livestock

牲口 **shēngkou** [名] beast of burden

甥 shēng [名] nephew ▶ 外甥 wàishēng nephew ▶ 外甥女 wàishēngnǚ niece

甥女 **shēngnǚ** [名] niece

绳(繩) shéng **I** [名] rope **II** [动] (书) restrain

绳(繩)子 **shéngzi** [名] rope

省 shěng **I** [动] **1** (节约) save ▷ 省钱 shěng qián save money **2** (免掉) leave ... out (*pt, pp* left) **II** [名] province ▷ 广东省 Guǎngdōng Shěng Guangdong Province
→ 另见 xǐng

省城 **shěngchéng** [名] provincial capital

省吃俭(儉)用 **shěng chī jiǎn yòng** live frugally

省会(會) **shěnghuì** [名] provincial capital

省略 **shěnglüè** [动] leave ... out (*pt, pp* left)

省事 **shěngshì** [动] save trouble ▷ 请人装修房子比自己动手省事很多。Qǐng rén zhuāngxiū fángzi bǐ zìjǐ dòngshǒu shěngshì hěn duō. Having someone else decorate your house is much simpler than doing it yourself.

省心 **shěngxīn** [动] save worry ▷ 雇了个保姆,我省心多了。Gùle gè bǎomǔ, wǒ shěngxīn duō le. Hiring a nanny has saved me a lot of worry.

圣(聖) shèng **I** [形] holy ▶ 神圣 shénshèng sacred ▶ 圣诞节 Shèngdàn Jié Christmas **II** [名] **1** (圣人) sage **2** (帝王) emperor

圣(聖)诞(誕) **Shèngdàn** [名] Christmas

圣(聖)地 **shèngdì** [名] **1** (宗) the Holy Land **2** (名胜) sacred place

圣(聖)洁(潔) **shèngjié** [形] holy and pure

圣(聖)经(經) **Shèngjīng** [名] the Bible

圣(聖)人 **shèngrén** [名] sage

圣(聖)贤(賢) **shèngxián** [名] saint

胜(勝) shèng **I** [动] **1** (赢) win (*pt, pp* won) ▷ 这次竞赛我们胜了。Zhè cì jìngsài wǒmen shèng le. We won the competition. **2** (打败) defeat ▷ 曼联又胜了对手。Mànlián yòu shèngle duìshǒu. Manchester United again defeated their opponents. **3** (好于) be better than ▷ 实际行动胜过动人的言辞。Shíjì xíngdòng shèngguò dòngrén de yáncí. Actions speak louder than words. **II** [形] superb ▶ 胜景 shèngjǐng wonderful scenery

胜(勝)地 **shèngdì** [名] scenic area

胜(勝)迹(跡) **shèngjì** [名] historical site

胜(勝)利 **shènglì** [动] **1** (打败对方) be victorious **2** (获得成功) be successful

胜(勝)券 **shèngquàn** [名] confidence in one's own success

胜(勝)任 **shèngrèn** [动] be qualified

胜(勝)诉(訴) **shèngsù** [动] win a lawsuit (*pt, pp* won)

盛 shèng **I** [形] **1** (兴盛) flourishing ▷ 牡丹花开得盛极了。Mǔdānhuā kāi de shèng jí le. The peonies are in full bloom. **2** (强烈) intense ▷ 森

林大火烧得很盛。Sēnlín dàhuǒ shāo de hěn shèng. The forest fire is intense. **3** (盛大) grand ▶盛宴 shèngyàn sumptuous dinner **4** (深厚) abundant ▶盛情 shèngqíng great kindness **5** (盛行) popular ▶盛行 shèngxíng be in fashion ▷这种款式今年很盛。Zhè zhǒng kuǎnshì jīnnián hěn shèng. This style is popular this year. **II** [副] deeply ▶盛赞 shèngzàn highly praise

→另见 chéng

盛产(產) shèngchǎn [动] produce large quantities of ▷该地区盛产煤。Gāi dìqū shèngchǎn méi. This region produces large quantities of coal.

盛传(傳) shèngchuán [动] spread (*pt*, *pp* spread)

盛大 shèngdà [形] magnificent

盛典 shèngdiǎn [名] grand ceremony

盛会(會) shènghuì [名] grand assembly

盛举(舉) shèngjǔ [名] grand event

盛况(況) shèngkuàng [名] grand occasion

盛怒 shèngnù [动] be in a rage

盛气(氣)凌(淩)人 shèng qì líng rén overbearing

盛情 shèngqíng [名] great kindness

盛世 shèngshì [名] heyday

盛夏 shèngxià [名] midsummer

盛行 shèngxíng [动] be in fashion

盛誉(譽) shèngyù [名] fame

盛装(裝) shèngzhuāng [名] best clothes (*pl*)

剩(賸)

shèng [动] be left ▶剩下 shèngxià remain ▷买完东西后，我还剩10镑钱。Mǎiwán dōngxi hòu, wǒ hái shèng shí bàng qián. After I'd been shopping, I still had ten pounds left.

剩(賸)余(餘) shèngyú [动] be left

尸(屍)

shī [名] corpse

尸(屍)体(體) shītǐ [名] corpse

尸(屍)体(體)解剖 shītǐ jiěpōu [名] post-mortem

失

shī **I** [动] **1** (丢失) lose (*pt*, *pp* lost) ▷他失血过多。Tā shīxuè guò duō. He lost a lot of blood. **2** (改变) deviate ▶失色 shīsè turn pale **3** (未得到) fail ▶失望 shīwàng be disappointed **4** (背弃) break (*pt* broke, *pp* broken) ▶失信 shīxìn break a promise **II** [名] mistake ▶过失 guòshī error

失败(敗) shībài [动] fail ▷卫星发射失败了。Wèixīng fāshè shībài le. The satellite launch was unsuccessful. ▷他雅思考试又失败了。Tā yǎsī kǎoshì yòu shībài le. He failed IELTS again. ▷我军在那次战斗中遭到了失败。Wǒ jūn zài nà cì zhàndòu zhōng zāodàole shībài. Our army was defeated in that battle.

失策 shīcè [动] be unwise ▷公司投资失策。Gōngsī tóuzī shīcè. The company invested unwisely.

失常 shīcháng [动] be odd ▷在学校，他的表现失常。Zài xuéxiào, tā de biǎoxiàn shīcháng. At school he behaves very oddly.

失传(傳) shīchuán [动] be lost ▷造剑的手艺失传了。Zào jiàn de shǒuyì shīchuán le. The art of sword-making has been lost.

失聪(聰) shīcōng [动] go deaf

失掉 shīdiào [动] **1** (失去) lose (*pt*, *pp* lost) ▷失掉职位 shīdiào zhíwèi lose one's job **2** (错过) miss ▷失掉机会 shīdiào jīhuì miss a chance

失和 shīhé [动] become estranged (*pt* became, *pp* become)

失衡 shīhéng [动] become unbalanced (*pt* became, *pp* become) ▷因为不吃蔬菜，他营养失衡。Yīnwèi bù chī shūcài, tā yíngyǎng shīhéng. Because he's not eating vegetables his nutrition has become unbalanced.

失火 shīhuǒ [动] catch fire (*pt*, *pp* caught)

失控 shīkòng [动] be out of control ▷森林大火失控了。Sēnlín dàhuǒ shīkòng le. The forest fire is out of control.

失礼(禮) shīlǐ [动] **1** (违背礼节) be rude ▷戴手套握手被认为是失礼。Dài shǒutào wòshǒu bèi rènwéi shì shīlǐ. Wearing gloves to shake hands is considered rude. **2** (客套) (表示歉意) ▷让您久等了，失礼！失礼！Ràng nín jiǔ děng le, shīlǐ! Shīlǐ! I'm very sorry to have kept you waiting so long.

失利 shīlì [动] lose (*pt*, *pp* lost)

失恋(戀) shīliàn [动] be jilted

失灵(靈) shīlíng [动] not work

失落 shīluò [形] **1** (遗失的) lost ▷失落的文明 shīluò de wénmíng a lost civilization **2** (低沉) dejected ▷他找不到工作，心里非常失落。Tā zhǎo bù dào gōngzuò, xīnli fēicháng shīluò. He can't find a job and is feeling very dejected.

失眠 shīmián [动] be unable to sleep

失眠症 shīmiánzhèng [名] insomnia

失明 shīmíng [动] go blind

失陪 shīpéi [动] (客套) ▷我有事，先失陪了。Wǒ yǒu shì, xiān shīpéi le. I have something to do, so please excuse me if I leave now.

失窃(竊) shīqiè [动] be stolen

失散 shīsàn [动] be separated from ▷他终于找到了失散多年的女儿。Tā zhōngyú zhǎodàole shīsàn duō nián de nǚ'ér. He finally found the daughter he had been separated from for many years.

失声(聲) **shīshēng** [动] **1** (指哭泣) be choked with tears **2** (指唱歌) ▷这位歌手在演唱时突然失声。**Zhè wèi gēshǒu zài yǎnchàng shí tūrán shīshēng.** When this singer was performing, his voice suddenly cracked.

失实(實) **shīshí** [动] be false

失事 **shīshì** [动] have an accident

失手 **shīshǒu** [动] let ... slip (*pt, pp* let) ▷我失手打破了花瓶。**Wǒ shīshǒu dǎpòle huāpíng.** I let the vase slip and it broke. ▷上届奥运会冠军意外失手, 卫冕失败。**Shàngjiè Àoyùnhuì guànjūn yìwài shīshǒu, wèimiǎn shībài.** The previous Olympic champion let the contest slip through his fingers and lost the title. ▷他失手打了哥哥。**Tā shīshǒu dǎle gēge.** He lost control and hit his brother.

失守 **shīshǒu** [动] be taken

失算 **shīsuàn** [动] miscalculate

失态(態) **shītài** [动] forget oneself (*pt* forgot, *pp* forgotten)

失调(調) **shītiáo** [动] **1** (比例不均) lose balance (*pt, pp* lost) ▷大学生男女比例失调。**Dàxuéshēng nánnǚ bǐlì shītiáo.** There is a disproportionate ratio of men to women at university. **2** (调养不当) lack proper care

失望 **shīwàng I** [形] disappointed **II** [动] lose hope (*pt, pp* lost) ▷球迷对中国足球队完全失望了。**Qiúmí duì Zhōngguó zúqiúduì wánquán shīwàng le.** The fans have lost all hope in the Chinese football team.

失误(誤) **shīwù** [动] slip up

失效 **shīxiào** [动] **1** (不起作用) stop working ▷电池失效了。**Diànchí shīxiào le.** The battery has run out. **2** (没有效力) be no longer valid

失信 **shīxìn** [动] go back on one's word

失学(學) **shīxué** [动] drop out of school

失业(業) **shīyè** [动] be unemployed, be out of work ▷失业人口在增加。**Shīyè rénkǒu zài zēngjiā.** Unemployment is rising.

失意 **shīyì** [形] disappointed

失约(約) **shīyuē** [动] fail to show up ▷我们约好今早见面, 可她失约了。**Wǒmen yuēhǎo jīnzǎo jiànmiàn, kě tā shīyuē le.** We had an arrangement to meet this morning, but she didn't show up.

失真 **shīzhēn** [动] be unclear ▷传真照片经常失真。**Chuánzhēn zhàopiàn jīngcháng shīzhēn.** Faxed photos are often unclear. ▷录音里的声音完全失真了。**Lùyīn li de shēngyīn wánquán shīzhēn le.** The recording was completely distorted.

失职(職) **shīzhí** [动] neglect one's duty

失主 **shīzhǔ** [名] owner (*of lost property*)

失踪(蹤) **shīzōng** [动] be missing

失足 **shīzú** [动] **1** (跌倒) slip **2** (犯法) go off the rails

师(師) **shī** [名] **1** (老师) teacher **2** (军) division

师(師)范(範) **shīfàn** [名] (指学院) teacher training college

师(師)父 **shīfu** [名] master

师(師)傅 **shīfu** [名] (口) master

师(師)长(長) **shīzhǎng** [名] teacher

师(師)资(資) **shīzī** [名] teachers (*pl*)

诗(詩) **shī** [名] poetry ▷自由诗 **zìyóushī** free verse

诗(詩)歌 **shīgē** [名] poetry ▷诗歌朗诵 **shīgē lǎngsòng** poetry reading

诗(詩)篇 **shīpiān** [名] poem

诗(詩)人 **shīrén** [名] poet

诗(詩)坛(壇) **shītán** [名] the poetry world

虱(蝨) **shī** [名] louse (*pl* lice)

狮(獅) **shī** 见下文

狮(獅)子 **shīzi** [名] lion

施 **shī** [动] **1** (实行) carry ... out ▶施工 **shīgōng** construct **2** (给予) exert ▶施压 **shīyā** exert pressure **3** (肥料) apply ▶施肥 **shīféi** spread fertilizer

施工 **shīgōng** [动] construct ▷施工现场 **shīgōng xiànchǎng** construction site

施加 **shījiā** [动] exert

施舍(捨) **shīshě I** [动] give (*pt* gave, *pp* given) **II** [名] charity

施行 **shīxíng** [动] (执行) implement

施展 **shīzhǎn** [动] put ... to good use (*pt, pp* put) ▷施展本领 **shīzhǎn běnlǐng** put one's abilities to good use

---

湿(濕) **shī** [形] wet

湿(濕)度 **shīdù** [名] humidity

湿(濕)漉漉 **shīlùlù** [形] damp

湿(濕)润(潤) **shīrùn** [形] moist

嘘(噓) **shī** [叹] shush

→另见 **xū**

十 **shí** [名] ten ▶十月 **shíyuè** October ▶十一月 **shíyīyuè** November ▶十二月 **shí'èryuè** December

十恶(惡)不赦 **shí è bù shè** irredeemably evil ▷十恶不赦的杀人犯 **shí è bù shè de shārénfàn** evil murderer

十二分 **shí'èrfēn** [形] a hundred per cent ▷ 我对赢得比赛有十二分的信心。**Wǒ duì yíngdé bǐsài yǒu shí'èrfēn de xìnxīn.** I'm one hundred per cent confident of winning the competition.

十分 **shífēn** [副] extremely ▷ 我十分满意。**Wǒ shífēn mǎnyì.** I'm extremely satisfied.

十进(進)制 **shíjìnzhì** [名] decimal system

十拿九稳(穩) **shí ná jiǔ wěn** practically certain ▷ 这场球赛，教练是十拿九稳。**Zhè chǎng qiúsài, jiàoliàn shì shí ná jiǔ wěn.** The coach is practically certain of winning the match.

十全十美 **shí quán shí měi** perfect in every way

十字架 **shízìjià** [名] cross

十字路口 **shízì lùkǒu** [名] crossroads (*pl*)

十足 **shízú** [形] complete ▷ 他是个十足的笨蛋。**Tā shì gè shízú de bèndàn.** He's a complete idiot.

什

shí 见下文
→ 另见 **shén**

什锦(錦) **shíjǐn** [形] mixed

石

shí [名] stone

石沉大海 **shí chén dà hǎi** elicit no response ▷ 我写给他的信石沉大海。**Wǒ xiě gěi tā de xìn shí chén dàhǎi.** The letter I wrote him elicited no response.

石窟 **shíkū** [名] grotto

石器时(時)代 **shíqì shídài** [名] the Stone Age

石油 **shíyóu** [名] oil ▷ 石油工业 **shíyóu gōngyè** the oil industry

---

时(時)

shí [名] **1** (指时间单位) hour ▷ 钟表要报时了。**Zhōngbiǎo yào bàoshí le.** The clock is about to strike the hour. ▷ 营业时间是从上午9时到下午5时。**Yíngyè shíjiān shì cóng shàngwǔ jiǔ shí dào xiàwǔ wǔ shí.** Business hours are from 9 a.m. to 5 p.m. **2** (指规定时间) time ▶ 准时 **zhǔnshí** on time **3** (时常) ▶ 时不时 **shíbùshí** from time to time ▷ 天气时冷时热。**Tiānqì shí lěng shí rè.** The weather fluctuates between hot and cold. **4** (时尚) fashion ▶ 入时 **rùshí** fashionable ▶ 过时 **guòshí** out-of-date **5** (时候) time ▶ 当时 **dāngshí** at that time **6** (机会) opportunity ▶ 失时 **shīshí** miss an opportunity **7** (语法) tense ▷ 过去时 **guòqùshí** past tense

时(時)差 **shíchā** [名] time difference

时(時)常 **shícháng** [副] often

时(時)代 **shídài** [名] **1** (指时期) age ▷ 信息时代 **xìnxī shídài** the information age **2** (指人生) period ▷ 青年时代 **qīngnián shídài** youth ▷ 少年时代 **shàonián shídài** childhood

时(時)代精神 **shídài jīngshén** [名] spirit of the age

时(時)而 **shí'ér** [副] sometimes ▷ 电脑时而出故障。**Diànnǎo shí'ér chū gùzhàng.** The computer sometimes plays up. ▷ 他精神失常了，时而大哭，时而大笑。**Tā jīngshén shīcháng le, shí'ér dà kū, shí'ér dà xiào.** He's psychologically unbalanced — one moment he's in floods of tears, the next he's laughing uncontrollably.

时(時)光 **shíguāng** [名] (书) time ▷ 时光飞逝。**Shíguāng fēishì.** Time flies.

时(時)过(過)境迁(遷) **shí guò jìng qiān** things have changed

时(時)候 **shíhou** [名] time ▷ 你什么时候上班? **Nǐ shénme shíhou shàngbān?** What time do you go to work? ▷ 时候不早了，我们该睡觉了。**Shíhou bù zǎo le, wǒmen gāi shuìjiào le.** It's late, and we should go to bed.

时(時)机(機) **shíjī** [名] opportunity

时(時)间(間) **shíjiān** [名] time ▷ 时间到了。**Shíjiān dào le.** Time's up! ▷ 他不抓紧时间。**Tā bù zhuājǐn shíjiān.** He didn't make the best use of his time. ▷ 办公时间 **bàngōng shíjiān** working hours

时(時)局 **shíjú** [名] political situation

时(時)刻 **shíkè** **I** [名] moment ▷ 紧急时刻 **jǐnjí shíkè** critical moment **II** [副] constantly ▷ 士兵们时刻准备战斗。**Shìbīngmen shíkè zhǔnbèi zhàndòu.** The soldiers are ready for combat at all times.

时(時)刻表 **shíkèbiǎo** [名] timetable (英), schedule (美)

时(時)来(來)运(運)转(轉) **shí lái yùn zhuǎn** have a change of luck ▷ 她时来运转，当上了女主角。**Tā shí lái yùn zhuǎn, dāng shàng le nǚzhǔjué.** She's lucky enough to be playing the female lead.

时(時)髦 **shímáo** [形] fashionable

时(時)期 **shíqī** [名] period

时(時)区(區) **shíqū** [名] time zone

时(時)尚 **shíshàng** [名] fad

时(時)时(時) **shíshí** [副] often

时(時)势(勢) **shíshì** [名] current trend

时(時)事 **shíshì** [名] current affairs (*pl*)

时(時)下 **shíxià** [名] current

时(時)兴(興) **shíxīng** [动] be in fashion

时(時)装(裝) **shízhuāng** [名] fashion

识(識)

shí **I** [动] know (*pt* knew, *pp* known) **II** [名] knowledge

识(識)别(別) **shíbié** [动] distinguish

识(識)货(貨) **shíhuò** [动] have a discerning eye for goods
识(識)趣 **shíqù** [形] tactful

实(實) **shí** I [形] **1** (实心) solid ▷ 这玻璃球里面是实的。 Zhè bōliqiú lǐmiàn shì shí de. This ball is solid glass. **2** (真实) true ▶ 实话 shíhuà truth II [名] reality
实(實)地 **shídì** [副] ▷ 记者在进行实地报道。 Jìzhě zài jìnxíng shídì bàodào. The journalist is reporting on the spot.
实(實)干(幹) **shígàn** [动] get on with the job
实(實)惠 **shíhuì** I [名] material benefit II [形] solid
实(實)际(際) **shíjì** I [名] reality II [形] **1** (实有的) real **2** (合乎事实的) practical
实(實)价(價) **shíjià** [名] actual price
实(實)践(踐) **shíjiàn** I [动] practise (英), practice (美) II [名] practice
实(實)况(況) **shíkuàng** [名] ▷ 电视台将实况转播世界杯决赛。 Diànshìtái jiāng shíkuàng zhuǎnbō Shìjièbēi juésài. The TV station will broadcast the World Cup final live.
实(實)力 **shílì** [名] strength
实(實)情 **shíqíng** [名] actual state of affairs ▷ 他一点不了解实情。 Tā yīdiǎn bù liǎojiě shíqíng. He doesn't understand the actual situation at all.
实(實)施 **shíshī** [动] implement
实(實)事求是 **shí shì qiú shì** based on solid evidence
实(實)体(體) **shítǐ** [名] entity
实(實)物 **shíwù** [名] material object
实(實)习(習) **shíxí** [动] practise (英), practice (美)
实(實)习(習)生 **shíxíshēng** [名] trainee
实(實)现(現) **shíxiàn** [动] realize
实(實)效 **shíxiào** [名] actual effect ▷ 这种教学方法很有实效。 Zhè zhǒng jiàoxué fāngfǎ hěn yǒu shíxiào. This kind of teaching method is very effective.
实(實)心 **shíxīn** [形] (指物体) solid
实(實)行 **shíxíng** [动] put ... into practice (*pt*, *pp* put)
实(實)验(驗) **shíyàn** I [动] test II [名] experiment
实(實)验(驗)室 **shíyànshì** [名] laboratory
实(實)业(業) **shíyè** [名] industry
实(實)业(業)家 **shíyèjiā** [名] industrialist
实(實)用 **shíyòng** [形] practical
实(實)在 **shízài** I [形] honest II [副] really ▷ 我实在不明白。 Wǒ shízài bù míngbai. I really don't understand.
实(實)质(質) **shízhì** [名] essence ▷ 这两种现象实质不一样。 Zhè liǎng zhǒng xiànxiàng shízhì bù yīyàng. These two phenomena are essentially different. ▷ 改革取得了实质的进展。 Gǎigé qǔdé le shízhì de jìnzhǎn. The reforms have made substantial headway.

拾 **shí** I [动] pick ... up II [数] ten

This is the complex character for "ten", which is mainly used in banks, on receipts, etc. to prevent mistakes and forgery.

拾掇 **shíduo** [动] (整理) tidy ... up

食 **shí** I [动] eat (*pt* ate, *pp* eaten) ▷ 食肉动物 shíròu dòngwù carnivore II [名] **1** (食物) food ▶ 主食 zhǔshí staple ▶ 狗食 gǒushí dog food **2** (指天体) eclipse ▶ 日食 rìshí solar eclipse
食粮(糧) **shíliáng** [名] **1** (食物) grain **2** (喻) (指精神) food for the soul
食量 **shíliàng** [名] appetite
食品 **shípǐn** [名] food
食谱(譜) **shípǔ** [名] recipe
食堂 **shítáng** [名] canteen
食物 **shíwù** [名] food
食言 **shíyán** [动] break a promise (*pt* broke, *pp* broken)
食用 **shíyòng** [形] edible
食欲(慾) **shíyù** [名] appetite

蚀(蝕) **shí** [动] erode
蚀(蝕)本 **shíběn** [动] lose one's capital (*pt*, *pp* lost)

史 **shǐ** [名] history
史册(冊) **shǐcè** [名] (书) annals (*pl*)
史迹(跡) **shǐjì** [名] historical remains (*pl*)
史料 **shǐliào** [名] historical data (*pl*)
史前 **shǐqián** [名] prehistory ▷ 史前文明 shǐqián wénmíng prehistoric civilization
史诗(詩) **shǐshī** [名] epic
史实(實) **shǐshí** [名] historical fact
史书(書) **shǐshū** [名] historical record
史无(無)前例 **shǐ wú qián lì** unprecedented
史学(學) **shǐxué** [名] history

矢 **shǐ** [名] (书) arrow
矢口否认(認) **shǐkǒu fǒurèn** flatly deny

使 **shǐ** I [动] **1** (使用) use ▷ 他不会使电脑。 Tā bù huì shǐ diànnǎo. He can't use a computer. ▷ 电子词典很好使。 Diànzǐ cídiǎn hěn hǎo shǐ. Electronic dictionaries are very easy to use. **2** (让) make ▷ 服务员的恶劣态度使顾客很不满意。 Fúwùyuán de èliè tàidù shǐ gùkè hěn bù mǎnyì. The assistants' appalling attitude made the customers quite upset. ▷ 他使父母失望了。Tā shǐ fùmǔ shīwàng le. He disappointed his parents. **II** [名] envoy ▶ 大使 dàshǐ ambassador

使馆(館) **shǐguǎn** [名] embassy ▷ 中国驻英国使馆 Zhōngguó zhù Yīngguó shǐguǎn the Chinese embassy in the UK

使坏(壞) **shǐhuài** [动] play tricks

使唤(喚) **shǐhuan** [动] order ... about

使节(節) **shǐjié** [名] envoy

使命 **shǐmìng** [名] mission

使用 **shǐyòng** [动] use ▷ 我使用宽带上网。Wǒ shǐyòng kuāndài shàngwǎng. I use broadband to go online. ▷ 使用说明 shǐyòng shuōmíng operating instructions (*pl*)

始 **shǐ** [动] start

始末 **shǐmò** [名] the whole story ▷ 报纸登载了"9.11"事件始末。Bàozhǐ dēngzǎile "jiǔ yāoyāo" shìjiàn shǐmò. The newspaper covered the whole story of 9-11.

始终(終) **shǐzhōng** [副] all along ▷ 我始终没有勇气告诉他。Wǒ shǐzhōng méiyǒu yǒngqì gàosù tā. All along I didn't have the courage to tell him.

始祖 **shǐzǔ** [名] earliest ancestor

驶(駛) **shǐ** [动] **1** (车) drive (*pt* drove, *pp* driven) ▶ 疾驶 jíshǐ speed **2** (船) sail ▷ 驶离港口 shǐlí gǎngkǒu sail out of the harbour (英) 或 harbor (美)

屎 **shǐ** [名] **1** (粪便) excrement **2** (眼, 耳) wax ▶ 耳屎 ěrshǐ ear wax

---

士 **shì** [名] **1** (军人) soldier **2** (军衔) non-commissioned officer ▶ 中士 zhōngshì sergeant **3** (专业人员) ▶ 护士 hùshì nurse ▶ 博士 bóshì doctor

士兵 **shìbīng** [名] private

士气(氣) **shìqì** [名] morale

氏 **shì** [名] surname

氏族 **shìzú** [名] clan

示 **shì** [动] show (*pt* showed, *pp* shown)

示范(範) **shìfàn** [动] demonstrate

示例 **shìlì** [动] give a demonstration (*pt* gave, *pp* given)

示威 **shìwēi** [动] demonstrate ▷ 伦敦民众示威反对战争。Lúndūn mínzhòng shìwēi fǎnduì zhànzhēng. People in London demonstrated against the war.

示意 **shìyì** [动] signal

示众(眾) **shìzhòng** [动] parade

世 **shì** [名] **1** (生) life ▶ 来世 láishì afterlife **2** (代) generation ▶ 世仇 shìchóu family feud **3** (时期) age ▶ 世纪 shìjì century **4** (世界) world ▶ 世上 shìshàng in this world

世仇 **shìchóu** [名] family feud

世代 **shìdài** [名] generation

世道 **shìdào** [名] attitudes (*pl*) ▷ 世道变了。人人都向"钱"看。Shìdào biàn le. Rénrén dōu xiàng "qián" kàn. Attitudes have changed. Everyone's just interested in money.

世风(風) **shìfēng** [名] (书) atmosphere

世故 **shìgù** [名] the ways of the world (*pl*)

世故 **shìgu** [形] (贬) worldly-wise

世纪(紀) **shìjì** [名] century

世家 **shìjiā** [名] well-known family

世交 **shìjiāo** [名] family friend

世界 **shìjiè** [名] world

世贸(貿)组(組)织(織) **Shìmào Zǔzhī** [名] WTO

世面 **shìmiàn** [名] facet of life

世人 **shìrén** [名] (书) the common people (*pl*)

世事 **shìshì** [名] (书) world affairs (*pl*)

世俗 **shìsú** **I** [名] custom **II** [形] secular

世态(態)炎凉(涼) **shìtài yánliáng** the hypocrisy of the world

世外桃源 **shì wài Táoyuán** utopia ▷ 世外桃源是不存在的。Shì wài Táoyuán shì bù cúnzài de. Utopia does not exist.

世袭(襲) **shìxí** [动] inherit

仕 **shì** 见下文

仕途 **shìtú** [名] (书) official career

市 **shì** [名] **1** (城市) city **2** (市场) market

市场(場) **shìchǎng** [名] market

市价(價) **shìjià** [名] market price

市郊 **shìjiāo** [名] suburb

市侩(儈) **shìkuài** [名] money-grubber

市面 **shìmiàn** [名] market

市民 **shìmín** [名] city residents (*pl*)

市区(區) **shìqū** [名] urban area

市容 **shìróng** [名] the city's appearance

市政 **shìzhèng** [名] municipal administration ▷ 市政工程 shìzhèng gōngchéng municipal projects

---

式 **shì** [名] **1** (样式) style ▷ 欧式家具 ōushì jiājù European-style furniture **2** (典礼) ceremony **3** (式子) formula ▶ 公式 gōngshì formula

式样(樣) **shìyàng** [名] style

式子 **shìzi** [名] formula (*pl* formulae)

似 shì 见下文
→另见 sì
似的 **shìde** [助] ▷她的眼睛像天空似的那么蓝。**Tā de yǎnjīng xiàng tiānkōng shìde nàme lán.** Her eyes are as blue as the sky.

事 shì [名] **1** (事情) thing ▶私事 **sīshì** private matter ▷我想和你说几件事。**Wǒ xiǎng hé nǐ shuō jǐ jiàn shì.** I want to talk to you about a number of things. **2** (事故) accident ▶出事 **chūshì** have an accident **3** (事端) trouble ▶闹事 **nàoshì** make trouble **4** (责任) responsibility ▷这没我的事。**Zhè méi wǒ de shì.** This is not my responsibility. **5** (工作) job ▷他刚下岗，正在找事做。**Tā gāng xiàgǎng, zhèngzài zhǎo shì zuò.** He's just become unemployed and is looking for a job. **6** (用于问答) problem ▷有事吗？没事。**Yǒu shì ma? Méishì.** Are you OK? — I'm fine.
事变(變) **shìbiàn** [名] **1** (事件) incident **2** (事故) emergency
事出有因 **shì chū yǒu yīn** ▷国家队换教练事出有因。**Guójiāduì huàn jiàoliàn shì chū yǒu yīn.** There was a good reason for the national team to change their coach.
事端 **shìduān** [名] incident
事故 **shìgù** [名] accident
事迹(跡) **shìjì** [名] achievement
事件 **shìjiàn** [名] event
事理 **shìlǐ** [名] reason
事例 **shìlì** [名] example
事情 **shìqing** [名] matter ▷他公司事情很多。**Tā gōngsī shìqing hěn duō.** He is very busy with business matters. ▷事情不会这么简单。**Shìqing bù huì zhème jiǎndān.** Things can't be that simple.
事实(實) **shìshí** [名] fact ▷事实上 **shìshí shang** in fact
事态(態) **shìtài** [名] situation
事务(務) **shìwù** [名] work
事物 **shìwù** [名] thing
事项(項) **shìxiàng** [名] item
事业(業) **shìyè** [名] **1** (用于个人) undertaking **2** (用于社会) activity ▷她献身公益事业。**Tā xiànshēn gōngyì shìyè.** She dedicated herself to welfare activities. **3** (指非企业) facilities (*pl*)
事业(業)心 **shìyèxīn** [名] dedication
事宜 **shìyí** [名] (书) arrangements (*pl*)
事与(與)愿(願)违(違) **shìyǔyuànwéi** not go according to plan

势(勢) shì [名] **1** (势力) force **2** (姿态) gesture **3** (地理) feature **4** (趋势) tendency
势(勢)必 **shìbì** [副] ▷人们对手机的需求势必会增长。**Rénmen duì shǒujī de xūqiú shìbì huì zēngzhǎng.** People's demand for mobile phones (英) 或 cell phones (美) is bound to increase.
势(勢)不可挡(擋) **shì bù kě dǎng** unstoppable ▷信息全球化势不可挡。**Xìnxī quánqiúhuà shì bù kě dǎng.** The globalization of information is unstoppable.
势(勢)不两(兩)立 **shì bù liǎng lì** be irreconcilable ▷英格兰和苏格兰橄榄球队势不两立。**Yīnggélán hé Sūgélán gǎnlǎnqiúduì shì bù liǎng lì.** The English and Scottish rugby teams are sworn enemies.
势(勢)均力敌(敵) **shì jūn lì dí** equally matched
势(勢)力 **shìlì** [名] power ▷势力范围 **shìlì fànwéi** sphere of influence
势(勢)利 **shìli** [形] snobbish
势(勢)利眼 **shìliyǎn** [名] snob
势(勢)如破竹 **shì rú pò zhú** inexorable ▷数字媒体的发展势如破竹。**Shùzì méitǐ de fāzhǎn shì rú pò zhú.** The development of digital media is inexorable.
势(勢)头(頭) **shìtóu** [名] momentum
势(勢)在必行 **shì zài bì xíng** be imperative ▷保护知识产权势在必行。**Bǎohù zhīshi chǎnquán shì zài bì xíng.** It is imperative that intellectual properties are protected.

侍 shì [动] serve
侍奉 **shìfèng** [动] look after
侍候 **shìhòu** [动] serve
侍卫(衛) **shìwèi** [名] bodyguard
侍者 **shìzhě** [名] (旧) servant

饰(飾) shì **I** [动] **1** (装饰) decorate **2** (扮演) play ▷她在歌剧中饰卡门。**Tā zài gējù zhōng shì Kǎmén.** She plays Carmen in the opera. **II** [名] ornament ▶首饰 **shǒushì** jewellery (英), jewelry (美)
饰(飾)物 **shìwù** [名] ornaments (*pl*)
饰(飾)演 **shìyǎn** [动] play ▷他饰演孙悟空。**Tā shìyǎn Sūnwùkōng.** He plays the Monkey King.

试(試) shì **I** [动] try ▷你可以在网上试玩新游戏。**Nǐ kěyǐ zài wǎng shang shì wán xīn yóuxì.** You can try playing new games online. ▷我可以试一下这双鞋吗？**Wǒ kěyǐ shì yīxià zhè shuāng xié ma?** Can I try on this pair of shoes? **II** [名] examination
试(試)点(點) **shìdiǎn** **I** [动] do a pilot project **II** [名] test site

试(試)管 shìguǎn [名] test tube ▷ 试管婴儿 shìguǎn yīng'ér test-tube baby

试(試)金石 shìjīnshí [名] touchstone

试(試)卷 shìjuàn [名] exam paper

试(試)探 shìtan [动] sound ... out ▷ 美国试探英国对美伊战争的态度。Měiguó shìtan Yīngguó duì Měi-Yī zhànzhēng de tàidu. The United States sounded the British out about how they felt about the war with Iraq.

试(試)题(題) shìtí [名] exam question

试(試)行 shìxíng [动] try ... out

试(試)验(驗) shìyàn [动] test

试(試)用 shìyòng [动] try ... out

试(試)用期 shìyòngqī [名] probation ▷ 我还在试用期呢。Wǒ hái zài shìyòngqī ne. I'm still on probation.

视(視) shì [动] **1** (看到) look at **2** (看待) look on ▷ 视为知己 shì wéi zhījǐ look on as an intimate friend **3** (考察) inspect

视(視)察 shìchá [动] inspect

视(視)角 shìjiǎo [名] angle ▷ 他的研究视角很独特。Tā de yánjiū shìjiǎo hěn dútè. He has a unique angle in his research.

视(視)觉(覺) shìjué [名] vision ▷ DVD给人们带来全新的视觉享受。DVD gěi rénmen dàilái quánxīn de shìjué xiǎngshòu. DVDs give people a brand new visual experience.

视(視)力 shìlì [名] sight

视(視)听(聽) shìtīng [名] sight and hearing

视(視)线(線) shìxiàn [名] **1** (指眼睛) line of vision **2** (注意力) attention

视(視)野 shìyě [名] field of vision

柿 shì 见下文

柿子 shìzi [名] persimmon, sharon fruit

拭 shì [动] (书) wipe ... away

拭目以待 shì mù yǐ dài eagerly await ▷ 人们对总统大选的结果拭目以待。Rénmen duì zǒngtǒng dàxuǎn de jiéguǒ shì mù yǐ dài. People were eagerly awaiting the result of the presidential election.

是 shì **I** [动] be (*pt* was, were, *pp* been) ▷ 我是学生。Wǒ shì xuésheng. I am a student. ▷ 遍地是雪。Biàndì shì xuě. There's snow everywhere. ▷ 我们是3个孩子的家庭。Wǒmen shì sān gè háizi de jiā tíng. We have three children. ▷ 他绝不是想省钱。Tā jué bùshì xiǎng shěngqián. It's certainly not that he's trying to save money. ▷ 是学生就要听老师话。Shì xuésheng jiù yào tīng lǎoshī huà. Every student should listen to what their teacher says. **II** [名] right ▶ 是非 shìfēi right and wrong **III** [副] yes ▷ 你要见他吗？－是，我现在就要见他。Nǐ yào jiàn tā ma? - Shì, wǒ xiànzài jiù yào jiàn tā. Are you going to see him? — Yes, I'm going to see him right now.

> 是 shì is the verb "to be". It is omitted when used with adjectives, e.g. 我很忙 wǒ hěn máng (I am very busy).

是非 shìfēi [名] **1** (对与错) right and wrong ▷ 他不辨是非。Tā bù biàn shìfēi. He can't tell the difference between right and wrong. **2** (麻烦) trouble ▷ 他老惹是非。Tā lǎo rě shìfēi. He's always making trouble.

是否 shìfǒu [副] ▷ 我不知道他是否同意。Wǒ bù zhīdào tā shìfǒu tóngyì. I don't know whether he agrees or not.

适(適) shì [形] **1** (适合) suitable **2** (恰好) right **3** (舒服) well ▷ 他最近身体不适。Tā zuìjìn shēntǐ bù shì. He's not been well recently.

适(適)当(當) shìdàng [形] appropriate

适(適)得其反 shì dé qí fǎn lead to just the opposite ▷ 服药过量会适得其反。Fúyào guòliàng huì shì dé qí fǎn. Taking more than the prescribed dose will produce the opposite effect.

适(適)度 shìdù [形] moderate

适(適)合 shìhé [形] suitable

适(適)可而止 shì kě ér zhǐ not go too far

适(適)量 shìliàng [形] of an appropriate amount ▷ 适量用药 shìliàng yòng yào take medicine in appropriate doses

适(適)龄(齡) shìlíng [形] appropriately aged ▷ 适龄青年可以参军。Shìlíng qīngnián kěyǐ cānjūn. Young people of the appropriate age can enter the army.

适(適)时(時) shìshí [形] timely ▷ 你要适时督促他一下。Nǐ yào shìshí dūcù tā yīxià. You need to give him a bit of timely encouragement.

适(適)销(銷) shìxiāo [动] sell well (*pt, pp* sold)

适(適)宜 shìyí [形] advisable ▷ 吃止痛药后不适宜饮酒。Chī zhǐtòngyào hòu bù shìyí yǐnjiǔ. After taking painkillers it's not advisable to drink alcohol.

适(適)应(應) shìyìng [动] adapt

适(適)中 shìzhōng [形] moderate

室 shì [名] room ▶ 办公室 bàngōngshì office

室外 shìwài [形] outdoor

逝 shì [动] **1** (人) die **2** (书) (时间等) pass

逝世 shìshì [动] (书) pass away

S

释(釋) shì [动] (解释) explain

释(釋)放 **shìfàng** [动] release

释(釋)疑 **shìyí** [动] clear up doubts

释(釋)义(義) **shìyì** [动] define ▷ 老师给出生词的释义。**Lǎoshī gěichū shēngcí de shìyì.** The teacher gave a definition of the new word.

嗜 shì [动] be addicted to ▷ 嗜酒 **shìjiǔ** be an alcoholic

嗜好 **shìhào** [名] hobby ▷ 她的最大嗜好是购物。**Tā de zuì dà shìhào shì gòuwù.** Her favourite (英) 或 favorite (美) hobby is shopping.

誓 shì **I** [动] swear (*pt* swore, *pp* sworn) ▶ 发誓 **fāshì** vow **II** [名] vow

誓不罢(罷)休 **shì bù bàxiū** swear not to give up ▷ 他不打赢官司，誓不罢休。**Tā bù dǎyíng guānsi, shì bù bàxiū.** He swore not to give up until he had won the case.

誓词(詞) **shìcí** [名] oath

誓死 **shìsǐ** [副] ▷ 他誓死报仇。**Tā shìsǐ bàochóu.** He is ready to die in pursuit of revenge.

誓言 **shìyán** [名] oath

誓约(約) **shìyuē** [名] oath

收 shōu [动] **1** (归拢) put ... away (*pt, pp* put) ▶ 收拾 **shōushi** tidy ... up **2** (取回) take ... back (*pt* took, *pp* taken) ▷ 我把晾在外面的被单收了进来。**Wǒ bǎ liàng zài wàimiàn de bèidān shōule jìnlái.** I took in the sheet, which had been drying in the sun outside. **3** (收割) harvest **4** (接纳) accept **5** (约束) restrain **6** (逮捕) arrest **7** (结束) stop ▶ 收工 **shōugōng** stop work **8** (获得) gain ▶ 收入 **shōurù** income

收编(編) **shōubiān** [动] incorporate

收兵 **shōubīng** [动] **1** (指战斗) retreat **2** (指工作) complete

收藏 **shōucáng** [动] collect

收场(場) **shōuchǎng** **I** [动] end up **II** [名] (贬) ending

收成 **shōucheng** [名] harvest

收复(復) **shōufù** [动] recapture

收割 **shōugē** [动] harvest

收购(購) **shōugòu** [动] **1** (买入) purchase **2** (并购) take ... over (*pt* took, *pp* taken) ▷ 由于市场竞争十分激烈，大部分小公司被收购。**Yóuyú shìchǎng jìngzhēng shífēn jīliè, dà bùfen xiǎo gōngsī bèi shōugòu.** As the market is very competitive, the majority of small companies have been taken over.

收获(穫) **shōuhuò** [动] **1** (指庄稼) harvest **2** (指成果) gain ▷ 这次出国考察，他的收获很大。**Zhè cì chūguó kǎochá, tā de shōuhuò hěn dà.** He has gained a great deal from this trip overseas.

收集 **shōují** [动] collect

收据(據) **shōujù** [名] receipt

收敛(斂) **shōuliǎn** [动] **1** (笑容) vanish **2** (指行为) restrain oneself

收留 **shōuliú** [动] take ... in (*pt* took, *pp* taken) ▷ 父母去世后，他的一个远房亲戚收留了他。**Fùmǔ qùshì hòu, tā de yī gè yuǎnfáng qīnqi shōuliúle tā.** After his parents died, a distant relative took him in.

收买(買) **shōumǎi** [动] **1** (收购) purchase **2** (笼络) buy ... off (*pt, pp* bought)

收盘(盤) **shōupán** [动] close

收入 **shōurù** [名] income ▷ 近几年，人们的收入明显增加。**Jìn jǐ nián, rénmen de shōurù míngxiǎn zēngjiā.** In recent years, people's incomes have markedly increased.

收视(視)率 **shōushìlǜ** [名] ratings (*pl*)

收拾 **shōushi** [动] **1** (整顿) tidy **2** (修理) repair **3** (口) (惩罚) punish ▷ 他被人收拾了。**Tā bèi rén shōushi le.** He's been punished.

收缩(縮) **shōusuō** [动] **1** (指物理现象) contract **2** (紧缩) cut back (*pt, pp* cut) ▷ 公司资金紧张，需要收缩开支。**Gōngsī zījīn jǐnzhāng, xūyào shōusuō kāizhī.** The company's under financial pressure – we have to cut back on expenditure.

收听(聽) **shōutīng** [动] listen to ▷ 他的收音机能收听BBC的节目。**Tā de shōuyīnjī néng shōutīng BBC de jiémù.** His radio can pick up BBC programmes (英) 或 programs (美).

收尾 **shōuwěi** [动] conclude ▷ 这篇文章收尾仓促了些。**Zhè piān wénzhāng shōuwěi cāngcùle xiē.** This article concludes in a hasty fashion.

收下 **shōuxià** [动] accept ▷ 我收下了他的礼物。**Wǒ shōuxiàle tā de lǐwù.** I accepted his gift.

收效 **shōuxiào** [动] yield results

收养(養) **shōuyǎng** [动] adopt

收益 **shōuyì** [名] profit

收音机(機) **shōuyīnjī** [名] radio

收支 **shōuzhī** [名] income and expenditure

手 shǒu **I** [名] **1** (指人体) hand ▷ 有问题的同学请举手。**Yǒu wèntí de tóngxué qǐng jǔshǒu.** Will any student who has a question please raise their hand. **2** (指人) expert ▶ 选手 **xuǎnshǒu** player **II** [量] ▷ 他这手可真厉害！ **Tā zhè shǒu kě zhēn lìhai!** He really made a good move there!

手笔(筆) **shǒubǐ** [名] **1** (手迹) handwriting **2** (造诣) literary skill

手臂 **shǒubì** [名] arm

手表(錶) **shǒubiǎo** [名] watch

手册(冊) **shǒucè** [名] **1** (记录本) handbook **2** (参考书) reference book

手电(電)筒 **shǒudiàntǒng** [名] torch (英), flashlight (美)

手段 **shǒuduàn** [名] **1** (方法) method **2** (贬) (花招) trick

手法 **shǒufǎ** [名] technique

手风(風)琴 **shǒufēngqín** [名] accordion

手感 **shǒugǎn** [名] feel ▷ 真丝面料手感很好。**Zhēnsī miànliào shǒugǎn hěn hǎo.** This silk has a really nice feel.

手稿 **shǒugǎo** [名] manuscript

手工 **shǒugōng I** [名] craft ▷ 这个包全凭手工。**Zhège bāo quán píng shǒugōng.** The bag is completely hand-made. **II** [动] make ... by hand

手工业(業) **shǒugōngyè** [名] cottage industry

手工艺(藝) **shǒugōngyì** [名] handicraft

手机(機) **shǒujī** [名] mobile phone (英), cell phone (美)

手疾眼快 **shǒu jí yǎn kuài** quick off the mark ▷ 幸亏他手疾眼快，一下子拔掉了电源。**Xìngkuī tā shǒu jí yǎn kuài, yīxiàzi bádiàole diànyuán.** Luckily he was quick off the mark, and took the plug out of the socket at once.

手迹(跡) **shǒujì** [名] handwriting

手脚(腳) **shǒujiǎo** [名] **1** (动作) movement ▷ 他手脚非常敏捷。**Tā shǒujiǎo fēicháng mǐnjié.** He is very agile. **2** (贬) (捣鬼) sleight of hand ▷ 他在账目上做了手脚。**Tā zài zhàngmù shang zuòle shǒujiǎo.** He's used sleight of hand on the accounts.

手紧(緊) **shǒujǐn** [形] **1** (指不随便花钱) stingy **2** (口) (缺钱) hard-up

手绢(絹) **shǒujuàn** [名] handkerchief

手铐(銬) **shǒukào** [名] handcuffs (*pl*)

手忙脚(腳)乱(亂) **shǒu máng jiǎo luàn** in a mad rush ▷ 他做事从容冷静，从不手忙脚乱。**Tā zuòshì cóngróng lěngjìng, cóngbù shǒu máng jiǎo luàn.** He does things calmly, never in a mad rush.

手气(氣) **shǒuqì** [名] luck

手枪(槍) **shǒuqiāng** [名] pistol

手软(軟) **shǒuruǎn** [动] be soft ▷ 对待毒贩子决不能手软。**Duìdài dúfànzi jué bùnéng shǒuruǎn.** You can't be soft on drug smugglers.

手势(勢) **shǒushì** [名] sign

手术(術) **shǒushù I** [名] operation **II** [动] operate

手套 **shǒutào** [名] glove ▷ 一副手套 **yī fù shǒutào** a pair of gloves

手提 **shǒutí** [形] portable

手头(頭) **shǒutóu I** [副] to hand ▷ 我手头没有你要的这本书。**Wǒ shǒutóu méiyǒu nǐ yào de zhè běn shū.** I don't have the book you need to hand. **II** [名] financial situation ▷ 最近我手头比较紧。**Zuìjìn wǒ shǒutóu bǐjiào jǐn.** Recently, my financial situation's been bad.

手腕 **shǒuwàn** [名] **1** (指人体) wrist **2** (喻) (手段) trick

手舞足蹈 **shǒu wǔ zú dǎo** dance for joy ▷ 听到这个好消息，他高兴得手舞足蹈。**Tīngdào zhège hǎo xiāoxi, tā gāoxìng de shǒu wǔ zú dǎo.** When he heard the good news, he was so happy that he danced for joy.

手下 **shǒuxià I** [名] subordinate **II** [副] **1** (领导下) under ▷ 他一直在部长手下工作。**Tā yīzhí zài bùzhǎng shǒuxià gōngzuò.** He works directly under the minister. **2** (手头) on one's hands ▷ 我们手下有个大项目。**Wǒmen shǒuxià yǒu gè dà xiàngmù.** I've got a big job on my hands.

手心 **shǒuxīn** [名] **1** (指手) palm **2** (喻) (控制范围) the palm of one's hand ▷ 她把他们控制在手心里。**Tā bǎ tāmen kòngzhì zài shǒuxīn li.** She has them all in the palm of her hand.

手续(續) **shǒuxù** [名] procedure

手艺(藝) **shǒuyì** [名] skill

手淫 **shǒuyín I** [动] masturbate **II** [名] masturbation

手语(語) **shǒuyǔ** [名] sign language

手掌 **shǒuzhǎng** [名] palm

手纸(紙) **shǒuzhǐ** [名] toilet paper

手指 **shǒuzhǐ** [名] finger

手镯(鐲) **shǒuzhuó** [名] bracelet

手足 **shǒuzú** [名] **1** (指人体) hands and feet (*pl*) **2** (兄弟) brother

---

守

shǒu [动] **1** (防卫) guard **2** (遵循) observe ▸ 守法 **shǒufǎ** observe the law **3** (看护) nurse

守备(備) **shǒubèi** [动] be on garrison duty

守候 **shǒuhòu** [动] **1** (等待) wait for **2** (看护) attend

守护(護) **shǒuhù** [动] guard

守岁(歲) **shǒusuì** [动] stay up to see the new year in ▷ 中国人有守岁的习俗。**Zhōngguórén yǒu shǒusuì de xísú.** The Chinese have a tradition of staying up all night to see the new year in.

守旧(舊) **shǒujiù** [动] be conservative

守口如瓶 **shǒu kǒu rú píng** keep one's mouth shut ▷ 他对此事守口如瓶。**Tā duì cǐ shì shǒu kǒu rú píng.** He kept his mouth shut about it.

守望 **shǒuwàng** [动] keep watch (*pt, pp* kept)

守卫(衛) **shǒuwèi** [动] guard

守业(業) **shǒuyè** [动] keep a business going (*pt, pp* kept) ▷创业难, 守业更难。**Chuàngyè nán, shǒuyè gèng nán.** It is difficult to start an enterprise, but even more difficult to keep it going.

守夜 **shǒuyè** [动] stay up all night

守则(則) **shǒuzé** [名] regulation

守株待兔 **shǒu zhū dài tù** wait for good things to drop into one's lap ▷没有人能靠守株待兔取得成功。**Méiyǒu rén néng kào shǒu zhū dài tù qǔdé chénggōng.** Nobody succeeds by sitting around waiting for things to happen.

首 **shǒu** **I** [名] **1** (脑袋) head **2** (头领) leader **II** [形] **1** (第一) first ▶首富 **shǒufù** the richest person **2** (最早) first ▷首发车时间为5:30。**Shǒufā chē shíjiān wéi wǔ diǎn sānshí fēn.** The first bus leaves at 5:30. **III** [量] ▷一首诗 **yī shǒu shī** one poem ▷两首歌 **liǎng shǒu gē** two songs ▷这是一首人们熟悉的古诗。**Zhè shì yī shǒu rénmen shúxī de gǔshī.** This is a well-known old poem.

measure word, used for music, songs and poems

首创(創) **shǒuchuàng** [动] pioneer

首当(當)其冲(衝) **shǒu dāng qí chōng** bear the brunt ▷出现险情时, 这支部队总是首当其冲。**Chūxiàn xiǎnqíng shí, zhè zhī bùduì zǒngshì shǒu dāng qí chōng.** This unit always bears the brunt of any danger.

首都 **shǒudū** [名] capital

首犯 **shǒufàn** [名] ringleader

首富 **shǒufù** [名] the richest

首领(領) **shǒulǐng** [名] chief

首脑(腦) **shǒunǎo** [名] head of state

首屈一指 **shǒu qū yī zhǐ** be second to none ▷这个大学对微生物领域的研究在全国首屈一指。**Zhège dàxué duì wēishēngwù lǐngyù de yánjiū zài quánguó shǒu qū yī zhǐ.** This university is second to none in this country in the field of micro-organic research.

首饰(飾) **shǒushì** [名] jewellery (英), jewelry (美)

首尾 **shǒuwěi** [名] **1** (开始和结尾) the beginning and the end ▷这部电影首尾都很出人意料。**Zhè bù diànyǐng shǒuwěi dōu hěn chū rén yìliào.** This film has an unexpected beginning and end. **2** (从头至尾) ▷整个项目，首尾经过了4年。**Zhěngge xiàngmù, shǒuwěi jīngguòle sì nián.** From start to finish, the whole project took four years.

首席 **shǒuxí** **I** [名] seat of honour (英) 或 honor (美) **II** [形] chief ▷他是该公司的首席顾问。**Tā shì gāi gōngsī de shǒuxí gùwèn.** He's the company's chief advisor.

首先 **shǒuxiān** [副] **1** (最早) first ▷王教授在会上首先发言。**Wáng jiàoshòu zài huì shang shǒuxiān fāyán.** Professor Wang spoke first in the meeting. **2** (第一) first ▷首先, 我们要找到问题的根源。**Shǒuxiān, wǒmen yào zhǎodào wèntí de gēnyuán.** First, we need to find the root of the problem.

首相 **shǒuxiàng** [名] prime minister

首要 **shǒuyào** **I** [形] primary **II** [名] head

首长(長) **shǒuzhǎng** [名] commander-in-chief

寿(壽) **shòu** **I** [名] **1** (敬) (岁数) longevity ▷您高寿? **Nín gāo shòu?** How old are you? **2** (寿命) lifespan **3** (寿辰) birthday **II** [形] (婉) burial ▶寿衣 **shòuyī** burial clothes (*pl*)

寿(壽)辰 **shòuchén** [名] birthday

寿(壽)命 **shòumìng** [名] life ▷随着生活水平的提高, 人们的寿命越来越长。**Suízhe shēnghuó shuǐpíng de tígāo, rénmen de shòumìng yuèláiyuè cháng.** Since living standards are higher, life expectancy is steadily increasing.

寿(壽)星 **shòuxing** [名] **1** (神) *the god of longevity* **2** (指老人) very long-lived person

---

受 **shòu** [动] **1** (接受) receive ▷每个儿童都有受教育的权利。**Měigè értóng dōu yǒu shòu jiàoyù de quánlì.** Every child has the right to receive an education. **2** (遭受) suffer ▷他受了很多打击。**Tā shòule hěn duō dǎjī.** He suffered many setbacks. **3** (忍受) bear (*pt* bore, *pp* borne) ▷天气太热, 她受不了了。**Tiānqì tài rè, tā shòu bu liǎo le.** The weather's too hot. She can't bear it. ▷你能受得了住在这样艰苦的环境里吗? **Nǐ néng shòu de liǎo zhù zài zhèyàng jiānkǔ de huánjìng li ma?** Can you bear to live in this terrible environment?

受宠(寵)若惊(驚) **shòu chǒng ruò jīng** be overwhelmed with gratitude ▷您的到来令我受宠若惊。**Nín de dàolái lìng wǒ shòu chǒng ruò jīng.** I'm so grateful you could come.

受挫 **shòucuò** [动] suffer a setback

受害 **shòuhài** [动] **1** (受伤害) suffer injury **2** (受损害) suffer loss

受贿(賄) **shòuhuì** [动] accept bribes

受惊(驚) **shòujīng** [动] be startled

受精 **shòujīng** [动] be fertilized

受累 **shòulěi** [动] involve

受理 **shòulǐ** [动] hear a case (*pt, pp* heard) ▷对于此案, 法院拒绝受理。**Duìyú cǐ àn, fǎyuàn jùjué shòulǐ.** The court has refused to hear the case.

受命 **shòumìng** [动] receive instructions
受权(權) **shòuquán** [动] be authorized
受审(審) **shòushěn** [动] stand trial (*pt, pp* stood)
受洗 **shòuxǐ** [动] be baptized
受刑 **shòuxíng** [动] be tortured
受益 **shòuyì** [动] reap the benefits of ▷ 她受益于英语好。**Tā shòuyì yú Yīngyǔ hǎo.** She is reaping the benefits of her good English.
受用 **shòuyòng** [动] reap the benefits of ▷ 保护环境, 世代受用。**Bǎohù huánjìng, shìdài shòuyòng.** Future generations will reap the benefits of environmental protection.
受用 **shòuyong** [形] well ▷ 我近来身体不太受用。**Wǒ jìnlái shēntǐ bù tài shòuyong.** I haven't been well recently.
受孕 **shòuyùn** [动] conceive
受制 **shòuzhì** [动] (书) **1** (受限) be constrained **2** (受迫害) be persecuted
受罪 **shòuzuì** [动] **1** (指苦难) suffer **2** (指不愉快的事) have a hard time

狩 **shòu** 见下文
狩猎(獵) **shòuliè** [动] hunt

兽(獸) **shòu** [名] beast
兽(獸)行 **shòuxíng** [名] **1** (凶残行为) brutal act **2** (秽乱行为) bestial behaviour
兽(獸)性 **shòuxìng** [名] barbarity
兽(獸)医(醫) **shòuyī** [名] vet

授 **shòu** [动] **1** (奖) award **2** (传授) instruct
授奖(獎) **shòujiǎng** [动] present awards
授命 **shòumìng** [动] give orders (*pt* gave, *pp* given)
授权(權) **shòuquán** [动] authorize
授勋(勳) **shòuxūn** [动] decorate
授意 **shòuyì** [动] suggest
授予 **shòuyǔ** [动] award

售 **shòu** [动] sell (*pt, pp* sold)
售货(貨) **shòuhuò** [动] sell goods (*pt, pp* sold)
售货(貨)员(員) **shòuhuòyuán** [名] shop assistant

瘦 **shòu** [形] **1** (指人) thin **2** (指食用肉) lean **3** (指衣服, 鞋袜) tight
瘦骨嶙峋 **shòu gǔ línxún** bony
瘦弱 **shòuruò** [形] emaciated
瘦削 **shòuxuē** [形] gaunt
瘦子 **shòuzi** [名] thin person ▷ 他年轻时是个瘦子, 现在发胖了。**Tā niánqīng shí shì gè shòuzi, xiànzài fā pàng le.** When he was young he was thin, but now he's fat.

书(書) **shū I** [动] write (*pt* wrote, *pp* written) ▶ 书写 **shūxiě** write **II** [名] **1** (字体) handwriting **2** (册子) book ▶ 书包 **shūbāo** school bag ▶ 书架 **shūjià** bookcase ▶ 书桌 **shūzhuō** desk ▶ 精装书 **jīngzhuāngshū** hardback **3** (书) (信) letter ▶ 情书 **qíngshū** love letter **4** (文件) document ▶ 申请书 **shēnqǐngshū** application documents (*pl*)
书(書)本 **shūběn** [名] book
书(書)呆(獃)子 **shūdāizi** [名] bookworm
书(書)店 **shūdiàn** [名] bookshop
书(書)法 **shūfǎ** [名] calligraphy
书(書)稿 **shūgǎo** [名] manuscript
书(書)画(畫) **shūhuà** [名] painting and calligraphy
书(書)籍 **shūjí** [名] books (*pl*)
书(書)记(記) **shūjì** [名] secretary
书(書)刊 **shūkān** [名] books and periodicals (*pl*)
书(書)面 **shūmiàn** [形] written
书(書)面语(語) **shūmiànyǔ** [名] written language
书(書)目 **shūmù** [名] catalogue ▷ 看书前我习惯先看书目。**Kàn shū qián wǒ xíguàn xiān kàn shūmù.** Before reading a book, I normally look at the bibliography.
书(書)生气(氣) **shūshēngqì** [名] bookishness
书(書)香门(門)第 **shūxiāng méndì** [名] scholarly family
书(書)写(寫) **shūxiě** [动] write (*pt* wrote, *pp* written)
书(書)信 **shūxìn** [名] letter
书(書)展 **shūzhǎn** [名] book fair

抒 **shū** [动] express
抒发(發) **shūfā** [动] express
抒情 **shūqíng** [动] express emotion
抒写(寫) **shūxiě** [动] express

枢(樞) **shū** [名] **1** (指门轴) hinge **2** (中心) centre (英), center (美)
枢(樞)纽(紐) **shūniǔ** [名] hub

叔 **shū** [名] (指父亲的弟弟) uncle
叔叔 **shūshu** [名] (口) **1** (指亲戚) uncle **2** (指父辈男性) uncle

殊 **shū** [形] **1** (不同) different **2** (特别) special
殊荣(榮) **shūróng** [名] special honour (英) 或 honor (美)
殊死 **shūsǐ** [形] desperate
殊途同归(歸) **shū tú tóng guī** independently reach the same conclusion ▷ 我们俩的解题思路简直殊途同归。**Wǒmen liǎ de jiětí sīlù jiǎnzhí shū tú tóng guī.** We have handled this

problem in different ways, but we have both reached the same conclusion.

梳 shū **I** [名] comb ▶梳子 **shūzi** comb, brush **II** [动] comb

梳理 **shūlǐ** [动] **1** (头发, 胡须) comb **2** (思路) put ... in order (*pt*, *pp* put)

梳妆(妝) **shūzhuāng** [动] get dressed up

淑 shū [形] ladylike

淑女 **shūnǚ** [名] lady

舒 shū **I** [动] **1** (指身体) stretch out **2** (指心情) relax **II** [形] (书) (缓慢) leisurely

舒畅(暢) **shūchàng** [形] carefree

舒服 **shūfu** [形] comfortable

舒适(適) **shūshì** [形] cosy (英), cozy (美)

舒坦 **shūtan** [形] comfortable

舒心 **shūxīn** [形] content ▷老两口的日子越来越舒心。**Lǎoliǎngkǒu de rìzi yuèláiyuè shūxīn.** The old couple are increasingly content with their lives.

舒展 **shūzhǎn** **I** [动] stretch out **II** [形] comfortable

疏 shū **I** [动] **1** (清理) dredge **2** (分散) scatter **II** [形] **1** (指距离) distant **2** (指关系) distant **3** (粗心) neglectful

疏导(導) **shūdǎo** [动] **1** (水道) dredge **2** (交通) direct **3** (思想) guide

疏忽 **shūhu** **I** [形] careless **II** [动] neglect **III** [名] carelessness

疏解 **shūjiě** [动] **1** (矛盾) resolve **2** (交通) clear

疏漏 **shūlòu** **I** [动] miss **II** [名] slip

疏散 **shūsàn** **I** [形] (书) scattered **II** [动] evacuate

疏松(鬆) **shūsōng** **I** [形] loose **II** [动] loosen

疏通 **shūtōng** [动] **1** (河道) dredge **2** (关系) mediate

疏远(遠) **shūyuǎn** **I** [形] distant **II** [动] become estranged from (*pt* became, *pp* become) ▷尽管他犯了错, 你也不该疏远他。**Jǐnguǎn tā fànle cuò, nǐ yě bùgāi shūyuǎn tā.** Although he's done wrong, you shouldn't become estranged from him.

输(輸) shū [动] **1** (运送) transport **2** (失败) lose (*pt*, *pp* lost)

输(輸)出 **shūchū** [动] **1** (指从内到外) emit ▷报警器输出信号。**Bàojǐngqì shūchū xìnhào.** The alarm emits a signal. **2** (出口) export

输(輸)家 **shūjiā** [名] loser

输(輸)理 **shūlǐ** [动] lose the argument (*pt*, *pp* lost)

输(輸)入 **shūrù** [动] **1** (指从外到内) enter ▷把数据输入计算机 **bǎ shùjù shūrù jìsuànjī** enter data into a computer **2** (进口) import

输(輸)送 **shūsòng** [动] **1** (物品) convey **2** (人员) transfer

蔬 shū [名] vegetable

蔬菜 **shūcài** [名] vegetable

赎(贖) shú [动] **1** (换回) redeem ▷他们赎回了典当的项链。**Tāmen shúhuíle diǎndàng de xiàngliàn.** They redeemed the necklace they had pawned. ▷绑匪声称100万美金才能赎出人质。**Bǎngfěi shēngchēng yī bǎi wàn měijīn cái néng shúchū rénzhì.** The kidnapper demanded a ransom of 1,000,000 dollars for the release of the hostage. **2** (弥补) atone for

赎(贖)金 **shújīn** [名] **1** (指抵押品) deposit **2** (指人质) ransom

赎(贖)买(買) **shúmǎi** [动] buy ... out (*pt*, *pp* bought)

赎(贖)罪 **shúzuì** [动] atone for one's crime ▷他得用一生来赎罪。**Tā děi yòng yīshēng lái shúzuì.** It will take him his whole life to atone for his crimes.

熟 shú [形] **1** (指果实) ripe **2** (指食物) cooked **3** (熟悉) familiar ▷他对北京很熟。**Tā duì Běijīng hěn shú.** He knows Beijing well. **4** (熟练) skilled
→另见 shóu

熟练(練) **shúliàn** [形] skilled

熟门(門)熟路 **shú mén shú lù** be on one's home ground ▷他对这儿熟门熟路。**Tā duì zhèr shú mén shú lù.** He's on his home ground here.

熟能生巧 **shú néng shēng qiǎo** practice makes perfect ▷你要反复练习弹钢琴, 毕竟熟能生巧嘛。**Nǐ yào fǎnfù liànxí tán gāngqín, bìjìng shú néng shēng qiǎo ma.** You need to constantly practice the piano. After all, practice makes perfect.

熟人 **shúrén** [名] old acquaintance

熟食 **shúshí** [名] cooked food

熟视(視)无(無)睹 **shú shì wú dǔ** turn a blind eye to ▷我们不能对不良社会行为熟视无睹。**Wǒmen bùnéng duì bùliáng shèhuì xíngwéi shú shì wú dǔ.** We can't turn a blind eye to anti-social behaviour.

熟识(識) **shúshi** [动] get to know ▷两个小孩儿很快就熟识起来。**Liǎng gè xiǎoháir hěn kuài jiù shúshi qǐlái.** The two kids got to know each other really quickly.

熟悉 **shúxī** **I** [动] know well (*pt* knew, *pp* known) **II** [形] familiar

熟习(習) shúxí [动] be skilled at
熟语(語) shúyǔ [名] idiom

属(屬) shǔ **I** [名] **1** (生物) genus **2** (家属) family member **II** [动] **1** (隶属) be under **2** (指属相) be ▷ 你属什么？ Nǐ shǔ shénme? What sign of the Chinese zodiac are you?
属(屬)地 shǔdì [名] dependency
属(屬)相 shǔxiang [名] (口) sign of the Chinese zodiac
属(屬)性 shǔxìng [名] attribute
属(屬)于(於) shǔyú [动] belong to

暑 shǔ [名] **1** (热) heat **2** (盛夏) midsummer
暑假 shǔjià [名] summer holidays (英) (*pl*) vacation (美)
暑期 shǔqī [名] **1** (指暑假) summer holidays (英) (*pl*) vacation (美) **2** (指夏季) summertime

署 shǔ **I** [名] department ▷ 审计署 shěnjìshǔ auditing department **II** [动] **1** (布置) arrange **2** (签) sign
署名 shǔmíng [动] sign

鼠 shǔ [名] **1** (指家鼠) mouse (*pl* mice) ▸ 老鼠 lǎoshǔ mouse (*pl* mice) ▸ 米老鼠 Mǐlǎoshǔ Mickey Mouse **2** (指田鼠) rat
鼠辈(輩) shǔbèi [名] (贬) scoundrel
鼠标(標) shǔbiāo [名] mouse
鼠目寸光 shǔ mù cùn guāng short-sighted (英), near-sighted (美)

数(數) shǔ [动] **1** (数目) count **2** (指名次) rank ▷ 他的学习成绩在班里数第一。Tā de xuéxí chéngjì zài bān li shǔ dìyī. His marks are top of the class. **3** (列举) list
→ 另见 shù
数(數)不胜(勝)数(數) shǔ bù shèng shǔ innumerable ▷ 中国近几年的变化数不胜数。Zhōngguó jìn jǐ nián de biànhuà shǔ bù shèng shǔ. In recent years, China has undergone innumerable changes.
数(數)落 shǔluo [动] (口) scold
数(數)说(說) shǔshuō [动] **1** (列举) list **2** (责备) scold
数(數)一数(數)二 shǔ yī shǔ èr the top one or two ▷ 他一直是成绩数一数二的学生。Tā yīzhí shì chéngjì shǔ yī shǔ èr de xuésheng. His grades are in the top one or two of his class.

薯 shǔ [名] potato (*pl* potatoes) ▸ 红薯 hóngshǔ sweet potato (*pl* sweet potatoes)

曙 shǔ (书) [名] dawn
曙光 shǔguāng [名] first light

术(術) shù [名] **1** (技艺) skill **2** (策略) tactic
术(術)语(語) shùyǔ [名] terminology

戍 shù [动] defend

束 shù **I** [动] **1** (捆) tie **2** (约束) restrain **II** [量] **1** (指花) bunch ▷ 一束鲜花 yī shù xiānhuā a bunch of flowers **2** (指光) ray ▷ 一束阳光 yī shù yángguāng a ray of sunlight ▷ 他送给妻子一大束鲜花。Tā sòng gěi qīzi yī dà shù xiānhuā. He gave his wife a big bunch of flowers. **III** [名] **1** (指花) bunch **2** (指光) cluster
束缚(縛) shùfù [动] **1** (书) (捆绑) tie **2** (局限) restrain ▷ 他从不受传统思想的束缚。Tā cóng bù shòu chuántǒng sīxiǎng de shùfù. He has never been restrained by traditional thinking.
束手无(無)策 shù shǒu wú cè be at one's wits end ▷ 他什么都试过了，最后还是束手无策。Tā shénme dōu shìguole, zuìhòu háishì shù shǒu wú cè. He'd tried everything, and in the end he was at his wits end.
束之高阁(閣) shù zhī gāo gé let ... gather dust ▷ 很多人买了书就束之高阁。Hěn duō rén mǎile shū jiù shù zhī gāo gé. Many people buy books and just let them gather dust.
束装(裝) shùzhuāng [动] pack up

述 shù [动] state
述评(評) shùpíng **I** [动] review **II** [名] review
述说(說) shùshuō [动] give an account (*pt* gave, *pp* given) ▷ 他述说着昨晚发生的事情。Tā shùshuō zhe zuówǎn fāshēng de shìqing. He gave an account of yesterday evening's incident.
述职(職) shùzhí [动] report ▷ 述职报告 shùzhí bàogào work report

树(樹) shù **I** [名] tree **II** [动] **1** (书) (培育) cultivate **2** (建立) establish
树(樹)碑立传(傳) shù bēi lì zhuàn (贬) seek the limelight ▷ 我做好事不为树碑立传，而是为大家服务。Wǒ zuò hǎoshì bù wèi shù bēi lì zhuàn, érshì wèi dàjiā fúwù. I do good things not to seek the limelight, but to serve everyone.
树(樹)敌(敵) shùdí [动] antagonize
树(樹)立 shùlì [动] establish ▷ 树立信心 shùlì xìnxīn establish confidence
树(樹)林 shùlín [名] wood
树(樹)木 shùmù [名] trees (*pl*)
树(樹)阴(陰) shùyīn [名] shade

竖(豎) shù **I** [形] vertical **II** [动] erect

III [名] vertical stroke
竖(豎)立 **shùlì** [动] erect

恕 **shù** [动] forgive (*pt* forgave, *pp* forgiven)

数(數) **shù** [名] **1** (数目) number **2** (数) number **3** (语法) ▶单数 **dānshù** singular ▶复数 **fùshù** plural
➞另见 shǔ
数(數)额(額) **shù'é** [名] amount
数(數)据(據) **shùjù** [名] data (*pl*)
数(數)据(據)库(庫) **shùjùkù** [名] database
数(數)量 **shùliàng** [名] quantity
数(數)码(碼) **shùmǎ I** [名] numeral **II** [形] digital
数(數)码(碼)相机(機) **shùmǎ xiàngjī** [名] digital camera
数(數)目 **shùmù** [名] amount
数(數)学(學) **shùxué** [名] mathematics (*sg*)
数(數)字 **shùzì** [名] **1** (指系统) numeral **2** (数据) figure
数(數)字化 **shùzìhuà** [动] digitize ▷我们生活在数字化时代。**Wǒmen shēnghuó zài shùzìhuà shídài.** We are living in the digital age.

漱 **shù** [动] gargle
漱口 **shùkǒu** [动] rinse one's mouth out

刷 **shuā I** [名] brush ▶牙刷 **yáshuā** toothbrush **II** [动] **1** (清除) scrub **2** (淘汰) eliminate **III** [拟] rustle
➞另见 shuà
刷卡 **shuākǎ** [动] swipe a card ▷购物付款可以刷卡。**Gòuwù fùkuǎn kěyǐ shuākǎ.** Goods can be paid for by card.
刷牙 **shuāyá** [动] brush one's teeth
刷洗 **shuāxǐ** [动] scrub
刷新 **shuāxīn** [动] **1** (字) refurbish **2** (喻) break (*pt* broke, *pp* broken) ▷他刷新了男子跳高世界记录。**Tā shuāxīnle nánzǐ tiàogāo shìjiè jìlù.** He broke the men's high jump world record.
刷子 **shuāzi** [名] brush

耍 **shuǎ** [动] **1** (方) (玩) play **2** (戏弄) mess ... around ▷你别想耍我们！ **Nǐ bié xiǎng shuǎ wǒmen!** Don't think you can mess us around! **3** (贬) (施展) play ▷别再耍小聪明了。**Bié zài shuǎ xiǎocōngming le.** Don't play those petty tricks again.
耍把戏(戲) **shuǎ bǎxì** [动] play tricks
耍花招 **shuǎ huāzhāo** [动] play tricks
耍滑 **shuǎhuá** [动] slack off ▷我们不喜欢耍滑的人。**Wǒmen bù xǐhuān shuǎhuá de rén.** We don't like slackers.
耍赖(賴) **shuǎlài** [动] act shamelessly
耍弄 **shuǎnòng** [动] take ... for a ride (*pt* took, *pt* taken) ▷当心别让别人耍弄了。**Dāngxīn bié ràng biérén shuǎnòng le.** Be careful not to let other people take you for a ride.

刷 **shuà** 见下文
➞另见 shuā
刷白 **shuàbái** [形] (方) pale

衰 **shuāi I** [形] declining **II** [动] decline
衰败(敗) **shuāibài** [动] decline
衰变(變) **shuāibiàn** [动] decay
衰竭 **shuāijié** [形] exhausted
衰老 **shuāilǎo** [形] ageing ▷经常运动可以延缓衰老过程。**Jīngcháng yùndòng kěyǐ yánhuǎn shuāilǎo guòchéng.** Regular exercise can delay the ageing process. ▷她非常害怕衰老。**Tā fēicháng hàipà shuāilǎo.** She's really afraid of getting old.
衰落 **shuāiluò** [动] go downhill
衰弱 **shuāiruò** [形] weak
衰退 **shuāituì** [动] **1** (视力) fail **2** (经济) decline
衰亡 **shuāiwáng** [动] deteriorate ▷民族的衰亡关系到每个人。**Mínzú de shuāiwáng guānxì dào měigè rén.** The nation's deterioration affects everyone.

摔 **shuāi** [动] **1** (跌倒) fall (*pt* fell, *pp* fallen) **2** (下落) fall out (*pt* fell, *pp* fallen) ▷他从床上摔了下来。**Tā cóng chuáng shang shuāile xiàlái.** He fell out of bed. **3** (跌坏) break (*pt* broke, *pp* broken) **4** (扔) throw (*pt* threw, *pp* thrown)
摔打 **shuāidǎ** [动] **1** (拍打) beat (*pt* beat, *pp* beaten) ▷他把鞋上的泥摔打掉。**Tā bǎ xié shang de ní shuāidǎ diào.** He beat the mud off the shoes. **2** (锻炼) toughen oneself up ▷经过几年摔打，他坚强了很多。**Jīngguò jǐ nián shuāidǎ, tā jiānqiángle hěn duō.** After a few years of toughening himself up, he had become much stronger.
摔跤 **shuāijiāo I** [动] **1** (摔倒) fall over (*pt* fell, *pp* fallen) **2** (受挫) come to grief (*pt* came, *pp* come) ▷你这么不谦虚，会摔跤的。**Nǐ zhème bù qiānxū, huì shuāijiāo de.** If you show such lack of modesty, you'll come to grief. **II** [名] wrestling

甩 **shuǎi** [动] **1** (抡) swing (*pt*, *pp* swung) **2** (扔) fling (*pt*, *pp* flung) **3** (抛开) throw ... off (*pt* threw, *pp* thrown) ▷你要甩开包袱。**Nǐ yào shuǎikāi bāofu.** You need to throw off your burden.

甩卖(賣) shuǎimài [动] sell at a reduced price (*pt, pp* sold)

甩手 shuǎishǒu [动] **1** (指运动) swing one's arms (*pt, pp* swung) **2** (指工作, 事情) wash one's hands of ▷这件事做了一半, 你不能甩手不管。Zhè jiàn shì zuòle yībàn, nǐ bùnéng shuǎishǒu bùguǎn. You're only halfway through. You can't wash your hands of the matter now.

帅(帥) shuài **I** [名] commander-in-chief **II** [形] handsome

帅(帥)气(氣) shuàiqì [形] handsome

率 shuài **I** [动] command **II** [形] **1** (不慎重) rash **2** (坦白) frank

率领(領) shuàilǐng [动] lead (*pt, pp* led)

率先 shuàixiān [副] ▷中国率先研制出了这种高效肥料。Zhōngguó shuàixiān yánzhìchūle zhè zhǒng gāoxiào féiliào. China has taken the lead in developing this highly efficient fertilizer.

率真 shuàizhēn [形] sincere

率直 shuàizhí [形] forthright ▷他的率直赢得了大家的好评。Tā de shuàizhí yíngdéle dàjiā de hǎopíng. His forthrightness won everyone's approval.

闩(閂) shuān **I** [名] bolt **II** [动] bolt

拴 shuān [动] tie

栓 shuān [名] **1** (开关机件) plug **2** (塞子) cork

涮 shuàn [动] **1** (清洗) rinse **2** (指吃法) dip-boil **3** (方) (骗) be tricked ▷这张票是假的, 我们被涮了。Zhè zhāng piào shì jiǎ de, wǒmen bèi shuàn le. This ticket is a fake – we've been tricked.

双(雙) shuāng **I** [形] **1** (两个) two **2** (偶数) even ▶双数 shuāngshù even number **3** (加倍) double **II** [量] pair ▷一双鞋 yī shuāng xié a pair of shoes ▷一双袜子 yī shuāng wàzi a pair of socks

双(雙)胞胎 shuāngbāotāi [名] twins (*pl*)

双(雙)边(邊) shuāngbiān [形] bilateral

双(雙)重 shuāngchóng [形] double

双(雙)方 shuāngfāng [名] both sides (*pl*)

双(雙)杠 shuānggàng [名] parallel bars (*pl*)

双(雙)关(關) shuāngguān [名] double entendre

双(雙)管齐(齊)下 shuāng guǎn qí xià work in parallel ▷治疗和锻炼双管齐下, 他很快就会恢复健康。Zhìliáo hé duànliàn shuāng guǎn qí xià, tā hěn kuài jiù huì huīfù jiànkāng. With medical treatment and exercise working in parallel, he will quickly recover.

双(雙)料 shuāngliào [形] double ▷他是语言学和社会学双料博士。Tā shì yǔyánxué hé shèhuìxué shuāngliào bóshì. He's got two PhDs – one in linguistics and the other in sociology.

双(雙)亲(親) shuāngqīn [名] parents (*pl*) ▷她小时候, 双亲就去世了。Tā xiǎoshíhou, shuāngqīn jiù qùshì le. When she was young, both her parents died.

双(雙)全 shuāngquán [动] have both ... and ... ▷智勇双全 zhì yǒng shuāngquán be both wise and brave

双(雙)休日 shuāngxiūrì [名] the weekend

霜 shuāng [名] frost

霜冻(凍) shuāngdòng [名] frost

孀 shuāng [名] widow

孀居 shuāngjū [动] (书) be a widow ▷她已经孀居多年了。Tā yǐjīng shuāngjū duō nián le. She has been a widow for many years.

爽 shuǎng [形] **1** (指天气) clear **2** (指性格) frank **3** (指健康) well ▷他今天感觉身体不爽。Tā jīntiān gǎnjué shēntǐ bù shuǎng. Today he doesn't feel well.

爽口 shuǎngkǒu [形] refreshing

爽快 shuǎngkuai [形] **1** (舒服) refreshed ▷喝一杯冰啤酒, 感觉爽快极了! Hē yī bēi bīng píjiǔ, gǎnjué shuǎngkuai jí le! After drinking a glass of cold beer, you feel very refreshed. **2** (直爽) frank

爽朗 shuǎnglǎng [形] **1** (指天气) clear **2** (指性格) open **3** (指笑声) cheerful

爽目 shuǎngmù [形] easy on the eye

爽直 shuǎngzhí [形] frank

谁(誰) shuí [代]
→另见 shéi

水 shuǐ [名] **1** (物质) water **2** (指江河湖海) waters (*pl*) **3** (汁) liquid ▶消毒水 xiāodúshuǐ disinfectant ▶墨水 mòshuǐ ink

水兵 shuǐbīng [名] sailor

水彩 shuǐcǎi [名] **1** (指颜料) watercolour (英), watercolor (美) **2** (指画) watercolour (英), watercolor (美)

水草 shuǐcǎo [名] **1** (植物) water weed **2** (资源) water and pasture

水产(產) shuǐchǎn [名] aquatic products (*pl*)

水到渠成 shuǐ dào qú chéng success comes naturally ▷他经验丰富, 资金充足, 开公司是水到渠成的事。Tā jīngyàn fēngfù, zījīn

S

chōngzú, kāi gōngsī shì shuǐ dào qú chéng de shì. He has a lot of experience and enough capital, so when he starts up a company, success will come naturally.

水分 shuǐfèn [名] 1 (指物质) moisture content 2 (虚假成分) exaggeration

水果 shuǐguǒ [名] fruit

水火 shuǐhuǒ [名] 1 (形容对立物) opposites (*pl*) 2 (形容灾难) misery

水货(貨) shuǐhuò [名] 1 (走私品) smuggled goods (*pl*) 2 (劣质品) inferior goods (*pl*)

水晶 shuǐjīng [名] crystal

水库(庫) shuǐkù [名] reservoir

水力 shuǐlì [名] hydraulic power

水利 shuǐlì [名] (水利工程) irrigation project

水淋淋 shuǐlínlín [形] sopping wet

水灵(靈) shuǐling [形] 1 (指水果) fresh and juicy 2 (指人, 花) charming

水流 shuǐliú [名] 1 (江河统称) river 2 (流动的水) current

水陆(陸) shuǐlù [名] land and water ▷ 这种交通工具是水陆两用的。Zhè zhǒng jiāotōng gōngjù shì shuǐlù liǎng yòng de. This is an amphibious vehicle.

水路 shuǐlù [名] waterway

水落石出 shuǐ luò shí chū get to the bottom of

水面 shuǐmiàn [名] the water's surface

水泥 shuǐní [名] cement

水平 shuǐpíng **I** [名] standard ▷ 人们的生活水平越来越高。Rénmen de shēnghuó shuǐpíng yuèláiyuè gāo. People's living standards are getting higher and higher. **II** [形] horizontal ▷ 箱子要保持水平。Xiāngzi yào bǎochí shuǐpíng. Ensure that the box is horizontal.

水禽 shuǐqín [名] aquatic birds (*pl*)

水渠 shuǐqú [名] ditch

水乳交融 shuǐ rǔ jiāoróng in complete harmony ▷ 这幅画人物和景物水乳交融, 非常和谐。Zhè fú huà rénwù hé jǐngwù shuǐ rǔ jiāoróng, fēicháng héxié. The figure in this picture is in complete harmony with the scenery.

水势(勢) shuǐshì [名] current

水手 shuǐshǒu [名] sailor

水土 shuǐtǔ [名] 1 (水和土) water and land 2 (环境气候) climate

水汪汪 shuǐwāngwāng [形] 1 (形容充满水) watery 2 (指眼睛) bright

水乡(鄉) shuǐxiāng [名] region of rivers and lakes

水泄(洩)不通 shuǐ xiè bù tōng completely packed ▷ 汽车把这条路堵得水泄不通。Qìchē bǎ zhè tiáo lù dǔ de shuǐ xiè bù tōng. The road was so packed with cars that nothing could get through at all.

水性 shuǐxìng [名] ability to swim ▷ 他水性很好。Tā shuǐxìng hěn hǎo. He's a good swimmer.

水性杨(楊)花 shuǐxìng yánghuā flirtatious ▷ 她不是个水性杨花的女子。Tā bù shì gè shuǐxìng yánghuā de nǚzǐ. She's not a flirtatious woman.

水银(銀) shuǐyín [名] mercury

水域 shuǐyù [名] waters (*pl*)

水源 shuǐyuán [名] 1 (指河流) source of a river 2 (指民用水) water source

水灾(災) shuǐzāi [名] flood

水涨(漲)船高 shuǐ zhǎng chuán gāo ▷ 留学生越来越多, 学费也水涨船高。Liúxuéshēng yuèláiyuè duō, xuéfèi yě shuǐ zhǎng chuán gāo. The number of overseas students is continually increasing, and there has been a corresponding increase in tuition fees. ▷ 足球运动员出了名, 其身价也水涨船高。Zúqiú yùndòngyuán chūle míng, qí shēnjià yě shuǐ zhǎng chuán gāo. Once a footballer has made a name for himself, his social status increases along with his fame.

水质(質) shuǐzhì [名] water quality

水中捞(撈)月 shuǐ zhōng lāo yuè impractical

水准(準) shuǐzhǔn [名] 1 (水平) standard 2 (水平面) water level

水族 shuǐzú [名] aquatic animals (*pl*)

说(說) shuì [动] persuade

→ 另见 shuō

税(稅) shuì [名] tax

税(稅)法 shuìfǎ [名] tax law

税(稅)率 shuìlǜ [名] tax rate

税(稅)收 shuìshōu [名] tax revenue

税(稅)务(務)局 shuìwùjú [名] tax office

睡 shuì [动] sleep (*pt*, *pp* slept)

睡觉(覺) shuìjiào [动] sleep (*pt*, *pp* slept) ▷ 睡觉是有效的休息方式。Shuìjiào shì yǒuxiào de xiūxi fāngshì. Sleeping is an effective way of relaxing.

睡梦(夢) shuìmèng [名] dream

睡眠 shuìmián [名] sleep

睡意 shuìyì [名] drowsiness

吮 shǔn [动] suck ▷ 小男孩儿吮着拇指。Xiǎo nánháir shǔnzhe mǔzhǐ. The little boy was sucking his thumb.

吮吸 shǔnxī [动] suck

顺(順) shùn **I** [介] **1** (指方向) with ▸顺时针 shùnshízhēn clockwise **2** (沿) along **3** (趁便) ▸顺便 shùnbiàn on the way **II** [动] **1** (朝同一方向) follow **2** (使有条理) put ... in order (*pt, pp* put) **3** (顺从) obey **4** (合意) be to one's liking ▸顺心 shùnxīn as one would wish **III** [形] successful ▹他找工作很顺。Tā zhǎo gōngzuò hěn shùn. His job hunt has been very successful.

顺(順)便 **shùnbiàn** [副] **1** (指乘方便) on the way ▹你去超市时顺便帮我到邮局寄封信吧。Nǐ qù chāoshì shí shùnbiàn bāng wǒ dào yóujú jì fēng xìn ba. Would you mind going to the post office to post this letter for me on your way to the supermarket? **2** (说, 问) by the way ▹顺便问一下，他给你回电话了吗？Shùnbiàn wèn yīxià, tā gěi nǐ huí diànhuà le ma? By the way, did he call you back?

顺(順)差 **shùnchā** [名] favourable (英) 或 favorable (美) balance

顺(順)畅(暢) **shùnchàng** [形] smooth ▹交通很少有顺畅的时候。Jiāotōng hěn shǎo yǒu shùnchàng de shíhou. There is seldom a smooth flow of traffic.

顺(順)从(從) **shùncóng** [动] obey

顺(順)当(當) **shùndang** [形] (口) smooth

顺(順)耳 **shùn'ěr** [形] pleasant to hear ▹这首歌听起来挺顺耳的。Zhè shǒu gē tīng qǐlái tǐng shùn'ěr de. This tune is quite pleasant. ▹他一句不顺耳的话也听不进去。Tā yī jù bù shùn'ěr de huà yě tīng bù jìnqù. He won't listen to anything he doesn't want to hear.

顺(順)风(風) **shùnfēng** [动] **1** (指风向) travel downwind **2** (指祝福) ▹祝你一路顺风。Zhù nǐ yīlù shùnfēng. Have a safe journey! ▹一路顺风! Yīlù shùnfēng! Bon voyage!

顺(順)境 **shùnjìng** [名] favourable (英) 或 favorable (美) circumstances (*pl*)

顺(順)口 **shùnkǒu** **I** [形] flowing ▹这首诗念起来不太顺口。Zhè shǒu shī niàn qǐlái bù tài shùnkǒu. This poem doesn't flow too well. **II** [副] without thinking ▹他顺口把我们的秘密透露出去了。Tā shùnkǒu bǎ wǒmen de mìmì tòulù chūqù le. He revealed our secret without thinking.

顺(順)理成章 **shùn lǐ chéng zhāng** logical and coherent

顺(順)利 **shùnlì** [副] smoothly ▹你们的计划执行得顺利吗？Nǐmen de jìhuà zhíxíng de shùnlì ma? Did your plan go smoothly?

顺(順)路 **shùnlù** [副] on the way ▹下班后你能顺路到医院去看他吗？Xiàbān hòu nǐ néng shùnlù dào yīyuàn qù kàn tā ma? On your way home after work, would you mind going to see him in the hospital?

顺(順)手 **shùnshǒu** **I** [形] **1** (顺利) smooth **2** (好使) easy to use ▹这些新工具都很顺手。Zhèxiē xīn gōngjù dōu hěn shùnshǒu. These new tools are very easy to use. **II** [副] on the way ▹我顺手把灯关上。Wǒ shùnshǒu bǎ dēng guānshàng. I turned out the lights as I went past.

顺(順)手牵(牽)羊 **shùn shǒu qiān yáng** walk off with

顺(順)藤摸瓜 **shùn téng mō guā** trace ... to its roots

顺(順)心 **shùnxīn** [形] satisfactory ▹他现在日子过得很顺心。Tā xiànzài rìzi guòde hěn shùnxīn. Life is going very well for him at the moment. ▹咱们出去走走, 忘掉那些不顺心的事。Zánmen chūqù zǒuzǒu, wàngdiào nàxiē bù shùnxīn de shì. Let's go out for a walk and try and forget this whole mess.

顺(順)序 **shùnxù** [名] order

顺(順)延 **shùnyán** [动] postpone

顺(順)眼 **shùnyǎn** [形] attractive ▹这套家具看起来挺顺眼。Zhè tào jiājù kàn qǐlái tǐng shùnyǎn. This furniture is very attractive. ▹她对男朋友看不顺眼。Tā duì nánpéngyou kàn bù shùnyǎn. She had a low opinion of her boyfriend.

顺(順)应(應) **shùnyìng** [动] follow ▹顺应时代的变化 shùnyìng shídài de biànhuà change with the times

瞬 shùn [名] flash ▸一瞬间 yīshùnjiān in a flash

瞬息万(萬)变(變) **shùnxī wàn biàn** fast-changing

说(說) shuō [动] **1** (用语言表达意思) say (*pt, pp* said) ▹他说他不来了。Tā shuō tā bù lái le. He said he wouldn't come. **2** (解释) explain **3** (责备) tell ... off (*pt, pp* told) ▹衣服弄得这么脏, 看你妈妈不说你。Yīfu nòngde zhème zāng, kàn nǐ māma bù shuō nǐ. Your mum will give you such a telling-off for getting your clothes so dirty.

→另见 shuì

> 表示“说”最常用的词汇是 **say**。请注意, 在使用动词 **say** 时, 如果想要表示说话的对象, 应该使用介词 **to**。*'What did she say you?'* 是错误的用法。*'What did she say to you?'* 则是正确的表达。表示告知某人某事用 **tell**。*The manufacturer told me that the product did not contain corn.* 然而, 动词 **tell** 通常带直接宾语, 表示说话的对象。*He told Alison he was suffering from leukaemia...What did she tell you? 'What did she tell to you?'* 是错误的用法。**tell** 可以和带 **to** 的动词不定式连用, 表示命令或指示。*My mother told me to shut up and eat my dinner.*

S

说(說)长(長)道短 **shuō cháng dào duǎn** criticize
说(說)唱 **shuōchàng** [名] **1** (曲艺) *a form of popular entertainment consisting mostly of singing and comic dialogue* **2** (音) rap ▷ 说唱艺人 **shuōchàng yìrén** rapper
说(說)法 **shuōfǎ** [名] **1** (措辞) version **2** (见解) opinion ▷ 大家对这件事说法不一。Dàjiā duì zhè jiàn shì shuōfǎ bùyī. Everybody has different opinions on this matter. **3** (公道) justification
说(說)服 **shuōfú** [动] persuade
说(說)合 **shuōhe** [动] **1** (指亲事) bring ... together (*pt, pp* brought) **2** (商量) discuss
说(說)和 **shuōhe** [动] mediate
说(說)话(話) **shuōhuà** **I** [动] **1** (用语言表达意思) talk **2** (闲谈) chat **II** [副] (马上) any minute
说(說)教 **shuōjiào** [动] preach
说(說)客 **shuōkè** [名] persuasive talker
说(說)理 **shuōlǐ** [动] argue ▷ 这篇论文说理充分, 论证严谨。Zhè piān lùnwén shuōlǐ chōngfèn, lùnzhèng yánjǐn. This essay is well argued and precisely reasoned.
说(說)媒 **shuōméi** [动] act as matchmaker
说(說)明 **shuōmíng** **I** [动] **1** (解释明白) explain **2** (证明) prove **II** [名] explanation ▷ 产品使用说明 **chǎnpǐn shǐyòng shuōmíng** instruction manual
说(說)情 **shuōqíng** [动] plead for
说(說)三道四 **shuō sān dào sì** gossip
说(說)书(書) **shuōshū** [动] *give a storytelling performance*
说(說)闲(閒)话(話) **shuō xiánhuà** gossip
说(說)笑 **shuōxiào** [动] joke around
说(說)一不二 **shuō yī bù èr** be a man of one's word ▷ 我们的女老板说一不二。Wǒmen de nǚ lǎobǎn shuō yī bù èr. Our boss is a woman of her word.

烁(爍) **shuò** [形] twinkling

硕(碩) **shuò** [形] large

硕(碩)果 **shuòguǒ** [名] success
硕(碩)士 **shuòshì** [名] master's degree ▷ 文科硕士 **wénkē shuòshì** MA ▷ 理科硕士 **lǐkē shuòshì** MSc

---

司 **sī** **I** [动] take charge of (*pt* took, *pp* taken) ▷ 各司其职 gè sī qí zhí each attends to their own duties **II** [名] department

司法 **sīfǎ** [名] judiciary
司机(機) **sījī** [名] driver
司空见(見)惯(慣) **sīkōng jiàn guàn** be used to
司令 **sīlìng** [名] commander
司仪(儀) **sīyí** [名] master of ceremonies, MC

丝(絲) **sī** [名] **1** (蚕丝) silk **2** (丝状物) thread ▶ 铁丝 **tiěsī** wire ▷ 把土豆切成丝。Bǎ tǔdòu qiēchéng sī. Shred the potato.

丝(絲)绸(綢) **sīchóu** [名] silk
丝(絲)毫 **sīháo** [形] slightest ▷ 丝毫无损 **sīháo wú sǔn** not harmed in the slightest

---

私 **sī** [形] **1** (个人的) private ▶ 私事 **sīshì** private affairs **2** (自私的) selfish ▶ 无私 **wúsī** unselfish **3** (暗地里的) secret **4** (非法的) illegal

私奔 **sībēn** [动] elope
私产(產) **sīchǎn** [名] private property
私党(黨) **sīdǎng** [名] clique
私邸 **sīdǐ** [名] private residence
私房 **sīfang** [形] **1** (指积蓄) personal savings (*pl*) **2** (指话) personal matters (*pl*)
私愤(憤) **sīfèn** [名] grudge
私活 **sīhuó** [名] moonlighting ▷ 他因利用上班时间干私活被罚没全年奖金。Tā yīn lìyòng shàngbān shíjiān gàn sīhuó bèi fámò quánnián jiǎngjīn. He lost a whole year's bonuses for moonlighting during office hours.
私交 **sījiāo** [名] personal connections (*pl*)
私立 **sīlì** [形] private
私了 **sīliǎo** [动] settle ... privately
私囊 **sīnáng** [名] one's own pocket ▷ 他用纳税人的钱中饱私囊。Tā yòng nàshuìrén de qián zhōngbǎo sīnáng. He was lining his own pockets with taxpayers' money.
私情 **sīqíng** [名] **1** (私人交情) personal considerations (*pl*) **2** (不正当的男女情爱) relationship
私人 **sīrén** [形] **1** (属于个人的) private **2** (人与人之间的) personal ▷ 你和老板的私人关系怎么样? Nǐ hé lǎobǎn de sīrén guānxì zěnmeyàng? How do you get on with your boss?
私生活 **sīshēnghuó** [名] private life
私生子 **sīshēngzǐ** [名] illegitimate child (*pl* children)
私通 **sītōng** [动] **1** (私下勾结) have secret communication **2** (通奸) commit adultery
私下 **sīxià** [副] privately
私心 **sīxīn** [名] selfishness
私营(營) **sīyíng** [动] run privately ▷ 这家工厂顺利地完成了由国营到私营的转变。Zhè jiā gōngchǎng shùnlì de wánchéngle yóu guóyíng dào sīyíng de zhuǎnbiàn. The factory smoothly carried out the transformation from state ownership to

private ownership.

私有 sīyǒu [形] private ▶ 私有化 sīyǒuhuà privatization

私语(語) sīyǔ [动] whisper

私欲(慾) sīyù [名] selfish desires (*pl*)

私自 sīzì [副] without permission

思 sī **I** [动] **1** (思考) think (*pt, pp* thought) **2** (思念) miss **3** (希望) hope **II** [名] thought ▶ 思路 sīlù train of thought

思潮 sīcháo [名] **1** (指社会) trend **2** (指个人) thought ▷ 他思潮起伏，久久不能入睡。Tā sīcháo qǐfú, jiǔjiǔ bùnéng rù shuì. His head was full of restless thoughts, and for a long time he could not sleep.

思考 sīkǎo [动] think (*pt, pp* thought) ▷ 请给我时间思考一下你的建议。Qǐng gěi wǒ shíjiān sīkǎo yīxià nǐ de jiànyì. Please give me some time to think your suggestion over.

思量 sīliang [动] consider

思路 sīlù [名] reasoning ▷ 你这道题的思路是对的。Nǐ zhè dào tí de sīlù shì duì de. Your reasoning in this question is correct. ▷ 敲门声打断了他的思路。Qiāomén shēng dǎduànle tā de sīlù. The knock on the door interrupted his train of thought.

思念 sīniàn **I** [动] miss **II** [名] longing

思索 sīsuǒ [动] ponder

思维(維) sīwéi [名] thinking ▷ 动物有类似人的思维能力吗？Dòngwù yǒu lèisì rén de sīwéi nénglì ma? Do animals have mental abilities similar to those of humans?

思乡(鄉) sīxiāng [动] be homesick

思想 sīxiǎng [名] **1** (指有体系) thought **2** (念头) idea ▷ 这些学生都很有自己的思想。Zhèxiē xuésheng dōu hěn yǒu zìjǐ de sīxiǎng. These students all have their own ideas.

思绪(緒) sīxù [名] state of mind

斯 sī 见下文

斯文 sīwen [形] gentle

撕 sī [动] tear (*pt* tore, *pp* torn) ▷ 她把信撕得粉碎。Tā bǎ xìn sī de fěnsuì. She tore the letter into pieces.

撕毁(毀) sīhuǐ [动] tear ... up (*pt* tore, *pp* torn)

撕票 sīpiào [动] kill the hostage ▷ 绑架他女朋友的人威胁说不马上给钱他们就撕票。Bǎngjià tā nǚpéngyou de rén wēixié shuō bù mǎshàng gěi qián tāmen jiù sīpiào. The people who had kidnapped his girlfriend threatened to kill her if he didn't immediately pay the ransom.

嘶 sī **I** [动] neigh **II** [形] hoarse

嘶哑(啞) sīyǎ [形] hoarse

死 sǐ **I** [动] die **II** [形] **1** (死亡的) dead **2** (不可调和的) implacable ▶ 死敌 sǐdí sworn enemy **3** (不能通过的) impassable ▶ 死胡同 sǐhútòng dead end **4** (确切的) fixed ▷ 我们要把出发的时间定死。Wǒmen yào bǎ chūfā de shíjiān dìngsǐ. We should fix our departure time. **5** (脑筋) slow-witted **6** (规定) rigid **7** (水) still **III** [副] **1** (拼死) to the death ▶ 死战 sǐzhàn fight to the death **2** (表示固执或坚决) stubbornly ▷ 死等 sǐ děng wait indefinitely **3** (表示到达极点) extremely ▷ 累死我了。Lèisǐ wǒ le. I'm completely exhausted.

死板 sǐbǎn [形] **1** (不活泼的) stiff **2** (不灵活的) inflexible

死不瞑目 sǐ bù míngmù die discontented

死党(黨) sǐdǎng [名] diehard supporters (*pl*)

死敌(敵) sǐdí [名] sworn enemy

死灰复(復)燃 sǐhuī fù rán revive

死活 sǐhuó **I** [名] safety ▷ 煤矿主不顾矿工的死活，让他们没日没夜地工作。Méikuàngzhǔ bùgù kuànggōng de sǐhuó, ràng tāmen méi rì méi yè de gōngzuò. The mine manager didn't care at all about his employees' safety and made them work day and night. **II** [副] simply ▷ 交通灯变绿了但车子死活打不着火。Jiāotōngdēng biàn lǜ le dàn chēzi sǐhuó dǎ bù zháo huǒ. The lights had changed to green, but the car simply wouldn't start.

死机(機) sǐjī [动] crash

死角 sǐjiǎo [名] (喻) untouched area ▷ 知识产权法中的死角 Zhīshichǎnquán fǎ zhōng de sǐjiǎo areas untouched by intellectual property laws

死结(結) sǐjié [名] tight knot

死劲(勁)儿(兒) sǐjìnr [副] with all one's strength

死里(裡)逃生 sǐ lǐ táo shēng have a narrow escape

死路 sǐlù [名] **1** (走不通的路) dead end **2** (喻) (引向毁灭的道路) road to ruin

死命 sǐmìng **I** [名] doom **II** [副] desperately

死难(難) sǐnàn [动] die in an accident ▷ 这家公司向死难者家属进行了赔付。Zhè jiā gōngsī xiàng sǐnànzhě jiāshǔ jìnxíngle péifù. The company gave compensation to the families of the victims of the accident.

死皮赖(賴)脸(臉) sǐ pí lài liǎn brazen

死气(氣)沉沉 sǐqì chénchén dead

死去活来(來) sǐ qù huó lái devastated ▷ 她哭得死去活来。Tā kū de sǐ qù huó lái. She was crying her eyes out. ▷他爱她爱得死去活来。Tā ài tā ài de sǐ qù huó lái. He was madly in love with her.

死神 **sǐshén** [名] Death

死尸(屍) **sǐshī** [名] corpse

死水 **sǐshuǐ** [名] **1** (指水) stagnant water **2** (指气氛, 环境) lifelessness

死亡 **sǐwáng** [动] die

死心 **sǐxīn** [动] give up on (*pt* gave, *pp* given) ▷她对出国死心了。Tā duì chūguó sǐxīn le. She's given up on the idea of going abroad.

死心塌地 **sǐ xīn tā dì** have one's heart set on

死刑 **sǐxíng** [名] death penalty

死硬 **sǐyìng** [形] **1** (形容硬) stiff **2** (顽固) stubborn

死有余(餘)辜 **sǐ yǒu yú gū** death is too good for ▷这种坏人死有余辜。Zhè zhǒng huàirén sǐ yǒu yú gū. Death's too good for people like that.

死于(於)非命 **sǐ yú fēi mìng** die a violent death

死战(戰) **sǐzhàn I** [名] life-and-death battle **II** [动] fight to the death (*pt, pp* fought)

死者 **sǐzhě** [名] the deceased

四 **sì** [数] four

四不像 **sìbùxiàng** (喻) (不伦不类) neither one thing nor the other

四处(處) **sìchù** [名] everywhere

四方 **sìfāng** [名] **1** (形状) square **2** (各处) all directions (*pl*)

四方步 **sìfāngbù** [名] leisurely pace

四分五裂 **sì fēn wǔ liè** be torn asunder

四海 **sìhǎi** [名] the world

四季 **sìjì** [名] the four seasons (*pl*)

四邻(鄰) **sìlín** [名] neighbours (英), neighbors (美) (*pl*)

四平八稳(穩) **sì píng bā wěn** well-balanced

四舍(捨)五入 **sì shě wǔ rù** round off to the nearest number ▷5. 61四舍五入后得5. 6。Wǔ diǎn liù yī sì shě wǔ rù hòu dé wǔ diǎn liù. 5.61 can be rounded down to 5.6.

四声(聲) **sìshēng** [名] *the four tones of Standard Chinese pronunciation*

四通八达(達) **sì tōng bā dá** extend in all directions ▷地铁线路四通八达。Dìtiě xiànlù sì tōng bā dá. The different lines of the underground link everywhere up.

四月 **sìyuè** [名] April

四肢 **sìzhī** [名] limbs (*pl*)

四周(週) **sìzhōu** [名] all sides ▷四周都是人。Sìzhōu dōu shì rén. There are people everywhere. ▷餐馆四周都是写字楼。Cānguǎn sìzhōu dōu shì xiězìlóu. The restaurant is surrounded by office buildings.

寺 **sì** [名] **1** (指佛教) temple ▶喇嘛寺 lǎmasì Tibetan Buddhist temple **2** (指伊斯兰教) mosque ▶清真寺 qīngzhēnsì mosque

寺院 **sìyuàn** [名] temple

似 **sì I** [动] (像) be like ▷他的脸似纸一样白。Tā de liǎn sì zhǐ yīyàng bái. His face was as white as a sheet of paper. **II** [副] apparently ▷她看似单纯, 其实很成熟。Tā kànsì dānchún, qíshí hěn chéngshú. She appears to be naive, but actually she's very worldly-wise. **III** [介] than ▷赛马一匹快似一匹。Sàimǎ yī pǐ kuài sì yī pǐ. Each racehorse is quicker than the last.
→另见 shì

似曾相识(識) **sì céng xiāngshí** look familiar ▷他俩初次见面, 但却都有似曾相识的感觉。Tā liǎ chūcì jiànmiàn, dàn què dōu yǒu sì céng xiāngshí de gǎnjué. It was the first time the two had met, and yet they felt strangely familiar.

似乎 **sìhū** [副] apparently

似是而非 **sì shì ér fēi** specious ▷他的推理似是而非。Tā de tuīlǐ sì shì ér fēi. His reasoning is specious.

伺 **sì** [动] watch ▶窥伺 kuīsì spy on
→另见 cì

伺机(機) **sìjī** [动] wait for the opportunity to ▷伺机进攻 sìjī jìngōng wait for an opportunity to attack

饲 **sì** [动] raise ▶饲养 sìyǎng raise

饲料 **sìliào** [名] fodder

饲养(養) **sìyǎng** [动] raise

肆 **sì I** [动] be unrestrained **II** [名] four

> This is the complex character for "four", which is mainly used in banks, on receipts, etc. to prevent mistakes and forgery.

肆虐 **sìnüè** [动] wreak havoc ▷那年蝗虫肆虐。Nà nián huángchóng sìnüè. That year locusts wreaked havoc.

肆无(無)忌惮(憚) **sì wú jì dàn** unscrupulous

肆意 **sìyì** [副] wantonly

松(鬆) **sōng I** [名] **1** (树) pine tree **2** (食品) *a condiment made of finely shredded preserved meat* **II** [动] **1** (放开) relax ▷他松开了抓着绳子的手。Tā sōngkāile zhuāzhe shéngzi de shǒu. He relaxed his grip on the rope. **2** (鞋带, 腰带) loosen **III** [形] loose ▷他的腰带有点松。Tā de yāodài yǒudiǎn sōng. His belt is a bit loose. ▷你管学生不能太松了。Nǐ guǎn xuésheng bùnéng tài sōng le. You shouldn't be too soft on the students.

松(鬆)绑(綁) **sōngbǎng** [动] **1** (解开绳索) untie **2** (放宽限制) relax
松(鬆)弛 **sōngchí** [形] **1** (肌肉) limp **2** (心情) relaxed **3** (纪律) lax
松(鬆)动(動) **sōngdòng** [动] **1** (牙齿, 岩石, 螺丝) loosen **2** (口气) relax **3** (规定) relax
松(鬆)劲(勁) **sōngjìn** [动] relax one's efforts
松(鬆)口 **sōngkǒu** [动] **1** (松嘴) let go (*pt, pp* let) **2** (不坚持) (主张, 意见) relent
松(鬆)快 **sōngkuai** [形] **1** (指精神) relieved ▷ 和老师谈话后，他心里松快了许多。**Hé lǎoshī tánhuà hòu, tā xīn li sōngkuaile xǔduō.** After he talked to his teacher, he felt much relieved. **2** (指身体) relaxed **3** (指空间上) less crowded
松(鬆)软(軟) **sōngruǎn** [形] **1** (指物体) soft **2** (指肢体) weak
松(鬆)散 **sōngsǎn** [形] **1** (指结构) loose **2** (指精神) lax
松(鬆)松垮垮 **sōngsōngkuǎkuǎ** [形] **1** (指衣着) baggy **2** (指精神) sluggish
松(鬆)懈 **sōngxiè** [形] **1** (放松) relaxed **2** (松散) lax

怂(慫) sǒng 见下文
怂(慫)恿 **sǒngyǒng** [动] provoke

耸(聳) sǒng [动] 1 (伸向高处) tower 2 (引起注意) alarm
耸(聳)动(動) **sǒngdòng** [动] (肩膀) shrug
耸(聳)立 **sǒnglì** [动] tower
耸(聳)人听(聽)闻(聞) **sǒng rén tīng wén** sensationalize

悚 sǒng 见下文
悚然 **sǒngrán** [形] terrified

讼(訟) sòng [动] take a case to court (*pt* took, *pp* taken) ▶ 诉讼 sùsòng lawsuit

---

送 sòng [动] 1 (信, 邮包, 外卖) deliver 2 (礼物) give (*pt* gave, *pp* given) ▷ 你准备送他什么结婚礼物？Nǐ zhǔnbèi sòng tā shénme jiéhūn lǐwù? What are you going to give him as a wedding present? 3 (送行) see ... off (*pt* saw, *pp* seen) ▷ 他把女朋友送到家。Tā bǎ nǚpéngyou sòngdào jiā. He saw his girlfriend home. 4 (陪着去) take (*pt* took, *pp* taken) ▷ 我把客人送到机场。Wǒ bǎ kèrén sòngdào jīchǎng. I took the guests to the airport.
送别(別) **sòngbié** [动] see ... off (*pt* saw, *pp* seen) ▷ 老师为毕业生举行了送别晚会。**Lǎoshī wèi bìyèshēng jǔxíngle sòngbié wǎnhuì.** The teachers held a farewell banquet for the graduating students.
送命 **sòngmìng** [动] lose one's life (*pt, pp* lost)
送死 **sòngsǐ** [动] (口) court death
送行 **sòngxíng** [动] see ... off (*pt* saw, *pp* seen) ▷ 她到机场给朋友送行。**Tā dào jīchǎng gěi péngyou sòngxíng.** She went to the airport to see a friend off.
送葬 **sòngzàng** [动] be part of a funeral procession
送终(終) **sòngzhōng** [动] **1** (临终照料) be with ... in his/her last moments **2** (安排丧事) make funeral arrangements

---

诵(誦) sòng [动] 1 (大声读) read ... aloud (*pt, pp* read) 2 (背诵) recite
诵(誦)读(讀) **sòngdú** [动] read ... aloud (*pt, pp* read)

颂(頌) sòng I [动] praise II [名] ode
颂(頌)词(詞) **sòngcí** [名] ode
颂(頌)歌 **sònggē** [名] hymn of praise
颂(頌)扬(揚) **sòngyáng** [动] extol

搜 sōu [动] search
搜捕 **sōubǔ** [动] hunt for ▷ 他试图逃避警方的搜捕。**Tā shìtú táobì jǐngfāng de sōubǔ.** He attempted to avoid the hunt organised by the police.
搜查 **sōuchá** [动] search ▷ 警察拦截住一辆可疑车辆进行搜查。**Jǐngchá lánjiézhù yī liàng kěyí chēliàng jìnxíng sōuchá.** The police stopped a suspicious vehicle and carried out a search.
搜刮 **sōuguā** [动] extort
搜(蒐)集 **sōují** [动] gather
搜罗(羅) **sōuluó** [动] recruit
搜索 **sōusuǒ** [动] search for
搜索引擎 **sōusuǒ yǐnqíng** [名] search engine
搜寻(尋) **sōuxún** [动] hunt for

嗖 sōu [拟] whizz ▷ 一辆摩托车嗖的一声从他身边驶过。Yī liàng mótuōchē sōu de yī shēng cóng tā shēnbiān shǐ guò. A motorbike whizzed past him.

馊(餿) sōu [形] sour
馊(餿)主意 **sōuzhǔyi** [名] bad idea

艘 sōu [量] ▷ 3艘游艇 sān sōu yóutǐng three yachts

嗽 sòu [动] cough ▶ 咳嗽 késòu cough

苏(蘇) sū [动] revive ▶ 复苏 fùsū recover
苏(蘇)打 **sūdá** [名] soda

苏(蘇)格兰(蘭) Sūgélán [名] Scotland ▷ 苏格兰短裙 Sūgélán duǎnqún kilt
苏(甦)醒 sūxǐng [动] come to (*pt* came, *pp* come)

酥 sū I [名] biscuit II [形] 1 (用于食物) crisp 2 (用于人体) limp
酥软(軟) sūruǎn [形] weak ▷ 工作一天之后，他回到家累得浑身酥软。Gōngzuò yī tiān zhīhòu, tā huídào jiā lèi de húnshēn sūruǎn. After a day's work, he returned home so tired that his whole body felt really weak.
酥松 sūsōng [形] loosened
酥油 sūyóu [名] butter

俗 sú I [名] 1 (风俗) custom ▶ 民俗 mínsú folk custom ▷ 入乡随俗 rù xiāng suí sú when in Rome, do as the Romans do 2 (没出家的人) laity ▶ 僧俗 sēngsú clergy and laity II [形] 1 (大众的) popular 2 (庸俗) vulgar
俗不可耐 sú bù kě nài as common as muck
俗话(話) súhuà [名] proverb
俗气(氣) súqi [形] vulgar
俗人 súrén [名] 1 (一般人) ordinary person (*pl* people) 2 (庸俗的人) vulgar person (*pl* people)
俗套 sútào [名] 1 (无聊的礼节) conventions (*pl*) 2 (陈旧的格调) cliché
俗语(語) súyǔ [名] common saying

夙 sù [形] (书) 1 (早) early 2 (旧有的) old ▶ 夙怨 sùyuàn old grudge
夙兴(興)夜寐 sù xīng yè mèi work day and night
夙愿(願) sùyuàn [名] long-cherished ambition

诉(訴) sù [动] 1 (说给人) tell (*pt*, *pp* told) ▶ 诉说 sùshuō tell 2 (倾吐) pour ... out ▶ 诉苦 sùkǔ complain 3 (控告) accuse ▶ 上诉 shàngsù appeal to a higher court
诉(訴)苦 sùkǔ [动] complain
诉(訴)说(說) sùshuō [动] tell (*pt*, *pp* told)
诉(訴)讼(訟) sùsòng [名] legal proceedings (*pl*)

肃(肅) sù [形] 1 (恭敬的) respectful ▶ 肃立 sùlì stand to attention 2 (严肃) serious
肃(肅)静(靜) sùjìng [形] silent
肃(肅)立 sùlì [动] stand to attention (*pt*, *pp* stood)
肃(肅)然起敬 sùrán qǐ jìng filled with deep respect ▷ 老人的宽厚让我肃然起敬。Lǎorén de kuānhòu ràng wǒ sùrán qǐ jìng. The old people's generosity filled me with deep respect.

素 sù I [形] plain II [副] always ▶ 平素 píngsù usually III [名] 1 (蔬菜, 瓜果等食物) vegetable 2 (有根本性质的) element ▶ 维生素 wéishēngsù vitamin
素材 sùcái [名] material
素餐 sùcān [名] vegetarian meal
素净(淨) sùjing [形] neat
素来(來) sùlái [副] usually ▷ 她素来很安静。Tā sùlái hěn ānjìng. She's usually very quiet. ▷ 他俩素来不和。Tā liǎ sùlái bùhé. Those two never get on.
素昧平生 sù mèi píngshēng never met ▷ 一位素昧平生的女孩子给她买了火车票。Yī wèi sù mèi píngshēng de nǚháizi gěi tā mǎile huǒchēpiào. A girl she had never met before bought her a train ticket.
素描 sùmiáo [名] sketch
素食 sùshí [名] vegetarian food
素食者 sùshízhě [名] vegetarian
素雅 sùyǎ [形] elegant
素养(養) sùyǎng [名] cultivation
素质(質) sùzhì [名] character

速 sù I [名] speed II [形] quick ▶ 速算 sùsuàn quick calculation
速成 sùchéng [动] take a crash course (*pt* took, *pp* taken) ▷ 计算机速成班 jìsuànjī sùchéngbān a crash course in computers
速递(遞) sùdì [动] send by express delivery (*pt*, *pp* sent)
速度 sùdù [名] speed
速记(記) sùjì [动] take shorthand notes (*pt* took, *pp* taken) ▷ 我非常羡慕会速记的人。 Wǒ fēicháng xiànmù huì sùjì de rén. I really admire people who know shorthand.
速溶 sùróng [动] dissolve quickly ▷ 速溶咖啡 sùróng kāfēi instant coffee
速效 sùxiào [名] fast action ▷ 用这种方法减肥有速效。Yòng zhè zhǒng fāngfǎ jiǎnféi yǒu sùxiào. You will see quick results with this diet. ▷ 速效止痛片 sùxiào zhǐtòngpiàn fast-acting pain killer
速写(寫) sùxiě [名] sketch

宿 sù [动] stay
→ 另见 xiǔ
宿敌(敵) sùdí [名] old enemy
宿命论(論) sùmìnglùn [名] fatalism
宿舍 sùshè [名] dormitory
宿营(營) sùyíng [动] camp
宿愿(願) sùyuàn [名] long-cherished ambition

粟 sù [名] millet

塑 sù I [动] model II [名] mould (英), mold (美)

塑料 **sùliào** [名] plastic
塑料袋 **sùliàodài** [名] plastic bag
塑像 **sùxiàng** [名] statue
塑造 **sùzào** [动] **1** (指用物质材料制造) shape **2** (指用艺术手段制造) model

溯 **sù** [动] **1** (逆水走) go upstream **2** (回想) recollect
溯源 **sùyuán** [动] trace ... back to its roots

簌 **sù I** [拟] rustle **II** [形] **1** (形容眼泪) streaming **2** (形容发抖) shivering

酸 **suān I** [形] **1** (指味道) sour **2** (伤心) sad **3** (迂腐) pedantic **4** (疼) sore **II** [名] acid
酸楚 **suānchǔ** [形] miserable
酸溜溜 **suānliūliū** [形] **1** (形容味道) sour **2** (形容嫉妒) envious **3** (形容言谈举止) pedantic
酸奶 **suānnǎi** [名] yoghurt
酸甜苦辣 **suān tián kǔ là** all the pains and pleasures of life
酸性 **suānxìng** [名] acidity

蒜 **suàn** [名] garlic
蒜头(頭) **suàntóu** [名] bulb of garlic

算 **suàn** [动] **1** (计算) calculate **2** (计算进去) count **3** (谋划) plan ▶暗算 **ànsuàn** plot against **4** (当做) be considered as **5** (由某人负责) blame **6** (算数) count **7** (作罢) ▷算了吧！**Suànle ba!** Forget it! ▷算了吧，这些小事我们就不要再管了。**Suànle ba, zhèxiē xiǎoshì wǒmen jiù bùyào zài guǎn le.** Forget it, we needn't worry about these small details. ▷这工作今天做不完就算了，明天再说。**Zhè gōngzuò jīntiān zuò bù wán jiù suàn le, míngtiān zài shuō.** Let's leave it for today and try again tomorrow. **8** (推测) suppose **9** (表示突出) ▷几个朋友中算他最有钱。**Jǐ gè péngyou zhōng suàn tā zuì yǒuqián.** He must be the richest of that group of friends. ▷全班算他最小。**Quánbān suàn tā zuì xiǎo.** He has to be the youngest in the class.
算法 **suànfǎ** [名] algorithm
算计(計) **suànjì I** [动] **1** (计算数目) calculate **2** (考虑) consider **3** (估计) guess **4** (暗中谋算) plot **II** [名] plan
算命 **suànmìng** [动] tell sb's fortune (*pt, pp* told) ▷算命先生 **suànmìng xiānsheng** fortune teller
算盘(盤) **suànpán** [名] **1** (计算用具) abacus **2** (喻) (打算) scheme
算术(術) **suànshù** [名] maths (英) (*sg*) math (美)
算数(數) **suànshù** [动] count
算账(賬) **suànzhàng** [动] **1** (计算账目) work out accounts ▷年底一算账，他赚了1万多元。**Niándǐ yī suànzhàng, tā zhuànle yī wàn duō yuán.** When he worked out his accounts at the end of the year, he had earned over ten thousand yuan. **2** (把事情扯平) get even with

尿 **suī** [名] piss
→另见 **niào**

虽(雖) **suī** [连] although ▷他个子虽小，力气却很大。**Tā gèzi suī xiǎo, lìqi què hěn dà.** Although he isn't big, he's very strong.
虽(雖)然 **suīrán** [连] although ▷虽然她很年轻，可是却很成熟。**Suīrán tā hěn niánqīng, kěshì què hěn chéngshú.** Although she is very young, she is quite mature.

随(隨) **suí** [动] **1** (跟随) follow **2** (顺从) go along with **3** (任凭) let ... do as they like (*pt, pp* let) ▷孩子大了，随他去吧。**Háizi dà le, suí tā qù ba.** The child's grown up — let him do as he wishes. **4** (方) (像) take after (*pt* took, *pp* taken) ▷小女孩长得随她爸爸。**Xiǎo nǚhái zhǎng de suí tā bàba.** The little girl takes after her father.
随(隨)便 **suíbiàn I** [动] do as one wishes ▷这件事怎样处理你随便吧。**Zhè jiàn shì zěnyàng chǔlǐ nǐ suíbiàn ba.** Deal with this matter as you wish. **II** [形] **1** (随意) casual **2** (欠考虑的) thoughtless **III** [副] ▷大家随便坐。**Dàjiā suíbiàn zuò.** Everyone can sit where they like. ▷她在商店里随便逛逛。**Tā zài shāngdiàn li suíbiàn guàngguang.** She's wandering around the shops. **IV** [连] no matter
随(隨)波逐流 **suí bō zhú liú** go with the flow
随(隨)处(處) **suíchù** [副] anywhere
随(隨)从(從) **suícóng I** [名] entourage **II** [动] accompany
随(隨)大溜 **suí dàliù** follow the crowd
随(隨)地 **suídì** [副] anywhere
随(隨)风(風)倒 **suífēngdǎo** be easily swayed
随(隨)风(風)转(轉)舵 **suí fēng zhuǎn duò** (贬) follow the prevailing wind
随(隨)和 **suíhe** [形] easygoing
随(隨)后(後) **suíhòu** [副] soon after
随(隨)机(機)应(應)变(變) **suí jī yìng biàn** change with the times
随(隨)即 **suíjí** [副] immediately
随(隨)口 **suíkǒu** [副] carelessly
随(隨)身 **suíshēn** [副] ▷随身行李 **suíshēn xíngli** hand luggage ▷每个士兵要随身携带30多公斤物品。**Měigè shìbīng yào suíshēn xiédài sānshí duō gōngjīn wùpǐn.** Every

soldier must carry over 30 kilos on their back. ▷乘客的随身行李不能超过10公斤。Chéngkè de suíshēn xíngli bùnéng chāoguò shí gōngjīn. Passengers may not bring more than ten kilograms of hand luggage on board.

随(隨)身听(聽) suíshēntīng [名] Walkman®

随(隨)声(聲)附和 suí shēng fùhè echo sb's words ▷他的讲话真荒唐，但有很多人随声附和。Tā de jiǎnghuà zhēn huāngtáng, dàn yǒu hěn duō rén suí shēng fùhè. What he says is ridiculous, yet many people echo his words.

随(隨)时(時) suíshí [副] at any time

随(隨)手 suíshǒu [副] on one's way ▷请随手关门。Qǐng suíshǒu guān mén. Please close the door on your way. ▷他随手把信放在抽屉里。Tā suíshǒu bǎ xìn fàng zài chōuti li. He put the letter in a drawer on his way past.

随(隨)同 suítóng [动] accompany

随(隨)意 suíyì [动] do as one likes

随(隨)遇而安 suí yù ér ān adapt to changing circumstances

随(隨)着(著) suízhe [动] follow ▷他随着父母移民加拿大了。Tā suízhe fùmǔ yímín Jiānádà le. Following his parents, he emigrated to Canada.

髓 suǐ [名] marrow ▸骨髓 gǔsuǐ bone marrow

岁(歲) suì I [名] year II [量] year ▷他20岁了。Tā èrshí suì le. He's 20 years old.

岁(歲)数(數) suìshu [名] age ▷在他这个岁数，不应该再干重体力活了。Zài tā zhège suìshu, bù yīnggāi zài gàn zhòng tǐlìhuó le. He shouldn't be doing heavy manual work at his age.

岁(歲)月 suìyuè [名] years (*pl*)

遂 suì [动] **1** (如意) satisfy **2** (成功) succeed ▷杀人未遂 shārén wèi suì attempted murder

遂愿(願) suìyuàn [动] fulfil (英) 或 fulfill (美) sb's wishes

碎 suì I [动] **1** (破碎) break (*pt* broke, *pp* broken) **2** (使粉碎) smash ▸碎纸机 suìzhǐjī shredder II [形] **1** (不完整) broken **2** (说话唠叨) garrulous

---

隧 suì [名] tunnel

隧道 suìdào [名] tunnel

燧 suì [名] flint

燧石 suìshí [名] flint

穗 suì [名] **1** (指植物) ear ▸麦穗 màisuì ear of wheat **2** (指装饰品) tassel

---

孙(孫) sūn [名] grandchild (*pl* grandchildren) ▷祖孙三代 zǔ sūn sān dài three generations

孙(孫)女 sūnnǚ [名] granddaughter

孙(孫)子 sūnzi [名] grandson

损(損) sǔn I [动] **1** (减少) decrease **2** (损害) harm **3** (损坏) damage **4** (方) (挖苦) make fun of II [形] (方) mean

损(損)公肥私 sǔn gōng féi sī embezzle public funds

损(損)害 sǔnhài [动] **1** (健康) damage **2** (利益) harm **3** (名誉) ruin **4** (关系) damage

损(損)耗 sǔnhào [动] lose (*pt*, *pp* lost) ▷我们必须减少生产过程中的能源损耗。Wǒmen bìxū jiǎnshǎo shēngchǎn guòchéng zhōng de néngyuán sǔnhào. We must reduce loss of resources in the production process.

损(損)坏(壞) sǔnhuài [动] damage

损(損)人利己 sǔn rén lì jǐ hurt others to benefit oneself

损(損)失 sǔnshī I [动] lose (*pt*, *pp* lost) II [名] loss

笋(筍) sǔn [名] bamboo shoot

唆 suō [动] instigate

唆使 suōshǐ [动] incite

梭 suō [名] shuttle

梭镖(鏢) suōbiāo [动] spear

梭巡 suōxún [动] patrol

梭子 suōzi [名] **1** (用于纺织) shuttle **2** (用于枪支) clip

缩(縮) suō [动] **1** (收缩) contract **2** (收回去) withdraw (*pt* withdrew, *pp* withdrawn)

缩(縮)减(減) suōjiǎn [动] **1** (经费) cut (*pt*, *pp* cut) **2** (人员) reduce

缩(縮)略语(語) suōlüèyǔ [名] abbreviation

缩(縮)手缩(縮)脚(腳) suō shǒu suō jiǎo **1** (指寒冷) shrink with cold (*pt* shrank, *pp* shrunk) **2** (形容顾虑多) be overcautious

缩(縮)水 suōshuǐ [动] shrink (*pt* shrank, *pp* shrunk) ▷这件T恤衫缩水吗？Zhè jiàn tìxùshān suōshuǐ ma? Will this T-shirt shrink in the wash?

缩(縮)写(寫) suōxiě I [名] abbreviation ▷NATO 是英文 North Atlantic Treaty Organization 的缩写。NATO shì Yīngwén North Atlantic Treaty Organization de suōxiě. NATO is the abbreviation for the North Atlantic Treaty Organization. II [动] abridge

缩(縮)影 suōyǐng [名] epitome

所 suǒ I [名] 1 (处所) place 2 (用于机构名称) office ▶ 派出所 pàichūsuǒ local police station ▶ 诊所 zhěnsuǒ clinic II [量] ▷ 三所医院 sān suǒ yīyuàn three hospitals ▷ 一所大学 yī suǒ dàxué a university

measure word, used for buildings, houses, hospitals, schools, universities, etc.

III [助] 1 (表示被动) ▷ 她被我的真诚所感动。Tā bèi wǒ de zhēnchéng suǒ gǎndòng. She was deeply moved by my sincerity. ▷ 他被金钱所迷惑。Tā bèi jīnqián suǒ míhuò. He's obsessed with money. 2 (表示强调) ▷ 我所看过的影片很少有大片。Wǒ suǒ kànguo de yǐngpiàn hěn shǎo yǒu dàpiàn. Out of all the films I've seen, hardly any have been blockbusters. ▷ 这正是大家所不理解的。Zhè zhèng shì dàjiā suǒ bù lǐjiě de. This is the bit that no-one understands.

所得税(稅) suǒdéshuì [名] income tax

所属(屬) suǒshǔ [名] 1 (统属之下的) subordinate 2 (自己隶属的) affiliation

所谓(謂) suǒwèi [形] what is known as 1 (通常说的) ▷ 中医所谓"上火"不止是指嗓子疼一种症状。Zhōngyī suǒwèi "shànghuǒ" bùzhǐ shì zhǐ sǎngzi téng yī zhǒng zhèngzhuàng. What is known in Chinese medicine as "excess internal heat" covers a lot more than sore throats and the like. ▷ 所谓"网虫"，就是上网上瘾的人。Suǒwèi "wǎngchóng", jiùshì shàngwǎng shàngyǐn de rén. The people we refer to as "Net Worms" are addicted to the Internet. 2 (形容不认可) so-called

所向披靡 suǒ xiàng pīmǐ invincible

所以 suǒyǐ [连] 1 (表示结果) so ▷ 路上堵车，所以我迟到了。Lù shang dǔchē, suǒyǐ wǒ chídào le. There was a lot of traffic, so I am late. 2 (表示突出原因) the reason why ▷ 她之所以成功，是因为坚持不懈。Tā zhī suǒyǐ chénggōng, shì yīnwèi jiānchí bùxiè. The reason for her success is her unremitting effort.

所以然 suǒyǐrán [名] the reason why

所有 suǒyǒu I [动] own II [名] possession III [形] all

所有权(權) suǒyǒuquán [名] proprietary rights (*pl*)

所有制 suǒyǒuzhì [名] ownership

所在 suǒzài [名] ▷ 这便是问题的症结所在。Zhè biàn shì wèntí de zhēngjié suǒzài. This is the crux of the matter. ▷ 巨大的市场是中国的魅力所在。Jùdà de shìchǎng shì Zhōngguó de mèilì suǒzài. What gives China its appeal is its enormous markets.

索 suǒ I [名] 1 (绳子) rope 2 (链子) chain II [动] 1 (找) search ▶ 探索 tànsuǒ explore 2 (要) request

索赔(賠) suǒpéi [动] claim damages ▷ 他的车祸索赔要求迟迟未能得到保险公司的明确答复。Tā de chēhuò suǒpéi yāoqiú chíchí wèi néng dédào bǎoxiǎn gōngsī de míngquè dáfù. His claim for damages after the car accident has still not been properly dealt with by the insurance company after all this time.

索取 suǒqǔ [动] demand ▷ 他来索取欠款。Tā lái suǒqǔ qiànkuǎn. He's come to demand the money he's owed.

索性 suǒxìng [副] might as well ▷ 既然已经帮助他了，就索性帮到底。Jìrán yǐjīng bāngzhù tā le, jiù suǒxìng bāng dàodǐ. Since we've already helped him out, we might as well help until the job is done.

索引 suǒyǐn [名] index

琐(瑣) suǒ [形] petty

琐(瑣)事 suǒshì [名] triviality

琐(瑣)碎 suǒsuì [形] petty

锁(鎖) suǒ I [名] lock II [动] 1 (用锁锁住) lock 2 (眉) frown

锁(鎖)链(鏈) suǒliàn [名] chain

S

Tt

他 tā [代] **1** (另一人) he ▷ 他是教师。Tā shì jiàoshī. He's a teacher. ▷ 他的包 tā de bāo his bag ▷ 我还记得他。Wǒ hái jìde tā. I still remember him. ▷ 他的包在书桌上。Tā de bāo zài shūzhuō shang. His bag is on the desk. **2** (其他) other ▷ 另有他故。Lìng yǒu tā gù. There is another reason.

他们(們) tāmen [代] they ▷ 他们的老师 tāmen de lǎoshī their teacher ▷ 我给他们写信。Wǒ gěi tāmen xiěxìn. I wrote to them. ▷ 他们学习刻苦。Tāmen xuéxí kèkǔ. They study hard. ▷ 学生应当尊敬他们的老师。Xuésheng yīngdāng zūnjìng tāmen de lǎoshī. Students should respect their teachers.

他人 tārén [名] others (*pl*)

他乡(鄉) tāxiāng [名] a place far from home

它 tā [代] it ▷ 把它扔掉。Bǎ tā rēngdiào. Throw it away. ▷ 它的牙锋利无比。Tā de yá fēnglì wúbǐ. Its teeth are razor sharp.

它们(們) tāmen [代] they ▷ 如果下周没人来认领这些东西，它们就会被销毁了。Rúguǒ xià zhōu méi rén lái rènlǐng zhèxiē dōngxi, tāmen jiù huì bèi xiāohuǐ le. If no-one claims these items in the next week, they will be destroyed. ▷ 词典都在那里，把它们拿来。Cídiǎn dōu zài nàlǐ, bǎ tāmen nálái. The dictionaries are over there, bring them here.

她 tā [代] she ▷ 她的帽子 tā de màozi her hat ▷ 我给她发了个短信。Wǒ gěi tā fāle gè duǎnxìn. I sent her a text message. ▷ 她是个杰出的外交家。Tā shì gè jiéchū de wàijiāojiā. She's a distinguished diplomat. ▷ 她的裙子在衣柜里。Tā de qúnzi zài yīguì li. Her skirt is in the wardrobe.

她们(們) tāmen [代] they

趿 tā 见下文

趿拉 tāla [动] shuffle along

塌 tā [动] **1** (倒塌) collapse **2** (凹下) sink (*pt* sank, *pp* sunk) ▷ 他瘦得连双颊都塌下去了。Tā shòu de lián shuāngjiá dōu tā xiàqù le. He's got so thin that even his cheeks are sunken. **3** (安定) settle down

塌方 tāfāng [动] collapse

塌实(實) tāshi [形] **1** (不浮躁) steady **2** (放心) at peace

塔 tǎ [名] **1** (指佛教建筑物) pagoda **2** (指塔形物) tower

塔楼(樓) tǎlóu [名] tower block

獭(獺) tǎ [名] otter ▶ 水獭 shuǐtǎ otter

踏 tà [动] **1** (踩) step onto **2** (喻) start ▷ 我刚踏上工作岗位。Wǒ gāng tà shàng gōngzuò gǎngwèi. I've just started working.

踏青 tàqīng [动] go on an outing in spring (*pt* went, *pp* gone)

胎 tāi [名] **1** (母体内的幼体) foetus (英), fetus (美) ▶ 怀胎 huáitāi be pregnant **2** (生育次数) pregnancy **3** (轮胎) tyre (英), tire (美)

胎儿(兒) tāi'ér [名] foetus (英), fetus (美)

胎记(記) tāijì [名] birthmark

胎盘(盤) tāipán [名] placenta

胎生 tāishēng [形] viviparous ▷ 胎生动物 tāishēng dòngwù viviparous animal

台(臺) tái **I** [名] **1** (指建筑) tower ▶ 观测台 guāncètái observation tower **2** (指讲话, 表演) stage ▶ 舞台 wǔtái stage **3** (指作座子用) stand ▶ 蜡台 làtái candlestick **4** (台形物) ▶ 窗台 chuāngtái window sill ▶ 站台 zhàntái platform **5** (桌子或类似物) table ▶ 梳妆台 shūzhuāngtái dressing table ▶ 写字台 xiězìtái desk **6** (指电话服务) telephone service ▷ 长途台 chángtú tái long-distance service ▷ 查号台 cháhào tái directory inquiries (*pl*) **7** (指广播电视) station ▶ 电视台 diànshìtái television station **8** (台湾) Taiwan **II** [量] **1** (指机器) ▷ 一台电脑 yī tái diànnǎo a computer ▷ 一百台电视 yī bǎi tái diànshì one hundred TVs **2** (指戏剧, 戏曲) ▷ 两台京剧 liǎng tái Jīngjù two Beijing Opera performances ▷ 一台舞剧 yī tái wǔjù a ballet

measure word, used for machines, equipment, stage performances, etc.

台(臺)布 táibù [名] tablecloth

台(臺)词(詞) táicí [名] line

台(颱)风(風) táifēng [名] typhoon

台(臺)阶(階) táijiē [名] **1** (指建筑) step **2** (喻) way out ▷ 我赶快换了话题以便给他们找个台阶儿下。Wǒ gǎnkuài huànle huàtí yǐbiàn gěi tāmen zhǎo gè táijiēr xià. I hurriedly changed the subject to give them a way out.

台(臺)历(曆) táilì [名] desk calendar

台(臺)球(毬) táiqiú [名] **1** (指美式) pool **2** (指英式) billiards (*sg*)

台(臺)湾(灣) Táiwān [名] Taiwan
台(臺)柱子 táizhùzi [名] leading figure

苔 tái [名] moss
苔藓(蘚) táixiǎn [名] moss

抬 tái [动] **1** (举) raise **2** (搬) carry **3** (抬杠) bicker
抬杠 táigàng [动] bicker
抬举(舉) táiju [动] favour (英), favor (美) ▷别太抬举他了，他会骄傲的。Bié tài táiju tā le, tā huì jiāo'ào de. Don't favour him too much or he'll get conceited. ▷你真不识抬举！Nǐ zhēn bù shí táiju! You're so ungrateful!
抬头(頭) táitóu [动] **1** (昂头) raise one's head **2** (喻) (指势力, 受压制的人) get a foothold ▷我们绝对不能让偷渡活动抬头。Wǒmen juéduì bùnéng ràng tōudù huódòng táitóu. We must not let the people-smugglers get a foothold.

太 tài **I** [形] **1** (高或大) highest ▸太空 tàikōng space **2** (指辈分高) senior ▸太爷爷 tài yéye great-grandfather **II** [副] **1** (指程度过分) too ▷这部电影太长。Zhè bù diànyǐng tài cháng. This film is too long. **2** (指程度极高) so ▷我太高兴了。Wǒ tài gāoxìng le. I am so happy. **3** (用于否定) that ▷她跑得不太快。Tā pǎo de bù tài kuài. She's not that fast a runner.
太极(極)拳 tàijíquán [名] Tai-chi
太监(監) tàijiàn [名] eunuch
太空 tàikōng [名] space
太平 tàipíng [形] peaceful
太平洋 Tàipíngyáng [名] the Pacific Ocean
太平间(間) tàipíngjiān [名] mortuary
太平无(無)事 tàipíng wú shì all is well
太太 tàitai [名] **1** (妻子) wife (*pl* wives) **2** (指老年妇女) lady **3** (指已婚妇女) Mrs ▷张太太 Zhāng tàitai Mrs. Zhang
太阳(陽) tàiyáng [名] sun ▷太阳系 tàiyángxì solar system
太子 tàizǐ [名] crown prince

态(態) tài [名] **1** (状态) state ▸常态 chángtài normality ▸体态 tǐtài posture **2** (语言) voice
态(態)度 tàidu [名] **1** (举止神情) manner ▷这里的服务员态度好。Zhèlǐ de fúwùyuán tàidu hǎo. The service is good here. **2** (看法) attitude ▷他对这件事表明了态度。Tā duì zhè jiàn shì biǎomíngle tàidu. He made his attitude to the affair clear.

泰 tài [形] (平安) peaceful
泰斗 tàidǒu [名] leading authority
泰然 tàirán [形] calm

坍 tān [动] collapse
坍塌 tāntā [动] fall down (*pt* fell, *pp* fallen)

贪(貪) tān **I** [动] **1** (贪污) be corrupt **2** (不满足) crave **3** (贪图) covet **II** [形] greedy
贪(貪)杯 tānbēi [动] be too fond of alcohol
贪(貪)得无(無)厌(厭) tān dé wú yàn insatiably greedy
贪(貪)官污吏 tān guān wū lì corrupt official
贪(貪)吃 tānchī be greedy
贪(貪)婪 tānlán [形] greedy
贪(貪)恋(戀) tānliàn [动] overindulge in
贪(貪)生怕死 tān shēng pà sǐ do anything to save one's neck
贪(貪)图(圖) tāntú [动] covet
贪(貪)玩 tānwán be too fond of a good time
贪(貪)污 tānwū [动] embezzle
贪(貪)心 tānxīn **I** [形] greedy **II** [名] greed
贪(貪)赃(贜) tānzāng [动] take bribes (*pt* took, *pp* taken)

摊(攤) tān **I** [动] **1** (摆开) spread ... out (*pt*, *pp* spread) ▷摊开地图 tānkāi dìtú spread out a map ▷我们把问题摊开来解决。Wǒmen bǎ wèntí tānkāi lái jiějué. In order to solve a problem we need to air it. **2** (指烹调) fry ▷他摊了个鸡蛋。Tā tānle gè jīdàn. He fried an egg. **3** (分担) share **4** (碰到) run into (*pt* ran, *pp* run)
II [名] stall
摊(攤)点(點) tāndiǎn [名] stall
摊(攤)贩(販) tānfàn [名] street trader
摊(攤)牌 tānpái [动] put one's cards on the table (*pt*, *pp* put)
摊(攤)派 tānpài [动] apportion
摊(攤)位 tānwèi [名] stall
摊(攤)子 tānzi [名] **1** (摊位) stall **2** (喻) (规模) scale **3** (喻) (混乱) shambles (*pl*) ▷他被派来收拾烂摊子。Tā bèi pài lái shōushi làn tānzi. He's been sent here to sort out this shambles.

滩(灘) tān [名] **1** (指河, 湖) bank **2** (指海) beach **3** (指水流急) rapids (*pl*)

瘫(癱) tān **I** [名] paralysis **II** [形] paralysed (英), paralyzed (美)
瘫(癱)痪(瘓) tānhuàn **I** [名] paralysis **II** [动] be paralysed (英) 或 paralyzed (美)

坛(壇) tán [名] **1** (祭坛) altar **2** (土台) raised plot ▸花坛 huātán raised flower bed **3** (圈子) circles (*pl*) **4** (台子) platform ▸论坛 lùntán forum **5** (壶) jug

谈(談) tán **I** [动] talk ▷ 谈生意 tán shēngyi discuss business **II** [名] talk ▷ 无稽之谈 wú jī zhī tán nonsense

谈(談)何容易 **tán hé róngyì** easier said than done

谈(談)虎色变(變) **tán hǔ sè biàn** turn pale at the mention of

谈(談)话(話) **tánhuà** [动] chat

谈(談)论(論) **tánlùn** [动] discuss

谈(談)判 **tánpàn** [动] negotiate ▷ 商业谈判 shāngyè tánpàn commercial negotiation

谈(談)天 **tántiān** [动] chat

谈(談)吐 **tántǔ** [名] way of talking

谈(談)笑风(風)生 **tán xiào fēng shēng** talk cheerfully

谈(談)心 **tánxīn** [动] have a heart-to-heart talk

弹(彈) tán **I** [动] **1** (指弹性) spring (*pt* sprang, *pp* sprung) ▷ 门弹了回来。Mén tánle huílái. The door sprang back. ▷ 球弹不起来了。Qiú tán bù qǐlái le. The ball doesn't bounce. ▷ 香槟酒瓶盖弹上了天。Xiāngbīngjiǔ pínggài tánshàngle tiān. The champagne cork shot into the air. **2** (棉花, 羊毛) fluff ... up **3** (土, 灰, 球) flick **4** (乐器) play ▷ 弹钢琴 tán gāngqín play the piano **II** [形] springy → 另见 dàn

弹(彈)劾 **tánhé** [动] impeach

弹(彈)簧 **tánhuáng** [名] spring ▶ 弹簧门 tánhuángmén swing door

弹(彈)力 **tánlì** [名] elasticity ▶ 弹力裤 tánlìkù stretch trousers (英) 或 pants (美)

弹(彈)性 **tánxìng** [名] **1** (弹力) elasticity **2** (喻) flexibility ▷ 弹性工作制 tánxìng gōngzuò zhì flexible working system ▷ 法律是没有弹性的。Fǎlǜ shì méiyǒu tánxìng de. The law is inflexible.

弹(彈)奏 **tánzòu** [动] play

痰 tán [名] phlegm

潭 tán [名] deep pool

檀 tán [名] sandalwood

忐 tǎn 见下文

忐忑 **tǎntè** [形] disturbed ▷ 忐忑不安 tǎntè bù'ān ill at ease

坦 tǎn [形] **1** (平整) flat ▶ 平坦 píngtǎn flat **2** (直率) candid **3** (心里安定) calm ▶ 坦然 tǎnrán composed

坦白 **tǎnbái** **I** [形] candid **II** [动] confess

坦诚(誠) **tǎnchéng** [形] frank

坦荡(蕩) **tǎndàng** [形] **1** (指道路) broad and smooth **2** (指心胸) magnanimous

坦然 **tǎnrán** [形] calm ▷ 他坦然面对死亡。Tā tǎnrán miànduì sǐwáng. He is facing death calmly.

坦率 **tǎnshuài** [形] frank ▷ 双方坦率地交换了意见。Shuāngfāng tǎnshuài de jiāohuànle yìjiàn. The two parties had a frank exchange of views.

坦途 **tǎntú** [名] smooth road

袒 tǎn [动] **1** (露出) expose **2** (偏心) be biased

袒护(護) **tǎnhù** [动] shield

袒露 **tǎnlù** [动] expose

毯 tǎn [名] **1** (指地上) carpet ▶ 地毯 dìtǎn carpet **2** (指床上) blanket ▶ 毛毯 máotǎn wool blanket **3** (指墙上) tapestry ▶ 壁毯 bìtǎn tapestry

叹(嘆) tàn [动] **1** (叹气) sigh ▶ 哀叹 āitàn lament **2** (书) (吟哦) chant **3** (书) (赞美) extol ▶ 惊叹 jīngtàn marvel at

叹(嘆)词(詞) **tàncí** [名] exclamation

叹(嘆)服 **tànfú** [动] gasp in admiration

叹(嘆)气(氣) **tànqì** [动] sigh

叹(嘆)为(為)观(觀)止 **tàn wéi guān zhǐ** take sb's breath away

叹(嘆)息 **tànxī** [动] sigh

炭 tàn [名] charcoal

探 tàn **I** [动] **1** (试图发现) explore ▶ 探险 tànxiǎn explore **2** (看望) visit ▶ 探亲 tànqīn visit one's relatives **3** (伸出去) stick ... out (*pt*, *pp* stuck) **4** (过问) inquire ▶ 打探 dǎtàn scout **II** [名] scout ▶ 侦探 zhēntàn detective

探测(測) **tàncè** [动] survey

探查 **tànchá** [动] examine

探访(訪) **tànfǎng** [动] **1** (搜寻) seek ... out (*pt*, *pp* sought) **2** (亲友) visit

探戈 **tàngē** [名] tango

探究 **tànjiū** [动] investigate

探亲(親) **tànqīn** [动] visit one's relatives

探求 **tànqiú** [动] seek (*pt*, *pp* sought)

探视(視) **tànshì** [动] visit

探索 **tànsuǒ** [动] probe ▷ 科学探索 kēxué tànsuǒ scientific investigation

探讨(討) **tàntǎo** [动] investigate

探听(聽) **tàntīng** [动] scout about

探望 **tànwàng** [动] **1** (看望) visit **2** (看) look around

探险(險) **tànxiǎn** [动] explore

碳 tàn [名] carbon
碳水化合物 tànshuǐ-huàhéwù [名] carbohydrate
碳中和 tàn zhōnghé [形] carbon-neutral

汤(湯) tāng [名] **1** (热水) hot water **2** (指食物) soup
汤(湯)剂(劑) tāngjì [名] herbal medicine
汤(湯)料 tāngliào [名] stock
汤(湯)药(藥) tāngyào [名] herbal medicine

趟 tāng [动] wade ▷ 我们趟过一条小河。Wǒmen tāngguò yī tiáo xiǎo hé. We waded through a stream.
→ 另见 tàng

唐 táng [名] (唐朝) the Tang Dynasty
唐突 tángtū [形] brusque

堂 táng **I** [名] **1** (房屋) hall ▶ 礼堂 lǐtáng auditorium ▶ 课堂 kètáng classroom ▶ 教堂 jiàotáng church **2** (厅) hall **II** [量] ▷ 两堂课 liǎng táng kè two lessons
measure word, used for school lessons
堂皇 tánghuáng [形] imposing
堂堂 tángtáng [形] dignified

塘 táng [名] **1** (堤防) embankment ▶ 海塘 hǎitáng sea wall **2** (水池) pond **3** (浴池) public bathhouse

搪 táng [动] **1** (抵挡) keep ... out (*pt, pp* kept) **2** (搪塞) prevaricate
搪瓷 tángcí [名] enamel
搪塞 tángsè [动] prevaricate

膛 táng [名] **1** (胸) chest **2** (中空部分) cavity ▶ 枪膛 qiāngtáng bore

糖 táng [名] **1** (指做饭) sugar ▷ 糖醋鸡 tángcùjī sweet-and-sour chicken **2** (糖果) sweet
糖果 tángguǒ [名] sweet
糖衣 tángyī [名] sugar coating ▷ 糖衣片 tángyīpiàn sugar-coated tablet

螳 táng [名] mantis

倘 tǎng [连] if
倘若 tǎngruò [连] if
倘使 tǎngshǐ [连] if

淌 tǎng [动] drip ▷ 淌眼泪 tǎng yǎnlèi shed tears

躺 tǎng [动] lie (*pt* lay, *pp* lain)

烫(燙) tàng **I** [形] very hot ▷ 这汤真烫。Zhè tāng zhēn tàng. This soup is boiling hot. ▷ 滚烫的水 gǔntàng de shuǐ boiling hot water **II** [动] **1** (人) scald ▷ 他被热水烫了。Tā bèi rè shuǐ tàng le. He was scalded by hot water. **2** (加热) heat ... up ▷ 日本清酒要烫过后再喝。Rìběn qīngjiǔ yào tàngguò hòu zài hē. Japanese wine should be heated before drinking. ▷ 她每天都烫脚。Tā měi tiān dōu tàng jiǎo. She bathes her feet in warm water every day. **3** (熨) iron **4** (头发) perm
烫(燙)手 tàngshǒu [形] scalding

趟 tàng **I** [量] **1** (指旅程) ▷ 我已经去了好几趟。Wǒ yǐjing qùle hǎo jǐ tàng. I've made several trips. **2** (指公车, 地铁等) ▷ 他错过了一趟车。Tā cuòguòle yī tàng chē. He missed the bus.
measure word, used for journeys, visits, scheduled public transport, etc.
II [名] ranks (*pl*)
→ 另见 tāng

涛(濤) tāo [名] wave

掏 tāo [动] **1** (拿出) take ... out (*pt* took, *pp* taken) **2** (挖) dig (*pt, pp* dug) **3** (偷) steal (*pt* stole, *pp* stolen)

滔 tāo [形] torrential
滔滔 tāotāo [形] **1** (指水势) torrential **2** (指说话) verbose ▷ 他说起话来是滔滔不绝。Tā shuō qǐ huà lái shì tāotāo bù jué. When he starts talking, he just goes on and on.
滔天 tāotiān [形] **1** (指波浪) towering **2** (指灾祸或罪恶) heinous

韬(韜) tāo **I** [名] (书) art of war **II** [动] conceal
韬(韜)略 tāolüè [名] military strategy

逃 táo [动] **1** (逃跑) run away (*pt* ran, *pp* run) **2** (逃避) flee (*pt, pp* fled)
逃避 táobì [动] escape ▷ 逃避责任 táobì zérèn shirk responsibility ▷ 逃避关税 táobì guānshuì evade customs duties
逃窜(竄) táocuàn [动] flee (*pt, pp* fled)
逃犯 táofàn [名] escaped criminal
逃荒 táohuāng [动] flee from famine (*pt, pp* fled)
逃命 táomìng [动] run for one's life (*pt* ran, *pp* run)
逃难(難) táonàn [动] flee from disaster (*pt, pp* fled)
逃跑 táopǎo [动] escape
逃生 táoshēng [动] run for one's life (*pt* ran, *pp* run) ▷ 他们真是死里逃生。Tāmen

zhēnshi sǐ lǐ táoshēng. They had a narrow escape from death.

逃亡 táowáng [动] go into exile

逃之夭夭 táo zhī yāoyāo make a getaway

桃 táo [名] peach ▶ 桃子 táozi peach

桃李 táolǐ [名] **1** (桃和李) peaches and plums (*pl*) **2** (喻) (学生) student

桃色 táosè **I** [名] (粉红色) peach ▷ 她穿着一件桃色的连衣裙。Tā chuānzhe yī jiàn táosè de liányīqún. She was wearing a peach-coloured dress. **II** [形] sexual ▷ 桃色新闻 táosè xīnwén sexual scandal

陶 táo **I** [名] pottery **II** [动] **1** (制陶) make pottery **2** (教育培养) mould (英), mold (美) ▶ 熏陶 xūntáo nurture **III** [形] happy ▶ 乐陶陶 lètáotáo happy and contented

陶瓷 táocí [名] ceramics (*pl*)

陶器 táoqì [名] pottery

陶然 táorán [形] carefree

陶冶 táoyě [动] mould (英), mold (美)

陶醉 táozuì [动] be intoxicated ▷ 他们陶醉于成功的喜悦中。Tāmen táozuì yú chénggōng de xǐyuè zhōng. They are intoxicated with the joys of success.

淘 táo **I** [动] **1** (米) wash **2** (金子) pan for ▶ 淘金 táojīn pan for gold **3** (厕所) clean ... out **II** [形] naughty

淘气(氣) táoqì [形] naughty

淘汰 táotài [动] eliminate ▷ 意大利足球队在第一轮就被淘汰了。Yìdàlì zúqiúduì zài dì yī lún jiù bèi táotài le. The Italian football team was eliminated in the first round.

讨(討) tǎo [动] **1** (债) demand **2** (饭, 钱) beg **3** (帮助) ask for **4** (谴责) denounce ▶ 声讨 shēngtǎo censure **5** (娶) marry **6** (招惹) provoke **7** (讨论) discuss ▶ 探讨 tàntǎo inquire into

讨(討)伐 tǎofá [动] send troops against (*pt, pp* sent)

讨(討)好 tǎohǎo [动] **1** (取得欢心) curry favour with **2** (得到好效果) get a good result

讨(討)价(價)还(還)价(價) tǎo jià huán jià haggle ▷ 做分给你的工作, 不要讨价还价。Zuò fēn gěi nǐ de gōngzuò, bùyào tǎo jià huán jià. Do the job you've been given and don't make a fuss.

讨(討)教 tǎojiào [动] ask for advice

讨(討)论(論) tǎolùn [动] discuss ▷ 小组展开了一次讨论。Xiǎozǔ zhǎnkāile yī cì tǎolùn. The team held a discussion.

> 注意 **discuss** 绝不能用作不及物动词。例如, *'They discussed.'*, *'I discussed with him.'* 或 *'They discussed about politics.'* 都是不正确的用法。然而, 可以说跟某人就某事 **have a discussion**。*I had a long discussion about all this with Stephen.* 或者可以说, **discuss** 某事物 **with** 某人。*I discussed my essay with my teacher.* 若讨论不十分正式, 可以只用动词 **talk**。*They come here and sit for hours talking about politics...We talked all night long.*

讨(討)嫌 tǎoxián [形] annoying

讨(討)厌(厭) tǎoyàn **I** [形] **1** (可恶) disgusting **2** (指难办) nasty **II** [动] dislike

套 tào **I** [名] **1** (套子) cover ▶ 手套 shǒutào glove ▶ 避孕套 bìyùntào condom **2** (应酬话) convention **3** (阴谋) trap **II** [动] **1** (罩在外面) slip ... on **2** (拴) harness **3** (引出) trick ... into ▷ 套口供 tào kǒugòng trick a suspect into making a confession **4** (模仿) copy **5** (拉拢) win ... over (*pt, pp* won) **III** [量] set ▷ 一套西装 yī tào xīzhuāng a suit ▷ 两套邮票 liǎng tào yóupiào two sets of stamps

> measure word, used for suits, collections of books, tools, etc.

套餐 tàocān [名] set meal

套话(話) tàohuà [名] cliché

套袖 tàoxiù [名] oversleeve

套用 tàoyòng [动] apply ... indiscriminately

套语(語) tàoyǔ [名] polite formula

套装(裝) tàozhuāng [名] suit

套子 tàozi [名] **1** (罩子) cover **2** (俗套) formula **3** (圈套) trap

特 tè **I** [形] special ▶ 特价 tèjià special price **II** [副] **1** (特地) especially **2** (非常) extremely **III** [名] secret agent

特别(別) tèbié **I** [形] peculiar ▷ 他的口音很特别。Tā de kǒuyīn hěn tèbié. His accent is peculiar. **II** [副] **1** (格外) exceptionally ▷ 这种产品质量特别好。Zhè zhǒng chǎnpǐn zhìliàng tèbié hǎo. The quality of this product is exceptionally good. **2** (特地) specially ▷ 我们特别为你准备了你爱吃的东西。Wǒmen tèbié wèi nǐ zhǔnbèile nǐ ài chī de dōngxi. We've prepared the things you like to eat specially for you.

特别(別)行政区(區) tèbié xíngzhèngqū [名] special administration region

特产(產) tèchǎn [名] speciality (英), specialty (美)

特长(長) tècháng [名] speciality (英), specialty (美)

特此 tècǐ [副] hereby ▷ 他是我公司职员, 特此证明。Tā shì wǒ gōngsī zhíyuán, tè cǐ zhèngmíng. I hereby declare that he is an employee of my company.

特地 tèdì [副] especially
特点(點) tèdiǎn [名] characteristic
特定 tèdìng [形] specific
特技 tèjì [名] **1** (指表演) stunt **2** (指电影) special effects (*pl*)
特价(價) tèjià [名] bargain price ▷ 特价商品 tèjià shāngpǐn bargain
特例 tèlì [名] special case
特区(區) tèqū [名] special zone ▷ 经济特区 jīngjì tèqū special economic zone
特权(權) tèquán [名] privilege
特色 tèsè [名] characteristic
特赦 tèshè [动] give a special pardon to (*pt* gave, *pp* given)
特使 tèshǐ [名] special envoy
特殊 tèshū [形] special ▷ 特殊情况 tèshū qíngkuàng special circumstances
特务(務) tèwu [名] special agent
特写(寫) tèxiě [名] **1** (指文学) feature **2** (指电影) close-up
特性 tèxìng [名] characteristic
特许(許) tèxǔ [名] special permission ▷ 特许出口证 tèxǔ chūkǒuzhèng special export permit
特邀 tèyāo [动] specially invite ▷ 特邀代表 tèyāo dàibiǎo specially invited representative
特异(異) tèyì [形] exceptional
特意 tèyì [副] deliberately
特征(徵) tèzhēng [名] characteristic
特种(種) tèzhǒng [形] special ▷ 特种部队 tèzhǒng bùduì special forces

疼 téng **I** [形] sore ▷ 我牙疼。Wǒ yá téng. I have toothache. **II** [动] love
疼爱(愛) téng'ài [动] love ... dearly

腾(騰) téng [动] **1** (奔跑) gallop **2** (跳跃) jump **3** (升到空中) rise (*pt* rose, *pp* risen) **4** (空出) vacate ▷ 我腾出时间学习。Wǒ téngchū shíjiān xuéxí. I make time for study. **5** (激动) excite
腾(騰)达(達) téngdá [动] take ... off (*pt* took, *pp* taken)
腾(騰)飞(飛) téngfēi [动] boom
腾(騰)腾(騰) téngténg [形] seething

誊(謄) téng [动] copy
誊(謄)写(寫) téngxiě [动] copy

藤(籐) téng [名] vine ▶ 藤椅 téngyǐ cane chair

剔 tī [动] **1** (牙, 指甲) pick **2** (除) pick ... out **3** (肉) pick meat off a bone
剔除 tīchú [动] reject

梯 tī [名] ladder ▶ 电梯 diàntī lift (英), elevator (美) ▶ 楼梯 lóutī stairs (*pl*)
梯形 tīxíng [名] trapezoid

踢 tī [动] kick ▷ 踢足球 tī zúqiú play football

提 tí [动] **1** (拿) carry ▷ 他提着个箱子。Tā tízhe gè xiāngzi. He's carrying a suitcase. **2** (升) raise ▶ 提拔 tíbá promote ▷ 提嗓子 tí sǎngzi raise one's voice ▷ 他被提为大副。Tā bèi tí wéi dàfù. He was promoted to first mate. **3** (提前) bring forward (*pt, pp* brought) ▷ 会议向前提了。Huìyì xiàng qián tí le. The meeting has been brought forward. **4** (提出) put ... forward (*pt, pp* put) ▷ 他提了个建议。Tā tíle gè jiànyì. He put forward a proposal. **5** (提取) collect ▶ 提炼 tíliàn extract **6** (谈起) mention ▷ 别再提那件事了。Bié zài tí nà jiàn shì le. Don't mention that subject again.
→ 另见 dī
提案 tí'àn [名] motion
提拔 tíbá [动] promote
提倡 tíchàng [动] promote
提成 tíchéng [名] commission
提出 tíchū [动] put ... forward (*pt, pp* put) ▷ 提出改革方案 tíchū gǎigé fāng'àn put forward a proposal for reform
提纲(綱) tígāng [名] synopsis (*pl* synopses)
提纲(綱)挈领(領) tí gāng qiè lǐng bring out the essential points
提高 tígāo [动] raise ▷ 提高效率 tígāo xiàolǜ increase efficiency ▷ 提高管理水平 tígāo guǎnlǐ shuǐpíng raise the standard of management
提供 tígōng [动] provide ▷ 提供住宿 tígōng zhùsù provide accommodation
提货(貨) tíhuò [动] take delivery of goods (*pt* took, *pp* taken)
提交 tíjiāo [动] submit
提炼(煉) tíliàn [动] refine
提名 tímíng [动] nominate
提前 tíqián **I** [动] bring ... forward (*pt, pp* brought) **II** [副] early
提亲(親) tíqīn [动] propose marriage
提请(請) tíqǐng [动] put ... forward (*pt, pp* put)
提取 tíqǔ [动] **1** (取出) collect ▷ 提取现金 tíqǔ xiànjīn withdraw cash **2** (提炼) extract
提神 tíshén [动] refresh oneself
提审(審) tíshěn [动] **1** (审讯) bring ... to court (*pt, pp* brought) **2** (上一级法院审判) review
提升 tíshēng [动] **1** (指职位) promote **2** (指档次) upgrade **3** (温度, 价格) raise

t

提示 tíshì [动] **1** (指出) point ... out **2** (提醒) remind ▷ 你要忘了台词，我提示你。Nǐ yào wàngle táicí, wǒ tíshì nǐ. If you forget your lines, I'll prompt you.

提问(問) tíwèn [动] ask a question

提携(攜) tíxié [动] give guidance and support (*pt* gave, *pp* given)

提心吊胆(膽) tí xīn diào dǎn be on tenterhooks

提醒 tíxǐng [动] remind

提要 tíyào [名] synopsis (*pl* synopses)

提议(議) tíyì **I** [动] propose **II** [名] proposal

啼 tí [动] **1** (哭) cry **2** (叫) call

啼笑皆非 tí xiào jiē fēi not know whether to laugh or cry

题(題) tí **I** [名] subject ▶ 标题 biāotí title **II** [动] inscribe

题(題)跋 tíbá [名] preface and postscript

题(題)材 tícái [名] theme

题(題)词(詞) tící **I** [动] write a dedication (*pt* wrote, *pp* written) **II** [名] dedication

题(題)库(庫) tíkù [名] collection of past papers

题(題)名 tímíng **I** [动] autograph **II** [名] title

题(題)目 tímù [名] **1** (标题) title **2** (考题) question

题(題)字 tízì **I** [动] inscribe **II** [名] inscription

蹄 tí [名] hoof (*pl* hooves)

体(體) tǐ **I** [名] **1** (身体) body ▶ 人体 réntǐ human body **2** (物体) substance ▶ 液体 yètǐ liquid **3** (指书法或文学) style **4** (语法) aspect ▷ 进行体 jìnxíngtǐ progressive aspect **5** (体制) system ▶ 政体 zhèngtǐ system of government **II** [动] **1** (亲自做) do ... personally ▷ 身体力行 shēntǐ-lìxíng practice what you preach **2** (为人着想) be considerate

体(體)裁 tǐcái [名] genre

体(體)操 tǐcāo [名] gymnastics (*sg*)

体(體)察 tǐchá [动] observe

体(體)格 tǐgé [名] physique

体(體)会(會) tǐhuì **I** [动] come to understand (*pt* came, *pp* come) **II** [名] understanding

体(體)积(積) tǐjī [名] volume

体(體)检(檢) tǐjiǎn [名] physical examination

体(體)力 tǐlì [名] physical strength

体(體)例 tǐlì [名] style

体(體)谅(諒) tǐliàng [动] show understanding (*pt* showed, *pp* shown) ▷ 她体谅他人的难处。Tā tǐliàng tārén de nánchù. She shows understanding for others' difficulties.

体(體)面 tǐmiàn **I** [名] dignity **II** [形] **1** (荣耀) respectable **2** (好看) good-looking

体(體)魄 tǐpò [名] physique

体(體)态(態) tǐtài [名] posture

体(體)坛(壇) tǐtán [名] the world of sport

体(體)贴(貼) tǐtiē [动] show consideration for (*pt* showed, *pp* shown) ▷ 体贴老人 tǐtiē lǎorén show consideration for the elderly

体(體)统(統) tǐtǒng [名] decency

体(體)温(溫) tǐwēn [名] temperature

体(體)无(無)完肤(膚) tǐ wú wán fū **1** (指人) be beaten black and blue **2** (指论点, 文章) be savaged by criticism

体(體)系 tǐxì [名] system

体(體)现(現) tǐxiàn [动] embody

体(體)形 tǐxíng [名] physique

体(體)型 tǐxíng [名] physique

体(體)恤 tǐxù [动] show sympathy for (*pt* showed, *pp* shown)

体(體)验(驗) tǐyàn [动] learn from experience

体(體)育 tǐyù [名] **1** (课程) P.E. **2** (运动) sport ▷ 体育比赛 tǐyù bǐsài sports event

体(體)育场(場) tǐyùchǎng [名] stadium

体(體)育馆(館) tǐyùguǎn [名] gym

体(體)制 tǐzhì [名] system

体(體)质(質) tǐzhì [名] physique

体(體)重 tǐzhòng [名] weight

屉(屜) tì [名] **1** (笼屉) steamer **2** (抽屉) drawer

剃 tì [动] shave

涕 tì [名] **1** (书) (眼泪) tear **2** (鼻涕) mucus

替 tì **I** [动] **1** (代) replace ▷ 我替你看孩子。Wǒ tì nǐ kān háizi. I'll look after the children for you. **2** (衰败) decline **II** [介] for ▷ 别替他操心了。Bié tì tā cāoxīn le. Don't worry about him.

替补(補) tìbǔ [形] substitute

替代 tìdài [动] replace

替换(換) tìhuàn [动] replace

替身 tìshēn [名] body double

替罪羊 tìzuìyáng [名] scapegoat

天 tiān **I** [名] **1** (天空) sky ▷ 鸽子在天上飞。Gēzi zài tiānshàng fēi. Pigeons were flying in the sky. **2** (一昼夜) day ▶ 昨天 zuótiān yesterday ▷ 他3天后回来。Tā sān tiān hòu huílái. He'll come back in three days' time. **3** (一段时间) ▷ 五更天 wǔgēngtiān before dawn ▷ 天还早呢。Tiān hái zǎo ne. It's still so early. **4** (季节)

season ▶秋天 qiūtiān autumn (英), fall (美) **5** (天气) weather ▶阴天 yīntiān overcast weather ▷天很热。Tiān hěn rè. It's a very hot day. **6** (自然) nature ▷人定胜天。Rén dìng shèng tiān. Man can conquer nature. **7** (造物主) God ▷天知道！ Tiān zhīdao! God knows! **8** (神的住所) Heaven ▷上西天 shàng xītiān pass away **II** [形] (指位于顶部的) overhead ▶天桥 tiānqiáo overhead walkway

天才 tiāncái [名] **1** (才能) talent **2** (人) genius

天长(長)地久 tiān cháng dì jiǔ eternal

天窗 tiānchuāng [名] skylight

天敌(敵) tiāndí [名] natural enemy

天地 tiāndì [名] **1** (天和地) world ▷天地间 tiāndì jiān in this world **2** (境地) field ▷科学研究的新天地 kēxué yánjiū de xīn tiāndì a new field of scientific research

天鹅(鵝) tiān'é [名] swan

天翻地覆 tiān fān dì fù **1** (指变化) earth-shattering **2** (形容胡闹) upheaval

天方夜谭(譚) Tiānfāng yè tán pie in the sky ▷你的想法简直就是天方夜谭。Nǐ de xiǎngfǎ jiǎnzhí jiùshì Tiānfāng yè tán. Your ideas are just pie in the sky.

天分 tiānfèn [名] talent

天赋(賦) tiānfù **I** [动] be innate **II** [名] talent ▷他很有艺术天赋。Tā hěn yǒu yìshù tiānfù. He has a talent for art.

天高地厚 tiān gāo dì hòu **1** (恩情) profound **2** (复杂性) complex

天各一方 tiān gè yī fāng be far apart ▷夫妻俩现在是天各一方。Fūqī liǎ xiànzài shì tiān gè yī fāng. The couple are currently far away from each other.

天寒地冻(凍) tiān hán dì dòng freezing

天花乱(亂)坠(墜) tiān huā luàn zhuì wild exaggeration

天昏地暗 tiān hūn dì àn **1** (指天气) a murky sky over a dark earth **2** (指政治) chaos and corruption

天机(機) tiānjī [名] **1** (字) mysteries of nature (*pl*) **2** (喻) important secret

天价(價) tiānjià [名] astronomical price

天经(經)地义(義) tiān jīng dì yì unalterable truth

天空 tiānkōng [名] sky

天理 tiānlǐ [名] justice

天良 tiānliáng [名] conscience ▷他这样做是丧尽天良。Tā zhèyàng zuò shì sàng jìn tiānliáng. He acted completely without conscience in this affair.

天伦(倫) tiānlún [名] natural bonds (*pl*) ▷享受天伦之乐 xiǎngshòu tiānlún zhī lè enjoy the happiness of family life

天罗(羅)地网(網) tiān luó dì wǎng tight encirclement

天命 tiānmìng [名] fate

天南海北 tiān nán hǎi běi **1** (遥远) far away ▷即使身处天南海北，我们也要互相关心。Jíshǐ shēn chǔ tiān nán hǎi běi, wǒmen yě yào hùxiāng guānxīn. Even if we are far away from one another, we must still care for each other. **2** (不同的地区) different places ▷大家来自天南海北。Dàjiā láizì tiān nán hǎi běi. We all come from very different places. **3** (指话题) far-reaching

天平 tiānpíng [名] scales (*pl*)

天气(氣) tiānqì [名] weather ▷天气预报 tiānqì yùbào weather forecast

天然 tiānrán [形] natural

天壤之别(別) tiānrǎng zhī bié poles apart ▷我们之间的信仰有着天壤之别。Wǒmen zhījiān de xìnyǎng yǒuzhe tiānrǎng zhī bié. Our beliefs are poles apart.

天日 tiānrì [名] light

天色 tiānsè [名] time of day ▷天色已晚。Tiānsè yǐ wǎn. It's getting late.

天生 tiānshēng [形] inherent ▷这孩子天生聋哑。Zhè háizi tiānshēng lóngyǎ. This child was born deaf-mute.

天时(時) tiānshí [名] opportunity

天使 tiānshǐ [名] angel

天书(書) tiānshū [名] (喻) gobbledegook

天堂 tiāntáng [名] Heaven

天体(體) tiāntǐ [名] heavenly body

天天 tiāntiān [副] every day

天文 tiānwén [名] astronomy ▷天文望远镜 tiānwén wàngyuǎnjìng astronomical telescope

天文数(數)字 tiānwén shùzì [名] astronomical figure

天无(無)绝(絕)人之路 tiān wú jué rén zhī lù there is always a way out

天下 tiānxià [名] the world

天仙 tiānxiān [名] **1** (男神仙) god **2** (女神仙) goddess **3** (美女) beauty

天险(險) tiānxiǎn [名] natural barrier

天线(線) tiānxiàn [名] aerial

天象 tiānxiàng [名] astronomical phenomena (*pl*)

天性 tiānxìng [名] nature

天旋地转(轉) tiān xuán dì zhuàn feel dizzy ▷坐缆车使我觉得天旋地转。Zuò lǎnchē shǐ wǒ juéde tiān xuán dì zhuàn. Sitting in the cable car, I felt as though the world was spinning.

天涯 tiānyá [名] the ends of the earth ▶浪迹天

涯 làngjì tiānyá wander to the ends of the earth
天衣无(無)缝(縫) tiān yī wú fèng flawless
天意 tiānyì [名] God's will
天有不测(測)风(風)云(雲) tiān yǒu bùcè fēngyún something unexpected can always happen ▷天有不测风云，人有旦夕祸福。Tiān yǒu bùcè fēngyún, rén yǒu dànxī huòfú. Life is as unpredictable as the weather.
天灾(災) tiānzāi [名] natural disaster
天造地设(設) tiān zào dì shè ideal
天真 tiānzhēn [形] innocent
天之骄(驕)子 tiān zhī jiāozǐ child of good fortune
天职(職) tiānzhí [名] bounden duty
天资(資) tiānzī [名] talent ▷天资聪颖 tiānzī cōngyǐng endowed with great intelligence
天子 tiānzǐ [名] the emperor of China
天字第一号(號) tiān zì dì yī hào greatest in the world ▷你是天字第一号傻瓜。Nǐ shì tiānzì dì yī hào shǎguā. You are the most stupid fool in the world.

添 tiān [动] **1** (增加) add ▷添衣服 tiān yīfu put on more clothes **2** (生孩子) give birth to (*pt* gave, *pp* given)
添补(補) tiānbǔ [动] replenish
添加剂(劑) tiānjiājì [名] additive
添枝加叶(葉) tiān zhī jiā yè embellish the facts
添置 tiānzhì [动] acquire

田 tián [名] **1** (耕地) field **2** (开采地) field ▸油田 yóutián oilfield
田地 tiándì [名] **1** (指耕种) field **2** (地步) plight
田径(徑) tiánjìng [名] track and field sports (*pl*)
田野 tiányě [名] open country
田园(園) tiányuán [名] countryside ▷田园风光 tiányuán fēngguāng rural scenery

---

恬 tián [形] quiet ▸恬适 tiánshì quiet and comfortable
恬不知耻(恥) tián bù zhī chǐ have no sense of shame
恬静(靜) tiánjìng [形] peaceful

甜 tián [形] **1** (指味道) sweet **2** (指睡觉) sound **3** (喻) (幸福) happy
甜点(點) tiándiǎn [名] dessert
甜蜜 tiánmì [形] happy ▷甜蜜的话语 tiánmì de huàyǔ honeyed words
甜食 tiánshí [名] sweet
甜丝(絲)丝(絲) tiánsīsī [形] **1** (指味道) sweet **2** (指心情) happy
甜头(頭) tiántou [名] **1** (指味) sweet taste **2** (指利益) benefit ▷他尝到了科学种田的甜头。Tā chángdàole kēxué zhòngtián de tiántou. He benefited from scientific farming.
甜言蜜语(語) tián yán mì yǔ honeyed words ▷不要为甜言蜜语所迷惑。Bùyào wèi tián yán mìyǔ suǒ míhuò. Don't be taken in by honeyed words.

填 tián [动] **1** (塞满) fill **2** (补充) fill ▷填补空白 tiánbǔ kòngbái fill a gap **3** (填写) complete ▷填表格 tián biǎogé fill in a form
填报(報) tiánbào [动] complete and submit
填充 tiánchōng [动] **1** (填上) stuff **2** (补足) fill ... in
填空 tiánkòng [动] **1** (指工作) fill a vacancy **2** (指考试) fill in the blanks
填写(寫) tiánxiě [动] fill ... in

舔 tiǎn [动] lick

挑 tiāo [动] **1** (肩扛) carry ... on a carrying pole **2** (挑选) choose (*pt* chose, *pp* chosen) **3** (挑剔) nitpick
→另见 tiǎo
挑刺儿(兒) tiāocìr [动] be overcritical
挑肥拣(揀)瘦 tiāo féi jiǎn shòu be picky
挑拣(揀) tiāojiǎn [动] be particular ▷挑拣饮食 tiāojiǎn yǐnshí be particular about one's food
挑三拣(揀)四 tiāo sān jiǎn sì be petty ▷不要挑三拣四了，哪个都不错的。Bùyào tiāo sān jiǎn sì le, nǎge dōu bùcuò de. Don't be so petty, they're all OK.
挑食 tiāoshí [动] be a fussy eater
挑剔 tiāotì [动] nitpick ▷他的工作无可挑剔。Tā de gōngzuò wú kě tiāotī. You can't find fault with his work.
挑选(選) tiāoxuǎn [动] select

条(條) tiáo **I** [名] **1** (细树枝) twig **2** (长条) strip **3** (层次) order ▷有条有理 yǒu tiáo yǒu lǐ well-ordered **4** (分项) item ▷逐条分析 zhú tiáo fēnxī analyse (英) 或 analyze (美) item by item **5** (律令) article **6** (短书信) note **II** [量] **1** (用于细长东西) ▷两条腿 liǎng tiáo tuǐ two legs ▷一条烟 yī tiáo yān a multipack of cigarettes ▷两条肥皂 liǎng tiáo féizào two bars of soap **2** (指分事项的) ▷一条新闻 yī tiáo xīnwén an item of news **3** (指与人有关) ▷一条人命 yī tiáo rénmìng a life

measure word, used for long thin things, news, human lives, etc.

条(條)幅 tiáofú [名] scroll
条(條)件 tiáojiàn [名] **1** (客观因素) condition ▷自然条件 zìrán tiáojiàn natural conditions **2** (要求) requirement ▷她符合入学条件。

Tā fúhé rùxué tiáojiàn. She fits the entry requirements for the school. ▷无条件接受 wú tiáojiàn jiēshòu accept unconditionally
3 (状况) circumstances (*pl*)

条(條)款 **tiáokuǎn** [名] provision

条(條)理 **tiáolǐ** [名] order

条(條)例 **tiáolì** [名] regulations (*pl*)

条(條)令 **tiáolìng** [名] regulations (*pl*)

条(條)目 **tiáomù** [名] **1** (指规章) clauses (*pl*) **2** (指词典) entry

条(條)条(條)框框 **tiáo tiáo kuàng kuàng** conventions and restrictions

条(條)文 **tiáowén** [名] article

条(條)形码(碼) **tiáoxíngmǎ** [名] bar code

条(條)约(約) **tiáoyuē** [名] treaty

迢 **tiáo** [形] remote

迢迢 **tiáotiáo** [形] far away ▷我的家乡在迢迢千里以外。Wǒ de jiāxiāng zài tiáotiáo qiān lǐ yǐ wài. My home town is far away. ▷千里迢迢 qiān lǐ tiáotiáo from afar

---

调(調) **tiáo** [动] **1** (使和谐) harmonize ▶失调 shītiáo imbalance **2** (使均匀) blend ▷把调料调均匀。Bǎ tiáoliào tiáo jūnyún. Blend in the seasoning. ▷给钢琴调音 gěi gāngqín tiáo yīn tune a piano **3** (调解) mediate **4** (挑逗) tease **5** (挑拨) provoke
→另见 diào

调(調)和 **tiáohé** **I** [形] harmonious **II** [动] **1** (调解) reconcile **2** (妥协) compromise

调(調)剂(劑) **tiáojì** [动] **1** (配药剂) make up a prescription **2** (调整) liven ... up ▷她累的时候,就去散步调剂一下。Tā lèi de shíhòu, jiù qù sànbù tiáojì yīxià. When she's tired, she livens herself up with a walk.

调(調)教 **tiáojiào** [动] **1** (孩子) educate **2** (动物) train

调(調)节(節) **tiáojié** [动] adjust

调(調)解 **tiáojiě** [动] mediate ▷调解纠纷 tiáojiě jiūfēn mediate in a dispute ▷调解矛盾 tiáojiě máodùn resolve a conflict

调(調)理 **tiáolǐ** [动] **1** (调养) recuperate **2** (管理) take care of (*pt* took, *pp* taken) ▷她身体不好,需要调理饮食。Tā shēntǐ bù hǎo, xūyào tiáolǐ yǐnshí. She's not in good health and has to take care with what she eats. **3** (管教) discipline

调(調)料 **tiáoliào** [名] seasoning

调(調)配 **tiáopèi** [动] mix

调(調)皮 **tiáopí** [形] **1** (顽皮) naughty **2** (难对付) unruly

调(調)情 **tiáoqíng** [动] flirt

调(調)试(試) **tiáoshì** [动] debug

调(調)停 **tiáotíng** [动] mediate

调(調)戏(戲) **tiáoxì** [动] molest

调(調)养(養) **tiáoyǎng** [动] take care of oneself (*pt* took, *pp* taken) ▷调养身体 tiáoyǎng shēntǐ take care of one's health

调(調)整 **tiáozhěng** [动] adjust

笤 **tiáo** 见下文

笤帚 **tiáozhou** [名] broom

挑 **tiǎo** [动] **1** (扯起一头) raise **2** (向上拨) prick ▷挑水泡 tiǎo shuǐpào lance a blister **3** (挑拨) incite **4** (喻) (公开提出) bring ... out into the open (*pt, pp* brought)
→另见 tiāo

挑拨(撥) **tiǎobō** [动] stir ... up ▷他总是挑拨他们之间的关系。Tā zǒngshì tiǎobō tāmen zhījiān de guānxì. He's always stirring up trouble between them. ▷挑拨是非 tiǎobō shìfēi sow discord

挑大梁(樑) **tiǎo dàliáng** [动] be the mainstay

挑动(動) **tiǎodòng** [动] provoke ▷挑动内战 tiǎodòng nèizhàn provoke a civil war

挑逗 **tiǎodòu** [动] tease

挑唆 **tiǎosuō** [动] instigate

挑衅(釁) **tiǎoxìn** [动] provoke ▷武装挑衅 wǔzhuāng tiǎoxìn armed provocation

挑战(戰) **tiǎozhàn** [动] challenge ▷挑战体能极限 tiǎozhàn tǐnéng jíxiàn challenge the limits of one's physical abilities ▷挑战自我 tiǎozhàn zìwǒ set oneself a challenge ▷面临新挑战 miànlín xīn tiǎozhàn face a new challenge

---

眺 **tiào** [动] survey ▶远眺 yuǎntiào look far into the distance

眺望 **tiàowàng** [动] survey from up high ▷眺望远方 tiàowàng yuǎnfāng look far into the distance

---

跳 **tiào** [动] **1** (跃) jump ▶跳高 tiàogāo high jump ▶跳水 tiàoshuǐ diving ▶跳远 tiàoyuǎn long jump ▷从床上跳下来 cóng chuáng shàng tiào xiàlái leap out of bed ▷跳上马背 tiào shàng mǎbèi jump onto a horse **2** (弹起) bounce **3** (起伏地动) beat (*pt* beat, *pp* beaten) ▶心跳 xīntiào heartbeat ▷他激动得心直跳。Tā jīdòng de xīn zhí tiào. His heart is beating with excitement. **4** (越过) jump over ▷跳过几页 tiàoguò jǐ yè skip a few pages

跳槽 **tiàocáo** [动] change jobs

跳动(動) **tiàodòng** [动] beat (*pt* beat, *pp* beaten)

跳高 **tiàogāo** [名] high jump

跳水 **tiàoshuǐ** [名] diving

t

跳舞 tiàowǔ [动] dance
跳远(遠) tiàoyuǎn [名] long jump
跳跃(躍) tiàoyuè [动] jump

帖 tiē **I** [动] obey **II** [形] proper
→另见 tiě, tiè

贴(貼) tiē **I** [动] **1** (粘) stick (*pt*, *pp* stuck) **2** (紧挨) be close to ▷后背贴后背站着 hòubèi tiē hòubèi zhànzhe stand back to back **3** (贴补) subsidize **II** [名] allowance

贴(貼)补(補) tiēbǔ [动] subsidize ▷挣钱贴补家用 zhèngqián tiēbǔ jiāyòng earn money to help with the family expenses

贴(貼)金 tiējīn [动] **1** (贴金箔) gild **2** (吹捧) boast about ▷如果他不总往自己脸上贴金, 他会有很多朋友。Rúguǒ tā bù zǒng wǎng zìjǐ liǎn shàng tiējīn, tā huì yǒu hěn duō péngyou. He'd make a lot more friends if he stopped blowing his own trumpet all the time.

贴(貼)切 tiēqiè [形] suitable ▷你对他的评价很贴切。Nǐ duì tā de píngjià hěn tiēqiè. Your appraisal of him is very apt.

贴(貼)身 tiēshēn [形] **1** (衣服) ▷贴身衣服 tiēshēn yīfu underclothes **2** (随从) personal ▷贴身侍卫 tiēshēn shìwèi personal bodyguard

贴(貼)心 tiēxīn [形] intimate ▷贴心话 tiēxīnhuà confidential talk

帖 tiě [名] **1** (请帖) invitation ▶请帖 qǐngtiě invitation ▷发喜帖 fā xǐtiě send out wedding invitations **2** (小卡片) card
→另见 tiē, tiè

帖子 tiězi [名] **1** (请帖) invitation **2** (招贴) poster

铁(鐵) tiě [名] **1** (金属) iron **2** (武器) weapon ▷手无寸铁 shǒu wú cùn tiě unarmed **3** (喻) (坚强) toughness ▶铁人 tiěrén iron man ▶铁哥们 tiěgēmen fast friends (*pl*) **4** (喻) (形容强暴) ferocity **5** (喻) (确定) unshakable ▷铁的纪律 tiě de jìlǜ iron discipline ▷铁的事实 tiě de shìshí hard fact

铁(鐵)窗 tiěchuāng [名] **1** (窗户) window with an iron grating **2** (监狱) prison

铁(鐵)道 tiědào [名] railway (英), railroad (美)

铁(鐵)饭(飯)碗 tiěfànwǎn [名] (喻) job for life ▷经济改革后, 很多工人都失去了铁饭碗。Jīngjì gǎigé hòu, hěn duō gōngrén dōu shīqùle tiěfànwǎn. After the economic reforms, a lot of workers lost their job security.

铁(鐵)路 tiělù [名] railway (英), railroad (美)

铁(鐵)面无(無)私 tiě miàn wú sī strict and impartial

铁(鐵)器 tiěqì [名] ironware ▷铁器时代 tiěqì shídài the Iron Age

铁(鐵)青 tiěqīng [形] livid ▷她气得脸色铁青。Tā qìde liǎnsè tiěqīng. Her face turned livid with rage.

铁(鐵)石心肠(腸) tiě shí xīncháng hard-hearted

铁(鐵)丝(絲) tiěsī [名] wire

铁(鐵)腕 tiěwàn [名] iron fist ▷以铁腕统治 yǐ tiěwàn tǒngzhì rule with an iron fist

铁(鐵)心 tiěxīn [动] make up one's mind to

铁(鐵)证(證) tiězhèng [名] irrefutable proof

帖 tiè [名] copybook
→另见 tiē, tiě

厅(廳) tīng [名] **1** (大堂) hall ▶客厅 kètīng sitting room ▶餐厅 cāntīng canteen **2** (机关) office **3** (省部门名称) provincial government department ▷省教育厅 shěng jiàoyùtīng Provincial Education Department

听(聽) tīng **I** [动] **1** (收听) listen to ▷听广播 tīng guǎngbō listen to a broadcast **2** (听从) obey ▷听老师的话 tīng lǎoshī de huà do as the teacher says **3** (判断) supervise ▷听政 tīngzhèng administer affairs of state **4** (任凭) allow ▷听其自然 tīng qí zìrán let things take their own course **II** [名] tin **III** [量] can ▷一听啤酒 yī tīng píjiǔ a can of beer

听(聽)从(從) tīngcóng [动] obey

听(聽)而不闻(聞) tīng ér bù wén turn a deaf ear

听(聽)候 tīnghòu [动] await

听(聽)话(話) tīnghuà **I** [动] obey **II** [形] obedient

听(聽)话(話)儿(兒) tīnghuàr [动] wait for a reply

听(聽)见(見) tīngjiàn [动] hear (*pt*, *pp* heard)

听(聽)讲(講) tīngjiǎng [动] attend a lecture

听(聽)觉(覺) tīngjué [名] hearing ▷听觉灵敏 tīngjué língmǐn acute hearing

听(聽)凭(憑) tīngpíng [动] let (*pt*, *pp* let)

听(聽)其自然 tīng qí zìrán let things take their course

听(聽)取 tīngqǔ [动] listen to

听(聽)任 tīngrèn [动] (书) allow

听(聽)说(說) tīngshuō [动] hear (*pt*, *pp* heard) ▷我听说他结婚了。Wǒ tīngshuō tā jiéhūn le. I've heard that he's got married.

听(聽)天由命 tīng tiān yóu mìng resign oneself to one's fate

听(聽)之任之 tīng zhī rèn zhī take a laissez-faire attitude ▷我们对毒品泛滥不能听之任之。Wǒmen duì dúpǐn fànlàn bùnéng tīng zhī rèn zhī. We can't take a

laissez-faire attitude to drug abuse.
听(聽)众(眾) tīngzhòng [名] audience

廷 tíng [名] court

亭 tíng [名] 1 (亭子) pavilion 2 (小房子) kiosk ▶报亭 bàotíng newspaper stand ▶电话亭 diànhuàtíng phone box (英), phone booth (美)
亭亭玉立 tíngtíng yù lì slender

庭 tíng [名] 1 (书) (厅堂) hall 2 (院子) courtyard 3 (法庭) law court
庭院 tíngyuàn [名] courtyard

停 tíng I [动] 1 (止) stop 2 (停留) stop off ▷我在德国停了两天。Wǒ zài Déguó tíngle liǎng tiān. I stopped off in Germany for two days. ▷这列火车在武汉停多长时间？ Zhè liè huǒchē zài Wǔhàn tíng duō cháng shíjiān? How long does this train stop in Wuhan? 3 (停放) park ▷车就停在大门口。Chē jiù tíng zài dàménkǒu. The car is parked at the main gate. ▷船停在港口。Chuán tíng zài gǎngkǒu. The boat is moored in the harbour. II [形] ready ▶停妥 tíngtuǒ settled
停泊 tíngbó [动] anchor
停车(車)场(場) tíngchēchǎng [名] car park (英), car lot (美)
停当(當) tíngdang [形] ready ▷一切准备停当。Yīqiè zhǔnbèi tíngdang. Everything's ready.
停顿(頓) tíngdùn I [动] 1 (中止) halt 2 (指说话) pause II [名] pause
停放 tíngfàng [动] park
停火 tínghuǒ [动] cease fire ▷签订停火协议 qiāndìng tínghuǒ xiéyì sign a cease-fire agreement
停靠 tíngkào [动] stop at ▷船停靠在码头。Chuán tíngkào zài mǎtóu. The ship is berthed at the quay.
停歇 tíngxiē [动] 1 (停止) stop 2 (歇息) rest
停薪留职(職) tíng xīn liú zhí [动] take unpaid leave (*pt* took, *pp* taken)
停业(業) tíngyè [动] close down ▷一批小饭店将停业整顿。Yī pī xiǎo fàndiàn jiāng tíngyè zhěngdùn. Some small restaurants will be closed while being brought up to standard.
停职(職) tíngzhí [动] suspend
停止 tíngzhǐ [动] stop ▷停止营业 tíngzhǐ yíngyè cease trading
停滞(滯) tíngzhì [动] stagnate

挺 tǐng I [动] 1 (伸直) straighten 2 (凸出) stick out (*pt, pp* stuck) 3 (勉强支撑) endure ▷挺过了一场病 tǐngguòle yī chǎng bìng pull through an illness ▷如果头疼，别硬挺着。Rúguǒ tóu téng, bié yìng tǐngzhe. If you've got a headache, don't just grin and bear it. II [形] 1 (直) upright 2 (突出) distinguished III [副] very
挺拔 tǐngbá [形] 1 (直立突出) tall and straight 2 (坚强有力) forceful
挺进(進) tǐngjìn [动] press on ▷大军挺进前线。Dàjūn tǐngjìn qiánxiàn. The army pressed on to the front line.
挺立 tǐnglì [动] stand upright (*pt, pp* stood)

铤(鋌) tǐng [形] (书) quick
铤(鋌)而走险(險) tǐng ér zǒu xiǎn rush headlong into danger

艇 tǐng [名] boat ▶游艇 yóutǐng yacht ▶救生艇 jiùshēngtǐng lifeboat

通 tōng I [动] 1 (连接) connect with ▶通商 tōngshāng have trade relations with ▶通风 tōngfēng ventilate ▷这间办公室不通风。Zhè jiān bàngōngshì bù tōngfēng. This office is poorly ventilated. ▷这条高速公路直通上海。Zhè tiáo gāosù gōnglù zhítōng Shànghǎi. This expressway leads directly to Shanghai. 2 (使不堵) clear ... out ▷通下水道 tōng xiàshuǐdào clear out a drain 3 (传达) inform ▶通信 tōngxìn correspond by letter ▷通电话 tōng diànhuà communicate by telephone ▷通电报 tōng diànbào send a telegram 4 (通晓) understand (*pt, pp* understood) ▶精通 jīngtōng be expert in ▷精通英语 jīngtōng Yīngyǔ have a good command of English II [名] expert ▷外语通 wàiyǔ tōng an expert in foreign languages III [形] 1 (没有障碍) open ▷电话打通了。Diànhuà dǎ tōng le. The call has been put through. 2 (顺畅) workable ▷这个计划行不通。Zhège jìhuà xíng bù tōng. This plan is unworkable. ▷我怎么也想不通他为什么要这么做。Wǒ zěnme yě xiǎng bù tōng tā wèi shénme yào zhème zuò. I just don't understand why he would do something like that. 3 (通顺) coherent 4 (普通) common 5 (整个) overall ▷通盘规划 tōngpán guīhuà overall plan IV [副] 1 (全部) completely 2 (一般) normally
→另见 tòng
通报(報) tōngbào I [动] 1 (指对下级) circulate a notice 2 (通知) inform II [名] 1 (文件) notice 2 (刊物) bulletin
通病 tōngbìng [名] common failing
通才 tōngcái [名] versatile person
通常 tōngcháng I [形] normal II [名] normal circumstances (*pl*) ▷我通常7点起床。Wǒ tōngcháng qī diǎn qǐchuáng. Under normal

t

circumstances, I get up at seven o'clock.

通畅(暢) **tōngchàng** [形] **1** (指运行) unobstructed ▷道路通畅 **dàolù tōngchàng** the road is clear **2** (流畅) smooth

通车(車) **tōngchē** [动] open to traffic ▷环路已通车。**Huánlù yǐ tōngchē.** The ring road has opened to traffic.

通称(稱) **tōngchēng** **I** [名] common term **II** [动] be generally known as

通达(達) **tōngdá** [动] understand (*pt, pp* understood)

通道 **tōngdào** [名] **1** (大路) route **2** (指出入) passageway ▷剧院的通道上站满了人。**Jùyuàn de tōngdào shàng zhànmǎnle rén.** The aisle of the theatre (英) 或 theater (美) was full of people. ▷地下通道 **dìxià tōngdào** tunnel

通电(電) **tōngdiàn** [动] **1** (指电器) switch ... on ▷给冰箱通电 **gěi bīngxiāng tōngdiàn** switch on the refrigerator **2** (指用上电) be connected to the electricity grid **3** (打电报) send a telegram (*pt, pp* sent)

通牒 **tōngdié** [名] diplomatic note ▷最后通牒 **zuìhòu tōngdié** ultimatum

通告 **tōnggào** **I** [动] announce **II** [名] announcement ▷张贴通告 **zhāngtiē tōnggào** put up a notice

通过(過) **tōngguò** **I** [动] **1** (经过) pass ▷通过边境线 **tōngguò biānjìngxiàn** cross the border ▷通过障碍物 **tōngguò zhàng'àiwù** pass through barriers **2** (同意) pass ▷国会议员一致通过了这个法案。**Guóhuì yìyuán yīzhì tōngguòle zhège fǎ'àn.** The congressmen passed the bill unanimously. **II** [介] by means of ▷他通过不正当手段牟取暴利。**Tā tōngguò bù zhèngdàng shǒuduàn móuqǔ bàolì.** He made enormous profits by dishonest methods.

通红(紅) **tōnghóng** [形] bright red

通婚 **tōnghūn** [动] intermarry

通货(貨) **tōnghuò** [名] currency

通货(貨)膨胀(脹) **tōnghuò péngzhàng** [动] inflate ▷战后出现了大面积的通货膨胀。**Zhàn hòu chūxiànle dà miànjī de tōnghuò péngzhàng.** After the war, there was widespread inflation.

通缉(緝) **tōngjī** [动] list ... as wanted ▷通缉令 **tōngjīlìng** wanted notice ▷毒品犯正被通缉。**Dúpǐnfàn zhèng bèi tōngjī.** The drug dealers are listed as wanted.

通奸(姦) **tōngjiān** [动] commit adultery

通力 **tōnglì** [动] make a concerted effort

通令 **tōnglìng** **I** [动] issue a general order ▷政府通令全国进入战争状态。**Zhèngfǔ tōnglìng quánguó jìnrù zhànzhēng zhuàngtài.** The government issued a general order, declaring that the nation was at war. **II** [名] general order

通明 **tōngmíng** [形] brightly lit

通盘(盤) **tōngpán** [形] overall

通气(氣) **tōngqì** [动] **1** (指空气) ventilate **2** (指信息) keep in touch (*pt, pp* kept) ▷我们朋友之间要通气。**Wǒmen péngyou zhījiān yào tōngqì.** We friends should keep in touch.

通融 **tōngróng** [动] **1** (给人方便) make an exception ▷请你帮助通融一下。**Qǐng nǐ bāngzhù tōngróng yīxià.** Please help us by making an exception in this case. **2** (暂时借) make a short-term loan

通商 **tōngshāng** [动] have commercial relations

通顺(順) **tōngshùn** **I** [形] coherent **II** [动] polish

通俗 **tōngsú** [形] popular

通天 **tōngtiān** **I** [形] extremely high **II** [动] have direct access to the highest authorities

通通 **tōngtōng** [副] completely

通宵 **tōngxiāo** [名] all night

通晓(曉) **tōngxiǎo** [动] have a good knowledge of

通信 **tōngxìn** [动] correspond

通行 **tōngxíng** [动] **1** (指交通) pass through **2** (普通适用) be in general use

通讯(訊) **tōngxùn** **I** [名] dispatch ▷新华社通讯 **Xīnhuáshè tōngxùn** Xinhua News Agency dispatch **II** [动] communicate

通用 **tōngyòng** [动] be in common use

通知 **tōngzhī** **I** [名] notification ▷发出通知 **fāchū tōngzhī** issue a notice **II** [动] inform

---

同 **tóng** **I** [动] **1** (一样) be the same ▶不同 **bù tóng** be different ▷我们个性不同。**Wǒmen gèxìng bù tóng.** Our personalities are different. **2** (共同) do ... together ▶同居 **tóngjū** cohabit ▷同甘苦 **tóng gānkǔ** stick together through thick and thin **II** [介] **1** (跟) with ▷你最好同他谈谈这事。**Nǐ zuìhǎo tóng tā tántan zhè shì.** You had better talk about it with him. ▷他同朋友在一起吃饭。**Tā tóng péngyou zài yīqǐ chī fàn.** He is eating with friends. **2** (指比较) as ▷我同我哥哥一样高。**Wǒ tóng wǒ gēge yīyàng gāo.** I'm just as tall as my older brother.

同伴 **tóngbàn** [名] companion

同胞 **tóngbāo** [名] **1** (指同父母) brother and sister **2** (指同一国家或民族) compatriot

同病相怜(憐) **tóng bìng xiāng lián** sympathize with each other

同步 **tóngbù** [形] **1** (字) synchronized **2** (喻) in step with ▷工业发展和环境保护要同步进行。**Gōngyè fāzhǎn hé huánjìng bǎohù yào** tóngbù jìnxíng. Industrial development must be in step with environmental protection.

同窗 tóngchuāng I [动] study together II [名] fellow student

同等 tóngděng [形] of the same level ▷ 同等待遇 tóngděng dàiyù equal treatment

同犯 tóngfàn [名] accomplice

同房 tóngfáng [动] 1 (指住在一起) live together 2 (婉) have sex

同甘共苦 tóng gān gòng kǔ go through thick and thin together

同感 tónggǎn [名] sympathy

同归(歸)于(於)尽(盡) tóng guī yú jìn die together

同行 tóngháng [动] be in the same line of work ▷ 他的父母是同行，都是老师。Tā de fùmǔ shì tóngháng, dōu shì lǎoshī. His parents are in the same line of work — they are both teachers.

同化 tónghuà [动] assimilate

同伙(夥) tónghuǒ I [名] accomplice II [动] conspire

同居 tóngjū [动] cohabit

同类(類) tónglèi I [形] of the same kind II [名] the same kind

同流合污 tóng liú hé wū associate with criminals

同盟 tóngméng [名] alliance

同谋(謀) tóngmóu I [动] conspire II [名] conspirator

同年 tóngnián I [名] the same year II [动] be a contemporary of ▷ 我们俩同年。Wǒmen liǎ tóngnián. We're the same age.

同情 tóngqíng [动] sympathize ▷ 表示同情 biǎoshì tóngqíng express sympathy ▷ 我们同情那些受害者。Wǒmen tóngqíng nàxiē shòuhàizhě. We sympathize with the victims. ▷ 我们对遇难者家属表示同情。Wǒmen duì yùnànzhě jiāshǔ biǎoshì tóngqíng. We expressed our sympathies to the families of the deceased.

同声(聲)传(傳)译(譯) tóng shēng chuán yì [名] simultaneous interpretation

同时(時) tóngshí I [名] at the same time ▷ 同时发生 tóngshí fāshēng occur simultaneously II [连] besides ▷ 桌子太大了，同时也太贵了。Zhuōzi tài dà le, tóngshí yě tài guì le. Besides being expensive, the table was also too big. ▷ 该项目时间紧，同时工作量也很大。Gāi xiàngmù shíjiān jǐn, tóngshí gōngzuòliàng yě hěn dà. Time is tight on the project, and the workload is huge too.

同事 tóngshì I [动] work together II [名] colleague

同乡(鄉) tóngxiāng [名] fellow countryman ▷ 我们几个是同乡。Wǒmen jǐ gè shì tóngxiāng. We're all from the same place.

同行 tóngxíng [动] travel together

同性恋(戀) tóngxìngliàn [名] homosexuality

同学(學) tóngxué [名] 1 (指同校) fellow student 2 (指同班) classmate 3 (学生) student

同样(樣) tóngyàng [形] 1 (一样) same ▷ 同样的愿望 tóngyàng de yuànwàng the same aspirations 2 (情况类似) similar

同一 tóngyī [形] 1 (一样) same 2 (统一的) unanimous

同义(義)词(詞) tóngyìcí [名] synonym

同意 tóngyì [动] agree ▷ 我们需要得到老板的同意。Wǒmen xūyào dédào lǎobǎn de tóngyì. We have to obtain authorization from our boss.

同志 tóngzhì [名] comrade

同舟共济(濟) tóng zhōu gòng jì be in the same boat

铜(銅) tóng [名] copper

铜(銅)牌 tóngpái [名] bronze medal

铜(銅)器 tóngqì [名] bronzeware ▷ 铜器时代 tóngqì shídài the Bronze Age

铜(銅)墙(牆)铁(鐵)壁 tóng qiáng tiě bì impassable barrier

童 tóng [名] 1 (小孩) child (*pl* children) ▶ 神童 shéntóng child prodigy 2 (指未婚) virgin

童工 tónggōng [名] child worker

童话(話) tónghuà [名] fairy tale

童年 tóngnián [名] childhood

童声(聲) tóngshēng [名] child's voice ▷ 童声合唱 tóngshēng héchàng children's choir

童心 tóngxīn [名] childlike innocence

童谣(謠) tóngyáo [名] nursery rhyme

童贞(貞) tóngzhēn [名] chastity

童真 tóngzhēn [名] innocence

瞳 tóng [名] pupil

瞳孔 tóngkǒng [名] pupil

统(統) tǒng I [名] ▶ 系统 xìtǒng system ▶ 血统 xuètǒng bloodline II [动] command III [副] all

统(統)称(稱) tǒngchēng I [动] be collectively known as II [名] general designation

统(統)筹(籌) tǒngchóu [动] make an overall plan ▷ 统筹全局 tǒngchóu quánjú plan on the basis of the situation as a whole

统(統)计(計) tǒngjì I [名] statistics (*pl*) ▷ 人口统计 rénkǒu tǒngjì census II [动] count ▷ 统

t

计选票 tǒngjì xuǎnpiào count votes

统(統)考 tǒngkǎo [名] unified examination ▷高考是全国统考。Gāokǎo shì quánguó tǒngkǎo. The university entrance exams are run on a nationwide system.

统(統)属(屬) tǒngshǔ [动] be subordinate to

统(統)帅(帥) tǒngshuài I [名] 1 (军) commander-in-chief (*pl* commanders-in-chief) 2 (喻) (主导) driving force II [动] command

统(統)率 tǒngshuài [动] command

统(統)统(統) tǒngtǒng [副] entirely

统(統)辖(轄) tǒngxiá [动] have jurisdiction over

统(統)一 tǒngyī I [动] 1 (使成一体) unite 2 (使一致) unify ▷统一思想 tǒngyī sīxiǎng reach a common understanding II [形] unified

统(統)治 tǒngzhì [动] rule ▷推翻独裁统治 tuīfān dúcái tǒngzhì overthrow dictatorial rule

---

捅 tǒng [动] 1 (戳) stab ▷小心别让针捅了眼睛。Xiǎoxīn bié ràng zhēn tǒngle yǎnjīng. Be careful not to stab yourself in the eye with that needle. ▷一次打架时他被捅了两刀。Yī cì dǎjià shí tā bèi tǒngle liǎng dāo. He was stabbed twice in a fight. 2 (揭穿) disclose

捅娄(婁)子 tǒnglóuzi cause trouble

捅马(馬)蜂窝(窩) tǒng mǎfēngwō create pandemonium

桶 tǒng I [名] bucket ▷汽油桶 qìyóu tǒng petrol (英) 或 gasoline (美) drum ▷啤酒桶 píjiǔ tǒng beer barrel II [量] barrel ▷一桶柴油 yī tǒng cháiyóu a barrel of diesel oil ▷两桶牛奶 liǎng tǒng niúnǎi two churns of milk

---

筒 tǒng [名] 1 (竹管) bamboo tube 2 (粗管状物) ▶笔筒 bǐtǒng pen holder ▶邮筒 yóutǒng post box (英), mailbox (美) 3 (指衣服) ▷袖筒 xiùtǒng sleeve ▶长筒袜 chángtǒngwà stockings (*pl*)

通 tòng [量] 1 (遍) ▷她一通一通地打电话。Tā yī tòng yī tòng de dǎ diànhuà. She made one phone call after another. ▷她跳了一通舞。Tā tiàole yī tòng wǔ. She danced for a while. 2 (指言语) ▷老师说了他一通。Lǎoshī shuōle tā yī tòng. The teacher gave him a telling-off. → 另见 tōng

---

痛 tòng I [动] 1 (疼) ache ▶头痛 tóutòng have a headache ▶胃痛 wèitòng have a stomach ache 2 (悲伤) grieve ▶哀痛 āitòng sorrow II [副] deeply ▷痛饮 tòngyǐn swig ▶痛打 tòngdǎ give a sound beating to

痛不欲生 tòng bù yù shēng overwhelmed with grief

痛楚 tòngchǔ [名] anguish

痛定思痛 tòng dìng sī tòng learn from bitter experience

痛改前非 tòng gǎi qián fēi make a clean break with the past

痛恨 tònghèn [动] detest

痛苦 tòngkǔ [形] painful ▷医生的首要职责是减轻病人的痛苦。Yīshēng de shǒuyào zhízé shì jiǎnqīng bìngrén de tòngkǔ. The first duty of the doctor is to reduce the patient's suffering.

痛快 tòngkuài [形] 1 (高兴) joyful 2 (尽兴) to one's heart's content ▷吃个痛快 chī gè tòngkuài eat one's fill ▷玩个痛快 wán gè tòngkuài play to one's heart's content 3 (爽快) straightforward

痛快淋漓 tòngkuài línlí with great eloquence

痛心 tòngxīn [动] be deeply distressed

痛心疾首 tòng xīn jí shǒu 1 (指痛恨) detest 2 (指伤心) be devastated

痛痒(癢) tòngyǎng [名] 1 (疾苦) sufferings (*pl*) 2 (要紧事) importance ▷无关痛痒的事 wúguān tòngyǎng de shì a matter of no importance

---

偷 tōu I [动] 1 (窃) steal (*pt* stole, *pp* stolen) 2 (抽出) take time off (*pt* took, *pp* taken) ▷偷工夫干点私活儿 tōu gōngfu gàn diǎn sīhuór take time off to do private work 3 (苟且) muddle along II [名] thief (*pl* thieves) III [副] stealthily

偷盗(盜) tōudào [动] steal (*pt* stole, *pp* stolen)

偷渡 tōudù [动] cross a border illegally ▶偷渡客 tōudùkè illegal immigrant

偷工减(減)料 tōu gōng jiǎn liào produce inferior goods with shoddy materials

偷空 tōukòng [动] take time off (*pt* took, *pp* taken)

偷懒(懶) tōulǎn [动] be lazy

偷窃(竊) tōuqiè [动] steal (*pt* stole, *pp* stolen)

偷情 tōuqíng [动] have a secret affair

偷偷 tōutōu [副] secretly

偷偷摸摸 tōutōumōmō on the sly

偷闲(閒) tōuxián [动] take a break (*pt* took, *pp* taken)

头(頭) tóu I [名] 1 (脑袋) head ▶点头 diǎntóu nod one's head 2 (头发) hair ▶分头 fēntóu parted hair ▶平头 píngtóu crew cut ▶梳头 shūtóu comb one's hair 3 (顶端) tip ▷笔头儿 bǐtóur pen tip ▷船头 chuántóu bows 4 (开始) beginning ▷从头说起 cóng tóu shuō qǐ tell the story from the beginning 5 (结尾) end 6 (剩余) remnant ▷布头儿 bùtóur leftover cloth ▷烟头儿 yāntóur cigarette end 7 (头目)

head ▸工头 gōngtóu foreman ▹谁是你们的头儿？ Shuí shì nǐmen de tóur? Who's your boss? **8** (方面) aspect ▹复习英语时, 只顾语法一头可不行。Fùxí Yīngyǔ shí, zhǐ gù yǔfǎ yī tóu kě bùxíng. When you're revising English, it won't do just to concentrate on the grammar aspect of the subject. **9** (界限) boundary ▹老师批评学生过了头。Lǎoshī pīpíng xuésheng guòle tóu. The teacher overstepped the mark when he criticized the student. **II** [形] **1** (第一) first ▸头奖 tóujiǎng first prize ▸头等 tóuděng first class **2** (领头) leading **3** (时间在前) first ▹头几年 tóu jǐ nián first few years **III** [量] **1** (指动物) ▹五头公牛和3头母牛 wǔ tóu gōngniú hé sān tóu mǔniú five bulls and three cows **2** (指蒜) bulb ▹一头蒜 yī tóu suàn a bulb of garlic

measure word, used for cows, bulls, and vegetable bulbs

头(頭)等 **tóuděng** [形] first class

头(頭)发(髮) **tóufa** [名] hair

头(頭)角 **tóujiǎo** [名] (喻) talent

头(頭)领(領) **tóulǐng** [名] leader

头(頭)颅(顱) **tóulú** [名] skull

头(頭)面人物 **tóumiàn rénwù** [名] (贬) bigwig

头(頭)目 **tóumù** [名] leader

头(頭)脑(腦) **tóunǎo** [名] brains (*pl*)

头(頭)破血流 **tóu pò xuè liú** be beaten black and blue

头(頭)饰(飾) **tóushì** [名] headdress

头(頭)头(頭)是道 **tóu tóu shì dào** clear and logical

头(頭)衔(銜) **tóuxián** [名] title

头(頭)绪(緒) **tóuxù** [名] **1** (条理) clue **2** (心思) thoughts (*pl*)

头(頭)重脚(腳)轻(輕) **tóu zhòng jiǎo qīng** top-heavy

投 **tóu** [动] **1** (扔) throw (*pt* threw, *pp* thrown) **2** (放进去) put ... in (*pt*, *pp* put) **3** (跳下去) throw oneself (*pt* threw, *pp* thrown) ▹刚才有个男的投河自尽了。Gāngcái yǒu gè nánde tóuhé zìjìn le. A man has just thrown himself into a river in an act of suicide. **4** (投射) cast (*pt*, *pp* cast) ▹投去羡慕的目光 tóuqù xiànmù de mùguāng cast an admiring glance **5** (寄) post **6** (奔向) seek ... out (*pt*, *pp* sought) ▹弃暗投明 qì àn tóu míng turn from evil to good

投案 **tóu'àn** [动] give oneself up (*pt* gave, *pp* given)

投保 **tóubǎo** [动] take out insurance (*pt* took, *pp* taken)

投奔 **tóubèn** [动] seek refuge (*pt*, *pp* sought) ▹他无家可归, 只好去投奔老朋友。Tā wújiā kě guī, zhǐhǎo qù tóubèn lǎo péngyou. He was left homeless, and had to seek refuge with an old friend.

投币(幣)电(電)话(話) **tóu bì diànhuà** [名] payphone

投标(標) **tóubiāo** [动] tender

投产(產) **tóuchǎn** [动] go into production

投递(遞) **tóudì** [动] deliver

投放 **tóufàng** [动] **1** (食物, 药物) throw ... in (*pt* threw, *pp* thrown) **2** (人力, 物力, 财力) invest **3** (市场) supply

投合 **tóuhé** [动] **1** (融洽) get along **2** (迎合) cater to

投机(機) **tóujī** **I** [动] speculate **II** [形] agreeable

投靠 **tóukào** [动] **1** (依靠) depend on **2** (屈服) give oneself up (*pt* gave, *pp* given)

投其所好 **tóu qí suǒ hào** cater to sb's tastes

投入 **tóurù** **I** [形] (指专注) engrossed **II** [动] **1** (放入) put ... in (*pt*, *pp* put) ▹把球投入球篮。Bǎ qiú tóurù qiúlán. Put the ball through the hoop. ▹开发新产品需要很大的投入。Kāifā xīn chǎnpǐn xūyào hěn dà de tóurù. Developing new product lines requires a considerable investment. **2** (参加) throw oneself into (*pt* threw, *pp* thrown)

投身 **tóushēn** [动] throw oneself into (*pt* threw, *pp* thrown)

投诉(訴) **tóusù** **I** [动] lodge a complaint **II** [名] appeal

投胎 **tóutāi** [动] be reincarnated

投降 **tóuxiáng** [动] surrender ▹无条件投降 wú tiáojiàn tóuxiáng unconditional surrender

投影 **tóuyǐng** **I** [动] project **II** [名] **1** (影子) projection **2** (喻) reflection

投缘(緣) **tóuyuán** [形] congenial

投掷(擲) **tóuzhì** [动] throw (*pt* threw, *pp* thrown)

投资(資) **tóuzī** **I** [动] invest **II** [名] investment

透 **tòu** **I** [动] **1** (渗透) penetrate ▹阳光从窗户透进来。Yángguāng cóng chuānghu tòu jìnlái. The sunlight is coming in through the windows. **2** (泄露) leak out **3** (显露) appear **II** [形] **1** (透彻) thorough ▹他对植物学了解很透。Tā duì zhíwùxué liǎojiě hěn tòu. He has a thorough knowledge of botany. **2** (程度深) complete ▹我浑身都湿透了。Wǒ húnshēn dōu shītòu le. I'm soaked to the skin. ▹这些芒果熟透了。Zhèxiē mángguǒ shútòu le. These mangoes are completely ripe.

透彻(徹) **tòuchè** [形] incisive

透顶(頂) **tòudǐng** [形] thorough

透风(風) **tòufēng** [动] **1** (透气) ventilate **2** (透露消息) divulge a secret

透露 **tòulù** [动] disclose

透明 **tòumíng** [形] transparent
透视(視) **tòushì** [动] **1** (表现立体空间) make ... three-dimensional **2** (医) X-ray **3** (喻) (看清楚) grasp the essence of
透支 **tòuzhī** [动] overdraw (*pt* overdrew, *pp* overdrawn) ▷透支金额 tòuzhī jīn'é overdraft

凸 **tū** [形] protuberant

秃(禿) **tū** [形] **1** (指毛发) bald **2** (指山) barren **3** (指树) bare **4** (不锐利) blunt **5** (指文章) incomplete
秃(禿)顶(頂) **tūdǐng I** [动] be bald **II** [名] **1** (指人) bald man (*pl* men) **2** (指头顶) bald patch
秃(禿)子 **tūzi** [名] (口) baldy

突 **tū I** [动] break out (*pt* broke, *pp* broken) ▶突围 tūwéi escape from a siege **II** [形] protruding **III** [副] suddenly
突变(變) **tūbiàn** [动] **1** (突然变化) change suddenly **2** (生物) mutate ▷基因突变 jīyīn tūbiàn genetic mutation
突出 **tūchū I** [动] give prominence to (*pt* gave, *pp* given) ▷他从不突出自己。Tā cóng bù tūchū zìjǐ. He never pushes himself forward. **II** [形] **1** (明显) noticeable ▷突出的特点 tūchū de tèdiǎn prominent feature **2** (隆起) protruding
突飞(飛)猛进(進) **tū fēi měng jìn** advance by leaps and bounds
突击(擊) **tūjī I** [动] **1** (突然袭击) assault **2** (加快完成) do a rush job **II** [副] from nowhere
突破 **tūpò** [动] **1** (防线, 界线) break through (*pt* broke, *pp* broken) ▷突破敌人的封锁线 tūpò dírén de fēngsuǒxiàn break through the enemy's blockade **2** (僵局, 难关) make a breakthrough ▷癌症治疗上的新突破 áizhèng zhìliáo shàng de xīn tūpò a new breakthrough in cancer treatment **3** (限额) surpass ▷突破定额 tūpò dìng'é overfulfil a quota ▷这位长跑运动员突破了他的体能极限。Zhè wèi chángpǎo yùndòngyuán tūpòle tā de tǐnéng jíxiàn. The long-distance runner has broken the limits of his physical endurance. **4** (记录) break (*pt* broke, *pp* broken)
突起 **tūqǐ I** [动] **1** (突然发生) erupt ▷家庭矛盾突起。Jiātíng máodùn tūqǐ. A family conflict has erupted. **2** (高耸) tower **II** [名] bulge
突然 **tūrán I** [形] sudden **II** [副] suddenly
突如其来(來) **tū rú qí lái** unexpected

图(圖) **tú I** [名] **1** (图画) picture ▷几何图 jǐhé tú geometrical figure **2** (地图) map **3** (计划) plan ▶宏图 hóngtú grand plan **II** [动] **1** (贪图) seek (*pt*, *pp* sought) ▷图一时痛快 tú yīshí tòngkuài seek momentary gratification **2** (谋划) scheme
图(圖)案 **tú'àn** [名] design
图(圖)表 **túbiǎo** [名] chart
图(圖)画(畫) **túhuà** [名] picture
图(圖)解 **tújiě I** [名] diagram **II** [动] illustrate ▷图解词典 tújiě cídiǎn illustrated dictionary
图(圖)景 **tújǐng** [名] **1** (景物) image **2** (前景) prospect
图(圖)谋(謀) **túmóu I** [动] **1** (阴谋策划) plot **2** (谋求) seek (*pt*, *pp* sought) ▷图谋私利 túmóu sīlì seek personal advantage **II** [名] plot
图(圖)书(書) **túshū** [名] books (*pl*)
图(圖)书(書)馆(館) **túshūguǎn** [名] library
图(圖)腾(騰) **túténg** [名] totem
图(圖)像 **túxiàng** [名] image
图(圖)章 **túzhāng** [名] seal
图(圖)纸(紙) **túzhǐ** [名] drawing

徒 **tú I** [名] **1** (徒弟) apprentice ▶徒弟 túdì apprentice ▶门徒 méntú disciple **2** (指信教) believer **3** (贬) (同类人) clique ▶赌徒 dǔtú gambler ▶匪徒 fěitú gangster **II** [动] walk ▶徒步 túbù on foot **III** [形] empty ▶徒手 túshǒu unarmed **IV** [副] **1** (仅仅) only **2** (白白地) in vain
徒弟 **túdì** [名] apprentice
徒劳(勞) **túláo** [形] futile
徒然 **túrán I** [形] futile **II** [副] to no avail
徒手 **túshǒu** [形] unarmed
徒刑 **túxíng** [名] imprisonment ▷无期徒刑 wúqī túxíng life imprisonment
徒有虚(虛)名 **tú yǒu xū míng** have an undeserved reputation

途 **tú** [名] way ▶旅途 lǚtú journey ▶前途 qiántú prospect ▷沿途 yántú along the way
途径(徑) **tújìng** [名] channel ▷通过合法途径解决 tōngguò héfǎ tújìng jiějué resolve through legal channels ▷通过外交途径寻求国际援助 tōngguò wàijiāo tújìng xúnqiú guójì yuánzhù seek international aid through diplomatic channels ▷经非法途径入境 jīng fēifǎ tújìng rùjìng enter a country by illegal means

涂(塗) **tú** [动] **1** (抹) spread ... on (*pt*, *pp* spread) ▷涂油漆 tú yóuqī apply paint **2** (乱写乱画) scribble **3** (改动) cross ... out
涂(塗)改 **túgǎi** [动] alter
涂(塗)料 **túliào** [名] paint
涂(塗)抹 **túmǒ** [动] **1** (随意写) scribble **2** (油漆, 颜料) paint **3** (改动) alter

涂(塗)饰(飾) túshì [动] **1** (上油漆) paint **2** (美化) do ... up ▷涂饰墙壁 túshì qiángbì do up the walls

涂(塗)写(寫) túxiě [动] scribble

涂(塗)鸦(鴉) túyā [动] scrawl

涂(塗)脂抹粉 tú zhī mǒ fěn (喻) whitewash

屠 tú **I** [动] **1** (动物) slaughter **2** (人) massacre **II** [名] butcher

屠夫 túfū [名] **1** (字) butcher **2** (喻) mass murderer

屠杀(殺) túshā [动] massacre

屠宰 túzǎi [动] slaughter

土 tǔ **I** [名] **1** (泥) soil **2** (土地) land ▶故土 gùtǔ native land ▶领土 lǐngtǔ territory **3** (鸦片) opium **II** [形] **1** (地方) local **2** (民间) folk **3** (不时髦) unfashionable

土包子 tǔbāozi [名] yokel

土崩瓦解 tǔ bēng wǎ jiě disintegrate

土产(產) tǔchǎn [名] local product

土地 tǔdì [名] **1** (田地) land **2** (疆域) territory

土豆 tǔdòu [名] potato (*pl* potatoes)

土法 tǔfǎ [名] traditional method

土方 tǔfāng [名] folk remedy

土话(話) tǔhuà [名] local dialect

土皇帝 tǔhuángdì [名] local despot

土货(貨) tǔhuò [名] local product

土木 tǔmù [名] (土木工程) civil engineering

土气(氣) tǔqì [形] vulgar

土壤 tǔrǎng [名] soil

土特产(產) tǔtèchǎn [名] local speciality (英) 或 specialty (美)

土语(語) tǔyǔ [名] local dialect

土政策 tǔzhèngcè [名] local policies (*pl*)

土著 tǔzhù [名] indigenous peoples (*pl*)

吐 tǔ [动] **1** (排出口外) spit (*pt*, *pp* spat) **2** (露出) put ... out (*pt*, *pp* put) ▷蚕吐丝。Cán tǔ sī. Silkworms spin silk. **3** (说出来) speak out (*pt* spoke, *pp* spoken)
→另见 tù

吐口 tǔkǒu [动] **1** (讲实情) tell the truth (*pt*, *pp* told) **2** (同意) agree **3** (提出要求) come out with (*pt* came, *pp* come) ▷他吐口要1000元。Tā tǔkǒu yào yī qiān yuán. He came out with a demand for 1000 Yuan.

吐露 tǔlù [动] reveal

吐气(氣) tǔqì [动] let off steam (*pt*, *pp* let)

吐 tù [动] vomit
→另见 tǔ

吐沫 tùmo [名] saliva

兔 tù [名] **1** (野兔) hare **2** (家兔) rabbit

湍 tuān **I** [形] (书) torrential **II** [名] rapids (*pl*)

湍急 tuānjí [形] fast-flowing

团(團) tuán **I** [名] **1** (球形物) ball ▷毛线团 máoxiàn tuán ball of wool **2** (组织) group ▶剧团 jùtuán drama company **3** (军) regiment **4** (政治组织) league **II** [动] **1** (聚合) unite ▶团聚 tuánjù reunite **2** (揉成球状) roll into a ball **III** [形] round **IV** [量] ▷一团面 yī tuán miàn a lump of dough ▷一团毛线 yī tuán máoxiàn a ball of wool

measure word, used for rolled up round things

团(團)队(隊) tuánduì [名] team

团(團)伙(夥) tuánhuǒ [名] gang

团(團)结(結) tuánjié [动] unite

团(團)聚 tuánjù [动] reunite

团(團)体(體) tuántǐ [名] organization

团(團)圆(圓) tuányuán [动] reunite

推 tuī [动] **1** (门, 窗, 车) push **2** (指用工具) scrape ▶推土机 tuītǔjī bulldozer ▷他推了个光头。Tā tuīle gè guāngtóu. He's shaved his head. **3** (开展) push forward **4** (推断) deduce **5** (辞让) decline **6** (推诿) shift **7** (推迟) postpone **8** (举荐) elect

推波助澜(瀾) tuī bō zhù lán exacerbate

推测(測) tuīcè [动] infer

推崇 tuīchóng [动] esteem

推辞(辭) tuīcí [动] decline

推迟(遲) tuīchí [动] put ... off (*pt*, *pp* put) ▷既然不是每个人都能来参加，那就把会议推迟到下周吧。Jìrán bù shì měigè rén dōu néng lái cānjiā, nà jiù bǎ huìyì tuīchí dào xià zhōu ba. Not everyone can attend the meeting, so let's put it off until next week.

推出 tuīchū [动] bring ... out (*pt*, *pp* brought) ▷哈珀·柯林斯出版社又推出了一本畅销书。Hāpò Kēlínsī chūbǎnshè yòu tuīchūle yī běn chàngxiāoshū. HarperCollins Publishers have brought out yet another best-seller.

推导(導) tuīdǎo [动] derive

推动(動) tuīdòng [动] promote

推断(斷) tuīduàn [动] deduce

推度 tuīduó [动] infer

推翻 tuīfān [动] **1** (推倒) overturn **2** (打垮) overthrow (*pt* overthrew, *pp* overthrown) **3** (根本否定) repudiate

推广(廣) tuīguǎng [动] popularize

推荐(薦) tuījiàn [动] recommend

t

推举(舉) tuījǔ [动] elect
推理 tuīlǐ [动] infer
推论(論) tuīlùn [动] infer
推拿 tuīná [动] massage ▷用推拿疗法治疗疼痛 yòng tuīná liáofǎ zhìliáo téngtòng treat pain by massage
推敲 tuīqiāo [动] submit ... to close scrutiny
推却(卻) tuīquè [动] decline
推让(讓) tuīràng [动] decline
推三阻四 tuī sān zǔ sì fob ... off with excuses
推算 tuīsuàn [动] calculate
推托 tuītuō [动] make excuses
推脱(脫) tuītuō [动] shirk
推诿(諉) tuīwěi [动] pass the buck ▷要尽职尽责, 不要互相推诿。Yào jìnzhí jìnzé, bùyào hùxiāng tuīwěi. You should do your duty and not pass the buck to each other.
推销(銷) tuīxiāo [动] promote ▷推销新产品 tuīxiāo xīn chǎnpǐn promote new products
推卸 tuīxiè [动] shirk
推心置腹 tuī xīn zhì fù confide in ▷我们俩做了推心置腹的长谈。Wǒmen liǎ zuòle tuī xīn zhì fù de chángtán. The two of us had a long, heart-to-heart talk.
推行 tuīxíng [动] implement
推选(選) tuīxuǎn [动] elect
推移 tuīyí [动] **1** (时间变迁) pass ▷随着时间的推移 suízhe shíjiān de tuīyí with the passage of time **2** (发展) develop ▷随着政治时局的推移, 经济情况稳定了。Suízhe zhèngzhì shíjú de tuīyí, jīngjì qíngkuàng wěndìng le. As the current political situation develops, the economy is stabilizing.

颓(頹) tuí **I** [动] decline **II** [形] dispirited ▶颓废 tuífèi dejected
颓(頹)废(廢) tuífèi [形] decadent
颓(頹)唐 tuítáng [形] dejected

腿 tuǐ [名] **1** (下肢) leg ▶大腿 dàtuǐ thigh ▶小腿 xiǎotuǐ calf (*pl* calves) **2** (支撑物) leg ▷桌子腿儿 zhuōzituǐr table leg **3** (火腿) ham
腿脚(腳) tuǐjiǎo [名] mobility ▷这位老人的腿脚不太利索。Zhè wèi lǎorén de tuǐjiǎo bù tài lìsuo. The old man isn't very mobile.

退 tuì [动] **1** (后移) retreat **2** (使后移) cause ... to withdraw ▷他把刀从刀套里退出来。Tā bǎ dāo cóng dāotào lǐ tuì chūlái. He drew the knife from its sheath. **3** (退出) quit (*pt, pp* quit) **4** (减退) recede **5** (减弱) fade **6** (退还) return **7** (撤销) cancel
退步 tuìbù **I** [动] **1** (落后) lag behind **2** (让步) give way (*pt* gave, *pp* given) **II** [名] leeway
退化 tuìhuà [动] degenerate
退路 tuìlù [名] **1** (道路) line of retreat **2** (余地) leeway
退却(卻) tuìquè [动] **1** (军) retreat **2** (退缩) flinch
退让(讓) tuìràng [动] make a concession ▷在原则问题上, 我们不能退让。Zài yuánzé wèntí shàng, wǒmen bùnéng tuìràng. We can make no concessions on matters of principle.
退缩(縮) tuìsuō [动] hold back (*pt, pp* held)
退位 tuìwèi [动] abdicate
退伍 tuìwǔ [动] demobilize ▷退伍军人 tuìwǔ jūnrén ex-serviceman
退休 tuìxiū [动] retire
退役 tuìyì [动] **1** (军人) demobilize ▷退役军官 tuìyì jūnguān retired officer **2** (运动员) retire

---

蜕(蛻) tuì [动] **1** (蛇, 蝉) slough **2** (鸟) moult (英), molt (美)
蜕(蛻)变(變) tuìbiàn [动] transform
蜕(蛻)化 tuìhuà [动] **1** (脱皮) slough ... off **2** (喻) (腐化堕落) degenerate

---

褪 tuì [动] **1** (衣服) take ... off (*pt* took, *pp* taken) **2** (毛) shed (*pt, pp* shed) **3** (颜色) fade
→另见 tùn

吞 tūn [动] **1** (整个咽下) swallow **2** (吞并) take over (*pt* took, *pp* taken)
吞并(併) tūnbìng [动] annex
吞没(沒) tūnmò [动] **1** (据为己有) misappropriate **2** (淹没) engulf
吞噬 tūnshì [动] engulf
吞吐 tūntǔ **I** [动] handle ▷这个港口每年可吞吐8000万吨货物。Zhège gǎngkǒu měi nián kě tūntǔ bā qiān wàn dūn huòwù. This port can handle 80 million tons of cargo every year. **II** [形] hesitant
吞吞吐吐 tūntūntǔtǔ hum and haw

屯 tún **I** [动] **1** (储存) store ... up **2** (驻扎) station ▷屯兵 tún bīng be stationed **II** [名] village

---

囤 tún [动] store
囤积(積) túnjī [动] hoard

臀 tún [名] buttock

褪 tùn [动] take ... off (*pt* took, *pp* taken)
→另见 tuì

托 tuō **I** [动] **1** (撑) support **2** (委托) entrust **3** (依赖) rely on **II** [名] tray
托词(詞) tuōcí **I** [动] make an excuse **II** [名] excuse

托儿(兒)所 **tuō'érsuǒ** [名] nursery

托福 **tuōfú** I [动] (客套) ▷托您的福，我们都好。**Tuō nín de fú, wǒmen dōu hǎo.** We're fine, thanks to you. II [名] TOEFL, Test of English as a Foreign Language

托(託)付 **tuōfù** [动] entrust

托(託)管 **tuōguǎn** [动] entrust to

托(託)人情 **tuō rénqíng** [动] pull strings

托(託)运(運) **tuōyùn** [动] ship ▷托运行李 **tuōyùn xíngli** checked baggage

拖 **tuō** [动] **1** (拉) pull **2** (地板) mop **3** (下垂) trail ▷她的长裙拖地。**Tā de chángqún tuō dì.** Her long dress trailed along the ground. **4** (拖延) delay

拖拉 **tuōlā** I [动] delay II [形] dilatory

拖拉机(機) **tuōlājī** [名] tractor

拖累 **tuōlěi** [动] **1** (成为负担) be a burden **2** (使受牵连) implicate

拖泥带(帶)水 **tuō ní dài shuǐ** be slapdash ▷他工作总拖泥带水。**Tā gōngzuò zǒng tuō ní dài shuǐ.** He's always slapdash in his work. ▷说话要直接，别拖泥带水。**Shuōhuà yào zhíjiē, bié tuō ní dài shuǐ.** Say what you've got to say, don't beat about the bush.

拖欠 **tuōqiàn** [动] be in arrears

拖沓 **tuōtà** [形] dilatory

拖鞋 [名] slipper

拖延 **tuōyán** [动] delay

脱(脫) **tuō** [动] **1** (皮肤，毛发) shed (*pt, pp* shed) **2** (衣服，鞋帽) take ... off (*pt* took, *pp* taken) **3** (摆脱) escape **4** (颜色) fade **5** (油脂) skim

脱(脫)产(產) **tuōchǎn** [动] be released from one's regular work

脱(脫)稿 **tuōgǎo** [动] complete

脱(脫)钩(鉤) **tuōgōu** [动] **1** (车厢) disconnect **2** (喻) cut ties (*pt, pp* cut) ▷他和原单位早就脱钩了。**Tā hé yuán dānwèi zǎo jiù tuōgōu le.** He cut his ties with his former unit long ago.

脱(脫)轨(軌) **tuōguǐ** [动] derail

脱(脫)节(節) **tuōjié** [动] be separated

脱(脫)臼 **tuōjiù** [动] dislocate

脱(脫)口而出 **tuō kǒu ér chū** the words roll off one's tongue

脱(脫)离(離) **tuōlí** [动] **1** (关系) break off (*pt* broke, *pp* broken) ▷脱离关系 **tuōlí guānxì** break off relations **2** (危险) get away from

脱(脫)落 **tuōluò** [动] **1** (毛发，牙齿) lose (*pt, pp* lost) **2** (油漆，墙皮) come off (*pt* came, *pp* come)

脱(脫)贫(貧) **tuōpín** [动] escape from poverty

脱(脫)身 **tuōshēn** [动] get away

脱(脫)手 **tuōshǒu** [动] **1** (离开手) let ... slip (*pt, pp* let) **2** (卖出) get rid of

脱(脫)水 **tuōshuǐ** [动] dehydrate

脱(脫)俗 **tuōsú** [形] refined

脱(脫)销(銷) **tuōxiāo** [动] be sold out

脱(脫)颖(穎)而出 **tuō yǐng ér chū** come to the fore

驮(馱) **tuó** [动] carry on one's back ▷马驮着米袋。**Mǎ tuózhe mǐdài.** The horse is carrying bags of rice.

→另见 **duò**

驼(駝) **tuó** I [名] camel ▶骆驼 **luòtuo** camel II [形] hunchbacked ▶驼背 **tuóbèi** be hunchbacked

坨 **tuó** I [名] lump II [动] stick together (*pt, pp* stuck)

鸵(鴕) **tuó** 见下文

鸵(鴕)鸟(鳥) **tuóniǎo** [名] ostrich

妥 **tuǒ** [形] **1** (适当) appropriate **2** (停当) ready

妥当(當) **tuǒdang** [形] appropriate

妥善 **tuǒshàn** [形] appropriate

妥帖 **tuǒtiē** [形] appropriate

妥协(協) **tuǒxié** [动] compromise

椭(橢) **tuǒ** 见下文

椭(橢)圆(圓) **tuǒyuán** [名] oval

拓 **tuò** [动] open ... up

拓荒 **tuòhuāng** [动] open up virgin land

拓宽(寬) **tuòkuān** [动] **1** (扩大) expand **2** (加宽) widen

拓展 **tuòzhǎn** [动] expand

唾 **tuò** I [名] saliva II [动] spit (*pt, pp* spat)

唾骂(罵) **tuòmà** [动] revile

唾沫 **tuòmo** [名] (口) saliva

唾弃(棄) **tuòqì** [动] spurn

唾手可得 **tuò shǒu kě dé** within easy reach ▷真是唾手可得的好机会。**Zhēnshi tuò shǒu kě dé de hǎo jīhuì.** It really is a golden opportunity.

挖 wā [动] 1 (掘) dig (*pt*, *pp* dug) ▶ 挖掘 wājué excavate ▷ 挖洞 wā dòng dig a hole ▷ 挖隧道 wā suìdào dig a tunnel 2 (耳朵, 鼻子) pick

挖掘 wājué [动] excavate

挖空心思 wā kōng xīnsī (贬) rack one's brains ▷ 他挖空心思赚大钱。Tā wā kōng xīnsī zhuàn dà qián. He racked his brains for ways to make a lot of money.

挖苦 wāku [动] have a dig at ▷ 他总挖苦成绩差的学生。Tā zǒng wāku chéngjì chà de xuésheng. He is always having a dig at underachieving students.

挖墙(牆)脚(腳) wā qiángjiǎo (贬) undermine ▷ 两个党派经常互挖墙脚。Liǎng gè dǎngpài jīngcháng hù wā qiángjiǎo. The two parties are always undermining each other.

哇 wā [拟] 1 (指哭声) wail 2 (指呕吐声) vomit

洼(窪) wā I [形] low-lying II [名] dip

洼(窪)陷 wāxiàn [动] dip ▷ 桥面洼陷。Qiáomiàn wāxiàn. The bridge dips. ▷ 这儿的地面洼陷了。Zhèr de dìmiàn wāxiàn le. The ground dips here.

蛙 wā [名] frog

蛙泳 wāyǒng [名] breaststroke

娃 wá [名] (方) baby

娃娃 wáwa [名] 1 (小孩) baby 2 (玩具) doll

瓦 wǎ [名] tile

瓦解 wǎjiě [动] collapse ▷ 这个恐怖组织已经瓦解了。Zhège kǒngbù zǔzhī yǐjīng wǎjiě le. The terrorist network has already collapsed. ▷ 我们瓦解了敌人的阴谋。Wǒmen wǎjiěle dírén de yīnmóu. We smashed the enemy's plot.

瓦砾(礫) wǎlì [名] rubble

瓦斯 wǎsī [名] gas

袜(襪) wà [名] sock ▶ 长筒袜 chángtǒngwà stocking

袜(襪)子 wàzi [名] sock

歪 wāi I [形] 1 (倾斜) slanting ▷ 画挂歪了。Huà guà wāi le. The picture is crooked. 2 (坏) devious ▷ 他出了个歪点子。Tā chū le gè wāi diǎnzi. He came up with a devious suggestion. II [动] incline

歪打正着(著) wāi dǎ zhèng zháo have a stroke of good luck ▷ 他歪打正着中了彩票头彩。Tā wāi dǎ zhèng zháo zhòngle cǎipiào tóucǎi. By a stroke of good luck, he won first prize in the lottery.

歪门(門)邪道 wāi mén xié dào dishonest means

歪曲 wāiqū [动] distort

歪斜 wāixié [形] crooked

崴 wǎi [动] sprain

外 wài I [名] 1 (范围以外) outside ▶ 外边 wàibian outside ▷ 户外运动 hùwài yùndòng outdoor sports ▷ 他把车停在门外。Tā bǎ chē tíng zài mén wài. He parked the car outside the gate. 2 (外国) foreign country ▶ 外宾 wàibīn foreign visitor II [形] 1 (外地的) (外国的) foreign 2 (疏远) other ▶ 外人 wàirén outsider 3 (非正式) informal ▶ 外号 wàihào nickname III [副] besides ▶ 外加 wàijiā plus

外币(幣) wàibì [名] foreign currency

外表 wàibiǎo [名] exterior ▷ 大楼外表很气派。Dàlóu wàibiǎo hěn qìpài. The exterior of the building is very imposing. ▷ 人的外表不可信。Rén de wàibiǎo bù kěxìn. Don't judge by appearances.

外宾(賓) wàibīn [名] foreign visitor

外部 wàibù I [名] exterior II [形] external

外地 wàidì [名] other parts of the country ▷ 我们班有几个外地学生。Wǒmen bān yǒu jǐ gè wàidì xuésheng. Our class has several students from other parts of the country. ▶ 外地人 wàidìrén person from another part of the country ▷ 他去外地出差。Tā qù wàidì chūchāi. He went away on business.

外地人 wàidìrén [名] person from another part of the country

外调(調) wàidiào [动] transfer ▷ 两位网络工程师从IT部外调到了纽约办事处。Liǎng wèi wǎngluò gōngchéngshī cóng IT bù wàidiào dào le Niǔyuē bànshìchù. Two network engineers were transferred from the IT department to the New York office.

外敷 wàifū [动] apply externally

外公 wàigōng [名] maternal grandfather

外观(觀) wàiguān [名] appearance

外国(國) wàiguó [名] foreign country

外国(國)人 wàiguórén [名] foreign person

外行 **wàiháng** **I** [名] layman (*pl* laymen) ▷对电脑编程，我是个外行。**Duì diànnǎo biānchéng, wǒ shì gè wàiháng.** I'm a layman where computer programming is concerned. **II** [形] amateurish

外号(號) **wàihào** [名] nickname

外汇(匯) **wàihuì** [名] **1** (外汇兑换) foreign exchange **2** (外币) foreign currency

外籍 **wàijí** [名] foreign nationality

外交 **wàijiāo** [名] foreign affairs ▶外交部 **wàijiāobù** Ministry of Foreign Affairs

外交部长(長) **wàijiāo bùzhǎng** [名] Minister of Foreign Affairs

外交官 **wàijiāoguān** [名] diplomat

外界 **wàijiè** [名] outside world ▷外界因素 **wàijiè yīnsù** external factors

外景 **wàijǐng** [名] scene shot on location

外科 **wàikē** [名] surgery ▶外科医生 **wàikē yīshēng** surgeon

外科手术(術) **wàikē shǒushù** [名] surgical operation

外科医(醫)生 **wàikē yīshēng** [名] surgeon

外快 **wàikuài** [名] extra income ▷他在夜校教课赚外快。**Tā zài yèxiào jiāo kè zhuàn wàikuài.** He earns some extra income by teaching evening classes.

外流 **wàiliú** [动] drain ▷中国的很多人才外流到国外。**Zhōngguó de hěn duō réncái wàiliú dào guówài.** There is a major brain drain from China to other countries.

外露 **wàilù** [动] show (*pt* showed, *pp* shown) ▷我父亲的感情从不外露。**Wǒ fùqīn de gǎnqíng cóng bù wàilù.** My father never shows his feelings.

外卖(賣) **wàimài** [名] takeaway (英), takeout (美) ▷中国餐馆提供外卖服务。**Zhōngguó cānguǎn tígōng wàimài fúwù.** Chinese restaurants provide a takeaway service.

外贸(貿) **wàimào** [名] foreign trade

外貌 **wàimào** [名] appearance

外婆 **wàipó** [名] maternal grandmother

外企 **wàiqǐ** [名] foreign enterprise

外强(強)中干(乾) **wài qiáng zhōng gān** outwardly strong but inwardly weak

外侨(僑) **wàiqiáo** [名] foreign resident

外人 **wàirén** [名] **1** (局外人) outsider **2** (外国人) foreigner

外伤(傷) **wàishāng** [名] injury ▷他从马上摔了下来，只受了点外伤。**Tā cóng mǎ shàng shuāile xiàlái, zhǐ shòule diǎn wàishāng.** He fell off his horse, but only had a slight injury.

外商 **wàishāng** [名] foreign businessman (*pl* businessmen)

外甥 **wàisheng** [名] nephew

外事 **wàishì** [名] foreign affairs (*pl*)

外孙(孫) **wàisūn** [名] grandson

外套 **wàitào** [名] overcoat

外围(圍) **wàiwéi** [名] periphery

外文 **wàiwén** [名] foreign language

外线(線) **wàixiàn** [名] outside line

外乡(鄉) **wàixiāng** [名] another part of the country ▷他在外乡遭了劫。**Tā zài wàixiāng zāole jié.** He was robbed while away from home.

外向 **wàixiàng** [形] **1** (指性格) extrovert **2** (指经济) export-oriented

外销(銷) **wàixiāo** [动] sell ... externally (*pt, pp* sold) ▷本厂产品外销到美国。**Běn chǎng chǎnpǐn wàixiāo dào Měiguó.** The products from the factory are sold abroad to the United States.

外因 **wàiyīn** [名] external cause

外语(語) **wàiyǔ** [名] foreign language

外遇 **wàiyù** [名] extra-marital affair ▷她有外遇后，就想和丈夫离婚。**Tā yǒu wàiyù hòu, jiù xiǎng hé zhàngfu líhūn.** After having an affair, she wanted to divorce her husband.

外援 **wàiyuán** [名] **1** (援助) foreign aid **2** (外国球员) foreign player

外在 **wàizài** [形] external

外债(債) **wàizhài** [名] foreign debt

外资(資) **wàizī** [名] foreign capital

外资(資)企业(業) **wàizī qǐyè** [名] foreign-funded enterprise

弯(彎) **wān** **I** [形] curved **II** [动] bend (*pt, pp* bent) ▷我弯着腰扫地。**Wǒ wānzhe yāo sǎo dì.** I bent down to sweep the floor. **III** [名] bend

弯(彎)路 **wānlù** [名] **1** (字) (弯曲的路) winding road **2** (喻) (曲折) tortuous route

弯(彎)曲 **wānqū** [形] **1** (头发) wavy **2** (小路, 小河) winding

剜 **wān** [动] cut ... out (*pt, pp* cut)

湾(灣) **wān** [名] bay

蜿 **wān** 见下文

蜿蜒 **wānyán** [形] **1** (路, 河) winding ▷蜿蜒的长城 **wānyán de Chángchéng** the winding Great Wall **2** (指蛇) wriggling

---

豌 **wān** 见下文

豌豆 **wāndòu** [名] pea

丸 **wán** **I** [名] **1** (球形物) ball **2** (指药) pill **II** [量] pill ▷他服了一丸药。

Tā fúle yī wán yào. He took a pill.
丸药(藥) wányào [名] pill

完 wán I [形] whole ▶完整 wánzhěng complete II [动] 1 (完成) complete 2 (耗尽) run out (*pt* ran, *pp* run) ▷打印纸使完了。Dǎyìnzhǐ shǐwán le. The printing paper has run out. 3 (了结) finish ▷他的书写完了。Tā de shū xiěwán le. He's finished writing his book.
完备(備) wánbèi [形] complete
完毕(畢) wánbì [动] finish
完成 wánchéng [动] complete
完蛋 wándàn [动] be finished
完好 wánhǎo [形] intact ▷这些文物保存完好。Zhèxiē wénwù bǎocún wánhǎo. These cultural relics have been kept intact and in good condition.
完结(結) wánjié [动] finish
完满(滿) wánmǎn [形] successful
完美 wánměi [形] perfect
完全 wánquán I [形] complete II [副] completely ▷我完全赞成你的观点。Wǒ wánquán zànchéng nǐ de guāndiǎn. I completely endorse your point of view.
完善 wánshàn I [形] perfect II [动] perfect ▷法律体系需要完善。Fǎlǜ tǐxì xūyào wánshàn. The legal system needs to be improved.
完整 wánzhěng [形] complete

玩 wán [动] 1 (玩耍) play 2 (游玩) have a good time ▷我去泰国玩了一个星期。Wǒ qù Tàiguó wánle yī gè xīngqī. I went to Thailand for a week's holiday. 3 (做客) visit ▷欢迎到我家来玩儿！Huānyíng dào wǒ jiā lái wánr! Please come and visit me at home! 4 (表示祝愿) enjoy ▷玩得好！Wán de hǎo! Enjoy yourself! 5 (耍弄) play ▷他爱对人玩花招。Tā ài duì rén wán huāzhāo. He likes to play tricks on people.
玩具 wánjù [名] toy
玩弄 wánnòng [动] 1 (贬) (调情) play games with ▷他老玩弄年轻女子。Tā lǎo wánnòng niánqīng nǚzǐ. He is always playing games with young girls. 2 (贬) (使用) employ
玩儿(兒)命 wánrmìng [动] (口) bust a gut (*pt* bust, *pp* busted) ▷他玩儿命学英语。Tā wánrmìng xué Yīngyǔ. He put everything into learning English.
玩世不恭 wán shì bù gōng (贬) frivolous ▷他是个玩世不恭的花花公子。Tā shì gè wán shì bù gōng de huāhuā gōngzǐ. He is a frivolous playboy.
玩耍 wánshuǎ [动] play
玩物 wánwù [名] plaything
玩笑 wánxiào [名] joke ▷他喜欢跟人开玩笑。Tā xǐhuan gēn rén kāi wánxiào. He likes to play jokes on people. ▷我把他的话当玩笑。Wǒ bǎ tā de huà dāng wánxiào. I took what he said as a joke.
玩意儿(兒) wányìr [名] (口) 1 (东西) thing 2 (人) ▷千万别和他交朋友。他不是什么好玩意儿。Qiānwàn bié hé tā jiāo péngyou. Tā bù shì shénme hǎo wányìr. Whatever you do don't make friends with him. He's bad news. 3 (玩具) toy 4 (器械) gadget

顽(頑) wán [形] 1 (难以摆脱的) stubborn ▶顽固 wángù stubborn 2 (淘气) naughty ▶顽皮 wánpí mischievous
顽(頑)固 wángù [形] 1 (贬) (指思想) obstinate 2 (指病) persistent 3 (指政治) diehard
顽(頑)抗 wánkàng [动] stubbornly resist
顽(頑)皮 wánpí [形] mischievous
顽(頑)强(強) wánqiáng [形] tenacious
顽(頑)症 wánzhèng [名] chronic illness

宛 wǎn 见下文
宛如 wǎnrú [动] (书) be just like ▷美丽的风景宛如仙境。Měilì de fēngjǐng wǎnrú xiānjìng. The beautiful scenery is just like paradise.

挽 wǎn [动] 1 (拉) hold (*pt*, *pp* held) ▷他们俩经常手挽手去学校。Tāmen liǎ jīngcháng shǒu wǎn shǒu qù xuéxiào. They often go to school hand in hand. 2 (卷起) roll ... up ▷卷起袖子 juǎn qǐ xiùzi roll up one's sleeves
挽回 wǎnhuí [动] redeem ▷挽回局面 wǎnhuí júmiàn redeem the situation ▷挽回面子 wǎnhuí miànzi save face
挽救 wǎnjiù [动] save
挽留 wǎnliú [动] press ... to stay ▷老师挽留我与他共进晚餐。Lǎoshī wǎnliú wǒ yǔ tā gòng jìn wǎncān. My teacher pressed me to stay for dinner.

晚 wǎn I [形] late ▶晚秋 wǎnqiū late autumn ▷火车晚了10分钟。Huǒchē wǎnle shí fēnzhōng. The train was ten minutes late. ▷我起晚了。Wǒ qǐ wǎn le. I got up late. II [名] evening
晚安 wǎn'ān [形] good night ▷祝你晚安。Zhù nǐ wǎn'ān. Good night.
晚辈(輩) wǎnbèi [名] younger generation
晚点(點) wǎndiǎn [动] be late
晚饭(飯) wǎnfàn [名] dinner
晚会(會) wǎnhuì [名] party
晚年 wǎnnián [名] old age
晚期 wǎnqī [名] late period ▷他晚期的作品更优秀。Tā wǎnqī de zuòpǐn gèng yōuxiù. His later works are even more outstanding.

晚上 **wǎnshang** [名] evening

晚熟 **wǎnshú** [动] develop late ▷ 这孩子晚熟。**Zhè háizi wǎnshú.** This child is a late developer.

惋 **wǎn** 见下文

惋惜 **wǎnxī** [动] regret ▷ 教练为队员受伤感到惋惜。**Jiàoliàn wèi duìyuán shòushāng gǎndào wǎnxī.** The coach regretted the injury to the team member.

婉 **wǎn** [形] **1** (委婉) tactful ▶ 婉谢 **wǎnxiè** decline **2** (柔顺) gracious ▶ 婉顺 **wǎnshùn** docile

婉言 **wǎnyán** [名] tactful language ▷ 我婉言拒绝了他的邀请。**Wǒ wǎnyán jùjuéle tā de yāoqǐng.** I tactfully refused his invitation.

婉转(轉) **wǎnzhuǎn** [形] **1** (温和) tactful ▷ 他婉转地批评了学生。**Tā wǎnzhuǎn de pīpíngle xuésheng.** He tactfully criticized the student. **2** (优美) melodious

---

碗 **wǎn** [名] bowl

碗柜(櫃) **wǎnguì** [名] sideboard

万(萬) **wàn I** [数] ten thousand **II** [副] definitely ▷ 你万不可错失良机。**Nǐ wàn bùkě cuòshī liángjī.** You really mustn't let slip a good opportunity.

万(萬)不得已 **wàn bù dé yǐ** as a last resort

万(萬)分 **wànfēn** [副] extremely

万(萬)金油 **wànjīnyóu** [名] (贬) jack of all trades

万(萬)能 **wànnéng** [形] **1** (无所不能) omnipotent **2** (多用途的) all-purpose ▷ 万能钥匙 **wànnéng yàoshi** master key

万(萬)人空巷 **wàn rén kōng xiàng** the whole town turns out ▷ 这位奥斯卡得主访问上海时, 万人空巷。**Zhè wèi Àosīkǎ dézhǔ fǎngwèn Shànghǎi shí, wàn rén kōng xiàng.** When the Oscar winner visited Shanghai, the whole town turned out.

万(萬)世 **wànshì** [名] (书) the ages ▷ 他的发明会流传万世。**Tā de fāmíng huì liúchuán wànshì.** His invention will be passed on through the ages.

万(萬)岁(歲) **wànsuì** [叹] long live

万(萬)万(萬) **wànwàn I** [副] absolutely ▷ 我万万没想到他这么无礼。**Wǒ wànwàn méi xiǎngdào tā zhème wúlǐ.** I had absolutely no idea that he was so rude. **II** [数] hundred million

万(萬)无(無)一失 **wàn wú yī shī** be sure of success ▷ 我们为这次登山活动做了精心准备, 以确保万无一失。**Wǒmen wèi zhè cì dēngshān huódòng zuòle jīngxīn zhǔnbèi, yǐ quèbǎo wàn wú yī shī.** We made careful preparations for climbing the mountain, so as to be sure of success.

万(萬)物 **wànwù** [名] the whole of creation ▷ 春天到了, 万物复苏。**Chūntiān dào le, wànwù fùsū.** Spring has arrived — everything is coming back to life.

万(萬)象 **wànxiàng** [名] (书) everything under the sun

万(萬)幸 **wànxìng** [形] very lucky

万(萬)一 **wànyī I** [连] if by any chance ▷ 万一他不在, 把信交给他的秘书。**Wànyī tā bù zài, bǎ xìn jiāogěi tā de mìshū.** If by any chance he isn't there, give the letter to his secretary. **II** [名] contingency

万(萬)紫千红(紅) **wàn zǐ qiān hóng** blaze of colour (英) 或 color (美)

腕 **wàn** [名] **1** (指手) wrist **2** (指脚) ankle

腕儿(兒) **wànr** [名] (口) star

腕子 **wànzi** [名] **1** (指手) wrist **2** (指脚) ankle

汪 **wāng I** [动] collect **II** [拟] bark

汪汪 **wāngwāng** [形] tearful

汪洋 **wāngyáng** [名] expanse of water

亡 **wáng I** [动] die ▶ 死亡 **sǐwáng** die **II** [形] (书) deceased ▶ 亡父 **wángfù** late father ▶ 亡友 **wángyǒu** deceased friend

亡故 **wánggù** [动] (书) pass away

亡命徒 **wángmìngtú** [名] desperate criminal

亡羊补(補)牢 **wáng yáng bǔ láo** better late than never

王 **wáng** [名] king

王八 **wángba** [名] (动) tortoise

王八蛋 **wángbadàn** [名] (讳) bastard

王朝 **wángcháo** [名] dynasty

王储(儲) **wángchǔ** [名] crown prince

王法 **wángfǎ** [名] (口) law of the land

王公 **wánggōng** [名] aristocracy

王国(國) **wángguó** [名] kingdom

王牌 **wángpái** [名] ace ▷ 他是王牌记者。**Tā shì wángpái jìzhě.** He's an ace reporter.

王室 **wángshì** [名] royalty

王子 **wángzǐ** [名] prince

网(網) **wǎng I** [名] **1** (工具) net ▶ 渔网 **yúwǎng** fishing net **2** (网状物) web ▶ 蜘蛛网 **zhīzhūwǎng** spider's web **3** (系统) network ▶ 互联网 **hùliánwǎng** the Internet ▷ 信息网 **xìnxīwǎng** information network ▷ 交通网 **jiāotōngwǎng** communication network **II** [动] net

网(網)吧 **wǎngbā** [名] Internet café
网(網)点(點) **wǎngdiǎn** [名] points (*pl*) ▷ 银行在各地设有服务网点。**Yínháng zài gèdì shèyǒu fúwù wǎngdiǎn.** The bank has set up service points everywhere.
网(網)罗(羅) **wǎngluó** [动] headhunt
网(網)络(絡) **wǎngluò** [名] network ▷ 网络服务器 **wǎngluò fúwùqì** network server ▷ 经济网络 **jīngjì wǎngluò** economic network ▷ 他建立了广泛的人际网络。**Tā jiànlìle guǎngfàn de rénjì wǎngluò.** He built up a wide network of relationships.
网(網)迷 **wǎngmí** [名] Internet fan
网(網)民 **wǎngmín** [名] Internet user
网(網)球 **wǎngqiú** [名] tennis
网(網)球场(場) **wǎngqiúchǎng** [名] tennis court
网(網)页(頁) **wǎngyè** [名] web page
网(網)友 **wǎngyǒu** [名] chat buddy
网(網)站 **wǎngzhàn** [名] website
网(網)址 **wǎngzhǐ** [名] web address

枉 **wǎng I** [动] twist **II** [副] (书) in vain
枉法 **wǎngfǎ** [动] (书) pervert the course of justice
枉费(費) **wǎngfèi** [动] (书) waste ▷ 他不会听你的, 别枉费唇舌了。**Tā bù huì tīng nǐ de, bié wǎngfèi chúnshé le.** He won't listen, so don't waste your breath on him.

往 **wǎng I** [介] to ▷ 飞机正飞往柏林。**Fēijī zhèng fēiwǎng Bólín.** The plane is flying to Berlin. **II** [形] past ▶ 往事 **wǎngshì** past events (*pl*)
往常 **wǎngcháng** [名] ▷ 他往常不吃早饭。**Tā wǎngcháng bù chī zǎofàn.** He didn't use to eat breakfast.
往来(來) **wǎnglái** [动] **1** (去和来) come and go **2** (交往) ▷ 两国往来密切。**Liǎng guó wǎnglái mìqiè.** Contacts between the two countries are close.
往往 **wǎngwǎng** [副] often

妄 **wàng** [形] **1** (不合理) unreasonable **2** (随意) presumptuous
妄图(圖) **wàngtú** [动] try in vain (*pt*, *pp* tried)
妄想 **wàngxiǎng I** [动] (贬) have a pipe dream **II** [名] pipe dream
妄自菲薄 **wàng zì fěibó** underestimate oneself
妄自尊大 **wàng zì zūn dà** (贬) have a high opinion of oneself

忘 **wàng** [动] forget (*pt* forgot, *pp* forgotten) ▷ 我忘了带雨伞。**Wǒ wàngle dài yǔsǎn.** I forgot my umbrella.
忘恩负(負)义(義) **wàng ēn fù yì** (贬) be ungrateful ▷ 他是个忘恩负义的小人。**Tā shì gè wàng ēn fù yì de xiǎorén.** He's an ungrateful rat.
忘乎所以 **wàng hū suǒ yǐ** (贬) get carried way ▷ 他高兴得忘乎所以。**Tā gāoxìng de wàng hū suǒ yǐ.** He was so happy he got quite carried away.
忘怀(懷) **wànghuái** [动] (书) forget (*pt* forgot, *pp* forgotten)
忘记(記) **wàngjì** [动] forget (*pt* forgot, *pp* forgotten) ▷ 我忘记了他的样子。**Wǒ wàngjìle tā de yàngzi.** I've forgotten what he looks like. ▷ 我忘记了给朋友写信。**Wǒ wàngjìle gěi péngyou xiě xìn.** I forgot to write a letter to my friend.
忘年交 **wàngniánjiāo** [名] friend (*who is significantly older or younger*) ▷ 这位学生和老教授成了忘年交。**Zhè wèi xuésheng hé lǎo jiàoshòu chéngle wàngniánjiāo.** The student and the elderly professor became friends despite their age difference.
忘却(卻) **wàngquè** [动] (书) forget (*pt* forgot, *pp* forgotten)
忘我 **wàngwǒ** [形] selfless ▷ 他忘我地朝他的目标奋斗着。**Tā wàngwǒ de cháo tā de mùbiāo fèndòuzhe.** He worked selflessly towards his goal. ▷ 他忘我地研究诗歌。**Tā wàngwǒ de yánjiū shīgē.** He lost himself in his study of poetry.

旺 **wàng** [形] **1** (火) roaring **2** (人, 生意) flourishing **3** (花) blooming ▷ 十月菊花开得正旺。**Shíyuè júhuā kāi de zhèng wàng.** In October the chrysanthemums are in full bloom.
旺季 **wàngjì** [名] **1** (指生意) peak season ▷ 秋天是北京的旅游旺季。**Qiūtiān shì Běijīng de lǚyóu wàngjì.** Autumn is the peak season for tourism in Beijing. **2** (指水果, 蔬菜) season ▷ 夏天是西瓜旺季。**Xiàtiān shì xīguā wàngjì.** Summer is the season for watermelons.
旺盛 **wàngshèng** [形] **1** (精力, 生命力) full of energy **2** (植物) thriving ▷ 果园的桃树长得很旺盛。**Guǒyuán de táoshù zhǎng de hěn wàngshèng.** The peach trees in the orchard are thriving.
旺销(銷) **wàngxiāo** [动] sell well (*pt*, *pp* sold)

望 **wàng** [动] **1** (向远处看) look into the distance **2** (察看) watch ▶ 望风 **wàngfēng** be on the lookout **3** (希望) hope ▷ 望一路顺风。**Wàng yī lù shùnfēng.** I hope you have a safe journey.
望子成龙(龍) **wàng zǐ chéng lóng** have high expectations of one's children ▷ 父母太望子成龙, 会给孩子很大压力。**Fùmǔ tài wàng zǐ**

chéng lóng, huì gěi háizi hěn dà yālì. If parents' expectations are too high it will put a lot of pressure on the children.

危 wēi I [形] dangerous II [动] endanger
危害 wēihài [动] harm ▷抽烟危害健康。Chōuyān wēihài jiànkāng. Smoking damages your health.
危机(機) wēijī [名] crisis (*pl* crises)
危急 wēijí [形] critical
危难(難) wēinàn [名] danger ▷他有危难时，总能找朋友帮忙。Tā yǒu wēinàn shí, zǒng néng zhǎo péngyou bāngmáng. When he was in danger, he could always look to his friends for help.
危险(險) wēixiǎn I [形] dangerous II [名] danger ▷消防员冒着生命危险扑灭森林大火。Xiāofángyuán màozhe shēngmìng wēixiǎn pūmiè sēnlín dà huǒ. The firefighter put his life in danger to extinguish the forest fire.
危言耸(聳)听(聽) wēi yán sǒng tīng scare story
危在旦夕 wēi zài dàn xī be in imminent danger

威 wēi [名] power
威风(風) wēifēng I [名] air of authority II [形] impressive
威力 wēilì [名] power
威猛 wēiměng [形] powerful
威名 wēimíng [名] renown ▷这位医生威名远扬。Zhè wèi yīshēng wēimíng yuǎn yáng. This doctor is renowned far and wide.
威慑(懾) wēishè [动] terrorize
威士忌 wēishìjì [名] whisky
威望 wēiwàng [名] prestige
威武 wēiwǔ [形] powerful
威胁(脅) wēixié [动] threaten
威信 wēixìn [名] prestige
威严(嚴) wēiyán I [形] dignified II [名] dignity

偎 wēi [动] snuggle up to
偎依 wēiyī [动] snuggle up to

微 wēi I [形] tiny ▶微米 wēimǐ micron ▶微秒 wēimiǎo microsecond ▷门缝里射出一线微光。Ménfèng lǐ shèchū yī xiàn wēiguāng. A ray of light shone through the crack in the door. II [副] slightly ▷她们姐妹俩的性格微有不同。Tāmen jiěmèi liǎ de xìnggé wēi yǒu bù tóng. The two sisters were slightly different in character.
微波 wēibō [名] 1 (涟漪) ripple 2 (电子) (超短波) microwave
微波炉(爐) wēibōlú [名] microwave oven
微博客 wēibókè [名] microblog
微薄 wēibó [形] meagre (英), meager (美)
微不足道 wēi bù zú dào not worth mentioning ▷这是件微不足道的小事。Zhè shì jiàn wēi bù zú dào de xiǎo shì. This is a trivial matter.
微风(風) wēifēng [名] gentle breeze
微观(觀) wēiguān [名] ▷微观结构 wēiguān jiégòu microstructure
微观(觀)世界 wēiguān shìjiè [名] microcosm
微乎其微 wēi hū qí wēi very little ▷他夺冠的可能性微乎其微。Tā duóguàn de kěnéngxìng wēi hū qí wēi. There is very little possibility of his becoming the champion.
微件 wēijiàn [名] (计算机) widget
微粒 wēilì [名] particle
微量元素 wēiliàng yuánsù [名] trace element
微妙 wēimiào [形] delicate
微弱 wēiruò [形] faint
微生物 wēishēngwù [名] micro-organism
微小 wēixiǎo [形] tiny
微笑 wēixiào [动] smile ▷她的微笑很迷人。Tā de wēixiào hěn mírén. Her smile was enchanting.
微型 wēixíng [形] mini ▷微型唱片机 wēixíng chàngpiànjī MiniDisc®

煨 wēi [动] (烹饪) stew

巍 wēi 见下文
巍峨 wēi'é [形] towering

为(為) wéi I [动] 1 (是) be ▷一公斤约为两磅。Yī gōngjīn yuē wéi liǎng bàng. A kilo is about two pounds. 2 (变成) ▷他懂得如何变弊为利。Tā dǒngdé rúhé biàn bì wéi lì. He knows how to turn a disadvantage into an advantage. 3 (充当) act as ▷他选朋友为他的代言人。Tā xuǎn péngyou wéi tā de dàiyánrén. He chose his friend to act as his spokesman. II [介] by ▷这部老电影为大家喜爱。Zhè bù lǎo diànyǐng wéi dàjiā xǐ'ài. Everyone loves this old film.
→另见 wèi
为(為)非作歹 wéi fēi zuò dǎi commit all kinds of crimes
为(為)富不仁 wéi fù bù rén wealthy but uncharitable
为(為)害 wéihài [动] cause harm
为(為)难(難) wéinán I [形] embarrassed II [动] make things difficult for ▷考官出了些难题，故意为难学生。Kǎoguān chūle xiē nántí, gùyì wéinán xuésheng. The examiner

W

set tough questions, deliberately making things difficult for the students.

为(為)期 wéiqī [动] be scheduled for ▷ 电影节为期一周。Diànyǐngjié wéiqī yī zhōu. The film festival is scheduled to last a week.

为(為)生 wéishēng [动] make a living

为(為)数(數) wéishù [动] ▷ 抢手的房产为数不少。Qiǎngshǒu de fángchǎn wéishù bù shǎo. There is a lot of fast-selling property.

为(為)所欲为(為) wéi suǒ yù wéi (贬) do just as one pleases

为(為)伍 wéiwǔ [动] associate with

为(為)止 wéizhǐ [动] ▷ 到上周末为止，我们收到了上千封求职信。Dào shàng zhōumò wéizhǐ, wǒmen shōudàole shàng qiān fēng qiúzhíxìn. By the end of last week, we had received over a thousand letters of application.

违(違) wéi [动] break (*pt* broke, *pp* broken) ▷ 违者必究。wéizhě bì jiū. Violations will not be tolerated.

违(違)背 wéibèi [动] go against (*pt* went, *pp* gone)

违(違)法 wéifǎ I [动] break the law (*pt* broke, *pp* broken) II [形] illegal

违(違)反 wéifǎn [动] go against (*pt* went, *pp* gone)

违(違)犯 wéifàn [动] violate

违(違)禁 wéijìn [形] banned

违(違)抗 wéikàng [动] disobey

违(違)心 wéixīn [形] ▷ 他违心地投了赞成票。Tā wéixīn de tóule zànchéng piào. He voted for the motion against his conscience.

违(違)约(約) wéiyuē [动] break a contract (*pt* broke, *pp* broken) ▷ 这家公司被控违约。Zhè jiā gōngsī bèi kòng wéiyuē. The company was accused of breach of contract.

违(違)章 wéizhāng [动] break regulations (*pt* broke, *pp* broken)

围(圍) wéi I [动] surround II [名] 1 (四周) all sides ▶ 外围 wàiwéi periphery 2 (周长) measurement ▶ 三围 sānwéi vital statistics ▶ 胸围 xiōngwéi chest measurement

围(圍)攻 wéigōng [动] 1 (用语言) attack ... from all sides 2 (用武力) besiege

围(圍)观(觀) wéiguān [动] look on ▷ 他从河里救孩子时，一群人在围观。Tā cóng hé lǐ jiù háizi shí, yī qún rén zài wéiguān. A crowd of people looked on as he rescued the child from the river. ▷ 围观的人越来越多。Wéiguān de rén yuèláiyuè duō. There were more and more onlookers.

围(圍)困 wéikùn [动] strand

围(圍)拢(攏) wéilǒng [动] crowd around

围(圍)棋 wéiqí [名] go (*board game*)

> 围棋 wéiqí is a popular strategic board game in China, Japan and other East-Asian countries. It originated in ancient China. It is known as go in Japan. It is played by two players alternately placing black and white round stone pieces on the intersections of a square grid on a square game board. To win, the player must control a larger area on the game board than his/her opponent.

围(圍)绕(繞) wéirào [动] 1 (物体) revolve around 2 (话题) centre (英) 或 center (美) on ▷ 大家围绕着此议题展开讨论。Dàjiā wéiràozhe cǐ yìtí zhǎnkāi tǎolùn. Everyone began a discussion centred on this subject.

桅 wéi [名] mast

桅杆 wéigān [名] mast

帷 wéi [名] curtain

帷幕 wéimù [名] 1 (指舞台) curtain 2 (指事件) ▷ 世界杯拉开了帷幕。Shìjièbēi lākāile wéimù. The World Cup has begun.

唯 wéi [副] 1 (单单) only 2 (书) (只是) but ▷ 他各科成绩都不错，唯数学不好。Tā gè kē chéngjì dōu bùcuò, wéi shùxué bù hǎo. He achieved good results in all subjects but mathematics.

唯独(獨) wéidú [副] only ▷ 客人都到了，唯独她没来。Kèrén dōu dàole, wéidú tā méi lái. She was the only guest who had not arrived.

唯恐 wéikǒng [动] be afraid

唯利是图(圖) wéi lì shì tú only interested in profit

唯一 wéiyī [形] only ▷ 他是班里唯一的男生。Tā shì bān lǐ wéiyī de nánshēng. He is the only male student in the class.

维(維) wéi I [动] 1 (连接) hold ... together (*pt, pp* held) 2 (保持) maintain II [名] dimension ▷ 三维空间 sānwéi kōngjiān three-dimensional space

维(維)持 wéichí [动] 1 (保持) maintain ▷ 维持交通秩序 wéichí jiāotōng zhìxù direct the traffic 2 (资助) support ▷ 他靠卖画维持生活。Tā kào mài huà wéichí shēnghuó. He relies on selling paintings to support himself.

维(維)护(護) wéihù [动] safeguard ▷ 维护和平 wéihù hépíng safeguard peace ▷ 维护消费者的利益 wéihù xiāofèizhě de lìyì defend consumers' interests

维妙维肖 wéi miào wéi xiào remarkably true to life

维(維)生素 **wéishēngsù** [名] vitamin
维(維)系(繫) **wéixì** [动] maintain
维(維)修 **wéixiū** [动] maintain

伟(偉) **wěi** [形] great
伟(偉)大 **wěidà** [形] great
伟(偉)哥 **wěigē** [名] (医) Viagra®
伟(偉)人 **wěirén** [名] great man (*pl* men)

伪(偽) **wěi** [形] false
伪(偽)钞(鈔) **wěichāo** [名] counterfeit note (英) 或 bill (美)
伪(偽)君子 **wěijūnzǐ** [名] hypocrite
伪(偽)劣 **wěiliè** [形] fake and second-rate
伪(偽)善 **wěishàn** [形] hypocritical
伪(偽)造 **wěizào** [动] forge ▷ 他的护照是伪造的。**Tā de hùzhào shì wěizào de.** His passport was forged.
伪(偽)装(裝) **wěizhuāng I** [动] disguise ▷ 间谍伪装成农民, 混进了城里。**Jiàndié wěizhuāng chéng nóngmín, hùnjìne chéngǐ.** The spy infiltrated the city disguised as a peasant. **II** [名] disguise

苇(葦) **wěi** [名] reed

尾 **wěi** [名] **1** (尾巴) tail ▸ 尾巴 **wěiba** tail **2** (末端) end ▸ 排尾 **pái wěi** the person at the end of a row ▷ 他喜欢坐大巴的车尾。**Tā xǐhuān zuò dàbā de chēwěi.** He likes sitting at the back of the bus. **3** (残余) remainder ▸ 扫尾 **sǎowěi** finish off
尾巴 **wěiba** [名] **1** (尾部) tail **2** (残余) unfinished business ▷ 今天的会议留了个尾巴。**Jīntiān de huìyì liúle gè wěiba.** Today's meeting left unfinished business. **3** (跟踪的人) ▷ 他发现他的车后有个尾巴。**Tā fāxiàn tā de chē hòu yǒu gè wěiba.** He discovered that his car was being tailed.
尾气(氣) **wěiqì** [名] exhaust (英), tailpipe (美)
尾声(聲) **wěishēng** [名] **1** (文学) epilogue **2** (指活动) end ▷ 国际艺术节已接近尾声。**Guójì yìshùjié yǐ jiējìn wěishēng.** The International Arts Festival is already drawing to an end.
尾数(數) **wěishù** [名] **1** (指小数点后) *digits after the decimal point* **2** (指多位数中) *last number, a multidigital figure*
尾随(隨) **wěisuí** [动] tail

纬(緯) **wěi** [名] **1** (地理) latitude ▸ 纬线 **wěixiàn** latitude **2** (指纺织) weft
纬(緯)度 **wěidù** [名] latitude
纬(緯)线(線) **wěixiàn** [名] **1** (地理) latitude **2** (指纺织) weft

委 **wěi I** [动] entrust **II** [名] **1** (委员) committee member ▸ 委员 **wěiyuán** committee member **2** (委员会) committee ▸ 委员会 **wěiyuán huì** committee
委派 **wěipài** [动] appoint
委培 **wěipéi** [动] send ... for training (*pt, pp* sent)
委屈 **wěiqū I** [名] unjust treatment **II** [形] aggrieved **III** [动] wrong
委任 **wěirèn** [动] appoint ▷ 董事长委任他当策划总监。**Dǒngshìzhǎng wěirèn tā dāng cèhuà zǒngjiān.** The Chairman of the Board appointed him Chief Planning Inspector.
委托(託) **wěituō** [动] entrust ▷ 我委托姐姐看了几天孩子。**Wǒ wěituō jiějie kānle jǐ tiān háizi.** I entrusted the children to my sister's care for a few days.
委婉 **wěiwǎn** [形] **1** (指言词) tactful ▷ 我委婉地拒绝了他的邀请。**Wǒ wěiwǎn de jùjuéle tā de yāoqǐng.** I tactfully refused his invitation. **2** (语气) mild

萎 **wěi** [形] withered
萎靡 **wěimǐ** [形] downhearted
萎缩(縮) **wěisuō** [动] **1** (医) atrophy **2** (经济) shrink (*pt* shrank, *pp* shrunk)

唯 **wěi** 见下文
唯唯诺(諾)诺(諾) **wěiwěinuònuò** obsequious

猥 **wěi** 见下文
猥亵(褻) **wěixiè I** [形] (贬) obscene **II** [动] (贬, 书) act indecently towards

卫(衛) **wèi** [动] protect
卫(衛)兵 **wèibīng** [名] guard
卫(衛)冕 **wèimiǎn** [动] defend a title
卫(衛)生 **wèishēng I** [名] **1** (干净) hygiene **2** (扫除) clean-up ▷ 我在打扫教室卫生。**Wǒ zài dǎsǎo jiàoshì wèishēng.** I am giving the classroom a clean-up. **II** [形] hygienic ▷ 饭前不洗手不卫生。**Fàn qián bù xǐshǒu bù wèishēng.** It is unhygienic not to wash your hands before eating.
卫(衛)生间(間) **wèishēngjiān** [名] toilet (英), rest room (美)
卫(衛)生球 **wèishēngqiú** [名] mothball
卫(衛)生纸(紙) **wèishēngzhǐ** [名] toilet paper (英) 或 tissue (美)
卫(衛)星 **wèixīng** [名] satellite

为(為) wèi [介] for ▷我真为你高兴！ Wǒ zhēn wèi nǐ gāoxìng! I am really happy for you! ▷为健康着想，他每天去跑步。Wèi jiànkāng zhuóxiǎng, tā měi tiān qù pǎobù. He went jogging every day for the sake of his health. ▷她在为孩子唱催眠曲。Tā zài wèi háizi chàng cuīmiánqǔ. She is singing lullabies to the children.
→另见 wéi

为(為)了 wèile [介] in order to ▷为了买房子，他把车卖了。Wèile mǎi fángzi, tā bǎ chē mài le. He sold his car in order to buy a house. ▷为了联系方便，他买了个手机。Wèile liánxì fāngbiàn, tā mǎile gè shǒujī. He bought a mobile phone to keep in contact more easily.

为(為)什么(麼) wèi shénme [副] why ▷你为什么迟到了？ Nǐ wèi shénme chídào le? Why were you late?

未 wèi [副] not ▷她还未回信。Tā hái wèi huí xìn. She has still not written back.

未必 wèibì [副] not necessarily ▷他未必会接受邀请。Tā wèibì huì jiēshòu yāoqǐng. He may not necessarily be able to accept the invitation.

未曾 wèicéng [副] not ... before ▷我未曾见过他。Wǒ wèicéng jiànguo tā. I haven't seen him before.

未尝(嘗) wèicháng [副] not ▷他未尝不想取得好成绩。Tā wèicháng bù xiǎng qǔdé hǎo chéngjì. It wasn't that he didn't want good results.

未成年人 wèichéngniánrén [名] minor

未婚夫 wèihūnfū [名] fiancé

未婚妻 wèihūnqī [名] fiancée

未来(來) wèilái [名] future ▷他能预见未来。Tā néng yùjiàn wèilái. He can foresee the future. ▷未来的几天将有沙尘暴。Wèilái de jǐ tiān jiāng yǒu shāchénbào. In the next few days there will be a sandstorm.

未免 wèimiǎn [副] rather ▷他的讲话未免太长了。Tā de jiǎnghuà wèimiǎn tài cháng le. His speech went on rather too long. ▷他说的未免都是对的。Tā shuō de wèimiǎn dōu shì duì de. What he says is not always correct.

未遂 wèisuì [动] fail ▷他自杀未遂。Tā zìshā wèisuì. He attempted suicide.

未知数(數) wèizhīshù [名] 1(数) unknown number 2(未知事物) ▷他能否成名还是个未知数。Tā néngfǒu chéngmíng hái shì gè wèizhīshù. It is uncertain whether he will become famous or not.

位 wèi I [名] 1(位置) location 2(地位) position ▶岗位 gǎngwèi post 3(数学) digit ▷两位数 liǎng wèi shù two-digit number ▷他挣六位数的工资。Tā zhèng liù wèi shù de gōngzī. He earns a six-figure salary. II [量] ▷两位教授 liǎng wèi jiàoshòu two professors ▷一位父亲 yī wèi fùqin a father ▷主持人请来了两位嘉宾。Zhǔchírén qǐngláile liǎng wèi jiābīn. The host invited two guests of honour (英) 或 honor (美)

measure word, used for people

位次 wèicì [名] position ▷歌曲排行榜的位次没变。Gēqǔ páihángbǎng de wèicì méi biàn. The position of the songs in the charts has not changed.

位于(於) wèiyú [动] be located ▷格拉斯哥位于苏格兰。Gélāsīgē wèiyú Sūgélán. Glasgow is located in Scotland.

位置 wèizhì [名] 1(地点) location ▷这房子的位置不好。Zhè fángzi de wèizhì bù hǎo. This house is not well located. 2(地位) place ▷他在人们心中的位置很高。Tā zài rénmen xīnzhōng de wèizhì hěn gāo. He has an important place in peoples' hearts. ▷他在家里没有位置。Tā zài jiā lǐ méiyǒu wèizhì. He's a nobody at home. 3(职位) position ▷人事部有5个空位置。Rénshìbù yǒu wǔ gè kòng wèizhì. The Human Resources Department has five vacant positions.

位子 wèizi [名] 1(座位) seat 2(职位) position ▷市场部里没位子了。Shìchǎngbù lǐ méi wèizi le. There are no vacancies in Marketing.

味 wèi [名] 1(滋味) taste 2(气味) smell ▷这花没香味。Zhè huā méi xiāngwèi. This flower has no scent.

味道 wèidào [名] 1(滋味) taste ▷这家饭馆的菜味道不错。Zhè jiā fànguǎn de cài wèidào bùcuò. The food in this restaurant is delicious. 2(感觉) ▷他越想越不是味道。Tā yuè xiǎng yuè bùshì wèidào. The more he thinks about it, the less palatable it becomes.

味精 wèijīng [名] monosodium glutamate

畏 wèi [动] (害怕) be afraid of

畏惧(懼) wèijù [动] be afraid of ▷他畏惧失败。 Tā wèijù shībài. He is afraid of losing.

畏缩(縮) wèisuō [动] shrink in fear (*pt* shrank, *pp* shrunk)

畏罪 wèizuì [动] fear punishment for one's crimes

胃 wèi [名] stomach ▷我的胃不舒服。Wǒ de wèi bù shūfu. I have a stomach upset.

胃口 wèikǒu [名] 1(食欲) appetite 2(喜好) liking ▷这套家具不合我的胃口。Zhè tào jiājù bù hé wǒ de wèikǒu. This furniture is not to my liking.

谓(謂) **wèi** [动] (书) call ▷ 此谓自食其果。 **Cǐ wèi zì shí qí guǒ.** This is called "reaping what you have sown".
谓(謂)语(語) **wèiyǔ** [名] predicate

喂(餵) **wèi** I [动] feed (*pt, pp* fed) ▶ 喂养 **wèiyǎng** raise II [叹] **1** (指打电话) hello **2** (指招呼) hey
喂(餵)养(養) **wèiyǎng** [动] raise

蔚 **wèi** 见下文
蔚蓝(藍) **wèilán** [形] azure
蔚然成风(風) **wèirán chéng fēng** become the trend

慰 **wèi** [动] comfort
慰劳(勞) **wèiláo** [动] show appreciation (*pt* showed, *pp* shown)
慰问(問) **wèiwèn** [动] express appreciation ▷ 市长向医务人员表示了亲切慰问。 **Shìzhǎng xiàng yīwù rényuán biǎoshìle qīnqiè wèiwèn.** The mayor expressed his sincere appreciation to the medical workers.
慰问(問)信 **wèiwènxìn** [名] letter of support

温(溫) **wēn** I [形] **1** (不冷不热) warm **2** (平和) mild II [动] **1** (加热) warm ... up ▷ 你最好把剩饭温一温再吃。 **Nǐ zuìhǎo bǎ shèngfàn wēn yī wēn zài chī.** You'd be best to warm up the leftovers before eating them again. **2** (复习) revise **3** (回忆) recall III [名] temperature
温(溫)饱(飽) **wēnbǎo** [名] adequate food and clothing
温(溫)差 **wēnchā** [名] difference in temperature
温(溫)床 **wēnchuáng** [名] hotbed
温(溫)带(帶) **wēndài** [名] temperate zone
温(溫)度 **wēndù** [名] temperature
温(溫)故知新 **wēn gù zhī xīn** gain new insights by studying the past
温(溫)和 **wēnhé** [形] **1** (指性情, 态度) mild **2** (指气候) temperate
温(溫)暖 **wēnnuǎn** [形] warm ▷ 温暖的阳光 **wēnnuǎn de yángguāng** warm sunshine ▷ 在那些困难的日子里, 家人给了她很多温暖。 **Zài nàxiē kùnnán de rìzi lǐ, jiārén gěile tā hěn duō wēnnuǎn.** Her family gave her a lot of warmth during those difficult times.
温(溫)情 **wēnqíng** [名] tenderness
温(溫)泉 **wēnquán** [名] hot spring
温(溫)柔 **wēnróu** [形] gentle
温(溫)室 **wēnshì** [名] greenhouse ▷ 温室效应 **wēnshì xiàoyìng** the greenhouse effect
温(溫)顺(順) **wēnshùn** [形] docile
温(溫)文尔(爾)雅 **wēn wén ěr yǎ** cultured
温(溫)习(習) **wēnxí** [动] revise
温(溫)馨 **wēnxīn** [形] cosy (英), cozy (美)

瘟 **wēn** I [名] communicable disease II [形] infected
瘟疫 **wēnyì** [名] plague

文 **wén** I [名] **1** (字) writing **2** (书面语) written language ▶ 中文 **Zhōngwén** the Chinese language **3** (文章) essay **4** (指社会产物) culture ▶ 文明 **wénmíng** civilization **5** (指自然现象) ▶ 天文 **tiānwén** astronomy **6** (文科) humanities (*pl*) ▷ 他是学文的。 **Tā shì xué wén de.** He studied the humanities. **7** (非军事) civilian II [形] gentle III [动] tattoo
文本 **wénběn** [名] **1** (版本) version **2** (文件) text
文笔(筆) **wénbǐ** [名] style ▷ 他的文笔很好。 **Tā de wénbǐ hěn hǎo.** He has an excellent writing style.
文不对(對)题(題) **wén bù duì tí** go off on a tangent
文才 **wéncái** [名] literary talent
文采 **wéncǎi** [名] **1** (指文艺) literary talent **2** (指词藻) flowery language
文法 **wénfǎ** [名] (语法) grammar
文风(風) **wénfēng** [名] **1** (指风气) atmosphere **2** (指语言) style
文工团(團) **wéngōngtuán** [名] song and dance ensemble
文豪 **wénháo** [名] great writer
文化 **wénhuà** [名] **1** (精神财富) culture ▷ 他对中国茶文化很有研究。 **Tā duì Zhōngguó chá wénhuà hěn yǒu yánjiū.** He had researched Chinese tea culture in great detail. ▷ 他们的文化生活很丰富。 **Tāmen de wénhuà shēnghuó hěn fēngfù.** They have a rich cultural life. **2** (知识) education
文火 **wénhuǒ** [名] gentle heat
文集 **wénjí** [名] collected works (*pl*)
文件 **wénjiàn** [名] **1** (公文) document ▷ 这是一份机密文件。 **Zhè shì yī fèn jīmì wénjiàn.** This is a classified document. **2** (计算机) file ▷ 把文件存放在C盘。 **Bǎ wénjiàn cúnfàng zài C pán.** Save the file on the C drive.
文教 **wénjiào** [名] culture and education
文静(靜) **wénjìng** [形] gentle
文具 **wénjù** [名] stationery
文科 **wénkē** [名] humanities (*pl*)
文盲 **wénmáng** [名] **1** (无知的人) illiterate **2** (无知) illiteracy
文明 **wénmíng** I [名] civilization II [形] civilized

W

文凭(憑) **wénpíng** [名] diploma
文气(氣) **wénqi** [形] reserved
文人 **wénrén** [名] scholar
文书(書) **wénshū** [名] **1** (公文) official document **2** (文职人员) secretary
文坛(壇) **wéntán** [名] literary circles (*pl*)
文体(體) **wéntǐ** [名] **1** (体裁) genre **2** (文娱和体育) recreation
文物 **wénwù** [名] cultural relic
文献(獻) **wénxiàn** [名] document
文学(學) **wénxué** [名] literature
文雅 **wényǎ** [形] refined
文艺(藝) **wényì** [名] **1** (文学艺术) art and literature **2** (文学) literature **3** (演艺) performing arts (*pl*)
文娱(娛) **wényú** [名] recreation
文摘 **wénzhāi** [名] abstract ▷ 她对读过的文章做了文摘。**Tā duì dúguo de wénzhāng zuòle wénzhāi.** She made abstracts of the articles she read.
文章 **wénzhāng** [名] **1** (著作) essay **2** (含义) implication
文质(質)彬彬 **wén zhì bīnbīn** gentle and refined
文绉(縐)绉(縐) **wénzhōuzhōu** [形] genteel
文字 **wénzì** [名] **1** (指符号) script **2** (指文章) writing

纹(紋) **wén** [名] line
纹(紋)理 **wénlǐ** [名] grain
纹(紋)丝(絲)不动(動) **wén sī bù dòng** motionless ▷ 一丝风都没有, 树枝纹丝不动。**Yī sī fēng dōu méiyǒu, shùzhī wén sī bù dòng.** There wasn't a breath of wind — the branches were motionless. ▷ 接受检阅的士兵纹丝不动地立正站着。**Jiēshòu jiǎnyuè de shìbīng wén sī bù dòng de lìzhèng zhànzhe.** The soldiers under inspection stood to attention without moving a muscle.

闻(聞) **wén I** [动] **1** (书) (听见) hear (*pt, pp* heard) **2** (嗅) smell **II** [名] **1** (消息) news (*sg*) ▶ 新闻 **xīnwén** news **2** (声望) reputation
闻(聞)风(風)而动(動) **wén fēng ér dòng** act at once on hearing the news ▷ 记者的"嗅觉"特别灵敏, 总能闻风而动。**Jìzhě de "xiùjué" tèbié língmǐn, zǒng néng wén fēng ér dòng.** The reporter had a particularly good journalistic nose and always acted quickly on a story.
闻(聞)风(風)丧(喪)胆(膽) **wén fēng sàng dǎn** tremble with fear on hearing the news ▷ 这批勇猛的缉毒警令毒品贩子闻风丧胆。**Zhè pī yǒngměng de jīdújǐng lìng dúpǐn fànzi wén fēng sàng dǎn.** The drug dealers trembled with fear when they heard about the courageous drugs squad.
闻(聞)名 **wénmíng I** [动] be famous **II** [形] famous

蚊 **wén** [名] mosquito (*pl* mosquitoes) ▶ 蚊子 **wénzi** mosquito (*pl* mosquitoes)

刎 **wěn** [动] cut one's throat (*pt, pp* cut) ▷ 他自刎身亡。**Tā zì wěn shēn wáng.** He committed suicide by cutting his own throat.

吻 **wěn I** [名] **1** (嘴唇) lip ▶ 接吻 **jiē wěn** kiss **2** (动物的嘴) mouth **II** [动] kiss
吻合 **wěnhé** [形] identical

紊 **wěn** [形] disorderly
紊乱(亂) **wěnluàn** [形] chaotic

稳(穩) **wěn I** [形] **1** (平稳) steady **2** (坚定) firm **3** (稳重) composed **4** (可靠) reliable **5** (肯定) sure ▷ 这场足球赛我们稳赢。**Zhè chǎng zúqiúsài wǒmen wěn yíng.** We're sure to win this football match. **II** [动] keep calm (*pt, pp* kept)
稳(穩)操胜(勝)券 **wěn cāo shèng quàn** be sure to win ▷ 这场比赛, 红队稳操胜券。**Zhè chǎng bǐsài, hóng duì wěn cāo shèng quàn.** The red team are sure to win this competition.
稳(穩)当(當) **wěndang** [形] **1** (牢稳) steady ▷ 她的孩子两岁时就走得很稳当了。**Tā de háizi liǎng suì shí jiù zǒu de hěn wěndang le.** At two years old her child was very steady on his legs. **2** (妥当) reliable
稳(穩)定 **wěndìng I** [形] steady ▷ 他有份十分稳定的工作。**Tā yǒu fèn shífēn wěndìng de gōngzuò.** He's got a really steady job. ▷ 近期, 市场物价稳定。**Jìnqī, shìchǎng wùjià wěndìng.** Market prices have been stable recently. **II** [动] settle ▷ 新政策有助于稳定市场价格。**Xīn zhèngcè yǒuzhùyú wěndìng shìchǎng jiàgé.** The new policy will help to settle market prices.
稳(穩)固 **wěngù I** [形] stable **II** [动] firm ... up ▷ 他稳固了政权后, 又推行了一系列改革措施。**Tā wěngùle zhèngquán hòu, yòu tuīxíngle yī xìliè gǎigé cuòshī.** After firming up his political power, he carried out another series of reforms.
稳(穩)健 **wěnjiàn** [形] **1** (矫健) firm **2** (沉着) calm
稳(穩)妥 **wěntuǒ** [形] safe
稳(穩)重 **wěnzhòng** [形] steady

问(問) **wèn I** [动] **1** (提问) ask ▷ 他总是喜欢问各种问题。**Tā zǒngshì xǐhuān wèn**

gèzhǒng wèntí. He likes to ask a lot of questions. **2** (问候) send regards to (*pt*, *pp* sent) ▹代我向你妈妈问好。Dài wǒ xiàng nǐ māma wènhǎo. Please send my regards to your mother. **3** (审讯) interrogate **4** (干预) ask about ▹她的父母从不过问她的工作。Tā de fùmǔ cóng bù guòwèn tā de gōngzuò. Her parents never asked about her work. **II** [介] from ▹我问他借了一支钢笔。Wǒ wèn tā jièle yī zhī gāngbǐ. I borrowed a pen from him. **III** [名] question ▸疑问 yíwèn doubt

问(問)寒问(問)暖 **wèn hán wèn nuǎn** ask how things are going ▹老邻居之间总是问寒问暖。Lǎo línjū zhījiān zǒngshì wèn hán wèn nuǎn. Old neighbours always ask each other how things are going.

问(問)候 **wènhòu** [动] send regards to (*pt*, *pp* sent) ▹请代我问候你的爸妈。Qǐng dài wǒ wènhòu nǐ de bàmā. Please send my regards to your parents.

问(問)津 **wènjīn** [动] (书) inquire about ▹退休人员的住房问题一直无人问津。Tuìxiū rényuán de zhùfáng wèntí yīzhí wú rén wènjīn. Nobody ever inquires about the housing problems of retired people.

问(問)世 **wènshì** [动] come out (*pt* came, *pp* come)

问(問)题(題) **wèntí** [名] **1** (疑问) question ▹欢迎大家踊跃提问题。Huānyíng dàjiā yǒngyuè tí wèntí. Everyone is invited to get up and ask questions. **2** (困难) problem ▹高校扩招造成了一定的就业问题。Gāoxiào kuòzhāo zàochéngle yīdìng de jiùyè wèntí. The expansion of higher education has created some employment problems. **3** (故障) fault ▹我的电脑出问题了。Wǒ de diànnǎo chū wèntí le. There's something wrong with my computer. **4** (关键) point ▹问题在于他还没意识到形势的严峻。Wèntí zàiyú tā hái méi yìshi dào xíngshì de yánjùn. The point is, he still hasn't realized how grim the situation is. **5** (分项) issue ▹今天开会主要讲两个问题。Jīntiān kāihuì zhǔyào jiǎng liǎng gè wèntí. Today's meeting mainly concerns two issues.

问(問)讯(訊) **wènxùn** [动] **1** (打听) inquire ▹他到处问讯失散亲人的消息。Tā dàochù wènxùn shīsàn qīnrén de xiāoxi. He inquired all over the place about his lost relatives. **2** (审问) question

问(問)罪 **wènzuì** [动] denounce

翁 **wēng** [名] **1** (配偶的父亲) father-in-law (*pl* fathers-in-law) **2** (男性老人) old man (*pl* men)

嗡 **wēng** [拟] buzz

瓮(甕) **wèng** [名] jar

莴(萵) **wō** 见下文

莴(萵)笋(筍) **wōsǔn** [名] asparagus lettuce

涡(渦) **wō** [名] eddy

涡(渦)流 **wōliú** [名] whirlpool

窝(窩) **wō** **I** [名] **1** (栖息地) nest **2** (小家) home **3** (据点) den ▹这是一个贼窝。Zhè shì yī gè zéiwō. This is a den of thieves. **4** (凹陷处) depression ▸酒窝 jiǔwō dimple ▹当心, 这里有个小水窝。Dāngxīn, zhèlǐ yǒu gè xiǎo shuǐwō. Mind the puddle. **II** [动] **1** (藏匿) harbour (英), harbor (美) **2** (躲藏) hide (*pt* hid, *pp* hidden) **3** (停滞) halt **4** (郁积) contain ▸窝火 wō huǒ contain one's anger **5** (弯曲) bend (*pt*, *pp* bent) **III** [量] brood

窝(窩)藏 **wōcáng** [动] harbour (英), harbor (美)

窝(窩)火 **wōhuǒ** [动] seethe with anger

窝(窩)囊 **wōnang** [形] **1** (烦恼) annoyed **2** (软弱无能) hopeless

窝(窩)棚 **wōpeng** [名] shed

窝(窩)赃(贜) **wōzāng** [动] conceal stolen goods

蜗(蝸) **wō** 见下文

蜗(蝸)牛 **wōniú** [名] snail

我 **wǒ** [代] **1** (自己, 作主语) I ▹我今天下午有事, 不能开会了。Wǒ jīntiān xiàwǔ yǒu shì, bùnéng kāihuì le. I'm busy this afternoon so I can't go to the meeting. ▹她是我的同事。Tā shì wǒ de tóngshì. She's my colleague. **2** (自己, 作宾语) me ▹请帮我一下。Qǐng bāng wǒ yīxià. Please give me a hand. **3** (书) (我们) we ▹我公司最近更新了设备。Wǒ gōngsī zuìjìn gēngxīnle shèbèi. Our company has recently updated its equipment. **4** (书) (我方) our side ▹敌我双方的力量悬殊较大。Dí wǒ shuāngfāng de lìliàng xuánshū jiào dà. There's a big difference in strength between us and the enemy. **5** (自己) self ▹他的忘我精神令人佩服。Tā de wàngwǒ jīngshén lìng rén pèifú. Everyone admired his selflessness.

我们(們) **wǒmen** [代] **1** (作主语) we ▹我们去年去了希腊。Wǒmen qùnián qùle Xīlà. Last year we went to Greece. ▹我们一起去公园吧。Wǒmen yīqǐ qù gōngyuán ba. Let's go to the park. ▹我们的公寓非常干净。Wǒmen de gōngyù fēicháng gānjìng. Our flat is very clean. **2** (作宾语) us ▹老师邀请我们去他家作客。Lǎoshī yāoqǐng wǒmen qù tā jiā zuòkè. Our teacher invited us to his house. **3** (我) I ▹我们孩子特别乖。Wǒmen háizi tèbié guāi. My children are really good. ▷我们在论文中引用了大量的新数据。Wǒmen zài lùnwén zhōng yǐnyòngle dàliàng de xīn shùjù. I've used a lot of new data in my thesis.

我行我素 wǒ xíng wǒ sù do things one's own way ▷她向来我行我素，不会因别人改变自己。Tā xiànglái wǒ xíng wǒ sù, bù huì yīn biérén gǎibiàn zìjǐ. She always does things her own way and doesn't change for anyone.

卧(臥) wò **I** [动] **1** (躺) lie (*pt* lay, *pp* lain) ▷她睡觉时习惯侧卧。Tā shuìjiào shí xíguàn cèwò. She tends to lie on her side when she sleeps. **2** (趴伏) sit (*pt, pp* sat) **II** [形] sleeping **III** [名] berth

卧(臥)病 wòbìng [动] be laid up

卧(臥)床 wòchuáng [动] stay in bed

卧(臥)底 wòdǐ [动] go undercover (*pt* went, *pp* gone)

卧(臥)铺(鋪) wòpù [名] berth

卧(臥)室 wòshì [名] bedroom

握 wò [动] **1** (抓) grasp **2** (掌握) master

握别(別) wòbié [动] part with a handshake

握手 wòshǒu [动] shake hands (*pt* shook, *pp* shaken)

斡 wò 见下文

斡旋 wòxuán [动] mediate ▷经过他的斡旋，两国签署了停战协议。Jīngguò tā de wòxuán, liǎng guó qiānshǔle tíngzhàn xiéyì. Following his mediation, the two countries signed an armistice.

龌 wò 见下文

龌龊(齪) wòchuò [形] **1** (肮脏) filthy **2** (喻) (指品质) dirty **3** (书) (指气量) narrow-minded

---

乌(烏) wū **I** [名] crow ▶乌鸦 wūyā crow **II** [形] black ▶乌云 wūyún black cloud

乌(烏)龟(龜) wūguī [名] tortoise

乌(烏)合之众(眾) wū hé zhī zhòng (贬) mob

乌(烏)黑 wūhēi [形] jet-black

乌(烏)纱(紗)帽 wūshāmào [名] official post

乌(烏)烟(煙)瘴气(氣) wū yān zhàng qì foul ▷别抽烟了，弄得房间里乌烟瘴气的。Bié chōu yān le, nòng de fángjiān lǐ wū yān zhàng qì de. Don't smoke — it makes the room smell really foul.

乌(烏)有 wūyǒu [动] (书) not exist

乌(烏)云(雲) wūyún [名] black cloud

污 wū **I** [名] dirt **II** [形] **1** (肮脏) dirty **2** (腐败) corrupt ▶贪污 tānwū be corrupt **III** [动] **1** (弄脏) dirty ▷当心，别污了新衣服。Dāngxīn, bié wūle xīn yīfu. Careful not to dirty your new clothes. **2** (羞辱) smear

污点(點) wūdiǎn [名] stain ▷他的白衬衣上有好多污点。Tā de bái chènyī shàng yǒu hǎo duō wūdiǎn. There were stains all over his white shirt. ▷这件事成了他终生洗不掉的污点。Zhè jiàn shì chéngle tā zhōngshēng xǐ bù diào de wūdiǎn. This affair became the stain that he was never able to wash away.

污垢 wūgòu [名] dirt

污秽(穢) wūhuì **I** [名] filth **II** [形] filthy

污蔑 wūmiè [动] **1** (侮辱) slander **2** (玷污) tarnish

污染 wūrǎn [动] pollute ▷政府采取了一系列措施治理大气污染。Zhèngfǔ cǎiqǔle yī xìliè cuòshī zhìlǐ dàqì wūrǎn. The government has adopted a series of measures to combat air pollution.

污辱 wūrǔ [动] **1** (侮辱) insult **2** (玷污) sully

污浊(濁) wūzhuó [形] filthy

巫 wū [名] sorcerer

巫师(師) wūshī [名] wizard

巫术(術) wūshù [名] witchcraft

呜(嗚) wū [拟] hoot

呜(嗚)咽 wūyè [动] sob

诬(誣) wū [动] falsely accuse

诬(誣)告 wūgào [动] falsely accuse

诬(誣)蔑 wūmiè [动] slander

诬(誣)陷 wūxiàn [动] frame

屋 wū [名] **1** (房子) house **2** (房间) room

屋顶(頂) wūdǐng [名] roof

屋子 wūzi [名] room

无(無) wú **I** [动] **1** (没有) not have ▶无效 wúxiào invalid ▶无形 wúxíng invisible ▷他毫无常识。Tā háo wú chángshí. He has no common sense. ▷因发烧，我四肢无力。Yīn fāshāo, wǒ sìzhī wú lì. Because of the fever, my arms and legs were completely limp. **2** (无论) never mind ▷大家都在无日无夜地赶这个项目。Dàjiā dōu zài wú rì wú yè de gǎn zhège xiàngmù. Everyone worked day and night to get the project done. **II** [副] not ▶无论如何 wúlùn rúhé in any case ▷无论怎么解释，他也不肯原谅我。Wúlùn zěnme jiěshì, tā yě bù kěn yuánliàng wǒ. It doesn't matter how I explain it, he won't forgive me. ▷你无须多说，行动最有说服力。Nǐ wúxū duō shuō, xíngdòng zuì yǒu shuōfúlì. You don't need to say any more — actions speak louder than words.

无(無)比 **wúbǐ** [形] incomparable

无(無)边(邊)无(無)际(際) **wú biān wú jì** boundless

无(無)病呻吟 **wú bìng shēnyín** **1** (人) make a fuss about nothing **2** (文章) be excessively sentimental

无(無)常 **wúcháng** [形] changeable

无(無)偿(償) **wúcháng** [形] free

无(無)耻(恥) **wúchǐ** [形] shameless

无(無)从(從) **wúcóng** [副] ▷ 这道题目很难,我感到无从入手。**Zhè dào tímù hěn nán, wǒ gǎndào wúcóng rù shǒu.** This question is so difficult — I don't know how I'm going to tackle it.

无(無)敌(敵) **wúdí** [动] invincible

无(無)的放矢 **wú dì fàng shǐ** be aimless ▷ 复习时要目标明确,决不能无的放矢。**Fùxí shí yào mùbiāo míngquè, jué bùnéng wú dí fàng shǐ.** When revising you need clear targets — never be aimless.

无(無)地自容 **wú dì zì róng** feel too ashamed to show one's face

无(無)动(動)于(於)衷 **wú dòng yú zhōng** be completely indifferent ▷ 他对妈妈的一番苦心无动于衷。**Tā duì māma de yī fān kǔxīn wú dòng yú zhōng.** He was completely indifferent to his mother's considerable efforts.

无(無)独(獨)有偶 **wú dú yǒu ǒu** (贬) come in pairs ▷ 无独有偶,他丢了钥匙,钱包被偷了。**Wú dú yǒu ǒu, tā diūle yàoshi, qiánbāo bèi tōu le.** These things come in pairs — just as he lost his keys, his wallet was stolen too.

无(無)度 **wúdù** [形] excessive

无(無)端 **wúduān** [副] for no reason ▷ 他无端受了批评,感到很委屈。**Tā wúduān shòule pīpíng, gǎndào hěn wěiqū.** He was upset at being criticized for no reason.

无(無)恶(惡)不作 **wú è bù zuò** commit all kinds of atrocities

无(無)法无(無)天 **wú fǎ wú tiān** be completely lawless

无(無)妨 **wúfáng** **I** [动] be harmless **II** [副] may as well ▷ 我有没讲清楚的地方,无妨提出来。**Wǒ yǒu méi jiǎng qīngchu de dìfang, wúfáng tí chūlái.** If there's anything I haven't made clear, you may as well say so.

无(無)非 **wúfēi** [副] simply

无(無)辜 **wúgū** **I** [动] be innocent **II** [名] the innocent

无(無)关(關) **wúguān** [动] have nothing to do with ▷ 这件事与你无关。**Zhè jiàn shì yǔ nǐ wúguān.** This has nothing to do with you.

无(無)稽 **wújī** [形] absurd

无(無)几(幾) **wújǐ** [形] very little

无(無)济(濟)于(於)事 **wú jì yú shì** be of no avail ▷ 我们怎么劝都无济于事,她还是哭个不停。**Wǒmen zěnme quàn dōu wú jì yú shì, tā háishì kū gè bù tíng.** However hard we tried to pacify her, it was to no avail — she still couldn't stop crying.

无(無)精打采 **wú jīng dǎ cǎi** **1** (没有活力) be listless ▷ 夏天的午后,人们总是无精打采的。**Xiàtiān de wǔhòu, rénmen zǒngshì wú jīng dǎ cǎi de.** People are always listless on summer afternoons. **2** (情绪低落) be dispirited ▷ 他们比赛输了,个个无精打采地退了场。**Tāmen bǐsài shū le, gègè wú jīng dǎ cǎi de tuìle chǎng.** Having lost the game, they all left the pitch feeling very dispirited.

无(無)拘无(無)束 **wú jū wú shù** be free and easy ▷ 他向往无拘无束的生活。**Tā xiàngwǎng wú jū wú shù de shēnghuó.** He longed for a free and easy life.

无(無)可厚非 **wú kě hòu fēi** give no cause for criticism ▷ 她虽有点儿私心,但也无可厚非。**Tā suī yǒudiǎnr sīxīn, dàn yě wú kě hòu fēi.** Although she was a little selfish, that was no cause for criticism.

无(無)可奈何 **wú kě nài hé** have no alternative ▷ 我一再坚持,妈妈终于无可奈何地同意让我出国读书。**Wǒ yīzài jiānchí, māma zhōngyú wú kě nài hé de tóngyì ràng wǒ chūguó dúshū.** I persevered and persevered, and in the end my mother had no alternative but to agree to let me study abroad.

无(無)可置疑 **wú kě zhì yí** be beyond doubt ▷ 他们夺冠的实力无可置疑。**Tāmen duó guàn de shílì wú kě zhì yí.** Their ability to win the championship was beyond doubt.

无(無)孔不入 **wú kǒng bù rù** (贬) be everywhere ▷ 小偷无孔不入,大家要提高警惕。**Xiǎotōu wú kǒng bù rù, dàjiā yào tígāo jǐngtì.** Thieves are everywhere and everybody should be on the lookout.

无(無)愧 **wúkuì** [动] be worthy of ▷ 他无愧于"人民英雄"的称号。**Tā wúkuì yú "rénmín yīngxióng" de chēnghào.** He was worthy of the title of "people's hero".

无(無)赖(賴) **wúlài** **I** [形] shameless **II** [名] rascal

无(無)理取闹(鬧) **wú lǐ qǔ nào** be deliberately provocative

无(無)量 **wúliàng** [动] be boundless

无(無)论(論) **wúlùn** [连] no matter what ▷ 无论受到什么挫折,我们都不会退缩。**Wúlùn shòu dào shénme cuòzhé, wǒmen dōu bù huì tuìsuō.** No matter what setbacks we meet, we can't go back now.

无(無)名 **wúmíng** [形] **1** (没名称的) unnamed

2 (不出名的) unknown **3** (匿名的) anonymous **4** (没来由的) indescribable

无(無)奈 **wúnài** **I** [形] helpless **II** [连] but ▹我正想出门，无奈朋友来访，我只好作罢。**Wǒ zhèng xiǎng chū mén, wúnài péngyou láifǎng, wǒ zhǐhǎo zuòbà.** I was just about to go out, but my friend came round so I had to drop my plans.

无(無)能为(為)力 **wú néng wéi lì** be powerless ▹这件事我实在无能为力。**Zhè jiàn shì wǒ shízài wú néng wéi lì.** I'm powerless to do anything about this.

无(無)奇不有 **wú qí bù yǒu** full of extraordinary things ▹他的科幻小说无奇不有，引人入胜。**Tā de kēhuàn xiǎoshuō wú qí bù yǒu, yǐn rén rù shèng.** His science fiction novel was full of extraordinary things that people found fascinating.

无(無)情 **wúqíng** [形] **1** (指感情) heartless **2** (不留情) ruthless

无(無)穷(窮) **wúqióng** [形] infinite

无(無)伤(傷)大雅 **wú shāng dà yǎ** not matter much ▹这是朋友聚会，穿得随意些也无伤大雅。**Zhè shì péngyou jùhuì, chuān de suíyì xiē yě wú shāng dà yǎ.** It's just a meeting of friends, so it doesn't matter much if you dress a bit casually.

无(無)上 **wúshàng** [形] highest

无(無)师(師)自通 **wú shī zì tōng** self-taught ▹他对家电维修可谓无师自通。**Tā duì jiādiàn wéixiū kěwèi wú shī zì tōng.** You could say he is self-taught when it comes to repairing electrical household goods.

无(無)事生非 **wú shì shēng fēi** make a fuss about nothing

无(無)数(數) **wúshù** **I** [形] countless **II** [动] be uncertain

无(無)所事事 **wú suǒ shì shì** do nothing ▹失业后，他整天呆在家里无所事事。**Shīyè hòu, tā zhěngtiān dāi zài jiālǐ wú suǒ shì shì.** After he lost his job he stayed at home all day doing nothing.

无(無)所适(適)从(從) **wú suǒ shì cóng** be unsure what to do ▹大家都帮着出主意，他反而无所适从了。**Dàjiā dōu bāngzhe chū zhǔyì, tā fǎn'ér wú suǒ shì cóng le.** Everybody helped him to come up with ideas but he was unsure what to do.

无(無)所谓(謂) **wúsuǒwèi** [动] **1** (谈不上) never mind **2** (不在乎) be indifferent ▹她对别人的看法一向都持无所谓的态度。**Tā duì biérén de kànfǎ yīxiàng dōu chí wúsuǒwèi de tàidu.** She was always indifferent to other people's views. ▹会议不重要，你来不来无所谓。**Huìyì bù zhòngyào, nǐ lái bù lái wúsuǒwèi.** The meeting isn't important so it doesn't matter if you're there or not.

无(無)所作为(為) **wú suǒ zuòwéi** accomplish nothing

无(無)微不至 **wú wēi bù zhì** meticulous ▹父母对子女的关爱无微不至。**Fùmǔ duì zǐnǚ de guān'ài wú wēi bù zhì.** Parents are meticulous about caring for their children.

无(無)谓(謂) **wúwèi** [形] pointless

无(無)限 **wúxiàn** [形] boundless

无(無)线(線)电(電) **wúxiàndiàn** [名] radio

无(無)线(線)网(網)络(絡) **wúxiàn wǎngluò** [名] Wi-Fi

无(無)懈可击(擊) **wú xiè kě jī** unassailable ▹他的回答无懈可击。**Tā de huídá wú xiè kě jī.** His reply was unassailable.

无(無)心 **wúxīn** **I** [动] not be in the mood for ▹儿子生病时，她根本无心工作。**Érzi shēngbìng shí, tā gēnběn wúxīn gōngzuò.** When her son was ill she wasn't in the mood to work. **II** [形] unintentional

无(無)形 **wúxíng** **I** [形] imperceptible **II** [副] imperceptibly

无(無)须(須) **wúxū** [副] needlessly ▹你无须多言，行动是最有力的证明。**Nǐ wúxū duō yán, xíngdòng shì zuì yǒulì de zhèngmíng.** You needn't say much — actions speak a lot louder than words.

无(無)意 **wúyì** **I** [动] have no intention of ▹我无意打断你们的谈话。**Wǒ wúyì dǎduàn nǐmen de tánhuà.** I have no intention of interrupting you. **II** [形] inadvertent

无(無)意识(識) **wúyìshí** [形] unconscious

无(無)与(與)伦(倫)比 **wú yǔ lún bǐ** unparalleled ▹金字塔是世界上无与伦比的建筑奇迹。**Jīnzìtǎ shì shìjiè shàng wú yǔ lún bǐ de jiànzhù qíjì.** The pyramids are marvels of construction that are unparalleled throughout the world.

无(無)缘(緣) **wúyuán** [动] have no luck with

无(無)缘(緣)无(無)故 **wú yuán wú gù** for no reason at all

无(無)知 **wúzhī** [形] ignorant

无(無)中生有 **wú zhōng shēng yǒu** make ... up ▹你这是无中生有，造谣诬陷。**Nǐ zhè shì wú zhōng shēng yǒu, zàoyáo wūxiàn.** You're just making it up and starting false rumours (英) 或 rumors (美).

无(無)足轻(輕)重 **wú zú qīng zhòng** be insignificant

毋 **wú** [副] not

毋宁(寧) **wúnìng** [副] rather

芜(蕪) **wú** **I** (书) [形] **1** (指草) overgrown with weeds **2** (指文辞) miscellaneous **II** [名] (书) grassland

芜(蕪)杂(雜) **wúzá** [形] disorderly

梧 **wú** 见下文

梧桐 **wútóng** [名] Chinese parasol tree

五 **wǔ** [名] five ▷他五岁时得了一场重病。**Tā wǔ suì shí déle yī chǎng zhòngbìng.** When he was five, he contracted a serious illness. ▷今年的产量是去年的五倍。**Jīnnián de chǎnliàng shì qùnián de wǔ bèi.** This year's output is five times last year's. ▶五月 **wǔyuè** May ▷五分之一 **wǔ fēn zhī yī** one fifth

五大三粗 **wǔ dà sān cū** tall and well-built

五谷(穀) **wǔgǔ** [名] crops (*pl*)

五官 **wǔguān** [名] the five sense organs (*pl*)

五光十色 **wǔ guāng shí sè** brilliantly-coloured (英) 或 colored (美)

五湖四海 **wǔ hú sì hǎi** all over the country ▷北京每天都迎来来自五湖四海的游客。**Běijīng měi tiān dōu yínglái láizì wǔ hú sì hǎi de yóukè.** Every day, people from all over the country come to Beijing.

五花八门(門) **wǔ huā bā mén** wide variety ▷五花八门的电视节目让我无从选择。**Wǔ huā bā mén de diànshì jiémù ràng wǒ wú cóng xuǎnzé.** I find it hard to select from such a wide variety of television programmes (英) 或 programs (美).

五金 **wǔjīn** [名] hardware

五体(體)投地 **wǔ tǐ tóu dì** be lost in admiration

五味 **wǔwèi** [名] all sorts of flavours (英) 或 flavors (美)

五脏(臟) **wǔzàng** [名] the five internal organs (*pl*)

午 **wǔ** [名] noon

午饭(飯) **wǔfàn** [名] lunch

午夜 **wǔyè** [名] midnight

伍 **wǔ** [名] **1** (军队) army **2** (同辈) company ▷我不与虚伪的人为伍。**Wǒ bù yǔ xūwěi de rén wéiwǔ.** I don't keep company with hypocrites. **3** (五) five

> This is the character for "five", which is mainly used in banks, on receipts, cheques, etc. to prevent mistakes and forgery.

妩(嫵) **wǔ** 见下文

妩(嫵)媚 **wǔmèi** [形] lovely

武 **wǔ** [形] **1** (军事的) military ▶武力 **wǔlì** military force **2** (勇猛) valiant ▶威武 **wēiwǔ** powerful

武打 **wǔdǎ** [名] *acrobatic fighting in Chinese opera*

武断(斷) **wǔduàn** [动] be arbitrary

武功 **wǔgōng** [名] **1** (书) military exploits (*pl*) **2** (武术) martial arts (*pl*)

武官 **wǔguān** [名] **1** (指军队) officer **2** (指大使馆) attaché

武警 **wǔjǐng** [名] armed police

武力 **wǔlì** [名] **1** (军事力量) military strength **2** (暴力) force

武器 **wǔqì** [名] weapon

武士 **wǔshì** [名] warrior

武术(術) **wǔshù** [名] martial arts circles (*pl*)

武艺(藝) **wǔyì** [名] skill in martial arts

武装(裝) **wǔzhuāng** **I** [名] **1** (武装力量) armed forces (*pl*) **2** (武力) arms (*pl*) **3** (军备) armaments (*pl*) **II** [动] **1** (用武器) arm **2** (用精神, 物质) equip

侮 **wǔ** [动] **1** (侮辱) insult **2** (外侵) foreign aggression

侮蔑 **wǔmiè** **I** [动] scorn **II** [形] scornful

侮辱 **wǔrǔ** [动] insult

捂 **wǔ** [动] cover

舞 **wǔ** **I** [名] dance **II** [动] **1** (跳舞) dance **2** (飞舞) flutter **3** (挥舞) brandish **4** (玩弄) play with

舞弊 **wǔbì** [动] embezzle

舞蹈 **wǔdǎo** [名] dance

舞剧(劇) **wǔjù** [名] ballet

舞台(臺) **wǔtái** [名] stage

勿 **wù** [副] not ▷请勿吸烟 **qǐng wù xī yān** no smoking ▷请勿入内 **qǐng wù rù nèi** no entry

勿忘我 **wùwàngwǒ** [名] (植) forget-me-not

务(務) **wù** **I** [名] business ▶任务 **rènwù** task ▷我有要务在身。**Wǒ yǒu yàowù zài shēn.** I've got urgent business. ▷他负责公司内务。**Tā fùzé gōngsī nèiwù.** He's in charge of the company's internal affairs. **II** [动] be engaged in **III** [副] without fail

务(務)必 **wùbì** [副] without fail

务(務)实(實) **wùshí** [动] be pragmatic

务(務)虚(虛) **wùxū** [动] discuss principles

坞(塢) **wù** [名] **1** (指地形) depression ▶村坞 **cūnwù** village settlement ▶山坞 **shānwù** col **2** (指建筑) ▶花坞 **huāwù** sunken flowerbed ▶船坞 **chuánwù** dock

W

物

wù [名] **1** (东西) thing ▸ 物体 **wùtǐ** body **2** (物产) produce ▸ 物产 **wùchǎn** produce **3** (动物) creature **4** (指哲学) matter **5** (指法律) property **6** (指环境) the outside world **7** (内容) content

物产(產) **wùchǎn** [名] produce

物极(極)必反 **wù jí bì fǎn** things go into reverse when pushed to the extreme ▹ 不要总是批评学生，否则，物极必反。**Bùyào zǒngshì pīpíng xuésheng, fǒuzé, wù jí bì fǎn.** Don't criticize the students all the time or it may backfire on you.

物价(價) **wùjià** [名] price

物件 **wùjiàn** [名] article

物理 **wùlǐ** [名] **1** (书) (常理) laws of nature (*pl*) **2** (指学科) physics (*sg*)

物力 **wùlì** [名] material resources (*pl*)

物品 **wùpǐn** [名] article

物色 **wùsè** [动] look for

物体(體) **wùtǐ** [名] body

物业(業) **wùyè** [名] property

物证(證) **wùzhèng** [名] material evidence

物质(質) **wùzhì** [名] **1** (哲) matter **2** (非精神) material things (*pl*)

物种(種) **wùzhǒng** [名] species (*sg*)

物资(資) **wùzī** [名] material

误(誤)

wù I [名] mistake **II** [形] erroneous **III** [副] accidentally ▸ 误伤 **wùshāng** accidentally injure **IV** [动] **1** (耽误) miss ▹ 快点儿，别误了火车！ **Kuài diǎnr, bié wùle huǒchē!** Hurry up — we don't want to miss the train! **2** (损害) harm

误(誤)差 **wùchā** [名] error

误(誤)导(導) **wùdǎo** [动] mislead (*pt, pp* misled)

误(誤)会(會) **wùhuì** [动] misunderstand (*pt, pp* misunderstood)

误(誤)解 **wùjiě** [动] misunderstand (*pt, pp* misunderstood)

误(誤)区(區) **wùqū** [名] long-standing misunderstanding

误(誤)人子弟 **wù rén zǐdì** lead young people astray

误(誤)事 **wùshì** [动] mess things up ▹ 不提前做好准备，就会误事。**Bù tíqián zuò hǎo zhǔnbèi, jiù huì wùshì.** You'll mess things up if you don't prepare in advance.

恶(惡)

wù [动] loathe
→ 另见 ě, è

悟

wù [动] realize

悟性 **wùxìng** [名] intelligence ▹ 他学钢琴很有悟性。**Tā xué gāngqín hěn yǒu wùxìng.** He has picked up the piano very quickly.

晤

wù 见下文

晤谈(談) **wùtán** (书) [动] discuss ... face-to-face ▹ 他每周与导师晤谈一次。**Tā měi zhōu yǔ dǎoshī wùtán yī cì.** He has a face-to-face discussion with his supervisor once a week.

焐

wù [动] **1** (使变暖) warm ... up ▹ 冬天，她用暖水袋焐脚。**Dōngtiān, tā yòng nuǎnshuǐdài wù jiǎo.** During winter she uses a hot water bottle to warm her feet up. **2** (保温) keep ... warm (*pt, pp* kept) ▹ 把饭放在锅里焐着。**Bǎ fàn fàng zài guō lǐ wùzhe.** You should keep the rice warm in the pot.

骛(騖)

wù [动] seek (*pt, pp* sought)

雾(霧)

wù [名] fog

雾(霧)里(裡)看花 **wù lǐ kàn huā** have blurred vision ▹ 摘了眼镜，她看什么都好像雾里看花。**Zhāile yǎnjing, tā kàn shénme dōu hǎoxiàng wù lǐ kàn huā.** When she took her glasses off everything was blurred.

雾(霧)茫茫 **wùmángmáng** [形] foggy

夕 xī [名] **1** (傍晚) sunset ▶ 夕照 xīzhào evening glow **2** (晚上) evening ▶ 除夕 chúxī New Year's Eve

夕阳(陽) xīyáng [名] setting sun

西 xī [名] **1** (方向) west ▶ 西北 xīběi northwest ▶ 西南 xīnán southwest **2** (疆域) the West ▶ 西藏 Xīzàng Tibet

西班牙 Xībānyá [名] Spain ▷ 西班牙人 Xībānyárén Spaniard ▷ 西班牙语 Xībānyáyǔ the Spanish language

西餐 xīcān [名] Western food

西方 xīfāng [名] the West

西服 xīfú [名] suit

西瓜 xīguā [名] watermelon

西红(紅)柿 xīhóngshì [名] tomato

西化 xīhuà [动] Westernize

西洋 Xīyáng [名] the West

西药(藥) xīyào [名] Western medicine

西医(醫) xīyī [名] **1** (药品) Western medicine **2** (医生) doctor

西乐(樂) xīyuè [名] Western music

西装(裝) xīzhuāng [名] suit

吸 xī [动] **1** (气, 水等) draw ... in (*pt* drew, *pp* drawn) ▶ 吸烟 xī yān smoke cigarettes ▶ 吸气 xī qì breathe ▷ 用吸管吸酸奶 yòng xīguǎn xī suānnǎi drink yoghurt with a straw **2** (吸收) absorb ▷ 用海绵吸水 yòng hǎimián xī shuǐ mop up water with a sponge **3** (吸引) attract ▷ 异性相吸 yìxìng xiāng xī opposites attract

吸尘(塵)器 xīchénqì [名] vacuum cleaner

吸纳(納) xīnà [动] attract

吸取 xīqǔ [动] absorb ▷ 吸取热量 xīqǔ rèliàng absorb heat ▷ 吸取教训 xīqǔ jiàoxùn draw a lesson ▷ 吸取知识 xīqǔ zhīshi acquire knowledge

吸收 xīshōu [动] **1** (摄取) absorb **2** (接纳) recruit ▷ 俱乐部吸收了一批海外球员。Jùlèbù xīshōule yī pī hǎiwài qiúyuán. The club has recruited some foreign players.

吸引 xīyǐn [动] attract

汐 xī [名] evening tide ▶ 潮汐 cháoxī morning and evening tides (*pl*)

希 xī **I** [动] hope **II** [形] 见 '稀'

希(稀)罕 xīhan **I** [形] rare **II** [动] cherish **III** [名] rarity

希(稀)奇 xīqí [形] strange

希望 xīwàng **I** [动] hope ▷ 她希望早点嫁人。Tā xīwàng zǎodiǎn jiàrén. She's hoping to get married soon. ▷ 我希望你成个大歌星。Wǒ xīwàng nǐ chéng gè dà gēxīng. I hope you make it as a pop star. **II** [名] hope ▷ 他的病有希望了。Tā de bìng yǒu xīwàng le. There's hope he will recover. ▷ 这批小球员大有希望。Zhè pī xiǎo qiúyuán dà yǒu xīwàng. These young footballers show a lot of promise.

昔 xī [名] the past

昔日 xīrì [名] former times (*pl*)

析 xī [动] **1** (分开) separate **2** (解释) analyse (英), analyze (美) ▶ 剖析 pōuxī analyse

牺(犧) xī 见下文

牺(犧)牲 xīshēng [动] **1** (献身) sacrifice oneself ▷ 他为救落水儿童牺牲了。Tā wèi jiù luòshuǐ értóng xīshēng le. He lost his life saving the drowning child. **2** (放弃) sacrifice ▷ 牺牲个人利益 xīshēng gèrén lìyì sacrifice personal gain

息 xī **I** [名] **1** (呼吸) breath **2** (消息) news (*sg*) **3** (利息) interest **II** [动] **1** (休息) rest ▶ 歇息 xiēxi have a rest **2** (停止) stop ▶ 息怒 xīnù calm down

息怒 xīnù [动] calm down

息事宁(寧)人 xī shì níng rén keep the peace

息息相关(關) xī xī xiāng guān be closely connected with ▷ 当今任何一个国家所发生的事情都和整个世界息息相关。Dāngjīn rènhé yī gè guójiā suǒ fāshēng de shìqing dōu hé zhěnggè shìjiè xī xī xiāng guān. Today, events in any individual country are closely connected with the rest of the world.

奚 xī 见下文

奚落 xīluò [动] mock

悉 xī **I** [形] ▶ 悉心 xīxīn devote all one's attention to **II** [动] learn ▶ 获悉 huòxī learn of an event

淅 xī 见下文

淅沥(瀝) xīlì [拟] pitter-patter

惜 xī [动] 1 (珍惜) cherish ▷ 惜时如命 xī shí rú mìng regard one's time as precious 2 (可惜) pity ▶ 惋惜 wǎnxī feel sorry for 3 (吝惜) spare ▶ 吝惜 lìnxī stint ▷ 不惜一切代价 bùxī yīqiè dàijià at any price

惜别(別) xībié [动] part reluctantly

惜力 xīlì [动] not give one's all ▷ 他工作时从不惜力。Tā gōngzuò shí cóng bù xīlì. He always gives his all at work.

晰 xī [形] clear ▶ 清晰 qīngxī distinct

稀 xī [形] 1 (稀有) rare 2 (稀疏) sparse ▷ 奶奶的头发太稀了。Nǎinai de tóufà tài xī le. Granny's hair is very thin. 3 (水多的) watery ▶ 稀饭 xīfàn rice porridge

稀薄 xībó [形] thin

稀客 xīkè [名] infrequent visitor

稀里(裡)糊涂(塗) xīlihútú [形] muddle-headed

稀少 xīshǎo [形] sparse

稀疏 xīshū [形] scattered

稀松 xīsōng [形] sloppy

稀稀拉拉 xīxilālā [形] sparse

稀有 xīyǒu [形] rare

犀 xī [名] rhinoceros

犀利 xīlì [形] penetrating ▷ 犀利的评论 xīlì de pínglùn incisive comments ▷ 犀利的目光 xīlì de mùguāng sharp eyes

犀牛 xīniú [名] rhinoceros

锡(錫) xī [名] tin

锡(錫)箔 xībó [名] tinfoil

溪 xī [名] brook

溪流 xīliú [名] brook

熙 xī 见下文

熙熙攘攘 xīxī rǎngrǎng bustling

熄 xī [动] put ... out (*pt, pp* put) ▶ 熄灯 xīdēng put out the light ▷ 他的车在半坡上熄火了。Tā de chē zài bànpō shàng xīhuǒ le. His car gave out halfway up the slope.

熄灭(滅) xīmiè [动] put ... out (*pt, pp* put)

嘻 xī I [叹] wow ▷ 嘻, 魔术师太神了! Xī, móshùshī tài shén le! Wow! The magician is amazing! II [拟] ha ha

嘻嘻哈哈 xīxī hāhā laughing ▷ 一群年轻人坐在草地上嘻嘻哈哈地说笑。Yī qún niánqīngrén zuò zài cǎodì shàng xīxī hāhā de shuōxiào. A crowd of young people sat on the grass laughing and chatting.

膝 xī [名] knee ▶ 膝盖 xīgài knee ▶ 屈膝 qūxī kneel

嬉 xī [动] (书) play ▶ 嬉戏 xīxì play

嬉皮士 xīpíshì [名] hippie

嬉皮笑脸(臉) xī pí xiào liǎn grin cheekily

蹊 xī [名] (书) footpath
→ 另见 qī

蹊径(徑) xījìng [名] (书) path

曦 xī [名] (书) sunlight ▶ 晨曦 chénxī early morning sunlight

习(習) xí I [动] 1 (学习) practise (英), practice (美) ▶ 习武 xí wǔ study martial arts 2 (熟悉) be used to ▶ 习以为常 xí yǐ wéi cháng become used to II [名] custom ▶ 陋习 lòuxí bad habit

习(習)惯(慣) xíguàn I [动] be used to ▷ 我习惯早起。Wǒ xíguàn zǎo qǐ. I'm used to getting up early. II [名] habit

习(習)气(氣) xíqì [名] bad habit

习(習)俗 xísú [名] custom

习(習)题(題) xítí [名] exercises (*pl*)

习(習)习(習) xíxí [形] gently blowing

习(習)性 xíxìng [名] habits (*pl*)

习(習)以为(為)常 xí yǐ wéi cháng become used to ▷ 大熊猫对人山人海的参观者已经习以为常了。Dàxióngmāo duì rénshānrénhǎi de cānguānzhě yǐjīng xí yǐ wéi cháng le. The panda has long become accustomed to the huge crowds of visitors.

习(習)语(語) xíyǔ [名] idiom

习(習)作 xízuò [名] sketch

席 xí I [名] 1 (编织物) mat ▶ 竹席 zhúxí bamboo mat 2 (座位) seat ▶ 出席 chūxí be present 3 (宴席) feast ▶ 酒席 jiǔxí banquet II [量] ▷ 一席长谈 yī xí cháng tán a long chat ▷ 一席佳肴 yī xí jiāyáo a table covered with delicacies

席地 xídì [动] sit on the ground (*pt, pp* sat)

席卷(捲) xíjuǎn [动] engulf

席位 xíwèi [名] seat

袭(襲) xí [动] 1 (攻击) make a surprise attack ▶ 空袭 kōngxí air raid 2 (仿做) follow the pattern of ▶ 抄袭 chāoxí plagiarize

袭(襲)击(擊) xíjī [动] attack

袭(襲)用 xíyòng [动] follow

媳 xí [名] daughter-in-law (*pl* daughters-in-law)

媳妇(婦) **xífù** [名] **1** (儿子的妻子) daughter-in-law (*pl* daughters-in-law) **2** (晚辈的妻子) wife (*pl* wives) ▷ 侄媳妇 **zhí xífù** nephew's wife

媳妇(婦)儿(兒) **xífur** [名] **1** (方) (妻子) wife (*pl* wives) **2** (妇女) married woman (*pl* women)

洗 **xǐ** [动] **1** (衣, 碗等) wash ▶ 洗衣店 **xǐyīdiàn** Launderette® (英), Laundromat® (美) **2** (胶卷) develop **3** (录音, 录像) wipe **4** (麻将, 扑克) shuffle **5** (洗礼) baptize **6** (洗劫) loot **7** (洗雪) redress ▶ 洗冤 **xǐyuān** redress a wrong

洗尘(塵) **xǐchén** [动] give a dinner of welcome (*pt* gave, *pp* given)

洗涤(滌) **xǐdí** [动] wash

洗耳恭听(聽) **xǐ ěr gōng tīng** listen in respectful silence

洗劫 **xǐjié** [动] loot

洗礼(禮) **xǐlǐ** [名] **1** (宗) baptism **2** (喻) (考验) trial

洗钱(錢) **xǐqián** [动] launder money

洗刷 **xǐshuā** [动] **1** (地板, 厕所) scrub **2** (耻辱, 污点) clear oneself of

洗心革面 **xǐ xīn gé miàn** turn over a new leaf

洗衣机(機) **xǐyījī** [名] washing machine

洗澡 **xǐzǎo** [动] have a bath

喜 **xǐ I** [形] **1** (高兴) happy ▶ 欢喜 **huānxǐ** happy **2** (可贺的) celebratory **II** [动] **1** (爱好) like **2** (适宜) suit **III** [名] (口) pregnancy ▶ 有喜 **yǒuxǐ** be pregnant

喜爱(愛) **xǐ'ài** [动] like

喜出望外 **xǐ chū wàng wài** be overjoyed at unexpected news

喜好 **xǐhào** [动] like

喜欢(歡) **xǐhuan** [动] like

喜剧(劇) **xǐjù** [名] comedy

喜庆(慶) **xǐqìng** [形] joyous

喜鹊(鵲) **xǐquè** [名] magpie

喜事 **xǐshì** [名] **1** (开心事) happy event **2** (婚礼) wedding ▷ 他俩决定从简办喜事。**Tā liǎ juédìng cóng jiǎn bàn xǐshì.** The couple decided on a simple wedding.

喜闻(聞)乐(樂)见(見) **xǐ wén lè jiàn** love to be entertained by ▷ 说书是中国人喜闻乐见的民间艺术。**Shuōshū shì Zhōngguórén xǐ wén lè jiàn de mínjiān yìshù.** Story-telling is a folk art much loved by the Chinese.

喜笑颜(顏)开(開) **xǐ xiào yán kāi** light up ▷ 老人一见到孙子就喜笑颜开的。**Lǎorén yī jiàndào sūnzi jiù xǐ xiào yán kāi de.** As soon as the old man sees his grandchild his face lights up.

喜形于(於)色 **xǐ xíng yú sè** beam with pleasure

喜洋洋 **xǐyángyáng** [形] beaming

喜悦(悅) **xǐyuè** [形] happy ▷ 掩饰不住内心的喜悦 **yǎnshì bù zhù nèixīn de xǐyuè** be unable to hide one's happiness

禧 **xǐ** [名] (书) happiness ▶ 福禧 **fúxǐ** good fortune

戏(戲) **xì I** [动] **1** (玩耍) play ▶ 嬉戏 **xīxì** have fun **2** (嘲弄) joke ▶ 戏弄 **xìnòng** tease **II** [名] show ▶ 京戏 **jīngxì** Beijing Opera ▶ 马戏 **mǎxì** circus

戏(戲)法 **xìfǎ** [名] magic

戏(戲)剧(劇) **xìjù** [名] theatre (英), theater (美)

戏(戲)弄 **xìnòng** [动] tease ▷ 他没有发觉自己是在受人戏弄。**Tā méiyǒu fājué zìjǐ shì zài shòu rén xìnòng.** He didn't realize he was being teased.

戏(戲)曲 **xìqǔ** [名] Chinese opera

戏(戲)院 **xìyuàn** [名] theatre (英), theater (美)

系 **xì I** [名] **1** (系统) system ▶ 星系 **xīngxì** galaxy **2** (部门) department ▷ 法语系 **Fǎyǔ xì** French department **II** [动] **1** (拴) tie ▷ 把绳子系在树上 **bǎ shéngzi xì zài shù shàng** tie a rope to a tree **2** (在) relate to ▷ 战争胜败系此一役。**Shànzhēng shèngbài xì cǐ yī yì.** Success or failure in the war comes down to the campaign. **3** (书) (是) be (*pt* was were, *pp* been) ▷ 纯系捏造 **chún xì niēzào** be pure fabrication
→ 另见 **jì**

系列 **xìliè** [名] series (*sg*)

系(係)数(數) **xìshù** [名] coefficient

系统(統) **xìtǒng** [名] system

细(細) **xì I** [形] **1** (绳, 线等) thin **2** (颗粒小) fine **3** (音量小语等) gentle **4** (细微) detailed ▶ 细节 **xìjié** details (*pl*) **II** [副] minutely ▶ 细看 **xìkàn** scrutinize ▶ 细问 **xìwèn** ask in detail ▶ 细想 **xìxiǎng** consider carefully

细(細)胞 **xìbāo** [名] cell

细(細)节(節) **xìjié** [名] details (*pl*)

细(細)菌 **xìjūn** [名] germ

细(細)密 **xìmì** [形] **1** (精细) finely woven **2** (仔细) detailed

细(細)腻(膩) **xìnì** [形] exquisite

细(細)微 **xìwēi** [形] subtle

细(細)心 **xìxīn** [形] careful

细(細)则(則) **xìzé** [名] detailed rules (*pl*)

细(細)枝末节(節) **xì zhī mò jié** minor details (*pl*)

细(細)致(緻) **xìzhì** [副] meticulously

X

隙 **xì** [名] **1** (指物体) crack ▸ 岩隙 **yánxì** crevice **2** (指情感) rift ▹ 二人向来有隙。**Èr rén xiànglái yǒu xì.** There's always been disagreement between them. **3** (漏洞) opportunity

呷 **xiā** [动] (方) sip ▹ 呷一口酒 **xiā yī kǒu jiǔ** take a sip of wine

虾(蝦) **xiā** [名] shrimp ▸ 龙虾 **lóngxiā** lobster ▸ 对虾 **duìxiā** prawn

瞎 **xiā** **I** [形] **1** (失明) blind **2** (方) (糟蹋) wasted **II** [副] groundlessly

瞎扯 **xiāchě** [动] talk nonsense

瞎话(話) **xiāhuà** [名] lie

瞎子 **xiāzi** [名] blind man/woman ▹ 她是瞎子。**Tā shì xiāzi.** She is blind.

匣 **xiá** [名] box ▸ 金属匣 **jīnshǔ xiá** metal box

匣子 **xiázi** [名] box

侠(俠) **xiá** **I** [名] knight **II** [形] chivalrous ▸ 侠义 **xiáyì** chivalrous

侠(俠)客 **xiákè** [名] knight

峡(峽) **xiá** [名] gorge ▸ 海峡 **hǎixiá** strait ▹ 三峡工程 **Sānxiá Gōngchéng** the Three Gorges Project

峡(峽)谷 **xiágǔ** [名] canyon

狭(狹) **xiá** [形] narrow ▸ 狭窄 **xiázhǎi** narrow

狭(狹)隘 **xiá'ài** [形] narrow ▹ 心胸狭隘 **xīnxiōng xiá'ài** narrow-minded

狭(狹)路相逢 **xiá lù xiāng féng** come into unavoidable confrontation

狭(狹)小 **xiáxiǎo** [形] cramped ▹ 狭小的空间 **xiáxiǎo de kōngjiān** cramped space ▹ 作为领导他的气量过于狭小。**Zuòwéi lǐngdǎo tā de qìliàng guòyú xiáxiǎo.** He was too narrow-minded a leader.

狭(狹)义(義) **xiáyì** [名] narrow sense

狭(狹)窄 **xiázhǎi** [形] narrow

遐 **xiá** 见下文

遐迩(邇)闻(聞)名 **xiá ěr wén míng** (书) be known far and wide

遐想 **xiáxiǎng** [动] daydream

瑕 **xiá** [名] flaw ▹ 洁白无瑕 **jiébái wú xiá** spotlessly white

瑕不掩瑜 **xiá bù yǎn yú** small failings do not detract from overall excellence ▹ 她的缺点和优点相比可以说是瑕不掩瑜。**Tā de quēdiǎn hé yōudiǎn xiāngbǐ kěyǐ shuō shì xiá bù yǎn yú.** On balance, her strong points more than make up for her weaknesses.

瑕疵 **xiácī** [名] blemish

暇 **xiá** [名] time

辖(轄) **xiá** [动] have jurisdiction ▸ 直辖 **zhíxiá** under direct jurisdiction

辖(轄)区(區) **xiáqū** [名] area of jurisdiction

辖(轄)制 **xiázhì** [动] control

霞 **xiá** [名] red sky ▸ 彩霞 **cǎixiá** red sky

霞光 **xiáguāng** [名] rays of sunlight (*pl*)

下 **xià** **I** [动] **1** (走下) go down ▹ 下山 **xià shān** go down the mountain ▹ 下楼 **xià lóu** go downstairs ▹ 下船 **xià chuán** disembark from a boat ▹ 下床 **xià chuáng** get out of bed **2** (落下) fall (*pt* fell, *pp* fallen) ▸ 下雨 **xiàyǔ** rain ▸ 下雪 **xiàxuě** snow **3** (传发) issue ▸ 下令 **xiàlìng** issue an order **4** (下锅煮) put ... in (*pt, pp* put) ▹ 下面条 **xià miàntiáo** put the noodles into the boiling water **5** (给出) give (*pt* gave, *pp* given) **6** (开始) begin (*pt* began, *pp* begun) ▸ 下笔 **xiàbǐ** start to write **7** (结束) finish ▸ 下班 **xiàbān** finish work ▸ 下课 **xiàkè** finish class **8** (生下) ▹ 下蛋 **xià dàn** lay an egg ▹ 下猪崽 **xià zhūzǎi** have a litter of piglets **9** (用于动词后，表示由高到低) ▹ 落下 **làxià** fall down **10** (用于动词后，表示有空间) ▹ 车里装不下这么多东西。**Chē lǐ zhuāng bù xià zhème duō dōngxi.** We won't be able to fit so many things in the car. **11** (用于动词后，表示脱离物体) ▹ 拧下灯泡 **nǐng xià dēngpào** unscrew a light bulb **12** (用于动词后，表示动作完成) ▹ 记录下会议内容 **jìlù xià huìyì nèiróng** take the minutes at a meeting ▹ 他拿下了乒乓球比赛的第一局。**Tā náxiàle pīngpāngqiú bǐsài de dì yī jú.** He won the first set in table tennis.
II [名] **1** (低) ▸ 下层 **xiàcéng** lower level ▸ 下品 **xiàpǐn** inferior products (*pl*) **2** (另) ▸ 下次 **xiàcì** next time ▹ 下个星期 **xià gè xīngqī** next week **3** (指方位或时间) ▸ 眼下 **yǎnxià** at the moment ▸ 楼下 **lóuxià** downstairs ▹ 树下 **shù xià** under the tree **4** (指范围，情况，条件) ▹ 在朋友的帮助下 **zài péngyou de bāngzhù xià** with help from friends ▹ 在权威的压力下 **zài quánwēi de yālì xià** under pressure from authority
III [量] time ▹ 拍了几下 **pāile jǐ xià** tapped a few times ▹ 拧了两下 **nǐngle liǎng xià** turned a couple of times ▹ 我拍了他好几下才把他叫醒。**Wǒ pāile tā hǎo jǐ xià cái bǎ tā jiào xǐng.** Only after slapping him a few times did I wake him up.

下班 **xiàbān** [动] finish work

下辈(輩)子 **xià bèizi** [名] the next life

下笔(筆) **xiàbǐ** [动] start to write

下不为(為)例 **xià bù wéi lì** not to be repeated ▷这次的事就算了，下不为例。**Zhè cì de shì jiù suànle, xià bù wéi lì.** I'll forget about it this time, but it mustn't be repeated.

下策 **xiàcè** [名] bad move

下层(層) **xiàcéng** [名] lower level

下场(場) **xiàchǎng I** [动] **1** (指运动员) leave the pitch (*pt, pp* left) ▷大卫只踢了不到10分钟就下场了。**Dàwèi zhǐ tīle bù dào shí fēnzhōng jiù xiàchǎng le.** David had been playing for less than ten minutes when he left the pitch. **2** (指演员) go off stage **II** [名] end ▷悲惨的下场 **bēicǎn de xiàchǎng** a tragic end ▷你这样做不会有好下场。**Nǐ zhèyàng zuò bù huì yǒu hǎo xiàchǎng.** If you do this, the result will be disastrous.

下达(達) **xiàdá** [动] issue

下跌 **xiàdiē** [动] fall (*pt* fell, *pp* fallen) ▷物价在下跌。**Wùjià zài xiàdiē.** Prices are falling.

下放 **xiàfàng** [动] (降职) be demoted

下岗(崗) **xiàgǎng** [动] **1** (完工) leave one's post (*pt, pp* left) **2** (失业) be laid off

下海 **xiàhǎi** [动] **1** (指捕鱼) go out to sea (*pt* went, *pp* gone) **2** (指经商) go into business (*pt* went, *pp* gone)

下怀(懷) **xiàhuái** [名] one's heart's desire ▷正中下怀 **zhèng zhòng xiàhuái** be exactly what one wants

下级(級) **xiàjí** [名] subordinate

下贱(賤) **xiàjiàn** [形] (讳) contemptible

下课(課) **xiàkè** [动] finish class ▷下课了，大家可以走了。**Xiàkè le, dàjiā kěyǐ zǒu le.** Class is over — everyone can go.

下款 **xiàkuǎn** [名] signature

下来(來) **xiàlái** [动] **1** (指由高到低) come down (*pt* came, *pp* come) ▷我不上去了，你下来吧。**Wǒ bù shàngqù le, nǐ xiàlái ba.** I won't come up – you come down. **2** (指作物成熟) be harvested **3** (用于动词后，指脱离物体) ▷那孩子从床上摔了下来。**Nà háizi cóng chuáng shàng shuāile xiàlái.** The child fell off the bed. ▷他把眼镜摘了下来。**Tā bǎ yǎnjìng zhāile xiàlái.** He took off his glasses. ▷他把书中的一页撕了下来。**Tā bǎ shū zhōng de yī yè sīle xiàlái.** He tore a page out of the book. **4** (用于动词后，指持续时间) ▷这条老规矩是祖上传下来的。**Zhè tiáo lǎo guījù shì zǔshàng chuán xiàlái de.** This custom has been passed down by our predecessors. ▷学习非常艰难，但他坚持下来了。**Xuéxí fēicháng jiānnán, dàn tā jiānchí xiàlái le.** Studying was arduous, but he persisted. **5** (用于动词后，表示动作完成) ▷暴乱平息下来了。**Bàoluàn píngxī xiàlái le.** The riot has calmed down. ▷夫妇俩的争吵平息下来了。**Fūfùliǎ de zhēngchǎo píngxī xiàlái le.** The couple's argument petered out. ▷这道难题我们一定要拿下来。**Zhè dào nántí wǒmen yīdìng yào ná xiàlái.** We certainly need to sort out this problem. **6** (表示出现某种状态) ▷队伍的步伐慢了下来。**Duìwu de bùfá mànle xiàlái.** The pace of the team began to slow. ▷灯光暗了下来。**Dēngguāng ànle xiàlái.** The light started to fade.

下流 **xiàliú** [形] dirty ▷下流的玩笑 **xiàliú de wánxiào** dirty jokes

下落 **xiàluò** [名] whereabouts (*pl*)

下马(馬) **xiàmǎ** [动] **1** (指骑马) dismount **2** (喻) (停工) abandon

下马(馬)威 **xiàmǎwēi** [名] initial show of strength

下面 **xiàmiàn I** [副] **1** (指位置) underneath **2** (指次序) next ▷这个问题我下面会谈到的。**Zhège wèntí wǒ xiàmiàn huì tándào de.** I will discuss this question next. **II** [名] lower levels (*pl*)

下去 **xiàqù** [动] **1** (指由高到低) go down **2** (指时间的延续) continue **3** (用于动词后，指空间上) ▷从楼上跳下去 **cóng lóu shàng tiào xiàqù** jump from a building ▷把部队从前线撤下去 **bǎ bùduì cóng qiánxiàn chè xiàqù** withdraw troops from the front line **4** (时间上的持续) ▷唱下去 **chàng xiàqù** keep singing ▷这口气他忍不下去。**Zhè kǒu qì tā rěn bù xiàqù.** He won't be able to go on in that vein. **5** (指数量下降) ▷高烧已经退下去了。**Gāoshāo yǐjīng tuì xiàqù le.** His temperature has already gone down. **6** (指程度深化) ▷天气有可能热下去。**Tiānqì yǒu kěnéng rè xiàqù.** The weather will probably go on getting hotter. ▷他狠不下去心戒毒。**Tā hěn bù xiàqù xīn jiè dú.** He's unable to endure detox any longer.

下手 **xiàshǒu I** [名] assistant **II** [动] begin (*pt* began, *pp* begun)

下属(屬) **xiàshǔ** [名] subordinate

下水 **xiàshuǐ I** [动] **1** (入水) launch **2** (入伙) get into trouble **II** [名] down river

下榻 **xiàtà** [动] (书) stay

下台(臺) **xiàtái** [动] **1** (下舞台) step down **2** (交权) step down **3** (摆脱窘境) get out of an awkward situation ▷你这样做真让我下不来台。**Nǐ zhèyàng zuò zhēn ràng wǒ xià bu lái tái.** If you do this, you'll be putting me in an awkward situation.

下网(網) **xiàwǎng** [动] **1** (撒网) cast a net (*pt, pp* cast) **2** (计算机) go offline

下文 **xiàwén** [名] **1** (指文章) ▷一看下文他才知道是怎么回事。**Yī kàn xiàwén tā cái zhīdào shì zěnme huí shì.** As soon as he read what followed, he understood what had happened.

2 (喻) (指结果) further development

下午 **xiàwǔ** [名] afternoon

下限 **xiàxiàn** [名] ▷我们的计划最好早一点儿完成，下限不得超过月底。**Wǒmen de jìhuà zuìhǎo zǎo yīdiǎnr wánchéng, xiàxiàn bùdé chāoguò yuèdǐ.** It would be best to complete the scheme early — at the very latest we must be finished by the end of the month.

下意识(識) **xiàyìshi** [名] subconscious

下游(遊) **xiàyóu** [名] **1** (指江河) lower reaches (*pl*) **2** (喻) (指地位) bottom

下载(載) **xiàzǎi** [动] download

吓(嚇) **xià** [动] frighten ▸吓人 **xiàrén** scary ▸惊吓 **jīngxià** scare ▷那部电影真吓人。**Nà bù diànyǐng zhēn xiàrén.** That film is quite frightening.
→另见 **hè**

吓(嚇)唬 **xiàhu** [动] frighten

夏 **xià** [名] summer ▸盛夏 **shèngxià** the height of summer

夏历(曆) **xiàlì** [名] lunar calendar

夏令营(營) **xiàlìngyíng** [名] summer camp

夏天 **xiàtiān** [名] summer

仙 **xiān** [名] immortal ▸成仙 **chéng xiān** become immortal

仙境 **xiānjìng** [名] fairyland

仙女 **xiānnǚ** [名] fairy

仙人 **xiānrén** [名] immortal

先 **xiān** **I** [名] (指时间) earlier ▸事先 **shìxiān** beforehand **II** [形] (敬) (指人) late ▸先父 **xiānfù** one's late father

先辈(輩) **xiānbèi** [名] ancestors (*pl*)

先导(導) **xiāndǎo** [名] guide

先锋(鋒) **xiānfēng** [名] vanguard

先河 **xiānhé** [名] start

先后(後) **xiānhòu** **I** [名] ▷公司晋升不分先后，只凭个人能力。**Gōngsī jìnshēng bù fēn xiānhòu, zhǐ píng gèrén nénglì.** The company makes no distinction as to seniority but promotes people on the basis of ability. **II** [副] successively

先进(進) **xiānjìn** [形] advanced

先决(決) **xiānjué** [形] prerequisite

先前 **xiānqián** [名] the past

先遣 **xiānqiǎn** [形] advance

先驱(驅) **xiānqū** [名] pioneer

先人 **xiānrén** [名] ancestor

先声(聲)夺(奪)人 **xiān shēng duó rén** show of strength

先生 **xiānsheng** [名] **1** (指男士) Mr ▷吴先生 **Wú xiānsheng** Mr Wu **2** (老师) teacher **3** (丈夫) husband **4** (医生) doctor

先天 **xiāntiān** [名] ▷你臂上的印记是先天的吗？**Nǐ bì shàng de yìnjì shì xiāntiān de ma?** Is that a birth mark on your arm?

先行 **xiānxíng** [动] **1** (先走) go ahead (*pt* went, *pp* gone) **2** (优先) ▷本规定在部分城市先行实施。**Běn guīdìng zài bùfèn chéngshì xiānxíng shíshī.** This regulation is being implemented ahead of time in just a few cities.

先兆 **xiānzhào** [名] omen

纤(纖) **xiān** [形] fine ▸纤小 **xiānxiǎo** fine
→另见 **qiàn**

纤(纖)巧 **xiānqiǎo** [形] delicate

纤(纖)维(維) **xiānwéi** [名] fibre

纤(纖)细(細) **xiānxì** [形] fine

掀 **xiān** [动] lift ▷大风掀了房顶。**Dà fēng xiānle fángdǐng.** The gale blew the roof off.

掀起 **xiānqǐ** [动] **1** (揭起) lift **2** (涌起) surge **3** (兴起) start

---

锨 **xiān** [名] shovel ▸铁锨 **tiěxiān** shovel

鲜(鮮) **xiān** **I** [形] **1** (新鲜) fresh ▷鲜桃 **xiāntáo** fresh peaches **2** (鲜美) delicious **II** [名] delicacy ▸海鲜 **hǎixiān** seafood

鲜(鮮)活 **xiānhuó** [形] live

鲜(鮮)货(貨) **xiānhuò** [名] fresh produce

鲜(鮮)美 **xiānměi** [形] delicious

鲜(鮮)明 **xiānmíng** [形] **1** (鲜艳) bright **2** (突显) distinct

鲜(鮮)艳(豔) **xiānyàn** [形] brightly-coloured (英), brightly-colored (美)

闲(閒) **xián** **I** [形] **1** (不忙) idle ▷他直到退休后才闲下来。**Tā zhídào tuìxiū hòu cái xián xiàlái.** Only when he retired did he start to take it easy. **2** (安静) quiet **3** (闲置) unused ▸闲房 **xiánfáng** empty house ▸闲田 **xiántián** fallow fields (*pl*) **II** [名] leisure

闲(閒)话(話) **xiánhuà** [名] **1** (流言) gossip **2** (废话) digression

闲(閒)情逸致 **xián qíng yì zhì** be in a carefree mood ▷没想到您还有钓鱼这种闲情逸致。**Méi xiǎngdào nín háiyǒu diàoyú zhè zhǒng xián qíng yì zhì.** I never expected you to be in the mood for fishing.

闲(閒)人 **xiánrén** [名] layabout

闲(閒)散 **xiánsǎn** [形] free

闲(閒)事 **xiánshì** [名] other people's business

闲(閒)暇 **xiánxiá** [名] leisure

闲(閒)言碎语(語) **xián yán suì yǔ** gossip
闲(閒)杂(雜) **xiánzá** [形] miscellaneous
闲(閒)置 **xiánzhì** [动] be unused ▷ 闲置资金 **xiánzhì zījīn** unused funds

贤(賢) **xián I** [形] virtuous ▶ 贤达 **xiándá** worthy **II** [名] virtuous person
贤(賢)惠 **xiánhuì** [形] kind-hearted
贤(賢)明 **xiánmíng** [形] wise
贤(賢)妻良母 **xián qī liáng mǔ** good wife and loving mother

弦 **xián** [名] **1** (指乐器) string ▷ 小提琴弦 **xiǎotíqín xián** violin string **2** (指钟表) spring **3** (数) hypotenuse
弦外之音 **xián wài zhī yīn** implication

咸(鹹) **xián** [形] salted ▶ 咸菜 **xiáncài** pickled vegetables (*pl*) ▷ 这汤稍有点咸。**Zhè tāng shāo yǒudiǎn xián.** The soup's a little salty.

涎 **xián** [名] saliva ▶ 垂涎 **chuíxián** drool
涎皮赖(賴)脸(臉) **xián pí lài liǎn** be brazen

娴(嫻) **xián** [形] **1** (书) (文雅) refined **2** (熟练) skilled ▶ 娴熟 **xiánshú** skilled
娴(嫻)静(靜) **xiánjìng** [形] refined

衔(啣) **xián I** [动] **1** (噙) hold ... in the mouth (*pt, pp* held) ▷ 她嘴里衔着一支铅笔。**Tā zuǐ lǐ xiánzhe yī zhī qiānbǐ.** She had a pencil in her mouth. **2** (连) link ... up ▶ 衔接 **xiánjiē** link ... up **II** [名] rank ▶ 军衔 **jūnxián** military rank
衔(銜)接 **xiánjiē** [动] link up

舷 **xián** [名] side of a boat ▶ 左舷 **zuǒxián** port ▶ 右舷 **yòuxián** starboard ▶ 舷梯 **xiántī** gangway

嫌 **xián I** [动] dislike ▷ 我们嫌老板太挑剔。**Wǒmen xián lǎobǎn tài tiāotī.** We dislike our boss because he's too fussy. ▷ 我抽支烟你嫌不嫌？**Wǒ chōu zhī yān nǐ xián bù xián?** Do you mind if I smoke? ▷ 他嫌这儿吵，搬走了。**Tā xián zhèr chǎo, bānzǒu le.** He found it too noisy here and moved away. **II** [名] **1** (嫌怨) grudge ▷ 二人捐弃了前嫌。**Èr rén juānqìle qiánxián.** The two of them buried old grudges. **2** (嫌疑) suspicion ▷ 他因涉嫌贪污被逮捕。**Tā yīn shèxián tānwū bèi dàibǔ.** He was arrested on suspicion of corruption.
嫌弃(棄) **xiánqì** [动] cold-shoulder
嫌恶(惡) **xiánwù** [动] detest
嫌疑 **xiányí** [名] suspicion

显(顯) **xiǎn I** [动] **1** (表现) display ▷ 各显其能 **gè xiǎn qí néng** each displaying their skill **2** (呈现) be apparent ▷ 她40多了，一点也不显老。**Tā sìshí duō le, yīdiǎn yě bù xiǎnlǎo.** She's over 40 but doesn't look it. **II** [形] illustrious ▶ 显赫 **xiǎnhè** celebrated
显(顯)而易见(見) **xiǎn ér yì jiàn** obvious
显(顯)赫 **xiǎnhè** [形] illustrious
显(顯)露 **xiǎnlù** [动] appear
显(顯)然 **xiǎnrán** [形] obvious ▷ 他的成绩显然。**Tā de chéngjì xiǎnrán.** His achievements are obvious. ▷ 他显然醉了 **Ta xiǎnrán zuì le.** He was obvioulsy drunk.
显(顯)示 **xiǎnshì** [动] demonstrate
显(顯)眼 **xiǎnyǎn** [形] conspicuous ▷ 她的胸针很显眼。**Tā de xiōngzhēn hěn xiǎnyǎn.** Her brooch is very showy.
显(顯)要 **xiǎnyào I** [形] influential **II** [名] influential figure
显(顯)著 **xiǎnzhù** [形] striking

险(險) **xiǎn** [形] **1** (险要) strategic ▶ 险地 **xiǎndì** strategic position **2** (危险) dangerous ▶ 险境 **xiǎnjìng** dangerous situation **3** (狠毒) vicious ▶ 阴险 **yīnxiǎn** sinister
险(險)恶(惡) **xiǎn'è** [形] **1** (阴险恶毒) sinister **2** (危险可怕) perilous
险(險)峻 **xiǎnjùn** [形] precipitous
险(險)情 **xiǎnqíng** [名] hazard
险(險)胜(勝) **xiǎnshèng** [动] narrowly win (*pt, pp* won) ▷ 英格兰队以1比0险胜阿根廷。**Yīnggélán duì yǐ yī bǐ líng xiǎnshèng Āgēntíng.** England narrowly beat Argentina one-nil.
险(險)要 **xiǎnyào** [形] strategic
险(險)阻 **xiǎnzǔ** [名] difficulty

县(縣) **xiàn** [名] county

现(現) **xiàn I** [形] **1** (现在) present ▶ 现状 **xiànzhuàng** present situation **2** (现有) ready ▶ 现金 **xiànjīn** cash ▶ 现钱 **xiànqián** ready money **II** [副] on the spot **III** [动] reveal ▶ 现形 **xiànxíng** give oneself away **IV** [名] ready money ▶ 兑现 **duìxiàn** cash a cheque (英) 或 check (美)
现(現)场(場) **xiànchǎng** [名] scene ▷ 犯罪现场 **fànzuì xiànchǎng** scene of the crime ▷ 现场报道 **xiànchǎng bàodào** live report
现(現)成 **xiànchéng** [形] ready-made ▷ 现成的解决问题的方法 **xiànchéng de jiějué wèntí de fāngfǎ** a ready-made solution to the problem
现(現)代 **xiàndài** [名] modern times (*pl*) ▷ 现代

通讯器材 **xiàndài tōngxùn qìcái** modern communications equipment

现(現)代化 **xiàndàihuà** [名] modernization

现(現)今 **xiànjīn** [名] today ▷现今的生产力远非50年前可比。**Xiànjīn de shēngchǎnlì yuǎnfēi wǔshí nián qián kě bǐ.** Production today can't be compared with that of 50 years ago.

现(現)金 **xiànjīn** [名] cash

现(現)身说(說)法 **xiàn shēn shuō fǎ** cite one's own experience

现(現)实(實) **xiànshí** [名] reality ▷现实主义 **xiànshí zhǔyì** realism

现(現)象 **xiànxiàng** [名] phenomenon (*pl* phenomena)

现(現)行 **xiànxíng** [形] current

现(現)眼 **xiànyǎn** [动] make a fool of oneself

现(現)役 **xiànyì** **I** [名] active service **II** [形] active

现(現)在 **xiànzài** [名] now ▷他要我们现在就去。**Tā yào wǒmen xiànzài jiù qù.** He wants us to go now. ▷你的笔记本电脑现在不在我手里。**Nǐ de bǐjìběn diànnǎo xiànzài bù zài wǒ shǒulǐ.** I don't have your laptop at the moment.

> **now** 和 **at present** 都可用来表示说话时存在或发生的事物。**now** 可以指一段时间或者某个具体时刻。*She gradually built up energy and is now back to normal...I'm feeling much better now...I'm going home now.* **at present** 指一段时间，并且暗示情况可能会发生改变。语体较为正式。*I don't want to get married at present...At present, there's a world energy shortage.* **presently** 表示不久，是有些过时的用法。*The Prince of Wales will be here presently...I shall have more to say presently.* **presently** 有时跟 **at present** 的用法一样，但有人认为这种用法是不正确的。*We are presently looking at ways to cut costs.*

现(現)状(狀) **xiànzhuàng** [名] the current situation

限 **xiàn** **I** [动] limit ▷自愿捐赠，数额不限。**Zìyuàn juānzèng, shù'é bù xiàn.** There are no limits on voluntary contributions. ▷此项权利只限本地区居民享用。**Cǐ xiàng quánlì zhǐ xiàn běn dìqū jūmín xiǎngyòng.** This right is limited to people resident in the area. **II** [名] limit ▶权限 **quánxiàn** the limits of power (*pl*)

限定 **xiàndìng** [动] restrict

限度 **xiàndù** [名] limit

限量 **xiànliàng** [动] limit

限令 **xiànlìng** [动] order

限期 **xiànqī** **I** [动] set a deadline (*pt, pp* set) **II** [名] deadline

限制 **xiànzhì** [动] restrict ▷这种产品出口有限制。**Zhè zhǒng chǎnpǐn chūkǒu yǒu xiànzhì.** There are restrictions on the export of this kind of product.

线(綫) **xiàn** **I** [名] **1** (指细长状物) thread ▶棉线 **miánxiàn** cotton thread ▶电线 **diànxiàn** electric wire **2** (交通干线) line ▶主线 **zhǔxiàn** main line **II** [量] ▷一线生机 **yī xiàn shēngjī** a ray of hope

线(綫)路 **xiànlù** [名] **1** (指交通) route **2** (指电流等) circuit

线(綫)索 **xiànsuǒ** [名] clue

线(綫)条(條) **xiàntiáo** [名] (指绘画) line

宪(憲) **xiàn** [名] constitution ▶立宪 **lìxiàn** constitutionalism

宪(憲)法 **xiànfǎ** [名] constitution

宪(憲)章 **xiànzhāng** [名] charter

陷 **xiàn** **I** [名] **1** (书) (陷阱) trap **2** (过失) fault ▶缺陷 **quēxiàn** defect **II** [动] **1** (沉入) get bogged down ▷小心别陷进沼泽里。**Xiǎoxīn bié xiànjìn zhǎozé lǐ.** Be careful not to get stuck in the marsh. **2** (凹进) sink (*pt* sank, *pp* sunk) ▷房子的地基陷下去了。**Fángzi de dìjī xiàn xiàqù le.** The house's foundations have subsided somewhat. **3** (卷入) get involved ▷他陷在一场政治斗争中不能脱身。**Tā xiàn zài yī cháng zhèngzhì dòuzhēng zhōng bùnéng tuō shēn.** He's got involved in a political conflict he can't extricate himself from.

陷害 **xiànhài** [动] frame

陷阱 **xiànjǐng** [名] trap

陷落 **xiànluò** [动] **1** (下陷) sink (*pt* sank, *pp* sunk) **2** (被攻陷) be captured by the enemy

馅(餡) **xiàn** [名] stuffing ▷饺子馅 **jiǎozi xiàn** *jiaozi* filling

馅(餡)儿(兒)饼(餅) **xiànrbǐng** [名] pie

羡(羨) **xiàn** [动] admire

羡(羨)慕 **xiànmù** [动] envy

献(獻) **xiàn** [动] **1** (给) give (*pt* gave, *pp* given) ▶献花 **xiànhuā** give flowers ▶献血 **xiànxiě** donate blood **2** (表演) show (*pt* showed, *pp* shown) ▶献技 **xiànjì** display one's skill

献(獻)丑(醜) **xiànchǒu** [动] (谦) show oneself up (*pt* showed, *pp* shown)

献(獻)词(詞) **xiàncí** [名] message of congratulation

献(獻)礼(禮) **xiànlǐ** [动] present a gift

献(獻)身 **xiànshēn** [动] devote one's life to

献(獻)殷(慇)勤 **xiàn yīnqín** [动] be attentive

▷他拼命向姑娘献殷勤。Tā pīnmìng xiàng gūniang xiàn yīnqín. He was very attentive to the young lady.

腺 xiàn [名] gland ▶泪腺 lèixiàn tear duct

乡(鄉) xiāng [名] **1**(乡村) countryside **2**(家乡) home town **3**(行政区划) township

乡(鄉)村 xiāngcūn [名] village

乡(鄉)亲(親) xiāngqīn [名] **1**(同乡) fellow townspeople **2**(当地群众) local people

乡(鄉)土 xiāngtǔ [名] native soil

乡(鄉)下 xiāngxia [名] countryside

相 xiāng **I** [动] evaluate ▷相对象 xiāng duìxiàng evaluate a prospective marriage partner ▷那种手机样式太旧, 估计你相不上。Nà zhǒng shǒujī yàngshì tài jiù, gūjì nǐ xiāng bù shàng. That style of mobile phone is very old. I reckon you won't like it. **II** [副] **1**(互相) mutually ▶相差 xiāngchà differ **2**(对) ▷笑脸相迎 xiàoliǎn xiāng yíng greet ... with a smile ▷好言相劝 hǎo yán xiāng quàn comfort ... with kind words

→另见 xiàng

相称(稱) xiāngchèn [形] matching ▷他的举止和他的年龄不相称。Tā de jǔzhǐ hé tā de niánlíng bù xiāngchèn. His behaviour (英) 或 behavior (美) is not in keeping with his age.

相持 xiāngchí [动] lock ... in stalemate ▷双方谈判已经相持了很久。Shuāngfāng tánpàn yǐjīng xiāngchíle hěn jiǔ. Negotiations between the two sides have already been locked in stalemate for a long time.

相处(處) xiāngchǔ [动] get along ▷大家在一起相处很融洽。Dàjiā zài yīqǐ xiāngchǔ hěn róngqià. Everybody gets along very well together.

相传(傳) xiāngchuán [动] **1**(传说) be traditionally said ▷相传, 这个湖里有个水怪。Xiāngchuán, zhège hú lǐ yǒu gè shuǐguài. Traditionally, there is said to be a monster in this lake. **2**(传递) hand ... down ▷这项手工艺是一代代相传下来的。Zhè xiàng shǒugōngyì shì yī dàidài xiāngchuán xiàlái de. This handicraft has been handed down through the generations.

相当(當) xiāngdāng **I** [动] match ▷这几位棋手水平相当。Zhè jǐ wèi qíshǒu shuǐpíng xiāngdāng. These few chess experts are evenly matched. **II** [形] appropriate ▷他做这项工作正相当。Tā zuò zhè xiàng gōngzuò zhèng xiāngdāng. This work is really appropriate for him. **III** [副] quite ▷昨天晚上的演出相当精彩。Zuótiān wǎnshang de yǎnchū xiāngdāng jīngcǎi. The performance yesterday evening was quite brilliant.

相对(對) xiāngduì **I** [动] be opposite **II** [形] **1**(非绝对的) relative **2**(比较的) comparative

相对(對)论(論) xiāngduìlùn [名] theory of relativity

相反 xiāngfǎn **I** [形] opposite **II** [连] on the contrary ▷她不但没生气, 相反, 显得特别高兴。Tā bùdàn méi shēngqì, xiāngfǎn, xiǎnde tèbié gāoxìng. Not only was she not angry; on the contrary she seemed very pleased.

相仿 xiāngfǎng [形] similar ▷他儿子和我女儿年龄相仿。Tā érzi hé wǒ nǚ'ér niánlíng xiāngfǎng. His son and my daughter are of a similar age.

相辅(輔)相成 xiāng fǔ xiāng chéng complement each other

相干 xiānggān [动] have to do with ▷这事跟我不相干。Zhè shì gēn wǒ bù xiānggān. This has nothing to do with me.

相关(關) xiāngguān [动] be related ▷新出台的政策与农民的利益密切相关。Xīn chūtái de zhèngcè yǔ nóngmín de lìyì mìqiè xiāngguān. The new policy has a major bearing on the welfare of farmers.

相好 xiānghǎo **I** [动] **1**(亲密) be very close **2**(恋爱) be lovers **II** [名] **1**(朋友) close friend **2**(情人) lover

相互 xiānghù **I** [形] mutual **II** [副] ▷相互理解 xiānghù lǐjiě understand each other ▷在这个问题上, 希望大家能相互理解。Zài zhège wèntí shàng, xīwàng dàjiā néng xiānghù lǐjiě. As regards this question, hopefully everyone will understand each other.

相继(繼) xiāngjì [副] in succession ▷去年, 他的爷爷, 奶奶相继去世了。Qùnián, tā de yéye, nǎinai xiāngjì qùshì le. Last year his grandfather and grandmother died one after the other.

相敬如宾(賓) xiāng jìng rú bīn treat each other with respect ▷夫妻俩多年来相敬如宾, 从没红过脸。Fūqī liǎ duō nián lái xiāng jìng rú bīn, cóng méi hóngguo liǎn. The couple have treated each other with respect for many years and have never had a heated exchange.

相配 xiāngpèi [形] well-matched

相亲(親) xiāngqīn [动] evaluate a prospective marriage partner

相识(識) xiāngshí [动] be acquainted ▷我们俩是老相识了。Wǒmen liǎ shì lǎo xiāngshí le. The two of us are old acquaintances.

相思 xiāngsī [动] be lovesick

相似 xiāngsì [形] similar

相提并(並)论(論) **xiāng tí bìng lùn** lump … together ▸ 这些概念之间没有任何联系，不能相提并论。**Zhèxiē gàiniàn zhījiān méiyǒu rènhé liánxì, bùnéng xiāng tí bìng lùn.** There's no connection between these concepts — you can't lump them together.

相同 **xiāngtóng** [形] identical

相投 **xiāngtóu** [动] be compatible

相像 **xiāngxiàng** [动] be alike

相信 **xiāngxìn** [动] believe ▸ 他不相信任何人。**Tā bù xiāngxìn rènhé rén.** He doesn't believe anyone. ▸ 我相信他们一定会准时到达。**Wǒ xiāngxìn tāmen yīdìng huì zhǔnshí dàodá.** I'm quite sure they will arrive on time.

相形见(見)绌(絀) **xiāng xíng jiàn chù** pale into insignificance

相依为(為)命 **xiāng yī wéi mìng** depend on each other for survival

相宜 **xiāngyí** [形] fitting

相应(應) **xiāngyìng** **I** [动] correspond **II** [形] corresponding ▸ 经济效益提高了，工厂的环境也得到了相应的改善。**Jīngjì xiàoyì tígāole, gōngchǎng de huánjìng yě dédàole xiāngyìng de gǎishàn.** With the factory's profitability having increased, there was a corresponding improvement in the working environment.

相知 **xiāngzhī** [动] be well acquainted

相左 **xiāngzuǒ** [动] conflict ▸ 双方意见相左。**Shuāngfāng yìjiàn xiāngzuǒ.** The two parties held different views.

香 **xiāng** **I** [形] **1** (芬芳) fragrant **2** (美味) delicious **3** (胃口好) ▸ 他病了，吃什么都不香。**Tā bìng le, chī shénme dōu bù xiāng.** He's ill — he has no appetite at all. **4** (睡得熟的) sound ▸ 屋子里暖暖的，睡觉真香！**Wūzi lǐ nuǎnnuǎn de, shuìjiào zhēn xiāng!** The room was very warm so I slept very soundly. **5** (受欢迎的) popular **II** [名] **1** (香料) spice **2** (烧的香) incense

香波 **xiāngbō** [名] shampoo

香肠(腸) **xiāngcháng** [名] sausage

香港 **Xiānggǎng** [名] Hong Kong

香蕉 **xiāngjiāo** [名] banana

香料 **xiāngliào** [名] spice

香喷(噴)喷(噴) **xiāngpēnpēn** [形] delicious

香水 **xiāngshuǐ** [名] perfume

香甜 **xiāngtián** [形] **1** (指味道) fragrant **2** (指睡眠) sound

香烟(煙) **xiāngyān** [名] **1** (卷烟) cigarette **2** (烧香的烟) incense smoke

香皂 **xiāngzào** [名] soap

厢(廂) **xiāng** [名] **1** (厢房) wing **2** (像房子的空间) ▸ 车厢 **chēxiāng** railway carriage ▸ 包厢 **bāoxiāng** box

厢(廂)房 **xiāngfáng** [名] wing

箱 **xiāng** [名] **1** (箱子) box **2** (箱状物) ▸ 信箱 **xìnxiāng** postbox (英), mailbox (美)

箱子 **xiāngzi** [名] box

襄 **xiāng** 见下文

襄助 **xiāngzhù** [动] (书) assist

镶(鑲) **xiāng** [动] edge

镶(鑲)嵌 **xiāngqiàn** [动] mount ▸ 这枚戒指上镶嵌着钻石。**Zhè méi jièzhi shàng xiāngqiànzhe zuànshí.** This ring is mounted with diamonds.

详(詳) **xiáng** **I** [形] detailed **II** [动] **1** (细说) explain **2** (知道) know (*pt* knew, *pp* known)

详(詳)尽(盡) **xiángjìn** [形] detailed

详(詳)情 **xiángqíng** [名] details (*pl*)

详(詳)实(實) **xiángshí** [形] full and accurate

详(詳)细(細) **xiángxì** [形] detailed ▸ 老板需要一份详细的报告。**Lǎobǎn xūyào yī fèn xiángxì de bàogào.** The boss requires a detailed report. ▸ 他详细叙述了事情发生的经过。**Tā xiángxì xùshùle shìqing fāshēng de jīngguò.** He recounted in detail how the incident occurred.

降 **xiáng** [动] **1** (投降) surrender **2** (降伏) control ▸ 这孩子调皮捣蛋，谁也降不住他。**Zhè háizi tiáopí dǎodàn, shuí yě xiáng bù zhù tā.** This child is acting up — no-one can control him.
→ 另见 **jiàng**

降伏 **xiángfú** [动] subdue ▸ 这匹马性子烈，很难降伏。**Zhè pǐ mǎ xìngzi liè, hěn nán xiángfú.** This horse has a fierce temper and is very difficult to subdue.

降服 **xiángfú** [动] surrender

祥 **xiáng** [形] auspicious

祥和 **xiánghé** [形] auspicious and harmonious

翔 **xiáng** [动] circle in the air

翔实(實) **xiángshí** [形] full and accurate

享 **xiǎng** [动] enjoy

享乐(樂) **xiǎnglè** [动] lead a life of pleasure (*pt, pp* led)

享受 **xiǎngshòu** [动] enjoy ▸ 听音乐是一种精神享受。**Tīng yīnyuè shì yī zhǒng jīngshén xiǎngshòu.** Listening to music is a kind of spiritual enjoyment.

享有 **xiǎngyǒu** [动] enjoy ▷ 18岁以上的公民享有选举权。**Shíbā suì yǐshàng de gōngmín xiǎngyǒu xuǎnjǔquán.** Citizens above the age of eighteen enjoy the right to vote.

响(響) **xiǎng** **I** [名] **1** (回声) echo **2** (声音) sound **II** [动] sound ▷ 手机响了。**Shǒujī xiǎng le.** The mobile (英) 或 cell (美) phone was ringing. ▷ 下课铃响了。**Xiàkè líng xiǎng le.** The bell for the end of class sounded. ▷ 响锣 **xiǎng luó** sound a gong **III** [形] loud

响(響)当(當)当(當) **xiǎngdāngdāng** [形] **1** (响亮) loud **2** (喻) (出色) outstanding

响(響)动(動) **xiǎngdong** [名] sound of movement

响(響)亮 **xiǎngliàng** [形] loud and clear

响(響)应(應) **xiǎngyìng** [动] respond ▷ 大家积极响应班长的倡议。**Dàjiā jījí xiǎngyìng bānzhǎng de chàngyì.** Everyone responded enthusiastically to the class monitor's proposal.

想 **xiǎng** [动] **1** (思考) think (*pt*, *pp* thought) ▷ 想办法 **xiǎng bànfǎ** think of a way ▷ 你帮我想个办法吧！ **Nǐ bāng wǒ xiǎng gè bànfǎ ba!** Help me think of a way to do it! **2** (推测) reckon ▷ 我想他会同意的。**Wǒ xiǎng tā huì tóngyì de.** I reckon he'll agree. ▷ 我想今天可能会下雨。**Wǒ xiǎng jīntiān kěnéng huì xià yǔ.** I reckon it might rain today. **3** (打算) want to ▷ 我想换个工作。**Wǒ xiǎng huàn gè gōngzuò.** I want to change jobs. **4** (想念) miss ▷ 孩子们很想妈妈。**Háizimen hěn xiǎng māma.** The children miss their mother. ▷ 刚到这里时, 她特别想家。**Gāng dào zhèlǐ shí, tā tèbié xiǎng jiā.** When she first arrived here she missed home terribly.

> In a positive sentence, both 想 **xiǎng** and 要 **yào** can be used to express "want to". To express "I don't want to", it is more common to use 不想 **bù xiǎng**, as the expression 不要 **bù yào** is stronger and indicates a definite decision, meaning "I shall not (under any circumstances)".

想必 **xiǎngbì** [副] presumably ▷ 他满脸不高兴, 想必和老婆吵架了。**Tā mǎnliǎn bù gāoxìng, xiǎngbì hé lǎopo chǎojià le.** He looked totally miserable — presumably he had had an argument with his wife.

想当(當)然 **xiǎngdāngrán** [动] take ... for granted (*pt* took, *pp* taken) ▷ 事情不是那么简单, 不能想当然。**Shìqing bù shì nàme jiǎndān, bùnéng xiǎngdāngrán.** The matter's not that simple; we can't take it for granted.

想法 **xiǎngfǎ** [名] opinion

想方设(設)法 **xiǎng fāng shè fǎ** move heaven and earth ▷ 她遇到困难时, 朋友们想方设法帮她解决。**Tā yùdào kùnnán shí, péngyoumen xiǎng fāng shè fǎ bāng tā jiějué.** When she encountered a difficulty, her friends moved heaven and earth to help her.

想念 **xiǎngniàn** [动] miss

想入非非 **xiǎng rù fēi fēi** take off on a flight of fancy ▷ 读小说时, 她经常想入非非, 把自己当成书中的主人公。**Dú xiǎoshuō shí, tā jīngcháng xiǎng rù fēi fēi, bǎ zìjǐ dāngchéng shū zhōng de zhǔréngōng.** When reading novels, she often takes off on a flight of fancy where she becomes the protagonist in the book.

想头(頭) **xiǎngtou** [名] (口) **1** (念头) idea **2** (希望) hope

想象(像) **xiǎngxiàng** **I** [动] imagine **II** [名] imagination

向 **xiàng** **I** [名] direction ▶ 风向 **fēngxiàng** wind direction **II** [动] **1** (对着) face ▷ 我的卧室向东。**Wǒ de wòshì xiàng dōng.** My bedroom faces east. **2** (偏袒) side with ▷ 妈妈老是向着妹妹。**Māma lǎoshì xiàngzhe mèimei.** The mother always sides with her younger daughter. **III** [介] to ▷ 我向他表示了感谢。**Wǒ xiàng tā biǎoshìle gǎnxiè.** I expressed my thanks to him. **IV** [副] always ▷ 老先生对考古学向有研究。**Lǎo xiānsheng duì kǎogǔxué xiàng yǒu yánjiū.** The old gentleman has always done research in archaeology.

向(嚮)导(導) **xiàngdǎo** **I** [名] guide ▷ 山高路险, 我们最好找一位向导。**Shān gāo lù xiǎn, wǒmen zuìhǎo zhǎo yī wèi xiàngdǎo.** It's a tricky, high path; it's best we look for a guide. **II** [动] guide

向来(來) **xiànglái** [副] always

向(嚮)往 **xiàngwǎng** [动] yearn ▷ 向往自由 **xiàngwǎn zìyóu** yearn for freedom ▷ 山里的孩子向往着到外面的世界看一看。**Shānlǐ de háizi xiàngwǎngzhe dào wàimiàn de shìjiè kànyikàn.** The children in the mountains yearn to have a look at the outside world.

项(項) **xiàng** **I** [名] **1** (颈后部) nape ▶ 颈项 **jǐngxiàng** nape **2** (款项) sum ▶ 用项 **yòngxiàng** expenditure ▶ 进项 **jìnxiàng** income **3** (项目) item ▶ 事项 **shìxiàng** item **II** [量] item ▷ 会议讨论内容共5项。**Huìyì tǎolùn nèiróng gòng wǔ xiàng.** There are altogether five items to be discussed at the meeting. ▷ 3项要求 **sān xiàng yāoqiú** three requirements ▷ 2项任务 **liǎng xiàng rènwu** two tasks

项(項)链(鏈) **xiàngliàn** [名] necklace

项(項)目 **xiàngmù** [名] **1** (事项) item ▷ 出口项

目去年增加了一倍。Chūkǒu xiàngmù qùnián zēngjiāle yī bèi. Export items doubled last year. ▷他将参加3个运动项目的比赛。Tā jiāng cānjiā sān gè yùndòng xiàngmù de bǐsài. He will take part in a competition of three sporting events. **2** (指工程计划) project

---

巷 xiàng [名] lane
→另见 **hàng**

相 xiàng I [动] **1** (判断) judge **2** (书) (辅助) assist **II** [名] **1** (相貌) appearance ▷狼狈相 **lángbèi xiàng** sorry appearance **2** (姿势) posture ▶吃相 **chīxiàng** table manners **3** (官位) minister ▶外相 **wàixiàng** foreign minister ▶首相 **shǒuxiàng** prime minister **4** (相片) photograph ▶照相 **zhàoxiàng** take a photograph
→另见 **xiāng**

相貌 **xiàngmào** [名] appearance

相片 **xiàngpiàn** [名] photograph

象 xiàng I [名] **1** (大象) elephant **2** (样子) appearance ▶景象 **jǐngxiàng** scene **II** [动] imitate

象棋 **xiàngqí** [名] Chinese chess

> 象棋 **xiàngqí** is a very popular board game in China. It is a game of skill, played by two players on a board which imitates a battle field with a river in between two opposing sides. There are some similarities between the Chinese chess and international chess. Initially each player has one general, two guards, two advisors, two horses, two chariots, two cannons and five soldiers, which have different types of moves according to kind. The object is to checkmate the opponent's general.

象牙 **xiàngyá** [名] ivory

象征(徵) **xiàngzhēng** [动] symbolize ▷长城是中国的象征。Chángchéng shì Zhōngguó de xiàngzhēng. The Great Wall is a symbol of China.

像 xiàng I [名] portrait ▶画像 **huàxiàng** paint portraits ▶雕像 **diāoxiàng** statue **II** [动] **1** (相似) look like ▷他长得像妈妈。Tā zhǎng de xiàng māma. He looks like his mother. ▷这姐妹俩模样太像了。Zhè jiěmèi liǎ múyàng tài xiàng le. These two sisters are very similar in looks. **2** (比如) ▷像他这样的好孩子，谁不喜欢呢！Xiàng tā zhèyàng de hǎo háizi, shuí bù xǐhuan ne! Who doesn't like good children like this one! ▷像洗衣机这种家用电器，在这里还不普遍。Xiàng xǐyījī zhè zhǒng jiāyòng diànqì, zài zhèlǐ hái bù pǔbiàn. Domestic appliances such as washing machines are still not widespread here. **III** [副] as if ▷门外像有人说话。Mén wài xiàng yǒurén shuōhuà. It sounds as if there are people talking outside. ▷像要下雪了。Xiàng yào xià xuě le. It looks as if it might snow.

像话(話) **xiànghuà** [动] be reasonable

像模像样(樣) **xiàng mú xiàng yàng** presentable ▷他俩都想办一个像模像样的婚礼。Tā liǎ dōu xiǎng bàn yī gè xiàng mú xiàng yàng de hūnlǐ. They both want to have a decent wedding.

像样(樣) **xiàngyàng** [动] be decent

橡 xiàng [名] **1** (橡树) oak **2** (橡胶树) rubber tree

橡胶(膠) **xiàngjiāo** [名] rubber

橡皮 **xiàngpí** [名] rubber (英), eraser (美)

削 xiāo [动] peel ▷削苹果 **xiāo píngguǒ** peel an apple
→另见 **xuē**

逍 xiāo 见下文

逍遥(遙) **xiāoyáo** [形] carefree

逍遥(遙)法外 **xiāoyáo fǎ wài** evade capture ▷杀人犯逍遥法外10年，现在终于被抓获归案。Shārénfàn xiāoyáo fǎ wài shí nián, xiànzài zhōngyú bèi zhuāhuò guī'àn. The murderer evaded capture for ten years; now finally he's been caught and brought to justice.

消 xiāo [动] **1** (消失) disappear **2** (使消失) remove **3** (度过) spend (*pt, pp* spent) ▶消夏 **xiāoxià** pass a leisurely summer **4** (需要) take (*pt* took, *pp* taken) ▷只消一天，我们就到了。Zhǐ xiāo yī tiān, wǒmen jiù dào le. It'll only take a day, then we'll be there.

消沉 **xiāochén** [形] depressed

消除 **xiāochú** [动] eliminate

消防 **xiāofáng** [名] fire fighting

消费(費) **xiāofèi** [动] consume

消耗 **xiāohào** [动] consume

消化 **xiāohuà** [动] digest ▷这种食品不易消化。Zhè zhǒng shípǐn bù yì xiāohuà. This kind of food is not easy to digest. ▷学过的东西要消化，吸收。Xuéguo de dōngxi yào xiāohuà, xīshōu. You must digest and absorb what you study.

消极(極) **xiāojí** [形] **1** (反面) negative **2** (消沉) demoralized

消解 **xiāojiě** [动] dispel

消灭(滅) **xiāomiè** [动] **1** (消失) die out **2** (除掉) eradicate

消磨 **xiāomó** [动] **1** (逐渐消耗) wear ... down (*pt* wore, *pp* worn) ▷消磨意志 **xiāomó yìzhì** wear down one's willpower **2** (排遣) while away ▷ 消磨时光 **xiāomó shíguāng** while away time

消遣 **xiāoqiǎn** [动] while away time

消散 **xiāosàn** [动] dissipate

消失 **xiāoshī** [动] vanish

消逝 **xiāoshì** [动] elapse

消瘦 **xiāoshòu** [动] become thin (*pt* became, *pp* become) ▷ 几个月不见，她愈加消瘦了。**Jǐ gè yuè bù jiàn, tā yùjiā xiāoshòu le.** In the several months since I last saw her she's become even thinner.

消亡 **xiāowáng** [动] wither away

消息 **xiāoxi** [名] news (*sg*) ▷ 电台报道了战争的最新消息。**Diàntái bàodàole zhànzhēng de zuìxīn xiāoxi.** The radio reported the latest news of the war. ▷ 分别多年，他们一直没有互通消息。**Fēnbié duō nián, tāmen yīzhí méiyǒu hùtōng xiāoxi.** In the many years they've been apart they've had no news of each other.

消闲(閒) **xiāoxián I** [动] spend one's free time (*pt, pp* spent) **II** [形] carefree

消夜 **xiāoyè** [名] night-time snack

宵 **xiāo** [名] night ▶ 通宵 **tōngxiāo** all night

萧(蕭) **xiāo** [形] desolate

萧(蕭)瑟 **xiāosè I** [拟] rustle **II** [形] desolate

萧(蕭)条(條) **xiāotiáo** [形] **1** (寂寞冷落) bleak **2** (经济) depressed

销(銷) **xiāo** [动] **1** (熔化) melt **2** (除去) cancel **3** (销售) market **4** (消费) spend (*pt, pp* spent)

销(銷)毁(毀) **xiāohuǐ** [动] **1** (熔化毁掉) destroy **2** (烧掉) burn

销(銷)魂 **xiāohún** [动] overwhelm

销(銷)假 **xiāojià** [动] report back after being on holiday

销(銷)路 **xiāolù** [名] market

销(銷)声(聲)匿迹(跡) **xiāo shēng nì jì** disappear from sight ▷ 到了冬天，某些动物停止了活动，销声匿迹了。**Dàole dōngtiān, mǒu xiē dòngwù tíngzhǐle huódòng, xiāo shēng nì jì le.** When winter arrives, some animals cease being active and disappear from sight.

销(銷)售 **xiāoshòu** [动] sell (*pt, pp* sold) ▷ 家电部今天销售了50台空调。**Jiādiàn bù jīntiān xiāoshòule wǔshí tái kōngtiáo.** The household appliances division has sold fifty air-conditioning units today. ▷ 他负责公司的销售工作。**Tā fùzé gōngsī de xiāoshòu gōngzuò.** He is responsible for the company's sales. ▷ 公司在国外也打开了销售市场。**Gōngsī zài guówài yě dǎkāile xiāoshòu shìchǎng.** The company has also opened up sales markets abroad.

销(銷)赃(臟) **xiāozāng** [动] **1** (销售赃物) dispose of stolen goods **2** (销毁赃物) destroy stolen goods

潇(瀟) **xiāo** [形] (书) deep and clear

潇(瀟)洒(灑) **xiāosǎ** [形] natural and unaffected

霄 **xiāo** [名] clouds (*pl*)

嚣(囂) **xiāo** [动] clamour (英), clamor (美)

嚣(囂)张(張) **xiāozhāng** [形] arrogant

淆 **xiáo** [形] confused

小 **xiǎo I** [形] **1** (不大) small ▷ 小毛病 **xiǎo máobìng** small problem ▷ 小床 **xiǎo chuáng** single bed ▷ 年龄小 **niánlíng xiǎo** young **2** (排行最末的) youngest ▷ 他的小女儿才两岁。**Tā de xiǎo nǚ'ér cái liǎng suì.** His youngest daughter is only two years old. **II** [副] **1** (短时间) ▶ 小憩 **xiǎoqì** take a short rest **2** (稍微) a bit ▷ 小有名气 **xiǎo yǒu míngqì** have something of a reputation **III** [名] young children

> 可以用 **little** 形容小的事物。*...a little house...little children...* 但是 **little** 通常不用于强调某事物的体积小。例如，不能说 *'The town is little.'* 或 *'I have a very little car.'*，但是可以说 *'The town is small.'* 或 *'I have a very small car.'*。**little** 没有 **small** 那么精确，但通常暗示说话者对于所谈论的对象的态度。因此 **little** 通常用在其他形容词的后面。*What a nice little house you've got here!...Shut up, you horrible little boy!*

小辈(輩) **xiǎobèi** [名] younger member

小便 **xiǎobiàn I** [动] urinate **II** [名] urine

小菜 **xiǎocài** [名] **1** (下酒菜) pickled vegetables (*pl*) **2** (喻) easy job

小册(冊)子 **xiǎocèzi** [名] pamphlet

小产(產) **xiǎochǎn** [名] miscarriage

小吃 **xiǎochī** [名] **1** (非正餐) snack **2** (冷盘) cold dish

小丑 **xiǎochǒu** [名] **1** (滑稽演员) clown **2** (喻) scoundrel

小聪(聰)明 **xiǎocōngming** [名] petty trick

小道儿(兒)消息 **xiǎodàor xiāoxi** [名] hearsay

小动(動)作 **xiǎodòngzuò** [名] little trick

小恩小惠 **xiǎo ēn xiǎo huì** [名] small favours (英) 或 favors (美) (*pl*)

小儿(兒)科 **xiǎo'érkē** [名] **1** (医) paediatrics (英)

或 pediatrics (美) department **2** (喻) kid's stuff
小费(費) **xiǎofèi** [名] tip
小鬼 **xiǎoguǐ** [名] little devil
小伙(夥)子 **xiǎohuǒzi** [名] lad
小节(節) **xiǎojié** [名] **1** (小事) trifle **2** (音) bar
小姐 **xiǎojiě** [名] **1** (称呼) Miss ▷ 李小姐 **Lǐ xiǎojiě** Miss Li **2** (女子) young lady ▷ 有位小姐找你。**Yǒu wèi xiǎojiě zhǎo nǐ.** There's a young lady looking for you.
小金库(庫) **xiǎojīnkù** [名] supplementary fund
小看 **xiǎokàn** [动] underestimate
小康 **xiǎokāng** [形] relatively well-off
小麦(麥) **xiǎomài** [名] wheat
小名 **xiǎomíng** [名] pet name
小品 **xiǎopǐn** [名] short sketch
小气(氣) **xiǎoqi** [形] **1** (气量小) petty **2** (吝啬) stingy
小巧玲珑(瓏) **xiǎoqiǎo línglóng** dainty
小区(區) **xiǎoqū** [名] housing estate
小人 **xiǎorén** [名] vile character
小商品 **xiǎoshāngpǐn** [名] small items (*pl*)
小时(時) **xiǎoshí** [名] hour ▷ 很多公司实行8小时工作制。**Hěn duō gōngsī shíxíng bā xiǎoshí gōngzuò zhì.** Lots of companies have implemented an eight-hour working day.
小市民 **xiǎoshìmín** [名] philistine
小说(說) **xiǎoshuō** [名] novel
小算盘(盤) **xiǎosuànpan** [名] (喻) calculation ▷ 打小算盘 **dǎ xiǎosuànpan** be calculating
小题(題)大做 **xiǎo tí dà zuò** make a mountain out of a molehill ▷ 他不过是迟到了几次，老板就把他开除了，真是小题大做。**Tā bùguò shì chídàole jǐ cì, lǎobǎn jiù bǎ tā kāichú le, zhēnshi xiǎo tí dà zuò.** He was late no more than a few times, and the boss sacked him — that was making a mountain out of a molehill.
小提琴 **xiǎotíqín** [名] violin
小偷 **xiǎotōu** [名] thief (*pl* thieves)
小巫见(見)大巫 **xiǎo wū jiàn dà wū** pale into insignificance
小鞋 **xiǎoxié** [名] (喻) ▷ 因为给公司提过意见，老板常常给他穿小鞋。**Yīnwèi gěi gōngsī tíguo yìjiàn, lǎobǎn chángcháng gěi tā chuān xiǎoxié.** Because he made some complaints to the company, the boss often gives him a hard time.
小写(寫) **xiǎoxiě** [名] lower case
小心 **xiǎoxīn** **I** [动] be careful ▷ 过马路，一定要小心。**Guò mǎlù, yīdìng yào xiǎoxīn.** You must be careful when crossing the road. **II** [形] careful
小型 **xiǎoxíng** [形] small-scale
小学(學) **xiǎoxué** [名] primary school (英), elementary school (美)
小学(學)生 **xiǎoxuéshēng** [名] primary school pupil (英), elementary school student (美)
小意思 **xiǎoyìsi** [名] **1** (微薄心意) small token **2** (小事情) nothing significant
小子 **xiǎozi** [名] (口) **1** (男孩子) boy **2** (贬) (男性) guy
小字辈(輩) **xiǎozìbèi** [名] youngster
小组(組) **xiǎozǔ** [名] group

晓(曉)

xiǎo **I** [名] dawn **II** [动] **1** (知道) know (*pt* knew, *pp* known) **2** (使人知道) tell (*pt*, *pp* told)
晓(曉)得 **xiǎode** [动] know (*pt* knew, *pp* known) ▷ 这件事你晓得不晓得？**Zhè jiàn shì nǐ xiǎode bù xiǎode?** Do you know about this matter or not?

孝

xiào **I** [动] be dutiful ▸ 孝子 **xiàozǐ** a filial son **II** [名] filial piety
孝敬 **xiàojìng** [动] **1** (孝顺尊敬) show filial respect for (*pt* showed, *pp* shown) ▷ 孝敬父母是中华民族的美德。**Xiàojìng fùmǔ shì zhōnghuá mínzú de měidé.** Showing filial respect for one's parents is a virtue of Chinese people. **2** (献礼物) give as a present (*pt* gave, *pp* given) ▷ 过年了，他买了两瓶好酒孝敬爷爷。**Guònián le, tā mǎile liǎng píng hǎo jiǔ xiàojìng yéye.** At New Year, he bought two bottles of good wine to give as a present to his grandfather.
孝顺(順) **xiàoshùn** **I** [动] show filial obedience (*pt* showed, *pp* shown) ▷ 孝顺父母 **xiàoshùn fùmǔ** show filial obedience to one's parents **II** [形] filial

---

肖

xiào [动] resemble
肖像 **xiàoxiàng** [名] portrait

校

xiào [名] **1** (学校) school **2** (军) (校官) field officer → 另见 **jiào**
校规(規) **xiàoguī** [名] school rules (*pl*)
校历(曆) **xiàolì** [名] school calendar
校长(長) **xiàozhǎng** [名] principal

哮

xiào **I** [名] wheezing **II** [动] wheeze
哮喘 **xiàochuǎn** [名] asthma

笑

xiào [动] **1** (欢笑) laugh ▷ 孩子们笑得开心极了！**Háizimen xiào de kāixīn jí le!** The children laughed with great delight! **2** (嘲笑) laugh at ▷ 别担心，大家不会笑你的。**Bié dānxīn, dàjiā bù huì xiào nǐ de.** Don't worry, nobody will laugh at you.

笑柄 **xiàobǐng** [名] laughing stock

笑话(話) **xiàohua** **I** [名] joke ▷ 他爱说笑话。**Tā ài shuō xiàohuà.** He likes to tell jokes. **II** [动] laugh at

笑里(裡)藏刀 **xiào lǐ cáng dāo** be a wolf in sheep's clothing

笑料 **xiàoliào** [名] laughing stock

笑眯眯 **xiàomīmī** [形] smiley

笑面虎 **xiàomiànhǔ** [名] wolf in sheep's clothing

笑容 **xiàoróng** [名] smile

笑嘻嘻 **xiàoxīxī** [形] grinning

笑逐颜(顏)开(開) **xiào zhú yán kāi** beam with pleasure

效

xiào **I** [名] effect **II** [动] **1** (仿效) imitate **2** (献出) devote ... to

效法 **xiàofǎ** [动] **1** (模仿) model oneself on **2** (学习) learn from ▷ 我们应该效法先进的教育制度。**Wǒmen yīnggāi xiàofǎ xiānjìn de jiàoyù zhìdù.** We ought to learn from advanced educational systems.

效果 **xiàoguǒ** [名] **1** (结果) effect **2** (戏剧) effects (*pl*)

效劳(勞) **xiàoláo** [动] serve

效力 **xiàolì** **I** [动] serve **II** [名] effectiveness ▷ 这种药很有效力。**Zhè zhǒng yào hěn yǒu xiàolì.** This medicine is very effective.

效率 **xiàolǜ** [名] efficiency

效益 **xiàoyì** [名] returns (*pl*)

效应(應) **xiàoyìng** [名] effect

啸(嘯)

xiào [动] **1** (指人) whistle **2** (指禽兽) roar **3** (指自然界) roar

些

xiē [量] **1** (不定量) some ▷ 我要去超市买些食品。**Wǒ yào qù chāoshì mǎi xiē shípǐn.** I have to go to the supermarket to buy some provisions. **2** (略微) a little ▷ 这条路近些。**Zhè tiáo lù jìn xiē.** This street is a little nearer.

楔

xiē [名] wedge

楔子 **xiēzi** [名] **1** (木片) wedge **2** (木钉) peg **3** (引子) prologue (英), prolog (美)

歇

xiē [动] **1** (休息) rest ▷ 太累了，我们歇会儿吧！**Tài lèi le, wǒmen xiē huìr ba!** I'm too tired, let's rest for a while! **2** (停) stop

歇脚(腳) **xiējiǎo** [动] stop for a rest

歇斯底里 **xiēsīdǐlǐ** [名] hysteria ▷ 昨天她和一个售货员歇斯底里地大吵了一顿。**Zuótiān tā hé yī gè shòuhuòyuán xiēsīdǐlǐ de dà chǎole yī dùn.** Yesterday she argued hysterically with a salesman.

歇息 **xiēxi** [动] **1** (休息) have a rest ▷ 忙了半天了，歇息一会儿吧。**Mángle bàntiān le, xiēxi yīhuìr ba.** We've been busy for ages, let's have a rest for a while. **2** (睡觉) go to sleep

蝎(蠍)

xiē [名] scorpion ▶ 蝎子 **xiēzi** scorpion

协(協)

xié **I** [动] assist **II** [副] jointly ▶ 协办 **xiébàn** jointly run ▶ 协议 **xiéyì** agree on

协(協)定 **xiédìng** [名] agreement

协(協)会(會) **xiéhuì** [名] association

协(協)商 **xiéshāng** [动] consult

协(協)调(調) **xiétiáo** **I** [动] coordinate **II** [形] coordinated

协(協)同 **xiétóng** [动] coordinate ▷ 经理助理协同经理工作。**Jīnglǐ zhùlǐ xiétóng jīnglǐ gōngzuò.** The manager's assistant coordinates his work.

协(協)议(議) **xiéyì** [名] agreement

协(協)助 **xiézhù** [动] help ▷ 在各方的协助下，展览取得了成功。**Zài gè fāng de xiézhù xià, zhǎnlǎn qǔdéle chénggōng.** Thanks to the help of all concerned, the exhibition was a great success.

协(協)作 **xiézuò** [动] collaborate

邪

xié **I** [形] **1** (不正当) evil **2** (不正常) abnormal **II** [名] misfortune

邪恶(惡) **xié'è** [形] evil

邪教 **xiéjiào** [名] heresy

邪路 **xiélù** [名] evil ways (*pl*)

邪门(門)儿(兒) **xiéménr** [形] (方) abnormal

邪门(門)歪道 **xié mén wāi dào** devious means (*pl*)

邪念 **xiéniàn** [名] evil thought

胁(脅)

xié **I** [名] side **II** [动] coerce

胁(脅)迫 **xiépò** [动] coerce

挟

xié [动] **1** (夹住) hold ... under one's arm (*pt, pp* held) **2** (挟制) coerce **3** (心怀) harbour (英), harbor (美)

挟持 **xiéchí** [动] **1** (抓住) seize by the arms **2** (威胁) hold under duress (*pt, pp* held)

偕

xié [动] be together with

偕老 **xiélǎo** [动] grow old together (*pt* grew, *pp* grown)

偕同 **xiétóng** [动] be together with ▷ 总理偕同政府各部官员参加了仪式。**Zǒnglǐ xiétóng zhèngfǔ gè bù guānyuán cānjiāle yíshì.** The prime minister took part in the ceremony, together with officials from each government department.

斜 **xié** **I** [形] slanting **II** [动] slant
斜路 **xiélù** [名] (喻) wrong path
斜坡 **xiépō** [名] slope

谐(諧) **xié** [形] **1** (和谐) harmonious **2** (诙谐) humorous
谐(諧)和 **xiéhé** [形] harmonious
谐(諧)音 **xiéyīn** [动] sound the same

携(攜) **xié** [动] **1** (携带) carry **2** (拉着) hold (*pt*, *pp* held)
携(攜)带(帶) **xiédài** [动] carry
携(攜)手 **xiéshǒu** [动] **1** (字) join hands **2** (喻) collaborate ▷ 中美双方决定携手建设这个项目。**Zhōng-Měi shuāngfāng juédìng xiéshǒu jiànshè zhège xiàngmù.** China and the US decided to collaborate on the establishment of this project.

鞋 **xié** [名] shoe
鞋匠 **xiéjiàng** [名] cobbler

写(寫) **xiě** [动] **1** (书写) write (*pt* wrote, *pp* written) **2** (写作) write (*pt* wrote, *pp* written) **3** (描写) describe **4** (绘画) draw (*pt* drew, *pp* drawn)
写(寫)生 **xiěshēng** [动] sketch from nature
写(寫)实(實) **xiěshí** [动] write realistically (*pt* wrote, *pp* written)
写(寫)意 **xiěyì** [名] freehand brushwork
写(寫)照 **xiězhào** [名] portrayal
写(寫)作 **xiězuò** [动] write (*pt* wrote, *pp* written) ▷ 他上小学时就开始写作了。**Tā shàng xiǎoxué shí jiù kāishǐ xiězuò le.** He first started writing when he was at primary school (英) 或 elementary school (美).

血 **xiě** [名] (口) blood
→ 另见 **xuè**
血淋淋 **xiělínlín** [形] blood-soaked

泄(洩) **xiè** [动] **1** (排出) discharge **2** (泄露) let ... out (*pt*, *pp* let) **3** (发泄) vent
泄(洩)劲(勁) **xièjìn** [动] lose heart (*pt*, *pp* lost)
泄(洩)漏 **xièlòu** [动] **1** (逸出) leak ▷ 这起火灾是由于煤气泄漏引起的。**Zhè qǐ huǒzāi shì yóuyú méiqì xièlòu yǐnqǐ de.** This fire was caused by a gas leak. **2** (泄露) let ... out (*pt*, *pp* let) ▷ 不要把这个消息泄漏出去。**Bùyào bǎ zhège xiāoxi xièlòu chūqù.** Don't let this news get out.
泄(洩)露 **xièlòu** [动] let ... out (*pt*, *pp* let) ▷ 公司机密被泄露出去了。**Gōngsī jīmì bèi xièlòu chūqù le.** The company secrets have been let out.
泄(洩)密 **xièmì** [动] divulge a secret
泄(洩)气(氣) **xièqì** [动] lose heart (*pt*, *pp* lost)

泻(瀉) **xiè** [动] **1** (流) pour down **2** (腹泻) have diarrhoea (英) 或 diarrhea (美)

卸 **xiè** [动] **1** (搬下) unload ▶ 卸车 **xièchē** unload a vehicle **2** (除去) remove ▶ 卸妆 **xièzhuāng** remove one's makeup ▶ 卸装 **xièzhuāng** disrobe **3** (拆卸) strip ▷ 卸下钟表的零件 **xièxià zhōngbiǎo de língjiàn** strip the parts of a clock **4** (解除) be relieved of ▶ 卸任 **xièrèn** step down
卸任 **xièrèn** [动] step down ▷ 总统卸任后，去一所大学当了校长。**Zǒngtǒng xièrèn hòu, qù yī suǒ dàxué dāngle xiàozhǎng.** After the president stepped down, he became vice-chancellor of a university.
卸妆(妝) **xièzhuāng** [动] remove one's makeup

屑 **xiè** **I** [名] bits (*pl*) **II** [形] trivial **III** [动] deign to

械 **xiè** [名] **1** (器械) tool **2** (武器) weapon

亵(褻) **xiè** **I** [动] be disrespectful to **II** [形] indecent
亵(褻)渎(瀆) **xièdú** [动] profane

谢(謝) **xiè** [动] **1** (感谢) thank ▷ 多谢！**Duō xiè!** Thanks a lot! ▷ 帮了我大忙，多谢了！**Bāngle wǒ dà máng, duō xiè le!** Many thanks for helping me out so much! **2** (认错) apologize **3** (拒绝) decline **4** (脱落) wither
谢(謝)绝(絕) **xièjué** [动] decline
谢(謝)客 **xièkè** [动] decline to receive visitors
谢(謝)幕 **xièmù** [动] take a curtain call (*pt* took, *pp* taken)
谢(謝)谢(謝) **xièxie** [动] thank you, thanks (口)
谢(謝)罪 **xièzuì** [动] offer an apology

邂 **xiè** 见下文
邂逅 **xièhòu** [动] meet by chance (*pt*, *pp* met)

懈 **xiè** [动] be lax
懈怠 **xièdài** [形] slack
懈气(氣) **xièqì** [动] stop trying ▷ 失败是常有的事，不要懈气。**Shībài shì cháng yǒu de shì, bùyào xièqì.** Failure is a common occurrence: don't stop trying.

蟹 **xiè** [名] crab ▶ 螃蟹 **pángxiè** crab

心 **xīn** [名] **1** (心脏) heart **2** (思想) mind ▶ 用心 **yòngxīn** attentively ▶ 谈心 **tánxīn** heart-to-heart talk **3** (中心) centre (英), center (美) ▶ 圆心 yuánxīn centre (英) 或 center (美) of a circle

心爱(愛) **xīn'ài** [形] treasured

心安理得 **xīn ān lǐ dé** have a clear conscience ▷ 他做错事, 还能心安理得。Tā zuò cuò shì, hái néng xīn ān lǐ dé. He can do wrong and still have a clear conscience.

心病 **xīnbìng** [名] **1** (焦虑) anxiety **2** (隐痛) sore point

心不在焉 **xīn bù zài yān** be absent-minded ▷ 他做事心不在焉, 经常出错。Tā zuò shì xīn bù zài yān, jīngcháng chū cuò. He does things absent-mindedly and often makes mistakes.

心肠(腸) **xīncháng** [名] **1** (心地) heart ▷ 她心肠好。Tā xīncháng hǎo. She has a good heart. **2** (方) (兴致) mood ▷ 我现在没心肠听音乐。Wǒ xiànzài méi xīncháng tīng yīnyuè. I'm not in the mood for listening to music at the moment.

心驰(馳)神往 **xīn chí shén wǎng** yearn for

心得 **xīndé** [名] what one has learned

心地 **xīndì** [名] character

心服口服 **xīn fú kǒu fú** be utterly convinced

心腹 **xīnfù** [名] **1** (指人) trusted subordinate **2** (指事) confidence

心肝 **xīngān** [名] **1** (良心) conscience **2** (心爱的人) darling

心广(廣)体(體)胖 **xīn guǎng tǐ pán** healthy and happy

心寒 **xīnhán** [形] disappointed

心怀(懷)鬼胎 **xīn huái guǐtāi** harbour (英) 或 harbor (美) evil intentions

心慌意乱(亂) **xīn huāng yì luàn** be nervous and flustered ▷ 遇到这种麻烦事, 他心慌意乱, 不知所措。Yùdào zhè zhǒng máfanshì, tā xīn huāng yì luàn, bù zhī suǒ cuò. When he comes up against this kind of problem, he gets nervous and flustered and doesn't know what to do.

心灰意懒(懶) **xīn huī yì lǎn** be disheartened

心机(機) **xīnjī** [名] thinking

心计(計) **xīnjì** [名] calculation

心惊(驚)胆(膽)战(戰) **xīn jīng dǎn zhàn** terrified ▷ 回忆起大地震时的场景, 她到现在还心惊胆战。Huíyì qǐ dà dìzhèn shí de chǎngjǐng, tā dào xiànzài hái xīn jīng dǎn zhàn. When she remembers the scene at the time of the earthquake, she still feels terrified.

心境 **xīnjìng** [名] state of mind

心坎 **xīnkǎn** [名] the bottom of one's heart ▷ 我从心坎里感谢你。Wǒ cóng xīnkǎn lǐ gǎnxiè nǐ. I thank you from the bottom of my heart.

心旷(曠)神怡 **xīn kuàng shén yí** feel relaxed and happy

心理 **xīnlǐ** [名] psychology

心灵(靈) **xīnlíng I** [名] mind **II** [形] quick-witted

心领(領)神会(會) **xīn lǐng shén huì** understand tacitly ▷ 看到母亲使了个眼色, 她心领神会, 马上就出去了。Kàndào mǔqīn shǐle gè yǎnsè, tā xīn lǐng shén huì, mǎshàng jiù chūqù le. On seeing her mother's glance, she took the hint and immediately went out.

心平气(氣)和 **xīn píng qì hé** in a calm state of mind ▷ 只要双方心平气和地谈一谈, 矛盾是能够解决的。Zhǐyào shuāngfāng xīn píng qì hé de tányītán, máodùn shì nénggòu jiějué de. It only needs the two sides to talk calmly, and the conflict can be resolved.

心情 **xīnqíng** [名] frame of mind ▷ 这几天我心情不好。Zhè jǐ tiān wǒ xīnqíng bù hǎo. In the last few days I've not been in a good frame of mind.

心神 **xīnshén** [名] **1** (心情) state of mind ▷ 这件事搞得他心神不定。Zhè jiàn shì gǎo de tā xīnshén bù dìng. This matter made him feel uncertain. **2** (精力) effort ▷ 写这部书费了他不少心神。Xiě zhè bù shū fèile tā bùshǎo xīnshén. He devoted a lot of energy to writing the book.

心事 **xīnshì** [名] preoccupation

心思 **xīnsi** [名] **1** (想法) thoughts (*pl*) ▷ 对这件事, 不知道她是什么心思。Duì zhè jiàn shì, bù zhīdào tā shì shénme xīnsi. I don't know what her thoughts are about this. **2** (脑筋) brains (*pl*) ▷ 为赚钱, 他挖空了心思。Wèi zhuàn qián, tā wākōngle xīnsi. He racked his brains
to think of ways of making money. **3** (兴致) mood ▷ 她只想着度假, 工作上根本没心思。Tā zhǐ xiǎngzhe dùjià, gōngzuò shàng gēnběn méi xīnsi. She's only thinking of her holiday — she's not in the mood for work at all.

心态(態) **xīntài** [名] mentality

心心相印 **xīn xīn xiāng yìn** be a kindred spirit ▷ 她希望找一位心心相印的伴侣。Tā xīwàng zhǎo yī wèi xīn xīn xiāng yìn de bànlǚ. She hopes to find a partner who is a kindred spirit.

心胸 **xīnxiōng** [名] **1** (胸怀) broadmindedness ▷ 他心胸狭隘。Tā xīnxiōng xiá'ài. He is narrow-minded. **2** (志向) aspiration ▷ 他是个很有心胸的青年。Tā shì gè hěn yǒu xīnxiōng de qīngnián. He is a young man with great aspirations.

心绪(緒) **xīnxù** [名] mood

心血 xīnxuè [名] painstaking care

心血来(來)潮 xīnxuè lái cháo be seized by a whim

心眼儿(兒) xīnyǎnr [名] **1** (内心) heart ▷ 听他这么说，她从心眼儿里不高兴。Tīng tā zhème shuō, tā cóng xīnyǎnr lǐ bù gāoxìng. Hearing him speak in this way, she was deeply unhappy. **2** (心地) intention ▷ 她心眼儿好。Tā xīnyǎnr hǎo. Her intentions are good. **3** (机智) intelligence ▷ 这姑娘有心眼儿，样样能干。Zhè gūniang yǒu xīnyǎnr, yàngyàng nénggàn. This girl is intelligent, and competent in every way. **4** (顾虑) unfounded misgivings (*pl*) ▷ 他心眼儿太多，很难打交道。Tā xīnyǎnr tài duō, hěn nán dǎ jiāodào. He is oversensitive — it's difficult to establish a rapport with him. **5** (气量) tolerance ▷ 小心眼儿 xiǎo xīnyǎnr intolerant

心意 xīnyì [名] **1** (情意) feelings (*pl*) **2** (意思) meaning

心有余(餘)悸 xīn yǒu yú jì have a lingering fear

心愿(願) xīnyuàn [名] one's heart's desire

心悦(悅)诚(誠)服 xīn yuè chéng fú wholeheartedly admire ▷ 对手的为人和能力，令他心悦诚服。Duìshǒu de wéirén hé nénglì, lìng tā xīn yuè chéng fú. He wholeheartedly admired his opponent's conduct and ability.

心脏(臟) xīnzàng [名] heart

心脏(臟)病 xīnzàngbìng [名] heart disease

心照不宣 xīn zhào bù xuān have a tacit understanding

辛 xīn [形] **1** (辣) hot **2** (辛苦) laborious **3** (痛苦) bitter

辛苦 xīnkǔ **I** [形] laborious **II** [动] trouble ▷ 辛苦你了！Xīnkǔ nǐ le! Thanks for taking the trouble! ▷ 真不好意思，辛苦你了！Zhēn bù hǎo yìsi, xīnkǔ nǐ le! I'm really sorry to trouble you!

辛辣 xīnlà [形] biting ▷ 这篇文章对官僚主义作风进行了辛辣的讽刺。Zhè piān wénzhāng duì guānliáo zhǔyì zuòfēng jìnxíngle xīnlà de fěngcì. This piece is a biting satire on bureaucracy.

辛劳(勞) xīnláo [动] toil

辛勤 xīnqín [形] hardworking

辛酸 xīnsuān [形] bitter

欣 xīn [形] glad

欣然 xīnrán [副] gladly ▷ 老板欣然同意了我的请求。Lǎobǎn xīnrán tóngyìle wǒ de qǐngqiú. The boss gladly agreed to my request.

欣赏(賞) xīnshǎng [动] **1** (赏识) admire ▷ 朋友们都非常欣赏他的才学。Péngyoumen dōu fēicháng xīnshǎng tā de cáixué. His friends all greatly admired his learning. **2** (享受) enjoy

欣慰 xīnwèi [形] satisfied

欣喜 xīnxǐ [形] joyful

欣欣向荣(榮) xīnxīn xiàng róng flourishing

新 xīn **I** [形] **1** (跟旧相对) new ▷ 新家具 xīn jiājù new furniture **2** (刚结婚的) newly-wed ▷ 新媳妇儿 xīnxífur newly-wed wife **II** [副] newly ▷ 新买的衣服 xīn mǎi de yīfu newly bought clothes

新潮 xīncháo **I** [形] fashionable **II** [名] new trend

新陈(陳)代谢(謝) xīn chén dàixiè [名] metabolism

新村 xīncūn [名] new estate

新大陆(陸) Xīn Dàlù [名] the New World

新房 xīnfáng [名] bridal chamber

新欢(歡) xīnhuān [名] new sweetheart

新加坡 Xīnjiāpō [名] Singapore

新近 xīnjìn [名] ▷ 北京新近变化很大。Běijīng xīnjìn biànhuà hěn dà. Great changes have taken place recently in Beijing.

新郎 xīnláng [名] bridegroom

新年 xīnnián [名] **1** (指一段时间) New Year **2** (指元旦当天) New Year's Day

新娘 xīnniáng [名] bride

新奇 xīnqí [形] novel ▷ 他的想法很新奇，富有创造性。Tā de xiǎngfǎ hěn xīnqí, fùyǒu chuàngzàoxìng. He has lots of novel ideas: he's bursting with creativity.

新人 xīnrén [名] **1** (新婚夫妇) newly married couple **2** (新型人才) new talent

新式 xīnshì [形] up-to-date

新手 xīnshǒu [名] beginner

新闻(聞) xīnwén [名] news (*sg*) ▷ 新闻记者 xīnwén jìzhě news reporter ▷ 国际新闻 guójì xīnwén international news ▷ 国内新闻 guónèi xīnwén domestic news ▷ 新闻节目 xīnwén jiémù news programme (英) or program (美) ▷ 最近，我们公司的新闻还真不少呢！Zuìjìn, wǒmen gōngsī de xīnwén hái zhēn bùshǎo ne! Recently, there has been a lot of news in our company!

新鲜(鮮) xīnxiān [形] **1** (指食物) fresh ▷ 这些水果很新鲜。Zhèxiē shuǐguǒ hěn xīnxiān. This fruit is very fresh. **2** (指植物) tender ▷ 新鲜的嫩芽 xīnxiān de nènyá tender shoots **3** (清新) fresh ▷ 新鲜空气 xīnxiān kōngqì fresh air **4** (新奇) novel ▷ 新鲜经验 xīnxiān jīngyàn novel experience

新兴(興) xīnxīng [形] newly emerging

新型 xīnxíng [形] new-style
新秀 xīnxiù [名] rising talent
新颖(穎) xīnyǐng [形] original

薪 xīn [名] **1** (柴火) firewood **2** (薪水) salary
薪水 xīnshui [名] salary

馨 xīn [名] strong fragrance
馨香 xīnxiāng [名] (书) **1** (芳香) fragrance **2** (烧香的香味) smell of burning incense

信 xìn **I** [动] **1** (相信) believe ▶ 轻信 qīngxìn readily believe **2** (信奉) believe in ▶ 信教 xìnjiào be religious ▷ 信佛教 xìn Fójiào be a Buddhist **II** [副] at will ▷ 信口开河 xìn kǒu kāi hé shoot one's mouth off **III** [名] **1** (书信) letter ▶ 信箱 xìnxiāng letterbox (英), mailbox (美) ▷ 寄信 jì xìn send a letter **2** (信息) information ▶ 口信 kǒuxìn verbal message **3** (信用) trust ▶ 失信 shīxìn lose trust **4** (凭据) proof ▶ 信物 xìnwù evidence
信贷(貸) xìndài [名] credit
信封 xìnfēng [名] envelope
信奉 xìnfèng [动] believe in ▷ 信奉基督教 xìnfèng Jīdūjiào be a Christian
信服 xìnfú [动] be convinced ▷ 他的话漏洞百出，不能让我信服。Tā de huà lòudòng bǎi chū, bùnéng ràng wǒ xìnfú. His speech was full of inconsistencies — he couldn't convince me.
信号(號) xìnhào [名] signal ▷ 接收信号 jiēshōu xìnhào receive a signal
信件 xìnjiàn [名] letter
信口雌黄(黃) xìn kǒu cíhuáng make irresponsible remarks ▷ 我们对那些记者的信口雌黄感到愤慨。Wǒmen duì nàxiē jìzhě de xìn kǒu cíhuáng gǎndào fènkǎi. We are outraged at the irresponsible comments made by the journalists.
信口开(開)河 xìn kǒu kāi hé talk off the top of one's head
信赖(賴) xìnlài [动] trust
信念 xìnniàn [名] belief
信任 xìnrèn [动] trust ▷ 他为人忠厚朴实，大家都信任他。Tā wéirén zhōnghòu pǔshí, dàjiā dōu xìnrèn tā. He's loyal and honest — everybody trusts him.
信手 xìnshǒu [副] at one's fingertips
信守 xìnshǒu [动] stand by (*pt, pp* stood) ▷ 信守誓言 xìnshǒu shìyán stand by one's word
信条(條) xìntiáo [名] tenet
信徒 xìntú [名] follower
信托(託) xìntuō [动] trust ▷ 信托公司 xìntuō gōngsī trust company
信息 xìnxī [名] information ▷ 传递信息 chuándì xìnxī pass on information ▷ 信息时代 xìnxī shídài the information age

> 请注意，**information** 在任何情况下都只能用作不可数名词。不能说 *'an information'* 或 *'informations'*。*For further information contact the number below.* 但是，在特指从他人处获知的某一具体信息时，可以用 **a piece of information** 或 **an item of information**。*We will be looking at every piece of information we receive.*

信心 xìnxīn [名] faith ▷ 他对前途失去信心。Tā duì qiántú shīqù xìnxīn. He lost faith in his future.
信仰 xìnyǎng [动] believe in ▷ 他没有宗教信仰。Tā méiyǒu zōngjiào xìnyǎng. He has no religious faith.
信用 xìnyòng [名] **1** (指信任) word ▷ 他一向守信用。Tā yīxiàng shǒu xìnyòng. He always keeps his word. **2** (指借贷) credit
信用卡 xìnyòngkǎ [名] credit card
信誉(譽) xìnyù [名] reputation

衅(釁) xìn [名] quarrel ▶ 挑衅 tiǎoxìn pick a quarrel

兴(興) xīng [动] **1** (旺盛) prosper ▶ 兴衰 xīngshuāi rise and fall **2** (流行) be popular ▶ 时兴 shíxīng fashionable **3** (使盛行) promote ▷ 大兴反腐败之风 dàxīng fǎn fǔbài zhī fēng heavily promote anti-corruption **4** (发动) begin (*pt* began, *pp* begun) ▶ 兴修 xīngxiū begin construction
→ 另见 xìng
兴(興)办(辦) xīngbàn [动] set ... up (*pt, pp* set) ▷ 兴办合资企业 xīngbàn hézī qǐyè set up a joint venture
兴(興)奋(奮) xīngfèn [动] be excited ▷ 他兴奋得跳了起来。Tā xīngfèn de tiàole qǐlái. He leaped with excitement.
兴(興)风(風)作浪 xīng fēng zuò làng create chaos ▷ 黑客兴风作浪攻击一些著名网站。Hēikè xīng fēng zuò làng gōngjī yīxiē zhùmíng wǎngzhàn. Hackers have been creating chaos on some well-known websites.
兴(興)建 xīngjiàn [动] build (*pt, pp* built)
兴(興)起 xīngqǐ [动] rise up (*pt* rose, *pp* risen)
兴(興)盛 xīngshèng [形] prosperous
兴(興)师(師)动(動)众(眾) xīng shī dòng zhòng drag in a lot of people ▷ 为这件小事不值得兴师动众。Wèi zhè jiàn xiǎo shì bù zhídé xīng shī dòng zhòng. This little matter does not require a lot of people to be dragged in.
兴(興)旺 xīngwàng [形] prosperous

兴(興)许(許) **xīngxǔ** [副] (方) maybe ▷ 他这么晚还没到，兴许有事不来了。**Tā zhème wǎn hái méi dào, xīngxǔ yǒu shì bù lái le.** He's so late getting here — maybe something's come up and he can't come.

星 **xīng** [名] **1** (指天体) star ▶ 星星 **xīngxing** star ▶ 星空 **xīngkōng** a starry sky **2** (指名人) star ▶ 球星 **qiúxīng** football star **3** (细碎物) bit ▶ 火星 **huǒxīng** spark ▷ 星星点点 **xīngxīngdiǎndiǎn** bits and pieces

星辰 **xīngchén** [名] star

星斗 **xīngdǒu** [名] stars (*pl*)

星火 **xīnghuǒ** [名] **1** (微小的火) spark **2** (流星之光) meteor

星罗(羅)棋布 **xīng luó qí bù** be dotted with ▷ 旅游区内名胜古迹星罗棋布。**Lǚyóuqū nèi míngshèng gǔjì xīng luó qí bù.** The tourist area is dotted with historic and scenic attractions.

星期 **xīngqī** [名] **1** (周) week **2** (指某天) ▶ 星期天 **xīngqītiān** Sunday ▶ 星期三 **xīngqīsān** Wednesday ▷ 明天星期几？ **Míngtiān xīngqī jǐ?** What day is it tomorrow?

星球 **xīngqiú** [名] heavenly body

星体(體) **xīngtǐ** [名] heavenly body

星系 **xīngxì** [名] galaxy

星移斗转(轉) **xīng yí dǒu zhuǎn** the passing of time ▷ 星移斗转，此塔何时建造已无史料可考。**Xīng yí dǒu zhuǎn, cǐ tǎ héshí jiànzào yǐ wú shǐliào kě kǎo.** With the passing of time there are no longer any records as to when this tower was built.

星座 **xīngzuò** [名] constellation

猩 **xīng** [名] orang-utan ▶ 黑猩猩 **hēixīngxing** chimpanzee

猩红(紅) **xīnghóng** [形] blood-red

惺 **xīng** 见下文

惺忪 **xīngsōng** [形] bleary

腥 **xīng I** [名] raw meat **II** [形] fishy

刑 **xíng** [名] **1** (刑罚) punishment ▶ 死刑 **sǐxíng** the death penalty **2** (体罚) corporal punishment

刑罚(罰) **xíngfá** [名] punishment

刑法 **xíngfǎ** [名] criminal law

刑事 **xíngshì** [形] criminal ▷ 刑事案件 **xíngshì ànjiàn** criminal case

行 **xíng I** [动] **1** (走) walk ▶ 步行 **bùxíng** go on foot **2** (流通) be current ▶ 发行 **fāxíng** issue **3** (做) do (*pt* did, *pp* done) ▶ 行医 **xíngyī** practise (英) 或 practice (美) medicine **II** [助动] ▷ 另行通知 **lìngxíng tōngzhī** issue another notice **III** [形] **1** (可以) OK ▷ 行，就这么说定了。**Xíng, jiù zhème shuōdìng le.** OK, so that's settled. **2** (能干) capable **IV** [名] **1** (旅行) travel ▶ 行踪 **xíngzōng** track **2** (行为) conduct ▶ 暴行 **bàoxíng** act of cruelty

→ 另见 háng

行程 **xíngchéng** [名] journey

行动(動) **xíngdòng** [动] **1** (行走) move about ▷ 奶奶年纪大了，行动不便。**Nǎinai niánjì dà le, xíngdòng bù biàn.** Grandma's getting old and finding it harder to move about. **2** (活动) take action (*pt* took, *pp* taken) ▷ 采取行动 **cǎiqǔ xíngdòng** take action

行贿(賄) **xínghuì** [动] bribe

行进(進) **xíngjìn** [动] advance

行径(徑) **xíngjìng** [名] conduct

行军(軍) **xíngjūn** [动] march

行李 **xíngli** [名] luggage

> **luggage** 是不可数名词。可以说某人有 **a piece of luggage** 或 **some luggage**，但不能说有 *'a luggage'* 或 *'some luggages'*。在英式英语中，人们通常用 **luggage** 指旅行者所携带的行李。**baggage** 是比较专业的词汇，例如在机场或谈论旅游保险时使用。在美式英语中，**luggage** 是指空的旅行袋或手提箱，**baggage** 是指装有物品的箱包。无论是英式还是美式英语，旅行者所携带的行李都可称作 **bags**。美国人还将一个手提箱称为 **a bag**。

行人 **xíngrén** [名] pedestrian

行使 **xíngshǐ** [动] exercise

行驶(駛) **xíngshǐ** [动] travel

行为(為) **xíngwéi** [名] behaviour (英), behavior (美) ▷ 行为不轨 **xíngwéi bùguǐ** improper behaviour ▷ 行为规范 **xíngwéi guīfàn** standards of behaviour

行星 **xíngxīng** [名] planet

行云(雲)流水 **xíng yún liú shuǐ** natural and unforced

行政 **xíngzhèng** [名] administration

行装(裝) **xíngzhuāng** [名] luggage

行踪(蹤) **xíngzōng** [名] whereabouts (*pl*) ▷ 他行踪不定，四海为家。**Tā xíngzōng bù dìng, sìhǎi wéi jiā.** His whereabouts are uncertain — he could be living anywhere.

行走 **xíngzǒu** [动] walk

形 **xíng I** [名] **1** (形状) shape **2** (形体) body **II** [动] **1** (显露) appear **2** (对照) compare

形成 **xíngchéng** [动] form ▷ 这种自然现象形成于几千年前。**Zhè zhǒng zìrán xiànxiàng xíngchéng yú jǐ qiān nián qián.** This natural phenomenon formed thousands of years ago.

▷二氧化碳形成温室效应。Èryǎnghuàtàn xíngchéng wēnshì xiàoyìng. Carbon dioxide has caused the greenhouse effect. ▷火山的形成 huǒshān de xíngchéng volcanic formation

形骸 **xínghái** [名] (书) the human body

形迹(跡) **xíngjì** [名] traces (*pl*)

形容 **xíngróng** [动] describe

形容词(詞) **xíngróngcí** [名] adjective

形式 **xíngshì** [名] form

形势(勢) **xíngshì** [名] situation ▷形势很严峻。Xíngshì hěn yánjùn. The situation is grave.

形态(態) **xíngtài** [名] **1** (形状) form **2** (语言) morphology

形体(體) **xíngtǐ** [名] physique ▷形体美 xíngtǐ měi physical beauty

形象 **xíngxiàng** [名] image

形形色色 **xíngxíngsèsè** of every description ▷小说描绘了形形色色的人物。Xiǎoshuō miáohuìle xíngxíngsèsè de rénwù. The novel depicts characters of every description.

形状(狀) **xíngzhuàng** [名] shape

型 **xíng** [名] type ▶体型 **tǐxíng** build ▶模型 **móxíng** model ▶血型 **xuèxíng** blood group ▶典型 **diǎnxíng** typical ▶造型 **zàoxíng** mould (英), mold (美)

型号(號) **xínghào** [名] model ▷这种牌子的电脑有好几种型号。Zhè zhǒng páizi de diànnǎo yǒu hǎo jǐ zhǒng xínghào. This make of computer comes in several different models.

省 **xǐng** [动] **1** (检查) examine oneself critically ▶反省 **fǎnxǐng** self-questioning **2** (探望) visit ▶省亲 **xǐngqīn** visit one's relatives **3** (醒悟) be aware ▷发人深省 fārén-shēnxǐng be enlightening

→另见 shěng

省察 **xǐngchá** [动] examine one's conscience ▷你们要省察自己的行为。Nǐmen yào xǐngchá zìjǐ de xíngwéi. You must examine your behaviour (英) 或 behavior (美).

醒 **xǐng I** [动] **1** (神志恢复) come to (*pt* came, *pp* come) ▷车祸后很久他才醒过来。Chēhuò hòu hěn jiǔ tā cái xǐng guòlái. After the car crash it took him a long time to come to. ▷她还酒醉未醒。Tā hái jiǔzuì wèi xǐng. She still hasn't sobered up. **2** (睡醒) wake up (*pt* woke, *pp* woken) ▶惊醒 **jīngxǐng** wake up with a start **3** (醒悟) become aware (*pt* became, *pp* become) ▶提醒 **tíxǐng** remind **II** [形] eye-catching

醒目 **xǐngmù** [形] eye-catching

醒悟 **xǐngwù** [动] wake up to (*pt* woke, *pp* woken) ▷多年后我才醒悟，自己当时是错误的。Duō nián hòu wǒ cái xǐngwù, zìjǐ dāngshí shì cuòwù de. It wasn't until years later that it dawned on me that I'd been wrong.

兴(興) **xìng** [名] excitement

→另见 xīng

兴(興)冲(沖)冲(沖) **xìngchōngchōng** [形] excited

兴(興)高采烈 **xìng gāo cǎi liè** be on top of the world ▷喜讯传来，全家兴高采烈。Xǐxùn chuánlái, quánjiā xìng gāo cǎi liè. When the good news arrived, the family was on top of the world.

兴(興)趣 **xìngqù** [名] interest ▷他对集邮有浓厚的兴趣。Tā duì jíyóu yǒu nónghòu de xìngqù. He has a deep interest in stamp-collecting.

兴(興)致 **xìngzhì** [名] interest ▷他对打牌下棋兴致不高。Tā duì dǎpái xiàqí xìngzhì bù gāo. He has no great interest in card games or chess.

杏 **xìng** [名] apricot

幸 **xìng I** [形] lucky **II** [动] rejoice **III** [副] fortunately

幸而 **xìng'ér** [副] fortunately

幸福 **xìngfú I** [名] happiness **II** [形] happy

幸好 **xìnghǎo** [副] luckily ▷我一人在家闷得慌，幸好你来串门。Wǒ yī rén zài jiā mèn de huāng, xìnghǎo nǐ lái chuànmén. I was really bored at home by myself — lucky for me you came by!

幸会(會) **xìnghuì** [动] be honoured (英) 或 honored (美) ▷久仰大名，幸会幸会！Jiǔyǎng dàmíng, xìnghuì xìnghuì! I've been looking forward to meeting you for a long time — I'm honoured!

幸亏(虧) **xìngkuī** [副] fortunately

幸(倖)免 **xìngmiǎn** [动] survive

幸运(運) **xìngyùn I** [名] good luck **II** [形] lucky

幸灾(災)乐(樂)祸(禍) **xìng zāi lè huò** gloat at others' misfortunes ▷看到他家破人亡，她却幸灾乐祸地笑了。Kàndào tā jiā pò rén wáng, tā què xìng zāi lè huò de xiào le. When she saw that his family was ruined, she gloated at his misfortune.

性 **xìng** [名] **1** (性格) character ▶品性 **pǐnxìng** moral character ▶任性 **rènxìng** stubborn **2** (性能) function ▶酸性 **suānxìng** acidity **3** (性别) gender ▶男性 **nánxìng** male **4** (情欲) sex ▷性关系 xìngguānxì sexual intercourse **5** (性质) ▶可靠性 **kěkàoxìng** reliability ▶实用

性 shíyòngxìng utility **6** (语法) gender ▶ 阳性 yángxìng masculine
性别(別) **xìngbié** [名] sex
性感 **xìnggǎn** [形] sexy
性格 **xìnggé** [名] personality
性交 **xìngjiāo** [动] have sex
性命 **xìngmìng** [名] life (*pl* lives)
性能 **xìngnéng** [名] function
性情 **xìngqíng** [名] disposition ▷ 这女孩儿性情温和。Zhè nǚháir xìngqíng wēnhé. This girl has a gentle disposition.
性骚(騷)扰(擾) **xìngsāorǎo** [动] sexually harass ▷ 法律如何保护受到性骚扰的女性？Fǎlǜ rúhé bǎohù shòudào xìngsāorǎo de nǚxìng? How does the law protect women from sexual harassment?
性欲(慾) **xìngyù** [名] sexual desire
性质(質) **xìngzhì** [名] character

姓 **xìng** **I** [动] ▷ 我姓李。Wǒ xìng Lǐ. My surname is Li. **II** [名] surname
姓名 **xìngmíng** [名] full name
姓氏 **xìngshì** [名] surname

凶 **xiōng** **I** [形] **1** (不幸的) unlucky ▶ 凶兆 xiōngzhào ill omen **2** (凶恶) ferocious ▶ 凶相 xiōngxiàng fierce look **3** (厉害) terrible ▷ 俩人吵得很凶。Liǎ rén chǎo de hěn xiōng. The two men had a terrible quarrel. **II** [名] act of violence
凶暴 **xiōngbào** [形] ferocious
凶残(殘) **xiōngcán** [形] savage
凶恶(惡) **xiōng'è** [形] fierce
凶狠 **xiōnghěn** [形] vicious
凶猛 **xiōngměng** [形] ferocious
凶器 **xiōngqì** [名] weapon
凶手 **xiōngshǒu** [名] murderer
凶险(險) **xiōngxiǎn** [形] **1** (危险可怕) perilous ▷ 这条山路极其凶险。Zhè tiáo shānlù jíqí xiōngxiǎn. This mountain road is perilous. ▷ 老人病情凶险。Lǎorén bìngqíng xiōngxiǎn. The old man's condition is critical. **2** (凶恶阴险) ruthless

兄 **xiōng** [名] brother
兄弟 **xiōngdì** [名] brother
兄长(長) **xiōngzhǎng** [名] elder brother

汹(洶) **xiōng** [动] upsurge
汹(洶)汹(洶) **xiōngxiōng** [形] turbulent
汹(洶)涌(湧)澎湃 **xiōngyǒng péngpài** tempestuous

胸 **xiōng** [名] **1** (胸部) chest **2** (心胸) heart ▷ 胸怀大志 xiōng huái dàzhì have a big heart
胸怀(懷) **xiōnghuái** [名] heart
胸襟 **xiōngjīn** [名] **1** (气量) broadmindedness ▷ 胸襟开阔 xiōngjīn kāikuò broadminded **2** (胸部衣襟) chest
胸脯 **xiōngpú** [名] chest
胸有成竹 **xiōng yǒu chéng zhú** have a well thought-out strategy

雄 **xióng** **I** [形] **1** (公的) male ▶ 雄性 xióngxìng male **2** (有气魄的) imposing **3** (强有力的) strong **II** [名] very powerful person
雄辩(辯) **xióngbiàn** [名] convincing argument
雄厚 **xiónghòu** [形] abundant
雄赳赳 **xióngjiūjiū** [形] gallant
雄图(圖) **xióngtú** [名] grand plan
雄伟(偉) **xióngwěi** [形] imposing
雄心 **xióngxīn** [名] ambition
雄壮(壯) **xióngzhuàng** [形] majestic

熊 **xióng** [名] bear
熊猫(貓) **xióngmāo** [名] panda
熊熊 **xióngxióng** [形] blazing

休 **xiū** **I** [动] **1** (停止) stop **2** (休息) rest **II** [副] ▷ 你休想得逞。Nǐ xiūxiǎng déchěng. Don't imagine you can win.
休克 **xiūkè** [名] shock
休戚相关(關) **xiūqī xiāng guān** be interconnected
休息 **xiūxi** [动] rest
休闲(閒) **xiūxián** [动] **1** (闲置) be unused **2** (悠闲) be at leisure ▷ 休闲服装 xiūxián fúzhuāng casual clothes
休养(養) **xiūyǎng** [动] recuperate
休养(養)生息 **xiūyǎng shēngxī** recovery ▷ 本届政府实行了休养生息政策。Běn jiè zhèngfǔ shíxíngle xiūyǎng shēngxī zhèngcè. This government has pursued policies for national recovery.
休整 **xiūzhěng** [动] rest and reorganize
休止 **xiūzhǐ** [动] cease ▷ 对环境的破坏何时才能休止？Duì huánjìng de pòhuài héshí cái néng xiūzhǐ? When will the damage to the environment cease?

修 **xiū** [动] **1** (修饰) decorate **2** (修理) mend **3** (学习) study **4** (兴建) build (*pt, pp* built) **5** (剪) trim
修补(補) **xiūbǔ** [动] mend
修长(長) **xiūcháng** [形] slender
修辞(辭) **xiūcí** [动] engage in rhetoric

修订(訂) **xiūdìng** [动] revise ▷ 修订草案 **xiūdìng cǎo'àn** revise a draft
修改 **xiūgǎi** [动] alter ▷ 修改计划 **xiūgǎi jìhuà** alter one's plans ▷ 修改文章 **xiūgǎi wénzhāng** revise an essay
修建 **xiūjiàn** [动] build (*pt, pp* built)
修理 **xiūlǐ** [动] repair
修女 **xiūnǚ** [名] nun
修身 **xiūshēn** [动] improve oneself
修饰(飾) **xiūshì** [动] **1** (修整装饰) decorate **2** (修改润饰) polish
修养(養) **xiūyǎng** [名] **1** (水平) accomplishments (*pl*) ▷ 文学修养 **wénxué xiūyǎng** literary accomplishments **2** (指态度) gentility
修正 **xiūzhèng** [动] correct

羞 **xiū I** [形] shy ▶ 害羞 **hàixiū** be shy **II** [动] disgrace **III** [名] shame
羞惭(慚) **xiūcán** [形] ashamed
羞耻(恥) **xiūchǐ** [形] ashamed
羞答答 **xiūdādā** [形] coy
羞愧 **xiūkuì** [形] ashamed
羞怯 **xiūqiè** [形] timid
羞辱 **xiūrǔ I** [名] humiliation **II** [动] humiliate
羞涩(澀) **xiūsè** [形] shy

朽 **xiǔ** [动] **1** (腐烂) rot **2** (衰老) go senile

宿 **xiǔ** [量] night ▷ 他在旅店里住了两宿。**Tā zài lǚdiàn lǐ zhùle liǎng xiǔ.** He stayed at the guesthouse for two nights.
→ 另见 **sù**

秀 **xiù I** [形] **1** (清秀) elegant **2** (优异) outstanding **II** [名] talent ▶ 新秀 **xīnxiù** new talent
秀才 **xiùcái** [名] scholar
秀丽(麗) **xiùlì** [形] beautiful
秀美 **xiùměi** [形] elegant
秀气(氣) **xiùqi** [形] **1** (清秀) delicate **2** (文雅) refined

臭 **xiù** [名] smell
→ 另见 **chòu**

袖 **xiù** [名] sleeve ▶ 袖子 **xiùzi** sleeve
袖手旁观(觀) **xiù shǒu páng guān** stand by and do nothing
袖珍 **xiùzhēn** [形] pocket-sized ▷ 袖珍收音机 **xiùzhēn shōuyīnjī** pocket radio

绣(繡) **xiù I** [动] embroider **II** [名] embroidery
绣(繡)花枕头(頭) **xiùhuā zhěntou** pretty on the outside but lacking substance underneath

锈(鏽) **xiù** [名] rust ▶ 生锈 **shēngxiù** go rusty ▷ 刀锈了。**Dāo xiù le.** The knife has rusted.

嗅 **xiù** [动] smell
嗅觉(覺) **xiùjué** [名] sense of smell ▷ 狗的嗅觉很灵敏。**Gǒu de xiùjué hěn língmǐn.** Dogs have an acute sense of smell.

吁 **xū** [动] (书) sigh
→ 另见 **yù**
吁吁(籲) **xūxū** [拟] huff and puff

须(須) **xū I** [副] ▶ 必须 **bìxū** must **II** [名] beard
须(須)要 **xūyào** [动] need
须(須)知 **xūzhī** [名] essentials (*pl*)

虚(虛) **xū I** [形] **1** (空着) empty **2** (胆怯) timid **3** (虚假) false **4** (虚心) modest **5** (弱) weak **II** [副] in vain
虚(虛)词(詞) **xūcí** [名] function word
虚(虛)浮 **xūfú** [形] superficial
虚(虛)构(構) **xūgòu** [动] fabricate ▷ 故事情节纯属虚构。**Gùshi qíngjié chún shǔ xūgòu.** This story has been completely fabricated.
虚(虛)怀(懷)若谷 **xū huái ruò gǔ** be open-minded
虚(虛)幻 **xūhuàn** [形] illusory
虚(虛)假 **xūjiǎ** [形] false
虚(虛)惊(驚) **xūjīng** [名] false alarm
虚(虛)名 **xūmíng** [名] undeserved reputation
虚(虛)情假意 **xū qíng jiǎ yì** ▷ 我看得出他对我只是虚情假意。**Wǒ kàn de chū tā duì wǒ zhǐshì xū qíng jiǎ yì.** I realized that his apparent friendliness to me was not genuine.
虚(虛)荣 **xūróng** [名] vanity
虚(虛)弱 **xūruò** [形] frail
虚(虛)伪(偽) **xūwěi** [形] hypocritical
虚(虛)无(無) **xūwú** [形] non-existent
虚(虛)心 **xūxīn** [形] open-minded ▷ 我们要虚心向他人学习。**Wǒmen yào xūxīn xiàng tārén xuéxí.** We need to learn from others in an open-minded way.
虚(虛)张(張)声(聲)势(勢) **xū zhāng shēngshì** bluff and bluster ▷ 面对虚张声势的商家，如何讨个好价钱? **Miànduì xū zhāng shēng shì de shāngjiā, rúhé tǎo gè hǎo jiàqián?** How is it possible to bargain with shopkeepers who bluff and bluster?

墟 xū [名] ruins (*pl*)

需 xū **I** [动] need ▷ 去英国留学需一大笔经费。Qù Yīngguó liúxué xū yī dà bǐ jīngfèi. You'll need considerable funds if you want to go to Britain to study. **II** [名] needs (*pl*) ▶ 军需 jūnxū military requirements (*pl*)

需求 xūqiú [名] demand ▷ 该地区对中药材的需求很旺盛。Gāi dìqū duì zhōngyàocái de xūqiú hěn wàngshèng. There is a thriving demand for Chinese medicinal herbs in this area.

需要 xūyào **I** [动] need ▷ 常人每天需要吃一定量的水果和蔬菜。Chángrén měi tiān xūyào chī yīdìng liàng de shuǐguǒ hé shūcài. Everyone needs to eat a certain amount of fruit and vegetables each day. **II** [名] needs (*pl*) ▷ 日常生活需要 rìcháng shēnghuó xūyào necessities of life

嘘(噓) xū [叹] (方) sh ▷ 嘘！别吵醒了他。Xū! Bié chǎoxǐngle tā. Sh! Don't wake him!
→ 另见 shī

徐 xú [副] slowly

徐徐 xúxú [副] slowly

许(許) xǔ **I** [动] **1** (称赞) praise **2** (答应) promise **3** (允许) allow ▷ 妻子不许他抽烟喝酒。Qīzi bùxǔ tā chōu yān hē jiǔ. His wife doesn't allow him to smoke or drink. **II** [副] maybe ▷ 他看上去脸色苍白，许是生病了。Tā kàn shàngqù liǎnsè cāngbái, xǔ shì shēngbìng le. He looks a bit pale — maybe he's ill.

许(許)多 xǔduō [形] many ▷ 这套家具用了许多年了。Zhè tào jiājù yòngle xǔduō nián le. This furniture has been in use for many years. ▷ 他养了许多金鱼。Tā yǎngle xǔduō jīnyú. He keeps a lot of goldfish.

许(許)久 xǔjiǔ [名] ages (*pl*) ▷ 我等了许久才收到他的回信。Wǒ děngle xǔjiǔ cái shōudào tā de huíxìn. I had to wait for ages before he replied to my letter.

许(許)可 xǔkě [动] allow ▷ 如果条件许可，我就报名参赛。Rúguǒ tiáojiàn xǔkě, wǒ jiù bàomíng cānsài. If circumstances allow, I'll sign up for the competition.

许(許)诺(諾) xǔnuò [动] promise ▷ 他曾许诺来看她，可是终究没来。Tā céng xǔnuò lái kàn tā, kěshì zhōngjiū méi lái. He promised to visit her, but he never came.

许(許)配 xǔpèi [动] marry ... off ▷ 父母将她许配给了一个有钱人。Fùmǔ jiāng tā xǔpèi gěile yī gè yǒuqiánrén. Her parents married her off to a rich man.

许(許)愿(願) xǔyuàn [动] **1** (对神) vow **2** (对人) promise

诩(詡) xǔ [动] (书) boast

栩 xǔ 见下文

栩栩 xǔxǔ [形] vivid

旭 xù [名] (书) sunrise

旭日 xùrì [名] the rising sun

序 xù **I** [名] **1** (次序) order **2** (序文) preface ▷ 我给这本书写了序。Wǒ gěi zhè běn shū xiěle xù. I wrote the preface to this book. **II** [形] preliminary

序列 xùliè [名] formation

序幕 xùmù [名] prologue

序曲 xùqǔ [名] overture

序数(數) xùshù [名] ordinal number

序言 xùyán [名] foreword

叙(敘) xù [动] **1** (谈) chat **2** (记述) recount

叙(敘)别(別) xùbié [动] have a farewell talk

叙(敘)事 xùshì [动] narrate

叙(敘)述 xùshù [动] recount

恤(卹) xù [动] **1** (怜悯) pity **2** (救济) give money (*pt* gave, *pp* given)

恤(卹)金 xùjīn [名] pension

畜 xù [动] raise
→ 另见 chù

畜牧 xùmù [动] rear ▷ 畜牧业 xùmùyè animal husbandry

酗 xù 见下文

酗酒 xùjiǔ [动] get drunk ▷ 他因酗酒斗殴被警方拘留。Tā yīn xùjiǔ dòu'ōu bèi jǐngfāng jūliú. He was arrested because he got drunk and was involved in a fight.

绪(緒) xù [名] **1** (开端) beginning **2** (心情) feelings (*pl*)

绪(緒)论(論) xùlùn [名] preface

续(續) xù [动] **1** (接连) continue **2** (延长) extend **3** (添加) add

续(續)聘 xùpìn [动] keep ... on (*pt, pp* kept) ▷ 合同期满后，公司续聘了他。Hétong qīmǎn hòu, gōngsī xùpìnle tā. When his contract expired, the company kept him on.

絮 xù **I** [名] **1** (棉絮) cotton wadding **2** (絮状物) ▶ 柳絮 liǔxù willow catkin **II** [动] **1** (铺衬) pad with cotton **2** (啰唆) be long-winded

絮叨 xùdāo [动] go on ▷她絮絮叨叨, 我听得都厌烦了。Tā xùxùdāodāo, wǒ tīng de dōu yànfán le. How she went on! I was sick of the sound of it!

婿 xù [名] 1(女婿) son-in-law (*pl* sons-in-law) ▶女婿 nǚxù son-in-law 2(丈夫) husband

蓄 xù [动] 1(储存) store 2(留着) grow (*pt* grew, *pp* grown) ▷蓄胡子 xù húzi grow a beard 3(存有) harbour (英), harbor (美)
蓄积(積) xùjī [动] store
蓄谋(謀) xùmóu [动] premeditate
蓄意 xùyì [动] premeditate

轩(軒) xuān [形] (书) high
轩(軒)昂 xuān'áng [形] dignified
轩(軒)然大波 xuānrán dà bō complete crisis ▷球员罢赛掀起轩然大波。Qiúyuán bàsài xiānqǐ xuānrán dà bō. The footballers' strike caused a complete crisis.

宣 xuān [动] 1(宣布) announce 2(疏导) lead ... off (*pt*, *pp* led) ▶宣泄 xuānxiè get ... off one's chest
宣布 xuānbù [动] announce
宣称(稱) xuānchēng [动] announce
宣传(傳) xuānchuán [动] disseminate ▷宣传工具 xuānchuán gōngjù means of dissemination ▷宣传进步思想 xuānchuán jìnbù sīxiǎng promote progressive thought
宣告 xuāngào [动] proclaim
宣判 xuānpàn [动] pass judgment ▷法庭宣判被告无罪。Fǎtíng xuānpàn bèigào wúzuì. The court declared the defendant not guilty.
宣誓 xuānshì [动] take an oath (*pt* took, *pp* taken)
宣泄(洩) xuānxiè [动] get ... off one's chest ▷明天的讨论是给大家一个宣泄的机会。Míngtiān de tǎolùn shì gěi dàjiā yī gè xuānxiè de jīhuì. Tomorrow's discussion will be an opportunity for everyone to get things off their chests.
宣言 xuānyán [名] declaration
宣扬(揚) xuānyáng [动] advocate
宣战(戰) xuānzhàn [动] declare war ▷珍珠港事件后, 美国向日本宣战。Zhēnzhūgǎng shìjiàn hòu, Měiguó xiàng Rìběn xuānzhàn. After Pearl Harbor the United States declared war on Japan.

喧 xuān [动] make a noise
喧宾(賓)夺(奪)主 xuān bīn duó zhǔ get one's priorities wrong
喧哗(譁) xuānhuá I [形] riotous II [动] create a disturbance
喧闹(鬧) xuānnào [形] rowdy
喧嚣(囂) xuānxiāo I [形] noisy II [动] cause an uproar

玄 xuán [形] 1(深奥) deep 2(口)(玄乎) unreliable
玄乎 xuánhu [形] (口) unreliable
玄妙 xuánmiào [形] mysterious
玄虚(虛) xuánxū [名] mystery

悬(懸) xuán I [动] 1(挂) hang (*pt*, *pp* hung) 2(设想) imagine 3(挂念) be concerned about 4(未定) be unresolved ▷这件事还悬着呢。Zhè jiàn shì hái xuánzhe ne. This matter is still unresolved. II [形] far apart
悬(懸)案 xuán'àn [名] unsolved case
悬(懸)挂(掛) xuánguà [动] hang (*pt*, *pp* hung)
悬(懸)念 xuánniàn [名] suspense
悬(懸)赏(賞) xuánshǎng [动] offer a reward ▷政府悬赏百万美金捉拿要犯。Zhèngfǔ xuánshǎng bǎiwàn měijīn zhuōná yàofàn. The government offered a reward of a million dollars for the arrest of the perpetrator.
悬(懸)殊 xuánshū [形] distant ▷大城市里贫富悬殊。Dà chéngshì lǐ pínfù xuánshū. In big cities there's a huge gap between the rich and the poor.
悬(懸)崖 xuányá [名] precipice

旋 xuán I [动] 1(旋转) revolve 2(返回) return II [名] spiral
→另见 xuàn
旋律 xuánlǜ [名] melody
旋钮(鈕) xuánniǔ [名] knob
旋绕(繞) xuánrào [动] circle ▷乐曲声在耳边旋绕不绝。Yuèqǔshēng zài ěrbiān xuánrào bù jué. The tune kept going round and round in my head.
旋涡(渦) xuánwō [名] whirlpool
旋转(轉) xuánzhuǎn [动] revolve ▷地球围绕太阳旋转。Dìqiú wéirào tàiyáng xuánzhuǎn. The earth revolves around the sun.

漩 xuán [名] whirlpool
漩涡(渦) xuánwō [名] whirlpool

选(選) xuǎn I [动] 1(挑选) choose (*pt* chose, *pp* chosen) 2(选举) vote II [名] 1(指人) selection ▶人选 rénxuǎn selection of people 2(作品集) collection ▶文选 wénxuǎn collected works (*pl*)
选(選)拔 xuǎnbá [动] select
选(選)本 xuǎnběn [名] anthology

选(選)材 **xuǎncái** [动] **1** (选人才) select talent **2** (选材料) select material
选(選)集 **xuǎnjí** [名] anthology
选(選)举(舉) **xuǎnjǔ** [动] elect
选(選)民 **xuǎnmín** [名] electorate
选(選)派 **xuǎnpài** [动] select
选(選)取 **xuǎnqǔ** [动] choose (*pt* chose, *pp* chosen)
选(選)手 **xuǎnshǒu** [名] contestant
选(選)修 **xuǎnxiū** [动] choose to study (*pt* chose, *pp* chosen) ▷ 这学期我选修了经济学。**Zhè xuéqī wǒ xuǎnxiūle jīngjìxué.** This term I've chosen to study economics. ▷ 选修课程 **xuǎnxiū kèchéng** optional course
选(選)择(擇) **xuǎnzé** [动] choose (*pt* chose, *pp* chosen) ▷ 成千种商品供您自由选择。**Chéng qiān zhǒng shāngpǐn gōng nín zìyóu xuǎnzé.** We have a thousand different products for you to choose from. ▷ 选择配偶 **xuǎnzé pèiǒu** choose a partner ▷ 别无选择 **bié wú xuǎnzé** have no choice ▷ 中文字体选择 **Zhōngwén zìtǐ xuǎnzé** a selection of Chinese fonts

---

炫

xuàn [动] **1** (晃眼) dazzle **2** (夸耀) show off (*pt* showed, *pp* shown)
炫耀 **xuànyào** [动] show off (*pt* showed, *pp* shown)

绚(絢)

xuàn [形] splendid
绚(絢)烂(爛) **xuànlàn** [形] splendid
绚(絢)丽(麗) **xuànlì** [形] gorgeous

眩

xuàn [形] (书) dizzy
眩目 **xuànmù** [动] dazzle

旋

xuàn [动] spin (*pt*, *pp* spun)
→ 另见 **xuán**
旋风(風) **xuànfēng** [名] whirlwind

渲

xuàn 见下文
渲染 **xuànrǎn** [动] exaggerate

削

xuē 见下文
→ 另见 **xiāo**
削减(減) **xuējiǎn** [动] cut (*pt*, *pp* cut) ▷ 削减财政开支 **xuējiǎn cáizhèng kāizhī** cut government expenditure
削弱 **xuēruò** [动] weaken

靴

xuē [名] boot
靴子 **xuēzi** [名] boot

穴

xué [名] **1** (洞) den **2** (穴位) acupuncture point
穴位 **xuéwèi** [名] acupuncture point

学(學)

xué I [动] **1** (学习) study ▷ 学英语 **xué Yīngyǔ** learn English **2** (模仿) imitate ▷ 学鸟叫 **xué niǎojiào** imitate birdsong **II** [名] **1** (学问) learning ▶ 博学 **bóxué** erudition **2** (学科) science ▶ 数学 **shùxué** mathematics ▶ 生物学 **shēngwùxué** biology ▶ 化学 **huàxué** chemistry **3** (学校) school ▶ 大学 **dàxué** university ▶ 中学 **zhōngxué** senior school (英), high school (美) ▶ 小学 **xiǎoxué** primary school (英), elementary school (美)
学(學)报(報) **xuébào** [名] academic journal
学(學)潮 **xuécháo** [名] student movement
学(學)费(費) **xuéfèi** [名] tuition fee
学(學)风(風) **xuéfēng** [名] learning style
学(學)府 **xuéfǔ** [名] institute of higher education
学(學)籍 **xuéjí** [名] one's status as a student
学(學)界 **xuéjiè** [名] educational circles (*pl*)
学(學)究 **xuéjiū** [名] pedant
学(學)科 **xuékē** [名] subject
学(學)力 **xuélì** [名] level of academic attainment
学(學)历(歷) **xuélì** [名] educational background
学(學)龄(齡) **xuélíng** [名] school age ▷ 学龄前儿童 **xuélíngqián értóng** preschool children
学(學)名 **xuémíng** [名] scientific name ▷ 食盐的学名是氯化钠。**Shíyán de xuémíng shì lǜhuànà.** The scientific name for salt is sodium chloride.
学(學)派 **xuépài** [名] school of thought
学(學)生 **xuésheng** [名] student ▷ 学生会 **xuéshēnghuì** student union
学(學)识(識) **xuéshí** [名] knowledge
学(學)士 **xuéshì** [名] **1** (读书人) scholar **2** (指学位) bachelor's degree ▷ 文学学士 **wénxué xuéshì** Bachelor of Arts, B.A.
学(學)术(術) **xuéshù** [名] learning ▷ 学术论文 **xuéshù lùnwén** academic essay
学(學)说(說) **xuéshuō** [名] theory
学(學)位 **xuéwèi** [名] degree ▷ 硕士学位 **shuòshì xuéwèi** master's degree
学(學)问(問) **xuéwen** [名] learning
学(學)院 **xuéyuàn** [名] college
学(學)习(習) **xuéxí** [动] study ▷ 学习英语语法 **xuéxí Yīngyǔ yǔfǎ** study English grammar ▷ 学习方法 **xuéxí fāngfǎ** study methods ▷ 学习发达国家的经验 **xuéxí fādá guójiā de jīngyàn** learn from the experience of the developed countries
学(學)校 **xuéxiào** [名] school ▷ 职业技术学校

zhíyè jìshù xuéxiào vocational and technical school

学(學)业(業) **xuéyè** [名] studies (*pl*) ▷ 你最好完成学业后再找工作。**Nǐ zuìhǎo wánchéng xuéyè hòu zài zhǎo gōngzuò.** It would be best to look for work again after you've finished your studies.

学(學)者 **xuézhě** [名] scholar

学(學)子 **xuézǐ** [名] (书) student

雪 **xuě** **I** [名] snow ▶ 下雪 **xiàxuě** to snow **II** [形] bright **III** [动] avenge

雪白 **xuěbái** [形] snow-white

雪耻(恥) **xuěchǐ** [动] avenge an insult

雪花 **xuěhuā** [名] snowflake

雪亮 **xuěliàng** [形] bright

雪中送炭 **xuě zhōng sòng tàn** give help when it is most needed

血 **xuè** [名] **1** (血液) blood **2** (刚强的气质) courage ▷ 血性男儿 **xuèxìng nán'ér** courageous man

→ 另见 **xiě**

血本 **xuèběn** [名] principal

血汗 **xuèhàn** [名] sweat and toil

血口喷人 **xuè kǒu pēn rén** vicious slander

血气(氣)方刚(剛) **xuèqì fāng gāng** full of youthful vigour (英) 或 vigor (美)

血肉 **xuèròu** [名] flesh and blood

血统(統) **xuètǒng** [名] blood relation

血型 **xuèxíng** [名] blood type

血压(壓) **xuèyā** [名] blood pressure

血液 **xuèyè** [名] **1** (血) blood **2** (主要力量) lifeblood

血缘(緣) **xuèyuán** [名] blood relation

血债(債) **xuèzhài** [名] blood debt

血战(戰) **xuèzhàn** [名] bloody battle

勋(勳) **xūn** [名] merit

勋(勳)章 **xūnzhāng** [名] medal

熏(薰) **xūn** [动] **1** (烟气接触物体) blacken ▷ 烟把墙熏黑了。**Yān bǎ qiáng xūn hēi le.** The smoke has blackened the wall. ▷ 一股怪味直熏鼻子。**Yī gǔ guàiwèi zhí xūn bízi.** I'm aware of a strange smell. **2** (熏制) smoke ▶ 熏肉 **xūnròu** smoked meat

熏(薰)染 **xūnrǎn** [动] influence ▷ 他深得古典艺术之熏染。**Tā shēndé gǔdiǎn yìshù zhī xūnrǎn.** He has been deeply influenced by classical art.

熏(薰)陶 **xūntáo** [动] influence ▷ 他从小受到古典音乐的熏陶。**Tā cóngxiǎo shòudào gǔdiǎn yīnyuè de xūntáo.** He had been influenced by classical music since he was small.

旬 **xún** [名] **1** (十日) ten days ▶ 上旬 **shàngxún** the first ten days of the month **2** (指十岁) ▷ 他年过7旬。**Tā nián guò qī xún.** He's more than seventy years old.

寻(尋) **xún** [动] search

寻(尋)常 **xúncháng** [形] usual ▷ 这件事很不寻常。**Zhè jiàn shì hěn bù xúncháng.** This is a most unusual business.

寻(尋)访(訪) **xúnfǎng** [动] search for

寻(尋)呼 **xúnhū** [动] put out a call for (*pt, pp* put) ▶ 寻呼机 **xúnhūjī** pager

寻(尋)觅(覓) **xúnmì** [动] search for ▷ 寻觅人生伴侣 **xúnmì rénshēng bànlǚ** search for a life partner

寻(尋)求 **xúnqiú** [动] seek (*pt, pp* sought) ▷ 寻求法律帮助 **xúnqiú fǎlǜ bāngzhù** seek legal assistance

寻(尋)死 **xúnsǐ** [动] commit suicide

寻(尋)思 **xúnsi** [动] ponder ▷ 他在寻思如何才能把问题解决好。**Tā zài xúnsi rúhé cái néng bǎ wèntí jiějué hǎo.** He is pondering how to solve the problem.

寻(尋)衅(釁) **xúnxìn** [动] pick a fight

寻(尋)找 **xúnzhǎo** [动] look for ▷ 寻找丢失的钱包 **xúnzhǎo diūshī de qiánbāo** look for a lost purse ▷ 寻找人生的真谛 **xúnzhǎo rénshēng de zhēndì** seek the meaning of life

---

巡 **xún** [动] patrol

巡查 **xúnchá** [动] patrol

巡警 **xúnjǐng** [名] policeman

巡逻(邏) **xúnluó** [动] patrol ▷ 这个住宅区24小时都有警卫巡逻。**Zhège zhùzháiqū èrshísì xiǎoshí dōu yǒu jǐngwèi xúnluó.** This residential area is patrolled by guards 24 hours a day.

巡视(視) **xúnshì** [动] make a tour of inspection

询(詢) **xún** [动] inquire

询(詢)问(問) **xúnwèn** [动] ask ▷ 母亲在信中询问我的生活情况。**Mǔqīn zài xìn zhōng xúnwèn wǒ de shēnghuó qíngkuàng.** In her letters Mother asked how I was doing.

循 **xún** [动] abide by

循规(規)蹈矩 **xún guī dǎo jǔ** stick to the rules

循环(環) **xúnhuán** [动] circulate

循序渐(漸)进(進) **xúnxù jiànjìn** take a progressive approach ▷ 我主张循序渐进的学习方法。**Wǒ zhǔzhāng xúnxù jiànjìn de** xuéxí fāngfǎ. I'd advise a study method that takes a progressive approach.

循循善诱(誘) xúnxún shàn yòu teach with skill and patience

训(訓) xùn I [动] 1 (教导) teach (*pt*, *pp* taught) 2 (训练) train II [名] rule

训(訓)斥 xùnchì [动] reprimand

训(訓)导(導) xùndǎo [动] give ... training and guidance (*pt* gave, *pp* given)

训(訓)话(話) xùnhuà [动] reprimand

训(訓)练(練) xùnliàn [动] train ▷ 职业训练 zhíyè xùnliàn vocational training

讯(訊) xùn I [动] interrogate ▶ 审讯 shěnxùn interrogate II [名] message ▶ 传讯 chuánxùn pass on a message ▶ 简讯 jiǎnxùn brief message ▶ 喜讯 xǐxùn good news (*sg*)

讯(訊)问(問) xùnwèn [动] 1 (问) ask ▷ 医生讯问了她的身体状况。Yīshēng xùnwènle tā de shēntǐ zhuàngkuàng. The doctor asked about her physical condition. 2 (审问) question

汛 xùn [名] flood

汛期 xùnqī [名] flood season

汛情 xùnqíng [名] flood situation

迅 xùn [形] swift

迅猛 xùnměng [形] swift and violent

迅速 xùnsù [形] swift

驯(馴) xùn I [形] tame II [动] tame

驯(馴)服 xùnfú I [形] tame II [动] tame ▷ 驯服野兽 xùnfú yěshòu tame wild animals

驯(馴)化 xùnhuà [动] domesticate

驯(馴)良 xùnliáng [形] docile

驯(馴)养(養) xùnyǎng [动] tame

徇 xùn [动] (书) give way to (*pt* gave, *pp* given)

徇情 xùnqíng [动] (书) be swayed by personal considerations

徇私 xùnsī [动] show favouritism (英) 或 favoritism (美) (*pt* showed, *pp* shown)

逊(遜) xùn [形] 1 (谦虚) modest 2 (书) (差) inferior

逊色(遜) xùnsè [动] be inferior to ▷ 你的工作成绩和他相比毫不逊色。Nǐ de gōngzuò chéngjì hé tā xiāngbǐ háo bù xùnsè. Your achievements at work are not inferior to his.

殉 xùn [动] die for ▶ 殉情 xùnqíng die for love

殉难(難) xùnnàn [动] die ▷ 他在抗洪救灾中不幸殉难。Tā zài kànghóng jiùzāi zhōng bùxìng xùnnàn. Sadly, he died fighting the floods.

殉职(職) xùnzhí [动] die in the line of duty ▷ 3名消防队员在救火时殉职。Sān míng xiāofáng duìyuán zài jiùhuǒ shí xùnzhí. Three members of the fire brigade died in the line of duty.

熏(薰) xùn [动] (方) suffocate

Yy

丫 yā [名] **1** (分叉) fork **2** (方) (女孩子) girl

丫头(頭) yātou [名] **1** (女孩子) girl **2** (旧) (丫鬟) maid

压(壓) yā **I** [动] **1** (施力) press **2** (超越) outdo (*pt* outdid, *pp* outdone) **3** (使稳定) control **4** (压制) suppress **5** (积压) put ... off (*pt, pp* put) ▷ 上访信要及时处理，不能压着。 **Shàngfǎngxìn yào jíshí chǔlǐ, bùnéng yāzhe.** Appeals to the authorities should be dealt with promptly — you mustn't put them off. **6** (下注) bet (*pt, pp* bet) **II** [名] pressure
→ 另见 yà

压(壓)价(價) yājià [动] force a price down

压(壓)力 yālì [名] **1** (物) pressure **2** (指对人) pressure ▷ 她承受着来自媒体的压力。 **Tā chéngshòuzhe láizì méitǐ de yālì.** She is coming under pressure from the media. **3** (负担) burden ▷ 沉重的生活压力 **chénzhòng de shēnghuó yālì** the heavy burden of existence

压(壓)迫 yāpò [动] **1** (压制) oppress **2** (挤压) put pressure on (*pt, pp* put) ▷ 囊肿压迫神经。 **Nángzhǒng yāpò shénjīng.** Cysts put pressure on the nerves.

压(壓)岁(歲)钱(錢) yāsuìqián [名] *traditional gifts of money given to children during the Spring Festival*

压(壓)缩(縮) yāsuō [动] **1** (使体积缩小) compress **2** (减少) reduce

压(壓)抑 yāyì [动] suppress

压(壓)制 yāzhì [动] **1** (抑制) suppress **2** (指制造方法) press

呀 yā **I** [叹] (表示惊异) oh ▷ 呀！已经12点了！ **Yā! Yǐjīng shí'èr diǎn le!** Oh! It's 12 o'clock already! **II** [拟] creak

押 yā **I** [动] **1** (抵押) leave ... as a security (*pt, pp* left) **2** (拘留) detain ▷ 这所监狱押着几百名犯人。 **Zhè suǒ jiānyù yāzhe jǐ bǎi míng fànrén.** Several hundred convicts are held in this prison. **3** (看管) guard **II** [名] signature

押金 yājīn [名] deposit

押送 yāsòng [动] send ... under escort (*pt, pp* sent)

押韵(韻) yāyùn [动] rhyme

鸦(鴉) yā [名] crow

鸦(鴉)片 yāpiàn [名] opium

鸦(鴉)雀无(無)声(聲) yā què wú shēng so quiet you could hear a pin drop ▷ 教室里鸦雀无声。 **Jiàoshì li yā què wú shēng.** It was so quiet in the classroom that you could hear a pin drop.

鸭(鴨) yā [名] duck

牙 yá [名] **1** (牙齿) tooth (*pl* teeth) **2** (牙状物) ▶ 月牙 **yuèyá** crescent moon

牙齿(齒) yáchǐ [名] tooth (*pl* teeth)

牙床 yáchuáng [名] gum

牙膏 yágāo [名] toothpaste

牙关(關) yáguān [名] jaw ▷ 我们咬紧牙关渡过了难关。 **Wǒmen yǎojǐn yáguān dùguole nánguān.** We gritted our teeth through the tough times.

牙科 yákē [名] dental department

牙签(籤) yáqiān [名] toothpick

牙刷 yáshuā [名] toothbrush

牙痛 yátòng [名] toothache

牙医(醫) yáyī [名] dentist

牙龈(齦) yáyín [名] gum

芽 yá [名] **1** (指植物) sprout **2** (芽状物) spike

涯 yá [名] **1** (边际) end ▶ 天涯 **tiānyá** the ends of the earth **2** (喻) (极限) limit

崖 yá [名] cliff

哑(啞) yǎ [形] **1** (不能说话) mute **2** (不说话) speechless **3** (嘶哑) hoarse

哑(啞)巴 yǎba [名] mute

哑(啞)剧(劇) yǎjù [名] mime

哑(啞)口无(無)言 yǎ kǒu wú yán be reduced to silence ▷ 他被质问得哑口无言。 **Tā bèi zhìwèn de yǎ kǒu wú yán.** He was reduced to silence by the interrogation.

哑铃(鈴) yǎlíng [名] dumbbell

哑谜(謎) yǎmí [名] riddle ▷ 你就直说吧，别打哑谜了！ **Nǐ jiù zhíshuō ba, bié dǎ yǎmí le!** Tell me straight — don't talk in riddles!

哑语(語) yǎyǔ [名] sign language ▷ 第五频道可以收看哑语新闻。 **Dìwǔ píndào kěyǐ shōukàn yǎyǔ xīnwén.** You can see the news in sign language on Channel Five.

雅 yǎ **I** [形] **1** (合乎规范) proper **2** (高尚) elegant

II [名] (敬) you ▶ 雅意 **yǎyì** your esteemed opinion

雅观(觀) **yǎguān** [形] tasteful ▷ 这种动作很不雅观。**Zhè zhǒng dòngzuò hěn bù yǎguān.** Gestures like that are in really bad taste.

雅量 **yǎliàng** [名] **1** (大的气度) magnanimity **2** (大的酒量) tolerance for drink

雅皮士 **yǎpíshì** [名] yuppie

雅俗共赏(賞) **yǎ sú gòng shǎng** suit all tastes

雅兴(興) **yǎxìng** [名] inspiration

雅致(緻) **yǎzhì** [形] elegant

雅座 **yǎzuò** [名] private room

轧(軋)

yà **I** [动] **1** (碾) roll **2** (排挤) push out ▶ 倾轧 **qīngyà** push out **II** [拟] creak
→ 另见 **zhá**

亚(亞)

yà **I** [形] inferior ▶ 亚军 **yàjūn** runner-up (*pl* runners-up) ▶ 亚热带 **yàrèdài** sub-tropical belt ▷ 我们的产品质量不亚于其他工厂。**Wǒmen de chǎnpǐn zhìliàng bù yàyú qítā gōngchǎng.** The quality of our products is not inferior to any other factory's. **II** [名] Asia

亚(亞)军(軍) **yàjūn** [名] runner-up (*pl* runners-up)

亚(亞)洲 **Yàzhōu** [名] Asia ▷ 她是亚洲人。**Tā shì Yàzhōurén.** She's Asian.

压(壓)

yà 见下文
→ 另见 **yā**

压(壓)根儿(兒) **yàgēnr** [副] at all ▷ 我压根儿就没见过这样的事。**Wǒ yàgēnr jiù méi jiànguo zhèyàng de shì.** I've never seen anything like it.

揠

yà [动] (书) pull ... up

揠苗助长(長) **yà miáo zhù zhǎng** do more harm than good

咽

yān [名] pharynx
→ 另见 **yàn**

咽喉 **yānhóu** [名] **1** (字) throat **2** (喻) (险要处) strategic pass

---

烟(煙)

yān **I** [名] **1** (指气体) smoke **2** (烟状物) mist **3** (烟草) tobacco ▶ 香烟 **xiāngyān** cigarette **4** (鸦片) opium **II** [动] be irritated by smoke ▷ 厨房里的烟烟得人睁不开眼睛。**Chúfáng li de yān yān de rén zhēng bù kāi yǎnjīng.** The smoke in the kitchen irritated our eyes so badly that we couldn't keep them open.

烟(煙)草 **yāncǎo** [名] **1** (指植物) tobacco plant **2** (烟草制品) tobacco

烟(煙)花 **yānhuā** [名] firework ▷ 孩子们爱放烟花。**Háizimen ài fàng yānhuā.** Kids like to set off fireworks.

烟(煙)灰缸 **yānhuīgāng** [名] ashtray

烟(煙)火 **yānhuǒ** [名] **1** (烟花) fireworks (*pl*) **2** (烟和火) smoke and fire

烟(煙)卷(捲)儿(兒) **yānjuǎnr** [名] cigarette

烟(菸)民 **yānmín** [名] smokers (*pl*)

烟(煙)幕 **yānmù** [名] smokescreen ▷ 他的和平演说不过是一种烟幕。**Tā de hépíng yǎnshuō bùguò shì yī zhǒng yānmù.** His peace talks are merely a smokescreen.

烟(煙)消云(雲)散 **yān xiāo yún sàn** vanish into thin air ▷ 得知真实情况后，人们的不满情绪烟消云散了。**Dézhī zhēnshí qíngkuàng hòu, rénmen de bùmǎn qíngxù yān xiāo yún sàn le.** When they found out what was really going on, the people's feelings of discontent vanished into thin air.

殷

yān [形] (书) dark red
→ 另见 **yīn**

殷红(紅) **yānhóng** [形] dark red

胭

yān 见下文

胭脂 **yānzhi** [名] rouge

阉(閹)

yān **I** [动] castrate **II** [名] (书) eunuch

阉(閹)割 **yāngē** [动] castrate

淹

yān [动] **1** (淹没) flood **2** (浸渍) tingle

淹没(沒) **yānmò** [动] **1** (漫过) submerge **2** (喻) drown ... out ▷ 歌声被歌迷们的尖叫声所淹没。**Gēshēng bèi gēmímen de jiānjiàoshēng suǒ yānmò.** The song was drowned out by the screeches of the fans. ▷ 她瘦小的身影很快淹没在人海中。**Tā shòuxiǎo de shēnyǐng hěn kuài yānmò zài rénhǎi zhōng.** Her slight form was soon drowned in the crowd.

腌(醃)

yān [动] pickle

腌(醃)制(製) **yānzhì** [动] pickle ▷ 腌制食品不宜多吃。**Yānzhì shípǐn bùyí duō chī.** Pickled foods should not be eaten in large quantities.

延

yán [动] **1** (延长) extend **2** (推迟) delay **3** (聘请) employ

延长(長) **yáncháng** [动] extend

延迟(遲) **yánchí** [动] delay

延年益寿(壽) **yán nián yì shòu** prolong life ▷ 据说少食多餐能够延年益寿。**Jùshuō shǎo shí duō cān nénggòu yán nián yì shòu.** It is said that eating little but often can prolong your life.

延伸 yánshēn [动] stretch
延误(誤) yánwù [动] delay
延续(續) yánxù [动] go on

严(嚴) yán [形] **1** (严密) tight ▷ 我把门关严了。Wǒ bǎ mén guānyán le. I shut the door tightly. **2** (严格) strict **3** (形容程度深) severe
严(嚴)惩(懲) yánchéng [动] punish ... severely
严(嚴)打 yándǎ [动] crack down on ▷ 开展针对盗版的严打 kāizhǎn zhēnduì dàobǎn de yándǎ launch a crackdown on pirating
严(嚴)格 yángé [形] strict ▷ 大家要严格遵守规章制度。Dàjiā yào yángé zūnshǒu guīzhāng zhìdù. Everyone must strictly abide by the rules and regulations.
严(嚴)谨(謹) yánjǐn [形] **1** (严密谨慎) meticulous **2** (严密细致) compact
严(嚴)峻 yánjùn [形] rigorous
严(嚴)酷 yánkù [形] **1** (严厉) stern **2** (残酷) cruel
严(嚴)厉(厲) yánlì [形] severe ▷ 父亲严厉地批评了他。Fùqīn yánlì de pīpíngle tā. His father gave him a severe telling-off.
严(嚴)密 yánmì [形] **1** (没有缝隙) tight ▷ 罐头封得很严密。Guàntou fēng de hěn yánmì. The tin is closed very tightly. **2** (没有疏漏) close ▷ 人们严密关注着事态的发展。Rénmen yánmì guānzhùzhe shìtài de fāzhǎn. People kept a close watch on how the situation was developing.
严(嚴)明 yánmíng **I** [形] firm but fair **II** [动] be firm but fair
严(嚴)肃(肅) yánsù **I** [形] **1** (庄重) solemn **2** (严格认真) severe ▷ 对于违章人员一定要严肃处理。Duìyú wéizhāng rényuán yīdìng yào yánsù chǔlǐ. People who break the rules must be dealt with severely. **II** [动] enforce
严(嚴)正 yánzhèng [形] stern but fair
严(嚴)重 yánzhòng [形] serious ▷ 这一工程存在着严重的质量问题。Zhè yī gōngchéng cúnzàizhe yánzhòng de zhìliàng wèntí. There are serious problems with the quality of this project. ▷ 他的病情非常严重。Tā de bìngqíng fēicháng yánzhòng. His illness is extremely serious.

言 yán **I** [动] speak (*pt* spoke, *pp* spoken) ▷ 言之有理 yán zhī yǒu lǐ sound reasonable **II** [名] **1** (话) speech **2** (字) words (*pl*)
言不由衷 yán bù yóu zhōng not say what one means ▷ 他的回答言不由衷。Tā de huídá yán bù yóu zhōng. He didn't say what he meant.
言辞(辭) yáncí [名] wording
言归(歸)正传(傳) yán guī zhèng zhuàn get back to business ▷ 刚才大家闲聊了半天，现在言归正传吧。Gāngcái dàjiā xiánliáole bàntiān, xiànzài yán guī zhèng zhuàn ba. We've been chatting for ages – now let's get back to business.
言简(簡)意赅(賅) yán jiǎn yì gāi be brief and to the point
言论(論) yánlùn [名] speech ▷ 言论自由 yánlùn zìyóu freedom of speech
言情片 yánqíngpiàn [名] romantic film (英) 或 movie (美)
言谈(談) yántán [名] what one says ▷ 从言谈中，我了解了他的过去。Cóng yántán zhōng, wǒ liǎojiěle tā de guòqù. From what he said, I learned a lot about his past.
言听(聽)计(計)从(從) yán tīng jì cóng take people at their word ▷ 他对他妈妈言听计从。Tā duì tā māma yán tīng jì cóng. He took his mother at her word.
言语(語) yányǔ [名] language

岩(巖) yán [名] **1** (岩石) rock **2** (山峰) crag
岩(巖)洞 yándòng [名] cave

炎 yán **I** [形] scorching **II** [名] **1** (炎症) inflammation **2** (权势) power
炎黄(黃)子孙(孫) Yán-Huáng zǐsūn [名] Chinese people (*pl*)
炎热(熱) yánrè [形] scorching hot ▷ 他在北京度过了一个炎热的夏天。Tā zài Běijīng dùguòle yī gè yánrè de xiàtiān. He spent a scorching hot summer in Beijing.
炎症 yánzhèng [名] inflammation

沿 yán **I** [介] along ▷ 沿着这条路往前走。Yánzhe zhè tiáo lù wǎng qián zǒu. Go straight along this road. **II** [动] **1** (依照) follow ▶ 沿袭 yánxí follow **2** (镶边) border **III** [名] edge
沿岸 yán'àn [名] bank
沿革 yángé [名] evolution
沿海 yánhǎi [名] coast ▷ 夏天，很多人到沿海城市度假。Xiàtiān, hěn duō rén dào yánhǎi chéngshì dùjià. In summer, many people go to the coastal cities for their holidays.
沿袭(襲) yánxí [动] follow
沿用 yányòng [动] continue to use

研 yán [动] **1** (细磨) grind (*pt, pp* ground) **2** (研究) research ▶ 研究院 yánjiūyuàn research institute ▶ 研究生 yánjiūshēng postgraduate student
研读(讀) yándú [动] research ▷ 他正在研读语言学理论方面的书籍。Tā zhèngzài yándú yǔyánxué lǐlùn fāngmiàn de shūjí. He's

researching linguistic theory from a series of books.

研究 **yánjiū** [动] **1** (探求) research ▷做生意首先要研究市场。**Zuò shēngyi shǒuxiān yào yánjiū shìchǎng.** When doing business, one must first research the market. ▷历史研究对今天很有借鉴意义。**Lìshǐ yánjiū duì jīntiān hěn yǒu jièjiàn yìyì.** Much can be gained today from historical research. **2** (商讨) discuss ▷领导们正在研究职工提交的建议。**Lǐngdǎomen zhèngzài yánjiū zhígōng tíjiāo de jiànyì.** The leaders are discussing the suggestions submitted by the workers. ▷这套方案有待进一步研究。**Zhè tào fāng'àn yǒudài jìnyībù yánjiū.** This scheme is awaiting further discussion.

研讨(討) **yántǎo** [动] discuss

研制(製) **yánzhì** [动] develop

盐(鹽) **yán** [名] salt

筵 **yán** [名] banquet

筵席 **yánxí** [名] banquet

颜(顏) **yán** [名] **1** (脸) face **2** (体面) face **3** (颜色) colour (英), color (美)

颜(顏)料 **yánliào** [名] colouring (英), coloring (美)

颜(顏)色 **yánsè** [名] **1** (色彩) colour (英), color (美) ▷她喜欢穿深颜色的衣服。**Tā xǐhuān chuān shēn yánsè de yīfu.** She likes to wear dark colours. **2** (表情) expression **3** (指报复) revenge ▷给你点颜色看看！ **Gěi nǐ diǎn yánsè kànkan!** I'll show you!

檐(簷) **yán** [名] **1** (房檐) eaves (*pl*) **2** (檐状物) brim

奄 **yǎn** 见下文

奄奄 **yǎnyǎn** [形] feeble

俨(儼) **yǎn** [形] (书) solemn

俨(儼)然 **yǎnrán** (书) **I** [形] solemn **II** [副] just like ▷她走上讲台，俨然是个老师。**Tā zǒushàng jiǎngtái, yǎnrán shì gè lǎoshī.** She walked up to the podium, just like a teacher.

衍 **yǎn** [动] (书) **1** (开展) develop **2** (多余) be redundant

衍变(變) **yǎnbiàn** [动] evolve

衍生 **yǎnshēng** [动] **1** (指化合物) derive **2** (产生) give rise to (*pt* gave, *pp* given) ▷这个地方衍生了很多美丽动人的传说。**Zhège dìfang yǎnshēngle hěn duō měilì dòngrén de chuánshuō.** This place has given rise to many beautiful and touching legends.

掩 **yǎn** [动] **1** (遮盖) cover **2** (关) close

掩蔽 **yǎnbì** **I** [动] take shelter (*pt* took, *pp* taken) **II** [名] shelter

掩藏 **yǎncáng** [动] hide (*pt* hid, *pp* hidden)

掩耳盗(盜)铃(鈴) **yǎn ěr dào líng** bury one's head in the sand

掩盖(蓋) **yǎngài** [动] **1** (遮盖) cover **2** (隐藏) conceal ▷陷阱用树枝掩盖起来。**Xiànjǐng yòng shùzhī yǎngài qǐlái.** The trap is covered with tree branches.

掩护(護) **yǎnhù** **I** [动] cover for **II** [名] cover

掩埋 **yǎnmái** [动] bury

掩饰(飾) **yǎnshì** [动] conceal

眼 **yǎn** **I** [名] **1** (眼睛) eye **2** (小洞) small hole **3** (关键) crux **II** [量] ▷村里打了两眼井。**Cūn li dǎle liǎng yǎn jǐng.** Two wells were dug in the village.

眼巴巴 **yǎnbābā** [形] **1** (形容急切盼望) eager ▷孩子们眼巴巴地盼着过年。**Háizimen yǎnbābā de pànzhe guònián.** The children were eagerly awaiting the New Year. **2** (形容无可奈何) helpless ▷他眼巴巴地看着自己的家被大火吞噬。**Tā yǎnbābā de kànzhe zìjǐ de jiā bèi dàhuǒ tūnshì.** He watched helplessly as he saw his house being engulfed by flames.

眼馋(饞) **yǎnchán** [动] covet

眼福 **yǎnfú** [名] a feast for the eyes

眼高手低 **yǎn gāo shǒu dī** have great ambition but little talent

眼光 **yǎnguāng** [名] **1** (视线) gaze **2** (观察能力) vision ▷在选拔人才方面，他非常有眼光。**Zài xuǎnbá réncái fāngmiàn, tā fēicháng yǒu yǎnguāng.** He has real vision when it comes to promoting talent. **3** (观点) perspective ▷你不能用老眼光来评价现在的年轻人。**Nǐ bùnéng yòng lǎo yǎnguāng lái píngjià xiànzài de niánqīngrén.** You can't apply outdated perspectives when criticizing today's youth.

眼红(紅) **yǎnhóng** **I** [动] be jealous **II** [形] furious

眼睑(瞼) **yǎnjiǎn** [名] eyelid

眼界 **yǎnjiè** [名] horizons (*pl*) ▷读书能扩大眼界。**Dúshū néng kuòdà yǎnjiè.** Reading can broaden your horizons.

眼睛 **yǎnjing** [名] eye ▷她的眼睛里涌出了喜悦的泪花。**Tā de yǎnjīng li yǒngchūle xǐyuè de lèihuā.** Tears of joy welled up in her eyes.

眼镜(鏡) **yǎnjìng** [名] glasses (*pl*)

眼看 **yǎnkàn** **I** [动] **1** (指正在发生) look on ▷她眼看着信被风吹跑了。**Tā yǎnkànzhe xìn** bèi fēng chuīpǎo le. She looked on as the letter got blown away by the wind. **2** (任凭) allow **II** [副] soon ▷眼看着就到秋天了。Yǎnkànzhe jiù dào qiūtiān le. Soon it'll be autumn.

眼泪(淚) yǎnlèi [名] tear

眼力 yǎnlì [名] **1** (视力) eyesight **2** (鉴别能力) judgement ▷你真有眼力，买了能升值的房子。Nǐ zhēn yǒu yǎnlì, mǎile néng shēngzhí de fángzi. You've obviously got good judgement, buying property that's likely to go up in value.

眼色 yǎnsè [名] look ▷怕我说漏了，她赶紧给我使眼色。Pà wǒ shuōlòu le, tā gǎnjǐn gěi wǒ shǐ yǎnsè. She shot me a look, worried that I might give the game away.

眼神 yǎnshén [名] **1** (指神态) expression **2** (方) (视力) eyesight

眼生 yǎnshēng [形] unfamiliar ▷她看着有点眼生。Tā kànzhe yǒudiǎn yǎnshēng. She doesn't look particularly familiar.

眼熟 yǎnshú [形] familiar

眼下 yǎnxià [名] ▷眼下正是大学生毕业找工作的时候。Yǎnxià zhèngshì dàxuéshēng bìyè zhǎo gōngzuò de shíhou. Now is the time when university graduates start looking for work.

眼睁(睜)睁(睜) yǎnzhēngzhēng [形] helpless ▷别眼睁睁地看着他受罪。Bié yǎnzhēngzhēng de kànzhe tā shòuzuì. Don't just stand there watching him suffer.

眼中钉(釘) yǎnzhōngdīng [名] thorn in one's side

偃 yǎn [动] (书) lay ... down (*pt, pp* laid)

偃旗息鼓 yǎn qí xī gǔ lay down one's arms

演 yǎn [动] **1** (演变) evolve **2** (发挥) bring ... into play (*pt, pp* brought) **3** (依照程式) follow a routine **4** (表演) perform

演变(變) yǎnbiàn [动] evolve

演出 yǎnchū [动] perform

演化 yǎnhuà [动] evolve

演讲(講) yǎnjiǎng [动] make a speech

演示 yǎnshì [动] demonstrate

演说(說) yǎnshuō [动] make a speech

演算 yǎnsuàn [动] work ... out ▷数学课上，老师让我们演算了10道题。Shùxuékè shang, lǎoshī ràng wǒmen yǎnsuànle shí dào tí. In the maths class the teacher made us work out ten problems.

演习(習) yǎnxí [动] manoeuvre (英), maneuver (美)

演义(義) yǎnyì [名] historical novel

演绎(繹) yǎnyì [名] deduction

演员(員) yǎnyuán [名] performer

演奏 yǎnzòu [动] perform ▷这位音乐大师演奏得非常美妙。Zhè wèi yīnyuè dàshī yǎnzòude fēicháng měimiào. This great musician gave an exquisite performance.

鼹(鼴) yǎn [名] mole

鼹(鼴)鼠 yǎnshǔ [名] mole

厌(厭) yàn [动] **1** (满足) be satisfied **2** (厌烦) be fed up with **3** (厌恶) detest

厌(厭)烦(煩) yànfán [动] be sick of ▷他老打扰我，很让人厌烦。Tā lǎo dǎrǎo wǒ, hěn ràng rén yànfán. He keeps disturbing me — I'm sick of it.

厌(厭)倦 yànjuàn [动] be weary of

厌(厭)世 yànshì [动] be world-weary

厌(厭)恶(惡) yànwù [动] loathe

砚(硯) yàn [名] ink stone

砚(硯)台(臺) yàntai [名] ink stone

咽(嚥) yàn [动] **1** (吞咽) swallow ▷5片药他一口就咽了下去。Wǔ piàn yào tā yī kǒu jiù yànle xiàqù. He swallowed down five tablets in one go. **2** (憋住) hold back (*pt, pp* held)

→另见 yān

咽(嚥)气(氣) yànqì [动] (死) die

宴 yàn [动] host a dinner ▶宴请 yànqǐng invite ... to dinner

宴会(會) yànhuì [名] banquet ▷他们举行宴会欢迎国际友人。Tāmen jǔxíng yànhuì huānyíng guójì yǒurén. They held a banquet to welcome their friends from overseas.

宴请(請) yànqǐng [动] invite ... to dinner ▷公司宴请了10位贵宾。Gōngsī yànqǐngle shí wèi guìbīn. The company held a dinner for ten important guests.

艳(豔) yàn **I** [形] **1** (华丽) gorgeous **2** (指情爱) romantic **II** [动] (书) envy

艳(豔)福 yànfú [名] luck in love ▷公司最漂亮的女孩儿爱上了他，真是艳福不浅呢！Gōngsī zuì piàoliang de nǚháir àishàngle tā, zhēnshi yànfú bù qiǎn ne! The prettiest girl in the office has fallen for him: he's certainly not short of luck!

艳(豔)丽(麗) yànlì [形] gorgeous

唁 yàn [动] extend condolences ▶吊唁 diàoyàn offer one's condolences

唁电(電) yàndiàn [名] condolences (*pl*)

验(驗) yàn **I** [动] **1** (检查) test **2** (灵验) produce the expected result **II** [名] result

验(驗)光 **yànguāng** [动] have an eye test ▷ 配眼镜前要先验光。**Pèi yǎnjìng qián yào xiān yànguāng.** Before you get new glasses you should have your eyes tested.

验(驗)尸(屍) **yànshī** [动] perform an autopsy

验(驗)收 **yànshōu** [动] accept ... after checking

验(驗)算 **yànsuàn** [动] check one's calculations

验(驗)血 **yànxiě** [动] have a blood test

验(驗)证(證) **yànzhèng** [动] verify

谚(諺) yàn [名] saying ▸ 谚语 **yànyǔ** proverb

谚(諺)语(語) **yànyǔ** [名] proverb

雁 yàn [名] wild goose (*pl* geese)

焰 yàn [名] **1** (火苗) flame **2** (喻) (气势) momentum

焰火 **yànhuǒ** [名] firework

燕 yàn [名] swallow

燕麦(麥) **yànmài** [名] oats (*pl*)

燕尾服 **yànwěifú** [名] tailcoat

燕窝(窩) **yànwō** [名] edible bird's nest

赝(贋) yàn [形] (书) forged

赝(贋)本 **yànběn** [名] forgery

赝(贋)品 **yànpǐn** [名] fake

央 yāng **I** [动] plead ▷ 孩子央了半天，母亲才答应。**Háizi yāngle bàntiān, mǔqīn cái dāying.** The child pleaded with his mother for ages before she agreed. **II** [名] centre (英), center (美)

央告 **yānggao** [动] beg

央求 **yāngqiú** [动] plead

秧 yāng [名] **1** (幼苗) seedling **2** (茎) stem **3** (稻秧) rice seedling

扬(揚) yáng **I** [动] **1** (高举) raise **2** (传播) spread (*pt, pp* spread) **II** [形] good-looking

扬(揚)长(長)避短 **yáng cháng bì duǎn** play to one's strengths ▷ 在用人上要注意扬长避短。**Zài yòng rén shang yào zhùyì yáng cháng bì duǎn.** When managing people you should get them to play to their strengths.

扬(揚)长(長)而去 **yángcháng ér qù** storm out ▷ 他把杯子摔在地上，然后扬长而去。**Tā bǎ bēizi shuāi zài dì shang, ránhòu yángcháng ér qù.** He threw his cup onto the floor, and stormed out.

扬(揚)帆 **yángfān** [动] (书) set sail (*pt, pp* set)

扬(揚)眉吐气(氣) **yáng méi tǔ qì** hold one's head up high

扬(揚)名 **yángmíng** [动] become famous (*pt* became, *pp* become)

扬(揚)弃(棄) **yángqì** [动] (抛弃) discard

扬(揚)言 **yángyán** [动] (贬) spread it about (*pt, pp* spread) ▷ 他扬言要打断陶陶的腿。**Tā yángyán yào dǎduàn Táotáo de tuǐ.** He was spreading it about that he was going to break Taotao's legs.

扬(揚)扬(揚) **yángyáng** [形] complacent

羊 yáng [名] sheep (*pl* sheep) ▸ 山羊 **shānyáng** goat

羊肠(腸)小道 **yángcháng xiǎodào** [名] narrow, winding road

羊毛 **yángmáo** [名] wool

羊绒(絨)衫 **yángróngshān** [名] cashmere

羊肉 **yángròu** [名] mutton

阳(陽) yáng **I** [名] **1** (阴的对立面) Yang (*from Yin and Yang*) **2** (太阳) sun ▸ 阳光 **yángguāng** sunlight **II** [形] **1** (凸出的) protruding **2** (外露的) overt **3** (带正电的) positive

阳(陽)春 **yángchūn** [名] springtime

阳(陽)奉阴(陰)违(違) **yáng fèng yīn wéi** pretend to obey orders ▷ 他阳奉阴违，最后被免了职。**Tā yáng fèng yīn wéi, zuìhòu bèi miǎnle zhí.** He pretended to obey orders without actually executing them, and in the end he was dismissed.

阳(陽)刚(剛) **yánggāng** [形] masculine

阳(陽)历(曆) **yánglì** [名] the Gregorian calendar

阳(陽)台(臺) **yángtái** [名] balcony

阳(陽)性 **yángxìng** [名] **1** (医) positive **2** (语言) masculine

杨 yáng [名] poplar

杨柳 **yángliǔ** [名] **1** (杨树和柳树) poplars and willows (*pl*) **2** (柳树) willow

佯 yáng [动] feign

佯装(裝) **yángzhuāng** [动] pretend

洋 yáng **I** [名] **1** (海洋) ocean **2** (洋钱) silver dollar **II** [形] **1** (盛大) vast **2** (外国的) foreign

洋白菜 **yángbáicài** [名] cabbage

洋葱(蔥) **yángcōng** [名] onion

洋货(貨) **yánghuò** [名] foreign goods (*pl*)

洋气(氣) **yángqì** [形] **1** (指西式的) Western **2** (时髦的) trendy

洋相 **yángxiàng** [名] spectacle ▷ 今天他在全班

同学面前出了个大洋相。Jīntiān tā zài quánbān tóngxué miànqián chūle gè dà yángxiàng. Today he made a real spectacle of himself in front of all his classmates.

洋洋 yángyáng [形] **1** (盛大) copious **2** (得意) smug

洋溢 yángyì [动] brim with

仰 yǎng [动] **1** (脸向上) look up **2** (敬慕) respect **3** (依赖) depend on

仰慕 yǎngmù [动] look up to

仰望 yǎngwàng [动] look up

仰仗 yǎngzhàng [动] depend on

养(養) yǎng **I** [动] **1** (供给) provide for **2** (饲养) keep (*pt*, *pp* kept) ▷ 她总爱养很多狗。Tā zǒng ài yǎng hěn duō gǒu. She's always kept lots of dogs. ▷ 我爱养花。Wǒ ài yǎng huā. I like growing flowers. **3** (生育) give birth to (*pt* gave, *pp* given) **4** (培养) form ▷ 养成习惯 yǎngchéng xíguàn form a habit ▷ 他养成了早睡早起的习惯。Tā yǎngchéngle zǎo shuì zǎo qǐ de xíguàn. He had formed the habit of going to bed early and getting up early. **5** (调养) recuperate **6** (维修) maintain **7** (扶助) support **8** (养护) look after ▷ 你的头发太干，需要好好养养。Nǐ de tóufa tài gān, xūyào hǎohǎo yǎngyǎng. Your hair's too dry — you need to look after it a bit. **II** [形] foster ▶ 养母 yǎngmǔ foster mother ▶ 养子 yǎngzǐ adopted son **III** [名] cultivation

养(養)分 yǎngfèn [名] nutrient

养(養)护(護) yǎnghù [动] **1** (指物体) maintain **2** (指人体) build up one's strength (*pt*, *pp* built)

养(養)活 yǎnghuo [动] (口) **1** (提供生活费用) support **2** (饲养) raise **3** (生育) give birth to (*pt* gave, *pp* given)

养(養)精蓄锐(銳) yǎng jīng xù ruì conserve one's strength

养(養)老 yǎnglǎo [动] **1** (奉养老人) care for the elderly **2** (年老休养) enjoy one's old age

养(養)料 yǎngliào [名] nourishment

养(養)生 yǎngshēng [动] keep fit (*pt*, *pp* kept)

养(養)育 yǎngyù [动] bring up (*pt*, *pp* brought)

养(養)殖 yǎngzhí [动] breed (*pt*, *pp* bred)

养(養)尊处(處)优(優) yǎng zūn chǔ yōu live a life of luxury

氧 yǎng [名] oxygen ▶ 氧气 yǎngqì oxygen

氧化 yǎnghuà [动] oxidize

痒(癢) yǎng [动] itch ▷ 他全身痒得难受。Tā quánshēn yǎng de nánshòu. His whole body is horribly itchy. ▷ 见别人出国旅游，她心里也有点痒了。Jiàn biérén chūguó lǚyóu, tā xīnli yě yǒudiǎn yǎng le. Seeing others travelling abroad gave her itchy feet. ▷ 他心里痒痒的，想马上就开始该项目。Tā xīnli yǎngyǎng de, xiǎng mǎshàng jiù kāishǐ gāi xiàngmù. He's itching to get started on the project.

样(樣) yàng **I** [名] **1** (模样) style **2** (标准物) sample **II** [量] type ▷ 3样水果 sān yàng shuǐguǒ three types of fruit ▷ 她带了3样水果。Tā dàile sān yàng shuǐguǒ. She brought three types of fruit. ▷ 我每样菜都尝了尝。Wǒ měi yàng cài dōu chángle cháng. I've tasted every single dish.

样(樣)板 yàngbǎn [名] **1** (板状样品) sample **2** (板状工具) template **3** (榜样) model

样(樣)本 yàngběn [名] **1** (指商品图样) book of samples **2** (指出版物) proofs (*pl*)

样(樣)品 yàngpǐn [名] sample

样(樣)式 yàngshì [名] style

样(樣)子 yàngzi [名] **1** (模样) appearance ▷ 这个手机样子不错。Zhège shǒujī yàngzi bùcuò. This mobile phone looks good. **2** (神情) expression **3** (样板) pattern **4** (口) (情形) the look of things ▷ 看样子他不来了。Kàn yàngzi tā bù lái le. By the look of things, he's not coming.

漾 yàng [动] **1** (水面微动) ripple **2** (向外流) overflow

幺 yāo **I** [数] one **II** [形] youngest

夭 yāo [动] die young

夭折 yāozhé [动] **1** (未成年而死) die young **2** (喻) (形容停止) come to an untimely end (*pt* came, *pp* come)

吆 yāo 见下文

吆喝 yāohe [动] call out

妖 yāo **I** [名] evil spirit **II** [形] **1** (邪恶) wicked **2** (书) (艳丽) bewitching

妖怪 yāoguài [名] monster

妖精 yāojing [名] **1** (妖怪) demon **2** (喻) (指妖冶女子) scarlet woman (*pl* women)

妖媚 yāomèi [形] seductive

妖魔 yāomó [名] monster

妖艳(豔) yāoyàn [形] coquettish

要 yāo [动] **1** (求) ask **2** (威胁) threaten **3** (邀请) invite

→ 另见 yào

Both 要 yào and 会 huì can be used to express the future tense. 要 yào refers to something definite, e.g. 我明天要上班 **wǒ míngtiān yào shàngbān** (I am going to work tomorrow); 会 **huì** is usually used to express a possible, or probable outcome, e.g. 明天会下雨 **míngtiān huì xiàyǔ** (It might rain tomorrow).

要求 **yāoqiú** **I** [动] demand ▷ 工人们要求改善工作环境。**Gōngrénmen yāoqiú gǎishàn gōngzuò huánjìng.** The workers demanded improvements to their working environment. ▷ 要求加薪 **yāoqiú jiā xīn** request a pay rise **II** [名] request ▷ 航空公司满足了乘客的要求。**Hángkōng gōngsī mǎnzúle chéngkè de yāoqiú.** The airline company satisfied all the passengers' requests. ▷ 老师的要求非常严格。**Lǎoshī de yāoqiú fēicháng yángé.** The teacher's demands are very severe. ▷ 这些要求很难达到。**Zhèxiē yāoqiú hěn nán dádào.** These requirements are going to be difficult to meet.

要挟(脅) **yāoxié** [动] threaten

腰 **yāo** [名] **1** (身体中部) waist ▷ 她疼得直不起腰来。**Tā téng de zhí bù qǐ yāo lái.** She was in so much pain that she couldn't stand up straight. **2** (裤腰) waist ▷ 这条裙子腰太肥。**Zhè tiáo qúnzi yāo tài féi.** This skirt's too big at the waist. **3** (腰包) wallet **4** (事物中段) middle

腰板儿(兒) **yāobǎnr** [名] **1** (腰和背) back **2** (口) (体格) health ▷ 她80岁了，腰板儿还挺硬朗。**Tā bāshí suì le, yāobǎnr hái tǐng yinglǎng.** She's eighty years old, but still in excellent health.

腰包 **yāobāo** [名] wallet

腰带(帶) **yāodài** [名] belt

腰杆(桿)子 **yāogǎnzi** [名] **1** (口) (腰部) back **2** (喻) (靠山) backing ▷ 他腰杆子硬，当然什么都不怕啦！**Tā yāogǎnzi yìng, dāngrán shénme dōu bù pà la!** He's got very secure backing — of course he doesn't have much to fear!

腰果 **yāoguǒ** [名] cashew nut

腰围(圍) **yāowéi** [名] waistline

腰子 **yāozi** [名] (口) kidney

邀 **yāo** [动] **1** (邀请) invite **2** (书) (求得) seek (*pt, pp* sought)

邀功 **yāogōng** [动] take all the credit (*pt* took, *pp* taken)

邀集 **yāojí** [动] invite ... to a get-together ▷ 他经常邀集一些朋友。**Tā jīngcháng yāojí yīxiē péngyou.** He often invites friends to get-togethers.

邀请(請) **yāoqǐng** [动] invite ▷ 她愉快地接受了邀请。**Tā yúkuài de jiēshòule yāoqǐng.** She accepted the invitation readily.

肴(餚) **yáo** [名] meat dishes (*pl*) ▷ 美味佳肴 **měiwèi jiāyáo** delectable dishes

窑(窯) **yáo** [名] **1** (用于烧制) kiln **2** (指煤矿) pit **3** (窑洞) cave dwelling **4** (指妓院) brothel

窑(窯)洞 **yáodòng** [名] cave dwelling

窑(窯)子 **yáozi** [名] (方) brothel

谣(謠) **yáo** [名] **1** (歌谣) folk song ▶ 歌谣 **gēyáo** folk song **2** (谣言) rumour (英), rumor (美) ▶ 谣言 **yáoyán** hearsay

谣(謠)传(傳) **yáochuán** **I** [动] be rumoured (英) 或 rumored (美) ▷ 谣传罗素破产了。**Yáochuán Luósù pòchǎn le.** Rumour has it that Russell has gone bankrupt. **II** [名] rumour (英), rumor (美)

谣(謠)言 **yáoyán** [名] hearsay

摇(搖) **yáo** [动] shake (*pt* shook, *pp* shaken)

摇(搖)摆(擺) **yáobǎi** [动] wave

摇(搖)荡(盪) **yáodàng** [动] sway

摇(搖)动(動) **yáodòng** [动] **1** (摇东西) wave **2** (晃) shake (*pt* shook, *pp* shaken)

摇(搖)滚(滾)乐(樂) **yáogǔnyuè** [名] rock and roll

摇(搖)晃 **yáohuàng** [动] shake (*pt* shook, *pp* shaken) ▷ 他太醉了，走路都摇晃。**Tā tài zuì le, zǒulù dōu yáohuàng.** He was so drunk that he was staggering around.

摇(搖)奖(獎) **yáojiǎng** [动] hold a draw (*pt, pp* held)

摇(搖)篮(籃) **yáolán** [名] cradle ▷ 尼罗河流域是古埃及文明的摇篮。**Níluó Hé liúyù shì gǔ Āijí wénmíng de yáolán.** The River Nile was the cradle of ancient Egyptian civilization.

摇(搖)旗呐喊 **yáo qí nàhǎn** bang the drum ▷ 球迷为足球队摇旗呐喊。**Qiúmí wèi zúqiúduì yáo qí nàhǎn.** The football fans banged the drum for their team.

摇(搖)钱(錢)树(樹) **yáoqiánshù** [名] source of easy money

摇(搖)摇(搖)欲坠(墜) **yáoyáo yù zhuì** hang by a thread ▷ 他的明星地位摇摇欲坠。**Tā de míngxīng dìwèi yáoyáo yù zhuì.** His celebrity status hung by a thread. ▷ 这座老桥摇摇欲坠。**Zhè zuò lǎo qiáo yáoyáo yù zhuì.** This old bridge is on the verge of collapse.

摇(搖)曳 **yáoyè** [动] sway

遥(遙) **yáo** [形] distant ▶ 遥控器 **yáokòngqì** remote control

遥(遙)感 **yáogǎn** [名] remote sensing

遥(遙)控 **yáokòng** [动] operate by remote control
遥(遙)望 **yáowàng** [动] gaze into the distance
遥(遙)遥(遙) **yáoyáo** [形] **1** (指距离) distant **2** (指时间) lengthy
遥(遙)远(遠) **yáoyuǎn** [形] **1** (指距离) distant **2** (指时间) far-off ▷ 遥远的将来 **yáoyuǎn de jiānglái** the far-off future

---

杳 **yǎo** [形] (书) far away and out of sight
杳无(無)音信 **yǎo wú yīnxìn** never heard from again ▷ 他20年前去了海外，至今杳无音信。**Tā èrshí nián qián qùle hǎiwài, zhìjīn yǎo wú yīnxìn.** He went overseas twenty years ago, and he hasn't been heard of since.

咬 **yǎo** [动] **1** (指用嘴) bite (*pt* bit, *pp* bitten) **2** (夹住) grip ▷ 这个钳子太小，咬不住。**Zhège qiánzi tài xiǎo, yǎo bù zhù.** These pliers are too small — I can't get a grip. **3** (牵扯) incriminate **4** (过分钻研) nit-pick **5** (紧追) be neck and neck
咬耳朵 **yǎo ěrduo** [动] (口) whisper
咬文嚼字 **yǎo wén jiáo zì** pay excessive attention to wording ▷ 咬文嚼字未必能写出好文章。**Yǎo wén jiáo zì wèibì néng xiěchū hǎo wénzhāng.** Paying excessive attention to wording doesn't necessarily produce a good essay.
咬牙 **yǎoyá** [动] **1** (咬紧牙关) clench one's teeth **2** (磨牙) grind one's teeth (*pt, pp* ground)

舀 **yǎo** [动] ladle
舀子 **yǎozi** [名] ladle

窈 **yǎo** 见下文
窈窕 **yǎotiǎo** [形] (书) gentle and beautiful

药(藥) **yào I** [名] **1** (指治病) medicine **2** (指化学物品) chemical **II** [动] **1** (书) (治疗) cure **2** (毒死) poison
药(藥)补(補) **yàobǔ** [名] drug therapy ▷ 药补和食补相结合对她恢复健康有好处。**Yàobǔ hé shíbǔ xiāng jiéhé duì tā huīfù jiànkāng yǒu hǎochu.** A combination of drug therapy and diet will help her recovery.
药(藥)材 **yàocái** [名] herbal medicine
药(藥)店 **yàodiàn** [名] chemist's
药(藥)方 **yàofāng** [名] prescription ▷ 医生给我开了一张药方。**Yīshēng gěi wǒ kāile yī zhāng yàofāng.** The doctor wrote me out a prescription.
药(藥)理 **yàolǐ** [名] pharmacology
药(藥)力 **yàolì** [名] effects (*pl*)
药(藥)品 **yàopǐn** [名] medicine
药(藥)物 **yàowù** [名] medicine
药(藥)性 **yàoxìng** [名] medicinal properties (*pl*)
药(藥)学(學) **yàoxué** [名] pharmacology

要 **yào I** [形] important **II** [名] main issue **III** [动] **1** (想得到) want ▷ 我女儿要一个新书包。**Wǒ nǚ'ér yào yī gè xīn shūbāo.** My daughter wants a new schoolbag. **2** (要求) ask ▷ 老师要我们安静。**Lǎoshī yào wǒmen ānjìng.** The teacher asked us to be quiet. **IV** [助动] **1** (应该) should ▷ 饭前要洗手。**Fàn qián yào xǐ shǒu.** You should wash your hands before you eat. **2** (需要) need ▷ 我要上厕所。**Wǒ yào shàng cèsuǒ.** I need the toilet. ▷ 这台风扇要多少钱？**Zhè tái fēngshàn yào duōshao qián?** How much is this fan? **3** (表示意志) want ▷ 我要学开车。**Wǒ yào xué kāichē.** I want to learn to drive. **4** (将要) be about to ▷ 我们要放暑假了。**Wǒmen yào fàng shǔjià le.** We're about to break for summer vacation. **5** (用于比较) ▷ 姐姐比妹妹要高些。**Jiějie bǐ mèimei yào gāo xiē.** The elder sister is taller than the younger. ▷ 她要挣得比你多点。**Tā yào zhèng de bǐ nǐ duō diǎn.** She earns a bit more than you. **V** [连] **1** (如果) if ▷ 你要碰见他，替我问声好。**Nǐ yào pèngjiàn tā, tì wǒ wèn shēng hǎo.** If you meet him, say hello from me. **2** (要么) either ... or ▷ 要就同意，要就不同意，别模棱两可。**Yào jiù tóngyì, yào jiù bù tóngyì, bié móléng liǎngkě.** Either you agree or you disagree — don't sit on the fence.
→ 另见 yāo

> In a positive sentence, both 要 **yào** and 想 **xiǎng** can be used to express "want to". To express "I don't want to", it is more common to use 不想 **bù xiǎng**, as the expression 不要 **bù yào** is stronger and indicates a definite decision, meaning "I shall not (under any circumstances)".

要案 **yào'àn** [名] major case
要不 **yàobù** [连] **1** (否则) otherwise ▷ 快点走，要不你要迟到了。**Kuài diǎn zǒu, yàobù nǐ yào chídào le.** Go quickly, otherwise you'll be late. **2** (要么) either ... or ▷ 我们要不去看电影，要不去咖啡厅，你说呢？**Wǒmen yàobù qù kàn diànyǐng, yàobù qù kāfēitīng, nǐ shuō ne?** We can either go to see a film or go to a coffee shop — which would you prefer?
要点(點) **yàodiǎn** [名] rudiments (*pl*)
要犯 **yàofàn** [名] main offender
要害 **yàohài** [名] **1** (指身体) vulnerable spot **2** (军事要地) strategic point **3** (关键) key part
要好 **yàohǎo** [形] **1** (感情融洽) amicable **2** (上进) eager to improve ▷ 你的房间总是乱糟糟的，怎么一点也不要好？**Nǐ de fángjiān zǒng**

shì luànzāozāo de, zěnme yīdiǎn yě bù yàohǎo? Your room's always such a tip — don't you care about making it any better?

要紧(緊) **yàojǐn** [形] **1**(重要) important **2**(严重) serious

要领(領) **yàolǐng** [名] **1**(要点) gist **2**(基本要求) main points (*pl*)

要么(麼) **yàome** [连] either ... or ▷你要么学文，要么学理。**Nǐ yàome xué wén, yàome xué lǐ.** You either study arts or science.

要命 **yàomìng** [动] **1**(使丧生) kill **2**(表示程度) be incredibly ▷这个人吝啬得要命。**Zhège rén lìnsè de yàomìng.** This man's incredibly stingy. **3**(表示抱怨) be dreadful ▷这个饭馆真要命，上菜得一个小时。**Zhège fànguǎn zhēn yàomìng, shàng cài děi yī gè xiǎoshí.** This is a truly dreadful restaurant — it's taken them an hour to bring our food.

要强(強) **yàoqiáng** [形] competitive ▷她在工作上非常要强。**Tā zài gōngzuò shang fēicháng yàoqiáng.** She's very competitive at work.

要是 **yàoshi** [连] if ▷要是你不满意，可以随时退货。**Yàoshi nǐ bù mǎnyì, kěyǐ suíshí tuì huò.** If you're not satisfied, you can return the goods at any time.

要死 **yàosǐ** [副] extremely ▷昨天我忙得要死。**Zuótiān wǒ máng de yàosǐ.** I was extremely busy yesterday.

要素 **yàosù** [名] key element

要职(職) **yàozhí** [名] important post

钥(鑰) **yào** 见下文

钥(鑰)匙 **yàoshi** [名] key

耀 **yào I** [名] radiance **II** [动] **1**(照射) shine (*pt, pp* shone) **2**(炫耀) boast of **III** [形] brilliant

耀武扬(揚)威 **yào wǔ yáng wēi** flaunt one's power

耀眼 **yàoyǎn** [形] dazzling

耶 **yē** 见下文

耶稣(穌) **Yēsū** [名] Jesus

掖 **yē** [动] tuck ▷他把信掖在了裤兜里。**Tā bǎ xìn yēzàile kùdōu li.** He tucked the letter into his trouser pocket.

椰 **yē** [名] coconut

椰子 **yēzi** [名] **1**(树) coconut tree **2**(果实) coconut

噎 **yē** [动] **1**(堵塞) choke ▷我吃鱼时噎住了。**Wǒ chī yú shí yēzhù le.** I choked on the fish. **2**(方)(说话顶撞) reduce ... to silence

---

爷(爺) **yé** [名] **1**(祖父) (paternal) grandfather **2**(方)(父亲) dad **3**(长辈) uncle **4**(旧)(显贵) master **5**(指神, 佛) god

爷(爺)爷(爺) **yéye** [名] **1**(口)(祖父) (paternal) granddad **2**(祖父的同辈人) ▷李爷爷常来我家下棋。**Lǐ yéye cháng lái wǒ jiā xià qí.** Old Mr Li often comes to my house to play chess.

也 **yě** [副] **1**(同样) also ▷我也是名律师。**Wǒ yě shì míng lǜshī.** I'm also a lawyer. ▷他也去过中国。**Tā yě qùguo Zhōngguó.** He's been to China too. **2**(表示对等) ▷这条街上有中餐馆，也有西餐馆。**Zhè tiáo jiē shang yǒu zhōngcānguǎn, yě yǒu xīcānguǎn.** There are Chinese restaurants on this street as well as Western restaurants. ▷他特别聪明，也很能干。**Tā tèbié cōngmíng, yě hěn nénggàn.** He's highly intelligent, and also very competent. **3**(表示结果) ▷这道题太难，怎么想也想不出来。**Zhè dào tí tài nán, zěnme xiǎng yě xiǎng bù chūlái.** This question is too difficult — I just can't figure it out. ▷他太固执，谁劝也不听。**Tā tài gùzhi, shéi quàn yě bù tīng.** He's very stubborn — he never listens to anyone who tries to give him advice. **4**(表示转折) still ▷即使他来了，也帮不上忙。**Jíshǐ tā lái le, yě bāng bù shàng máng.** Even if he comes, it still won't be of any use. ▷虽然她心里不高兴，也没说什么。**Suīrán tā xīnli bù gāoxìng, yě méi shuō shénme.** Although she was unhappy, she didn't say anything. **5**(表示委婉) ▷这个电影倒也不错。**Zhège diànyǐng dào yě bùcuò.** This film really isn't at all bad. **6**(表示强调) ▷她病了，一口饭也不想吃。**Tā bìng le, yī kǒu fàn yě bù xiǎng chī.** She's ill — she doesn't want to eat anything at all.

也罢(罷) **yěbà** [助] **1**(表示容忍) ▷也罢，我们就不等他了。**Yěbà, wǒmen jiù bù děng tā le.** All right then, we won't wait for him. **2**(表示条件) ▷你高兴也罢，不高兴也罢，反正就这样定了。**Nǐ gāoxìng yěbà, bù gāoxìng yěbà, fǎnzhèng jiù zhèyàng dìng le.** We've settled the matter anyway, whether you like it or not.

也许(許) **yěxǔ** [副] perhaps ▷他还没到，也许是没赶上车。**Tā hái méi dào, yěxǔ shì méi gǎnshàng chē.** He's still not arrived — perhaps he missed the bus.

冶 **yě** [动] smelt ▶冶铁 **yě tiě** smelt iron

冶炼(煉) **yěliàn** [动] smelt

野 **yě I** [名] **1**(野外) open country ▶野餐 **yěcān** picnic **2**(界限) border ▶分野 **fēnyě** dividing line **3**(民间) ▶在野 **zàiyě** out of power **II** [形] **1**(野生) wild ▶野菜 **yěcài** wild herbs (*pl*) **2**(蛮横) rude ▶粗野 **cūyě** rough **3**(无约束) unruly

野餐 yěcān [动] have a picnic ▷ 周末我们去山上野餐吧！ Zhōumò wǒmen qù shān shang yěcān ba! Let's go for a picnic in the mountains this weekend!
野鸡(雞) yějī [名] 1 (雉) pheasant 2 (旧) (妓女) streetwalker
野蛮(蠻) yěmán [形] 1 (蒙昧) uncivilized 2 (残暴) brutal
野生 yěshēng [形] wild
野兽(獸) yěshòu [名] wild animal
野外 yěwài [名] open country
野味 yěwèi [名] game
野心 yěxīn [名] ambition
野性 yěxìng [名] wild nature
野营(營) yěyíng [名] camp

业(業) yè I [名] 1 (行业) industry ▷ 饮食业 yǐnshíyè the food and drink industry 2 (职业) job ▶ 就业 jiùyè obtain employment ▶ 失业 shīyè be unemployed 3 (学业) studies (*pl*) ▶ 结业 jiéyè finish one's studies ▶ 毕业 bìyè graduate
4 (事业) enterprise ▶ 功业 gōngyè achievement
5 (产业) property ▶ 家业 jiāyè family property
II [副] already ▶ 业已 yèyǐ already
业(業)绩(績) yèjì [名] achievement
业(業)务(務) yèwù [名] profession ▷ 这些年轻人业务能力很强。 Zhèxiē niánqīngrén yèwù nénglì hěn qiáng. These young people are very professional. ▷ 公司经常组织业务学习活动。 Gōngsī jīngcháng zǔzhī yèwù xuéxí huódòng. The company often organizes professional training sessions.
业(業)余(餘) yèyú I [名] spare time ▷ 业余爱好 yèyú àihào hobby II [形] amateurish
业(業)主 yèzhǔ [名] owner

叶(葉) yè [名] 1 (叶子) leaf (*pl* leaves) ▶ 叶脉 yèmài vein 2 (时期) period ▷ 明朝中叶 Míngcháo zhōngyè the mid-Ming period
叶(葉)落归(歸)根 yè luò guī gēn return to one's roots

页(頁) yè I [名] page ▶ 活页笔记本 huóyè bǐjìběn loose-leaf notebook II [量] page ▷ 这本书被撕掉了一页。 Zhè běn shū bèi sīdiàole yī yè. A page has been torn out of this book. ▷ 翻开了人生新的一页 fānkāile rénshēng xīn de yī yè turn over a new leaf
页(頁)码(碼) yèmǎ [名] page number

曳 yè [动] drag ▶ 拖曳 tuōyè haul

夜 yè [名] night
夜班 yèbān [名] night shift
夜半 yèbàn [名] midnight
夜不闭(閉)户(戶) yè bù bì hù leave one's door unlocked at night
夜长(長)梦(夢)多 yè cháng mèng duō long delays cause complications ▷ 我们争取尽早签合同，免得夜长梦多。 Wǒmen zhēngqǔ jǐnzǎo qiān hétong, miǎnde yè cháng mèng duō. We'll do our best to sign the contract as soon as possible, to avoid the problems that may be incurred by a delay.
夜景 yèjǐng [名] night view ▷ 西湖夜景，美丽迷人。 Xīhú yèjǐng, měilì mírén. The view of the West Lake by night is absolutely enchanting.
夜郎自大 Yèláng zìdà be foolishly conceited
夜猫(貓)子 yèmāozi [名] (方) 1 (猫头鹰) owl 2 (喻) (晚睡者) night owl
夜幕 yèmù [名] night
夜生活 yèshēnghuó [名] nightlife
夜市 yèshì [名] night market
夜宵 yèxiāo [名] late-night snack
夜以继(繼)日 yè yǐ jì rì day and night ▷ 加固堤坝的工程夜以继日地进行着。 Jiāgù dībà de gōngchéng yè yǐ jì rì de jìnxíng zhe. Work on reinforcing the dam continued day and night.
夜总(總)会(會) yèzǒnghuì [名] nightclub

液 yè [名] liquid
液化 yèhuà [动] liquefy
液态(態) yètài [名] liquid
液体(體) yètǐ [名] liquid

腋 yè [名] (夹肢窝) armpit ▶ 腋毛 yèmáo underarm hair

一 yī [数] 1 (指数目) one ▶ 一辈子 yībèizi a lifetime ▷ 一分钟 yī fēnzhōng one minute 2 (相同) ▷ 一类人 yī lèi rén the same sort of people ▷ 他们是一类人。 Tāmen shì yī lèi rén. They are the same sort of people. ▷ 大家观点不一。 Dàjiā guāndiǎn bùyī. Everyone has different opinions. 3 (另一) ▷ 传呼机一名寻呼机。 Chuánhūjī yī míng xúnhūjī. Pager is another name for a beeper. 4 (全) ▷ 一屋子烟 yī wūzi yān full of smoke 5 (专) ▷ 一心一意 yī xīn yī yì heart and soul 6 (表示短暂) ▷ 看一看 kànyīkàn take a look 7 (与 '就' 连用) ▷ 我一碰杯子，它就掉地上了。 Wǒ yī pèng bēizi, tā jiù diào dìshang le. I barely touched the glass, and it fell to the floor.

一 yī is pronounced as 1st tone when it is used by itself to mean the number one for example in telephone numbers etc. When it is followed by another syllable it changes its tone depending on the tone of the subsequent syllable. If the subsequent syllable is 1st, 2nd or 3rd tone then it is pronounced as 4th tone yì. If the subsequent syllable is a 4th tone, then it is pronounced as a 2nd tone yí. For consistency, changes of tone in pinyin are not shown in this book.

一把手 **yī bǎ shǒu** [名] **1** (一员) member **2** (能手) skilled worker **3** (负责人) boss

一败(敗)涂(塗)地 **yī bài tú dì** come a cropper

一般 **yībān** [形] **1** (一样) same ▷ 他们俩一般大。**Tāmen liǎ yībān dà.** The two of them are the same age. **2** (普通) ordinary ▷ 他很不一般，工作非常出色。**Tā hěn bù yībān, gōngzuò fēicháng chūsè.** He is quite out of the ordinary, and his work is exceptional.

一板一眼 **yī bǎn yī yǎn** meticulous

一…半… **yī...bàn...** [数] ▷ 我看她的病一时半会儿好不了。**Wǒ kàn tā de bìng yī shí bàn huìr hǎobuliǎo.** It seems to me that she's not going to get well for a while. ▷ 这个问题不是一句半句能讲清楚的。**Zhège wèntí bùshì yī jù bàn jù néng jiǎng qīngchǔ de.** This can't be explained in a few sentences.

一半 **yībàn** [名] half

一本正经(經) **yī běn zhèng jīng** be prim and proper

一边(邊) **yībiān** **I** [名] **1** (一面) side ▷ 镜子的另一边是水银。**Jìngzi de lìng yībiān shì shuǐyín.** There is mercury on the other side of this mirror. ▷ 今天的辩论，你认为哪一边更强？**Jīntiān de biànlùn, nǐ rènwéi nǎ yībiān gèng qiáng?** Which do you think was the strongest side in today's debate? **2** (旁边) ▷ 你过来帮帮忙，别在一边呆着。**Nǐ guòlái bāngbāngmáng, bié zài yībiān dāizhe.** Come over and help — don't just hang around on the sidelines. **II** [副] at the same time ▷ 她吃着晚饭，一边还看着电视。**Tā chīzhe wǎnfàn, yībiān hái kànzhe diànshì.** She was eating and watching television at the same time.

一边(邊)倒 **yī biān dǎo** [动] predominate

一并(並) **yībìng** [副] together

一…不… **yī...bù...** [副] **1** (用于两动词之间) ▷ 他离家出走后一去不返。**Tā líjiā chūzǒu hòu yī qù bù fǎn.** He left home, never to return. **2** (用于一名一动之间) ▷ 大厅明亮宽敞，一尘不染。**Dàtīng míngliàng kuānchǎng, yī chén bù rǎn.** The great hall was bright and spacious — and spotless.

一不做，二不休 **yī bù zuò, èr bù xiū** go the whole hog

一步登天 **yī bù dēng tiān** have a meteoric rise

一刹那 **yīchànà** [名] instant

一唱一和 **yī chàng yī hè** sing the same tune

一成不变(變) **yī chéng bù biàn** immutable

一筹(籌)莫展 **yī chóu mò zhǎn** be at one's wits end

一锤(錘)定音 **yī chuí dìng yīn** settle ... there and then

一蹴而就 **yī cù ér jiù** accomplish at one stroke

一带(帶) **yīdài** [名] region

一旦 **yīdàn** **I** [名] single day ▷ 这座城堡竟然在一次大火中毁于一旦。**Zhè zuò chéngbǎo jìngrán zài yī cì dà huǒ zhōng huǐ yú yīdàn.** The great fire destroyed this castle in a single day. **II** [副] ▷ 一旦发生核战争，整个地球将会陷入灾难。**Yīdàn fāshēng hézhànzhēng, zhěnggè dìqiú jiāng huì xiànrù zāinàn.** If atomic war were to break out, it would be disastrous for the whole world.

一刀切 **yīdāoqiē** [动] take a sweeping approach (*pt* took, *pp* taken)

一道 **yīdào** [副] together

一点(點)儿(兒) **yīdiǎnr** [量] **1** (一些) some ▷ 你行李太多，我帮你提一点儿吧。**Nǐ xíngli tài duō, wǒ bāng nǐ tí yīdiǎnr ba.** You've got so much luggage – let me help you with some of it. **2** (很少) a little ▷ 我兜里就剩一点儿钱了。**Wǒ dōu li jiù shèng yīdiǎnr qián le.** There's a little money left in my pocket. ▷ 这件事我一点儿都不知道。**Zhè jiàn shì wǒ yīdiǎnr dōu bù zhīdào.** I know nothing about this.

一定 **yīdìng** **I** [形] **1** (规定的) definite **2** (固定的) fixed ▷ 她在城里做小时工，没有一定的收入和住所。**Tā zài chéngli zuò xiǎoshígōng, méiyǒu yīdìng de shōurù hé zhùsuǒ.** She did casual work in the city, but had no fixed income or address. **3** (相当) certain ▷ 生活条件有了一定的改善。**Shēnghuó tiáojiàn yǒule yīdìng de gǎishàn.** There has been a certain improvement in living conditions. **4** (特定) given ▷ 在一定条件下 **zài yīdìng tiáojiàn xià** under given circumstances **II** [副] definitely ▷ 放心，我一定去机场接你。**Fàngxīn, wǒ yīdìng qù jīchǎng jiē nǐ.** Don't worry, I'll definitely pick you up at the airport.

一…而… **yī...ér...** [连] ... in one ... ▷ 满满一杯酒，他一饮而尽。**Mǎnmǎn yī bēi jiǔ, tā yī yǐn ér jìn.** The glass was full to overflowing, but he drank it down in one gulp. ▷ 看到警察来了，围观的人们一哄而散。**Kàndào jǐngchá lái le, wéiguān de rénmen yī hòng ér sàn.** On seeing the police arrive, the people who had gathered to watch scattered.

一发(發) **yīfā** [副] **1** (更加) even more ▷ 如不抓紧处理，局面将一发不可收拾。**Rú bù** zhuājǐn chǔlǐ, júmiàn jiāng yīfā bùkě shōushi. If we don't deal with the matter quickly, the situation will become even more unmanageable. **2** (一并) together ▷这件事情，明天会上和其他事情一发讨论。Zhè jiàn shìqing, míngtiān huì shang hé qítā shìqing yīfā tǎolùn. We'll deal with this matter together with other issues at the meeting tomorrow.

一发(髮)千钧(鈞) **yī fà qiān jūn** in imminent danger

一帆风(風)顺(順) **yī fān fēng shùn** plain sailing

一概 **yīgài** [副] without exception

一共 **yīgòng** [副] altogether ▷参加晚会的一共有27个人。Cānjiā wǎnhuì de yīgòng yǒu èrshíqī gè rén. There were 27 people at the party altogether. ▷这套书一共多少本？Zhè tào shū yīgòng duōshao běn? How many books are there in this set?

一鼓作气(氣) **yī gǔ zuò qì** make a push for it

一贯(貫) **yīguàn** [形] consistent

一挥(揮)而就 **yī huī ér jiù** dash ... off

一己 **yījǐ** [名] oneself

一见(見)如故 **yī jiàn rú gù** hit it off at once

一见(見)钟(鍾)情 **yī jiàn zhōng qíng** love at first sight ▷爱情小说中，男女主人公常常是一见钟情。Àiqíng xiǎoshuō zhōng, nánnǚ zhǔréngōng chángcháng shì yī jiàn zhōng qíng. In romantic fiction, the hero and heroine often fall in love at first sight.

一箭双(雙)雕(鵰) **yī jiàn shuāng diāo** kill two birds with one stone

一经(經) **yījīng** [副] as soon as ▷决议一经通过，就立即执行。Juéyì yījīng tōngguò, jiù lìjí zhíxíng. The resolution must be implemented as soon as it's passed.

一…就… **yī...jiù...** [副] as soon as ▷我一到家就给你打电话。Wǒ yī dào jiā jiù gěi nǐ dǎ diànhuà. I'll call you as soon as I get home. ▷他一看书就打盹儿。Tā yī kàn shū jiù dǎ dǔnr. As soon as he started reading he fell asleep.

一举(舉) **yījǔ** **I** [名] one action **II** [副] at one stroke

一蹶不振 **yī jué bù zhèn** be unable to recover after a setback

一览(覽) **yīlǎn** [名] overview

一劳(勞)永逸 **yī láo yǒng yì** get things right once and for all

一连(連) **yīlián** [副] on end ▷一连下了几个月的雨。Yīlián xiàle jǐ gè yuè de yǔ. It's been raining for months on end.

一了百了 **yī liǎo bǎi liǎo** find a single solution ▷事情错综复杂，很难找到一个一了百了的解决办法。Shìqing cuòzōng fùzá, hěn nán zhǎodào yī gè yī liǎo bǎi liǎo de jiějué bànfǎ. Matters are very complex. It's very difficult to find a single solution to all problems.

一路 **yīlù** **I** [名] **1** (行程) journey ▷一路顺利吗？Yīlù shùnlì ma? Did you have a good journey? **2** (一类) a kind ▷他们俩一路货色。Tāmen liǎ yīlù huòsè. They are two of a kind. **3** (一起) the same way ▷明天出差，咱俩是一路。Míngtiān chūchāi, zánliǎ shì yīlù. When we goYi on business tomorrow, we're going the same way. **II** [副] all the way ▷那辆红色赛车一路领先。Nà liàng hóngsè sàichē yīlù lǐngxiān. That red racing car was in the lead all the way.

一律 **yīlǜ** **I** [形] same **II** [副] without exception

一马(馬)当(當)先 **yī mǎ dāng xiān** take the lead

一脉(脈)相承 **yī mài xiāng chéng** share the same origins

一毛不拔 **yī máo bù bá** be very stingy ▷有些人腰缠万贯，对他人却一毛不拔。Yǒuxiē rén yāo chán wàn guàn, duì tārén què yī máo bù bá. Some people have bags of money, but they're very stingy with other people.

一面 **yīmiàn** **I** [名] aspect ▷积极的一面 jījí de yīmiàn a positive aspect ▷这个规定也有合理的一面。Zhège guīdìng yě yǒu hélǐ de yīmiàn. This rule has its reasonable side. **II** [副] at the same time ▷她一面听音乐，一面看小说。Tā yīmiàn tīng yīnyuè, yīmiàn kàn xiǎoshuō. She was listening to music and reading a novel at the same time.

一鸣(鳴)惊(驚)人 **yī míng jīng rén** set the world on fire

一目了然 **yī mù liǎo rán** be clear at a glance

一诺(諾)千金 **yī nuò qiān jīn** one's word is one's bond

一瞥 **yīpiē** [动] glance

一齐(齊) **yīqí** [副] simultaneously

一起 **yīqǐ** **I** [名] the same place **II** [副] together

一气(氣)呵成 **yīqì hē chéng** go without a hitch

一窍(竅)不通 **yī qiào bù tōng** not know the first thing about

一切 **yīqiè** [代] **1** (全部) all ▷承担一切责任 chéngdān yīqiè zérèn take full responsibility ▷消除一切困难 xiāochú yīqiè kùnnan eliminate all difficulties **2** (全部事物) everything ▷那里的一切，她都记得很清楚。Nàlǐ de yīqiè, tā dōu jì de hěn qīngchu. She remembers everything about the place very clearly.

一日千里 **yī rì qiān lǐ** at a tremendous pace ▷人类在科学技术方面的进步一日千里。**Rénlèi zài kēxué jìshù fāngmiàn de jìnbù yī rì qiān lǐ.** Humanity has made tremendous progress in science and technology.

一日三秋 **yī rì sān qiū** days creep by like years

一如 **yīrú** [动] be just like ▷这里污染严重，环境恶劣，一如所闻。**Zhèlǐ wūrǎn yánzhòng, huánjìng èliè, yīrú suǒ wén.** It's heavily polluted here — it's just like people say it is.

一身 **yīshēn** [名] **1** (全身) ▷水洒了他一身。**Shuǐ sǎle tā yīshēn.** The water splashed all over him. **2** (一人) ▷她独自一身去国外求学。**Tā dúzì yīshēn qù guówài qiúxué.** She went abroad to study all on her own.

一时(時) **yīshí I** [名] **1** (一个时期) time **2** (短暂时间) moment **II** [副] **1** (临时) for the moment ▷书名我一时想不起来了。**Shūmíng wǒ yīshí xiǎng bù qǐlái le.** I can't think of the book title for the moment. **2** (时而) sometimes

一视(視)同仁 **yī shì tóng rén** treat everyone the same

一手 **yīshǒu I** [名] **1** (本领) skill **2** (贬) (手段) trick ▷你这一手骗不了我。**Nǐ zhè yīshǒu piànbuliǎo wǒ.** You can't fool me with that trick. **II** [副] single-handedly

一手遮天 **yī shǒu zhē tiān** engage in a cover-up

一丝(絲)不苟 **yī sī bù gǒu** be meticulous ▷她对教学工作一丝不苟。**Tā duì jiàoxué gōngzuò yī sī bù gǒu.** She's meticulous in her teaching work.

一体(體) **yītǐ** [名] whole ▷全球经济一体化 **quánqiú jīngjì yītǐhuà** the unification of the global economy

一同 **yītóng** [副] together

一团(團)和气(氣) **yī tuán héqì** keep on good terms

一网(網)打尽(盡) **yī wǎng dǎ jìn** round ... up in one fell swoop

一往情深 **yī wǎng qíng shēn** be devoted to

一味 **yīwèi** [副] blindly

一文不名 **yī wén bù míng** be penniless

一窝(窩)蜂 **yīwōfēng** [副] (口) ▷人们一窝蜂地跑过去看热闹。**Rénmen yīwōfēng de pǎo guòqù kàn rè'nao.** People came swarming over to see the fun.

一无(無)所有 **yī wú suǒ yǒu** not have a penny to one's name

一五一十 **yī wǔ yī shí** every last detail ▷她把事情的经过一五一十地告诉了我。**Tā bǎ shìqing de jīngguò yī wǔ yī shí de gàosùle wǒ.** She told me every last detail of the events.

一下 **yīxià I** [量] ▷我去问一下。**Wǒ qù wèn yīxià.** I'll just go and ask. ▷请大家自我介绍一下儿。**Qǐng dàjiā zìwǒ jièshào yīxiàr.** I'd like everybody to introduce themselves. ▷这件事我们还得商量一下儿。**Zhè jiàn shì wǒmen hái děi shāngliang yīxiàr.** We still need to discuss this.

measure word, used after verbs to indicate one's attempts to do something

II [副] at once ▷天一下就冷了。**Tiān yīxià jiù lěng le.** All at once the weather turned cold.

一线(綫) **yīxiàn I** [名] the front line ▷他一直在科研第一线工作。**Tā yīzhí zài kēyán dìyīxiàn gōngzuò.** He's always worked on the front line of scientific research. **II** [形] ▷一线阳光 **yī xiàn yángguāng** a ray of sunlight ▷一线希望 **yī xiàn xīwàng** a ray of hope

一相情愿(願) **yī xiāng qíngyuàn** wishful thinking

一向 **yīxiàng** [副] always ▷他做事一向拖拖拉拉。**Tā zuò shì yīxiàng tuōtuo lālā.** Whatever he does he always drags his feet.

一些 **yīxiē** [量] **1** (部分) some ▷这项工作让他也分担一些吧。**Zhè xiàng gōngzuò ràng tā yě fēndān yīxiē ba.** Let him take responsibility for some of this work. **2** (几个) a few ▷别的都卖了，只剩这一些了。**Biéde dōu mài le, zhǐ shèng zhè yīxiē le.** All the others have been sold — there are only these few left. ▷他曾游历过一些名山大川。**Tā céng yóulìguo yīxiē míngshān dàchuān.** He has visited several famous scenic spots. **3** (略微) a little ▷她感觉好一些了。**Tā gǎnjué hǎo yīxiē le.** She feels a little better.

一心 **yīxīn I** [形] united **II** [副] wholeheartedly

一行 **yīxíng** [名] group

一言既出，驷(駟)马(馬)难(難)追 **yī yán jì chū, sì mǎ nán zhuī** what's said can't be unsaid

一言以蔽之 **yī yán yǐ bì zhī** in short ▷一言以蔽之，任何一种改革都必须从实际出发。**Yī yán yǐ bì zhī, rènhé yī zhǒng gǎigé dōu bìxū cóng shíjì chūfā.** In short, any kind of reform must have a basis in reality.

一样(樣) **yīyàng** [形] same ▷他俩爱好一样。**Tā liǎ àihào yīyàng.** They have the same hobbies. ▷两个人成绩一样好。**Liǎng gè rén chéngjì yīyàng hǎo.** Their results are equally good. ▷姐俩性格完全不一样。**Jiě liǎ xìnggé wánquán bù yīyàng.** The sisters' personalities are completely different. ▷这位老人的头发像雪一样白。**Zhè wèi lǎorén de tóufa xiàng xuě yīyàng bái.** The old man's hair is as white as snow.

一叶(葉)知秋 **yī yè zhī qiū** a straw in the wind

一一 **yīyī** [副] in turn ▷对记者提出的问题，

他一一做了回答。Duì jìzhě tíchū de wèntí, tā yīyī zuòle huídá. He replied to each of the journalist's questions in turn.

一…一… yī...yī... **1** (表示整个) ▷ 希望我们能一生一世在一起。Xīwàng wǒmen néng yī shēng yī shì zài yīqǐ. I hope we will be able to spend our whole lives together. **2** (表示量少) ▷ 即使一分一秒她也舍不得浪费。Jíshǐ yī fēn yī miǎo tā yě shěbude làngfèi. She didn't want to waste even a second. **3** (表示对比) ▷ 这里多数家庭是一夫一妻，而不是一夫多妻。Zhèlǐ duōshù jiātíng shì yī fū yī qī, ér bùshì yī fū duō qī. Most households here consist of one husband and one wife, and not one husband and several wives. **4** (表示连续) ▷ 他一瘸一拐地离开了足球场。Tā yī qué yī guǎi de líkāile zúqiúchǎng. He limped off the field. ▷ 小船一上一下地颠簸着。Xiǎo chuán yī shàng yī xià de diānbǒzhe. The little boat bobbed up and down. **5** (表示交替) ▷ 他俩一问一答，配合密切。Tā liǎ yī wèn yī dá, pèihé mìqiè. Their question and answering was very tight. ▷ 一张一弛 yī zhāng yī chí alternately tense and relaxed **6** (表示对应) ▷ 姐妹俩一左一右搀扶着母亲。Jiěmèi liǎ yī zuǒ yī yòu chānfúzhe mǔqīn. The two sisters supported their mother, one on the right and one on the left.

一衣带(帶)水 yī yī dài shuǐ be separated by a narrow strip of water

一意孤行 yī yì gū xíng go one's own way

一应(應) yīyīng [代] everything

一月 yīyuè [名] January

一再 yīzài [副] repeatedly ▷ 他们一再要求改善待遇。Tāmen yīzài yāoqiú gǎishàn dàiyù. They repeatedly demanded an improvement in their treatment.

一朝一夕 yī zhāo yī xī overnight

一针(針)见(見)血 yī zhēn jiàn xiě be spot on

一知半解 yī zhī bàn jiě have a smattering of knowledge

一直 yīzhí [副] **1** (不变向) straight ▷ 一直走到十字路口，再向右拐。Yīzhí zǒu dào shízì lùkǒu, zài xiàng yòu guǎi. Go straight ahead to the crossroads, then turn right. ▷ 顺着这条大街一直走500米就到了。Shùnzhe zhè tiáo dàjiē yīzhí zǒu wǔbǎi mǐ jiù dào le. Follow this avenue for five hundred metres and you'll be there. **2** (不间断) always ▷ 这个牌子的电视一直很受欢迎。Zhège páizi de diànshì yīzhí hěn shòu huānyíng. This brand of TV has always been very popular. ▷ 大风一直刮了两天两夜。Dàfēng yīzhí guāle liǎng tiān liǎng yè. The gale blew for two days and two nights. **3** (指一定范围) all the way ▷ 从南一直到北 cóng nán yīzhí dào běi from the north all way to the south ▷ 从最北一直到最南，这股寒流袭击了整个国家。Cóng zuì běi yīzhí dào zuì nán, zhè gǔ hánliú xíjīle zhěnggè guójiā. The cold current hit the country from the north all the way to the south. ▷ 他被雨淋得从头顶一直湿到脚底。Tā bèi yǔ lín de cóng tóudǐng yīzhí shī dào jiǎodǐ. The rain soaked him from head to foot.

一致 yīzhì **I** [形] unanimous ▷ 他们夫妻俩在很多方面意见不一致。Tāmen fūqī liǎ zài hěn duō fāngmiàn yìjiàn bù yīzhì. The couple disagreed about quite a number of things. **II** [副] unanimously

一字千金 yī zì qiān jīn be full of pearls of wisdom

衣

衣 yī [名] **1** (衣服) clothing ▶ 衣裳 yīshang clothes (*pl*) **2** (表层) cover **3** (医) afterbirth

衣服 yīfu [名] clothes (*pl*)

衣冠 yīguān [名] clothing

衣柜(櫃) yīguì [名] wardrobe

衣裳 yīshang [名] (口) clothes (*pl*)

衣着(著) yīzhuó [名] clothing

伊

伊 yī 见下文

伊甸园(園) yīdiànyuán [名] the Garden of Eden

医(醫)

医(醫) yī **I** [名] **1** (医生) doctor ▶ 牙医 yáyī dentist **2** (医学) medicine ▶ 中医 zhōngyī Chinese traditional medicine **II** [动] treat

医(醫)疗(療) yīliáo [动] treat ▷ 免费医疗制度 miǎnfèi yīliáo zhìdù system of free medical care ▷ 改善医疗卫生条件 gǎishàn yīliáo wèishēng tiáojiàn improve medical hygiene

医(醫)生 yīshēng [名] doctor

医(醫)术(術) yīshù [名] medical skill

医(醫)务(務) yīwù [名] ▷ 医务工作者 yīwù gōngzuòzhě medical worker

医(醫)务(務)室 yīwùshì [名] clinic

医(醫)学(學) yīxué [名] medicine

医(醫)药(藥) yīyào [名] medicine

医(醫)院 yīyuàn [名] hospital

医(醫)治 yīzhì [动] cure

依

依 yī **I** [动] **1** (依靠) depend on **2** (依从) comply with **II** [介] according to

依从(從) yīcóng [动] comply with

依存 yīcún [动] depend on

依附 yīfù [动] rely on

依旧(舊) yījiù [副] still ▷ 10年了，他依旧孑然一身。Shí nián le, tā yījiù jiérán yīshēn. It's been ten years, and he's still all alone.

依据(據) yījù **I** [动] go by (*pt* went, *pp* gone)

II [名] basis (*pl* bases) ▷做这种判断你有什么依据吗？Zuò zhè zhǒng pànduàn nǐ yǒu shénme yījù ma? Do you have any basis for this judgment?

依靠 **yīkào I** [动] rely on **II** [名] support

依赖(賴) **yīlài** [动] depend on

依恋(戀) **yīliàn** [动] be reluctant to leave

依然 **yīrán** [副] still ▷她依然像10年前那么漂亮。Tā yīrán xiàng shí nián qián nàme piàoliang. She's still as beautiful as she was ten years ago.

依托(託) **yītuō I** [动] entrust **II** [名] support

依稀 **yīxī** [形] vague

依依 **yīyī** [形] **1** (摇摆) fluttering **2** (留恋) reluctant

依照 **yīzhào** [介] according to ▷依照规定，你是不能请假的。Yīzhào guīdìng, nǐ shì bùnéng qǐngjià de. According to the regulations, you're not allowed to request leave. ▷我们就依照你的建议试一试吧。Wǒmen jiù yīzhào nǐ de jiànyì shì yī shì ba. Let's try it your way.

咿 **yī** 见下文

咿呀 **yīyā** [拟] **1** (指物) squeak **2** (指人) prattle

壹 **yī** [数] one

This is the complex character for "one", which is mainly used in banks, on receipts, etc. to prevent mistakes and forgery.

仪(儀) **yí** [名] **1** (外表) appearance **2** (礼节) ceremony **3** (礼物) gift **4** (仪器) meter

仪(儀)表 **yíbiǎo** [名] **1** (外表) appearance **2** (仪器) meter

仪(儀)器 **yíqì** [名] meter

仪(儀)式 **yíshì** [名] ceremony

仪(儀)仗队(隊) **yízhàngduì** [名] guard of honour (英) 或 honor (美)

夷 **yí** (书) **I** [形] safe ▷化险为夷 huà xiǎn wéi yí head off disaster **II** [动] **1** (破坏) raze ▷夷为平地 yí wéi píng dì raze to the ground **2** (杀掉) exterminate ▶夷灭 yímiè destroy

---

怡 **yí** [形] (书) cheerful

怡然自得 **yírán zìdé** contented

宜 **yí I** [形] suitable **II** [副] ▷事不宜迟。shì bù yí chí. Matters should not be delayed.

宜人 **yírén** [形] pleasant

贻(貽) **yí** [动] (书) **1** (赠送) present **2** (遗留) bequeath

贻(貽)误(誤) **yíwù** [动] affect ... adversely

贻(貽)笑大方 **yí xiào dàfāng** expose oneself to ridicule

姨 **yí** [名] **1** (母亲的姐妹) aunt **2** (妻子的姐妹) sister-in-law (*pl* sisters-in-law)

姨表 **yíbiǎo** [名] cousin

移 **yí** [动] **1** (移动) move **2** (改变) change

移动(動) **yídòng** [动] move

移交 **yíjiāo** [动] hand ... over

移民 **yímín I** [动] emigrate ▷去年我移民法国。Qùnián wǒ yímín Fǎguó. Last year I emigrated to France. **II** [名] immigrant ▷他是来自西班牙的移民。Tā shì láizì Xībānyá de yímín. He's a Spanish immigrant.

移植 **yízhí** [动] transplant

遗(遺) **yí I** [名] lost item **II** [动] **1** (遗失) lose (*pt, pp* lost) **2** (遗漏) omit **3** (留下) leave ... behind (*pt, pp* left) **4** (死者留下) bequeath **5** (排泄) discharge

遗(遺)产(產) **yíchǎn** [名] legacy

遗(遺)传(傳) **yíchuán** [动] inherit ▷有些疾病可能会遗传。Yǒuxiē jíbìng kěnéng huì yíchuán. Some diseases can be hereditary.

遗(遺)存 **yícún** [动] survive

遗(遺)骸 **yíhái** [名] remains (*pl*)

遗(遺)憾 **yíhàn I** [名] regret ▷没上过大学是他终身的遗憾。Méi shàngguo dàxué shì tā zhōngshēn de yíhàn. It was his lifelong regret that he had not gone to university. **II** [动] be a pity ▷真遗憾，我没看到你的表演。Zhēn yíhàn, wǒ méi kàndào nǐ de biǎoyǎn. It's such a pity that I didn't see your performance.

遗(遺)迹(跡) **yíjì** [名] remains (*pl*)

遗(遺)精 **yíjīng** [动] emit

遗(遺)留 **yíliú** [动] leave (*pt, pp* left) ▷父亲去世后遗留了很多钱财。Fùqīn qùshì hòu yíliúle hěn duō qiáncái. My father left a lot of money when he died.

遗(遺)漏 **yílòu** [动] omit

遗(遺)弃(棄) **yíqì** [动] **1** (车, 船等) abandon **2** (妻, 子等) desert

遗(遺)容 **yíróng** [名] (死后容貌) remains (*pl*)

遗(遺)失 **yíshī** [动] lose (*pt, pp* lost)

遗(遺)书(書) **yíshū** [名] **1** (前人著作) posthumous papers (*pl*) **2** (书面遗言) last letter (*of dying man*)

遗(遺)孀 **yíshuāng** [名] widow

遗(遺)体(體) **yítǐ** [名] remains (*pl*)

遗(遺)忘 **yíwàng** [动] forget (*pt* forgot, *pp* forgotten)

遗(遺)址(阯) **yízhǐ** [名] ruins (*pl*)

遗(遺)嘱(囑) yízhǔ [名] will

颐(頤) yí (书) **I** [名] cheek **II** [动] take care of oneself (*pt* took, *pp* taken)

颐(頤)和园(園) Yíhéyuán [名] the Summer Palace

颐(頤)养(養) yíyǎng [动] (书) take care of one's health (*pt* took, *pp* taken)

疑 yí [动] doubt

疑案 yí'àn [名] **1** (疑难案件) difficult case **2** (神秘事件) mystery

疑惑 yíhuò [动] have doubts

疑难(難) yínán [形] knotty

疑神疑鬼 yí shén yí guǐ be extremely suspicious

疑团(團) yítuán [名] doubts and suspicions (*pl*)

疑问(問) yíwèn [名] question

疑心 yíxīn **I** [名] suspicion **II** [动] suspect ▷ 她疑心邻居偷了她的手表。Tā yíxīn línjū tōule tā de shǒubiǎo. She suspected that her neighbour (英) 或 neighbor (美) stole her watch.

乙 yǐ [名] second ▷ 乙等 yǐděng second grade

已 yǐ **I** [动] stop ▶ 不已 bùyǐ endlessly ▷ 死而后已 sǐ ér hòu yǐ to the end of one's days **II** [副] already ▷ 大会已于昨日闭幕。Dàhuì yǐ yú zuórì bìmù. The convention ended yesterday. ▷ 前期工作已准备完毕。Qiánqī gōngzuò yǐ zhǔnbèi wánbì. Preparations for the preliminary stage of the work are already complete.

已经(經) yǐjīng [副] already ▷ 已经到深秋了。Yǐjīng dào shēnqiū le. It's already late autumn.

已然 yǐrán **I** [动] already be a fact **II** [副] already

已往 yǐwǎng [名] the past ▷ 已往他好吃懒做，现在完全变了样。Yǐwǎng tā hào chī lǎn zuò, xiànzài wánquán biànle yàng. In the past he was greedy and lazy — now he's completely changed.

以 yǐ (书) **I** [动] use ▷ 以强凌弱 yǐ qiáng líng ruò use one's strength to humiliate the weak **II** [介] **1** (依照) by ▷ 以新的标准衡量 yǐ xīn de biāozhǔn héngliáng judge by new standards **2** (因为) for ▷ 他以博学多才闻名于全校。Tā yǐ bóxué duōcái wénmíng quánxiào. He became well-known throughout the school for his wide-ranging academic achievements. **3** (表示界限) ▶ 以内 yǐnèi within ▷ 以南 yǐnán to the south **III** [连] ▷ 我们要改进技术，以提高生产效率。Wǒmen yào gǎijìn jìshù, yǐ tígāo shēngchǎn xiàolǜ. We should improve the technology so as to increase production.

以便 yǐbiàn [连] in order that

以讹(訛)传(傳)讹(訛) yǐ é chuán é Chinese whispers

以后(後) yǐhòu [名] ▷ 两年以后，他果然去周游世界了。Liǎng nián yǐhòu, tā guǒrán qù zhōuyóu shìjiè le. Two years later, he did indeed go on a round-the-world tour. ▷ 以后我们去看电影。Yǐhòu wǒmen qù kàn diànyǐng. Afterwards we're going to see a film.

以及 yǐjí [连] as well as ▷ 夜校开设了英文班，法文班以及德文班。Yèxiào kāishèle Yīngwén bān, Fǎwén bān yǐjí Déwén bān. The night school has started up classes in English, French and German. ▷ 医学专家讲解了这一传染病的特点以及防治方法。Yīxué zhuānjiā jiǎngjiěle zhè yī chuánrǎnbìng de tèdiǎn yǐjí fángzhì fāngfǎ. The medical expert explained the peculiarities of this infectious disease, as well as the methods of prevention.

以来(來) yǐlái [名] ▷ 入冬以来，这里已经下了5场雪。Rù dōng yǐlái, zhèlǐ yǐjīng xiàle wǔ cháng xuě. There have been five snowfalls here since the beginning of the winter.

以免 yǐmiǎn [连] in case ▷ 做好准备，以免不必要的麻烦。Zuòhǎo zhǔnbèi, yǐmiǎn bù bìyào de máfan. Prepare yourself thoroughly in case of unnecessary trouble.

以前 yǐqián [名] ▷ 10年以前 shí nián yǐqián ten years ago ▷ 10年以前，这里还是一片废墟。Shí nián yǐqián, zhèlǐ háishì yī piàn fèixū. Ten years ago this was still a complete ruin. ▷ 她以前是老师。Tā yǐqián shì lǎoshī. She was a teacher before.

以身作则(則) yǐ shēn zuò zé set an example

以往 yǐwǎng [名] the past ▷ 他以往身体不好，现在非常健康。Tā yǐwǎng shēntǐ bù hǎo, xiànzài fēicháng jiànkāng. In the past his health wasn't too good, but he's very healthy now.

以为(為) yǐwéi [动] think (*pt*, *pp* thought) ▷ 我以为你不想来呢！Wǒ yǐwéi nǐ bù xiǎng lái ne! I thought you didn't want to come! ▷ 老李以为这件事跟他没关系。Lǎo Lǐ yǐwéi zhè jiàn shì gēn tā méi guānxì. Old Li reckoned that this had nothing to do with him.

以…为(為)… yǐ…wéi… [动] take ... as (*pt* took, *pp* taken)

以下 yǐxià [名] **1** (低于某点) ▷ 30岁以下 sānshí suì yǐxià under thirty ▷ 这里的气温常年在20度以下。Zhèlǐ de qìwēn chángnián zài èrshí dù yǐxià. The temperature here is below twenty degrees all year round. ▷ 俱乐部成员多数在30岁以下。Jùlèbù chéngyuán duōshù zài sānshí suì yǐxià. Most of the club members are under thirty. ▷这个店的玩具价格200元以下的占了80%。Zhège diàn de wánjù jiàgé èrbǎi yuán yǐxià de zhànle bǎi fēn zhī bāshí. 80% of the toys in the shop sell for less than two hundred yuan. **2** (接下来) ▷以下我来谈谈应该注意的问题。Yǐxià wǒ lái tántan yīnggāi zhùyì de wèntí. Next I will discuss the problems to which we must pay special attention. ▷以下请王先生给大家讲一讲。Yǐxià qǐng Wáng xiānsheng gěi dàjiā jiǎng yī jiǎng. Now I would like to ask Mr. Wang to talk to us.

以眼还(還)眼，以牙还(還)牙 **yǐ yǎn huán yǎn, yǐ yá huán yá** an eye for an eye and a tooth for a tooth

以逸待劳(勞) **yǐ yì dài láo** wait for the enemy to wear themselves out

以至 **yǐzhì** [连] **1** (表示延伸) ▷这项工程可能需要两年以至更长的时间。Zhè xiàng gōngchéng kěnéng xūyào liǎng nián yǐzhì gèng cháng de shíjiān. This project will perhaps require two years or even more. ▷小学生，中学生以至大学生都来看这个展览。Xiǎoxuéshēng, zhōngxuéshēng yǐzhì dàxuéshēng dōu lái kàn zhège zhǎnlǎn. Elementary school students, middle school students and even college students came to see the exhibition. **2** (表示结果) to such an extent that ▷他紧张得以至胃疼。Tā jǐnzhāng de yǐzhì wèi téng. He was so nervous that he got a stomachache.

以致 **yǐzhì** [连] so that ▷她操劳过度，以致累垮了身体。Tā cāoláo guòdù, yǐzhì lèi kuǎle shēntǐ. She worked so hard that she damaged her health.

蚁(蟻)

yǐ [名] ant ▶蚂蚁 mǎyǐ ant

倚

yǐ I [动] **1** (靠着) lean on **2** (仗恃) rely on **II** [形] biased

倚靠 **yǐkào** [动] **1** (斜躺) lean on **2** (依赖) depend on

倚老卖(賣)老 **yǐ lǎo mài lǎo** take advantage of one's seniority

倚仗 **yǐzhàng** [动] rely on

倚重 **yǐzhòng** [动] depend heavily on

椅

yǐ [名] chair

椅子 **yǐzi** [名] chair

旖

yǐ 见下文

旖旎 **yǐnǐ** [形] (书) charming

亿(億)

yì [数] hundred million

义(義)

yì I [名] **1** (正义) righteousness **2** (情谊) human relationship (*pl*) **3** (意义) meaning **II** [形] **1** (正义的) just **2** (人工的) artificial **3** (拜认的) adopted ▶义父 yìfù adoptive father

义(義)不容辞(辭) **yì bù róng cí** be duty-bound

义(義)愤(憤) **yìfèn** [名] righteous indignation

义(義)卖(賣) **yìmài** [动] sell ... for charity (*pt, pp* sold) ▷义卖所得钱款已全部寄往灾区。Yìmài suǒdé qiánkuǎn yǐ quánbù jì wǎng zāiqū. All money raised from this charity sale has already been sent to the disaster area.

义(義)气(氣) **yìqi I** [名] loyalty **II** [形] loyal

义(義)无(無)反顾(顧) **yì wú fǎn gù** be duty-bound

义(義)务(務) **yìwù I** [名] duty **II** [形] compulsory

义(義)演 **yìyǎn** [名] charity gala

义(義)正词(詞)严(嚴) **yì zhèng cí yán** speak sternly out of a sense of justice

艺(藝)

yì [名] **1** (技能) skill ▶手艺 shǒuyì craftsmanship **2** (艺术) art

艺(藝)名 **yìmíng** [名] stage name

艺(藝)人 **yìrén** [名] **1** (表演者) performer **2** (手艺人) artisan

艺(藝)术(術) **yìshù I** [名] **1** (文艺) art **2** (方法) skill ▷管理艺术 guǎnlǐ yìshù management skills **II** [形] artistic ▷花园的布局很艺术。Huāyuán de bùjú hěn yìshù. The layout of the garden is very artistic.

艺(藝)术(術)家 **yìshùjiā** [名] artist

忆(憶)

yì [动] remember ▶记忆 jìyì memory

议(議)

yì I [名] opinion ▶建议 jiànyì propose **II** [动] discuss ▶商议 shāngyì discuss

议(議)案 **yì'àn** [名] proposal

议(議)程 **yìchéng** [名] agenda

议(議)会(會) **yìhuì** [名] parliament

议(議)决(決) **yìjué** [动] pass a resolution

议(議)论(論) **yìlùn I** [动] discuss **II** [名] talk ▷对新一届领导，人们私下里有很多议论。Duì xīn yī jiè lǐngdǎo, rénmen sīxià li yǒu hěn duō yìlùn. Privately, there was a lot of talk about the new leadership.

议(議)题(題) **yìtí** [名] topic

议(議)员(員) **yìyuán** [名] MP (英), congressman, congresswoman (美)

议(議)政 **yìzhèng** [动] discuss politics

屹 yì [形] towering
屹立 **yìlì** [动] stand (*pt, pp* stood)
屹然 **yìrán** [形] towering

亦 yì [副] also ▷ 反之亦然 **fǎnzhī yì rán** vice versa
亦步亦趋(趨) **yì bù yì qū** blindly follow suit

异(異) yì **I** [形] **1** (不同) different ▶ 差异 **chāyì** difference **2** (奇异) strange **3** (惊奇) surprising ▶ 诧异 **chàyì** be surprised **4** (另外) other ▶ 异国 **yìguó** foreign country **II** [动] separate ▶ 离异 **líyì** separate
异(異)邦 **yìbāng** [名] foreign country
异(異)常 **yìcháng** [形] unusual
异(異)端 **yìduān** [名] (书) heresy
异(異)乎寻(尋)常 **yì hū xúncháng** exceptional ▷ 这个月，公司的销售情况异乎寻常地顺利。**Zhège yuè, gōngsī de xiāoshòu qíngkuàng yì hū xúncháng de shùnlì.** This month, the company's sales have been exceptionally good.
异(異)化 **yìhuà** [动] **1** (哲) alienate **2** (语言) dissimilate
异(異)己 **yìjǐ** [名] dissident
异(異)口同声(聲) **yì kǒu tóng shēng** speak with one voice ▷ 大家异口同声地称赞她是个热心人。**Dàjiā yì kǒu tóng shēng de chēngzàn tā shì gè rèxīnrén.** Everyone unanimously agreed that she was a really warm-hearted person.
异(異)曲同工 **yì qǔ tóng gōng** employ different methods with equal success ▷ 这两座桥的设计, 造型异曲同工。**Zhè liǎng zuò qiáo de shèjì, zàoxíng yì qǔ tóng gōng.** These two bridges were planned and built equally successfully using different methods.
异(異)物 **yìwù** [名] **1** (医) foreign body **2** (奇异物品) curiosity
异(異)乡(鄉) **yìxiāng** [名] foreign parts (*pl*)
异(異)想天开(開) **yì xiǎng tiān kāi** have one's head in the clouds
异(異)性 **yìxìng** [名] **1** (指性别) the opposite sex **2** (指性质) opposite
异(異)议(議) **yìyì** [名] objection ▷ 如果有异议，我们可以进一步讨论。**Rúguǒ yǒu yìyì, wǒmen kěyǐ jìnyībù tǎolùn.** If there are any objections, we can discuss this further.

译(譯) yì [动] translate
译(譯)文 **yìwén** [名] translation
译(譯)者 **yìzhě** [名] translator
译(譯)制(製) **yìzhì** [动] dub ▷ 很多美国电影都被译制成了中文。**Hěn duō Měiguó diànyǐng dōu bèi yìzhì chéngle Zhōngwén.** A lot of American movies have been dubbed into Chinese.

抑 yì [动] repress
抑扬(揚)顿(頓)挫 **yìyáng dùncuò** speak with a lilt
抑郁(鬱) **yìyù** [形] depressed
抑制 **yìzhì** [动] **1** (生理) inhibit **2** (控制) control

呓(囈) yì [名] **1** (梦话) ▶ 梦呓 **mèngyì** talking in one's sleep **2** (胡话) ravings (*pl*)
呓(囈)语(語) **yìyǔ** [名] ▷ 他睡觉时常说呓语。**Tā shuìjiào shí cháng shuō yìyǔ.** He often talks in his sleep.

役 yì **I** [名] **1** (劳力) labour (英), labor (美) ▶ 劳役 **láoyì** forced labour **2** (兵役) military service ▶ 退役 **tuìyì** retire from the army **3** (奴仆) servant **4** (战争) battle **II** [动] treat as a servant ▶ 奴役 **núyì** enslave

易 yì **I** [形] **1** (容易) easy ▷ 易传染 **yì chuánrǎn** easily transmissible ▷ 不讲卫生，易得传染病。**Bù jiǎng wèishēng, yì dé chuánrǎnbìng.** If you're not careful about hygiene, it's easy to get an infection. **2** (和气) amiable ▷ 平易近人 **píng yì jìn rén** amiable and easy to get on with **II** [动] **1** (改变) change **2** (交换) exchange ▷ 以物易物 **yǐ wù yì wù** barter
易拉罐 **yìlāguàn** [名] can
易如反掌 **yì rú fǎn zhǎng** easy as falling off a log

轶(軼) yì [形] **1** (超群) superior **2** (散失) lost
轶(軼)事 **yìshì** [名] anecdote

疫 yì [名] epidemic
疫苗 **yìmiáo** [名] inoculation

益 yì **I** [名] benefit **II** [形] beneficial **III** [动] increase **IV** [副] increasingly
益处(處) **yìchu** [名] benefit

谊(誼) yì [名] friendship ▶ 友谊 **yǒuyì** friendship

逸 yì **I** [形] **1** (安乐) leisurely **2** (散失) lost **II** [动] **1** (逃跑) escape **2** (超越) surpass
逸事 **yìshì** [名] anecdote
逸闻(聞) **yìwén** [名] anecdote

翌 yì [名] the next ▶ 翌日 **yìrì** the next day

肄 yì [动] study

肄业(業) **yìyè** [动] study

裔 **yì** (书) [名] **1** (后代) descendant ▸ 华裔 **huáyì** *foreign citizen of Chinese descent* **2** (边疆) border region ▸ 四裔 **sìyì** the frontiers (*pl*)

意 **yì I** [名] **1** (意思) meaning ▹ 他词不达意。**Tā cí bù dá yì.** He couldn't express what he meant. **2** (心愿) wish ▸ 好意 **hǎoyì** good intention **II** [动] expect

意会(會) **yìhuì** [动] sense

意见(見) **yìjiàn** [名] **1** (看法) opinion ▹ 请你发表一下意见。**Qǐng nǐ fābiǎo yīxià yìjiàn.** Please give us your opinion. ▹ 大家互相交换了意见。**Dàjiā hùxiāng jiāohuànle yìjiàn.** Everyone exchanged ideas. ▹ 对这个计划大家还有什么意见？**Duì zhège jìhuà dàjiā háiyǒu shénme yìjiàn?** What does everyone think of this plan? **2** (不满) objection ▹ 工人们对这件事的处理意见很大。**Gōngrénmen duì zhè jiàn shì de chǔlǐ yìjiàn hěn dà.** The workers greatly objected to the way this matter was dealt with. ▹ 有意见就提出来。**Yǒu yìjiàn jiù tí chūlái.** If you have objections, raise them.

意境 **yìjìng** [名] artistic conception

意料 **yìliào** [名] expect

意念 **yìniàn** [名] thought

意气(氣) **yìqì** [名] **1** (气概) spirit **2** (志趣) temperament **3** (情绪) emotions (*pl*)

意识(識) **yìshí I** [名] consciousness **II** [动] realize

意思 **yìsi** [名] **1** (意义) meaning **2** (意见) idea **3** (愿望) wish **4** (趣味) interest ▸ 有意思 **yǒu yìsi** interesting ▸ 没意思 **méi yìsi** boring ▹ 这个连续剧太没意思。**Zhège liánxùjù tài méi yìsi.** This series is so boring. **5** (心意) token ▹ 这是我们的一点小意思，请收下。**Zhè shì wǒmen de yīdiǎn xiǎoyìsi, qǐng shōuxià.** This is a small token of our esteem — do accept it.

意图(圖) **yìtú** [名] intention

意外 **yìwài I** [名] accident **II** [形] unexpected

意味 **yìwèi** [名] **1** (意思) significance **2** (情调) flavour (英), flavor (美)

意向 **yìxiàng** [名] intention

意义(義) **yìyì** [名] **1** (含义) meaning **2** (作用) significance

意译(譯) **yìyì** [动] translate freely

意愿(願) **yìyuàn** [名] wish ▹ 作决定要符合大多数人的意愿。**Zuò juédìng yào fúhé dàduōshù rén de yìyuàn.** The decision must accord with the wishes of the majority.

意志 **yìzhì** [名] will

意中人 **yìzhōngrén** [名] the object of one's affections

溢 **yì I** [动] overflow **II** [副] excessively

溢出 **yìchū** [动] overflow

溢于(於)言表 **yì yú yán biǎo** an outpouring of emotion

毅 **yì** [形] resolute

毅力 **yìlì** [名] perseverance

毅然 **yìrán** [形] resolute

臆 **yì** [副] subjectively

臆测(測) **yìcè** [动] conjecture

臆断(斷) **yìduàn** [动] make assumptions

臆造 **yìzào** [动] fabricate

翼 **yì** [名] **1** (翅膀) wing ▸ 机翼 **jīyì** aircraft wing **2** (侧面) side

翼翼 **yìyì** [形] (书) cautious

因 **yīn I** [连] because ▹ 因交通阻塞，他们无法准时到达。**Yīn jiāotōng zǔsè, tāmen wúfǎ zhǔnshí dàodá.** Because there was a traffic jam, they were unable to arrive on time. ▹ 因天气恶劣，今天的郊游取消了。**Yīn tiānqì èliè, jīntiān de jiāoyóu qǔxiāo le.** Today's outing has been cancelled due to bad weather. **II** [介] because of ▹ 昨天他因病缺课。**Zuótiān tā yīn bìng quē kè.** He missed a class yesterday because of illness. **III** [名] cause ▸ 外因 **wàiyīn** external cause ▸ 病因 **bìngyīn** cause of the illness ▹ 事出有因 **shì chū yǒu yīn** there are reasons why things happen

因材施教 **yīn cái shī jiào** teach according to one's student's ability ▹ 教师在教学时应尽量因材施教。**Jiàoshī zài jiàoxué shí yīng jǐnliàng yīn cái shī jiào.** Teachers, when teaching, ought as far as possible to teach students according to their abilities.

因此 **yīncǐ** [连] so ▹ 他迷恋于玩游戏，因此无心学习，成绩下降。**Tā míliàn yú wán yóuxì, yīncǐ wú xīn xuéxí, chéngjì xiàjiàng.** He is obsessed with playing games, so he's not interested in studying and his achievements have dropped off. ▹ 这种病很容易复发，因此要格外注意。**Zhè zhǒng bìng hěn róngyì fùfā, yīncǐ yào géwài zhùyì.** It's very easy to have a relapse with this kind of illness, so you have to be exceptionally careful. ▹ 由于引进了先进技术，生产效率因此大大提高。**Yóuyú yǐnjìnle xiānjìn jìshù, shēngchǎn xiàolǜ yīncǐ dàdà tígāo.** The production rate has increased hugely due to imported advanced technology.

因地制宜 **yīn dì zhì yí** act according to local conditions

因而 **yīn'ér** [连] therefore ▷ 由于工人们强了安全意识，因而事故发生率大大减少了。**Yóuyú gōngrénmen zhēngqiángle ānquán yìshí, yīn'ér shìgù fāshēnglǜ dàdà jiǎnshǎo le.** Workers have become more safety conscious, and therefore the accident rate has fallen greatly.

因果 **yīnguǒ** [名] **1** (原因和结果) cause and effect **2** (宗) karma

因陋就简(簡) **yīn lòu jiù jiǎn** make do with what's available ▷ 老师们因陋就简，给孩子们建了一个小活动室。**Lǎoshīmen yīn lòu jiù jiǎn, gěi háizimen jiànle yī gè xiǎo huódòngshì.** The teachers made do with what was available and built a small activity room for the children.

因势(勢)利导(導) **yīn shì lì dǎo** give advice appropriate to the situation

因素 **yīnsù** [名] **1** (成分) element **2** (原因) factor ▷ 影响学生学习成绩的因素有很多。**Yǐngxiǎng xuésheng xuéxí chéngjì de yīnsù yǒu hěn duō.** There are many factors that influence students' grades.

因特网(網) **Yīntèwǎng** [名] the Internet

因为(為) **yīnwèi** [连] because ▷ 因为有暴风雨，所以他们取消了航海计划。**Yīnwèi yǒu bàofēngyǔ, suǒyǐ tāmen qǔxiāole hánghǎi jìhuà.** They cancelled their plans to go sailing because of the stormy weather. ▷ 她昨天请了一天的假，是因为孩子生病了。**Tā zuótiān qǐngle yī tiān de jià, shì yīnwèi háizi shēngbìng le.** Yesterday she requested a day off because her child was sick.

因袭(襲) **yīnxí** [动] follow traditional ways

因循 **yīnxún** [动] follow

因噎废(廢)食 **yīn yē fèi shí** give up eating for fear of choking

因缘(緣) **yīnyuán** [名] **1** (宗) karma **2** (缘分) ▷ 他俩好像有前世因缘，一见面就坠入了情网。**Tā liǎ hǎoxiàng yǒu qiánshì yīnyuán, yī jiànmiàn jiù zhuìrùle qíngwǎng.** It seems that the two of them were destined for each other — they fell in love at first sight.

阴(陰) **yīn I** [形] **1** (指天气) overcast ▷ 天阴得厉害。**Tiān yīnde lìhai.** It's a very overcast day. **2** (隐蔽的) secret ▷ 阳奉阴违 **yáng fèng yīn wéi** pretend to obey orders **3** (阴险的) insidious ▶ 阴谋 **yīnmóu** plot **4** (物) negative ▶ 阴性 **yīnxìng** negative ▶ 阴极 **yīnjí** cathode **II** [名] **1** (阳的对立面) Yin (*from Yin and Yang*) **2** (指月亮) the moon ▶ 阴历 **yīnlì** lunar calendar **3** (背面) back **4** (阴凉处) shade ▶ 树阴 **shùyīn** the shade

阴(陰)暗 **yīn'àn** [形] gloomy

阴(陰)部 **yīnbù** [名] private parts (*pl*)

阴(陰)沉 **yīnchén** [形] gloomy

阴(陰)错(錯)阳(陽)差 **yīn cuò yáng chā** unexpected mishap

阴(陰)毒 **yīndú** [形] sinister

阴(陰)魂 **yīnhún** [名] spirits of the dead (*pl*)

阴(陰)极(極) **yīnjí** [名] (物) **1** (指电波) negative pole **2** (指电子) cathode

阴(陰)茎(莖) **yīnjīng** [名] penis

阴(陰)冷 **yīnlěng** [形] **1** (指天气) chilly ▷ 今天天气阴冷阴冷的。**Jīntiān tiānqì yīnlěng yīnlěng de.** It's really raw today. **2** (指脸色) gloomy

阴(陰)历(曆) **yīnlì** [名] lunar calendar

阴(陰)凉(涼) **yīnliáng** [形] shady and cool

阴(陰)谋(謀) **yīnmóu** [动] plot ▷ 敌人的阴谋被识破了。**Dírén de yīnmóu bèi shípò le.** The enemy's plot has been uncovered.

阴(陰)森 **yīnsēn** [形] gloomy

阴(陰)险(險) **yīnxiǎn** [形] sinister

阴(陰)性 **yīnxìng** [名] **1** (医) negative **2** (语言) feminine gender

阴(陰)阳(陽) **yīnyáng** [名] Yin and Yang

阴(陰)阳(陽)怪气(氣) **yīn yáng guài qì** odd ▷ 他说话老是阴阳怪气的，让人听着别扭。**Tā shuōhuà lǎoshì yīn yáng guài qì de, ràng rén tīngzhe bièniu.** He has such an odd way of speaking that it's irritating to listen to him.

阴(陰)郁(鬱) **yīnyù** [形] **1** (阴沉沉的) gloomy **2** (沮丧的) depressed

---

茵 **yīn** [名] mattress

音 **yīn** [名] **1** (声音) sound **2** (消息) news (*sg*) **3** (音节) syllable

音标(標) **yīnbiāo** [名] phonetic symbols (*pl*)

音调(調) **yīndiào** [名] pitch ▷ 他讲话时音调很高亢。**Tā jiǎnghuà shí yīndiào hěn gāokàng.** He has a high-pitched voice.

音符 **yīnfú** [名] note

音节(節) **yīnjié** [名] syllable

音量 **yīnliàng** [名] volume ▷ 请把收音机的音量放大点儿。**Qǐng bǎ shōuyīnjī de yīnliàng fàngdà diǎnr.** Turn up the volume on the radio a bit.

音容 **yīnróng** [名] face and voice

音色 **yīnsè** [名] timbre

音素 **yīnsù** [名] phoneme

音响(響) **yīnxiǎng** [名] **1** (声音) sound **2** (指设备) acoustics (*pl*)

音像 yīnxiàng [名] audio and video
音信 yīnxìn [名] news (*sg*) ▷最近几年，他音信全无。Zuìjìn jǐ nián, tā yīnxìn quán wú. There's been no news of him for several years.
音译(譯) yīnyì [名] transliteration
音乐(樂) yīnyuè [名] music
音乐(樂)会(會) yīnyuèhuì [名] concert

洇 yīn [动] saturate ▷纸被墨水洇透了。Zhǐ bèi mòshuǐ yīntòu le. This paper has been saturated with ink.

姻 yīn **I** [名] marriage **II** [形] related by marriage
姻亲(親) yīnqīn [名] in-law

殷(慇) yīn [形] (书) **1** (丰富) prosperous **2** (深厚) earnest **3** (殷勤) courteous
→另见 yān
殷(慇)切 yīnqiè [形] earnest
殷(慇)勤 yīnqín [形] courteous ▷她对待客人一向殷勤。Tā duìdài kèrén yīxiàng yīnqín. She treats guests very courteously.

吟 yín [动] recite
吟诵(誦) yínsòng [动] recite

银(銀) yín **I** [名] **1** (指) (金属) silver **2** (指) (货币) money ▶收银台 shōuyíntái cashier's desk **II** [形] silver
银(銀)行 yínháng [名] bank
银(銀)河 yínhé [名] the Milky Way
银(銀)灰 yínhuī [形] silvery grey (英) 或 gray (美)
银(銀)婚 yínhūn [名] silver wedding
银(銀)幕 yínmù [名] screen
银(銀)牌 yínpái [名] silver medal ▷他在长跑比赛中获得了银牌。Tā zài chángpǎo bǐsài zhōng huòdéle yínpái. He won a silver medal in the long-distance race.
银(銀)屏 yínpíng [名] (荧光屏) fluorescent screen

淫 yín [形] **1** (过多) excessive **2** (放纵) licentious **3** (淫秽) obscene
淫荡(蕩) yíndàng [形] lewd
淫秽(穢) yínhuì [形] obscene
淫乱(亂) yínluàn [形] debauched

龈(齦) yín [名] gum ▶牙龈 yáyín gum

引 yǐn [动] **1** (牵引) draw (*pt* drew, *pp* drawn) **2** (引导) lead (*pt*, *pp* led) ▶引路 yǐnlù lead the way **3** (离开) leave (*pt*, *pp* left) **4** (引起) cause **5** (引用) cite
引导(導) yǐndǎo [动] **1** (带领) lead (*pt*, *pp* led) ▷校长引导我们参观了校园。Xiàozhǎng yǐndǎo wǒmen cānguānle xiàoyuán. The principal led us round the campus. **2** (启发诱导) guide
引渡 yǐndù [动] extradite
引发(發) yǐnfā [动] initiate
引见(見) yǐnjiàn [动] introduce
引进(進) yǐnjìn [动] **1** (人) recommend **2** (物) import
引经(經)据(據)典 yǐn jīng jù diǎn quote from the classics ▷这篇文章引经据典，非常令人信服。Zhè piān wénzhāng yǐn jīng jù diǎn, fēicháng lìng rén xìnfú. This article quotes from the classics, which makes it more convincing.
引咎 yǐnjiù [动] take the blame (*pt* took, *pp* taken)
引狼入室 yǐn láng rù shì expose oneself to danger
引力 yǐnlì [名] gravitation
引起 yǐnqǐ [动] cause ▷人们担心，贫富不均可能会引起社会动荡。Rénmen dānxīn, pínfù bù jūn kěnéng huì yǐnqǐ shèhuì dòngdàng. People are worried that inequalities in wealth might cause social unrest. ▷这一事件的发生马上引起了媒体的注意。Zhè yī shìjiàn de fāshēng mǎshàng yǐnqǐle méitǐ de zhùyì. As soon as it happened the event aroused media interest.
引擎 yǐnqíng [名] engine
引人入胜(勝) yǐn rén rù shèng absorbing ▷这个故事悬念迭出，引人入胜。Zhège gùshi xuánniàn diéchū, yǐn rén rù shèng. This story is full of suspense, and deeply absorbing.
引申 yǐnshēn [动] extend
引退 yǐntuì [动] retire ▷从官场引退之后，他感到无比轻松。Cóng guānchǎng yǐntuì zhīhòu, tā gǎndào wúbǐ qīngsōng. When he retired from political life he felt incredibly relaxed.
引言 yǐnyán [名] foreword
引用 yǐnyòng [动] **1** (引述) quote **2** (任用) appoint
引诱(誘) yǐnyòu [动] **1** (诱导) induce **2** (诱惑) tempt
引证(證) yǐnzhèng [动] cite
引子 yǐnzi [名] **1** (戏剧) prologue **2** (音) prelude **3** (开场白) prologue

---

饮(飲) yǐn **I** [动] drink (*pt* drank, *pp* drunk) **II** [名] drink
饮(飲)料 yǐnliào [名] drink

饮(飲)食 yǐnshí [名] food and drink
饮(飲)食店 yǐnshídiàn [名] eatery
饮(飲)用水 yǐnyòngshuǐ [名] drinking water

隐(隱) yǐn **I** [动] conceal **II** [形] hidden **III** [名] (书) secret
隐(隱)蔽 yǐnbì **I** [动] take cover (*pt* took, *pp* taken) ▷ 警察隐蔽在一堵墙的后面。Jǐngchá yǐnbì zài yī dǔ qiáng de hòumiàn. The policeman took cover behind a wall. **II** [形] concealed
隐(隱)藏 yǐncáng [动] conceal
隐(隱)讳(諱) yǐnhuì [动] hold back (*pt, pp* held)
隐(隱)晦 yǐnhuì [形] obscure
隐(隱)瞒(瞞) yǐnmán [动] cover ... up
隐(隱)匿 yǐnnì [动] **1** (隐瞒) cover ... up **2** (隐藏) hide (*pt* hid, *pp* hidden)
隐(隱)私 yǐnsī [名] private matters (*pl*)
隐(隱)退 yǐntuì [动] **1** (消失) disappear **2** (退职) retire
隐(隱)隐(隱) yǐnyǐn [副] faintly
隐(隱)语(語) yǐnyǔ [名] **1** (暗示的话) riddle **2** (暗语) code words (*pl*)
隐(隱)约(約) yǐnyuē [形] faint

瘾(癮) yǐn [名] **1** (嗜好) addiction ▶ 上瘾 shàng yǐn be addicted to **2** (兴趣) strong interest

印 yìn **I** [名] **1** (图章) stamp **2** (痕迹) print **II** [动] **1** (留下痕迹) print **2** (符合) be in line with
印度 Yìndù [名] India
印发(發) yìnfā [动] print and distribute
印泥 yìnní [名] red ink paste
印刷 yìnshuā [动] print
印象 yìnxiàng [名] impression
印章 yìnzhāng [名] seal
印证(證) yìnzhèng [动] confirm ▷ 这些奖励是她努力工作最好的印证。Zhèxiē jiǎnglì shì tā nǔlì gōngzuò zuì hǎo de yìnzhèng. All those prizes are the best confirmation of her hard work.

荫(蔭) yìn [形] shady
荫(蔭)凉(涼) yìnliáng [形] shady and cool

应(應) yīng **I** [动] **1** (答应) answer ▷ 我朝屋子里喊了两声，没人应。Wǒ cháo wūzi li hǎnle liǎng shēng, méi rén yīng. I shouted twice towards the room but no-one answered. ▷ 人家在叫你，你倒应一声儿啊！Rénjiā zài jiào nǐ, nǐ dào yīng yī shēngr a! Someone's calling you, go on, answer! **2** (应允) agree ▷ 他们的要求，你应了吗？Tāmen de yāoqiú, nǐ yīngle ma? Have you agreed to their demands? **II** [助动] should ▷ 发现危险，应立即发出警报。Fāxiàn wēixiǎn, yīng lìjí fāchū jǐngbào. If you discover danger, you should raise the alarm immediately. ▷ 应按照医嘱服药。Yīng ànzhào yīzhǔ fú yào. You should take your medicine according to the doctor's orders.
→ 另见 yìng
应(應)当(當) yīngdāng [助动] should ▷ 天太热，应当洗个冷水澡。Tiān tài rè, yīngdāng xǐ gè lěngshuǐ zǎo. When it's too hot you should take a cold shower.
应(應)该(該) yīnggāi [助动] should ▷ 你不应该惹她生气。Nǐ bù yīnggāi rě tā shēngqì. You shouldn't make her angry. ▷ 家长应该鼓励孩子。Jiāzhǎng yīnggāi gǔlì háizi. Parents should encourage their children.
应(應)允 yīngyǔn [动] consent

英 yīng [名] **1** (书) (花) flower **2** (才能出众者) hero (*pl* heroes) ▶ 精英 jīngyīng elite **3** (英国) Britain
英镑(鎊) yīngbàng [名] pound sterling
英才 yīngcái [名] **1** (杰出才智) talent ▷ 他具有盖世英才。Tā jùyǒu gàishì yīngcái. He possesses outstanding talent. **2** (杰出人才) talented person (*pl* people)
英格兰(蘭) Yīnggélán [名] England
英国(國) Yīngguó [名] Great Britain ▷ 英国的 Yīngguó de British
英国(國)人 Yīngguórén [名] the British
英豪 yīngháo [名] hero (*pl* heroes)
英俊 yīngjùn [形] **1** (有才干的) very talented **2** (漂亮的) handsome
英明 yīngmíng [形] wise
英年 yīngnián [名] the flush of one's youth
英文 Yīngwén [名] English

> 英文 Yīngwén generally refers to the written English language, whereas 英语 Yīngyǔ refers to the spoken English language, although they are to some extent interchangeable. This is the same for all languages.

英武 yīngwǔ [形] (书) valiant
英雄 yīngxióng **I** [名] hero (*pl* heroes) **II** [形] heroic
英勇 yīngyǒng [形] brave
英语(語) Yīngyǔ [名] English
英姿 yīngzī [名] dashing appearance

婴(嬰) yīng [名] baby
婴(嬰)儿(兒) yīng'ér [名] baby

缨(纓) yīng [名] **1** (带子) strap **2** (装饰物) tassel **3** (缨状物) tassel

樱(櫻) yīng [名] **1** (樱桃) cherry ▶ 樱桃 yīngtáo cherry **2** (樱花) cherry blossom ▶ 樱花 yīnghuā cherry blossom

樱(櫻)桃 **yīngtáo** [名] **1** (指植物) cherry tree ▷ 院子里种了几棵樱桃树。**Yuànzi lǐ zhòngle jǐ kē yīngtáo shù.** Several cherry trees have been planted in the yard. **2** (指果实) cherry

鹦(鸚) yīng 见下文

鹦(鸚)鹉(鵡) **yīngwǔ** [名] parrot

鹰(鷹) yīng [名] eagle

迎 yíng [动] **1** (迎接) welcome **2** (对着) meet (*pt, pp* met)

迎合 **yínghé** [动] cater to ▷ 这家餐馆迎合南方人的口味。**Zhè jiā cānguǎn yínghé nánfāngrén de kǒuwèi.** This restaurant caters to the tastes of people from South China.

迎候 **yínghòu** [动] await

迎接 **yíngjiē** [动] welcome

迎刃而解 **yíng rèn ér jiě** be neatly solved

迎头(頭) **yíngtóu** [动] be head-on ▷ 我刚进校门，迎头碰上了李教授。**Wǒ gāng jìn xiàomén, yíngtóu pèngshàngle Lǐ jiàoshòu.** Just after I came in through the school gates, I bumped right into Professor Li.

迎战(戰) **yíngzhàn** [动] meet head-on (*pt, pp* met) ▷ 中国队将迎战美国队。**Zhōngguó duì jiāng yíngzhàn Měiguóduì.** The Chinese team will meet the American team head-on.

荧(熒) yíng [形] (书) luminous

荧(熒)光 **yíngguāng** [名] fluorescence ▷ 荧光灯比普通灯泡节能。**Yíngguāngdēng bǐ pǔtōng dēngpào jiénéng.** Fluorescent lights are more energy-efficient than ordinary light bulbs.

荧(熒)屏 **yíngpíng** [名] **1** (电子) fluorescent screen **2** (电视) television

盈 yíng [动] **1** (充满) fill **2** (增长) increase **3** (多出来) have a surplus of

盈亏(虧) **yíngkuī** **I** [动] wax and wane **II** [名] profit and loss

盈利 **yínglì** [名] profit

盈余(餘) **yíngyú** [动] profit ▷ 这笔生意做下来有3万元的盈余。**Zhè bǐ shēngyi zuò xiàlái yǒu sān wàn yuán de yíngyú.** If we do this business then we'll make thirty thousand dollars profit.

萤(螢) yíng [名] firefly

萤(螢)火虫(蟲) **yínghuǒchóng** [名] firefly

营(營) yíng **I** [动] **1** (谋求) seek (*pt, pp* sought) **2** (经营) operate **3** (建造) build (*pt, pp* built) **II** [名] **1** (军队驻地) barracks (*pl*) **2** (军队编制) battalion **3** (营地) camp ▶ 营地 yíngdì camp

营(營)地 **yíngdì** [名] camp

营(營)房 **yíngfáng** [名] barracks (*pl*)

营(營)火 **yínghuǒ** [名] campfire

营(營)救 **yíngjiù** [动] rescue

营(營)私 **yíngsī** [动] feather one's nest

营(營)销(銷) **yíngxiāo** [动] sell (*pt, pp* sold)

营(營)养(養) **yíngyǎng** [名] nourishment ▷ 大病初愈，你要好好营养一下身体。**Dà bìng chū yù, nǐ yào hǎohǎo yíngyǎng yīxià shēntǐ.** When recovering from a serious illness, you have to nourish your body well. ▷ 水果中含有丰富的营养。**Shuǐguǒ zhōng hán yǒu fēngfù de yíngyǎng.** Fruit contains a lot of nutrients.

营(營)业(業) **yíngyè** [动] do business ▷ 这家商店明天开始正式营业。**Zhè jiā shāngdiàn míngtiān kāishǐ zhèngshì yíngyè.** This shop will open for business tomorrow.

营(營)造 **yíngzào** [动] **1** (建筑) build (*pt, pp* built) **2** (林木) plant **3** (气氛) create

萦(縈) yíng [动] (书) entwine

萦(縈)怀(懷) **yínghuái** [动] linger

萦(縈)绕(繞) **yíngrào** [动] linger

蝇(蠅) yíng [名] fly ▶ 苍蝇 cāngying fly

蝇(蠅)头(頭) **yíngtóu** [名] speck ▶ 蝇头小利 yíngtóu xiǎo lì minuscule profit

赢(贏) yíng [动] **1** (胜) win (*pt, pp* won) **2** (获利) gain

赢(贏)利 **yínglì** [名] gain

赢(贏)余(餘) **yíngyú** [动] profit ▷ 这个月音像店盈余上万元。**Zhège yuè yīnxiàngdiàn yíngyú shàng wàn yuán.** This month the record shop's profit is more than ten thousand yuan. ▷ 除去开支，我们只有几百元的赢余。**Chúqù kāizhī, wǒmen zhǐyǒu jǐ bǎi yuán de yíngyú.** After our expenses, we only have a few hundred yuan profit.

颖(穎) yǐng **I** [名] intelligence **II** [形] intelligent

颖(穎)慧 **yǐnghuì** [形] (书) intelligent

影 yǐng **I** [名] **1** (影子) shadow **2** (照片) photograph **3** (电影) film (英), movie (美) **II** [动] copy

影片 yǐngpiàn [名] **1** (胶片) film **2** (电影) film (英), movie (美)
影射 yǐngshè [动] allude to
影视(視) yǐngshì [名] film and television
影坛(壇) yǐngtán [名] the world of film
影响(響) yǐngxiǎng **I** [动] affect ▷一场大风严重影响了庄稼的长势。Yī cháng dà fēng yánzhòng yǐngxiǎngle zhuāngjia de zhǎngshì. A large gale seriously affected the growth of the crops. ▷小声点，别影响他们的学习。Xiǎo shēng diǎn, bié yǐngxiǎng tāmen de xuéxí. Quiet! Don't disturb their studies. **II** [名] influence ▷有些书会使青少年受到不良影响。Yǒuxiē shū huì shǐ qīngshàonián shòudào bùliáng yǐngxiǎng. Some books have a bad influence on young people.
影印 yǐngyìn [动] photocopy ▷影印资料 yǐngyìn zīliào photocopied material

---

应(應) yìng

应(應) yìng [动] **1** (回答) answer ▶回应 huíyìng answer **2** (满足) respond to ▷应顾客需要，我们增开了两家分店。Yìng gùkè xūyào, wǒmen zēngkāile liǎng jiā fēndiàn. In response to the customers' needs, we opened two more branches. **3** (顺应) comply with **4** (应付) handle ▶应急 yìngjí handle an emergency **5** (相符合) correspond to
→另见 yīng
应(應)变(變) yìngbiàn [动] take emergency measures (*pt* took, *pp* taken)
应(應)标(標) yìngbiāo [动] bid (*pt, pp* bid)
应(應)承 yìngchéng [动] agree ▷我请她帮忙，她满口应承。Wǒ qǐng tā bāngmáng, tā mǎnkǒu yìngchéng. When I asked her to help, she readily agreed.
应(應)酬 yìngchou **I** [动] socialize with ▷他去应酬客人了。Tā qù yìngchou kèrén le. He went to socialize with the guests. **II** [名] social engagement
应(應)付 yìngfù [动] **1** (采取办法) handle **2** (敷衍) do half-heartedly **3** (将就) make do with ▷没有更好的衣服，就穿这件应付吧。Méiyǒu gèng hǎo de yīfu, jiù chuān zhè jiàn yìngfù ba. I don't have any better clothes: I'll just make do with this.
应(應)接不暇 yìngjiē bù xiá have more to do than one can cope with
应(應)聘 yìngpìn [动] accept an offer
应(應)时(時) yìngshí [形] seasonal
应(應)试(試) yìngshì [动] **1** (应考) take exams (*pt* took, *pp* taken) **2** (适应考试) ▷应试教育不利于学生身心全面发展。Yìngshì jiàoyù bù lìyú xuésheng shēnxīn quánmiàn fāzhǎn. Education that is geared towards exams has a bad effect on students' overall development.
应(應)验(驗) yìngyàn [动] come true (*pt* came, *pp* come) ▷他的很多预言都应验了。Tā de hěn duō yùyán dōu yìngyàn le. Many of his predictions have come true.
应(應)邀 yìngyāo [动] be invited to ▷我应邀参加了昨天的宴会。Wǒ yìngyāo cānjiāle zuótiān de yànhuì. I was invited to yesterday's banquet.
应(應)用 yìngyòng **I** [动] apply ▷这项技术已经广泛应用于农业生产。Zhè xiàng jìshù yǐjīng guǎngfàn yìngyòng yú nóngyè shēngchǎn. This technology has already been widely applied to agricultural production. **II** [形] applied ▷应用科学 yìngyòng kēxué applied science
应(應)战(戰) yìngzhàn [动] **1** (作战) engage the enemy **2** (接受挑战) accept a challenge

---

映 yìng

映 yìng [动] reflect
映衬(襯) yìngchèn [动] set ... off (*pt, pp* set)
映射 yìngshè [动] shine (*pt, pp* shone)
映照 yìngzhào [动] shine upon (*pt, pp* shone) ▷柔和的灯光映照着她美丽的面庞。Róuhé de dēngguāng yìngzhàozhe tā měilì de miànpáng. The soft lighting is shining upon her beautiful face.

硬 yìng

硬 yìng **I** [形] **1** (坚固) hard **2** (刚强) firm **3** (能干的) strong **II** [副] obstinately
硬邦邦 yìngbāngbāng [形] rock hard
硬币(幣) yìngbì [名] coin
硬度 yìngdù [名] hardness ▷这种木头硬度不高。Zhè zhǒng mùtou yìngdù bù gāo. This kind of wood is not hard enough. ▷这种水硬度太高，不适合饮用。Zhè zhǒng shuǐ yìngdù tài gāo, bù shìhé yǐnyòng. This kind of water is too hard: it's not suitable for drinking.
硬化 yìnghuà [动] **1** (变硬) harden **2** (喻) stiffen
硬件 yìngjiàn [名] **1** (计算机) hardware **2** (设备) equipment
硬朗 yìnglang [形] (口) sturdy
硬盘(盤) yìngpán [名] hard disk
硬性 yìngxìng [形] inflexible

哟(喲) yō

哟(喲) yō [叹] (表示轻微的惊异或赞叹) oh ▷哟，他怎么来了？Yō, tā zěnme lái le? Oh, how did he get here?

佣(傭) yōng

佣(傭) yōng **I** [动] hire **II** [名] servant ▶女佣 nǚyòng maid
→另见 yòng
佣(傭)工 yōnggōng [名] servant

拥(擁) yōng [动] **1** (抱) embrace **2** (围着) gather round **3** (拥挤) swarm **4** (拥护) support
拥(擁)抱 yōngbào [动] embrace
拥(擁)戴 yōngdài [动] support
拥(擁)护(護) yōnghù [动] support ▷ 决议草案得到了大多数议员的拥护。Juéyì cǎo'àn dédàole dàduōshù yìyuán de yōnghù. The draft resolution obtained the support of most of the representatives.
拥(擁)挤(擠) yōngjǐ **I** [形] crowded **II** [动] crowd
拥(擁)有 yōngyǒu [动] have

庸 yōng **I** [形] **1** (平凡) commonplace **2** (不高明) mediocre **II** [动] need
庸才 yōngcái [名] mediocrity
庸碌 yōnglù [形] mediocre
庸人 yōngrén [名] (书) nonentity
庸俗 yōngsú [形] vulgar

雍 yōng [形] (书) harmonious
雍容 yōngróng [形] graceful

壅 yōng [动] obstruct
壅塞 yōngsè [动] block ... up

臃 yōng [形] (书) obese
臃肿(腫) yōngzhǒng [形] **1** (指身体) obese **2** (指机构) overstaffed

永 yǒng **I** [形] (书) everlasting **II** [副] forever
永恒(恆) yǒnghéng [形] everlasting
永久 yǒngjiǔ [形] eternal
永生 yǒngshēng **I** [动] live forever **II** [副] forever
永世 yǒngshì [副] forever ▷ 您的恩德，我永世不忘。Nín de ēndé, wǒ yǒngshì bù wàng. I will remember your kindness forever.
永远(遠) yǒngyuǎn [副] eternally ▷ 我们将永远怀念这位可敬的朋友。Wǒmen jiāng yǒngyuǎn huáiniàn zhè wèi kějìng de péngyou. We will eternally cherish the memory of this respected friend. ▷ 他们希望一辈子生活在一起，永远不分离。Tāmen xīwàng yībèizi shēnghuó zài yīqǐ, yǒngyuǎn bù fēnlí. They want to be together all their lives, and never part.

泳 yǒng [名] swim (*pt* swam, *pp* swum) ▶ 蛙泳 wāyǒng breaststroke
泳道 yǒngdào [名] lane

俑 yǒng [名] figurine

勇 yǒng [形] brave
勇敢 yǒnggǎn [形] brave
勇猛 yǒngměng [形] valiant
勇气(氣) yǒngqì [名] courage
勇士 yǒngshì [名] warrior
勇往直前 yǒng wǎng zhí qián carry on bravely
勇于(於) yǒngyú [助动] have the courage to ▷ 勇于迎接挑战 yǒngyú yíngjiē tiǎozhàn have the courage to take on a challenge

涌(湧) yǒng [动] **1** (冒出) gush **2** (喻) emerge
涌(湧)现(現) yǒngxiàn [动] emerge

踊(踴) yǒng [动] leap
踊(踴)跃(躍) yǒngyuè **I** [形] eager **II** [动] leap

用 yòng **I** [动] **1** (使用) use ▷ 你们可以用这个教室。Nǐmen kěyǐ yòng zhège jiàoshì. You can use this classroom. **2** (需要) need ▷ 不用担心，他们很快就到了。Bù yòng dānxīn, tāmen hěn kuài jiù dào le. There's no need to worry, they'll be here soon. ▷ 我自己去就行，不用你陪着。Wǒ zìjǐ qù jiù xíng, bù yòng nǐ péizhe. I'll go by myself; you don't have to come. **3** (消费) consume ▶ 用餐 yòng cān have a meal ▷ 用茶 yòng chá drink tea **II** [名] **1** (费用) expense ▶ 家用 jiāyòng household expenses (*pl*) **2** (用处) use ▶ 没用 méiyòng useless
用场(場) yòngchǎng [名] use
用处(處) yòngchu [名] use
用功 yònggōng **I** [形] hardworking **II** [动] work hard
用户(戶) yònghù [名] user ▷ 网络用户 wǎngluò yònghù internet user
用户名 yònghùmíng [名] (计算机) username
用具 yòngjù [名] tool
用力 yònglì [动] exert oneself ▷ 他用力举起了大石头。Tā yònglì jǔqǐle dà shítou. He really exerted himself lifting the big stone.
用品 yòngpǐn [名] goods (*pl*) ▷ 办公用品 bàngōng yòngpǐn office goods ▷ 体育用品 tǐyù yòngpǐn sporting goods
用人 yòngrén [动] **1** (使用人) make the best use of staff **2** (需要人) be understaffed
用事 yòngshì [动] act
用途 yòngtú [名] use
用心 yòngxīn **I** [动] be careful **II** [形] careful ▷ 他做什么事都很用心。Tā zuò shénme shì dōu hěn yòngxīn. Whatever he does he's always very careful. **III** [名] intention
用意 yòngyì [名] intention
用语(語) yòngyǔ **I** [动] word **II** [名] term

佣 yòng 见下文
→ 另见 yōng

佣金 yòngjīn [名] commission

优(優) yōu I [形] 1 (优良) excellent 2 (书) (充足) abundant II [动] give ... preferential treatment (*pt* gave, *pp* given)

优(優)待 yōudài [动] give preferential treatment (*pt* gave, *pp* given) ▷这个公司格外优待老客户。Zhège gōngsī géwài yōudài lǎo kèhù. This company gives preferential treatment to old customers. ▷立功人员理应得到优待。Lìgōng rényuán lǐyīng dédào yōudài. Hardworking staff should receive preferential treatment.

优(優)点(點) yōudiǎn [名] strong point

优(優)厚 yōuhòu [形] generous

优(優)化 yōuhuà [动] optimize

优(優)惠 yōuhuì [形] preferential

优(優)良 yōuliáng [形] fine

优(優)美 yōuměi [形] elegant

优(優)胜(勝) yōushèng I [名] victory II [形] superior

优(優)势(勢) yōushì [名] advantage ▷我们要尽量发挥出自己的优势。Wǒmen yào jǐnliàng fāhuī chū zìjǐ de yōushì. We have to do our best to give play to our own advantages.

优(優)先 yōuxiān [动] have priority

优(優)秀 yōuxiù [形] outstanding

优(優)雅 yōuyǎ [形] refined

优(優)异(異) yōuyì [形] outstanding

优(優)越 yōuyuè [形] superior

优(優)质(質) yōuzhì [形] high-quality

忧(憂) yōu I [形] anxious II [动] worry III [名] anxiety

忧(憂)愁 yōuchóu [形] depressed

忧(憂)患 yōuhuàn [名] suffering

忧(憂)虑(慮) yōulǜ [动] worry ▷他为自己的前途感到忧虑。Tā wèi zìjǐ de qiántú gǎndào yōulǜ. He was worried about his prospects.

忧(憂)伤(傷) yōushāng [形] sad

忧(憂)郁(鬱) yōuyù [形] depressed

呦 yōu [叹] ooh

幽 yōu I [形] 1 (暗) dim ▶幽暗 yōu'àn gloomy 2 (深) remote 3 (隐蔽的) hidden 4 (沉静) tranquil II [动] imprison III [名] the underworld

幽暗 yōu'àn [形] gloomy

幽会(會) yōuhuì [名] date ▷他们在电影院幽会。Tāmen zài diànyǐngyuàn yōuhuì. They went on a date to the cinema. ▷这对恋人经常去公园幽会。Zhè duì liànrén jīngcháng qù gōngyuán yōuhuì. The couple often meet in the park.

幽禁 yōujìn [动] imprison

幽静(靜) yōujìng [形] peaceful

幽灵(靈) yōulíng [名] ghost

幽默 yōumò [形] humorous ▷他说话很幽默。Tā shuōhuà hěn yōumò. He's got a very humorous way of talking.

幽情 yōuqíng [名] deep feelings

幽深 yōushēn [形] serene

幽雅 yōuyǎ [形] refined

悠 yōu I [形] 1 (久远) remote 2 (闲适) leisurely II [动] (口) swing (*pt*, *pp* swung)

悠长(長) yōucháng [形] drawn-out

悠久 yōujiǔ [形] long-standing

悠然 yōurán [形] carefree ▷他在乡下过着悠然的日子。Tā zài xiāngxia guòzhe yōurán de rìzi. He lives a carefree life in the country.

悠闲(閒) yōuxián [形] leisurely

悠扬(揚) yōuyáng [形] melodious

悠悠 yōuyōu [形] 1 (久远) remote 2 (从容不迫) unhurried

悠远(遠) yōuyuǎn [形] 1 (指时间) distant 2 (指距离) far

尤 yóu [副] especially

尤其 yóuqí [副] especially ▷他爱好体育，尤其喜欢踢足球。Tā àihào tǐyù, yóuqí xǐhuan tī zúqiú. He loves sport, especially football.

由 yóu I [动] 1 (听凭) give in to (*pt* gave, *pp* given) ▷不能什么事都由着孩子。Bùnéng shénme shì dōu yóuzhe háizi. You can't give in to children in everything. 2 (经过) go through ▷必由之路 bì yóu zhī lù the only way II [介] 1 (归) by ▷这件事由你去安排吧！ Zhè jiàn shì yóu nǐ qù ānpái ba! This business will be dealt with by you. 2 (根据) ▷这篇论文由三个部分构成。Zhè piān lùnwén yóu sān gè bùfen gòuchéng. This essay is made up of three parts. ▷由此可见… yóu cǐ kě jiàn... from this we can see... 3 (从) from ▷由简到繁 yóu jiǎn dào fán from simple to complex ▷由上海到深圳 yóu Shànghǎi dào Shēnzhèn from Shanghai to Shenzhen 4 (由于) due to ▷她头痛是由睡眠不足引起的。Tā tóutòng shì yóu shuìmián bù zú yǐnqǐ de. Her headache is due to lack of sleep. III [名] cause ▶理由 lǐyóu reason

由来(來) yóulái [名] origin ▷没人知道这个传说的由来。Méi rén zhīdào zhège chuánshuō de yóulái. No-one knows the origins of this legend.

由于(於) yóuyú [介] as a result of ▷由于司机一时不慎，发生了一起重大交通事故。Yóuyú sījī yīshí bù shèn, fāshēngle yī qǐ zhòngdà jiāotōng shìgù. As a result of the driver's momentary carelessness, there was a serious accident. ▷由于不用功，他没能通过考试。Yóuyú bù yònggōng, tā méi néng tōngguò kǎoshì. Because he didn't work hard, he couldn't pass the exam.

由衷 **yóuzhōng** [形] heartfelt

邮(郵) **yóu** **I** [动] post (英), mail (美) **II** [名] **1** (邮务) post (英), mail (美) **2** (邮票) stamp

邮(郵)递(遞) **yóudì** [动] send ... by post (英) 或 mail (美) (*pt*, *pp* sent) ▷邮递印刷品很便宜。Yóudì yìnshuāpǐn hěn piányi. It's very cheap to send printed matter by post.

邮(郵)电(電) **yóudiàn** [名] post and telecommunications

邮(郵)寄 **yóujì** [动] post (英), mail (美)

邮(郵)件 **yóujiàn** [名] post (英), mail (美) ▷朋友之间用电子邮件联系非常方便。Péngyou zhījiān yòng diànzǐ yóujiàn liánxì fēicháng fāngbiàn. It's very convenient for friends to use e-mail to keep in touch. ▷这个歌星在生日那天收到了大量邮件。Zhège gēxīng zài shēngrì nà tiān shōudàole dàliàng yóujiàn. The pop star received a lot of mail on his birthday.

邮(郵)局 **yóujú** [名] post office

邮(郵)票 **yóupiào** [名] stamp

邮(郵)政 **yóuzhèng** [名] postal service

邮(郵)资(資) **yóuzī** [名] postage

犹(猶) **yóu** **I** [动] be like **II** [副] still

犹(猶)然 **yóurán** [副] still

犹(猶)如 **yóurú** [动] be like

犹(猶)豫 **yóuyù** [形] hesitant

油 **yóu** **I** [名] oil **II** [动] **1** (油漆) oil **2** (被油弄脏) stain with oil **III** [形] oily

油光 **yóuguāng** [形] shiny

油乎乎 **yóuhūhū** [形] oily

油滑 **yóuhuá** [形] slippery ▷这个人很油滑，待人没有一点诚意。Zhège rén hěn yóuhuá, dài rén méiyǒu yīdiǎn chéngyì. This person is very slippery: he treats people completely insincerely.

油腻(膩) **yóunì** **I** [形] greasy **II** [名] greasy food

油漆 **yóuqī** **I** [名] varnish **II** [动] varnish

油腔滑调(調) **yóu qiāng huá diào** glib

油水 **yóushui** [名] **1** (脂肪) oil **2** (贬) (好处) profit

油头(頭)粉面 **yóu tóu fěn miàn** overdressed ▷他打扮得油头粉面，一看就让人不舒服。Tā dǎbàn de yóu tóu fěn miàn, yī kàn jiù ràng rén bù shūfu. He was so overdressed that people felt uncomfortable looking at him.

油头(頭)滑脑(腦) **yóu tóu huá nǎo** slick

油印 **yóuyìn** [动] mimeograph

油脂 **yóuzhī** [名] oil ▷这种小吃含油脂过多，少吃为好。Zhè zhǒng xiǎochī hán yóuzhī guò duō, shǎo chī wéi hǎo. This kind of snack is too oily, the less you eat the better.

鱿(魷) **yóu** [名] squid

鱿(魷)鱼(魚) **yóuyú** [名] squid

游(遊) **yóu** **I** [动] **1** (游泳) swim (*pt* swam, *pp* swum) **2** (游览) tour **II** [名] reach **III** [形] roving

游程 **yóuchéng** [名] **1** (距离) distance ▷1000米的游程他很快就游完了。Yī qiān mǐ de yóuchéng tā hěn kuài jiù yóuwán le. He swam the distance of 1000 metres very quickly. **2** (路程) journey **3** (日程) itinerary

游(遊)荡(蕩) **yóudàng** [动] **1** (闲逛) wander **2** (飘荡) float

游(遊)逛 **yóuguàng** [动] stroll

游(遊)记(記) **yóujì** [名] travel notes (*pl*)

游(遊)客 **yóukè** [名] tourist

游(遊)览(覽) **yóulǎn** [动] tour

游(遊)民 **yóumín** [名] vagrant

游牧 **yóumù** [动] live a nomadic life ▷这个民族仍然过着游牧生活。Zhège mínzú réngrán guòzhe yóumù shēnghuó. This tribe still live a nomadic life.

游(遊)刃有余(餘) **yóu rèn yǒu yú** be more than equal to ▷他经验丰富，做这项工作游刃有余。Tā jīngyàn fēngfù, zuò zhè xiàng gōngzuò yóu rèn yǒu yú. He has plenty of experience, so he is more than equal to this task.

游(遊)手好闲(閒) **yóu shǒu hào xián** [形] loaf about ▷一个游手好闲, 不愿工作的人很难得到尊重。Yī gè yóu shǒu hào xián, bù yuàn gōngzuò de rén hěn nán dédào zūnzhòng. It's very difficult for people who are idle and unwilling to work to gain respect.

游(遊)说(說) **yóushuì** [动] lobby

游(遊)戏(戲) **yóuxì** **I** [名] game ▷孩子们都喜欢玩电脑游戏。Háizimen dōu xǐhuan wán diànnǎo yóuxì. Children all like to play computer games. ▷做任何事，首先要弄清游戏规则。Zuò rènhé shì, shǒuxiān yào nòngqīng yóuxì guīzé. No matter what you do, first you have to clarify the rules of the game. **II** [动] play ▷年轻人要珍惜生活，不要游戏人生。Niánqīngrén yào zhēnxī shēnghuó, bùyào yóuxì rénshēng. Young people must cherish life and mustn't play at it.

游(遊)行 **yóuxíng** [动] march

游(遊)移 yóuyí [动] waver

游泳 yóuyǒng **I** [动] swim (*pt* swam, *pp* swum) **II** [名] swimming ▷游泳是很好的健身运动。Yóuyǒng shì hěn hǎo de jiànshēn yùndòng. Swimming is a very good way of keeping fit.

游泳池 yóuyǒngchí [名] swimming pool

游(遊)子 yóuzǐ [名] person far from home

友 yǒu **I** [名] friend ▶男友 nányǒu boyfriend **II** [形] friendly ▶友好 yǒuhǎo friendly ▶友邦 yǒubāng friendly nation

友爱(愛) yǒu'ài [形] affectionate

友好 yǒuhǎo **I** [形] friendly **II** [名] friend

友情 yǒuqíng [名] friendship

友人 yǒurén [名] friend

友善 yǒushàn [形] (书) amicable

友谊(誼) yǒuyì [名] friendship

有 yǒu [动] **1** (具有) have (*pt*, *pp* had) ▷我有一套《红楼梦》。Wǒ yǒu yī tào "Hónglóumèng". I have a set of "Dream of Red Chamber". **2** (存在) ▷院子里有一棵大树。Yuànzi li yǒu yī kē dà shù. There's a big tree in the courtyard. **3** (表示估量) ▷她有我那么大。Tā yǒu wǒ nàme dà. She is as old as me. **4** (发生) occur ▷我的生活有了一些变化。Wǒ de shēnghuó yǒule yīxiē biànhuà. A few changes have occurred in my life. **5** (表示程度) have ▷她很有修养。Tā hěn yǒu xiūyǎng. She has many accomplishments. ▷他特别有学问。Tā tèbié yǒu xuéwèn. He's extremely knowledgeable. **6** (某) ▶有时候 yǒushíhou sometimes ▷有一次，他得了冠军。Yǒu yī cì, tā déle guànjūn. He won a prize once. ▷有人说，这个湖里有怪兽。Yǒu rén shuō, zhège hú li yǒu guàishòu. Some people say that there's a monster in the lake. ▷有时候他去健身房锻炼。Yǒushíhou tā qù jiànshēnfáng duànliàn. Sometimes he goes to the gym to work out. **7** (客套) ▷有劳您给我查一下地图好吗？Yǒuláo nín gěi wǒ chá yīxià dìtú hǎo ma? Could I trouble you to help me look it up on the map?

有碍(礙) yǒu'ài [动] (书) obstruct

有板有眼 yǒu bǎn yǒu yǎn orderly ▷这位经理讲起话来不紧不慢，有板有眼。Zhè wèi jīnglǐ jiǎng qǐ huà lái bù jǐn bù màn, yǒu bǎn yǒu yǎn. This manager speaks in a calm, orderly manner.

有备(備)无(無)患 yǒu bèi wú huàn be prepared

有偿(償) yǒucháng [形] paid

有的 yǒude [名] some ▷展出的作品，有的来自本土，有的来自海外。Zhǎnchū de zuòpǐn, yǒude láizì běntǔ, yǒude láizì hǎiwài. Of the articles on display, some are local, others are from overseas. ▷他说这些论文写得都很好，我看有的很一般。Tā shuō zhèxiē lùnwén xiě de dōu hěn hǎo, wǒ kàn yǒude hěn yībān. He says that all the essays are good, but some of them look pretty mediocre to me.

有点(點)儿(兒) yǒudiǎnr [副] somewhat

有的放矢 yǒu dì fàng shǐ be to the point ▷会议发言不要漫无边际，要有的放矢。Huìyì fāyán bùyào màn wú biānjì, yào yǒu dì fàng shǐ. Conference speeches shouldn't be rambling — they should be to the point.

有方 yǒufāng [形] competent ▷新经理管理有方，受到一致拥护。Xīn jīnglǐ guǎnlǐ yǒufāng, shòudào yīzhì yōnghù. The new manager is very competent and enjoys universal support.

有关(關) yǒuguān [动] **1** (有关系) be relevant ▷这个案子跟某个大公司有关。Zhège ànzi gēn mǒu gè dà gōngsī yǒuguān. This case is relevant to a certain large company. **2** (涉及到) be about ▷他写了一本有关风水方面的书。Tā xiěle yī běn yǒuguān fēngshuǐ fāngmiàn de shū. He has written a book about feng shui. ▷国家出台了一项有关计划生育问题的政策。Guójiā chūtáile yī xiàng yǒuguān jìhuà shēngyù wèntí de zhèngcè. The government has issued a policy on family planning. ▷他们讨论了有关教育制度改革的若干问题。Tāmen tǎolùnle yǒuguān jiàoyù zhìdù gǎigé de ruògān wèntí. They discussed several questions relating to reform of the education system.

有过(過)之无(無)不及 yǒu guò zhī wú bù jí go even further than ▷跟我住的地方比，这里的环境污染程度有过之无不及。Gēn wǒ zhù de dìfang bǐ, zhèlǐ de huánjìng wūrǎn chéngdù yǒu guò zhī wú bù jí. The environmental pollution here is even worse than where I live.

有机(機) yǒujī [形] (化) organic ▷传统理论与新思潮有机地结合。Chuántǒng lǐlùn yǔ xīn sīcháo yǒujī de jiéhé. Traditional theory and new thinking are linked in one organic whole.

有口皆碑 yǒu kǒu jiē bēi be universally acclaimed

有口无(無)心 yǒu kǒu wú xīn ▷她是个有口无心的人，你不要太计较。Tā shì gè yǒu kǒu wú xīn de rén, nǐ bùyào tài jìjiào. Don't take any of it to heart — her bark is worse than her bite.

有赖(賴) yǒulài [动] depend on

有劳(勞) yǒuláo [动] trouble ▷有劳您帮我咨询一下。Yǒuláo nín bāng wǒ zīxún yīxià.

Could I trouble you to help me make a few enquiries?

有利 yǒulì [形] favourable (英), favorable (美)

有门(門)儿(兒) yǒuménr [动] (口) be hopeful ▷我看李杨找工作的事有门儿。Wǒ kàn Lǐ Yáng zhǎo gōngzuò de shì yǒuménr. I reckon that Li Yang's search for a job is looking pretty hopeful.

有名 yǒumíng [形] famous

有名无(無)实(實) yǒu míng wú shí lack substance ▷畅销书未必都好，有些不过是有名无实。Chàngxiāoshū wèibì dōu hǎo, yǒuxiē bùguò shì yǒu míng wú shí. Not all bestsellers are good, some lack substance.

有目共睹 yǒu mù gòng dǔ be plain for all to see

有气(氣)无(無)力 yǒu qì wú lì feeble ▷他有气无力地说：“我想喝水。” Tā yǒu qì wú lì de shuō:"Wǒ xiǎng hē shuǐ." He said feebly, "I want water."

有求必应(應) yǒu qiú bì yìng never refuse a request

有趣 yǒuqù [形] interesting

有如 yǒurú [动] be like ▷老太太的头发有如雪一样白。Lǎotàitai de tóufa yǒurú xuě yīyàng bái. The old lady's hair is as white as snow.

有声(聲)有色 yǒu shēng yǒu sè vivid ▷文中对乡村的描写有声有色，情趣盎然。Wén zhōng duì xiāngcūn de miáoxiě yǒu shēng yǒu sè, qíngqù àngrán. The description of the village is vivid and full of emotion.

有恃无(無)恐 yǒu shì wú kǒng secure in the knowledge that one has backing ▷经理的秘书总是对我们指手画脚，因为她有恃无恐。Jīnglǐ de mìshū zǒng shì duì wǒmen zhǐ shǒu huà jiǎo, yīnwèi tā yǒu shì wú kǒng. The manager's secretary is always bossing us around, secure in the knowledge that she has backing.

有数(數) yǒushù **I** [动] know all about (*pt* knew, *pp* known) ▷这件事怎么做，我心中有数。Zhè jiàn shì zěnme zuò, wǒ xīn zhōng yǒushù. I know all about how to do this. **II** [形] just a few ▷我们的任务必须在有数的几天内完成。Wǒmen de rènwù bìxū zài yǒushù de jǐ tiān nèi wánchéng. Our assignment has to be completed in just a few days.

有条(條)不紊 yǒu tiáo bù wěn methodical

有头(頭)有脸(臉) yǒu tóu yǒu liǎn command respect ▷他在单位里可是有头有脸的，大家都服他。Tā zài dānwèi li kěshì yǒu tóu yǒu liǎn de, dàjiā dōu fú tā. He commands a lot of respect at work — everyone listens to him.

有为(為) yǒuwéi [形] promising

有喜 yǒuxǐ [动] (口) be pregnant

有戏(戲) yǒuxì [动] (方) look hopeful

有限 yǒuxiàn [形] limited ▷旅馆床位数量有限，请提前预订。Lǚguǎn chuángwèi shùliàng yǒuxiàn, qǐng tíqián yùdìng. The guesthouse has a limited number of beds — please book in advance. ▷有限的几个电脑，满足不了学生的需要。Yǒuxiàn de jǐ gè diànnǎo, mǎnzú bùliǎo xuésheng de xūyào. This small number of computers are insufficient for the students' needs.

有限公司 yǒuxiàn gōngsī [名] limited company

有线(線)电(電)视(視) yǒuxiàn diànshì [名] cable TV

有心 yǒuxīn **I** [动] be determined to ▷我有心帮朋友一把，却不知怎么做。Wǒ yǒuxīn bāng péngyou yī bǎ, què bù zhī zěnme zuò. I am determined to help my friend, but I don't know what to do. **II** [副] deliberately

有形 yǒuxíng [形] tangible

有幸 yǒuxìng [形] fortunate ▷她有幸获得了世界名牌大学的奖学金。Tā yǒuxìng huòdéle shìjiè míngpái dàxué de jiǎngxuéjīn. She was fortunate enough to receive a scholarship from a world-class university.

有眼无(無)珠 yǒu yǎn wú zhū be totally lacking in perception

有意 yǒuyì **I** [动] (有兴趣) be interested in ▷姑娘好像对那个小伙子有意。Gūniang hǎoxiàng duì nàge xiǎohuǒzi yǒuyì. It seems as if the girl is interested in that guy. **II** [副] on purpose ▷你这不是有意叫我为难嘛！Nǐ zhè bùshì yǒuyì jiào wǒ wéinán ma! You're just doing this on purpose to make me feel bad!

有意识(識) yǒuyìshí [形] conscious

有意思 yǒu yìsi **I** [形] **1** (有意义) significant **2** (有趣味) interesting **II** [动] be interested in ▷你没看出来他对你有意思吗？Nǐ méi kàn chūlái tā duì nǐ yǒu yìsi ma? Haven't you noticed he's interested in you?

有朝一日 yǒu zhāo yī rì one day ▷我希望有朝一日能到世界一流大学读书。Wǒ xīwàng yǒu zhāo yī rì néng dào shìjiè yīliú dàxué dúshū. I hope that one day I can go and study at one of the world's best universities.

黝 yǒu 见下文

黝黑 yǒuhēi [形] dark

又 yòu [副] **1** (重复) again ▷今天他又来了。Jīntiān tā yòu lái le. He came again today. **2** (同时) ▷车开得又快又稳。Chē kāi de yòu kuài yòu wěn. The car drives fast and smoothly. ▷她是一个好教师，又是一个好妈妈。Tā shì yī gè hǎo jiàoshī, yòu shì yī gè hǎo māma. She's both a good teacher and a great mother. **3**(也) too ▷天黑了，路又滑，最好别出门。Tiān hēi le, lù yòu huá, zuì hǎo bié chūmén. It's dark, and the roads are slippery too — you'd better not go out. **4**(另外) another ▷家里又买了一个书架。Jiā li yòu mǎile yī gè shūjià. They bought another set of bookshelves for their home. ▷老师又布置了几项作业。Lǎoshī yòu bùzhìle jǐ xiàng zuòyè. The teacher set several more questions for homework. **5**(再加上) and ▷一又三分之二 yī yòu sān fēn zhī èr one and two thirds ▷两个月又三天 liǎng gè yuè yòu sān tiān two months and three days **6**(可是) but ▷她想去旅游，又怕累。Tā xiǎng qù lǚyóu, yòu pà lèi. She wants to go travelling but she's afraid it'll tire her out. **7**(根本) even ▷又不是我的错，你怪我干吗？Yòu bùshì wǒ de cuò, nǐ guài wǒ gànmá? It's not even my fault — why are you blaming me? ▷他又不知道，你问他干什么？Tā yòu bù zhīdào, nǐ wèn tā gàn shénme? What are you asking him for? He has no idea.

又及 **yòují** [动] ▷信写完了，她在下面又添上一行字："又及…" Xìn xiěwán le, tā zài xiàmiàn yòu tiānshàng yī háng zì:"Yòují…" At the end of her letter, she added another line, "PS…"

右 **yòu** [名] **1**(右边) right ▶右边 yòubian right side ▷请向右转。Qǐng xiàng yòu zhuǎn. Please turn right. **2**(右翼) the Right

---

幼 **yòu** **I** [形] young **II** [名] child (*pl* children) ▶幼儿园 yòu'éryuán nursery school (英), kindergarten (美)

幼儿(兒) **yòu'ér** [名] small child (*pl* children)

幼年 **yòunián** [名] infancy

幼小 **yòuxiǎo** [形] young

幼稚 **yòuzhì** [形] **1**(书)(年龄很小) young **2**(头脑简单) naive

囿 **yòu** (书) **I** [名] enclosure ▶鹿囿 lùyòu deer park **II** [动] limit ▷囿于成见 yòu yú chéngjiàn be blinded by prejudice ▷囿于孤陋寡闻 yòu yú gū lòu guǎ wén be handicapped by ignorance

---

诱(誘) **yòu** [动] **1**(诱导) guide **2**(引诱) entice

诱(誘)导(導) **yòudǎo** **I** [动] guide **II** [名](生理) induce

诱(誘)饵(餌) **yòu'ěr** [名] bait

诱(誘)发(發) **yòufā** [动] **1**(诱导启发) bring out (*pt, pp* brought) ▷他的鼓动大大诱发了人们的积极性。Tā de gǔdòng dàdà yòufāle rénmen de jījíxìng. His encouragement did a lot to bring out people's initiative. **2**(导致发生) induce

诱(誘)惑 **yòuhuò** [动] **1**(引诱) entice **2**(吸引) attract

诱(誘)使 **yòushǐ** [动] lure ▷他经常诱使那几个少年去偷盗。Tā jīngcháng yòushǐ nà jǐ gè shàonián qù tōudào. He often lures those kids into stealing things.

诱(誘)因 **yòuyīn** [名] cause

迂 **yū** [形] **1**(指路) circuitous **2**(指人) pedantic

迂腐 **yūfǔ** [形] pedantic

迂回(迴) **yūhuí** **I** [形] winding **II** [动](军) outflank

淤 **yū** **I** [名] silt **II** [动] silt up

淤积(積) **yūjī** [动] silt up

淤泥 **yūní** [名] silt

淤塞 **yūsè** [动] silt up

于(於) **yú** [介] **1**(在) in ▷这位老人生于1899年。Zhè wèi lǎorén shēng yú yī bā jiǔ jiǔ nián. This old man was born in 1899. ▷暑期班已于昨日开课。Shǔqībān yǐ yú zuórì kāi kè. The summer-holiday class began lessons yesterday. **2**(向) from ▷问道于盲 wèn dào yú máng ask the way from a blind person ▷求助于朋友 qiúzhù yú péngyou ask for help from friends **3**(对) to ▷印刷术的发明于人类非常有益。Yìnshuāshù de fāmíng yú rénlèi fēicháng yǒuyì. The invention of printing was of great benefit to humanity. **4**(从) from ▷很多成语来源于历史故事。Hěn duō chéngyǔ láiyuán yú lìshǐ gùshi. Many Chinese idioms originate from historical stories. **5**(比) than ▶大于 dàyú bigger than **6**(在…方面) ▷乐于助人 lè yú zhù rén delight in helping people ▷我从早到晚都忙于家务。Wǒ cóng zǎo dào wǎn dōu máng yú jiāwù. I'm busy with household chores from morning till night.

于(於)是 **yúshì** [连] so ▷同学们对学英语很感兴趣，于是成立了一个英语俱乐部。Tóngxuémen duì xué Yīngyǔ hěn gǎn xìngqù, yúshì chénglìle yī gè Yīngyǔ jùlèbù. The students were very interested in English, so they started an English club.

余(餘) **yú** **I** [动] remain ▷除去花销，尚余千元。Chúqù huāxiāo, shàng yú qiān yuán. With the costs deducted, more than a thousand yuan still remains. **II** [名] **1**(零头) ▷500余人 wǔ bǎi yú rén more than five hundred people ▷我导师40岁有余。Wǒ dǎoshī sìshí suì yǒu yú. My supervisor is over 40. **2**(指时间) ▶课余 kèyú extra-curricular

余(餘)波 **yúbō** [名] aftereffects (*pl*)

余(餘)地 **yúdì** [名] room ▷ 这件事已没有商量的余地。**Zhè jiàn shì yǐ méiyǒu shāngliang de yúdì.** There is no longer any room for negotiation in this matter.

余(餘)悸 **yújì** [名] lingering fear

余(餘)力 **yúlì** [名] spare energy

余(餘)生 **yúshēng** [名] **1** (指晚年) remaining years (*pl*) **2** (指性命) survival

余(餘)味 **yúwèi** [名] aftertaste

余(餘)暇 **yúxiá** [名] free time

余(餘)兴(興) **yúxìng** [名] **1** (兴致) excitement **2** (文娱) entertainment

---

盂 **yú** [名] jar ▶ 痰盂 **tányú** spittoon (英), cuspidor (美)

鱼(魚) **yú** [名] fish (*pl* fish) ▶ 鱼肉 **yúròu** fish

鱼(魚)贯(貫) **yúguàn** [形] in single file ▷ 参加葬礼的人们鱼贯进入教堂。**Cānjiā zànglǐ de rénmen yúguàn jìnrù jiàotáng.** The mourners at the funeral entered the church in single file.

鱼(魚)雷 **yúléi** [名] torpedo (*pl* torpedoes)

鱼(魚)龙(龍)混杂(雜) **yú lóng hùnzá** a mix of good and bad people ▷ 这个乐队鱼龙混杂。**Zhège yuèduì yú lóng hùnzá.** This band has a mixture of good and bad musicians.

鱼(魚)肉 **yúròu I** [名] fish **II** [动] (书) savagely oppress

鱼(魚)死网(網)破 **yú sǐ wǎng pò** everyone is a loser

鱼(魚)跃(躍) **yúyuè** [动] dive

娱(娛) **yú I** [动] amuse **II** [名] amusement

娱(娛)乐(樂) **yúlè I** [动] have fun ▷ 放假了，大家好好娱乐一下。**Fàngjià le, dàjiā hǎohǎo yúlè yīxià.** The holidays are here — everyone should have some fun. **II** [名] entertainment

---

渔(漁) **yú** [动] **1** (捕鱼) fish **2** (谋取) filch ▶ 渔业 **yúyè** fisheries ▶ 渔利 **yúlì** profit

渔(漁)产(產) **yúchǎn** [名] aquatic products (*pl*)

渔(漁)利 **yúlì I** [动] profit ▷ 他名为帮忙，实际是想从中渔利。**Tā míng wéi bāngmáng, shíjì shì xiǎng cóng zhōng yúlì.** On the surface he was helping out, but in fact he was profiting from the situation. **II** [名] easy pickings (*pl*)

渔(漁)业(業) **yúyè** [名] fisheries (*pl*)

隅 **yú** [名] **1** (角落) corner **2** (边地) outlying area

逾 **yú I** [动] exceed **II** [副] (书) even more

逾期 **yúqī** [动] be overdue

逾越 **yúyuè** [动] exceed ▷ 他认为自己与父母之间有不可逾越的鸿沟。**Tā rènwéi zìjǐ yǔ fùmǔ zhījiān yǒu bùkě yúyuè de hónggōu.** He believed there was an unbridgeable gulf between him and his parents.

渝 **yú** [动] change ▷ 忠贞不渝 **zhōngzhēn bù yú** unswervingly loyal

---

愉 **yú** [形] happy

愉快 **yúkuài** [形] happy ▷ 祝你旅行愉快！**Zhù nǐ lǚxíng yúkuài!** Have a pleasant journey!

愉悦(悅) **yúyuè** [形] cheerful

愚 **yú I** [形] foolish ▶ 愚蠢 **yúchǔn** foolish **II** [动] fool

愚笨 **yúbèn** [形] clumsy

愚蠢 **yúchǔn** [形] foolish

愚昧 **yúmèi** [形] ignorant

愚弄 **yúnòng** [动] make a fool of ▷ 明白自己被人愚弄之后，他决定报复。**Míngbai zìjǐ bèi rén yúnòng zhīhòu, tā juédìng bàofù.** Once he realized he had been made a fool of, he resolved to get his revenge.

舆(輿) **yú I** [形] popular **II** [名] (书) chariot

舆(輿)论(論) **yúlùn** [名] public opinion

与(與) **yǔ I** [动] give (*pt* gave, *pp* given) ▶ 赠与 **zèngyǔ** present **II** [介] with ▷ 我永远不会与政客为友。**Wǒ yǒngyuǎn bù huì yǔ zhèngkè wéi yǒu.** I will never make friends with politicians. ▷ 与敌人决一死战 **yǔ dírén jué yī sǐzhàn** fight the enemy to the death **III** [连] and ▷ 春季与秋季 **chūnjì yǔ qiūjì** spring and autumn

→ 另见 **yù**

与(與)其 **yǔqí** [连] rather than ▷ 与其每天发牢骚，不如想办法改变现状。**Yǔqí měi tiān fā láosāo, bùrú xiǎng bànfǎ gǎibiàn xiànzhuàng.** Rather than grumbling all the time, it would be better to find a way to change the situation.

与(與)人为(為)善 **yǔ rén wéi shàn** glad to help others ▷ 他一向与人为善，大家都很信任他。**Tā yīxiàng yǔ rén wéi shàn, dàjiā dōu hěn xìnrèn tā.** He's always glad to help people — everybody has great trust in him.

与(與)日俱增 **yǔ rì jù zēng** grow day by day ▷ 随着经济的发展，这个国家的国力与日俱增。**Suízhe jīngjì de fāzhǎn, zhège guójiā de guólì yǔ rì jù zēng.** As the economy develops, the country is getting stronger day by day.

予 yǔ [动] give (*pt* gave, *pp* given) ▶ 授予 shòuyǔ award

予以 **yǔyǐ** [动] give (*pt* gave, *pp* given)

屿(嶼) yǔ [名] islet ▶ 岛屿 dǎoyǔ islands (*pl*)

宇 yǔ [名] **1** (房屋) house **2** (四方) the universe **3** (风度) appearance

宇航 **yǔháng** **I** [动] travel through space **II** [名] space travel

宇航员(員) **yǔhángyuán** [名] astronaut

宇宙 **yǔzhòu** [名] universe

羽 yǔ [名] **1** (羽毛) feather **2** (翅膀) wing

羽毛 **yǔmáo** [名] feather

羽毛球 **yǔmáoqiú** [名] **1** (指运动) badminton **2** (指球体) shuttlecock

羽翼 **yǔyì** [名] **1** (翅膀) wing **2** (帮手) assistant

雨 yǔ [名] rain ▶ 下雨 xiàyǔ to rain

雨后(後)春笋(筍) **yǔ hòu chūnsǔn** spring up like mushrooms

雨具 **yǔjù** [名] waterproofs (*pl*)

雨量 **yǔliàng** [名] rainfall

雨露 **yǔlù** [名] **1** (雨水和露水) rain and dew **2** (喻) (恩惠) favour (英), favor (美)

雨水 **yǔshuǐ** [名] (降水) rain

语(語) yǔ **I** [名] **1** (语言) language ▷ 他会说多种外国语。Tā huì shuō duō zhǒng wàiguóyǔ. He can speak many foreign languages. ▶ 手语 shǒuyǔ sign language ▶ 旗语 qíyǔ semaphore **2** (谚语) saying **II** [动] talk

语(語)病 **yǔbìng** [名] grammatical mistake

语(語)词(詞) **yǔcí** [名] words and phrases (*pl*)

语(語)调(調) **yǔdiào** [名] tone

语(語)法 **yǔfǎ** [名] grammar

语(語)感 **yǔgǎn** [名] feel for language ▷ 他语感好，因此文章写得好。Tā yǔgǎn hǎo, yīncǐ wénzhāng xiě de hǎo. He has a good feel for language, and so he writes very good essays.

语(語)境 **yǔjìng** [名] context

语(語)句 **yǔjù** [名] sentence

语(語)料 **yǔliào** [名] corpus

语(語)气(氣) **yǔqì** [名] **1** (口气) tone of voice **2** (语法) mood

语(語)文 **yǔwén** [名] **1** (语言文字) language **2** (中文) Chinese **3** (语言与文学) language and literature

语(語)无(無)伦(倫)次 **yǔ wú lúncì** speak incoherently ▷ 他紧张得双腿发抖，说话语无伦次。Tā jǐnzhāng de shuāngtuǐ fādǒu, shuōhuà yǔ wú lúncì. He was so nervous that his legs were shaking and his speech was incoherent.

语(語)系 **yǔxì** [名] language family

语(語)序 **yǔxù** [名] word order

语(語)言 **yǔyán** [名] language

语(語)义(義) **yǔyì** [名] ▷ 这两个词语义相同，但使用场合不同。Zhè liǎng gè cí yǔyì xiāngtóng, dàn shǐyòng chǎnghé bù tóng. These two words are the same semantically, but they are used in different contexts.

语(語)音 **yǔyīn** [名] pronunciation

语(語)音信箱 **yǔyīn xìnxiāng** [名] voice mail

语(語)种(種) **yǔzhǒng** [名] language

语(語)重心长(長) **yǔ zhòng xīn cháng** sincere words

与(與) **yù** [动] take part in ▷ 与会 yùhuì participate in a conference ▷ 与会者 yùhuìzhě conference
→ 另见 yǔ

玉 yù [名] **1** (玉石) jade **2** (美丽) beauty **3** (敬) (指对方身体) ▶ 玉照 yùzhào your photograph

玉米 **yùmǐ** [名] **1** (指植物) maize (英), corn (美) **2** (指子实) corn on the cob

玉器 **yùqì** [名] jadeware

玉石俱焚 **yù shí jù fén** destruction of both good and bad

玉照 **yùzhào** [名] your photograph

驭(馭) yù [动] drive (*pt* drove, *pp* driven)

芋 yù [名] **1** (指植物) taro **2** (指块茎) tuber

芋头(頭) **yùtou** [名] taro

吁(籲) yù [动] plead
→ 另见 xū

吁(籲)请(請) **yùqǐng** [动] request

吁(籲)求 **yùqiú** [动] plead with

郁(鬱) yù [形] **1** (香气浓) strong-smelling **2** (茂盛) lush **3** (烦闷) gloomy

郁(鬱)积(積) **yùjī** [动] repress ▷ 郁积在他心中的委屈，终于倾诉出来了。Yùjī zài tā xīn zhōng de wěiqū, zhōngyú qīngsù chūlái le. He finally poured out all the grievances that he'd kept repressed.

郁(鬱)结(結) **yùjié** [动] repress

郁(鬱)闷(悶) **yùmèn** [形] melancholy

郁(鬱)郁(鬱) **yùyù** [形] **1** (茂密) lush **2** (苦闷) depressed ▷ 近来他有点儿郁郁不乐。Jìnlái tā yǒudiǎnr yùyù bù lè. He's been a bit depressed lately.

育 **yù I** [动] **1** (生育) give birth to (*pt* gave, *pp* given) **2** (养活) raise ▶ 养育 **yǎngyù** bring up **II** [名] education ▶ 教育 **jiàoyù** education

育龄(齡) **yùlíng** [名] childbearing age

育种(種) **yùzhǒng** [动] breed (*pt, pp* bred)

狱(獄) **yù** [名] **1** (监狱) prison ▶ 监狱 **jiānyù** prison **2** (官司) lawsuit

浴 **yù** [动] wash

浴场(場) **yùchǎng** [名] outdoor swimming pool

浴盆 **yùpén** [名] bath

浴室 **yùshì** [名] bathroom

预(預) **yù I** [副] in advance **II** [动] take part in (*pt* took, *pp* taken)

预(預)报(報) **yùbào** [动] predict ▷ 天气预报 **tiānqì yùbào** weather forecast ▷ 天气预报说今晚有霜冻。**Tiānqì yùbào shuō jīnwǎn yǒu shuāngdòng.** The weather forecast is for frost this evening.

预(預)备(備) **yùbèi** [动] prepare

预(預)测(測) **yùcè** [动] predict ▷ 谈判结果与人们的预测很不一样。**Tánpàn jiéguǒ yǔ rénmen de yùcè hěn bù yīyàng.** The result of the negotiations was completely different from everyone's predictions.

预(預)防 **yùfáng** [动] prevent

预(預)感 **yùgǎn** [动] have a premonition ▷ 他买彩票时预感会中大奖，果真应验了。**Tā mǎi cǎipiào shí yùgǎn huì zhòng dàjiǎng, guǒzhēn yìngyàn le.** As he bought the lottery ticket he had a premonition that he was going to win a big prize, and sure enough it came true.

预(預)告 **yùgào** [动] give advance warning (*pt* gave, *pp* given) ▷ 下周的电影预告你看了吗？ **Xiàzhōu de diànyǐng yùgào nǐ kànle ma?** Have you seen the trailer for next week's film?

预(預)计(計) **yùjì** [动] estimate

预(預)见(見) **yùjiàn** [动] foresee (*pt* foresaw, *pp* foreseen) ▷ 那位人类学家的预见非常准确。 **Nà wèi rénlèixuéjiā de yùjiàn fēicháng zhǔnquè.** That anthropologist's predictions were accurate.

预(預)警 **yùjǐng** [动] give advance warning (*pt* gave, *pp* given)

预(預)科 **yùkē** [名] foundation course

预(預)料 **yùliào** [动] predict ▷ 不出我的预料，他果然当上了经理。**Bù chū wǒ de yùliào, tā guǒrán dāngshàngle jīnglǐ.** As I predicted, he did become a manager.

预(預)算 **yùsuàn** [名] budget

预(預)习(習) **yùxí** [动] prepare for lessons ▷ 每天的功课，他都提前预习。**Měi tiān de gōngkè, tā dōu tíqián yùxí.** He always prepares every day's lesson in advance.

预(預)先 **yùxiān** [副] in advance ▷ 租用会议室，要预先提出申请。**Zūyòng huìyìshì, yào yùxiān tíchū shēnqǐng.** If you want to hire the meeting room you have to submit a request in advance.

预(預)言 **yùyán** [动] predict ▷ 他的预言果然变成了现实。**Tā de yùyán guǒrán biànchéngle xiànshí.** It turned out that his prophecy came true.

预(預)兆 **yùzhào** [名] premonition ▷ 他出车祸的那天早晨，就有不祥的预兆。**Tā chū chēhuò de nà tiān zǎochen, jiù yǒu bùxiáng de yùzhào.** The morning before he had the car accident, there'd been a premonition of disaster.

域 **yù** [名] region ▶ 领域 **lǐngyù** realm

欲(慾) **yù I** [名] desire **II** [动] (书) want ▷ 为所欲为 **wéi suǒ yù wéi** do what one wants **III** [副] (书) ▷ 喷薄欲出 **pēnbó yù chū** about to burst forth

欲盖(蓋)弥(彌)彰 **yù gài mí zhāng** protest too much

欲(慾)念 **yùniàn** [名] sexual desire

欲(慾)速则(則)不达(達) **yù sù zé bù dá** try to run before one can walk ▷ 学习外语是一个循序渐进的过程，欲速则不达。**Xuéxí wàiyǔ shì yī gè xún xù jiàn jìn de guòchéng, yù sù zé bù dá.** Studying foreign languages is a progressive, gradual process – you can't run before you can walk.

欲(慾)望 **yùwàng** [名] desire

遇 **yù I** [动] meet (*pt, pp* met) ▶ 遇到 **yùdào** meet (*pt, pp* met) **II** [名] **1** (待遇) treatment **2** (机会) opportunity

遇害 **yùhài** [动] be murdered

遇救 **yùjiù** [动] be rescued

遇难(難) **yùnàn** [动] **1** (意外死亡) be killed in an accident **2** (遭难) meet with misfortune (*pt, pp* met)

喻 **yù** [动] **1** (明白) understand (*pt, pp* understood) ▷ 知识就是力量，这个道理是不言而喻的。**Zhīshi jiù shì lìliàng, zhège dàolǐ shì bù yán ér yù de.** It goes without saying that knowledge is power. **2** (说明) explain **3** (比方) give an example (*pt* gave, *pp* given)

御 **yù** (书) [动] **1** (赶车) drive (*pt* drove, *pp* driven)

2 (抵挡) keep ... out (*pt, pp* kept)
御(禦)寒 **yùhán** [动] keep out the cold (*pt, pp* kept)

寓 **yù** **I** [动] **1** (居住) live **2** (寄托) imply **II** [名] residence ▶ 公寓 **gōngyù** flat (英), apartment (美)
寓所 **yùsuǒ** [名] residence
寓言 **yùyán** [名] fable
寓意 **yùyì** [名] moral

裕 **yù** [形] plentiful

愈(癒) **yù** (书) **I** [形] recover **II** [副] the more ... the more ... ▷ 士兵们愈战愈勇。 **Shìbīngmen yù zhàn yù yǒng.** The more the soldiers fought the braver they became.
愈(癒)合 **yùhé** [动] heal up
愈加 **yùjiā** [副] increasingly ▷ 年轻时他就我行我素，上了年纪愈加固执。 **Niánqīng shí tā jiù wǒ xíng wǒ sù, shàngle niánjì yùjiā gùzhi.** He was set in his ways when he was young, and as he got older he became increasingly stubborn.

誉(譽) **yù** **I** [名] reputation **II** [动] praise
誉(譽)满(滿)全球 **yù mǎn quánqiú** have a worldwide reputation ▷ 早在古代，中国丝绸就已誉满全球。 **Zǎo zài gǔdài, Zhōngguó sīchóu jiù yǐ yù mǎn quánqiú.** Early in antiquity, Chinese silk already had a worldwide reputation.

鹬(鷸) **yù** [名] snipe

鸳(鴛) **yuān** [名] mandarin duck
鸳(鴛)鸯(鴦) **yuānyāng** [名] **1** (指鸟) mandarin duck **2** (喻) (指人) lovebirds (*pl*)

冤 **yuān** **I** [名] **1** (冤枉) injustice ▶ 冤枉 **yuānwang** treat unfairly **2** (冤仇) enmity **II** [形] ▷ 花这么多钱买了假货，太冤了！ **Huā zhème duō qián mǎile jiǎhuò, tài yuān le!** What bad luck to spend so much money on a fake.
冤仇 **yuānchóu** [名] enmity
冤大头(頭) **yuāndàtóu** [名] squanderer
冤家 **yuānjia** [名] **1** (仇人) enemy **2** (可气又可爱的人) ▷ 你这个小冤家，别再气我了！ **Nǐ zhège xiǎo yuānjia, bié zài qì wǒ le!** Stop annoying me you little devil.
冤枉 **yuānwang** **I** [动] treat unfairly ▷ 他没什么责任，你别冤枉他。 **Tā méi shénme zérèn, nǐ bié yuānwang tā.** He wasn't responsible – don't be unfair to him. **II** [名] wrongful treatment **III** [形] not worthwhile

渊(淵) **yuān** **I** [名] ▶ 深渊 **shēnyuān** abyss **II** [形] deep
渊(淵)博 **yuānbó** [形] erudite
渊(淵)源 **yuānyuán** [名] origin

元 **yuán** **I** [名] **1** (始) first **2** (首) chief ▶ 元首 **yuánshǒu** head of state ▶ 元凶 **yuánxiōng** chief culprit **3** (主) fundamental ▶ 元素 **yuánsù** element **4** (整体) component ▶ 单元 **dānyuán** unit **5** (圆形货币) coin ▶ 金元 **jīnyuán** gold coin **II** [量] yuan ▷ 5元钱 **wǔ yuán qián** five yuan
元旦 **Yuándàn** [名] New Year's Day
元件 **yuánjiàn** [名] part
元老 **yuánlǎo** [名] founding member
元气(氣) **yuánqì** [名] vitality
元首 **yuánshǒu** [名] head of state
元帅(帥) **yuánshuài** [名] commander-in-chief
元宵 **yuánxiāo** [名] *sweet round dumplings made of glutinous rice, usually eaten with the broth in which they are cooked*

> 元宵 **yuánxiāo** is the traditional food for the Lantern Festival, 元宵节 **Yuánxiāo Jié**.

元宵节(節) **Yuánxiāo Jié** [名] the Lantern Festival

> The Lantern Festival is celebrated on the 15th day of the Lunar Chinese New Year. The traditional food which is eaten at this festival is called 元宵 **yuánxiāo** or 汤圆 **tāngyuán**, a traditional sweet dumpling made of glutinous rice, with various sweet fillings.

元勋(勳) **yuánxūn** [名] founding father
元音 **yuányīn** [名] vowel

园(園) **yuán** [名] **1** (指菜地或果林) garden **2** (指游乐场所) park
园(園)地 **yuándì** [名] **1** (用于种植) garden **2** (用于开展活动) field
园(園)丁 **yuándīng** [名] **1** (园艺工人) gardener **2** (喻) (老师) teacher
园(園)林 **yuánlín** [名] garden
园(園)艺(藝) **yuányì** [名] gardening

员(員) **yuán** **I** [名] **1** (指工作或学习的人) ▶ 炊事员 **chuīshì yuán** cook ▶ 学员 **xuéyuán** student **2** (成员) member **II** [量] ▷ 一员大将 **yī yuán dàjiàng** an able general
员(員)工 **yuángōng** [名] staff (*pl*)

原 **yuán** **I** [形] **1** (本来的) original ▷ 原计划 **yuán jìhuà** original plan **2** (未加工的) raw ▶ 原油 **yuányóu** crude oil **II** [动] forgive (*pt* forgave, *pp* forgiven) ▶ 原谅 **yuánliàng** forgive **III** [名] plain
原本 **yuánběn** **I** [名] **1** (原稿) original manuscript

2 (初本) first edition **3** (原书) original **II** [副] originally

原材料 **yuáncáiliào** [名] raw and processed materials (*pl*)

原稿 **yuángǎo** [名] manuscript

原告 **yuángào** [名] plaintiff

原籍 **yuánjí** [名] native home

原来(來) **yuánlái I** [形] original ▷ 几十年过去，这个小镇还是原来的样子。**Jǐshí nián guòqù, zhège xiǎozhèn háishì yuánlái de yàngzi.** Decades have passed, but this town is still as it always was. **II** [副] **1** (起初) originally ▷ 我原来并不知道他们两人之间的恩恩怨怨。**Wǒ yuánlái bìng bù zhīdào tāmen liǎng rén zhījiān de ēn'ēn yuànyuàn.** Originally I knew nothing about their complicated emotional history. **2** (其实) all along ▷ 我以为你出国了，原来你还在国内呢！**Wǒ yǐwéi nǐ chūguó le, yuánlái nǐ hái zài guónèi ne!** I thought you had gone abroad, and all along you were still in the country!

原理 **yuánlǐ** [名] principle

原谅(諒) **yuánliàng** [动] forgive (*pt* forgave, *pp* forgiven) ▷ 我得早点走，请原谅。**Wǒ děi zǎodiǎn zǒu, qǐng yuánliàng.** I have to leave early, please excuse me. ▷ 我求她原谅我的过失。**Wǒ qiú tā yuánliàng wǒ de guòshī.** I begged her pardon for my mistake.

原料 **yuánliào** [名] (指烹饪) ingredient

原始 **yuánshǐ** [形] **1** (古老) primitive **2** (最初) original

原委 **yuánwěi** [名] full details (*pl*)

原先 **yuánxiān I** [形] original **II** [副] originally

原形 **yuánxíng** [名] true colours (英) 或 colors (美) (*pl*)

原因 **yuányīn** [名] reason ▷ 这次没考好，主要原因是没重视。**Zhè cì méi kǎohǎo, zhǔyào yuányīn shì méi zhòngshì.** The main reason I didn't do well in this exam is that I didn't take it very seriously. ▷ 医生们尚未查出得这种病的原因。**Yīshēngmen shàng wèi cháchū dé zhè zhǒng bìng de yuányīn.** The doctors have never established the causes of this illness.

原原本本 **yuányuán-běnběn** from start to finish ▷ 他把事情的经过原原本本地讲了一遍。**Tā bǎ shìqing de jīngguò yuányuán-běnběn de jiǎngle yī biàn.** He gave us a full and detailed account of the affair.

原则(則) **yuánzé** [名] principle ▷ 我们原则上同意你的观点。**Wǒmen yuánzé shang tóngyì nǐ de guāndiǎn.** We agree with you in principle.

原著 **yuánzhù** [名] the original

原子 **yuánzǐ** [名] atom

圆(圓)

yuán I [形] **1** (圆形的) round ▶ 圆圈 **yuánquān** circle **2** (球形的) spherical **3** (圆满的) satisfactory **II** [动] justify **III** [名] **1** (数) (圆周) circle **2** (金属货币) coin ▶ 银圆 **yínyuán** silver coin

圆(圓)场(場) **yuánchǎng** [动] mediate

圆(圓)规(規) **yuánguī** [名] compasses (*pl*)

圆(圓)滑 **yuánhuá** [形] sly

圆(圓)满(滿) **yuánmǎn** [形] satisfactory

圆(圓)梦(夢) **yuánmèng** [动] **1** (释梦) interpret dreams **2** (实现梦想) realize one's dream ▷ 他一直想出国，这次终于可以圆梦了。**Tā yīzhí xiǎng chūguó, zhè cì zhōngyú kěyǐ yuánmèng le.** He's always wanted to go abroad. This time he can finally realize his dream.

圆(圓)舞曲 **yuánwǔqǔ** [名] waltz

援

yuán [动] **1** (牵引) pull ▶ 攀援 **pānyuán** clamber **2** (引用) cite ▶ 援例 **yuánlì** cite a precedent **3** (援助) help ▶ 支援 **zhīyuán** support

援救 **yuánjiù** [动] rescue

援引 **yuányǐn** [动] cite ▷ 他援引专家的结论来支持自己的观点。**Tā yuányǐn zhuānjiā de jiélùn lái zhīchí zìjǐ de guāndiǎn.** He cited the conclusions of the experts in support of his view.

援助 **yuánzhù** [动] help

缘(緣)

yuán [名] **1** (缘故) cause **2** (缘分) fate **3** (边缘) edge

缘(緣)分 **yuánfèn** [名] fate ▷ 恋爱婚姻，要看两个人的缘分。**Liàn'ài hūnyīn, yào kàn liǎng gè rén de yuánfèn.** The success of love and marriage depends on predestination.

缘(緣)故 **yuángù** [名] cause

缘(緣)由 **yuányóu** [名] cause

猿

yuán [名] ape

猿猴 **yuánhóu** [名] apes and monkeys (*pl*)

猿人 **yuánrén** [名] ape-man (*pl* ape-men)

源

yuán [名] source ▶ 水源 **shuǐyuán** source

源泉 **yuánquán** [名] source

源源 **yuányuán** [形] continuous

源远(遠)流长(長) **yuán yuǎn liú cháng** have a long history ▷ 中华文明源远流长。**Zhōnghuá wénmíng yuán yuǎn liú cháng.** Chinese civilization has a long history.

远(遠)

yuǎn [形] **1** (指距离) far ▶ 远程 **yuǎnchéng** long-distance ▷ 两条河相距不远。**Liǎng tiáo hé xiāngjù bù yuǎn.** The two rivers are not far from one other. **2** (指血统)

distant **3** (指程度) far ▷这本词典远比其他词典好。Zhè běn cídiǎn yuǎn bǐ qítā cídiǎn hǎo. This dictionary is far better than other dictionaries. ▷这本小说远不如我上星期读的那本有意思。Zhè běn xiǎoshuō yuǎn bùrú wǒ shàng xīngqī dú de nà běn yǒu yìsi. This novel is nowhere near as interesting as the one I read last week.

远(遠)程 **yuǎnchéng** [名] long distance ▷远程导弹 yuǎnchéng dǎodàn long-range missile

远(遠)程会(會)议(議) **yuǎnchéng huìyì** [名] teleconference

远(遠)大 **yuǎndà** [形] far-reaching

远(遠)方 **yuǎnfāng** [名] afar ▷客人们从远方来。Kèrénmen cóng yuǎnfāng lái. The guests have come from afar.

远(遠)见(見) **yuǎnjiàn** [名] foresight

远(遠)近 **yuǎnjìn** [名] **1** (距离的长短) distance **2** (远处和近处) far and near ▷他可是远近闻名的大人物。Tā kěshì yuǎnjìn wénmíng de dàrénwù. He's known of far and wide.

远(遠)景 **yuǎnjǐng** [名] **1** (远处景物) distant view **2** (未来景象) future prospect

远(遠)亲(親) **yuǎnqīn** [名] distant relative

远(遠)视(視) **yuǎnshì** [名] (医) long sightedness ▷他是远视眼，近处的东西看不清。Tā shì yuǎnshìyǎn, jìnchù de dōngxi kàn bù qīng. He's long-sighted — he can't see anything properly close to.

远(遠)洋 **yuǎnyáng** [名] ocean

远(遠)征 **yuǎnzhēng** [动] go on an expedition (*pt* went, *pp* gone)

远(遠)走高飞(飛) **yuǎn zǒu gāo fēi** travel far away

远(遠)足 **yuǎnzú** [动] hike ▷他周末远足。Tā zhōumò yuǎnzú. At the weekends he goes hiking.

苑 **yuàn** [名] (书) **1** (园林) garden **2** (指文艺) circles (*pl*) ▶艺苑 yìyuàn artistic circles

---

怨 **yuàn I** [动] blame **II** [名] resentment

怨恨 **yuànhèn** [动] hold a grudge against (*pt, pp* held) ▷他小时候没能上学，到现在还怨恨父母。Tā xiǎoshíhou méi néng shàngxué, dào xiànzài hái yuànhèn fùmǔ. He couldn't go to school when he was young, and to this day he still holds a grudge against his parents.

怨声(聲)载(載)道 **yuàn shēng zài dào** ▷对于不合理的税收制度，人们怨声载道。Duìyú bù hélǐ de shuìshōu zhìdù, rénmen yuàn shēng zài dào. There were many complaints about the unfair taxation system.

怨天尤人 **yuàn tiān yóu rén** blame everyone and everything except oneself

怨言 **yuànyán** [名] complaint

院 **yuàn** [名] **1** (院落) courtyard ▶院子 yuànzi yard **2** (指机关和处所) ▶研究院 yánjiūyuàn research institute ▶电影院 diànyǐngyuàn cinema (英), movie theater (美) **3** (学院) college **4** (医院) hospital

院落 **yuànluò** [名] yard

院士 **yuànshì** [名] fellow

愿(願) **yuàn I** [名] **1** (愿望) wish ▶愿望 yuànwàng desire **2** (愿心) promise **II** [助动] ▷我不愿说。Wǒ bù yuàn shuō. I don't want to say anything. ▷他愿出力，不愿出钱。Tā yuàn chū lì, bù yuàn chū qián. He is volunteering work, not money.

愿(願)望 **yuànwàng** [名] wish

愿(願)意 **yuànyì** [动] **1** (同意) be willing to ▷你愿意负责这项工作吗？Nǐ yuànyì fùzé zhè xiàng gōngzuò ma? Are you willing to take on this project? **2** (希望) wish

---

约(約) **yuē I** [动] **1** (束缚) restrict **2** (商定) arrange **3** (邀请) invite **4** (节俭) economize **5** (数) (约分) reduce ▷十分之五可以约成二分之一。Shí fēn zhī wǔ kěyǐ yuēchéng èr fēn zhī yī. Five over ten can be reduced to one over two. **II** [形] brief ▶简约 jiǎnyuē brief **III** [副] about ▷这袋米约有20公斤。Zhè dài mǐ yuē yǒu èrshí gōngjīn. This sack of rice weighs about twenty kilograms.

约(約)定俗成 **yuē dìng sú chéng** established by usage ▷对这种事我们有约定俗成的解决办法。Duì zhè zhǒng shì wǒmen yǒu yuē dìng sú chéng de jiějué bànfǎ. We have established practice for dealing with this kind of thing.

约(約)法三章 **yuē fǎ sān zhāng** establish a set of rules

约(約)会(會) **yuēhuì I** [名] **1** (指工作) appointment **2** (指恋人) date **II** [动] make an appointment ▷今天的约会临时取消了。Jīntiān de yuēhuì línshí qǔxiāo le. The appointment today has been put off.

约(約)略 **yuēlüè** [副] approximately ▷参加示威的人数，约略有10万人。Cānjiā shìwēi de rénshù, yuēlüè yǒu shí wàn rén. Approximately a hundred thousand people attended the demonstration.

约(約)束 **yuēshù** [动] bind (*pt, pp* bound) ▷法律约束人，也保护人。Fǎlǜ yuēshù rén, yě bǎohù rén. The law binds people but also protects them.

月 **yuè** [名] **1** (月球) the moon ▶满月 mǎnyuè full moon **2** (月份) month ▶3月 sānyuè March

3 (每月) monthly ▸ 月薪 **yuèxīn** monthly salary

月饼(餅) **yuèbing** [名] mooncake

Mooncakes, the traditional festival food for 中秋节 Zhōngqiū Jié (the Mid-Autumn Festival), are round cakes made of a variety of sweet fillings including beanpaste, egg and peanut.

月份 **yuèfèn** [名] month

月光 **yuèguāng** [名] moonlight

月经(經) **yuèjīng** [名] **1** (例假) period **2** (经血) menses (*pl*)

月亮 **yuèliang** [名] the moon

月票 **yuèpiào** [名] monthly ticket

月食 **yuèshí** [名] lunar eclipse

月下老人 **yuèxià lǎorén** [名] matchmaker

乐(樂) **yuè** [名] music ▸ 器乐 **qìyuè** instrumental music ▸ 民乐 **mínyuè** folk music

→ 另见 **lè**

乐(樂)队(隊) **yuèduì** [名] band

乐(樂)理 **yuèlǐ** [名] musical theory

乐(樂)谱(譜) **yuèpǔ** [名] score

乐(樂)器 **yuèqì** [名] musical instrument ▹ 他会演奏多种乐器。**Tā huì yǎnzòu duō zhǒng yuèqì.** He can play a lot of different instruments.

乐(樂)曲 **yuèqǔ** [名] music

乐(樂)坛(壇) **yuètán** [名] musical circles (*pl*)

乐(樂)团(團) **yuètuán** [名] philharmonic orchestra

乐(樂)章 **yuèzhāng** [名] movement

岳(嶽) **yuè** [名] **1** (高山) mountain **2** (妻子的父母) parents-in-law (*pl*)

岳父 **yuèfù** [名] father-in-law (*pl* fathers-in-law)

岳母 **yuèmǔ** [名] mother-in-law (*pl* mothers-in-law)

阅(閱) **yuè** [动] **1** (看) read (*pt*, *pp* read) **2** (检阅) inspect **3** (经历) experience

阅(閱)读(讀) **yuèdú** [动] read (*pt*, *pp* read)

阅(閱)览(覽) **yuèlǎn** [动] read (*pt*, *pp* read)

阅(閱)历(歷) **yuèlì** [动] experience

悦(悅) **yuè I** [形] happy **II** [动] please

悦(悅)耳 **yuè'ěr** [形] beautiful ▹ 这男孩子嗓音清脆，唱起歌来悦耳动听。**Zhè nánháizi sǎngyīn qīngcuì, chàngqǐ gē lái yuè'ěr dòngtīng.** The boy has a clear voice — when he sings it's beautiful.

悦(悅)目 **yuèmù** [形] beautiful ▹ 这些女孩们的服装色彩悦目。**Zhèxiē nǚháimen de fúzhuāng sècǎi yuèmù.** These girls' clothes are a beautiful colour (英) 或 color (美).

跃(躍) **yuè** [动] leap ▸ 跳跃 **tiàoyuè** jump

跃(躍)跃(躍)欲试(試) **yuèyuè yù shì** itching to have a go ▹ 听完老师的介绍，同学们跃跃欲试。**Tīngwán lǎoshī de jièshào, tóngxuémen yuèyuè yù shì.** Having heard the teacher's introduction, the students were itching to have a go.

越 **yuè I** [动] **1** (跨过) jump over **2** (超过) exceed ▹ 越级 **yuèjí** skip a grade **3** (昂扬) be in high spirits **II** [副] ▸ 越发 **yuèfā** increasingly ▹ 这门课越学越有意思。**Zhè mén kè yuè xué yuè yǒu yìsi.** The more you study this subject, the more interesting it gets. ▹ 这姑娘长得越来越漂亮了。**Zhè gūniang zhǎng de yuèláiyuè piàoliang le.** This girl is becoming more and more beautiful.

越冬 **yuèdōng** [动] live through winter

越发(發) **yuèfā** [副] increasingly ▹ 到了晚年，他越发固执。**Dàole wǎnnián, tā yuèfā gùzhi.** Towards the end of his life, he became increasingly stubborn.

越轨(軌) **yuèguǐ** [动] overstep the mark

越来(來)越 **yuèláiyuè** [副] more and more ▹ 他的英语说得越来越流利了。**Tā de Yīngyǔ shuō de yuèláiyuè liúlì le.** His English is getting more and more fluent. ▹ 天气越来越暖和了。**Tiānqì yuèláiyuè nuǎnhuo le.** The weather is getting warmer and warmer.

越权(權) **yuèquán** [动] overstep one's authority

越野 **yuèyě** [动] go cross-country

越狱(獄) **yuèyù** [动] escape from prison

越…越… **yuè…yuè…** [副] the more … the more … ▹ 你越说，那家伙越不听。**Nǐ yuè shuō, nà jiāhuo yuè bù tīng.** The more you talk, the more that guy won't listen. ▹ 越早越好 **yuè zǎo yuè hǎo** the earlier the better ▹ 明天大家来得越早越好。**Míngtiān dàjiā lái de yuè zǎo yuè hǎo.** The earlier everyone can come tomorrow the better.

越俎代庖 **yuè zǔ dài páo** meddle in other's affairs ▹ 这件事必须由他自己做，你不能越俎代庖。**Zhè jiàn shì bìxū yóu tā zìjǐ zuò, nǐ bùnéng yuè zǔ dài páo.** He has to do this himself — don't you go getting involved.

晕(暈) **yūn** [动] **1** (晕眩) feel dizzy **2** (昏迷) faint ▹ 她晕过去了。**Tā yūn guòqù le.** She passed out.

→ 另见 **yùn**

晕(暈)厥 **yūnjué** [动] pass out

云(雲) **yún I** [名] cloud **II** [动] say (*pt*, *pp* said)

云(雲)彩 **yúncai** [名] (口) cloud

云(雲)集 **yúnjí** [动] converge
云(雲)雾(霧) **yúnwù** [名] mist
云(雲)霄 **yúnxiāo** [名] the skies (*pl*)

匀(匀) **yún** **I** [形] even **II** [动] **1** (使均匀) even ... out **2** (分) apportion
匀(匀)称(稱) **yúnchèn** [形] well-proportioned
匀(匀)整 **yúnzhěng** [形] regular

芸 **yún** 见下文
芸芸众(眾)生 **yúnyún zhòng shēng** all living things ▷ 他认为自己是旷世奇才，不同于芸芸众生。**Tā rènwéi zìjǐ shì kuàngshì qícái, bùtóng yú yúnyún zhòng shēng.** He thinks he's got some sort of unique talent — that he's a cut above all other mortals.

耘 **yún** [动] hoe

允 **yǔn** **I** [动] allow ▶ 应允 **yīngyǔn** assent **II** [形] fair
允诺(諾) **yǔnnuò** [动] promise
允许(許) **yǔnxǔ** [动] allow ▷ 儿童饮酒是绝对不允许的。**Értóng yǐnjiǔ shì juéduì bù yǔnxǔ de.** Children aren't allowed to drink alcohol.

陨(隕) **yǔn** [动] fall from the sky (*pt* fell, *pp* fallen)
陨(隕)落 **yǔnluò** [动] **1** (坠落) fall from the sky (*pt* fell, *pp* fallen) **2** (喻) (去世) die
陨(隕)石 **yǔnshí** [名] meteorite

孕 **yùn** **I** [动] be pregnant ▶ 怀孕 **huáiyùn** be pregnant **II** [名] pregnancy
孕育 **yùnyù** [动] be pregnant with ▷ 平静的表面下孕育着一场政治风暴。**Píngjìng de biǎomiàn xià yùnyùzhe yī chǎng zhèngzhì fēngbào.** Beneath the calm exterior, a political hurricane was brewing.

运(運) **yùn** **I** [动] **1** (运动) move **2** (搬运) transport ▶ 货运 **huòyùn** transport **3** (运用) use **II** [名] luck ▶ 好运 **hǎoyùn** good luck
运(運)筹(籌)帷幄 **yùnchóu wéiwò** plan ... from behind the scenes
运(運)动(動) **yùndòng** **I** [动] (物) move **II** [名] **1** (体育活动) sport ▷ 适量运动有益健康。**Shìliàng yùndòng yǒuyì jiànkāng.** A degree of sporting activity is good for the health. **2** (群众性活动) movement
运(運)动(動)鞋 **yùndòngxié** [名] trainer
运(運)动(動)员(員) **yùndòngyuán** [名] athlete
运(運)河 **yùnhé** [名] canal
运(運)气(氣) **yùnqi** [名] luck
运(運)输(輸) **yùnshū** [动] transport
运(運)算 **yùnsuàn** [动] calculate
运(運)行 **yùnxíng** [动] move
运(運)用 **yùnyòng** [动] make use of ▷ 应尽量把书本知识运用到实践中去。**Yīng jǐnliàng bǎ shūběn zhīshi yùnyòngdào shíjiàn zhōng qù.** You should make practical use of what you have learned in books.
运(運)转(轉) **yùnzhuǎn** [动] **1** (指星球) orbit ▷ 月亮绕着地球运转。**Yuèliang ràozhe dìqiú yùnzhuǎn.** The moon orbits the earth. **2** (指机器) run (*pt* ran, *pp* run)
运(運)作 **yùnzuò** [动] operate

晕(暈) **yùn** **I** [动] feel giddy (*pt*, *pp* felt) ▶ 晕机 **yùnjī** be airsick ▶ 晕车 **yùnchē** be carsick ▶ 晕船 **yùnchuán** be seasick **II** [名] **1** (指日, 月) halo ▶ 月晕 **yuèyùn** lunar halo **2** (指光, 色) glow ▶ 红晕 **hóngyùn** red glow
→ 另见 **yūn**
晕(暈)场(場) **yùnchǎng** [动] get stage fright
晕(暈)车(車) **yùnchē** [动] be carsick
晕(暈)船 **yùnchuán** [动] be seasick

酝(醞) **yùn** [动] (书) brew
酝(醞)酿(釀) **yùnniàng** [动] brew ▷ 这件事已经酝酿好长时间了。**Zhè jiàn shì yǐjīng yùnniàng hǎo cháng shíjiān le.** This affair has been brewing for a long time.

韵(韻) **yùn** [名] **1** (声音) music **2** (情趣) charm **3** (韵母) rhyme
韵(韻)味 **yùnwèi** [名] lasting appeal

蕴(蘊) **yùn** (书) **I** [动] contain **II** [名] store
蕴(蘊)藏 **yùncáng** [动] contain
蕴(蘊)涵 **yùnhán** [动] contain

熨 **yùn** [动] iron
熨斗 **yùndǒu** [名] iron

Zz

扎(紮) zā [动] tie
→另见 zhā

咂 zā [动] 1(吸入) sip 2(咂嘴) make noises of appreciation 3(品味) savour(英), savor(美)
咂嘴 zāzuǐ [动] make noises of appreciation

杂(雜) zá I [形] miscellaneous ▶复杂 fùzá complicated II [动] mix ▷棉花中间杂进其他纤维。Miánhua zhōngjiān zájìn qítā xiānwéi. Other fibres(英)或fibers(美) are mixed into the cotton.
杂(雜)感 zágǎn [名] 1(偶感) random thoughts (pl) 2(杂记) notes (pl)
杂(雜)烩(燴) záhuì [名] 1(指菜) stew 2(拼凑) mixture
杂(雜)货(貨) záhuò [名] groceries (pl)
杂(雜)技 zájì [名] acrobatics (pl)
杂(雜)交 zájiāo [动] hybridize ▷杂交水稻 zájiāo shuǐdào rice hybrid
杂(雜)乱(亂) záluàn [形] jumbled up ▷冰箱里的东西很杂乱。Bīngxiāng lǐ de dōngxi hěn záluàn. The things in the fridge are all jumbled up.
杂(雜)念 zániàn [名] distracting thoughts (pl)
杂(雜)牌 zápái [名] inferior brand
杂(雜)耍 záshuǎ [名] variety show
杂(雜)碎 zásui [名] entrails (pl)
杂(雜)物 záwù [名] litter
杂(雜)音 záyīn [名] 1(干扰) static 2(噪声) noise 3(医) murmur
杂(雜)志(誌) zázhì [名] magazine ▷专业杂志 zhuānyè zázhì technical magazine ▷学术杂志 xuéshù zázhì academic journal
杂(雜)质(質) zázhì [名] impurity ▷这种米杂质很多。Zhè zhǒng mǐ zázhì hěn duō. This rice has a lot of impurities in it.
杂(雜)种(種) zázhǒng [名] 1(生物) hybrid 2(侮辱) bastard

砸 zá [动] 1(撞击) pound 2(打破) break (pt broke, pp broken) ▷杯子砸坏了。Bēizi záhuài le. The cup was broken. 3(方)(失败) fail ▷戏演砸了。Xì yǎn zá le. The performance went badly.

咋 zǎ [代] 1(为什么) ▷你咋不回家呢？ Nǐ zǎ bù huíjiā ne? Why don't you go home? 2(怎么) ▷那里咋样啊？ Nàlǐ zǎyàng a? How are things going there?
→另见 zé, zhā

灾(災) zāi [名] 1(灾害) disaster ▶水灾 shuǐzāi flood 2(不幸) misfortune
灾(災)害 zāihài [名] disaster
灾(災)荒 zāihuāng [名] famine
灾(災)祸(禍) zāihuò [名] calamity
灾(災)难(難) zāinàn [名] disaster
灾(災)区(區) zāiqū [名] disaster area

栽 zāi [动] 1(种) plant ▷栽花 zāi huā grow flowers 2(插) stick ... in (pt, pp stuck) 3(强加) frame 4(摔倒) tumble
栽培 zāipéi [动] 1(种植) cultivate ▷水稻栽培 shuǐdào zāipéi rice cultivation 2(造就) nurture 3(提拔) promote
栽赃(贜) zāizāng [动] frame
栽种(種) zāizhòng [动] plant

载(載) zǎi I [名] year II [动] record ▶登载 dēngzǎi publish
→另见 zài

宰 zǎi [动] 1(管) rule ▶主宰 zhǔzǎi dominate 2(杀) slaughter
宰割 zǎigē [动] oppress

仔 zǎi [名] 1(儿子) son 2(指动物) young animal ▷下仔 xià zǎi drop a litter

再 zài [副] 1(又) again ▷你再说一遍。Nǐ zài shuō yī biàn. Say that again. 2(更) more ▷你再做得认真些就更好了。Nǐ zài zuò de rènzhēn xiē jiù gèng hǎo le. If you were a bit more serious about it, it would be better. ▷请把音量放得再大些。Qǐng bǎ yīnliàng fàng de zài dà xiē. Please turn the volume up a bit. ▷再大的风雨我也不怕。Zài dà de fēngyǔ wǒ yě bù pà. Even if the storm were worse I wouldn't be afraid. 3(继续) ▷我不能再等了。Wǒ bùnéng zài děng le. I can't wait any longer. ▷即使再给几天, 任务也完不成。Jíshǐ zài gěi jǐ tiān, rènwù yě wán bù chéng. Even if we're given another few days, this job won't be done. 4(接着) then ▷吃完饭再打电脑游戏。Chī wán fàn zài dǎ diànnǎo yóuxì. Eat your dinner and then you can play your computer game. ▷你做完功课再看小说。Nǐ zuòwán gōngkè zài kàn xiǎoshuō. You can read your book when you've finished your homework.

5 (另外) ▶ 再说 zàishuō besides ▷ 再就是 zài jiùshì and also

再次 zàicì [副] once again ▷ 再次相聚 zàicì xiāngjù get together again

再会(會) zàihuì [动] say goodbye (*pt*, *pp* said)

再见(見) zàijiàn [动] say goodbye (*pt*, *pp* said) ▷ 再见！Zàijiàn! Goodbye!

再接再厉(厲) zài jiē zài lì persevere

再就业(業) zàijiùyè [动] re-employ

再三 zàisān [副] again and again ▷ 再三叮嘱 zàisān dīngzhǔ warn ... again and again ▷ 再三思考 zàisān sīkǎo on second thoughts

再生 zàishēng [动] 1 (复活) revive 2 (回收) recycle

再现(現) zàixiàn [动] reappear

再造 zàizào [动] rebuild (*pt*, *pp* rebuilt)

在 zài I [动] 1 (存在) live ▷ 精神永在。jīngshén yǒng zài. The spirit will live forever. 2 (处于) be (*pt* was, *pp* been) ▷ 你的书在桌子上。Nǐ de shū zài zhuōzi shang. Your book is on the table. ▷ 我父母在纽约。Wǒ fùmǔ zài Niǔyuē. My parents are in New York. 3 (在于) rest with ▷ 和解的关键在他们。Héjiě de guānjiàn zài tāmen. The key to reconciliation rests with them. II [副] ▷ 情况在改变。Qíngkuàng zài gǎibiàn. Things are changing. ▷ 他们在看电视。Tāmen zài kàn diànshì. They're watching TV. III [介] at ▷ 在机场等候 zài jīchǎng děnghòu wait at the airport ▷ 在历史上 zài lìshǐ shàng in history ▷ 在人类历史上 zài rénlèi lìshǐ shang in human history

在岗(崗) zàigǎng [形] employed

在行 zàiháng [形] expert ▷ 他对计算机很在行。Tā duì jìsuànjī hěn zàiháng. He's a computer expert.

在乎 zàihu [动] care ▷ 他对别人的批评满不在乎。Tā duì biérén de pīpíng mǎn bù zàihu. He doesn't care about criticism from others.

在劫难(難)逃 zài jié nán táo ▷ 这次我看他是在劫难逃。Zhè cì wǒ kàn tā shì zài jié nán táo. This time I see him there will be no escape.

在世 zàishì [动] be alive

在逃 zàitáo [动] be on the run

在望 zàiwàng [动] 1 (可以看见) be visible 2 (即将到来) be in sight ▷ 胜利在望。Shènglì zàiwàng. Victory is in sight.

在位 zàiwèi [动] be in power

在押 zàiyā [动] be in prison

在业(業) zàiyè [形] employed

在意 zàiyì [动] care ▷ 你说什么我都不会在意的。Nǐ shuō shénme wǒ dōu bù huì zàiyì de. Whatever you say, I just don't care.

在于(於) zàiyú [动] 1 (存在) lie in (*pt* lay, *pp* lain) 2 (取决于) depend on

在职(職) zàizhí [动] be employed ▷ 他是在职研究生。Tā shì zàizhí yánjiūshēng. He's working and also doing a postgraduate degree.

在座 zàizuò [动] be present

载(載) zài [动] 1 (装载) carry ▶ 载重 zàizhòng load 2 (充满) be full of ▷ 怨声载道 yuàn shēng zài dào complaints on all sides → 另见 zǎi

载(載)歌载(載)舞 zài gē zài wǔ sing and dance

载(載)运(運) zàiyùn [动] transport

载(載)重 zàizhòng [名] load ▷ 载重能力 zàizhòng nénglì loading capacity

---

簪 zān I [名] hairpin II [动] put ... in one's hair (*pt*, *pp* put) ▷ 簪花 zān huā put flowers in one's hair

---

咱 zán [代] 1 (咱们) we 2 (方) (我) I

咱们(們) zánmen [代] 1 (我们) we 2 (方) (我) I ▷ 咱们只是个普通劳动者。Zánmen zhǐ shì gè pǔtōng láodòngzhě. I'm just an ordinary labourer.

攒(攢) zǎn [动] save → 另见 cuán

暂(暫) zàn I [形] brief II [副] temporarily ▷ 暂住朋友那里 zànzhù péngyou nàlǐ stay at a friend's temporarily ▷ 暂停 zàntíng suspend

暂(暫)且 zànqiě [副] for the moment

暂(暫)时(時) zànshí [名] ▷ 暂时的需要 zànshí de xūyào temporary need ▷ 我们暂时休息一下。Wǒmen zànshí xiūxi yīxià. We'll rest for a moment.

暂(暫)行 zànxíng [形] provisional

錾(鏨) zàn I [动] engrave II [名] chisel

赞(贊) zàn I [动] 1 (帮助) assist ▶ 赞助 zànzhù assistance 2 (称颂) commend ▶ 赞赏 zànshǎng admire II [名] eulogy

赞(贊)成 zànchéng [动] approve ▷ 赞成政府的决策 zànchéng zhèngfǔ de juécè approve of the government's policy ▷ 投赞成票 tóu zànchéngpiào cast a yes vote

赞(讚)歌 zàngē [名] paean

赞(讚)美 zànměi [动] praise

赞(讚)赏(賞) zànshǎng [动] admire

赞(讚)颂(頌) zànsòng [动] sing the praises of (*pt* sang, *pp* sung)

赞(讚)叹(嘆) zàntàn [动] marvel at

赞(贊)同 zàntóng [动] approve of

赞(讚)扬(揚) **zànyáng** [动] pay tribute to (*pt, pp* paid) ▷ 学校赞扬学生们的勇敢行为。**Xuéxiào zànyáng xuéshēngmen de yǒnggǎn xíngwéi.** The school paid tribute to the students' bravery.

赞(贊)助 **zànzhù** [动] assist ▷ 为残疾人提供赞助 **wèi cánjírén tígōng zànzhù** offer assistance to disabled people

---

赃(贜) **zāng** [名] **1** (赃物) booty ▶ 分赃 **fēnzāng** share the booty **2** (贿赂) bribes (*pl*) ▶ 贪赃 **tānzāng** take bribes

赃(贜)款 **zāngkuǎn** [名] dirty money

赃(贜)物 **zāngwù** [名] **1** (被盗物品) stolen goods (*pl*) **2** (受贿之物) bribe

---

脏(髒) **zāng** [形] dirty
→ 另见 **zàng**

脏(髒)话(話) **zānghuà** [名] dirty word

脏(髒)字 **zāngzì** [名] swear word

脏(臟) **zàng** [名] internal organ ▶ 心脏 **xīnzàng** heart ▶ 肝脏 **gānzàng** liver ▶ 肾脏 **shènzàng** kidney
→ 另见 **zāng**

脏(臟)器 **zàngqì** [名] organ

葬 **zàng** [动] bury ▶ 送葬 **sòngzàng** attend a funeral

葬身 **zàngshēn** [动] be buried

葬送 **zàngsòng** [动] ruin

藏 **zàng** [名] **1** (储存地) store **2** (经典) scriptures (*pl*) **3** (西藏) Tibet
→ 另见 **cáng**

藏蓝(藍) **zànglán** [形] purplish blue

藏青 **zàngqīng** [形] dark blue

遭 **zāo I** [动] meet with (*pt, pp* met) ▶ 遭殃 **zāoyāng** suffer **II** [量] time ▷ 头一遭 **tóu yī zāo** the first time

遭到 **zāodào** [动] encounter

遭际(際) **zāojì** [名] encounter

遭受 **zāoshòu** [动] suffer ▷ 遭受水灾 **zāoshòu shuǐzāi** be hit by floods

遭殃 **zāoyāng** [动] suffer

遭遇 **zāoyù I** [动] meet with (*pt, pp* met) **II** [名] experience

遭罪 **zāozuì** [动] suffer

糟 **zāo I** [名] dregs (*pl*) **II** [动] **1** (浪费) waste ▶ 糟蹋 **zāota** spoil **2** (腌制) flavour (英) 或 flavor (美) with alcohol **III** [形] **1** (腐烂) rotten **2** (弄坏) messy

糟糕 **zāogāo** [形] terrible ▷ 真糟糕，我的钥匙丢了。**Zhēn zāogāo, wǒ de yàoshi diū le.** Oh no, I've lost my key! ▷ 糟糕，庄稼给毁了。**Zāogāo, zhuāngjia gěi huǐ le.** How awful! The crops have been ruined.

糟践(踐) **zāojian** [动] **1** (浪费) waste **2** (侮辱) insult

糟粕 **zāopò** [名] rubbish

糟蹋 **zāotà** [动] **1** (浪费) waste **2** (损坏) abuse

凿(鑿) **záo I** [名] chisel **II** [动] cut (*pt, pp* cut)

早 **zǎo I** [名] morning **II** [副] a long time ago ▷ 这事我早就知道了。**Zhè shì wǒ zǎo jiù zhīdào le.** I knew about this a long time ago. **III** [形] early ▷ 你早点来。**Nǐ zǎodiǎn lái.** Come early.

早安 **zǎo'ān** [名] ▷ 早安！**Zǎo'ān!** Good morning!

早餐 **zǎocān** [名] breakfast

早操 **zǎocāo** [名] morning exercises (*pl*)

早产(產) **zǎochǎn** [名] (医) premature birth

早晨 **zǎochen** [名] morning ▷ 他早晨9点上班。**Tā zǎochen jiǔ diǎn shàngbān.** He goes to work at 9 o'clock in the morning.

早点(點) **zǎodiǎn** [名] breakfast

早饭(飯) **zǎofàn** [名] breakfast

早年 **zǎonián** [名] youth ▷ 他早年当过兵。**Tā zǎonián dāngguobīng.** In his youth he was a soldier.

早期 **zǎoqī** [名] early stage ▷ 他的早期作品 **tā de zǎoqī zuòpǐn** his early works

早晚 **zǎowǎn I** [名] morning and evening **II** [副] **1** (迟早) sooner or later **2** (方) (将来) some day

早上 **zǎoshang** [名] morning

枣(棗) **zǎo** [名] date

枣(棗)红(紅) **zǎohóng** [形] claret

澡 **zǎo** [动] bathe

澡盆 **zǎopén** [名] bathtub

澡堂 **zǎotáng** [名] public baths (*pl*)

皂 **zào I** [名] soap **II** [形] black

灶 **zào** [名] **1** (炊具) cooker (英), stove (美) **2** (厨房) kitchen ▷ 学生灶 **xuéshēng zào** students' canteen

灶具 **zàojù** [名] cooking utensil

造 **zào I** [动] **1** (制作) make (*pt, pp* made) ▷ 造船 **zào chuán** build a ship **2** (瞎编) concoct ▶ 造谣 **zàoyáo** start a rumour (英) 或 rumor (美) **3** (书) (前往) arrive ▶ 造访 **zàofǎng** visit **4** (培养) train **II** [名] (方) harvest

造成 zàochéng [动] cause
造反 zàofǎn [动] rebel
造访(訪) zàofǎng [动] visit
造福 zàofú [动] benefit ▷ 这项新发明将造福于人类。Zhè xiàng xīn fāmíng jiāng zàofú yú rénlèi. This new invention will benefit humanity.
造化 zàohua [名] good fortune
造价(價) zàojià [名] cost
造就 zàojiù [动] train
造孽 zàoniè [动] do evil
造型 zàoxíng [名] model
造谣(謠) zàoyáo [动] start a rumour (英) 或 rumor (美)
造诣(詣) zàoyì [名] achievements (*pl*)
造作 zàozuo [形] artificial

噪 zào [动] **1** (叫) chirp ▷ 蝉噪 chán zào noise of cicadas **2** (嚷) clamour (英), clamor (美) ▸ 鼓噪 gǔzào create an uproar
噪音 zàoyīn [名] noise

燥 zào [形] dry ▸ 干燥 gānzào dry
燥热(熱) zàorè [形] **1** (指天气) hot and dry **2** (医) dry

躁 zào [形] rash ▸ 烦躁 fánzào be agitated
躁动(動) zàodòng [动] fidget

则(則) zé **I** [名] **1** (榜样) standard ▸ 准则 zhǔnzé standard **2** (规章) rule ▸ 总则 zǒngzé general principle **II** [量] piece ▷ 新闻三则 xīnwén sān zé three items of news **III** [连] **1** (就) then ▷ 不战则已, 战则必胜。Bù zhàn zé yǐ, zhàn zé bì shèng. If you don't fight, then fine. If you do fight, fight to win. **2** (却) but ▷ 他很虚荣, 她则不然。Tā hěn xūróng, tā zé bùrán. He's very vain, but she's not. ▷ 南方湿润, 北方则干燥。Nánfāng shīrùn, běifāng zé gānzào. The south is humid, but the north is dry. **IV** [助] ▷ 不能让老人们干这种活儿, 一则他们年纪大, 二则身体差。Bùnéng ràng lǎorénmen gàn zhè zhǒng huór, yī zé tāmen niánjì dà, èr zé shēntǐ chà. You can't let elderly people do this kind of work. For one thing, they're too old, and for another, they're not up to it health-wise.

责(責) zé **I** [名] responsibility ▸ 负责 fùzé be responsible for **II** [动] **1** (要求) demand ▸ 责令 zélìng order **2** (质问) cross-examine ▸ 责问 zéwèn call to account **3** (责备) blame ▸ 指责 zhǐzé censure
责(責)备(備) zébèi [动] blame
责(責)成 zéchéng [动] instruct ▷ 此事要责成人事部来办。Cǐ shì yào zéchéng rénshìbù lái bàn. We need to instruct the human resources department to handle this.
责(責)怪 zéguài [动] accuse ▷ 他责怪孩子太粗心。Tā zéguài háizi tài cūxīn. He accused the child of being thoughtless.
责(責)令 zélìng [动] order
责(責)任 zérèn [名] responsibility ▷ 这件事也有你的责任。Zhè jiàn shì yě yǒu nǐ de zérèn. This is also your responsibility.
责(責)无(無)旁贷(貸) zé wú páng dài be duty-bound

择(擇) zé [动] choose (*pt* chose, *pp* chosen) → 另见 zhái
择(擇)交 zéjiāo [动] choose one's friends (*pt* chose, *pp* chosen)
择(擇)偶 zé'ǒu [动] choose a partner (*pt* chose, *pp* chosen)
择(擇)优(優) zéyōu [动] choose the best (*pt* chose, *pp* chosen)

咋 zé 见下文
→ 另见 zǎ, zhā
咋舌 zéshé [动] be speechless ▷ 他惊讶得直咋舌。Tā jīngyà de zhí zéshé. He was left speechless with surprise.

泽(澤) zé [名] **1** (聚水地) pool ▸ 沼泽 zhǎozé swamp **2** (潮湿) damp ▸ 润泽 rùnzé moist **3** (光) sheen ▸ 色泽 sèzé colour (英) 或 color (美) and sheen ▸ 光泽 guāngzé lustre (英), luster (美) **4** (恩惠) kindness

啧(嘖) zé [拟] click
啧(嘖)啧(嘖)称(稱)赞(讚) zézé chēngzàn shout and cheer

贼(賊) zéi **I** [名] **1** (小偷) thief (*pl* thieves) ▸ 盗贼 dàozéi robber **2** (叛徒) traitor **II** [形] **1** (邪恶) evil **2** (狡猾) cunning **III** [副] (方) especially ▷ 天贼冷。Tiān zéi lěng. It's especially cold.
贼(賊)头(頭)贼(賊)脑(腦) zéi tóu zéi nǎo behave furtively ▷ 瞧他贼头贼脑的样子就不像好人。Qiáo tā zéi tóu zéi nǎo de yàngzi jiù bù xiàng hǎorén. Look at him going around so furtively — surely he's up to no good.

怎 zěn [代] (口) ▷ 你怎能相信他的话? Nǐ zěn néng xiāngxìn tā de huà? How can you believe him? ▷ 他怎这么小心眼? Tā zěn zhème xiǎoxīnyǎn? Why is he being so petty?
怎么(麼) zěnme **I** [代] ▷ 你看这事我该怎么办? Nǐ kàn zhè shì wǒ gāi zěnme bàn?

What do you think I should do about this? ▷ 你昨天怎么没来上课？ Nǐ zuótiān zěnme méi lái shàngkè? Why weren't you in class yesterday? ▷ 这到底是怎么一回事？ Zhè dàodǐ shì zěnme yī huíshì? What on earth has happened here? **II** [副] **1** (泛指方式) ▷ 他愿意怎么办就让他怎么办。 Tā yuànyì zěnme bàn jiù ràng tā zěnme bàn. Let him do it however he wants. ▷ 我是怎么想就怎么说。 Wǒ shì zěnme xiǎng jiù zěnme shuō. I say whatever I think. ▷ 他最近怎么样？ Tā zuìjìn zénme yàng? How has he been doing? **2** (表示程度) ▷ 他今天不怎么高兴。 Tā jīntiān bù zěnme gāoxìng. He's not that happy today. ▷ 这本书不怎么好看。 Zhè běn shū bù zěnme hǎo kàn. This book isn't that interesting.

怎样(樣) **zěnyàng** [副] how ▷ 这种情况怎样处理？ Zhè zhǒng qíngkuàng zěnyàng chǔlǐ? How is this to be dealt with? ▷ 你怎样批评都可以。 Nǐ zěnyàng pīpíng dōu kěyǐ. Whatever criticisms you have are fine.

曾 **zēng** [形] ▷ 曾祖父母 zēngzǔfùmǔ great-grandparents
→ 另见 céng

曾孙(孫) **zēngsūn** [名] great-grandson

曾祖 **zēngzǔ** [名] great-grandfather

增 **zēng** [动] increase

增加 **zēngjiā** [动] increase ▷ 增加人民收入 zēngjiā rénmín shōurù increase people's income

增色 **zēngsè** [动] add to

增长(長) **zēngzhǎng** [动] increase ▷ 控制人口增长 kòngzhì rénkǒu zēngzhǎng control the increase in population

增值 **zēngzhí** [名] (经济) increase

增值税(稅) **zēngzhíshuì** [名] VAT

增殖 **zēngzhí** **I** [名] proliferation **II** [动] multiply

憎 **zēng** [动] hate

憎恨 **zēnghèn** [动] detest

憎恶(惡) **zēngwù** [动] loathe

锃 **zèng** [形] (方) shiny

锃亮 **zèngliàng** [形] shiny

赠(贈) **zèng** [动] present ▶ 馈赠 kuìzèng present ▶ 捐赠 juānzèng donate

赠(贈)品 **zèngpǐn** [名] gift

赠(贈)送 **zèngsòng** [动] present

赠(贈)言 **zèngyán** [名] advice

扎(紥) **zhā** [动] **1** (刺) prick **2** (住下) set up camp (*pt, pp* set) ▷ 部队驻扎在村子里。 Bùduì zhùzhā zài cūnzi lǐ. The troops set up camp in the village. **3** (钻进) plunge into ▷ 他一下扎进水中。 Tā yīxià zhā jìn shuǐ zhōng. He plunged into the water.
→ 另见 zā

扎(紥)根 **zhāgēn** [动] take root (*pt* took, *pp* taken)

扎(紥)实(實) **zhāshi** [形] **1** (结实) sturdy **2** (实在) solid ▷ 他英语基础比较扎实。 Tā Yīngyǔ jīchǔ bǐjiào zhāshi. He has a solid foundation in English.

扎(紥)眼 **zhāyǎn** [形] **1** (刺眼) dazzling **2** (惹人注意) loud

咋 **zhā** 见下文
→ 另见 zǎ, zé

咋呼 **zhāhu** [动] (方) **1** (吆喝) cry out **2** (炫耀) show off (*pt* showed, *pp* shown)

喳 **zhā** [拟] chatter
→ 另见 chā

渣 **zhā** [名] **1** (渣滓) residue ▶ 残渣 cánzhā dregs (*pl*) **2** (碎屑) crumbs (*pl*)

渣滓 **zhāzǐ** [名] dregs (*pl*) ▷ 那些人是社会的渣滓。 Nàxiē rén shì shèhuì de zhāzǐ. Those people are the dregs of society.

札 **zhá** [名] **1** (木片) wooden writing tablets (*pl*) **2** (信件) letter

札记(記) **zhájì** [名] notes (*pl*)

轧(軋) **zhá** [动] roll
→ 另见 yà

轧(軋)制(製) **zházhì** [动] roll

闸(閘) **zhá** **I** [名] **1** (水闸) sluice **2** (制动器) brake **3** (电闸) switch **II** [动] dam

闸(閘)门(門) **zhámén** [名] sluice

炸 **zhá** [动] fry
→ 另见 zhà

铡(鍘) **zhá** **I** [名] cutter **II** [动] cut (*pt, pp* cut)

铡(鍘)刀 **zhádāo** [名] cutter

眨 **zhǎ** [动] wink

眨眼 **zhǎyǎn** [动] blink ▷ 他一眨眼工夫就不见了。 Tā yī zhǎyǎn gōngfu jiù bùjiàn le. He disappeared in the blink of an eye.

乍 **zhà** **I** [副] **1** (起初) first ▷ 乍一看，这东西不错。 Zhà yī kàn, zhè dōngxi bùcuò. On first inspection this isn't bad. **2** (忽然) suddenly

II [动] spread (*pt*, *pp* spread) ▸ 乍翅 **zhà chì** spread one's wings

诈(詐) **zhà** [动] **1** (骗) swindle **2** (装) pretend ▸ 诈降 **zhàxiáng** pretend to surrender **3** (诱) draw ... out (*pt* drew, *pp* drawn) ▹ 其实他是在诈你。**Qíshí tā shì zài zhà nǐ.** Actually he's trying to draw you out.

诈(詐)唬 **zhàhu** [动] trick

诈(詐)骗(騙) **zhàpiàn** [动] swindle

栅(柵) **zhà** [名] railing

栅(柵)栏(欄) **zhàlan** [名] bar

炸 **zhà** [动] **1** (爆破) blow ... up (*pt* blew, *pp* blown) **2** (破裂) explode ▹ 暖水瓶炸了。**Nuǎnshuǐpíng zhà le.** The flask exploded. **3** (逃离) run scared (*pt* ran, *pp* run)

→ 另见 **zhá**

炸弹(彈) **zhàdàn** [名] bomb

炸药(藥) **zhàyào** [名] explosive

榨(搾) **zhà** [动] extract

榨(搾)取 **zhàqǔ** [动] squeeze

斋(齋) **zhāi** [名] **1** (斋戒) fast **2** (素食) vegetarian diet **3** (屋子) room ▸ 书斋 **shūzhāi** study

斋(齋)戒 **zhāijiè** [动] fast

摘 **zhāi** [动] **1** (取) pick **2** (选) select ▸ 摘编 **zhāibiān** take extracts from **3** (借) borrow

摘录(錄) **zhāilù** [动] take extracts (*pt* took, *pp* taken) ▹ 摘录新闻 **zhāilù xīnwén** take extracts from the news

摘取 **zhāiqǔ** [动] select

摘要 **zhāiyào** **I** [动] summarize **II** [名] abstract

宅 **zhái** [名] house ▸ 住宅 **zhùzhái** house

宅子 **zháizi** [名] house

择(擇) **zhái** [动] select

→ 另见 **zé**

窄 **zhǎi** [形] **1** (不宽敞) narrow **2** (气量小) narrow-minded **3** (不宽裕) hard up

窄小 **zhǎixiǎo** [形] narrow

债(債) **zhài** [名] debt

债(債)权(權) **zhàiquán** [名] (法) creditor's rights (*pl*)

债(債)券 **zhàiquàn** [名] bond

债(債)务(務) **zhàiwù** [名] debt

寨 **zhài** [名] **1** (村寨) stockade **2** (山寨) mountain stronghold **3** (营寨) camp

占 **zhān** [动] divine

→ 另见 **zhàn**

占卜 **zhānbǔ** [动] divine

占卦 **zhānguà** [动] divine

沾 **zhān** [动] **1** (浸) moisten **2** (被附上) stick (*pt*, *pp* stuck) ▹ 她身上沾的都是泥。**Tā shēnshang zhān de dōushì ní.** She was covered with mud. **3** (碰) touch ▹ 他滴酒不沾。**Tā dī jiǔ bù zhān.** He doesn't touch alcohol. **4** (得) benefit from ▹ 他总想沾点便宜。**Tā zǒng xiǎng zhān diǎn piányi.** He always wants to take advantage.

沾光 **zhānguāng** [动] benefit from association ▹ 他的提干显然是沾了他老领导的光。**Tā de tígàn xiǎnrán shì zhānle tā lǎolǐngdǎo de guāng.** His promotion obviously came from his connection with his old boss.

沾染 **zhānrǎn** [动] be contaminated by ▹ 你要防止伤口沾染细菌。**Nǐ yào fángzhǐ shāngkǒu zhānrǎn xìjūn.** You must prevent the wound from becoming contaminated with germs.

沾沾自喜 **zhānzhān zì xǐ** pat oneself on the back

毡(氈) **zhān** [名] felt

粘 **zhān** [动] stick (*pt*, *pp* stuck)

粘贴(貼) **zhāntiē** [动] stick (*pt*, *pp* stuck)

瞻 **zhān** [动] look up

瞻前顾(顧)后(後) **zhān qián gù hòu** be indecisive ▹ 他做事总是瞻前顾后。**Tā zuò shì zǒngshì zhān qián gù hòu.** Whatever he does he's always indecisive about it.

瞻仰 **zhānyǎng** [动] revere ▹ 瞻仰遗容 **zhānyǎng yíróng** pay one's respects

斩(斬) **zhǎn** [动] chop

斩(斬)草除根 **zhǎn cǎo chú gēn** destroy root and branch

斩(斬)钉(釘)截铁(鐵) **zhǎn dīng jié tiě** categorical ▹ 他斩钉截铁地回答对方的问题。**Tā zhǎn dīng jié tiě de huídá duìfāng de wèntí.** He answered the other side's questions categorically.

盏(盞) **zhǎn** **I** [名] small cup **II** [量] ▹ 一盏灯 **yī zhǎn dēng** a lamp

measure word, used for lamps and lights

展 **zhǎn** **I** [动] **1** (进行) develop **2** (施展) give free rein to (*pt* gave, *pp* given) **3** (暂缓) postpone **II** [名] exhibition

展播 **zhǎnbō** [名] show

展出 **zhǎnchū** [动] exhibit

展开(開) **zhǎnkāi** [动] **1** (张开) spread (*pt, pp* spread) **2** (进行) develop

展览(覽) **zhǎnlǎn** [名] exhibition

展品 **zhǎnpǐn** [名] exhibit

展示 **zhǎnshì** [动] reveal ▷ 展示个性 **zhǎnshì gèxìng** reveal one's personality

展望 **zhǎnwàng** [动] look into the distance

展现(現) **zhǎnxiàn** [动] emerge

展销(銷) **zhǎnxiāo** [动] display ... for sale

崭(嶄) **zhǎn** 见下文

崭(嶄)露头(頭)角 **zhǎn lù tóujiǎo** begin to make a name for oneself

崭(嶄)新 **zhǎnxīn** [形] brand-new

辗(輾) **zhǎn** [动] toss and turn

辗(輾)转(轉) **zhǎnzhuǎn** [动] **1** (翻来覆去) toss and turn **2** (传来传去) pass through many different hands

---

占(佔) **zhàn** [动] **1** (占用) occupy ▷ 非常抱歉，占了您很多时间。**Fēicháng bàoqiàn, zhànle nín hěn duō shíjiān.** I apologize for taking up so much of your time. **2** (处于) ▷ 占上风 **zhàn shàngfēng** get the upper hand

→ 另见 **zhān**

占(佔)据(據) **zhànjù** [动] occupy

占(佔)领(領) **zhànlǐng** [动] capture

占(佔)用 **zhànyòng** [动] occupy ▷ 会议室已被占用了。**Huìyìshì yǐ bèi zhànyòng le.** The meeting room is already occupied.

占(佔)有 **zhànyǒu** [动] own

战(戰) **zhàn I** [名] war ▷ 枪战 **qiāngzhàn** exchange of fire **II** [动] **1** (战斗) fight (*pt, pp* fought) **2** (发抖) shiver

战(戰)败(敗) **zhànbài** [动] **1** (打败) defeat **2** (失败) be defeated

战(戰)场(場) **zhànchǎng** [名] front

战(戰)斗(鬥) **zhàndòu** [动] fight (*pt, pp* fought)

战(戰)犯 **zhànfàn** [名] war criminal

战(戰)俘 **zhànfú** [名] prisoner of war

战(戰)绩(績) **zhànjì** [名] military successes (*pl*)

战(戰)乱(亂) **zhànluàn** [名] ravages of war (*pl*)

战(戰)略 **zhànlüè** [名] strategy ▷ 战略反攻 **zhànlüè fǎngōng** plan a counter-attack

战(戰)胜(勝) **zhànshèng** [动] overcome (*pt* overcame, *pp* overcome)

战(戰)士 **zhànshì** [名] soldier

战(戰)术(術) **zhànshù** [名] tactics (*pl*)

战(戰)役 **zhànyì** [名] battle

战(戰)战(戰)兢兢 **zhànzhànjīngjīng** ▷ 他们非常害怕，战战兢兢地往前走。**Tāmen fēicháng hàipà, zhànzhànjīngjīng de wǎng qián zǒu.** They were scared out of their wits and walked on trembling with fear.

战(戰)争(爭) **zhànzhēng** [名] war

站 **zhàn I** [动] **1** (站立) stand (*pt, pp* stood) ▷ 我在火车上站3个多小时了。**Wǒ zài huǒchē shàng zhàn sān gè duō xiǎoshí le.** I stood on the train for more than three hours. ▷ 我们站在你这边。**Wǒmen zhàn zài nǐ zhè biān.** We'll stand by you. **2** (停下) stop ▷ 等车站稳了乘客才可以下车。**Děng chē zhànwěnle chéngkè cái kěyǐ xiàchē.** When the bus comes to a stop, the passengers can get off. **II** [名] **1** (停车地点) stop ▷ 公共汽车站 **gōnggòng qìchēzhàn** bus stop **2** (服务机构) centre (英), center (美) ▷ 医疗站 **yīliáozhàn** treatment centre

站立 **zhànlì** [动] stand (*pt, pp* stood)

站台(臺) **zhàntái** [名] platform

站住 **zhànzhù** [动] **1** (站稳) stand firm (*pt, pp* stood) **2** (停步) halt **3** (停留) wait **4** (合理) hold up (*pt, pp* held) ▷ 你的解释站不住。**Nǐ de jiěshì zhàn bù zhù.** Your explanation doesn't hold up.

绽(綻) **zhàn** [名] split

绽(綻)放 **zhànfàng** [动] bloom

湛 **zhàn** [形] **1** (深邃) deep **2** (清澈) crystal clear

湛蓝(藍) **zhànlán** [形] azure

颤(顫) **zhàn** [动] tremble

→ 另见 **chàn**

颤(顫)栗(慄) **zhànlì** [动] tremble

蘸 **zhàn** [动] dip ... in ▷ 我喜欢蘸点醋吃饺子。**Wǒ xǐhuan zhàn diǎn cù chī jiǎozi.** I like to eat dumplings dipped in vinegar.

张(張) **zhāng I** [动] **1** (打开) open ▷ 张大嘴巴 **zhāng dà zuǐba** open one's mouth wide **2** (展开) extend ▶ 扩张 **kuòzhāng** stretch **3** (夸大) exaggerate ▶ 夸张 **kuāzhāng** exaggerate **4** (看) look ▷ 东张西望 **dōng zhāng xī wàng** look around **5** (开业) open for business ▷ 商店要开张了。**Shāngdiàn yào kāizhāng le.** The shop is about to open for business. **6** (陈设) lay ... on (*pt, pp* laid) ▷ 他们结婚时不想大张筵席。 **Tāmen jiéhūn shí bù xiǎng dà zhāng yánxí.** When they get married, they don't want to lay on a big reception. **II** [量] **1** (指平的物体) ▷ 一张海报 **yī zhāng**

hǎibào a poster ▷一张书桌 yī zhāng shūzhuō a desk **2** (指嘴或脸) ▷一张大嘴 yī zhāng dà zuǐ a big mouth ▷一张脸 yī zhāng liǎn a face

> measure word, used for flat objects such as newspaper, maps, paintings, cards, tickets, pancakes; furniture such as beds, desks, sofas; mouths and faces

张(張)灯(燈)结(結)彩 **zhāng dēng jié cǎi** be decorated with lanterns and streamers

张(張)挂(掛) **zhāngguà** [动] hang ... up (*pt*, *pp* hung)

张(張)冠李戴 **Zhāng guān Lǐ dài** confuse one thing with another ▷他不是我们经理，我看你是张冠李戴了。**Tā bùshì wǒmen jīnglǐ, wǒ kàn nǐ shì Zhāng guān Lǐ dài le.** He's not our manager – you're confusing him with someone else.

张(張)皇(惶) **zhānghuáng** [形] alarmed

张(張)口结(結)舌 **zhāng kǒu jié shé** be at a loss for words

张(張)罗(羅) **zhāngluo** [动] **1** (料理) take care of (*pt* took, *pp* taken) **2** (筹划) raise ▷我得去张罗点儿钱。**Wǒ děi qù zhāngluo diǎnr qián.** I need to raise some money. **3** (接待) attend to ▷赶快张罗客人吧！**Gǎnkuài zhāngluo kèrén ba!** Go and attend to the guests!

张(張)望 **zhāngwàng** [动] look around

张(張)牙舞爪 **zhāng yá wǔ zhǎo** make threatening gestures

张(張)扬(揚) **zhāngyáng** [动] spread ... about (*pt*, *pp* spread) ▷这事不要到处张扬。**Zhè shì bùyào dàochù zhāngyáng.** You mustn't go spreading this about everywhere.

章 **zhāng** [名] **1** (作品) article ▶文章 **wénzhāng** article **2** (章节) chapter **3** (条理) order **4** (章程) regulation ▶宪章 **xiànzhāng** charter **5** (图章) seal **6** (标志) badge (英), button (美)

章程 **zhāngchéng** [名] regulation

章法 **zhāngfǎ** [名] **1** (规则) regulation **2** (条理) orderliness ▷这篇文章很有章法。**Zhè piān wénzhāng hěn yǒu zhāngfǎ.** This essay is very well organized.

彰 **zhāng I** [形] obvious ▶昭彰 **zhāozhāng** evident **II** [动] praise ▶表彰 **biǎozhāng** praise

---

樟 **zhāng** [名] camphor tree

樟脑(腦) **zhāngnǎo** [名] camphor

蟑 **zhāng** 见下文

蟑螂 **zhāngláng** [名] cockroach

长(長) **zhǎng I** [形] **1** (大) older ▷他年长我3岁。**Tā nián zhǎng wǒ sān suì.** He's three years older than me. **2** (排行第一) oldest ▶长兄 **zhǎngxiōng** oldest brother **II** [名] **1** (年长者) ▶兄长 **xiōngzhǎng** elder brother ▶师长 **shīzhǎng** teacher **2** (头领) head ▶校长 **xiàozhǎng** head teacher ▷理事长 **lǐshìzhǎng** chairman of the board **III** [动] **1** (生) form ▷他身上长了疥疮。**Tā shēnshang zhǎngle jièchuāng.** A sore formed on his body. **2** (发育) grow (*pt* grew, *pp* grown) ▷他长得像他爸爸。**Tā zhǎng de xiàng tā bàba.** He looks like his father. **3** (增加) acquire ▷长知识 **zhǎng zhīshi** acquire knowledge

→另见 cháng

长(長)辈(輩) **zhǎngbèi** [名] elder

长(長)进(進) **zhǎngjìn** [名] progress

长(長)势(勢) **zhǎngshì** [名] crop growth

长(長)相 **zhǎngxiàng** [名] features (*pl*)

涨(漲) **zhǎng** [动] increase

→另见 zhàng

涨(漲)幅 **zhǎngfú** [名] increase ▷物价涨幅平稳。**Wùjià zhǎngfú píngwěn.** Prices are increasing, but at a steady rate.

掌 **zhǎng I** [名] **1** (手掌) palm **2** (人的脚掌) sole **3** (动物的脚掌) foot (*pl* feet) ▷鸭掌 **yāzhǎng** duck's foot ▷熊掌 **xióngzhǎng** bear's paw **4** (掌形物) ▶仙人掌 **xiānrénzhǎng** cactus **5** (U型铁) horseshoe **6** (鞋掌) sole **II** [动] **1** (打) slap ▷我掌了他一下。**Wǒ zhǎngle tā yī xià.** I gave him a slap. **2** (钉) sole ▷掌鞋 **zhǎng xié** sole shoes **3** (主持) be in charge of ▷掌管家事 **zhǎngguǎn jiāshì** be in charge of household affairs

掌舵 **zhǎngduò** [动] be at the helm ▷有他掌舵我们放心。**Yǒu tā zhǎngduò wǒmen fàngxīn.** As long as he's at the helm, we feel at ease.

掌管 **zhǎngguǎn** [动] administer

掌柜(櫃) **zhǎngguì** [名] manager

掌上明珠 **zhǎng shàng míngzhū** be the apple of sb's eye ▷她可是父亲的掌上明珠啊！**Tā kěshì fùqīn de zhǎng shàng míngzhū a!** She is the apple of her father's eye!

掌握 **zhǎngwò** [动] control ▷掌握一门新技术 **zhǎngwò yī mén xīn jìshù** master a new skill

---

丈 **zhàng** [名] **1** (敬) old man (*pl* men) ▶岳丈 **yuèzhàng** father-in-law **2** (丈夫) husband ▶妹丈 **mèizhàng** brother-in-law **3** (长度单位) *Chinese unit of length, equal to 3.3 metres*

丈夫 **zhàngfu** [名] husband

丈量 **zhàngliáng** [动] measure

丈人 **zhàngren** [名] father-in-law

仗 **zhàng I** [名] **1** (战斗) battle ▶打仗 **dǎzhàng**

fight **2** (兵器) weapons (*pl*) **II** [动] **1** (书) (拿着) be armed ▷ 仗刀 **zhàng dāo** armed with a knife **2** (依靠) rely on
仗恃 **zhàngshì** [动] rely on
仗义(義) **zhàngyì** [形] righteous
仗义(義)执(執)言 **zhàng yì zhí yán** speak out from a sense of justice

杖 **zhàng** [名] **1** (拐杖) walking stick **2** (棒子) ▶ 擀面杖 **gǎnmiànzhàng** rolling pin

帐(帳) **zhàng** [名] curtain ▶ 蚊帐 **wénzhàng** mosquito net ▶ 营帐 **yíngzhàng** tent
帐(帳)篷 **zhàngpeng** [名] tent

账(賬) **zhàng** [名] **1** (账目) accounts (*pl*) **2** (账簿) ledger **3** (债务) credit ▶ 赊账 **shēzhàng** buy on credit
账(賬)单(單) **zhàngdān** [名] bill
账(賬)号(號) **zhànghào** [名] account number
账(賬)面 **zhàngmiàn** [名] statement

胀(脹) **zhàng** [动] **1** (膨胀) expand **2** (肿胀) swell (*pt* swelled, *pp* swollen)

涨(漲) **zhàng** [动] **1** (涨大) expand **2** (充血) flush
→ 另见 **zhǎng**

障 **zhàng I** [名] barrier ▷ 屏障 **píngzhàng** screen ▷ 路障 **lùzhàng** blockade **II** [动] hinder
障碍(礙) **zhàng'ài I** [动] hinder **II** [名] obstacle

招 **zhāo I** [动] **1** (挥动) beckon ▷ 他招手让我进里面去。**Tā zhāoshǒu ràng wǒ jìn lǐmiàn qù.** He beckoned me inside. **2** (招收) recruit **3** (引来) attract **4** (惹怒) provoke **5** (坦白) confess **II** [名] **1** (计谋) trick **2** (指下棋) move
招标(標) **zhāobiāo** [动] invite bids
招待 **zhāodài** [动] entertain ▷ 招待宾客 **zhāodài bīnkè** entertain guests ▷ 招待会 **zhāodàihuì** reception
招供 **zhāogòng** [动] confess ▷ 他在法庭上全都招供了。**Tā zài fǎtíng shang quán dōu zhāogòng le.** He confessed everything in court.
招呼 **zhāohu** [动] **1** (呼唤) call **2** (问候) greet **3** (吩咐) tell (*pt, pp* told) ▷ 请招呼他进来坐一会儿。**Qǐng zhāohu tā jìnlái zuò yīhuìr.** Please tell him to come in and sit down for a while.
招集 **zhāojí** [动] assemble
招架 **zhāojià** [动] hold one's own (*pt, pp* held)
招揽(攬) **zhāolǎn** [动] solicit
招领(領) **zhāolǐng** [动] post a 'Found' notice
招牌 **zhāopai** [名] sign
招聘 **zhāopìn** [动] advertise for ▷ 这家饭店要招聘服务员。**Zhè jiā fàndiàn yào zhāopìn fúwùyuán.** The hotel wants to advertise for waiters.
招惹 **zhāorě** [动] cause ▷ 他总招惹是非。**Tā zǒng zhāorě shìfēi.** He always causes trouble.
招商 **zhāoshāng** [动] attract business
招式 **zhāoshì** [名] body language
招收 **zhāoshōu** [动] enrol
招数(數) **zhāoshù** [名] strategic move
招贴(貼) **zhāotiē** [名] poster
招摇(搖) **zhāoyáo** [动] show off (*pt* showed, *pp* shown)
招展 **zhāozhǎn** [动] flutter
招致 **zhāozhì** [动] **1** (招收) recruit **2** (引起) lead to (*pt, pp* led)

昭 **zhāo I** [形] clear ▶ 昭然 **zhāorán** obvious **II** [动] show (*pt* showed, *pp* shown)
昭然若揭 **zhāorán ruò jiē** clear as day
昭雪 **zhāoxuě** [动] exonerate

着(著) **zhāo** [名] **1** (步) move ▷ 他这着棋可走错了。**Tā zhè zhāo qí kě zǒu cuò le.** This move of his has really gone wrong. **2** (法) tactic ▷ 这下他没着了。**Zhè xià tā méi zhāo le.** He has no tactics beyond this.
→ 另见 **zháo, zhuó**
着(著)数(數) **zhāoshù** [名] move

朝 **zhāo** [名] **1** (晨) morning **2** (天) day
→ 另见 **cháo**
朝晖(暉) **zhāohuī** [名] morning sunlight
朝令夕改 **zhāo lìng xī gǎi** keep chopping and changing
朝气(氣) **zhāoqì** [名] youthful spirit
朝三暮四 **zhāo sān mù sì** blow hot and cold ▷ 交朋友不能朝三暮四。**Jiāo péngyou bùnéng zhāo sān mù sì.** You shouldn't blow hot and cold with your friends.
朝夕 **zhāoxī** [名] **1** (每天) every day **2** (时间) a very short time

着(著) **zháo** [动] **1** (挨) touch ▷ 他说话总是不着边际。**Tā shuōhuà zǒngshì bù zháo biānjì.** When he's talking he never sticks to the point. **2** (受到) be affected by ▷ 小心着凉。**Xiǎoxīn zháoliáng.** Be careful not to get cold. **3** (燃烧) be lit ▷ 木炭着了。**Mùtàn zháo le.** The charcoal is lit. **4** (入睡) fall asleep (*pt* fell, *pp* fallen) ▷ 昨晚我一躺下就着了。**Zuówǎn wǒ yī tǎngxià jiù zháo le.** Yesterday evening I fell asleep as soon as I lay down.
→ 另见 **zhāo, zhuó**

着(著)急 zháojí [形] worried ▷别着急，休息几天就好了。Bié zháojí, xiūxi jǐ tiān jiù hǎo le. Don't worry, you'll be fine after a few days' rest.

着(著)迷 zháomí [动] be fanatical ▷他对足球着迷。Tā duì zúqiú zháomí. He's fanatical about football.

爪 zhǎo [名] claw
→另见 zhuǎ

爪牙 zhǎoyá [名] flunkey

找 zhǎo [动] 1 (寻找) look for ▷他去电影院找女儿了。Tā qù diànyǐngyuàn zhǎo nǚ'ér le. He went to the cinema to look for his daughter. 2 (退余额) give change (*pt* gave, *pp* given) ▶找钱 zhǎoqián give change 3 (求见) call on ▷有事找他就行。Yǒu shì zhǎo tā jiù xíng. If you encounter any problem it's fine to ask him.

找茬儿(兒) zhǎochár [动] pick holes

找到 zhǎodào [动] find (*pt*, *pp* found)

找事 zhǎoshì [动] 1 (找工) look for a job 2 (滋事) make trouble

沼 zhǎo [名] pool

沼气(氣) zhǎoqì [名] methane

沼泽(澤) zhǎozé [名] marsh

召 zhào [动] summon

召唤(喚) zhàohuàn [动] call

召集 zhàojí [动] convene

召见(見) zhàojiàn [动] summon

召开(開) zhàokāi [动] hold (*pt*, *pp* held)

兆 zhào I [名] (预兆) sign ▷病兆 bìngzhào the sign of an illness II [量] million ▶兆瓦 zhào wǎ megawatt III [动] foretell (*pt*, *pp* foretold)

兆头(頭) zhàotou [名] omen

照 zhào I [动] 1 (照射) light up (*pt*, *pp* lit) ▷阳光照得满屋亮堂堂的。Yángguāng zhào de mǎnwū liàngtángtáng de. The sunlight lit up the whole room. 2 (映现) reflect ▷照镜子 zhào jìngzi look at oneself in the mirror 3 (拍摄) take a photograph (*pt* took, *pp* taken) ▷这张照片照得不错。Zhè zhāng zhàopiàn zhào de bùcuò. This photograph is excellent. 4 (照料) look after ▷请帮我关照一下孩子。Qǐng bāng wǒ guānzhào yīxià háizi. Please can you help me and look after the children for a while. 5 (对照) contrast ▶比照 bǐzhào contrast 6 (遵照) refer to ▶参照 cānzhào consult 7 (明白) understand (*pt*, *pp* understood) ▷心照不宣 xīn zhào bù xuān have a tacit understanding II [名] 1 (照片) photograph 2 (执照) licence (英), license (美) III [介] 1 (按照) according to ▷照章办事 zhào zhāng bàn shì act according to the rules 2 (向着) in the direction of ▷照这个方向一直走就到了。Zhào zhège fāngxiàng yīzhí zǒu jiù dào le. Just keep walking in this direction and you'll find it.

照本宣科 zhào běn xuān kē go by the book

照常 zhàocháng [副] as usual ▷节日期间，商店照常营业。Jiérì qījiān, shāngdiàn zhàocháng yíngyè. On holidays the shop will open for business as usual.

照顾(顧) zhàogù [动] 1 (照料) look after 2 (考虑) consider

照会(會) zhàohuì I [动] deliver a note to II [名] note

照看 zhàokàn [动] look after

照例 zhàolì [副] as a rule

照料 zhàoliào [动] take care of (*pt* took, *pp* taken)

照面儿(兒) zhàomiànr [动] put in an appearance (*pt*, *pp* put) ▷他打了个照面儿就走了。Tā dǎle gè zhàomiànr jiù zǒu le. He put in an appearance and then left.

照明 zhàomíng [名] lighting

照片 zhàopiàn [名] photograph

照射 zhàoshè [动] light up (*pt*, *pp* lit)

照相 zhàoxiàng [动] take a picture (*pt* took, *pp* taken)

照相机(機) zhàoxiàngjī [名] camera

照样(樣) zhàoyàng [副] 1 (依照样品) in the same style 2 (依然) still ▷没有他，我们照样能做好。Méiyǒu tā, wǒmen zhàoyàng néng zuò hǎo. Even without him, we'll still be able to do it.

照耀 zhàoyào [动] illuminate

照应(應) zhàoying [动] 1 (呼应) correlate 2 (照料) look after

罩 zhào I [名] 1 (罩子) cover ▶床罩 chuángzhào bedcover ▶口罩 kǒuzhào face mask 2 (罩衣) overall ▶外罩 wàizhào dustcoat II [动] cover

肇 zhào [动] 1 (开始) start 2 (发生) cause

肇事 zhàoshì [动] cause trouble

折 zhē [动] 1 (翻转) roll over ▷他在床上折来折去。Tā zài chuáng shang zhē lái zhē qù. In bed he rolled this way and that. 2 (倒) pour ... back and forth ▷她拿两个杯子把水折几下就凉了。Tā ná liǎng gè bēizi bǎ shuǐ zhē jǐ xià jiù liáng le. She poured the water from one cup to another to cool it.
→另见 shé, zhé

折腾(騰) **zhēteng** [动] **1** (翻来覆去) toss and turn **2** (反复做) do … over and over again **3** (折磨) cause suffering ▷ 头痛可真折腾人。Tóutòng kě zhēn zhēteng rén. Headaches can cause a lot of suffering.

蛰(蟄)

zhē [动] sting (*pt*, *pp* stung) ▷ 他被马蜂蛰了一下。Tā bèi mǎfēng zhēle yīxià. He was stung by a hornet.

遮

zhē [动] **1** (遮挡) hide … from view (*pt* hid, *pp* hidden) ▷ 乌云遮住了阳光。Wūyún zhēzhùle yángguāng. The sun was hidden by dark clouds. **2** (阻拦) obstruct ▷ 遮雨 zhē yǔ keep out the rain **3** (遮盖) conceal

遮蔽 **zhēbì** [动] obstruct

遮挡(擋) **zhēdǎng** **I** [动] keep … out (*pt*, *pp* kept) ▷ 请找个东西遮挡一下阳光。Qǐng zhǎo gè dōngxi zhēdǎng yīxià yángguāng. Please find something to protect us from the sun. **II** [名] cover

遮掩 **zhēyǎn** [动] **1** (遮蔽) obscure ▷ 屋子被门帘遮掩着。Wūzi bèi ménlián zhēyǎnzhe. The room is obscured by a door curtain. **2** (掩饰) hide (*pt* hid, *pp* hidden)

折

zhé **I** [动] **1** (折断) break (*pt* broke, *pp* broken) **2** (损失) lose (*pt*, *pp* lost) **3** (弯曲) wind (*pt*, *pp* wound) **4** (回转) turn back **5** (使信服) convince ▷ 精湛的演出折服了观众。Jīngzhàn de yǎnchū zhéfúle guānzhòng. The audience were bowled over by the brilliant performance. **6** (折合) convert … into **7** (折叠) fold **II** [名] **1** (折子) notebook ▶ 存折 cúnzhé bank book **2** (折扣) discount ▷ 所有服装在打折销售。Suǒyǒu fúzhuāng zài dǎzhé xiāoshòu. All clothes are reduced.

→ 另见 zhē, shé

折叠 **zhédié** [动] fold

折服 **zhéfú** [动] **1** (说服) subdue **2** (佩服) be bowled over by

折合 **zhéhé** [动] convert … into ▷ 我把人民币都折合成了英镑。Wǒ bǎ rénmínbì dōu zhéhé chéngle yīngbàng. I've converted all my renminbi to pounds sterling.

折旧(舊) **zhéjiù** [动] depreciate

折扣 **zhékòu** [名] discount ▷ 打折扣销售 dǎ zhékòu xiāoshòu sell at a discount

折磨 **zhémó** [动] torment ▷ 她身体虚弱，经常遭受疾病的折磨。Tā shēntǐ xūruò, jīngcháng zāoshòu jíbìng de zhémó. She's in poor health and often tormented by illness.

折射 **zhéshè** [名] refraction

折算 **zhésuàn** [动] convert

折中 **zhézhōng** [动] compromise ▷ 折中方案 zhézhōng fāng'àn a compromise plan

---

哲

zhé **I** [形] wise **II** [名] sage

哲理 **zhélǐ** [名] philosophical theory

哲学(學) **zhéxué** [名] philosophy

辙(轍)

zhé [名] **1** (车痕) wheel track **2** (韵律) rhyme **3** (办法) way ▷ 这事我也没辙了。Zhè shì wǒ yě méi zhé le. There's no way out of this.

者

zhě [名] **1** (人) ▶ 长者 zhǎngzhě elder ▶ 记者 jìzhě journalist ▶ 作者 zuòzhě author ▶ 编者 biānzhě editor ▷ 教育工作者 jiàoyù gōngzuòzhě educationalist (英), educator (美) **2** (物) ▶ 前者 qiánzhě the former ▶ 后者 hòuzhě the latter

---

褶

zhě [名] crease

褶皱(皺) **zhězhòu** [名] wrinkle

这(這)

zhè [代] **1** (指人或事物) this (*pl* these) ▷ 这本书写得不错。Zhè běn shū xiě de bùcuò. This book is well-written. **2** (指时间) ▷ 他这才突然明白过来。Tā zhè cái tūrán míngbai guòlái. He's just suddenly understood. ▷ 我这就过去。Wǒ zhè jiù guòqù. I'm going right now.

这(這)边(邊) **zhèbian** [副] here

这(這)个(個) **zhège** **I** [代] this ▷ 这个可比那个好多了。Zhège kě bǐ nàge hǎo duō le. This one is much better than that one. ▷ 为这个他耽误了好几天工作。Wèi zhège tā dānwùle hǎo jǐ tiān gōngzuò. He put off work for several days on account of this. **II** [副] ▷ 瞧他这个忙啊！Qiáo tā zhège máng a! Look how busy he is!

这(這)里(裡) **zhèlǐ** [代] ▷ 这里发生了一起交通事故。Zhèlǐ fāshēngle yī qǐ jiāotōng shìgù. A traffic accident happened here.

这(這)么(麼) **zhème** [代] **1** (指程度) so ▷ 今天这么热。Jīntiān zhème rè. It's so hot today. **2** (指方式) such ▷ 我看就应该这么做。Wǒ kàn jiù yīnggāi zhème zuò. I think it should be done this way.

这(這)儿(兒) **zhèr** [副] here

这(這)些 **zhèxiē** [代] these (*pl*) ▷ 这些事情够他忙的。Zhèxiē shìqing gòu tā máng de. These things are enough to keep him busy.

这(這)样(樣) **zhèyàng** [代] **1** (指程度) so ▷ 乡村的风景这样美。Xiāngcūn de fēngjǐng zhèyàng měi. The scenery in the countryside is so beautiful. **2** (指状态) such ▷ 再这样下去可不行。Zài zhèyàng xiàqù kě bùxíng. It really won't do to carry on like this. ▷ 他就这样死心眼。Tā jiù zhèyàng sǐxīnyǎn. He is just so stubborn.

这(這)种(種) **zhè zhǒng** [代] ▷这种菜好吃。Zhè zhǒng cài hǎo chī. This kind of vegetable is tasty.

蔗 **zhè** [名] sugarcane
蔗糖 **zhètáng** [名] sucrose

贞(貞) **zhēn I** [形] **1** (坚定) loyal ▶坚贞 jiānzhēn loyal **2** (贞洁) chaste **II** [名] chastity
贞(貞)操 **zhēncāo** [名] **1** (贞洁) chastity **2** (忠贞) loyalty
贞(貞)节(節) **zhēnjié** [名] **1** (贞洁) chastity **2** (忠贞) loyalty
贞(貞)洁(潔) **zhēnjié** [形] chaste

针(針) **zhēn** [名] **1** (工具) needle **2** (针状物) ▶表针 biǎozhēn hand (*on watch*) ▶别针 biézhēn safety pin **3** (针剂) injection **4** (缝合) stitch
针(針)对(對) **zhēnduì** [动] **1** (对准) be aimed at ▷他的话不是针对你。Tā de huà bù shì zhēnduì nǐ. What he said was not aimed at you. **2** (按照) have ... in mind ▷针对当前形势，我想谈谈自己的看法。Zhēnduì dāngqián xíngshì, wǒ xiǎng tántan zìjǐ de kànfǎ. With the current situation in mind, I would like to give my own views. ▷针对不同年龄用药。Zhēnduì bùtóng niánlíng yòngyào. Vary the dose according to age.
针(針)锋(鋒)相对(對) **zhēn fēng xiāng duì** tit for tat
针(針)灸 **zhēnjiǔ** [名] acupuncture

侦(偵) **zhēn** [动] investigate
侦(偵)查 **zhēnchá** [动] investigate
侦(偵)察 **zhēnchá** [动] reconnoitre (英), reconnoiter (美)
侦(偵)缉(緝) **zhēnjī** [动] track down and arrest
侦(偵)破 **zhēnpò** [动] crack
侦(偵)探 **zhēntàn I** [动] spy on **II** [名] detective ▷侦探小说 zhēntàn xiǎoshuō detective novel

珍 **zhēn I** [名] treasure ▶珍宝 zhēnbǎo jewellery (英), jewelry (美) **II** [动] value ▶珍惜 zhēnxī value **III** [形] valuable
珍爱(愛) **zhēn'ài** [动] cherish
珍宝(寶) **zhēnbǎo** [名] treasure
珍藏 **zhēncáng** [动] collect
珍贵(貴) **zhēnguì** [形] precious
珍视(視) **zhēnshì** [动] value
珍惜 **zhēnxī** [动] value
珍稀 **zhēnxī** [形] rare
珍重 **zhēnzhòng** [动] **1** (爱惜) value ... highly **2** (保重) take care
珍珠 **zhēnzhū** [名] pearl

真 **zhēn I** [形] true ▶真话 zhēnhuà truth ▶真品 zhēnpǐn genuine product **II** [副] really ▷他真勇敢。Tā zhēn yǒnggǎn. He is really brave. ▷昨晚的电影真不错。Zuówǎn de diànyǐng zhēn bùcuò. Last night's film was really good.
真才实(實)学(學) **zhēn cái shí xué** real knowledge and true ability
真诚(誠) **zhēnchéng** [形] sincere
真的 **zhēnde** [副] really
真谛(諦) **zhēndì** [名] true meaning
真迹(跡) **zhēnjì** [名] authentic work
真空 **zhēnkōng** [名] vacuum
真理 **zhēnlǐ** [名] truth
真切 **zhēnqiè** [形] vivid
真实(實) **zhēnshí** [形] true
真是 **zhēnshi** [副] really ▷我真是搞不懂，他到底想干什么。Wǒ zhēnshi gǎo bù dǒng, tā dàodǐ xiǎng gàn shénme. I really can't make out what on earth he's up to. ▷真是，她把雨伞忘在火车上了。Zhēnshi, tā bǎ yǔsǎn wàng zài huǒchē shang le. She's gone and left her umbrella on the train.
真相 **zhēnxiàng** [名] true situation
真正 **zhēnzhèng** [形] true ▷他是我真正的朋友。Tā shì wǒ zhēnzhèng de péngyou. He's a true friend of mine. ▷我们要真正对工作负责。Wǒmen yào zhēnzhèng duì gōngzuò fùzé. We have to be truly responsible for the work.
真挚(摯) **zhēnzhì** [形] genuine
真主 **Zhēnzhǔ** [名] Allah

斟 **zhēn** [动] pour
斟酌 **zhēnzhuó** [动] consider

箴 **zhēn** [动] advise
箴言 **zhēnyán** [名] advice

臻 **zhēn** [动] become (*pt* became, *pp* become)

诊(診) **zhěn** [动] examine ▶就诊 jiùzhěn see a doctor
诊(診)断(斷) **zhěnduàn** [动] diagnose ▷医生把他的这种症状诊断为胃溃疡。Yīshēng bǎ tā de zhè zhǒng zhèngzhuàng zhěnduàn wéi wèikuìyáng. The doctor diagnosed his symptoms as a gastric ulcer.
诊(診)所 **zhěnsuǒ** [名] clinic

枕 **zhěn I** [名] pillow **II** [动] rest one's head on ▷他枕着衣服睡着了。Tā zhěnzhe yīfu shuìzháo le. He fell asleep with his head resting on his clothes.

枕头(頭) **zhěntou** [名] pillow

疹 **zhěn** [名] rash ▶湿疹 **shīzhěn** eczema ▶麻疹 **mázhěn** measles (*sg*)

缜(縝) **zhěn** 见下文

缜(縝)密 **zhěnmì** [形] meticulous

阵(陣) **zhèn I** [名] **1** (军) (阵形) battle formation **2** (军) (阵地) position **3** (时间) a while **II** [量] ▷一阵暴雨 **yī zhèn bàoyǔ** a burst of rain ▷一阵掌声 **yī zhèn zhǎngshēng** a burst of applause

阵(陣)地 **zhèndì** [名] position

阵(陣)脚(腳) **zhènjiǎo** [名] position

阵(陣)容 **zhènróng** [名] battle formation

阵(陣)势(勢) **zhènshì** [名] battle formation

阵(陣)亡 **zhènwáng** [动] be killed in action

阵(陣)线(線) **zhènxiàn** [名] front line

阵(陣)营(營) **zhènyíng** [名] camp

振 **zhèn** [动] **1** (振动) vibrate **2** (振作) boost ▷最近我食欲不振。**Zuìjìn wǒ shíyù bù zhèn.** Recently my appetite has been poor.

振动(動) **zhèndòng** [动] vibrate

振奋(奮) **zhènfèn** [动] rouse

振聋(聾)发(發)聩(聵) **zhèn lóng fā kuì** enlighten ▷这篇报道起了振聋发聩的作用。**Zhè piān bàodào qǐle zhèn lóng fā kuì de zuòyòng.** This report had an enlightening effect.

振兴(興) **zhènxīng** [动] revitalize

振振有辞(辭) **zhènzhèn yǒu cí** speak convincingly

振作 **zhènzuò** [动] pull oneself together ▷受挫之后他又振作起来。**Shòucuò zhīhòu tā yòu zhènzuò qǐlái.** After this setback he pulled himself together again.

赈(賑) **zhèn** [动] relieve

赈(賑)济(濟) **zhènjì** [动] relieve

震 **zhèn I** [动] **1** (震动) shake (*pt* shook, *pp* shaken) **2** (激动) be excited **II** [名] earthquake ▷余震 **yúzhèn** after-shock

震荡(盪) **zhèndàng** [动] shake (*pt* shook, *pp* shaken)

震动(動) **zhèndòng** [动] shake (*pt* shook, *pp* shaken)

震耳欲聋(聾) **zhèn ěr yù lóng** deafening

震撼 **zhènhàn** [动] shake (*pt* shook, *pp* shaken)

震惊(驚) **zhènjīng** [动] amaze ▷得知这个消息，人们震惊了。**Dézhī zhège xiāoxi, rénmen zhènjīng le.** People were amazed to hear this news.

震慑(懾) **zhènshè** [动] frighten

镇(鎮) **zhèn I** [名] **1** (城镇) town **2** (重地) garrison **II** [动] **1** (抑制) suppress **2** (守卫) guard ▶镇守 **zhènshǒu** guard **3** (安定) calm **4** (冷却) cool **III** [形] calm ▶镇静 **zhènjìng** calm

镇(鎮)定 **zhèndìng** [形] calm

镇(鎮)静(靜) **zhènjìng** [形] calm

镇(鎮)静(靜)剂(劑) **zhènjìngjì** [形] sedative

镇(鎮)压(壓) **zhènyā** [动] suppress

正 **zhēng** 见下文

→另见 **zhèng**

正月 **zhēngyuè** [名] *first month of the lunar year*

争(爭) **zhēng** [动] **1** (争夺) contend **2** (争论) argue

争(爭)辩(辯) **zhēngbiàn** [动] argue ▷她老为孩子的教育问题与丈夫争辩。**Tā lǎo wèi háizi de jiàoyù wèntí yǔ zhàngfu zhēngbiàn.** She's constantly arguing with her husband about the children's education.

争(爭)吵 **zhēngchǎo** [动] quarrel ▷这对夫妻经常为小事争吵。**Zhè duì fūqī jīngcháng wèi xiǎo shì zhēngchǎo.** The couple often quarrel about trivial things.

争(爭)斗(鬥) **zhēngdòu** [动] fight (*pt, pp* fought)

争(爭)端 **zhēngduān** [名] dispute

争(爭)夺(奪) **zhēngduó** [动] fight for (*pt, pp* fought)

争(爭)光 **zhēngguāng** [动] win honour (英) 或 honor (美) for (*pt, pp* won)

争(爭)论(論) **zhēnglùn** [动] argue ▷不管什么问题，他总爱与人争论。**Bùguǎn shénme wèntí, tā zǒng ài yǔ rén zhēnglùn.** He'll argue over anything.

争(爭)鸣(鳴) **zhēngmíng** [动] contend

争(爭)气(氣) **zhēngqì** [动] be a credit to

争(爭)取 **zhēngqǔ** [动] strive for (*pt* strove, *pp* striven) ▷争取机会 **zhēngqǔ jīhuì** grasp the opportunity ▷争取主动 **zhēngqǔ zhǔdòng** grasp the initiative

争(爭)先 **zhēngxiān** [动] try to be the first ▷昨天的讨论会上，个个都争先发言。**Zuótiān de tǎolùnhuì shang, gègè dōu zhēngxiān fāyán.** At yesterday's conference everyone was vying to speak.

争(爭)议(議) **zhēngyì** [名] dispute ▷对这个方案大家有许多争议。**Duì zhège fāng'àn dàjiā yǒu xǔduō zhēngyì.** Everyone is in hot dispute over this scheme.

争(爭)执(執) **zhēngzhí** [动] quarrel ▷他们两人为此事争执很久了。Tāmen liǎng rén wèi cǐ shì zhēngzhí hěn jiǔ le. The two of them have been quarrelling for a long time over this.

征 **zhēng** **I** [动] **1** (征讨) mount a military expedition ▶征战 zhēngzhàn go on a military campaign **2** (召集) draft ▶征兵 zhēngbīng conscript ▷应征入伍 yìngzhēng rùwǔ enlist **3** (征收) levy ▶征税 zhēngshuì levy taxes **4** (征求) solicit ▶征订 zhēngdìng solicit subscriptions **II** [名] **1** (征程) journey ▶长征 chángzhēng the Long March **2** (迹象) sign ▶特征 tèzhēng feature

征调(調) **zhēngdiào** [动] draft

征服 **zhēngfú** [动] conquer

征(徵)购(購) **zhēnggòu** [动] procure

征(徵)集 **zhēngjí** [动] **1** (收集) collect **2** (征募) recruit

征(徵)求 **zhēngqiú** [动] solicit

征(徵)收 **zhēngshōu** [动] levy

征(徵)途 **zhēngtú** [名] journey

征(徵)用 **zhēngyòng** [动] requisition

征(徵)兆 **zhēngzhào** [名] sign

怔 **zhēng** [形] terror-stricken

挣(掙) **zhēng** 见下文

→另见 zhèng

挣(掙)扎(紮) **zhēngzhá** [动] struggle

峥(崢) **zhēng** 见下文

峥(崢)嵘(嶸) **zhēngróng** [形] **1** (高峻) soaring **2** (非凡) remarkable

狰(猙) **zhēng** 见下文

狰(猙)狞(獰) **zhēngníng** [形] sinister

症(癥) **zhēng** 见下文

→另见 zhèng

症(癥)结(結) **zhēngjié** [名] crux

睁(睜) **zhēng** [动] open

睁(睜)眼瞎 **zhēngyǎnxiā** [名] illiterate

蒸 **zhēng** [动] **1** (指烹饪方法) steam **2** (蒸发) evaporate

蒸馏(餾) **zhēngliú** [动] distil (英), distill (美)

蒸气(氣) **zhēngqì** [名] vapour (英), vapor (美)

蒸汽 **zhēngqì** [名] steam

蒸蒸日上 **zhēngzhēng rì shàng** developing fast

整 **zhěng** **I** [形] **1** (完整) whole **2** (规整) tidy **II** [动] **1** (整理) sort ... out **2** (修理) repair **3** (刁难) punish

整顿(頓) **zhěngdùn** [动] reorganize ▷整顿工作作风 zhěngdùn gōngzuò zuòfēng reorganize working methods ▷整顿纪律 zhěngdùn jìlǜ consolidate discipline

整个(個) **zhěnggè** [形] whole ▷整个假期我全给浪费了。Zhěnggè jiàqī wǒ quán gěi làngfèi le. I wasted the whole holiday.

整合 **zhěnghé** [动] integrate

整洁(潔) **zhěngjié** [形] tidy

整理 **zhěnglǐ** [动] sort ... out

整齐(齊) **zhěngqí** [形] **1** (有序的) orderly **2** (均匀的) even ▷整齐的步伐 zhěngqí de bùfá march in step

整容 **zhěngróng** [动] have a make-over

整数(數) **zhěngshù** [名] whole number

整体(體) **zhěngtǐ** [名] whole

整形 **zhěngxíng** [动] carry out plastic surgery ▷面部整形手术 miànbù zhěngxíng shǒushù facial plastic surgery

整治 **zhěngzhì** [动] restore

整装(裝) **zhěngzhuāng** [动] pack

正 **zhèng** **I** [形] **1** (不偏不斜) straight ▷正前方 zhèng qiánfāng directly ahead ▷这照片挂得不正。Zhè zhàopiàn guà de bù zhèng. This photograph is not hung straight. ▷请坐端正。Qǐng zuò duānzhèng. Please sit up straight. ▷他把靶子放在了正前方。Tā bǎ bǎzi fàngzàile zhèng qiánfāng. He put the target directly ahead of him. **2** (居中的) main ▷正殿 zhèngdiàn main hall **3** (正面) right ▷纸张的正面 zhǐzhāng de zhèngmiàn the right side of the paper **4** (正直) upright ▶公正 gōngzhèng just **5** (正当) right ▷走上正轨 zǒushàng zhèngguǐ get on the right track **6** (纯正) pure ▷这道菜的味儿不正。Zhè dào cài de wèir bù zhèng. This dish does not taste authentic. **7** (规范的) regular ▷这小伙子五官端正。Zhè xiǎohuǒzi wǔguān duānzhèng. This young man has regular features. **8** (主要的) principal ▶正餐 zhèngcān main meal **9** (指图形) regular ▷正八角形 zhèng bājiǎoxíng regular octagon **10** (物) positive ▷正离子 zhènglízǐ positive ion **11** (数) (大于零的) positive ▶正数 zhèngshù positive number **II** [动] **1** (使不歪) straighten ▷他把帽子正了一正，出门了。Tā bǎ màozi zhèngle yī zhèng, chūmén le. He straightened his hat, and went out. **2** (改正) put ... right (*pt*, *pp* put) **III** [副] **1** (恰好) just ▷这双鞋大小正合适。Zhè shuāng xié dàxiǎo zhèng héshì. This pair of shoes is just the right size. **2** (正在) right now ▷天正刮着风。Tiān zhèng guā zhe fēng. It's windy right now. ▷他们正在酒店就餐。Tāmen zhèngzài jiǔdiàn jiùcān. They're in the hotel eating right now.

→另见 zhēng

正版 zhèngbǎn [名] official edition

正本 zhèngběn [名] original

正常 zhèngcháng [形] normal

正当(當) zhèngdàng [形] legitimate

正道 zhèngdào [名] the right way

正点(點) zhèngdiǎn [名] ▷火车将正点到达。Huǒchē jiāng zhèngdiǎn dàodá. The train will arrive on schedule.

正法 zhèngfǎ [动] execute

正规(規) zhèngguī [形] standard

正轨(軌) zhèngguǐ [名] right track

正襟危坐 zhèng jīn wēi zuò sit upright and attentively

正经(經) zhèngjing **I** [形] **1** (正派) decent **2** (正当的) serious **3** (标准的) standard **II** [副] really ▷这件家具正经不错。zhè jiàn jiājù zhèngjing bùcuò. This furniture is really not bad.

正面 zhèngmiàn **I** [名] **1** (非侧面) front ▷正面进攻 zhèngmiàn jìngōng frontal attack ▷正面交锋 zhèngmiàn jiāofēng head-on clash **2** (非背面) the right side **II** [形] positive **III** [副] directly

正派 zhèngpài [形] honest

正品 zhèngpǐn [名] quality products (*pl*)

正确(確) zhèngquè [形] correct

正式 zhèngshì [形] official ▷正式报告 zhèngshì bàogào official report ▷他已被这所学校正式录取。Tā yǐ bèi zhè suǒ xuéxiào zhèngshì lùqǔ. He's been officially enrolled at this school.

正视(視) zhèngshì [动] face

正题(題) zhèngtí [名] topic

正统(統) zhèngtǒng **I** [名] orthodoxy **II** [形] orthodox

正文 zhèngwén [名] text

正义(義) zhèngyì **I** [名] justice **II** [形] just

正音 zhèngyīn **I** [动] correct one's pronunciation **II** [名] standard pronunciation

正在 zhèngzài [副] right now ▷会议正在进行。Huìyì zhèngzài jìnxíng. The meeting is taking place right now.

正直 zhèngzhí [形] upright

正中下怀(懷) zhèng zhòng xià huái just what one wants ▷他父亲让他报考军校，对他来说真是正中下怀。Tā fùqīn ràng tā bàokǎo jūnxiào, duì tā lái shuō zhēnshi zhèng zhòng xià huái. His father let him take the entrance exam for the military academy, which is just what he wanted.

正宗 zhèngzōng **I** [名] orthodox school **II** [形] authentic

证(證)

证(證) zhèng **I** [动] prove ▶证明 zhèngmíng prove **II** [名] **1** (证据) evidence ▶物证 wùzhèng material evidence ▷出庭作证 chūtíng zuòzhèng give evidence in court **2** (证件) ▶身份证 shēnfènzhèng identity card ▷驾驶证 jiàshǐzhèng driver's licence (英) 或 license (美)

证(證)词(詞) zhèngcí [名] testimony

证(證)件 zhèngjiàn [名] certificate

证(證)据(據) zhèngjù [名] evidence

证(證)明 zhèngmíng **I** [动] prove ▷事实证明我的分析是对的。Shìshí zhèngmíng wǒ de fēnxī shì duì de. The facts prove my analysis is correct. **II** [名] certificate

证(證)券 zhèngquàn [名] bond

证(證)实(實) zhèngshí [动] confirm ▷这条消息有待于证实。Zhè tiáo xiāoxi yǒudàiyú zhèngshí. This news remains to be confirmed.

证(證)书(書) zhèngshū [名] certificate

证(證)物 zhèngwù [名] exhibit

证(證)言 zhèngyán [名] verbal evidence

郑(鄭)

郑(鄭) zhèng 见下文

郑(鄭)重 zhèngzhòng [形] serious ▷对方郑重表示愿意与我们合作。Duìfāng zhèngzhòng biǎoshì yuànyì yǔ wǒmen hézuò. The other party is expressing a serious desire to work with us.

政

政 zhèng [名] **1** (政治) politics (*sg*) **2** (事务) affairs (*pl*)

政变(變) zhèngbiàn [名] coup

政策 zhèngcè [名] policy

政党(黨) zhèngdǎng [名] political party

政法 zhèngfǎ [名] politics and law

政府 zhèngfǔ [名] government

政绩(績) zhèngjì [名] political achievements (*pl*)

政见(見) zhèngjiàn [名] political view

政界 zhèngjiè [名] political circles (*pl*)

政局 zhèngjú [名] political situation

政客 zhèngkè [名] politician

政权(權) zhèngquán [名] political power

政治 zhèngzhì [名] politics (*sg*)

政治家 zhèngzhìjiā [名] statesman, stateswoman

挣(掙)

挣(掙) zhèng [动] **1** (赚得) earn ▶挣钱 zhèngqián earn money ▷挣口饭吃 zhèng kǒu fàn chī earn a living **2** (摆脱) break free (*pt* broke, *pp* broken) ▷挣开枷锁 zhèngkāi jiāsuǒ break free from one's shackles

→另见 zhēng

症 zhèng [名] disease
→另见 zhēng

症候 zhènghòu [名] **1**(症状) symptom **2**(疾病) disease

症状(狀) zhèngzhuàng [名] symptom

之 zhī **I** [代] ▷他考上了重点大学，朋友们为之高兴。Tā kǎoshàngle zhòngdiǎn dàxué, péngyoumen wèi zhī gāoxìng. When he got into a top university, his friends were very happy for him. **II** [助] **1**(的) ▷爱国之心 àiguó zhī xīn patriotic feeling ▷父母之爱 fùmǔ zhī ài parental love ▷自知之明 zì zhī zhī míng self-awareness **2**(用在主谓结构之间) ▷世界之大，无奇不有。Shìjiè zhī dà, wú qí bù yǒu. There is nothing too strange in this vast world.

之后(後) zhīhòu [介] after ▷看完电影之后，他们去了附近的一家餐馆。Kànwán diànyǐng zhīhòu, tāmen qùle fùjìn de yī jiā cānguǎn. After seeing a film, they went to a nearby restaurant.

之间(間) zhījiān [介] **1**(指两者) between **2**(指三者或三者以上) among

之前 zhīqián [介] before ▷项目结束之前，每个人压力都很大。Xiàngmù jiéshù zhīqián, měigè rén yālì dōu hěn dà. Before finishing the project, everyone was very stressed.

之上 zhīshàng [介] above

之下 zhīxià [介] below

之一 zhī yī [代] one of ▷他是他们班最用功的学生之一。Tā shì tāmen bān zuì yònggōng de xuésheng zhī yī. He is one of the hardest working students in their class. ▷沈阳是中国最大的城市之一。Shěnyáng shì Zhōngguó zuì dà de chéngshì zhī yī. Shenyang is one of China's biggest cities.

之中 zhīzhōng [介] amid

支 zhī **I** [名] branch ▷支公司 zhī gōngsī branch of a company **II** [动] **1**(支撑) prop ... up ▷这棚子该用东西支一下。Zhè péngzi gāi yòng dōngxi zhī yīxià. This shed needs something to prop it up. ▷把雨伞支开 bǎ yǔsǎn zhīkāi put up an umbrella **2**(伸出) raise ▷小兔子支起了耳朵。Xiǎo tùzi zhīqǐle ěrduo. The rabbit pricked up its ears. ▷他的门牙有些往外支。Tā de ményá yǒuxiē wǎng wài zhī. His front teeth stick out a bit. **3**(支持) bear (*pt* bore, *pp* borne) ▷她牙疼得有点支不住了。Tā yáténg de yǒudiǎn zhī bù zhù le. She could hardly bear her toothache. **4**(调度) send (*pt*, *pp* sent) ▷她借故支走了他。Tā jiègù zhīzǒule tā. She found an excuse to send him away. **5**(付出) pay ... out (*pt*, *pp* paid) ▷上个月家里开支很大。Shàng gè yuè jiā li kāizhī hěn dà. Last month household expenses were very high. **6**(领取) get (*pt* got, *pp* got (英) 或 gotten (美)) ▷出差前，我们从财务处支了些钱。Chūchāi qián, wǒmen cóng cáiwù chù zhīle xiē qián. Before going on the business trip, we got some money from the finance department. **III** [量] **1**(指乐曲) ▷一支钢琴曲 yī zhī gāngqínqǔ a piano tune **2**(指细长物) ▷一支钢笔 yī zhī gāngbǐ a pen **3**(指队伍) ▷一支部队 yī zhī bùduì an army unit **4**(指灯) ▷60支光的灯泡 liùshí zhī guāng de dēngpào 60 watt bulb

> measure word, used for songs, tunes, troops, and stick-like objects

支部 zhībù [名] branch

支撑(撐) zhīchēng [动] **1**(抵挡) support **2**(维持) maintain

支持 zhīchí [动] **1**(鼓励) support ▷他们夫妻俩在事业上互相支持。Tāmen fūqī liǎ zài shìyè shang hùxiāng zhīchí. Husband and wife support each other in their work. **2**(支撑) hold out (*pt*, *pp* held) ▷他走了3个小时，实在支持不住了。Tā zǒule sān gè xiǎoshí, shízài zhīchí bù zhù le. After he had walked for three hours, he really couldn't last anymore.

支出 zhīchū **I** [动] spend (*pt*, *pp* spent) **II** [名] expenditure

支付 zhīfù [动] pay (*pt*, *pp* paid)

支解 zhījiě [动] dismember

支离(離)破碎 zhīlí pòsuì break into fragments

支流 zhīliú [名] **1**(指江河) tributary **2**(指事物) minor aspect

支配 zhīpèi [动] **1**(安排) allocate **2**(控制) control

支票 zhīpiào [名] cheque (英), check (美) ▷把支票兑付成现金 bǎ zhīpiào duìhuànchéng xiànjīn cash a cheque

支使 zhīshi [动] **1**(使唤) order ... about ▷她爱支使人。Tā ài zhīshi rén. She likes to order people about. **2**(打发走) send ... away (*pt*, *pp* sent) ▷他让我把孩子们支使走。Tā ràng wǒ bǎ háizimen zhīshi zǒu. He asked me to send the children away.

支线(線) zhīxiàn [名] feeder

支援 zhīyuán [动] help

支柱 zhīzhù [名] pillar

只(隻) zhī **I** [形] single ▷只言片语 zhī yán piàn yǔ a few words ▷形单影只 xíng dān yǐng zhī solitary **II** [量] ▷一只拖鞋 yī zhī tuōxié a slipper ▷两只小船 liǎng zhī xiǎochuán two boats ▷只小鸟 sān zhī xiǎo niǎo three birds
→另见 zhǐ

> measure word, used for one of a pair such as gloves, eyes, feet; also used for animals, insects, birds and boats

只(隻)身 **zhīshēn** [副] by oneself ▷ 他只身去了国外。**Tā zhīshēn qùle guówài.** He went abroad by himself.

只(隻)言片语(語) **zhī yán piàn yǔ** a few words

汁 **zhī** [名] juice ▶ 果汁 **guǒzhī** fruit juice ▶ 椰子汁 **yēzǐzhī** coconut milk ▶ 肉汁 **ròuzhī** beef extract ▶ 胆汁 **dǎnzhī** bile

---

芝 **zhī** 见下文

芝麻 **zhīma** [名] sesame

枝 **zhī** [名] branch

枝节(節) **zhījié** [名] **1** (次要的事) minor issue **2** (麻烦的事) unexpected difficulty

---

知 **zhī** **I** [动] **1** (知道) know (*pt* knew, *pp* known) ▷ 此事我全然不知。**Cǐ shì wǒ quánrán bù zhī.** I'm completely in the dark about this. **2** (使知道) inform ▷ 通知学生下午2点开会。**Tōngzhī xuésheng xiàwǔ liǎng diǎn kāihuì.** Tell the students the meeting will start at 2 p.m. **II** [名] knowledge

知道 **zhīdào** [动] know (*pt* knew, *pp* known) ▷ 这事我可不知道。**Zhè shì wǒ kě bù zhīdao.** I really know nothing about this. ▷ 谁知道他想要干什么。**Shuí zhīdào tā xiǎng yào gàn shénme.** Who knows what he wants to do?

知根知底 **zhī gēn zhī dǐ** know ... through and through ▷ 对于他我是知根知底的。**Duìyú tā wǒ shì zhī gēn zhī dǐ de.** I know him through and through.

知己 **zhījǐ** **I** [形] intimate **II** [名] bosom friend

知交 **zhījiāo** [名] intimate friend

知觉(覺) **zhījué** [名] perception

知名 **zhīmíng** [形] famous

知趣 **zhīqù** [动] behave tactfully

知识(識) **zhīshi** [名] knowledge

知识(識)分子 **zhīshi fènzǐ** [名] intellectual

知心 **zhīxīn** [形] intimate

知音 **zhīyīn** [名] bosom friend

肢 **zhī** [名] limb

肢解 **zhījiě** [动] dismember

肢体(體) **zhītǐ** [名] limbs (*pl*)

织(織) **zhī** [动] knit

脂 **zhī** [名] **1** (油脂) grease **2** (胭脂) rouge ▷ 唇脂 **chúnzhī** lipstick

脂肪 **zhīfáng** [名] fat

蜘 **zhī** 见下文

蜘蛛 **zhīzhū** [名] spider

执(執) **zhí** **I** [动] **1** (拿着) hold (*pt, pp* held) **2** (执掌) take charge of (*pt* took, *pp* taken) ▶ 执教 **zhíjiào** be a teacher **3** (坚持) stick to (*pt, pp* stuck) **4** (执行) carry out **II** [名] written acknowledgment ▶ 回执 **huízhí** receipt

执(執)法 **zhífǎ** [动] enforce the law

执(執)教 **zhíjiào** [动] teach (*pt, pp* taught)

执(執)迷不悟 **zhí mí bù wù** stick to one's bad old ways

执(執)拗 **zhíniù** [形] obstinate

执(執)勤 **zhíqín** [动] be on duty

执(執)行 **zhíxíng** [动] carry out

执(執)意 **zhíyì** [副] ▷ 他执意要请我们吃饭。**Tā zhíyì yào qǐng wǒmen chī fàn.** He insisted on treating us to a meal.

执(執)照 **zhízhào** [名] licence (英), license (美)

执(執)政 **zhízhèng** [动] be in power

执(執)著 **zhízhuó** [形] persevering

直 **zhí** **I** [形] **1** (不弯曲) straight ▷ 笔直的道路 **bǐzhí de dàolù** dead straight road **2** (竖的) vertical ▷ 房间直里有5米。**Fángjiān zhí lǐ yǒu wǔ mǐ.** The room is 5 metres (英) 或 meters (美) long. **3** (公正) upstanding ▷ 他为人正直。**Tā wéirén zhèngzhí.** He's an upstanding person. **4** (直爽) candid ▷ 她说话很直。**Tā shuōhuà hěn zhí.** She speaks very candidly. **II** [动] straighten ▷ 请把身子直起来。**Qǐng bǎ shēnzi zhí qǐlái.** Straighten up. **III** [副] **1** (直接) straight ▷ 有话请直说吧。**Yǒu huà qǐng zhí shuō ba.** If you have something to say, come straight out with it! **2** (不断地) continuously ▷ 她直说个没完。**Tā zhí shuō gè méi wán.** She talked non-stop. **3** (简直) simply ▷ 我疼得直想死。**Wǒ téng de zhí xiǎng sǐ.** I was simply in agony.

直到 **zhídào** [介] until

直观(觀) **zhíguān** [形] audio-visual

直角 **zhíjiǎo** [名] right angle

直接 **zhíjiē** [形] direct ▷ 他将直接飞往伦敦。**Tā jiāng zhíjiē fēiwǎng Lúndūn.** He will fly direct to London.

直截了当(當) **zhíjié-liǎodàng** bluntly

直径(徑) **zhíjìng** [名] diameter

直觉(覺) **zhíjué** [名] intuition

直升机(機) **zhíshēngjī** [名] helicopter

直属(屬) **zhíshǔ** **I** [动] be directly under ▷ 该市直属中央政府管辖。**Gāi shì zhíshǔ zhōngyāng zhèngfǔ guǎnxiá.** That town is directly under the jurisdiction of central government. **II** [形] subordinate to

直率 **zhíshuài** [形] frank

直爽 **zhíshuǎng** [形] forthright

直系亲(親)属(屬) **zhíxì qīnshǔ** [名] directly related family members

直辖(轄) **zhíxiá** [形] directly under

直线(線) **zhíxiàn** **I** [名] straight line **II** [形] sharp ▷经济直线增长 **jīngjì zhíxiàn zēngzhǎng** sharp economic growth

直言 **zhíyán** [动] speak bluntly (*pt* spoke, *pp* spoken) ▷直言不讳 **zhí yán bùhuì** call a spade a spade

直译(譯) **zhíyì** [名] literal translation

侄(姪)

zhí [名] nephew

侄(姪)女 **zhínǚ** [名] niece

侄(姪)子 **zhízi** [名] nephew

值

zhí **I** [名] **1** (价值) value **2** (数) value **II** [动] **1** (值得) be worth ▷这事不值一提。**Zhè shì bù zhí yī tí.** It's not worth mentioning. **2** (碰上) just happen to be ▷我访问伦敦时，正值圣诞节。**Wǒ fǎngwèn Lúndūn shí, zhèngzhí Shèngdàn Jié.** It just happened to be Christmas when I visited London. **3** (轮到) be on duty ▷值夜班 **zhí yèbān** be on night duty

值班 **zhíbān** [动] be on duty

值得 **zhídé** [动] be worth ▷这书值得买。**Zhè shū zhídé mǎi.** This book is worth buying.

值勤 **zhíqín** [动] be on duty

值日 **zhírì** [动] be on duty for the day ▷今天该我值日。**Jīntiān gāi wǒ zhírì.** Today it's my turn to be on duty.

职(職)

zhí [名] **1** (职位) post **2** (职责) duty

职(職)称(稱) **zhíchēng** [名] professional title

职(職)工 **zhígōng** [名] **1** (员工) staff **2** (工人) blue-collar worker

职(職)能 **zhínéng** [名] function

职(職)权(權) **zhíquán** [名] authority

职(職)位 **zhíwèi** [名] post

职(職)务(務) **zhíwù** [名] post

职(職)业(業) **zhíyè** [名] occupation ▷职业律师 **zhíyè lùshī** professional lawyer

职(職)员(員) **zhíyuán** [名] member of staff

职(職)责(責) **zhízé** [名] responsibility

植

zhí [动] **1** (栽种) plant **2** (树立) establish

植被 **zhíbèi** [名] vegetation

植物 **zhíwù** [名] plant ▷草本植物 **cǎoběn zhíwù** herbs

殖

zhí [动] breed (*pt, pp* bred) ▶生殖 **shēngzhí** reproduce

殖民 **zhímín** [动] colonize ▷殖民政策 **zhímín zhèngcè** colonial policy

殖民地 **zhímíndì** [名] colony

止

zhǐ **I** [动] **1** (停止) stop ▷止住伤口流血 **zhǐzhù shāngkǒu liú xiě** staunch a wound ▷终止合同 **zhōngzhǐ hétong** suspend a contract **2** (截止) end **II** [副] only ▷他不止一次欺骗我。**Tā bùzhǐ yī cì qīpiàn wǒ.** He's deceived me on more than one occasion.

止境 **zhǐjìng** [名] limit

只

zhǐ [副] only ▷我只在周末有时间。**Wǒ zhǐ zài zhōumò yǒu shíjiān.** I only have time at the weekend.

→另见 zhī

只顾(顧) **zhǐgù** [动] **1** (专心) be absorbed in ▷他只顾看电视，连饭都没吃。**Tā zhǐ gù kàn diànshì, lián fàn dōu méi chī.** He's so absorbed in watching television he's not even eating. **2** (只顾及) only care for ▷你只顾自己的眼前利益是不对的。**Nǐ zhǐ gù zìjǐ de yǎnqián lìyì shì bù duì de.** It's bad that you only care for your own immediate interests.

只管 **zhǐguǎn** [副] by all means ▷有什么问题大家只管问。**Yǒu shénme wèntí dàjiā zhǐguǎn wèn.** If anyone has a question by all means ask.

只好 **zhǐhǎo** [副] have to

只是 **zhǐshì** **I** [副] merely ▷他只是在找托词。**Tā zhǐshì zài zhǎo tuōcí.** He's merely looking for a pretext. ▷问题肯定会解决，只是时间而已。**Wèntí kěndìng huì jiějué, zhǐshì shíjiān éryǐ.** The problem will certainly be resolved, it's merely a question of time. **II** [连] but ▷大家纷纷出钱，只是数额有多有少。**Dàjiā fēnfēn chū qián, zhǐshì shù'é yǒu duō yǒu shǎo.** One after another everyone offered money, but the amounts were varied.

只要 **zhǐyào** [连] so long as ▷只要我们有信心，就会战胜困难。**Zhǐyào wǒmen yǒu xìnxīn, jiù huì zhànshèng kùnnán.** As long as we have confidence, we can overcome difficulties.

只有 **zhǐyǒu** [副] only ▷只有发展经济才能振兴国家。**Zhǐyǒu fāzhǎn jīngjì cái néng zhènxīng guójiā.** The country can only be revitalized if the economy is developed.

旨

zhǐ **I** [名] **1** (用意) purpose ▶要旨 **yàozhǐ** main point **2** (意旨) decree ▶圣旨 **shèngzhǐ** imperial decree **II** [形] tasty

旨趣 **zhǐqù** [名] intent

纸(紙)

zhǐ [名] paper

纸(紙)币(幣) **zhǐbì** [名] note (英), bill (美)

纸(紙)巾 **zhǐjīn** [名] paper towel

纸(紙)上谈(談)兵 **zhǐ shàng tán bīng** all talk and no action
纸(紙)张(張) **zhǐzhāng** [名] paper
纸(紙)醉金迷 **zhǐ zuì jīn mí** live a life of debauchery

指 **zhǐ I** [名] finger ▶ 中指 **zhōngzhǐ** middle finger ▶ 无名指 **wúmíngzhǐ** ring finger **II** [动] **1** (对着) point to **2** (点明) point ... out **3** (针对) refer to ▷ 我没指他。**Wǒ méi zhǐ tā.** I wasn't referring to him. **4** (依靠) rely on
指标(標) **zhǐbiāo** [名] target
指出 **zhǐchū** [动] point ... out
指导(導) **zhǐdǎo** [动] instruct ▷ 英语老师在指导学生写作。**Yīngyǔ lǎoshī zài zhǐdǎo xuésheng xiězuò.** The English teacher is instructing the students in essay writing.
指点(點) **zhǐdiǎn** [动] show ... how (*pt* showed, *pp* shown)
指定 **zhǐdìng** [动] appoint ▷ 老板指定王小姐当秘书。**Lǎobǎn zhǐdìng Wáng xiǎojiě dāng mìshū.** The boss appointed Miss Wang as his secretary. ▷ 指定赞助商 **zhǐdìng zànzhùshāng** official sponsor
指挥(揮) **zhǐhuī I** [动] command **II** [名] **1** (指挥官) commander **2** (乐队指挥) conductor
指教 **zhǐjiào** [动] give advice (*pt* gave, *pp* given)
指控 **zhǐkòng** [动] charge ▷ 他被指控犯杀人罪。**Tā bèi zhǐkòng fàn shārén zuì.** He was charged with murder.
指令 **zhǐlìng I** [动] instruct **II** [名] instruction
指鹿为(為)马(馬) **zhǐ lù wéi mǎ** distort the facts
指名 **zhǐmíng** [动] name
指南 **zhǐnán** [名] guide
指南针(針) **zhǐnánzhēn** [名] compass
指派 **zhǐpài** [动] assign ▷ 上司指派我做这项工作。**Shàngsi zhǐpài wǒ zuò zhè xiàng gōngzuò.** The boss assigned me to this work.
指日可待 **zhǐ rì kě dài** be just round the corner
指桑骂(罵)槐 **zhǐ sāng mà huái** attack by innuendo
指使 **zhǐshǐ** [动] incite ▷ 他经常指使年幼无知的孩子做坏事。**Tā jīngcháng zhǐshǐ niányòu wúzhī de háizi zuò huài shì.** He often incites the young to mischief.
指示 **zhǐshì** [动] instruct ▷ 我们接到了上级的指示。**Wǒmen jiēdàole shàngjí de zhǐshì.** We have received instructions from high up.
指手画(畫)脚(腳) **zhǐ shǒu huà jiǎo 1** (用手势示意) gesticulate **2** (轻率地批评) pick fault with
指数(數) **zhǐshù** [名] index
指望 **zhǐwang I** [动] count on ▷ 我们指望孩子将来有出息。**Wǒmen zhǐwang háizi jiānglái yǒu chūxi.** We count on our children being successful in the future. **II** [名] hope
指纹(紋) **zhǐwén** [名] fingerprint
指引 **zhǐyǐn** [动] point the way
指责(責) **zhǐzé** [动] criticize
指正 **zhǐzhèng** [动] **1** (纠正错误) correct mistakes **2** (客套) make comments

---

咫 **zhǐ** 见下文
咫尺 **zhǐchǐ** [名] (书) (喻) the immediate vicinity
咫尺天涯 **zhǐchǐ tiānyá** so near and yet so far

趾 **zhǐ** [名] **1** (脚指头) toe **2** (脚) foot (*pl* feet)
趾高气(氣)扬(揚) **zhǐ gāo qì yáng** high and mighty

至 **zhì I** [动] arrive ▷ 我于明日至沪。**Wǒ yú míngrì zhì Hù.** I'll arrive in Shanghai tomorrow. **II** [介] to ▷ 从古至今 **cóng gǔ zhì jīn** from ancient times to the present ▷ 从东至西 **cóng dōng zhì xī** from east to west **III** [副] **1** (至于) ▶ 至于 **zhìyú** as to ▷ 至于他什么时候回来，我不知道。**Zhìyú tā shénme shíhòu huílái, wǒ bù zhīdào.** As to what time he's due back, I'm just not sure. ▶ 甚至 **shènzhì** even **2** (最) extremely ▶ 至少 **zhìshǎo** at least ▷ 兴奋之至 **xīngfèn zhī zhì** extreme excitement
至高无(無)上 **zhì gāo wú shàng** paramount
至交 **zhìjiāo** [名] best friend
至今 **zhìjīn** [副] so far ▷ 他至今已在公司里呆了10年了。**Tā zhìjīn yǐ zài gōngsī lǐ dāile shí nián le.** So far he's been at the company for 10 years.
至理名言 **zhìlǐ-míngyán** [名] maxim
至亲(親) **zhìqīn** [名] close relative
至上 **zhìshàng** [形] highest
至少 **zhìshǎo** [副] at least
至于(於) **zhìyú** [介] as to ▷ 我已经尽了力，至于行不行，就全凭运气了。**Wǒ yǐjīng jìnle lì, zhìyú xíngbùxíng, jiù quán píng yùnqi le.** I've done what I can, so as to whether or not it will work, all I can rely on is luck.

志(誌) **zhì I** [名] **1** (志向) will **2** (记录) record **3** (记号) sign **II** [动] remember
志大才疏 **zhì dà cái shū** have ideas above one's station
志气(氣) **zhìqì** [名] will
志趣 **zhìqù** [名] aspiration
志士 **zhìshì** [名] strong-willed person
志同道合 **zhì tóng dào hé** share one's ambitions and outlook on life ▷ 我喜欢结交志同道合的朋友。**Wǒ xǐhuan jiéjiāo zhì tóng**

dào hé de péngyou. I'd like to make friends with someone who shares my ambitions and outlook on life.

志向 **zhìxiàng** [名] ambition

志愿(願) **zhìyuàn** **I** [名] aspiration **II** [动] volunteer

帜(幟) **zhì** [名] flag

制(製) **zhì** **I** [动] **1** (制造) make (*pt, pp* made) **2** (拟订) work ... out **3** (约束) restrict **II** [名] system

制裁 **zhìcái** [动] impose sanctions ▷ 法律制裁 **fǎlǜ zhìcái** legal sanctions (*pl*)

制订(訂) **zhìdìng** [动] work ... out

制定 **zhìdìng** [动] draw ... up (*pt* drew, *pp* drawn)

制度 **zhìdù** [名] system

制服 **zhìfú** **I** [名] uniform **II** [动] subdue

制(製)剂(劑) **zhìjì** [名] preparation

制(製)品 **zhìpǐn** [名] product

制胜(勝) **zhìshèng** [动] win (*pt, pp* won)

制约(約) **zhìyuē** [动] restrict

制(製)造 **zhìzào** [动] **1** (物品) manufacture **2** (气氛, 局势) create

制止 **zhìzhǐ** [动] prevent

制(製)作 **zhìzuò** [动] make (*pt, pp* made) ▷ 制作工艺品 **zhìzuò gōngyìpǐn** make handicrafts ▷ 制作网页 **zhìzuò wǎngyè** create a web page ▷ 制作商 **zhìzuòshāng** manufacturer

质(質) **zhì** **I** [名] **1** (性质) nature ▸ 本质 **běnzhì** nature **2** (质量) quality ▷ 高质产品 **gāo zhì chǎnpǐn** high-quality goods **3** (物质) matter ▸ 流质 **liúzhì** fluid **4** (抵押品) pledge ▸ 人质 **rénzhì** hostage **II** [形] simple ▸ 质朴 **zhìpǔ** plain **III** [动] question ▸ 质疑 **zhìyí** cast doubt on

质(質)变(變) **zhìbiàn** [名] fundamental change

质(質)地 **zhìdì** [名] texture

质(質)感 **zhìgǎn** [名] sense of reality

质(質)量 **zhìliàng** [名] **1** (物) mass **2** (优劣) quality

质(質)问(問) **zhìwèn** [动] inquire

质(質)疑 **zhìyí** [动] query

治 **zhì** [动] **1** (治理) control **2** (医治) cure **3** (消灭) exterminate **4** (惩办) punish **5** (研究) research

治安 **zhì'ān** [名] security ▸ 社会治安 **shèhuì zhì'ān** public order

治理 **zhìlǐ** [动] **1** (统治管理) administer **2** (处理) manage

治疗(療) **zhìliáo** [动] cure

治学(學) **zhìxué** [动] (书) study

桎 **zhì** [名] (书) shackles (*pl*)

桎梏 **zhìgù** [名] (书) shackles (*pl*)

挚(摯) **zhì** [形] (书) sincere

挚(摯)友 **zhìyǒu** [名] close friend

致 **zhì** **I** [动] **1** (给与) send (*pt, pp* sent) **2** (集中) concentrate **3** (招致) cause **4** (以致) result in **II** [名] appeal **III** [形] fine

致力 **zhìlì** [动] dedicate oneself to

致命 **zhìmìng** [动] cause death ▷ 这种药可能致命。**Zhè zhǒng yào kěnéng zhìmìng.** This medicine can cause death. ▷ 致命的打击 **zhìmìng de dǎjī** a fatal blow

致使 **zhìshǐ** [连] so that ▷ 航空人员违反规章制度, 致使发生重大飞行事故。**Hángkōng rényuán wéifǎn guīzhāng zhìdù, zhìshǐ fāshēng zhòngdà fēixíng shìgù.** Flouting of the rules by airline staff led to a serious plane crash.

致意 **zhìyì** [动] greet

秩 **zhì** [名] order

秩序 **zhìxù** [名] sequence

掷(擲) **zhì** [动] throw (*pt* threw, *pp* thrown)

痔 **zhì** 见下文

痔疮(瘡) **zhìchuāng** [名] piles (*pl*)

窒 **zhì** [动] obstruct

窒息 **zhìxī** [动] suffocate

智 **zhì** **I** [形] wise **II** [名] wisdom

智慧 **zhìhuì** [名] intelligence

智力 **zhìlì** [名] intelligence

智囊 **zhìnáng** [名] brain ▷ 智囊团 **zhìnángtuán** think-tank

智能 **zhìnéng** **I** [名] intelligence and ability **II** [形] smart

智商 **zhìshāng** [名] IQ

智育 **zhìyù** [名] intellectual education

痣 **zhì** [名] mole

滞(滯) **zhì** [动] come to a stop

滞(滯)后(後) **zhìhòu** [形] lagging behind ▷ 这个城市的服务业发展滞后。**Zhège chéngshì de fúwùyè fāzhǎn zhìhòu.** This city's service industry is lagging behind.

滞(滯)留 **zhìliú** [动] stay behind

滞(滯)销(銷) **zhìxiāo** [动] not sell well

置 **zhì** [动] **1** (搁) put (*pt, pp* put) **2** (设立) set up (*pt, pp* set) **3** (购置) buy (*pt, pp* bought)

置换(換) **zhìhuàn** [动] exchange
置若罔闻(聞) **zhì ruò wǎng wén** shut one's eyes to ▷地方官员对中央政府下文置若罔闻。**Dìfāng guānyuán duì zhōngyāng zhèngfǔ xiàwén zhì ruò wáng wén.** Local officials shut their eyes to memos from the central government.
置身 **zhìshēn** [动] take up a position (*pt* took, *pp* taken)
置疑 **zhìyí** [动] doubt
置之度外 **zhì zhī dù wài** give no thought to ▷为了追求理想他将金钱置之度外。**Wèile zhuīqiú lǐxiǎng tā jiāng jīnqián zhì zhī dù wài.** In pursuit of his dreams, he gave money no thought.

雉 **zhì** [名] pheasant

稚 **zhì** [形] young
稚嫩 **zhìnèn** [形] **1** (娇嫩) tender **2** (幼稚) naive
稚气(氣) **zhìqì** [形] childish

中 **zhōng I** [名] **1** (中心) centre (英), center (美) ▸中央 **zhōngyāng** central **2** (中国) China ▸中餐 **zhōngcān** Chinese food **3** (范围内) ▷人海中 **rénhǎi zhōng** amid the crowd ▷在我的印象中，他很有才华。**Zài wǒ de yìnxiàng zhōng, tā hěn yǒu cáihuá.** To my mind, he's very talented. **4** (两端之间的) the middle ▸中层 **zhōngcéng** mid-level **5** (不偏不倚) impartial ▸适中 **shìzhōng** moderate **6** (在过程里的) course ▷在改革中 **zài gǎigé zhōng** in the course of reform ▷会议在进行中。**Huìyì zài jìnxíng zhōng.** The meeting is in progress. **II** [动] be suitable for ▷这套家具中看不中用。**Zhè tào jiājù zhōngkàn bù zhōngyòng.** This furniture looks great, but it's no use. **III** [形] (方) OK ▷这件事情中不中？ **Zhè jiàn shìqing zhōng bù zhōng?** Is this OK?
→另见 zhòng
中饱(飽) **zhōngbǎo** [动] misappropriate
中断(斷) **zhōngduàn** [动] break ... off (*pt* broke, *pp* broken)
中国(國) **Zhōngguó** [名] China
中国(國)人 **Zhōngguórén** [名] Chinese person
中华(華)人民共和国(國) **Zhōnghuá Rénmín Gònghéguó** [名] People's Republic of China

> The People's Republic of China was declared in Tian'anmen Square on October 1st 1949 by Chairman Mao Zedong.

中华(華) **Zhōnghuá** [名] China ▷中华民族 **Zhōnghuá Mínzú** the Chinese nation
中坚(堅) **zhōngjiān** [形] core
中间(間) **zhōngjiān** [名] **1** (中心) middle **2** (之间) ▷我站在他俩中间。**Wǒ zhàn zài tā liǎ zhōngjiān.** I was standing in between the both of them. ▷他是我们中间最刻苦的一个。**Tā shì wǒmen zhōngjiān zuì kèkǔ de yī gè.** He is the most hard-working of all of us.
中介 **zhōngjiè** [名] agency ▷房产中介 **fángchǎn zhōngjiè** estate agent
中立 **zhōnglì** [动] be neutral ▸中立国 **zhōnglì guó** neutral country ▷我方保持中立。**Wǒfāng bǎochí zhōnglì.** We will remain neutral.
中流 **zhōngliú I** [名] (指河流) the middle reaches **II** [形] mediocre
中流砥柱 **zhōngliú Dǐzhù** tower of strength
中年 **zhōngnián** [名] middle age
中秋节(節) **Zhōngqiū Jié** [名] Mid-Autumn Festival

> The Mid-Autumn Festival is celebrated on the 15th day of the 8th month of the Chinese lunar calendar. Traditionally families gather to observe the moon and eat 月饼 **yuèbing**, mooncakes. The roundness of both the full moon and the cakes symbolize the unity of the family.

中世纪(紀) **zhōngshìjì** [名] the Middle Ages (*pl*)
中枢(樞) **zhōngshū** [名] centre (英), center (美)
中途 **zhōngtú** [名] ▷他中途辍学了。**Tā zhōngtú chuòxué le.** He abandoned his studies halfway through.
中文 **Zhōngwén** [名] Chinese ▷学中文 **xué Zhōngwén** study Chinese
中午 **zhōngwǔ** [名] noon
中心 **zhōngxīn** [名] centre (英), center (美) ▷广场中心有一座雕塑。**Guǎngchǎng zhōngxīn yǒu yī zuò diāosù.** There's a statue in the centre of the square. ▷国际会议中心 **guójì huìyì zhōngxīn** international conference centre ▷北京是中国的政治文化中心。**Běijīng shì Zhōngguó de zhèngzhì wénhuà zhōngxīn.** Beijing is the political and cultural heart of China.
中学(學) **zhōngxué** [名] high school (英), senior school (美)
中旬 **zhōngxún** [名] *the middle ten days of a month* ▷我们学校9月中旬开学。**Wǒmen xuéxiào jiǔ yuè zhōngxún kāixué.** Our school term starts in mid-September.
中央 **zhōngyāng** [名] **1** (中心地) centre (英), center (美) **2** (最高机构) central government
中药(藥) **zhōngyào** [名] Chinese medicine
中医(醫) **zhōngyī** [名] **1** (医学) traditional Chinese medicine **2** (医生) doctor of traditional Chinese medicine
中庸 **zhōngyōng** [形] mediocre
中用 **zhōngyòng** [形] useful
中游 **zhōngyóu** [名] **1** (河流) the middle reaches

(*of a river*) **2** (水平) mediocrity

中原 **Zhōngyuán** [名] the central Chinese plains (*pl*)

中止 **zhōngzhǐ** [动] cease

中转(轉) **zhōngzhuǎn** [动] transfer

忠 **zhōng** [形] faithful

忠诚(誠) **zhōngchéng** [形] loyal

忠厚 **zhōnghòu** [形] loyal and sincere

忠实(實) **zhōngshí** [形] **1** (忠诚可靠) loyal **2** (真实) true ▷ 译文必须忠实于原文的主旨。Yìwén bìxū zhōngshí yú yuánwén de zhǔzhǐ. A translation should be faithful in spirit with the original.

忠贞(貞) **zhōngzhēn** [形] faithful

终(終) **zhōng** **I** [动] die **II** [副] in the end **III** [形] all ▶ 终身 zhōngshēn all one's life

终(終)点(點) **zhōngdiǎn** [名] **1** (尽头) terminus (*pl* termini) **2** (体育) finish

终(終)端 **zhōngduān** [名] terminal

终(終)归(歸) **zhōngguī** [副] in the end

终(終)结(結) **zhōngjié** [动] end

终(終)究 **zhōngjiū** [副] in the end ▷ 自然资源终究会枯竭。Zìrán zīyuán zhōngjiū huì kūjié. Natural resources will run out in the end.

终(終)了 **zhōngliǎo** [动] end

终(終)年 **zhōngnián** [名] **1** (全年) the whole year **2** (去世年龄) ▷ 他于1970年去世, 终年85岁。Tā yú yī jiǔ qī líng nián qùshì, zhōngnián bāshíwǔ suì. He died in 1970, at the age of 85.

终(終)日 **zhōngrì** [名] the whole day ▷ 他当了总经理后终日不得闲。Tā dāngle zǒngjīnglǐ hòu zhōngrì bù dé xián. After taking up the post of general manager he was busy the whole day long.

终(終)身 **zhōngshēn** [名] one's whole life

终(終)审(審) **zhōngshěn** [名] final verdict

终(終)生 **zhōngshēng** [名] one's whole life

终(終)于(於) **zhōngyú** [副] finally ▷ 他终于答应了我的要求。Tā zhōngyú dāyìngle wǒ de yāoqiú. He finally agreed to my request. ▷ 暴雨终于停了。Bàoyǔ zhōngyú tíng le. The storm's over at last.

终(終)止 **zhōngzhǐ** [动] stop

钟(鐘) **zhōng** [名] **1** (响器) bell **2** (记时器) clock **3** (指时间) ▷ 5点钟 wǔ diǎn zhōng five o'clock

钟(鍾)爱(愛) **zhōng'ài** [动] adore

钟(鐘)表(錶) **zhōngbiǎo** [名] clocks and watches

钟(鍾)情 **zhōngqíng** [动] be in love ▷ 一见钟情 yī jiàn zhōng qíng fall in love at first sight

钟(鐘)头(頭) **zhōngtóu** [名] hour

衷 **zhōng** [名] heart

衷肠(腸) **zhōngcháng** [名] innermost feelings (*pl*)

衷情 **zhōngqíng** [名] emotion

衷心 **zhōngxīn** [形] heartfelt

肿(腫) **zhǒng** [动] swell (*pt* swelled, *pp* swollen)

肿(腫)瘤 **zhǒngliú** [名] tumour (英), tumor (美)

种(種) **zhǒng** **I** [名] **1** (物种) species (*sg*) (*pl* species) ▷ 灭种 miè zhǒng become extinct as a species **2** (人种) race **3** (种子) seed ▷ 播种 bō zhǒng sow seeds **4** (胆量) courage ▷ 有种 yǒuzhǒng be brave **II** [量] kind, type ▷ 各种商品 gè zhǒng shāngpǐn all kinds of commodities ▷ 3种选择 sān zhǒng xuǎnzé three choices
→ 另见 zhòng

种(種)类(類) **zhǒnglèi** [名] type

种(種)子 **zhǒngzi** [名] seed ▷ 小麦种子 xiǎomài zhǒngzi wheat seeds ▷ 种子选手 zhǒngzi xuǎnshǒu seeded player

种(種)族 **zhǒngzú** [名] race ▷ 种族歧视 zhǒngzú qíshì racial discrimination

中 **zhòng** [动] **1** (对准) hit (*pt, pp* hit) ▷ 子弹打中了靶子。Zǐdàn dǎzhòngle bǎzi. The bullet hit the target. ▷ 彩票中了头奖。Cǎipiào zhòngle tóujiǎng. The lottery ticket won first prize. ▷ 他猜中了谜语。Tā cāizhòngle míyǔ. He guessed the riddle correctly. **2** (受到) be hit by ▶ 中暑 zhòngshǔ heatstroke ▷ 胸口中了颗子弹。Xiōngkǒu zhòngle kē zǐdàn. He was hit in the chest by a bullet.
→ 另见 zhōng

中标(標) **zhòngbiāo** [动] make a successful bid for

中彩 **zhòngcǎi** [动] win the lottery (*pt, pp* won)

中肯 **zhòngkěn** [形] relevant

中伤(傷) **zhòngshāng** [动] slander

中意 **zhòngyì** [动] be ideal ▷ 这台洗衣机我中意。Zhè tái xǐyījī wǒ zhòngyì. This washing machine is ideal for me.

仲 **zhòng** [形] intermediary

仲裁 **zhòngcái** [动] arbitrate

众(眾) **zhòng** **I** [形] many ▶ 众人 zhòngrén everyone **II** [名] crowd ▶ 公众 gōngzhòng the public

众(眾)多 **zhòngduō** [形] numerous

众(眾)口难(難)调(調) **zhòng kǒu nán tiáo** tastes differ

众(眾)目睽睽 **zhòng mù kuíkuí** in full view of everybody ▷ 劫匪在众目睽睽下持刀杀人。**Jiéfěi zài zhòng mù kuíkuí xià chí dāo shārén.** The bandit stabbed a man to death in full view of everybody.

众(眾)叛亲(親)离(離) **zhòng pàn qīn lí** outcast

众(眾)人 **zhòngrén** [名] everybody

众(眾)矢之的 **zhòng shǐ zhī dì** target of public criticism

众(眾)志成城 **zhòng zhì chéng chéng** unity is strength

种(種) **zhòng** [动] sow (*pt* sowed, *pp* sown) ▸ 耕种 **gēngzhòng** cultivate ▸ 种田 **zhòngtián** farm ▸ 种痘 **zhòngdòu** vaccinate ▷ 种果树 **zhòng guǒshù** plant fruit trees
→ 另见 **zhǒng**

种(種)瓜得瓜, 种(種)豆得豆 **zhòng guā dé guā, zhòng dòu dé dòu** reap what one sows

种(種)植 **zhòngzhí** [动] plant

重 **zhòng I** [名] weight ▷ 这袋面粉有多重? **Zhè dài miànfěn yǒu duō zhòng?** How much does this bag of flour weigh? **II** [形] **1** (重量大) heavy ▷ 水比油重。**Shuǐ bǐ yóu zhòng.** Water is heavier than oil. **2** (程度深) strong ▷ 情深意重 **qíngshēn-yìzhòng** deep affection **3** (重要) important ▸ 重任 **zhòngrèn** important task **4** (不轻率) serious ▸ 稳重 **wěnzhòng** staid **III** [动] stress ▸ 注重 **zhùzhòng** pay attention to
→ 另见 **chóng**

重创(創) **zhòngchuàng** [动] be seriously injured

重大 **zhòngdà** [形] major ▷ 重大转变 **zhòngdà zhuǎnbiàn** a major change

重点(點) **zhòngdiǎn** [名] key point ▷ 重点政策 **zhòngdiǎn zhèngcè** key policy

重工业(業) **zhònggōngyè** [名] heavy industry

重力 **zhònglì** [名] gravity

重量 **zhòngliàng** [名] weight

重任 **zhòngrèn** [名] important task

重视(視) **zhòngshì** [动] attach importance to

重武器 **zhòngwǔqì** [名] heavy weapons

重心 **zhòngxīn** [名] **1** (物) centre (英) 或 center (美) of gravity **2** (主要部分) core

重要 **zhòngyào** [形] important ▷ 重要文献 **zhòngyào wénxiàn** important document ▷ 发表重要讲话 **fābiǎo zhòngyào jiǎnghuà** give an important speech

重音 **zhòngyīn** [名] **1** (重读的音) stress **2** (音) accent

重镇(鎮) **zhòngzhèn** [名] strategic town

舟 **zhōu** [名] (书) boat

州 **zhōu** [名] (自治州) autonomous prefecture (美国的行政区) state ▷ 加利福尼亚州 **Jiālìfúníyà Zhōu** the State of California

周 **zhōu I** [名] **1** (圈子) circle **2** (星期) week **II** [动] **1** (环绕) circle **2** (接济) give ... financial help (*pt* gave, *pp* given) **III** [形] **1** (普遍) widespread **2** (完备) thorough

周边(邊) **zhōubiān** [名] periphery

周长(長) **zhōucháng** [名] perimeter

周到 **zhōudào** [形] thorough

周(週)而复(復)始 **zhōu ér fù shǐ** come full circle

周济(濟) **zhōujì** [动] give ... financial help (*pt* gave, *pp* given)

周密 **zhōumì** [形] meticulous

周(週)末 **zhōumò** [名] weekend

周(週)期 **zhōuqī** [名] period

周全 **zhōuquán I** [形] thorough **II** [动] bring about (*pt*, *pp* brought)

周(週)围(圍) **zhōuwéi** [名] the vicinity ▷ 房子周围种了很多树。**Fángzi zhōuwéi zhòngle hěn duō shù.** A number of trees were planted in the vicinity of the house. ▷ 周围的人都睁大眼睛看着他。**Zhōuwéi de rén dōu zhēng dà yǎnjing kànzhe tā.** The people around him stared at him in astonishment.

周旋 **zhōuxuán** [动] **1** (回旋) circle **2** (交际) socialize **3** (较量) compete with

周游(遊) **zhōuyóu** [动] travel ▷ 周游世界 **zhōuyóu shìjiè** travel all over the world

周折 **zhōuzhé** [名] twists and turns (*pl*) ▷ 他费尽周折终于找到了亲生父母。**Tā fèijìn zhōuzhé zhōngyú zhǎodàole qīnshēng fùmǔ.** After various twists and turns, he finally found his birth parents.

周转(轉) **zhōuzhuǎn** [动] **1** (经济) have a turnover of ▷ 公司有3千万英镑供周转。**Gōngsī yǒu sānqiān wàn yīngbàng gōng zhōuzhuǎn.** The company has a turnover of thirty million pounds. **2** (调度) have enough

洲 **zhōu** [名] **1** (大陆) continent **2** (沙洲) island

洲际(際) **zhōujì** [名] continent

粥 **zhōu** [名] porridge

粥少僧多 **zhōu shǎo sēng duō** not enough to go round ▷ 毕业生到处寻找工作机会, 但粥少僧多。**Bìyèshēng dàochù xúnzhǎo gōngzuò jīhuì, dàn zhōu shǎo sēng duō.** Recent graduates are looking everywhere for work, but there aren't enough jobs to go round.

轴(軸) **zhóu I** [名] **1** (零件) axle **2** (直线) axis

(*pl* axes) **3** (器物) spool **II** [量] scroll ▷ 一轴国画 **yī zhóu guóhuà** a Chinese watercolour painting

轴(軸)承 **zhóuchéng** [名] bearing

轴(軸)心 **zhóuxīn** [名] **1** (轮轴) axle **2** (联合阵线) axis (*pl* axes)

肘 **zhǒu** [名] elbow

帚 **zhǒu** [名] broom

咒 **zhòu** [动] curse

咒骂(罵) **zhòumà** [动] swear at (*pt* swore, *pp* sworn)

昼(晝) **zhòu** [名] daylight

昼(晝)夜 **zhòuyè** [名] day and night

皱(皺) **zhòu** [动] wrinkle ▷ 丝绸易皱。 **Sīchóu yì zhòu.** Silk fabrics crease easily.

皱(皺)纹(紋) **zhòuwén** [名] wrinkle

骤(驟) **zhòu I** [动] gallop **II** [副] suddenly

骤(驟)然 **zhòurán** [副] suddenly

朱 **zhū** [形] bright red

朱红(紅) **zhūhóng** [名] vermilion

侏 **zhū** 见下文

侏儒 **zhūrú** [名] dwarf (*pl* dwarves)

珠 **zhū** [名] **1** (珍珠) pearl **2** (球型物) bead ▸ 汗珠 **hànzhū** a bead of sweat ▸ 泪珠 **lèizhū** a teardrop

珠宝(寶) **zhūbǎo** [名] jewels (*pl*)

珠联(聯)璧合 **zhū lián bì hé** a good combination

株 **zhū I** [名] **1** (树根) stem **2** (植株) plant **II** [量] ▷ 一株幼苗 **yī zhū yòumiáo** a seedling ▷ 三株桃树 **sān zhū táoshù** three peach trees

株连(連) **zhūlián** [动] implicate ▷ 在封建社会里, 一人犯罪, 株连九族。 **Zài fēngjiàn shèhuì lǐ, yī rén fànzuì, zhūlián jiǔ zú.** In feudal times, when a man committed a crime, the whole clan was implicated.

诸(諸) **zhū** [代] all

诸(諸)多 **zhūduō** [形] large numbers of ▷ 新政府面临诸多挑战。 **Xīn zhèngfǔ miànlín zhūduō tiǎozhàn.** The new government is facing a number of challenges.

诸(諸)如此类(類) **zhū rú cǐ lèi** and so forth ▷ 我喜欢看动画, 漫画诸如此类的东西。 **Wǒ xǐhuan kàn dònghuà, mànhuà zhūrú cǐ lèi de dōngxi.** I like cartoons, caricatures, and so forth.

诸(諸)位 **zhūwèi** [代] you (*pl*)

猪(豬) **zhū** [名] pig

猪(豬)肉 **zhūròu** [名] pork

蛛 **zhū** [名] spider

蛛丝(絲)马(馬)迹(跡) **zhū sī mǎ jì** clues ▷ 大劫案的蛛丝马迹渐渐浮出水面。 **Dà jié'àn de zhū sī mǎ jì jiànjiàn fú chū shuǐmiàn.** Clues were gradually starting to surface in the big robbery case.

竹 **zhú** [名] bamboo

竹子 **zhúzi** [名] bamboo

逐 **zhú I** [动] **1** (追赶) chase **2** (驱逐) drive ... away (*pt* drove, *pp* driven) **II** [副] one after another ▸ 逐年 **zhúnián** year in year out ▷ 大家逐个发言。 **Dàjiā zhúgè fāyán.** The people gave one speech after another.

逐步 **zhúbù** [副] step by step

逐渐(漸) **zhújiàn** [副] gradually

逐一 **zhúyī** [副] one after another

烛(燭) **zhú I** [名] candle **II** [动] (书) illuminate

烛(燭)台(臺) **zhútái** [名] candlestick

主 **zhǔ I** [名] **1** (接待者) host ▸ 东道主 **dōngdàozhǔ** host **2** (所有者) owner ▸ 房主 **fángzhǔ** home-owner **3** (当事人) person concerned ▸ 事主 **shìzhǔ** crime victim **4** (主见) idea ▷ 他慌张得心里没了主。 **Tā huāngzhāng de xīn lǐ méile zhǔ.** He was in such a state that he had no idea what to do next. **5** (上帝) God **II** [形] main ▷ 主干道 **zhǔ gàndào** main road **III** [动] **1** (主持) take charge (*pt* took, *pp* taken) ▸ 主办 **zhǔbàn** take charge of **2** (主张) be in favour (英) 或 favor (美) of ▸ 主战 **zhǔzhàn** be in favour of war **3** (从自身出发) look at ... subjectively ▸ 主观 **zhǔguān** subjective

主持 **zhǔchí** [动] **1** (负责) take charge of (*pt* took, *pp* taken) **2** (主张) support

主导(導) **zhǔdǎo** [动] direct

主动(動) **zhǔdòng** [形] voluntary

主犯 **zhǔfàn** [名] main culprit

主妇(婦) **zhǔfù** [名] housewife (*pl* housewives)

主观(觀) **zhǔguān** [形] subjective

主见(見) **zhǔjiàn** [名] opinion

主教 **zhǔjiào** [名] bishop

主角 **zhǔjué** [名] lead role ▷ 谁在剧中担任主角? **Shuí zài jù zhōng dānrèn zhǔjué?** Who's got the lead in the play?

主力 **zhǔlì** [名] leading player

主流 **zhǔliú** [名] **1** (指河流) main current **2** (指事物) general trend

主谋(謀) **zhǔmóu** **I** [动] conspire **II** [名] ringleader

主权(權) **zhǔquán** [名] sovereignty

主人 **zhǔrén** [名] **1** (接待者) host **2** (雇佣者) master ▶ 女主人 **nǚzhǔrén** mistress **3** (所有者) owner

主任 **zhǔrèn** [名] director

主食 **zhǔshí** [名] staple food

主题(題) **zhǔtí** [名] subject

主体(體) **zhǔtǐ** [名] main part

主席 **zhǔxí** [名] chairman, chairwoman

主旋律 **zhǔxuánlǜ** [名] theme

主演 **zhǔyǎn** [动] play the lead

主要 **zhǔyào** [形] major ▷ 主要问题 **zhǔyào wèntí** major issue ▷ 主要原因 **zhǔyào yuányīn** major cause

主页(頁) **zhǔyè** [名] home page

主义(義) **zhǔyì** [名] doctrine ▶ 社会主义 **shèhuì zhǔyì** socialism ▶ 浪漫主义 **làngmàn zhǔyì** romanticism

主意 **zhǔyi** [名] **1** (办法) idea ▷ 他给我们出了个好主意。**Tā gěi wǒmen chūle gè hǎo zhǔyi.** He gave us a good idea. **2** (主见) opinion ▷ 你自己拿主意吧。**Nǐ zìjǐ ná zhǔyi ba.** You make up your own mind.

主语(語) **zhǔyǔ** [名] subject

主宰 **zhǔzǎi** [动] dominate

主张(張) **zhǔzhāng** **I** [动] advocate **II** [名] standpoint

主旨 **zhǔzhǐ** [名] main point

主子 **zhǔzi** [名] master

煮 **zhǔ** [动] boil

煮饭(飯) **zhǔ fàn** [动] cook

嘱(囑) **zhǔ** [动] admonish

嘱(囑)咐 **zhǔfù** [动] urge ▷ 他嘱咐儿子要好好学习。**Tā zhǔfù érzi yào hǎohǎo xuéxí.** He urged his son to study hard.

嘱(囑)托(託) **zhǔtuō** [动] entrust ... with ▷ 上司把这项重任嘱托给了我。**Shàngsi bǎ zhè xiàng zhòngrèn zhǔtuō gěile wǒ.** My boss entrusted me with this important task.

瞩(矚) **zhǔ** [动] look closely

瞩(矚)目 **zhǔmù** [动] watch with interest

伫(佇) **zhù** 见下文

伫(佇)立 **zhùlì** [动] (书) stand for a long time (*pt*, *pp* stood)

助 **zhù** [动] help

助词(詞) **zhùcí** [名] auxiliary word

助动(動)词(詞) **zhùdòngcí** [名] auxiliary verb

助人为(為)乐(樂) **zhù rén wéi lè** take pleasure in helping others

助手 **zhùshǒu** [名] assistant

助兴(興) **zhùxìng** [动] liven things up

住 **zhù** [动] **1** (居住) live ▷ 他和父母住在一起。**Tā hé fùmǔ zhù zài yīqǐ.** He lives with his parents. **2** (停住) stop ▷ 住口！**Zhù kǒu!** Shut up! **3** (用作动词补语) ▷ 卡车停住了。**Kǎchē tíngzhù le.** The truck stopped. ▷ 听到这消息，她一下愣住了。**Tīngdào zhè xiāoxi, tā yīxià lèngzhù le.** She was struck dumb by the news.

住户(戶) **zhùhù** [名] household

住宿 **zhùsù** [动] stay

住院 **zhùyuàn** [动] be hospitalized

住宅 **zhùzhái** [名] house

住址 **zhùzhǐ** [名] address

贮(貯) **zhù** [动] store

贮(貯)藏 **zhùcáng** [动] store

注 **zhù** **I** [动] **1** (灌入) pour ▶ 注射 **zhùshè** inject **2** (集中) concentrate **3** (解释) explain ▶ 批注 **pīzhù** comment on **II** [名] **1** (记载) record ▶ 注册 **zhùcè** enrol (英), enroll (美) **2** (赌注) bet

注册(冊) **zhùcè** [动] enrol (英), enroll (美) ▷ 新生明天开始注册。**Xīnshēng míngtiān kāishǐ zhùcè.** The new students will begin enrolling tomorrow. ▷ 注册表 **zhùcèbiǎo** register ▷ 注册会计师 **zhùcè kuàijìshī** chartered (英) 或 certified (美) accountant

注定 **zhùdìng** [动] be destined ▷ 他注定要失败。**Tā zhùdìng yào shībài.** He was destined to lose.

注解 **zhùjiě** [动] annotate

注目 **zhùmù** [动] focus

注射 **zhùshè** [动] inject

注视(視) **zhùshì** [动] stare ▷ 她注视着窗台上的一束鲜花。**Tā zhùshìzhe chuāngtái shàng de yī shù xiānhuā.** She's staring at the bunch of fresh flowers on the windowsill.

注释(釋) **zhùshì** [动] annotate

注(註)销(銷) **zhùxiāo** [动] cancel

注意 **zhùyì** [动] be careful ▷ 请注意交通安全。**Qǐng zhùyì jiāotōng ānquán.** Please be careful on the roads. ▷ 登山前特别要注意服装和鞋子。**Dēngshān qián tèbié yào zhùyì fúzhuāng hé xiézi.** Before you climb the mountain, be sure to have proper clothing and shoes.

注音 zhùyīn [动] give a phonetic notation (*pt* gave, *pp* given)
注重 zhùzhòng [动] stress

驻(駐) zhù [动] 1 (停留) stop 2 (设立) stay ▷中国驻伦敦大使馆 Zhōngguó zhù Lúndūn dàshǐguǎn the Chinese embassy in London
驻(駐)地 zhùdì [名] camp
驻(駐)守 zhùshǒu [动] garrison
驻(駐)扎(紮) zhùzhā [动] be stationed

祝 zhù [动] wish ▷祝你成功！ Zhù nǐ chénggōng! Wishing you every success! ▷祝你生日快乐！ Zhù nǐ shēngrì kuàilè! Happy birthday!
祝福 zhùfú [动] wish … luck ▷我们祝福你！ Wǒmen zhùfú nǐ! We wish you good luck! ▷祝福你万事如意！ Zhùfú nǐ wànshì rúyì! May all your wishes come true!
祝贺(賀) zhùhè [动] congratulate ▷祝贺你考上了名牌大学。Zhùhè nǐ kǎoshàngle míngpái dàxué. Congratulations on getting into such a prestigious university.
祝愿(願) zhùyuàn [动] wish ▷祝愿你早日康复。Zhùyuàn nǐ zǎorì kāngfù. I wish you a speedy recovery.

著 zhù **I** [形] marked **II** [动] 1 (显出) show (*pt* showed, *pp* shown) 2 (写作) write (*pt* wrote, *pp* written) **III** [名] work
著称(稱) zhùchēng [动] be famous ▷埃及以金字塔著称。Āijí yǐ jīnzìtǎ zhùchēng. Egypt is famous for its pyramids.
著名 zhùmíng [形] famous ▷长江三峡是中国著名的风景区。Chángjiāng Sānxiá shì Zhōngguó zhùmíng de fēngjǐngqū. The Three Gorges are one of China's famous beauty spots.
著述 zhùshù **I** [动] write (*pt* wrote, *pp* written) **II** [名] writings (*pl*)
著作 zhùzuò [名] writings (*pl*)

蛀 zhù **I** [动] bore **II** [名] moth
蛀虫(蟲) zhùchóng [名] moth

铸(鑄) zhù [动] smelt
铸(鑄)造 zhùzào [动] smelt

筑(築) zhù [动] build (*pt*, *pp* built)

抓 zhuā [动] 1 (拿住) grab 2 (划过) scratch 3 (捉拿) catch (*pt*, *pp* caught) 4 (着重) take control of (*pt* took, *pp* taken) 5 (吸引) attract 6 (把握住) seize
抓耳挠(撓)腮 zhuā ěr náo sāi scratch one's head
抓获(獲) zhuāhuò [动] capture
抓紧(緊) zhuājǐn [动] make the most of ▷我们时间不多了，你得抓紧。Wǒmen shíjiān bù duō le, nǐ děi zhuājǐn. We don't have much time, you'd better make the most of it.
抓阄(鬮)儿(兒) zhuājiūr [动] draw lots (*pt* drew, *pp* drawn)

爪 zhuǎ [名] claw
→另见 zhǎo

拽 zhuài [动] pull

专(專) zhuān [动] 1 (集中) concentrate 2 (独占) dominate ▶专卖 zhuānmài monopoly
专(專)长(長) zhuāncháng [名] speciality (英), specialty (美)
专(專)诚(誠) zhuānchéng [副] specially
专(專)程 zhuānchéng [副] specially ▷他专程来到桂林拍摄纪录片。Tā zhuānchéng láidào Guìlín pāishè jìlùpiàn. He made the journey to Guilin specially to shoot a documentary.
专(專)断(斷) zhuānduàn [形] arbitrary
专(專)攻 zhuāngōng [动] specialize in
专(專)横(橫) zhuānhèng [形] domineering
专(專)家 zhuānjiā [名] expert ▷专家门诊 zhuānjiā ménzhěn specialist clinic
专(專)利 zhuānlì [名] patent
专(專)门(門) zhuānmén **I** [形] specialized **II** [副] especially
专(專)权(權) zhuānquán [动] monopolize
专(專)任 zhuānrèn [动] work full-time ▷他专任舞蹈教师。Tā zhuānrèn wǔdǎo jiàoshī. He's a full-time dancing teacher.
专(專)题(題) zhuāntí [名] special subject ▷新闻专题 xīnwén zhuāntí special report
专(專)心 zhuānxīn [形] single-minded
专(專)业(業) zhuānyè [名] special field of study ▷英语专业 Yīngyǔ zhuānyè English major ▷专业人才 zhuānyè réncái professionals
专(專)一 zhuānyī [形] single-minded
专(專)职(職) zhuānzhí [名] full-time work
专(專)制 zhuānzhì [形] despotic
专(專)注 zhuānzhù [形] concentrated on

砖(磚) zhuān [名] brick
砖(磚)头(頭) zhuāntóu [名] fragment of a brick

转(轉) zhuǎn [动] 1 (改换) turn ▶转弯 zhuǎnwān turn a corner ▶转学 zhuǎnxué change schools 2 (传送) pass … on ▶转送 zhuǎnsòng deliver ▷请把文件转给他。Qǐng bǎ wénjiàn zhuǎn gěi tā. Please pass this

Z

document on to him.
→另见 zhuàn
转(轉)变(變) **zhuǎnbiàn** [动] transform
转(轉)播 **zhuǎnbō** [动] relay
转(轉)达(達) **zhuǎndá** [动] pass ... on ▷ 请转达我对他的问候。Qǐng zhuǎndá wǒ duì tā de wènhòu. Please give him my regards.
转(轉)告 **zhuǎngào** [动] pass on
转(轉)轨(軌) **zhuǎnguǐ** [动] be in transition
转(轉)化 **zhuǎnhuà** [动] change
转(轉)换(換) **zhuǎnhuàn** [动] convert
转(轉)机(機) **zhuǎnjī** **I** [名] a turn for the better ▷ 生意已有转机。Shēngyì yǐ yǒu zhuǎnjī. Business has taken a turn for the better. **II** [动] change planes
转(轉)嫁 **zhuǎnjià** [动] **1** (改嫁) remarry **2** (转移) transfer
转(轉)交 **zhuǎnjiāo** [动] pass ... on
转(轉)让(讓) **zhuǎnràng** [动] transfer
转(轉)手 **zhuǎnshǒu** [动] resell (*pt*, *pp* resold)
转(轉)瞬 **zhuǎnshùn** [副] in an instant
转(轉)型 **zhuǎnxíng** [动] transform
转(轉)眼 **zhuǎnyǎn** [副] in an instant
转(轉)业(業) **zhuǎnyè** [动] change jobs
转(轉)移 **zhuǎnyí** [动] change
转(轉)账(賬) **zhuǎnzhàng** [动] transfer accounts
转(轉)折 **zhuǎnzhé** [动] change dramatically ▶ 转折点 zhuǎnzhédiǎn turning point
转(轉)正 **zhuǎnzhèng** [动] become a permanent member (*pt* became, *pp* become)

传(傳)

zhuàn [名] **1** (传记) biography **2** (历史故事) tale
→另见 chuán
传(傳)记(記) **zhuànjì** [名] biography

转(轉)

zhuàn [动] turn ▷ 电风扇被摔坏，不转了。Diànfēngshàn bèi shuāihuài, bù zhuàn le. The fan's broken — it's not turning round. ▷ 月亮围着地球转。Yuèliang wéizhe dìqiú zhuàn. The Moon orbits the Earth.
→另见 zhuǎn
转(轉)动(動) **zhuàndòng** [动] revolve
转(轉)向 **zhuànxiàng** [动] lose one's way (*pt*, *pp* lost)
转(轉)悠 **zhuànyou** [动] (口) **1** (转动) roll **2** (漫步) stroll

赚(賺)

zhuàn [动] **1** (获得利润) make a profit **2** (挣钱) earn
赚(賺)头(頭) **zhuàntou** [名] (口) profit

撰

zhuàn [动] write (*pt* wrote, *pp* written)
撰述 **zhuànshù** [动] compose

妆(妝)

zhuāng **I** [动] put on make-up (*pt*, *pp* put) ▶ 梳妆 shūzhuāng do one's hair and put on make-up **II** [名] adornments (*pl*)

庄(莊)

zhuāng [名] **1** (指村庄) village ▶ 农庄 nóngzhuāng village **2** (指土地) manor ▶ 庄园 zhuāngyuán manor **3** (指商店) ▶ 茶庄 cházhuāng teahouse ▶ 饭庄 fànzhuāng restaurant
庄(莊)稼 **zhuāngjia** [名] crops (*pl*)
庄(莊)严(嚴) **zhuāngyán** [形] solemn
庄(莊)园(園) **zhuāngyuán** [名] manor
庄(莊)重 **zhuāngzhòng** [形] solemn ▷ 首相讲话时声音庄重。Shǒuxiàng jiǎnghuà shí shēngyīn zhuāngzhòng. When the prime minister spoke, his tone was solemn.

桩(樁)

zhuāng **I** [名] pile ▶ 打桩 dǎzhuāng drive in a pile **II** [量] ▷ 一桩事 yī zhuāng shì an issue

装(裝)

zhuāng **I** [动] **1** (修饰) dress up ▶ 装饰 zhuāngshì decorate **2** (假装) pretend ▷ 装疯卖傻 zhuāng fēng mài shǎ play the fool **3** (装载) load ▷ 装车 zhuāng chē load a truck with goods **4** (装配) install ▷ 我们家里装了空调。Wǒmen jiā lǐ zhuāngle kōngtiáo. We've had air-conditioning installed. **II** [名] (服装) clothing ▶ 套装 tàozhuāng matching outfit
装(裝)扮 **zhuāngbàn** [动] **1** (打扮) dress up **2** (假装) disguise
装(裝)备(備) **zhuāngbèi** **I** [名] equipment **II** [动] equip
装(裝)点(點) **zhuāngdiǎn** [动] decorate
装(裝)订(訂) **zhuāngdìng** [动] bind (*pt*, *pp* bound)
装(裝)潢 **zhuānghuáng** [动] decorate
装(裝)甲 **zhuāngjiǎ** [形] armoured (英), armored (美)
装(裝)聋(聾)作哑(啞) **zhuāng lóng zuò yǎ** feign ignorance
装(裝)门(門)面 **zhuāng ménmian** [动] keep up appearances (*pt*, *pp* kept)
装(裝)束 **zhuāngshù** [名] outfit
装(裝)修 **zhuāngxiū** [动] fit ... out
装(裝)置 **zhuāngzhì** **I** [动] install **II** [名] equipment

壮(壯)

zhuàng **I** [形] **1** (强壮) strong ▶ 健壮 jiànzhuàng robust **2** (雄壮) grand ▶ 壮阔

zhuàngkuò grand **II** [动] bolster ▶ 壮胆 zhuàngdǎn embolden
壮(壯)大 **zhuàngdà I** [形] well-built **II** [动] expand
壮(壯)观(觀) **zhuàngguān** [形] magnificent
壮(壯)举(舉) **zhuàngjǔ** [名] brave feat
壮(壯)丽(麗) **zhuànglì** [形] majestic
壮(壯)烈 **zhuàngliè** [形] heroic
壮(壯)年 **zhuàngnián** [名] prime of life
壮(壯)士 **zhuàngshì** [名] hero (*pl* heroes)
壮(壯)实(實) **zhuàngshi** [形] sturdy
壮(壯)志 **zhuàngzhì** [名] high ideals (*pl*)

状(狀) **zhuàng** [名] **1** (形状) shape ▷ 奇形怪状 qí xíng guài zhuàng weirdly-shaped **2** (情况) state ▶ 症状 zhèngzhuàng symptom **3** (诉状) complaint ▶ 告状 gàozhuàng bring a case **4** (证书) certificate ▶ 奖状 jiǎngzhuàng certificate
状(狀)况(況) **zhuàngkuàng** [名] condition
状(狀)态(態) **zhuàngtài** [名] condition
状(狀)元 **zhuàngyuán** [名] the best ▷ 三百六十行, 行行出状元。Sānbǎi liùshí háng, hángháng chū zhuàngyuán. No matter what career you choose, you can be the best.

撞 **zhuàng** [动] **1** (碰撞) collide ▷ 小男孩被车撞了。Xiǎo nánhái bèi chē zhuàng le. The little boy was knocked down by a car. **2** (碰见) bump into ▷ 逛街时我撞上了老同学。Guàngjiē shí wǒ zhuàngshàngle lǎo tóngxué. While window shopping I bumped into an old classmate. **3** (试探) try ▷ 撞运气 zhuàng yùnqi try one's luck **4** (闯) dash
撞车(車) **zhuàngchē** [动] **1** (车辆相撞) collide **2** (发生分歧) clash
撞击(擊) **zhuàngjī** [动] collide
撞骗(騙) **zhuàngpiàn** [动] swindle

幢 **zhuàng** [量] ▷ 一幢别墅 yī zhuàng biéshù a villa ▷ 两幢楼房 liǎng zhuàng lóufáng two blocks of flats (英) 或 apartments (美)

追 **zhuī** [动] **1** (追赶) chase ▶ 追随 zhuīsuí follow **2** (追究) investigate ▶ 追查 zhuīchá investigate **3** (追求) seek (*pt, pp* sought) ▷ 追名逐利 zhuī míng zhú lì seek fame and fortune **4** (回溯) reminisce ▶ 追思 zhuīsī reminisce **5** (补办) ▶ 追加 zhuījiā supplement
追捕 **zhuībǔ** [动] pursue and capture
追悼 **zhuīdào** [动] mourn
追赶(趕) **zhuīgǎn** [动] chase
追悔 **zhuīhuǐ** [动] regret
追击(擊) **zhuījī** [动] pursue
追加 **zhuījiā** [动] supplement
追究 **zhuījiū** [动] investigate
追求 **zhuīqiú** [动] **1** (争取) seek (*pt, pp* sought) **2** (求爱) chase after
追溯 **zhuīsù** [动] trace
追随(隨) **zhuīsuí** [动] follow
追忆(憶) **zhuīyì** [动] recollect
追逐 **zhuīzhú** [动] **1** (追赶) chase **2** (追求) seek (*pt, pp* sought)
追踪(蹤) **zhuīzōng** [动] track

锥(錐) **zhuī** [名] **1** (锥子) awl **2** (锥状物) cone

坠(墜) **zhuì I** [动] **1** (书) (落) fall (*pt* fell, *pp* fallen) ▶ 坠落 zhuìluò drop **2** (垂) droop ▶ 下坠 xiàzhuì droop **II** [名] pendant ▶ 耳坠 ěrzhuì earring
坠(墜)落 **zhuìluò** [动] fall (*pt* fell, *pp* fallen)

惴 **zhuì** [形] (书) anxious
惴惴不安 **zhuìzhuì bù'ān** ill at ease ▷ 他暴虐的脾气让每个人都惴惴不安。Tā bàonüè de píqi ràng měigè rén dōu zhuìzhuì bù'ān. His brutal temper made everyone feel very ill at ease.

赘(贅) **zhuì** [形] superfluous
赘(贅)词(詞) **zhuìcí** [名] superfluous words (*pl*)

谆(諄) **zhūn** [形] earnest
谆(諄)谆(諄) **zhūnzhūn** [形] earnest

准 **zhǔn I** [动] **1** (准许) allow ▶ 批准 pīzhǔn ratify ▷ 不准随地吐痰。Bùzhǔn suídì tǔ tán. Spitting is prohibited. **2** (依据) be in accord with **II** [名] standard ▷ 以此为准 yǐ cǐ wéi zhǔn take this as the standard **III** [形] **1** (准确) accurate ▶ 准时 zhǔnshí punctual **2** (类似) quasi ▶ 准科学 zhǔnkēxué quasi-science
准(準)备(備) **zhǔnbèi** [动] **1** (筹划) prepare ▷ 心理准备 xīnlǐ zhǔnbèi psychological preparation **2** (打算) plan
准(準)确(確) **zhǔnquè** [形] accurate
准(準)绳(繩) **zhǔnshéng** [名] benchmark
准(準)时(時) **zhǔnshí** [形] punctual
准(準)头(頭) **zhǔntou** [名] (口) accuracy
准许(許) **zhǔnxǔ** [动] permit
准予 **zhǔnyǔ** [动] allow
准则(則) **zhǔnzé** [名] norms (*pl*)

拙 **zhuō** [形] **1** (笨) clumsy **2** (谦) (自己的) ▶ 拙著 zhuōzhù my writing

---

捉 **zhuō** [动] **1** (握住) clutch **2** (捕捉) catch (*pt, pp* caught)

捉襟见(見)肘 **zhuō jīn jiàn zhǒu** have more problems than one can cope with
捉摸 **zhuōmō** [动] predict
捉弄 **zhuōnòng** [动] play with

桌 **zhuō I** [名] table ▶ 书桌 **shūzhuō** desk **II** [量] table ▷ 一桌菜 **yī zhuō cài** a table covered in dishes
桌子 **zhuōzi** [名] table

灼 **zhuó I** [动] burn ▶ 烧灼 **shāozhuó** burn **II** [形] bright
灼见(見) **zhuójiàn** [名] penetrating insight
灼热(熱) **zhuórè** [形] scorching

茁 **zhuó** [形] thriving
茁壮(壯) **zhuózhuàng** [形] sturdy

卓 **zhuó** [形] **1** (高而直) upright **2** (高明) eminent
卓识(識) **zhuóshí** [名] good judgement
卓有成效 **zhuó yǒu chéngxiào** highly effective
卓著 **zhuózhù** [形] distinguished

浊(濁) **zhuó** [形] **1** (浑浊) muddy **2** (粗重) deep

酌 **zhuó** [动] **1** (斟酒) pour out wine **2** (饮酒) drink (*pt* drank, *pp* drunk) **3** (斟酌) consider
酌量 **zhuóliàng** [动] consider
酌情 **zhuóqíng** [动] use one's discretion

啄 **zhuó** [动] peck
啄木鸟(鳥) **zhuómùniǎo** [名] woodpecker

着(著) **zhuó I** [动] **1** (穿) wear (*pt* wore, *pp* worn) ▶ 着装 **zhuózhuāng** clothing **2** (接触) come into contact with (*pt* came, *pp* come) ▶ 着陆 **zhuólù** land **3** (使接触) apply ▶ 着手 **zhuóshǒu** set about ▶ 着眼 **zhuóyǎn** keep ... in mind **4** (派遣) send (*pt, pp* sent) ▷ 着人去调查 **zhuó rén qù diàochá** send someone to investigate **II** [名] whereabouts (*pl*) ▷ 衣食无着 **yīshí wú zhuó** without food or clothing
→ 另见 **zhāo, zháo**
着(著)力 **zhuólì** [动] put effort into (*pt, pp* put)
着(著)陆(陸) **zhuólù** [动] land
着(著)落 **zhuóluò I** [名] **1** (下落) whereabouts (*pl*) **2** (来源) source **II** [动] rest with ▷ 这些任务着落在我们身上。**Zhèxiē rènwù zhuóluò zài wǒmen shēnshang.** The responsibility rests with us.
着(著)实(實) **zhuóshí** [副] **1** (实在) really **2** (狠狠) severely
着(著)手 **zhuóshǒu** [动] set about (*pt, pp* set)
着(著)想 **zhuóxiǎng** [动] consider
着(著)眼 **zhuóyǎn** [动] keep ... in mind (*pt, pp* kept) ▷ 大处着眼 **dà chù zhuóyǎn** keep the big picture in mind
着(著)意 **zhuóyì** [动] take pains (*pt* took, *pp* taken)
着(著)重 **zhuózhòng** [动] stress

琢 **zhuó** [动] carve ▶ 雕琢 **diāozhuó** carve
→ 另见 **zuó**
琢磨 **zhuómó** [动] polish

镯(鐲) **zhuó** [名] bracelet

吱 **zī** [拟] squeak
吱声(聲) **zīshēng** [动] (方) say the word (*pt, pp* said)

孜 **zī** 见下文
孜孜不倦 **zīzī bù juàn** diligently

咨 **zī** [动] consult ▶ 咨询 **zīxún** seek advice from
咨询(詢) **zīxún** [动] seek advice from (*pt, pp* sought)

姿 **zī** [名] **1** (容貌) looks (*pl*) **2** (姿势) posture ▶ 舞姿 **wǔzī** dancer's movement
姿势(勢) **zīshì** [名] posture
姿态(態) **zītài** [名] **1** (姿势) posture **2** (态度) attitude

资(資) **zī I** [名] **1** (钱财) money ▶ 外资 **wàizī** foreign capital ▶ 邮资 **yóuzī** postage **2** (资质) ability ▶ 天资 **tiānzī** natural ability **3** (资格) qualifications (*pl*) ▶ 资历 **zīlì** record of service **II** [动] **1** (资助) aid ... financially ▶ 资敌 **zīdí** aid the enemy **2** (提供) provide
资(資)本 **zīběn** [名] **1** (本钱) capital **2** (优势) ▷ 他把贵族的出身作为取得事业成功的资本。**Tā bǎ guìzú de chūshēn zuòwéi qǔdé shìyè chénggōng de zīběn.** He capitalized on his aristocratic origins to advance his career.
资(資)本主义(義) **zīběn zhǔyì** [名] capitalism
资(資)产(產) **zīchǎn** [名] property
资(資)产(產)阶(階)级(級) **zīchǎn jiējí** [名] bourgeoisie
资(資)格 **zīgé** [名] **1** (条件) qualifications (*pl*) **2** (身份) seniority
资(資)金 **zījīn** [名] funds (*pl*) ▷ 募集资金 **mùjí zījīn** raise funds
资(資)历(歷) **zīlì** [名] record of service
资(資)料 **zīliào** [名] **1** (必需品) means (*pl*) ▷ 生产资料 **shēngchǎn zīliào** means of production **2** (材料) material

资(資)讯(訊) zīxùn [名] data (*pl*) ▷ 商业资讯 shāngyè zīxùn trade data
资(資)源 zīyuán [名] resources (*pl*) ▷ 自然资源 zìrán zīyuán natural resources ▷ 资源丰富 zīyuán fēngfù rich in natural resources
资(資)助 zīzhù [动] aid ... financially

孳 zī [动] multiply
孳生 zīshēng [动] multiply

滋 zī [动] **1** (滋生) grow (*pt* grew, *pp* grown) ▶ 滋长 zīzhǎng grow **2** (增添) increase ▶ 滋养 zīyǎng nourish
滋补(補) zībǔ [动] nourish
滋润(潤) zīrùn **I** [形] **1** (水份多) moist **2** (方) (舒服) comfortable ▷ 日子过得挺滋润。Rìzi guò de tǐng zīrùn. The days pass very comfortably. **II** [动] moisten
滋生 zīshēng [动] **1** (繁殖) multiply **2** (引起) cause
滋事 zīshì [动] cause trouble
滋味 zīwèi [名] **1** (味道) flavour (英), flavor (美) **2** (感受) feeling ▷ 听了他的冷言冷语，我心里不是滋味。Tīngle tā de lěngyán lěngyǔ, wǒ xīn lǐ bù shì zīwèi. After hearing his cold words, I felt very upset.
滋长(長) zīzhǎng [动] grow (*pt* grew, *pp* grown)

龇(齜) zī [动] ▷ 龇着牙 zīzhe yá bare one's teeth
龇(齜)牙咧嘴 zī yá liě zuǐ look fierce

子 zǐ **I** [名] **1** (儿子) son ▶ 母子 mǔzǐ mother and son **2** (人) person ▶ 男子 nánzǐ man **3** (种子) seed ▶ 瓜子 guāzǐ melon seed **4** (卵) egg ▶ 鱼子 yúzǐ fish roe **5** (粒状物) ▶ 棋子 qízǐ chess piece **6** (铜子) coin ▷ 我身上一个子儿都没有。Wǒ shēnshang yī gè zǐr dōu méiyǒu. I haven't got a penny on me. **II** [形] **1** (幼小) young ▶ 子鸡 zǐjī chick **2** (附属) affiliated
子弟 zǐdì [名] children
子女 zǐnǚ [名] children
子孙(孫) zǐsūn [名] descendants (*pl*)
子午线(線) zǐwǔxiàn [名] meridian
子夜 zǐyè [名] midnight

仔 zǐ [形] young
仔细(細) zǐxì [形] **1** (细心) thorough **2** (小心) careful

姊 zǐ [名] sister
姊妹 zǐmèi [名] sisters (*pl*)

籽 zǐ [名] seed ▶ 菜籽 càizǐ vegetable seed

紫 zǐ [形] purple
紫外线(線) zǐwàixiàn [名] ultraviolet ray

自 zì **I** [代] oneself ▷ 自讨苦吃 zì tǎo kǔ chī bring trouble on oneself **II** [副] certainly ▷ 他这样做自有一番用意。Tā zhèyàng zuò zì yǒu yī fān yòngyì. In doing this he certainly has some motive. **III** [介] from ▷ 他自小就聪明能干。Tā zìxiǎo jiù cōngmíng nénggàn. From an early age he has been clever and capable.
自爱(愛) zì'ài [名] self-respect
自拔 zìbá [动] free oneself
自白 zìbái [动] vindicate oneself
自不量力 zì bù liàng lì overestimate one's abilities
自成一家 zì chéng yī jiā have one's own style
自持 zìchí [动] control oneself
自从(從) zìcóng [介] since
自大 zìdà [形] arrogant
自得 zìdé [形] self-satisfied
自动(動) zìdòng [形] **1** (主动的) voluntary ▷ 自动让出座位 zìdòng ràngchū zuòwèi voluntarily give up one's seat **2** (机械的) automatic ▷ 按下电钮，门会自动打开。Ànxià diànniǔ, mén huì zìdòng dǎkāi. When you press the button, the door will open automatically.
自动(動)化 zìdònghuà [动] automate
自动(動)取款机(機) zìdòng qǔkuǎnjī [名] cashpoint (英), ATM (美)
自发(發) zìfā [形] spontaneous
自费(費) zìfèi [形] self-funded
自负(負) zìfù **I** [形] conceited **II** [动] take responsibility (*pt* took, *pp* taken)
自高自大 zì gāo zì dà self-important
自告奋(奮)勇 zì gào fènyǒng volunteer ▷ 他自告奋勇地要为她出庭辩护。Tā zì gào fènyǒng de yào wèi tā chūtíng biànhù. He volunteered to appear in court in her defence.
自顾(顧)不暇 zì gù bù xiá be unable to take care of oneself
自豪 zìháo [形] proud ▷ 我们为你获得冠军感到自豪。Wǒmen wèi nǐ huòdé guànjūn gǎndào zìháo. We are very proud that you won the championship.
自己 zìjǐ **I** [代] oneself ▷ 你要相信自己的能力。Nǐ yào xiāngxìn zìjǐ de nénglì. You must have faith in your own ability. ▷ 炮弹自己不会爆炸。Pàodàn zìjǐ bù huì bàozhà. The shell won't detonate by itself. ▷ 我能够照顾好自己。Wǒ nénggòu zhàogù hǎo zìjǐ. I can take care of myself. **II** [形] our ▷ 自己人 zìjǐrén our people

自给(給) **zìjǐ** [动] be self-sufficient
自尽(盡) **zìjìn** [动] commit suicide
自觉(覺) **zìjué** **I** [动] be aware of **II** [形] conscientious
自绝(絕) **zìjué** [动] isolate oneself
自来(來)水 **zìláishuǐ** [名] tap water
自理 **zìlǐ** [动] take care of oneself (*pt* took, *pp* taken)
自力更生 **zì lì gēng shēng** self-reliant
自立 **zìlì** [动] support oneself ▷ 自立门户 **zìlì ménhù** become independent
自流 **zìliú** [动] **1** (指水) flow freely **2** (指事) develop freely **3** (指人) do as one pleases
自律 **zìlù** [动] be self-disciplined
自满(滿) **zìmǎn** [形] self-satisfied
自鸣(鳴)得意 **zì míng déyì** be very pleased with oneself
自命 **zìmìng** [动] consider oneself ▷ 自命不凡 **zìmìng bùfán** consider oneself exceptional
自欺欺人 **zì qī qī rén** deceive oneself and others
自然 **zìrán** **I** [名] nature **II** [形] natural ▷ 自然免疫 **zìrán miǎnyì** natural immunity ▷ 表情自然 **biǎoqíng zìrán** natural expression **III** [副] naturally ▷ 你对他那么冷淡，他自然不会再来了。**Nǐ duì tā nàme lěngdàn, tā zìrán bù huì zài lái le.** Since you were so cold to him, he naturally won't want to come again.
自杀(殺) **zìshā** [动] commit suicide
自食其果 **zì shí qí guǒ** reap what one has sown
自首 **zìshǒu** [动] give oneself up (*pt* gave, *pp* given)
自私 **zìsī** [形] selfish
自卫(衛) **zìwèi** [动] defend oneself
自我 **zìwǒ** [代] self ▷ 自我介绍 **zìwǒ jièshào** introduce oneself
自相矛盾 **zìxiāng máodùn** contradictory
自信 **zìxìn** [形] self-confident
自行车(車) **zìxíngchē** [名] bicycle
自修 **zìxiū** [动] **1** (自习) study by oneself **2** (自学) teach oneself (*pt*, *pp* taught) ▷ 他自修了企业管理课程。**Tā zìxiūle qǐyè guǎnlǐ kèchéng.** He taught himself business management.
自选(選) **zìxuǎn** [形] optional ▷ 自选商场 **zìxuǎn shāngchǎng** supermarket
自学(學) **zìxué** [动] teach oneself
自以为(為)是 **zì yǐ wéi shì** believe oneself to be infallible
自缢(縊) **zìyì** [动] hang oneself (*pt*, *pp* hanged)
自由 **zìyóu** **I** [名] freedom **II** [形] free
自由职(職)业(業)者 **zìyóu zhíyèzhě** [名] freelancer
自圆(圓)其说(說) **zì yuán qí shuō** justify oneself
自怨自艾 **zì yuàn zì yì** repent
自愿(願) **zìyuàn** [动] volunteer
自在 **zìzai** [形] **1** (自由) free **2** (舒适) comfortable
自知之明 **zì zhī zhī míng** self-knowledge
自治 **zìzhì** [动] be autonomous
自重 **zìzhòng** **I** [形] self-possessed ▷ 请你自重。**Qǐng nǐ zìzhòng.** Please behave yourself. **II** [名] weight
自主 **zìzhǔ** [动] make decisions by oneself
自助餐 **zìzhùcān** [名] self-service buffet
自传(傳) **zìzhuàn** [名] autobiography
自转(轉) **zìzhuàn** [动] rotate
自尊 **zìzūn** [名] self-respect
自作自受 **zì zuò zì shòu** suffer as a result of one's own actions

---

字 **zì** [名] **1** (文字) character **2** (字音) pronunciation ▷ 字正腔圆 **zì zhèng qiāng yuán** have perfect enunciation **3** (书法作品) calligraphy ▶ 字画 **zìhuà** painting and calligraphy **4** (字体) script ▷ 黑体字 **hēitǐ zì** bold face **5** (字据) written pledge
字典 **zìdiǎn** [名] dictionary
字节(節) **zìjié** [名] byte
字据(據) **zìjù** [名] ▷ 别人向我借钱时一般都会请求立字据。**Biérén xiàng wǒ jiè qián shí yībān dōu huì qǐngqiú lì zìjù.** When someone borrows money from me, I usually ask for an IOU. ▷ 我们有字据为证。**Wǒmen yǒu zìjù wéi zhèng.** We have it in writing.
字里(裡)行间(間) **zì lǐ háng jiān** between the lines
字母 **zìmǔ** [名] letter
字眼 **zìyǎn** [名] wording

恣 **zì** [动] act freely
恣意 **zìyì** [副] wantonly

宗 **zōng** **I** [名] **1** (祖宗) ancestor **2** (家族) clan ▶ 同宗 **tóngzōng** of the same clan **3** (宗派) school ▶ 正宗 **zhèngzōng** orthodox school **4** (宗旨) purpose **II** [量] ▷ 一宗心事 **yī zōng xīnshì** a worrying matter
宗教 **zōngjiào** [名] religion
宗派 **zōngpài** [名] faction
宗师(師) **zōngshī** [名] master
宗旨 **zōngzhǐ** [名] purpose
宗族 **zōngzú** [名] clan

综(綜) **zōng** [动] summarize ▶ 综述 **zōngshù** sum ... up

综(綜)合 zōnghé **I** [动] synthesize **II** [形] comprehensive ▷ 综合大学 zōnghé dàxué university

棕 zōng [名] **1** (棕榈) palm **2** (棕毛) palm fibre (英) 或 fiber (美)

棕榈(櫚) zōnglǘ [名] palm

踪(蹤) zōng [名] tracks (*pl*) ▸ 行踪 xíngzōng tracks (*pl*)

踪(蹤)迹(跡) zōngjì [名] trace

鬃 zōng [名] ▸ 马鬃 mǎzōng mane ▸ 猪鬃 zhūzōng bristles (*pl*)

总(總) zǒng **I** [动] gather ▸ 总括 zǒngkuò sum ... up **II** [形] **1** (全部的) total ▷ 总金额 zǒng jīn'é total amount of money **2** (为首的) chief ▸ 总部 zǒngbù headquarters (*pl*) **III** [副] **1** (一直) always ▷ 他总迟到。Tā zǒng chídào. He's always late. **2** (毕竟) after all ▷ 发生这么大的事, 我总得告诉他。Fāshēng zhème dà de shì, wǒ zǒngděi gàosù tā. After all, I couldn't not tell him about an event of this importance.

总(總)裁 zǒngcái [名] director

总(總)得 zǒngděi [副] ▷ 我们也总得有个地方坐坐呀。Wǒmen yě zǒngděi yǒu gè dìfang zuòzuo ya. There must be somewhere for us to sit.

总(總)督 zǒngdū [名] governor

总(總)而言之 zǒng ér yán zhī in brief

总(總)纲(綱) zǒnggāng [名] general principles (*pl*)

总(總)共 zǒnggòng [副] altogether

总(總)归(歸) zǒngguī [副] after all

总(總)和 zǒnghé [名] total

总(總)计(計) zǒngjì [动] total

总(總)结(結) zǒngjié **I** [动] summarize **II** [名] summary

总(總)括 zǒngkuò [动] sum ... up

总(總)理 zǒnglǐ [名] premier

总(總)是 zǒngshì [副] always

总(總)数(數) zǒngshù [名] total

总(總)算 zǒngsuàn [副] **1** (最终) finally ▷ 多年的心血总算没有白费。Duō nián de xīnxuè zǒngsuàn méiyǒu báifèi. All those years of struggle have finally paid off. **2** (大体上) all things considered ▷ 他能这样待你总算可以了。Tā néng zhèyàng dài nǐ zǒngsuàn kěyǐ le. All things considered, the way he treats you isn't bad.

总(總)体(體) zǒngtǐ [名] ▷ 总体评估 zǒngtǐ pínggū overall evaluation ▷ 总体战略思路 zǒngtǐ zhànlüè sīlù overall strategy

总(總)统(統) zǒngtǒng [名] president

总(總)务(務) zǒngwù [名] **1** (指事务) general affairs (*pl*) **2** (指官员) general manager

总(總)之 zǒngzhī [连] ▷ 你需要找好的管理人才, 财务人才, 总之你一个人是不够的。Nǐ xūyào zhǎo hǎo de guǎnlǐ réncái, cáiwù réncái, zǒngzhī nǐ yī gè rén shì bùgòu de. You need to find a good manager and accountant — in short you can't do it all on your own.

纵(縱) zòng **I** [形] **1** (从南向北的) north-south ▷ 运河纵贯两省。Yùnhé zòngguàn liǎng shěng. The canal runs north-south through two provinces. **2** (从前到后的) ▸ 纵深 zòngshēn depth ▸ 纵向 zòngxiàng forward direction **II** [动] **1** (释放) release **2** (放任) indulge ▸ 纵酒 zòng jiǔ drink too much **3** (纵身) jump **III** [副] (书) ▷ 纵有千辛万苦, 我也毫不畏惧。Zòng yǒu qiān xīn wàn kǔ, wǒ yě háobù wèijù. Even if there are a lot of difficulties, I will not be at all afraid.

纵(縱)横(橫) zònghéng **I** [动] move freely **II** [形] **1** (竖的和横的) vertical and horizontal **2** (奔放自如的) easy ▷ 笔意纵横 bǐyì zònghéng write with ease

纵(縱)火 zònghuǒ [动] set fire to (*pt*, *pp* set) ▷ 有人故意纵火烧毁了房屋。Yǒu rén gùyì zònghuǒ shāohuǐle fángwū. Someone deliberately set fire to the house.

纵(縱)情 zòngqíng [副] to one's heart's content ▷ 纵情歌唱 zòngqíng gēchàng sing to one's heart's content

纵(縱)然 zòngrán [连] even though

纵(縱)容 zòngróng [动] connive

纵(縱)深 zòngshēn [名] depth

粽 zòng [名] 见下文

粽子 zòngzi [名] *glutinous rice dumplings*

> The traditional festival food for the Dragon Boat Festival is large pyramid-shaped glutinous rice dumplings wrapped in reed or bamboo leaves, often with sweet or meat fillings.

走 zǒu [动] **1** (行走) walk ▸ 走路 zǒulù walk ▷ 出去走走 chūqù zǒuzou go out for a walk **2** (跑动) run (*pt* ran, *pp* run) ▸ 奔走 bēnzǒu run around **3** (运行) move ▷ 钟不走了。Zhōng bù zǒu le. The clock's stopped. **4** (离开) leave (*pt*, *pp* left) ▷ 我先走。Wǒ xiān zǒu. I'll be off. **5** (来往) visit ▷ 走亲戚 zǒu qīnqi visit relatives **6** (通过) go through (*pt* went, *pp* gone) ▷ 走这条街比较近。Zǒu zhè tiáo jiē bǐjiào jìn. If we go through this street it's quicker. **7** (漏出) leak ▷ 走气了。Zǒu qì le. There's a gas leak. **8** (改变)

depart from ▷ 走样 zǒuyàng deviate from **9** (去世) die ▷ 他聪明能干，却早早地走了。Tā cōngmíng nénggàn, què zǎozǎo de zǒu le. He was clever and able, but died very young.

走道 **zǒudào** [名] path

走动(動) **zǒudòng** [动] **1** (行走) walk about **2** (来往) visit each other

走访(訪) **zǒufǎng** [动] interview

走过(過)场(場) **zǒu guòchǎng** go through the motions

走后(後)门(門) **zǒu hòumén** use one's connections

走火 **zǒuhuǒ** [动] **1** (枪支) go off accidentally (*pt* gone, *pp* went) **2** (失火) be on fire ▷ 房子走火了。Fángzi zǒuhuǒ le. The house is on fire.

走江湖 **zǒu jiānghú** lead a nomadic life

走廊 **zǒuláng** [名] corridor

走漏 **zǒulòu** [动] **1** (泄露) leak **2** (走私漏税) smuggle and evade taxes

走路 **zǒulù** [名] walk

走马(馬)看花 **zǒu mǎ kàn huā** have a superficial understanding

走南闯(闖)北 **zǒu nán chuǎng běi** travel extensively

走俏 **zǒuqiào** [动] sell well (*pt*, *pp* sold)

走人 **zǒurén** [动] leave (*pt*, *pp* left)

走神 **zǒushén** [动] lose concentration (*pt*, *pp* lost)

走兽(獸) **zǒushòu** [名] beasts (*pl*)

走私 **zǒusī** [动] smuggle

走投无(無)路 **zǒu tóu wú lù** have no way out

走向(嚮) **zǒuxiàng** **I** [名] alignment **II** [动] move towards

走穴 **zǒuxué** [动] moonlight

走样(樣) **zǒuyàng** [动] deviate from

走运(運) **zǒuyùn** [动] (口) be lucky

走嘴 **zǒuzuǐ** [动] let something slip (*pt*, *pp* let)

奏 **zòu** [动] **1** (演奏) play ▶ 奏乐 zòuyuè play music **2** (发生) produce ▶ 奏效 zòuxiào have effect

奏鸣(鳴)曲 **zòumíngqǔ** [名] sonata

奏效 **zòuxiào** [动] have effect ▷ 这感冒药吃下去立即奏效。Zhè gǎnmào yào chī xiàqù lìjí zòuxiào. As soon as you take this flu medicine it will have the desired effect.

揍 **zòu** [动] (口) beat (*pt* beat, *pp* beaten)

租 **zū** **I** [动] **1** (租用) (房屋) rent **2** (租用) (汽车, 自行车, 录像带) hire (英), rent (美) **3** (出租) rent out **II** [名] rent ▶ 房租 fángzū rent

> 请勿混淆 **rent, hire** 和 **let**。在英式英语中, **hire** 表示通过支付一笔费用从而能够暂时使用某物。在美式英语中，同样情况下 **rent** 更为常用。*He was unable to hire another car...He rented a car for the weekend.* 以连续付款的方式而长期使用某物，应使用 **rent**。*...the apartment he had rented...He rented a TV.* **rent** 还可以表示以收取租金的方式将房屋出租给他人。*We rented our house to an American professor.* 英式英语中，也可以使用单词 **let**。*They were letting a room to a school teacher.*

租借 **zūjiè** [动] rent

租赁(賃) **zūlìn** [动] rent

租用 **zūyòng** [动] rent

足 **zú** **I** [名] foot (*pl* feet) ▶ 足迹 zújì footprint **II** [形] ample ▶ 充足 chōngzú adequate **III** [副] **1** (达到某种程度) as much as ▷ 一顿酒席足足可以花上1000块钱。Yī dùn jiǔxí zúzú kěyǐ huāshàng yī qiān kuài qián. You can spend as much as a thousand yuan on a banquet. ▷ 他足足用了两年时间写这本书。Tā zúzú yòngle liǎng nián shíjiān xiě zhè běn shū. It took him a whole two years to write this book. **2** (足以) enough

足够(夠) **zúgòu** [动] be enough

足金 **zújīn** [名] solid gold

足球 **zúqiú** [名] football

足坛(壇) **zútán** [名] footballing world

足以 **zúyǐ** [动] be enough

足智多谋(謀) **zú zhì duō móu** wise and resourceful

族 **zú** [名] **1** (家族) clan ▶ 族人 zúrén clan member **2** (种族) nationality **3** (类别) group

---

诅(詛) **zǔ** 见下文

诅(詛)咒 **zǔzhòu** [动] curse

阻 **zǔ** [动] block ▶ 劝阻 quànzǔ dissuade from

阻碍(礙) **zǔ'ài** [动] obstruct

阻挡(擋) **zǔdǎng** [动] stop

阻击(擊) **zǔjī** [动] block

阻拦(攔) **zǔlán** [动] block

阻力 **zǔlì** [名] **1** (物) resistance **2** (障碍) obstruction

阻挠(撓) **zǔnáo** [动] obstruct

阻塞 **zǔsè** [动] block ▷ 交通阻塞 jiāotōng zǔsè traffic jam

阻止 **zǔzhǐ** [动] stop

组(組) **zǔ** **I** [动] form ▶ 组建 zǔjiàn set ... up **II** [名] group ▷ 兴趣小组 xìngqù xiǎozǔ

interest group **III** [量] ▷几组电池 jǐ zǔ diànchí some batteries
组(組)成 **zǔchéng** [动] form
组(組)阁(閣) **zǔgé** [动] form a cabinet
组(組)合 **zǔhé** **I** [动] constitute **II** [名] combination
组(組)建 **zǔjiàn** [动] set ... up (*pt*, *pp* set)
组(組)织(織) **zǔzhī** **I** [动] organize **II** [名] **1** (集体) organization **2** (指器官) tissue **3** (指纱线) weave
组(組)装(裝) **zǔzhuāng** [动] assemble

祖 **zǔ** [名] **1** (祖辈) grandparent ▶ 祖母 zǔmǔ grandmother **2** (祖宗) ancestor **3** (首创者) founder
祖传(傳) **zǔchuán** [动] hand ... down
祖父 **zǔfù** [名] grandfather
祖国(國) **zǔguó** [名] motherland
祖籍 **zǔjí** [名] ancestral home
祖母 **zǔmǔ** [名] grandmother
祖师(師) **zǔshī** [名] founder
祖先 **zǔxiān** [名] ancestors (*pl*)
祖宗 **zǔzong** [名] ancestors (*pl*)

钻(鑽) **zuān** [动] **1** (打洞) drill ▶ 钻探 zuāntàn drilling **2** (穿过) go through **3** (钻研) bury one's head in
→另见 zuàn
钻(鑽)空子 **zuān kòngzi** exploit loopholes
钻(鑽)探 **zuāntàn** [动] drill
钻(鑽)研 **zuānyán** [动] study ... intensively
钻(鑽)营(營) **zuānyíng** [动] further one's own interests

钻(鑽) **zuàn** [名] **1** (工具) drill ▶ 电钻 diànzuàn electric drill **2** (钻石) diamond ▶ 钻戒 zuànjiè diamond ring
→另见 zuān
钻(鑽)石 **zuànshí** [名] **1** (金刚石) diamond **2** (宝石) jewel

嘴 **zuǐ** [名] **1** (口) mouth **2** (嘴状物) ▷茶壶嘴 cháhú zuǐ spout of a teapot **3** (话) words (*pl*) ▶ 插嘴 chāzuǐ interrupt
嘴尖 **zuǐjiān** [形] sharp-tongued ▷他不但嘴尖,脸皮也厚。Tā bùdàn zuǐjiān, liǎnpí yě hòu. He's not just sharp-tongued but also very thick-skinned.
嘴紧(緊) **zuǐjǐn** [形] tight-lipped
嘴脸(臉) **zuǐliǎn** [名] features (*pl*)
嘴碎 **zuǐsuì** [形] talkative
嘴甜 **zuǐtián** [形] ingratiating
嘴硬 **zuǐyìng** [形] stubborn

最 **zuì** [副] most ▷最难忘的海外之旅 zuì nánwàng de hǎiwài zhī lǚ the most unforgettable trip abroad ▷这家饭店服务最好。Zhè jiā fàndiàn fúwù zuì hǎo. The service at this restaurant is the best. ▷3人中他薪水最高。Sān rén zhōng tā xīnshuǐ zuì gāo. He's got the highest salary of the three.
最初 **zuìchū** **I** [形] initial **II** [副] at first
最好 **zuìhǎo** **I** [形] best **II** [副] had better
最后(後) **zuìhòu** **I** [形] final **II** [副] at last
最惠国(國) **zuìhuìguó** [名] most-favoured (英) 或 most-favored (美) nation
最近 **zuìjìn** [形] recent ▷最近的一期杂志 zuìjìn de yī qī zázhì a recent edition of the magazine ▷他最近发表了几篇文章。Tā zuìjìn fābiǎole jǐ piān wénzhāng. He's recently published several essays.

罪 **zuì** **I** [名] **1** (恶行) crime ▶ 犯罪 fànzuì commit a crime **2** (过失) blame ▶ 归罪 guīzuì lay the blame on others **3** (苦难) hardship ▶ 遭罪 zāozuì encounter hardship **4** (刑罚) punishment ▶ 死罪 sǐzuì death sentence **II** [动] blame ▶ 怪罪 guàizuì blame
罪恶(惡) **zuì'è** [名] crime
罪犯 **zuìfàn** [名] criminal
罪过(過) **zuìguò** [名] fault
罪魁 **zuìkuí** [名] chief culprit
罪名 **zuìmíng** [名] charge
罪孽 **zuìniè** [名] sin
罪行 **zuìxíng** [名] crime
罪证(證) **zuìzhèng** [名] evidence of a crime
罪状(狀) **zuìzhuàng** [名] crime

醉 **zuì** **I** [形] **1** (饮酒过量的) drunk ▶ 醉鬼 zuìguǐ drunk **2** (用酒泡制的) steeped in wine **II** [动] drink too much (*pt* drank, *pp* drunk) ▶ 陶醉 táozuì revel in
醉生梦(夢)死 **zuì shēng mèng sǐ** drunken haze
醉翁之意不在酒 **zuì wēng zhī yì bù zài jiǔ** have an ulterior motive
醉心 **zuìxīn** [动] be engrossed in
醉醺醺 **zuìxūnxūn** [形] drunk

尊 **zūn** **I** [形] senior **II** [动] respect **III** [量] ▷一尊神像 yī zūn shénxiàng an image of a deity
尊称(稱) **zūnchēng** **I** [名] term of address **II** [动] address
尊崇 **zūnchóng** [动] revere
尊贵(貴) **zūnguì** [形] respected
尊敬 **zūnjìng** [动] respect
尊严(嚴) **zūnyán** **I** [形] dignified **II** [名] dignity

尊重 zūnzhòng **I** [动] respect **II** [形] serious ▷ 放尊重些！ Fàng zūnzhòng xiē! Behave yourself!

遵 zūn [动] follow

遵从(從) zūncóng [动] follow

遵守 zūnshǒu [动] observe ▷ 遵守纪律 zūnshǒu jìlǜ observe discipline ▷ 遵守命令 zūnshǒu mìnglìng comply with orders ▷ 遵守法律 zūnshǒu fǎlǜ abide by the law

遵循 zūnxún [动] follow

遵照 zūnzhào [动] obey

作 zuō [名] workshop
→ 另见 zuò

作坊 zuōfang [名] workshop

昨 zuó [名] **1** (昨天) yesterday ▷ 昨日 zuórì yesterday **2** (过去) the past ▷ 今是昨非 jīn shì zuó fēi repent of past actions

昨天 zuótiān [名] yesterday

琢 zuó 见下文
→ 另见 zhuó

琢磨 zuómo [动] ponder

左 zuǒ **I** [名] left **1** (相反的) conflicting ▷ 观点相左 guāndiǎn xiāngzuǒ conflicting opinions **2** (进步的) leftist ▷ 左派 zuǒpài left-wing

左边(邊) zuǒbian [名] the left side

左顾(顧)右盼 zuǒ gù yòu pàn look around

左撇子 zuǒpiězi [名] ▷ 她是左撇子。Tā shì zuǒpiězi. She is left-handed.

左右 zuǒyòu **I** [名] **1** (左和右) left and right ▷ 他左右各站一名保镖。Tā zuǒyòu gè zhàn yī míng bǎobiāo. Bodyguards stood to his left and right. **2** (跟随者) attendants (*pl*) **3** (上下) ▷ 他身高1点75米左右。Tā shēngāo yī diǎn qī wǔ mǐ zuǒyòu. He is about 1.75 metres (英) 或 meters (美) tall. **II** [动] control ▷ 左右政局 zuǒyòu zhèngjú control the political situation

左…右… zuǒ…yòu… again and again ▷ 我左一句右一句地劝他别辞职。Wǒ zuǒ yī jù yòu yī jù de quàn tā bié cízhí. I tried again and again to persuade him not to give up his job.

左右逢源 zuǒ yòu féng yuán succeed regardless

左右开(開)弓 zuǒ yòu kāi gōng use each hand alternately ▷ 他左右开弓凌空射门。Tā zuǒ yòu kāi gōng língkōng shèmén. He shot first with his right foot and then with his left.

左右手 zuǒyòushǒu [名] (喻) right-hand man

左右为(為)难(難) zuǒ yòu wéi nán be in a dilemma ▷ 去也不好，不去也不好，真让我左右为难。Qù yě bù hǎo, bù qù yě bù hǎo, zhēn ràng wǒ zuǒ yòu wéi nán. It's a problem if I go, but also a problem if I don't — I'm in a real dilemma.

佐 zuǒ **I** [动] assist **II** [名] assistant

佐料 zuǒliào [名] seasoning

佐证(證) zuǒzhèng [名] evidence

作 zuò **I** [动] **1** (起) rise (*pt* rose, *pp* risen) ▷ 鞭炮声大作。Biānpào shēng dàzuò. There was a sudden loud noise of firecrackers. **2** (写) write (*pt* wrote, *pp* written) ▷ 作家 zuòjiā writer ▷ 作曲 zuòqǔ compose music **3** (装) pretend ▷ 造作 zàozuò affected **4** (犯) do (*pt* did, *pp* done) ▷ 作案 zuò'àn commit a crime **5** (当) take … as (*pt* took, *pp* taken) ▷ 作废 zuòfèi become invalid **6** (发作) feel (*pt*, *pp* felt) ▷ 作呕 zuò'ǒu feel sick **II** [名] work ▷ 杰作 jiézuò masterpiece
→ 另见 zuō

作罢(罷) zuòbà [动] drop

作弊 zuòbì [动] cheat

作壁上观(觀) zuò bì shàng guān be an onlooker

作对(對) zuòduì [动] **1** (为敌) oppose **2** (成对) partner

作法 zuòfǎ [名] **1** (写法) writing technique **2** (做法) method

作风(風) zuòfēng [名] style

作家 zuòjiā [名] writer

作假 zuòjiǎ [动] **1** (冒充) fake **2** (耍花招) play tricks **3** (故作客套) stand on ceremony (*pt*, *pp* stood)

作茧(繭)自缚(縛) zuò jiǎn zì fù make things difficult for oneself

作践(踐) zuòjian [动] (口) run … down (*pt* ran, *pp* run)

作乐(樂) zuòlè [动] enjoy oneself

作美 zuòměi [动] make things easy

作难(難) zuònán [动] be in a quandary

作孽 zuòniè [动] commit a sin

作弄 zuònòng [动] tease

作呕(嘔) zuò'ǒu [动] feel sick (*pt*, *pp* felt)

作陪 zuòpéi [动] help entertain

作品 zuòpǐn [名] work ▷ 文学作品 wénxué zuòpǐn literary work

作曲 zuòqǔ [动] compose music

作威作福 zuò wēi zuò fú act like a tyrant

作为(為) zuòwéi **I** [名] **1** (行为) action ▷ 我们要根据一个人的作为来评判他。Wǒmen yào gēnjù yī gè rén de zuòwéi lái píngpàn tā. We should judge a person by their actions. **2** (成绩) accomplishment ▷ 有所作为 yǒu suǒ zuòwéi considerable accomplishment **3** (干头

儿) scope **II** [动] **1** (当作) regard ... as ▷ 我把种花作为一种休闲方式。**Wǒ bǎ zhòng huā zuòwéi yī zhǒng xiūxián fāngshì.** I regard gardening as a form of relaxation. **2** (身为) ▷ 作为一名母亲，抚育儿女是她的责任。**Zuòwéi yī míng mǔqīn, fǔyù érnǔ shì tā de zérèn.** As a mother, looking after one's children is one's responsibility.

作文 **zuòwén** [动] write an essay (*pt* wrote, *pp* written)

作物 **zuòwù** [名] crop

作秀 **zuòxiù** [动] (贬) put a positive spin on things (*pt, pp* put)

作业(業) **zuòyè** **I** [名] work ▷ 野外作业 **yěwài zuòyè** fieldwork **II** [动] do work

作用 **zuòyòng** **I** [动] affect **II** [名] **1** (影响) effect **2** (活动) action

作者 **zuòzhě** [名] author

坐 **zuò** [动] **1** (坐下) sit (*pt, pp* sat) ▷ 坐在窗口 **zuò zài chuāngkǒu** sit by the window **2** (乘坐) travel by ▷ 坐飞机 **zuò fēijī** travel by plane

坐班 **zuòbān** [动] work nine to five

坐标(標) **zuòbiāo** [名] coordination

坐吃山空 **zuò chī shān kōng** fritter away a fortune

坐次 **zuòcì** [名] seating plan

坐而论(論)道 **zuò ér lùn dào** sit and pontificate

坐井观(觀)天 **zuò jǐng guān tiān** have a restricted outlook

坐牢 **zuòláo** [动] be in prison

坐冷板凳 **zuò lěngbǎndèng** be sidelined

坐立不安 **zuò lì bù ān** be on tenterhooks

坐落 **zuòluò** [动] be located

坐位 **zuòwèi** [名] seat

坐享其成 **zuò xiǎng qí chéng** benefit from others' efforts

坐以待毙(斃) **zuò yǐ dài bì** sit and await one's fate

坐镇(鎮) **zuòzhèn** [动] take personal command (*pt* took, *pp* taken)

座 **zuò** **I** [名] **1** (坐位) seat ▷ 座号 **zuòhào** seat number **2** (垫子) stand ▷ 茶杯座 **chábēi zuò** coaster **3** (星座) constellation ▷ 双子座 **Shuāngzǐ Zuò** Gemini **II** [量] ▷ 一座山 **yī zuò shān** a mountain ▷ 三座桥 **sān zuò qiáo** three bridges ▷ 五座办公楼 **wǔ zuò bàngōnglóu** five office buildings

measure word, used for mountains, buildings, bridges, etc.

座上客 **zuòshàngkè** [名] guest of honour (英) 或 honor (美)

座谈(談) **zuòtán** [动] discuss

座位 **zuòwèi** [名] seat

座无(無)虚(虛)席 **zuò wú xū xí** have no empty seats ▷ 这部影片首映的时候，电影院里座无虚席。**Zhè bù yǐngpiàn shǒuyìng de shíhòu, diànyǐngyuàn lǐ zuò wú xū xí.** There was a full house at the film première.

座右铭(銘) **zuòyòumíng** [名] motto (*pl* mottoes)

做 **zuò** [动] **1** (制造) make (*pt, pp* made) ▷ 做个布娃娃 **zuò gè bù wáwa** make a cloth doll **2** (写作) write (*pt* wrote, *pp* written) ▷ 做文章 **zuò wénzhāng** write an essay **3** (从事) do (*pt* did, *pp* done) ▷ 做生意 **zuò shēngyi** do business **4** (举行) hold (*pt, pp* held) ▷ 做寿 **zuòshòu** hold a birthday party **5** (充当) be (*pt* was, were, *pp* been) ▷ 做大会主席 **zuò dàhuì zhǔxí** chair a meeting **6** (用作) be used as ▷ 这块布可以做窗帘。**Zhè kuài bù kěyǐ zuò chuānglián.** This piece of cloth can be used as a curtain. **7** (结成) become (*pt* became, *pp* become) ▷ 做朋友 **zuò péngyou** be friends

做爱(愛) **zuò'ài** [动] make love

做伴 **zuòbàn** [动] keep ... company (*pt, pp* kept)

做东(東) **zuòdōng** [动] be host ▷ 今天聚餐我做东。**Jīntiān jùcān wǒ zuòdōng.** The meal today is my treat.

做法 **zuòfǎ** [名] method

做饭(飯) **zuòfàn** [动] cook

做工 **zuògōng** **I** [动] work **II** [名] workmanship

做活儿(兒) **zuòhuór** [动] work

做客 **zuòkè** [动] be a guest

做媒 **zuòméi** [动] be a matchmaker

做梦(夢) **zuòmèng** [动] dream ▷ 你想当市长？别做梦了！**Nǐ xiǎng dāng shìzhǎng? Bié zuòmèng le!** You want to be mayor? Dream on!

做人 **zuòrén** [动] **1** (待人接物) know how to behave (*pt* knew, *pp* known) **2** (当正派人) be an upright person

做声(聲) **zuòshēng** [动] make a sound

做事 **zuòshì** [动] **1** (办事) deal with matters (*pt, pp* dealt) **2** (工作) work

做手脚(腳) **zuò shǒujiǎo** [动] use underhand methods

做文章 **zuò wénzhāng** [动] (喻) make an issue of

做戏(戲) **zuòxì** [动] **1** (演戏) put on a play (*pt, pp* put) **2** (假装) pretend

做贼(賊)心虚(虛) **zuò zéi xīn xū** have a guilty conscience

做主 **zuòzhǔ** [动] decide

做作 **zuòzuo** [形] affected

English–Chinese Dictionary

Aa

A¹, a [eɪ, ə] N [c/ʊ] (*letter*) 英语的第一个字母 ▸ **A shares** (*Brit: Econ*) A股 A gǔ ▸ **from A to B** 从(從)一地到另一地 cóng yī dì dào lìng yī dì

A² [eɪ] N [c/ʊ] **1** (*Mus*) C大调音阶中的第六音 **2** (*Scol, Univ*) 优(優) yōu

KEYWORD

★ **a** [eɪ, ə] (*before vowel or silent h:* **an**) INDEF ART

1 (*article*) 一个(個) yīgè ▸ **a man** 一个(個)男人 yīgè nánrén ▸ **a girl** 一个(個)女孩 yīgè nǚhái ▸ **a mirror** 一面镜(鏡)子 yī miàn jìngzi ▸ **an elephant** 一只(隻)大象 yī zhī dàxiàng ▸ **she's a doctor** 她是一名医(醫)生 tā shì yī míng yīshēng ▸ **what a beautiful baby!** 多么(麼)漂亮的一个(個)小宝(寶)宝(寶)啊！ duōme piāoliàng de yīgè xiǎo bǎobao a! ▸ **have you got a dishwasher?** 你有洗碗机(機)吗(嗎)？ nǐ yǒu xǐwǎnjī ma? ▸ **they haven't got a television** 他们(們)没(沒)有电(電)视(視) tāmen méiyǒu diànshì ▸ **a Mrs Blair telephoned** 一位布(佈)莱(萊)尔(爾)夫人打电(電)话(話)了 yī wèi Bùlái'ěr fūrén dǎ diànhuà le

2 (*one*) 一 yī ▸ **a year ago** 一年前 yīnián qián ▸ **a hundred/thousand/million pounds** 100/1000/100万(萬)英镑(鎊) yībǎi/yīqiān/yībǎiwàn yīngbàng ▸ **a third of the population** 三分之一的人口 sān fēn zhī yī de rénkǒu

3 (*expressing ratios, prices etc*) ▸ **five hours a day/week** 一天/一周(週)5个(個)小时(時) yītiān/yīzhōu wǔ gè xiǎoshí ▸ **five times a day** 一天5次 yī tiān wǔ cì ▸ **100 km an hour** 每小时(時)100公里 měi xiǎoshí yībǎi gōnglǐ ▸ **it costs £5 a person** 每人付5镑(鎊) měi rén fù wǔ bàng ▸ **30p a kilo** 每公斤30便士 měi gōngjīn sānshí biànshì

AA ['eɪ'eɪ] N ABBR (= **Automobile Association**) 汽车(車)协(協)会(會) Qìchē xiéhuì [家 jiā]

A & E (*Brit*) N ABBR (= **accident and emergency**) 急诊(診)室 jízhěnshì [美 = **ER**]

aback [ə'bæk] ADV ▸ **to be taken aback** 大吃一惊(驚) dǎchī yījīng

abandon [ə'bændən] **I** VT **1** (*leave*) [+ *person, family*] 抛(拋)弃(棄) pāoqì **2** [+ *car*] 丢(丟)弃(棄) diūqì **3** (*give up*) [+ *search, idea, research*] 放弃(棄) fàngqì **II** N ▸ **with abandon** 尽(盡)情地 jìnqíng de ▸ **to abandon o.s. to sth** 使自己沉溺于(於)某事 shǐ zìjǐ chénnì yú mǒushì ▸ **to abandon ship** 弃(棄)船 qìchuán

abandoned [ə'bændənd] ADJ **1** [+ *building, vehicle*] 废(廢)弃(棄)的 fèiqì de **2** [+ *child*] 被遗(遺)弃(棄)的 bèi yíqì de

abate [ə'beɪt] VI [*storm, violence* +] 减(減)弱 jiǎnruò

abattoir ['æbətwɑː'] (*Brit*) N [c] 屠宰场(場) túzǎichǎng [美 = **slaughterhouse**]

abbey ['æbɪ] N [c] 大修道院 dà xiūdàoyuàn [座 zuò]

abbreviation [əbriːvɪ'eɪʃən] N [c] 缩(縮)写(寫) suōxiě [个 gè] ▸ **CD is an** *or* **the abbreviation for compact disc** CD是compact disc的缩(縮)写(寫) CD shì compact disc de suōxiě

abdomen ['æbdəmɛn] N [c] 腹部 fùbù

abdominal [æb'dɔmɪnl] ADJ [+ *pain*] 腹部的 fùbù de

abduct [æb'dʌkt] VT 绑(綁)架 bǎngjià

abduction [æb'dʌkʃən] N [c/ʊ] 诱(誘)拐 yòuguǎi

abide [ə'baɪd] VT ▸ **I can't abide it/him** 我无(無)法忍受这(這)事/他 wǒ wúfǎ rěnshòu zhè shì/tā ▸ **I can't abide living here** 住在这(這)儿(兒)让(讓)我受不了 zhù zài zhèr ràng wǒ shòubuliǎo

▸ **abide by** VT FUS [+ *rule, decision*] 遵守 zūnshǒu

ability [ə'bɪlɪtɪ] N **1** [s] (*capacity*) ▸ **ability (to do sth)** (做某事的)能力 (zuò mǒushì de) nénglì **2** [c/ʊ] (*talent, skill*) 才能 cáinéng [项 xiàng] ▸ **to the best of my ability/abilities** 尽(盡)我最大的努力 jìn wǒ zuìdà de nǔlì

★ **able** ['eɪbl] ADJ **1** ▸ **to be able to do sth** (*have skill, ability*) 能够(夠)做某事 nénggòu zuò mǒushì ▷ *The giant frog is able to jump three metres.* 大青蛙能够跳3米远。Dà qīngwā nénggòu tiào sān mǐ yuǎn.; (*have opportunity*) 可以做某事 kěyǐ zuò mǒushì **2** (*clever*) [+ *pupil, player*] 有才能的 yǒu cáinéng de ▸ **you'll be able to read in peace here** 你可以在这(這)里(裡)安静(靜)地看书(書)。nǐ kěyǐ zài zhèlǐ ānjìng de kànshū

用法参见 **can**

abnormal [æb'nɔːməl] ADJ [+ *behaviour, child, situation*] 反常的 fǎncháng de

abnormality [æbnɔː'mælɪtɪ] N **1** [ʊ] (*abnormal nature*) 变(變)态(態) biàntài **2** [c] (*abnormal feature*) 异(異)常 yìcháng

aboard [ə'bɔːd] **I** PREP [+ *ship, plane*] 在…上 zài…shang **II** ADV 在飞(飛)机(機)/船/火车(車)上 zài fēijī/chuán/huǒchē shang

abolish [ə'bɔlɪʃ] VT [+ *system, practice*] 废(廢)止 fèizhǐ

abolition [æbə'lɪʃən] N [ʊ] 废(廢)除 fèichú

abort [ə'bɔːt] VT **1** [+ *child, foetus*] 使流产(產) shǐ liúchǎn **2** [+ *plan, mission*] 使中止 shǐ zhōngzhǐ

abortion [ə'bɔːʃən] (*Med*) N [c/ʊ] 流产(產) liúchǎn [次 cì] **to have an abortion** 流产(產) liúchǎn

abortive [ə'bɔːtɪv] (*frm*) ADJ [+ *attempt, coup*] 夭折的 yāozhé de

 KEYWORD

★ **about** [ə'baut] I PREP 1 (*relating to*) 关(關)于(於) guānyú **a book about London** 关(關)于(於)伦(倫)敦的一本书(書) guānyú Lúndūn de yī běn shū **what's it about?** 这(這)是关(關)于(於)什么(麼)的? zhè shì guānyú shénme de? **she knows a lot about art** 她对(對)艺(藝)术(術)懂得很多 tā duì yìshù dǒngde hěnduō **we talked about it** 我们(們)谈(談)到了这(這)事 wǒmen tándàole zhèshì **management is about motivating people** 管理就是要激发(發)大家的热(熱)情 guǎnlǐ jiùshì yào jīfā dàjiā de rèqíng **to be sorry/pleased/angry about sth** 对(對)某事感到抱歉/开(開)心/生气(氣) duì mǒushì gǎndào bàoqiàn/kāixīn/shēngqì **there's something odd about this** 这(這)有点(點)怪怪的 zhè yǒudiǎn guàiguài de **we'll have to do something about this** 我们(們)对(對)此要采(採)取点(點)儿(兒)措施 wǒmen duìcǐ yào cǎiqǔ diǎnr cuòshī **what** *or* **how about eating out?** 出去吃怎么(麼)样(樣)? chūqù chī zěnmeyàng?
2 (*place*) 在…各处(處) zài…gèchù **he was wandering about the garden** 他在花园(園)里(裡)到处(處)闲(閒)逛 tā zài huāyuán lǐ dàochù xiánguàng **clothes scattered about the room** 扔得满(滿)屋各处(處)都是的衣服 rēngde mǎnwū gèchù dōu shì de yīfu **it must be about here somewhere** 一定在这(這)周围(圍)的某个(個)地方 yīdìng zài zhè zhōuwéi de mǒu gè dìfang
3 (*frm: around*) 围(圍)绕(繞) wéirào **a chain hung about her neck** 环(環)绕(繞)在她脖子上的一条(條)项(項)链(鏈) huánrào zài tā bózi shàng de yī tiáo xiàngliàn
II ADV 1 (*approximately*) 大约(約) dàyuē **about a hundred/thousand people** 大约(約)100/1000人 dàyuē yībǎi/yīqiān rén **at about two o'clock** 在两(兩)点(點)钟(鐘)左右 zài liǎng diǎn zhōng zuǒyòu
2 (*place*) 在 zài **to leave things lying about** 把东(東)西到处(處)乱(亂)放 bǎ dōngxi dàochù luànfàng **to run/walk about** 到处(處)跑/到处(處)走 dàochù pǎo/dàochù zǒu **is Paul about?** 保罗(羅)在吗(嗎)? Bǎoluó zài ma? **there's a lot of flu/money about** 正在流行流感/资(資)金充足 zhèngzài liúxíng liúgǎn/zījīn chōngzú **to be about to do sth** 正要做某事 zhèng yào zuò mǒushì **he was about to leave** 他正要离(離)开(開) tā zhèng yào líkāi

above [ə'bʌv] I PREP 1 (*higher than*) 在…上面 zài…shàngmian 2 (*greater than, more than*) (*in number*) 超过(過) chāoguò 3 (*in rank, authority*) 级(級)别(別)高于(於) jíbié gāoyú 4 **to be above sth** (*better, superior*) 不屑于(於)某事 bùxièyú mǒushì 5 **to be above suspicion/criticism** (*beyond*) 无(無)法猜疑/指责(責)的 wúfǎ cāiyí/zhǐzé de 6 (*in loudness: over*) 高过(過) gāoguò ▷ *I couldn't hear her above all the noise.* 太吵了，我听不见她在说什么。Tài chǎo le, wǒ tīng bùjiàn tā zài shuō shénme. 7 (*in importance: before*) 胜(勝)过(過) shèngguò II ADV 1 (*in position: higher up, overhead*) 在上面 zài shàngmian 2 (*in amount, number: greater, more*) 以上 yǐshàng 3 (*in authority, power*) 上级(級) shàngjí 4 (*in writing*) 在上文 zài shàngwén III ADJ **the above address** 上述地址 shàngshù dìzhǐ **above all** 首先 shǒuxiān **from above** 从(從)上面 cóng shàngmiàn **any/none of the above** 上述中任一/无(無)一 shàngshù zhōng rèn yī/wú yī

abrasive [ə'breɪzɪv] I ADJ 1 [+ *substance*] 磨砂的 móshā de 2 [+ *person, manner*] 粗暴的 cūbào de II N 磨砂材料 móshā cáiliào

abroad [ə'brɔːd] ADV 1 [*be* +] 在国(國)外 zài guówài 2 [*go* +] 到国(國)外 dào guówài **there is a feeling/rumour abroad that…** 一种(種)情绪(緒)/谣(謠)言在到处(處)流传(傳)… yī zhǒng qíngxù/yáoyán zài dàochù liúchuán…

abrupt [ə'brʌpt] ADJ 1 (*sudden*) [+ *action, ending etc*] 突然的 tūrán de 2 (*curt*) [+ *person, manner*] 鲁(魯)莽的 lǔmǎng de

abruptly [ə'brʌptlɪ] ADV 1 (*suddenly*) [*leave, end* +] 突然地 tūrán de 2 (*curtly*) [*speak* +] 生硬地 shēngyìng de

abscess ['æbsɪs] N [c] 脓(膿)肿(腫) nóngzhǒng

absence ['æbsəns] N 1 [c/ʊ] [*of person*] 缺席 quēxí [次 cì] 2 [s] [*of thing*] 缺乏 quēfá **in sb's absence** 在某人不在场(場)时(時) zài mǒurén bù zàichǎng shí **in the absence of sth** 在缺乏某物的情况(況)下 zài quēfá mǒuwù de qíngkuàng xià

absent [*adj* 'æbsənt, *vb* æb'sɛnt] I ADJ 1 (*from work, school*) 缺席的 quēxí de; (*at home*) [+ *parent*] 不同住的 bù tóngzhù de 2 (*inattentive*) 心不在焉的 xīn bù zài yān de II VT (*frm*) **to absent o.s. from sth** 未出席某事 wèi chūxí mǒushì **to be absent** 不在 bùzài **to be absent from sth** 不存在于(於)某事 bù cúnzài yú mǒushì **absent without leave** (*Mil*) 擅离(離)职(職)守 shàn lí zhí shǒu

absentee [æbsən'tiː] N [c] 缺席者 quēxízhě [名 míng]

absent-minded ['æbsənt'maɪndɪd] ADJ 心不在焉的 xīn bù zài yān de

absolute ['æbsəluːt] I ADJ 1 (*complete*) [+ *beginner, confidence*] 完全的 wánquán de 2 (*utter*) (*used for emphasis*) 绝(絕)对(對)的 juéduì de

3 [+ *power, monarchy*] 专(專)制的 zhuānzhì de 4 (*definite*) 确(確)凿(鑿)的 quèzáo de 5 (*universal*) [+ *truth, rule*] 绝(絕)对(對)的 juéduì de II N [C] 绝(絕)对(對) juéduì **the absolute minimum/maximum** 绝(絕)对(對)最小/最大值 juéduì zuìxiǎo/zuìdà zhí

absolutely [æbsə'luːtlɪ] ADV 1 (*utterly*) (*used for emphasis*) 绝(絕)对(對)地 juéduì de 2 **absolutely (not)** (*certainly*) (*used for emphasis*) 绝(絕)对(對)(不是)地 juéduì (bùshì) de

absorb [əb'zɔːb] VT 1 [+ *liquid, light*] 吸收 xīshōu 2 [+ *shock, impact, sound*] 消减(減) xiāojiǎn 3 (*assimilate*) [+ *group, business*] 并(並)入 bìngrù 4 (*cope with*) [+ *effects, losses*] 承受 chéngshòu; [+ *information, facts*] 理解 lǐjiě **to be absorbed in a book** 专(專)心致志地读(讀)一本书(書) zhuānxīn zhì zhì de dú yī běn shū

absorbent cotton [əb'zɔːbənt-] (*US*) N [U] 脱(脫)脂棉 tuōzhīmián [英 = **cotton wool**]

absorbing [əb'zɔːbɪŋ] ADJ [+ *book, film etc*] 引人入胜(勝)的 yǐn rén rù shèng de

abstain [əb'steɪn] VI 1 (*in vote*) 弃(棄)权(權) qìquán 2 **to abstain from eating/drinking** 节(節)制饮(飲)食/戒酒 jiézhì yǐnshí/jièjiǔ

abstract [*adj, n* 'æbstrækt, *vb* æb'strækt] I ADJ 1 [+ *idea, quality*] 抽象的 chōuxiàng de 2 (*Art*) 抽象派的 chōuxiàngpài de 3 (*Ling*) [+ *noun*] 抽象的 chōuxiàng de II N [C] (*summary*) 摘要 zhāiyào III VT (*frm*) **to abstract sth (from)** (从(從)…中)抽取某物 (cóng...zhōng) chōuqǔ mǒuwù **in the abstract** 抽象地 chōuxiàng de

absurd [əb'səːd] I ADJ (*ridiculous*) 荒谬(謬)的 huāngmiù de ▷ *That's absurd.* 岂有此理。Qǐ yǒu cǐ lǐ. II N **the absurd** (*frm*) 荒诞(誕)的事 huāngdàn de shì

abundance [ə'bʌndəns] N [S] 丰(豐)富 fēngfù **an abundance of** 大量的 dàliàng de **in abundance** 充足的 chōngzú de

abundant [ə'bʌndənt] ADJ 丰(豐)富的 fēngfù de

abuse [*n* ə'bjuːs, *vb* ə'bjuːz] I N 1 [U] (*insults*) 辱骂(罵) rǔmà 2 [U] (*ill-treatment*) (*physical*) 虐待 nüèdài; (*sexual*) 猥亵(褻) wěixiè 3 [C/U] (*misuse*) [*of power, alcohol, drug*] 滥(濫)用 lànyòng [种 zhǒng] II VT 1 (*ill-treat*) (*physically*) 虐待 nüèdài 2 (*sexually*) [+ *child*] 摧残(殘) cuīcán 3 (*insult*) 辱骂(罵) rǔmà 4 (*misuse*) [+ *power, alcohol, drug*] 滥(濫)用 lànyòng **to be open to abuse** 易产(產)生弊病的 yì chǎnshēng bìbìng de

abusive [ə'bjuːsɪv] ADJ 1 (*insulting*) [+ *person, language*] 谩(謾)骂(罵)的 mànmà de 2 (*violent*) [+ *person*] 残(殘)暴的 cánbào de; [+ *relationship*] 暴虐的 bàonüè de

abysmal [ə'bɪzməl] ADJ [+ *conditions, wages, performance*] 糟糕的 zāogāo de **an abysmal failure** 彻(徹)底的失败(敗) chèdǐ de shībài

abyss [ə'bɪs] (*liter*) N [C] 1 (*deep hole*) 无(無)底洞 wúdǐ dòng [个 gè] 2 (*disaster*) 深渊(淵) shēnyuān 3 (*gap, gulf*) 鸿(鴻)沟(溝) hónggōu [道 dào]

academic [ækə'dɛmɪk] I ADJ 1 [+ *system, books, freedom*] 学(學)术(術)的 xuéshù de 2 [+ *person*] 学(學)究的 xuéjiū de 3 (*pej: irrelevant*) 空谈(談)的 kōngtán de II N 大学(學)教师(師) dàxué jiàoshī

academic year N [C] 学(學)年 xuénián

academy [ə'kædəmɪ] N [C] 1 (*organisation*) 学(學)会(會) xuéhuì [个 gè] 2 (*school, college*) 学(學)院 xuéyuàn [个 gè]

accelerate [æk'sɛləreɪt] I VI 1 [*process* +] 加快 jiākuài 2 (*Aut*) 加速 jiāsù II VT [+ *process*] 使加快 shǐ jiākuài

acceleration [æksɛlə'reɪʃən] N [U] 1 [*of process, change*] 加快 jiākuài 2 (*Aut*) 加速 jiāsù 3 (*Phys*) 加速度 jiāsùdù

accelerator [æk'sɛləreɪtə[r]] (*Aut*) N [C] 加速器 jiāsùqì [个 gè]

accent ['æksɛnt] N [C] 1 (*pronunciation*) 口音 kǒuyīn [种 zhǒng] 2 (*written mark*) 重音符号(號) zhòngyīn fúhào **to speak with an (Irish/French) accent** 讲(講)话(話)带(帶)(爱(愛)尔(爾)兰(蘭)/法国(國))口音 jiǎnghuà dài (Ài'ěrlán/Fǎguó) kǒuyīn **to have a strong/German accent** 带(帶)有浓(濃)重的/德国(國)口音 dài yǒu nóngzhòng de/Déguó kǒuyīn **the accent is on...** (*emphasis, stress*) 重点(點)在… zhòngdiǎn zài... **to put the accent on sth** 将(將)着(著)重点(點)放在某事上 jiāng zhuózhòngdiǎn fàng zài mǒushì shàng

accentuate [æk'sɛntjueɪt] VT (*emphasize*) 使突出 shǐ tūchū

★ **accept** [ək'sɛpt] VT 1 [+ *invitation, advice, responsibility, credit cards etc*] 接受 jiēshòu 2 (*as true, valid*) [+ *fact, view*] 接受 jiēshòu; (*as inevitable*) [+ *change, sb's death*] 接受 jiēshòu 3 [+ *person*] 接纳(納) jiēnà ▷ *Stephen was finally accepted into the family.* 斯蒂芬最终被这个家庭所接纳。Sīdìfēn zuìzhōng bèi zhège jiātíng suǒ jiēnà. **to accept that...** (*acknowledge*) 承认(認)… chéngrèn...

acceptable [ək'sɛptəbl] ADJ 1 (*permissible*) 可接受的 kě jiēshòu de 2 (*suitable*) 合意的 héyì de 3 (*adequate*) 令人满(滿)意的 lìng rén mǎnyì de **acceptable to sb** 某人可以接受的 mǒurén kěyǐ jiēshòu de **it is acceptable for sb to do sth** 某人做某事是可以接受的 mǒurén zuò mǒushì shì kěyǐ jiēshòu de

acceptance [ək'sɛptəns] N 1 [C/U] [*of an offer*] 接受 jiēshòu 2 [U] [*of an idea*] 赞(贊)同 zàntóng 3 [U] [*of a situation*] 容忍 róngrěn 4 [U] [*of something new*] 认(認)可 rènkě 5 [U] [*of a person*] 接纳(納) jiēnà

access ['æksɛs] I N [U] **access (to sth)** (*to building, room*) 进(進)入(某物) jìnrù (mǒuwù); (*to information, papers*) (某物的)使用权(權)

(mǒuwù de) shǐyòngquán ▸ **access (to sb)** (*to person*) 接近(某人) jiējìn (mǒurén) **II** VT (*Comput*) 存取 cúnqǔ ▸ **to have access to sb** [+ *child*] 有见(見)某人的机(機)会(會) yǒu jiàn mǒurén de jīhuì ▸ **to have access to sth** [+ *information, library, phone*] 有享用某物的机(機)会(會) yǒu xiǎngyòng mǒuwù de jīhuì ▸ **to gain access (to sth)** 得以进(進)入(某物) déyǐ jìnrù (mǒuwù)

accessible [æk'sɛsəbl] ADJ ▸ **accessible (to sb)** [+ *place, object*] 易于(於)(某人)接近的 yìyú (mǒurén) jiējìn de; [+ *knowledge, service, commodity*] (对(對)某人)易得到的 (duì mǒurén) yì dédào de; [+ *art, culture*] (对(對)某人)易理解的 (duì mǒurén) yì lǐjiě de

accessory [æk'sɛsərɪ] N [C] **1** (*for room, car*) 附件 fùjiàn [个 gè] **2** (*Clothing*) 饰(飾)品 shìpǐn [件 jiàn] **3** (*Law*) ▸ **an accessory to the crime** 犯罪同谋(謀) fànzuì tóngmóu

accident ['æksɪdənt] N [C] **1** (*involving vehicle*) 事故 shìgù [个 gè] **2** (*mishap*) 意外 yìwài [个 gè] **3** (*chance event*) 偶然事件 ǒurán shìjiàn [次 cì] ▸ **to have an accident** 出事故 chū shìgù ▸ **to meet with an accident** 出事故 chū shìgù ▸ **by accident** (*unintentionally*) 无(無)意中 wúyì zhōng; (*by chance*) 偶然 ǒurán

accidental [æksɪ'dɛntl] ADJ 意外的 yìwài de

accidentally [æksɪ'dɛntəlɪ] ADV (*unintentionally*) 意外地 yìwài de

accident and emergency (*Brit*) N [C] 急诊(診)室 jízhěnshì [个 gè] [美 = **emergency room**]

acclaim [ə'kleɪm] (*frm*) **I** VT ▸ **to be acclaimed (for/as sth)** (因某事/作为(為)某事而)受赞(讚)扬(揚) (yīn mǒushì/zuòwéi mǒushì ér) shòu zànyáng **II** N ▸ **to win** *or* **receive acclaim** 受到赞(讚)扬(揚) shòudào zànyáng

accolade ['ækəleɪd] (*frm*) N [C] 荣(榮)誉(譽) róngyù [项 xiàng]

accommodate [ə'kɔmədeɪt] VT **1** (*hold*) [*car, hotel etc* +] 容纳(納) róngnà **2** (*put up*) 为(為)…提供住宿 wèi...tígōng zhùsù **3** (*satisfy*) 使满(滿)意 shǐ mǎnyì ▸ **to accommodate o.s. to sth** 使自己适(適)应(應)某事 shǐ zìjǐ shìyìng mǒushì

accommodation [əkɔmə'deɪʃən] **I** N **1** [U] (*place to stay*) 住处(處) zhùchù **2** [U] (*frm: space*) 空位 kòngwèi [个 gè] **3** [C] (*frm: agreement*) 和解 héjiě **II accommodations** (*US*) N PL = **accommodation**

accompaniment [ə'kʌmpənɪmənt] N [C] **1** (*complement*) 伴随(隨)物 bànsuíwù **2** (*Mus*) 伴奏 bànzòu ▸ **to the accompaniment of sth** [+ *cheers, shouting etc*] 在某物的伴随(隨)下 zài mǒuwù de bànsuí xià

accompany [ə'kʌmpənɪ] VT **1** (*frm: escort*) 陪伴 péibàn **2** (*complement*) 与(與)…相配合 yǔ...xiāng pèihé **3** (*Mus*) 为(為)…伴奏 wèi...bànzòu

accomplice [ə'kʌmplɪs] N [C] 同谋(謀) tóngmóu

accomplish [ə'kʌmplɪʃ] VT 完成 wánchéng

accomplished [ə'kʌmplɪʃt] ADJ [+ *cook, musician etc*] 有造诣(詣)的 yǒu zàoyì de; [+ *performance*] 精湛的 jīngzhàn de

accomplishment [ə'kʌmplɪʃmənt] N **1** [C] (*achievement*) 成就 chéngjiù **2** [C] (*frm: skill*) 技能 jìnéng [项 xiàng] **3** [U] (*completion*) 完成 wánchéng

★ **accord** [ə'kɔːd] **I** N [C] (*agreement, treaty*) 协(協)议(議) xiéyì ▷ *the 1991 peace accord* 1991年和平协议 yī jiǔ jiǔ yī nián hépíng xiéyì **II** VT (*frm: grant*) 授予 shòuyǔ **III** VI ▸ **to accord with sth** (*frm: correspond*) 和某事相符 hé mǒushì xiāngfú ▸ **of its own accord** (*by itself*) 自行地 zìxíng de ▸ **of one's own accord** (*voluntarily*) 自愿(願)地 zìyuàn de ▸ **in accord (with)** (*frm*) (与(與)…)一致 (yǔ...) yīzhì ▸ **with one accord** (*liter*) 一致地 yīzhì de

accordance [ə'kɔːdəns] N ▸ **in accordance with sth** [+ *sb's wishes, the law etc*] 根据(據)某事 gēnjù mǒushì

according [ə'kɔːdɪŋ] ▸ **according to** PREP [+ *person*] 据(據)…所说(說) jù...suǒshuō; [+ *account, information*] 根据(據) gēnjù ▸ **to go/work out according to plan** 按计(計)划(劃)进(進)行/发(發)展 àn jìhuà jìnxíng/fāzhǎn ▸ **the gospel according to (St) Matthew/Luke** 马(馬)太/路加福音 Mǎtài/Lùjiā fúyīn

accordingly [ə'kɔːdɪŋlɪ] ADV **1** (*appropriately*) 相应(應)地 xiāngyìng de **2** (*consequently*) 因此 yīncǐ

accordion [ə'kɔːdɪən] N [C] 手风(風)琴 shǒufēngqín [架 jià]; (*also*: **piano accordion**) 键(鍵)盘(盤)式手风(風)琴 jiànpánshì shǒufēngqín

★ **account** [ə'kaunt] **I** N [C] **1** (*with bank, at shop*) 账(賬)户(戶) zhànghù [个 gè] ▷ *I have an account with Barclays.* 我在巴克莱银行有一个账户。Wǒ zài Bākèlái yínháng yǒu yīgè zhànghù. **2** (*Comm*) (*client, customer*) 客户(戶) kèhù ▷ *The agency has won two important new accounts.* 代理公司赢得了两个重要的新客户。Dàilǐ gōngsī yíngdéle liǎng gè zhòngyào de xīn kèhù. **3** (*report*) 描述 miáoshù [番 fān] ▷ *He gave an account of what happened.* 他对发生的事情做了一番描述。Tā duì fāshēng de shìqing zuòle yīfān miáoshù. **II accounts** N PL (*Comm*) 账(賬) zhàng ▷ *He kept the accounts.* 他记账。Tā jìzhàng. **III** VT ▸ **to be accounted sth** (*frm*) 被视(視)为(為)某事 bèi shìwéi mǒushì ▸ **to buy/pay for sth on account** 分期付款购(購)买(買)某物 fēnqī fùkuǎn gòumǎi mǒuwù ▸ **to give a good account of o.s.** 使自己表现(現)不错(錯) shǐ zìjǐ biǎoxiàn bùcuò ▸ **to be brought** *or* **called** *or* **held to account for sth** 被要求就某事作出解释(釋) bèi yāoqiú jiù mǒushì zuòchū jiěshì ▸ **to be of no/little**

account (*frm*) 完全不/不大重要 wánquán bù/bù dà zhòngyào ▸ **on no account** 绝(絕)对(對)不 juéduì bù ▸ **on account of** 因为(為) yīnwèi ▸ **to take sth into account, take account of sth** 考虑(慮)到某事 kǎolǜ dào mǒushì ▸ **by** *or* **from all accounts** 根据(據)大家所说(說) gēnjù dàjiā shuō shuō
▸**account for** VT FUS **1** (*explain*) 解释(釋) jiěshì ▹ *How do you account for the company's high staff turnover?* 你如何解释公司如此频繁的人事变动？ Nǐ rúhé jiěshì gōngsī rúcǐ pínfán de rénshì biàndòng? **2** (*represent*) 占(佔) zhàn ▹ *Software accounts for over half of our product range.* 软件产品占我们产品系列的一半以上。 Ruǎnjiàn chǎnpǐn zhàn wǒmen chǎnpǐn xìliè de yībàn yǐshàng. ▸ **to be not accounted for** 未解释(釋)的 wèi jiěshì de

accountable [ə'kauntəbl] ADJ ▸ **to be accountable (to sb/for sth)** (向某人/就某事)负(負)责(責) (xiàng mǒurén/jiù mǒushì) fùzé ▸ **to be held accountable for sth** 被认(認)为(為)应(應)对(對)某事负(負)责(責) bèi rènwéi yīng duì mǒushì fùzé

accountancy [ə'kauntənsɪ] N [U] 会(會)计(計)学(學) kuàijìxué

accountant [ə'kauntənt] N [C] 会(會)计(計)师(師) kuàijìshī [位 wèi]

accumulate [ə'kju:mjuleɪt] **I** VT 积(積)累 jīlěi **II** VI 累积(積) lěijī

accumulation [əkju:mju'leɪʃən] N [C/U] [*of debts, evidence*] 积(積)累 jīlěi

accuracy ['ækjurəsɪ] N [U] **1** [*of information, measurements*] 准(準)确(確) zhǔnquè **2** [*of person, device*] 精确(確) jīngquè

accurate ['ækjurɪt] ADJ **1** [+ *information, measurement, instrument*] 精确(確)的 jīngquè de; [+ *description, account, person, aim*] 准(準)确(確)的 zhǔnquè de; [+ *person, work*] 正确(確)的 zhèngquè de **2** [+ *weapon, throw*] 精确(確)的 jīngquè de

accurately ['ækjurɪtlɪ] ADV **1** [*measure, predict* +] 精确(確)地 jīngquè de **2** [*describe, assess, report, aim* +] 准(準)确(確)地 zhǔnquè de

accusation [ækju'zeɪʃən] N **1** [C/U] (*criticism*) 谴(譴)责(責) qiǎnzé **2** [C] (*allegation*) 控告 kònggào

accuse [ə'kju:z] VT **1** ▸ **to accuse sb of (doing) sth** (*of dishonesty, immorality*) 指责(責)某人(做)某事 zhǐzé mǒurén (zuò) mǒushì **2** ▸ **to be accused of sth** (*of crime*) 被指控某事 bèi zhǐkòng mǒushì

accused [ə'kju:zd] (*Law*) N ▸ **the accused** 被告 bèigào

accustomed [ə'kʌstəmd] ADJ **1** ▸ **to be/become accustomed to (doing) sth** 习(習)惯(慣)于(於)/开(開)始习(習)惯(慣)于(於)(做)某事 xíguàn yú/kāishǐ xíguàn yú (zuò) mǒushì **2** ▸ **to become/be accustomed to sth** [*eyes* +] 开(開)始适(適)应(應)/适(適)应(應)某事 kāishǐ shìyìng/shìyìng mǒushì **3** (*usual*) ▸ **his/her accustomed response** 他/她的习(習)惯(慣)反应(應) tā/tā de xíguàn fǎnyìng

ace [eɪs] N [C] **1** A纸(紙)牌 A zhǐpái **2** (*Tennis*) 发(發)球得分 fāqiú défēn [个 gè] ▸ **the ace of spades** 黑桃A hēitáo ēi

ache [eɪk] **I** VI **1** [*part of body* +] 痛 tòng **2** ▸ **to ache for sth/to do sth** (*yearn*) 渴望某事/做某事 kěwàng mǒushì/zuò mǒushì **II** N [C] 疼痛 téngtòng [种 zhǒng] ▸ **I've got (a) stomach/toothache** 我胃/牙痛 wǒ wèi/yá tòng ▸ **I'm aching all over** 我浑(渾)身疼痛 wǒ húnshēn téngtòng ▸ **aches and pains** 周身不适(適) zhōushēn bùshì

achieve [ə'tʃi:v] VT **1** [+ *aim*] 实(實)现(現) shíxiàn **2** [+ *victory, success, result*] 取得 qǔdé

achievement [ə'tʃi:vmənt] N **1** [C] (*accomplishment*) [*of person, organization*] 成就 chéngjiù [个 gè] **2** [U] (*fulfilment*) 实(實)现(現) shíxiàn ▸ **it was quite an achievement** 这(這)是个(個)了不起的成就 zhè shì gè liǎobuqǐ de chéngjiù

acid ['æsɪd] **I** N **1** [C/U] (*Chem*) 酸 suān [种 zhǒng] **2** [U] (*inf: LSD*) 迷幻药(藥) míhuànyào **II** ADJ **1** (*Chem*) [+ *soil*] 酸性的 suānxìng de **2** (*sharp*) [+ *taste*] 酸的 suān de; [+ *remark, humour*] 尖刻的 jiānkè de ▸ **citric/hydrochloric acid** 柠(檸)檬/盐(鹽)酸 níngméng/yánsuān

acidic [ə'sɪdɪk] ADJ **1** (*containing acid*) [+ *substance*] 酸性的 suānxìng de **2** (*sharp*) [+ *taste, smell*] 酸的 suān de

acid rain N [U] 酸雨 suānyǔ [场(場) cháng]

acknowledge [ək'nɔlɪdʒ] VT **1** (*frm*) [+ *fact, situation, problem*] 承认(認) chéngrèn **2** [+ *person met*] 对(對)…打招呼 duì...dǎ zhāohu **3** [+ *letter, parcel*] (*by replying*) 告知收到 gàozhī shōudào **4** (*recognize value of*) [+ *achievement, status*] 认(認)可 rènkě ▸ **to acknowledge that...** 承认(認)… chéngrèn...

acknowledgement [ək'nɔlɪdʒmənt] **I** N **1** [S] (*acceptance*) 承认(認) chéngrèn **2** [C] [*of letter, parcel*] 收到通知 shōudào tōngzhī **3** [U] (*gesture of recognition*) 反应(應) fǎnyìng **II acknowledgements** N PL (*in book*) 致谢(謝) zhìxiè

acne ['æknɪ] N [U] 痤疮(瘡) cuóchuāng

acorn ['eɪkɔ:n] N [C] 橡果 xiàngguǒ [个 gè]

acoustic [ə'ku:stɪk] ADJ **1** [+ *guitar, instrument*] 非电(電)传(傳)音的 fēi diànchuányīn de **2** [+ *signal*] 声(聲)音的 shēngyīn de

acquaint [ə'kweɪnt] (*frm*) VT ▸ **to acquaint sb with sth** (*inform*) 把某事通知某人 bǎ mǒushì tōngzhī mǒurén ▸ **to acquaint o.s. with sth** 开(開)始知道某事 kāishǐ zhīdào mǒushì ▸ **to be acquainted with sb/sth** [+ *person*] 认(認)识(識)某人 rènshí mǒurén; [+ *fact*] 了解某事 liǎojiě mǒushì

acquaintance [ə'kweɪntəns] N **1** [C] (*person*) 熟人 shúrén [个 gè] **2** [U] (*familiarity*) (*with person*)

结(結)识(識) jiéshí; (*with subject*) 了解 liǎojiě ▸ **to make sb's acquaintance** (*frm*) 结(結)识(識)某人 jiéshí mǒurén

acquainted [əˈkweɪntɪd] ADJ **1** (*frm*) ▸ **to be/get acquainted with sth** 了解/开(開)始了解某事 liǎojiě/kāishǐ liǎojiě mǒushì **2** (*frm*) ▸ **to be acquainted (with sb)** (和某人) 相识(識) (hé mǒurén) xiāngshí **3** ▸ **to get** *or* **become acquainted (with sb)** 开(開)始了解(某人) kāishǐ liǎojiě (mǒurén)

acquire [əˈkwaɪəʳ] VT **1** (*obtain, buy*) 获(獲)得 huòdé **2** (*learn, develop*) [+ *skill, habit*] 学(學)到 xuédào **3** (*gain*) [+ *reputation*] 取得 qǔdé

acquisition [ækwɪˈzɪʃən] N **1** [C] (*thing obtained*) 获(獲)得物 huòdéwù **2** [U] (*getting*) [*of property, goods*] 获(獲)得 huòdé; [*of habit*] 形成 xíngchéng; [*of skill*] 习(習)得 xídé

acquit [əˈkwɪt] VT (*clear*) ▸ **to acquit sb (of sth)** (*Law*) 宣判某人(无(無)罪) xuānpàn mǒurén (wúzuì) ▸ **to acquit o.s. well/badly** (*frm*) 表现(現)良好/不好 biǎoxiàn liánghǎo/bù hǎo

acre [ˈeɪkəʳ] N [C] 英亩(畝) yīngmǔ

acrobat [ˈækrəbæt] N [C] 杂(雜)技演员(員) zájì yǎnyuán [位 wèi] ▹ *He's an acrobat.* 他是一位杂技演员。Tā shì yíwèi zájì yǎnyuán.

acrobatic [ækrəˈbætɪk] ADJ [+ *movement, display*] 杂(雜)技的 zájì de

acronym [ˈækrənɪm] N [C] 首字母缩(縮)略词(詞) shǒuzìmǔ suōlüècí

> **acronym** (首字母缩略词) 是一种特殊的缩写形式，它可以像一个普通单词那样读出。例如，**NATO** (北约) 和 **AIDS** (艾滋病)。**acronym** 是由组成这个名称的每个词的第一个字母构成。**NATO** 代表 **North Atlantic Treaty Organization** (北大西洋公约组织)；**AIDS** 代表 **acquired immune deficiency syndrome** (获得性免疫缺损综合征)；**DOS** 代表 **disk operating system** (磁盘操作系统)。首字母缩略词比全称更常用，因为它们说起来更方便。

★ **across** [əˈkrɔs] I PREP **1** (*moving from one side to the other of*) 穿过(過) chuānguò ▹ *He walked across the room.* 他穿过这个房间。Tā chuānguò zhège fángjiān. **2** (*situated on the other side of*) [*of street, river, room etc*] 在…对(對)面 zài…duìmiàn ▹ *the houses across the street* 在街对面的房子 zài jiē duìmiàn de fángzi **3** (*extending from one side to the other of*) 跨越 kuàyuè ▹ *the bridge across Lake Washington* 跨越华盛顿湖的桥 kuàyuè Huáshèngdùn Hú de qiáo **4** (*over*) 搭在…上 dāzài…shang ▹ *Her clothes were lying across the chair.* 她的衣服正搭在椅子上。Tā de yīfu zhèng dā zài yǐzi shàng. **5** (*involving different groups*) 跨越 kuàyuè ▹ *parties from across the political spectrum* 来自不同政治派别的党派 láizì bùtóng zhèngzhì pàibié de dǎngpài II ADV **1** (*to/from a particular place/person*) 从(從)/向对(對)面 cóng/xiàng duìmiàn ▹ *Richard walked across to the window.* 理查德向对面的窗户走去。Lǐchádé xiàng duìmiàn de chuānghù zǒu qù. **2** (*from one side to the other*) 从(從)一边(邊)到另一边(邊) cóng yībiān dào lìngyībiān **3** ▸ **across from** (*opposite*) 在…对(對)面 zài…duìmiàn ▹ *They parked across from the theatre.* 他们把车停在剧院的对面。Tāmen bǎ chē tíng zài jùyuàn de duìmiàn. **4** ▸ **across at/to** (*towards*) 朝向 cháoxiàng ▹ *He glanced across at his wife.* 他朝他的妻子瞥了一眼。Tā cháo tā de qīzi piēle yī yǎn. **5** (*in width*) 宽(寬) kuān ▹ *a hole 200 metres across* 200米宽的洞 liǎngbǎi mǐ kuān de dòng ▸ **to get** *or* **put sth across to sb** 让(讓)某人明白某事 ràng mǒurén míngbai mǒushì

acrylic [əˈkrɪlɪk] I ADJ [+ *material, paint*] 丙烯酸的 bǐngxīsuān de II N [U] (*textile*) 丙烯酸 bǐngxīsuān III **acrylics** N PL (*paint*) 丙烯酸 bǐngxīsuān

ACT N ABBR (= **American College Test**) 美国(國)大学(學)入学(學)测(測)试(試) Měiguó Dàxué Rùxué Cèshì

★ **act** [ækt] I VI **1** (*take action*) 行动(動) xíngdòng ▹ *We have to act quickly.* 我们得立即行动起来。Wǒmen děi lìjí xíngdòng qǐlái. **2** (*behave*) 举(舉)止 jǔzhǐ ▹ *They were acting suspiciously.* 他们举止可疑。Tāmen jǔzhǐ kěyí. **3** ▸ **to act for** *or* **on behalf of sb** [*lawyer +*] 代表某人行事 dàibiǎo mǒurén xíngshì **4** ▸ **to act as sb/sth** 担(擔)任某职(職)务(務)/充当(當)某物 dāndāng mǒu zhíwù/chōngdāng mǒuwù ▹ *Mr. Tang acted as interpreter.* 唐先生担当口译工作。Táng xiānsheng dāndāng kǒuyì gōngzuò. **5** (*work*) [*drug, chemical +*] 见(見)效 jiànxiào ▹ *The drug acts swiftly, preventing liver damage.* 药物很快见效，保护肝脏免受伤害。Yàowù hěnkuài jiànxiào, bǎohù gānzàng miǎnshòu shānghài. **6** (*in play, film*) 演戏(戲) yǎnxì ▹ *I was acting in a play in Edinburgh.* 我在爱丁堡演过一出戏。Wǒ zài Àidīngbǎo yǎnguò yī chū xì. **7** (*pretend*) 假装(裝) jiǎzhuāng ▹ *Ignore her, she's just acting.* 别理她，她只是假装的。Bié lǐ tā, tā zhǐshì jiǎzhuāng de. II VT (*in play, film*) [+ *part, role*] 扮演 bànyǎn ▹ *I acted the part of Malvolio.* 我扮演了马尔瓦里奥这个角色。Wǒ bànyǎnle Mǎ'ěrwǎlǐ'ào zhège juésè. III N [C] **1** (*action*) 行动(動) xíngdòng [次 cì] ▹ *the act of reading* 阅读 **2** ▸ **it's (just** *or* **all) an act** (*pretence*) 这(這)(只)是做做样(樣)子 zhè (zhǐ) shì zuòzuo yàngzi ▹ *His anger was real. It wasn't an act.* 他真的生气了，并不是做做样子。Tā zhēnde shēngqì le, bìng bùshì zuòzuò yàngzi. **3** (*Theat*) [*of play, opera*] 幕 mù; [*of performer*] 节(節)目 jiémù [个 gè] ▹ *a show consisting of songs and comedy acts* 一场由演唱和喜剧节目组成的演出 yī chǎng yóu yǎnchàng hé xǐjù jiémù zǔchéng de yǎnchū **4** (*Law*) 法令 fǎlìng [项 xiàng] ▹ *the 1944 Education Act* 1944年教育

法令 yī jiǔ sì sì nián jiàoyù fǎlìng ▸ **acts of sabotage** 破坏(壞)行动(動) pòhuài xíngdòng ▸ **to act surprised/act the innocent** 装(裝)出惊(驚)讶(訝)/无(無)辜的样(樣)子 zhuāngchū jīngyà/wúgū de yàngzi ▸ **act of God** (*Law*) 不可抗力 bù kě kàng lì ▸ **in the act of doing sth** 正在做某事时(時) zhèngzài zuò mǒushì shí ▸ **to catch sb in the act (of doing sth)** 当(當)场(場)捉住某人(做某事) dāngchǎng zhuōzhù mǒurén(zuò mǒushì) ▸ **to get one's act together** (*inf*) 有条(條)理地筹(籌)划(劃) yǒu tiáolǐ de chóuhuà

▸**act on** VT FUS [+ *advice, information*] 根据(據)…行动(動) gēnjù…xíngdòng ▹ *The police are acting on information received last night.* 警察正根据昨晚收到的情报采取行动。Jǐngchá zhèng gēnjù zuówǎn shōudào de qíngbào cǎiqǔ xíngdòng.

▸**act out** VT **1** (*in play*) [+ *event*] 将(將)…表演出来(來) jiāng…biǎoyǎn chūlái ▹ *The students act out events from history.* 学生们将历史事件表演出来。Xuéshēngmen jiāng lìshǐ shìjiàn biǎoyǎn chūlái. **2** (*in behaviour*) [+ *fantasy, desire*] 用行动(動)表达(達) yòng xíngdòng biǎodá

▸**act up** (*inf*) VI **1** [*car, TV etc* +] 出故障 chū gùzhàng ▹ *The TV is acting up again.* 电视机又出故障了。Diànshìjī yòu chū gùzhàng le. **2** [*child* +] 捣(搗)乱(亂) dǎoluàn

acting ['æktɪŋ] **I** N [U] **1** (*profession*) 表演 biǎoyǎn **2** (*art*) 演技 yǎnjì **II** ADJ [+ *manager, director etc*] 代理的 dàilǐ de

★ **action** ['ækʃən] **I** N **1** [U] (*steps, measures*) 行动(動) xíngdòng [次 cì] [次 cì] ▹ *We need government action to prevent these crimes.* 我们需要政府采取行动阻止这些罪行。Wǒmen xūyào zhèngfǔ cǎiqǔ xíngdòng zǔzhǐ zhèxiē zuìxíng. **2** [C] (*deed*) 行为(為) xíngwéi [种 zhǒng] ▹ *He could not be held responsible for his actions.* 他不应被认为要对他的行为负责。Tā bù yīng bèi rènwéi yào duì tā de xíngwéi fùzé. **3** [C] (*movement*) 动(動)作 dòngzuò ▹ *Their every action was recorded.* 他们的每个动作都被录了下来。Tāmen de měi gè dòngzuò dōu bèi lùle xiàlái. **4** [C] (*in court*) 诉(訴)讼(訟) sùsòng ▹ *a libel action* 诽谤诉讼 fěibàng sùsòng **5** ▸ **the action** (*inf*) 精彩的活动(動) jīngcǎi de huódòng ▹ *Hollywood is where the action is now.* 现今精彩的活动都在好莱坞。Xiànjīn jīngcǎi de huódòng dōu zài Hǎoláiwū. **6** [U] (*Mil*) 行动(動) xíngdòng [次 cì] ▹ *military action* 军事行动 jūnshì xíngdòng **II** ADJ [+ *movie, hero*] 动(動)作的 dòngzuò de ▸ **to take action** 采(採)取行动(動) cǎiqǔ xíngdòng ▸ **to put a plan/policy into action** 将(將)计(計)划(劃)/政策付诸(諸)实(實)施 jiāng jìhuà/zhèngcè fù zhū shíshī ▸ **to bring an action against sb** (*Law*) 对(對)某人提出起诉(訴) duì mǒurén tíchū qǐsù ▸ **killed/missing/wounded in action** (*Mil*) 在战(戰)斗(鬥)中阵(陣)亡/失踪(蹤)/受伤(傷) zài zhàndòu zhōng zhènwáng/shīzōng/shòushāng ▸ **out of action** [+ *person*] 不能活动(動) bùnéng huódòng; [+ *machine*] 出故障 chū gùzhàng

action replay (*Brit*) N [C] 慢镜(鏡)头(頭)回放 mànjìngtóu huífàng

activate ['æktɪveɪt] VT [+ *mechanism*] 使活动(動) shǐ huódòng

active ['æktɪv] **I** ADJ **1** [+ *person, life*] 活跃(躍)的 huóyuè de **2** (*in organisation or campaign*) 积(積)极(極)的 jījí de **3** (*concrete, positive*) [+ *step, support*] 积(積)极(極)的 jījí de **4** (*operative*) 活跃(躍)的 huóyuè de **5** [+ *ingredient*] 速效的 sùxiào de **6** [+ *volcano*] 活的 huó de **II** N ▸ **the active** (*Ling*) 主动(動)语(語)态(態) zhǔdòng yǔtài ▸ **to play an active part** *or* **role (in sth)** 积(積)极(極)参(參)加(某事) jījí cānjiā(mǒushì)

actively ['æktɪvlɪ] ADV **1** (*directly*) [*involved* +] 积(積)极地 jījí de **2** (*positively*) [*encourage, discourage* +] 积(積)极(極)地 jījí de

activist ['æktɪvɪst] N [C] 积(積)极(極)分子 jījí fènzǐ [名 míng]

activity [æk'tɪvɪtɪ] **I** N **1** [U] (*being active*) 活跃(躍) huóyuè **2** [C] (*pastime*) 活动(動) huódòng [项 xiàng] **II activities** N PL (*actions*) 活动(動) huódòng

actor ['æktəʳ] N [C] 演员(員) yǎnyuán [个 gè]

actress ['æktrɪs] N [C] 女演员(員) nǚ yǎnyuán [个 gè]

actual ['æktjuəl] ADJ **1** (*real, genuine*) 真实(實)的 zhēnshí de **2** (*for emphasis*) 实(實)际(際)上的 shíjìshang de

★ **actually** ['æktjuəlɪ] ADV **1** (*indicating or emphasising truth*) 实(實)际(際)地 shíjì de ▹ *I was so bored I actually fell asleep.* 我闷透了，竟然睡着了。Wo mèntòu le, jìngrán shùizháo le. **2** (*in fact*) 事实(實)上 shìshíshang ▹ *I'm not a student, I'm a doctor, actually.* 我不是个学生，事实上，我是位医生。Wǒ bùshì gè xuéshēng, shìshí shàng, wǒ shì wèi yīshēng. ▸ **actually, we have the same opinion** 实(實)际(際)上我们(們)有同样(樣)的观(觀)点(點) shíjì shàng wǒmen yǒu tóngyàng de guāndiǎn

> **actually** 和 **really** 都用于强调陈述的内容。**actually** 用于强调某个情形下的确存在的事实，通常该事实出人意料，或者跟刚刚提及的事情形成对比。*All the characters in the novel actually existed...He actually began to cry.* 它还可以用来强调叙述的精确性或者表示对他人的更正。*No one was actually drunk...We couldn't actually see the garden.* 在谈话中使用 **really** 是为了强调正在谈论的内容。*I really think he's sick.* **really** 用于形容词或者副词前，与 **very** 含义相似。*This is really serious.*

acupuncture ['ækjupʌŋktʃəʳ] N [U] 针(針)灸疗(療)法 zhēnjiǔ liáofǎ

acupuncturist ['ækjupʌŋktʃərɪst] N [C] 针(針)灸医(醫)生 zhēnjiǔ yīshēng

acute [ə'kju:t] ADJ **1** (*severe*) [+ *embarrassment, shortage*] 严(嚴)重的 yánzhòng de **2** (*Med*) [+ *illness, infection*] 急性的 jíxìng de **3** (*keen, sharp*) [+ *mind, senses, observer*] 敏锐(銳)的 mǐnruì de **4** (*Math*) ▸ **acute angle** 锐(銳)角 ruìjiǎo **5** (*Ling*) [+ *accent*] 带(帶)重音符号(號)的 dài zhòngyīn fúhào de ▸ **e acute** 尖重音e jiānzhòngyīn e

acutely [ə'kju:tlɪ] ADV (*intensely*) [+ *aware, conscious*] 敏锐(銳)地 mǐnruì de; [+ *embarrassing, sensitive*] 剧(劇)烈地 jùliè de

AD ADV ABBR (= **Anno Domini**) 公元 gōngyuán

ad [æd] (*inf*) N (*advertisement*) 广(廣)告 guǎnggào

adamant ['ædəmənt] ADJ ▸ **to be adamant about sth/that...** 对(對)某事/…抱坚(堅)决(決)态(態)度 duì mǒushì/... bào jiānjué tàidu

adapt [ə'dæpt] **I** VT **1** (*alter, change*) 使适(適)合 shǐ shìhé **2** (*for television, cinema*) [+ *novel, play*] 改编(編) gǎibiān **II** VI ▸ **to adapt (to)** 适(適)应(應) shìyìng ▸ **to adapt o.s.** 使自己适(適)应(應) shǐ zìjǐ shìyìng

adaptable [ə'dæptəbl] ADJ [+ *person, object, material*] 适(適)应(應)性强(強)的 shìyìngxìng qiáng de

adaptor [ə'dæptəʳ] (*Elec*) N [C] 转(轉)接器 zhuǎnjiēqì [个 gè]

★**add** [æd] **I** VT **1** (*put in, put on*) 加入 jiārù ▹ *Add the grated cheese to the sauce.* 把磨碎的奶酪加入酱汁中。Bǎ mósuì de nǎilào jiārù jiàngzhī zhōng. **2** ▸ **to add (together)** (*calculate total of*) 加(起来(來)) jiā (qǐlái) ▹ *Add three and fourteen.* 3加14。Sān jiā shísì. ▹ *Add all the interest and other charges together.* 把所有的收益和其他收费加起来。Bǎ suǒyǒu de shōuyì hé qítā shōufèi jiā qǐlái. **3** (*say*) 补(補)充 bǔchōng **4** (*give*) 增添 zēngtiān ▹ *The herbs add flavour.* 香料增添特殊风味。Xiāngliào zēngtiān tèshū fēngwèi. **II** VI **1** (*calculate*) 做加法 zuò jiāfǎ **2** ▸ **to add to** (*increase*) 增加 zēngjiā ▹ *This all adds to the cost.* 这都增加了成本。Zhè dōu zēngjiāle chéngběn. ▸ **he added that...** 他接着(著)说(說)… tā jiēzhe shuō...

▸**add on** VT 附加 fùjiā ▹ *They add on 9 per cent for service.* 他们附加9%的服务费。Tāmen fùjiā bǎifēnzhī jiǔ de fúwùfèi.

▸**add up I** VI **1** (*calculate*) 做加法 zuò jiāfǎ ▹ *Many young children cannot add up.* 许多幼龄儿童不会做加法。Xǔduō yòulíng értóng bùhuì zuò jiāfǎ. **2** (*accumulate*) 累积(積) lěijī **3** (*appear consistent*) 合情合理 héqínghélǐ **II** VT (*calculate total of*) 把…加起来(來) bǎ...jiā qǐlai ▸ **it doesn't add up** 这(這)说(說)不通 zhè shuō bù tōng

▸**add up to** VT FUS (*amount to*) 合计(計)达(達) héjì dá

added ['ædɪd] ADJ (*extra*) 额(額)外的 éwài de

addict ['ædɪkt] N [C] **1** ▸ **drug/heroin addict** 吸毒/海洛因成瘾(癮)的人 xīdú/hǎiluòyīn chéngyǐn de rén [个 gè] **2** ▸ **TV/football addict** 电(電)视(視)/足球迷 diànshì/zúqiú mí

addicted [ə'dɪktɪd] ADJ ▸ **to be addicted to sth** [+ *drugs, drink*] 对(對)某事上瘾(癮) duì mǒushì shàngyǐn; [+ *TV, chocolate etc*] 对(對)某事入迷 duì mǒushì rùmí

addiction [ə'dɪkʃən] N [C/U] **1** (*to drugs, alcohol*) 瘾(癮) yǐn **2** (*to gambling, boxing*) 入迷 rùmí

addictive [ə'dɪktɪv] ADJ **1** [+ *drug*] 易上瘾(癮)的 yì shàngyǐn de **2** [+ *activity*] 使人入迷的 shǐ rén rùmí de

addition [ə'dɪʃən] N **1** [U] (*Math*) 加法 jiāfǎ **2** ▸ **(with/by) the addition of...** (通过(過))添加… (tōngguò) tiānjiā... **3** [C] ▸ **addition (to)** (*thing added*) 增添物 zēngtiānwù ▸ **in addition** 另外 lìngwài ▸ **in addition to** 除…之外 chú...zhīwài

additional [ə'dɪʃənl] ADJ 附加的 fùjiā de

additive ['ædɪtɪv] N [C] 添加剂(劑) tiānjiājì

address [ə'drɛs] **I** N [C] **1** (*postal address*) 地址 dìzhǐ [个 gè] **2** (*speech*) 演说(說) yǎnshuō **II** VT **1** [+ *letter, parcel*] 在…上写(寫)收件人姓名地址 zài...shang xiě shōujiànrén xìngmíng dìzhǐ **2** (*frm: speak to*) [+ *person*] 对(對)…说(說)话(話) duì...shuōhuà; [+ *meeting, conference etc*] 向…讲(講)话(話) xiàng...jiǎnghuà ▸ **to give an address (to sb/at sth)** (*speech*) (对(對)某人/在某场(場)合)做演讲(講) (duì mǒurén/zài mǒu chǎnghé)zuò yǎnjiǎng ▸ **form of address** 称(稱)呼 chēnghū ▸ **to be addressed to sb** [+ *letter, parcel*] 是写(寫)给(給)某人的 shì xiěgěi mǒurén de ▸ **to address a remark to sb** (*frm*) 对(對)某人进(進)行评(評)论(論) duì mǒurén jìnxíng pínglùn ▸ **to address sb as...** 称(稱)某人为(為)… chēng mǒurén wéi... ▸ **to address (o.s. to) a problem** 致力于(於)处(處)理某个(個)问(問)题(題) zhìlì yú chǔlǐ mǒu gè wèntí

address book N [C] 通讯(訊)录(錄) tōngxùnlù

adept ['ædɛpt] ADJ ▸ **adept (at)** 熟练(練)的 shúliàn de

adequate ['ædɪkwɪt] ADJ **1** (*sufficient*) 足够(夠)的 zúgòu de **2** (*satisfactory*) 符合要求的 fúhé yāoqiú de **3** (*appropriate*) [+ *response, reply etc*] 恰当(當)的 qiàdàng de

adequately ['ædɪkwɪtlɪ] ADV **1** (*sufficiently*) 足够(夠)地 zúgòu de **2** (*satisfactorily*) 恰当(當)地 qiàdàng de

adhere [əd'hɪəʳ] VI **1** ▸ **adhere to** (*frm: stick to*) 粘附 niánfù **2** (*fig: abide by*) [+ *rule, decision, treaty*] 遵守 zūnshǒu **3** (*hold to*) [+ *opinion, belief*] 坚(堅)持 jiānchí

adhesive [əd'hi:zɪv] **I** N [C/U] 粘合剂(劑) niánhéjì **II** ADJ 有粘性的 yǒu niánxìng de

adhesive tape N [U] **1** (*Brit*) 胶(膠)带(帶) jiāodài **2** (*US: Med*) 绊(絆)创(創)膏 bànchuànggāo

a

adjacent [ə'dʒeɪsənt] ADJ 邻(鄰)近的 línjìn de ▸ **adjacent to** 邻(鄰)近 línjìn
adjective ['ædʒɛktɪv] N [c] 形容词(詞) xíngróngcí [个 gè]
adjoining [ə'dʒɔɪnɪŋ] ADJ [+ *room, office etc*] 相邻(鄰)的 xiānglín de
adjourn [ə'dʒəːn] **I** VT (*break off*) [+ *meeting, trial*] 休 xiū **II** VI (*break off*) [*meeting* +] 休会(會) xiūhuì; [*trial* +] 休庭 xiūtíng ▸ **they adjourned to the pub** (*Brit; inf*) 他们(們)转(轉)移到酒吧去了 tāmen zhuǎnyí dào jiǔbā qù le
adjudicate [ə'dʒuːdɪkeɪt] (*frm*) **I** VT [+ *claim, dispute, contest*] 裁决(決) cáijué **II** VI ▸ **to adjudicate (on sth)** (就某事)做出裁定 (jiù mǒushì) zuòchū cáidìng
adjust [ə'dʒʌst] **I** VT **1** (*change*) [+ *approach, policy etc*] 调(調)整 tiáozhěng **2** (*rearrange*) [+ *clothing*] 整理 zhěnglǐ **3** [+ *device, position, setting*] 校准(準) jiàozhǔn **4** [+ *eyes, vision*] 使适(適)应(應) shǐ shìyìng **II** VI **1** (*adapt*) 适(適)应(應) shìyìng **2** ▸ **to adjust to** 适(適)应(應) shìyìng ▸ **to adjust** *or* **become adjusted (to sth)** [*eyes, vision* +] 适(適)应(應)(某事) shìyìng(mǒushì)
adjustable [ə'dʒʌstəbl] ADJ 可调(調)节(節)的 kě tiáojié de
adjustment [ə'dʒʌstmənt] N [c] **1** (*to machine*) 校正 jiàozhèng **2** [*of prices, wages*] 调(調)整 tiáozhěng [次 cì] **3** (*in behaviour, thinking*) 改变(變) gǎibiàn ▸ **to make an adjustment to sth** 对(對)某物作调(調)整 duì mǒuwù zuò tiáozhěng
admin ['ædmɪn] (*inf*) N 管理 guǎnlǐ ▸ **to do the admin** 做杂(雜)事 zuò záshì
administer [əd'mɪnɪstə^r] VT **1** [+ *country, department*] 掌管 zhǎngguǎn **2** [+ *test*] 监(監)管 jiānguǎn **3** (*frm*) [+ *drug*] 使用 shǐyòng ▸ **to administer justice** 执(執)法 zhífǎ
administration [ədmɪnɪs'treɪʃən] N **1** [U] (*organizing, supervising*) 管理 guǎnlǐ **2** [c] (*managing body*) 管理部门(門) guǎnlǐ bùmén ▸ **the (Reagan/Clinton) Administration** (*US*) (里根/克林顿(頓))政府 (Lǐgēn/Kèlíndùn) zhèngfǔ
administrative [əd'mɪnɪstrətɪv] ADJ [+ *costs, staff, system*] 行政的 xíngzhèng de
administrator [əd'mɪnɪstreɪtə^r] N [c] 行政人员(員) xíngzhèng rényuán [名 míng]
admiral ['ædmərəl] N [c] 海军(軍)上将(將) hǎijūn shàngjiàng [位 wèi]
admiration [ædmə'reɪʃən] N [U] 钦(欽)佩 qīnpèi ▸ **in admiration** [*stare, gasp etc* +] 满(滿)怀(懷)钦(欽)佩 mǎn huái qīnpèi ▸ **to have great admiration for sth/sb** 对(對)某物/某人无(無)限钦(欽)佩 duì mǒuwù/mǒurén wúxiàn qīnpèi
admire [əd'maɪə^r] VT **1** (*like, respect*) [+ *person*] 钦(欽)佩 qīnpèi **2** (*look at*) [+ *something beautiful*] 欣赏(賞) xīnshǎng ▸ **I admire your courage/honesty** 我钦(欽)佩你的勇气(氣)/诚(誠)实(實) wǒ qīnpèi nǐ de yǒngqì/chéngshí
admirer [əd'maɪərə^r] N [c] **1** ▸ **an admirer of sth/sb** (*fan*) 某物/某人的赞(讚)赏(賞)者 mǒuwù/mǒurén de zànshǎngzhě **2** (*suitor*) 爱(愛)慕者 àimùzhě [名 míng]
admission [əd'mɪʃən] N **1** [c/U] (*admittance*) 进(進)入许(許)可 jìnrù xǔkě [个 gè] **2** [c/U] (*of country to organization*) 加入许(許)可 jiārù xǔkě **3** [c/U] (*to hospital*) 住院 zhùyuàn **4** [U] (*to exhibition, night club etc*) 进(進)入 jìnrù **5** [U] (*also*: **admission charge, admission fee**) 入场(場)费(費) rùchǎngfèi **6** [c/U] (*confession*) 承认(認) chéngrèn ▸ **admission free/£2.50** 免费(費)入场(場)/入场(場)费(費)2.50英镑(鎊) miǎnfèi rùchǎng/rùchǎngfèi èrdiǎnwǔ yīngbàng ▸ **to gain admission (to)** (*frm*) 获(獲)准进(進)入 huòzhǔn jìnrù ▸ **by his/her own admission** 据(據)他/她自己承认(認) jù tā/tā zìjǐ chéngrèn ▸ **an admission of guilt/failure** 承认(認)罪责(責)/失败(敗) chéngrèn zuìzé/shībài
admit [əd'mɪt] VT **1** (*confess*) 承认(認) chéngrèn **2** (*accept*) [+ *defeat, responsibility*] 接受 jiēshòu **3** (*permit to enter*) (*to club, organization*) 接纳(納) jiēnà; (*to place, area*) 准许(許)…进(進)入 zhǔnxǔ…jìnrù ▸ **he admits that...** 他承认(認)… tā chéngrèn… ▸ **I must admit that...** 我不得不承认(認)… wǒ bùdébù chéngrèn… ▸ **to be admitted to hospital** 住进(進)医(醫)院 zhùjìn yīyuàn ▸ **"children not admitted"** "儿(兒)童不得入内(內)" "értóng bùdé rù nèi" ▸ **this ticket admits two** 这(這)张(張)票可让(讓)两(兩)人入场(場) zhè zhāng piào kě ràng liǎng rén rùchǎng
▸ **admit to** VT FUS (*confess*) [+ *murder etc*] 承认(認) chéngrèn ▸ **to admit to doing sth** *or* **having done sth** 承认(認)做过(過)某事 chéngrèn zuòguò mǒushì
admittance [əd'mɪtəns] N [U] (*to building, hospital*) 准许(許)进(進)入 zhǔnxǔ jìnrù; (*as member, student etc*) 进(進)入权(權) jìnrùquán ▸ **"no admittance"** "禁止入内(內)" "jìnzhǐ rù nèi" ▸ **to gain admittance (to sth)** (*cross threshold*) 有权(權)进(進)入(某处(處)) yǒuquán jìnrù(mǒ uchù); (*as member, student, employee etc*) 被(某处(處))录(錄)取 bèi(mǒu chù)lùqǔ
admittedly [əd'mɪtɪdlɪ] ADV 公认(認)地 gōngrèn de
adolescence [ædəu'lɛsns] N [U] 青春期 qīngchūnqī
adolescent [ædəu'lɛsnt] **I** ADJ 青春期的 qīngchūnqī de **II** N [c] (*teenager*) 青少年 qīngshàoniān [个 gè]
adopt [ə'dɔpt] VT **1** [+ *plan, approach, attitude*] 采(採)用 cǎiyòng **2** [+ *child*] 收养(養) shōuyǎng
adopted [ə'dɔptɪd] ADJ **1** [+ *child*] 被收养(養)的 bèi shōuyǎng de **2** [+ *country, home*] 移居的 yíjū de

adoption [ə'dɔpʃən] N **1** [c/ʊ] [*of child*] 收养(養) shōuyǎng **2** [ʊ] [*of policy*] 采(採)用 cǎiyòng
adoptive [ə'dɔptɪv] ADJ **1** [+ *parent, mother, father*] 收养(養)的 shōuyǎng de **2** [+ *country, town, city etc*] 移居的 yíjū de
adore [ə'dɔːʳ] VT **1** [+ *person*] 敬慕 jìngmù **2** (*inf*) [+ *film, activity, food etc*] 喜爱(愛) xǐ'ài
adorn [ə'dɔːn] VT (*decorate*) 装(裝)饰(飾) zhuāngshì ▸ **adorned with** 用…装(裝)饰(飾)的 yòng…zhuāngshì de
Adriatic [eɪdrɪ'ætɪk] N ▸ **the Adriatic (Sea)** 亚(亞)得里亚(亞)海 Yàdélǐyà Hǎi
adrift [ə'drɪft] ADJ **1** [+ *boat, crew*] 漂浮的 piāofú de **2** (*fig*) [+ *person*] 漂泊无(無)依的 piāobó wúyī de ▸ **to come adrift** (*Brit*) [*wire, rope, fastening etc* +] 脱(脫)落 tuōluò ▸ **to set adrift** [+ *boat, crew*] 使漂流 shǐ piāoliú
ADT (*US*) ABBR (= **Atlantic Daylight Time**) 大西洋夏令时(時) Dàxīyáng Xiàlìngshí
adult ['ædʌlt] **I** N [c] **1** (*person*) 成年人 chéngniánrén [个 gè] **2** (*animal, bird, insect*) 成体(體) chéngtǐ **II** ADJ **1** (*grown-up*) [+ *life*] 成年的 chéngnián de **2** [+ *animal, bird, insect*] 成熟的 chéngshú de **3** (*for adults*) 成人的 chéngrén de **4** (*explicit*) [+ *literature, film*] 色情的 sèqíng de; (*mature*) 成熟的 chéngshú de
adultery [ə'dʌltərɪ] N [ʊ] 通奸(姦) tōngjiān ▸ **to commit adultery** 有通奸(姦)行为(為) yǒu tōngjiān xíngwéi
adulthood ['ædʌlthud] N [ʊ] 成年 chéngnián
advance [əd'vɑːns] **I** VI **1** (*move forward*) 前进(進) qiánjìn **2** (*make progress*) 进(進)展 jìnzhǎn **II** N **1** [c/ʊ] (*development*) 发(發)展 fāzhǎn **2** [c/ʊ] (*movement forward*) 挺进(進) tǐngjìn **3** [c] (*money*) 预(預)付款 yùfùkuǎn **III** ADJ [+ *notice, warning*] 预(預)先的 yùxiān de **IV** VT **1** [+ *money*] 预(預)付 yùfù **2** (*propose*) [+ *theory, idea*] 提出 tíchū **3** (*bring forward*) 提前 tíqián **V** **advances** N PL ▸ **to make advances to sb** (*o.f.: amorously*) 向某人献(獻)殷(慇)勤 xiàng mǒurén xiàn yīnqín ▸ **troops are advancing on the capital** 部队(隊)正朝首都挺进(進) bùduì zhèng cháo shǒudū tǐngjìn ▸ **in advance** [*book, prepare, plan* +] 提前 tíqián ▸ **in advance of** (*before*) 在…之前 zài…zhīqián ▸ **(to pay sb) an advance on sth** 预(預)付(某人)某事的费(費)用 yùfù(mǒurén)mǒushì de fèiyòng ▸ **advance booking** (*Theat*) 提前预(預)订(訂) tíqián yùdìng
advanced [əd'vɑːnst] ADJ **1** (*highly developed*) [+ *system, device*] 先进(進)的 xiānjìn de; [+ *country*] 发(發)达(達)的 fādá de **2** (*Scol*) [+ *student, pupil*] 高年级(級)的 gāoniánjí de; [+ *course, work*] 高等的 gāoděng de **3** [+ *stage, level*] ▸ **to be at/reach an advanced stage/level** 到晚期的 dào wǎnqī de **4** (*frm*) [+ *years, age*] 老的 lǎo de
advantage [əd'vɑːntɪdʒ] N [c] **1** (*benefit*) 好处(處) hǎochù [种 zhǒng] **2** (*favourable factor*) 有利因素 yǒulì yīnsù [个 gè] **3** (*superiority*) 优(優)势(勢) yōushì **4** (*Tennis*) 优(優)势(勢)分 yōushìfēn ▸ **to have the advantage of being/doing sth** 由于(於)某事/做某事而占(佔)据(據)优(優)势(勢) yóuyú mǒushì/zuò mǒushì ér zhànjù yōushì ▸ **to take advantage of** [+ *person*] 利用 lìyòng; [+ *opportunity*] 利用 lìyòng ▸ **to use** *or* **turn sth to one's advantage** 使某事转(轉)化为(為)对(對)自己有利 shǐ mǒushì zhuǎnhuà wéi duì zìjǐ yǒulì ▸ **the advantage of x over y** x与(與)y相比所具有的优(優)势(勢) x yǔ y xiāngbǐ suǒ jùyǒu de yōushì ▸ **to have an advantage over sb** 胜(勝)过(過)某人 shèng guò mǒurén ▸ **to (best/good) advantage** 达(達)到(最佳/很好的)效果 dádào(zuì jiā/hěnhǎo de)xiàoguǒ
advantageous [ædvən'teɪdʒəs] ADJ 有利的 yǒulì de ▸ **advantageous to sb** 对(對)某人有利的 duì mǒurén yǒulì de
advent ['ædvənt] N **1** ▸ **the advent of** (*arrival*) …的出现(現) … de chūxiàn **2** (*Rel*) ▸ **Advent** 降临(臨)节(節) Jiànglín Jié
adventure [əd'vɛntʃəʳ] N **1** [c] (*exciting event*) 冒险(險)活动(動) màoxiǎn huódòng [次 cì] **2** [ʊ] (*excitement*) 冒险(險) màoxiǎn
adventurous [əd'vɛntʃərəs] ADJ **1** (*bold*) [+ *person*] 喜欢(歡)冒险(險)的 xǐhuan màoxiǎn de **2** (*innovative*) [+ *thing*] 冒险(險)的 màoxiǎn de
adverb ['ædvəːb] N [c] 副词(詞) fùcí [个 gè]
adversary ['ædvəsərɪ] N [c] 对(對)手 duìshǒu
adverse ['ædvəːs] ADJ [+ *effect, conditions*] 不利的 bùlì de; [+ *reaction, publicity*] 敌(敵)对(對)的 díduì de
adversity [əd'vəːsɪtɪ] N [ʊ/c] 逆境 nìjìng ▸ **in the face of adversity** 面临(臨)逆境 miànlín nìjìng
advert ['ædvəːt] (*Brit*) N 广(廣)告 guǎnggào [美 = ad]
advertise ['ædvətaɪz] **I** VI (*in newspaper, on television etc*) 做广(廣)告 zuò guǎnggào **II** VT **1** [+ *product, event*] 为(為)…做广(廣)告 wèi…zuò guǎnggào **2** [+ *job*] 刊登 kāndēng ▸ **to advertise for sth/sb** [+ *staff, accommodation*] 登广(廣)告征(徵)求某物/某人 dēng guǎnggào zhēngqiú mǒuwù/mǒurén
advertisement [əd'vəːtɪsmənt] (*Comm*) N [c] (*in newspaper, classified ads, on television*) 广(廣)告 guǎnggào [则 zé] ▸ **to be an advertisement for sth** (*esp Brit*) 为(為)某事做宣传(傳) wèi mǒushì zuò xuānchuán
advertiser ['ædvətaɪzəʳ] N [c] (*in newspaper, on television etc*) 广(廣)告人 guǎnggàorén [名 míng]
advertising ['ædvətaɪzɪŋ] N [ʊ] **1** (*advertisements*) 广(廣)告 guǎnggào **2** (*industry*) 广(廣)告业(業) guǎnggàoyè
advertising agency N [c] 广(廣)告公司 guǎnggào gōngsī [个 gè]
advertising campaign N [c] 宣传(傳)活

动(動) xuānchuán huódòng [次 cì]

advice [əd'vaɪs] N [U] 忠告 zhōnggào ▸ **a piece of advice** 一条(條)建议(議) yītiáo jiànyì ▸ **to ask (sb) for advice (about/on sth)** 征(徵)求(某人)(关(關)于(於)某事的)意见(見) zhēngqiú(mǒurén)(guānyú mǒushì de) yìjiàn ▸ **to take (legal) advice** (*frm*) 征(徵)求(律师(師)的)意见(見) zhēngqiú(lǜshī de) yìjiàn ▸ **take my advice** (*inf*) 听(聽)我的劝(勸)告 tīng wǒ de quàngào

请勿将 **advice** 和 **advise** 混淆。**advice** 含有字母 **c**，是名词。*She gave me some useful advice...Let me give you a piece of advice.* **advise** 含有字母 **s**，是动词。*The teacher advised him to study harder if he wanted to do well in his exams.*

advisable [əd'vaɪzəbl] (*frm*) ADJ ▸ **it is/would be advisable to...** …是可取的 …shì kěqǔ de

advise [əd'vaɪz] VT **1** (*tell*) ▸ **to advise sb to do sth** 劝(勸)某人做某事 quàn mǒurén zuò mǒushì **2** (*help*) ▸ **to advise sb on sth** 在某事上劝(勸)某人 zài mǒushì shang quàn mǒurén **3** (*frm: inform*) ▸ **to advise sb of sth** 将(將)某事通知某人 jiāng mǒushì tōngzhī mǒurén ▸ **to advise sb against sth/doing sth** 劝(勸)某人不要接受某事/做某事 quàn mǒurén bùyào jiēshòu mǒushì/zuò mǒushì

用法参见 **advice**

adviser [əd'vaɪzəʳ] N [C] 顾(顧)问(問) gùwèn [名 míng]

advisory [əd'vaɪzərɪ] (*frm*) ADJ [+ *role, capacity, body etc*] 咨询(詢)的 zīxún de ▸ **in an advisory capacity** 以顾(顧)问(問)身份 yǐ gùwèn shēnfèn

advocate [*vb* 'ædvəkeɪt, *n* 'ædvəkɪt] **I** (*frm*) VT (*support, recommend*) 拥(擁)护(護) yōnghù **II** N [C] **1** (*barrister*) 律师(師) lǜshī [名 míng] **2** (*frm: supporter, proponent*) 拥(擁)护(護)者 yōnghùzhě [名 míng]

Aegean [iː'dʒiːən] N ▸ **the Aegean (Sea)** 爱(愛)琴海 Àiqín Hǎi

aerial ['ɛərɪəl] **I** (*Brit*) N [C] 天线(線) tiānxiàn [根 gēn] [美 = **antenna**] **II** ADJ [+ *attack, photograph*] 空中的 kōngzhōng de

aerobics [ɛə'rəubɪks] **I** N [U] 有氧健身操 yǒuyǎng jiànshēncāo **II** CPD [+ *class, instructor*] 健美操 jiànměicāo

aeroplane ['ɛərəpleɪn] (*Brit*) N [C] 飞(飛)机(機) fēijī [架 jià] [美 = **airplane**]

aerosol ['ɛərəsɔl] N [C] (*can, spray*) 按钮(鈕)式喷雾(霧)器 ànniǔshì pēnwùqì [个 gè]

aesthetic [iːs'θɛtɪk] ADJ 审(審)美的 shěnměi de

affable ['æfəbl] ADJ [+ *person, nature*] 和蔼(藹)可亲(親)的 hé'ǎi kěqīn de

affair [ə'fɛəʳ] **I** N **1** [S] (*matter, business*) 事情 shìqing **2** [C] (*romance*) 风(風)流韵(韻)事 fēngliú yùnshì [桩 zhuāng] **II affairs** N PL **1** (*matters*) 事务(務) shìwù **2** (*personal concerns*) 私事 sīshì ▸ **to have an affair (with sb)** (和某人)发(發)生暧昧关(關)系(係) (hé mǒurén) fāshēng àimèi guānxi ▸ **that's your/my affair** 那是你/我的私事 nà shì nǐ/wǒ de sīshì

affect [ə'fɛkt] VT **1** (*influence*) [+ *person, object*] 影响(響) yǐngxiǎng **2** [*disease* +] 侵袭(襲) qīnxí **3** (*emotionally*) 感动(動) gǎndòng **4** (*liter: feign*) ▸ **to affect interest/concern** 佯装(裝)感兴(興)趣/关(關)心 yángzhuāng gǎn xìngqù/guānxīn

请勿将 **affect** 和 **effect** 混淆。如果某事物 **affects** 某人或某事，则它影响了该人或该事，或者使他们发生改变。*Fitness affects you mentally and physically, and how you feel affects your relationships and your ability to cope...Noise affects different people in different ways.* **affect** 的名词形式是 **effect**。如果某事物 **affect** 你，它对你有 **effect**。*...the effect of noise on people in factories...the effect of the anaesthetic...* **effect** 也可以用作动词。如果你 **effect** 某事，例如某个变化或修理某物，你促使该事发生或做了这件事。**effect** 作为动词时，是一个比较正式的词汇，而且比作为名词时的用法少见得多。*She had effected a few rather hasty repairs.*

affected [ə'fɛktɪd] ADJ [+ *behaviour, person*] 做作的 zuòzuo de

affection [ə'fɛkʃən] **I** N [U] (*fondness*) 喜爱(愛) xǐ'ài **II affections** N PL 爱(愛)慕 àimù ▸ **to feel affection for sb** 喜欢(歡)某人 xǐhuān mǒurén ▸ **to win sb's affection** 赢(贏)得某人的爱(愛)慕 yíngdé mǒurén de àimù

affectionate [ə'fɛkʃənɪt] ADJ [+ *person, kiss, animal*] 有感情的 yǒu gǎnqíng de ▸ **to be affectionate towards sb** 钟(鍾)爱(愛)某人 zhōng'ài mǒurén

affinity [ə'fɪnɪtɪ] N **1** [S] (*bond*) ▸ **to have an affinity with sb/sth** 和某人/某物有亲(親)近感 hé mǒurén/mǒuwù yǒu qīnjìngǎn **2** [C] (*resemblance*) 相似 xiāngsì

afflict [ə'flɪkt] VT ▸ **to be afflicted with** *or* **by sth** 被某事所折磨 bèi mǒushì suǒ zhémó

affluent ['æfluənt] ADJ (*wealthy*) [+ *person, surroundings*] 富裕的 fùyù de

afford [ə'fɔːd] VT **1** ▸ **to be able to afford (to buy/pay) sth** 买(買)/支付得起某物 mǎi/zhīfùdeqǐ mǒuwù **2** ▸ **to be able to afford (to do) sth** (*permit o.s.*) 担(擔)负(負)得起(做)某事 dānfùdeqǐ (zuò) mǒushì **3** (*frm: provide*) [+ *opportunity, protection*] 提供 tígōng

affordable [ə'fɔːdəbl] ADJ 买(買)得起的 mǎideqǐ de

Afghanistan [æf'gænɪstæn] N 阿富汗 Āfùhàn

afield [ə'fiːld] ADV ▸ **(from) far afield** (来(來)自)远(遠)方 (láizì) yuǎnfāng ▸ **(from) further** *or* **farther afield** (来(來)自)更远(遠)的地方 (láizì)gèng yuǎn de dìfāng

afloat [ə'fləut] ADV ▸ **to keep sth afloat** 使某物浮在水面上 shǐ mǒuwù fúzài shuǐmiàn shang; (*financially*) 使某物维(維)持下去 shǐ mǒuwù wéichí xiàqù

afoot [əˈfut] ADV ▸ **there is something afoot** 某事正在进(進)行中 mǒushì zhèngzài jìnxíng zhōng ▸ **plans/moves are afoot to...** 正有计(計)划(劃)/行动(動)··· zhèng yǒu jìhuà/xíngdòng...

afraid [əˈfreɪd] ADJ (*frightened*) 害怕的 hàipà de ▸ **to be afraid of sb/sth** 害怕某人/某物 hàipà mǒurén/mǒuwù ▸ **to be afraid to do sth/of doing sth** 怕做某事 pà zuò mǒushì ▸ **to be afraid for sb** 担(擔)心某人 dānxīn mǒurén ▸ **to be afraid that...** (*worry, fear*) 担(擔)心··· dānxīn...; (*expressing apology, disagreement*) 恐怕··· kǒngpà... ▸ **don't be afraid to...** (*expressing reassurance*) 不要有顾(顧)虑(慮)··· bùyào yǒu gùlǜ... ▸ **I'm afraid so/not** 恐怕是/不是的 kǒngpà shì/bùshì de

afresh [əˈfrɛʃ] ADV [*start* +] 重新 chóngxīn

Africa [ˈæfrɪkə] N 非洲 Fēizhōu

African [ˈæfrɪkən] **I** ADJ 非洲的 Fēizhōu de **II** N [C] (*person*) 非洲人 Fēizhōurén [个 gè]

African-American [æfrɪkənəˈmɛrɪkən] **I** N [C] 美国(國)黑人 Měiguó hēirén [个 gè] **II** ADJ 美国(國)黑人的 Měiguó hēirén de

★ **after** [ˈɑːftəʳ] **I** PREP **1** (*in time*) 在···以后(後) zài...yǐhòu ▹ *She arrived just after breakfast.* 她刚好在早饭后到。Tā gānghǎo zài zǎofàn hòu dào. **2** (*in place, order*) 在···后(後)面 zài...hòumiàn ▹ *I wrote my signature after Penny's.* 我把名字签在彭妮的后面。Wǒ bǎ míngzì qiān zài Péng Nī de hòumiàn. **II** ADV (*afterwards*) 以后(後) yǐhòu ▹ *Soon after, he began preparing the meal.* 不久以后，他开始准备饭菜。Bùjiǔ yǐhòu, tā kāishǐ zhǔnbèi fàncài. **III** CONJ (*once*) 在···以后(後) zài...yǐhòu ▹ *They felt ill after they had eaten.* 他们吃完后感到不舒服。Tāmen chīwán hòu gǎndào bù shūfu. ▸ **the day after tomorrow** 后(後)天 hòutiān ▸ **it's ten after eight** (*US*) 现(現)在是8点(點)过(過)10分 xiànzài shì bādiǎn guò shífēn [英 = **past**] ▸ **day after day/year after year** 日复(復)一日/年复(復)一年 rì fù yī rì/nián fù yī nián ▸ **to call/shout/stare after sb** 在某人身后(後)叫/喊/瞪眼 zài mǒurén shēn hòu jiào/hǎn/dèngyǎn ▸ **the second biggest, after Germany** 紧(緊)随(隨)德国(國)之后(後)的第二大 jǐnsuí Déguó zhīhòu de dì èr dà ▸ **to clean/tidy/clear up after sb** (*for*) 替某人打扫(掃)/整理/清理 tì mǒurén dǎsǎo/zhěnglǐ/qīnglǐ ▸ **to be after sb** (*chasing, following*) 追逐某人 zhuīzhú mǒurén ▹ *The police are after him.* 警察在追缉他。Jǐngchá zài zhuījī tā. ▸ **to be after sth** (*trying to get*) 想得到某物 xiǎngdédào mǒuwù ▸ **to ask after sb** 询(詢)问(問)某人的情况(況) xúnwèn mǒurén de qíngkuàng ▸ **to be named after sb/sth** (*Brit*) 以某人/某物的名字命名 yǐ mǒurén/mǒuwù de míngzì mìngmíng ▸ **after all** 毕(畢)竟 bìjìng ▸ **after you!** 您先请(請)！Nín xiān qǐng! ▸ **after doing sth** 做完某事后(後) zuòwán mǒushì hòu ▹ *after flying to London* 飞抵伦敦后 fēi dǐ Lúndūn hòu

> **after, afterwards** 和 **later** 用于表示某事发生在说话的时间，或者某个特定事情之后。**after** 可以和 **not long, shortly** 等连用。*After dinner she spoke to him...Shortly after, she called me.* 在无须指明某个特定时间或事件时，可以用 **afterwards**。*Afterwards we went to a night club...You'd better come and see me later.* **afterwards** 可以和 **soon, shortly** 等连用。*Soon afterwards, he came to the clinic.* **later** 表示某事发生在说话之后，可以和 **a little, much** 或 **not much** 等连用。*A little later, the lights went out... I learned all this much later.* 可以用 **after, afterwards** 和 **later** 后跟表示时间段的词语，表示某事发生的时间。*... five years after his death...She wrote about it six years later/afterwards.*
>
> **after, afterwards** 和 **later** 用于表示某事发生在说话的时间，或者某个特定事情之后。**after** 可以和 **not long, shortly** 等连用。*After dinner she spoke to him...I returned to England after visiting India...Shortly after, she called me.* 在无须指明某个特定时间或事件时，可以用 **afterwards**。*Afterwards we went to a night club...You'd better come and see me later.* **afterwards** 可以和 **soon, shortly** 等连用。*Soon afterwards, he came to the clinic.* **later** 表示某事发生在说话之后，可以和 **a little, much** 或 **not much** 等连用。*I'll go and see her later...A little later, the lights went out... I learned all this much later.* 可以用 **after, afterwards** 和 **later** 后跟表示时间段的词语，表示某事发生的时间。*... five years after his death...She wrote about it six years later/afterwards.*

aftermath [ˈɑːftəmɑːθ] N ▸ **(in) the aftermath (of)** (在)(···)结(結)束后(後)的一个(個)时(時)期里(裡) (zài)(...)jiéshù hòu de yīgè shíqī lǐ

afternoon [ˈɑːftəˈnuːn] N [C/U] 下午 xiàwǔ [个 gè] ▸ **this afternoon** 今天下午 jīntiān xiàwǔ ▸ **tomorrow/yesterday afternoon** 明天/昨天下午 míngtiān/zuótiān xiàwǔ ▸ **(good) afternoon!** (*goodbye*) 再见(見)！zàijiàn!; (*hello*) 下午好！xiàwǔ hǎo!

afters [ˈɑːftəz] N [PL] 正餐后(後)的甜食 zhèngcān hòu de tiánshí

after-shave (lotion) [ˈɑːftəʃeɪv-] N [U] 须(鬚)后(後)(润(潤)肤(膚))水 xūhòu (rùnfū) shuǐ

aftersun [ˈɑːftəʳsʌn] N [U] 晒后(後)修复(復)霜 shàihòu xiūfùshuāng

afterwards [ˈɑːftəwədz], (*US*) **afterward** [ˈɑːftəwəd] ADV 以后(後) yǐhòu

▮ 用法参见 **after**

★ **again** [əˈgɛn] ADV **1** (*a second or another time*) 又一次地 yòu yī cì de ▹ *He kissed her again.* 他又

一次吻了她。Tā yòu yī cì wěnle tā. **2** *(returning to previous state)* 又 yòu ▷ *She opened the door and then closed it again.* 她打开门，随着又关上了。Tā dǎkāi mén, suízhe yòu guānshàng le. ▸ **again and again/time and again** 一再 yīzài ▸ **now and again** 时(時)而 shí'ér ▸ **(but) then** *or* **there again** (但)另一方面 (dàn)lìng yī fāngmiàn

★ **against** [əˈɡɛnst] **I** PREP **1** *(leaning on, touching)* 紧(緊)靠在 jǐnkào zài ▷ *He stood the ladder against the wall.* 他把梯子紧靠在墙上。Tā bǎ tīzi jǐn kào zài qiáng shàng. ▷ *She pressed her nose against the window.* 她把鼻子紧贴在窗户上。Tā bǎ bízi jǐn tiē zài chuānghù shàng. **2** *(opposed to)* 反对(對) fǎnduì ▷ *He is against privatization.* 他反对私有化。Tā fǎnduì sīyǒuhuà. **3** *(towards) (expressing hostility)* 针(針)对(對) zhēnduì ▷ *violence against women* 针对妇女的暴力 zhēnduì fùnǚ de bàolì **4** *(in game or competition)* 同…对(對)抗 tóng...duìkàng **5** ▸ **to protect against sth** 保护(護)免受某种(種)伤(傷)害 bǎohù miǎnshòu mǒuzhǒng shānghài ▷ *The cream protects against sunburn.* 这种润肤霜保护皮肤免受晒伤。Zhè zhǒng rùnfūshuāng bǎohù pífū miǎn shòu shàishāng. **6** *(compared to)* 和…对(對)比 hé...duìbǐ ▷ *The pound has fallen against the dollar.* 英镑对美元的比值有所下跌。Yīngbàng duì měiyuán de bǐzhí yǒu suǒ xiàdiē. **II** ADV *(in opposition)* 反对(對) fǎnduì ▷ *283 votes in favour and 29 against* 283票赞成，29票反对 èrbǎibāshísān piào zànchéng, èrshíjiǔ piào fǎnduì ▸ **they'll be playing against Australia** 他们(們)将(將)在比赛(賽)中同澳大利亚(亞)队(隊)对(對)抗 tāmen jiāng zài bǐsài zhōng tóng Àodàlìyà duì duìkàng ▸ **against the law/rules** 违(違)反法律/规(規)则(則) wéifǎn fǎlǜ/guīzé ▸ **against sb's wishes/advice** 违(違)背某人的意愿(願)/忠告 wéibèi mǒurén de yìyuàn/zhōnggào ▸ **against one's will** 违(違)背自己的意愿(願) wéibèi zìjǐ de yìyuàn ▸ **to have sth against sb** 讨(討)厌(厭)某人 tǎoyàn mǒurén ▸ **to have nothing against sb** 并(並)不讨(討)厌(厭)某人 bìng bù tǎoyàn mǒurén ▸ **against a background of...** 在…的背景下 zài...de bèijǐng xià ▸ **against a blue background** 衬(襯)着(著)蓝(藍)色的背景 chènzhe lánsè de bèijǐng ▸ **(as) against** *(compared to)* 和…相比 hé...xiāngbǐ

★ **age** [eɪdʒ] **I** N **1** [c/ʊ] *[of person, object]* 年龄(齡) niánlíng ▷ *I'm the same age as you.* 我和你同龄。Wǒ hé nǐ tónglíng. **2** [ʊ] *(being old)* 老年 lǎonián ▷ *He is showing signs of age.* 他开始显老了。Tā kāishǐ xiǎn lǎo le. **3** [c] *(period in history)* 时(時)代 shídài [个 gè] ▷ *We live in an age of uncertainty.* 我们生活在一个动乱的时代。Wǒmen shēnghuó zài yīgè dòngluàn de shídài. **II** VI *[person +]* 变(變)老 biànlǎo ▷ *He has aged a lot.* 他变老了许多。Tā biàn lǎo le xǔduō. **III** VT *[+ person]* 使…见(見)老 shǐ...jiànlǎo ▷ *The worry had aged him.* 忧愁使他见老了。Yōuchóu shǐ tā jiànlǎo le. ▸ **what age is he?** 他多大了？ tā duōdà le? ▸ **you don't look your age** 你看起来(來)与(與)你年纪(紀)不相符 nǐ kàn qǐlái yǔ nǐ niánjì bù xiāngfú ▸ **20 years of age** 20岁(歲) èrshí suì ▸ **at the age of 20** 20岁(歲)时(時) èrshí suì shí ▸ **to be under age** *[person +]* 未成年 wèichéngnián ▸ **under age smoking/drinking/sex** 未成年抽烟(煙)/喝酒/性行为(為) wèichéngnián chōuyān/hējiǔ/xìngxíngwéi ▸ **to come of age** *[person +]* 达(達)到法定年龄(齡) dádào fǎdìng niánlíng ▸ **an age, ages** *(inf)* 很长(長)时(時)间(間) hěn cháng shíjiān ▷ *I haven't seen you for ages!* 我很长时间没见到你了！Wǒ hěn cháng shíjiān méi jiàndào nǐ le! ▸ **the Stone/Bronze/Iron Age** 石器/铜(銅)器/铁(鐵)器时(時)代 shíqì/tóngqì/tiěqì shídài ▸ **the age of steam/television/chivalry** 蒸汽/电(電)视(視)/骑(騎)士时(時)代 zhēngqì/diànshì/qíshì shídài ▸ **through the ages** 历(歷)代 lìdài

aged¹ [ˈeɪdʒd] ADJ ▸ **aged 10** 10岁(歲) shí suì

aged² [ˈeɪdʒɪd] **I** ADJ *(elderly)* 老年的 lǎonián de **II** N PL ▸ **the aged** 老人 lǎorén

age group N [c] 同一年龄(齡)的人们(們) tóngyī niánlíng de rénmen ▸ **the 40 to 50 age group** 年龄(齡)在40岁(歲)到50岁(歲)的人们(們) niánlíng zài sìshí suì dào wǔshí suì de rénmen

age limit N [c] 年龄(齡)限制 niánlíng xiànzhì

agency [ˈeɪdʒənsɪ] N [c] **1** *(Comm)* 代理处(處) dàilǐchù **2** *(esp US) (government body)* 机(機)构(構) jīgòu

agenda [əˈdʒɛndə] N [c] **1** *[of meeting]* 议(議)程 yìchéng [项 xiàng] **2** *(political)* 议(議)事日程 yìshì rìchéng [项 xiàng] ▸ **on the/sb's agenda** *(for meeting)* 在(某人的)议(議)事日程中 zài(mǒurén de)yìshì rìchéng zhōng ▸ **high on the agenda** *(political)* 首要事件 shǒuyào shìjiàn ▸ **to set the agenda** 设(設)定议(議)程 shèdìng yìchéng ▸ **to have one's own agenda** 有自己的专(專)门(門)议(議)题(題) yǒu zìjǐ de zhuānmén yìtí ▸ **a hidden agenda** 秘(祕)密议(議)程 mìmì yìchéng

agent [ˈeɪdʒənt] N [c] **1** *(representative)* 代理人 dàilǐrén [个 gè] **2** *(for actor, writer, musician)* 经(經)纪(紀)人 jīngjìrén **3** *(spy)* 间(間)谍(諜) jiàndié **4** *(chemical)* 剂(劑) jì **5** ▸ **the/an agent of sth** *(instrument)* 某事的催化物 mǒushì de cuīhuàwù

age of consent N ▸ **the age of consent** 承诺(諾)年龄(齡) chéngnuò niánlíng ▸ **under/over the age of consent** 未满(滿)/超过(過)承诺(諾)年龄(齡) wèi mǎn/chāoguò chéngnuò niánlíng

aggravate ['ægrəveɪt] VT **1** (*make worse*) [+ *situation*] 使恶(惡)化 shǐ èhuà **2** (*inf: annoy*) [+ *person*] 激怒 jīnù

aggression [ə'grɛʃən] N [U] 侵略 qīnlüè ▸ **an act of aggression** 侵犯行为(為) qīnfàn xíngwéi

aggressive [ə'grɛsɪv] ADJ **1** (*belligerent*) 好斗(鬥)的 hàodòu de **2** (*forceful*) [+ *salesman, campaign*] 有闯(闖)劲(勁)的 yǒu chuǎngjìn de

aghast [ə'gɑːst] (*frm*) ADJ ▸ **aghast (at)** [+ *behaviour, situation*] （被···）吓(嚇)呆(獃) (bèi...) xiàdāi

agile ['ædʒaɪl] ADJ **1** (*physically*) 灵(靈)活的 línghuó de **2** (*mentally*) 敏捷的 mǐnjié de

agitate ['ædʒɪteɪt] **I** VI ▸ **to agitate for/against sth** (*campaign*) 鼓吹某事/鼓吹反对(對)某事 gǔchuī mǒushì/gǔchuī fǎnduì mǒushì **II** VT **1** (*upset*) [+ *person*] 使焦虑(慮) shǐ jiāolǜ **2** (*frm: shake*) [+ *liquid*] 搅(攪)动(動) jiǎodòng

agitated ['ædʒɪteɪtɪd] ADJ [+ *person*] 焦虑(慮)的 jiāolǜ de

AGM N ABBR (= **annual general meeting**) 年度会(會)议(議) niándù huìyì

★ **ago** [ə'gəu] ADV ▸ **2 days ago** 两(兩)天前 liǎngtiān qián ▸ **long ago/a long time ago** 很久以前 hěnjiǔ yǐqián ▸ **how long ago?** 多久以前？ duōjiǔ yǐqián? ▸ **as long ago as 1925** 早在1925年 zǎo zài yī jiǔ èr wǔ nián

agonizing ['ægənaɪzɪŋ] ADJ **1** [+ *pain, death*] 令人痛苦的 lìng rén tòngkǔ de **2** [+ *wait*] 烦(煩)人的 fánrén de **3** [+ *decision, choice*] 折磨人的 zhémó rén de

agony ['ægənɪ] N [C/U] 痛苦 tòngkǔ [种 zhǒng] ▸ **to be in agony** 在极(極)度痛苦中 zài jídù tòngkǔ zhōng

★ **agree** [ə'griː] **I** VI **1** (*have same opinion*) 同意 tóngyì ▹ *They find it hard to agree about this.* 他们觉得很难同意这一点。Tāmen juéde hěn nán tóngyì zhè yī diǎn. **2** ▸ **to agree to sth/to do sth** 同意某事/做某事 tóngyì mǒushì/zuò mǒushì ▹ *He has agreed to our proposal.* 他已经同意了我们的建议。Tā yǐjīng tóngyìle wǒmen de jiànyì. **3** ▸ **to agree with sth** (*approve of*) 对(對)某事表示赞(贊)同 duì mǒushì biǎoshì zàntóng ▹ *I don't agree with children smoking.* 我不赞同儿童吸烟。Wǒ bù zàntóng értóng xīyān. **4** ▸ **to agree (with sth)** [*figures, total* +] (*tally*) （和某事）相符 (hé mǒushì) xiāngfú ▹ *This bill doesn't agree with my calculations.* 这账单和我算的结果不相符。Zhè zhàngdān hé wǒ suàn de jiéguǒ bù xiāngfú. **5** ▸ **to agree (with sth)** [*account, story* +] (*be consistent*) （和某事）一致 (hé mǒushì) yīzhì ▹ *His statement agrees with those of other witnesses.* 他的陈述和其他证人的完全一致。Tā de chénshù hé qítā zhèngrén de wánquán yīzhì. **6** ▸ **to agree (with sth)** (*according to grammar*) [*word* +] （和某事）一致 (hé mǒushì) yīzhì ▹ *The subject must agree with the verb.* 主语必须和动词保持数的一致。Zhǔyǔ bìxū hé dòngcí bǎochí shù de yīzhì. **II** VT ▸ **to agree sth** (*Brit*) (*decide*) 商定 shāngdìng ▹ *We have agreed a price.* 我们商定了价格。Wǒmen shāngdìngle jiàgé. ▸ **to agree with sb about sth** [*person* +] 关(關)于(於)某事赞(贊)成某人的看法 guānyú mǒushì zànchéng mǒurén de kànfǎ ▸ **I agree with what you say** 我同意你说(說)的观(觀)点(點) wǒ tóngyì nǐ shuō de guāndiǎn ▸ **milk doesn't agree with me** 我喝不惯(慣)牛奶 wǒ hē bu guàn niúnǎi ▸ **to agree on sth** [+ *price, arrangement*] 商定某事 shāngdìng mǒushì ▸ **to be agreed on sth** 就某事达(達)成协(協)议(議) jiù mǒushì dáchéng xiéyì ▸ **to agree that...** 同意··· tóngyì...

agreeable [ə'griːəbl] ADJ **1** (*pleasant*) [+ *sensation*] 令人愉快的 lìng rén yúkuài de; [+ *person*] 容易相处(處)的 róngyì xiāngchǔ de **2** (*willing*) ▸ **to be agreeable (to sth/to doing sth)** 欣然同意（某事/做某事） xīnrán tóngyì (mǒushì/zuò mǒushì)

agreed [ə'griːd] ADJ [+ *time, place, price*] 约(約)定的 yuēdìng de

agreement [ə'griːmənt] N **1** [C] ▸ **an agreement (on sth)** (*decision, arrangement*) （关(關)于(於)某事的）协(協)议(議) (guānyú mǒushì de) xiéyì [个 gè] **2** [U] ▸ **agreement (on sth)** (*concurrence*) （关(關)于(於)某事的）一致意见(見) (guānyú mǒushì de) yīzhì yìjiàn **3** [U] (*consent*) 同意 tóngyì **4** [U] (*in grammar*) 一致 yīzhì ▸ **to be in agreement (with sb/sth)** （与(與)某人）意见(見)一致/同意（某事） (yǔ mǒurén) yìjiàn yīzhì/tóngyì (mǒushì) ▸ **to nod one's head in agreement** 点(點)头(頭)表示同意 diǎntóu biǎoshì tóngyì ▸ **to reach an agreement** 达(達)成共识(識) dáchéng gòngshí

agricultural [ægrɪ'kʌltʃərəl] ADJ [+ *land, worker*] 农(農)业(業)的 nóngyè de

agriculture ['ægrɪkʌltʃər] N [U] 农(農)业(業) nóngyè

ahead [ə'hɛd] ADV **1** (*in front*) (*of place*) 在前地 zàiqián de **2** (*in work, achievements*) 提前地 tíqián de **3** (*in competition*) 领(領)先地 lǐngxiān de **4** (*in the future*) 在未来(來) zài wèilái ▸ **the days/months ahead** 今后(後)几(幾)天/几(幾)个(個)月 jīnhòu jǐtiān/jǐgè yuè ▸ **to think/plan ahead** 事先考虑(慮)/计(計)划(劃) shìxiān kǎolǜ/jìhuà ▸ **ahead of** (*in front of*) 在···之前 zài...zhīqián; (*before in time*) 在···面前 zài...miànqián; (*in advance of*) [+ *event*] 预(預)先 yùxiān; (*in ranking, progress*) 领(領)先 lǐngxiān ▸ **ahead of time/schedule** 提前 tíqián ▸ **to get ahead of sb** (*in front of*) 超过(過)某人 chāoguò mǒurén; (*in progress*) 超越 chāoyuè ▸ **a year ahead** (*in advance*) 提前一年 tíqián yī nián ▸ **to send sb (on) ahead** 送某人先走

sòng mǒurén xiān zǒu ▸ **to go (on) ahead** 先走 xiān zǒu ▸ **right** *or* **straight ahead** *(direction)* 笔(筆)直向前 bǐzhí xiàngqián; *(location)* 正前方 zhèng qiánfāng ▸ **go ahead!** *(giving permission)* 干(幹)吧！ gànba!

★ **aid** [eɪd] **I** N **1** [U] *(support) (to country, people)* 援助 yuánzhù **2** [U] *(frm: assistance)* 帮(幫)助 bāngzhù **3** [C] *(device)* 辅(輔)助 fǔzhù [个 gè] ▹ *teaching aids* 教学辅助设备 jiàoxué fǔzhù shèbèi **II** VT **1** *(support)* [+ *country, people*] 援助 yuánzhù **2** *(help)* [+ *person, organization*] 协(協)助 xiézhù **3** *(facilitate)* [+ *process*] 促进(進) cùjìn ▸ **with the aid of sb/sth** 在某人/某物的帮(幫)助下 zài mǒurén/mǒuwù de bāngzhù xià ▸ **in aid of** *(esp Brit)* [+ *charity*] 用以援助 yòng yǐ yuánzhù ▸ **to come/go to sb's aid** 前来(來)/往援助某人 qiánlái/wǎng yuánzhù mǒurén ▸ **to aid and abet** *(Law)* 同谋(謀) tóngmóu

aide [eɪd] N [C] 助手 zhùshǒu [位 wèi]

AIDS [eɪdz] N ABBR (= **acquired immune deficiency syndrome**) 艾滋病 àizībìng

ailing ['eɪlɪŋ] ADJ **1** [+ *person*] 久病不起的 jiǔbìng bùqǐ de **2** [+ *economy, industry*] 每况(況)愈下的 měi kuàng yù xià de

ailment ['eɪlmənt] N [C] 小病 xiǎobìng

aim [eɪm] **I** VT ▸ **to aim sth (at sb/sth)** [+ *gun, camera*] 将(將)某物瞄准(準)(某人/某物) jiāng mǒuwù miáozhǔn (mǒurén/mǒuwù); [+ *punch, kick*] 将(將)某物对(對)准(準)(某人/某物) jiāng mǒuwù duìzhǔn (mǒurén/mǒuwù) **II** VI *(with weapon)* 瞄准(準) miáozhǔn **III** N **1** [C] *(objective)* 目标(標) mùbiāo [个 gè] **2** [S] *(in shooting)* 瞄准(準) miáozhǔn ▸ **to be aimed at sb** [+ *remarks, campaign*] 针(針)对(對)某人 zhēnduì mǒurén ▸ **to be aimed at achieving sth** 意在获(獲)取某物 yì zài huòqǔ mǒuwù ▸ **to aim at sth** *(with weapon)* 瞄准(準)某物 miáozhǔn mǒuwù ▸ **to aim to do sth** *(inf)* 打算做某事 dǎsuàn zuò mǒushì ▸ **to take aim (at sth/sb)** 向(某物/某人)瞄准(準) xiàng(mǒuwù/mǒurén)miáozhǔn

ain't [eɪnt] *(inf)* = **am not, aren't, isn't**

★ **air** [ɛəʳ] **I** N **1** [U] *(atmosphere)* 空气(氣) kōngqì ▹ *He breathed in the cold night air.* 他呼吸了夜晚清凉的空气。Tā hūxīle yèwǎn qīngliáng de kōngqì. **2** [C] *(o.f.: tune)* 曲调(調) qǔdiào **3** [S] *(appearance)* 神情 shénqíng ▹ *with an air of superiority* 摆出高人一等的神情 bǎichū gāo rén yī děng de shénqíng **II** VT **1** [+ *room*] 使通气(氣) shǐ tōngqì **2** [+ *clothes*] 晾干(乾) liànggān **3** [+ *opinions, grievances*] 发(發)表 fābiǎo **4** *(broadcast)* [+ *programme*] 播放 bōfàng **III** CPD [+ *travel*] 乘飞(飛)机(機) chéng fēijī; [+ *fare*] 飞(飛)机(機) fēijī ▸ **in/into/through the air** 在/进(進)入/穿过(過)天空 zài/jìnrù/chuānguò tiānkōng ▹ *He threw the ball (up) into the air.* 他把球抛向天空。Tā bǎ qiú pāo xiàng tiānkōng. ▸ **by air** *(flying)* 乘飞(飛)机(機) chéng fēijī ▸ **to clear the air** 澄清事实(實) chéngqīng shìshí ▸ **in the air** 在空中 zài kōngzhōng ▸ **up in the air** *(undecided)* 悬(懸)而未决(決) xuán ér wèi jué ▸ **to be/come off (the) air** [+ *programme, station*] 停止播放 tíngzhǐ bōfàng ▸ **to be/go on (the) air** [+ *programme, station*] 正在/开(開)始播放 zhèngzài/kāishǐ bōfàng

airbag ['ɛəbæg] N [C] *(in car)* 安全气(氣)袋 ānquán qìdài [个 gè]

airbed ['ɛəbɛd] *(Brit)* N [C] 充气(氣)床垫(墊) chōngqì chuángdiàn

air-conditioned ['ɛəkən'dɪʃənd] ADJ 装(裝)有空调(調)的 zhuāngyǒu kōngtiáo de

air conditioner N [C] 空调(調) kōngtiáo [个 gè]

air conditioning [-kən'dɪʃənɪŋ] N [U] 空气(氣)调(調)节(節) kōngqì tiáojié

aircraft ['ɛəkrɑːft] *(pl* **aircraft***)* N [C] 飞(飛)行器 fēixíngqì

airfield ['ɛəfiːld] N [C] 停机(機)坪 tíngjīpíng

air force I N [C] 空军(軍) kōngjūn [支 zhī] **II** CPD [+ *pilot, base*] 空军(軍) kōngjūn ▸ **the air force** 空军(軍) kōngjūn

air hostess *(Brit)* N [C] 空中小姐 kōngzhōng xiǎojiě [位 wèi] [美 = **stewardess**]

airlift ['ɛəlɪft] **I** N [C] 空运(運) kōngyùn **II** VT 空运(運) kōngyùn

airline ['ɛəlaɪn] N [C] 航空公司 hángkōng gōngsī [家 jiā]

airliner ['ɛəlaɪnəʳ] N [C] 班机(機) bānjī [架 jià]

airmail ['ɛəmeɪl] N [U] ▸ **by airmail** 航空邮(郵)寄 hángkōng yóujì

airplane ['ɛəpleɪn] *(US)* N [C] 飞(飛)机(機) fēijī [架 jià] [英 = **aeroplane**]

airport ['ɛəpɔːt] N [C] 飞(飛)机(機)场(場) fēijīchǎng [个 gè]

air raid N [C] 空袭(襲) kōngxí [次 cì]

air terminal *(esp Brit)* N [C] 航空终(終)点(點)站 hángkōng zhōngdiǎnzhàn

airtight ['ɛətaɪt] ADJ **1** [+ *container*] 密封的 mìfēng de **2** *(US)* [+ *case, alibi*] 无(無)懈可击(擊)的 wú xiè kě jī de

airy ['ɛərɪ] ADJ **1** [+ *room, building*] 通风(風)的 tōngfēng de **2** *(casual)* [+ *manner*] 没(沒)头(頭)脑(腦)的 méi tóunǎo de

aisle [aɪl] N [C] *(in church, theatre, supermarket, on plane)* 过(過)道 guòdào [条 tiáo] ▸ **to walk down the aisle** *(get married)* 结(結)婚 jiéhūn ▸ **aisle seat** *(on plane)* 靠过(過)道的座位 kào guòdào de zuòwèi

ajar [ə'dʒɑːʳ] ADJ [+ *door*] 微开(開)的 wēikāi de

akin [ə'kɪn] ADJ ▸ **akin to** *(similar to)* 相似的 xiāngsì de

à la carte [ɑːlɑː'kɑːt] ADJ, ADV 照菜单(單)点(點) zhào càidān diǎn

alarm [ə'lɑːm] **I** N **1** [U] *(anxiety)* 惊(驚)慌 jīnghuāng **2** [C] *(warning device) (in house, car etc)* 警报(報) jǐngbào [个 gè] **3** [C] *(on clock)* 闹(鬧)

钟(鐘) nàozhōng [个 gè] **II** VT [+ *person*] 使惊(驚)慌 shǐ jīnghuāng ▶ **to raise/sound the alarm** 拉响(響)警报(報) lāxiǎng jǐngbào ▶ **to view** *or* **regard sth with alarm** 警觉(覺)地看待某事物 jǐngjué de kàndài mǒushìwù

alarm call N [C] 唤(喚)醒电(電)话(話) huànxǐng diànhuà

alarm clock N [C] 闹(鬧)钟(鐘) nàozhōng [个 gè]

alarmed [əˈlɑːmd] ADJ **1** [+ *person*] 惊(驚)恐的 jīngkǒng de **2** [+ *house, car etc*] 装(裝)有警报(報)器的 zhuāngyǒu jǐngbàoqì de

alarming [əˈlɑːmɪŋ] ADJ 令人惊(驚)恐的 lìng rén jīngkǒng de

Albania [ælˈbeɪnɪə] N 阿尔(爾)巴尼亚(亞) Ā'ěrbāníyà

albeit [ɔːlˈbiːɪt] CONJ (*although*) 尽(儘)管 jǐnguǎn

album [ˈælbəm] N [C] **1** (*for stamps, photos etc*) 册(冊)子 cèzi [本 běn] **2** (*LP*) 唱片 chàngpiàn [张 zhāng]

alcohol [ˈælkəhɔl] N [U] **1** (*drink*) 酒 jiǔ **2** (*chemical*) 酒精 jiǔjīng

alcohol-free [ˈælkəhɔlˈfriː] ADJ [+ *beer, wine*] 无(無)酒精的 wú jiǔjīng de

alcoholic [ælkəˈhɔlɪk] **I** N [C] 酒鬼 jiǔguǐ [个 gè] **II** ADJ [+ *drink*] 含酒精的 hán jiǔjīng de ▶ **his alcoholic father** 他那嗜酒成瘾(癮)的父亲(親) tā nà shì jiǔ chéng yǐn de fùqīn

alcoholism [ˈælkəhɔlɪzəm] N [U] 酒精中毒 jiǔjīng zhòngdú

ale [eɪl] N [C/U] 麦(麥)酒 màijiǔ

alert [əˈləːt] **I** ADJ **1** (*wide awake*) 警觉(覺)的 jǐngjué de **2** ▶ **alert to sth** (*danger, opportunity*) 对(對)某事警觉(覺) duì mǒushì jǐngjué **II** N [C] (*situation*) ▶ **a security alert** 安全警戒 ānquán jǐngjiè [个 gè] **III** VT [+ *authorities, police*] 使警觉(覺) shǐ jǐngjué ▶ **to alert sb to sth** 使某人对(對)某事警觉(覺) shǐ mǒurén duì mǒushì jǐngjué ▶ **on the alert (for sth)** (对(對)某事)警觉(覺) (duì mǒushì)jǐngjué ▶ **on alert** 警惕着(著) jǐngtì zhe ▶ **to give the alert** 发(發)出警报(報) fāchū jǐngbào

A level (*Brit*) N [C/U] 中学中高级考试

algebra [ˈældʒɪbrə] N [U] 代数(數) dàishù

Algeria [ælˈdʒɪərɪə] N 阿尔(爾)及利亚(亞) Ā'ěrjílìyà

alias [ˈeɪlɪəs] **I** N [C] [*of criminal*] 化名 huàmíng [个 gè] **II** PREP ▶ **Peter Lewis, alias John Lord** 比得•路易斯，化名约(約)翰•洛德 Bǐdé Lùyìsī, huàmíng Yuēhàn Luòdé

alibi [ˈælɪbaɪ] N [C] 不在场(場)证(證)据(據) bùzàichǎng zhèngjù

alien [ˈeɪlɪən] **I** N [C] **1** (*foreigner*) 外侨(僑) wàiqiáo [个 gè] **2** (*extra-terrestrial*) 外星人 wàixīngrén [个 gè] **II** ADJ **1** (*foreign*) 异(異)己的 yìjǐ de **2** (*from outer space*) 外星的 wàixīng de **3** (*frm*) ▶ **alien (to)** 与(與)…截然不同的 yǔ…jiérán bùtóng de

alienate [ˈeɪlɪəneɪt] VT [+ *person*] 使疏远(遠) shǐ shūyuǎn ▶ **to alienate sb from sb/sth** 使某人疏远(遠)某人/某物 shǐ mǒurén shūyuǎn mǒurén/mǒuwù

alight [əˈlaɪt] **I** ADJ **1** [+ *fire*] 燃着(著)的 ránzhe de **2** [+ *eyes, face*] 闪(閃)耀的 shǎnyào de **II** VI **1** (*frm*) [*bird* +] 飞(飛)落 fēiluò **2** [*passenger* +] 下来(來) xiàlái ▶ **to set sth alight** 点(點)着(著)某物 diǎnzháo mǒuwù

align [əˈlaɪn] VT [+ *objects*] 对(對)齐(齊) duìqí ▶ **to align o.s. with sb** 与(與)某人结(結)盟 yǔ mǒurén jiéméng

alike [əˈlaɪk] **I** ADJ ▶ **to be/look alike** 是/看起来(來)相似的 shì/kànqǐlái xiāngsì de **II** ADV (*similarly*) 相似地 xiāngsì de ▶ **winter and summer alike** 无(無)论(論)冬夏 wúlùn dōng xià

alive [əˈlaɪv] ADJ **1** (*living*) ▶ **to be alive** 活着(著)的 huózhe de **2** (*lively*) [+ *place, person*] ▶ **to be/feel alive** 充满(滿)活力的 chōngmǎn huólì de **3** (*thriving*) ▶ **to be alive** 活跃(躍)的 huóyuè de ▶ **to be burned/buried alive** 活活烧(燒)死/活埋 huóhuó shāosǐ/huómái ▶ **to keep sb alive** 维(維)持某人的生命 wéichí mǒurén de shēngmìng ▶ **alive with** 充满(滿)… chōngmǎn… ▶ **alive to** 意识(識)到 yìshi dào ▶ **to bring sth alive** (*story, description*) 使某物活灵(靈)活现(現) shǐ mǒuwù huó líng huó xiàn; (*person, place, event*) 使某物活跃(躍)起来(來) shǐ mǒuwù huóyuè qǐlái ▶ **to come alive** (*story, description*) 使某物活灵(靈)活现(現) shǐ mǒuwù huó líng huó xiàn; (*person, place, event*) 使活跃(躍)起来(來) shǐ huóyuè qǐlái ▶ **alive and kicking** 生龙(龍)活虎的 shēng lóng huó hǔ de ▶ **alive and well** 安然无(無)恙的 ānrán wúyàng de

 KEYWORD

★ **all** [ɔːl] **I** ADJ 所有的 suǒyǒu de ▶ **all day/night** 整日/夜 zhěngrì/yè ▶ **all big cities** 所有的大城市 suǒyǒu de dàchéngshì ▶ **all five books** 所有的5本书(書) suǒyǒu de wǔ běn shū ▶ **all the time/his life** 始终(終)/他的整个(個)一生 shǐzhōng/tāde zhěnggè yīshēng ▶ **all the books** 所有的书(書) suǒyǒu de shū **II** PRON **1** 全部 quánbù ▶ **it's all settled** 全都安顿(頓)好了 quán dōu āndùn hǎo le ▶ **all I could do was apologize** 我所能做的全部就是道歉 wǒ suǒ néng zuò de quánbù jiùshì dàoqiàn ▶ **all that remains is to...** 所有剩下的就是要… suǒyǒu shèngxià de jiùshì yào… ▶ **I ate it all, I ate all of it** 我把它全都吃了 wǒ bǎ tā quán dōu chī le ▶ **have you got it all?** 你全都有了吗(嗎)? nǐ quán dōu yǒu le ma? ▶ **all of us** 我们(們)中的所有人 wǒmen zhōng de suǒyǒu rén ▶ **all of the time** 每时(時)每刻 měi shí měi kè ▶ **all of the boys** 所有的男孩子 suǒyǒu de nánháizi ▶ **we all sat down** 我们(們)都坐下了 wǒmen dōu zuòxià le ▶ **is**

that all? (*anything else?*) 那就是全部吗(嗎)? nà jiùshì quánbù ma?; (*in shop*) 就这(這)些吗(嗎)? jiù zhèxiē ma?; (*not more expensive?*) 就这(這)个(個)价(價)吗(嗎)? jiù zhège jià ma?
2 (*in expressions*) ▸ **after all** (*considering*) 毕(畢)竟 bìjìng; (*regardless*) 终(終)究 zhōngjiū ▸ **all but the strongest/smallest** *etc* (*all except for*) 只有最强(強)壮(壯)的/最小的等 zhǐyǒu zuì qiángzhuàng de/zuì xiǎo de *děng* ▸ **to have seen/done it all** 全都看了/做了 quán dōu kàn le/zuò le ▸ **all in** (*inf: exhausted*) 筋疲力尽(盡)的 jīn pí lì jìn de; (*Brit; inf*) (*inclusive*) 全都包括在内(內) quán dōu bāokuò zài nèi ▸ **all in all** 总(總)之 zǒngzhī ▸ **for all I know/care** 我一无(無)所知/不关(關)我事 wǒ yī wú suǒ zhī/bù guān wǒ shì ▸ **in all** 总(總)共 zǒnggòng ▸ **best of all** 最好不过(過)的是 zuìhǎo bùguò de shì
III ADV **1** (*emphatic*) 完全 wánquán ▸ **he was doing it all by himself** 他完全是自己做的 tā wánquán shì zìjǐ zuò de ▸ **all alone** 孤零零的 gūlínglíng de ▸ **all around** 周围(圍) zhōuwéi ▸ **it's not as hard as all that** 不算太难(難) bù suàn tài nán ▸ **all the more/the better** 更加/更好 gèngjiā/gènghǎo ▸ **she all but died** (*almost*) 她几(幾)乎要死掉了 tā jīhū yào sǐ diào le
2 (*in scores*) ▸ **the score is 2 all** 比分2比2平 bǐfēn èr bǐ èr píng

Allah ['ælə] N 安拉 Ānlā
allay [ə'leɪ] VT [+ *fears*] 减(減)轻(輕) jiǎnqīng
allegation [ælɪ'geɪʃən] N [C] 指控 zhǐkòng [项 xiàng] ▸ **allegations of brutality/corruption** 对(對)暴行/腐败(敗)的指控 duì bàoxíng/fǔbài de zhǐkòng
allege [ə'lɛdʒ] (*frm*) VT ▸ **to allege that...** (*claim*) 宣称(稱)··· xuānchēng... ▸ **he is alleged to have killed her** 据(據)称(稱)他杀(殺)了她 jùchēng tā shāle tā
alleged [ə'lɛdʒd] (*frm*) ADJ 据(據)称(稱)的 jùchēng de
allegedly [ə'lɛdʒɪdlɪ] ADV 据(據)说(說)地 jùshuō de
allegiance [ə'li:dʒəns] N [C/U] ▸ **allegiance (to)** 忠诚(誠) zhōngchéng
allergic [ə'lə:dʒɪk] ADJ [+ *reaction, response*] 过(過)敏的 guòmǐn de ▸ **to be allergic to sth** [+ *peanuts, cats etc*] 对(對)某物过(過)敏 duì mǒuwù guòmǐn; (*inf*) [+ *work, mornings etc*] 对(對)某物反感 duì mǒuwù fǎn'gǎn
allergy ['ælədʒɪ] (*Med*) N [C/U] 过(過)敏症 guòmǐnzhèng [种 zhǒng] ▸ **to have an allergy to sth** 对(對)某物有过(過)敏症 duì mǒuwù yǒu guòmǐnzhèng
alleviate [ə'li:vɪeɪt] VT **1** [+ *pain*] 减(減)轻(輕) jiǎnqīng **2** [+ *poverty, misery*] 缓(緩)和 huǎnhé
alley ['ælɪ] N [C] (*street*) 小巷 xiǎoxiàng

alliance [ə'laɪəns] N [C] **1** (*group*) 联(聯)盟 liánméng **2** ▸ **alliance (with)** (*relationship*) (与(與)···) 联(聯)盟 (yǔ...) liánméng
allied ['ælaɪd] ADJ **1** [+ *nation*] 同盟的 tóngméng de **2** [+ *forces, troops*] 同盟国(國)的 tóngméngguó de **3** (*related*) [+ *industries, disciplines*] 相关(關)的 xiāngguān de ▸ **allied to** 与(與)···相关(關)的 yǔ...xiāngguān de
alligator ['ælɪgeɪtə^r] N [C] 短吻鳄(鱷) duǎnwěn'è
allocate ['æləkeɪt] VT [+ *time, money, tasks, rooms*] 分配 fēnpèi
allot [ə'lɔt] VT (*allocate*) ▸ **to allot sth (to sb)** [+ *time*] 拨(撥)给(給)(某人) 某物 bōgěi (mǒurén) mǒuwù; [+ *money, seats*] 分配(给(給)某人) 某物 fēnpèi (gěi mǒurén) mǒuwù ▸ **in/within the allotted time** 在规(規)定时(時)间(間)内(內) zài guīdìng shíjiān nèi
allotment [ə'lɔtmənt] N [C] 私人租用的，用于种植植物或蔬菜的小片土地

ALLOTMENT

花园和园艺是英国文化的重要方面。如果城镇和城市居民只有一个小花园或根本没有园地，他们可以向当地政府租一块公地。这些小块土地通常用来种植蔬菜和水果，但也可以种植其他植物花草。

all-out ['ɔ:laut] **I** ADJ [+ *effort, attack*] 竭尽(盡)全力的 jiéjìn quánlì de **II** ADV ▸ **to go all out for sth/to do sth** 为(為)某事竭尽(盡)全力/竭尽(盡)全力做某事 wèi mǒushì jiéjìn quánlì/jiéjìn quánlì zuò mǒushì ▸ **all-out strike** 全体(體)罢(罷)工 quántǐ bàgōng
★ **allow** [ə'lau] VT **1** (*permit*) [+ *practice, behaviour*] 允许(許) yǔnxǔ ▹ *Henry doesn't allow smoking in his office.* 亨利不允许在他的办公室吸烟。Hēnglì bù yǔnxǔ zài tā de bàngōngshì xīyān. **2** (*set aside*) [+ *sum, time, amount*] 留出 liúchū ▹ *Please allow 28 days for delivery.* 请留出28天的发货期。Qǐng liúchū èrshíbā tiān de fāhuò qī. **3** ▸ **to allow sth to happen** (*by failing to prevent sth*) 容许(許)某事发(發)生 róngxǔ mǒushì fāshēng ▹ *We cannot allow the situation to deteriorate.* 我们不容许情况恶化。Wǒmen bù róngxǔ qíngkuàng èhuà. **4** ▸ **to allow sb to do sth** (*make sth possible*) 允许(許)某人做某事 yǔnxǔ mǒurén zuò mǒushì ▹ *The extra money allows them to distribute more aid.* 额外的款项使他们能够提供更多援助。Éwài de kuǎnxiàng shǐ tāmen nénggòu tígōng gèngduō yuánzhù. **5** [+ *claim, goal*] 认(認)可 rènkě ▹ *After an appeal, the goal was allowed.* 经过申诉，这一入球得到认可。Jīngguò shēnsù, zhè yī rùqiú dédào rènkě. ▸ **to allow sb to do sth** (*give permission for sth*) 允许(許)某人做某事 yǔnxǔ mǒurén zuò mǒushì ▹ *They allow their children to stay up late.*

他们允许自己的孩子们晚睡。Tāmen yǔnxǔ zìjǐ de háizimen wǎn shuì. ▸ **don't allow the soil to dry out** 不要让(讓)土壤干(乾)透。bùyào ràng tǔrǎng gāntòu ▸ **to be allowed to do sth** 被允许(許)做某事 bèi yǔnxǔ zuò mǒushì ▹ *The children are not allowed to watch too much TV.* 孩子们不被允许看太多电视。Háizimen bù bèi yǔnxǔ kàn tàiduō diànshì. ▸ **smoking is not allowed** 禁止吸烟(煙) jìnzhǐ xīyān ▸ **to allow that...** (*frm: concede*) 承认(認)··· chéngrèn...

▸**allow for** VT FUS [+ *delay, inflation, possibility*] 考虑(慮)到 kǎolǜ dào ▹ *Allow for long delays on all routes north.* 要考虑到所有向北路线的长时间阻塞。Yào kǎolǜ dào suǒyǒu xiàng běi lùxiàn de cháng shíjiān zǔsè.

▸**allow of** VT FUS (*permit*) 容许(許) róngxǔ

allowance [ə'lauəns] N [c] **1** (*welfare payment*) 津贴(貼) jīntiē **2** (*allocation*) 限额(額) xiàn'é **3** (*for expenses*) 补(補)助 bǔzhù [份 fèn] **4** (*US*) 零用钱(錢) língyòngqián [英 = **pocket money**] **5** ▸ **tax allowance** 免税(稅)额(額) miǎnshuì'é ▸ **to make allowances for** [+ *thing, situation*] 顾(顧)及到 gùjí dào; [+ *person*] 考虑(慮)到 kǎolǜ dào

alloy ['ælɔɪ] N [c/ʊ] 合金 héjīn [种 zhǒng] ▸ **an alloy of...** ···的合金 ...de héjīn

all right I ADJ ▸ **to be all right** (*satisfactory*) 还(還)不错(錯)的 hái bùcuò de; (*well, safe*) 安然无(無)恙的 ānrán wúyàng de II ADV **1** (*well*) [*go, work out* +] 顺(順)利地 shùnlì de **2** (*properly*) [*see, hear, work* +] 没(沒)问(問)题(題)地 méi wèntí de **3** (*as answer: okay*) 可以 kěyǐ ▸ **it's** *or* **that's all right by me** 对(對)我来(來)说(說)没(沒)问(問)题(題) duì wǒ láishuō méi wèntí

ally [*n* 'ælaɪ, *vb* ə'laɪ] I N [c] **1** [*of country*] 同盟国(國) tóngméngguó [个 gè] **2** ▸ **the Allies** (*during World War I*) 协(協)约(約)国(國) Xiéyuēguó; (*during World War II*) 同盟国(國) Tóngméngguó **3** (*friend, supporter*) 死党(黨) sǐdǎng II VT ▸ **to ally o.s. with sth/sb** 和某组(組)织(織)/某人结(結)盟 hé mǒu zǔzhī/mǒurén jiéméng

almighty [ɔːl'maɪtɪ] I (*inf*) ADJ (*tremendous*) [+ *row, problem etc*] 巨大的 jùdà de II N ▸ **the Almighty** 上帝 Shàngdì ▸ **Almighty God** 全能的上帝 quánnéng de Shàngdì

almond ['ɑːmənd] N [c/ʊ] **1** (*nut*) 杏仁 xìngrén [颗 kē] **2** (*tree*) 杏树(樹) xìngshù [棵 kē]

★ **almost** ['ɔːlməust] ADV 差不多 chàbùduō ▸ **I spent almost a month in China** 我在中国(國)呆了差不多一个(個)月 wǒ zài Zhōngguó dāile chàbùduō yīgè yuè ▸ **almost certainly** 几乎肯定 jī hū kěndìng

alone [ə'ləun] I ADJ **1** (*not with other people*) 独(獨)自的 dúzì de **2** (*having no family or friends*) 孤独(獨)的 gūdú de **3** ▸ **to be alone together** (*with no other people*) 单(單)独(獨)在一起 dāndú zài yīqǐ II ADV **1** (*unaided*) 独(獨)自地 dúzì de **2** ▸ **in Florida/France alone** (*merely*) (*used for emphasis*) 仅(僅)仅(僅)在佛罗(羅)里达(達)/法国(國) jǐnjǐn zài Fóluólǐdá/Fǎguó ▸ **to leave sb/sth alone** (*undisturbed*) 不要打扰(擾)某人/某物 bùyào dǎrǎo mǒurén/mǒuwù ▸ **to be alone with sb** 与(與)某人独(獨)处(處) yǔ mǒurén dúchǔ ▸ **let alone...** 更谈(談)不上··· gèng tán bù shàng... ▸ **I alone survived** 只有我幸(倖)存下来(來) zhǐyǒu wǒ xìngcún xiàlái

★ **along** [ə'lɔŋ] I PREP **1** (*towards one end of*) 沿着(著) yánzhe ▹ *He drove his car along East Street.* 他沿着东大街开车。Tā yánzhe Dōng Dàjiē kāichē. **2** (*on, beside*) [+ *road, corridor, river*] 沿着(著) yánzhe ▹ *the houses built along the river* 沿着河建造的房屋 yánzhe hé jiànzào de fángwū II ADV 沿着(著) yánzhe ▹ *Halfway along, turn right into Hope St.* 沿着路往前走到一半，往右拐到希望街。Yánzhe lù wǎng qián zǒu dào yībàn，wǎng yòu guǎi dào Xīwàng Jiē. ▸ **to be coming along (fine** *or* **nicely)** 进(進)行(顺(順)利) jìnxíng(shùnlì) ▸ **to take/bring sb along** 带(帶)某人一同前往 dài mǒurén yītóng qiánwǎng ▸ **he was hopping/limping along** 他跳跃(躍)/蹒(蹣)跚着(著)前行 tā tiàoyuè/pánshānzhe qiánxíng ▸ **along with** (*together with*) 与(與)···一起 yǔ...yīqǐ ▸ **all along** (*all the time*) 自始至终(終) zì shǐ zhì zhōng

alongside [ə'lɔŋ'saɪd] I PREP **1** (*next to*) 在···旁边(邊) zài...pángbiān **2** (*together with*) 与(與)···并(並)肩 yǔ...bìngjiān II ADV [*come, stop* +] 并(並)排地 bìngpái de

aloof [ə'luːf] ADJ (*distant*) 冷淡的 lěngdàn de ▸ **to stay** *or* **keep aloof from sth** 远(遠)离(離)某事 yuǎnlí mǒushì

aloud [ə'laud] ADV [*read, speak* +] 大声(聲)地 dàshēng de

alphabet ['ælfəbɛt] N ▸ **the alphabet** 字母表 zìmǔbiǎo

Alps [ælps] N PL ▸ **the Alps** 阿尔(爾)卑斯山脉(脈) Ā'ěrbēisī Shānmài

★ **already** [ɔːl'rɛdɪ] ADV 已经(經) yǐjīng ▸ **I have already started making dinner** 我已经(經)开(開)始做晚餐了 wǒ yǐjīng kāishǐ zuò wǎncān le ▹ *They've spent nearly a million dollars on it already.* 他们在这上面已经花了近百万美金。Tāmen zài zhè shàngmiàn yǐjīng huāle jìn bǎiwàn měijīn. ▹ *He was already late for his appointment.* 他约会已经迟到了。Tā yuēhuì yǐjīng chídào le. ▸ **is it five o'clock already?** (*expressing surprise*) 已经(經)到5点(點)了吗(嗎)？ yǐjīng dào wǔdiǎn le ma?

alright [ɔːl'raɪt] ADV = **all right**

★ **also** ['ɔːlsəu] ADV **1** (*too*) 也 yě ▹ *a pianist who also plays guitar* 一个也会弹吉他的钢琴家 yī gè yě huì tán jítā de gāngqínjiā **2** (*moreover*) 同样(樣) tóngyàng ▹ *Six other passengers were also injured.* 其他六个乘客同样受了伤。Qítā liù gè chéngkè tóngyàng shòule shāng.

> **also** 和 **too** 在语意不很接近，但是，**also** 从不用在句末，而 **too** 却常用于句末。*He was also an artist and lived at Compton...He's a singer and an actor too...I've been to Beijing and to Shanghai too...I've been to Beijing and also to Shanghai.*

altar ['ɔltəʳ] (*Rel*) N [c] 祭坛(壇) jìtán

alter ['ɔltəʳ] **I** VT [+ *plans, policy, situation*] 更改 gēnggǎi **II** VI 改变(變) gǎibiàn

alteration [ɔltə'reɪʃən] N [c] 改动(動) gǎidòng

alternate [*adj* ɔl'tə:nɪt, *vb* 'ɔltə:neɪt] **I** ADJ **1** (*successive*) [+ *actions, events*] 交替的 jiāotì de **2** (*US*) (*alternative*) [+ *plan, method, solution*] 供替换(換)的 gōng tìhuàn de [英 = **alternative**] **II** VI **1** ▸ **to alternate (with)** 轮(輪)流 lúnliú **2** ▸ **to alternate (between)** 交替 jiāotì ▸ **on alternate days/weeks** 隔天/周(週) gétiān/zhōu

alternative [ɔl'tə:nətɪv] **I** ADJ **1** (*Brit*) [+ *plan, method, solution*] 另外的 lìngwài de [美 = **alternate**] **2** (*non-conventional*) [+ *technology, energy*] 非常规(規)的 fēi chángguī de; [+ *comedy, comedian*] 另类(類)的 lìnglèi de **II** N [c] ▸ **(an) alternative (to)** …的替代 ...de tìdài [个 gè] ▸ **to have no alternative (but to)** (除…外) 别(別)无(無)选(選)择(擇) (chú...wài) biéwú xuǎnzé

alternatively [ɔl'tə:nətɪvlɪ] ADV 或者 huòzhě

★ **although** [ɔ:l'ðəu] CONJ **1** (*despite the fact that*) 尽(儘)管 jǐnguǎn ▹ *Although he was late he stopped for a sandwich.* 尽管已经晚了，他还是停下来吃了一个三明治。Jǐnguǎn yǐjīng wǎn le, tā háishì tíng xiàlái chīle yīgè sānmíngzhì. **2** (*but*) 但是 dànshì ▹ *Something was wrong, although I couldn't work out what.* 有些不对头，但我不知道是什么。Yǒuxiē bù duìtóu, dàn wǒ bù zhīdào shì shénme.

用法参见 **though**

altitude ['æltɪtju:d] N [c/U] [*of place, plane*] 高度 gāodù ▸ **at an altitude of 30,000 ft** 在海拔3万(萬)英尺的高度 zài hǎibá sān wàn yīngchǐ de gāodù ▸ **at high/low altitude** 在高/低海拔处(處) zài gāo/dī hǎibá chù ▸ **to gain/lose altitude** 升高/降低海拔 shēnggāo/jiàngdī hǎibá

altogether [ɔ:ltə'gɛðəʳ] ADV **1** (*completely*) 完全 wánquán **2** (*far*) (*used for emphasis*) **3** (*in total*) 总(總)共 zǒnggòng **4** (*on the whole, in all*) 总(總)之 zǒngzhī ▸ **how much is that altogether?** 总(總)共多少钱(錢)? zǒnggòng duōshǎo qián? ▸ **altogether different/stronger/better** *etc* 全然不同/更强(強)/更好等 quánrán bùtóng/gèngqiáng/gènghǎo *děng*

aluminium [ælju'mɪnɪəm], (*US*) **aluminum** [ə'lu:mɪnəm] N [U] 铝(鋁) lǚ

★ **always** ['ɔ:lweɪz] ADV **1** (*at all times*) 总(總)是 zǒngshì **2** (*continuously*) 一直 yīzhí ▹ *He has always been the family solicitor.* 他一直做家庭事务律师。Tā yīzhí zuò jiātíng shìwù lǜshī. ▸ **He's always late** 他总(總)是迟(遲)到 tā zǒngshì chídào ▸ **you can/could always try again** 你总(總)是可以重新开(開)始 nǐ zǒngshì kěyǐ chóngxīn kāishǐ

Alzheimer's (disease) ['æltshaɪməz-] N [U] 阿尔(爾)茨海默(病) Ā'ěrcíhǎimò (bìng)

AM (*Rad*) ABBR (= **amplitude modulation**) 调(調)幅 tiáofú

am [æm] VB *see* **be**

a.m. ADV ABBR (= **ante meridiem**) 上午 shàngwǔ

amalgamate [ə'mælgəmeɪt] VI, VT [*organizations, companies* +] 合并 hébìng

amass [ə'mæs] VT [+ *fortune, information*] 积(積)累 jīlěi

amateur ['æmətəʳ] **I** N [c] (*non-professional*) 业(業)余(餘)爱(愛)好者 yèyú àihàozhě [个 gè] **II** ADJ **1** [+ *boxing, athletics*] 非职(職)业(業)的 fēi zhíyè de **2** [+ *player, person*] 业(業)余(餘)的 yèyú de ▸ **amateur dramatics** 业(業)余(餘)演出 yèyú yǎnchū

amaze [ə'meɪz] VT 使惊(驚)讶(訝) shǐ jīngyà ▸ **to be amazed (at/by/that...)** (对(對)/被…) 惊(驚)讶(訝) (duì/bèi...) jīngyà

amazement [ə'meɪzmənt] N [U] 惊(驚)异(異) jīngyì

amazing [ə'meɪzɪŋ] ADJ (*surprising, fantastic*) 令人惊(驚)讶(訝)的 lìng rén jīngyà de

Amazon ['æməzən] N **1** ▸ **the Amazon** (*river*) 亚(亞)马(馬)孙(孫)河 Yàmǎsūn Hé **2** [c] (*woman*) (*in mythology*) 亚(亞)马(馬)孙(孫)族女战(戰)士 yàmǎsūnzú nǚzhànshì **3** [c] (*woman*) (*resembling mythological woman*) 魁梧而有男子气(氣)概的女子 kuíwǔ ér yǒu nánzǐ qìgài de nǚzǐ ▸ **the Amazon jungle** 亚(亞)马(馬)孙(孫)丛(叢)林 Yàmǎsūn cónglín

ambassador [æm'bæsədəʳ] N [c] 大使 dàshǐ [位 wèi]

amber ['æmbəʳ] **I** N [U] (*substance*) 琥珀 hǔpò **II** ADJ (*in colour*) 琥珀色的 hǔpòsè de **III** CPD [+ *jewellery, earrings*] 琥珀 hǔpò ▸ **the lights are on amber** (*Brit*) 黄(黃)色交通灯(燈)亮起 huángsè jiāotōngdēng liàng qǐ

ambiguous [æm'bɪgjuəs] ADJ **1** (*unclear, confusing*) [+ *word, phrase, reply*] 意义(義)不明确(確)的 yìyì bù míngquè de **2** (*conflicting*) [+ *feelings*] 模棱(稜)两(兩)可的 móléng liǎngkě de

ambition [æm'bɪʃən] N **1** [c] ▸ **an ambition (to do sth)** (做某事的) 志向 (zuò mǒushì de) zhìxiàng [个 gè] **2** [U] (*desire*) 抱负(負) bàofù ▸ **to achieve one's ambition** 实(實)现(現)自己的抱负(負) shíxiàn zìjǐ de bàofù

ambitious [æm'bɪʃəs] ADJ **1** [+ *person*] 雄心勃勃的 xióngxīn bóbó de **2** [+ *idea, project*] 宏大的 hóngdà de

ambulance ['æmbjuləns] N [c] 救护(護)车(車) jiùhùchē [辆 liàng]

ambush ['æmbuʃ] **I** N [c/u] 伏击(擊) fújī **II** VT 埋伏 máifú ▸ **to lie in ambush (for sb)** 埋伏着(著)等候(某人) máifúzhe děnghòu (mǒurén)

amend [ə'mɛnd] **I** VT [+ *law, text*] 修正 xīuzhèng **II** N ▸ **to make amends (for sth)** (因某事) 赔(賠)偿(償) (yīn mǒushì) péicháng

amendment [ə'mɛndmənt] N [c/u] **1** (*to law*) 修正 xīuzhèng **2** (*US*) ▸ **the First/Second Amendment** (*to US Constitution*) 第一/二修正案 Dìyī/èr Xiūzhèng'àn **3** (*to letter, essay etc*) 修改 xiūgǎi

amenities [ə'mi:nɪtɪz] N PL (*features, facilities*) 便民设(設)施 biànmín shèshī ▸ **"close to all amenities"** "毗邻(鄰)便民设(設)施" "pílín biànmín shèshī"

America [ə'mɛrɪkə] N 美洲 Měizhōu

American [ə'mɛrɪkən] **I** ADJ 美国(國)的 Měiguó de **II** N [c] (*person*) 美国(國)人 Měiguórén [个 gè]

American football (*Brit*) N **1** [u] (*sport*) 美式足球 měishì zúqiú [美 = **football**] **2** [c] (*ball*) 橄榄(欖)球 gǎnlǎnqiú [美 = **football**]

Amex ['æmɛks] N ABBR (= **American Stock Exchange**) 美国(國)证(證)券交易所 Měiguó Zhèngquàn Jiāoyìsuǒ

amiable ['eɪmɪəbl] ADJ [+ *person*] 亲(親)切的 qīnqiè de

amicable ['æmɪkəbl] ADJ **1** [+ *relationship*] 和睦的 hémù de **2** [+ *parting, divorce, settlement*] 友好的 yǒuhǎo de

amid(st) [ə'mɪd(st)] PREP **1** (*liter: at the same time as*) 在…当(當)中 zài...dāngzhōng **2** (*surrounded by*) 在…中间(間) zài...zhōngjiān

amiss [ə'mɪs] **I** ADJ ▸ **something is amiss** 出问(問)题(題)了 chū wèntí le **II** (*Brit*) ADV ▸ **it would not go** *or* **come amiss** 不会(會)出岔子的 bù huì chū chàzi de

ammunition [æmju'nɪʃən] N [u] **1** (*for weapon*) 弹(彈)药(藥) dànyào **2** (*in argument*) 进(進)攻手段 jìngōng shǒuduàn

amnesty ['æmnɪstɪ] N **1** [c/u] (*to political prisoners*) 大赦 dàshè **2** [c] (*by police for weapons etc*) 宽(寬)恕期限 kuānshù qīxiàn ▸ **to grant amnesty to sb** 特赦某人 tèshè mǒurén

among(st) [ə'mʌŋ(st)] PREP **1** (*surrounded by, included in*) 在…当(當)中 zài...dāngzhōng **2** [+ *group of people*] 在…当(當)中 zài...dāngzhōng **3** [*share, distribute* +] (*between*) 在…当(當)中 zài...dāngzhōng ▸ **talking/arguing among themselves/yourselves** 他们(們)/你们(們)自己彼此交谈(談)/争(爭)论(論) tāmen/nǐmen zìjǐ bǐcǐ jiāotán/zhēnglùn

> 如果指两个以上的人或物，用 **among** 或 **amongst**。如果只指两个人或物，用 **between**。*...an area between Mars and Jupiter... an opportunity to discuss these issues amongst themselves.* **amongst** 是有些过时的表达方式。注意，如果你 **between** 某些东西或某些人，他们在你的两侧。如果你 **among** 或 **amongst** 某些东西或某些人，他们在你的周围。*...the bag standing on the floor between us...the sound of a pigeon among the trees...*
>
> 如果指两个以上的人或物，用 **among** 或 **amongst**。如果只指两个人或物，用 **between**。*...an area between Mars and Jupiter... an argument between his mother and another woman...an opportunity to discuss these issues amongst themselves.* **amongst** 是有些过时的表达方式。注意，如果你 **between** 某些东西或某些人，他们在你的两侧。如果你 **among** 或 **amongst** 某些东西或某些人，他们在你的周围。*...the bag standing on the floor between us...the sound of a pigeon among the trees...*

amount [ə'maunt] **I** N [c/u] (*quantity*) 数(數)量 shùliàng; [*of money*] 数(數)额(額) shù'é [个 gè]; [*of work*] 总(總)量 zǒngliàng [个 gè] **II** VI ▸ **to amount to sth** (*total*) 总(總)共达(達)到某数(數) zǒnggòng dádào mǒushù; (*be same as*) 相当(當)于(於)某事 xiāngdāngyú mǒushì ▸ **any amount of** 许(許)多 xǔduō

amp ['æmp] N [c] 安培 ānpéi ▸ **a 13 amp plug** 一个(個)13安培的插头(頭) yīgè shísān ānpéi de chātóu

ample ['æmpl] ADJ **1** (*sufficient*) [+ *supplies, space, opportunity*] 充足的 chōngzú de **2** (*large*) [+ *stomach, bosom*] 宽(寬)阔(闊)的 kuānkuò de ▸ **this is ample** 这(這)绰(綽)绰(綽)有余(餘) zhè chuò chuò yǒu yú

amplifier ['æmplɪfaɪə^r] N [c] 扬(揚)声(聲)器 yángshēngqì [个 gè]

amplify ['æmplɪfaɪ] VT **1** [+ *sound*] 放大 fàngdà **2** [+ *feeling, fear*] 增加 zēngjiā **3** [+ *idea, statement*] 详(詳)述 xiángshù

amputate ['æmpjuteɪt] VT 截去 jiéqù

amuse [ə'mju:z] VT **1** (*make laugh*) 使发(發)笑 shǐ fāxiào **2** (*distract, entertain*) 给(給)…消遣 gěi...xiāoqiǎn ▸ **to amuse o.s.** 自娱(娛)自乐(樂) zì yú zì lè ▸ **to keep sb amused** 给(給)某人提供消遣 gěi mǒurén tígōng xiāoqiǎn ▸ **to be amused at/by sth** 被某事逗乐(樂) bèi mǒushì dòulè ▸ **he was not amused (by)** 他对(對)…不为(為)所动(動) tā duì...bù wéi suǒ dòng

amusement [ə'mju:zmənt] **I** N **1** [u] (*mirth*) 愉悦(悅) yúyuè **2** [u] (*entertainment*) 娱(娛)乐(樂) yúlè **3** [c] (*pastime*) 消遣 xiāoqiǎn **II amusements** N PL 娱(娛)乐(樂)活动(動) yúlè huódòng ▸ **much to my amusement** 令我十分开(開)心的是 lìng wǒ shífēn kāixīn de shì

amusement arcade N [c] 游(遊)乐(樂)场(場) yóulèchǎng [个 gè]

amusement park (*esp US*) N [c] 游(遊)乐(樂)场(場) yóulèchǎng

amusing [ə'mju:zɪŋ] ADJ [+ *story, person*] 有趣的 yǒuqù de

an [æn, ən] DEF ART *see* **a**

anaemia, (*US*) **anemia** [ə'ni:mɪə] N [U] 贫(貧)血症 pínxuè zhèng

anaemic, (*US*) **anemic** [ə'ni:mɪk] ADJ **1** (*Med*) 贫(貧)血的 pínxuè de **2** (*fig*) 索然无(無)味的 suǒrán wúwèi de

anaesthetic, (*US*) **anesthetic** [ænɪs'θɛtɪk] N [C/U] 麻醉剂(劑) mázuìjì [种 zhǒng] ▸ **local anaesthetic** 局部麻醉 júbù mázuì ▸ **general anaesthetic** 全身麻醉 quánshēn mázuì ▸ **under anaesthetic** 处(處)于(於)麻醉状(狀)态(態) chǔyú mázuì zhuàngtài

analog(ue) ['ænəlɔg] **I** ADJ **1** [+ *watch, display*] 指针(針)式的 zhǐzhēnshì de **2** [+ *computer, signal*] 模拟(擬)的 mónǐ de **II** (*frm*) N [C] ▸ **an analogue of** …的模拟(擬) …de mónǐ

analogy [ə'nælədʒɪ] N [C/U] 相似 xiāngsì ▸ **to draw an analogy between** 找出…之间(間)的相似之处(處) zhǎochū…zhījiān de xiāngsì zhī chù ▸ **by analogy** 用类(類)推法 yòng lèituī fǎ

analyse, (*US*) **analyze** ['ænəlaɪz] VT **1** [+ *situation, information*] 分析 fēnxī **2** (*Chem, Med*) 解析 jiěxī **3** (*psychoanalyse*) 精神分析 jīngshén fēnxī

analysis [ə'næləsɪs] (*pl* **analyses** [ə'næləsi:z]) N **1** [C/U] [*of situation, statistics*] 分析 fēnxī [种 zhǒng] **2** [C/U] (*Chem, Med*) 解析 jiěxī **3** [U] (*psychoanalysis*) 精神分析 jīngshén fēnxī ▸ **in the last** *or* **final analysis** 归(歸)根结(結)底 guī gēn jié dǐ

analyst ['ænəlɪst] N [C] **1** (*political, industrial*) 分析者 fēnxīzhě **2** (*psychoanalyst*) 心理分析师(師) xīnlǐ fēnxīshī [名 míng]

analytic(al) [ænə'lɪtɪk(l)] ADJ **1** (*logical*) [+ *mind, approach*] 分析的 fēnxī de **2** (*scientific*) 解析的 jiěxī de

analyze ['ænəlaɪz] (*US*) VT = **analyse**

anarchy ['ænəkɪ] N [U] (*chaos, disorder*) 混乱(亂) hùnluàn

anatomy [ə'nætəmɪ] N **1** [U] (*science*) 解剖学(學) jiěpōuxué **2** [C] ▸ **my/his anatomy** (*body*) 我/他的身体(體) wǒ/tā de shēntǐ

ancestor ['ænsɪstə^r] N [C] 祖先 zǔxiān [位 wèi]

ancestral [æn'sɛstrəl] ADJ 祖传(傳)的 zǔchuán de

anchor ['æŋkə^r] **I** N [C] 锚(錨) máo [个 gè] **II** VI 抛(拋)锚(錨) pāomáo **III** VT **1** (*fix*) ▸ **to anchor sth (to sth)** 把某物固定(在某物上) bǎ mǒuwù gùdìng (zài mǒuwù shang) **2** [+ *boat*] 停泊 tíngbó ▸ **to drop anchor** 抛(拋)锚(錨) pāomáo ▸ **to weigh anchor** 起锚(錨) qǐmáo

anchovy ['æntʃəvɪ] N [C/U] 鳀(鯷)鱼(魚) tíyú [条 tiáo]

ancient ['eɪnʃənt] ADJ **1** [+ *Greece, Rome, monument*] 古代的 gǔdài de **2** (*very old*) 古老的 gǔlǎo de **3** (*inf: aged, antiquated*) [+ *person*] 老的 lǎo de; [+ *car*] 老式的 lǎoshì de

★ **and** [ænd] CONJ 和 hé ▸ **men and women** 男人和女人 nánrén hé nǚrén ▸ **we walked for hours and hours** 我们(們)几(幾)个(個)小时(時)几(幾)个(個)小时(時)接连(連)地走 wǒmen jǐ gè xiǎoshí jǐ gè xiǎoshí jiēlián de zǒu ▸ **he talked and talked** 他说(說)啊说(說)啊 tā shuō a shuō a ▸ **better and better** 越来(來)越好 yuèláiyuè hǎo ▸ **to try and do sth** 试(試)着(著)做某事 shìzhe zuò mǒushì

Andes ['ændi:z] N PL ▸ **the Andes** 安第斯山脉(脈) Āndìsī Shānmài

Andorra [æn'dɔ:rə] N 安道尔(爾) Āndào'ěr

anemia *etc* [ə'ni:mɪə] (*US*) = **anaemia** *etc*

anesthetic [ænɪs'θɛtɪk] (*US*) = **anaesthetic**

anew [ə'nju:] ADV [*start* +] 重新 chóngxīn

angel ['eɪndʒəl] N [C] **1** (*spirit*) 天使 tiānshǐ [个 gè] **2** (*kind person*) 可爱(愛)的人 kě'ài de rén

anger ['æŋgə^r] **I** N [U] 生气(氣) shēngqì **II** VT 使生气(氣) shǐ shēngqì ▸ **words spoken in anger** 气(氣)话(話) qìhuà

angina [æn'dʒaɪnə] N [U] 心绞(絞)痛 xīnjiǎotòng

angle ['æŋgl] **I** N [C] **1** (*Math*) 角 jiǎo [个 gè] **2** (*position, direction*) 角度 jiǎodù [个 gè] **3** (*approach*) 视(視)角 shìjiǎo **II** VI **1** (*face, point*) 指向 zhǐxiàng **2** ▸ **to angle for sth** [+ *compliments*] 转(轉)弯(彎)抹角地得到某物 zhuǎn wān mò jiǎo de dédào mǒuwù **III** VT (*position*) 转(轉)换(換)角度 zhuǎnhuàn jiǎodù ▸ **at an angle** 倾(傾)斜地 qīngxié de ▸ **an angle of ninety/sixty degrees** 90度/60度角 jiǔshí dù/liùshí dù jiǎo

angler ['æŋglə^r] N [C] 钓(釣)鱼(魚)的人 diàoyú de rén

Anglican ['æŋglɪkən] **I** ADJ [+ *church, priest, service*] 英国(國)圣(聖)公会(會)的 Yīngguó Shènggōnghuì de **II** N [C] 英国(國)圣(聖)公会(會)教徒 Yīngguó Shènggōnghuì jiàotú ▸ **the Anglican Church** 英国(國)圣(聖)公会(會)教堂 Yīngguó Shènggōnghuì jiàotáng

angling ['æŋglɪŋ] N [U] 钓(釣)鱼(魚) diàoyú

Angola [æŋ'gəulə] N 安哥拉 Āngēlā

angrily ['æŋgrɪlɪ] ADV [*react, deny* +] 气(氣)愤(憤)地 qìfèn de

angry ['æŋgrɪ] ADJ **1** [+ *person, response*] 生气(氣)的 shēngqì de **2** [+ *wound, rash*] 发(發)炎的 fāyán de ▸ **to be angry with sb/about sth** 对(對)某人/某事生气(氣) duì mǒurén/mǒushì shēngqì ▸ **to get angry** 发(發)怒 fānù ▸ **to make sb angry** 使某人生气(氣) shǐ mǒurén shēngqì

> **angry** 指某人在特定时间或场合的情绪或感觉。如果某人经常生气，可以说他是 **bad-tempered**。*She's a bad-tempered young lady.* 可以用 **furious** 描述某人非常生气。*Senior police officers are furious at the mistake.* **annoyed** 或 **irritated** 表示某人生气的程度不是很重。*The Prime Minister looked annoyed but calm…a man irritated by the barking of his*

neighbour's dog... 如果一件事情经常或不断发生，它会使人感到 **irritated**。如果某个人经常感到恼火，可以用 **irritable** 形容他。

anguish ['æŋgwɪʃ] N [U] **1** (*mental*) 极(極)度痛苦 jídù tòngkǔ **2** (*physical*) 剧(劇)痛 jùtòng

animal ['ænɪməl] **I** N [C] **1** (*creature*) 动(動)物 dòngwù [只 zhī] **2** (*type of person*) 与(與)众(眾)不同的人 yǔzhòng bùtóng de rén [个 gè] **3** (*pej: brute*) 禽兽(獸) qínshòu [个 gè] **II** ADJ [+ *fats, products, instinct, attraction*] 动(動)物的 dòngwù de

animate [*adj* 'ænɪmɪt, *vb* 'ænɪmeɪt] **I** ADJ (*living*) 有生命的 yǒu shēngmìng de **II** VT (*enliven*) [+ *person, face*] 使有生气(氣) shì yǒu shēngqì

animated ['ænɪmeɪtɪd] ADJ **1** [+ *person, expression, conversation*] 生气(氣)勃勃的 shēngqì bóbó de **2** [+ *film, feature*] 动(動)画(畫)的 dònghuà de

animation [ænɪ'meɪʃən] N **1** [C/U] (*computer, cartoon*) 动(動)画(畫)片制(製)作 dònghuàpiàn zhìzuò **2** [U] (*liveliness*) 生气(氣) shēngqì

animosity [ænɪ'mɔsɪtɪ] N [C/U] 憎恨 zēnghèn

aniseed ['ænɪsi:d] N [U] 茴香籽 huíxiāngzǐ

ankle ['æŋkl] (*Anat*) N [C] 踝 huái [个 gè]

annex ['ænɛks] **I** N [C] **1** (*joined to main building*) 群房 qúnfáng **2** (*separate building*) 附属(屬)建筑(築) fùshǔ jiànzhù **II** VT (*take over*) [+ *land, territory*] 兼并(並) jiānbìng

annexe ['ænɛks] (*Brit*) N = **annex**

annihilate [ə'naɪəleɪt] VT **1** (*destroy*) [+ *people*] 消灭(滅) xiāomiè **2** (*defeat*) [+ *enemy, opponent*] 歼(殲)灭(滅) jiānmiè

anniversary [ænɪ'və:sərɪ] N [C] **1** ▶ **anniversary (of sth)** (某事的) 周(週)年纪(紀)念 (mǒushì de) zhōunián jìniàn [个 gè] **2** (*also*: **wedding anniversary**) 结(結)婚周(週)年纪(紀)念 jiéhūn zhōunián jìniàn [个 gè]

★ **announce** [ə'nauns] **I** VT **1** (*declare*) [+ *decision, engagement etc*] 宣布(佈) xuānbù ▷ *The TV presenter announced the grave news.* 电视解说员宣布了这条重大消息。Diànshì jiěshuōyuán xuānbùle zhè tiáo zhòngdà xiāoxi. **2** (*at station or airport*) 通告 tōnggào **II** VI (*say*) 说(說) shuō ▷ *"I'm going to bed," she announced.* "我要睡觉了，" 她说道。"Wǒ yào shuìjiào le," tā shuōdào. ▶ **to announce that...** (*in official statement, in a clear way*) 宣布(佈)⋯ xuānbù...; (*at airport or station*) 通告 tōnggào ▶ **the government has announced that...** 政府宣称(稱)⋯ zhèngfǔ xuānchēng...

announcement [ə'naunsmənt] N [C] **1** (*statement*) 宣布(佈) xuānbù **2** (*notice*) (*in newspaper*) 通知 tōngzhī [个 gè] **3** (*at airport or station*) 通告 tōnggào [个 gè] ▶ **the announcement of his resignation/death/engagement** 他的退休/死亡/订(訂)婚的通告 tā de tuìxiū/sǐwáng/dìnghūn de tōnggào ▶ **to make an announcement** 发(發)表声(聲)明 fābiǎo shēngmíng

announcer [ə'naunsə^r] N [C] (*on radio, TV: male*) 男播音员(員) nán bōyīnyuán [名 míng]; (*female*) 女播音员(員) nǚ bōyīnyuán [名 míng]

annoy [ə'nɔɪ] VT 使烦(煩)恼(惱) shǐ fánnǎo

annoyance [ə'nɔɪəns] N **1** [U] (*feeling*) 厌(厭)烦(煩) yànfán **2** [C] (*annoying thing*) 使人厌(厭)烦(煩)的东(東)西 shǐ rén yànfán de dōngxi ▶ **to his/my annoyance...** 让(讓)他/我烦(煩)恼(惱)的是⋯ ràng tā/wǒ fánnǎo de shì...

annoyed [ə'nɔɪd] ADJ 厌(厭)烦(煩)的 yànfán de ▶ **to be annoyed at sth/with sb** 对(對)某事/某人感到厌(厭)烦(煩) duì mǒushì/mǒurén gǎndào yànfán ▶ **to be annoyed about sth** 对(對)某事厌(厭)烦(煩) duì mǒushì yànfán ▶ **to get annoyed (about sth)** (对(對)某事)感到厌(厭)烦(煩) (duì mǒushì)gǎndào yànfán

用法参见 **angry**

请勿将 **annoyed** 和 **annoying** 混淆。如果你感到 **annoyed**，表示你相当生气。*David could see Jane waiting for him outside the cinema. She looked annoyed...I was annoyed by his selfish behaviour.* 某人或某事物 **annoying**，则表示该人或该事物令人感到非常生气或令人无法容忍。*You must have found my attitude annoying...Does he have any annoying habits I should know about?*

annoying [ə'nɔɪɪŋ] ADJ [+ *noise, habit, person*] 讨(討)厌(厭)的 tǎoyàn de ▶ **how annoying!** 真是讨(討)厌(厭)! zhēn shì tǎoyàn!

用法参见 **annoyed**

annual ['ænjuəl] **I** ADJ **1** (*once every year*) [+ *meeting, report*] 每年的 měinián de **2** (*during a year*) [+ *sales, income, rate*] 年度的 niándù de **II** N [C] **1** (*book*) 年刊 niánkān **2** (*plant*) 一年生植物 yīniánshēng zhíwù

annually ['ænjuəlɪ] ADV **1** (*once a year*) 每年地 měinián de **2** (*during a year*) 一年地 yīnián de

annum ['ænəm] N *see* **per**

anonymous [ə'nɔnɪməs] ADJ **1** [+ *letter, gift, phone call*] 匿名的 nìmíng de **2** [+ *person*] 不知名的 bùzhīmíng de **3** (*boring*) [+ *place, clothing*] 无(無)特色的 wú tèsè de ▶ **to remain anonymous** 不留名的 bù liúmíng de

anorak ['ænəræk] N [C] **1** (*jacket*) 连(連)帽防风(風)夹(夾)克 liánmào fángfēng jiákè [件 jiàn] **2** (*Brit; pej*) (*person*) 迷 mí

anorexia [ænə'rɛksɪə] (*also*: **anorexia nervosa**) (*Med*) N [U] 厌(厭)食症 yànshízhèng

anorexic [ænə'rɛksɪk] **I** ADJ 患厌(厭)食症的 huàn yànshízhèng de **II** N [C] 厌(厭)食症患者 yànshízhèng huànzhě

★ **another** [ə'nʌðə^r] **I** ADJ **1** ▶ **another book** (*one more*) 另一本书(書) lìng yī běn shū ▷ *I need another book, I've finished this one.* 我再需要一本书，这本已经读完了。Wǒ zài xūyào yī běn shū, zhè běn yǐjīng dúwán le. **2** (*a different one*) 另外的 lìngwài de ▷ *Can I have another book, this* *one's torn.* 能不能给我另外一本书，这本书撕坏了。Néng bùnéng gěi wǒ lìngwài yī běn shū, zhè běn shū sīhuài le. **3** ▸ **another 5 years/miles/kilos** 再有5年/英里/公斤 zài yǒu wǔ nián/yīnglǐ/gōngjīn ▹ *Continue down the road for another 2 kilometres.* 沿着这条路再走两公里。Yánzhe zhè tiáo lù zài zǒu liǎng gōnglǐ. **II** PRON **1** *(one more)* 再一个(個) zài yīgè ▹ *He had a drink, then poured another.* 他喝了一杯，随后又倒了一杯。Tā hēle yī bēi, suíhòu yòu dàole yī bēi. **2** *(a different one)* 不同的一个(個) bùtóng de yīgè ▹ *a civil war, with one community against another* 不同群体间进行的一场内战 bùtóng qúntǐ jiān jìnxíng de yī chǎng nèizhàn ▸ **one another** 相互 xiānghù ▸ **one (shop) after another** 一个(個)（商店）挨着(著)一个(個)（商店） yī gè(shāngdiàn)āizhe yīgè(shāngdiàn) ▸ **another drink?** 再来(來)一杯？ zài lái yī bēi?

★**answer** ['ɑːnsəʳ] **I** N [c] **1** *(reply)* *(to question)* 回答 huídá [个 gè]; *(to letter)* 回信 huíxìn [封 fēng] **2** *(solution)* *(to problem, in exam or quiz)* 答案 dá'àn [个 gè] **II** VI *(reply)* *(to question)* 回答 huídá; *(to telephone ringing, knock at door)* 应(應)答 yìngdá **III** VT **1** *(reply to)* [+ *person*] 答复(復) dáfù; [+ *question*] *(asked by person, in exam or quiz)* 回答 huídá; [+ *letter*] 回复(復) huífù; [+ *advertisement, prayers*] 回应(應) huíyìng ▹ *She answered an advert for a job as a cook.* 她应聘了厨师的招聘广告。Tā yìngpìnle chúshī de zhāopìn guǎnggào. **2** *(satisfy)* [+ *need*] 满(滿)足 mǎnzú **3** = **answer to** ▸ **there was no answer** *(on telephone)* 无(無)人接听(聽) wú rén jiētīng; *(at door)* 无(無)人应(應)答 wú rén yìngdá ▸ **in answer to...** 回应(應)… huíyìng... ▸ **to answer the phone** 接听(聽)电(電)话(話) jiētīng diànhuà ▸ **to answer the door** 应(應)声(聲)开(開)门(門) yìngshēng kāimén
▸**answer back I** VI 顶(頂)嘴 dǐngzuǐ **II** VT 跟…顶(頂)嘴 gēn...dǐngzuǐ
▸**answer for** VT FUS [+ *crimes, actions*] 承受…的后(後)果 chéngshòu...de hòuguǒ ▹ *One of these days you will answer for your crimes.* 总有一天你要为你的罪责承担后果。Zǒng yǒu yī tiān nǐ yào wèi nǐ de zuìzé chéngdān hòuguǒ.
▸**answer to** VT FUS [+ *description*] 符合 fúhé ▹ *A man answering to his description was seen in Glasgow.* 一个和他的描述相符的男人出现在格拉斯哥。Yīgè hé tā de miáoshù xiāngfú de nánrén chūxiàn zài Gélāsīgē.

answering machine ['ɑːnsərɪŋ-] N [c] 电(電)话(話)答录(錄)机(機) diànhuà dálùjī [台 tái]

answerphone ['ɑːnsəʳfəun] N [c] = **answering machine**

ant [ænt] N 蚂(螞)蚁(蟻) mǎyǐ

antagonism [æn'tægənɪzəm] N [U] 敌(敵)对(對) díduì

Antarctic [ænt'ɑːktɪk] N ▸ **the Antarctic** 南极(極) Nánjí

Antarctica [ænt'ɑːktɪkə] N 南极(極)洲 Nánjízhōu

antelope ['æntɪləup] (*pl* **antelope** *or* **antelopes**) N [c] 羚羊 língyáng [只 zhī]

antenatal ['æntɪ'neɪtl] (*Brit*) ADJ [+ *care, treatment*] 产(產)前的 chǎnqián de

antenna [æn'tɛnə] N [c] **1** (*pl* **antennae** [æn'tɛniː]) [*of insect*] 触(觸)角 chùjiǎo **2** (*pl* **antennas**) [*of radio, TV*] *(aerial)* 天线(線) tiānxiàn

anthem ['ænθəm] N [c] 赞(讚)美诗(詩) zànměishī 国(國)歌 guógē [首 shǒu]

anthology [æn'θɔlədʒɪ] N [c] [*of poetry, stories etc*] 选(選)集 xuǎnjí [本 běn]

anthropology [ænθrə'pɔlədʒɪ] N [U] 人类(類)学(學) rénlèixué

anti... ['æntɪ] PREFIX **1** *(expressing opposition)* 反 fǎn **2** *(intended to destroy or prevent sth)* 抗 kàng

antibiotic ['æntɪbaɪ'ɔtɪk] N [c] 抗生素 kàngshēngsù [种 zhǒng]

antibody ['æntɪbɔdɪ] N [c] 抗体(體) kàngtǐ

anticipate [æn'tɪsɪpeɪt] VT **1** *(expect, foresee)* 预(預)期 yùqī **2** *(be prepared for)* 提前行动(動) tíqián xíngdòng **3** *(look forward to)* 期望 qīwàng ▸ **this is worse/better than I anticipated** 这(這)比我原先期望的要坏(壞)/好 zhè bǐ wǒ yuánxiān qīwàng de yào huài/hǎo

anticipation [æntɪsɪ'peɪʃən] N [U] **1** ▸ **in anticipation of sth** *(preparation for)* 预(預)期某事 yùqī mǒushì **2** *(excitement)* 期待某事 qīdài mǒushì ▸ **thanking you in anticipation** *(frm)* 预(預)致谢(謝)意 yù zhì xièyì

anticlimax ['æntɪ'klaɪmæks] N [c/U] 虎头(頭)蛇尾 hǔ tóu shé wěi

anticlockwise ['æntɪ'klɔkwaɪz] (*Brit*) ADV 按逆时(時)针(針)方向 àn nì shízhēn fāngxiàng

antics ['æntɪks] N PL **1** [*of animals, children*] 滑稽动(動)作 huájī dòngzuò **2** [*of politicians, celebrities*] 丑(醜)态(態) chǒutài

anti-depressant [æntɪdɪ'prɛsnt] N [c] *(medicine)* 抗抑郁(鬱)症药(藥) kàng yìyùzhèng yào; *(activity, substance)* 兴(興)奋(奮)剂(劑) xīngfènjì

antidote ['æntɪdəut] N [c] **1** *(to poison)* 解毒剂(劑) jiědújì **2** ▸ **an antidote to sth** [+ *unpleasant situation*] 解决(決)某事的良方 jiějué mǒushì de liángfāng

antifreeze ['æntɪfriːz] (*Aut*) N [U] 防冻(凍)剂(劑) fángdòngjì

antihistamine ['æntɪ'hɪstəmɪn] N [c/U] 抗组(組)织(織)胺 kàng zǔzhī ān

antiquated ['æntɪkweɪtɪd] ADJ *(outdated)* 过(過)时(時)的 guòshí de

antique [æn'tiːk] **I** N [c] *(valuable old object)* 古董 gǔdǒng [件 jiàn] **II** CPD [+ *furniture, jewellery*] 古式 gǔshì

antique shop N [c] 古董店 gǔdǒngdiàn [家 jiā]

antiquity [æn'tɪkwɪtɪ] N **1** [U] (*the past*) 古代 gǔdài **2** [C] (*old object*) 古物 gǔwù [件 jiàn]
antiseptic [æntɪ'sɛptɪk] **I** N [C/U] 杀(殺)菌剂(劑) shājūnjì [种 zhǒng] **II** ADJ 杀(殺)菌的 shājūn de
antisocial ['æntɪ'səuʃəl] ADJ **1** (*unsociable*) 不喜社交的 bù xǐ shèjiāo de **2** (*offensive*) 冒犯他人的 màofàn tārén de
antivirus N [C] (*program*) 抗病毒素 kàngbìng dúsù [个 gè]
antlers ['æntləz] N PL 鹿角 lù jiǎo
anxiety [æŋ'zaɪətɪ] N **1** [C/U] (*concern*) 焦虑(慮) jiāolǜ **2** [U] (*Med*) 焦虑(慮)症 jiāolǜzhèng ▸ **anxiety over** *or* **about sth** 对(對)某事感到焦虑(慮) duì mǒushì gǎndào jiāolǜ ▸ **his anxiety to please/to do well** (*eagerness*) 他急于(於)取悦(悅)他人/好好表现(現)的愿(願)望 tā jí yú qǔyuè tārén/hǎohǎo biǎoxiàn de yuànwàng
anxious ['æŋkʃəs] ADJ **1** (*worried*) [+ *expression, person*] 忧(憂)虑(慮)的 yōulǜ de **2** (*worrying*) [+ *situation, time*] 不安的 bù'ān de ▸ **to be anxious to do sth** (*keen*) 渴望做某事 kěwàng zuò mǒushì ▸ **to be anxious that...** (*keen*) 极(極)力希望… jílì xīwàng… ▸ **to get** *or* **grow anxious** 感到忧(憂)虑(慮) gǎndào yōulǜ ▸ **anxious for sth** 热(熱)切渴望某事 rèqiè kěwàng mǒushì

 KEYWORD

★ **any** ['ɛnɪ] **I** ADJ **1** (*in negatives, in questions*) 一些的 yīxiē de ▸ **I haven't any chocolate/sweets** 我没(沒)有巧克力/糖了 wǒ méiyǒu qiǎokèlì/táng le ▸ **without any help** 没(沒)有任何帮(幫)助 méiyǒu rènhé bāngzhù ▸ **there was hardly any food** 几(幾)乎没(沒)有食物了 jīhū méiyǒu shíwù le ▸ **there were hardly any potatoes** 几(幾)乎没(沒)有土豆了 jīhū méiyǒu tǔdòu le ▸ **have you got any chocolate/sweets?** 你有巧克力/糖吗(嗎)? nǐ yǒu qiǎokèlì/táng ma? ▸ **are there any others?** 还(還)有其他人吗(嗎)? háiyǒu qítā rén ma?
2 (*in "if" clauses*) 任何的 rènhé de ▸ **if there are any tickets left** 如果有票剩下的话(話) rúguǒ yǒu piào shèngxia de huà
3 (*no matter which*) 任意的 rènyì de ▸ **take any card you like** 拿你喜欢(歡)的任意一张(張)卡 ná nǐ xǐhuan de rènyì yī zhāng kǎ ▸ **any excuse will do** 任何一个(個)理由都行 rènhé yīgè lǐyóu dōu xíng ▸ **any teacher will tell you that...** 任何一个(個)老师(師)都会(會)告诉(訴)你… rènhé yī gè lǎoshī dōu huì gàosù nǐ...
4 (*in expressions*) ▸ **any day now** 从(從)现(現)在起的任何一天 cóng xiànzài qǐ de rènhé yītiān ▸ **(at) any moment** (在)任何时(時)候 (zài) rèhé shíhou ▸ **any time** (*whenever*) 不论(論)何时(時) bùlùn héshí; (*also*: **at any time**) 在任何时(時)候 zài rènhé shíhou ▷ *He could be sent for (at) any time.* 他可以随叫随到。Tā kěyǐ suí jiào suí dào. ▸ **any time you feel like a chat, just call me** 任何时(時)候你想聊天，就给(給)我打电(電)话(話) rènhé shíhou nǐ xiǎng liáotiān, jiù gěi wǒ dǎ diànhuà ▸ **the bomb could go off (at) any time** 炸弹(彈)任何时(時)候都可能爆炸 zhàdàn rènhé shíhou dōu kěnéng bàozhà ▸ **at any rate** (*more precisely*) 至少 zhìshǎo; (*whatever the case*) 无(無)论(論)如何 wúlùn rúhé ▸ **she wanted to buy a dress but not just any dress** 她想买(買)件礼(禮)服，但要有点(點)特别(別)的那种(種) tā xiǎng mǎi jiàn lǐfú, dàn yào yǒudiǎn tèbié de nàzhǒng
II PRON **1** (*in negatives*) 一些 yīxiē ▸ **I didn't eat any (of it)** 我(这(這))一点(點)也没(沒)吃 wǒ (zhè) yīdiǎn yě méi chī ▸ **I haven't any (of them)** 我一个(個)也没(沒)有 wǒ yīgè yě méiyǒu ▸ **there was nothing any of us could do to help** 我们(們)没(沒)有一个(個)人能帮(幫)得上忙 wǒmen méiyǒu yīgè rén néng bāng de shàng máng
2 (*in questions*) 一些 yīxiē ▸ **have you got any?** 你有吗(嗎)? nǐ yǒu ma? ▸ **can any of you sing?** 你们(們)中间(間)有谁(誰)会(會)唱歌? nǐmen zhōngjiān yǒu shuí huì chànggē?
3 (*in "if" clauses*) 任何 rènhé ▸ **if any of you would like to take part, ...** 如果你们(們)中任何人想参(參)加的话(話)，… rúguǒ nǐmen zhōng rèhé rén xiǎng cānjiā de huà, ...
4 (*no matter which ones*) 无(無)论(論)哪一个(個) wúlùn nǎ yīgè ▸ **help yourself to any of the books** 无(無)论(論)哪本书(書)你随(隨)便拿 wúlùn nǎběn shū nǐ suíbiàn ná
III ADV **1** (*with negative*) 丝(絲)毫 sīháo ▸ **I can't see things getting any better** 我看不出事情有丝(絲)毫好转(轉) wǒ kàn bù chū shìqing yǒu sīháo hǎozhuǎn ▸ **I don't play tennis any more** 我不再打网(網)球了 wǒ bùzài dǎ wǎngqiú le ▸ **don't wait any longer** 不再等了 bùzài děng le
2 (*in questions*) …一点(點) ...yīdiǎn ▸ **are you feeling any better?** 你感觉(覺)稍好一点(點)吗(嗎)? nǐ gǎnjué shāohǎo yīdiǎn ma? ▸ **do you want any more soup/sandwiches?** 你还(還)想再要点(點)汤(湯)/三明治吗(嗎)? nǐ hái xiǎng zài yào diǎn tāng/sānmíngzhì ma?
3 (*in "if" clauses*) 再…一点(點) zài...yīdiǎn ▸ **if it had been any colder we would have frozen to death** 如果再冷一点(點)，我们(們)就要被冻(凍)死了 rúguǒ zài lěng yīdiǎn, wǒmen jiùyào bèi dòngsǐ le

anybody ['ɛnɪbɔdɪ] PRON = **anyone**
anyhow ['ɛnɪhau] ADV **1** = **anyway** **2** (*Brit; inf*) (*haphazardly*) 随(隨)随(隨)便便地 suísuí-biànbiàn de ▸ **do it anyhow** 随(隨)随(隨)便

便地做 suísuí-biànbiàn de zuò ▸ **she leaves things just anyhow** 她就是随(隨)随(隨)便便地乱(亂)放东(東)西 tā jiùshì suísuí-biànbiàn de luàn fàng dōngxi

anymore [ɛnɪ'mɔːʳ] ADV = **any more** *see* any

anyone ['ɛnɪwʌn] PRON **1** (*in negatives, "if" clauses*) 任何人 rènhé rén **2** (*in questions*) 任何一个(個)人 rènhé yīgè rén **3** (*no matter who*) 不论(論)什么(麼)人 bùlùn shénme rén ▸ **I can't see anyone** 我见(見)不到任何人 wǒ jiànbùdào rènhé rén ▸ **did anyone see you?** 有人看到你吗(嗎)? yǒurén kàndào nǐ ma? ▸ **did you speak to anyone?** 你对(對)任何人说(說)起过(過)吗(嗎)? nǐ duì rènhé rén shuō qǐ guò ma? ▸ **does anyone want a cake?** 有人想要块(塊)蛋糕吗(嗎)? yǒu rén xiǎng yào kuài dàngāo ma? ▸ **if anyone should phone...** 如果有人打电(電)话(話)… rúguǒ yǒu rén dǎ diànhuà... ▸ **anyone could do it** 任何人都能做到 rènhé rén dōunéng zuòdào ▸ **anyone who is anyone** 重要人物 zhòngyào rénwù

★ **anything** ['ɛnɪθɪŋ] PRON **1** (*in negatives, questions, "if" clauses*) 任何事 rènhé shì **2** (*no matter what*) 无(無)论(論)何事物 wúlùn hé shìwù ▸ **I can't see anything** 我什么(麼)也看不见(見) wǒ shénme yě kànbùjiàn ▸ **hardly anything** 几(幾)乎没(沒)有任何东(東)西 jīhū méiyǒu rènhé dōngxi ▸ **can you see anything?** 你能看到些什么(麼)吗(嗎)? nǐ néng kàndào xiē shénme ma? ▸ **did you find anything?** 你找到些什么(麼)吗(嗎)? nǐ zhǎodào xiē shénme ma? ▸ **if anything happens to me...** 如果任何事情发(發)生在我身上… rúguǒ rènhé shìqing fāshēng zài wǒ shēnshàng... ▸ **he'll eat anything** 他什么(麼)东(東)西都会(會)吃 tā shénme dōngxi dōu huì chī ▸ **you can say anything you like** 你可以畅(暢)所欲言 nǐ kěyǐ chàng suǒ yù yán ▸ **anything will do** 什么(麼)都行 shénme dōu xíng ▸ **anything between... and...** 在…和…之间(間)的样(樣)子 zài...hé...zhījiān de yàngzi ▸ **the lecture was anything but boring** 讲(講)座绝(絕)对(對)不无(無)聊 jiǎngzuò juéduì bù wúliáo ▸ **anything but!** 绝(絕)对(對)不! juéduì bù! ▸ **I wouldn't do that for anything** (*inf*) 我决(決)不会(會)那样(樣)做的 wǒ jué bùhuì nàyàng zuò de ▸ **he's as clever as anything** (*inf*) 他极(極)其聪(聰)明 tā jíqí cōngmíng ▸ **if anything** 如果有什么(麼)不同的话(話) rúguǒ yǒu shénme bùtóng de huà ▸ **the painting didn't fetch anything like that much** 这(這)副画(畫)根本没(沒)卖(賣)到那么(麼)高的价(價)钱(錢) zhè fú huà gēnběn méi mài dào nàme gāo de jiàqián

anytime ['ɛnɪtaɪm] ADV 任何时(時)候 rènhé shíhou

anyway ['ɛnɪweɪ] ADV **1** (*besides*) 无(無)论(論)如何 wúlùn rúhé **2** (*all the same*) 还(還)是 háishi **3** (*at least*) 至少 zhìshǎo **4** (*in short*) 总(總)之 zǒngzhī **5** (*well*) 不管怎样(樣) bùguǎn zěnyàng ▸ **I shall go anyway** 不论(論)如何我要走了 bùlùn rúhé wǒ yào zǒu le ▸ **why are you phoning, anyway?** 你到底为(為)什么(麼)打电(電)话(話)? nǐ dàodǐ wèishénme dǎ diànhuà?

anywhere ['ɛnɪwɛəʳ] ADV **1** (*in negatives, questions, "if" clauses*) 任何地方 rènhé dìfang **2** (*no matter where*) 无(無)论(論)哪里(裡) wúlùn nǎlǐ ▸ **I can't see him anywhere** 我哪里(裡)都见(見)不到他 wǒ nǎlǐ dōu jiànbùdào tā ▸ **have you seen the scissors anywhere?** 你在哪儿(兒)见(見)过(過)剪刀吗(嗎)? nǐ zài nǎr jiànguò jiǎndāo ma? ▸ **put your case down anywhere** 把箱子放在哪儿(兒)都行 bǎ xiāngzi fàng zài nǎr dōu xíng ▸ **anywhere in the world** 世界的任何地方 shìjiè de rènhé dìfang ▸ **I would have known him anywhere** 到哪儿(兒)我都认(認)得他 dào nǎr wǒ dōu rènde tā

apart [ə'pɑːt] ADV **1** [*move, pull* +] 分开(開) fēnkāi **2** ▸ **sit apart from the others** 不和其他人坐在一起 bù hé qítā rén zuò zài yīqǐ ▸ **to be apart** [*couple, family* +] 分开(開) fēnkāi ▸ **to live apart** 分居 fēnjū ▸ **10 miles apart** 相距10英里 xiāngjù shí yīnglǐ ▸ **a long way apart** 意见(見)迥异(異) yìjiàn jiǒngyì ▸ **with one's legs/feet apart** 某人的腿/脚(腳)分开(開) mǒurén de tuǐ/jiǎo fēnkāi ▸ **to take sth apart** 拆卸某物 chāixiè mǒuwù ▸ **to come** *or* **fall apart** 崩溃(潰) bēngkuì ▸ **apart from** (*excepting*) 除去 chúqù; (*in addition to*) 除了…以外 chúle...yǐwài ▸ **I can't tell them apart** 我不能分辨二者 wǒ bùnéng fēnbiàn èrzhě ▸ **set apart (from)** 位于(於)…的远(遠)处(處) wèiyú...de yuǎnchù

apartment [ə'pɑːtmənt] I N [c] (*US*) 公寓 gōngyù [处 chù] [英 = **flat**] II **apartments** N PL (*Brit*) 房间(間) fángjiān

apartment building, apartment house (*US*) N [c] 公寓楼(樓) gōngyùlóu [幢 zhuàng] [英 = **block of flats**]

apathy ['æpəθɪ] N [U] 冷漠 lěngmò

ape [eɪp] I N [c] 猿 yuán II VT (*imitate*) 模仿 mófǎng

aperitif [ə'pɛrɪtiːf] N [c] 开(開)胃酒 kāiwèijiǔ

aperture ['æpətʃjuəʳ] N [c] **1** (*frm: hole, gap*) 孔 kǒng **2** (*Phot*) 孔径(徑) kǒngjìng

apiece [ə'piːs] ADV (*in number*) 每人 měirén; (*in cost*) 每个(個) měigè

apologetic [əpɔlə'dʒɛtɪk] ADJ [+ *tone, letter, person*] 道歉的 dàoqiàn de ▸ **to be apologetic about...** 为(為)…感到抱歉 wèi...gǎndào bàoqiàn

apologize [ə'pɔlədʒaɪz] VI 道歉 dàoqiàn ▸ **I apologize (for...)** (*frm*) 我(为(為)…而)道歉 wǒ(wèi...ér)dàoqiàn ▸ **to apologize to sb (for sth)** 向某人(为(為)某事)道歉 xiàng mǒurén (wèi mǒushì) dàoqiàn

apology [ə'pɔlədʒɪ] N [c/u] 道歉 dàoqiàn [个 gè] ▸ **to make (sb) an apology** 向(某人)道歉 xiàng (mǒurén) dàoqiàn ▸ **to send one's apologies** (*frm: for one's absence*) 致歉 zhìqiàn ▸ **to offer** *or* **make one's apologies** (*frm*) 表达(達)某人的歉意 biǎodá mǒurén de qiànyì ▸ **please accept my apologies** (*frm*) 请(請)接受我的道歉 qǐng jiēshòu wǒ de dàoqiàn ▸ **I make no apologies for what I said** 我不为(為)我所说(說)的话(話)感到抱歉 wǒ bù wèi wǒ suǒshuō de huà gǎndào bàoqiàn

apostrophe [ə'pɔstrəfɪ] N [c] 撇号(號) piěhào [个 gè]

appal, (*US*) **appall** [ə'pɔːl] VT (*shock*) 使惊(驚)骇(駭) shǐ jīnghài

appalled [ə'pɔːld] ADJ (*horrified*) 惊(驚)骇(駭)的 jīnghài de ▸ **to be appalled by/at sth** 对(對)某事物感到惊(驚)骇(駭) duì mǒushìwù gǎndào jīnghài ▸ **to be appalled that...** …使人惊(驚)骇(駭) ...shǐ rén jīnghài

appalling [ə'pɔːlɪŋ] ADJ **1** (*shocking*) [+ *destruction, conditions, behaviour*] 骇(駭)人听(聽)闻(聞)的 hài rén tīng wén de **2** (*great, intense*) [+ *headache, ignorance*] 严(嚴)重的 yánzhòng de ▸ **she's an appalling cook** (*bad, poor*) 她是个(個)差劲(勁)的厨(廚)师(師) tā shì gè chàjìn de chúshī

apparatus [æpə'reɪtəs] N [c/u] **1** (*equipment*) 装(裝)置 zhuāngzhì **2** [*of organization, system*] 机(機)构(構) jīgòu ▸ **a piece of apparatus** 一件仪(儀)器 yī jiàn yíqì

apparel [ə'pærəl] (*esp US; frm*) N [u] 衣服 yīfu

apparent [ə'pærənt] ADJ **1** (*seeming*) 表面上的 biǎomiànshang de **2** (*obvious*) 明显(顯)的 míngxiǎn de ▸ **it is apparent that...** 显(顯)然… xiǎnrán... ▸ **for no apparent reason** 原因不明地 yuányīn bù míng de

apparently [ə'pærəntlɪ] ADV 表面看来(來) biǎomiàn kànlái

appeal [ə'piːl] I VI **1** ▸ **to appeal (to sb)** (*be attractive*) 吸引(某人) xīyǐn (mǒurén) **2** (*Law*) 上诉(訴) shàngsù II VT (*US*) [+ *decision, verdict*] 上诉(訴) shàngsù III N **1** [c] (*request*) 请(請)求 qǐngqiú [个 gè] **2** [c] (*for good cause*) 呼吁(籲) hūyù [个 gè] **3** [c/u] (*Law*) 上诉(訴) shàngsù [个 gè] **4** [u] (*attraction, charm*) 吸引力 xīyǐnlì ▸ **to appeal (to sb) for sth** 为(為)某事(向某人)呼吁(籲) wèi mǒushì(xiàng mǒurén)hūyù ▸ **he appealed for calm/silence** 他请(請)求大家平静(靜)下来(來)/安静(靜)下来(來) tā qǐngqiú dàjiā píngjìng xiàlái/ānjìng xiàlái ▸ **it doesn't appeal to me** 这(這)一点(點)也引不起我的兴(興)趣 zhè yīdiǎn yě yǐnbùqǐ wǒde xìngqù ▸ **to appeal against a decision/verdict** (*Brit*) 对(對)决(決)定/判决(決)进(進)行上诉(訴) duì juédìng/pànjué jìnxíng shàngsù ▸ **to appeal to the Supreme Court** 上诉(訴)最高法庭 shàngsù zuìgāo fǎtíng ▸ **right of appeal** (*Law*) 上诉(訴)权(權) shàngsù quán

appealing [ə'piːlɪŋ] ADJ **1** (*attractive*) [+ *idea, person*] 吸引人的 xīyǐn rén de **2** (*pleading*) [+ *look, tone*] 恳(懇)求的 kěnqiú de

★ **appear** [ə'pɪəʳ] VI **1** (*seem*) 看起来(來) kànqǐlái ▷ *He appears confident.* 他看起来很有信心。Tā kànqǐlái hěn yǒu xìnxīn. **2** (*come into view, begin to develop*) 出现(現) chūxiàn ▷ *Two men suddenly appeared at the door.* 两个男人突然出现在门口。Liǎng gè nánrén tūrán chūxiàn zài ménkǒu. ▷ *The flowers appear in early summer.* 这种花开在初夏。Zhèzhǒng huā kāizài chūxià. **3** (*become available*) 问(問)世 wènshì ▷ *New diet books appear every week.* 每周都有新的减肥食谱出售。Měi zhōu dōu yǒu xīn de jiǎnféi shípǔ chūshòu. **4** (*in court*) 出庭 chūtíng ▸ **to appear to be/have** 看起来(來)是/有 kànqǐlái shì/yǒu ▷ *The aircraft appears to have crashed.* 这架飞机看起来是已经坠毁了。Zhè jià fēijī kànqǐlái shì yǐjīng zhuìhuǐ le. ▸ **it appears/it would appear that...** 看起来(來)似乎是… kànqǐlái sìhū shì... ▸ **to appear in a play/film** 出演电(電)视(視)剧(劇)/电(電)影 chūyǎn diànshìjù/diànyǐng

appearance [ə'pɪərəns] N **1** [s] (*arrival*) 出现(現) chūxiàn **2** [s] (*look, aspect*) 外表 wàibiǎo **3** [c] (*in public, on TV*) 露面 lòumiàn ▸ **to put in an appearance** (*show your face*) 露一下面 lòu yī xià miàn ▸ **to keep up appearances** 装(裝)门(門)面 zhuāng ménmiàn ▸ **to/by/from all appearances** 显(顯)然 xiǎnrán ▸ **to make an appearance** (*on TV, in public*) 露面 lòumiàn ▸ **in order of appearance** (*in film, play*) 按出场(場)顺(順)序 àn chūchǎng shùnxù

appease [ə'piːz] VT 安抚(撫) ānfǔ

appendices [ə'pɛndɪsiːz] N PL *of* **appendix**

appendicitis [əpɛndɪ'saɪtɪs] N [u] 阑(闌)尾炎 lánwěiyán

appendix [ə'pɛndɪks] (*pl* **appendices** *or* **appendixes**) N [c] **1** (*Anat*) 阑(闌)尾 lánwěi **2** (*to publication*) 附录(錄) fùlù ▸ **to have one's appendix out** 切除阑(闌)尾 qiēchú lánwěi

appetite ['æpɪtaɪt] N [c/u] **1** (*desire to eat*) 食欲(慾) shíyù **2** ▸ **an appetite for sth** (*desire*) 对(對)某事的爱(愛)好 duì mǒushì de àihào [个 gè] ▸ **the walk has given me an appetite** 散步增进(進)了我的食欲(慾) sànbù zēngjìnle wǒ de shíyù

appetizer ['æpɪtaɪzəʳ] N [c] (*first course*) 开(開)胃食品 kāiwèi shípǐn

applaud [ə'plɔːd] I VI (*clap*) 鼓掌欢(歡)迎 gǔzhǎng huānyíng II VT **1** (*praise*) [+ *person, behaviour*] 称(稱)赞(讚) chēngzàn **2** (*cheer*) [+ *actor, singer etc*] 鼓掌 gǔzhǎng

applause [ə'plɔːz] N [u] (*clapping*) 掌声(聲) zhǎngshēng

apple ['æpl] N [c] 苹(蘋)果 píngguǒ [个 gè] ▸ **she is the apple of her father's eye** 她是父亲(親)的掌上明珠 tā shì fùqīn de zhǎng shàng míngzhū

appliance [ə'plaɪəns] (*frm*) N [c] (*device*) 器具 qìjù [件 jiàn]

applicable [ə'plɪkəbl] ADJ (*relevant*) ▸ **applicable (to)** 适(適)用于(於) shìyòng yú ▸ **if/where applicable** 如果适(適)用 rúguǒ shìyòng

applicant ['æplɪkənt] N [c] (*for job, place at college*) 申请(請)人 shēnqǐngrén [个 gè]

application [æplɪ'keɪʃən] N **1** [c] (*for job, grant etc*) 申请(請) shēnqǐng [份 fèn] **2** [ʊ] (*hard work*) 专(專)心 zhuānxīn **3** [c/ʊ] (*use*) [*of knowledge, theory etc*] 应(應)用 yìngyòng [种 zhǒng] **4** [c/ʊ] (*applying*) [*of cream, paint etc*] 敷用 fūyòng **5** [c] (*Comput*) (*program*) 应(應)用程序 yìngyòng chéngxù [个 gè] ▸ **on application** 申请(請)之时(時) shēnqǐng zhī shí ▸ **the application of sth to sth** 某物对(對)某物的应(應)用 mǒuwù duì mǒuwù de yìngyòng

application form N [c] 申请(請)表格 shēnqǐng biǎogé [份 fèn]

apply [ə'plaɪ] **I** VI **1** ▸ **to apply (to sb)** (*be relevant*) (对(對)某人)适(適)用 (duì mǒurén) shìyòng **2** (*make application*) 提出申请(請) tíchū shēnqǐng **II** VT **1** (*use*) [+ *principle, technique*] 应(應)用 yìngyòng **2** [+ *paint, polish etc*] 涂(塗) tú ▸ **to apply for sth** [+ *job, grant, membership*] 申请(請)某事 shēnqǐng mǒushì ▸ **to apply to sb** [+ *council, governing body*] 向某人提出申请(請) xiàng mǒurén tíchū shēnqǐng ▸ **to apply to do sth** 申请(請)做某事 shēnqǐng zuò mǒushì ▸ **to apply the brakes** (*frm*) 刹车(車) shāchē ▸ **to apply o.s. (to sth)** 致力于(於)(某事) zhìlì yú(mǒushì)

appoint [ə'pɔɪnt] VT ▸ **to appoint sb (to sth)** (*to post*) 任命某人(为(為)某职(職)) rènmìng mǒurén (wéi mǒuzhí); (*to political position, post of honour*) 委任某人(为(為)某职(職)) wěirèn mǒurén (wéi mǒuzhí) ▸ **to appoint sb manager** 任命某人为(為)经(經)理 rènmìng mǒurén wéi jīnglǐ

appointed [ə'pɔɪntɪd] ADJ ▸ **(at) the appointed time/hour** (在)约(約)定时(時)间(間)/钟(鐘)点(點) (zài) yuēdìng shíjiān/zhōngdiǎn

appointment [ə'pɔɪntmənt] N **1** [c] (*arranged meeting*) (*in business, politics*) 约(約)会(會) yuēhuì [个 gè]; (*with hairdresser, dentist, doctor*) 预(預)约(約) yùyuē [个 gè] **2** [c/ʊ] (*selection*) 任命 rènmìng [次 cì] **3** [c] (*post*) 职(職)务(務) zhíwù [个 gè] ▸ **to make an appointment (with sb)** (*in business, politics*) (和某人)订(訂)一个(個)约(約)会(會) (hé mǒurén) dìng yīgè yuēhuì; (*to see hairdresser, dentist, doctor*) (和某人)预(預)约(約) (hé mǒurén) yùyuē ▸ **by appointment** 根据(據)预(預)约(約) gēnjù yùyuē

appraisal [ə'preɪzl] N ▸ **an appraisal (of)** (对(對)…的)评(評)估 (duì...de) pínggū

appreciate [ə'pri:ʃɪeɪt] **I** VT **1** (*like, value*) 欣赏(賞) xīnshǎng **2** (*be grateful for*) 感谢(謝) gǎnxiè **3** (*understand, be aware of*) 理解 lǐjiě **II** VI (*increase in value*) [*currency, shares, property etc* +] 涨(漲)价(價) zhǎngjià ▸ **I (really) appreciate your help** 我(十分)感谢(謝)你的帮(幫)助 wǒ (shífēn) gǎnxiè nǐde bāngzhù ▸ **I appreciate that...** 我意识(識)到… wǒ yìshi dào... ▸ **I'd appreciate it if...** 如蒙…我将(將)不胜(勝)感激 rú méng...wǒ jiāng bùshèng gǎnjī

appreciation [əpri:ʃɪ'eɪʃən] N **1** [ʊ] (*enjoyment*) 欣赏(賞) xīnshǎng **2** [ʊ] (*gratitude*) 感激 gǎnjī **3** [s/ʊ] (*understanding*) ▸ **appreciation (of)** (对(對)…的)了解 (duì...de) liǎojiě **4** [s/ʊ] (*in value*) 涨(漲)价(價) zhǎngjià

appreciative [ə'pri:ʃɪətɪv] ADJ **1** (*praising*) 赞(讚)赏(賞)的 zànshǎng de **2** ▸ **appreciative of** (*grateful*) 感激的 gǎnjī de

apprehend [æprɪ'hɛnd] VT **1** (*frm: catch*) 逮捕 dàibǔ **2** (*liter: understand*) 领(領)会(會) lǐnghuì

apprehension [æprɪ'hɛnʃən] N **1** [c/ʊ] (*frm: fear*) 忧(憂)虑(慮) yōulǜ **2** [ʊ] (*frm: arrest*) 逮捕 dàibǔ ▸ **in** *or* **with apprehension** 在恐惧(懼)中 zài kǒngjù zhōng

apprehensive [æprɪ'hɛnsɪv] ADJ ▸ **apprehensive about** *or* **of** (*fearful*) 担(擔)心…的 dānxīn...de

apprentice [ə'prɛntɪs] **I** N [c] 学(學)徒 xuétú [个 gè] **II** VT ▸ **to be apprenticed to sb** 给(給)某人当(當)学(學)徒 gěi mǒurén dāng xuétú ▸ **an apprentice plumber/carpenter** *etc* 管子工/木匠 {等} 学(學)徒 guǎnzigōng/mùjiàng děng xuétú

approach [ə'prəutʃ] **I** VI (*draw near*) [*person, car* +] 走近 zǒu jìn; [*event, time* +] 临(臨)近 línjìn **II** VT **1** (*draw near to*) [+ *place, person*] 向…靠近 xiàng...kàojìn; [+ *event*] 临(臨)近 línjìn **2** (*consult, speak to*) [+ *person*] 接洽 jiēqià **3** (*deal with*) [+ *situation, problem*] 处(處)理 chǔlǐ **III** N [c] **1** (*advance*) [*of person*] 靠近 kàojìn **2** (*to a problem, situation*) 方式 fāngshì [种 zhǒng] **3** ▸ **approach to sth** (*access, path*) 通往某地的途径 tōngwǎng mǒudì de tújìng **4** (*proposal*) 对(對)某事的提议(議) duì mǒushì de tíyì ▸ **to approach sb about sth** 就某事同某人接触(觸) jiù mǒushì tóng mǒurén jiēchù ▸ **the approach of Christmas/winter** 圣(聖)诞(誕)节(節)/冬天的临(臨)近 shèngdànjié/dōngtiān de línjìn

appropriate [*adj* ə'prəuprɪɪt, *vb* ə'prəuprɪeɪt] **I** ADJ (*suitable*) [+ *remarks, behaviour, clothing*] 恰当(當)的 qiàdàng de; [+ *person, authority*] 相关(關)的 xiāngguān de **II** VT (*frm: steal*) [+ *property, materials, funds*] 盗(盜)用 dàoyòng; [+ *idea*] 剽窃(竊) piāoqiè ▸ **it is/seems appropriate to...** …是/似乎是恰当(當)的 ...shì/sìhū shì qiàdàng de ▸ **it is appropriate that...** …是恰当(當)的 ...shì qiàdàng de ▸ **to take appropriate action** 采(採)取适(適)当(當)的行动(動) cǎiqǔ shìdàng de xíngdòng ▸ **appropriate to sth** 与(與)某物相称(稱) yǔ mǒuwù xiāngchèn ▸ **appropriate for sth/sb** 适(適)合于(於)某物/某人 shìhé yú mǒuwù/mǒurén

appropriately [ə'prəupriitli] ADV **1** (*sensibly*) [*dress, act* +] 恰当(當)地 qiàdàng de **2** (*acceptably*) 合适(適)地 héshì de ▸ **appropriately enough...** (*emphasizing suitability*) 再合适(適)不过(過)地··· zài héshì bùguò de...

approval [ə'pru:vəl] N [U] **1** (*permission*) 批准 pīzhǔn **2** (*liking*) 赞(贊)成 zànchéng ▸ **to meet with sb's approval** [*proposal etc* +] 获(獲)得某人的赞(贊)同 huòdé mǒurén de zàntóng ▸ **to give one's approval to sth** 对(對)某事表示同意 duì mǒushì biǎoshì tóngyì ▸ **approval for sth** 对(對)某事的批准 duì mǒushì de pīzhǔn ▸ **on approval** 包退包换(換)的 bāotuì bāohuàn de ▸ **seal** *or* **stamp of approval** 批准 pīzhǔn

approve [ə'pru:v] **I** VT **1** (*authorize*) [+ *publication, product, action*] 批准 pīzhǔn **2** (*pass*) [+ *motion, decision*] 通过(過) tōngguò **II** VI 赞(贊)成 zànchéng ▸ **to be approved by sb** (*authorized*) 被某人批准 bèi mǒurén pīzhǔn

▸**approve of** VT FUS **1** (*be pleased about*) [+ *action, event, idea*] 赞(贊)成 zànchéng **2** (*like, admire*) [+ *person, thing*] 称(稱)许(許) chēngxǔ

如果某当权者 **approve** 某个计划或者行动，他正式表示认可并且同意此事可以进行。例如，某委员会 **approve** 一个决议，即允许执行该决议。*At least the idea is now accepted and has even been approved by Parliament.* 若某当权者 **approve** 某物，比如某个建筑或产品，表示他们对它感到满意并允许投入使用或销售。如果某一药品被 **approved**，医生可以将它应用于临床治疗。*...premises which have been approved by the local authority...* 如果你 **approve of** 某种行为或事情，则表示你很乐意看到它已经发生或者即将发生。*I don't like the whole idea, I didn't approve of this meeting...His return to the office was widely approved of.* 如果你 **approve of** 某人或者某物，例如某本书或某部电影，则表示你喜欢他它或对他它赞赏有加。*Do you think your father will approve of me?... He did not approve of my taste in pictures.*

approved [ə'pru:vd] ADJ 被认(認)可的 bèi rènkě de

approx. [ə'prɔks] ABBR (= **approximately**) 大约(約)地 dàyuē de

approximate [*adj* ə'prɔksimit, *vb* ə'prɔksimeit] **I** ADJ [+ *amount, number, age*] 近似的 jìnsì de **II** VI ▸ **to approximate to** (*resemble*) 接近于(於) jiējìn yú

approximately [ə'prɔksimitli] ADV 大约(約)地 dàyuē de

APR N ABBR (= **annual percentage rate**) 年度百分率 niándù bǎifēnlǜ

Apr. ABBR (= **April**) 四月 sìyuè

apricot ['eiprikɔt] N [C/U] (*fruit*) 杏子 xìngzi [个 gè]

April ['eiprəl] N [C/U] 四月 sìyuè; *see also* **July**

April Fool's Day N [C/U] 愚人节(節) Yúrénjié

APRIL FOOL'S DAY

4月1是 **April Fool's Day**（愚人节），英国人互相开各种各样的玩笑，搞恶作剧。谁要是上当，就称之为 **April Fools**。有时甚至连媒体也跟着凑热闹，编造新闻故事，发出骗人的报导，例如，在意大利，曾有报道说意大利面条长在树上。

apron ['eiprən] N [C] **1** (*clothing*) 围(圍)裙 wéiqún [条 tiáo] **2** (*at airport*) ▸ **the apron** 停机(機)坪 tíngjīpíng

apt [æpt] ADJ **1** (*suitable*) [+ *comment, description etc*] 恰当(當)的 qiàdàng de **2** (*likely*) ▸ **to be apt to do sth** 易于(於)做某事的 yìyú zuò mǒushì de

aptitude ['æptitju:d] N [C/U] (*capability, talent*) 天资(資) tiānzī ▸ **to have an aptitude for sth** 有做某事的天分 yǒu zuò mǒushì de tiānfèn

aquarium [ə'kweəriəm] (*pl* **aquariums** *or* **aquaria** [ə'kweəriə]) N [C] **1** (*fish tank*) 养(養)鱼(魚)缸 yǎng yú gāng [个 gè] **2** (*building*) 水族馆(館) shuǐzúguǎn [个 gè]

Aquarius [ə'kweəriəs] N **1** [U] (*sign*) 宝(寶)瓶座 Bǎopíng Zuò **2** [C] (*person*) 属(屬)宝(寶)瓶座的人 shǔ Bǎopíng Zuò de rén [个 gè] ▸ **I'm (an) Aquarius** 我是宝(寶)瓶座的 wǒ shì Bǎopíng Zuò de

aquatic [ə'kwætik] ADJ **1** (*living in water*) [+ *plant, animal*] 水生的 shuǐshēng de **2** (*relating to water*) [+ *sports, studies*] 水上的 shuǐshang de

Arab ['ærəb] **I** ADJ 阿拉伯的 Ālābó de **II** N [C] 阿拉伯人 Ālābórén [个 gè]

Arabia [ə'reibiə] N 阿拉伯半岛(島) Ālābó Bàndǎo

Arabian [ə'reibiən] ADJ 阿拉伯的 Ālābó de

Arabic ['ærəbik] **I** ADJ [+ *language, script etc*] 阿拉伯的 Ālābó de **II** N [U] (*language*) 阿拉伯语(語) Ālābóyǔ ▸ **Arabic numeral** 阿拉伯数(數)字 Ālābó shùzì

arable ['ærəbl] ADJ **1** [+ *crop, farming*] 垦(墾)殖的 kěnzhí de **2** [+ *land*] 可耕的 kěgēng de

arbitrary ['ɑ:bitrəri] ADJ (*random*) [+ *attack, decision*] 任意的 rènyì de

arbitration [ɑ:bi'treiʃən] N [U] [*of dispute, quarrel*] 仲裁 zhòngcái ▸ **the dispute went to arbitration** 争(爭)论(論)交付仲裁 zhēnglùn jiāofù zhòngcái

arc [ɑ:k] N [C] **1** (*curve*) 弧形 húxíng **2** (*in geometry*) 弧 hú

arcade [ɑ:'keid] N [C] **1** (*shopping centre*) 拱廊式街道 gǒnglángshì jiēdào **2** (*also:* **amusement arcade**) 游(遊)乐(樂)场(場) yóulèchǎng

arch [ɑ:tʃ] **I** N [C] **1** (*curved structure*) 拱 gǒng [个 gè] **2** [*of foot*] 足弓 zúgōng **II** VT [+ *one's back*]

使成弓形 shǐ chéng gōngxíng **III** VI 拱起 gǒngqǐ **IV** ADJ **1** [+ *expression, look*] 调(調)皮的 tiáopí de **2** (*superior*) [+ *tone, behaviour*] 高人一等的 gāorén yīděng de

archaeologist [ɑ:kɪ'ɔlədʒɪst] N [C] 考古学(學)家 kǎogǔxuéjiā [位 wèi]

archaeology [ɑ:kɪ'ɔlədʒɪ] N [U] 考古学(學) kǎogǔxué

archaic [ɑ:'keɪɪk] ADJ 过(過)时(時)的 guòshí de

archbishop [ɑ:tʃ'bɪʃəp] N [C] 大主教 dà zhǔjiào [位 wèi]

archeologist [ɑ:kɪ'ɔlədʒɪst] (*US*) = **archaeologist**

archeology [ɑ:kɪ'ɔlədʒɪ] (*US*) = **archaeology**

archetypal ['ɑ:kɪtaɪpəl] ADJ 典型的 diǎnxíng de

architect ['ɑ:kɪtɛkt] N [C] **1** [*of building*] 建筑(築)师(師) jiànzhùshī [位 wèi] **2** (*frm*) [*of idea, event*] 设(設)计(計)师(師) shèjìshī

architectural [ɑ:kɪ'tɛktʃərəl] ADJ 建筑(築)的 jiànzhù de

architecture ['ɑ:kɪtɛktʃə^r] N [U] **1** (*design of buildings*) 建筑(築)学(學) jiànzhùxué **2** (*style of building*) 建筑(築)风(風)格 jiànzhù fēnggé

archive ['ɑ:kaɪv] **I** N [C] **1** (*collection*) [*of papers, records, films etc*] 档(擋)案 dàng'àn **2** (*place*) 档(擋)案馆(館) dàng'àn guǎn **II** ADJ [+ *material, film*] 档(擋)案的 dàng'àn de **III** VT 把…存档(擋) bǎ…cúndàng **IV archives** N PL **1** (*collection*) [*of papers, records, films etc*] 档(擋)案 dàng'àn **2** (*place*) 档(擋)案室 dàng'ànshì [间 jiān] ▸ **archive file** (*Comput*) 档(擋)案文件 dàng'àn wénjiàn

Arctic ['ɑ:ktɪk] **I** N ▸ **the Arctic** 北极(極) Běijí **II** ADJ **1** [+ *ice, explorer etc*] 北极(極)的 Běijí de **2** (*inf: freezing*) 极(極)冷的 jílěng de

ardent ['ɑ:dənt] ADJ [+ *admirer, supporter*] 热(熱)烈的 rèliè de

arduous ['ɑ:djuəs] ADJ (*difficult and tiring*) [+ *task*] 艰(艱)巨(鉅)的 jiānjù de; [+ *journey*] 艰(艱)苦的 jiānkǔ de

are [ɑ:^r] VB *see* **be**

★ **area** ['ɛərɪə] N **1** [C] (*region, zone*) 地区(區) dìqū [个 gè] ▹ *people who live in rural areas* 住在乡村地区的人 zhù zài xiāngcūn dìqū de rén **2** [C] [*of room, building etc*] (*used for particular activity*) 区(區) qū [个 gè] ▹ *a picnic area* 野餐区 yěcān qū **3** [C/U] (*Math, Geom*) 面积(積) miànjī [个 gè] **4** [C] (*part*) [*of surface*] 部分 bùfen [个 gè] ▹ *Apply cream to the affected area.* 把药膏涂在患部。Bǎ yàogāo tú zài huànbù. **5** [C] (*subject, topic*) 领(領)域 lǐngyù **6** [C] (*aspect*) 方面 fāngmiàn [个 gè] ▹ *She controls every area of his life.* 她控制着他生活的各个方面。Tā kòngzhìzhe tā shēnghuó de gè gè fāngmiàn. **7** ▸ **the area** (*inf*) (*Football*) 罚(罰)球区(區) fáqiúqū [个 gè] ▸ **in the London area** 在伦(倫)敦周边(邊)地区(區) zài Lúndūn zhōubiān dìqū ▸ **in my/your area** 在我/你住的地区(區) zài wǒ/nǐ zhù de dìqū ▹ *The schools in our area are terrible.* 我们所住地区的学校很糟糕。Wǒmen suǒ zhù dìqū de xuéxiào hěn zāogāo. ▸ **to cover/occupy an area of 50 sq km** 占(佔)地面积(積)50平方公里 zhàndì miànjī wǔshí píngfāng gōnglǐ ▸ **50 sq km in area** 面积(積)50平方公里 miànjī wǔshí píngfāng gōnglǐ

area code (*esp US*) N [C] 区(區)号(號) qūhào [个 gè] [英 = **dialling code**]

arena [ə'ri:nə] N [C] **1** (*for sport, entertainment*) 竞(競)技场(場) jìngjìchǎng [个 gè] **2** ▸ **the political/economic arena** 政治/经(經)济(濟)舞台(臺) zhèngzhì/jīngjì wǔtái

aren't [ɑ:nt] = **are not**

Argentina [ɑ:dʒən'ti:nə] N 阿根廷 Āgēntíng

Argentine ['ɑ:dʒəntaɪn] ADJ 阿根廷的 Āgēntíng de

Argentinian [ɑ:dʒən'tɪnɪən] **I** ADJ 阿根廷的 Āgēntíng de **II** N [C] (*person*) 阿根廷人 Āgēntíngrén [个 gè]

arguably ['ɑ:gjuəblɪ] ADV 可证(證)明地 kě zhèngmíng de ▸ **it is arguably...** 这(這)可以认(認)为(為)… zhè kěyǐ rènwéi…

argue ['ɑ:gju:] **I** VI **1** (*quarrel*) ▸ **to argue (with sb) (about sth)** (为(為)某事)(和某人)争(爭)吵 (wèi mǒushì) (hé mǒurén) zhēngchǎo **2** (*claim*) ▸ **to argue that...** 论(論)证(證)… lùnzhèng… **II** VT (*debate*) [+ *case, point*] 辩(辯)论(論) biànlùn ▸ **to argue for/against sth** 据(據)理赞(贊)成/反对(對)某事 jùlǐ zànchéng/fǎnduì mǒushì

argument ['ɑ:gjumənt] N [C/U] **1** (*quarrel*) 争(爭)吵 zhēngchǎo [阵 zhèn] **2** (*reason*) 论(論)点(點) lùndiǎn [个 gè] ▸ **to get into an argument (with sb)** (和某人)开(開)始一场(場)争(爭)论(論) (hé mǒurén)kāishǐ yī chǎng zhēnglùn ▸ **an argument for/against sth** 赞(贊)成/反对(對)某事的论(論)据(據) zànchéng/fǎnduì mǒushì de lùnjù

Aries ['ɛərɪz] N **1** [U] (*sign*) 白羊座 Báiyáng Zuò **2** [C] (*person*) 属(屬)白羊座的人 shǔ Báiyáng Zuò de rén [个 gè] ▸ **I'm (an) Aries** 我是白羊座的 wǒ shì Báiyáng Zuò de

arise [ə'raɪz] (*pt* **arose**, *pp* **arisen** [ə'rɪzn]) VI **1** (*emerge*) [*problem, difficulty etc* +] 出现(現) chūxiàn **2** ▸ **to arise from/out of sth** (*result from*) 由某事引起 yóu mǒushì yǐnqǐ **3** ▸ **to arise from sth** (*frm: from sitting, kneeling*) 从(從)某处(處)站起来(來) cóng mǒuchù zhàn qǐlai; (*from bed*) 起床 qǐchuáng ▸ **if the need/opportunity arises** 一旦有需要/机(機)会(會) yīdàn yǒu xūyào/jīhuì

arithmetic [ə'rɪθmətɪk] N [U] **1** (*Math*) 算术(術) suànshù **2** (*in particular calculation*) 计(計)算 jìsuàn **3** ▸ **the arithmetic** (*of particular situation*) 数(數)字 shùzì

★ **arm** [ɑ:m] **I** N [C] **1** [*of person*] 胳膊 gēbo [条 tiáo] **2** [*of jacket, shirt etc*] 袖子 xiùzi [只 zhī]

3 [*of chair*] 扶手 fúshǒu [个 gè] **4** [*of organization etc*] 部门(門) bùmén [个 gè] ▷ *the political arm of the movement* 该运动的政治部门 gāi yùndòng de zhèngzhì bùmén **II** VT [+ *person, nation*] 武装(裝) wǔzhuāng **III arms** N PL (*weapons*) 武器 wǔqì **IV** CPD ▸ **arms** [+ *dealer, trade*] 军(軍)火 jūnhuǒ ▸ **arm in arm** 臂挽臂地 bì wǎn bì de ▸ **to cost an arm and a leg** (*inf*) 要价(價)过(過)高 yàojià guò gāo ▸ **at arm's length** 距离(離)一臂远(遠)的 jùlí yī bì yuǎn de ▸ **to keep sb at arm's length** 同某人保持一定距离(離) tóng mǒurén bǎochí yīdìng jùlí ▸ **to welcome sb/sth with open arms** 热(熱)烈欢(歡)迎某人/某事 rèliè huānyíng mǒurén/mǒushì ▸ **to twist sb's arm** (*inf*) 对(對)某人施加压(壓)力 duì mǒurén shījiā yālì ▸ **a shot in the arm** 兴(興)奋(奮)剂(劑) xīngfènjì

armchair ['ɑːmtʃɛəʳ] N [C] 扶手椅 fúshǒuyǐ [把 bǎ]

armed [ɑːmd] ADJ **1** [+ *robber, policeman etc*] 武装(裝)的 wǔzhuāng de **2** [+ *conflict, attack etc*] 武力的 wǔlì de ▸ **the armed forces** 武装(裝)部队(隊) wǔzhuāng bùduì ▸ **armed with a knife** 携(攜)带(帶)小刀的 xiédài xiǎodāo de

armed robbery N [C/U] 持枪(槍)抢(搶)劫 chíqiāng qiǎngjié

Armenia [ɑː'miːnɪə] N 亚(亞)美尼亚(亞) Yàměiníyà

armour, (*US*) **armor** ['ɑːməʳ] N [U] **1** [*of knight, soldier*] 盔甲 kuījiǎ **2** (*Mil*) (*also*: **armour-plating**) [*of tank*] 装(裝)甲钢(鋼)板 zhuāngjiǎ gāngbǎn; (*tanks*) 装(裝)甲部队(隊) zhuāngjiǎ bùduì

armpit ['ɑːmpɪt] N [C] 腋窝(窩) yèwō

armrest ['ɑːmrɛst] N [C] 扶手 fúshǒu

★ **army** ['ɑːmɪ] **I** N **1** ▸ **the army** 军(軍)队(隊) jūnduì ▷ *He joined the army.* 他参军了。Tā cānjūn le. **2** (*host*) ▸ **an army of sth** 一大群某物 yī dà qún mǒuwù ▷ *an army of volunteers* 一大群志愿者 yī dà qún zhìyuànzhě **II** CPD [+ *officer, unit, uniform*] 军(軍)队(隊) jūnduì

A road (*Brit*) N [C] 主干(幹)公路 zhǔgàn gōnglù [条 tiáo]

aroma [ə'rəumə] N [C] [*of food, coffee*] 香味 xiāngwèi; [*of flower*] 芳香 fāngxiāng ▸ **the aroma of...** …的香味 ...de xiāngwèi

aromatherapy [ərəumə'θɛrəpɪ] N [U] 芳香疗(療)法 fāngxiāng liáofǎ

arose [ə'rəuz] PT *of* **arise**

★ **around** [ə'raund] **I** ADV (*about*) 到处(處) dàochù ▷ *They wandered around.* 他们到处闲逛。Tāmen dàochù xiánguàng. **II** PREP **1** (*encircling*) 围(圍)绕(繞) wéirào ▷ *We were sitting around a table.* 我们正围绕桌子坐着。Wǒmen zhèng wéirào zhuōzi zuòzhe. ▷ *It measures fifteen feet around the trunk.* 树干合抱有15英尺。Shùgàn hébào yǒu shíwǔ yīngchǐ. **2** (*near*) 在附近 zài fùjìn ▷ *We don't live around here.* 我们不住在附近。Wǒmen bù zhù zài fùjìn. **3** (*about, roughly*) (*with numbers, weights, times, dates*) 大约(約) dàyuē ▷ *There were around 200 people.* 大约有200人。Dàyuē yǒu liǎngbǎi rén. ▷ *It was around 5 o'clock.* 那时大约5点钟。Nàshí dàyuē wǔ diǎn zhōng. ▸ **is he around?** 他在吗(嗎)? tā zài ma?

arouse [ə'rauz] VT **1** [+ *anger, interest, passion*] 激起 jīqǐ **2** ▸ **to be aroused** (*sexually*) 被激起情欲(慾) bèi jīqǐ qíngyù **3** (*frm: from sleep*) 唤(喚)醒 huànxǐng

arrange [ə'reɪndʒ] **I** VT **1** (*organize*) [+ *meeting, tour, appointment etc*] 安排 ānpái **2** (*put in order*) [+ *books, objects*] 整理 zhěnglǐ; [+ *flowers*] 布(佈)置 bùzhì **3** ▸ **to be arranged by sb** [+ *piece of music*] 由某人改编(編) yóu mǒurén gǎibiān **II** VI ▸ **to arrange to do sth** 安排做某事 ānpái zuò mǒushì ▸ **it was arranged that...** 已安排好… yǐ ānpái hǎo... ▸ **to arrange for sth to be done** 就做某事做好安排 jiù zuò mǒushì zuò hǎo ānpái

arrangement [ə'reɪndʒmənt] **I** N [C] **1** (*agreement*) 约(約)定 yuēdìng [个 gè] **2** (*grouping, layout*) [*of books, furniture*] 布(佈)置 bùzhì [种 zhǒng] **3** (*display*) [*of flowers*] 插花 chāhuā [件 jiàn] **4** [*of piece of music*] 改编(編)的乐(樂)曲 gǎibiān de yuèqǔ [首 shǒu] **II arrangements** N PL (*plans, preparations*) 安排 ānpái ▸ **to make an arrangement to do sth** 为(為)做某事做好安排 wèi zuò mǒushì zuò hǎo ānpái ▸ **to come to an arrangement with sb** 和某人达(達)成协(協)议(議) hé mǒurén dáchéng xiéyì ▸ **by arrangement** 根据(據)约(約)定 gēnjù yuēdìng ▸ **to make arrangements (for sth)** (为(為)某事)做好准(準)备(備)工作 (wèi mǒushì)zuò hǎo zhǔnbèi gōngzuò

array [ə'reɪ] N [C] **1** (*display*) ▸ **an array of things** 一排东(東)西 yīpái dōngxi **2** (*range*) ▸ **an array of people/things** 一大批人/物 yī dà pī rén/wù **3** (*network*) 阵(陣)列 zhènliè

arrears [ə'rɪəz] N PL (*money owed*) 欠款 qiànkuǎn ▸ **to be in/get into arrears (with rent)** 拖欠(租金) tuōqiàn(zūjīn) ▸ **to be paid in arrears** 事后(後)结(結)算 shìhòu jiésuàn ▸ **rent arrears** 欠租 qiànzū

arrest [ə'rɛst] **I** VT **1** (*detain*) 逮捕 dàibǔ **2** (*frm: stop*) [+ *process, development*] 抑制 yìzhì **II** N [C/U] (*detention*) 拘捕 jūbǔ ▸ **to make an arrest** 逮捕 dàibǔ ▸ **to place sb under arrest** 将(將)某人逮捕 jiāng mǒurén dàibǔ ▸ **to be under arrest** 被逮捕 bèi dàibǔ ▸ **to arrest sb's attention** (*frm*) 吸引某人的注意力 xīyǐn mǒurén de zhùyìlì

arrival [ə'raɪvl] N **1** [C/U] [*of person, vehicle, letter*] 到达(達) dàodá **2** [S] [*of invention, idea, product*] 出现(現) chūxiàn **3** [C] (*newcomer*) (*in job, at place*) 新到者 xīndàozhě

arrive [ə'raɪv] VI **1** [*person, vehicle* +] 到 dào **2** [*letter, meal* +] 来(來) lái

▶**arrive at** VT FUS [+ *idea, decision*] 达(達)到 dádào
用法参见 **reach**

arrogance ['ærəgəns] N [U] 傲慢 àomàn

arrogant ['ærəgənt] ADJ 傲慢的 àomàn de

arrow ['ærəu] N [C] **1** (*weapon*) 箭 jiàn [支 zhī] **2** (*sign*) 箭头(頭)标(標)志(誌) jiàntóu biāozhì [个 gè]

arse [ɑːs] (*Brit; inf!*) N [C] 屁股 pìgu [美 = **ass**]

arsenal ['ɑːsɪnl] N [C] **1** (*stockpile, supply*) 军(軍)火储(儲)备(備) jūnhuǒ chǔbèi **2** (*building*) 军(軍)火库 jūnhuǒkù

arson ['ɑːsn] **I** N [U] 纵(縱)火 zònghuǒ **II** CPD [+ *attack*] 纵(縱)火 zònghuǒ

★**art** [ɑːt] **I** N **1** [U] (*paintings, sculpture etc*) 艺(藝)术(術) yìshù ▷ *an exhibition of modern art* 一场现代艺术展 yī chǎng xiàndài yìshùzhǎn **2** [U] (*activity of drawing, painting etc*) 美术(術) měishù ▷ *I've never been any good at art.* 我一向对美术不在行。Wǒ yīxiàng duì měishù bù zàiháng. **3** [C] (*skill*) 技艺(藝) jìyì [项 xiàng] **II** CPD [+ *exhibition, collection, student*] 艺(藝)术(術) yìshù **III arts** N PL **1** ▶ **the arts** (*creative activities*) 艺(藝)术(術)活动(動) yìshù huódòng ▷ *a patron of the arts* 一位艺术活动赞助人 yī wèi yìshù huódòng zànzhùrén **2** (*in education*) 文科 wénkē **IV** CPD ▶ **arts** [+ *graduate, student, course*] 文科 wénkē ▶ **work of art** 艺(藝)术(術)品 yìshùpǐn ▶ **the art of survival** 生存的技巧 shēngcún de jìqiǎo

art college N [C] 美术(術)学(學)院 měishù xuéyuàn [所 suǒ]

artery ['ɑːtərɪ] N [C] **1** (*blood vessel*) 动(動)脉(脈) dòngmài [条 tiáo] **2** (*route*) 要道 yàodào [条 tiáo]

art gallery N [C] **1** (*large, national*) 美术(術)馆(館) měishùguǎn [个 gè] **2** (*small, private*) 画(畫)廊 huàláng [个 gè]

arthritis [ɑː'θraɪtɪs] N [U] 关(關)节(節)炎 guānjiéyán

artichoke ['ɑːtɪtʃəuk] N [C/U] **1** (*also:* **globe artichoke**) 洋蓟(薊) yángjì **2** (*also:* **Jerusalem artichoke**) 菊芋 júyù

article ['ɑːtɪkl] **I** N [C] **1** (*frm: object, item*) 物品 wùpǐn [件 jiàn] **2** (*in newspaper*) 文章 wénzhāng [篇 piān] **3** (*in document*) 条(條)款 tiáokuǎn **4** (*Ling*) 冠词(詞) guàncí [个 gè] **II articles** (*Brit*) N PL (*training*) (*in law, accountancy*) 契约(約) qìyuē ▶ **articles of clothing** 服装(裝) fúzhuāng

articulate [*adj* ɑː'tɪkjulɪt, *vb* ɑː'tɪkjuleɪt] **I** ADJ **1** [+ *person*] 表达(達)能力强(強)的 biǎodá nénglì qiáng de **2** [+ *speech, writing*] 表达(達)清楚的 biǎodá qīngchǔ de **II** VT **1** (*frm: express*) [+ *feelings, ideas*] 明确(確)表达(達) míngquè biǎodá **2** (*pronounce*) 清晰地发(發)音 qīngxī de fāyīn

artificial [ɑːtɪ'fɪʃəl] ADJ **1** (*man-made*) [+ *flowers, leg, lake*] 人造的 rénzào de **2** (*false*) [+ *conditions, situation*] 人为(為)的 rénwéi de **3** (*affected*) [+ *manner, person*] 矫(矯)揉造作的 jiǎoróuzàozuo dè

artist ['ɑːtɪst] N [C] **1** (*painter, sculptor*) 画(畫)家 huàjiā [位 wèi] **2** (*writer, composer etc*) 艺(藝)术(術)家 yìshùjiā [位 wèi] **3** (*musician, actor etc*) 表演艺(藝)术(術)家 biǎoyǎn yìshùjiā [位 wèi]

artistic [ɑː'tɪstɪk] ADJ **1** [+ *person*] 艺(藝)术(術)性强(強)的 yìshùxìng qiáng de **2** [+ *tradition, freedom*] 艺(藝)术(術)的 yìshù de **3** [+ *design, arrangement*] 精美的 jīngměi de

art school N = **art college**

artwork ['ɑːtwəːk] N **1** [U] (*for advert, book etc*) 插图(圖) chātú **2** [C] (*work of art*) 艺(藝)术(術)作品 yìshù zuòpǐn

KEYWORD

★**as** [æz, əz] **I** CONJ **1** (*referring to time*) 当(當)…时(時) dāng…shí ▶ **he came in as I was leaving** 我离(離)开(開)时(時)他进(進)来(來)了 wǒ líkāi shí tā jìnlai le ▶ **as the years went by** 随(隨)着(著)时(時)间(間)的推移 suízhe shíjiān de tuīyí
2 (*since, because*) 因为(為) yīnwèi ▶ **as you can't come, I'll go on my own** 既然你不能来(來)，我就自己去 jìrán nǐ bùnéng lái, wǒ jiù zìjǐ qù
3 (*referring to manner, way*) 像…一样(樣) xiàng…yīyàng ▶ **as you can see** 如你所见(見)到的 rú nǐ suǒ jiàndào de ▶ **as she said** 如她所说(說) rú tā suǒshuō ▶ **do as you wish** 按你的愿(願)望去做 àn nǐ de yuànwàng qù zuò ▶ **it's on the left as you go in** 在你进(進)入时(時)的左侧(側) zài nǐ jìnrù shí de zuǒcè
II PREP **1** (*in the capacity of*) 作为(為) zuòwéi ▶ **he works as a salesman** 他做推销(銷)员(員)的工作 tā zuò tuīxiāoyuán de gōngzuò ▶ **as a teacher, I am very aware that...** 作为(為)老师(師)，我非常清楚… zuòwéi lǎoshī, wǒ fēicháng qīngchǔ... ▶ **she was dressed as a nun** 她穿得像个(個)修女 tā chuānde xiàng gè xiūnǚ ▶ **he gave it to me as a present** 他把它作为(為)礼(禮)物送给(給)我 tā bǎ tā zuòwéi lǐwù sòng gěi wǒ ▶ **to come as a surprise/shock** 出人意料/令人震惊(驚)地来(來)了 chū rén yì liào/lìngrén zhènjīng de lái le
2 (*when*) 在…时(時) zài…shí ▶ **he was very energetic as a child** 他小时(時)候精力很旺盛 tā xiǎoshíhou jīnglì hěn wàngshèng
III ADV **1** (*in comparisons*) ▶ **as big/good/easy** *etc* **as...** 像…一样(樣)大/好/容易等 xiàng…yīyàng dà/hǎo/róngyì *děng* ▶ **you're as tall as he is** *or* **as him** 你和他一样(樣)高 nǐ hé tā yīyàng gāo ▶ **twice as big/good** *etc* **as...** …的两(兩)倍大/比…好得多 ...de liǎng bèi dà/bǐ...hǎo de duō ▶ **as much money/many books as...** 同…一样(樣)多的钱(錢)/书(書)

tóng...yīyàng duō de qián/shū ▸ **as much/many as...** 和…一样(樣) hé...yīyàng ▸ **as soon as** 一…就… yī...jiù...
2 (*in expressions*) ▸ **as if** *or* **though** 好像 hǎoxiàng ▸ **you think I'm lying to you? as if (I would)!** 你认(認)为(為)我在向你撒谎(謊)吗(嗎)？(我)才不会(會)呢！ nǐ rènwéi wǒ zài xiàng nǐ sāhuǎng ma? (wǒ)cái bùhuì ne! ▸ **as from** *or* **of tomorrow** 从(從)明天起 cóng míngtiān qǐ ▸ **as for** *or* **to that** 至于(於)那一点(點) zhìyú nà yī diǎn ▸ **he inquired as to what the problem was** 有关(關)存在什么(麼)问(問)题(題)，他进(進)行了了解 yǒuguān cúnzài shénme wèntí, tā jìnxíngle liǎojiě

asap, ASAP ADV ABBR (= **as soon as possible**) 尽(盡)快 jǐnkuài
asbestos [æz'bɛstəs] N [U] 石棉 shímián
ascend [ə'sɛnd] I VT 1 [+ *hill, stairs*] 登 dēng 2 ▸ **to ascend the throne** 登上王位 dēngshàng wángwèi II VI 1 (*lead*) [*staircase, path* +] 上升 shàngshēng 2 (*travel*) [*lift, vehicle etc* +] 上升 shàngshēng 3 ▸ **to ascend to power** 掌权(權) zhǎngquán ▸ **in ascending order** 按由小到大的次序 àn yóu xiǎo dào dà de cìxù
ascent [ə'sɛnt] N [C] 1 (*slope, path*) 斜坡 xiépō 2 (*climb*) (*by vehicle, elevator*) 上升 shàngshēng; (*by person*) [*of mountain*] 攀登 pāndēng
ascertain [æsə'teɪn] VT (*frm: establish*) [+ *details, facts*] 查明 chámíng ▸ **to ascertain who/what...** 查明谁(誰)/什么(麼)… chámíng shuí/shénme... ▸ **to ascertain that...** 查明… chámíng...
ASEAN ['æsɪæn] N ABBR (= **Association of South-East Asian Nations**) 东(東)盟 Dōngméng
ash [æʃ] I N 1 [U] [*from fire, cigarette*] 灰末 huīmò 2 [C/U] (*tree*) 白蜡(蠟)树(樹) báilàshù II **ashes** N PL 1 [*of fire*] 灰烬(燼) huījìn 2 (*remains*) 骨灰 gǔhuī ▸ **to burn sth to ashes** 将(將)某物烧(燒)为(為)灰烬(燼) jiāng mǒuwù shāowéi huījìn
ashamed [ə'ʃeɪmd] ADJ ▸ **to be/feel ashamed** (*embarrassed, guilty*) 感到羞愧 gǎndào xiūkuì ▸ **to be ashamed of sb/sth** 对(對)某人/某事感到羞愧 duì mǒurén/mǒushì gǎndào xiūkuì ▸ **to be ashamed of o.s. (for having done sth)** 因自己(做了某事)而感到惭(慚)愧 yīn zìjǐ(zuòle mǒushì)ér gǎndào cánkuì ▸ **to be ashamed to admit sth** 耻(恥)于(於)承认(認)某事 chǐyú chéngrèn mǒushì
ashore [ə'ʃɔːʳ] ADV 1 [*be* +] 在岸上 zài àn shàng 2 [*swim, go* +] 向岸边(邊) xiàng ànbiān
ashtray ['æʃtreɪ] N [C] 烟(煙)灰缸 yānhuīgāng [个 gè]
Ash Wednesday N [C/U] 圣(聖)灰星期三 Shènghuī Xīngqīsān

Asia ['eɪʃə] N 亚(亞)洲 Yàzhōu
Asian ['eɪʃən] I ADJ 亚(亞)洲的 Yàzhōu de II N [C] (*person*) 亚(亞)洲人 Yàzhōurén [个 gè]
aside [ə'saɪd] I ADV 1 ▸ **to put** *or* **lay sth aside** 把某物放到一边(邊) bǎ mǒuwù fàng dào yībiān 2 ▸ **to stand/step/move aside** 站/走/挪到一边(邊) zhàn/zǒu/nuó dào yībiān 3 ▸ **to take** *or* **draw sb aside** 把某人拉到一边(邊) bǎ mǒurén lā dào yībiān 4 ▸ **to set** *or* **put sth aside** 存储(儲)某物 cúnchǔ mǒuwù II N [C] 1 (*to audience, camera*) 旁白 pángbái 2 (*digression*) 题(題)外话(話) tíwàihuà ▸ **to brush** *or* **sweep objections aside** 对(對)反对(對)意见(見)置之不理｛或｝不顾(顧)反对(對)意见(見) duì fǎnduì yìjiàn zhì zhī bù lǐ *huò* bùgù fǎnduì yìjiàn
aside from (*esp US*) PREP 除了…之外 chúle...zhīwài
★ **ask** [ɑːsk] I VT 1 ▸ **to ask (sb) a question** 问(問)(某人)一个(個)问(問)题(題) wèn (mǒurén) yīgè wèntí 2 (*invite*) 邀请(請) yāoqǐng ▷ *I asked her to the party.* 我邀请她参加聚会。Wǒ yāoqǐng tā cānjiā jùhuì. II VI 问(問) wèn ▸ **to ask (sb) whether/why...** 问(問)(某人)是否/为(為)什么(麼)… wèn (mǒurén) shìfǒu/wèishénme... ▸ **to ask sb to do sth** 请(請)求某人做某事 qǐngqiú mǒurén zuò mǒushì ▸ **to ask to do sth** 要求做某事 yāoqiú zuò mǒushì ▸ **to ask sb the time** 向某人询(詢)问(問)时(時)间(間) xiàng mǒurén xúnwèn shíjiān ▸ **to ask sb about sth** 向某人打听(聽)某事 xiàng mǒurén dǎtīng mǒushì ▸ **I asked him his name** 我问(問)他叫什么(麼) wǒ wèn tā jiào shénme ▸ **to ask (for/sb's) permission/forgiveness** 请(請)求(某人的)许(許)可/原谅(諒) qǐngqiú(mǒurén de) xǔkě/yuánliàng ▸ **to ask sb's opinion** 征(徵)询(詢)某人意见(見) zhēngxún mǒurén yìjiàn ▸ **if you ask me** 据(據)我看 jù wǒ kàn ▸ **to ask (about) the price** 询(詢)问(問)价(價)钱(錢) xúnwèn jiàqián ▸ **to ask sb out to dinner** 请(請)某人出去吃饭(飯) qǐng mǒurén chūqù chīfàn
▸**ask after** VT FUS [+ *person*] 问(問)候 wènhòu
▸**ask for** VT FUS 1 (*ask to have*) [+ *thing*] 要 yào 2 (*ask to see*) [+ *person*] 找 zhǎo ▸ **you're asking for trouble!** 你在自找麻烦(煩)！ nǐ zài zì zhǎo máfan! ▸ **you asked for it!** 你自讨(討)苦吃！ nǐ zì tǎo kǔ chī!
asking price ['ɑːskɪŋ-] N ▸ **the asking price** 索价(價) suǒjià
asleep [ə'sliːp] ADJ 睡着(著)的 shuìzháo de ▸ **to be asleep** 睡着(著)了 shuìzháo le ▸ **to fall asleep** 入睡 rùshuì
AS level (*Brit: Scol*) N 介于GCSE和A level之间的等级考试
asparagus [əs'pærəgəs] N [U] 芦(蘆)笋(筍) lúsǔn
aspect ['æspɛkt] N [C] 1 (*element*) [*of subject*] 方面

fāngmiàn **2** (*quality, appearance*) 面貌 miànmào **3** (*frm: outlook*) ▸ **a south-west aspect** 朝西南方向 cháo xīnán fāngxiàng

aspirations [æspə'reɪʃənz] N PL 志向 zhìxiàng ▸ **her aspirations to a movie career** 她从(從)事电(電)影工作的志向 tā cóngshì diànyǐng gōngzuò de zhìxiàng

aspire [əs'paɪəʳ] VI ▸ **to aspire to** 有志于(於) yǒuzhì yú

aspirin ['æsprɪn] N **1** [U] (*drug*) 阿司匹林 āsīpīlín **2** [C] (*tablet*) 阿司匹林药(藥)片 āsīpīlín yàopiàn [片 piàn]

ass [æs] N [C] **1** (*animal*) 驴(驢) lǘ [只 zhī] **2** (*inf: idiot*) 傻瓜 shǎguā [个 gè] **3** (*US; inf!*) (*bottom*) 屁股 pìgu [英 = **arse**]

assassin [ə'sæsɪn] N [C] 刺客 cìkè [名 míng]

assassinate [ə'sæsɪneɪt] VT 暗杀(殺) ànshā ▓ 用法参见 **kill**

assault [ə'sɔːlt] **I** N [C/U] (*attack*) (*on individual, by army*) 攻击(擊) gōngjī; (*on belief, idea*) 抨击(擊) pēngjī **II** VT (*attack*) 袭(襲)击(擊) xíjī; (*sexually*) 强(強)奸(姦) qiángjiān ▸ **assault and battery** (*Law*) 人身攻击(擊) rénshēn gōngjī ▸ **to be charged with assault** 被指控侵犯人身 bèi zhǐkòng qīnfàn rénshēn ▸ **an assault on sb/sth** 对(對)某人/某事的攻击(擊) duì mǒurén/mǒushì de gōngjī

assemble [ə'sɛmbl] **I** VT **1** (*gather together*) [+ *people, group*] 集合 jíhé **2** (*fit together*) [+ *machinery, object*] 装(裝)配 zhuāngpèi **II** VI (*gather*) [*people, crowd* +] 聚集 jùjí

assembly [ə'sɛmblɪ] N **1** [C] (*meeting*) 集会(會) jíhuì [个 gè] **2** [C] (*institution*) 议(議)会(會) yìhuì **3** [U] (*construction*) [*of vehicles*] 装(裝)配 zhuāngpèi **4** [C/U] (*in school*) 集合 jíhé [次 cì]

assert [ə'səːt] VT **1** [+ *opinion, innocence*] 宣称(稱) xuānchēng **2** [+ *authority*] 维(維)护(護) wéihù ▸ **to assert o.s.** 坚(堅)持己见(見) jiānchí jǐ jiàn

assertion [ə'səːʃən] N [C/U] (*statement, claim*) 断(斷)言 duànyán

assess [ə'sɛs] VT **1** (*gauge*) [+ *problem, situation, abilities*] 估量 gūliàng **2** (*calculate*) [+ *tax, value*] 估价(價) gūjià **3** [+ *student, work*] 评(評)估 pínggū

assessment [ə'sɛsmənt] N [C/U] **1** (*evaluation*) [*of problem, situation, abilities*] 评(評)估 pínggū [次 cì] **2** (*calculation*) [*of tax, value*] 估价(價) gūjià **3** [*of student, work*] 评(評)价(價) píngjià

asset ['æsɛt] **I** N [C] (*useful quality, person etc*) 宝(寶)贵(貴)财(財)富 bǎoguì cáifù **II assets** N PL (*Comm*) (*property, funds*) 资(資)产(產) zīchǎn ▸ **to be an asset to sb/sth** 为(為)某人/某物的难(難)得之材 wéi mǒurén/mǒuwù de nándé zhī cái

assign [ə'saɪn] VT **1** ▸ **to assign sth to sb** [+ *task*] 把某物分配给(給)某人 bǎ mǒuwù fēnpèi gěi mǒurén **2** [+ *cause, meaning, value*] 将(將)某物赋(賦)予某处(處) jiāng mǒuwù fùyǔ mǒuchù ▸ **to be assigned to sth** [+ *place, group*] 被指派到某处(處) bèi zhǐpài dào mǒu chù ▸ **to be assigned sb/sth** 被分配了某人/某物 bèi fēnpèile mǒurén/mǒuwù

assignment [ə'saɪnmənt] N [C] (*task*) 任务(務) rènwù [项 xiàng]; (*for student*) 作业 zuòyè [个 gè]

assimilate [ə'sɪmɪleɪt] **I** VT **1** (*learn*) [+ *ideas, methods etc*] 吸收 xīshōu **2** ▸ **to be assimilated** [+ *immigrants*] 同化 tónghuà **II** VI [*immigrants* +] 同化 tónghuà

assist [ə'sɪst] VT [+ *person*] 帮(幫)助 bāngzhù; [+ *injured person*] 扶助 fúzhù

assistance [ə'sɪstəns] N [U] 帮助 bāngzhù ▸ **to be of assistance** 有帮助 yǒu bāngzhù

assistant [ə'sɪstənt] **I** N [C] **1** (*helper*) 助手 zhùshǒu [个 gè] **2** (*Brit*) (*in shop*) 营(營)业(業)员(員) yíngyèyuán [个 gè] **II** ADJ ▸ **assistant secretary/professor** 副部长(長)/教授 fù bùzhǎng/jiàoshòu

associate [*vb* ə'səuʃɪeɪt, *n* ə'səuʃɪɪt] **I** VT **1** (*in your thoughts*) 联(聯)想 liánxiǎng **2** ▸ **to be associated with sth** 和某事有关(關) hé mǒushì yǒuguān **II** VI ▸ **to associate with sb** 和某人交往 hé mǒurén jiāowǎng **III** N [C] (*at work*) 同事 tóngshì [位 wèi] ▸ **to associate o.s. with sth** 与(與)某物有联(聯)系(繫) yǔ mǒuwù yǒu liánxì ▸ **associate member** 准(準)成员(員) zhǔn chéngyuán ▸ **associate director** 副主管 fù zhǔguǎn [名 míng]

association [əsəusɪ'eɪʃən] N **1** [C] (*group*) 协(協)会(會) xiéhuì [个 gè] **2** ▸ **to have associations (with sth/for sb)** (*mental connection*) 有(对(對)某事/某人的) 联(聯)想 yǒu (duì mǒushì/mǒurén de) liánxiǎng [种 zhǒng] **3** [C/U] (*involvement, link*) ▸ **association (with sb/sth)** (同某人/某物的) 联(聯)系(繫) (tóng mǒurén/mǒuwù de) liánxì [个 gè] ▸ **in association with** (*in collaboration with*) 与(與)… 联(聯)合 yǔ… liánhé

assorted [ə'sɔːtɪd] ADJ (*various, mixed*) 各种(種)各样(樣)的 gèzhǒng gèyàng de ▸ **in assorted sizes** 不同尺寸 bùtóng chǐcùn

assortment [ə'sɔːtmənt] N [C] ▸ **an assortment of sth** [*of shapes, colours*] 一批花色齐(齊)全的某物 yīpī huāsè qíquán de mǒuwù [批 pī]; [*of objects, people*] 各种(種)各样(樣)的某物 gèzhǒng gèyàng de mǒuwù [件 jiàn]

assume [ə'sjuːm] VT **1** (*suppose*) 假设(設) jiǎshè **2** [+ *responsibility, power*] 承担(擔) chéngdān **3** (*adopt*) [+ *appearance, attitude*] 呈现(現) chéngxiàn; [+ *name*] 采(採)用 cǎiyòng ▸ **let us assume that...** 让(讓)我们(們)假设(設)… ràng wǒmen jiǎshè...

assumption [ə'sʌmpʃən] N **1** [C] (*supposition*) 假定 jiǎdìng **2** [U] [*of responsibility, power*] 承担(擔) chéngdān ▹ *the assumption of total responsibility* 承担全部责任 chéngdān quánbù zérèn ▸ **on the assumption that** (*on condition that*) 根据(據)…这(這)一假设(設) gēnjù…zhè yī jiǎshè

assurance [əˈʃuərəns] N **1** [c/u] (*assertion, promise*) 保证(證) bǎozhèng **2** [u] ▸ **with assurance** (*confidence*) 有把握 yǒu bǎwò **3** [u] (*Brit*) (*insurance*) 保险(險) bǎoxiǎn

assure [əˈʃuəʳ] VT **1** (*reassure*) 使确(確)信 shǐ quèxìn **2** (*guarantee*) [+ *happiness, success etc*] 保证(證) bǎozhèng ▸ **the series is assured of success** 这(這)部连(連)续(續)剧(劇)保证(證)能获(獲)得成功 zhè bù liánxùjù bǎozhèng néng huòdé chénggōng

AST (*US*) ABBR (= **Atlantic Standard Time**) 大西洋标(標)准(準)时(時)间(間) Dàxīyáng Biāozhǔn Shíjiān

asterisk [ˈæstərɪsk] N [c] 星号(號) xīnghào [个 gè]

asthma [ˈæsmə] N [u] 哮喘 xiàochuǎn

astonish [əˈstɔnɪʃ] VT 使惊(驚)讶(訝) shǐ jīngyà

astonishing [əˈstɔnɪʃɪŋ] ADJ 惊(驚)人的 jīngrén de ▸ **I find it astonishing that...** 我对(對)…感到惊(驚)讶(訝) wǒ duì…gǎndào jīngyà

astonishment [əˈstɔnɪʃmənt] N [u] 惊(驚)讶(訝) jīngyà ▸ **in astonishment** 惊(驚)讶(訝)地 jīngyà de ▸ **to my astonishment** 令我吃惊(驚)的是 lìng wǒ chījīng de shì

astound [əˈstaund] VT 使震惊(驚) shǐ zhènjīng

astray [əˈstreɪ] ADV ▸ **to go astray** [*letter* +] 丢(丟)失 diūshī ▸ **to lead sb astray** 将(將)某人引入歧途 jiāng mǒurén yǐnrù qítú

astride [əˈstraɪd] PREP 骑(騎)跨 qíkuà

astrology [əsˈtrɔlədʒɪ] N [u] 占星术(術) zhānxīngshù

astronaut [ˈæstrənɔːt] N [c] 宇航员(員) yǔhángyuán [位 wèi]

astronomer [əsˈtrɔnəməʳ] N [c] 天文学(學)家 tiānwénxuéjiā [名 míng]

astronomical [æstrəˈnɔmɪkl] ADJ **1** (*enormous*) [+ *odds, price*] 极(極)巨大的 jí jùdà de **2** [+ *science*] 天文学(學)的 tiānwénxué de

astronomy [əsˈtrɔnəmɪ] N [u] 天文学(學) tiānwénxué

astute [əsˈtjuːt] ADJ [+ *person, decision*] 精明的 jīngmíng de

asylum [əˈsaɪləm] N **1** [u] (*Pol*) (*refuge*) 避难(難) bìnàn **2** [c] (*mental hospital*) 精神病院 jīngshénbìng yuàn [所 suǒ] ▸ **to seek (political) asylum** 寻(尋)求(政治)避难(難) xúnqiú (zhèngzhì) bìnàn ▸ **to grant** *or* **give sb (political) asylum** 授予或给(給)予某人(政治)避难(難)权(權) shòuyǔ *huò* gěiyǔ mǒurén(zhèngzhì)bìnàn quán ▸ **to claim (political) asylum** 要求(政治)避难(難) yāoqiú (zhèngzhì) bìnàn

asylum seeker [-siːkəʳ] N [c] 寻(尋)求避难(難)的人 xúnqiú bìnànde rén [位 wèi]

 KEYWORD

★ **at** [æt] PREP **1** (*position, time, age*) 在 zài ▸ **we had dinner at a restaurant** 我们(們)在一家饭(飯)店吃了饭(飯) wǒmen zài yījiā fàndiàn chīle fàn ▸ **at home** 在家 zàijiā ▸ **at school** 在学(學)校 zài xuéxiào ▸ **at work** (*not at home*) 在工作 zài gōngzuò ▸ **at my brother's** 在我哥哥家 zài wǒ gēge jiā ▸ **at the baker's** 在面(麵)包房 zài miànbāofáng ▸ **at the bus stop** 在公交车(車)站 zài gōngjiāo chēzhàn ▸ **what time will you arrive at the hotel?** 你几(幾)点(點)到宾(賓)馆(館)? nǐ jǐdiǎn dào bīnguǎn? ▸ **to be sitting at a table/desk** 坐在桌边(邊)/书(書)桌边(邊) zuòzài zhuōbiān/shūzhuōbiān ▸ **there's someone at the door** 门(門)口有人 ménkǒu yǒurén; (*towards*) ▸ **to throw sth at sb** 向某人扔某物 xiàng mǒurén rēng mǒuwù ▸ **the question was directed at me** 问(問)题(題)是直接针(針)对(對)我的 wèntí shì zhíjiē zhēnduì wǒ de ▸ **to wave/frown at sb** 冲(衝)某人招手/皱(皺)眉 chòng mǒurén zhāoshǒu/zhòuméi ▸ **at four o'clock** 在4点(點)钟(鐘) zài sìdiǎn zhōng ▸ **at night** 在晚上 zài wǎnshàng ▸ **at Christmas** 在圣(聖)诞(誕)节(節) zài Shèngdànjié ▸ **at the weekend** 在周(週)末 zài zhōumò ▸ **she died at the age of 76** 她在76岁(歲)时(時)去世了 tā zài qīshíliù suì shí qùshì le

2 (*referring to price, speed*) 以 yǐ ▸ **apples at £2 a kilo** 苹(蘋)果每公斤两(兩)镑(鎊) píngguǒ měi gōngjīn liǎngbàng ▸ **at 50 km/h** 以每小时(時)50公里的速度 yǐ měi xiǎoshí wǔshí gōnglǐ de sùdù ▸ **two at a time** 每次2个(個) měi cì liǎng gè

3 (*in measurements*) 达(達) dá ▸ **at 110 kilos, she's very overweight** 达(達)到110公斤，她严(嚴)重超重了 dádào yībǎiyīshí gōngjīn, tā yánzhòng chāozhòng le

4 (*referring to activity*) 在…方面 zài…fāngmiàn ▸ **he's at work on a novel** 他正在写(寫)一本小说(說) tā zhèngzài xiě yī běn xiǎoshuō ▸ **to play at cowboys** 扮演牛仔 bànyǎn niúzǎi ▸ **to be good at sth/at doing sth** 擅长(長)某事/做某事 shàncháng mǒushì/zuò mǒushì

5 (*referring to cause*) 由于(於) yóuyú ▸ **shocked/surprised/annoyed at sth** 由于(於)某事而震惊(驚)/吃惊(驚)/恼(惱)怒 yóuyú mǒushì ér zhènjīng/chījīng/nǎonù

6 (*in expressions*) ▸ **not at all** (*in answer to question*) 一点(點)也不 yīdiǎn yě bù; (*in answer to thanks*) 别(別)客气(氣) bié kèqi ▸ **I'm not at all tired** 我一点(點)儿(兒)也不累 wǒ yīdiǎnr yě bù lèi ▸ **there's nothing at all to see** 没(沒)有任何值得看的 méiyǒu rènhé zhíde kàn de

ate [eɪt] PT *of* **eat**

atheist [ˈeɪθɪɪst] N [c] 无(無)神论(論)者 wúshénlùnzhě [名 míng]

Athens ['æθɪnz] N 雅典 Yǎdiǎn

athlete ['æθli:t] N [c] 运(運)动(動)员(員) yùndòngyuán [名 míng]

athletic [æθ'lɛtɪk] ADJ **1** [+ *tradition, excellence etc*] 体(體)育的 tǐyù de **2** (*sporty*) [+ *person*] 运(運)动(動)的 yùndòng de **3** (*muscular*) [+ *build, frame*] 健壮(壯)的 jiànzhuàng de

athletics [æθ'lɛtɪks] N [U] 田径(徑)运(運)动(動) tiánjìng yùndòng

Atlantic [ət'læntɪk] **I** ADJ 大西洋的 Dàxīyáng de **II** N ▸ **the Atlantic (Ocean)** 大西洋 Dàxīyáng

atlas ['ætləs] N [c] 地图(圖)册(冊) dìtúcè [本 běn]

ATM N ABBR (= **Automated Telling Machine**) 自动(動)取款机(機) zìdòng qǔkuǎnjī

atmosphere ['ætməsfɪə^r] N **1** [c] [*of planet*] 大气(氣)层(層) dàqìcéng [个 gè] **2** [s] (*feel*) [*of place*] 气(氣)氛 qìfēn **3** [c] (*air*) 空气(氣) kōngqì [种 zhǒng]

atom ['ætəm] (*Phys*) N [c] 原子 yuánzǐ [个 gè]

atomic [ə'tɔmɪk] ADJ 原子的 yuánzǐ de

atom(ic) bomb N [c] 原子弹(彈) yuánzǐdàn [枚 méi]

atrocious [ə'trəuʃəs] ADJ 糟透的 zāotòu de

atrocity [ə'trɔsɪtɪ] N [c] (*act of cruelty*) 暴行 bàoxíng [种 zhǒng]

attach [ə'tætʃ] VT **1** (*fasten, join*) 附上 fùshàng **2** [+ *importance, significance etc*] 把…放在 bǎ…fàng zài ▸ **to be attached to sb/sth** (*emotionally*) 喜爱(愛)某人/某物 xǐ'ài mǒurén/mǒuwù

attachment [ə'tætʃmənt] N **1** [C/U] (*affection*) ▸ **attachment (to sb)** (对(對)某人的)爱(愛)慕之情 (dui mǒurén de) àimù zhī qíng [种 zhǒng] **2** [c] [*of tool, computer file*] 附件 fùjiàn [个 gè]

★ **attack** [ə'tæk] **I** VT **1** (*assault*) [+ *person*] 袭(襲)击(擊) xíjī **2** [+ *place, troops*] 攻击(擊) gōngjī **3** (*criticise*) [+ *person, idea*] 抨击(擊) pēngjī ▹ *He attacked the press for misleading the public.* 他抨击新闻界误导公众。Tā pēngjī xīnwénjiè wùdǎo gōngzhòng. **4** (*tackle*) [+ *task, problem etc*] 着(著)手 zhuóshǒu **5** (*in sport*) 进(進)攻 jìngōng **II** VI (*Mil, Sport*) 进(進)攻 jìngōng **III** N **1** [C/U] (*on person*) 袭(襲)击(擊) xíjī [次 cì] **2** [C/U] (*military assault*) 攻击(擊) gōngjī [次 cì] **3** [c] (*criticism*) 抨击(擊) pēngjī [种 zhǒng] **4** [C/U] [*of illness*] 发(發)作 fāzuò [阵 zhèn] ▹ *an attack of asthma, an asthma attack* 哮喘发作 xiàochuǎn fāzuò **5** [c] (*in sport*) 进(進)攻 jìngōng [次 cì] ▸ **to come under attack** (*assault*) 遭到袭(襲)击(擊) zāodào xíjī; (*criticism*) 遭到抨击(擊) zāodào pēngjī ▸ **to launch an attack** (*assault*) 发(發)动(動)进(進)攻 fādòng jìngōng; (*criticism*) 发(發)起抨击(擊) fāqǐ pēngjī ▸ **an attack on sb** (*assault*) 袭(襲)击(擊)某人 xíjī mǒurén; (*criticism*) 抨击(擊)某人 pēngjī mǒurén

attacker [ə'tækə^r] N [c] 攻击(擊)者 gōngjīzhě [名 míng]

attain [ə'teɪn] VT **1** [+ *state, condition*] 达(達)到 dádào **2** [+ *ambition, rank*] 获(獲)得 huòdé **3** [+ *age*] 到达(達) dàodá

★ **attempt** [ə'tɛmpt] **I** N [c] (*try*) 尝(嘗)试(試) chángshì [个 gè] **II** VT (*try*) 试(試)图(圖) shìtú **III** VI ▸ **to attempt to do sth** 试(試)图(圖)做某事 shìtú zuò mǒushì ▸ **an attempt to do sth** 做某事的企图(圖) zuò mǒushì de qǐtú ▸ **an attempt on sb's life** 企图(圖)杀(殺)害某人 qǐtú shāhài mǒurén ▸ **he made no attempt to help** 他并(並)未试(試)着(著)帮(幫)忙 tā bìngwèi shìzhe bāngmáng ▸ **at** *or* **on the first attempt** 首次尝(嘗)试(試) shǒucì chángshì ▸ **he attempted a smile** 他试(試)图(圖)挤(擠)出一丝(絲)微笑 tā shìtú jǐ chū yī sī wēixiào ▸ **an attempt at humour** 试(試)图(圖)表示幽默 shìtú biǎoshì yōumò

attend [ə'tɛnd] VT **1** (*be member of*) [+ *school, church, course*] 上 shàng **2** (*take part in*) [+ *lecture, conference*] 参(參)加 cānjiā
▸ **attend to** VT FUS **1** [+ *needs, affairs*] 处(處)理 chǔlǐ **2** [+ *patient, customer*] 照料 zhàoliào

attendance [ə'tɛndəns] N **1** [U] (*presence*) 出席 chūxí **2** [C/U] (*people present*) 出席者 chūxízhě [名 míng]

attendant [ə'tɛndənt] **I** N [c] (*person*) 服务(務)员(員) fúwùyuán [位 wèi] **II** ADJ [+ *dangers, risks, publicity*] 伴随(隨)的 bànsuí de

attention [ə'tɛnʃən] **I** N [U] **1** (*concentration*) 注意 zhùyì **2** (*care*) 照料 zhàoliào **II** INT (*Mil*) 立正 lìzhèng ▸ **for the attention of...** 收件人为(為)… shōujiànrén wéi... ▸ **it has come to my attention that...** 我已开(開)始注意到… wǒ yǐ kāishǐ zhùyì dào... ▸ **to draw sb's attention to sth** 把某人的注意力引向某事 bǎ mǒurén de zhùyìlì yǐnxiàng mǒushì ▸ **to stand to/at attention** (*Mil*) 立正站着(著) lìzhèng zhànzhe ▸ **to pay attention (to sth/sb)** 关(關)注(某事/某人) guānzhù (mǒushì/mǒurén) ▸ **to attract sb's attention** 吸引某人的注意 xīyǐn mǒurén de zhùyì

attentive [ə'tɛntɪv] ADJ **1** (*intent*) [+ *audience*] 聚精会(會)神的 jù jīng huì shén de **2** (*polite, helpful*) [+ *person*] 体(體)贴(貼)的 tǐtiē de; [+ *service*] 周到的 zhōudào de ▸ **he is attentive to his wife** 他对(對)妻子很体(體)贴(貼) tā duì qīzi hěn tǐtiē

attic ['ætɪk] N [c] 阁(閣)楼(樓) gélóu [个 gè]

attitude ['ætɪtju:d] N [C/U] **1** (*mental view*) 看法 kànfǎ [个 gè] **2** (*behaviour*) 态(態)度 tàidu [种 zhǒng] **3** (*posture*) 姿势(勢) zīshì **4** ▸ **kids/women with attitude** (*aggressive style*) 争(爭)强(強)好胜(勝)的孩子/女人 zhēng qiáng hào shèng de háizi/nǚrén

attorney [ə'tə:nɪ] (*US*) N [c] (*lawyer*) 律师(師) lǜshī [位 wèi] ▸ **power of attorney** 代理权(權) dàilǐ quán

Attorney General N [c] **1** (*Brit*) 检(檢)察总(總)长(長) jiǎnchá zǒngzhǎng [名 míng] **2** (*US*) 司法部长(長) sīfǎ bùzhǎng [名 míng]

attract [ə'trækt] VT **1** [+ *people, animals, metal*] 吸引 xīyǐn **2** (*gain*) [+ *support, publicity*] 获(獲)得 huòdé; [+ *sb's interest, attention*] 引起 yǐnqǐ

attraction [ə'trækʃən] **I** N [U] (*charm, appeal*) [*of person*] 吸引力 xīyǐnlì **II attractions** N PL (*also*: **tourist attractions**) (*amusements*) 游(遊)览(覽)胜(勝)地 yóulǎn shèngdì ▸ **the attraction of sth** [*of place, activity etc*] 某物的诱(誘)人之处(處) mǒuwù de yòurén zhī chù

attractive [ə'træktɪv] ADJ **1** [+ *man, woman*] 有魅力的 yǒu mèilì de; [+ *thing, place*] 吸引人的 xīyǐn rén de **2** (*interesting*) [+ *price, idea, offer*] 令人感兴(興)趣的 lìng rén gǎn xìngqù de ▸ **he was very attractive to women** 他对(對)女人很有吸引力 tā duì nǚrén hěnyǒu xīyǐnlì

attribute [*n* 'ætrɪbju:t, *vb* ə'trɪbju:t] **I** N [c] 特性 tèxìng [种 zhǒng] **II** VT ▸ **to attribute sth to sb** [+ *poem, painting, remark*] 认(認)为(為)某物出自某人 rènwéi mǒuwù chūzì mǒurén; [+ *quality, motive*] 认(認)为(為)某人具有某物 rènwéi mǒurén jùyǒu mǒuwù ▸ **to attribute sth to sth** [+ *situation, cause*] 把某事归(歸)因于(於)某事 bǎ mǒushì guīyīn yú mǒushì

aubergine ['əubəʒi:n] (*Brit*) N **1** [c/U] (*vegetable*) 茄子 qiézi [个 gè] [美 = **eggplant**] **2** [U] (*colour*) 紫红(紅)色 zǐhóngsè

auburn ['ɔ:bən] ADJ [+ *hair*] 赤褐色的 chìhèsè de

auction ['ɔ:kʃən] **I** N [c] 拍卖(賣) pāimài [次 cì] **II** VT 拍卖(賣) pāimài

▸**auction off** VT 拍卖(賣)掉 pāimài diào

auctioneer [ɔ:kʃə'nɪəʳ] N [c] 拍卖(賣)师(師) pāimàishī

audible ['ɔ:dɪbl] ADJ 听(聽)得见(見)的 tīngdejiàn de

audience ['ɔ:dɪəns] N [c] **1** (*in theatre*) 观(觀)众(眾) guānzhòng [位 wèi] **2** (*Rad, TV*) 听(聽)众(眾) tīngzhòng [位 wèi] **3** (*public*) 读(讀)者 dúzhě [位 wèi] **4** (*interview*) (*with Queen, Pope etc*) 接见(見) jiējiàn

audio ['ɔ:dɪəu] ADJ [+ *cassette, tape*] 音响(響)的 yīnxiǎng de

audio-visual ['ɔ:dɪəu'vɪzjuəl] ADJ [+ *materials, equipment*] 视(視)听(聽)的 shìtīng de

audit ['ɔ:dɪt] (*Comm*) **I** VT [+ *accounts*] 审(審)计(計) shěnjì **II** N [c] 查账(賬) cházhàng

audition [ɔ:'dɪʃən] **I** N [c] (*Cine, Theat*) 试(試)演 shìyǎn **II** VI ▸ **to audition (for sth)** 试(試)演(某剧(劇)) shìyǎn(mǒu jù) **III** VT 让(讓)…试(試)演 ràng...shìyǎn

auditor ['ɔ:dɪtəʳ] N [c] (*accountant*) 审(審)计(計)员(員) shěnjìyuán [名 míng]

auditorium [ɔ:dɪ'tɔ:rɪəm] N [c] (*pl* **auditoria** [ɔ:dɪ'tɔ:rɪə]) **1** (*in theatre, concert hall*) 观(觀)众(眾)席 guānzhòngxí **2** (*US*) (*for concerts, lectures*) 礼(禮)堂 lǐtáng [座 zuò]

Aug. ABBR (= **August**) 八月 bāyuè

augment [ɔ:g'mɛnt] VT [+ *income, salary etc*] 增加 zēngjiā

August ['ɔ:gəst] N [c/U] 八月 bāyuè; *see also* **July**

aunt [ɑ:nt] N [c] (*father's sister*) 姑母 gūmǔ [位 wèi]; (*father's older brother's wife*) 伯母 bómǔ [位 wèi]; (*father's younger brother's wife*) 婶(嬸)母 shěnmǔ [位 wèi]; (*mother's sister*) 姨母 yímǔ [位 wèi]; (*mother's brother's wife*) 舅母 jiùmǔ [位 wèi]

auntie, aunty ['ɑ:ntɪ] (*inf*) N = **aunt**

au pair ['əu'pɛəʳ] N [c] 为学习语言而住在当地人家里并提供家政服务的外国年轻人

aura ['ɔ:rə] N ▸ **an aura of sth** 某物的一种(種)氛围(圍) mǒuwù de yīzhǒng fēnwéi

auspicious [ɔ:s'pɪʃəs] (*frm*) ADJ [+ *opening, start, occasion*] 吉利的 jílì de

austerity [ɔs'tɛrɪtɪ] N [U] **1** (*hardship*) ▸ **time/period of austerity** 经(經)济(濟)紧(緊)缩(縮)年代/时(時)期 jīngjì jǐnsuō niándài/shíqī **2** (*frm: simplicity*) 朴(樸)素 pǔsù

Australia [ɔs'treɪlɪə] N 澳大利亚(亞) Àodàlìyà

Australian [ɔs'treɪlɪən] **I** ADJ 澳大利亚(亞)的 Àodàlìyà de **II** N [c] (*person*) 澳大利亚(亞)人 Àodàlìyàrén [个 gè]

Austria ['ɔstrɪə] N 奥(奧)地利 Àodìlì

Austrian ['ɔstrɪən] **I** ADJ 奥(奧)地利的 Àodìlì de **II** N [c] (*person*) 奥(奧)地利人 Àodìlìrén [个 gè]

authentic [ɔ:'θɛntɪk] ADJ **1** (*genuine*) [+ *cuisine*] 正宗的 zhèngzōng de; [+ *painting*] 真的 zhēn de; [+ *document*] 真实(實)的 zhēnshí de **2** (*reliable*) [+ *account*] 可靠的 kěkào de

author ['ɔ:θəʳ] N [c] **1** (*writer*) [*of novel*] 作家 zuòjiā [位 wèi]; [*of text*] 作者 zuòzhě [个 gè] **2** (*originator*) [*of plan, scheme*] 发(發)起人 fāqǐrén

authoritarian [ɔ:θɔrɪ'tɛərɪən] (*pej*) **I** ADJ [+ *attitudes, government*] 独(獨)裁主义(義)的 dúcái zhǔyì de **II** N [c] 独(獨)裁主义(義)者 dúcái zhǔyì zhě [名 míng]

authoritative [ɔ:'θɔrɪtətɪv] ADJ **1** [+ *person, manner*] 命令式的 mìnglìngshì de **2** [+ *account, study*] 权(權)威的 quánwēi de

★ **authority** [ɔ:'θɔrɪtɪ] N **1** [U] (*power*) 权(權)威 quánwēi ▷ *He had an air of authority.* 他有一种权威的姿态。Tā yǒu yī zhǒng quánwēi de zītài. **2** [U] (*right, permission*) 许(許)可 xǔkě ▷ *The bank closed my account without my authority.* 银行未经我的许可就结了我的账户。Yínháng wèi jīng wǒ de xǔkě jiù jiéle wǒ de zhànghù. **3** ▸ **an authority on sth** (*expert*) 某方面的权(權)威 mǒu fāngmiàn de quánwēi ▷ *She's a world authority on heart disease.* 她是位心脏病方面的世界级权威。Tā shì wèi xīnzàngbìng fāngmiàn de shìjiè jí quánwēi. **4** [c] (*government body, ruling body*) 当(當)局 dāngjú ▷ *the local authority* 地方当局 dìfāng dāngjú ▸ **to have the authority to do sth** 具有做某事的权(權)力 jùyǒu zuò mǒushì de quánlì

authorize ['ɔːθəraɪz] VT 授权(權) shòuquán ▸ **to authorize sb/to be authorized to do sth** 授权(權)某人/被授权(權)做某事 shòuquán mǒurén/bèi shòuquán zuò mǒushì

autobiography [ɔːtəbaɪ'ɔɡrəfɪ] N [C] 自传(傳) zìzhuàn [部 bù]

autograph ['ɔːtəɡrɑːf] I N [C] 亲(親)笔(筆)签(簽)名 qīnbǐ qiānmíng [个 gè] II VT 亲(親)笔(筆)签(簽)名于(於) qīnbǐ qiānmíng yú

automatic [ɔːtə'mætɪk] I ADJ 1 [+ *process, machine*] 自动(動)的 zìdòng de 2 [+ *reaction*] 无(無)意识(識)的 wú yìshi de 3 [+ *action, punishment*] 必然发(發)生的 bìrán fāshēng de II N [C] 1 (*rifle, pistol*) 自动(動)枪(槍) zìdòngqiāng 2 (*car*) 自动(動)挡(擋) zìdòngdǎng [个 gè]

automatically [ɔːtə'mætɪklɪ] ADV 1 (*by itself*) 自动(動)地 zìdòng de 2 (*without thinking*) 无(無)意识(識)地 wú yìshi de 3 (*as a matter of course*) 自然而然地 zìrán'érrán de

automobile ['ɔːtəməbiːl] (*US*) N [C] 汽车(車) qìchē [辆 liàng]

autonomous [ɔː'tɔnəməs] ADJ 1 (*self-governing*) [+ *country*] 自治的 zìzhì de; [+ *organization, group*] 独(獨)立自主的 dúlì zìzhǔ de 2 (*independent*) [+ *individual, person*] 独(獨)立的 dúlì de

autonomy [ɔː'tɔnəmɪ] N [U] 1 (*self-government*) [*of country*] 自治 zìzhì; [*of organization*] 独(獨)立自主 dúlì zìzhǔ 2 (*frm: independence*) [*of person*] 自主权(權) zìzhǔquán

autumn ['ɔːtəm] (*Brit*) N [C/U] 秋季 qiūjì [个 gè] [美 = fall] ▸ **in (the) autumn** 在秋季 zài qiūjì

auxiliary [ɔːɡ'zɪlɪərɪ] I ADJ 1 [+ *staff, service, force*] 辅(輔)助的 fǔzhù de 2 [+ *equipment*] 备(備)用的 bèiyòng de II N [C] 1 (*person*) 助手 zhùshǒu [位 wèi] 2 (*in grammar*) 助动(動)词(詞) zhùdòngcí ▸ **auxiliary verb** 助动(動)词(詞) zhùdòngcí

Av. ABBR = **Ave.**

avail [ə'veɪl] (*frm*) I VT ▸ **to avail o.s. of sth** [+ *offer, opportunity, service*] 利用某物 lìyòng mǒuwù II N ▸ **to** *or* **of little avail** 没(沒)多大效果 méi duōdà xiàoguǒ ▸ **to** *or* **of no avail** 没(沒)有效果 méiyǒu xiàoguǒ

availability [əveɪlə'bɪlɪtɪ] N [U] [*of goods, staff etc*] 获(獲)得的可能性 huòdé de kěnéngxìng

★ **available** [ə'veɪləbl] ADJ 1 (*obtainable*) [+ *article, service*] 可用的 kě yòng de ▷ *Breakfast is available from 6 a.m.* 从早晨6点起可用早餐。Cóng zǎochén liù diǎn qǐ kě yòng zǎocān. ▷ *the best available information* 可享用的最佳资讯 kě xiǎngyòng de zuì jiā zīxùn 2 [+ *person*] (*unoccupied*) 有空的 yǒukòng de ▷ *The minister was not available.* 部长没空。Bùzhǎng méi kòng.; (*unattached*) 单(單)身的 dānshēn de 3 [+ *time*] 空闲(閒)的 kòngxián de ▷ *I have very few days available at the moment.* 我目前没几天是空闲的。Wǒ mùqián méi jǐ tiān shì kòngxián de. ▸ **every available means** 每个(個)可利用的方法 měi gè kě lìyòng de fāngfǎ ▸ **is the manager available?** 经(經)理有空吗(嗎)? jīnglǐ yǒukòng ma? ▸ **he is not available for comment** 他现(現)在无(無)法发(發)表意见(見) tā xiànzài wúfǎ fābiǎo yìjiàn ▸ **to make sth available to sb** 使某人可以享用某物 shǐ mǒurén kěyǐ xiǎngyòng mǒuwù ▸ **available for hire/rent/sale** 可供雇(僱)用/出租/出售 kě gòng gùyòng/chūzū/chūshòu

avalanche ['ævəlɑːnʃ] N 1 [C] 雪崩 xuěbēng [次 cì] 2 [S] [*of people, mail, events*] 涌(湧)现(現) yǒngxiàn

Ave. ABBR (= **avenue**) 大街 dàjiē

avenge [ə'vɛndʒ] VT [+ *death*] 替…报(報)仇 tì...bàochóu

avenue ['ævənjuː] N [C] 1 (*lined with shops, houses*) 大街 dàjiē [条 tiáo]; (*tree-lined*) 林阴(陰)道 línyīn dào [条 tiáo] 2 (*means, solution*) 途径(徑) tújìng [种 zhǒng]

average ['ævərɪdʒ] I N [C] 1 (*Math*) (*mean*) 平均数(數) píngjūnshù [个 gè] 2 ▸ **the average (for sth/sb)** (某物/某人的)平均水平 (mǒuwù/mǒurén de) píngjūn shuǐpíng [个 gè] II ADJ 1 (*Math*) 平均的 píngjūn de 2 (*ordinary*) 普通的 pǔtōng de 3 (*mediocre*) 平庸的 píngyōng de III VT 平均为(為) píngjūn wéi ▸ **on average** 平均 píngjūn ▸ **an average of ten days** 平均10天左右 píngjūn shí tiān zuǒyòu ▸ **above/below (the) average** 高于(於)/低于(於)平均水平 gāoyú/dīyú píngjūn shuǐpíng
▸**average out** I VI ▸ **to average out at/to sth** 平均为(為)某数(數)值 píngjūn wéi mǒu shùzhí II VT 得出…的平均数(數) déchū...de píngjūnshù

averse [ə'vəːs] ADJ (*frm*) ▸ **I'm/he's not averse to sth/doing sth** 我/他不反对(對)某事/做某事 wǒ/tā bù fǎnduì mǒushì/zuò mǒushì

avert [ə'vəːt] VT 1 (*prevent*) [+ *accident, war*] 避免 bìmiǎn 2 (*turn away*) ▸ **to avert one's eyes/gaze from sth** 将(將)目光/注视(視)从(從)某物上移开(開) jiāng mùguāng/zhùshì cóng mǒuwù shang yíkāi

avian flu N [U] 禽流感 qínliúgǎn

avid ['ævɪd] ADJ [+ *supporter, reader*] 热(熱)切的 rèqiè de

avocado [ævə'kɑːdəu] (*Brit*) N [C/U] (*also:* **avocado pear**) 鳄(鱷)梨 èlí [个 gè]

avoid [ə'vɔɪd] VT 1 (*dodge*) [+ *person, obstacle*] 避免 bìmiǎn 2 (*prevent*) [+ *trouble, danger*] 防止 fángzhǐ 3 (*evade, shun*) 躲避 duǒbì ▸ **to avoid doing sth** 避免做某事 bìmiǎn zuò mǒushì

await [ə'weɪt] (*frm*) VT 1 (*wait for*) 等待 děngdài 2 (*be in store for*) 等待着(著) děngdài zhe ▸ **long awaited** [+ *event, opportunity*] 期待已久的 qīdài yǐ jiǔ de

awake [ə'weɪk] (*pt* **awoke**, *pp* **awoken** *or* **awakened**) I ADJ ▸ **to be awake** 醒着(著)的

xǐngzhe de **II** VT (*liter*) 唤(喚)醒 huànxǐng **III** VI (*liter*) 醒来(來) xǐnglái ▸ **wide awake** 完全清醒 wánquán qīngxǐng ▸ **he lay awake all night worrying** 他整晚忧(憂)心忡忡地睡不着(著)觉(覺) tā zhěngwǎn yōuxīn chōngchōng de shuì bù zháo jiào

awakening [əˈweɪknɪŋ] N [c] 觉(覺)醒 juéxǐng ▸ **a rude awakening** 猛然醒悟 měngrán xǐngwù

award [əˈwɔːd] **I** N [c] **1** (*prize*) 奖(獎) jiǎng [个 gè] **2** (*Law*) (*damages*) 赔(賠)偿(償)金 péichángjīn **II** VT **1** [+ *prize*] 授予 shòuyǔ **2** (*Law*) [+ *damages*] 判给(給) pàngěi **3** [+ *penalty, free kick*] 判罚(罰) pànfá

aware [əˈwɛəʳ] ADJ ▸ **politically/socially aware** 有政治/社会(會)意识(識)的 yǒu zhèngzhì/shèhuì yìshi de ▸ **to be aware of sth** (*know about*) 意识(識)到某事 yìshi dào móushì; (*be conscious of*) 觉(覺)察到某事 chájué dào mǒushì ▸ **to be aware that...** 知道… zhīdào... ▸ **I am fully** *or* **well aware that...** 我充分意识(識)到… wǒ chōngfèn yìshi dào...

awareness [əˈwɛənɪs] N [U/S] (*knowledge*) 意识(識) yìshi ▸ **to develop** *or* **raise people's awareness of sth** 增强(強)人们(們)对(對)某事的意识(識) zēngqiáng rénmen duì mǒushì de yìshi

awash [əˈwɔʃ] ADJ **1** ▸ **awash (with)** (*with water*) (被…)淹没(沒)的 (bèi...) yānmò de **2** ▸ **awash with** (*knee-deep in*) 充斥的 chōngchì de

★ **away** [əˈweɪ] **I** ADV **1** [*move, walk* +] …开(開) ...kāi ▹ *He rose and walked slowly away.* 他站起身，慢慢地走开。Tā zhàn qǐ shēn, mànmàn de zǒukāi. **2** (*not present*) 不在 bùzài ▹ *Jason is away in Germany.* 杰森现在在德国。Jiésēn xiànzài zài Déguó. ▹ *She was away at the time of the accident.* 发生意外时她不在。Fāshēng yìwài shí tā bù zài. **3** ▸ **to put sth away** 妥善保存某物 tuǒshàn bǎocún mǒuwù ▸ **to hide sth away** 藏起某物 cáng qǐ mǒuwù **4** [*melt, fade, fall* +] …掉 ...diào ▹ *The snow has already melted away.* 雪已经融化掉了。Xuě yǐjīng rónghuà diào le. **II** ADJ [+ *match, game*] 客场(場)的 kèchǎng de ▸ **a week/month away** 还(還)有一个(個)星期/月 háiyǒu yīgè xīngqī/yuè ▸ **two kilometres away** 离(離)这(這)里(裡)两(兩)公里远(遠) lí zhèlǐ liǎng gōnglǐ yuǎn ▸ **to play away** 在对(對)方球场(場)比赛(賽) zài duìfāng qiúchǎng bǐsài ▸ **it's two hours away by car** 有两(兩)小时(時)车(車)程 yǒu liǎnggè xiǎoshí chēchéng ▸ **away from** 远(遠)离(離) yuǎnlí ▹ *a pleasant spot away from the city* 一个远离城市的宜人之地 yīgè yuǎnlí chéngshì de yírén zhī dì ▸ **to work/pedal/scrub away** 连(連)续(續)不断(斷)地工作/蹬车(車)/擦洗 liánxù bùduàn de gōngzuò/dēngchē/cāxǐ

awe [ɔː] **I** N [U] (*respect*) 敬畏 jìngwèi **II** VT ▸ **to be awed by sth/sb** 对(對)某事/某人肃(肅)然起敬 duì mǒushì/mǒurén sùránqǐjìng ▸ **to be in awe of** *or* **awed by sb/sth** 敬畏某人/某事 jìngwèi mǒurén/mǒushì

awesome [ˈɔːsəm] ADJ **1** (*impressive*) 使人敬畏的 shǐ rén jìngwèi de **2** (*inf: amazing*) 令人惊(驚)叹(嘆)的 lìng rén jīngtàn de

awful [ˈɔːfəl] **I** ADJ **1** (*frightful*) 糟糕的 zāogāo de **2** (*dreadful*) [+ *shock, crime*] 可怕的 kěpà de **3** ▸ **to look/feel awful** (*ill*) 看起来(來)/感觉(覺)很糟糕的 kàn qǐlái/gǎnjué hěn zāogāo de **II** ADV (*US; inf*) (*very*) 十分地 shífēn de ▸ **an awful lot (of)** (*amount*) 大量的 dàliàng de; (*number*) 非常多的 fēicháng duō de

awfully [ˈɔːfəlɪ] ADV (*very*) (*used for emphasis*) 非常 fēicháng ▸ **would you mind awfully if...?** 你非常介意…吗(嗎)？ nǐ fēicháng jièyì...ma?

awkward [ˈɔːkwəd] ADJ **1** (*clumsy*) [+ *movement*] 笨拙的 bènzhuó de **2** (*inconvenient*) [+ *time, question*] 令人尴(尷)尬的 lìng rén gāngà de **3** (*difficult to use, do, or carry*) 不方便的 bù fāngbiàn de **4** (*deliberately difficult*) [+ *person*] 不合作的 bù hézuò de ▸ **he's at an awkward age** 他正处(處)于(於)爱(愛)找别(彆)扭的年龄(齡) tā zhèng chǔyú ài zhǎo bièniǔ de niánlíng

awoke [əˈwəuk] PT *of* **awake**

awoken [əˈwəukən] PP *of* **awake**

axe, (*US*) **ax** [æks] **I** N [c] 斧 fǔ [把 bǎ] **II** VT 大刀阔(闊)斧地削减(減) dà dāo kuò fǔ de xuējiǎn ▸ **to have an axe to grind** (*inf*) 另有企图(圖) lìng yǒu qǐtú

axle [ˈæksl] (*Aut*) N [c] 轴(軸) zhóu

aye [aɪ] (*Brit*) **I** INT (*yes*) 是 shì ▸ **to vote aye** 投赞(贊)成票 tóu zànchéng piào **II** N ▸ **the ayes** 投赞(贊)成票者 tóu zànchéngpiào zhě

azalea [əˈzeɪlɪə] N [c] 杜鹃(鵑)花 dùjuānhuā [朵 duǒ]

Azerbaijan [æzəbaɪˈdʒɑːn] N 阿塞拜疆 Āsàibàijiāng

Bb

B¹, b [biː] N [c/u] *(letter)* 英语的第二个字母
B² [biː] N **1** [c/u] *(Mus)* C大调音阶中的第七音 **2** [c] *(Scol, Univ) (mark)* 良 liáng
B³ *(Texting)* ABBR = **be**
b. ABBR (= **born**) 出生 chūshēng
B4 *(Texting)* ABBR = **before**
BA N ABBR (= **Bachelor of Arts**) *(qualification)* 文科学(學)士学(學)位 wénkē xuéshì xuéwèi; *(person)* 文科学(學)士 wénkē xuéshì
baby [ˈbeɪbɪ] **I** N [c] **1** *(infant)* 婴(嬰)儿(兒) yīng'ér [个 gè] **2** *(esp US; inf) (darling)* 宝(寶)贝(貝) bǎobèi [个 gè] **II** CPD **1** [+ *seal, elephant*] 幼小动(動)物 yòuxiǎo dòngwù **2** [+ *vegetable*] 嫩菜 nèncài ▷ *baby sweetcorn* 嫩的甜玉米 nèn de tián yùmǐ ▶ **to have a baby** 生孩子 shēng háizi ▶ **to be a baby** *(inf)* 真是个(個)小孩儿(兒) zhēn shì gè xiǎoháir
baby carriage *(US)* N [c] 婴(嬰)儿(兒)车(車) yīng'ér chē [辆 liàng] [英 = **pram**]
baby food N [c/u] 婴(嬰)儿(兒)食品 yīng'ér shípǐn
babysit [ˈbeɪbɪsɪt] *(pt, pp* **babysat**) VI 代人照看孩子 dài rén zhàokàn háizi
babysitter [ˈbeɪbɪsɪtəʳ] N [c] 代人照看孩子的人 dài rén zhàokàn háizi de rén [个 gè]
baby wipe N [c] 婴(嬰)儿(兒)卫(衛)生纸(紙) yīng'ér wèishēngzhǐ
bachelor [ˈbætʃələʳ] N [c] **1** *(unmarried man)* 单(單)身汉(漢) dānshēnhàn [个 gè]
2 ▶ **Bachelor of Arts/Science** *(degree)* 文/理科学(學)士学(學)位 wén/lǐkē xuéshì xuéwèi [个 gè]; *(Brit) (person)* 文/理科学(學)士 wén/lǐkē xuéshì [位 wèi]
★ **back** [bæk] **I** N [c] **1** [*of person, animal*] 背部 bèibù [个 gè] **2** *(not front)* [*of hand, neck, legs*] 背面 bèimiàn [个 gè]; [*of house, door, book*] 后(後)面 hòumiàn [个 gè]; [*of car*] 后(後)部 hòubù [个 gè]; [*of train*] 尾部 wěibù [个 gè]; [*of chair*] 靠背 kàobèi [个 gè] **3** *(Football) (defender)* 后(後)卫(衛) hòuwèi [个 gè] **II** VT **1** *(support)* [+ *candidate, plan*] 支持 zhīchí ▷ *The union will back Mr Green.* 工会将支持格林先生。Gōnghuì jiāng zhīchí Gélín xiānsheng.; *(financially)* 资(資)助 zīzhù ▷ *The group is backed by big multinationals.* 该团体由大型的跨国公司资助。Gāi tuántǐ yóu dàxíng de kuàguó gōngsī zīzhù. **2** *(bet on)* [+ *horse, team*] 下赌(賭)注于(於) xià dǔzhù yú ▷ *Did you back the winner?* 你是否赌赢家？Nǐ shìfǒu dǔ yíngjiā?
3 *(reverse)* [+ *car*] 倒 dào ▷ *She backed the car a few feet.* 她把车向后倒了几英尺。Tā bǎ chē xiànghòu dǎole jǐ yīngchǐ. **III** VI *(reverse)* [*person, car etc* +] 倒着(著)行驶(駛) dàozhe xíngshǐ ▷ *She backed out of the drive.* 她倒着行驶出车道。Tā dǎozhe xíngshǐ chū chēdào.
IV ADJ **1** [+ *garden, door, room, wheels*] 后(後)面的 hòumiàn de **2** [+ *payment, rent*] 拖欠的 tuōqiàn de **V** ADV **1** *(not forward)* 向后(後) xiàng hòu ▷ *Charlie glanced back.* 查理向后扫了一眼。Chálǐ xiànghòu sǎole yī yǎn. **2** *(returned)* 回 huí ▶ **to be back** 回来(來) huílai ▷ *He's back.* 他回来了。Tā huílái le. **3** *(when returning sth)* 还(還) huán ▷ *She handed the knife back.* 她把刀还回来了。Tā bǎ dāo huán huílái le.
4 *(repetition)* 回 huí ▷ *She stared back at me.* 她回瞪着我。Tā huí dèngzhe wǒ. **5** *(in the past)* 以前 yǐqián ▷ *The story starts back in 1950.* 故事开始于1950年。Gùshì kāishǐyú yījiǔwǔlíng nián. **6** *(away)* 远(遠)离(離) yuǎnlí ▷ *Keep back from the edge of the platform.* 站在远离站台边缘的地方。Zhàn zài yuǎnlí zhàntái biānyuán de dìfang. ▶ **to do sth behind sb's back** 背着(著)某人做某事 bèizhe mǒurén zuò mǒushì ▶ **can I have it back?** 我能要回它吗(嗎)？wǒ néng yàohuí tā ma? ▶ **to turn one's back on sb/sth** *(fig)* 不理睬某人/某事 bù lǐcǎi mǒurén/mǒushì ▶ **to have one's back to the wall** *(fig)* 陷入绝(絕)境 xiànrù juéjìng ▶ **to break the back of a job**
度过(過)最艰(艱)难(難)的时(時)刻 dùguò zuì jiānnán de shíkè ▶ **to take a back seat** *(fig)* 把权(權)利让(讓)与(與)他人 bǎ quánlì ràngyǔ tārén ▶ **back and forth** 来(來)回 láihuí ▶ **at the back (of)** *(of crowd, building)* 在(…的)后(後)面 zài(...de) hòumiàn ▶ **back to front** *(esp Brit)* 前后(後)倒置 qiánhòu dàozhì ▷ *You've got your T-shirt on back to front.* 你把T恤衫前后穿反了。Nǐ bǎ T xù shān qiánhòu chuān fǎn le.
▶**back away** VI 向后(後)退 xiàng hòu tuì
▶**back down** VI 做出让(讓)步 zuòchū ràngbù
▶**back off** VI *(draw back)* 退避 tuìbì
▶**back onto** VT FUS 背靠 bèikào
▶**back out** VI *(withdraw)* 退出 tuìchū ▶ **to back out of sth** [+ *deal, agreement etc*] 退出某事 tuìchū mǒushì
▶**back up I** VT **1** *(support)* [+ *statement, theory*] 证(證)实(實) zhèngshí ▷ *Her views are backed up by an official report on crime.* 一份官方犯罪报告证实了她的观点。Yī fèn guānfāng fànzuì bàogào zhèngshíle tā de guāndiǎn. **2** *(provide alibi for)* [+ *friend, accomplice*] 为(為)…作证(證) wèi...zuòzhèng ▷ *The girl denied being there, and the man backed her up.* 女孩否定当时在那里，男子为她作了证。Nǚhái fǒudìng dāngshí zài nàlǐ, nánzǐ wèi tā zuòle zhèng. **3** *(help)*

[+ *person*] 支持 zhīchí ▷ *His employers backed him up.* 他的雇主支持他。Tā de gùzhǔ zhīchí tā. **4** (*Comput*) [+ *disk*] 备(備)份 bèifèn **5** (*reverse*) [+ *car*] 倒 dào **II** VI (*reverse*) [*person, car* +] 倒行 dàoxíng

backache [ˈbækeɪk] N [C/U] 背痛 bèitòng [阵 zhèn]

backbone [ˈbækbəun] N **1** [C] 脊椎骨 jǐzhuīgǔ [条 tiáo] **2** [U] (*courage*) 骨气(氣) gǔqì **3** [S] (*key person*) 中坚(堅) zhōngjiān

backfire [bækˈfaɪəʳ] VI **1** [*plan* +] 事与(與)愿(願)违(違) shì yǔ yuàn wéi **2** [*car, engine* +] 回火 huíhuǒ

backgammon [ˈbækgæmən] N [U] 十五子棋 shíwǔzǐqí

background [ˈbækgraund] **I** N **1** [C] [*of picture, scene, events*] 背景 bèijǐng [个 gè] **2** [C/U] [*of person*] (*origins*) 出身 chūshēn [种 zhǒng]; (*experience*) 经(經)验(驗) jīngyàn [种 zhǒng] **II** CPD [+ *noise, music, information*] 背景 bèijǐng ▸ **in the background** 在背后(後) zài bèihòu ▸ **family background** 家庭出身 jiātíng chūshēn ▸ **background reading** 辅(輔)助材料阅(閱)读(讀) fǔzhù cáiliào yuèdú

backhand [ˈbækhænd] N [C/U] 反手击(擊)球 fǎnshǒu jīqiú [次 cì]

backing [ˈbækɪŋ] N **1** [U] (*support*) 支持 zhīchí; (*financial*) 资(資)助 zīzhù **2** [C] (*layer*) 背衬(襯) bèichèn **3** [C] (*Mus*) 伴奏音乐(樂) bànzòu yīnyuè

backlog [ˈbæklɔg] N [C] 积(積)压(壓) jīyā

backpack [ˈbækpæk] N [C] 双(雙)肩背包 shuāngjiān bēibāo [个 gè]

backpacker [ˈbækpækəʳ] N [C] 背包旅行者 bēibāo lǚxíngzhě [名 míng]

BACKPACKER

backpacker 一词指预算紧张的青年旅行者。他们把全部的随身物品放在一个背包里，尽可能地节俭开支，为的是能延长旅行时间多了解一个地区，多看一些地方。

back pain N [C/U] 背痛 bèitòng [阵(陣) zhèn] ▷ *to have back pain* 背痛 bèitòng

backside [ˈbæksaɪd] (*inf*) N [C] 屁股 pìgu

backslash [ˈbækslæʃ] N [C] 后(後)斜线(線) hòuxiéxiàn

backstage [bækˈsteɪdʒ] ADV 后(後)台(臺) hòutái

backstroke [ˈbækstrəuk] N [U] (*also:* **the backstroke**) 仰泳 yǎngyǒng

backup [ˈbækʌp] **I** ADJ **1** [+ *staff, services*] 备(備)用的 bèiyòng de **2** (*Comput*) [+ *copy, file, disk*] 备(備)份的 bèifèn de **II** N **1** [U] (*support*) 支持 zhīchí **2** [C] (*reserve*) 备(備)份 bèifèn [个 gè]

backward [ˈbækwəd] **I** ADJ **1** [+ *glance, movement*] 向后(後)的 xiàng hòu de **2** (*pej*) [+ *country*] 落后(後)的 luòhòu de; [+ *person*] 迟(遲)钝(鈍)的 chídùn de **II** ADV (*esp US*) = **backwards** ▸ **a backward step** (*fig*) 倒退 dàotuì

backwards [ˈbækwədz] ADV **1** [*move, look* +] 向后(後)地 xiàng hòu de **2** (*in reverse*) [*count, work* +] 倒着(著)地 dàozhe de **3** (*fig*) 倒退地 dàotuì de ▷ *Technologically, this is a step backwards.* 技术上这是个退步。Jìshù shàng zhè shì gè tuìbù. **4** (*in time*) 向后(後)地 xiàng hòu de ▸ **to move backwards and forwards** 来(來)回移动(動) láihuí yídòng ▸ **to know sth backwards** *or* (*US*) **backward and forward** 极(極)熟悉某事 jí shúxī mǒushì

backyard [bækˈjɑːd] N [C] [*of house*] 后(後)院 hòuyuàn [个 gè]

bacon [ˈbeɪkən] N [U] 腌(醃)猪(豬)肉 yān zhūròu

bacteria [bækˈtɪərɪə] N PL 细(細)菌 xìjūn

★ **bad** [bæd] ADJ **1** (*not good*) [+ *weather, health, conditions, temper*] 坏(壞)的 huài de; [+ *actor, driver*] 不胜(勝)任的 bù shèngrèn de; [+ *behaviour, habit*] 不良的 bùliáng de **2** (*wicked*) [+ *person*] 恶(惡)的 è de **3** (*naughty*) [+ *child*] 不听(聽)话(話)的 bù tīnghuà de **4** (*serious*) [+ *mistake, accident, headache*] 严(嚴)重的 yánzhòng de **5** (*injured*) [+ *back, arm*] 有病的 yǒubìng de **6** (*rotten*) [+ *fruit, meat etc*] 腐烂(爛)的 fǔlàn de ▸ **to be bad for sth/sb** 对(對)某事/某物有害 duì mǒushì/mǒuwù yǒuhài ▸ **to be bad at sth/at doing sth** 不擅长(長)某事/做某事 bù shàncháng mǒushì/zuò mǒushì ▸ **to feel bad about sth** (*guilty*) 对(對)某事感到愧疚 duì mǒushì gǎndào kuìjiù ▸ **to feel bad that ...** (*guilty*) 因…而感到愧疚 yīn...ér gǎndào kuìjiù ▸ **to go bad** [*food, milk* +] 变(變)质(質) biànzhì ▸ **to go from bad to worse** 每况(況)愈下 měi kuàng yù xià ▸ **not bad** 不错(錯) bùcuò ▷ *The wine wasn't bad.* 这葡萄酒不错。Zhè pútáojiǔ bùcuò. ▸ **too bad!** 那没(沒)办(辦)法！Nà méi bànfǎ!

bade [bæd] PT *of* **bid**

badge [bædʒ] N [C] **1** (*Brit*) (*metal, cloth*) 徽章 huīzhāng [个 gè] [美 = **button**] **2** (*fig*) [*of power etc*] 象征(徵) xiàngzhēng

badger [ˈbædʒəʳ] **I** N [C] 獾 huān [只 zhī] **II** VT 纠(糾)缠(纏) jiūchán

bad language N [U] 粗话(話) cūhuà

badly [ˈbædlɪ] ADV **1** (*poorly*) [*work, play* +] 不令人满(滿)意地 bù lìng rén mǎnyì de; [+ *dressed*] 不得体(體)地 bù détǐ de **2** (*seriously*) [+ *damaged, injured*] 严(嚴)重地 yánzhòng de ▸ **to think badly of sb/sth** 认(認)为(為)某人/某事不好 rènwéi mǒurén/mǒushì bù hǎo ▸ **to reflect badly on sb/sth** 对(對)某人/某事有坏(壞)影响(響) duì mǒurén/mǒushì yǒu huài yǐngxiǎng ▸ **to want/need sth badly** 非常想要/需要某物 fēichang xiǎngyào/xūyào mǒuwù ▸ **to be badly off** (*in a bad situation*) 境况(況)不好 jìngkuàng bù hǎo; (*financially*) 穷(窮)困 qióngkùn

badminton ['bædmɪntən] N [U] 羽毛球 yǔmáoqiú

bad-tempered ['bæd'tɛmpəd] ADJ *(by nature)* 脾气(氣)坏(壞)的 píqi huài de; *(on one occasion)* 发(發)脾气(氣)的 fā píqi de

用法参见 **angry**

baffle ['bæfl] VT *(puzzle)* 使困惑 shǐ kùnhuò

baffled ['bæfld] ADJ [+ *expression*] 困惑的 kùnhuò de ▶ **to be baffled (by sth)** (被某事)困惑 (bèi mǒushì)kùnhuò

bag [bæg] **I** N [C] **1** *(made of paper, plastic, with handle)* 袋 dài [个 gè] **2** *(suitcase)* 行李箱 xínglǐxiāng [个 gè] **3** *(handbag)* 手袋 shǒudài [个 gè] **4** *(pej, inf: woman)* 讨(討)厌(厭)的女人 tǎoyàn de nǚrén **II** VT *(Brit; inf) (claim)* 抢(搶)占(佔) qiǎngzhàn ▶ **bags of** *(Brit; inf) (lots of)* 许(許)多 xǔduō ▶ **to pack one's bags** 准(準)备(備)离(離)开(開) zhǔnbèi líkāi ▶ **to have bags under one's eyes** 有眼袋 yǒu yǎndài ▶ **it's in the bag** *(inf)* 稳(穩)操胜(勝)券 wěn cāo shèng quàn

baggage ['bægɪdʒ] N [U] **1** *(luggage)* 行李 xíngli **2** *(fig)* 累赘(贅) léizhui

baggage allowance N [C] *(at airport)* 行李限重 xíngli xiànzhòng

baggage (re)claim N [U] *(at airport)* 行李领(領)取 xíngli lǐngqǔ

baggy ['bægɪ] ADJ [+ *suit, trousers, sweater*] 宽(寬)松(鬆)的 kuānsōng de

bagpipes ['bægpaɪps] N PL 风(風)笛 fēngdí

BAGPIPES

bagpipes，风笛，是一种总能让人联想起苏格兰的古老乐器。演奏者，即 **pipers**，通过一根管子把气吹到一个袋子里，然后挤压袋子把气送出其他管子，使发出嗡嗡的响声。风笛能制造出浓郁的婚礼和官方庆典活动的气氛。乐手们盛装起来，身着代表苏格兰不同家族图案的传统褶皱短裙。现场观看这样的风笛军乐队演奏蔚为壮观。

bail [beɪl] **I** N [U] *(Law) (payment)* 保释(釋)金 bǎoshìjīn; *(release)* 保释(釋) bǎoshì **II** VT [+ *prisoner*] 准许(許)保释(釋) zhǔnxǔ bǎoshì **III** VI *(also:* **bail out***) (on boat)* 舀出 yǎochū ▶ **grant bail (to)** [+ *prisoner*] 准许(許)保释(釋) zhǔnxǔ bǎoshì ▶ **on bail** [+ *prisoner*] 保释(釋)中 bǎoshì zhōng ▶ **to be released on bail** 被保释(釋) bèi bǎoshì

▶**bail out** VT **1** [+ *prisoner*] 保释(釋) bǎoshì **2** *(fig)* [+ *firm, industry*] 使摆(擺)脱(脫)困境 shǐ bǎituō kùnjìng; [+ *friend*] 帮(幫)助…摆(擺)脱(脫)困境 bāngzhù...bǎituō kùnjìng

bait [beɪt] **I** N [U/S] **1** *(for fish)* 鱼(魚)饵(餌) yú'ěr **2** *(for animal)* 诱(誘)饵(餌) yòu'ěr **3** *(fig: for criminal etc)* 引诱(誘)物 yǐnyòu wù **II** VT **1** [+ *hook, trap*] 放诱(誘)饵(餌)于(於) fàng yòu'ěr yú **2** *(tease)* [+ *person*] 侮弄 wǔnòng

bake [beɪk] **I** VT **1** [+ *potatoes, cake, bread*] 烤 kǎo **2** [+ *clay*] 烤硬 kǎo yìng **II** VI **1** [*bread, cake etc* +] 烤 kǎo **2** *(make cakes etc)* [*person* +] 烘烤食品 hōngkǎo shípǐn

用法参见 **cook**

baked beans [beɪkt-] N PL *(Brit) (beans)* 烘豆 hōngdòu; *(US) (with pork)* 有肉的烘豆 yǒu ròu de hōngdòu

baked potato N [C] 烤土豆 kǎo tǔdòu [个 gè]

baker ['beɪkəʳ] N [C] **1** *(person)* 面(麪)包师(師) miànbāoshī **2** *(shop) (also:* **baker's***)* 面(麪)包店 miànbāodiàn [家 jiā]

bakery ['beɪkərɪ] N [C] 面(麪)包房 miànbāofáng [个 gè]

baking ['beɪkɪŋ] **I** N [U] **1** *(activity)* 烤食品 kǎo shípǐn **2** *(cakes, bread)* 烘烤的面(麪)食 hōngkǎo de miànshí **II** ADJ *(inf: hot)* 灼热(熱)的 zhuórè de ▶ **baking hot** 炎热(熱) yánrè

baking powder N [U] 发(發)酵粉 fājiàofěn

balance ['bæləns] **I** N **1** [U] *(equilibrium)* [*of person, object*] 平衡 pínghéng **2** [U/S] *(fig: in situation)* 平衡 pínghéng **3** [C] *(in bank account)* 余(餘)额(額) yú'é [笔 bǐ] **4** [S] *(remainder to be paid)* 余(餘)欠之数(數) yúqiàn zhī shù **II** VT **1** [+ *object*] 使平衡 shǐ pínghéng **2** [+ *budget, account*] 使收支平衡 shǐ shōuzhī pínghéng **3** [+ *pros and cons*] 权(權)衡 quánhéng **4** *(compensate for)* 弥(彌)补(補) míbǔ **5** *(make equal)* 等量齐(齊)观(觀) děng liàng qí guān **III** VI [*person, object* +] 保持平衡 bǎochí pínghéng ▶ **to keep/lose one's balance** 保持/失去平衡 bǎochí/shīqù pínghéng ▶ **off balance** 失去平衡 shīqù pínghéng ▶ **to hang in the balance** 悬(懸)而未决(決) xuán ér wèi jué ▶ **on balance** 总(總)的来(來)看 zǒng de lái kàn ▶ **balance of payments** 国(國)际(際)收支差额(額) guójì shōuzhī chā'é ▶ **balance of trade** 进(進)出口贸(貿)易差额(額) jìnchūkǒu màoyì chā'é ▶ **balance carried forward** 余(餘)额(額)转(轉)下页(頁) yú'é zhuǎn xià yè ▶ **balance brought forward** 余(餘)额(額)承前页(頁) yú'é chéng qián yè ▶ **to balance the books** 平衡收支 pínghéng shōuzhī

balanced ['bælənst] ADJ **1** *(unbiased)* [+ *report*] 不偏不倚的 bù piān bù yǐ de **2** [+ *diet*] 均衡的 jūnhéng de **3** *(calm)* [+ *person*] 平和的 pínghé de

balance sheet N [C] 资(資)产(產)负(負)债(債)表 zīchǎn fùzhài biǎo

balcony ['bælkənɪ] N [C] **1** [*of building*] *(open)* 露台(臺) lùtái [个 gè]; *(covered)* 阳(陽)台(臺) yángtái [个 gè] **2** *(in cinema, theatre)* 楼(樓)座 lóuzuò

bald [bɔːld] ADJ **1** [+ *head, person*] 秃(禿)的 tū de **2** [+ *tyre*] 严(嚴)重磨损(損)的 yánzhòng mósǔn de **3** [+ *statement*] 直截了当(當)的 zhíjié-liǎodàng de ▶ **to go bald** 变(變)秃(禿) biàntū

ball [bɔːl] **I** N [C] **1** (*football, golf ball etc*) 球 qiú [个 gè] **2** [*of wool, string*] 团(團) tuán [个 gè] **3** (*sphere*) 球状(狀) qiúzhuàng [个 gè] **4** (*dance*) 舞会(會) wǔhuì **5** [*of foot, thumb*] 弯(彎)腰靠近 qiúxíng bùfen **II** VT (*also*: **ball up**) [+ *paper, cloth*] 把…抟(摶)成团(團) bǎ…tuán chéng tuán ▸ **to start** *or* **get** *or* **set the ball rolling** 开(開)始 kāishǐ ▸ **to play ball (with sb)** (*inf*: *fig*) (与(與)某人)协(協)作 (yǔ mǒurén)xiézuò ▸ **to be on the ball** 敏锐(銳) mǐnruì ▸ **the ball is in your court** 轮(輪)到你了 lún dào nǐ le ▸ **to have a ball** (*inf*) 过(過)得愉快 guòde yúkuài

ballerina [bæləˈriːnə] N [C] 芭蕾舞女演员(員) bālěiwǔ nǚ yǎnyuán [名 míng]

ballet [ˈbæleɪ], *US* bæˈleɪ] N **1** [U] (*art form*) 芭蕾舞 bālěiwǔ **2** [C] (*particular work*) 芭蕾舞剧(劇) bālěiwǔ jù [场 chǎng]

ballet dancer N [C] 芭蕾舞演员(員) bālěiwǔ yǎnyuán [位 wèi]

ballet shoes N PL 芭蕾舞鞋 bālěi wǔxié [双(雙) shuāng]

balloon [bəˈluːn] **I** N [C] **1** (*child's*) 气(氣)球 qìqiú [只 zhī] **2** (*also*: **hot-air balloon**) 热(熱)气(氣)球 rèqìqiú [个 gè] **II** VI (*increase in size*) 膨胀(脹) péngzhàng

ballot [ˈbælət] **I** N [C] (*vote*) 无(無)记(記)名投票 wújìmíng tóupiào **II** VT [+ *group*] 使投票表决(決) shǐ tóupiào biǎojué

ballpoint (pen) [ˈbɔːlpɔɪnt(-)] N [C] 圆(圓)珠笔(筆) yuánzhūbǐ [支 zhī]

ballroom [ˈbɔːlrum] N [C] 舞厅(廳) wǔtīng

ballroom dancing N [U] 交际(際)舞 jiāojìwǔ

Baltic [ˈbɔːltɪk] N ▸ **the Baltic (Sea)** 波罗(羅)的海 Bōluódì Hǎi

bamboo [bæmˈbuː] N [U] **1** (*plant*) 竹子 zhúzi **2** (*material*) 竹 zhú

bamboo shoots N PL 竹笋(筍) zhúsǔn

ban [bæn] **I** N [C] (*prohibition*) 禁止 jìnzhǐ [种 zhǒng] **II** VT (*prohibit*) 禁止 jìnzhǐ ▸ **to be banned from driving** 被禁止开(開)车(車) bèi jìnzhǐ kāichē

banana [bəˈnɑːnə] N [C] 香蕉 xiāngjiāo [只 zhī]

band [bænd] **I** N [C] **1** (*group*) [*of supporters, helpers, rebels etc*] 群 qún **2** (*Mus*) (*jazz, rock etc*) 乐(樂)队(隊) yuèduì [个 gè]; (*military*) 军(軍)乐(樂)队(隊) jūnyuèduì **3** (*strip*) [*of cloth*] 带(帶)子 dàizi; [*of light, land*] 条(條)纹(紋) tiáowén **4** (*loop*) [*of metal, material*] 箍 gū **5** (*range*) 幅度 fúdù **II** VT (*Brit*) [+ *tax*] 划(劃)分级(級)别(別) huàfēn jíbié [美 = **bracket**]

▸**band together** VI 联(聯)合 liánhé [种 zhǒng]

bandage [ˈbændɪdʒ] **I** N [C] 绷(繃)带(帶) bēngdài [条 tiáo] **II** VT [+ *wound, leg*] 用绷(繃)带(帶)包扎(紮) yòng bēngdài bāozhā

Band-Aid® [ˈbændeɪd] (*US*) N [C] 邦迪创(創)可贴(貼) Bāngdí chuàngkětiē [贴 tiē] [英 = **plaster**]

B & B N ABBR = **bed and breakfast**

bandit [ˈbændɪt] N [C] 强(強)盗(盜) qiángdào

bang [bæŋ] **I** N [C] **1** (*noise*) [*of door*] 砰的一声(聲) pēng de yīshēng; [*of gun, exhaust*] 爆炸声(聲) bàozhà shēng [阵 zhèn] **2** (*blow*) 撞击(擊) zhuàngjī [下 xià] **II** INT 砰 pēng **III** VT **1** [+ *door*] 砰地一声(聲)关(關)上 pēng de yīshēng guānshang **2** (*also*: **bang on**) [+ *wall, drum etc*] 大声(聲)撞击(擊) dàshēng zhuàngjī **3** [+ *one's head, elbow*] 撞 zhuàng **IV** VI **1** [*door* +] 砰地关(關)上 pēng de guānshang **2** [*firework, engine* +] 砰砰作响(響) pēng pēng zuò xiǎng **V** ADV ▸ **to be bang on time/in the middle** (*inf*) 正准(準)时(時)/当(當)中 zhèng zhǔnshí/dāngzhōng **VI bangs** N PL (*US*) (*fringe*) 刘(劉)海 liúhǎi [英 = **fringe**] ▸ **to bang into sth/sb** 猛撞某物/某人 měngzhuàng mǒuwù/mǒurén

Bangladesh [bæŋgləˈdɛʃ] N 孟加拉国(國) Mèngjiālāguó

bangle [ˈbæŋgl] N [C] (*bracelet*) 镯(鐲) zhuó

banish [ˈbænɪʃ] VT (*exile*) 放逐 fàngzhú

banister(s) [ˈbænɪstə(z)] N PL 楼(樓)梯扶手 lóutī fúshǒu

banjo [ˈbændʒəu] (*pl* **banjoes** *or* **banjos**) N [C] 班卓琴 bānzhuóqín [把 bǎ]

★ **bank** [bæŋk] **I** N [C] **1** (*Fin*) (*building, institution*) 银(銀)行 yínháng [家 jiā] **2** [*of data*] 库(庫) kù **3** [*of river, lake*] 岸 àn [个 gè] **4** [*of earth*] 斜坡 xiépō [个 gè] **5** [*of fog*] 一堆 yī duī **6** [*of switches, dials*] 排 pái **II** VI **1** [*plane* +] 倾(傾)斜飞(飛)行 qīngxié fēixíng **2** (*Comm*) ▸ **to bank with** 在…有银(銀)行账(賬)户(戶) zài…yǒu yínháng zhànghù

▸**bank on** VT FUS (*rely on*) 指望 zhǐwang [种 zhǒng]

bank account N [C] 银(銀)行账(賬)户(戶) yínháng zhànghù [个 gè]

bank balance N [C] 银(銀)行存款余(餘)额(額) yínháng cúnkuǎn yú'é

bank card N [C] **1** (*Brit*) (*for cash machine*) 银(銀)行卡 yínhángkǎ [张 zhāng] [美 = **ATM card**] **2** (*US*) (*credit card*) 银(銀)行信用卡 yínháng xìnyòngkǎ [张 zhāng]

banker [ˈbæŋkə[r]] N [C] 银(銀)行家 yínhángjiā [位 wèi]

bank holiday (*Brit*) N [C] 法定假期 fǎdìng jiàqī [个 gè] [美 = **national holiday**]

banking [ˈbæŋkɪŋ] N [U] 银(銀)行业(業) yínhángyè

banknote [ˈbæŋknəut] N [C] 纸(紙)币(幣) zhǐbì [张 zhāng]

bankrupt [ˈbæŋkrʌpt] **I** ADJ **1** [+ *person, company*] 破产(產)的 pòchǎn de **2** (*fig*) ▸ **morally bankrupt** 道德沦(淪)丧(喪)的 dàodé lúnsàng de **II** N [C] [+ *person*] 破产(產)者 pòchǎnzhě [名 míng] **III** VT [+ *person, organization*] 使破产(產) shǐ pòchǎn ▸ **to go bankrupt** 破产(產) pòchǎn ▸ **to be made bankrupt** 宣告破产(產) xuāngào pòchǎn

bankruptcy [ˈbæŋkrʌptsɪ] N **1** [U] (*lit*) 破产(產)

pòchǎn **2** [c] (*particular instance*) 破产(產) pòchǎn **3** [u] (*fig*) 完全缺乏 wánquán quēfá

bank statement N [c] 银(銀)行结(結)单(單) yínháng jiédān

banner ['bænəʳ] N [c] **1** (*for decoration, advertising*) 横(橫)幅 héngfú **2** (*carried in a demonstration*) 横(橫)幅标(標)语(語) héngfú biāoyǔ

bannister(s) ['bænɪstə(z)] N PL = **banister(s)**

banquet ['bæŋkwɪt] N [c] 盛宴 shèngyàn [次 cì]

baptism ['bæptɪzəm] N [c/u] 洗礼(禮) xǐlǐ [次 cì]

BAPTISM

baptism，洗礼，是一种基督教仪式。牧师把水浇在受洗人额头上，或把受洗人浸在水中，以示其罪已得到原谅，或已成为该教堂的一员。实际上，这种仪式与新生儿正式命名(**christened**)同时进行。

baptize [bæp'taɪz] VT 给(給)…施行洗礼(禮) gěi…shīxíng xǐlǐ

bar [bɑːʳ] **I** N [c] **1** (*place for drinking*) 酒吧 jiǔbā [个 gè] **2** (*counter*) (*in pub*) 吧台(臺) bātái [个 gè] **3** (*rod*) [*of metal*] 条(條) tiáo **4** (*on window, in prison*) 铁(鐵)栏(欄)杆 tiě lángān [条 tiáo] **5** (*tablet*) [*of soap, chocolate*] 块(塊) kuài **6** (*fig: obstacle*) 障碍(礙) zhàng'ài **7** (*esp Brit: Mus*) 小节(節)线(線) xiǎojiéxiàn [美 = **measure**] **8** (*Law*) ▸ **the Bar** (*profession*) 律师(師)业(業) lǜshīyè **II** VT **1** [+ *way, road*] 阻挡(擋) zǔdǎng **2** [+ *door, window*] 闩(閂)上 shuānshang **3** [+ *person, activity*] 禁止 jìnzhǐ ▸ **to be behind bars** [*prisoner* +] 坐牢 zuòláo ▸ **no holds barred** 竭尽(盡)全力 jié jìn quán lì ▸ **bar none** 无(無)例外 wú lìwài

barbaric [bɑː'bærɪk] ADJ 野蛮(蠻)的 yěmán de

barbecue ['bɑːbɪkjuː] **I** N [c] **1** (*cooking device*) 烤肉架 kǎoròu jià [个 gè] **2** (*meal, party*) 烧(燒)烤聚会(會) shāokǎo jùhuì [次 cì] **II** VT 烧(燒)烤 shāokǎo

barbed wire ['bɑːbd-] N [u] 有刺铁(鐵)丝(絲) yǒu cì tiěsī

barber ['bɑːbəʳ] N [c] **1** (*person*) 男理发(髮)师(師) nán lǐfàshī [名 míng] **2** (*Brit*) (*shop*) ▸ **barber's** 男子理发(髮)店 nánzǐ lǐfàdiàn [个 gè] [美 = **barber shop**]

barber shop N [c] 男子理发(髮)店 nánzǐ lǐfà diàn [个 gè]

bar code N [c] 条(條)形码(碼) tiáoxíngmǎ

bare [bɛəʳ] **I** ADJ **1** (*naked*) [+ *body, feet*] 裸露的 luǒlù de **2** (*not covered*) [+ *rock, floor*] 光秃(禿)的 guāngtū de **3** (*empty*) [+ *cupboard, shelf, room*] 空的 kōng de **4** [+ *minimum, essentials*] 基本的 jīběn de **II** VT (*reveal*) [+ *one's body, teeth*] 露出 lùchū ▸ **with one's bare hands** 赤手空拳 chì shǒu kōng quán ▸ **to bare one's soul** 诉(訴)说(說)衷肠(腸) sùshuō zhōngcháng

barefoot(ed) ['bɛəfut(ɪd)] **I** ADJ 赤脚(腳)的 chìjiǎo de **II** ADV 赤脚(腳)地 chìjiǎo de

barely ['bɛəlɪ] ADV (*scarcely*) 几(幾)乎不 jīhū bù

bargain ['bɑːgɪn] **I** N [c] **1** (*good buy*) 廉价(價)品 liánjiàpǐn [件 jiàn] **2** (*deal, agreement*) 协(協)议(議) xiéyì [个 gè] **II** VI **1** (*negotiate*) ▸ **to bargain (with sb)** (与(與)某人)谈(談)判 (yǔ mǒurén) tánpàn **2** (*haggle*) (与(與)某人)讨(討)价(價)还(還)价(價) (yǔ mǒurén) tǎo jià huán jià ▸ **to drive a hard bargain** 极(極)力讨(討)价(價)还(還)价(價) jílì tǎo jià huán jià ▸ **into the bargain** 此外 cǐwài

▸**bargain for, bargain on** VT FUS 预(預)料 yùliào

barge [bɑːdʒ] N [c] (*boat*) 驳(駁)船 bóchuán [艘 sōu]

▸**barge in** (*inf*) VI **1** (*enter*) 闯(闖)进(進) chuǎng jìn **2** (*interrupt*) 打断(斷) dǎduàn

▸**barge into** (*inf*) VT FUS **1** [+ *room*] 闯(闖)入 chuǎng rù **2** (*bump into*) [+ *person*] 碰撞 pèngzhuàng

bark [bɑːk] **I** N **1** [u] [*of tree*] 树(樹)皮 shùpí **2** [c] [*of dog*] 犬吠声(聲) quǎnfèishēng [阵 zhèn] **II** VI [*dog* +] 叫 jiào ▸ **she's barking up the wrong tree** (*inf*) 她搞错(錯)了对(對)象 tā gǎocuòle duìxiàng

barley ['bɑːlɪ] N [u] 大麦(麥) dàmài

barmaid ['bɑːmeɪd] (*esp Brit*) N [c] 酒吧女侍 jiǔbā nǚshì [个 gè] [美 = **bartender**]

barman ['bɑːmən] (*pl* **barmen**) (*esp Brit*) N [c] 酒吧男侍 jiǔbā nánshì [个 gè] [美 = **bartender**]

barn [bɑːn] N [c] 仓(倉)房 cāngfáng [间 jiān]

barometer [bə'rɔmɪtəʳ] N [c] 晴雨表 qíngyǔbiǎo [个 gè]

baron ['bærən] N [c] 男爵 nánjué [位 wèi] ▸ **press/drug baron** 报(報)业(業)/毒品大王 bàoyè/dúpǐn dàwáng [名 míng]

baroness ['bærənɪs] N [c] (*wife of baron*) 男爵夫人 nánjué fūrén [位 wèi]; (*in own right*) 女男爵 nǚ nánjué [位 wèi]

barracks ['bærəks] (*pl* **barracks**) N [c] 营(營)房 yíngfáng [座 zuò]

barrage ['bærɑːʒ] N [c] **1** (*Mil*) 火力网(網) huǒlìwǎng **2** (*dam*) 拦(攔)河坝(壩) lánhébà **3** (*fig*) [*of criticism, questions etc*] 连(連)珠炮(砲) liánzhūpào

barrel ['bærəl] N [c] **1** (*cask*) [*of wine, beer*] 桶 tǒng [个 gè]; [*of oil*] 琵琶桶 pípátǒng [个 gè] **2** [*of gun*] 枪(槍)管 qiāngguǎn [支 zhī]

barren ['bærən] ADJ **1** (*infertile*) [+ *land*] 不毛的 bùmáo de **2** (*bare*) [+ *landscape*] 贫(貧)瘠的 pínjí de **3** (*fig*) [+ *spell, patch*] 无(無)成效的 wú chéngxiào de

barricade [bærɪ'keɪd] **I** N [c] 路障 lùzhàng [个 gè] **II** VT [+ *road, entrance*] 在…设(設)路障 zài…shè lùzhàng ▸ **to barricade oneself in** 把自己关(關)在里(裡)面 bǎ zìjǐ guān zài lǐmiàn

barrier ['bærɪəʳ] N [c] **1** (*at frontier, entrance*) 关(關)口 guānkǒu [个 gè] **2** (*Brit*) (*also*: **crash**

barrier) 护(護)栏(欄) hùlán **3** (*to progress, communication etc*) 障碍(礙) zhàng'ài [个 gè]

barring ['bɑːrɪŋ] PREP 除非 chúfēi

barrister ['bærɪstəʳ] (*Brit*) N [c] 律师(師) lǜshī [名 míng]

barrow ['bærəu] N [c] **1** (*also*: **wheelbarrow**) 手推车(車) shǒutuīchē [辆 liàng] **2** (*Brit*) (*for selling fruit, vegetables etc*) 手推双(雙)轮(輪)车(車) shǒu tuī shuānglúnchē [辆 liàng]

bartender ['bɑːtɛndəʳ] (*US*) N [c] 酒吧侍者 jiǔbā shìzhě [个 gè] [英 = **barman, barmaid**]

★ **base** [beɪs] **I** N [c] **1** (*bottom*) [*of post, tree*] 底部 dǐbù [个 gè] ▷ *the base of the cliffs* 悬崖的底部 xuányá de dǐbù; [*of cup, vase*] 底座 dǐzuò **2** (*layer*) [*of paint, make up*] 底 dǐ ▷ *Use this paint as a base before you varnish.* 在你上清漆前，先用这种漆作为底漆。Zài nǐ shàng qīngqī qián, xiān yòng zhèzhǒng qī zuòwéi dǐqī. **3** (*Baseball*) 垒(壘) lěi **4** (*basis*) 根基 gēnjī [个 gè] **5** (*centre*) (*military*) 基地 jīdì [个 gè] ▷ *an army base* 军事基地 jūnshì jīdì; (*for individual, organization*) 总(總)部 zǒngbù [个 gè] ▷ *The company has its base in London.* 该公司的总部设在伦敦。Gāi gōngsī de zǒngbù shè zài Lúndūn. **II** VT ▸ **to base sth on** *or* **upon sth** 以某物作为(為)某物的根据(據) yǐ mǒuwù zuòwéi mǒuwù de gēnjù **III** ADJ (*liter*) [+ *mind, thoughts*] 卑鄙的 bēibǐ de ▸ **to be based on sth** 以某物为(為)根据(據) yǐ mǒuwù wéi gēnjù ▸ **to be based at** [*troops, employee* +] 以…为(為)基地 yǐ...wéi jīdì ▸ **I'm based in London** 我长(長)驻(駐)伦(倫)敦 wǒ chángzhù Lúndūn

baseball ['beɪsbɔːl] N **1** [U] (*sport*) 棒球 bàngqiú [个 gè] ▷ *He likes baseball.* 他喜欢棒球。Tā xǐhuān bàngqiú. **2** [c] (*ball*) 棒球 bàngqiú [个 gè] ▷ *Each box contains five baseballs.* 每个盒子里装有5个棒球。Měi gè hézi lǐ zhuāng yǒu wǔ gè bàngqiú.

basement ['beɪsmənt] **I** N [c] 地下室 dìxiàshì [间 jiān] **II** ADJ [+ *flat, apartment, kitchen etc*] 地下室的 dìxiàshì de

bases[1] ['beɪsɪz] N PL *of* **base**

bases[2] ['beɪsiːz] N PL *of* **basis**

bash [bæʃ] (*inf*) **I** VT (*hit*) 猛击(擊) měngjī **II** VI (*crash*) ▸ **to bash into/against sth/sb** 猛撞某物/某人 měngzhuàng mǒuwù/mǒurén **III** N [c] **1** (*party*) 聚会(會) jùhuì [次 cì] **2** (*Brit*) (*try*) ▸ **to have a bash (at sth/at doing sth)** 尝(嘗)试(試)(某事/做某事) chángshì (mǒushì/zuò mǒushì)

▸ **bash up** VT (*Brit*) (*beat up*) 痛打 tòngdǎ

basic ['beɪsɪk] ADJ **1** [+ *principle, rule, right*] 基本的 jīběn de **2** (*primitive*) [+ *facilities*] 根本的 gēnběn de; *see also* **basics**

basically ['beɪsɪklɪ] ADV **1** (*fundamentally*) 基本上 jīběnshang **2** (*in fact, put simply*) 简(簡)而言之 jiǎn ér yán zhī

basics ['beɪsɪks] N PL ▸ **the basics** 基本点(點) jīběndiǎn

basil ['bæzl] N [U] 罗(羅)勒属(屬)植物 luólè shǔ zhíwù

basin ['beɪsn] N [c] **1** (*bowl*) 盆 pén [个 gè] **2** (*also*: **wash basin**) 洗脸(臉)盆 xǐliǎnpén [个 gè] **3** [*of river, lake*] 流域 liúyù [个 gè]

basis ['beɪsɪs] (*pl* **bases**) N [c] **1** (*starting point*) 基础(礎) jīchǔ [个 gè] **2** (*foundation*) 根据(據) gēnjù [个 gè] ▸ **on a voluntary basis** 基于(於)自愿(願) jīyú zìyuàn ▸ **on a regular basis** 定期 dìngqī ▸ **on the basis of what you've said** 根据(據)你所说(說)的话(話) gēnjù nǐ suǒshuō de huà

basket ['bɑːskɪt] N [c] **1** (*container*) 筐 kuāng [个 gè] **2** (*in basketball*) 球篮(籃) qiúlán

basketball ['bɑːskɪtbɔːl] N **1** [U] (*sport*) 篮(籃)球 lánqiú **2** [c] (*ball*) 篮(籃)球 lánqiú

bass [beɪs] (*Mus*) N **1** [c] (*singer*) 男低音 nándīyīn [位 wèi] **2** [U] (*part*) 低音部 dīyīnbù **3** [c/U] (*also*: **bass guitar**) 低音吉他 dīyīn jítā [把 bǎ] **4** [U] (*on radio, music system etc*) 低音 dīyīn

bastard ['bɑːstəd] N [c] **1** (*inf!*) 王八蛋 wángbā dàn **2** (*o.f.*: *illegitimate offspring*) 私生子 sīshēngzǐ [个 gè]

bat [bæt] **I** N [c] **1** (*animal*) 蝙蝠 biānfú [只 zhī] **2** (*for cricket, baseball*) 球板/棒 qiúbǎn/bàng [只 zhī] **3** (*Brit*) (*for table tennis*) 球拍 qiúpāi [只 zhī] [美 = **paddle**] **II** VI (*Cricket, Baseball*) 用板/棒击(擊)球 yòng bǎn/bàng jīqiú **III** VT ▸ **he didn't bat an eyelid** *or* (*US*) **eye** 他未露声(聲)色 tā wèilù shēngsè ▸ **off one's own bat** (*Brit*) 独(獨)立地做某事 dúlì de zuò mǒushì

batch [bætʃ] N [c] [*of letters, papers, applicants, goods*] 批 pī

bath [bɑːθ] **I** N [c] **1** (*Brit*) (*bathtub*) 浴缸 yùgāng [个 gè] [美 = **bathtub**] **2** (*act of bathing*) 洗澡 xǐzǎo [次 cì] **II** VT (*Brit*) [+ *baby, patient*] 给(給)…洗澡 gěi...xǐzǎo [美 = **bathe**] **III baths** N PL (*swimming pool*) 室内(內)公共游泳池 shìnèi gōnggòng yóuyǒngchí ▸ **to have** *or* **take a bath** 洗澡 xǐzǎo

bathe [beɪð] **I** VI **1** (*esp Brit; frm*) (*swim*) 戏(戲)水 xìshuǐ **2** (*esp US*) (*have a bath*) 洗澡 xǐzǎo **II** VT **1** [+ *wound*] 清洗 qīngxǐ **2** (*US*) [+ *baby, patient*] 给(給)…洗澡 gěi...xǐzǎo [英 = **bath**] **3** (*fig*: *in light, warmth*) 笼(籠)罩 lǒngzhào

bathing ['beɪðɪŋ] (*esp Brit; frm*) N [U] 游泳 yóuyǒng

bathing costume (*Brit*) N = **bathing suit**

bathing suit N [c] 游泳衣 yóuyǒngyī [件 jiàn]

bathrobe ['bɑːθrəub] N [c] 浴衣 yùyī [件 jiàn]

bathroom ['bɑːθrum] N [c] **1** (*in house*) 卫(衛)生间(間) wèishēngjiān [个 gè] **2** (*US*) (*toilet*) 厕(廁)所 cèsuǒ [处 chù] [英 = **toilet**] ▸ **to go to the bathroom** (*US*) 去卫(衛)生间(間) qù wèishēngjiān

bath towel N [c] 浴巾 yùjīn [条 tiáo]

bathtub ['bɑːθtʌb] (*US*) N [c] 浴缸 yùgāng [个 gè] [英 = **bath**]

baton ['bætən], *US* bə'tɑːn] N [c] **1** (*Mus*) 指

挥(揮)棒 zhǐhuībàng [根 gēn] **2** (*in athletics*) 接力棒 jiēlìbàng [根 gēn] **3** (*Brit*) (*truncheon*) 警棍 jǐnggùn [根 gēn]

batter ['bætəʳ] **I** VT **1** [+ *child, wife*] 连(連)续(續)猛打 liánxù měngdǎ **2** [*wind, rain* +] 吹打 chuīdǎ **II** N [U] (*Culin*) 奶蛋面(麵)糊 nǎidàn miànhú

battered ['bætəd] ADJ **1** [+ *wife, child*] 受虐的 shòunüè de **2** [+ *suitcase, car*] 破旧(舊)不堪的 pòjiù bùkān de

battery ['bætərɪ] N [C] **1** (*for torch, radio etc*) 电(電)池 diànchí [块 kuài] **2** (*in car*) 电(電)瓶 diànpíng [个 gè] **3** [*of tests*] 一连(連)串 yīliánchuàn **4** [*of cameras, lights*] 电(電)池组(組) diànchízǔ

battle ['bætl] **I** N [C] **1** (*Mil*) 战(戰)役 zhànyì [场 chǎng] **2** (*fig: struggle*) 斗(鬥)争(爭) dòuzhēng [场 chǎng] **II** VI **1** (*fight*) 交战(戰) jiāozhàn **2** (*struggle*) ▸ **to battle for sth/to do sth** 力争(爭)某事/做某事 lìzhēng mǒushì/zuò mǒushì **3** (*compete*) ▸ **to battle (with sb) for sth/to do sth** (与(與)某人)争(爭)夺(奪)某物/争(爭)做某事 (yǔ mǒurén) zhēngduó mǒuwù/zhēngzuò mǒushì ▸ **that's half the battle** 那是成功的一半 nà shì chénggōng de yī bàn ▸ **it's a** *or* **we're fighting a losing battle** 这(這)/我们(們)注定要失败(敗) zhè/wǒmen zhùdìng yào shībài ▸ **to do battle (with sb)** (*fight*) (与(與)某人)交战(戰) (yǔ mǒurén) jiāozhàn; (*compete*) (与(與)某人)争(爭)高下 (yǔ mǒurén)zhēng gāo xià

battlefield ['bætlfiːld] N [C] 战(戰)场(場) zhànchǎng

battleship ['bætlʃɪp] N [C] 战(戰)列舰(艦) zhànlièjiàn [艘 sōu]

bay [beɪ] **I** N [C] **1** (*Geo*) 湾(灣) wān [个 gè] **2** (*for loading, parking etc*) 隔间(間) géjiān **II** ADJ [+ *horse*] 红(紅)棕色的 hóngzōngsè de ▸ **to hold** *or* **keep sb/sth at bay** 不让(讓)某人/某物接近 bù ràng mǒurén/mǒuwù jiējìn

bazaar [bə'zɑːʳ] N [C] **1** (*market*) 市场(場) shìchǎng [个 gè] **2** (*fete*) 义(義)卖(賣)市场(場) yìmài shìchǎng

BBC N ABBR (= **British Broadcasting Corporation**) ▸ **the BBC** 英国(國)广(廣)播公司 Yīngguó Guǎngbō Gōngsī

BC ADV ABBR (= **before Christ**) 公元前 gōngyuán qián

KEYWORD

★ **be** [biː] (*pt* **was, were**, *pp* **been**) **I** VI **1** (*with complement*) 是 shì ▸ **I'm English/Chinese** 我是英国(國)人/中国(國)人 wǒ shì Yīngguórén/Zhōngguórén ▸ **she's tall/pretty** 她长(長)得高/漂亮 tā zhǎngde gāo/piàoliang ▸ **I'm tired/hot** 我累了/很热(熱) wǒ lèi le/hěnrè ▸ **she's hungry/thirsty** 她饿(餓)了/渴了 tā è le/kě le ▸ **your hair's wet** 你的头(頭)发(髮)湿(濕)了 nǐ de tóufa shī le ▸ **he's a doctor** 他是医(醫)生 tā shì yīshēng ▸ **this is my mother** 这(這)是我妈(媽)妈(媽) zhèshì wǒ māma ▸ **who is it?** 是谁(誰)啊？ shì shuí a? ▸ **it's only me/the postman** 是我/邮(郵)递(遞)员(員)啊 shì wǒ/yóudìyuán a ▸ **it was Diana who paid the bill** 是黛安娜付的账(賬)单(單) shì Dài'ānnà fù de zhàngdān ▸ **2 and 2 are 4** 2加2等于(於)4 èr jiā èr děngyú sì ▸ **be careful/quiet!** 当(當)心/安静(靜)！ dāngxīn/ānjìng!

2 (*referring to time, date*) 是 shì ▸ **it's 5 o'clock** 现(現)在是5点(點)钟(鐘) xiànzài shì wǔdiǎnzhōng ▸ **it's the 28th of April, it's April 28th** 今天是4月28日 jīntiān shì sì yuè èrshíbā rì

3 (*describing weather*) ▸ **it's hot/cold** 天热(熱)/冷 tiān rè/lěng ▸ **it's foggy/wet** 天有雾(霧)/天气(氣)潮湿(濕) tiān yǒu wù/tiānqì cháoshī ▸ **it's windy today** 今天有风(風) jīntiān yǒu fēng

4 (*talking about health*) ▸ **how are you?** 你身体(體)怎么(麼)样(樣)？ nǐ shēntǐ zěnmeyàng? ▸ **I'm fine, thanks** 我很好，谢(謝)谢(謝) wǒ hěn hǎo, xièxie ▸ **I'm better now** 我现(現)在好多了 wǒ xiànzài hǎo duō le

5 (*talking about age*) 有 yǒu ▸ **how old are you?** 你多大了？ nǐ duōdà le? ▸ **I'm 16 (years old)** 我16(岁(歲)) wǒ shíliù (suì) ▸ **I'll be 18 on Friday** 星期五我就18岁(歲)了 xīngqīwǔ wǒ jiù shíbāsuì le

6 (*talking about place*) 在 zài ▸ **Madrid is in Spain** 马(馬)德里在西班牙 Mǎdélǐ zài Xībānyá ▸ **it's on the table** 在桌上 zài zhuō shàng ▸ **the supermarket isn't far from here** 超市离(離)这(這)儿(兒)不远(遠) chāoshì lí zhèr bùyuǎn ▸ **I won't be here tomorrow** 我明天不在这(這)儿(兒) wǒ míngtiān bùzài zhèr ▸ **have you been to Beijing?** 你去过(過)北京吗(嗎)？ nǐ qùguò Běijīng ma? ▸ **we've been here for ages** 我们(們)已经(經)在这(這)里(裡)好久了 wǒmen yǐjīng zài zhèlǐ hǎojiǔ le ▸ **where have you been?** 你去哪儿(兒)了？ nǐ qù nǎr le? ▸ **has the postman been yet?** 邮(郵)递(遞)员(員)来(來)过(過)了吗(嗎)？ yóudìyuán láiguòle ma? ▸ **the meeting will be in the canteen** 会(會)议(議)将(將)在食堂举(舉)行 huìyì jiāng zài shítáng jǔxíng

7 (*referring to distance*) 有 yǒu ▸ **it's 10 km to the village** 这(這)儿(兒)离(離)村庄(莊)有10公里 zhèr lí cūnzhuāng yǒu shí gōnglǐ ▸ **it's 20 miles from here to London** 从(從)这(這)儿(兒)到伦(倫)敦有20英里 cóng zhèr dào Lúndūn yǒu èrshí yīnglǐ

8 (*cost*) 花 huā ▸ **how much was the meal?** 这(這)顿(頓)饭(飯)花了多少钱(錢)？ zhè dùn fàn huāle duōshao qián? ▸ **that'll be £5 please** 请(請)付5英镑(鎊) qǐngfù wǔyīngbàng

▸ **these trousers are only £30** 这(這)条(條)裤(褲)子仅(僅)仅(僅)30英镑(鎊) zhè tiáo kùzi jǐnjǐn sānshí yīngbàng
9 (*linking clauses*) 是 shì ▸ **the problem is that …** 问(問)题(題)是… wèntí shì… ▸ **the fact is that …** 事实(實)是… shìshí shì…
10 (*exist, occur etc*) 存在 cúnzài ▸ **the best singer that ever was** 曾经(經)有过(過)的最好的歌手 céngjīng yǒuguò de zuì hǎo de gēshǒu ▸ **is there a God?** 存在上帝吗(嗎)? cúnzài Shàngdì ma? ▸ **be that as it may** 即使如此 jíshǐ rúcǐ
11 (*assessing a situation*) ▸ **it is likely that he'll resign** 很可能他将(將)辞(辭)职(職) hěn kěnéng tā jiāng cízhí ▸ **it is difficult for me to complain** 我很难(難)抱怨 wǒ hěnnán bàoyuàn
II AUX VB **1** (*forming continuous tenses*) ▸ **what are you doing?** 你在干(幹)什么(麼)? nǐ zài gàn shénme? ▸ **it is raining** 天下着(著)雨 tiān xiàzhe yǔ ▸ **people are using their cars too much** 人们(們)正在过(過)多地使用汽车(車) rénmen zhèng zài guòduō de shǐyòng qìchē ▸ **they're coming tomorrow** 他们(們)明天来(來) tāmen míngtiān lái
2 (*forming passives*) ▸ **to be murdered** 被谋(謀)杀(殺) bèi móushā ▸ **he was killed in a car crash** 他在一场(場)车(車)祸(禍)中丧(喪)生 tā zài yīchǎng chēhuò zhōng sàngshēng ▸ **the building was designed by a famous architect** 这(這)座建筑(築)由一位著名的建筑(築)师(師)设(設)计(計) zhè zuò jiànzhù yóu yī wèi zhùmíng de jiànzhùshī shèjì ▸ **the box had been opened** 盒子已被打开(開)了 hézi yǐ bèi dǎkāi le
3 (*with "to" infinitive*) ▸ **the house is to be sold** 房子将(將)要出售 fángzi jiāng yào chūshòu ▸ **what is to be done?** 我们(們)该(該)怎么(麼)办(辦)? wǒmen gāi zěnmebàn? ▸ **these flowers are to be found all over the country** 这(這)些花在全国(國)都能看得到 zhèxiē huā zài quánguó dōunéng kàndedào ▸ **the thief was nowhere to be seen** 小偷不知去向 xiǎotōu bù zhī qùxiàng
4 (*in tag questions*) ▸ **it was fun, wasn't it?** 有意思，是不是? yǒu yìsi, shì bù shì? ▸ **it wasn't good timing, was it?** 时(時)间(間)选(選)得不太好，是不是? Shíjiān xuǎnde bù tài hǎo, shì bù shì? ▸ **he's good-looking, isn't he?** 他长(長)得不错(錯)，是不是? tā zhǎngde bùcuò, shì bù shì? ▸ **so you're back again, are you?** 所以你又回来(來)了，是不是? suǒyǐ nǐ yòu huílái le, shì bù shì?
5 (*in short answers*) ▸ **"was it where I said?" — "yes, it was/no, it wasn't"** "就在我说(說)的地方吗(嗎)?" "是/不是" "jiù zài wǒ shuō de dìfang ma?" "shì/bù shì" ▸ **"you're all right, aren't you?" — "yes, I am/no, I'm not"** "你还(還)好，是不是?" "是的，我还(還)好/不，我不好" "nǐ hái hǎo, shì bù shì?" "shì de, wǒ hái hǎo/bù, wǒ bù hǎo"

beach [biːtʃ] **I** N [c] 海滩(灘) hǎitān [片 piàn] **II** VT [+ *boat*] 使靠岸 shǐ kào'àn
beacon ['biːkən] N [c] **1** (*signal*) 信号(號)灯(燈) xìnhàodēng [盏 zhǎn] **2** (*fig*) 指路明灯(燈) zhǐlù míngdēng [盏 zhǎn]
bead [biːd] **I** N [c] **1** (*glass, plastic etc*) 小珠子 xiǎo zhūzi [颗 kē] **2** [*of sweat*] 滴 dī **II beads** N PL (*necklace*) 项(項)链(鏈) xiàngliàn
beads [biːdz] N PL (*necklace*) 项(項)链(鏈) xiàngliàn
beak [biːk] N [c] 鸟(鳥)喙 niǎohuì [个 gè]
beam [biːm] **I** N [c] **1** [*of wood, metal*] 梁 liáng [根 gēn] **2** [*of light*] 束 shù [个 gè] **3** (*Rad, Phys*) 射线(線) shèxiàn [条 tiáo] **II** VI **1** (*smile*) 喜形于(於)色 xǐ xíng yú sè **2** (*shine*) 发(發)光 fāguāng **III** VT (*send*) [+ *signals, pictures*] 播送 bōsòng ▸ **to drive on full** *or* **main** *or* (*US*) **high beam** 驾(駕)车(車)时(時)，前大灯(燈)都开(開)着(著) jiàchē shí, qián dàdēng dōu kāizhe
bean [biːn] N [c] 豆 dòu [粒 lì] ▸ **coffee/cocoa beans** 咖啡/可可豆 kāfēi/kěkě dòu
bean sprouts N PL 豆芽 dòuyá
bear [bɛəʳ] (*pt* **bore**, *pp* **borne**) **I** N [c] (*animal*) 熊 xióng [头 tóu] **II** VT **1** (*liter: carry*) [+ *object*] 携(攜)带(帶) xiédài **2** (*support*) [+ *weight*] 支撑(撐) zhīchēng **3** [+ *responsibility*] 承担(擔) chéngdān **4** [+ *cost*] 负(負)担(擔) fùdān **5** (*tolerate*) [+ *person*] 容忍 róngrěn **6** (*endure*) 忍受 rěnshòu **7** (*show*) [+ *traces, signs*] 留有 liúyǒu **8** (*stand up to*) [+ *examination, scrutiny*] 经(經)得起 jīngdeqǐ **9** (*frm*) [+ *malice, ill will*] 心怀(懷) xīnhuái **10** (*Comm*) [+ *interest, dividend*] 产(產)生 chǎnshēng **11** (*o.f.*) [*woman* +] [+ *children*] 生育 shēngyù **12** [*plant* +] [+ *fruit*] 结(結)出 jiéchū **III** VI ▸ **to bear right/left** (*Aut*) 向右/左转(轉) xiàng yòu/zuǒ zhuǎn ▸ **to bear no resemblance/relation to** 与(與)…无(無)相似之处(處)/没(沒)有关(關)联(聯) yǔ…wú xiāngsì zhī chù/méiyǒu guānlián ▸ **to bring pressure/influence to bear on sb** 对(對)某人施加压(壓)力/影响(響) duì mǒurén shījiā yālì/yǐngxiǎng
▸ **bear down on** VT FUS **1** (*move towards*) 冲(衝)向 chōng xiàng ▹ *The girl flashed a smile at the television crew and cameras bearing down on her.* 女孩冲着涌过来的电视工作人员和相机镜头微笑。Nǚhái chòngzhe yǒng guòlái de diànshì gōngzuò rényuán hé xiàngjī jìngtóu wēixiào. **2** (*press*) 压(壓) yā
▸ **bear out** VT [+ *person, suspicions, claims*] 证(證)实(實) zhèngshí
▸ **bear up** VI [*person* +] 挺得住 tǐng de zhù ▹ *He bore up well.* 他咬紧牙关坚持下来。Tā yǎo jǐn yáguān jiānchí xiàlái.
▸ **bear with** VT FUS [+ *person*] 容忍 róngrěn

b

beard [bɪəd] N [c] 胡(鬍)须(鬚) húxū [根 gēn]
bearded ['bɪədɪd] ADJ 有胡(鬍)须(鬚)的 yǒu húxū de
bearer ['bɛərəʳ] N [c] **1** [*of letter, news*] 送信人 sòngxìnrén **2** (*frm*) [*of cheque, passport*] 持有人 chíyǒurén
bearing ['bɛərɪŋ] N **1** [U] (*frm: posture*) 举(舉)止 jǔzhǐ [种 zhǒng] **2** (*connection*) ▸ **to have a bearing on sth** 与(與)某事有关(關)系(係) yǔ mǒushì yǒu guānxi **3** [c] (*Tech*) 轴(軸)承 zhóuchéng ▸ **to get** *or* **find one's bearings** 确(確)定自己的位置 quèdìng zìjǐ de wèizhi; (*fig*) 确(確)定自己的方向 quèdìng zìjǐ de fāngxiàng ▸ **to take a bearing** 判明位置 pànmíng wèizhi
beast [bi:st] N [c] **1** (*liter: animal*) 野兽(獸) yěshòu [个 gè] **2** (*o.f., inf: person*) 野蛮(蠻)的人 yěmán de rén
★ **beat** [bi:t] (*pt* **beat**, *pp* **beaten**) **I** N [c] **1** [*of heart*] 跳动(動) tiàodòng [下 xià] **2** (*Mus*) (*rhythm*) 节(節)拍 jiépāi [个 gè] **3** [*of policeman*] 巡逻(邏)区(區)域 xúnluó qūyù ▹ *on the beat* 在巡逻 zài xúnluó **II** VT **1** (*strike*) [+ *wife, child*] 打 dǎ ▹ *She was beaten to death.* 她被打死了。Tā bèi dǎsǐ le. **2** [+ *eggs, cream*] 搅(攪) jiǎo **3** (*defeat*) [+ *opponent, record*] 击(擊)败(敗) jībài ▹ *Arsenal beat Oxford United 5-1.* 阿森纳队以5比1击败了牛津联合队。Āsēnnà duì yǐ wǔ bǐ yī jībàile Niújīn liánhé duì. **III** VI **1** [*heart* +] 跳动(動) tiàodòng **2** (*strike*) 拍打 pāidǎ ▹ *The rain beat against the window.* 雨水打在窗户上。Yǔshuǐ dǎ zài chuānghu shàng. ▹ *Somebody was beating at the door.* 有人在用力敲门。Yǒu rén zài yònglì qiāomén. ▸ **to beat time** (*Mus*) 打拍子 dǎ pāizi ▸ **beat it!** (*inf*) 走开(開)! zǒu kāi! ▸ **you can't beat it** 什么(麼)也比不上它 shénme yě bǐ bù shàng tā ▸ **off the beaten track** 在人迹(跡)罕至之处(處) zài rén jì hǎn zhì zhī chù
▸**beat down** **I** VI **1** [*rain* +] 瓢泼(潑)而下 piáopō ér xià **2** [*sun* +] 曝晒 pùshài **II** VT [+ *seller*] 迫使…压(壓)低价(價)格 pòshǐ…yādī jiàgé
▸**beat off** VT [+ *attack, attacker*] 打退 dǎtuì
▸**beat up** VT [+ *person*] 狠打 hěn dǎ ▸ **to beat oneself up about sth** (*inf*) 因某事而折磨自己 yīn mǒushì ér zhémó zìjǐ
beaten ['bi:tn] PP *of* **beat**
beating ['bi:tɪŋ] N [c] (*physical*) 痛打 tòngdǎ [顿 dùn] ▸ **to take a beating** (*in contest*) 惨(慘)败(敗) cǎnbài ▸ **that will take some beating** (*inf*) 难(難)以超越 nányǐ chāoyuè
beautiful ['bju:tɪful] ADJ **1** [+ *woman, day, place, weather*] 美丽(麗)的 měilì de **2** [+ *shot, performance*] 精彩的 jīngcǎi de

> 当描写人的外表时，女人, 女孩和婴儿用 **beautiful** 和 **pretty** *one of the most beautiful women in the world…She's a very pretty little girl.*, **beautiful** 比 **pretty** 程度更深。与之相对，描写男人的词是**handsome**。*He is still very handsome.* **good-looking** 和 **attractive** 可用于两性。

beautifully ['bju:tɪflɪ] ADV **1** [*play, sing etc* +] 极(極)好地 jíhǎo de **2** [+ *quiet, written etc*] 令人满(滿)意地 lìng rén mǎnyì de
beauty ['bju:tɪ] **I** N **1** [U] (*quality*) 美 měi **2** [c] (*beautiful woman*) 美人 měirén [个 gè] **3** [c] (*fig: attraction*) ▸ **the beauty of it is that…** 好处(處)在于(於)… hǎochù zàiyú… **II beauties** N PL (*liter*) 魅力 mèilì
beauty parlour, (*US*) **beauty parlor** N [c] 美容院 měiróngyuàn [个 gè]
beauty salon N = **beauty parlour**
beaver ['bi:vəʳ] N [c] 海狸 hǎilí [只 zhī]
▸**beaver away** VI 勤奋(奮)工作 qínfèn gōngzuò ▸ **to beaver away at sth** 孜孜不倦地做某事 zīzī bù juàn de zuò mǒushì
became [bɪ'keɪm] PT *of* **become**
★ **because** [bɪ'kɔz] CONJ 因为(為) yīnwéi ▹ *He did it because he was angry.* 他因为生气才那么做的。Tā yīnwèi shēngqì cái nàme zuò de.
▸ **because of** 因为(為) yīnwéi

> 我们在解释一件事发生的原因时，可以使用 **because**, **as** 或 **since**。**because** 最为常用，并且是唯一可以回答以 **why** 提出的问题。*"Why can't you come?" – "Because I'm too busy."* 在引出含有原因的从句时，尤其是在书面语中，我们可以用 **as** 或 **since** 代替 **because**。*I was rather nervous, as I hadn't seen her for a long time…Since the juice is quite strong, you should always dilute it.*

beckon ['bɛkən] **I** VT [+ *person*] 招手 zhāoshǒu **II** VI **1** (*signal*) ▸ **to beckon (to sb)** (向某人)招手 (xiàng mǒurén) zhāoshǒu **2** (*fig*) 吸引 xīyǐn
★ **become** [bɪ'kʌm] (*pt* **became**, *pp* **become**) VI **1** (+ *noun*) 成为(為) chéngwéi ▹ *He became a professional footballer.* 他成了一名职业足球运动员。Tā chéngle yī míng zhíyè zúqiú yùndòngyuán. **2** (+ *adj*) 变(變) biàn ▹ *The smell became stronger.* 气味变浓了。Qìwèi biàn nóng le. ▸ **what has become of him?** 他的情况(況)怎么(麼)样(樣)了? tāde qíngkuàng zěnmeyàng le?
BEd N ABBR (= **Bachelor of Education**) (*qualification*) 教育学(學)学(學)士学(學)位 jiàoyùxué xuéshì xuéwèi; (*person*) 教育学(學)学(學)士 jiàoyùxué xuéshì
bed [bɛd] N [c] **1** (*piece of furniture*) 床 chuáng [张 zhāng] **2** (*bottom*) [*of river, sea*] 底部 dǐbù [个 gè] **3** [*of flowers*] 坛(罈) tán [个 gè] ▹ *beds of strawberries and rhubarb* 一片片的草莓和大黄 yī piànpiàn de cǎoméi hé dàhuáng **4** [*of coal, clay*] 层(層) céng ▸ **to go to bed** 去睡觉(覺) qù shuìjiào ▸ **to go to bed with sb** 与(與)某人发(發)生性关(關)系(係) yǔ mǒurén fāshēng xìng guānxi
▸**bed down** VI [*person* +] 过(過)夜 guòyè

bed and breakfast N **1** [U] (*service*) 住宿加早餐 zhùsù jiā zǎocān **2** [C] (*guest house*) 兼包早餐的旅馆(館) jiān bāo zǎocān de lǚguǎn [家 jiā]
bedclothes ['bɛdkləuðz] N PL 床上用品 chuángshang yòngpǐn
bedding ['bɛdɪŋ] N [U] 床上用品 chuángshàng yòngpǐn
bed linen N [U] 床单(單)和枕套 chuángdān hé zhěntào
bedroom ['bɛdrum] N [C] 卧(臥)室 wòshì [间 jiān]
bedside ['bɛdsaɪd] N ▸ **at sb's bedside** 在床前护(護)理某人 zài chuángqián hùlǐ mǒurén
bedside lamp N [C] 床头(頭)灯(燈) chuángtóudēng [盏 zhǎn]
bedside table N [C] 床头(頭)柜(櫃) chuángtóuguì [个 gè]
bedsit(ter) ['bɛdsɪt(əʳ)] (*Brit*) N [C] 卧(臥)室兼起居室 wòshì jiān qǐjūshì
bedspread ['bɛdsprɛd] N [C] 床罩 chuángzhào [床 chuáng]
bedtime ['bɛdtaɪm] N [U] 就寝(寢)时(時)间(間) jiùqǐn shíjiān ▸ **at bedtime** 睡前 shuìqián ▸ **it's past my bedtime** 已经(經)过(過)了我的就寝(寢)时(時)间(間) yǐjīng guòle wǒ de jiùqǐn shíjiān ▸ **a bedtime story** 睡前讲(講)的故事 shuì qián jiǎng de gùshi
bee [biː] N [C] 蜜蜂 mìfēng [只 zhī] ▸ **to have a bee in one's bonnet (about sth)** 总(總)想着(著)(某事) zǒng xiǎngzhe(mǒushì)
beech [biːtʃ] N **1** [C] (*tree*) 山毛榉(櫸) shānmáojǔ [棵 kē] **2** [U] (*wood*) 山毛榉(櫸)木 shānmáojǔ mù
beef [biːf] N [U] 牛肉 niúròu ▸ **roast beef** 烤牛肉 kǎo niúròu
▸**beef up** VT (*inf*) [+ *security etc*] 加强(強) jiāqiáng
beefburger ['biːfbəːgəʳ] (*Brit*) N [C] 牛肉汉(漢)堡包 niúròu hànbǎobāo [个 gè]
Beefeater ['biːfiːtəʳ] N [C] 伦敦塔守卫
beehive ['biːhaɪv] N [C] 蜂房 fēngfáng [个 gè]
been [biːn] PP *of* **be**
beer [bɪəʳ] N [U] (*substance*) 啤酒 píjiǔ ▸ **would you like a beer?** 你想喝一瓶啤酒吗(嗎)? nǐ xiǎng hē yī píng píjiǔ ma?
beet [biːt] N **1** [U] (*crop*) 甜菜 tiáncài **2** [C] (*US*) (*red vegetable*) 甜菜根 tiáncàigēn [根 gēn] [英 = **beetroot**]
beetle ['biːtl] N [C] 甲虫(蟲) jiǎchóng [只 zhī]
beetroot ['biːtruːt] (*Brit*) N [C/U] 甜菜根 tiáncàigēn [根 gēn] [美 = **beet**]
★ **before** [bɪ'fɔːʳ] **I** PREP **1** (*in time*) 之前 zhīqián ▹ *just before Christmas* 就在圣诞节前 jiù zài shèngdànjié qián **2** (*frm: in front of, ahead of*) 在…前面 zài…qiánmian ▹ *They stopped before a large white house.* 他们在一座大白房子前面停了下来。Tāmen zài yī zuò dà bái fángzi qiánmian tíngle xià lái. ▹ *the duty which lay before me* 摆在我面前的职责 bǎi zài wǒ miànqián de zhízé **II** CONJ (*in time*) 在…之前 zài…zhīqián ▹ *Can I see you before you leave?* 你走之前，我去看你，好吗？Nǐ zǒu zhīqián，wǒ qù kàn nǐ，hǎo ma? **III** ADV (*time*) 以前 yǐqián ▹ *Have you been to Greece before?* 你以前去过希腊吗？Nǐ yǐqián qùguò Xīlà ma? ▸ **before doing sth** 在做某事之前 zài zuò mǒushì zhīqián ▸ **the day/week before** 前一天/上一个(個)星期 qián yī tiān/shàng yīgè xīngqī ▸ **I've never seen it before** 我以前从(從)没(沒)见(見)过(過) wǒ yǐqián cóngméi jiànguò
beforehand [bɪ'fɔːhænd] ADV 事先 shìxiān
beg [bɛg] **I** VI [*beggar* +] 乞讨(討) qǐtǎo **II** VT **1** [+ *food, money*] 讨(討) tǎo **2** [+ *favour*] 请(請)求 qǐngqiú **3** [+ *forgiveness, mercy etc*] 乞求 qǐqiú ▸ **to beg for sth** 乞求某物 qǐqiú mǒuwù ▸ **to beg sb to do sth** 恳(懇)求某人做某事 kěnqiú mǒurén zuò mǒushì ▸ **I beg your pardon** (*apologizing*) 对(對)不起 duìbùqǐ; (*not hearing*) 请(請)再说(說)一遍 qǐng zàishuō yībiàn ▸ **to beg the question (as to) whether** 令人质(質)疑 lìng rén zhìyí
▸**beg off** VI 请(請)求免除 qǐngqiú miǎnchú
began [bɪ'gæn] PT *of* **begin**
beggar ['bɛgəʳ] **I** N [C] 乞丐 qǐgài [个 gè] **II** VT (*impoverish*) 使贫(貧)穷(窮) shǐ pínqióng
★ **begin** [bɪ'gɪn] (*pt* **began**, *pp* **begun**) **I** VT 开(開)始 kāishǐ ▹ *He had begun his career as a painter.* 他开始了他的画家生涯。Tā kāishǐle tā de huàjiā shēngyá. **II** VI 开(開)始 kāishǐ ▹ *The concert begins at 5 p.m.* 音乐会下午5点开始。Yīnyuèhuì xiàwǔ wǔ diǎn kāishǐ. ▸ **to begin doing** *or* **to do sth** 开(開)始做某事 kāishǐ zuò mǒushì ▸ **I can't begin to thank you** 我真不知道怎样(樣)感谢(謝)你 wǒ zhēn bù zhīdào zěnyàng gǎnxiè nǐ ▸ **beginning (from) Monday** (从(從))星期一开(開)始 (cóng) xīngqī yī kāishǐ ▸ **to begin with ...** 首先… shǒuxiān… ▹ *To begin with, I was sceptical, but I was soon convinced.* 起初我持怀疑态度，但很快就相信了。Qǐchū wǒ chí huáiyí tàidu，dàn hěn kuài jiù xiāngxìn le. ▹ *You should invite your closest friends to begin with, and then see if there's room for anybody else.* 你首先应该邀请最亲近的朋友，然后再看是否有位置给其他人。Nǐ shǒuxiān yīnggāi yāoqǐng zuì qīnjìn de péngyou，ránhòu zài kàn shìfǒu yǒu wèizhi gěi qítā rén.

> **begin, start** 和 **commence** 的意思相同，但 **begin** 比 **start** 稍正式一些，而 **commence** 则很正式，并且通常不用于口语。*The meeting is about to begin... He tore the list up and started a fresh one... The academic year commences at the beginning of October.* 当谈及起动车辆和机器时用 **start**。*I couldn't start the car.* 当谈及创办一项业务或其他组织时，也要用 **start**。*He's started his own*

printing business. 注意 **begin, start** 和 **commence** 后面都可以跟动词的-**ing** 形式或名词，但只有 **begin** 和 **start** 可以跟由 **to** 引导的不定式。

beginner [bɪˈɡɪnəʳ] N [c] 初学(學)者 chūxuézhě [位 wèi]

beginning [bɪˈɡɪnɪŋ] **I** N [c] [*of event, period, book*] 开(開)始 kāishǐ [个 gè] **II beginnings** N PL 征(徵)兆 zhēngzhào ▸ **at the beginning** 开(開)始时(時) kāishǐ shí ▸ **right from the beginning** *or* **from the very beginning** 从(從)一开(開)始 cóng yī kāishǐ

begun [bɪˈɡʌn] PP *of* **begin**

behalf [bɪˈhɑːf] N ▸ **on behalf of,** (*US*) **in behalf of** (*as representative of*) 代表 dàibiǎo; (*for benefit of*) 为(為)…的利益 wèi...de lìyì ▸ **on my/his behalf** 代表我/他 dàibiǎo wǒ/tā

behave [bɪˈheɪv] VI **1** [*person* +] 表现(現) biǎoxiàn **2** [*object* +] 运(運)转(轉) yùnzhuǎn **3** (*behave well*) 行为(為)得体(體) xíngwéi détǐ ▸ **to behave oneself** 守规(規)矩 shǒu guīju

behaviour, (*US*) **behavior** [bɪˈheɪvjəʳ] N **1** [U] 举(舉)止 jǔzhǐ **2** [c/U] (*Psych, Sociol*) 行为(為) xíngwéi [种 zhǒng]

★ **behind** [bɪˈhaɪnd] **I** PREP **1** (*at the back of*) 在…后(後)面 zài...hòumiàn ▹ *Behind the cottage was a shed.* 在小屋的后面是一个棚子。Zài xiǎo wū de hòumiàn shì yī gè péngzi. **2** (*supporting*) 支持 zhīchí ▹ *The country is behind the President.* 整个国家都支持总统。Zhěng gè guójiā dōu zhīchí zǒngtǒng. **3** (*in race, career etc*) 落后(後)于(於) luòhòu yú **4** (*responsible for*) 对(對)…负(負)责(責) duì...fùzé ▹ *It is not clear who is behind the killing.* 谁是这次谋杀的幕后策划者，目前尚不清楚。Shuí shì zhè cì móushā de mùhòu cèhuàzhě, mùqián shàng bù qīngchǔ. **II** ADV **1** (*at/towards the back*) 在/向后(後)面 zài/xiàng hòumiàn ▹ *I sat in the front row and Mick sat behind.* 我坐在前排，米克坐在后面。Wǒ zuò zài qiánpái, Mǐkè zuò zài hòumiàn. **2** [*stay, wait* +] 留在原处(處) liúzài yuánchù ▹ *Afterwards Ian asked me to stay behind.* 后来，伊恩叫我留在原处。Hòulái, Yīēn jiào wǒ liú zài yuánchù. **III** N (*inf: buttocks*) 屁股 pìgu ▸ **to be behind (schedule)** 落后(後)于(於)(计(計)划(劃)) luòhòu yú (jìhuà) ▸ **we're behind (them) in technology** 在技术(術)方面，我们(們)没(沒)有(他们(們))那么(麼)好 Zài jìshù fāngmiàn, wǒmen méiyǒu (tāmen)nàme hǎo ▸ **to get behind** 落后(後) luòhòu ▸ **to leave sth behind** (*forget*) 落下 luòxià ▸ **to get left behind** [*person* +] 被甩掉 bèi shuǎidiào

beige [beɪʒ] ADJ 灰棕色的 huīzōngsè de

Beijing [ˈbeɪˈdʒɪŋ] N 北京 Běijīng

being [ˈbiːɪŋ] N **1** [U] (*existence*) 存在 cúnzài **2** [c] (*creature*) 生物 shēngwù ▸ **to come into being** 形成 xíngchéng ▸ **to bring sth into being** 使某事物出现(現) shǐ mǒushìwù chūxiàn

belated [bɪˈleɪtɪd] ADJ [+ *thanks, welcome*] 来(來)迟(遲)的 láichí de

belch [bɛltʃ] **I** VI **1** [*person* +] 打嗝 dǎgé **2** (*also:* **belch out**) [*smoke, steam etc* +] 喷(噴)出 pēnchū **II** VT (*also:* **belch out**) [+ *smoke, steam etc*] 喷(噴)出 pēnchū **III** N [c] 打嗝 dǎgé

Belgian [ˈbɛldʒən] **I** ADJ 比利时(時)的 Bǐlìshí de **II** N [c] (*person*) 比利时(時)人 Bǐlìshírén [个 gè]

Belgium [ˈbɛldʒəm] N 比利时(時) Bǐlìshí

belief [bɪˈliːf] N **1** [U/S] (*opinion*) 看法 kànfǎ **2** [c/U] (*trust, faith*) 信仰 xìnyǎng [种 zhǒng] ▸ **contrary to popular belief** 与(與)普遍观(觀)点(點)相反的是 yǔ pǔbiàn guāndiǎn xiāngfǎn de shì ▸ **beyond belief** 难(難)以置信 nányǐ zhìxìn ▸ **in the belief that** 相信 xiāngxìn

★ **believe** [bɪˈliːv] **I** VT [+ *person, story*] 相信 xiāngxìn ▹ *I didn't believe him.* 我不相信他。Wǒ bù xiāngxìn tā. **II** VI ▸ **to believe in** [+ *God, ghosts*] 信 xìn; [+ *honesty, discipline*] 坚(堅)信 jiānxìn ▹ *I believe in being truthful.* 我相信诚实是好的。Wǒ xiāngxìn chéngshí shì hǎo de. ▸ **to believe that ...** 认(認)为(為)… rènwéi... ▹ *Experts believe that the drought will be extensive.* 专家们认为干旱的波及面会很广。Zhuānjiāmen rènwéi gānhàn de bōjímiàn huì hěn guǎng. ▸ **he is believed to be abroad** 人们(們)认(認)为(為)他在国(國)外 rénmen rènwéi tā zài guówài ▸ **I don't believe in corporal punishment** 我不相信体(體)罚(罰)有益处(處) wǒ bù xiāngxìn tǐfá yǒu yìchù ▸ **to believe in sb/oneself** 对(對)某人/自己有信心 duì mǒurén/zìjǐ yǒu xìnxīn

> 如果你 **believe** 某事，你认为那是真的，即使你不能合理地证明。你可以 **believe a claim, believe that** 某事将要发生，或者 **believe that** 某事应该被完成。*No one ever believes the official answer...I believed that I was at the beginning of a great adventure...The government believes that such powers are essential.* 如果你 **believe in** 上帝，你认为上帝是存在的。如果你 **believe in** 鬼，你认为世上有鬼。如果你 **believe in** 某事，诸如一个系统，你认为它能正常运转。如果你 **believe in** 做某事，你觉得这么做是对的。*Elaine believes in love...The Kirks are a modern couple, and believe in dividing all tasks equally between them.*

believer [bɪˈliːvəʳ] N [c] **1** (*in idea, activity*) 笃(篤)信者 dǔxìnzhě **2** (*Rel*) 信徒 xìntú [名 míng]

bell [bɛl] N [c] **1** [*of church*] 钟(鐘) zhōng [座 zuò] **2** (*also:* **handbell**) 摇(搖)铃(鈴) yáolíng [个 gè] **3** (*on door*) 门(門)铃(鈴) ménlíng [个 gè] ▸ **that rings a bell** (*inf*) 那使人想起某事 nà shǐ rén xiǎngqǐ mǒushì

bellow [ˈbɛləu] **I** VI **1** [*person* +] 大声(聲)叫喊 dàshēng jiàohǎn **2** [*bull* +] 吼叫 hǒujiào **II** VT [+ *orders*] 大声(聲)叫 dàshēng jiào **III** N [c] (*sound*) 大吼 dàhǒu

belly ['bɛlɪ] N [c] [*of person, animal*] 腹部 fùbù
belly button (*inf*) N [c] 肚脐(臍) dùqí
belong [bɪ'lɔŋ] VI ▸ **to belong to** [+ *person*] 属(屬)于(於) shǔyú; [+ *club, society*] 是…的成员(員) shì...de chéngyuán ▸ **this book belongs here** 这(這)本书(書)应(應)该(該)在这(這)里(裡) zhèběn shū yīnggāi zài zhèlǐ ▸ **which category does it belong in?** 它是属(屬)于(於)哪个(個)范(範)畴(疇)的？ tā shì shǔyú nǎge fànchóu de?
belongings [bɪ'lɔŋɪŋz] N PL 所有物 suǒyǒuwù
beloved [bɪ'lʌvɪd] I ADJ [+ *person, thing, place*] 心爱(愛)的 xīn'ài de II N [c] (*o.f.*) 心爱(愛)的人 xīn'ài de rén
below [bɪ'ləu] I PREP **1** (*beneath*) 在…之下 zài...zhīxià **2** (*less than*) [+ *level, rate*] 低于(於) dīyú II ADV **1** (*beneath*) 下面 xiàmian **2** (*less*) 以下 yǐxià ▸ **below zero** 零度以下 língdù yǐxià ▸ **below sea level** 在海平面以下 zài hǎipíngmiàn yǐxià ▸ **temperatures below normal** *or* **average** 低于(於)正常或平均温(溫)度 dīyú zhèngcháng (huò) píngjūn wēndù ▸ **see below** (*in piece of writing*) 见(見)下 jiàn xià
belt [bɛlt] I N [c] **1** (*clothing*) 腰带(帶) yāodài [条 tiáo] **2** [*of land, sea, air*] 地带(帶) dìdài [个 gè] **3** (*Tech*) 传(傳)动(動)带(帶) chuándòngdài [条 tiáo] II VT (*inf: hit*) 抽打 chōudǎ III VI (*inf*) ▸ **to belt along/down/into** *etc* 迅速去/下/入等 xùnsù qù/xià/rù děng ▸ **to tighten one's belt** (*fig*) 节(節)衣缩(縮)食 jié yī suō shí ▸ **to have sth under one's belt** 完成某事 wánchéng mǒushì
▸**belt out** VT (*inf*) [+ *song*] 大声(聲)唱 dàshēng chàng
▸**belt up** (*Brit; inf*) VI 住口 zhùkǒu
beltway ['bɛltweɪ] (*US*) N [c] (*ring road*) 环(環)城公路 huánchéng gōnglù [条 tiá] [英 = **ring road**]
bemused [bɪ'mju:zd] ADJ [+ *person, expression*] 迷惑的 míhuò de
bench [bɛntʃ] N [c] **1** (*seat*) 长(長)椅 chángyǐ [条 tiáo] **2** (*table*) (*in factory, laboratory etc*) 工作台(臺) gōngzuòtái [个 gè] **3** (*Brit: Pol*) 议(議)员(員)席 yìyuánxí **4** (*Law*) ▸ **the Bench** 法官席 fǎguānxí ▸ **to be on the bench** (*Sport*) (*substitute*) 候补(補) hòubǔ
bend [bɛnd] (*pt, pp* **bent**) I VT [+ *leg, arm, bar, wire*] 使弯(彎)曲 shǐ wānqū II VI **1** [*person* +] 屈身 qūshēn **2** [*leg, arm, bar, wire* +] 弯(彎)曲 wānqū **3** [*road, river* +] 转(轉)弯(彎) zhuǎnwān III N [c] **1** (*in road, river*) 弯(彎) wān [个 gè] **2** (*in pipe*) 弯(彎)曲部分 wānqū bùfen IV **bends** N PL ▸ **the bends** 潜(潛)水员(員)病 qiǎnshuǐyuán bìng ▸ **to bend the rules** 变(變)通 biàntōng
▸**bend down** VI 弯(彎)腰 wānyāo
▸**bend over** I VI 俯身 fǔshēn ▸ **to bend over backwards (to do sth)** (*fig*) 竭力(做某事) jiélì(zuò mǒushì) II VT [+ *table, wall*] 弯(彎)腰靠近 wānyāo kàojìn
beneath [bɪ'ni:θ] I PREP **1** (*in position*) 在…之下 zài...zhīxià **2** (*in status*) ▸ **beneath him/her** 有失他/她的身份 yǒushī tā/tā de shēnfèn II ADV 在下面 zài xiàmian
beneficial [bɛnɪ'fɪʃəl] ADJ [+ *effect, influence*] 有益的 yǒuyì de ▸ **beneficial to** 有益于(於) yǒuyì yú
benefit ['bɛnɪfɪt] I N **1** [c/u] (*advantage*) 好处(處) hǎochù [个 gè] **2** [c/u] (*money*) 救济(濟)金 jiùjìjīn [份 fèn] **3** [c] (*also*: **benefit concert/dinner**) 募捐 mùjuān II VT 有益于(於) yǒuyì yú III VI ▸ **to benefit from sth** 从(從)某事中获(獲)益 cóng mǒushì zhōng huòyì ▸ **to have the benefit of sth** 受益于(於)某事 shòuyì yú mǒushì ▸ **to be of benefit (to sb)** (对(對)某人)有益 (duì mǒurén)yǒuyì ▸ **to give sb the benefit of the doubt** 在证(證)据(據)不足的情况(況)下，假定某人无(無)辜 zài zhèngjù bùzú de qíngkuàng xià, jiǎdìng mǒurén wúgū
benevolent [bɪ'nɛvələnt] ADJ **1** [+ *person*] 仁慈的 réncí de **2** (*Brit*) [+ *organization, fund*] 慈善的 císhàn de
benign [bɪ'naɪn] ADJ **1** [+ *person, attitude*] 仁慈的 réncí de **2** (*Med*) 良性的 liángxìng de
bent [bɛnt] I PT, PP *of* **bend** II N (*inclination*) 天赋(賦) tiānfù III ADJ **1** [+ *wire, pipe*] 弯(彎)曲的 wānqū de **2** (*Brit; inf*) (*dishonest*) 贪(貪)污受贿(賄)的 tānwū shòuhuì de ▸ **to be bent on (doing) sth** 决(決)心做某事 juéxīn zuò mǒushì
bereaved [bɪ'ri:vd] I ADJ 丧(喪)失亲(親)友的 sàngshī qīnyǒu de II N PL ▸ **the bereaved** 丧(喪)失亲(親)人的人 sàngshī qīnrén de rén
beret ['bɛreɪ] N [c] 贝(貝)雷帽 bèiléimào [顶 dǐng]
berry ['bɛrɪ] N [c] 浆(漿)果 jiāngguǒ [颗 kē]
berth [bə:θ] I N [c] **1** (*bed*) (*on boat, train*) 卧(臥)铺(鋪) wòpù [张 zhāng] **2** (*Naut*) (*mooring*) 泊位 bówèi II VI [*ship* +] 停泊 tíngbó ▸ **to give sb/sth a wide berth** 躲开(開)某人/某物 duǒkāi mǒurén/mǒuwù
beside [bɪ'saɪd] PREP (*next to*) 在…旁边(邊) zài...pángbiān ▸ **to be beside oneself with rage/excitement** 愤(憤)怒/兴(興)奋(奮)得发(發)狂 fènnù/xīngfèn de fākuáng ▸ **that's beside the point** 那是离(離)题(題)了 nà shì lítí le; *see also* **besides**
besides [bɪ'saɪdz] I ADV **1** (*also*: **beside**) (*in addition*) 另外 lìngwài **2** (*in any case*) 而且 érqiě II PREP (*also*: **beside**) (*in addition to, as well as*) 除…之外 chú...zhīwài

> **besides** 引出的事物包括在我们所谈及的事情之内。*She is very intelligent besides being very beautiful.* 不过，当我们说 **the only person besides** 另外某人时，或 **the only thing besides** 另外某物时，我们指在某一特定场合或上下文中的惟一其他人或物。

There was only one person besides me who knew where the money was hidden. 介词 **except** 后面通常跟我们的陈述中惟独不包括的那些物, 人, 事的名词或代词形式。*She spoke to everyone except me.* **except** 也可作连词，引导从句或副词短语。*There was nothing more to do now except wait.* **except** 还可以引出由连词 **that, when** 或 **if** 引导的从句。*The house stayed empty, except when we came for the holidays.* **except for** 是用在名词前的介词短语，用来引出某人或某物，说明要不是有某人或某物，所陈述的便为全部事实。*Everyone was late except for Richard.* **besides** 引出的事物包括在我们所谈及的事情之内。*She is very intelligent besides being very beautiful.* 不过，当我们说 **the only person besides** 另外某人时，或 **the only thing besides** 另外某物时，我们指在某一特定场合或上下文中的惟一其他人或物。*There was only one person besides me who knew where the money was hidden.* 介词 **except** 后面通常跟我们的陈述中惟独不包括的那些物, 人, 事的名词或代词形式。*She spoke to everyone except me... I never take any drugs, except aspirin for colds.* **except** 也可作连词，引导从句或副词短语。*There was nothing more to do now except wait... Travelling was impossible except in the cool of the morning.* **except** 还可以引出由连词 **that, when** 或 **if** 引导的从句。*The house stayed empty, except when we came for the holidays.* **except for** 是用在名词前的介词短语，用来引出某人或某物，说明要不是有某人或某物，所陈述的便为全部事实。*Everyone was late except for Richard.* **unless** 是连词，后面的从句表示某事不会发生或不会成为事实。*Unless you really want to lose weight, it will be hard to stick to a diet.*

★ **best** [bɛst] **I** ADJ (*in quality, suitability, extent*) 最好的 zuìhǎo de ▷ *It's one of the best films I've seen.* 这是我看过的最好的电影之一。Zhè shì wǒ kànguò de zuìhǎo de diànyǐng zhī yī. **II** ADV 最 zuì ▷ *He is best known as an actor.* 他是位家喻户晓的演员。Tā shì wèi jiā yù hù xiǎo de yǎnyuán. ▷ *What music do you like best?* 你最喜欢什么样的音乐？ Nǐ zuì xǐhuan shénme yàng de yīnyuè? **III** N ▸ **the best 1** (*in quality etc*) 最好的事物 zuìhǎo de shìwù ▷ *We offer only the best to our clients.* 我们只为客户提供最上乘的产品。Wǒmen zhǐ wèi kèhù tígōng zuì shàngchéng de chǎnpǐn. **2** (*in achievement*) 最大努力 zuìdà nǔlì ▷ *He knows how to get the best out of his students.* 他懂得如何发挥学生的最大潜力。Tā dǒngde rúhé fāhuī xuéshēng de zuì dà qiánlì. ▸ **the best thing to do is ...** 最好是… zuìhǎo shì... ▸ **the best part of** (*most of*) 大部分 dàbùfen ▸ **you'd best leave early** 你最好早点(點)离(離)开(開) nǐ zuì hǎo zǎodiǎn líkāi ▸ **at best** 至多 zhìduō ▸ **to be at one's best** 处(處)于(於)最佳状(狀)态(態) chǔ yú zuì jiā zhuàngtài ▸ **to make the best of sth** 既来(來)之则(則)安之 jì lái zhī zé ān zhī ▸ **to do** *or* **try one's best** 尽(盡)某人最大的努力 jìn mǒurén zuìdà de nǔlì ▸ **to the best of my knowledge** 尽(盡)我所知 jìn wǒ suǒ zhī ▸ **to the best of my ability** 尽(盡)我能力所及 jìn wǒ nénglì suǒ jí ▸ **it's for the best** 是一件好事 shì yī jiàn hǎoshì ▸ **he's not exactly patient at the best of times** 即使在最好的情况(況)下，他也不怎么(麼)耐心 jíshǐ zài zuìhǎo de qíngkuàng xià, tā yě bù zěnme nàixīn ▸ **to have the best of both worlds** 两(兩)全其美 liǎng quán qí měi

best-before date ['bɛstbɪ'fɔːʳ-] N [c] (*on food etc*) 保质(質)日期 bǎozhì rìqī

best man N [c] 男傧(儐)相 nán bīnxiàng [位 wèi]

bestow [bɪ'stəu] (*frm*) VT ▸ **to bestow sth on sb** [+ *honour, title*] 赠(贈)与(與)某人某物 zèngyǔ mǒurén mǒuwù

bestseller ['bɛst'sɛləʳ] N [c] (*book*) 畅(暢)销(銷)书(書) chàngxiāoshū [本 běn]

bet [bɛt] (*pt, pp* **bet** *or* **betted**) **I** N [c] (*wager*) 赌(賭)注 dǔzhù [个 gè] **II** VT **1** (*wager*) ▸ **to bet sb 100 pounds that...** 就…和某人赌(賭)100英镑(鎊) jiù...hé mǒurén dǔ yībǎi yīngbàng **2** (*expect, guess*) ▸ **to bet (that)** 断(斷)定 duàndìng **III** VI (*wager*) ▸ **to bet on** [+ *horse, result*] 下赌(賭)注于(於) xià dǔzhù yú ▸ **it's a good** *or* **safe bet that ...** 非常有可能… fēicháng yǒu kěnéng... ▸ **I wouldn't bet on it** (*inf*) 我不敢打包票 wǒ bù gǎn dǎ bāopiào ▸ **you bet** *or* **you bet your life** (*inf*) 那还(還)用说(說) nà hái yòng shuō

betray [bɪ'treɪ] VT **1** [+ *friend, country, comrade*] 背叛 bèipàn **2** [+ *sb's trust, confidence*] 辜负(負) gūfù **3** (*reveal*) [+ *emotion*] 流露 liúlù

★ **better** ['bɛtəʳ] **I** ADJ **1** (*comparative of good*) 更好的 gènghǎo de ▷ *The results were better than expected.* 结果比预期的更好。Jiéguǒ bǐ yùqī de gèng hǎo. **2** (*after an illness or injury*) 好转(轉)的 hǎozhuǎn de ▷ *Are you better now?* 你现在好点了吗？ Nǐ xiànzài hǎodiǎn le ma? **II** ADV **1** (*comparative of well*) 更好地 gènghǎo de ▷ *Some people can ski better than others.* 一些人比其他人滑雪滑得好。Yīxiē rén bǐ qítā rén huáxuě huá de hǎo. **2** (*more*) [*like* +] 更 gèng ▷ *I always liked you better than Sandra.* 与桑德拉相比，我总是更喜欢你。Yǔ Sāngdélā xiāngbǐ, wǒ zǒngshì gèng xǐhuān nǐ. **III** VT [+ *score, record*] 提高 tígāo ▷ *We have bettered last year's figures.* 我们比去年的数字又有了提高。Wǒmen bǐ qùnián de shùzì yòu yǒule tígāo. **IV** N ▸ **to get the better of** [*curiosity etc* +] 占(佔)…的上风(風) zhàn...de shàngfēng ▷ *My curiosity got the better of me.* 我的好奇心占了上风。Wǒ de hàoqíxīn zhànle shàngfēng. ▸ **to get better** (*improve*) 变(變)得更好 biànde gènghǎo; [*sick person* +] 渐(漸)愈(癒) jiànyù

b

▸ **to feel better** 感觉(覺)好一些 gǎnjué hǎo yīxiē ▸ **that's better!** 那就好多了！Nà jiù hǎo duō le! ▸ **it would be better to ...** 不如… bùrú... ▸ **you're better waiting till tomorrow** 你最好等到明天 nǐ zuì hǎo děngdào míngtiān ▸ **I'd better go** *or* **I had better go** 我得走了 wǒ děi zǒu le ▸ **you'd better do it** *or* **you had better do it** 你最好做这(這)件事 nǐ zuì hǎo zuò zhè jiàn shì ▸ **he thought better of it** 他重新考虑(慮)后(後)决(決)定不做 tā chóngxīn kǎolǜ hòu juédìng bù zuò ▸ **to better oneself** 提高自己 tígāo zìjǐ ▸ **to change for the better** 有好转(轉) yǒu hǎozhuǎn

better off ADJ **1** ▸ **to be better off** (*wealthier*) 较(較)富裕的 jiào fùyù de **2** (*more comfortable etc*) 情况(況)更好的 qíngkuàng gènghǎo de ▸ **you'd be better off without him** 不和他在一起，你会(會)过(過)得更好 bù hé tā zài yīqǐ, nǐ huì guò de gèng hǎo

betting ['bɛtɪŋ] N [U] **1** (*gambling*) 赌(賭)博 dǔbó **2** (*odds*) 差距 chājù

betting shop (*Brit*) N [C] 彩票经(經)营(營)店 cǎipiào jīngyíngdiàn [家 jiā]

★ **between** [bɪ'twi:n] **I** PREP **1** (*in space*) 在…中间(間) zài...zhōngjiān ▹ *He was sitting between two old ladies.* 他坐在两个老妇人中间。Tā zuò zài liǎng gè lǎo fùrén zhōngjiān. **2** (*in time*) 介于(於)…之间(間) jièyú...zhījiān ▹ *between 9 and 10 tomorrow* 在明天9点至10点之间 zài míngtiān jiǔ diǎn zhì shí diǎn zhījiān **3** (*in amount, age*) 介于(於)…之间(間) jièyú...zhījiān ▹ *people aged between 18 and 30* 年龄在18至30之间的人们 niánlíng zài shíbā zhì sānshí zhījiān de rénmen ▹ *It weighs between 30 and 40 kilos.* 它重约30至40公斤。Tā zhòng yuē sānshí zhì sìshí gōngjīn. **4** (*among*) 之间(間) zhījiān ▹ *the relationship between doctors and patients* 医生与患者之间的关系 yīshēng yǔ huànzhě zhījiān de guānxì **5** (*fig*) 之间(間) zhījiān ▹ *the obstacles that lay between him and success* 摆在他和成功之间的障碍 bǎi zài tā hé chénggōng zhījiān de zhàng'ài **II** ADV ▸ **in between** (*in space*) 在…中间(間) zài...zhōngjiān ▹ *Court Road and all the little side streets in between* 考特路与所有那些夹在中间的小街道 Kǎotè Lù yǔ suǒyǒu nàxiē jiá zài zhōngjiān de xiǎo jiēdào; (*in time*) 期间(間) qījiān ▹ *He had to make two flights, with a 5-hour wait in between.* 他得坐两次航班，期间要等5个小时。Tā děi zuò liǎng cì hángbān, qījiān yào děng wǔ gè xiǎoshí. ▸ **to choose between** [+ *two things*] 从(從)中选(選)一个(個) cóngzhōng xuǎn yīgè ▸ **to be shared/divided between people** 由大家一起分享/分用 yóu dàjiā yīqǐ fēnxiǎng/fēnyòng ▸ **the road between here and London** 这(這)里(裡)和伦(倫)敦之间(間)的道路 zhèlǐ hé Lúndūn zhījiān de dàolù ▸ **we only had 5 pounds between us** 我们(們)俩(倆)一共只有5英镑(鎊) wǒmenliǎ yīgòng zhǐyǒu wǔ yīngbàng ▸ **between you and me, between ourselves** 私下 sīxià

▒ 用法参见 **among**

beverage ['bɛvərɪdʒ] (*frm*) N [C] 饮(飲)料 yǐnliào [种 zhǒng]

beware [bɪ'wɛəʳ] VI ▸ **beware!** 注意！zhùyì! ▸ **to beware of (doing) sth** 留神(做)某事 liúshén (zuò) mǒushì ▸ **"beware of the dog"** "当(當)心狗" "dāngxīn gǒu"

bewildered [bɪ'wɪldəd] ADJ (*stunned, confused*) 困惑的 kùnhuò de

beyond [bɪ'jɔnd] **I** PREP **1** (*on the other side of*) [+ *house, line*] 在…的另一边(邊) zài...de lìng yībiān **2** (*fig*) 超出…的范(範)围(圍) chāochū...de fànwéi **3** (*after*) [+ *time, date, age*] 迟(遲)于(於) chíyú **4** (*past*) [+ *understanding, recognition*] 超过(過) chāoguò **5** (*exceeding*) 超出 chāochū **II** ADV **1** (*in space*) 在另一边(邊) zài lìng yībiān **2** (*in time*) 在…之后(後) zài...zhīhòu ▸ **beyond doubt** 毫无(無)疑问(問) háowú yíwèn ▸ **to be beyond repair** 无(無)法修理 wúfǎ xiūlǐ ▸ **it's beyond me** 我不能理解 wǒ bùnéng lǐjiě

Bhutan [bu:'ta:n] N 不丹 Bùdān

bias ['baɪəs] N **1** [U] (*prejudice*) 成见(見) chéngjiàn **2** [C] (*preference*) 偏向 piānxiàng

bias(s)ed ['baɪəst] ADJ [+ *jury, judgement, reporting*] 有偏见(見)的 yǒu piānjiàn de ▸ **to be bias(s)ed against** 对(對)…有偏见(見) duì...yǒu piānjiàn ▸ **to be bias(s)ed towards** 偏向于(於) piānxiàng yú

bib [bɪb] N (*for baby*) 围(圍)嘴 wéizuǐ

Bible ['baɪbl] (*Rel*) N [C] ▸ **the Bible** 圣(聖)经(經) Shèngjīng [部 bù]

bibliography [bɪblɪ'ɔgrəfɪ] N [C] (*in text*) 参(參)考书(書)目 cānkǎo shūmù

bicarbonate of soda [baɪ'ka:bənɪt-] N [U] **1** (*for baking*) 小苏(蘇)打 xiǎosūdá **2** (*medicinal*) 碳酸氢(氫)钠(鈉) tànsuānqīngnà

biceps ['baɪsɛps] (*pl* **biceps**) N [C] 二头(頭)肌 èrtóujī

bicker ['bɪkəʳ] VI (*squabble*) 口角 kǒujiǎo ▸ **to bicker with sb** 与(與)某人口角 yǔ mǒurén kǒujiǎo

bicycle ['baɪsɪkl] N [C] 自行车(車) zìxíngchē [辆 liàng] ▸ **to ride a bicycle** 骑(騎)自行车(車) qí zìxíngchē

bicycle pump N [C] 自行车(車)打气(氣)筒 zìxíngchē dǎqìtǒng [个 gè]

bid [bɪd] (*pt* **bade** *or* **bid**, *pp* **bid** *or* **bidden**) **I** N [C] **1** (*attempt*) 尝(嘗)试(試) chángshì **2** (*at auction*) 出价(價) chūjià **3** (*to buy a company*) 投标(標) tóubiāo **II** VI (*at auction*) 出价(價)竞(競)买(買) chūjià jìngmǎi **III** VT (*offer*) 出价(價) chūjià ▸ **to bid sb farewell/goodnight** (*frm*) 向某人道别(別)/说(說)晚安 xiàng mǒurén dàobié/shuō wǎnān

bidder ['bɪdə^r] N [c] 投标(標)人 tóubiāorén ▶ **the highest bidder** 出价(價)最高的人 chūjià zuì gāo de rén

bidet ['bi:deɪ] N [c] 坐浴盆 zuòyùpén

★ **big** [bɪg] ADJ **1** (*in size*) [+ *man, country, object*] 大的 dà de **2** (*inf*) [+ *person*] (*important*) 有影响(響)的 yǒu yǐngxiǎng de ▷ *Their father was very big in the army.* 他们的父亲在军中很有影响。Tāmen de fùqīn zài jūn zhōng hěn yǒu yǐngxiǎng. **3** [+ *ideas*] 远(遠)大的 yuǎndà de ▷ *He's got a lot of big ideas about how to change the system.* 就如何改变体制，他有一些远大的想法。Jiù rúhé gǎibiàn tǐzhì, tā yǒu yīxiē yuǎndà de xiǎngfǎ. **4** (*major*) [+ *change, increase, problem*] 大的 dà de ▷ *The biggest problem is unemployment.* 最大的问题是失业问题。Zuì dà de wèntí shì shīyè wèntí. ▶ **big brother/sister** 哥哥/姐姐 gēge/jiějie ▶ **big words** (*inf*) 深奥(奧)的词(詞)语(語) shēn'ào de cíyǔ ▶ **in a big way** (*inf*) 大张(張)旗鼓 dà zhāng qí gǔ

bigheaded ['bɪg'hɛdɪd] (*inf*) ADJ 自大的 zìdà de

big toe N [c] 大脚(腳)趾 dàjiǎozhǐ

bike [baɪk] N [c] **1** (*bicycle*) 自行车(車) zìxíngchē [辆 liàng] **2** (*motorcycle*) 摩托车(車) mótuōchē [部 bù]

bikini [bɪ'ki:nɪ] N [c] 比基尼 bǐjīní [套 tào]

bilingual [baɪ'lɪŋgwəl] ADJ [+ *dictionary, secretary*] 双(雙)语(語)的 shuāngyǔ de ▶ **to be bilingual** 能讲(講)两(兩)国(國)语(語)言的 néng jiǎng liǎngguó yǔyán de

bill [bɪl] **I** N [c] **1** (*requesting payment*) 账(賬)单(單) zhàngdān [个 gè] **2** (*Brit*) (*in restaurant*) 账(賬)单(單) zhàngdān [个 gè] [美 = **check**] **3** (*Pol*) 法案 fǎ'àn **4** (*US*) (*banknote*) 钞(鈔)票 chāopiào [张 zhāng] [英 = **note**] **5** [*of bird*] 鸟(鳥)喙 niǎohuì **6** (*Theat*) 节(節)目单(單) jiémùdān **II** VT **1** [+ *customer*] 给(給)…开(開)账(賬)单(單) gěi...kāi zhàngdān **2** (*advertise*) 宣传(傳) xuānchuán ▶ **to fit** *or* **fill the bill** 合乎要求 héhū yāoqiú ▶ **bill of fare** (*o.f.*) 菜单(單) càidān ▶ **"post no bills"** "禁止张(張)贴(貼)" "jìnzhǐ zhāngtiē" ▶ **bill of exchange** 汇(匯)票 huìpiào ▶ **bill of lading** 提单(單) tídān ▶ **bill of sale** 卖(賣)据(據) màijù

billboard ['bɪlbɔ:d] N [c] 广(廣)告牌 guǎnggàopái

billfold ['bɪlfəuld] (*US*) N [c] 钱(錢)夹(夾) qiánjiā [个 gè] [英 = **wallet**]

billiards ['bɪljədz] N [U] 台(臺)球 táiqiú

★ **billion** ['bɪljən] N [c] 十亿(億) shíyì

bin [bɪn] **I** N [c] **1** (*Brit*) (*for rubbish*) 垃圾箱 lājīxiāng [个 gè] [美 = **garbage can** *or* **trash can**] **2** (*container*) 箱 xiāng [个 gè] **II** VT (*Brit; inf*) (*throw away*) 扔掉 rēngdiào

bind [baɪnd] (*pt, pp* **bound**) **I** VT **1** (*tie*) 捆(綑) kǔn **2** (*tie together*) [+ *hands, feet*] 绑(綁) bǎng **3** (*connect*) 使联(聯)合 shǐ liánhé **4** (*oblige*) 约(約)束 yuēshù **5** [+ *book*] 装(裝)订(訂) zhuāngdìng **II** N (*Brit; inf*) (*nuisance*) 麻烦(煩) máfan

▶ **bind over** VT (*Law*) ▶ **to bind sb over (to keep the peace)** 保证(證)某人遵守法纪(紀) bǎozhèng mǒurén zūnshǒu fǎjì

binder ['baɪndə^r] N [c] (*file*) 文件夹(夾) wénjiànjiā

binding ['baɪndɪŋ] **I** ADJ [+ *agreement, contract*] 具有约(約)束力的 jùyǒu yuēshùlì de **II** N [c] [*of book*] 装(裝)订(訂) zhuāngdìng

binge [bɪndʒ] (*inf*) **I** N ▶ **to go on a binge** 狂欢(歡)作乐(樂) kuánghuān zuòlè **II** VI ▶ **to binge on chocolate/whisky** 无(無)节(節)制地吃巧克力/喝威士忌酒 wú jiézhì de chī qiǎokèlì/hē wēishìjìjiǔ

bingo ['bɪŋgəu] N [U] 宾戈(一种赌博游戏)

binoculars [bɪ'nɔkjuləz] N PL 双(雙)筒望远(遠)镜(鏡) shuāngtǒng wàngyuǎnjìng

biochemistry [baɪə'kɛmɪstrɪ] N [U] 生物化学(學) shēngwù huàxué

biodegradable ['baɪəudɪ'greɪdəbl] ADJ 可由生物降解的 kě yóu shēngwù jiàngjiě de

biodiesel N [c/U] 生物柴油 shēngwù cháiyóu [种 zhǒng]

biography [baɪ'ɔgrəfɪ] N [c] 传(傳)记(記) zhuànjì [部 bù] ▶ **a biography of Dylan Thomas** 迪兰(蘭)•托(託)马(馬)斯传(傳) Dílán Tuōmǎsī zhuàn

biological [baɪə'lɔdʒɪkl] ADJ **1** [+ *process, weapon, warfare, washing powder*] 生物的 shēngwù de **2** [+ *research, science*] 生物学(學)的 shēngwùxué de

biology [baɪ'ɔlədʒɪ] N [U] 生物学(學) shēngwùxué

biometric [baɪə'mɛtrɪk] ADJ 生物统计的 shēngwù tǒngjì de

birch [bə:tʃ] N **1** [c] (*tree*) 桦(樺)树(樹) huàshù [棵 kē] **2** [U] (*wood*) 桦(樺)木 huàmù

bird [bə:d] N [c] **1** (*Zool*) 鸟(鳥) niǎo [只 zhī] **2** (*Brit; inf*) (*woman*) 姑娘 gūniang ▶ **a bird in the hand** 已到手的东(東)西 yǐ dàoshǒu de dōngxi ▶ **to kill two birds with one stone** 一举(舉)两(兩)得 yī jǔ liǎng dé

bird flu N [U] 禽流感 qínliúgǎn

bird of prey N [c] 猛禽 měngqín [种 zhǒng]

bird-watching ['bə:dwɔtʃɪŋ] N [U] 野鸟(鳥)习(習)性观(觀)察 yěniǎo xíxìng guānchá

Biro® ['baɪərəu] (*Brit*) N [c] 圆(圓)珠笔(筆) yuánzhūbǐ [支 zhī]

birth [bə:θ] N **1** [c/U] [*of baby, animal*] 出生 chūshēng **2** [s] (*fig*) 开(開)始 kāishǐ ▶ **to give birth (to)** [+ *child, animal*] 分娩 fēnmiǎn; [+ *idea*] 促成 cùchéng

birth certificate N [c] 出生证(證)明 chūshēng zhèngmíng [个 gè]

birth control N [U] 节(節)育 jiéyù

birthday ['bə:θdeɪ] **I** N [c] 生日 shēngrì [个 gè] **II** CPD [+ *cake, card, present*] 生日 shēngrì

birthplace ['bəːθpleɪs] N [c] **1** 出生地 chūshēngdì **2** (*fig*) 发(發)祥地 fāxiángdì

biscuit ['bɪskɪt] N [c] **1** (*Brit*) (*cookie*) 饼(餅)干(乾) bǐnggān [片 piàn] [美 = **cookie**] **2** (*US*) (*cake*) 小圆(圓)饼(餅) xiǎoyuánbǐng [张 zhāng]

bishop ['bɪʃəp] N [c] **1** (*Rel*) 主教 zhǔjiào [位 wèi] **2** (*Chess*) 象 xiàng

bistro ['biːstrəu] N [c] 小餐馆(館) xiǎo cānguǎn [个 gè]

★ **bit** [bɪt] **I** PT *of* **bite** **II** N [c] **1** (*esp Brit*) (*piece*) 少许(許) shǎoxǔ ▷ *a bit of string* 一小段绳子 yī xiǎo duàn shéngzi **2** (*esp Brit*) (*part*) 部分 bùfen [个 gè] ▷ *Now comes the really important bit.* 现在要说的是最重要的部分。Xiànzài yào shuō de shì zuì zhòngyào de bùfen. **3** (*tool*) 钻(鑽)头(頭) zuàntóu **4** (*Comput*) 比特 bǐtè [个 gè] **5** [*of horse*] 嚼子 jiáozi **6** (*US*) (*coin*) 12.5美分的硬币 ▶ **to come** *or* **fall to bits** (*break*) 破碎 pòsuì ▶ **bits and pieces** *or* **bits and bobs** (*inf*) 零碎儿(兒) língsuìr ▶ **a bit of** 有点(點) yǒudiǎn ▷ *I'm sorry, the room's in a bit of a mess.* 对不起，房间有点乱。Duìbùqǐ, fángjiān yǒu diǎn luàn. ▶ **a bit mad/dangerous** 有点(點)疯(瘋)狂/危险(險) yǒudiǎn fēngkuáng/wēixiǎn ▶ **it's/that's a bit much** (*inf*) 有点(點)过(過)分 yǒu diǎn guòfèn ▶ **bit by bit** 一点(點)一点(點) yīdiǎn yīdiǎn ▶ **to do one's bit** 尽(盡)自己的一份力量 jìn zìjǐ de yī fèn lìliang ▶ **every bit as good/interesting as** 与(與)…同样(樣)好/有趣 yǔ...tóngyàng hǎo/yǒuqù ▶ **for a bit** (*inf*) 一会(會)儿(兒) yīhuì'r ▶ **quite a bit** 不少 bùshǎo

bitch [bɪtʃ] **I** N [c] **1** (*dog*) 母狗 mǔgǒu [条 tiáo] **2** (*inf!*: *woman*) 恶(惡)毒的女人 èdú de nǚrén [个 gè] **II** VI (*inf*: *complain*) 埋怨 mányuàn

★ **bite** [baɪt] (*pt* **bit**, *pp* **bitten** ['bɪtn]) **I** VT [*person, dog, snake, mosquito* +] 咬 yǎo **II** VI **1** [*dog etc* +] 咬人 yǎo rén **2** (*fig*: *take effect*) [*action, policy* +] 生效 shēngxiào **III** N [c] **1** (*act of biting*) ▷ *He took another bite of his apple.* 他又咬了一口苹果。Tā yòu yǎole yī kǒu píngguǒ. **2** (*mouthful*) 口 kǒu ▷ *I enjoyed every bite.* 我每一口吃得都很香。Wǒ měi yī kǒu chī de dōu hěn xiāng. **3** (*from dog*) 咬伤(傷) yǎoshāng [处 chù] **4** (*from snake, mosquito*) 咬痕 yǎohén [个 gè] ▶ **to bite one's nails** 咬指甲 yǎo zhǐjia ▶ **to bite one's lip** *or* **tongue** (*inf*) 保持沉默 bǎochí chénmò ▶ **to have a bite to eat** (*inf*) 吃点(點)东(東)西 chī diǎn dōngxi

bitter ['bɪtə^r] **I** ADJ **1** [+ *person, experience*] 充满(滿)怨恨的 chōngmǎn yuànhèn de **2** [+ *taste*] 苦的 kǔ de **3** [+ *disappointment, blow*] 难(難)以忍受的 nányǐ rěnshòu de **4** [+ *wind, weather*] 严(嚴)寒的 yánhán de **5** [+ *argument, fighting*] 激烈的 jīliè de **II** N [U] (*Brit*) (*beer*) 苦啤酒 kǔpíjiǔ ▶ **to the bitter end** 坚(堅)持到底 jiānchí dàodǐ

bitterly ['bɪtəlɪ] ADV [*say, laugh* +] 怨恨地 yuànhèn de; [*regret* +] 惨(慘)痛地 cǎntòng de; [*resent* +] 十分地 shífēn de; [*weep, complain* +] 强(強)烈地 qiángliè de; [+ *jealous, disappointed, ashamed*] 非常地 fēicháng de; [*oppose, criticize* +] 刻薄地 kèbó de ▶ **it's bitterly cold** 天气(氣)寒冷刺骨 tiānqì hánlěng cìgǔ

bitterness ['bɪtənɪs] N [U] **1** [*of person*] 怨恨 yuànhèn **2** [*of conflict, dispute*] 怀(懷)恨 huáihèn

bizarre [bɪ'zaː^r] ADJ [+ *story, contraption*] 稀奇古怪的 xīqí gǔguài de

★ **black** [blæk] **I** ADJ **1** (*in colour*) [+ *paint, jacket, cat*] 黑色的 hēisè de **2** [+ *person*] 黑人的 hēirén de **3** [+ *tea, coffee*] 不加牛奶的 bù jiā niúnǎi de **4** [+ *humour*] 黑色的 hēisè de ▷ *a black comedy* 黑色喜剧 hēisè xǐjù **5** (*grim*) 暗淡的 àndàn de ▷ *one of the blackest days of his political career* 他政治生涯中最暗淡的一个日子 tā zhèngzhì shēngyá zhōng zuì àndàn de yīgè rìzi **II** N **1** [U] (*colour*) 黑色 hēisè **2** [c] (*person*) 黑人 hēirén [个 gè] ▷ *the first black to be elected to Congress* 第一个被选入国会的黑人 dì yīgè bèi xuǎnrù guóhuì de hēirén **III** VT (*Brit*) 抵制 dǐzhì ▷ *The Union blacked incoming goods at the docks.* 工会抵制了进入码头的货物。Gōnghuì dǐzhìle jìnrù mǎtóu de huòwù. ▶ **to give sb/to have a black eye** 把某人眼睛打青/眼睛青了 bǎ mǒurén yǎnjīng dǎqīng/yǎnjīng qīng le ▶ **black and blue** (*bruised*) 青一块(塊)，紫一块(塊)的 qīng yīkuài, zǐ yīkuài de ▶ **there it is in black and white** 白纸(紙)黑字清清楚楚地写(寫)着(著) bái zhǐ hēi zì qīngqīng-chǔchǔ de xiě zhe ▶ **to be in the black** (*in credit*) 有赢(贏)余(餘) yǒu yíngyú
▶**black out** VI (*faint*) 暂(暫)时(時)失去知觉(覺) zànshí shīqù zhījué

blackberry ['blækbərɪ] N [c] 黑莓 hēiméi [颗 kē]

blackbird ['blækbəːd] N [c] 乌(烏)鸫(鶇) wūdōng [只 zhī]

blackboard ['blækbɔːd] N [c] 黑板 hēibǎn [个 gè]

blackcurrant ['blæk'kʌrənt] (*Brit*) N [c] 黑醋栗 hēicùlì [颗 kē]

blacken ['blækn] VT **1** (*lit*) 使变(變)黑 shǐ biànhēi **2** (*fig*) [+ *sb's name, reputation*] 败(敗)坏(壞) bàihuài

black ice N [U] 薄冰 báobīng

blackmail ['blækmeɪl] **I** N [U] 敲诈(詐) qiāozhà **II** VT 敲诈(詐) qiāozhà

black market N [c] 黑市 hēishì ▶ **on the black market** 在黑市上 zài hēishì shàng

blackout ['blækaut] N [c] **1** (*in wartime*) 灯(燈)火管制 dēnghuǒ guǎnzhì **2** (*power cut*) 停电(電) tíngdiàn **3** (*TV, Rad*) 封锁(鎖) fēngsuǒ **4** (*Med*) 暂(暫)时(時)性昏迷 zànshíxìng hūnmí ▶ **to have a blackout** (*Med*) 暂(暫)时(時)性昏迷 zànshíxìng hūnmí

black pepper N [U] 黑胡椒 hēihújiāo

black pudding (*Brit*) N [c/U] 黑香肠(腸) hēixiāngcháng [根 gēn]

BLACK PUDDING

black pudding，黑香肠，是英国传统早餐中的一种食品，因表皮颜色而得名。成分主要为猪油和猪血，切成厚圆片，炸食。

Black Sea N ▸ **the Black Sea** 黑海 Hēi Hǎi

bladder ['blædəʳ] (*Anat*) N [c] 膀胱 pángguāng

blade [bleɪd] N [c] **1** [*of knife, sword*] 刃 rèn **2** [*of oar*] 桨(槳)叶(葉) jiǎngyè **3** [*of propeller*] 螺旋桨(槳)翼 luóxuánjiǎng yì ▸ **a blade of grass** 一片草叶(葉) yī piàn cǎoyè

blame [bleɪm] **I** N [U] (*for mistake, crime*) 责(責)备(備) zébèi **II** VT ▸ **to blame sb for sth** 为(為)某事责(責)备(備)某人 wèi mǒushì zébèi mǒurén ▸ **to take the blame (for sth)** (对(對)某事)负(負)责(責) (duì mǒushì)fùzé ▸ **to be to blame (for sth)** 该(該)(为(為)某事)负(負)责(責)任 gāi (wèi mǒushì) fù zérèn ▸ **to blame sth on sb** 把某事归(歸)咎于(於)某人 bǎ mǒushì guījiù yú mǒurén ▸ **you can't blame him for trying** 你不能怪他去尝(嘗)试(試) nǐ bùnéng guài tā qù chángshì ▸ **who's to blame?** 是谁(誰)的责(責)任？ shì shuí de zérèn? ▸ **I'm not to blame** 责(責)任不在我 zérèn bù zài wǒ

bland [blænd] ADJ **1** [+ *personality, building, film*] 枯燥乏味的 kūzào fáwèi de **2** [+ *taste, food*] 平淡无(無)味的 píngdàn wúwèi de

blank [blæŋk] **I** ADJ **1** [+ *paper, cassette*] 空白的 kòngbái de **2** [+ *expression*] 茫然的 mángrán de **II** N [c] **1** (*on form*) 空白处(處) kòngbáichù [个 gè] **2** (*cartridge*) 空弹(彈) kōngdàn ▸ **my mind went blank** *or* **was a blank** 我的大脑(腦)一片空白 wǒde dànǎo yīpiàn kòngbái ▸ **we drew a blank** (*inf*) 我们(們)白费(費)心机(機)了 wǒmen bái fèi xīn jī le

blanket ['blæŋkɪt] **I** N [c] **1** (*for bed*) 毛毯 máotǎn [床 chuáng] **2** [*of snow, fog*] 层(層) céng **II** ADJ (*comprehensive*) [+ *ban, coverage*] 全面的 quánmiàn de **III** VT [*snow* +] 覆盖(蓋) fùgài

blast [blɑːst] **I** N [c] **1** [*of wind, air, whistle, horn*] 一阵(陣) yīzhèn **2** (*explosion*) 爆炸 bàozhà [次 cì] **II** VT **1** (*blow up*) 炸掉 zhàdiào **2** (*shoot*) 枪(槍)击(擊) qiāngjī **III** INT (*inf*) 该(該)死 gāisǐ ▸ **(at) full blast** [*play music etc* +] 最大限度地 zuì dà xiàndù de

▸**blast off** VI (*Space*) 发(發)射上天 fāshè shàngtiān

blatant ['bleɪtənt] ADJ [+ *discrimination, attempt*] 公然的 gōngrán de

blatantly ['bleɪtəntlɪ] ADV [*lie* +] 极(極)明显(顯)地 jí míngxiǎn de; [+ *untrue*] 显(顯)然地 xiǎnrán de; [+ *sexist*] 明显(顯)地 míngxiǎn de ▸ **it's blatantly obvious** 显(顯)而易见(見) xiǎn ér yì jiàn

blaze [bleɪz] **I** N [c] **1** (*fire*) 大火 dàhuǒ [场 chǎng] **2** [*of colour, light*] 强(強)烈 qiángliè **3** [*of glory, publicity*] 大量 dàliàng **II** VI **1** [*fire* +] 熊熊燃烧(燒) xióngxióng ránshāo **2** (*also*: **blaze away**) [*guns* +] 连(連)连(連)开(開)枪(槍) liánlián kāiqiāng **3** (*liter*) [*eyes* +] 放光彩 fàng guāngcǎi **III** VT ▸ **to blaze a trail** 开(開)辟(闢)新路 kāipì xīnlù ▸ **in a blaze of publicity** 在公众(眾)瞩(矚)目之下 zài gōngzhòng zhǔmù zhīxià ▸ **to blaze with colour** [*garden etc* +] 鲜(鮮)艳(豔)夺(奪)目 xiānyàn duómù

blazer ['bleɪzəʳ] N [c] [*of school, team etc*] 上装(裝) shàngzhuāng [件 jiàn]

bleach [bliːtʃ] **I** N [U] (*chemical*) 漂白剂(劑) piǎobáijì **II** VT **1** [+ *fabric, foodstuff etc*] 漂白 piǎobái **2** [+ *hair*] 漂淡颜(顏)色 piǎodàn yánsè

bleachers ['bliːtʃəz] (*US*: *Sport*) N PL 露天看台(臺) lùtiān kàntái

bleak [bliːk] ADJ **1** [+ *place*] 凄(淒)凉(涼)的 qīliáng de **2** [+ *weather*] 阴(陰)冷的 yīnlěng de **3** [+ *future, outlook*] 暗淡的 àndàn de **4** [+ *expression, voice*] 冷酷的 lěngkù de

bleed [bliːd] (*pt, pp* **bled** [blɛd]) **I** VI **1** (*Med*) [*person, arm, wound etc* +] 流血 liúxuè **2** (*run*) [*colour* +] 渗(滲)色 shènsè **II** VT [+ *brakes, radiator*] 抽出…的液体(體)/气(氣)体(體) chōuchū...de yètǐ/qìtǐ.▸ **my nose is bleeding** 我流鼻血了 wǒ liú bíxuè le ▸ **to bleed to death** 流血而死 liúxuè ér sǐ

blemish ['blɛmɪʃ] **I** N [c] **1** (*on skin, fruit*) 瑕疵 xiácī [个 gè] **2** (*fig*) 缺陷 quēxiàn [个 gè] **II** VT (*fig*) [+ *reputation*] 损(損)害 sǔnhài

blend [blɛnd] **I** N [c] [*of tea, whisky*] 混合物 hùnhéwù [种 zhǒng] **II** VT **1** [+ *ingredients*] 混合 hùnhé **2** [+ *ideas, styles, policies etc*] 融合 rónghé **III** VI (*also*: **blend in**) [*colours, sounds* +] 调(調)和 tiáohé ▸ **to blend in with sth** 与(與)某物融为(為)一体(體) yǔ mǒuwù róngwéi yī tǐ

blender ['blɛndəʳ] N [c] 搅(攪)拌器 jiǎobànqì [个 gè]

bless [blɛs] VT (*Rel*) 赐(賜)福 cìfú ▸ **to be blessed with** 具有 jùyǒu ▸ **bless you!** (*after sneeze*) 上帝保佑(祐)！ shàngdì bǎoyòu!; (*inf*: *expressing affection*) 愿(願)上帝保佑(祐)你 yuàn shàngdì bǎoyòu nǐ

14世纪时，黑死病席卷 欧洲。人们相信打喷嚏是得病的前兆，不久就会死。当一个人打喷嚏后，身旁的人就会说 **Bless you!**，希望上帝能保佑这个人的灵魂。

blessing ['blɛsɪŋ] N [c] **1** (*approval*) 应(應)允 yīngyǔn **2** (*godsend*) 幸事 xìngshì [件 jiàn] **3** (*Rel*) 赐(賜)福 cìfú ▸ **to count one's blessings** 看自己有多幸运(運) kàn zìjǐ yǒu duō xìngyùn ▸ **it was a blessing in disguise** 因祸(禍)得福 yīn huò dé fú ▸ **a mixed blessing** 优(優)劣参(參)半 yōu liè cān bàn

blew [bluː] PT *of* **blow**

blight [blaɪt] **I** VT [+ *career, life etc*] 损(損)害 sǔnhài **II** N **1** [c] (*fig*) 损(損)害 sǔnhài **2** [U] [*of plants*] 枯萎病 kūwěibìng

blind [blaɪnd] **I** ADJ **1** (*Med*) 失明的 shīmíng de **2** [+ *faith, panic, obedience*] 盲目的 mángmù de **3** [+ *corner*] 看不见(見)另一头(頭)的 kànbùjiàn lìngyītóu de **II** N (*for window*) 向上卷(捲)的帘(簾)子 xiàng shàng juǎn de liánzi **III** VT **1** (*Med*) 使…失明 shǐ...shīmíng **2** (*dazzle*) 使晕(暈)眩 shǐ yūnxuàn **3** (*fig: make insensitive*) 使意识(識)不到 shǐ yìshi bù dào **IV the blind** N PL (*blind people*) 盲人 mángrén ▸ **to go blind** 失明 shīmíng ▸ **to be blind to sth** 对(對)某事意识(識)不到 duì mǒushì yìshi bù dào ▸ **blind in one eye** 一只眼睛失明 yī zhī yǎnjīng shīmíng ▸ **to turn a blind eye (to sth)** (对(對)某事)视(視)而不见(見) (duì mǒushì) shì ér bù jiàn

blind alley N [c] **1** (*US*) (*without exit*) 死胡同 sǐhútong [条 tiáo] [英 = **cul-de-sac**] **2** (*fig*) 无(無)出路 wú chūlù

blindfold ['blaɪndfəuld] **I** N [c] 蒙眼的布 méngyǎn de bù **II** ADJ (*also*: **blindfolded**) 蒙住眼睛的 méngzhù yǎnjīng de **III** VT 蒙住眼睛 méngzhù yǎnjīng ▸ **I could do it blindfold** 我闭(閉)着(著)眼睛都能做 wǒ bìzhe yǎnjīng dōu néng zuò

blindly ['blaɪndlɪ] ADV **1** (*without seeing*) 看不见(見)地 kànbùjiàn de **2** (*without thinking*) 盲目地 mángmù de

blindness ['blaɪndnɪs] N [U] **1** (*disability*) 失明 shīmíng **2** (*fig*) 意识(識)不到 yìshí bùdào

blink [blɪŋk] **I** VI **1** [*person, animal* +] 眨眼睛 zhǎ yǎnjīng **2** [*light* +] 闪(閃)烁(爍) shǎnshuò **II** VT ▸ **to blink one's eyes** 眨眼睛 zhǎ yǎnjīng **III** N [c] [*of eyes*] 一眨 yī zhǎ ▸ **in the blink of an eye** 转(轉)眼之间(間) zhuǎnyǎn zhījiān ▸ **the TV's on the blink** (*inf*) 电(電)视(視)出毛病了 diànshì chū máobìng le

bliss [blɪs] N [U] 巨大的幸福 jùdà de xìngfú

blister ['blɪstəʳ] **I** N [c] **1** (*on skin*) 水泡 shuǐpào [个 gè] **2** (*in paint, rubber*) 气(氣)泡 qìpào **II** VI **1** [*skin* +] 起泡 qǐpào **2** [*paint* +] 呈气(氣)泡状(狀) chéng qìpàozhuàng

blizzard ['blɪzəd] N [c] 暴风(風)雪 bàofēngxuě [场 cháng]

bloated ['bləutɪd] ADJ **1** (*swollen*) [+ *face, stomach, body*] 肿(腫)胀(脹)的 zhǒngzhàng de **2** (*full*) ▸ **to feel bloated** 觉(覺)得饱(飽) juéde bǎo

blob [blɔb] (*inf*) N [c] **1** [*of glue, paint*] 一滴 yīdī **2** (*something indistinct*) 模糊不清的东(東)西 móhu bùqīng de dōngxi

block [blɔk] **I** N [c] **1** (*group of buildings*) 街区(區) jiēqū [个 gè] **2** (*toy*) 积(積)木 jīmù **3** [*of stone, wood, ice*] 块(塊) kuài **II** VT **1** [+ *entrance, road*] 堵塞 dǔsè **2** [+ *view*] 挡(擋)住 dǎngzhù **3** [+ *activity, agreement*] 阻止 zǔzhǐ ▸ **block of flats** *or* (*US*) **apartment block** 公寓楼(樓) gōngyùlóu ▸ **3 blocks from here** 离(離)这(這)里(裡)有3个(個)街区(區)那么(麼)远(遠) lí zhèlǐ yǒu sān gè jiēqū nàme yuǎn ▸ **to have a (mental) block about sth** 对(對)某事感到(脑(腦)子)一片空白 duì mǒushì gǎndào (nǎozi) yī piàn kòngbái ▸ **block and tackle** (*Tech*) 滑轮(輪)组(組) huálún zǔ
▸**block off** VT [+ *door, window*] 堵住 dǔzhù
▸**block out** VT [+ *thought, memory*] 尽(盡)可能不想 jìn kěnéng bùxiǎng
▸**block up** **I** VT [+ *sink, pipe etc*] 堵塞 dǔsè **II** VI [*sink, pipe* +] 堵 dǔ

blockade [blɔ'keɪd] **I** N [c] 封锁(鎖) fēngsuǒ **II** VT 封锁(鎖) fēngsuǒ

blockage ['blɔkɪdʒ] N [c] (*in pipe, tube*) 堵塞 dǔsè

blockbuster ['blɔkbʌstəʳ] (*inf*) N [c] (*film, book*) 风(風)靡一时(時)的事物 fēngmí yīshí de shìwù

block capitals N PL 大写(寫)字母 dàxiě zìmǔ ▸ **in block capitals** 用大写(寫)字母 yòng dàxiě zìmǔ

block letters N PL = **block capitals**

blog ['blɔg] N [c] 博客 bókè

blogging ['blɔgɪŋ] **I** N [U] （写）博客 (xiě) bókè **II** ADJ （写）博客的 (xiě)bókè de

bloke [bləuk] (*Brit; inf*) N [c] 家(傢)伙 jiāhuo

blond(e) [blɔnd] **I** ADJ **1** [+ *hair*] 金色的 jīnsè de **2** [+ *person*] 金发(髮)的人 jīnfà de rén **II** N [c] ▸ **blonde** (*woman*) 金发(髮)女子 jīnfà nǚzǐ [名 míng]

blood [blʌd] N [U] **1** (*Bio*) 血液 xuèyè **2** (*referring to person's ancestry*) 血统(統) xuètǒng ▸ **in cold blood** 残(殘)忍地 cánrěn de ▸ **new** *or* **fresh** *or* **young blood** (*fig*) 新生力量 xīnshēng lìliang

blood donor N [c] 献(獻)血者 xiànxuèzhě [名 míng]

blood group N [c] 血型 xuèxíng

blood poisoning N [U] 血中毒 xuè zhòngdú

blood pressure N [U] 血压(壓) xuèyā ▸ **to have high/low blood pressure** 有高/低血压(壓) yǒu gāo/dī xuèyā ▸ **to take sb's blood pressure** 量某人的血压(壓) liáng mǒurén de xuèyā

bloodshed ['blʌdʃɛd] N [U] 流血 liúxuè

bloodshot ['blʌdʃɔt] ADJ [+ *eyes*] 充血的 chōngxuè de

bloodstream ['blʌdstri:m] N [c] 血流 xuèliú

blood test N [c] 验(驗)血 yànxuè [次 cì] ▸ **to have a blood test** 验(驗)血 yànxuè

blood transfusion N [c] 输(輸)血 shūxuè [次 cì]

blood type N = **blood group**

blood vessel N [c] 血管 xuèguǎn

bloody ['blʌdɪ] **I** ADJ **1** [+ *battle, riot*] 血腥的 xuèxīng de **2** [+ *knife, nose etc*] 血淋淋的 xiělínlín de **3** (*Brit; inf!*) ▸ **this bloody...** 这(這)个(個)该(該)死的… zhège gāisǐ de... **II** VT [+ *nose, hands*] 使流血 shǐ liúxuè ▸ **bloody heavy/good** (*Brit; inf!*) 重/好极(極)了 zhòng/hǎo jí le

bloom [blu:m] **I** N [c] *(flower)* 花 huā [朵 duǒ] **II** VI **1** *[tree, flower +]* 开(開)花 kāihuā **2** *(fig) [talent etc +]* 得以发(發)展 déyǐ fāzhǎn ▸ **to be in bloom** *[plant +]* 盛开(開) shèngkāi

blossom ['blɔsəm] **I** N [c/U] 花 huā [朵 duǒ] **II** VI 开(開)花 kāihuā ▸ **to blossom (into sth)** *(fig)* 成长(長)(为(為)某事) chéngzhǎng(wéi mǒushì)

blot [blɔt] **I** N [c] **1** *(on text)* 污迹(跡) wūjì **2** *(fig: on name etc)* 损(損)坏(壞) sǔnhuài **II** VT **1** *(with blotting paper)* 吸干(乾) xīgān **2** *(with towel)* 吸干(乾) xīgān ▸ **a blot on the landscape** 有碍(礙)观(觀)瞻的物体(體) yǒu ài guān zhān de wùtǐ ▸ **to blot one's copybook** 损(損)坏(壞)自己的名誉(譽) sǔnhuài zìjǐ de míngyù

▸**blot out** VT **1** *[+ view]* 遮挡(擋) zhēdǎng **2** *[+ memory]* 清除 qīngchú

blotchy ['blɔtʃɪ] ADJ *[+ complexion]* 斑斑点(點)点(點)的 bānbān-diǎndiǎn de

blouse [blauz], *US* blaus] N [c] *(woman's garment)* 女士衬(襯)衫 nǚshì chènshān [件 jiàn]

shirts 男女都可以穿，但 **blouses** 只是女装。

blow [bləu] *(pt* **blew**, *pp* **blown)** **I** N [c] **1** *(punch)* 拳打 quándǎ [顿 dùn] **2** *(fig: setback)* 打击(擊) dǎjī [个 gè] **II** VI **1** *[wind, sand, dust etc +]* 吹 chuī **2** *[person +]* 吹气(氣) chuīqì **3** *[whistle, horn +]* 响(響) xiǎng **III** VT **1** *[wind +]* 吹 chuī **2** *[+ whistle, horn]* 吹 chuī **3** *(destroy) (by explosion)* 炸毁(毀) zhàhuǐ **4** *(inf) [+ chance]* 失去 shīqù **5** *(inf: spend) [+ money]* 挥(揮)霍 huīhuò ▸ **to come to blows** 互相殴(毆)打 hùxiāng ōudǎ ▸ **a fuse has blown** 保险(險)丝(絲)烧(燒)断(斷)了 bǎoxiǎnsī shāo duàn le ▸ **to blow one's nose** 擤鼻子 xǐng bízi ▸ **you've blown it!** 你把事情弄糟了！nǐ bǎ shìqing nòng zāo le!

▸**blow away** **I** VT 吹走 chuīzǒu **II** VI 刮(颳)跑 guāpǎo

▸**blow down** VT *[+ tree, house]* 刮(颳)倒 guādǎo

▸**blow off** **I** VT *[+ hat etc]* 刮(颳)走 guāzǒu **II** VI *[hat etc +]* 刮(颳)跑 guāpǎo ▸ **to be blown off course** *[ship +]* 被吹得偏离(離)了航向 bèi chuī de piānlíle hángxiàng

▸**blow out** VT *[+ flame, candle]* 吹灭(滅) chuīmiè

▸**blow over** VI *[trouble, crisis +]* 平息 píngxī

▸**blow up** **I** VI *(explode)* 爆炸 bàozhà **II** VT **1** *(destroy) [+ bridge etc]* 使爆炸 shǐ bàozhà **2** *(inflate) [+ balloon, tyre]* 充气(氣) chōngqì **3** *(Phot) (enlarge)* 放大 fàngdà

blow-dry ['bləudraɪ] **I** VT *[+ hair]* 吹干(乾) chuīgān **II** N [c] *(hairstyle)* 吹风(風)定型 chuīfēng dìngxíng

blown [bləun] PP *of* **blow**

★ **blue** [blu:] **I** ADJ **1** *(in colour)* 蓝(藍)色的 lánsè de **2** *(inf: depressed)* 抑郁(鬱)的 yìyù de ▷ *There's no reason for me to feel so blue.* 我不知道为什么感到这么抑郁。Wǒ bù zhīdào wèishénme gǎndào zhème yìyù. **II** N [U] 蓝(藍)色 lánsè **III** **blues** N PL **1** *(Mus)* ▸ **the blues** 蓝(藍)调(調) lándiào **2** *(inf: depression)* ▸ **to have the blues** 感到抑郁(鬱) gǎndào yìyù ▸ **blue movie/joke** 色情电(電)影/笑话(話) sèqíng diànyǐng/xiàohuà ▸ **(only) once in a blue moon** (仅(僅)是)难(難)得的一次 (jǐn shì) nándé de yī cì ▸ **out of the blue** 意料之外 yìliào zhīwài

bluebell ['blu:bɛl] N [c] 风(風)铃(鈴)草 fēnglíngcǎo

blueberry ['blu:bərɪ] N [c] 越橘 yuèjú [颗 kē]

blue cheese N [c/U] 蓝(藍)奶酪 lánnǎilào

blueprint ['blu:prɪnt] N **1** ▸ **a blueprint (for)** *(fig)* (…的)蓝(藍)图(圖) (...de)lántú **2** [c] *(Archit)* (…的)设(設)计(計)图(圖) (...de) shèjìtú

blue tit N [c] 蓝(藍)山雀 lánshānquè

bluff [blʌf] **I** VI *(pretend, threaten)* 虚(虛)张(張)声(聲)势(勢) xū zhāng shēngshì **II** N **1** [c/U] *(deception)* 虚(虛)张(張)声(聲)势(勢) xū zhāng shēngshì **2** [c] *(Geo) (steep cliff or bank)* 峭壁 qiàobì **III** ADJ *[+ man]* 直截了当(當)的 zhíjié-liǎodàng de ▸ **to call sb's bluff** 叫某人摊(攤)牌 jiào mǒurén tānpái

blunder ['blʌndəʳ] **I** N [c] *(mistake)* 失策 shīcè [次 cì] **II** VI *(bungle)* 犯愚蠢的错(錯)误(誤) fàn yúchǔn de cuòwù ▸ **to blunder into sb/sth** 笨手笨脚(腳)地撞倒人/某物 bèn shǒu bèn jiǎo de zhuàngdǎo rén/mǒuwù

blunt [blʌnt] **I** ADJ **1** *(not sharp) [+ pencil, knife]* 钝(鈍)的 dùn de **2** *[+ person, remark]* 直率的 zhíshuài de **II** VT **1** *[+ scissors, chisel etc]* 弄钝(鈍) nòng dùn **2** *[+ appetite, emotion]* 使减(減)弱 shǐ jiǎnruò ▸ **blunt instrument** *(Law)* 钝(鈍)器 dùnqì ▸ **to be blunt ...** 坦率地说(說)… tǎnshuài de shuō...

blur [bləːʳ] **I** N [c] *(in vision, memory)* 模糊不清 móhu bùqīng **II** VT **1** *[+ vision, image]* 模糊 móhu **2** *[+ distinction]* 使模糊不清 shǐ móhu bùqīng **III** VI *[image +]* 变(變)模糊 biàn móhu

blush [blʌʃ] **I** VI *(with shame, embarrassment)* 脸(臉)红(紅) liǎnhóng **II** N [c] 脸(臉)红(紅) liǎnhóng [阵 zhèn] ▸ **to spare** *or* **save sb's blushes** 不让(讓)某人感到脸(臉)红(紅) bù ràng mǒurén gǎndào liǎnhóng

blusher ['blʌʃəʳ] N [c/U] 胭脂 yānzhi

Blvd. ABBR (= **boulevard**) 大街 dàjiē

B.O. N ABBR *(Brit; inf)* (= **body odour**) 狐臭 húchòu

board [bɔ:d] **I** N **1** [c] *(piece of wood)* 木板 mùbǎn [块 kuài] **2** [c] *(also:* **noticeboard**) 公告板 gōnggàobǎn [块 kuài] **3** [c] *(also:* **blackboard**) 黑板 hēibǎn [个 gè] [次 cì] **4** [c] *(for chess)* 盘(盤) pán **5** [c] *(committee)* 委员(員)会(會) wěiyuánhuì [个 gè] [次 cì] **6** [c] *(in firm)* 董事会(會) dǒngshìhuì **7** [U] *(at hotel)* 膳食 shànshí **II** VT *(frm) [+ ship, train, plane]* 上 shàng **III** VI *(frm: on ship, train, plane)* 登上 dēngshang ▸ **full/half board** *(Brit)* 全日/部分膳食供应(應) quánrì/bùfèn shànshí gōngyìng

▸ **board and lodging** 食宿 shísù ▸ **on board** 在船/车(車)/飞(飛)机(機)上 zài chuán/chē/fēijī shàng ▸ **to take sth on board** [+ *idea, suggestion*] 接受某事物 jiēshòu mǒushìwù ▸ **above board** 光明正大 guāngmíng zhèngdà ▸ **across the board** (*as adv*) 全面地 quánmiàn de; (*as adj*) 全面的 quánmiàn de ▸ **to go by the board** 被忽略 bèi hūlüè
▸**board up** VT [+ *door, window*] 用板覆盖(蓋) yòng bǎn fùgài

board game N [c] 棋盘(盤)游(遊)戏(戲) qípán yóuxì [盘 pán]

boarding card ['bɔːdɪŋ-] N [c] 登机(機)卡 dēngjīkǎ [张 zhāng]

boarding pass N = **boarding card**

boarding school N [c/u] 寄宿学(學)校 jìsù xuéxiào [个 gè]

boardroom ['bɔːdruːm] N [c] 董事会(會)议(議)室 dǒngshì huìyìshì [间 jiān]

boast [bəust] I VI ▸ **to boast (about** *or* **of)** 说(說)(关(關)于(於)某事的)大话(話) shuō (guānyú mǒushì de) dàhuà II VT (*possess, have*) 夸耀 kuāyào III N [c] 自夸 zìkuā [种 zhǒng] ▸ **to boast that ...** 夸(誇)耀说(說)··· kuāyào shuō...

boat [bəut] N [c] **1** (*small vessel*) 船 chuán [艘 sōu] **2** (*ship*) 轮(輪)船 lúnchuán [艘 sōu] ▸ **to go by boat** 乘船去 chéngchuán qù ▸ **to be in the same boat** 处(處)境相同 chǔjìng xiāngtóng ▸ **to rock the boat** 捣(搗)乱(亂) dǎoluàn

bob [bɔb] VI (*also*: **bob up and down**) [*boat, cork* +] 上下浮动(動) shàngxià fúdòng
▸**bob up** VI 浮现(現) fúxiàn

bode [bəud] VI ▸ **to bode well/ill (for)** (为(為)···)预(預)示着(著)好运(運)/厄运(運) (wèi...) yùshìzhe hǎoyùn/èyùn

★ **body** ['bɔdɪ] N **1** [c] (*Anat*) 身体(體) shēntǐ [个 gè] ▹ *My whole body hurt.* 我的整个身体都在痛。Wǒ de zhěnggè shēntǐ dōu zài tòng. **2** [c] (*torso, trunk*) 躯(軀)干(幹) qūgàn [个 gè] **3** [c] (*corpse*) 尸(屍)体(體) shītǐ [具 jù] ▹ *Police later found a body.* 警方后来找到了一具尸体。Jǐngfāng hòulái zhǎodàole yī jù shītǐ. **4** [s] (*main part*) [*of building*] 主体(體) zhǔtǐ ▹ *the main body of the church* 教堂的主体 jiàotáng de zhǔtǐ; [*of speech, document*] 正文 zhèngwén **5** [c] [*of car*] 身 shēn **6** [c] (*organization*) 团(團)体(體) tuántǐ [个 gè] ▹ *public bodies such as local authorities* 像地方当局这样的公共团体 xiàng dìfāng dāngjú zhèyàng de gōnggòng tuántǐ **7** [c] (*quantity*) [*of evidence*] 许(許)多 xǔduō ▹ *There is a growing body of evidence pointing to these effects.* 越来越多的证据表明了这些后果。Yuèláiyuè duō de zhèngjù biǎomíngle zhèxiē hòuguǒ. **8** [u] [*of wine etc*] 粘稠 niánchóu

bodybuilding ['bɔdɪ'bɪldɪŋ] N [u] 健身 jiànshēn

bodyguard ['bɔdɪgaːd] N [c] (*of statesman, celebrity*) 保镖(鏢) bǎobiāo [个 gè]

bodywork ['bɔdɪwəːk] (*Aut*) N [u] 车(車)身 chēshēn

bog [bɔg] I N [c] (*marsh*) 沼泽(澤) zhǎozé [片 piàn] II VT ▸ **to get bogged down** 被缠(纏)住 bèi chánzhù

bogus ['bəugəs] ADJ [+ *claim, evidence etc*] 伪(僞)造的 wěizào de

bohemian [bəu'hiːmɪən] I ADJ (*writer, lifestyle*) 放荡(蕩)不羁(羈)的 fàngdàng bùjī de II N [c] (*unconventional person*) 放荡(蕩)不羁(羈)的人 fàngdàng bùjī de rén

boil [bɔɪl] I VT **1** [+ *water*] 烧(燒)开(開) shāokāi **2** [+ *eggs, potatoes*] 煮 zhǔ II VI [*liquid* +] 沸腾(騰) fèiténg III N (*Med*) 疖(癤)子 jiēzi ▸ **to boil a kettle** 烧(燒)开(開)水 shāo kāishuǐ ▸ **to be boiling with anger** *or* **rage** 气(氣)愤(憤)至极(極) qìfèn zhì jí ▸ **to come to the** *or* (*US*) **a boil** 开(開)始沸腾(騰) kāishǐ fèiténg ▸ **to bring a liquid to the boil** 把液体(體)烧(燒)至沸腾(騰) bǎ yètǐ shāo zhì fèiténg
▸**boil down to** VT FUS 归(歸)根结(結)底 guīgēn jiédǐ
▸**boil over** VI [*kettle, milk* +] 沸腾(騰)至溢出 fèiténg zhì yìchū
▩ 用法参见 **cook**

boiled egg ['bɔɪld-] N [c] 煮鸡(雞)蛋 zhǔjīdàn [个 gè]

boiled potatoes N PL 煮土豆 zhǔtǔdòu

boiler ['bɔɪlə^r] N [c] (*device*) 锅(鍋)炉(爐) guōlú [个 gè]

boiling (hot) ['bɔɪlɪŋ-] (*inf*) ADJ ▸ **I'm boiling (hot)** 我太热(熱)了 wǒ tài rè le ▸ **it's boiling (hot)** 太热(熱)了 tài rè le
▩ 用法参见 **hot**

boiling point N [u] [*of liquid*] 沸点(點) fèidiǎn

boisterous ['bɔɪstərəs] ADJ (*noisy, excitable*) [+ *person, crowd*] 喧闹(鬧)的 xuānnào de

bold [bəuld] I ADJ **1** (*brave*) [+ *person, action*] 大胆(膽)的 dàdǎn de **2** [+ *pattern, colours*] 突出的 tūchū de II N [u] (*Typ*) 粗体(體)字 cūtǐzì ▸ **in bold** (*Typ*) 用粗体(體)字 yòng cūtǐzì ▸ **if I may be so bold** 恕我冒昧 shù wǒ màomèi

bollard ['bɔləd] N [c] **1** (*Brit*: *Aut*) 护(護)柱 hùzhù [根 gēn] **2** (*Naut*) 系(繫)缆(纜)柱 jì lǎn zhù [根 gēn]

bolt [bəult] I N [c] **1** (*to lock door*) 插销(銷) chāxiāo [个 gè] **2** (*used with nut*) 螺钉(釘) luódīng [颗 kē] II VT **1** [+ *door*] 闩(閂) shuān **2** (*fasten*) ▸ **to bolt sth to sth** 把某物栓在某物上 bǎ mǒuwù shuānzài mǒuwù shang **3** [+ *food*] 囫囵(圇)吞下 húlún tūnxià III VI (*run very fast*) [*horse* +] 迅速跑开(開) xùnsù pǎokāi; [*person* +] 跑开(開) pǎokāi IV ADV ▸ **bolt upright** 笔(筆)直 bǐzhí ▸ **a bolt of lightning** 一道闪(閃)电(電) yī dào shǎndiàn ▸ **a bolt from the blue** 晴天霹雳(靂) qíngtiān pīlì

bomb [bɔm] I N [c] 炸弹(彈) zhàdàn [颗 kē] II VT 轰(轟)炸 hōngzhà

bombard [bɔm'baːd] VT (*Mil*) 连(連)续(續)

炮(砲)击(擊) liánxù pàojī ▸ **to bombard sb with questions/requests** 连(連)珠炮(砲)似地向某人提问(問)题(題)/要求 liánzhūpào shì de xiàng mǒurén tí wèntí/yāoqiú

bomber ['bɔmə^r] N [c] **1** (*Aviat*) 轰(轟)炸机(機) hōngzhàjī [架 jià] **2** (*terrorist*) 投放炸弹(彈)的人 tóufàng zhàdàn de rén [个 gè]

bombing ['bɔmɪŋ] N [c/U] 轰(轟)炸 hōngzhà [阵 zhèn]

bombshell ['bɔmʃɛl] N [c] (*revelation*) 爆炸性事件 bàozhàxìng shìjiàn [次 cì]

bond [bɔnd] **I** N [c] **1** (*link*) [*of affection etc*] 纽(紐)带(帶) niǔdài [根 gēn] **2** (*Fin*) 公债(債) gōngzhài **II** VI **1** ▸ **to bond (with)** [*mother* +] [+ *child*] (与(與))…联(聯)结(結) (yǔ) …liánjié **2** [*material* +] 黏合 niánhé **III bonds** (*liter*) N PL (*ties*) 约(約)束 yuēshù

bone [bəun] **I** N **1** [c/U] (*in body of human, animal*) (*Anat*) 骨头(頭) gǔtou [根 gēn] **2** [c] (*in fish*) 刺 cì [根 gēn] **II** VT [+ *meat, fish*] 剔除骨刺 tīchú gǔcì ▸ **I've got a bone to pick with you** 我对(對)你有怨言 wǒ duì nǐ yǒu yuànyán ▸ **to make no bones about sth** 公开(開)承认(認)某事 gōngkāi chéngrèn mǒushì

bone marrow N [U] 骨髓 gǔsuǐ

bonfire ['bɔnfaɪə^r] N [c] **1** (*as part of a celebration*) 篝火 gōuhuǒ [堆 duī] **2** (*to burn rubbish*) 火堆 huǒduī [个 gè]

Bonfire Night (*Brit*) N [U] 篝火之夜
▒ 用法参见 **Guy Fawkes Night**

bonnet ['bɔnɪt] N [c] **1** (*Brit*) [*of car*] 引擎罩 yǐnqíngzhào [个 gè] [美 = **hood**] **2** (*hat*) 在颌下系(繫)带(帶)的帽子 zài hé xià jì dài de màozi

bonus ['bəunəs] N [c] **1** (*extra payment*) (*on wages*) 红(紅)利 hónglì [份 fèn] **2** (*additional benefit*) 额(額)外收获(穫) éwài shōuhuò [份 fèn]

bony ['bəunɪ] ADJ **1** [+ *arm, face, fingers, person*] 瘦的 shòu de **2** (*Anat*) 骨的 gǔ de **3** [+ *fish*] 多刺的 duō cì de

boo [bu:] **I** INT **1** (*as joke*) 在吓唬别人时发出的声音吠 **2** (*as criticism*) 在表示批评时发出的声音:呸 **II** VT 为(為)…喝倒彩 wèi...hè dàocǎi **III** VI 发嘘声表示不满 **IV** N [c] 嘘(噓)声(聲) xū shēng

★ **book** [buk] **I** N [c] **1** (*novel etc*) 书(書) shū [本 běn] **2** [*of stamps, tickets*] 册(冊) cè **II** VT **1** [+ *ticket, table, seat, room*] 预(預)订(訂) yùdìng **2** [*traffic warden, police officer* +] 登记(記) dēngjì ▹ *I was booked for speeding.* 我因超速驾车而被记名。Wǒ yīn chāosù jiàchē ér bèi jìmíng. **3** (*Football*) 记(記)名警告 jìmíng jǐnggào **III books** N PL (*Comm*) (*accounts*) 账(賬)目 zhàngmù ▸ **by the book** 照章办(辦)事 zhào zhāng bànshì ▸ **to throw the book at sb** 重罚(罰)某人 zhòng fá mǒurén ▸ **fully booked** 预(預)订(訂)一空 yùdìng yīkōng ▸ **to keep the books** 作簿记(記) zuò bùjì

▸**book in** (*Brit*) VI (*at hotel*) 登记(記)入住 dēngjì rùzhù [美 = **check in**]

▸**book into** (*Brit*) VT FUS [+ *hotel*] 登记(記)入住 dēngjì rùzhù [美 = **check into**]

▸**book up** VI 预(預)订(訂) yùdìng ▸ **all seats are booked up** 所有座位都被预(預)订(訂)了 suǒyǒu zuòwèi dōu bèi yùdìng le ▸ **the hotel is booked up** 这(這)个(個)宾(賓)馆(館)已经(經)订(訂)满(滿)了 zhège bīnguǎn yǐjīng dìng mǎn le

bookcase ['bukkeɪs] N [c] 书(書)橱(櫥) shūchú [个 gè]

booking ['bukɪŋ] N [c] 预(預)订(訂) yùdìng

booking office (*Brit: Rail, Theat*) N [c] 售票处(處) shòupiàochù [个 gè] [美 = **ticket office**]

bookkeeping ['buk'ki:pɪŋ] N [U] 簿记(記) bùjì

booklet ['buklɪt] N [c] 小册(冊)子 xiǎocèzi [本 běn]

bookmaker ['bukmeɪkə^r] N [c] 赌(賭)注登记(記)人 dǔzhù dēngjìrén [位 wèi]

bookmark ['bukma:k] **I** N [c] 书(書)签(籤) shūqiān [个 gè] **II** VT (*Comput*) 放书(書)签(籤) fàng shūqiān

bookseller ['buksɛlə^r] N [c] 书(書)商 shūshāng [名 míng]

bookshelf ['bukʃɛlf] N [c] 书(書)架 shūjià [个 gè]

bookshop ['bukʃɔp] (*Brit*) N [c] 书(書)店 shūdiàn [家 jiā] [美 = **bookstore**]

bookstore ['bukstɔ:^r] (*esp US*) N = **bookshop**

boom [bu:m] **I** N [c] **1** (*noise*) 轰(轟)轰(轟)声(聲) hōnghōngshēng **2** (*Econ*) 繁荣(榮) fánróng **3** (*in prices, popularity*) 兴(興)盛 xīngshèng **II** VI **1** (*also*: **boom out**) [*guns, thunder* +] 发(發)出隆隆的响(響)声(聲) fāchū lónglóng de xiǎngshēng; [*voice* +] 发(發)出低沉有力的声(聲)音 fāchū dīchén yǒulì de shēngyīn **2** [*sales, business, economy* +] 繁荣(榮) fánróng

boost [bu:st] **I** N [c] **1** (*to sales, economy etc*) 促进(進) cùjìn **2** (*to confidence, morale*) 增强(強) zēngqiáng **II** VT **1** [+ *sales, economy etc*] 促进(進) cùjìn **2** [+ *confidence, morale*] 增强(強) zēngqiáng

boot [bu:t] **I** N [c] **1** (*footwear*) (*for winter*) 靴子 xuēzi [双 shuāng]; (*for football, walking*) 鞋 xié [双 shuāng] **2** (*Brit*) [*of car*] 车(車)后(後)行李箱 chē hòu xínglǐxiāng [个 gè] [美 = **trunk**] **II** VT (*inf: kick*) 猛踢 měng tī ▸ **... to boot** (*in addition*) 再者… zàizhě... ▸ **to get** *or* **be given the boot** (*inf*) 被解雇(僱) bèi jiěgù

▸**boot up** (*Comput*) **I** VT 使运(運)行 shǐ yùnxíng **II** VI 开(開)始运(運)行 kāishǐ yùnxíng

booth [bu:ð] N [c] **1** (*for telephoning*) 隔开(開)的小间(間) gékāi de xiǎojiān **2** (*for voting*) 投票站 tóupiàozhàn [个 gè] **3** (*at fair*) 摊(攤)子 tānzi [个 gè]

booze [bu:z] (*inf*) **I** N [U] 酒 jiǔ **II** VI 饮(飲)酒 yǐnjiǔ

border ['bɔːdəʳ] I N [c] 1 [*of country*] 边(邊)界 biānjiè [条 tiáo] 2 (*in garden*) 花坛(壇) huātán 3 (*band, edge*) (*on cloth etc*) 饰(飾)边(邊) shìbiān II VT 1 [+ *road*] 环(環)绕(繞) huánrào 2 [+ *another country*] 与(與)…接壤 yǔ…jiērǎng III **Borders** N (*Brit: Geo*) ▶ **the Borders** 英格兰与苏格兰交界区

▶**border on** VT FUS (*fig*) [+ *insanity, brutality*] 近于(於) jìnyú

borderline ['bɔːdəlaɪn] N [c] 边(邊)境线(線) biānjìngxiàn ▶ **to be on the borderline** (*in exam etc*) 两(兩)可之间(間) liǎng kě zhījiān

bore [bɔːʳ] I PT *of* **bear** II VT 1 [+ *hole*] 钻(鑽) zuàn 2 [+ *oil well, tunnel*] 开(開)凿(鑿) kāizáo 3 [+ *person*] 使厌(厭)烦(煩) shǐ yànfán III N 1 ▶ **12-bore shotgun** 12膛径(徑)的猎(獵)枪(槍) shí'èr tángjìng de lièqiāng 2 ▶ **to be a bore** [*person* +] 令人讨(討)厌(厭)的人 lìng rén tǎoyàn de rén; [*situation* +] 令人厌(厭)烦(煩)的事 lìng rén yànfán de shì ▶ **it's a bore** 令人讨(討)厌(厭) lìng rén tǎoyàn ▶ **it/he bores me to tears** *or* **to death** *or* **stiff** 它/他把我烦(煩)死了 tā/tā bǎ wǒ fánsǐ le ▶ **to be bored (with sth)** (对(對)某事)不感兴(興)趣 (duì mǒushì) bùgǎn xìngqù ▶ **to be bored to tears** *or* **bored to death** *or* **bored stiff** (*inf*) 厌(厭)烦(煩)得要死 yànfán de yào sǐ

> 如果你感觉 **bored**，是因为你对所做的事情不感兴趣，或没有你所感兴趣的事情去做。*If you're bored, we could go for a walk.* 当你觉得某人，某地或某物没意思而使你感觉乏味时，就可以用 **boring** 来形容。*a boring job...a boring little mining town... He can be a bit boring sometimes.*

boredom ['bɔːdəm] N [U] 1 (*state of being bored*) 厌(厭)烦(煩) yànfán 2 (*boring quality*) 乏味 fáwèi

boring ['bɔːrɪŋ] ADJ (*tedious*) [+ *person, job, film*] 乏味的 fáwèi de

born [bɔːn] ADJ ▶ **to be born** [*baby* +] 出生 chūshēng ▶ **to be born of** *or* **to sb** (*frm*) 是某人的孩子 shì mǒurén de háizi ▶ **a born comedian** 天生的喜剧(劇)演员(員) tiānshēng de xǐjù yǎnyuán ▶ **born and bred** 土生土长(長) tǔ shēng tǔ zhǎng

borne [bɔːn] PP *of* **bear**

borough ['bʌrə], *US* 'bʌrəu] N [c] 自治城市 zìzhì chéngshì [个 gè]

borrow ['bɔrəu] VT (*from sb, from library*) 借 jiè ▶ **can I borrow a pen please?** 我能不能借支笔(筆)? wǒ néngbùnéng jiè zhī bǐ?

Bosnia ['bɔznɪə] N 波斯尼亚(亞) Bōsīníyà

Bosnian ['bɔznɪən] ADJ 波斯尼亚的 Bōsīníyà de

bosom ['buzəm] I N 1 [c] (*o.f.*) (*also*: **bosoms**) [*of woman*] 乳房 rǔfáng 2 [s] (*liter*) [*of family, community*] 中间(間) zhōngjiān II ADJ [+ *friend*] 亲(親)密的 qīnmì de

boss [bɔs] I N [c] 1 (*employer*) 老板 lǎobǎn [个 gè] 2 (*inf: leader*) 领(領)导(導) lǐngdǎo [位 wèi] II VT 支配 zhīpèi ▶ **to be one's own boss** 一切由自己作主 yīqiè yóu zìjǐ zuòzhǔ

▶**boss around, boss about** VT 对(對)某人呼来(來)唤(喚)去 duì mǒurén hū lái huàn qù

bossy ['bɔsɪ] ADJ 霸道的 bàdào de

botany ['bɔtənɪ] N [U] 植物学(學) zhíwùxué

★**both** [bəuθ] I ADJ 两(兩)者都 liǎngzhě dōu ▷ *Both policies make good sense.* 两项政策都很有道理。Liǎng xiàng zhèngcè dōu hěn yǒu dàolǐ. II PRON 1 (*things*) 两(兩)者 liǎngzhě ▷ *Most of them speak English or German or both.* 他们大都会说英语或者德语，或者两种语言都会。Tāmen dà dōu huì shuō yīngyǔ huòzhě déyǔ, huòzhě liǎng zhǒng yǔyán dōu huì. 2 (*people*) 两(兩)个(個) liǎng gè ▷ *He's fond of you both.* 你们两个他都喜欢。Nǐmen liǎng gè tā dōu xǐhuan. III CONJ ▶ **both A and B** A和B两(兩)者都 A hé B liǎngzhě dōu ▶ **both (of them)** (他们(們))两(兩)个(個)都 (tāmen) liǎng gè dōu ▶ **both of us went** *or* **we both went** 我们(們)两(兩)个(個)都去了 wǒmen liǎng gè dōuqù le ▶ **they saw both of us** 我们(們)两(兩)个(個)他们(們)都见(見)了 wǒmen liǎng gè tāmen dōu jiàn le

bother ['bɔðəʳ] I VT 1 (*worry*) 烦(煩)扰(擾) fánrǎo 2 (*disturb*) 打扰(擾) dǎrǎo II VI 在乎 zàihu III N 1 [U] (*trouble*) 麻烦(煩) máfan 2 [U] (*difficulty*) 费(費)力 fèilì 3 [s] (*nuisance*) 麻烦(煩)事 máfanshì IV INT (*also*: **bother it**) (*esp Brit; o.f.*) 真讨(討)厌(厭) zhēn tǎoyàn ▶ **to bother doing sth** *or* **to do sth** 费(費)心做某事 fèixīn zuò mǒushì ▶ **I can't be bothered to go** (*it's unnecessary*) 我没(沒)必要去 wǒ méi bìyào qù; (*I'm too lazy*) 我没(沒)劲(勁)去 wǒ méi jìn qù ▶ **don't bother** 不用了 bùyòng le ▶ **it's no bother** 不麻烦(煩) bù máfan ▶ **it's a bother** 是件麻烦(煩)事 shì jiàn máfan shì

bottle ['bɔtl] I N 1 [c] (*glass etc container*) (*for milk, wine, perfume*) 瓶子 píngzi [个 gè] 2 [c] (*amount contained*) 瓶 píng 3 [c] [*baby's*] 奶瓶 nǎipíng [个 gè] 4 [U] (*Brit; inf*) (*courage*) 胆(膽)量 dǎnliàng II VT 1 [+ *beer, wine*] 装(裝)瓶 zhuāngpíng 2 [+ *fruit*] 装(裝)罐储(儲)藏 zhuāngguàn chǔcáng ▶ **a bottle of wine/milk** 一瓶葡萄酒/牛奶 yīpíng pútáojiǔ/niúnǎi ▶ **a wine/milk bottle** 葡萄酒/牛奶瓶 pútáojiǔ/niúnǎi píng ▶ **bottled beer** 瓶装(裝)啤酒 píngzhuāng píjiǔ ▶ **bottled water** 瓶装(裝)水 píngzhuāng shuǐ

▶**bottle up** VT [+ *emotion*] 抑制 yìzhì

bottle bank (*Brit*) N [c] 旧(舊)瓶回收处(處) jiùpíng huíshōuchù [个 gè]

bottle opener N [c] 开(開)瓶器 kāipíngqì [个 gè]

bottom ['bɔtəm] I N 1 [c] [*of container, sea*] 底部 dǐbù [个 gè] 2 [c] [*of page, list*] 下端 xiàduān [个 gè] 3 [U/S] [*of class, league*] 最后(後)一名 zuìhòu yīmíng 4 [s] [*of organization, company*] 最底层(層) zuìdǐcéng 5 [c] [*of hill, tree, stairs*] 最

底部 zuìdǐbù [个 gè] **6** [c] (*buttocks*) 臀部 túnbù [个 gè] **7** [c] (*also*: **bottoms**) [*of bikini, tracksuit*] 下装(裝) xiàzhuāng [件 jiàn] **II** ADJ **1** (*lowest*) 最下面的 zuì xiàmian de **2** (*least important*) [+ *rung, position*] 最低的 zuì dī de ▸ **at the bottom of** 在…的底部 zài…de dǐbù ▸ **to get to the bottom of sth** 彻(徹)底查明某事 chèdǐ chámíng mǒushì
▸**bottom out** VI [*recession etc* +] 降到最低点(點) jiàng dào zuìdīdiǎn

bought [bɔːt] PT, PP *of* **buy**

boulder [ˈbəuldəʳ] N [c] 巨石 jùshí [块 kuài]

bounce [bauns] **I** VI **1** [*ball* +] 弹(彈)起 tánqǐ **2** [*hair* +] 跳动(動) tiàodòng **3** [*cheque* +] 退回 tuìhuí **II** VT **1** [+ *ball*] 拍 pāi **2** [+ *cheque*] 拒付 jùfù **III** N [c/U] [*of ball*] 弹(彈)起 tánqǐ [次 cì] ▸ **to bounce on** [+ *bed etc*] 蹦跳上 bèngtiào shàng ▸ **to bounce up and down** 上下跳动(動) shàng xià tiàodòng ▸ **to bounce in/out** *etc* [*person* +] 蹦跳地进(進)来(來)/出去等 bèngtiào de jìnlái/chūqù děng

bouncer [ˈbaunsəʳ] (*inf*) N [c] (*at dance, club*) 保安 bǎo'ān [个 gè]

bound [baund] **I** PT, PP *of* **bind** **II** N [c] (*liter: leap*) 跳 tiào **III** VI (*leap*) 大步快走 dàbù kuàizǒu **IV** VT (*border*) 接壤 jiērǎng **V** ADJ ▸ **bound by** [+ *law, regulation*] 被…约(約)束 bèi…yuēshù **VI bounds** N PL (*limit*) 限制 xiànzhì ▸ **to be bound to do sth** (*certain*) 一定做某事 yīdìng zuò mǒushì; (*obliged*) 有义(義)务(務)做某事 yǒu yìwù zuò mǒushì ▸ **bound for** (*Naut, Aut, Rail*) 开(開)往 kāiwǎng ▸ **to be bound up in sth** 忙于(於)某事 máng yú mǒushì ▸ **to be bound up with sth** 与(與)某事密切相关(關) yǔ mǒushì mìqiè xiāngguān ▸ **out of bounds** [+ *place*] 不准进(進)入 bùzhǔn jìnrù ▸ **to know no bounds** 无(無)可限量 wú kě xiànliàng

boundary [ˈbaundrɪ] N [c] (*border, limit*) 边(邊)界 biānjiè [个 gè]

bouquet [ˈbukeɪ] N **1** [c] [*of flowers*] 束 shù **2** [c/U] [*of wine*] 芳香 fāngxiāng

bourbon [ˈbuəbən] (*US*) N [U] 波旁威士忌 bōpáng wēishìjì

bourgeois [ˈbuəʒwɑː] ADJ (*pej*) 资(資)产(產)阶(階)级(級)的 zīchǎn jiējí de

bout [baut] N [c] **1** [*of illness*] 发(發)作 fāzuò **2** [*of activity*] 次 cì **3** (*Boxing etc*) 场(場) chǎng

boutique [buːˈtiːk] N [c] 小型精品店 xiǎoxíng jīngpǐndiàn [家 jiā]

bow¹ [bəu] N [c] **1** (*knot*) 蝴蝶结(結) húdiéjié [个 gè] **2** (*weapon*) 弓 gōng [把 bǎ] **3** (*Mus*) 琴弓 qíngōng [个 gè]

bow² [bau] **I** N [c] **1** (*of head, body*) 鞠躬 jūgōng **2** (*Naut*) (*also*: **bows**) 船首 chuánshǒu **II** VI (*with head, body*) 鞠躬 jūgōng **III** VT [+ *head*] 低头(頭) dītóu ▸ **to bow to** [+ *pressure, sb's wishes*] 服从(從) fúcóng ▸ **to bow to the inevitable** 向命运(運)低头(頭) xiàng mìngyùn dītóu
▸**bow out** VI ▸ **to bow out (of sth)** 退出(某事) tuìchū (mǒushì)

bowels [ˈbauəlz] N PL **1** (*Anat*) 肠(腸) cháng **2** (*liter*) [*of the earth etc*] 深处(處) shēnchù

bowl [bəul] **I** N [c] **1** (*container for eating*) 碗 wǎn [个 gè] **2** (*contents*) 一碗的量 yī wǎn de liàng **3** (*for washing clothes/dishes*) 盆 pén [个 gè] **4** [*of toilet*] 马(馬)桶 mǎtǒng **5** (*Sport*) (*ball*) 木球 mùqiú; *see also* **bowls** **6** [*of pipe*] 烟(煙)斗 yāndǒu **7** (*esp US*) (*stadium*) 体(體)育场(場) tǐyùchǎng **II** VI (*Cricket*) 投球 tóuqiú
▸**bowl over** VT **1** (*knock over*) 撞倒 zhuàngdǎo **2** (*impress*) 使大吃一惊(驚) shǐ dàchī yījīng

bowler [ˈbəuləʳ] N [c] **1** (*Cricket*) 投球员(員) tóuqiúyuán **2** (*Brit*) = **bowler hat**

bowler hat (*Brit*) N [c] 圆(圓)顶(頂)硬礼(禮)帽 yuándǐng yìng lǐmào [顶 dǐng]

bowling [ˈbəulɪŋ] N [U] (*game*) 保龄(齡)球 bǎolíngqiú ▸ **to go bowling** 打保龄(齡)球 dǎ bǎolíngqiú

bowling alley N [c] (*building*) 保龄(齡)球球道 bǎolíngqiú qiúdào

bowling green N [c] 地滚(滾)球草地球场(場) dìgǔnqiú cǎodì qiúchǎng [个 gè]

bowls [bəulz] (*Brit*) N [U] (*game*) 地滚(滾)球戏(戲) dìgǔnqiúxì [美 = **lawn bowling**]

bow tie [bəu-] N [c] 蝶形领(領)结(結) diéxíng lǐngjié [个 gè]

box [bɔks] **I** N [c] **1** (*container*) 盒子 hézi [个 gè] **2** (*contents*) 盒 hé ▹ *a box of chocolates/tissues* 一盒巧克力/纸巾 yī hé qiǎokèlì/zhǐjīn **3** (*also*: **cardboard box**) 纸(紙)箱 zhǐxiāng [个 gè] **4** (*crate*) 箱 xiāng **5** (*Theat, Sport*) 包厢(廂) bāoxiāng **6** ▸ **the box** (*Brit; inf*) (*television*) 电(電)视(視) diànshì **7** ▸ **the box** (*Football*) (*penalty area*) 罚(罰)球区(區) fáqiúqū **8** (*Brit*) (*road marking*) 十字路口路面的方格标记 **9** (*on form*) 方框 fāngkuàng **II** VT (*put in a box*) 装(裝)箱 zhuāngxiāng **III** VI (*Sport*) 拳击(擊) quánjī
▸**box in** VT [+ *car, person*] 围(圍)困 wéikùn

boxer [ˈbɔksəʳ] N [c] **1** (*person*) 拳击(擊)运(運)动(動)员(員) quánjī yùndòngyuán [位 wèi] **2** (*dog*) 斗(鬥)拳狗 dòuquángǒu

boxer shorts, boxers N PL 平角裤(褲) píngjiǎokù

boxing [ˈbɔksɪŋ] (*Sport*) N [U] 拳击(擊) quánjī

Boxing Day (*Brit*) N [c/U] 圣诞节后的第一天，是公共假日

boxing gloves N PL 拳击(擊)手套 quánjī shǒutào

boxing ring N [c] 拳击(擊)台(臺) quánjītái [个 gè]

box office N **1** [c] (*in theatre/cinema*) 售票处(處) shòupiàochù **2** [s] (*fig*) 票房 piàofáng ▸ **a box office success** 非常卖(賣)座 fēicháng màizuò

★ **boy** [bɔɪ] N [c] **1** (*male child*) 男孩 nánhái [个 gè]

2 (*young man*) 男青年 nán qīngnián [个 gè] ▸ *the age when girls get interested in boys* 女孩子开始对男青年感兴趣的年龄 nǔ háizi kāishǐ duì nán qīngnián gǎn xìngqù de niánlíng **3** (*inf*: *son*) 儿(兒)子 érzi

boycott ['bɔɪkɔt] **I** N [c] 联(聯)合抵制 liánhé dǐzhì **II** VT [+ *product, place, event*] 联(聯)合抵制 liánhé dǐzhì

boyfriend ['bɔɪfrɛnd] N [c] 男朋友 nánpéngyou [个 gè]

boyish ['bɔɪɪʃ] ADJ **1** [+ *man, looks, smile*] 男孩子气(氣)的 nánháizi qì de **2** [+ *woman*] 男孩式的 nánhái shì de

bra [brɑː] N [c] 胸罩 xiōngzhào [件 jiàn]

brace [breɪs] **I** N [c] **1** (*on teeth*) 牙箍 yágū [个 gè] **2** (*on leg, neck*) 支架 zhījià [个 gè] **II braces** N PL **1** (*Brit*) 背带(帶) bēidài [美 = **suspenders**] **2** (*US*: *Typ*) (*also*: **curly braces**) 大括弧 dà kuòhú [英 = **curly brackets**] **III** VT [+ *knees, shoulders*] 绷(繃)紧(緊) bēngjǐn ▸ **to brace oneself** (*in order to steady oneself*) 使自己紧(緊)靠 shǐ zìjǐ jǐn kào; (*fig*: *for shock*) 稳(穩)定情绪(緒) wěndìng qíngxù

bracelet ['breɪslɪt] N [c] 手镯(鐲) shǒuzhuó [只 zhī]

bracing ['breɪsɪŋ] ADJ [+ *air, climate, walk, swim*] 令人振奋(奮)的 lìng rén zhènfèn de

bracket ['brækɪt] **I** N [c] **1** (*group, range*) 类(類)别(別) lèibié [个 gè] **2** (*Tech*) 托架 tuōjià [个 gè] **3** (*also*: **round bracket**) 圆(圓)括号(號) yuánkuòhào [个 gè] **4** (*also*: **square bracket**) 方括号(號) fāngkuòhào [个 gè] **II** VT **1** (*also*: **bracket together**) (*fig*) 把…归(歸)入同类(類) bǎ…guīrù tónglèi **2** [+ *word, phrase*] 把…括在括号(號)内(內) bǎ…kuò zài kuòhào nèi ▸ **income bracket** 收入阶(階)层(層) shōurù jiēcéng ▸ **in brackets** 括号(號)内(內) kuòhào nèi

brag [bræg] VI ▸ **to brag (about)** 吹嘘(噓) chuīxū

braid [breɪd] **I** N **1** [U] (*on clothes, curtains*) 穗带(帶) suìdài **2** [c] (*US*) (*plait*) 辫(辮)子 biànzi [条 tiáo] [英 = **plait**] **II** VT (*US*) [+ *hair*] 把…编(編)成辫(辮)子 bǎ…biānchéng biànzi [英 = **plait**]

Braille [breɪl] N [U] 布莱(萊)叶(葉)盲文 Bùláiyè mángwén

brain [breɪn] **I** N **1** [c] (*Anat*) 脑(腦) nǎo [个 gè] **2** [U] (*fig*) 大脑(腦) dànǎo **II brains** N PL **1** (*Culin*) 脑(腦)髓 nǎosuǐ **2** (*intelligence*) 智力 zhìlì ▸ **he's got brains** 他很聪(聰)慧 tā hěn cōnghuì ▸ **he's the brains of the organization** (*inf*) 他是该(該)组(組)织(織)的中枢(樞)人物 tā shì gāi zǔzhī de zhōngshū rénwù ▸ **to pick sb's brains** (*inf*) 问(問)某人的意见(見) wèn mǒurén de yìjiàn ▸ **to rack one's brains** 绞(絞)尽(盡)脑(腦)汁 jiǎo jìn nǎo zhī

brainwash ['breɪnwɔʃ] VT 给(給)…洗脑(腦) gěi…xǐnǎo

brainy ['breɪnɪ] ADJ (*inf*) [+ *child, person*] 聪(聰)明的 cōngming de

braise [breɪz] VT 炖(燉) dùn

brake [breɪk] **I** N [c] **1** (*Aut*) 刹车(車) shāchē [个 gè] **2** (*fig*) 阻碍(礙) zǔ'ài **II** VI [*driver, vehicle* +] 刹车(車) shāchē **III** VT [+ *vehicle*] 刹 shā

brake light N [c] 刹车(車)灯(燈) shāchēdēng [盏 zhǎn]

bran [bræn] N [U] 麸(麩) fū

branch [brɑːntʃ] N [c] **1** [*of tree*] 树(樹)枝 shùzhī [条 tiáo] **2** [*of shop*] 分店 fēndiàn [家 jiā]; [*of bank, company*] 分支机(機)构(構) fēnzhī jīgòu [个 gè] **3** [*of family, organization*] 支系 zhīxì **4** [*of subject*] 分科 fēnkē
▸ **branch off** VI **1** [*road, path* +] 分叉 fēnchà **2** [*person* +] 转(轉)向 zhuǎnxiàng
▸ **branch out** VI ▸ **to branch out into** 向新的方向发(發)展 xiàng xīn de fāngxiàng fāzhǎn

brand [brænd] **I** N [c] **1** (*make*) 牌子 páizi [块 kuài] **2** (*fig*: *type*) 模式 móshì **II** VT **1** (*fig*) ▸ **to brand sb a racist** *etc* 给(給)某人裁上种(種)族主义(義)者等的恶(惡)名 gěi mǒurén zāishang zhǒngzúzhǔyìzhě *děng* de èmíng **2** [+ *cattle*] 打烙印于(於) dǎ làoyìn yú

brand-new ['brænd'njuː] ADJ 全新的 quánxīn de

brandy ['brændɪ] N [c/U] 白兰(蘭)地酒 báilándìjiǔ [瓶 píng]

brash [bræʃ] ADJ (*forward, cheeky*) 莽撞的 mǎngzhuàng de

brass [brɑːs] N [U] (*metal*) 铜(銅) tóng ▸ **the brass (section)** (*Mus*) 铜(銅)管乐(樂)器 tóngguǎn yuèqì

brass band N [c] 铜(銅)管乐(樂)队(隊) tóngguǎn yuèduì [支 zhī]

brassiere ['bræsɪəʳ] (*o.f.*) N [c] 胸罩 xiōngzhào

brat [bræt] (*pej*) N [c] (*child*) 臭小孩儿(兒) chòu xiǎoháir [个 gè]

brave [breɪv] **I** ADJ **1** [+ *person*] 勇敢的 yǒnggǎn de **2** [+ *attempt, smile, action*] 英勇的 yīngyǒng de **II** N [c] (*o.f.*: *warrior*) 北美印第安勇士 Běiměi Yìndì'ān Yǒngshì [名 míng] **III** VT (*face up to*) 勇敢面对(對) yǒnggǎn miànduì ▸ **to put a brave face on sth** 面对(對)某事时(時)显(顯)示出勇气(氣) miànduì mǒushì shí xiǎnshì chū yǒngqì

bravery ['breɪvərɪ] N [U] 英勇 yīngyǒng

brawl [brɔːl] **I** N [c] (*in pub, street*) 打闹(鬧) dǎnào **II** VI 打架 dǎjià

Brazil [brə'zɪl] N 巴西 Bāxī

breach [briːtʃ] **I** VT **1** [+ *agreement, law*] 违(違)反 wéifǎn **2** [+ *security, defences*] 突破 tūpò **3** (*frm*) [+ *wall, barrier*] 冲(衝)破 chōngpò **II** N [c] **1** [*of agreement, law*] 违(違)反 wéifǎn **2** (*gap*) (*in wall, barrier*) 缺口 quēkǒu [个 gè] **3** (*frm*: *rupture*) (*between people, groups*) 破裂 pòliè ▸ **breach of the peace** (*Law*) 扰(擾)乱(亂)治安罪 rǎoluàn zhì'ān zuì ▸ **breach of security** 冲(衝)破重围(圍) chōngpò chóngwéi ▸ **breach of contract** 违(違)背合同 wéibèi hétong

bread [brɛd] N [U] 面(麵)包 miànbāo

breadbin ['brɛdbɪn] (*Brit*) N [c] 面(麵)包箱 miànbāoxiāng [个 gè] [美 = **breadbox**]

breadbox ['brɛdbɔks] (*US*) N = **breadbin**

breadcrumbs ['brɛdkrʌmz] N PL 面(麵)包屑 miànbāoxiè

breadth [brɛtθ] N [U] **1** (*width*) 宽(寬)度 kuāndù **2** (*fig*) [*of experience, knowledge*] 丰(豐)富 fēngfù

★ **break** [breɪk] (*pt* **broke**, *pp* **broken**) **I** VT **1** [+ *cup, window etc*] 打碎 dǎsuì **2** [+ *leg, arm*] 弄断(斷) nòngduàn **3** [+ *equipment*] 损(損)坏(壞) sǔnhuài **4** [+ *promise, contract*] 违(違)背 wéibèi **5** [+ *law, rule*] 违(違)反 wéifǎn **6** [+ *record*] 打破 dǎpò **7** [+ *habit, pattern etc*] 改变(變) gǎibiàn **8** [+ *person*] 毁(毀)掉 huǐdiào ▷ *He never let his jailers break him.* 他是永远不会让他的监狱看守弄垮的。Tā shì yǒngyuǎn bùhuì ràng tā de jiānyù kāishǒu nòngkuǎ de. **9** [+ *fall, impact*] 减(減)弱 jiǎnruò ▷ *The trees broke his fall.* 树丛使他下落的坠势稍缓。Shùcóng shǐ tā xiàluò de zhuìshì shāo huǎn. **10** [+ *news*] 透露 tòulù ▷ *Then Louise broke the news that she was leaving me.* 然后路易丝向我透露她要和我分手。Ránhòu Lùyìsī xiàng wǒ tòulù tā yào hé wǒ fènshǒu. **11** [+ *code*] 破译(譯) pòyì **12** (*Tennis*) [+ *sb's serve*] 破发(發)成功 pòfā chénggōng **II** VI **1** [*cup, window etc* +] 破碎 pòsuì **2** [*storm, weather* +] 突然发(發)生 tūrán fāshēng **3** [*dawn, day* +] 破晓(曉) pòxiǎo **4** [*story, news* +] 传(傳)开(開) chuánkāi **5** (*pause, rest*) 暂(暫)停 zhàntíng ▷ *They broke for lunch.* 他们暂停去吃午餐了。Tāmen zàntíng qù chī wǔcān le. **6** [*wave* +] 冲(衝)击(擊) chōngjī **7** [*voice* +] (*of boy*) 变(變)声(聲) biànshēng **III** N **1** [c] (*rest*) 休息 xiūxi [次 cì] ▷ *I'm going to have a break.* 我要休息一下。Wǒ yào xiūxī yī xià. **2** [c] (*pause, interval*) 间(間)歇 jiànxiē [个 gè] ▷ *There was a break in the middle of the day's events.* 那天的活动中有一次间歇。Nà tiān de huódòng zhōng yǒu yī cì jiànxiē. **3** [c] (*fracture*) 骨折 gǔzhé [次 cì] **4** [U] (*Brit: Scol*) 课(課)间(間)休息 kèjiān xiūxi [美 = **recess**] **5** [c] (*inf: chance*) 运(運)气(氣) yùnqi ▷ *Her big break came when she appeared on TV.* 上电视的机会给她带来了好运气。Shàng diànshì de jīhuì gěi tā dàiláile hǎo yùnqi. **6** [c] (*holiday*) 休假 xiūjià [次 cì] ▸ **to break the news to sb** 委婉地向某人透露消息 wěiwǎn de xiàng mǒurén tòulù xiāoxi ▸ **to break even** (*Comm*) 收支持平 shōuzhī chípíng ▸ **to break with sb/sth** 与(與)某人绝(絕)交/放弃(棄)某事 yǔ mǒurén juéjiāo/fàngqì mǒushì ▸ **to break free** *or* **loose (of sb/sth)** [*person, animal* +] 摆(擺)脱(脫)(某人/某事) bǎituō(mǒurén/mǒushì) ▸ **to take a break** (*for a few minutes*) 休息一下 xiūxi yīxià; (*have a holiday*) 休假 xiūjià ▸ **without a break** 连(連)续(續)不断(斷) liánxù bùduàn ▸ **a lucky break** 好运(運)气(氣) hǎo yùnqi

▸**break away** VI (*from pursuer etc*) 逃脱(脫) táotuō

▸**break down** **I** VI **1** [*machine, car* +] 坏(壞)掉 huàidiào **2** (*Chem*) 分解 fēnjiě **3** [*person* +] 情绪(緒)失控 qíngxù shīkòng **4** [*talks* +] 破裂 pòliè **II** VT **1** [+ *figures, data*] 把…分类(類) bǎ…fēnliè **2** [+ *door etc*] 捣(搗)毁(毀) dǎohuǐ **3** (*Chem*) 分解 fēnjiě **4** (*fig*) [+ *barriers, prejudices*] 解除 jiěchú

▸**break in** **I** VI **1** [*burglar* +] 破门(門)而入 pòmén ér rù **2** (*interrupt*) 打断(斷) dǎduàn **II** VT [+ *new shoes, engine etc*] 使合用 shǐ héyòng

▸**break into** VT FUS **1** [+ *house*] 强(強)行进(進)入 qiángxíng jìnrù **2** [+ *new activity*] 开(開)始进(進)入 kāishǐ jìnrù ▷ *She finally broke into films after an acclaimed stage career.* 继一段成功的舞台生涯之后她最终投身电影业。Jì yī duàn chénggōng de wǔdǎo shēngyá zhīhòu tā zuìzhōng tóushēn diànyǐngyè. ▸ **to break into song/a run** 突然唱起来(來)/跑了起来(來) tūrán chàng qǐlái/pǎole qǐlái

▸**break off** **I** VI **1** [*branch* +] 折断(斷) zhéduàn **2** [*speaker* +] 突然打住 tūrán dǎzhù **II** VT **1** [+ *branch, piece of chocolate*] 折断(斷) zhéduàn **2** [+ *talks*] 突然终(終)止 tūrán zhōngzhǐ **3** [+ *engagement, relationship*] 断(斷)绝(絕) duànjué ▸ **to break it off with sb** 同某人分手 tóng mǒurén fēnshǒu

▸**break open** VT [+ *door, window etc*] 用力打开(開) yònglì dǎkāi

▸**break out** VI **1** (*begin*) [*war, fight* +] 爆发(發) bàofā **2** (*escape*) [*prisoner* +] 逃脱(脫) táotuō ▸ **to break out in spots/a rash/a sweat** 突然出了一身红(紅)点(點)/疹子/汗 tūrán chūle yīshēn hóngdiǎn/zhěnzi/hàn

▸**break through** **I** VI [*sun* +] 显(顯)现(現) xiǎnxiàn **II** VT FUS [+ *defences, barrier*] 突破 tūpò

▸**break up** **I** VI **1** [*ship* +] 碎裂 suìliè **2** [*couple, marriage* +] 破裂 pòliè **3** [*meeting, party* +] 纷(紛)纷(紛)离(離)去 fēnfēn líqù **4** (*Brit*) 学(學)期结(結)束 xuéqī jiéshù **II** VT **1** [+ *rocks, biscuit etc*] 弄碎 nòngsuì **2** [+ *journey, day*] 使有间(間)歇 shǐ yǒu jiànxiē **3** [+ *fight*] 调(調)停 tiáotíng **4** [+ *meeting, demonstration*] 驱(驅)散 qūsàn **5** [+ *marriage*] 使破裂 shǐ pòliè ▸ **to break up with sb** 同某人分手 tóng mǒurén fēnshǒu

breakdown ['breɪkdaun] N [c] **1** (*Aut*) 故障 gùzhàng [个 gè] **2** [*of system, talks*] 中断(斷) zhōngduàn [次 cì] **3** [*of marriage*] 破裂 pòliè [个 gè] **4** (*Med*) (*also*: **nervous breakdown**) 精神崩溃(潰) jīngshén bēngkuì [阵 zhèn] **5** [*of costs, figures*] 分类(類)细(細)目 fēnlèi xìmù ▸ **to have a breakdown** 精神崩溃(潰) jīngshén bēngkuì

breakfast ['brɛkfəst] **I** N [c/U] 早餐 zǎocān [顿 dùn] **II** VI (*frm*) 吃早餐 chī zǎocān
▩ 用法参见 **meal**

break-in ['breɪkɪn] N [c] 闯(闖)入 chuǎngrù

breakthrough ['breɪkθruː] N [c] **1** (*achievement*) 重要成果 zhòngyào chéngguǒ [项 xiàng]

2 (*progress*) 突破性进(進)展 tūpòxìng jìnzhǎn [次 cì]

breast [brɛst] N **1** [c] [*of woman*] 乳房 rǔfáng [个 gè] **2** [c] (*liter: chest*) 胸部 xiōngbù **3** [c/ʊ] (*Culin*) (*of chicken, lamb*) 胸脯肉 xiōngpúròu [块 kuài] **4** [c] [*of bird*] 前胸 qiánxiōng ▸ **to make a clean breast of sth** 坦白承认(認)某事 tǎnbái chéngrèn mǒushì

breast-feed ['brɛstfi:d] (*pt, pp* **breast-fed**) **I** VT 母乳哺养(養) mǔrǔ bǔyǎng **II** VI 母乳哺养(養) mǔrǔ bǔyǎng

breaststroke ['brɛststrəuk] N [ʊ] (*also*: **the breaststroke**) 蛙泳 wāyǒng

breath [brɛθ] N **1** [c/ʊ] (*intake of air*) 呼吸 hūxī [下 xià] **2** [ʊ] (*air from mouth*) 口气(氣) kǒuqì ▸ **out of breath** 上气(氣)不接下气(氣) shàngqì bùjiē xiàqì ▸ **under one's breath** 低声(聲)说(說) dīshēng shuō ▸ **bad breath** 口臭 kǒuchòu ▸ **to get one's breath back** (*Brit*) 恢复(復)正常呼吸 huīfù zhèngcháng hūxī ▸ **to go out for a breath of (fresh) air** 出去呼吸(新鲜(鮮))空气(氣) chūqù hūxī (xīnxiān) kōngqì ▸ **a breath of fresh air** (*fig*) 新意 xīnyì ▸ **there wasn't a breath of wind** 一丝(絲)风(風)都没(沒)有 yī sī fēng dōu méiyǒu ▸ **to catch one's breath** 喘口气(氣) chuǎn kǒu qì ▸ **to hold one's breath** 屏住呼吸 bǐngzhù hūxī ▸ **don't hold your breath!** (*fig: inf*) 别(別)太指望了！ bié tài zhǐwàng le! ▸ **to be short of breath** 呼吸短促 hūxī duǎncù ▸ **to take a deep breath** 深呼一口气(氣) shēn hū yī kǒu qì ▸ **it takes your breath away** 使人心醉神迷 shǐ rén xīn zuì shén mí

Breathalyzer®, Breathalyser® ['brɛθəlaɪzə^r] N [c] 测(測)醉器 cèzuìqì [个 gè]

breathe [bri:ð] **I** VT **1** [+ *air*] 呼吸 hūxī **2** (*liter: whisper*) 低语(語) dīyǔ **II** VI 呼吸 hūxī ▸ **I won't breathe a word about it** 我不会(會)透露一点(點)儿(兒)风(風)声(聲)的 wǒ bùhuì tòulù yī diǎnr fēngshēng de ▸ **to breathe life into sth** 给(給)某事带(帶)来(來)活力 gěi mǒushì dàilái huólì

▸**breathe in** **I** VI 吸入 xīrù **II** VT [+ *air, smoke*] 吸入 xīrù

▸**breathe out** VI 呼出 hūchū

breathing ['bri:ðɪŋ] N [ʊ] 呼吸 hūxī

breathless ['brɛθlɪs] ADJ (*from exertion*) 气(氣)喘吁吁的 qìchuǎn xūxū de ▸ **breathless with excitement** 激动(動)地透不过(過)气(氣)来(來) jīdòng de tòu bù guò qì lái

breathtaking ['brɛθteɪkɪŋ] ADJ [+ *speed, view*] 惊(驚)人的 jīngrén de

breath test N [c] 呼吸测(測)醉分析 hūxī cèzuì fēnxī

breed [bri:d] (*pt, pp* **bred** [brɛd]) **I** VT **1** [+ *animals*] 繁殖 fánzhí **2** [+ *plants*] 培植 péizhí **3** (*fig: give rise to*) [+ *situation, quality, hate, suspicion*] 引起 yǐnqǐ **II** VI (*Zool*) 繁殖 fánzhí **III** N [c] **1** (*Zool*) 品种(種) pǐnzhǒng [个 gè] **2** (*type, class*) 类(類)型 lèixíng

breeze [bri:z] **I** N [c] 微风(風) wēifēng [阵 zhèn] **II** VI ▸ **to breeze in/out** 飘(飄)然而至/去 piāorán ér zhì/qù ▸ **it was a breeze** (*inf*) 这(這)是小事一桩(樁) zhè shì xiǎo shì yī zhuāng

breezy ['bri:zɪ] ADJ **1** [+ *manner, tone*] 轻(輕)松(鬆)活泼(潑)的 qīngsōng huópō de **2** [+ *weather*] 惠风(風)和畅(暢)的 huìfēng héchàng de

brew [bru:] **I** VT **1** [+ *tea, coffee*] 冲(沖)泡 chōngpào **2** [+ *beer*] 酿(釀)造 niàngzào **II** VI **1** [*crisis* +] 酝(醞)酿(釀) yùnniàng **2** [*storm* +] 即将(將)来(來)临(臨) jíjiāng láilín **3** [*tea, coffee* +] 煮 zhǔ **4** [*beer* +] 酿(釀)制(製) niàngzhì **III** N [c] [*of tea, coffee*] (*drink*) 饮(飲)料 yǐnliào [种 zhǒng]; (*type*) 茶或咖啡的种(種)类(類) chá huò kāfēi de zhǒnglèi

brewery ['bru:ərɪ] N [c] 啤酒厂(廠) píjiǔchǎng [家 jiā]

bribe [braɪb] **I** N [c] 贿(賄)赂(賂) huìlù [种 zhǒng] **II** VT [+ *person, witness*] 行贿(賄) xínghuì ▸ **to bribe sb to do sth** 贿(賄)赂(賂)某人去做某事 huìlù mǒurén qù zuò mǒushì

bribery ['braɪbərɪ] N [ʊ] (*with money, favours*) 行贿(賄) xínghuì

bric-a-brac ['brɪkəbræk] N [ʊ] 小摆(擺)设(設) xiǎobǎishè

brick [brɪk] N [c/ʊ] (*for building*) 砖(磚) zhuān [块 kuài]

▸**brick up** VT [+ *door, window*] 用砖(磚)填砌 yòng zhuān tiánqì

bricklayer ['brɪkleɪə^r] N [c] 砌砖(磚)工 qìzhuāngōng [名 míng]

bride [braɪd] N [c] 新娘 xīnniáng [个 gè]

bridegroom ['braɪdgru:m] N [c] 新郎 xīnláng [个 gè]

bridesmaid ['braɪdzmeɪd] N [c] 伴娘 bànniáng [个 gè]

bridge [brɪdʒ] **I** N **1** [c] (*Archit*) 桥(橋) qiáo [座 zuò] **2** [c] (*Naut*) 舰(艦)桥(橋) jiànqiáo **3** [c] [*of nose*] 鼻梁 bíliáng **4** [ʊ] (*Cards*) 桥(橋)牌 qiáopái **5** [c] (*fig*) 桥(橋)梁作用 qiáoliáng zuòyòng **II** VT (*fig*) [+ *gap, gulf*] 跨越 kuàyuè

bridle ['braɪdl] **I** N [c] 马(馬)笼(籠)头(頭) mǎlóngtóu **II** VT [+ *horse*] 给(給)…套笼(籠)头(頭) gěi…tào lóngtóu **III** VI ▸ **to bridle (at)** (*liter*) [+ *memory, comment etc*] 表示愤(憤)怒 biǎoshì fènnù

brief [bri:f] **I** ADJ **1** [+ *period, visit, appearance*] 短暂(暫)的 duǎnzàn de **2** [+ *description, speech*] 简(簡)短的 jiǎnduǎn de **II** N [c] (*esp Brit; frm*) (*task*) 任务(務) rènwu [项 xiàng] **III** VT (*inform*) 对(對)…作任务(務)指示 duì…zuò rènwu zhǐshì **IV briefs** N PL **1** (*for men*) 男式三角内(內)裤(褲) nánshì sānjiǎo nèikù **2** (*for women*) 女式三角内(內)裤(褲) nǚshì sānjiǎo nèikù ▸ **in brief ...** 简(簡)而言之… jiǎn ér yán zhī… ▸ **I'll try to be brief** 我尽(儘)量简(簡)单(單)地说(說) wǒ jǐnliàng jiǎndān de shuō

briefcase ['bri:fkeɪs] N [c] 公事包 gōngshìbāo [个 gè]
briefing ['bri:fɪŋ] N [c/u] 发(發)布(佈)会(會) fābùhuì [次 cì]
briefly ['bri:flɪ] ADV [*smile, talk, explain, say* +] 简(簡)短地 jiǎnduǎn de
brigadier [brɪgə'dɪəʳ] N [c] 准将(將) zhǔnjiàng [名 míng]
bright [braɪt] ADJ **1** [+ *light*] 亮的 liàng de **2** [+ *weather, day*] 晴朗的 qínglǎng de **3** [+ *room*] 明亮的 míngliàng de **4** (*clever*) [+ *person*] 聪(聰)明的 cōngming de; [+ *idea*] 巧妙的 qiǎomiào de **5** (*lively*) [+ *person*] 愉快的 yúkuài de **6** [+ *colour*] 鲜(鮮)亮的 xiānliàng de **7** [+ *clothes*] 鲜(鮮)艳(豔)的 xiānyàn de **8** [+ *outlook, future*] 光明的 guāngmíng de ▸ **to look on the bright side** 抱着(著)乐(樂)观(觀)的态(態)度 bàozhe lèguān de tàidu
brilliance ['brɪljəns] N [u] **1** [*of light, sun*] 光辉(輝) guānghuī **2** [*of person, talent*] 才华(華)横(橫)溢 cáihuá héngyì
brilliant ['brɪljənt] ADJ **1** [+ *person, mind*] 才华(華)横(橫)溢的 cáihuá héngyì de **2** [+ *idea, performance*] 出色的 chūsè de **3** [+ *sunshine, light, colour*] 光彩夺(奪)目的 guāngcǎi duómù de **4** (*successful*) [+ *career, future*] 辉(輝)煌的 huīhuáng de **5** (*esp Brit; inf*) (*wonderful*) 棒极(極)了的 bàngjíle de
brim [brɪm] **I** N [c] [*of hat*] 帽边(邊) màobiān **II** VI ▸ **to be brimming with** [+ *confidence, love*] 洋溢 yángyì ▸ **her eyes were brimming with tears** 她的眼里(裡)溢满(滿)了泪(淚)水 tā de yǎn lǐ yìmǎnle lèishuǐ ▸ **to be full to the brim** 满(滿)到边(邊) mǎn dào biān
brine [braɪn] N [u] 盐(鹽)水 yánshuǐ
★ **bring** [brɪŋ] (*pt, pp* **brought**) VT **1** [+ *thing, person*] (*with you*) 带(帶)来(來) dàilái ▹ *He brought Judy with him.* 他把朱迪带来了。Tā bǎ Zhūdí dài lái le.; (*to sb*) 拿来(來) nálái ▹ *Would you bring me a glass of water?* 请给我拿杯水来，好吗？Qǐng gěi wǒ ná bēi shuǐ lái，hǎo ma? **2** (*move*) 移 yí ▹ *She brought her hands up to her face.* 她将手移到脸上。Tā jiāng shǒu yí dào liǎn shàng. **3** [+ *satisfaction, trouble*] 带(帶)来(來) dàilái ▹ *Her three children brought her joy.* 她的3个孩子给她带来欢乐。Tā de sān gè háizi gěi tā dài lái huānlè. **4** (*cause to come*) 使来(來)到 shǐ láidào ▹ *What brought you to this town in the first place?* 究竟是什么使你来到这个城市的呢？Jiūjìng shì shénme shǐ nǐ lái dào zhège chéngshì de ne? ▸ **to bring sth to a stop/an end** 使某事停止/结(結)束 shǐ mǒushì tíngzhǐ/jiéshù ▸ **I can't bring myself to fire him** 我不忍心解雇(僱)他 wǒ bù rěnxīn jiěgù tā
▸**bring about** VT (*cause*) 造成 zàochéng
▸**bring along** VT 随(隨)身携(攜)带(帶) suíshēn xiédài
▸**bring around** VT = **bring round**
▸**bring back** VT **1** (*return*) 带(帶)回来(來) dài huílái ▹ *She brought my book back.* 她把我的书带回来了。Tā bǎ wǒ de shū dài huílái le. **2** (*restore*) [+ *hanging etc*] 恢复(復) huīfù ▹ *Some people want to bring back the death penalty.* 一些人想恢复死刑。Yī xiē rén xiǎng huīfù sǐxíng. **3** [+ *memory*] 使人回忆(憶)起 shǐ rén huíyì qǐ ▹ *Your article brought back sad memories for me.* 你的文章使我回忆起一些难过的往事。Nǐ de wénzhāng shǐ wǒ huíyì qǐ yī xiē nánguò de wǎngshì.
▸**bring down** VT **1** [+ *government*] 使…倒台(臺) shǐ...dǎotái **2** [+ *price*] [*competition, circumstances* +] 降低 jiàngdī ▹ *The discovery of new oilfields brought the price down.* 新油田的发现使油价有所降低。Xīn yóutián de fāxiàn shǐ yóujià yǒu suǒ jiàngdī.; [*company, government* +] 调(調)低 tiáodī ▹ *They brought down income taxes.* 他们调低了所得税。Tāmen tiáodīle suǒdéshuì.
▸**bring forth** VT (*frm*) 取出 qǔchū
▸**bring forward** VT **1** [+ *meeting*] 提前 tíqián **2** [+ *argument, proposal*] 提出 tíchū **3** (*Bookkeeping*) 承前 chéngqián
▸**bring in** VT **1** [+ *law, system, object, person*] 引进(進) yǐnjìn ▹ *It would be a mistake to bring in an outsider.* 引一个局外人进来会是一个错误。Yǐn yīgè júwàirén jìnlái huì shì yīgè cuòwù. **2** [+ *money*] 挣(掙)得 zhèngdé **3** (*Law*) [+ *verdict*] 宣判 xuānpàn
▸**bring off** VT [+ *attempt, plan*] 完成 wánchéng
▸**bring on** VT [+ *illness, pain*] 导(導)致 dǎozhì
▸**bring out** VT (*publish, produce*) [+ *book, album*] 出版 chūbǎn ▸ **to bring out the best/worst in sb** 使某人最好/最坏(壞)的一面显(顯)现(現)出来(來) shǐ mǒurén zuì hǎo/zuì huài de yī miàn xiǎnxiàn chūlái
▸**bring round** VT [+ *unconscious person*] 使苏(甦)醒 shǐ sūxǐng
▸**bring up** VT **1** (*rear*) [+ *child*] 抚(撫)养(養) fǔyǎng **2** [+ *question, subject*] 提出 tíchū **3** (*inf: vomit*) [+ *food*] 呕(嘔)出 ǒuchū
brink [brɪŋk] N ▸ **to be on the brink of** [+ *disaster, war etc*] 在…的边(邊)缘(緣) zài...de biānyuán
brisk [brɪsk] ADJ **1** (*abrupt*) [+ *tone, person*] 简(簡)捷直接的 jiǎnjié zhíjiē de **2** [+ *pace*] 轻(輕)快的 qīngkuài de **3** [+ *trade, business*] 兴(興)旺的 xīngwàng de **4** [+ *breeze, weather*] 清新的 qīngxīn de ▸ **to go for a brisk walk** 快步走路 kuàibù zǒulù
bristle ['brɪsl] **I** N [c] **1** (*animal hair, hair of beard*) 毛发(髮)楂儿(兒) máofà chár **2** [*of brush*] 硬毛 yìngmáo **II** VI **1** [*person* +] (*in anger*) 愤(憤)怒 fènnù **2** [*hairs* +] 竖(豎)起 shùqǐ ▸ **to bristle with sth** 布(佈)满(滿)某物 bùmǎn mǒuwù
Brit [brɪt] (*inf*) N [c] 英国(國)人 Yīngguórén [个 gè]
Britain ['brɪtən] N (*also:* **Great Britain**) 英国(國)

Yīngguó ▸ **in Britain** 在英国(國) zài Yīngguó

BRITAIN

Britain 或 **Great Britain** 由英格兰, 威尔士, 苏格兰和北爱尔兰组成。如指整个不列颠，应慎用 **England** 和 **English**，以免引起苏格兰和北爱尔兰人的不满。**United Kingdom** 作为王国的官方称谓，常简略为 **the UK**，覆盖大不列颠及北爱尔兰。**British Isles** 包括大不列颠，北爱尔兰，爱尔兰共和国(不隶属 **the UK**) 和四周岛屿。

British ['brɪtɪʃ] **I** ADJ 英国(國)的 Yīngguó de **II** N PL ▸ **the British** 英国(國)人 Yīngguórén

British Isles [-aɪlz] N PL ▸ **the British Isles** 不列颠群岛(島) Bùlièdiān Qúndǎo

brittle ['brɪtl] ADJ (*fragile*) [+ *glass, bones etc*] 脆弱的 cuìruò de

B-road ['bi:rəud] (*Brit*) N [c] 辅(輔)路 fǔlù

broad [brɔ:d] **I** ADJ **1** [+ *street, shoulders*] 宽(寬)的 kuān de **2** [+ *smile*] 明显(顯)的 míngxiǎn de **3** [+ *range*] 广(廣)泛的 guǎngfàn de **4** (*general*) [+ *outlines, distinction etc*] 概略的 gàilüè de; [+ *sense*] 广(廣)义(義)的 guǎngyì de **5** [+ *accent*] 浓(濃)重的 nóngzhòng de **II** N [c] (*US; inf*) (*woman*) 女人 nǚrén [个 gè] ▸ **in broad daylight** 光天化日之下 guāng tiān huà rì zhīxià ▸ **a broad hint** 明显(顯)的暗示 míngxiǎn de ànshì [次 cì]

broadband ['brɔ:dbænd] (*Comput*) **I** ADJ 宽(寬)带(帶)的 kuāndài de **II** N 宽(寬)带(帶) kuāndài

broad bean (*esp Brit*) N [c] 蚕(蠶)豆 cándòu [颗 kē] [美 = **fava bean**]

broadcast ['brɔ:dkɑ:st] (*pt, pp* **broadcast**) **I** N [c] 广(廣)播 guǎngbō [段 duàn] **II** VT 播送 bōsòng **III** VI 广(廣)播 guǎngbō

broaden ['brɔ:dn] **I** VT [+ *scope, appeal*] 扩(擴)大 kuòdà **II** VI **1** [*river, smile* +] 变(變)宽(寬) biànkuān **2** [*scope, appeal* +] 扩(擴)大影响(響) kuòdà yǐngxiǎng ▸ **to broaden the/sb's mind** 拓宽(寬)思想/拓宽(寬)某人的思想 tuòkuān sīxiǎng/tuòkuān mǒurén de sīxiǎng

broadly ['brɔ:dlɪ] ADV **1** (*in general terms*) 大体(體)上 dàtǐshang **2** [*smile* +] ▸ **to smile broadly** 咧嘴笑 liězuǐxiào ▸ **broadly speaking** 广(廣)义(義)地说(說) guǎngyì de shuō

broadminded ['brɔ:d'maɪndɪd] ADJ 宽(寬)宏大量的 kuānhóng dàliàng de

broccoli ['brɔkəlɪ] N [U] 花椰菜 huāyēcài

brochure ['brəuʃjuəʳ], US brəu'ʃʌr] N [c] (*booklet*) 小册(冊)子 xiǎocèzi [本 běn]

broil [brɔɪl] (*US*) VT 烤 kǎo [英 = **grill**]

用法参见 **cook**

broke [brəuk] **I** PT *of* **break** **II** ADJ (*inf: penniless*) 身无(無)分文的 shēn wú fēnwén de ▸ **to go broke** (*inf*) [*company, person* +] 破产(產) pòchǎn

broken ['brəukn] **I** PP *of* **break** **II** ADJ **1** [+ *window, cup etc*] 破碎的 pòsuì de **2** [+ *machine*] 坏(壞)损(損)的 huàisǔn de **3** [+ *promise, vow*] 背弃(棄)的 bèiqì de **4** [+ *line*] ▸ **broken line** 虚(虛)线(線) xūxiàn ▸ **a broken leg** 折断(斷)的腿 zhéduàn de tuǐ ▸ **a broken marriage** 破裂的婚姻 pòliè de hūnyīn ▸ **a broken home** 破裂的家庭 pòliè de jiātíng ▸ **in broken English/French** 用蹩脚(腳)的英语(語)/法语(語) yòng biéjiǎo de yīngyǔ/fǎyǔ

broker ['brəukəʳ] **I** N [c] (*in shares etc*) 经(經)纪(紀)人 jīngjìrén **II** VT (*Pol*) [+ *agreement, ceasefire*] 斡旋 wòxuán

bronchitis [brɔŋ'kaɪtɪs] N [U] 支气(氣)管炎 zhīqìguǎnyán

bronze [brɔnz] **I** N **1** [U] (*metal*) 青铜(銅) qīngtóng **2** [c] (*sculpture*) 青铜(銅)像 qīngtóngxiàng [尊 zūn] **3** [c] (*Sport*) (*also:* **bronze medal**) 铜(銅)牌 tóngpái [块 kuài] **II** ADJ (*in colour*) 古铜(銅)色的 gǔtóngsè de

brooch [brəutʃ] N [c] 胸针(針) xiōngzhēn [枚 méi]

brood [bru:d] **I** N [c] **1** (*baby birds*) 同窝(窩)幼鸟(鳥) tóngwō yòuniǎo **2** [*of children*] 同个(個)家庭的一群孩子 tónggè jiātíng de yīqún háizi **II** VI ▸ **to brood on** *or* **over** *or* **about sth** 沉思某事 chénsī mǒushì

broom [brum] N [c] (*for cleaning*) 扫(掃)帚 sàozhou [把 bǎ]

Bros. (*Comm*) ABBR (= **brothers**) 兄弟 xiōngdì

broth [brɔθ] N [c/U] 清汤(湯) qīngtāng [碗 wǎn]

brothel ['brɔθl] N [c] 妓院 jìyuàn [家 jiā]

★ **brother** ['brʌðəʳ] N [c] **1** (*in family*) 兄弟 xiōngdì [个 gè]; (*elder*) 哥哥 gēge [个 gè]; (*younger*) 弟弟 dìdi [个 gè] **2** (*Rel*) 教友 jiàoyǒu **3** (*fig*) 哥们(們)儿(兒) gēmenr

brother-in-law ['brʌðərɪnlɔ:] N [c] (*older sister's husband*) 姐夫 jiěfu [个 gè]; (*younger sister's husband*) 妹夫 mèifu [个 gè]; (*husband's older brother*) 大伯子 dàbǎizi [个 gè]; (*husband's younger brother*) 小叔子 xiǎoshūzi [个 gè]; (*wife's older brother*) 内(內)兄 nèixiōng [个 gè]; (*wife's younger brother*) 内(內)弟 nèidì [个 gè]

brought [brɔ:t] PT, PP *of* **bring**

brow [brau] N [c] **1** (*forehead*) 额(額) é **2** (*eyebrow*) 眉毛 méimao **3** ▸ **brow of a hill** 山顶(頂) shāndǐng

★ **brown** [braun] **I** ADJ **1** (*in colour*) [+ *object*] 褐色的 hèsè de; [+ *hair, eyes*] 棕色的 zōngsè de **2** (*tanned*) [+ *skin, person*] 晒黑的 shàihēi de **II** N [U] (*colour*) 褐色 hèsè **III** VI (*Culin*) 变(變)成褐色 biànchéng hèsè **IV** VT (*Culin*) 烧(燒)至金黄(黃) shāo zhì jīnhuáng

brown bread N [U] 黑面(麵)包 hēimiànbāo

Brownie ['braunɪ] **I** N [c] 幼年女童军(軍)队(隊)员(員) yòunián nǚtóngjūn duìyuán [名 míng] **II** **Brownies** N PL ▸ **the Brownies** 幼年女童军(軍) yòunián nǚtóngjūn

BROWNIES

Brownies 是英国的 **Girlguiding UK** 和美国的 **Girl Scouts** 组织的少年部，7到10岁的英国女孩和6到8岁的美国女孩可自愿加入。**Brownies** 的成员要学习一些实际的东西：独立，帮助别人，保护环境和了解其他文化。大家以赢得被称作 **badges** 的各项特别兴趣奖为荣，奖项包括：运动，园艺，烹饪，户外技巧，世界大事，阅读等。

brown rice N [U] 糙米 cāomǐ

brown sugar N [U] 红(紅)糖 hóngtáng

browse [brauz] I VI 1 (*on the internet*) 浏(瀏)览(覽) liúlǎn 2 (*in shop*) 随(隨)意翻阅(閱) suíyì fānyuè 3 [*cow etc* +] 吃草 chīcǎo II N ▶ **to have a browse (around)** 随(隨)意逛逛 suíyì guàngguàng

browser ['brauzə^r] (*Comput*) N [C] 浏(瀏)览(覽)器 liúlǎnqì

bruise [bru:z] I N [C] 1 (*on face etc*) 青瘀 qīngyū [块 kuài] 2 (*on fruit*) 伤(傷)处(處) shāngchù II VT 1 [+ *person, fruit*] 碰伤(傷) pèngshāng 2 [+ *arm, leg etc*] (*one's own*) 挫伤(傷) cuòshāng; (*other person's*) 弄伤(傷) nòngshāng III VI 1 [*person* +] 显(顯)出瘀痕 xiǎnchū yūhén 2 [*fruit* +] 被碰伤(傷) bèi pèngshāng

Brunei ['bru:naɪ] N 文莱(萊) Wénlái

brunette [bru:'nɛt] N [C] 棕发(髮)女子 zōngfà nǚzǐ [名 míng]

brush [brʌʃ] I N [C] 1 (*tool*) (*for cleaning, for decorating*) 刷子 shuāzi [把 bǎ]; (*for hair*) 发(髮)刷 fàshuā [把 bǎ]; [*artist's*] 画(畫)笔(筆) huàbǐ [支 zhī] 2 (*unpleasant encounter*) 遭遇 zāoyù II VT 1 (*sweep*) [+ *carpet etc*] 刷 shuā; (*with hands*) 拂拭 fúshì 2 (*groom*) [+ *hair*] 梳 shū 3 (*also*: **brush against**) [+ *person, object*] 轻(輕)拂 qīngfú ▶ **a brush with death** 差点(點)丢(丟)命的遭遇 chàdiǎn diūmìng de zāoyù ▶ **a brush with the police** 与(與)警察的小摩擦 yǔ jǐngchá de xiǎo mócā ▶ **to brush one's teeth** 刷牙 shuāyá

▶**brush aside, brush away** VT [+ *protest, criticism*] 漠视(視) mòshì

▶**brush off** VT [+ *person*] 怠慢 dàimàn

▶**brush past** VT [+ *person, object*] 擦过(過) cāguò

▶**brush up (on)** VT [+ *subject, language*] 复(復)习(習) fùxí

Brussels sprout ['brʌslz-] N [C] 芽甘蓝(藍) yágānlán [个 gè]

brutal ['bru:tl] ADJ 1 [+ *person, killing*] 残(殘)忍的 cánrěn de 2 [+ *honesty, frankness*] 直率的 zhíshuài de

brute [bru:t] I N [C] (*person*) 畜牲 chùsheng [个 gè] II ADJ [+ *strength, force*] 蛮(蠻)力的 mánlì de ▶ **by brute force** 凭(憑)蛮(蠻)力 píng mánlì

BS (*US*) N ABBR = **BSc**

BSc N ABBR (= **Bachelor of Science**) (*qualification*) 理科学(學)士学(學)位 lǐkē xuéshì xuéwèi; (*person*) 理科学(學)士 lǐkē xuéshì

BST ABBR (= **British Summer Time**) 英国(國)夏令时(時) Yīngguó Xiàlìngshí

BTW ABBR (= **by the way**) 顺(順)便说(說)一句 shùnbiàn shuō yī jù

bubble ['bʌbl] I N [C] 1 (*in liquid*) 泡 pào [个 gè] 2 (*also*: **soap bubble**) 肥皂泡 féizàopào [个 gè] II VI [*liquid* +] 起泡 qǐ pào ▶ **to be bubbling (over) with confidence/ideas** 充满(滿)信心/想法 chōngmǎn xìnxīn/xiǎngfǎ

bubble bath N [U] (*liquid*) 泡泡浴液 pàopao yùyè

bubble gum N [U] 泡泡糖 pàopaotáng

buck [bʌk] I N [C] 1 (*US; inf*) (*dollar*) 元 yuán 2 (*rabbit*) 雄兔 xióngtù [只 zhī] 3 (*deer*) 雄鹿 xiónglù [只 zhī] II VI [*horse* +] 弓背跳跃(躍) gōngbèi tiàoyuè ▶ **to make a fast** *or* **quick buck** (*inf*) 很快地捞(撈)一笔(筆) hěn kuài de lāo yī bǐ ▶ **to pass the buck** (*inf*) 推卸责(責)任 tuīxiè zérèn

▶**buck up** (*Brit; inf*) I VI 振作精神 zhènzuò jīngshén II VT (*cheer up*) [+ *person, sb's spirits*] 使振奋(奮)精神 shǐ zhènfèn jīngshén ▶ **to buck one's ideas up** 振奋(奮)某人的精神 zhènfèn mǒurén de jīngshén

bucket ['bʌkɪt] I N [C] 1 (*pail*) 桶 tǒng [个 gè] 2 (*contents*) 一桶 yītǒng II VI (*Brit; inf*) ▶ **it** *or* **the rain is bucketing down** 大雨倾(傾)盆而下 dàyǔ qīngpén ér xià

buckle ['bʌkl] I N [C] (*on shoe, belt*) 扣(釦)环(環) kòuhuán [个 gè] II VT 1 [+ *shoe, belt*] 扣住 kòuzhù 2 (*distort*) [+ *object*] 使变(變)形 shǐ biànxíng III VI 1 [*object* +] 变(變)形 biànxíng 2 [*legs, knees* +] 腿软(軟) tuǐruǎn

▶**buckle down** VI ▶ **to buckle down (to sth)** (*inf*) 开(開)始认(認)真地做(某事) kāishǐ rènzhēn de zuò (mǒushì)

bud [bʌd] I N [C] (*on tree, plant*: *leaf bud*) 芽 yá; (*flower bud*) 蓓蕾 bèilěi II VI 1 (*produce leaves*) 萌芽 méngyá 2 (*produce flowers*) 出花苞 chū huābāo ▶ **to nip sth in the bud** (*inf*) 把某事消灭(滅)在萌芽状(狀)态(態) bǎ mǒushì xiāomiè zài méngyá zhuàngtài

Buddhism ['budɪzəm] N [U] 佛教 Fójiào

Buddhist ['budɪst] I ADJ 佛教的 Fójiào de II N [C] 佛教徒 Fójiàotú [个 gè]

budding ['bʌdɪŋ] ADJ 1 [+ *actor, writer*] 初露头(頭)角的 chūlù tóujiǎo de 2 [+ *romance, democracy*] 开(開)始发(發)展的 kāishǐ fāzhǎn de

buddy ['bʌdɪ] (*inf*) N [C] 1 (*esp US*) (*friend*) 朋友 péngyou [个 gè] 2 (*US*) (*form of address*) 老兄 lǎoxiōng

budge [bʌdʒ] I VT 1 [+ *object*] 稍微移动(動) shāowēi yídòng 2 (*fig*) [+ *person*] 动(動)摇(搖) dòngyáo II VI 1 [*object* +] 移动(動) yídòng

2 (*fig*) [*person* +] 改变(變)立场(場) gǎibiàn lìchǎng

budgerigar [ˈbʌdʒərɪgɑːʳ] N [c] 小长(長)尾鹦(鸚)鹉(鵡) xiǎo chángwěi yīngwǔ

budget [ˈbʌdʒɪt] I N [c] [*of person, government*] 预(預)算 yùsuàn II VT [+ *sum of money*] 预(預)算出 yùsuàn chū III VI ▸ **to budget for sth** 为(為)某事做预(預)算 wèi mǒushì zuò yùsuàn IV ADJ (*economy*) [+ *travel agents etc*] 廉价(價)的 liánjià de ▸ **I'm on a tight budget** 我经(經)济(濟)拮据(據) wǒ jīngjì jiéjū

budgie [ˈbʌdʒɪ] (*inf*) N = **budgerigar**

buff [bʌf] I N [c] (*inf: enthusiast*) 爱(愛)好者 àihàozhě [名 míng] II ADJ (*in colour*) 暗黄(黃)色的 ànhuángsè de III VT (*polish*) 擦亮 cāliàng

buffalo [ˈbʌfələu] (*pl* **buffalo** *or* **buffaloes**) N [c] 1 (*Brit*) 水牛 shuǐniú [头 tóu] 2 (*US*) (*bison*) 野牛 yěniú [头 tóu]

buffer [ˈbʌfəʳ] I N [c] 1 (*esp Brit: Rail*) 缓(緩)冲(衝)器 huǎnchōngqì [个 gè] 2 (*Comput*) 缓(緩)冲(衝)存储(儲)器 huǎnchōng cúnchǔqì [个 gè] 3 (*fig: against harm, shortage etc*) 缓(緩)冲(衝)储(儲)备(備) huǎnchōng chǔbèi II VT (*protect*) 保护(護) bǎohù

buffet[1] [ˈbufeɪ], *US* buˈfeɪ] N [c] 1 (*in station*) 餐厅(廳) cāntīng [个 gè] 2 (*food*) 自助餐 zìzhùcān [顿 dùn] 3 (*Brit: Rail*) (*also*: **buffet car**) 餐车(車) cānchē [美 = **dining car**]

buffet[2] [ˈbʌfɪt] VT [*wind, sea* +] 冲(衝)击(擊) chōngjī

bug [bʌg] I N [c] 1 (*esp US*) (*insect*) 虫(蟲)子 chóngzi [只 zhī] 2 (*Comput*) (*in program*) 病毒 bìngdú [种 zhǒng] 3 (*inf: virus*) 病菌 bìngjūn [种 zhǒng] 4 (*hidden microphone*) 窃(竊)听(聽)器 qiètīngqì II VT 1 (*inf: annoy*) 烦(煩)扰(擾) fánrǎo 2 [+ *room, telephone etc*] 窃(竊)听(聽) qiètīng ▸ **I've got** *or* **been bitten by the travel bug** (*inf*) 我迷上了旅游(遊) wǒ míshàngle lǚyóu

buggy [ˈbʌgɪ] (*Brit*) N [c] (*for baby*) 婴(嬰)儿(兒)车(車) yīng'érchē [辆 liàng] [美 = **stroller**]

★ **build** [bɪld] (*pt, pp* **built**) I N [c/U] [*of person*] 体(體)格 tǐgé [种 zhǒng] ▷ *He is of medium build.* 他中等体格。Tā zhōngděng tǐgé. II VT 1 [+ *house, machine*] 建造 jiànzào 2 (*fig*) [+ *organization, relationship*] 建立 jiànlì ▷ *I wanted to build a relationship with my team.* 我想同我的团队建立起关系。Wǒ xiǎng tóng wǒ de tuánduì jiànlì qǐ guānxì. III VI 建设(設) jiànshè

▸ **build into** VT 1 [+ *wall, ceiling*] 固定在 gùdìng zài ▷ *The TV was built into the ceiling.* 电视被固定在天花板上。Diànshì bèi gùdìng zài tiānhuābǎn shàng. 2 (*fig*) [+ *policy, system, product*] 纳(納)入 nàrù ▷ *We have to build computers into the school curriculum.* 我们必须将计算机纳入学校课程安排中。Wǒmen bìxū jiāng jìsuànjī nàrù xuéxiào kèchéng ānpái zhōng.

▸ **build on, build upon** VT FUS (*fig*) [+ *success etc*] 建基于(於) jiànjī yú ▷ *We must build on the success of these industries.* 我们必须依靠这些企业的成功。Wǒmen bìxū yīkào zhèxiē qǐyè de chénggōng.

▸ **build up** I VT 1 [+ *business, collection*] 发(發)展起来(來) fāzhǎn qǐlái 2 [+ *confidence, morale*] 激励(勵) jīlì II VI (*accumulate*) 积(積)聚 jījù ▸ **don't build your hopes up (too soon)** 不要(这(這)么(麼)早)期望这(這)么(麼)高 bùyào(zhème zǎo)qīwàng zhème gāo

builder [ˈbɪldəʳ] N [c] (*worker*) 建筑(築)工人 jiànzhù gōngrén [位 wèi]

★ **building** [ˈbɪldɪŋ] N 1 [c] (*house, office etc*) 建筑(築)物 jiànzhùwù [座 zuò] 2 [U] (*industry, construction*) 建设(設) jiànshè ▷ *Building has stopped while the dispute is being resolved.* 在解决分歧期间建设工作暂停。Zài jiějué fēnqí qījiān jiànshè gōngzuō zàntíng.

building site N [c] 建筑(築)工地 jiànzhù gōngdì

building society (*Brit*) N [c] 建屋互助会(會) jiànwū hùzhùhuì [美 = **savings and loan association**]

built [bɪlt] I PT, PP *of* **build** II ADJ ▸ **well-/heavily-built** [+ *person*] 体(體)态(態)优(優)美/粗笨的 tǐtài yōuměi/cūbèn de

built-in [ˈbɪltˈɪn] ADJ 1 [+ *device*] 内(內)置式的 nèizhìshì de 2 [+ *safeguards*] 内(內)在的 nèizài de

built-up [ˈbɪltʌp] ADJ [+ *area*] 被建筑(築)物覆盖(蓋)的 bèi jiànzhùwù fùgài de

bulb [bʌlb] N [c] 1 (*Elec*) 电(電)灯(燈)泡 diàndēngpào [个 gè] 2 (*Bot*) 球茎(莖) qiújīng [个 gè]

Bulgaria [bʌlˈgɛərɪə] N 保加利亚(亞) Bǎojiālìyà

bulge [bʌldʒ] I N [c] 1 (*bump*) 凸起 tūqǐ 2 (*in birth rate, sales*) 激增 jīzēng II VI [*eyes, muscles, stomach etc* +] 凸出 tūchū ▸ **to be bulging with** 塞满(滿) sāimǎn

bulimia [bəˈlɪmɪə] N [U] (*also*: **bulimia nervosa**) 暴食症 bàoshízhèng

bulimic [bəˈlɪmɪk] ADJ 患有暴食症的 huànyǒu bàoshízhèng de

bulk [bʌlk] N 1 [s/U] [*of person*] 肥硕(碩)的身躯(軀) féishuò de shēnqū 2 [s] [*of object*] 庞(龐)然大物 pángrán dà wù ▸ **to buy/sell in bulk** (*Comm*) 批量购(購)买(買)/销(銷)售 pīliàng gòumǎi/xiāoshòu ▸ **the bulk of** (*most of*) 大部分的 dàbùfen de

bulky [ˈbʌlkɪ] ADJ [+ *equipment, parcel*] 笨重的 bènzhòng de

bull [bul] N [c] 1 (*Zool*) 公牛 gōngniú [头 tóu] 2 (*male elephant/whale*) 雄兽(獸) xióngshòu 3 (*Rel*) 教皇诏(詔)书(書) jiàohuáng zhàoshū

bulldozer [ˈbuldəuzəʳ] N [c] 推土机(機) tuītǔjī [辆 liàng]

bullet [ˈbulɪt] N [c] 子弹(彈) zǐdàn [发 fā]

bulletin [ˈbulɪtɪn] N [c] 1 (*TV etc*) (*news update*) 公

告 gōnggào [个 gè] **2** *(journal)* 会(會)刊 huìkān

bulletin board C **1** *(Comput)* 公共留言板 gōnggòng liúyánbǎn **2** *(US)* *(noticeboard)* 布(佈)告栏(欄) bùgàolán [英 = **noticeboard**]

bullfighting ['bulfaɪtɪŋ] N [U] 斗(鬥)牛 dòuniú

bully ['bulɪ] **I** N [C] 恃强(強)凌(淩)弱者 shìqiáng língruò zhě [个 gè] **II** VT 欺侮 qīwǔ ▸ **to bully sb into (doing) sth** 胁(脅)迫某人(做)某事 xiépò mǒurén (zuò) mǒushì

bum [bʌm] *(inf)* N [C] **1** *(Brit)* *(backside)* 屁股 pìgu [个 gè] **2** *(esp US)* *(tramp)* 流浪汉(漢) liúlànghàn [个 gè]

▸**bum around** *(inf)* VI 闲(閒)荡(蕩) xiándàng

bumblebee ['bʌmblbiː] N [C] 大黄(黃)蜂 dàhuángfēng [只 zhī]

bump [bʌmp] **I** N [C] **1** *(swelling)* *(on head)* 肿(腫)包 zhǒngbāo [个 gè] **2** *(jolt)* 重击(擊) zhòngjī [下 xià] **3** *(inf: in car: minor accident)* 碰撞 pèngzhuàng **4** *(on road)* 隆起物 lóngqǐwù [个 gè] **II** VT *(strike)* 碰 pèng **III** VI *(jolt)* [*car* +] 颠簸 diānbǒ

▸**bump into** VT FUS **1** *(strike)* [+ *obstacle, person*] 撞到 zhuàngdào **2** *(inf: meet)* [+ *person*] 碰见(見) pèngjiàn

bumper ['bʌmpəʳ] **I** N [C] *(Aut)* 保险(險)杠 bǎoxiǎngàng [个 gè] **II** ADJ ▸ **bumper crop/harvest** 大丰(豐)收 dà fēngshōu

bumpy ['bʌmpɪ] ADJ **1** [+ *road*] 崎岖(嶇)不平的 qíqū bùpíng de **2** [+ *flight, ride*] 颠簸的 diānbǒ de

bun [bʌn] N [C] **1** *(Culin)* 小圆(圓)面(麵)包 xiǎoyuánmiànbāo [个 gè] **2** *(hair style)* 圆(圓)髻 yuánji

bunch [bʌntʃ] **I** N [C] **1** [*of flowers*] 束 shù **2** [*of keys, bananas, grapes*] 串 chuàn **3** *(inf)* [*of people*] 群 qún **II bunches** N PL *(Brit)* *(in hair)* 双(雙)辫(辮) shuāngbiàn

▸**bunch up, bunch together I** VI 挤(擠)在一起 jǐ zài yīqǐ **II** VT 聚集 jùjí

bundle ['bʌndl] **I** N [C] *(parcel)* [*of clothes*] 包裹 bāoguǒ [个 gè]; [*of papers*] 捆(梱) kǔn **II** VT *(put)* ▸ **to bundle sth/sb into** 匆匆忙忙地把某事/某人塞进(進) cōngcōng-mángmáng de bǎ mǒushì/mǒurén sāijìn ▸ **a bundle of fun/laughs** 非常好玩/风(風)趣 fēicháng hǎowán/fēngqù ▸ **he was a bundle of nerves** 他感到非常紧(緊)张(張) tā gǎndào fēicháng jǐnzhāng

▸**bundle off** VT [+ *person*] 匆忙送走 cōngmáng sòngzǒu

▸**bundle up** VT 捆(綑)扎(紮) kǔnzhā

bungalow ['bʌŋgələu] N [C] 平房 píngfáng [间 jiān]

bungee jumping ['bʌndʒiː'dʒʌmpɪŋ] N [U] 蹦极(極)跳 bèngjítiào

bungle ['bʌŋgl] VT 搞糟 gǎozāo

bunion ['bʌnjən] N [C] 拇囊炎肿(腫) mǔnáng yánzhǒng

bunk [bʌŋk] N [C] *(bed)* 铺(鋪)位 pùwèi [个 gè] ▸ **to do a bunk** *(Brit; inf)* 逃走 táozǒu

▸**bunk off** *(Brit; inf)* **I** VI *(from school, work)* 擅自走掉 shànzì zǒudiào **II** VT [+ *school, work*] 擅自离(離)开(開) shànzì líkāi

bunk beds N PL 双(雙)层(層)床 shuāngcéngchuáng

bunker ['bʌŋkəʳ] N [C] **1** *(Mil)* 掩体(體) yǎntǐ **2** *(Golf)* 沙坑 shākēng [个 gè] **3** *(coal store)* 煤箱 méixiāng [个 gè]

bunny ['bʌnɪ] *(inf)* N [C] *(also:* **bunny rabbit***)* 小兔子 xiǎotùzi [只 zhī]

buoy [bɔɪ], *US* 'buːɪ] N [C] 浮标(標) fúbiāo

▸**buoy up** VT [+ *person*] 鼓舞 gǔwǔ

buoyant ['bɔɪənt] ADJ **1** *(able to float)* 有浮力的 yǒu fúlì de **2** *(Comm)* [+ *economy, market*] 繁荣的 fánróng de; [+ *prices, currency*] 上涨(漲)的 shàngzhǎng de **3** [+ *person, mood*] 愉快的 yúkuài de

burden ['bəːdn] **I** N [C] **1** *(responsibility, worry)* 负(負)担(擔) fùdān **2** *(frm: load)* 负(負)荷 fùhè **II** VT ▸ **to burden sb with** [+ *problem, news*] 使某人负(負)担(擔)某事 shǐ mǒurén fùdān mǒushì ▸ **to be a burden on sb** 成为(為)某人的累赘(贅) chéngwéi mǒurén de léizhuì

bureau ['bjuərəu] *(pl* **bureaux** *or* **bureaus***)* N [C] **1** *(office)* *(for travel, information etc)* 办(辦)事处(處) bànshìchù **2** *(Brit)* *(writing desk)* 书(書)桌 shūzhuō [张 zhāng] **3** *(US)* *(chest of drawers)* 五斗(鬥)橱(櫥) wǔdǒuchú [个 gè]

bureaucracy [bjuə'rɔkrəsɪ] N [C] **1** *(usually pej)* 官僚作风(風) guānliáo zuòfēng **2** *(system)* 官僚体(體)系 guānliáo tǐxì

bureaucrat ['bjuərəkræt] *(usually pej)* N [C] 官僚 guānliáo

bureaux ['bjuərəuz] N PL *of* **bureau**

burger ['bəːgəʳ] N [C] 汉(漢)堡包 hànbǎobāo [个 gè]

burglar ['bəːgləʳ] N [C] 窃(竊)贼(賊) qièzéi [个 gè]

▮用法参见 **thief**

burglar alarm N [C] 防盗(盜)铃(鈴) fángdàolíng [个 gè]

burglary ['bəːglərɪ] N **1** [C] *(act)* 盗(盜)窃(竊) dàoqiè [次 cì] **2** [U] *(crime)* 盗(盜)窃(竊)罪 dàoqièzuì

burial ['bɛrɪəl] N [C/U] 葬礼(禮) zànglǐ

burn [bəːn] *(pt, pp* **burned** *or (Brit)* **burnt***)* **I** VT **1** [+ *papers etc*] 焚烧(燒) fénshāo **2** [+ *fuel*] 燃烧(燒) ránshāo **3** [+ *toast, rice*] 烧(燒)焦 shāojiāo **II** VI **1** [*fire, flame* +] 燃烧(燒) ránshāo **2** [*house, car* +] 烧(燒)着(著) shāozháo **3** [*food* +] 烧(燒)煳了 shāohú le **4** [*person, skin* +] *(in sun)* 晒伤(傷) shàishāng **5** *(sting)* [*eyes, throat* +] 灼痛 zhuótòng **III** N [C] 烧(燒)伤(傷) shāoshāng [次 cì] ▸ **I've burnt myself!** 我把自己烫(燙)伤(傷)了！ wǒ bǎ zìjǐ tàngshāng le! ▸ **the cigarette burnt a hole in her dress** 香烟(煙)在她的连(連)衣裙上烫(燙)了个(個)洞

xiāngyān zài tā de liányīqún shàng tàngle gè dòng ▸ **to be burning with impatience/ ambition** 充满(滿)极(極)度的不耐/野心 chōngmǎn jídù de bùnài/yěxīn

▸**burn down** I VT [+ *house etc*] 烧(燒)毁(毀) shāohuǐ II VI [*house* +] 烧(燒)毁(毀) shāohuǐ

▸**burn out** VI [*writer etc* +] 精疲力竭 jīng pí lì jié ▸ **to burn oneself out** 累垮自己 lèi kuǎ zìjǐ

▸**burn up** I VI [*spacecraft* +] 烧(燒)毁(毀) shāohuǐ II VT [+ *fuel, energy*] 消耗 xiāohào

burning ['bəːnɪŋ] ADJ **1** [+ *house, car*] 着(著)火的 zháohuǒ de **2** (*also*: **burning hot**) [+ *sand, desert*] 灼热(熱)的 zhuórè de **3** [+ *ambition, desire*] 强(強)烈的 qiángliè de **4** [+ *issue, question*] 激烈的 jīliè de

burnt [bəːnt] PT, PP *of* **burn**

burp [bəːp] (*inf*) I N [c] 打嗝声(聲) dǎgéshēng II VI 打嗝 dǎgé

burrow ['bʌrəu] I N [c] [*of rabbit etc*] 地洞 dìdòng II VI **1** (*dig*) 打洞 dǎdòng **2** (*rummage*) 搜(蒐)寻(尋) sōuxún

burst [bəːst] (*pt, pp* **burst**) I VT **1** [+ *bag, balloon*] 爆炸 bàozhà **2** [*river* +] [+ *banks etc*] 溃(潰)决(決) kuìjué II VI [*pipe, tyre* +] 爆裂 bàoliè III N [c] [*of gunfire, applause, laughter*] 一阵(陣) yīzhèn ▸ **to burst into flames** 突然着(著)火 tūrán zháohuǒ ▸ **to burst into tears** 突然大哭起来(來) tūrán dàkū qǐlái ▸ **to burst out laughing** 突然大笑起来(來) tūrán dàxiào qǐlái ▸ **to be bursting with** (*full of*) 挤(擠)满(滿) jǐmǎn; [+ *pride, curiosity*] 充满(滿) chōngmǎn ▸ **to be bursting to do sth** (*inf*) 急于(於)做某事 jí yú zuò mǒushì ▸ **to burst open** [*door etc* +] 猛然打开(開) měngrán dǎkāi ▸ **a burst of energy/activity** 一股劲(勁)/一阵(陣)行动(動) yī gǔ jìn/yī zhèn xíngdòng ▸ **a burst pipe** 破裂的水管 pòliè de shuǐguǎn ▸ **a burst blood vessel** 爆裂的血管 bàoliè de xuèguǎn

▸**burst in on** VT FUS [+ *person*] 突然出现(現) tūrán chūxiàn

▸**burst into** VT FUS [+ *room etc*] 闯(闖)入 chuǎngrù

▸**burst out of** VT FUS [+ *room etc*] 冲(衝)出 chōngchū

bury ['bɛrɪ] VT **1** (*in ground*) 掩埋 yǎnmái **2** [+ *dead person*] 埋葬 máizàng **3** (*fig: under rubble, debris*) 埋 mái ▸ **to bury oneself in one's work** 埋头(頭)工作 máitóu gōngzuò ▸ **to bury one's face in one's hands** 双(雙)手掩面 shuāngshǒu yǎn miàn ▸ **to bury one's head in the sand** 逃避现(現)实(實) táobì xiànshí ▸ **to bury the hatchet** 言归(歸)于(於)好 yán guī yú hǎo

bus [bʌs] N [c] 公共汽车(車) gōnggòng qìchē [辆 liàng]

bus driver N [c] 公共汽车(車)司机(機) gōnggòng qìchē sījī [位 wèi]

bush [buʃ] N **1** [c] (*plant*) 灌木 guànmù [棵 kē] **2** [U] (*scrubland*) 荒野 huāngyě ▸ **to beat about the bush** 拐(枴)弯(彎)抹角 guǎi wān mǒ jiǎo

bushy ['buʃɪ] ADJ **1** [+ *tail, hair, eyebrows*] 浓(濃)密的 nóngmì de **2** [+ *plant*] 茂密的 màomì de

busily ['bɪzɪlɪ] ADV 忙碌(碌)地 mánglù de

★ **business** ['bɪznɪs] N **1** [U/S] (*matter, question*) 事情 shìqing ▹ *I've some important business to discuss.* 我有重要事情要进行讨论。Wǒ yǒu zhòngyào shìqing yào jìnxíng tǎolùn. **2** [c] (*firm*) 公司 gōngsī [家 jiā] ▹ *a small business* 一家小公司 yī jiā xiǎo gōngsī **3** [U] (*occupation*) 商业 shāngyè ▹ *a career in business* 从商生涯 cóngshāng shēngyá **4** [U] (*trade*) 生意 shēngyì ▹ *Companies would lose business.* 公司生意将下滑。gōngsī shēngyì jiāng xiàhuá. ▸ **to be away on business** 出差 chūchāi ▸ **he's in the insurance/transport business** 他在做保险(險)/运(運)输(輸)业(業)务(務) tā zài zuò bǎoxiǎn/yùnshū yèwù ▸ **to do business with sb** 和某人做生意 hé mǒurén zuò shēngyì ▸ **to go out of business** 破产(產) pòchǎn ▸ **to get down to business** 开(開)始干(幹)正事 kāishǐ gàn zhèngshì ▸ **to make it one's business to do sth** 主动(動)承担(擔)办(辦)某事 zhǔdòng chéngdān bàn mǒushì ▸ **he means business** (*inf*) 他是认(認)真的 tā shì rènzhēn de ▸ **to have no business doing sth** 无(無)权(權)做某事 wúquán zuò mǒushì ▸ **it's none of your business** 别(別)多管闲(閒)事 bié duōguǎn xiánshì ▸ **that's my business** 那是我自己的事 nà shì wǒ zìjǐ de shì

business class (*on aircraft*) I N [U] 公务(務)舱(艙) gōngwùcāng II ADV 乘公务(務)舱(艙) chéng gōngwùcāng

businesslike ['bɪznɪslaɪk] ADJ 高效率的 gāo xiàolǜ de

businessman ['bɪznɪsmən] (*pl* **businessmen**) N [c] 商人 shāngrén [个 gè]

business trip N [c] 出差 chūchāi

businesswoman ['bɪznɪswumən] (*pl* **businesswomen**) N [c] 女商人 nǚ shāngrén [个 gè]

busker ['bʌskəʳ] (*Brit*) N [c] **1** (*singer*) 街头(頭)艺(藝)人 jiētóu yìrén [名 míng] **2** (*musician*) 街头(頭)音乐(樂)家 jiētóu yīnyuèjiā [名 míng]

BUSKER

buskers 指在街上或其他公共场所演奏乐器或歌唱的街头艺人。住在英美城市里的人可以经常得到来自他们的娱乐。过路人可以停下来听，然后在他们放在身边地上的帽子或琴盒里放上些零钱。**buskers** 还有可能跳上你所乘坐的火车或公共汽车，为你演奏几站地。

bus pass N [c] 公交车(車)通票 gōngjiāochē tōngpiào [张 zhāng]

bus shelter N [c] 公交车(車)候车(車)亭 gōngjiāochē hòuchētíng
bus station N [c] 公共汽车(車)车(車)站 gōnggòng qìchē chēzhàn [个 gè]
bus stop N [c] 公共汽车(車)站 gōnggòng qìchē zhàn [个 gè]
bust [bʌst] I VT **1** (*inf: break*) 打破 dǎpò **2** (*inf: arrest*) 逮捕 dàibǔ **II** N [c] **1** (*breasts*) 胸部 xiōngbù **2** (*sculpture*) 胸像 xiōngxiàng **III** ADJ (*inf: broken*) 坏(壞) huài ▸ **to go bust** (*inf*) [*company* +] 破产(產) pòchǎn
bustle ['bʌsl] I VI [*person* +] 忙碌 mánglù **II** N [U] (*activity*) 繁忙 fánmáng
bustling ['bʌslɪŋ] ADJ [+ *town, place*] 喧嚷的 xuānrǎng de ▸ **to be bustling with people/activity** 到处(處)是人群/活动(動) dàochù shì rénqún/huódòng
busy ['bɪzɪ] I ADJ **1** [+ *person*] 忙的 máng de **2** [+ *shop, street*] 繁忙的 fánmáng de **3** [+ *schedule, time, day*] 忙碌(碌)的 mánglù de **4** (*esp US: Tel*) [+ *line*] 占(佔)线(線)的 zhànxiàn de [英 = **engaged**] **II** VT ▸ **to busy oneself (with sth)** 忙于(於)做(某事) mángyú zuò (mǒushì) ▸ **he's a very busy man** 他是个(個)大忙人 tā shì gè dà máng rén ▸ **I'm busy** 我正忙着(著)呢 wǒ zhèng mángzhe ne
busy signal (*US*) N [c] 忙音 mángyīn [英 = **engaged tone**]

KEYWORD

★ **but** [bʌt] I CONJ **1** (*yet, however*) 但是 dànshì ▸ **I'd love to come, but I'm busy** 我想来(來)，但是有事 wǒ xiǎnglái, dànshì yǒushì ▸ **he may not be very bright, but he is hard-working** 他可能不是很聪(聰)明，但很努力 tā kěnéng bù shì hěn cōngmíng, dàn hěn nǔlì ▸ **but then** 不过(過) bùguò ▸ **she isn't English but American** 她不是英国(國)人而是美国(國)人 tā bùshì Yīngguórén érshì Měiguórén ▸ **enjoyable but tiring** 很开(開)心但也很累 hěn kāixīn dàn yě hěn lèi ▸ **not only ... but also** 不但…而且 bùdàn...érqiě
2 (*showing disagreement, surprise etc*) ▸ **but that's far too expensive!** 但是那太贵(貴)了！ dànshì nà tài guì le! ▸ **but it does work!** 但那确(確)实(實)奏效！ dàn nà quèshí zòuxiào!
II PREP (*apart from, except*) 除了 chú le ▸ **nothing but** 仅(僅)仅(僅) jǐnjǐn ▸ **anything but** 决(決)不 juébù ▸ **they've got no-one but themselves to blame** 他们(們)只有责(責)备(備)自己 tāmen zhǐyǒu zébèi zìjǐ ▸ **who but ...?** 除了…还(還)有谁(誰)? chúle...hái yǒu shuí?
III ADV **1** (*just, only*) 只 zhǐ ▸ **to name but two** 只提两(兩)个(個) zhǐ tí liǎng gè ▸ **had I but known** 要是我知道的话(話) yàoshi wǒ zhīdào de huà ▸ **I can but try** 我只能试(試)一下 wǒ zhǐnéng shì yī xià ▸ **you cannot (help) but be impressed** 你不能不产(產)生深刻印象 nǐ bù néng bù chǎnshēng shēnkè yìnxiàng ▸ **she's but a child** 她只不过(過)是个(個)孩子 tā zhǐ bù guò shì gè háizi
2 ▸ **but for** (*without*) 若不是 ruò bù shì; (*except for*) 除了 chúle ▸ **but for his help/him, we wouldn't have finished the job** 没(沒)有他的帮(幫)助/他，我们(們)还(還)没(沒)有完成工作呢 méiyǒu tāde bāngzhu/tā, wǒmen hái méiyǒu wánchéng gōngzuò ne ▸ **the box was empty but for a small piece of paper** 除了一张(張)小纸(紙)片外，盒子里(裡)空空如也 chúle yī zhāng xiǎo zhǐpiàn wài, hézi lǐ kōngkōng rú yě

> **but** 主要用作连词。*I was going to stay till tomorrow but I've changed my mind.* **however** 主要用作副词，多用于书面语。*Most of the crops failed. The cotton did quite well, however.*

butcher ['butʃəʳ] I N [c] **1** (*person*) 肉商 ròushāng [个 gè] **2** (*tyrant, murderer*) 刽(劊)子手 guìzishǒu **3** (*shop*) (*also*: **butcher's**) 肉铺(鋪) ròupù [个 gè] **II** VT **1** [+ *prisoners, children*] 屠杀(殺) túshā **2** [+ *meat, animal*] 屠宰 túzǎi
butler ['bʌtləʳ] N [c] 男管家 nán guǎnjiā [位 wèi]
butt [bʌt] I N [c] **1** [*of gun, tool*] 柄 bǐng **2** [*of cigarette*] 烟(煙)蒂 yāndì [根 gēn] **3** (*Brit*) (*fig: target*) [*of teasing, criticism etc*] 对(對)象 duìxiàng **4** (*barrel*) 大桶 dàtǒng [只 zhī] **5** (*US; inf*) (*backside*) 屁股 pìgu **II** VT [*goat, person* +] 顶(頂)撞 dǐngzhuàng
▸ **butt in** VI (*interrupt*) 插嘴 chāzuǐ
butter ['bʌtəʳ] I N [U] 黄(黃)油 huángyóu **II** VT [+ *bread*] 涂(塗)黄(黃)油于(於) tú huángyóu yú
buttercup ['bʌtəkʌp] N [c] 金凤(鳳)花 jīnfènghuā [朵 duǒ]
butterfly ['bʌtəflaɪ] N **1** [c] (*insect*) 蝴蝶 húdié [只 zhī] **2** [U] (*also*: **the butterfly**) (*in swimming*) 蝶泳 diéyǒng
buttocks ['bʌtəks] N PL 臀部 túnbù
button ['bʌtn] I N [c] **1** (*on clothes*) 钮(鈕)扣 niǔkòu [颗 kē] **2** (*on machine*) 按钮(鈕) ànniǔ [个 gè] **3** (*US*) (*badge*) 徽章 huīzhāng [个 gè] [英 = **badge**] ▸ **on the button** (*inf*) 准(準)确(確) zhǔnquè **II** VT (*also*: **button up**) 扣钮(鈕)扣 kòu niǔkòu
★ **buy** [baɪ] (*pt, pp* **bought**) I VT **1** 买(買) mǎi **2** (*Comm*) [+ *company*] 收购(購) shōugòu **3** (*fig*) [+ *time, freedom*] 赢(贏)得 yíngdé ▹ *It was a risky operation, but might buy more time.* 这样做有风险，但可能会赢得更多的时间。Zhèyàng zuò yǒu fēngxiǎn, dàn kěnéng huì yíngdé gèngduō de shíjiān. **II** N [c] (*purchase*) 所买(買)之物 suǒ mǎi zhī wù [件 jiàn] ▹ *Other good buys include cameras and toys.* 其他买来的好东西还包括相机和玩具。Qítā mǎi lái de

hǎo dōngxi hái bāokuò xiàngjī hé wánjù. ▸ **to buy sb sth** 给(給)某人买(買)某物 gěi mǒurén mǎi mǒuwù ▸ **to buy sb a drink** 请(請)某人喝一杯 qǐng mǒurén hē yī bēi ▸ **to buy sth from a shop** 从(從)店里(裡)购(購)买(買)某物 cóng diàn lǐ gòumǎi mǒuwù ▸ **to buy sth off** *or* **from sb** 从(從)某人处(處)购(購)买(買)某物 cóng mǒurén chù gòumǎi mǒuwù

▸**buy back** VT 回买(買) huímǎi

▸**buy in** *(Brit)* VT *[+ goods]* 买(買)进(進) mǎijìn

▸**buy into** *(Brit: Comm)* VT FUS 入股 rùgǔ

▸**buy off** VT *(bribe)* 贿(賄)赂(賂) huìlù

▸**buy out** VT *[+ business partner]* 全部通吃 quánbù tōngchī

▸**buy up** VT *[+ land, property]* 全部买(買)进(進) quánbù mǎijìn

buyer ['baɪəʳ] N [c] **1** *(purchaser)* 买(買)主 mǎizhǔ [位 wèi] **2** *(for store)* 采(採)购(購)员(員) cǎigòuyuán [名 míng]

buzz [bʌz] **I** N **1** [c] *(noise)* 嗡嗡声(聲) wēngwēngshēng **2** *(inf: phone call)* ▸ **to give sb a buzz** 给(給)某人打电(電)话(話) gěi mǒurén dǎ diànhuà **II** VI *[insect, machine +]* 发(發)出嗡嗡声(聲) fāchū wēngwēngshēng **III** VT *(inf: call on intercom etc)* 用蜂音器传(傳)呼 yòng fēngyīnqì chuánhū ▸ **to be buzzing with activity/conversation** 充斥着(著)活动(動)/谈(談)论(論) chōngchìzhe huódòng/tánlùn

▸**buzz off** *(esp Brit; inf)* VI 走开(開) zǒukāi

buzzer ['bʌzəʳ] N [c] 蜂鸣(鳴)器 fēngmíngqì

 KEYWORD

★ **by** [baɪ] **I** PREP **1** *(referring to cause, agent)* 被 bèi ▸ **he was struck by a football** 他被足球打中了 tā bèi zúqiú dǎ zhòng le ▸ **a painting by Picasso** 毕(畢)加索的画(畫) Bìjiāsuǒ de huà ▸ **surrounded by a fence** 由篱(籬)笆围(圍)着(著) yóu líba wéizhe

2 *(referring to method, manner, means)* ▸ **by bus/car/train** 乘公共汽车(車)/汽车(車)/火车(車) chéng gōnggòng qìchē/qìchē/huǒchē ▸ **to pay by cheque** 以支票支付 yǐ zhīpiào zhīfù ▸ **she grabbed him by the arm** 她抓住了他的胳膊 tā zhuāzhù le tāde gēbo ▸ **by moonlight/candlelight** 借助月光/烛(燭)光 jièzhù yuèguāng/zhúguāng ▸ **by saving hard, you can ...** 通过(過)使劲(勁)攒(攢)钱(錢), 你能… tōngguò shǐjìn zǎnqián, nǐ néng...

3 *(via, through)* 经(經)由 jīngyóu ▸ **he came in by the back door** 他从(從)后(後)门(門)进(進)来(來) tā cóng hòumén jìnlai

4 *(close to, beside)* 靠近 kào jìn ▸ **he was standing by the door** 他正站在门(門)边(邊) tā zhèng zhànzài ménbiān ▸ **the house by the river** 河边(邊)的房子 hébiān de fángzi

5 *(past)* 经(經)过(過) jīngguò ▸ **she rushed by me** 她急匆匆地从(從)我身边(邊)过(過)去 tā jícōngcōng de cóng wǒ shēnbiān guòqù

6 *(with times, dates, years)* 以前 yǐqián ▸ **by 4 o'clock** 4点(點)以前 sìdiǎn yǐqián ▸ **by April 7** 4月7号(號)以前 sì yuè qī hào yǐqián ▸ **by 2005** 2005年以前 èrlínglíngwǔ nián yǐqián ▸ **by this time tomorrow** 到明天这(這)个(個)时(時)候 dào míngtiān zhège shíhou ▸ **by the time I got here** 到我到这(這)儿(兒)的时(時)候 dào wǒ dào zhèr de shíhou ▸ **by now/then** 到如今/那时(時) dào rújīn/nàshí

7 *(during)* ▸ **by day/night** 在白天/晚上 zài báitiān/wǎnshang

8 *(specifying number, quantity, rate)* 按 àn ▸ **sold by the kilo/metre** 按公斤/米卖(賣) àn gōngjīn/mǐ mài ▸ **paid by the hour** 按小时(時)付酬 àn xiǎoshí fùchóu ▸ **parcels arrived by the dozen** 按打发(發)来(來)的包裹 àn dǎ fā lái de bāoguǒ ▸ **little by little, bit by bit** 一点(點)一点(點)地 yīdiǎn-yīdiǎn de

9 *(specifying degree of change)* 相差 xiāngchā ▸ **crime has increased by 10 per cent** 犯罪率上升了10% fànzuìlǜ shàngshēngle bǎifēnzhī shí

10 *(in measurements)* ▸ **a room 3 metres by 4** 一间(間)长(長)3米宽(寬)4米的房间(間) yī jiān cháng sān mǐ kuān sì mǐ de fángjiān ▸ **it's broader by a metre** 宽(寬)了1米 kuānle yi mǐ

11 *(Math)* ▸ **to divide/multiply by 3** 被3除/乘 bèi sān chú/chéng

12 *(according to)* ▸ **by law** 按照法律 ànzhào fǎlǜ ▸ **to play by the rules** 按规(規)则(則)玩游(遊)戏(戲) àn guīzé wán yóuxì ▸ **it's all right by me** 对(對)我来(來)说(說)没(沒)问(問)题(題) duì wǒ lái shuō méi wèntí ▸ **by profession/birth/nature** 就职(職)业(業)/祖籍/天性而言 jiù zhíyè/zǔjí/tiānxìng éryán

13 ▸ **by myself/himself** *etc (unaided)* 我/他等自己 wǒ/tā *děng* zìjǐ; *(alone)* 我/他等单(單)独(獨) wǒ/tā *děng* dāndú

II ADV **1** *see* **go by, pass by** *etc*

2 ▸ **by and by** *(in the past)* 不久以后(後) bùjiǔ yǐhòu; *(in the future)* 不久 bùjiǔ

3 ▸ **by and large** 大体(體)说(說)来(來) dàtǐ shuō lái

> 如果你说 *I'll be home by ten o'clock*，你的意思是你要在10点或10点以前到家，但绝不会晚于10点。如果你说 *I'll be home before ten o'clock*，你的意思是10点是你到家的最晚时间，你可能9点以前就到家了。如果你说 *I'll be at home until ten o'clock*，你的意思是10点以前你会在家里，但10点以后就不在了。当我们谈论某人写了一本书或剧本，导演了一部电影，作了一部乐曲或画了一幅画时，我们说一部作品是 **by** 那个人或是 **written by** 那个人。*a collection of piano pieces by Mozart* 当我们谈到某人给你写信或留言时，我们说信或留言是 **from** 那个人。*He received a letter from his brother.*

如果你说 *I'll be home by ten o'clock*，你的意思是你要在10点或10点以前到家，但绝不会晚于10点。如果你说 *I'll be home before ten o'clock*，你的意思是10点是你到家的最晚时间，你可能9点以前就到家了。如果你说 *I'll be at home until ten o'clock*，你的意思是10点以前你会在家里，但10点以后就不在了。当我们谈论某人写了一本书或剧本，导演了一部电影，作了一部乐曲或画了一幅画时，我们说一部作品是 **by** 那个人或是 **written by** 那个人。*...three books by Jane Austen...a collection of piano pieces by Mozart...a painting by Picasso* 当我们谈到某人给你写信或留言时，我们说信或留言是 **from** 那个人。*He received a letter from his brother...It's a message from your boss.*

bye(-bye) ['baɪ('baɪ)] (*inf*) INT 再见(見) zàijiàn

by-election ['baɪɪlɛkʃən] (*Brit*) N [c] 补(補)缺选(選)举(舉) bǔquē xuǎnjǔ

bypass ['baɪpɑːs] **I** N [c] **1** (*Aut*) 旁道 pángdào [条 tiáo] **2** (*Med*) (*operation*) 分流术(術) fēnliúshù **II** VT **1** [+ *town*] [*road, driver* +] 饶(繞)过(過) ràoguò **2** (*ignore*) [+ *person, problem etc*] 避开(開) bìkāi

by-product ['baɪprɔdʌkt] N [c] **1** [*of industrial process*] 副产(產)品 fùchǎnpǐn **2** [*of situation*] 附带(帶)结(結)果 fùdài jiéguǒ

byte [baɪt] (*Comput*) N [c] 字节(節) zìjié

Cc

C

C¹, c [siː] N [c/u] **1** (*letter*) 英语的第三个字母 **2** (*Scol, Univ*) (*mark*) 中等 zhōngděng

C² [siː] **I** N [c/u] (*Mus*) C大调音阶中的第一音 **II** ABBR (= **Celsius, centigrade**) 摄(攝)氏 shèshì

c. ABBR **1** (= **circa**) 大约(約) dàyuē **2** (= **cents**) 分 fēn

cab [kæb] N [c] **1** (*taxi*) 出租车(車) chūzūchē [辆 liàng] **2** [*of truck, tractor, train*] 驾(駕)驶(駛)室 jiàshǐ shì **3** (*horse-drawn*) 轻(輕)便两(兩)轮(輪)马(馬)车(車) qīngbiàn liǎnglún mǎchē

cabaret ['kæbəreɪ] **I** N **1** [u] (*live entertainment*) 餐馆(館)，夜总(總)会(會)里(裡)的歌舞表演 cānguǎn yèzǒnghuì lǐ de gēwǔ biǎoyǎn **2** [c] (*show*) 餐馆(館)，夜总(總)会(會)里(裡)的歌舞表演 cānguǎn yèzǒnghuì lǐ de gēwǔ biǎoyǎn **II** CPD [+ *act, singer*] 餐馆(館)，夜总(總)会(會)里(裡)的歌舞表演的 cānguǎn yèzǒnghuì lǐ de gēwǔ biǎoyǎn de

cabbage ['kæbɪdʒ] N [c/u] 卷(捲)心菜 juǎnxīncài [头 tóu]

cabin ['kæbɪn] N [c] **1** (*on ship*) 船舱(艙) chuáncāng [个 gè] **2** (*on plane*) 机(機)舱(艙) jīcāng [个 gè] **3** (*house*) 小木屋 xiǎo mùwū

cabin crew N [c] 机(機)组(組)人员(員) jīzǔ rényuán

cabinet ['kæbɪnɪt] N [c] **1** (*cupboard*) 贮(貯)藏橱(櫥) zhùcáng chú [个 gè]; (*display cabinet*) 陈(陳)列柜(櫃) chénliè guì [个 gè] **2** (*Pol*) 内(內)阁(閣) nèigé

cabinet minister N [c] 内(內)阁(閣)大臣 nèigé dàchén [名 míng]

cable ['keɪbl] **I** N **1** [c/u] (*rope*) 缆(纜)绳(繩) lǎnshéng [根 gēn] **2** [c/u] (*Elec*) 电(電)缆(纜) diànlǎn [根 gēn] **3** [u] (*also*: **cable television**) 有线(線)电(電)视(視) yǒuxiàn diànshì **II** VT **1** [+ *person*] 发(發)电(電)报(報) fā diànbào; [+ *message, money*] 用电(電)报(報)拍发(發) yòng diànbào pāifā **2** [+ *city, building*] (*for cable TV*) 配备(備)电(電)缆(纜) pèibèi diànlǎn

cable car N [c] 缆(纜)车(車) lǎnchē [辆 liàng]

cable television N [u] 有线(線)电(電)视(視) yǒuxiàn diànshì

cactus ['kæktəs] (*pl* **cactuses** *or* **cacti** ['kæktaɪ]) N [c] 仙人掌 xiānrénzhǎng [棵 kē]

café ['kæfeɪ] N [c] 咖啡店 kāfēi diàn [家 jiā]

cafeteria [kæfɪ'tɪərɪə] N [c] 自助餐厅(廳) zìzhù

cāntīng [个 gè]

caffeine ['kæfi:n] N [U] 咖啡因 kāfēiyīn

cage [keɪdʒ] N [C] 笼(籠)子 lóngzi [个 gè]

cagoule [kə'gu:l] N [C] 连(連)帽防雨长(長)夹(夾)克衫 liánmào fángyǔ cháng jiákèshān [件 jiàn]

cake [keɪk] N **1** [C/U] (*sponge, fruitcake etc*) (*large*) 蛋糕 dàngāo [块 kuài]; (*small*) 糕点(點) gāodiǎn [块 kuài] **2** [C] [*of soap*] 块(塊) kuài **3** [C] (*savoury*) ▸ **crab/rice/potato cake** 蟹/米/土豆饼(餅) xiè/mǐ/tǔdòubǐng [个 gè] ▸ **it's a piece of cake** (*inf*) 太容易了 tài róngyì le ▸ **he wants to have his cake and eat it** 他想两(兩)者兼得 tā xiǎng liǎngzhě jiāndé

calcium ['kælsɪəm] N [U] 钙(鈣) gài

calculate ['kælkjuleɪt] VT **1** (*work out*) [+ *number, amount*] 计(計)算 jìsuàn **2** (*estimate*) [+ *effect*] 预(預)测(測) yùcè ▸ **to calculate (that)...** (*using maths*) 计(計)算··· jìsuàn...; (*judge*) 判断(斷)··· pànduàn... **3** ▸ **to be calculated to do sth** 使适(適)合某种(種)目的 shǐ shìhé mǒuzhǒng mùdì

calculation [kælkju'leɪʃən] N **1** [C/U] (*Math*) 计(計)算 jìsuàn **2** [C/U] (*estimate*) 预(預)测(測) yùcè **3** [U] (*selfishness*) 自私的打算 zìsī de dǎsuàn

calculator ['kælkjuleɪtə^r] N [C] 计(計)算器 jìsuànqì [个 gè]

calendar ['kæləndə^r] N [C] **1** (*showing date*) 日历(曆) rìlì [本 běn] **2** (*schedule*) (*for organization*) 日程表 rìchéng biǎo; (*for person*) 日程安排 rìchéng ānpái **3** (*system*) 历(曆)法 lìfǎ

calf [kɑ:f] (*pl* **calves**) N [C] **1** 小牛 xiǎoniú [头 tóu] **2** (*Zool*) (*elephant*) 幼兽(獸) yòushòu; (*whale*) 崽 zǎi **3** (*Anat*) 腿肚 tuǐdù [个 gè]

caliber ['kælɪbə^r] (*US*) N = **calibre**

calibre, (*US*) **caliber** ['kælɪbə^r] N **1** [U] [*of person, skill, work*] 质(質)量 zhìliàng **2** [C] [*of gun*] 口径(徑) kǒujìng

★ **call** [kɔ:l] **I** VT **1** (*name*) 为(為)···取名 wèi...qǔmíng ▹ *We called our son Ian.* 我们为儿子取名为伊恩。Wǒmen wèi érzi qǔmíng wéi Yīēn. **2** (*address as*) 称(稱)呼 chēnghū ▹ *What did you call him?* 你称呼他什么？ Nǐ chēnghū tā shénme? ▹ *Her name's Elizabeth but everyone calls her Liz.* 她名叫伊丽莎白，但每个人都称呼她莉兹。Tā míng jiào Yīlìshābái, dàn měi gè rén dōu chēnghū tā Lìzī. **3** (*describe as*) 说(說)成是 shuōchéng shì ▹ *They called him a traitor.* 他们把他说成是叛徒。Tāmen bǎ tā shuō chéng shì pàntú. **4** (*shout*) 喊 hǎn ▹ *I heard someone calling my name.* 我听见有人大声喊我的名字。Wǒ tīngjiàn yǒu rén dàshēng hǎn wǒ de míngzì. **5** (*Tel*) 打电(電)话(話) dǎ diànhuà ▹ *Call me when you get home.* 你回家后打电话给我。Nǐ huíjiā hòu dǎdiànhuà gěi wǒ. **6** (*summon*) [+ *person*] 召唤(喚) zhāohuàn ▹ *I think we should call the doctor.* 我认为我们应该请医生。Wǒ rènwéi wǒmen yīnggāi qǐng yīshēng.; [+ *witness*] 传(傳)唤(喚) chuánhuàn ▹ *I was called as an expert witness.* 我被作为专家证人传唤。Wǒ bèi zuòwéi zhuānjiā zhèngrén chuánhuàn. **7** (*arrange*) [+ *meeting*] 召集 zhàojí; [+ *strike*] 下令举(舉)行 xiàlìng jǔxíng ▹ *He called a press conference.* 他召集了一场记者招待会。Tā zhàojíle yī chǎng jìzhě zhāodàihuì. **8** (*announce*) [+ *flight*] 广(廣)播 guǎngbō ▹ *They've just called our flight.* 他们刚刚广播我们的班机即将起飞。Tāmen gānggāng guǎngbō wǒmen de bānjī jíjiāng qǐfēi. **II** VI **1** (*shout*) 喊 hǎn **2** (*telephone*) 打电(電)话(話) dǎ diànhuà ▹ *May I ask who's calling?* 请问您是哪位？ Qǐngwèn nín shì nǎ wèi? **3** (*also*: **call in, call round**) 访(訪)问(問) fǎngwèn ▹ *Good night. Do call again.* 晚安。请再次光临。Wǎn'ān. Qǐng zàicì guānglín. ▹ *Do call round the college again.* 欢迎再次访问我校。Huānyíng zàicì fǎngwèn wǒ xiào. **4** (*stop*) [*ship, train, bus* +] 停靠 tíngkào **III** N **1** [C] (*shout*) [*of person*] 大喊 dà hǎn ▹ *a call for help* 求救声 ▹ *He gave a loud call.* 他大喊了一声。Tā dàhǎnle yī shēng. **2** [C] (*Tel*) 电(電)话(話) diànhuà [次 cì] ▹ *Were there any calls while I was out?* 我不在时有人打电话来吗？ Wǒ bù zài shí yǒu rén dǎ diànhuà lái ma? **3** [C] (*demand*) ▸ **call for sth** 对(對)某事的要求 duì mǒushì de yāoqíu [个 gè] ▹ *MPs renewed their call for electoral reform.* 议员们重申他们对选举改革的要求。Yìyuánmen chóngshēn tāmen duì xuǎnjǔ gǎigé de yāoqiú. **4** [C] [*of bird, animal*] 鸟(鳥)兽(獸)的叫声(聲) niǎoshòu de jiàoshēng **5** [C] (*visit*) 探访(訪) tànfǎng [次 cì] ▹ *The doctor made three calls to sick patients.* 医生3次探访病人。Yīshēng sān cì tànfǎng bìngrén. **6** [C] (*summons*) (*for flight*) 呼叫 hūjiào ▹ *That's the call for our flight.* 刚刚广播我们的飞机要起飞。Gānggāng guǎngbō wǒmen de fēijī yào qǐfēi. **7** [S] (*fig*: *lure*) 召唤(喚) zhāohuàn ▹ *All his life he had felt the call of the sea.* 他一生中都感到大海的召唤。Tā yīshēng zhōng dōu gǎndào dàhǎi de zhàohuàn. ▸ **to be called sth** [*person* +] 被叫某名 bèijiào mǒu míng ▹ *She's called Susan.* 她叫苏姗。Tā jiào Sūshān.; [*object* +] 被称(稱)为(為)某物 bèi chēngwéi mǒuwù ▹ *A dictionary of synonyms is called a thesaurus.* 同义词字典称为类属词典。Tóngyìcí zìdiǎn chēngwéi lèishǔ cídiǎn. ▸ **who's calling?** (*Tel*) 请(請)问(問)是谁(誰)？ qǐngwèn shìshuí? ▸ **to be on call** [+ *nurse, doctor*] 值班 zhíbān ▸ **to make a phone call** 打电(電)话(話) dǎ diànhuà ▸ **a long-distance call** 长(長)途电(電)话(話) chángtú diànhuà ▸ **a local call** 本地电(電)话(話) běndì diànhuà ▸ **to give sb a call** 打电(電)话(話)给(給)某人 dǎ diànhuà gěi mǒurén ▸ **to pay a call on sb** 拜访(訪)某人 bàifǎng mǒurén ▸ **there's not much call for these items** 对(對)这(這)些东(東)西没(沒)什么(麼)需求 duì zhèxiē dōngxī méi shénme

xūqiú ▸ **a call for sb to do sth** 要求某人做某事 yāoqiú mǒurén zuò mǒushì
▸**call back** I VI 1 (*return*) 回来(來) huílái 2 (*Tel*) 再打电(電)话(話) zài dǎ diànhuà II VT (*Tel*) 给(給)…回电(電)话(話) gěi…huí diànhuà
▸**call for** VT FUS 1 (*fetch*) [+ *person*] 去接 qùjiē; [+ *parcel*] 去取 qùqǔ ▹ *I'll call for you at seven o'clock.* 我7点来接你。Wǒ qī diǎn lái jiē nǐ. 2 (*demand*) 要求 yāoqiú ▹ *They are calling for your resignation.* 他们要求你辞职。Tāmen yāoqiú nǐ cízhí. 3 (*require*) 需要 xūyào ▹ *Does the situation call for military intervention?* 当前的形势是否需要军事干涉？Dāngqián de xíngshì shìfǒu xūyào jūnshì gānshè? ▸ **to call for sb to do sth** 要求某人做某事 yāoqiú mǒurén zuò mǒushì
▸**call in** I VT 1 [+ *doctor, expert, police*] 召来(來) zhāolái 2 (*request return of*) [+ *loan*] 下令收回 xiàlìng shōuhuí; [+ *books*] 要求退回 yāoqiú tuìhuí II VI 访(訪)问(問) fǎngwèn
▸**call off** VT [+ *deal, event*] 取消 qǔxiāo
▸**call on** VT FUS (*visit*) 拜访(訪) bàifǎng ▸ **to call on sb to do sth** 呼吁(籲)某人做某事 hūyù mǒurén zuò mǒushì
▸**call out** I VI 叫喊 jiàohǎn II VT 1 (*shout*) 喊 hǎn ▹ *He called out my name.* 他喊出我的名字。Tā hǎnchū wǒ de míngzi. 2 (*summon*) [+ *police, doctor, fire service*] 召唤(喚) zhāohuàn 3 (*order out*) [+ *troops*] 命令 mìnglìng
▸**call up** VT 1 (*Mil*) 征(徵)召…入伍 zhēngzhào…rùwǔ 2 (*Tel*) 给(給)…打电(電)话(話) gěi…dǎ diànhuà
▸**call upon** VT FUS = **call on**

callbox ['kɔːlbɔks] (*Brit: Tel*) N [c] 电(電)话(話)亭 diànhuà tíng [个 gè]

call centre, (*US*) **call center** N [c] (*Tel*) 电(電)话(話)中心 diànhuà zhōngxīn [个 gè]

caller ['kɔːləʳ] N [c] 1 (*visitor*) 来(來)访(訪)者 láifǎngzhě [位 wèi] 2 (*Tel*) 打电(電)话(話)者 dǎ diànhuàzhě ▸ **hold the line, caller!** 请(請)别(別)挂(掛)线(線)! qǐng bié guàxiàn!

callous ['kæləs] ADJ [+ *person*] 麻木不仁的 mámù bùrén de; [+ *act, attitude*] 冷酷无(無)情的 lěngkù wúqíng de

calm [kaːm] I ADJ 1 [+ *person*] 冷静(靜)的 lěngjìng de; [+ *voice*] 镇(鎮)静(靜)的 zhènjìng de; [+ *place*] 安宁(寧)的 ānníng de 2 (*not stormy*) [+ *sea*] 平静(靜)的 píngjìng de; [+ *weather*] 平静(靜)无(無)风(風)的 píngjìng wúfēng de II N [U/S] (*tranquillity*) 平静(靜) píngjìng III VT [+ *person, child, animal*] 使平静(靜) shǐ píngjìng; [+ *nerves, fears*] 平息 píngxī
▸**calm down** I VT [+ *person, animal*] 使平静(靜) shǐ píngjìng II VI [*person* +] 平静(靜)下来(來) píngjìng xiàlái

calmly ['kaːmlɪ] ADV [*say, react* +] 平静(靜)地 píngjìng de

Calor gas® ['kæləʳ-] N [U] 罐装(裝)煤气(氣) guànzhuāng méiqì

calorie ['kælərɪ] N [c] 卡路里 kǎlùlǐ

calves [kaːvz] N PL *of* **calf**

Cambodia [kæm'bəudɪə] N 柬埔寨 Jiǎnpǔzhài

Cambodian [kæm'bəudɪən] I ADJ 柬埔寨的 Jiǎnpǔzhài de II N [c] (*person*) 柬埔寨人 Jiǎnpǔzhàirén [个 gè]

camcorder ['kæmkɔːdəʳ] N [c] 摄(攝)像放像机(機) shèxiàng fàngxiàng jī [部 bù]

came [keɪm] PT *of* **come**

camel ['kæməl] N [c] 骆(駱)驼(駝) luòtuo [头 tóu]

camera ['kæmərə] N [c] 1 (*Phot*) 照相机(機) zhàoxiàngjī [架 jià] 2 (*Cine, TV*) 摄(攝)影机(機) shèyǐngjī [部 bù] ▸ **on camera** 在电(電)视(視)摄(攝)像机(機)前 zài diànshì shèxiàngjī qián ▸ **in camera** (*Law*) 在法官的私室里(裡) zài fǎguān de sīshì lǐ

cameraman ['kæmərəmæn] (*pl* **cameramen**) N [c] 摄(攝)影师(師) shèyǐngshī [位 wèi]

camera phone N [c] 多媒体(體)手机(機) duō méitǐ shǒujī [台 tái]

Cameroon [kæmə'ruːn] N 喀麦(麥)隆 Kāmàilóng

camomile ['kæməumaɪl] N [U] 黄(黃)春菊 huángchūnjú

camouflage ['kæməflaːʒ] I N 1 [U] (*Mil*) 伪(偽)装(裝) wěizhuāng 2 [U/S] (*Zool*) 保护(護)色 bǎohùsè II VT (*Mil*) 伪(偽)装(裝) wěizhuāng

camp [kæmp] I N 1 [c] (*for refugees, prisoners, soldiers*) 营(營) yíng 2 [c/U] (*encampment*) 临(臨)时(時)居住的帐(帳)篷 línshí jūzhù de zhàngpeng [个 gè] 3 [c] (*faction*) 阵(陣)营(營) zhènyíng II VI 扎(紮)营(營) zhāyíng III ADJ (*inf*) 娘娘腔的 niángniangqiāng de ▸ **to go camping** 外出露营(營) wàichū lùyíng

★ **campaign** [kæm'peɪn] I N [c] 1 (*for change*) 运(運)动(動) yùndòng [场 chǎng] 2 (*Mil*) 战(戰)役 zhànyì II VI [*pressure group* +] 发(發)起运(運)动(動) fāqǐ yùndòng ▸ **to campaign for/against sth** 为(為)/反对(對)某事参(參)加运(運)动(動) wèi/fǎnduì mǒushì cānjiā yùndòng

campaigner [kæm'peɪnəʳ] N [c] 参(參)加活动(動)的人 cānjiā huódòng de rén
▸ **campaigner for/against sth** 为(為)提倡/反对(對)某事而参(參)加某事的人 wèi tíchàng/fǎnduì mǒushì ér cānjiā mǒushì de rén

camp bed (*Brit*) N [c] 折叠(疊)床 zhédiéchuáng [美 = **cot**]

camper ['kæmpəʳ] N [c] 1 (*person*) 野营(營)者 yěyíngzhě [个 gè] 2 (*also:* **camper van**) 野营(營)车(車) yěyíngchē [辆 liàng]

campfire ['kæmp'faɪə] N [c] 营(營)火 yínghuǒ

camping ['kæmpɪŋ] N [U] 野营(營) yěyíng

camping gas® N [U] 露营(營)煤气(氣) lùyíng méiqì [罐 guàn]

campsite ['kæmpsaɪt] N [c] 营(營)地 yíngdì [个 gè]

C

campus ['kæmpəs] N [c] 校园(園) xiàoyuán [个 gè] ▸ **to live on campus** 住校 zhùxiào

★ **can¹** [kæn] **I** N [c] **1** (*for food, drinks*) 罐头(頭) guàntou [个 gè]; (*with lid*) 容器 róngqì; (*for petrol, oil*) 罐 guàn [个 gè] ▹ *I had to take a can to the garage to get some petrol.* 我不得不带个罐去加油站买汽油。Wǒ bùdebù dài gè guàn qù jiāyóuzhàn mǎi qìyóu. **2** (*contents*) 一听(聽)所装(裝)的量 yītīng suǒ zhuāng de liàng [听 tīng] **3** (*contents and container*) 一罐 yīguàn **II** VT [+ *food, drink*] 罐装(裝) guànzhuāng ▸ **to carry the can** (*Brit; inf*) 承担(擔)责(責)任 chéngdān zérèn

KEYWORD

★ **can²** [kæn] (*negative* **cannot, can't**, *conditional, pt* **could**) AUX VB **1** (*be able to*) 能 néng ▸ **can I help you?** (*in shop*) 您要买(買)点(點)儿(兒)什么(麼)? nín yào mǎidiǎn'r shénme?; (*in general*) 我能帮(幫)你吗(嗎)? wǒ néng bāngnǐ ma? ▸ **you can do it if you try** 如果试(試)试(試)的话(話)你是能做的 rúguǒ shìshì de huà nǐ shì néng zuò de ▸ **I can't hear/see anything** 我什么(麼)也听(聽)/看不见(見) wǒ shénme yě tīng/kàn bùjiàn ▸ **I can't remember** 我不记(記)得了 wǒ bù jìde le ▸ **she can't sleep** 她不能入睡 tā bùnéng rùshuì ▸ **you can always try telephoning him at home** 你可以试(試)着(著)往他家里(裡)打电(電)话(話) nǐ kěyǐ shìzhe wǎng tā jiālǐ dǎ diànhuà ▸ **as you can imagine...** 就如你能想像的那样(樣)… jiù rú nǐ néng xiǎngxiàng de nàyàng... ▸ **how can I ever thank you?** 我该(該)怎么(麼)谢(謝)你才好呢? wǒ gāi zěnme xiè nǐ cái hǎo ne? ▸ **I can't understand why...** 我不能理解为(為)什么(麼)… wǒ bùnéng lǐjiě wèishénme...
2 (*know how to*) 会(會) huì ▸ **I can swim/drive** 我会(會)游泳/开(開)车(車) wǒ huì yóuyǒng/kāichē ▸ **can you play a musical instrument?** 你会(會)一种(種)乐(樂)器吗(嗎)? nǐ huì yī zhǒng yuèqì ma?
3 (*permission, requests*) 可以 kěyǐ ▸ **can I use your phone?** 我可以用你的电(電)话(話)吗(嗎)? wǒ kěyǐ yòng nǐ de diànhuà ma? ▸ **can you help me?** 你可以帮(幫)我一下吗(嗎)? nǐ kěyǐ bāng wǒ yīxià ma? ▸ **can't you leave me alone?** 你就不能让(讓)我单(單)独(獨)呆一会(會)儿(兒)吗(嗎)? nǐ jiù bùnéng ràng wǒ dāndú dāi yīhuìr ma? ▸ **this cannot be allowed to continue** 不能再这(這)样(樣)下去了 bùnéng zài zhèyàng xiàqù le
4 (*disbelief, puzzlement*) ▸ **it can't be true!** 这(這)不可能是真的! zhè bù kěnéng shì zhēn de! ▸ **you can't be serious!** 你不是认(認)真的吧! nǐ bùshì rènzhēn de ba! ▸ **it can't have been them!** 不可能是他们(們)! Bù kěnéng shì tāmen! ▸ **what can he want?** 他究竟想要什么(麼)? tā jiūjìng xiǎng yào shénme?
5 (*possibility*) 可能 kěnéng ▸ **the illness can last for up to six months** 病情可能持续(續)近6个(個)月 bìngqíng kěnéng chíxù jìn liù gè yuè ▸ **he can be very unpleasant** 他有时(時)会(會)非常不高兴(興) tā yǒushí huì fēicháng bù gāoxìng ▸ **can she have finished already?** 她有可能已经(經)完成了吗(嗎)? tā yǒu kěnéng yǐjīng wánchéng le ma? ▸ **how can millions of dollars disappear?** 成百万(萬)的美金怎么(麼)可能消失呢? chéng bǎiwàn de měijīn zěnme kěnéng xiāoshī ne?

> **can, could** 和 **be able to** 都是用来表示某人有能力做某事，后接原形动词。**can** 或 **be able to** 的现在式都可以指现在，但 **can** 更为常用。*They can all read and write... The snake is able to catch small mammals.* **could** 或 **be able to** 的过去式可用来指过去。**will** 或 **shall** 加 **be able to** 则用于表示将来。指在某一特定时间能够做某事，用 **be able to**。*After treatment he was able to return to work.* **can** 和 **could** 用于表示可能性。**could** 指的是某个特定情况下的可能性，而 **can** 则表示一般情况下的可能性。*Many jobs could be lost...Too much salt can be harmful.* 在谈论过去的时候，使用 **could have** 加过去分词形式。*It could have been much worse.* 在谈论规则或表示许可的时候，用 **can** 表示现在，用 **could** 表示过去。*They can leave at any time.* 注意，当表示请求时，**can** 和 **could** 两者都可。*Can I have a drink?...Could we put the fire on?* 但表示建议时只能使用 **could**。*You could phone her and ask.*

Canada ['kænədə] N 加拿大 Jiānádà

Canadian [kə'neɪdɪən] **I** ADJ 加拿大的 Jiānádà de **II** N [c] (*person*) 加拿大人 Jiānádàrén [个 gè]

canal [kə'næl] N [c] **1** (*for ships, barges*) 运(運)河 yùnhé [条 tiáo] **2** (*for irrigation*) 水渠 shuǐqú **3** (*Anat*) 管 guǎn

Canaries [kə'nɛərɪz] N PL ▸ **the Canaries** 加那利群岛(島) Jiānàlì qúndǎo

canary [kə'nɛərɪ] N [c] 金丝(絲)雀 jīnsīquè [只 zhī]

Canary Islands [kə'nɛərɪ 'aɪləndz] N PL ▸ **the Canary Islands** 加那利群岛(島) Jiānàlì qúndǎo

cancel ['kænsəl] VT [+ *meeting, visit, reservation, flight*] 取消 qǔxiāo; [+ *contract, order*] 撤销(銷) chèxiāo; [+ *document*] 废(廢)除 fèichú; [+ *debt*] 注(註)销(銷) zhùxiāo; [+ *cheque, stamp etc*] 盖(蓋)销(銷) gàixiāo
▸ **cancel out** VT 抵消 dǐxiāo ▸ **they cancel each other out** 他们(們)相互抵消 tāmen xiānghù dǐxiāo

cancellation [kænsəˈleɪʃən] N **1** [c/u] [*of meeting, visit, flight*] 取消 qǔxiāo; [*of debt*] 注(註)销(銷) zhùxiāo **2** [c] (*cancelled seat, holiday*) 退票 tuìpiào

cancer [ˈkænsəʳ] N **1** [c/u] (*Med*) 癌症 áizhèng [种 zhǒng] **2** (*Astrol*) ▸ **Cancer** [u] (*sign*) 巨蟹座 Jùxiè Zuò [c] (*person*) 巨蟹座的人 Jùxiè Zuò de rén [个 gè] ▸ **to be (a) Cancer** 是巨蟹座的人 shì Jùxiè Zuò de rén

candidate [ˈkændɪdeɪt] N [c] **1** (*for job*) 候选(選)人 hòuxuǎnrén [位 wèi] **2** (*in exam*) 报(報)考者 bàokǎozhě [个 gè] **3** (*Pol*) 候选(選)人 hòuxuǎnrén ▸ **he's a prime candidate for a heart attack** 他很容易患心脏(臟) tā hěn róngyì huàn xīnzàngbìng

candle [ˈkændl] N [c] 蜡(蠟)烛(燭) làzhú [根 gēn] ▸ **to burn the candle at both ends** 操劳(勞)过(過)度 cāoláo guòdù ▸ **he can't hold a candle to you** 他比不上你 tā bǐbùshàng nǐ

candlestick [ˈkændlstɪk] N [c] 烛(燭)台(臺) zhú tái [个 gè]

candy [ˈkændɪ] (*US*) N [c/u] 糖果 tángguǒ [块 kuài] ▸ **piece of candy** 一块(塊)糖果 yīkuài tángguǒ [英 = **sweet**]

candy bar (*US*) N [c] 条(條)形巧克力 tiáoxíng qiǎokèlì

candyfloss [ˈkændɪflɔs] (*Brit*) N [u] 棉花糖 miánhuā táng [美 = **cotton candy**]

cane [keɪn] I N **1** [c/u] (*Bot*) 茎(莖) jīng **2** [u] (*for furniture, baskets*) 藤条(條) téngtiáo **3** [c] (*stick*) 手杖 shǒuzhàng [根 gēn] II VT (*Scol*) 用笞杖打 yòng chīzhàng dǎ ▸ **to get** *or* **be given the cane** (*Scol*) 被笞 bèi chī

canister [ˈkænɪstəʳ] N [c] [*of gas, chemicals*] 霰弹(彈)筒 xiàndàn tǒng; (*for tea, sugar*) 罐 guàn; (*Cine, Phot*) 匣子 xiázi [只 zhī]

cannabis [ˈkænəbɪs] N [u] 大麻 dàmá

canned [kænd] ADJ **1** [+ *fruit, vegetables*] 罐装(裝)的 guànzhuāng de **2** (*inf*) [+ *music, laughter*] 预(預)先录(錄)制(製)的 yùxiān lùzhì de

cannon [ˈkænən] (*pl* **cannon** *or* **cannons**) N [c] **1** (*artillery piece*) 大炮(砲) dàpào [只 zhī] **2** (*automatic gun*) 机(機)关(關)炮(砲) jīguān pào [只 zhī]

cannot [ˈkænɔt] = **can not**

canoe [kəˈnuː] I N [c] 独(獨)木船 dúmùchuán [艘 sōu] II VI ▸ **to go canoeing** 去划独(獨)木船 qù huá dúmùchuán

canoeing [kəˈnuːɪŋ] N [u] 划独(獨)木船 huá dúmùchuán

canon [ˈkænən] N [c] **1** (*clergyman*) 大教堂教士 dàjiàotáng jiàoshì [位 wèi] **2** (*frm: rule*) 准(準)则(則) zhǔnzé

can opener [-ˈəupnəʳ] N [c] 开(開)罐器 kāi guànqì [个 gè]

can't [kɑːnt] = **can not**

canteen [kænˈtiːn] N [c] **1** (*in workplace, school*) 食堂 shítáng [个 gè] **2** (*Brit*) [*for cutlery*] 餐具柜(櫃) cānjùguì **3** (*flask*) 水壶(壺) shuǐhú

canter [ˈkæntəʳ] I VI [*horse* +] 慢跑 mànpǎo II N [c] 慢跑 mànpǎo

Cantonese [kæntəˈniːz] I ADJ 广(廣)东(東)的 Guǎngdōng de II N **1** [c] (*person*) 广(廣)东(東)人 Guǎngdōngrén [个 gè] **2** [u] (*language*) 广(廣)东(東)话(話) Guǎngdōnghuà

canvas [ˈkænvəs] N **1** [u] (*fabric*) 帆布 fānbù **2** [c] (*painting*) 油画(畫) yóuhuà [幅 fú] ▸ **under canvas** (*in a tent*) 在帐(帳)篷里(裡) zài zhàngpéng lǐ

canvass [ˈkænvəs] I VI (*seeking support*) 游(遊)说(說) yóushuì II VT **1** (*for research*) [+ *opinions, views, people*] 征(徵)求意见(見) zhēngqiú yìjiàn **2** (*seeking support*) [+ *electorate*] 拉选(選)票 lāxuǎnpiào ▸ **to canvass for sb** 为(為)某人拉选(選)票 wèi mǒurén lā xuǎnpiào ▸ **to canvass opinion** 征(徵)求意见(見) zhēngqiú yìjiàn

canyon [ˈkænjən] N [c] 峡(峽)谷 xiágǔ

cap [kæp] I N [c] **1** (*hat*) 帽 mào [顶 dǐng] **2** (*top*) [*of pen*] 套子 tàozi; [*of bottle*] 盖(蓋) gài [个 gè] **3** (*for toy gun*) 火药(藥)帽 huǒyào mào **4** (*for swimming*) 游泳帽 yóuyǒng mào **5** (*Brit: Football, Cricket*) 国(國)家运(運)动(動)队(隊)队(隊)员(員) guójiā yùndòng duì duìyuán II VT **1** (*complete*) 达(達)到顶(頂)峰 dádào dǐngfēng **2** (*Pol*) (*put limit on*) 给(給)…定限额(額) gěi...dìng xiàn'é **3** (*Brit: Football, Cricket*) 选(選)…入国(國)家队(隊) xuǎn...rù guójiā duì **4** [+ *tooth*] 包 bāo ▸ **capped with sth** 被某物覆盖(蓋) bèi mǒuwù fùgài ▸ **and to cap it all, he said...** 更有甚者，他说(說)… gèng yǒu shèn zhě, tāshuō... ▸ **to have a tooth capped** 包牙 bāoyá

capability [keɪpəˈbɪlɪtɪ] N [c/u] **1** (*competence*) 能力 nénglì [种 zhǒng] [种 zhǒng] **2** (*military, nuclear etc*) 能力 nénglì [种 zhǒng] ▸ **to be beyond sb's capabilities** 超出某人的能力范(範)围(圍) chāochū mǒurén de nénglì fànwéi ▸ **to have the capability to do sth** 有做某事的能力 yǒu zuò mǒushì de nénglì; (*Mil*) 有做某事的能力 yǒu zuò mǒushì de nénglì

capable [ˈkeɪpəbl] ADJ (*able*) [+ *person*] 有能力的 yǒu nénglì de ▸ **to be capable of sth** [+ *speed, output*] 有做某事的能力 yǒu zuò mǒushì de nénglì ▸ **to be capable of doing sth** 有做某事的能力 yǒu zuò mǒushì de nénglì

capacity [kəˈpæsɪtɪ] N **1** [s] [*of container, ship*] 容量 róngliàng; [*of stadium, theatre*] 可容纳(納)人数(數) kě róngnà rénshù; [*of lift*] 可装(裝)载(載)人数(數) kě zhuāngzǎi rénshù **2** [u] [*of factory*] 产(產)量 chǎnliàng **3** [c/u] (*capability*) 能力 nénglì [种 zhǒng] **4** [s] (*role*) 职(職)位 zhíwèi [个 gè] ▸ **filled to capacity** 没(沒)有位置 méiyǒu wèizhi ▸ **a capacity crowd** 座无(無)虚(虛)席 zuò wú xū xí ▸ **to work at full capacity** 以最大限度工作 yǐ zuìdà xiàndù gōngzuò ▸ **capacity for sth/to do sth** 某事/做某事的能力 mǒushì/zuò mǒushì de nénglì

C

▸ **in his capacity as...** 以他作为(為)…的身份 yǐ tā zuòwéi...de shēnfèn ▸ **in an advisory capacity** 以顾(顧)问(問)的身份 yǐ gùwèn de shēnfèn

cape [keɪp] N [c] **1** (*headland*) 海角 hǎijiǎo **2** (*cloak*) 斗篷 dǒupéng [个 gè] **3** ▸ **the Cape** 好望角 Hǎowàngjiǎo

caper ['keɪpəʳ] N [c] **1** (*Culin*) 续(續)随(隨)子花蕾 xùsuízǐ huālěi **2** (*inf: frolic*) 恶(惡)作剧(劇) èzuòjù [出 chū]; (*pej*) 胡闹(鬧) húnào

★ **capital** ['kæpɪtl] **I** N **1** [c] (*city*) 首都 shǒudū [个 gè] ▹ *the Danish capital, Copenhagen* 丹麦的首都，哥本哈根 Dānmài de shǒudū, Gēběnhāgēn **2** [U] (*money*) 资(資)本 zīběn ▹ *He provided most of the capital.* 他提供了大部分的资本。Tā tígōngle dàbùfen de zīběn. **3** [c] (*also*: **capital letter**) 大写(寫)字母 dàxiě zìmù [个 gè] **II** ADJ (*Law*) [+ *offence, crime*] 死刑 sǐxíng ▸ **in capitals** 用大写(寫)字母 yòng dàxiě zìmǔ ▹ *The name was written in capitals.* 名字是用大写的。Míngzì shì yòng dàxiě de. ▸ **capital R/L** *etc* 大写(寫)字母R/L(等) dàxiě zìmǔ R/L (děng)

capitalism ['kæpɪtəlɪzəm] N [U] 资(資)本主义(義) zīběn zhǔyì

capitalist ['kæpɪtəlɪst] **I** ADJ [+ *system, society*] 资(資)本主义(義)的 zīběn zhǔyì de **II** N [c] 资(資)本家 zīběnjiā [位 wèi]

capitalize ['kæpɪtəlaɪz] **I** VI ▸ **to capitalize on sth** 利用某事 lìyòng mǒushì **II** VT (*Comm*) 为(為)…提供资(資)本 wèi...tígōng zīběn

capital punishment N [U] 死刑 sǐxíng

Capricorn ['kæprɪkɔːn] N **1** [U] (*sign*) 摩羯座 Mójié Zuò **2** [c] (*person*) 摩羯座的人 Mójié Zuò de rén [个 gè] ▸ **I'm (a) Capricorn** 我是摩羯座的 wǒ shì Mójié Zuò de

caps [kæps] N PL ABBR (= **capital letters**) 大写(寫)字母 dàxiě zìmǔ

capsize [kæp'saɪz] **I** VT 使倾(傾)覆 shǐ qīngfù **II** VI 倾(傾)覆 qīngfù

capsule ['kæpsjuːl] N [c] **1** [*of medicine*] 胶(膠)囊 jiāonáng **2** (*spacecraft*) 太空舱(艙) tàikōngcāng

captain ['kæptɪn] **I** N [c] **1** [*of ship*] 船长(長) chuánzhǎng [位 wèi] **2** [*of plane*] 机(機)长(長) jīzhǎng [位 wèi] **3** [*of team*] 队(隊)长(長) duìzhǎng [个 gè] **4** (*in army*) 上尉 shàngwèi **5** (*in navy*) 上校 shàngxiào **6** (*US: Police*) 副巡官 fù xúnguān **II** VT **1** [+ *ship*] 当(當)船长(長) dāng chuánzhǎng **2** [+ *team*] 当(當)队(隊)长(長) dāng duìzhǎng

caption ['kæpʃən] N [c] 标(標)题(題) biāotí

captivity [kæp'tɪvɪtɪ] N [U] 监(監)禁 jiānjìn ▸ **in captivity** 被监(監)禁 bèi jiānjìn

capture ['kæptʃəʳ] **I** VT **1** (*catch*) [+ *animal*] 捕获(獲) bǔhuò; [+ *person*] 俘虏(虜) fúlǔ **2** [+ *town, country*] 攻占(佔) gōngzhàn **3** (*Comm*) [+ *share of market*] 占(佔)有 zhànyǒu **4** (*reflect*) [+ *mood, atmosphere, spirit*] 反映 fǎnyìng **II** N [U] **1** [*of person*] 被捕 bèibǔ **2** [*of town*] 占(佔)领(領) zhànlǐng ▸ **to capture sb's imagination** 使某人为(為)之神往 shǐ mǒurén wéizhī shénwǎng

★ **car** [kɑːʳ] N [c] **1** (*Aut*) 汽车(車) qìchē [辆 liàng] **2** (*US: Rail*) 车(車)厢(廂) chēxiāng [节 jié] [英 = **carriage, coach**] ▸ **by car** 乘汽车(車) chéng qìchē ▸ **the dining/buffet car** (*Brit: Rail*) 餐车(車) cānchē

carafe [kə'ræf] N [c] [*of wine, water*] 精美的盛葡萄酒或水的玻璃容器 jīngměi de chéng pútáo jiǔ huò shuǐ de bōlí róngqì

caramel ['kærəməl] (*Culin*) N **1** [c] (*piece of confectionery*) 太妃糖 tàifēi táng [块 kuài] **2** [U] (*burnt sugar*) 焦糖 jiāotáng

carat ['kærət] N [c] **1** [*of diamond*] 克拉 kèlā **2** [*of gold*] 开(開) kāi ▸ **18-carat gold** 18开(開)金 shíbā kāijīn

caravan ['kærəvæn] N [c] **1** (*Brit*) (*vehicle*) 活动(動)住房 huódòng zhùfáng [处 chù] [美 = **trailer**] **2** (*in desert*) 旅行队(隊) lǚxíng duì

caravan site (*Brit*) N [c] 活动(動)住房停放处(處) huódòng zhùfáng tíngfàngchù

carb N ABBR (*inf*) = **carbohydrate**

carbohydrate [kɑːbəu'haɪdreɪt] N [c/U] 碳水化合物 tànshuǐ huàhéwù

carbon ['kɑːbən] N [U] 碳 tàn

carbonated ['kɑːbəneɪtɪd] ADJ [+ *drink*] 带(帶)气(氣)的 dàiqì de

carbon dioxide [-daɪ'ɔksaɪd] N [U] 二氧化碳 èryǎnghuàtàn

carbon monoxide [-mɔ'nɔksaɪd] N [U] 一氧化碳 yīyǎnghuàtàn

carbon-neutral [kɑːbn'njuːtrəl] ADJ 碳中和 tàn zhōnghé

carbon offsetting N [U] 碳补偿 tàn bǔcháng

car boot sale (*Brit*) N [c] 将(將)不要的物品放在汽车(車)行李箱中出售 jiāng bù yào de wùpǐn fàngzài xínglixiāng zhōng chūshòu

carburettor, (*US*) **carburetor** [kɑːbju'rɛtəʳ] N [c] 汽化器 qìhuàqì

card [kɑːd] N **1** [c] (*record card, index card etc*) 卡片 kǎpiàn [张 zhāng] **2** [c] (*also*: **playing card**) 扑(撲)克牌 pūkèpái [张 zhāng] **3** [c] (*greetings card*) 贺(賀)卡 hèkǎ [张 zhāng] **4** [c] (*also*: **business card**) 名片 míngpiàn [张 zhāng] **5** [c] (*bank card, credit card*) 信用卡 xìnyòngkǎ [张 zhāng] **6** [c] (*membership card*) 会(會)员(員)卡 huìyuánkǎ [张 zhāng] **7** [U] (*material*) 厚纸(紙)板 hòuzhǐbǎn ▸ **to play cards** 打牌 dǎpái

cardboard ['kɑːdbɔːd] N [U] 硬纸(紙)板 yìng zhǐbǎn

card game N [c] 纸(紙)牌游(遊)戏(戲) zhǐpái yóuxì

cardholder N [c] 持卡者 chíkǎ zhě [位 wèi]

cardigan ['kɑːdɪgən] N [c] 开(開)襟毛衣 kāijīn máoyī [件 jiàn]

cardinal ['kɑːdɪnl] **I** ADJ [+ *rule, principle*] 基本的

jīběn de **II** N [c] *(Rel)* 红(紅)衣主教 hóngyī zhǔjiào

★ **care** [kɛəʳ] **I** N **1** [U] *(attention)* 照顾(顧) zhàogù ▷ *She needed a lot of care at home.* 她在家需要不少照顾。Tā zài jiā xūyào bùshǎo zhàogù. **2** [c] *(worry)* 烦(煩)恼(惱) fánnǎo **II** VI 关(關)心 guānxīn ▸ **with care** 小心 xiǎoxīn ▸ **in sb's care** 由某人照顾(顧) yóu mǒurén zhàogù ▸ **take care!** *(saying goodbye)* 慢走！ mànzǒu! ▸ **to take care to do sth** 确(確)保做某事 quèbǎo zuò móushì ▸ **to take care of sb** 照顾(顧)某人 zhàogù mǒurén ▸ **to take care of sth** [+ *possession, clothes*] 保管某物 bǎoguǎn mǒuwù; [+ *problem, situation*] 处(處)理某物 chǔlǐ mǒuwù ▸ **to be in care** *(Brit)* 由福利院抚(撫)养(養) yóu fúlìyuàn fǔyǎng ▸ **the child has been taken into care** 这(這)个(個)孩子被送入福利院抚(撫)养(養) zhège háizi bèi sòngrù fúlìyuàn fǔyǎng ▸ **not to have a care in the world** 无(無)忧(憂)无(無)虑(慮) wú yōu wú lǜ ▸ **would you care to join us?** *(frm)* 你想和我们(們)一起去吗(嗎)？ nǐ xiǎng hé wǒmen yīqǐ qù ma? ▸ **would you care for some tea?** 你想喝点(點)茶吗(嗎)？ nǐ xiǎng hē diǎn chá ma? ▸ **I don't care for it/him** *(o.f.)* 我不喜欢(歡)它/他 wǒ bù xǐhuan tā/tā ▸ **I don't care to remember** *(choose)* 我不想去记(記)住 wǒ bù xiǎng qù jìzhù ▸ **"care of...", "in care of..."** *(US)* *(on letter)* "由…转(轉)交" "yóu...zhuǎnjiāo" ▸ **I don't care** 我不在乎 wǒ bù zàihu ▸ **who cares!** *(inf)* 谁(誰)管呢！ shéi guǎn ne! ▸ **I couldn't care less** *(US; inf)* ▸ **I could care less** 我才不在乎呢 wǒ cái bù zàihu ne

▸**care about** VT FUS [+ *person, thing, idea*] 关(關)心 guānxīn

▸**care for** VT FUS **1** *(look after)* 照顾(顧) zhàogù **2** *(like)* 喜欢(歡) xǐhuan

career [kəˈrɪəʳ] **I** N [c] **1** *(job, profession)* 事业(業) shìyè [项 xiàng] **2** *(working life)* 生涯 shēngyá [个 gè] **II** VI ▸ **to career off a road/into a tree** 冲(衝)出路面撞到树(樹)上 chōngchū lùmiàn/zhuàngdào shùshang ▸ **his school/university career** 他的学(學)校/大学(學)生涯 tā de xuéxiào/dàxué shēngyá

carefree [ˈkɛəfriː] ADJ [+ *person*] 无(無)忧(憂)无(無)虑(慮)的 wúyōu wúlǜ de; [+ *period*] 轻(輕)松(鬆)愉快的 qīngsōng yúkuài de

careful [ˈkɛəful] ADJ **1** *(cautious)* 小心的 xiǎoxīn de **2** *(thorough)* [+ *work, thought, analysis*] 仔细(細)的 zǐxì de ▸ **(be) careful!** 小心！ xiǎoxīn! ▸ **to be careful with sth** [+ *money*] 谨(謹)慎地使用某物 jǐnshèn de shǐyòng mǒuwù; [+ *fragile object*] 小心对(對)待某物 xiǎoxīn duìdài mǒuwù ▸ **to be careful (not) to do sth** 小心(别(別))做某事 xiǎoxīn (bié) zuò mǒushì

carefully [ˈkɛəfəlɪ] ADV **1** *(cautiously)* 小心地 xiǎoxīn de **2** *(methodically)* 用心地 yòngxīn de

caregiver [ˈkɛəgɪvəʳ] *(US)* N [c] 照顾(顧)者 zhàogùzhě [位 wèi] [英 = **carer**]

careless [ˈkɛəlɪs] ADJ *(negligent)* [+ *person, worker*] 粗心的 cūxīn de; [+ *driving*] 疏忽的 shūhu de; [+ *mistake*] 疏忽造成的 shūhu zàochéng de ▸ **how careless of me!** 我真是太不小心了！ wǒ zhēn shì tài bùxiǎoxīn le! ▸ **it was careless of him to let the dog out** 他真不当(當)心，把狗放了出去 tā zhēn bù dāngxīn, bǎ gǒu fàngle chūqù ▸ **to be careless with sth** [+ *money, resources*] 对(對)某物很随(隨)便 duì mǒushì hěn suíbiàn ▸ **to be careless of sth** *(frm: heedless)* 不顾(顧)某物 bùgù mǒuwù

carelessness [ˈkɛəlɪsnɪs] N [U] *(negligence)* 粗心大意 cūxīn dàyì

carer [ˈkɛərəʳ] *(Brit)* N [c] 照顾(顧)者 zhàogùzhě [位 wèi] [美 = **caregiver, caretaker**]

caress [kəˈrɛs] **I** VT 爱(愛)抚(撫) àifú **II** N [c] 爱(愛)抚(撫) àifú

caretaker [ˈkɛəteɪkəʳ] N [c] **1** *(Brit)* [*of building*] 看门(門)人 kānménrén [个 gè] [美 = **janitor**] **2** *(US)* [*of person*] 照顾(顧)者 zhàogùzhě [英 = **carer**]

car ferry N [c] 汽车(車)渡轮(輪) qìchē dùlún [艘 sōu]

cargo [ˈkɑːgəu] *(pl* **cargoes***)* N [c/U] 货(貨)物 huòwù [批 pī]

car hire *(Brit)* N [U] 汽车(車)出租 qìchē chūzū [美 = **car rental**]

Caribbean [kærɪˈbiːən] **I** N ▸ **the Caribbean (Sea)** 加勒比海 Jiālèbǐhǎi **II** ADJ 加勒比海的 Jiālèbǐhǎi de

caring [ˈkɛərɪŋ] ADJ [+ *person, society, organization*] 有爱(愛)心的 yǒu àixīn de

car keys N PL 车(車)钥(鑰)匙 chē yàoshi

carnation [kɑːˈneɪʃən] N [c] 康乃馨 kāngnǎixīn [束 shù]

carnival [ˈkɑːnɪvl] N **1** [c/U] *(festival)* 狂欢(歡)节(節) kuánghuānjié [个 gè] **2** [c] *(US)* 游(遊)艺(藝)团(團) yóuyìtuán [个 gè] [英 = **fair, funfair**]

carol [ˈkærəl] N [c] ▸ **(Christmas) carol** 圣(聖)诞(誕)颂(頌)歌 shèngdàn sònggē [首 shǒu]

car park *(Brit)* N [c] 停车(車)场(場) tíngchēchǎng [处 chù] [美 = **parking lot**]

carpenter [ˈkɑːpɪntəʳ] N [c] 木匠 mùjiàng [个 gè]

carpentry [ˈkɑːpɪntrɪ] N [U] **1** 木工业(業) mùgōngyè **2** *(at school, college etc)* 木工手艺(藝) mùgōng shǒuyì

carpet [ˈkɑːpɪt] **I** N [c] **1** *(fitted)* 地毯 dìtǎn [条 tiáo]; *(rug)* 小地毯 xiǎo dìtǎn [块 kuài] **2** *(liter)* [*of leaves, snow*] 厚厚的一层(層) hòuhòu de yīcéng **II** VT [+ *room, stairs*] 铺(鋪)地毯于(於) pū dìtǎn yú

car phone N [c] 车(車)载(載)电(電)话(話) chēzǎi diànhuà [台 tái]

car rental N [U] 汽车(車)出租 qìchē chūzū

carriage [ˈkærɪdʒ] N **1** [c] *(Brit: Rail)* 车(車)

厢(廂) chēxiāng [节 jié] [美 = car] **2** [c] (*horse-drawn*) 马(馬)车(車) mǎchē [辆 liàng] **3** [u] (*Comm*) (*delivery*) 运(運)费(費) yùnfèi ▸ **carriage free** (*Comm*) 运(運)费(費)免付 yùnfèi miǎnfù ▸ **carriage paid** (*Comm*) 运(運)费(費)已付 yùnfèi yǐfù

carriageway ['kærɪdʒweɪ] (*Brit*) N [c] 车(車)道 chēdào [条 tiáo]

carrier ['kærɪəʳ] N [c] **1** (*airline*) 航空公司 hángkōng gōngsī [家 jiā] **2** (*freight company*) 运(運)输(輸)公司 yùnshū gōngsī [家 jiā] **3** (*Med*) 带(帶)菌者 dàijūnzhě

carrier bag (*Brit*) N [c] 购(購)物袋 gòuwùdài [个 gè] [美 = **shopping bag**]

carrot ['kærət] N **1** [c/u] 胡萝(蘿)卜(蔔) húluóbo [根 gēn] **2** [c] (*incentive*) 诱(誘)饵(餌) yòu'ěr ▸ **a carrot and stick approach** 软(軟)硬兼施的做法 ruǎnyìng jiān shī de zuòfǎ

★ **carry** ['kærɪ] **I** VT **1** [+ *person*] 抱 bào; (*by hand with the arm down*) 提 tí; (*on one's back*) 背(揹) bēi; (*by hand*) 拿 ná ▹ *She carried her son to the car.* 她把儿子抱到车上。Tā bǎ érzi bào dào chē shàng. **2** (*take*) [+ *message*] 传(傳)递(遞) chuándì ▹ *He was carrying a message of thanks to the President.* 他代人向统表达了谢意。Tā dài rén xiàng zǒngtǒng biǎodále xièyì. **3** (*have on person*) 带(帶)着(著) dàizhe ▹ *He always carried a gun.* 他总是带着枪。Tā zǒngshì dàizhe qiāng. **4** (*transport*) [*ship, plane* +] 运(運)载(載) yùnzài ▹ *The ship could carry seventy passengers.* 这只船能载70名乘客。Zhè zhī chuán néng zài qīshí míng chéngkè. **5** (*pass*) [+ *motion, bill*] 通过(過) tōngguò ▹ *The motion was carried by 259 votes to 162.* 这项提案以259对162票通过。Zhè xiàng tí'àn yǐ èrbǎi wǔshí jiǔ duì yībǎi liùshí èr piào tōngguò. **6** (*involve*) [+ *risk, responsibility, penalty*] 带(帶)来(來) dàilái **7** (*Med*) [+ *disease, virus*] 传(傳)染 chuánrǎn ▹ *Rats carry nasty diseases.* 老鼠传染严重的疾病。Lǎoshǔ chuánrǎn yánzhòng de jíbìng. **8** (*have*) [+ *picture, slogan*] 刊登 kāndēng **II** VI [*sound* +] 传(傳)播 chuánbō ▹ *Sound seems to carry better in the evening air.* 声音好像在傍晚空气中传播得远些。Shēngyīn hǎoxiàng zài bàngwǎn kōngqì zhōng chuánbō de yuǎn xiē. ▸ **to get carried away** (*by enthusiasm, idea*) 失去自制力 shīqù zìzhìlì ▸ **to carry sth further/to extremes** 进(進)一步做某事/把某事做到极(極)至 jìnyībù zuò mǒushì/bǎ mǒushi zuò dào jízhì

▸**carry forward** VT (*in book-keeping*) [+ *balance*] 结(結)转(轉) jiézhuǎn

▸**carry off** VT ▸ **to carry it off** (*succeed*) 顺(順)利完成 shùnlì wánchéng

▸**carry on** **I** VI **1** (*continue*) 继(繼)续(續) jìxù **2** (*inf: make a fuss*) 吵吵闹(鬧)闹(鬧) chǎochǎo-nàonào **II** VT **1** (*conduct*) [+ *conversation, research*] 继(繼)续(續)进(進)行 jìxù jìnxíng **2** (*continue*) [+ *work, tradition*] ▸ **to carry on with sth** 继(繼)续(續)做某事 jìxù zuò mǒushì ▸ **to carry on doing sth** 继(繼)续(續)做某事 jìxù zuò mǒushì

▸**carry out** VT [+ *order, instruction*] 执(執)行 zhíxíng; [+ *investigation, attack*] 进(進)行 jìnxíng; [+ *plan, threat*] 实(實)行 shíxíng

▸**carry over** VT 延续(續) yánxù

▸**carry through** VT 成功地完成 chénggōng de wánchéng

cart [kɑːt] **I** N [c] **1** (*for people, goods*) 大车(車) dàchē [辆 liàng] **2** (*US*) (*motorized*) 轻(輕)便小车(車) qīngbiàn xiǎochē **3** (*US*) (*also*: **shopping cart**) 手推车(車) shǒutuīchē [辆 liàng] [英 = **trolley**] **4** (*handcart*) 手推车(車) shǒutuīchē **II** VT (*inf*) ▸ **to cart sb/sth away/around** 费(費)力地运(運)送/随(隨)身携(攜)带(帶)某人/某物 fèilì de yùnsòng/suíshēn xiédài mǒurén/mǒuwù

carton ['kɑːtən] N [c] **1** (*esp US*) (*cardboard box*) 纸(紙)箱 zhǐxiāng [个 gè] **2** [*of milk, juice, yoghurt*] 容器 róngqì [个 gè] **3** [*of cigarettes*] 一条(條) yītiáo

cartoon [kɑː'tuːn] N [c] **1** (*drawing*) 漫画(畫) mànhuà [幅 fú] **2** (*Brit*) (*comic strip*) 系列幽默画(畫) xìliè yōumò huà [套 tào] **3** (*animated*) 卡通片 kǎtōngpiàn [部 bù]

cartridge ['kɑːtrɪdʒ] N [c] **1** (*for gun*) 弹(彈)壳(殼) dànké [个 gè] **2** [*of ink*] (*for pen*) 笔(筆)芯 bǐxīn; (*for printer*) 墨盒 mòhé [个 gè] **3** (*for camera*) 胶(膠)卷(捲)盒 jiāojuǎn hé [个 gè] **4** (*Tech*) 匣子 xiázi

carve [kɑːv] VT **1** (*Culin*) [+ *meat*] 把…切片 bǎ...qiēpiàn **2** [+ *wood, stone, figure*] 雕刻 diāokè; [+ *initials, design*] 刻 kè ▸ **to carve (out) a career for o.s.** 为(為)自己创(創)业(業) wèi zìjǐ chuàngyè

▸**carve up** VT [+ *land, property*] 划(劃)分 huàfēn

carving ['kɑːvɪŋ] N **1** [c] (*object*) 雕刻品 diāokèpǐn [件 jiàn] **2** [c/u] (*design*) 雕刻 diāokè **3** [u] (*technique*) 雕刻术(術) diāokèshù

car wash N [c] 汽车(車)擦洗 qìchē cāxǐ

★ **case** [keɪs] N **1** [c] (*instance*) 情况(況) qíngkuàng [种 zhǒng] ▹ *This causes problems in some cases.* 这在某些情况下引起了问题。Zhè zài mǒu xiē qíngkuàng xià yǐnqǐle wèntí. **2** [c] [*of doctor, social worker, solicitor etc*] 个(個)案 gè'àn **3** [c] (*before judge, tribunal etc, for investigation*) 案件 ànjiàn ▹ *a murder case* 一桩谋杀案 yīzhuāng móushā'àn ▹ *one of Sherlock Holmes's most famous cases* 夏洛克・福尔摩斯最出名的案件之一 Xiàluòkè Fúěrmósī zuì chūmíng de ànjiàn zhīyī **4** [c] (*container*) 盒子 hézi [个 gè] **5** [c] (*Brit*) (*also*: **suitcase**) 行李箱 xínglixiāng [个 gè] **6** [c] (*quantity*) [*of wine, whisky*] 一箱 yīxiāng ▹ *a case of champagne* 一箱香槟酒 yī xiāng xiāngbīngjiǔ **7** [c/u] (*Ling*) 格 gé ▸ **lower/upper case** 小/大写(寫) xiǎo/dàxiě ▸ **to have a good case** (*argument*) 有充

足的论(論)证(證) yǒu chōngzú de lùnzhèng ▶ **there's a strong case for/against reform** 有强(強)烈支持/反对(對)改革的理由 yǒu qiángliè zhīchí/fǎnduì gǎigé de lǐyóu ▶ **it's a case of trying to get fit** 需要保持健康 xūyào bǎochí jiànkāng ▶ **in case of** [+ *fire, emergency*] 如果发(發)生 rúguǒ fāshēng ▶ **in case he comes** 以防万(萬)一他会(會)来(來) yǐfáng wànyī tā huì lái ▶ **in case you hadn't noticed** 如果你还(還)没(沒)注意到的话(話) rúguǒ nǐ hái méi zhùyì dào de huà ▶ **in any case** 无(無)论(論)如何 wúlùn rúhé ▶ **just in case** 以防万(萬)一 yǐfáng wànyī ▶ **in that case** 既然是那样(樣) jìrán shì nàyàng ▶ **if that is the case** 如果是这(這)样(樣)的话(話) rúguǒ shì zhèyàng de huà ▶ **a case in point** 恰当(當)的例子 qiàdàng de lìzi

cash [kæʃ] **I** N [U] **1** (*notes and coins*) 现(現)金 xiànjīn **2** (*money*) 现(現)款 xiànkuǎn **II** VT [+ *cheque, money order*] 兑(兌)现(現) duìxiàn ▶ **to pay (in) cash** 付现(現)金 fù xiànjīn ▶ **cash on delivery** 货(貨)到交款 huò dào jiāokuǎn ▶ **cash down** 即刻付款 jíkè fùkuǎn
▶**cash in** VT [+ *insurance policy, shares*] 把…兑(兌)为(為)现(現)金 bǎ...duìwéi xiànjīn
▶**cash in on** VT FUS 从(從)…中获(獲)利 cóng...zhōng huòlì

cashback [kæʃbæk] N [U] **1** (*discount*) 现(現)金折扣 xiànjīn zhékòu **2** (*with debit card*) 取现(現)金 qǔ xiànjīn; (*system*) 现金支取，即在用银行卡付款时要求提取一定数额现金

cash card (*Brit*) N [C] 提款卡 tíkuǎn kǎ [张 zhāng]

cash desk (*Brit*) N [C] 收款台(臺) shōukuǎntái

cash dispenser (*Brit*) N [C] 自动(動)取款机(機) zìdòng qǔkuǎn jī [台 tái] [美 = **ATM**]

cashew [kæ'ʃuː] N [C] (*also*: **cashew nut**) 腰果 yāoguǒ [颗 kē]

cashier [kæ'ʃɪəʳ] N [C] (*in bank*) 出纳(納)员(員) chūnàyuán [个 gè]; (*in shop, restaurant*) 收银(銀)员(員) shōuyínyuán

cashmere ['kæʃmɪəʳ] **I** N [U] 山羊绒(絨) shānyángróng **II** ADJ 山羊绒(絨)的 shānyángróng de

cashpoint ['kæʃpɔɪnt] (*Brit*) N [C] 自动(動)取款机(機) zìdòng qǔkuǎn jī [台 tái] [美 = **ATM**]

cash register N [C] 出纳(納)机(機) chūnàjī [台 tái]

casino [kə'siːnəu] N [C] 赌(賭)场(場) dǔchǎng [个 gè]

casket ['kɑːskɪt] N [C] **1** (*US*) (*coffin*) 棺材 guāncai [个 gè] **2** (*liter: for jewellery*) 小盒 xiǎohé [个 gè]

casserole ['kæsərəul] **I** N [C] **1** (*food*) 沙锅(鍋) shāguō **2** (*container*) (*also*: **casserole dish**) 炖(燉)锅(鍋) dùnguō [个 gè] **II** VT 炖(燉) dùn

cassette [kæ'sɛt] N [C] 磁带(帶) cídài [盘 pán]

cassette player N [C] 放音机(機) fàngyīnjī [台 tái]

cassette recorder N [C] 录(錄)音机(機) lùyīnjī [台 tái]

cast [kɑːst] (*pt, pp* **cast**) **I** VT **1** (*throw*) [+ *light, shadow*] 投射 tóushè; [+ *net, fishing line*] 投 tóu **2** [+ *statue*] 铸(鑄)造 zhùzào **3** (*Theat*) ▶ **to cast sb as sth** 分配某人扮演某个(個)角色 fēnpèi mǒurén bànyǎn mǒugè juésè **II** VI (*in fishing*) 抛(拋) pāo **III** N [C] **1** (*Theat*) 演员(員)表 yǎnyuánbiǎo [份 fèn] **2** (*mould*) 模子 múzi **3** (*also*: **plaster cast**) 石膏 shígāo ▶ **to cast one's vote** 投票 tóupiào ▶ **to cast doubt on sth** 对(對)某事产(產)生怀(懷)疑 duì mǒushì chǎnshēng huáiyí ▶ **to cast a glance** 瞧一瞧 qiáo yī qiáo ▶ **to cast an eye** *or* **one's eye(s) over sth** 看一眼某物 kàn yī yǎn mǒuwù ▶ **to cast a spell on sb** [*witch, fairy etc* +] 施咒于(於)某人 shīzhòu yú mǒurén; (*fig*) 迷住某人 mízhù mǒurén ▶ **to cast sb/sth into sth** (*liter*) 将(將)某人/某物扔入某处(處) jiāng mǒurén/mǒuwù rēngrù mǒu chù
▶**cast about, cast around** VI ▶ **to cast about for sth** 想方设(設)法寻(尋)找 xiǎng fāng shè fǎ xúnzhǎo
▶**cast aside** VT (*reject*) 抛(拋)弃(棄) pāoqì
▶**cast off** **I** VT (*liter: get rid of*) 抛(拋)弃(棄) pāoqì **II** VI **1** (*Naut*) 解船缆(纜) jiěchuánlǎn **2** (*in knitting*) 收针(針) shōuzhēn
▶**cast on** (*in knitting*) **I** VI 起针(針) qǐzhēn **II** VT [+ *stitch*] 开(開)始编(編)织(織) kāishǐ biānzhī
▶**cast out** VT (*get rid of*) 驱(驅)除 qūchú

caster sugar, (*Brit*) **castor sugar** ['kɑːstə-] N [U] 精白砂糖 jīngbáishātáng

cast-iron ['kɑːstaɪən] ADJ **1** (*metal*) 铸(鑄)铁(鐵)制(製)的 zhùtiězhì de **2** (*certain*) [+ *guarantee, alibi*] 无(無)可质(質)疑的 wú kězhìyí de

castle ['kɑːsl] N [C] **1** 城堡 chéngbǎo [座 zuò] **2** (*Chess*) 车(車) chē

castor sugar N = **caster sugar**

casual ['kæʒjul] ADJ **1** (*chance*) [+ *remark*] 漫不经(經)心的 màn bù jīngxīn de; [+ *observer*] 偶然的 ǒurán de **2** (*non-permanent*) [+ *work, workers*] 临(臨)时(時)的 línshí de **3** (*unconcerned*) 随(隨)便的 suíbiàn de **4** (*informal*) [+ *clothes*] 非正式的 fēizhèngshì de ▶ **casual wear** 便服 biànfú ▶ **casual sex** 随(隨)便的性行为(為) suíbiàn de xìngxíngwéi

casually ['kæʒjulɪ] ADV **1** (*in a relaxed way*) 漫不经(經)心地 màn bù jīngxīn de **2** [*dress, say, mention* +] 随(隨)便地 suíbiàn de **3** (*by chance*) 偶然地 ǒurán de

casualty ['kæʒjultɪ] N **1** [C] [*of war, accident*] (*injured*) 伤(傷)病员(員) shāngbìngyuán [个 gè]; (*dead*) 伤(傷)亡人员(員) shāngwáng rényuán [批 pī] **2** [C] [*of situation, event*] 牺(犧)牲品 xīshēngpǐn **3** [U] (*Brit*) (*in hospital*) 急诊(診)室 jízhěnshì [美 = **emergency room, ER**] ▶ **heavy casualties** (*Mil*) 伤(傷)亡惨(慘)重 shāngwáng cǎnzhòng

C

cat [kæt] N [c] **1** 猫(貓) māo [只 zhī] **2** (*lion, tiger etc*) 猫(貓)科动(動)物 māokē dòngwù ▶ **(a game of) cat and mouse** 猫(貓)捉老鼠(的游(遊)戏(戲)) māo zhuō lǎoshǔ(de yóuxì)

catalogue, (*US*) **catalog** ['kætəlɔg] **I** N [c] **1** (*for mail order*) 目录(錄) mùlù [个 gè] **2** [*of exhibition*] 目录 mùlù [个 gè] **3** [*of library*] 书(書)目 shūmù [个 gè] **4** (*series*) [*of events, faults*] 一系列 yīxìliè **II** VT **1** [+ *objects*] 把…编(編)入目录(錄) bǎ...biānrù mùlù **2** [+ *events, faults*] 列举(舉) lièjǔ

catalytic converter [kætə'lɪtɪkkən'vəːtə[r]] (*Aut*) N [c] 催化转(轉)化器 cuīhuà zhuǎnhuà qì

cataract ['kætərækt] (*Med*) N [c] 白内(內)障 báinèizhàng

catarrh [kə'tɑː[r]] N [u] 黏膜炎 niánmóyán

catastrophe [kə'tæstrəfɪ] N [c] 大灾(災)难(難) dàzāinàn [场 chǎng]

catch [kætʃ] (*pt, pp* **caught**) **I** VT **1** [+ *animal, fish*] 捕获(獲) bǔhuò; [+ *thief, criminal*] 抓获(獲) zhuāhuò **2** [+ *ball*] 接 jiē **3** [+ *bus, train, plane*] 赶(趕)上 gǎnshàng **4** (*discover*) [+ *person*] 发(發)现(現) fāxiàn **5** (*causing damage: strike*) 打 dǎ; (*snag*) 钩(鉤)住 gōuzhù **6** (*hear*) 听(聽)清楚 tīng qīngchu **7** [+ *flu, illness*] 染上 rǎnshang ▷ *I caught a cold.* 我感冒了。Wǒ gǎnmào le. **II** VI (*on branches, door etc*) 被钩(鉤)住 bèi gōuzhù **III** N [c] **1** [*of ball etc*] 接住 jiēzhù **2** [*of fish*] 捕获(獲)量 bǔhuò liàng **3** (*downside*) 蹊跷(蹺) qīqiāo **4** (*on door, window, bag*) 闩(閂) shuān **5** (*game*) ▶ **to play catch** 玩掷(擲)球游(遊)戏(戲) wán zhìqiú yóuxì ▶ **to catch sb doing sth** 撞见(見)某人做某事 zhuàngjiàn mǒurén zuò mǒushì ▶ **to catch sb's attention** *or* **eye** 引起某人的注意 yǐnqǐ mǒurén de zhùyì ▶ **to catch the light** 反光 fǎnguāng ▶ **to be** *or* **get caught in sth** [+ *storm*] 遇到某事 yùdào mǒushì; [+ *traffic jam*] 不巧碰到某事 bùqiǎo pèngdào mǒushì; [+ *crossfire*] 遭到某事 zāodào mǒushì

▶**catch on** VI **1** (*understand*) 理解 lǐjiě **2** (*become popular*) 流行起来(來) liúxíng qǐlái ▶ **to catch on to sth** 理解某事 lǐjiě mǒushì

▶**catch out** (*Brit*) VT 证(證)明有错(錯) zhèngmíng yǒucuò

▶**catch up** VI **1** (*walking, driving*) 追上 zhuīshang **2** (*in standard*) 赶(趕)上 gǎnshang ▶ **to be caught up in sth** 被卷(捲)入某事 bèi juǎnrù mǒushì

▶**catch up on** VT FUS [+ *work, sleep*] 弥(彌)补(補) míbǔ

▶**catch up with** VT FUS (*walking, driving, in standard*) 赶(趕)上 gǎnshang ▶ **the law caught up with him yesterday** 昨天警方发(發)现(現)他做了违(違)法的事 zuótiān jǐngfāng fāxiàn tā zuòle wéifǎ de shì ▶ **his past caught up with him** 他的过(過)去阴(陰)影不散 tā de guòqù yīnyǐng bù sàn

catching ['kætʃɪŋ] ADJ (*inf: infectious*) 传(傳)染性的 chuánrǎnxìng de

categorize ['kætɪgəraɪz] VT 把…分类(類) bǎ...fēnlèi ▶ **to categorize sb/sth as** 认(認)定某人/某事为(為) rèndìng mǒurén/mǒushì wéi

category ['kætɪgərɪ] N [c] 种(種)类(類) zhǒnglèi [个 gè]

cater ['keɪtə[r]] VI **1** ▶ **to cater for** (*supply food for*) [+ *occasion, wedding, party*] 承办(辦) chéngbàn **2** ▶ **to cater for** *or* (*US*) **to sth** [+ *sb's needs, tastes*] 迎合某事 yínghé mǒushì **3** ▶ **to cater for** *or* (*US*) **to sb** [+ *readers, consumers*] 迎合某人 yínghé mǒurén

caterer ['keɪtərə[r]] N [c] 酒席承办(辦)人 jiǔxí chéngbànrén [位 wèi]

catering ['keɪtərɪŋ] N [u] **1** (*industry*) 饮(飲)食业(業) yǐnshíyè **2** (*for specific occasion*) 酒席承办(辦) jiǔxí chéngbàn ▶ **to do the catering** 承办(辦)饮(飲)食 chéngbàn yǐnshí

caterpillar ['kætəpɪlə[r]] N [c] 毛虫(蟲) máochóng [条 tiáo]

cathedral [kə'θiːdrəl] N [c] 大教堂 dàjiàotáng [个 gè]

Catholic ['kæθəlɪk] **I** ADJ 天主教的 Tiānzhǔjiào de **II** N [c] 天主教徒 Tiānzhǔjiàotú [个 gè]

Catseye® ['kæts'aɪ] (*Brit: Aut*) N [c] 反光灯(燈) fǎnguāngdēng [盏 zhǎn]

cattle ['kætl] N PL 牛 niú

catwalk ['kætwɔːk] N [c] **1** (*for models*) T型台(臺) T xíngtái **2** (*bridge*) 狭(狹)窄通道 xiázhǎi tōngdào [条 tiáo]

caught [kɔːt] PT, PP *of* **catch**

cauliflower ['kɔlɪflauə[r]] N [c/u] 菜花 càihuā [头 tóu]

★ **cause** [kɔːz] **I** N **1** [c] [*of event*] 起因 qǐyīn [个 gè] ▷ *Nobody knew the cause of the explosion.* 没有人知道这次爆炸的起因。Méiyǒu rén zhīdào zhè cì bàozhà de qǐyīn. **2** [u] (*reason*) 理由 lǐyóu **3** [c] (*aim, principle*) 事业(業) shìyè ▷ *He is sympathetic to our cause.* 他支持我们的事业。Tā zhīchí wǒmen de shìyè. **II** VT (*produce, lead to*) 导(導)致 dǎozhì ▷ *Does smoking cause cancer?* 吸烟是否导致癌症？ Xīyān shìfǒu dǎozhì áizhèng? ▶ **to have cause for sth/to do sth** 某事/做某事有原因 mǒushì/zuò mǒushì yǒu yuányīn ▶ **there is no cause for concern** 没(沒)有理由担(擔)心 méiyǒu lǐyóu dānxīn ▶ **to cause sb to do sth** 促使某人做某事 cùshǐ mǒurén zuò mǒushì ▶ **to cause sth to happen** 导(導)致某事发(發)生 dǎozhì mǒushì fāshēng

caution ['kɔːʃən] **I** N **1** [u] (*prudence*) 谨(謹)慎 jǐnshèn **2** [c] (*Brit: Police*) 警告 jǐnggào [次 cì] **II** VT (*Brit: Police*) 警告 jǐnggào [次 cì] ▶ **to caution sb that...** 警告某人… jǐnggào mǒurén... ▶ **to caution sb against sth/against doing sth** 警告某人某事/防止某人做某事 jǐnggào mǒurén mǒushì/fángzhǐ

mǒurén zuò mǒushì
cautious ['kɔːʃəs] ADJ 谨(謹)慎的 jǐnshèn de ▸ **to be cautious about doing sth** 对(對)做某事持谨(謹)慎的态(態)度 duì zuò mǒushì chí jǐnshèn de tàidu
cave [keɪv] **I** N [c] 山洞 shāndòng [个 gè] **II** VI ▸ **to go caving** 探察洞穴 tànchá dòngxuè ▸**cave in** VI **1** [*roof, wall* +] 倒塌 dǎotā **2** [*person* +] (*to demands, pressure*) 屈服 qūfú ▸ **to cave in to sth/sb** 屈服于(於)某事/某人 qūfú yú mǒushì/mǒurén
caviar(e) ['kævɪɑːʳ] N [U] 鱼(魚)子酱(醬) yúzǐjiàng
cavity ['kævɪtɪ] N [c] (*frm: in wall, tooth*) 洞 dòng [个 gè]; (*in body*) 腔 qiāng
cc ABBR **1** (= **cubic centimetres**) 立方厘(釐)米 lìfāng límǐ **2** (= **carbon copy**) 抄送 chāosòng
CCTV ['siːsiːtiː'viː] N ABBR (= **closed-circuit television**) 闭(閉)路电(電)视(視) bìlù diànshì [个(個) gè]
CD N ABBR (= **compact disc**) 激光唱片 jīguāng chàngpiàn
CD burner [-'bəːnəʳ] N [c] 激光光盘(盤)刻录(錄)机(機) jīguāng guāngpán kèlùjī [台 tái]
CDC (*US*) N ABBR (= **Center for Disease Control**) 疾病控制中心 Jíbìng Kòngzhì Zhōngxīn
CD player N [c] 激光唱机(機) jīguāng chàngjī [部 bù]
CD-ROM [siːdiː'rɔm] N ABBR (= **compact disc read-only memory**) 光盘(盤)只读(讀)存储(儲)器 guāngpán zhǐdú cúnchǔ qì ▸ **on CD-ROM** 光盘(盤)版 guāngpán bǎn
CDT (*US*) ABBR (= **Central Daylight Time**) 中部夏令时(時) Zhōngbù Xiàlìngshí
cease [siːs] (*frm*) **I** VI 停止 tíngzhǐ **II** VT [+ *production, operations, work*] 停止 tíngzhǐ ▸ **to cease doing sth** 停止做某事 tíngzhǐ zuò mǒushì ▸ **to cease trading** 停止营(營)业(業) tíngzhǐ yíngyè ▸ **to cease to do sth** 停止做某事 tíngzhǐ zuò mǒushì ▸ **he never ceases to amaze me** 他不停地使我惊(驚)讶(訝) tā bùtíng de shǐ wǒ jīngyà
ceasefire ['siːsfaɪəʳ] N [c] 停火 tínghuǒ
cedar ['siːdəʳ] N **1** [c] (*tree*) 雪松 xuěsōng [棵 kē] **2** [U] (*wood*) 雪松木材 xuěsōng mùcái
ceiling ['siːlɪŋ] N [c] **1** (*in room*) 天花板 tiānhuābǎn [块 kuài] **2** (*limit*) (*on amount, salaries etc*) 最高限度 zuìgāo xiàndù ▸ **to put a ceiling on sth** 给(給)某物制(製)定上限 gěi mǒuwù zhìdìng shàngxiàn
celebrate ['sɛlɪbreɪt] **I** VT **1** [+ *success, birthday*] 庆(慶)祝 qìngzhù **2** (*Rel*) [+ *mass*] 主持 zhǔchí **II** VI 庆(慶)祝 qìngzhù
celebrated ['sɛlɪbreɪtɪd] ADJ [+ *author, film*] 著名的 zhùmíng de
celebration [sɛlɪ'breɪʃən] N [c/U] 庆(慶)祝 qìngzhù
celebrity [sɪ'lɛbrɪtɪ] N **1** [c] (*person*) 名人 míngrén [位 wèi] **2** [U] (*fame*) 名望 míngwàng
celery ['sɛlərɪ] N [U] 芹菜 qíncài ▸ **a stick of celery** 一根芹菜 yīgēn qíncài
cell [sɛl] N [c] **1** (*Bio*) 细(細)胞 xìbāo [个 gè] **2** (*in prison*) 牢房 láofáng [间 jiān]; (*in monastery*) 单(單)人小室 dānrén xiǎoshì **3** (*group*) 小组(組) xiǎozǔ
cellar ['sɛləʳ] N [c] 地下室 dìxiàshì [间 jiān]; (*for wine*) 酒窖 jiǔjiào [个 gè]
cellist ['tʃɛlɪst] N [c] 大提琴手 dàtíqínshǒu [名 míng]
cello ['tʃɛləu] N [c] 大提琴 dàtíqín [把 bǎ]
cellophane® ['sɛləfeɪn] N [U] 玻璃纸(紙) bōlizhǐ
cellphone ['sɛlfəun] N [c] 手机(機) shǒujī [部 bù]
cellular phone ['sɛljulə-] N = **cellphone**
Celsius ['sɛlsɪəs] ADJ 摄(攝)氏的 Shèshì de
Celt [kɛlt, sɛlt] N [c] 凯(凱)尔(爾)特人 Kǎi'ěrtèrén [个 gè]
Celtic ['kɛltɪk, 'sɛltɪk] ADJ 凯(凱)尔(爾)特的 Kǎi'ěrtè de
cement [sə'mɛnt] **I** N [U] **1** (*powder*) 黏固剂(劑) niángùjì **2** (*concrete*) 水泥 shuǐní **3** (*glue*) 胶(膠)接剂(劑) jiāojiējì **II** VT **1** (*stick, glue*) 胶(膠)合 jiāohé **2** [+ *relationship, agreement*] 巩(鞏)固 gǒnggù ▷ *Nothing cements a friendship between countries so much as trade.* 没有什么能像贸易一样如此这般地巩固两国之间的友谊。 Méiyǒu shénme néng xiàng màoyì yīyàng rúcǐ zhèbān de gǒnggù liǎng guó zhījiān de yǒuyì. **3** [+ *path, floor*] 铺(鋪)水泥于(於) pū shuǐní yú
cemetery ['sɛmɪtrɪ] N [c] 墓地 mùdì [处 chù]
censor ['sɛnsəʳ] **I** VT [+ *newspaper report, book, play etc*] 审(審)查 shěnchá **II** N [c] 审(審)查员(員) shěncháyuán [名 míng]
censorship ['sɛnsəʃɪp] N [U] [*of book, play etc*] 审(審)查制度 shěnchá zhìdù; [*of news*] 审(審)查 shěnchá
census ['sɛnsəs] N [c] 人口调(調)查 rénkǒu diàochá [次 cì]
cent [sɛnt] N [c] 分 fēn
centenary [sɛn'tiːnərɪ] (*Brit*) N [c] 一百周(週)年 yībǎi zhōunián [个 gè] [美 = **centennial**]
centennial [sɛn'tɛnɪəl] (*US*) N [c] 一百周(週)年 yībǎi zhōunián [个 gè] [英 = **centenary**]
center ['sɛntəʳ] (*US*) N = **centre**
centigrade ['sɛntɪgreɪd] ADJ 摄(攝)氏的 Shèshì de
centimetre, (*US*) **centimeter** ['sɛntɪmiːtəʳ] N [c] 厘(釐)米 límǐ
centipede ['sɛntɪpiːd] N [c] 蜈蚣 wúgōng [只 zhī]
★ **central** ['sɛntrəl] ADJ **1** (*in the centre*) 中心的 zhōngxīn de ▷ *central London* 伦敦中心 Lúndūn zhōngxīn ▷ *The cafe was near Oxford Street, very central for her.* 这家咖啡店靠近牛津街，对她来说很近。 Zhè jiā kāfēidiàn kàojìn Niújīn Jiē, duì tā lái shuō hěn jìn. **2** [+ *committee,*

government] 中央的 zhōngyāng de ▷ *the central committee of the Cuban communist party* 古巴共产党中央委员会 Gǔbā Gòngchǎndǎng zhōngyāng wěiyuánhuì **3** (*most important*) [+ *idea, figure*] 最关(關)键(鍵)的 zuì guānjiàn de ▷ *the central character in the film* 电影主角 ▷ *She is the central person in this project.* 她是这个工程中最关键的人物。Tā shì zhège gōngchéng zhōng zuì guānjiàn de rénwù.

Central America N 中美洲 Zhōngměizhōu

central heating N [U] 中央供暖系统(統) zhōngyāng gōngnuǎn xìtǒng

central reservation (*Brit: Aut*) N [C] 中央分车(車)带(帶) zhōngyāng fēnchēdài [美 = **median strip**]

★ **centre,** (*US*) **center** ['sɛntəʳ] **I** N **1** [C] [*of circle, line, town, activity*] 中心 zhōngxīn [个 gè] ▷ *the centre of the room* 房间当中 Fángjiān dāngzhōng ▷ *the city centre* 市中心 shìzhōngxīn ▷ *London is the major international insurance centre.* 伦敦是重要的国际保险中心。Lúndūn shì zhòngyào de guójì bǎoxiǎn zhōngxīn. **2** [C] (*building*) 中心 zhōngxīn [个 gè] **3** [S] (*Pol*) 中间(間)派 zhōngjiānpài **II** VT (*Typ*) (*on page*) 使…居中 shǐ...jūzhōng; [+ *object*] 把…放在中央 bǎ...fàngzài zhōngyāng; (*Phot*) 将(將)…放在中心位置 jiāng...fàngzài zhōngxīn wèizhì ▷ *It's a lovely shot - just a pity it isn't a bit better centred.* 照得很好，可惜有点偏了。Zhào de hěn hǎo, kěxī yǒudiǎn piān le.; (*Football*) [+ *ball*] 将(將)…传(傳)至球场(場)中央 jiāng...chuánzhì qiúchǎng zhōngyāng ▶ **to be at the centre of sth** 是某事的关(關)键(鍵) shì mǒushì de guānjiàn ▶ **to be the centre of attention** *or* **interest** 注意或兴(興)趣的焦点(點) zhùyì (huò) xìngqù de jiāodiǎn ▶ **to centre** *or* **be centred on** (*focus on*) 集中于(於) jízhōng yú ▶ **to be centred in London/Rome** 集中于(於)伦(倫)敦/罗(羅)马(馬) jízhōng yú Lúndūn/Luómǎ

★ **century** ['sɛntjurɪ] N [C] **1** (*period*) 世纪(紀) shìjì [个 gè] **2** (*Cricket*) 百分 bǎifēn ▶ **the 21st century** 21世纪(紀) èrshíyī shìjì ▶ **in the twenty-first century** 在21世纪(紀) zài èrshíyī shìjì

CEO N ABBR (= **chief executive officer**) 首席执(執)行官 Shǒuxí Zhíxíngguān

ceramic [sɪ'ræmɪk] ADJ 陶瓷的 táocí de

cereal ['siːrɪəl] N **1** [C] (*plant, crop*) 谷(穀)类(類)植物 gǔlèi zhíwù [种 zhǒng] **2** [C/U] (*also:* **breakfast cereal**) 谷(穀)类(類)食品 gǔlèi shípǐn [种 zhǒng]

ceremonial [sɛrɪ'məunɪəl] **I** ADJ 礼(禮)节(節)性的 lǐjiéxìng de **II** N [U] 礼(禮)仪(儀) lǐyí

ceremony ['sɛrɪmənɪ] N **1** [C] (*event*) 典礼(禮) diǎnlǐ [个 gè]; (*ritual*) 礼(禮)仪(儀) lǐyí [种 zhǒng] **2** [U] (*formality*) 仪(儀)式 yíshì ▶ **to stand on ceremony** 拘于(於)礼(禮)节(節) jū yú lǐjié

certain ['səːtən] ADJ **1** (*sure*) [+ *person*] 肯定的 kěndìng de **2** [+ *defeat, success, victory, death*] 一定的 yīdìng de **3** (*some*) [+ *times, people, days*] 某些 mǒuxiē ▶ **to be certain that...** [*person* +] 肯定… kěndìng... ▶ **it is certain that...** 肯定… kěndìng... ▶ **he is certain to be there** 他肯定在那儿(兒) tā kěndìng zài nàr ▶ **to make certain that...** 证(證)实(實)… zhèngshí... ▶ **to be certain of** 肯定 kěndìng ▶ **a certain coldness/pleasure** 有点(點)冷淡/高兴(興) yǒudiǎn lěngdàn/gāoxìng ▶ **a certain amount of sth** 一定量的某物 yīdìngliàng de mǒuwù ▶ **to know sth for certain** 确(確)定某事 quèdìng mǒushì

certainly ['səːtənlɪ] ADV **1** (*undoubtedly*) 无(無)疑地 wúyí de **2** (*of course*) 当(當)然 dāngrán ▶ **certainly not** 绝(絕)对(對)不行 juéduì bùxíng

certainty ['səːtəntɪ] N **1** [U] (*assurance*) 确(確)定 quèdìng **2** [C/U] (*inevitability*) 必然的事 bìrán de shì [件 jiàn] ▶ **all that can be said with certainty is that...** 唯一确(確)定无(無)疑的是… wéiyī quèdìng wúyí de shì... ▶ **there is no certainty that...** 不能肯定… bùnéng kěndìng... ▶ **there are never any certainties** 从(從)来(來)都没(沒)有必然的事 cónglái dōu méiyǒu bìrán de shì

certificate [sə'tɪfɪkɪt] N [C] **1** [*of birth, marriage*] 证(證) zhèng [张 zhāng] **2** (*diploma*) 结(結)业(業)证(證)书(書) jiéyè zhèngshū [个 gè]

certified mail ['səːtɪfaɪd-] (*US*) N [U] 挂(掛)号(號)信 guàhào xìn

certify ['səːtɪfaɪ] VT **1** (*attest to*) 证(證)实(實) zhèngshí ▷ *The National Election Council is supposed to certify the results.* 国家选举委员会应该证实这些结果。Guójiā xuǎnjǔ wěiyuánhuì yīnggāi zhèngshí zhèxiē jiéguǒ. **2** (*award diploma to*) 发(發)证(證)书(書)给(給) fā zhèngshū gěi **3** (*declare insane*) 确(確)诊(診)为(為)精神失常 quèzhěnwéi jīngshén shīcháng ▶ **to certify that...** 证(證)明… zhèngmíng... ▶ **to certify sb dead** 确(確)证(證)某人死亡 quèzhèng mǒurén sǐwáng

cf. ABBR (= **confer**) 比较(較) bǐjiào

CFC N ABBR (= **chlorofluorocarbon**) 氟氯化炭 fúlǜhuàtàn

ch. ABBR (= **chapter**) 章 zhāng

Chad [tʃæd] N 乍得 Zhàdé

chain [tʃeɪn] **I** N **1** [C/U] 链(鏈)条(條) liàntiáo [根 gēn] **2** [C] (*jewellery*) 链(鏈)子 liànzi [条 tiáo] **3** [C] [*of islands, mountains*] 一系列 yīxìliè **4** [C] [*of shops, hotels*] 连(連)锁(鎖) liánsuǒ **5** [C] [*of events, circumstances*] 一连(連)串 yīliánchuàn **II** VT ▶ **to chain sb/sth to sth** 用链(鏈)条(條)将(將)某人/某物拴在某物上 yòng liàntiáo jiāng mǒurén/mǒuwù shuānzài mǒuwù shang ▶ **in chains** 用枷锁(鎖)锁(鎖)着(著) yòng jiāsuǒ suǒzhe ▶ **to pull the chain**

冲(沖)厕(廁)所 chōng cèsuǒ
▶**chain up** VT [+ *prisoner, dog*] 用链(鏈)条(條)拴住 yòng liàntiáo shuānzhù
chair [tʃɛəʳ] **I** N [c] **1** 椅子 yǐzi [把 bǎ]; (*armchair*) 扶手椅 fúshǒuyǐ [把 bǎ] **2** (*Brit: Univ*) 大学(學)教授职(職)位 dàxué jiàoshòu zhíwèi **3** (*chairperson*) 主席 zhǔxí **4** (*US*) (*electric chair*) ▶**the chair** 电(電)椅 diànyǐ **II** VT [+ *meeting*] 主持 zhǔchí
chair lift N [c] 架空吊椅 jiàkōng diàoyǐ [个 gè]
chairman ['tʃɛəmən] (*pl* **chairmen**) N [c] [*of committee, company, meeting*] 主席 zhǔxí [位 wèi]
chairperson ['tʃɛəpə:sn] N [c] 主席 zhǔxí [个 gè]
chairwoman ['tʃɛəwumən] (*pl* **chairwomen**) N [c] 女主席 nǚ zhǔxí [个 gè]
chalet ['ʃæleɪ] N [c] 小木屋 xiǎomùwū [座 zuò]
chalk [tʃɔ:k] **I** N **1** [U] 白垩(堊) bái'è **2** [c/U] (*for writing*) 粉笔(筆) fěnbǐ [支 zhī] **II** VT 用粉笔(筆)写(寫) yòng fěnbǐ xiě ▶**a piece of chalk** (*for blackboard*) 一支粉笔(筆) yīzhī fěnbǐ
▶**chalk up** VT [+ *success, victory*] 取得 qǔdé
challenge ['tʃælɪndʒ] **I** N [c/U] **1** (*hard task*) 挑战(戰) tiǎozhàn [个 gè] **2** (*to authority, ideas*) 异(異)议(議) yìyì [种 zhǒng]; (*to rival, competitor*) 挑战(戰) tiǎozhàn [个 gè] **II** VT [+ *authority, right, idea*] 质(質)疑 zhìyí; [+ *rival, competitor*] 向…挑战(戰) xiàng…tiǎozhàn ▶**to rise to the challenge** 迎接挑战(戰) yíngjiē tiǎozhàn ▶**to challenge sb to do sth** 向某人提出挑战(戰)做某事 xiàng mǒurén tíchū tiǎozhàn zuò mǒushì ▶**to challenge sb to a fight/game** 挑战(戰)某人打架/比赛(賽) tiǎnzhàn mǒurén dǎjià/bǐsài
challenging ['tʃælɪndʒɪŋ] ADJ **1** [+ *job, task*] 具有挑战(戰)性的 jùyǒu tiǎozhànxìng de **2** [+ *tone, look etc*] 挑衅(釁)的 tiǎoxìn de
chamber ['tʃeɪmbəʳ] **I** N [c] **1** (*meeting room*) 会(會)议(議)室 huìyì shì [间 jiān]; (*room for particular purpose*) 房间(間) fángjiān [间 jiān] **2** (*Pol*) (*section of parliament*) 议(議)院 yìyuàn **II chambers** N PL (*Law*) (*for judges*) 法官办(辦)公室 fǎguān bàngōngshì; (*for barristers*) 律师(師)事务(務)所 lǜshī shìwùsuǒ ▶**chamber of commerce** 商会(會) shānghuì ▶**the Upper/Lower Chamber** (*Pol*) 上/下议(議)院 shàng/xiàyìyuàn
chambermaid ['tʃeɪmbəmeɪd] N [c] (*in hotel*) 旅馆(館)女服务(務)员(員) lǚguǎn nǚ fúwùyuán [名 míng]
champagne [ʃæm'peɪn] N [c/U] 香槟(檳)酒 xiāngbīn jiǔ [瓶 píng]
champion ['tʃæmpɪən] **I** N [c] **1** [*of league, contest*] 冠军(軍) guànjūn [位 wèi] **2** [*of cause, person, underdog*] 拥(擁)护(護)者 yōnghùzhě **II** VT [+ *cause, principle, person*] (*support*) 支持 zhīchí; (*defend*) 捍卫(衛) hànwèi
championship ['tʃæmpɪənʃɪp] N **1** [c] (*contest*) 锦(錦)标(標)赛(賽) jǐnbiāo sài [届 jiè] **2** [s] (*title*) 冠军(軍)称(稱)号(號) guànjūn chēnghào
★**chance** [tʃɑ:ns] **I** N **1** [c/U] (*likelihood, possibility*) 可能性 kěnéngxìng [种 zhǒng] **2** [s] (*opportunity*) 机(機)会(會) jīhuì **3** [U] (*luck*) 运(運)气(氣) yùnqì ▷ *It all depends on chance.* 全靠运气。Quán kào yùnqi. **II** VT **1** (*risk*) ▶**to chance it** 碰碰运(運)气(氣) pèngpeng yùnqi **2** ▶**to chance to do sth** (*frm*) 碰巧做某事 pèngqiǎo zuò mǒushì **III** ADJ [+ *meeting, discovery*] 偶然的 ǒurán de ▶**he hasn't much chance of winning** 他赢(贏)的机(機)会(會)不大 tā yíng de jīhuì bùdà ▶**to stand a chance of (doing) sth** 有(做)某事的希望 yǒu (zuò) mǒushì de xīwàng ▶**there is little chance of his coming** 他来(來)的机(機)会(會)很小 tā lái de jīhuì hěn xiǎo ▶**the chances are that...** 很可能… hěn kěnéng... ▶**the chance to do sth** 做某事的机(機)会(會) zuò mǒushì de jīhuì ▷ *She left before I had the chance to reply.* 她在我有机会回答前就离开了。Tā zài wǒ yǒu jīhuì huídá qián jiù líkāi le. ▶**to give sb the chance to do sth** 给(給)某人做某事的机(機)会(會) gěi mǒurén zuò mǒushì de jīhuì ▶**it's the chance of a lifetime** 一生难(難)得的机(機)会(會) yīshēng nándé de jīhuì ▶**to take a chance (on sth)** 冒险(險)(做某事) màoxiǎn(zuò mǒushì) ▶**by chance** 偶然 ǒurán ▶**by any chance** 有没(沒)有可能 yǒu méiyǒu kěnéng ▷ *Are they by any chance related?* 他们是否有可能有联系？ Tāmen shìfǒu yǒu kěnéng yǒu liánxì?
▶**chance (up)on** (*frm*) VT FUS [+ *person, thing*] 偶然遇到 ǒurán yùdào
chancellor ['tʃɑ:nsələʳ] N [c] **1** (*head of government*) 总(總)理 zǒnglǐ **2** (*Brit*) [*of university*] 校长(長) xiàozhǎng **3** (*Brit*) = **Chancellor of the Exchequer**
Chancellor of the Exchequer (*Brit*) N [c] 财(財)政大臣 cáizhèng dàchén [名 míng]
chandelier [ʃændə'lɪəʳ] N [c] 枝形吊灯(燈) zhīxíng diàodēng [盏 zhǎn]
★**change** [tʃeɪndʒ] **I** VT **1** (*alter*) 改变(變) gǎibiàn ▷ *You can't change human nature.* 你不可能改变人的本性。Nǐ bù kěnéng gǎibiàn rén de běnxìng. **2** (*replace*) [+ *wheel, battery*] 换(換) huàn ▷ *Try changing the battery.* 试试换电池。shìshì huàn diànchí. **3** [+ *trains, buses*] 换(換) huàn ▷ *At Glasgow I changed trains for Greenock.* 我在格拉斯哥换火车去格林诺克。Wǒ zài Gélāsīgē huàn huǒchē qù Gélínnuòkè. **4** [+ *clothes*] 换(換) huàn ▷ *I'll just change my shirt.* 我要换衬衫。Wǒ yào huàn chènshān. **5** [+ *bed, sheets*] 更换(換) gēnghuàn **6** [+ *job, address*] 更改 gēnggǎi ▷ *His doctor advised him to change his job.* 他的医生建议他换工作。Tā de yīshēng jiànyì tā huà gōngzuò. ▷ *He has changed his address.* 他更改了他的地址。Tā

C

gēnàggǎile tā de dìzhǐ. **7** (*put fresh nappy on*) [+ *baby*] 更换(換) gēnghuàn **8** (*replace*) [+ *nappy*] 换(換) huàn ▷ *She fed the baby and changed its nappy.* 她给婴儿喂了饭，换了尿布。Tā gěi yīng'ér wèile fàn, huànle niàobù. **9** (*exchange*) [+ *money*] 兑(兌)换(換) duìhuàn ▷ *These places charge exorbitant rates for changing money.* 这些地方对换汇收取极高的手续费。Zhèxiē dìfang duì huànhuì shōuqǔ jígāo de shǒuxùfèi. **10** (*transform*) ▶ **to change sb/sth into sth** 将(將)某人/某物变(變)成某物 jiāng mǒurén/mǒuwù biànchéng mǒuwù; (*by magic*) 将(將)某人/某物变(變)成某物 jiāng mǒurén/mǒuwù biànchéng mǒuwù ▷ *The witch changed him into a frog.* 女巫把他变成了一只青蛙。Nǚwū bǎ tā biànchéngle yī zhī qīngwā. **II** VI **1** (*alter*) 变(變)化；biànhuà ▷ *Little has changed since then.* 从那时至今没什么变化。Cóng nàshí zhìjīn méi shénme biànhuà. **2** (*change clothes*) 换(換)衣 huànyī ▷ *They allowed her to shower and change.* 他们允许她冲澡和换衣服。Tāmen yǔnxǔ tā chōngzǎo hé huàn yīfu. **3** [*traffic lights* +] 变(變)色 biànsè ▷ *The lights changed to green.* 交通灯变绿了。Jiāotōngdēng biànlǜ le. **4** (*on bus, train*) 换(換)车(車) huànchē **5** (*be transformed*) ▶ **to change into sth** 变(變)成某物 biànchén mǒuwù **III** N **1** [c/u] (*alteration*) 转(轉)变(變) zhuǎnbiàn [种 zhǒng] ▷ *I dislike change of any kind.* 我不喜欢任何方式的转变。Wǒ bù xǐhuān rènhé fāngshì de zhuǎnbiàn. **2** [s] (*novelty*) 变(變)化 biànhuà ▷ *It's a change to finally win a match.* 最后赢一场也是个变化。Zuìhòu yíng yī chǎng yěshì ge :biànhuà. **3** [c] [*of government, climate, job*] 更换(換) gēnghuàn ▷ *A change of leadership alone will not be enough.* 更换领导本身是不够的。Gēnghuàn lǐngdǎo běnshēn shì bùgòu de. **4** [u] (*referring to money: coins*) 零钱(錢) língqián ▷ *I haven't got any change.* 我没零钱。Wǒ méi língqián.; (*money returned*) 找头(頭) zhǎotou ▷ *The shopkeeper handed Hooper his change.* 店主递给了胡珀他的找头。Diànzhǔ dìgěile Húpò tā de zhǎotou. ▶ **to change sth for sth** 将(將)某物换(換)成某物 jiāng mǒuwù huànchéng mǒuwù ▶ **to change one's mind** 改变(變)主意 gǎibiàn zhǔyì ▶ **to change gear** (*Brit: Aut*) 换(換)挡(檔) huàndǎng [美 = **to shift gear**] ▶ **to change hands** (*be sold*) 转(轉)手买(買)卖(賣) zhuǎnshǒu mǎimài ▶ **she changed into an old skirt** 她换(換)上了一条(條)旧(舊)裙子 tā huànshàng le yītiáo jiù qúnzi ▶ **it makes a change** 换(換)换(換)花样(樣) huànhuàn huāyàng ▶ **for a change** 为(為)了改变(變)一下 wèile gǎibiàn yīxià ▶ **a change of clothes/underwear** 一套换(換)洗的衣服/内(內)衣 yītào huànxǐ de yīfu/nèiyī ▶ **a change of scene** 换(換)换(換)环(環)境 huànhuàn huánjìng ▶ **small change** 零钱(錢) língqián ▶ **to give sb change for** *or* **of 10 pounds** 给(給)某人10英镑(鎊)的零钱(錢) gěi mǒurén shí yīngbàng de língqián ▶ **keep the change!** 不用找了！bùyòng zhǎo le!
▶ **change over** VI ▶ **to change over to sth** 改变(變)成某事 gǎibiàn chéng mǒushì

changeable ['tʃeɪndʒəbl] ADJ [+ *weather*] 多变(變)的 duōbiàn de; [+ *person*] 变(變)化无(無)常的 biànhuà wúcháng de

change machine N [c] 零钱(錢)兑(兌)换(換)机(機) língqián duìhuàn jī [台 tái]

changing ['tʃeɪndʒɪŋ] ADJ [+ *world, attitudes, role*] 日新月异(異)的 rì xīn yuè yì de

changing room (*Brit*) N [c] **1** (*in shop*) 试(試)衣室 shìyīshì [间 jiān] **2** (*Sport*) 更衣室 gēngyīshì [间 jiān]

channel ['tʃænl] **I** N [c] **1** (*TV*) 频(頻)道 píndào [个 gè] **2** (*for water*) 沟(溝)渠 gōuqú [条 tiáo] **3** (*for shipping*) 水道 shuǐdào **4** (*groove*) 凹槽 āocáo **5** (*fig: means*) 途径(徑) tújìng **II** VT ▶ **to channel sth into** [+ *money, resources*] 调(調)拨(撥)某物于(於) diàobō mǒuwù yú; [+ *energies*] 引导(導)某物于(於) yǐndǎo mǒuwù yú ▶ **through the usual/normal channels** 经(經)过(過)通常的/一般的渠道 jīngguò tōngcháng de/yībān de qúdào ▶ **the (English) Channel** 英吉利海峡(峽) Yīngjílì hǎixiá

Channel Tunnel N ▶ **the Channel Tunnel** 英法海底隧道 Yīngfǎ Hǎidǐ Suìdào

chant [tʃɑːnt] **I** N [c] **1** (*from crowd*) 反复(復)喊叫 fǎnfù hǎnjiào **2** (*Rel*) 赞(讚)美诗(詩) zànměi shī [首 shǒu] **II** VT **1** [+ *word, name, slogan*] 反复(復)喊 fǎnfù hǎn **2** (*Rel*) 唱 chàng **III** VI **1** [*supporters, demonstrators* +] 反复(復)喊 fǎnfù hǎn **2** (*Rel*) 唱歌 chànggē ▶ **the demonstrators chanted their disapproval** 示威者反复(復)抗议(議) shìwēizhě fǎnfù kàngyì

chaos ['keɪɔs] N [u] 混乱(亂) hùnluàn

chaotic [keɪ'ɔtɪk] ADJ [+ *mess, jumble etc*] 紊乱(亂)的 wěnluàn de; [+ *situation, life etc*] 混乱(亂)的 hùnluàn de

chap [tʃæp] (*Brit; inf*) N [c] **1** (*man*) 家(傢)伙 jiāhuo [个 gè] **2** ▶ **old chap** (*o.f.: term of address*) 老兄 lǎoxiōng

chapel ['tʃæpl] N **1** [c] (*in church*) 小教堂 xiǎo jiàotáng [座 zuò] **2** [c] (*in hospital, prison, school*) 附属(屬)教堂 fùshǔ jiàotáng [个 gè] **3** [c/u] (*non-conformist chapel*) 非国(國)教教堂 fēi guójiào jiàotáng [个 gè] **4** [c] [*of union*] 职(職)工会(會) zhígōng huì

chapped [tʃæpt] ADJ [+ *skin, lips*] 皲(皸)裂的 jūnliè de

chapter ['tʃæptəʳ] N [c] **1** [*of book*] 章 zhāng **2** (*in life, history*) 时(時)期 shíqī ▷ *a new chapter in the history of international relations* 国际关系史上新的一页 guójì guānxìshǐ shàng xīn de yī yè **3** (*Rel*) 大教堂的全体(體)教士 dàjiàotáng de quántǐ jiàoshì

character ['kærɪktəʳ] N **1** [c] *(nature)* [*of person, place*] 特性 tèxìng [种 zhǒng]; [*of object, idea*] 性质(質) xìngzhì **2** [c/U] *(reputation)* 名誉(譽) míngyù **3** [c] *(in novel, film)* 角色 juésè [个 gè] **4** [U] *(moral strength)* 毅力 yìlì **5** [c] *(inf: eccentric)* 怪人 guàirén [个 gè] **6** [c] *(letter, symbol)* 字母 zìmǔ [个 gè] ▶ **a strange/sad character** *(inf)* 一个(個)古怪/可悲的人 yīgè gǔguài/kěbēi de rén ▶ **a person of good character** 道德高尚的人 dàodé gāoshàng de rén ▶ **to behave in/out of character** 行为(為)与(與)自身特性相符/不相符 xíngwéi yǔ zìshēn tèxìng xiāngfú/bù xiāngfú

characteristic [kærɪktə'rɪstɪk] **I** ADJ 特有的 tèyǒu de **II** N [c] 特征(徵) tèzhēng [个 gè] ▶ **to be characteristic of sb/sth** 反映某人/某物的特性 fǎnyìng mǒurén/mǒuwù de tèxìng

characterize ['kærɪktəraɪz] *(frm)* VT **1** *(typify)* 以…为(為)特征(徵) yǐ...wéi tèzhēng **2** *(describe the character of)* 描绘(繪) miáohuì ▶ **to characterize sb/sth as** 把某人/某物描绘(繪) 成 bǎ mǒurén/mǒuwù miáohuì chéng

charcoal ['tʃɑːkəul] N [U] *(for fuel)* 木炭 mùtàn; *(for drawing)* 炭笔(筆) tànbǐ ▶ **a piece of charcoal** 一块(塊)木炭 yīkuài mùtàn

★ **charge** [tʃɑːdʒ] **I** N [c] **1** *(fee)* 费(費)用 fèiyòng [笔 bǐ] ▷ *No charge is made for repairs.* 免费修理。miǎnfèi xiūlǐ. **2** *(accusation)* 指控 zhǐkòng [项 xiàng] ▷ *a murder charge* 一项谋杀指控 yī xiàng móushā zhǐkòng **3** *(attack)* 猛攻 měnggōng **4** *(explosive) (in cartridge)* 炸药(藥)量 zhàyàoliàng **5** *(Elec)* 电(電)荷 diànhé ▷ *an electrical charge* 一个电荷 yī gè diànhè **II** VT **1** [*+ sum of money*] 要价(價) yàojià; [*+ customer, client*] 收费(費) shōufèi ▷ *They charged fifty cents admission.* 他们收了50美分的入场费。Tāmen shōule wǔshí měifēn de rùchǎngfèi. **2** *(Police)* ▶ **to charge sb (with sth)** 控告某人(犯某罪) kònggào mǒurén (fàn mǒuzuì) **3** *(attack)* [*+ enemy*] 猛攻 měnggōng ▷ *an order to charge enemy positions* 猛攻敌人阵地的命令 měnggōng dírén zhèndì de mìnglìng **4** *(also:* **charge up***)* [*+ battery*] 使充电(電) shǐ chōngdiàn **III** VI **1** [*animal +*] 向前冲(衝) xiàngqián chōng **2** *(Mil) (attack)* 冲(衝)锋(鋒) chōngfēng **IV charges** N PL *(bank charges, telephone charges etc)* 费(費) fèi ▶ **is there a charge?** 要收费(費)吗(嗎)? Yào shōufèi ma? ▶ **there's no charge** 免费(費) miǎnfèi ▶ **at no extra charge** 不额(額)外收费(費) bù éwài shōufèi ▶ **free of charge** 免费(費) miǎnfèi ▶ **in/under sb's charge** *(responsibility)* 在某人照管下 zài mǒurén zhàoguǎn xià ▷ *My first concern is for the people under my charge.* 我首先考虑的是由我照管的人。Wǒ shǒuxiān kǎolǜ de shì yóu wǒ zhàoguǎn de rén. ▶ **to take charge of sb** 管理某人 guǎnlǐ mǒurén ▶ **to take charge of sth** 掌管某物 zhǎngguǎn mǒuwù ▶ **to be in charge (of sth/sb)** *(of person, machine)* 主管(某事/某人) zhǔguǎn (mǒushì/mǒurén); *(of business)* 负(負)责(責)(某事/某人) fùzé(mǒushì/mǒurén) ▶ **how much do you charge?** 你收费(費)多少? nǐ shōufèi duōshao? ▶ **to charge sb £20 for sth** 因某物收某人20英镑(鎊) yīn mǒuwù shōu mǒurén èrshí yīngbàng ▶ **to charge an expense to sb's account** 将(將)某项(項)消费(費)记(記)到某人账(賬)上 jiāng mǒu xiàng xiāofèi jì dào mǒurén zhàng shàng ▶ **to charge in/out/off** *etc* 急速进(進)来(來)/出去/离(離)开(開)等 jísù jìnlái/chūqù/líkāi *děng* ▶ **to charge into a room/down the road** *etc* 跑进(進)房间(間)/跑上马(馬)路等 pǎo jìn fángjiān/pǎo shàng mǎlù *děng*

charge card N [c] **1** *(Brit) (for particular shop)* 记(記)账(賬)卡 jìzhàngkǎ [张 zhāng] **2** *(US) (credit card)* 信用卡 xìnyòngkǎ [张 zhāng]

charger ['tʃɑːdʒəʳ] N [c] **1** *(also:* **battery charger***)* 充电(電)器 chōngdiàn qì [个 gè] **2** *(o.f.: warhorse)* 战(戰)马(馬) zhànmǎ [匹 pǐ]

charismatic [kærɪs'mætɪk] ADJ 极有性格魅力的 jí yǒu xìnggé mèilì de

charity ['tʃærɪtɪ] N **1** [c] *(organization)* 慈善机(機)构(構) císhàn jīgòu [个 gè] **2** [U] *(money, gifts)* 赈(賑)济(濟) zhènjì **3** [U] *(kindness, generosity)* 仁慈 réncí ▶ **to give money to charity** 把钱(錢)捐给(給)慈善团(團)体(體) bǎ qián juāngěi císhàn tuántǐ ▶ **to raise money for charity** 为(為)慈善团(團)体(體)募捐 wèi císhàn tuántǐ mùjuān

charity shop *(Brit)* N [c] 慈善商店 císhàn shāngdiàn [家 jiā] [美 = **thrift shop**]

CHARITY SHOP

charity shops（美国称之为 **thrift shops**）是廉价品追求者的快乐之源。人们把闲置的衣服，书籍，玩具和其他物品送到慈善商店。慈善商店的存在离不开人们的捐赠。慈善商店的全部收入归特定的慈善机构所有，比如，**Oxfam**（救济发展中国家人民的机构）或 **Barnados**（帮助英国贫困儿童的机构）。

charm [tʃɑːm] **I** N **1** [c/U] [*of place, thing*] 魅力 mèilì [种 zhǒng]; [*of person*] 迷人的特性 mírén de tèxìng [个 gè] **2** [c] *(for good luck)* 护(護)身符 hùshēnfú [个 gè] **3** [c] *(spell)* 符咒 fúzhòu **4** [c] *(on bracelet, necklace)* 坠(墜)儿(兒) zhuìr **II** VT 迷住 mízhù

charming ['tʃɑːmɪŋ] ADJ [*+ person*] 迷人的 mírén de; [*+ place, custom*] 吸引人的 xīyǐn rén de

chart [tʃɑːt] **I** N [c] **1** *(graph, diagram)* 图(圖)表 túbiǎo [个 gè] **2** *(map)* 海图(圖) hǎitú **II** VT **1** [*+ progress, development*] 详(詳)述 xiángshù **2** [*+ land, sea, stars*] 绘(繪)制(製) huìzhì **III the charts** N PL *(Mus)* 流行音乐(樂)排行榜 liúxíng yīnyuè páihángbǎng ▶ **to be in the charts**

[*record, pop group* +] 在排行榜上 zài páihángbǎng shàng

charter ['tʃɑːtəʳ] **I** VT 包租 bāozū **II** N [c] 宪(憲)章 xiànzhāng

charter flight N [c] 包机(機) bāojī [架 jià]

chase [tʃeɪs] **I** VT **1** (*pursue*) 追赶(趕) zhuīgǎn **2** ▸ **to chase sb off one's land/away from a place** 将(將)某人赶(趕)出某人的土地/从(從)某处(處)赶(趕)走 jiāng mǒurén gǎnchū mǒurén de tǔdì/cóng mǒuchù gǎnzǒu **3** (*seek*) [+ *job, money, opportunity*] 寻(尋)找 xúnzhǎo **II** N [c] (*pursuit*) 追逐 zhuīzhú [阵 zhèn]

▸**chase down** VT **1** (*US*) (*run after*) 追上 zhuīshang **2** (*track down*) [+ *person*] 寻(尋)觅(覓)到 xúnmì dào; [+ *information*] 设(設)法寻(尋)找 shèfǎ xúnzhǎo

▸**chase up** VT [+ *person*] 催 cuī; [+ *information*] 寻(尋)找 xúnzhǎo

chat [tʃæt] **I** VI (*also*: **have a chat**) 聊天 liáotiān **II** N [c] (*conversation*) 聊天 liáotiān [次 cì]

▸**chat up** (*Brit*; *inf*) VT 与(與)…调(調)情 yǔ...tiáoqíng

chatroom (*Comput*) N [c] 聊天室 liáotiānshì [个 gè]

chat show (*Brit*) N [c] 访(訪)谈(談)节(節)目 fǎngtán jiémù [个 gè] [美 = **talk show**]

chatter ['tʃætəʳ] **I** VI **1** [*person* +] 喋喋不休 diédiébùxiū **2** (*liter*) [*bird, animal* +] 唧唧叫 jījījiào **3** [*teeth* +] 打战(戰) dǎzhàn **II** N [U] **1** [*of people*] 喋喋不休 diédiébùxiū **2** (*liter*) [*of birds, animals*] 唧唧声(聲) jījīshēng

chauffeur ['ʃəufəʳ] **I** N [c] 司机(機) sījī **II** VT ▸ **to chauffeur sb around** 开(開)车(車)载(載)某人到处(處)转(轉) kāichē zài mǒurén dàochù zhuàn

chauvinist ['ʃəuvɪnɪst] N [c] **1** 沙文主义(義)者 shāwénzhǔyìzhě [个 gè] **2** (*also*: **male chauvinist**) 大男子主义(義)者 dànánzǐzhǔyìzhě [个 gè]

cheap [tʃiːp] **I** ADJ **1** (*inexpensive*) 便宜的 piányi de **2** (*reduced*) [+ *ticket*] 降价(價)的 jiàngjià de; [+ *fare, rate*] 廉价(價)的 liánjià de **3** (*poor quality*) 劣质(質)的 lièzhì de **4** [+ *remark, joke*] 粗鄙的 cūbǐ de **II** ADV ▸ **to buy/sell sth cheap** 廉价(價)买(買)/卖(賣)某物 liánjià mǎi/mài mǒuwù ▸ **that was a cheap shot** 那可真够(夠)低级(級)的 nà kě zhēn gòu dījí de

cheaper ['tʃiːpəʳ] ADJ 更便宜 gèng piányì ▷ *It's cheaper to go by bus.* 坐公车去更便宜。Zuò gōngchē qù gèng piányi.

cheaply ['tʃiːplɪ] ADV 便宜地 piányi de

cheat [tʃiːt] **I** VI (*in game, exam*) 作弊 zuòbì **II** VT 欺骗(騙) qīpiàn **III** N [c] (*in games, exams*) 作弊者 zuòbìzhě [个 gè]; (*in business*) 骗(騙)子 piànzi; (*sexually*) 不忠的人 bùzhōng de rén [个 gè] ▸ **to feel cheated** 感到受骗(騙)上当(當) gǎndào shòupiàn shàngdàng ▸ **to cheat sb out of sth** 骗(騙)取某人的某物 piànqǔ mǒurén de mǒuwù

▸**cheat on** (*inf*) VT FUS [+ *husband, girlfriend, etc*] 不忠实(實)于(於) bù zhōngshí yú

check [tʃɛk] **I** VT **1** (*examine, verify*) [+ *bill, progress, facts, figures*] 核(覈)对(對) héduì; [+ *passport, ticket*] 检(檢)查 jiǎnchá **2** (*also*: **check in**) [+ *luggage*] (*at airport*) 托运(運) tuōyùn **3** (*halt*) [+ *advance, disease*] 制止 zhìzhǐ **4** (*restrain*) [+ *impulse*] 抑制 yìzhì; [+ *person*] 使突然停止 shǐ tūrán tíngzhǐ **II** VI **1** (*investigate*) 检(檢)查 jiǎnchá **2** (*tally*) 符合 fúhé **III** N [c] **1** (*inspection*) 检(檢)查 jiǎnchá [次 cì] **2** (*curb*) 制止 zhìzhǐ **3** (*US*) (*in restaurant*) 账(賬)单(單) zhàngdān [张 zhāng] [英 = **bill**] **4** (*US*: *Econ*) = **cheque** **5** (*pattern*) (*gen pl*) 方格图(圖)案 fānggé tú'àn [个 gè] **6** (*US*) (*mark*) 勾号(號) gōuhào [个 gè] [英 = **tick**] **IV** ADJ (*also*: **checked**) [+ *pattern, cloth*] 方格图(圖)案的 fānggé tú'àn de ▸ **to check that...** 检查… jiǎnchá... ▸ **to check sth against sth** 将(將)某物与(與)某物相比较(較) jiāng mǒuwù yǔ mǒuwù xiāng bǐjiào ▸ **to check on sb/sth** 察看某人/某物 chákàn mǒurén/mǒuwù ▸ **to check with sb** 向某人证(證)实(實) xiàng mǒurén zhèngshí ▸ **to keep a check on sb/sth** (*watch*) 监(監)视(視)某人/某物 jiānshì mǒurén/mǒuwù ▸ **to hold** *or* **keep sb/sth in check** 控制某人/某物 kòngzhì mǒurén/mǒuwù ▸ **"check"** (*Chess*) "将(將)军(軍)" "jiāngjūn"

▸**check in** **I** VI (*at hotel, clinic*) 登记(記) dēngjì; (*at airport*) 办(辦)理登机(機)手续(續) bànlǐ dēngjì shǒuxù **II** VT 托运(運) tuōyùn

▸**check into** VT [+ *hotel, clinic*] 登记(記)入住 dēngjì rùzhù

▸**check off** VT 核(覈)对(對) héduì

▸**check out** **I** VI (*of hotel*) 结(結)账(賬)离(離)开(開) jiézhàng líkāi **II** VT (*investigate*) [+ *story*] 证(證)实(實) zhèngshí; [+ *person*] 查对(對) cháduì

▸**check up** VI 检(檢)查 jiǎnchá

▸**check up on** VT FUS (*investigate*) 追查 zhuīchá

checkbook ['tʃɛkbuk] (*US*) N = **cheque book**

checked [tʃɛkt] ADJ *see* **check**

checkers ['tʃɛkəz] (*US*) N PL 西洋跳棋 xīyáng tiàoqí [英 = **draughts**]

check-in ['tʃɛkɪn] (*also*: **check-in desk**) N [c] (*at airport*) 旅客验(驗)票台(臺) lǚkè yànpiào tái [个 gè]

checking account ['tʃɛkɪŋ-] (*US*) N [c] (*Econ*) 活期存款账(賬)户(戶) huóqī cúnkuǎn zhànghù [英 = **current account**]

checklist ['tʃɛklɪst] N [c] 一览(覽)表 yīlǎnbiǎo

checkout ['tʃɛkaut] N [c] (*in shop*) 付款台(臺) fùkuǎntái [个 gè]

checkpoint ['tʃɛkpɔɪnt] N [c] (*on border*) 边(邊)防检查站 biānfáng jiǎnchá zhàn [个 gè]

checkroom ['tʃɛkrum] (*US*) N [c] (*left-luggage office*) 行李寄存处(處) xíngli jìcúnchù

check-up ['tʃɛkʌp] N [c] (*by doctor*) 体(體)检(檢)

tǐjiǎn [次 cì]; (*by dentist*) 牙科检(檢)查 yákē jiǎnchá [次 cì] ▸ **to have a check-up** (*by doctor*) 进(進)行体(體)检(檢) jìnxíng tǐjiǎn; (*by dentist*) 进(進)行牙科检(檢)查 jìnxíng yákē jiǎnchá

cheddar ['tʃɛdəʳ] N [U] 切达(達)干(乾)酪 qièdágānlào

cheek [tʃi:k] N **1** [c] (*on face*) 面颊(頰) miànjiá [个 gè] **2** [U] (*inf: impudence*) 厚颜(顏)无(無)耻(恥) hòuyánwúchǐ ▸ **to have the cheek to do sth** 居然有脸(臉)做某事 jūrán yǒu liǎn zuò mǒushì

cheekbone ['tʃi:kbəun] N [c] 颧(顴)骨 quángǔ

cheeky ['tʃi:kɪ] (*esp Brit*) ADJ 恬不知耻(恥)的 tián bù zhī chǐ de

cheer [tʃɪəʳ] **I** VT **1** [+ *team, speaker*] 用欢(歡)呼声(聲)激励(勵) yòng huānhūshēng jīlì **2** (*gladden*) 使高兴(興) shǐ gāoxìng **II** VI 欢(歡)呼 huānhū **III** N [c] 喝彩 hècǎi [阵 zhèn] ▸ **cheers!** (*esp Brit*) (*toast*) 干(乾)杯! gānbēi!; (*Brit; inf*) (*thanks*) 多谢(謝) duōxiè
▸**cheer on** VT 为(為)…鼓气(氣) wèi…gǔqì
▸**cheer up I** VI [*person* +] 振作起来(來) zhènzuò qǐlái **II** VT [+ *person*] 使…高兴(興)起来(來) shǐ…gāoxìng qǐlái

cheerful ['tʃɪəful] ADJ **1** [+ *wave, smile, person*] 兴(興)高采烈的 xìnggāocǎiliè de **2** [+ *place, object*] 使人感到愉快的 shǐ rén gǎndào yúkuài de

cheerio [tʃɪərɪ'əu] (*Brit; o.f., inf*) INT 再见(見) zàijiàn

cheerleader ['tʃɪəli:dəʳ] N [c] 拉拉队(隊)长(長) lālāduìzhǎng [名 míng]

cheese [tʃi:z] N [c/U] 干(乾)酪 gānlào [块 kuài]

cheeseburger ['tʃi:zbə:gəʳ] N [c] 干(乾)酪汉(漢)堡包 gānlào hànbǎobāo [个 gè]

cheesecake ['tʃi:zkeɪk] N [c/U] 干(乾)酪饼(餅) gānlàobǐng

chef [ʃɛf] N [c] 厨(廚)师(師) chúshī [位 wèi]

chemical ['kɛmɪkl] **I** ADJ **1** [+ *reaction, composition*] 化学(學)的 huàxué de **2** (*Mil*) [+ *warfare, weapon*] 化学(學)的 huàxué de **II** N [c] 化学(學)剂(劑) huàxué jì [种 zhǒng]

chemist ['kɛmɪst] N [c] **1** (*Brit*) (*also*: **chemist's**) 药(藥)商 yàoshāng [个 gè] [美 = **pharmacy**] **2** (*Brit*) (*in shop*) 药(藥)剂(劑)师(師) yàojìshī [个 gè] [美 = **druggist, pharmacist**] **3** (*scientist*) 化学(學)家 huàxuéjiā [位 wèi]

> 在英式英语中，售药或者配药的商店通常叫做 **chemist** 或者 **chemist's**。*She went into a chemist's and bought some aspirin.* **pharmacy** 也表示同样的意思，但不常用。在美式英语中，也使用 **pharmacy**。另一个同义词是 **druggist**。**drugstore** 也表示同样意思，但通常是指除了药品以外还兼售饮料，小吃和其他小商品的商店。*At the drugstore I bought a can of Coke and the local papers.*

chemistry ['kɛmɪstrɪ] N [U] 化学(學) huàxué

cheque, (*US*) **check** [tʃɛk] N [c] 支票 zhīpiào [张 zhāng] ▸ **to pay by cheque** 用支票付款 yòng zhīpiào fùkuǎn

cheque book, (*US*) **checkbook** ['tʃɛkbuk] N [c] 支票簿 zhīpiào bù [本 běn]

cheque card (*Brit*) N [c] (*also*: **cheque guarantee card**) 支票保付卡 zhīpiào bǎofù kǎ [张 zhāng]

cherish ['tʃɛrɪʃ] VT [+ *person, object*] 爱(愛)护(護) àihù; [+ *right, freedom*] 珍惜 zhēnxī; [+ *hope*] 抱有 bàoyǒu; [+ *memory*] 怀(懷)念 huáiniàn

cherry ['tʃɛrɪ] N [c] **1** (*fruit*) 樱(櫻)桃 yīngtáo [颗 kē] **2** (*also*: **cherry tree**) 樱(櫻)桃树(樹) yīngtáo shù [棵 kē]

chess [tʃɛs] N [U] 象棋 xiàngqí

chest [tʃɛst] N [c] **1** (*part of body*) 胸部 xiōngbù **2** (*box*) 箱子 xiāngzi [个 gè] ▸ **to get sth off one's chest** (*inf*) 倾(傾)诉(訴)积(積)存已久的话(話) qīngsù jīcún yǐ jiǔ de huà

chestnut ['tʃɛsnʌt] **I** N [c] **1** (*nut*) 栗子 lìzi [颗 kē] **2** (*also*: **chestnut tree**) 栗子树(樹) lìzi shù [棵 kē] **II** ADJ [+ *hair*] 栗色的 lìsè de ▸ **old chestnut** 老掉牙的论(論)调(調) lǎodiàoyá de lùndiào

chest of drawers N [c] 五斗橱(櫥) wǔdǒu chú [个 gè]

chew [tʃu:] **I** VT [+ *food, gum*] 嚼 jiáo; [+ *pen, fingernails*] 咬 yǎo **II** VI 咀嚼 jǔjué

chewing gum ['tʃu:ɪŋ-] N [U] 口香糖 kǒuxiāngtáng

chic [ʃi:k] ADJ [+ *clothes*] 雅致的 yǎzhì de; [+ *person, place*] 时(時)髦的 shímáo de

chick [tʃɪk] N [c] **1** (*young bird*) 小鸟(鳥) xiǎoniǎo [只 zhī] **2** (*inf: girl*) 妞 niū

chicken ['tʃɪkɪn] N **1** [c] (*bird*) (*young*) 小鸡(雞) xiǎojī [只 zhī]; (*grown*) 鸡(雞) jī [只 zhī] **2** [c/U] (*meat*) 鸡(雞)肉 jīròu [块 kuài] **3** [c] (*inf: coward*) 胆(膽)小鬼 dǎnxiǎoguǐ [个 gè]
▸**chicken out** (*inf*) VI 因胆(膽)怯而放弃(棄) yīn dǎnqiè ér fàngqì ▸ **to chicken out of (doing) sth** 因胆(膽)怯而放弃(棄)(做)某事 yīn dǎnqiè ér fàngqì(zuò)mǒushì

chickenpox ['tʃɪkɪnpɔks] N [U] 水痘 shuǐdòu

chickpea ['tʃɪkpi:] N [c] 鹰(鷹)嘴豆 yīngzuǐdòu [颗 kē]

★ **chief** [tʃi:f] **I** N [c] [*of organization, department*] 首领(領) shǒulǐng [个 gè] ▹ *the police chief* 警长 jǐngzhǎng; [*of tribe*] 酋长(長) qiúzhǎng **II** ADJ 首要的 shǒuyào de ▹ *one of his chief rivals* 他的首要竞争对手之一 tā de shǒuyào jìngzhēng duìshǒu zhī yī

chief executive (officer) N [c] 首席执(執)行官 Shǒuxí Zhíxíngguān

chiefly ['tʃi:flɪ] ADV 主要 zhǔyào

★ **child** [tʃaɪld] (*pl* **children**) N [c] **1** 儿(兒)童 értóng [个 gè] **2** (*son, daughter*) 孩子 háizi [个 gè] ▹ *Their children are all married.* 他们的孩子都结婚了。Tāmen de háizi dōu jiéhūn le. ▹ *a father and his two teenage children* 一位父亲和他的两个十几岁的孩子 yī wèi fùqīn hé tā de liǎng gè shí jǐ suì de háizi ▸ **she's just had her second child** 她刚(剛)生了第二个(個)孩子 tā gāng shēng le dì'èr gè háizi

childbirth ['tʃaɪldbəːθ] N [U] 分娩 fēnmiǎn

childcare ['tʃaɪldkɛəʳ] N [U] 儿(兒)童托管服务(務) értóng tuōguǎn fúwù

childhood ['tʃaɪldhud] **I** N [U] 童年 tóngnián **II** CPD [+ *disease, memory, friend*] 童年期 tóngnián qī

childish ['tʃaɪldɪʃ] ADJ **1** (*pej*) [+ *person, behaviour*] 幼稚的 yòuzhì de **2** [+ *games, enthusiasm*] 孩子般的 háizi bān de

child minder (*Brit*) N [C] 保姆 bǎomǔ [个 gè]

children ['tʃɪldrən] N PL *of* **child**

child seat (*Aut*) N [C] 儿(兒)童座 értóng zuò [个 gè]

Chile ['tʃɪlɪ] N 智利 Zhìlì

Chilean ['tʃɪlɪən] **I** ADJ 智利的 Zhìlì de **II** N [C] (*person*) 智利人 Zhìlìrén [个 gè]

chill [tʃɪl] **I** N [C] **1** (*in air, water*) 寒气(氣) hánqì **2** (*illness*) 着(著)凉(涼) zháoliáng **II** ADJ [+ *wind, air*] 凉(涼)飕(颼)飕(颼)的 liángsōusōu de **III** VT **1** (*cool*) [+ *food, drinks*] 使冷冻(凍) shǐ lěngdòng **2** (*liter: frighten*) 使…害怕 shǐ...hàipà ▸ **to catch a chill** 着(著)凉(涼) zháoliáng ▸ **it sent a chill down my spine** 这(這)使我胆(膽)战(戰)心惊(驚) zhè shǐ wǒ dǎn zhàn xīn jīng ▸ **I'm chilled to the bone** *or* **marrow** 我感到寒气(氣)刺骨 wǒ gǎndào hánqì cìgǔ ▸ **"serve chilled"** "冰镇(鎮)食用" "bīngzhèn shíyòng"
▸**chill out** (*inf*) VI 放松(鬆)一下 fàngsōng yīxià

chilli, (US) **chili** ['tʃɪlɪ] N [C/U] 辣椒 làjiāo [个 gè]

chilly ['tʃɪlɪ] ADJ **1** [+ *weather, day*] 相当(當)冷的 xiāngdāng lěng de **2** [+ *response, welcome*] 冷淡的 lěngdàn de ▸ **to feel** *or* **be chilly** [*person* +] 感到寒冷 gǎndào hánlěng ▸ **it's a bit chilly today** 今天有点(點)冷 jīntiān yǒudiǎn lěng
用法参见 **cold**

chimney ['tʃɪmnɪ] N [C] 烟(煙)囱(囪) yāncōng [节 jié]

chimpanzee [tʃɪmpæn'ziː] N [C] 黑猩猩 hēixīngxing [只 zhī]

chin [tʃɪn] N [C] 下巴 xiàba [个 gè] ▸ **(keep your) chin up!** 振作精神! zhènzuò jīngshén! ▸ **to take sth on the chin** 勇敢地忍受某事 yǒnggǎn de rěnshòu mǒushì

China ['tʃaɪnə] N 中国(國) Zhōngguó

china ['tʃaɪnə] **I** N [U] **1** (*also:* **china clay**) 陶瓷 táocí **2** (*crockery*) 瓷器 cíqì **II** CPD [+ *cup, plate*] 瓷 cí

Chinese [tʃaɪ'niːz] (*pl* **Chinese**) **I** ADJ 中国(國)的 Zhōngguó de **II** N **1** [C] (*person*) 中国(國)人 Zhōngguórén [个 gè] **2** [U] (*language*) 汉(漢)语(語) Hànyǔ

chip [tʃɪp] **I** N [C] **1** (*Brit*) 薯条(條) shǔtiáo [根 gēn] [美 = **(French) fry**] **2** (*US*) (*snack*) 薯片 shǔpiàn [片 piàn] [英 = **crisp**] **3** [*of wood*] 屑片 xièpiàn **4** [*of glass, stone*] 碎片 suìpiàn **5** (*in glass, cup etc*) 缺口 quēkǒu **6** (*for gambling*) 筹(籌)码(碼) chóumǎ **7** (*Comput*) (*also:* **microchip**) 集成电(電)路片 jíchéng diànlù piàn [块 kuài] **II** VT [+ *cup, plate*] 碰出缺口 pèngchū quēkǒu ▸ **to have a chip on one's shoulder** (*inf*) 持寻(尋)衅(釁)的态(態)度 chí xúnxìn de tàidu ▸ **he's a chip off the old block** (*inf*) 他和他老子一样(樣) tā hé tā lǎozi yīyàng ▸ **when the chips are down** (*inf*) 当(當)危急关(關)头(頭) dāng wēijí guāntóu
▸**chip in** (*inf*) VI **1** (*financially*) 捐助 juānzhù **2** (*interrupt*) 插嘴 chāzuǐ

chip shop (*Brit*) N [C] 薯条(條)店 shǔtiáo diàn [家 jiā]

CHIP SHOP

chip shop，也叫 **fish and chip shops** 或俗称 **chippies**，是专卖外卖食品的小店，不仅出售炸鱼排和薯条（另见 **fish and chips**），还出售肉饼，香肠和其他英国传统食品。如果要带回家吃，你可以让店员打包；如果你要在街上吃，也可以不包。为了保温，店员还会用纸包好。

chiropodist [kɪ'rɔpədɪst] (*Brit*) N [C] 足医(醫) zúyī [位 wèi]

chisel ['tʃɪzl] **I** N [C] 凿(鑿)子 záozi [个 gè] **II** VT [+ *wood, stone*] 凿(鑿) záo

chives [tʃaɪvz] N PL 细(細)香葱(蔥) xìxiāngcōng

chlorine ['klɔːriːn] N [U] 氯气(氣) lǜqì

chocolate ['tʃɔklɪt] **I** N **1** [U] 巧克力 qiǎokèlì **2** [C/U] (*drinking chocolate*) 巧克力饮(飲)料 qiǎokèlì yǐnliào [瓶 píng] **3** [C] (*piece of confectionery*) 巧克力糖 qiǎokèlì táng [块 kuài] **II** CPD [+ *cake, pudding, mousse*] 巧克力 qiǎokèlì ▸ **bar of chocolate** 巧克力条(條) qiǎokèlì tiáo ▸ **piece of chocolate** 一块(塊)巧克力 yīkuài qiǎokèlì

choice [tʃɔɪs] **I** N **1** [C/U] (*between items*) 选(選)择(擇) xuǎnzé [个 gè] **2** [C] (*option*) 选(選)择(擇) xuǎnzé [个 gè] **3** [C] (*item chosen, preference*) 被选(選)中的东(東)西 bèi xuǎnzhòng de dōngxi [件 jiàn] **II** ADJ (*frm: quality*) 优(優)质(質)的 yōuzhì de ▸ **a wide choice** 多种(種)多样(樣) duōzhǒng duōyàng ▸ **it's available in a choice of colours** 有各种(種)颜(顏)色供选(選)择(擇) yǒu gèzhǒng yánsè gōng xuǎnzé ▸ **to make a choice** 作出选(選)择(擇) zuòchū xuǎnzé ▸ **to have no/little choice** 没(沒)有/没(沒)有太多选(選)择(擇) méiyǒu/méiyǒu tàiduō xuǎnzé ▸ **the book/film of your choice** 你所选(選)择(擇)的书(書)/电(電)影 nǐ suǒ xuǎnzé de shū/diànyǐng

choir ['kwaɪəʳ] N [C] **1** 合唱团(團) héchàngtuán [个 gè] **2** (*area of church*) 唱诗(詩)班的席位 chàngshībān de xíwèi

choke [tʃəuk] **I** VI (*on food, drink*) 噎住 yēzhù; (*with smoke, dust*) 呛(嗆) qiàng **II** VT **1** (*strangle*) [*rope etc* +] 使窒息 shǐ zhìxī ▸ **to choke sb** 掐某人的脖子 qiā mǒurén de bózi **2** (*block*) ▸ **to be choked with sth** 塞满(滿)某物 sāimǎn mǒuwù **III** N [c] (*Aut*) 阻塞门(門) zǔsāi mén ▸ **to choke on sth** 被某物噎了 bèi mǒuwù yē le ▸ **to choke to death** 呛(嗆)死 qiàngsǐ
▸**choke back** VT [+ *tears*] 忍住 rěnzhù
cholesterol [kə'lɛstərɔl] N [U] 胆(膽)固醇 dǎngùchún
choose [tʃuːz] (*pt* **chose**, *pp* **chosen**) **I** VT [+ *clothes, profession, candidate etc*] 挑选(選) tiāoxuǎn **II** VI ▸ **to choose between** 在…之间(間)作出选(選)择(擇) zài...zhījiān zuòchū xuǎnzé ▸ **to choose from** 从(從)…中选(選)择(擇) cóng...zhōng xuǎnzé ▸ **to choose to do sth** 选(選)择(擇)做某事 xuǎnzé zuò mǒushì
chop [tʃɔp] **I** VT **1** [+ *wood*] 劈 pī **2** (*also*: **chop up**) [+ *vegetables, fruit, meat*] 切 qiē **II** N [c] (*Culin*) 排骨 páigǔ [根 gēn] ▸ **to get the chop** (*Brit; inf*) [*project* +] 被终(終)止 bèi zhōngzhǐ; [*person* +] 被解雇(僱) bèi jiěgù
▸**chop down** VT [+ *tree*] 砍倒 kǎndǎo
▸**chop off** VT [+ *arm, leg*] 砍 kǎn
▸**chop up** VT 切 qiē
chopsticks ['tʃɔpstɪks] N PL 筷子 kuàizi
chord [kɔːd] N [c] **1** (*Mus*) 和弦(絃) héxián **2** (*Math*) 弦(絃) xián
chore [tʃɔːʳ] **I** N [c] (*unpleasant task*) 琐(瑣)碎烦(煩)人的杂(雜)务(務) suǒsuì fánrén de záwù [项 xiàng] **II the chores** N PL 家庭杂(雜)务(務) jiātíng záwù ▸ **household chores** 家务(務) jiāwù
chorus ['kɔːrəs] **I** N [c] **1** (*refrain*) 齐(齊)唱 qíchàng **2** (*song*) 合唱曲 héchàngqǔ [首 shǒu] **3** (*choir, not soloists*) 合唱队(隊) héchàngduì [支 zhī] **4** [*of complaints, criticism*] 异(異)口同声(聲) yìkǒutóngshēng **II** VT 异(異)口同声(聲)地说(說) yìkǒutóngshēng de shuō ▸ **in chorus** 一齐(齊) yīqí
chose [tʃəuz] PT *of* **choose**
chosen ['tʃəuzn] PP *of* **choose**
Christ [kraɪst] **I** N 耶稣(穌) Yēsū **II** INT (*inf!*) 耶稣(穌) Yēsū
christen ['krɪsn] VT **1** [+ *baby*] 洗礼(禮)时(時)给(給)…命名 xǐlǐ shí gěi...mìngmíng **2** (*with nickname*) 取绰(綽)号(號)为(為) qǔ chuòhào wéi
christening ['krɪsnɪŋ] N [c] 洗礼(禮) xǐlǐ [次 cì]
Christian ['krɪstɪən] **I** ADJ 基督教的 Jīdūjiào de **II** N [c] 基督徒 Jīdūtú [个 gè]
Christianity [krɪstɪ'ænɪtɪ] N [U] 基督教 Jīdūjiào
Christian name N [c] 教名 jiàomíng [个 gè]
Christmas ['krɪsməs] N [c/U] **1** (*Rel*) (*festival*) 圣(聖)诞(誕)节(節) Shèngdàn Jié [个 gè] **2** (*period*) 圣(聖)诞(誕)节(節)期间(間) Shèngdàn Jié qījiān ▸ **Happy** *or* **Merry Christmas!** 圣(聖)诞(誕)快乐(樂)! Shèngdàn Kuàilè! ▸ **at Christmas** 在圣(聖)诞(誕)节(節) zài Shèngdànjié ▸ **for Christmas** 为(為)了圣(聖)诞(誕)节(節) wèile Shèngdànjié
Christmas card N [c] 圣(聖)诞(誕)卡 Shèngdàn kǎ [张 zhāng]
Christmas Day N [c/U] 圣(聖)诞(誕)日 Shèngdàn Rì
Christmas Eve N [c/U] 圣(聖)诞(誕)夜 Shèngdàn Yè [个 gè]
Christmas tree N [c] 圣(聖)诞(誕)树(樹) Shèngdàn shù [棵 kē]
chrome [krəum] N [U] 铬(鉻)黄(黃) gèhuáng
chronic ['krɔnɪk] ADJ **1** (*Med*) [+ *illness*] 慢性的 mànxìng de **2** [+ *liar, smoker, etc*] 积(積)习(習)难(難)改的 jīxí nángǎi de **3** (*serious*) [+ *problem, shortage*] 严(嚴)重的 yánzhòng de
chrysanthemum [krɪ'sænθəməm] (*Bot*) N [c] 菊花 júhuā [束 shù]
chubby ['tʃʌbɪ] ADJ [+ *cheeks, child*] 肥胖的 féipàng de
▒用法参见 **fat**
chuck [tʃʌk] (*inf*) VT **1** (*throw*) [+ *object*] 扔 rēng **2** [+ *job, hobby*] 放弃(棄) fàngqì **3** [+ *boyfriend, girlfriend*] 抛(拋)弃(棄) pāoqì
▸**chuck away** VT *see* **chuck out**
▸**chuck out** VT **1** [+ *person*] 撵(攆)走 niǎnzǒu **2** (*also*: **chuck away**) [+ *rubbish*] 扔掉 rēngdiào
chuckle ['tʃʌkl] **I** VI 暗笑 ànxiào **II** N [c] 轻(輕)声(聲)笑 qīngshēng xiào ▸ **to have a chuckle about sth** 因某事发(發)笑 yīn mǒushì fāxiào
chunk [tʃʌŋk] N [c] **1** [*of ice, food etc*] 大块(塊) dàkuài [个 gè] **2** (*inf*) [*of land, income*] 相当(當)大的部分 xiāngdāng dà de bùfen
church [tʃəːtʃ] N **1** [c/U] (*building*) 教堂 jiàotáng [座 zuò] **2** [c] (*denomination*) 教会(會) jiàohuì [个 gè] ▸ **the Church of England** 英国(國)国(國)教会(會) Yīngguó guójiàohuì
churchyard ['tʃəːtʃjɑːd] N [c] 教堂墓地 jiàotáng mùdì
churn [tʃəːn] **I** N [c] **1** (*for butter*) 搅(攪)拌器 jiǎobànqì [个 gè] **2** (*also*: **milk churn**) 大桶 dàtǒng [只 zhī] **II** VT (*also*: **churn up**) [+ *mud, water, dust*] 剧(劇)烈搅(攪)动(動) jùliè jiǎodòng **III** VI [*stomach* +] 翻腾(騰) fānténg
▸**churn out I** VT [+ *objects, books*] 粗制(製)滥(濫)造 cūzhìlànzào
chute [ʃuːt] N [c] **1** (*slide*) 滑道 huádào [条 tiáo] **2** (*for rubbish, coal, parcels, laundry*) 倾(傾)卸槽 qīngxiècáo **3** (*inf: parachute*) 降落伞(傘) jiàngluòsǎn
chutney ['tʃʌtnɪ] N [c/U] 酸辣酱(醬) suānlàjiàng
CID (*Brit*) N ABBR (= **Criminal Investigation Department**) ▸ **the CID** 刑事调(調)查部 xíngshì diàochá bù
cider ['saɪdəʳ] N [c/U] **1** (*Brit*) (*alcoholic*) 苹(蘋)果酒 píngguǒ jiǔ [瓶 píng] **2** (*US*) (*non-alcoholic*)

苹(蘋)果汁 píngguǒ zhī [瓶 píng]

cigar [sɪ'gɑːʳ] N [c] 雪茄烟(煙) xuějiā yān [支 zhī]

cigarette [sɪgə'rɛt] N [c] 香烟(煙) xiāngyān [支 zhī]

cigarette lighter N [c] 打火机(機) dǎhuǒjī [个(個) gè]

cinema ['sɪnəmə] N **1** [c] (*Brit*) (*place*) 电(電)影院 diànyǐng yuàn [个 gè] [美 = **movie theater**] **2** [U] (*film-making*) 电(電)影业(業) diànyǐng yè

cinnamon ['sɪnəmən] N [U] 肉桂 ròuguì

circle ['səːkl] **I** N **1** [c] 圆(圓)圈 yuánquān [个 gè] **2** [c] [*of friends*] 圈子 quānzi ▷ *He has a small circle of friends.* 他有一小圈朋友。Tā yǒu yī xiǎo juān péngyou. **3** [s] (*in cinema, theatre*) 楼(樓)厅(廳) lóutīng **II** VI [*bird, plane* +] 盘(盤)旋 pánxuán **III** VT (*move round, surround*) 环(環)绕(繞) huánrào

circuit ['səːkɪt] N [c] **1** (*Elec*) 电(電)路 diànlù **2** (*Brit*) (*track*) 赛(賽)车(車)道 sàichē dào **3** (*lap*) 环(環)道 huándào ▶ **the lecture circuit** 巡回(迴)讲(講)学(學) xúnhuí jiǎngxué

circular ['səːkjuləʳ] **I** ADJ **1** [+ *shape*] 圆(圓)形的 yuánxíng de; [+ *movement, motion*] 环(環)形的 huánxíng de **2** [+ *argument*] 循环(環)论(論)证(證)的 xúnhuán lùnzhèng de **3** [+ *journey, route*] 绕(繞)圈的 ràoquān de **II** N [c] **1** (*letter*) 供传(傳)阅(閱)的函件 gōng chuányuè de hánjiàn [封 fēng] **2** (*advertisement*) 传(傳)单(單) chuándān

circulate ['səːkjuleɪt] **I** VI [*traffic, blood* +] 循环(環) xúnhuán; [*news, rumour* +] 散播 sànbō; [*person* +] (*at party*) 交际(際) jiāojì **II** VT [+ *report*] 传(傳)阅(閱) chuányuè

circulation [səːkju'leɪʃən] N **1** [U] [*of air*] 流通 liútōng; [*of blood*] 循环(環) xúnhuán; [*of document*] 传(傳)阅(閱) chuányuè **2** [c] (*of newspaper, magazine*) 发(發)行量 fāxíng liàng ▶ **in circulation** 在流通中 zài liútōng zhōng

circumstances ['səːkəmstənsɪz] N PL **1** (*conditions, state of affairs*) 情况(況) qíngkuàng **2** [*of accident, death*] 事实(實) shìshí **3** (*financial condition*) 状(狀)况(況) zhuàngkuàng ▶ **in** *or* **under the circumstances** 在这(這)种(種)情况(況)下 zài zhèzhǒng qíngkuàng xià ▶ **under no circumstances** 决(決)不 juébù

circus ['səːkəs] N **1** [c] (*show*) 马(馬)戏(戲)团(團) mǎxì tuán [个 gè] **2** [c] (*fig*) 乱(亂)哄(鬨)哄(鬨) luànhōnghōng **3** (*Brit*) (*in street names*) ▶ **Circus** 广(廣)场(場) guǎngchǎng

cite [saɪt] VT **1** (*quote*) [+ *example*] 引用 yǐnyòng **2** (*Law*) [+ *person*] 传(傳)讯(訊) chuánxùn; [+ *fact*] 引证(證) yǐnzhèng

citizen ['sɪtɪzn] N [c] [*of country*] 公民 gōngmín [个 gè]; [*of town, area*] 居民 jūmín [个 gè]

citizenship ['sɪtɪznʃɪp] N [U] 公民身份 gōngmín shēnfèn

citrus fruit ['sɪtrəs-] N [c/U] 柑橘属(屬)果实(實) gānjú shǔ guǒshí

★ **city** ['sɪtɪ] N [c] 城市 chéngshì [座 zuò] ▶ **the City** (*Brit: Fin*) 英国(國)伦(倫)敦商业(業)区(區) Yīngguó Lúndūn shāngyèqū

THE CITY

the City (伦敦商业区) 是伦敦的一部分，位于市中心的东部。很多重要的金融机构都将总部设在这里，譬如英格兰银行, 伦敦证券交易所和其他几个主要银行。这些金融机构的所在地通常统称为 **the City**。在历史上，这个地区是伦敦的心脏，有自己的市长和警力。

city centre (*esp Brit*) N [c] 市中心 shì zhōngxīn [个 gè] [美 = **downtown**]

civic ['sɪvɪk] ADJ **1** [+ *leader, authorities*] 城市的 chéngshì de **2** [+ *duties, pride*] 公民的 gōngmín de

civil ['sɪvɪl] ADJ **1** [+ *unrest*] 国(國)内(內)的 guónèi de **2** (*not military*) 民用的 mínyòng de **3** (*not religious*) [+ *ceremony*] 非宗教的 fēi zōngjiào de **4** (*not criminal*) [+ *case*] 民事的 mínshì de **5** (*polite*) ▶ **to be civil (to sb)** 礼(禮)貌地(对(對)某人) lǐmào de (duì mǒurén)

civilian [sɪ'vɪlɪən] **I** N [c] 平民 píngmín [个 gè] **II** ADJ [+ *population, casualties, life*] 平民的 píngmín de

civilization [sɪvɪlaɪ'zeɪʃən] N [c/U] (*society*) 文明 wénmíng [种 zhǒng]

civilized ['sɪvɪlaɪzd] ADJ **1** (*socially advanced*) [+ *society, people*] 文明的 wénmíng de **2** (*polite*) [+ *person, behaviour*] 有教养(養)的 yǒu jiàoyǎng de

civil law N [U] 民法 mínfǎ

civil rights N PL 公民权(權) gōngmín quán

civil servant N [c] 公务(務)员(員) gōngwù yuán [位 wèi]

Civil Service N ▶ **the Civil Service** 行政机(機)关(關) xíngzhèng jīguān

civil war N [c/U] 内(內)战(戰) nèizhàn [场 chǎng]

cl ABBR (= **centilitres**) 厘(釐)升 líshēng

★ **claim** [kleɪm] **I** VT **1** (*allege*) 声(聲)称(稱) shēngchēng **2** (*for o.s.*) [+ *responsibility, credit*] 声(聲)称(稱) shēngchēng; [+ *success rate*] 自称(稱) zìchēng ▷ *The terrorists claimed responsibility for the bombing.* 恐怖分子声称对这起爆炸事件负责。Kǒngbù fènzǐ shēngchēng duì zhè qǐ bàozhà shìjiàn fùzé. **3** (*demand*) [+ *expenses, rights, inheritance*] 要求 yāoqiú ▷ *Voluntary workers can claim travelling expenses.* 义工可以申请回交通费。Yìgōng kěyǐ shēnqǐng huí jiāotōngfèi. **4** [+ *compensation, damages, benefit*] 索取 suǒqǔ **5** (*frm: take*) ▶ **the disease claimed millions of lives** 此病使上百万(萬)人丧(喪)生 cǐbìng shǐ shàng bǎiwàn rén sàngshēng **II** VI (*for insurance*) 提出索赔(賠) tíchū suǒpéi **III** N [c]

1 (*assertion*) 声(聲)称(稱) shēngchēng **2** (*application*) (*for pension, wage rise, compensation*) 索赔(賠) suǒpéi [项 xiàng] **3** (*to inheritance, land*) 要求 yāoqiú **4** (*right to demand*) 权(權)利 quánlì ▸ **to claim that…** 声(聲)称(稱)… shēngchēng… ▸ **to claim to be/have sth** 声(聲)称(稱)是/有某物 shēngchēng shì/yǒu mǒuwù ▹ *a man claiming to be a journalist* 一位声称是记者的人 yī wèi shēngchēng shì jìzhě de rén ▸ **to claim** *or* **make a claim on one's insurance** 提出保险(險)索赔(賠)的要求 tíchū bǎoxiǎn suǒpéi de yāoqiú ▸ **insurance claim** 保险(險)索赔(賠)要求 bǎoxiǎn suǒpéi yāoqiú ▸ **to put in a claim for** [+ *expenses*] 就…提出索赔(賠)要求 jiù…tíchū suǒpéi yāoqiú ▸ **to have a claim on sb** 对(對)某人有要求权(權) duì mǒurén yǒu yāoqiúquán ▸ **his claim to fame** 他出名的来(來)由 tā chūmíng de láiyóu ▸ **to lay claim to sth** 对(對)某物提出所有权(權)要求 duì mǒuwù tíchū suǒyǒuquán yāoqiú

clam [klæm] (*Zool, Culin*) N [c] 蛤蜊 géchú
▸**clam up** (*inf*) VI 沉默不语(語) chénmò bùyǔ

clamber ['klæmbəʳ] VI ▸ **to clamber up a hill/over a wall** 攀登山坡/费(費)劲(勁)地爬墙(牆) pāndēng shānpō/fèijìn de páqiáng

clamp [klæmp] I N [c] **1** (*device*) 夹(夾)具 jiājù **2** (*Brit*) (*also*: **wheel clamp**) 车(車)轮(輪)固定夹(夾) chēlún gùdìng jiā [美 = **Denver boot**] II VT **1** (*attach*) ▸ **to clamp sth to sth** 将(將)某物与(與)某物紧(緊)夹(夾)在一起 jiāng mǒuwù yǔ mǒuwù jǐnjiā zài yīqǐ **2** (*put*) ▸ **to clamp sth on/round sth** 将(將)某物固定在某物上 jiāng mǒuwù gùdìng zài mǒuwù shàng **3** (*Brit*) [+ *wheel, car*] 锁(鎖) suǒ [美 = **boot**]
▸**clamp down** VI 强(強)行限制 qiángxíng xiànzhì
▸**clamp down on** VT FUS [+ *people, activities*] 压(壓)制 yāzhì

clan [klæn] N [c] (*family*) 家族 jiāzú

clap [klæp] I VI [*audience* +] 鼓掌 gǔzhǎng II VT ▸ **to clap one's hands** 拍手 pāishǒu III N **1** ▸ **to give sb a clap** 向某人鼓掌 xiàng mǒurén gǔzhǎng **2** ▸ **a clap of thunder** 一声(聲)霹雳(靂) yīshēng pīlì ▸ **to clap a hand over sth** 突然用手将(將)某物捂住 tūrán yòng shǒu jiāng mǒuwù wǔzhù ▸ **to clap sb on the back** 拍某人的背 pāi mǒurén de bèi

claret ['klærət] N [c/U] (*wine*) 波尔(爾)多红(紅)葡萄酒 Bōěrduō hóng pútáo jiǔ

clarify ['klærɪfaɪ] VT 澄清 chéngqīng

clarinet [klærɪ'nɛt] (*Mus*) N [c] 单(單)簧管 dānhuángguǎn [根 gēn]

clarity ['klærɪtɪ] N [U] 清晰度 qīngxī dù

clash [klæʃ] I N [c] **1** (*fight, disagreement*) 冲(衝)突 chōngtū [次 cì]; [*of personalities*] 矛盾 máodùn **2** (*liter: metallic noise*) 撞击(擊)声(聲) zhuàngjī shēng II VI **1** (*fight*) [*rival gangs* +] 发(發)生冲(衝)突 fāshēng chōngtū **2** (*disagree*) [*political opponents etc* +] 有重大分歧 yǒu zhòngdà fēnqí **3** (*be in conflict*) [*beliefs, ideas, views* +] 不一致 bù yīzhì **4** [*colours, styles* +] 不协(協)调(調) bù xiétiáo **5** [*events, dates, appointments* +] 有冲(衝)突 yǒu chōngtū **6** (*liter*) [*weapons, pans etc* +] 撞击(擊) zhuàngjī

clasp [klɑːsp] I N [c] **1** [*of necklace, bag*] 扣(釦)子 kòuzi [颗 kē] **2** (*hold, embrace*) 紧(緊)握 jǐnwò II VT (*hold, embrace*) 紧(緊)抱 jǐnbào [个 gè] ▸ **he clasped her to him** 他紧(緊)紧(緊)地抱住她 tā jǐnjǐn de bàozhù tā

★ **class** [klɑːs] I N **1** [c] (*Scol*) (*group of pupils*) 班级(級) bānjí [个 gè]; (*lesson*) 课(課) kè [堂 táng] **2** [c/U] (*social*) 阶(階)级(級) jiējí [个 gè] **3** [c] (*type, group*) 种(種)类(類) zhǒnglèi ▹ *We can identify several classes of fern.* 我们可以识别几种蕨类植物。Wǒmen kěyǐ shíbié jǐ zhǒng juélèi zhíwù. **4** [U] (*sophistication*) 风(風)度 fēngdù ▹ *His performance showed enormous class.* 他的表现显示出极好的风度。Tā de biǎoxiàn xiǎnshì chū jíhǎo de fēngdù. II CPD [+ *structure, conflict, struggle*] 阶(階)级(級) jiējí III VT (*categorize*) ▸ **to class sb/sth as** 将(將)某人/某物分类(類)为(為) jiāng mǒurén/mǒuwù fēnlèi wéi ▹ *At nineteen you're still classed as a teenager.* 即使十九岁，你仍被定为十几岁的青少年。Jíshǐ shíjiǔ suì, nǐ rén bèi rèndìng wéi shí jǐ suì de qīngshàonián. ▸ **in class** (*Scol*) 上课(課)时(時) shàngkè shí ▸ **to be in a class of one's own** 独(獨)一无(無)二 dú yī wú èr

classic ['klæsɪk] I ADJ **1** [+ *example*] 典型的 diǎnxíng de **2** [+ *film, work*] 经(經)典的 jīngdiǎn de **3** [+ *style, dress etc*] 传(傳)统(統)式样(樣)的 chuántǒng shìyàng de II N [c] (*film, novel etc*) 经(經)典 jīngdiǎn [种 zhǒng] ▸ **to be a classic** 典范(範) diǎnfàn

classical ['klæsɪkl] ADJ **1** (*traditional*) 传(傳)统(統)的 chuántǒng de **2** (*Mus*) 古典的 gǔdiǎn de **3** (*Greek, Roman*) 古希腊(臘)或古罗(羅)马(馬)文明的 gǔ Xīlà huò gǔ Luómǎ wénmíng de

Classics ['klæsɪks] N [U] 古典学(學) gǔdiǎn xué

classification [klæsɪfɪ'keɪʃən] N **1** [U] (*process*) 分类(類) fēnlèi **2** [c] (*category*) 类(類)别(別) lèibié

classified ad ['klæsɪfaɪd-] (*also*: **classified advertisement**) N [c] 分类(類)广(廣)告栏(欄) fēnlèi guǎnggào lán

classify ['klæsɪfaɪ] VT [+ *books, fossils etc*] 分类(類) fēnlèi ▸ **to classify sb/sth as sth** 将(將)某人/某物归(歸)类(類)为(為)某物 jiāng mǒurén/mǒuwù guīlèi wéi mǒuwù

classmate ['klɑːsmeɪt] N [c] 同学(學) tóngxué [位 wèi]

classroom ['klɑːsrum] N [c] 教室 jiàoshì [间 jiān]

classy ['klɑːsɪ] (*inf*) ADJ [+ *person*] 时(時)髦的 shímáo de; [+ *restaurant, hotel*] 奢华(華)的 shēhuá de; [+ *neighbourhood*] 高级(級)的 gāojí

C

de; [+ *performance*] 出色的 chūsè de

clatter [ˈklætəʳ] **I** VI (*liter*) [*dishes, pots etc* +] 发(發)出喀嗒声(聲) fāchū kādā shēng **II** N [s] (*liter*) 喀嗒声(聲) kādā shēng ▸ **to clatter around** 乒乒乓乓地乱(亂)动(動) pīngpīng-pāngpāng de luàndòng ▸ **he clattered down the stairs** 他乒乒乓乓地下了楼(樓)梯 tā pīngpīng-pāngpāng de xiàle lóutī

clause [klɔːz] N [c] **1** (*Law*) 条(條)款 tiáokuǎn **2** (*Ling*) 从(從)句 cóngjù ▸ **main/subordinate clause** (*Ling*) 主/从(從)句 zhǔ/cóngjù

claustrophobic [klɔːstrəˈfəubɪk] ADJ **1** [+ *place, situation*] 导(導)致幽闭(閉)恐怖的 dǎozhì yōubì kǒngbù de **2** ▸ **to be/feel claustrophobic** 患/感到幽闭(閉)恐怖 huàn/gǎndào yōubì kǒngbù

claw [klɔː] N [c] [*of cat, tiger, bird*] 爪子 zhuǎzi [只 zhī]; [*of lobster, crab*] 钳(鉗)子 qiánzi
▸ **claw at** VT FUS **1** (*scratch*) 挠(撓) náo **2** (*grab*) 抓 zhuā ▸ **to claw at the air** 抓空 zhuākōng

clay [kleɪ] N [U] 黏土 niántǔ

clean [kliːn] **I** ADJ **1** [+ *place, surface, clothes etc*] 干(乾)净(淨)的 gānjìng de; [+ *water*] 清洁(潔)的 qīngjié de **2** (*in habits*) [+ *person, animal*] 爱(愛)清洁(潔)的 ài qīngjié de **3** (*fair*) [+ *fight, contest*] 公正的 gōngzhèng de **4** (*not offensive*) [+ *joke, story*] 纯(純)净(淨)的 chúnjìng de **5** (*spotless*) [+ *record, reputation*] 清白的 qīngbái de **6** (*well-defined*) [+ *edge, line*] 平整的 píngzhěng de **7** (*Med*) [+ *fracture*] 边(邊)缘(緣)整齐(齊)的 biānyuán zhěngqí de **II** VT [+ *car, cooker*] 弄干(乾)净(淨) nòng gānjìng; [+ *room*] 打扫(掃) dǎsǎo **III** ADV (*inf*) ▸ **he clean forgot** 他忘得一干(乾)二净(淨) tā wàngde yīgān'èrjìng **IV** N ▸ **to give sth a clean** 把某物清理干(乾)净(淨) bǎ mǒuwù qīnglǐ gānjìng ▸ **to come clean about sth** (*inf*) 全盘(盤)招供某事 quánpán zhāogòng mǒushì ▸ **a clean driving licence** *or* (*US*) **record** 未有违(違)章记(記)录(錄)的驾(駕)照 wèiyǒu wéizhāng jìlù de jiàzhào ▸ **a clean sheet of paper** 一张(張)白纸(紙) yī zhāng báizhǐ ▸ **to make a clean break** *or* **start** 重新开(開)始 chóngxīn kāishǐ ▸ **to clean one's teeth** (*Brit*) 刷牙 shuāyá ▸ **the thief got clean away** (*inf*) 小偷逃得无(無)影无(無)踪(蹤) xiǎotōu táo de wú yǐng wú zōng
▸ **clean out** VT **1** [+ *cupboard, drawer*] 清理干(乾)净(淨) qīnglǐ gānjìng **2** (*inf*) [+ *person*] 耗尽(盡)…的钱(錢)财(財) hàojìn...de qiáncái
▸ **clean up I** VT **1** [+ *room, place*] 打扫(掃)干(乾)净(淨) dǎsǎo gānjìng; [+ *mess*] 整理 zhěnglǐ **2** (*fig: remove crime from*) 整治 zhěngzhì **II** VI **1** 打扫(掃)干(乾)净(淨) dǎsǎo gānjìng **2** (*inf: make profit*) 发(發)大财(財) fā dàcái

cleaner [ˈkliːnəʳ] N **1** [c] (*person*) 清洁(潔)工 qīngjié gōng [位 wèi] **2** [c/U] (*substance*) 清洁(潔)剂(劑) qīngjié jì [种 zhǒng]

cleaning [ˈkliːnɪŋ] N [U] [*of house etc*] 扫(掃)除 sǎochú ▸ **to do the cleaning** 做扫(掃)除 zuòsǎochú

cleanse [klɛnz] VT **1** [+ *face, cut*] 清洗 qīngxǐ **2** [+ *mind, organization*] 净(淨)化 jìnghuà ▸ **to cleanse sth of sth** 使某物不再受某物的污染 shǐ mǒuwù bùzài shòu mǒuwù de wūrǎn

cleanser [ˈklɛnzəʳ] N [c/U] (*for face*) 洁(潔)肤(膚)霜 jiéfū shuāng [瓶 píng]

★ **clear** [klɪəʳ] **I** ADJ **1** (*understandable*) [+ *explanation, account*] 明确(確)的 míngquè de **2** (*visible*) [+ *footprint, photograph*] 清晰的 qīngxī de ▹ *television which transmits far clearer pictures* 传送更加清晰图像的电视 chuánsòng gèngjiā qīngxī túxiàng de diànshì **3** (*audible*) [+ *voice, echo*] 清晰的 qīngxī de ▹ *He called out my name in a clear voice.* 他清楚地叫出我的名字。Tā qīngchǔ de jiàochū wǒ de míngzì. ▹ *His voice was very clear.* 他的声音非常清晰。Tā de shēngyīn fēicháng qīngxī. **4** (*obvious*) 无(無)疑的 wúyí de ▹ *a clear case of homicide* 确信无疑的谋杀案 quèxìn wúyí de móushā'àn **5** (*definite*) [+ *choice, commitment*] 明确(確)的 míngquè de ▹ *The letter contained a clear commitment to reopen talks.* 这封信明确承诺要重新开始谈判。Zhè fēng xìn míngquè chéngnuò yào chóngxīn kāishǐ tánpàn. **6** [+ *profit, majority*] 绝(絕)对(對)的 juéduì de ▹ *They won the vote by a clear majority.* 他们赢得绝对多数选票。Tāmen yíngdé juéduì duōshù xuǎnpiào. **7** (*transparent*) [+ *glass, plastic, water*] 透明的 tòumíng de ▹ *a clear glass panel* 一张透明玻璃板 yī zhāng tòumíng bōlíbǎn **8** (*unobstructed*) [+ *road, way, floor etc*] 畅(暢)通的 chàngtōng de ▹ *The runway is clear, go ahead and land.* 跑道畅通无阻，可以降落。Pǎodào chàngtōng wú zǔ, kěyǐ jiàngluò. **9** (*untroubled*) [+ *conscience*] 清白的 qīngbái de **10** (*cloudless*) [+ *day, sky*] 晴朗的 qínglǎng de **11** (*healthy*) [+ *skin, eyes*] 明亮的 míngliàng de **II** VT **1** [+ *place, room*] 清空 qīngkōng ▹ *The police cleared the building following a bomb alert.* 收到炸弹警告后，警察清空了那幢建筑。Shōudào zhàdàn jǐnggào hòu, jǐngchá qīngkōngle nà zhuàng jiànzhù. **2** ▸ **to clear sth from sth** [+ *rubbish, weeds*] 从(從)某处(處)清理出某物 cóng mǒuchù qīnglǐ chū mǒuwù ▹ *Firemen were still clearing rubble from apartments.* 消防队员还在从单元房里清理出瓦砾。Xiāofáng duìyuán hái zài cóng dānyuánfáng lǐ qīnglǐ chū wǎlì. **3** [+ *slums*] 拆除 chāichú **4** (*Law*) [+ *suspect*] 宣告无(無)罪 xuāngào wúzuì **5** (*jump*) [+ *fence, wall*] 跳过(過) tiàoguò **6** (*authorize*) 允许(許) yǔnxǔ ▹ *The helicopter was cleared for take-off.* 直升飞机被允许起飞。Zhíshēngfēijī bèi yǔnxǔ qǐfēi. **7** [+ *cheque*] 兑(兌)现(現) duìxiàn ▹ *The bank cleared the cheque in three days.* 银行在3天内兑现了支票。Yínháng zài sān tiān nèi duìxiànle zhīpiào.

8 (*Comm*) ▸ **"half price to clear"** "半价(價)清仓(倉)" bànjià qīngcāng **III** VI **1** [*weather, sky* +] 变(變)晴 biànqíng; [*fog, smoke* +] 消散 xiāosàn ▹ *We're expecting this weather to clear soon.* 我们期望很快就会天晴。Wǒmen qīwàng hěnkuài jiù huì tiānqíng. ▹ *The fog had cleared a little.* 雾已经散开一点了。Wù yǐjīng sànkāi yīdiǎn le. **2** [*cheque* +] 兑(兌)现(現) duìxiàn ▹ *Allow time for the cheque to clear.* 要等支票兑现。Yào děng zhīpiào duìxiàn. **IV** ADV ▸ **clear of sth** [+ *place, ground*] 不接触(觸)某物 bù jiēchù mǒuwù **V** N ▸ **to be in the clear** (*free of suspicion*) 不被怀(懷)疑 bùbèi huáiyí; (*free of danger*) 安然无(無)事 ānránwúshì ▸ **to be clear about sth** 很明确(確)某事 hěn míngquè mǒushì ▸ **to make o.s. clear** 表达(達)清楚 biǎodá qīngchǔ ▸ **to make sth clear to sb** 使某人理解某事 shǐ mǒurén lǐjiě mǒushì ▸ **to keep** *or* **stay** *or* **steer clear of sb/sth** 避开(開)某人/某物 bìkāi mǒurén/mǒuwù ▸ **to have a clear head** 头(頭)脑(腦)清醒 tóunǎo qīngxǐng ▸ **to clear the table** 收拾饭(飯)桌 shōushi fànzhuō ▸ **to clear one's throat** 清喉咙(嚨) qīng hóulong ▸ **to clear sb of doing sth** [+ *suspect*] 洗刷某人某罪 xǐshuā mǒurén mǒu zuì ▸ **to clear a profit** 获(獲)得一笔(筆)净(淨)利 huòdé yī bǐ jìnglì ▸ **to be in the clear** (*out of danger*) 无(無)危险(險) wú wēixiǎn

▸**clear away** **I** VT [+ *plates etc*] 清除 qīngchú **II** VI (*remove plates etc*) 收拾 shōushi

▸**clear off** (*inf*) VI (*leave*) 走开(開) zǒukāi ▹ *Clear off and leave me alone.* 快走开，别烦我。Kuài zǒukāi, bié fán wǒ.

▸**clear out** **I** VI (*leave*) 走开(開) zǒukāi **II** VT [+ *cupboard, room*] 清除 qīngchú

▸**clear up** **I** VT **1** [+ *room, mess*] 清理 qīnglǐ **2** [+ *mystery, problem*] 澄清 chéngqīng **II** VI **1** (*tidy up*) 清理 qīnglǐ **2** [*illness* +] 痊愈(癒) quányù **3** [*rain* +] 转(轉)晴 zhuǎnqíng

clearance ['klɪərəns] N [C/U] **1** (*removal*) [*of trees, mines etc*] 清除 qīngchú; [*of slums*] 拆除 chāichú **2** [*of place*] 清理 qīnglǐ **3** (*authorization*) 许(許)可 xǔkě **4** [*of bridge*] 净(淨)空 jìngkōng ▸ **to get** *or* **be given clearance to land** 得到降落许(許)可 dédào jiàngluò xǔkě

clear-cut ['klɪə'kʌt] ADJ [+ *case, issue*] 黑白分明的 hēibái fēnmíng de

clearing ['klɪərɪŋ] N [C] (*in wood*) 林中空地 línzhōng kòngdì [片 piàn]

clearly ['klɪəlɪ] ADV **1** (*with vb*) [*explain* +] 明确(確)地 míngquè de; [*think* +] 清醒地 qīngxǐng de; [*see* +] 清楚地 qīngchu de; [*speak, hear* +] 清晰地 qīngxī de **2** (*with adj*) [+ *visible, audible*] 清楚地 qīngchu de **3** (*obviously*) 显(顯)然 xiǎnrán

clench [klɛntʃ] VT [+ *fist*] 捏紧(緊) niējǐn; [+ *teeth*] 咬紧(緊) yǎojǐn

clergy ['klə:dʒɪ] N PL 神职(職)人员(員) shénzhí rényuán

clerk [klɑ:k], US klə:rk] N [C] **1** (*office worker*) 职(職)员(員) zhíyuán [名 míng] **2** (*US*) (*sales person*) 售货(貨)员(員) shòuhuòyuán [名 míng]

clever ['klɛvəʳ] ADJ **1** (*intelligent*) 聪(聰)明的 cōngmíng de **2** (*sly, crafty*) 耍小聪(聰)明的 shuǎ xiǎocōngmíng de **3** (*ingenious*) [+ *device, arrangement*] 巧妙的 qiǎomiào de

cliché ['kli:ʃeɪ] N [C] 陈(陳)词(詞)滥(濫)调(調) chéncí làndiào

click [klɪk] **I** VI **1** [*device, switch, camera* +] 发(發)出喀嗒声(聲) fāchū kādā shēng **2** (*Comput*) 按 àn **3** (*inf: get on*) ▸ **to click (with sb)** (和某人)一见(見)如故 (hé mǒurén) yījiànrúgù **4** (*inf: become clear*) 豁然开(開)朗 huòrán kāilǎng **II** VT (*make sound with*) 使…发(發)出喀嗒声(聲) shǐ...fāchū kādā shēng **III** N [C] **1** (*sound*) 喀嗒声(聲) kādā shēng [声 shēng] **2** (*Comput*) ▸ **with a click of one's mouse** 按一下鼠标(標) àn yīxià shǔbiāo [下 xià] ▸ **to click on sth** (*Comput*) 点(點)击(擊)某处(處) diǎnjī mǒuchù ▸ **to click one's tongue** 咂咂舌头(頭) zāzā shétóu ▸ **to click one's heels** 喀嚓一声(聲)立正 kāchā yī shēng lìzhèng

client ['klaɪənt] N [C] [*of lawyer*] 委托(託)人 wěituōrén [个 gè]; [*of company, restaurant, shop*] 顾(顧)客 gùkè [位 wèi]

cliff [klɪf] N [C] 悬(懸)崖 xuányá [个 gè]

climate ['klaɪmɪt] N **1** [C/U] (*weather*) 气(氣)候 qìhòu [种 zhǒng] **2** [C] [*of opinion etc*] 气(氣)候 qìhòu

climax ['klaɪmæks] **I** N **1** [C] [*of event, career*] 高峰 gāofēng **2** [C/U] (*sexual*) 高潮 gāocháo **II** VI 达(達)到高潮 dádào gāocháo

climb [klaɪm] **I** VT (*also:* **climb up**) [+ *tree*] 爬 pá; [+ *mountain, hill*] 攀登 pāndēng; [+ *ladder*] 登 dēng; [+ *stairs, steps*] 上 shàng **II** VI **1** [*sun* +] 徐徐上升 xúxú shàngshēng **2** [*plane* +] 爬升 páshēng **3** [*prices, shares* +] 上涨(漲) shàngzhǎng **4** [*person* +] (*on frame, up mountain etc*) 攀爬 pānpá **5** (*move with effort*) ▸ **to climb into/onto/over sth** 爬入/上/过(過)某物 párù/shàng/guò mǒuwù **III** N [C] [*of mountain, hill*] 攀登 pāndēng [次 cì] ▸ **to go climbing** 去爬山 qù páshān

▸**climb down** VI (*in argument, dispute*) 退让(讓) tuìràng

climber ['klaɪməʳ] N [C] **1** (*mountaineer*) 登山者 dēngshānzhě [个 gè] **2** (*plant*) 攀缘(緣)植物 pānyuán zhíwù

climbing ['klaɪmɪŋ] N [U] 攀登 pāndēng

clinch [klɪntʃ] VT [+ *argument, contest*] 拿下 náxià; [+ *deal*] 达(達)成 dáchéng

cling [klɪŋ] (*pt, pp* **clung**) VI **1** ▸ **to cling (on)to** [+ *person, object*] 紧(緊)紧(緊)抓住 jǐnjǐn zhuāzhù; [+ *idea, belief*] 坚(堅)持 jiānchí **2** ▸ **to cling to sb's body** [*clothes, dress* +] 紧(緊)紧(緊)地贴(貼)在身上 jǐnjǐn de tiē zài shēnshang

clingfilm ['klɪŋfɪlm] (*Brit*) N [U] 保鲜(鮮)纸(紙)

C

bǎoxiān zhǐ [美 = **plastic wrap**]

clinic ['klɪnɪk] (*Med*) N [c] (*place*) 诊(診)所 zhěnsuǒ [家 jiā]; (*session*) 门(門)诊(診) ménzhěn [个 gè]

clinical ['klɪnɪkl] ADJ **1** (*Med*) [+ *tests, trials*] 临(臨)床的 línchuáng de **2** (*fig: dispassionate*) 客观(觀)的 kèguān de

clip [klɪp] **I** N [c] **1** (*for papers etc*) 回(迴)形针(針) huíxíng zhēn [根 gēn]; (*for hair*) 发(髮)夹(夾) fàjiā [个 gè] **2** (*TV, Cine*) 剪辑(輯) jiǎnjí **II** VT **1** (*fasten*) 夹(夾)住 jiāzhù **2** (*cut*) [+ *hedge, nails*] 修剪 xiūjiǎn ▸ **to clip papers together** 将(將)纸(紙)张(張)夹(夾)在一起 jiāng zhǐzhāng jiá zài yīqǐ

clippers ['klɪpəz] N PL ▸ **nail clippers** 指甲刀 zhǐjiadāo [个(個) gè]

clipping ['klɪpɪŋ] N [c] (*from newspaper*) 剪报(報) jiǎnbào

cloak [kləuk] **I** N [c] (*cape*) 斗篷 dǒupeng **II** VT (*liter: in mist, secrecy*) 掩藏 yǎncáng

cloakroom ['kləukrum] N [c] **1** (*for coats*) 衣帽间(間) yīmàojiān [个 gè] **2** (*Brit*) (*bathroom*) 厕(廁)所 cèsuǒ [处 chù]

clock [klɔk] N [c] 钟(鐘) zhōng [个 gè] ▸ **around the clock** [*work, guard* +] 日夜不停 rìyè bùtíng ▸ **to turn** *or* **put the clock back** (*fig*) 回到过(過)去 huídào guòqù ▸ **to work against the clock** 争(爭)分夺(奪)秒地工作 zhēng fēn duó miǎo de gōngzuò ▸ **30,000 miles on the clock** (*Brit: Aut*) 里程计(計)上记(記)有3万(萬)英里行程 lǐchéngjì shàng jì yǒu sān wàn yīnglǐ xíngchéng

▸**clock in** VI (*for work*) 打卡上班 dǎkǎ shàngbān

▸**clock off** VI (*from work*) 打卡下班 dǎkǎ xiàbān

▸**clock on** VI = **clock in**

▸**clock out** VI = **clock off**

▸**clock up** (*Brit*) VT [+ *hours, miles*] 达(達)到 dádào

clockwise ['klɔkwaɪz] **I** ADV 顺(順)时(時)针(針)地 shùn shízhēn de **II** ADJ [+ *direction*] 顺(順)时(時)针(針)的 shùn shízhēn de

clockwork ['klɔkwəːk] **I** N ▸ **to go like clockwork** 顺(順)利地进(進)行 shùnlì de jìnxíng **II** ADJ [+ *model, toy*] 机(機)械的 jīxiè de

clog [klɔg] **I** N [c] (*shoe*) 木屐 mùjī [双 shuāng] **II** VT (*also*: **clog up**) [+ *drain, pipe, skin, pores*] 堵塞 dǔsè; [+ *roads*] 阻塞 zǔsè **III** VI (*also*: **clog up**) [*drain, pipe* +] 堵塞 dǔsè

clone [kləun] **I** N [c] **1** [*of animal, plant*] 克隆 kèlóng **2** (*fig: object*) 复(複)制(製)品 fùzhìpǐn; (*person*) 几(幾)乎一模一样(樣)的人 jīhū yīmúyīyàng de rén **II** VT [+ *animal, plant*] 无(無)性繁殖 wúxìng fánzhí

★ **close**[1] [kləus] **I** ADJ **1** (*near*) 近的 jìn de **2** (*devoted*) 亲(親)密的 qīnmì de ▹ *She and Linda were very close.* 她和琳达很亲密。Tā hé Líndá hěn qīnmì. **3** [+ *relative*] 直系的 zhíxì de ▹ *the death of a close relative* 一位直系亲属的死亡 yī wèi zhíxì qīnshǔ de sǐwáng **4** [+ *contact, ties*] 密切的 mìqiè de; [+ *connection, resemblance*] 严(嚴)密的 yánmì de ▹ *He keeps in close contact with his sons.* 他和儿子们保持密切的联系。Tā hé érzimen bǎochí mìqiè de liánxì. ▹ *There is a close connection between pain and tension.* 疼痛与紧张是息息相关的。Téngtòng yǔ jǐnzhāng shì xīxī xiāngguān de. **5** [+ *examination, look*] 彻(徹)底的 chèdǐ de ▹ *She took a closer look at the car.* 她更彻底地检查了那辆车。Tā gèng chèdǐ de jiǎnchále nà liàng chē. **6** [+ *contest*] 势(勢)均力敌(敵)的 shìjūnlìdí de ▹ *It is close but we are going to win.* 双方势均力敌但我们会赢的。Shuāngfāng shì jūn lì dí dàn wǒmen huì yíng de. **7** (*oppressive*) [+ *weather, atmosphere*] 闷(悶)热(熱)的 mēnrè de ▹ *It's very close today, isn't it?* 今天很闷热，是不是？Jīntiān hěn mēnrè, shì bù shì? **II** ADV (*near*) 紧(緊)紧(緊)地 jǐnjǐn de ▹ *The children followed close behind them.* 孩子们紧紧地跟着他们。Háizimen jǐnjǐn de gēnzhe tāmen. ▸ **close to** (*near*) 近 jìn ▹ *The museum is quite close to the port.* 博物馆距离港口相当近。Bówùguǎn jùlí gǎngkǒu xiāngdāng jìn. ▸ **how close is Edinburgh to Glasgow?** 爱(愛)丁堡距离(離)格拉斯哥有多近？Àidīngbǎo jùlí Gélāsīgē yǒu duō jìn? ▸ **a close friend** 一位密友 yīwèi mìyǒu ▸ **she's very close to her brother** 她和她兄弟很亲(親)近 tā hé tā xiōngdì hěn qīnjìn ▸ **it was a close shave** *or* **call** *or* **thing** 这(這)真是死里(裡)逃生 zhè zhēnshì sǐ lǐ táoshēng ▸ **at close quarters** 很接近 hěn jiējìn ▸ **to see sth close up** *or* **to** 从(從)近处(處)看某事 cóng jìnchú kàn mǒushì ▸ **close by, close at hand** 在近旁 zài jìnpáng ▸ **close to** *or* **on 30 years** 近30年 jìn sānshí nián ▸ **she was close to tears** 她几(幾)乎要哭了 tā jīhū yào kū le

★ **close**[2] [kləuz] **I** VT **1** [+ *door, window, lid*] 关(關) guān ▹ *He closed the door behind him.* 他走前把门关上了。Tā zǒu qián bǎ mén guān shàng le. **2** [+ *shop, factory*] 关(關)闭(閉) guānbì ▹ *They closed the local college.* 他们关闭了当地的学院 tāmen guānbìle dāngdì de xuéyuàn **3** (*finalize*) [+ *sale, deal*] 结(結)束 jiéshù ▹ *He needs another $30,000 to close the deal.* 他还需要3万美元来完结这个交易。Tā hái xūyào sānwàn měiyuán lái wánjié zhège jiāoyì. **4** (*end*) [+ *case, conversation*] 结(結)束 jiéshù **II** VI **1** [*door, window, lid* +] 关(關) guān ▹ *She heard the door close.* 她听见门关了。Tā tīngjiàn mén guān le. **2** [*shop, library* +] 关(關)门(門) guānmén ▹ *Many libraries close on Saturdays at 1 p.m.* 很多图书馆星期六下午一点关门。Hěnduō túshūguǎn xīngqī liù xiàwǔ yī diǎn guānmén. **3** (*end*) [*film, book* +] 收尾 shōuwěi ▹ *The film closes with a scene of sickening violence.* 这部电影以一个令人作呕的暴力镜头收尾。Zhè bù diànyǐng yǐ yī gè lìng rén zuò'ǒu de bàolì jìngtóu shōuwěi. **III** N [s] (*end*) 结(結)束 jiéshù ▷ *the close of the day* 黄昏时分 huánghūn shífēn ▶ **to bring sth to a close** 结(結)束某事 jiéshù mǒushì ▶ **to draw to a close** 接近尾声(聲) jiējìn wěishēng

▶**close down** **I** VI [*factory, business* +] 关(關)闭(閉) guānbì **II** VT [+ *factory, business*] 使关(關)闭(閉) shǐ guānbì

▶**close in** VI **1** [*hunters, police* +] 包围(圍) bāowéi **2** [*winter, darkness* +] 渐(漸)渐(漸)缩(縮)短 jiànjiàn suōduǎn ▶ **the days are closing in** 白天渐(漸)渐(漸)变(變)短 báitiān jiànjiàn biàn duǎn

▶**close off** VT [+ *area*] 封锁(鎖) fēngsuǒ

▶**close on** VT FUS (*in race, pursuit*) 渐(漸)渐(漸)赶(趕)上 jiànjiàn gǎnshang

closed [kləuzd] ADJ **1** (*lit*) [+ *door, window*] 关(關)着(著)的 guānzhe de; [+ *shop, library*] 关(關)着(著)门(門)的 guānzhe mén de; [+ *road*] 封锁(鎖)着(著)的 fēngsuǒzhe de **2** (*fig*) [+ *society, community*] 闭(閉)关(關)自守的 bìguānzìshǒu de

closely ['kləuslɪ] ADV **1** [*examine, watch* +] 仔细(細)地 zǐxì de **2** [+ *connected*] 密切地 mìqiè de **3** [*resemble* +] 非常 fēicháng **4** [*follow* +] 紧(緊)紧(緊)地 jǐnjǐn de **5** [*work* +] 密切地 mìqiè de ▶ **we are closely related** 我们(們)是近亲(親) wǒmen shì jìnqīn ▶ **a closely guarded secret** 一个(個)严(嚴)格保守的秘(祕)密 yīgè yángé bǎoshǒu de mìmì

closet ['klɔzɪt] **I** N [c] (*US*) 壁橱(櫥) bìchú [个 gè] [英 = **cupboard**] **II** ADJ 隐(隱)蔽的 yǐnbì de ▶ **to come out of the closet** (*fig*) 从(從)隐(隱)蔽状(狀)态(態)转(轉)为(為)公开(開) cóng yǐnbì zhuàngtài zhuǎnwéi gōngkāi

close-up ['kləusʌp] (*Phot*) N [c] 特写(寫) tèxiě

closing time ['kləuzɪŋ-] N [c/ʊ] (*in shop, pub*) 关(關)门(門)时(時)间(間) guānmén shíjiān

closure ['kləuʒəʳ] N **1** [c/ʊ] [*of factory, business*] 倒闭(閉) dǎobì **2** [c] [*of road, border*] 封锁(鎖) fēngsuǒ

clot [klɔt] **I** N [c] [(*blood*) +] (*also*: **blood clot**) 凝块(塊) níngkuài **II** VI [*blood* +] 凝固 nínggù

cloth [klɔθ] N **1** [c/ʊ] (*fabric*) 布料 bùliào [块 kuài] **2** [c] (*for cleaning, dusting*) 布 bù [块 kuài] **3** [c] (*tablecloth*) 桌布 zhuōbù [块 kuài] ▶ **piece of cloth** 一块(塊)布 yīkuài bù

clothe [kləuð] VT (*provide with clothes*) 供给(給)…衣服 gōngjǐ...yīfu ▶ **clothed in green** 穿绿(綠)色衣服 chuān lǜsè yīfu

clothes [kləuðz] N PL 衣服 yīfu ▶ **to put one's clothes on** 穿衣服 chuān yīfu ▶ **to take one's clothes off** 脱(脫)衣服 tuō yīfu

clothesline ['kləuðzlaɪn] N [c] 晾衣绳(繩) liàngyīshéng [根 gēn]

clothes peg (*Brit*) N [c] 晾衣夹(夾) liàngyījiā [个 gè] [美 = **clothespin**]

clothespin [kləuðzpɪn] (*US*) N [c] 晾衣夹(夾) liàngyījiā [个 gè] [英 = **clothes peg**]

clothing ['kləuðɪŋ] N [ʊ] 衣服 yīfu ▶ **an item** *or* **a piece of clothing** 一件衣服 yījiàn yīfu

> **clothing** 是不可数名词。不能用 **clothings** 或 **a clothing**。*He took off his wet clothing.* 可以说 **an item of clothing**，**a piece of clothing** 或者 **an article of clothing**。

clotted cream ['klɔtɪd-] (*Brit*) N [ʊ] 浓(濃)缩(縮)奶油 nóngsuō nǎiyóu

cloud [klaud] **I** N **1** [c/ʊ] (*in sky*) 云(雲) yún [片 piàn] **2** [c] [*of smoke, dust*] 雾(霧) wù [团 tuán] **II** VT [+ *sb's judgement, view*] 使模糊 shǐ móhu; [+ *outlook, atmosphere*] 使暗淡 shǐ àndàn ▶ **every cloud has a silver lining** 黑暗中总(總)有一线(線)光明 hēi'àn zhōng zǒngyǒu yī xiàn guāngmíng

▶**cloud over** VI **1** [*sky* +] 阴(陰)云(雲)密布(佈) yīnyún mìbù **2** [*face, eyes* +] 阴(陰)沉下来(來) yīnchén xiàlái ▶ **it's clouding over** 天阴(陰)了 tiān yīn le

cloudy ['klaudɪ] ADJ **1** [+ *day, sky, weather*] 多云(雲)的 duōyún de **2** [+ *liquid*] 混浊(濁)的 húnzhuó de ▶ **it's cloudy** 天阴(陰) tiānyīn

clove [kləuv] N [c] **1** (*spice*) 丁香 dīngxiāng [朵 duǒ] **2** [*of garlic*] 瓣 bàn [个 gè]

clown [klaun] **I** N [c] (*in circus*) 小丑(醜) xiǎochǒu [个 gè] **II** VI (*also*: **clown about, clown around**) 胡闹(鬧) húnào

★ **club** [klʌb] **I** N [c] **1** (*society, place*) 俱乐(樂)部 jùlèbù [个 gè] ▷ *a chess club* 象棋俱乐部 xiàngqí jùlèbù ▷ *I'll see you at the club.* 我在俱乐部见你。Wǒ zài jùlèbù jiàn nǐ. **2** (*Sport*) 俱乐(樂)部 jùlèbù [个 gè] ▷ *Liverpool football club* 利物浦足球俱乐部 Lìwùpǔ zúqiú jùlèbù **3** (*nightclub*) 夜总(總)会(會) yèzǒnghuì [家 jiā] **4** (*weapon*) 大头(頭)棒 dàtóubàng **5** (*stick*) (*also*: **golf club**) 球棒 qiúbàng [个 gè] **II** VT (*hit*) 用棒棍打 yòng bànggùn dǎ **III** VI ▶ **to club together** (*Brit*) (*for gift, card*) 凑(湊)钱(錢) còuqián **IV clubs** N PL (*Cards*) 梅花 méihuā ▶ **to club sb to death** 用棍棒将(將)某人打死 yòng gùnbàng jiāng mǒurén dǎsǐ

clubbing ['klʌbɪŋ] N [ʊ] ▶ **to go clubbing** 去俱乐(樂)部玩 qù jùlèbù wán

club class N [ʊ] 会(會)员(員)级(級) huìyuán jí

clue [klu:] N [c] **1** (*in investigation*) 线(線)索 xiànsuǒ [条 tiáo] **2** (*in crossword, game*) 提示 tíshì [个 gè] **3** (*fig: indication*) 线(線)索 xiànsuǒ [个 gè] ▶ **I haven't a clue** (*inf*) 我一无(無)所知 wǒ yī wú suǒ zhī

clump [klʌmp] N [c] [*of trees, grass*] 丛(叢) cóng; [*of hair*] 绺(綹) liǔ

clumsy ['klʌmzɪ] ADJ **1** [+ *person*] 笨手笨脚(腳)的 bènshǒubènjiǎo de **2** [+ *effort, attempt*] 笨拙的 bènzhuō de **3** [+ *object*] 不好使用的 bùhǎo shǐyòng de

clung [klʌŋ] PT, PP *of* **cling**

cluster ['klʌstəʳ] **I** N [c] [*of people*] 群 qún; [*of things, cases*] 组(組) zǔ **II** VT ▶ **to be clustered**

C

around sth 聚集在某物的周围(圍) jùjí zài mǒuwù de zhōuwéi
▶**cluster around** VT FUS 聚集 jùjí
▶**cluster together** VI [*people* +] 成群 chéngqún; [*things* +] 成簇 chéngcù

clutch [klʌtʃ] **I** VT 紧(緊)抓 jǐnzhuā **II** N [c] (*Aut*) 离(離)合器 líhéqì [个 gè] **III clutches** N PL
▶**to fall into sb's clutches** 陷入某人的控制中 xiànrù mǒurén de kòngzhì zhōng
▶**clutch at** VT FUS (*lit*) 抓住 zhuāzhù

clutter ['klʌtəʳ] **I** VT (*also*: **clutter up**) 使凌(淩)乱(亂) shǐ língluàn **II** N [U] 杂(雜)乱(亂)的东(東)西 záluàn de dōngxi

cm ABBR (= **centimetres**) 厘(釐)米 límǐ

Co. ABBR **1** (= **company**) 公司 gōngsī **2** (= **county**) 郡 jùn

c/o ABBR (= **care of**) 由…转(轉)交 yóu…zhuǎnjiāo

coach [kəutʃ] **I** N [c] **1** (*Brit*) 长(長)途汽车(車) chángtú qìchē [辆 liàng] [美 = **bus**] **2** (*horse-drawn*) 大马(馬)车(車) dàmǎchē [架 jià] **3** (*Brit*) [*of train*] 车(車)厢(廂) chēxiāng [节 jié] [美 = **car**] **4** (*Sport*) (*trainer*) 教练(練) jiàoliàn [位 wèi] **5** (*tutor*) 私人教师(師) sīrén jiàoshī **II** VT **1** (*Sport*) 训(訓)练(練) xùnliàn **2** (*Scol*) 辅(輔)导(導) fǔdǎo

coach trip (*Brit*) N [c] 长(長)途汽车(車)旅行团(團) chángtú qìchē lǚxíngtuán ▶**to go on a coach trip** 参(參)加长(長)途汽车(車)旅行团(團) cānjiā chángtú qìchē lǚxíngtuán

coal [kəul] N **1** [U] (*substance*) 煤 méi **2** [c] (*piece of coal*) 煤块(塊) méikuài

coalition [kəuə'lɪʃən] N [c/U] **1** (*government*) 联(聯)合 liánhé **2** (*with same aim*) 联(聯)盟 liánméng

coal mine N [c] 煤矿(礦) méikuàng

coarse [kɔːs] ADJ **1** [+ *cloth, salt, sand*] 粗的 cū de **2** (*vulgar*) [+ *person, remark*] 粗俗的 cūsú de

coast [kəust] **I** N [c] 海岸 hǎi'àn [个 gè] **II** VI **1** [*car, bicycle* +] 滑行 huáxíng **2** (*in school, competition*) 毫不费(費)力地进(進)行 háobù fèilì de jìnxíng ▶**to coast to success/to a victory** 轻(輕)松(鬆)取胜(勝) qīngsōng qǔshèng

coastal ['kəustl] ADJ [+ *area, town, waters*] 沿海的 yánhǎi de

coastguard ['kəustgaːd] (*esp Brit*) N **1** [c] (*person*) 海岸警卫(衛)队(隊)队(隊)员(員) hǎi'àn jǐngwèi duì duìyuán [名 míng] **2** ▶**the coastguard** (*service*) 海岸警卫(衛)队(隊) hǎi'àn jǐngwèiduì [支 zhī]

coastline ['kəustlaɪn] N [c] 海岸线(線) hǎi'àn xiàn

coat [kəut] **I** N [c] **1** (*overcoat*) 外套 wàitào [件 jiàn] **2** [*of animal*] 皮毛 pímáo [层 céng] **3** [*of paint, varnish*] 层(層) céng **II** VT 撒满(滿) sǎnmǎn

coat hanger N [c] 衣架 yījià [个 gè]

coating ['kəutɪŋ] N [c] [*of chocolate, sugar, oil*] 一层(層) yīcéng; [*of dust*] 外层(層) wàicéng

coax [kəuks] VT ▶**to coax sb into doing sth** 哄某人做某事 hǒng mǒurén zuò mǒushì

cob [kɔb] N *see* **corn**

cobbled ['kɔbld] ADJ [+ *street*] 用大卵石铺(鋪)的 yòng dàluǎnshí pū de

cobweb ['kɔbwɛb] N [c] 蜘蛛网(網) zhīzhū wǎng [个 gè]

cocaine [kə'keɪn] N [U] 可卡因 kěkǎyīn

cock [kɔk] **I** N [c] **1** (*Brit*) 公鸡(雞) gōngjī [只 zhī] [美 = **rooster**] **2** (*Brit*) (*male bird*) 雄禽 xióngqín **3** (*inf!: penis*) 阴(陰)茎(莖) yīnjīng **II** VT **1** [+ *head, ear*] 翘(翹)起 qiàoqǐ **2** [+ *gun*] 扳起…的扳机(機) bānqǐ…de bānjī

cockerel ['kɔkərəl] (*esp Brit*) N [c] 小公鸡(雞) xiǎo gōngjī [只 zhī]

cockpit ['kɔkpɪt] N [c] (*in aircraft*) 驾(駕)驶(駛)舱(艙) jiàshǐ cāng; (*in racing car*) 驾(駕)驶(駛)座 jiàshǐ zuò

cockroach ['kɔkrəutʃ] N [c] 蟑螂 zhāngláng [只 zhī]

cocktail ['kɔkteɪl] N [c] **1** (*drink*) 鸡(雞)尾酒 jīwěi jiǔ **2** (*fig*) 合成物 héchéngwù

cocoa ['kəukəu] N [U] 可可 kěkě

coconut ['kəukənʌt] N **1** [c] (*nut*) 椰子 yēzi [个 gè] **2** [U] (*flesh*) 椰肉 yēròu

COD ABBR (= **cash on delivery**, (*US*) **collect on delivery**) 货(貨)到付款 huòdào fùkuǎn

cod [kɔd] (*pl* **cod** *or* **cods**) N **1** [c] (*fish*) 鳕(鱈)鱼(魚) xuěyú [条 tiáo] **2** [U] (*as food*) 鳕(鱈)鱼(魚) xuěyú

code [kəud] N **1** [c] [*of practice, behaviour*] 准(準)则(則) zhǔnzé **2** [c] (*cipher*) 密码(碼) mìmǎ [个 gè] **3** [c] (*as reference*) 标(標)记(記) biāojì [个 gè] **4** [c] (*Tel*) 区(區)号(號) qūhào [个 gè] **5** [c/U] (*Comput, Sci*) 编(編)码(碼) biānmǎ [个 gè] ▶**code of conduct** 行为(為)准(準)则(則) xíngwéi zhǔnzé ▶**code of practice** 实(實)践(踐)准(準)则(則) shíjiàn zhǔnzé ▶**in code** 用密码(碼) yòng mìmǎ

co-ed ['kəu'ɛd] **I** ADJ ABBR (*Scol*) (= **coeducational**) 男女同校的 nánnǚ tóngxiào de **II** N ABBR (*US*) (*female student*) 男女同校的女生 nánnǚ tóngxiào de nǚshēng

coffee ['kɔfɪ] N **1** [U] 咖啡 kāfēi **2** [c] (*cup of coffee*) 一杯咖啡 yībēi kāfēi [杯 bēi] ▶**black coffee** 黑咖啡 hēi kāfēi ▶**white coffee** 牛奶咖啡 niúnǎi kāfēi ▶**coffee with cream** 加奶油的咖啡 jiā nǎiyóu de kāfēi

coffee bar N [c] 咖啡馆(館) kāfēi guǎn [家 jiā]

coffee bean N [c] 咖啡豆 kāfēi dòu [颗 kē]

coffee break N [c] 工间(間)休息时(時)间(間) gōngjiān xiūxī shíjiān

coffee pot N [c] 咖啡壶(壺) kāfēi hú [个 gè]

coffee shop N [c] 咖啡店 kāfēi diàn [家 jiā]

coffee table N [c] 咖啡桌 kāfēi zhuō [张 zhāng]

coffin ['kɔfɪn] N [c] 棺材 guāncai [口 kǒu]
cog [kɔg] (Tech) N [c] 轮(輪)齿(齒) lúnchǐ
cognac ['kɔnjæk] N **1** [c/U] (*liquid*) 法国(國)白兰(蘭)地 Fǎguó báilándì **2** [c] (*glass of cognac*) 一杯法国(國)白兰(蘭)地 yībēi Fǎguó báilándì
cognitive ['kɔgnɪtɪv] (*frm*) ADJ 认(認)识(識)的 rènshi de
coherent [kəu'hɪərənt] ADJ **1** [+ *strategy, policy*] 连(連)贯(貫)的 liánguàn de **2** [+ *person*] 条(條)理清楚的 tiáolǐ qīngchu de
coil [kɔɪl] **I** N [c] **1** [*of rope, wire*] 卷 juǎn **2** (*loop*) 圈 quān **3** (*Aut, Elec*) 线(線)圈 xiànquān **4** (*contraceptive*) 子宫(宮)节(節)育环(環) zǐgōng jiéyù huán **II** VT (*also*: **coil up**) [+ *rope etc*] 卷(捲) juǎn **III** VI [*rope etc* +] 盘(盤)绕(繞) pánrào
coin [kɔɪn] **I** N [c] 硬币(幣) yìngbì [枚 méi] **II** VT [+ *word, slogan*] 创(創)造 chuàngzào
coincide [kəuɪn'saɪd] VI **1** [*events* +] 同时(時)发(發)生 tóngshí fāshēng **2** [*ideas, views* +] 相一致 xiāngyīzhì ▶ **to coincide with sth** [*event* +] 和某事同时(時)发(發)生 hé mǒushì tóngshí fāshēng
coincidence [kəu'ɪnsɪdəns] N [c/U] 巧合 qiǎohé [种 zhǒng]
Coke® [kəuk] N [U] (*drink*) 可口可乐(樂) Kěkǒu Kělè
coke [kəuk] N [U] **1** (*fuel*) 焦炭 jiāotàn **2** (*inf*: *cocaine*) 可卡因 kěkǎyīn
cola ['kəulə] N [c/U] 可乐(樂) kělè [瓶 píng]
colander ['kɔləndə^r] N [c] 滤(濾)器 lǜqì [个 gè]
cold [kəuld] **I** ADJ **1** [+ *water, object*] 凉(涼)的 liáng de; [+ *weather, room, meat*] 冷的 lěng de **2** [+ *person*] (*unemotional*) 冷淡的 lěngdàn de; (*unfriendly*) 不友好的 bùyǒuhǎo de **II** N **1** [U] (*weather*) ▶ **the cold** 寒冷天气(氣) hánlěng tiānqì **2** [c] (*illness*) 感冒 gǎnmào [次 cì] ▷ *I've got a cold.* 我感冒了。Wǒ gǎnmào le. ▶ **it's cold** 天气(氣)寒冷 tiānqì hánlěng ▶ **to be** *or* **feel cold** [*person* +] 感到冷 gǎndào lěng ▶ **to catch (a) cold** 患感冒 huàn gǎnmào ▶ **in cold blood** [*kill etc* +] 残(殘)忍地 cánrěn de ▶ **to have/get cold feet (about sth)** (在某事上)临(臨)阵(陣)畏缩(縮) (zài mǒushì shàng) línzhèn wèisuō

> **freezing** 可用于强调天气很冷，尤其是有霜冻的严冬。夏季如果气温低于平均温度，可以用 **cool**。通常，**cold** 表示的温度比 **cool** 低。**cool** 表示温度适宜，凉爽。*A cool breeze swept off the sea; it was pleasant out there.* 如果非常 **cool**，或太 **cool**，可以用 **chilly**。

coldly ['kəuldlɪ] ADV [*speak, behave* +] 冷漠地 lěngmò de
cold sore (*Brit*: *Med*) N [c] 唇(脣)疮(瘡)疹 chúnchuāngzhěn
coleslaw ['kəulslɔː] (*Culin*) N [U] 酸卷(捲)心菜丝(絲) suānjuǎnxīncàisī
colic ['kɔlɪk] (*Med*) N [U] 急腹痛 jífùtòng
collaborate [kə'læbəreɪt] VI **1** (*on book, research*) 合作 hézuò **2** (*with enemy*) 勾结(結) gōujié ▶ **to collaborate (with sb) on sth** (与(與)某人)合作做某事 (yǔ mǒurén)hézuò zuò mǒushì
collaboration [kəlæbə'reɪʃən] N **1** [c/U] (*on book, research*) 合作 hézuò **2** [U] (*with enemy*) 勾结(結) gōujié ▶ **in collaboration with** 与(與)…合作 yǔ...hézuò
collapse [kə'læps] **I** VI [*building, table* +] 倒坍 dǎotān; [*system, company* +] 瓦解 wǎjiě; (*from hunger, weakness etc*) [*person* +] 倒下 dǎoxià **II** N [s/U] [*of building, table*] 倒坍 dǎotān; [*of system, company*] 瓦解 wǎjiě; (*from hunger, weakness etc*) 垮掉 kuǎdiào
collar ['kɔlə^r] **I** N [c] **1** [*of coat, shirt*] 领(領)子 lǐngzi [个 gè] **2** [*of dog, cat*] 颈(頸)圈 jǐngquān **II** VT (*inf*) [+ *person*] 抓住 zhuāzhù
collarbone ['kɔləbəun] N [c] 锁(鎖)骨 suǒgǔ [根 gēn]
colleague ['kɔliːg] N [c] 同事 tóngshì [个 gè]
collect [kə'lɛkt] **I** VT **1** [+ *wood, litter etc*] 采(採)集 cǎijí **2** (*as hobby*) 收集 shōují **3** (*Brit*) (*fetch*) [+ *person*] 接 jiē; [+ *object*] 取 qǔ **4** [+ *money, donations*] 募捐 mùjuān **5** [+ *debts, taxes etc*] 收 shōu **6** [+ *mail*] 取 qǔ **II** VI **1** [*dust, dirt* +] 积(積)聚 jījù **2** (*for charity, gift*) 募捐 mùjuān ▶ **to call collect, make a collect call** (*US*: *Tel*) 打对(對)方付款的电(電)话(話) dǎ duìfāng fùkuǎn de diànhuà [英 = **to reverse the charges**] ▶ **to collect o.s.** *or* **one's thoughts** 使自己镇(鎮)定下来(來) shǐ zìjǐ zhèndìng xiàlái ▶ **collect on delivery** (*US*: *Comm*) 货(貨)到付款 huò dào fùkuǎn
collection [kə'lɛkʃən] N **1** [c] [*of art, stamps*] 收藏品 shōucáng pǐn [件 jiàn] **2** [c] [*of poems, stories etc*] 文集 wénjí [本 běn] **3** [U] (*picking up*) [*of goods, mail*] 收取 shōuqǔ; [*of data*] 收集 shōují **4** [c] (*for charity, gift*) 募捐 mùjuān [次 cì]
collective [kə'lɛktɪv] **I** ADJ 集体(體)的 jítǐ de **II** N [c] 合作社 hézuò shè [个 gè]
collector [kə'lɛktə^r] N [c] **1** [*of art, stamps etc*] 收藏家 shōucángjiā [位 wèi] **2** ▶ **tax/debt collector** 收税(稅)/讨(討)债(債)员(員) shōushuì/tǎozhàiyuán ▶ **a collector's item** 一件收藏品 yī jiàn shōucángpǐn
college ['kɔlɪdʒ] N **1** [c/U] (*for further education*) 学(學)院 xuéyuàn [个 gè] **2** [c] [*of university*] 学(學)院 xuéyuàn [个 gè] ▶ **to go to college** 上大学(學) shàng dàxué ▶ **college of education** (*Brit*) 师(師)范(範)学(學)院 shīfàn xuéyuàn
collide [kə'laɪd] VI [*cars, people* +] 碰撞 pèngzhuàng ▶ **to collide with sth/sb** 与(與)某物/某人碰撞 yǔ mǒuwù/mǒurén pèngzhuàng
collision [kə'lɪʒən] N [c/U] (*of vehicles*) 碰撞 pèngzhuàng [下 xià] ▶ **to be on a collision course** (*lit*) 必然相撞 bìrán xiāngzhuàng; (*fig*) 必然发(發)生冲(衝)突 bìrán fāshēng chōngtū

C

cologne [kəˈləun] N [c/U] (*also*: **eau de cologne**) 科隆香水 kēlóng xiāngshuǐ [瓶 píng]
Colombia [kəˈlɔmbɪə] N 哥伦(倫)比亚(亞) Gēlúnbǐyà
Colombian [kəˈlɔmbɪən] **I** ADJ 哥伦(倫)比亚(亞)的 Gēlúnbǐyà de **II** N [c] (*person*) 哥伦(倫)比亚(亞)人 Gēlúnbǐyàrén [个 gè]
colon [ˈkəulən] N [c] **1** (*punctuation mark*) 冒号(號) màohào [个 gè] **2** (*Anat*) 结(結)肠(腸) jiécháng [段 duàn]
colonel [ˈkəːnl] N [c] 上校 shàngxiào [位 wèi]
colonial [kəˈləunɪəl] ADJ 殖民地的 zhímíndì de
colony [ˈkɔlənɪ] N [c] **1** (*country*) 殖民地 zhímín dì **2** [*of animals*] 群体(體) qúntǐ
color *etc* [ˈkʌlə^r] (US) = **colour** *etc*
★ **colour,** (US) **color** [ˈkʌlə^r] **I** N **1** [c] 颜(顏)色 yánsè [种 zhǒng] **2** [c] (*skin colour*) 肤(膚)色 fūsè [种 zhǒng] ▷ *South Africans of all colours* 各种肤色的南非人 gèzhǒng fūsè de nánfēirén **3** [U] (*interest*) 生动(動) shēngdòng **II** VT **1** (*with paint, crayons, dye*) 给(給)…着(著)色 gěi…zhuósè ▷ *Does she colour her hair?* 她染头发吗？ Tā rǎn tóufa ma? **2** (*affect*) [+ *judgement, account*] 影响(響) yǐngxiǎng **III** VI (*blush*) 脸(臉)红(紅) liǎnhóng **IV** CPD [+ *film, photograph, television*] 彩色 cǎisè ▸ **in colour** [+ *film, illustrations*] 彩色 cǎisè
▸**colour in** VT [+ *picture*] 给(給)…着(著)色 gěi…zhuósè
colour-blind, (US) **color-blind** [ˈkʌləblaɪnd] ADJ 色盲的 sèmáng de
coloured, (US) **colored** [ˈkʌləd] ADJ **1** [+ *illustration etc*] 有色的 yǒusè de **2** (*o.f.*) [+ *person*] 有色的 yǒusè de ▸ **brightly coloured** 色泽(澤)鲜(鮮)艳(豔) sèzé xiānyàn
colour film, (US) **color film** N [c/U] 彩色胶(膠)卷 cǎisè jiāojuǎn
colourful, (US) **colorful** [ˈkʌləful] ADJ **1** (*brightly coloured*) 色泽(澤)鲜(鮮)艳(豔)的 sèzé xiānyàn de **2** [+ *account, history*] 丰(豐)富多彩的 fēngfùduōcǎi de **3** [+ *personality*] 引人注目的 yǐnrénzhùmù de
colouring, (US) **coloring** [ˈkʌlərɪŋ] N **1** [U] (*complexion*) 面色 miànsè **2** [c/U] (*in food*) 色素 sèsù
colour television, (US) **color television** N [c/U] 彩色电(電)视(視) cǎisè diànshì [台 tái]
column [ˈkɔləm] N [c] **1** (*Archit*) 支柱 zhīzhù [个 gè] **2** [*of smoke*] 柱形物 zhùxíngwù **3** [*of people, tanks*] 纵(縱)队(隊) zòngduì **4** (*in newspaper etc*) 专(專)栏(欄) zhuānlán [个 gè]
coma [ˈkəumə] (*Med*) N [c/U] 昏迷 hūnmí ▸ **to be in a coma** 处(處)于(於)昏迷状(狀)态(態) chǔyú hūnmí zhuàngtài
comb [kəum] **I** N [c] 梳子 shūzi [把 bǎ] **II** VT **1** [+ *hair*] 梳理 shūlǐ **2** (*search*) [+ *area*] 彻(徹)底搜寻(尋) chèdǐ sōuxún
combat [ˈkɔmbæt] **I** N (*Mil*) [U/C] 战(戰)斗(鬥) zhàndòu **II** VT (*oppose*) [+ *drugs, crime etc*] 与(與)…斗(鬥)争(爭) yǔ…dòuzhèng
combination [kɔmbɪˈneɪʃən] N [c] **1** (*mixture*) 混合 hùnhé [种 zhǒng] **2** (*for lock, safe etc*) 密码(碼) mìmǎ
combine [*vb* kəmˈbaɪn, *n* ˈkɔmbaɪn] **I** VT ▸ **to combine sth with sth** 将(將)某物与(與)某物结(結)合起来(來) jiāng mǒuwù yǔ mǒuwù jiéhé qǐlái **II** VI [*qualities, situations* +] 结(結)合 jiéhé; [*people, groups* +] 组(組)合 zǔhé; (*Chem*) 化合 huàhé **III** N (*Econ*) 联(聯)合公司 liánhé gōngsī ▸ **a combined effort** 协(協)力 xiélì

 KEYWORD

★ **come** [kʌm] (*pt* **came**, *pp* **come**) VI **1** (*move towards, arrive*) 来(來) lái ▸ **come here!** 到这(這)儿(兒)来(來)！ dào zhèr lái! ▸ **I'm just coming!** 我这(這)就来(來)！ wǒ zhè jiù lái! ▸ **can I come too?** 我也能来(來)吗(嗎)？ wǒ yěnéng láima? ▸ **come with me** 跟我来(來) gēn wǒ lái ▸ **a girl came into the room** 一个(個)女孩进(進)了房间(間) yīgè nǚhái jìnle fángjiān ▸ **he came to a door** 他到了门(門)口 tā dàole ménkǒu ▸ **why don't you come to lunch on Saturday?** 何不星期六过(過)来(來)吃午饭(飯)呢？ hébù xīngqīliù guòlái chī wǔfàn ne? ▸ **to come to/and do sth** 来(來)做某事 lái zuò mǒushì ▸ **he's come here to work** 他已经(經)到了这(這)儿(兒)工作 tā yǐjīng dàole zhèr gōngzuò
2 ▸ **to come to** (*reach*) 到达(達) dàodá; (*amount to*) 达(達)到 dádào ▸ **her hair came to her waist** 她的头(頭)发(髮)长(長)到腰的位置了 tā de tóufa zhǎng dào yāo de wèizhi le ▸ **to come to a decision** 做出决(決)定 zuòchū juédìng ▸ **the bill came to £40** 账(賬)单(單)共计(計)40英镑(鎊) zhàngdān gòngjì sìshí yīngbàng
3 (*occur*) ▸ **an idea came to me** 我想到了一个(個)主意 wǒ xiǎngdàole yīgè zhǔyì ▸ **it suddenly came to me that...** 我突然想到… wǒ tūrán xiǎng dào…
4 (*in inheritance, as payment etc*) ▸ **to come to sb** 留给(給)某人 liúgěi mǒurén
5 (*be, become*) ▸ **to come first/second/last** *etc* (*in series*) 排在第一/第二/最后(後)等 páizài dìyī/dì'èr/zuìhòu *děng*; (*in competition, race*) 位居第一/第二/最后(後)等 wèijū dìyī/dì'èr/zuìhòu *děng* ▸ **to come loose/undone** *etc* 松(鬆)了/解开(開)了等 sōngle/jiěkāile *děng* ▸ **I've come to like him** 我开(開)始喜欢(歡)上他了 wǒ kāishǐ xǐhuan shàng tā le ▸ **how did you come to meet him?** 你是怎么(麼)遇到他的？ nǐ shì zěnme yùdào tā de?
6 (*be available*) ▸ **it comes in blue or green** 蓝(藍)色或绿(綠)色的有现(現)货(貨) lánsè huò lǜsè de yǒu xiànhuò
7 (*in expressions*) ▸ **when you come down to it, when it comes down to it** 归(歸)根结(結)底

guīgēnjiédǐ ▸ **come to think of it** 再想想 zài xiǎngxiǎng ▹ *You know, when you come to think of it, this is very odd.* 再想想的话，这是很奇怪的。Zài xiǎngxiǎng de huà, zhè shì hěn qíguài de. ▸ **when it comes to...** 当(當)谈(談)到… dāng tándào...

▸**come about** VI [*discovery, solution +*] 发(發)生 fāshēng

▸**come across** I VT FUS (*find*) 偶然发(發)现(現) ǒurán fāxiàn

II VI ▸ **to come across well/badly** [*person +*] 留下好/坏(壞)印象 liúxià hǎo/huài yìnxiàng; [*idea, meaning +*] 表达(達)清楚/不清楚 biǎodá qīngchu/bù qīngchu

▸**come along** VI **1** 来(來) lái

2 (*arrive*) 不期而至 bùqī'érzhì ▸ **it was lucky you came along** 真幸运(運)你来(來)了 zhēn xìngyùn nǐ lái le

3 (*come on the scene*) 出现(現) chūxiàn ▸ **when an exciting new author comes along...** 当(當)一个(個)令人兴(興)奋(奮)的新作家出现(現)时(時)… dāng yīgè lìng rén xīngfèn de xīn zuòjiā chūxiàn shí...

4 (*make progress*) 进(進)展 jìnzhǎn ▸ **come along!** (*encouraging*) 快一点(點)！Kuài yī diǎn!

▸**come apart** VI 裂成碎片 lièchéng suìpiàn

▸**come around** VI **1** (*visit*) 来(來)访(訪) láifǎng

2 (*agree*) 改变(變)态(態)度 gǎibiàn tàidu

3 (*reoccur*) 来(來)到 láidào ▹ *I can't believe Christmas has come around again so fast!* 我不能相信这么快又是圣诞节了！Wǒ bùnéng xiāngxìn zhème kuài yòu shì shèngdànjié le!

4 (*regain consciousness*) 苏(甦)醒过(過)来(來) sūxǐng guòlái

▸**come at** VT FUS 扑(撲)向 pūxiàng ▸ **he came at me with a knife** 他拿着(著)刀扑(撲)向我 tā názhe dāo pūxiàng wǒ

▸**come away** VI **1** (*depart*) 离(離)开(開) líkāi

2 (*become detached*) 脱(脫)落 tuōluò

▸**come back** VI **1** (*return*) 回来(來) huílái ▸ **I'm coming back to that** (*in discussion etc*) 我过(過)会(會)儿(兒)再回(迴)到那个(個)问(問)题(題) wǒ guò huìr zài huídào nàgè wèntí ▸ **can I come back to you on that one?** 我能过(過)会(會)儿(兒)再跟你讨(討)论(論)那个(個)问(問)题(題)吗(嗎)？ wǒ néng guò huìr zài gēn nǐ tǎolùn nàge wèntí ma? ▸ **to come back into fashion** 重新又流行起来(來) chóngxīn yòu liúxíng qǐlái

2 (*come to mind*) ▸ **it will come back to you** 你会(會)回想起来(來)的 nǐ huì huíxiǎng qǐlái de ▸ **it all came back** 全都想起来(來)了 quán dōu xiǎng qǐ lái le

▸**come between** VT FUS 离(離)间(間) líjiàn

▸**come by** VT FUS (*acquire*) 得到 dédào ▸ **jobs were hard to come by** 很难(難)找到工作 hěnnán zhǎodào gōngzuò

▸**come down** VI **1** [*price +*] 降低 jiàngdī

2 (*fall to ground*) [*plane +*] 坠(墜)落 zhuìluò; [*tree +*] 倒下 dǎoxià; [*building +*] 倒塌 dǎotā

3 (*descend*) 降下 jiàngxià

▸**come down on** VT FUS (*declare support for*) ▸ **to come down on the side of sth** 声(聲)明支持某事的一方 shēngmíng zhīchí mǒushì de yīfāng

▸**come down to** VT FUS 归(歸)结(結)为(為) guījié wéi

▸**come down with** VT FUS [*+ illness*] 染上 rǎnshang

▸**come forward** VI (*volunteer*) 自告奋(奮)勇 zìgàofènyǒng

▸**come from** VT FUS [*+ place, source*] 来(來)自 láizì ▸ **I come from London** 我来(來)自伦(倫)敦 wǒ láizì Lúndūn ▸ **where do you come from?** 你是哪里(裡)人？ nǐ shì nǎlǐ rén? ▸ **the feeling of elation that comes from winning** 来(來)自胜(勝)利的得意感 láizì shènglì de déyìgǎn

▸**come in** VI **1** (*to room, house etc*) 进(進)入 jìnrù ▸ **come in!** 进(進)来(來)！ jìnlai! ▸ **the tide is coming in** 潮水正在上涨(漲) cháoshuǐ zhèngzài shàngzhǎng

2 [*report, mail, phone call +*] 收到 shōudào

3 [*money, salary +*] 进(進)账(賬) jìnzhàng

4 (*on deal etc*) 参(參)与(與) cānyù

5 (*become common*) [*system +*] 普遍起来(來) pǔbiàn qǐlái; [*idea, fashion +*] 流行起来(來) liúxíng qǐlái

6 (*fit in*) 起作用 qǐ zuòyòng

▸**come in for** VT FUS [*+ criticism*] 受到 shòudào

▸**come into** VT FUS **1** (*inherit*) 继(繼)承 jìchéng

2 (*be involved in*) 起作用 qǐ zuòyòng

3 (*play a role*) ▸ **money doesn't come into it** 钱(錢)不是问(問)题(題) qián bùshì wèntí

4 (*enter*) ▸ **to come into operation/force** 开(開)始运(運)行/生效 kāishǐ yùnxíng/shēngxiào ▸ **to come into fashion** 开(開)始流行 kāishǐ liúxíng

▸**come of** VT FUS (*result from*) 是…的结(結)果 shì... de jiéguǒ ▸ **nothing came of it** 没(沒)有任何结(結)果 méiyǒu rènhé jiéguǒ ▸ **no good will come of it** 这(這)不会(會)产(產)生任何好处(處) zhè bùhuì chǎnshēng rènhé hǎochù

▸**come off** I VI **1** [*button, handle +*] 脱(脫)落 tuōluò

2 (*succeed*) [*event, attempt, plan +*] 成功 chénggōng ▸ **to come off best/worst** *etc* 表现(現)最佳/最差等 biǎoxiàn zuì jiā/zuìc hā děng

II VT FUS **1** [*+ drug, medicine*] 戒掉 jièdiào

2 (*inf*) ▸ **come off it!** 别(別)胡扯了！ bié húchě le!

▸**come on** VI **1** (*progress*) [*pupil, work, project +*] 进(進)展 jìnzhǎn ▸ **come on!** (*giving encouragement*) 来(來)！ lái!; (*hurry up*) 快一点(點)！ kuàiyidiǎn!

2 [*lights, heating, electricity +*] 接通 jiētōng

▸**come on to** VT FUS 开(開)始讨(討)论(論) kāishǐ tǎolùn

▸**come out** VI **1** [*person* +] (*out of house, for evening etc*) 出去 chūqù
2 (*appear*) [*sun* +] 出现(現) chūxiàn
3 (*become known*) 为(為)人所知 wéirénsuǒzhī
4 (*become available*) [*book* +] 出版 chūbǎn; [*film* +] 上映 shàngyìng
5 (*be printable*) [*photograph* +] 冲(沖)洗得出 chōngxǐ de chū
6 (*as homosexual*) 公开(開)承认(認)是同性恋(戀) gōngkāi chéngrèn shì tóngxìngliàn
7 (*fig: emerge*) 显(顯)得 xiǎn de
8 (*be erased*) [*stain* +] 除去 chúqù
9 [*workers* +] ▸ **to come out (on strike)** 罢(罷)工 bàgōng
10 (*declare o.s.*) ▸ **to come out against/in favour of sth** 宣布反对(對)/支持某事 xuānbù fǎnduì/zhīchí mǒushì

▸**come out in** VT FUS ▸ **to come out in spots/in a rash** 起满(滿)小包/疹子 qǐmǎn xiǎobāo/zhěnzi

▸**come out with** VT FUS [+ *remark*] 说(說)出 shuōchū

▸**come over** I VT FUS [*feeling* +] 牢牢控制 láoláo kòngzhì ▸ **I don't know what's come over him!** 我不知道他是怎么(麼)了！ wǒ bù zhīdào tā shì zěnme le!
II VI **1** (*appear*) 表现(現) biǎoxiàn ▸ **to come over as** 表现(現)为(為) biǎoxiàn wéi
2 (*visit*) 顺(順)便拜访(訪) shùnbiàn bàifǎng ▸ **I'll come over later** 我一会(會)儿(兒)过(過)来(來) wǒ yīhuìr guòlai

▸**come round** VI = **come around**

▸**come through** I VT FUS (*survive*) [+ *crisis, illness*] 经(經)历(歷)…而幸存 jīnglì…ér xìngcún
II VI **1** (*be obvious*) 清晰可辨 qīngxīkěbiàn
2 (*arrive*) [*call, news, money* +] 传(傳)来(來) chuánlái

▸**come to** VI (*regain consciousness*) 苏(甦)醒 sūxǐng

▸**come under** VT FUS **1** [+ *criticism, pressure, attack*] 受到 shòudào
2 [+ *heading*] 归(歸)入 guīrù
3 [+ *authority*] 受…支配 shòu…zhīpèi

▸**come up** VI **1** (*approach*) 走近 zǒujìn
2 (*arise*) [*problem, opportunity* +] 突然出现(現) tūrán chūxiàn
3 (*be about to happen*) 即将(將)发(發)生 jíjiāng fāshēng
4 (*be mentioned*) 被提到 bèi tídào
5 (*rise*) [*sun* +] 升起 shēngqǐ

▸**come up against** VT FUS [+ *resistance, difficulties*] 碰到 pèngdào

▸**come upon** VT FUS (*find*) 偶然碰到 ǒurán pèngdào

▸**come up to** VT FUS **1** (*get on for*) 接近 jiējìn ▸ **it's coming up to 11 o'clock** 快到11点(點)钟(鐘)了 kuàidào shíyī diǎn zhōng le
2 (*approach*) 走近 zǒujìn
3 (*meet*) ▸ **the film didn't come up to our expectations** 电(電)影没(沒)有我们(們)预(預)期的那么(麼)好 diànyǐng méiyǒu wǒmen yùqī de nàme hǎo

▸**come up with** VT FUS [+ *idea, suggestion*] 提出 tíchū; [+ *money*] 设(設)法弄到 shèfǎ nòngdào

comeback ['kʌmbæk] N **1** ▸ **to make a comeback** [*pop star, sportsperson* +] 东(東)山再起 dōngshān zàiqǐ; [*fashion* +] 重新流行 chóngxīn liúxíng **2** ▸ **to have no comeback** 得不到补(補)偿(償) débùdào bǔcháng

comedian [kə'miːdɪən] (*Theat, TV*) N [C] 喜剧(劇)演员(員) xǐjù yǎnyuán [个 gè]

comedy ['kɔmɪdɪ] N **1** [U] (*humour*) 幽默 yōumò **2** [C] (*play, film*) 喜剧(劇) xǐjù [部 bù]

comet ['kɔmɪt] N [C] 彗星 huìxīng [颗 kē]

comfort ['kʌmfət] I N **1** [U] (*physical, material*) 舒适(適) shūshì **2** [C/U] (*solace, relief*) 安慰 ānwèi II VT (*console*) 安慰 ānwèi III **comforts** N PL 使生活舒适(適)的东(東)西 shǐ shēnghuó shūshì de dōngxi ▸ **to live in comfort** 过(過)着(著)舒适(適)的生活 guòzhe shūshì de shēnghuó

comfortable ['kʌmfətəbl] ADJ **1** [*person* +] ▸ **to be comfortable** (*physically*) 舒服的 shūfu de; (*financially*) 富足的 fùzú de **2** [+ *furniture, room, clothes*] 使人舒服的 shǐ rén shūfu de **3** (*Med*) [+ *sick person*] 情况(況)良好的 qíngkuàng liánghǎo de **4** [+ *life, job etc*] 轻(輕)松(鬆)的 qīngsōng de **5** [+ *victory, majority*] 不费(費)力的 bù fèilì de ▸ **to make o.s. comfortable** 自在点(點) zìzài diǎn ▸ **I don't feel very comfortable about it** 我对(對)这(這)件事感到不自在 wǒ duì zhè jiàn shì gǎndào bù zìzài ▸ **to be/feel comfortable with sth/sb** 对(對)某事/某人感到舒坦 duì mǒushì/mǒurén gǎndào shūtǎn

comfortably ['kʌmfətəblɪ] ADV **1** [*sit, settle* +] 舒服地 shūfu de **2** [*live* +] 宽(寬)裕地 kuānyù de **3** ▸ **to be comfortably off** 生活宽(寬)裕 shēnghuó kuānyù

comfort station (US) N [C] 公共厕(廁)所 gōnggòng cèsuǒ [个 gè]

comic ['kɔmɪk] I ADJ **1** (*also:* **comical**) 滑稽的 huájī de **2** [+ *actor, opera*] 喜剧(劇)的 xǐjù de II N [C] **1** (*comedian*) 喜剧(劇)演员(員) xǐjù yǎnyuán [个 gè] **2** (*Brit*) (*magazine*) 连(連)环(環)漫画(畫) liánhuán mànhuà [幅 fú] [美 = **comic book**]

comic book (US) N [C] 连(連)环(環)漫画(畫) liánhuán mànhuà [本 běn] [英 = **comic**]

comic strip N [C] 连(連)环(環)画(畫) liánhuánhuà [幅 fú]

★ **coming** ['kʌmɪŋ] ADJ [+ *event, attraction*] 即将(將)到来(來)的 jíjiāng dàolái de ▷ *the coming election* 即将到来的选举 jíjiāng dàolái de xuǎnjǔ ▸ **in the coming months** 下几(幾)个(個)月 xià jǐ gè yuè

comma ['kɔmə] N [c] 逗号(號) dòuhào [个 gè]

command [kə'mɑːnd] **I** N **1** [c] (*order*) 命令 mìnglìng [项 xiàng] **2** [u] (*Mil*) (*authority*) 指挥(揮) zhǐhuī **3** [u] (*mastery*) [*of subject*] 运(運)用能力 yùnyòng nénglì **4** [c] (*Comput*) 指令 zhǐlìng [个 gè] **II** VT **1** (*liter*) ▸ **to command sb to do sth** 命令某人做某事 mìnglìng mǒurén zuò mǒushì **2** [+ *troops*] 指挥(揮) zhǐhuī **3** [+ *respect, attention, obedience*] 博得 bódé ▸ **to be in command** [*person, government* +] 处(處)于(於)指挥(揮)地位 chǔyú zhǐhuī dìwèi ▸ **to be in command of sth** (*Mil*) 指挥(揮)某事 zhǐhuī mǒushì ▸ **to have/take command of sth** [+ *situation*] 控制/取得控制某事 kòngzhì/qǔdé kòngzhì mǒushì; (*Mil*) [+ *squadron etc*] 指挥(揮)某事 zhǐhuī mǒushì ▸ **at sb's command** (*frm*) [+ *money, resources etc*] 可自由支配 kě zìyóu zhīpèi

commander [kə'mɑːndə^r] (*Mil*) N [c] 指挥(揮)官 zhǐhuī guān [位 wèi]

commemorate [kə'mɛməreɪt] VT [+ *person, event*] 纪(紀)念 jìniàn

commence [kə'mɛns] (*frm*) VT, VI 开(開)始 kāishǐ

commencement [kə'mensmənt] N **1** [u] (*frm*) 开(開)始 kāishǐ **2** [c/u] (*US: Univ*) 学(學)位授予典礼(禮) xuéwèi shòuyǔ diǎnlǐ [英 = **graduation**]

commend [kə'mɛnd] (*frm*) VT (*praise*) 表扬(揚) biǎoyáng ▸ **to commend sb for sth/for doing sth** 表扬(揚)某人某事/做某事 biǎoyáng mǒurén mǒushì/zuò mǒushì ▸ **to commend sth/sb to sb** (*recommend*) 向某人推荐(薦)某物/某人 xiàng mǒurén tuījiàn mǒuwù/mǒurén

comment ['kɔmɛnt] **I** N **1** [c/u] (*written, spoken*) 评(評)论(論) pínglùn [种 zhǒng] **2** [s] (*reflection*) (*on situation, development etc*) 写(寫)照 xiězhào **II** VI ▸ **to comment (on sth)** (对(對)某事)发(發)表意见(見) (duì mǒushì) fābiǎo yìjiàn ▸ **"no comment"** "无(無)可奉告" "wú kě fèng gào" ▸ **to comment that...** 评(評)论(論)··· pínglùn...

> **comment on** 或 **make a comment about** 某个情形，即对该情形发表意见。*Mr Cook has not commented on these reports... I was wondering whether you had any comments.* **mention** 某事，表示简要地提及未谈到的话题。*He mentioned that he might go to New York.* **remark on** 或 **make a remark about** 某事，表示把你的想法或所见到的事情说出来，通常是以一种比较随意的方式。*Visitors have remarked on how well the children look...General Smith's remarks about the conflict.*

commentary ['kɔməntərɪ] N **1** [c/u] (*on match, proceedings*) 实(實)况(況)报(報)道 shíkuàng bàodào [段 duàn] **2** [c] (*book, article*) 集注 jízhù

commentator ['kɔmənteɪtə^r] N [c] **1** (*describing match, proceedings*) 解说(說)员(員) jiěshuōyuán [位 wèi] **2** (*expert*) 评(評)论(論)者 pínglùnzhě

commerce ['kɔməːs] N [u] 贸(貿)易 màoyì

commercial [kə'məːʃəl] **I** ADJ [+ *organization, activity*] 商业的 shāngyè de; [+ *success, failure*] 从(從)盈利角度出发(發) cóng yínglì jiǎodù chūfā; [+ *television, radio*] 商业性的 shāngyè xìng de **II** N [c] (*advertisement*) 广(廣)告 guǎnggào [则 zé] ▸ **Christmas has become too commercial** 圣(聖)诞(誕)节(節)已经(經)变(變)得太商业(業)化了 shèngdànjié yǐjīng biàn de tài shāngyèhuà le

commission [kə'mɪʃən] **I** N **1** [c/u] (*to artist, musician etc*) 委托(託) wěituō **2** [c] (*piece of work*) 委托(託)项(項)目 wěituō xiàngmù **3** [c/u] (*money*) 佣金 yōngjīn **4** [c] (*committee*) 委员(員)会(會) wěiyuánhuì **5** [c] (*Mil*) 授衔(銜)令 shòuxiánlìng **II** VT **1** [+ *study, book, painting etc*] 委托(託)人做 wěituō rén zuò **2** (*Mil*) 任命 rènmìng ▸ **out of commission** (*not working*) 不能使用 bùnéng shǐyòng ▹ *His car is out of commission.* 他的车坏了。Tā de chē huài le. ▸ **I get 10% commission** 我得到10%的佣(傭)金 wǒ dédào bǎifēnzhī shí de yōngjīn ▸ **to commission sb to do sth** 委托(託)某人做某事 wěituō mǒurén zuò mǒus hì ▸ **to commission sth from sb** 委托(託)某人做某事 wěituō mǒurén zuò mǒushì

commissioner [kə'mɪʃənə^r] N [c] **1** (*in organization, government*) 长(長)官 zhǎngguān **2** (*also*: **police commissioner**) 警察局长(長) jǐngchá júzhǎng

commit [kə'mɪt] VT **1** [+ *crime, offence*] 犯 fàn; [+ *sin, adultery*] 做 zuò **2** (*pledge*) [+ *money, resources*] 调(調)配 tiáopèi **3** ▸ **to commit sb to** [+ *hospital, prison*] 把某人关(關)进(進) bǎ mǒurén guānjìn ▸ **to commit suicide** 自杀(殺) zìshā ▸ **to commit sth to sth** (*pledge*) 调(調)配某物用于(於)某事 diàopèi mǒuwù yòngyú mǒushì ▸ **to commit o.s. (to doing sth)** 承诺(諾)(做某事) chéngnuò(zuò mǒushì) ▸ **to commit sth to writing** 书(書)面记(記)录(錄)某事 shūmiàn jìlù mǒushì ▸ **to commit sb for trial** (*Brit*) 将(將)某人送交刑事法庭受审(審) jiāng mǒurén sòngjiāo xíngshì fǎtíng shòushěn

commitment [kə'mɪtmənt] N **1** [u] (*to ideology, system*) ▸ **commitment (to sth)** 献(獻)身(于(於)某事) xiànshēn (yú mǒushì) **2** [c] (*obligation*) 义(義)务(務) yìwù ▸ **to make a commitment (to do sth)** 作出承诺(諾)(做某事) zuòchū chéngnuò(zuò mǒushì)

committed [kə'mɪtɪd] ADJ [+ *writer, politician*] 忠诚(誠)的 zhōngchéng de; [+ *Christian*] 虔诚(誠)的 qiánchéng de ▸ **to be committed to sth/doing sth** 尽(盡)忠于(於)某事/做某事 jìnzhōng yú mǒushì/zuò mǒushì

★**committee** [kə'mɪtɪ] N [c] 委员(員)会(會) wěiyuánhuì [个 gè] ▸ **to be on a committee**

任委员(員)会(會)委员(員) rènw ěiyuánhuì wěiyuán

commodity [kə'mɔdɪtɪ] N [c] 商品 shāngpǐn [件 jiàn]

★**common** ['kɔmən] I ADJ 1 (*usual*) 常见(見)的 chángjiàn de ▷ *Jones is a common name there.* 琼斯在那儿是个常见的名字。Qióngsī zài nàr shì gè chángjiàn de míngzi. 2 (*shared*) 共同的 gòngtóng de ▷ *Our countries share a common frontier.* 我们的国家有共同的边界线。Wǒmen de guójiā yǒu gòngtóng de biānjièxiàn. 3 (*not special*) 普通的 pǔtōng de ▷ *the common man* 普通人 pǔtōngrén [个 gè] 4 (*vulgar*) [+ *person, manners*] 粗俗的 cūsú de ▷ *She's a little common at times.* 她有时有点俗气。Tā yǒushí yǒudiǎn súqì. II N [c] (*area*) 公用地 gōngyòng dì [块 kuài] ▸ **common to** 常见(見)于(於) chángjiàn yú ▸ **in common use** 常用 chángyòng ▸ **it's common knowledge that...** 大家都知道⋯ dàjiā dōu zhīdào… ▸ **for the common good** 为(為)了大家的利益 wèile dàjiā de lìyì ▸ **the idea has become common currency** 这(這)观(觀)点(點)已是众(眾)所周知的了 zhè guāndiǎn yǐ shì zhòng suǒ zhōu zhī de le ▸ **common ground** 共同点(點) gòngtóngdiǎn ▸ **to have sth in common** [+ *people*] 有某些共同点(點) yǒu mǒuxiē gòngtóngdiǎn; [*things* +] 有共同的某特征(徵) yǒu gòngtóng de mǒu tèzhēng ▸ **to have sth in common with sb/sth** 与(與)某人/某物有某共同点(點) yǔ mǒurén/mǒuwù yǒu mǒu gòngtóngdiǎn ▸ **not to have anything in common (with sb/sth)** (与(與)某人/某物)没(沒)有任何共同点(點) (yǔ mǒurén/mǒuwù)méiyǒu rènhé gòngtóngdiǎn

commonly ['kɔmənlɪ] ADV 通常地 tōngcháng de

commonplace ['kɔmənpleɪs] I ADJ 普通的 pǔtōng de II N [c] 寻(尋)常的事 xúncháng de shì [件 jiàn]

Commons ['kɔmənz] (*Brit*) N ▸ **the Commons** (*also*: **House of Commons**) 下议(議)院 xiàyìyuàn

common sense N [U] 常识(識) chángshí

Commonwealth ['kɔmənwɛlθ] N ▸ **the Commonwealth** 英联(聯)邦 Yīngliánbāng

commotion [kə'məuʃən] N [c/U] 混乱(亂) hùnluàn

communal ['kɔmju:nl] ADJ 1 (*shared*) [+ *area, room, kitchen*] 公用的 gōngyòng de 2 (*between communities*) [+ *tension, violence*] 小群体(體)间(間)的 xiǎo qúntǐ jiān de

commune [*n* 'kɔmju:n, *vb* kə'mju:n] I N [c] (*group*) 公社 gōngshè [个 gè] II VI (*liter*) ▸ **to commune with sth** 与(與)某物沟(溝)通 yǔ mǒuwù gōutōng ▷ *to commune with nature* 与大自然交融 yǔ dàzìrán jiāoróng

communicate [kə'mju:nɪkeɪt] I VI 1 (*by writing, speaking etc*) 联(聯)络(絡) liánluò 2 (*talk openly*) 沟(溝)通 gōutōng II VT [+ *idea, decision, feeling*] 表达(達) biǎodá ▸ **to communicate with sb** (*by writing, speaking etc*) 与(與)某人联(聯)络(絡) yǔ mǒurén liánluò; (*talk openly to*) 与(與)某人沟(溝)通 yǔ mǒurén gōutōng

communication [kəmju:nɪ'keɪʃən] I N 1 [U] 交流 jiāoliú 2 [c] (*frm: message*) 信息 xìnxī [条 tiáo] II **communications** N PL 通讯(訊) tōngxùn

communion [kə'mju:nɪən] N [U] (*also*: **Holy Communion**) 圣(聖)餐仪(儀)式 Shèngcān yíshì ▸ **to take communion** 领(領)圣(聖)餐 lǐng shèngcān ▸ **communion with nature** 与(與)大自然的交融 yǔ dàzìrán de jiāoróng

communism ['kɔmjunɪzəm] N [U] 共产(產)主义(義) gòngchǎnzhǔyì

communist ['kɔmjunɪst] I ADJ 共产(產)主义(義)的 gòngchǎnzhǔyì de II N [c] 共产(產)主义(義)者 gòngchǎnzhǔyìzhě [名 míng]

★**community** [kə'mju:nɪtɪ] N [c] 1 (*neighbourhood*) 社区(區) shèqū [个 gè] 2 ▸ **the business/black/Jewish community** 商业(業)界/黑人/犹(猶)太人 shāngyèjiè/hēirén/yóutàirén [个 gè] ▸ **a sense of community** 社区(區)感 shèqūgǎn

community centre, (*US*) **community center** N [c] 社区(區)活动(動)中心 shèqū huódòng zhōngxīn

community service (*Law*) N [U] 社区(區)服务(務) shèqū fúwù

commute [kə'mju:t] I VI 乘车(車)上下班 chéngchē shàngxiàbān II VT ▸ **to be commuted (to life imprisonment)** 减(減)刑(为(為)终(終)生监(監)禁) jiǎnxíng (wéi zhōngshēng jiānjìn) III N [c] (*journey*) 乘车(車)上下班的路程 chéngchē shàng xià bān de lùchéng ▸ **to commute to/from London/Brighton** 去/从(從)伦(倫)敦/布赖(賴)顿(頓)乘车(車)上下班 qù/cóng Lúndūn/Bùlàidùn chéngchē shàng xià bān ▸ **to commute between Oxford and Birmingham** 乘车(車)上下班往返于(於)牛津与(與)伯明翰之间(間) chéngchē shàng xià bān wǎngfǎn yú Niújīn yǔ Bómínghàn zhījiān

commuter [kə'mju:təʳ] N [c] 乘车(車)上下班的人 chéngchē shàng xià bān de rén

compact [*adj, vb* kəm'pækt, *n* 'kɔmpækt] I ADJ [+ *camera, cassette, car*] 袖珍的 xiùzhēn de; [+ *size, design, shape*] 小巧的 xiǎoqiǎo de II VT 将(將)⋯压(壓)紧(緊)在一起 jiāng…yājǐn zài yīqǐ III N [c] (*also*: **powder compact**) 粉盒 fěnhé [个 gè]

compact disc N [c] 激光唱片 jīguāng chàngpiàn [张 zhāng] [美 = *also* **compact disk**]

compact disc player N [c] 激光唱机(機) jīguāng chàngjī [个 gè] [美 = *also* **compact disk player**]

companion [kəm'pænjən] N [c] 同伴 tóngbàn [位 wèi]

companionship [kəm'pænjənʃɪp] N [U] 陪伴 péibàn

★ **company** ['kʌmpənɪ] N **1** [C] (*firm*) 公司 gōngsī [个 gè] **2** [C] (*Theat*) 剧(劇)团(團) jùtuán [个 gè] **3** [C] (*Mil*) 连(連) lián **4** [U] (*companionship*) 交往 jiāowǎng ▸ **Smith and Company** 史密斯公司 Shǐmìsī gōngsī ▸ **he's good company** 他是个(個)好伙(夥)伴 tā shì gè hǎo huǒbàn ▸ **we have company** 我们(們)有客人 wǒmen yǒu kèrén ▸ **to keep sb company** 陪伴某人 péibàn mǒurén ▸ **to part company (with sb)** (*when walking etc*) (与(與)某人)分手 (yǔ mǒurén)fēnshǒu; (*in work, relationship*) (与(與)某人) 断(斷)绝(絕)联(聯)系(繫) (yǔ mǒurén)duànjué liánxì

company car N [C] 单(單)位公车(車) dānwèi gōngchē

company director N [C] 公司董事 gōngsī dǒngshì [位 wèi]

comparable ['kɔmpərəbl] ADJ [+ *size, quality*] 类(類)似的 lèisì de; [+ *place, situation, job*] 可比较(較)的 kě bǐjiào de ▸ **comparable to** 比得上 bǐ de shàng

comparative [kəm'pærətɪv] **I** ADJ **1** (*relative*) [+ *ease, safety, freedom, peace*] 比较(較)而言的 bǐjiào'éryán de **2** [+ *study*] 用比较(較)方法的 yòng bǐjiào fāngfǎ de **3** [+ *adjective, adverb, literature, religion*] 比较(較)的 bǐjiào de **II** N ▸ **the comparative** 比较(較)级(級) bǐjiàojí

comparatively [kəm'pærətɪvlɪ] ADV (*relatively*) [+ *easy, safe, peaceful*] 相对(對)地 xiāngduì de

compare [kəm'pɛə^r] **I** VT 比较(較) bǐjiào **II** VI ▸ **to compare favourably/unfavourably (with sth/sb)** 比得上/比不上(某物/某人) bǐdeshang/bǐbùshang (mǒuwù/mǒurén) **III** N ▸ **beyond** *or* **without compare** (*liter*) 无(無)与(與)伦(倫)比 wúyǔlúnbǐ ▸ **to compare sb/sth with** *or* **to sth** (*contrast*) 将(將)某人/某物与(與)某物相比较(較) jiāng mǒurén/mǒuwù yǔ mǒuwù xiāng bǐjiào ▸ **to compare sb/sth to** (*liken to*) 把某人/某物比作 bǎ mǒurén/mǒuwù bǐzuò ▸ **compared with** *or* **to** 与(與)…相比 yǔ…xiāngbǐ ▸ **you can't compare...** 你不能将(將)相比… nǐ bùnéng jiāng... xiāngbǐ ▸ **how does he compare with his predecessor?** 和他前任比起来(來)他怎么(麼)样(樣)? hé tā qiánrèn bǐ qǐlái tā zěnmeyàng? ▸ **her garden can't compare with ours** 她的花园(園)没(沒)法和我们(們)的相比 tā de huāyuán méifǎ hé wǒmen de xiāngbǐ

comparison [kəm'pærɪsn] N [C/U] 比较(較) bǐjiào [种 zhǒng] ▸ **it is an unfair comparison** 这(這)样(樣)比较(較)是不公平的 zhèyàng bǐjiào shì bù gōngpíng de ▸ **for comparison** 以作比较(較) yǐ zuò bǐjiào ▸ **in** *or* **by comparison (with)** (与(與)…)比较(較)起来(來) (yǔ...) bǐjiào qǐlái ▸ **(there's) no comparison** 不能相提并(並)论(論) bùnéng xiāng tí bìng lùn

compartment [kəm'pɑːtmənt] N [C] **1** (*Rail*) 隔间(間) géjiàn [个 gè] **2** [*of wallet, fridge etc*] 格 gé

compass ['kʌmpəs] N [C] **1** (*for finding direction*) 指南针(針) zhǐnánzhēn [个 gè] **2** (*also*: **pair of compasses**) (*for drawing circles*) 圆(圓)规(規) yuánguī [个 gè] ▸ **beyond/within the compass of** (*frm*) 超出/在…的范(範)围(圍) chāochū/zài...de fànwéi

compassion [kəm'pæʃən] N [U] 同情 tóngqíng ▸ **sb's compassion for sb** 某人对(對)某人的同情 mǒurén duì mǒurén de tóngqíng

compassionate [kəm'pæʃənɪt] ADJ [+ *person, look*] 有同情心的 yǒu tóngqíngxīn de ▸ **on compassionate grounds** 出于(於)特殊照顾(顧) chūyú tèshū zhàogù

compatible [kəm'pætɪbl] ADJ [+ *people*] 意气(氣)相投的 yìqì xiāngtóu de; [+ *ideas, activities*] 协(協)调(調)的 xiétiáo de; (*Comput*) 兼容的 jiānróng de ▸ **to be compatible with sb** 与(與)某人意气(氣)相投 yǔ mǒurén yìqì xiāngtóu ▸ **to be compatible with sth** [*activity, idea* +] 与(與)某物一致 yǔ mǒuwù yīzhì; (*Comput*) 与(與)某物兼容 yǔ mǒuwù jiānróng

compel [kəm'pɛl] VT ▸ **to compel sb to do sth** 强(強)制某人做某事 qiángzhì mǒurén zuò mǒushì ▸ **to feel compelled to do sth** 感到不得不做某事 gǎndào bùdébù zuò mǒushì

compelling [kəm'pɛlɪŋ] ADJ [+ *evidence, reason*] 令人信服的 lìng rén xìnfú de

compensate ['kɔmpənseɪt] **I** VT ▸ **to compensate sb (for sth)** (由于(於)某事)赔(賠)偿(償)某人 (yóuyú mǒushì) péicháng mǒurén **II** VI ▸ **to compensate (for sth)** 弥(彌)补(補)(某事) míbǔ (mǒushì)

compensation [kɔmpən'seɪʃən] N **1** [U] (*money*) 赔(賠)偿(償)金 péichángjīn **2** [C/U] (*fig: for disappointment etc*) 补(補)偿(償) bǔcháng **3** [C/U] (*adjustment*) 补(補)偿(償) bǔcháng ▸ **compensation for sth** (*money*) 因某事而获(獲)得的赔(賠)偿(償)金 yīn mǒushì ér huòdé de péichángjīn; (*fig: for disappointment etc*) 因某事而得到的补(補)偿(償) yīn mǒushì ér dédào de bǔcháng ▸ **in compensation (for sth)** (*money*) 作为(為)(某事的)赔(賠)偿(償)金 zuòwéi(mǒushì de)péichángjīn

compete [kəm'piːt] VI [*companies, rivals* +] 竞(競)争(爭) jìngzhēng; (*in contest, game*) 比赛(賽) bǐsài ▸ **to compete for sth** [*companies, rivals* +] 争(爭)夺(奪)某物 zhēngduó mǒuwù; (*in contest, game*) 争(爭)夺(奪)某物 zhēngduó mǒuwù ▸ **to compete with sb/sth (for sth)** [*companies, rivals* +] 与(與)某人/某物竞(競)争(爭)(以得到某物) yǔ mǒurén/mǒuwù jìngzhēng (yǐ dédào mǒuwù); (*in contest, game*) 与(與)某人/某物竞(競)争(爭)(以获(獲)得某奖(獎)项(項)) yǔ mǒurén/mǒuwù jìngzhēng (yǐ huòdé jiǎngxiàng)

competence ['kɔmpɪtəns] N [U] 能力 nénglì

competent ['kɔmpɪtənt] ADJ [+ *person*] 称(稱)职(職)的 chènzhí de; [+ *piece of work*] 合格的 hégé de

competition [kɔmpɪ'tɪʃən] N **1** [U] (*rivalry*) (*for job, position, between companies*) 竞(競)争(爭) jìngzhēng **2** [C] (*contest*) 竞(競)赛(賽) jìngsài [项 xiàng]
▸ **in competition with** 与(與)…竞(競)争(爭) yǔ…jìngzhēng

competitive [kəm'pɛtɪtɪv] ADJ **1** [+ *industry, society*] 竞(競)争(爭)性的 jìngzhēngxìng de **2** [+ *person*] 求胜(勝)心切的 qiúshèngxīnqiè de **3** [+ *price, product*] 有竞(競)争(爭)力的 yǒu jìngzhēnglì de **4** [+ *sport*] 竞(競)技性的 jìngjìxìng de

competitor [kəm'pɛtɪtə^r] N [C] **1** (*in business*) 竞(競)争(爭)对(對)手 jìngzhēng duìshǒu [个 gè] **2** (*participant*) 参(參)赛(賽)者 cānsàizhě [个 gè]

complacent [kəm'pleɪsnt] ADJ 自满(滿)的 zìmǎn de ▸ **to be complacent about sth** 对(對)某事疏忽大意 duì mǒushì shūhū dàyì

complain [kəm'pleɪn] VI **1** ▸ **to complain (about sth)** (*to relevant person*) (就某事) 投诉(訴) (jiù mǒushì) tóusù; (*grumble*) (就某事) 诉(訴)苦 (jiù mǒushì) sùkǔ **2** (*Med*) ▸ **to complain of sth** 诉(訴)说(說)某病痛 sùshuō mǒu bìngtòng
▸ **to complain to sb (about sth)** (就某事) 向某人投诉(訴) (jiù mǒushì) xiàng mǒurén tóusù ▸ **to complain that...** 抱怨… bàoyuàn...

complaint [kəm'pleɪnt] N **1** [C] (*criticism*) 抱怨 bàoyuàn [个 gè] **2** [U] (*complaining*) 投诉(訴) tóusù **3** [C] (*reason for complaining*) 抱怨的原因 bàoyuàn de yuányīn **4** [C] (*illness*) 疾病 jíbìng [次 cì] ▸ **to make a complaint (to sb)** (向某人) 投诉(訴) (xiàng mǒurén) tóusù

complement [*n* 'kɔmplɪmənt, *vb* 'kɔmplɪmɛnt] **I** N [C] **1** ▸ **a complement (to sth)** (*enhancement*) (与(與)某物) 互补(補)的东(東)西 (yǔ mǒuwù) hùbǔ de dōngxi; (*supplement*) (某物的) 补(補)充 (mǒuwù de) bǔchōng **2** [*of staff, things*] 需要/允许(許)的数(數)额(額) xūyào/yǔnxǔ de shù'é **3** (*Ling*) 补(補)语(語) bǔyǔ **II** VT **1** (*enhance*) 与(與)…相辅(輔)相成 yǔ...xiāngfǔxiāngchéng **2** (*supplement*) 与(與)…配套 yǔ...pèitào **3** (*combine well with*) 互补(補) hùbǔ ▸ **to have a full complement of** …都齐(齊)全了 ...dōu qíquán le

> 请勿将 **complement** 和 **compliment** 混淆。**complement** 指使某事物变得完整，良好或者有效。例如，如果一种食物 **complement** 另一种食物，或是另一种食物的 **complement**，表示这两种食物搭配得很好。如果两个人彼此 **complement**，表示他们的个性相符。*Rice is a good complement to curry...He complements his wife perfectly.* 如果你 **compliment** 某人，或者 **pay them a compliment**，表示你欣赏他们或对他们赞赏有加。*I always compliment her cooking skills...She blushed every time he paid her a compliment.*

complementary [kɔmplɪ'mɛntərɪ] ADJ [+ *approaches, skills*] 互补(補)的 hùbǔ de; [+ *medicine, therapies*] 非传(傳)统(統)的 fēi chuántǒng de

★ **complete** [kəm'pli:t] **I** ADJ **1** (*total*) 完全的 wánquán de **2** (*whole*) 完整的 wánzhěng de **3** (*finished*) 完成的 wánchéng de **II** VT **1** (*finish*) [+ *piece of work, building*] 完成 wánchéng **2** (*make whole*) [+ *collection, set etc*] [*person* +] 使完整 shǐ wánzhěng; [*thing* +] 使完美 shǐ wánměi **3** (*fill in*) [+ *form, coupon*] 填写(寫) tiánxiě
▸ **complete with** 附带(帶) fùdài

completely [kəm'pli:tlɪ] ADV [+ *different, satisfied, untrue*] 完全 wánquán; [*forget, destroy* +] 彻(徹)底 chèdǐ

completion [kəm'pli:ʃən] N [U] [*of project, piece of work, building*] 完成 wánchéng; [*of sale*] 正式完成 zhèngshì wánchéng ▸ **to be nearing completion** 接近尾声(聲) jiējìn wěishēng
▸ **on completion of sth** 某物完成后(後) mǒuwù wánchéng hòu

complex ['kɔmplɛks] **I** ADJ 复(複)杂(雜)的 fùzá de **II** N [C] **1** (*group of buildings*) 综(綜)合性建筑(築) zōnghéxìng jiànzhù [幢 zhuàng] **2** (*Psych*) 情结(結) qíngjié ▸ **to have a complex about sth** 对(對)某事有强(強)烈的情绪(緒)反应(應) duì mǒushì yǒu qiángliè de qíngxù fǎnyìng

complexion [kəm'plɛkʃən] N [C] **1** (*colouring*) 面色 miànsè [种 zhǒng] **2** (*frm*) [*of event etc*] 性质(質) xìngzhì

compliance [kəm'plaɪəns] N [U] 遵从(從) zūncóng ▸ **compliance with sth** 遵守某事 zūnshǒu mǒushì ▸ **in compliance with...** 服从(從)… fúcóng...

complicate ['kɔmplɪkeɪt] VT 使复(複)杂(雜)化 shǐ fùzá huà ▸ **to complicate matters** *or* **things further...** 更加复(複)杂(雜)的是… gèngjiā fùzá de shì...

complicated ['kɔmplɪkeɪtɪd] ADJ 复(複)杂(雜)的 fùzá de

complication [kɔmplɪ'keɪʃən] N **1** [C/U] (*problem*) 问(問)题(題) wèntí **2** [C] (*Med*) 并(並)发(發)症 bìngfāzhèng

compliment [*n* 'kɔmplɪmənt, *vb* 'kɔmplɪmɛnt] **I** N [C] **1** (*remark*) 赞(讚)美 zànměi [种 zhǒng] **2** (*action*) 荣(榮)幸 róngxìng **II** VT 赞(讚)美 zànměi ▸ **to pay sb a compliment** 赞(讚)美某人 zànměi mǒurén ▸ **to take sth as a compliment** 把某事当(當)作是对(對)自己的肯定 bǎ mǒushì dàngzuò shì duì zìjǐ de kěndìng ▸ **(my) compliments to the chef!** 向厨(廚)师(師)致意！ Xiàng chúshī zhìyì! ▸ **to compliment sb on sth** 为(為)某事赞(讚)美某人 wèi mǒushì zànměi mǒurén ▸ **to**

compliment sb for doing sth 因为(為)做某事赞(讚)美某人 yīnwèi zuò mǒushì zànměi mǒurén
▮用法参见 **complement**

complimentary [kɔmplɪ'mɛntərɪ] ADJ 1 (*approving*) [+ *remark*] 赞(讚)美的 zànměi de; [+ *person*] 赞(讚)不绝(絕)口的 zànbùjuékǒu de 2 (*free*) [+ *ticket, seat, copy*] 赠(贈)送的 zèngsòng de ▸ **to be complimentary about sb/sth** 对(對)某人/某事赞(讚)不绝(絕)口 duì mǒurén/mǒushì zàn bù jué kǒu

comply [kəm'plaɪ] VI ▸ **to comply (with sth)** [*person* +] 遵从(從)(某事) zūncóng (mǒushì); [*thing* +] 遵守(某事) zūnshǒu (mǒushì)

component [kəm'pəunənt] I N [c] [*of plan*] 组(組)成部分 zǔchéng bùfen; [*of weapon, body, substance*] 成分 chéngfèn; (*Ind, Comm*) (*for machinery etc*) 部件 bùjiàn II ADJ [+ *parts, elements*] 组(組)成的 zǔchéng de

compose [kəm'pəuz] VT 1 ▸ **to be composed of** 由…组(組)成 yóu…zǔchéng 2 (*write*) [+ *music*] 创(創)作 chuàngzuò; (*frm*) [+ *poem, letter*] 写(寫) xiě ▸ **to compose o.s.** 使自己镇(鎮)定下来(來) shǐ zìjǐ zhèndìng xiàlái

composed [kəm'pəuzd] ADJ (*calm*) 沉着(著)的 chénzhuó de

composer [kəm'pəuzəʳ] N [c] 作曲家 zuòqǔjiā [位 wèi]

composition [kɔmpə'zɪʃən] N 1 [U] (*make-up*) [*of thing*] 组(組)成 zǔchéng; [*of substance*] 构(構)成成分 gòuchéng chéngfèn; [*of group*] 结(結)构(構) jiégòu 2 [c] (*essay*) 作文 zuòwén [篇 piān] 3 [c/U] (*Mus*) 作品 zuòpǐn [件 jiàn]

composure [kəm'pəuʒəʳ] N [U] [*of person*] 镇(鎮)静(靜) zhènjìng ▸ **to keep/lose one's composure** 保持/不再镇(鎮)静(靜) bǎochí/bùzài zhènjìng ▸ **to regain one's composure** 恢复(復)镇(鎮)静(靜) huīfù zhènjìng

compound [*n, adj* 'kɔmpaund, *vb* kəm'paund] I N [c] 1 (*Chem*) 化合物 huàhéwù 2 (*enclosure*) 场(場)地 chǎngdì 3 (*Ling*) 复(複)合词(詞) fùhé cí II ADJ 1 [+ *structure, eye, leaf etc*] 复(複)合的 fùhé de 2 (*Ling*) 复(複)合的 fùhé de III VT (*frm*) [+ *problem, tragedy*] 使…更糟 shǐ…gèngzāo

comprehend [kɔmprɪ'hɛnd] (*frm*) VT 理解 lǐjiě

comprehension [kɔmprɪ'hɛnʃən] N 1 [U] (*understanding*) 理解 lǐjiě 2 [c/U] (*Scol*) 理解力练(練)习(習) lǐjiělì liànxí [项 xiàng] ▸ **it's beyond my comprehension** 我无(無)法理解 wǒ wúfǎ lǐjiě

comprehensive [kɔmprɪ'hɛnsɪv] I ADJ 1 [+ *review, list*] 全面的 quánmiàn de 2 (*of insurance*) 综(綜)合的 zōnghé de II N [c] (*Brit*) (*also*: **comprehensive school**) 综(綜)合性中学(學) zōnghéxìng zhōngxué [所 suǒ]

compress [*vb* kəm'prɛs, *n* 'kɔmprɛs] I VT 1 [+ *gas, material etc*] 压(壓)缩(縮) yāsuō ▹ *Moira compressed her lips and looked away.* 莫伊拉紧抿着嘴，朝别处看。Mòyīlā jǐn mǐnzhe zuǐ, cháo biéchù kàn. 2 (*summarize*) [+ *text, information*] 概括 gàikuò 3 (*Comput*) [+ *data, file*] 压(壓)缩(縮) yāsuō II N [c] (*Med*) 敷布 fūbù

comprise [kəm'praɪz] (*frm*) VT 1 (*consist of*) (*also*: **be comprised of**) 包括 bāokuò 2 (*constitute*) 构(構)成 gòuchéng

compromise ['kɔmprəmaɪz] I N [c/U] 妥协(協) tuǒxié II VI 妥协(協) tuǒxié III VT [+ *beliefs, principles*] 损(損)害 sǔnhài IV CPD [+ *decision, solution*] 折中 zhézhōng ▸ **to compromise with sb** 与(與)某人妥协(協) yǔ mǒurén tuǒxié

compulsion [kəm'pʌlʃən] N 1 [c] (*desire, impulse*) 强(強)烈的欲(慾)望 qiángliè de yùwàng [种 zhǒng] 2 [U] (*pressure*) 强(強)制 qiángzhì

compulsive [kəm'pʌlsɪv] ADJ [+ *liar, gambler*] 强(強)迫性的 qiángpòxìng de ▸ **it's compulsive reading/viewing** 这(這)是本/部令人着(著)迷的书(書)/片子 zhè shì běn/bù lìng rén zháomí de shū/piānzi

compulsory [kəm'pʌlsərɪ] ADJ 必须(須)的 bìxū de; [+ *course*] 必修的 bìxiū de ▹ *compulsory military service* 义务兵役 yìwù bīngyì ▸ **to make sth compulsory** 使某事强(強)制化 shǐ mǒushì qiángzhìhuà ▸ **it is compulsory to wear a seat belt** 必须(須)系(繫)安全带(帶) bìxū jì ānquándài

computer [kəm'pju:təʳ] I N [c] 计(計)算机(機) jìsuànjī [台 tái] II CPD [+ *language, program, system, technology etc*] 电(電)脑(腦) diànnǎo ▸ **it was designed by computer** 这(這)是由电(電)脑(腦)设(設)计(計)的 zhè shì yóu diànnǎo shèjì de

computer game N [c] 电(電)脑(腦)游(遊)戏(戲) diànnǎo yóuxì [局 jú]

computer programmer N [c] 电(電)脑(腦)编(編)程员(員) diànnǎo biānchéngyuán [位 wèi]

computer programming [-'prəugræmɪŋ] N [U] 电(電)脑(腦)编(編)程 diànnǎo biānchéng

computer room N [c] 机(機)房 jīfáng [间(間) jiān]

computer science N [U] 计(計)算机(機)科学(學) jìsuànjī kēxué

computer studies N [U] 计(計)算机(機)学(學) jìsuànjīxué

computing [kəm'pju:tɪŋ] I N [U] 计(計)算机(機)运(運)用 jìsuànjī yùnyòng; (*also*: **computing studies**) 计(計)算机(機)学(學) jìsuànjīxué II CPD [+ *course, skills*] 电(電)脑(腦) diànnǎo

con [kɔn] (*inf*) I VT 1 (*deceive*) 欺骗(騙) qīpiàn 2 (*cheat*) ▸ **to con sb (out of sth)** 骗(騙)取某人(某物) piànqǔ mǒurén (mǒuwù) II N [c] (*trick*) 骗(騙)局 piànjú [个 gè] ▸ **to con sb into doing sth** 骗(騙)某人去做某事 piàn mǒurén qù zuò mǒushì

conceal [kən'si:l] VT [+ *object*] 隐(隱)藏 yǐncáng; [+ *secret, emotion*] 掩饰(飾) yǎnshì ▸ **to**

conceal sth from sb 对(對)某人隐(隱)瞒(瞞)某事 duì mǒurén yǐnmán mǒushì

concede [kən'si:d] I VT (*admit*) 承认(認) chéngrèn II VI 让(讓)步 ràngbù ▸ **to concede that…** 承认(認)… chéngrèn…

conceited [kən'si:tɪd] ADJ 自高自大的 zì gāo zì dà de

conceive [kən'si:v] I VT 1 [+ *child*] 怀(懷)上 huáishang 2 [+ *idea, plan*] 构(構)想出 gòuxiǎngchū II VI 1 [*woman, female animal* +] 怀(懷)孕 huáiyùn 2 (*imagine*) ▸ **I cannot conceive of…** 我不能想象… wǒ bùnéng xiǎngxiàng ▸ **I cannot conceive how/why…** 我不能想象怎么(麼)/为(為)什么(麼)… wǒ bùnéng xiǎngxiàng zěnme/wèishénme…

concentrate ['kɔnsəntreɪt] I VI 集中精力 jízhōng jīnglì II VT 1 ▸ **to be concentrated in** [+ *place*] 集中在 jízhōng zài 2 ▸ **to concentrate one's energies/attention on sth** 集中精力/注意力于(於)某事 jízhōng jīnglì/zhùyìlì yú mǒushì ▸ **to concentrate on sth** (*keep attention on*) 全神贯(貫)注于(於)某事 quán shén guàn zhù yú mǒushì; (*focus on*) 集中注意力于(於)某事 jízhōng zhùyìlì yú mǒushì ▸ **to concentrate on doing sth** 集中精力于(於)做某事 jízhōng jīnglì yú zuò mǒushì

concentrated ['kɔnsəntreɪtɪd] ADJ 1 [+ *juice, solution*] 浓(濃)缩(縮)的 nóngsuō de 2 [+ *effort, attempt*] 集中的 jízhōng de

concentration [kɔnsən'treɪʃən] N 1 [U] (*ability to concentrate*) 专(專)心 zhuānxīn 2 [U] (*focus*) ▸ **concentration on sth/on doing sth** 集中于(於)某事/做某事 jízhōng yú mǒushì/zuò mǒushì 3 [C/U] (*in one area, space*) 集中 jízhōng 4 [C/U] (*Chem*) 浓(濃)度 nóngdù

concept ['kɔnsɛpt] N [C] 概念 gàiniàn

★ **concern** [kən'sə:n] I N 1 [U] (*anxiety*) 担(擔)忧(憂) dānyōu ▹ *There is no cause for concern.* 没必要担忧。Méi bìyào dānyōu. 2 [C] (*cause of anxiety*) 关(關)切的事 guānqiè de shì [件 jiàn] ▹ *Unemployment was the electorate's main concern.* 失业是选民们最关切的问题。Shīyè shì xuǎnmínmen zuì guānqiè de wèntí. 3 [U/S] (*care*) 关(關)心 guānxīn 4 [S] (*affair*) 事务(務) shìwù ▹ *That's your concern.* 那是你的事。Nà shì nǐ de shì. 5 [C] (*firm*) 公司 gōngsī [个 gè] ▹ *It's a family concern.* 这是个家族公司。Zhè shì gè jiāzú gōngsī. II VT 1 (*worry*) 使担(擔)忧(憂) shǐ dānyōu ▹ *One of the things that concerns me is the rise in vandalism.* 令我担忧的问题之一是蓄意破坏案件的上升。Lìng wǒ dānyōu de wèntí zhī yī shì xùyì pòhuài ànjiàn de shàngshēng. 2 (*be about*) 关(關)于(於) guānyú ▹ *The book concerns two middle-aged men.* 这本书是有关两位中年男性的。Zhè běn shū shì yǒuguān liǎng wèi zhōngnián nánxìng de. 3 (*involve*) 关(關)系(係)到 guānxì dào ▹ *That doesn't concern you.* 这跟你没关系。Zhè gēn nǐ méi guānxì. ▸ **that's none of your concern** 这(這)不关(關)你事儿(兒) zhè bù guān nǐ shìr ▸ **concern for sb** 为(為)某人担(擔)心 wèi mǒurén dānxīn ▸ **it concerns me that…** 令我担(擔)心的是… lìng wǒ dānxīn de shì… ▸ **to concern o.s. with** 关(關)心 guānxīn ▸ **as far as I'm concerned** 据(據)我看来(來) jù wǒ kànlái ▸ **as far as his career is concerned** 就他的事业(業)来(來)说(說) jiù tā de shìyè lái shuō ▸ **"to whom it may concern"** "致有关(關)人士" "zhì yǒuguān rénshì" ▸ **the people concerned** (*in question*) 有关(關)人士 yǒuguān rénshì [位 wèi]; (*involved*) 相关(關)人士 xiāngguān rénshì [位 wèi]

concerned [kən'sə:nd] ADJ (*worried*) 担(擔)心的 dānxīn de ▸ **to be concerned about sb/sth** 担(擔)心某人/某事 dānxīn mǒurén/mǒushì ▸ **to be concerned that…** 担(擔)心… dānxīn… ▸ **we're concerned for her** 我们(們)为(為)她担(擔)忧(憂) wǒmen wèi tā dānyōu ▸ **to be concerned with sth** (*be worried about*) 关(關)心某事 guānxīn mǒushì; (*be about*) 关(關)于(於)某事 guānyú mǒushì

concerning [kən'sə:nɪŋ] PREP 关(關)于(於) guānyú

concert ['kɔnsət] N [C] 音乐(樂)会(會) yīnyuèhuì [个 gè] ▸ **in concert** (*Mus*) 现(現)场(場)表演 xiànchǎng biǎoyǎn; (*frm: together*) 合作 hézuò

concerted [kən'sə:tɪd] ADJ [+ *effort, action*] 一致的 yīzhì de

concert hall N [C] 音乐(樂)厅(廳) yīnyuètīng [个 gè]

concession [kən'sɛʃən] N [C] 1 (*compromise*) 让(讓)步 ràngbù 2 (*right*) 特许(許)权(權) tèxǔquán 3 (*Brit*) (*reduced price*) 减(減)价(價) jiǎnjià [美 = **reduction**]

concise [kən'saɪs] ADJ [+ *description, text*] 简(簡)洁(潔)的 jiǎnjié de

conclude [kən'klu:d] I VT 1 (*finish*) 结(結)束 jiéshù 2 (*frm*) [+ *treaty, deal, agreement*] 缔(締)结(結) dìjié II VI ▸ **to conclude with sth** [*event* +] 以某物而告终(終) yǐ mǒuwù ér gàozhōng; [*speaker* +] 以某物收尾 yǐ mǒuwù shōuwěi ▸ **I'd like to conclude by saying…** 我想讲(講)的最后(後)一句话(話)是… wǒ xiǎng jiǎng de zuìhòu yī jù huà shì… ▸ **to conclude that…** 断(斷)定… duàndìng… ▸ **"that," he concluded, "is why we did it"** "那,"他断(斷)定说(說),"就是我们(們)这(這)样(樣)做的原因" "nà, "tā duàndìng shuō, "jiùshì wǒmen zhèyàng zuò de yuányīn"

conclusion [kən'klu:ʒən] N 1 [S] (*end*) [*of speech, chapter*] 结(結)尾 jiéwěi 2 [S] (*frm*) [*of treaty, deal, agreement*] 缔(締)结(結) dìjié 3 [C] (*deduction*) 结(結)论(論) jiélùn [个 gè] ▸ **to come to the conclusion that…** 得出的结(結)论(論)是… déchū de jiélùn shì… ▸ **in conclusion** 总(總)之 zǒngzhī

conclusive [kən'klu:sɪv] ADJ [+ *evidence, proof*] 确(確)凿(鑿)的 quèzáo de

concrete ['kɔŋkri:t] **I** N [U] 混凝土 hùnníngtǔ **II** ADJ **1** (*lit*) [+ *block, floor*] 混凝土的 hùnníngtǔ de **2** (*fig*) [+ *proposal, evidence*] 确(確)实(實)的 quèshí de

concussion [kən'kʌʃən] N [U] 脑(腦)震荡(盪) nǎozhèndàng

condemn [kən'dɛm] VT **1** (*denounce*) 谴(譴)责(責) qiǎnzé **2** (*sentence*) ▶ **to condemn sb to death/life imprisonment** *etc* 判处(處)某人死刑/无(無)期徒刑等 pànchǔ mǒurén sǐxíng/wúqī túxíng *děng* **3** (*declare unsafe*) [+ *building*] 宣告…不适(適)于(於)居住 xuāngào…bù shìyú jūzhù

condemnation [kɔndɛm'neɪʃən] N [C/U] 谴(譴)责(責) qiǎnzé

condensation [kɔndɛn'seɪʃən] N [U] 凝结(結)的小水珠 níngjié de xiǎoshuǐzhū

condense [kən'dɛns] **I** VT [+ *report, book*] 使简(簡)缩(縮) shǐ jiǎnsuō **II** VI [*vapour* +] 凝结(結) níngjié

★**condition** [kən'dɪʃən] **I** N **1** [S] (*state*) 状(狀)态(態) zhuàngtài [种 zhǒng] ▷ *You can't go home in that condition.* 在那种状态下你不能回家。 Zài nàzhǒng zhuàngtài xià nǐ bùnéng huíjiā. **2** [C] (*stipulation*) 条(條)件 tiáojiàn [个 gè] ▷ *the conditions of our release* 我们释放的条件 wǒmen shìfàng de tiáojiàn **3** [C] (*illness*) 疾病 jíbìng [次 cì] ▷ *Hypothermia is an extremely complex condition.* 体温过低是种非常复杂的疾病。 Tǐwēn guòdī shì zhǒng fēicháng fùzá de jíbìng. **II** VT **1** ▶ **to condition sb (to do sth)** 训(訓)练(練)某人(做某事) xùnliàn mǒurén (zuò mǒushì) ▷ *We are conditioned to think that way.* 我们被训练成那样思考。 Wǒmen bèi xùnliàn chéng nàyàng sīkǎo. **2** [+ *hair, skin*] 使状(狀)况(況)良好 shǐ zhuàngkuàng liánghǎo **III conditions** N PL 环(環)境 huánjìng ▷ *People are living in appalling conditions.* 人们的居住环境糟糕透了。 Rénmen de jūzhù huánjìng zāogāo tòu le. ▶ **in good/poor condition** 状(狀)况(況)良好/不好 zhuàngkuàng liánghǎo/bùhǎo ▶ **out of condition** 健康状(狀)况(況)欠佳 jiànkāng zhuàngkuàng qiànjiā ▶ **a heart condition** 心脏(臟)病 xīnzàngbìng ▶ **weather conditions** 天气(氣)形势(勢) tiānqì xíngshì ▶ **on condition that...** 在…条(條)件下 zài…tiáojiàn xià

conditional [kən'dɪʃənl] **I** ADJ 有条(條)件的 yǒu tiáojiàn de **II** N (*Ling*) ▶ **the conditional** 条(條)件从(從)句 tiáojiàn cóngjù ▶ **to be conditional on** *or* **upon sth** 视(視)某事而定 shì mǒushì ér dìng

conditioner [kən'dɪʃənəʳ] N [C/U] **1** (*for hair*) 护(護)发(髮)素 hùfàsù [种 zhǒng] **2** (*for fabric*) 柔顺(順)剂(劑) róushùnjì

condo ['kɔndəu] (*US; inf*) N [C] **1** (*apartment*) 产权归住房者所有的公寓套房 **2** (*building*) 产权归住房者所有的公寓楼

condom ['kɔndəm] N [C] 安全套 ānquán tào [只 zhī]

condominium [kɔndə'mɪnɪəm] (*US*) N [C] **1** (*apartment*) 产权归住房者所有的公寓套房 **2** (*building*) 产权归住房者所有的公寓楼

condone [kən'dəun] VT [+ *misbehaviour, crime*] 容忍 róngrěn

conduct [*n* 'kɔndʌkt, *vb* kən'dʌkt] **I** N **1** [U] [*of person*] 行为(為) xíngwéi **2** [S] [*of task, activity*] 方式 fāngshì **II** VT **1** [+ *survey, research, experiment etc*] 进(進)行 jìnxíng **2** [+ *life*] 表现(現) biǎoxiàn **3** [+ *orchestra, choir*] 指挥(揮) zhǐhuī **4** [+ *heat, electricity*] 传(傳)导(導) chuándǎo ▶ **to conduct o.s.** (*behave*) 表现(現) biǎoxiàn

conducted tour [kən'dʌktɪd-] N [C] **1** [*of area*] 有导(導)游(遊)解说(說)的旅游(遊) yǒu dǎoyóu jiěshuō de lǚyóu **2** [*of building*] 有导(導)游(遊)解说(說)的参(參)观(觀) yǒu dǎoyóu jiěshuō de cānguān

conductor [kən'dʌktəʳ] N [C] **1** [*of orchestra*] 指挥(揮)家 zhǐhuījiā [位 wèi] **2** (*US*) (*on train*) 列车(車)员(員) lièchēyuán [位 wèi] [英 = **guard**] **3** (*on bus*) 售票员(員) shòupiàoyuán [位 wèi] **4** (*Elec*) 导(導)体(體) dǎotǐ

cone [kəun] N [C] **1** (*shape*) 圆(圓)锥(錐)体(體) yuánzhuītǐ [个 gè] **2** (*also*: **traffic cone**) 锥(錐)形路标(標) zhuīxíng lùbiāo [个 gè] **3** (*on tree*) 球果 qiúguǒ [个 gè] **4** (*also*: **ice cream cone**) 锥(錐)形蛋卷(捲)冰淇淋 zhuīxíng dànjuǎn bīngqílín [个 gè] **5** (*ice cream*) 蛋筒 dàntǒng [个 gè]

confectioner's sugar [kən'fɛkʃənəz-] (*US*) N [U] 糖粉 tángfěn [英 = **icing sugar**]

confectionery [kən'fɛkʃənrɪ] (*frm*) N [U] 甜食 tiánshí

confer [kən'fə:ʳ] **I** VT (*frm*) ▶ **to confer sth (on sb)** [+ *power, authority, status*] 授予(某人)某物 shòuyǔ (mǒurén) mǒuwù; [+ *advantage, benefit*] (给(給)某人)带(帶)来(來)某物 (gěi mǒurén) dàilái mǒuwù; [+ *degree*] 授予(某人)某物 shòuyǔ (mǒurén) mǒuwù **II** VI ▶ **to confer (with sb about sth)** (就某事和某人)商议(議) (jiù mǒushì hé mǒurén) shāngyì

★**conference** ['kɔnfərəns] N [C] (*meeting*) 会(會)议(議) huìyì [次 cì] ▶ **to be in conference** 在开(開)会(會) zài kāihuì

confess [kən'fɛs] **I** VI (*to sin, crime*) 坦白 tǎnbái **II** VT [+ *sin, guilt, crime*] 坦白 tǎnbái; [+ *weakness, ignorance*] 承认(認) chéngrèn ▶ **to confess to sth/to doing sth** 承认(認)某事/做了某事 chéngrèn mǒushì/zuòle mǒushì ▶ **to confess sth to sb** 向某人坦白某事 xiàng mǒurén tǎnbái mǒushì ▶ **I must confess that...** 我得承认(認)… wǒ děi chéngrèn…

confession [kən'fɛʃən] N **1** [C/U] (*admission*) 坦白 tǎnbái [种 zhǒng] **2** [C] (*written*) 供认(認)状(狀) gòngrèn zhuàng [个 gè] **3** [C/U] (*Rel*) 忏(懺)悔 chànhuǐ [个 gè] ▶ **to make a**

C

confession 坦白 tǎnbái ▶ **to go to confession** (*Rel*) 作忏(懺)悔 zuò chànhuǐ

confide [kən'faɪd] **I** VI ▶ **to confide in sb** 向某人吐露秘(祕)密 xiàng mǒurén tǔlù mìmì **II** VT ▶ **to confide sth to sb** 向某人倾(傾)吐某事 xiàng mǒurén qīngtǔ mǒushì ▶ **to confide to sb that...** 向某人吐露… xiàng mǒurén tǔlù…

confidence ['kɔnfɪdns] N **1** [U] (*faith*) 信赖(賴) xìnlài **2** [U] (*self-assurance*) 自信 zìxìn **3** [C] (*secret*) 秘(祕)密 mìmì [个 gè] ▶ **to have (every) confidence in sb/sth** 对(對)某人/某事(很)有信心 duì mǒurén/mǒushì(hěn)yǒu xìnxīn ▶ **to have (every) confidence that...** 对(對)…(很)有信心 duì…(hěn)yǒu xìnxīn ▶ **to take sb into one's confidence** 把某人作为(為)知心人 bǎ mǒurén zuòwéi zhīxīnrén ▶ **in confidence** [*speak, say, write etc* +] 秘(祕)密地 mìmì de

confident ['kɔnfɪdənt] ADJ (*self-assured*) 自信的 zìxìn de ▶ **to be confident that...** 有信心… yǒu xìnxīn… ▶ **to be confident of sth/of doing sth** 对(對)某事/做某事充满(滿)信心 duì mǒushì/zuò mǒushì chōngmǎn xìnxīn ▶ **to be confident about sth** 对(對)某事充满(滿)信心 duì mǒushì chōngmǎn xìnxīn

confidential [kɔnfɪ'dɛnʃəl] ADJ [+ *report, information*] 机(機)密的 jīmì de; [+ *tone*] 表示信任的 biǎoshì xìnrèn de

confine [kən'faɪn] VT **1** (*imprison*) ▶ **to confine sb to sth** 将(將)某人限制在某处(處) jiāng mǒurén xiànzhì zài mǒuchù **2** (*limit*) ▶ **to confine sth (to sth)** 控制某物(在某物之内(內)) kòngzhì mǒuwù (zài mǒuwù zhī nèi) ▶ **to confine o.s. to sth/to doing sth** 只局(侷)限于(於)某事/做某事 zhǐ júxiàn yú mǒushì/zuò mǒushì

confined [kən'faɪnd] ADJ [+ *space, area*] 狭(狹)小的 xiáxiǎo de ▶ **to be confined to...** [+ *place, group*] 仅(僅)限于(於)… jǐn xiàn yú…

confines ['kɔnfaɪnz] N PL (*boundaries*) [*of area*] 范(範)围(圍) fànwéi; (*limitations*) [*of situation*] 界限 jièxiàn

confirm [kən'fəːm] VT **1** (*verify*) [+ *statement, report, story etc*] 肯定 kěndìng; [+ *appointment, date*] 确(確)认(認) quèrèn **2** (*bear out*) [+ *suspicion, fear*] 证(證)实(實) zhèngshí **3** (*Rel*) 给(給)…施坚(堅)信礼(禮) gěi…shī jiānxìnlǐ ▶ **to confirm that...** [*person, data* +] 证(證)实(實)… zhèngshí…

confirmation [kɔnfə'meɪʃən] N [C/U] **1** (*verification*) [*of belief, statement, report etc*] 证(證)实(實) zhèngshí **2** [*of appointment, date*] 确(確)认(認) quèrèn **3** (*Rel*) 坚(堅)信礼(禮) jiānxìn lǐ

confiscate ['kɔnfɪskeɪt] VT 没(沒)收 mòshōu ▶ **to confiscate sth from sb** 没(沒)收某人的某物 mòshōu mǒurén de mǒuwù

conflict [*n* 'kɔnflɪkt, *vb* kən'flɪkt] **I** N **1** [U] (*disagreement, fighting*) 冲(衝)突 chōngtū **2** [C/U] (*difference*) [*of interests, loyalties etc*] 矛盾 máodùn [个 gè] **II** VI ▶ **to conflict with sth** [*opinions, research etc* +] 与(與)某事截然不同 yǔ mǒushì jiéránbùtóng ▶ **to be in conflict (with sb)** (与(與)某人)发(發)生冲(衝)突 (yǔ mǒurén)fāshēng chōngtū

conform [kən'fɔːm] VI 循规(規)蹈矩 xúnguīdǎojǔ ▶ **to conform to sth** [+ *expectations, regulations etc*] 与(與)某事物相符 yǔ mǒushìwù xiāngfú

confront [kən'frʌnt] VT **1** [+ *opponent, enemy*] 面对(對) miànduì **2** (*fig*) [*problem, task* +] 面对(對) miànduì ▶ **to be confronted with sth** [+ *problem, task*] 面临(臨)某事 miànlín mǒushì

confrontation [kɔnfrən'teɪʃən] N [C/U] (*dispute*) 对(對)抗 duìkàng; (*fight*) 冲(衝)突 chōngtū

confuse [kən'fjuːz] VT **1** (*perplex*) 把…弄糊涂(塗) bǎ…nòng hútu **2** (*mix up*) 混淆 hùnxiáo **3** (*complicate*) 搞乱(亂) gǎoluàn ▶ **to confuse sb/sth with sb/sth** 把某人/某物与(與)某人/某物搞混 bǎ mǒurén/mǒuwù yǔ mǒurén/mǒuwù gǎohùn

confused [kən'fjuːzd] ADJ **1** (*bewildered*) 困惑的 kùnhuò de **2** (*disordered*) 混乱(亂)的 hùnluàn de ▶ **to get confused** [+ *person*] 糊涂(塗) hútú

confusing [kən'fjuːzɪŋ] ADJ 含混不清的 hánhùn bùqīng de

confusion [kən'fjuːʒən] N **1** [C/U] (*uncertainty*) 惶惑 huánghuò [种 zhǒng] **2** [U] (*mix-up*) 混淆 hùnxiáo **3** [C/U] (*perplexity*) 困惑 kùnhuò **4** [U] (*disorder*) 混乱(亂) hùnluàn

congested [kən'dʒɛstɪd] ADJ **1** [+ *road, area*] 拥(擁)挤(擠)不堪的 yōngjǐbùkān de **2** (*frm*) [+ *nose, arteries*] 不通的 bùtōng de

congestion [kən'dʒɛstʃən] N [U] **1** (*of road*) 堵塞 dǔsè **2** (*in nose, throat*) 堵塞 dǔsè; (*in lungs*) 充血 chōngxuè

Congo ['kɔŋgəu] N 刚(剛)果 Gāngguǒ

congratulate [kən'grætjuleɪt] VT 祝贺(賀) zhùhè ▶ **to congratulate sb on sth/on doing sth** 祝贺(賀)某人某事/做某事 zhùhè mǒurén mǒushì/zuò mǒushì

congratulations [kəngrætju'leɪʃənz] N PL 祝贺(賀) zhùhè ▶ **congratulations!** 恭喜！Gōngxǐ! ▶ **congratulations on your engagement!** 祝贺(賀)你订(訂)婚了！zhùhè nǐ dìnghūn le!

congregation [kɔŋgrɪ'geɪʃən] N [C] 教堂会(會)众(眾) jiàotáng huìzhòng

Congress ['kɔŋgrɛs] N [C] **1** (*conference*) 代表大会(會) dàibiǎo dàhuì **2** (*US*) ▶ **Congress** 国(國)会(會) guóhuì

congressman ['kɔŋgrɛsmən] (*pl* **congressmen**) (*US*) N [C] 国(國)会(會)议(議)员(員) guóhuì yìyuán [位 wèi]

congresswoman ['kɔŋgrɛswumən] (*pl* **congresswomen**) (*US*) N [C] 女国(國)会(會)议(議)员(員) nǚ guóhuì yìyuán [位 wèi]

conifer ['kɔnɪfəʳ] N [C] 针(針)叶(葉)树(樹)

zhēnyèshù [棵 kē]
conjunction [kən'dʒʌŋkʃən] (*Ling*) N [c] 连(連)词(詞) liáncí [个 gè] ▸ **in conjunction with** 与(與)…一道 yǔ…yīdào
conjure ['kʌndʒəʳ] VI [*magician* +] 变(變)魔术(術) biàn móshù
▸**conjure up** VT [+ *memory, image*] 使…浮现(現)于(於)脑(腦)际(際) shǐ…fúxiàn yú nǎojì
connect [kə'nɛkt] **I** VT **1** (*join*) 连(連)接 liánjiē **2** (*Tel*) [+ *caller*] 给(給)…接通 gěi…jiētōng; [+ *telephone, subscriber*] 接通 jiētōng **3** (*fig: associate*) 将(將)…联(聯)系(繫)起来(來) jiāng…liánxì qǐlái **II** VI ▸ **to connect with** [+ *train, plane etc*] 与(與)…联(聯)运(運) yǔ…liányùn ▸ **to connect sth to sth** (*join*) 将(將)某物与(與)某物连(連)接起来(來) jiāng mǒuwù yǔ mǒuwù liánjiē qǐlái; (*to electricity supply etc*) 将(將)某物与(與)某物接通 jiāng mǒuwù yǔ mǒuwù jiētōng ▸ **to connect sth with sth** (*join*) 将(將)某物与(與)某物连(連)接起来(來) jiāng mǒuwù yǔ mǒuwù liánjiē qǐlái ▸ **to connect sb/sth with sb/sth** (*associate*) 将(將)某人/某物与(與)某人/某物联(聯)系(繫)起来(來) jiāng mǒurén/mǒuwù yǔ mǒurén/mǒuwù liánxì qǐlái ▸ **to be connected with sth** (*associated*) 与(與)某事有关(關)系(係) yǔ mǒushì yǒu guānxì
connection [kə'nɛkʃən] **I** N **1** [c/U] (*link*) 联(聯)系(繫) liánxì [种 zhǒng] **2** [c] (*Elec*) 接头(頭) jiētóu [个 gè] **3** [c] (*train, plane*) 联(聯)运(運) liányùn [种 zhǒng] **4** [c] (*Tel*) (*for caller, new subscriber*) 接通 jiētōng **II connections** N PL (*people*) 熟人 shúrén ▸ **what is the connection between them?** 他们(們)之间(間)有什么(麼)关(關)系(係)? tāmen zhījiān yǒu shénme guānxì? ▸ **to have a connection with** *or* **to sb/sth** 与(與)某人/某物有联(聯)系(繫) yǔ mǒurén/mǒuwù yǒu liánxì ▸ **in connection with** 与(與)…有关(關) yǔ…yǒuguān ▸ **to miss/get one's connection** 误(誤)了/赶(趕)上要换(換)的交通工具 wùle/gǎn shàng yào huàn de jiāotōng gōngjù
conquer ['kɔŋkəʳ] VT **1** [+ *country, enemy*] 征服 zhēngfú **2** [+ *fear, feelings, problem*] 克服 kèfú
conquest ['kɔŋkwɛst] N **1** [c/U] [*of country, space etc*] 征服 zhēngfú **2** [c] (*sexual*) 俘虏(虜) fúlǔ [个 gè]
cons [kɔnz] N PL **1** = **conveniences** *see* **mod cons** **2** *see* **pro**
conscience ['kɔnʃəns] N **1** [c] (*sense of morality*) 是非感 shìfēi gǎn [种 zhǒng] **2** [U] (*belief*) 良心 liángxīn ▸ **to have a guilty/clear conscience** 感到内(內)疚/问(問)心无(無)愧 gǎndào nèijiù/wèn xīn wú kuì ▸ **to have sth on one's conscience** 因某事而感到内(內)疚 yīn mǒushì ér gǎndào nèijiù ▸ **in all** *or* **good conscience** (*frm*) 凭(憑)良心 píng liángxīn
conscientious [kɔnʃɪ'ɛnʃəs] ADJ 认(認)真的 rènzhēn de ▸ **to be conscientious about sth/about doing sth** 认(認)真地对(對)待某事/做某事 rènzhēn de duìdài mǒushì/zuò mǒushì
conscious ['kɔnʃəs] ADJ **1** (*awake*) 清醒的 qīngxǐng de **2** (*deliberate*) [+ *decision, effort*] 蓄意的 xùyì de ▸ **to be conscious of sth** 意识(識)到某事 yìshi dào mǒushì ▸ **to be conscious that...** 意识(識)到… yìshi dào… ▸ **to be politically conscious/health-conscious** 有政治/健康意识(識) yǒu zhèngzhì/jiànkāng yìshí ▸ **to become conscious of/that** 意识(識)到 yìshi dào
consciousness ['kɔnʃəsnɪs] N **1** [U] (*Med*) 知觉(覺) zhījué **2** [c/U] (*mind*) 脑(腦)海 nǎohǎi **3** [U] (*mentality*) [*of group, society etc*] 意识(識) yìshi ▸ **to lose consciousness** 失去知觉(覺) shīqù zhījué ▸ **to regain consciousness** 恢复(復)知觉(覺) huīfù zhījué
consecutive [kən'sɛkjutɪv] ADJ 连(連)续(續)的 liánxù de
consensus [kən'sɛnsəs] N [s] 一致 yīzhì ▸ **the consensus (of opinion) is that...** 一致的(意见(見))是… yīzhì de(yìjiàn)shì…
consent [kən'sɛnt] **I** N [U] 许(許)可 xǔkě **II** VI ▸ **to consent (to do sth)** 同意(做某事) tóngyì (zuò mǒushì) ▸ **to consent to sth** 同意(某事) tóngyì(mǒushì) ▸ **to give one's consent** 同意 tóngyì ▸ **by common** *or* **mutual consent** 经(經)一致同意 jīng yīzhì tóngyì
consequence ['kɔnsɪkwəns] N **1** [c] (*result*) 后(後)果 hòuguǒ [种 zhǒng] **2** (*importance*) ▸ **of consequence** 重要性 zhòngyàoxìng ▸ **in consequence** 因而 yīn'ér ▸ **it's of little/no consequence** 这(這)是无(無)关(關)紧(緊)要的 zhèshì wúguān jǐnyào de
consequently ['kɔnsɪkwəntlɪ] ADV 所以 suǒyǐ
conservation [kɔnsə'veɪʃən] N [U] [*of environment*] 环(環)保 huánbǎo; [*of energy*] 节(節)约(約) jiéyuē; [*of paintings, books, buildings, species*] 保护(護) bǎohù
conservative [kən'sə:vətɪv] **I** ADJ **1** (*traditional*) [+ *person, attitude*] 保守的 bǎoshǒu de **2** (*cautious*) [+ *estimate*] 保守的 bǎoshǒu de **3** (*right-wing*) 右派的 yòupài de **4** (*Brit: Pol*) ▸ **Conservative** 保守党(黨) bǎoshǒudǎng **II** N [c] **1** (*right-wing*) 保守主义(義)者 bǎoshǒuzhǔyìzhě **2** (*Brit: Pol*) ▸ **Conservative** 保守党(黨)人士 bǎoshǒudǎng rénshì [名 míng]
Conservative Party (*Brit*) N ▸ **the Conservative Party** 保守党(黨) bǎoshǒudǎng
conservatory [kən'sə:vətrɪ] N [c] **1** (*on house*) 暖房 nuǎnfáng [间 jiān] **2** (*Mus*) 音乐(樂)学(學)院 yīnyuè xuéyuàn
conserve [*vb* kən'sə:v, *n* 'kɔnsə:v] **I** VT [+ *resources, supplies, energy*] 保存 bǎocún; [+ *forest, building, species*] 保护(護) bǎohù **II** N [c/U] (*jam*) 果酱(醬) guǒjiàng [瓶 píng]

★**consider** [kən'sɪdəʳ] VT **1** (*think about*) 考虑(慮) kǎolǜ ▷ *They are having a meeting to consider the report.* 他们在开会考虑这份报告。Tāmen zài kāihuì kǎolǜ zhè fèn bàogào. **2** (*take into account*) 考虑(慮)到 kǎolǜ dào ▷ *You have to consider the feelings of others.* 你需要考虑到其他人的感觉。Nǐ xūyào kǎolǜ dào qítā rén de gǎnjué. **3** (*believe*) ▶ **to consider sb (to be) an idiot/a coward** *etc* 认(認)为(為)某人是傻子/胆(膽)小鬼等 rènwéi mǒurén shì shǎzi/dǎnxiǎoguǐ *děng* ▶ **to consider doing sth** 考虑(慮)做某事 kǎolǜ zuò mǒushì ▶ **all things considered** 考虑(慮)到各个(個)方面 kǎolǜ dào gègè fāngmiàn ▶ **they consider themselves (to be) superior/happy** 他们(們)认(認)为(為)自己高人一等/开(開)心 tāmen rènwéi zìjǐ gāo rén yī děng/kāixīn ▶ **she considered it a disaster** 她认(認)为(為)这(這)是个(個)灾(災)难(難) tā rènwéi zhè shì gè zāinàn

considerable [kən'sɪdərəbl] ADJ 相当(當)的 xiāngdāng de

considerably [kən'sɪdərəblɪ] ADV [*improve, vary* +] 在很大程度上 zài hěndà chéngdù shàng; [+ *bigger, smaller etc*] 相当(當)地 xiāngdāng de

considerate [kən'sɪdərɪt] ADJ 体(體)贴(貼)的 tǐtiē de

consideration [kənsɪdə'reɪʃən] N **1** [U] (*deliberation*) 考虑(慮) kǎolǜ **2** [C] (*factor*) 要考虑(慮)的因素 yào kǎolǜ de yīnsù **3** [U] (*thoughtfulness*) ▶ **consideration (for)** (对(對)…的)顾(顧)及 (duì...de) gùjí ▶ **to take sth into consideration** 考虑(慮)到某事 kǎolǜ dào mǒushì ▶ **under consideration** 在考虑(慮)中 zài kǎolǜ zhōng ▶ **out of consideration for sb/sth** 顾(顧)及到某人/某事 gùjí dào mǒurén/mǒushì

considering [kən'sɪdərɪŋ] **I** PREP 考虑(慮)到 kǎolǜ dào **II** CONJ ▶ **considering (that)...** 考虑(慮)到… kǎolǜ dào...

consignment [kən'saɪnmənt] N [C] 托运(運) tuōyùn

consist [kən'sɪst] VI ▶ **to consist of** 由…组(組)成 yóu...zǔchéng

consistency [kən'sɪstənsɪ] N [U] **1** [*in actions, policies etc*] 连(連)贯(貫)性 liánguànxìng **2** [*of yoghurt, cream etc*] 粘稠度 niánchóudù

consistent [kən'sɪstənt] ADJ [+ *person*] 一贯(貫)的 yīguàn de; [+ *argument, theory, ideas*] 一致的 yīzhì de ▶ **to be consistent with** 与(與)…相符 yǔ...xiāngfú

consolation [kɔnsə'leɪʃən] N [C/U] 安慰 ānwèi [种 zhǒng]

consolation prize N [C] **1** (*in competition*) 安慰奖(獎) ānwèi jiǎng **2** (*fig*) 安慰表示 ānwèi biǎoshì

console [*vb* kən'səul, *n* 'kɔnsəul] **I** VT 安慰 ānwèi **II** N [C] 操纵(縱)台(臺) cāozòng tái

consolidate [kən'sɔlɪdeɪt] VT [+ *position, power, success*] 巩(鞏)固 wěngù

consommé [kən'sɔmeɪ] N [C/U] 清炖(燉)肉汤(湯) qīngdùn ròutāng

consonant ['kɔnsənənt] N [C] 辅(輔)音 fǔyīn [个 gè]

conspicuous [kən'spɪkjuəs] ADJ [+ *person, feature*] 惹人注目的 rěrén zhùmù de ▶ **to make o.s. conspicuous** 引人注目 yǐn rén zhù mù ▶ **he was conspicuous by his absence** 他因缺席而引人注目 tā yīn quēxí ér yǐn rén zhù mù

conspiracy [kən'spɪrəsɪ] N [C/U] ▶ **conspiracy (to do sth)** (做某事的)阴(陰)谋(謀) (zuò mǒushì de) yīnmóu

constable ['kʌnstəbl] (*Brit*) N [C] （最低等级(級)的）警员(員) (zuìdī děngjí de) jǐngyuán [名 míng]

constant ['kɔnstənt] ADJ **1** (*ever-present*) [+ *threat, pressure, pain, reminder*] 不断(斷)的 bùduàn de **2** (*repeated*) [+ *interruptions, demands*] 重复(復)的 chóngfù de **3** (*fixed*) [+ *temperature, speed*] 恒(恆)定的 héngdìng de

> **constant**, **continual** 和 **continuous** 都可以表示某事持续发生或一直存在。**constant** 表示某种事情总是发生或从未消失过。*He was in constant pain...Jane's constant criticism...* **continual** 表示某事在一段时间内经常发生，尤其指人们不愿看到的情况。*...his continual drinking...continual demands to cut costs...* **continuous** 表示某事一直延续而不停止或毫无停止的迹象。*...days of continuous rain...a continuous background noise...*

constantly ['kɔnstəntlɪ] ADV **1** (*repeatedly*) 不断(斷)地 bùduàn de **2** (*uninterruptedly*) 持续(續)地 chíxù de

constipated ['kɔnstɪpeɪtɪd] ADJ 便秘(祕)的 biànmì de

constipation [kɔnstɪ'peɪʃən] N [U] 便秘(祕) biànmì

constituency [kən'stɪtjuənsɪ] N [C] **1** (*area*) 选(選)区(區) xuǎnqū **2** (*people*) 选(選)民 xuǎnmín [位 wèi]

constitute ['kɔnstɪtju:t] VT **1** (*represent*) [+ *challenge, emergency*] 是 shì **2** (*comprise*) 组(組)成 zǔchéng

constitution [kɔnstɪ'tju:ʃən] N [C] **1** [*of country*] 宪(憲)法 xiànfǎ; [*of club, organization*] 章程 zhāngchéng **2** (*health*) 体(體)质(質) tǐzhì **3** (*formation*) 组(組)成 zǔchéng ▶ **she's got the constitution of an ox** 她健壮(壯)得像头(頭)公牛 tā jiànzhuàng de xiàng tóu gōngniú

constitutional [kɔnstɪ'tju:ʃənl] ADJ [+ *right, crisis, reform*] 宪(憲)法的 xiànfǎ de

constraint [kən'streɪnt] N **1** [C] (*restriction*) 限制 xiànzhì **2** [U] (*restraint*) 约(約)束 yuēshù **3** [U] (*strain*) 约(約)束感 yuēshù gǎn ▶ **to do sth under constraint** 受逼迫而做某事 shòu bīpò ér zuò mǒushì

construct [*vb* kən'strʌkt, *n* 'kɔnstrʌkt] **I** VT **1** [+ *building, road, machine*] 建造 jiànzào **2** [+ *theory, argument*] 构(構)思 gòusī **II** N [c] (*idea*) 观(觀)念 guānniàn [种 zhǒng]

construction [kən'strʌkʃən] N **1** [U] [*of building, road, machine*] 建造 jiànzào **2** [c] (*structure*) 建筑(築) jiànzhù [座 zuò] **3** [c] (*interpretation*) 解释(釋) jiěshì [种 zhǒng] ▸ **to be under construction** [*building, road etc* +] 建造中 jiànzào zhōng

constructive [kən'strʌktɪv] ADJ [+ *criticism, suggestion, discussion etc*] 建设(設)性的 jiànshèxìng de; [+ *person*] 有助益的 yǒu zhùyì de

consul ['kɔnsl] N [c] 领(領)事 lǐngshì [位 wèi]

consulate ['kɔnsjulɪt] N [c] 领(領)事馆(館) lǐngshì guǎn [个 gè]

consult [kən'sʌlt] VT [+ *doctor, lawyer, friend*] 咨询(詢) zīxún; [+ *book, map*] 查阅(閱) cháyuè ▸ **to consult sb about sth** 就某事向某人咨询(詢) jiù mǒushì xiàng mǒurén zīxún

consultant [kən'sʌltənt] **I** N [c] **1** (*esp Brit*) (*doctor*) 会(會)诊(診)医(醫)师(師) huìzhěn yīshī [名 míng] [美 = **specialist**] **2** (*adviser*) 顾(顧)问(問) gùwèn [名 míng] **II** CPD [+ *paediatrician, surgeon, psychiatrist*] 顾(顧)问(問) gùwèn [名 míng] ▸ **a consultant to sb** 某人的顾(顧)问(問) mǒurén de gùwèn

consultation [kɔnsəl'teɪʃən] N **1** [c] (*meeting*) 磋商会(會)议(議) cuōshāng huìyì [次 cì] **2** [c] (*esp Brit*) (*session*) (*with doctor*) 会(會)诊(診) huìzhěn [次 cì]; (*with lawyer*) 咨询(詢) zīxún [次 cì] **3** [U] (*discussion*) 磋商 cuōshāng **4** [U] (*esp Brit*) (*obtaining advice*) (*with doctor*) 会(會)诊(診) huìzhěn [次 cì]; (*with lawyer*) 咨询(詢) zīxún [次 cì] ▸ **in consultation with** 与(與)…磋商 yǔ…cuōshāng

consulting room [kən'sʌltɪŋ-] (*Brit: Med*) N [c] 诊(診)察室 zhěnchá shì [间 jiān] [美 = **doctor's office**]

consume [kən'sjuːm] VT **1** [+ *food*] 吃 chī; [+ *drink*] 喝 hē **2** [+ *fuel, energy, time*] 消耗 xiāohào **3** [*fire* +] 烧(燒)毁(毀) shāohuǐ **4** (*liter*) [*emotion, idea* +] 充满(滿) chōngmǎn ▷ *He was consumed by rage.* 他生气得不得了。tā shēngqì de bùdéliǎo.

consumer [kən'sjuːməʳ] N [c] [*of goods, services*] 消费(費)者 xiāofèizhě [个 gè]; [*of resources*] 使用者 shǐyòngzhě [个 gè]

consumption [kən'sʌmpʃən] N [U] **1** (*act of consuming*) [*of food*] 进(進)食 jìnshí; [*of drink*] 饮(飲)用 yǐnyòng; [*of fuel, energy etc*] 消耗 xiāohào **2** (*amount consumed*) [*of food, drink, fuel, energy, etc*] 消耗量 xiāohàoliàng **3** (*buying*) 消费(費) xiāofèi **4** (*o.f.: tuberculosis*) 肺结(結)核 fèijiéhé ▸ **unfit for human consumption** 不适(適)于(於)人类(類)使用 bù shì yú rénlèi shǐyòng

cont. ABBR (= **continued**) 转(轉)至 zhuǎnzhì

contact ['kɔntækt] **I** N **1** [C/U] (*communication*) 联(聯)络(絡) liánluò [种 zhǒng] **2** [U] (*touch*) 接触(觸) jiēchù **3** [c] (*person*) 熟人 shúrén [个 gè] **II** VT 联(聯)系(繫) liánxì ▸ **to be in contact with sb** 与(與)某人有联(聯)络(絡) yǔ mǒurén yǒu liánluò ▸ **to come into contact with sb/sth** 与(與)某人/某事有接触(觸) yǔ mǒurén/mǒushì yǒu jiēchù ▸ **to make contact (with sb)** (和某人)取得联(聯)络(絡) (hé mǒurén)qǔdé liánluò ▸ **to lose contact (with sb)** (与(與)某人)失去联(聯)系(繫) (yǔ mǒurén)shīqù liánxì

contact lenses N PL 隐(隱)形眼镜(鏡) yǐnxíng yǎnjìng

contagious [kən'teɪdʒəs] ADJ **1** [+ *disease*] 接触(觸)传(傳)染的 jiēchù chuánrǎn de **2** [+ *laughter, enthusiasm*] 感染性的 gǎnrǎnxìng de

contain [kən'teɪn] VT **1** (*hold*) [+ *objects*] 装(裝)有 zhuāngyǒu; [+ *component, ingredient*] 含有 hányǒu; [*letter, report, film* +] 包含 bāohán **2** (*control*) [+ *growth, spread*] 控制 kòngzhì; [+ *fire, violence*] 阻止…的蔓延 zǔzhǐ…de mànyán; [+ *curiosity, delight*] 抑制 yìzhì ▸ **I could hardly contain myself** 我几(幾)乎不能控制自己 wǒ jīhū bùnéng kòngzhì zìjǐ

container [kən'teɪnəʳ] N [c] **1** (*box, jar etc*) 容器 róngqì [个 gè] **2** (*for transport*) 集装(裝)箱 jízhuāngxiāng [个 gè]

contaminate [kən'tæmɪneɪt] VT [+ *water, food, soil etc*] 污染 wūrǎn

cont'd ABBR (= **continued**) 转(轉)至 zhuǎnzhì

contemplate ['kɔntəmpleɪt] VT **1** (*consider*) [+ *course of action*] 仔细(細)考虑(慮) zǐxì kǎolǜ **2** (*think about*) [+ *idea, subject*] 慎重考虑(慮) shènzhòng kǎolǜ **3** (*regard*) [+ *person, painting etc*] 凝视(視) níngshì ▸ **to contemplate doing sth** 想做某事 xiǎng zuò mǒushì

contemporary [kən'tɛmpərərɪ] **I** ADJ **1** (*present-day*) [+ *art, music, society, artist etc*] 当(當)代的 dāngdài de **2** (*of the same time*) [+ *account, writer, artist etc*] 同一时(時)代的 tóngyī shídài de **II** N [c] (*person*) 同代人 tóngdàirén ▸ **Shakespeare and his contemporaries** 莎士比亚(亞)和他的同代人 Shāshìbǐyà hé tā de tóngdàirén

contempt [kən'tɛmpt] N [U] 轻(輕)视(視) qīngshì ▸ **to have contempt for sb/sth** 瞧不起某人/某物 qiáobùqǐ mǒurén/mǒuwù ▸ **to hold sb in contempt** 藐视(視)某人 miǎoshì mǒurén ▸ **to be beneath contempt** 实(實)在是不值一顾(顧) shízài shì bù zhí yī gù ▸ **contempt of court** 蔑视(視)法庭 mièshì fǎtíng

contend [kən'tɛnd] **I** VI **1** ▸ **to contend with** [+ *problem, difficulty*] 对(對)付 duìfù **2** ▸ **to contend for** [+ *power, title, medal, prize*] 争(爭)夺(奪) zhēngduó **II** VT ▸ **to contend that...** 争(爭)辩(辯)道… zhēngbiàn dào… ▸ **he has a**

lot to contend with 他有许(許)多问(問)题(題)要处(處)理 tā yǒu xǔduō wèntí yào chǔlǐ

content[1] ['kɔntɛnt] **I** N [U] **1** [*of speech, book, film*] 内(內)容 nèiróng **2** ▶ **fat/moisture content** 脂肪/水分含量 zhīfáng/shuǐfèn hánliàng **II contents** N PL [*of bottle, packet*] 所含之物 suǒhán zhī wù; [*of letter, speech*] 内(內)容 nèiróng ▶ **(table of) contents** 目录(錄) mùlù

content[2] [kən'tɛnt] **I** ADJ (*satisfied*) 满(滿)足的 mǎnzú de **II** VT (*satisfy*) ▶ **to content o.s. with sth/with doing sth** 满(滿)足于(於)某事/做某事 mǎnzú yú mǒushì/zuò mǒushì ▶ **to be content with sth** 满(滿)足于(於)某事 mǎnzú yú mǒushi ▶ **to be content to do sth** 乐(樂)于(於)做某事 lèyú zuò mǒushì

contented [kən'tɛntɪd] ADJ 心满(滿)意足的 xīn mǎn yì zú de

contentment [kən'tɛntmənt] N [U] 心满(滿)意足 xīn mǎn yì zú

contest [*n* 'kɔntɛst, *vb* kən'tɛst] **I** N [C] **1** (*competition*) 比赛(賽) bǐsài [项 xiàng] **2** (*for control, power etc*) 竞(競)争(爭) jìngzhēng **II** VT **1** [+ *statement, decision*] 反驳(駁) fǎnbó **2** (*esp Brit*) [+ *election, competition*] 角逐 juézhú **3** ▶ **to contest sb's will** 对(對)某人的遗(遺)嘱(囑)提出质(質)疑 duì mǒurén de yízhǔ tíchū zhìyí

contestant [kən'tɛstənt] N [C] 参(參)赛(賽)者 cānsàizhě [位 wèi]

context ['kɔntɛkst] N [C/U] **1** [*of events, ideas etc*] 环(環)境 huánjìng [种 zhǒng] **2** [*of word, phrase*] 上下文 shàngxiàwén [个 gè] ▶ **in context** 纵(縱)观(觀)全局 zòngguān quánjú ▶ **out of context** 断(斷)章取义(義) duàn zhāng qǔ yì

continent ['kɔntɪnənt] N [C] 大陆(陸) dàlù [个 gè] ▶ **the Continent** (*Brit*) (*mainland Europe*) 欧(歐)洲大陆(陸) ōuzhōu dàlù ▶ **on the Continent** (*Brit*) 在欧(歐)洲大陆(陸) zài Ōuzhōu dàlù

continental [kɔntɪ'nɛntl] **I** ADJ **1** (*Brit*) (*of the European continent*) [+ *country, Europe*] 欧(歐)洲大陆(陸)的 Ōuzhōu dàlù de; (*typical of European continent*) [+ *person, place, thing*] 欧(歐)式的 Ōushì de **2** (*US*) (*on mainland*) 北美大陆(陸)的 běiměi dàlù de **II** N [C] (*Brit; inf*) 欧(歐)洲大陆(陸)人 Ōuzhōu dàlùrén [个 gè]

continental breakfast N [C] 欧(歐)洲大陆(陸)式早餐 Ōuzhōu dàlù shì zǎocān [顿 dùn]

continual [kən'tɪnjuəl] ADJ **1** (*repeated*) [+ *harassment, demands, changes etc*] 频(頻)频(頻)的 pínpín de **2** (*ceaseless*) [+ *pressure, pain, struggle etc*] 连(連)续(續)不断(斷)的 liánxùbùduàn de

用法参见 **constant**

continually [kən'tɪnjuəlɪ] ADV **1** (*repeatedly*) [*change, interrupt, try etc* +] 一再地 yīzài de **2** (*ceaselessly*) [*evolve, grow, sob etc* +] 不停地 bùtíng de

continuation [kəntɪnju'eɪʃən] N **1** [U] [*of war, situation etc*] 持续(續) chíxù **2** [C] (*extension*) 继(繼)续(續) jìxù **3** [C] [*of story*] 续(續)篇 xùpiān

★ **continue** [kən'tɪnju:] **I** VI **1** (*carry on uninterrupted*) [*situation, event etc* +] 继(繼)续(續) jìxù **2** (*after interruption*) [*event* +] 继(繼)续(續) jìxù; [*speaker* +] 继(繼)续(續)说(說) jìxù shuō **II** VT **1** (*carry on uninterrupted*) 继(繼)续(續) jìxù **2** (*after interruption*) 继(繼)续(續) jìxù; [*speaker* +] 继(繼)续(續)说(說) jìxù shuō ▷ *He arrived in Norway, where he continued his campaign.* 他到达了挪威，继续进行他的运动。Tā dàodále Nuówēi，jìxù jìnxíng tā de yùndòng. ▷ *"OK," she continued after a pause.* "好"，她停了一下后继续说。"Hǎo"，tā tíngle yī xià hòu jìxù shuō. ▶ **to continue to do sth** *or* **doing sth** 持续(續)做某事 chíxù zuò mǒushì ▶ **to continue with sth** 继(繼)续(續)某事 jìxù mǒushì ▶ **to continue up/along/through sth** 继(繼)续(續)上/沿着(著)/走过(過)某处(處) jìxù shàng/yánzhe/zǒuguò mǒu chù ▶ **"to be continued"** "未完待续(續)" "wèi wán dàixù" ▶ **"continued on page 10"** "转(轉)至第10页(頁)" "zhuǎn zhì dì shí yè"

continuity [kɔntɪ'nju:ɪtɪ] N **1** [C/U] (*in policy, management etc*) 连(連)贯(貫)性 liánguàn xìng **2** [U] (*TV, Cine*) 各场(場)景的串联(聯) gè chǎngjǐng de chuànlián

continuous [kən'tɪnjuəs] ADJ **1** [+ *process, growth etc*] 连(連)续(續)不停的 liánxù bù tíng de **2** [+ *line, surface*] 不断(斷)延伸的 bùduàn yánshēn de **3** (*Ling*) [+ *tense*] 进(進)行时(時)的 jìnxíngshí de

用法参见 **constant**

continuous assessment (*Brit*) N [U] 连(連)续(續)性评(評)估 liánxù xìng pínggū

continuously [kən'tɪnjuəslɪ] ADV 持续(續)不断(斷)地 chíxùbùduàn de

contour ['kɔntuə^r] N [C] **1** (*shape, outline*) 轮(輪)廓 lúnkuò **2** (*also*: **contour line**) (*on map*) 地形线(線) dìxíng xiàn

contraception [kɔntrə'sɛpʃən] N [U] 避孕 bìyùn

contraceptive [kɔntrə'sɛptɪv] **I** N [C] (*drug*) 避孕药(藥) bìyùn yào [片 piàn]; (*device*) 避孕工具 bìyùn gōngjù [种 zhǒng] **II** ADJ [+ *device, method, pill*] 避孕的 bìyùn de

contract [*n* 'kɔntrækt, *vb* kən'trækt] **I** N [C] 合同 hétong [份 fèn] **II** VI **1** (*become smaller*) [*metal, muscle* +] 收缩(縮) shōusuō **2** ▶ **to contract (with sb) to do sth** (和某人)订(訂)做某事的合同 (hé mǒurén) dìngzuò mǒushì de hétong **III** VT [+ *illness*] 感染 gǎnrǎn **IV** CPD [+ *work*] 合同 hétong ▶ **contract of employment** 工作合同 gōngzuò hétong

▶ **contract out** (*Brit*) **I** VT [+ *work*] 把…包出去 bǎ...bāochūqù **II** VI 退出和约(約) tuìchū héyuē

contractor [kən'træktəʳ] N [c] 承包商 chéngbāoshāng [位 wèi]

contradict [kɔntrə'dɪkt] VT **1** (*challenge*) [+ *person, statement etc*] 驳(駁)斥 bóchì **2** (*be contrary to*) 与(與)相悖 yǔ xiāngbèi

contradiction [kɔntrə'dɪkʃən] N [c/U] 矛盾 máodùn [种 zhǒng] ▸ **a contradiction in terms** 措辞(辭)矛盾 cuòcí máodùn

contrary¹ ['kɔntrərɪ] **I** ADJ (*opposite, different*) 相反的 xiāngfǎn de **II** N [c/U] ▸ **the contrary** 相反 xiāngfǎn ▸ **on the contrary** 正相反 zhèng xiāngfǎn ▸ **contrary to popular opinion** 与(與)公众(眾)看法相反 yǔ gōngzhòng kànfǎ xiāngfǎn ▸ **to the contrary** 相反的 xiāngfǎn de

> 请勿将 **on the contrary** 和 **in contrast** 混淆。**on the contrary** 用于驳斥某人或某事，指出他们是错误的。*'People just don't do things like that.' - 'On the contrary, they do them all the time.'* **in contrast** 用来表示你现在谈论的内容与先前所说的内容是截然不同的。*The company said yesterday that in contrast with much of the rest of the industry, it is currently enjoying rapid growth.*

contrary² [kən'trɛərɪ] ADJ (*argumentative*) 好与(與)人作对(對)的 hào yǔrén zuòduì de

contrast [*n* 'kɔntrɑ:st, *vb* kən'trɑ:st] **I** N [c/U] **1** 明显(顯)的差异(異) míngxiǎn de chāyì [种 zhǒng] **2** ▸ **to be a contrast to sth** 与(與)某物截然不同 yǔ mǒuwù jiérán bùtóng [个 gè] **II** VT 对(對)比 duìbǐ **III** VI ▸ **to contrast with sth** 与(與)某事形成对(對)照 yǔ mǒushì xíngchéng duìzhào ▸ **by** *or* **in contrast** 对(對)比之下 duìbǐ zhī xià ▸ **in contrast to...** 与(與)…形成对(對)比 yǔ...xíngchéng duìbǐ ▸ **to contrast sth with sth** 将(將)某物与(與)某物进(進)行对(對)比 jiāng mǒuwù yǔ mǒuwù jìnxíng duìbǐ

> 用法参见 **contrary**

contribute [kən'trɪbju:t] **I** VI ▸ **to contribute (to sth)** (*help*) (为(為)某事)做贡(貢)献(獻) (wèi mǒushì) zuò gòngxiàn; (*with money*) (给(給)某事)捐助 (gěi mǒushì) juānzhù; (*write articles*) (为(為)某刊)撰稿 (wèi mǒukān) zhuàngǎo; (*be a cause*) 造成(某事) zàochéng (mǒushì) **II** VT ▸ **to contribute 10 pounds (to sth)** (给(給)某事)捐献(獻)10英镑(鎊) (gěi mǒushì) juānxiàn shí yīngbàng ▸ **to contribute an article to sth** 给(給)某刊投稿 gěi mǒu kān tóugǎo

contribution [kɔntrɪ'bju:ʃən] **I** N [c] **1** (*donation*) 捐献(獻) juānxiàn [次 cì] **2** (*help*) 贡(貢)献(獻) gòngxiàn **3** (*article*) 稿件 gǎojiàn **II contributions** N PL (*Brit*) 定期扣缴(繳) dìngqī kòujiǎo

contributor [kən'trɪbjutəʳ] N [c] **1** (*to appeal, fund*) 捐献(獻)者 juānxiànzhě [位 wèi] **2** (*to magazine*) 投稿人 tóugǎorén [位 wèi]

★**control** [kən'trəul] **I** VT [+ *country, organization*] 统(統)治 tǒngzhì; [+ *person, emotion, disease, fire*] 控制 kòngzhì; [+ *machine, process*] 操纵(縱) cāozòng; [+ *wages, prices*] 管制 guǎnzhì **II** N [U] [*of country, organization*] 控制权(權) kòngzhì quán; [*of people*] 指挥(揮)能力 zhǐhuī nénglì; [*of vehicle, machine*] 控制 kòngzhì **III controls** N PL **1** [*of vehicle, machine, TV*] 操纵(縱)装(裝)置 cāozòng zhuāngzhì **2** ▸ **price/planning** *etc* **controls** 价(價)格/规(規)划(劃)等管制 jiàgé/guīhuà *děng* guǎnzhì ▸ **to control o.s.** 克制自己 kèzhì zìjǐ ▸ **to take control (of sth)** 控制住(某事) kòngzhì zhù(mǒushì) ▸ **to lose control (of sth)** (*emotionally*) 克制不住(某事) kèzhì bùzhù (mǒushì); (*in vehicle, on machine*) 失去(对(對)某物的)控制 shīqù(duì mǒuwù de) kòngzhì ▸ **to keep control (of sth)** 保持(对(對)某物的)控制 bǎochí(duì mǒuwù de) kòngzhì ▸ **to keep control of o.s.** 控制自己 kòngzhì zìjǐ ▸ **to be in control (of sth)** (*of situation, car*) 控制着(著)(某事) kòngzhì zhe (mǒushì) ▸ **to be under control** [*fire, situation* +] 处(處)于(於)控制之下 chǔyú kòngzhì zhīxià ▸ **to be out of control** [*fire, situation* +] 失去控制 shīqù kòngzhì ▸ **the car went out of control** 那辆(輛)车(車)失控了 nà liàng chē shīkòng le ▸ **circumstances beyond our control** 不在我们(們)控制之中的情况(況) bùzài wǒmen kòngzhì zhīzhōng de qíngkuàng ▸ **to be at the controls** 操纵(縱) cāozòng

control tower N [c] 指挥(揮)调(調)度台(臺) zhǐhuī diàodùtái [间 jiān]

controversial [kɔntrə'və:ʃl] ADJ [+ *decision, issue, person*] 有争(爭)议(議)的 yǒu zhēngyì de; [+ *book, film*] 引起争(爭)论(論)的 yǐnqǐ zhēnglùn de

controversy ['kɔntrəvə:sɪ] N [c/U] 辩(辯)论(論) biànlùn [场 chǎng]

convene [kən'vi:n] (*frm*) **I** VT [+ *meeting, conference*] 召集 zhāojí **II** VI [*parliament, inquiry* +] 正式开(開)始 zhèngshì kāishǐ; [*people* +] 开(開)会(會) kāihuì

convenience [kən'vi:nɪəns] **I** N **1** [U] (*ease, suitability*) 方便 fāngbiàn **2** [c] (*useful thing*) 便利设(設)施 biànlì shèshī **II conveniences** N PL 方便的用具 fāngbiàn de yòngjù ▸ **at sb's convenience** 在某人方便的时(時)候 zài mǒurén fāngbiàn de shíhou ▸ **at your earliest convenience** 在你方便时(時)尽(儘)早 zài nǐ fāngbiàn shí jìnzǎo

convenient [kən'vi:nɪənt] ADJ [+ *method, system, time*] 方便的 fāngbiàn de; [+ *place*] 近便的 jìnbiàn de ▸ **to be convenient for** [+ *person*] 适(適)合于(於) shìhé yú; [+ *place*] 容易到达(達) róngyì dàodá

convent ['kɔnvənt] N [c] 女修道院 nǚ xiūdàoyuàn [座 zuò]

convention [kən'vɛnʃən] N **1** [c/U] (*custom*) 社会(會)习(習)俗 shèhuì xísú [种 zhǒng] **2** [c]

C

(*conference*) [*of organization, group*] 大会(會) dàhuì [次 cì]; (*political*) 代表大会(會) dàibiǎo dàhuì [次 cì] **3** [c] (*agreement*) 协(協)定 xiédìng [项 xiàng]

conventional [kən'vɛnʃənl] ADJ [+ *person, behaviour*] 符合习(習)俗的 fúhé xísú de; [+ *method, product*] 传(傳)统(統)的 chuántǒng de; [+ *war, weapons*] 常规(規)的 chángguī de

conversation [kɔnvə'seɪʃən] N [c/ʊ] 交谈(談) jiāotán [次 cì] ▸ **to have a conversation (about sth/with sb)** (和某人)谈(談)(某事) (hé mǒurén) tán (mǒushì) ▸ **to make conversation** 说(說)应(應)酬话(話) shuō yìngchóuhuà

conversely [kɔn'vəːslɪ] ADV 正相反 zhèng xiāngfǎn

conversion [kən'vəːʃən] N **1** [c/ʊ] (*transformation*) [*of substance*] 转(轉)化 zhuǎnhuà; [*of building*] 改建 gǎijiàn **2** [c/ʊ] [*of quantity, money*] 换(換)算 huànsuàn **3** [c/ʊ] [*of person*] (*to belief*) 改变(變)信仰 gǎibiàn xìnyǎng; (*to religion*) 皈依 guīyī **4** [c] (*Rugby*) 触地得分后再射门得的分 ▸ **the conversion of sth into sth** 从(從)某物到某物的转(轉)变(變) cóng mǒuwù dào mǒuwù de zhuǎnbiàn ▸ **sb's conversion to sth** [+ *Islam, Christianity*] 某人对(對)某教的皈依 mǒurén duì mǒu jiào de guīyī; [+ *belief*] 某人转(轉)而对(對)某事的信仰 mǒurén zhuǎn ér duì mǒushì de xìnyǎng

convert [*vb* kən'vəːt, *n* 'kɔnvəːt] **I** VT **1** (*transform*) [+ *substance*] 使转(轉)化 shǐ zhuǎnhuà; [+ *building*] 改建 gǎijiàn; [+ *vehicle, equipment*] 改装(裝) gǎizhuāng **2** [+ *person*] (*to belief*) 使…改变(變)信仰 shǐ...gǎibiàn xìnyǎng; (*to religion*) 使…皈依 shǐ...guīyī **3** [+ *quantity, money*] 把…折合 bǎ...zhéhé **4** (*Rugby*) 触地得分后再射中球门获得附加分 **II** VI (*Rel*) 皈依 guīyī **III** N [c] (*to belief*) 改变(變)信仰的人 gǎibiàn xìnyǎng de rén; (*to religion*) 皈依者 guīyīzhě [名 míng] ▸ **to convert sth into sth** [+ *substance*] 将(將)某物转(轉)化成某物 jiāng mǒuwù zhuǎnhuà chéng mǒuwù; [+ *building*] 将(將)某建筑(築)改建成某建筑(築) jiāng mǒu jiànzhù gǎijiàn chéng mǒu jiànzhù ▸ **to convert sth to sth** [+ *equipment*] 将(將)某物改装(裝)成某物 jiāng mǒuwù gǎizhuāng chéng mǒuwù ▸ **to convert to sth** [*person* +] (*to belief*) 改为(為)信仰某物 gǎi wéi xìnyǎng mǒuwù; (*to religion*) 皈依某教 guīyī mǒu jiào

convertible [kən'vəːtəbl] **I** N [c] (*car*) 折篷汽车(車) zhépéng qìchē [辆 liàng] **II** ADJ [+ *currency*] 可兑(兌)换(換)的 kě duìhuàn de

convey [kən'veɪ] (*frm*) VT **1** ▸ **to convey sth (to sb)** [+ *information, idea, thanks*] (向某人)传(傳)达(達)某事 (xiàng mǒurén) chuándá mǒushì **2** ▸ **to convey sb/sth to sth** [+ *cargo, traveller*] 将(將)某人/某物运(運)送至某处(處) jiāng mǒurén/mǒuwù yùnsòng zhì mǒuchù

conveyor belt [kən'veɪə-] N [c] 传(傳)送带(帶) chuánsòng dài [条 tiáo]

convict [*vb* kən'vɪkt, *n* 'kɔnvɪkt] **I** VT ▸ **to convict sb (of sth)** 宣判某人有(…)罪 xuānpàn mǒurén yǒu (...) zuì **II** N [c] (*person*) 囚犯 qiúfàn [名 míng]

conviction [kən'vɪkʃən] N **1** [c] (*belief*) 坚(堅)定的信仰 jiāndìng de xìnyǎng [种 zhǒng] **2** [ʊ] (*certainty*) 坚(堅)信 jiānxìn **3** [c/ʊ] (*Law*) 定罪 dìngzuì

convince [kən'vɪns] VT **1** (*cause to believe*) 使信服 shǐ xìnfú **2** (*esp US*) (*persuade*) 说(說)服 shuōfú ▸ **to convince sb of sth** 使某人相信某事 shǐ mǒurén xiāngxìn mǒushì ▸ **to convince sb that...** 说(說)服某人… shuōfú mǒurén... ▸ **to convince sb to do sth** (*esp US*) 说(說)服某人去做某事 shuōfú mǒurén qù zuò mǒushì

convinced [kən'vɪnst] ADJ ▸ **to be convinced that...** 坚(堅)信… jiānxìn ▸ **to be/become convinced of sth** 确(確)信/开(開)始相信某事 quèxìn/kāishǐ xiāngxìn mǒushì

convincing [kən'vɪnsɪŋ] ADJ 令人信服的 lìng rén xìnfú de

convoy ['kɔnvɔɪ] N [c] 车(車)/船队(隊) chē/chuánduì ▸ **in convoy** 由…护(護)送 yóu...hùsòng

COO N ABBR (= **chief operating officer**) 首席营(營)运(運)官 Shǒuxí Yíngyùnguān

cook [kuk] **I** VT [+ *food, meat, vegetables*] 烹调(調) pēngtiáo; [+ *meal*] 做 zuò **II** VI **1** [*person* +] 做饭(飯) zuòfàn **2** [*food* +] 烧(燒) shāo **III** N [c] 厨(廚)师(師) chúshī [位 wèi] ▸ **a good cook** 会(會)做饭(飯)的人 huì zuòfàn de rén

▸**cook up** (*inf*) VT [+ *scheme*] 策划(劃) cèhuà; [+ *excuse, story*] 捏造 niēzào

> 表示烹调的具体方法时，通常会使用比 **cook** 更具体的词。比如，用烤箱烤肉用 **roast**，烤面包或蛋糕则用 **bake**。用水煮蔬菜用 **boil**，隔水蒸食物则用 **steam**。用油炒肉类或蔬菜用 **fry**。用火烤食物可以用 **grill**，或在美式英语中用 **broil**。烤面包一般不用 **grill**，而用 **toast**。

cookbook ['kukbuk] N [c] 菜谱(譜) càipǔ [道 dào]

cooker ['kukəʳ] (*Brit*) N [c] 厨(廚)灶 chúzào [个 gè] [美 = **stove**]

cookery ['kukərɪ] N [ʊ] 烹饪(飪) pēngrèn

cookery book (*Brit*) N = **cookbook**

cookie ['kukɪ] N [c] **1** (*US*) (*for eating*) 小甜饼(餅) xiǎotiánbǐng [块 kuài] [英 = **biscuit**] **2** (*Comput*) 记(記)忆(憶)块(塊) jìyì kuài [个 gè]

cooking ['kukɪŋ] **I** N [ʊ] **1** (*activity*) 烹调(調) pēngtiáo **2** (*food*) 饭(飯)菜 fàncài **II** CPD [+ *apples, chocolate*] 烹调(調)用 pēngtiáo yòng; [+ *utensils*] 用于(於)烹饪(飪) yòngyú pēngrèn

cool [kuːl] **I** ADJ **1** [+ *water, breeze, evening, place*] 凉(涼)的 liáng de **2** (*light*) [+ *clothes*] 凉(涼)爽的 liángshuǎng de **3** (*calm, unemotional*) 冷静(靜)的 lěngjìng de **4** (*unfriendly*) 冷淡的 lěngdàn de **5** (*inf: good*) 顶(頂)呱呱的

dǐngguāguā de; (*fashionable*) 酷的 kù de **II** VT 使变(變)凉(涼) shǐ biànliáng **III** VI 冷下来(來) lěngxiàlái **IV** N ▸ **to keep/lose one's cool** (*inf*) 保持冷静(靜)/失去自制而激动(動)起来(來) bǎochí lěngjìng/shīqù zìzhì ér jīdòng qǐlái ▸ **it's quite cool today** 今天挺凉(涼) jīntiān tǐng liáng ▸ **to keep sth cool** 保持某物的凉(涼)度 bǎochí mǒuwù de liángdù ▸ **(that's) cool!** (*inf: fine*) 再好不过(過)！Zài hǎo bùguò! ▸ **a cool two million dollars** (*inf*) 整整两(兩)百万(萬)美元 zhěngzhěng liǎngbǎiwàn měiyuán

▸**cool down I** VI **1** (*become colder*) 变(變)凉(涼) biànliáng **2** (*fig*) [*person, situation* +] 平息 píngxī **II** VT **1** (*decrease heat of*) 冷却(卻) lěngquè **2** (*fig*) [+ *person, situation*] 使冷静(靜)下来(來) shǐ lěngjìng xiàlái

▸**cool off I** VI (*after heat*) 变(變)凉(涼) biànliáng **II** VT 使变(變)凉(涼) shǐ biànliáng

用法参见 **cold**

co-operate [kəu'ɔpəreɪt] VI **1** (*collaborate*) 合作 hézuò **2** (*be helpful*) 配合 pèihé ▸ **to co-operate with sb** (*collaborate with*) 与(與)某人合作 yǔ mǒurén hézuò; (*be helpful to*) 配合某人 pèihé mǒurén

co-operation [kəuɔpə'reɪʃən] N [U] **1** (*collaboration*) 合作 hézuò **2** (*help*) 配合 pèihé

co-operative [kəu'ɔpərətɪv] **I** ADJ [+ *person, attitude*] 乐(樂)意合作的 lèyì hézuò de; [+ *effort*] 合作的 hézuò de **II** N [C] (*factory, business*) 合作社 hézuòshè [家 jiā]

co-ordinate [*vb* kəu'ɔːdɪneɪt, *n* kəu'ɔːdɪnət] **I** VT [+ *activity, work, effort, limbs, movement*] 协(協)调(調) xiétiáo **II** N [C] (*Math, Geo*) 坐标(標) zuòbiāo

co-ordination [kəuɔːdɪ'neɪʃən] N [U] **1** [*of activity, work, efforts*] 协(協)作 xiézuò **2** [*of movements*] 协(協)调(調) xiétiáo

cop [kɔp] (*inf*) N [C] 警察 jǐngchá [个 gè]

cope [kəup] VI 对(對)付 duìfù ▸ **to cope with sth/with doing sth** [+ *problem, situation, task*] 妥善地处(處)理某事/做某事 tuǒshàn de chǔlǐ mǒushì/zuò mǒushì

copper ['kɔpəʳ] **I** N **1** [U] (*metal*) 铜(銅) tóng **2** [C] (*Brit; inf*) (*policeman/woman*) 警察 jǐngchá **II coppers** N PL (*small change, coins*) 铜(銅)板 tóngbǎn **III** CPD [+ *pipe, bracelet etc*] 铜(銅) tóng

copy ['kɔpɪ] **I** N **1** [C] (*duplicate*) 复(複)制(製)品 fùzhìpǐn [件 jiàn] **2** [C] (*issue*) [*of book, record, newspaper*] 本/张(張)/份 běn/zhāng/fèn **3** [U] (*Publishing*) (*text*) 文字稿 wénzì gǎo **II** VT **1** (*imitate*) [+ *person, idea etc*] 模仿 mófǎng **2** (*also*: **copy out**) 抄写(寫) chāoxiě ▸ **to make a copy of sth** 复(複)印某物 fùyìn mǒuwù ▸ **to make good copy** (*Publishing*) 成为(為)好材料 chéngwéi hǎo cáiliào ▸ **to copy sth into a notebook** 将(將)某事写(寫)在笔(筆)记(記)本里(裡) jiāng mǒushì xiě zài bǐjìběn lǐ

▸**copy down** VT 记(記)下来(來) jì xiàlái

copyright ['kɔpɪraɪt] N [U] 版权(權) bǎnquán

coral ['kɔrəl] N [U] (*substance*) 珊瑚 shānhú

cord [kɔːd] **I** N [C/U] **1** (*string*) 绳(繩) shéngzi [根 gēn] **2** (*Elec*) 电(電)线(線) diànxiàn [根 gēn] **II** CPD (*corduroy*) 灯(燈)心绒(絨)的 dēngxīnróng de **III cords** N PL (*trousers*) 灯(燈)心绒(絨)裤(褲)子 dēngxīnróng kùzi

cordial ['kɔːdɪəl] **I** ADJ 热(熱)烈诚(誠)挚的 rèliè chéngzhì de **II** N [C/U] **1** (*Brit*) (*fruit drink*) 甜饮(飲)料 tián yǐnliào [杯 bēi] **2** (*US*) (*alcoholic drink*) 香甜酒 xiāngtián jiǔ [杯 bèi] [英 = **liqueur**]

cordless ['kɔːdlɪs] ADJ [+ *phone, kettle etc*] 无(無)绳(繩)的 wúshéng de

cordon ['kɔːdn] N [C] (*Mil, Police*) 警戒线(線) jǐngjiè xiàn

▸**cordon off** VT [+ *area*] 封锁(鎖) fēngsuǒ

corduroy ['kɔːdərɔɪ] **I** N [U] 灯(燈)心绒(絨) dēngxīnróng **II** CPD [+ *jacket, trousers etc*] 灯(燈)心绒(絨) dēngxīnróng

core [kɔːʳ] **I** N [C] [*of fruit*] 核 hé [个 gè]; [*of building, place*] 中心 zhōngxīn; [*of earth*] 地核 dìhé; [*of nuclear reactor*] 活性区(區) huóxìng qū [个 gè]; [*of problem, issue*] 核心 héxīn **II** VT [+ *apple, pear etc*] 去掉…的果核 qùdiào…de guǒhé ▸ **to be a Republican/royalist to the core** 是个(個)十足的共和主义(義)者/保皇主义(義)者 shì gè shízú de gònghé zhǔyì zhě/bǎohuáng zhǔyì zhě

coriander [kɔrɪ'ændəʳ] N [U] 香菜 xiāngcài

cork [kɔːk] **I** N **1** [C] (*stopper*) 瓶塞 píngsāi [个 gè] **2** [U] (*material*) 软(軟)木 ruǎnmù **II** CPD [+ *mat, tile etc*] 软(軟)木制(製) ruǎnmùzhì

corkscrew ['kɔːkskruː] N [C] 瓶塞钻(鑽) píngsāizuàn [个 gè]

corn [kɔːn] N **1** [U] (*Brit*) (*cereal crop*) 谷(穀)物 gǔwù [美 = **grain**] **2** [U] (*US*) (*maize*) 玉米 yùmǐ [英 = **maize**] **3** [C] (*on foot*) 鸡(雞)眼 jīyǎn [个 gè] ▸ **corn on the cob** 玉米(棒子) yùmǐ (bàngzi) [根 gēn]

corned beef ['kɔːnd-] N [U] 腌(醃)牛肉 yānniúròu

corner ['kɔːnəʳ] **I** N [C] **1** 角落 jiǎoluò [个 gè] **2** [*of road*] 街角 jiējiǎo [个 gè] **3** (*Football*) (*also*: **corner kick**) 角球 jiǎoqiú **4** (*Boxing*) 场(場)角 chǎngjiǎo **II** VT [+ *person, animal*] 使走投无(無)路 shǐ zǒutóu wúlù **III** VI [*car, driver* +] 拐(枴)弯(彎) guǎiwān ▸ **to cut corners** (*fig*) 走捷径(徑) zǒu jiéjìng ▸ **to be (just) round** *or* **around the corner** (*fig*) 即将(將)发(發)生 jíjiāng fāshēng ▸ **to turn the corner** (*fig*) 渡过(過)难(難)关(關) dùguò nánguān ▸ **to corner the market** 垄(壟)断(斷)市场(場) lǒngduàn shìchǎng

cornet ['kɔːnɪt] N [C/U] 短号(號) duǎnhào [把 bǎ] ▷ *He plays the cornet.* 他会吹短号。Tā huì chuī duǎnhào. 锥(錐)形蛋卷 zhuīxíng

dànjuǎn [个 gè]; (*ice cream*)
cornflakes ['kɔːnfleɪks] N PL 玉米片 yùmǐ piàn
cornflour ['kɔːnflauəʳ] (*Brit*) N [U] 玉米面(麵) yùmǐ miàn [美 = **cornstarch**]
cornstarch ['kɔːnstɑːtʃ] (*US*) N [U] 玉米面(麵) yùmǐ miàn [英 = **cornflour**]
Cornwall ['kɔːnwəl] N 康沃尔(爾) Kāngwò'ěr ▸ **in Cornwall** 在康沃尔 zài Kāngwò'ěr
coronary ['kɔrənərɪ] (*Med*) **I** N [C] (*also*: **coronary thrombosis**) 冠心病 guànxīnbìng **II** ADJ [+ *artery*] 冠状(狀)动(動)脉(脈)的 guànzhuàng dòngmài de ▸ **to have a coronary** 患冠心病 huàn guānxīnbìng
coronation [kɔrə'neɪʃən] N [C] 加冕典礼(禮) jiāmiǎn diǎnlǐ
coroner ['kɔrənəʳ] N [C] 验(驗)尸(屍)官 yànshīguān [名 míng]
Corp. ABBR (= **corporation**) 股份有限公司 gǔfèn yǒuxiàn gōngsī
corporal ['kɔːpərəl] N [C] 下士 xiàshì [名 míng]
corporal punishment N [U] 体(體)罚(罰) tǐfá
corporate ['kɔːpərɪt] ADJ [+ *executive, culture, earnings, image*] 公司的 gōngsī de; [+ *client*] 集团(團)的 jítuán de; [+ *responsibility*] 共同的 gòngtóng de
corporation [kɔːpə'reɪʃən] N [C] **1** (*Comm*) 股份有限公司 gǔfèn yǒuxiàn gōngsī [家 jiā] **2** (*Brit*) [*of town*] 市政当(當)局 shìzhèng dāngjú
corps [kɔːʳ] (*pl* **corps**) N [C] **1** (*Mil*) 特种(種)部队(隊) tèzhǒng bùduì [支 zhī] **2** [*of diplomats, journalists*] 团(團) tuán
corpse [kɔːps] N [C] 死尸(屍) sǐshī [具 jù]
correct [kə'rɛkt] **I** ADJ **1** [+ *answer, details, amount, spelling*] 正确(確)的 zhèngquè de; [+ *decision, means, procedure*] 适(適)当(當)的 shìdàng de **2** (*socially*) [+ *person, behaviour*] 得体(體)的 détǐ de **II** VT **1** (*put right*) [+ *mistake, fault, person*] 纠(糾)正 jiūzhèng **2** (*mark*) [+ *exam*] 批改 pīgǎi ▸ **you are correct** 你是对(對)的 nǐ shì duì de
correction [kə'rɛkʃən] N **1** [C] 修改 xiūgǎi [次 cì] **2** [U] (*correcting*) 改正 gǎizhèng
correctly [kə'rɛktlɪ] ADV 正确(確)地 zhèngquè de
correspond [kɔrɪs'pɔnd] VI **1** (*be equivalent*) ▸ **to correspond (to sth)** (与(與)某物)相符合 (yǔ mǒuwù) xiāng fúhé **2** (*write*) ▸ **to correspond (with sb)** (和某人)通信 (hé mǒurén) tōngxìn
correspondence [kɔrɪs'pɔndəns] N **1** [U] (*letter-writing*) 通信 tōngxìn **2** [U] (*letters*) 信件 xìnjiàn **3** [C] (*relationship*) 一致 yīzhì
correspondent [kɔrɪs'pɔndənt] N [C] (*reporter*) 记(記)者 jìzhě [名 míng]
corresponding [kɔrɪs'pɔndɪŋ] ADJ 相应(應)的 xiāngyìng de
corridor ['kɔrɪdɔːʳ] N [C] (*in house, building*) 走廊 zǒuláng [条 tiáo]; (*on train*) 车(車)厢(廂)过(過)道 chēxiāng guòdào [个 gè]
corrode [kə'rəud] **I** VI [*metal* +] 受腐蚀(蝕) shòu fǔshí **II** VT [+ *metal*] 腐蚀(蝕) fǔshí
corrupt [kə'rʌpt] **I** ADJ **1** [+ *person*] 腐败(敗)的 fǔbài de **2** [+ *data*] 破坏(壞)的 pòhuài de **II** VT **1** [+ *person*] 使堕(墮)落 shǐ duòluò **2** [+ *data*] 破坏(壞) pòhuài ▸ **corrupt practices** 贪(貪)赃(贓)舞弊的行为(為) tānzāng wǔbì de xíngwéi
corruption [kə'rʌpʃən] N [U] 贪(貪)赃(贓)舞弊 tānzāng wǔbì
'cos [kɔz] (*Brit; inf*) CONJ 因为(為) yīnwèi
cosmetics [kɔz'mɛtɪks] **I** N PL (*beauty products*) 化妆(妝)品 huàzhuāng pǐn **II** ADJ [+ *measure, improvement*] 表面的 biǎomiàn de
cosmetic surgery N [U] 整容手术(術) zhěngróng shǒushù
cosmic ['kɔzmɪk] ADJ 宇宙的 yǔzhòu
cosmopolitan [kɔzmə'pɔlɪtn] ADJ [+ *place, person, outlook*] 世界性的 shìjiè xìng de
★ **cost** [kɔst] (*pt, pp* **cost**) **I** N **1** [C] 价(價)格 jiàgé [种 zhǒng] ▷ *the cost of a loaf of bread* 一条面包的价格 yī tiáo miànbāo de jiàgé **2** [C/U] (*fig: loss, damage etc*) 代价(價) dàijià ▷ *The cost in human life was enormous.* 付出了巨大的生命代价。Fùchūle jùdà de shēngmìng dàijià. **II** VT **1** (*be priced at*) 价(價)格为(為) jiàgé wéi ▷ *It cost five thousand dollars.* 价格为5000美元。Jiàgé wéi wǔqiān měiyuán. **2** (*Comm*) (*work out cost of*) [+ *project, purchase etc*] (*pt, pp* **costed**) 估价(價) gūjià **III costs** N PL **1** (*overheads*) 成本 chéngběn **2** (*Law*) 诉(訴)讼(訟)费(費)用 sùsòng fèiyòng ▸ **how much does it cost?** 这(這)多少钱(錢)? zhè duōshao qián? ▸ **it cost me fifty pounds** 这(這)花了我50英镑(鎊) zhè huāle wo wǔshí yīngbàng ▸ **it costs 5 pounds/too much** 价(價)格为(為)5英镑(鎊)/太高 jiàgé wéi wǔ yīngbàng/tàigāo ▸ **what will it cost to have it repaired?** 修理它要多少钱(錢)? Xiūlǐ tā yào duōshǎo qián? ▸ **it cost him his life/job** 这(這)让(讓)他付出了生命/失去工作的代价(價) zhè ràng tā fùchūle shēngmìng/shīqù gōngzuò de dàijià ▸ **the cost of living** 生活费(費)用 shēnghuó fèiyòng ▸ **at all costs** 不惜一切代价(價) bùxī yīqiè dàijià
co-star ['kəustɑːʳ] (*TV, Cine*) **I** N [C] 合演者 héyǎnzhě [名 míng] **II** VI ▸ **to co-star (with sb)** (与(與)某人)联(聯)袂主演 (yǔ mǒurén) liánmèi zhǔyǎn
Costa Rica ['kɔstə'riːkə] N 哥斯达(達)黎加 Gēsīdálíjiā
costly ['kɔstlɪ] ADJ **1** (*expensive*) 昂贵(貴)的 ángguì de **2** (*fig*) 代价(價)惨(慘)重的 dàijià cǎnzhòng de
costume ['kɔstjuːm] N **1** [C/U] [*of actor, artist*] 戏(戲)装(裝) xìzhuāng [套 tào] **2** [U] (*style of dress*) 服装(裝)式样(樣) fúzhuāng shìyàng
cosy, (*US*) **cozy** ['kəuzɪ] ADJ **1** [+ *room, house*] 温(溫)暖舒适(適)的 wēnnuǎn shūshì de **2** [+ *person*] ▸ **to be/feel cosy** 感到舒适(適)安

逸 gǎndào shūshì 'ānyì **3** [+ *chat, evening, atmosphere*] 亲(親)切友好的 qīnqiè yǒuhǎo de

cot [kɔt] N [c] **1** (*Brit*) (*child's*) 幼儿(兒)床 yòu'ér chuáng [张 zhāng] [美 = **crib**] **2** (*US*) (*bed*) 帆布床 fānbù chuáng [张 zhāng] [英 = **camp bed**]

cottage ['kɔtɪdʒ] N [c] 村舍 cūnshè [个 gè]

cottage cheese N [U] 农(農)家鲜(鮮)干(乾)酪 nóngjiā xiān gānlào

cottage pie (*Brit*) N [c/U] 农(農)家馅(餡)饼(餅) nóngjiā xiànbǐng [个 gè]

cotton ['kɔtn] **I** N [U] **1** (*fabric*) 棉布 miánbù **2** (*plant*) 棉树(樹) miánshù **3** (*thread*) 棉线(線) miánxiàn **II** CPD [+ *dress, sheets*] 棉布 miánbù ▸**cotton on** (*Brit; inf*) VI ▸ **to cotton on (to sth)** 明白(某事) míngbai (mǒushì)

cotton candy (*US*) N [U] 棉花糖 miánhuā táng [英 = **candy floss**]

cotton wool (*Brit*) N [U] 脱(脫)脂棉 tuōzhī mián [美 = **absorbent cotton**]

couch [kautʃ] **I** N [c] **1** 长(長)沙发(發) cháng shāfā [个 gè] **2** (*doctor's, psychiatrist's*) 诊(診)察台(臺) zhěnchátái **II** VT ▸ **to be couched in polite language/legal terms** 以礼(禮)貌的语(語)言/法律措辞(辭)表达(達) yǐ lǐmào de yǔyán/fǎlǜ cuòcí biǎodá

cough [kɔf] **I** VI **1** [*person* +] 咳嗽 késou **2** [*engine* +] 喀喀作响(響) kākāzuòxiǎng **II** N [c] (*noise, illness*) 咳嗽 késou [阵 zhèn] **III** VT [+ *blood*] 咳 ké ▸ **to have a cough** 咳嗽 késou ▸**cough up** **I** VT **1** [+ *blood*] 咳出 kéchū **2** (*inf*) [+ *money*] 不情愿(願)地支付 bù qíngyuàn de zhīfù **II** VI (*inf*) 出钱(錢) chūqián

cough mixture (*Brit*) N [U] 咳嗽糖浆(漿) késou tángjiāng

KEYWORD

★ **could** [kud] AUX VB **1** (*referring to past*) ▸ **we couldn't go to the party** 我们(們)没(沒)能去参(參)加聚会(會) wǒmen méi néng qù cānjiā jùhuì ▸ **last year we couldn't afford a holiday** 去年我们(們)度不起假 qùnián wǒmen dù bu qǐ jià ▸ **he could be very unkind** 他可能会(會)很刻薄 tā kěnéng huì hěn kèbó ▸ **he couldn't read or write** 他不会(會)读(讀)也不会(會)写(寫) tā bùhuì dú yě bùhuì xiě ▸ **we could hear him whistling** 我们(們)能听(聽)到他正在吹口哨 wǒmen néng tīngdào tā zhèngzài chuī kǒushào ▸ **she said she couldn't hear me** 她说(說)听(聽)不见(見)我说(說)的话(話) tā shuō tīng bùjiàn wǒ shuō de huà

2 (*possibility*) ▸ **he could be in the library** 他可能在图(圖)书(書)馆(館) tā kěnéng zài túshūguǎn ▸ **I couldn't be happier** 我再高兴(興)不过(過)了 wǒ zài gāoxìng bùguò le ▸ **he could be released next year** 他明年可能被释(釋)放 tā míngnián kěnéng bèi shìfàng ▸ **you could have been killed!** 可能你连(連)命都没(沒)了！ kěnéng nǐ lián mìng dōu méile! ▸ **the accident could have been caused by an oil leak** 事故可能是由石油泄(洩)漏引起的 shìgù kěnéng shì yóu shíyóu xièlòu yǐnqǐ de

3 (*in conditionals with "if"*) ▸ **if we had more time, I could finish this** 如果有更多时(時)间(間)，我能够(夠)完成的 rúguǒ yǒu gèngduō shíjiān, wǒ nénggòu wánchéng de ▸ **we'd have a holiday, if we could afford it** 如果能支付得起的话(話)，我们(們)就去度假了 rúguǒ néng zhīfù de qǐ de huà, wǒmen jiù qù dùjià le

4 (*in offers, suggestions, requests*) 可以 kěyǐ ▸ **I could call a doctor** 我可以叫个(個)医(醫)生 wǒ kěyǐ jiào gè yīshēng ▸ **we could always go to the cinema** 我们(們)还(還)是可以去看电(電)影 wǒmen háishì kěyǐ qù kàn diànyǐng ▸ **couldn't you give him a call?** 你可不可以给(給)他打个(個)电(電)话(話)？ nǐ kě bù kěyǐ gěi tā dǎ gè diànhuà? ▸ **could I borrow the car?** 我可以借一下车(車)吗(嗎)？ wǒ kěyǐ jiè yīxià chē ma? ▸ **if I could just interrupt you for a minute** 我是否可以打扰(擾)你一小会(會)儿(兒) wǒ shìfǒu kěyǐ dǎrǎo nǐ yīhuìr ▸ **he asked if he could make a phone call** 他问(問)是否可以打个(個)电(電)话(話) tā wèn shìfǒu kěyǐ dǎ gè diànhuà

5 (*emphatic*) ▸ **you could at least be polite!** 你至少可以礼(禮)貌点(點)儿(兒)！ nǐ zhìshǎo kěyǐ lǐmào diǎnr! ▸ **you could have told me!** 你早该(該)告诉(訴)我！ nǐ zǎo gāi gàosù wǒ! ▸ **I could scream!** 我真想大叫！ wǒ zhēn xiǎng dàjiào! ▸ **how could you have lied to me?** 你怎么(麼)能向我撒谎(謊)呢？ nǐ zěnme néng xiàng wǒ sāhuǎng ne?

couldn't ['kudnt] = **could not**

★ **council** ['kaunsl] N [c] **1** [*of city, county*] 议(議)会(會) yìhuì [个 gè] **2** (*in names*) 理事会(會) lǐshìhuì ▷ *the Arts Council* 艺术理事会 yìshù lǐshìhuì

council estate (*Brit*) N [c] 由市政经营的房产

council house (*Brit*) N [c] 地方当局建造的简易住宅

councillor ['kaunslə^r] N [c] 地方议(議)员(員) dìfāng yìyuán [位 wèi]

council tax (*Brit*) N [U] 市政税，由英国地方政府根据房屋价值而征收并自由支配的税种

counsel ['kaunsl] **I** N **1** [U] (*advice*) 劝(勸)告 quàngào **2** [c] (*lawyer*) 讼(訟)务(務)律师(師) sòngwù lǜshī **II** VT **1** (*advise*) [+ *person*] 给(給)…提建议(議) gěi...tí jiànyì **2** [+ *caution, patience*] 建议(議) jiànyì ▸ **to keep one's own counsel** 将(將)自己的意见(見)保密 jiāng zìjǐ de yìjiàn bǎomì ▸ **counsel for the defence, defence counsel** 辩(辯)护(護)律师(師) biànhù lǜshī ▸ **counsel for the prosecution, prosecuting**

counsel 公诉(訴)律师(師) gōngsù lùshī ▸ **to counsel sb to do sth** (*frm*) 劝(勸)告某人做某事 quàngào mǒurén zuò mǒushì

counselling, (US) **counseling** ['kaunsəlɪŋ] N [U] 辅(輔)导(導) fǔdǎo

counsellor, (US) **counselor** ['kaunslə^r] N [C] **1** (*advisor*) 顾(顧)问(問) gùwèn [名 míng] **2** (*US*) (*lawyer*) 律师(師) lǜshī [名 míng]

count [kaunt] **I** VT **1** (*also*: **count up**) 数(數) shǔ **2** (*include*) 把…计(計)算在内(內) bǎ…jìsuàn zàinèi **II** VI **1** (*add*) 数(數) shǔ **2** (*enter into consideration*) 认(認)可 rènkě **3** (*matter*) 有价(價)值 yǒu jiàzhí **III** N [C] **1** (*total*) [*of things, people, votes*] 数(數)目 shùmù **2** (*level*) [*of pollen, alcohol etc*] 计(計)数(數) jìshù **3** (*nobleman*) 伯爵 bójué [位 wèi] ▸ **to count (up) to 10** 数(數)到10 shǔdào shí ▸ **to count the cost of sth** 计(計)算某事的成本 jìsuàn mǒushì de chéngběn ▸ **not counting the children** 儿(兒)童不算在内(內) értóng bù suàn zàinèi ▸ **10 counting him** 算上他10个(個) suàn shàng tā shí gè ▸ **count yourself lucky** 你应(應)该(該)感到幸运(運) nǐ yīnggāi gǎndào xìngyùn ▸ **to count as sth** 算得上某事 suàn de shàng mǒushì ▸ **it counts for little/a lot** 没(沒)用/有用 méiyòng/yǒuyòng ▸ **to keep/lose count of sth** 知道/不知道某事的数(數)目 zhīdào/bù zhīdào mǒushì de shùmù

▸**count against** VT FUS 对(對)…不利 duì…bùlì

▸**count down** VT FUS [+ *seconds, minutes*] 倒着(著)数(數) dàozhe shǔ ▸ **to be counting down the days to sth** 迫切期待着(著)某事的到来(來) pòqiè qīdàizhe mǒushì de dàolái

▸**count down to** VT FUS **1** (*lit*) [+ *midnight, blast-off*] 倒读(讀)数(數)至 dàodú shǔzhì **2** (*fig*) [+ *Christmas, anniversary, etc*] 迫切期待着(著) pòqiè qīdàizhe

▸**count in** VT [+ *person*] 把…算在内(內) bǎ…suàn zàinèi

▸**count on, count upon** VT FUS [+ *support, help*] 指望 zhǐwàng; [+ *person*] 依靠 yīkào ▸ **to count on doing sth** 指望做某事 zhǐwàng zuò mǒushì

▸**count out** VT FUS **1** [+ *coins, notes*] 清点(點) qīngdiǎn **2** (*exclude*) [+ *person*] 不把…算入 bù bǎ…suànrù

countdown ['kauntdaun] N [C] (*to launch*) 倒计(計)时(時) dàojìshí

counter ['kauntə^r] **I** N [C] **1** (*desk*) (*in shop, café, bank, post office*) 柜(櫃)台(臺) guìtái [个 gè] **2** (*in game*) 筹(籌)码(碼) chóumǎ [个 gè] **3** (*for keeping count*) 计(計)数(數)器 jìshùqì **4** ▸ **a counter to sth** 对(對)某事物的反作用 duì mǒushìwù de fǎn zuòyòng **II** VT **1** (*offset*) 反击(擊) fǎnjī **2** (*respond to*) 反驳(駁) fǎnbó **III** ADV ▸ **to run** *or* **be counter to sth** 违(違)背某事 wéibèi mǒushì ▸ **to buy/sell sth under the counter** 私下买(買)/卖(賣)某物 sīxià mǎi/mài mǒuwù ▸ **to counter with sth/by doing sth** 用某事/通过(過)做某事来(來)反对(對) yòng mǒushì/tōngguò zuò mǒushì lái fǎnduì

counteract ['kauntər'ækt] VT [+ *effect, tendency*] 对(對)抗 duìkàng

counterclockwise ['kauntə'klɔkwaɪz] (US) **I** ADV 逆时(時)针(針)方向地 nì shízhēn fāngxiàng de [英 = **anticlockwise**] **II** ADJ 逆时(時)针(針)方向的 nì shízhēn fāngxiàng de [英 = **anticlockwise**]

counterfeit ['kauntəfɪt] **I** ADJ [+ *money, goods, document*] 伪(偽)造的 wěizào de **II** N [C] 仿制(製)品 fǎngzhì pǐn [件 jiàn] **III** VT 伪(偽)造 wěizào

counterpart ['kauntəpɑːt] N [C] [*of person, company etc*] 相对(對)应(應)的人/物 xiāng duìyìng de rén/wù

counterterrorism [kauntə'tɛrərɪzəm] N [U] 反恐行动 fǎnkǒng xíngdòng

countertop ['kauntətɔp] (US) N [C] 厨(廚)房里(裡)做饭(飯)的平台(臺) chúfáng lǐ zuòfàn de píngtái [英 = **worktop**]

countess ['kauntɪs] N [C] (*in own right*) 女伯爵 nǚ bójué [位 wèi]; (*wife of count/earl*) 伯爵夫人 bójué fūren [位 wèi]

countless ['kauntlɪs] ADJ 无(無)数(數)的 wúshù de

★ **country** ['kʌntrɪ] **I** N **1** [C] (*nation*) 国(國)家 guójiā [个 gè] **2** (*countryside*) ▸ **the country** 乡(鄉)下 xiāngxià [个 gè] ▹ *a healthy life in the country* 乡下的健康生活 xiāngxià de jiànkāng shēnghuó **3** [C] (*native land*) 家乡(鄉) jiāxiāng [个 gè] ▹ *He loved his country.* 他热爱自己的家乡。Tā rè'ài zìjǐ de jiāxiāng. **4** [S] (*population*) 全国(國)人民 quánguó rénmín **5** [U] (*area*) 地区(區) dìqū ▹ *mountainous country* 山区 shānqū **II** CPD (*also*: **country and western**) [+ *music, singer*] 西部乡(鄉)村 xībù xiāngcūn ▸ **in the country** 在乡(鄉)下 zài xiāngxià

country house (*Brit*) N [C] 乡(鄉)间(間)别(別)墅 xiāngjiān biéshù [栋 dòng]

countryside ['kʌntrɪsaɪd] N [U] 农(農)村 nóngcūn

county ['kauntɪ] N [C] 郡 jùn [个 gè]

coup [kuː] N [C] **1** (*also*: **coup d'état**) 政变(變) zhèngbiàn [次 cì] **2** (*achievement*) 意外而成功的行动(動) yìwài ér chénggōng de xíngdòng [次 cì]

couple ['kʌpl] **I** N [C] **1** (*married*) 夫妻 fūqī [对 duì]; (*living together*) 情侣(侶) qínglǚ [对 duì] **2** (*twosome*) 对(對) duì **3** ▸ **a couple of** (*two*) 两(兩)个(個) liǎnggè; (*a few*) 几(幾)个(個) jǐgè **II** VT ▸ **coupled with sth** 配上某物 pèishang mǒuwù ▸ **to couple sth to sth** [+ *machinery*] 将(將)某物与(與)某物连(連)接起来(來) jiāng mǒuwù yǔ mǒuwù liánjiē qǐlái

coupon ['kuːpɔn] N [C] **1** (*voucher*) 折价(價)券

zhéjià quàn [张 zhāng] **2** (*form*) 索取单(單) suǒqǔ dān

courage [ˈkʌrɪdʒ] N [U] 勇气(氣) yǒngqì ▶ **to have the courage to do sth** 有勇气(氣)做某事 yǒu yǒngqì zuò mǒushì

courageous [kəˈreɪdʒəs] ADJ 勇敢的 yǒnggǎn de

courgette [kuəˈʒɛt] (*Brit*) N [C/U] 密生西葫芦(蘆) mìshēng xīhúlu [个 gè] [美 = **zucchini**]

courier [ˈkurɪəʳ] N [C] **1** (*messenger*) 信使 xìnshǐ [个 gè] **2** (*rep*) 旅游(遊)团(團)的服务(務)员(員) lǚyóutuán de fúwùyuán [个 gè]

★ **course** [kɔːs] I N **1** [C] (*educational*) 课(課)程 kèchéng [个 gè] **2** [C] [*of injections, antibiotics*] 疗(療)程 liáochéng **3** [C] (*direction*) [*of life, events, time etc*] 进(進)程 jìnchéng; [*of ship, aircraft*] 航向 hángxiàng; [*of river*] 流向 liúxiàng **4** [C] (*also:* **course of action**) 做法 zuòfǎ [种 zhǒng] **5** [*of meal*] ▶ **first/next/last course** 第一/下一/最后(後)一道菜 dìyī/xiàyī/zuìhòu yīdào cài [道 dào] **6** [C] (*for golf, horse-racing*) 场(場) chǎng; (*for cycling*) 道 dào II VI (*liter*) ▶ **to course down/through sth** 在某物上/中迅速流动(動) zài mǒuwù shàng/zhōng xùnsù liúdòng ▶ **of course** (*naturally*) 自然 zìrán; (*certainly*) 当(當)然 dāngrán ▷ *That is of course true.* 自然是真的。Zìrán shì zhēn de. ▷ *Of course you should accept.* 你当然应该接受。Nǐ dāngrán yīnggāi jiēshòu. ▶ **of course!** 没(沒)问(問)题(題)! méi wèntí! ▶ **of course not!** 当(當)然不行! dāngrán bùxíng! ▶ **in the course of the next few days** 在今后(後)几(幾)天期间(間) zài jīnhòu jǐ tiān qījiān ▶ **to be on course for...** 在迈(邁)向…的正确(確)方向上 zài màixiàng...de zhèngquè fāngxiàng shàng ▶ **to run** *or* **take its course** 听(聽)其自然发(發)展 tīng qí zìrán fāzhǎn ▶ **a course of action** 做法 zuòfǎ [种 zhǒng] ▶ **a course of treatment** 一个(個)疗(療)程 yīgè liáochéng ▶ **a course of lectures** 系列讲(講)座 xìliè jiǎngzuò

★ **court** [kɔːt] I N [C] **1** (*Law*) (*place*) 法庭 fǎtíng [个 gè]; (*people*) 全体(體)审(審)判员(員) quántǐ shěnpànyuán **2** (*for tennis, badminton*) 球场(場) qiúchǎng [个 gè] **3** (*royal*) 宫(宮)廷 gōngtíng [个 gè] II VT **1** (*seek*) [+ *publicity, popularity*] 试(試)图(圖)获(獲)得 shìtú huòdé **2** (*risk*) [+ *disaster, unpopularity*] 招致 zhāozhì **3** (*o.f.*) [+ *man, woman*] 与(與)…谈(談)恋(戀)爱(愛) yǔ...tán liàn'ài III VI [*couple* +] 恋(戀)爱(愛) liàn'ài ▶ **to take sb to court** 起诉(訴)某人 qǐsù mǒurén ▶ **to settle sth out of court** 庭外和解 tíngwài héjiě ▶ **to go to court** (*Law*) 起诉(訴) qǐsù ▶ **to hold court** 接待仰慕者 jiēdài yǎngmùzhě

courteous [ˈkəːtɪəs] ADJ 谦(謙)恭有礼(禮)的 qiāngōng yǒulǐ de

courtesy [ˈkəːtəsɪ] I N [U] (*politeness*) 谦(謙)恭有礼(禮) qiāngōng yǒulǐ II CPD [+ *bus, car etc*] 免费(費) miǎnfèi ▶ **(by) courtesy of...** (*thanks to*) 承蒙… chéngméng...

courthouse [ˈkɔːthaus] (*US*) N [C] 法院 fǎyuàn [个 gè] [英 = **court**]

courtroom [ˈkɔːtrum] N [C] 法庭 fǎtíng

courtyard [ˈkɔːtjɑːd] N [C] 庭院 tíngyuàn [个 gè]

cousin [ˈkʌzn] N [C] (*older male on father's side*) 堂兄 tángxiōng [个 gè]; (*younger male on father's side*) 堂弟 tángdì [个 gè]; (*older female on father's side*) 堂姐 tángjiě [个 gè]; (*younger female on father's side*) 堂妹 tángmèi [个 gè]; (*older male on mother's side*) 表兄 biǎoxiōng [个 gè]; (*younger male on mother's side*) 表弟 biǎodì [个 gè]; (*older female on mother's side*) 表姐 biǎojiě [个 gè]; (*younger female on mother's side*) 表妹 biǎomèi [个 gè] ▶ **first cousin** 嫡堂或表兄弟姐妹 dí táng huò biǎo xiōngdì jiěmèi ▶ **second cousin** 远(遠)房堂或表兄弟姐妹 yuǎnfáng táng huò biǎo xiōngdì jiěmèi

★ **cover** [ˈkʌvəʳ] I VT **1** ▶ **to cover sth (with sth)** (用某物)盖(蓋)着(著)某物 (yòng mǒuwù) gàizhe mǒuwù ▷ *She covered her face with her hands.* 她用手蒙着自己的脸。Tā yòng shǒu méngzhe zìjǐ de liǎn. **2** (*travel*) [+ *distance*] 行 xíng ▷ *We covered twenty kilometres a day.* 我们每天行20公里。Wǒmen měitiān xíng èrshí gōnglǐ. **3** (*in insurance*) ▶ **to cover sb (against sth)** 给(給)某人保(某事的)险(險) gěi mǒurén bǎo (mǒushì de) xiǎn ▷ *We're not covered against accidental damage.* 我们没有保意外损害险。Wǒmen méiyǒu bǎo yìwài sǔnhàixiǎn. **4** (*deal with*) [*law, regulation* +] 适(適)用于(於) shìyòngyú ▷ *The law covers four categories of experiments.* 这条法则适用于4种试验。Zhè tiáo fǎzé shìyòng yú sì zhǒng shìyàn.; [*speaker, writer, course* +] 讨(討)论(論) tǎolùn ▷ *We've covered a wide range of subjects today.* 我们今天讨论了一系列广泛的课题。Wǒmen jīntiān tǎolùnle yīxìliè guǎngfàn de kètí.; [*journalist, reporter* +] 报(報)道 bàodào ▷ *My editor asked me to cover the elections.* 编辑叫我报道这些选举。Biānjí jiào wǒ bàodào zhèxiē xuǎnjǔ. **5** (*be sufficient money for*) 足够(夠)支付 zúgòu zhīfù ▷ *£1.50 to cover postage* 1英镑50便士用来支付邮资 yī yīngbàng wǔshí biànshì yòng lái zhīfù yóuzī II N **1** [C] (*for furniture, machinery etc*) 套子 tàozi [个 gè] **2** [C] (*jacket*) [*of book, magazine*] 封面 fēngmiàn [个 gè] **3** [U] (*insurance*) 保险(險) bǎoxiǎn **4** [U] (*shelter*) 掩蔽物 yǎnbìwù ▷ *They ran for cover.* 他们向可以躲避的地方跑去。Tāmen xiàng kěyǐ duǒbì de dìfāng pǎo qù. **5** [C] (*for illegal activities*) 幌子 huǎngzi [个 gè] III **covers** N PL (*on bed*) 铺(鋪)盖(蓋) pūgai ▶ **to be covered in** *or* **with sth** [+ *mud, blood, dust etc*] 被某物覆盖(蓋) bèi mǒuwù fùgài ▶ **to take cover** 隐(隱)蔽 yǐnbì ▶ **under cover** 躲起来(來) duǒ qǐ lái ▶ **under cover of darkness** 在黑夜的掩

护(護)下 zài hēiyè de yǎnhù xià ▸ **under separate cover** 在另函内(內) zài lìng hán nèi
▸**cover for** VT FUS **1** [+ *wrongdoer*] 为(為)…隐(隱)瞒(瞞) wèi…yǐnmán **2** [+ *absent colleague*] 代替 dàitì
▸**cover up** **I** VT **1** ▸ **to cover sth up (with sth)** [+ *person, object*] (用某物)将(將)某物盖(蓋)住 (yòng mǒuwù) jiāng mǒuwù gàizhù **2** [+ *facts, feelings, mistakes*] (用某事)掩饰(飾)某事 (yòng mǒushì) yǎnshì mǒushì **II** VI ▸ **to cover up for sb** 替某人掩饰(飾) tì mǒurén yǎnshì

coverage ['kʌvərɪdʒ] N [U] (*TV, Publishing*) 报(報)道 bàodào ▸ **television coverage of the conference** 大会(會)的电(電)视(視)报(報)道 dàhuì de diànshì bàodào ▸ **to give full coverage of** 全面报(報)道 quánmiàn bàodào

covering ['kʌvərɪŋ] N [C] (*layer, around sth*) 层(層) céng
▸ **floor/wall covering** 地板/墙(牆)壁覆盖(蓋)物 dìbǎn/qiángbì fùgàiwù

covert ['kəuvət] ADJ [+ *operation, action, support*] 秘(祕)密的 mìmì de

cover-up ['kʌvərʌp] N [C] 掩盖(蓋) yǎngài

cow [kau] **I** N [C] **1** (*farm animal*) 奶牛 nǎiniú [头 tóu] **2** (*Zool*) [*of elephant, whale*] 雌兽(獸) císhòu **3** (*infl: woman*) 婆娘 póniáng **II** VT (*intimidate*) 胁(脅)迫 xiépò

coward ['kauəd] N [C] 胆(膽)小鬼 dǎnxiǎoguǐ [个 gè]

cowardly ['kauədlɪ] ADJ [+ *act*] 怯懦的 qiènuò de; [+ *person*] 胆(膽)小的 dǎnxiǎo de

cowboy ['kaubɔɪ] N [C] **1** (*in US*) 牛仔 niúzǎi [个 gè] **2** (*Brit; inf*) (*tradesman*) 奸滑之辈(輩) jiānhuá zhī bèi

cozy ['kəuzɪ] (*US*) ADJ = **cosy**

CPA (*US*) N ABBR (= **certified public accountant**) 会(會)计(計)师(師) kuàijìshī

crab [kræb] N **1** [C] (*creature*) 螃蟹 pángxiè [只 zhī] **2** [U] (*meat*) 蟹肉 xièròu

crack [kræk] **I** N **1** [C] (*in bone, dish, glass, wall*) 裂缝(縫) lièfèng [条 tiáo] **2** [S] (*gap*) 缝(縫)隙 fèngxì **3** [C] (*noise*) 噼啪声(聲) pīpāshēng [阵 zhèn]; [+ *of whip*] 噼啪声(聲) pīpāshēng [阵 zhèn] **4** [C] (*inf: joke*) 挖苦话(話) wāku huà [句 jù] **5** (*inf: attempt*) ▸ **to have a crack (at sth)** 尝(嘗)试(試)(某事) chángshì (mǒushì) **6** [U] (*drug*) 纯(純)可卡因 chún kěkǎyīn **II** VT **1** (*break*) [+ *dish, glass, mirror*] 使开(開)裂 shǐ kāiliè; [+ *bone*] 使骨折 shǐ gǔzhé; [+ *nut, egg*] 打破 dǎpò **2** (*noisily*) [+ *whip, twig*] 使噼啪作响(響) shǐ pīpā zuòxiǎng **3** (*solve*) [+ *problem, code*] 解决(決) jiějué **III** VI **1** [*dish, mirror, pipe* +] 开(開)裂 kāiliè **2** (*inf*) [*person* +] (*lose control*) 垮掉 kuǎdiào **IV** ADJ [+ *soldier, athlete*] 技艺(藝)高超的 jìyì gāochāo de ▸ **to crack one's head/knee on sth** 头(頭)/膝盖(蓋)在某物上撞了一下 tóu/xīgài zài mǒuwù shàng zhuàngle yīxià ▸ **to crack an egg into a bowl** 打一个(個)鸡(雞)蛋在碗里(裡) dǎ yī gè jīdàn zài wǎn lǐ ▸ **to crack a joke** 讲(講)笑话(話) jiǎng xiàohuà ▸ **to get cracking** (*Brit; inf*) 开(開)始大干(幹)起来(來) kāishǐ dàgàn qǐlái
▸**crack down on** VT FUS [+ *drug dealers, crime etc*] 对(對)…严(嚴)惩(懲)不贷(貸) duì…yánchéng bùdài
▸**crack up** VI (*inf: mentally*) 精神崩溃(潰) jīngshén bēngkuì

cracked [krækt] ADJ **1** [+ *dish, glass, mirror*] 破裂的 pòliè de **2** (*inf: mad*) 疯(瘋)狂的 fēngkuáng de

cracker ['krækəʳ] N [C] **1** (*biscuit*) 薄脆饼(餅)干(乾) báocuì bǐnggān [块 kuài] **2** (*also:* **Christmas cracker**) 圣(聖)诞(誕)爆竹 shèngdàn bàozhú [只 zhī] ▸ **she's a cracker** (*Brit; inf*) 她棒极了 tā bàng jí le ▸ **it was a cracker of a match** (*Brit; inf*) 那场(場)比赛(賽)棒极(極)了 nà chǎng bǐsài bàng jí le ▸ **he's crackers** (*Brit; inf*) 他疯(瘋)了 tā fēng le

crackle ['krækl] **I** VI [*fire, radio, telephone* +] 发(發)噼啪声(聲) fā pīpāshēng **II** N [C] [*of fire, radio, telephone*] 噼啪声(聲) pīpāshēng [阵 zhèn]

cradle ['kreɪdl] **I** N [C] (*baby's*) 摇(搖)篮(籃) yáolán [个 gè] **II** VT [+ *child, object*] 抱 bào ▸ **the cradle of civilization** 文明的发(發)源地 wénmíng de fāyuándì

craft [krɑ:ft] **I** N [C] **1** (*pl* **craft**) (*boat*) 船舶 chuánbó [艘 sōu]; (*plane*) 飞(飛)机(機) fēijī [架 jià] **2** (*weaving, pottery etc*) 工艺(藝) gōngyì [道 dào] **3** (*trade*) 行业 hángyè **II** VT 精工制(製)作 jīnggōng zhìzuò

craftsman ['krɑ:ftsmən] (*pl* **craftsmen**) N [C] 手艺(藝)人 shǒuyìrén [名 míng]

craftsmanship ['krɑ:ftsmənʃɪp] N [U] 工艺(藝)技巧 gōngyì jìqiǎo

cram [kræm] **I** VT **1** ▸ **to cram sth into sth** 将(將)某物塞入某物 jiāng mǒuwù sāirù mǒuwù ▸ **to cram sb into sth** 将(將)某人挤(擠)入某物 jiāng mǒuwù jǐrù mǒuwù **2** (*fill*) [+ *place*] 挤(擠)满(滿) jǐmǎn **II** VI **1** ▸ **to cram into sth** [+ *building, vehicle*] 挤(擠)进(進)某处(處) jǐjìn mǒuchù **2** (*for exam*) 临(臨)时(時)抱佛脚(腳) línshí bào fójiǎo ▸ **to cram sth with** *or* **full of sth** 用某物将(將)某物塞得满(滿)满(滿)的 yòng mǒuwù jiāng mǒuwù sāi de mǎnmǎn de

crammed [kræmd] ADJ ▸ **crammed with** 塞满(滿)的 sāimǎn de ▷ *Her bag was crammed with books.* 她的包被书塞满了。Tā de bāo bèi shū sāimǎn le.

cramp [kræmp] **I** N [C/U] 抽筋 chōujīn [阵 zhèn] **II** VT ▸ **to cramp sb's style** (*inf*) 使某人不能放开(開)手脚(腳) shǐ mǒurén bùnéng fàngkāi shǒujiǎo ▸ **to have cramp (in one's leg)** (腿)抽筋 (tuǐ)chōujīn

cramped [kræmpt] ADJ [+ *room, building*] 狭(狹)小的 xiáxiǎo de; [+ *conditions*] 受限制的 shòu xiànzhì de

cranberry ['krænbərɪ] **I** N [c] 越橘 yuèjú [颗 kē] **II** CPD [+ *juice*] 越橘 yuèjú [颗 kē]

crane [kreɪn] **I** N [c] **1** (*machine*) 起重机(機) qǐzhòngjī [部 bù] **2** (*bird*) 鹤(鶴) hè **II** VT ▸ **to crane one's neck** 伸长(長)脖子 shēncháng bózi **III** VI ▸ **to crane forward** 向前伸长(長)脖子 xiàngqián shēncháng bózi

cranefly ['kreɪnflaɪ] N [c] 大蚊 dàwén [只 zhī]

crap [kræp] (*inf!*) **I** ADJ 糟糕的 zāogāo de **II** N [U] **1** (*faeces*) 屎 shǐ **2** (*nonsense*) 胡扯 húchě **III** VI 拉屎 lāshǐ ▸ **to have a crap** 拉屎 lāshǐ

crash [kræʃ] **I** N [c] **1** [*of car*] 撞击(擊) zhuàngjī [下 xià]; [*of plane*] 坠(墜)机(機) zhuìjī [次 cì] **2** [*of stock market, business*] 暴跌 bàodiē **3** (*noise*) 哗(嘩)啦声(聲) huālā shēng [声 shēng] **II** VT [+ *car, plane*] 使撞毁(毀) shǐ zhuànghuǐ **III** VI **1** [*car, driver* +] 撞击(擊) zhuàngjī; [*plane* +] 坠(墜)毁(毀) zhuìhuǐ **2** [*market, firm* +] 突然倒台(臺) tūrán dǎotái **3** (*Comput*) 死机(機) sǐjī **4** (*clatter*) 轰(轟)然猛撞 hōngrán měngzhuàng ▸ **a car/plane crash** 撞车(車)/飞(飛)机(機)失事 zhuàngchē/fēijī shīshì ▸ **to crash into sth** 猛地撞上某物 měngde zhuàngshàng mǒuwù ▸ **he crashed the car into a wall** 他把车(車)撞到了墙(牆)上 tā bǎ chē zhuàngdàole qiáng shàng

crash helmet N [c] 安全帽 ānquán mào [顶 dǐng]

crash out (*inf*) VI 睡着 shuìzháo

crate [kreɪt] N [c] (*box*) 装(裝)货(貨)箱 zhuānghuò xiāng; (*for bottles*) 装(裝)瓶箱 zhuāngpíng xiāng ▸ **a crate of oranges/beer** 一箱桔子/啤酒 yī xiāng júzi/píjiǔ

cravat [krə'væt] N [c] 男用领(領)结(結) nányòng lǐngjié

crave [kreɪv] VT (*also*: **crave for**) [+ *attention, affection*] 渴望得到 kěwàng dédào; [+ *food, drink*] 渴求 kěqiú

crawfish ['krɔːfɪʃ] (*pl* **crawfish**) (*US*) N [c/U] 淡水螯虾(蝦) dànshuǐ áoxiā [英 = **crayfish**]

crawl [krɔːl] **I** VI **1** [*adult, child, insect* +] 爬 pá; [*vehicle* +] 徐缓(緩)而行 xúhuǎn ér xíng **2** (*inf: grovel*) ▸ **to crawl (to sb)** 拍(某人的)马(馬)屁 pāi (mǒurén de) mǎpì **II** N [U] (*also*: **the crawl**) (*in swimming*) 自由泳 zìyóu yǒng ▸ **to do the crawl** 游自由泳 yóu zìyóu yǒng ▸ **to be crawling with** (*inf*) [+ *people, things*] 充满(滿)了 chōngmǎn le ▸ **to drive along at a crawl** 缓(緩)慢地行进(進) huǎnmàn de xíngjìn

crayfish ['kreɪfɪʃ] (*pl* **crayfish**) N [c/U] 淡水螯虾(蝦) dànshuǐ áoxiā

crayon ['kreɪən] N [c] **1** (*coloured pencil*) 彩色铅(鉛)笔(筆) cǎisè qiānbǐ [支 zhī] **2** (*wax crayon*) 彩色蜡(蠟)笔(筆) cǎisè làbǐ [支 zhī]

craze [kreɪz] N [c] (*fashion*) 一时(時)的狂热(熱) yīshí de kuángrè ▸ **a craze for sth** 狂热(熱)地爱(愛)好某物 kuángrè de àihào mǒuwù

crazy ['kreɪzɪ] (*inf*) ADJ (*mad*) 发(發)疯(瘋)的 fāfēng de ▸ **to be crazy about sth/doing sth** 对(對)某事/做某事着(著)迷 duì mǒushì/zuò mǒushì zháomí ▸ **to be crazy about sb** 为(為)某人神魂颠(顛)倒 wèi mǒurén shén hún diān dǎo ▸ **to go crazy** 发(發)疯(瘋) fāfēng ▸ **to make** *or* **drive sb crazy** 使某人心烦(煩)意乱(亂) shǐ mǒurén xīn fán yì luàn ▸ **like crazy** 拼命 pīnmìng

creak [kriːk] **I** VI [*floorboard, door* +] 嘎吱嘎吱作响(響) gāzhīgāzhī zuòxiǎng **II** N [c] (*sound*) 嘎吱嘎吱声(聲) gāzhīgāzhī shēng

cream [kriːm] **I** N **1** [U] (*dairy cream*) 奶油 nǎiyóu **2** [c/U] (*for skin*) 乳霜 rǔshuāng [瓶 píng] **3** (*élite*) ▸ **the cream** 精华(華) jīnghuá **II** ADJ (*in colour*) 乳白色的 rǔbáisè de

▸**cream off** VT [+ *people*] 选(選)拔 xuǎnbá; [+ *money, profits*] 提取并(並)挪为(為)私用 tíqǔ bìng nuówéi sīyòng

cream cheese N [U] 奶油干(乾)酪 nǎiyóu gānlào

creamy ['kriːmɪ] ADJ **1** (*containing cream*) 含大量奶油的 hán dàliàng nǎiyóu de **2** (*smooth*) 光滑细(細)腻(膩)的 guānghuá xìnì de

crease [kriːs] **I** N [c] (*in cloth, paper: fold*) 折痕 zhéhén [道 dào]; (*wrinkle*) 皱(皺)纹(紋) zhòuwén [条 tiáo]; (*in trousers*) 折缝(縫) zhéfèng [道 dào] **II** VT (*wrinkle*) 使起皱(皺) shǐ qǐzhòu **III** VI [*cloth, paper* +] 起皱(皺) qǐzhòu; [*face* +] 皱(皺)起来(來) zhòuqǐlái

creased [kriːst] ADJ 褶皱(皺)的 zhézhòu de

★ **create** [kriː'eɪt] VT [+ *job, situation, wealth, problem etc*] 创(創)造 chuàngzào; [+ *feeling*] 引起 yǐnqǐ

creation [kriː'eɪʃən] N **1** [U] (*act*) 创(創)造 chuàngzào **2** [c] (*work*) 作品 zuòpǐn [件 jiàn] **3** [U] (*Rel*) (*also*: **the creation**) 创(創)世 chuàngshì

creative [kriː'eɪtɪv] ADJ **1** [+ *person*] 有创(創)造力的 yǒu chuàngzàolì de **2** [+ *use, manner*] 创(創)造性的 chuàngzàoxìng de

creator [kriː'eɪtə^r] N [c] 创(創)造者 chuàngzàozhě [位 wèi]

creature ['kriːtʃə^r] N [c] **1** (*animal*) 动(動)物 dòngwù [种 zhǒng] **2** (*person*) 人 rén

crèche [krɛʃ] (*Brit*) N [c] 托儿(兒)所 tuō'érsuǒ [个 gè]

credentials [krɪ'dɛnʃlz] N PL **1** (*qualifications*) 资(資)格 zīgé **2** (*references*) 证(證)明书(書) zhèngmíngshū **3** (*identifying papers*) 证(證)件 zhèngjiàn

credibility [krɛdɪ'bɪlɪtɪ] N [U] [*of person, organization*] 信誉(譽) xìnyù; [*of candidate, policy, idea*] 可靠性 kěkàoxìng; [*of statement, claim*] 可信性 kěxìnxìng ▸ **to lose one's credibility** 失去信誉(譽) shīqù xìnyù

credible ['krɛdɪbl] ADJ [+ *person, organization*] 可靠的 kěkào de; [+ *candidate, policy, idea*] 有希望的 yǒu xīwàng de; [+ *statement, claim*] 可信的 kěxìn de

credit ['krɛdɪt] **I** N **1** [U] (*financial*) 贷(貸)款

dàikuǎn **2** [U] *(recognition)* 赞(讚)扬(揚) zànyáng **3** [C] *(Scol, Univ)* 学(學)分 xuéfēn [个 gè] **II** VT **1** ▸ **the money will be credited to you/your account** 钱(錢)会(會)记(記)入你的账(賬)户(戶) qián huì jìrù nǐ de zhànghù **2** *(believe)* 相信 xiāngxìn **III credits** N PL 片尾字幕 piànwěi zìmù ▸ **to be in credit** *(esp Brit)* *[person, bank account +]* 有余(餘)额(額) yǒu yú'é ▸ **on credit** 赊(賒)账(賬) shēzhàng ▸ **it's to his credit that...** 他值得赞(讚)扬(揚)的是… tā zhíde zànyáng de shì... ▸ **to have sth to one's credit** 完成某事 wánchéng mǒushì ▸ **to take the credit for sth** 把某事归(歸)功于(於)自己 bǎ mǒushì guīgōng yú zìjǐ ▸ **it does you credit** 你值得为(為)此受到称(稱)赞(讚) nǐ zhíde wèicǐ shòudào chēngzàn ▸ **he's a credit to his family** 他是他家庭的骄(驕)傲 tā shì tā jiātíng de jiāo'ào ▸ **would you** *or* **can you credit it!** 难(難)以置信！Nányǐ zhìxìn! ▸ **to credit sb with sth** 将(將)某事归(歸)功于(於)某人 jiāng mǒushì guīgōng yú mǒurén ▹ *I used to credit you with a bit of common sense.* 我曾认为你有点常识。Wǒ céng rènwéi nǐ yǒu diǎn chángshí.

credit card N [C] 信用卡 xìnyòng kǎ [张 zhāng]

credit crunch N [C] 信贷紧缩 xìndài jǐnsuō [次 cì]

creek [kriːk] N [C] **1** *(Brit) (inlet)* 小海湾(灣) xiǎo hǎiwān [个 gè] **2** *(US) (stream)* 小溪 xiǎoxī [条 tiáo] ▸ **to be up the creek (without a paddle)** *(inf)* 处(處)于(於)困境 chǔyú kùnjìng

creep [kriːp] *(pt, pp* **crept***)* **I** VI **1** *[person, animal +]* ▸ **to creep up/down/into sth** 蹑(躡)手蹑(躡)脚(腳)地走上/下/进(進)某处(處) nièshǒunièjiǎo de zǒushàng/xià/jìn mǒuchù **2** *[mist +]* ▸ **to creep in** 不知不觉(覺)地到来(來) bù zhī bù jué de dàolái **3** *[inflation, rate, price +]* ▸ **to creep up** 渐(漸)渐(漸)上升 jiànjiàn shàngshēng **4** *[mistakes, complacency, doubts +]* ▸ **to creep in** 渐(漸)渐(漸)产(產)生 jiànjiàn chǎnshēng **II** N [C] *(inf: person)* 马(馬)屁精 mǎpìjīng [个 gè] ▸ **it makes my flesh creep** 使我毛骨悚然 shǐ wǒ máo gǔ sǒng rán ▸ **to creep up on sb** *[person +]* 悄悄靠近某人 qiāoqiāo kàojìn mǒurén; *[feeling +]* 不知不觉(覺)地降临(臨)到某人身上 bù zhī bù jué de jiànglín dào mǒurén shēn shàng ▸ **it gives me the creeps** *(inf)* 这(這)使我毛骨悚然 zhè shǐ wǒ máo gǔ sǒng rán

creepy ['kriːpɪ] *(inf)* ADJ *[+ story, place, person]* 令人毛骨悚然的 lìng rén máo gǔ sǒngrán de

cremate [krɪ'meɪt] VT 火化 huǒhuà

crematorium [krɛmə'tɔːrɪəm] *(pl* **crematoria** [krɛmə'tɔːrɪə]*)* N [C] 火化场(場) huǒhuà chǎng [个 gè]

crepe [kreɪp] **I** N **1** [U] *(fabric)* 绉(縐)织(織)物 zhòuzhīwù **2** [C] *(pancake)* 薄煎饼(餅) báojiānbǐng [张 zhāng] **3** [U] *(rubber)* 绉(縐)胶(膠) zhòujiāo **II** CPD *[+ dress, jacket etc]* 绉(縐)织(織)的 zhòuzhī de

crept [krɛpt] PT, PP *of* **creep**

crescent ['krɛsnt] N [C] **1** *(shape)* 月牙形 yuèyáxíng **2** *(esp Brit) (in street names)* 新月形街道 xīnyuèxíng jiēdào [条 tiáo]

cress [krɛs] N [U] 水芹 shuǐqín

crest [krɛst] N [C] **1** *(top) (of hill)* 峰 fēng; *(of wave)* 波峰 bōfēng **2** *(of bird)* 羽冠 yǔguān **3** *(coat of arms)* 饰(飾)章 shìzhāng [枚 méi]

crew [kruː] N **1** [C] *[of ship, aircraft, spacecraft]* 全体(體)工作人员(員) quántǐ gōngzuò rényuán **2** [C] *(TV)* 组(組) zǔ [个 gè] **3** [S] *(inf: gang)* 一帮(幫) yībāng

crew neck N [C] *(also:* **crew neck sweater***)* 圆(圓)式紧(緊)衣领(領) yuánshì jǐn yīlǐng

crib [krɪb] **I** N [C] **1** *(US) (for baby)* 有围(圍)栏(欄)的童床 yǒu wéilán de tóngchuáng [张 zhāng] [英 = **cot**] **2** *(nativity scene)* 耶稣诞生的情景雕像 **II** VI *(inf, o.f.: copy)* 抄袭(襲) chāoxí

cricket ['krɪkɪt] N **1** [U] *(sport)* 板球 bǎnqiú **2** [C] *(insect)* 蟋蟀 xīshuài [只 zhī]

CRICKET

在大英帝国时代，**cricket**（板球）做为一种夏季运动引入印度，巴基斯坦和澳大利亚等国。如今，板球在这些国家依然十分盛行。两队各11名队员，通常为男性。队员通常穿传统的白色运动服。板球的规则以复杂著称。两队轮流击球。击球的队尽力争取最多次数的 **run**（跑垒），其打击手在两组称为 **stump**（三门柱）的柱子间跑。另一队争取在击球手跑到门柱前用球击中门柱，还可以在球触地前接住球将该击球手淘汰出局。

cricketer ['krɪkɪtəʳ] N [C] 板球运(運)动(動)员(員) bǎnqiú yùndòngyuán

crime [kraɪm] N **1** [C] *(illegal act)* 罪行 zuìxíng [种 zhǒng] **2** [U] *(illegal activities)* 犯罪活动(動) fànzuì huódòng **3** [C] *(fig)* 罪过(過) zuìguò [个 gè]

criminal ['krɪmɪnl] **I** N [C] 罪犯 zuìfàn [个 gè] **II** ADJ **1** *(Law)* *[+ offence, activity, record]* 犯罪的 fànzuì de; *[+ law, court]* 刑事的 xíngshì de **2** *(fig: wrong)* 应(應)受责(責)备(備)的 yīng shòu zébèi de

crimson ['krɪmzn] ADJ 深红(紅)色的 shēn hóngsè de

cringe [krɪndʒ] VI *(in embarrassment)* 畏缩(縮) wèisuō ▸ **to cringe with embarrassment/horror** 由于(於)尴(尷)尬/恐惧(懼)而畏缩(縮) yóuyú gāngà/kǒngjù ér wèisuō

cripple ['krɪpl] **I** VT **1** *[+ person]* 使…变(變)跛 shǐ...biànbǒ **2** *[+ ship, plane]* 严(嚴)重损(損)坏(壞) yánzhòng sǔnhuài **3** *[+ organization, system]* 使陷于(於)瘫(癱)痪(瘓) shǐ xiànyú tānhuàn **II** N [C] *(o.f.)* 残(殘)废(廢) cánfèi

▸ **crippled with arthritis** 因关(關)节(節)炎而残(殘)疾 yīn guānjiéyán ér cánjí

crisis ['kraɪsɪs] (*pl* **crises** ['kraɪsiːz]) N [c/U] 危机(機) wēijī [种 zhǒng]

crisp [krɪsp] **I** ADJ **1** [+ *bacon, biscuit*] 松(鬆)脆的 sōngcuì de; [+ *lettuce, apple*] 新鲜(鮮)而脆生的 xīnxiān ér cuìsheng de **2** [+ *weather, day*] 清新凉(涼)爽的 qīngxīn liángshuǎng de **3** [+ *tone, manner*] 干(乾)脆的 gāncuì de **4** [+ *cotton, shirt, paper*] 挺括的 tǐngkuò de **II** N [c] (*Brit*) (*potato crisp*) 薯片 shǔpiàn [片 piàn] [美 = **chip, potato chip**]

crispy ['krɪspɪ] ADJ 松(鬆)脆的 sōngcuì de

criterion [kraɪ'tɪərɪən] (*pl* **criteria** [kraɪ'tɪərɪə]) N [c] 标(標)准(準) biāozhǔn

critic ['krɪtɪk] N [c] **1** [*of person, system, policy*] 批评(評)家 pīpíngjiā [名 míng] **2** (*reviewer*) 评(評)论(論)员(員) pínglùnyuán [名 míng]

critical ['krɪtɪkl] ADJ **1** (*crucial*) 关(關)键(鍵)的 guānjiàn de **2** (*serious*) 危急的 wēijí de **3** (*seriously ill*) 病危的 bìngwēi de **4** (*negative*) [+ *person, remark*] 吹毛求疵的 chuīmáoqiúcī de **5** (*analytical*) [+ *examination, analysis, study etc*] 一丝(絲)不苟的 yīsībùgǒu de **6** (*from critics*) [+ *acclaim, success*] 评(評)论(論)的 pínglùn de ▸ **in a critical condition** 情况(況)危急 qíngkuàng wēijí ▸ **to be critical of sb/sth** 批评(評)某人/某事 pīpíng mǒurén/mǒushì

critically ['krɪtɪklɪ] ADV **1** (*crucially*) [+ *important*] 极(極)其 jíqí **2** (*seriously*) [+ *low, ill, injured*] 严(嚴)重地 yánzhòng de **3** (*negatively*) [*speak, say* +] 以批评(評)的态(態)度 yǐ pīpíng de tàidu **4** (*analytically*) [*examine, think, study* +] 一丝(絲)不苟地 yīsībùgǒu de **5** (*by critics*) [*acclaimed, successful* +] 根据(據)评(評)论(論)家判断(斷) gēnjù pínglùnjiā pànduàn

criticism ['krɪtɪsɪzəm] N **1** [U] (*censure*) 批评(評) pīpíng **2** [c] (*complaint*) 指责(責) zhǐzé [种 zhǒng] **3** [U] [*of book, play etc*] 评(評)论(論) pínglùn

criticize ['krɪtɪsaɪz] VT 批评(評) pīpíng ▸ **to criticize sb for (doing) sth** 批评(評)某人(做)某事 pīpíng mǒurén(zuò)mǒushì

Croat ['krəuæt] N **1** [c] (*person*) 克罗(羅)地亚(亞)人 Kèluódìyàrén [个 gè] **2** [U] (*language*) 克罗(羅)地亚(亞)语(語) Kèluódìyà yǔ

Croatia [krəu'eɪʃə] N 克罗(羅)地亚(亞) Kèluódìyà

Croatian [krəu'eɪʃən] **I** ADJ 克罗(羅)地亚(亞)的 Kèluódìyà de **II** N = **Croat**

crochet ['krəuʃeɪ] **I** N [U] 钩(鉤)针(針)编(編)织(織) gōuzhēn biānzhī **II** VI, VT 用钩(鉤)针(針)编(編)织(織) yòng gōuzhēn biānzhī

crockery ['krɔkərɪ] N [U] 陶器 táoqì

crocodile ['krɔkədaɪl] N [c] 鳄(鱷)鱼(魚) èyú [只 zhī]

crocus ['krəukəs] N [c] 番红(紅)花 fānhónghuā [朵 duǒ]

croissant ['kwæsnt] N [c] 羊角面(麵)包 yángjiǎo miànbāo [个 gè]

crook [kruk] N [c] **1** (*inf: criminal*) 坏(壞)蛋 huàidàn [个 gè] **2** (*stick*) [*of shepherd, bishop*] 手杖 shǒuzhàng [根 gēn] ▸ **the crook of one's arm/leg** 臂弯(彎)/膝弯(彎) bìwān/xīwān

crooked ['krukɪd] ADJ **1** (*twisted*) [+ *nose, teeth*] 变(變)形的 biànxíng de; [+ *line*] 弯(彎)曲的 wānqū de **2** (*off-centre*) [+ *picture, tie*] 歪的 wāi de **3** (*inf: dishonest*) 不老实(實)的 bùlǎoshi de

crop [krɔp] **I** N **1** [c] (*plants*) 庄(莊)稼 zhuāngjia [种 zhǒng] **2** [c] (*amount produced*) 收成 shōuchéng [个 gè] **3** [s] (*fig: batch*) 一批 yīpī **4** [c] (*hairstyle*) 平头(頭) píngtóu **5** [c] (*also: riding crop*) 短马(馬)鞭 duǎn mǎbiān [条 tiáo] **II** VT **1** [+ *hair*] 剪短 jiǎnduǎn **2** [*animal* +] [+ *grass*] 啃吃 kěnchī

▸**crop up** VI **1** (*appear unexpectedly*) 意外地出现(現) yìwài de chūxiàn **2** (*appear*) 被提到 bèi tídào

cross [krɔs] **I** N [c] **1** (*x shape*) 交叉符号(號) jiāochā fúhào [个 gè]; (*showing disagreement*) 叉号(號) chāhào [个 gè] **2** (*crucifix shape*) 十字 shízì [个 gè] **3** (*Rel*) 十字架 shízìjià [个 gè] **4** (*mixture*) ▸ **a cross between sth and sth** 某物和某物的混合物 mǒuwù hé mǒuwù de hùnhéwù [种 zhǒng] **5** (*crossbreed*) 杂(雜)交品种(種) zájiāo pǐnzhǒng **6** (*Football*) 横(橫)传(傳) héngchuán **II** VT **1** [*person* +] [+ *street, room*] 横(橫)穿 héngchuān **2** [*road, railway, bridge* +] [+ *river, land etc*] 横(橫)跨 héngkuà **3** [+ *arms, legs, fingers*] 交叉 jiāochā **4** [*smile, expression* +] [+ *face*] 显(顯)露在 xiǎnlù zài **5** (*Brit*) [+ *cheque*] 在支票上画两条平行线，只可转账无法兑现 **6** (*crossbreed*) ▸ **to cross sth with sth** 将(將)某物与(與)某物交配 jiāng mǒuwù yǔ mǒuwù jiāopèi **7** (*Football*) [+ *ball*] 横(橫)传(傳) héngchuán **8** (*oppose*) [+ *person*] 阻挠(撓) zǔnáo **III** VI **1** [*roads, lines* +] 相交 xiāngjiāo **2** ▸ **to cross from... to...** (*walking*) 从(從)…走到 cóng...zǒudào; (*on ferry*) 从(從)…横(橫)渡到 cóng...héngdùdào **IV** ADJ (*angry*) 生气(氣)的 shēngqì de ▸ **the thought never crossed my mind** 我从(從)来(來)都没(沒)这(這)么(麼)想过(過) wǒ cónglái dōu méi zhème xiǎngguò ▸ **to cross o.s.** (*Rel*) 划(劃)十字祈求上帝保佑(祐) huà shízì qíqiú Shàngdì bǎoyòu ▸ **we have a crossed line** (*Brit*) (*on telephone*) 我们(們)的电(電)话(話)串线(線)了 wǒmen de diànhuà chuànxiàn le ▸ **they've got their lines** *or* **wires crossed** (*fig*) 他们(們)相互误(誤)会(會)了 tāmen xiānghù wùhuì le ▸ **to be/get cross with sb** 生某人的气(氣) shēng mǒurén de qì ▸ **to be/get cross about sth** 因为(為)某事生气(氣) yīnwèi mǒushì shēngqì ▸ **it makes me very cross** 这(這)令我很生气(氣) zhè lìng wǒ hěn shēngqì

▸**cross off** VT (*delete*) 取消 qǔxiāo

▸**cross out** VT (*delete*) 取消 qǔxiāo

▸**cross over** VI (*cross the street*) 过(過)马(馬)路 guò mǎlù ▸**to cross over from... to...** 从(從)…到…去 cóng...dào...qù

cross-country [krɔs'kʌntrɪ] **I** N [U] (*running*) 越野赛(賽)跑 yuèyě sàipǎo **II** ADJ [+ *running, race, skier, journey etc*] 越野的 yuèyě de **III** ADV ▸**to go cross-country** 走小路 zǒu xiǎolù

crossing ['krɔsɪŋ] N [C] **1** (*voyage*) 横(橫)渡 héngdù [次 cì] **2** (*Brit*) (*also*: **pedestrian crossing**) 人行横(橫)道 rénxíng héngdào [个 gè] [美 = **crosswalk**]

crossing guard (*US*) N [C] 为保证儿童安全过马路手持暂停指挥牌的交通管理员 [英 = **lollipop man, lollipop lady**]

crossroads ['krɔsrəudz] (*pl* **crossroads**) N [C] (*junction, decisive point*) 十字路口 shízì lùkǒu [个 gè]

cross section N [C] **1** [*of*] (*population*) 典型 diǎnxíng **2** [*of object*] 横(橫)截面 héngjiémiàn

crosswalk ['krɔswɔːk] (*US*) N [C] 人行横(橫)道 rénxíng héngdào [个 gè] [英 = **(pedestrian) crossing**]

crossword ['krɔswəːd] N [C] (*also*: **crossword puzzle**) 填字游(遊)戏(戲) tánzì yóuxì [个 gè]

crotch [krɔtʃ], **crutch** [krʌtʃ] N [C] **1** (*groin*) 胯部 kuàbù **2** [*of garment*] 裤(褲)裆(襠) kùdāng

crouch [krautʃ] VI (*also*: **crouch down**) 蹲 dūn ▸**to be crouching** 蹲着(著) dūnzhe ▸**to crouch over sth** 蹲在某物上 dūn zài mǒuwù shàng

crouton ['kruːtɔn] N [C] 烤的/炸的面(麵)包丁 kǎo de/zhá de miànbāodīng

crow [krəu] **I** N [C] (*bird*) 乌(烏)鸦(鴉) wūyā [只 zhī] **II** VI **1** [*cockerel* +] 啼叫 tíjiào **2** (*boast*) ▸**to crow about** *or* **over sth** 因某事得意洋洋 yīn mǒushì déyìyángyáng

crowd [kraud] **I** N [C] [*of people, fans etc*] 人群 rénqún [个 gè] **II** VT (*cram*) 挤(擠)满(滿) jǐmǎn **III** VI **1** (*gather*) ▸**to crowd around sb/sth** 聚集在某人/某处(處)周围(圍) jùjí zài mǒurén/mǒuchù zhōuwéi **2** (*cram*) ▸**to crowd into sth** 大批涌(湧)入某处(處) dàpī yǒngrù mǒuchù ▸**the/our crowd** [*of friends etc*] 一伙(夥)人/我们(們)这(這)伙(夥)人 yī huǒ rén/wǒmen zhè huǒ rén ▸**crowds of people** 大批人群 dàpī rénqún ▸**don't crowd me** 别(別)挤(擠)我 bié jǐ wǒ

▸**crowd in** VI 大批涌(湧)入 dàpī yǒngrù

crowded ['kraudɪd] ADJ **1** (*full*) [+ *room, ship, train*] 拥(擁)挤(擠)的 yōngjǐ de **2** (*densely populated*) [+ *area*] 人口众(眾)多的 rénkǒu zhòng duō de; [+ *conditions*] 拥(擁)挤(擠)的 yōngjǐ de ▸**to be crowded with** [+ *people*] 挤(擠)满(滿)了 jǐmǎn le; [+ *things*] 满(滿)是 mǎnshì

crown [kraun] **I** N [C] **1** [*of monarch*] 皇冠 huángguān [个 gè] **2** ▸**the Crown** (*monarchy*) 君主立宪(憲)政府 jūnzhǔ lìxiàn zhèngfǔ **3** (*top*) [*of head*] 头(頭)顶(頂) tóudǐng; [*of hat*] 帽顶(頂) màodǐng **4** (*on tooth*) 假齿(齒)冠 jiǎchǐ guān **II** VT **1** [+ *monarch*] 为(為)…加冕 wèi...jiāmiǎn **2** (*liter*) [+ *hill, cliff*] 覆盖(蓋)…的顶(頂)端 fùgài...de dǐngduān **3** (*fig*) [+ *event, career*] 圆(圓)满(滿)地结(結)束 yuánmǎn de jiéshù ▸**to crown sb king** 加冕某人为(為)国(國)王 jiāmiǎn mǒurén wéi guówáng

crown jewels N PL ▸**the Crown Jewels** 御宝(寶) yùbǎo

crucial ['kruːʃl] ADJ 关(關)键(鍵)性的 guānjiàn xìng de ▸**to be crucial to sth** 对(對)某事是至关(關)重要的 duì mǒushì shì zhì guān zhòngyào de

crucifix ['kruːsɪfɪks] N [C] 耶稣(穌)十字架 Yēsū shízìjià

crude [kruːd] ADJ **1** (*simple*) 简(簡)陋的 jiǎnlòu de **2** (*vulgar*) 粗俗的 cūsú de **3** (*not processed*) 未加工的 wèi jiāgōng de

crude oil N [U] 原油 yuányóu

cruel ['kruəl] ADJ **1** (*unkind*) [+ *person*] 残(殘)忍的 cánrěn de; [+ *treatment, behaviour*] 恶(惡)毒的 èdú de **2** (*tough*) [+ *situation, action, world*] 残(殘)酷的 cánkù de ▸**to be cruel to sb** 残(殘)酷地对(對)待某人 cánkù de duìdài mǒurén

cruelty ['kruəltɪ] N [U] [*of person*] 残(殘)忍 cánrěn; [*of situation, action*] 残(殘)酷性 cánkùxìng ▸**cruelty to animals** 对(對)动(動)物的虐待 duì dòngwù de nüèdài

cruise [kruːz] **I** N [C] 游(遊)船 yóuchuán [艘 sōu] **II** VI **1** (*go on cruise*) 坐游(遊)船 zuò yóuchuán **2** [*car, ship, aircraft* +] 以中等速度航行 yǐ zhōngděng sùdù hángxíng **3** [*taxi* +] 漫无(無)目的地行驶(駛) mànwú mùdì de xíngshǐ ▸**to be/go on a cruise** 乘游(遊)船旅行 chéng yóuchuán lǚxíng ▸**world cruise** 环(環)球游(遊)船旅行 huánqiú yóuchuán lǚxíng ▸**to cruise up** *or* **along a road** 在路上缓(緩)慢行驶(駛) zài lù shàng huǎnmàn xíngshǐ

crumb [krʌm] N [C] **1** [*of bread, cake*] 碎屑 suìxiè [个 gè] **2** [*of information, comfort*] 一点(點)点(點) yīdiǎndiǎn

crumble ['krʌmbl] **I** VI **1** [*plaster, earth etc* +] 破碎 pòsuì **2** (*also*: **crumble away**) [*building, cliff etc* +] 碎裂 suìliè **3** [*system, relationship, hope* +] 崩溃(潰) bēngkuì **II** VT [+ *bread, biscuit etc*] 弄碎 nòngsuì

crumpet ['krʌmpɪt] N **1** [C] (*esp Brit*: *Culin*) 烤面(麵)饼(餅) kǎo miànbǐng [个 gè] **2** [U] (*Brit*; *inf!*) (*attractive women*) 性感女人 xìnggǎn nǚrén [个 gè]

crumple ['krʌmpl] **I** VT (*also*: **crumple up**) [+ *paper, clothes*] 弄皱(皺) nòngzhòu **II** VI [*face* +] 皱(皺)起来(來) zhòu qǐlái

crunch [krʌntʃ] **I** VT **1** (*with teeth*) 嘎吱嘎吱地咬嚼 gāzhīgāzhī de yǎojiáo **2** (*underfoot*) 使发(發)出刺耳的碎裂声(聲) shǐ fāchū cì'ěr de suìliè shēng **II** VI [*gravel, wheels* +] 发(發)出嘎吱声(聲) fāchū gāzhī shēng **III** N **1** [C] (*sound*)

嘎吱声(聲) gāzhī shēng **2** (*moment of truth*) ▸ **the crunch** 关(關)键(鍵)时(時)刻 guānjiàn shíkè ▸ **if/when it comes to the crunch** 如果/当(當)必须(須)得做点(點)什么(麼)的时(時)候 rúguǒ/dāng bìxū děi zuò diǎn shénme de shíhou

crunchy ['krʌntʃɪ] ADJ [+ *salad, vegetables, cornflakes, nuts*] 脆的 cuì de

crush [krʌʃ] **I** VT **1** [+ *tin, box*] 压(壓)坏(壞) yāhuài **2** (*break up*) [+ *garlic*] 压(壓)碎 yāsuì; [+ *ice*] 碾碎 niǎnsuì **3** (*squeeze*) [+ *person*] 使挤(擠)在一起 shǐ jǐzài yīqǐ **4** (*defeat*) [+ *army, opposition*] 镇(鎮)压(壓) zhènyā **5** (*devastate*) [+ *hopes, person*] 使意气(氣)消沉 shǐ yìqì xiāochén **II** N [c] **1** (*crowd*) 拥(擁)挤(擠)的人群 yōngjǐ de rénqún **2** (*inf*) ▸ **to have a crush on sb** 迷恋(戀)某人 míliàn mǒurén ▸ **to be crushed to death** 被压(壓)死 bèi yāsǐ

crust [krʌst] N [c] (*on bread, pastry*) 皮 pí; (*on snow, ice*) 硬表层(層) yìng biǎocéng ▸ **the earth's crust** 地壳(殼) dìqiào

crusty ['krʌstɪ] ADJ [+ *loaf, bread*] 有脆皮的 yǒu cuìpí de

crutch [krʌtʃ] N [c] **1** (*stick*) 拐(柺)杖 guǎizhàng [根 gēn] **2** (*fig: support*) 支持 zhīchí **3** (*esp Brit*) = **crotch** ▸ **on crutches** 拄拐(柺)杖 zhǔ guǎizhàng

cry [kraɪ] **I** VI (*weep*) 哭 kū **II** VT (*also*: **cry out**) 叫喊 jiàohǎn **III** N [c] **1** (*shriek*) (*human*) 尖叫 jiānjiào [声 shēng]; [*of bird, animal*] 大叫 dàjiào [声 shēng] **2** (*shout*) 叫喊 jiàohǎn [声 shēng] ▸ **what are you crying about?** 你哭什么(麼)? nǐ kū shénme? ▸ **to cry for help** 呼救 hūjiù ▸ **a cry for help** 呼救声(聲) hūjiùshēng ▸ **to have a good cry** 痛哭一场(場) tòngkū yī chǎng ▸ **it's a far cry from...** 和…大相径(逕)庭 hé...dà xiāng jìng tíng
▸ **cry off** VI 打退堂鼓 dá tuìtánggǔ
▸ **cry out** VI, VT 叫喊 jiàohǎn
▸ **cry out for** VT FUS (*need*) 迫切需要 pòqiè xūyào

cryptic ['krɪptɪk] ADJ [+ *remark, clue*] 有隐(隱)义(義)的 yǒu yǐnyì de

crystal ['krɪstl] **I** N **1** [c] (*mineral*) 结(結)晶体(體) jiéjīngtǐ [个 gè] **2** [c/ʊ] (*in jewellery*) 水晶 shuǐjīng **3** [ʊ] (*glass*) 晶质(質)玻璃制(製)品 jīngzhì bōlí zhìpǐn **II** CPD [+ *glass, vase*] 水晶 shuǐjīng

CTC (*Brit*) N ABBR (= **city technology college**) 城市科技学(學)院 Chéngshì Kējì Xuéyuàn

CU (*Texting*) ABBR (= **see you**) 再见(見)! zàijiàn

cub [kʌb] **I** N [c] **1** (*young lion, wolf, fox, bear*) 幼兽(獸) yòushòu [只 zhī] **2** (*also*: **cub scout**) 幼童军(軍) yòutóngjūn [名 míng] **II the Cubs** N PL (*also*: **the Cub Scouts**) 幼童军(軍) yòutóngjūn

Cuba ['kju:bə] N 古巴 Gǔbā

Cuban ['kju:bən] **I** ADJ 古巴的 Gǔbā de **II** N [c] (*person*) 古巴人 Gǔbārén [个 gè]

cube [kju:b] **I** N [c] **1** (*shape*) 立方体(體) lìfāngtǐ [个 gè] **2** (*Math*) [*of number*] 立方 lìfāng **II** VT (*Math*) 使自乘两(兩)次 shǐ zìchéng liǎngcì

cubic ['kju:bɪk] ADJ 立方的 lìfāng de ▸ **a cubic metre** 一立方米 yí lìfāngmǐ

cubicle ['kju:bɪkl] N [c] 小室 xiǎoshì [间 jiān]

cuckoo ['kuku:] N [c] 杜鹃(鵑) dùjiān [只 zhī]

cucumber ['kju:kʌmbə^r] N [c/ʊ] 黄(黃)瓜 huángguā [根 gēn]

cuddle ['kʌdl] **I** VT, VI 搂(摟)抱 lǒubào **II** N [c] 拥(擁)抱 yōngbào [个 gè] ▸ **to have a cuddle** 拥(擁)抱 yōngbào ▸ **to give sb a cuddle** 拥(擁)抱某人 yōngbào mǒurén

cue [kju:] N [c] **1** (*in theatre*) 提示 tíshì **2** (*stick*) 球杆(桿) qiúgān [根 gēn] **3** (*fig*) ▸ **a cue for sth/to do sth** 某事/做某事的暗示 mǒushì/zuò mǒushì de 'ànshì [个 gè] ▸ **to take one's cue from sb** (*fig*) 以某人为(為)榜样(樣) yǐ mǒurén wéi bǎngyàng ▸ **on cue** (*at the expected time*) 就在这(這)时(時) jiù zài zhèshí

cuff [kʌf] **I** N [c] **1** [*of sleeve*] 袖口 xiùkǒu **2** (*US*) [*of trousers*] 翻边(邊) fānbiān [英 = **turn-up**] **3** (*blow*) 轻(輕)轻(輕)的一拍 qīngqīng de yīpāi **II** VT (*hit*) 用掌轻(輕)拍 yòngzhǎng qīngpāi ▸ **off the cuff** 未经(經)准(準)备(備) wèi jīng zhǔnbèi

cufflinks ['kʌflɪŋks] N PL 袖扣(釦) xiùkòu

cuisine [kwɪ'zi:n] N [ʊ] [*of country, region*] 烹饪(飪) pēngrèn

CUL8R (*Texting*) ABBR (= **see you later**) 一会(會)儿(兒)见(見) yīhuìr jiàn

cul-de-sac ['kʌldəsæk] (*esp Brit*) N [c] (*road*) 死胡同 sǐ hútòng [条 tiáo] [美 = **dead end**]

culinary ['kʌlɪnərɪ] (*frm*) ADJ 烹饪(飪)的 pēngrèn de

cull [kʌl] **I** VT **1** [+ *animals*] 杀(殺)掉…中的一部分以减(減)少其数(數)量 shādiào...zhōng de yībùfen yǐ jiǎnshǎo qí shùliàng **2** ▸ **to cull sth from sth** [+ *story, idea*] 从(從)某物中精选(選)出某物 cóng mǒuwù zhōng jīngxuǎnchū mǒuwù **II** N [c] [*of animals*] 剔除 tīchú

culminate ['kʌlmɪneɪt] VI ▸ **to culminate in** *or* **with sth** 终(終)于(於)获(獲)得某物 zhōngyú huòdé mǒuwù

culprit ['kʌlprɪt] N [c] **1** (*perpetrator*) 罪犯 zuìfàn [名 míng] **2** (*cause*) 原因 yuányīn [个 gè]

cult [kʌlt] **I** N [c] **1** (*Rel*) 异(異)教 yìjiào **2** (*fashion*) 时(時)尚 shíshàng **II** CPD [+ *status*] 狂热(熱)崇拜的 kuángrè chóngbài de; [+ *film*] 风(風)靡一时(時)的 fēngmíyīshí de ▸ **cult figure** 崇拜偶像 chóngbài ǒuxiàng

cultivate ['kʌltɪveɪt] VT **1** [+ *land*] 耕作 gēngzuò; [+ *crop*] 种(種)植 zhòngzhí **2** (*fig*) [+ *attitude, image, skill*] 培养(養) péiyǎng; [+ *person*] 结(結)交 jiéjiāo; [+ *relationship*] 建立 jiànlì

cultivation [kʌltɪ'veɪʃən] N [ʊ] **1** [*of land*] 耕种(種) gēngzhòng; [*of crop*] 种(種)植 zhòngzhí **2** (*fig*) [*of attitude, image, skill*] 培养(養) péiyǎng

cultural ['kʌltʃərəl] ADJ [+ *heritage, tradition,*

exchange] 文化的 wénhuà de
culture ['kʌltʃəʳ] N **1** [c/ʊ] 文化 wénhuà [种 zhǒng] **2** [c] (*Bio*) 培养(養)的细(細)菌 péiyǎng de xìjūn
cultured ['kʌltʃəd] ADJ **1** [+ *person*] 有修养(養)的 yǒu xiūyǎng de **2** [+ *pearl*] 人工养(養)殖 的 réngōng yǎngzhí de
cumin ['kʌmɪn] N [ʊ] 小茴香 xiǎohuíxiāng
cunning ['kʌnɪŋ] **I** ADJ [+ *person, plan, idea*] 狡猾的 jiǎohuá de **II** N [ʊ] 狡诈(詐) jiǎozhà
★ **cup** [kʌp] **I** N [c] **1** (*for drinking*) 杯子 bēizi [个 gè] **2** (*trophy*) 奖(獎)杯(盃) jiǎngbēi [个 gè] **3** (*quantity*) 杯 bēi **4** [*of bra*] 罩杯 zhàobēi [个 gè] **II** VT ▸ **to cup sth in one's hands** 用手屈拢(攏)着(著)某物 yòngshǒu qūlǒngzhe mǒuwù ▸ **a cup of tea** 一杯茶 yībēi chá ▸ **to cup one's hands** 捧起手 pěng qǐ shǒu
cupboard ['kʌbəd] N [c] **1** (*piece of furniture*) 柜(櫃)子 guìzi [个 gè] **2** (*Brit*) (*room*) 小储(儲)藏室 xiǎo chǔcángshì [美 = **closet**]
cup final N [c] 优(優)胜(勝)杯(盃)决(決)赛(賽) yōushèng bēi juésài
curate ['kjuərɪt] N [c] 助理牧师(師) zhùlǐ mùshī [位 wèi]
curator [kjuə'reɪtəʳ] N [c] [*of museum, gallery*] 馆(館)长(長) guǎnzhǎng
curb [kə:b] **I** VT [+ *powers, expenditure*] 约(約)束 yuēshù; [+ *emotion, behaviour*] 抑制 yìzhì **II** N [c] **1** (*restraint*) ▸ **curb on sth** 对(對)某事的管制 duì mǒushì de guǎnzhì **2** (*US*) = **kerb**
curdle ['kə:dl] **I** VI 凝结(結) níngjié **II** VT 使凝结(結) shǐ níngjié
cure [kjuəʳ] **I** VT **1** (*Med*) [+ *illness*] 治好 zhìhǎo; [+ *patient*] 治愈(癒) zhìyù **2** (*solve*) [+ *problem*] 解决(決) jiějué **3** (*preserve*) [+ *meat, fish*] 熏(薰) xūn; [+ *skin, hide*] 腌(醃) yán **II** N [c] **1** (*Med*) 疗(療)法 liáofǎ [种 zhǒng] **2** (*solution*) 对(對)策 duìcè ▸ **to be cured of sth** 被治好了某病 bèi zhìhǎole mǒu bìng
curfew ['kə:fju:] N [c/ʊ] 宵禁令 xiāojìnlìng ▸ **to put** *or* **place sth/sb under curfew** 对(對)某处(處)/某人实(實)行宵禁 duì mǒu chù/mǒurén shíxíng xiāojìn ▸ **to impose a curfew on sth/sb** 对(對)某处(處)/某人实(實)行宵禁 duì mǒu chù/mǒurén shíxíng xiāojìn
curiosity [kjuərɪ'ɔsɪtɪ] N **1** [ʊ] (*inquisitiveness*) 好奇心 hàoqíxīn **2** [c] (*unusual thing*) 奇物 qíwù
curious ['kjuərɪəs] ADJ **1** (*inquisitive*) 好奇的 hàoqí de **2** (*strange*) 奇特的 qítè de ▸ **to be curious about sb/sth** 对(對)某人/某物感到好奇 duì mǒurén/mǒuwu gǎndào hàoqí ▸ **to be curious to know/see...** 好奇地想知道/看… hàoqí de xiǎng zhīdào/kàn...
curl [kə:l] **I** N [c] [*of hair*] 卷(捲)发(髮) juǎnfà [头 tóu]; [*of smoke*] 缕(縷) lǚ **II** VT [+ *hair*] 使变(變)卷(捲) shǐ biànjuǎn **III** VI **1** [*hair* +] 卷(捲)曲 juǎnqū **2** [*smoke* +] 盘(盤)绕(繞) pánrào
▸ **curl up** VI [*person, animal* +] 蜷作一团(團) quánzuò yītuán
curler ['kə:ləʳ] N [c] 卷(捲)发(髮)夹(夾) juǎnfà jiā [个 gè]
curly ['kə:lɪ] ADJ [+ *hair, leaves, tail*] 卷(捲)曲的 juǎnqū de
currant ['kʌrnt] N [c] **1** (*dried grape*) 无(無)子葡萄干(乾) wúzǐ pútáogān [粒 lì]; (*also*: **blackcurrant**) 黑加仑(侖) hēijiālún; (*also*: **redcurrant**) 红(紅)加仑(侖) hóngjiālún **2** (*bush*) (*also*: **blackcurrant**) 黑加仑(侖)灌木 hēijiālún guànmù; (*also*: **redcurrant**) 红(紅)加仑(侖)灌木 hóngjiālún guànmù
currency ['kʌrnsɪ] N [c/ʊ] **1** 货(貨)币(幣) huòbì [种 zhǒng] **2** ▸ **to gain currency** 流行起来(來) liúxíng qǐlái ▸ **to have currency** 流行 liúxíng
★ **current** ['kʌrnt] **I** N [c] **1** [*of air, water*] 流 liú [股 gǔ] **2** (*Elec*) 电(電)流 diànliú [股 gǔ] **3** [*of opinion, thought etc*] 趋(趨)势(勢) qūshì **II** ADJ **1** (*present*) [+ *situation, tendency, policy*] 目前的 mùqián de ▹ *The current situation is very different.* 目前的情况很不同。Mùqián de qíngkuàng hěn bùtóng. **2** (*accepted*) [+ *idea, thought, custom*] 流行的 liúxíng de ▹ *This custom was still current in the 1960s.* 这个习俗在20世纪60年代还是很流行。Zhège xísú zài èrshí shìjì liùshí niándài hái shì hěn liúxíng. ▸ **the current issue** [*of magazine*] 最近一期 zuìjìn yī qī
current account (*Brit*) N [c] 活期存款账(賬)户(戶) huóqī cúnkuǎn zhànghù [美 = **checking account**]
current affairs N PL 时(時)事 shíshì ▸ **a current affairs programme** 时(時)事讨(討)论(論)节(節)目 shíshì tǎolùn jiémù
currently ['kʌrntlɪ] ADV 现(現)在 xiànzài
curriculum [kə'rɪkjuləm] (*pl* **curriculums** *or* **curricula** [kə'rɪkjulə]) N [c] **1** (*for all subjects*) 全部课(課)程 quánbù kèchéng **2** (*for particular subject*) 课(課)程 kèchéng [门 mén]
curriculum vitae [-'vi:taɪ] (*esp Brit*) N [c] 简(簡)历(歷) jiǎnlì [份 fèn] [美 = **résumé**]
curry ['kʌrɪ] **I** N [c/ʊ] (*dish*) 咖哩 gālí [种 zhǒng] **II** VT ▸ **to curry favour with sb** 拍某人的马(馬)屁 pāi mǒurén de mǎpì
curry powder N [ʊ] 咖哩粉 gālí fěn
curse [kə:s] **I** VI (*swear*) 诅(詛)咒 zǔzhòu **II** VT **1** (*swear at*) 诅(詛)咒 zǔzhòu **2** (*complain about*) 咒骂(罵) zhòumà **III** N [c] **1** (*spell*) 诅(詛)咒 zǔzhòu **2** (*swearword*) 咒骂(罵)的话(話) zhòumà de huà **3** (*scourge*) 灾(災)祸(禍) zāihuò ▸ **to curse sb for sth/for doing sth** 因某事/做某事而咒骂(罵)某人 yīn mǒushì/zuò mǒushì ér zhòumà mǒurén
cursor ['kə:səʳ] (*Comput*) N [c] 光标(標) guāngbiāo [个 gè]
curt [kə:t] ADJ [+ *reply, tone, person*] 唐突无(無)礼(禮)的 tángtūwúlǐ de
curtain ['kə:tn] N [c] **1** (*esp Brit*) (*at window*) 窗帘(簾) chuānglián [幅 fú] [美 = **drape**] **2** (*in theatre*) 帷幕 wéimù ▸ **to draw the**

curtains (*together*) 拉上窗帘(簾) lāshàng chuānglián; (*apart*) 拉开(開)窗帘(簾) lākāi chuānglián

curve [kəːv] **I** N [c] 曲线(線) qūxiàn; (*in road*) 弯(彎)曲部分 wānqū bùfen **II** VI [*road, line* +] 弯(彎)曲 wānqū; [*structure, spine etc* +] 成曲线(線)形 chéng qūxiàn xíng

curved [kəːvd] ADJ 弯(彎)曲的 wānqū de

cushion ['kuʃən] **I** N [c] **1** (*on sofa, chair*) 靠垫(墊) kàodiàn [个 gè] **2** (*fig*) [*of air*] 垫(墊)状(狀)物 diànzhuàng wù **II** VT **1** [+ *impact, fall*] 对(對)…起缓(緩)冲(衝)作用 duì…qǐ huǎnchōng zuòyòng **2** [+ *shock, effect*] 缓(緩)和…的影响(響) huǎnhé…de yǐngxiǎng

custard ['kʌstəd] N [u] (*for pouring*) 蛋奶沙司 dànnǎi shāsī; (*set*) 蛋奶糕 dànnǎigāo

custody ['kʌstədɪ] N [u] **1** [*of child*] 监(監)护(護)权(權) jiānhù quán **2** (*for offenders*) 拘留 jūliú ▸ **to be remanded in custody** 拘留候审(審) jūliú hòushěn ▸ **to take sb into custody** 拘捕某人 jūbǔ mǒurén

custom ['kʌstəm] **I** N **1** [c/u] (*tradition*) 传(傳)统(統) chuántǒng [个 gè] **2** [c/u] (*convention*) 惯(慣)例 guànlì [个 gè] **3** [c] (*habit*) 习(習)惯(慣) xíguàn **4** [u] (*Brit*) [*of shop*] 光顾(顧) guānggù **II customs** N PL 海关(關) hǎiguān ▸ **to go through customs** 过(過)海关(關) guò hǎiguān

customer ['kʌstəməʳ] N [c] (*in shop*) 顾(顧)客 gùkè [位 wèi] ▸ **he's a cool customer** (*inf*) 他是个(個)很酷的家(傢)伙 tā shì gè hěn kù de jiāhuo

customize ['kʌstəmaɪz] VT [+ *product, car, software etc*] 按顾(顧)客的具体(體)要求制(製)造 àn gùkè de jùtǐ yāoqiú zhìzào

customs officer N [c] 海关(關)官员(員) hǎiguān guānyuán [位 wèi]

★ **cut** [kʌt] (*pt, pp* **cut**) **I** VT **1** [+ *bread, meat*] 切 qiē **2** (*injure*) ▸ **to cut one's hand/knee** 割破手/膝盖(蓋) gēpò shǒu/xīgài **3** (*shorten*) [+ *grass, hair, nails*] 修剪 xiūjiǎn **4** (*remove*) [+ *scene, episode, paragraph*] 删(刪)剪 shānjiǎn **5** (*reduce*) [+ *prices, spending*] 削减(減) xiāojiǎn **6** (*stop*) [+ *supply*] 中断(斷) zhōngduàn **7** (*shape*) [+ *clothes*] 剪裁 jiǎncái **8** (*esp US; inf*) (*miss*) [+ *class, school*] 逃避 táobì **II** VI (*take shortcut*) ▸ **to cut across** *or* **through a place** 穿过(過)某处(處)抄近路 chuānguò mǒuchù chāo jìnlù **III** N **1** [c] (*injury*) 伤(傷)口 shāngkǒu [个 gè] **2** [c] (*reduction*) (*in salary, spending etc*) 削减(減) xuējiǎn [次 cì] **3** [c] (*interruption*) (*in supply*) 中断(斷) zhōngduàn **4** [c] [*of meat*] 切下的肉块(塊) qiēxià de ròukuài **5** [s] [*of garment*] 款式 kuǎnshì ▸ **to cut sth in half** [+ *food, object*] 将(將)某物切成两(兩)半 jiāng mǒuwù qiēchéng liǎngbàn; [+ *line, path*] 将(將)某物分成两(兩)部分 jiāng mǒuwù fēnchéng liǎng bùfen ▸ **to cut o.s.** 割破自己 gēpò zìjǐ ▸ **to cut a hole in sth** 在某物上打个(個)洞 zài mǒuwù shàng dǎ gè dòng ▸ **to cut a tooth** 长(長)牙 zhǎngyá ▸ **to get** *or* **have one's hair cut** 剪发(髮) jiǎnfà ▸ **to cut a visit short** 缩(縮)短访(訪)问(問)时(時)间(間) suōduǎn fǎngwèn shíjiān ▸ **to make a cut in sth** 在某物上划(劃)一下 zài mǒuwù shàng huà yīxià ▸ **a cut and blow-dry** 剪发(髮)吹干(乾) jiǎnfà chuīgān ▸ **to be a cut above...** 比…高一等 bǐ…gāo yī děng

▸**cut across** VT FUS [*issue, problem* +] [+ *groups, generations*] 影响(響)到 yǐngxiǎng dào

▸**cut back** VT **1** [+ *plants, foliage*] 修剪 xiūjiǎn **2** (*also:* **cut back on**) [+ *production, expenditure*] 削减(減) xuējiǎn

▸**cut down** VT **1** [+ *tree*] 砍倒 kǎndǎo **2** (*reduce*) [+ *consumption etc*] 减(減)少 jiǎnshǎo ▸ **to cut sb down to size** (*inf*) 使某人摆(擺)正自己的位置 shǐ mǒurén bǎizhèng zìjǐ de wèizhi

▸**cut down on** VT FUS [+ *alcohol, coffee, cigarettes*] 减(減)少 jiǎnshǎo

▸**cut in** VI **1** (*interrupt*) ▸ **to cut in (on sb)** 打断(斷)(某人) dǎduàn (mǒurén) **2** [*car, driver* +] 超车(車)抢(搶)道 chāochē qiǎngdào

▸**cut off 1** VT [+ *part of sth*] 切掉 qiēdiào **2** [+ *person, village*] 使隔绝(絕) shǐ géjué **3** [+ *supply*] 停止供应(應) tíngzhǐ gōngyìng **4** (*Tel*) (*during conversation*) 中断(斷)…的通话(話) zhōngduàn…de tōnghuà ▸ **to get cut off** (*Tel*) 通话(話)中断(斷) tōnghuà zhōngduàn

▸**cut out I** VT **1** [+ *coupon, newspaper article*] 剪下 jiǎnxià **2** (*stop*) [+ *activity*] 停止 tíngzhǐ **3** (*remove*) [+ *scene, episode, paragraph*] 删(刪)去 shānqù **4** (*keep out*) [+ *light*] 遮蔽 zhēbì **II** VI [*engine* +] 不再起作用 bùzài qǐ zuòyòng

▸**cut up** VT **1** [+ *paper, food*] 切碎 qiēsuì **2** [+ *driver, car*] 超车(車)抢(搶)道 chāochē qiǎngdào ▸ **to be cut up about sth** (*esp Brit; inf*) 因某事伤(傷)心 yīn mǒushì shāngxīn

cutback ['kʌtbæk] N [c] ▸ **cutback (in sth)** 减(減)少(某物) jiǎnshǎo (mǒuwù)

cute [kjuːt] ADJ **1** (*inf: sweet*) [+ *child, dog, house*] 可爱(愛)的 kě'ài de **2** (*esp US; inf*) (*attractive*) 迷人的 mírén de **3** (*US; esp pej*) (*clever*) 小聪(聰)明的 xiǎocōngmíng de

cutlery ['kʌtlərɪ] (*Brit*) N [u] 餐具 cānjù

cutlet ['kʌtlɪt] N [c] 炸肉饼(餅) zhá ròubǐng [个 gè] ▸ **vegetable/nut cutlet** 蔬菜/坚(堅)果炸饼(餅) shūcài/jiānguǒ zhábǐng [个 gè]

cut-price ['kʌt'praɪs] (*Brit*) ADJ 削价(價)的 xuējià de [美 = **cut-rate**]

cut-rate ['kʌt'reɪt] (*US*) ADJ 削价(價)的 xuējià de [英 = **cut-price**]

cutting ['kʌtɪŋ] **I** N [c] **1** (*Brit*) (*from newspaper*) 剪报(報) jiǎnbào [美 = **clipping**] **2** (*Brit: Rail*) 路基 lùjī [美 = **cut**] **3** (*from plant*) 插条(條) chātiáo **II** ADJ [+ *remark*] 尖刻的 jiānkè de ▸ **at the cutting edge of sth** 在某事的前沿 zài mǒushì de qiányán

CV N ABBR (= **curriculum vitae**) 简(簡)历(歷) jiǎnlì [美 = **résumé**]
cyanide ['saɪənaɪd] N [U] 氰化物 qínghuàwù
cybercafé ['saɪbəkæfeɪ] N [C] 网(網)吧 wǎngbā [家 jiā]
cyberspace ['saɪbəspeɪs] N [U] 电(電)脑(腦)空间(間) diànnǎo kōngjiān
cycle ['saɪkl] **I** N [C] **1** [*of events, seasons etc*] 周(週)期 zhōuqī; [*of songs, poems*] 组(組) zǔ **2** (*bicycle*) 自行车(車) zìxíngchē [辆 liàng] **3** (*Tech*) (*movement*) 循环(環) xúnhuán **II** VI 骑(騎)自行车(車) qí zìxíngchē **III** CPD [+ *shop, helmet, ride*] 自行车(車) zìxíngchē ▸ **to go cycling** 骑(騎)自行车(車) qí zìxíngchē
cycle hire N [U] 自行车(車)出租 zìxíngchē chūzū
cycle lane N [C] 自行车(車)道 zìxíngchēdào [条 tiáo]
cycle path N [C] 自行车(車)道 zìxíngchēdào [条 tiáo]
cycling ['saɪklɪŋ] N [U] 骑(騎)自行车(車) qí zìxíngchē ▸ **to go on a cycling holiday** (*Brit*) 骑(騎)自行车(車)旅行度假 qí zìxíngchē lǚxíng dùjià
cyclist ['saɪklɪst] N [C] 骑(騎)自行车(車)的人 qí zìxíngchē de rén [个 gè]
cyclone ['saɪkləun] N [C] 龙(龍)卷(捲)风(風) lóngjuǎnfēng
cylinder ['sɪlɪndə^r] N [C] **1** (*shape*) 圆(圓)柱体(體) yuánzhùtǐ [个 gè] **2** [*of gas*] 罐 guàn [个 gè] **3** (*in engine, machine etc*) 汽缸 qìgāng
cymbal ['sɪmbl] N [C] 钹(鈸) pō
cynic ['sɪnɪk] N [C] 愤(憤)世嫉俗者 fènshìjísúzhě
cynical ['sɪnɪkl] ADJ [+ *person, attitude*] 愤(憤)世嫉俗的 fènshìjísú de ▸ **to be cynical about sth** 不信任某事 bù xìnrèn mǒushì
cynicism ['sɪnɪsɪzəm] N [U] 愤(憤)世嫉俗 fènshìjísú ▸ **cynicism (about sth/sb)** (对(對)某事/某人的)不信任感 (duì mǒushì/mǒurén de)bù xìnrèngǎn
Cypriot ['sɪprɪət] **I** ADJ 塞浦路斯的 Sàipǔlùsī de **II** N [C] (*person*) 塞浦路斯人 Sàipǔlùsīrén [个 gè]
Cyprus ['saɪprəs] N 塞浦路斯 Sàipǔlùsī
cyst [sɪst] N [C] 囊肿(腫) nángzhǒng
cystitis [sɪs'taɪtɪs] N [U] 膀胱炎 pángguāngyán
Czech [tʃɛk] **I** ADJ 捷克的 Jiékè de **II** N **1** [C] (*person*) 捷克人 Jiékèrén [个 gè] **2** [U] (*language*) 捷克语(語) Jiékèyǔ
Czech Republic N ▸ **the Czech Republic** 捷克共和国(國) Jiékè gònghéguó

D[1], **d** [di:] N [C/U] (*letter*) 英语的第四个字母
D[2] [di:] **I** N **1** [C/U] (*Mus*) C大调(調)音阶(階)中的第二音 C dàdiào yīnjiē zhōng de dièr yīn **2** [C] (*Scol, Univ*) (*mark*) 差 chà **II** (*US: Pol*) ABBR = **democrat(ic)**
d. ABBR (= **died**) 死亡 sǐwáng
D.A. (*US*) N ABBR (= **district attorney**) 地方检(檢)察官 dìfāng jiǎncháguān
dab [dæb] **I** VT **1** [+ *eyes, lips*] 轻(輕)擦 qīngcā **2** [+ *paint, cream*] 轻(輕)而快地涂(塗) qīng ér kuài de tú **II** N [C] (*inf*) ▸ **a dab (of sth)** [*of paint, glue*] 少量(的某物) shǎoliàng (de mǒuwù) ▸ **to dab a wound with sth** 用某物轻(輕)搽伤(傷)口 yòng mǒuwù qīngchá shāngkǒu ▸ **to be a dab hand at sth/doing sth** (*Brit; inf*) 是某方面的能手/擅长(長)做某事 shì mǒu fāngmiàn de néngshǒu/shàncháng zuò mǒushì
▸ **dab at** VT FUS [+ *mouth, eyes, paper*] 轻(輕)轻(輕)地按 qīngqīng de àn
dabble ['dæbl] VI ▸ **to dabble in sth** [+ *politics, antiques etc*] 涉猎(獵)某事 shèliè mǒushì ▸ **she dabbled with drugs** 她染上了毒品 tā rǎnshàngle dúpǐn
dad [dæd] (*inf*) N [C] 爸爸 bàba [个 gè]
daddy ['dædɪ] (*inf*) N = **dad**
daffodil ['dæfədɪl] N [C] 黄(黃)水仙 huángshuǐxiān [支 zhī]
daft [dɑ:ft] (*Brit; inf*) ADJ (*silly*) 傻的 shǎ de ▸ **to be daft about sb/sth** 酷爱(愛)某人/某事 kùài mǒurén/mǒushì
dagger ['dægə^r] N [C] 匕首 bǐshǒu [把 bǎ] ▸ **to be at daggers drawn with sb** (*Brit*) 与(與)某人势(勢)不两(兩)立 yǔ mǒurén shì bù liǎng lì ▸ **to look daggers at sb** 对(對)某人怒目而视(視) duì mǒurén nù mù ér shì
daily ['deɪlɪ] **I** ADJ 每日的 měirì de **II** N [C] (*newspaper*) 日报(報) rìbào [份 fèn] **III** ADV 每日 měirì ▸ **twice daily** 每天两(兩)次 měitiān liǎngcì ▸ **daily life** 日常生活 rìcháng shēnghuó
dairy ['dɛərɪ] **I** N [C] **1** (*company*) 牛奶及乳品店 niúnǎi jí rǔpǐn diàn [家 jiā] **2** (*on farm*) 牛奶场(場) niúnǎichǎng [个 gè] **II** ADJ **1** (*made from milk*) [+ *products, produce*] 乳制(製)品的 rǔzhìpǐn de **2** (*producing milk*) [+ *cattle, cow, herd*] 产(產)乳的 chǎnrǔ de; [+ *industry, farming*] 生

产(產)乳品的 shēngchǎn rǔpǐn de
daisy ['deɪzɪ] N [c] 雏(雛)菊 chújú [朵 duǒ]
dam [dæm] I N [c] (*on river*) 水坝(壩) shuǐbà [个 gè] II VT [+ *river*] 建水坝(壩)于(於) jiàn shuǐbà yú
damage ['dæmɪdʒ] I N [U] **1** (*harm*) 损(損)坏(壞) sǔnhuài **2** (*dents, scratches*) 损(損)伤(傷) sǔnshāng **3** (*to sb's reputation etc*) 损(損)害 sǔnhài II VT **1** (*spoil, break*) [+ *object, building*] 毁(毀)坏(壞) huǐhuài **2** (*harm*) [+ *reputation, economy*] 破坏(壞) pòhuài III **damages** N PL (*Law*) 损(損)害赔(賠)偿(償)金 sǔnhuài péichángjīn ▸ **to pay 5,000 pounds in damages** 支付5, 000英镑(鎊)赔(賠)偿(償)金 zhīfù wǔqiān yīngbàng péichángjīn ▸ **to cause/inflict damage** (*physically*) 造成损(損)失 zàochéng sǔnshī; (*fig*) 造成破坏(壞) zàochéng pòhuài
damn [dæm] I ADJ (*inf*) (*also*: **damned**) 该(該)死的 gāisǐ de II ADV (*inf*) (*also*: **damned**) 非常地 fēicháng de III N (*inf*) ▸ **I don't give a damn** 我根本不在乎 wǒ gēnběn bù zàihu IV VT (*condemn*) 指责(責) zhǐzé ▸ **damn (it)!** (*inf*) 该(該)死! Gāisǐ!
damned [dæmd] I ADJ = **damn** II ADV = **damn**
damning ['dæmɪŋ] ADJ [+ *evidence, report*] 非常不利的 fēicháng bùlì de
damp [dæmp] I ADJ [+ *building, air, cloth*] 潮湿(濕)的 cháoshī de II N [U] (*in air, in walls*) 湿(濕)气(氣) shīqì III VT (*also*: **dampen**) [+ *cloth*] 使潮湿(濕) shǐ cháoshī; [+ *enthusiasm, spirits etc*] 打击(擊) dǎjī
▸**damp down** VT FUS (*calm*) 减(減)轻(輕) jiǎnqīng
dampen ['dæmpən] VT **1** [+ *enthusiasm, spirits*] 使减(減)弱 shǐ jiǎnruò **2** (*make wet*) 弄湿(濕) nòngshī
dance [dɑːns] I N **1** [c] (*waltz, tango*) 舞蹈 wǔdǎo [曲 qǔ] **2** [c] (*social event*) 舞会(會) wǔhuì [个 gè] **3** [U] (*dancing*) 舞蹈 wǔdǎo II VI 跳舞 tiàowǔ ▸ **to dance the tango** 跳探戈 tiào tàngē ▸ **to dance with sb** 和某人跳舞 hé mǒurén tiàowǔ ▸ **to dance about/off** (*liter*) 欢(歡)呼雀跃(躍) huān hū què yuè
dance floor N [c] 舞池 wǔchí
dancer ['dɑːnsəʳ] N [c] **1** (*professional*) 舞蹈演员(員) wǔdǎo yǎnyuán [位 wèi] **2** (*person who is dancing*) 跳舞者 tiàowǔzhě ▸ **to be a good/bad dancer** 舞跳得好/不好 wǔ tiàode hǎo/bùhǎo
dancing ['dɑːnsɪŋ] N [U] 跳舞 tiàowǔ ▸ **to go dancing** 去跳舞 qù tiàowǔ
dandelion ['dændɪlaɪən] N [c] 蒲公英 púgōngyīng [朵 duǒ]
dandruff ['dændrəf] N [U] 头(頭)皮屑 tóupíxiè
Dane [deɪn] N [c] 丹麦(麥)人 Dānmàirén [个 gè]
danger ['deɪndʒəʳ] N **1** [U] (*unsafe situation*) 危险(險) wēixiǎn **2** [c] (*hazard, risk*) 威胁(脅) wēixié [个 gè] ▸ **there is a danger of/that...** 有…的危险(險) yǒu...de wēixiǎn ▸ **"danger!"** (*on sign*) "危险(險)!" "Wēixiǎn!" ▸ **your life is/you are in danger** 你有生命危险(險)/你有危险(險) nǐ yǒu shēngmìng wēixiǎn/nǐ yǒu wēixiǎn ▸ **to put sb/sb's life in danger** 危及某人/某人的生命 Wēijí mǒurén/mǒurén de shēngmìng ▸ **to be in danger of doing sth** 有…的危险(險) yǒu...de wēixiǎn ▸ **out of danger** [+ *patient*] 脱(脫)离(離)危险(險) tuōlí wēixiǎn ▸ **to be a danger to sb/sth** 是对(對)某人/某物的威胁(脅) shì duì mǒurén/mǒuwù de wēixié
dangerous ['deɪndʒrəs] ADJ 危险(險)的 wēixiǎn de ▸ **it's dangerous to...** …是危险(險)的 ...shì wēixiǎn de
dangle ['dæŋgl] I VI ▸ **to dangle from sth** [*earrings, keys* +] 某处(處)悬(懸)吊着(著) mǒuchù xuándiào zhe II VT (*swing*) [+ *keys, toy*] 摇(搖)晃 yáohuang; [+ *arms, legs*] 晃荡(盪) huàngdang
Danish ['deɪnɪʃ] I ADJ 丹麦(麥)的 Dānmài de II N [U] (*language*) 丹麦(麥)语(語) Dānmàiyǔ
dare [dɛəʳ] I VT ▸ **to dare sb to do sth** 激某人做某事 jī mǒurén zuò mǒushì II VI ▸ **to dare (to) do sth** 敢做某事 gǎn zuò mǒushì III N [c] 激将(將) jījiàng [种 zhǒng] ▸ **I daren't tell him** (*Brit*) 我不敢告诉(訴)他 wǒ bùgǎn gàosù tā ▸ **I dare say** (*I suppose*) 我相信 wǒ xiāngxìn ▸ **don't you dare** 你竟敢 nǐ jìnggǎn ▸ **how dare you!** 你怎敢! nǐ zěn gǎn! ▸ **to do sth for a dare** 因为(為)受到激将(將)而做某事 yīnwèi shòudào jījiàng ér zuò mǒushì
daring ['dɛərɪŋ] I ADJ **1** (*audacious*) [+ *escape, rescue, person*] 勇敢的 yǒnggǎn de **2** (*bold*) [+ *film, question, artist*] 大胆(膽)的 dàdǎn de II N [U] (*courage*) 勇敢 yǒnggǎn
dark [dɑːk] I ADJ **1** (*in brightness*) [+ *room, night*] 黑暗的 hēi'àn de **2** (*in complexion*) [+ *eyes, hair, skin*] 黑色的 hēisè de; [+ *person*] 头(頭)发(髮)和皮肤(膚)深色的 tóufa hé pífū shēnsè de **3** (*in colour*) [+ *suit, fabric*] 深色的 shēnsè de **4** (*unpleasant*) [+ *time*] 黑暗的 hēi'àn de; [+ *look*] 阴(陰)郁(鬱)的 yīnyù de; [+ *remark*] 悲观(觀)的 bēiguān de; [+ *rumour*] 恶(惡)毒的 èdú de II N ▸ **the dark** 黑暗 hēi'àn ▸ **dark blue/green** 深蓝(藍)色/绿(綠)色 shēnlán sè/lǜsè ▸ **dark chocolate** (*plain chocolate*) 黑巧克力 hēi qiǎokèlì ▸ **it is/is getting dark** 天黑了 tiān hēile ▸ **after dark** 天黑以后(後) tiānhe ...iyǐhòu ▸ **to be in the dark about sth** 对(對)某事一无(無)所知 duì mǒushì yī wú suǒ zhī
darken [dɑːkn] I VT 使变(變)黑 shǐ biànhēi II VI **1** (*become darker*) [+ *sky, clouds*] 变(變)黑 biànhēi **2** (*liter*) [+ *face*] 阴(陰)沉 yīnchén
darkness ['dɑːknɪs] N [U] 黑暗 hēi'àn
darkroom ['dɑːkrum] N [c] 暗房 ànfáng [间 jiān]
darling ['dɑːlɪŋ] I N **1** (*as address: dear*) 亲(親)爱(愛)的 qīn'àide **2** [c] (*kind, helpful person*) 好

人 hǎorén [个 gè] **II** ADJ 心爱(愛)的 xīn'ài de ▶ **to be the darling of sb, to be sb's darling** *(favourite)* 受到某人的宠(寵)爱(愛) shòudào mǒurén de chǒng'ài

dart [dɑːt] **I** VI **1** [*person, animal* +] 急冲(衝) jíchōng **2** *(liter)* [*eyes* +] 飞(飛)快地瞥一眼 fēikuài de piē yīyǎn **II** VT *(liter)* [+ *look, glance*] 瞥 piē **III** N [C] **1** *(in game)* 飞(飛)镖(鏢) fēibiāo [枚 méi] **2** *(weapon)* 镖(鏢) biāo **IV darts** N PL 投镖(鏢)游(遊)戏(戲) tóubiāo yóuxì

dartboard ['dɑːtbɔːd] N [C] 镖(鏢)靶 biāobǎ [个 gè]

dash [dæʃ] **I** N **1** [C] *(in punctuation)* 破折号(號) pòzhéhào **2** ▶ **a dash of sth** [*of lemon juice, milk etc*] 少量的某物 shǎoliàng de mǒuwù **3** ▶ **to make a dash for somewhere** *(rush)* 冲(衝)向某地 chōngxiàng mǒudì **4** [C] *(dashboard)* 仪(儀)表板 yíbiǎobǎn **5** [C] (US) *(race)* 短跑 duǎnpǎo **II** VI ▶ **to dash in/out/upstairs** 猛冲(衝)进(進)来(來)/出去/上楼(樓) měngchōng jìnlai/chūqu/shàng lóu **III** VT **1** *(liter: throw)* 扔向 rēngxiàng **2** [+ *hopes*] 使破灭(滅) shǐ pòmiè ▶ **a dash of soda** 少量苏(蘇)打 shǎoliàng sūdá ▶ **to make a dash for it** 得赶(趕)紧(緊)走了 děi gǎnjǐn zǒu le ▶ **I must dash** *(inf)* 我得赶(趕)紧(緊)走了 wǒ děi gǎnjǐn zǒu le

▶**dash away** VI = **dash off**

▶**dash off I** VI 赶(趕) gǎn **II** VT *(write, compose)* 匆忙完成 cōngmáng wánchéng

dashboard ['dæʃbɔːd] N [C] 仪(儀)表(錶)板 yíbiǎobǎn

data ['deɪtə] N PL 数(數)据(據) shùjù

database ['deɪtəbeɪs] N [C] 数(數)据(據)库(庫) shùjùkù [个 gè]

data processing [-'prəusesɪŋ] N [U] 数(數)据(據)处(處)理 shùjù chǔlǐ

date [deɪt] **I** N [C] **1** *(particular day)* 日期 rìqī [个 gè] **2** *(meeting with friend)* 约(約)会(會) yuēhuì [个 gè] **3** *(friend)* 约(約)会(會)对(對)象 yuēhuì duìxiàng **4** *(fruit)* 红(紅)枣(棗) hóngzǎo [颗 kē] **II** VT **1** *(establish date of)* [+ *event, object*] 确(確)定…的年代 quèdìng...de niándài **2** *(write date on)* [+ *letter, cheque*] 给(給)…注明日期 gěi...zhùmíng rìqī **3** *(go out with)* [+ *person*] 和…约(約)会(會) hé...yuēhuì **III** VI **1** *(go out with sb)* 约(約)会(會) yuēhuì **2** *(become old-fashioned)* 过(過)时(時) guòshí ▶ **what's the date today?, what's today's date?** 今天几(幾)号(號)? jīntiān jǐhào? ▶ **date of birth** 出生日期 chūshēng rìqī ▶ **to date** *(until now)* 迄今 qìjīn ▶ **to be out of date** *(old-fashioned)* 落伍 luòwǔ; *(expired)* 过(過)期 guòqī ▶ **to be up to date** *(modern)* 时(時)新 shíxīn ▶ **to bring sth up to date** [+ *correspondence, information*] 更新某物 gēngxīn mǒuwù ▶ **to bring sb up to date** 告知某人最新动(動)态(態) gàozhī mǒurén zuìxīn dòngtài ▶ **to keep up to date** 紧(緊)随(隨)形势(勢) jǐnsuí xíngshì ▶ **to keep sb up to date (with sth)** 告知某人(某事的)最新动(動)态(態) gàozhī mǒurén(mǒushì de) zuìxīn dòngtài ▶ **it was dated 5th July** [+ *letter*] 信上的日期是7月5日 xìnshàng de rìqī shì qīyuè wǔhào

▶**date back** VI ▶ **date back (to)** 回溯(至…) huíshù (zhì...)

▶**date from** VI (自…)存在至今 (zì...) cúnzài zhìjīn

dated ['deɪtɪd] ADJ [+ *expression, style*] 过(過)时(時)的 guòshí de

★ **daughter** ['dɔːtə^r] N [C] 女儿(兒) nǚ'ér [个 gè]

daughter-in-law ['dɔːtərɪnlɔː] (*pl* **daughters-in-law**) N [C] 媳妇(婦) xífu [个 gè]

daunting ['dɔːntɪŋ] ADJ [+ *task, prospect*] 吓(嚇)人的 xiàrén de

dawdle ['dɔːdl] VI 磨蹭 móceng ▶ **to dawdle over (doing) sth** 慢吞吞做某事 màntūntūn zuò mǒushì

dawn [dɔːn] **I** N **1** [C/U] [*of day*] 黎明 límíng [个 gè] **2** ▶ **the dawn of sth** 某事的开(開)端(耑) mǒushì de kāiduān **II** VI **1** [*day* +] 开(開)始 kāishǐ **2** *(liter)* [*period, age* +] 开(開)始 kāishǐ ▶ **from dawn to dusk** 从(從)早到晚 cóng zǎo dào wǎn

▶**dawn on, dawn upon** VT FUS ▶ **it dawned on me/him that...** 我/他逐渐(漸)意识(識)到… wǒ/tā zhújiàn yìshi dào

★ **day** [deɪ] N **1** [C] *(period of 24 hours)* 天 tiān ▷ *three days ago* 3天前 sāntiān qián **2** [C/U] *(daylight hours)* 白天 báitiān [个 gè] **3** [C/U] *(working day)* 工作日 gōngzuòrì [个 gè] ▷ *The office is only open during the day.* 办公室只在工作日开放。Bàngōngshì zhǐzài gōngzuòrì kāifàng. **4** [C] *(heyday)* 时(時)代 shídài ▷ *The days of the silent film are long gone.* 无声电影的时代早已过去。Wúshēng diànyǐng de shídài zǎo yǐ guòqù. ▶ **during the day** 在白天 zài báitiān ▶ **the day before/after** 前/后(後)一天 qián/hòu yītiān ▶ **the day after tomorrow** 后(後)天 hòutiān ▶ **the day before yesterday** 前天 qiántiān ▶ **these days** *(nowadays)* 现(現)在 xiànzài ▶ **day in, day out** 日复(復)一日 rì fù yī rì ▶ **to the day** 一天也不差 yītiān yě bùchà ▶ **the following day** 第二天 dì'èrtiān ▶ **the day that I...** 我…的那一天 wǒ...de nà yītiān ▶ **day by day/from day to day** 一天天地 yītiāntiān de ▶ **one day a week** 每周(週)一天 měi zhōu yītiān ▶ **one day/some day/one of these days** 有一天 yǒu yītiān ▶ **the other day** 在不久前某天 zài bùjiǔ qián mǒu tiān ▶ **by day** 在白天 zài báitiān ▶ **all day (long)** 一天到晚 yītiān dàowǎn ▶ **day and night** 日日夜夜地 rìrì yèyè de ▶ **to work an 8 hour day** 每天工作8小时(時) měitiān gōngzuò bā xiǎoshí ▶ **to call it a day** 停工 tínggōng

daybreak ['deɪbreɪk] N [U] 黎明 límíng ▶ **at daybreak** 拂晓(曉)时(時) fúxiǎo shí

day-care centre, (US) **day-care center**

['deɪkɛə-] N [c] **1** (*for children*) 日托托儿(兒)所 rìtuō tuō'érsuǒ [家 jiā] **2** (*for old people*) 日间(間)看护(護)中心 rìjiān kānhù zhōngxīn [家 jiā]

daydream ['deɪdriːm] **I** VI 做白日梦(夢) zuò báirìmèng **II** N [c] 白日梦(夢) báirìmèng

daylight ['deɪlaɪt] N [U] 白昼(晝) báizhòu

day nursery N [c] 托儿(兒)所 tuō'érsuǒ

day return (*Brit*) N [c] (*ticket*) 当(當)天来(來)回的车(車)票 dāngtiān láihuí de chēpiào [张 zhāng] [美 = **round trip ticket**]

daytime ['deɪtaɪm] **I** N ▸ **in the daytime** 在白天 zài báitiān **II** ADJ [+ *television*] 日间(間)的 rìjiān de; [+ *telephone number*] 白天的 báitiān de

day-to-day ['deɪtə'deɪ] ADJ [+ *life, routine*] 日常的 rìcháng de ▸ **on a day-to-day basis** 一天天地 yītiāntiān de

day trip N [c] 当(當)天来(來)回的旅行 dāngtiān láihuí de lǚxíng

daze [deɪz] N ▸ **in a daze** (*confused*) 茫然地 mángrán de

dazed [deɪzd] ADJ (*confused*) 头(頭)晕(暈)眼花的 tóuyūn yǎnhuā de

dazzle ['dæzl] **I** VT **1** (*blind*) 使目眩 shǐ mùxuàn **2** (*impress*) 使惊(驚)奇 shǐ jīngqí **II** N **1** ▸ **the dazzle of sth** (*attraction*) 某物的魅力 mǒuwù de mèilì **2** [U] (*glare*) 强(強)光 qiángguāng

dazzling ['dæzlɪŋ] ADJ **1** [+ *light, sun*] 耀眼的 yàoyǎn de **2** [+ *smile*] 迷人的 mírén de **3** [+ *display, performance*] 精彩的 jīngcǎi de

D/D ABBR (= **direct debit**) 直接借记(記) zhíjiē jièjì

dead [dɛd] **I** ADJ **1** (*not alive*) [+ *person, animal, plant*] 死的 sǐ de **2** (*not working*) [+ *phone, line*] 坏(壞)的 huài de; [+ *battery*] 不能再用的 bùnéng zài yòng de **3** (*finished*) [+ *cigarette, drink*] 用完了的 yòng wán le de **4** (*total, absolute*) [+ *centre*] 正 zhèng; [+ *silence*] 完全的 wánquán de **II** ADV **1** (*inf: very*) 非常地 fēicháng de **2** ▸ **dead against** (*completely*) 绝(絕)对(對)反对(對) juéduì fǎnduì **III** N PL ▸ **the dead** 死者 sǐzhě ▸ **to drop (down) dead** 暴毙(斃) bàobì ▸ **to stop dead** 突然停止 tūrán tíngzhǐ ▸ **dead tired** 精疲力竭 jīng pí lì jié ▸ **dead on time** 完全准(準)时(時) wánquán zhǔnshí ▸ **dead ahead** 正前方 zhèng qiánfāng ▸ **dead on target** 正中目标(標) zhèng zhòng mùbiāo ▸ **dead centre/in the middle** 正中央 zhèng zhōngyāng ▸ **over my dead body!** (*inf*) 绝(絕)对(對)不行！ juéduì bùxíng! ▸ **the line has gone dead** (*Tel*) (*interrupted conversation*) 通话(話)断(斷)了 tōnghuà duàn le; (*on picking up the receiver*) 线(線)路不通 xiànlù bùtōng ▸ **my leg/arm has gone dead** (*numb*) 我的腿/胳膊麻了 wǒ de tuǐ/gēbo má le ▸ **at/in the dead of night** 夜深人静(靜)时(時) yèshēn rénjìng shí ▸ **at/in the dead of winter** (*liter*) 在隆冬 zài lóngdōng

> 请勿将 **dead** 与 **died** 混淆。**died** 是动词 **die** 的过去式和过去分词，表示动作。*She died in 1934...Two men have died since the rioting broke out.* **died** 不能用作形容词，要表达形容词词性时应该使用 **dead**。*More than 2,200 dead birds have been found...My parents are dead. They died a long time ago.*

dead end N [c] **1** (*street*) 死路 sǐlù [条 tiáo] **2** (*impasse*) 僵局 jiāngjú [个 gè]

deadline ['dɛdlaɪn] N [c] 截止日期 jiézhǐ rìqī [个 gè] ▸ **to work to a deadline** 根据(據)截止日期工作 gēnjù jiézhǐ rìqī gōngzuò ▸ **to meet a deadline** 如期 rúqī

deadly ['dɛdlɪ] **I** ADJ **1** [+ *poison, disease, dose, weapon*] 致命的 zhìmìng de **2** (*devastating*) [+ *logic, insult*] 恶(惡)毒的 èdú de **II** ADV **1** ▸ **deadly dull** 极(極)其枯燥 jíqí kūzào **2** ▸ **deadly serious** 极(極)其严(嚴)肃(肅) jíqí yánsù

Dead Sea N ▸ **the Dead Sea** 死海 Sǐ Hǎi

deaf [dɛf] **I** ADJ **1** (*totally*) 聋(聾)的 lóng de; (*partially*) 耳背的 ěrbèi de **2** ▸ **deaf to sth** 不听(聽)某事 bùtīng mǒushì **II** N PL ▸ **the deaf** 耳聋(聾)者 ěrlóngzhě ▸ **to turn a deaf ear to sth** 对(對)某事充耳不闻(聞) duì mǒushì chōng ěr bù wén

deafen ['dɛfn] VT 使聋(聾) shǐ lóng

deafening ['dɛfnɪŋ] ADJ [+ *noise*] 震耳欲(慾)聋(聾)的 zhèn ěr yù lóng de

deafness ['dɛfnɪs] N [U] 耳聋(聾) ěrlóng

★ **deal** [diːl] (*pt, pp* **dealt**) **I** N [c] (*agreement*) 协(協)议(議) xiéyì [个 gè] ▹ *a business deal* 买卖协议 mǎimài xiéyì **II** VT **1** ▸ **to deal (out)** [+ *card*] 发(發)给(給) fāgěi ▹ *He dealt each player a card.* 他发给每个打牌的人一张牌。Tā fāgěi měi gè dǎ pái de rén yī zhāng pái. **2** (*sell*) [+ *drugs*] 出售 chūshòu ▸ **to do/make/strike a deal with sb** 和某人做买(買)卖(賣) hé mǒurén zuò mǎimài ▸ **it's a deal!** (*inf*) 成交！ chéngjiāo! ▸ **a good/fair/bad deal** 好的/公平的/不公的待遇 hǎo de/gōngpíng de/bùgōng de dāiyù ▸ **a good** *or* **great deal (of)** 大量(的…) dàliàng(de...) ▸ **to deal a (severe/heavy) blow to sb/sth** (严(嚴)重/沉重地)打击(擊)某人/某事 (yánzhòng/chénzhòng de)dǎjī mǒurén/mǒushì

▸**deal in** (*Comm*) VT FUS 经(經)营(營) jīngyíng

▸**deal out** VT [+ *punishment, criticism*] 使遭受 shǐ zāoshòu

▸**deal with** VT FUS **1** [+ *criminal, wrongdoer etc*] 惩(懲)处(處) chéngchǔ ▹ *Criminals should be dealt with severely.* 罪犯应该被严厉惩处。Zuìfàn yīnggāi bèi yánlì chéngchǔ. **2** [+ *company*] 和…有往来(來) hé...yǒu wǎnglái **3** [+ *problem*] 处(處)理 chǔlǐ **4** [*book, film* +] [+ *subject*] 论(論)述 lùnshù

dealer ['diːləʳ] N [c] **1** (*in goods, services*) 商人 shāngrén [个 gè] **2** (*in drugs*) 毒品贩(販)子 dúpǐn fànzi [个 gè] **3** (*in card game*) 发(發)牌人 fāpáirén

dealings ['diːlɪŋz] N PL **1** (*transactions*) 往来(來) wǎnglái **2** (*relations*) 交往 jiāowǎng
dealt [dɛlt] PT, PP *of* **deal**
dean [diːn] N [c] **1** [*of church, cathedral*] 教长(長) jiàozhǎng **2** (*Brit*) [*of university, college*] 系主任 xìzhǔrèn **3** (*US*) [*of school, college*] 教务(務)长(長) jiàowùzhǎng
dear [dɪəʳ] **I** ADJ **1** [+ *friend, house, car*] 亲(親)爱(愛)的 qīn'ài de **2** ▸ **to be dear to sb** 对(對)某人很珍贵(貴) duì mǒurén hěn zhēnguì **3** (*esp Brit*) (*expensive*) 昂贵(貴)的 ángguì de **II** N ▸ **(my) dear** 亲(親)爱(愛)的 qīn'ài de **III** INT ▸ **oh dear/dear dear/dear me!** 呵/哎呀！ hè/āiyā! ▸ **Dear Sir/Madam** (*in letter*) 亲(親)爱(愛)的先生/女士 qīn'ài de xiānshēng/nǚshì ▸ **Dear Mr/Mrs X** 亲(親)爱(愛)的X先生/夫人 qīnàide X xiānsheng/fūrén ▸ **Dear Peter/Jane** 亲(親)爱(愛)的彼得/简(簡) qīn'ài de Bǐdé/Jiǎn ▸ **to be dear to sb's heart** 在某人心目中非常重要 zài mǒurén xīnmù zhōng fēicháng zhòngyào
dearly ['dɪəlɪ] ADV **1** ▸ **to love sb dearly** 深爱(愛)某人 shēn'ài mǒurén **2** ▸ **I would dearly love to...** 我很想… wǒ hěnxiǎng... **3** ▸ **to pay dearly (for sth)** (为(為)某事)付出沉重代价(價) (wèi mǒushì) fùchū chénzhòng dàijià
death [dɛθ] N **1** [c/ʊ] [*of person, animal*] 死亡 sǐwáng [个 gè] **2** [s] (*end*) [*of way of life, tradition*] 消亡 xiāowáng **3** [c] (*fatality*) 死亡 sǐwáng [个 gè] ▸ **(to die) a horrible/lonely death** 恐怖地/孤独(獨)地死去 kǒngbù de/gūdú de sǐqù ▸ **(a matter of) life and death** 生死攸关(關)(的事情) shēngsǐ yōuguān (de shìqing) ▸ **to put sb to death** 处(處)死某人 chǔsǐ mǒurén ▸ **to be stabbed/beaten to death** 被刺死/打死 bèi cìsǐ/dǎsǐ ▸ **to scare/bore sb to death** 吓(嚇)死某人/使某人感到无(無)聊之极(極) xiàsǐ mǒurén/shǐ mǒurén gǎndào wúliáo zhī jí
death penalty N ▸ **the death penalty** 死刑 sǐxíng
death sentence (*Law*) N [c] 死刑判决(決) sǐxíng pànjué
debatable [dɪ'beɪtəbl] ADJ 可争(爭)辩(辯)的 kě zhēngbiàn de ▸ **it is debatable whether...** 是否…尚未决(決)定 shìfǒu...shàngwèi juédìng
debate [dɪ'beɪt] **I** N **1** [c/ʊ] (*discussion*) 讨(討)论(論) tǎolùn [次 cì] **2** [c] (*formal discussion*) 辩(辯)论(論) biànlùn [场 chǎng] **II** VT **1** [+ *topic, issue, motion*] 讨(討)论(論) tǎolùn **2** [+ *course of action*] 考虑(慮) kǎolǜ ▸ **to debate whether...** 盘(盤)算是否… pánsuàn shìfǒu...
debit ['dɛbɪt] **I** N [c] 记(記)入借方的款项(項) jìrù jièfāng de kuǎnxiàng **II** VT 将(將)…记(記)入某人的借方 jiāng...jìrù mǒurén de jièfāng
debit card N [c] 借记(記)卡 jièjìkǎ [张 zhāng]
debris ['dɛbriː] N [ʊ] **1** (*rubble*) 碎片 suìpiàn **2** (*mess*) (*after meal, party etc*) 杯盘(盤)狼藉 bēipán lángjí **3** (*things lying about*) 废(廢)物 fèiwù
debt [dɛt] N **1** [c] (*sum of money owed*) 债(債)务(務) zhàiwù [笔 bǐ] **2** [ʊ] (*state of owing money*) 欠债(債) qiànzhài ▸ **to be in/get into debt** 负(負)债(債) fùzhài ▸ **to be/get out of debt** 不欠债(債) bù qiànzhài ▸ **bad debt** 坏(壞)账(賬) huàizhàng ▸ **to be in sb's debt/owe sb a debt** (*frm*) 欠某人的人情债(債) qiàn mǒurén de rénqíngzhài
debtor ['dɛtəʳ] N [c] 债(債)务(務)人 zhàiwùrén [名 míng]
debut ['deɪbjuː] **I** N [c] 首次亮相 shǒucì liàngxiàng **II** CPD [+ *album, match, performance*] 首次问(問)世 shǒucì wènshì
Dec. ABBR (= **December**) 十二月 shí'èryuè
decade ['dɛkeɪd] N [c] 十年 shínián [个 gè]
decaffeinated [dɪ'kæfɪneɪtɪd] ADJ [+ *coffee*] 不含咖啡因的 bù hán kāfēiyīn de
decay [dɪ'keɪ] **I** VI **1** (*rot*) [*body, leaves, teeth* +] 腐烂(爛) fǔlàn **2** [*society, system etc* +] 腐朽 fǔxiǔ **II** N [ʊ] **1** [*of body, tooth*] 腐烂(爛) fǔlàn **2** [*of society, system etc*] 腐朽 fǔxiǔ
deceased [dɪ'siːst] (*frm*) **I** ADJ 已故的 yǐgù de **II** N ▸ **the deceased** 死者 sǐzhě
deceit [dɪ'siːt] N [c/ʊ] 欺骗(騙) qīpiàn [个 gè]
deceitful [dɪ'siːtful] ADJ 骗(騙)人的 piànrén de
deceive [dɪ'siːv] VT (*fool*) 欺骗(騙) qīpiàn ▸ **to deceive sb into doing sth** 骗(騙)某人去做某事 piàn mǒurén qù zuò mǒushì ▸ **to deceive o.s.** 自欺 zìqī
December [dɪ'sɛmbəʳ] N [c/ʊ] 十二月 shí'èryuè; *see also* **July**
decency ['diːsənsɪ] N [ʊ] 正派 zhèngpài ▸ **he didn't have the decency to...** 他没(沒)有…的礼(禮)数(數) tā méiyǒu...de lǐshù
decent ['diːsənt] ADJ **1** (*proper*) [+ *education, wages, English etc*] 体(體)面的 tǐmiàn de; [+ *interval, behaviour*] 适(適)当(當)的 shìdàng de **2** (*honest*) [+ *person*] 受尊重的 shòu zūnzhòng de ▸ **to do the decent thing** 识(識)时(時)务(務) shí shíwù ▸ **they were very decent about it** 他们(們)对(對)此很公正 tāmen duì cǐ hěn gōngzhèng ▸ **that was very decent of him** 他那么(麼)做真是个(個)好人 tā nàme zuò zhēnshì gè hǎorén ▸ **are you decent?** (*inf: dressed*) 你穿戴像样(樣)吗(嗎)？ Nǐ chuāndài xiàngyàng ma?
deception [dɪ'sɛpʃən] N **1** [ʊ] (*deceiving*) 欺骗(騙) qīpiàn **2** [c] (*deceitful act*) 诡(詭)计(計) guǐjì [个 gè]
deceptive [dɪ'sɛptɪv] ADJ [+ *appearance, impression*] 骗(騙)人的 piànrén de
★ **decide** [dɪ'saɪd] **I** VT **1** (*settle*) [+ *question, argument*] 解决(決) jiějué **2** (*persuade*) [+ *person*] 使下决(決)心 shǐ xià juéxīn ▹ *I don't know what decided me to come.* 我不知道什么使我下决心来这儿。Wǒ bùzhīdào shénme shǐ wǒ xià juéxīn lái zhèr. **II** VI 决(決)定 juédìng ▸ **to**

decide to do sth 决(決)定做某事 juédìng zuò mǒushì ▸ **to decide on** *or* **upon sth** (*choose*) 决(決)定某事 juédìng mǒushì ▸ **to decide in favour of/against (doing) sth** 决(決)定(做)某事/反对(對)(做)某事 juédìng(zuò)mǒushì/fǎnduì(zuò)mǒushì ▸ **to decide that...** 决(決)定… juédìng... ▸ **I can't decide whether...** 我无(無)法决(決)定是否… wǒ wúfǎ juédìng shìfǒu...

decidedly [dɪ'saɪdɪdlɪ] ADV 明显(顯)地 míngxiǎn de

decimal ['dɛsɪməl] **I** ADJ [+ *system, currency*] 十进(進)位的 shíjìnwèi de **II** N [c] 小数(數) xiǎoshù [个 gè] ▸ **to three decimal places** 保留到小数(數)点(點)后(後)3位 bǎoliú dào xiǎoshùdiǎn hòu sān wèi

★ **decision** [dɪ'sɪʒən] N **1** [c] (*choice*) 决(決)定 juédìng [个 gè] ▹ *The government has announced its decision.* 政府已经宣布了决定。Zhèngfǔ yǐjīng xuānbùle juédìng. **2** [U] (*act of choosing*) 决(決)心 juéxīn ▹ *The moment of decision can't be delayed.* 下决心的时刻不能拖了。Xià juéxīn de shíkè bùnéng tuō le. **3** [U] (*decisiveness*) 决(決)断(斷)力 juéduànlì ▸ **to make a decision** 作出决(決)定 zuòchū juédìng

decisive [dɪ'saɪsɪv] ADJ **1** [+ *battle, phase*] 决(決)定性的 juédìngxìng de **2** [+ *person*] 果断(斷)的 guǒduàn de **3** [+ *manner, reply*] 坚(堅)定果断(斷)的 jiāndìng guǒduàn de

deck [dɛk] N [c] **1** (*on ship: floor*) 舱(艙)面 cāngmiàn [个 gè]; (*top deck*) 甲板 jiǎbǎn [个 gè] **2** [*of bus*] 层(層)面 céngmiàn [个 gè] **3** (*also*: **tape deck, record deck, cassette deck**) 磁带(帶)录(錄)音机(機)的走带(帶)装(裝)置 cídài lùyīnjī de zǒudài zhuāngzhì **4** (*esp US*) [*of cards*] 一副 yīfù [英 = **pack**] ▸ **(to go up) on deck** (上到)在甲板上 (shàngdào)zài jiǎbǎn shàng ▸ **below deck(s)** 甲板下 jiǎbǎn xià
▸ **deck out** VT 用…装(裝)扮 yòng...zhuāngbàn

deckchair ['dɛktʃɛəʳ] N [c] 折叠(疊)式躺椅 zhédiéshì tǎngyǐ [把 bǎ]

declaration [dɛklə'reɪʃən] N [c] **1** (*statement*) 宣布(佈) xuānbù **2** (*public announcement*) 宣言 xuānyán

declare [dɪ'klɛəʳ] **I** VT **1** (*state*) [+ *intention, attitude*] 宣布(佈) xuānbù; [+ *support*] 表明 biǎomíng; [+ *income*] 申报(報) shēnbào **2** (*at customs*) [+ *goods*] 报(報)关(關) bàoguān **II** VI 宣称(稱) xuānchēng ▸ **to declare sb innocent/insane** 宣布某人无(無)罪/精神失常 xuānbù mǒurén wúzuì/jīngshén shīcháng ▸ **to declare war (on sb)** (向某人)宣战(戰) (xiàng mǒurén) xuānzhàn

decline [dɪ'klaɪn] **I** N ▸ **a decline in sth** 某物的下降 mǒuwù de xiàjiàng **II** VT (*turn down*) [+ *invitation, offer*] 谢(謝)绝(絕) xièjué **III** VI [*strength, health* +] 衰退 shuāituì; [*business, population* +] 萎缩(縮) wěisuō ▸ **to be on the decline/in decline** 正在衰落 zhèngzài shuāiluò ▸ **to fall into decline** 衰弱 shuāiruò ▸ **to decline to do sth** 婉言拒绝(絕)做某事 wǎnyán jùjué zuò mǒushì

decor ['deɪkɔːʳ] N [U] [*of house, room*] 装(裝)饰(飾) zhuāngshì

decorate ['dɛkəreɪt] VT **1** (*adorn*) ▸ **to decorate (with)** (用…)装(裝)饰(飾) (yòng...) zhuāngshì **2** (*paint etc*) [+ *room, house*] 装(裝)潢 zhuānghuáng ▸ **to be decorated** (*awarded medal*) 被授予勋(勳)章 bèi shòuyǔ xūnzhāng

decoration [dɛkə'reɪʃən] N **1** [c/U] (*adornment*) 装(裝)饰(飾) zhuāngshì [种 zhǒng] **2** [U] [*of room, building*] 装(裝)饰(飾) zhuāngshì **3** [c] (*medal*) 勋(勳)章 xūnzhāng [枚 méi] ▸ **for decoration** 用于(於)装(裝)饰(飾) yòngyú zhuāngshì

decorator ['dɛkəreɪtəʳ] N [c] **1** (*Brit*) (*painter*) 粉刷工 fěnshuāgōng [名 míng] **2** (*US*) 室内(內)装(裝)饰(飾)家 shìnèi zhuāngshìjiā [英 = **interior decorator**]

decrease [*n* 'diːkriːs, *vb* diː'kriːs] **I** N [c] (*reduction, drop*) ▸ **decrease (in sth)** (某物的)减(減)少 (mǒuwù de) jiǎnshǎo **II** VT, VI 减(減)少 jiǎnshǎo ▸ **to be on the decrease** 正在减(減)少 zhèngzài jiǎnshǎo

decree [dɪ'kriː] **I** N [c] **1** (*by ruler*) 法令 fǎlìng [项 xiàng] **2** (*US*) (*in law court*) 判决(決) pànjué [项 xiàng] **II** VT 颁(頒)布(佈) bānbù ▸ **to decree that...** 下令… xiàlìng...

decrypt [dɪ'krɪpt] VT (*Comput*) 解密 jiěmì; (*TV*) 解码 jiěmǎ

dedicate ['dɛdɪkeɪt] VT **1** ▸ **to dedicate one's time/life to (doing) sth** 把时(時)间(間)/一生奉献(獻)给(給)(做)某事 bǎ shíjiān/yīshēng fèngxiàn gěi (zuò) mǒushì **2** [+ *book, song*] 把…献(獻)给(給) bǎ...xiàn gěi ▸ **to dedicate o.s. to sth** 致力于(於)某事 zhìlìyú mǒushì

dedicated ['dɛdɪkeɪtɪd] ADJ **1** [+ *person*] 专(專)心致志(誌)的 zhuān xīn zhì zhì de **2** (*specialized*) [+ *word processor, software*] 专(專)门(門)的 zhuānmén de ▸ **to be dedicated to sth/doing sth** [+ *person*] 专(專)心致志于(於)/做某事 zhuānxīn zhìzhìyú/zuò mǒushì; [+ *book, museum*] 专(專)门(門)关(關)于(於)某物/做某事的 zhuānmén guānyú mǒuwù/zuò mǒushì de

dedication [dɛdɪ'keɪʃən] N **1** [U] (*devotion*) 献(獻)身 xiànshēn **2** [c] (*in book*) 题(題)献(獻) tíxiàn [个 gè]; (*on radio*) 献(獻)辞(辭) xiàncí [个 gè]

deduce [dɪ'djuːs] VT 推断(斷) tuīduàn ▸ **to deduce that...** 推断(斷)… tuīduàn...

deduct [dɪ'dʌkt] VT ▸ **to deduct sth (from sth)** (从(從)某物中)减(減)去某物 (cóng mǒuwù zhōng) jiǎnqù mǒuwù

deduction [dɪ'dʌkʃən] N **1** [c] (*conclusion*) 推论(論) tuīlùn [种 zhǒng] **2** [U] (*deductive* *reasoning*) 演绎(繹) yǎnyì **3** [U] (*subtraction*) 扣除 kòuchú **4** [C] (*amount deducted*) 扣除额(額) kòuchú'é

deed [di:d] N [C] **1** (*liter: feat*) 行为(為) xíngwéi [种 zhǒng] **2** (*document*) 契约(約) qìyuē [个 gè]

deem [di:m] (*frm*) VT (*judge, consider*) 认(認)为(為) rènwéi ▸ **to deem it wise/unnecessary** 认(認)为(為)是明智的/没(沒)必要的 rènwéi shì míngzhì de/méi bìyào de

deep [di:p] **I** ADJ **1** [+ *water, hole, cut, breath*] 深的 shēn de **2** [+ *voice, sound*] 低沉的 dīchén de **3** [+ *sleep*] 酣睡的 hānshuì de **4** (*profound*) [+ *person*] 高深莫测(測)的 gāoshēn mòcè de; [+ *thoughts, ideas*] 深刻的 shēnkè de; [+ *love, sympathy etc*] 深厚的 shēnhòu de **5** (*serious*) [+ *trouble, concern*] 严(嚴)重的 yánzhòng de **6** [+ *colour*] 浓(濃)重的 nóngzhòng de **II** ADV 深 shēn ▸ **it is 1 m deep** [+ *water, pool*] 它有1米深 tā yǒu yī mǐ shēn; [+ *shelf*] 它有1米厚 tā yǒu yī mǐ hòu ▸ **to be deep in thought/conversation** 沉思/深谈(談) chénsī/shēntán ▸ **to take a deep breath** 深呼吸 shēn hūxī ▸ **in deepest sympathy** 最深切的同情 zuì shēnqiè de tóngqíng ▸ **ankle-/knee-deep (in water)** (水深)及脚(腳)踝/及膝 (shuǐ shēn) jí jiǎohuái/jíxī ▸ **deep down/inside** 在内(內)心深处(處) zài nèixīn shēnchù ▸ **to go/run deep** 加重 jiāzhòng ▸ **to stand three deep** 围(圍)了3层(層) wéile sān céng

deepen ['di:pn] **I** VT **1** [+ *hole*] 加深 jiāshēn **2** (*extend*) [+ *knowledge, awareness etc*] 加深 jiāshēn **3** [+ *gloom, recession*] 使强(強)烈 shǐ qiángliè **II** VI **1** [*crisis, feelings* +] 深化 shēnhuà **2** [*sound, voice* +] 变(變)低沉 biàn dīchén **3** [*river, sea etc* +] 变(變)深 biàn shēn

deep end N ▸ **the deep end** [*of swimming pool*] 深水区(區) shēnshuǐqū ▸ **to be thrown in at the deep end** 被免为(為)其难(難) bèi miǎn wéi qí nán

deep freeze N [C] 冷藏箱 lěngcángxiāng [个 gè]

deep-fried ['di:p'fraɪd] ADJ 油炸的 yóuzhá de

deep-fry ['di:p'fraɪ] VT 油炸 yóuzhá

deeply ['di:plɪ] ADV **1** [*breathe, sigh* +] 深深地 shēnshēn de **2** (*profoundly*) [+ *depressed, moved, religious*] 非常地 fēicháng de **3** [*sleep* +] 沉沉地 chénchén de

deer [dɪəʳ] (*pl* **deer**) N [C] 鹿 lù [头 tóu] ▸ **red deer** 赤鹿 chìlù ▸ **roe deer** 牝鹿 pìnlù

default [dɪ'fɔ:lt] **I** N [C] **1** (*in computing*) ▸ **default (value/setting)** 默认(認)(值/设(設)置) mòrèn (zhí/shèzhì) **2** ▸ **to be in default (on/of sth)** [+ *loan, debt*] 拖欠(某物) tuōqiàn (mǒuwù) **II** VI ▸ **to default on a debt** 拖欠借款 tuōqiàn jièkuǎn ▸ **to win by default** 因对(對)手未出场(場)而赢(贏)得比赛(賽) yīn duìshǒu wèi chūchǎng ér yíngdé bǐsài

defeat [dɪ'fi:t] **I** N [C/U] **1** [*of army*] 战(戰)败(敗) zhànbài [次 cì] **2** [*of team*] 击(擊)败(敗) jībài [次 cì] **3** (*failure*) 失败(敗) shībài **II** VT **1** [+ *enemy, opposition*] 战(戰)胜(勝) zhànshèng **2** [+ *team*] 击(擊)败(敗) jībài **3** [+ *plan, proposal etc*] 否决(決) fǒujué **4** (*be too difficult for*) [*task, challenge* +] 难(難)住 nánzhù

defect [*n* 'di:fɛkt, *vb* dɪ'fɛkt] **I** N [C] (*flaw*) 缺点(點) quēdiǎn [个 gè] **II** VI ▸ **to defect (to/from)** 背叛(投奔于(於)/了) bèipàn (tóubèn yú/le) ▸ **hearing defect** 听(聽)觉(覺)缺陷 tīngjué quēxiàn

defective [dɪ'fɛktɪv] ADJ 有缺点(點)的 yǒu quēdiǎn de

defence, (*US*) **defense** [dɪ'fɛns] **I** N **1** [U] (*protection*) 防御 fángyù **2** [U] (*Mil*) 国(國)防措施 guófáng cuòshī **3** [C] ▸ **defence (of sth)** (*justification*) (为(為)某事的)辩(辯)护(護) (wèi mǒushì de) biànhù **4** [C] (*in court*) 辩(辯)护(護) biànhù **5** ▸ **the defence** (*in court*) 被告方 bèigàofāng **6** [S/PL] (*in sport*) 守方 shǒufāng **II** CPD [+ *spending, cuts, minister*] 国(國)防开(開)支 guófáng kāizhī **III defences** N PL **1** (*Mil*) 军(軍)事能力 jūnshì nénglì **2** [*of body*] 抵抗力 dǐkànglì ▸ **to come to sb's defence** 上前为(為)某人辩(辯)护(護) shàngqián wèi mǒurén biànhù ▸ **in defence of sth/sb** 为(為)某事/某人辩(辯)护(護) wèi mǒushì/mǒurén biànhù ▸ **to use a knife in defence** 用匕首防身 yòng bǐshǒu fángshēn ▸ **a defence against sth** 对(對)某物的抵抗力 duì mǒuwù de dǐkànglì ▸ **the Ministry of Defence,** (*US*) **the Department of Defense** 国(國)防部 Guófángbù ▸ **witness for the defence** 被告方证(證)人 bèigàofāng zhèngrén [名 míng]

defenceless [dɪ'fɛnslɪs] ADJ 无(無)自卫(衛)能力的 wú zìwèi nénglì de

defend [dɪ'fɛnd] VT **1** (*protect*) 防御 fángyù **2** (*justify*) 为(為)…辩(辯)护(護) wèi…biànhù **3** (*in court*) 为(為)…辩(辯)护(護) wèi…biànhù **4** (*in sport*) [+ *goal, record, title*] 防守 fángshǒu ▸ **to defend o.s.** 自卫(衛) zìwèi

defendant [dɪ'fɛndənt] N [C] 被告 bèigào [位 wèi]

defender [dɪ'fɛndəʳ] N [C] **1** [*of view, policy*] 拥(擁)护(護)者 yōnghùzhě **2** (*in team*) 防守队(隊)员(員) fángshǒu duìyuán [个 gè]

defense [dɪ'fɛns] (*US*) N = **defence**

defensive [dɪ'fɛnsɪv] **I** ADJ **1** [+ *weapons, measures*] 防御的 fángyù de **2** [+ *behaviour, manner*] 防卫(衛)的 fángwèi de **II** N ▸ **on the defensive** 采(採)取守势(勢) cǎiqǔ shǒushì

defer [dɪ'fə:ʳ] **I** VT (*postpone*) 推迟(遲) tuīchí **II** VI ▸ **to defer to sb** 遵从(從)某人的意见(見) zūncóng mǒurén de yìjiàn

defiance [dɪ'faɪəns] N [U] 藐视(視) miǎoshì ▸ **in defiance of sth** [+ *the rules, sb's orders etc*] 无(無)视(視)某事 wúshì mǒushì

defiant [dɪ'faɪənt] ADJ [+ *tone, reply, person*] 藐视(視)的 miǎoshì de

deficiency[dɪ'fɪʃənsɪ] N **1** [C/U] (*lack*) 缺乏 quēfá **2** [C/U] (*inadequacy*) 缺陷 quēxiàn

deficient[dɪ'fɪʃənt] (*frm*) ADJ (*inadequate*) 缺乏的 quēfá de ▸ **to be deficient in sth** (*lacking*) 缺乏某物 quēfá mǒuwù

deficit['dɛfɪsɪt] N [C] 赤字 chìzì

define[dɪ'faɪn] VT **1** [+ *limits, boundaries, role*] 限定 xiàndìng **2** [+ *expression, word*] 解释(釋) jiěshì

definite['dɛfɪnɪt] ADJ **1** (*fixed*) [+ *plan, answer, views*] 明确(確)的 míngquè de **2** (*distinct*) [+ *improvement, possibility, advantage*] 肯定的 kěndìng de **3** (*certain*) [+ *proof, evidence, information*] 确(確)切的 quèqiè de ▸ **is that definite?** 肯定吗(嗎)? kěndìng ma? ▸ **he was definite about it** 他对(對)此很肯定 tā duìcǐ hěn kěndìng

definitely['dɛfɪnɪtlɪ] ADV 确(確)定地 quèdìng de

definition[dɛfɪ'nɪʃən] N **1** [C] [*of word*] 定义(義) dìngyì [个 gè] **2** [U] (*clarity*) [*of thought, expression*] 明确(確)性 míngquèxìng **3** [U] [*of photograph, features*] 清晰度 qīngxīdù ▸ **by definition** 就本身而言 jiù běnshēn ér yán

definitive[dɪ'fɪnɪtɪv] ADJ **1** (*conclusive*) [+ *answer*] 确(確)定的 quèdìng de **2** (*authoritative*) [+ *version, account*] 权(權)威性的 quánwēixìng de

deflate[diː'fleɪt] I VT **1** [+ *tyre, balloon*] 放出…的气(氣) fàngchū...de qì **2** [+ *person, hopes*] 使泄(洩)气(氣) shǐ xièqì II VI [*tyre, dinghy* +] 放气(氣) fàngqì

deflect[dɪ'flɛkt] VT [+ *attention, criticism, shot, blow*] 使转(轉)向 shǐ zhuǎnxiàng ▸ **to deflect sb (from...)** 使某人转(轉)变(變)(…) shǐ mǒurén zhuǎnbiàn(...)

defraud[dɪ'frɔːd] VT ▸ **to defraud sb (of sth)** 从(從)某人处(處)骗(騙)取(某物) cóng mǒurén chù piànqǔ (mǒuwù)

defrost[diː'frɔst] I VT **1** [+ *fridge, freezer*] 除去…的冰霜 chúqù...de bīngshuāng **2** [+ *food*] 使解冻(凍) shǐ jiědòng II VI **1** [*fridge, freezer* +] 除霜 chúshuāng **2** [*food* +] 解冻(凍) jiědòng

defuse[diː'fjuːz] VT **1** [+ *bomb*] 拆除…的引信 chāichú...de yǐnxìn **2** [+ *crisis, situation*] 使缓(緩)和 shǐ huǎnhé

defy[dɪ'faɪ] VT **1** (*refuse to obey*) [+ *person*] 公然反抗 gōngrán fǎnkàng; [+ *law, ban*] 蔑视(視) miǎoshì **2** [+ *description, comprehension*] 使不能 shǐ bùnéng **3** ▸ **to defy sb to do sth** (*dare*) 看某人敢不敢做某事 kàn mǒurén gǎn bù gǎn zuò mǒushì

degree[dɪ'griː] N [C] **1** ▸ **degree (of sth)** (*level*) (某事的)程度 (mǒushì de) chéngdù [种 zhǒng] **2** (*measure of temperature, angle, latitude*) 度 dù **3** (*at university*) 学(學)位 xuéwèi [个 gè] ▸ **with varying degrees of success** 不同程度的成功 bùtóng chéngdù de chénggōng ▸ **to some degree/a certain degree** 从(從)某种(種)/一定程度上来(來)说(說) cóng mǒuzhǒng/yīdìng chéngdù shàng lái shuō ▸ **10 degrees below (zero)** 零下10度 língxià shídù ▸ **a degree in maths** 数(數)学(學)学(學)位 shùxué xuéwèi ▸ **by degrees** (*gradually*) 逐渐(漸)地 zhújiàn de

dehydrated[diːhaɪ'dreɪtɪd] ADJ 脱(脫)水的 tuōshuǐ de

delay[dɪ'leɪ] I VT **1** (*postpone*) [+ *decision, ceremony*] 推迟(遲) tuīchí **2** (*make late*) [+ *person*] 耽搁(擱) dānge; [+ *plane, train*] 延误(誤) yánwù II VI 耽搁(擱) dānge III N [C/U] 延误(誤) yánwù [个 gè] ▸ **to be delayed** [*person, flight, departure* +] 被耽搁(擱)了 bèi dānge le ▸ **without delay** 立即 lìjí

delegate[*n* 'dɛlɪgɪt, *vb* 'dɛlɪgeɪt] I N [C] 代表 dàibiǎo [位 wèi] II VT **1** ▸ **to delegate sb to do sth** 委派某人做某事 wěipài mǒurén zuò mǒushì **2** ▸ **to delegate sth (to sb)** [+ *task*] 委托(託)某事(给(給)某人) wěituō mǒushì (gěi mǒurén)

delete[dɪ'liːt] VT **1** (*cross out*) 删(刪)除 shānchú **2** (*Comput*) (*remove*) [+ *file, folder, message*] 删(刪)除 shānchú

deli['dɛlɪ] N [C] 熟食店 shúshídiàn [家 jiā]

deliberate[*adj* dɪ'lɪbərɪt, *vb* dɪ'lɪbəreɪt] I ADJ **1** (*intentional*) 故意的 gùyì de **2** (*careful*) 审(審)慎的 shěnshèng de II VI (*think*) 仔细(細)考虑(慮) zǐxì kǎolǜ ▸ **it wasn't deliberate** 那不是故意的 nà bùshì gùyì de

deliberately[dɪ'lɪbərɪtlɪ] ADV **1** (*intentionally*) 故意地 gùyì de **2** (*carefully*) 审(審)慎地 shěnshèng de

delicacy['dɛlɪkəsɪ] N **1** [U] (*fragility*) [*of material*] 娇(嬌)嫩 jiāonèn **2** [C] (*choice food*) 珍馐(饈)美味 zhēnxiū měiwèi **3** [U] (*sensitivity*) [*of problem, situation*] 微妙 wēimiào

delicate['dɛlɪkɪt] ADJ **1** (*fine*) [+ *features, hands, flower*] 柔软(軟)的 róuruǎn de **2** (*fragile*) [+ *object, material*] 易碎的 yìsuì de **3** (*sensitive*) [+ *problem, situation, issue*] 微妙的 wēimiào de **4** (*frail*) [+ *person, health*] 脆弱的 cuìruò de **5** (*subtle*) [+ *colour, flavour, smell*] 清淡可口的 qīngdàn kěkǒu de

delicatessen[dɛlɪkə'tɛsn] N [C] 熟食店 shúshídiàn [家 jiā]

delicious[dɪ'lɪʃəs] ADJ **1** [+ *food, smell*] 美味的 měiwèi de **2** [+ *feeling*] 美妙的 měimiào de

delight[dɪ'laɪt] I N **1** [U] (*feeling*) 快乐(樂) kuàilè **2** [C] (*person, experience*) 令人开(開)心的人/事 lìng rén kāixīn de rén/shì II VT (*please*) 使快乐(樂) shǐ kuàilè III VI ▸ **to delight in sth** 以某事为(為)乐(樂) yǐ mǒushì wéi lè ▸ **to my delight...** 令我高兴(興)的是… lìng wǒ gāoxìng de shì... ▸ **to take (a) delight in sth/doing sth** 以某事/做某事为(為)乐(樂) yǐ mǒushì/zuò mǒushì wéi lè ▸ **she was a delight to interview** 采(採)访(訪)她是一件乐(樂)事 cǎifǎng tā shì yījiàn lèshì

delighted[dɪ'laɪtɪd] ADJ ▸ **delighted (at** *or* **with**

sth) (对(對)某事)感到高兴(興) (duì mǒushì) gǎndào gāoxìng ▸ **to be delighted to do sth** 乐(樂)意做某事 lèyì zuò mǒushì ▸ **I'd be delighted** 我十分乐(樂)意 wǒ shífēn lèyì

delightful [dɪ'laɪtful] ADJ 使人快乐(樂)的 shǐ rén kuàilè de

delinquent [dɪ'lɪŋkwənt] **I** ADJ [+ *teenager, child*] 违(違)法的 wéifǎ de **II** N [C] 违(違)法者 wéifǎzhě [名 míng]

deliver [dɪ'lɪvəʳ] VT **1** (*bring*) [+ *letter, parcel*] 传(傳)送 chuánsòng **2** (*frm*) ▸ **to be delivered into sb's hands/care** (*handed over*) 移交到某人手中/给(給)某人照看 yíjiāo dào mǒurén shǒuzhōng/gěi mǒurén zhàokàn **3** [+ *baby*] 接生 jiēshēng **4** [+ *speech, lecture etc*] 发(發)表 fābiǎo **5** (*come up with*) 履行诺(諾)言 lǚxíng nuòyán **6** (*frm*) [+ *verdict, judgement*] 宣告 xuāngào **7** (*frm*) [+ *warning, ultimatum*] 发(發)出 fāchū **8** (*frm*) [+ *blow*] 给(給)予 gěiyǔ **9** (*frm*) ▸ **to deliver sb from sth** (*release*) 将(將)某人从(從)某事中解救出来(來) jiāng mǒurén cóng mǒushì zhōng jiějiù chūlái

delivery [dɪ'lɪvərɪ] **I** N **1** [U] (*distribution*) [*of goods, mail*] 传(傳)送 chuánsòng **2** [C] (*consignment*) 递(遞)送的货(貨)物 dìsòng de huòwù [件 jiàn] **3** [U] [*of speaker*] 讲(講)演 jiǎngyǎn **4** [C/U] (*Med*) 分娩 fēnmiǎn [次 cì] **II** CPD [+ *man, service*] 送货(貨) sònghuò ▸ **to take delivery of sth** 收到某物 shōudào mǒuwù ▸ **allow 28 days for delivery** 交货(貨)期为(為)28天 jiāohuòqī wéi èrshíbā tiān

delusion [dɪ'luːʒən] N [C/U] 错(錯)觉(覺) cuòjué ▸ **to be under a/the delusion that...** 有…的错(錯)觉(覺) yǒu...de cuòjué ▸ **to have delusions of grandeur** 自大狂想症 zìdà kuángxiǎngzhèng

deluxe [də'lʌks] ADJ 豪华(華)的 háohuá de

delve [dɛlv] VI ▸ **to delve into sth** [+ *subject, past*] 探究某事 tànjiū mǒushì; [+ *cupboard, handbag*] 翻找某物 fānzhǎo mǒuwù

Dem. (*Pol*) ABBR = **democrat(ic)**

★ **demand** [dɪ'mɑːnd] **I** VT **1** (*ask for*) [+ *apology, explanation, pay rise*] 要求 yāoqiú **2** (*require*) [+ *patience, attention*] 需要 xūyào **II** N **1** [C] (*request*) 要求 yāoqiú [个 gè] ▷ *There have been demands for improved services.* 一直以来都有改进服务的要求。yīzhí yǐlái dōuyǒu gǎijìn fúwù de yāoqiú. **2** [U] (*for product*) 需求量 xūqiúliàng ▷ *Demand for this product is increasing.* 对这种产品的需求量越来越大。Duì zhèzhǒng chǎnpǐn de xūqiúliàng yuèláiyuè dà. **III demands** N PL (*requirements*) 要求 yāoqiú ▷ *the demands of a new job* 新工作的要求 xīn gōngzuò de yāoqiú ▸ **to demand to do sth** 要求做某事 yāoqiú zuò mǒushì ▸ **to demand sth from** *or* **of sb** 要求某人某事 yāoqiú mǒurén mǒushì ▸ **I have many demands on my time** 我有许(許)多工作要花时(時)间(間)去做 wǒ yǒu xǔduō gōngzuò yào huā shíjiān qù zuò ▸ **to make demands on sb/sth** 对(對)某人/某事提出要求 duì mǒurén/mǒushì tíchū yāoqiú ▸ **to be in demand** 受欢(歡)迎 shòu huānyíng ▸ **on demand** 随(隨)时(時)地 suíshí de

demanding [dɪ'mɑːndɪŋ] ADJ **1** [+ *work*] 高要求的 gāo yāoqiú de **2** [+ *boss, child*] 苛求的 kēqiú de

demented [dɪ'mɛntɪd] ADJ **1** (*frm: ill*) 发(發)狂的 fākuáng de **2** (*inf: crazed*) 发(發)狂的 fākuáng de

demise [dɪ'maɪz] (*frm*) N [U] **1** (*end*) 结(結)束 jiéshù **2** (*death*) 死亡 sǐwáng

demo ['dɛməu] (*Brit; inf*) N ABBR [C] (= **demonstration**) 示威 shìwēi

democracy [dɪ'mɔkrəsɪ] N **1** [U] (*system*) 民主 mínzhǔ **2** [C] (*country*) 民主国(國) mínzhǔ guó [个 gè]

democrat ['dɛməkræt] N [C] **1** (*believer in democracy*) 民主主义(義)者 mínzhǔ zhǔyìzhě [名 míng] **2** ▸ **Democrat** 民主党(黨)人 mínzhǔdǎngrén [名 míng]

democratic [dɛmə'krætɪk] ADJ 民主的 mínzhǔ de ▸ **Democratic** 民主党(黨)的 mínzhǔdǎng de

Democratic Party (*US*) N ▸ **the Democratic Party** 民主党(黨) mínzhǔdǎng

demolish [dɪ'mɔlɪʃ] VT **1** [+ *building*] 拆毁(毀) chāihuǐ **2** [+ *argument*] 推翻 tuīfān

demolition [dɛmə'lɪʃən] N [C/U] [*of building*] 拆毁(毀) chāihuǐ

demon ['diːmən] **I** N [C] (*evil spirit*) 恶(惡)魔 èmó **II** ADJ (*skilled, enthusiastic*) 胜(勝)人一筹(籌)的 shèng rén yīchóu de

demonstrate ['dɛmənstreɪt] **I** VT **1** (*make clear*) [+ *theory*] 表明 biǎomíng **2** (*show*) [+ *skill, appliance*] 演示 yǎnshì **3** (*prove*) 证(證)实(實) zhèngshí **II** VI ▸ **to demonstrate (for/against sth)** 示威(支持/反对(對)某事) shìwēi (zhīchí/fǎnduì mǒushì) ▸ **to demonstrate that...** 证(證)实(實)… zhèngshí... ▸ **to demonstrate how to do sth** 演示如何做某事 yǎnshì rúhé zuò mǒushì

demonstration [dɛmən'streɪʃən] N [C] **1** (*protest march*) 示威 shìwēi [次 cì] **2** (*proof*) 证(證)实(實) zhèngshí **3** [*of appliance, cooking*] 演示 yǎnshì [个 gè] ▸ **to hold/stage a demonstration** 举(舉)行示威 jǔxíng shìwēi

demonstrator ['dɛmənstreɪtəʳ] N [C] **1** (*protester*) 示威者 shìwēizhě [个 gè] **2** (*sales person*) 向顾客演示产品的推销员

demote [dɪ'məut] VT **1** [+ *employee*] 使降级(級) shǐ jiàngjí **2** (*Brit*) (*relegate*) [+ *team*] 使降级(級) shǐ jiàngjí

den [dɛn] N [C] **1** [*of fox, lion*] 兽(獸)穴 shòuxué [个 gè] **2** (*esp US*) (*room*) 私室 sīshì [间 jiān] **3** ▸ **drinking/gambling den** 饮(飲)酒/赌(賭)博秘(祕)室 yǐnjiǔ/dǔbó mìshì [间 jiān] ▸ **a den of iniquity/vice** 藏污纳(納)垢之处(處) cáng

wū nà gòu zhī chù
denial [dɪˈnaɪəl] N **1** [c/u] (*refutation*) 否定 fǒudìng **2** [u] (*refusal*) 拒绝(絕) jùjué **3** ▸ **to be in denial** 拒绝(絕)接受 jùjué jiēshòu
denim [ˈdɛnɪm] **I** N [u] (*fabric*) 斜纹(紋)粗棉布 xiéwén cū miánbù **II denims** N PL (*jeans*) 工装(裝)裤(褲) gōngzhuāngkù
Denmark [ˈdɛnmɑːk] N 丹麦(麥) Dānmài
denomination [dɪnɔmɪˈneɪʃən] N [c] **1** (*religious*) 宗派 zōngpài [种 zhǒng] **2** [*of money*] 货(貨)币(幣)单(單)位 huòbì dānwèi
denounce [dɪˈnauns] VT [+ *person, action*] 谴(譴)责(責) qiǎnzé ▸ **to denounce sb as a traitor/impostor** 痛斥某人是叛徒/骗(騙)子 tòngchì mǒurén shì pàntú/piànzi
dense [dɛns] ADJ **1** [+ *crowd, forest*] 稠密的 chóumì de **2** [+ *smoke, fog*] 浓(濃)厚的 nónghòu de **3** (*inf: stupid*) 愚钝(鈍)的 yúdùn de
densely [ˈdɛnslɪ] ADV ▸ **densely populated** 人口稠密的 rénkǒu chóumì de ▸ **densely wooded** 丛(叢)林密布的 cónglín mìbù de
density [ˈdɛnsɪtɪ] N [c/u] 密度 mìdù
dent [dɛnt] **I** N [c] (*in metal, box*) 凹部 āobù [个 gè] **II** VT **1** [+ *metal, box*] 使…凹陷 shǐ…āoxiàn **2** [+ *pride, ego, confidence*] 削弱 xuēruò ▸ **to make a dent in sth** [+ *car*] 在某物上弄个(個)小凹痕 zài mǒuwù shàng nòng gè xiǎo āohén; [+ *savings*] 削弱某物 xuēruò mǒuwù
dental [ˈdɛntl] ADJ [+ *treatment, hygiene etc*] 牙齿(齒)的 yáchǐ de
dentist [ˈdɛntɪst] N [c] **1** (*person*) 牙医(醫) yáyī [位 wèi] **2** ▸ **the dentist('s)** 牙医(醫)诊(診)所 yáyī zhěnsuǒ [家 jiā]
dentures [ˈdɛntʃəz] N PL 假牙 jiǎyá
Denver boot [ˈdɛnvəʳ-] (*US*) 车(車)轮(輪)固定夹(夾) chēlún gùdìng jiā [英 = **clamp, wheel clamp**]
deny [dɪˈnaɪ] VT **1** [+ *charge, allegation, accusation*] 否定 fǒudìng **2** ▸ **to deny sb sth** [+ *permission, chance, access*] 拒绝(絕)某人某事 jùjué mǒurén mǒushì **3** (*frm: disown*) [+ *country, religion, person*] 否认(認)…与(與)己有关(關) fǒurèn…yǔ jǐ yǒuguān ▸ **he denies having said it** 他否认(認)这(這)样(樣)说(說)过(過) tā fǒurèn zhèyàng shuōguò ▸ **to deny that...** 否认(認)… fǒurèn…
deodorant [diːˈəudərənt] N [c/u] 除臭剂(劑) chúchòujì [种 zhǒng]
depart [dɪˈpɑːt] VI **1** ▸ **to depart (from/for somewhere)** [*traveller, visitor* +] (从(從)某地)出发(發)/出发(發)(赶(趕)往某地) (cóng mǒudì) chūfā/chūfā (gǎnwǎng mǒudì); [*bus, plane, train* +] 出发(發) chūfā **2** ▸ **to depart from sth** (*stray from*) 不合某事 bùhé mǒushì
★ **department** [dɪˈpɑːtmənt] N [c] **1** (*in shop*) 部 bù [个 gè] **2** (*in school or college*) 系 xì [个 gè] **3** (*in government*) 部 bù ▸ **that's not my department** 那不是我的专(專)责(責) nà bùshì wǒ de zhuānzé ▸ **Department of State** (*US*) 国(國)务(務)院 guówùyuàn ▸ **Department of Health/the Environment** (*Brit*) 卫(衛)生/环(環)境部 wèishēng/huánjìngbù
department store N [c] 百货(貨)商店 bǎihuò shāngdiàn [家 jiā]
departure [dɪˈpɑːtʃəʳ] N **1** [c/u] [*of visitor, traveller, plane etc*] 出发(發) chūfā **2** [c] (*scheduled journey*) 离(離)去 líqù **3** [c/u] (*frm*) [*of employee, colleague*] 离(離)去 líqù **4** ▸ **a departure from sth** 背离(離)某事 bèilí mǒushì ▸ **a new departure** 新起点(點) xīnqǐdiǎn
departure lounge N [c] 候机(機)厅(廳) hòujītīng [个 gè]
depend [dɪˈpɛnd] VI **1** ▸ **to depend on sth** (*be decided by*) 依某物而定 yī mǒuwù ér dìng **2** ▸ **you can depend on me/him** (*rely on, trust*) 你可以信赖(賴)我/他 nǐ kěyǐ xìnlài wǒ/tā **3** ▸ **to depend on sb/sth** (*for survival*) 依靠某人/某物为(為)生 yīkào mǒurén/mǒuwù wéishēng ▸ **it (all) depends** 要看情况(況)而定 yào kàn qíngkuàng érdìng ▸ **depending on the result...** 根据(據)结(結)果… gēnjù jiéguǒ…
dependable [dɪˈpɛndəbl] ADJ 可靠的 kěkào de
dependant, dependent [dɪˈpɛndənt] N [c] (*person*) 受赡(贍)养(養)者 shòu shànyǎngzhě [名 míng]
dependence [dɪˈpɛndəns] N [u] 依赖(賴) yīlài
dependent [dɪˈpɛndənt] **I** ADJ ▸ **to be dependent on sb/sth** [+ *person, decision*] 依赖(賴)某人/某物 yīlài mǒurén/mǒuwù **II** N = **dependant**
depict [dɪˈpɪkt] VT **1** (*in picture*) 描绘(繪) miáohuì **2** (*describe*) 描述 miáoshù
deplete [dɪˈpliːt] VT (*frm*) 大量消耗 dàliàng xiāohào
deport [dɪˈpɔːt] VT ▸ **to deport sb (from somewhere)** [+ *criminal, illegal immigrant*] 将(將)某人(从(從)某地)逐出 jiāng mǒurén (cóng mǒudì) zhúchū
deposit [dɪˈpɔzɪt] **I** N [c] **1** (*money*) (*in account*) 储(儲)蓄 chǔxù [笔 bǐ]; (*on goods*) 保证(證)金 bǎozhèngjīn; (*on house, bottle, when hiring*) 押金 yājīn [份 fèn] **2** (*residue*) (*from chemical process*) 沉淀(澱)物 chéndiànwù **3** [*of ore, oil, minerals etc*] 沉积(積) chénjī **II** VT **1** [+ *money*] 把…存入… bǎ…cúnrù… **2** (*put, leave*) 寄存 jìcún **3** (*from chemical or geological process*) 沉积(積) chénjī ▸ **to put down a deposit of 50 pounds** 支付50英镑(鎊)的保证(證)金 zhīfù wǔshí yīngbàng de bǎozhèngjīn
depot [ˈdɛpəu] N [c] **1** (*storehouse*) 仓(倉)库(庫) cāngkù [个 gè] **2** (*for vehicles*) 车(車)库(庫) chēkù [个 gè] **3** (*US*) (*station*) 车(車)站 chēzhàn [个 gè] [英 = **station**]
depreciate [dɪˈpriːʃɪeɪt] VI [*currency, property, value etc* +] 贬(貶)值 biǎnzhí

depress [dɪ'prɛs] VT **1** [*+ person*] 使沮丧(喪) shǐ jǔsàng **2** [*+ price, wages*] 使跌价(價) shǐ diējià **3** (*press down*) [*+ accelerator, lever*] 压(壓)下 yāxià

depressed [dɪ'prɛst] ADJ **1** [*+ person*] 沮丧(喪)的 jǔsàng de **2** [*+ prices*] 降低的 jiàngdī de **3** [*+ industry*] 萧(蕭)条(條)的 xiāotiáo de **4** [*+ area*] 不景气(氣)的 bù jǐngqì de ▶ **to feel depressed** 感到沮丧(喪) gǎndào jǔsàng ▶ **to get depressed** 心情沮丧(喪) xīnqíng jǔsàng

depressing [dɪ'prɛsɪŋ] ADJ [*+ place, situation etc*] 令人沮丧(喪)的 lìng rén jǔsàng de

depression [dɪ'prɛʃən] N **1** [U] [*of person*] 抑郁(鬱)症 yìyùzhèng **2** [C] (*slump*) (*in economy*) 萧(蕭)条(條) xiāotiáo **3** [C] (*weather system*) 低气(氣)压(壓) dīqìyā **4** [C] (*hollow*) 凹陷 āoxiàn

deprivation [dɛprɪ'veɪʃən] N [C/U] **1** (*poverty*) 穷(窮)困 qióngkùn **2** (*loss*) 丧(喪)失 sàngshī ▶ **sleep deprivation** 失眠 shīmián

deprive [dɪ'praɪv] VT ▶ **to deprive sb of sth** 剥(剝)夺(奪)某人某物 bōduó mǒurén mǒuwù ▶ **to deprive o.s. (of sth)** (对(對)某物)自我克制 (duì mǒuwù)zìwǒ kèzhì

deprived [dɪ'praɪvd] ADJ [*+ area, background, child, family*] 贫(貧)困的 pínkùn de

dept. ABBR (= **department**) 部系 bùxì

depth [dɛpθ] N **1** [C/U] (*from top to bottom*) [*of hole, water*] 深 shēn **2** [C/U] (*from front to back*) [*of cupboard, shelf etc*] 厚度 hòudù [个 gè] **3** [U] [*of emotion, feeling*] 深厚 shēnhòu **4** [U] [*of knowledge*] 渊(淵)博 yuānbó; [*of understanding etc*] 深刻 shēnkè **5 the depths** (*liter*) [*of ocean, earth*] 深处(處) shēnchù ▶ **at/to/from a depth of 3 metres** 在/到/从(從)3米深处(處) zài/dào/cóng sān mǐ shēnchù ▶ **18 metres in depth** 深18米 shēn shíbā mǐ ▶ **to be/go out of one's depth** (*in water*) 水深没(沒)顶(頂)处(處) shuǐ shēnmò dǐngchù ▶ **to be/feel out of one's depth** (*in situation*) 力所不及 lì suǒ bù jí ▶ **to study/analyse sth in depth** 深入研究/分析某事 shēnrù yánjiū/fēnxī mǒushì ▶ **an in-depth investigation/analysis** 深入的调(調)查/分析 shēnrù de diàochá/fēnxi ▶ **the depths of the forest/countryside** 森林深处(處)/乡(鄉)郊野外 sēnlín shēnchù/xiāngjiāo yěwài ▶ **in the depths of despair/recession/winter** 深深陷入绝(絕)望/衰退中/在隆冬 shēnshēn xiànrù juéwàng/shuāituì zhōng/zài lóngdōng

deputy ['dɛpjutɪ] I N [C] **1** (*second in command*) 副 fù **2** (*elected member*) 下院议(議)员(員) xiàyuàn yìyuán **3** (*US*) (*also*: **deputy sheriff**) 县(縣)助理司法行政长(長)官 xiàn zhùlǐ sīfǎ xíngzhèng zhǎngguān II ADJ ▶ **deputy chairman/director** 副主席/总(總)监(監) fù zhǔxí/zǒngjiān ▶ **deputy head** (*Brit*) (*in school*) 学(學)监(監) xuéjiān

derail [dɪ'reɪl] VT **1** ▶ **to be derailed** [*train +*] 出轨(軌) chūguǐ **2** [*+ plan, negotiations*] 使离(離)开(開)原定进(進)程 shǐ líkāi yuándìng jìnchéng

derelict ['dɛrɪlɪkt] I ADJ [*+ building*] 弃(棄)置的 qìzhì de II N [C] (*frm: vagrant*) 无(無)家可归(歸)者 wú jiā kě guī zhě [名 míng]

derive [dɪ'raɪv] I VT ▶ **to derive sth (from sth)** [*+ pleasure, benefit*] (从(從)某事中)取得某事 (cóng mǒushì zhōng) qǔdé mǒushì II VI ▶ **to derive from/be derived from sth** (*originate in*) [*word +*] 从(從)某物中派生出 cóng mǒuwù zhōng pàishēng chū; [*situation +*] 来(來)自某物 láizì mǒuwù

derogatory [dɪ'rɔgətərɪ] ADJ [*+ remark, comment*] 贬(貶)低的 biǎndī de

descend [dɪ'sɛnd] I VT (*frm*) [*+ stairs, hill*] 下 xià II VI **1** (*frm: go down*) 下来(來) xiàlai **2** ▶ **to descend (on/upon sb/sth)** [*calm, hush, gloom +*] 向(某人/某物)袭(襲)来(來) xiàng (mǒurén/mǒuwù) xílái; [*visitors, tourists +*] 突然涌(湧)向(某人/某地) tūrán yǒngxiàng (mǒurén/mǒuwù) ▶ **to be descended from** [*person +*] 是…的后(後)裔 shì...de hòuyì; [*animal +*] 由…演变(變)而来(來) yóu...yǎnbiàn ér lái ▶ **to descend to sth/to doing sth** [*+ lying, begging etc*] 屈尊于(於)某事/做某事 qūzūnyú mǒushì/zuò mǒushì ▶ **in descending order** 按递(遞)减(減)的顺(順)序 àn dìjiǎn de shùnxù

descendant [dɪ'sɛndənt] N [C] 后(後)裔 hòuyì

descent [dɪ'sɛnt] N **1** [C/U] [*of mountain, hill etc*] 下坡 xiàpō **2** [C/U] (*by aircraft*) 下降 xiàjiàng **3** [U] (*origin*) 血统(統) xuètǒng **4** [C] (*slope*) 斜坡 xiépō [条 tiáo] ▶ **of African/European descent** 非洲/欧(歐)洲血统(統) Fēizhōu/Ōuzhōu xuètǒng

★ **describe** [dɪs'kraɪb] VT 描述 miáoshù ▶ **to describe sth/sb/o.s. as...** 把某事/某人/自己描述成… bǎ mǒushì/mǒurén/zìjǐ miáoshù chéng... ▷ *a man described by the police as extremely dangerous* 一个被警察描述为极为危险的人 yīgè bèi jǐngchá miáoshù wéi jí wéi wēixiǎn de rén ▶ **to describe sb/sth to sb** 向某人描述某人/某事 xiàng mǒurén miáoshù mǒurén/mǒushì

description [dɪs'krɪpʃən] N [C/U] 描述 miáoshù [种 zhǒng] ▶ **of some/any description** 某/任何一种(種) mǒu/rènhé yīzhǒng

desert [*n* 'dɛzət, *vb* dɪ'zə:t] I N **1** [C/U] (*Geo*) 沙漠 shāmò [片 piàn] **2** [C] (*fig: wasteland*) 荒地 huāngdì [片 piàn] II VT (*leave*) [*+ place*] 离(離)弃(棄) líqì; [*+ person*] 遗(遺)弃(棄) yíqì III VI (*Mil*) 逃跑 táopǎo

deserted [dɪ'zə:tɪd] ADJ 被舍(捨)弃(棄)的 bèi shěqì de

desert island N [C] 荒岛(島) huāngdǎo [座 zuò]

deserve [dɪ'zə:v] VT 应(應)受 yīng shòu ▶ **to deserve to do sth** 应(應)该(該)获(獲)得某事 yīnggāi huòdé mǒuwù

deserving [dɪ'zə:vɪŋ] ADJ 应(應)得的 yīngdé de

★ **design** [dɪ'zaɪn] **I** N **1** [U] (*art, process, layout, shape*) 设(設)计(計) shèjì **2** [C] (*drawing*) 图(圖)样(樣) túyàng [个 gè] ▷ *a design for a new office block* 新办公楼区的图样 xīn bàngōng lóuqū de túyàng **3** [C] (*pattern*) 图(圖)案 tú'àn [种 zhǒng] **II** VT [+ *kitchen, product, test, system*] 设(設)计(計) shèjì ▶ **to be designed for sb/to do sth** 专(專)门(門)为(為)某人/做某事设(設)计(計) zhuānmén wèi mǒurén/zuò mǒushì shèjì ▶ **by design** (*on purpose*) 故意地 gùyì de ▶ **to have designs on sb/sth** 对(對)某人/某事抱不良企图(圖) duì mǒurén/mǒushì bào bùliáng qǐtú

designate [*vb* 'dɛzɪgneɪt, *adj* 'dɛzɪgnɪt] **I** VT **1** (*nominate*) 指定 zhǐdìng **2** ▶ **to be designated for/as sth** 专(專)门(門)用于(於)某事 zhuānmén yòngyú mǒushì **II** ADJ ▶ **chairman/prime minister designate** 已受委任的主席/首相 yǐ shòu wěirèn de zhǔxí/shǒuxiàng ▶ **in designated areas** 在指定区(區)域 zài zhǐdìng qūyù

designer [dɪ'zaɪnəʳ] **I** N [C] 设(設)计(計)者 shèjìzhě [位 wèi] **II** CPD [+ *clothes, label, jeans*] 名师(師)设(設)计(計)的 míngshī shèjì de

desirable [dɪ'zaɪərəbl] ADJ **1** (*attractive*) 称(稱)心如意的 chènxīn rúyì de **2** (*sexually attractive*) 性感的 xìnggǎn de **3** (*proper*) 值得想望的 zhíde xiǎngwàng de ▶ **it is desirable that...** …是合乎要求的 ...shì héhū yāoqiú de

desire [dɪ'zaɪəʳ] **I** N **1** [C] (*frm: urge*) 愿(願)望 yuànwàng [个 gè] **2** [U] (*sexual*) 情欲(慾) qíngyù **II** VT **1** (*frm: want*) 想望 xiǎngwàng **2** (*sexually*) 想要 xiǎngyào ▶ **to desire to do sth** 想望做某事 xiǎngwàng zuò mǒushì ▶ **the desired effect/result** 期望的效果/结(結)果 qīwàng de xiàoguǒ/jiéguǒ

desk [dɛsk] N [C] **1** (*in office*) 办(辦)公桌 bàngōngzhuō [张 zhāng] **2** (*for pupil*) 书(書)桌 shūzhuō [张 zhāng] **3** (*in hotel, at airport, hospital*) 服务(務)台(臺) fúwùtái [个 gè] **4** ▶ **news/fashion desk** (*department*) 新闻(聞)/时(時)装(裝)部 xīnwén/shízhuāng bù

desk clerk (*US*) N [C] 接待员(員) jiēdàiyuán [位 wèi] [英 = **receptionist**]

desktop publishing ['dɛsktɔp-] N [U] 桌面出版 zhuōmiàn chūbǎn

desolate ['dɛsəlɪt] ADJ **1** [+ *place*] 荒凉(涼)的 huāngliáng de **2** [+ *person*] 孤寂的 gūjì de

despair [dɪs'pɛəʳ] **I** N [U] 绝(絕)望 juéwàng **II** VI 绝(絕)望 juéwàng ▶ **in despair** 绝(絕)望地 juéwàng de ▶ **to despair of doing sth** 丧(喪)失做某事的信心 sàngshī zuò mǒushì de xìnxīn ▶ **to despair at sb/sth** 对(對)某人/某事绝(絕)望 duì mǒurén/mǒushì juéwàng

despatch [dɪs'pætʃ] N, VT = **dispatch**

desperate ['dɛspərɪt] ADJ **1** [+ *person*] 绝(絕)望的 juéwàng de **2** [+ *attempt, effort*] 铤(鋌)而走险(險)的 tǐng ér zǒu xiǎn de **3** [+ *situation*] 危急的 wēijí de **4** [+ *criminal, person*] 不顾(顧)死活的 bùgù sǐhuó de ▶ **to be desperate for sth/to do sth** 极(極)想某事/做某事 jíxiǎng mǒushì/zuò mǒushì

desperately ['dɛspərɪtlɪ] ADV **1** (*frantically*) [*struggle, shout* +] 拼命地 pīnmìng de **2** (*terribly, awfully*) [+ *ill, unhappy etc*] 极(極)度地 jídù de ▶ **desperately trying to escape** 拼命逃窜(竄) pīnmìng táocuàn ▶ **he desperately needs help** 他极(極)度需要帮(幫)助 tā jídù xūyào bāngzhù

desperation [dɛspə'reɪʃən] N [U] 绝(絕)望 juéwàng ▶ **in** *or* **out of (sheer) desperation** 处(處)于(於)/出于(於)(完全的)绝(絕)望 chǔyú/chūyú(wánquán de)juéwàng

despise [dɪs'paɪz] VT 鄙视(視) bǐshì

despite [dɪs'paɪt] PREP 尽(儘)管 jǐnguǎn

dessert [dɪ'zə:t] N [C/U] 饭(飯)后(後)甜点(點) fànhòu tiándiǎn [份 fèn]

dessert spoon N [C] **1** (*object*) 点(點)心匙 diǎnxīnchí [个 gè] **2** (*quantity*) 一点(點)心匙的量 yī diǎnxīnchí de liàng

destination [dɛstɪ'neɪʃən] N [C] [*of traveller, mail, supplies etc*] 目的地 mùdìdì [个 gè]

destined ['dɛstɪnd] ADJ **1** (*bound*) ▶ **to be destined to do sth/for sth** 注定做某事/做某事 zhùdìng zuò mǒushì/zuò mǒushì **2** ▶ **to be destined for sth** [*goods* +] 指定送到某地 zhǐdìng sòngdào mǒudì; [*person* +] 指定送到某地 zhǐdìng sòngdào mǒudì

destiny ['dɛstɪnɪ] N **1** [C] (*future*) 命运(運) mìngyùn **2** [U] (*fate*) 缘(緣)分 yuánfèn

destroy [dɪs'trɔɪ] VT **1** [+ *building, object*] 破坏(壞) pòhuài **2** [+ *faith, confidence*] 打破 dǎpò **3** [+ *animal*] 杀(殺)死 shāsǐ

destruction [dɪs'trʌkʃən] N [U] **1** (*act of destroying*) 破坏(壞) pòhuài **2** (*state of being destroyed*) 毁(毀)灭(滅) huǐmiè

destructive [dɪs'trʌktɪv] ADJ **1** [+ *capacity, force*] 破坏(壞)性的 pòhuàixìng de **2** [+ *child, person*] 有危害的 yǒu wēihài de

detach [dɪ'tætʃ] (*frm*) **I** VT 分开(開) fēnkāi **II** VI 分离(離) fēnlí

detached [dɪ'tætʃt] ADJ [+ *person, attitude*] 客观(觀)的 kèguān de ▶ **detached house** 独(獨)立式住房 dúlìshì zhùfáng

detail ['di:teɪl] **I** N **1** [C] (*individual feature, minor point*) 细(細)节(節) xìjié [个 gè] **2** [U] (*in picture, work etc*) 细(細)节(節) xìjié **II** VT (*frm: list*) 详(詳)述 xiángshù **III details** N PL 详(詳)情 xiángqíng ▶ **in detail** 详(詳)细(細)地 xiángxì de ▶ **to (not) go into details** (*usually negative*) (没(沒)有)详(詳)细(細)叙(敘)述 (méiyǒu) xiángxì xùshù

detailed ['di:teɪld] ADJ [+ *account, description*] 详(詳)细(細)的 xiángxì de

detain [dɪ'teɪn] VT **1** (*frm: keep, delay*) 耽搁(擱) dānge **2** [*police* +] 扣留 kòuliú **3** (*in hospital*) 留下 liúxià

detect [dɪ'tɛkt] VT **1** (*sense*) 察觉(覺) chájué

d

2 [+ *illness, disease*] 发(發)现(現) fāxiàn **3** [+ *enemy, pollution*] 侦(偵)查 zhēnchá

detection [dɪ'tɛkʃən] N [U] **1** [*of illness, disease*] 发(發)现(現) fāxiàn **2** [*of criminal, secret*] 侦(偵)查 zhēnchá ▸ **to escape/avoid detection** [*criminal* +] 逃之夭夭 táo zhī yāo yāo; [*mistake* +] 未被察觉(覺) wèi bèi chájué

detective [dɪ'tɛktɪv] N [C] **1** (*in police*) 侦(偵)探 zhēntàn [个 gè] **2** (*Brit*) ▸ **detective inspector/constable/sergeant** 刑侦(偵)警察 xíngzhēn jǐngchá [名 míng] **3** (*US*) 侦(偵)探 zhēntàn [个 gè] ▸ **(private) detective** 私家侦(偵)探 sījiā zhēntàn

detective story, detective novel N [C] 侦(偵)探小说(說) zhēntàn xiǎoshuō [部 bù]

detention [dɪ'tɛnʃən] N **1** [U] (*arrest*) 扣留 kòuliú **2** [C/U] (*at school*) 课(課)后(後)留校 kèhòu liúxiào [次 cì] ▸ **to be in detention** 被课(課)后(後)留校 bèi kèhòu liúxiào

deter [dɪ'təːʳ] VT (*discourage*) [+ *person*] 吓(嚇)住 xiàzhù; [+ *crime*] 威慑(懾) wēishè ▸ **to deter sb from doing sth** 威慑(懾)某人不做某事 wēishè mǒurén bùzuò mǒushì

detergent [dɪ'təːdʒənt] N [C/U] 清洁(潔)剂(劑) qīngjiéjì [种 zhǒng]

deteriorate [dɪ'tɪərɪəreɪt] VI 恶(惡)化 èhuà

determination [dɪtəːmɪ'neɪʃən] N **1** [U] (*resolve*) 决(決)心 juéxīn **2** [C/U] (*establishment*) 确(確)定 quèdìng

determine [dɪ'təːmɪn] VT **1** (*frm: discover*) [+ *facts*] 确(確)定 quèdìng **2** (*decide on*) [+ *budget, amount*] 决(決)定 juédìng **3** (*frm: dictate*) 决(決)定 juédìng ▸ **to determine that...** (*frm: decide*) 决(決)定… juédìng...; (*establish*) 确(確)定… quèdìng... ▸ **to determine to do sth** (*frm*) 决(決)定做某事 juédìng zuò mǒushì

determined [dɪ'təːmɪnd] ADJ **1** [+ *person*] 坚(堅)定的 jiāndìng de **2** [+ *effort, attempt*] 坚(堅)决(決)的 jiānjué de ▸ **to be determined to do sth** 决(決)心做某事 juéxīn zuò mǒushì

deterrent [dɪ'tɛrənt] **I** N [C] **1** (*nuclear*) 威慑(懾)因素 wēishè yīnsù **2** (*Law*) 威慑(懾)手段 wēishè shǒuduàn **II** ADJ [+ *effect*] 威慑(懾)的 wēishè de ▸ **to act as a deterrent** 发(發)挥(揮)威慑(懾)作用 fāhuī wēishè zuòyòng

detest [dɪ'tɛst] VT 嫌恶(惡) xiánwù

detour ['diːtuəʳ] N [C] **1** ▸ **to make a detour** 绕(繞)道 ràodào [次 cì] **2** (*US*) (*on road*) 绕(繞)行道路 ràoxíng dàolù [条 tiáo] [英 = **diversion**]

detract [dɪ'trækt] VI ▸ **to detract from sth** [+ *effect, achievement, pleasure etc*] 减(減)损(損)某物 jiǎnsǔn mǒuwù

detrimental [dɛtrɪ'mɛntl] ADJ ▸ **detrimental (to sth)** (对(對)某事)不利的 (duì mǒushì) bùlì de ▸ **to have a detrimental effect (on sb/sth)** (对(對)某人/某事)有不利影响(響) (duì mǒurén/mǒushì)yǒu bùlì yǐngxiǎng

devaluation [dɪvælju'eɪʃən] N [C/U] 贬(貶)值 biǎnzhí

devastate ['dɛvəsteɪt] VT **1** (*destroy*) 破坏(壞) pòhuài **2** (*shock*) ▸ **to be devastated (by sth)** (被某事)震惊(驚) (bèi mǒushì) zhènjīng

devastating ['dɛvəsteɪtɪŋ] ADJ **1** [+ *weapon, storm*] 破坏(壞)性的 pòhuàixìng de **2** [+ *news, effect*] 惊(驚)人的 jīngrén de

★ **develop** [dɪ'vɛləp] **I** VT **1** (*change and improve*) [+ *business, idea, relationship*] 发(發)展 fāzhǎn; [+ *land, resource*] 开(開)发(發) kāifā **2** (*produce*) [+ *product, weapon*] 开(開)发(發) kāifā **3** (*Phot*) 冲(沖)洗 chōngxǐ **4** (*begin to have*) [+ *fault, engine trouble*] 逐步显(顯)现(現) zhúbù xiǎnxiàn; [+ *disease*] 显(顯)现(現)…的症状(狀) xiǎnshì...de zhēngzhuàng **II** VI **1** (*evolve*) [*person* +] 成长(長) chéngzhǎng; [*country, situation, friendship, skill* +] 发(發)展 fāzhǎn **2** (*appear*) [*facts, symptoms* +] 逐步产(產)生 zhúbù chǎnshēng; [*problem, difficulty* +] 逐步显(顯)现(現) zhúbù xiǎnxiàn ▸ **to develop a taste for sth** 逐步形成对(對)某物的喜好 zhúbù xíngchéng duì mǒuwù de xǐhào ▸ **to develop into sth** 发(發)展成某物 fāzhǎn chéng mǒuwù

developing country [dɪ'vɛləpɪŋ-] N [C] 发(發)展中国(國)家 fāzhǎnzhōng guójiā [个 gè]

★ **development** [dɪ'vɛləpmənt] N **1** [U] (*growth*) 成长(長) chéngzhǎng ▹ *the development of the embryo* 胚胎的成长 pēitāi de chéngzhǎng; (*political, economic*) 发(發)展 fāzhǎn **2** [C] (*event*) 新形势(勢) xīn xíngshì [种 zhǒng] ▹ *the latest developments in Moscow* 莫斯科最近的形势 Mòsīkē zuìjìnde xíngshì **3** [U] [*of land, area*] 开(開)发(發) kāifā **4** [C] (*building complex*) 新开(開)发(發)地 xīn kāifādì ▹ *an industrial development* 新开发的工业园区 xīn kāifā de gōngyèyuánqū ▸ **an unexpected development** 出乎意料的新事件 chū hū yìliào de xīn shìjiàn

device [dɪ'vaɪs] N [C] **1** (*apparatus*) 设(設)备(備) shèbèi **2** (*ploy, stratagem*) 手法 shǒufǎ ▸ **explosive device** (*bomb*) 引爆装(裝)置 yǐnbào zhuāngzhì [件 jiàn] ▸ **to leave sb to their own devices** 听(聽)任某人自行其是 tīngrèn mǒurén zì xíng qí shì

devil ['dɛvl] N **1** [C] (*evil spirit*) 魔鬼 móguǐ [个 gè] **2** [C] ▸ **poor/lucky devil** 可怜(憐)/幸运(運)的家(傢)伙 kělián/xìngyùn de jiāhuo [个 gè] **3** ▸ **the Devil** 撒旦 Sādàn [个 gè] ▸ **go on, be a devil!** (*inf*) 来(來)，怕什么(麼)！Lái, pà shénme! ▸ **talk of the devil!** 说(說)到某人，某人就到！shuō dào mǒurén, mǒurén jiù dào! ▸ **what/how/why the devil...?** (*inf: used for emphasis*) 究竟什么(麼)/如何/为(為)什么(麼)…？ jiūjìng shénme/rúhé/wèishénme...?

devious ['diːvɪəs] ADJ **1** [+ *person, mind*] 不光明正大的 bù guāngmíng zhèngdà de **2** [+ *route, path*] 迂回(迴)的 yúhuí de

devise [dɪ'vaɪz] VT **1** [+ *plan, scheme*] 想出 xiǎngchū **2** [+ *machine*] 设(設)计(計) shèjì

devoid [dɪ'vɔɪd] ADJ ▸ **devoid of sth** (*lacking*) 毫无(無)某物 háowú mǒuwù

devote [dɪ'vəut] VT ▸ **to devote time/energy to sth** 为(為)某事付出时(時)间(間)/精力 wèi mǒushì fùchū shíjiān/jīnglì ▸ **to devote o.s. to sth** 致力于(於)某事 zhìlìyú mǒushì

devoted [dɪ'vəutɪd] ADJ **1** (*enthusiastic*) 热(熱)中的 rèzhōng de **2** (*loving*) [+ *husband, daughter*] 忠诚(誠)的 zhōngchéng de **3** ▸ **devoted to sth** (*specialising in*) 致力于(於)某事的 zhìlì yú mǒushì de ▸ **to be devoted to sb** 深爱(愛)某人 shēn'ài mǒurén ▸ **Horace is devoted to his garden** 霍勒斯热(熱)中于(於)园(園)艺(藝) Huòlèsī rèzhōng yú yuányì

devotion [dɪ'vəuʃən] N [U] **1** (*to person*) 热(熱)爱(愛) rè'ài **2** (*to duty, job etc*) 献(獻)身 xiànshēn

devour [dɪ'vauəʳ] VT **1** (*eat*) 狼吞虎咽(嚥)似地吃 láng tūn hǔ yàn shìde chī **2** (*read*) 贪(貪)婪地读(讀) tānlán de dú

devout [dɪ'vaut] ADJ [+ *person*] 虔诚(誠)的 qiánchéng de ▸ **a devout Catholic/Muslim** *etc* 虔诚(誠)的天主教徒/穆斯林等 qiánchéng de tiānzhǔjiàotú/mùsīlín *děng*

dew [djuː] N [U] 露水 lùshuǐ

diabetes [daɪə'biːtiːz] N [U] 糖尿病 tángniàobìng

diabetic [daɪə'bɛtɪk] **I** ADJ **1** [+ *person, patient*] 患糖尿病的 huàn tángniàobìng de **2** [+ *coma*] 糖尿病的 tángniàobìng de **3** [+ *chocolate, jam*] 糖尿病患者食用的 tángniàobìng huànzhě shíyòng de **II** N [C] 糖尿病患者 tángniàobìng huànzhě [个 gè]

diagnose [daɪəg'nəuz] VT [+ *illness, problem*] 诊(診)断(斷) zhěnduàn ▸ **to be diagnosed as...** [*person* +] 被诊(診)断(斷)为(為)患了··· bèi zhěnduàn wéi huàn le...; [*illness* +] 被诊(診)断(斷)为(為)··· bèi zhěnduàn wéi... ▸ **to be diagnosed as suffering from/having...** 被诊(診)断(斷)为(為)患有··· bèi zhěnduàn wéi huànyǒu...

diagnosis [daɪəg'nəusɪs] (*pl* **diagnoses** [daɪəg'nəusiːz]) N [C/U] 诊(診)断(斷) zhěnduàn [次 cì]

diagonal [daɪ'ægənl] **I** ADJ [+ *line*] 斜的 xié de **II** N [C] **1** (*in geometry*) 对(對)角线(線) duìjiǎoxiàn **2** (*in pattern or design*) 斜纹(紋) xiéwén

diagonally [daɪ'ægənəlɪ] ADV 倾(傾)斜地 qīngxié de

diagram ['daɪəgræm] N [C] 图(圖)解 tújiě [个 gè]

dial ['daɪəl] **I** N [C] **1** (*on clock or meter*) 标(標)度盘(盤) biāodùpán [个 gè] **2** (*on radio*) 调(調)谐(諧)度盘(盤) tiáoxiédùpán **3** (*on telephone*) 拨(撥)号(號)盘(盤) bōhàopán **II** VT [+ *number*] 拨(撥) bō **III** VI 拨(撥)号(號) bōhào ▸ **can I dial London direct?** 我可以直接往伦(倫)敦打电(電)话(話)吗(嗎)? wǒ kěyǐ zhíjiē wǎng Lúndūn dǎ diànhuà ma?

dialect ['daɪəlɛkt] N [C/U] 方言 fāngyán [种 zhǒng]

dialling code ['daɪəlɪŋ-] (*Brit*) N [C] 电(電)话(話)区(區)号(號) diànhuà qūhào [个 gè] [美 = **area code**]

dialling tone (*Brit*) N [C] 拨(撥)号(號)音 bōhàoyīn [个 gè] [美 = **dial tone**]

dialogue, (*US*) **dialog** ['daɪəlɔg] N [C/U] **1** (*conversation*) 对(對)话(話) duìhuà [次 cì] **2** (*discussions*) 交换(換)意见(見) jiāohuàn yìjiàn **3** (*in play, film, novel etc*) 对(對)白 duìbái [个 gè]

dial tone (*US*) N = **dialling tone**

diameter [daɪ'æmɪtəʳ] N [C] 直径(徑) zhíjìng ▸ **15 cm in diameter** 直径(徑)为(為)15厘(釐)米 zhíjìng wéi shíwǔ límǐ

diamond ['daɪəmənd] **I** N [C] **1** (*gem*) 钻(鑽)石 zuànshí [颗 kē] **2** (*shape*) 菱形 língxíng [个 gè] **II diamonds** N PL (*on playing cards*) 方块(塊) fāngkuài ▸ **the six/king of diamonds** 方块(塊)6/K fāngkuài liù/K

diaper ['daɪəpəʳ] (*US*) N [C] 尿布 niàobù [块 kuài] [英 = **nappy**]

diarrhoea, (*US*) **diarrhea** [daɪə'riːə] N [U] 腹泻(瀉) fùxiè ▸ **to have diarrhoea** 腹泻(瀉) fùxiè

diary ['daɪərɪ] N [C] **1** (*engagements book*) 日记(記)簿 rìjìbù [个 gè] **2** (*daily account*) 日记(記) rìjì [篇 piān] ▸ **to keep a diary** 记(記)日记(記) jì rìjì ▸ **video/tape diary** 录(錄)像带(帶)/磁带(帶)日记(記) lùxiàngdài/cídài rìjì

dice [daɪs] (*pl* **dice**) **I** N **1** [C] (*in game*) 骰子 shǎizi [个 gè] **2** [U] (*game*) 掷(擲)骰赌(賭)博 zhì shǎi dǔbó **II** VT (*in cooking*) 将(將)···切成丁 jiāng...qiēchéng dīng

dictate [*vb* dɪk'teɪt, *n* 'dɪkteɪt] **I** VT **1** [+ *letter, memo etc*] 口述 kǒushù **2** (*determine*) [+ *conditions*] 规(規)定 guīdìng **II** VI ▸ **to dictate to sb** (*order about*) 命令某人 mìnglìng mǒurén **III** N [C] (*order*) 命令 mìnglìng [个 gè] ▸ **the dictates of one's conscience** 某人的做人原则(則) mǒurén de zuòrén yuánzé ▸ **common sense dictates that...** 依据(據)常识(識)··· yījù chángshí...

dictation [dɪk'teɪʃən] N **1** [U] [*of letter*] 口述 kǒushù **2** [C/U] (*at school, college*) 听(聽)写(寫) tīngxiě [次 cì]

dictator [dɪk'teɪtəʳ] (*pej*) N [C] **1** (*ruler*) 独(獨)裁者 dúcáizhě [名 míng] **2** (*overbearing person*) 霸道的人 bàdào de rén [个 gè]

dictatorship [dɪk'teɪtəʃɪp] N **1** [C/U] (*government*) 独(獨)裁政府 dúcái zhèngfǔ [个 gè] **2** [C] (*country*) 独(獨)裁国(國)家 dúcái guójiā [个 gè]

dictionary ['dɪkʃənrɪ] N [C] 词(詞)典 cídiǎn [本 běn]

did [dɪd] PT *of* **do**

didn't ['dɪdnt] = **did not**

★ **die** [daɪ] **I** VI **1** [*person, animal, plant* +] 死 sǐ **2** [*love, hope* +] 消失 xiāoshī **3** [*engine* +] 熄灭(滅) xīmiè **II** N [c] (*pl* **dice**) (*for games*) 骰子 shǎizi [颗 kē] ▸ **to die of** *or* **from sth** 死于(於)某事 sǐyú mǒushì ▸ **to die a natural/violent death** 自然死亡/惨(慘)死 zìrán sǐwáng/cǎnsǐ ▸ **to be dying** [*person, plant, animal* +] 奄奄一息 yǎn yǎn yī xī ▸ **old habits die hard** 积(積)习(習)难(難)改 jī xí nán gǎi ▸ **I'm dying of thirst/boredom** 我渴死了/无(無)聊死了 wǒ kěsǐ le/wúliáo sǐ le ▸ **to be dying for sth/to do sth** 渴望某事/做某事 kěwàng mǒushì/zuò mǒushì

▸**die away** VI [*sound, light* +] 逐渐(漸)消失 zhújiàn xiāoshī

▸**die down** VI **1** [*wind* +] 停止 tíngzhǐ **2** [*fire* +] 熄灭(滅) xīmiè **3** [*excitement, controversy, laughter* +] 平息 píngxī

▸**die out** VI **1** [*custom, way of life* +] 灭(滅)亡 mièwáng **2** [*species* +] 灭(滅)绝(絕) mièjué

用法参见 **dead**

在需要解释某人的死亡原因时，可以说他们 **die of** 或 **die from** 某个具体原因。*Both he and my mother died of cancer...He died from brain injuries five days later.* 还可以用 **be dying of thirst, hunger, boredom** 或者 **curiosity** 来强调非常口渴, 饥饿, 厌倦或好奇的状态。这是非正式用法。*Order a pot of tea, I'm dying of thirst.*

diesel ['diːzl] N **1** [U] (*also:* **diesel oil**) 柴油 cháiyóu **2** [c] (*vehicle*) 柴油机(機)驱(驅)动(動)的车(車)辆(輛) cháiyóujī qūdòng de chēliàng [辆 liàng]

diet ['daɪət] **I** N **1** [c/U] (*food intake*) 饮(飲)食 yǐnshí [种 zhǒng] **2** [c] (*restricted food*) (*medical*) 特种(種)饮(飲)食 tèzhǒng yǐnshí; (*slimming*) 减(減)肥饮(飲)食 jiǎnféi yǐnshí [份 fèn] **3** ▸ **a diet of mindless pop songs/soap operas** 多得令人腻烦的无聊的流行歌曲/肥皂剧 **II** VI 节(節)食 jiéshí **III** CPD 特制(製)的 tèzhì de ▸ **to be on a diet** 实(實)行减(減)肥节(節)食 shíxíng jiǎnféi jiéshí ▸ **to go on a diet** 开(開)始减(減)肥节(節)食 kāishǐ jiǎnféi jiéshí ▸ **to live on a diet of fish and rice** 以鱼(魚)和米为(為)主食 yǐ yú hé mǐ wéi zhǔshí

differ ['dɪfəʳ] VI **1** (*be different*) ▸ **to differ (from sth)** (与(與)某物) 不同 (yǔ mǒuwù) bùtóng **2** (*disagree*) ▸ **to differ (on sth)** (就某事) 意见(見)不同 (jiù mǒushì) yìjiàn bùtóng ▸ **to agree to differ** 同意保留各自不同意见(見) tóngyì bǎoliú gèzì bùtóng yìjiàn

difference ['dɪfrəns] N **1** [c] (*between things, people*) 差异(異) chāyì [种 zhǒng] **2** [s] (*between two quantities*) 差 chā **3** [c] (*disagreement*) 分歧 fēnqí ▸ **the difference in size/colour** 尺寸/颜(顏)色上的差异(異) chǐcùn/yánsè shàng de chāyì ▸ **to make a/no difference (to sb/sth)** (对(對)某人/某事) 有/无(無)影响(響) (duì mǒurén/mǒushì) yǒu/wú yǐngxiǎng ▸ **I can't tell the difference between them** 我看不出他们(們)的区(區)别(別) wǒ kānbùchū tāmen de qūbié ▸ **to settle/resolve one's differences** 消除分歧 xiāochú fēnqí

★ **different** ['dɪfrənt] ADJ **1** (*not the same*) 不同的 bùtóng de **2** (*unusual*) 不同寻(尋)常的 bùtóng xúncháng de ▸ **different from** 与(與)…不同 yǔ...bùtóng ▸ **different to** *or* (*US*) **than** 与(與)…不同 yǔ...bùtóng

differentiate [dɪfə'rɛnʃɪeɪt] **I** VI ▸ **to differentiate between one thing and another** 区(區)分一事与(與)另一事 qūfēn yīshì yǔ lìng yīshì **II** VT ▸ **to differentiate sth from sth** (*distinguish*) 把某物与(與)某物区(區)分开(開) bǎ mǒuwù yǔ mǒuwù qūfēn kāi; (*set apart*) 使某物与(與)某物有区(區)别(別) shǐ mǒuwù yǔ mǒuwù yǒu qūbié

differently ['dɪfrəntlɪ] ADV **1** [*feel, think etc* +] 不同地 bùtóng de **2** [*treat, regard* +] 有差异(異)地 yǒu chāyì de **3** [+ *shaped, designed*] 不同地 bùtóng de

★ **difficult** ['dɪfɪkəlt] ADJ **1** [+ *task, problem, decision*] 困难(難)的 kùnnan de **2** [+ *person, child*] 执(執)拗的 zhíniù de ▹ *Don't be difficult!* 别那么执拗！Bié nàme zhíniù! ▸ **I found it difficult to...** 我认(認)为(為)…很难(難) wǒ rènwéi...hěnnán ▸ **it is difficult being a parent** 为(為)人父母很难(難) wéi rén fùmǔ hěnnán ▸ **it is difficult for us to understand her** 我们(們)很难(難)理解她 wǒmen hěnnán lǐjiě tā ▸ **it is difficult to save** 省钱(錢)是件难(難)事 shěngqián shì jiàn nánshì

difficulty ['dɪfɪkəltɪ] N **1** [c] (*problem*) 困难(難) kùnnan [个 gè] **2** [U] [*of question, exam*] 难(難)度 nándù ▸ **to have difficulty/difficulties** 有困难(難) yǒu kùnnan ▸ **to be in difficulty** 陷入困境 xiànrù kùnjìng ▸ **he stood up with difficulty** 他艰(艱)难(難)地站了起来(來) tā jiānnán de zhànle qǐlái

dig [dɪg] (*pt, pp* **dug**) **I** VT **1** [+ *hole*] 挖 wā **2** [+ *garden*] 掘土 juétǔ **3** ▸ **to dig sth into sth** (*sink*) 将(將)某物伸进(進)某物 jiāng mǒuwù shēnjìn mǒuwù **II** VI **1** (*with spade*) 挖掘 wājué **2** ▸ **to dig into sth** (*sink*) 戳进(進) chōujìn **III** N **1** (*prod*) ▸ **to give sb a dig in the ribs** 戳了某人肋部一下 chuōle mǒurén lèibù yīxià **2** [c] (*also:* **archaeological dig**) (*excavation*) 考古挖掘 kǎogǔ wājué [次 cì] **3** (*inf*) ▸ **to have/take a dig at sb** (*criticism*) 挖苦某人 wākǔ mǒurén

▸**dig in** (*also:* **dig o.s. in**) **I** VI [*soldiers* +] 挖壕固守 wāháo gùshǒu **II** VT [+ *compost*] 翻土时(時)把…混入泥土中 fān tǔ shí bǎ...hùnrù nítǔ zhōng ▸ **to dig one's heels in** (*fig*) 坚(堅)持自己的立场(場) jiānchí zìjǐ de lìchǎng

▸**dig into** VT FUS [+ *savings*] 动(動)用 dòngyòng

▸**dig out** VT **1** [+ *survivors, car*] 发(發)掘出 fājuéchū **2** (*inf: find*) 找寻(尋)到 zhǎoxún dào

▸**dig up** VT **1** [+ *plant, body*] 挖出 wāchū **2** [+ *land, area*] 掘起 juéqǐ **3** (*discover*) [+ *information, evidence*] 搜(蒐)集 sōují

digest [*vb* daɪ'dʒɛst, *n* 'daɪdʒɛst] **I** VT **1** [+ *food, meal*] 消化 xiāohuà **2** [+ *facts, information etc*] 领(領)会(會) lǐnghuì **II** VI [*food, meal* +] 消化 xiāohuà **III** N [c] (*book*) 摘要 zhāiyào

digestion [dɪ'dʒɛstʃən] N **1** [U] (*process*) 消化 xiāohuà **2** [c] (*system*) 消化能力 xiāohuà nénglì [种 zhǒng]

digger ['dɪgəʳ] N [c] 挖掘器 wājuéqì [台 tái]; (*machine*)

digit ['dɪdʒɪt] N [c] **1** (*number*) 0到9之间的任何一个数字 **2** (*frm: finger*) 手指 shǒuzhǐ [根 gēn]; (*toe*) 足趾 zúzhǐ [个 gè]

digital ['dɪdʒɪtl] ADJ **1** [+ *clock, watch*] 数(數)字的 shùzì de **2** [+ *recording, technology*] 数(數)码(碼)的 shùmǎ de

digital camera N [c] 数(數)码(碼)相机(機) shùmǎ xiàngjī [台 tái]

digital radio ['dɪdʒɪtl-] N [U] 数(數)码(碼)收音机(機) shùmǎ shōuyīnjī [台 tái]

digital television N [U] 数(數)字电(電)视(視) shùzì diànshì

dignified ['dɪgnɪfaɪd] ADJ [+ *person, manner*] 高贵(貴)的 gāoguì de

dignity ['dɪgnɪtɪ] N [U] **1** (*composure*) 庄(莊)严(嚴) zhuāngyán **2** (*worth*) 尊严(嚴) zūnyán **3** (*self-respect*) 高贵(貴) gāoguì

digs [dɪgz] (*Brit; inf, o.f.*) N PL (*lodgings*) 住宿处(處) zhùsùchù

dilemma [daɪ'lɛmə] N [c] (*political, moral*) 进(進)退两(兩)难(難) jìn tuì liǎng nán ▸ **to be in a dilemma** 处(處)在进(進)退两(兩)难(難)的境地 chǔzài jìn tuì liǎng nán de jìngdì

diligent ['dɪlɪdʒənt] ADJ **1** [+ *worker*] 勤奋(奮)的 qínfèn de **2** [+ *research, work*] 细(細)致(緻)的 xìzhì de

dilute [daɪ'lu:t] **I** VT **1** [+ *liquid*] 冲(沖)淡 chōngdàn **2** [+ *belief, principle*] 削弱 xuēruò **II** ADJ [+ *liquid, solution*] 稀释(釋)的 xīshì de

dim [dɪm] **I** ADJ **1** (*not bright*) [+ *light*] 暗淡的 àndàn de; [+ *room, place*] 昏暗的 hūn'àn de **2** (*unclear*) [+ *outline, figure*] 模糊的 móhu de **3** (*faint*) [+ *memory, sight*] 模糊的 móhu de **4** [+ *future, prospects*] 暗淡的 àndàn de **5** (*inf: stupid*) 迟(遲)钝(鈍)的 chídùn de **II** VT **1** [+ *light*] 使变(變)淡 shǐ biàndàn **2** (*US: Aut*) ▸ **to dim one's lights** 打近光灯(燈) dǎ jìnguāngdēng [英 = **dip**] **III** VI [*light* +] 变(變)暗 biàn'àn ▸ **to take a dim view of sth** 对(對)某事持不赞(贊)成的态(態)度 duì mǒushì chí bùzànchéng de tàidu

dime [daɪm] (*US*) N [c] 一角银(銀)币(幣) yījiǎo yínbì [枚 méi] ▸ **a dime a dozen** 多得很 duōde hěn

dimension [daɪ'mɛnʃən] **I** N [c] **1** (*aspect*) 方面(麵) fāngmiàn [个 gè] **2** (*in maths, science*) 维(維) wéi **II dimensions** N PL **1** (*measurements*) 面积(積) miànjī **2** (*scale, size*) 尺寸 chǐcùn

diminish [dɪ'mɪnɪʃ] VI, VT 减(減)小 jiǎnxiǎo

dimple ['dɪmpl] N [c] 酒窝(窩) jiǔwō [对 duì]

din [dɪn] N [s] [+ *row, racket*] 喧闹(鬧)声(聲) xuānnàoshēng

dine [daɪn] (*frm*) VI 进(進)餐 jìncān

▸**dine out** VI 外出吃饭(飯) wàichū chīfàn

diner ['daɪnəʳ] N [c] **1** (*person*) 就餐者 jiùcānzhě [位 wèi] **2** (*US*) (*restaurant*) 廉价(價)餐馆(館) liánjià cānguǎn [家 jiā]

dinghy ['dɪŋgɪ] N [c] **1** (*inflatable*) (*also*: **rubber dinghy**) 橡皮筏 xiàngpífá [个 gè] **2** (*also*: **sailing dinghy**) 小船 xiǎochuán [艘 sōu]

dingy ['dɪndʒɪ] ADJ **1** [+ *street, room*] 阴(陰)暗的 yīn'àn de **2** [+ *clothes, curtains etc*] 邋遢的 lāta de

dining car ['daɪnɪŋ-] (*Brit*) N [c] 餐车(車) cānchē

dining room N [c] **1** (*in house*) 饭(飯)厅(廳) fàntīng [个 gè] **2** (*in hotel*) 餐厅(廳) cāntīng [个 gè]

dining table N [c] 餐桌 cānzhuō [张 zhāng]

dinner ['dɪnəʳ] N **1** [c/U] (*evening meal*) 晚餐 wǎncān [顿 dùn] **2** [c/U] (*lunch*) 午餐 wǔcān [顿 dùn] **3** [c] (*formal meal*) 正餐 zhèngcān [顿 dùn]

用法参见 **meal**

dinner jacket (*Brit*) N [c] 男用晚礼(禮)服 nán yòng wǎnlǐfú [套 tào] [美 = **tuxedo**]

dinner lady N [c] 食堂阿姨 shítáng āyí [位 wèi]

dinner party N [c] 宴会(會) yànhuì [个 gè]

dinner time N [c/U] **1** (*in evening*) 晚饭(飯)时(時)间(間) wǎnfàn shíjiān [段 duàn] **2** (*at midday*) 午饭(飯)时(時)间(間) wǔfàn shíjiān [段 duàn]

dinosaur ['daɪnəsɔ:ʳ] N [c] **1** 恐龙(龍) kǒnglóng [只 zhī] **2** (*pej*) 庞(龐)然大物 pángrán dà wù

dip [dɪp] **I** VT **1** (*into liquid*) [+ *bread, spoon, finger*] 蘸 zhàn **2** (*into container*) [+ *hand*] 伸进(進) shēnjìn **3** (*Brit*) [+ *headlights*] 使…变(變)暗 shǐ...biàn'àn [美 = **dim**] **II** VI **1** [*ground, road* +] 倾(傾)斜 qīngxié **2** [*boat* +] 下降 xiàjiàng **3** ▸ **to dip into sth** [+ *container*] 伸进(進)某物 shēnjìn mǒuwù; [+ *book*] 翻阅(閱)某物 fānyuè mǒuwù; [+ *savings*] 动(動)用某物 dòngyòng mǒuwù **4** (*decrease, fall*) 下降 xiàjiàng **III** N **1** [c] (*slope*) 斜坡 xiépō [条 tiáo] **2** (*swim*) ▸ **to take a dip/go for a dip** 下下水 xiàxiàshuǐ **3** [c/U] (*sauce*) 奶油沙司 nǎiyóu shāsī **4** [c] (*decrease*) 下降 xiàjiàng

diploma [dɪ'pləumə] N [c] 毕(畢)业(業)文凭(憑) bìyè wénpíng [张 zhāng]

diplomacy [dɪ'pləuməsɪ] N [U] **1** (*between governments*) 外交 wàijiāo **2** (*tact*) 外交手腕 wàijiāo shǒuwàn

diplomat ['dɪpləmæt] N [c] 外交官 wàijiāoguān [名 míng]

diplomatic [dɪplə'mætɪk] ADJ **1** [+ *mission,*

d

solution etc] 外交上的 wàijiāo shàng de **2** (*tactful*) [+ *person*] 老练(練)的 lǎoliàn de; [+ *answer, letter*] 圆(圓)滑的 yuánhuá de ▸ **to break off/resume diplomatic relations (with sb)** (与(與)某人)断(斷)绝(絕)/恢复(復)外交关(關)系(係) (yǔ mǒurén)duànjué/huīfù wàijiāo guānxì

dipstick ['dɪpstɪk] (*Brit*) N [c] 量油尺 liángyóuchǐ

dire [daɪəʳ] ADJ **1** [+ *consequences, poverty*] 极(極)端的 jíduān de **2** (*inf: terrible*) 可怕的 kěpà de ▸ **to be in dire straits** (*financially*) 捉襟见(見)肘 zhuō jīn jiàn zhǒu ▸ **to be in dire need of sth** 极(極)需某物 jí xū mǒuwù

★ **direct** [daɪ'rɛkt] I ADJ **1** [+ *route, flight*] 直达(達)的 zhídá de **2** [+ *sunlight, contact, experience, challenge*] 直接的 zhíjiē de ▹ *"keep out of direct sunlight"* "避免阳光直接照射" "bìmiǎn yángguāng zhíjiē zhàoshè" ▹ *She died as a direct result of this injection.* 注射这支针剂是导致她死亡的直接原因。Zhùshè zhè zhī zhēnjì shì dǎozhì tā sǐwáng de zhíjiē yuányīn. ▹ *He avoided giving a direct answer.* 他避免作出直截了当的回答。Tā bìmiǎn zuòchū zhíjiéliǎodàng de huídá. **3** [+ *descendant*] 直系的 zhíxì de II VT **1** (*show*) 给(給)…指路 gěi…zhǐlù ▹ *Could you direct them to my office, please?* 请您告诉他们如何到我的办公室，好吗？Qǐng nín gàosù tāmen rúhé dào wǒ de bàngōngshì, hǎo ma? ▹ *I directed the way for the stranger.* 我给那个陌生人指路。Wǒ gěi nàge mòshēngrén zhǐlù. **2** (*send*) [+ *letter*] 寄往 jìwǎng ▹ *His mail is being directed to his new address.* 他的信件正寄往他的新住处。Tā de xìnjiàn zhèng jìwǎng tā de xīn zhùchù. **3** (*focus*) [+ *attention, remark*] 集中于(於) jízhōngyú **4** (*manage*) [+ *company, project etc*] 管理 guǎnlǐ **5** [+ *play, film, programme*] 导(導)演 dǎoyǎn **6** (*frm: order*) ▸ **to direct sb to do sth** 指引某人做某事 zhǐyǐn mǒurén zuò mǒushì III ADV (*directly*) [*go, write, fly* +] 直接地 zhíjiē de ▹ *You can fly direct to Amsterdam from Liverpool.* 你可以从利物浦直接飞往阿姆斯特丹。Nǐ kěyǐ cóng Lìwùpǔ zhíjiē fēiwǎng Āmǔsītèdān. ▸ **to direct one's attention to sth** 把注意力集中于(於)某物 bǎ zhùyìlì jízhōngyú mǒuwù

direct debit (*Brit*) N [c/ʊ] 直接借记(記) jíjiē jièjì

direction [dɪ'rɛkʃən] I N **1** [c] (*way*) (*for travelling*) 方向 fāngxiàng [个 gè]; (*of development*) 趋(趨)势(勢) qūshì **2** [ʊ] [*of film, play etc*] 导(導)演 dǎoyǎn II **directions** N PL **1** (*to get somewhere*) 指路说(說)明 zhǐlù shuōmíng **2** (*for doing something*) 用法说(說)明 yòngfǎ shuōmíng ▸ **sense of direction** 方向感 fāngxiànggǎn ▸ **in the direction of** (*towards*) 朝 cháo ▸ **in all directions** (*everywhere*) 向四面八方 xiàng sìmiàn bāfāng ▸ **to ask for directions** 问(問)路 wènlù ▸ **directions for use** 使用说(說)明 shǐyòng shuōmíng

directly [dɪ'rɛktlɪ] ADV **1** ▸ **directly above/below/in front** *etc* 正上/下/前方等 zhèngshàng/xià/qiánfāng *děng* **2** (*straight*) [*go, fly* +] 径(徑)直地 jìngzhí de **3** (*at once*) 立即 lìjí **4** (*as a direct result*) 直接地 zhíjiē de

★ **director** [dɪ'rɛktəʳ] N [c] **1** [*of company*] 经(經)理 jīnglǐ [位 wèi] **2** [*of organization, public authority*] 主任 zhǔrèn [位 wèi] **3** [*of play, film*] 导(導)演 dǎoyǎn [位 wèi]

directory [dɪ'rɛktərɪ] N [c] **1** (*also*: **telephone directory**) 电(電)话(話)号(號)码(碼)簿 diànhuà hàomǎbù [个 gè] **2** (*list of names, addresses etc*) 姓名地址录(錄) xìngmíng dìzhǐ lù **3** (*on computer*) 文件名录(錄) wénjiàn mínglù [个 gè]

directory enquiries [-ɪn'kwaɪərɪz] (*Brit*) N [ʊ] 查号(號)台(臺) cháhàotái [美 = **information, directory assistance**]

dirt [dəːt] N [ʊ] **1** 污物 wūwù **2** (*earth*) 泥土 nítǔ ▸ **to treat sb like dirt** 视(視)某人如草芥 shì mǒurén rú cǎojiè

dirty ['dəːtɪ] I ADJ **1** [+ *clothes, face etc*] 脏(髒)的 zāng de **2** [+ *joke, magazine*] 黄(黃)色的 huángsè de II VT [+ *clothes, face etc*] 弄脏(髒) nòngzāng

dirty trick N [c] 卑鄙伎俩(倆) bēibì jìliǎng ▸ **a dirty tricks campaign** 大骗(騙)局 dàpiànjú [个 gè]

disability [dɪsə'bɪlɪtɪ] N **1** [c] (*physical*) 伤(傷)残(殘) shāngcán **2** [c] (*mental*) 残(殘)疾 cánjí **3** [ʊ] (*state of being disabled*) 残(殘)废(廢) cánfèi

disabled [dɪs'eɪbld] I ADJ **1** (*physically*) 伤(傷)残(殘)的 shāngcán de **2** (*mentally*) 残(殘)疾的 cánjí de II N PL ▸ **the disabled** 残(殘)疾人 cánjírén

disadvantage [dɪsəd'vɑːntɪdʒ] N [c/ʊ] (*drawback*) 不利 bùlì [种 zhǒng] ▸ **to be** *or* **work to sb's disadvantage** 对(對)某人不利 duì mǒurén bùlì ▸ **to be at a disadvantage** 处(處)于(於)不利地位 chǔyú bùlì dìwèi

disagree [dɪsə'griː] VI **1** ▸ **to disagree (with sb)** 不同意(某人的观(觀)点(點)) bù tóngyì (mǒurén de guāndiǎn) ▸ **to disagree (with sth)** (对(對)某事表示)不同意 (duì mǒushì biǎoshì) bù tóngyì **2** (*esp Brit*) ▸ **to disagree with sth** (*oppose*) 反对(對)某事 fǎnduì mǒushì ▸ **I disagree with you** 我不同意你的看法 wǒ bù tóngyì nǐ de kànfǎ ▸ **garlic disagrees with me** 大蒜不对(對)我的口味 dàsuàn bù duì wǒ de kǒuwèi

disagreeable [dɪsə'griːəbl] ADJ **1** [+ *encounter, experience, smell*] 令人不快的 lìng rén bùkuài de **2** [+ *person*] 难(難)相处(處)的 nán xiāngchǔ de

disagreement [dɪsə'griːmənt] N **1** [ʊ] (*objection*) 反对(對) fǎnduì **2** [c] (*argument*) 争(爭)执(執) zhēngzhí [个 gè] ▸ **to have a disagreement (with sb)** (与(與)某人)意见(見)不统(統)一

(yǔ mǒurén) yìjiàn bù tǒngyī
disappear [dɪsə'pɪəʳ] VI **1** *(from view)* [*person, vehicle, object* +] 消失 xiāoshī **2** *(go missing)* 失踪(蹤) shīzōng **3** *(cease to exist)* 消失 xiāoshī ▸ **to disappear from view** 不见(見) bùjiàn
disappearance [dɪsə'pɪərəns] N **1** [C/U] [*of person*] 失踪(蹤) shīzōng [次 cì] **2** [C] *(loss, theft)* [*of vehicle, object*] 失窃(竊) shīqiè [次 cì] **3** [U] [*of custom, species*] 消失 xiāoshī
disappoint [dɪsə'pɔɪnt] VT [+ *person*] 使失望 shǐ shīwàng
disappointed [dɪsə'pɔɪntɪd] ADJ 失望的 shīwàng de ▸ **to be disappointed in sb** 对(對)某人失望 duì mǒurén shīwàng ▸ **to be disappointed that...** 令人失望的是… lìngrén shīwàng de shì...

请勿将 **disappointed** 与 **disappointing** 混淆。如果你 **disappointed**，表示你由于某事没有发生或某事不如期望的那么好而感到沮丧。*Helen was disappointed that he hadn't called...I know that my dad will be very disappointed when he hears my exam results.* 某事物 **disappointing** 表示该事物没有达到你的期望值，令你感到失望。*The food at the restaurant was disappointing.*

disappointing [dɪsə'pɔɪntɪŋ] ADJ [+ *result, book, performance*] 使人失望的 shǐ rén shīwàng de ▮用法参见 **disappointed**
disappointment [dɪsə'pɔɪntmənt] N **1** [U] *(emotion)* 失望 shīwàng **2** [C] *(cause)* 令人失望的人/事 lìng rén shīwàng de rén/shì [个/件 gè/jiàn] ▸ **to my disappointment** 令我失望的是 lìng wǒ shīwàng de shì
disapproval [dɪsə'pruːvəl] N [U] 不赞(贊)成 bù zànchéng
disapprove [dɪsə'pruːv] VI ▸ **to disapprove (of sb/sth)** 不同意(某人/某事) bù tóngyì (mǒurén/mǒushì)
disarm [dɪs'ɑːm] **I** VT **1** [+ *soldier, terrorist*] 解除…的武装(裝) jiěchú...de wǔzhuāng **2** *(win over)* 消除 xiāochú **II** VI *(give up weapons)* 放下武器 fàngxià wǔqì
disarmament [dɪs'ɑːməmənt] N [U] 裁军(軍) cáijūn
disaster [dɪ'zɑːstəʳ] N [C/U] **1** *(earthquake, flood)* 灾(災)难(難) zāinàn [次 cì] **2** *(accident, crash etc)* 灾(災)祸(禍) zāihuò [场 chǎng] **3** *(fiasco)* 惨(慘)败(敗) cǎnbài [次 cì] **4** *(serious situation)* 灾(災)难(難) zāinàn [个 gè]
disastrous [dɪ'zɑːstrəs] ADJ **1** *(catastrophic)* 灾(災)难(難)性的 zāinànxìng de **2** *(unsuccessful)* 惨(慘)败(敗)的 cǎnbài de
disbelief ['dɪsbə'liːf] N [U] 怀(懷)疑 huáiyí ▸ **in disbelief** 怀(懷)疑地 huáiyí de
disc [dɪsk] N [C] **1** *(round, flat object)* 圆(圓)盘(盤) yuánpán [个 gè] **2** *(in backbone)* 椎间(間)盘(盤) zhuījiānpán **3** *(o.f.: record)* 唱片 chàngpiàn **4** *(Comput)* = **disk**
discard [dɪs'kɑːd] VT [+ *unwanted object*] 丢(丟)弃(棄) diūqì; [+ *idea, plan, system*] 抛(拋)弃(棄) pāoqì
discern [dɪ'səːn] *(frm)* VT **1** *(see)* 隐(隱)约(約)看见(見) yǐnyuē kànjiàn **2** *(identify)* 看出 kànchū
discharge [*vb* dɪs'tʃɑːdʒ, *n* 'dɪstʃɑːdʒ] **I** VT **1** [+ *waste, water, blood*] 排出 páichū **2** *(from hospital)* 允许(許)…离(離)开(開) yǔnxǔ...líkāi **3** *(from armed services)* 使…离(離)开(開) shǐ...líkāi **4** *(from court/prison)* 释(釋)放 shìfàng **5** [+ *duties*] 使免除 shǐ miǎnchú **6** *(frm: settle)* [+ *debt*] 清偿(償) qīngcháng **7** *(o.f.: fire)* [+ *gun, weapon*] 射出 shèchū **II** N **1** [C/U] *(frm)* [*of waste, gas*] 排放 páifàng **2** [C/U] *(frm: from eye, wound)* 分泌物 fēnmìwù [种 zhǒng] **3** [U] *(dismissal)* [*of patient*] 出院证(證)明 chūyuàn zhèngmíng; [*of soldier*] 退役 tuìyì; [*of defendant*] 释(釋)放 shìfàng
discipline ['dɪsɪplɪn] **I** N **1** [U] [*of children, pupils*] 纪(紀)律 jìlǜ **2** [U] *(self-control)* 约(約)束 yuēshù **3** [C] *(branch of knowledge)* 学(學)科 xuékē [门 mén] **II** VT **1** *(train)* ▸ **to discipline o.s. (to do sth)** 训(訓)练(練)自己(做某事) xùnliàn zìjǐ (zuò mǒushì) **2** *(punish)* 惩(懲)处(處) chéngchǔ
disc jockey N [C] 简称为DJ，意为广播电台或迪斯科舞厅流行音乐唱片播放及介绍人
disclose [dɪs'kləuz] VT [+ *information*] 透露 tòulù ▸ **to disclose that...** *(reveal)* 透露… tòulù...
disco ['dɪskəu] N **1** *(nightclub)* 迪斯科舞厅(廳) dísīkē wǔtīng **2** *(event)* 迪斯科 dísīkē
discoloured, (US) discolored [dɪs'kʌləd] ADJ 褪色的 tuìsè de
discomfort [dɪs'kʌmfət] **I** N [U] **1** *(in body)* 不舒服 bù shūfu **2** *(unease)* 不安 bù'à...n **II discomforts** N PL 不舒服的事 bù shūfu de shì
disconnect [dɪskə'nɛkt] VT **1** [+ *pipe, tap, hose*] 拆开(開) chāikāi **2** [+ *computer, cooker, TV*] 断(斷)开(開) duànkāi **3** ▸ **to be disconnected** *(for non-payment of bill)* 被切断(斷) bèi qiēduàn; *(during telephone conversation)* 被中断(斷) bèi zhōngduàn
discontent [dɪskən'tɛnt] N [C] 不满(滿)意 bù mǎnyì
discontented [dɪskən'tɛntɪd] ADJ 不满(滿)的 bùmǎn de
discontinue [dɪskən'tɪnjuː] VT **1** *(frm)* [+ *visits, treatment*] 停止 tíngzhǐ **2** *(frm)* [+ *payments*] 中止 zhōngzhǐ **3** ▸ **to be discontinued** [*product* +] 停产(產) tíngchǎn
discount [*n* 'dɪskaunt, *vb* dɪs'kaunt] **I** N [C/U] 折扣 zhékòu [个 gè] **II** VT **1** [+ *goods*] 打折扣 dǎ zhékòu **2** *(ignore, reject)* 不理会(會) bù lǐhuì ▸ **to give sb a discount on sth** 给(給)予某人某物的折扣 gěiyǔ mǒurén mǒuwù de zhékòu ▸ **at a discount** *(cheaply)* 在打折出售 zài dǎzhé chūshòu
discourage [dɪs'kʌrɪdʒ] VT **1** *(dishearten)* [+ *person*] 使泄(洩)气(氣) shǐ xièqì **2** *(dissuade)*

d

▶ **to discourage sb from doing sth** 劝(勸)某人不做某事 quàn mǒurén bù zuò mǒushì **3** [+ *activity*] 设(設)法阻止 shèfǎ zǔzhǐ ▶ **to be discouraged** 感到气(氣)馁(餒) gǎndào qì'něi

discover [dɪs'kʌvəʳ] VT 发(發)现(現) fāxiàn ▶ **to discover that...** (*find out*) 发(發)现(現)⋯ fāxiàn... ▶ **to discover how to do sth** 发(發)现(現)如何做某事 fāxiàn rúhé zuò mǒushì

> **discover, find** 和 **find out** 都可以表示"发现"。*He discovered the whole school knew about it...The young child finds that noise attracts attention...We found out that she was wrong.* **discover** 比 **find** 更正式，多用于科研文章或正式的调查报告中，比如 **discover** 某种疾病的治疗方法。还可以用 **discover** 表示意外地发现某物。*This well-known flower was discovered in 1903.* 如果你看不到你想找的东西，可以说你无法 **find** 它，而不能用 **discover** 或 **find out**。*I'm lost - I can't find the bridge.* 可以说某人 **find out** 某个事实，而不能用 **find** 和 **discover**。*I found out the train times.*

discovery [dɪs'kʌvərɪ] N **1** [c/u] [*of treasure, cure*] 发(發)现(現) fāxiàn **2** [c] (*thing found*) 被发(發)现(現)的事物 bèi fāxiàn de shìwù [个 gè] ▶ **to make a discovery** 发(發)现(現) fāxiàn ▶ **the discovery that...** ⋯的发(發)现(現) ...de fāxiàn

discredit [dɪs'krɛdɪt] VT **1** [+ *person, group*] 使丧(喪)失名誉(譽) shǐ sàngshī míngyù **2** [+ *claim, idea*] 使不可信 shǐ bù kěxìn

discreet [dɪs'kriːt] ADJ **1** (*diplomatic*) [+ *person, remark*] 谨(謹)慎的 jǐnshèn de **2** (*quiet, secretive*) 悄声(聲)的 qiāoshēng de **3** [+ *decor, appearance, place*] 精巧的 jīngqiǎo de ▶ **at a discreet distance** 保持一定恭敬的距离(離) bǎochí yīdìng gōngjìng de jùlí

discrepancy [dɪs'krɛpənsɪ] N [c/u] ▶ **discrepancy (between two things)** (*inconsistency*) (两(兩)者间(間)的) 差异(異) (liǎngzhě jiān de) chāyì ▶ **a discrepancy in sth** 在某事上存在的差异(異) zài mǒushì shàng cúnzài de chāyì

discretion [dɪs'krɛʃən] N [u] (*tact*) 谨(謹)慎 jǐnshèn ▶ **at the discretion of sb** (*frm*) 由某人自行处(處)理 yóu mǒurén zì xíng chǔlǐ ▶ **to have the discretion to do sth** (*frm*) 有做某事的决(決)定权(權) yǒu zuò mǒushì de juédìngquán ▶ **to use one's discretion** (*frm*) 由某人自行决(決)定 yóu mǒurén zì xíng juédìng

discriminate [dɪs'krɪmɪneɪt] VI **1** ▶ **to discriminate between two things** 区(區)别(別)两(兩)种(種)事物 qūbié liǎngzhǒng shìwù **2** ▶ **to discriminate against/in favour of sb** 歧视(視)/特别(別)优(優)待某人 qíshì/tèbié yōudài mǒurén

discrimination [dɪskrɪmɪ'neɪʃən] N [u] **1** (*bias*) 歧视(視) qíshì **2** (*discernment*) 辨别(別)力 biànbiélì ▶ **racial/sexual discrimination** 种(種)族/性别(別)歧视(視) zhǒngzú/xìngbié qíshì

discuss [dɪs'kʌs] VT **1** (*talk over*) 讨(討)论(論) tǎolùn **2** (*analyse*) 论(論)述 lùnshù ▶ **to discuss what/how/who...** 讨(討)论(論)做什么(麼)/如何做/谁(誰)做⋯ tǎolùn zuò mǒushì/rúhé zuò/shuí zuò...

discussion [dɪs'kʌʃən] N [c/u] **1** (*talk*) 讨(討)论(論) tǎolùn [次 cì] **2** (*debate*) (*in article, lecture etc*) 论(論)述 lùnshù [段 duàn] ▶ **under discussion** 正在讨(討)论(論)中 zhèngzài tǎolùn zhōng

disdain [dɪs'deɪn] **I** N [u] 蔑视(視) mièshì **II** VT 蔑视(視) mièshì **III** VI ▶ **to disdain to do sth** 不屑做某事 bùxiè zuò mǒushì

disease [dɪ'ziːz] N **1** [c/u] (*illness*) 病 bìng [场 chǎng] **2** [c] (*liter: affliction*) 弊病 bìbìng [个 gè]

disembark [dɪsɪm'bɑːk] (*frm*) VI [*passengers* +] 离(離)船/下飞(飛)机(機)/下车(車) líchuán/xià fēijī/xiàchē

disgrace [dɪs'greɪs] **I** N [u] (*shame, dishonour*) 耻(恥)辱 chǐrǔ **II** VT [+ *one's family, country*] 使受耻(恥)辱 shǐ shòu chǐrǔ ▶ **it's a disgrace!** 这(這)是件丢(丟)人的事！Zhè shì jiàn diūrén de shì! ▶ **to be a disgrace to sb** (*cause of shame*) 是某人的耻(恥)辱 shì mǒurén de chǐrǔ

disgraceful [dɪs'greɪsful] ADJ [+ *behaviour, condition, state*] 可耻(恥)的 kěchǐ de

disgruntled [dɪs'grʌntld] ADJ [+ *person, tone*] 不满(滿)的 bùmǎn de

disguise [dɪs'gaɪz] **I** N **1** [c] (*make-up, costume*) 伪(偽)装(裝)品 wěizhuāngpǐn [件 jiàn] **2** [u] (*art*) 乔(喬)装(裝)打扮 qiáozhuāng dǎbàn **II** VT **1** ▶ **(to be) disguised (as sth/sb)** [+ *person*] 假扮成(某物/某人) jiǎbàn chéng (mǒuwù/mǒurén) **2** [+ *fact, emotions*] 掩饰(飾) yǎnshì **3** [+ *voice*] 伪(偽)装(裝) wěizhuāng ▶ **in disguise** 乔(喬)装(裝)着(著) qiáozhuāng zhe ▶ **there's no disguising the fact that...** 毫不隐(隱)瞒(瞞)事实(實)真相⋯ háo bù yǐnmán shìshí zhēnxiàng... ▶ **to disguise o.s. (as sb)** 把自己假扮(成某人) bǎ zìjǐ jiǎbàn (chéng mǒurén)

disgust [dɪs'gʌst] **I** N [u] 厌(厭)恶(惡) yànwù **II** VT 使厌(厭)恶(惡) shǐ yànwù ▶ **she walked off in disgust** 她厌(厭)恶(惡)地走开(開)了 tā yànwù de zǒukāi le

disgusted [dɪs'gʌstɪd] ADJ 感到厌(厭)恶(惡)的 gǎndào yànwù de

disgusting [dɪs'gʌstɪŋ] ADJ **1** (*revolting*) [+ *food, habit*] 令人作呕(嘔)的 lìng rén zuò'ǒu de **2** (*disgraceful*) [+ *behaviour, situation*] 讨(討)厌(厭)的 tǎoyàn de

dish [dɪʃ] **I** N [c] **1** (*piece of crockery*) (*for serving*) 盘(盤) pán [个 gè]; (*for eating*) 碟 dié [个 gè] **2** (*contents*) 盘(盤) pán **3** (*recipe, food*) 一道菜 yī dào cài [道 dào] **4** (*also*: **satellite dish**) 盘(盤)形物 pánxíngwù [个 gè] **II dishes** N PL

碗碟 wǎndié ▶ **to do** *or* **wash the dishes** 刷洗碗碟 shuāxǐ wǎndié

▶**dish out** VT **1** (*serve*) [+ *food*] 分配 fēnpèi **2** (*give out*) [+ *money, books, drugs*] 分发(發) fēnfā; [+ *advice, criticism*] 施加 shījiā

▶**dish up** (*inf*) **I** VT [+ *food*] 把…盛在盘(盤)中端上 bǎ…chéng zài pán zhōng duān shàng **II** VI 装(裝)盘(盤)上菜 zhuāngpán shàngcài

dishcloth [ˈdɪʃklɔθ] N [c] (*for drying dishes*) 擦碗布 cāwǎnbù [块 kuài]; (*for washing dishes*) 洗碗布 xǐwǎnbù [块 kuài]

dishonest [dɪsˈɔnɪst] ADJ **1** [+ *person*] 不诚(誠)实(實)的 bù chéngshí de **2** [+ *behaviour*] 不正直的 bù zhèngzhí de

dishonourable, (US) dishonorable [dɪsˈɔnərəbl] ADJ [+ *person, behaviour*] 不光彩的 bù guāngcǎi de

dish soap (*US*) N [U] 洗洁(潔)剂(劑) xǐjiéjì [英 = **washing-up liquid**]

dishtowel [ˈdɪʃtauəl] (*US*) N [c] 擦碗布 cāwǎnbù [块 kuài] [英 = **tea towel**]

dishwasher [ˈdɪʃwɔʃəʳ] N [c] 洗碗机(機) xǐwǎnjī [台 tái]

dishwashing liquid [ˈdɪʃwɔʃɪŋ-] (*US*) N [U] 洗洁(潔)剂(劑) xǐjiéjì [英 = **washing-up liquid**]

disillusioned [dɪsɪˈluːʒənd] ▶ **(to become) disillusioned (with sth)** (变(變)得) (对(對)某事) 不抱幻想 (biànde) (duì mǒushì) bù bào huànxiǎng

disinfect [dɪsɪnˈfɛkt] VT [+ *object, wound, water*] 给(給)…消毒 gěi…xiāodú

disinfectant [dɪsɪnˈfɛktənt] N [c/U] 消毒剂(劑) xiāodújì [种 zhǒng]

disintegrate [dɪsˈɪntɪgreɪt] VI **1** [*object* +] 支离(離)破碎 zhīlí pòsuì **2** [*marriage, partnership* +] 崩溃(潰) bēngkuì **3** [*organization* +] 瓦解 wǎjiě

disk [dɪsk] N [c] (*Comput*) (*hard*) 硬盘(盤) yìngpán [个 gè]; (*floppy*) 软(軟)盘(盤) ruǎnpán [张 zhāng]

disk drive N [c] 磁盘(盤)驱(驅)动(動)器 cípán qūdòngqì

diskette [dɪsˈkɛt] N (*Comput*) = **disk**

dislike [dɪsˈlaɪk] **I** N **1** [U] (*feeling*) ▶ **dislike (of sb/sth)** 讨(討)厌(厭)(某人/某物) tǎoyàn (mǒurén/mǒuwù) **2** [c] (*object of dislike*) 不喜欢(歡)的东(東)西 bù xǐhuan de dōngxi **II** VT 不喜欢(歡) bù xǐhuan ▶ **to take a dislike to sb/sth** 厌(厭)恶(惡)某人/某事 yànwù mǒurén/mǒushì ▶ **one's likes and dislikes** 某人的爱(愛)好和厌(厭)恶(惡) mǒurén de àihào hé yànwù ▶ **I dislike the idea** 我不喜欢(歡)这(這)个(個)主意 wǒ bùxǐhuan zhège zhǔyì ▶ **to dislike doing sth** 不喜欢(歡)做某事 bù xǐhuan zuò mǒushì

dislocate [ˈdɪsləkeɪt] [+ *finger, shoulder, jaw etc*] 使…脱(脫)臼 shǐ…tuōjiù ▶ **he has dislocated his shoulder** 他的肩膀脱(脫)臼了 tā de jiānbǎng tuōjiù le

disloyal [dɪsˈlɔɪəl] ADJ (*to country, family, friend*) 不忠诚(誠)的 bù zhōngchéng de

dismal [ˈdɪzml] ADJ **1** (*depressing*) [+ *weather, place, mood*] 阴(陰)沉的 yīnchén de **2** (*very bad*) [+ *prospects, record, failure*] 令人忧(憂)郁(鬱)的 lìng rén yōuyù de

dismantle [dɪsˈmæntl] VT **1** [+ *machine, structure*] 拆除 chāichú **2** [+ *organization, system*] 废(廢)除 fèichú

dismay [dɪsˈmeɪ] **I** N [U] 气(氣)馁(餒) qìněi **II** VT 使气(氣)馁(餒) shǐ qìněi ▶ **much to my dismay** 颇(頗)令我失望 pō lìng wǒ shīwàng

dismiss [dɪsˈmɪs] VT **1** [+ *worker*] 解雇(僱) jiěgù **2** (*send away*) 让(讓)…离(離)开(開) ràng…líkāi **3** [+ *case, charge*] 驳(駁)回 bóhuí **4** [+ *possibility, problem, idea*] 不考虑(慮) bù kǎolǜ

dismissal [dɪsˈmɪsl] N **1** [c/U] (*sacking*) 解雇(僱) jiěgù **2** [U] (*disregard*) 不予考虑(慮) bùyǔ kǎolǜ

disobedience [dɪsəˈbiːdɪəns] N [U] 不服从(從) bù fúcóng

disobedient [dɪsəˈbiːdɪənt] ADJ 不服从(從)的 bù fúcóng de

disobey [dɪsəˈbeɪ] VT **1** [+ *person*] 不顺(順)从(從) bù shùncóng **2** [+ *order*] 不服从(從) bù fúcóng

disorder [dɪsˈɔːdəʳ] N **1** [U] (*untidiness*) 杂(雜)乱(亂) záluàn **2** [U] (*rioting*) 动(動)乱(亂) dòngluàn **3** [c] (*illness*) 失调(調) shītiáo ▶ **civil/public disorder** 市民动(動)乱(亂) shìmín dòngluàn

disorganized [dɪsˈɔːgənaɪzd] ADJ **1** [+ *person*] 缺乏条(條)理的 quēfá tiáolǐ de **2** [+ *event*] 无(無)序的 wúxù de

disown [dɪsˈəun] VT **1** [+ *action, comment*] 否认(認)同…有关(關)系(係) fǒurén tóng…yǒu guānxì **2** [+ *child*] 不认(認) bùrèn

dispatch, despatch [dɪsˈpætʃ] **I** VT **1** (*send*) [+ *message, goods, mail*] 发(發)送 fāsòng; [+ *messenger, soldiers*] 派遣 pàiqiǎn **2** (*o.f.: deal with*) [+ *business*] 迅速办(辦)理 xùnsù bànlǐ **3** (*o.f.: kill*) [+ *person, animal*] 杀(殺)死 shāsǐ **II** N **1** [U] (*sending*) 派遣 pàiqiǎn **2** [c] (*report*) 报(報)告 bàogào [份 fèn]

dispel [dɪsˈpɛl] VT [+ *idea, fear*] 消除 xiāochú

dispense [dɪsˈpɛns] VT **1** [+ *medicines*] 配 pèi **2** [+ *advice, justice*] 施与(與) shīyǔ **3** [*machine* +] [+ *product*] 售出 shòuchū

▶**dispense with** VT FUS **1** (*get rid of*) 摆(擺)脱(脫) bǎituō **2** (*do without*) 用不着(著) yòngbùzháo

dispenser [dɪsˈpɛnsəʳ] N [c] (*machine*) 自动(動)售货(貨)机(機) zìdòng shòuhuòjī [台 tái]

disperse [dɪsˈpəːs] **I** VT [+ *smoke, leaflets, crowd*] 驱(驅)散 qūsàn **II** VI **1** [*oil, smoke, fog, cloud* +] 散去 sànqù **2** [*crowd* +] 散开(開) sànkāi

displace [dɪsˈpleɪs] VT **1** (*supplant*) 取代 qǔdài **2** ▶ **to be displaced** [+ *people*] 背井离(離)乡(鄉) bèi jǐng lí xiāng

display [dɪsˈpleɪ] **I** N **1** [c] (*in shop, at exhibition*) 陈(陳)列 chénliè [种 zhǒng] **2** [c] (*exhibition*) 展

览(覽) zhǎnlǎn [次 cì] **3** [c/ʊ] (*show*) [*of feeling*] 表现(現) biǎoxiàn [种 zhǒng] **4** [c] (*information on screen*) 显(顯)示 xiǎnshì [个 gè] **5** [c] (*screen*) 显(顯)示屏 xiǎnshìpíng [个 gè] **II** VT **1** (*show*) [+ *exhibits*] 陈(陳)列 chénliè; [+ *feelings, courage*] 表现(現) biǎoxiàn [种 zhǒng]; (*proudly*) 炫耀 xuànyào **2** [+ *results, information*] 显(顯)示 xiǎnshì ▸ **on display** [+ *exhibits, goods, work*] 正在展览(覽)的 zhèngzài zhǎnlǎn de

displease [dɪs'pliːz] VT (*offend, annoy*) 使不高兴(興) shǐ bù gāoxìng

disposable [dɪs'pəuzəbl] ADJ [+ *lighter, nappy, razor*] 一次性的 yīcìxìng de ▸ **disposable income** 可支配的收入 kězhīpèi de shōurù

disposal [dɪs'pəuzl] N [ʊ] 清理 qīnglǐ ▸ **to have sth at one's disposal** 手边(邊)有某物 shǒubiān yǒu mǒuwù ▸ **to put sth at sb's disposal** 把某事交某人自由处(處)理 bǎ mǒushì jiāo mǒurén zìyóu chǔlǐ

dispose [dɪs'pəuz] ▸ **to dispose of** VT FUS **1** (*get rid of*) [+ *body, unwanted goods*] 把…处(處)理掉 bǎ...chǔlǐ diào **2** (*deal with*) [+ *problem, task*] 处(處)理 chùlǐ **3** (*frm: kill*) 干(幹)掉 gàndiào

disposed [dɪs'pəuzd] ADJ (*frm: inclined, willing*) ▸ **to be disposed to do sth** 倾(傾)向于(於)做某事 qīngxiàng yú zuò mǒushì ▸ **to be well/ favourably/ill disposed towards sb** 认(認)为(為)…很好/不好 rènwéi...hěnhǎo/bùhǎo

disposition [dɪspə'zɪʃən] N **1** [c] (*nature*) 性情 xìngqíng **2** (*frm*) ▸ **a disposition to do sth** (*inclination*) 做某事的倾(傾)向 zuò mǒushì de qīngxiàng ▸ **of a nervous disposition** 生性紧(緊)张(張)的 shēngxìng jǐnzhāng de

disproportionate [dɪsprə'pɔːʃənət] ADJ [+ *amount, effect*] 不相称(稱)的 bù xiāngchèn de ▸ **disproportionate to sth** 与(與)某事不相称(稱)的 yǔ mǒushì bù xiāngchèn de

disprove [dɪs'pruːv] VT [+ *belief, theory*] 证(證)明…不成立 zhèngmíng...bù chénglì

dispute [dɪs'pjuːt] **I** N [c/ʊ] **1** (*between people*) 争(爭)论(論) zhēnglùn [场 chǎng] **2** (*industrial*) 争(爭)执(執) zhēngzhí [场 chǎng] **3** (*between countries, organizations*) 争(爭)端 zhēngduān [场 chǎng] **II** VT [+ *fact, statement*] 对(對)…提出质(質)疑 duì...tíchū zhìyí; [+ *ownership, rights*] 争(爭)夺(奪) zhēngduó ▸ **to be in dispute** [+ *people, countries*] 有纠(糾)纷(紛) yǒu jiūfēn; [+ *issue*] 有争(爭)论(論) yǒu zhēnglùn ▸ **I don't dispute that...** 我毫不怀(懷)疑… wǒ háobù huáiyí...

disqualify [dɪs'kwɔlɪfaɪ] VT [+ *team, competitor*] 取消…的资(資)格 qǔxiāo...de zīgé ▸ **to disqualify sb from (doing) sth** 取消某人(做)某事的资(資)格 qǔxiāo mǒurén(zuò)mǒushì de zīgé ▸ **to be disqualified from driving** (*Brit*) 被取消驾(駕)驶(駛)的资(資)格 bèi qǔxiāo jiàshǐ de zīgé

disregard [dɪsrɪ'gɑːd] **I** VT (*ignore*) 不理 bùlǐ **II** N [ʊ] ▸ **disregard (for sth)** 忽视(視)(某事) hūshì (mǒushì)

disrupt [dɪs'rʌpt] VT **1** (*interrupt*) [+ *conversation, meeting*] 扰(擾)乱(亂) rǎoluàn **2** (*disturb*) [+ *plan, process*] 妨碍(礙) fáng'ài

disruption [dɪs'rʌpʃən] N [c/ʊ] **1** (*interruption*) 扰(擾)乱(亂) rǎoluàn **2** (*disturbance*) 混乱(亂) hùnluàn [阵 zhèn]

dissatisfaction [dɪssætɪs'fækʃən] N [ʊ] 不满(滿) bùmǎn

dissatisfied [dɪs'sætɪsfaɪd] ADJ ▸ **dissatisfied (with sth)** (对(對)某事)不满(滿) (duì mǒushì) bùmǎn

dissect [dɪ'sɛkt] VT **1** [+ *animal, body*] 解剖 jiěpōu **2** (*scrutinize*) [+ *theory, work*] 仔细(細)分析 zǐxì fēnxī

dissent [dɪ'sɛnt] **I** N [ʊ] (*disagreement*) 异(異)议(議) yìyì **II** VI (*disagree*) 不同意 bù tóngyì

dissertation [dɪsə'teɪʃən] N [c] 学(學)位论(論)文 xuéwèi lùnwén [篇 piān]

dissolve [dɪ'zɔlv] **I** VT **1** (*in liquid*) 溶解 róngjiě **2** ▸ **to be dissolved** [+ *organization, marriage*] 终(終)结(結) zhōngjié; [+ *parliament*] 被解散 bèi jiěsàn **II** VI [*material* +] 溶解 róngjiě ▸ **to dissolve in(to) tears/laughter** 情不自禁地流泪(淚)/大笑起来(來) qíng bù zì jīn de liúlèi/ dàxiào qǐlái

distance ['dɪstns] **I** N **1** [c/ʊ] (*between two places*) 距离(離) jùlí [个 gè] **2** [ʊ] (*remoteness*) 遥(遙)远(遠) yáoyuǎn **3** [ʊ] (*frm: reserve*) 冷淡 lěngdàn **II** VT ▸ **to distance o.s. (from sb/sth)** 逐渐(漸)疏远(遠)(某人/某物) zhújiàn shūyuǎn (mǒurén/mǒuwù) ▸ **in the distance** 在远(遠)处(處) zài yuǎnchù ▸ **from a distance** 从(從)远(遠)处(處) cóng yuǎnchù ▸ **what's the distance to London?** 到伦(倫)敦的距离(離)有多远(遠)? dào Lúndūn de jùlí yǒu duōyuǎn? ▸ **to be some distance/quite a distance/a fair distance from sth** (*far*) 距离(離)某物相当(當)远(遠) jùlí mǒuwù xiāngdāng yuǎn ▸ **within walking distance** 步行可到 bùxíng kě dào ▸ **(at) a distance of 2 metres** 相距两(兩)米的距离(離) xiāngjù liǎng mǐ de jùlí ▸ **keep your distance!** 保持距离(離)! bǎochí jùlí!

distant ['dɪstnt] ADJ **1** [+ *place*] 远(遠)的 yuǎn de **2** [+ *future, past*] 久远(遠)的 jiǔyuǎn de **3** [+ *relative, cousin*] 远(遠)房的 yuǎnfáng de **4** (*aloof*) [+ *person, manner*] 冷淡的 lěngdàn de **5** (*absent*) [+ *person, look*] 茫然的 mángrán de

distil, (*US*) **distill** [dɪs'tɪl] VT **1** [+ *water, whisky*] 蒸馏(餾) zhēngliú **2** (*extract*) [+ *information, ideas etc*] ▸ **distilled from sth** 提取某物的精华(華) tíqǔ mǒuwù de jīnghuá

distillery [dɪs'tɪlərɪ] N [c] 酒厂(廠) jiǔchǎng [家 jiā]

distinct [dɪs'tɪŋkt] ADJ **1** (*different*) 截然不同的 jiérán bùtóng de **2** (*clear*) [+ *smell, flavour etc*] 明显(顯)的 míngxiǎn de **3** (*unmistakable*) [+ *advantage, change*] 明确(確)的 míngquè de

d

▸ **as distinct from** (*in contrast to*) 不同于(於) bùtóngyú

distinction [dɪsˈtɪŋkʃən] N **1** [c] (*difference*) 区(區)别(別) qūbié **2** (*honour*) ▸ **to have the distinction of being sth** 具有成就某事的杰(傑)出表现(現) jùyǒu chéngjiù mǒushì de jiéchū biǎoxiàn **3** [c] (*in exam: honour, award*) 优(優)秀 yōuxiù ▸ **to draw** *or* **make a distinction (between two things)** 区(區)分(两(兩)事物) qūfēn(liǎng shìwù) ▸ **a writer/wine of distinction** 知名作家/葡萄酒 zhīmíng zuòjiā/pútáojiǔ

distinctive [dɪsˈtɪŋktɪv] ADJ 与(與)众(眾)不同的 yǔ zhòng bù tóng de

distinguish [dɪsˈtɪŋgwɪʃ] **I** VT **1** (*frm: identify*) [+ *details, sounds*] 辨别(別) biànbié **2** ▸ **to distinguish one thing from another** (*differentiate*) 将(將)一事物与(與)另一事物区(區)别(別)开(開)来(來) jiāng yīshìwù yǔ lìng yī shìwù qūbié kāilái **3** ▸ **to distinguish sb/sth from others** (*set apart*) 使某人/某物显(顯)得与(與)众(眾)不同 shǐ mǒurén/mǒuwù xiǎnde yǔ zhòng bù tóng **II** VI ▸ **to distinguish between truth and fiction** 分清事实(實)和虚(虛)构(構) fēnqīng shìshí hé xūgòu ▸ **to distinguish o.s.** 出名 chūmíng

distinguished [dɪsˈtɪŋgwɪʃt] ADJ **1** (*eminent*) 杰(傑)出的 jiéchū de **2** (*in appearance*) 高贵(貴)的 gāoguì de

distinguishing [dɪsˈtɪŋgwɪʃɪŋ] ADJ ▸ **distinguishing feature/characteristic** 明显(顯)的特征(徵) míngxiǎn de tèzhēng

distort [dɪsˈtɔːt] VT **1** [+ *statement, fact, idea*] 歪曲 wāiqū **2** [+ *sound, shape, image*] 使失真 shǐ shīzhēn

distract [dɪsˈtrækt] VT [+ *person*] 使分心 shǐ fēnxīn ▸ **to distract sb's attention** 分散某人的注意力 fēnsàn mǒurén de zhùyìlì

distracted [dɪsˈtræktɪd] ADJ 心烦(煩)意乱(亂)的 xīnfán yìluàn de

distraction [dɪsˈtrækʃən] N **1** [c/U] (*diversion*) 精神涣(渙)散 jīngshén huànsàn **2** [c] (*amusement*) 消遣 xiāoqiǎn [种 zhǒng] ▸ **to drive sb to distraction** 使某人发(發)狂 shǐ mǒurén fākuáng

distraught [dɪsˈtrɔːt] ADJ 心烦(煩)意乱(亂)的 xīnfán yìluàn de

distress [dɪsˈtrɛs] **I** N [U] 极(極)度忧(憂)伤(傷) jídù yōushāng **II** VT (*cause anguish to*) 使忧(憂)伤(傷) shǐ yōushāng ▸ **in distress** [+ *ship, aircraft etc*] 遭难(難)的 zāonàn de; [+ *person*] 处(處)于(於)危难(難)中 chǔyú wēinàn zhōng

distressing [dɪsˈtrɛsɪŋ] ADJ [+ *experience, time*] 使人痛苦的 shǐ rén tòngkǔ de

distribute [dɪsˈtrɪbjuːt] VT **1** (*hand out*) [+ *food, leaflets*] 分发(發) fēnfā **2** (*share out*) [+ *resources, profits, work etc*] 分配 fēnpèi **3** (*supply*) [+ *goods*] (*to shops*) 配送 pèisòng

distribution [dɪstrɪˈbjuːʃən] N **1** [U] [*of food, supplies, newspaper*] 分发(發) fēnfā **2** [c/U] [*of resources, wealth, power*] 分布(佈) fēnbù **3** [U] [*of films*] 发(發)行 fāxíng

distributor [dɪsˈtrɪbjutəʳ] N [c] **1** (*in business*) 批发(發)商 pīfāshāng [名 míng] **2** (*in car engine*) 配电(電)盘(盤) pèidiànpán

district [ˈdɪstrɪkt] N [c] **1** [*of country, town*] 地区(區) dìqū [个 gè] **2** (*official area*) 行政区(區) xíngzhèngqū **3** (*in titles*) 区(區) qū

district attorney (*US*) N [c] 地方检(檢)察官 dìfāng jiǎncháguān [名 míng]

distrust [dɪsˈtrʌst] **I** N [U] 怀(懷)疑 huáiyí **II** VT 不信任 bù xìnrèn

disturb [dɪsˈtəːb] VT **1** (*interrupt*) 打扰(擾) dǎrǎo **2** (*upset*) 使心烦(煩) shǐ xīnfán **3** (*rearrange*) [+ *belongings, papers etc*] 弄乱(亂) nòngluàn ▸ **sorry to disturb you** 对(對)不起，打扰(擾)您了

> 请勿将 **interrupt** 与 **disturb** 混淆。如果你 **interrupt** 某个正在讲话的人，表示你说或做某事打断他们讲话。*He tried to speak, but she interrupted him.* 如果想要跟某个正在讲话或开会的人谈话，正确的表达是 *Sorry to interrupt.* 如果 **interrupt** 某个过程或者活动，就意味着使它中断一段时间。*The match took nearly three hours and was interrupted at times by rain.* 如果 **disturb** 某人，就是使他们停止了正在做的事情并且令他们感到不快。*Find a quiet, warm, comfortable room where you won't be disturbed.*

disturbance [dɪsˈtəːbəns] N **1** [c/U] (*upheaval, upset*) 干扰(擾) gānrǎo **2** [c] (*violent incident*) 骚(騷)乱(亂) sāoluàn [阵 zhèn] **3** [c/U] (*emotional, psychological*) 失调(調) shītiáo ▸ **to cause a disturbance** 引起混乱(亂) yǐnqǐ hùnluàn

disturbed [dɪsˈtəːbd] ADJ **1** (*worried, anxious*) 不安的 bù'ān de **2** (*unhappy*) [+ *childhood, relationship etc*] 有问(問)题(題)的 yǒu wèntí de **3** (*traumatised, damaged*) 精神失常的 jīngshén shīcháng de ▸ **mentally disturbed** 精神受困扰(擾)的 jīngshén shòu kùnrǎo de ▸ **emotionally disturbed** 情绪(緒)失常的 qíngxù shīcháng de

disturbing [dɪsˈtəːbɪŋ] ADJ [+ *experience, situation, aspect*] 令人不安的 lìng rén bù'ān de

disused [dɪsˈjuːzd] ADJ [+ *building*] 废(廢)弃(棄)的 fèiqì de

ditch [dɪtʃ] **I** N [c] **1** (*at roadside, in field*) 沟(溝) gōu [条 tiáo] **2** (*also:* **irrigation ditch**) 沟(溝)渠 gōuqú **II** VT (*inf*) [+ *partner*] 同…断(斷)绝(絕)关(關)系(係) tóng…duànjué guānxì; [+ *car, sofa etc*] 丢(丟)弃(棄) diūqì; [+ *plan, policy*] 抛(拋)弃(棄) pāoqì

dither [ˈdɪðəʳ] (*pej*) VI 犹(猶)豫不决(決) yóuyù bùjué

ditto [ˈdɪtəu] ADV 同样(樣)地 tóngyàng de

dive [daɪv] **I** VI **1** [*swimmer* +] (*into water*) 跳水 tiàoshuǐ; (*under water*) 潜(潛)水 qiánshuǐ

2 [*bird* +] 俯冲(衝) fǔchōng 3 [*fish, submarine* +] 潜(潛)入水中 qián rù shuǐ zhōng 4 ▸ **to dive into/under sth** (*leap*) 钻(鑽)入某物中/下 zuān rù mǒuwù zhōng/xià 5 ▸ **to dive into sth** [+ *bag, drawer etc*] 把手伸进(進)某物 bǎ shǒu shēnjìn mǒuwù II N [c] 1 (*into water*) 跳水 tiàoshuǐ [次 cì] 2 (*underwater*) 潜(潛)水 qiánshuǐ 3 (*inf, pej: place*) 下等娱(娛)乐(樂)场(場)所 xiàděng yúlè chǎngsuǒ 4 (*in football*) ▸ **to take a dive** 假摔 jiǎshuāi

diver ['daɪvəʳ] N [c] 潜(潛)水员(員) qiánshuǐyuán [位 wèi]

diverse [daɪ'vəːs] ADJ 多种(種)多样(樣)的 duōzhǒng duōyàng de

diversion [daɪ'vəːʃən] N 1 [c] (*Brit*) (*for traffic*) 临(臨)时(時)改道 línshí gǎidào [次 cì] [美 = **detour**] 2 [c/ʊ] (*distraction*) 注(註)意力的转(轉)移 zhùyìlì de zhuǎnyí 3 [c/ʊ] [*of profits, funds*] 转(轉)移 zhuǎnyí [次 cì] 4 [c/ʊ] [*of ship*] 转(轉)向 zhuǎnxiàng ▸ **to create a diversion** 转(轉)移注意力 zhuǎnyí zhùyìlì

diversity [daɪ'vəːsɪtɪ] N 1 [ʊ] (*variety*) 多样(樣)性 duōyàngxìng 2 (*range*) ▸ **a diversity of** 各种(種)各样(樣)的 gèzhǒng gèyàng de

divert [daɪ'vəːt] VT 1 (*re-route*) [+ *traffic, plane*] 使绕(繞)道行驶(駛) shǐ ràodào xíngshǐ 2 [+ *money, resources*] 转(轉)移 zhuǎnyí 3 (*amuse*) 使欢(歡)娱(娛) shǐ huānyú ▸ **to divert (sb's) attention from sth** 转(轉)移(某人)对(對)某事的注意力 zhuǎnyí(mǒurén) duì mǒushì de zhùyìlì

divide [dɪ'vaɪd] I VT 1 ▸ **to divide (up)** (*separate*) (*into groups, areas*) 划(劃)分 huàfēn 2 (*in maths*) 除 chú 3 ▸ **to divide sth between/among sb/sth** (*share*) 在两(兩)个(個)/3个(個)以上的人/物之间(間)分配某物 zài liǎng gè/sān gè yǐshàng de rén/wù zhījiān fēnpèi mǒuwù 4 ▸ **to divide sth (from sth)** (*keep separate*) [*road, frontier* +] 将(將)某物(与(與)某物)分隔 jiāng mǒuwù (yǔ mǒuwù) fēngé 5 (*split*) 使有分歧 shǐ yǒu fēnqí II VI 1 [*people* +] (*into groups*) 分开(開) fēnkāi 2 [*cells* +] 分裂 fēnliè III N [c] (*gulf, rift*) 分水岭(嶺) fēnshuǐlǐng ▸ **to divide sth in half** 将(將)某物一分为(為)二 jiāng mǒuwù yī fēn wéi èr ▸ **40 divided by 5** 40除以5 sìshí chúyǐ wǔ ▸ **divide 7 into 35** 7除35 qī chú sānshíwǔ

divided highway [dɪ'vaɪdɪd-] (*US*) N [c] 有隔离(離)带(帶)的高速公路 yǒu gélídài de gāosù gōnglù [英 = **dual carriageway**]

divine [dɪ'vaɪn] I ADJ 1 (*from God*) [+ *inspiration, punishment*] 神的 shén de 2 (*o.f.: wonderful*) 极好的 jíhǎo de II VI ▸ **to divine for sth** [+ *water, metal*] 勘探某物 kāntàn mǒuwù

diving ['daɪvɪŋ] N [ʊ] 1 (*underwater*) 潜(潛)水 qiánshuǐ 2 (*from board*) 跳水 tiàoshuǐ

diving board N [c] 跳水板 tiàoshuǐbǎn [块 kuài]

divinity [dɪ'vɪnɪtɪ] N 1 [ʊ] (*quality of being divine*) 神性 shénxìng 2 [c] (*god, goddess*) 神 shén 3 [ʊ] (*theology*) 神学(學) shénxué

division [dɪ'vɪʒən] N 1 [ʊ] (*splitting up*) 分开(開) fēnkāi 2 [ʊ] (*Math*) 除法 chúfǎ 3 [ʊ] (*sharing out*) [*of labour, resources*] 分配 fēnpèi 4 [c/ʊ] (*gulf*) 分歧 fēnqí 5 [c] (*department*) 部门(門) bùmén [个 gè] 6 [c] (*military unit*) 师(師) shī 7 [c] (*in sport, especially football*) 级(級) jí 8 [c] (*Brit*) (*in parliament*) 分组(組)表决(決) fēnzǔ biǎojué

divorce [dɪ'vɔːs] I N [c/ʊ] 离(離)婚 líhūn [次 cì] II VT 1 [+ *spouse*] 与(與)…离(離)婚 yǔ…líhūn 2 (*frm: dissociate*) ▸ **to divorce sth from sth** 将(將)某事与(與)某事脱(脫)离(離) jiāng mǒushì yǔ mǒushì tuōlí III VI 离(離)婚 líhūn

divorced [dɪ'vɔːst] ADJ 离(離)异(異)的 líyì de ▸ **to be divorced from sb** 与(與)某人离(離)婚 yǔ mǒurén líhūn ▸ **to get divorced** 离(離)婚 líhūn

divorcee [dɪvɔː'siː] N [c] 离(離)了婚的人 lílehūn de rén [个 gè]

DIY (*Brit*) N ABBR (= **do-it-yourself**) 自己动(動)手的活计(計) zìjǐ dòngshǒu de huójì ▸ **to do DIY** 自己动(動)手做 zìjǐ dòngshǒu zuò

DIY

英国人对 **DIY** 很上瘾，有时幽默地称其为一种全民性消遣。**DIY** 意为 **do-it-yourself**，是指自己动手制作和修理东西，尤其是在家里。房主不雇佣专业的建筑工人，木匠或油漆匠，这样不仅省钱，还能从自己动手改进家里的设备，环境中得到莫大的满足感。专门的 **DIY** 商店销售工具，油漆和其他能满足 **DIY** 爱好者嗜好的用品。

dizzy ['dɪzɪ] ADJ 1 ▸ **to feel dizzy** 感到头(頭)晕(暈) gǎndào tóuyūn 2 [+ *turn, spell*] 头(頭)晕(暈)的 tóuyūn de 3 [+ *woman, blonde*] 傻乎乎的 shǎhūhū de ▸ **the dizzy heights of...** 使人晕(暈)乎乎的…高度 shǐrén yūnhūhū de...gāodù ▸ **to make sb dizzy** 使人头(頭)晕(暈)目眩 shǐ rén tóuyūn mùxuàn

DJ N ABBR 1 (= **disc jockey**) 简称为DJ，意为广播电台或迪斯科舞厅流行音乐唱片播放及介绍人 2 (*Brit*) (= **dinner jacket**) 男用晚礼(禮)服 nányòng wǎnlǐfú [美 = **tuxedo**]

DNA N ABBR (= **deoxyribonucleic acid**) 脱(脫)氧核糖核酸 tuōyǎng hétáng hésuān

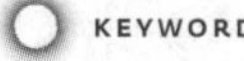

KEYWORD

★ **do** [duː] (*pt* **did**, *pp* **done**) I VT 1 (*be engaged in, achieve*) 做 zuò ▸ **what are you doing?** 你在做什么(麼)呢？ nǐ zài zuò shénme ne? ▸ **what is he doing here?** 他怎么(麼)在这(這)儿(兒)？ tā zěnme zàizhèr? ▸ **are you doing anything**

tomorrow evening? 你明晚有什么(麼)打算？ nǐ míngwǎn yǒu shénme dǎsuàn? ▸ **what you should do is...** 你应(應)该(該)做的是… nǐ yīnggāi zuò de shì... ▸ **we must do everything possible to help them** 我们(們)必须(須)想尽(盡)一切办(辦)法帮(幫)助他们(們) wǒmen bìxū xiǎngjìn yīqiè bànfǎ bāngzhù tāmen ▸ **what did you do with the money?** (*how did you spend it?*) 你怎么(麼)用这(這)笔(筆)钱(錢)的？ nǐ zěnme yòng zhè bǐ qián de?; (*where did you put it?*) 你把钱(錢)放哪儿(兒)了？ nǐ bǎ qián fàng nǎr le? ▸ **what are you going to do about this?** 你打算对(對)此怎么(麼)办(辦)？ nǐ dǎsuàn duìcǐ zěnmebàn?
2 (*for a living*) ▸ **what do you do?** 你做什么(麼)工作？ nǐ zuò shénme gōngzuò?
3 (*with noun*) ▸ **to do the cooking** 做饭(飯) zuòfàn ▸ **to do one's teeth/hair** 刷牙/做头(頭)发(髮) shuāyá/zuò tóufa ▸ **we're doing "Othello" at school** (*studying it*) 我们(們)正在学(學)校里(裡)学(學)习(習)《奥(奧)赛(賽)罗(羅)》 wǒmen zhèngzài xuéxiào lǐ xuéxí "Àosàiluó"; (*performing it*) 我们(們)正在学(學)校里(裡)排演《奥(奧)赛(賽)罗(羅)》 wǒmen zhèngzài xuéxiào lǐ páiyǎn Àosàiluó
4 (*referring to speed, distance*) ▸ **the car was doing 100** 汽车(車)以100英里(裡)的时(時)速行进(進) qìchē yǐ yībǎi yīnglǐ de shísù xíngjìn ▸ **we've done 200 km already** 我们(們)的时(時)速已达(達)到了200公里(裡) wǒmen de shísù yǐ dádàole èrbǎi gōnglǐ
5 (*cause*) ▸ **the explosion did a lot of damage** 爆炸造成了很大损(損)失 bàozhà zàochéngle hěndà sǔnshī ▸ **a holiday will do you good** 休次假会(會)对(對)你有好处(處) xiū cì jià huì duì nǐ yǒu hǎochù
II VI **1** (*act, behave*) 做 zuò ▸ **do as I do** 跟我做 gēn wǒ zuò ▸ **do as I tell you** 按我告诉(訴)你的做 àn wǒ gàosù nǐ de zuò
2 (*get on*) 进(進)展 jìnzhǎn ▸ **he's doing well/badly at school** 他的学(學)习(習)成绩(績)很好/很差 tāde xuéxí chéngjī hěnhǎo/hěnchà ▸ **the firm is doing well** 这(這)个(個)公司业(業)绩(績)良好 zhège gōngsī yèjì liánghǎo ▸ **"how do you do?" — "how do you do?"** "你好" "你好" "nǐhǎo" "nǐhǎo"
3 (*suit*) 行 xíng ▸ **will it do?** 行吗(嗎)？ xíng ma? ▸ **it doesn't do to upset her** 不可以让(讓)她心烦(煩)意乱(亂) bùkěyǐ ràng tā xīnfán yìluàn
4 (*be sufficient*) 足够(夠) zúgòu ▸ **will £15 do?** 15镑(鎊)够(夠)吗(嗎)？ shíwǔ bàng gòu ma? ▸ **that'll do** 足够(夠)了 zúgòu le ▸ **that'll do!** (*in annoyance*) 够(夠)了！ gòu le!
III AUX VB **1** (*in negative constructions*) ▸ **I don't understand** 我不懂 wǒ bùdǒng ▸ **she doesn't want it** 她不想要这(這)个(個) tā bùxiǎng yào zhège ▸ **he didn't seem to care** 他看起来(來)并(並)不在乎 tā kànqǐlái bìng bù zàihu ▸ **don't be silly!** 别(別)傻了！ bié shǎ le!
2 (*to form questions*) ▸ **do you like jazz?** 你喜欢(歡)爵士乐(樂)吗(嗎)？ nǐ xǐhuān juéshìyuè ma? ▸ **what do you think?** 你怎么(麼)想？ nǐ zěnme xiǎng? ▸ **where does she live?** 她住在哪里(裡)？ tā zhùzài nǎlǐ? ▸ **didn't you know?** 你难(難)道不知道吗(嗎)？ nǐ nándào bù zhīdào ma? ▸ **why didn't you come?** 你为(為)什么(麼)没(沒)来(來)？ nǐ wèishénme méi lái?
3 (*for emphasis, in polite expressions*) ▸ **people do make mistakes sometimes** 有时(時)人们(們)的确(確)犯一些错(錯)误(誤) yǒushí rénmen díquè fàn yīxiē cuòwù ▸ **she does seem rather late** 看来(來)她的确(確)是晚了 kànlái tā díquè shì wǎn le ▸ **do sit down/help yourself** 赶(趕)快坐啊/千万(萬)别(別)客气(氣) gǎnkuài zuò a/qiānwàn bié kèqi ▸ **do take care!** 千万(萬)保重！ Qiānwàn bǎozhòng! ▸ **oh do shut up!** 噢，赶(趕)快闭(閉)嘴吧！ Ō, gǎnkuài bìzuǐ ba!
4 (*used to avoid repeating vb*) 用于避免动词的重复 ▸ **I make more money than he does** 我比他挣(掙)得钱(錢)多 wǒ bǐ tā zhèngde qián duō ▸ **they say they don't care, but they do** 他们(們)说(說)不在乎，但实(實)际(際)是在乎的 tāmen shuō bù zàihu, dàn shíjì shì zàihu de ▸ **he asked me to help him and I did** 他让(讓)我帮(幫)一下忙，我照做了 tā ràng wǒ bāng yīxià máng, wǒ zhàozuò le ▸ **(and) so do I** 我也是 wǒ yěshì ▸ **and neither did we** 我们(們)也不 wǒmen yěbù ▸ **better than I do** 比我做得好 bǐ wǒ zuòde hǎo ▸ **"who made this mess?" — "I did"** "是谁(誰)弄得乱(亂)七八糟的？" "是我" "shì shuí nòngde luàn qī bā zāo de" "shì wǒ" ▸ **"do you have a metal detector?" — "no, I don't"** "你有金属(屬)检(檢)测(測)器吗(嗎)？" "不，我没(沒)有" "nǐyǒu jīnshǔ jiǎncèqì ma?" "bù, wǒ méiyǒu"
5 (*in question tags*) ▸ **I don't know him, do I?** 我不认(認)识(識)他，是吗(嗎)？ wǒ bù rènshi tā, shì ma? ▸ **you like him, don't you?** 你喜欢(歡)他，不是吗(嗎)？ nǐ xǐhuan tā, bùshì ma? ▸ **she lives in London, doesn't she?** 她住在伦(倫)敦，不是吗(嗎)？ tā zhùzài Lúndūn, bùshì ma?
IV N (*Brit; inf*) (*party etc*) 聚会(會) jùhuì ▸ **we're having a little do on Saturday** 我们(們)星期六有个(個)小型聚会(會) wǒmen xīngqī liù yǒu gè xiǎoxíng jùhuì ▸ **it was quite a do** 那是个(個)相当(當)大型的聚会(會) nà shì gè xiāngdāng dàxíng de jùhuì
▸ **do away with** VT FUS (*get rid of*) 处(處)理掉 chǔlǐ diào
▸ **do for** (*inf*) VT FUS ▸ **to be done for** 完蛋 wándàn ▸ **if I can't finish this report, I'm done for** 如果完不成这(這)份报(報)告，我就完蛋

了 rúguǒ wánbùchéng zhè fèn bàogào，wǒ jiù wándàn le

▸**do in** (*inf*) VT (*kill*) 干(幹)掉 gàndiào

▸**do out of** (*inf*) VT (*deprive of*) 夺(奪)去 duóqù ▸**he did me out of my share** 他把我那份儿(兒)夺(奪)去了 tā bǎ wǒ nà fènr duóqù le

▸**do up** VT FUS **1** (*fasten*) [+ *laces*] 系(繫)紧(緊) jìjǐn; [+ *dress, coat, buttons*] 扣上 kòu shàng **2** (*esp Brit*) (*renovate*) [+ *room, house*] 装(裝)修 zhuāngxiū

▸**do with** VT FUS **1** (*need*) ▸**I could do with a drink/some help** 我想喝一杯/需要帮(幫)助 wǒ xiǎng hē yībēi/xūyào bāngzhù **2** (*be connected*) ▸**to have to do with** 与(與)…有关(關) yǔ...yǒuguān ▸**what has it got to do with you?** 这(這)跟你有什么(麼)关(關)系(係)？ zhè gēn nǐ yǒu shénme guānxì? ▸**I won't have anything to do with it** 我跟这(這)事毫不相干 wǒ gēn zhè shì háo bù xiānggān ▸**it has to do with money** 这(這)跟钱(錢)有关(關) zhè gēn qián yǒuguān ▸**it was something to do with football** 这(這)是与(與)足球有关(關)的 zhè shì yǔ zúqiú yǒuguān de

▸**do without** I VT FUS 没(沒)有…也行 méiyǒu...yě xíng
II VI 不用也行 bù yòng yě xíng

d.o.b. ABBR (= **date of birth**) 出生日期 chūshēng rìqī

dock [dɔk] I N **1** [c] (*Naut*) 船坞(塢) chuánwù [个 gè] **2** ▸**the dock** (*in law court*) 刑事法庭的被告席 xíngshì fǎtíng de bèigàoxí **3** [c/u] (*Bot*) 一种阔叶野草，名为酸模 II VI **1** [*ship* +] 入船坞(塢) rù chuánwù **2** [*spacecraft* +] 对(對)接 duìjiē III VT **1** [+ *salary, wages*] 扣减(減) kòujiǎn **2** [+ *ship*] 靠码(碼)头(頭) kào mǎtóu **3** [+ *spacecraft*] 使对(對)接 shǐ duìjiē IV **docks** N PL (*Naut*) 港区(區) gǎngqū

dockyard ['dɔkjɑːd] N [c] 船舶修造厂(廠) chuánbó xiūzàochǎng [家 jiā]

doctor ['dɔktəʳ] I N [c] **1** (*medic*) 医(醫)生 yīshēng [位 wèi] **2** ▸**the doctor's** 诊(診)所 zhěnsuǒ [家 jiā] **3** (*PhD etc*) 博士 bóshì II VT [+ *food, drink*] 下药(藥) xià yào; [+ *figures, photograph*] 窜(竄)改 cuàngǎi ▸**doctor's office** (*US*) 诊(診)所 zhěnsuǒ [英 = **surgery**]

document [*n* 'dɔkjumənt, *vb* 'dɔkjumɛnt] I N [c] **1** (*gen*) 文件 wénjiàn [份 fèn] **2** (*Comput*) 文档(檔) wéndàng [个 gè] II VT 记(記)录(錄)…事实(實) jìlù...shìshí

documentary [dɔkju'mɛntərɪ] I N [c] 纪(紀)录(錄)片 jìlùpiàn [部 bù] II ADJ [+ *evidence*] 书(書)面的 shūmiàn de

documentation [dɔkjumən'teɪʃən] N [U] 证(證)件 zhèngjiàn

dodge [dɔdʒ] I VT **1** [+ *blow, ball, car*] 躲开(開) duǒkāi **2** [+ *tax, military service*] 逃避 táobì **3** [+ *question, issue etc*] 搪塞 tángsè II VI 躲闪(閃) duǒshǎn III N [c] (*trick*) 诡(詭)计(計) guǐjì [个 gè] ▸**to dodge out of the way** 躲开(開) duǒkāi

dodgy ['dɔdʒɪ] (*inf*) ADJ **1** (*suspect*) [+ *person, deal*] 狡猾的 jiǎohuá de **2** (*risky, unsafe*) 冒险(險)的 màoxiǎn de

does [dʌz] VB *see* **do**

doesn't ['dʌznt] = **does not**

dog [dɔg] I N [c] **1** 狗 gǒu [只 zhī] **2** (*male*) 雄兽(獸) xióngshòu [头 tóu] II VT [*problems, injuries* +] 缠(纏)住 chánzhù ▸**to go to the dogs** 大不如前 dà bù rú qián

do-it-yourself ['duːɪtjɔː'sɛlf] I N [U] 自己动(動)手的活计(計) zìjǐ dòngshǒu de huójì II ADJ [+ *store*] 出售供购(購)买(買)者自行装(裝)配物品的 chūshòu gòng gòumǎizhě zìxíng zhuāngpèi wùpǐn de

dole [dəul] (*inf*) N [U] (*Brit*) ▸**(the) dole** (*payment*) 失业(業)救济(濟)金 shīyè jiùjìjīn [美 = **welfare**] ▸**(to be) on the dole** (*Brit*) 靠失业(業)救济(濟)金生活 kào shīyè jiùjìjīn shēnghuó [美 = **on welfare**]

▸**dole out** VT **1** [+ *food*] 发(發)放 fāfàng **2** [+ *money*] 施舍(捨) shīshě

doll [dɔl] N [c] (*toy*) 娃娃 wáwa [个 gè]

★**dollar** ['dɔləʳ] N [c] 元 yuán

dolphin ['dɔlfɪn] N [c] 海豚 hǎitún [只 zhī]

dome [dəum] N [c] 圆(圓)屋顶(頂) yuán wūdǐng

domestic [də'mɛstɪk] ADJ **1** [+ *flight, politics, news*] 国(國)内(內)的 guónèi de **2** [+ *appliances*] 家用的 jiāyòng de **3** [+ *chores, violence*] 家庭的 jiātíng de **4** [+ *animal*] 驯(馴)养(養)的 xúnyǎng de

domesticated [də'mɛstɪkeɪtɪd] ADJ **1** [+ *animal*] 驯(馴)化的 xúnhuà de **2** [+ *person*] 居家型的 jūjiāxíng de

dominant ['dɔmɪnənt] ADJ [+ *position, role, figure*] 占(佔)主导(導)地位的 zhàn zhǔdǎo dìwèi de

dominate ['dɔmɪneɪt] VT **1** [+ *discussion, place*] 在…中占(佔)首要地位 zài...zhōng zhàn shǒuyào dìwèi **2** [+ *person*] 支配 zhīpèi

Dominican Republic [də'mɪnɪkən-] N ▸**the Dominican Republic** 多米尼加共和国(國) Duōmǐníjiā Gònghéguó

domino ['dɔmɪnəu] (*pl* **dominoes**) N [c] 多米诺(諾)骨牌 duōmǐnuò gǔpái ▸**domino effect** 多米诺(諾)效应(應) duōmǐnuò xiàoyìng

dominoes ['dɔmɪnəuz] N [U] 多米诺(諾)骨牌游(遊)戏(戲) duōmǐnuò gǔpái yóuxì

donate [də'neɪt] VT **1** ▸**to donate (to sb)** [+ *money, clothes*] 捐赠(贈)(给(給)某人) juānzèng (gěi mǒurén) **2** [+ *blood, organs*] 捐献(獻) juānxiàn

donation [də'neɪʃən] N **1** [U] (*act of giving*) 捐赠(贈) juānzèng **2** [c] (*contribution*) 捐赠(贈)物 juānzèngwù **3** [c/U] [*of blood, organs*] 捐献(獻) juānxiàn

done [dʌn] PP *of* **do**

dongle [dɔŋgəl] N [c] (*Comput*) 适配器 shìpèiqì [个 gè]
donkey ['dɔŋkɪ] N [c] 驴(驢) lǘ [头 tóu]
donor ['dəunəʳ] N [c] **1** [*of blood, heart, kidney etc*] 捐献(獻)者 juānxiànzhě [名 míng] **2** (*to charity*) 捐赠(贈)者 juānzèngzhě [名 míng]
donor card N [c] 器官捐献(獻)卡 qìguān juānxiànkǎ [张 zhāng]
don't [dəunt] = **do not**
donut ['dəunʌt] (*US*) N = **doughnut**
doodle ['du:dl] **I** N [c] 涂(塗)鸦(鴉) túyā **II** VI 涂(塗)鸦(鴉) túyā
doom [du:m] **I** N [u] **1** (*ruin*) 毁(毀)灭(滅) huǐmiè **2** (*fate*) 厄运(運) èyùn **3** (*feeling of depression*) 悲观(觀) bēiguān **II** VT ▸ **to be doomed to failure** 注定要失败(敗) zhùdìng yào shībài
★ **door** [dɔ:ʳ] N [c] **1** [*of house, room, railway carriage*] 门(門) mén [扇 shàn] **2** (*doorway*) 门(門)口 ménkǒu [个 gè] ▸ **to answer the door** 应(應)门(門) yìngmén ▸ **out of doors** 在门(門)外 zài ménwài ▸ **from door to door** 挨家挨户(戶)地 āijiā-āihù de
doorbell ['dɔ:bɛl] N [c] 门(門)铃(鈴) ménlíng [个 gè]
door handle N [c] 门(門)把手 mén bǎshǒu [个 gè]
doorknob ['dɔ:nɔb] N [c] 门(門)上的球形把手 mén shàng de qiúxíng bǎshǒu [个 gè]
doorman ['dɔ:mən] N [c] 门(門)房 ménfáng
doorstep ['dɔ:stɛp] N [c] 门(門)前台(臺)阶(階) ménqián táijiē [个 gè] ▸ **on one's doorstep** 很近 hěn jìn
doorway ['dɔ:weɪ] N [c] 门(門)口 ménkǒu ▸ **in the doorway** 在门(門)口 zài ménkǒu
dope [dəup] **I** N (*inf*) **1** [u] (*cannabis*) 麻醉品 mázuìpǐn **2** [u] (*illegal drug*) 毒品 dúpǐn **3** [c] (*person*) 呆(獃)子 dāizi [个 gè] **4** [u] (*information*) 内(內)部消息 nèibù xiāoxi **II** VT [+ *horse, person*] 给(給)…服麻醉品 gěi…fú mázuìpǐn
dormitory ['dɔ:mɪtrɪ] N [c] **1** (*room*) 宿舍 sùshè [间 jiān] **2** (*US*) (*building*) 宿舍楼(樓) sùshèlóu [座 zuò] [英 = **hall of residence**]
dosage ['dəusɪdʒ] N [c] 用药(藥)计(計)量 yòngyào jìliàng; (*on label*) 用量 yòngliàng
dose [dəus] **I** N [c] **1** [*of medicine*] 一剂(劑) yījì **2** (*Brit*) (*bout*) [*of flu*] 一次 yīcì **II** VT ▸ **to dose sb/o.s. (up) with aspirin** *etc* 给(給)某人/自己服阿斯匹灵(靈)等 gěi mǒurén/zìjǐ fú āsīpǐlíng děng
dot [dɔt] **I** N [c] **1** (*small round mark*) 圆(圓)点(點) yuándiǎn [个 gè] **2** (*speck, spot*) (*in the distance*) 小点(點) xiǎodiǎn **II** VT [+ *area, landscape*] 星罗(羅)棋布于(於) xīng luó qí bù yú ▸ **on the dot** (*punctually*) 准(準)时(時)地 zhǔnshí de ▸ **dotted with** 密布着(著) mìbùzhe
dot-com [dɔt'kɔm] N [c] 网(網)络(絡)公司 wǎngluò gōngsī [家 jiā]
dotted line ['dɔtɪd-] N [c] 虚(虛)线(線) xūxiàn [条 tiáo] ▸ **to sign on the dotted line** 签(簽)字画(畫)押 qiānzì huàyā
double ['dʌbl] **I** ADJ **1** [+ *doors, tracks*] 双(雙)的 shuāng de **2** [+ *murder, wedding*] 成双(雙)的 shuāngrén de **3** [+ *helping, share, whisky, garage*] 双(雙)份的 shuāngfèn de **4** (*for two*) [+ *room, sheet*] 双(雙)人的 shuāngrén de **II** N **1** ▸ **to be sb's double** 酷似某人 kùsì mǒurén **2** [c] (*drink*) 双(雙)份 shuāngfèn **III** VT [+ *offer, size*] 使…增至两(兩)倍 shǐ…zēng zhì liǎngbèi **IV** VI [*population, size* +] 变(變)成两(兩)倍 biànchéng liǎngbèi ▸ **double five two six** (*Brit*) (5526) 五五二六 wǔ wǔ èr liù ▸ **it's spelt with a double "M"** 它的拼写(寫)中有两(兩)个(個)"M" tā de pīnxiě zhōng yǒu liǎng gè "M" ▸ **double the size/number (of sth)** (是某物)大小/数(數)量的两(兩)倍 (shì mǒuwù) dàxiǎo/shùliàng de liǎngbèi ▸ **double in size/weight** 两(兩)倍大/重 liǎngbèi dà/zhòng ▸ **to double as sth** 兼做某事 jiān zuò mǒushì ▸ **at** *or* **on the double** (*inf: immediately*) 迅速地 xùnsù de
▸**double back** VI [*person* +] 原路折回 yuánlù zhé huí
▸**double up** **I** VI **1** (*bend over*) 直不起腰 zhí bù qǐ yāo **2** (*share room*) 共用 gòngyòng **II** VT 使…身体(體)弯(彎)曲 shǐ…shēntǐ wānqū ▸ **to be doubled up with pain/laughter** 痛得/笑得弯(彎)下了身 tòngde/xiàode wānxiàle shēn
double bass N [c/u] 低音提琴 dīyīn tíqín [把 bǎ]
double bed N [c] 双(雙)人床 shuāngrénchuáng [张 zhāng]
double-check ['dʌbl'tʃɛk] **I** VT 再检(檢)查 zài jiǎnchá **II** VI 复(複)查 fùchá
double-click ['dʌbl'klɪk] VI 双(雙)击(擊) shuāngjī
double-decker ['dʌbl'dɛkəʳ] (*esp Brit*) N [c] (*bus*) 双(雙)层(層)公共汽车(車) shuāngcéng gōnggòng qìchē [辆 liàng]
double glazing [-'gleɪzɪŋ] (*Brit*) N [u] 双(雙)层(層)玻璃 shuāngcéng bōlí
double room N [c] 双(雙)人房 shuāngrénfáng
doubles ['dʌblz] (*Tennis*) N [u] 双(雙)打 shuāngdǎ
doubly ['dʌblɪ] ADV 加倍地 jiābèi de
doubt [daut] **I** N [c/u] (*uncertainty*) 怀(懷)疑 huáiyí [种 zhǒng] **II** VT **1** (*disbelieve*) [+ *person*] 怀(懷)疑 huáiyí; [+ *person's word*] 不信 bùxìn **2** (*mistrust, suspect*) 怀(懷)疑 huáiyí ▸ **without (a) doubt** 无(無)疑地 wúyíde ▸ **to be in doubt** 不确(確)定 bù quèdìng ▸ **beyond doubt** 毫无(無)疑问(問)地 háo wú yíwèn de ▸ **no doubt** 无(無)疑地 wúyí de ▸ **to doubt if** *or* **whether...** 拿不准(準)是否… ná bùzhǔn shìfǒu… ▸ **I doubt it (very much)** 我(很)怀(懷)疑 wǒ (hěn) huáiyí ▸ **I don't doubt**

that... 我毫不怀(懷)疑… wǒ háo bù huáiyí...
doubtful ['dautful] ADJ **1** (*questionable*) ▸ **it is doubtful that/whether...** 不能确(確)定…/是否… bùnéng quèdìng.../shìfǒu... **2** (*unconvinced*) [+ *person*] ▸ **to be doubtful that/whether...** 怀(懷)疑…/是否… huáiyí.../shìfǒu... ▸ **to be doubtful about sth** 对(對)某事有怀(懷)疑 duì mǒushì yǒu huáiyí ▸ **I'm a bit doubtful** 我有点(點)怀(懷)疑 wǒ yǒudiǎn huáiyí
doubtless ['dautlɪs] ADV 无(無)疑地 wúyí de
dough [dəu] N [U] **1** 生面(麪)团(團) shēngmiàntuán **2** (*inf: money*) 钱(錢) qián
doughnut, (US) **donut** ['dəunʌt] N [C] 炸面(麪)饼(餅)圈 zhá miànbǐngquān [个 gè]
dove [dʌv] N [C] (*bird*) 鸽(鴿)子 gēzi [只 zhī]
★**down** [daun] **I** N [U] (*soft feathers*) 绒(絨)毛 róngmáo **II** ADV **1** (*downwards*) 向下 xiàngxià **2** (*in a lower place*) 在下面 zài xiàmian ▷ *They're down on the ground floor.* 他们在下面底层。Tāmen zài xiàmiàn dǐcéng. **3** (*in or towards the south*) 在南方 zài nánfāng ▷ *They live down in London.* 他们住在伦敦。Tāmen Zhù zài Lúndūn. ▷ *They've gone down south to London.* 他们南下去伦敦。Tāmen nánxià qù London. **III** PREP **1** (*towards lower level*) 沿着(著)…往下 yánzhe...wǎng xià ▷ *They walked down the steps.* 他们沿着台阶往下走。Tāmen yánzhe táijiē wǎngxià zǒu. **2** (*at lower part of*) 在下面 zài xiàmian ▷ *She lives down the street.* 她住在街那边。Tā zhù zài jiē nà biān. ▷ *a ledge 40ft down the rock face* 在岩石表面以下40英尺处的岩石架 zài yánshí biǎomiàn yǐxià sìshí yīngchǐ chù de yánshíjià **3** (*along*) 沿着(著) yánzhe **IV** VT (*inf*) [+ *drink*] 喝下 hēxià ▸ **she looked down** 她向下看 tā xiàngxià kàn ▸ **he walked down the road** 他沿街走去 tā yánjiē zǒuqù ▸ **down there** 在那儿(兒) zài nàr ▸ **down here** 在这(這)儿(兒) zài zhèr ▸ **the price of meat is down** (*lower*) 肉的价(價)格下降了 ròu de jiàgé xiàjiàng le ▸ **I've got it down in my diary** (*written*) 我已把它写(寫)进(進)了日记(記)里(裡) wǒ yǐ bǎ tā xiějìnle rìjì lǐ ▸ **to pay 5 pounds down** (*esp US*) 现(現)付5英镑(鎊) xiànfù wu' yīngbàng ▸ **England are two goals down** (*behind*) 英格兰(蘭)落后(後)两(兩)球 Yīnggélán luòhòu liǎng qiú ▸ **I'm down to my last five pounds** 我就剩最后(後)5英镑(鎊)了 wǒ jiù shèng zuìhòu wǔ yīngbàng le ▸ **five down, two to go** 完成了5项(項)，还(還)剩两(兩)项(項) wánchéngle wǔ xiàng, hái shèng liǎng xiàng ▸ **to be down for sth** 被安排做某事 bèi ānpái zuò mǒushì ▸ **down with X!** 打倒X！ dǎdǎo X! ▸ **it's all down to hard work** 都是由于(於)工作太辛苦的缘(緣)故 dōushì yóuyú gōngzuò tài xīnkǔ de yuángù ▸ **to down tools** (*Brit*) 停工 tínggōng
down-and-out ['daunəndaut] N [C] (*tramp*) 穷(窮)困潦倒的人 qióngkùn liǎodǎo de rén [个 gè]
downfall ['daunfɔːl] N [C] **1** (*failure*) 垮台(臺) kuǎtái **2** (*cause of failure*) ▸ **to be sb's downfall** 是某人垮台(臺)的原因 shì mǒurén kuǎtái de yuányīn
downhill ['daun'hɪl] **I** ADV **1** [*go, drive, walk* +] 向坡下 xiàng pōxià **2** [*face, look* +] 往山下 wǎng shānxià **II** N [C] (*also*: **downhill race**) (*in skiing*) 下坡滑雪比赛(賽) xiàpō huáxuě bǐsài [场 chǎng] ▸ **to go downhill** (*fig*) [*business, person* +] 每况(況)愈下 měi kuàng yù xià
Downing Street ['daunɪŋ-] (*Brit*) N ▸ **10 Downing Street** 唐宁(寧)街10号(號) Tángníng jiē shí hào

DOWNING STREET

Downing Street 在伦敦威斯敏斯特区，是英国首相和财政部大臣的官邸所在，分别为10号和11号。媒体常用唐宁街来指首相或政府。

download ['daunləud] VT 下载(載) xiàzǎi
downpour ['daunpɔː'] N [C] 倾(傾)盆大雨 qīngpéndàyǔ ▷ *a sudden downpour* 一场突如其来的倾盆大雨 yìchǎng tūrúqílái de qīngpéndàyǔ
downright ['daunraɪt] **I** ADJ (*used for emphasis*) 彻(徹)头(頭)彻(徹)尾的 chètóu chèwěi de **II** ADV (*used for emphasis*) 十分地 shífēn de
Down's syndrome [daunz-] N [U] 唐氏综(綜)合症 Tángshì zōnghézhèng
downstairs ['daun'stɛəz] **I** ADV **1** (*on or to floor below*) 楼(樓)下 lóuxià **2** (*on or to ground level*) 在一层(層) zài yī céng **II** ADJ 楼(樓)下的 lóuxià de
down-to-earth ['dauntu'əːθ] ADJ [+ *person, manner*] 务(務)实(實)的 wùshí de
downtown ['daun'taun] (US) **I** ADV **1** [*be, work* +] 在市中心 zài shì zhōngxīn **2** [*go* +] 去市中心 qù shì zhōngxīn **II** ADJ ▸ **downtown Chicago** 芝加哥的市中心 Zhījiāgē de shì zhōngxīn
down under (*Brit; inf*) ADV (*in Australia or New Zealand*) 澳大利亚(亞)和新西兰(蘭) Àodàlìyà hé Xīnxīlán
downward ['daunwəd] **I** ADJ 向下的 xiàngxià de **II** ADV = **downwards** ▸ **a downward trend** 没(沒)落的趋(趨)势(勢) mòluò de qūshì
downwards ['daunwədz] ADV 向下 xiàngxià
doz. ABBR (= **dozen**) 一打 yīdá
doze [dəuz] **I** VI 打瞌睡 dǎ kēshuì **II** N [S] 瞌睡 kēshuì ▸ **to have a doze** 打个(個)瞌睡 dǎ gè kēshuì
▸**doze off** VI 打盹 dǎdǔn
dozen ['dʌzn] N [C] 一打 yīdá ▸ **a dozen books** 一打书(書) yīdá shū ▸ **two dozen eggs** 两(兩)打鸡(雞)蛋 liǎngdá jīdàn ▸ **dozens of** 许(許)多 xǔduō

Dr, (*esp US*) **Dr.** ABBR **1** (= **doctor**) 医(醫)生 yīshēng **2** (= **Drive**) 私家车(車)道 sījiā chēdào

drab [dræb] ADJ [+ *building, clothes*] 单(單)调(調)的 dāndiào de

draft [drɑːft] **I** N **1** [c] (*first version*) 草稿 cǎogǎo [份 fèn] **2** [c] [*of bill*] 草案 cǎo'àn [个 gè] **3** [c] (*bank draft*) 汇(匯)票 huìpiào [张 zhāng] **4** ▸ **the draft** (*US: Mil*) 征(徵)兵 zhēngbīng [英 = **conscription**] **II** VT **1** [+ *letter, book, speech*] 起草 qǐcǎo **2** (*Mil*) ▸ **to be drafted** 应(應)征(徵)入伍 yìngzhēng rùwǔ **3** ▸ **to draft sb in** (*to do a job*) 选(選)派某人 xuǎnpài mǒurén; *see also* **draught**

drag [dræg] **I** VT **1** (*pull*) [+ *large object, body*] 拖 tuō **2** (*force*) ▸ **to drag sb out of a car/upstairs** 把某人从(從)车(車)里(裡)拖出来(來)/拖到楼(樓)上 bǎ mǒurén cóng chē lǐ tuō chūlái/tuō dào lóushàng **3** (*fig*) ▸ **it's impossible to drag him out of bed/out of the house** 让(讓)他下床/离(離)开(開)房子是不可能的 ràng tā xiàchuáng/líkāi fángzi shì bù kěnéng de **4** (*search*) [+ *river, lake*] 打捞(撈) dǎlāo **II** VI [*time, film* +] 拖沓 tuōtà **III** N **1** (*inf*) ▸ **a drag** 累(纍)赘(贅) léizhuì **2** (*women's clothing*) ▸ **in drag** 男人穿着(著)女子服装(裝) nánrén chuānzhe nǚzǐ fúzhuāng **3** [U] (*Naut, Aviat*) 阻力 zǔlì ▸ **to drag your feet** *or* **heels** 故意拖沓 gùyì tuōdá ▸ **to drag sth out of sb** 逼某人交待某事 bī mǒurén jiāodài mǒushì
▸ **drag away** VT ▸ **to drag sb away (from sth)** 迫使某人离(離)开(開)(某物) pòshǐ mǒurén líkāi (mǒuwù) ▸ **to drag o.s. away (from sth)** 迫使自己离(離)开(開)(某物) pòshǐ zìjǐ líkāi(mǒuwù)
▸ **drag on** VI [*meeting, concert, war* +] 拖延 tuōyán
▸ **drag out** VT (*prolong*) 拖长(長) tuōcháng

dragon ['drægn] N [c] 龙(龍) lóng [条 tiáo]

dragonfly ['drægənflaɪ] N [c] 蜻蜓 qīngtíng [只 zhī]

drain [dreɪn] **I** N **1** [c] (*in street*) 排水沟(溝) páishuǐgōu [条 tiáo] **2** ▸ **to be a drain on sth** [+ *resources, funds*] 某物的大量的消耗 mǒuwù de dàliàng de xiāohào **II** VT **1** [+ *land, marsh, pond*] 排去…的水 páiqù…de shuǐ **2** [+ *vegetables*] 使…流干(乾) shǐ…liúgān **3** [+ *liquid*] 排掉 páidiào **4** [+ *glass, cup*] 喝干(乾) hē gān **5** (*exhaust*) [+ *person*] 使…精疲力竭 shǐ…jīngpí lìjié **III** VI [*liquid* +] 流入 liúrù ▸ **to feel drained (of energy** *or* **emotion)** 感到(精力或感情)耗尽(盡) gǎndào(jīnglì*huò*gǎnqíng)hàojìn ▸ **(to go) down the drain** (*inf*) 白费(費) báifèi

drainage ['dreɪnɪdʒ] **I** N [U] 排水 páishuǐ **II** CPD [+ *ditch, system*] 排水系统(統) páishuǐ xìtǒng

drainpipe ['dreɪnpaɪp] N [c] 排水管 páishuǐguǎn [个 gè]

drama ['drɑːmə] N **1** [U] (*theatre*) 戏(戲)剧(劇) xìjù **2** [c] (*play*) 一出(齣)戏(戲)剧(劇) yīchū xìjù [幕 mù] **3** [c/U] (*excitement*) 戏(戲)剧(劇)性 xìjùxìng [种 zhǒng]

dramatic [drə'mætɪk] **I** ADJ **1** (*marked, sudden*) 戏(戲)剧(劇)性的 xìjùxìng de **2** (*exciting, impressive*) 激动(動)人心的 jīdòng rénxīn de **3** (*theatrical*) 戏(戲)剧(劇)的 xìjù de **II** CPD [+ *society, group*] 戏(戲)剧(劇)的 xìjù de

dramatics [drə'mætɪks] N [U] 业余(餘)的戏(戲)剧(劇)活动(動) yèyú de xìjù huódòng

drank [dræŋk] PT *of* **drink**

drape [dreɪp] VT [+ *cloth, flag, clothing*] 披上 pīshang

drapes [dreɪps] (*US*) N PL 窗帘(簾) chuānglián [英 = **curtains**]

drastic ['dræstɪk] ADJ **1** [+ *measure, step etc*] 严(嚴)厉(厲)的 yánlì de **2** [+ *change, reduction*] 剧(劇)烈的 jùliè de

draught, (*US*) **draft** [drɑːft] **I** N [c] [*of air*] 气(氣)流 qìliú [股 gǔ] **II** ADJ [+ *beer, bitter etc*] 散装(裝)的 sǎnzhuāng de ▸ **on draught** [+ *beer*] 散装(裝)的 sǎnzhuāng de

draughts [drɑːfts] (*Brit*) N [U] 西洋跳棋 xīyáng tiàoqí [美 = **checkers**]

★ **draw** [drɔː] (*pt* **drew**, *pp* **drawn**) **I** VT **1** [+ *picture, map*] 画(畫) huà **2** (*pull*) [+ *cart*] 拖 tuō **3** [+ *curtains, blinds*] (*close*) 拉上 lāshang; (*open*) 拉开(開) lākāi **4** ▸ **to draw sth/sb somewhere** (*move*) 把某人/某物拉到某地 bǎ mǒurén/mǒuwù lā dào mǒudì ▷ *He drew his chair nearer the fire.* 他把椅子拉到炉火旁。Tā bǎ yǐzi lādào lúhuǒ páng. **5** (*take out*) [+ *gun, knife, sword*] 拔出 báchū **6** (*attract*) [+ *response*] 引起 yǐnqǐ **7** [+ *breath*] 吸 xī **8** ▸ **to draw (out) money from a bank/an account** 从(從)银(銀)行/帐(帳)户(戶)上取钱(錢) cóng yínháng/zhànghù shang qǔ qián ▷ *He drew fifty pounds from his savings account.* 他从活期帐户上取走了50英镑。Tā cóng huóqī zhànghù shàng qǔzǒule wǔshí yīngbàng. **9** [+ *wages, salary*] 领(領)取 lǐngqǔ **10** [+ *water*] 汲取 jíqǔ **11** ▸ **to draw a conclusion (from sth)** (从(從)某事中)得出结(結)论(論) (cóng mǒushì zhōng) déchū jiélùn **12** ▸ **to draw a comparison/distinction (between two things)** (在两(兩)事物之间(間))作比较(較) (zài liǎng shìwù zhī jiān) zuò bǐjiào **II** VI **1** (*with pen, pencil etc*) 画(畫)画(畫) huàhuà **2** ▸ **to draw near/close/away** (*move*) 走近/开(開) zǒujìn/kāi **3** ▸ **to draw (with/against sb)** (*esp Brit: Sport*) (与(與)某人)打成平局 (yǔ mǒurén) dǎ chéng píngjú ▷ *Brazil drew against Spain.* 巴西队与西班牙队战平。Bāxīduì yǔ xībānyáduì zhànpíng. [美 = **tie**] **III** N [c] **1** (*esp Brit: Sport*) 平局 píngjú [个 gè] ▷ *The match ended in a draw.* 比赛以平局告终。Bǐsài yǐ píngjú gàozhōng. [美 = **tie**] **2** (*lottery*) 抽奖(獎) chōujiǎng [次 cì] ▷ *She won 200 pounds in a prize draw.* 她在一次抽奖中赢了200英

镑。Tā zài yī cì chōujiǎng zhōng yíngle èrbǎi yīngbàng. ▸ **to draw (sb's) attention (to sth)** 吸引(某人的)注意力(到某物) xīyǐn(mǒurén de)zhùyìlì(dào mǒuwù) ▸ **to draw near** *or* **close** *(approach)* [*person, event* +] 临(臨)近 línjìn ▸ **to draw level/alongside** 慢慢接近 mànmàn jiējìn ▸ **to draw to a close** 结(結)束 jiéshù

▸**draw in** I VI *(Brit)* [*nights* +] 变(變)长(長) biàncháng ▹ *The nights draw in and the mornings get darker.* 黑夜变长，早晨天色变得昏暗。Hēiyè biàncháng, zǎochén tiānsè biànde hūn'àn. II VT *(also:* **draw into**) *(involve)* 使参(參)与(與) shǐ cānyù ▹ *She's the perfect hostess, drawing everyone into the conversation.* 她是位完美的女主人，能使每个人都参与到谈话中来。Tā shì wèi wánměi de nǚzhǔrén, néng shǐ měi gè rén dōu cānyù dào tánhuà zhōng lái.

▸**draw on** I VT FUS *(also:* **draw upon**) [+ *resources*] 凭(憑)借 píngjiè ▹ *The company drew on its vast resources to fund the project.* 公司凭借其大量的资源为这个项目提供资金。Gōngsī píngjiè qí dàliàng de zīyuán wèi zhège xiàngmù tígōng zījīn.; [+ *imagination, knowledge*] 靠 kào ▹ *He drew on his imagination to write about Moscow.* 他靠想像力描写莫斯科。Tā kào xiǎngxiànglì miáoxiě Mòsīkē. II VI *(pass)* 临(臨)近 línjìn ▹ *As the afternoon drew on, we got impatient.* 随着下午的临近，我们变得不耐烦起来。Suízhe xiàwǔ de línjìn, wǒmen biànde bù nàifán qǐlái.

▸**draw out** VI ▸ **draw out (of)** [*train, bus* +] *(leave)* 离(離)开(開) líkāi ▹ *The train drew out of the station.* 火车驶离车站。Huǒchē shǐlí chēzhàn.

▸**draw up** I VI *(stop)* [*car, bus etc* +] 停下来(來) tíngxiàlái ▹ *Just before eleven a bus drew up.* 就在11点前，一辆公共汽车停了下来。Jiù zài shíyī diǎn qián, yīliàng gōnggòng qìchē tíngle xiàlái. II VT **1** [+ *document, plan*] 草拟(擬) cǎonǐ ▹ *I drew up plans for the new course.* 我为新课程草拟了计划。Wǒ wèi xīn kèchéng cǎonǐle jìhuà. **2** [+ *chair*] 拉近 lājìn ▹ *He drew up a chair and sat down.* 他把椅子拉近坐了下来。Tā bǎ yǐzi lājìn zuòle xiàlái.

drawback ['drɔːbæk] N [c] 欠缺 qiànquē [个 gè]

drawer [drɔːʳ] I N [c] [*of desk etc*] 抽屉(屜) chōuti [个 gè] II **drawers** N PL *(o.f.: knickers)* 内(內)裤(褲) nèikù

drawing ['drɔːɪŋ] N **1** [c] *(picture)* 素描 sùmiáo [幅 fú] **2** [U] *(skill, discipline)* 绘(繪)画(畫) huìhuà

drawing pin *(Brit)* N [c] 图(圖)钉(釘) túdīng [枚 méi] [美 = **thumbtack**]

drawing room *(o.f.)* N [c] 客厅(廳) kètīng [间 jiān]

drawn [drɔːn] I PP *of* **draw** II ADJ *(haggard)* 憔悴的 qiáocuì de

dread [drɛd] I N [U] ▸ **dread (of)** （对(對)…的）畏惧(懼) (duì...de) wèijù II VT *(fear)* 惧(懼)怕 jùpà

dreadful ['drɛdful] ADJ [+ *weather, day, person etc*] 糟透的 zāotòu de ▸ **I feel dreadful!** *(ill)* 我觉(覺)得很不舒服！Wǒ juéde hěn bù shūfu!; *(ashamed)* 我感到心里(裡)不好受！Wǒ gǎndào xīn lǐ bùhǎoshòu!

dream [driːm] *(pt, pp* **dreamed** *or* **dreamt**) I N [c] **1** *(when asleep)* 梦(夢) mèng [场 chǎng] **2** *(ambition)* 梦(夢)想 mèngxiǎng [个 gè] II VI ▸ **to dream about** *(when asleep)* 梦(夢)到 mèngdào ▸ **to have a dream about sb/sth** *(when asleep)* 梦(夢)到某人/某事 mèngdào mǒurén/mǒushì ▸ **sweet dreams!** *(sleep well!)* 睡个(個)好觉(覺)！shuì gè hǎojiào! ▸ **to dream that...** *(when asleep)* 梦(夢)见(見)… mèngjiàn...; *(when wishing for sth)* 渴望… kěwàng... ▸ **to dream of doing sth** *(fantasize)* 梦(夢)想着(著)做某事 mèngxiǎngzhe zuò mǒushì ▸ **I wouldn't dream of...** 我永远(遠)不… wǒ yǒngyuǎn bù...

▸**dream up** VT [+ *plan, idea etc*] 凭(憑)空想出 píngkōng xiǎngchū

dreamer ['driːməʳ] N [c] 空想家 kōngxiǎngjiā [名 míng]

dreamt [drɛmt] PT, PP *of* **dream**

dreamy ['driːmɪ] ADJ **1** *(faraway)* [+ *expression*] 心不在焉的 xīn bù zài yān de **2** *(gorgeous)* [+ *music, picture*] 梦(夢)幻般的 mènghuàn bān de

dreary ['drɪərɪ] ADJ [+ *place, time etc*] 沉闷(悶)的 chénmèn de

drench [drɛntʃ] VT *(soak)* 使湿(濕)透 shǐ shītòu ▸ **drenched to the skin** *(used for emphasis)* 浑(渾)身湿(濕)透 hún shēn shītòu

dress [drɛs] I N **1** [c] *(frock)* 连(連)衣裙 liányīqún [条 tiáo] **2** [U] *(clothing)* 服装(裝) fúzhuāng II VT **1** [+ *child*] 给(給)…穿衣 gěi...chuān yī **2** [+ *wound*] 敷裹 fūguǒ **3** [+ *salad*] 拌 bàn III VI 穿衣 chuān yī ▸ **to dress o.s., get dressed** 穿好衣服 chuānhǎo yīfu ▸ **she dresses in jeans** 她身穿牛仔服 tā shēnchuān niúzǎifú

▸**dress down** VI 穿上便装(裝) chuānshang biànzhuāng

▸**dress up** VI **1** *(wear best clothes)* 穿上盛装(裝) chuānshang shèngzhuāng **2** ▸ **to dress up as** *(in fancy dress)* 化装(裝)成 huàzhuāng chéng

dress circle *(Brit)* N [c] *(in theatre)* 二楼(樓)正座 èr lóu zhèngzuò

dresser ['drɛsəʳ] N [c] **1** *(Brit) (cupboard)* 碗橱(櫥) wǎnchú [个 gè] **2** *(US) (chest of drawers)* 梳妆(妝)台(臺) shūzhuāngtái [个 gè] **3** ▸ **a smart dresser** 穿着(著)利索的人 chuānzhuó lìsuo de rén

dressing ['drɛsɪŋ] N **1** [c] *(on a wound)* 敷料 fūliào **2** [c/U] ▸ **(salad) dressing** 调(調)料 tiáoliào

dressing gown N [c] 晨衣 chényī [套 tào]

dressing room N [c] **1** (*in a theatre*) 化装(裝)室 huàzhuāngshì [间 jiān] **2** (*in a sports stadium*) 更衣室 gēngyīshì [间 jiān]

dressing table N [c] 梳妆(妝)台(臺) shūzhuāngtái [个 gè]

dressmaker ['drɛsmeɪkə^r] N [c] 做女服童装(裝)的裁缝(縫) zuò nǚfú tóngzhuāng de cáifeng [名 míng]

drew [druː] PT *of* **draw**

dribble ['drɪbl] **I** VI **1** (*trickle*) [*liquid* +] 一滴滴地流 yīdīdī de liú **2** [*baby, person* +] 流口水 liú kǒushuǐ **3** (*in football, basketball*) 运(運)球 yùnqiú **II** VT **1** (*in football, basketball*) [+ *ball*] 运(運) yùn **2** [+ *liquid*] 使一滴滴地流 shǐ yīdīdī de liú

dried [draɪd] ADJ [+ *fruit, herbs*] 干(乾)的 gān de; [+ *eggs, milk*] 粉状(狀)的 fěnzhuàng de

drier ['draɪə^r] N = **dryer**

drift [drɪft] **I** VI **1** [*boat* +] 漂流 piāoliú **2** [*sand, snow, mist* +] 飘(飄)散 piāosàn **II** N **1** [c] [*snow*] 吹积(積)物 chuījīwù [堆 duī] **2** [s/u] (*movement*) (*of people*) 迁(遷)移 qiānyí **3** [s] (*meaning*) 大意 dàyì ▶ **to drift away** [*crowd, people* +] 散去 sànqù ▶ **to drift apart** [*friends, couple* +] 疏远(遠) shūyuǎn ▶ **to drift into** [+ *crime, prostitution*] 不知不觉(覺)地陷入 bù zhī bù jué de xiànrù ▶ **to get** *or* **follow sb's drift** 明白某人的大意 míngbai mǒurén de dàyì ▶ **to get** *or* **follow the drift of sth** 明白某事的大意 míngbai mǒushì de dàyì

▸**drift off** VI ▶ **to drift off (to sleep)** 慢慢睡着(著) mànmàn shuìzháo

drill [drɪl] **I** N **1** [c] (*tool, machine*) (*for DIY etc*) 钻(鑽) zuàn [个 gè]; [*of dentist*] 钻(鑽)头(頭) zuàntóu [个 gè]; (*for mining etc*) 钻(鑽)孔器 zuànkǒngqì **2** [u] (*fabric*) 斜纹(紋)布 xiéwénbù **3** [c] [(*for fire, air raid*)] 演习(習) yǎnxí [次 cì] **II** VT **1** [+ *hole*] 在…上钻(鑽)孔 zài...shang zuānkǒng **2** (*train*) [+ *troops*] 训(訓)练(練) xùnliàn **3** [+ *pupils*] (*in grammar, maths, singing etc*) 训(訓)练(練) xùnliàn **III** VI **1** ▶ **to drill (into)** [*wall, floor etc* +] (在…)钻(鑽)孔 (zài...)zuàn kǒng **2** ▶ **to drill (for)** [*oil, water, gas* +] 钻(鑽)(探某物) zuàn (tàn mǒuwù)

drink [drɪŋk] (*pt* **drank**, *pp* **drunk**) **I** N **1** [c] (*tea, water etc*) 饮(飲)料 yǐnliào [种 zhǒng] **2** [c] (*alcoholic*) 酒 jiǔ [瓶 píng] **3** [u] (*alcohol*) 饮(飲)酒 yǐnjiǔ **II** VT [+ *tea, water etc*] 喝 hē **III** VI (*drink alcohol*) 喝酒 hējiǔ ▶ **to have a drink** 喝一杯 hē yībēi; (*alcoholic*) 喝酒 hējiǔ ▶ **to take** *or* **have a drink of...** 喝… hē... ▶ **a drink of water** 一杯水 yī bēi shuǐ ▶ **would you like something to drink?** 你想喝点(點)什么(麼)吗(嗎)? nǐ xiǎng hē diǎn shénme ma?

▸**drink in** VT [+ *sight*] 陶醉于(於) táozuì yú; [+ *words*] 听(聽)…听(聽)得出神 tīng...tīng de chūshén

▸**drink to** VT FUS 为(為)…干(乾)杯 wèi...gānbēi

▸**drink up** VT, VI 喝光 hē guāng

drink-driving ['drɪŋk'draɪvɪŋ] (*Brit*) N [u] 酒后(後)驾(駕)车(車) jiǔhòu jiàchē [美 = **drunk driving**]

drinker ['drɪŋkə^r] N [c] **1** ▶ **tea/coffee/beer drinker** 喝茶/咖啡/啤酒的人 hē chá/kāfēi/píjiǔ de rén [个 gè] **2** (*of alcohol*) 酗酒者 xùjiǔzhě [名 míng] ▶ **a heavy/moderate/habitual drinker** (*of alcohol*) 过(過)度/适(適)度/习(習)惯(慣)性饮(飲)酒者 guòdù/shìdù/xíguànxìng yǐnjiǔzhě [名 míng]

drinking water ['drɪŋkɪŋ-] N [u] 饮(飲)用水 yǐnyòngshuǐ

drip [drɪp] **I** N [c] **1** (*drop*) 一滴 yīdī **2** (*sound*) 水滴声(聲) shuǐdīshēng **3** (*Med*) 滴液 dīyè **4** (*inf: person*) 讨(討)厌(厭)鬼 tǎoyànguǐ **II** VI **1** [*water, rain* +] 滴下 dīxià **2** [*tap* +] 漏水 lòushuǐ **3** [*washing, clothes etc* +] 滴水 dīshuǐ **III** VT (*spill, trail*) 使滴下 shǐ dīxià

★ **drive** [draɪv] (*pt* **drove**, *pp* **driven**) **I** N **1** [c] (*journey*) 车(車)程 chēchéng [段 duàn] ▷ *It's a thirty mile drive.* 有30英里的车程。 yǒu sānshí yīnglǐ de chēchéng. **2** [c] (*also*: **driveway**) 私家车(車)道 sījiā chēdào [条 tiáo] ▷ *A private drive leads up to the palace.* 一条私家车道通往宫殿。 Yītiáo sījiāchēdào tōngwǎng gōngdiàn. **3** (*in road names*) ▶ **15 Alexander Drive** 亚(亞)历(歷)山大大道15号(號) Yàlìshāndà dàdào shíwǔ hào **4** [u] (*energy*) 干(幹)劲(勁) gànjìng **5** [c] (*campaign*) 运(運)动(動) yùndòng ▷ *a drive to recruit more staff* 征召更多成员的运动 zhēngzhào gèngduō chéngyuán de yùndòng **6** [c] (*in golf*) 猛击(擊) měngjī **7** [c] (*also*: **CD ROM/disk drive**) 驱(驅)动(動)器 qūdòngqì [个 gè] **II** VT **1** [+ *vehicle*] 驾(駕)驶(駛) jiàshǐ ▷ *It's her turn to drive the car.* 该她驾车了。 Gāi tā jiàchē le. **2** ▶ **to drive sb to the station/airport** 驱(驅)车(車)送某人去车(車)站/飞(飛)机(機)场(場) qūchē sòng mǒurén qù chēzhàn/fēijīchǎng **3** (*run*) [+ *machine, motor, wheel*] 推动(動) tuīdòng **4** [+ *nail, stake etc*] ▶ **to drive sth into sth** 把某物钉(釘)入某物 bǎ mǒuwù dìng rù mǒuwù **5** [+ *animal*] 驱(驅)赶(趕) qūgǎn **6** [+ *people*] 迫使 pòshǐ ▷ *The war drove thousands of people into Thailand.* 战争迫使成千上万的人进入泰国。 Zhànzhēng pòshǐ chéng qiān shàng wàn de rén jìnrù Tàiguó. **7** [+ *ball*] 猛击(擊) měngjī ▷ *Tom drove the ball into the net.* 汤姆将球击入网内。 Tāngmǔ jiāng qiú jīrù wǎng nèi. **8** (*incite, encourage*) 驱(驅)使 qūshǐ ▷ *a man driven by greed and envy* 受到贪欲和嫉妒驱使的男人 shòudào tānyù hé jídù qūshǐ de nánrén **III** VI **1** (*at controls of vehicle*) 开(開)车(車) kāichē ▷ *They have never learned to drive.* 他们从未学过开车。 Tāmen cóngwèi xuéguò kāichē. **2** (*travel*) 开(開)车(車) kāichē ▶ **to go for a drive** 开(開)车(車)兜风(風) kāichē dōufēng ▶ **it's a 3-hour drive from London** 到

d

伦(倫)敦要3个(個)小时(時)的车(車)程 dào Lúndūn yào sāngè xiǎoshí de chēchéng ▸ **left-/right-hand drive** 左/右手座驾(駕)驶(駛) zuǒ/yòushǒu zuò jiàshǐ ▸ **front-/rear-wheel drive** 前/后(後)轮(輪)驱(驅)动(動) qián/hòulún qūdòng ▸ **he drives a taxi/lorry** 他开(開)出租车(車)/卡车(車) tā kāi chūzūchē/kǎchē ▸ **to drive sb mad/to desperation** 逼得某人发(發)疯(瘋)/绝(絕)望 bīde mǒurén fāfēng/juéwàng ▸ **to drive sb to (do) sth** 迫使某人做某事 pòshǐ mǒurén zuò mǒushì ▸ **to drive at 50 km an hour** 以每小时(時)50公里(裡)的速度驾(駕)车(車) yǐ měi xiǎoshí wǔshí gōnglǐ de sùdù jiàchē ▸ **what are you driving at?** 你是什么(麼)意思？ nǐ shì shénme yìsī?

▸**drive away** VT 赶(趕)走 gǎnzǒu ▹ *Increased crime is driving away customers.* 不断增长的犯罪赶走了顾客。Bùduàn zēngzhǎng de fànzuì gǎnzǒu le gùkè.

▸**drive off** I VT (*repel*) 击(擊)退 jītuì ▹ *The government drove the guerrillas off using infantry.* 政府出动步兵团击退了游击队员。Zhèngfǔ chūdòng bùbīngtuán jītuìle yóujīduìyuán. II VI [*car, driver* +] 驱(驅)车(車)离(離)开(開) qūchē líkāi ▹ *He drove off without saying goodbye.* 他没道别就驱车离开了。Tā méi dàobié jiù qūchē líkāi le.

▸**drive on** VI 一直不停地开(開) yīzhí bùtíng de kāi ▹ *We drove on for a few miles.* 我们一直不停地开了几英里。Wǒmen yīzhí bùtíng de kāile jǐ yīnglǐ.

▸**drive out** VT (*force to leave*) 逐出 zhúchū ▹ *He cut his prices to drive out rivals.* 为了逐出竞争对手，他降低了价格。Wèile zhúchū jìngzhēng duìshǒu, tā jiàngdīle jiàgé.

drive-in ['draɪvɪn] (*US*) I N [c] (*restaurant*) 免下车(車)餐馆(館) miǎn xiàchē cānguǎn [家 jiā]; (*movie theater*) 免下车(車)电(電)影院 miǎn xiàchē diànyǐngyuàn II ADJ [+ *restaurant, movie theater*] 免下车(車)的 miǎn xiàchē de

driven ['drɪvn] PP *of* **drive**

driver ['draɪvəʳ] N [c] **1** [*of own car*] 驾(駕)驶(駛)员(員) jiàshǐyuán [位 wèi] **2** [*of taxi, bus, lorry, train*] 司机(機) sījī [位 wèi] **3** (*chauffeur*) 司机(機) sījī [位 wèi]

driver's license ['draɪvəz-] (*US*) N [c] 驾(駕)驶(駛)执(執)照(炤) jiàshǐ zhízhào [本 běn] [英 = **driving licence**]

driveway ['draɪvweɪ] N [c] 车(車)道 chēdào [条 tiáo]

driving ['draɪvɪŋ] I N [U] (*motoring*) 驾(駕)驶(駛) jiàshǐ II ADJ ▸ **driving rain/snow/wind** 瓢泼(潑)大雨/暴雪/暴风(風) piáopō dàyǔ/bàoxuě/bàofēng

driving instructor N [c] 驾(駕)驶(駛)教练(練) jiàshǐ jiàoliàn [位 wèi]

driving lesson N [c] 驾(駕)驶(駛)课(課) jiàshǐ kè [堂 táng]

driving licence (*Brit*) N [c] 驾(駕)驶(駛)执(執)照(炤) jiàshǐ zhízhào [本 běn] [美 = **driver's license**]

driving test N [c] 驾(駕)驶(駛)执(執)照(炤)考试(試) jiàshǐ zhízhào kǎoshì [次 cì]

drizzle ['drɪzl] I N [s/U] 蒙(濛)蒙(濛)细(細)雨 méngméng xìyǔ II VI ▸ **it is drizzling** 下着(著)毛毛雨 xiàzhe máomaoyǔ

droop [dru:p] VI **1** [*flower* +] 发(發)蔫 fāniān **2** [*shoulders, head* +] 垂下 chuíxià

drop [drɔp] I N **1** [c] [*of liquid*] 滴 dī **2** (*reduction*) ▸ **a drop in sth** 某物的下降 mǒuwù de xiàjiàng **3** (*vertical distance*) ▸ **a 300m drop/a drop of 300m** 300米的落差 sānbǎi mǐ de luòchā **4** [c] (*also*: **air drop**) (*delivery*) (*by parachute etc*) 空投 kōngtóu II VT **1** (*accidentally*) 失手落下 shīshǒu luòxià; (*deliberately*) 放 fàng **2** (*lower*) [+ *arm, leg, hand etc*] 垂下 chuíxià **3** [+ *voice*] 降低 jiàngdī **4** (*reduce*) [+ *price*] 降低 jiàngdī **5** (*drop off*) (*set down from car*) 将(將)…送到 jiāng…sòng dào **6** (*abandon*) [+ *idea, case etc*] 丢(丟)弃(棄) diūqì **7** (*from team*) 解雇(僱) jiěgù III VI **1** (*fall*) [*amount, level* +] 下降 xiàjiàng; [*object* +] 落下 luòxià **2** (*flop*) 倒下 dǎoxià **3** (*die down*) [*wind* +] 减(減)弱 jiǎnruò **4** (*fall*) [*voice* +] 压(壓)低 yādī IV **drops** N PL (*medicine*) 滴剂(劑) dījì ▸ **a drop of 10%** 10%的下降 bǎifēnzhī shí de xiàjiàng ▸ **chocolate/fruit drops** 巧克力/水果球形糖 qiǎokèlì/shuǐguǒ qiúxíng táng ▸ **to drop sb a line** 给(給)某人留言 gěi mǒurén liúyán ▸ **to drop a hint** 随(隨)便暗示一下 suíbiàn ànshì yīxià

▸**drop by** VI 顺(順)便拜访(訪) shùnbiàn bàifǎng

▸**drop in** (*inf*) VI (*visit*) ▸ **to drop in (on sb)** 顺(順)便拜访(訪)(某人) shùnbiàn bàifǎng (mǒurén)

▸**drop off** I VI (*fall asleep*) 睡着(著) shuìzháo II VT [+ *passenger*] 将(將)…送到 jiāng…sòng dào

▸**drop out** VI **1** (*withdraw*) 退出 tuìchū **2** (*of college, university*) 辍(輟)学(學) chuòxué

drought [draut] N [c/U] 旱灾(災) hànzāi [场 chǎng]

drove [drəuv] I PT *of* **drive** II N ▸ **droves of people** 一群群的人 yī qún qún de rén ▸ **they came in (their) droves** 他们(們)成群结(結)队(隊)地进(進)来(來) tāmen chéngqún jiéduì de jìnlái

drown [draun] I VT **1** (*deliberately*) [+ *person, animal*] 使淹死 shǐ yānsǐ **2** ▸ **to be drowned** 被淹死 bèi yānsǐ **3** (*also*: **drown out**) [+ *sound, voice*] 淹没(沒) yānmò II VI [*person, animal* +] 溺死 nìsǐ

drowsy ['drauzɪ] ADJ 昏昏欲睡的 hūn hūn yù shuì de

★ **drug** [drʌg] I N [c] **1** (*prescribed*) 药(藥) yào [片 piàn] ▹ *This drug is prescribed to treat hay fever.* 开的这种药是用来治疗花粉热的。Kāi de zhèzhǒng yào shì yònglái zhìliáo huāfěnrè de. **2** (*recreational*) 毒品 dúpǐn [种 zhǒng] ▷ *Cocaine is a highly addictive drug.* 可卡因是一种极为容易上瘾的毒品。Kěkǎyīn shì yīzhǒng jíwéi róngyì shàngyǐn de dúpǐn. **II** VT (*sedate*) [+ *person, animal*] 使麻醉 shǐ mázuì ▸ **to be on drugs** 吸毒 xīdú ▸ **to take drugs** 吸毒 xīdú ▸ **hard/soft drugs** 硬/软(軟)毒品 yìng/ruǎn dúpǐn

drug addict N [c] 吸毒成瘾(癮)者 xīdú chéngyǐnzhě [个 gè]

drug dealer N [c] 毒品贩(販)子 dúpǐn fànzi

druggist ['drʌɡɪst] (US) N [c] **1** (*pharmacist*) (*person*) 药(藥)剂(劑)师(師) yàojìshī [位 wèi] [英 = **chemist**] **2** ▸ **druggist('s)** (*shop*) 药(藥)店 yàodiàn [家 jiā]
用法参见 **chemist**

drugstore ['drʌɡstɔːʳ] (US) N [c] 杂(雜)货(貨)店 záhuòdiàn [家 jiā] [英 = **chemist**]
用法参见 **chemist**

drum [drʌm] **I** N [c] **1** (*instrument*) 鼓 gǔ [面 miàn] **2** (*container*) 圆(圓)桶 yuántǒng [个 gè] **II** VI **1** [*rain* +] 发(發)出敲击(擊)声(聲) fāchū qiāojīshēng **2** (*with fingers*) 敲击(擊) qiāojī **III** VT [+ *fingers*] 敲打 qiāodǎ **IV drums** N PL (*kit*) 鼓 gǔ
▸**drum into** VT 反复(復)灌输(輸) fǎnfù guànshū
▸**drum up** VT [+ *enthusiasm, support*] 竭力争(爭)取 jiélì zhēngqǔ

drummer ['drʌməʳ] N [c] 鼓手 gǔshǒu [位 wèi]

drunk [drʌŋk] **I** PP *of* **drink II** ADJ 醉的 zuì de **III** N [c] (*drunkard*) 醉汉(漢) zuìhàn [名 míng] ▸ **to get drunk** 喝醉了 hēzuì le

drunk driving ['drʌŋk'draɪvɪŋ] (US) N [U] 酒后(後)驾(駕)车(車) jiǔhòu jiàchē [英 = **drink-driving**]

drunken ['drʌŋkən] ADJ [+ *laughter, party, sleep*] 酒醉引起的 jiǔzuì yǐnqǐ de; [+ *person*] 醉的 zuì de

dry [draɪ] **I** ADJ **1** [+ *ground, clothes, paint*] 干(乾)的 gān de **2** [+ *climate, weather, day*] 干(乾)燥的 gānzào de **3** [+ *skin, hair*] 干(乾)枯的 gānkū de **4** (*empty*) [+ *lake, riverbed, well*] 干(乾)涸的 gānhé de **5** [+ *wine, sherry*] 不甜的 bù tián de **6** [+ *humour, account*] 装(裝)成正经(經)的 zhuāngchéng zhèngjing de **7** (*uninteresting*) [+ *lecture, subject, style*] 枯燥无(無)味的 kūzào wúwèi de **II** VT [+ *clothes, hair*] 把…弄干(乾) bǎ...nòng gān **III** VI [*paint, washing* +] 变(變)干(乾) biàn gān ▸ **on dry land** 在陆(陸)地上 zài lùdì shàng ▸ **to dry (up) the dishes** 擦干(乾)碗碟 cāgān wǎndié ▸ **to dry one's hands/hair** 擦干(乾)手/头(頭)发(髮) cāgān shǒu/tóufa ▸ **to dry one's eyes** 擦干(乾)眼泪(淚) cāgān yǎnlèi
▸**dry off I** VI 变(變)干(乾) biàn gān **II** VT 把…弄干(乾) bǎ...nòng gān
▸**dry out** VI 干(乾)透 gān tòu
▸**dry up** VI **1** [*river, well* +] 干(乾)涸 gānhé **2** (*stop*) [*supply, flow etc* +] 停滞(滯) tíngzhì **3** (*during speech*) 忘词(詞) wàng cí

dry-clean ['draɪ'kliːn] VT 干(乾)洗 gānxǐ

dry-cleaner ['draɪ'kliːnəʳ] N [c] **1** (*also*: **dry cleaner's**) 干(乾)洗店 gānxǐdiàn [家 jiā] **2** (*person*) 干(乾)洗商 gānxǐshāng

dryer ['draɪəʳ] N [c] **1** (*tumble dryer, spin-dryer*) 干(乾)衣机(機) gānyījī [台 tái] **2** (*hair dryer*) 吹风(風)机(機) chuīfēngjī [个 gè]

dryness ['draɪnɪs] N [U] **1** [*of ground*] 干(乾)涸 gānhé **2** [*of climate, weather*] 干(乾)燥 gānzào **3** [*of skin*] 干(乾)枯 gānkū

DST (US) N ABBR (= **Daylight Saving Time**) 夏令时(時) Xiàlìngshí

DTP N ABBR (= **desktop publishing**) 桌面出版系统(統) zhuōmiàn chūbǎn xìtǒng

dual ['djuəl] ADJ 双(雙)的 shuāng de

dual carriageway (*Brit*) N [c] 双(雙)行道 shuāngxíngdào [美 = **divided highway**]

dub [dʌb] VT **1** [+ *film, TV programme*] 为(為)…配音 wèi...pèiyīn **2** (*nickname*) ▸ **a man dubbed "the terminator"** 被冠以"终(終)结(結)者"绰(綽)号(號)的人 bèi guàn yǐ "zhōngjiézhě" chuòhào de rén ▸ **dubbed into Spanish/French** 用西班牙语(語)/法语(語)译(譯)配 yòng Xībānyáyǔ/Fǎyǔ yìpèi

dubious ['djuːbɪəs] ADJ [+ *claim, reputation, company*] 可疑的 kěyí de ▸ **to have the dubious honour/pleasure/distinction of...** 令人怀(懷)疑的…的荣(榮)誉(譽)/愉快/区(區)别(別) lìngrén huáiyí de...de róngyù/yúkuài/qūbié ▸ **to be dubious about sth** 对(對)某事半信半疑 duì mǒushì bàn xìn bàn yí

duck [dʌk] **I** N **1** [c] (*bird*) 鸭(鴨) yā [只 zhī] **2** [U] (*as food*) 鸭(鴨)肉 yāròu **II** VI (*also*: **duck down**) 急忙弯(彎)下身子 jímáng wānxià shēnzi **III** VT **1** [+ *blow*] 急忙避开(開) jímáng bìkāi **2** [+ *duty, responsibility*] 逃避 táobì

due [djuː] **I** ADJ **1** ▸ **to be due** [*person, train, bus* +] 应(應)到 yīng dào; [*baby* +] 预(預)期 yùqī; [*rent, payment* +] 应(應)支付 yīng zhīfù **2** ▸ **to be due (to sb)** (*owed*) [+ *money, holidays*] 应(應)给(給)(某人) yīng gěi (mǒurén) **3** (*proper*) [+ *consideration*] 适(適)当(當)的 shìdàng de **II** N ▸ **to give sb his** (*or* **her**) **due** 公平对(對)待他/她 gōngpíng de duìdài tā/tā **III** ADV ▸ **due north/south** 正北方/南方 zhèng běifāng/nánfāng **IV dues** N PL (*for club, union*) 应(應)付款 yīngfùkuǎn ▸ **due to...** (*because of*) 由于(於)… yóuyú... ▸ **to be due to sth/sb** 由于(於)某事/某人 yóuyú mǒushì/mǒurén ▸ **to be due for sth** 应(應)得某物 yīngdé mǒuwù ▸ **I am due 6 days' leave** 我应(應)有6天的休假 wǒ yīng yǒu liùtiān de xiūjià ▸ **I am due 5 pounds** 我应(應)得5英镑(鎊) wǒ yīngdé wǔ yīngbàng ▸ **she's due next week** (*inf: to give birth*) 她下星期临(臨)产(產) tā xià xīngqī

d

línchǎn ▸ **in due course** (*eventually*) 在适(適)当(當)的时(時)候 zài shìdàng de shíhòu

duel ['djuəl] N [c] **1** (*formal fight*) 决(決)斗(鬥) juédòu [场 chǎng] **2** (*ongoing dispute*) 争(爭)辩(辯) zhēngbiàn [场 chǎng]

duet [djuː'ɛt] N [c] 二重唱曲/奏曲 èr chóng chàng qǔ/zòu qǔ [首 shǒu]

dug [dʌg] PT, PP *of* **dig**

duke [djuːk] N [c] 公爵 gōngjué [位 wèi] ▸ **the Duke of Edinburgh** 爱(愛)丁堡公爵 Àidīngbǎo gōngjué

dull [dʌl] **I** ADJ **1** (*not bright*) [+ *weather, day*] 阴(陰)沉的 yīnchén de; [+ *light, colour*] 暗淡的 àndàn de **2** (*boring*) [+ *event, place, person, book*] 单(單)调(調)乏味的 dāndiào fáwèi de **3** (*sluggish*) 迟(遲)钝(鈍)的 chídùn de **4** [+ *sound, pain*] 隐(隱)约(約)的 yǐnyuē de **II** VT **1** [+ *pain, grief*] 减(減)轻(輕) jiǎnqīng **2** [+ *mind, senses*] 使迟(遲)钝(鈍) shǐ chídùn **III** VI [*eyes, expression etc* +] 变(變)得呆(獃)滞(滯) biàn de dāizhì

duly ['djuːlɪ] ADV **1** (*as expected*) 如期地 rúqī de **2** (*correctly*) 适(適)当(當)地 shìdàng de

dumb [dʌm] ADJ **1** (*mute, silent*) 哑的 yǎ de **2** (*pej: stupid, foolish*) 愚蠢的 yúchǔn de **3** (*US; inf*) (*silly, annoying*) [+ *idea*] 傻的 shǎ de ▸ **to be struck dumb** 哑(啞)口无(無)言 yǎ kǒu wú yán

dummy ['dʌmɪ] **I** N [c] **1** (*Brit*) (*for baby*) 橡皮奶头(頭) xiàngpí nǎitóu [个 gè] [美 = **pacifier**] **2** (*mannekin*) 人体(體)模型 réntǐ móxíng [个 gè] **3** (*inf: idiot*) 笨蛋 bèndàn [个 gè] **4** (*in cards*) (*also:* **dummy hand**) 明手牌 míngshǒupái [张 zhāng] **II** ADJ (*false*) 假的 jiǎ de ▸ **a dummy run** (*Brit*) (*test run*) 试(試)演 shìyǎn [次 cì]

dump [dʌmp] **I** N [c] **1** (*tip*) (*for rubbish*) 垃圾场(場) lājīchǎng [个 gè] **2** (*inf: pigsty, tip*) 脏(髒)乱(亂)的地方 zāngluàn de dìfang [处 chù] **3** (*store*) (*for ammunition, arms*) 临(臨)时(時)存放处(處) línshí cúnfàngchù **II** VT **1** (*put down*) 丢(丟)下 diūxià **2** (*get rid of*) 倾(傾)倒 qīngdào **3** [+ *computer data*] 转(轉)储(儲) zhuǎn chǔ ▸ **to be down in the dumps** (*inf*) 神情沮丧(喪) shénqíng jǔsàng ▸ ▸ **"no dumping"** "严(嚴)禁乱(亂)倒垃圾" "yánjìn luàndào lājī"

dumpling ['dʌmplɪŋ] N [c] 饺(餃)子 jiǎozi [盘 pán]

Dumpster® ['dʌmpstəʳ] (*US*) N [c] (用以装(裝)运(運)工地废(廢)料的无(無)盖(蓋))废(廢)料筒 (yòngyǐ zhuāngyùn gōngdì fèiliào de wú gài) fèiliàotǒng [个 gè] [英 = **skip**]

dune [djuːn] N [c] (*also:* **sand dune**) 沙丘 shāqiū

dung [dʌŋ] N [U] 粪(糞) fèn

dungarees [dʌŋgə'riːz] N PL (*for work*) 工装(裝)裤(褲) gōngzhuāngkù; (*for child, woman*) 背(揹)带(帶)裤(褲) bèidàikù

dungeon ['dʌndʒən] N [c] 地牢 dìláo [个 gè]

dunk [dʌŋk] VT 把…浸一浸 bǎ...jìn yī jìn

duplex ['djuːplɛks] (*US*) N [c] **1** (*house*) 供两家居住的房屋 **2** (*apartment*) 跨两层楼的公寓套房

duplicate [*n, adj* 'djuːplɪkət, *vb* 'djuːplɪkeɪt] **I** N [c] [*of document, key*] 复(複)制(製)品 fùzhìpǐn [件 jiàn] **II** ADJ [+ *key, copy*] 复(複)制(製)的 fùzhì de **III** VT **1** (*repeat*) [+ *success, result*] 重复(複) chóngfù **2** (*copy*) [+ *document, tape*] 复(複)制(製) fùzhì **3** (*reuse, rehash*) 重做 chóngzuò

durable ['djuərəbl] ADJ [+ *goods, materials*] 耐用的 nàiyòng de

duration [djuə'reɪʃən] N [U] [*of process, course, film*] 持续(續)时(時)间(間) chíxù shíjiān ▸ **for the duration of the holiday/his stay** 假期/他停留期间(間) jiàqī/tā tíngliú qījiān ▸ **for the duration** 在接下去的时(時)期内(內) zài jiēxiàqù de shíqī nèi ▸ **of 8 months' duration** 长(長)达(達)8个(個)月 chángdá bā gè yuè

★ **during** ['djuərɪŋ] PREP **1** (*throughout*) 在…期间(間) zài...qījiān ▹ *Snowstorms are common during winter.* 暴风雪在冬天是常见的。Bàofēngxuě zài dōngtiān shì chángjiàn de. ▹ *Many soldiers died during the war.* 在战争期间许多战士阵亡了。Zài zhànzhēng qījiān xǔduō zhànshì zhènwáng le. **2** (*at some point in*) 在…时(時)候 zài...shíhou ▹ *During the night the fence blew down.* 在夜里的时候篱笆给吹倒了。Zài yèlǐ de shíhòu líba gěi chuīdǎo le.

dusk [dʌsk] N [U] 黄(黃)昏 huánghūn ▸ **at dusk** 黄(黃)昏时(時)刻 huánghūn shíkè

dust [dʌst] **I** N [U] (*dirt*) (*outdoors*) 尘(塵)土 chéntǔ; (*indoors*) 灰尘(塵) huīchén **II** VT **1** [+ *furniture*] 拭去…上的灰尘(塵) shìqù...shang de huīchén **2** ▸ **to dust sth with sth** [+ *cake*] (*with flour, sugar*) 把某物撒在某物上 bǎ mǒuwù sǎ zài mǒuwù shang
▸ **dust off, dust down** VT **1** ▸ **to dust o.s. off** 重新振作起来(來) chóngxīn zhènzuò qǐlái **2** (*reuse*) 重新使用 chóngxīn shǐyòng

dustbin ['dʌstbɪn] (*Brit*) N [c] 垃圾箱 lājīxiāng [个 gè] [美 = **garbage can**]

duster ['dʌstəʳ] N [c] (*cloth*) 抹布 mābù [块 kuài]

dustman ['dʌstmən] (*Brit*) (*pl* **dustmen**) N [c] 清洁(潔)工 qīngjiégōng [位 wèi] [美 = **garbage man**]

dusty ['dʌstɪ] ADJ 满(滿)是尘(塵)土的 mǎn shì chéntǔ de

Dutch [dʌtʃ] **I** ADJ 荷兰(蘭)的 Hélán de **II** N [U] (*language*) 荷兰(蘭)语(語) Hélányǔ **III** ADV ▸ **to go Dutch (on sth)** (*inf*) 各人自己付(某物的)钱(錢) gèrén zìjǐ fù (mǒuwù de) qián **IV the Dutch** N PL (*people*) 荷兰(蘭)人 Hélánrén

Dutchman ['dʌtʃmən] (*pl* **Dutchmen**) N [c] 荷兰(蘭)人 Hélánrén [个 gè]

Dutchwoman ['dʌtʃwumən] (*pl* **Dutchwomen**) N [c] 荷兰(蘭)妇(婦)女 Hélán fùnǚ [位 wèi]

duty ['djuːtɪ] **I** N [c/U] **1** (*responsibility*) 责(責)任 zérèn [个 gè] **2** (*tax*) 税(稅) shuì [种 zhǒng] **II duties** N PL (*tasks*) 任务(務) rènwù ▸ **it is my duty to...** …是我的职(職)责(責) ...shì wǒ de zhízé ▸ **to pay duty on sth** 支付某物的税(稅) zhīfù mǒuwù de shuì ▸ **to report for duty** 述职(職) shùzhí ▸ **to be on/off duty** [+ *policeman, nurse*] 上/下班 shàng/xiàbān ▸ **duty chemist/officer/doctor** 值班药(藥)剂(劑)师(師)/官员(員)/医(醫)生 zhíbān yàojìshī/guānyuán/yīshēng

duty-free ['dju:tɪ'fri:] ADJ [+ *drink, cigarettes*] 免税(稅)的 miǎnshuì de ▸ **duty-free shop** 免税(稅)商店 miǎnshuì shāngdiàn

duvet ['du:veɪ] (*Brit*) N [C] 羽绒(絨)被 yǔróngbèi [床 chuáng]

DVD ['di:vi:'di:] N [C] 光碟 guāngdié [张(張) zhāng] ▹ *I've got that film on DVD.* 我有那部电影的光碟。Wǒ yǒu nà bù diànyǐng de guāngdié.

DVD player N [C] DVD播放器 DVD bōfàngqì [台 tái]

dwarf [dwɔ:f] (*pl* **dwarves** [dwɔ:vz]) **I** N [C] **1** (*in stories*) 小矮人 xiǎo'ǎirén [个 gè] **2** (*o.f., offensive: small person*) 矮子 ǎizi **II** ADJ [+ *shrub, plant etc*] 矮小的 ǎixiǎo de **III** VT 使相形见(見)绌(絀) shǐ xiāng xíng jiàn chù

dwell [dwɛl] (*pt, pp* **dwelt** [dwɛlt]) VI (*frm*) 住 zhù ▸**dwell on** VT FUS 详(詳)述 xiángshù

dwindle ['dwɪndl] VI [*resources, supplies, strength* +] 缩(縮)小 suōxiǎo

dye [daɪ] **I** N [C/U] (*for hair, cloth*) 染料 rǎnliào [种 zhǒng] **II** VT 染色 rǎnsè ▸ **to dye sth red/black** 把某物染成红(紅)色/黑色 bǎ mǒuwù rǎnchéng hóngsè/hēisè

dying ['daɪɪŋ] **I** ADJ **1** [+ *person, animal*] 垂死的 chuísǐ de **2** (*final*) [+ *wishes, words, breath*] 临(臨)终(終)的 línzhōng de; [+ *days, moments etc*] 行将(將)完结(結)的 xíngjiāng wánjié de **3** (*fading*) [+ *tradition, industry*] 行将(將)消失的 xíngjiāng xiāoshī de **II** N PL ▸ **the dying** 垂死的人 chuísǐ de rén

dynamic [daɪ'næmɪk] ADJ 生气(氣)勃勃的 shēngqì bóbó de

dynamite ['daɪnəmaɪt] **I** N [U] **1** (*explosive*) 甘油炸药(藥) gānyóu zhàyào **2** (*something controversial*) 具有爆炸性的事/物 jùyǒu bàozhàxìng de shì/wù **3** (*inf: sensational*) 轰(轟)动(動)的事/物 hōngdòng de shì/wù **II** VT 炸毁(毀) zhàhuǐ

dyslexia [dɪs'lɛksɪə] N [U] 诵(誦)读(讀)困难(難) sòngdú kùnnan

dyslexic [dɪs'lɛksɪk] ADJ 诵(誦)读(讀)有困难(難)的 sòngdú yǒu kùnnan de

Ee

E¹, e [i:] [C/U] (*letter*) 英语的第五个字母

E² [i:] **I** N [C/U] (*Mus*) C大调音阶中的第三音 **II** ABBR **1** (*direction*) = **east** **2** (*inf: drug*) = **ecstasy**

★**each** [i:tʃ] **I** ADJ [+ *thing, person, idea*] 每 měi **II** PRON (*each one*) 每个(個) měigè ▹ *two bedrooms, each with three beds* 两间卧室，每间有3张床 liáng jiān wòshì, měi jiān yǒu sān zhāng chuáng ▸ **each one of them** 他们(們)中的每一个(個) tāmen zhōng de měiyīgè ▸ **each other** 互相 hùxiāng ▸ **they have 2 books each** 他们(們)每人有两(兩)本书(書) tāmen měirén yǒu liǎngběnshū ▸ **they cost 5 pounds each** 每个(個)售价(價)5镑(鎊) měigè shòujià wǔbàng ▸ **each of us** 我们(們)每个(個)人 wǒmen měigèrén

> **each** 表示一个群体中的每一个人或物，强调的是每一个个体。**every** 指由两个以上的个体组成的群体中的所有的人或物，强调的是整体。*He listened to every news bulletin...an equal chance for every child...* 注意 **each** 指两个当中的任何一个。*Each apartment has two bedrooms...We each carried a suitcase.* **each** 和 **every** 后面都只能跟名词单数形式。

eager ['i:gə^r] ADJ (*keen*) 热(熱)切的 rèqiè de ▸ **eager to do** 急于(於)做 jíyú zuò ▸ **eager for** 渴望 kěwàng

eagle ['i:gl] N [C] 鹰(鷹) yīng [只 zhī]

ear [ɪə^r] N [C] **1** (*Anat*) 耳朵 ěrduo [只 zhī] **2** [*of wheat*] 穗 suì ▸ **to have an ear for language/music** 有语(語)言/音乐(樂)欣赏(賞)能力 yǒu yǔyán/yīnyuè xīnshǎng nénglì ▸ **to be up to one's ears in debt/work** 深陷入债(債)务(務)/工作 shēnxiànrù zhàiwù/gōngzuò ▸ **we'll play it by ear** (*fig*) 我们(們)会(會)见(見)机(機)行事 wǒmen huì jiàn jī xíng shì

earache ['ɪəreɪk] N [C/U] 耳朵痛 ěrduo tòng

eardrum ['ɪədrʌm] N [C] 鼓膜 gǔmó

earl [ə:l] (*Brit*) N [C] 伯爵 bójué [位 wèi]

earlier ['ə:lɪə^r] **I** ADJ **1** [+ *date, time*] 较(較)早的 jiàozǎo de **2** [+ *edition, idea*] 以前的 yǐqián de **II** ADV [*leave, go* +] 提早 tízǎo ▸ **earlier this year** 本年初 běn nián chū ▸ **she left earlier than us** 她比我们(們)早离(離)开(開) tā bǐ wǒmen zǎo líkāi ▸ **I can't come any earlier** 我不能来(來)得再早了 wǒ bùnéng láide zài zǎo le

★ **early** ['əːlɪ] **I** ADV **1** (*in day, month*) 在初期 zài chūqī **2** (*before usual time*) [*get up, go to bed, arrive, leave* +] 早 zǎo **II** ADJ **1** (*near the beginning*) [+ *stage, career*] 早期的 zǎoqī de ▷ *the early stages of pregnancy* 怀孕早期 huáiyùn zǎoqī ▷ *Shakespeare's early works* 莎士比亚的早期著作 Shāshìbǐyà de zǎoqī zhùzuò **2** (*in history*) [+ *Christians, settlers*] 早期的 zǎoqī de **3** (*premature*) [+ *death, departure*] 提早的 tízǎo de **4** (*quick*) [+ *reply*] 很快的 hěnkuài de ▷ *We look forward to your early reply.* 我们期待您及早的答复。wǒmen qīdài nín jízǎo de dáfù ▶ **I usually get up early** 我通常早起床。wǒ tōngcháng zǎo qǐchuáng ▶ **early on** 在初期 zài chūqī ▶ **early this morning** 今天一大早 jīntiān yīdàzǎo ▶ **early last week** 上星期初 shàng xīngqī chū ▶ **early in the morning** 清早 qīngzǎo ▶ **in the early** *or* **early in the spring/19th century** 早春/19世纪(紀)初期 zǎochūn/shíjiǔ shìjì chūqī ▶ **she's in her early forties** 她40出头(頭) tā sìshí chūtóu ▶ **in the early hours of the morning** 凌(淩)晨 língchén ▶ **you're early!** 你怎么(麽)这(這)么(麽)早！nǐ zěnme zhème zǎo! ▶ **to take the early train** 坐早班火车(車) zuò zǎobān huǒchē ▶ **to have an early night** 早上床 zǎo shàngchuáng ▶ **at your earliest convenience** (*Comm, Admin*) 在您尽(盡)早方便时(時) zài nín jìnzǎo fāngbiàn shí

early retirement N ▶ **to take early retirement** 提前退休 tíqián tuìxiū

earmark ['ɪəmɑːk] VT ▶ **to earmark (for)** [+ *funds, site etc*] 指定…用途 zhǐdìng…yòngtú

earn [əːn] VT **1** [+ *salary, money*] 挣(掙)得 zhèngdé **2** (*Comm*) [+ *interest*] 生利 shēnglì **3** [+ *praise, hatred, reputation*] 博得 bódé ▶ **to earn one's** *or* **a living** 谋(謀)生 móushēng ▶ **he's earned a rest/reward** 他应(應)得休息/奖(獎)励(勵) tā yīngdé xiūxī/jiǎnglì

earnest ['əːnɪst] ADJ **1** [+ *person, manner*] 认(認)真的 rènzhēn de **2** [+ *wish, effort*] 诚(誠)挚的 chéngzhì de ▶ **to do sth in earnest** 认(認)真地做某事 rènzhēn de zuò mǒushì ▶ **to be in earnest** (*frm*) 认(認)真地 rènzhēn de

earnings ['əːnɪŋz] N PL 收入 shōurù

earphones ['ɪəfəunz] N PL 耳机(機) ěrjī

earplugs ['ɪəplʌgz] N PL (*to keep out sound, water*) 耳塞 ěrsāi

earring ['ɪərɪŋ] N [C] 耳环(環) ěrhuán [只 zhī]

earshot ['ɪəʃɔt] N ▶ **within earshot (of sb/sth)** 在(某人/某物)的听(聽)力所及范(範)围(圍)内(內) zài (móurén/mǒuwù) de tīnglì suǒjí fànwéi nèi ▶ **out of earshot (of sb/sth)** 不在(某人/某物的)听(聽)力范(範)围(圍)之内(內) bùzài (mǒurén/mǒuwù de)tīnglì fànwéi zhīnèi

earth [əːθ] **I** N **1** [U/S] (*also*: **the Earth**) (*planet*) 地球 dìqiú **2** [U] (*land surface*) 陆(陸)地 lùdì **3** [U] (*soil*) 泥土 nítǔ **4** [C] (*Brit: Elec*) 接地 jiēdì [US = **ground**] **5** [C] [*of fox*] 穴 xuè **II** VT (*Brit: Elec*) 把…接地 bǎ…jiēdì [US = **ground**] ▶ **what/where/why on earth...?** 究竟什么(麼)/在哪/为(為)什么(麼)…？ jiūjìng shénme/zàinǎ/wèishénme...? ▶ **to bring sb/come down to earth** 使某人回到现(現)实(實)中来(來) shǐ mǒurén huídào xiànshízhōng lái

earthquake ['əːθkweɪk] N [C] 地震 dìzhèn [次 cì]

ease [iːz] **I** N [U] **1** (*easiness*) 容易 róngyì **2** (*comfort*) 安适(適) ānshì **II** VT (*reduce*) [+ *pain, problem*] 减(減)轻(輕) jiǎnqīng; [+ *tension*] 缓(緩)和 huǎnhé **III** VI **1** (*lessen*) [*tension* +] 缓(緩)和 huǎnhé **2** [*pain, grief* +] 减(減)轻(輕) jiǎnqīng **3** [*rain, snow* +] 减(減)弱 jiǎnruò ▶ **to be/feel at ease** 放松(鬆) fàngsōng ▶ **(stand) at ease!** (*Mil*) 稍息！shāoxī ▶ **with ease** 不费(費)吹灰之力 bùfèi chuī huī zhī lì ▶ **to ease sth in/out** 交换(換) jiáng mǒuwù mànmàn nuórù/nuóchū

▶**ease off, ease up** VI (*lessen*) [*wind, rain* +] 减(減)弱 jiǎnruò; [*pressure, tension* +] 缓(緩)和 huǎnhé

▶**ease up** VI **1** = **ease off** **2** (*reduce one's effort*) 放松 fàngsōng

easily ['iːzɪlɪ] ADV **1** (*without difficulty*) 不费(費)力地 bù fèilì de **2** (*for emphasis*) 很可能 hěn kěnéng **3** (*quickly*) 容易地 róngyì de **4** (*in a relaxed way*) 从(從)容自在地 cóngróng zìzài de

★ **east** [iːst] **I** N **1** [S/U] 东(東)方 dōngfāng **2** ▶ **the East** (*the Orient*) 东(東)方国(國)家 dōngfāng guójiā; (*o.f.*) (*Pol*) (*Iron Curtain*) 东(東)方集团(團) Dōngfāng Jítuán **II** ADJ 东(東)部的 dōngbù de **III** ADV 向东(東)方 xiàng dōngfāng ▶ **the sun rises in the east** 太阳(陽)从(從)东(東)方升起 tàiyáng cóng dōngfāng shēngqǐ ▶ **the east of Spain** 西班牙东(東)部 Xībānyá dōngbù ▶ **to the east** 以东(東) yǐdōng ▶ **the east wind** 东(東)风(風) dōngfēng ▶ **east of ...** …以东(東) ...yǐdōng ▷ *It's 15 miles or so east of Manchester.* 它位于曼彻斯特以东15英里左右。tā wèiyú Mànchèsītè yǐdōng shíwǔ yīnglǐ zuǒyòu

eastbound ['iːstbaund] ADJ 东(東)行的 dōngxíng de ▷ *Eastbound traffic is moving very slowly.* 东行的交通非常拥堵。Dōngxíng de jiāotōng fēicháng yōngdǔ. ▷ *The car was eastbound on the M25.* 汽车在M25公路上向东行驶。Qìchē zài M èr wu' gōnglù shàng xiàngdōng xíngshǐ.

Easter ['iːstə^r] N [U] 复(復)活节(節) Fùhuó Jié ▶ **the Easter holidays** 复(復)活节(節)假期 Fùhuó Jié jiàqī ▶ **Happy Easter!** 复(復)活节(節)快乐(樂)！Fùhuó Jié kuàilè!

Easter egg N [C] 复(復)活节(節)彩蛋 Fùhuó Jié cǎidàn [个 gè]

eastern ['iːstən] ADJ **1** (*Geo*) 东(東)部的 dōngbù de **2** ▶ **Eastern** (*oriental*) 东(東)方的 Dōngfāng de ▶ **Eastern Europe** 东(東)欧(歐) Dōngōu

Easter Sunday N [C/U] 复(復)活主日 Fùhuó Zhǔrì

★ **easy** ['i:zɪ] **I** ADJ **1** (*simple*) 容易的 róngyì de **2** (*relaxed*) 自在的 zìzài de ▷ *an easy conversation* 畅谈 chàngtán ▷ *Everyone wants a free and easy life.* 每个人都想过自由自在的生活。Měi gè rén dōuxiǎng guò zì yóu zì zài de shēnghuó. **3** (*comfortable*) [+ *life, time*] 安逸的 ānyì de **4** [+ *target, prey*] 易上当(當)的 yì shàngdàng de ▷ *Tourists have become easy prey.* 旅客成了容易受害的人。Lǚkè chéngle róngyì shòushāng de rén **II** ADV ▶ **to take it** *or* **things easy** (*relax*) 放松(鬆)一点(點) fàngsōng yīdiǎn; (*go slowly*) 不慌不忙 bù huāng bù máng; (*not worry*) 不急 bù jí ▶ **dogs are easy to train** 狗很容易训(訓)练(練) gǒu hěn róngyì xùnliàn ▷ *The shower is easy to install.* 这个淋浴很容易安装。Zhègè línyù hěn róngyì ānzhuāng. ▶ **it's easy to train dogs** 训(訓)狗是容易的 xùngǒu shì róngyì de ▷ *It's easy to get lost in this part of town.* 在镇子的这边容易迷路。Zài zhènzi de zhèbiān róngyì mílù. ▶ **it's easy for sb to do sth** 对(對)于(於)某人来(來)说(說)，做某事是容易的 duìyú mǒurén láishuō, zuò mǒushì shì róngyì de ▷ *That's easy for you to say!* 你说得轻松！Nǐ shuōde qīngsōng! ▶ **to make life easier** 使生活更方便 shǐ shēnghuó gèng fāngbiàn ▶ **to feel** *or* **be easy about sth** 对(對)某事感到安心 duì mǒushì gǎndào ānxīn ▶ **I'm easy** (*inf*) 我随(隨)便 wǒ suíbiàn ▶ **payment on easy terms** (*Comm*) 分期付款 fēnqī fùkuǎn ▶ **that's easier said than done** 说(說)时(時)容易做时(時)难(難) shuōshí róngyì zuòshí nán

easy-going ['i:zɪ'gəuɪŋ] ADJ 脾气(氣)随(隨)和的 píqì suíhé de

eat [i:t] (*pt* **ate**, *pp* **eaten** ['i:tn]) **I** VT [+ *food, breakfast, lunch, etc*] 吃 chī **II** VI **1** (*consume food*) 吃 chī **2** (*have a meal*) 吃饭(飯) chīfàn

▶**eat away** (*also:* **eat away at**) VT **1** [*sea, rust* +] 侵蚀(蝕) qīnshí **2** = **eat into**

▶**eat into** VT FUS [+ *time, savings, resources*] 吞噬 tūnshì

▶**eat out** VI 下馆(館)子吃饭(飯) xià guǎnzi chīfàn

▶**eat up** **I** VT **1** [+ *food*] 把…吃光 bǎ…chī guāng **2** (*fig*) [+ *money, time*] 消耗 xiāohào **II** VI 吃光 chī guāng

eaten ['i:tn] PP *of* **eat**

eavesdrop ['i:vzdrɔp] VI ▶ **to eavesdrop (on sb/sth)** 偷听(聽)(某人/某事) tōutīng (mǒurén/mǒushì)

ebony ['ɛbənɪ] N [U] (*wood*) 乌(烏)木 wūmù

e-book ['i:buk] N [C] (*also:* **electronic book**) 电子书 diànzǐ shū [本 běn]

e-business ['i:bɪznɪs] N **1** [C] (*company*) 电(電)子商务(務)公司 diànzǐ shāngwù gōngsī [家 jiā] **2** [U] (*commerce*) 电(電)子商务(務) diànzǐ shāngwù

EC N ABBR (= **European Community**) ▶ **the EC** 欧(歐)洲共同市场(場) Ōuzhōu Gòngtóng Shìchǎng

e-card ['i:ka:d] N [C] 电子贺卡 diànzǐ hèkǎ [个 gè]

eccentric [ɪk'sɛntrɪk] **I** ADJ **1** [+ *person*] 怪僻的 guàipì de **2** [+ *behaviour, views, ideas*] 古怪的 gǔguài de **II** N [C] 古怪的人 gǔguài de rén [个 gè]

ECG N ABBR (= **electrocardiogram**) 心电(電)图(圖) xīndiàntú [US = **EKG**]

echo ['ɛkəu] (*pl* **echoes**) **I** N [C] **1** [*of sound*] 回音 huíyīn [个 gè] **2** [*of opinion, attitude*] 共鸣(鳴) gòngmíng **II** VT (*fig: repeat*) 重复(複) chóngfù **III** VI **1** [*sound* +] 发(發)出回声(聲) fāchū huíshēng **2** [*cave, room* +] 产(產)生回(迴)响(響) chǎnshēng huíxiǎng

eclipse [ɪ'klɪps] **I** N [C] [*of sun, moon*] 食 shí [次 cì] **II** VT [+ *achievement*] 使失色 shǐ shīsè

eco-friendly ['i:kəu'frɛndlɪ] ADJ 有益于(於)生态(態)的 yǒuyì yú shēngtài de

ecological [i:kə'lɔdʒɪkəl] ADJ [+ *damage, disaster*] 生态(態)的 shēngtài de; [+ *group, movement*] 主张(張)生态(態)保护(護)的 zhǔzhāng shēngtài bǎohù de

ecology [ɪ'kɔlədʒɪ] N [U] **1** (*environment*) 生态(態) shēngtài **2** (*subject*) 生态(態)学(學) shēngtàixué

e-commerce ['i:kɔmə:s] N = **e-business**

★ **economic** [i:kə'nɔmɪk] ADJ **1** [+ *system, history, reform*] 经(經)济(濟)的 jīngjì de **2** (*profitable*) [+ *business etc*] 有利可图(圖)的 yǒulì kětú de

economical [i:kə'nɔmɪkl] ADJ **1** [+ *system, car, machine*] 节(節)约(約)的 jiéyuē de **2** [+ *person*] 节(節)省的 jiéshěng de

economics [i:kə'nɔmɪks] N **1** [U] (*Scol, Univ*) 经(經)济(濟)学(學) jīngjìxué **2** [PL] [*of project, situation*] 经(經)济(濟)意义(義) jīngjì yìyì

economist [ɪ'kɔnəmɪst] N [C] 经(經)济(濟)学(學)家 jīngjì xuéjiā [位 wèi]

economize [ɪ'kɔnəmaɪz] VI (*make savings*) 节(節)约(約) jiéyuē ▶ **to economize on sth** 节(節)约(約)用某物 jiéyuē yòng mǒuwù

★ **economy** [ɪ'kɔnəmɪ] N **1** [C] [*of country*] 经(經)济(濟) jīngjì [种 zhǒng] **2** [U] (*thrift*) 节(節)约(約) jiéyuē ▶ **economies of scale** 规(規)模经(經)济(濟) guīmó jīngjì

economy class **I** ADJ 经(經)济(濟)舱(艙)的 jīngjìcāng de **II** ADV 经(經)济(濟)舱(艙)地 jīngjìcāng de **III** N [U] 经(經)济(濟)舱(艙) jīngjìcāng

ecstasy ['ɛkstəsɪ] N **1** [C/U] (*rapture*) 狂喜 kuángxǐ **2** [U] (*drug*) 迷幻药(藥) míhuànyào ▶ **to be in ecstasy** 兴(興)奋(奮)极(極)了 xīngfèn jíle ▶ **to go into ecstasies over** 对(對)…发(發)狂 duì…fākuáng

ecstatic [ɛks'tætɪk] ADJ [+ *welcome, reaction, person*] 欣喜若狂的 xīnxǐ ruò kuáng de

Ecuador ['ɛkwədɔ:ʳ] N 厄瓜多尔(爾) Èguāduō'ěr

e

eczema [ˈɛksɪmə] N [U] 湿(濕)疹 shīzhěn
edge [ɛdʒ] **I** N [C] **1** (*border*) [*of road, town*] 边(邊)缘(緣) biānyuán [个 gè] [*of lake*] 边(邊) biān [个 gè] ▷ *She was standing at the water's edge.* 她站在水边。Tā zhànzài shuǐbiān. **2** [*of table, chair*] 棱(稜) léng **3** [*of knife, sword etc*] 刃 rèn **II** VI ▸ **to edge forward** 一点(點)一点(點)地向前移动(動) yīdiǎn yīdiǎn de xiàngqián yídòng ▸ **on edge** 紧(緊)张(張)不安 jǐnzhāng bù'ān ▸ **to have the** *or* **an edge (over sb)** 胜(勝)过(過)(某人) shèngguò (mǒurén) ▸ **to edge past** 缓(緩)缓(緩)通过(過) huǎnhuǎn tōngguò ▸ **to edge away from** 悄悄离(離)开(開) qiāoqiāo líkāi
▸**edge out** VT (*in contest*) 小胜(勝) xiǎoshèng
edgy [ˈɛdʒɪ] (*inf*) ADJ (*nervous, agitated*) 紧(緊)张(張)的 jǐnzhāng de
edible [ˈɛdɪbl] ADJ [+ *mushroom, plant*] 可食用的 kě shíyòng de
Edinburgh [ˈɛdɪnbərə] N 爱(愛)丁堡 Àidīngbǎo
edit [ˈɛdɪt] VT **1** [+ *text, report*] 校订(訂) jiàodìng **2** [+ *book*] 编(編)辑(輯) biānjí **3** [+ *film, broadcast*] 剪辑(輯) jiǎnjí **4** [+ *newspaper, magazine*] 主编(編) zhǔbiān
▸**edit out** VT (*of book, film*) 删(刪)去 shānqù
edition [ɪˈdɪʃən] N [C] **1** [*of book, newspaper, magazine*] 版 bǎn [个 gè] **2** (*TV, Rad*) 集 jí
editor [ˈɛdɪtəʳ] N [C] **1** [*of newspaper, magazine, book*] 编(編)辑(輯) biānjí [个 gè] **2** [*of text, report*] 校订(訂)者 jiàodìngzhě **3** 剪辑(輯)者 jiǎnjízhě **4** (*TV, Rad*) 编(編)辑(輯) biānjí ▸ **foreign/literary editor** 外文/文学(學)编(編)辑(輯) wàiwén/wénxué biānjí
editorial [ɛdɪˈtɔːrɪəl] **I** ADJ [+ *staff, meeting, policy*] 编(編)辑(輯)的 biānjí de **II** N [C] [*of newspaper*] 社论(論) shèlùn [篇 piān]
EDT (*US*) ABBR (= **Eastern Daylight Time**) 东(東)部夏令时(時) Dōngbù Xiàlìngshí
educate [ˈɛdjukeɪt] VT **1** (*teach*) 教育 jiàoyù **2** (*instruct*) 使懂得 shǐ dǒngdé ▸ **she was educated at...** 她在…受的教育 tāzài...shòude jiàoyù
educated [ˈɛdjukeɪtɪd] ADJ [+ *person*] 受过(過)教育的 shòuguò jiàoyù de
education [ɛdjuˈkeɪʃən] N [U/S] (*schooling, teaching*) 教育 jiàoyù
educational [ɛdjuˈkeɪʃənl] ADJ **1** [+ *institution, policy, needs*] 教育的 jiàoyù de **2** (*instructive*) [+ *experience*] 有教育意义(義)的 yǒu jiàoyù yìyì de
educator [ˈɛdjukeɪtəʳ] (*esp US*) N [C] 教育家 jiàoyùjiā [位 jiā]
eel [iːl] N [C/U] 鳗(鰻)鱼(魚) mànyú [条 tiáo]
eerie [ˈɪərɪ] ADJ (*strange*) [+ *feeling, light, silence*] 令人恐惧(懼)的 lìng rén kǒngjù de
★ **effect** [ɪˈfɛkt] **I** N **1** [C/U] (*result, consequence*) 影响(響) yǐngxiǎng [个 gè] ▷ *the effect of divorce on children* 离婚对儿童产生的影响 líhūn duì értóng chǎnshēng de yǐngxiǎng **2** [C] (*impression*) [*of speech, picture etc*] 效果 xiàoguǒ [个 gè] ▷ *Don't move, or you'll destroy the effect.* 别动，不然你会破坏效果的。Biédòng, bùrán nǐ huì pòhuài xiàoguǒ de. **II** VT (*frm*) [+ *repairs, savings etc*] 完成 wánchéng ▷ *Production was halted until repairs could be effected.* 在修理完成之前停止生产。Zài xiūlǐ wánchéng zhīqián tíngzhǐ shēngchǎn. **III effects** N PL **1** (*frm: belongings*) 财(財)物 cáiwù **2** (*Cine*) 特别(別)效果 tèbié xiàoguǒ ▸ **to come into** *or* **take effect** [*law* +] 生效 shēngxiào ▸ **to take effect** [*drug* +] 见(見)效 jiànxiào ▸ **to put** *or* **bring** *or* **carry sth into effect** 实(實)施某事 shíshī mǒushì ▸ **to have an effect on sb/sth** 对(對)某人/某事产(產)生影响(響) duì mǒurén/mǒushì chǎnshēng yǐngxiǎng ▸ **in effect** 实(實)际(際)上 shíjì shang ▸ **his letter is to the effect that...** 他信的大意是… tā xìn de dàyì shì... ▸ **to good/no effect** 有/无(無)效 yǒu/wúxiào
▓ 用法参见 **affect**
effective [ɪˈfɛktɪv] ADJ **1** (*successful*) 有效的 yǒuxiào de **2** (*actual*) [+ *leader, command*] 事实(實)上的 shìshí shang de ▸ **to become effective** (*Law*) 生效 shēngxiào
effectively [ɪˈfɛktɪvlɪ] ADV **1** (*successfully*) 有效地 yǒuxiào de **2** (*in reality*) 事实(實)上 shìshí shang
efficiency [ɪˈfɪʃənsɪ] N [U] [*of person, organization*] 效率 xiàolǜ
efficient [ɪˈfɪʃənt] ADJ [+ *person, organization, system*] 效率高的 xiàolǜ gāo de
efficiently [ɪˈfɪʃəntlɪ] ADV 效率高地 xiàolǜ gāo de
★ **effort** [ˈɛfət] N **1** [U] (*energy*) 努力 nǔlì ▷ *a waste of effort* 白费力 bái fèilì **2** [C] (*attempt*) 尝(嘗)试(試) chángshì [个 gè] ▷ *It was a good effort.* 这是个很好的尝试。Zhèshì gè hěnhǎo de chángshì. **3** [U/S] (*physical/mental exertion*) 费(費)力 fèilì ▷ *It was an effort to concentrate.* 费劲地集中精力。fèijìn de jízhōng jīnglì ▸ **to make an effort to do sth** 努力做某事 nǔlì zuò mǒushì ▸ **with an effort** 费(費)力地 fèilì de
effortless [ˈɛfətlɪs] ADJ (*movement, style*) 不费(費)劲(勁)的 bù fèijìn de
e.g. ADV ABBR (= **exempli gratia**) (*for example*) 举(舉)例来(來)说(說) jǔlì lái shuō
egg [ɛg] N **1** [C] [*of bird, turtle etc*] 蛋 dàn [个 gè] **2** [C/U] (*for eating*) 蛋 dàn [个 gè] **3** [C] (*Bio*) 卵子 luǎnzǐ [个 gè]
▸**egg on** VT (*in fight etc*) 怂(慫)恿 sǒngyǒng
eggcup [ˈɛgkʌp] N [C] 蛋杯 dànbēi [个 gè]
eggplant [ˈɛgplɑːnt] (*US*) N [C/U] 茄子 qiézi [个 gè] [英 = **aubergine**]
eggshell [ˈɛgʃɛl] **I** N [C/U] 蛋壳(殼) dànké **II** ADJ [+ *paint*] 淡黄(黃)褐色的 dàn huánghèsè de
egg white N [C/U] 蛋白 dànbái [个 gè]
egg yolk N [C/U] 蛋黄(黃) dànhuáng [个 gè]
ego [ˈiːgəu] N [C] (*self-esteem*) 自尊 zìzūn

Egypt ['iːdʒɪpt] N 埃及 Āijí
Egyptian [ɪ'dʒɪpʃən] **I** ADJ 埃及的 Āijí de **II** N [c] (*person*) 埃及人 Āijírén [个 gè]
★ **eight** [eɪt] NUM 八 bā; *see also* **five**
★ **eighteen** [eɪ'tiːn] NUM 十八 shíbā; *see also* **fifteen**
eighteenth [eɪ'tiːnθ] NUM 第十八 dì shíbā; *see also* **fifth**
eighth [eɪtθ] NUM **1** 第八 dì bā **2** (*fraction*) 八分之一 bā fēn zhī yī; *see also* **fifth**
eightieth ['eɪtɪəθ] NUM 第八十 dì bāshí
★ **eighty** ['eɪtɪ] NUM 八十 bāshí; *see also* **fifty**
Eire ['ɛərə] N 爱(愛)尔(爾)兰(蘭)共和国(國) Ài'ěrlán Gònghéguó
★ **either** ['aɪðəʳ] **I** ADJ **1** (*one or other*) 两(兩)者任一的 liǎngzhě rènyī de ▷ *Either bus will take you there.* 两路公共汽车之中任一辆都会把你带到那儿。liǎng lù gōnggòng qìchē zhīzhōng rèn yí liàng dōuhuì bǎ nǐ dàidào nà'er **2** (*both, each*) 两(兩)者中每一方的 liǎngzhě zhōng měi yī fāng de ▷ *In either case the answer is the same.* 两者答案是一样的。liǎngzhě dá'àn shì yīyàng de ▶ **on either side** 在两(兩)边(邊) zài liǎngbiān **II** PRON **1** (*after negative*) 两(兩)者之中任何一个(個) liǎngzhě zhī zhōng rènhé yīgè ▷ *There was no sound from either of the flats.* 两个单元都没声音。Liǎng gè dānyuán dōu méi shēngyīn ▶ **I don't like either of them** 两(兩)个(個)我都不喜欢(歡) liǎng gè wǒ dōu bù xǐhuan **2** (*after interrogative*) 两(兩)者之中任何一个(個) liǎngzhě zhī zhōng rènhé yīgè ▷ *"Which one?" — "Either of them."* "哪一个？" "哪个都行。" "nǎ yīgè" — "nǎgè dōuxíng" **III** ADV (*in negative statements*) 也 yě ▷ *His singing is hopeless and he can't act either.* 他唱歌不行，表演也不行。Tā chànggē bùxíng, biǎoyǎn yě bùxíng. **IV** CONJ ▶ **either... or...** 要么(麼)…要么(麼)… yàome...yàome... ▶ **no, I don't either** 不，我也不 bù, wǒ yě bù ▶ **I haven't seen either one or the other** 我两(兩)个(個)都没(沒)看见(見) wǒ liǎnggè dōu méi kànjiàn
eject [ɪ'dʒɛkt] **I** VT **1** [+ *object*] 喷射 pēnshè ▷ *He fired a shot, then ejected the spent cartridge.* 他开了一枪，然后倒出了用过的弹夹。Tā kāile yī qiāng, ránhòu dàochūle yòngguò de dànjiā. **2** [+ *tenant, gatecrasher*] 驱(驅)逐 qūzhú **II** VI [*pilot* +] 弹(彈)射出来(來) tánshè chūlai
EKG (*US*) N ABBR = **ECG**
elaborate [*adj* ɪ'læbərɪt, *vb* ɪ'læbəreɪt] **I** ADJ (*complex*) [+ *network, plan*] 复(複)杂(雜)的 fùzá de; [+ *ritual, ceremony*] 精心制(製)作的 jīnxīn zhìzuò de **II** VT (*develop*) [+ *plan, policy*] 仔细(細)制(製)订(訂) zǐxì zhìdìng **III** VI ▶ **to elaborate (on sth)** [+ *idea, plan etc*] 详(詳)述 (某事) xiángshù (mǒushì)
elastic [ɪ'læstɪk] **I** N [U] (*material*) 橡皮 xiàngpí **II** ADJ **1** (*stretchy*) 有弹(彈)性的 yǒu tánxìng de **2** (*fig: adaptable*) 灵(靈)活的 línghuó de
elastic band (*Brit*) N [c] 橡皮筋 xiàngpíjīn [根 gēn] [美 = **rubber band**]
elbow ['ɛlbəu] **I** N [c] **1** (*Anat*) 肘 zhǒu [个 gè] **2** [*of sleeve*] 肘部 zhǒubù **II** VT [+ *person*] 用肘打 yòng zhǒu dǎ ▶ **to elbow one's way through the crowd** 挤(擠)过(過)人群 jǐguò rénqún ▶ **to elbow sb aside** 把某人挤(擠)到一旁 bǎ mǒurén jǐdào yībiān
elder ['ɛldəʳ] **I** ADJ [+ *brother, sister*] 年龄(齡)较(較)大的 niánlíng jiào dà de ▷ *He had none of his elder brother's charm.* 他没有他哥哥的魅力。Tā méiyǒu tā gēge de mèilì. **II** N [c] **1** (*frm: older person*) 长(長)者 zhǎngzhě [位 wèi] (*in tribe etc*) 头(頭)人 tóurén [位 wèi] ▷ *respect your elders* 尊敬老人 zūnjìng lǎorén **2** (*tree*) 接骨木 jiēgǔmù
elderly ['ɛldəlɪ] **I** ADJ (*old*) 年长(長)的 niánzhǎng de **II** N PL ▶ **the elderly** 老人家 lǎorénjiā
eldest ['ɛldɪst] **I** ADJ [+ *child, daughter*] 年龄(齡)最大的 niánlíng zuìdà de **II** N [S/PL] 年龄(齡)最大的孩子 niánlíng zuìdà de háizi
elect [ɪ'lɛkt] **I** VT [+ *government, councillor, spokesman etc*] 选(選)举(舉) xuǎnjǔ **II** ADJ ▶ **the president elect** (*frm*) 当(當)选(選)的总(總)统(統) dāngxuǎn de zǒngtǒng ▶ **to elect to do sth** (*frm: choose*) 选(選)择(擇)做某事 xuǎnzé zuò mǒushì
★ **election** [ɪ'lɛkʃən] N **1** [c] (*ballot*) 选(選)举(舉) xuǎnjǔ [次 cì] **2** [S] [*of person, government*] 当(當)选(選) dāngxuǎn ▶ **to hold an election** 举(舉)行选(選)举(舉) jǔxíng xuǎnjǔ
electoral [ɪ'lɛktərəl] ADJ [+ *system*] 选(選)举(舉)的 xuǎnjǔ de
electorate [ɪ'lɛktərɪt] N [c] 选(選)民 xuǎnmín [位 wèi]
electric [ɪ'lɛktrɪk] ADJ **1** [+ *lawnmower, toothbrush*] 电(電)动(動)的 diàndòng de **2** [+ *current, charge, socket*] 电(電)的 diàn de **3** (*fig*) [+ *mood, atmosphere*] 高度刺激的 gāodù cìjī de
electrical [ɪ'lɛktrɪkl] ADJ **1** [+ *appliance, equipment*] 电(電)动(動)的 diàndòng de **2** [+ *system*] 电(電)的 diàn de **3** [+ *industry, failure*] 电(電)力的 diànlì de ▷ *a blackout resulting from an electrical failure* 断电造成的黑暗 duàndiàn zàochéng de hēi'àn
electric blanket N [c] 电(電)热(熱)毯 diànrètǎn [床 chuáng]
electric fire (*Brit*) N [c] 电(電)热(熱)炉(爐) diànrèlú [个 gè]
electric guitar N [c/U] 电(電)吉他 diànjítā [把 bǎ]
electrician [ɪlɛk'trɪʃən] N [c] 电(電)工 diàngōng [个 gè]
electricity [ɪlɛk'trɪsɪtɪ] **I** N [U] **1** (*energy*) 电(電) diàn **2** (*supply*) 供电(電) gòngdiàn **II** CPD **1** [+ *company*] 电(電)力 diànlì **2** [+ *bill, meter*] 电(電) diàn
electric razor N [c] 电(電)动(動)剃须(鬚)刀 diàndòng tìxūdāo [个 gè]

e

electric shock N [c] 触(觸)电(電) chùdiàn [次 cì]

electrify [ɪ'lɛktrɪfaɪ] VT **1** [+ *rail network*] 使电(電)气(氣)化 shǐ diànqìhuà **2** (*fig: thrill*) 使震惊(驚) shǐ zhènjīng

electrocute [ɪ'lɛktrəkju:t] VT 使触(觸)电(電)死亡 shǐ chùdiàn sǐwáng ▸ **to electrocute o.s.** 电(電)死自己 diànsǐ zìjǐ

electronic [ɪlɛk'trɔnɪk] ADJ 电(電)子的 diànzǐ de

electronics [ɪlɛk'trɔnɪks] **I** N [U] (*technology*) 电(電)子学(學) diànzǐxué **II** N PL [*of machine*] 电(電)子仪(儀)器 diànzǐ yíqì

elegance ['ɛlɪgəns] N [U] **1** [*of person, building*] 雅致 yǎzhì **2** [*of piece of writing*] 典雅 diǎnyǎ

elegant ['ɛlɪgənt] ADJ **1** [+ *person, building*] 优(優)雅的 yōuyǎ de **2** [+ *idea, prose*] 上乘的 shàngchéng de

element ['ɛlɪmənt] **I** N [c] **1** (*part*) [*of job, process, plan*] 要素 yàosù [个 gè] **2** (*Chem*) 元素 yuánsù [个 gè] **3** [*of heater, kettle etc*] 电(電)热(熱)丝(絲) diànrèsī [根 gēn] **II elements** N PL ▸ **the elements** (*weather*) 自然力 zìránlì ▸ **the story contains an element of truth** 这(這)个(個)故事有真实(實)的成分 zhège gùshi yǒu zhēnshí de chéngfèn ▸ **criminal elements** 为(為)非作歹的人 wéi fēi zuò dǎi de rén ▸ **to be in one's element** 各得其所 gè dé qí suǒ

elementary [ɛlɪ'mɛntərɪ] ADJ 初级(級)的 chūjí de

elementary school (US) N [c/U] 小学(學) xiǎoxué [英 = **primary school**]

elephant ['ɛlɪfənt] N [c] 大象 dàxiàng [头 tóu]

elevate ['ɛlɪveɪt] (*frm*) VT **1** (*in rank*) 提升…的职(職)位 tíshēng...de zhíwèi **2** (*in amount, intensity*) 提高 tígāo **3** (*physically*) 使上升 shǐ shàngshēng

elevator ['ɛlɪveɪtəʳ] (US) N [c] 电(電)梯 diàntī [部 bù] [英 = **lift**]

★ **eleven** [ɪ'lɛvn] NUM 十一 shíyī; *see also* **five**

eleventh [ɪ'lɛvnθ] NUM 第十一 dì shíyī ▸ **at the eleventh hour** 在最后(後)时(時)刻 zǎi zuìhòu shíkè; *see also* **fifth**

elicit [ɪ'lɪsɪt] VT **1** [+ *response, reaction*] 引导(導)出 yǐndǎo chū **2** (*frm*) [+ *information*] 推导(導)出 tuīdǎo chū

eligible ['ɛlɪdʒəbl] ADJ [+ *man, woman*] 合意的 héyì de ▸ **to be eligible for sth** 符合某事的条(條)件 fúhé mǒushì de tiáojiàn ▸ **to be eligible to do sth** 合格做某事 hégé zuò mǒushì

eliminate [ɪ'lɪmɪneɪt] VT **1** [+ *poverty*] 消除 xiāochú; [+ *smoking*] 戒除 jièchú **2** [+ *team, contestant, candidate*] 淘汰 táotài

élite [eɪ'li:t] **I** N [c] 精英 jīngyīng [名 míng] **II** ADJ 精锐(銳)的 jīngruì de

elm [ɛlm] N **1** [c] (*also*: **elm tree**) 榆树(樹) yúshù [棵 kē] **2** [U] (*wood*) 榆木 yúmù

eloquent ['ɛləkwənt] ADJ **1** [+ *speech, description*] 有说(說)服力的 yǒu shuōfúlì de **2** [+ *person*] 能言善辩(辯)的 néng yán shàn biàn de

El Salvador [ɛl'sælvədɔ:ʳ] N 萨(薩)尔(爾)瓦多 Sà'ěrwǎduō

★ **else** [ɛls] ADV ▸ **or else** (*otherwise*) 否则(則) fǒuzé; (*threatening*) 要不然 yàobùrán ▹ *Don't talk to me like that again, or else!* 别这么跟我说话，要不够你受的！Bié zhème gēn wǒ shuōhuà, yàobù gòu nǐ shòu de! ▸ **something else** 其他东(東)西 qítā dōngxi ▸ **anything else** 任何其他东(東)西 rènhé qítā dōngxi ▸ **where else?** 别(別)的什么(麼)地方？biéde shénme dìfang ▸ **what else?** 其他什么(麼)？qítā shénme ▸ **somewhere else** 其他地方 qítā dìngfang ▸ **everywhere else** 其他任何地方 qítā rènhé dìngfang ▸ **everyone else** 其他人 qítā rén ▸ **nobody else** 没(沒)有其他人 méiyǒu qítā rén ▸ **little else** 其他什么(麼)都没(沒)有 qítá shénme dōu méiyǒu ▸ **if nothing else** 起码(碼) qǐmǎ

elsewhere [ɛls'wɛəʳ] ADV **1** [*be* +] 在别(別)处(處) zài biéchù **2** [*go* +] 到别(別)处(處) dào biéchù

elusive [ɪ'lu:sɪv] ADJ **1** [+ *person, animal*] 不易找到的 bùyì zhǎodào de **2** [+ *quality*] 难(難)以捉摸的 nányǐ zhuōmō de

e-mail ['i:meɪl] **I** N [c/U] 电(電)子邮(郵)件 diànzǐ yóujiàn [封 fēng] **II** VT **1** [+ *person*] 给(給)…发(發)电(電)子邮(郵)件 gěi...fā diànzǐ yóujiàn **2** [+ *file, document*] 用电(電)子邮(郵)件寄 yòng diànzǐ yóujiàn jì

e-mail account N [c] 电(電)子邮(郵)件账(賬)号(號) diànzǐ yóujiàn zhànghào [个 gè]

e-mail address N [c] 电(電)子邮(郵)件地址(阯) diànzǐ yóujiàn dìzhǐ [个 gè]

embankment [ɪm'bæŋkmənt] N [c] [*of road, railway, river*] 堤(隄) dī

embargo [ɪm'bɑ:gəu] (*pl* **embargoes**) **I** N [c] 限制贸(貿)易令 xiànzhì màoyì lìng [项 xiàng] **II** VT [+ *goods*] 禁运(運) jìnyùn ▸ **to impose** *or* **place an embargo on sth** 对(對)某物实(實)行禁运(運) duì mǒuwù shíxíng jìnyùn ▸ **to lift an embargo** 解禁 jiějìn

embark [ɪm'bɑ:k] VI (*Naut*) ▸ **to embark** 登上 dēngshang

▸**embark on** VT FUS [+ *task, course of action*] 着(著)手 zhuóshǒu

embarrass [ɪm'bærəs] VT **1** (*emotionally*) 使不好意思 shǐ bùhǎo yìsi **2** [+ *politician, government*] 使陷入困境 shǐ xiànrù kùnjìng

embarrassed [ɪm'bærəst] ADJ [+ *laugh, silence*] 尴(尷)尬的 gāngà de ▸ **to be embarrassed** 不好意思的 bùhǎo yìsi de

embarrassing [ɪm'bærəsɪŋ] ADJ **1** [+ *statement, situation*] 令人尴(尷)尬的 lìng rén gāngà de **2** (*to politician, government*) 令人难(難)堪的 lìng rén nánkān de

embarrassment [ɪm'bærəsmənt] N **1** [U]

(feeling) 难(難)堪 nánkān **2** [c] *(situation, problem)* 令人为(為)难(難)的事情 lìng rén wéinán de shìqíng [个 gè] **3** [c] *(person)* 使人为(為)难(難)的人 shǐ rén wéinán de rén [个 gè] ▸ **to be an embarrassment to sb** 是令某人困窘的人/事 shì lìng mǒurén kùnjiǒng de rén/shì

embassy ['ɛmbəsɪ] N [c] 大使馆(館) dàshǐguǎn [个 gè]

embody [ɪm'bɔdɪ] VT **1** [+ *idea, quality*] 体(體)现(現) tǐxiàn **2** *(include, contain)* 包含 bāohán

embrace [ɪm'breɪs] **I** VT **1** *(hug)* 拥(擁)抱 yōngbào **2** *(fig: welcome)* [+ *new idea, system etc*] 欣然接受 xīnrán jiēshòu **3** *(include)* [+ *group of people, things*] 包括 bāokuò **II** VI *(hug)* 拥(擁)抱 yōngbào **III** N [c] *(hug)* 拥(擁)抱 yōngbào [个 gè]

embroider [ɪm'brɔɪdəʳ] VT **1** [+ *cloth*] 在…上刺绣(繡) zài…shang cìxiù **2** *(fig)* [+ *a story, the truth*] 渲染 xuānrǎn

embroidery [ɪm'brɔɪdərɪ] N **1** [c/ʊ] *(cloth)* 绣(繡)制(製)品 xiùzhìpǐn **2** [ʊ] *(activity)* 刺绣(繡) cìxiù

embryo ['ɛmbrɪəu] N [c] *(Bio)* 胚胎 pēitāi [个 gè] ▸ **in embryo** *(fig)* 在酝(醞)酿(釀)中 zài yùnniàng zhōng

emerald ['ɛmərəld] N [c] *(gem)* 祖母绿(綠) zǔmǔlù

emerge [ɪ'mə:dʒ] VI **1** *(come out)* [*person* +] 出来(來) chūlái **2** *(become known)* [*evidence, facts* +] 暴露 bàolù **3** *(come into existence)* [*new idea, movement, society* +] 兴(興)起 xīngqǐ ▸ **to emerge from sth** *(from room, building)* 从(從)某物中出现(現) cóng mǒuwù zhōng chūxiàn; *(from crisis, recession)* 摆(擺)脱(脫)某种(種)状(狀)况(況) bǎituō mǒuzhǒng zhuàngkuàng; *(from discussion, investigation)* 从(從)某物中暴露出 cóng mǒuwù zhōng bàolù chū ▸ **it emerged that...** 事实(實)显(顯)现(現)… shìshí xiǎnxiàn...

emergence [ɪ'mə:dʒəns] N [ʊ] [*of new idea, nation*] 出现(現) chūxiàn

emergency [ɪ'mə:dʒənsɪ] **I** N [c] *(crisis)* 紧(緊)急情况(況) jǐnjí qíngkuàng [个 gè] **II** CPD [+ *repair, talks, supplies, aid*] 紧(緊)急 jǐnjí ▸ **in an emergency** 在紧(緊)急情况(況)下 zài jǐnjí qíngkuàng xià ▸ **a state of emergency** *(Pol)* 紧(緊)急状(狀)况(況) jǐnjí zhuàngkuàng

emergency brake *(US: Aut)* N [c] 紧(緊)急刹车(車) jǐnjí shāchē [BRIT = **handbrake**]

emergency exit N [c] 安全出口 ānquán chūkǒu [个 gè]

emergency landing N [c] 紧(緊)急着(著)陆(陸) jǐnjí zhuólù [次 cì] ▸ **to make an emergency landing** 进(進)行紧(緊)急着(著)陆(陸) jìnxíng jǐnjí zhuólù

emergency room *(US)* N [c] 急诊(診)室 jízhěnshì [个 gè] [英 = **accident and emergency**]

emergency services N PL ▸ **the emergency services** *(fire, police, ambulance)* 紧(緊)急服务(務) jǐnjí fúwù

emigrate ['ɛmɪgreɪt] VI 移居外国(國) yíjū wàiguó

> 请勿将 **emigrate** 和 **migrate** 混淆。**emigrate** 是指离开你出生的国家，前往另一国定居。*Michael and Jane are talking about emigrating to Australia.* 迈克尔和简在谈论移民到澳大利亚的事。*In 1973 he eventually emigrated and settled in France.* 1973年他终于移民了，并在法国定居了下来。**migrate** 是指许多人暂时地离开某个国家或地区，通常是因为他们需要工作或钱。*Millions have migrated to the cities because they could not survive in rural areas.* 数以百万的人移居城市，因为他们在农村无法生存下去。**migrate** 还指鸟类，鱼类或其他动物在每年的某个特定时间因为繁衍或寻求食物而从一个地方迁徙到另一个地方。*Every spring they migrate towards the coast.* 每年春天他们都迁徙至海岸。请注意 **emigrate** 和 **immigrate**之间的区别。**emigrate** 是指移出某个国家，而 **immigrate** 是指移入某个国家。**emigration** 和 **immigration** 的区别，**emigrant** 和 **immigrant** 的区别跟上述 **emigrate** 和 **immigrate** 的区别是一样的。有一个有助记忆的小窍门。具有离开含义的 **emigrate** 的开头字母是 'e'，正如 **exit** （出口）的开头字母也是 'e'。

emigration [ɛmɪ'greɪʃən] N [ʊ] 移居外国(國) yíjū wàiguó

eminent ['ɛmɪnənt] ADJ [+ *scientist, writer*] 卓越的 zhuōyuè de

emission [ɪ'mɪʃən] *(frm)* N PL 废(廢)物 fèiwù

emit [ɪ'mɪt] VT [+ *heat, light, smell, sound*] 发(發)出 fāchū

emotion [ɪ'məuʃən] N **1** [c/ʊ] *(feeling)* 感情 gǎnqíng [种 zhǒng] **2** [ʊ] *(as opposed to reason)* 情感 qínggǎn

emotional [ɪ'məuʃənl] ADJ **1** [+ *support, problems*] 感情的 gǎnqíng de; [+ *stress*] 情绪(緒)的 qíngxù de **2** [+ *person*] 易动(動)感情的 yì dòng gǎnqíng de **3** [+ *scene, issue*] 令人情绪(緒)激动(動)的 lìng rén qíngxù jīdòng de **4** [+ *speech, plea*] 动(動)人的 dòngrén de ▸ **to get emotional** 动(動)感情的 dòng gǎnqíng de

emperor ['ɛmpərəʳ] N [c] 皇帝 huángdì [个 gè]

emphasis ['ɛmfəsɪs] (*pl* **emphases** ['ɛmfəsi:z]) N [c/ʊ] **1** *(on word, syllable)* 重音 zhòngyīn [个 gè] **2** *(fig)* 重点(點) zhòngdiǎn [个 gè] ▸ **to put** *or* **place emphasis on sth** *(fig)* 把重点(點)放在某事上 bǎ zhòngdiǎn fàngzài mǒushì shang ▸ **the emphasis is on reading** 着(著)重于(於)阅(閱)读(讀) zhuózhòngyú yuèdú

emphasize ['ɛmfəsaɪz] VT **1** [+ *word, point*] 强(強)调(調) qiángdiào **2** *(make conspicuous)* 使明显(顯) shǐ míngxiǎn ▸ **I must emphasize**

e

that... 我必须(須)强(強)调(調)… wǒ bìxū qiángdiào...

emphatic [ɛm'fætɪk] ADJ **1** [+ *statement, denial*] 断(斷)然的 duànrán de **2** [+ *person, manner*] 强(強)硬的 qiángyìng de **3** [+ *victory*] 令人瞩(矚)目的 lìng rén zhǔmù de

empire ['ɛmpaɪəʳ] N [c] **1** (*group of countries*) 帝国(國) dìguó [个 gè] **2** (*fig: group of companies*) 王国(國) wángguó ▸ **a business/publishing empire** 商业(業)/出版王国(國) shāngyè/chūbǎn wángguó

employ [ɪm'plɔɪ] **I** VT **1** [+ *person, workforce*] 雇(僱)用 gùyòng **2** (*use*) [+ *methods, materials*] 使用 shǐyòng **II** N ▸ **to be in sb's employ** (*frm*) 受雇(僱)于(於)某人 shòugù yú mǒurén ▸ **he was employed as a technician** 他受雇(僱)做技师(師) tā shòugù zuò jìshī

employee [ɪmplɔɪ'iː] N [c] 雇(僱)员(員) gùyuán [个 gè]

employer [ɪm'plɔɪəʳ] N [c] 雇(僱)主 gùzhǔ [个 gè]

employment [ɪm'plɔɪmənt] N [u] (*work*) 工作 gōngzuò ▸ **to find employment** 找到工作 zhǎodào gōngzuò ▸ **to be in employment** 有工作 yǒu gōngzuò ▸ **place of employment** 工作地点(點) gōngzuò dìdiǎn

employment agency N [c] 职(職)业(業)介绍(紹)所 zhíyé jièshàosuǒ

empower [ɪm'pauəʳ] VT **1** ▸ **to empower sb to do sth** (*frm*) 授权(權)某人做某事 shòuquán mǒurén zuò mǒushì **2** [+ *women, minority*] 授予…权(權)利 shòuyǔ...quánlì

empress ['ɛmprɪs] N [c] [+ (*woman ruling empire*)] 女皇 nǚhuáng; [+ (*wife of emperor*)] 皇后 huánghòu

emptiness ['ɛmptɪnɪs] N [u] **1** [*of area, region etc*] 空旷(曠) kōngkuàng **2** [*of life etc*] 空虚(虛) kōngxū

empty ['ɛmptɪ] **I** ADJ **1** [+ *glass, container*] 空的 kōng de **2** [+ *place, street*] 无(無)人的 wúrén de **3** [+ *house, room*] 空的 kōng de **4** [+ *threat, gesture*] 虚(虛)张(張)声(聲)势(勢)的 xū zhāng shēngshì de **II** VT **1** [+ *bin, ashtray*] 倒空 dào kōng **2** [+ *room, house etc*] 使空 shǐ kōng **III** VI [*room, building* +] 成为(為)空的 chéngwéi kōng de ▸ **on an empty stomach** 空着(著)肚子 kōngzhe dùzi ▸ **to empty sth into sth** (*pour out*) 将(將)某物全部倒入某物中 jiāng mǒuwù quánbù dàorù mǒuwù zhōng ▸ **to empty into** [*river* +] 流入 liúrù

empty-handed ['ɛmptɪ'hændɪd] ADJ ▸ **to go away empty-handed** 一无(無)所获(獲)地离(離)开(開) yī wú suǒ huò de líkāi ▸ **he returned empty-handed** 他空手回来(來) tā kōngshǒu huílái

emulsion [ɪ'mʌlʃən] N [c/u] **1** (*also:* **emulsion paint**) 乳状(狀)油漆 rǔzhuàng yóuqī **2** (*Phot*) 感光乳剂(劑) gǎnguāng rǔjì

enable [ɪ'neɪbl] VT **1** ▸ **to enable sb to do sth** (*make possible*) 使某人能够(夠)做某事 shǐ mǒurén nénggòu zuò mǒushì **2** (*permit, allow*) [*law* +] 批准(準) pīzhǔn

enamel [ɪ'næməl] N **1** [c/u] (*for decoration*) 搪瓷 tángcí **2** [c/u] (*also:* **enamel paint**) 瓷漆 cíqī **3** [u] (*on tooth*) 珐(琺)琅(瑯)质(質) fàlángzhì

enc. ABBR (= **enclosed, enclosure**) 附 fù

enchant [ɪn'tʃɑːnt] VT (*delight*) 使入迷 shǐ rùmí

enchanting [ɪn'tʃɑːntɪŋ] ADJ [+ *place, child*] 迷人的 mírén de

encl. ABBR (= **enclosed, enclosure**) = **enc.**

enclose [ɪn'kləuz] VT **1** [+ *garden, space*] 围(圍)住 wéizhù **2** [+ *object in wrapping etc*] 包住 bāozhù **3** (*in letter*) [+ *cheque*] 附入 fùrù ▸ **enclosed by sth** 被某物围(圍)住 bèi mǒuwù wéizhù ▸ **please find enclosed** 兹(茲)附上 zī fùshàng

enclosure [ɪn'kləuʒəʳ] N [c] **1** (*area of land*) 围(圍)场(場) wéichǎng **2** (*in letter*) 附件 fùjiàn [个 gè]

encompass [ɪn'kʌmpəs] VT (*include*) 包含 bāohán

encore [ɔŋ'kɔːʳ] (*Theat*) **I** N [c] 加演的节(節)目 jiāyǎn de jiémù [个 gè] ▹ *The Stone Roses have never played an encore.* Stone Roses乐队从不应观众要求而加演节目。Stone Roses yuèduì cóng bù yìng guānzhòng yāoqiú ér jiāyǎn jiémù. **II** INT 再来(來)一个(個) zài lái yīgè

encounter [ɪn'kauntəʳ] **I** N [c] **1** (*meeting*) 相遇 xiāngyù [次 cì] **2** (*experience*) 遭遇 zāoyù [个 gè] **II** VT **1** (*frm*) [+ *person*] 意外遇见(見) yìwài yùjiàn **2** [+ *difficulty, problem*] 遭到 zāodào

encourage [ɪn'kʌrɪdʒ] VT **1** [+ *person*] 鼓励(勵) gǔlì **2** [+ *activity, attitude*] 支持 zhīchí **3** [+ *growth, industry*] 助长(長) zhùzhǎng ▸ **to encourage sb to do sth** 鼓励(勵)某人去做某事 gǔlì mǒurén qùzuò mǒushì ▸ **to be encouraged by sth** 由于(於)某事受到鼓励(勵) yóuyú mǒushì shòudào gǔlì

encouragement [ɪn'kʌrɪdʒmənt] N [u] (*support*) 鼓励(勵) gǔlì

encouraging [ɪn'kʌrɪdʒɪŋ] ADJ [+ *meeting, news*] 令人鼓舞的 lìng rén gǔwǔ de

encrypt [ɛn'krɪpt] VT (*Comput*) 加密 jiāmì; (*TV*) 加密 jiāmì

encyclop(a)edia [ɛnsaɪkləu'piːdɪə] N [c] 百科全书(書) bǎikē quánshū

★ **end** [ɛnd] **I** N **1** [s] [*of period, event*] 末期 mòqī **2** [s] [*of film, book*] 末尾 mòwěi **3** [c] [*of street, queue, rope, table*] 尽(盡)头(頭) jìntóu [个 gè] **4** [c] [*of town*] 端 duān **5** [c] [*of pencil, finger etc*] 末梢 mòshāo [个 gè] **6** [c] (*purpose*) 目的 mùdì [个 gè] ▹ *for political ends* 为了政治目的 wèile zhèngzhì mùdì **II** VT (*finish, stop*) [+ *fighting, strike*] 终(終)止 zhōngzhǐ **III** VI **1** [*meeting, film, book* +] 结(結)束 jiéshù **2** [*journey, road, river* +] 终(終)结(結) zhōngjié ▸ **at the end of August** 在8月末 zài bāyuè mò ▸ **at the end of the day** (*fig*) 到头(頭)来(來) dàotóulái ▸ **to come to an end** 完结(結) wánjié ▸ **to be at an end**

结(結)束 jiéshù ▸ **in the end** 最终(終) zuìzhōng ▸ **at the end of the street** 在街的尽(盡)头(頭) zài jiē de jìntóu ▸ **from end to end** 从(從)头(頭)到尾 cóng tóu dào wěi ▸ **to make sb's hair stand on end** 使某人毛骨悚然 shǐ mǒurén máogǔ sǒngrán ▸ **no end** (*inf: a lot*) 许(許)多 xǔduō ▸ **for hours on end** 连(連)续(續)几(幾)个(個)小时(時) liánxǔ jǐgè xiǎoshí ▸ **to bring sth to an end, put an end to sth** 使某事终(終)止 shǐ mǒushì zhōngzhǐ ▸ **to this end, with this end in view** 为(為)了达(達)到这(這)个(個)目的 wèile dádào zhègè mùdì ▸ **to make ends meet** 勉强(強)维(維)持生活 miǎnqiáng wéichí shēnghuó ▸ **to end in tragedy/disaster** 以悲剧(劇)/大祸(禍)收尾 yí bēijù/dàhuò shōuwěi
▸**end up** VI ▸ **to end up in/at** [+ *place*] 最终(終)到了 zuìzhōng dào le; [+ *trouble, a mess etc*] 结(結)束于(於) jiéshù yú ▸ **to end up doing sth** 以做某事告终(終) yí zuò mǒushì gàozhōng

> 与 **end** 连用的常见搭配。下列是常与 **end** 连用的语法结构：介词 + **end**：**at an end** 结束 *The Israeli occupation was at an end, and the army were starting to retreat.* 以色列的占领状态结束了，军队开始撤离。**to the end** 到底 *I'll fight to the end.* 我会抗争到底的。**at the end** 在结尾 *At the end of the film he kills her.* 在电影的结尾，他杀死了她。**in the end** 最后 *In the end they decided not to go.* 最后他们决定不去了。*In the end, the hero runs away with all the money.* 最后，男主人公带着所有的钱逃跑了。**at the end** 后接介词 **of** 和名词，意为'在某事结束的时候'，指的是某一个单个的事或物。*At the end of the song, there is a beautiful guitar solo.* 在这首歌的结尾有一段优美的吉他独奏。**in the end** 是指经历了一系列的事情之后的结果，而不是指某一个事情的最后。因此不能说 *in the end of the song*。

endanger [ɪn'deɪndʒəʳ] VT [+ *lives, prospects*] 危害 wēihài ▸ **an endangered species** 一个(個)濒(瀕)于(於)灭(滅)绝(絕)的物种(種) yīgè bīnyú mièjué de wùzhǒng

endearing [ɪn'dɪərɪŋ] ADJ [+ *personality, smile*] 使人喜爱(愛)的 shǐ rén xǐ'ài de

endeavour, (*US*) **endeavor** [ɪn'dɛvəʳ] (*frm*) **I** N **1** [c] (*attempt*) 尝(嘗)试(試) chángshì [次 cì] **2** [ʊ] (*effort*) 努力 nǔlì **II** VI ▸ **to endeavour to do sth** 尝(嘗)试(試)做某事 chángshì zuò mǒushì

ending ['ɛndɪŋ] N [c] **1** [*of book, film, play*] 结(結)局 jiéjú [个 gè] **2** (*Ling*) 词(詞)尾 cíwěi ▸ **a happy ending** 美满(滿)结(結)局 měimǎn jiéjú

endless ['ɛndlɪs] ADJ **1** (*very lengthy*) [+ *drought, war, speech*] 没(沒)完没(沒)了的 méiwán méiliǎo de **2** (*interminable*) [+ *arguments, meetings*] 无(無)休止的 wú xiūzhǐ de **3** (*very long, very large*) [+ *forest, beach*] 无(無)穷(窮)尽(盡)的 wú qióngjìn de **4** [+ *possibilities*] 无(無)限的 wúxiàn de

endorse [ɪn'dɔːs] VT **1** (*approve*) [+ *proposal, plan, candidate*] 赞(贊)同 zàntóng **2** (*Comm*) [+ *product, company*] 为(為)…做广(廣)告 wèi…zuò guǎnggào **3** [+ *cheque*] 在…背后(後)签(簽)字 zài…bèihòu qiānzì ▸ **to have one's driving licence endorsed** (*Brit*) 执(執)照被注(註)上违(違)章记(記)录(錄) zhízhào bèi zhùshàng wéizhāng jìlù

endorsement [ɪn'dɔːsmənt] N **1** [c/ʊ] (*approval*) 赞(贊)同 zàntóng **2** [c] (*Brit*) (*on driving licence*) 违(違)章记(記)录(錄) wěizhāng jìlù [次 cì] **3** [c] (*Comm*) (*for product, company*) 商业(業)广(廣)告 shāngyè guǎnggào [个 gè]

endurance [ɪn'djuərəns] N [ʊ] 忍耐 rěnnài

endure [ɪn'djuəʳ] **I** VT (*bear*) [+ *pain, suffering*] 忍耐 rěnnài **II** VI (*last*) [*relationship, work of art* +] 持续(續) chíxù

enemy ['ɛnəmɪ] **I** N **1** [c] (*opponent*) 敌(敵)人 dírén [个 gè] **2** ▸ **the enemy** (*Mil*) 敌(敵)军(軍) díjūn **II** CPD [+ *forces, strategy, aircraft*] 敌(敵)方的 dífāng de ▸ **to make an enemy of sb** 使某人与(與)自己为(為)敌(敵) shǐ mǒurén yǔ zìjǐ wéidí

energetic [ɛnə'dʒɛtɪk] ADJ **1** [+ *person*] 精力充沛的 jīnglì chōngpèi de **2** [+ *activity*] 生机(機)勃勃的 shēngjī bóbó de

energy ['ɛnədʒɪ] **I** N [ʊ] **1** (*strength*) 力量 lìliàng **2** (*power*) 能源 néngyuán **II energies** N PL 精力 jīnglì

enforce [ɪn'fɔːs] VT [+ *law, rule*] 执(執)行 zhíxíng

engage [ɪn'geɪdʒ] **I** VT **1** (*frm*) [+ *attention, interest*] 吸引 xīyǐn **2** (*frm: employ*) [+ *consultant, lawyer, sb's services*] 雇(僱)用 gùyòng **3** (*Aut*) [+ *clutch*] 接合 jiēhé **4** (*Mil*) [+ *enemy*] 与(與)…交战(戰) yǔ…jiāozhàn **II** VI (*Tech*) 啮(齧)合 nièhé ▸ **to engage in** [+ *commerce, research etc*] 从(從)事于(於) cóngshìyú ▸ **to engage sb in conversation** 使某人参(參)加谈(談)话(話) shǐ mǒurén cānjiā tánhuà

engaged [ɪn'geɪdʒd] ADJ **1** (*to be married*) 已订(訂)婚的 yǐ dìnghūn de **2** (*Brit: Tel*) 被占(佔)用的 bèi zhànyòng de [美 = **busy**] **3** (*Brit*) [+ *toilet*] 被占(佔)用的 bèi zhànyòng de [US = **occupied**] ▸ **to get engaged (to)** (与(與)…)订(訂)婚 (yǔ…) dìnghūn ▸ **he is engaged in research** (*frm*) 他正从(從)事研究 tā zhèng cóngshì yánjiū

engaged tone (*Brit: Tel*) N [c] 忙音 mángyīn

engagement [ɪn'geɪdʒmənt] N **1** [c] (*frm: appointment*) 约(約)会(會) yuēhuì [次 cì] **2** [c] (*to marry*) 婚约(約) hūnyuē [个 gè] **3** [c/ʊ] (*Mil*) (*battle*) 交战(戰) jiāozhàn **4** [c] (*employment*) 受聘期 shòupìnqī ▸ **I have a previous engagement** 我有个(個)前约(約) wǒ yǒu gè qiányuē

engagement ring N [c] 订(訂)婚戒指

e

dìnghūn jièzhǐ [枚 méi]

engaging [ɪn'geɪdʒɪŋ] ADJ [+ *personality, smile*] 有吸引力的 yǒu xīyǐnlì de

engine ['ɛndʒɪn] N [c] **1** (*Aut*) 发(發)动(動)机(機) fādòngjī [台 tái] **2** (*Rail*) 机(機)车(車) jīchē [部 bù]

engineer [ɛndʒɪ'nɪəʳ] **I** N [c] **1** (*who designs machines, bridges*) 工程师(師) gōngchéngshī [位 wèi] **2** (*who repairs machines, phones etc*) 机(機)械师(師) jīxièshī [位 wèi] **3** (*US*) (*train driver*) 火车(車)司机(機) huǒchē sījī [位 wèi] **4** (*on ship*) 轮(輪)机(機)员(員) lúnjīyuán **II** VT **1** [+ *bridge, building etc*] 设(設)计(計) shèjì **2** (*fig*) [+ *situation, event*] 策划(劃) cèhuà

engineering [ɛndʒɪ'nɪərɪŋ] N [U] **1** (*design, construction*) (*of roads, bridges, machinery*) 工程 gōngchéng **2** (*science*) 工程学(學) gōngchéngxué ▸ **engineering works** *or* **factory** 机(機)械工厂(廠) jīxiè gōngchǎng

England ['ɪŋglənd] N 英格兰(蘭) Yīnggélán

English ['ɪŋglɪʃ] **I** ADJ 英国(國)的 Yīngguó de **II** N (*language*) 英语(語) Yīngyǔ **III the English** N PL (*people*) 英国(國)人 Yīngguórén ▸ **an English speaker** 一个(個)讲(講)英语(語)的人 yīgè jiǎng yīngyǔ de rén

English Channel N ▸ **the English Channel** 英吉利海峡(峽) Yīngjílì Hǎixiá

Englishman ['ɪŋglɪʃmən] (*pl* **Englishmen**) N [c] 英格兰(蘭)男人 Yīnggélán nánrén [个 gè]

Englishwoman ['ɪŋglɪʃwumən] (*pl* **Englishwomen**) N [c] 英格兰(蘭)女人 Yīnggélán nǚrén [个 gè]

engrave [ɪn'greɪv] VT 雕刻 diāokè

engraving [ɪn'greɪvɪŋ] N [c] (*picture, print*) 雕刻品 diāokèpǐn [件 jiàn]

engrossed [ɪn'grəust] ADJ ▸ **engrossed in** [+ *book, programme*] 全神贯(貫)注于(於) quán shén guàn zhù yú

enhance [ɪn'hɑːns] VT **1** [+ *enjoyment, beauty, value*] 增加 zēngjiā **2** [+ *reputation*] 提高 tígāo

enjoy [ɪn'dʒɔɪ] VT **1** (*take pleasure in*) [+ *life, marriage*] 享受…的乐(樂)趣 xiǎngshòu...de lèqù **2** (*frm: have benefit of*) [+ *good health, privilege*] 享有 xiǎngyǒu ▸ **to enjoy doing sth** (*like doing*) 喜欢(歡)做某事 xǐhuān zuò mǒushì ▸ **to enjoy o.s.** 过(過)得快活 guòde kuàihuó ▸ **enjoy your meal!** 吃好！ chīhǎo!

enjoyable [ɪn'dʒɔɪəbl] ADJ 有乐(樂)趣的 yǒu lèqù de

enjoyment [ɪn'dʒɔɪmənt] N [U] 乐(樂)趣 lèqù

enlarge [ɪn'lɑːdʒ] **I** VT **1** (*make bigger*) 扩(擴)大 kuòdà **2** (*Phot*) 放大 fàngdà **II** VI 增大 zēngdà ▸ **to enlarge on** *or* **upon** (*frm*) [+ *subject*] 详(詳)述 xiángshù

enlargement [ɪn'lɑːdʒmənt] N **1** [U] (*expansion*) 扩(擴)大 kuòdà **2** [c] (*Phot*) 放大的照片 fàngdà de zhàopiàn [张 zhāng]

enlightened [ɪn'laɪtnd] ADJ [+ *person, policy, system*] 开(開)明的 kāimíng de

enlist [ɪn'lɪst] **I** VI (*Mil*) 应(應)募 yìngmù **II** VT **1** (*Mil*) 征(徵)募 zhēngmù **2** [+ *support, help*] 赢(贏)得 yíngdé ▸ **enlisted man** (*US: Mil*) 士兵 shìbīng

enormous [ɪ'nɔːməs] ADJ **1** (*in size or amount*) [+ *room, dog*] 庞(龐)大的 pángdà de **2** (*in degree or extent*) [+ *pleasure, success, disappointment*] 巨大的 jùdà de

★ **enough** [ɪ'nʌf] **I** ADJ [+ *time, books, people*] 足够(夠)的 zúgòu de ▹ *They had enough cash for a one-way ticket.* 他们有足够的现金支付单程票。Tāmen yǒu zúgòu de xiànjīn zhīfù dānchéngpiào. **II** PRON (*sufficient, more than desired*) 足够(夠)的东(東)西 zúgòu de dōngxi ▹ *I've got five thousand dollars, I hope it's enough.* 我有5000美金，希望足够了。Wǒ yǒu wǔqiān měijīn, xīwàng zúgòu le. ▹ *I only met him once, and that was enough.* 我只见过他一次，足已了。Wǒ zhǐ jiànguò tā yīcì, zúyǐ le. **III** ADV **1** ▸ **big/old/tall enough** 足够(夠)大/到年龄(齡)了/足够(夠)高 zúgòu dà/ dào niánlíng le/ zúgòu gāo **2** (*reasonably*) ▸ **it's nice/ interesting enough** 相当(當)好/相当(當)有趣 xiāngdāng hǎo/xiāngdāng yǒuqù ▸ **enough time/money to do sth** 有足够(夠)的时(時)间(間)/金钱(錢)去做某事 yǒu zúgòu de shíjiān/jīnqián qùzuò mǒushì ▸ **he has not worked enough** 他工作不够(夠)努力 tā gōngzuò bùgòu nǔlì ▸ **have you got enough?** 你够(夠)吗(嗎)？ nǐ gòu ma ▸ **enough to eat** 够(夠)吃 gòuchī ▸ **will 5 be enough?** 5个(個)够(夠)吗(嗎)？ wǔgè gòu ma ▸ **I've had enough!** 我受够(夠)了！ wǒ shòugòu le ▸ **it's hot/difficult enough as it is** 已经(經)够(夠)热(熱)/难(難)的了 yǐjīng gòurè/nán de le ▸ **he was kind enough to lend me the money** 他很仁慈，借钱(錢)给(給)我 tāhěn réncí, jiàn qián gěi wǒ ▸ **(that's) enough!** 够(夠)了！ gòu le! ▸ **I've had enough of him** 我已经(經)受够(夠)他了 wǒ yǐjīng shòugòu tā le ▸ **that's enough, thanks** 足已，谢(謝)谢(謝) zúyǐ, xièxie ▸ **funnily/interestingly enough...** 说(說)来(來)也奇怪/有趣… shuōlái yě qíguài/yǒuqù...

enquire [ɪn'kwaɪəʳ] VT, VI = **inquire**

enquiry [ɪn'kwaɪərɪ] N = **inquiry**

enrage [ɪn'reɪdʒ] VT 激怒 jīnù

enrich [ɪn'rɪtʃ] VT **1** (*improve*) 使丰(豐)富 shǐ fēngfù **2** (*financially*) 使富裕 shǐ fùyù

enrol, (*US*) **enroll** [ɪn'rəul] **I** VT **1** (*at school, university*) 招…入学(學) zhāo...rùxué **2** (*on course, in club*) 注(註)册(冊) zhùcè **II** VI (*at school, university, on course, in club*) 注(註)册(冊) zhùcè

enrolment, (*US*) **enrollment** [ɪn'rəulmənt] N [U] (*registration*) 注(註)册(冊) zhùcè

en route [ɔn'ruːt] ADV (*on the way*) 在途中 zài túzhōng ▸ **en route to/from** 在去/从(從)…来(來)的途

中 zài qù/cóng...lái de túzhōng

en suite ['ɔnswi:t] (Brit) ADJ **1** [+ *bathroom*] 接连(連)的 jiēlián de **2** [+ *bedroom*] 带(帶)浴室的 dài yùshì de

ensure [ɪn'ʃuəʳ] (*frm*) VT [+ *success, safety*] 保证(證) bǎozhèng ▸ **to ensure that...** 保证(證)⋯ bǎozhèng...

entail [ɪn'teɪl] VT (*involve*) 牵(牽)涉 qiānshè

enter ['ɛntəʳ] **I** VT **1** (*frm*) [+ *room, building*] 进(進)入 jìnrù **2** [+ *army, profession, Parliament*] 入 rù **3** [+ *race, competition*] 参(參)加 cānjiā **4** [+ *new phase, period*] 开(開)始进(進)入 kāishǐ jìnrù **5** (*write down*) (*in book*) 登录(錄) dēnglù **6** (*Comput*) [+ *data*] 输(輸)入 shūrù **II** VI (*frm: come or go in*) 进(進)来(來) jìnlái ▸ **to enter sb for sth** (*for competition, race*) 给(給)某人报(報)名参(參)加某事 gěi mǒurén bàomíng cānjiā mǒushì ▸ **as the war enters its second month** 当(當)战(戰)争(爭)进(進)入第2个(個)月时(時) dāng zhànzhēng jìnrù dì'èrgè yuè shí
▸**enter for** VT FUS [+ *race, competition*] 报(報)名参(參)加 bàomíng cānjiā
▸**enter into** (*frm*) VT FUS **1** [+ *agreement, talks*] 开(開)始进(進)入 kāishǐ jìnrù **2** (*be relevant to*) 构(構)成⋯的一部分 gòuchéng...de yībùfen ▹ *When it comes to interviewing candidates, a person's appearance shouldn't enter into it.* 在面试候选人的时候，一个人的外表不应该在被考虑的因素之内。Zài miànshì hòuxuǎnrén de shíhòu, yīgè rén de wàibiǎo bù yīnggāi zài bèi kǎolǜ de yīnsù zhīnèi.

enterprise ['ɛntəpraɪz] N **1** [c] (*company, business*) 企业 qǐyè [个 gè] **2** [c] (*venture*) 事业 shìyè [项 xiàng] **3** [U] (*initiative*) 事业心 shìyèxīn ▸ **free enterprise** 自由企业(業) zìyóu qǐyè [家 jiā] ▸ **private enterprise** 私营(營)企业(業) sīyíng qǐyè [家 jiā]

enterprising ['ɛntəpraɪzɪŋ] ADJ 有进(進)取心的 yǒu jìnqǔxīn de

entertain [ɛntə'teɪn] **I** VT **1** (*amuse*) 给(給)⋯娱(娛)乐(樂) gěi...yúlè **2** (*invite*) [+ *guest*] 招待 zhāodài **3** (*frm: consider idea, suggestion*) 考虑(慮) kǎolǜ ▹ *Recently I've been entertaining the idea of returning to Australia.* 最近我在考虑是否要回澳大利亚。Zuìjìn wǒ zài kǎolǜ shìfǒu yào huí Àodàlìyà. **II** VI 款待 kuǎndài

entertainer [ɛntə'teɪnəʳ] N [c] 表演者 biǎoyǎnzhě [位 wèi]

entertaining [ɛntə'teɪnɪŋ] **I** ADJ 引人入胜(勝)的 yǐn rén rù shèng de **II** N [U] 招待 zhāodài

entertainment [ɛntə'teɪnmənt] N **1** [U] (*amusement*) 娱(娛)乐(樂)活动(動) yúlè huódòng **2** [c] (*show*) 表演会(會) biǎoyǎnhuì [场 chǎng]

enthusiasm [ɪn'θu:zɪæzəm] N **1** [U] (*eagerness*) 热(熱)情 rèqíng **2** [c] (*interest*) 兴(興)趣 xìngqù ▸ **enthusiasm for sth** 对(對)某事的热(熱)情 duì mǒushì de rèqíng

enthusiast [ɪn'θu:zɪæst] N [c] (*fan*) 爱(愛)好者 àihàozhě [名 míng] ▸ **a jazz enthusiast** 爵士乐(樂)爱(愛)好者 juéshìyuè àihàozhě [名 míng]

enthusiastic [ɪnθu:zɪ'æstɪk] ADJ (*excited, eager*) [+ *person*] 极(極)感兴(興)趣的 jí gǎn xìngqù de; [+ *response, reception*] 热(熱)情的 rèqíng de ▸ **to be enthusiastic about sth** 对(對)某事满(滿)怀(懷)热(熱)情 duì mǒushì mǎnhuái rèqíng

entire [ɪn'taɪəʳ] ADJ 整个(個)的 zhěnggè de

entirely [ɪn'taɪəlɪ] ADV 完全地 wánquán de

entitle [ɪn'taɪtl] VT ▸ **to entitle sb to sth** 给(給)某人获(獲)得某物的资(資)格 gěi mǒurén huòdé mǒuwù de zīgé ▸ **to entitle sb to do sth** 给(給)某人做某事的权(權)利 gěi mǒurén zuò mǒushì de quánlì ▸ **to be entitled to sth** 有资(資)格获(獲)得某物 yǒu zīgé huòdé mǒuwù ▸ **to be entitled to do sth** 有资(資)格做某事 yǒu zīgé zuò mǒushì

entitled [ɪn'taɪtld] ADJ [+ *book, film etc*] ▸ **entitled "The Next Generation"** 题(題)为(為)“下一代”tí wéi “xiàyīdài”

entity ['ɛntɪtɪ] (*frm*) N [c] 实(實)体(體) shítǐ [个 gè]

entrance[1] ['ɛntrns] N [c] **1** (*way in*) 入口 rùkǒu [个 gè] **2** (*arrival*) 到场(場) dàochǎng [次 cì] ▸ **the entrance to sth** 某处(處)的入口 mǒuchù de rùkǒu ▸ **to gain entrance to** [+ *university, profession etc*] 加入 jiārù; (*frm*) [+ *place*] 能够(夠)进(進)入 nénggòu jìnrù ▸ **to deny sb entrance** 拒绝(絕)让(讓)某人入场(場) jùjué ràng mǒurén rùchǎng

entrance[2] [ɪn'tra:ns] VT (*enchant*) 使入迷 shǐ rùmí

entrance examination N [c] 入学(學)考试(試) rùxué kǎoshì [场 chǎng]

entrance fee N [c] 入场(場)费(費) rùchǎngfèi

entrance ramp (*US: Aut*) N [c] 通向高速公路的岔道 tōngxiàng gāosù gōnglù de chàdào [条 tiáo] [英 = **slip road**]

entrant ['ɛntrnt] N [c] **1** (*in competition*) 参(參)赛(賽)者 cānsàizhě [名 míng] **2** (*Brit: Scol, Univ*) 新学(學)员(員) xīn xuéyuán [门 mén]

entrepreneur ['ɔntrəprə'nə:ʳ] N [c] 企业(業)家 qǐyèjiā [个 gè]

entrust [ɪn'trʌst] VT ▸ **to entrust sth to sb** 交托(託)某事给(給)某人 jiāotuō mǒushì gěi mǒurén ▸ **to entrust sb with sth** 把某事委托(託)给(給)某人 bǎ mǒushì wěituō gěi mǒurén

entry ['ɛntrɪ] N **1** [c] (*way in*) 入口 rùkǒu [个 gè] **2** [c] (*in competition*) 登记(記) dēngjì [个 gè] **3** [c] (*item*) (*in diary*) 项(項)目 xiàngmù [个 gè] (*Comput*) 输(輸)入 shūrù [项 xiàng] (*in reference book*) 条(條)目 tiáomù [个 gè] **4** [U] (*arrival*) (*in country*) 进(進)入权(權) jìnrùquán; (*in room*) 入场(場) rùchǎng; (*in institution*) 加入 jiārù ▸ **"no entry"** (*to land, room*) “禁止入内(內)”

jìnzhǐ rùnèi; (*Aut*) "禁止通行" jìnzhǐ tōngxíng ▸ **single/double entry book-keeping** (*Comm*) 单(單)/复(複)式记(記)账(賬) dān/fùshì jìzhàng

entry phone N [c] 门(門)铃(鈴)话(話)机(機) ménlíng huàjī [个 gè]

envelope ['ɛnvələup] N [c] 信封 xìnfēng [个 gè]

envious ['ɛnvɪəs] ADJ [+ *person, glance*] 羡(羨)慕的 xiànmù de ▸ **to be envious of sth/sb** 羡(羨)慕某物/某人 xiànmù mǒuwù/mǒurén

environment [ɪn'vaɪərnmənt] N [c/ʊ] (*surroundings*) 环(環)境 huánjìng [个 gè] ▸ **the environment** (*natural world*) 自然环(環)境 zìrán huánjìng

environmental [ɪnvaɪərn'mɛntl] ADJ **1** (*of the natural world*) 环(環)境保护(護)的 huánjìng bǎohù de **2** (*of surroundings*) 有关(關)环(環)境的 yǒuguān huánjìng de ▸ **environmental studies** (*Scol*) 环(環)境学(學) huánjìngxué

environmentalist [ɪnvaɪərn'mɛntlɪst] N [c] 环(環)境保护(護)论(論)者 huánjìng bǎohùlùnzhě [名 míng]

environmentally [ɪnvaɪərn'mɛntlɪ] ADV ▸ **environmentally sound/harmful** *etc* 环(環)境上有利/有害 等 的 huánjìng shang yǒulì/yǒuhài *děng* de

environmentally friendly [ɪnvaɪərn'mɛntlɪ-] ADJ 不污染环(環)境的 bù wūrǎn huánjìng de

envisage [ɪn'vɪzɪdʒ] VT (*foresee*) 设(設)想 shèxiǎng ▸ **I envisage that...** 我设(設)想… wǒ shèxiǎng...

envision [ɪn'vɪʒən] (*US*) VT = **envisage**

envoy ['ɛnvɔɪ] N [c] (*diplomat*) 使者 shǐzhě [名 míng]

envy ['ɛnvɪ] **I** N [ʊ] (*jealousy*) 羡(羨)慕 xiànmù **II** VT (*be jealous of*) 羡(羨)慕 xiànmù ▸ **to envy sb sth** 羡(羨)慕某人的某物 xiànmù mǒurén de mǒuwù

epic ['ɛpɪk] **I** N [c] (*book, film, poem*) 史诗(詩) shǐshī **II** ADJ [+ *journey*] 英雄的 yīngxióng de

epidemic [ɛpɪ'dɛmɪk] **I** N [c] [*of disease*] 流行 liúxíng [种 zhǒng] **II** ADJ 流行性的 liúxíngxìng de

epilepsy ['ɛpɪlɛpsɪ] N [ʊ] 癫(癲)痫(癇) diānxián

epileptic [ɛpɪ'lɛptɪk] N [c] 癫(癲)痫(癇)病人 diānxián bìngrén [个 gè]

epileptic fit [ɛpɪ'lɛptɪk-] N [c] 癫(癲)痫(癇)发(發)作 diānxián fāzuò

episode ['ɛpɪsəud] N [c] **1** (*period, event*) 插曲 chāqǔ [个 gè] **2** (*TV, Rad*) (*instalment*) 集 jí

epitomize [ɪ'pɪtəmaɪz] VT 集中体(體)现(現) jízhōng tǐxiàn

equal ['iːkwl] **I** ADJ **1** [+ *size, number, amount*] 相等的 xiāngděng de **2** [+ *intensity, importance*] 同样(樣)的 tóngyàng de **II** N [c] (*peer*) 相仿的人 xiāngfǎng de rén [个 gè] **III** VT **1** [+ *number, amount*] 等于(於) děngyú **2** (*match, rival*) 比得上 bǐdeshàng ▸ **they are roughly equal in size** 它们(們)大小差不多 tāmen dàxiǎo chàbùduō ▸ **to be equal to** (*the same as*) 与(與)…相同 yǔ...xiāngtóng ▸ **to be equal to a task/demand** 胜(勝)任一项(項)任务(務)/要求 shèngrèn yīxiàng rènwù/yāoqiú ▸ **79 minus 14 equals 65** 79减(減)14等于(於)65 qīshíjiǔ jiǎn shísì děngyú liùshíwǔ

equality [iː'kwɔlɪtɪ] N [ʊ] 平等 píngděng ▸ **equality of opportunity** 机(機)会(會)均等 jīhuì jūnděng

equalize ['iːkwəlaɪz] **I** VI (*Brit: Football etc*) 拉平比分 lāpíng bǐfēn **II** VT (*balance*) [+ *society, opportunities*] 使平等 shǐ píngděng

equally ['iːkwəlɪ] ADV **1** [*share, divide* +] 平等地 píngděng de **2** [+ *good, important*] 同样(樣)地 tóngyàng de ▸ **they are equally clever** 他们(們)同样(樣)聪(聰)明 tāmen tóngyàng cōngmíng ▸ **equally,...** (*introducing clause*) 同时(時)，… tóngshí, ... ▹ *There were huge financial benefits to the plan, but equally there were great risks.* 该计划有很大的经济利润，但同样也有很大的风险。Gāi jìhuà yǒu hěndà de jīngjì lìrùn, dàn tóngyàng yě yǒu hěndà de fēngxiǎn.

equation [ɪ'kweɪʃən] (*Math*) N [c] 等式 děngshì [个 gè]

equator [ɪ'kweɪtəʳ] N ▸ **the equator** 赤道 chìdào

Equatorial Guinea [ɛkwə'tɔːrɪəl'gɪnɪ] N 赤道几(幾)内(內)亚(亞) Chìdào Jǐnèiyà

equilibrium [iːkwɪ'lɪbrɪəm] N **1** [c/ʊ] (*balance*) 平衡 pínghéng **2** [ʊ] (*composure*) 心境的安宁(寧) xīnjìng de ānníng

equip [ɪ'kwɪp] VT **1** ▸ **to equip (with)** [+ *person, army*] 装(裝)备(備) zhuāngbèi **2** [+ *room, car etc*] 配备(備) pèibèi ▸ **to equip sb for sth/to do sth** (*prepare*) 为(為)某事/做某事使某人做好准(準)备(備) wèi mǒushì/zuò mǒushì shí mǒurén zuòhǎo zhǔnbèi ▸ **to be well equipped** 装(裝)备(備)充分的 zhuāngbèi chōngfèn de

equipment [ɪ'kwɪpmənt] N [ʊ] 设(設)备(備) shèbèi

equipped [ɪ'kwɪpt] ADJ ▸ **equipped with** 装(裝)备(備)着 zhuāngbèizhe ▸ **to be well equipped** 装备精良 zhuāngbèi jīngliáng

equivalent [ɪ'kwɪvələnt] **I** ADJ 相同的 xiāngtóng de **II** N [c] (*equal*) 相当(當)的人/物 xiāngdāng de rén/wù [个 gè] ▸ **the equivalent of** (*amount etc*) …的等值物 ...de děngzhíwù ▸ **to be equivalent to** 与(與)…相等 yǔ...xiāngděng

ER I N ABBR (*US: Med*) (= **emergency room**) 急诊(診)室 jízhěnshì [个 gè] [英 = **A & E** *or* **casualty**] **II** ABBR (*Brit*) (= **Elizabeth Regina**) 伊丽(麗)莎白女王 Yīlìshābái nǚwáng

era ['ɪərə] N [c] 时(時)代 shídài [个 gè] ▸ **the post-war era** 战(戰)后(後)年代 zhànhòu niándài

erase [ɪ'reɪz] VT **1** [+ *words, mark*] 擦掉 cādiào **2** [+ *sound from tape etc*] 抹掉 mǒdiào **3** (*fig*) [+ *thought, memory*] 消除 xiāochú

eraser [ɪ'reɪzəʳ] (*esp US*) N [c] 橡皮 xiàngpí [块 kuài] [BRIT = **rubber**]

erect [ɪ'rɛkt] **I** ADJ **1** [+ *person, posture*] 挺直的 tǐngzhí de **2** [+ *tail, ears*] 竖(豎)起的 shùqǐ de **3** [+ *penis*] 勃起的 bóqǐ de **II** VT (*frm: build*) [+ *building, bridge*] 架设(設) jiàshè; (*assemble*) [+ *barrier*] 设(設)置 shèzhì ▸ **to hold o.s. erect** 把身子挺直 bǎ shēnzi tǐngzhí

erection [ɪ'rɛkʃən] N **1** [U] [*of building, statue*] 建造 jiànzào **2** [U] [*of tent, fence etc*] 架设(設) jiàshè **3** [c] (*Physiol*) 勃起 bóqǐ

Eritrea [ɛrɪ'treɪə] N 厄立特里亚(亞) Èlìtèlǐyà

erode [ɪ'rəud] **I** VT **1** [+ *soil, rock*] 侵蚀(蝕) qīnshí **2** (*frm*) [+ *confidence, authority*] 削弱 xuēruò **II** VI **1** [*soil, rock* +] 遭侵蚀(蝕) zāo qīnshí **2** (*frm*) [*confidence, authority* +] 削弱 xuēruò

erosion [ɪ'rəuʒən] N [U] **1** [*of soil, rock*] 侵蚀(蝕) qīnshí **2** (*frm*) [*of confidence, authority, freedom*] 削弱 xuēruò

erotic [ɪ'rɔtɪk] ADJ **1** [+ *experience, dream*] 引起性欲(慾)的 yǐnqǐ xìngyù de **2** [+ *books, films*] 色情的 sèqíng de

errand ['ɛrənd] N [c] 差事 chāishi [件 jiàn] ▸ **to run errands** 跑腿 pǎotuǐ ▸ **to go on an errand** 跑腿 pǎotuǐ ▸ **an errand of mercy** 仁慈之行 réncí zhīxíng

erratic [ɪ'rætɪk] ADJ [+ *behaviour, progress*] 不规(規)则(則)的 bù guīzé de

error ['ɛrəʳ] N [c/U] 差错(錯) chācuò [个 gè] ▸ **to make an error** 犯错(錯)误(誤) fàn cuòwù ▸ **typing/mathematical error** 打字/算术(術)差错(錯) dǎzì/suànshù chācuò ▸ **in error** 错(錯)误(誤)地 cuòwù de

erupt [ɪ'rʌpt] VI **1** [*volcano* +] 喷(噴)发(發) pēnfā **2** [*war, crisis* +] 爆发(發) bàofā

eruption [ɪ'rʌpʃən] N **1** [c/U] [*of volcano*] 喷(噴)发(發) pēnfā **2** [c] [*of conflict, violence*] 爆发(發) bàofā

escalate ['ɛskəleɪt] **I** VI [*conflict, crisis* +] 逐步升级(級) zhúbù shēngjí **II** VT [+ *conflict, crisis*] 使逐步升级(級) shǐ zhúbù shēngjí

escalator ['ɛskəleɪtəʳ] N [c] 自动(動)扶梯 zìdòng fútī [部 bù]

escape [ɪs'keɪp] **I** N **1** [c/U] (*from prison*) 逃跑 táopǎo [次 cì] **2** (*from accident*) ▸ **a narrow/lucky escape** 九死一生 jiǔ sǐ yī shēng **3** [c/U] (*from person*) 逃脱(脫) táotuō [次 cì] **4** [c] (*fig*) 逃避 táobì [个 gè] ▹ *Being made redundant turned out to be a lucky escape!* 被裁员证明是有幸溜走！ Bèi cáiyuán zhèngmíng shì yǒuxìng liūzǒu! **II** VI **1** (*get away*) 逃走 táozǒu **2** (*from jail*) 逃跑 táopǎo **3** (*from accident*) ▸ **to escape unhurt** 安然逃脱(脫) ānrán táotuō **4** (*leak*) [*gas, liquid, heat* +] 漏出 lòuchū **III** VT [+ *injury*] 避免 bìmiǎn ▸ **to escape from** [+ *place*] 从(從)…逃跑 cóng…táopǎo; [+ *person*] 避开(開) bìkāi ▸ **to escape to (another place)** 逃往(某处(處)) táowǎng (mǒuchù) ▸ **to escape to safety** 安全逃走 ānrán táozǒu ▸ **his name escapes me** 我想不起他的名字 wǒ xiǎngbùqǐ tāde míngzi ▸ **to escape sb's attention** 避开(開)某人的注意 bìkāi mǒurén de zhùyì

escort [*n* 'ɛskɔːt, *vb* ɪs'kɔːt] **I** N [c] **1** (*Mil*) 护(護)卫(衛) hùwèi [个 gè] **2** (*companion*) 陪同 péitóng [个 gè] **II** VT [+ *person*] 护(護)送 hùsòng ▸ **under escort** 被护(護)送 bèi hùsòng ▸ **to escort sb to the door** 送某人到门(門)口 sòng mǒurén dào ménkǒu

Eskimo ['ɛskɪməu] N [c] (*person*) 爱(愛)斯基摩人 Àisījīmórén [个 gè]

esp. ABBR (= **especially**) 尤其 yóuqí

especially [ɪs'pɛʃlɪ] ADV **1** (*particularly*) 尤其 yóuqí **2** (*more than usually*) [+ *happy, gifted, fond of sb*] 特别(別) tèbié

espionage ['ɛspɪənɑːʒ] (*Pol, Mil, Comm*) N [U] 间(間)谍(諜)活动(動) jiàndié huódòng

essay ['ɛseɪ] N **1** (*Scol*) 论(論)文 lùnwén **2** (*paper, discussion*) 散文 sǎnwén

essence ['ɛsns] N **1** [U] (*true nature*) 本质(質) běnzhì **2** [c/U] (*Culin*) 香精 xiāngjīng [种 zhǒng] ▸ **in essence** (*frm*) 基本上 jīběnshàng ▸ **speed is of the essence** (*frm*) 速度是至关(關)重要的 sùdù shì zhìguān zhòngyào de

essential [ɪ'sɛnʃl] **I** ADJ **1** (*necessary, vital*) 必要的 bìyào de **2** (*basic*) 基本的 jīběn de **II essentials** NPL (*necessities*) 必需品 bìxūpǐn ▸ **it is essential that...** …是必要的 …shì bìyào de ▸ **it is essential to...** 必须(須)… bìxū…

essentially [ɪ'sɛnʃəlɪ] (*frm*) ADV **1** (*basically*) 基本来(來)说(說) jīběn lái shuō **2** (*mainly*) 大致上 dàzhì shang

EST (*US*) ABBR (= **Eastern Standard Time**) 东(東)部标(標)准(準)时(時)间(間) Dōngbù Biāozhǔn Shíjiān

establish [ɪs'tæblɪʃ] VT **1** (*set up*) [+ *company, relations, contact*] 建立 jiànlì **2** (*find out*) [+ *facts, cause*] 证(證)实(實) zhèngshí **3** (*acquire*) [+ *reputation*] 确(確)立 quèlì ▸ **to establish that...** (*frm*) 证(證)实(實)… zhèngshí…

established [ɪs'tæblɪʃt] ADJ **1** [+ *organization*] 已被确(確)认(認)的 yǐ bèi quèrèn de ▹ *the established church* 国教 guójiào **2** [+ *custom, practice*] 历(歷)时(時)已久的 lìshí yǐjiǔ de

establishment [ɪs'tæblɪʃmənt] N **1** [U] (*frm*) [*of organization, company etc*] 建立 jiànlì **2** [c] (*frm: shop, restaurant etc*) 机(機)构(構) jīgòu [个 gè] **3** ▸ **the Establishment** 领(領)导(導)集团(團) lǐngdǎo jítuán

estate [ɪs'teɪt] N [c] **1** (*land*) 庄(莊)园(園) zhuāngyuán [个 gè] **2** (*Brit*) (*also*: **housing estate**) 住宅区(區) zhùzháiqū **3** (*Law*) (*money and property*) 遗(遺)产(產) yíchǎn

estate agent (*Brit*) N [c] 房地产(產)经(經)

纪(紀)人 fángdìchǎn jīngjìrén [个 gè] [US = **realtor** *or* **real estate agent**]

estate car (*Brit*) N [c] 旅行车(車) lǚxíngchē [辆 liàng] [US = **station wagon**]

esthetic [ɪsˈθɛtɪk] (*US*) ADJ = **aesthetic**

estimate [*n* ˈɛstɪmət, *vb* ˈɛstɪmeɪt] **I** N [c] **1** (*calculation*) 估计(計) gūjì [种 zhǒng] **2** (*assessment*) 评(評)估 pínggū [个 gè] **3** (*Comm*) [*of price*] 估价(價) gūjià [个 gè] **II** VT (*reckon, calculate*) 估计(計) gūjì ▸ **the damage was estimated at 300 million pounds** 估计(計)损(損)失为(為)3亿(億)英镑(鎊) gūjì sǔnshī wéi sānyì yīngbàng ▸ **I estimate that...** 我估计(計)… wǒ gūjì...

Estonia [ɛsˈtəunɪə] N 爱(愛)沙尼亚(亞) Àishāníyà

Estonian [ɛsˈtəunɪən] **I** ADJ 爱(愛)沙尼亚(亞)的 Àishāníyà de **II** N **1** [c] (*person*) 爱(愛)沙尼亚(亞)人 Àishāníyàrén [个 gè] **2** [U] (*language*) 爱(愛)沙尼亚(亞)语(語) Àishāníyàyǔ

ETA N ABBR (= **estimated time of arrival**) 估计(計)到达(達)时(時)间(間) gūjì dàodá shíjiān

etc, (*esp US*) **etc.** ABBR (= **et cetera**) 等等 děngděng

eternal [ɪˈtəːnl] ADJ **1** (*everlasting*) [+ *youth, life*] 永久的 yǒngjiǔ de **2** (*unchanging*) [+ *truths, questions, values*] 永恒(恆)的 yǒnghéng de

eternity [ɪˈtəːnɪtɪ] (*Rel*) N [U] 永生 yǒngshēng ▸ **it seemed to last for an eternity** (*inf*) 时(時)间(間)长(長)得似乎无(無)穷(窮)无(無)尽(盡) shíjiān chángde sìhū wú qióng wú jìn

ethical [ˈɛθɪkl] ADJ **1** (*relating to ethics*) [+ *question, problem*] 伦(倫)理的 lúnlǐ de **2** (*morally right*) 合乎道德的 héhū dàodé de

ethics [ˈɛθɪks] **I** N [U] (*study of moral philosophy*) 伦(倫)理学(學) lúnlǐxué **II** N PL (*morality*) 道德准(準)则(則) dàodé zhǔnzé

Ethiopia [iːθɪˈəupɪə] N 埃塞俄比亚(亞) Āisài'ébǐyà

Ethiopian [iːθɪˈəupɪən] **I** ADJ 埃塞俄比亚(亞)的 Āisài'ébǐyà de **II** N [c] (*person*) 埃塞俄比亚(亞)人 Āisài'ébǐyàrén [个 gè]

ethnic [ˈɛθnɪk] ADJ **1** [+ *population*] 种(種)族的 zhǒngzú de **2** [+ *music, culture etc*] 具有民族特色的 jùyǒu mínzú tèsè de

ethnic minority N [c] 少数(數)民族 shǎoshù mínzú [个 gè]

e-ticket [ˈiːtɪkɪt] N [c] 电(電)子客票 diànzǐ kèpiào [张(張) zhāng]

etiquette [ˈɛtɪkɛt] N [U] 礼(禮)节(節) lǐjié

EU N ABBR (= **European Union**) ▸ **the EU** 欧(歐)洲联(聯)盟 Ōuzhōu Liánméng

euro [ˈjuərəu] (*pl* **euros**) N [c] 欧(歐)元 Ōuyuán [个 gè]

Europe [ˈjuərəp] N 欧(歐)洲 Ōuzhōu

European [juərəˈpiːən] **I** ADJ 欧(歐)洲的 Ōuzhōu de **II** N [c] (*person*) 欧(歐)洲人 Ōuzhōurén [个 gè]

European Community (*formerly*) N ▸ **the European Community** 欧(歐)洲共同市场(場) Ōuzhōu Gòngtóng Shìchǎng

European Union N ▸ **the European Union** 欧(歐)洲联(聯)盟 Ōuzhōu Liánméng

evacuate [ɪˈvækjueɪt] VT **1** [+ *people*] 疏散 shūsàn **2** [+ *place*] 撤离(離) chèlí

evade [ɪˈveɪd] VT **1** [+ *tax*] 逃避 táobì **2** [+ *question, issue*] 回(迴)避 huíbì **3** [+ *duty, responsibility*] 规(規)避 guībì **4** (*elude*) [+ *person*] 逃脱(脫) táotuō; (*liter*) [*happiness, love* +] 回(迴)避 huíbì ▸ **to evade capture** 逃脱(脫)擒拿 táotuō qínná

evaluate [ɪˈvæljueɪt] VT [+ *situation, importance*] 评(評)估 pínggū

evaporate [ɪˈvæpəreɪt] VI **1** [*liquid* +] 挥(揮)发(發) huīfā **2** (*fig*) [*anger, fear, hopes* +] 消失 xiāoshī

eve [iːv] N ▸ **on the eve of** 在…的前夕 zài...de qiánxī ▸ **Christmas Eve** 圣(聖)诞(誕)夜 Shèngdàn Yè [个 gè]

★ **even** [ˈiːvn] **I** ADV 甚至 shènzhì **II** ADJ **1** (*flat*) 平坦的 píngtǎn de ▹ *The road isn't very even.* 路不很平坦。Lù bù hěn píngtǎn. **2** (*constant*) [+ *temperature, rate*] 平稳(穩)的 píngwěn de **3** (*equal*) [+ *contest, score*] 势(勢)均力敌(敵)的 shì jūn lì dí de ▹ *It was an even contest.* 这是一场势均力敌的较量。Zhèshì yīchǎng shì jūn lì dí de jiàoliàng.; [+ *distribution*] 均等的 jūnděng de ▹ *a more even distribution of wealth* 更加均等的财富分配 gèngjiā jūnděng de cáifù fēnpèi **4** [+ *number*] 偶数(數)的 ǒushù de ▹ *houses with even numbers* 带偶数门牌号的房子 dài ǒushù ménpáihào de fángzi ▸ **he didn't even hear what I said** 他甚至根本没(沒)听(聽)见(見)我的话(話) tā shènzhì gēnběn méi tīngjiàn wǒ de huà ▸ **even more** 甚至更多 shènzhì gèngduō ▸ **even better/faster** 甚至更好/快 shènzhì gènghǎo/kuài ▸ **even if** 即使 jíshǐ ▸ **even though** 尽(儘)管 jǐnguǎn ▸ **even so** 虽(雖)然如此 suīrán rúcǐ ▸ **not even** 连(連)…也不 lián...yěbù ▸ **even as** (*liter*) 正当(當) zhèngdāng ▸ **even he was there** 连(連)他都在那儿(兒) lián tā dōu zài nàr ▸ **even on Sundays** 甚至星期天 shènzhì xīngqītiān ▸ **to break even** 不盈不亏(虧) bù yíng bù kuī ▸ **now we're even** (*inf*) 现(現)在我们(們)两(兩)清了 xiànzài wǒmen liǎngqīng le ▸ **to get even with sb** (*inf*) 报(報)复(復)某人 bàofù mǒurén

▸ **even out** **I** VI 拉平 lāpíng **II** VT 使均匀(勻) shǐ jūnyún

evening [ˈiːvnɪŋ] N [c/U] **1** (*early*) 傍晚 bàngwǎn [个 gè] **2** (*late*) 晚上 wǎnshang [个 gè] **3** (*whole period, event*) 晚上 wǎnshang [个 gè] ▸ **in the evening** 在晚上 zài wǎnshang ▸ **this evening** 今晚 jīnwǎn ▸ **tomorrow/yesterday evening** 明/昨晚 míng/zuówǎn

evening class N [c] 夜校 yèxiào [个 gè]

evening dress N **1** [c] (*gown*) 女装(裝)晚礼(禮)服 nǚzhuāng wǎnlǐfú [套 tào] **2** [u] (*formal clothing*) 晚礼(禮)服 wǎnlǐfú [套 tào]

evenly ['iːvnlɪ] ADV [*distribute, spread, breathe* +] 均匀(勻)地 jūnyún de; [*divide* +] 均等地 jūnděng de

★ **event** [ɪ'vɛnt] N [c] **1** (*occurrence*) 事件 shìjiàn [个 gè] **2** (*Sport*) 比赛(賽)项(項)目 bǐsài xiàngmù [个 gè] ▸ **in the normal course of events** 按照事情自然发(發)展的进(進)程 ànzhào shìqíng zìrán fāzhǎn de jìnchéng ▸ **in the event of/that...** 如果…发(發)生 rúguǒ...fāshēng ▸ **in the event** (*Brit*) 到头(頭)来(來) dàotóulái ▸ **in any event** 不管怎样(樣) bùguǎn zěnyàng

eventful [ɪ'vɛntful] ADJ [+ *day, life, game, journey*] 丰(豐)富多彩的 fēngfù duōcǎi de

eventual [ɪ'vɛntʃuəl] ADJ [+ *outcome, aim*] 最终(終)的 zuìzhōng de

eventually [ɪ'vɛntʃuəlɪ] ADV **1** (*finally*) 终(終)于(於) zhōngyú **2** (*ultimately*) 最终(終) zuìzhōng

> 请勿将 **eventually** 和 **finally** 混淆。如果某事拖延了很久，或者经历了相当复杂的过程后终于发生了，可以说它 **eventually** 发生了，*Eventually, they got to the hospital... I found Victoria Avenue eventually.* **eventually** 还可以表示发生的一系列事情中的最后一件事，通常这最后的一件事是前面一系列事情的结果。，*Eventually, they were forced to return to England.* 在经历了长期等待或期盼后，某事终于发生了，可以说它 **finally** 发生了。*Finally, I went to bed... The heat of the sun finally became too much for me.* **finally** 还可以表示发生的一系列事情当中最后的一件事。*The sky turned red, then purple, and finally black.*

★ **ever** ['ɛvəʳ] ADV **1** (*at any time*) 从(從)来(來) cónglái ▹ *Neither of us has ever been to Japan.* 我们俩都从来没去过日本。Wǒménliǎ dōu cónglái méiyǒu qùguò Rìběn. ▹ *I forbid you ever to use that word!* 我不允许你在任何时候用那个字眼！Wǒ bù yǔnxǔ nǐ zài rènhé shíhòu yòng nàgè zìyǎn! **2** (*always*) 总(總)是 zǒngshì ▹ *Ever hopeful, he continued to apply for jobs.* 他总是满怀希望，又继续申请工作了。Tā zǒngshì mǎnhuái xīwàng, yòu jìxù shēnqǐng gōngzuò le. ▸ **have you ever seen it/been there** *etc*? 你曾经(經)见(見)过(過)它/去过(過)那儿(兒)等 吗(嗎)? nǐ céngjīng jiànguò tā/qùguò nàr děng ma? ▸ **ever since** (*adv*) 从(從)…以来(來) cóng...yǐlái ▹ *We have been friends ever since.* 我们从那时以来一直是朋友。Wǒmen cóng nàshí yǐlái yīzhí shì péngyou.; (*conj*) 自从(從) zìcóng ▹ *Jack has loved trains ever since he was a boy.* 杰克自小就喜爱火车。Jiékè zìxiǎo jiù xǐ'ài huǒchē. ▸ **why ever not?** 究竟为(為)什么(麼)不呢? jiūjìng wèishénme bù ne ▸ **who ever would do such a thing?** 究竟谁(誰)会(會)做这(這)样(樣)的事? jiūjìng shuí huì zuò zhèyàng de shì ▸ **the best ever** 迄今最佳 qìjīn zuìjiā ▸ **hardly ever** 几(幾)乎从(從)不 jīhū cóngbù ▸ **better than ever** 前所未有的好 qián suǒ wèi yǒu de hǎo ▸ **she's ever so pretty** (*Brit; inf*) 她非常漂亮 tā fēicháng piàoliang ▸ **I like him ever so much** (*Brit; inf*) 我很喜欢(歡)他 wǒ hěn xǐhuan tā ▸ **he's ever such a good dancer** (*Brit; inf*) 他跳舞跳得很好 tā tiàowǔ tiàode hěnhǎo ▸ **thank you ever so much** 非常感谢(謝)你 fēicháng gǎnxiè nǐ ▸ **yours ever** (*Brit; o.f.*) (*in letters*) 你永久的朋友 nǐ yǒngjiǔ de péngyou ▸ **as ever** 照常 zhàocháng

evergreen ['ɛvəgriːn] **I** N [c] 常绿(綠)植物 chánglǜ zhíwù [种 zhǒng] **II** ADJ 常绿(綠)的 chánglǜ de

everlasting [ɛvə'lɑːstɪŋ] ADJ [+ *love, life*] 永恒(恆)的 yǒnghéng de

KEYWORD

★ **every** ['ɛvrɪ] ADJ **1** (*each*) 每个(個) měigè ▸ **every village should have a post office** 每个(個)村庄(莊)都应(應)该(該)有一个(個)邮(郵)局 měigè cūnzhuāng dōu yīnggāi yǒu yīgè yóujú ▸ **every one of them** (*people*) 他们(們)中的每个(個)人 tāmen zhōng de měi gè rén; (*objects*) 每个(個) měigè

2 (*all possible*) 一切可能的 yīqiè kěnéng de ▸ **there is every chance that...** 很有可能… hěnyǒu kěnéng... ▸ **recipes for every occasion** 各个(個)场(場)合均适(適)用的菜谱(譜) gègè chǎnghé jūn shìyòng de càipǔ ▸ **I have every confidence in him** 我对(對)他有十足的信心 wǒ duì tā yǒu shízú de xìnxīn ▸ **I gave you every assistance** 我给(給)你各种(種)可能的援助 wǒ gěi nǐ gèzhǒng kěnéng de yuánzhù

3 (*with time words*) 每 měi ▸ **every day/week** 每天/周(週) měi tiān/zhōu ▸ **every Sunday** 每个(個)星期天 měi gè xīngqītiān ▸ **every other week** 每隔一周(週) měi gé yīzhōu ▸ **every other/third day** 每隔一天/每三天 měi gé yītiān/měi sāntiān ▸ **every few days/minutes** 每隔几(幾)天/分钟(鐘) měi gé jǐtiān/fēnzhōng ▸ **every now and then** *or* **again** 不时(時)地 bùshí de

4 (*statistics*) ▸ **one in every five people** 每五人中有一人 měi wǔ rén zhōng yǒu yī rén

用法参见 **each**

everybody ['ɛvrɪbɔdɪ] PRON 每人 měirén ▸ **everybody knows about it** 谁(誰)都知道 shuí dōu zhīdào ▸ **everybody else** 其他所有人 qítā suǒyǒurén

everyday ['ɛvrɪdeɪ] ADJ **1** (*daily*) [+ *life, routine*] 日常的 rìcháng de **2** (*usual, common*) [+ *problem, occurrence*] 平常的 píngcháng de

everyone ['ɛvrɪwʌn] PRON = **everybody**

请勿将 **everyone** 和 **every one** 混淆。**everyone** 总是指人，并且用作单数名词。*Everyone likes him...On behalf of everyone in the school, I'd like to thank you.* 在短语 **every one** 中，**one** 是代词，在不同的上下文当中，它能够指代任何人或事物。其后经常紧随单词 **of**，*We've saved seeds from every one of our plants...Every one of them phoned me.* 在这些例子当中，**every one** 是表达 **all** 的含义，而且语气更强烈。

请勿将 **everyone** 和 **every one** 混淆。**everyone** 总是指人。在 **every one** 中，**one** 是代词，可以根据语境指任何一个人或事物，而且后面常跟 **of**：*We've saved seeds from every one of our plants.* 我们已保留了我们所有的每一种植物的种子。*Every one of them phoned me.* 他们每个人都给我打过电话。在上述例子中，**every one** 表达的是 **all** 的含义，但语气更为强烈。

★ **everything** ['ɛvrɪθɪŋ] PRON 所有事物 suǒyǒu shìwù ▸ **is everything OK?** 都还(還)好吧？ dōu hái hǎo ba ▸ **everything is ready** 所有都准(準)备(備)就绪(緒) suǒyǒu dōu zhǔnbèi jiùxù ▸ **he did everything possible** 他尽(盡)了最大努力 tā jìnle zuìdà nǔlì

everywhere ['ɛvrɪwɛə^r] **I** ADV 各处(處) gèchù **II** PRON 所有地方 suǒyǒu dìfang ▸ **there's rubbish everywhere** 到处(處)都是垃圾 dàochù dōushì lājī ▸ **everywhere you go** 无(無)论(論)你去哪里(裡) wúlùn nǐ qù nǎlǐ

evict [ɪ'vɪkt] VT [+ *squatter, tenant*] 逐出 zhúchū

evidence ['ɛvɪdns] N [U] **1** (*proof*) 根据(據) gēnjù **2** (*Law*) (*information*) 证(證)据(據) zhèngjù; (*objects*) 物证(證) wùzhèng; (*testimony*) 证(證)言 zhèngyán **3** (*signs, indications*) 迹(跡)象 jìxiàng ▸ **to produce sth as evidence** (*Law*) 提供某物作为(為)证(證)据(據) tígōng mǒuwù wéi zhèngjù ▸ **to give evidence** (*Law*) 作证(證) zuòzhèng ▸ **to show evidence of sth** 表明某事 biǎomíng mǒushì ▸ **to be in evidence** [*quality* +] 明显(顯)的 míngxiǎn de; [*soldiers, tourists etc* +] 可看见(見)的 kě kànjiàn de

evident ['ɛvɪdnt] ADJ 明显(顯)的 míngxiǎn de ▸ **to be evident (to sb/that...)** (对(對)某人来(來)说(說)/…) 显(顯)而易见(見) (duì mǒurén láishuō...)xiǎn ér yì jiàn

evidently ['ɛvɪdntlɪ] ADV **1** (*obviously*) 明显(顯)地 míngxiǎn de **2** (*apparently*) 显(顯)然地 xiǎnrán de

evil ['iːvl] **I** ADJ [+ *person, system*] 邪恶(惡)的 xié'è de **II** N **1** [U] (*wickedness*) 邪恶(惡) xié'è **2** [C] (*curse, scourge*) 祸(禍)害 huòhài ▸ **the evils of alcohol** 酗酒的害处(處) xùjiǔ de hàichu ▸ **a necessary evil** 不可避免的邪恶(惡) bùkě bìmiǎn de xié'è

evoke [ɪ'vəuk] (*frm*) VT [+ *feeling, memory*] 引起 yǐnqǐ

evolution [iːvə'luːʃən] N [U] **1** (*Bio*) 进(進)化 jìnhuà **2** (*development*) 演变(變) yǎnbiàn

evolve [ɪ'vɔlv] **I** VI **1** [*animal, plant etc* +] 演化 yǎnhuà **2** [*plan, style, organization* +] 逐步形成 zhúbù xíngchéng **II** VT [+ *scheme, style*] 发(發)展 fāzhǎn ▸ **to evolve from sth** 从(從)某物演化而来(來) cóng mǒuwù yǎnhuà érlái ▸ **to evolve into sth** 演化成某物 yǎnhuà chéng mǒuwù

ewe [juː] N [C] 母羊 mǔyáng [只 zhī]

ex- [ɛks] PREFIX (*former*) [+ *husband, president etc*] 前 qián ▸ **my ex-wife** 我的前妻 wǒde qiánqī

exact [ɪg'zækt] **I** ADJ **1** (*precise*) [+ *time, number, word etc*] 确(確)切的 quèqiè de **2** [+ *person, worker*] 严(嚴)谨(謹)的 yánjǐn de **3** (*used for emphasis*) 恰恰 qiàqià **II** VT ▸ **to exact sth (from sb)** (*frm*) (向某人)索取某物 (xiàng mǒurén) suǒqǔ mǒuwù ▸ **astrology is not an exact science** 占星术(術)并(並)不是一门(門)精确(確)的科学(學) zhānxīngshù bìng bùshì yīmén jīngquè de kēxué ▸ **to be exact** 准(準)确(確)来(來)说(說) zhǔnquè láishuō

exactly [ɪg'zæktlɪ] ADV **1** (*precisely*) 确(確)切地 quèqiè de ▷ *A tower exactly ten metres in height.* 一座正好10米高的塔。Yī zuò zhènghǎo shímǐ gāo de tǎ. **2** (*indicating emphasis*) 正是 zhèngshì **3** (*indicating agreement*) 一点(點)不错(錯) yīdiǎn bùcuò ▸ **at 5 o'clock exactly** 在5点(點)整时(時) zài wǔdiǎnzhěng shí ▸ **not exactly** (*indicating disagreement*) 不完全是 bù wánquán shì ▸ **he's not exactly rich/poor** 他一点(點)也算不上富/穷(窮) tā yīdiǎn yě suànbùshàng fù/qióng

exaggerate [ɪg'zædʒəreɪt] **I** VI 夸(誇)张(張) kuāzhāng **II** VT **1** (*overemphasize*) [+ *situation, effects*] 夸(誇)大 kuādà **2** (*draw attention to*) [*feature, quality* +] 使扩(擴)大 shǐ kuòdà

exaggeration [ɪgzædʒə'reɪʃən] N [C/U] 夸张(張) kuāzhāng

exam [ɪg'zæm] N 测(測)验(驗) cèyàn

pass an exam 表示考试通过，若没通过，则说 **fail an exam**。参加考试，用动词 **take**，在英式英语中则用 **sit an exam**。

examination [ɪgzæmɪ'neɪʃən] N **1** [C/U] (*inspection*) [*of object, plan, accounts*] 检(檢)查 jiǎnchá [个 gè] **2** [C] (*frm*) (*Scol, Univ*) (*exam*) 考试(試) kǎoshì [次 cì] **3** [C/U] (*Med*) 体(體)检(檢) tǐjiǎn [次 cì] ▸ **the matter is under examination** 这(這)件事尚在审(審)查中 zhè jiàn shì shàngzài shěnchá zhōng

examine [ɪg'zæmɪn] VT **1** (*inspect*) [+ *object, plan, accounts*] 检(檢)查 jiǎnchá **2** (*Scol, Univ*) 对(對)…进(進)行测(測)验(驗) duì...jìnxíng cèyàn **3** (*Med*) 检(檢)查 jiǎnchá

examiner [ɪg'zæmɪnə^r] (*Scol, Univ*) N [C] **1** (*setting exam*) 主考官 zhǔkǎoguān [位 wèi] **2** (*marking exam*) 判卷官 pànjuànguān [位 wèi]

★ **example** [ɪg'zaːmpl] N [C] **1** (*typical illustration*) 例子 lìzi [个 gè] **2** (*model*) (*of good behaviour etc*)

榜样(樣) bǎngyàng [个 gè] ▷ *Their example shows us what we are all capable of.* 他们树立的榜样显示出我们也都能做到些什么。Tāmen shùlì de bǎngyàng xiǎnshì chū wǒmen yě dōunéng zuòdào xiē shénme. ▸ **for example** 例如 lìrú ▸ **an example of sth** 某物的例子 mǒuwù de lìzi ▸ **to set an example** 树(樹)立榜样(樣) shùlì bǎngyàng ▸ **to follow sb's example** 学(學)习(習)某人的榜样(樣) xuéxí mǒurén de bǎngyàng ▸ **he is an example to us all** 他是我们(們)每一个(個)人的楷模 tā shì wǒmen měi yī gè rén de kǎimó ▸ **to make an example of sb** 惩(懲)罚(罰)某人以儆戒他人 chéngfá mǒurén yǐ jǐngjiè tārén

exasperated [ɪɡ'zɑːspəreɪtɪd] ADJ ▸ **exasperated (at** *or* **by** *or* **with sth)** (被某事)搞得恼(惱)火 (bèi mǒushì) gǎodé nǎohuǒ

excavate ['ɛkskəveɪt] VT **1** [*archaeologist +*] 发(發)掘 fājué **2** (*frm: dig*) 挖掘 wājué

exceed [ɪk'siːd] (*frm*) VT **1** (*be greater than*) [*+ number, amount, expectations*] 超出 chāochū **2** (*go beyond*) [*+ speed limit, budget*] 超过(過) chāoguò; [*+ powers, duties*] 超越 chāoyuè

exceedingly [ɪk'siːdɪŋlɪ] (*o.f.*) ADV 极其 jíqí

excel [ɪk'sɛl] **I** VI ▸ **to excel (in/at)** [*+ sports, business etc*] 擅长(長) shàncháng **II** VT ▸ **to excel o.s.** 出类(類)拔萃 chūlèi bácuì

excellence ['ɛksələns] N [U] 卓越 zhuóyuè

excellent ['ɛksələnt] **I** ADJ 极(極)好的 jíhǎo de **II** INT ▸ **excellent!** 太好了！tài hǎo le!

except [ɪk'sɛpt] PREP (*apart from*) 除了 chúle ▸ **except for** 除了…外 chúle…wài ▸ **except that...** 除了… chúle… ▸ **except if/when** …时(時)例外 …shí lìwài

exception [ɪk'sɛpʃən] N [C] (*special case*) 例外 lìwài [个 gè] ▸ **to make an exception** 破例 pòlì ▸ **with the exception of** 除…外 chú…wài ▸ **to take exception (to sth)** (对(對)某事)不悦(悅) (duì mǒushì) bùyuè

exceptional [ɪk'sɛpʃənl] ADJ **1** (*outstanding*) [*+ person, talent*] 杰(傑)出的 jiéchū de **2** (*frm: unusual*) [*+ situation, circumstances*] 独(獨)特的 dútè de

exceptionally [ɪk'sɛpʃənlɪ] ADV 格外 géwài

excerpt ['ɛksəːpt] N [C] (*from text, film*) 选(選)录(錄) xuǎnlù [本 běn]

excess [*n* ɪk'sɛs, 'ɛksɛs, *adj* 'ɛksɛs] **I** N **1** ▸ **an excess of** 过(過)多 guòduō ▷ *Inflation results from an excess of demand over supply.* 通货膨胀是供过于求的结果。Tōng huò péng zhàng shì gōng guò yú qiú de jiéguǒ. **2** [C] (*Brit: Insurance*) 保险(險)押金 bǎoxiǎn yājīn **II** ADJ [*+ water, fat*] 过(過)多的 guòduō de **III excesses** N PL (*of person, war*) 过(過)分的行为(為) guòfèn de xíngwéi ▸ **in excess of** 超过(過) chāoguò ▸ **to do sth to excess** 过(過)度做某事 guòdù zuò mǒushì

excess baggage N [U] 超重行李 chāozhòng xíngli

excessive [ɪk'sɛsɪv] ADJ [*+ amount, force*] 过(過)分的 guòfèn de

exchange [ɪks'tʃeɪndʒ] **I** VT **1** [*+ gifts, addresses*] 交换(換) jiāohuàn **2** [*+ greetings, glances*] 互换(換) hùhuàn **3** ▸ **to exchange sth (for sth)** [*+ goods*] 用某物交换(換)(某物) yòng mǒuwù jiāohuàn (mǒuwù) **II** N **1** [C/U] (*giving and receiving*) [*of information, views, gifts, prisoners*] 交换(換) jiāohuàn [个 gè] jiāohuàn; [*of students, sportspeople*] 交流 jiāoliú [次 cì] **2** [C] (*frm: conversation*) 交锋(鋒) jiāofēng **3** [C] (*also:* **telephone exchange**) 电(電)话(話)局 diànhuàjú [家 jiā] ▸ **in exchange (for)** 作为(為)(对(對)…的)交换(換) zuòwéi (duì…de) jiāohuàn

exchange rate N [C] 汇(匯)率 huìlǜ [个 gè]

Exchequer [ɪks'tʃɛkə^r] (*Brit*) N ▸ **the Exchequer** 财(財)政部 cáizhèngbù

excite [ɪk'saɪt] VT **1** [*+ person*] 刺激 cìjī **2** [*+ enthusiasm, curiosity*] 引起 yǐnqǐ **3** (*sexually*) 使兴(興)奋(奮) shǐ xīngfèn

excited [ɪk'saɪtɪd] ADJ 兴(興)奋(奮)的 xīngfèn de ▸ **to be excited about sth/about doing sth** 对(對)某事/做某事感到激动(動) duì mǒushì/zuò mǒushì gǎndào jīdòng ▸ **to get excited** 激动(動)兴(興)奋(奮) jīdòng xīngfèn

excitement [ɪk'saɪtmənt] N [U] (*exhilaration*) 兴(興)奋(奮) xīngfèn

exciting [ɪk'saɪtɪŋ] ADJ [*+ time, event, place*] 令人兴(興)奋(奮)的 lìng rén xīngfèn de

excl. ABBR (= **excluding, exclusive of**) 不含 bùhán

exclaim [ɪks'kleɪm] **I** VI 大声(聲)叫嚷 dàshēng jiàorǎng **II** VT ▸ **to exclaim that...** 叫喊… jiàohǎn…

exclamation [ɛksklə'meɪʃən] N [C] 惊(驚)叫 jīngjiào

exclamation mark, (*Brit*) **exclamation point** (*US*) N [C] 感叹(嘆)号(號) gǎntànhào [个 gè]

exclude [ɪks'kluːd] VT **1** (*leave out*) [*+ person*] 把…排斥在外 bǎ…páichì zàiwài; [*+ substance, fact*] 不包括 bù bāokuò **2** (*rule out*) [*+ possibility*] 排除 páichú **3** [*+ child*] (*from school*) 开(開)除 kāichú ▸ **to exclude sb from sth** (*place, activity*) 拒绝(絕)某人做某事 jùjué mǒurén zuò mǒushì ▸ **to exclude sth from sth** 将(將)某物排除于(於)某物之外 jiāng mǒuwù páichú yú mǒuwù zhīwài

excluding [ɪks'kluːdɪŋ] PREP 不包括 bù bāokuò

exclusion [ɪks'kluːʒən] N [C/U] **1** [*of person, fact, possibility*] 排除在外 páichú zàiwài **2** [*of child*] (*from school*) 开(開)除 kāichú ▸ **to the exclusion of sth** 把某事除外 bǎ mǒushì chúwài

exclusive [ɪks'kluːsɪv] **I** ADJ **1** [*+ club, district*] 高级(級)的 gāojí de **2** (*Publishing*) [*+ story, interview*] 独(獨)家的 dújiā de **II** N [C]

(*Publishing*) 独(獨)家报(報)道 dújiā bàodào ▸ **have exclusive use of sth** 有使用某物的专(專)有权(權) yǒu shǐyòng mǒuwù de zhuānyǒuquán ▸ **to be exclusive to sth** 只有某处(處)才有的 zhǐyǒu mǒuchù cáiyǒu de ▸ **mutually exclusive** 互不相容 hù bù xiāng róng ▸ **exclusive of postage/tax** 不含邮(郵)费(費)/税(稅) bùhán yóufèi/shuì

exclusively [ɪks'klu:sɪvlɪ] ADV (*only*) 仅(僅)仅(僅) jǐnjǐn; (*entirely*) 完全 wánquán

excruciating [ɪks'kru:ʃɪeɪtɪŋ] ADJ **1** [+ *pain*] 极(極)其的 jíqí de **2** [+ *boredom, embarrassment*] 难(難)以忍受的 nányǐ rěnshòu de

excursion [ɪks'kə:ʃən] N [c] (*trip*) (*by tourists*) 游(遊)览(覽) yóulǎn [次 cì]; (*shopping etc*) 短途旅行 duǎntú lǚxíng ▸ **to go on an excursion** 去旅行 qù lǚxíng ▸ **an excursion into** (*fig: venture*) 涉猎(獵)于(於) shèlièyú

excuse [*n* ɪks'kju:s, *vb* ɪks'kju:z] **I** N [c/ʊ] (*justification*) 借口 jièkǒu [个 gè] **II** VT **1** (*justify*) [+ *person, behaviour*] 是…的正当(當)理由 shì...de zhèngdàng lǐyóu **2** (*forgive*) [+ *person, behaviour*] 原谅(諒) yuánliàng ▸ **an excuse to do/not to do sth** 做/不做某事的借口 zuò/bùzuò mǒushì de jièkǒu ▸ **to make an excuse** 找借口 zhǎo jièkǒu ▸ **to make excuses for sb** 给(給)某人找借口 gěi mǒurén zhǎo jièkǒu ▸ **there's no excuse for such behaviour** 没(沒)有理由这(這)样(樣)表现(現) méiyoǔ lǐyóu zhèyàng biǎoxiàn ▸ **to be excused from (doing) sth** 被免除(做)某事 bèi miǎnchú (zuò) mǒushì ▸ **to excuse sb for sth/for doing sth** 原谅(諒)某人某事/做某事 yuánliàng mǒurén mǒushì/zuò mǒushì ▸ **excuse me!** (*attracting attention*) 劳(勞)驾(駕)! láojià; (*as apology*) 对(對)不起! duìbùqǐ ▸ **excuse me, please** 请(請)原谅(諒) qǐng yuánliàng ▸ **excuse me?** (*US*) 对(對)不起，你说(說)什么(麼)? duìbùqǐ, nǐ shuō shénme? [BRIT = **pardon?** *or* **sorry?**] ▸ **he excused himself and left the room** 他说(說)了声(聲) "请(請)原谅(諒)" 就离(離)开(開)了房间(間) tā shuōle shēng "qǐng yuánliàng" jiù líkāile fángjiān ▸ **if you'll excuse me** 请(請)见(見)谅(諒) qǐng jiànliàng

ex-directory ['ɛksdɪ'rɛktərɪ] (*Brit: Tel*) ADJ [+ *number*] 未列入电(電)话(話)簿的 wèi lièrù diànhuàbù de [US = **unlisted**] ▸ **she's ex-directory** 她的电(電)话(話)未列入电(電)话(話)簿 tā de diànhuà wèi lièrù diànhuàbù

execute ['ɛksɪkju:t] VT **1** [+ *person*] 将(將)…处(處)死 jiāng...chǔsǐ **2** (*frm*) [+ *plan, order*] 实(實)行 shíxíng **3** [+ *manoeuvre*] 完成 wánchéng

execution [ɛksɪ'kju:ʃən] N **1** [c/ʊ] [*of person*] 处(處)死刑 chǔ sǐxíng **2** [ʊ] (*frm*) [*of plan, order*] 实(實)施 shíshī **3** [ʊ] [*of manoeuvre*] 完成 wánchéng

executive [ɪg'zɛkjutɪv] **I** N **1** [c] (*person*) 主管人员(員) zhǔguǎn rényuán [位 wèi] **2** [c] (*committee*) 执(執)行委员(員)会(會) zhíxíng wěiyuánhuì **3** (*Pol*) ▸ **the executive** 政府行政部门(門) zhèngfǔ xíngzhèng bùmén [个 gè] **II** ADJ **1** [+ *committee*] 执(執)行的 zhíxíng de; [+ *role, decision*] 行政的 xíngzhèng de **2** (*for executives*) [+ *car*] 豪华(華)的 háohuá de; [+ *plane*] 专(專)用的 zhuānyòng de ▸ **executive briefcase** 密码(碼)公文箱 mìmǎ gōngwénxiāng [个 gè] ▸ **executive toy** 办(辦)公室的小玩意儿(兒) bàngōngshì de xiǎowányìr [件 jiàn]

exempt [ɪg'zɛmpt] **I** ADJ ▸ **exempt from** [+ *duty, obligation*] 免除的 miǎnchú de **II** VT ▸ **to exempt sb from sth** [+ *duty, obligation*] 免除某人某事 miǎnchú mǒurén mǒushì

exercise ['ɛksəsaɪz] **I** N **1** [ʊ] (*physical exertion*) 运(運)动(動) yùndòng **2** [c] (*series of movements*) 练(練)习(習) liànxí [个 gè] **3** [c] (*Scol, Mus*) 练(練)习(習) liànxí [个 gè] **4** [c] (*Mil*) 演习(習) yǎnxí [次 cì] **5** [s] (*frm*) [*of authority etc*] 行使 xíngshǐ **II** VT **1** (*use*) [+ *right, authority etc*] 行使 xíngshǐ; [+ *patience, restraint, care etc*] 运(運)用 yùnyòng **2** [+ *muscles*] 锻(鍛)炼(鍊) duànliàn; [+ *mind*] 运(運)用 yùnyòng **3** [+ *dog*] 遛 liù **III** VI [*person* +] 锻(鍛)炼(鍊) duànliàn ▸ **to take** *or* **get exercise** 做健身活动(動) zuò jiànshēn huódòng ▸ **to do exercises** (*Sport*) 锻(鍛)炼(鍊)身体(體) duànliàn shēntǐ

exercise book (*Brit: Scol*) N [c] 练(練)习(習)本 liànxíběn [个 gè] [US = **notebook**]

exert [ɪg'zə:t] VT (*frm*) [+ *influence, pressure*] 施加 shījiā ▸ **to exert o.s.** 尽(盡)力 jìnlì

exertion [ɪg'zə:ʃən] N [ʊ] 尽(盡)力 jìnlì

exhale [ɛks'heɪl] (*frm*) **I** VI (*breathe out*) 呼气(氣) hūqì **II** VT [+ *air, smoke*] 呼出 hūchū

exhaust [ɪg'zɔ:st] **I** N (*esp Brit*) **1** [c] (*also*: **exhaust pipe**) 排气(氣)管 páiqìguǎn [根 gēn] **2** [ʊ] (*fumes*) 废(廢)气(氣) fèiqì **II** VT **1** [+ *person*] 使精疲力竭 shǐ jīng pí lì jié **2** [+ *money, resources etc*] 耗尽(盡) hàojìn **3** [+ *topic*] 详(詳)尽(盡)无(無)遗(遺)地论(論)述 xiángjìn wú yí de lùnshù ▸ **to exhaust o.s.** 精疲力竭 jīng pí lì jié

exhausted [ɪg'zɔ:stɪd] ADJ (*tired*) 精疲力竭的 jīng pí lì jié de

exhaustion [ɪg'zɔ:stʃən] N [ʊ] (*tiredness*) 精疲力竭 jīng pí lì jié

exhibit [ɪg'zɪbɪt] **I** N [c] **1** (*Art*) 展览(覽)品 zhǎnlǎnpǐn [件 jiàn] **2** (*Law*) 物证(證) wùzhèng **II** VT **1** [+ *quality, ability, emotion*] 显(顯)示 xiǎnshì **2** [+ *paintings*] 展出 zhǎnchū **III** VI (*Art*) 展出作品 zhǎnchū zuòpǐn [件 jiàn]

exhibition [ɛksɪ'bɪʃən] N **1** [c] [*of paintings etc*] 展览(覽)会(會) zhǎnlǎnhuì [个 gè] **2** [s] (*display*) [*of skill, talent etc*] 表演 biǎoyǎn ▸ **to make an exhibition of o.s.** 出洋相 chū yángxiàng

exhilarating [ɪg'zɪləreɪtɪŋ] ADJ [+ *experience, feeling*] 使人兴（興）奋（奮）的 shǐ rén xīngfèn de

exile ['ɛksaɪl] **I** N **1** [U] (*condition, state*) 流亡 liúwáng **2** [C] (*person*) 流亡者 liúwángzhě [个 gè] **II** VT 使流亡 shǐ liúwáng ▸ **in exile** 在流亡中 zài liúwáng zhōng
exist [ɪg'zɪst] VI **1** (*be present*) 存在 cúnzài **2** (*live, subsist*) 生存 shēngcún ▸ **to exist on sth** 靠某物生存 kào mǒuwù shēngcún
existence [ɪg'zɪstəns] N **1** [U] (*reality*) 存在 cúnzài **2** [C] (*life*) 生活 shēnghuó [种 zhǒng] ▸ **to be in existence** 存在的 cúnzài de
existing [ɪg'zɪstɪŋ] ADJ (*present, actual*) 现(現)有的 xiànyǒu de
exit ['ɛksɪt] **I** N [C] **1** (*from room, building, motorway etc*) 出口 chūkǒu [个 gè] **2** (*departure*) ▸ **to make a hasty/quick exit** 急速离(離)去 jísù líqù **II** VT **1** (*frm*) [+ *room, building*] 离(離)开(開) líkāi **2** (*Comput*) 退出 tuìchū **III** VI (*Theat*) 退场(場) tuìchǎng ▸ **to exit from sth** (*frm*) [+ *room, motorway*] 离(離)开(開)某处(處) líkāi mǒuchù
exit ramp (*US: Aut*) N [C] 离(離)开(開)高速公路的岔道 líkāi gāosù gōnglù de chàdào [BRIT = **slip road**]
exotic [ɪg'zɔtɪk] ADJ [+ *food, place*] 有异(異)国(國)情调(調)的 yǒu yìguó qíngdiào de
expand [ɪks'pænd] **I** VT **1** [+ *business, staff, numbers*] 扩(擴)展 kuòzhǎn **2** [+ *area*] 拓展 tuòzhǎn **II** VI **1** [*business* +] 扩(擴)展 kuòzhǎn **2** [*gas, metal* +] 膨胀(脹) péngzhàng ▸ **to expand on sth** [+ *notes, story, comments*] 详(詳)述某事 xiángshù mǒushì
expanse [ɪks'pæns] N [C] [*of sea, sky, land*] 广(廣)阔(闊) guǎngkuò
expansion [ɪks'pænʃən] N **1** [C/U] [*of business, population, economy*] 扩(擴)展 kuòzhǎn [个 gè] **2** [U] [*of gas, metal*] 膨胀(脹) péngzhàng
★ **expect** [ɪks'pɛkt] **I** VT **1** (*anticipate*) 预(預)料 yùliào ▹ *I expect it will rain.* 我预计会下雨。Wǒ yùjì huì xiàyǔ. **2** (*await*) 期待 qīdài ▹ *I am expecting an important letter.* 我正在等一封重要的信。Wǒ zhèngzài děng yīfēng zhòngyào de xìn. **3** [+ *baby*] 怀(懷)有 huáiyǒu ▹ *She was expecting her second child.* 她正怀着她的第2个孩子。Tā zhèng huáizhe tāde dì'èrgè háizi. **4** (*require*) 期望 qīwàng ▹ *They expect a good tip.* 他们期望得到不少小费。Tāmen qīwàng dédào bùshǎo xiǎofèi. **5** (*suppose*) 料想 liàoxiǎng ▹ *I expect you're tired.* 我想你一定累了吧。Wǒ xiǎng nǐ yīdìng lèile ba. **II** VI ▸ **to be expecting** (*be pregnant*) 怀(懷)孕 huáiyùn ▸ **to expect sth to happen** 预(預)期某事将(將)发(發)生 yùqī mǒushì jiāng fāshēng ▸ **to expect sb to do sth** (*anticipate*) 期望某人做某事 qīwàng mǒurén zuò mǒushì ▹ *I expected him to turn down the invitation.* 我想他会谢绝这个邀请。Wǒ xiǎng tā huì xièjué zhègè yāoqǐng.; (*require*) 指望某人做某事 zhǐwàng mǒurén zuò mǒushì ▹ *I wasn't expecting you to help.* 我并没有指望你帮忙 wǒ bìng méiyǒu zhǐwàng nǐ bāngmáng ▸ **to expect to do sth** 预(預)计(計)要做某事 yùjì yào zuò mǒushì ▸ **I expect so** 我想会(會)的 wǒ xiǎng huì de ▸ **as expected** 如所预(預)料的 rú suǒ yùliào de
expectation [ɛkspɛk'teɪʃən] N [C/U] **1** (*hope*) 期望 qīwàng [个 gè] **2** (*belief*) 预(預)计(計) yùjì [种 zhǒng] ▸ **against** *or* **contrary to all expectation(s)** 出乎意料 chūhū yìliào ▸ **to live up to sb's expectations** 不负(負)某人的期望 bùfù mǒurén de qīwàng ▸ **in the expectation that...** 预(預)计(計)··· yùjì...
expedition [ɛkspə'dɪʃən] N [C] **1** (*to explore*) 探险(險) tànxiǎn [次 cì] **2** (*to go shopping, fishing*) 出行 chūxíng [次 cì]
expel [ɪks'pɛl] VT **1** [+ *child*] (*from school*) 把···开(開)除 bǎ...kāichú **2** [+ *person*] (*from place*) 赶(趕)走 gǎnzǒu **3** [+ *gas, liquid*] 排出 páichū
expend [ɪks'pɛnd] (*frm*) VT [+ *money, time, energy*] 花费(費) huāfèi
expenditure [ɪks'pɛndɪtʃə^r] N **1** [C/U] [*of money*] 开(開)支 kāizhī [项 xiàng] **2** [U] [*of energy, time*] 消耗 xiāohào
expense [ɪks'pɛns] **I** N [C/U] (*cost*) 费(費)用 fèiyòng [笔 bǐ] **II expenses** N PL 经(經)费(費) jīngfèi ▸ **to go to the expense of doing sth** 花钱(錢)于(於)做某事 huāqián yú zuò mǒushì ▸ **at great expense** 以很大代价(價) yǐ hěndà dàijià ▸ **to do sth at one's own expense** 自己花钱(錢)做某事 zìjǐ huāqián zuò mǒushì ▸ **at the expense of** 以···为(為)代价(價) yǐ...wéi dàijià ▸ **to make a joke at sb's expense** 说(說)笑话(話)让(讓)某人出丑(醜) shuō xiàohua ràng mǒurén chūchǒu
expense account N [C] 支出账(賬) zhīchūzhàng
expensive [ɪks'pɛnsɪv] ADJ **1** [+ *article*] 昂贵(貴)的 ángguì de **2** [+ *mistake*] 代价(價)高的 dàijià gāo de; [+ *tastes*] 奢华(華)的 shēhuá de
★ **experience** [ɪks'pɪərɪəns] **I** N **1** [U] (*in job*) 经(經)验(驗) jīngyàn ▹ *He has managerial experience.* 他有管理经验。Tā yǒu guǎnlǐ jīngyàn. **2** [U] [*of life*] 阅(閱)历(歷) yuèlì **3** [C] (*individual event*) 经(經)历(歷) jīnglì [个 gè] ▹ *The funeral was a painful experience.* 那次追悼会是个痛苦的经历。Nàcì zhuīdàohuì shì gè tòngkǔ de jīnglì. **II** VT [+ *feeling, problem*] 体(體)验(驗) tǐyàn ▸ **to know from experience** 根据(據)经(經)验(驗)知道 gēnjù jīngyàn zhīdào ▸ **to learn from experience** 从(從)经(經)验(驗)中学(學)到 cóng jīngyàn zhōng xuédào
experienced [ɪks'pɪərɪənst] ADJ 有经(經)验(驗)的 yǒu jīngyàn de
experiment [*n* ɪks'pɛrɪmənt, *vb* ɪks'pɛrɪmɛnt] **I** N [C] **1** (*Sci*) 实(實)验(驗) shíyàn [个 gè] **2** (*trial*) 试(試)用 shìyòng [次 cì] **II** VI **1** ▸ **to experiment (with/on)** (*Sci*) (用···)做实(實)验(驗) (yòng...) zuò shíyàn ▹ *The campaigners*

e

wanted the laboratories to stop experimenting on animals. 运动的参加者希望实验室停止用动物做实验。Yùndòng de cānjiāzhě xīwàng shíyànshì tíngzhǐ yòng dòngwù zuò shíyàn. **2** (*fig*) 试(試)验(驗) shìyàn ▷ *She said that she was experimenting a recipe on me tonight.* 她说她今天晚上让我尝的是一个新的食谱。Tā shuō tā jīntián wǎnshàng ràng wǒ chángde shì yīgè xīn de shípǔ. ▸ **to perform** *or* **conduct** *or* **carry out an experiment** 做实(實)验(驗) zuò shíyàn ▸ **as an experiment** 作为(為)实(實)验(驗) zuòwéi shíyàn ▸ **an experiment in sth** 在某事上的试(試)点(點) zài mǒushì shàng de shìdiǎn

experimental [ɪkspɛrɪ'mɛntl] ADJ **1** (*innovative*) [+ *methods, ideas, art forms*] 实(實)验(驗)性的 shíyànxìng de **2** (*Sci*) [+ *tests, results*] 根据(據)实(實)验(驗)的 gēnjù shíyàn de ▸ **at the experimental stage** 处(處)于(於)试(試)验(驗)阶(階)段 chùyú shìyàn jiēduàn

expert ['ɛkspəːt] **I** N [c] (*specialist*) 专(專)家 zhuānjiā [位 wèi] **II** ADJ [+ *opinion, help, advice*] 专(專)家的 zhuānjiā de ▸ **an expert on sth** 某事的专(專)家 mǒushì de zhuānjiā ▸ **expert in** *or* **at doing sth** 做某事的高手 zuò mǒushì de gāoshǒu ▸ **expert witness** (*Law*) 专(專)家证(證)人 zhuānjiā zhèngrén

expertise [ɛkspəː'tiːz] N [U] 专(專)门(門)知识(識) zhuānmén zhīshi

expire [ɪks'paɪə^r] VI **1** [*passport, licence* +] 过(過)期 guòqī **2** (*liter: die*) 逝世 shìshì

expiry date N [c] [*of credit card, passport, visa, contract etc*] 到期日 dàoqīrì [个 gè] (*on drug, medicine*) 有效期 yǒuxiàoqī [个 gè]

explain [ɪks'pleɪn] VT **1** (*make understandable*) [+ *situation, contract*] 解释(釋) jiěshì **2** (*give reasons for*) [+ *decision, actions*] 阐(闡)明 chǎnmíng ▸ **to explain why/how** *etc* 解释(釋)为(為)什么(麼)/如何 等 jiěshì wèishénme/rúhé děng ▸ **to explain sth to sb** 向某人解释(釋)某事 xiàng mǒurén jiěshì mǒushì ▸ **to explain that...** 解释(釋)··· jiěshì...

▸**explain away** VT [+ *mistake, situation*] 把···解释(釋)过(過)去 bǎ...jiěshì guòqù

explanation [ɛksplə'neɪʃən] N **1** [c/U] (*reason*) ▸ **explanation (for)** (对(對)···的)解释(釋) (duì...de) jiěshì [个 gè] **2** [c] (*description*) ▸ **explanation (of)** (···的)说(說)明 (...de) shuōmíng [个 gè]

explanatory [ɪks'plænətrɪ] (*frm*) ADJ [+ *statement, comment*] 说(說)明的 shuōmíng de

explicit [ɪks'plɪsɪt] ADJ **1** (*clear*) [+ *support, permission*] 明确(確)的 míngquè de **2** (*blatant*) [+ *sex, violence*] 显(顯)然可见(見)的 xiǎnrán kě jiàn de ▸ **to be explicit about sth** (*frank*) 对(對)某事直言不讳(諱) duì mǒushì zhí yán bù huì

explode [ɪks'pləud] **I** VI **1** [*bomb* +] 爆炸 bàozhà **2** [*population* +] 猛增 měngzēng **3** [*person* +] (*with rage etc*) 迸发(發) bèngfā ▷ *Simon exploded with anger.* 西蒙勃然大怒。Xīméng bó rán dà nù. **II** VT **1** [+ *bomb, tank*] 使爆炸 shǐ bàozhà **2** [+ *myth, theory*] 戳穿 chuōchuān

exploit [*n* 'ɛksplɔɪt, *vb* ɪks'plɔɪt] **I** N (*deed, feat*) 英勇业(業)绩(績) yīngyǒng yèjì **II** VT (*make use of*) [+ *opportunity, talent*] 利用 lìyòng; [+ *resources*] 开(開)发(發) kāifā; (*unfairly*) [+ *person, idea*] 剥(剝)削 bōxuē

exploitation [ɛksplɔɪ'teɪʃən] N [U] **1** [*of person, idea*] 剥(剝)削 bōxuē **2** [*of resources*] 开(開)发(發) kāifā

explore [ɪks'plɔː^r] **I** VT **1** [+ *place, space*] 探索 tànsuǒ **2** (*with hands*) 探察 tànchá **3** [+ *idea, suggestion*] 探究 tànjiū **II** VI **1** (*look around*) 探险(險) tànxiǎn **2** ▸ **to explore for oil** 勘探石油 kāntàn shíyóu

explorer [ɪks'plɔːrə^r] N [c] 探险(險)者 tànxiǎnzhě [名 míng]

explosion [ɪks'pləuʒən] N [c] **1** [*of bomb*] 爆炸 bàozhà [个 gè] **2** (*increase*) [*of population*] 激增 jīzēng [个 gè] **3** (*outburst*) [*of rage, laughter etc*] 迸发(發) bèngfā [次 cì]

explosive [ɪks'pləusɪv] **I** ADJ **1** [+ *device, effect*] 爆炸的 bàozhà de **2** (*fig*) [+ *situation, issue*] 爆炸性的 bàozhàxìng de; [+ *person, temper*] 暴躁的 bàozào de **II** N [c/U] (*substance, device*) 炸药(藥) zhàyào [种 zhǒng]

export [*vb* ɛks'pɔːt, *n* 'ɛkspɔːt] **I** VT [+ *goods, ideas, problems, file*] 输(輸)出 shūchū **II** N **1** [U] (*process*) 出口 chūkǒu **2** [c] (*product*) 出口物 chūkǒuwù [宗 zōng] **III** CPD [+ *duty, permit, licence*] 出口 chūkǒu

exporter [ɛks'pɔːtə^r] N [c] 出口商 chūkǒushāng [名 míng]

expose [ɪks'pəuz] VT (*reveal*) [+ *object*] 显(顯)露 xiǎnlù; [+ *impostor, scandal*] 揭穿 jiēchuān ▸ **to expose sb to sth** (*radiation, virus etc*) 使某人接触(觸)某物 shǐ mǒurén jiēchù mǒuwù ▸ **to expose o.s.** (*Law*) 性暴露 xìng bàolù

exposed [ɪks'pəuzd] ADJ **1** [+ *house, place etc*] 无(無)遮蔽的 wú zhēbì de **2** (*Elec*) [+ *wire*] 裸露的 luǒlù de

exposure [ɪks'pəuʒə^r] N **1** [U] (*to poison, radiation*) ▸ **exposure (to)** 暴露(在···中) bàolù (zài...zhōng) **2** [U] (*Med*) 冻(凍)伤(傷) dòngshāng **3** [U] (*publicity*) 公开(開)露面 gōngkāi lòumiàn **4** [U] [*of wrongdoing, impostor*] 揭露 jiēlù **5** [c] (*Phot*) (*shot*) 软(軟)片 ruǎnpiàn ▷ *a camera capable of taking a hundred exposures* 能拍100张照片的照相机 (*amount of light*) [c/U] 曝光量 pùguāngliàng ▸ **to die from** *or* **of exposure** (*Med*) 死于(於)冻(凍)馁(餒) sǐyú dòngněi

express [ɪks'prɛs] **I** VT **1** [+ *idea, view, concern*] 表达(達) biǎodá **2** (*frm*) [+ *quantity, number*] ▸ **expressed as a percentage/fraction** *etc* 用

百分比/分数(數) 等 表示的 yòng bǎifēnbǐ/fēnshù děng biǎoshì de **II** ADJ **1** (*frm: clear*) [*+ command, wishes etc*] 明确(確)的 míngquè de **2** (*deliberate*) [*+ purpose, intention*] 专(專)门(門)的 zhuānmén de **3** [*+ service, mail*] 特快的 tèkuài de **III** N [C] (*train, coach*) 快车(車) kuàichē [辆 liàng] **IV** ADV [*send +*] 用快递(遞) yòng kuàidì ▸ **to express o.s.** 表达(達)自己的意思 biǎodá zìjǐ de yìsi ▸ **how does this attitude express itself?** 如何体(體)现(現)出这(這)个(個)态(態)度？ rúhé tǐxiàn chū zhègè tàidu

expression [ɪks'prɛʃən] N **1** [C] (*word, phrase*) 言辞(辭) yáncí [种 zhǒng] **2** [C/U] (*on face*) 表情 biǎoqíng [种 zhǒng] **3** [C/U] [*of idea, emotion*] 表达(達) biǎodá [种 zhǒng] **4** [U] (*feeling*) [*of actor, singer etc*] 感情 gǎnqíng

expressive [ɪks'prɛsɪv] ADJ [*+ face*] 富于(於)表情的 fùyú biǎoqíng de ▸ **expressive of** (*frm*) 表达(達)…的 biǎodá…de

expressway [ɪks'prɛsweɪ] (*Aut*) N [C] 高速公路 gāosù gōnglù [条 tiáo]

exquisite [ɛks'kwɪzɪt] ADJ **1** (*beautiful*) [*+ lace, workmanship*] 精致(緻)的 jīngzhì de; [*+ taste*] 高雅的 gāoyǎ de **2** (*liter: keenly felt*) [*+ pleasure, relief*] 极(極)其的 jíqí de

ext. (*Tel*) ABBR (= **extension**) 分机(機) fēnjī

extend [ɪks'tɛnd] **I** VT **1** [*+ visit*] 延长(長) yáncháng **2** [*+ building*] 扩(擴)展 kuòzhǎn **3** [*+ contract, deadline*] 给(給)…延期 gěi…yánqī **4** [*+ arm, hand*] 伸出 shēnchū **5** [*+ welcome, invitation*] 发(發)出 fāchū **6** (*Comm*) [*+ credit*] 提供 tígōng **II** VI **1** [*land, road +*] 延伸 yánshēn **2** [*period +*] 延续(續) yánxù **3** [*influence, power etc +*] 延及 yánjí ▷ *His influence extends beyond the TV viewing audience.* 他的影响超出了电视观众的范围。Tā de yǐngxiǎng chāochūle diànshì guānzhòng de fànwéi. ▸ **to extend from** (*protrude*) 从(從)…中伸出 cóng…zhōng shēnchū ▸ **to extend to** (*include*) 涉及 shèjí

extension [ɪks'tɛnʃən] N [C] **1** [*of building*] 扩(擴)建部分 kuòjiàn bùfen [个 gè] **2** [*of contract, visa*] 延期 yánqī [次 cì] **3** [*of rights, campaign, idea*] 扩(擴)展 kuòzhǎn [个 gè] **4** (*Elec*) 延长(長)部分 yáncháng bùfen [个 gè] **5** [*of road, railway*] 附加部分 fùjiā bùfen [个 gè] **6** (*to wire, table*) 延伸部分 yánshēn bùfen [个 gè] **7** (*Tel*) 分机(機) fēnjī [部 bù] ▸ **extension 3718** (*Tel*) 3718 分机(機) sān qī yī bā fēnjī

extensive [ɪks'tɛnsɪv] ADJ **1** [*+ area, grounds*] 广(廣)阔(闊)的 guǎngkuò de **2** [*+ damage*] 巨大的 jùdà de **3** [*+ inquiries, discussion*] 广(廣)泛的 guǎngfàn de **4** [*+ use*] 大量的 dàliàng de

extent [ɪks'tɛnt] N [U/S] **1** [*of area, land etc*] 大小 dàxiǎo **2** [*of problem, damage*] 程度 chéngdù ▸ **to a certain extent** 在一定程度上 zài yīdìng chéngdù shàng ▸ **to a large extent** 在很大程度上 zài hěndà chéngdù shàng ▸ **to the extent of…** 到了…地步 dàole…dìbù ▸ **to some extent** 在某种(種)程度上 zài mǒuzhǒng chéngdù shàng ▸ **to such an extent that…** 到这(這)样(樣)的程度，以至于(於)… dào zhèyàng de chéngdù, yǐzhìyú… ▸ **to what extent?** 到什么(麼)程度？ dào shénme chéngdù? ▷ *To what extent do you think the advantages outweigh the disadvantages?* 你认为利比弊大多少？ Nǐ rènwéi lì bǐ bì dà duōshao?

exterior [ɛks'tɪərɪə^r] **I** ADJ (*external*) [*+ drain, wall*] 外部的 wàibù de **II** N [C] **1** (*outside*) [*of building, vehicle*] 外部 wàibù **2** (*appearance*) [*of person*] 外表 wàibiǎo

external [ɛks'tə:nl] **I** ADJ **1** [*+ wall, surface*] 外部的 wàibù de **2** (*esp Brit*) [*+ examiner, auditor*] 外界的 wàijiè de **II externals** N PL 外表 wàibiǎo ▸ **for external use only** (*Med*) 只供外用 zhǐ gōng wàiyòng ▸ **external affairs** (*Pol*) 外交事务(務) wàijiāo shìwù

extinct [ɪks'tɪŋkt] ADJ **1** [*+ animal, plant*] 灭(滅)绝(絕)的 mièjué de **2** [*+ volcano*] 熄灭(滅)的 xīmiè de

extinction [ɪks'tɪŋkʃən] N [U] [*of species*] 灭(滅)绝(絕) mièjué ▸ **to face extinction** 面(麵)临(臨)灭(滅)绝(絕) miànlín mièjué

extinguish [ɪks'tɪŋgwɪʃ] VT **1** (*frm*) [*+ fire*] 扑(撲)灭(滅) pūmiè; [*+ light, cigarette*] 熄灭(滅) xīmiè **2** (*liter*) [*+ hope, memory*] 使破灭(滅) shǐ pòmiè

extinguisher [ɪk'stɪŋgwɪʃə^r] N [C] 灭(滅)火器 mièhuǒqì [个 gè]; (*fire extinguisher*)

extortionate [ɪk'stɔ:ʃnɪt] ADJ 价(價)格过(過)高的 jiàgé guò gāo de

extra ['ɛkstrə] **I** ADJ [*+ thing, person, amount*] 额(額)外的 éwài de **II** ADV **1** (*in addition*) 额(額)外地 éwài de **2** (*inf: particularly*) 特别(別)地 tèbié de ▷ *He was extra nice to me this morning.* 今天上午他对我特别好。Jīntiān shàngwǔ tā duì wǒ tèbié hǎo. **III** N [C] **1** (*luxury*) 额(額)外的事物 éwài de shìwù [件 jiàn] **2** (*surcharge*) 另外的收费(費) lìngwài de shōufèi [项 xiàng] **3** (*Cine, Theat*) 配角 pèijué [个 gè] ▸ **wine will cost extra** 酒另外收钱(錢) jiǔ lìngwài shōuqián ▸ **there are no hidden extras** (*on bill*) 没(沒)有隐(隱)含的额(額)外费(費)用 méiyǒu yǐnhán de éwài fèiyòng

extract [*vb* ɪks'trækt, *n* 'ɛkstrækt] **I** VT **1** (*liter: take out*) [*+ object*] 取出 qǔchū **2** [*+ money, promise, information*] 逼取 bīqǔ **3** [*+ tooth*] 拔出 báchū **4** [*+ substance, mineral etc*] 提取 tíqǔ **II** N **1** [C] (*from novel, recording*) 摘录(錄) zhāilù [个 gè] **2** [C/U] [*of substance*] 萃取物 cuìqǔwù [种 zhǒng] ▸ **lemon extract, extract of lemon** 柠(檸)檬精 níngméngjīng

extradite ['ɛkstrədaɪt] (*frm*) VT 引渡 yǐndù ▸ **to be extradited to Britain** 被引渡到英国(國) bèi yǐndù dào Yīngguó

extraordinary [ɪks'trɔ:dnrɪ] ADJ **1** (*exceptional*) 非凡的 fēifán de **2** (*frm*) [*+ meeting*] 特别(別)的

tèbié de ▸ **the extraordinary thing is that...** 令人惊(驚)奇的是… lìngrén jīngqí de shì...

extravagance [ɪks'trævəgəns] N **1** [U] (*spending*) 奢侈 shēchǐ **2** [C] (*luxury*) 奢侈品 shēchǐpǐn [件 jiàn]

extravagant [ɪks'trævəgənt] ADJ **1** (*lavish*) [+ *person, tastes*] 奢侈的 shēchǐ de **2** (*wasteful*) 浪费(費)的 làngfèi de **3** (*exaggerated*) [+ *praise, generosity*] 过(過)度的 guòdù de **4** (*unrealistic*) [+ *ideas, claim*] 过(過)分的 guòfèn de

extreme [ɪks'tri:m] **I** ADJ **1** [+ *poverty, caution*] 极(極)度的 jídù de **2** [+ *opinions, methods*] 极端的 jíduān de **3** [+ *point, edge*] 末端的 mòduān de **II** N [C] 极(極)端 jíduān ▸ **the extreme right/left** (*Pol*) 极(極)右/左 jíyòu/zuǒ ▸ **extremes of temperature** 冷热(熱)气(氣)温(溫)悬(懸)殊 lěngrè qìwēn xuánshū ▸ **in the extreme** (*frm*) 极(極)度 jídù ▸ **to go to extremes** 走极(極)端 zǒu jíduān ▸ **to go from one extreme to the other** 从(從)一个(個)极(極)端到另一个(個)极(極)端 cóng yīgè jíduān dào lìngyīgè jíduān

extremely [ɪks'tri:mlɪ] ADV **1** (*with adj*) [+ *useful, hot, heavy*] 非常 fēicháng **2** (*with adv*) [*carefully, well, hard* +] 非常 fēicháng

extremist [ɪks'tri:mɪst] **I** N [C] 过(過)激分子 guòjī fènzǐ [个 gè] **II** ADJ [+ *views, group*] 极(極)端主义(義)的 jíduān zhǔyì de

extrovert ['ɛkstrəvə:t] **I** ADJ (*esp Brit*) 外向的 wàixiàng de [US = **extroverted**] **II** N [C] 性格外向者 xìnggé wàixiàngzhě [名 míng]

★ **eye** [aɪ] **I** N **1** [C] (*Anat*) 眼睛 yǎnjing [只 zhī] **2** [C] (*fig*) 眼光 yǎnguāng ▹ *He scrutinised the pages with a critical eye.* 他以挑剔的眼光细看了几页。Tā yǐ tiāotī de yǎnguāng xìkàn le jǐyè. **3** [C] [*of needle*] 孔 kǒng **4** [S] [*of tornado, hurricane*] 风(風)眼 fēngyǎn **II** VT (*look at*) 审(審)视(視) shěnshì ▹ *We eyed each other thoughtfully.* 我们仔细地审视了对方。Wǒmen zǎixì de shěnshìle duìfāng. ▸ **to keep an eye on sb/sth** 密切注意某人/某事 mìqiè zhùyì mǒurén/mǒushì ▸ **before** *or* **in front of** *or* **under one's eyes** 在某人的眼皮底下 zài mǒurén de yǎnpí dǐxià ▸ **to catch sb's eye** [*action, movement* +] 被某人看到 bèi mǒurén kàndào; [*person* +] (*deliberately*) 引起某人的注意 yǐnqǐ mǒurén de zhùyì ▸ **to clap** *or* **lay** *or* **set eyes on sb/sth** (*inf*) 看见(見)某人/某事 kànjiàn mǒurén/mǒushì ▸ **to have one's eye on sth** (*inf: want*) 想要某物 xiǎngyào mǒuwù ▸ **to keep one's eyes open for** *or* **to keep an eye out for sb/sth** 留意某人/某事 liúyì mǒurén/mǒushì ▸ **to look sb in the eye** *or* **to meet sb's eyes** 正视(視)某人 zhèngshì mǒurén ▸ **to see sth through sb's eyes** 从(從)某人的角度看 cóng mǒurén de jiǎodù kàn ▸ **as far as the eye can see** 就视(視)力所及的范(範)围(圍) jiù shìlì suǒjí de fànwéi ▸ **in the public eye** 广(廣)为(為)人知 guǎng wéi rén zhī ▸ **to see eye to eye (with sb)** (与(與)某人)看法完全一致 (yǔ mǒurén) kànfǎ wánquán yīzhì ▸ **to have an eye for sth** 具有对(對)某物的鉴(鑑)赏(賞)力 jùyǒu duì mǒuwù de jiànshǎnglì ▸ **there's more to this than meets the eye** 并(並)不像看到的那么(麼)简(簡)单(單) bìng bùxiàng kàndào de nàme jiǎndān

eyeball ['aɪbɔ:l] N [C] 眼球 yǎnqiú

eyebrow ['aɪbrau] N [C] 眉毛 méimao [个 gè] ▸ **his behaviour raised a few eyebrows** 他的行为(為)颇(頗)令某些人瞠目 tā de xíngwéi pōlìng mǒuxiērén chēngmù

eyedrops ['aɪdrɔps] N PL 眼药(藥)水 yǎnyàoshuǐ

eyelash ['aɪlæʃ] N [C] 眼睫毛 yǎnjiémáo [根 gēn]

eyelid ['aɪlɪd] N [C] 眼皮 yǎnpí [个 gè]

eyeliner ['aɪlaɪnə^r] N [C/U] 眼线(線)笔(筆) yǎnxiànbǐ

eyeshadow ['aɪʃædəu] N [C/U] 眼影 yǎnyǐng

eyesight ['aɪsaɪt] N [U] 视(視)力 shìlì

eye witness N [C] (*to crime, accident*) 目击(擊)者 mùjīzhě [位 wèi]

F¹, f [ɛf] **I** N [c/ʊ] (*letter*) 英语的第六个字母 **II** ABBR (= **female**) 女性 nǚxìng
F² [ɛf] **I** N [c/ʊ] (*Mus*) C大调音阶中的第四个音符 **II** ABBR (= **Fahrenheit**) 华(華)氏温(溫)度计(計) huáshì wēndùjì
fable ['feɪbl] N **1** [c] (*story*) 寓言 yùyán [则 zé] **2** [c/ʊ] (*myth*) 传(傳)说(說) chuánshuō [个 gè]
fabric ['fæbrɪk] N **1** [c/ʊ] (*cloth*) 织(織)物 zhīwù [件 jiàn] **2** [s] [*of society*] 结(結)构(構) jiégòu **3** [s] (*frm*) [*of building*] 结(結)构(構) jiégòu
fabricate ['fæbrɪkeɪt] VT **1** [+ *evidence, story*] 编(編)造 biānzào **2** [+ *parts, equipment*] 制(製)造 zhìzào
fabulous ['fæbjuləs] ADJ **1** (*inf: fantastic*) [+ *person, looks, mood*] 极(極)好的 jíhǎo de **2** (*extraordinary*) [+ *beauty, wealth, success*] 格外的 géwài de **3** (*mythical*) 传(傳)说(說)中的 chuánshuō zhōng de
★**face** [feɪs] **I** N **1** [c] (*Anat*) 脸(臉) liǎn [张 zhāng] ▷ *She had a beautiful face.* 她的脸很漂亮。Tā de liǎn hěn piàoliang. **2** [c] (*expression*) 表情 biǎoqíng [个 gè] ▷ *He looked at her with a puzzled face.* 他用疑惑的表情看着她。Tā yòng yíhuò de biǎoqíng kànzhe tā. **3** [c] [*of clock*] 正面 zhèngmiàn [个 gè] **4** [c] [*of mountain, cliff*] 陡面 dǒumiàn ▷ *the north face of Mount Tai* 泰山朝北的陡面 Tàishān cháo běi de dǒumiàn; [*of building*] 面 miàn **5** [c] (*side*) [*of cube, dice etc*] 面 miàn **6** [s] (*aspect*) [*of belief, system*] 一面 yīmiàn ▷ *the ugly face of capitalism* 资本主义的丑恶的一面 Zīběn zhǔyì de chǒu'è de yī miàn; [*of city, institution*] 面貌 miànmào ▷ *The face of a city can change completely in a year.* 城市的面貌一年一个样。Chéngshì de miànmào yī nián yīgè yàng. **II** VT **1** [+ *direction*] [*person* +] 面向 miànxiàng; [*building, seat, car* +] 朝 cháo **2** (*confront*) 面临(臨) miànlín ▷ *We are faced with a serious problem.* 我们正面临一个严重的问题。Wǒmen zhèng miànlín yīgè yánzhòng de wèntí. **3** [+ *unpleasant situation*] 面对(對) miànduì; [+ *truth, facts*] 正视(視) zhèngshì ▷ *Williams faces life in prison if convicted.* 如果被定罪的话，威廉姆斯将面对终生监禁。Rúguǒ bèi dìngzuì de huà, Wēiliánmǔsì jiāng miànduì zhōngshēng jiānjìn. ▷ *We simply must face facts.* 我们显然必须得正视现实。Wǒmen xiǎnrán bìxū děi zhèngshì xiànshí. **III** VI [*person* +] 面向 miànxiàng; [*building, seat, car* +] 朝 cháo ▷ *He was facing forwards.* 他面向前方。Tā miànxiàng qiánfāng. ▷ *The garden faces south.* 这座花园朝南。Zhè zuò huāyuán cháo nán. ▶ **I can't** *or* **couldn't face it** 我应(應)付不了 wǒ yìngfù bùliǎo ▶ **to be** *or* **lie face down/up** [*person* +] 俯卧(臥)/仰卧(臥) fǔwò/yǎngwò; [*card* +] 正面 zhèngmiàn ▶ **to lose/save face** 丢(丟)/挽回面子 diū/wǎnhuí miànzi ▶ **to make** *or* (*Brit*) **pull a face (at sb)** (对(對)某人)做鬼脸(臉) (duì mǒurén)zuò guǐliǎn ▶ **in the face of** [+ *difficulties, opposition*] 失灵(靈) miànduì ▶ **on the face of it** (*superficially*) 表面看来(來) biǎomiàn kànlái ▶ **to come face to face with** [+ *person*] 与(與)…面对(對)面 yǔ…miàn duì miàn; [+ *problem*] 正视(視) zhèngshì
▶**face up to** VT FUS **1** [+ *truth, facts*] 接受 jiēshòu **2** [+ *responsibilities, duties*] 承担(擔) chéngdān
face cloth (*Brit*) N [c] 洗脸(臉)毛巾 xǐliǎn máojīn [条 tiáo] [美 = **washcloth**]
facelift ['feɪslɪft] N [c] **1** [*of person*] 面部拉皮整容手术(術) miànbù lāpí zhěngróng shǒushù [次 cì] **2** [*of place, building*] 翻新 fānxīn ▶ **to have a facelift** 做面部拉皮整容手术(術) zuò miànbù lāpí zhěngróng shǒushù ▶ **to give a room a facelift** 翻修房间(間) fānxiū fángjiān
face pack (*Brit*) N [c] 面膜 miànmó
facet ['fæsɪt] N [c] **1** [*of question, personality*] 方面 fāngmiàn **2** [*of gem*] 琢面 zhuómiàn
face value N **1** [c] [*of coin, banknote, ticket*] 票面价(價)值 piàomiàn jiàzhí **2** ▶ **to take sth at face value** (*accept unquestioningly*) 认(認)为(為)真如其显(顯)示的那样(樣) rènwéi zhēn rúqí xiǎnshì de nàyàng
facial ['feɪʃl] **I** ADJ [+ *hair, expression*] 面部的 miànbù de **II** N [c] 面部按摩 miànbù ànmó ▶ **to have a facial** 做面部按摩 zuò miànbù ànmó
facilitate [fə'sɪlɪteɪt] VT [+ *action, process*] 使容易 shǐ róngyì
facility [fə'sɪlɪtɪ] N [c] **1** (*feature*) 设(設)施 shèshī **2** (*service*) 设(設)施 shèshī [种 zhǒng] ▶ **to have a facility for sth** (*skill, aptitude*) 有做某事的天分 yǒu zuò mǒushì de tiānfèn
★**fact** [fækt] N **1** [c] (*piece of information*) 真相 zhēnxiàng [个 gè] ▷ *It may help you to know the full facts of the case.* 了解本案的全部真相会对你有所帮助。Liǎojiě běn àn de quánbù zhēnxiàng huì duì nǐ yǒu suǒ bāngzhù. **2** [ʊ] (*truth*) 事实(實) shìshí ▷ *I don't know whether the rumour was based on fact or not.* 我不知道这个传闻是否基于事实。Wǒ bù zhīdào zhège chuánwén shìfǒu jīyú shìshí. ▶ **in (actual) fact** ▶ **as a matter of fact** (*for emphasis*) 实(實)际(際)上 shíjì shàng; (*when disagreeing*) 其实(實) qíshí ▷ *In fact, I'm not at all sure that Freud was correct.* 其实，我一点儿也不肯定弗洛伊德是正确的。Qíshí, Wǒ yīdiǎnr yě bù

kěndìng Fúluòyīdé shì zhèngquè de.; (*when qualifying statement*) 事实(實)上 shìshí shàng ▷ *It was terribly cold weather, a blizzard in fact.* 天气异常冷，事实上，是暴风雪。Tiānqì yìcháng lěng, shìshí shàng, shì bàofēngxuě. ▶ **to know for a fact (that)...** 肯定… kěndìng... ▶ **the fact (of the matter) is (that)...** 事实(實)是… shìshí shì... ▶ **the facts of life** 性知识(識) xìng zhīshí ▶ **a fact of life** 无(無)法改变(變)的事实(實) wúfǎ gǎibiàn de shìshí ▶ **facts and figures** 精确(確)的资(資)料 jīngquè de zīliào

faction ['fækʃən] (*Rel, Pol*) N [c] (*group*) 派系 pàixì

factor ['fæktəʳ] N [c] **1** [*of problem, decision etc*] 因素 yīnsù [个 gè] **2** (*Math*) 因数(數) yīnshù
▶**factor in** VT [+ *cost*] 把…作为(為)因素考虑(慮) bǎ...zuòwéi yīnsù kǎolǜ

factory ['fæktərɪ] N [c] 工厂(廠) gōngchǎng [家 jiā]

factual ['fæktjuəl] ADJ [+ *account, error*] 事实(實)的 shìshí de

faculty ['fækəltɪ] N **1** [c] (*sense, ability*) 官能 guānnéng **2** [c/ʊ] (*Brit*) [*of university*] 学(學)院 xuéyuàn **3** [c/ʊ] (*US*) (*teaching staff*) 全体(體)教师(師) quántǐ jiàoshī

fad [fæd] N [c] (*craze*) 时(時)尚 shíshàng [种 zhǒng]

fade [feɪd] **I** VI **1** [*colour, wallpaper, photograph* +] 褪色 tuìsè; [*sound, light* +] 渐(漸)弱 jiànruò **2** [*memory, interest* +] 逐渐(漸)消失 zhújiàn xiāoshī; [*hope* +] 破灭(滅) pòmiè ▷ *Hopes are fading for the success of the cease-fire.* 停火协议能够成功的希望即将破灭。Tínghuǒ xiéyì nénggòu chénggōng de xīwàng jíjiāng pòmiè.; [*prospects* +] 暗淡 àndàn; [*possibilities* +] 减(減)少 jiǎnshǎo **II** VT [+ *colour*] 使褪色 shǐ tuìsè
▶**fade away** VI **1** [*music, sound* +] 慢慢减(減)弱 mànmàn jiǎnruò **2** [*image* +] 变(變)模糊 biàn móhu **3** (*fig*) 逐渐(漸)消失 zhújiàn xiāoshī
▶**fade in** VT [+ *picture, sound*] 使淡入 shǐ dànrù
▶**fade out** VI **1** [+ *light, image, sound*] 逐渐(漸)减(減)弱 zhújiàn jiǎnruò **2** (*fig*) 逐渐(漸)消失 zhújiàn xiāoshī

faeces, (*US*) **feces** ['fiːsiːz] (*frm*) N PL 粪(糞)便 fènbiàn

fag [fæg] (*inf*) N [c] **1** (*Brit*) (*cigarette*) 香烟(煙) xiāngyān [包 bāo] **2** (*US; inf!*) (*homosexual*) 男同性恋(戀) nán tóngxìngliàn

Fahrenheit ['færənhaɪt] **I** ADJ 华(華)氏的 huáshì de **II** N 华(華)氏温(溫)度计(計) huáshì wēndùjì

★**fail** [feɪl] **I** VT **1** [+ *exam, test*] 没(沒)有通过(過) méiyǒu tōngguò ▷ *I failed my driving test twice.* 我两次驾驶考试都没合格。Wǒ liǎng cì jiàshǐ kǎoshì dōu méi hégé. **2** [+ *candidate*] 评(評)定…不及格 píngdìng...bù jígé ▷ *One of the examiners wanted to fail him.* 其中一位考官想要评定他不及格。Qízhōng yī wèi kǎoguān xiǎng yào píngdìng tā bù jígé. **3** [*leader, system* +] 使失望 shǐ shīwàng ▷ *Our leaders have failed us.* 我们的领导使我们失望。Wǒmen de lǐngdǎo shǐ wǒmen shīwàng. **4** [*courage, memory* +] 失去 shīqù ▷ *At the last minute his courage failed him.* 在关键时刻，他失去了勇气。Zài guānjiàn shíkè, tā shīqùle yǒngqì. **II** VI **1** [*candidate* +] 没(沒)通过(過) méi tōngguò ▷ *"Did you pass?" – "No, I failed."* "你过了吗？" "没过。" "Nǐ guòle ma?" "Méi guò." **2** [*attempt, plan, remedy* +] 失败(敗) shībài ▷ *The attempt to bribe the clerk had failed.* 贿赂职员的尝试失败了。Huìlù zhíyuán de chángshì shībài le. **3** [*brakes* +] 失灵(靈) shīlíng ▷ *The brakes failed and his car crashed into a tree.* 由于刹车失灵，他的车撞树上了。Yóuyú shāchē shīlíng, tā de chē zhuàng shù shàng le. **4** [*eyesight, health* +] 衰退 shuāituì ▷ *They go and read to people whose sight is failing.* 他们给那些视力衰退的人读书听。Tāmen gěi nàxiē shìlì shuāituì de rén dúshū tīng. **5** [*light* +] 变(變)暗 biàn' àn ▷ *In a few hours the light will fail.* 几个小时以后，天色就会变暗。Jǐgè xiǎoshí yǐhòu, tiānsè jiù huì biàn àn. ▶ **to fail to do sth** (*not succeed*) 未能做某事 wèinéng zuò mǒushì ▷ *The England team failed to win a place in the finals.* 英格兰队未能进入决赛。Yīnggélán duì wèi néng jìnrù juésài.; (*neglect*) 没(沒)有做某事 méiyǒu zuò mǒushì ▷ *The bomb failed to explode.* 炸弹没有爆炸。Zhàdàn méiyǒu bàozhà. ▶ **without fail** (*definitely*) 一定 yīdìng ▷ *Don't worry, I'll be there without fail.* 别担心，我一定会去。Bié dānxīn, wǒ yīdìng huì qù.; (*without exception*) 毫无(無)例外 háo wú lìwài ▷ *He attended every meeting without fail.* 他每次会议都参加，没有例外的。Tā měi cì huìyì dōu cānjiā, méiyǒu lìwài de.

failing ['feɪlɪŋ] **I** N [c] (*weakness*) 缺陷 quēxiàn [个 gè] **II** PREP ▶ **failing that** 不然的话(話) bùrán de huà

failure ['feɪljəʳ] N **1** [c/ʊ] (*lack of success*) 失败(敗) shībài [次 cì] **2** [c] (*person*) 废(廢)物 fèiwù [个 gè] **3** [c/ʊ] (*mechanical, electrical*) 故障 gùzhàng [个 gè] **4** [c/ʊ] [*of crops*] 歉收 qiànshōu
▶ **failure to do sth** 没(沒)有做某事 méiyǒu zuò mǒushì
▶ **heart/kidney failure** 心力/肾(腎)衰竭 xīnlì/shèn shuāijié ▶ **it was a (complete) failure** 那是个(個)(彻(徹)底的)失败(敗) nà shì gè (chèdǐ de) shībài

faint [feɪnt] **I** ADJ **1** [+ *sound, light, smell, hope*] 微弱的 wēiruò de **2** [+ *recollection, smile*] 淡淡的 dàndàn de **3** [+ *mark, trace*] 隐(隱)约(約)的 yǐnyuē de **4** [+ *breeze*] 轻(輕)柔的 qīngróu de **II** N [c] (*Med*) 昏倒 hūndǎo **III** VI (*Med*) 晕(暈)倒 yūndǎo ▶ **to feel faint** 感到眩晕(暈) gǎndào xuànyūn

faintest ['feɪntɪst] ADJ, N ▶ **I haven't the faintest (idea)** 我一点(點)儿(兒)也不知道 wǒ yīdiǎnr

bù zhīdào
faintly ['feɪntlɪ] ADV **1** (*slightly*) 有些 yǒu xiē **2** (*weakly*) 微弱地 wēiruò de
fair [fɛəʳ] **I** ADJ **1** (*just, right*) [+ *person, decision, trial*] 公平的 gōngpíng de **2** (*quite large*) [+ *size, number, distance, amount*] 相当(當)的 xiāngdāng de **3** (*quite good*) [+ *chance, guess, idea*] 大体(體)的 dàtǐ de **4** [+ *skin, complexion*] 白皙的 báixī de; [+ *hair*] 金色的 jīnsè de **5** (*frm*) [+ *weather*] 晴朗的 qínglǎng de **II** ADV ▸ **to play fair** 公平行事 gōngpíng xíngshì **III** N [c] **1** (*trade fair*) 交易会(會) jiāoyìhuì [届 jiè] **2** (*Brit*) (*also*: **funfair**) 游(遊)乐(樂)场(場) yóulèchǎng [座 zuò] [美 = **carnival**] ▸ **it's not fair!** 太不公平了！ tài bù gōngpíng le! ▸ **a fair amount of** 不少 bùshǎo
fairground ['fɛəgraund] N [c] 游(遊)乐(樂)场(場) yóulèchǎng [座 zuò]
fair-haired [fɛə'hɛəd] ADJ [+ *person*] 金色毛发(髮)的 jīnsè máofà de
fairly ['fɛəlɪ] ADV **1** (*justly*) [*share, distribute* +] 公平地 gōngpíng de **2** (*quite*) [+ *heavy, fast, good*] 相当(當) xiāngdāng
fairness ['fɛənɪs] N [U] (*justice, impartiality*) 公正 gōngzhèng ▸ **in all fairness** 公正地说(說) gōngzhèng de shuō
fair trade N [U] 公平交易 gōngpíng jiāoyì
fairway ['fɛəweɪ] (*Golf*) N [c] 球座与终点间经过修整的草地
fairy ['fɛərɪ] N [c] 仙女 xiānnǚ [位 wèi]
fairy tale N [c] 童话(話) tónghuà [个 gè]
faith [feɪθ] N **1** [U] (*trust*) 信任 xìnrèn **2** [c] (*specific religion*) 宗教 zōngjiào [种 zhǒng] **3** [U] (*religious belief*) 信仰 xìnyǎng ▸ **to have faith in sb/sth** 相信某人/某事 xiāngxìn mǒurén/mǒushì ▸ **in good faith** 真心实(實)意的 zhēnxīn-shíyì de
faithful ['feɪθful] ADJ **1** (*loyal*) [+ *service, supporter, friend*] 忠实(實)的 zhōngshí de **2** (*sexually*) [+ *husband, wife, lover*] 忠诚(誠)的 zhōngchéng de **3** (*accurate*) [+ *account, version, copy*] 真实(實)的 zhēnshí de ▸ **to be faithful to** [+ *book, film*] 忠实(實)于(於) zhōngshíyú; (*sexually*) [+ *husband, wife*] 忠诚(誠)于(於) zhōngchéng yú
faithfully ['feɪθfəlɪ] ADV **1** (*loyally*) [*serve, promise, follow* +] 忠实(實)地 zhōngshí de **2** (*accurately*) [*restore, record, copy* +] 精确(確)地 jīngquè de ▸ **Yours faithfully** (*Brit*) 您忠实(實)的 nín zhōngshí de [美 = **Sincerely yours**]
fake [feɪk] **I** N [c] **1** (*painting, antique, document*) 赝(贋)品 yànpǐn [件 jiàn] **2** (*person*) 骗(騙)子 piànzi **II** ADJ [+ *painting, document*] 假的 jiǎ de **III** VT **1** [+ *painting, antique, document*] 伪(偽)造 wěizào **2** [+ *emotion, reaction*] 假装(裝) jiǎzhuāng; [+ *death, injury*] 佯装(裝) yángzhuāng
falcon ['fɔːlkən] N [c] 猎(獵)鹰(鷹) lièyīng [只 zhī]

★**fall** [fɔːl] (*pt* **fell**, *pp* **fallen**) **I** VI **1** [*person, object* +] 掉 diào ▹ *Bombs fell in the town.* 炸弹掉进城里。Zhàdàn diào jìn chéng lǐ. ▹ *Her father fell into the sea.* 她父亲掉到海里了。Tā fùqīn diàodào hǎi lǐ le. **2** (*fall over*) [*person, building* +] 倒下 dǎoxià ▹ *She gripped his shoulders to stop herself from falling.* 她抓住他的肩膀以防自己倒下。Tā zhuāzhù tā de jiānbǎng yǐfáng zìjǐ dǎoxià. **3** [*snow, rain* +] 下 xià ▹ *An inch of rain fell within 15 minutes.* 15分钟内下了1英寸的雨。Shíwǔ fēnzhōng nèi xiàle yī yīngcùn de yǔ. **4** [*price, temperature, currency* +] 下降 xiàjiàng ▹ *Oil prices fell by 0.2 per cent.* 油价下降了0.2%。Yóu jià xiàjiàngle bǎifēnzhī líng dian èr. **5** [*government, leader, country* +] 下台(臺) xiàtái ▹ *The prime minister fell from power.* 首相下台了。Shǒuxiàng xiàtái le. **6** [*night, darkness* +] 降临(臨) jiànglín ▹ *as darkness fell* 当黑暗降临时 dāng hēiàn jiànglín shí **7** [*light, shadow* +] 投射 tóushè ▹ *A shadow fell over her book.* 一道阴影投射到她的书上。Yī dào yīnyǐng tóushè dào tā de shū shàng. **8** [*silence, sadness, tiredness* +] 降临(臨) jiànglín ▹ *Silence fell on the passengers as the police checked identity cards.* 警察检查身份证的时候，沉默降临到每个乘客身上。Jǐngchá jiǎnchá shēnfènzhèng de shíhòu, chénmò jiànglín dào měi gè chéngkè shēnshang. **II** N **1** [c] [*of person*] 摔倒 shuāidǎo [次 cì] ▹ *He had a nasty fall.* 他摔得不轻。Tā shuāi de bù qīng. **2** [c] (*in price, temperature*) 下降 xiàjiàng [次 cì] ▹ *There has been a sharp fall in the value of the pound.* 英镑值急剧下降。Yīngbàng zhí jíjù xiàjiàng. **3** [s] [*of government, leader*] 垮台(臺) kuǎtái ▹ *a debate which led to the Government's fall* 一场导致政府垮台的辩论 yīchǎng dǎozhì zhèngfǔ kuǎtái de biànlùn **4** [c] [*of rain, snow*] 场(場) chǎng ▹ *a heavy fall of snow* 一场大雪 yīcháng dàxuě **5** [c/U] (*US*) (*autumn*) 秋天 qiūtiān [个 gè] ▹ *in the fall of 1991* 1991年秋天 yījiǔjiǔyī nián qiūtiān [英 = **autumn**] **III falls** N PL (*waterfall*) 瀑布 pùbù ▹ *Niagara Falls* 尼亚加拉大瀑布 Níyàjiālā dà pùbù ▸ **Christmas falls on a Sunday** 圣(聖)诞(誕)节(節)适(適)逢星期天 Shèngdànjié shìféng xīngqītiān ▸ **to fall in love (with sb/sth)** 爱(愛)上(某人/某事) àishàng (mǒurén/mǒushì) ▸ **to fall flat** [*joke* +] 毫无(無)效果 háo wú xiàoguǒ ▸ **to fall short of the required amount** 达(達)不到要求的数(數)量 dá bùdào yāoqiú de shǔliàng ▸ **to fall ill/pregnant** 生病/怀(懷)孕 shēngbìng/huáiyùn ▸ **which group do you fall into?** 你属(屬)于(於)哪一组(組)? nǐ shǔyú nǎ yī zǔ?
▸**fall apart** VI **1** [*building, structure* +] 破碎 pòsuì **2** [*system, organization* +] 瓦解 wǎjiě **3** (*inf: emotionally*) 崩溃(潰) bēngkuì
▸**fall back** VI (*retreat*) 撤退 chètuì
▸**fall back on** VT FUS (*resort to*) 依靠 yīkào
▸**fall behind** VI 落后(後) luòhòu ▸ **to fall**

behind with one's payments 逾期不付款 yúqī bù fùkuǎn
▸**fall down** VI **1** [*person* +] 摔倒 shuāidǎo **2** [*building* +] 倒塌 dǎotā
▸**fall for** VT FUS **1** [+ *trick, story, lie*] 上…的当(當) shàng...de dàng **2** [+ *person*] 爱(愛)上 àishang
▸**fall in** VI **1** [*roof, ceiling* +] 塌陷 tāxiàn **2** (*Mil*) 集合 jíhé
▸**fall in with** VT FUS [+ *sb's plans*] 赞(贊)成 zànchéng
▸**fall off** VI **1** [*person, object* +] 掉下 diàoxià **2** (*diminish*) [*takings, attendance* +] 减(減)少 jiǎnshǎo
▸**fall out** VI **1** [*hair, teeth* +] 掉 diào **2** [*friends* +] 争(爭)吵 zhēngchǎo ▸ **to fall out with sb** 与(與)某人争(爭)吵 yǔ mǒurén zhēngchǎo
▸**fall over** I VI [*person, object* +] 跌倒 diēdǎo II VT FUS ▸ **to fall over o.s. to do sth** (*inf*) 想方设(設)法做某事 xiǎngfāng shèfǎ zuò mǒushì
▸**fall through** VI [*plan* +] 落空 luòkōng
▸**fall to** VT FUS ▸ **to fall to sb to do sth** [*responsibility* +] 做某事的责(責)任落在某人身上 zuò mǒushì de zérèn luòzài mǒurén shēnshang

fallacy ['fæləsɪ] N [C/U] (*misconception*) 谬(謬)论(論) miùlùn [种 zhǒng]

fallen ['fɔːlən] PP *of* **fall**

fallout ['fɔːlaut] N [U] (*radiation*) 放射尘(塵) fàngshèchén

false [fɔːls] ADJ **1** (*artificial*) 假的 jiǎ de **2** (*untrue*) [+ *statement, accusation, name*] 假的 jiǎ de **3** (*mistaken*) [+ *impression*] 错(錯)误(誤)的 cuòwù de **4** (*insincere*) [+ *person, smile, promise*] 假装(裝)的 jiǎzhuāng de ▸ **under false pretences** (*Law*) 以欺诈(詐)手段 yǐ qīzhà shǒuduàn ▸ **false negative/positive** (*Med*) 误(誤)诊(診)阴(陰)性/阳(陽)性 wùzhěn yīnxìng/yángxìng

false alarm N [C] 虚(虛)惊(驚) xūjīng [场 chǎng]

false teeth (*Brit*) N PL 假牙 jiǎ yá

falter ['fɔːltəʳ] VI **1** (*be unsteady*) [*voice* +] 颤(顫)抖 chàndǒu; [*person* +] 犹(猶)豫 yóuyù; [*steps* +] 蹒(蹣)跚 pánshān **2** (*weaken*) [*person* +] 迟(遲)疑 chíyí; [*demand* +] 下降 xiàjiàng; [*interest* +] 减(減)少 jiǎnshǎo

fame [feɪm] N [U] 声(聲)誉(譽) shēngyù

familiar [fə'mɪlɪəʳ] ADJ **1** (*well-known*) [+ *face, voice, name*] 熟悉的 shúxī de **2** (*intimate*) [+ *behaviour, tone*] 亲(親)密的 qīnmì de ▸ **to be familiar with** [+ *subject*] 对(對)…熟悉 duì...shúxī ▸ **to be on familiar terms (with sb)** (与(與)某人)交情好 (yǔ mǒurén)jiāoqíng hǎo

familiarize [fə'mɪlɪəraɪz] VT ▸ **to familiarize o.s. with sth** 熟悉某事 shúxī mǒushì

★**family** ['fæmɪlɪ] I N [C] **1** (*relations*) 家庭 jiātíng [个 gè] ▷ *the Adams Family* 亚当斯一家 Yàdāngsī yījiā **2** (*children*) 孩子 háizi [个 gè] ▷ *couples with large families* 有很多孩子的夫妇们 yǒu hěn duō háizi de fūfùmen **3** (*ancestors*) 祖先 zǔxiān ▷ *Her family came to Los Angeles at the turn of the century.* 她的祖先在世纪初时来到洛杉矶。Tā de zǔxiān zài shìjìchū shí láidào Luòshānjī. II CPD [+ *members, home, life, business*] 家庭 jiātíng

family doctor (*Brit*) N [C] 家庭医(醫)生 jiātíng yīshēng [名 míng]

family planning N [U] 计(計)划(劃)生育 jìhuà shēngyù ▸ **family planning clinic** 计(計)划(劃)生育诊(診)所 jìhuà shēngyù zhěnsuǒ

famine ['fæmɪn] N [C/U] 饥(飢)荒 jīhuāng [阵 zhèn] ▸ **famine relief** 赈(賑)济(濟)饥(飢)荒 zhènjì jīhuāng

famous ['feɪməs] ADJ 著名的 zhùmíng de ▸ **to be famous for sth** 因某事而闻(聞)名 yīn mǒushì ér wénmíng

> **famous** 的人或事物比 **well-known** 的人或事物更出名。**notorious** 的人或事物是因不好的名声而出名，即臭名昭著。**infamous** 不是 **famous** 的反义词，词义和 **notorious** 相近，但语气更强。**notable** 的人或事物是重要的或让人感兴趣的人或事物。

fan [fæn] I N [C] **1** (*admirer*) [*of pop star*] 迷 mí [个 gè]; (*Sport*) 球迷 qiúmí [个 gè] **2** (*Elec*) 风(風)扇 fēngshàn [台 tái] **3** (*handheld*) 扇子 shànzi [把 bǎ] II VT **1** [+ *face, person*] 扇 shàn **2** [+ *fire*] 煽 shān **3** (*fig*) [+ *fears, hatred*] 煽动(動) shāndòng
▸**fan out** VI (*spread out*) 散开(開) sànkāi

fanatic [fə'nætɪk] N [C] **1** (*extremist*) 狂热(熱)者 kuángrè zhě [名 míng] **2** (*enthusiast*) 迷恋(戀)…的人 míliàn...de rén [个 gè]

fan belt (*Aut*) N [C] 风(風)扇皮带(帶) fēngshàn pídài [根 gēn]

fanciful ['fænsɪful] ADJ **1** (*unrealistic*) [+ *notion, idea*] 不切实(實)际(際)的 bùqiè shíjì de **2** (*elaborate*) [+ *design, name*] 新颖(穎)奇特的 xīnyǐng qítè de

fan club N [C] …迷俱乐(樂)部 ...mí jùlèbù

fancy ['fænsɪ] I ADJ **1** (*elaborate*) [+ *jewellery, clothes, hat*] 别(別)致(緻)的 biézhì de **2** (*high-quality, expensive*) [+ *school, hotel, food*] 高档的 gāodàng de II VT **1** (*esp Brit; inf*) (*feel like, want*) 想要 xiǎngyào **2** (*think, imagine*) 认(認)为(為) rènwéi **3** (*inf*) [+ *person*] 喜欢(歡) xǐhuan III N **1** [C/U] (*imagination*) 想象力 xiǎngxiàng lì **2** [C] (*whim*) 幻想 huànxiǎng [个 gè] **3** [C/U] (*fantasy*) 幻想 huànxiǎng [个 gè] ▸ **to fancy o.s.** (*pej*) 高估自己 gāogū zìjǐ ▸ **to take a fancy to sb/sth** 喜欢(歡)上某人/某事 xǐhuan shàng mǒurén/mǒushì ▸ **when the fancy takes him** 当(當)他突发(發)奇想时(時) dāng tā tūfā qíxiǎng shí ▸ **a passing fancy** 心血来(來)潮 xīnxuè láicháo ▸ **to take** *or* **tickle sb's fancy** 吸引某人 xīyǐn mǒurén ▸ **fancy seeing you here!** 真想不到在这(這)见(見)到你！ zhēn xiǎngbùdào zài zhè jiàndào nǐ!

fancy dress N [U] 奇装(裝)异(異)服 qízhuāngyìfú

fancy-dress party ['fænsɪdrɛs-] N [C] 化装(裝)舞会(會) huàzhuāng wǔhuì [个 gè]

fang [fæŋ] N [C] [*of snake, wolf etc*] 獠牙 liáoyá [颗 kē]

fanlight ['fænlaɪt] N [C] 气(氣)窗 qìchuāng

fantasize ['fæntəsaɪz] VI ▸ **to fantasize about (doing) sth** 幻想(做)某事 huànxiǎng (zuò) mǒushì ▸ **to fantasize that…** 幻想… huànxiǎng…

fantastic [fæn'tæstɪk] ADJ **1** (*wonderful*) [+ *person, film, meal*] 极(極)好的 jíhǎo de **2** (*enormous*) [+ *sum, amount, profit*] 力争(爭) jùdà de **3** (*also:* **fantastical**) (*strange, incredible*) 荒诞(誕)的 huāngdàn de

fantasy ['fæntəsɪ] N **1** [C] (*dream*) 幻想 huànxiǎng [个 gè] **2** [C/U] (*film, story*) 虚(虛)构(構) xūgòu **3** [U] (*imagination*) 想像 xiǎngxiàng

fanzine ['fænzi:n] N [C] 迷友杂(雜)志(誌) míyǒu zázhì [本 běn]

FAO ABBR (= **for the attention of**) 请(請)…亲(親)自处(處)理 qǐng…qīnzì chǔlǐ

FAQ N ABBR (= **frequently asked question**) 常见(見)问(問)题(題) chángjiàn wèntí

★**far** [fɑ:ʳ] **I** ADJ **1** (*distant*) 远(遠)的 yuǎn de ▹ *Yes, it's quite far.* 是的，是挺远。Shì de，shì tǐngyuǎn. **2** (*extreme*) ▸ **the far end/side** 尽(盡)头(頭)的 jìntóu de **II** ADV **1** (*a long way*) (*in space*) 远(遠) yuǎn ▹ *He didn't hit the ball very far.* 他没把球打得很远。Tā méi bǎ qiú dǎde hěn yuǎn.; (*in time*) 久远(遠)地 jiǔyuǎn de ▹ *if we look far into the future* 如果我们展望久远的未来 rúguǒ wǒmen zhǎnwàng jiǔyuǎn de wèilái **2** (*much, greatly*) …得多 …de duō ▹ *His new house is far bigger.* 他的新房子要大得多。Tā de xīn fángzi yào dàde duō. ▸ **as far as…** 一直到… yīzhí dào… ▹ *Go as far as the church.* 一直走到教堂。yīzhí zǒudào jiàotáng. ▸ **as far as possible** 尽(盡)可能 jìn kěnéng ▸ **as far as I know** 据(據)我所知 jùwǒ suǒzhī ▸ **by far** …得多 …de duō ▹ *She was by far the best swimmer.* 她显然是最好的游泳者。Tā xiǎnrán shì zuì hǎo de yóuyǒngzhě. ▸ **so far** 迄今为(為)止 qìjīn wéizhǐ ▸ **far from** 一点(點)也不 yīdiǎn yěbù ▹ *His hands were far from clean.* 他的手一点也不干净。Tā de shǒu yīdiǎn yě bù gānjìng. ▹ *Far from speeding up, the tank came to a halt.* 坦克不但没有加速，反而停了下来。Tǎnkè bùdàn méiyǒu jiāsù, fǎn'ér tíngle xiàlái. ▸ **is it far to London?** 离(離)伦(倫)敦远(遠)吗(嗎)? lí Lúndūn yuǎn ma? ▸ **it's not far from here** 离(離)这(這)里(裡)不远(遠) lí zhèlǐ bùyuǎn ▸ **how far?** (*in distance*) 多远(遠)? duōyuǎn? ▹ *How far is the Great Wall from here?* 长城离这里有多远? Chángchéng lí zhèlǐ yǒu duōyuǎn?; (*in degree*) 到什么(麼)程度 dào shénme chéngdù ▹ *How far can he be trusted?* 他的可信度有多少? Tā de kěxìndù yǒu duōshao?; (*in progress*) 进(進)展如何 jìnzhǎn rúhé ▹ *How far have you got with the work?* 你工作进展如何? Nǐ gōngzuò jìnzhǎn rúhé? ▸ **far away** 遥(遙)远(遠) yáoyuǎn ▹ *He sat as far away from the others as possible.* 他坐在尽可能远离他人的地方。Tā zuòzài jìn kěnéng yuǎnlí tārén de dìfang. ▸ **far off** (*in time*) 遥(遙)远(遠) yáoyuǎn ▸ **far better** 好得多 hǎodeduō ▸ **at the far end (of)** (*of table*) 在(…的)另一边(邊) zài(…de)lìngyībiān; (*of room, theatre*) 在(…的)那一边(邊) zài(…de)nàyībiān; (*of field*) 在(…的)对(對)面 zài(…de)duìmiàn ▸ **at the far side (of)** 在(…的)那一边(邊) zài(…de) nàyībiān ▸ **as far back as the 13th century** 早在13世纪(紀) zǎo zài shísān shìjì ▸ **to go too far** (*fig*) 做得过(過)分 zuòde guòfèn ▸ **he went so far as to resign** 他甚至辞(辭)职(職)了 tā shènzhì cízhí le ▸ **far and away** 无(無)疑 wúyí ▹ *This is far and away the most important point.* 这无疑是最重要的一点。Zhè wúyí shì zuì zhòngyào de yīdiǎn. ▸ **from far and wide** 从(從)四面八方 cóng sìmiàn bāfāng ▸ **far from it** 远(遠)非如此 yuǎn fēi rúcǐ ▸ **far be it from me to criticize** 我并(並)不想指责(責)谁(誰) wǒ bìng bùxiǎng zhǐzé shuí ▸ **the far left/right** (*Pol*) 极(極)左/右 jízuǒ/yòu

faraway ['fɑ:rəweɪ] ADJ **1** [+ *place*] 遥(遙)远(遠)的 yáoyuǎn de **2** [+ *look, smile, voice*] 恍惚的 huǎnghū de

farce [fɑ:s] N [C] **1** (*Theat*) 滑稽剧(劇) huájì jù [出 chū] **2** (*fig*) 闹(鬧)剧(劇) nàojù [出 chū]

fare [fɛəʳ] **I** N **1** [C] (*price*) (*on train, bus*) 票价(價) piàojià [种 zhǒng]; (*in taxi*) 乘客 chéngkè [位 wèi] **2** [U] (*frm: food*) 食物 shíwù **II** VI 进(進)展 jìnzhǎn ▸ **how did you fare?** 你过(過)得怎么(麼)样(樣)? nǐ guòde zěnmeyàng? ▸ **half/full fare** 半/全价(價) bàn/quánjià

Far East N ▸ **the Far East** 远(遠)东(東) Yuǎndōng

farewell [fɛə'wɛl] (*o.f., liter*) **I** INT 再见(見) zàijiàn ▸ **to bid sb farewell** 向某人告别(別) xiàng mǒurén gàobié **II** N [C] 告别(別) gàobié **III** CPD [+ *party, gift*] 送别(別) sòngbié

farm [fɑ:m] **I** N [C] 农(農)场(場) nóngchǎng [个 gè] **II** VT [+ *land*] 耕种(種) gēngzhòng **III** VI 务(務)农(農) wùnóng

▸**farm out** VT [+ *work etc*] 招人承包 zhāorén chéngbāo

farmer ['fɑ:məʳ] N [C] 农(農)民 nóngmín [个 gè]

farmhouse ['fɑ:mhaus] N [C] 农(農)舍 nóngshè [座 zuò]

farming ['fɑ:mɪŋ] N [U] (*agriculture*) 农(農)业(業) nóngyè ▸ **sheep farming** 养(養)羊 yǎngyáng

farmland ['fɑ:mlænd] N [U] (*being farmed*) 耕地 gēngdì; (*suitable for farming*) 适(適)于(於)耕种(種)的土地 shìyú gēngzhòng de tǔdì

farmyard ['fɑ:mjɑ:d] N [C] 农(農)家的庭院

f

nóngjiā de tíngyuàn [个 gè]

far-reaching ['fɑː'riːtʃɪŋ] ADJ [+ *reforms, effects, implications*] 意义(義)深远(遠)的 yìyì shēnyuǎn de

far-sighted ['fɑː'saɪtɪd] (*US*) ADJ 远(遠)视(視)的 yuǎnshì de [英 = **long-sighted**]

fart [fɑːt] (*inf!*) **I** VI 放屁 fàngpì **II** N [c] **1** 屁 pì [个 gè] **2** (*fig: person*) ▸ **old fart** 讨(討)厌(厭)的老家(傢)伙 tǎoyàn de lǎo jiāhuo [个 gè]

farther ['fɑːðəʳ] **I** ADV **1** (*in distance, time*) 更远(遠)地 gèngyuǎn de **2** (*in degree*) 更多 gèngduō **II** ADJ (*liter*) [+ *shore, side*] 更远(遠)的 gèngyuǎn de

> **farther** 和 **further** 都是 **'far'** 的比较级形式，并且两者都可以用作形容词和副词。**farther** 和 **further** 都可用来表示距离和时间。*Birds were able to find food by flying farther and farther...He must have found a window open further along the balcony...The use of animals by man stretches farther back in time than we had previously imagined.* 只有 **further** 可以用来表示事物的程度或者范围。如果进行 **further discussions**，就是进行 **more discussions**。若某情况 **further worsened**，表示某个本已糟糕的情况 **becomes worse**。*It was agreed to call a further meeting on the 10th...The government announced further changes to the scheme...aspects of advanced technology which complicate the world further...*

farthest ['fɑːðɪst] **I** ADV **1** (*in distance*) 最远(遠)地 zuìyuǎn de **2** (*in time*) 最久远(遠)地 zuì jiǔyuǎn de **3** (*in degree*) 最多 zuìduō **II** ADJ [+ *point, extent*] 最远(遠)的 zuìyuǎn de

fascinate ['fæsɪneɪt] VT (*intrigue, interest*) 使着(著)迷 shǐ zháomí

fascinated ['fæsɪneɪtɪd] ADJ 入迷的 rùmí de

fascinating ['fæsɪneɪtɪŋ] ADJ [+ *story, person, place*] 迷人的 mírén de

fascination [fæsɪ'neɪʃən] N [U/S] 着(著)迷 zháomí

fascist ['fæʃɪst] **I** N [c] **1** (*Pol*) 法西斯主义(義)者 fǎxīsīzhǔyìzhě [名 míng] **2** (*fig*) 极(極)端分子 jíduānfènzǐ [名 míng] **II** ADJ (*Pol*) 法西斯主义(義)的 fǎxīsīzhǔyì de

fashion ['fæʃən] **I** N **1** [U/S] (*trend*) (*in clothes, thought, behaviour*) 流行的式样(樣) liúxíng de shìyàng **2** [c] (*clothes*) 时(時)装(裝) shízhuāng [件 jiàn] **3** [s] (*manner*) 方式 fāngshì [种 zhǒng] **II** VT (*frm: make*) 制(製)作 zhìzuò ▸ **in fashion** 流行 liúxíng ▸ **to be/go out of fashion** 过(過)时(時) guòshí ▸ **after a fashion** [*finish, manage* +] 勉强(強)算是 miǎnqiǎng suàn shì

fashionable ['fæʃnəbl] ADJ [+ *clothes, restaurant, resort*] 流行的 liúxíng de; [+ *writer, director*] 受欢(歡)迎的 shòuhuānyíng de

fast [fɑːst] **I** ADJ **1** [+ *runner, car, progress*] 快的 kuài de ▹ *He was a very fast driver.* 他开车很快。Tā kāichē hěn kuài. **2** [+ *dye, colour*] 不褪色的 bù tuìsè de **II** ADV **1** [*run, act, think* +] 快 kuài **2** [*stick, hold* +] 紧(緊)紧(緊)地 jǐnjǐn de **III** N [c] (*Rel*) 禁食 jìnshí **IV** VI (*Rel*) 禁食 jìnshí ▸ **to be fast** [*clock, watch* +] 快 kuài ▸ **my watch is 5 minutes fast** 我的表(錶)快5分钟(鐘) wǒ de biǎo kuài wǔ fēnzhōng ▸ **fast asleep** 酣睡 hānshuì ▸ **to hold fast to sth** (*fig*) 坚(堅)持某事 jiānchí mǒushì ▸ **to stand fast** (*fig*) 不让(讓)步 bù ràngbù ▸ **as fast as I can** 我尽(盡)快 wǒ jìnkuài ▸ **to make a boat fast** (*Brit*) 把船拴牢 bǎ chuán shuānláo

fasten ['fɑːsn] **I** VT **1** (*tie, join*) 固定 gùdìng **2** [+ *coat, jacket, belt*] 系(繫) jì **II** VI [*coat, jacket* +] 扣上 kòushang

▸**fasten (up)on** VT FUS [+ *idea, scheme*] 集中在… jízhōng zài...

fastener ['fɑːsnəʳ] N [c] (*button, clasp, zip etc*) 紧(緊)固物 jǐngù wù

fast food **I** N [U] (*burger etc*) 快餐 kuàicān **II** CPD [+ *restaurant, industry etc*] 快餐 kuàicān

fastidious [fæs'tɪdɪəs] ADJ (*fussy*) 挑剔的 tiāoti de

fat [fæt] **I** ADJ **1** [+ *person*] 肥胖的 féipàng de; [+ *animal*] 肥的 féi de **2** [+ *book*] 厚的 hòu de; [+ *wallet*] 装(裝)得满(滿)满(滿)的 zhuāng de mǎnmǎn de **3** (*inf*) [+ *profit, fee*] 大量的 dàliàng de **II** N **1** [U] (*on person, animal, meat*) 脂肪 zhīfáng **2** [C/U] (*for cooking*) 食用油 shíyòng yóu [桶 tǒng] **3** (*Chem*) 脂肪 zhīfáng ▸ **to live off the fat of the land** 锦(錦)衣玉食 jǐnyī yùshí ▸ **that's a fat lot of good** *or* **help** (*inf*) 这(這)有什么(麼)屁用 zhè yǒu shénme pìyòng

> 用 **fat** 形容某人胖，显得过于直接，甚至有些粗鲁。比较礼貌而又含蓄的说法是 **plump** 或 **chubby**，后者更为正式。**overweight** 和 **obese** 暗示某人因为肥胖而有健康问题。**obese** 是医学术语，表示某人极度肥胖或超重。一般而言，应尽量避免当面使用任何表示肥胖的词语。

fatal ['feɪtl] ADJ **1** [+ *accident, injury, illness*] 致命的 zhìmìng de **2** (*fig*) [+ *mistake*] 严(嚴)重的 yánzhòng de

fatality [fə'tælɪtɪ] N [c] (*death, victim*) 死亡 sǐwáng

fatally ['feɪtəlɪ] ADV **1** [+ *wounded, injured*] 致命地 zhìmìng de **2** (*fig*) 严(嚴)重地 yánzhòng de

fate [feɪt] N **1** [U] (*destiny*) 天意 tiānyì **2** [c] [*of person, company, plan*] 命运(運) mìngyùn

fateful ['feɪtful] ADJ [+ *moment, decision*] 决(決)定命运(運)的 juédìng mìngyùn de

★ **father** ['fɑːðəʳ] N [c] **1** (*parent*) 父亲(親) fùqin [位 wèi] **2** (*fig: originator*) 鼻祖 bízǔ ▹ *the father of modern photography* 现代摄影艺术的鼻祖 xiàndài shèyǐng yìshù de bízǔ **3** (*Rel*) 神父 shénfù ▹ *Father William* 神父威廉 shénfù Wēilián

Father Christmas (*Brit*) N 圣(聖)诞(誕)老人

Shèngdàn lǎorén [美 = **Santa Claus**]
father-in-law ['fɑːðərənlɔː] (*pl* **fathers-in-law**) N [c] [*of woman*] 公公 gōnggong [位 wèi]; [*of man*] 岳父 yuèfù [位 wèi]
Father's Day N [c/u] 父亲(親)节(節) Fùqīn Jié
fathom ['fæðəm] I N [c] (*Naut*) 英寻(尋) yīngxún II VT (*also*: **fathom out**) [+ *meaning, mystery, reason*] 领(領)悟 lǐngwù
fatigue [fə'tiːg] I N [u] (*tiredness*) 疲劳(勞) píláo II **fatigues** N PL (*Mil*) 制服 zhìfú ▸ **metal fatigue** 金属(屬)疲劳(勞) jīnshǔ píláo
fattening ['fætnɪŋ] ADJ 容易让(讓)人长(長)胖的 róngyì ràngrén zhǎngpàng de
fatty ['fætɪ] I ADJ **1** [+ *food*] 含脂肪多的 hán zhīfáng duō de **2** [+ *acids, tissue*] 脂肪的 zhīfáng de II N [c] (*inf*: *man, woman*) 胖子 pàngzi [个 gè]
faucet ['fɔːsɪt] (*US*) N [c] 水龙(龍)头(頭) shuǐlóngtou [个 gè] [英 = **tap**]
fault [fɔːlt] I N **1** [s] (*mistake*) 错(錯)误(誤) cuòwù **2** [c] (*defect*) (*in person*) 缺点(點) quēdiǎn [个 gè]; (*in machine*) 故障 gùzhàng [个 gè] **3** [c] (*Geo*) (*crack*) 断(斷)层(層) duàncéng **4** [c] (*Tennis*) 失误(誤) shīwù II VT (*criticize*) 挑剔 tiāotī ▸ **it's my fault** 是我的错(錯) shì wǒde cuò ▸ **at fault** 有责(責)任 yǒu zérèn ▸ **to find fault with sb/sth** 找某人/某事的错(錯) zhǎo mǒurén/mǒushì de cuò ▸ **through no fault of one's own** 不是自身的过(過)失 bùshì zìshēn de guòshī ▸ **generous/modest to a fault** 摆(擺)动(動) guòfèn kāngkǎi/qiānxū
faultless ['fɔːltlɪs] ADJ (*perfect*) 无(無)懈可击(擊)的 wúxiè kějī de
faulty ['fɔːltɪ] ADJ [+ *machine*] 有故障的 yǒu gùzhàng de
fauna ['fɔːnə] N [u/PL] 动(動)物群 dòngwùqún
fava bean ['fɑːvə-] (*US*) N [c] 蚕(蠶)豆 cándòu [颗 kē] [英 = **broad bean**]
favour, (*US*) **favor** ['feɪvə^r] I N **1** [u] (*approval*) 赞(贊)成 zànchéng **2** [c] (*act of kindness*) 恩惠 ēnhuì [种 zhǒng] II VT **1** (*prefer*) [+ *solution*] 赞(贊)成 zànchéng; [+ *person*] 偏爱(愛) piān'ài; (*be advantageous to*) 对(對)…有利 duì... yǒulì ▸ **to ask a favour of sb** 请(請)求某人帮忙 qǐngqiú mǒurén bāngmáng ▸ **to do sb a favour** 帮(幫)某人的忙 bāng mǒurén de máng ▸ **to be in favour of sth/doing sth** 赞(贊)成某事/做某事 zànchéng mǒushì/zuò mǒushì ▸ **to be in/out of favour** 得到/失去赞(贊)同 dédào/shīqù zàntóng ▸ **to reject sth in favour of sth else** 拒绝(絕)某事转(轉)而选(選)择(擇)另外某事 jùjué mǒushì zhuǎn'ér xuǎnzé lìngwài mǒushì ▸ **to rule in sb's favour** (*Law*) 裁决(決)对(對)某人有利 cáijué duì mǒurén yǒulì ▸ **biased in favour of** 偏袒 piāntǎn ▸ **to find favour with sb** [*suggestion, plan* +] 受到某人的青睐(睞) shòudào mǒurén de qīnglài ▸ **to win sb's favour** 赢(贏)得某人的好感 yíngdé mǒurén de hǎogǎn
favourable, (*US*) **favorable** ['feɪvrəbl] ADJ **1** [+ *comment, reaction, impression*] 赞(贊)成的 zànchéng de **2** [+ *comparison*] 好的 hǎode **3** [+ *terms, conditions*] 有利的 yǒulì de ▸ **to be favourable to sth** 赞(贊)同某事 zàntóng mǒushì ▸ **to be favourable to sb** 对(對)某人有利 duì mǒurén yǒulì
favourite, (*US*) **favorite** ['feɪvrɪt] I ADJ [+ *author, film, food, colour*] 最喜欢(歡)的 zuì xǐhuan de II N [c] **1** (*thing, person*) 偏爱(愛) piān'ài [种 zhǒng] **2** (*in race*) 最有希望的获(獲)胜(勝)者 zuì yǒu xīwàng de huòshèngzhě [位 wèi]
fawn [fɔːn] I N [c] (*young deer*) 幼鹿 yòulù [只 zhī] II ADJ (*also*: **fawn-coloured**) 浅(淺)黄(黃)褐色的 qiǎn huánghèsè de III VI ▸ **to fawn over** *or* **(up)on sb** 巴结(結)某人 bājie mǒurén
fax [fæks] I N [c] **1** (*document*) 传(傳)真 chuánzhēn [份 fèn] **2** (*also*: **fax machine**) 传(傳)真机(機) chuánzhēnjī [台 tái] II VT [+ *document*] 用传(傳)真发(發)送 yòng chuánzhēn fāsòng
FBI (*US*) N ABBR (= **Federal Bureau of Investigation**) 联(聯)邦调(調)查局 Liánbāng Diàochájú
FDA (*US*) N ABBR (= **Food and Drug Administration**) ▸ **the FDA** 食品及药(藥)物管理局 Shípǐn Jí Yàowù Guǎnlǐjú
★**fear** [fɪə^r] I N **1** [c/u] (*terror*) 害怕 hàipà [种 zhǒng] ▷ *I stood there crying and shaking with fear.* 我站在那里，因为害怕而哭泣着，颤抖着。Wǒ zhàn zài nàlǐ, yīnwèi hàipà ér kūqì zhe, chàndǒuzhe. ▷ *She was brought up with no fear of animals.* 她从小到大都不怕动物。Tā cóngxiǎo dàodà dōu bùpà dòngwù. **2** [c/u] (*anxiety*) 焦虑(慮) jiāolǜ [种 zhǒng] ▷ *My worst fears were quickly realized.* 最令我焦虑的事情很快就发生了。Zuì lìng wǒ jiāolǜ de shìqing hěnkuài jiù fāshēng le. II VT **1** (*be scared of*) 害怕 hàipà ▷ *a woman whom he disliked and feared* 一个他不喜欢而且害怕的女人 Yīgè tā bù xǐhuan érqiě hàipà de nǚrén **2** (*be worried about*) 担(擔)心 dānxīn ▷ *An epidemic of plague was feared.* 人们担心将会流行瘟疫。Rénmen dānxīn jiāng huì liúxíng wēnyì. III VI ▸ **to fear for sb/sth** 为(為)某人/某事担(擔)忧(憂) wèi mǒurén/mǒushì dānyōu ▸ **fear of heights/the dark** 怕高/黑 pàgāo/hēi ▸ **for fear of doing sth** 以免做某事 yǐmiǎn zuò mǒushì ▷ *They did not mention it for fear of offending him.* 他们没有提那件事以免触犯了他。Tāmen méiyǒu tí nà jiàn shì yǐmiǎn chùfànle tā. ▸ **to fear that...** 恐怕… kǒngpà...
fearful ['fɪəful] ADJ **1** (*frightened*) 害怕的 hàipà de **2** (*frm*: *dreadful*) [+ *risk, accident*] 可怕的 kěpà de **3** (*inf, o.f.*: *terrible*) [+ *sight, noise*] 极(極)坏(壞)的 jíhuài de ▸ **to be fearful of sth** 害怕某事 hàipà mǒushì

f

fearless ['fɪəlɪs] ADJ [+ *person*] 无(無)所畏惧(懼)的 wú suǒ wèijù de

feasible ['fi:zəbl] ADJ [+ *proposal, idea*] 可行的 kěxíng de

feast [fi:st] **I** N [c] **1** (*banquet*) 宴会(會) yànhuì [次 cì] **2** (*Rel*) (*festival*) 节(節)日 jiérì **II** VI (*liter*) 宴饮(飲) yànyǐn ▸ **a feast of** (*fig*) 许(許)许(許)多多的 xǔxǔ-duōduō de ▸ **to feast on sth** 尽(盡)情地享用某物 jìnqíng de xiǎngyòng mǒuwù ▸ **to feast one's eyes (up) on sb/sth** 尽(盡)情观(觀)赏(賞)某人/某物 jìnqíng guānshǎng mǒurén/mǒuwù

feat [fi:t] N [c] (*achievement*) 技艺(藝) jìyì [项 xiàng] ▸ **a brilliant feat of engineering** 工程上的高超技艺(藝) gōngchéng shàng de gāochāo jìyì

feather ['fɛðəʳ] **I** N [c] [*of bird*] 羽毛 yǔmáo [根 gēn] **II** CPD [+ *mattress, bed, pillow*] 羽绒(絨) yǔróng **III** VT ▸ **to feather one's nest** 中饱(飽)私囊 zhōngbǎo sīnáng ▸ **a feather in one's cap** 引以为(為)豪的成就 yǐn yǐ wéi háo de chéngjiù

feature ['fi:tʃəʳ] **I** N [c] **1** (*characteristic*) 特点(點) tèdiǎn [个 gè] ▹ *This is a common feature of modern life.* 这是现代生活的共同特点。Zhè shì xiàndài shēnghuó de gòngtóng tèdiǎn. ▹ *safety features* 安全装置 **2** (*Publishing, TV*) 专(專)题(題) zhuāntí **3** (*Cine*) (*also:* **feature film**) 故事片 gùshìpiàn **II** VT [*film, exhibition* +] 由…主演 yóu…zhǔyǎn **III** VI ▸ **to feature in** [+ *situation, exhibition, magazine*] 被包括在…内(內) bèi bāokuò zài…nèi **IV features** N PL [*of face*] 五官 wǔguān

feature film N [c] 故事片 gùshìpiàn [个 gè]

Feb. ABBR (= **February**) 二月 èryuè

February ['fɛbruərɪ] N [c/u] 二月 èryuè; *see also* **July**

feces ['fi:si:z] (*US*) N PL = **faeces**

fed [fɛd] PT, PP *of* **feed**

federal ['fɛdərəl] ADJ [+ *country, system*] 联(聯)邦制的 liánbāngzhì de; [+ *government, judge*] 联(聯)邦的 liánbāng de

federation [fɛdə'reɪʃən] N [c] (*association*) 联(聯)合会(會) liánhéhuì [个 gè]

fed up (*inf*) ADJ ▸ **to be fed up** 厌(厭)倦 yànjuàn

fee [fi:] N [c] (*payment*) 费(費) fèi [种 zhǒng]; [+ *of doctor, lawyer*] 费(費)用 fèiyòng [项 xiàng]; (*for examination, registration*) 费(費) fèi [笔 bǐ] ▸ **school fees** 学(學)费(費) xuéfèi ▸ **entrance fee** 门(門)票费(費) ménpiàofèi ▸ **membership fee** 会(會)员(員)费(費) huìyuánfèi ▸ **for a small fee** 收少许(許)费(費)用 shōu shǎoxǔ fèiyòng

feeble ['fi:bl] ADJ **1** (*weak*) [+ *person, animal, voice*] 虚(虛)弱的 xūruò de **2** (*ineffectual*) [+ *attempt, excuse, argument*] 无(無)力的 wúlì de; [+ *joke*] 不好笑的 bù hǎoxiào de

feed [fi:d] (*pt, pp* **fed**) **I** VT **1** [+ *baby, invalid, dog*] 喂(餵) wèi **2** [+ *family, guests*] 供给(給)…食物 gōngjǐ…shíwù **II** VI **1** [*baby* +] 喝奶 hēnǎi **2** [*animal* +] 吃 chī **III** N **1** [U] [*of animal*] 饲料 sìliào **2** [c] [*of baby*] 喂(餵)奶 wèinǎi ▸ **to feed sth into** [+ *document, tape*] 把某事放进(進)…里(裡) bǎ mǒushì fàngjìn…lǐ; [+ *data, information*] 把某物输(輸)入… bǎ mǒuwù shūrù…; [+ *coins, money*] 把某物放入… bǎ mǒuwù fàngrù…

▸**feed on** VT FUS **1** (*live on*) 以…为(為)食 yǐ…wéi shí ▹ *Not all bats feed on insects.* 不是所有的蝙蝠都以昆虫为食物。Bùshì suǒyǒu de biānfú dōu yǐ kūnchóng wéi shíwù. **2** (*fig*) 助长(長) zhùzhǎng

feedback ['fi:dbæk] N [U] **1** (*information*) 反馈(饋) fǎnkuì **2** (*noise*) 噪声(聲) zàoshēng

★ **feel** [fi:l] (*pt, pp* **felt**) **I** VT **1** (*touch*) [+ *object, face*] 摸 mō ▹ *Eric felt his face. "Am I bleeding?"* 埃里克摸着自己的脸。"我在流血吗？" Āilǐkè mōzhe zìjǐ de liǎn. "Wǒ zài liúxuè ma?" **2** (*experience*) [+ *desire, anger, grief*] 觉(覺)得 juéde ▹ *Mrs Oliver felt a sudden desire to burst out crying.* 奥利弗夫人突然觉得很想哭出来。Àolìfú fūrén tūrán juéde hěn xiǎng kū chūlai.; [+ *pain*] 感到 gǎndào ▹ *He felt a sudden pain in his leg.* 他突然感到一阵腿疼。Tā tūrán gǎndào yīzhèn tuǐténg. **3** (*think, believe*) 认(認)为(為) rènwéi ▹ *We felt she would win.* 我们认为她会赢。Wǒmen rènwéi tā huì yíng. ▹ *She knew how I felt about the subject.* 她知道我对这事的看法。Tā zhīdào wǒ duì zhè shì de kànfǎ. **4** (*be aware of*) 发(發)觉(覺) fājué ▹ *He felt her leg against his.* 他发觉她的腿正抵着他的腿。Tā fājué tā de tuǐ zhēng dǐzhe tā de tuǐ. **5** (*sense*) 感觉(覺)到 gǎnjué dào **II** N [s] **1** [*of substance, cloth*] 摸上去的感觉(覺) mōshangqù de gǎnjué ▹ *He remembered the feel of her skin.* 他记得她皮肤摸上去的感觉。Tā jìde tā pífū mō shàngqù de gǎnjué. **2** (*impression*) 感觉(覺) gǎnjué ▹ *The room has a warm, cosy feel.* 这个房间有种温暖舒适的感觉。Zhège fángjiān yǒu zhǒng wēnnuǎn shūshì de gǎnjué. ▸ **to feel that...** 感到… gǎndào… ▹ *I feel I'm neglecting my duty.* 我感到我失职了。Wǒ gǎndào wǒ shīzhí le. ▸ **to feel hungry** 觉(覺)得饿(餓) juédé è ▸ **to feel cold** 觉(覺)得冷 juéde lěng ▸ **to feel the cold/the heat** 怕冷/热(熱) pàlěng/rè ▸ **to feel lonely/better** 感到孤独(獨)/感觉(覺)好多了 gǎndào gūdú/gǎnjué hǎo duō le ▸ **I don't feel well** 我觉(覺)得身体(體)不适(適) wǒ juéde shēntǐ bùshì ▸ **to feel sorry for sb** 同情某人 tóngqíng mǒurén ▸ **it feels soft** 这(這)摸上去软(軟)软(軟)的 zhè mō shàngqù ruǎnruǎn de ▸ **it feels colder here** 这(這)儿(兒)感觉(覺)更冷些 zhèr gǎnjué gèng lěng xiē ▸ **it feels like velvet** 它摸上去像天鹅(鵝)绒(絨) tā mō shàngqù xiàng tiān'éróng ▸ **to feel like** (*want*) 想要 xiǎng yào ▹ *I feel like a stroll.* 我想散散步。Wǒ xiǎng sànsànbù.; (consider o.s.) 觉(覺)得自己像 juéde zìjǐ xiàng ▷ *I felt like a murderer.* 我觉得自己像是杀人犯。Wǒ juéde zìjǐ xiàngshì shārénfàn. ▶ **it feels like** *or* **it feels as if...** 仿佛(彿)觉(覺)得… fǎngfú juéde... ▶ **to have a feel of sth** 摸一摸某物 mōyīmō mǒuwù ▶ **to get the feel of sth** 开(開)始熟悉某事 kāishǐ shúxī mǒushì ▶ **to have the feel of sth** (*impression*) 有种(種)好似某事的感觉(覺) yǒu zhǒng hǎosì mǒushì de gǎnjué ▶ **I'm still feeling my way** 我仍然在摸索前进(進) wǒ réngrán zài mōsuǒ qiánjìn ▶ **I don't feel myself** 我觉(覺)得身体(體)不舒服 wǒ juéde shēntǐ bù shūfu

▶**feel about, feel around** VI (*in pocket, bag, the dark*) 摸索 mōsuǒ

▶**feel for** VT FUS **1** (*grope for*) 摸索着(著)找 mōsuǒ zhe zhǎo ▷ *I felt for my wallet.* 我摸索着找我的钱包。Wǒ mōsuǒzhe zhǎo wǒ de qiánbāo. **2** (*sympathize with*) 同情 tóngqíng ▷ *I really feel for you.* 我真的同情你。Wǒ zhēn de tóngqíng nǐ.

feeling [ˈfiːlɪŋ] **I** N **1** [c] (*emotion*) 感受 gǎnshòu [种 zhǒng] **2** [c] (*physical sensation*) 感觉(覺) gǎnjué [种 zhǒng] **3** [ʊ] (*sense of touch*) 触(觸)觉(覺) chùjué **4** [s] (*impression*) 感觉(覺) gǎnjué **5** [ʊ] (*sympathy*) 同情 tóngqíng **II feelings** N PL **1** (*attitude*) 看法 kànfǎ **2** (*emotions*) 情感 qínggǎn ▶ **feelings were running high** 群情激愤(憤) qún qíng jīfèn ▶ **what are your feelings about the matter?** 你对(對)这(這)事的看法是什么(麼)? nǐ duì zhèshì de kànfǎ shì shénme? ▶ **I have a feeling that...** 我有种(種)感觉(覺)… wǒ yǒuzhǒng gǎnjué... ▶ **my feeling is that...** 我的感觉(覺)是… wǒ de gǎnjué shì... ▶ **bad** *or* **ill feeling** 反感 fǎngǎn ▶ **to hurt sb's feelings** 伤(傷)害某人的感情 shānghài mǒurén de gǎnqíng

feet [fiːt] N PL *of* **foot**

feign [feɪn] VT (*frm*) [+ *illness, interest*] 假装(裝) jiǎzhuāng

fell [fɛl] **I** PT *of* **fall** **II** VT **1** [+ *tree*] 砍倒 kǎndǎo **2** [+ *opponent*] 打倒 dǎdǎo **III the fells** N PL (*Brit*) (*moorland*) 沼泽(澤)地 zhǎozédì **IV** ADJ ▶ **in one fell swoop** 一下子 yīxiàzi

fellow [ˈfɛləu] **I** N [c] **1** (*o.f., inf: man*) 小伙(夥)子 xiǎohuǒzi [个 gè] **2** (*frm: comrade*) 同事 tóngshì [位 wèi] **3** [*of learned society*] 会(會)员(員) huìyuán [位 wèi] **4** [*of university*] 研究员(員) yánjiūyuán [名 míng] **II** CPD ▶ **their fellow prisoners/students** 他们(們)的狱(獄)友/同学(學) tāmen de yùyǒu/tóngxué ▶ **her fellow workers** 她的同事们(們) tā de tóngshìmen

fellowship [ˈfɛləuʃɪp] N **1** [c] (*society*) 团(團)体(體) tuántǐ **2** [c] (*Univ*) 研究员(員)职(職)位 yánjiūyuán zhíwèi [个 gè] **3** [ʊ] (*comradeship*) 友谊(誼) yǒuyì

felony [ˈfɛlənɪ] (*Law*) N [c] 重罪 zhòngzuì

felt [fɛlt] **I** PT, PP *of* **feel** **II** N [ʊ] (*fabric*) 毛毡(氈) máozhān

felt-tip pen, felt-tip [ˈfɛlttɪp-] N [c] 毡(氈)头(頭)墨水笔(筆) zhāntóu mòshuǐbǐ [支 zhī]

female [ˈfiːmeɪl] **I** N [c] **1** (*Zool*) 雌兽(獸) císhòu [头 tóu] **2** (*woman*) 女性 nǚxìng [位 wèi] **II** ADJ **1** (*Zool*) 雌性的 cíxìng de **2** [+ *sex, character, child*] 女性的 nǚxìng de **3** (*relating to women*) 妇(婦)女的 fùnǚ de ▶ **male and female students** 男女学(學)生 nánnǚ xuéshēng

feminine [ˈfɛmɪnɪn] ADJ **1** [+ *clothes, behaviour*] 女性的 nǚxìng de **2** (*Ling*) 阴(陰)性的 yīnxìng de

feminist [ˈfɛmɪnɪst] **I** N [c] 女权(權)主义(義)者 nǚquán zhǔyìzhě [位 wèi] **II** ADJ 女权(權)主义(義)的 nǚquán zhǔyì de

fence [fɛns] **I** N [c] (*barrier*) 篱(籬)笆 líba [道 dào] **II** VT **1** (*also*: **fence in**) [+ *land*] 把…用篱(籬)笆围(圍)起 bǎ...yòng líba wéiqǐ **2** (*also*: **fence off**) 把…用篱(籬)笆圈起 bǎ...yòng líba quānqǐ **III** VI (*Sport*) 击(擊)剑(劍) jījiàn ▶ **to sit on the fence** (*fig*) 持观(觀)望态(態)度 chí guānwàng tàidu

fencing [ˈfɛnsɪŋ] N [ʊ] **1** (*Sport*) 击(擊)剑(劍) jījiàn **2** (*material for fences*) 筑(築)栅(柵)栏(欄)的材料 zhù zhàlán de cáiliào

fend [fɛnd] VI ▶ **to fend for o.s.** 自谋(謀)生计(計) zìmóu shēngjì

▶**fend off** VT **1** (*physically*) [+ *attack, attacker, blow*] 挡(擋)开(開) dǎngkāi **2** (*verbally*) [+ *questions, requests, person*] 回(迴)避 huíbì

fender [ˈfɛndəʳ] N [c] **1** [*of fireplace*] 围(圍)栏(欄) wéilán **2** (*US*) [*of car*] 挡(擋)泥板 dǎngníbǎn [块 kuài] [英 = **wing**] **3** (*US*) [*of car*] 保险(險)杠 bǎoxiǎngàng [英 = **bumper**] **4** (*on boat*) 护(護)舷物 hùxiánwù

fennel [ˈfɛnl] N [ʊ] 茴香 huíxiāng

ferment [*vb* fəˈmɛnt, *n* ˈfəːmɛnt] **I** VI [*beer, dough, fruit* +] 发(發)酵 fājiào **II** VT [+ *beer, dough, fruit*] 使发(發)酵 shǐ fājiào **III** N [ʊ] (*unrest*) 骚(騷)动(動) sāodòng ▶ **to be in ferment** 处(處)于(於)动(動)荡(盪)不安中 chǔyú dòngdàng bù'ān zhōng

fern [fəːn] N [c] 蕨 jué [株 zhū]

ferocious [fəˈrəuʃəs] ADJ **1** [+ *animal, assault*] 凶猛的 xiōngměng de **2** [+ *battle, competition, argument*] 激烈的 jīliè de

ferret [ˈfɛrɪt] N [c] 雪貂 xuědiāo [只 zhī]

▶**ferret about, ferret around** VI (*Brit; inf*) [*person, animal* +] 到处(處)搜寻(尋) dàochù sōuxún

▶**ferret out** (*inf*) VT [+ *information*] 查出 cháchū

ferry [ˈfɛrɪ] **I** N [c] (*small*) 摆(擺)渡 bǎidù [个 gè]; (*large*) (*also*: **ferryboat**) 渡船 dùchuán [艘 sōu] **II** VT (*transport*) (*by sea, air, road*) 运(運)送 yùnsòng ▶ **to ferry sth/sb across** *or* **over** 载(載)某物/某人渡过(過) zài mǒuwù/mǒurén dùguò

fertile [ˈfəːtaɪl] ADJ **1** [+ *land, soil*] 肥沃的 féiwò de; [+ *woman*] 能生育的 néng shēngyù de

f

2 [+ *imagination, mind*] 丰(豐)富的 fēngfù de ▸ **fertile ground** (*fig*) 沃土 wòtǔ

fertilize ['fəːtɪlaɪz] VT 1 (*Bio*) 使受精 shǐ shòujīng 2 (*Agr*) [+ *land*] 施肥于(於) shīféiyú

fertilizer ['fəːtɪlaɪzə^r] N [c/u] (*for plants, land*) 肥料 féiliào [袋 dài]

fervent ['fəːvənt] ADJ [+ *admirer, supporter*] 强(強)烈的 qiángliè de; [+ *belief, hope*] 热(熱)切的 rèqiè de

fervour, (*US*) **fervor** ['fəːvə^r] N [u] 热(熱)情 rèqíng

fester ['fɛstə^r] VI (*liter*) 1 [*sore, wound* +] 化脓(膿) huànóng 2 (*fig*) [*resentment* +] 加剧(劇) jiājù

festival ['fɛstɪvəl] N [c] 1 (*Rel*) 节(節)日 jiérì [个 gè] 2 (*Theat, Mus*) 艺(藝)术(術)节(節) yìshù jié [届 jiè]

festive ['fɛstɪv] ADJ 1 [+ *mood, atmosphere*] 喜庆(慶)的 xǐqìng de 2 (*relating to Christmas*) 节(節)日的 jiérì de ▸ **the festive season** 节(節)日期 jiérìqī

festoon [fɛs'tuːn] VT ▸ **to be festooned with** 给(給)…饰(飾)以花饰(飾) gěi...shìyǐ huāshì

fetch [fɛtʃ] VT 1 (*bring*) 去拿来(來) qù nálái 2 (*sell for*) 卖(賣)得 màidé ▸ **to fetch sth for sb, fetch sb sth** 去给(給)某人拿来(來)某物 qù gěi mǒurén nálái mǒuwù ▸ **how much did it fetch?** 这(這)个(個)卖(賣)多少钱(錢)? Zhège mài duōshao qián?

▸ **fetch up** (*inf*) VI 到达(達) dàodá

fête [feɪt] I N [c] (*at church, school*) 游(遊)园(園)会(會) yóuyuánhuì II VT 特别(別)款待 tèbié kuǎndài

feud [fjuːd] I N [c] (*quarrel*) 长(長)期不和 chángqī bùhé II VI 长(長)期不和 chángqī bùhé ▸ **to feud with sb** 与(與)某人结(結)怨 yǔ mǒurén jiéyuàn ▸ **a family feud** 家族世仇 jiāzú shìchóu

feudal ['fjuːdl] ADJ [+ *system, society, lord*] 封建的 fēngjiàn de

fever ['fiːvə^r] N 1 [c/u] (*Med*) 发(發)烧(燒) fāshāo [次 cì] 2 (*fig: frenzy*) ▸ **a fever of excitement/anxiety** 激动(動)若狂/极(極)度不安 jīdòng ruòkuáng/jídù bù'ān ▸ **he has a fever** 他发(發)烧(燒)了 tā fāshāo le

fever blister (*US: Med*) N [c] 疱(瘡)疹 chuāngzhěn [英 = **cold sore**]

feverish ['fiːvərɪʃ] ADJ 1 (*Med*) 发(發)烧(燒)的 fāshāode 2 (*fig*) [+ *emotion, activity*] 狂热(熱)的 kuángrè de

★ **few** [fjuː] I ADJ 1 (*not many*) 少数(數)的 shǎoshù de ▹ *She has few friends.* 她的朋友不多。Tā de péngyou bùduō. 2 ▸ **a few** (*some*) 几(幾)个(個) jǐge ▹ *She has a few friends.* 她有几个朋友。Tā yǒu jǐge péngyou. II PRON 1 ▸ **a few** (*some*) 几(幾)个(個) jǐge ▹ *Many of us tried and a few succeeded.* 我们中的许多人都试了，只有几个成功了。Wǒmen zhōng de xǔduō rén dōu shì le, zhǐyǒu jǐge chénggōng le.; (*not many*) 很少几(幾)个(個) hěnshǎo jǐge ▹ *Many of us tried but few succeeded.* 我们中的许多人都试了，但很少几个成功了。Wǒmen zhōng de xǔduō rén dōu shì le, dàn hěn shǎo jǐge chénggōng le. 2 ▸ **in the next few days** 在接下来(來)的几(幾)天里(裡) zài jiēxiàlái de jǐtiān lǐ ▸ **in the past few days** 在过(過)去的几(幾)天里(裡) zài guòqù de jǐtiān lǐ ▸ **every few days/months** 每几(幾)天/几(幾)个(個)月 měi jǐtiān/jǐge yuè ▸ **a few of us/them** 我们(們)/他们(們)中的几(幾)个(個) wǒmen/tāmen zhōng de jǐge ▸ **a few more** 再多几(幾)个(個) zài duō jǐge ▸ **very few survive** 极(極)少幸(倖)存 jíshǎo xìngcún ▸ **a good few** *or* **quite a few** 相当(當)多 xiāngdāng duō ▸ **as few as** 竟少到 jìng shǎodào ▸ **they are few and far between** 他们(們)简(簡)直是凤(鳳)毛麟角 tāmen jiǎnzhí shì fèng máo lín jiǎo

> **few** 和 **a few** 都用在可数名词的复数形式之前，但意义不同。例如，*I have a few friends* 表示肯定含义，表示你有一些朋友。然而，*I have few friends* 表示否定含义，即你几乎没有朋友。

fewer ['fjuːə^r] ADJ 较(較)少的 jiàoshǎo de ▸ **no fewer than** 不少于(於) bù shǎoyú ▸ **there are fewer buses on Sundays** 星期天公共汽车(車)比较(較)少 xīngqītiān gōnggòng qìchē bǐjiào shǎo

> 用法参见 **less**

fewest ['fjuːɪst] ADJ 最少的 zuìshǎo de

fiancé [fɪ'ɔnseɪ] N [c] 未婚夫 wèihūnfū [个 gè]

fiancée [fɪ'ɔnseɪ] N [c] 未婚妻 wèihūnqī [个 gè]

fiasco [fɪ'æskəu] (*pl* **fiascos**) N [c] (*disaster*) 惨(慘)败(敗) cǎnbài [次 cì]

fib [fɪb] (*inf*) I N [c] (*lie*) 小谎(謊) xiǎohuǎng [个 gè] II VI 撒小谎(謊) sā xiǎohuǎng

fibre, (*US*) **fiber** ['faɪbə^r] N 1 [c] (*thread*) 纤(纖)维(維) xiānwéi 2 [c/u] (*cloth*) 纤(纖)维(維)制(製)品 xiānwéi zhìpǐn 3 [u] (*roughage*) 纤(纖)维(維)质(質) xiānwéizhì 4 [c] (*Anat*) (*tissue*) 纤(纖)维(維) xiānwéi

fibreglass, (*US*) **fiberglass** ['faɪbəglaːs] N [u] 玻璃纤(纖)维(維) bōlí xiānwéi

fickle ['fɪkl] ADJ [+ *person*] 易变(變)的 yìbiàn de; [+ *weather*] 无(無)常的 wúcháng de

fiction ['fɪkʃən] N 1 [u] (*novels, stories*) 小说(說) xiǎoshuō 2 [u] (*invention*) 虚(虛)构(構)的事 xūgòu de shì 3 [c] (*lie*) 杜撰 dùzhuàn

fictional ['fɪkʃənl] ADJ [+ *character, event*] 虚(虛)构(構)的 xūgòude

fictitious [fɪk'tɪʃəs] ADJ 1 (*non-existent*) 杜撰的 dùzhuàn de 2 (*imaginary*) [+ *character, event*] 虚(虛)构(構)的 xūgòu de

fiddle ['fɪdl] I N [c] 1 (*Mus*) 小提琴 xiǎo tíqín [把 bǎ] 2 (*Brit; inf*) (*fraud, swindle*) 诓(誆)骗(騙) kuāngpiàn II VT (*Brit; inf*) [+ *books, accounts, taxes*] 篡改 cuàngǎi ▸ **tax fiddle** 骗(騙)税(稅) piàn shuì

▸ **fiddle with** VT FUS 恐惧(懼)的 bùtíng

bōnòng
fiddler ['fɪdləʳ] N [c] (*Mus*) 小提琴手 xiǎo tíqínshǒu [名 míng]
fidelity [fɪ'dɛlɪtɪ] N [U] (*frm*) **1** [*of spouse, dog*] 忠诚(誠) zhōngchéng **2** (*accuracy*) [*of report, translation*] 精确(確) jīngquè
field [fiːld] **I** N [c] **1** (*grassland*) 草地 cǎodì [块 kuài] **2** (*cultivated*) 田地 tiándì [片 piàn] **3** (*Sport*) (*pitch*) 场(場)地 chǎngdì [个 gè] **4** (*subject, area of interest*) 领(領)域 lǐngyù [个 gè] **5** (*range*) [*of gravitation, magnetism*] 场(場) chǎng **6** (*Min*) 矿(礦)区(區) kuàngqū **7** (*Comput*) 字段 zìduàn [个 gè] **II** VI (*Cricket*) 接球 jiēqiú **III** CPD [+ *study, trip*] 实(實)地 shídì ▸ **the field** (*competitors, entrants*) 全体(體)出场(場)参(參)赛(賽)者 quántǐ chūchǎng cānsàizhě ▸ **to lead the field** (*Sport*) 领(領)头(頭) lǐngtóu; (*fig*) 一马(馬)当(當)先 yī mǎ dāng xiān ▸ **field of vision** 视(視)野 shìyě ▸ **to have a field day** 忙得不亦乐(樂)乎 mángde bù yì lè hū
fielder ['fiːldəʳ] (*Cricket, Baseball*) N [c] 外野手 wàiyěshǒu [名 míng]
field marshal N [c] 陆(陸)军(軍)元帅(帥) lùjūn yuánshuài [名 míng]
fieldwork ['fiːldwəːk] N [U] (*research*) 实(實)地考察 shídì kǎochá
fierce [fɪəs] ADJ **1** [+ *animal*] 凶猛的 xiōngměng de; [+ *warrior, enemy*] 凶恶(惡)的 xiōng'è de; [+ *battle*] 猛烈的 měngliè de **2** [+ *loyalty, resistance, competition*] 强(強)烈的 qiángliè de; [+ *wind, heat, storm*] 强(強)劲(勁)的 qiángjìn de
fiery ['faɪərɪ] ADJ **1** (*lit*) 着(著)火的 zháohuǒ de; [+ *red, orange*] 如火的 rúhuǒ de **2** (*fig*) [+ *person, temper, speech*] 火爆的 huǒbào de
★**fifteen** [fɪf'tiːn] NUM 十五 shíwǔ ▸ **that will be fifteen pounds, please** 请(請)付15英镑(鎊) qǐng fù shíwǔ yīngbàng ▸ **she's fifteen (years old)** 她15岁(歲)了 tā shíwǔ suì le ▸ **there are fifteen of us** 我们(們)有15个(個)人 wǒmen yǒu shíwǔ gè rén ▸ **all fifteen of them** 他们(們)15个(個)人都 tāmen shíwǔ gè rén dōu
fifteenth [fɪf'tiːnθ] NUM 第十五 dì shíwǔ; *see also* **fifth**
fifth [fɪfθ] **I** NUM **1** (*in series*) 第五 dìwǔ **2** (*fraction*) 五分之一 wǔfēnzhīyī **II** N (*Aut*) (*also*: **fifth gear**) 第五挡(檔) dìwǔdǎng **III** ADV ▸ **to come fifth** (*in race, competition*) 名列第五名 mínglie dìwǔ míng ▸ **on July fifth, on the fifth of July** 在7月5日 zài qīyuè wǔrì ▸ **Charles the fifth** 查尔(爾)斯五世 Chá'ěrsī wǔshì
★**fifty** ['fɪftɪ] NUM 五十 wǔshí ▸ **he's in his fifties** 他50多岁(歲) tā wǔshí duō suì ▸ **during the fifties** 在50年代 zài wǔshí niándài
fifty-fifty ['fɪftɪ'fɪftɪ] (*inf*) **I** ADJ 各半的 gèbàn de **II** ADV [*divide, share, split* +] 各半地 gèbàn de ▸ **to have a fifty-fifty chance (of success)** 有百分之五十(成功)的机(機)会(會) yǒu bǎifēnzhī wǔshí(chénggōng)de jīhuì
fig [fɪg] N [c] **1** (*fruit*) 无(無)花果 wúhuāguǒ [个 gè] **2** (*also*: **fig tree**) 无(無)花果树(樹) wúhuāguǒ shù [棵 kē] ▸ **I don't care** *or* **give a fig** (*inf, o.f.*) 我毫不在意 wǒ háo bù zàiyì
★**fight** [faɪt] (*pt, pp* **fought**) **I** N [c] **1** (*lit*) 斗(鬥)殴(毆) dòu'ōu [场 chǎng] ▹ *There were sometimes fights between the workers.* 有时工人之间会发生斗殴。Yǒushí gōngrén zhījiān huì fāshēng dòu'ōu. **2** (*Boxing*) 拳击(擊)赛(賽) quánjī sài **3** (*fig: against disease, alcoholism, prejudice*) 斗(鬥)争(爭) dòuzhēng [场 chǎng] ▹ *the fight against drug abuse* 与滥用毒品所作的斗争 yǔ lànyòng dúpǐn suǒ zuò de dòuzhēng **4** (*quarrel*) 争(爭)吵 zhēngchǎo ▹ *He had a big fight with his dad.* 他和他的父亲大吵了一架。Tā hé tā de fùqīn dà chǎo le yījià. **II** VT **1** [+ *person, enemy, army*] 与(與)…对(對)打 yǔ...duìdǎ ▹ *I fought him, and I won.* 我跟他对打，我赢了。Wǒ gēn tā duìdǎ, wǒ yíng le. **2** [+ *battle*] 与(與)…战(戰)斗(鬥) yǔ...zhàndòu ▹ *Police fought a gun battle with the gang.* 警察与歹徒展开一场枪击战。Jǐngchá yǔ dǎitú zhǎnkāi yīchǎng qiāngjīzhàn. **3** [+ *disease, prejudice etc*] 与(與)…斗(鬥)争(爭) yǔ...dòuzhēng ▹ *She devoted her life to fighting poverty.* 她一生都在与贫穷作斗争。Tā yīshēng dōu zài yǔ pínqióng zuò dòuzhēng. **4** [+ *fire*] 与(與)…搏斗(鬥) yǔ...bódòu ▹ *They fought the fire for three days.* 他们与大火搏斗了3天。Tāmen yǔ dàhuǒ bódòu le sāntiān. **5** [+ *urge, impulse*] 抑制 yìzhì ▹ *He fought the urge to cry.* 他抑制住了想哭的冲动。Tā yìzhì zhù le xiǎng kū de chōngdòng. **6** (*Law*) [+ *case*] 为(為)…极力争(爭)辩(辯) wèi...jílì zhēngbiàn ▹ *He fought his case in various courts.* 他在各个法庭为他的案子据理力争。Tā zài gègè fǎtíng wèi tā de ànzi jùlǐ lìzhēng. **7** [+ *election*] 力争(爭) lìzhēng ▹ *the parties fighting the election* 力争获选的各个政党 lìzhēng huòxuǎn de gègè zhèngdǎng **8** (*Boxing*) 与(與)…进(進)行拳击(擊)赛(賽) yǔ...jìnxíng quánjī sài ▹ *I'd like to fight him for the title.* 我想与他进行拳击赛争夺冠军头衔。Wǒ xiǎng yǔ tā jìnxíng quánjīsài zhēngduó guànjūn tóuxián. **III** VI **1** [*people, enemies, armies* +] 战(戰)斗(鬥) zhàndòu ▹ *He fought in the war.* 他在战争中作战。Tā zài zhànzhēng zhōng zuòzhàn. **2** (*quarrel*) 争(爭)吵 zhēngchǎo ▹ *They fight about who pays the bills.* 他们为谁付账而争吵。Tāmen wèi shuí fùzhàng ér zhēngchǎo. **3** (*struggle*) 奋(奮)斗(鬥) fèndòu ▹ *We had fought to hold on to the company.* 我们曾经为保住公司而奋斗。Wǒmen céngjīng wèi bǎozhù gōngsī ér fèndòu. ▸ **to put up a fight** 开(開)展斗(鬥)争(爭) kāizhǎn dòuzhēng ▸ **to fight with sb** 跟某人打架 gēn mǒurén dǎjià ▸ **to fight for/**

f

against sth 为(為)支持/反对(對)某事而斗(鬥)争(爭) wèi zhīchí/fǎnduì mǒushì ér dòuzhēng ▸ **to fight one's way through a crowd/the undergrowth** 费(費)力地穿过(過)人群/丛(叢)林 fèilì de chuānguò rénqún/cónglín

▸**fight back** I VI 回击(擊) huíjī II VT [+ *tears, fear*] 抑制住 yìzhì zhù

▸**fight down** VT [+ *urge*] 努力抑制 nǔlì yìzhì

▸**fight off** VT **1** [+ *attacker*] 击(擊)退 jītuì **2** [+ *disease*] 消除 xiāochú **3** [+ *sleep, urge*] 克制 kèzhì

▸**fight out** VT ▸ **to fight it out** 一决(決)雌雄 yījué cíxióng

fighter ['faɪtə^r] N [c] **1** (*boxer etc*) 拳击(擊)手 quánjīshǒu [名 míng] **2** (*also:* **fighter plane**) 战(戰)斗(鬥)机(機) zhàndòu jī [架 jià] **3** (*courageous person*) 勇士 yǒngshì [位 wèi]

fighting ['faɪtɪŋ] N [U] (*battle, violence*) 搏斗(鬥) bódòu

figurative ['fɪgjurətɪv] ADJ [+ *painting, style*] 华(華)美的 huáměi de ▸ **in a figurative sense** 用比喻意 yòng bǐyùyì

★**figure** ['fɪgə^r] I N [c] **1** (*Drawing, Geom*) 图(圖)形 túxíng ▹ *A hexagon is a six-sided figure.* 六边形是有6个边的图形。Liùbiānxíng shì yǒu liù gè biān de túxíng. **2** (*number, statistic*) 统(統)计(計)数(數)字 tǒngjì shùzì [个 gè] ▹ *unemployment figures* 失业统计数字 shīyè tǒngjì shùzì **3** (*digit*) 数(數)字 shùzì [个 gè] ▹ *The second figure looks like a five.* 第二个数字看起来像5。Dì èr gè shùzì kàn qǐlái xiàng wǔ. **4** (*body, shape*) 身材 shēncái [种 zhǒng] ▹ *She's got a fabulous figure.* 她的身材棒极了。Tā de shēncái bàng jí le. **5** (*person*) 轮(輪)廓 lúnkuò ▹ *the figure of a man silhouetted against the skyline* 被天际衬托着的男人轮廓 bèi tiānjì chèntuōzhe de nánrén lúnkuò **6** (*Art*) 画(畫)像 huàxiàng ▹ *a life-size figure of a woman* 与真人同样大小的女人画像 yǔ zhēnrén tóngyàng dàxiǎo de nǚrén huàxiàng **7** (*personality*) 人物 rénwù ▹ *He's a controversial figure.* 他是一个颇有争议的人物。Tā shì yīgè pō yǒu zhēngyì de rénwù. II VT (*esp US; inf*) (*reckon*) 估计(計) gūjì ▹ *They figured it was better to stay where they were.* 他们估计最好还是待在原处。Tāmen gūjì zuìhǎo háishì dāi zài yuánchù. III VI (*feature*) 出现(現) chūxiàn ▹ *Loneliness figures a lot in his conversation.* 孤独在他的谈话中出现了好几次。Gūdú zài tā de tánhuà zhōng chūxiànle hǎo jǐcì. ▸ **in single/double figures** 以单(單)位数(數)/双(雙)位数(數) yǐ dānwèishù/shuāngwèishù ▸ **I couldn't put a figure on it** 我说(說)不出它的确(確)切数(數)字 wǒ shuō bù chū tā de quèqiè shùzì ▸ **public figure** 公众(眾)人物 gōngzhòng rénwù ▸ **a hero/mother** *etc* **figure** 英雄/母亲(親)等式的人物 yīngxióng/mǔqīn *děng* shì de rénwù ▸ **that figures** (*inf*) 那不足为(為)怪 nà bùzú wéiguài

▸**figure out** (*inf*) VT (*work out*) 弄清楚 nòng qīngchu ▹ *She had not yet figured out what she was going to do.* 她还没有弄清楚她要做什么。Tā hái méiyǒu nòng qīngchu tā yào zuò shénme.

figurehead ['fɪgəhɛd] N [c] **1** [*of organization*] 傀儡 kuílěi [个 gè] **2** (*Naut*) 船头(頭)雕饰(飾) chuántóu diāoshì [件 jiàn]

file [faɪl] I N [c] **1** (*dossier*) 档(檔)案 dàng'àn [份 fèn] **2** (*folder*) 文件夹(夾) wénjiànjiā [个 gè] **3** (*for loose leaf*) 卷宗 juànzōng **4** (*Comput*) 文件 wénjiàn [份 fèn] **5** (*tool*) 锉(銼)刀 cuòdāo [把 bǎ] II VT **1** (*also:* **file away**) [+ *papers, document*] 把…归(歸)档(檔) bǎ…guīdàng **2** (*Law*) [+ *accusation, complaint, request*] 把…备(備)案 bǎ…bèi'àn **3** [+ *wood, metal, fingernails*] 把…锉(銼)平 bǎ…cuòpíng III VI ▸ **to file in/out/past** 鱼(魚)贯(貫)而入/出/过(過) yúguàn érrù/chū/guò ▸ **to file for divorce** 申请(請)离(離)婚 shēnqǐng líhūn

file sharing [-'ʃɛərɪŋ] N [U] 文件共享 wénjiàn gòngxiǎng

filing cabinet ['faɪlɪŋ-] N [c] 档(檔)案柜(櫃) dàng'ànguì [个 gè]

Filipino [fɪlɪ'piːnəu] (*pl* **Filipinos**) I ADJ 菲律宾(賓)的 Fēilǜbīn de II N [c] (*person*) 菲律宾(賓)人 Fēilǜbīn rén [个 gè]

fill [fɪl] I VT **1** [+ *container*] 装(裝)满(滿) zhuāngmǎn **2** [+ *space, area*] 占(佔)满(滿) zhànmǎn **3** [+ *crack, hole*] 塞满(滿) sāimǎn **4** [+ *tooth*] 补(補)bǔ **5** [+ *role, position*] 担(擔)任 dānrèn **6** [+ *job vacancy*] [*company* +] 选(選)人补(補)上 xuǎnrén bǔshang; [*candidate* +] 补(補)上 bǔshang **7** [+ *gap, need*] 弥(彌)补(補) míbǔ II VI [*room, hall* +] 挤(擠)满(滿) jǐmǎn III N ▸ **to have had one's fill of sth** 已经(經)受够(夠)了某事 yǐjing shòugòu le mǒushì ▸ **to eat/drink one's fill** 吃个(個)饱(飽)/喝个(個)够(夠) chī gè bǎo/hē gè gòu ▸ **to fill sth with sth** 用某物填满(滿)某物 yòng mǒuwù tiánmǎn mǒuwù ▸ **to be filled with anger/resentment** 满(滿)腔怒火/憎恨 mǎnqiāng nùhuǒ/zēnghèn

▸**fill in** I VT **1** [+ *hole, crack*] 填满(滿) tiánmǎn **2** (*esp Brit*) [+ *form, name*] 填写(寫) tiánxiě [美 = **fill out**] ▸ **to fill sb in on sth** (*inf*) 给(給)某人提供关(關)于(於)某事的详(詳)情 gěi mǒurén tígōng guānyú mǒushì de xiángqíng II VI ▸ **to fill in for sb** 临(臨)时(時)补(補)某人的缺 línshí bǔ mǒurén de quē

▸**fill out** VT [+ *form*] 填写(寫) tiánxiě

▸**fill up** I VT **1** [*food* +] [+ *person*] 使…有饱(飽)胀(脹)的感觉(覺) shǐ…yǒu bǎozhàng de gǎnjué **2** (*occupy*) [+ *container, space*] 占(佔)满(滿) zhànmǎn **3** [+ *cup, saucepan*] 倒满(滿) dàomǎn ▸ **fill it** *or* **her up, please** (*Aut*) 请(請)加满(滿)油 qǐng jiāmǎn yóu II VI [*room, stadium* +] 挤(擠)满(滿) jǐmǎn

filler ['fɪlə^r] N [C/U] (for wood, plaster) 填充物 tiánchōngwù

fillet ['fɪlɪt] **I** N [C/U] [of meat, fish] 片 piàn **II** VT [+ fish, meat] 把…切成片 bǎ...qiēchéng piàn

fillet steak N [C/U] 牛肉片 niúròu piàn

filling ['fɪlɪŋ] **I** N **1** [C] (in tooth) 填补(補)物 tiánbǔ wù [种 zhǒng] **2** [C/U] [of cake, pie, sandwich] 馅(餡) xiàn [种 zhǒng] **II** ADJ [+ food] 易使人饱(飽)的 yì shǐrén bǎo de

filling station (esp Brit) N [C] 加油站 jiāyóu zhàn [美 = **gas station**]

★**film** [fɪlm] **I** N **1** [C] (esp Brit: TV) 影片 yǐngpiàn [部 bù] [美 = **movie**] **2** [C/U] (Phot) 胶(膠)卷 jiāojuǎn [卷 juǎn] ▷ *a roll of film* 一卷胶卷 yījuǎn jiāojuǎn **3** [C] [of dust, tears, grease] 薄层(層) báocéng ▷ *A film of dust covered every surface.* 薄薄的一层灰尘覆盖了每一处表面。Báobáo de yīcéng huīchén fùgàile měi yīchù biǎomiàn. **4** [U] (Brit) (also: **clingfilm**) 薄膜 bómó **II** VT [+ scene, person, book] 把…拍成影片 bǎ...pāichéng yǐngpiàn **III** VI 拍摄(攝) pāishè ▷ *The TV crews couldn't film at night.* 电视剧组人员晚上无法拍摄。 Diànshì jùzǔ rényuán wǎnshàng wúfǎ pāishè.

film star N [C] (esp Brit) 影星 yǐngxīng [位 wèi]

filter ['fɪltə^r] **I** N [C] **1** (for water, oil) 过(過)滤(濾)器 guòlǜ qì [个 gè] **2** (Phot) 滤(濾)器 lǜqì **II** VT [+ water, soil etc] 过(過)滤(濾) guò lǜ

▸**filter into** VT FUS [sound, light +] 微微透入 wēiwēi tòurù

▸**filter through** VI [news, information +] 慢慢传(傳)开(開) mànmàn chuánkāi

filter lane (Brit: Aut) N [C] 转(轉)弯(彎)车(車)道 zhuǎnwān chēdào [条 tiáo]

filth [fɪlθ] N [U] **1** (dirt) 污物 wūwù **2** (smut) 污秽(穢)内(內)容 wūhuì nèiróng

filthy ['fɪlθɪ] ADJ **1** (dirty) [+ object, person] 污秽(穢)的 wūhuì de **2** (disgusting) [+ language, book, habit] 污秽(穢)的 wūhuì de

fin [fɪn] N [C] **1** [of fish] 鳍 qí **2** [of aircraft] 翼 yì

★**final** ['faɪnl] **I** ADJ **1** (last) 最后(後)的 zuìhòu de ▷ *Astronauts will make a final attempt to rescue the satellite.* 宇航员将做出最后的努力抢救卫星。Yǔhángyuán jiāng zuòchū zuìhòu de nǔlì qiǎngjiù wèixīng. **2** (definitive) [+ decision, offer] 不可变(變)更的 bùkě biàngēng de ▷ *The judges' decision is final.* 法官的决定是不可变更的。Fǎguān de juédìng shì bùkě biàngēng de. **3** (ultimate) [+ irony, humiliation] 莫大的 mòdà de ▷ *Being sacked was the final humiliation.* 被解雇是莫大的羞辱。Bèi jiěgù shì mòdà de xiūrǔ. **II** N [C] (Sport) 决(決)赛(賽) juésài [场 chǎng] **III finals** N PL **1** (Univ) 期末考试(試) qīmò kǎoshì **2** (Sport) 决(決)赛(賽) juésài ▸ **to sit one's finals** 参(參)加大学(學)毕(畢)业(業)考试(試) cānjiā dàxué bìyè kǎoshì

finale [fɪ'nɑːlɪ] N [C] **1** (Theat) 最后(後)一幕 zuìhòu yīmù; (Mus) 终(終)曲 zhōngqǔ **2** (fig) 收场(場) shōuchǎng

finalist ['faɪnəlɪst] N [C] 决(決)赛(賽)选(選)手 juésài xuǎnshǒu [名 míng]

finalize ['faɪnəlaɪz] VT [+ plans, deal, arrangements] 最终(終)确(確)定 zuìzhōng quèdìng

finally ['faɪnəlɪ] ADV **1** (eventually) 终(終)于(於) zhōngyú **2** (lastly) 最后(後) zuìhòu **3** (in conclusion) 总(總)之 zǒngzhī **4** (irrevocably) 确(確)定地 quèdìng de

▒ 用法参见 **eventually**

finance [faɪ'næns] **I** N [U] **1** (money, backing) 资(資)金 zījīn **2** (money management) 财(財)政 cáizhèng **II** VT (back, fund) 为(為)…提供资(資)金 wèi...tígōng zījīn **III finances** N PL 财(財)力 cáilì

★**financial** [faɪ'nænʃəl] ADJ [+ difficulties, adviser] 财(財)政的 cáizhèng de ▷ *The company is in financial difficulties.* 公司正处于财政困难时期。Gōngsī zhèng chǔyú cáizhèng kùnnan shíqī.

financial year N [C] 财(財)政年度 cáizhèng niándù

financier [faɪ'nænsɪə^r] N [C] 出资(資)人 chūzīrén [名 míng]

★**find** [faɪnd] (pt, pp **found**) **I** VT **1** (locate) [+ person, object, exit] 找到 zhǎodào ▷ *The police found a pistol at his home.* 警察在他家里找到一支手枪。Jǐngchá zài tā jiā lǐ zhǎodào yīzhī shǒuqiāng.; [+ lost object] 找回 zhǎohuì ▷ *He eventually found the book under his bed.* 他终于在床下找回了那本书。Tā zhōngyú zài chuáng xià zhǎohuíle nà běn shū. **2** (discover) [+ answer, solution] 找出 zhǎochū ▷ *There is a genuine effort to find a solution.* 人们真心实意地努力寻找一条解决的途径。Rénmen zhēnxīn shíyì de nǔlì xúnzhǎo yītiáo jiějué de tújìng.; [+ object, person] 发(發)现(現) fāxiàn ▷ *When she got home she found a six-page letter from Tom.* 她到家时发现了一封汤姆写给她的6页的信。Tā dàojiā shí fāxiànle yīfēng Tāngmǔ xiě gěi tā de liùyè de xìn. **3** (consider) 认(認)为(為) rènwéi ▷ *I don't find that funny at all.* 我认为那一点都没什么好玩的。Wǒ rènwéi nà yīdiǎn dōu méishénme hǎowán de. **4** (get) [+ work, job] 得到 dédào ▷ *He cannot find work.* 他没能得到工作。Tā méi néng dédào gōngzuò.; [+ money] 筹(籌)集 chóují ▷ *Some families cannot even find enough money for basic needs.* 有些家庭甚至筹不到满足基本需要的钱。Yǒuxiē jiātíng shènzhì chóubùdào mǎnzú jīběn xūyào de qián.; [+ time] 有 yǒu ▷ *How do you find time to write these books?* 你怎么有时间写这些书？ Nǐ zěnme yǒu shíjiān xiě zhèxiē shū? **II** N [C] (discovery) 难(難)得之才 nándé zhī cái [个 gè] ▷ *They've got a new singer, and she's a real find.* 他们已经找到了一位新歌手，她是一个真正的难得之才。Tāmen yǐjīng zhǎodàole yīwèi xīngēshǒu, tā shì yīgè zhēnzhèng de nándé zhīcái. ▸ **to find sb guilty/not guilty** 判决(決)某人有罪/无(無)罪 pànjué mǒurén yǒuzuì/wúzuì ▸ **to find one's way** 认(認)得路 rènde lù ▸ **many exotic species are found there** 那儿(兒)有许(許)多奇异(異)的物种(種) nàr yǒu xǔduō qíyì de wùzhǒng ▸ **I found myself starting to laugh** 我不由自主地笑了起来(來) wǒ bù yóu zìzhǔ de xiàole qǐlái ▸ **to find that...** 发(發)觉(覺)··· fājué... ▹ *When I woke up, I found I couldn't move my legs.* 醒来时，我发觉腿动不了了。Xǐnglái shí, wǒ fājué tuǐ dòng bùliǎo le. ▸ **to find sth easy/difficult** 觉(覺)得某事容易/难(難) juéde mǒushì róngyì/nán

用法参见 **discover**

▸**find out** I VT 1 [+ *fact, truth*] 查明 chámíng ▹ *You'll have to watch next week to find out what happens.* 让你们等到下周看看会怎样。Ràng nǐmen děngdào xiàzhōu kànkan huì zěnyàng.
2 [+ *person*] (*in wrongdoing*) 发(發)现(現) fāxiàn ▹ *I wondered for a moment if she'd found me out.* 我一度想知道她是否已经发现我了。Wǒ yīdù xiǎng zhīdào tā shìfǒu yǐjīng fāxiàn wǒ le. II VI ▸ **to find out about sth** (*deliberately*) 获(獲)知某事 huòzhī mǒushì; (*by chance*) 偶然发(發)现(現)某物 ǒurán fāxiàn mǒuwù

findings ['faɪndɪŋz] N PL [*of report*] 调(調)查结(結)果 diàochá jiéguǒ; [*of court, committee*] 裁决(決) cáijué

fine [faɪn] I ADJ 1 (*satisfactory*) 还(還)不错(錯)的 hái bùcuò de 2 (*excellent*) [+ *object, person*] 好的 hǎo de 3 (*in texture*) [+ *hair, thread, powder, sand*] 细(細)的 xì de 4 (*pleasant*) [+ *weather, day*] 晴朗的 qínglǎng de 5 (*subtle*) [+ *adjustment, detail, distinction*] 细(細)微的 xìwēi de II ADV 1 (*well*) 不错(錯)地 bùcuò de 2 (*thinly*) 细(細)地 xì de III N [c] (*Law*) 罚(罰)款 fákuǎn [笔 bǐ] IV VT (*Law*) 处(處)···以罚(罰)金 chǔ...yǐ fájīn ▸ **(I'm) fine** (我)很好 (wǒ) hěnhǎo ▸ **(that's) fine** (那)好吧 (nà) hǎoba ▸ **to cut it fine** (*in time*) 扣得紧(緊) kòude jǐn ▸ **you're doing fine** 你做得很好 nǐ zuòde hěnhǎo

fine art N [U] (*also:* **fine arts**) 美术(術) měishù ▸ **he's got it down to a fine art** 他对(對)此游(遊)刃有余(餘) tā duìcǐ yóu rèn yǒuyú

finger ['fɪŋgəʳ] I N [c] (*Anat*) 手指 shǒuzhǐ [根 gēn] II VT (*touch*) 触(觸)摸 chùmō ▸ **to keep one's fingers crossed** (*fig*) 祈愿(願)好运(運) qǐyuàn hǎoyùn ▸ **to cross one's fingers** 食指与(與)中指交叉重叠(疊) shízhǐ yǔ zhōngzhǐ jiāochā chóngdié ▸ **to point the finger at sb** (*fig*) 指责(責)某人 zhǐzé mǒurén ▸ **to put one's finger on sth** (*fig*) 对(對)某事有充分把握 duì mǒushì yǒu chōngfèn bǎwò

fingernail ['fɪŋgəneɪl] N [c] 指甲 zhǐjia [个 gè]

fingerprint ['fɪŋgəprɪnt] I N [c] 指纹(紋) zhǐwén II VT [+ *person*] 取···的指纹(紋) qǔ...de zhǐwén ▸ **to take sb's fingerprints** 取下某人的指纹(紋) qǔxià mǒurén de zhǐwén

fingertip ['fɪŋgətɪp] N [c] 指尖 zhǐjiān ▸ **to have sth at one's fingertips** (*at one's disposal*) 轻(輕)而易举(舉)地得到某物 qīng ér yì jǔ de dédào mǒuwù; (*know well*) 对(對)某事了如指掌 duì mǒushì liǎo rú zhǐzhǎng

finish ['fɪnɪʃ] I N 1 [s] (*end*) 结(結)束 jiéshù 2 [c] (*Sport*) 终(終)点(點) zhōngdiǎn [个 gè] 3 [c] (*appearance, texture*) 末道漆 mòdào qī II VT [+ *work*] 结(結)束 jiéshù; [+ *task, report, book*] 完成 wánchéng; [+ *drink*] 喝完 hēwán; [+ *sandwich*] 吃完 chīwán; [+ *cigarette*] 吸完 xīwán III VI 1 [*course, event* +] 结(結)束 jiéshù 2 [*person* +] 说(說)完 shuōwán ▸ **a close finish** (*Sport*) 扣人心弦的终(終)场(場) kòu rén xīnxián de zhōngchǎng ▸ **to finish doing sth** 做完某事 zuòwán mǒushì ▸ **to finish third** (*in race, competition*) 最后(後)得了第三名 zuìhòu déle dìsānmíng ▸ **to put the finishing touches to sth** 最后(後)完结(結)某事 zuìhòu wánjié mǒushì ▸ **she's finished with him** (*inf*) 她已经(經)跟他分手了 tā yǐjīng gēn tā fēnshǒu le

▸**finish off** VT 1 [+ *job, report*] 完成 wánchéng; [+ *dinner, wine*] 吃/喝光 chī/hēguāng 2 (*inf: kill*) 干(幹)掉 gàndiào

▸**finish up** I VI (*end up*) 告终(終) gàozhōng II VT 1 [+ *meal*] 吃完 chīwán; [+ *drink*] 喝完 hēwán 2 (*US*) (*finish off*) 完成 wánchéng

finite ['faɪnaɪt] ADJ 1 [+ *number, amount*] 有限的 yǒuxiàn de 2 [+ *verb*] 限定的 xiàndìng de

Finland ['fɪnlənd] N 芬兰(蘭) Fēnlán

Finn [fɪn] N [c] 芬兰(蘭)人 Fēnlánrén [个 gè]

Finnish ['fɪnɪʃ] I ADJ 芬兰(蘭)的 Fēnlán de II N [U] (*language*) 芬兰(蘭)语(語) Fēnlányǔ

fir [fəːʳ] N [c] (*also:* **fir tree**) 冷杉 lěngshān [棵 kē]

fire ['faɪəʳ] I N 1 [U] (*flames*) 火 huǒ 2 [c] (*in fireplace, hearth*) 炉(爐)火 lúhuǒ [团 tuán] 3 [c/U] (*accidental*) 火灾(災) huǒzāi [场 chǎng] 4 [U] (*shots*) 射击(擊) shèjī II VT 1 (*shoot*) [+ *gun, bullet, shot, arrow*] 射出 shèchū 2 (*stimulate*) [+ *imagination, enthusiasm*] 激起 jīqǐ 3 (*inf: dismiss*) [+ *employee*] 解雇(僱) jiěgù III VI (*shoot*) 开(開)火 kāihuǒ ▸ **on fire** 起火 qǐhuǒ ▸ **to set fire to sth, set sth on fire** 放火烧(燒)某物 fànghuǒ shāo mǒuwù ▸ **electric/gas fire** (*esp Brit*) 电(電)/煤气(氣)炉(爐) diàn/méiqì lú [美 = **heater**] ▸ **to come/be under fire (from)** 遭到(来(來)自···的)射击(擊) zāodào(láizì...de) shèjī ▸ **to catch fire** 着(著)火 zháohuǒ ▸ **to open fire (on sb)** (向某人)开(開)火 (xiàng mǒurén) kāihuǒ ▸ **to fire questions at sb** 向某人急速地连(連)续(續)发(發)问(問) xiàng mǒurén jísù de liánxù fāwèn

fire alarm N [c] 火警警报(報) huǒjǐng jǐngbào [个 gè]

firearm ['faɪərɑːm] N [c] 枪(槍)支 qiāngzhī

fire brigade N [c] 消防队(隊) xiāofáng duì [支 zhī]

fire department (*US*) N [c] 消防部门(門) xiāofáng bùmén [扇 shàn] [英 = **fire service**]
fire engine (*Brit*) N [c] 救火车(車) jiùhuǒchē [辆 liàng] [美 = **fire truck**]
fire escape N [c] 太平梯 tàipíngtī
fire exit N [c] 安全出口 ānquán chūkǒu [道 dào]
fire extinguisher N [c] 灭(滅)火器 mièhuǒqì [个 gè]
firefighter ['faɪəfaɪtə^r] N [c] 消防队(隊)员(員) xiāofáng duìyuán [位 wèi]
fireman ['faɪəmən] (*pl* **firemen**) N [c] 消防队(隊)员(員) xiāofáng duìyuán [位 wèi]
fireplace ['faɪəpleɪs] N [c] 壁炉(爐) bìlú [个 gè]
fire service (*Brit*) N [c] 消防部门(門) xiāofáng bùmén [美 = **fire department**]
fire station N [c] 消防站 xiāofángzhàn [个 gè]
fire truck (*US*) N [c] 救火车(車) jiùhuǒchē [辆 liàng] [英 = **fire engine**]
firewall ['faɪəwɔːl] (*Comput*) N [c] 防火墙(牆) fánghuǒqiáng [扇 shàn]
firewood ['faɪəwud] N [U] 木柴 mùchái
firework ['faɪəwəːk] I N [c] (*explosive*) 烟(煙)火 yānhuǒ [团 tuán] II **fireworks** N PL (*display*) 烟(煙)火表演 yānhuǒ biǎoyǎn
firing line ['faɪərɪŋ-] N ▸ **to be in the firing line** (*fig*) 在第一线(線) zài dìyīxiàn
★ **firm** [fəːm] I ADJ 1 [+ *mattress, ground*] 硬实(實)的 yìngshi de 2 [+ *person*] 坚(堅)定的 jiāndìng de 3 [+ *grasp, hold, grip*] (*lit*) 稳(穩)定而有力的 wěndìng ér yǒulì de ▹ *I took a firm hold on the rope.* 我牢牢地抓着绳子。Wǒ láoláo de zhuāzhe shéngzi.; (*fig*) 毫不动(動)摇(搖)的 háobù dòngyáo de ▹ *He has a firm grasp of the principles.* 他毫不动摇地坚持原则。Tā háo bù dòngyáo de jiānchí yuánzé. 4 [+ *views, leadership*] 强(強)有力的 qiángyǒulì de 5 [+ *offer*] 确(確)定的 quèdìng de 6 [+ *decision, opinion*] 坚(堅)决(決)的 jiānjué de ▹ *He made a firm decision to leave.* 他作出坚决的决定要离开。Tā zuòchū jiānjué de juédìng yào líkāi. 7 [+ *evidence, news, information*] 确(確)凿(鑿)的 quèzáo de ▹ *We have no firm evidence.* 我们没有确凿的证据。Wǒmen méiyǒu quèzáo de zhèngjù. II N [c] (*company*) 公司 gōngsī [家 jiā] ▸ **to be firm with sb** 严(嚴)格对(對)待某人 yángé duìdài mǒurén ▸ **to stand firm** 立场(場)坚(堅)定 lìchǎng jiāndìng ▸ **to be a firm believer in sth** 是某事坚(堅)定的信仰者 shì mǒushì jiāndìng de xìnyǎngzhě
firmly ['fəːmlɪ] ADV 1 [*rest, stand* +] 牢牢地 láoláo de; [*push, pull, hold* +] 紧(緊)紧(緊)地 jǐnjǐn de 2 [*believe* +] 坚(堅)定地 jiāndìng de 3 [*say, tell* +] 坚(堅)决(決)地 jiānjué de
★ **first** [fəːst] I ADJ 1 (*in series*) 第一的 dìyī de ▹ *For the first time in our lives...* 我们生命中的第一次… wǒmen shēngmìng zhōng de dìyīcì... 2 (*initial*) [+ *reaction, impression*] 最初的 zuìchū de ▹ *My first reaction was one of horror.* 我最初的反应是害怕。Wǒ zuìchū de fǎnyìng shì hàipà. 3 (*top*) [+ *prize, division*] 头(頭)等的 tóuděng de ▹ *She won first prize.* 她得了头等奖。Tā déle tóuděngjiǎng. 4 (*front*) [+ *row*] 第一的 dìyī de ▹ *We had seats in the first row.* 我们的座位在第一排。Wǒmen de zuòwèi zài dìyīpái. 5 (*main*) [+ *duty, responsibility*] 首要的 shǒuyào de ▹ *My first duty is to my patients.* 我首先要对病人负责。Wǒ shǒuxiān yào duì bìngrén fùzé. II ADV 1 (*before anyone else*) [*speak, arrive* +] 首先 shǒuxiān ▹ *Jenny spoke first.* 珍妮首先发言。Zhēnní shǒuxiān fāyán. 2 (*before other things*) 首先 shǒuxiān ▹ *But first I had to get a visa.* 但是首先我得先拿到签证。Dànshì shǒuxiān wǒ děi xiān nádào qiānzhèng. 3 (*when listing reasons*) 第一 dìyī ▹ *There were several reasons for this. First, four submarines had been sighted.* 这有几个原因。第一，发现了4艘潜水艇。Zhè yǒu jǐge yuányīn. Dìyī, fāxiànle sìsōu qiánshuǐtǐng. 4 (*for the first time*) 第一次 dìyīcì ▹ *Sophie and Dave first met in the summer of 1910.* 索菲和戴夫第一次是在1910年夏天相遇。Suǒfēi hé Dàifū dìyīcì shì zài yījiǔyīlíng nián xiàtiān xiāngyù. 5 (*in race, competition*) [*come, finish* +] 第一名 dìyīmíng ▹ *Johnson came first in the one hundred metres.* 约翰逊在一百米跑比赛中获得第一名。Yuēhàn zài yībǎi mǐ pǎo bǐsài zhōng huòdé dìyīmíng. III N 1 [U] (*Aut*) (*also:* **first gear**) 一挡(檔) yīdǎng ▹ *I changed down into first.* 我换到了一挡。Wǒ huàndàole yīdǎng. 2 [c] (*Brit: Univ*) 甲等 jiǎděng ▹ *He got a first in French.* 他的法语得了甲等。Tā de Fǎyǔ déle jiǎděng. 3 [c] (*event*) 首次 shǒucì ▹ *The meeting between financial analysts was a first for the company.* 金融分析家之间的会议在公司里是首次。Jīnróng fēnxījiā zhījiān de huìyì zài gōngsī lǐ shì shǒucì. ▸ **at first** 起先 qǐxiān ▸ **first of all** 首先 shǒuxiān ▸ **the first of January** 1月1号(號) yīyuè yīhào ▸ **in the first instance** 起初 qǐchū ▸ **I'll do it first thing tomorrow** 明天我首先做这(這)件事 míngtiān wǒ shǒuxiān zuò zhè jiàn shì ▸ **from the (very) first** 从(從)(最)一开(開)始 cóng(zuì)yīkāishǐ ▸ **to put sb/sth first** 把某人/某事放在第一位 bǎ mǒurén/mǒushì fàngzài dìyīwèi ▸ **at first hand** 直接地 zhíjiē de ▸ **the first I heard/knew of it** 最初我所听(聽)到的/所知道的 zuìchū wǒ suǒ tīngdào de/suǒ zhīdào de
first aid N [U] 急救 jíjiù
first-aid kit [fəːst'eɪd-] N [c] 急救包 jíjiùbāo
first-class [fəːst'klaːs] I ADJ 1 (*excellent*) [+ *worker, piece of work*] 第一流的 dìyīliú de 2 [+ *carriage, ticket, stamp*] 一类(類)的 yīlèi de II ADV [*travel, send* +] 作为(為)一类(類) zuòwéi yīlèi
first-hand [fəːst'hænd] ADJ [+ *knowledge, experience*] 第一手的 dìyīshǒu de
first lady N [c] 第一夫人 dìyī fūrén ▸ **the first lady of jazz** 爵士乐(樂)之后(後) juéshìyuè zhī hòu

f

firstly ['fəːstlɪ] ADV 首先 shǒuxiān

first name N [c] 名 míng [个 gè] ▸ **to be on first-name terms (with sb)** (与(與)某人)关(關)系(係)亲(親)密 (yǔ mǒurén)guānxì qīnmì

first-rate [fəːst'reɪt] ADJ [+ *actor, swimmer, performance*] 第一流的 dìyīliú de

fiscal ['fɪskl] ADJ [+ *year, policy*] 财(財)政的 cáizhèng de

fish [fɪʃ] **I** N **1** [c] (*Zool*) 鱼(魚) yú [条 tiáo] **2** [U] (*food*) 鱼(魚)肉 yúròu **II** VT [+ *river, area*] 捕 bǔ **III** VI (*commercially*) 捕鱼(魚) bǔyú; (*as sport, hobby*) 钓(釣)鱼(魚) diàoyú ▸ **to go fishing** 去钓(釣)鱼(魚) qù diàoyú
▸**fish out** (*inf*) VT (*from water*) 打捞(撈) dǎlāo; (*from box, bag etc*) 掏出 tāochū

fish and chips (*Brit*) N [U] 炸鱼排加炸薯条

FISH AND CHIPS

fish and chips 是一种英国传统的外卖食品，由卷着面糊的大块炸鱼排和炸薯条组成，用醋或辣酱调味。**fish and chips** 可以在 **chip shop** ［参见 **chip shop**］里买到。你可以买回家吃，也可以在街上吃。鱼一般用鳕鱼, 黑斑鳕鱼或鲽鱼。

fisherman ['fɪʃəmən] (*pl* **fishermen**) N [c] 渔(漁)民 yúmín [位 wèi]

fishery ['fɪʃərɪ] N [c] **1** (*fishing grounds*) 渔(漁)场(場) yúchǎng [个 gè] **2** (*fish farm*) 养(養)鱼(魚)场(場) yǎngyúchǎng [个 gè]

fish fingers (*Brit*) N PL 炸鱼(魚)条(條) zháyú tiáo

fishing ['fɪʃɪŋ] N [U] 钓(釣)鱼(魚) diàoyú

fishing boat N [c] 渔(漁)船 yúchuán [条 tiáo]

fishing line N [c] (*line*) 钓(釣)丝(絲) diàosī [根 gēn]

fishing rod N [c] 钓(釣)竿 diàogān [根 gēn]

fishmonger ['fɪʃmʌŋgəʳ], **fishmonger's** (*esp Brit*) N [c] 鱼(魚)贩(販) yúfàn [名 míng]

fish sticks (*US*) N PL 炸鱼(魚)条(條) zháyú tiáo [英 = **fish fingers**]

fishy ['fɪʃɪ] ADJ **1** [+ *taste, smell*] 鱼(魚)味的 yúwèi de **2** (*inf: suspicious*) 可疑的 kěyí de

fist [fɪst] N [c] 拳 quán [个 gè]

fit [fɪt] **I** ADJ **1** (*suitable*) 合适(適)的 héshì de **2** (*healthy*) 健康的 jiànkāng de **II** VT **1** [*clothes, shoes* +] 合…的身 hé... de shēn **2** (*attach*) [+ *lock, wheels*] 安装(裝) ānzhuāng **3** (*be suitable for*) [+ *needs, aims*] 与(與)…相协(協)调(調) yǔ...xiāng xiétiáo **4** (*match*) [+ *facts, theory, description*] 与(與)…相符 yǔ...xiāngfú **III** VI **1** [*clothes, shoes* +] 合身 héshēn **2** (*in space, gap*) 适(適)合 shìhé **IV** N [c] (*Med*) 发(發)作 fāzuò ▸ **to be fit to** (*inf: about to*) 马(馬)上就 mǎshàng jiù ▸ **to be fit for** (*suitable for*) 适(適)于(於) shìyú ▸ **to keep fit** 保持健康 bǎochí jiànkāng ▸ **to see fit to do sth** 认(認)为(為)做某事合适(適) rènwéi zuò mǒushì héshì ▸ **a fit of rage** 一阵(陣)怒火 yīzhèn nùhuǒ ▸ **a fit of giggles** 一阵(陣)咯咯的笑 yīzhèn gēgē de xiào ▸ **a fit of hysterics** 一阵(陣)歇斯底里(裡)的发(發)作 yīzhèn xiē sī dǐ lǐ de fāzuò ▸ **to have a fit** (*Med*) 癫(癲)痫(癇)病发(發)作 diānxiánbìng fāzuò; (*inf: fig*) 震惊(驚) zhènjīng ▸ **to be a good fit** 很合身 hěn héshēn ▸ **in** *or* **by fits and starts** 一阵(陣)一阵(陣)的 yīzhèn yīzhèn de ▸ **to fit sth with sth** 给(給)某物安装(裝)某物 gěi mǒuwù ānzhuāng mǒuwù
▸**fit in I** VI **1** (*lit*) [*person, object* +] 容纳(納) róngnà **2** (*fig*) [*person* +] 接纳(納) jiēnà **II** VT (*fig*) [+ *appointment, visitor*] 定时(時)间(間)于(於) dìng shíjiān yú ▸ **to fit in with sb's plans** 正合某人的计(計)划(劃) zhèng hé mǒurén de jìhuà
▸**fit into** VT **1** [+ *hole, gap*] 刚(剛)好放下 gānghǎo fàngxià **2** [+ *suitcase, room*] 放得下 fàngdexià **3** [*person* +] [+ *group*] 合群 héqún
▸**fit out, fit up** VT (*equip*) 提供装(裝)备(備) tígōng zhuāngbèi

fitment ['fɪtmənt] N [c] (*furnishing*) 家具 jiājù [套 tào]; (*equipment*) 设(設)备(備) shèbèi [套 tào]

fitness ['fɪtnɪs] N [U] **1** (*Med*) 健康 jiànkāng **2** (*suitability*) 适(適)合 shìhé

fitted ['fɪtɪd] ADJ [+ *jacket*] 合身的 héshēn de; [+ *carpet, wardrobe*] 定做的 dìngzuò de ▸ **fitted with** 配备(備)…的 pèibèi...de

fitted carpet N [c] 按照房间尺寸铺好的地毯

fitted kitchen (*Brit*) N [c] 有固定设备的厨房

fitted sheet N [c] 四角缝(縫)紧(緊)兜住床垫(墊)的床单(單) sìjiǎo féngjǐn dōuzhù chuángdiàn de chuángdān

fitter ['fɪtəʳ] N [c] (*person*) 装(裝)备(備)工 zhuāngbèi gōng [名 míng]

fitting ['fɪtɪŋ] **I** ADJ (*appropriate*) [+ *tribute, conclusion*] 恰当(當)的 qiàdàng de **II** N [c] **1** (*for clothes*) 试(試)穿 shìchuān **2** (*handle, tap*) 配件 pèijiàn [个 gè] **III fittings** N PL (*in building*) 装(裝)置 zhuāngzhì

fitting room N [c] (*in shop*) 试(試)衣间(間) shìyījiān [间 jiān]

★**five** [faɪv] NUM 五 wǔ ▸ **that will be five pounds, please** 请(請)付5镑(鎊) qǐng fù wǔbàng ▸ **she's five (years old)** 她5岁(歲)了 tā wǔsuì le ▸ **it's five o'clock** 5点(點)了 wǔdiǎn le ▸ **no later than five (o'clock)** 不迟(遲)于(於)5点(點) bù chíyú wǔdiǎn ▸ **there are five of us** 我们(們)有5个(個)人 wǒmen yǒu wǔ gè rén ▸ **all five of them** 他们(們)5个(個)人都 tāmen wǔ gè rén dōu ▸ **five hundred/thousand children** 五百/千名儿(兒)童 wǔbǎi/qiānmíng értóng

fiver ['faɪvəʳ] (*Brit; inf*) N [c] 五镑(鎊)钞(鈔)票 wǔbàng chāopiào [张 zhāng]

fix [fɪks] **I** VT **1** (*set*) [+ *date, price, meeting*] 确(確)定

quèdìng **2** (*mend*) [+ *machine, leak, fault*] 修理 xiūlǐ **3** (*resolve*) [+ *problem*] 解决(決) jiějué **4** (*prepare*) [+ *meal, drink*] 准(準)备(備) zhǔnbèi **5** (*inf*) [+ *game, election, result*] 操纵(縱) cāozòng **II** N (*inf*) **1** ▸ **to be in a fix** 陷入进(進)退维(維)谷的境地 xiànrù jìn tuì wéi gǔ de jìngdì **2** [C] (*inf: injection*) 毒品注射 dúpǐn zhùshè ▸ **a fix of coffee/chocolate** (*inf*) 我每天需要定量的咖啡/巧克力 wǒ měitiān xūyào dìngliàng de kāfēi/qiǎokèlì ▸ **to fix sth to/on sth** (*attach*) 把某物安装(裝)在某物上 bǎ mǒuwù ānzhuāng zài mǒuwù shàng ▸ **to fix one's eyes on sb/sth** 盯着(著)某人/某事 dīngzhe mǒurén/mǒushì ▸ **to fix one's attention on sb/sth** 将(將)注意力集中于(於)某人/某物 jiāng zhùyìlì jízhōngyú mǒurén/mǒuwù ▸ **the fight was a fix** 这(這)场(場)拳击(擊)赛(賽)受到了操纵(縱) zhè chǎng quánjīsài shòudàole cāozòng

▸**fix up** VT (*arrange*) [+ *meeting, appointment*] 安排 ānpái ▸ **to fix sb up with sth** 给(給)某人提供某物 gěi mǒurén tígōng mǒuwù

fixed [fɪkst] ADJ **1** [+ *price, amount, intervals*] 固定的 gùdìng de **2** [+ *ideas*] 固执(執)的 gùzhí de **3** [+ *smile*] 呆板的 dāibǎn de ▸ **there's a fixed charge** 收费(費)固定 shōufèi gùdìng ▸ **how are you fixed for money/time?** 经(經)济(濟)情况(況)如何/有时(時)间(間)吗(嗎)? Jīngbeì qíngkuàng rúhé/Yǒu shíjiān ma? ▸ **of no fixed address** *or* (*Brit*) **abode** (*frm*) 没(沒)有固定的住所 méiyǒu gùdìng de zhùsuǒ

fixture ['fɪkstʃəʳ] N [C] **1** (*bath, sink, cupboard*) 固定装(裝)置 gùdìng zhuāngzhì [套 tào] **2** (*Brit: Sport*) 预(預)定日期的比赛(賽)项(項)目 yùdìng rìqī de bǐsài xiàngmù ▸ **she is a fixture in New York's nightclubs** 她是纽(紐)约(約)夜总(總)会(會)的常客 tā shì Niǔyuē yèzǒnghuì de chángkè ▸ **sold with fixtures and fittings** 连(連)同家具和设(設)备(備)一同出售的 liántóng jiājù hé shèbèi yītóng chūshòu de

fizzy ['fɪzɪ] (*Brit*) ADJ [+ *drink*] 带(帶)气(氣)的 dàiqì de [美 = **carbonated**]

flag [flæg] **I** N [C] **1** 旗 qí [面 miàn] **2** (*also*: **flagstone**) 石板 shíbǎn **II** VI [*person* +] 疲倦 píjuàn; [*spirits, enthusiasm* +] 衰退 shuāituì ▸ **to fly the flag** (*fig*) 表示拥(擁)护(護)和支持 biǎoshì yōnghù hé zhīchí

▸**flag down** VT [+ *taxi, car*] 挥(揮)手示意…停下 huīshǒu shìyì…tíngxià

▸**flag up** VT 提出 tíchū

flagpole ['flægpəul] N [C] 旗杆(桿) qígān

flair [flɛəʳ] N **1** ▸ **to have a flair for sth** 对(對)某事有天分 duì mǒushì yǒu tiānfèn **2** [U] (*panache*) 气(氣)派 qìpài

flak [flæk] N [U] **1** (*Mil*) 高射炮(砲) gāoshè pào **2** (*fig: criticism*) 批评(評) pīpíng

flake [fleɪk] **I** N [C] **1** [*of rust, paint*] 薄片 báopiàn **2** [*of snow*] 片 piàn **II** VI (*also*: **flake off**) [*paint, enamel* +] 剥(剝)落 bōluò

▸**flake out** (*inf*) VI [*person* +] 累得瘫(癱)倒 lèide tāndǎo

flamboyant [flæm'bɔɪənt] ADJ [+ *clothes, style*] 艳(豔)丽(麗)的 yànlìde; [+ *person*] 派头(頭)十足的 pàitóu shízú de

flame [fleɪm] N [C/U] [*of fire*] 火焰 huǒyàn [团 tuán] ▸ **to burst into flames** 烧(燒)起来(來) shāo qǐlái ▸ **in flames** 燃烧(燒)着(著) ránshāo zhe ▸ **an old flame** (*inf*) 老情人 lǎo qíngrén

flamingo [flə'mɪŋgəu] (*pl* **flamingos** *or* **flamingoes**) N [C] 火烈鸟(鳥) huǒliè niǎo [只 zhī]

flammable ['flæməbl] ADJ [+ *gas, fabric*] 易燃的 yìrán de

flan [flæn] N [C] 果酱(醬)饼(餅) guǒjiàng bǐng [个 gè]

flank [flæŋk] **I** N [C] **1** [*of animal*] 胁(脅)腹 xiéfù **2** [*of army*] 侧(側)翼 cèyì **II** VT ▸ **to be flanked by sb/sth** 某人/某物在…的旁边(邊) mǒurén/mǒuwù zài...de pángbiān

flannel ['flænl] **I** N **1** [U] (*fabric*) 法兰(蘭)绒(絨) fǎlánróng **2** [C] (*Brit*) (*also*: **face flannel**) 面巾 miànjīn [美 = **washcloth**] **3** [U] (*Brit; inf*) (*waffle*) 兜圈子 dōuquānzi **II flannels** N PL (*o.f.*) 法兰(蘭)绒(絨)裤(褲)子 fǎlánróng kùzi

flap [flæp] **I** N [C] [*of pocket, envelope, skin*] 盖(蓋) gài **II** VT [+ *arms, wings*] 摆(擺)动(動) bǎidòng **III** VI [*sail, flag* +] 摆(擺)动(動) bǎidòng ▸ **to be in a flap (about** *or* **over sth)** (*inf*) (对(對)某事)慌作一团(團) (duì mǒushì)huāng zuò yītuán

flare [flɛəʳ] **I** N [C] (*signal*) 信号(號)弹(彈) xìnhàodàn [枚 méi] **II** VI **1** [*fire, match* +] 火焰突然变(變)旺 huǒyàn tūrán biànwàng **2** (*also*: **flare up**) [*fighting, violence, trouble* +] 突然爆发(發) tūrán bàofā **3** [*tempers* +] 突然发(發)怒 tūrán fānù **4** [*nostrils* +] 鼓起 gǔqǐ **III flares** N PL (*trousers*) 喇叭裤(褲) lǎbakù

▸**flare up** VI [*disease, injury* +] 突然发(發)作 tūrán fāzuò

flash [flæʃ] **I** VT **1** [+ *light*] 使闪(閃)光 shǐ shǎnguāng **2** (*send*) [+ *news, message*] 传(傳)送 chuánsòng **3** [+ *look, smile*] 闪(閃)过(過) shǎnguò **II** VI **1** [*lightning, light* +] 闪(閃)光 shǎnguāng **2** (*liter*) [*eyes* +] 闪(閃)烁(爍) shǎnshuò **III** N [C] **1** [*of light, lightning*] 闪(閃)光 shǎnguāng [阵 zhèn] **2** (*Phot*) 闪(閃)光灯(燈) shǎnguāngdēng [个 gè] **3** (*US; inf*) (*also*: **flashlight**) 闪(閃)光信号(號)灯(燈) shǎnguāng xìnhàodēng [个 gè] [英 = **torch**] **IV** ADJ (*inf*) [+ *restaurant, car*] 浮华(華)的 fúhuá de ▸ **in a flash** 一刹那间(間) yī chànà jiān ▸ **quick as a flash** 极(極)快 jíkuài ▸ **a flash of inspiration/anger** 突如其来(來)的灵(靈)感/怒气(氣) tū rú qí lái de línggǎn/nùqì ▸ **to flash one's headlights** 亮起车(車)头(頭)灯(燈) liàngqǐ chētóudēng ▸ **the thought flashed through his mind** 一个(個)想法在他脑(腦)子里(裡)突然闪(閃)现(現) yīgè xiǎngfǎ zài tā nǎozi lǐ tūrán shǎnxiàn ▸ **to flash by** *or* **past** 一闪(閃)而过(過) yī shǎn ér guò

flashback ['flæʃbæk] N [c] **1** (*Cine*) 闪(閃)回 shǎnhuí **2** (*Psych*) 回想 huíxiǎng

flashbulb ['flæʃbʌlb] N [c] 闪(閃)光灯(燈)泡 shǎnguāng dēngpào [个 gè]

flash drive N [c] (*Comput*) 随身碟 suíshēndié [个 gè]

flashlight ['flæʃlaɪt] (*esp US*) N [c] 手电(電)筒 shǒudiàn tǒng [个 gè] [英 = **torch**]

flashy ['flæʃɪ] (*inf, pej*) ADJ 华(華)丽(麗)而俗气(氣)的 huálì ér súqì de

flask [flɑːsk] N [c] **1** (*also*: **vacuum flask**) 保温(溫)瓶 bǎowēnpíng [个 gè] **2** (*bottle*) 携(攜)带(帶)式酒瓶 xiédàishì jiǔpíng **3** (*Chem*) 烧(燒)瓶 shāopíng

flat [flæt] **I** ADJ **1** (*level*) [+ *ground, surface*] 平的 píng de **2** (*shallow*) 浅(淺)的 qiǎn de **3** [+ *tyre, ball*] 气(氣)不足的 qì bùzú de **4** (*Brit*) [+ *battery*] 没(沒)电(電)的 méidiàn de [美 = **dead**] **5** [+ *beer, champagne*] 跑了气(氣)的 pǎole qì de **6** [+ *refusal, rejection, denial*] 断(斷)然的 duànrán de **7** (*Mus*) [+ *singing, instrument*] 降音的 jiàngyīn de **8** [+ *rate, fee*] 统(統)一的 tǒngyī de **9** (*without emotion*) [+ *voice*] 无(無)精打采的 wújīngdǎcǎi de **II** N [c] **1** (*Brit*) (*in building*) 公寓 gōngyù [套 tào] [美 = **apartment**] **2** (*Aut*) 漏气(氣)车(車)胎 lòuqì chētāi **3** (*Mus*) 降号(號) jiànghào **III** ADV **1** [*lie* +] 平地 píngdì **2** (*Mus*) [*sing, play* +] 降音地 jiàngyīn de ▸ **to work flat out** (*Brit*) 尽(盡)全力工作 jìn quánlì gōngzuò ▸ **in 10 minutes flat** 就10分钟(鐘) jiù shí fēnzhōng ▸ **to fall flat** [*joke, attempt* +] 毫无(無)效果 háo wú xiàoguǒ ▸ **the flat of one's hand** 手掌 shǒuzhǎng ▸ **B/A flat** (*Mus*) 降B/A音 jiàng B/A yīn

flatscreen N [c] 纯平屏幕 chúnpíng píngmù [个 gè]

flatten ['flætn] **I** VT **1** (*also*: **flatten out**) 使变(變)平 shǐ biànpíng **2** (*destroy*) [+ *building, crop, city*] 夷平 yípíng **II** VI (*also*: **flatten out**) 平展 píngzhǎn ▸ **to flatten o.s. against a wall** 自己平倚着(著)墙(牆) zìjǐ píngyǐzhe qiáng

flatter ['flætəʳ] VT **1** (*praise*) 奉承 fèngchéng **2** [*dress, photograph* +] 使更漂亮 shǐ gèng piàoliang ▸ **to be flattered (that...)** (对(對)于(於)…)感到荣(榮)幸 (duìyú...)gǎndào róngxìng ▸ **to flatter o.s. (that...)** (对(對)…)自我感觉(覺)良好 (duì...)zìwǒ gǎnjué liánghǎo

flattering ['flætərɪŋ] ADJ **1** [+ *comment*] 奉承的 fèngchéng de **2** [+ *dress, photograph*] 使美过(過)其实(實)的 shǐ měiguo qíshí de

flaunt [flɔːnt] VT [+ *wealth, possessions*] 炫耀 xuànyào

flavour, (*US*) **flavor** ['fleɪvəʳ] **I** N [c/U] [*of food, drink*] 味 wèi [种 zhǒng] **II** VT [+ *food, drink*] 给(給)…调(調)味 gěi...tiáowèi ▸ **strawberry-flavoured** 草莓味的 cǎoméi wèi de ▸ **music with an African flavour** 具有非洲风(風)情的音乐(樂) jùyǒu fēizhōu fēngqíng de yīnyuè

flavoured ['fleɪvəd] ADJ 经(經)调(調)味的 jīng tiáowèi de ▸ **flavoured with** 加了…调(調)味的 jiāle...tiáowèi de

flavouring, (*US*) **flavoring** ['fleɪvərɪŋ] N [c/U] 调(調)味品 tiáowèipǐn

flaw [flɔː] N [c] (*in argument, theory*) 缺陷 quēxiàn [个 gè]; (*in character*) 缺点(點) quēdiǎn [个 gè]; (*in cloth, pattern*) 瑕疵 xiácī

flawless ['flɔːlɪs] ADJ [+ *performance, complexion*] 完美无(無)瑕的 wánměi wúxiá de

flea [fliː] N [c] 跳蚤 tiàozao [只 zhī]

fleck [flɛk] **I** N [c] **1** (*of mud, paint, colour*) 斑点(點) bāndiǎn [个 gè] **2** (*pattern*) 点(點) diǎn **II** VT ▸ **to be flecked with mud/blood** *etc* 溅(濺)有泥点(點)/血斑等 jiànyǒu nídiǎn/xuèbān *děng* ▸ **brown flecked with white** 夹(夾)杂(雜)白色斑点(點)的褐色 jiāzá báisè bāndiǎn de hèsè ▸ **flecks of dust/blood** 尘(塵)粒/血斑 chénlì/xuèbān

flee [fliː] (*pt, pp* **fled** [flɛd]) **I** VT [+ *danger, famine, country*] 逃离(離) táolí **II** VI [*refugees, escapees* +] 逃走 táozǒu

fleece [fliːs] **I** N [c] **1** (*sheep's wool*) 羊毛 yángmáo; (*sheep's coat*) 羊的皮毛 yángde pímáo **2** (*garment*) 毛呢衣物 máoní yīwù [件 jiàn] **II** VT (*inf*: *cheat*) 诈(詐)取 zhàqǔ

fleet [fliːt] N [c] [*of ships, lorries, buses*] 队(隊) duì

fleeting ['fliːtɪŋ] ADJ [+ *glimpse, visit, happiness*] 短暂(暫)的 duǎnzàn de

Flemish ['flɛmɪʃ] **I** ADJ 佛兰(蘭)芒的 Fólánmáng de **II** N [U] (*language*) 佛兰(蘭)芒语(語) Fólánmángyǔ

flesh [flɛʃ] N [U] **1** (*Anat*) 肉 ròu **2** (*skin*) 肉体(體) ròutǐ **3** [*of fruit, vegetable*] 果肉 guǒròu ▸ **in the flesh** 亲(親)自 qīnzì ▸ **she's my own flesh and blood** 她是我的亲(親)骨肉 tā shì wǒ de qīngǔròu

▸ **flesh out** VT [+ *proposal, account*] 充实(實) chōngshí

flew [fluː] PT *of* **fly**

flex [flɛks] **I** N [c/U] (*Brit*) [*of appliance*] 电(電)线(線) diànxiàn [根 gēn] [美 = **cord**] **II** VT [+ *muscles, fingers*] 屈曲 qūqū

flexibility [flɛksɪ'bɪlɪtɪ] N [U] **1** [*of object, material*] 柔韧(韌)性 róurènxìng **2** [*of ideas, approach*] 灵(靈)活性 línghuóxìng

flexible ['flɛksəbl] ADJ **1** [+ *material*] 柔韧(韌)的 róurèn de **2** [+ *response, policy*] 灵(靈)活的 línghuó de **3** [+ *person, schedule*] 机(機)动(動)的 jīdòng de

flexitime ['flɛksɪtaɪm] (*Brit*) N [U] 弹(彈)性工作制 tánxìng gōngzuò zhì ▸ **to work flexitime, be on flexitime** 按弹(彈)性工作制工作 àn tánxìng gōngzuōzhì gōngzuò [美 = **flextime**]

flick [flɪk] **I** VT (*with fingers*) 轻(輕)弹(彈) qīngtán; [+ *whip, towel*] 轻(輕)拂 qīngfú; [+ *cigarette ash*] 弹(彈)去 tánqù; [+ *switch*]

拨(撥) bō **II** VI 快而轻(輕)地移动(動) kuài ér qīng de yídòng **III** N [c] [*of finger, hand*] 轻(輕)拂 qíngfú; [*of whip*] 轻(輕)打 qīngdǎ; (*through book, pages*) 快速翻阅(閱) kuàisù fānyuè **IV the flicks** N PL (*Brit; inf*) 电(電)影院 diànyǐngyuàn
▸**flick through** VT FUS [*+ book, pages*] 快速翻阅(閱) kuàisù fānyuè

flicker ['flɪkəʳ] **I** VI **1** [*light, candle +*] 闪(閃)烁(爍) shǎnshuò **2** [*smile, look +*] 闪(閃)过(過) shǎnguò **II** N [c] **1** [*of light, flames*] 闪(閃)烁(爍) shǎnshuò **2** [*of pain, fear*] 一丝(絲) yīsī **3** [*of smile*] 闪(閃)现(現) shǎnxiàn

flight [flaɪt] N **1** [U] (*action*) [*of plane*] 飞(飛)行 fēixíng; [*of birds*] 飞(飛)翔 fēixiáng **2** [c] (*Aviat*) (*journey*) 航班 hángbān [个 gè]; (*plane*) 班机(機) bānjī **3** [U] (*escape*) 逃逸 táoyì **4** [c] (*also*: **flight of stairs, flight of steps**) 一段楼(樓)梯 yīduàn lóutī [段 duàn] ▸ **to take flight** 逃跑 táopǎo ▸ **a flight of fancy** 异(異)想天开(開) yì xiǎng tiān kāi

flight attendant N [c] (*male*) 男空服人员(員) nán kōngfú rényuán [位 wèi]; (*female*) 空姐 kōngjiě [位 wèi]

flight deck N [c] **1** (*Aviat*) 驾(駕)驶(駛)舱(艙) jiàshǐ cāng [间 jiān] **2** (*Naut*) 飞(飛)行甲板 fēixíng jiǎbǎn

flimsy ['flɪmzɪ] ADJ **1** [*+ structure, door, lock*] 不结(結)实(實)的 bù jiēshi de; [*+ clothes, shoes*] 轻(輕)薄的 qīngbó de **2** [*+ excuse, evidence*] 不足信的 bùzúxìn de

flinch [flɪntʃ] VI (*in pain*) 退缩(縮) tuìsuō ▸ **to flinch from** [*+ unpleasant duty, decision*] 逃避 táobì

fling [flɪŋ] (*pt, pp* **flung**) **I** VT [*+ ball, stone, hat*] 掷(擲) zhì; [*+ one's arms, oneself*] 猛然移动(動) měngrán yídòng **II** N (*inf*) **1** [c] (*love affair*) 一时(時)的行乐(樂) yīshí de xínglè **2** [s] (*spree*) 放纵(縱) fàngzòng

flint [flɪnt] N **1** [U] (*stone*) 燧石 suìshí **2** [U] (*in cigarette lighter*) 打火石 dǎhuǒshí

flip [flɪp] **I** VT **1** [*+ lights, switch*] 捻(撚) niǎn **2** (*also*: **flip over**) 快速地翻转(轉) kuàisù de fānzhuǎn **II** VI 一下翻转(轉) yīxià fānzhuǎn ▸ **to flip a coin** 抛(拋)硬币(幣) pāo yìngbì ▸ **to flip a pancake** 翻烙饼(餅) fān làobǐng
▸**flip through** VT FUS [*+ book, pages*] 快速翻阅(閱) kuàisù fānyuè

flip-flops ['flɪpflɔps] (*esp Brit*) N PL 夹(夾)趾拖鞋 jiāzhǐ tuōxié [美 = **thongs**]

flipper ['flɪpəʳ] N [c] **1** [*of seal, penguin*] 鳍状(狀)肢 qízhuàngzhī [个 gè] **2** (*for swimming*) 脚(腳)蹼 jiǎopǔ [个 gè]

flirt [flə:t] **I** VI (*with person*) 调(調)情 tiáoqíng **II** N [c] 调(調)情者 tiáoqíngzhě ▸ **to flirt with an idea** 对(對)某个(個)想法只是想想而已 duì mǒu gè xiǎngfǎ zhǐshì xiǎngxiǎng éryǐ

flit [flɪt] VI **1** [*person +*] 换(換)来(來)换(換)去 huànlái huànqù; [*bird, butterfly +*] 飞(飛)来(來)飞(飛)去 fēilái fēiqù **2** [*expression, smile +*] 掠过(過) lüèguò

float [fləut] **I** VI **1** (*on water*) [*object +*] 漂浮 piāofú **2** (*through air*) [*paper, feather +*] 飘(飄)浮 piāofú **3** (*liter*) [*sound, smell +*] 飘(飄)散 piāosàn **4** (*stay afloat*) [*swimmer, object +*] 浮着(著) fúzhe **5** (*Comm*) [*currency +*] 浮动(動) fúdòng **II** VT **1** (*Comm*) [*+ currency*] 使浮动(動) shǐ fúdòng **2** (*Comm*) [*+ company*] 首次公开(開)发(發)行公司股票 shǒucì gōngkāi fāxíng gōngsī gǔpiào **3** [*+ idea, plan*] 提出 tíchū **III** N [c] **1** (*for fishing*) 鱼(魚)漂 yúpiāo [个 gè] **2** (*for swimming*) 浮板 fúbǎn [块 kuài] **3** (*in carnival*) 彩车(車) cǎichē [辆 liàng] **4** (*Brit*) (*money*) 周(週)转(轉)零款 zhōuzhuǎn língkuǎn
▸**float around** VI [*idea, rumour +*] 广(廣)为(為)流传(傳) guǎngwéi liúchuán

flock [flɔk] **I** N [c] **1** [*of sheep, birds*] 群 qún **2** (*o.f.*) (*Rel*) 同一牧师管辖下的全体教徒 **II** VI [*people +*] 成群结(結)队(隊) chéngqúnjiéduì ▸ **flocks of journalists** 众(眾)多的新闻(聞)记(記)者 zhòngduō de xīnwén jìzhě

flog [flɔg] VT **1** (*whip*) 抽打 chōudǎ **2** (*Brit; inf*) (*sell*) 卖(賣) mài

flood [flʌd] **I** N **1** [c/U] [*of water*] 洪水 hóngshuǐ [次 cì] **2** [c] [*of letters, requests, imports*] 大量 dàliàng **II** VT **1** (*through forces of nature*) 淹没(沒) yānmò **2** (*intentionally*) 浇(澆)灌 jiāoguàn **3** (*Aut*) [*+ engine*] 使…溢流 shǐ…yìliú **III** VI **1** [*place +*] 为(為)水所淹 wéishuǐ suǒyān **2** [*people, goods +*] ▸ **to flood into** 洪水般涌(湧)入 hóngshǔi bān yǒngrù ▸ **to flood the market** (*Comm*) 充斥市场(場) chōngchì shìchǎng ▸ **in flood** 泛(氾)滥(濫) fànlàn

flooding ['flʌdɪŋ] N [U] 泛(氾)滥(濫) fànlàn

floodlight ['flʌdlaɪt] **I** N [c] 泛(汎)光灯(燈) fànguāng dēng [盏 zhǎn] **II** VT 用泛(汎)光灯(燈)照亮 yòng fànguāngdēng zhàoliàng

floor [flɔ:ʳ] N **I 1** [c] [*of room*] 地板 dìbǎn [块 kuài] **2** [c] (*storey*) 楼(樓)层(層) lóucéng [个 gè] **3** [s] [*of sea, valley*] 底 dǐ **II** VT **1** (*knock down*) 把…打翻在地 bǎ…dǎfān zàidì **2** (*surprise*) [*question, remark +*] 使惊(驚)得无(無)以应(應)付 shǐ jīngde wúyǐ yìngfu ▸ **on the floor** 在地板上 zài dìbǎn shàng ▸ **ground floor** (*Brit*) 一楼(樓) yīlóu ▸ **first floor** (*Brit*) 二楼(樓) èr lóu; (*US*) 一楼(樓) yī lóu ▸ **top floor** 顶(頂)层(層) dǐngcéng ▸ **to take the floor** [*speaker +*] 开(開)始发(發)言 kāishǐ fāyán

> 在英式英语中，建筑的 **ground floor** 是指紧贴地面的那个楼层。它上面的一层叫 **first floor**。在美式英语中，**first floor** 是指紧贴地面的楼层，它上面的一层是 **second floor**。

floorboard ['flɔ:bɔ:d] N [c] 地板块(塊) dìbǎn kuài

flooring ['flɔ:rɪŋ] N [U] 地板材料 dìbǎn cáiliào

floor show N [c] 夜总会的文娱表演

flop [flɔp] **I** VI **1** (*into chair, onto floor etc*) 猛落

měngluò 2 (*inf: fail*) 失败(敗) shībài II N [c] (*inf: failure*) 失败(敗) shībài

floppy ['flɔpɪ] I ADJ [+ *hat, bow*] 松(鬆)垂的 sōngchuí de II N [c] (*also*: **floppy disk**) 软(軟)盘(盤) ruǎnpán [张 zhāng]

flora ['flɔːrə] N [U/PL] 植物群 zhíwù qún

floral ['flɔːrl] ADJ [+ *dress, pattern*] 花卉的 huāhuì de ▸ **a floral arrangement** 花饰(飾) huāshì

florist ['flɔrɪst] N [c] 1 (*shopkeeper*) 花商 huāshāng [个 gè] 2 (*also*: **florist's**) 花店 huādiàn [家 jiā]

flotation [fləu'teɪʃən] N [c/U] [*of company*] 股票发(發)行 gǔpiào fāxíng

flounder ['flaundəʳ] (*pl* **flounder** *or* **flounders**) I VI 1 [*swimmer* +] 挣(掙)扎(紮) zhēngzhá 2 [*career, economy* +] 垂死挣(掙)扎(紮) chuísǐ zhēngzhá; [*person, speaker* +] 漫无(無)目的 mànwú mùdì II N [c/U] (*Zool*) 鲆鲽(鰈) píngdié [条 tiáo]

flour ['flauəʳ] N [U] 面(麵)粉 miànfěn

flourish ['flʌrɪʃ] I VI 1 [*business, economy, arts* +] 繁荣(榮) fánróng 2 [*plant, animal* +] 兴(興)旺 xīngwàng II VT [+ *document, handkerchief*] 挥(揮)舞 huīwǔ III N ▸ **with a flourish** 用花哨的动(動)作 yòng huāshao de dòngzuò

flout [flaut] VT [+ *law, convention*] 蔑视(視) mièshì

flow [fləu] I VI 1 [*liquid, gas, electricity* +] 流动(動) liúdòng 2 [*traffic, people* +] 川流不息 chuānliú bùxī 3 [*money, information* +] 流通 liútōng 4 (*liter*) [*clothes, hair* +] 飘(飄)垂 piāochuí II N [c/U] 1 [*of liquid, gas, electricity*] 流动(動) liúdòng 2 [*of traffic*] 川流不息 chuānliú bùxī 3 [*of money, information*] 流通 liútōng 4 [*of tide*] 涨(漲)潮 zhǎngcháo 5 [*of thought, speech*] 流畅(暢) liúchàng

flower ['flauəʳ] I N [c] 花 huā [朵 duō] II VI 1 [*plant, tree* +] 开(開)花 kāihuā 2 (*fig: blossom*) 成熟 chéngshú ▸ **in flower** 正开(開)着(著)花 zhèng kāizhe huā

flower bed N [c] 花坛(壇) huātán [个 gè]

flowerpot ['flauəpɔt] N [c] 花盆 huāpén [个 gè]

flown [fləun] PP *of* **fly**

flu [fluː] N [U] 流感 liúgǎn

fluctuate ['flʌktjueɪt] VI [*price, rate, temperature* +] 波动(動) bōdòng; [*opinions, attitudes* +] 动(動)摇(搖) dòngyáo

fluent ['fluːənt] ADJ [+ *speech, reading, writing*] 流畅(暢)的 liúchàng de ▸ **he's a fluent speaker/reader** 他是个(個)说(說)话(話)/阅(閱)读(讀)流利的人 tā shì gè shuōhuà/yuèdú liúlì de rén ▸ **to speak fluent French, be fluent in French** 讲(講)流利的法语(語) jiǎng liúlì de Fǎyǔ

fluff [flʌf] I N [U] 1 (*on clothes, carpet*) 绒(絨)毛 róngmáo 2 (*fur*) [*of kitten, chick*] 绒(絨)毛 róngmáo II VT 1 (*inf*) [+ *speech, interview*] 将(將)…搞糟 jiāng…gǎozāo 2 (*also*: **fluff up**) [+ *hair, pillow, feathers*] 抖松 dǒu sōng

fluffy ['flʌfɪ] ADJ 1 [+ *towel, sweater*] 蓬松(鬆)的 péngsōng de 2 [+ *cake*] 松(鬆)软(軟)的 sōngruǎn de ▸ **fluffy toy** 绒(絨)毛玩具 róngmáo wánjù

fluid ['fluːɪd] I N [c/U] (*liquid*) 流体(體) liútǐ II ADJ 1 [+ *movement*] 流畅(暢)的 liúchàng de 2 (*fig*) [+ *situation, arrangement*] 易变(變)的 yìbiàn de

fluke [fluːk] (*inf*) N [c] 侥(僥)幸(倖) jiǎoxìng

flung [flʌŋ] PT, PP *of* **fling**

fluorescent [fluə'rɛsnt] ADJ [+ *material, colour*] 发(發)荧(熒)光的 fā yíngguāng de; [+ *light*] 荧(熒)光的 yíngguāng de

fluoride ['fluəraɪd] N [U] 氟化物 fúhuàwù

flurry ['flʌrɪ] N [c] [*of snow, wind*] 一阵(陣) yīzhèn ▸ **a flurry of activity** 一阵(陣)活动(動) yīzhèn huódòng ▸ **a flurry of excitement** 一阵(陣)激动(動) yīzhèn jīdòng

flush [flʌʃ] I N [c] 1 (*on face*) 红(紅)晕(暈) hóngyùn [团 tuán] 2 [*of toilet*] 冲(沖)水 chōngshuǐ 3 (*Cards*) 同花 tónghuā II VT ▸ **to flush the toilet** 冲(沖)厕(廁)所 chōng cèsuǒ III VI 1 (*become red*) 脸(臉)红(紅) liǎnhóng 2 [*toilet* +] 冲(沖)水 chōngshuǐ IV ADJ ▸ **flush with** 与(與)…齐(齊)平的 yǔ…qípíng de ▸ **in the first flush of freedom** 获(獲)得自由的最初兴(興)奋(奮)期 huòdé zìyóu de zuìchū xīngfènqī ▸ **in the first flush of youth** 在风(風)华(華)正茂的青春时(時)期 zài fēnghuá zhèng mào de qīngchūn shíqī

▸**flush out** VT [+ *animals, birds*] 赶(趕)出 gǎnchū; [+ *criminal*] 逐出 zhúchū

flute [fluːt] N [c] 长(長)笛 chángdí [支 zhī]

flutter ['flʌtəʳ] I VI 1 [*bird* +] 拍翅 pāichì; [*flag, clothes* +] 飘(飄)动(動) piāodòng 2 [*heart, stomach* +] 悸动(動) jìdòng II VT [+ *wings*] 拍 pāi III N [s] 1 [*of wings*] 拍动(動) pāidòng; [*of cloth*] 飘(飄)动(動) piāodòng 2 [*of panic, excitement*] 一阵(陣)心绪(緒)不宁(寧) yīzhèn xīnxù bùníng

flux [flʌks] N ▸ **in a state of flux** 处(處)于(於)不断(斷)变(變)化之中 chǔyú bùduàn biànhuà zhīzhōng

★ **fly** [flaɪ] (*pt* **flew**, *pp* **flown**) I VT 1 [+ *plane*] 驾(駕)驶(駛) jiàshǐ ▹ *He flew a small plane to Cuba.* 他驾驶一架小飞机去古巴了。Tā jiàshǐ yī jià xiǎo fēijī qù Gǔbā le. 2 [+ *passengers, cargo*] 空运(運) kōngyùn ▹ *The supplies are being flown from Pisa.* 补给品正从比萨空运过来。Bǔjǐpǐn zhèng cóng Pǐsà kōngyùn guòlái. 3 [+ *distance*] 飞(飛)行 fēixíng ▹ *He flew thousands of miles just to be with her.* 他飞行数千英里，只是为了和她在一起。Tā fēixíng shù qiān yīnglǐ, zhǐshì wèile hé tā zài yīqǐ. 4 [+ *kite*] 放 fàng II VI 1 [*bird, insect, plane* +] 飞(飛) fēi ▹ *No other creature can fly as far as birds.* 没有比鸟飞得更远的动物。Méiyǒu bǐ niǎo fēide gèngyuǎn de dòngwù. ▹ *The planes flew through the clouds.* 飞机飞过云层。Fēijī fēiguò yúncéng. 2 [*passengers* +] 乘飞(飛)机(機)

chéng fēijī ▷ *He flew back to London.* 他乘飞机回伦敦了。Tā chéng fēijī huí Lúndūn le. **3** [*pilot* +] 驾(駕)驶(駛)飞(飛)机(機) jiàshǐ fēijī ▷ *She is learning to fly.* 她在学习驾驶飞机。Tā zài xuéxí jiàshǐ fēijī. **4** (*rush*) 飞(飛)奔 fēibēn ▷ *I flew downstairs.* 我飞奔到楼下。Wǒ fēibēn dào lóu xià. **5** (*dash away*) 快走 kuàizǒu ▷ *I'm sorry, I must fly.* 对不起，我得赶快走。Duìbuqǐ, wǒ děi gǎnkuài zǒu. **6** (*liter: flee*) 逃跑 táopǎo ▷ *By the time they returned, their prisoner had flown.* 等他们回来时，他们的囚犯已经逃跑了。Děng tāmen huílái shí, tāmen de qiúfàn yǐjīng táopǎo le. **7** [*flag, hair* +] 飘(飄)动(動) piāodòng ▷ *A red flag was flying from the balcony.* 一面红旗在阳台上飘动着。Yīmiàn hóngqí zài yángtái shàng piāodòngzhe. **III** N [C] **1** (*insect*) 苍(蒼)蝇(蠅) cāngying [只 zhī] **2** (*also:* **flies**) (*on trousers*) 有拉锁(鎖)/纽(紐)扣的开(開)口 yǒu lāsuǒ/niǔkòu de kāikǒu ▷ *His flies were undone.* 他裤子的拉锁没拉上。Tā kùzi de lāsuǒ méi lāshàng. ▶ **to fly open** 猛地突然打开(開) měngde tūrán dǎkāi ▶ **to fly off the handle** 发(發)火 fāhuǒ ▶ **to go flying** 横(橫)飞(飛)出去 héngfēi chūqù ▶ **to send sb flying** 将(將)某人抛(拋)了出去 jiāng mǒurén pāole chūqù ▶ **she came flying into the room** 她飞(飛)快地跑进(進)房间(間) tā fēikuài de pǎojìn fángjiān ▶ **her glasses flew off** 她的眼镜(鏡)突然跌落 tā de yǎnjìng tūrán diēluò ▶ **to fly into a rage** 勃然大怒 bó rán dà nù

▶**fly away** VI [*bird, insect* +] 飞(飛)走 fēizǒu

▶**fly in** VI **1** [*plane* +] 降落 jiàngluò **2** [*person* +] 飞(飛)抵 fēidǐ

▶**fly off** VI = **fly away**

▶**fly out** VI **1** [*plane* +] 飞(飛)离(離) fēilí **2** [*person* +] 乘机(機)离(離)开(開) chéngjī líkāi

fly-drive ['flaɪdraɪv] ADJ ▶ **fly-drive holiday** 空陆联程的旅游方式，即乘飞机到达目的地机场后，驾驶租用的汽车前往其他地方

flyer ['flaɪə^r] N [C] **1** (*notice*) 传(傳)单(單) chuándān [张 zhāng] **2** (*Aviat*) (*passenger*) 乘客 chéngkè [位 wèi]

flying ['flaɪɪŋ] **I** N [U] (*activity*) 飞(飛)行 fēixíng; (*going by plane*) 乘飞(飛)机(機) chéng fēijī **II** ADJ [+ *insect, animal*] 会(會)飞(飛)的 huìfēi de ▶ **a flying visit** 短暂(暫)的访(訪)问(問) duǎnzàn de fǎngwèn ▶ **to get off to a flying start** 开(開)端良好 kāiduān liánghǎo ▶ **he doesn't like flying** 他不喜欢(歡)坐飞(飛)机(機) tā bù xǐhuan zuò fēijī ▶ **with flying colours** 大获(獲)全胜(勝)地 dà huò quánshèng de

flying saucer (*o.f.*) N [C] 飞(飛)碟 fēidié [个 gè]

flyover ['flaɪəuvə^r] (*Brit*) N [C] 立交桥(橋) lìjiāo qiáo [架 jià] [美 = **overpass**]

FM ABBR (*Rad*) (= **frequency modulation**) 调(調)频(頻) tiáopín

foal [fəul] N [C] 驹(駒)子 jūzi [头 tóu]

foam [fəum] **I** N [U] **1** (*on liquid, soap, beer, coffee*) 泡沫 pàomò **2** (*also:* **foam rubber**) 泡沫橡胶(膠) pàomò xiàngjiāo **II** VI [*soapy water, champagne* +] 起泡沫 qǐ pàomò ▶ **to be foaming at the mouth** (*fig*) 大怒 dànù

fob [fɔb] **I** VT ▶ **to fob sb off** 搪塞某人 tángsāi mǒurén **II** N [C] (*also:* **watch fob**) 怀(懷)表(錶)链(鏈) huáibiǎo liàn

focal point ['fəukl-] N [C] [*of room, activity, lens*] 焦点(點) jiāodiǎn [个 gè]

focus ['fəukəs] (*pl* **focuses**) **I** N **1** [U] (*Phot*) 聚焦 jùjiāo **2** [C] (*fig: subject*) 重点(點) zhòngdiǎn [个 gè] **3** [C] (*fig: attention*) 关(關)注点(點) guānzhùdiǎn [个 gè] **II** VT **1** [+ *camera, telescope*] 调(調)节(節)…的焦距 tiáojié...de jiāojù **2** [+ *light rays*] 使聚焦 shǐ jùjiāo **3** [+ *eyes*] 使注视(視) shǐ zhùshì **III** VI ▶ **to focus (on)** (*with camera*) 聚焦（于(於)） jùjiāo (yú); [*eyes* +] 注视(視)（于(於)） zhùshì (yú); (*fig: concentrate on*) 集中（于(於)） jízhōng (yú) ▶ **in focus/out of focus** 焦点(點)对(對)准(準)/没(沒)对(對)准(準) jiāodiǎn duìzhǔn/méi duìzhǔn ▶ **to be the focus of attention** 为(為)关(關)注的焦点(點) wéi guānzhù de jiāodiǎn ▶ **to focus (one's) attention on sb/sth** 把精力集中于(於)某人/某事 bǎ jīnglì jízhōng yú mǒurén/mǒushì

fodder ['fɔdə^r] N [U] (*food*) 饲料 sìliào

foe [fəu] (*liter*) N [C] 敌(敵)人 dírén [个 gè]

foetus, (*US*) **fetus** ['fiːtəs] N [C] 胎儿(兒) tāi'ér [个 gè]

fog [fɔg] N [C/U] 雾(霧) wù [场 chǎng]

foggy ['fɔgɪ] ADJ [+ *day, climate*] 有雾(霧)的 yǒuwù de ▶ **it's foggy** 今天有雾(霧) jīntiān yǒu wù ▶ **I haven't the foggiest (idea)** (*inf*) 我一点(點)也不知道 wǒ yīdiǎn yě bù zhīdào

fog lamp, (*US*) **fog light** N [C] 雾(霧)灯(燈) wùdēng [盏 zhǎn]

foil [fɔɪl] **I** VT [+ *attempt, plan*] 阻止 zǔzhǐ **II** N **1** [U] (*also:* **kitchen foil**) 箔纸(紙) bózhǐ **2** [C] (*fig: complement*) 陪衬(襯) péichèn [个 gè] **3** [C] (*Fencing*) 花剑(劍) huājiàn ▶ **to act as a foil to** (*fig*) 作…的陪衬(襯) zuò...de péichèn

fold [fəuld] **I** N **1** [C] (*in paper, cloth*) 折叠(疊) zhédié **2** [C] (*in dress*) 褶 zhě **3** [C] (*for sheep*) 羊栏(欄) yánglán **4** (*Rel*) ▶ **the fold** 信徒 xìntú **II** VT **1** (*also:* **fold up**) [+ *cloth, clothes, paper, map*] 折叠(疊) zhédié **2** (*also:* **fold up**) [+ *chair, table*] 折 zhé **3** [+ *one's arms, hands*] 交叠(疊) jiāodié **III** VI **1** (*esp Brit*) [*business, organization* +] 关(關)停 guāntíng **2** (*also:* **fold up**) [*map, chair, table* +] 折叠(疊)起来(來) zhédié qǐlái

folder ['fəuldə^r] N [C] (*for papers*) 文件夹(夾) wénjiàn jiā [个 gè]

folding ['fəuldɪŋ] ADJ [+ *chair, bed*] 折叠(疊)的 zhédié de

foliage ['fəulɪɪdʒ] N [U] 叶(葉)子 yèzi

folk [fəuk] **I** N PL (*also:* **folks**) (*people*) 人们(們) rénmen **II** CPD [+ *art, tales, medicine*] 民间(間)

f

mínjiān ▸ **my folks** (*inf*) 我的家人 wǒ de jiārén
folklore ['fəuklɔːʳ] N [U] 民俗 mínsú
folk music N [U] 民间(間)音乐(樂) mínjiān yīnyuè
folk song N [C] 民歌 míngē [首 shǒu]
★**follow** ['fɔləu] **I** VT **1** [+ *person, car*] (*go behind*) 跟随(隨) gēnsuí ▹ *We followed him up the steps.* 我们跟随他上了台阶。Wǒmen gēnsuí tā shàngle táijiē. **2** [+ *person*] (*join later*) 跟着(著)到来(來) gēnzhe dàolái ▹ *He followed Julie to New York.* 他跟着朱莉到了纽约。Tā gēnzhe Zhūlì dàole Niǔyuē. **3** (*come after*) [+ *event, activity, time*] 继(繼)之而来(來) jìzhīérlái ▹ *the rioting that followed the verdict* 裁定后继之而来的暴乱 cáidìng hòu jì zhī ér lái de bàoluàn **4** (*take heed of*) [+ *example, advice, instructions*] 遵循 zūnxún ▹ *She promised to follow his advice.* 她承诺要遵循他的忠告。Tā chéngnuò yào zūnxún tā de zhōnggào. **5** [+ *route, path*] 沿着(著)…行进(進) yánzhe...xíngjìn ▹ *We followed a path along the creek.* 我们沿着小溪边的一条小路行进。Wǒmen yánzhe xiǎoxī biān de yītiáo xiǎolù xíngjìn. **6** (*understand*) [+ *event, story*] 领(領)会(會) lǐnghuì ▹ *They were having some difficulty in following the plot.* 他们在理解情节上有困难。Tāmen zài lǐjiě qíngjié shàng yǒu kùnnan. **7** (*take an interest in*) [+ *sport, TV serial*] 对(對)…感兴(興)趣 duì...gǎn xìngqù ▹ *Millions of people follow football.* 成百上万的人对足球感兴趣。Chéng bǎi shàng wàn de rén duì zúqiú gǎn xìngqù. **8** (*with eyes*) 追随(隨) zhuīsuí ▹ *Suzy's eyes followed a police car as it drove slowly past.* 苏西的眼睛追随着一辆慢慢驶过的警车。Sūxī de yǎnjīng zhuīsuízhe yīliàng mànmàn shǐguò de jǐngchē. **9** (*on Twitter*) 跟随 gēnsuí **II** VI **1** [*person* +] 跟随(隨) gēnsuí ▹ *They took him into a small room and I followed.* 他们把他带进一间小屋里，我跟了进去。Tāmen bǎ tā dàijìn yījiān xiǎowū lǐ, wǒ gēnle jìnqù. **2** [*event, activity, time* +] 接下来(來) jiēxiàlái ▹ *He was arrested in the confusion which followed.* 他在接下来的一片混乱中被捕了。Tā zài jiēxiàlái de yīpiàn hùnluàn zhōng bèibǔ le. **3** (*result*) [*conclusion, benefit* +] 必然发(發)生 bìrán fāshēng ▹ *If the explanation is right, two things follow...* 如果这一解释正确的话，两件事情必然发生… Rúguǒ zhè yī jiěshì zhèngquè de huà, liǎng jiàn shìqing bìrán fāshēng... ▸ **to follow in sb's footsteps** 步某人后(後)尘(塵) bù mǒurén hòuchén ▸ **I don't quite follow you** 我不太理解你的意思 wǒ bùtài lǐjiě nǐ de yìsi ▸ **it follows that...** 一定是… yīdìng shì... ▸ **as follows** (*when listing*) 如下 rúxià ▹ *The winners are as follows:...* 获奖者如下:… Huòjiǎngzhě rúxià:...; (*in this way*) 按如下方式 àn rúxià fāngshì ▹ *The sum will be calculated as follows...* 总额将按如下方式计算… Zǒng'é jiāng àn rú xià fāngshì jìsuàn... ▸ **to follow suit** (*fig*) 照样(樣)去做 zhàoyàngqùzuò ▸ **to follow one thing (up) with another thing** 紧(緊)接着(著)一件事做另一件事 jǐnjiēzhe yī jiàn shì zuò lìng yī jiàn shì ▸ **followed by** 接着(著)是 jiēzhe shì
▸**follow on** VI (*continue*) 继(繼)续(續)下去 jìxù xiàqù
▸**follow through** VT [+ *plan, idea*] 将(將)…进(進)行到底 jiāng...jìnxíng dàodǐ
▸**follow up** VT **1** [+ *letter, offer*] 对(對)…采(採)取进(進)一步行动(動) duì...cǎiqǔ jìnyībù xíngdòng ▹ *I followed up an advertisement for a second-hand Volkswagen.* 看了广告后，我对二手的大众车作了进一步了解。Kànle guǎnggào hòu, wǒ duì èrshǒu de dàzhòngchē zuòle jìnyībù liǎojiě. **2** [+ *idea, suggestion*] 把…探究到底 bǎ...tànjiūdàodǐ ▹ *The police are following up several leads.* 警方正顺着几个线索追查到底。Jǐngfāng zhèng shùnzhe jǐge xiànsuǒ zhuīchá dàodǐ.
follower ['fɔləuəʳ] N **1** [C] [*of person, belief*] 拥(擁)护(護)者 yōnghùzhě [名 míng] **2** (*Twitter*) 跟随者 gēnsuí zhě [位 wèi]
following ['fɔləuɪŋ] **I** PREP (*after*) 在…之后(後) zài...zhīhòu **II** ADJ **1** (*next*) [+ *day, week*] 接着(著)的 jiēzhe de **2** (*next-mentioned*) [+ *way, list etc*] 下述的 xiàshù de **III** N [C] [*of party, religion, group*] 一批拥(擁)护(護)者 yīpī yōnghùzhě
follow-on call ['fɔləuɔn-] (*Tel*) N [C] 继(繼)续(續)拨(撥)叫电(電)话(話) jìxù bōjiào diànhuà
follow-up ['fɔləuʌp] **I** N [C] 后(後)续(續) hòuxù **II** ADJ [+ *treatment, survey, programme*] 后(後)续(續)的 hòuxù de
folly ['fɔlɪ] N **1** [C/U] (*foolishness*) 愚蠢 yúchǔn **2** [C] (*building*) 装(裝)饰(飾)性建筑(築) zhuāngshìxìng jiànzhù
fond [fɔnd] ADJ **1** ▸ **to be fond of** [+ *person*] 喜爱(愛) xǐ'ài; [+ *food, walking*] 喜欢(歡) xǐhuan **2** [+ *memory*] 美好的 měihǎo de; [+ *smile, look*] 深情的 shēnqíng de; [+ *hope, wish*] 不切实(實)际(際)的 bùqiè shíjì de
★**food** [fuːd] N [C/U] 食物 shíwù [种 zhǒng] ▸ **food for thought** 引人深思的事 yǐn rén shēnsī de shì
food group N [C] 食物组 shíwù zǔ [个 gè]
food mixer N [C] 食物搅(攪)拌器 shíwù jiǎobànqì
food poisoning N [U] 食物中毒 shíwù zhòngdú
food processor [-prəusɛsəʳ] N [C] 食品加工机(機) shípǐn jiāgōngjī [台 tái]
food stamp N [C] (*US*) 政府发给低收入者的食品券，可用于换取食物
fool [fuːl] **I** N **1** [C] (*idiot*) 白痴(癡) báichī [个 gè] **2** [C/U] (*Brit: Culin*) 奶油拌果子泥甜点 **II** VT (*deceive*) 欺骗(騙) qīpiàn **III** VI ▸ **to fool with sb/sth** 戏(戲)弄某人/摆(擺)弄某物 xìnòng mǒurén/bǎinòng mǒuwù ▸ **to make a fool of**

sb (*ridicule*) 嘲弄某人 cháonòng mǒurén ▸ **to make a fool of o.s.** 使自己出丑(醜) shǐ zìjǐ chūchǒu ▸ **you can't fool me** 你骗(騙)不了我 nǐ piàn bùliǎo wǒ
▸**fool about, fool around** (*pej*) VI (*behave foolishly*) 做蠢事 zuò chǔnshì

foolish ['fu:lɪʃ] ADJ **1** (*ridiculous*) 愚蠢的 yúchǔn de **2** (*unwise*) 不明智的 bù míngzhì de

foolproof ['fu:lpru:f] ADJ [+ *plan etc*] 万(萬)无(無)一失的 wànwúyīshī de

★ **foot** [fut] (*pl* **feet**) **I** N **1** [c] (*measure*) 英尺 yīngchǐ ▹ *a man over 6 feet tall* 一个6英尺多高的男子 yīgè liù yīngchǐ duō gāo de nánzǐ **2** [c] [*of person*] 脚(腳) jiǎo [只 zhī] **3** [c] [*of animal*] 蹄 tí [个 gè] **4** [c] [*of bed*] 放脚(腳)的一头(頭) fàngjiǎo de yītóu **5** [s] [*of cliff, hill, stairs*] 最底部 zuì dǐbù **II** VT ▸ **to foot the bill** 付账(賬) fùzhàng ▸ **on foot** 步行 bùxíng ▸ **to be on one's feet** (*standing*) 站起来(來) zhàn qǐlái ▸ **to get** *or* **rise to one's feet** 站起来(來) zhàn qǐlái ▸ **to get back on one's feet** (*after illness, bad experience*) 恢复(復)元气(氣) huīfù yuánqì ▸ **to find one's feet** (*fig*) 适(適)应(應) shìyìng ▸ **to put one's foot down** (*in car: accelerate*) 踩油门(門) cǎi yóumén; (*say no*) 坚(堅)决(決)反对(對) jiānjué fǎnduì ▸ **to put one's feet up** (*relax*) 双(雙)脚(腳)平搁(擱)起来(來)休息 shuāngjiǎo pínggē qǐlái xiūxi ▸ **to set foot somewhere** 去某处(處) qù mǒuchù ▸ **to stand on one's own two feet** 自力更生 zì lì gēng shēng ▸ **at the foot of the page** 在页(頁)脚(腳) zài yèjiǎo

footage ['futɪdʒ] (*Cine*) N [U] 镜(鏡)头(頭) jìngtóu

football ['futbɔ:l] N **1** [c] (*ball*) 足球 zúqiú [只 zhī] **2** [U] (*sport*) (*Brit*) 足球 zúqiú [美 = **soccer**] (*US*) 美式足球 měishì zúqiú [英 = **American football**]

football boots (*Brit*) N PL 足球鞋 zúqiú xié

footballer ['futbɔ:ləʳ] (*Brit*) N [c] 足球运(運)动(動)员(員) zúqiú yùndòngyuán [位 wèi]

football match (*Brit*) N [c] 足球赛(賽) zúqiú sài [场 chǎng]

footbrake ['futbreɪk] N [c] 脚(腳)刹车(車) jiǎoshāchē

footbridge ['futbrɪdʒ] N [c] 步行桥(橋) bùxíng qiáo [座 zuò]

foothills ['futhɪlz] N PL 山麓小丘 shānlù xiǎoqiū

foothold ['futhəuld] N [c] **1** (*Climbing*) 立足处(處) lìzúchù **2** (*fig*) 立足点(點) lìzúdiǎn [个 gè]

footing ['futɪŋ] N [c] (*basis*) ▸ **on a more formal/scientific footing** 在更正式/科学(學)的基础(礎)上 zài gèng zhèngshì/kēxué de jīchǔ shàng ▸ **to lose one's footing** 失去平衡 shīqù pínghéng ▸ **on an equal footing** 在平等的基础(礎)上 zài píngděng de jīchǔ shàng

footnote ['futnəut] N [c] (*in book*) 脚(腳)注 jiǎozhù

footpath ['futpɑ:θ] N [c] 人行小径(徑) rénxíng xiǎojìng [条 tiáo]

footprint ['futprɪnt] N [c] [*of person, animal*] 足迹(跡) zújì [个 gè]

footstep ['futstɛp] N [c] (*sound*) 脚(腳)步声(聲) jiǎobùshēng [阵 zhèn]

footwear ['futwɛəʳ] N [U] 鞋类(類) xiélèi

KEYWORD

★ **for** [fɔ:ʳ] **I** PREP **1** (*recipient*) 为(為) wèi ▸ **is this for me?** 这(這)是为(為)我准(準)备(備)的吗(嗎)? zhèshì wèi wǒ zhǔnbèi de ma? ▸ **a table for two** 供两(兩)人用的桌子 gōng liǎngrén yòng de zhuōzi ▸ **it's meant for children rather than adults** 专(專)门(門)用于(於)儿(兒)童而非成人 zhuānmén yòngyú értóng érfē chéngrén ▸ **skiing is not for me** 滑雪不适(適)合我 huáxuě bù shìhé wǒ
2 (*purpose*) 为(為)了 wèile ▸ **what's it for?** 它有什么(麼)用途? tā yǒu shénme yòngtú ▸ **it's time for lunch** 该(該)吃午饭(飯)了 gāi chī wǔfàn le ▸ **what for?** 为(為)什么(麼)呢? wèi shénme ne? ▸ **a knife for chopping vegetables** 用于(於)切菜的刀 yòngyú qiēcài de dāo ▸ **have you got time for a coffee?** 你有时(時)间(間)喝杯咖啡吗(嗎)? nǐ yǒu shíjiān hē bēi kāfēi ma? ▸ **a tricycle designed for use on the road** 公路专(專)用三轮(輪)车(車) gōnglù zhuānyòng sānlúnchē
3 (*time*) ▸ **he was away for two years** 他离(離)开(開)两(兩)年了 tā líkāi liǎngnián le ▸ **she will be away for a month** 她将(將)离(離)开(開)一个(個)月 tā jiāng líkāi yīgè yuè ▸ **can you do it for tomorrow?** 你能明天前做完吗(嗎)? nǐ néng míngtiān qián zuòwán ma? ▸ **it hasn't rained for three weeks** 已经(經)有3周(週)没(沒)下雨了 yǐjīng yǒu sānzhōu méi xiàyǔ le ▸ **the trip is scheduled for June 5** 旅行安排在6月5日 lǚxíng ānpái zài liùyuè wǔrì
4 (*in exchange for*) ▸ **I sold it for £50** 我以五十镑(鎊)卖(賣)掉了它 wǒ yǐ wǔshí bàng màidiàole tā ▸ **to pay 50 pence for a ticket** 花50便士买(買)张(張)票 huā wǔshí biànshì mǎi zhāng piào ▸ **pound for pound/dollar for dollar** 物有所值 wù yǒu suǒ zhí
5 (*reason*) 因为(為) yīnwèi ▸ **for this reason** 由于(於)这(這)个(個)原因 yóuyú zhègè yuányīn ▸ **for lack of sth** 由于(於)缺乏某物 yóuyú quēfá mǒuwù ▸ **our reasons for doing this** 我们(們)这(這)么(麼)做的原因 wǒmen zhème zuò de yuányīn
6 (*on behalf of, representing*) 为(為) wèi ▸ **he works for a local firm** 他为(為)一家当(當)地公司工作 tā wèi yījiā dāngdì gōngsī gōngzuò ▸ **the MP for...** 代表…的国(國)会(會)议(議)员(員) dàibiǎo...de guóhuì yìyuán ▸ **I'll do it for you** 我会(會)替你做的 wǒ huì tì nǐ zuò de

f

▸ **G for George** George中的G George zhōng de G
7 (*destination*) 前往 qiánwǎng ▸ **the train for London** 开(開)往伦(倫)敦的火车(車) kāiwǎng Lúndūn de huǒchē ▸ **he left for Rome** 他前往罗(羅)马(馬) tā qiānwǎng Luómǎ
8 (*with infinitive clause*) ▸ **it is not for me to decide** 这(這)不是由我来(來)决(決)定的 zhè bùshì yóu wǒ lái juédìng de ▸ **it would be best for you to leave** 你最好离(離)开(開) nǐ zuìhǎo líkāi ▸ **there is still time for you to do it** 你还(還)有时(時)间(間)去做 nǐ hái yǒu shíjiān qù zuò
9 (*in favour of*) 赞(贊)成 zànchéng ▸ **are you for or against us?** 你是赞(贊)成还(還)是反对(對)我们(們)？ nǐ shì zànchéng háishì fǎnduì wǒmen? ▸ **I'm all for it** 我完全赞(贊)成 wǒ wánquán zànchéng ▸ **vote for X** 投票赞(贊)成X tóupiào zànchéng X
10 (*referring to distance*) 达(達) dá ▸ **there are roadworks for 50 km** 长(長)跑练(練)习(習)长(長)达(達)50公里 chángpǎo liànxí chángdá wǔshí gōnglǐ ▸ **we walked for miles** 我们(們)走了几(幾)英里 wǒmen zǒule jǐ yīnglǐ
11 (*to get*) 欲知 yùzhī ▸ **for further information, see...** 欲(慾)知进(進)一步的信息，见(見)··· yùzhī jìnyībù de xìnxī, jiàn...
▸ **he went for the paper** 他去找报(報)纸(紙)了 tā qù zhǎo bàozhǐ le
12 (*in spite of*) 尽(儘)管 jǐnguǎn ▸ **for all his complaints, he is very fond of her** 尽(儘)管他牢骚(騷)满(滿)腹，他还(還)是很喜欢(歡)她 Jǐnguǎn tā láosāo mǎn fù, tā háishì hěn xǐhuan tā
13 (*with regard to*) 就···而言 jiù...éryán ▸ **it's cold for July** 对(對)7月而言这(這)算冷天了 duì qīyuè éryán zhè suàn lěngtiān le ▸ **he's mature for his age** 对(對)他的年龄(齡)而言他算是成熟的 duì tā de niánlíng ér yán tā suànshì chéngshú de ▸ **for scientists, this is less important**
对(對)于(於)科学(學)家来(來)说(說)，这(這)不太重要 duìyú kēxuéjiā láishuō, zhè bùtài zhòngyà ▸ **another word for this is...** 对(對)于(於)这(這)个(個)的另一种(種)说(說)法是··· duìyú zhège de lìngyīzhǒng shuōfǎ shì...
▸ **what's the French for "flower"?**
"flower" 用法语(語)怎么(麼)说(說)？
"flower" Yòng Fǎyǔ zěnme shuō?
14 (*with "if"*) ▸ **I wouldn't be alive today, if it weren't for him** 若不是由于(於)他，我不会(會)活到今天的 ruò bùshì yóuyú tā, wǒ bùhuì huódào jīntiān de ▸ **had it not been for Bill, we'd have been late** 若不是比尔(爾)，我们(們)一定迟(遲)到了 ruò bùshì Bǐ'ěr, wǒmen yīdìng chídào le
II CONJ (*liter: since, as*) 因为(為) yīnwèi ▸ **she was very angry, for he was late again** 她非常生气(氣)，因为(為)他又迟(遲)到了 tā fēicháng shēngqì, yīnwèi tā yòu chídào le

用法参见 **since**
for 和 **to** 都可用于表示某人的目的，但后接不同的语言结构。**for** 用于表示目的时，后面必须跟名词。*Occasionally I go to the pub for a drink.* **for** 通常不用在动词前面。不能说 *I go to the pub for to have a drink*。**for** 用在 **-ing** 形式前表示某物的用途。*...a small machine for weighing the letters...* 与动词连用时，不定式前不加 **for**。*She went off to fetch help.*

forage ['fɔrɪdʒ] **I** VI (*search*) (*for food*) 觅(覓)食 mìshí **II** N [U] 饲料 sìliào ▸ **to forage for sth** [*person, animal* +] 搜寻(尋)某物 sōuxún mǒuwù
foray ['fɔreɪ] N [C] **1** (*Mil*) (*raid*) 偷(媮)袭(襲) tōuxí **2** (*venture*) 冒险(險) màoxiǎn ▸ **to make a foray into** (*Mil*) 对(對)···进(進)行袭(襲)击(擊) duì...jìnxíng xíjī; (*fig*) 对(對)···进(進)行初步尝(嘗)试(試) duì...jìnxíng chūbù chángshì
forbid [fə'bɪd] (*pt* **forbade**, *pp* **forbidden**) VT (*prohibit*) [+ *sale, marriage, event*] 禁止 jìnzhǐ; (*make impossible*) 阻止 zǔzhǐ ▸ **to forbid sb to do sth** (*prohibit*) 禁止某人做某事 jìnzhǐ mǒurén zuò mǒushì; (*make impossible*) 阻止某人做某事 zǔzhǐ mǒurén zuò mǒushì
forbidden [fə'bɪdn] **I** PP *of* **forbid** **II** ADJ [+ *subject*] 被禁止的 bèi jìnzhǐ de ▸ **forbidden fruit** (*fig*) 禁果 jìnguǒ
★ **force** [fɔːs] **I** N **1** [U] (*violence*) 武力 wǔlì ▹ *We have renounced the use of force to settle our disputes.* 我们摈弃使用武力解决我们的争端。Wǒmen bìnqì shǐyòng wǔlì jiějué wǒmen de zhēngduān. **2** [U] (*strength*) 力量 lìliàng ▹ *The force of the explosion shattered the windows.* 爆炸的力量击碎了窗玻璃。Bàozhà de lìliàng jīsuìle chuāngbōlí. **3** [C] (*power, influence*) 势(勢)力 shìlì ▹ *the forces of evil* 邪恶势力 xié'è shìlì **4** [C/U] (*Phys*) 力 lì [个 gè] ▹ *the earth's gravitational force* 地球的重力 dìqiú de zhònglì **II** VT **1** (*drive, compel*) 强(強)迫 qiángpò ▹ *Ought he to be forced out of the Presidency?* 应该强迫他离任总统一职吗？ yīnggāi qiǎngpò tā lírèn zǒngtǒng yīzhí ma? **2** (*push*) 用力推 yònglì tuī ▹ *I forced his head back.* 我用力把他的头往后推开了。Wǒ yònglì bǎ tā de tóu wǎnghòu tuīkāi le. **3** (*break open*) [+ *lock, door*] 强(強)行打开(開) qiángxíng dǎkāi ▹ *They had to force the lock on the trunk.* 他们不得不强行打开箱子上的锁。Tāmen bùdébù qiángxíng dǎkāi xiāngzi shàng de suǒ. **III forces** N PL (*Mil*) **1** 部队(隊) bùduì ▹ *the deployment of American forces in the region* 美国部队在该地区的部署 Měiguó bùduì zài gāi dìqū de bùshǔ **2** ▸ **the Forces** (*Brit*) 军(軍)队(隊) jūnduì ▸ **in force** (*in large numbers*) 大批地 dàpī de ▹ *Animal rights*

campaigners turned up in force. 动物权利运动参与者们大批涌现。Dòngwù quánlì yùndòng cānyǔzhěmen dàpī yǒngxiàn. ▸**to be in force** [*law, system* +] 正在施行中 zhèngzài shīxíng zhōng ▸**to come into force** [*law, system* +] 生效 shēngxiào ▸**to join forces (with sb)** (与(與)某人)联(聯)合 (yǔmǒurén)liánhé ▸**a force 5 gale** 5级(級)风(風) wǔjí fēng ▸**the sales force** (*Comm*) 推销(銷)人员(員) tuīxiāo rényuán ▸**through** *or* **from force of habit** 出于(於)习(習)惯(慣) chūyú xíguàn ▸**to force o.s. to do sth** 强(強)迫自己做某事 qiǎngpò zìjǐ zuò mǒushì ▸**to force sb to do sth** 强(強)迫某人做某事 qiǎngpò mǒurén zuò mǒushì ▸**to force sth (up)on sb** 将(將)某事强(強)加于(於)某人 jiāng mǒushì qiángjiāyú mǒurén ▸**to force o.s. (up)on sb** 试(試)图(圖)强(強)暴某人 shìtú qiángbào mǒurén ▸**to force a smile/laugh** 强(強)作笑脸(臉)/强(強)颜(顏)欢(歡)笑 qiǎngzuò xiàoliǎn/qiǎngyán huānxiào ▸**force back** VT [+ *tears, urge*] 强(強)忍住 qiáng rěnzhù

forced [fɔːst] ADJ **1** [+ *labour*] 强(強)迫的 qiángpò de; [+ *landing*] 被迫的 bèipò de **2** [+ *smile, gesture*] 勉强(強)的 miǎnqiǎng de

forceful [ˈfɔːsful] ADJ [+ *person*] 坚(堅)定有力的 jiāndìng yǒulì de; [+ *impression, reminder*] 有力的 yǒulì de

ford [fɔːd] **I** N [c] (*in river*) 浅(淺)滩(灘) qiǎntān [片 piàn] **II** VT [+ *river, stream*] 涉过(過) shèguò

fore [fɔːʳ] **I** N [c] ▸**to come to the fore** 涌(湧)现(現)出来(來) yǒngxiàn chūlái **II** ADJ (*Naut, Aviat*) 在前部的 zài qiánbù de **III** ADV (*Naut, Aviat*) 在前部 zài qiánbù

forearm [ˈfɔːrɑːm] N [c] 前臂 qiánbì

forecast [ˈfɔːkɑːst] (*pt, pp* **forecast** *or* **forecasted**) **I** N [c] **1** [*of weather*] 预(預)报(報) yùbào [个 gè] **2** [*of profits, prices*] 预(預)测(測) yùcè **II** VT (*predict*) 预(預)测(測) yùcè ▸**to forecast that...** 预(預)测(測)到… yùcè dào...

forecourt [ˈfɔːkɔːt] (*esp Brit*) N [c] [*of garage*] 前院 qiányuàn

forefinger [ˈfɔːfɪŋgəʳ] N [c] 食指 shízhǐ

forefront [ˈfɔːfrʌnt] N [c] ▸**at the forefront of** [+ *industry, campaign*] 在…的最前锋(鋒) zài...de zuì qiánfēng

foregone [ˈfɔːgɔn] ADJ ▸**it's a foregone conclusion** 这(這)是个(個)预(預)料之中的必然结(結)局 zhè shì gè yùliào zhīzhōng de bìrán jiéjú

foreground [ˈfɔːgraund] N [c/U] [*of painting*] 前景 qiánjǐng ▸**to be in/come to the foreground** (*fig*) 处(處)于(於)/取得突出地位 chǔyú/qǔdé tūchū dìwèi

forehead [ˈfɔrɪd] N [c] 额(額) é [个 gè]

★**foreign** [ˈfɔrɪn] ADJ **1** [+ *country, holiday, language*] 外国(國)的 wàiguó de **2** [+ *trade, policy*] 对(對)外的 duìwài de ▸**foreign to** 对(對)…陌生 duì...mòshēng

foreign currency N [c/U] 外币(幣) wàibì

foreigner [ˈfɔrɪnəʳ] N [c] 外国(國)人 wàiguórén [个 gè]

foreign exchange N **1** [c] (*system*) 国(國)际(際)汇(匯)兑(兌) guójì huìduì **2** [U] (*money*) 外汇(匯) wàihuì

Foreign Office (*Brit*) N [c] ▸**the Foreign Office** 外交部 Wàijiāo Bù

Foreign Secretary (*Brit*) N [c] 外交部长(長) wàijiāo bùzhǎng

foreman [ˈfɔːmən] (*pl* **foremen**) N [c] **1** [*of factory, building site*] 领(領)班 lǐngbān **2** [*of jury*] 陪审(審)长(長) péishěn zhǎng

foremost [ˈfɔːməust] **I** ADJ (*most important*) 首屈一指的 shǒuqū yīzhǐ de **II** ADV ▸**first and foremost** 首要地 shǒuyào de

forename [ˈfɔːneɪm] N [c] 名 míng

forensic [fəˈrɛnsɪk] ADJ [+ *expert, test, evidence*] 法庭的 fǎtíng de

forerunner [ˈfɔːrʌnəʳ] N [c] ▸**the forerunner of** …的前身 ...de qiánshēn

foresee [fɔːˈsiː] (*pt* **foresaw**, *pp* **foreseen**) VT [+ *problem, development*] 预(預)见(見) yùjiàn

foreseeable [fɔːˈsiːəbl] ADJ ▸**in the foreseeable future** 在可预(預)见(見)的未来(來) zài kě yùjiàn de wèilái

foresight [ˈfɔːsaɪt] N [U] 先见(見)之明 xiānjiàn zhī míng

forest [ˈfɔrɪst] N [c/U] 森林 sēnlín [片 piàn]

forestall [fɔːˈstɔːl] VT [+ *person*] 抢(搶)在…之前行动(動) qiǎngzài...zhīqián xíngdòng; [+ *event*] 阻止 zǔzhǐ

forestry [ˈfɔrɪstrɪ] N [U] (*science*) 林学(學) línxué; (*skill*) 造林术(術) zàolín shù

forever [fəˈrɛvəʳ] ADV **1** (*permanently*) 永远(遠) yǒngyuǎn **2** (*always*) 一直 yīzhí ▸**it has gone forever** 它已经(經)一去不复(復)返了 tā yǐjīng yīqù bù fùfǎn le ▸**it will last forever** 它会(會)一直持续(續)下去的 tā huì yīzhí chíxù xiàqù de ▸**you're forever finding difficulties** 你总(總)是自寻(尋)烦(煩)恼(惱) nǐ zǒngshì zì xún fánnǎo

foreword [ˈfɔːwəːd] N [c] 前言 qiányán

forfeit [ˈfɔːfɪt] **I** N [c] (*price, fine*) 罚(罰)金 fájīn **II** VT (*lose*) [+ *right, chance, privilege*] 丧(喪)失 sàngshī; (*give up*) [+ *one's happiness, health, income*] 放弃(棄) fàngqì

forgave [fəˈgeɪv] PT *of* **forgive**

forge [fɔːdʒ] **I** VT **1** (*fraudulently*) [+ *signature, banknote*] 伪(偽)造 wěizào **2** (*create*) [+ *alliance, relationship, links*] 创(創)建 chuàngjiàn **3** [+ *wrought iron*] 锻(鍛)造 duànzào **II** N [c] (*smithy*) 铁(鐵)匠铺(鋪) tiějiàng pù ▸**forge ahead** VI ▸**forge ahead with sth** 在某方面稳(穩)步前进(進) zài mǒu fāngmiàn wěnbù qiánjìn

forger [ˈfɔːdʒəʳ] N [c] 伪(偽)造者 wěizàozhě

forgery [ˈfɔːdʒərɪ] N **1** [U] (*crime*) 伪(偽)造罪 wěizào zuì [件 jiàn] **2** [c] (*document, painting etc*)

伪(僞)造品 wěizàopǐn

forget [fəˈgɛt] (*pt* **forgot**, *pp* **forgotten**) **I** VT **1** [*+ fact, face, skill, appointment*] 忘记(記) wàngjì **2** (*leave behind*) [*+ object*] 忘带(帶) wàng dài **3** (*put out of mind*) [*+ quarrel, person*] 忘掉 wàngdiào **II** VI (*fail to remember*) 忘记(記) wàngjì ▸ **to forget to do sth** 忘记(記)做某事 wàngjì zuò mǒushì ▸ **to forget how to do sth** 忘记(記)如何做某事 wàngjì rúhé zuò mǒushì ▸ **to forget that...** 忘记(記)… wàngjì... ▸ **to forget o.s.** 忘乎所以 wàng hū suǒ yǐ

forgetful [fəˈgɛtful] ADJ [*+ person*] 健忘的 jiànwàng de

forgive [fəˈgɪv] (*pt* **forgave**, *pp* **forgiven** [fəˈgɪvn]) VT (*pardon*) 原谅(諒) yuánliàng ▸ **to forgive sb for sth** 原谅(諒)某人某事 yuánliàng mǒurén mǒushì ▸ **forgive my ignorance, but...** 请(請)原谅(諒)我的无(無)知，但是… qǐng yuánliàng wǒ de wúzhī, dànshì... ▸ **they could be forgiven for thinking that...** 他们(們)认(認)为(為)…也不为(為)过(過) tāmen rènwéi...yě bù wéiguò ▸ **to forgive and forget** 不记(記)前嫌 bù jì qiánxián

forgiveness [fəˈgɪvnɪs] N [U] 宽(寬)恕 kuānshù ▸ **to ask** *or* **beg for forgiveness** 请(請)求或乞求原谅(諒) qǐngqiú*huò*qǐqiú yuánliàng

forgot [fəˈgɔt] PT *of* **forget**

forgotten [fəˈgɔtn] PP *of* **forget**

fork [fɔːk] **I** N [C] **1** (*for eating*) 餐叉 cānchā [把 bǎ] **2** (*for gardening*) 耙子 pázi [个 gè] **3** (*in road, river, railway*) 岔路 chàlù [条 tiáo] **II** VI [*road, river +*] 岔开(開) chàkāi

▸**fork out** (*inf*) **I** VI (*pay*) 支付 zhīfù **II** VT 花费(費) huāfèi

forlorn [fəˈlɔːn] ADJ (*liter*) **1** [*+ person*] 孤苦伶仃的 gūkǔ língdīng de **2** [*+ attempt, hope*] 几(幾)乎无(無)望的 jīhū wúwàng de **3** [*+ place*] 荒凉(涼)的 huāngliáng de

★**form** [fɔːm] **I** N **1** [C] (*type*) 类(類)型 lèixíng [种 zhǒng] ▹ *The symptoms take various forms.* 症状有多种类型。Zhèngzhuàng yǒu duōzhǒng lèixíng. ▹ *a rare form of cancer* 一种罕见的癌症类型 yīzhǒng hǎnjiàn de áizhèng lèixíng **2** [C] (*manner*) 形式 xíngshì [个 gè] ▹ *She didn't like the form in which the questions were written.* 她不喜欢这些问题的书写形式。Tā bù xǐhuan zhèxiē wèntí de shūxiě xíngshì. **3** [C] (*body*) 体(體)态(態) tǐtài ▹ *She gazed at his slumbering form.* 她注视着他沉睡时的体态。Tā zhùshìzhe tā chénshuì shí de tǐtài. **4** [C] (*Brit: Scol*) (*class*) 年级(級) niánjí [个 gè] ▹ *the sixth form* 六年级 liù niánjí **5** [C] (*document*) 表格 biǎogé [张 zhāng] ▹ *You will be asked to fill in a form.* 你需要填一份表格。Nǐ xūyào tián yīfèn biǎogé. **6** [U] (*Sport*) 竞(競)技状(狀)态(態) jìngjì zhuàngtài ▹ *His form this season has been brilliant.* 他本季的竞技状态极佳。Tā běnjì de jìngjì zhuàngtài jíjiā. **II** VT **1** (*make*) [*+ shape, queue, object*] 组(組)成 zǔchéng ▹ *Form a circle please, children.* 孩子们，请组成一个圈。Háizimen, qǐng zǔchéng yīgè quān. **2** (*cause to exist*) 形成 xíngchéng ▹ *The islands were formed comparatively recently.* 这些岛屿是在比较近的年代形成的。Zhèxiē dǎoyǔ shì zài bǐjiào jìn de niándài xíngchéng de. **3** (*comprise*) 构(構)成 gòuchéng ▹ *Cereals form their staple diet.* 谷物构成了他们的主食。Gǔwù gòuchéngle tāmen de zhǔshí. **4** (*create*) [*+ group, organization, company*] 成立 chénglì ▹ *The League was formed in 1959.* 该俱乐部是于1959年成立的。Gāi jùlèbù shì yú yījiǔwǔjiǔ nián chénglì de. **5** [*+ idea, impression*] 形成 xíngchéng ▹ *the impression I'd formed of Jack* 我对杰克形成的印象 wǒ duì Jiékè xíngchéng de yìnxiàng **6** [*+ habit*] 养(養)成 yǎngchéng ▹ *He formed the habit of taking long solitary walks.* 他养成了独自长途徒步走的习惯。Tā yǎngchéngle dúzì chángtú túbù zǒu de xíguàn. **7** [*+ relationship*] 建立 jiànlì ▹ *He is wary of forming another close relationship.* 他对再与人建立密切关系非常谨慎。Tā duì zài yǔ rén jiànlì mìqiè guānxì fēicháng jǐnshèn. **III** VI **1** [*shape, queue +*] 产(產)生 chǎnshēng ▹ *That's why this natural phenomenon forms.* 那就是这个自然现象产生的原因。Nà jiùshì zhège zìrán xiànxiàng chǎnshēng de yuányīn. ▹ *A scab had formed on his knee.* 他的膝盖上结了个痂。Tā de xīgài shang jiēle ge jiā. **2** (*begin to exist*) [*stars, mountains +*] 形成 xíngchéng ▹ *The stars must have formed around 10 billion years ago.* 星星一定是在大约一百亿年前形成的。Xīngxing yīdìng shì zài dàyuē yībǎiyì nián qián xíngchéng de. ▸ **in the form of** 通过(過)…方式 tōngguò...fāngshì ▹ *She is taking lots of exercise in the form of walks or swimming.* 她正通过走路或者游泳的方式进行大量的锻炼。Tā zhèng tōngguò zǒulù huòzhě yóuyǒng de fāngshì jìnxíng dàliàng de duànliàn. ▸ **to take the form of** 以…形式 yǐ...xíngshì ▹ *The broadcast took the form of an interview.* 这个节目是以采访的形式进行的。Zhège jiémù shì yǐ cǎifǎng de xíngshì jìnxíng de. ▸ **to form part of sth** 构(構)成某事的一部分 gòuchéng mǒushì de yībùfen ▸ **to be in good** *or* **top form** (*Sport*) 处(處)于(於)良好的竞(競)技状(狀)态(態)或巅(巔)峰状(狀)态(態) chǔyú liánghǎo de jìngjì zhuàngtài (huò) diānfēng zhuàngtài; (*Brit*) (*fig*) 处(處)于(於)良好的精神状(狀)态(態) chǔyú liánghǎo de jīngshén zhuàngtài ▸ **to be on/off form** (*Sport*) 竞(競)技状(狀)态(態)良好/不好 jìngjì zhuàngtài liánghǎo/bùhǎo; (*Brit*) (*fig*) 能/不能发(發)挥(揮)正常水平 néng/bùnéng fāhuī zhèngcháng shuǐpíng

formal [ˈfɔːməl] ADJ **1** [*+ offer, approval, occasion, dinner*] 正式的 zhèngshì de **2** [*+ speech, behaviour*] 合礼(禮)仪(儀)的 hé lǐyí de **3** [*+ education, qualifications*] 正规(規)的

zhèngguī de **4** [+ *approach, style*] 有条(條)理的 yǒu tiáolǐ de ▸ **formal dress** (*evening dress*) 礼(禮)服 lǐfú ▸ **formal gardens** 官方公园(園) guānfāng gōngyuán

formality [fɔːˈmælɪtɪ] **I** N **1** [c] 形式 xíngshì [种 zhǒng] **2** [U] (*politeness*) 礼(禮)节(節) lǐjié **II formalities** N PL (*procedures*) 手续(續) shǒuxù

formally [ˈfɔːməlɪ] ADV [*announce, approve, dress, behave* +] 正式地 zhèngshì de ▸ **to be formally invited** 受到正式邀请(請) shòudào zhèngshì yāoqǐng

format [ˈfɔːmæt] **I** N [c] **1** (*form, style*) 形式 xíngshì [种 zhǒng] **2** [*of software, recording*] 格式 géshì **II** VT (*Comput*) [+ *disk*] 将(將)…格式化 jiāng... géshìhuà

formation [fɔːˈmeɪʃən] N **1** [U] [*of organization, business*] 组(組)成 zǔchéng; [*of idea, relationship, rocks, clouds*] 形成 xíngchéng **2** [c] (*pattern*) 结(結)构(構) jiégòu ▸ **to fly in formation** (*Aviat*) 编(編)队(隊)飞(飛)行 biānduì fēixíng

formative [ˈfɔːmətɪv] ADJ [+ *influence, experience*] 形成的 xíngchéng de ▸ **one's formative years** 性格形成时(時)期 xìnggé xíngchéng shíqī

★**former** [ˈfɔːməʳ] **I** ADJ **1** [+ *husband, president etc*] 前任的 qiánrèn de ▹ *He's a former army officer.* 他是位前任军官。Tā shì wèi qiánrèn jūnguān. **2** (*earlier*) [+ *power, authority*] 以前的 yǐqián de ▹ *They have lost much of their former authority.* 他们失去了许多以前的权力。Tāmen shīqùle xǔduō yǐqián de quánlì. **II** PRON ▸ **the former** 前者 qiánzhě ▹ *The former believe in a strong centralized government.* 前者信仰强有力的中央集权制的政府。Qiánzhě xìnyǎng qiáng yǒulì de zhōngyāng jíquánzhì de zhèngfǔ. ▸ **in former times/years** 以前 yǐqián

> 请勿将 **former** 和 **previous** 混淆。**former** 是指某人曾经拥有的某个特定的工作, 职位或角色，或者指某个曾经存在，但现已消失的状况。*...former President Bill Clinton...He murdered his former wife.* **previous** 用来指先前，即说话前所发生的事情或存在的事物。*She has a teenage daughter from a previous marriage...Crime increased in 2001 compared with the previous year.*

formerly [ˈfɔːməlɪ] ADV (*previously*) 从(從)前 cóngqián

formidable [ˈfɔːmɪdəbl] ADJ [+ *task*] 艰(艱)巨(鉅)的 jiānjù de; [+ *opponent*] 难(難)以对(對)付的 nányǐ duìfu de

formula [ˈfɔːmjulə] (*pl* **formulae** *or* **formulas** [ˈfɔːmjuliː]) N **1** [c] (*Math*) 公式 gōngshì **2** [c] (*Chem*) 分子式 fēnzǐ shì **3** [c] (*plan*) 方案 fāng'àn [种 zhǒng] **4** [U] (*also:* **formula milk**) 配方奶粉 pèifāng nǎifěn ▸ **Formula One** (*Aut*) 一级(級)方程式赛(賽)车(車) yījí fāngchéngshì sàichē

formulate [ˈfɔːmjuleɪt] VT **1** [+ *plan, proposal*] 构(構)想出 gòuxiǎng chū **2** (*express*) [+ *thought, opinion*] 表达(達) biǎodá

formulation [fɔːmjuˈleɪʃən] N **1** [c/U] [*of medicine, cosmetic*] 配制(製) pèizhì **2** [U] [*of policy, plan*] 制(製)订(訂) zhìdìng **3** [c/U] (*frm: form of words*) 表达(達)方式 biǎodá fāngshì [种 zhǒng]

fort [fɔːt] N [c] 堡垒(壘) bǎolěi [个 gè] ▸ **to hold the fort** *or* (*US*) **hold down the fort** (*fig*) 暂(暫)时(時)代人维(維)持现(現)状(狀) zànshí dài rén wéichí xiànzhuàng

forth [fɔːθ] ADV (*liter*) ▸ **to go forth** 向前 xiàngqián ▸ **back and forth** 来(來)回 láihuí ▸ **to go back and forth** 来(來)来(來)回回 láilái-huíhuí ▸ **to bring forth** (*liter*) 提出 tíchū ▸ **and so forth** 等等 děngděng

forthcoming [fɔːθˈkʌmɪŋ] ADJ **1** [+ *event*] 临(臨)近的 línjìn de **2** (*frm*) [+ *help, money, information*] 随(隨)要随(隨)到的 suíyào suídào de **3** [+ *person*] 乐(樂)于(於)助人的 lèyú zhùrén de

forthright [ˈfɔːθraɪt] ADJ [+ *person, language*] 直率的 zhíshuài de; [+ *condemnation, opposition*] 直言不讳(諱)的 zhíyán bùhuì de

fortieth [ˈfɔːtɪɪθ] NUM 第四十 dì sìshí

fortify [ˈfɔːtɪfaɪ] VT **1** [+ *place*] 设(設)防于(於) shèfángyú **2** [+ *food, drink*] 使…加强(強) shǐ...jiāqiáng **3** [+ *person*] [*food, drink* +] 使精力旺盛 shǐ jīnglì wàngshèng

fortnight [ˈfɔːtnaɪt] (*Brit*) N [c] 两(兩)星期 liǎng xīngqī ▸ **it's a fortnight since...** 自从(從)…已经(經)过(過)了两(兩)个(個)星期了 zìcóng...yǐjīng guòle liǎnggè xīngqī le

fortnightly [ˈfɔːtnaɪtlɪ] (*Brit*) **I** ADJ [+ *meeting, magazine*] 每两(兩)星期一次的 měi liǎng xīngqī yīcì de **II** ADV [*meet, publish* +] 每两(兩)星期一次地 měi liǎng xīngqī yīcì de

fortress [ˈfɔːtrɪs] N [c] 堡垒(壘) bǎolěi

fortunate [ˈfɔːtʃənɪt] ADJ [+ *person, coincidence, escape*] 幸运(運)的 xìngyùn de ▸ **he was fortunate to survive** 他幸运(運)地活了下来(來) tā xìngyùn de huóle xiàlái ▸ **it is fortunate that...** 幸亏(虧)… xìngkuī...

fortunately [ˈfɔːtʃənɪtlɪ] ADV 幸运(運)的是 xìngyùn de shì

fortune [ˈfɔːtʃən] **I** N **1** [U] (*also:* **good fortune**) (*luck*) 好运(運) hǎoyùn **2** [c] (*wealth*) 大笔(筆)钱(錢) dàbǐqián **II fortunes** N PL 时(時)运(運) shíyùn ▸ **to make a fortune** 发(發)大财(財) fā dàcái ▸ **to tell sb's fortune** 给(給)某人算命 gěi mǒurén suànmìng

fortune-teller [ˈfɔːtʃəntɛləʳ] N [c] 算命者 suànmìngzhě [个 gè]

★**forty** [ˈfɔːtɪ] NUM 四十 sìshí

forum [ˈfɔːrəm] N [c] **1** (*for discussion*) 论(論)坛(壇) lùntán **2** (*Roman square*) 公共集会(會)场(場)所 gōnggòng jíhuì chǎngsuǒ

forward [ˈfɔːwəd] **I** ADJ **1** (*in position*) 前部的 qiánbù de **2** (*in movement*) 向前的 xiàngqián

f

de **3** (*not shy*) 冒失的 màoshi de **II** N [c] (*Sport*) 前锋(鋒) qiánfēng [个 gè] **III** VT **1** [+ *letter, goods*] 转(轉)递(遞) zhuǎndì **2** (*further*) [+ *career, plans*] 促进(進) cùjìn ▶ **"please forward"** "请(請)转(轉)交" "qǐng zhuǎnjiāo" **IV** ADV = **forwards** ▶ **forward planning** 预(預)先计(計)划(劃) yùxiān jìhuà

forwards ['fɔːwədz] ADV (*in space, time*) 向前 xiàngqián

forward slash [-slæʃ] N [c] 斜杠(槓)符号(號) xiégàng fúhào

fossil ['fɔsl] N [c] 化石 huàshí [块 kuài]

foster ['fɔstəʳ] **I** VT **1** [+ *child*] 领(領)养(養) lǐngyǎng **2** [+ *idea, activity, feeling*] 培养(養) péiyǎng **II** CPD [+ *parent, mother, child*] 寄养(養) jìyǎng

fought [fɔːt] PT, PP *of* **fight**

foul [faul] **I** ADJ **1** (*filthy*) [+ *state, taste, smell*] 令人作呕(嘔)的 lìngrénzuò'ǒu de; [+ *place*] 污秽(穢)的 wūhuì de **2** (*dreadful*) [+ *temper, mood*] 坏(壞)透的 huàitòu de; [+ *day, time, luck*] 糟透的 zāotòu de; [+ *weather*] 恶(惡)劣的 èliè de **3** (*obscene*) [+ *language*] 下流的 xiàliú de **II** N [c] (*Sport*) 犯规(規) fànguī [次 cì] **III** VT **1** (*dirty*) 弄脏(髒) nòngzāng **2** [*dog* +] 弄脏(髒) nòngzāng **3** (*Sport*) 对(對)…犯规(規) duì…fànguī **4** (*entangle*) [+ *anchor, propeller*] 缠(纏)住 chánzhù ▶ **to fall foul of sb** (*esp Brit*) 与(與)某人发(發)生冲(衝)突 yǔ mǒurén fāshēng chōngtū

foul play N [U] **1** (*Law*) 暴力行径(徑) bàolì xíngjìng **2** (*Sport*) 犯规(規)行为(為) fànguī xíngwéi

found [faund] **I** PT, PP *of* **find** **II** VT [+ *organization, company*] 创(創)办(辦) chuàngbàn

foundation [faun'deɪʃən] **I** N **1** [U] [*of organization, company, city*] 成立 chénglì **2** [c] (*basis*) [*of belief, way of life*] 基础(礎) jīchǔ **3** [U] (*substance: fig*) 根据(據) gēnjù **4** [c] (*organization*) 基金会(會) jījīnhuì [个 gè] **5** [U/c] (*also:* **foundation cream**) 粉底霜 fěndǐshuāng **II foundations** N PL [*of building*] 地基 dìjī ▶ **without foundation** 没(沒)有根据(據) méiyǒu gēnjù ▶ **to lay the foundations of sth** 为(為)某事奠定基础(礎) wèi mǒushì diàndìng jīchǔ

founder ['faundəʳ] **I** N [c] [*of institution, organization*] 创(創)始人 chuàngshǐrén **II** VI **1** [*ship* +] 沉没(沒) chénmò **2** [*plan, project* +] 失败(敗) shībài

founding ['faundɪŋ] ADJ ▶ **founding father** (*Hist*) (*in US*) 开(開)国(國)者 kāiguózhě; (*fig*) [*of institution, organization*] 创(創)始人 chuàngshǐrén

fountain ['fauntɪn] N [c] **1** (*lit*) 喷(噴)泉 pēnquán [个 gè] **2** (*liter: fig*) [*of liquid*] 大量 dàliàng

fountain pen N [c] 自来(來)水笔(筆) zìláishuǐ bǐ [支 zhī]

★**four** [fɔːʳ] NUM 四 sì ▶ **on all fours** 爬着(著)地 pázhe dì; *see also* **five**

four-letter word ['fɔːlɛtə-] N [c] (*swear word*) 脏(髒)话(話) zānghuà [句 jù]

four-poster ['fɔː'pəustəʳ] N [c] (*also:* **four-poster bed**) 有四根帷柱的床 yǒu sìgēn wéizhù de chuáng

★**fourteen** ['fɔː'tiːn] NUM 十四 shísì; *see also* **fifteen**

fourteenth ['fɔː'tiːnθ] NUM 第十四 dì shísì; *see also* **fifth**

fourth ['fɔːθ] **I** NUM **1** 第四 dìsì **2** (*US*) (*quarter*) 四分之一 sìfēnzhī yī [英 = **quarter**] **II** N [c] (*Aut*) (*also:* **fourth gear**) 第四挡(檔) dìsì dǎng [个 gè]; *see also* **fifth**

four-wheel drive ['fɔːwiːl-] N [c] (*Aut*) 四轮(輪)驱(驅)动(動) sìlún qūdòng

fowl [faul] N [c] 禽 qín

fox [fɔks] **I** N [c] 狐狸 húli [只 zhī] **II** VT (*Brit*) (*baffle*) 使迷惑 shǐ míhuò

foyer ['fɔɪeɪ] N [c] [*of hotel, theatre, cinema*] 门(門)厅(廳) méntīng

Fr. (*Rel*) ABBR (= **father**) 神父 shénfù

fraction ['frækʃən] N [c] **1** (*portion*) 小部分 xiǎo bùfen **2** (*Math*) 分数(數) fēnshù

fracture ['fræktʃəʳ] **I** N [c] [*of bone*] 断(斷)裂 duànliè **II** VT [+ *bone*] 折断(斷) zhéduàn **III** VI [*bone* +] 断(斷)裂 duànliè

fragile ['frædʒaɪl] ADJ **1** [+ *object, structure*] 易损(損)的 yìsǔn de **2** [+ *economy, peace*] 薄弱的 bóruò de **3** (*delicate*) 纤(纖)巧的 xiānqiǎo de **4** (*unwell*) [+ *person*] 虚(虛)弱的 xūruò de

fragment [*n* 'frægmənt, *vb* fræg'mɛnt] **I** N [c] **1** [*of bone, glass etc*] 碎片 suìpiàn **2** [*of conversation, poem etc*] 片断(斷) piànduàn **II** VI **1** (*lit*) 裂成碎片 liè chéng suìpiàn **2** (*fig*) 分裂 fēnliè **III** VT 分裂 fēnliè

fragrance ['freɪgrəns] N [c/U] (*smell*) 香气(氣) xiāngqì

fragrant ['freɪgrənt] ADJ 芳香的 fāngxiāng de

frail [freɪl] ADJ **1** [+ *person, invalid*] 虚(虛)弱的 xūruò de **2** [+ *structure*] 易破碎的 yì pòsuì de

frame [freɪm] **I** N [c] **1** [*of building, structure*] 框架 kuàngjià **2** [*of body*] 骨架 gǔjià **3** [*of picture, mirror, door, window*] 框 kuàng [个 gè] **4** (*also:* **frames**) [*of spectacles*] 眼镜(鏡)架 yǎnjìngjià [副 fù] **5** (*Cine*) 画(畫)面 huàmiàn **II** VT **1** [+ *picture, photograph*] 给(給)…镶(鑲)框 gěi…xiāngkuàng **2** [+ *reply, law, theory*] 表达(達) biǎodá **3** (*inf: incriminate*) 诬(誣)陷 wūxiàn

frame of mind (*pl* **frames of mind**) N [c] 心境 xīnjìng

framework ['freɪmwəːk] N [c] **1** (*structure*) 结(結)构(構) jiégòu **2** (*fig*) 框架 kuàngjià [个 gè]

France [frɑːns] N 法国(國) Fǎguó

franchise ['fræntʃaɪz] **I** N [c] **1** (*Comm*) 特许(許)经(經)营(營) tèxǔ jīngyíng **2** (*Pol*) 选(選)

举(舉)权(權) xuǎnjǔ quán **II** VT (*Comm*) 授予…特许(許)权(權) shòuyǔ…tèxǔ quán

frank [fræŋk] ADJ **I 1** [+ *person*] 坦率的 tǎnshuài de **2** [+ *discussion, admission*] 坦诚(誠)的 tǎnchéng de **II** VT [+ *letter*] 盖(蓋)邮(郵)资(資)已付戳于(於) gài yóuzī yǐfù chuō yú

frankly ['fræŋklɪ] ADV **1** (*honestly*) [*say, admit* +] 坦白地 tǎnbái de **2** (*introducing statement*) 说(說)实(實)话(話) shuō shíhuà

frantic ['fræntɪk] ADJ **1** [+ *person*] 发(發)疯(瘋)的 fāfēngde **2** [+ *rush, pace, search*] 狂乱(亂)的 kuángluàn de

fraternity [frə'tə:nɪtɪ] N **1** [U] (*feeling*) 友爱(愛) yǒu'ài **2** [C] (*group of people*) 同人 tóngrén **3** [C] (*US: Univ*) 联(聯)谊(誼)会(會) liányìhuì [次 cì]

fraud [frɔ:d] N **1** [C/U] (*crime*) 诈(詐)骗(騙) zhàpiàn [种 zhǒng] **2** [C] (*person*) 骗(騙)子 piànzi [个 gè]

fraudulent ['frɔ:djulənt] ADJ [+ *scheme, claim*] 欺骗(騙)的 qīpiàn de

fraught [frɔ:t] ADJ **1** ▶ **fraught with danger/problems** 充满(滿)危险(險)/问(問)题(題) chōngmǎn wēixiǎn/wèntí **2** (*tense, anxious*) [+ *situation, evening, meeting*] 令人焦虑(慮)的 lìngrén jiāolù de

fray [freɪ] **I** VI [*cloth, rope* +] 磨损(損) mósǔn **II** N [C] ▶ **to join** *or* **enter the fray** 参(參)加角逐 cānjiā juézhú ▶ **tempers were frayed** 发(發)火了 fāhuǒ le ▶ **her nerves were frayed** 她神经(經)非常紧(緊)张(張) tā shénjīng fēicháng jǐnzhāng

freak [fri:k] **I** N [C] **1** (*person*) (*in attitude, behaviour*) 怪人 guàirén [个 gè]; (*in appearance*) 怪物 guàiwù [个 gè] **2** (*inf: fanatic*) ▶ **health/fitness freak** 健康/健身狂 jiànkāng/jiànshēn kuáng **II** CPD [+ *accident, storm*] 反常 fǎncháng **III** VI (*inf*) (*also*: **freak out**) 躁动(動)不安 zàodòng bù'ān **IV** VT (*inf*) (*also*: **freak out**) 使躁动(動)不安 shǐ zàodòng bù'ān

freckle ['frɛkl] N [C] 雀斑 quèbān [个 gè]

★ **free** [fri:] **I** ADJ **1** (*costing nothing*) [+ *meal, ticket etc*] 免费(費)的 miǎnfèi de ▷ *The coffee was free.* 咖啡是免费的。Kāfēi shì miǎnfèi de. **2** [+ *person*] 自由的 zìyóu de ▷ *The slave escaped and became a free man.* 奴隶逃跑了，成了自由人。Núlì táopǎo le, chéngle zìyóurén. **3** [+ *time*] 空闲(閒)的 kòngxián de ▷ *They don't have much free time.* 他们没有多少空闲时间。Tāmen méiyǒu duōshǎo kòngxián shíjiān. **4** [+ *seat, table*] 空余(餘)的 kòngyú de ▷ *Is that seat free?* 那个座位是空的吗？ Nàge zuòwèi shì kòng de ma? **5** (*unrestricted*) [+ *choice, press, speech, elections*] 自由的 zìyóu de ▷ *It's their free choice.* 那是他们的自由选择。Nà shì tāmen de zìyóu xuǎnzé. ▷ *We can't do that if we haven't got a free press.* 如果没有自由的新闻界，我们根本做不到。Rúguǒ méiyǒu zìyóu de xīnwénjiè, wǒmen gēnběn zuò bùdào.; [+ *passage, movement*] 畅(暢)通的 chàngtōng de **6** [+ *hand, arm*] 闲(閒)着(著)的 xiánzhe de ▷ *He buttoned his overcoat with his free hand.* 他用闲着的那只手扣上了外衣的扣子。Tā yòng xiánzhe de nà zhī shǒu kòushàngle wàiyī de kòuzi. **II** VT **1** (*release*) [+ *prisoner, slave*] 释(釋)放 shìfàng ▷ *They were freed by their kidnappers unharmed.* 他们被绑匪释放了，并没有受到伤害。Tāmen bèi bǎngfěi shìfàng le, bìng méiyǒu shòudào shānghài.; [+ *injured person*] 解救 jiějiù ▷ *Firemen tried to free the injured.* 消防队员尽力解救受伤人员。 Xiāofáng duìyuán jìnlì jiějiù shòushāng rényuán.; [+ *jammed object*] 使脱(脫)开(開) shǐ tuōkāi ▷ *He used a screwdriver to free the lock.* 他用螺丝刀打开了锁。Tā yòng luósīdāo dǎkāile suǒ. **2** [+ *person*] (*from responsibility, duty*) 摆(擺)脱(脫) bǎituō ▷ *His contract will run out shortly, freeing him to pursue his own projects.* 他的合同很快就要到期了，这样他得以摆脱来发展自己的项目。Tā de hétong hěn kuài jiù yào dàoqī le, zhèyàng tā déyǐ bǎituō lái fāzhǎn zìjǐ de xiàngmù. ▶ **free (of charge), for free** 免费(費) miǎnfèi ▶ **to give sb a free hand** 给(給)某人自主权(權) gěi mǒurén zìzhǔquán ▶ **admission free** 免费(費)进(進)入 miǎnfèi jìnrù ▶ **to be free of** *or* **from sth** 没(沒)有某物 méiyǒu mǒuwù ▷ *The area will be free of pollution by the year 2006.* 到2006年，这个地区将没有污染。Dào èrlínglíngliù nián, zhè ge dìqū jiāng méiyǒu wūrǎn. ▶ **to be free to do sth** 随(隨)意做某事 suíyì zuò mǒushì ▷ *Women should be free to dress as they please.* 女性应该任其喜好随意穿戴。Nǚxìng yīnggāi rèn qí xǐhào suíyì chuāndài. ▶ **free and easy** 自由自在的 zìyóu zìzàide ▶ **feel free** 随(隨)便 suíbiàn ▶ **to free sb of sth** 使某人摆(擺)脱(脫)某物 shǐ mǒurén bǎituō mǒuwù

freedom ['fri:dəm] N [U] **1** (*liberty*) 自由 zìyóu **2** [*of prisoner, slave, movement*] 自由 zìyóu **3** (*political*) 自由 zìyóu **4** (*from poverty, disease, hunger*) 免受 miǎnshòu

Freefone® ['fri:fəun] (*Brit*) N [C] ▶ **call Freefone 0800** 拨(撥)打免费(費)电(電)话(話)0800 bōdǎ miǎnfèi diànhuà líng bā líng líng [美 = **toll-free**]

free gift N [C] 赠(贈)品 zèngpǐn [件 jiàn]

free kick (*Football*) N [C] 任意球 rènyì qiú

freelance ['fri:la:ns] **I** ADJ [+ *journalist, photographer, work*] 自由职(職)业(業)的 zìyóu zhíyè de **II** ADV ▶ **to work freelance** 做自由职(職)业(業)工作 zuò zìyóu zhíyè gōngzuò

freely ['fri:lɪ] ADV **1** (*without restriction*) [*move* +] 自由地 zìyóu de; [*talk* +] 无(無)拘束地 wú jūshù de **2** (*liberally*) [*spend, give* +] 大手大脚(腳)地 dàshǒudàjiǎo de; [*perspire* +] 大量地 dàliàng de **3** (*willingly*) [*share, admit* +] 自愿(願)地 zìyuàn de ▶ **to be freely available** 随(隨)意

获(獲)得 suíyì huòdé

Freepost® ['fri:pəust] (*Brit*) N [U] 免费(費)邮(郵)寄 miǎnfèi yóujì

free-range ['fri:'reɪndʒ] ADJ [+ *eggs, chickens*] 放养(養)的 fàngyǎng de

freeway ['fri:weɪ] (*US*) N [C] 高速公路 gāosù gōnglù [条 tiáo] [英 = **motorway**]

free will N [C] ▶ **of one's own free will** 自觉(覺)自愿(願)地 zìjuézìyuàn de

freeze [fri:z] (*pt* **froze**, *pp* **frozen**) **I** VI **1** [*liquid, weather* +] 结(結)冰 jiébīng **2** [*pipe* +] 冻(凍)住 dòngzhù **3** [*person* +] (*with cold*) 冻(凍)僵 dòngjiāng **4** (*fig: from fear, shock*) 呆(獃)住 dāizhù **II** VT **1** [+ *water, lake*] 使结(結)冰 shǐ jiébīng **2** [+ *food*] 冷冻(凍) lěngdòng **3** [+ *wages, prices, bank account, assets*] 冻(凍)结(結) dòngjié **III** N [C] **1** (*cold weather*) 霜冻(凍) shuāngdòng **2** (*on wages, prices*) 冻(凍)结(結) dòngjié ▶ **it may freeze tonight** 今晚可能会(會)结(結)冰 jīnwǎn kěnéng huì jiébīng

▶**freeze out** VT ▶ **to freeze sb out of sth** 把某人从(從)某处(處)挤(擠)走 bǎ mǒurén cóng mǒuchù jǐzǒu

▶**freeze over** VI **1** [*river, lake* +] 结(結)冰 jiébīng **2** [*windscreen, windows* +] 结(結)霜 jiéshuāng

freezer ['fri:zəʳ] N [C] 冰柜(櫃) bīngguì [个 gè]

freezing ['fri:zɪŋ] ADJ (*also*: **freezing cold**) [+ *day, weather*] 极(極)冷的 jílěng de; [+ *water, place, room*] 冰冷的 bīnglěng de; [+ *person, hands*] 冰凉(涼)的 bīngliáng de ▶ **I'm freezing** 冻(凍)死我了 dòngsǐ wǒ le ▶ **it's freezing outside** 外面特别(別)冷 wàimian tèbié lěng ▶ **3 degrees below freezing** 零下3度 língxià sāndù

▩ 用法参见 **cold**

freezing point N [C/U] 冰点(點) bīngdiǎn

freight [freɪt] N [U] (*goods*) 货(貨)物 huòwù ▶ **by air/sea freight** 通过(過)空/海运(運) tōngguò kōng/hǎiyùn

freight train N [C] 货(貨)运(運)列车(車) huòyùn lièchē [列 liè]

French [frɛntʃ] **I** ADJ 法国(國)的 Fǎguó de **II** N [U] (*language*) 法语(語) Fǎyǔ **III the French** N PL (*people*) 法国(國)人 Fǎguórén

French bean (*Brit*) N [C] 菜豆 càidòu [颗 kē] [美 = **string bean**]

French bread N [U] 法式棍子面(麵)包 Fǎshì gùnzi miànbāo

French dressing N [U] 法式色拉调(調)料 Fǎshì sèlā tiáoliào

French fries [-fraɪz] (*esp US*) N PL 炸薯条(條) zhá shǔtiáo [英 = **chips**]

Frenchman ['frɛntʃmən] (*pl* **Frenchmen**) N [C] 法国(國)男人 Fǎguó nánrén [个 gè]

French stick N [C] 法式棍子面(麵)包 Fǎshì gùnzi miànbāo [根 gēn]

French window N [C] 落地窗 luòdì chuāng [扇 shàng]

Frenchwoman ['frɛntʃwumən] (*pl* **Frenchwomen**) N [C] 法国(國)女人 Fǎguó nǚrén [个 gè]

frenzy ['frɛnzɪ] N [C/U] 狂热(熱) kuángrè ▶ **a frenzy of activity/excitement** 活动(動)的/兴(興)奋(奮)得狂乱(亂) huódòng de/xīngfèn de kuángluàn ▶ **to drive sb into a frenzy** 把某人逼得发(發)狂 bǎ mǒurén bīde fākuáng ▶ **to be in a frenzy** 发(發)狂地 fākuáng de

frequency ['fri:kwənsɪ] N **1** [U] [*of event*] 频(頻)繁性 pínfánxìng **2** [C/U] (*Rad*) 频(頻)率 pínlǜ ▶ **to increase in frequency** 频(頻)率增加 pínǜ zēngjiā

frequent [*adj* 'fri:kwənt, *vb* frɪ'kwɛnt] **I** ADJ [+ *occurrence, visitor*] 频(頻)繁的 pínfán de **II** VT (*frm*) [+ *pub, restaurant*] 常去 chángqù

frequently ['fri:kwəntlɪ] ADV 时(時)常地 shícháng de

fresh [frɛʃ] ADJ **1** [+ *food, bread, vegetables*] 新鲜(鮮)的 xīnxiān de **2** [+ *paint, footprints*] 新的 xīn de **3** [+ *water*] 淡的 dàn de **4** (*new*) [+ *approach, way*] 新颖(穎)的 xīnyǐng de **5** (*recent*) [+ *instructions, inquiries*] 附加的 fùjiā de; [+ *memories*] 鲜(鮮)明的 xiānmíng de **6** (*cheeky*) [+ *person*] 冒失的 màoshi de ▶ **fresh air** 新鲜(鮮)空气(氣) xīnxiān kōngqì ▶ **to make a fresh start** 重新开(開)始 chóngxīn kāishǐ ▶ **he's fresh from** *or* **out of university** 他刚(剛)刚(剛)大学(學)毕(畢)业(業) tā gānggāng dàxué bìyè ▶ **to be fresh out of sth** (*inf*) 刚(剛)刚(剛)用完某物 gānggāng yòngwán mǒuwù

freshen ['frɛʃən] VI [*wind* +] 变(變)强(強) biànqiáng

▶**freshen up** VI [*person* +] 梳洗一番 shūxǐ yīfān

fresher ['frɛʃəʳ] (*Brit: Univ; inf*) N [C] 大学(學)一年级(級)新生 dàxué yīniánjí xīnshēng [名 míng]

freshly ['frɛʃlɪ] ADV [+ *made, cooked, painted*] 刚(剛)刚(剛) gānggāng

freshman ['frɛʃmən] (*pl* **freshmen**) (*US*) N [C] 大学(學)一年级(級)学(學)生 dàxué yīniánjí xuéshēng [名 míng]

freshwater ['frɛʃwɔ:təʳ] ADJ [+ *lake, fish*] 淡水的 dànshuǐ de

fret [frɛt] VI (*worry*) 担(擔)心 dānxīn

Fri. ABBR (= **Friday**) 星期五 xīngqīwǔ

friar ['fraɪəʳ] N [C] 修道士 xiūdàoshì [位 wèi]

friction ['frɪkʃən] N [U] **1** (*Phys*) (*resistance*) 摩擦力 mócālì **2** (*rubbing*) 摩擦 mócā **3** (*fig: conflict*) (*also*: **frictions**) 冲(衝)突 chōngtū

Friday ['fraɪdɪ] N [C/U] 星期五 xīngqīwǔ [个 gè]; *see also* **Tuesday**

fridge [frɪdʒ] (*Brit*) N [C] 冰箱 bīngxiāng [台 tái] [美 = **refrigerator**]

fried [fraɪd] **I** PT, PP *of* **fry** **II** ADJ [+ *food*] 炒的 chǎo de

★ **friend** [frɛnd] N [C] 朋友 péngyou [个 gè] ▶ **to be friends** 是朋友 shì péngyou ▶ **to be friends with sb** 是某人的朋友 shì mǒurén de péngyou ▸ **to make friends** 交朋友 jiāo péngyou ▸ **to make friends with sb** 与(與)某人交朋友 yǔ mǒurén jiāo péngyou ▸ **the friends of Birmingham Royal Ballet** 伯明翰皇家芭蕾舞团(團)的赞(贊)助者 Bómínghàn huángjiā bālěiwǔtuán de zànzhùzhě

friendly ['frɛndlɪ] **I** ADJ **1** [+ *person*] 友善的 yǒushàn de; [+ *tone, hug, atmosphere, government*] 友好的 yǒuhǎo de **2** (*Brit: Sport*) [+ *game, match*] 友谊(誼)的 yǒuyì de **II** N [c] (*Brit: Sport*) 友谊(誼)比赛(賽) yǒuyì bǐsài ▸ **to be friendly with** 跟…友好 gēn…yǒuhǎo ▸ **to be friendly to** 对(對)…友好 duì…yǒuhǎo

friendship ['frɛndʃɪp] N **1** [c] (*relationship*) 友情 yǒuqíng [种 zhǒng] **2** [U] (*state*) 友爱(愛) yǒu'ài

frieze [fri:z] N [c] 中楣 zhōngméi

frigate ['frɪgɪt] N [c] 护(護)卫(衛)舰(艦) hùwèijiàn

fright [fraɪt] N **1** [U] (*terror*) 恐惧(懼) kǒngjù **2** [c] (*shock*) 惊(驚)吓(嚇) jīngxià [个 gè] ▸ **to take fright** 受惊(驚) shòujīng ▸ **to give sb a fright** 吓(嚇)唬某人一下 xiàhu mǒurén yīxià ▸ **to look a fright** (*inf*) 看起来(來)怪得吓(嚇)人 kàn qǐlái guàide xiàrén

frighten ['fraɪtn] VT 使惊(驚)恐 shǐ jīngkǒng

▸**frighten away** VT **1** [+ *birds, children etc*] 吓(嚇)跑 xiàpǎo **2** (*fig: deter*) 使踌(躊)躇 shǐ chóuchú

▸**frighten into** VT ▸ **to frighten sb into doing sth** 吓(嚇)得某人去做某事 xiàde mǒurén qù zuò mǒushì

▸**frighten off** VT = **frighten away**

frightened ['fraɪtnd] ADJ **1** [+ *person, animal*] ▸ **to be frightened** 被吓(嚇)倒 bèi xiàdǎo **2** [+ *eyes, expression*] 恐惧(懼)的 kǒngjù de ▸ **to be frightened of sth/of doing sth** *or* **to do sth** 害怕某事/做某事 hàipà mǒushì/zuò mǒushì

> 请勿将 **frightened** 和 **frightening** 混淆。如果你感到 **frightened**，表示你感到恐惧或紧张。*I think he was truly frightened of me at times...I was more frightened than I had ever been in my life.* 如果某事物 **frightening**，表示它让人感到恐惧。*Do you ever have frightening dreams?...It was a strange, rather frightening place.*

frightening ['fraɪtnɪŋ] ADJ [+ *experience, prospect*] 令人恐惧(懼)的 lìngrén kǒngjù de

用法参见 **frightened**

frightful ['fraɪtful] (*o.f.*) ADJ **1** (*dreadful*) [+ *smell, mistake*] 可怕的 kěpà de **2** (*inf: emphatic use*) 极(極)大的 jídà de

frill [frɪl] N [c] (*on dress, shirt*) 褶边(邊) zhěbiān ▸ **with no** *or* **without frills** 毫无(無)虚(虛)饰(飾)的 háo wú xūshì de

fringe [frɪndʒ] N [c] **1** (*Brit*) (*hair*) 刘(劉)海 liúhǎi [个 gè] [美 = **bangs**] **2** (*on shawl, lampshade*) 流苏(蘇) liúsū **3** (*edge*) [*of town, forest*] 外围(圍) wàiwéi **4** (*fig*) [*of activity, organization*] 次要部分 cìyào bùfen

Frisbee® ['frɪzbɪ] N [c] 飞(飛)盘(盤) Fēipán [个 gè]

fritter ['frɪtə^r] N [c] 油煎饼(餅) yóujiānbǐng [个 gè]

▸**fritter away** VT [+ *time, money*] 浪费(費)掉 làngfèi diào

frivolous ['frɪvələs] ADJ [+ *conduct, person*] 轻(輕)浮的 qīngfú de; [+ *activity*] 无(無)所谓(謂)的 wúsuǒwèi de

fro [frəu] ADV *see* **to**

frock [frɔk] (*o.f.*) N [c] (*dress*) 女服 nǚfú

frog [frɔg] (*Zool*) N [c] 青蛙 qīngwā [只 zhī] ▸ **to have a frog in one's throat** 声(聲)音嘶哑(啞) shēngyīn sīyǎ

frogman ['frɔgmən] (*pl* **frogmen**) N [c] 蛙人 wārén

frolic ['frɔlɪk] VI [*animals, children* +] 嬉戏(戲) xīxì

 KEYWORD

★ **from** [frɔm] PREP **1** (*indicating starting place*) 来(來)自 láizì ▸ **where are you from?** 你来(來)自哪里(裡)? nǐ láizì nǎlǐ? ▸ **to run away from home** 离(離)家出走 líjiā chūzǒu ▸ **from London to Glasgow** 从(從)伦(倫)敦到格拉斯哥 cóng Lúndūn dào Gélāsīgē ▸ **to be back from Spain/Paris** *etc* 从(從)西班牙/巴黎等回来(來) cóng Xībānyá/Bālí *děng* huílái ▸ **viewed from above** 从(從)上鸟(鳥)瞰 cóng shàng niǎokàn ▸ **a light bulb hung from the ceiling** 从(從)天花板上垂下的灯(燈)泡 cóng tiānhuābǎn shàng chuíxià de dēngpào

2 (*indicating origin*) 来(來)自 láizì ▸ **a present/telephone call/letter from sb** 来(來)自某人的礼(禮)物/电(電)话(話)/信 láizì mǒurén de lǐwù/diànhuà/xìn ▸ **to take sth from sb/sth** 从(從)某人/某物处(處)拿某物 cóng mǒurén/mǒuwù chù ná mǒuwù

3 (*with time, distance, price, numbers*) 从(從) cóng ▸ **from January (on)** 从(從)1月(开(開)始) cóng yīyuè(kāishǐ) ▸ **from one o'clock to** *or* **until two** 从(從)1点(點)直到2点(點) cóng yīdiǎn zhídào liǎngdiǎn ▸ **it's 1 km from the beach** 从(從)海滩(灘)到这(這)儿(兒)有1公里 cóng hǎitān dào zhèr yǒu yī gōnglǐ ▸ **a long way from home** 离(離)家很远(遠) líjiā hěnyuǎn ▸ **prices starting from £10** 从(從)10镑(鎊)起价(價) cóng shí bàng qǐjià ▸ **unemployment has fallen from 7.5% to 7.2%** 失业(業)率已经(經)从(從)7. 5%降至7. 2% shīyèlǜ yǐjīng cóng bǎifēnzhī qī diǎn wǔ jiàngzhì bǎi fēn zhī qī diǎn èr ▸ **six from ten leaves four** 10减(減)去6还(還)剩4 shí jiǎnqù liù háishèng sì

4 (*because of, on the basis of*) 根据(據) gēnjù ▸ **from what he says** 根据(據)他所说(說)的 gēnjù tā suǒ shuō de ▸ **from what I understand** 据(據)我所了解 jù wǒ suǒ liǎojiě

5 (*out of*) ▸ **made from** 用…做成 yòng…zuòchéng

★**front** [frʌnt] **I** N **1** [c] [*of house, dress*] 前面 qiánmiàn ▷ *jackets with buttons down the front* 前面有纽扣的上衣 qiánmiàn yǒu niǔkòu de shàngyī; [*of coach, train, car*] 前部 qiánbù [个 gè] ▷ *The cop searched the front of the car.* 警方搜查了汽车的前部。Jǐngfāng sōuchále qìchē de qiánbù. **2** [c] (*Mil*) 前线(線) qiánxiàn ▷ *Her husband is fighting at the front.* 她的丈夫在前线打仗。Tā de zhàngfu zài qiánxiàn dǎzhàng. **3** [c] (*Met*) 锋(鋒) fēng ▷ *a cold/warm front* 冷/暖锋 lěng/nuǎnfēng **4** [s] (*also*: **sea front**) 海滨(濱)人行道 hǎibīn rénxíngdào [条 tiáo] ▷ *a stroll along the front* 沿海滨人行道的散步 yán hǎibīn rénxíngdào de sànbù **5** [c] (*pretence*) 装(裝)模作样(樣) zhuāng mú zuò yàng ▷ *Richard kept up a brave front.* 理查德一直装作一副勇敢的样子。Lǐchádé yīzhí zhuāngzuò yīfù yǒnggǎn de yàngzi. **6** [c] (*disguise*) 幌子 huǎngzi [个 gè] ▷ *The organization was used as a front for drug trafficking.* 该组织被用作毒品贩运的幌子。Gāi zǔzhī bèi yòngzuò dúpǐn fànyùn de huǎngzi. **II** ADJ **1** [+ *seat, garden, entrance*] 前面的 qiánmiàn de **2** [+ *tooth*] 前部的 qiánbù de **III** VI ▸ **to front onto sth** [*house* +] 面向某物 miànxiàng mǒuwù ▷ *houses that front directly onto little courtyards* 直接面向小庭院的房子 zhíjiē miànxiàng xiǎo tíngyuàn de fángzi **IV** VT **1** (*Brit*) [+ *organization*] 当(當)…的头(頭)儿(兒) dāng...de tóur [美 = **head**] **2** [+ *pop group*] 做…的主唱 zuò...de zhǔchàng ▸ **in front** (*in moving line*) 在前面 zài qiánmiàn ▷ *He was driving too close to the car in front.* 他车开得离前面的车太近。Tā chē kāide lí qiánmiàn de chē tài jìn.; (*in race, contest*) 领(領)先 lǐngxiān ▷ *David is in front in the jockeys' title race.* 大卫在马术冠军赛中居领先位置。Dàwèi zài mǎshù guànjūn sài zhōng jū lǐngxiān wèizhi. ▸ **in front of** (*facing*) 在…前面 zài...qiánmiàn ▷ *A car drew up in front of the house.* 一辆汽车在房子前面停了下来。Yīliàng qìchē zài fángzi qiánmiàn tíngle xiàlái.; (*in the presence of*) 在…面前 zài...miànqián ▷ *They never argued in front of their children.* 他们从来不在孩子面前吵架。Tāmen cónglái bù zài háizi miànqián chǎojià. ▸ **on the political/economic front** 在政治/经(經)济(濟)方面 zài zhèngzhì/jīngjì fāngmiàn ▸ **to put on a front** 装(裝)腔作势(勢) zhuāng qiāng zuò shì

front door N [c] 前门(門) qiánmén [个 gè]

frontier ['frʌntɪəʳ] N [c] **1** (*Brit*) (*between countries*) 国(國)界 guójiè [个 gè] [美 = **border**] **2** (*fig*) 界限 jièxiàn

front page N [c] (*Publishing*) 头(頭)版 tóubǎn [个 gè] ▸ **to make the front page** 成为(為)头(頭)条(條)新闻(聞) chéngwéi tóutiáo xīnwén

frost [frɔst] N [c] **1** [c] (*weather*) 霜 shuāng [次 cì] **2** [U] (*ice*) 冰霜 bīngshuāng

frostbite ['frɔstbaɪt] N [U] 冻(凍)伤(傷) dòngshāng

frosting ['frɔstɪŋ] N [U] (*on cake*) tángshuāng [英 = **icing**]

frosty ['frɔstɪ] ADJ **1** [+ *day, night, weather*] 有霜冻(凍)的 yǒu shuāngdòng de; [+ *grass, window*] 结(結)霜的 jiéshuāng de **2** [+ *reception, look*] 冷淡的 lěngdàn de

froth [frɔθ] **I** N [U] (*on liquid*) 泡沫 pàomò **II** VI [*liquid* +] 起泡沫 qǐ pàomò

frown [fraun] **I** N [c] 皱(皺)眉 zhòuméi [下 xià] **II** VI 皱(皺)眉 zhòuméi
▸**frown (up)on** VT FUS (*fig*) 不赞(贊)成 bù zànchéng

froze [frəuz] PT *of* **freeze**

frozen ['frəuzn] **I** PP *of* **freeze** **II** ADJ **1** [+ *food*] 冷冻(凍)的 lěngdòng de; [+ *ground, lake*] 结(結)冰的 jiébīng de **2** [+ *person, fingers*] 冰冷的 bīnglěng de **3** (*Comm*) [+ *assets*] 冻(凍)结(結)的 lěngdòngjié de

frugal ['fruːgl] ADJ [+ *person*] 节(節)俭(儉)的 jiébīng de; [+ *meal*] 廉价(價)的 liánjià de

fruit [fruːt] (*pl* **fruit** *or* **fruits**) N [c/U] **1** 水果 shuǐguǒ [种 zhǒng] **2** (*fig*: *results*) 成果 chéngguǒ ▸ **to bear fruit** (*fig*) 取得成果 qǔdé chéngguǒ

fruitful ['fruːtful] ADJ [+ *meeting, discussion*] 富有成效的 fùyǒu chéngxiào de

fruition [fruː'ɪʃən] N [c] ▸ **to come to fruition** (*frm*) 得以实(實)现(現) déyǐ shíxiàn

fruit juice N [c/U] 果汁 guǒzhī [杯 bēi] ▸ **I'd like a fruit juice** 我想要杯果汁 Wǒ xiǎng yào bēi guǒzhī

fruit machine (*Brit*) N [c] 吃角子老虎机(機) chījiǎozi lǎohǔjī [台 tái] [美 = **slot machine**]

fruit salad N [c/U] 水果色拉 shuǐguǒ sèlā [盘 pán]

frustrate [frʌs'treɪt] VT **1** [+ *person*] 使沮丧(喪) shǐ jǔsàng **2** [+ *plan, attempt*] 阻碍(礙) zǔ'ài

frustrated [frʌs'treɪtɪd] ADJ 泄(洩)气(氣)的 xièqì de

fry [fraɪ] (*pt, pp* **fried**) **I** VT (*Culin*) 油煎 yóujiān **II fries** N PL (*Culin*) = **French fries**
▮用法参见 **cook**

frying pan ['fraɪɪŋ-] N [c] 平底煎锅(鍋) píngdǐ jiānguō [个 gè]

ft. ABBR (= **foot, feet**) 英尺 yīngchǐ

fudge [fʌdʒ] **I** N [U] (*Culin*) 软(軟)糖 ruǎntáng **II** VT [+ *issue, problem*] 规(規)避 guībì

fuel ['fjuəl] **I** N [c/U] (*for heating etc*) 燃料 ránliào [种 zhǒng] **II** VT **1** [+ *furnace, aircraft*] 由…作燃料 yóu...zuò ránliào **2** (*fig*) [+ *rumours, dispute*] 加剧(劇) jiājù

fugitive ['fjuːdʒɪtɪv] N [c] 逃亡者 táowángzhě [个 gè]

fulfil, (*US*) **fulfill** [ful'fɪl] VT **1** [+ *function, role, task*] 完成 wánchéng; [+ *condition, requirement*] 满(滿)足 mǎnzú; [+ *ambition, dream, promise*] 实(實)现(現) shíxiàn **2** (*satisfy*) [+ *person*] 令…满(滿)足 lìng ... mǎnzú

fulfilment, (*US*) **fulfillment** [ful'fɪlmənt] N [U]

1 (*satisfaction*) 满(滿)足 mǎnzú **2** [*of promise, threat, request*] 实(實)行 shíxíng; [*of hope, dream, ambition*] 实(實)现(現) shíxiàn

★**full** [ful] **I** ADJ **1** [+ *container, cup*] 满(滿)的 mǎn de ▷ *The bucket is almost full.* 桶要满了。Tǒng yào mǎn le.; [+ *cinema, car, restaurant*] 满(滿)的 mǎn de ▷ *All the car parks are full.* 所有的停车场都满了。Suǒyǒu de tíngchēchǎng dōu mǎn le. **2** (*maximum*) [+ *use, volume, price*] 最大限度的 zuìdà xiàndù de ▷ *The radio was playing at full volume.* 收音机以最大音量播放着。Shōuyīnjī yǐ zuìdà yīnliàng bōfàngzhe. **3** (*complete*) [+ *details*] 全部的 quánbù de ▷ *Full details will be sent to you.* 全部的具体情况会发给你。Quánbù de jùtǐ qíngkuàng huì fā gěi nǐ.; [+ *information, name*] 完全的 wánquán de ▷ *I haven't got his full name.* 我没有他的全名。Wǒ méiyǒu tā de quánmíng. **4** [+ *flavour*] 醇厚的 chúnhòu de **5** [+ *skirt, sleeves*] 肥大的 féidà de **6** [+ *life*] 充实(實)的 chōngshí de ▷ *a very full and interesting life* 非常充实而有趣的生活 fēicháng chōngshí ér yǒuqù de shēnghuó **7** [+ *impact, implication*] 所有的 suǒyǒu de ▷ *I paused to allow the full impact of this to register.* 我停下来，以便仔细感受这一切带来的所有影响。Wǒ tíng xiàlái, yǐbiàn zǐxì gǎnshòu zhè yīqiè dàilái de suǒyǒu yǐngxiǎng. **II** ADV ▶ **to know full well that...** 完全清楚地了解… wánquán qīngchu de liǎojiě ▶ **full up** [+ *hotel etc*] 爆满(滿) bàomǎn ▶ **I'm full (up)** 我吃饱(飽)了 wǒ chībǎo le ▶ **a full week/month** 整整一个(個)星期/月 zhěngzhěng yī gè xīngqī/yuè ▷ *For a full week we did not eat.* 整整一个星期，我们没吃东西。Zhěngzhěng yīgè xīngqī, wǒmen méi chī dōngxi. ▶ **in full view of sb** 完全看得见(見)某人 wánquán kàn de jiàn mǒurén ▶ **full marks** (*Brit: Scol*) 满(滿)分 mǎnfēn ▶ **at full speed** 以全速 yǐ quánsù ▶ **full of** [+ *objects, people*] 充满(滿) chōngmǎn ▷ *His office was full of policemen.* 他的办公室里满是警察。Tā de bàngōngshì lǐ mǎn shì jǐngchá.; [+ *confidence, hope*] 充满(滿) chōngmǎn ▷ *I was full of confidence.* 我充满了信心。Wǒ chōngmǎnle xìnxīn. ▶ **in full** [*reproduce, quote, pay* +] 全部地 quánbù de ▷ *The bill has been paid in full.* 账单已被付清了。Zhàngdān yǐ bèi fùqīng le. ▶ **to write one's name in full** 写(寫)出自己的全名 xiěchū zìjǐ de quánmíng ▶ **to strike sb full in the face** 正打在某人的脸(臉)上 zhèng dǎ zài mǒurén de liǎnshang ▶ **to do sth to the full** 充分地做某事 chōngfèn de zuò mǒushì

full employment N [U] 充分就业 chōngfèn jiùyè

full-length ['ful'lɛŋθ] **I** ADJ **1** [+ *book, film*] 未删(刪)节(節)的 wèi shānjié de **2** [+ *coat, skirt*] 长(長)及脚(腳)踝的 chángjí jiǎohuái de **3** [+ *portrait, mirror*] 全身的 quánshēn de **II** ADV [*lie* +] 直直地 zhízhí de

full moon N [S] 满(滿)月 mǎnyuè

full-scale ['fulskeɪl] ADJ **1** [+ *war, search, inquiry*] 全面的 quánmiàn de **2** [+ *model, drawing*] 与(與)原物同样(樣)大的 yǔ yuánwù tóngyàng dà de

full stop (*Brit*) N [C] 句号(號) jù hào [个 gè] [美 = **period**] ▶ **to come to a full stop** (*fig*) 完全停止 wánquān tíngzhǐ

full-time ['ful'taɪm] **I** ADJ [+ *work, study*] 全职(職)的 quánzhí de; [+ *student, staff*] 全日制的 quánrìzhì de **II** ADV [*work, study* +] 全日地 quánrì de

fully ['fulɪ] ADV **1** (*completely*) [*understand, recover* +] 完全地 wánquán de; [+ *automatic*] 完全地 wánquán de; [+ *trained, qualified*] 全面地 quánmiàn de **2** (*in full*) [*answer, describe* +] 充分地 chōngfèn de **3** (*as many as*) 整整 zhěngzhěng

fully-fledged ['fulɪ'flɛdʒd] ADJ [+ *member, atheist etc*] 完全的 wánquán de

fully-licensed ['fulɪ'laɪsnst] (*Brit*) ADJ [+ *hotel, restaurant*] 可以售酒的 kěyǐ shòujiǔ de

fumble ['fʌmbl] VI ▶ **to fumble for** 笨手笨脚(腳)地摸索 bènshǒu bènjiǎo de mōsuǒ ▶**fumble with** VT FUS [+ *key, pen*] 笨手笨脚(腳)地抓住 bènshǒu běnjiǎo de zhuāzhù

fume [fju:m] VI (*rage*) 大怒 dànù

fumes [fju:mz] N PL [*of fire, fuel, car*] 浓(濃)烈的烟(煙)气(氣) nóngliè de yānqì

fumigate ['fju:mɪgeɪt] VT [+ *house, clothes*] 烟(煙)熏(薰) yānxūn

fun [fʌn] N [U] 乐(樂)趣 lèqù ▶ **to have fun** 玩得开(開)心 wánde kāixīn ▶ **to get a lot of fun out of sth** 从(從)某事中得到许(許)多乐(樂)趣 cóng mǒushì zhōng dédào xǔduō lèqù ▶ **he's good fun (to be with)** 跟他(在一起)很有趣 gēn tā (zài yīqǐ) hěn yǒuqù ▶ **it was a lot of fun** 非常开(開)心 fēicháng kāixīn ▶ **it's not much fun** 没(沒)什么(麼)劲(勁)儿(兒) méi shénme jìnr ▶ **to do sth for fun** 为(為)找乐(樂)而做某事 wèi zhǎolè zuò ěr mǒushì ▶ **to do sth in fun** 开(開)玩笑地做某事 kāi wánxiào de zuò mǒushì ▶ **to make fun of sb/sth** 取笑某人/某物 qǔxiào mǒurén/mǒushì

function ['fʌŋkʃən] **I** N [C] **1** (*role*) 作用 zuòyòng **2** (*frm: product*) ▶ **to be a function of sth** 取决(決)于(於)某物 qǔjué yú mǒuwù **3** (*social occasion*) 社交聚会(會) shèjiāo jùhuì **II** VI [*system, process* +] 运(運)行 yùnxíng; [*device* +] 运(運)转(轉) yùnzhuǎn ▶ **to function as** 起…的作用 qǐ...de zuòyòng

functional ['fʌŋkʃənl] ADJ **1** (*practical*) [+ *furniture, design etc*] 实(實)用的 shíyòng de **2** [+ *working equipment, device*] 在运(運)转(轉)的 zài yùnzhuǎn de

★**fund** [fʌnd] **I** N [C] **1** [*of money*] 基金 jījīn [项 xiàng] ▷ *the disaster fund* 救灾基金 jiùzāi jījīn **2** (*source, store*) [*of knowledge, experience*] 储(儲)备(備) chǔbèi ▷ *a large fund of scientific knowledge*

f

大量科学知识的储备 dàliàng kēxué zhīshi de chǔbèi **II** VT 资(資)助 zīzhù ▷ *The work is funded by private industry.* 这项工作是由私人企业资助的。Zhè xiàng gōngzuò shì yóu sīrén qǐyè zīzhù de. **III funds** N PL *(money)* 资(資)金 zījīn

fundamental [fʌndəˈmɛntl] ADJ **1** *(essential)* [+ *principle, concept*] 根本的 gēnběn de **2** *(basic)* [+ *change, difference, error*] 基本的 jīběn de ▶ **fundamental to** 对(對)…是必要的 duì…shì bìyào de

funeral [ˈfjuːnərəl] N [C] 葬礼(禮) zànglǐ [个 gè]

funeral home N = **funeral parlour**

funeral parlour *(Brit)* N [C] 殡(殯)仪(儀)馆(館) bìnyí guǎn

funfair [ˈfʌnfɛəʳ] *(Brit)* N [C] 露天游(遊)乐(樂)场(場) lùtiān yóulèchǎng [个 gè] [美 = **carnival**]

fungus [ˈfʌŋgəs] *(pl* **fungi** [ˈfʌŋgaɪ]*)* N **1** [C] *(plant)* 真菌 zhēnjūn **2** [U] *(mould)* 霉(黴) méi

funnel [ˈfʌnl] **I** N [C] **1** *(for pouring)* 漏斗 lòudǒu [个 gè] **2** [*of ship*] 烟(煙)囱(囪) yāncōng [根 gēn] **II** VI [*water, wind* +] 汇(匯)集 huìjí **III** VT **1** [+ *water, wind*] 使汇(匯)集 shì huìjí **2** *(fig)* [+ *money, resources*] 汇(匯)集 huìjí

funny [ˈfʌnɪ] ADJ **1** *(amusing)* 可笑的 kěxiào de **2** *(strange)* 奇怪的 qíguài de ▶ **to feel funny** *(inf: unwell)* 稍感不适(適) shāo gǎn bùshì

fur [fəːʳ] **I** N **1** [C/U] [*of animal*] 毛 máo [根 gēn] **2** [C] *(garment)* 毛皮大衣 máopí dàyī [件 jiàn] **3** [U] *(Brit)* *(in kettle)* 水锈(鏽) shuǐxiù **II** CPD [+ *hat, collar etc*] 毛皮 máopí

fur coat N [C] 毛皮大衣 máopí dàyī [件 jiàn]

furious [ˈfjuərɪəs] ADJ **1** [+ *person*] 大发(發)雷霆的 dà fā léitíng de **2** [+ *row, argument*] 激烈的 jīliè de **3** [+ *effort, speed*] 强(強)劲(勁)的 qiángjìn de ▶ **to be furious with sb** 对(對)某人大发(發)雷霆 duì mǒurén dà fā léi tíng
▒ 用法参见**angry**

furlong [ˈfəːlɔŋ] N [C] 长度单位弗隆，相当于201.167米

furnace [ˈfəːnɪs] N [C] 熔炉(爐) rónglú

furnish [ˈfəːnɪʃ] VT **1** [+ *room, building*] 布(佈)置 bùzhì **2** *(frm: supply)* 提供 tígōng ▶ **to furnish sb with sth** *(frm)* 给(給)某人提供某物 gěi mǒurén tígōng mǒuwù ▶ **furnished flat** or *(US)* **apartment** 带(帶)家具的公寓 dài jiājù de gōngyù

furnishings [ˈfəːnɪʃɪŋz] N PL 陈(陳)设(設) chénshè

furniture [ˈfəːnɪtʃəʳ] N [U] 家具 jiājù ▶ **a piece of furniture** 一件家具 yījiàn jiājù

furrow [ˈfʌrəu] **I** N [C] **1** *(in field)* 垄(壟)沟(溝) lǒnggōu **2** *(in skin)* 皱(皺)纹(紋) zhòuwén **II** VT [+ *brow*] 使起皱(皺)纹(紋) shǐ qǐ zhòuwén **III** VI [*brow* +] 起皱(皺)纹(紋) qǐ zhòuwén

furry [ˈfəːrɪ] ADJ [+ *animal, tail, toy*] 毛茸茸的 máoróngróng de; [+ *coat, hat*] 毛皮的 máopí de

★**further** [ˈfəːðəʳ] **I** ADJ [+ *additional*] 进(進)一步的 jìnyībù de ▷ *Doctors are carrying out further tests.* 医生们在做进一步的检查。Yīshēngmen zài zuò jìnyībù de jiǎnchá. **II** ADV **1** *(farther)* *(in distance, time)* 更远(遠)地 gèngyuǎn de ▷ *further along the beach* 沿着海滨更远处 yánzhe hǎibīn gèng yuǎn chù ▷ *It has its origins much further back in time.* 它的起源在时间上要追溯得更远。Tā de qǐyuán zài shíjiān shàng yào zhuīsù de gèng yuǎn.; *(in degree)* 更深地 gèngshēn de ▷ *He sank further into debt.* 他更加深陷债务中。Tā gèngjiā shēnxiàn zhàiwù zhōng.; *(in development)* 进(進)一步地 jìnyībù de ▷ *He did not develop that idea any further.* 他没有再进一步发展那个设想。Tā méiyǒu zài jìnyībù fāzhǎn nàge shèxiǎng. **2** *(frm: furthermore)* 此外 cǐwài **III** VT [+ *career, project, cause*] 促进(進) cùjìn ▷ *a plot by Morris to further his career* 莫里斯促进其事业的一个计划 Mòlǐsī cùjìn qí shìyè de yīgè jìhuà ▶ **to further one's/sb's interests** 增进(進)自己/某人的利益 zēngjìn zìjǐ/mǒurén de lìyì ▶ **until further notice** 直到另行通知 zhídào lìngxíng tōngzhī ▶ **how much further is it?** 还(還)有多远(遠)？ háiyǒu duōyuǎn? ▶ **further to your letter of...** *(Brit; frm)* *(Comm)* 鉴(鑑)于(於)你…的来(來)信 jiànyú nǐ...de láixìn
▒ 用法参见**farther**

further education N [U] 继(繼)续(續)教育 jìxù jiàoyù

furthermore [fəːðəˈmɔːʳ] ADV 此外 cǐwài

furthest [ˈfəːðɪst] **I** SUPERL of **far** **II** ADV *(farthest)* *(in distance)* 最远(遠)地 zuìyuǎn de; *(in time)* 最久远(遠)地 zuì jiǔyuǎn de; *(in degree)* 最大程度地 zuìdà chéngdù de **III** ADJ 最远(遠)的 zuìyuǎn de

furtive [ˈfəːtɪv] ADJ [+ *glance, manner*] 鬼鬼祟祟的 guǐguǐsuìsuì de

fury [ˈfjuərɪ] N [U/S] 狂怒 kuángnù ▶ **in a fury** 勃然大怒地 bó rán dànù de

fuse, *(US)* **fuze** [fjuːz] **I** N [C] **1** *(Elec)* *(in plug, circuit)* 保险(險)丝(絲) bǎoxiǎnsī [根 gēn] **2** *(for bomb, firework)* 导(導)火线(線) dǎohuǒ xiàn [条 tiáo] **II** VT **1** *(Brit: Elec)* 使短路 shǐ duǎnlù **2** *(join together)* [+ *substances, metals*] 熔合 rónghé **3** [+ *ideas, systems*] 结(結)合 jiéhé **III** VI **1** *(Brit: Elec)* 短路 duǎnlù **2** *(join together)* [*substances, metals* +] 熔合 rónghé **3** [*ideas, systems* +] 结(結)合 jiéhé ▶ **a fuse has blown** 保险(險)丝(絲)烧(燒)断(斷)了 bǎoxiǎnsī shāoduàn le

fuse box N [C] 保险(險)丝(絲)盒 bǎoxiǎnsī hé

fuselage [ˈfjuːzəlɑːʒ] N [C] 机(機)身 jīshēn

fusion [ˈfjuːʒən] N **1** [C/U] [*of ideas, qualities*] 融合 rónghé **2** [U] *(Phys)* *(also:* **nuclear fusion***)* 核聚变(變) hé jùbiàn

fuss [fʌs] **I** N **1** [S/U] *(bother)* 大惊(驚)小怪 dàjīng xiǎoguài **2** [C] *(disturbance)* 慌乱(亂) huāngluàn [阵 zhèn] **II** VI *(fret)* 大惊(驚)小怪

dàjīng xiǎoguài ▸ **to make** *or* **kick up a fuss (about sth)** *(inf)* (对(對)某事) 小题(題)大做 (duì mǒushì) xiǎo tí dà zuò ▸ **to make a fuss of sb** *(Brit)* 对(對)某人过(過)分关(關)心 duì mǒurén guòfèn guānxīn
▸**fuss over** VT FUS **1** [*+ person*] 娇(嬌)宠(寵) jiāochǒng **2** [*+ health, appearance, details*] 过(過)分注意 guòfèn zhùyì

fussy ['fʌsɪ] ADJ **1** [*+ person*] 挑剔的 tiāotī de **2** [*+ clothes, decorations*] 过(過)分装(裝)饰(飾)的 guòfèn zhuāngshì de ▸ **I'm not fussy** *(I don't mind)* 我无(無)所谓(謂) wǒ wúsuǒwèi

futile ['fju:taɪl] ADJ [*+ attempt, gesture, search*] 无(無)效的 wúxiào de

★**future** ['fju:tʃəʳ] **I** ADJ 将(將)来(來)的 jiānglái de ▹ *at some future date* 在将来的某一天 zài jiānglái de mǒu yītiān; [*+ president, spouse*] 未来(來)的 wèilái de ▹ *She met her future husband at the party.* 她是在那个晚会上认识她未来的丈夫的。Tā shì zài nàge wǎnhuì shàng rènshí tā wèilái de zhàngfu de. **II** N **1** *(time to come)* ▸ **the future** 未来(來) wèilái ▹ *We will have to see what the future holds.* 我们还得看未来的发展如何。Wǒmen háiděi kàn wèilái de fāzhǎn rúhé. **2** [C] *(prospects)* 前途 qiántú [个 gè] ▹ *I decided that my future lay in medicine.* 我决心把我的前途放在医学方面。Wǒ juéxīn bǎ wǒ de qiántú fàng zài yīxué fāngmiàn. **3** *(Ling)* *(also: **future tense**)* ▸ **the future** 将(將)来(來)时(時) jiāngláishí **III futures** N PL *(Fin)* 期货(貨)交易 qīhuò jiāoyì ▸ **in (the) future** *(from now on)* 从(從)今以后(後) cóngjīn yǐhòu ▸ **in the future** *(not now)* 将(將)来(來) jiānglái ▸ **in the near/foreseeable future** 在不久/可预(預)见(見)的未来(來) zài bùjiǔ/kě yùjiàn de wèilái ▸ **there's no future in this idea** 这(這)个(個)设(設)想没(沒)有前途 zhège shèxiǎng méiyǒu qiántú

fuze [fju:z] *(US)* N [C] VT, VI = **fuse**

fuzzy ['fʌzɪ] ADJ **1** *(blurred)* [*+ photo, image*] 模糊的 móhu de **2** [*+ hair*] 毛茸茸的 máoróngróng de **3** *(confused)* [*+ thoughts, ideas*] 含糊不清的 hánhu bùqīng de

fuzzy logic *(Comput)* N [U] 模糊逻(邏)辑(輯) móhu luójí

FYI ABBR (= **for your information/interest**) 供参(參)考 gòng cānkǎo

Gg

g

G¹, g¹ [dʒi:] N [C/U] *(letter)* 英语的第七个字母

G² [dʒi:] **I** N [C/U] *(Mus)* C大调音阶中的第五音 **II** N ABBR **1** *(Brit: Scol)* (= **good**) 优(優) yōu **2** *(US: Cine)* (= **general audience**) 各种年龄段都可观看

g² ABBR **1** (= **gram**) 克 kè **2** *(Phys)* (= **gravity**) 重力 zhònglì

gable ['geɪbl] N [C] [*of building*] 三角墙(牆) sānjiǎoqiáng [面 miàn]

gadget ['gædʒɪt] N [C] 小装(裝)置 xiǎozhuāngzhì [个 gè]

Gaelic ['geɪlɪk] **I** ADJ 盖(蓋)尔(爾)人的 Gài'ěrrén de **II** N [U] *(language)* 盖(蓋)尔(爾)语(語) Gài'ěryǔ

GAELIC

爱尔兰和苏格兰西北部的一部分人说 **Gaelic** （盖尔语）。爱尔兰盖尔语和苏格兰盖尔语稍有差别，但是两者都和威尔士语有关。100多万人说爱尔兰盖尔语，爱尔兰宪法将其定为第一官方语言。在苏格兰，说盖尔语的人数在急速下降，近来降到了5万人以下。

gag [gæg] **I** N [C] **1** *(on mouth)* 塞口物 sāikǒuwù **2** *(joke)* 笑话(話) xiàohua [个 gè] **II** VT **1** [*+ prisoner*] 塞住…的嘴 sāizhù...de zuǐ **2** *(fig)* 使缄(緘)默 shǐ jiānmò **III** VI *(choke)* 作呕(嘔) zuò'ǒu ▸ **to gag on sth** 被某物卡住喉咙(嚨) bèi mǒuwù kǎzhù hóulóng

gain [geɪn] **I** VT **1** [*+ speed, weight, confidence*] 增加 zēngjiā **2** *(obtain)* 获(獲)得 huòdé **II** VI [*clock, watch +*] 走快 zǒukuài **III** N [C/U] *(increase, improvement)* 获(獲)益 huòyì [种 zhǒng] ▸ **to gain in value/popularity** 增值/提高声(聲)望 zēngzhí/tígāo shēngwàng ▸ **to gain ground** [*idea +*] 开(開)始被人接受 kāishǐ bèi rén jiēshòu ▸ **to gain on sb** 赶(趕)上某人 gǎnshàng mǒurén ▸ **weight gain** 体(體)重增加 tǐzhòng zēngjiā ▸ **to gain 3lbs (in weight)** （体(體)重）增加3磅 (tǐzhòng)zēngjiā sānbàng ▸ **to do sth for gain** *(for profit)* 为(為)获(獲)利而做某事 wèi huòlì ér zuò mǒushì ▸ **to gain from sth** [*+ money*] 从(從)某事中获(獲)利 cóng mǒushì zhōng huòlì; [*+ knowledge*] 从(從)某事中获(獲)益 cóng mǒushì zhōng huòyì ▸ **a gain in efficiency/ productivity** 效率/生产(產)力的提高 xiàolù/ shēngchǎnlì de tígāo ▸ **a gain of 10%** 10%的增长(長) bǎifēnzhī shí de zēngzhǎng

gal. ABBR (= **gallon**) 加仑(侖) jiālún

gala [ˈgɑːlə] N [c] (*festival*) 盛会(會) shènghuì [次 cì] ▸ **a swimming/sports gala** 游泳/体(體)育大赛(賽) yóuyǒng/tǐyù dàsài

galaxy [ˈgæləksɪ] N **1** [c] 星系 xīngxì **2** ▸ **the Galaxy** 银(銀)河系 Yínhéxì

gale [geɪl] N [c] (*wind*) 大风(風) dàfēng ▸ **to be blowing a gale** 刮(颳)大风(風) guā dàfēng ▸ **gale force 10** *or* **force 10 gale** 10级(級)大风(風) shí jí dàfēng ▸ **gales of laughter** 阵(陣)阵(陣)笑声(聲) zhènzhèn xiàoshēng

gale-force wind [geɪlfɔːs-] N [c] 7至10级大风

gall. ABBR (= **gallon**) 加仑(侖) jiālún

gallant [ˈgælənt] ADJ **1** (*brave*) [+ *person, fight, effort*] 英勇的 yīngyǒng de **2** (*polite: o.f.*) 献(獻)殷(慇)勤的 xiàn yīnqín de

gall bladder [gɔːl-] N [c] 胆(膽)囊 dǎnnáng

gallery [ˈgælərɪ] N [c] **1** (*also*: **art gallery**) (*public*) 美术(術)馆(館) měishùguǎn [个 gè]; (*private*) 画(畫)廊 huàláng [个 gè] **2** (*in hall, church, theatre*) 廊台(臺) lángtái

galley [ˈgælɪ] N [c] **1** (*kitchen*) [*of ship, aircraft*] 厨(廚)房 chúfáng [间 jiān] **2** (*ship*) 大型划船 dàxíng huáchuán [条 tiáo]

gallon [ˈgæln] N [c] (= *8 pints; BRIT = 4.5l; US = 3.8l*) 加仑(侖) jiālún

gallop [ˈgæləp] **I** VI [*horse* +] 飞(飛)跑 fēipǎo; [*rider* +] 骑(騎)马(馬)奔驰(馳) qí mǎ bēnchí **II** N [c] **1** (*ride*) 骑(騎)马(馬)奔驰(馳) qí mǎ bēnchí **2** [*of horse*] 飞(飛)跑 fēipǎo ▸ **at a gallop** 飞(飛)奔 fēibēn

gallstone [ˈgɔːlstəun] N [c] 胆(膽)石 dǎnshí

galore [gəˈlɔːʳ] ADJ ▸ **bargains/prizes galore** 大量的便宜货(貨)/奖(獎)品 dàliàng de piányihuò/jiǎngpǐn

Gambia [ˈgæmbɪə] N 冈(岡)比亚(亞) Gāngbǐyà

gamble [ˈgæmbl] **I** VI **1** (*bet*) 赌(賭)博 dǔbó **2** (*take a risk*) 投机(機) tóujī **II** VT [+ *money*] 赌(賭) dǔ **III** N [c] (*risk*) 冒险(險) màoxiǎn [次 cì] ▸ **to gamble on sth** 对(對)某事打赌(賭) duì mǒushì dǎdǔ; [+ *horses, race*] 对(對)某物下赌(賭)注 duì mǒuwù xià dǔzhù; [+ *success, outcome*] 对(對)某事冒险(險) duì mǒushì màoxiǎn ▸ **to take a gamble** 冒险(險)行事 màoxiǎn xíngshì

▸**gamble away** VT [+ *money*] 输(輸)光 shūguāng

gambler [ˈgæmbləʳ] N [c] **1** (*person who bets*) 赌(賭)博者 dǔbózhě [名 míng] **2** (*risk-taker*) 投机(機)者 tóujīzhě [名 míng]

gambling [ˈgæmblɪŋ] N [U] 赌(賭)博 dǔbó

★ **game** [geɪm] **I** N **1** [c] (*sport*) 运(運)动(動) yùndòng [项 xiàng] ▹ *the wonderful game of football* 精彩的足球运动 jīngcǎi de zúqiú yùndòng **2** [c] (*activity*) (*children's*) 游(遊)戏(戲) yóuxì [个 gè] ▹ *This is a great game for children's parties.* 这是孩子们聚会上的一个绝妙的游戏。Zhè shì háizimen jùhuì shàng de yīgè juémiào de yóuxì. **3** [c] (*also*: **board game**) 棋盘(盤)游(遊)戏(戲) qípán yóuxì [项 xiàng] ▹ *a box of toys, games, and books* 一箱玩具，游戏器具和书 yīxiāng wánjù, yóuxì qìjù hé shū; (*also*: **computer game**) 电(電)脑(腦)游(遊)戏(戲) diànnǎo yóuxì [项 xiàng] **4** [c] (*match*) 比赛(賽) bǐsài [场 chǎng] ▹ *a game of cricket against Birkenhead School* 一场对伯肯黑德学校的板球比赛 yīchǎng duì Bókěnhēidé xuéxiào de bǎnqiú bǐsài **5** [c] 一局 yī jú ▹ *Sampras leads by four games to one.* 桑普拉斯在局数上以4比1领先。Sāngpǔlāsī zài júshù shàng yǐ sì bǐ yī lǐngxiān. **6** [c] (*strategy, scheme*) 花招 huāzhāo ▹ *The government is playing a very shrewd political game.* 政府在玩弄一出非常狡猾的政治花招。Zhèngfǔ zài wánnòng yīchū fēicháng jiǎohuá de zhèngzhì huāzhāo. **7** [U] (*animals, birds*) 猎(獵)物 lièwù **II** ADJ (*willing*) ▸ **game for** 敢作敢为(為)的 gǎnzuò gǎnwéi de ▹ *I'm game for anything!* 我什么都敢干！Wǒ shénme dōu gǎn gàn! **III games** N PL (*Brit: Scol*) 体(體)育活动(動) tǐyù huódòng ▹ *I was hopeless at games.* 我对学校的体育活动都不在行。Wǒ duì xuéxiào de tǐyù huódòng dōu bù zàiháng. ▸ **a game of football/tennis** 一场(場)足球/网(網)球赛(賽) yīchǎng zúqiú/wǎngqiú sài ▸ **big game** (*animals*) 大猎(獵)物 dàlièwù ▸ **to give the game away** 露出马(馬)脚(腳) lùchū mǎjiǎo ▸ **to beat sb at his own game** 将(將)计(計)就计(計)地战(戰)胜(勝)某人 jiāng jì jiù jì de zhànshèng mǒurén ▸ **the name of the game** 头(頭)等大事 tóuděng dàshì ▸ **to be on the game** (*Brit; inf*) 从(從)事卖(賣)淫嫖娼活动(動) cóngshì màiyín piáochāng huódòng ▸ **to play games (with sb)** (*fig*) （对(對)某人）耍花招 (duì mǒurén) shuǎ huāzhāo

games console [ˈgeɪmz-] (*Comput*) N [c] 游(遊)戏(戲)机(機) yóuxìjī

game show **I** N [c] 电(電)视(視)竞(競)赛(賽)游(遊)戏(戲) diànshì jìngsài yóuxì **II** CPD [+ *host, contestant*] 电(電)视(視)竞(競)赛(賽)游(遊)戏(戲) diànshì jìngsài yóuxì

gammon [ˈgæmən] (*Brit*) N [U] 熏(薰)猪(豬)腿 xūnzhūtuǐ

gang [gæŋ] N [c] **1** [*of criminals, hooligans*] 一帮 yī bāng **2** [*of friends, colleagues*] 一伙(夥) yī huǒ **3** [*of workmen*] 一组(組) yī zǔ

▸**gang up** VI ▸ **to gang up on sb** 联(聯)合起来(來)对(對)付某人 liánhé qǐlái duìfu mǒurén

gangster [ˈgæŋstəʳ] N [c] 歹徒 dǎitú [个 gè]

gaol [dʒeɪl] (*Brit*) N, VT = **jail**

gap [gæp] N [c] **1** (*space*) 缝(縫)隙 fèngxì [个 gè] **2** (*in time*) 间(間)隔 jiàngé **3** (*in knowledge, coverage, records*) 空白 kòngbái **4** (*difference*) 差距 chājù ▸ **a gap in the market** 市场(場)空白

shìchǎng kòngbái
gape [geɪp] VI **1** *(stare)* 目瞪口呆(獃)地凝视(視) mùdèng kǒudāi de níngshì **2** *[shirt, hole +]* 裂开(開) lièkāi
gaping ['geɪpɪŋ] ADJ *[+ hole, wound]* 裂开(開)的 lièkāi de
gap year *(Brit)* N [c] 高中和大学之间的空隙年

GAP YEAR

在高中毕业以后，进入大学继续接受高等教育之前，学生可以休息一年，这一年被称为 **gap year**。在 **gap year** 其间，很多人选择去旅游或去国外生活，也有人更愿意工作。无论如何选择，他们都能从学校学习生活之外获得宝贵的生活经验。

garage ['gærɑːʒ] N [c] **1** *(of private house)* 车(車)库 chēkù [个 gè] **2** *(for car repairs)* 汽车(車)修理厂(廠) qìchē xiūlǐchǎng [个 gè] **3** *(Brit) (petrol station)* 加油站 jiāyóuzhàn [个 gè]
garbage ['gɑːbɪdʒ] N [U] **1** *(esp US) (rubbish)* 垃圾 lājī **2** *(nonsense)* 废(廢)话(話) fèihuà **3** *(bad film, book etc)* 拙劣作品 zhuōliè zuòpǐn
garbage bag *(US)* N [c] 垃圾袋 lājīdài [个 gè]
garbage can *(US)* N [c] 垃圾箱 lājīxiāng [个 gè] [英 = **dustbin**]
garbage man *(pl* **garbage men**) *(US)* N [c] 清洁(潔)工 qīngjiégōng [位 wèi] [英 = **dustman**]
garden ['gɑːdn] **I** N [c] 花园(園) huāyuán [个 gè] **II** VI 收拾花园(園) shōushi huāyuán **III gardens** N PL **1** *(public park)* 公园(園) gōngyuán **2** *(private, in street names)* 花园(園) huāyuán
garden centre, *(US)* **garden center** N [c] 园(園)艺(藝)中心 yuányì zhōngxīn
gardener ['gɑːdnəʳ] N [c] *(professional)* 园(園)丁 yuándīng [位 wèi]; *(amateur)* 园(園)艺(藝)爱(愛)好者 yuányì àihàozhě [个 gè]
gardening ['gɑːdnɪŋ] N [U] *(non-professional)* 园(園)艺(藝) yuányì; *(professional)* 园(園)艺(藝)学(學) yuányìxué ▸ **to do the gardening** 侍弄花草 shìnòng huācǎo
garish ['gɛərɪʃ] ADJ *[+ colour, clothing, decor]* 俗艳(豔)的 súyàn de
garland ['gɑːlənd] N [c] *[of flowers]* 花环(環) huāhuán [个 gè]
garlic ['gɑːlɪk] **I** N [U] 大蒜 dàsuàn **II** CPD *[+ puree, salt]* 大蒜 dàsuàn; *[+ mayonnaise]* 有大蒜味的 yǒu dàsuàn wèi de
garment ['gɑːmənt] N [c] 衣服 yīfu [套 tào]
garnish ['gɑːnɪʃ] **I** VT *[+ food]* 加饰(飾)菜于(於) jiā shìcài yú **II** N [c/U] 装(裝)饰(飾)菜 zhuāngshìcài [道 dào]
garrison ['gærɪsn] N [c] *(soldiers)* 卫(衛)戍部队(隊) wèishù bùduì; *(building)* 卫(衛)戍区(區) wèishùqū
garters ['gɑːtəz] N PL 吊袜(襪)带(帶) diàowàdài [英 = **suspenders**]
gas [gæs] **I** N **1** [c/U] *(Chem)* 气(氣)体(體) qìtǐ [种 zhǒng] **2** [U] *(for cooking, heating)* 煤气(氣) méiqì **3** [U] *(US; inf) (also:* **gasoline**) 汽油 qìyóu [英 = **petrol**] **4** [U] *(anaesthetic)* 麻醉气(氣) mázuìqì **II** VT *(kill)* 用毒气(氣)处(處)死 yòng dúqì chǔsǐ
gas cooker *(Brit)* N [c] 煤气(氣)炉(爐) méiqìlú
gas cylinder N [c] 煤气(氣)罐 méiqìguàn
gas fire *(Brit)* N [c] 煤气(氣)取暖器 méiqì qǔnuǎnqì
gash [gæʃ] **I** N [c] *(wound, tear)* 深长(長)的伤(傷)口 shēncháng de shāngkǒu [个 gè] **II** VT *(wound)* 在…上划(劃)深长(長)切口 zài...shang huá shēncháng qiēkǒu
gasket ['gæskɪt] N [c] 垫(墊)圈 diànquān [个 gè]
gasoline ['gæsəliːn] *(US)* N [U] 汽油 qìyóu [英 = **petrol**]
gasp [gɑːsp] **I** N [c] **1** *(breath)* 喘息 chuǎnxī [声 shēng] **2** *[of pain, astonishment, in surprise]* 上气(氣)不接下气(氣) shàngqì bùjiē xiàqì **II** VI **1** *(pant)* 喘息 chuǎnxī [声 shēng] **2** *(in surprise)* 猛地吸口气(氣) měng de xī kǒu qì ▸ **to gasp for breath/air** 气(氣)喘 qìchuǎn ▸ **to be gasping for a drink/cigarette** *(Brit; inf)* 口渴/烟(煙)瘾(癮)难(難)熬 kǒukě/yānyǐn nánáo
gas pedal *(esp US)* N [c] 油门(門) yóumén
gas station *(US)* N [c] 加油站 jiāyóuzhàn [个 gè] [英 = **filling** *or* **petrol station**]
gas tank *(US)* N [c] 汽油罐 qìyóuguàn [个 gè] [英 = **petrol tank**]
gate [geɪt] N [c] **1** *(of garden, field)* 门(門) mén [个 gè]; *(of building)* 大门(門) dàmén [个 gè] **2** *(at airport)* 登机(機)口 dēngjīkǒu [个 gè] **3** *(at level-crossing)* 栅(柵)门(門) shānmén **4** *(at sporting event)* 观(觀)众(眾)数(數) guānzhòngshù
gateau ['gætəu] *(pl* **gateaux** ['gætəuz]) *(esp Brit)* N [c] 奶油蛋糕 nǎiyóu dàngāo [块 kuài]
gatecrash ['geɪtkræʃ] **I** VT *[+ party]* 擅自进(進)入 shànzì jìnrù **II** VI 不请(請)自来(來) bù qǐng zì lái
gateway ['geɪtweɪ] N [c] *(entrance)* 门(門)口 ménkǒu ▸ **the gateway to the continent** 通向大陆(陸)的门(門)户(戶) tōngxiàng dàlù de ménhù ▸ **a gateway to success/stardom** 成功/成名之道 chénggōng/chéngmíng zhīdào
gather ['gæðəʳ] **I** VT **1** *(pick, collect) [+ flowers, fruit, wood]* 采(採)集 cǎijí **2** *(also:* **gather up**) *(put together) [+ papers, clothes]* 收拢(攏) shōulǒng **3** *(assemble) [+ information, evidence]* 搜(蒐)集 sōují **4** *(understand)* ▸ **to gather (that)...** 获(獲)悉… huòxī... **II** VI **1** *(assemble)* 聚集 jùjí **2** *[dust +]* 积(積)聚 jījù **3** *[clouds +]* 密集 mìjí ▸ **to gather speed** 逐渐(漸)加速 zhújiàn jiāsù ▸ **to gather momentum/force** 势(勢)头(頭)渐(漸)猛/逐渐(漸)加强(強)力量 shìtóu jiànměng/zhújiàn jiāqiáng lìliang ▸ **to gather**

g

one's thoughts 集中思想 jízhōng sīxiǎng ▸ **as far as I can gather** 据(據)我推测(測) jù wǒ tuīcè ▸ **to gather dust** (*fig*) 束之高阁(閣) shù zhī gāogé

gathering ['gæðərɪŋ] N [c] 集会(會) jíhuì [次 cì] ▸ **family gathering** 家庭聚会(會) jiātíng jùhuì [次 cì]

gauge [geɪdʒ] **I** N [c] **1** (*measuring device*) 量表 liángbiǎo [个 gè] **2** (*Rail*) 轨(軌)距 guǐjù **II** VT [+ *distance, speed*] 测(測)量 cèliáng; [+ *feelings, reaction*] 揣测(測) chuǎicè ▸ **pressure/temperature gauge** 压(壓)力/温(溫)度仪(儀) yālì/wēndùyí ▸ **fuel** *or* **petrol** *or* (*US*) **gas gauge** 燃料表(錶) ránliàobiǎo

gaunt [gɔːnt] ADJ **1** (*haggard*) [+ *person, face, appearance*] 憔悴的 qiáocuì de **2** (*grim, desolate*) [+ *place, outline*] 荒凉(涼)的 huāngliáng de

gave [geɪv] PT *of* **give**

gay [geɪ] **I** ADJ **1** (*homosexual*) 同性恋(戀)的 tóngxìngliàn de **2** (*o.f.: cheerful*) [+ *person*] 欢(歡)快的 huānkuài de; [+ *colour, music, dress*] 明快的 míngkuài de **II** N [c] (*homosexual*) 同性恋(戀) tóngxìngliàn [个 gè]

gaze [geɪz] **I** VI ▸ **to gaze at sth/sb** 凝视(視)着(著)某物/某人 níngshìzhe mǒuwù/mǒurén **II** N [c] (*stare*) 凝视(視) níngshì

GB ABBR (= **Great Britain**) 大不列颠 Dàbùlièdiān

GCSE (*Brit*) N ABBR (= **General Certificate of Secondary Education**) 普通中等教育证(證)书(書) Pǔtōng Zhōngděng Jiàoyù Zhèngshū

Gdns. ABBR (= **Gardens**) 花园(園) huāyuán

GDP N ABBR (= **gross domestic product**) 国(國)内(內)生产(產)总(總)值 guónèi shēngchǎn zǒngzhí

gear [gɪəʳ] **I** N **1** [c] (*Tech*) [*of machine*] 齿(齒)轮(輪) chǐlún; [*of car, bicycle*] 排挡(檔) páidǎng [个 gè] **2** [u] (*equipment*) 装(裝)备(備) zhuāngbèi **3** [u] (*clothing*) 服装(裝) fúzhuāng **II** VT ▸ **to be geared to** *or* **towards** 使适(適)应(應) shǐ shìyìng ▸ **to be in first/second** *etc* **gear** 第一/二等挡(檔) dìyī/èr *děng* dǎng ▸ **to leave the car in gear** 摘挡(檔)停车(車) zhāidǎng tíngchē ▸ **to change** *or* (*US*) **shift gear** 换(換)挡(檔) huàndǎng

▸**gear up** VI

▸ **to gear (o.s.) up to do sth** （自己）作好做某事的心理准(準)备(備) (zìjǐ) zuòhǎo zuò mǒushì de xīnlǐ zhǔnbèi ▸ **to gear o.s. up for sth** （自己）为(為)某事做好心理准(準)备(備) (zìjǐ)wèi mǒushì zuòhǎo xīnlǐ zhǔnbèi

gearbox ['gɪəbɔks] N [c] 变(變)速箱 biànsùxiāng

gear lever, gear stick (*Brit*) N [c] 换(換)挡(檔)杆(桿) huàndǎnggān [根 gēn] [美 = **gearshift**]

gearshift ['gɪəʃɪft] (*US*) N [c] 换(換)挡(檔)杆(桿) huàndǎnggān [英 = **gear lever, gear stick**]

geese [giːs] N PL *of* **goose**

gel [dʒɛl] **I** N [c/u] (*for hair, washing, shaving*) 啫；哩 zhēlí [瓶 píng] **II** VI **1** [*people* +] 凝聚 níngjù **2** [*thought, idea* +] 变(變)得明朗 biàn de mínglǎng ▸ **to gel with sb** 与(與)某人配合融洽 yǔ mǒurén pèihé róngqià ▸ **bath/shower gel** 浴液 yùyè

gem [dʒɛm] N [c] **1** (*stone*) 宝(寶)石 bǎoshí [块 kuài] **2** (*fig*) 难(難)能可贵(貴)的人 nánnéng kěguì de rén [个 gè]

Gemini ['dʒɛmɪnaɪ] N **1** [u] (*sign*) 双(雙)子座 Shuāngzǐ Zuò **2** [c] (*person*) 属(屬)双(雙)子座的人 shǔ Shuāngzǐ Zuò de rén [个 gè] ▸ **I'm (a) Gemini** 我是双(雙)子座的 wǒ shì Shuāngzi Zuò de

gen. ABBR = **general, generally**

gender ['dʒɛndəʳ] N [c/u] **1** (*sex*) 性 xìng **2** (*Ling*) 性 xìng

gene [dʒiːn] N [c] 基因 jīyīn [个 gè]

★ **general** ['dʒɛnərl] **I** ADJ **1** (*overall*) [+ *situation*] 总(總)的 zǒng de; [+ *decline, standard*] 一般的 yībān de ▹ *the general standard of education in England* 英格兰教育的一般标准 Yīnggélán jiàoyù de yībān biāozhǔn; [+ *performance*] 总(總)体(體)的 zǒngtǐ de **2** (*widespread*) [+ *interest, awareness, feeling*] 普遍的 pǔbiàn de ▹ *a topic of general interest* 普遍感兴趣的话题 pǔbiàn gǎn xìngqù de huàtí ▹ *a general feeling of optimism* 普遍的乐观情绪 pǔbiàn de lèguān qíngxù **3** (*non-specific*) [+ *terms, outline, idea*] 笼(籠)统(統)的 lǒngtǒng de ▹ *principles that are stated in very general terms* 非常笼统地注明的原则 fēicháng lǒngtǒng de zhùmíng de yuánzé **4** (*miscellaneous*) [+ *expenses, details*] 常规(規)的 chángguī de ▹ *general expenses such as meals and phone calls* 常规消费例如饭费和电话费 chángguī xiāofèi lìrú fànfèi hé diànhuàfèi **II** N [c] (*Mil*) 将(將)军(軍) jiāngjūn [位 wèi] ▹ *General Montgomery* 蒙哥马利将军 Ménggēmǎlì jiāngjūn ▸ **in general** (*as a whole*) 总(總)的来(來)说(說) zǒngde láishuō ▹ *Teachers in general are pleased with the new scheme.* 总的来说教师们对新方案比较满意。Zǒng de lái shuō jiàoshīmen duì xīn fāngàn bǐjiào mǎnyì.; (*on the whole*) 一般来(來)说(說) yībān láishuō ▹ *In general, it was the young who voted in the election.* 一般来说是年轻人在选举中投票。Yībān lái shuō shì niánqīngrén zài xuǎnjǔ zhōng tóupiào. ▸ **as a general rule** 一般而言 yībān ér yán ▸ **in general terms** 大致上说(說) dàzhì shàng shuō ▸ **the general public** 广(廣)大公众(眾) guǎngdà gōngzhòng

general anaesthetic, (*US*) **general anesthetic** N [c/u] 全身麻醉 quánshēn mázuì ▸ **to have a general anaesthetic** 被全身麻醉 bèi quánshēn mázuì

general election N [c] (*in Britain, United States*) 大选(選) dàxuǎn [届 jiè]

generalize ['dʒɛnrəlaɪz] VI 笼(籠)统(統)概括

lǒngtǒng gàikuò

general knowledge N [U] 常识(識) chángshí ▷ *How's your general knowledge?* 你的常识怎么样？ Nǐ de chángshí zěnmeyàng?

generally [ˈdʒɛnrəlɪ] ADV **1** (*on the whole*) 大体(體)上 dàtǐshang **2** (*widely*) 普遍地 pǔbiàn de **3** (*usually*) 通常 tōngcháng ▶ **generally speaking** 一般说(說)来(來) yībān shuōlái ▷ *He generally gets up very early.* 他通常很早起床。Tā tōngcháng hěn zǎo qǐchuáng.

generate [ˈdʒɛnəreɪt] VT **1** [+ *power, electricity*] 产(產)生 chǎnshēng **2** [+ *income, profits, jobs*] 创(創)造 chuàngzào; [+ *interest*] 引起 yǐnqǐ

generation [dʒɛnəˈreɪʃən] N **1** [C] (*of people, family*) 一代人 yīdàirén [代 dài] **2** [C] (*period of time*) 代 dài **3** [C] (*series*) [*of computers, mobile phones*] 代 dài **4** [U] (*production*) (*of electricity, power*) 产(產)生 chǎnshēng

generator [ˈdʒɛnəreɪtəʳ] (*Elec*) N [C] 发(發)电(電)机(機) fādiànjī [台 tái]

generosity [dʒɛnəˈrɔsɪtɪ] N [U] 慷慨 kāngkǎi

generous [ˈdʒɛnərəs] ADJ **1** [+ *person*] 大方的 dàfāng de **2** (*sizeable*) [+ *measure, gift*] 大量的 dàliàng de

genetic [dʒɪˈnɛtɪk] ADJ 遗(遺)传(傳)的 yíchuán de

genetically modified [dʒɪˈnɛtɪklɪˈmɔdɪfaɪd] ADJ 转(轉)基因的 zhuǎn jīyīn de

genetics [dʒɪˈnɛtɪks] N [U] (*science*) 遗(遺)传(傳)学(學) yíchuánxué

Geneva [dʒɪˈniːvə] N 日内(內)瓦 Rìnèiwǎ

genial [ˈdʒiːnɪəl] ADJ [+ *person*] 和蔼(藹)可亲(親)的 hé'ǎi kěqīn de; [+ *face, personality*] 亲(親)切的 qīnqiè de

genitals [ˈdʒɛnɪtlz] N PL 生殖器 shēngzhíqì

genius [ˈdʒiːnɪəs] N **1** [C] (*person*) 天才 tiāncái [位 wèi] **2** [U] (*ability, skill*) 天赋(賦) tiānfù ▶ **a stroke of genius** 天才之举(舉) tiāncái zhījǔ

gent [dʒɛnt] (*Brit; inf*) N [C] 绅(紳)士 shēnshì [名 míng]; *see also* **gents**

gentle [ˈdʒɛntl] ADJ **1** [+ *person, nature*] 温(溫)和的 wēnhé de **2** (*light*) [+ *movement, breeze, shake*] 轻(輕)柔的 qīngróu de **3** [+ *slope, curve*] 平缓(緩)的 pínghuǎn de **4** (*Culin*) [+ *heat*] 文 wén **5** [+ *soap*] 柔和的 róuhé de ▶ **to give sb a gentle hint/reminder** 给(給)某人一个(個)善意的暗示/提醒 gěi mǒurén yīgè shànyì de ànshì/tíxǐng

gentleman [ˈdʒɛntlmən] (*pl* **gentlemen**) N [C] **1** (*man*) 先生 xiānsheng [位 wèi] **2** (*well-mannered man*) 绅(紳)士 shēnshì [位 wèi] **3** (*referring to social position*) 有身份的人 yǒu shēnfèn de rén ▶ **a real gentleman** 一位真正的绅(紳)士 yīwèi zhēnzhèng de shēnshì ▶ **gentleman's agreement** 君子协(協)定 jūnzǐ xiédìng

gently [ˈdʒɛntlɪ] ADV **1** [*touch, move* +] 温(溫)柔地 wēnróu de; [*say, smile* +] 温(溫)和地 wēnhé de **2** [*slope, curve* +] 平缓(緩)地 pínghuǎn de **3** (*Culin*) [*cook, heat* +] 用文火地 yòng wénhuǒ de

gentry [ˈdʒɛntrɪ] N PL ▶ **the gentry** (*aristocracy*) 贵(貴)族 guìzú

gents [dʒɛnts] N ▶ **the gents** (*Brit; inf*) (*men's toilet*) 男厕(廁) náncè

genuine [ˈdʒɛnjuɪn] ADJ **1** (*real*) [+ *antique, leather*] 真正的 zhēnzhèng de **2** (*sincere*) [+ *person*] 真诚(誠)的 zhēnchéng de; [+ *emotion, interest*] 实(實)实(實)在在的 shíshí-zàizài de

genuinely [ˈdʒɛnjuɪnlɪ] ADV [+ *interested, concerned*] 真地 zhēn de

geographical [dʒɪəˈgræfɪkl] ADJ 地理的 dìlǐ de

geography [dʒɪˈɔgrəfɪ] N [U] **1** [*of country, region*] 地理 dìlǐ **2** (*school/university subject*) 地理学(學) dìlǐxué

geological [dʒɪəˈlɔdʒɪkl] ADJ 地质(質)的 dìzhì de

geology [dʒɪˈɔlədʒɪ] N [U] **1** [*of area, rock*] 地质(質) dìzhì **2** (*university subject*) 地质(質)学(學) dìzhìxué

geometric [dʒɪəˈmɛtrɪk] ADJ **1** (*mathematical*) [+ *law, problem*] 几(幾)何的 jǐhé de **2** (*regular*) [+ *shape, design, pattern*] 几(幾)何图(圖)形的 jǐhé túxíng de

geometry [dʒɪˈɔmətrɪ] N [U] **1** (*science*) 几(幾)何学(學) jǐhéxué **2** (*shape, proportions*) 几(幾)何图(圖)形 jǐhé túxíng

geranium [dʒɪˈreɪnɪəm] N [C] 天竺葵 tiānzhúkuí [株 zhū]

gerbil [ˈdʒəːbɪl] N [C] 沙鼠 shāshǔ [只 zhī]

geriatric [dʒɛrɪˈætrɪk] ADJ [+ *patient, hospital, medicine*] 老年病学(學)的 lǎonián bìngxué de

germ [dʒəːm] (*Bio*) N [C] 细(細)菌 xìjūn [种 zhǒng] ▶ **the germ of an idea** 一个(個)想法的萌芽 yīgè xiǎngfǎ de méngyá

German [ˈdʒəːmən] **I** ADJ 德国(國)的 Déguó de **II** N **1** [C] (*person*) 德国(國)人 Déguórén [个 gè] **2** [U] (*language*) 德语(語) Déyǔ

German measles (*Brit*) N [U] (*rubella*) 风(風)疹 fēngzhěn

Germany [ˈdʒəːmənɪ] N 德国(國) Déguó

gesture [ˈdʒɛstjəʳ] **I** N [C] **1** (*movement*) 表情动(動)作 biǎoqíng dòngzuò [个 gè] **2** (*symbolic*) 姿态(態) zītài [种 zhǒng] **II** VI (*wave, point*) 用动(動)作表示 yòng dòngzuò biǎoshì ▶ **to make a gesture** (*lit*) 做手势(勢) zuò shǒushì ▶ **a gesture of goodwill/support** 善意/支持的姿态(態) shànyì/zhīchí de zītài

KEYWORD

★ **get** [gɛt] (*pt, pp* **got**) (*US*) (*pp* **gotten**)
I VT **1** ▶ **to have got**; *see also* **have, got**
2 (*obtain, find*) [+ *money, permission, results, information*] 获(獲)得 huòdé; [+ *job, flat, room*] 得到 dédào ▶ **he got a job in London** 他在伦(倫)敦得到一份工作 tā zài Lúndūn dédào yīfèn gōngzuò ▶ **we can get something to eat**

on the train 我们(們)可以在火车(車)上弄点(點)儿(兒)吃的 wǒmen kěyǐ zài huǒchē shàng nòng diǎnr chī de ▸ **to get a look at sth/sb** 看看某物/某人 kànkan mǒuwù/mǒurén
3 (*fetch*) [+ *person, doctor, object*] 去拿 qùná ▸ **to get sth for sb** 为(為)某人去拿某物 wèi mǒurén qù ná mǒuwù ▸ **could you get me my coat please?** 请(請)你把我的外套拿来(來)好吗(嗎)？ Qǐng nǐ bǎ wǒ de wàitào nálái hǎo ma? ▸ **can I get you a coffee?** 要我给(給)你拿杯咖啡吗(嗎)？ yào wǒ gěi nǐ ná bēi kāfēi ma? ▸ **I'll come and get you** 我会(會)来(來)接你的 wǒ huì lái jiē nǐ de
4 (*receive*) [+ *present, letter, prize, TV channel*] 收到 shōudào; [+ *price*] 得到 dédào ▹ *He got a good price for the car.* 他把车卖了个好价钱。Tā bǎ chē màile gè hǎo jiàqián. ▸ **what did you get for your birthday?** 你生日时(時)得到了什么(麼)礼(禮)物？ nǐ shēngrì shí dédàole shénme lǐwù? ▸ **how much did you get for the painting?** 你这(這)幅画(畫)卖(賣)了多少钱(錢)？ nǐ zhè fú huà màile duōshao qián? ▸ **he gets a lot of pleasure from music** 他从(從)音乐(樂)中得到了很大乐(樂)趣 tā cóng yīnyuè zhōng dédàole hěndà lèqù
5 (*board*) [+ *plane, bus*] 乘坐 chéngzuò ▸ **I'll get the bus** 我会(會)乘坐公共汽车(車) wǒ huì chéngzuò gōnggòng qìchē
6 (*prepare*) [+ *meal*] 准(準)备(備) zhǔnbèi ▸ **I'll get lunch** 我来(來)准(準)备(備)午餐 wǒ lái zhǔnbèi wǔcān
7 (*cause to be/become*) ▸ **to get sth/sb ready** 使某事/某人准(準)备(備)就绪(緒) shǐ mǒurén/mǒushì zhǔnbèi jiùxù ▸ **to get sb drunk/into trouble** 使某人喝醉/陷入麻烦(煩) shǐ mǒurén hēzuì/xiànrù máfán ▸ **did you get the answer right?** 你的答案正确(確)吗(嗎)？ nǐ de dá'àn zhèngquè ma?
8 (*seize, catch*) 抓住 zhuāzhù ▸ **get him!** 抓住他！ Zhuāzhù tā! ▸ **the police will get him eventually** 警察最终(終)会(會)抓住他的 jǐngchá zuìzhōng huì zhuāzhù tā de
9 (*hit*) [+ *target etc*] 击(擊)中 jīzhòng
10 (*take, move*) 把…送到 bǎ…sòngdào ▸ **we must get him to hospital** 我们(們)必须(須)把他送到医(醫)院 wǒmen bìxū bǎ tā sòngdào yīyuàn ▸ **I'll get you there somehow** 我会(會)设(設)法让(讓)你到那儿(兒) wǒ huì shèfǎ ràng nǐ dào nàr ▸ **do you think we'll get it through the door?** 你觉(覺)得我们(們)能把它弄进(進)门(門)吗(嗎)？ nǐ juéde wǒmen bǎ tā nòngjìn mén ma? ▸ **to get sth to sb** 为(為)某人取得某物 wèi mǒurén qǔdé mǒuwù
11 (*buy*) 买(買) mǎi; (*regularly*) 买(買)到 mǎidào ▸ **I'll get some milk from the supermarket** 我要去超市买(買)牛奶 wǒ yào qù chāoshì mǎi niúnǎi ▸ **we don't get a newspaper** 我们(們)没(沒)买(買)到报(報)纸(紙) wǒmen méi mǎidào bàozhǐ ▸ **let me get you a drink** 让(讓)我给(給)你来(來)杯喝的吧 ràng wǒ gěi nǐ lái bēi hē de ba
12 (*be infected by*) [+ *cold, measles*] 染上 rǎnshang ▸ **you'll get a cold** 你会(會)得感冒的 nǐ huì dé gǎnmào de
13 (*understand*) [+ *joke, point*] 领(領)会(會) lǐnghuì
14 (*hear*) 听(聽)见(見) tīngjiàn ▸ **I didn't get your name** 我没(沒)听(聽)见(見)你的名字 wǒ méi tīngjiàn nǐ de míngzi
15 (*have*) [+ *time, opportunity*] 有 yǒu ▸ **I get the impression that…** 我有…的印象 wǒ yǒu…de yìnxiàng ▸ **I got a shock when I saw him** 当(當)我看见(見)他时(時)我惊(驚)呆了 dāng wǒ kànjiàn tā shí wǒ jīngdāi le
16 ▸ **to get sth done** (*do oneself*) 做某事 zuò mǒushì; (*have done*) 完成某事 wánchéng mǒushì ▸ **to get the washing/dishes done** 洗好衣物/餐具 xǐhǎo yīwù/cānjù ▸ **to get one's hair cut** 理发(髮) lǐfà ▸ **to get the car going** *or* **to go** 使汽车(車)发(發)动(動)起来(來) shǐ qìchē fādòng qǐlái ▸ **to get sb to do sth** 让(讓)某人做某事 ràng mǒurén zuò mǒushì
17 (*inf: annoy*) 使…恼(惱)火 shǐ…nǎohuǒ ▸ **what gets me is his attitude** 是他的态(態)度让(讓)我恼(惱)火 shì tāde tàidu ràng wǒ nǎohuǒ
II vi **1** (*become, be*) (*adj*) 变(變)得 biàn de ▸ **to get old/tired/cold/dirty** 变(變)老/变(變)得疲倦/变(變)冷/变(變)脏(髒) biànlǎo/biànde píjuàn/biànlěng/biànzāng ▸ **to get drunk** 喝醉了 hēzuì le ▸ **to get bored** 变(變)得无(無)聊 biànde wúliáo ▸ **it's getting late** 不早了 bù zǎo le
2 (*go*) ▸ **to get to work/the airport/Beijing** *etc* 到办(辦)公室/到达(達)机(機)场(場)/到达(達)北京等 dào bàngōngshì/dàodá jīchǎng/dàodá Běijīng *děng* ▸ **how did you get here?** 你是怎么(麼)到这(這)儿(兒)的？ nǐ shì zěnme dào zhèr de? ▸ **he didn't get home till 10pm** 他直到晚上10点(點)才到家 tā zhídào wǎnshang shídiǎn cái dàojiā ▸ **how long does it take to get from London to Paris?** 从(從)伦(倫)敦到巴黎需要多久？ cóng Lúndūn dào Bālí xūyào duōjiǔ? ▸ **the talks are getting nowhere** 会(會)谈(談)毫无(無)进(進)展 huìtán háowú jìnzhǎn
3 (*begin*) ▸ **to get to know sb** 开(開)始了解某人 kāishǐ liǎojiě mǒurén ▸ **let's get going** *or* **started!** 开(開)始吧！ kāishǐ ba!
4 (*manage*) ▸ **how often do you get to see him?** 你多久见(見)他一次？ nǐ duōjiǔ jiàn tā yī cì?
5 (*in expressions*) ▸ **don't let it get to you** 别(別)受它的影响(響) bié shòu tā de yǐngxiǎng ▸ **get lost!** 走开(開)！ Zǒukāi! ▸ **how crazy/stupid can you get?** 你怎么(麼)

变(變)得这(這)样(樣)疯(瘋)狂/愚蠢呢？ nǐ zěnme biànde zhèyàng fēngkuáng/yúchǔn ne?
III AUX VB **1** ▶ **to have got to**; *see also* **have, got**
2 (*passive use*) 作为构成被动语态的助动词 ▶ **to get killed** 被杀(殺) bèishā ▶ **to get paid** 拿薪水 ná xīnshuǐ
▶**get about** VI **1** [*person* +] (*travel*) 旅行 lǚxíng; (*move about*) 各处(處)走动(動) gèchù zǒudòng ▶ **I can't get about as much as I used to** 我不能再像我过(過)去那样(樣)到处(處)走动(動)了 wǒ bùnéng zài xiàng wǒ guòqù nàyàng dàochù zǒudòng le
2 (*esp Brit*) [*news, rumour* +] 流传(傳) liúchuán
▶**get across** VT [+ *message, meaning, idea*] 使…被理解 shǐ…bèi lǐjiě
▶**get along** VI **1** (*be friends*) 相处(處) xiāngchǔ ▶ **to get along well with sb** 与(與)某人相处(處)融洽 yǔ mǒurén xiāngchǔ róngqià
2 (*manage*) 过(過)活 guòhuó
3 (*depart*) 离(離)开(開) líkāi ▶ **I'd better be getting along soon** 我最好尽(儘)快离(離)开(開) wǒ zuìhǎo jǐnkuài líkāi
▶**get around I** VT FUS [+ *problem*] 克服 kèfú; [+ *law, rule*] 规(規)避 guībì; [+ *person*] 说(說)服 shuōfú
II VI 传(傳)开(開)来(來) chuánkāilái
▶**get around to** VT FUS ▶ **to get around to sth/to doing sth** 终(終)于(於)有时(時)间(間)做某事 zhōngyú yǒu shíjiān zuò mǒushì
▶**get at** (*Brit; inf*) VT FUS **1** (*attack, criticize*) 不断(斷)指责(責) bùduàn zhǐzé ▶ **you're always getting at me** 你总(總)是数(數)落我 nǐ zǒngshì shǔluò wǒ
2 (*reach*) 够(夠)着(著) gòuzháo ▷ *We want to get at the truth.* 我们想了解真相。Wǒmen xiǎng liǎojiě zhēnxiàng.
3 (*insinuate*) ▶ **what are you getting at?** 你讲(講)这(這)话(話)什么(麼)意思？ nǐ jiǎng zhè huà shénme yìsi?
▶**get away** VI (*leave*) 脱(脫)身 tuōshēn; (*on holiday*) 去度假 qù dùjià; (*escape*) 逃跑 táopǎo
▶**get away with** VT FUS 不因…而受惩(懲)罚(罰) bù yīn…ér shòu chéngfá ▶ **to get away with doing sth** 不因做某事而受惩(懲)罚(罰) bùyīn zuò mǒushì ér shòu chéngfá ▶ **he'll never get away with it!** 他决(決)不会(會)逃脱(脫)干系(係)的！ tā juébùhuì táotuō gànxì de!
▶**get back I** VI **1** (*return*) 回来(來) huílái
2 (*move away*) ▶ **get back!** 快回来(來)！ kuài huílái!
II VT (*reclaim*) 重新得到 chóngxīn dédào ▷ *All he wanted was to get his girlfriend back.* 他所想的一切都是让女朋友再回到身边。Tā suǒ xiǎng de yīqiè dōu shì ràng nǚpéngyou zài huídào shēnbiān.
▶**get back at** VT FUS ▶ **to get back at sb (for sth)** （因某事）对(對)某人进(進)行报(報)复(復) (yīn mǒushì) duì mǒurén jìnxíng bàofù
▶**get back to** VT FUS **1** (*return to*) [+ *activity, work*] 回到 huídào; [+ *normality*] 恢复(復) huīfù; [+ *subject*] 重新回到 chóngxīn huídào ▶ **to get back to sleep** 重又睡着(著) chóng yòu shuìzháo
2 (*contact again*) 再与(與)…联(聯)络(絡) zài yǔ…liánluò
▶**get by** VI **1** (*manage*) 过(過)得去 guò de qù ▶ **I can get by in Dutch** 我的荷兰(蘭)语(語)还(還)凑(湊)合 wǒ de Hélányǔ hái còuhe ▶ **to get by on a small salary** 靠微薄的薪水勉强(強)度日 kào wēibó de xīnshuǐ miǎnqiǎng dùrì
2 (*pass*) 过(過)去 guòqù
▶**get down I** VI 趴下 pāxià
II VT **1** (*depress*) [+ *person*] 使…沮丧(喪) shǐ…jǔsàng
2 (*write*) 记(記)下来(來) jìxiàlái
3 (*swallow*) [+ *food, pill*] 吞下 tūnxià
▶**get down to** VT FUS [+ *work*] 开(開)始认(認)真处(處)理 kāishǐ rènzhēn chǔlǐ ▶ **to get down to business** (*fig*) 安心处(處)理事务(務) ānxīn chǔlǐ shìwù
▶**get in I** VI **1** (*be elected*) [*candidate, party* +] 当(當)选(選) dāngxuǎn
2 (*arrive*) [*train, bus, plane* +] 抵达(達) dǐdá
3 (*arrive home*) 到家 dàojiā
II VT **1** (*bring in*) [+ *shopping, supplies*] 购(購)买(買) gòumǎi; [+ *harvest*] 收获(穫) shōuhuò
2 ▶ **I couldn't get a word in** 我一句话(話)也插不进(進) wǒ yī jù huà yě chā bù jìn
▶**get into** VT FUS **1** (*become part of*) [+ *conversation, argument, fight*] 进(進)行 jìnxíng; [+ *sphere of activity*] 开(開)始从(從)事 kāishǐ cóngshì; [+ *university, school*] 进(進)入 jìnrù
2 [+ *vehicle*] 乘坐 chéngzuò
3 [+ *clothes*] 穿上 chuānshang
4 (*in expressions*) ▶ **to get into bed** 上床 shàngchuáng ▶ **I don't know what has got into him** 我不知道他是怎么(麼)回事 wǒ bùzhīdào tā shì zěnme huíshì
▶**get off I** VI **1** (*from train, bus*) 下车(車) xiàchē
2 (*leave*) 离(離)开(開) líkāi
3 (*escape*) 从(從)轻(輕)处(處)罚(罰) cóngqīng chǔfá ▶ **he got off with a £50 fine** 他只被罚(罰)了50英镑(鎊)而已 tā zhǐ bèi fále wǔshí yīngbàng éryǐ
4 ▶ **to get off to a good start** 开(開)头(頭)顺(順)利 kāitóu shùnlì
II VT **1** (*remove*) [+ *clothes*] 脱(脫)下 tuōxià; [+ *stain*] 消除 xiāochú
2 (*as holiday*) [+ *day, week*] 放假 fàngjià ▶ **we get three days off at Christmas** 圣(聖)诞(誕)节(節)时(時)我们(們)放了3天假 Shèngdànjié shí wǒmen fàngle sān tiān jià
III VT FUS (*leave*) [+ *train, bus*] 从(從)…下来(來) cóng…xiàlái; [+ *bed, table*] 从(從)…起身 cóng…qǐshēn

▸**get off with** (*Brit; inf*) VT FUS 与(與)…有染 yǔ…yǒurǎn
▸**get on** I VI **1** (*be friends*) 和睦相处(處) hémù xiāngchǔ ▸ **to get on well with sb** 与(與)某人相处(處)融洽 yǔ mǒurén xiāngchǔ róngqià
2 (*progress*) 进(進)展 jìnzhǎn ▸ **how are you getting on?** 你过(過)得怎么(麼)样(樣)? nǐ guòde zěnmeyàng? ▸ **to get on well with sth** 在某方面进(進)展顺(順)利 zài mǒu fāngmiàn jìnzhǎn shùnlì ▸ **time is getting on** 不早了 bùzǎo le
II VT FUS [+ *bus, train*] 上 shàng
▸**get on to** VT FUS **1** [+ *subject, topic*] 开(開)始涉及 kāishǐ shèjí
2 (*esp Brit*) (*contact*) [+ *person*] 与(與)…联(聯)系(繫) yǔ…liánxì
▸**get on with** VT FUS **1** (*be friends with*) [+ *person*] 与(與)…和睦相处(處) yǔ…hémù xiāngchǔ
2 (*continue, start*) [+ *meeting, work etc*] 开(開)始继(繼)续(續)做 kāishǐ jìxù zuò
▸**get out** I VI [*person* +] (*of place*) 离(離)开(開) líkāi; (*of vehicle*) 下车(車) xiàchē; (*to enjoy o.s.*) 尽(盡)情享乐(樂) jìnqíng xiǎnglè; [*news etc* +] 泄(洩)露 xièlòu
II VT **1** (*take out*) [+ *book, object etc*] 拿出 náchū
2 (*remove*) [+ *stain*] 消除 xiāochú
▸**get out of** I VT FUS **1** [+ *vehicle*] 从(從)…下来(來) cóng…xiàlái
2 (*avoid*) [+ *duty etc*] 摆(擺)脱(脫) bǎituō ▸ **to get out of doing sth** 逃避做某事 táobì zuò mǒushì
II VT **1** (*from bank*) [+ *money*] 提取 tíqǔ ▸ **I need to get some money out of the bank** 我需要去银(銀)行取些钱(錢) wǒ xūyào qù yínháng qǔxiē qián
2 (*extract*) [+ *confession, details etc*] 打探出 dǎtàn chū ▸ **we finally got the name out of him** 我们(們)终(終)于(於)从(從)他那里(裡)打探出了名字 wǒmen zhōngyú cóng tā nàlǐ dǎtàn chūle míngzi
3 (*derive*) [+ *pleasure, benefit*] 获(獲)得 huòdé
▸**get over** I VT FUS [+ *illness, shock*] 从(從)…中恢复(復)过(過)来(來) cóng…zhōng huīfù guòlái
II VT **1** (*communicate*) [+ *idea etc*] 使…明白 shǐ…míngbai
2 ▸ **to get it over with** 尽(盡)快从(從)…中解脱(脫) jìnkuài cóng…zhōng jiětuō
▸**get round** = **get around**
▸**get through** I VI (*Tel*) 接通 jiētōng
II VT FUS **1** (*finish*) [+ *work, book*] 完成 wánchéng
2 (*esp Brit*) (*use up*) 用完 yòngwán
3 (*survive*) 挨过(過) áiguò
▸**get through to** VT FUS **1** (*Tel*) 接通 jiētōng
2 (*make understand*) 使…理解 shǐ…lǐjiě
▸**get together** I VI [*people* +] 聚在一起 jùzài yīqǐ
II VT **1** (*amass*) [+ *money*] 积(積)累(纍) jīlěi
2 (*gather up*) 把…收拾起来(來) bǎ… shōushi qǐlái
3 (*organize*) [+ *project, plan etc*] 组(組)织(織)筹(籌)备(備) zǔzhī chóubèi
▸**get up** I VI (*rise*) (*from chair, sofa*) 站起来(來) zhànqǐlái; (*out of bed*) 起床 qǐchuáng
II VT ▸ **to get up enthusiasm for sth** 对(對)某事产(產)生热(熱)情 duì mǒushì chǎnshēng rèqíng
▸**get up to** (*esp Brit*) VT FUS [+ *prank etc*] 搞 gǎo ▹ *What has he been getting up to?* 他在搞什么花样? Tā zài gǎo shénme huāyàng?

getaway [ˈɡɛtəweɪ] N ▸ **to make a** *or* **one's getaway** 逃跑 táopǎo
Ghana [ˈɡɑːnə] N 加纳(納) Jiānà
Ghanaian [ɡɑːˈneɪən] I ADJ 加纳(納)的 Jiānà de II N [C] (*person*) 加纳(納)人 Jiānàrén [个 gè]
ghastly [ˈɡɑːstlɪ] ADJ [+ *person, behaviour*] 糟透的 zāotòu de; [+ *event, crime*] 可怕的 kěpà de
ghetto [ˈɡɛtəu] (*pl* **ghettos** *or* **ghettoes**) N [C] 贫(貧)民窟 pínmínkū [个 gè]
ghost [ɡəust] I N [C] (*spirit*) 鬼神 guǐshén [种 zhǒng] II VT 为(為)…捉刀 wèi…zhuōdāo ▸ **to give up the ghost** (*person*) 绝(絕)望 juéwàng; (*machine*) 停止运(運)转(轉) tíngzhǐ yùnzhuǎn ▸ **the ghost of a chance (of doing sth)** 只有很少机(機)会(會)(做某事) zhǐyǒu hěnshǎo jīhui(zuò mǒushì)
giant [ˈdʒaɪənt] I N [C] **1** (*in stories*) 巨人 jùrén [个 gè] **2** (*large company*) 巨头(頭) jùtóu II ADJ (*huge*) 巨大的 jùdà de ▸ **an opera/a football giant** 歌剧(劇)/足球巨星 gējù/zúqiú jùxīng
giddy [ˈɡɪdɪ] ADJ ▸ **to be** *or* **feel giddy** (*faint, dizzy*) 感到头(頭)晕(暈) gǎndào tóuyūn ▸ **to feel giddy with excitement/delight** 激动(動)/高兴(興)得晕(暈)头(頭)转(轉)向 jīdòng/gāoxìng de yūn tóu zhuàn xiàng
gift [ɡɪft] N [C] **1** (*present*) 礼(禮)物 lǐwù [件 jiàn] **2** (*talent*) 天赋(賦) tiānfù [种 zhǒng] ▸ **to have a gift for sth** (*talent*) 对(對)某事有天赋(賦) duì mǒushì yǒu tiānfù
gifted [ˈɡɪftɪd] ADJ [+ *person*] 有天赋(賦)的 yǒu tiānfù de ▸ **gifted children** 天资(資)聪(聰)颖(穎)的孩子 tiānzī cōngyǐng de háizi
gift shop, (*US*) **gift store** N [C] 礼(禮)品店 lǐpǐndiàn [家 jiā]
gift token, gift voucher N [C] 礼(禮)品券 lǐpǐnquàn [张 zhāng]
gig [ɡɪɡ] I N [C] (*show*) 现(現)场(場)演出 xiànchǎng yǎnchū II N ABBR (*inf*) = **gigabyte**
gigabyte [ˈdʒɪɡəbaɪt] (*Comput*) N [C] 千兆字节(節) qiānzhào zìjié ▸ **a ten-gigabyte hard drive** 10千兆字节(節)硬盘(盤) shí qiānzhào zìjié yìngpán
gigantic [dʒaɪˈɡæntɪk] ADJ 庞(龐)大的 pángdà de
giggle [ˈɡɪɡl] I VI 咯咯地笑 gēgē de xiào II N [C] 咯咯笑 gēgēxiào
gills [ɡɪlz] N PL 鳃 sāi

gilt [gɪlt] **I** ADJ [+ *frame, jewellery*] 镀(鍍)金的 dùjīn de **II** N [U] 镀(鍍)金 dùjīn

gimmick ['gɪmɪk] N [C] 花招 huāzhāo [个 gè]

gin [dʒɪn] N [U] (*alcohol*) 杜松子酒 dùsōngzǐjiǔ ▸ **a gin and tonic** 杜松子酒加奎宁(寧)水 dùsōngzǐjiǔ jiā kuíníngshuǐ

ginger ['dʒɪndʒəʳ] **I** N [U] (*spice*) 姜(薑) jiāng **II** ADJ (*colour*) [+ *hair, moustache*] 姜(薑)色的 jiāngsè de
▸ **ginger up** VT (*liven up*) 使有活力 shǐ yǒu huólì

gingerly ['dʒɪndʒəlɪ] ADV (*cautiously*) 小心翼翼地 xiǎoxīn yìyì de

gipsy ['dʒɪpsɪ] N = **gypsy**

giraffe [dʒɪ'rɑːf] N [C] 长(長)颈(頸)鹿 chángjǐnglù [只 zhī]

★ **girl** [gəːl] N [C] **1** (*child*) 女孩 nǚhái [个 gè]; (*young woman, woman*) 姑娘 gūniang [个 gè] ▹ *She's a good-looking girl.* 她是个漂亮的姑娘。Ta ...shì gè piàoliang de gūniáng. **2** (*daughter*) 女儿(兒) nǚ'ér [个 gè] ▹ *She has two girls and a boy.* 她有两个女儿和一个儿子。Tā yǒu liǎng gè nǚer hé yīgè érzi.

girlfriend ['gəːlfrɛnd] N **1** [C] [(*of girl*)] 女性朋友 nǚxìng péngyou [个 gè] **2** [(*of boy*)] 女朋友 nǚ péngyou [个 gè]

Girl Scout (*US*) N **1 the Girl Scouts** (*organization*) 女童子军(軍) Nǚ Tóngzǐjūn **2** (*person*) 女童子军(軍)成员(員) Nǚ Tóngzǐjūn Chéngyuán

gist [dʒɪst] N ▸ **the gist of his speech/article** 他讲(講)话(話)/文章的主旨 tā jiǎnghuà/wénzhāng de zhǔzhǐ

KEYWORD

★ **give** [gɪv] (*pt* **gave**, *pp* **given**) **I** VT **1** (*hand over*) ▸ **to give sb sth, give sth to sb** 给(給)某人某物 gěi mǒurén mǒuwù; (*as gift*) 送给(給)某人某物 sònggěi mǒurén mǒuwù ▸ **I gave David the book, I gave the book to David** 我把这(這)本书(書)送给(給)了戴维(維) wǒ bǎ zhè běn shū sònggěi le Dàiwéi ▸ **give it to him** 把它送给(給)他 bǎ tā sònggěi tā
2 (*provide*) [+ *advice, details*] 提供 tígōng ▸ **to give sb sth** [+ *opportunity, surprise, shock, job*] 给(給)某人某物 gěi mǒurén mǒuwù ▸ **I gave him the chance to deny it** 我给(給)他机(機)会(會)拒绝(絕) wǒ gěi tā jīhuì jùjué ▸ **you'll need to give me more time** 你需要给(給)我更多的时(時)间(間) nǐ xūyào gěi wǒ gèngduō de shíjiān ▸ **to give sb the impression that...** 给(給)某人…的印象 gěi mǒurén...de yìnxiàng
3 (*deliver*) ▸ **to give a speech/a lecture** 做演讲(講)/讲(講)座 zuò yǎnjiǎng/jiǎngzuò
4 (*organize*) ▸ **to give a party/dinner party** *etc* 做东(東)办(辦)一个(個)聚会(會)/宴会(會)等 zuòdōng bàn yī gè jùhuì/yànhuì děng
5 (*used with noun to replace a verb*) ▸ **to give a sigh/cry/shout** *etc* 叹(嘆)了口气(氣)/哭了出来(來)/大叫了一声(聲)等 tànle kǒu qì/kūle chūlái/dàjiàole yī shēng děng ▸ **to give a shrug/push** 耸(聳)了耸(聳)肩/推了一把 sǒngle sǒng jiān/tuīle yībǎ
II VI **1** (*also:* **give way**) (*break, collapse*) 支撑(撐)不住 zhīchēng bù zhù ▸ **his legs gave beneath him** 他腿软(軟)了 tā tuǐ ruǎn le ▸ **the roof/floor gave as I stepped on it** 我刚(剛)一踩上去屋顶(頂)/地板就塌了 wǒ gāng yī cǎi shàngqù wūdǐng/dìbǎn jiù tā le
2 (*stretch*) [*fabric, shoes* +] 变(變)松 biànsōng
▸ **give away** VT **1** [+ *money, object, prize*] 赠(贈)送 zèngsòng
2 (*betray*) [+ *secret, information, person*] 泄(洩)露 xièlòu
3 [+ *bride*] 在婚礼上把新娘交给新郎
▸ **give back** VT [+ *money, book etc*] 交还(還) jiāohuán ▸ **to give sth back to sb** 把某物交还(還)给(給)某人 bǎ mǒuwù jiāohuán gěi mǒurén
▸ **give in** **I** VI (*yield*) 屈服 qūfú ▸ **to give in to sth** 屈服于(於)某事 qūfúyú mǒushì
II VT [+ *essay etc*] 上交 shàngjiāo
▸ **give off** VT [+ *heat, smoke, smell*] 散发(發) sànfā
▸ **give out** **I** VT (*distribute*) [+ *prizes, books, drinks etc*] 分发(發) fēnfā
II VI **1** (*run out*) [*supplies* +] 用完 yòngwán
2 (*fail*) 出故障 chū gùzhàng
▸ **give up** **I** VI (*stop trying*) 放弃(棄) fàngqì
II VT **1** [+ *job*] 辞(辭)掉 cídiào; [+ *hobby*] 抛(拋)弃(棄) pāoqì; [+ *idea, hope, right, territory*] 放弃(棄) fàngqì ▸ **to give up smoking** 戒烟(煙) jièyān
2 (*surrender*) ▸ **to give o.s. up** 投案自首 tóu'àn zìshǒu

given ['gɪvn] **I** PP *of* **give** **II** ADJ (*fixed*) [+ *time, amount*] 一定的 yīdìng de **III** PREP (*taking into account*) ▸ **given the circumstances...** 考虑(慮)到当(當)时(時)的情况(況)… kǎolǜdào dāngshí de qíngkuàng... ▸ **given that...** 考虑(慮)到… kǎolǜ dào...

glacier ['glæsɪəʳ] N [C] 冰川 bīngchuān [座 zuò]

glad [glæd] ADJ (*happy, pleased*) 高兴(興)的 gāoxìng de ▸ **to be glad about sth** 对(對)某事高兴(興) duì mǒushì gāoxìng ▸ **to be glad that...** 很高兴(興)… hěn gāoxìng... ▸ **to be glad of sth** 因某事而高兴(興) yīn mǒushì ér gāoxìng ▸ **I'm glad to see you** 我非常高兴(興)见(見)到你 wǒ fēicháng gāoxìng jiàndào nǐ ▸ **I'd be glad to help you** 我很愿(願)意帮(幫)助你 wǒ hěn yuànyì bāngzhù nǐ

gladly ['glædlɪ] ADV **1** (*happily*) 高兴(興)地 gāoxìng de **2** (*willingly*) 乐(樂)意地 lèyì de

glamor ['glæməʳ] (*US*) N = **glamour**

glamorous ['glæmərəs] ADJ 富有魅力的 fùyǒu mèilì de

glamour, (US) **glamor** ['glæmə'] N [U] 魅力 mèilì
glance [glɑːns] I N [C] (*look*) 扫(掃)视(視) sǎoshì II VI 瞥 piē ▸ **to glance at sb/sth** 看某人/某物一眼 kàn mǒurén/mǒuwù yīyǎn ▸ **at a glance** 一瞥之下 yīpiē zhīxià ▸ **at first glance** 乍一看 zhà yīkàn
▸**glance off** VT FUS 擦过(過) cāguò
gland [glænd] N [C] 腺 xiàn
glare [glɛə'] I N 1 [U] [*of light*] 强(強)光 qiángguāng 2 [C] (*angry look*) 怒视(視) nùshì II VI 1 [*light* +] 眩目地照射 xuànmù de zhàoshè 2 [*person* +] 怒目而视(視) nùmù ér shì ▸ **the glare of publicity** 众(眾)目睽睽 zhòng mù kuíkuí ▸ **to glare at sb** 怒视(視)某人 nùshì mǒurén
glaring ['glɛərɪŋ] ADJ [+ *error, example, omission*] 明显(顯)的 míngxiǎn de
glass [glɑːs] I N 1 [U] (*substance*) 玻璃 bōlí 2 [C] (*container*) 玻璃杯 bōlibēi [个 gè] 3 [C] (*glassful*) 一杯 yī bēi II **glasses** N PL (*spectacles*) 眼镜(鏡) yǎnjìng ▸ **a pair of glasses** 一副眼镜(鏡) yīfù yǎnjìng
glaze [gleɪz] I VT 1 [+ *pottery*] 上釉于(於) shàngyòu yú 2 [+ *bread, pastry*] 浇(澆)在…上 jiāo zài...shang II N [C/U] (*on pottery*) 釉 yòu
▸**glaze over** 显(顯)得呆(獃)滞(滯) xiǎn de dāizhì
gleam [gliːm] I VI 1 [*light, eyes* +] 闪(閃)烁(爍) shǎnshuò 2 (*polished surface*) 发(發)光 fāguāng II N [C] (*from polished surface*) 亮光 liàngguāng [束 shù] ▸ **a gleam in sb's eye** 某人眼里(裡)闪(閃)烁(爍)的光芒 mǒurén yǎn lǐ shǎnshuò de guāngmáng
gleaming ['gliːmɪŋ] ADJ (*shiny*) 闪(閃)闪(閃)发(發)亮的 shǎnshǎn fāliàng de
glean [gliːn] VT [+ *information, ideas*] 搜(蒐)集 sōují
glee [gliː] N [U] (*joy*) 欣喜 xīnxǐ
glen [glɛn] N [C] 峡(峽)谷 xiágǔ [条 tiáo]
glide [glaɪd] VI 1 [*person, snake* +] 滑行 huáxíng 2 [*bird, aeroplane* +] 滑翔 huáxiáng
glider ['glaɪdə'] N [C] (*aircraft*) 滑翔机(機) huáxiángjī [架 jià]
gliding ['glaɪdɪŋ] N (*in aircraft*) 滑翔运(運)动(動) huáxiáng yùndòng ▸ **to go gliding** 去滑翔 qù huáxiáng
glimmer ['glɪmə'] I N [C] [*of light*] 微光 wēiguāng II VI [*light* +] 发(發)微光 fā wēiguāng ▸ **a glimmer of hope/interest** 一线(線)希望/一丝(絲)兴(興)趣 yīxiàn xīwàng/yīsī xìngqù
glimpse [glɪmps] I N ▸ **a glimpse of** [*person, place, object*] 一瞥 yī piē II VT [+ *person, place, object*] 瞥见(見) piējiàn ▸ **to catch a glimpse of sb/sth** 瞥见(見)某人/某事 piējiàn mǒurén/mǒushì
glint [glɪnt] I VI 1 [*light, shiny surface* +] 闪(閃)闪(閃)发(發)光 shǎnshǎn fāguāng 2 [*eyes* +] 闪(閃)烁(爍) shǎnshuò II N [C] 1 [*of metal, light*] 反光 fǎnguāng 2 (*in eyes*) 光芒 guāngmáng
glisten ['glɪsn] VI (*with sweat, rain, oil etc*) 闪(閃)闪(閃)发(發)光 shǎnshǎn fāguāng ▸ **to glisten with sth** 某物晶莹(瑩)发(發)亮 mǒuwù jīngyíng fāliàng
glitter ['glɪtə'] I VI [*light, shiny surface* +] 闪(閃)闪(閃)发(發)光 shǎnshǎn fāguāng; [*eyes* +] 闪(閃)烁(爍) shǎnshuò II N [U] (*decoration*) 小发(發)光物 xiǎo fāguāng wù
gloat [gləut] VI 幸灾(災)乐(樂)祸(禍) xìng zāi lè huò ▸ **to gloat over** *or* **about sth** 对(對)某事幸灾(災)乐(樂)祸(禍) duì mǒushì xìng zāi lè huò
global ['gləubl] ADJ 1 (*worldwide*) 全球的 quánqiú de 2 (*overall*) 综(綜)合的 zōnghé de
global warming [-'wɔːmɪŋ] N [U] 全球变(變)暖 quánqiú biànnuǎn
globe [gləub] N 1 ▸ **the globe** (*the world*) 世界 shìjiè 2 [C] (*model*) 地球仪(儀) dìqiúyí [个 gè] ▸ **around the globe** 全世界 quán shìjiè
gloom [gluːm] N 1 (*dark*) ▸ **the gloom** 黑暗 hēi'àn 2 [U] (*sadness*) 忧(憂)郁(鬱) yōuyù ▸ **economic gloom** 经(經)济(濟)萧条(條) jīngjì xiāotiáo
gloomy ['gluːmɪ] ADJ 1 (*dark*) [+ *place, weather*] 黑暗的 hēi'àn de 2 (*sad*) [+ *person, situation, news*] 忧(憂)郁(鬱)的 yōuyù de
glorify ['glɔːrɪfaɪ] VT (*glamorize*) 颂(頌)扬(揚) sòngyáng
glorious ['glɔːrɪəs] ADJ 1 [+ *sunshine, day, weather*] 灿(燦)烂(爛)的 cànlàn de 2 [+ *victory, occasion, career*] 光荣(榮)的 guāngróng de
glory ['glɔːrɪ] I N 1 [U] (*prestige*) 荣(榮)誉(譽) róngyù 2 [C/U] (*splendour*) 壮(壯)观(觀) zhuàngguān II VI ▸ **to glory in** 自豪于(於) zìháo yú ▸ **moment of glory** 光荣(榮)时(時)刻 guāngróng shíkè
gloss [glɔs] N 1 [S/U] (*shine*) 光泽(澤) guāngzé 2 [C/U] (*also*: **gloss paint**) 光泽(澤)涂(塗)料 guāngzé túliào
▸**gloss over** VT FUS [+ *problem, error*] 掩饰(飾) yǎnshì
glossary ['glɔsərɪ] N [C] 词(詞)汇(匯)表 cíhuìbiǎo
glossy ['glɔsɪ] ADJ 1 [+ *hair, surface*] 有光泽(澤)的 yǒu guāngzé de 2 [+ *magazine, brochure*] 光纸(紙)印刷的 guāngzhǐ yìnshuā de
glove [glʌv] N [C] 手套 shǒutào [副 fù] ▸ **a pair of gloves** 一副手套 yīfù shǒutào ▸ **to fit like a glove** 正合适(適) zhèng héshì
glove compartment N [C] 汽车仪表板上的小贮藏箱
glow [gləu] I VI 1 [*embers, stars* +] 发(發)光 fāguāng 2 [*face, skin, cheeks* +] 发(發)红(紅) fāhóng II N [S] 1 [*of embers, stars*] 光亮 guāngliàng 2 [*of face, cheeks, skin*] 红(紅)润(潤) hóngrùn ▸ **a glow of pride/satisfaction** 自豪/满(滿)意的心情 zìháo/mǎnyì de xīnqíng ▸ **to glow with pleasure/pride** 洋溢着(著)喜

悦(悦)/自豪之情 yángyìzhe xǐyuè/zìháo zhīqíng

glowing ['gləuɪŋ] ADJ **1** [*+ fire*] 红(紅)彤彤的 hóngtōngtōng de **2** [*+ complexion*] 容光焕(煥)发(發)的 róngguāng huànfā de **3** (*excellent*) [*+ tribute, report, description*] 热(熱)烈的 rèliè de

glucose ['glu:kəus] N [U] 葡萄糖 pútáotáng

glue [glu:] **I** N [C/U] 胶(膠) jiāo [种 zhǒng] **II** VT 粘贴(貼) zhāntiē ▸ **to glue sth together** 把某物粘在一起 bǎ mǒuwù zhān zài yīqǐ ▸ **to glue sth to sth** 把某物粘在某物上 bǎ mǒuwù zhān zài mǒuwù shàng ▸ **to be glued to the television** 紧(緊)盯着(著)电(電)视(視) jǐndīngzhe diànshì

glum [glʌm] ADJ (*miserable*) [*+ person, face, expression*] 忧(憂)郁(鬱)的 yōuyù de

glut [glʌt] **I** N [C] 供应(應)过(過)剩 gōngyìng guòshèng **II** VT ▸ **to be glutted (with...)** [*market, economy +*] 充斥着(著)(…) chōngchìzhe(...) ▸ **a glut of oil/fruit** 油/水果供应(應)过(過)剩 yóu/shuǐguǒ gōngyìng guòshèng

GM ADJ ABBR (= **genetically modified**) 转(轉)基因的 zhuǎn jīyīn de

gm (*pl* **gm** *or* **gms**) ABBR (= **gram**) 克 kè

GMO ['ʒi:ɛm'əu] N ABBR (= **genetically-modified organism**) 转(轉)基因生物 zhuǎn jīyīn shēngwù

GMT ABBR (= **Greenwich Mean Time**) 格林尼治标(標)准(準)时(時)间(間) Gélínnízhì Biāozhǔn Shíjiān

gnaw [nɔ:] **I** VT [*+ bone*] 啃 kěn **II** VI ▸ **to gnaw at** [*+ guilt, doubt*] 折磨 zhémó

GNP N ABBR (= **Gross National Product**) 国(國)民生产(產)总(總)值 guómín shēngchǎn zǒngzhí

GNVQ (*Brit: Scol*) N ABBR (= **general national vocational qualification**) 国(國)家职(職)业(業)技能综(綜)合考试(試) Guójiā Zhíyè Jìnéng Zōnghé Kǎoshì

KEYWORD

★ **go** [gəu] (*pt* **went**, *pp* **gone**, *pl* **goes**) **I** VI **1** (*travel, move*) 去 qù ▸ **he's going to New York** 他要去纽(紐)约(約) tā yào qù Niǔyuē ▸ **where's he gone?** 他去哪儿(兒)了? tā qù nǎr le? ▸ **shall we go by car or train?** 我们(們)开(開)车(車)去还(還)是坐火车(車)去? wǒmen kāichē qù háishì zuò huǒchē qù? ▸ **to go to do sth, go and do sth** (*Brit*) 去做某事 qù zuò mǒushì
2 (*depart*) 离(離)开(開) líkāi ▸ **let's go** 我们(們)走吧 wǒmen zǒuba ▸ **I must be going** 我必须(須)得走了 wǒ bìxū děi zǒu le ▸ **they came at eight and went at nine** 他们(們)8点(點)来(來)9点(點)走的 tāmen bādiǎn lái jiǔdiǎn zǒu de ▸ **our plane goes at 11pm** 我们(們)的飞(飛)机(機)晚上11点(點)起飞(飛) wǒmen de fēijī wǎnshang shíyīdiǎn qǐfēi
3 (*disappear*) 消失 xiāoshī ▸ **all her jewellery had gone** 她所有的珠宝(寶)首饰(飾)都不见(見)了 tā suǒyǒu de zhūbǎo shǒushì dōu bùjiàn le ▸ **where's the tea gone?** 茶怎么(麼)不见(見)了? chá zěnme bùjiàn le?
4 (*attend*) ▸ **to go to school/university** 上学(學)/上大学(學) shàngxué/shàng dàxué ▸ **to go to evening classes** 去上夜校 qù shàng yèxiào
5 (*with activity*) ▸ **to go for a walk** 去散步 qù sànbù ▸ **to go on a trip** 去旅行 qù lǚxíng ▸ **to go swimming** 去游泳 qù yóuyǒng
6 (*work*) [*clock, video etc +*] 运(運)转(轉) yùnzhuàn ▹ *I can't believe your watch is still going after all these years.* 我真不能相信你的表这么多年后还在走。Wǒ zhēn bùnéng xiāngxìn nǐ de biǎo zhème duōnián hòu háizài zǒu.; [*bell +*] 敲响(響) qiāoxiǎng
7 (*become*) ▸ **to go pale/mouldy/bald** 变(變)得苍(蒼)白/发(發)霉(黴)/秃(禿)顶(頂) biàn de cāngbái/fāméi/tūdǐng ▸ **she went red** 她脸(臉)红(紅)了 tā liǎn hóng le
8 (*be sold*) ▸ **to go for £10** 卖(賣)10镑(鎊) mài shí bàng
9 (*be about to, intend to*) ▸ **are you going to come?** 你要来(來)吗(嗎)? nǐ yào lái ma? ▸ **I think it's going to rain** 我想天要下雨了 wǒxiǎng tiān yào xiàyǔ le ▸ **I'm going to be a doctor when I grow up** 我长(長)大后(後)想成为(為)一名医(醫)生 wǒ zhǎngdà hòu xiǎng chéngwéi yīmíng yīshēng
10 (*progress*) [*time, event, activity +*] 进(進)行 jìnxíng ▸ **time went very slowly/quickly** 时(時)间(間)过(過)得很慢/很快 shíjiān guòde hěnmàn/hěnkuài ▸ **how did it go?** 这(這)事进(進)展如何? zhè shì jìnzhǎn rúhé?
11 (*be placed*) ▸ **where does this cup go?** 把这(這)个(個)茶杯放在哪儿(兒)? bǎ zhège chábēi fàng zài nǎr? ▸ **the milk goes in the fridge** 牛奶放在冰箱里(裡) niúnǎi fàng zài bīngxiāng lǐ ▸ **it won't go in** 放不进(進)去 fàng bù jìnqù
12 (*lead*) [*road, path +*] 通向 tōngxiàng
13 (*pass*) 归(歸) guī ▸ **the job is to go to someone else** 这(這)份工作将(將)归(歸)别(別)人所得 zhè fèn gōngzuò jiāng guī biérén suǒdé ▸ **and the prize goes to...** 奖(獎)品归(歸)… jiǎngpǐn guī...
14 (*fail*) [*sight, hearing +*] 减(減)退 jiǎntuì; [*clutch, battery +*] 衰竭 shuāijié ▸ **the battery's going** 电(電)池没(沒)电(電)了 diànchí méidiàn le
15 (*be removed*) [*object +*] 被丢(丟)弃(棄) bèi diūqì; [*jobs +*] 被取消 bèi qǔxiāo; [*employee +*] 被辞(辭)退 bèi cítuì ▸ **more jobs are to go at the factory** 这(這)家工厂(廠)会(會)有更多的工作被取消 zhè jiā gōngchǎng huì yǒu gèngduō de gōngzuò bèi qǔxiāo
16 (*combine well*) [*colours, clothes, foods +*] 相配 xiāngpèi

g

17 (*say*) [*story, poem, saying* +] 正如…所说(說) zhèngrú...suǒshuō ▸ **as the story goes** 如故事中所讲(講)的 rú gùshì zhōng suǒjiǎng de
18 (*be available*) ▸ **there's a flat going downstairs** 楼(樓)下有间(間)空的公寓 lóuxià yǒu jiān kòng de gōngyù ▸ **I'll take whatever's going** 无(無)论(論)什么(麼)样(樣)的我都要 wúlùn shénme yàng de wǒ dōu yào
19 (*to take away*) ▸ **a hamburger and fries to go** (*US*) 汉(漢)堡包和炸薯条(條)外卖(賣) hànbǎobāo hé zhá shǔtiáo wàimài
20 (*in other expressions*) ▸ **there's still a week to go before the exams** 考试(試)前还(還)有一个(個)星期的时(時)间(間) kǎoshì qián háiyǒu yīgè xīngqī de shíjiān ▸ **he has a lot going for him** 他有很多有利条(條)件 tā yǒu hěnduō yǒulì tiáojiàn ▸ **to get going** 走 zǒu ▷ *Give me the keys. I've got to get going.* 给我钥匙。我得走了。Gěi wǒ yàoshi. Wǒ děi zǒu le. ▸ **to keep going** 继(繼)续(續)下去 jìxù xiàqù
II VT (*travel*) [+ *distance*] 走 zǒu
III N **1** [c] (*try*) 尝(嘗)试(試) chángshì [次 cì] ▸ **to have a go (at sth/at doing sth)** 试(試)一下（某事/做某事） shì yīxià (mǒushì/zuò mǒushì)
2 [c] (*turn*) 轮(輪)流 lúnliú [次 cì] ▸ **whose go is it?** 轮(輪)到谁(誰)了？ lúndào shuí le? ▸ **it's your go** 轮(輪)到你了 lúndào nǐ le
3 ▸ **to have sth on the go** 手头(頭)上正忙着(著)某事 shǒutóushang zhèng mángzhe mǒushì
4 (*esp Brit; inf*) (*move*) ▸ **to be on the go** 忙忙碌碌 mángmáng lùlù
▸**go about I** VT FUS (*tackle*) 处(處)理 chǔlǐ ▸ **how do I go about doing this?** 我该(該)怎样(樣)着(著)手做这(這)事呢？ wǒ gāi zěnyàng zhuóshǒu zuò zhè shì ne?
II VI **1** [*rumour* +] 传(傳)开(開) chuánkāi ▸ **there's a rumour going about that...** 一条(條)关(關)于(於)…的谣(謠)言正流传(傳)开(開)来(來) yītiáo guānyú...de yáoyán zhèng liúchuán kāilái
2 (*manner*) ▸ **he goes about in a white suit** 他总(總)是穿着(著)白西装(裝) tā zǒngshì chuānzhe bái xīzhuāng
▸**go after** VT FUS **1** (*pursue*) [+ *person*] 追赶(趕) zhuīgǎn
2 (*try to get*) [+ *job*] 设(設)法得到 shèfǎ dédào; [+ *record*] 设(設)法打破 shèfǎ dǎpò
▸**go against** VT FUS **1** (*be unfavourable to*) 不利于(於) bù lìyú
2 (*disregard*) [+ *advice, wishes etc*] 违(違)背 wéibèi
▸**go ahead** VI **1** (*take place*) [*event* +] 发(發)生 fāshēng
2 (*press on*) ▸ **to go ahead with sth** 着(著)手做某事 zhuóshǒu zuò mǒushì ▸ **go ahead!** (*encouraging*) 干(幹)吧！ gànba!
▸**go along** VI 去 qù
▸**go along with** VT FUS (*agree with*) [+ *plan, idea, decision*] 赞(贊)同 zàntóng; [+ *person*] 同意 tóngyì
▸**go around** VI **1** (*circulate*) [*news, rumour* +] 传(傳)播 chuánbō
2 (*revolve*) 转(轉)动(動) zhuàndòng
3 (*esp Brit*) (*visit*) ▸ **to go around (to sb's)** 拜访(訪)（某人的家） bàifǎng (mǒurén de jiā)
4 (*suffice*) 够(夠)每人一份 gòu měirén yī fèn
5 (*as a habit*) 习(習)惯(慣)于(於) xíguàn yú ▸ **he goes around in an orange baseball cap** 他总(總)是戴着(著)一顶(頂)橘黄(黃)色的棒球帽 tā zǒngshì dàizhe yī dǐng júhuángsè de bàngqiúmào
▸**go away** VI **1** (*leave*) 离(離)开(開) líkāi
2 (*on holiday*) 外出 wàichū
▸**go back** VI (*return*) 返回 fǎnhuí
▸**go back on** VT FUS [+ *promise, agreement*] 背弃(棄) bèiqì
▸**go back to** VT FUS [+ *activity, work, school*] 回到 huídào
▸**go by I** VI [*vehicle, years, time* +] 过(過)去 guòqu
II VT FUS [+ *rule etc*] 遵照 zūnzhào
▸**go down I** VI **1** (*fall*) [*price, level, amount* +] 下降 xiàjiàng
2 (*set*) [*sun* +] 落下 luòxià
3 (*sink*) [*ship* +] 沉没(沒) chénmò
4 (*crash*) [*computer* +] 死机(機) sǐjī; [*plane* +] 坠(墜)毁(毀) zhuìhuǐ
5 (*Sport*) (*lose*) 输(輸)掉 shūdiào; (*be relegated*) 降级(級) jiàngjí ▸ **we went down to Newcastle** 我们(們)输(輸)给(給)了纽(紐)卡斯尔(爾)队(隊) wǒmen shū gěi le Niǔkǎsīěrduì
6 ▸ **to go down well/badly** [*speech, remark, idea* +] 受到/不受欢(歡)迎 shòudào/bù shòu huānyíng
7 ▸ **to go down with flu** 得流感 dé liúgǎn
II VT FUS [+ *stairs, ladder*] 从(從)…下来(來) cóng...xiàlái
▸**go for** VT FUS **1** (*fetch*) 去取 qùqǔ
2 (*opt for*) 选(選)择(擇) xuǎnzé
3 (*be attracted by*) 喜欢(歡) xǐhuan
4 (*attack*) 攻击(擊) gōngjī
5 (*apply to*) 适(適)用于(於) shìyòng yú ▸ **that goes for me too** 那也适(適)用于(於)我 nà yě shìyòngyú wǒ
▸**go in** VI (*enter*) 进(進)去 jìnqù
▸**go in for** VT FUS **1** [+ *competition*] 参(參)加 cānjiā
2 (*like*) 爱(愛)好 àihào ▸ **he doesn't go in for compliments** 他不喜欢(歡)恭维(維) tā bù xǐhuan gōngwéi
▸**go into** VT FUS **1** (*enter*) [+ *building, room*] 进(進)入 jìnrù
2 (*examine*) [+ *subject, details*] 探究 tànjiū
3 (*embark on*) [+ *career*] 从(從)事 cóngshì

▸**go off** I VT FUS (*esp Brit*) (*begin to dislike*) [+ *person, place, idea etc*] 不再喜欢(歡) bù zài xǐhuan
II VI **1** (*leave*) 离(離)去 líqù ▸ **he's gone off to work** 他已经(經)去上班了 tā yǐjīng qù shàngbān le
2 (*explode*) [*bomb, gun* +] 爆炸 bàozhà
3 (*sound*) [*alarm* +] 响(響)起 xiǎngqǐ
4 (*pass off*) [*event* +] 进(進)行 jìnxíng ▸ **the wedding went off without a hitch** 婚礼(禮)进(進)行得非常顺(順)利 hūnlǐ jìnxíng de fēicháng shùnlì
5 (*switch off*) [*lights* +] 熄灭(滅) xīmiè
6 (*esp Brit*) [*food, milk, meat* +] 变(變)质(質) biànzhì
▸**go off with** VT FUS **1** (*run away with*) [+ *lover*] 同…私奔 tóng…sībēn
2 (*take*) [+ *object*] 抢(搶)走 qiǎngzǒu
▸**go on** I VI **1** (*continue*) 继(繼)续(續) jìxù ▸ **to go on with one's work** 继(繼)续(續)自己的工作 jìxù zìjǐ de gōngzuò ▸ **we have enough to be going on with** (*esp Brit*) 目前我们(們)够(夠)了 mùqián wǒmen gòu le ▸ **to go on doing sth** 继(繼)续(續)做某事 jìxù zuò mǒushì
2 (*happen*) 发(發)生 fāshēng ▸ **what's going on here?** 这(這)里(裡)发(發)生什么(麼)事了？ zhèlǐ fāshēng shénme shì le?
3 (*come on*) [*lights etc* +] 打开(開) dǎkāi
4 ▸ **to go on to do sth** 接着(著)做某事 jiēzhe zuò mǒushì
II VT FUS **1** (*be guided by*) [+ *evidence etc*] 把…作为(為)依据(據) bǎ…zuòwéi yījù ▸ **there isn't much to go on** 没(沒)有太多可以依据(據)的东(東)西 méiyǒu tàiduō kěyǐ yījù de dōngxi
2 (*approach*) ▸ **he's going on 50** 他马(馬)上就要50岁(歲)了 tā mǎshàng jiùyào wǔshí suì le
▸**go on about** VT FUS 对(對)…唠(嘮)唠(嘮)叨叨 duì…láolao dāodao
▸**go on at** (*Brit; inf*) VT FUS (*nag*) 向…唠(嘮)唠(嘮)叨叨 xiàng…láolao dāodao ▸ **she's always going on at me to tidy my room** 她总(總)是唠(嘮)唠(嘮)叨叨地要我清理房间(間) tā zǒngshì láolao-dāodao de yào wǒ qīnglǐ fángjiān
▸**go out** VI **1** [*person* +] 离(離)开(開) líkāi; (*to party, club*) 出去消遣 chūqù xiāoqiǎn ▸ **to go out of** 离(離)开(開) líkāi ▸ **are you going out tonight?** 你今晚出去吗(嗎)？ nǐ jīnwǎn chūqù ma?
2 [*couple* +] 和…交往 hé…jiāowǎng ▸ **they've been going out for 3 years and have just got engaged** 他们(們)已经(經)交往3年了，并(並)且刚(剛)刚(剛)订(訂)婚 tāmen yǐjīng jiāowǎng sān nián le, bìngqiě gānggāng dìnghūn ▸ **to go out with sb** 和某人交往 hé mǒurén jiāowǎng
3 (*be extinguished*) [*light, fire* +] 熄灭(滅) xīmiè
▸**go over** I VI 过(過)去 guòqù
II VT (*check*) 仔细(細)检(檢)查 zǐxì jiǎnchá ▸ **to go over sth in one's mind** 在脑(腦)子里(裡)过(過)一遍 zài nǎozi lǐ guò yībiàn
▸**go round** VI = **go around**
▸**go through** VT FUS **1** [+ *place, town*] 路过(過) lùguò
2 (*undergo*) 经(經)历(歷) jīnglì ▸ **he's going through a difficult time** 他正经(經)历(歷)着(著)困难(難)时(時)期 tā zhèng jīnglì zhe kùnnan shíqī
3 (*search through*) 翻遍 fānbiàn
4 (*run through*) [+ *list, book, story*] 仔细(細)查看 zǐxì chákàn
5 (*perform*) [+ *routine, procedure, exercise*] 履行 lǚxíng
▸**go through with** VT FUS [+ *plan, crime*] 做到 zuòdào ▸ **I couldn't go through with it** 我无(無)法把它做完 wǒ wúfǎ bǎ tā zuòwán
▸**go together** VI [*colours, clothes, foods* +] 相配 xiāngpèi
▸**go towards** VT FUS [*money* +] 作为(為)…的部分付款 zuòwéi…de bùfen fùkuǎn
▸**go under** VI **1** (*sink*) [*ship, person* +] 沉没(沒) chénmò
2 [*business, project* +] 失败(敗) shībài
▸**go up** VI **1** (*rise*) [*price, level, value* +] 上涨(漲) shàngzhǎng
2 (*go upstairs*) 上楼(樓) shànglóu
▸**go up to** VT FUS 向…走过(過)去 xiàng…zǒuguòqù
▸**go with** VT FUS **1** (*combine well with*) [*colours, clothes, foods* +] 与(與)…协(協)调(調) yǔ…xiétiáo
2 (*accompany*) 与(與)…相伴共存 yǔ…xiāngbàn gòngcún
▸**go without** VT FUS [+ *food, treats*] 没(沒)有 méiyǒu…

go-ahead ['gəuəhɛd] I N ▸ **the go-ahead** (*for project*) 许(許)可 xǔkě ▸ **to give sb/sth the go-ahead** 准(準)许(許)某人做某事/某事得以进(進)行 zhǔnxǔ mǒurén zuòmǒushì/mǒushì déyǐ jìnxíng II ADJ [+ *person, firm*] 有进(進)取心的 yǒu jìnqǔ xīn de
goal [gəul] N [C] **1** (*Sport*) (*point scored*) 进(進)球得分 jìnqiú défēn [次 cì]; (*on pitch*) 球门(門) qiúmén [个 gè] **2** (*aim*) 目标(標) mùbiāo [个 gè] ▸ **to score a goal** 进(進)一球 jìn yīqiú
goalkeeper ['gəulkiːpəʳ] N [C] 守门(門)员(員) shǒuményuán [个 gè]
goalpost ['gəulpəust] N [C] 门(門)柱 ménzhù [根 gēn] ▸ **to move** *or* **shift the goalposts** 改变(變)规(規)则(則) gǎibiàn guīzé
goat [gəut] N [C] 山羊 shānyáng [只 zhī]
gobble ['gɔbl] VT 狼吞虎咽(嚥) láng tūn hǔ yàn
▸**gobble down** VT 大口吞下 dàkǒu tūnxià
God [gɔd] I N 上帝 Shàngdì II INT 天啊 tiān'a ▸ **to play God** (*pej*) 以上帝自居 yǐ Shàngdì zìjū
god [gɔd] N [C] 天神 tiānshén [个 gè] ▸ **the god**

g

of thunder 雷神 léishén

godchild ['gɔdtʃaɪld] (*pl* **godchildren**) N [c] (*male*) 教子 jiàozǐ; (*female*) 教女 jiàonǚ

goddaughter ['gɔddɔːtəʳ] N [c] 教女 jiàonǚ [个 gè]

goddess ['gɔdɪs] N [c] (*lit*) 女神 nǚshén ▸ **the moon goddess** 月神 yuèshén ▸ **sex/screen goddess** 性感/银(銀)屏女神 xìnggǎn/yínpíng nǚshén

godfather ['gɔdfɑːðəʳ] N [c] **1** (*male godparent*) 教父 jiàofù [位 wèi] **2** (*gangster*) 帮(幫)头(頭) bāngtóu

godmother ['gɔdmʌðəʳ] N [c] 教母 jiàomǔ [位 wèi]

godparent ['gɔdpɛərənt] N [c] 教父教母 jiàofù jiàomǔ

godson ['gɔdsʌn] N [c] 教子 jiàozǐ [个 gè]

goggles ['gɔglz] N PL 护(護)目镜(鏡) hùmùjìng

★ **going** ['gəuɪŋ] I PRESENT PARTICIPLE *of* **go** II ADJ ▸ **the going rate/price** 现(現)行率/时(時)价(價) xiànxínglǜ/shíjià III N ▸ **the going** (*progress*) 进(進)展 jìnzhǎn ▷ *The going was becoming easier as the talks progressed.* 随着对话的进行进展变得更加顺利。Suízhe duìhuà de jìnxíng jìnzhǎn biànde gèngjiā shùnlì.; (*conditions*) 路况(況) lùkuàng ▷ *The going became more difficult as the rain became heavier.* 雨越下越大，路况变得更差了。Yǔ yuèxiàyuè dà, lùkuàng biànde gèngchà le. ▸ **when the going gets tough** 当(當)情况(況)艰(艱)难(難)时(時) dāng qíngkuàng jiānnán shí ▸ **while the going is good** 趁情况(況)顺(順)利时(時) chèn qíngkuàng shùnlì shí ▸ **it was hard** *or* **tough** *or* **heavy going** 困难(難)重重 kùnnan chóngchóng ▸ **that's good** *or* **not bad going** 还(還)不错(錯) hái bùcuò ▸ **a going concern** 运(運)作正常的公司 yùnzuò zhèngcháng de gōngsī

gold [gəuld] I N **1** [U] (*metal*) 黄(黃)金 huángjīn **2** [U] (*jewellery*) 金饰(飾)品 jīnshìpǐn **3** [U] (*colour*) 金色 jīnsè **4** [c] (*Sport*) (*inf*) (*also*: **gold medal**) 金牌 jīnpái [块 kuài] II ADJ **1** (*made of gold*) [+ *ring, watch, tooth*] 金的 jīn de **2** (*gold-coloured*) 金色的 jīnsè de ▸ **as good as gold** 很乖 hěnguāi

golden ['gəuldən] ADJ **1** (*made of gold*) 金制(製)的 jīnzhì de **2** (*colour*) 金色的 jīnsè de **3** (*wonderful*) [+ *opportunity, future*] 绝(絕)妙的 juémiào de

goldfish ['gəuldfɪʃ] (*pl* **goldfish**) N [c] 金鱼(魚) jīnyú [条 tiáo]

goldmine ['gəuldmaɪn] N [s] (*fig*) 金矿(礦) jīnkuàng

gold-plated ['gəuld'pleɪtɪd] ADJ 包金的 bāojīn de

golf [gɔlf] N [U] 高尔(爾)夫球 gāo'ěrfūqiú ▸ **to play golf** 打高尔(爾)夫球 dǎ gāo'ěrfūqiú

golf ball N [c] 高尔(爾)夫球 gāo'ěrfūqiú [个 gè]

golf club N [c] **1** (*stick*) 高尔(爾)夫球棍 gāo'ěrfūqiúgùn [根 gēn] **2** (*organization*) 高尔(爾)夫球俱乐(樂)部 gāo'ěrfūqiú jùlèbù [个 gè]

golf course N [c] 高尔(爾)夫球场(場) gāo'ěrfūqiúchǎng [个 gè]

golfer ['gɔlfəʳ] N [c] 高尔(爾)夫球运(運)动(動)员(員) gāo'ěrfūqiú yùndòngyuán

gone [gɔn] I PP *of* **go** II ADJ 离(離)去的 líqù de III PREP (*Brit; inf*) (*after*) 过(過) guò ▸ **the food's all gone** 食物都没(沒)了 shíwù dōu méi le

gong [gɔŋ] N [c] 锣(鑼) luó [面 miàn]

★ **good** [gud] I ADJ **1** (*pleasant*) 令人愉快的 lìng rén yúkuài de ▷ *They had a really good time.* 他们玩得很开心。Tāmen wánde hěn kāixīn. **2** (*high quality*) [+ *food, school, job*] 好的 hǎo de ▷ *She speaks very good English.* 她英语说得很好。Tā yīngyǔ shuōde hěnhǎo. **3** (*well-behaved*) [+ *boy, girl, dog*] 乖的 guāi de ▷ *Were the kids good?* 孩子们乖吗？ Háizimen guāi ma? **4** (*sensible*) [+ *idea, reason, advice*] 好的 hǎo de ▷ *It was a good idea to bring a torch.* 带手电筒是个好主意。Dài shǒudiàntǒng shì gè hǎo zhǔyi. **5** (*skilful*) 好的 hǎode ▷ *He's a good footballer.* 他是个很好的足球运动员。Tā shì gè hěnhǎo de zúqiú yùndòngyuán. **6** (*positive*) [+ *news, luck, example*] 好的 hǎo de ▷ *a piece of good news* 一条好消息 yītiáo hǎo xiāoxi **7** (*cheerful*) [+ *mood, temper*] 愉快的 yúkuài de ▷ *She had a good time in Italy.* 她在意大利度过了一段愉快的时光。Tā zài Yìdàlì dùguòle yīduàn yúkuài de shíguāng. ▷ *She's in a good mood!* 她心情很好！ **8** (*morally correct*) 公正的 gōngzhèng de ▷ *The president is a good man.* 总统是个公正的人。Zǒngtǒng shì gè gōngzhèng de rén. II N [U] (*right*) 善 shàn ▷ *the battle between good and evil* 善恶之争 shànè zhīzhēng ▸ **good!** 好！ hǎo! ▸ **to be good at (doing) sth** 精于(於)（做）某事 jīngyú (zuò) mǒushì ▸ **to be no good at (doing) sth** 不擅长(長)（做）某事 bù shàncháng (zuò) mǒushì ▸ **to be good for doing sth** (*useful*) 对(對)做某事有帮(幫)助 duì zuò mǒushì yǒu bāngzhù ▸ **it's no good doing...** 做…没(沒)有用 zuò...méiyǒu yòng ▸ **it didn't do any good** 没(沒)什么(麼)用处(處) méi shénme yòngchù ▸ **to be up to no good** 不怀(懷)好意 bù huái hǎoyì ▸ **it's good for you** (*healthy, beneficial*) 对(對)你有益 duì nǐ yǒuyì ▸ **to be good to sb** (*kind*) 对(對)某人很好 duì mǒurén hěnhǎo ▷ *He's always been very good to me.* 他总是对我很好。Tā zǒngshì duì wǒ hěnhǎo. ▸ **to be good with people/with figures** 擅长(長)与(與)人/数(數)字打交道 shàncháng yǔrén/shùzì dǎ jiāodào ▸ **to be good with one's hands** 手很灵(靈)巧 shǒu hěn língqiǎo ▸ **is it any good?** (*will it do?*) 这(這)行吗(嗎)？ Zhè xíng ma? ▷ *There's no honey is sugar any good?* 没有蜂蜜糖行吗？ Méiyǒu fēngmì táng xíng ma?; (*what's it like?*)

怎么(麼)样(樣)? Zěnmeyàng? ▷ *Is her new novel any good?* 她的新小说怎么样? Tā de xīn xiǎoshuō zěnmeyàng? ▶ **it's good to see you** 很高兴(興)见(見)到你 hěn gāoxìng jiàndào nǐ ▶ **it's a good thing you were there, it's a good job you were there** (*Brit*) 幸亏(虧)你在那儿(兒) xìngkuī nǐ zài nàr ▶ **that's very good of you** 你实(實)在太好了 nǐ shízài tàihǎo le ▶ **would you be good enough to...?** 可不可以请(請)您…? Kě bù kěyǐ qǐng nín...? ▶ **good morning/afternoon!** 早上/下午好! zǎoshang/xiàwǔ hǎo! ▶ **good evening!** 晚上好! wǎnshang hǎo! ▶ **good night!** (*before going home*) 再见(見)! zàijiàn!; (*before going to bed*) 晚安! wǎn'ān! ▶ **to feel good** (*happy*) 感到高兴(興) gǎndào gāoxìng ▶ **to make good** [+ *damage, loss*] 弥(彌)补(補) míbǔ ▷ *Three years was a short time in which to make good the deficiencies.* 弥补这些不足,3年的时间是很短的。Míbǔ zhèxiē bùzú, sān nián de shíjiān shì hěn duǎn de.; (*succeed*) 成功 chénggōng ▶ **to take a good look** 好好看一看 hǎohǎo kànyīkàn ▶ **a good while ago** 很久以前 hěn jiǔ yǐqián ▶ **as good as** (*almost*) 几(幾)乎相当(當)于(於) jīhū xiāngdāngyú ▶ **for good** (*forever*) 永久地 yǒngjiǔ de ▶ **for the good of sb** 为(為)了某人的利益 wèile mǒurén de lìyì ▶ **it's for your own good** 是为(為)了你自己好 shì wèi le nǐ zìjǐ hǎo ▶ **to do sb good** 对(對)某人有益 duì mǒurén yǒuyì ▶ **not until I'm good and ready** 直到我彻(徹)底准(準)备(備)好时(時)才 zhídào wǒ chèdǐ zhǔnbèi hǎo shí cái; *see also* **goods**

> 请勿将 **be good for** 和 **be good to** 混淆。若某事 **be good for** 某个个人或组织,即它有益于该人或组织。*The policy is good for company morale.* 如果某人 **be good to** 你,表示他对你很友好,很体贴。*Phil cannot replace my dad but he has been very good to me.*

goodbye [gud'baɪ] INT 再见(見) zàijiàn ▶ **to say goodbye** 告别(別) gàobié

Good Friday N [U] 耶稣受难日,即复活节前的星期五

good-looking ['gud'lukɪŋ] ADJ 好看的 hǎokàn de

good-natured ['gud'neɪtʃəd] ADJ [+ *person*] 性情温(溫)和的 xìngqíng wēnhé de; [+ *discussion*] 和善的 héshàn de

goodness ['gudnɪs] **I** N [U] (*of person*) 善良 shànliáng **II** INT ▶ **(my) goodness!** (我的)天哪! (wǒde) tiānna! ▶ **for goodness sake!** 看在老天爷(爺)的份上! Kàn zài lǎotiānyé de fènshàng! ▶ **goodness gracious!** 天哪! tiānna! ▶ **thank goodness!** 谢(謝)天谢(謝)地! Xiè tiān xiè dì! ▶ **out of the goodness of his heart** 出于(於)他的好心 chūyú tā de hǎoxīn

goods ['gudz] N PL **1** (*Comm*) 商品 shāngpǐn **2** (*possessions*) 动(動)产(產) dòngchǎn ▶ **to come up with** *or* **deliver the goods** (*fig*) 达(達)到要求 dádào yāoqiú

goods train (*Brit*) N [C] 货(貨)物列车(車) huòwù lièchē [列 liè] [美 = **freight train**]

goodwill [gud'wɪl] N [U] 善意 shànyì ▶ **a gesture of goodwill** 善意的表示 shànyì de biǎoshì

goose [guːs] (*pl* **geese**) N [C] 鹅(鵝) é [只 zhī]

gooseberry ['guzbərɪ] N [C] (*fruit*) 醋栗 cùlì [颗 kē] ▶ **to play gooseberry** (*Brit*) 当(當)电(電)灯(燈)泡 dāng diàndēngpào

goose bumps N PL 鸡(雞)皮疙瘩 jīpí gēda ▶ **to get goose bumps** 起鸡(雞)皮疙瘩 qǐ jīpí gēda

gooseflesh ['guːsflɛʃ] N [U] = **goose bumps**

goose pimples N PL = **goose bumps**

gorge [gɔːdʒ] **I** N [C] (*valley*) 峡(峽)谷 xiágǔ [条 tiáo] **II** VT ▶ **to gorge o.s. (on sth)** 狼吞虎咽(嚥)(吃某物) láng tūn hǔ yàn (chī mǒuwù)

gorgeous ['gɔːdʒəs] ADJ **1** [+ *necklace, dress*] 华(華)丽(麗)的 huálì de; [+ *weather, day*] 宜人的 yírén de **2** [+ *person*] 光彩夺(奪)目的 guāngcǎi duó mù de

gorilla [gə'rɪlə] N [C] (*animal*) 大猩猩 dàxīngxing [只 zhī]

gory ['gɔːrɪ] ADJ 血淋淋的 xuèlínlín de ▶ **the gory details** 令人毛骨悚然的细(細)节(節) lìngrén máo gǔ sǒng rán de xìjié

gosh [gɔʃ] INT 啊呀! āyā

gospel ['gɔspl] N **1** [C] (*Rel*) 福音书(書) fúyīnshū **2** [C] (*doctrine*) 信条(條) xìntiáo **3** [U] (*also:* **gospel music**) 福音音乐(樂) fúyīn yīnyuè **4** [U] (*also:* **gospel truth**) 绝(絕)对(對)真理 juéduì zhēnlǐ ▶ **the gospel** (*Christ's teachings*) 福音书(書) fúyīnshū

gossip ['gɔsɪp] **I** N **1** [U] (*rumours*) 流言蜚语(語) liúyán fēiyǔ **2** [C] (*chat*) 闲(閒)谈(談) xiántán [次 cì] **3** [C] (*busybody*) 爱(愛)飞(飛)短流长(長)的人 ài fēi duǎn liú cháng de rén **II** VI (*chat*) 闲(閒)谈(談) xiántán ▶ **to gossip with sb** 和某人闲(閒)谈(談) hé mǒurén xiántán

★ **got** [gɔt] PT, PP *of* **get** ▶ **have you got your umbrella?** 你有伞(傘)吗(嗎)? nǐ yǒu sǎn ma? ▶ **he has got to accept the situation** 他只得接受现(現)状(狀) tā zhǐdé jiēshòu xiànzhuàng ▶ **he's got to be guilty** 他肯定有罪 tā kěndìng yǒu zuì

gotten ['gɔtn] (*US*) PP *of* **get**

gourmet ['guəmeɪ] **I** N [C] (*person*) 美食家 měishíjiā [位 wèi] **II** ADJ [+ *food, cooking*] 精美的 jīngměi de

govern ['gʌvən] **I** VT **1** [+ *country*] 统(統)治 tǒngzhì **2** [+ *event, conduct*] 控制 kòngzhì **II** VI 统(統)治 tǒngzhì

★ **government** ['gʌvnmənt] **I** N **1** [C] (*institution*) 政府 zhèngfǔ [届 jiè] ▷ *The Government is in the wrong.* 是政府的错误。Shì zhèngfǔ de cuòwù. **2** [U] (*act of governing*) 执(執)政

zhízhèng ▷ *He had no previous experience of government.* 他以前没有执政的经验。Tā yǐqián méiyǒu zhízhèng de jīngyàn. **II** CPD [+ *grant, report, official, policy*] 政府 zhèngfǔ

governor ['gʌvənəʳ] N [c] **1** [*of state*] 州长(長) zhōuzhǎng; [*of colony*] 总(總)督 zǒngdū **2** [*of bank, school, hospital*] 董事 dǒngshì ▷ *the Board of Governors* 理事会 lǐshìhuì [个 gè] **3** (*Brit*) [*of prison*] 狱(獄)长(長) yùzhǎng

Govt ABBR (= **government**) 政府 zhèngfǔ

gown [gaun] N [c] **1** (*dress*) 礼(禮)服 lǐfú [套 táo] **2** (*Brit*) [*of teacher, judge*] 礼(禮)袍 lǐpáo [响 xiǎng]

GP N ABBR [c] (= **general practitioner**) 家庭医(醫)生 jiātíng yīshēng [位 wèi]

GPS ['dʒiːpiː'ɛs] N ABBR (= **global positioning system**) 全球定位系统 quánqiú dìngwèi xìtǒng [个 gè]

GR8 ABBR = **great** 太好了 tàihǎo le

grab [græb] **I** VT **1** (*seize*) 抓住 zhuāzhù **2** [+ *food, drink, sleep*] 抓紧(緊)做 zhuājǐn zuò **3** [+ *chance, opportunity*] 抓住 zhuāzhù **4** [+ *attention*] 吸引 xīyǐn **II** VI ▶ **to grab at sth** 抢(搶)某物 qiǎng mǒuwù **III** N ▶ **to make a grab for sth** 向某物抓去 xiàng mǒuwù zhuāqù ▶ **to grab hold of sth/sb** 抓住某物/某人 zhuāzhù mǒuwù/mǒurén

grace [greɪs] **I** N [U] **1** (*gracefulness*) 优(優)雅 yōuyǎ **2** (*dignified behaviour*) 体(體)面 tǐmiàn **II** VT (*adorn*) 使增光 shǐ zēngguāng ▶ **his fall from grace** 他的不得势(勢) tā de bùdé shì ▶ **to fall from grace** 不得势(勢) bùdéshì ▶ **5 days' grace** 5天的宽(寬)限 wǔ tiān de kuānxiàn ▶ **with (a) good/bad grace** 欣然地/勉强(強)地 xīnrán de/miǎnqiǎng de ▶ **to say grace** 谢(謝)恩祈祷(禱) xièēn qídǎo

graceful ['greɪsful] ADJ **1** [+ *animal, athlete, movement, style*] 优(優)美的 yōuměi de **2** (*polite*) 得体(體)的 détǐ de

gracious ['greɪʃəs] **I** ADJ **1** (*courteous*) [+ *person*] 有礼(禮)的 yǒulǐ de; [+ *speech, smile*] 亲(親)切的 qīnqiè de **2** (*elegant*) [+ *era, lifestyle*] 高雅的 gāoyǎ de **II** INT ▶ **(good** *or* **goodness) gracious!** 天哪！tiānna!

grade [greɪd] **I** N [c] **1** (*quality*) [*of goods, product*] 等级(級) děngjí **2** (*rank*) (*in company, organization*) 级(級)别(別) jíbié **3** (*school mark*) 分数(數) fēnshù [个 gè] **4** (*US*) (*school class*) 年级(級) niánjí [个 gè] **5** (*US*) (*gradient*) 坡 pō **II** VT (*rank, class*) 分等次 fēn děngcì ▶ **to make the grade** 达(達)到标(標)准(準) dádào biāozhǔn

grade crossing (*US*) N [c] 铁路线与公路交叉处 [英 = **level crossing**]

grade school (*US*) N [c/U] 小学(學) xiǎoxué [座 zuò] [英 = **primary school**]

gradient ['greɪdɪənt] (*Brit*) N [c] [*of road, slope*] 坡度 pōdù [美 = **grade**]

gradual ['grædjuəl] ADJ [+ *change, process, improvement*] 逐渐(漸)的 zhújiàn de

gradually ['grædjuəlɪ] ADV 逐渐(漸)地 zhújiàn de

graduate [*n* 'grædjuɪt, *vb* 'grædjueɪt] **I** N [c] **1** (*person with degree*) 毕(畢)业(業)生 bìyèshēng [名 míng] **2** (*US*) ▶ **high school/elementary school graduate** 中学(學)/小学(學)毕(畢)业(業)生 zhōngxué/xiǎoxué bìyèshēng [名 míng] **II** VI **1** (*from university*) 毕(畢)业(業) bìyè **2** (*US*) (*from high school/elementary school etc*) 毕(畢)业(業) bìyè **3** (*progress*) 发(發)展 fāzhǎn ▶ **a philosophy graduate, a graduate in philosophy** (*Brit*) 哲学(學)专(專)业(業)毕(畢)业(業)生 zhéxué zhuānyè bìyèshēng

graduation [grædju'eɪʃən] N **1** [U] (*from university*) 毕(畢)业(業) bìyè **2** [U] (*US*) (*from high school, elementary school etc*) 毕(畢)业(業) bìyè **3** [c/U] (*also:* **graduation ceremony**) (*after degree*) 毕(畢)业(業)典礼(禮) bìyè diǎnlǐ [次 cì]; (*US*) (*after high school, elementary school etc*) 毕(畢)业(業)典礼(禮) bìyè diǎnlǐ [次 cì] [次 cì]

graffiti [grə'fiːtɪ] N [U] 涂(塗)鸦(鴉) túyā

graft [grɑːft] **I** N **1** [c] [*of skin, bone*] 移植物 yízhíwù **2** [U] (*Brit; inf*) (*hard work*) 苦差 kǔchāi **3** [U] (*US*) (*bribery*) 贿(賄)赂(賂) huìlù **II** VT ▶ **to graft (onto)** [+ *skin, bone*] 移植（到）yízhí (dào); [+ *plant*] 嫁接（到）jiàjiē (dào) ▶ **skin/bone graft** 皮肤(膚)/骨移植 pífū/gǔ yízhí

grain [greɪn] N **1** [c] [*of wheat, rice*] 谷(穀)粒 gǔlì [颗 kē] **2** [c/U] (*cereals*) 谷(穀)物 gǔwù [粒 lì] **3** [U] (*US*) (*corn*) 玉米 yùmǐ **4** [c] [*of sand, salt, sugar*] 颗(顆)粒 kēlì [个 gè] **5** ▶ **the grain** [*of wood*] 纹(紋)理 wénlǐ [条 tiáo] ▶ **it goes against the grain** 格格不入 gé gé bù rù ▶ **a grain of truth** 一点(點)真实(實)性 yīdiǎn zhēnshíxìng

gram [græm] N [c] 克 kè

grammar ['græməʳ] N [U] **1** (*rules of language*) 语(語)法 yǔfǎ **2** (*use of rules*) 语(語)法运(運)用 yǔfǎ yùnyòng

grammar school (*Brit*) N [c] 文法学校，11到18岁孩子就学的公立学校，学生成绩一般都比较优秀

grammatical [grə'mætɪkl] ADJ 语法的 yǔfǎ de

gramme [græm] (*Brit*) N = **gram**

gran [græn] N [c] (*on mother's side*) 外婆 wàipó; (*on father's side*) 奶奶 nǎinai

grand [grænd] **I** ADJ **1** (*impressive*) [+ *building, landscape*] 壮(壯)丽(麗)的 zhuànglì de; [+ *scheme, design*] 宏伟(偉)的 hóngwěi de **2** (*wonderful*) 美好的 měihǎo de **II** N (*a thousand pounds/dollars*) 1000英镑(鎊)/美元 yī qiān yīngbàng/měiyuán ▶ **grand total** 总(總)数(數) zǒngshù

grandad, granddad ['grændæd] N [c] (*on mother's side*) 外公 wàigōng [位 wèi]; (*on father's side*) 爷(爺)爷(爺) yéye [位 wèi]

grandchild ['græntʃaɪld] (*pl* **grandchildren**) N [c]

(*male on father's side*) 孙(孫)子 sūnzi [个 gè]; (*female on father's side*) 孙(孫)女 sūnnǚ [个 gè]; (*male on mother's side*) 外孙(孫) wàisūn [个 gè]; (*female on mother's side*) 外孙(孫)女 wàisūnnǚ [个 gè]

granddaughter ['grændɔːtəʳ] N [c] (*on father's side*) 孙(孫)女 sūnnǚ [个 gè]; (*on mother's side*) 外孙(孫)女 wàisūnnǚ [个 gè]

grandfather ['grændfɑːðəʳ] N [c] (*on mother's side*) 外公 wàigōng [位 wèi]; (*on father's side*) 爷(爺)爷(爺) yéye [位 wèi]

grandiose ['grændɪəus] ADJ 浮夸的 fúkuā de

grandma ['grænmɑː] N [c] (*on mother's side*) 外婆 wàipó [位 wèi]; (*on father's side*) 奶奶 nǎinai [位 wèi]

grandmother ['grænmʌðəʳ] N [c] (*on father's side*) 外婆 wàipó [位 wèi]; (*on father's side*) 奶奶 nǎinai [位 wèi]

grandpa ['grænpɑː] N [c] (*on mother's side*) 外公 wàigōng [位 wèi]; (*on father's side*) 爷(爺)爷(爺) yéye [位 wèi]

grandparents ['grændpɛərənts] N PL (*on mother's side*) 外公外婆 wàigōng wàipó; (*on father's side*) 爷(爺)爷(爺)奶奶 yéye nǎinai

grand piano N [c] 大钢(鋼)琴 dàgāngqín [架 jià]

Grand Prix ['grɑːn'priː] (*pl* **Grands Prix** *or* **Grand Prix**) N (*motor racing*) 国(國)际(際)汽车(車)大奖(獎)赛(賽) Guójì Qìchē Dàjiǎngsài

grandson ['grænsʌn] N [c] (*on father's side*) 孙(孫)子 sūnzi [个 gè]; (*on mother's side*) 外孙(孫) wàisūn [个 gè]

granite ['grænɪt] N [U] 花岗(崗)石 huāgǎngshí

granny, grannie ['grænɪ] N [c] (*on mother's side*) 外婆 wàipó [位 wèi]; (*on father's side*) 奶奶 nǎinai [位 wèi]

grant [grɑːnt] I VT [+ *request, visa, permission*] 授予 shòuyǔ II N [c] (*award*) 拨(撥)款 bōkuǎn ▸ **to take sb for granted** 认(認)为(為)某人做的事情是理所当(當)然 rènwéi mǒurén zuò de shìqing shì lǐ suǒ dāng rán ▸ **to take sth for granted** 想当(當)然地认(認)为(為)某事 xiǎngdāngrán de rènwéi mǒushì ▸ **to take it for granted that...** 认(認)为(為)…是理所当(當)然 rènwéi…shì lǐ suǒ dāng rán ▸ **to grant that...** 承认(認)… chéngrèn… ▸ **I grant (you) that...** 我（向你）承认(認)… wǒ(xiàng nǐ)chéngrèn…

grape [greɪp] N [c] 葡萄 pútáo [串 chuàn] ▸ **a bunch of grapes** 一串葡萄 yīchuàn pútáo ▸ **sour grapes** 酸葡萄 suān pútáo

grapefruit ['greɪpfruːt] **grapefruit** *or* **grapefruits**) N [c/U] 葡萄柚 pútáo yòu [个 gè]

graph [grɑːf] N [c] 图(圖)表 túbiǎo [幅 fú]

graphic ['græfɪk] ADJ **1** [+ *account, description, scene*] 生动(動)的 shēngdòng de **2** [+ *art, design*] 绘(繪)画(畫)艺(藝)术(術)的 huìhuà yìshù de; *see also* **graphics**

graphic designer N [c] 平面造型设(設)计(計)师(師) píngmiàn zàoxíng shèjìshī [名 míng]

graphics ['græfɪks] I N [U] (*design*) 制(製)图(圖)学(學) zhìtúxué II N PL (*images*) 图(圖)形 túxíng

grapple ['græpl] VI **1** ▸ **to grapple with sb** 与(與)某人搏斗(鬥) yǔ mǒurén bódòu **2** ▸ **to grapple with** [+ *problem*] 设(設)法解决(決) shèfǎ jiějué

grasp [grɑːsp] I VT **1** (*hold, seize*) 抓住 zhuāzhù **2** (*understand*) 理解 lǐjiě II N [s] **1** (*grip*) 紧(緊)握 jǐnwò **2** (*understanding*) 理解力 lǐjiělì ▸ **to slip from sb's grasp** 从(從)某人手中溜掉 cóng mǒurén shǒu zhōng liūdiào ▸ **within/beyond sb's grasp** 为(為)某人力所能及/力所不及 wéi mǒurén lì suǒ néngjí/lì suǒ bùjí ▸ **to grasp at...** [+ *rope, handle*] 向…抓去 xiàng…zhuāqù

grass [grɑːs] I N **1** [c/U] (*Bot*) 草 cǎo [株 zhū] **2** [c] (*Brit; inf*) (*informer*) 告密者 gàomìzhě [名 míng] **3** [U] (*marijuana*) 大麻 dàmá II VI ▸ **to grass on sb** (*Brit; inf*) 告某人的密 gào mǒurén de mì ▸ **the grass** (*the lawn*) 草坪 cǎopíng

grasshopper ['grɑːshɔpəʳ] N [c] 蚱蜢 zhàměng [只 zhī]

grass roots ['grɑːsruːts] I N PL ▸ **the grass roots** 基层(層) jīcéng II CPD [+ *level, opinion, support*] 基层(層)群众(眾) jīcéng qúnzhòng

grate [greɪt] I VI **1** ▸ **to grate (on sth)** (*scrape*) （磨到某物）发(發)出刮擦声(聲) (módào mǒuwù) fāchū guācāshēng **2** ▸ **to grate on sb** (*annoy*) 使某人烦(煩)躁 shǐ mǒurén fánzào II VT [+ *food*] 磨碎 mósuì III N [c] (*for fire*) 炉(爐)栅(柵) lúshān

grateful ['greɪtful] ADJ [+ *person*] 感激的 gǎnjī de ▸ **to be grateful to sb** 感激某人 gǎnjī mǒurén ▸ **to be grateful for** [+ *help, opportunity*] 感激… gǎnjī… ▸ **to be grateful to sb for sth** 为(為)某事感激某人 wèi mǒushì gǎnjī mǒurén

grater ['greɪtəʳ] N [c] 磨碎器 mósuìqì [台 tái] ▸ **cheese/nutmeg grater** 奶酪/肉豆蔻磨碎器 nǎilào/ròudòukòu mósuìqì

gratifying ['grætɪfaɪɪŋ] ADJ (*pleasing, satisfying*) 令人满(滿)意的 lìng rén mǎnyì de ▸ **it is gratifying to...** …是令人满(滿)足的 …shì lìngrén mǎnzú de ▸ **it is gratifying that...** 令人满(滿)足的是… lìngrén mǎnzú de shì…

gratitude ['grætɪtjuːd] N [U] 感激 gǎnjī

grave [greɪv] I N [c] (*tomb*) 坟(墳)墓 fénmù [座 zuò] II ADJ **1** [+ *situation, crisis*] 严(嚴)重的 yánzhòng de; [+ *concern, danger*] 重大的 zhòngdà de **2** [+ *expression, person*] 严(嚴)肃(肅)的 yánsù de

gravel ['grævl] N [U] 砾(礫)石 lìshí

gravestone ['greɪvstəun] N [c] 墓碑 mùbēi [块 kuài]

graveyard ['greɪvjɑːd] N [c] 墓地 mùdì [块 kuài]

gravity ['grævɪtɪ] N [U] **1** (*Phys*) 重力 zhònglì **2** (*seriousness*) 严(嚴)重性 yánzhòngxìng
gravy ['greɪvɪ] N [U] (*sauce*) 肉卤(滷) ròulǔ
gray [greɪ] (US) ADJ = **grey**
graze [greɪz] **I** VI [*animal* +] 吃草 chī cǎo **II** VT **1** (*scrape*) [+ *arm, leg, knee*] 擦伤(傷) cāshāng **2** (*touch lightly*) 擦过(過) cāguò **III** N (*wound*) 擦伤(傷) cāshāng
grease [gri:s] **I** N [U] **1** (*lubricant*) 润(潤)滑油 rùnhuáyóu **2** (*fat*) 油脂 yóuzhī **3** (*dirt*) 油污 yóuwū **II** VT **1** (*lubricate*) 上润(潤)滑油于(於) shàng rùnhuáyóu yú **2** [+ *cooking dish*] 给(給)…涂(塗)油脂 gěi…tú yóuzhī
greasy ['gri:sɪ] ADJ **1** [+ *tools, hands*] 油污的 yóuwū de **2** [+ *food*] 油腻(膩)的 yóunì de **3** [+ *skin, hair*] 多油脂的 duō yóuzhīde
★ **great** [greɪt] **I** ADJ **1** (*large*) [+ *area, amount, number*] 巨大的 jùdà de ▷ *a great black cloud of smoke* 一团巨大的黑烟 yītuán jùdà de hēiyān ▷ *a great number of people* 很多人 hěnduōrén **2** (*considerable*) [+ *success, achievement*] 重大的 zhòngdà de; [+ *pleasure, difficulty, value*] 极(極)大的 jídà de; [+ *risk*] 超乎寻(尋)常的 chāohū xúncháng de **3** (*intense*) [+ *heat, pain*] 强(強)烈的 qiángliè de ▷ *David had a great desire to live in the countryside.* 大卫有住在乡下的强烈愿望。Dàwèi yǒu zhù zài xiāngxià de qiángliè yuànwàng. ▷ *The heat was so great I took off my shirt.* 实在太热了，于是我脱下了我的衬衫。Shízài tài rè le, yúshì wǒ tuōxiàle wǒ de chènshān.; [+ *love*] 深的 shēn de **4** (*important, famous*) [+ *city, person, work of art*] 伟(偉)大的 wěidà de ▷ *the great novels of the 19th century* 19世纪的伟大小说 shíjiǔ shìjì de wěidà xiǎoshuō ▷ *Shakespeare was a great man.* 莎士比亚是个伟人。Shāshìbǐyà shì gè wěirén. **5** (*terrific*) [+ *person, place*] 好极了的 hǎojíle de; [+ *idea*] 棒极了的 bàngjíle de ▷ *It's a great idea.* 这是个棒极了的主意。Zhè shì gè bàngjíle de zhǔyì. **6** (*ardent*) [+ *believer, supporter*] 十足的 shízú de **II** INT ▸ **great!** (*enthusiastically*) 太好了！tàihǎo le!; (*sarcastically*) 天啊！tiān'a! **III** N [C] (*success*) (*person*) 伟(偉)人 wěirén [位 wèi] ▷ *She is one of the greats of modern cinema.* 她是当今电影界的巨星之一。Tā shì dāngjīn diànyǐngjiè de jùxīng zhīyī.; (*work of art, film, literature*) 巨(鉅)作 jùzuò [个 gè] ▷ *the greats of feminist literature* 女权文学的巨作 nǚquán wénxué de jùzuò ▸ **I feel great** 我感觉(覺)好极(極)了 wǒ gǎnjué hǎo jí le ▸ **they're great friends** 他们(們)是挚友 tāmen shì zhìyǒu ▸ **we had a great time** 我们(們)玩得很快活 wǒmen wánde hěn kuàihuo
Great Britain N 大不列颠(顛) Dàbùlièdiān
great-grandfather [greɪt'grænfɑ:ðəʳ] N [C] 曾祖父 zēng zǔfù [位 wèi]
great-grandmother [greɪt'grænmʌðəʳ] N [C] 曾祖母 zēng zǔmǔ [位 wèi]
greatly ['greɪtlɪ] ADV [+ *surprised, amused, honoured*] 非常 fēicháng; [*benefit, improve, increase, reduce* +] 大大地 dàdà de
Greece [gri:s] N 希腊(臘) Xīlà
greed [gri:d] N [U] 贪(貪)婪 tānlán ▸ **greed for sth** 对(對)某物贪(貪)得无(無)厌(厭) duì mǒuwù tān dé wú yàn
greedy ['gri:dɪ] ADJ 贪(貪)心的 tānxīn de ▸ **to be greedy for** [+ *money, power*] 贪(貪)图(圖) tāntú; [+ *affection*] 渴望 kěwàng
Greek [gri:k] **I** ADJ 希腊(臘)的 Xīlà de **II** N **1** [C] (*person*) 希腊(臘)人 Xīlàrén [个 gè] **2** [U] (*modern language*) 希腊(臘)语(語) Xīlàyǔ **3** [U] (*also*: **ancient Greek**) 古希腊(臘)语(語) gǔ Xīlàyǔ
★ **green** [gri:n] **I** ADJ **1** (*colour*) 绿(綠)色的 lǜsè de **2** (*inexperienced*) 缺乏经(經)验(驗)的 quēfá jīngyàn de ▷ *He was very green, straight out of college.* 他刚毕业，没什么经验。Tā gāng bìyè, méi shénme jīngyàn. **3** (*environmental*) 环(環)保的 huánbǎo de ▷ *green activists* 环保分子 huánbǎo fènzǐ **II** N **1** [C/U] (*colour*) 绿(綠)色 lǜsè [抹 mǒ] ▷ *The walls were a bright green.* 墙是鲜绿色的。Qiáng shì xiānlǜsè de. **2** [C] (*Golf*) 球穴区(區) qiúxuéqū **3** [C] (*also*: **village green**) 村庄(莊)公共绿(綠)地 cūnzhuāng gōnggòng lǜdì [块 kuài] **III greens** N PL **1** (*vegetables*) 绿(綠)叶(葉)菜 lǜyècài **2** (*Pol*) ▸ **the Greens** 绿(綠)党(黨)成员(員) lǜdǎng chéngyuán [个 gè] ▸ **to have green fingers** or (*US*) **a green thumb** 擅长(長)侍弄花草 shàncháng shìnòng huācǎo ▸ **to give sb/sth the green light** 准许(許)某人做某事/某事的发(發)生 zhǔnxǔ mǒurén zuò mǒushì/mǒushì de fāshēng ▸ **to be green with envy** 十分妒忌 shífēn dùjì
green card (US) N [C] (*work permit*) 绿(綠)卡 lǜkǎ
greenery ['gri:nərɪ] N [U] 绿(綠)色植物 lǜsèzhíwù
greengage ['gri:ngeɪdʒ] N [C] (*fruit*) 西洋李子 xīyáng lǐzi [个 gè]
greengrocer ['gri:ngrəusəʳ] (*esp Brit*) N [C] **1** (*person*) 蔬菜水果商 shūcài shuǐguǒ shāng [个 gè] **2** (*shop*) (*also*: **greengrocer's**) 果蔬店 guǒshūdiàn [家 jiā]
greenhouse ['gri:nhaus] **I** N [C] 暖房 nuǎnfáng [间 jiān] **II** CPD [+ *gas, emissions*] 温(溫)室 wēnshì
greenhouse effect N ▸ **the greenhouse effect** 温(溫)室效应(應) wēnshì xiàoyìng
Greenland ['gri:nlənd] N 格陵兰(蘭)岛(島) Gélínglándǎo
Greenlander ['gri:nləndəʳ] N [C] 格陵兰(蘭)岛(島)人 Gélínglándǎorén [个 gè]
green salad N [C/U] 蔬菜色拉 shūcài sèlā [盘 pán]
greet [gri:t] VT **1** (*welcome*) [+ *person*] 欢(歡)迎 huānyíng **2** (*receive*) [+ *announcement, news*] 回应(應) huíyìng
greeting ['gri:tɪŋ] N [C] (*welcome*) 问(問)候

wènhòu [个 gè] ▸ **Christmas/birthday greetings** 圣(聖)诞(誕)节(節)/生日祝福 Shèngdànjié/shēngrì zhùfú ▸ **Season's greetings** 节(節)日问(問)候 jiérì wènhòu

greetings card, greeting card N [c] 贺(賀)卡 hèkǎ [张 zhāng]

grew [gruː] PT of **grow**

grey, (US) **gray** [greɪ] **I** ADJ **1** (colour) 灰色的 huīsè de; [+ hair] 灰白的 huībái de **2** (dull) [+ weather, day] 阴(陰)沉的 yīnchén de **3** (fig: faceless) 了无(無)生趣的 liǎowú shēngqù de **II** N [c/ʊ] (colour) 灰色 huīsè [种 zhǒng] ▸ **to go grey** [person, hair +] 变(變)灰白 biàn huībái

grey-haired [greɪˈhɛəd] ADJ 灰白头(頭)发(髮)的 huībái tóufa de

grid [grɪd] N **1** [c] (pattern) 网(網)格状(狀) wǎnggézhuàng [个 gè] **2** ▸ **the (National) Grid** (国(國)家) 输(輸)电(電)网(網) (guójiā) shūdiànwǎng **3** [c] (cover for drain) 阴(陰)沟(溝)铁(鐵)栅(柵) yīngōu tiězhà [个 gè] **4** [c] (diagram) 坐标(標)方格 zuòbiāo fānggé

gridlock [ˈgrɪdlɔk] **I** N [ʊ] **1** (traffic jam) 大堵塞 dàdǔsè **2** (stalemate) 僵局 jiāngjú **II** VT ▸ **to be gridlocked** [roads +] 陷入交通大堵塞 xiànrù jiāotōng dàdǔsè; [talks, process +] 陷入僵局 xiànrù jiāngjú

grief [griːf] N [ʊ] (distress, sorrow) 悲痛 bēitòng ▸ **to come to grief** [plan +] 归(歸)于(於)失败(敗) guīyú shībài; [person +] 遭到不幸 zāodào bùxìng ▸ **good grief!** 哎呀! āiyā!

grievance [ˈgriːvəns] N [c/ʊ] (complaint) 抱怨 bàoyuàn

grieve [griːv] **I** VI (feel sad) 伤(傷)心 shāngxīn **II** VT (sadden) 使伤(傷)心 shǐ shāngxīn ▸ **to grieve for sb** 因某人亡故而伤(傷)心 yīn mǒurén wánggù ér shāngxīn ▸ **to grieve over sth** 因某事伤(傷)心 yīn mǒushì shāngxīn

grievous [ˈgriːvəs] ADJ [+ loss, mistake, blow] 沉痛的 chéntòng de ▸ **grievous bodily harm** (Law) 严(嚴)重的人身伤(傷)害 yánzhòng de rénshēn shānghài

grill [grɪl] **I** N [c] (Brit) (on cooker) 烤架 kǎojià [个 gè] [美 = **broiler**] **II** VT **1** (Brit) [+ food] 烤 kǎo [美 = **broil**] **2** (question) 严(嚴)厉(厲)盘(盤)问(問) yánlì pánwèn

grille [grɪl] N [c] (screen) (on window, counter) 格栅(柵) gézhà ▸ **radiator grille** (on car) 散热(熱)器护(護)栅(柵) sànrèqì hùzhà

grim [grɪm] ADJ **1** (unpleasant) [+ situation, news] 严(嚴)酷的 yánkù de **2** (unattractive) [+ place] 阴(陰)森的 yīnsēn de **3** (serious, stern) [+ person, expression] 令人生畏的 lìng rén shēng wèi de ▸ **grim reality** 严(嚴)酷的现(現)实(實) yánkù de xiànshí

grime [graɪm] N [ʊ] (dirt) 污垢 wūgòu

grin [grɪn] **I** N [c] (smile) 露齿(齒)的笑 lòuchǐ de xiào [种 zhǒng] **II** VI 露齿(齒)而笑 lòuchǐ ér xiào ▸ **to grin and bear it** 逆来(來)顺(順)受 nì lái shùn shòu

grind [graɪnd] (pt, pp **ground**) **I** VT **1** (crush) [+ coffee, pepper] 磨碎 mósuì **2** (squash) 碾 niǎn **3** (US) [+ meat] 绞(絞)碎 jiǎosuì **4** (sharpen) [+ knife, blade] 磨快 mókuài **II** VI [vehicle, gears +] 轰(轟)鸣(鳴)着(著)缓(緩)慢行进(進) hōngmíngzhe huǎnmàn xíngjìn **III** N ▸ **the grind** (work) 苦差 kǔchāi ▸ **to grind one's teeth** 咬牙切齿(齒) yǎo yá qiè chǐ ▸ **to grind to a halt** [vehicle +] 嘎嘎作响(響)地慢慢停下 gāgā zuò xiǎng de mànmàn tíngxià; [talks, production +] 逐渐(漸)停滞(滯) zhújiàn tíngzhì
▸**grind down** (fig) VT [+ person] 消磨…的意志 xiāomó…de yìzhì
▸**grind out** VT (churn out) 费(費)心劳(勞)力地做出 fèixīn láolì de zuòchū

grip [grɪp] **I** N **1** [c] (hold) 紧(緊)握 jǐnwò **2** [s] (control) 支配 zhīpèi **3** [ʊ/s] [of tyre, shoe] 抓力 zhuālì **II** VT **1** [+ object] 紧(緊)握 jǐnwò **2** [+ audience, attention] 吸引住 xīyǐnzhù ▸ **to come** or **get to grips with** [+ problem, difficulty] 认(認)真对(對)付 rènzhēn duìfù ▸ **to lose one's grip (on)** (fig) 失去控制 shīqù kòngzhì ▸ **to get a grip on** 把握住 bǎwò zhù ▸ **in the grip of** 笼(籠)罩在…中 lǒngzhào zài…zhōng

gripping [ˈgrɪpɪŋ] ADJ [+ story, film] 扣人心弦(絃)的 kòurén xīnxuán de

grisly [ˈgrɪzlɪ] ADJ [+ death, murder] 恐怖的 kǒngbù de

grit [grɪt] **I** N [ʊ] **1** (sand, gravel) 沙粒 shālì **2** (determination) 勇气(氣) yǒngqì **II** VT [+ road] 用沙子覆盖(蓋) yòng shāzi fùgài **III grits** N PL (US: Culin) 粗玉米粉 cūyùmǐfěn ▸ **to grit one's teeth** (lit) 咬紧(緊)牙 yǎojǐn yá; (fig) 咬紧(緊)牙关(關) yǎojǐn yáguān

groan [grəun] **I** N [c] (of pain) 呻吟 shēnyín [阵 zhèn]; (of unhappiness) 哼声(聲) hēngshēng [声 shēng]; (of disappointment, disapproval) 嘘(噓)声(聲) xūshēng **II** VI **1** (in pain) 呻吟 shēnyín; (with disapproval) 嘟囔 dūnang **2** [tree, floorboard +] 发(發)出嘎吱声(聲) fāchū gāzhīshēng **III** VT ▸ **"not again!" he groaned** "够(夠)了!" 他抱怨道 "gòu le!" tā bàoyuàn dào

grocer [ˈgrəusəʳ] N [c] **1** (person) 食品杂(雜)货(貨)商 shípǐn záhuòshāng [个 gè] **2** (shop) (also: **grocer's**) 食品杂(雜)货(貨)店 shípǐn záhuòdiàn [家 jiā]

grocery [ˈgrəusərɪ] **I** N [c] (also: **grocery shop**) (Brit) (also: **grocery store**) (esp US) 食品杂(雜)货(貨)店 shípǐn záhuòdiàn [家 jiā] **II groceries** N PL (provisions) 食品杂(雜)货(貨) shípǐn záhuò

groin [grɔɪn] N [c] 腹股沟(溝) fùgǔgōu

groom [gruːm] **I** N [c] **1** (for horse) 马(馬)夫(伕) mǎfū **2** (also: **bridegroom**) 新郎 xīnláng [位 wèi] **II** VT [+ horse] 给(給)…刷毛 gěi…shuāmáo ▸ **to be groomed for sth** 接受做某事的培养(養) jiēshòu zuò mǒushì de péiyǎng ▸ **well-groomed** [+ *person*] 服饰(飾)整洁(潔)的 fúshì zhěngjié de

groove [gru:v] N [c] **1** (*in record, surface*) 槽 cáo **2** (*rhythm*) 节(節)奏 jiézòu

grope [grəup] VI **1** ▸ **to grope for** (*lit: feel for*) 摸索 mōsuǒ; (*fig: try to think of*) [+ *word, phrase*] 搜寻(尋) sōuxún **2** (*molest*) 性骚(騷)扰(擾) xìng sāorǎo ▸ **to grope one's way through/towards sth** 摸索着(著)通过(過)/走向某物 mōsuǒzhe tōngguò/zǒuxiàng mǒuwù

gross [grəus] **I** ADJ **1** (*extreme*) [+ *misconduct, indecency, negligence*] 严(嚴)重的 yánzhòng de **2** (*horrible*) 粗俗的 cūsú de **3** (*Comm*) [+ *weight*] 毛的 máo de; [+ *income, profit, interest*] 总(總)的 zǒng de **II** N PL (*twelve dozen*) 罗(羅) luó **III** VT (*Comm*) ▸ **to gross £500,000** 获(獲)得50万(萬)英镑(鎊)的总(總)收入 huòdé wǔshí wàn yīngbàng de zǒng shōurù **IV** ADV (*Comm*) 税(稅)前地 shuìqián de

grossly ['grəuslɪ] ADV (*greatly*) [+ *unfair, exaggerated, inadequate*] 十分地 shífēn de

grotesque [grə'tɛsk] ADJ **1** (*shocking*) 荒唐的 huāngtáng de **2** (*ugly*) 丑(醜)陋的 chǒulòu de

★ **ground** [graund] **I** PT, PP *of* **grind II** N **1** (*floor*) ▸ **the ground** 地面 dìmiàn ▹ *He picked his coat up from the ground.* 他从地上拾起大衣。Tā cóng dìshang shíqǐ dàyī. **2** (*earth, soil, land*) ▸ **the ground** 土地 tǔdì ▹ *The ground was very wet and soft.* 土地非常潮湿松软。Tǔdì fēicháng cháoshī sōngruǎn. ▹ *a rocky piece of ground* 一块多岩石的土地 yīkuài duō yánshí de tǔdì **3** [c] (*Sport*) 场(場) chǎng ▹ *Manchester United's football ground* 曼联队的足球场 mànliánduì de zúqiúchǎng **4** [c] (*US: Elec*) 接地装(裝)置 jiēdì zhuāngzhì [英 = **earth**] **III grounds** N PL **1** (*gardens etc*) 庭园(園) tíngyuán ▹ *the palace grounds* 宫殿庭园 gōngdiàn tíngyuán **2** (*reasons, basis*) 理由 lǐyóu [个 gè] **3** (*also*: **coffee grounds**) 咖啡渣 kāfēizhā **IV** VT **1** [+ *plane*] 使停飞(飛) shǐ tíngfēi **2** [+ *child*] 限制出门(門) xiànzhì chūmén ▹ *His father grounded him for a month.* 他爸爸整个月都限制他出门。Tā bàba zhěnggè yuè dōu xiànzhì tā chūmén. **3** (*US: Elec*) 使接地 shǐ jiēdì [英 = **earth**] **V** ADJ **1** [+ *coffee, almonds, spice, pepper*] 磨碎的 mósuì de **2** (*US*) [+ *meat*] 绞(絞)碎的 jiǎosuì de **VI** VI [*ship* +] 搁(擱)浅(淺) gēqiǎn ▹ *the rocks where the ship had grounded* 船搁浅处的礁石 chuán gēqiǎnchù de jiāoshí ▸ **on the ground** 在地面上 zài dìmiàn shàng ▸ **the facilities on the ground** 地面设(設)备(備) dìmiàn shèbèi ▸ **below/above ground** 地下/上 dìxià/shang ▸ **common ground** 共同点(點) gòngtóngdiǎn ▸ **to gain/lose ground** (*fig*) 越来(來)越看好/渐(漸)失优(優)势(勢) yuèláiyuè kànhǎo/jiàn shī yōushì ▸ **to get off the ground** (*fig*) 开(開)始进(進)行 kāishǐ jìnxíng ▸ **to stand** *or* **hold one's ground** 坚(堅)持立场(場) jiānchí lìchǎng ▸ **to be thin on the ground** (*Brit*) 为(為)数(數)不多 wéishù bùduō ▸ **to break new ground** 开(開)辟(闢)新天地 kāipì xīn tiāndì ▸ **to burn/raze sth to the ground** 把某物烧(燒)成平地/夷为(為)平地 bǎ mǒuwù shāochéng píngdì/yíwéi píngdì ▸ **to go to ground** 躲了起来(來) duǒle qǐlái ▸ **to find the middle ground** 找到中间(間)立场(場) zhǎodào zhōngjiān lìchǎng ▸ **to prepare the ground for sth** 为(為)某事铺(鋪)平道路 wéi mǒushì pūpíng dàolù ▸ **to shift** *or* **change one's ground** 改变(變)立场(場) gǎibiàn lìchǎng ▸ **it suits him down to the ground** (*Brit; inf*) 这(這)完全适(適)合他 zhè wánquán shìhé tā ▸ **grounds for** [+ *optimism, hope, concern*] …的原因 …de yuányīn; [+ *divorce, appeal, complaint*] …的理由 …de lǐyóu ▸ **grounds for doing sth** 做某事的根据(據) zuò mǒushì de gēnjù ▸ **on (the) grounds of** 以…为(為)理由 yǐ…wéi lǐyóu ▸ **on the grounds that...** 以…为(為)理由 yǐ…wéi lǐyóu ▸ **on medical/humanitarian grounds** 基于(於)健康状(狀)况(況)/人道主义(義) jīyú jiànkāng zhuàngkuàng/réndào zhǔyì ▸ **burial/hunting ground(s)** 坟(墳)地/猎(獵)场(場) féndì/lièchǎng

groundcloth ['graundklɔθ] (*US*) N [c] 铺(鋪)地防潮布 pūdì fángcháobù [块 kuài] [英 = **groundsheet**]

ground floor N [c] 一楼(樓) yīlóu [层 céng] [美 = **first floor**]

grounding ['graundɪŋ] N (*foundation*) ▸ **a grounding in** …的基础(礎) …de jīchǔ

groundsheet ['graundʃi:t] (*Brit*) N [c] 铺(鋪)地防潮布 pūdì fángcháobù [块 kuài] [美 = **groundcloth**]

groundwork ['graundwə:k] N [U] (*preparation*) 基础(礎) jīchǔ ▸ **to lay the groundwork for sth** 为(為)某事打下基础(礎) wèi mǒushì dǎxià jīchǔ

★ **group** [gru:p] **I** N [c] **1** (*of people, buildings etc*) 组(組) zǔ [个 gè] ▹ *A group of experts are on the case.* 一组专家正在解决问题。Yī zǔ zhuānjiā zhèngzài jiějué wèntí. ▹ *dinner with a small group of friends* 和几个朋友吃的晚饭 hé jǐ gè péngyou chī de wǎnfàn **2** (*organization*) 团(團)体(體) tuántǐ ▹ *members of an environmental group* 一个环保团体的成员 yīgè huánbǎo tuántǐ de chéngyuán **3** (*also*: **pop group, rock group**) 组(組)合 zǔhé [个 gè] **4** (*Comm*) (*of businesses*) 集团(團) jítuán **II** VT (*organize, arrange*) 把…分组(組) bǎ…fēnzǔ ▸ **in groups** 成组(組)地 chéngzǔ de ▸ **age/income group** 年龄(齡)/收入组(組) niánlíng/shōurù zǔ ▸ **newspaper/property group** 报(報)纸(紙)/房地产(產)集团(團) bàozhǐ/fángdìchǎn jítuán

▸ **group together** VI (*band together*) 团(團)结(結)起来(來) tuánjié qǐlái ▹ *They encouraged the workers to group together.* 他们鼓励工人们团

结起来。Tāmen gǔlì gōngrénmen tuánjié qǐlái.

grouse [graus] **I** N **1** [c/u] (*game bird*) 松鸡(雞) sōngjī [只 zhī] **2** [c] (*complaint*) 牢骚(騷) láosāo **II** VI (*complain*) 发(發)牢骚(騷) fā láosāo

grovel ['grɔvl] VI **1** (*be humble*) 奴颜(顏)婢膝 nú yán bì xī **2** (*crawl about*) 爬行 páxíng ▸ **to grovel to sb** 向某人卑躬屈膝 xiàng mǒurén bēi gōng qū xī

★ **grow** [grəu] (*pt* **grew**, *pp* **grown**) **I** VI **1** [*plant, tree* +] 生长(長) shēngzhǎng ▹ *the oak tree growing at the end of the lane* 长在小巷尽头的橡树 zhǎng zài xiǎoxiàng jìntóu de xiàngshù; [*person, animal* +] 长(長)大 zhǎngdà ▹ *He's grown a lot since I last saw him.* 自从我上次见他，他长大了许多。Zìcóng wǒ shàngcì jiàn tā, tā zhǎngdàle xǔduō.; [*hair, nails* +] 留 liú **2** (*increase*) [*amount, feeling, problem* +] 扩(擴)大 kuòdà ▹ *Their influence is steadily growing.* 他们的影响在稳步扩大。Tāmen de yǐngxiǎng zài wěnbù kuòdà.; [*economy, business* +] 发(發)展 fāzhǎn **II** VT [+ *flowers, vegetables*] 栽种(種) zāizhòng ▹ *I'm growing leeks in my garden.* 我在花园里种韭葱。Wǒ zài huāyuán lǐ zhòng jiǔcōng.; [+ *beard, hair*] 留 liú ▹ *I've decided to grow my hair.* 我决定留头发。Wǒ juédìng liú tóufa. ▸ **to grow (by) 20cm** 长(長)了20厘(釐)米 zhǎngle èrshí límǐ ▸ **to grow by 10%** 增长(長)10% zēngzhǎng bǎi fēn zhī shí ▸ **to grow rich/old/impatient** 变(變)富/变(變)老/变(變)得不耐烦(煩) biànfù/biànlǎo/biànde bù nàifán

▸**grow apart** VI 变(變)得有隔阂(閡) biàn de yǒu géhé

▸**grow into** VT FUS (*become*) 变(變)成 biànchéng

▸**grow on** VT FUS ▸ **to grow on sb** 越来(來)越为(為)某人喜欢(歡) yuèláiyuè wéi mǒurén xǐhuan ▹ *That painting is growing on me.* 我越来越喜欢那幅画。Wǒ yuèláiyuè xǐhuan nà fú huà.

▸**grow out of** VT FUS [+ *clothes*] 长(長)得穿不下 zhǎng de chuān bù xià; [+ *habit*] 逐渐(漸)放弃(棄) zhújiàn fàngqì ▹ *He grew out of his late night coffee habit.* 他逐渐放弃了晚上喝咖啡的习惯。Tā zhújiàn fàngqìle wǎnshang hē kāfēi de xíguàn. ▹ *Many children suck their thumbs. Most of them grow out of it.* 很多孩子嘬大拇指，但大多数大了就不会了。Hěnduō háizi zuō dàmǔzhǐ, dàn dàduōshù dàle jiù bùhuì le.

▸**grow up** VI (*be brought up*) 长(長)大 zhǎngdà ▹ *She grew up in Japan.* 她在日本长大。Tā zài Rìběn zhǎngdà.; (*be mature*) 成熟 chéngshú ▹ *It's time you grew up.* 你到了应该成熟的时候了。Nǐ dàole yīnggāi chéngshú de shíhou le.

grower ['grəuə^r] N [c] ▸ **fruit/vegetable growers** 果/菜农(農) guǒ/càinóng [个 gè]

growing ['grəuɪŋ] ADJ **1** [+ *number*] 日趋(趨)增多的 rìqū zēngduō de; [+ *concern, pressure, demand*] 越来(來)越多的 yuèláiyuè duō de; [+ *interest, awareness*] 日益增强(強)的 rìyì zēngqiáng de; [+ *problem, evidence*] 日趋(趨)严(嚴)重的 rìqū yánzhòng de **2** [+ *child, plant*] 生长(長)中的 shēngzhǎng zhōng de ▸ **fast-growing** [+ *business, market*] 高速发(發)展的 gāosù fāzhǎn de

growl [graul] **I** VI **1** [*dog, bear, lion* +] 嗥叫 háojiào **2** [*person* +] 咆哮 páoxiào **II** VT [*person* +] 低吼 dīhǒu **III** N [c] **1** [*of dog, bear, lion*] 嗥叫 háojiào [声 shēng] **2** [*of person*] 低吼 dīhǒu

grown [grəun] **I** PP *of* **grow** **II** ADJ [+ *man, woman*] 成年的 chéngnián de

grown-up [grəun'ʌp] **I** N [c] (*adult*) 成年人 chéngniánrén [个 gè] **II** ADJ **1** (*fully grown*) 成人的 chéngrén de **2** (*mature*) 成熟的 chéngshú de

growth [grəuθ] **I** N **1** [u/s] [*of economy, industry*] 发(發)展 fāzhǎn **2** [u] [*of child, animal, plant*] 生长(長) shēngzhǎng **3** [c] (*tumour*) 肿(腫)块(塊) zhǒngkuài ▸ **a growth in sth** 某方面的发(發)展 mǒu fāngmiàn de fāzhǎn ▸ **population/earnings/sales growth** 人口/收入/销(銷)售量的增长(長) rénkǒu/shōurù/xiāoshòuliàng de zēngzhǎng **II** CPD [+ *industry, area*] 成长(長)型 chéngzhǎngxíng

grub [grʌb] N **1** [c] (*larva*) 蛴(蠐)螬 qícáo [条 tiáo] **2** [u] (*food*) 食物 shíwù

grubby ['grʌbɪ] ADJ **1** (*dirty*) [+ *person, clothes*] 肮脏(臟)的 āngzāng de **2** (*sordid*) [+ *business, tactics*] 卑鄙的 bēibǐ de

grudge [grʌdʒ] N [c] (*grievance*) 积(積)怨 jīyuàn [种 zhǒng] ▸ **to have** *or* **bear a grudge (against sb)** 对(對)（某人）怀(懷)恨在心 duì (mǒurén) huáihèn zàixīn

grudging ['grʌdʒɪŋ] ADJ [+ *respect, admiration, acceptance*] 勉强(強)的 miǎnqiǎng de

gruelling, (US) **grueling** ['gruəlɪŋ] ADJ [+ *experience, activity, schedule*] 折磨人的 zhémórén de

gruesome ['gru:səm] ADJ [+ *murder, discovery, details*] 令人毛骨悚然的 lìng rén máo gǔ sǒngrán de

grumble ['grʌmbl] **I** VI (*complain*) 抱怨 bàoyuàn **II** VT (*complain*) 表示不满(滿) biǎoshì bùmǎn ▸ **to grumble that...** 抱怨… bàoyuàn... **III** N [c] (*complaint*) 抱怨 bàoyuàn

grumpy ['grʌmpɪ] ADJ 脾气(氣)坏(壞)的 píqì huài de

grunt [grʌnt] **I** VI [*person* +] 发(發)哼哼声(聲) fā hēnghēngshēng; [*pig, bear* +] 发(發)出呼噜声(聲) fāchū hūlūshēng **II** VT 咕哝着(著)表示 gūnongzhe biǎoshì **III** N [c] [*of person*] 咕哝声(聲) gūnongshēng; [*of pig, bear*] 呼噜声(聲) hūlūshēng

GSOH ABBR (= **good sense of humour**) 有幽默感 yǒu yōumògǎn

guarantee [gærən'ti:] **I** N [c] **1** (*assurance*) 保

证(證) bǎozhèng [个 gè] **2** (*Comm*) (*warranty*) 质(質)保承诺(諾) zhìbǎo chéngnuò [个 gè] **II** VT **1** (*promise*) [+ *success, safety, happiness*] 确(確)保 quèbǎo **2** (*ensure*) 保证(證) bǎozhèng **3** (*Comm*) [+ *product, work*] 担(擔)保 dānbǎo ▸ **a/no guarantee that...** 有/没(沒)有…的保证(證) yǒu/méiyǒu...de bǎozhèng ▸ **to guarantee (that)...** 保证(證)… bǎozhèng... ▸ **to guarantee to do sth** 保证(證)做某事 bǎozhèng zuò mǒushì

guaranteed [gærən'tiːd] ADJ [+ *income, price, rate*] 有保证(證)的 yǒu bǎozhèng de; [+ *success, satisfaction*] 确(確)保的 quèbǎo de

guard [gɑːd] **I** N **1** [c] (*sentry*) 警卫(衛) jǐngwèi [个 gè] **2** [U] (*squad*) 保卫(衛)队(隊) bǎowèiduì **3** [c] (*Brit: Rail*) 列车(車)员(員) lièchēyuán [位 wèi] **4** [c] (*protective cover*) 防护(護)装(裝)置 fánghù zhuāngzhì [个 gè] **II** VT [+ *building, entrance, door*] 守卫(衛) shǒuwèi [名 míng]; [+ *person*] 保护(護) bǎohù; [+ *prisoner*] 看守 kānshǒu [名 míng] ▸ **to be on one's guard (against)** 提防 dīfáng ▸ **to lower** *or* **drop one's guard** 放松警惕 fàngsōng jǐngtì ▸ **to catch sb off (their) guard** 乘某人不备(備) chéng mǒurén bùbèi ▸ **to be on guard** 值班 zhíbān ▸ **to stand guard** 站岗(崗) zhàngǎng ▸ **I will guard it with my life** 我将(將)尽(盡)最大努力保护(護) 它 wǒ jiāng jìn zuìdà nǔlì bǎohù tā
▸**guard against** VT FUS [+ *disease, damage*] 防止 fángzhǐ; [+ *complacency*] 警惕 jǐngtì

guarded ['gɑːdɪd] ADJ [+ *person, statement*] 谨(謹)慎的 jǐnshèn de; [+ *optimism*] 有保留的 yǒu bǎoliú de ▸ **a closely guarded secret** 一个(個)严(嚴)格保守的秘(祕)密 yī gè yángé bǎoshǒu de mìmì ▸ **the entrance was heavily guarded** 入口处(處)戒备(備)森严(嚴) rùkǒuchù jièbèi sēnyán

guardian ['gɑːdɪən] N [c] **1** (*Law*) [*of minor*] 监(監)护(護)人 jiānhùrén [名 míng] **2** (*defender*) 保护(護)者 bǎohùzhě [名 míng]

Guatemala [gwɑːtɪ'mɑːlə] N 危地马(馬)拉 Wēidìmǎlā

Guatemalan [gwɑːtɪ'mɑːlən] **I** ADJ 危地马(馬)拉的 Wēidìmǎlā de **II** N [c] 危地马(馬)拉人 Wēidìmǎlārén [个 gè]

guerrilla [gə'rɪlə] **I** N [c] 游击(擊)队(隊)员(員) yóujī duìyuán [名 míng] **II** CPD [+ *group, war*] 游击(擊)队(隊) yóujīduì

guess [gɛs] **I** VT, VI **1** (*conjecture*) 猜测(測) cāicè **2** (*work out*) 推测(測) tuīcè **II** N [c] 猜测(測) cāicè [种 zhǒng] ▸ **I guess so** 我想是吧 wǒxiǎng shi :ba? ▸ **to guess (that)...** (*conjecture*) 猜测(測)… cāicè...; (*work out*) 推测(測)… tuīcè...; (*suppose*) 想… xiǎng... ▸ **to keep sb guessing** 让(讓)某人捉摸不定 ràng mǒurén zhuō mō bù dìng ▸ **guess what** 没(沒)想到吧 méi xiǎngdào ba ▸ **guess what I did last night** 猜猜我昨晚干(幹)什么(麼)了 cāicāi wǒ zuówǎn gàn shénme le ▸ **you're right, I guess** 我想你是对(對)的 wǒxiǎng nǐ shì duì de ▸ **my guess is (that)...** 我的猜测(測)是… wǒde cāicè shì... ▸ **to take** *or* **have** *or* **make a guess** 猜猜看 cāicāi kàn ▸ **I'll give you three guesses** 我让(讓)你猜3次 wǒ ràng nǐ cāi sāncì ▸ **why it happened is anyone's** *or* **anybody's guess** 没(沒)人拿得准(準)究竟是怎么(麼)回事 méirén nádezhǔn jiūjìng shì zěnme huíshì ▸ **best guess** 最佳猜测(測) zuìjiā cāicè
▸**guess at** VT FUS (*estimate*) 估计(計) gūjì

guesswork ['gɛswəːk] N [U] (*speculation*) 猜测(測) cāicè ▸ **to take the guesswork out of sth** 排除某事中的不定因素 páichú mǒushì zhōng de bùdìng yīnsù

guest [gɛst] **I** N [c] (*at home*) 客人 kèrén [位 wèi]; (*on TV, radio show*) 特邀嘉宾(賓) tèyāo jiābīn [位 wèi]; (*at special event*) 宾(賓)客 bīnkè [位 wèi]; (*in hotel*) 房客 fángkè [位 wèi] **II** VI 作特邀嘉宾(賓) zuò tèyāo jiābīn **III** CPD [+ *speaker, appearance*] 特邀 tèyāo ▸ **be my guest** 请(請)便 qǐngbiàn

guesthouse ['gɛsthaus] (*Brit*) N [c] 招待所 zhāodàisuǒ [个 gè]

guest room N [c] 客房 kèfáng [间 jiān]

guidance ['gaɪdəns] N [U] (*advice*) 指导(導) zhǐdǎo ▸ **guidance on (doing) sth** （做）某事的指导(導) (zuò)mǒushì de zhǐdǎo

guide [gaɪd] **I** N [c] **1** (*tour guide*) 导(導)游(遊) dǎoyóu [位 wèi] **2** (*local guide*) 向导(導) xiàngdǎo [位 wèi] **3** (*also*: **guide book**) 指南 zhǐnán [本 běn] **4** ▸ **Guide** (*Brit*) (*group member*) 女童子军(軍)成员(員) Nǚ Tóngzǐjūn Chéngyuán [个 gè] **II Guides** N PL (*Brit*) (*youth group*) 女童子军(軍) Nǚ Tóngzǐjūn [美 = **Girl Scouts**] **III** VT **1** (*round city, museum*) 给(給)…导(導)游(遊) gěi...dǎoyóu **2** (*lead*) 给(給)…领(領)路 gěi...lǐnglù **3** (*with advice*) ▸ **to guide sb through sth** 指引某人做某事 zhǐyǐn mǒurén zuò mǒushì **4** (*influence*) [*conscience, principles* +] 指引 zhǐyǐn **5** (*direct*) 引导(導) yǐndǎo

GUIDES

Guides（女童子军）是英国的 **Girl Guides** 或美国的 **Girl Scouts** 的成员，年龄一般在10到15岁之间（美国为10到14岁之间）。她们分成小组活动，培养实践能力和提高独立性。她们帮助社区其他成员，保护环境并了解不同的文化。活动主要围绕运动，户外技能，急救和看护动物等展开。

guidebook ['gaɪdbuk] N [c] 旅游(遊)指南 lǚyóu zhǐnán [本 běn]

guide dog (*Brit*) N [c] 导(導)盲犬 dǎomángquǎn [只 zhī] [美 = **seeing-eye dog**]

guided tour ['gaɪdɪd-] N [c] 有导(導)游(遊)的

游(遊)览(覽) yǒu dǎoyóu de yóulǎn [次 cì]

guidelines ['gaɪdlaɪnz] N PL 指导(導)方针(針) zhǐdǎo fāngzhēn

guild [gɪld] N [C] (*association*) 协(協)会(會) xiéhuì

guilt [gɪlt] N [U] **1** (*remorse*) 内(內)疚 nèijiù **2** (*responsibility*) 有罪 yǒu zuì

guilty ['gɪltɪ] ADJ **1** (*remorseful*) [+ *person, feelings*] 内(內)疚的 nèijiù de **2** [+ *expression, smile*] 心虚(虛)的 xīnxū de; [+ *secret, conscience*] 自知有过(過)错(錯)的 zìzhī yǒu guòcuò de **3** (*responsible*) 有过(過)失的 yǒu guòshī de **4** (*Law*) 有罪的 yǒuzuì de ▸ **guilty of murder/manslaughter** 谋(謀)杀(殺)/误(誤)杀(殺)罪 móushā/wùshā zuì

Guinea ['gɪnɪ] N ▸ **Republic of Guinea** 几(幾)内(內)亚(亞) Jǐnèiyà

guinea pig ['gɪnɪ-] N **1** (*animal*) 豚鼠 túnshǔ **2** (*person*) 实(實)验(驗)品 shíyànpǐn

guise [gaɪz] N ▸ **in** *or* **under the guise of** 在…的幌子下 zài...de huǎngzi xià ▸ **in a different guise** 在不同的伪(偽)装(裝)下 zài bùtóng de wěizhuāngxià

guitar [gɪ'tɑːʳ] N [C] 吉他 jítā [把 bǎ]

gulf [gʌlf] I N **1** [C] (*bay*) 海湾(灣) hǎiwān [个 gè] **2** [C] (*difference*) 鸿(鴻)沟(溝) hónggōu [道 dào] **3** ▸ **the Gulf** 海湾(灣)地区(區) Hǎiwān Dìqū II CPD ▸ **Gulf** [+ *war, crisis*] 海湾(灣) Hǎiwān

gull [gʌl] N [C] (*seagull*) 海鸥(鷗) hǎiōu [只 zhī]

gullible ['gʌlɪbl] ADJ 易上当(當)的 yì shàngdàng de

gully ['gʌlɪ] N [C] (*ravine*) 隘谷 àigǔ [条 tiáo]

gulp [gʌlp] I VT (*also*: **gulp down**) [+ *food*] 狼吞虎咽(嚥)地吞下 láng tūn hǔ yàn de tūnxià; [+ *drink*] 大口地饮(飲) dàkǒu de yǐn II VI (*from nerves, excitement*) 哽住 gěngzhù III N [C] (*of air*) 一大口 yī dà kǒu; (*of drink, food*) 吞咽(嚥) tūnyàn ▸ **to swallow sth in one gulp** (*food*) 将(將)某物一口吞下 jiāng mǒuwù yīkǒu tūnxià; (*drink*) 将(將)某物一饮(飲)而尽(盡) jiāng mǒuwù yīyǐn ér jìn

gum [gʌm] N **1** [C] (*Anat*) 牙床 yáchuáng [个 gè] **2** [U] (*glue*) 胶(膠) jiāo **3** [U] (*also*: **chewing gum/bubblegum**) 口香糖 kǒuxiāngtáng **4** [C] (*also*: **gumdrop**) (*sweet*) 胶(膠)姆糖 jiāomǔtáng [块 kuài]

▸ **gum up** VT 使出毛病 shǐ chū máobìng

gun [gʌn] N [C] (*small, medium-sized*) 枪(槍) qiāng [支 zhī]; (*large*) 炮(砲) pào [架 jià] ▸ **to stick to one's guns** 固执(執)己见(見) gùzhí jǐjiàn

▸ **gun down** VT 枪(槍)杀(殺) qiāngshā

▸ **gun for** VT FUS 伺机(機)攻击(擊) sìjī gōngjī

gunfire ['gʌnfaɪəʳ] N [U] 炮(砲)火 pàohuǒ

gunman ['gʌnmən] (*pl* **gunmen**) N [C] 持枪(槍)歹徒 chíqiāng dǎitú [名 míng]

gunpoint ['gʌnpɔɪnt] N ▸ **at gunpoint** 在枪(槍)口威胁(脅)下 zài qiāngkǒu wēixié xià

gunpowder ['gʌnpaudəʳ] N [U] 火药(藥) huǒyào

gunshot ['gʌnʃɔt] I N [C] (*act, sound*) 射击(擊) shèjī II CPD [+ *wound*] 枪(槍)击(擊) qiāngjī

gurney ['gəːnɪ] (*US*) N [C] 有轮(輪)子的病床 yǒu lúnzi de bìngchuáng [张 zhāng] [英 = **trolley**]

gush [gʌʃ] I VI **1** [*blood, water, oil* +] 喷出 pēnchū **2** [*person* +] 表现(現)过(過)火 biǎoxiàn guòhuǒ II N [S] [*of water*] 涌(湧)流 yǒngliú

gust [gʌst] I N [C] [*of wind*] 一阵(陣) yī zhèn II VI [*wind* +] 狂风(風)大作 kuángfēng dàzuò

gut [gʌt] I N **1** [C] (*intestine*) 肠(腸)子 chángzi **2** [U] (*Mus, Sport*) (*also*: **catgut**) 羊肠(腸)线(線) yángchángxiàn **3** [C] (*pot belly*) 肚子 dùzi II VT **1** [+ *animal, fish*] 取出…的内(內)脏(臟) qǔchū...de nèizàng **2** [+ *building*] 损(損)毁(毀)…的内(內)部 sǔnhuǐ...de nèibù III **guts** N PL **1** (*Anat*) [*of person, animal*] 内(內)脏(臟) nèizàng **2** (*courage*) 勇气(氣) yǒngqì ▸ **to hate sb's guts** 对(對)某人恨之入骨 duì mǒurén hèn zhī rùgǔ IV CPD [+ *feeling, reaction, instinct*] 直觉(覺) zhíjué

gutter ['gʌtəʳ] N [C] **1** (*in street*) 阴(陰)沟(溝) yīngōu [条 tiáo] **2** (*of roof*) 檐(簷)槽 yáncáo [道 dào] ▸ **to end up in the gutter** 最终(終)落得一无(無)所有 zuìzhōng luò dé yī wú suǒ yǒu

guy [gaɪ] N [C] **1** (*man*) 家(傢)伙 jiāhuo [个 gè] **2** (*Brit*) (*effigy*) 盖(蓋)·福克斯像 gàiyī fúkèsī xiàng **3** (*also*: **guy rope**) 支索 zhīsuǒ ▸ **(you) guys** 伙(夥)计(計)们(們) huǒjìmen

Guyana [gaɪ'ænə] N 圭亚(亞)那 Guīyànà

Guy Fawkes Night [gaɪ'fɔːks-] (*Brit*) N [U] 篝火之夜

GUY FAWKES NIGHT

每年的11月5日，是英国人纪念揭穿盖·福克斯（**Guy Fawkes**）**Gunpowder Plot**（火药阴谋）的日子－1605年11月5日，盖·福克斯企图引爆英国国会两院。孩子们用旧衣服做成盖·福克斯的头像（称为 **guys**），并向过路人要钱，用以在 **Guy Fawkes Night** 购买烟花。这个节日也被叫做 **Bonfire Night**，人们在公园和花园里点燃篝火，并在篝火上焚烧盖·福克斯的头像。

guzzle ['gʌzl] VT [+ *drink*] 狂饮(飲) kuángyǐn; [+ *food*] 大吃 dàchī

gym [dʒɪm] N **1** [C] (*also*: **gymnasium**) 健身房 jiànshēnfáng [个 gè] **2** [U] (*also*: **gymnastics**) 体(體)操 tǐcāo

gymnast ['dʒɪmnæst] N [C] 体(體)操运(運)动(動)员(員) tǐcāo yùndòngyuán [位 wèi]

gymnastics [dʒɪm'næstɪks] N [U] 体(體)操 tǐcāo

gym shoes N PL 体(體)操鞋 tǐcāoxié

gynaecologist, (*US*) **gynecologist** [gaɪnɪ'kɔlədʒɪst] N [C] 妇(婦)科医(醫)生 fùkē yīshēng

gypsy ['dʒɪpsɪ] N [C] 吉卜赛(賽)人 Jípǔsàirén [个 gè]

g

H, h [eɪtʃ] N [c/u] (*letter*) 英语的第八个字母
habit ['hæbɪt] N 1 [c/u] (*custom, practice*) 习(習)惯(慣) xíguàn [个 gè] 2 [c] (*also:* **drug habit**) 瘾(癮) yǐn 3 [c] (*Rel*) (*costume*) 宗袍 zōngpáo [件 jiàn] ▸ **to be in the habit of doing sth** 有做某事的习(習)惯(慣) yǒu zuò mǒushì de xíguàn ▸ **to have a habit of doing sth** 习(習)惯(慣)做某事 xíguàn zuò mǒushì ▸ **to get out of/into the habit of doing sth** 改掉/养(養)成做某事的习(習)惯(慣) gǎidiào/yǎngchéng zuò mǒushì de xíguàn ▸ **to do sth out of habit** 出于(於)习(習)惯(慣)做某事 chūyú xíguàn zuò mǒushì ▸ **don't make a habit of it** 别(別)经(經)常这(這)么(麼)做 bié jīngcháng zhème zuò ▸ **a bad habit** 坏(壞)习(習)惯(慣) huài xíguàn
habitat ['hæbɪtæt] N [c/u] 栖(棲)息地 qīxīdì [处 chù]
habitual [hə'bɪtjuəl] ADJ 1 [+ *action*] 通常的 tōngcháng de 2 [+ *drinker, criminal, liar*] 积(積)习(習)已深的 jīxí yǐshēn de
habitually [hə'bɪtjuəlɪ] ADV [+ *late, untidy etc*] 习(習)惯(慣)性地 xíguànxìng de
hack [hæk] I VT, VI 砍 kǎn II N [c] (*pej: writer*) 雇佣(傭)文人 gùyōng wénrén ▸ **to hack (away) at sth with a knife** 用刀乱(亂)砍某物 yòng dāo luànkǎn mǒuwù ▸ **to hack (one's way/a path) through the jungle** 从(從)丛(叢)林中开(開)出条(條)路来(來) cóng cónglín zhōng kāichū tiáo lù lái ▸ **to hack sb to death** 乱(亂)刀砍死某人 luàndāo kǎnsǐ mǒurén ▸ **to hack sb/sth to pieces** 把某人/某物砍碎 bǎ mǒurén/mǒuwù kǎnsuì ▸ **he can't hack it as a singer** (*inf*) 他没(沒)本事做歌手 tā méi běnshì zuò gēshǒu
▸ **hack into** VT FUS [+ *computer system*] 窃(竊)入 qièrù
▸ **hack off** VT 砍下 kǎnxià
hacker ['hækəʳ] (*Comput*) N [c] 黑客 hēikè
had [hæd] PT, PP *of* **have**
haddock ['hædək] (*pl* **haddock**) N [c/u] 黑线(線)鳕(鱈) hēixiànxuě [条 tiáo] ▸ **smoked haddock** 熏(薰)鳕(鱈)鱼(魚) xūn xuěyú
hadn't ['hædnt] = **had not**
haemorrhage, (US) hemorrhage ['hɛmərɪdʒ] I N [c/u] 出血 chūxiě II VI 出血 chūxiě ▸ **to have a brain haemorrhage** 大脑(腦)内(內)出血 dànǎo nèichūxuè
haemorrhoids, (US) hemorrhoids ['hɛmərɔɪdz] N PL 痔疮(瘡) zhìchuāng
haggle ['hægl] VI 1 (*bargain*) 讨(討)价(價)还(還)价(價) tǎojià huánjià 2 (*argue*) 争(爭)论(論) zhēnglùn ▸ **to haggle over the price of sth** 就某物讨(討)价(價)还(還)价(價) jiù mǒuwù tǎo jià huán jià
hail [heɪl] I N [u] 冰雹 bīngbáo II VT [+ *taxi*] 招手叫停 zhāoshǒu jiàotíng; (*liter*) [+ *person*] 招呼 zhāohu III VI 下雹 xiàbáo ▸ **he died in a hail of bullets** 他死于(於)一阵(陣)弹(彈)雨 tā sǐyú yīzhèn dànyǔ ▸ **the meeting was hailed as a triumph** 会(會)议(議)被认(認)为(為)是一大成功 huìyì bèi rènwéi shì yī dà chénggōng ▸ **he hails from Scotland** 他来(來)自苏(蘇)格兰(蘭) tā láizì Sūgélán
hailstone ['heɪlstəun] N [c] 冰雹 bīngbáo [场 chǎng]
hair [hɛəʳ] N 1 (*human*) [u] (*on head*) 头(頭)发(髮) tóufa [u] (*on body*) 汗毛 hànmáo [c] (*single strand*) 毛发(髮) máofà [根 gēn] 2 [c/u] (*animal on body, single strand*) 毛毛 máomao 3 [c] (*on plants and insects*) 绒(絨)毛 róngmáo ▸ **to do one's hair** 梳头(頭) shūtóu ▸ **to have** *or* **get one's hair done** (*styled*) 打理头(頭)发(髮) dǎlǐ tóufa ▸ **to have** *or* **get one's hair cut** 剪头(頭)发(髮) jiǎn tóufa ▸ **by a hair's breadth** (*fig*) 极(極)端的距离(離) jíduān de jùlí ▸ **to let one's hair down** (*fig*) 放松(鬆)一点(點) fàngsōng yīdiǎn ▸ **to make sb's hair stand on end** (*fig*) 使某人毛骨悚然 shǐ mǒurén máogǔ sǒngrán ▸ **not a hair out of place** 衣着(著)一丝(絲)不乱(亂) yīzhuó yī sī bùluàn ▸ **he didn't turn a hair** 泰然处(處)之 tàirán chǔzhī ▸ **to get in sb's hair** 惹恼(惱)某人 rěnǎo mǒurén
hairbrush ['hɛəbrʌʃ] N [c] 发(髮)刷 fàshuā [把 bǎ]
haircut ['hɛəkʌt] N [c] 1 (*at hairdresser's etc*) 理发(髮) lǐfà [次 cì] 2 (*hairstyle*) 发(髮)型 fàxíng [种 zhǒng] ▸ **to have** *or* **get a haircut** 剪头(頭)发(髮) jiǎn tóufa
hairdo ['hɛədu:] (*inf*) N [c] 发(髮)型 fàxíng [种 zhǒng]
hairdresser ['hɛədrɛsəʳ] N [c] 1 (*person*) 美发(髮)师(師) měifàshī [位 wèi] 2 (*also:* **hairdresser's**) 发(髮)廊 fàláng [个 gè]
hairdryer ['hɛədraɪəʳ] N [c] 吹风(風)机(機) chuīfēngjī [个 gè]
hair gel N [u] 发(髮)胶(膠) fàjiāo
hairspray ['hɛəspreɪ] N [u] 喷发(髮)定型剂(劑) pēnfà dìngxíngjì
hairstyle ['hɛəstaɪl] N [c] 发(髮)型 fàxíng [种 zhǒng]
hairy ['hɛərɪ] ADJ 1 [+ *person, arms, animal*] 多毛的 duōmáo de 2 [+ *leaf, stem*] 毛茸茸的 máoróngróng de 3 (*inf*) [+ *situation*] 惊(驚)险(險)的 jīngxiǎn de
Haiti ['heɪtɪ] N 海地 Hǎidì

hake [heɪk] (*pl* **hake**) N [C/U] 狗鳕(鱈) gǒuxuě [条 tiáo]

★ **half** [hɑːf] (*pl* **halves**) **I** N, PRON [C] **1** [*of amount, object*] 一半 yībàn ▷ *Just give me half (of) that, please.* 请给我一半。qǐng gěi wǒ yībàn. ▷ *We ate half (of) the cake.* 我们吃了蛋糕的一半。Wǒmen chīle dàngāo de yībàn. ▷ *The bridge was re-built in two halves.* 桥是分开两半重建的。Qiáo shì fēnkāi liǎngbàn chóngjiàn de. **2** (*Brit*) [*of beer etc*] 半品脱(脫) bàn pǐntuō ▷ *a half of lager* 半品脱贮藏啤酒 bàn pǐntuō zhùcáng píjiǔ **3** (*Brit*) (*child's ticket*) 半票 bànpiào [张 zhāng] ▷ *A half to Oxford Street, please.* 请给一张到牛津街的半价票。Qǐng gěi yīzhāng dào niújīnjiē de bànjiàpiào. **II** ADJ [+ *bottle*] 一半的 yībàn de ▷ *a half bottle of wine* 半瓶葡萄酒 bànpíng pútáojiǔ **III** ADV [+ *empty, closed, open, asleep*] 半 bàn ▷ *By the end of his speech the room was half empty.* 他讲完话时，人已走了一半了。Tā jiǎngwán huà shí, rén yǐ zǒule yībàn le. ▸ **the two halves of the brain** 左右脑(腦) zuǒyòunǎo ▸ **the first/second half** (*Sport*) 上/下半场(場) shàng/xià bànchǎng ▸ **to cut sth in half** 把某物切成两(兩)半 bǎ mǒuwù qiēchéng liǎngbàn ▸ **two/three** *etc* **and a half** 二/三等点(點)五 èr/sān (děng) diǎn wǔ ▸ **half a pound/kilo/mile** 半磅/公斤/英里 bànbàng/gōngjīn/yīnglǐ ▸ **half a pint** 半品脱(脫) bànpǐntuō ▸ **a day/week/pound** *etc* **and a half** 一天/星期/磅等半 yītiān/xīngqī/bàng (děng) bàn ▸ **half a dozen** 半打 bàndá ▸ **half an hour** 半小时(時) bàn xiǎoshí ▸ **half past three/four** *etc* 三/四等点(點)半 sān/sì (děng) diǎn bàn ▸ **half three/four** *etc* (*Brit; inf*) 三/四等点(點)半 sān/sì *děng* diǎnbàn ▸ **he was drunk half the time** (*inf*) 他大部分时(時)候都是喝醉的 tā dàbùfen shíhòu dōushì hēzuì de ▸ **to be half German/Irish** *etc* 有一半德国(國)/爱(愛)尔(爾)兰(蘭)等血统(統)的 yǒu yībàn Déguó/Ài'ěrlán (děng) xuètǒng de ▸ **half as much (as)** …的一半 ...de yībàn ▸ **to go halves (with sb on sth)** （与(與)某人）平摊(攤)（某物的费(費)用）(yǔ mǒurén) píngtān (mǒuwù de fèiyòng) ▸ **she never does things by halves** 她做事总(總)是很彻(徹)底的 tā zuòshì zǒngshì hěn chèdǐ de ▸ **she's half his age** 她的年龄(齡)是他的一半 tāde niánlíng shì tāde yībàn ▸ **he's too clever by half!** 他聪(聰)明过(過)头(頭)了！ tā cōngmíng guòtóu le!

half board (*esp Brit*) N [U] 半膳宿 bàn shànsù

half-brother [ˈhɑːfbrʌðəʳ] N [C] (*same mother, different father*) 同母异(異)父的兄弟 tóngmǔ yìfù de xiōngdì [个 gè]; (*same father, different mother*) 同父异(異)母的兄弟 tóngfù yìmǔ de xiōngdì [个 gè]

half day N [C] 半日 bànrì

half fare N [C] (*on bus, train etc*) 半票 bànpiào

half-hearted [ˈhɑːfˈhɑːtɪd] ADJ [+ *attempt, apology*] 心不在焉的 xīn bù zài yān de

half-hour [hɑːfˈauəʳ] **I** N [C] 半小时(時) bàn xiǎoshí [个 gè] **II** CPD [+ *programme, film, drive*] 半小时(時) bàn xiǎoshí

half price [ˈhɑːfˈpraɪs] **I** ADJ 半价(價)的 bànjià de **II** ADV 半价(價)地 bànjià de **III** N [U] ▸ **we sold them at half price** 我们(們)把它们(們)半价(價)卖(賣)了 wǒmen bǎ tāmen bànjià mài le ▸ **we got it for half price** 我们(們)半价(價)买(買)的 wǒmen bànjià mǎi de

half-sister [ˈhɑːfsɪstəʳ] N [C] (*same mother, different father*) 同母异(異)父的姐妹 tóngmǔ yìfù de jiěmèi [个 gè]; (*same father, different mother*) 同父异(異)母的姐妹 tóngfù yìmǔ de jiěmèi [个 gè]

half-term [hɑːfˈtəːm] (*Brit: Scol*) N [C/U] 期中假 qīzhōng jià [段 duàn] ▸ **at half-term** 期中假时(時) qīzhōng jià shí

half-time [hɑːfˈtaɪm] (*Sport*) N [U] 半场(場) bànchǎng ▸ **at half-time** 半场(場)时(時) bànchǎng shí

halfway [ˈhɑːfˈweɪ] ADV (*between two points*) 到一半 dào yībàn ▸ **to meet sb halfway** (*fig*) 和某人折中妥协(協) hé mǒurén zhézhōng tuǒxié ▸ **halfway through sth** 在某事过(過)了一半时(時) zài mǒushì guòle yībàn shí ▸ **the halfway point** *or* **stage of a race** 比赛(賽)中点(點)时(時) bǐsài zhōngdiǎn shí

halibut [ˈhælɪbət] (*pl* **halibut**) N [C/U] 大比目鱼(魚) dà bǐmùyú [条 tiáo]

hall [hɔːl] N **1** [C] (*esp Brit*) (*entrance*) 门(門)厅(廳) méntīng [个 gè] [美 = **entrance hall**] **2** [C] (*room*) 礼(禮)堂 lǐtáng [个 gè] **3** (*Univ*) ▸ **to live in hall** (*Brit*)**, to live in a hall** (*US*) 住宿舍 zhù sùshè

hallmark [ˈhɔːlmɑːk] N [C] **1** (*on metal*) 纯(純)度印记(記) chúndù yìnjì [个 gè] **2** [*of writer, artist, style*] 特征(徵) tèzhēng [种 zhǒng]

hallo [həˈləu] INT = **hello**

hall of residence (*Brit*) (*pl* **halls of residence**) N [C] 宿舍 sùshè [间 jiān]

Halloween [ˈhæləuˈiːn] N [U] 万(萬)圣(聖)节(節) Wànshèng Jié

HALLOWEEN

很早以前，人们相信在 **Halloween**（10月31日万圣节）的夜晚，死人的灵魂会重返人间。如今，万圣节为孩子们装扮成巫婆和鬼魂提供了一个好机会。孩子们去敲邻居的门，问邻居是要给 **treat** 还是要 **trick**。如果没有糖果或钱（即 **treat**），孩子们就会威胁要玩把戏（即 **trick**）来捉弄你。

hallucination [həluːsɪˈneɪʃən] N [C/U] 幻觉(覺) huànjué [种 zhǒng]

hallway [ˈhɔːlweɪ] (*Brit*) N [C] (*vestibule*) 门(門)

厅(廳) méntīng [个 gè]

halo ['heɪləu] N [c] [*of saint, angel*] 光轮(輪) guānglún; (*around object, planet*) 晕(暈) yùn

halt [hɔːlt] I VT [+ *person, vehicle, movement*] 使停止 shǐ tíngzhǐ; [+ *progress, activity, growth*] 阻止 zǔzhǐ II VI [*person, vehicle* +] 停止 tíngzhǐ; [*progress, activity, growth* +] 阻止 zǔzhǐ ▸ **to call a halt to sth** 命令停止 mìnglìng tíngzhǐ ▸ **to come to a halt** 停了下来(來) tíngle xiàlái ▸ **to bring sth to a halt** 制止某事 zhìzhǐ mǒushì

halve [hɑːv] I VT **1** (*reduce*) 将(將)…减(減)半 jiāng…jiǎnbàn **2** (*divide in two*) 将(將)…分成两(兩)半 jiāng…fēnchéng liǎngbàn II VI (*decrease by half*) 减(減)半 jiǎnbàn

halves [hɑːvz] PL *of* **half**

ham [hæm] I N **1** (*meat, joint*) 火腿 huǒtuǐ **2** (*inf: actor*) 蹩脚(腳)演员(員) biéjiǎo yǎnyuán II CPD [+ *sandwich, roll, salad*] 火腿 huǒtuǐ

hamburger ['hæmbəːgəʳ] N [c] 汉(漢)堡包 hànbǎobāo [个 gè]

hamlet ['hæmlɪt] N [c] 小村庄(莊) xiǎo cūnzhuāng [个 gè]

hammer ['hæməʳ] I N [c] (*tool*) 锤(錘)子 chuízi [把 bǎ] II VT **1** [+ *nail*] 锤(錘)击(擊) chuíjī **2** (*esp Brit; inf*) (*attack*) 严(嚴)厉(厲)批评(評) yánlì pīpíng **3** (*Brit; inf*) (*beat*) 击(擊)败(敗) jībài III VI (*on door, table, surface*) 接连(連)捶打 jiēlián chuídǎ ▸ **to hammer an idea into sb** *or* **across to sb** 反复(復)地向某人灌输(輸)一个(個)观(觀)点(點) fǎnfù de xiàng mǒurén guànshū yīgè guāndiǎn ▸ **to hammer away at sth** [+ *subject, theme*] 不断(斷)地致力于(於)某事 bùduàn de zhìlìyú mǒushì

▸**hammer in** VT [+ *nail*] 锤(錘)击(擊) chuíjī

▸**hammer out** VT (*fig*) [+ *solution, agreement*] 推敲出 tuīqiāo chū

hammock ['hæmək] N [c] 吊床 diàochuáng [张 zhāng]

hamper ['hæmpəʳ] I VT [+ *person, movement, effort*] 阻碍(礙) zǔ'ài II N [c] (*Brit*) 食品篮(籃) shípǐn lán [个 gè]

hamster ['hæmstəʳ] N [c] 仓(倉)鼠 cāngshǔ [只 zhī]

hamstring ['hæmstrɪŋ] I N [c] 腱 jiàn II VT [+ *person, development*] 使受挫 shǐ shòucuò

★ **hand** [hænd] I N **1** [c] (*Anat*) 手 shǒu [双 shuāng] **2** [c] [*of clock*] 指针(針) zhǐzhēn [个 gè] **3** [c] (*worker*) 工人 gōngrén [名 míng] **4** [U] (*liter: handwriting*) 手迹(跡) shǒujì ▷ *The manuscripts were written in Bach's own hand.* 这些手稿是巴赫本人的手迹。Zhèxiē shǒugǎo shì Bāhè běnrén de shǒujì. **5** [c] [*of cards*] 一手牌 yīshǒu pái **6** [c] (*measurement*) 一手之宽(寬) yīshǒu zhī kuān II VT (*pass, give*) 递(遞) dì ▷ *He handed me a piece of paper.* 他递给我一张纸。Tā dì gěi wǒ yīzhāng zhǐ. ▸ **to do sth by hand** 手工制(製)作 shǒugōng zhìzuò ▸ **"hands off!"** "别(別)碰!" "biépèng!" ▸ **in sb's hands** 在某人照管下 zài mǒurén zhàoguǎn xià ▸ **to be in safe hands/the wrong hands** 在可靠/不可靠的人手中 zài kěkào/bù kěkào de rén shǒu zhōng ▸ **to get** *or* **lay one's hands on sth** (*inf*) 找到某物 zhǎodào mǒuwù ▸ **to join hands** 手拉手 shǒu lā shǒu ▸ **hand in hand** (*holding hands*) 手拉手 shǒulāshǒu ▸ **to go hand in hand (with sth)** (和某事)密切关(關)联(聯)地 (hé mǒushì)mìqiè guānlián de ▸ **to have one's hands full (with sth)** 手头(頭)忙于(於)(某事) shǒutóu mángyú (mǒushì) ▸ **to give** *or* **lend sb a hand (with sth)** 帮(幫)某人(做某事) bāng mǒurén (zuò mǒushì) ▸ **to have a hand in sth** 参(參)与(與)某事 cānyù mǒushì ▸ **to be (near** *or* **close) at hand** 在附近 zài fùjìn ▸ **Hughes finished with 15 seconds in hand** (*Brit*) 休斯完成时(時)还(還)剩下15秒 Xiūsī wánchéng shí hái shèng xià shíwǔ miǎo ▸ **the job in hand** 手头(頭)的工作 shǒutóu de gōngzuò ▸ **we have the matter in hand** 我们(們)控制了局势(勢) wǒmen kòngzhìle júshì ▸ **to be on hand** [*person, services etc* +] 在近处(處) zài jìnchù ▸ **to reject/dismiss sth out of hand** 不假思索地拒绝(絕)/抛(拋)弃(棄)某事 bù jiǎ sīsuǒ de jùjué/pāoqì mǒushì ▸ **to have sth to hand** [+ *information etc*] 手头(頭)有某物 shǒutóu yǒu mǒuwù ▸ **on the one hand..., on the other hand...** 一方面…, 另一方面… yī fāngmiàn..., lìngyī fāngmiàn...

▸**hand around** VT (*distribute*) 传(傳)递(遞) chuándì

▸**hand down** VT [+ *knowledge, possessions*] 传(傳)下去 chuán xiàqù

▸**hand in** VT 上交 shàngjiāo

▸**hand out** VT 分配 fēnpèi

▸**hand over** VT [+ *object, present, letter*] 交给(給) jiāogěi; [+ *prisoner, hostage*] 移交 yíjiāo

▸**hand over to** VT 移交 yíjiāo

▸**hand round** (*Brit*) VT = **hand around**

handbag ['hændbæg] (*Brit*) N [c] 手包 shǒubāo [个 gè] [美 = **purse**]

hand baggage N [U] 手提行李 shǒutí xínglǐ

handball ['hændbɔːl] N [U] 手球 shǒuqiú; (*game*) ▸ **to play handball** 打手球 dǎ shǒuqiú

handbook ['hændbuk] N [c] 手册(冊) shǒucè [本 běn]

handbrake ['hændbreɪk] (*esp Brit*) N [c] 手闸(閘) shǒuzhá [美 = **emergency brake**]

handcuffs ['hændkʌfs] N PL 手铐(銬) shǒukào ▸ **in handcuffs** 带(帶)手铐(銬) dài shǒukào

handful ['hændful] N [c] [*of soil, stones, sand*] 一把 yībǎ ▸ **a handful of** [+ *people, places etc*] 少数(數) shǎoshù ▸ **she's quite a handful** (*inf*) 她真难(難)管 tā zhēnnán guǎn

hand-held ADJ 手握式 shǒuwò shì N [c] 手握装置 shǒuwò zhuāngzhì [个 gè]

handicap ['hændɪkæp] I N [c] **1** (*disability*) 残(殘)疾 cánjí **2** (*disadvantage*) 不利条(條)件 bùlì tiáojiàn [个 gè] **3** (*Golf*) 差点(點) chàdiǎn

II VT (*hamper*) 妨碍(礙) fáng'ài
handicapped ['hændɪkæpt] ADJ 有残(殘)疾的 yǒu cánjí de ▸ **mentally/physically handicapped** 心理/身体(體)残(殘)疾的 xīnlǐ/shēntǐ cánjí de
handkerchief ['hæŋkətʃɪf] N [c] 手帕 shǒupà [条 tiáo]
handle ['hændl] I N [c] [*of bag*] 把手 bǎshǒu [个 gè]; [*of cup, knife, paintbrush, broom, spade*] 柄 bǐng [个 gè]; [*of door, window*] 拉手 lāshǒu [个 gè] II VT 1 (*hold*) [+ *object, ornament*] 拿 ná; [+ *baby*] 抱 bào 2 (*operate*) [+ *gun, car*] 操纵(縱) cāozòng 3 (*deal with*) [+ *problem, job, responsibility*] 处(處)理 chǔlǐ; [+ *people*] 对(對)付 duìfu III VI (*perform*) 操作 cāozuò ▸ **to fly off the handle** (*inf*) 勃然大怒 bórán dànù ▸ **to get a handle on a problem** (*inf*) 控制某个(個)问(問)题(題) kòngzhì mǒu gè wèntí ▸ **"handle with care"** "小心轻(輕)放" "xiǎoxīn qīngfàng"
handlebars ['hændlbɑː(z)] N PL 把手 bǎshǒu
hand luggage N [U] 手提行李 shǒutí xínglǐ
handmade ['hænd'meɪd] ADJ 手工制(製)作的 shǒugōng zhìzuò de
handout ['hændaut] N [c] (*money, clothing, food etc*) 接济(濟)物 jiējìwù; (*notes*) (*at lecture, meeting etc*) 讲(講)义(義) jiǎngyì; (*publicity leaflet*) 传(傳)单(單) chuándān [张 zhāng]
hands-free ['hænz'friː] ADJ 免提 miǎntí ▸ **hands-free kit** 免提套件 miǎntí tàojiàn
hands-free kit ['hændz'friː-] N [c] 手机(機)车(車)载(載)免提套件 shǒujī chēzài miǎntí tàojiàn [套 tào]
handsome ['hænsəm] ADJ 1 (*attractive*) [+ *man*] 英俊的 yīngjùn de; [+ *woman*] 健美的 jiànměi de; [+ *building*] 堂皇的 tánghuáng de 2 (*good*) [+ *profit, return*] 可观(觀)的 kěguān de ▹ *They made a handsome profit on the sale of the flat.* 他们从卖房中获得可观的利润。Tāmen cóng màifáng zhōng huòdé kěguān de lìrùn.; [+ *victory*] 出色的 chūsè de
handwriting ['hændraɪtɪŋ] N [U] 笔(筆)迹(跡) bǐjì
handy ['hændɪ] ADJ 1 (*useful*) 方便的 fāngbiàn de 2 (*close at hand*) 手边(邊)的 shǒubiān de 3 ▸ **to be handy with sth** 巧于(於)某事 qiǎoyú mǒushì ▸ **to come in handy** 迟(遲)早有用 chízǎo yǒuyòng ▸ **to be handy for doing sth** 对(對)做某事有用 duì zuò mǒushì yǒuyòng
hang [hæŋ] (*pt, pp* **hung**) I VT 1 [+ *clothes, light, picture*] 挂(掛) guà 2 (*execute*) [+ *criminal*] (*pt, pp* **hanged**) 吊死 diàosǐ II VI 1 (*be suspended*) [*clothes, light, picture* +] 悬(懸)挂(掛) xuánguà; [*breath, smoke, smell* +] 飘(飄)浮 piāofú 2 (*fall*) [*clothing, fabric, hair* +] 垂 chuí ▸ **to hang one's head (in shame)** (羞愧得)低下头(頭) (xiūkuìde)dīxià tóu ▸ **the walls are hung with old pictures** 墙(牆)上挂(掛)着(著)旧(舊)画(畫) qiáng shàng guàzhe jiùhuà ▸ **to hang loose** [*hair* +] 披散 pīsàn; [*arms* +] 轻(輕)松(鬆)下垂 qīngsōng xiàchuí ▸ **to hang open** [*door, mouth* +] 开(開)着(著) kāizhe III N ▸ **to get the hang of sth** (*inf*) 掌握某事的方法 zhǎngwò mǒushì de fāngfǎ
▸**hang about** VI = **hang around**
▸**hang around** (*inf*) I VI 闲(閒)荡(蕩) xiándàng II VT FUS 闲(閒)荡(蕩) xiándàng
▸**hang back** VI (*hesitate*) 踌(躊)躇不前 chóuchú bùqián
▸**hang down** VI 吊下来(來) diào xiàlái
▸**hang on** I VI (*wait*) 稍等 shāoděng II VT FUS (*depend on*) 有赖(賴)于(於) yǒulài yú
▸**hang onto, hang on to** VT FUS 1 (*grasp*) 紧(緊)紧(緊)抓住 jǐnjǐn zhuāzhù 2 (*inf: fig: keep*) 保留 bǎoliú
▸**hang out** I VT [+ *washing*] 晾 liàng II VI 1 [*washing* +] 晾 liàng 2 (*inf: go*) 闲(閒)荡(蕩) xiándàng
▸**hang round** (*Brit*) VI = **hang around**
▸**hang together** VI [*argument, story* +] 一致 yīzhì
▸**hang up** I VI (*Tel*) 挂(掛)断(斷)电(電)话(話) guàduàn diànhuà II VT [+ *coat, hat, clothes*] 挂(掛)起 guàqǐ
▸**hang up on** VT FUS (*Tel*) 挂(掛)断(斷)…电(電)话(話) guàduàn...diànhuà
hanger ['hæŋəʳ] N [c] (*also:* **coat hanger**) 衣架 yījià [个 gè]
hang-gliding ['hæŋglaɪdɪŋ] N [U] 悬(懸)挂(掛)式滑翔运(運)动(動) xuánguàshì huáxiáng yùndòng ▸ **to go hang-gliding** 做悬(懸)挂(掛)式滑翔运(運)动(動) zuò xuánguàshì huáxiáng yùndòng
hangover ['hæŋəuvəʳ] N [c] (*after drinking*) 宿醉 sùzuì [次 cì] ▸ **a hangover from the past** 遗(遺)留物 yíliúwù
hankie ['hæŋkɪ] (*inf*) N = **hanky**
hanky ['hæŋkɪ] (*inf*) N 手帕 shǒupà
haphazard [hæp'hæzəd] ADJ [+ *system, arrangement*] 杂(雜)乱(亂)的 záluàn de
★**happen** ['hæpən] VI (*occur, result*) [*incident, accident* +] 发(發)生 fāshēng ▹ *What's happening?* 发生什么事？Fāshēng shénme shì? ▸ **what will happen if...?** 如果…会(會)怎么(麼)样(樣)？ rúguǒ...huì zěnmeyàng? ▸ **tell me what happened** 告诉(訴)我发(發)生了什么(麼)事 gàosù wǒ fāshēng le shénme shì ▸ **to happen to do sth** 刚(剛)巧做某事 gāngqiǎo zuò mǒushì ▸ **as it happens** 碰巧 pèngqiǎo ▸ **it's the best thing that ever happened to me** 我从(從)未遇上这(這)么(麼)好的事情 wǒ cóngwèi yùshàng zhème hǎo de shìqing
▸**happen (up)on** VT FUS 偶然发(發)现(現) ǒurán fāxiàn
happily ['hæpɪlɪ] ADV 1 (*fortunately*) 幸运(運)地

h

xìngyùn de **2** (*cheerfully*) 愉快地 yúkuài de ▸ **happily married** 婚姻幸福 hūnyīn xìngfú ▸ **I will happily do it for you** 我很高兴(興)帮(幫)你做这(這)件事 wǒ hěn gāoxìng bāng nǐ zuò zhè jiàn shì ▸ **and they all lived happily ever after** 他们(們)永远(遠)幸福地生活下去 tāmen yǒngyuǎn xìngfú de shēnghuó xiàqù

happiness ['hæpɪnɪs] N [U] 幸福 xìngfú

happy ['hæpɪ] ADJ **1** (*contented*) [+ *person, mood*] 高兴(興)的 gāoxìng de; [+ *face*] 愉快的 yúkuài de ▹ *I was happy to hear that you passed your exams.* 非常高兴听到你考试通过了。Fēicháng gāoxìng tīngdào nǐ kǎoshì tōngguò le. **2** (*cheerful*) [+ *life, childhood, marriage, place*] 美满(滿)的 měimǎn de **3** (*fortunate*) [+ *coincidence*] 幸运(運)的 xìngyùn de ▸ **to be happy with sth** (*satisfied*) 对(對)某事满(滿)意 duì mǒushì mǎnyì ▸ **to be happy to do sth** (*willing*) 乐(樂)意做某事 lèyì zuò mǒushì ▸ **to be happy for sb to do sth** 乐(樂)意让(讓)某人做某事 lèyì ràng mǒurén zuò mǒushì ▸ **to be happy for sb** (*delighted*) 为(為)某人高兴(興) wèi mǒurén gāoxìng ▸ **to have a happy ending** [*story* +] 有个(個)美满(滿)的结(結)局 yǒu gè měimǎn de jiéjú; [*incident* +] 有个(個)圆(圓)满(滿)的结(結)局 yǒu gè yuánmǎn de jiéjú ▸ **happy birthday!** 生日快乐(樂)! shēngrì kuàilè! ▸ **happy Christmas!** 圣(聖)诞(誕)快乐(樂)! Shèngdàn kuàilè! ▸ **happy Easter!** 复(復)活节(節)快乐(樂)! Fùhuójié kuàilè! ▸ **happy anniversary!** 周(週)年纪(紀)念日快乐(樂)! Zhōunián jìniànrì kuàilè!

harass ['hærəs] VT (*annoy, pester*) 骚(騷)扰(擾) sāorǎo

harassment ['hærəsmənt] N [U] 骚(騷)扰(擾) sāorǎo ▸ **sexual harassment** 性骚(騷)扰(擾) xìngsāorǎo

harbour, (*US*) **harbor** ['hɑːbəʳ] **I** N [C] (*Naut*) 港口 gǎngkǒu [个 gè] **II** VT **1** [+ *hope, fear*] 心怀(懷) xīnhuái **2** [+ *criminal, fugitive*] 藏匿 cángnì ▸ **to harbour a grudge against sb** 对(對)某人心怀(懷)怨恨 duì mǒurén xīn huái yuànhèn

★**hard** [hɑːd] **I** ADJ **1** (*not soft*) [+ *surface, object*] 硬的 yìng de ▹ *the hard wooden floor* 硬木地板 yìngmù dìbǎn **2** (*not easy*) [+ *question, problem*] 困难(難)的 kùnnan de ▹ *That is a very hard question to answer.* 那个问题很难回答。Nàgè wèntí hěnnán huídá.; [+ *work*] 费(費)力的 fèilì de ▹ *Their work is hard and dangerous.* 他们的工作既费力又危险。Tāmen de gōngzuò jì fèilì yòu wēixiǎn.; [+ *life, time*] 艰(艱)辛的 jiānxīn de ▹ *He's had a very hard life.* 他的生活很艰难。Tā de shēnghuó hěn jiānnán. **3** (*violent*) [+ *push, punch, kick*] 用力的 yònglì de **4** (*severe*) [+ *person, expression*] 苛刻的 kēkè de **5** (*Chem*) [+ *water*] 硬的 yìng de **6** (*cold*) [+ *winter, frost*] 寒冷的 hánlěng de **II** ADV **1** [*work, try, think* +] 努力地 nǔlì de ▹ *I've been working hard all day.* 我已努力地工作了一整天。Wǒ yǐ nǔlì de gōngzuò le yīzhěngtiān. **2** [*laugh, rain, snow* +] 猛烈地 měngliè de ▹ *I've never seen Terry laugh so hard.* 我从没见过特里笑得那么厉害。Wǒ cóng méi jiànguò Tèlǐ xiàode nàme lìhai ▹ *The wind is blowing hard.* 风猛烈地刮着。Fēng měngliè de guāzhe. **3** (*violently*) [*hit, punch, kick* +] 用力地 yònglì de ▸ **it is hard to understand what is happening** 很难(難)理解现(現)在发(發)生了什么(麼)事情 hěnnán lǐjiě xiànzài fāshēng le shénme shìqing ▸ **it's hard to tell/say/know** 很难(難)讲(講)/说(說)/知道 hěnnán jiǎng/shuō/zhīdào ▸ **such events are hard to understand** 这(這)种(種)事很难(難)理解 zhèzhǒng shì hěnnán lǐjiě ▸ **to be hard to please** 难(難)以取悦(悅) nán yǐ qǔyuè ▸ **to find it hard to do sth** 觉(覺)得做某事困难(難) juéde zuò mǒushì kùnnan ▸ **it's hard work serving in a shop** 商店工作很难(難)做 shāngdiàn gōngzuò hěnnán zuò ▸ **hard luck!** 真倒霉! Zhēn dǎoméi! ▸ **to be hard on sb** [*person* +] 对(對)某人过(過)分严(嚴)厉(厲) duì mǒurén guòfèn yánlì; [*situation* +] 对(對)某人来(來)说(說)有害 duì mǒurén láishuō yǒuhài ▸ **no hard feelings!** 2 别(別)记(記)仇! 2 Bié jìchóu! ▸ **to be hard of hearing** 听(聽)力不佳 tīnglì bùjiā ▸ **to feel hard done by** (*Brit*) 觉(覺)得受到不公平待遇 juéde shòudào bùgōngpíng dàiyù ▸ **hard evidence/facts** 铁(鐵)证(證)/客观(觀)的事实(實) tiězhèng/kèguān de shìshí ▸ **be hard put** *or* **pushed to do sth** 难(難)以做某事 nányǐ zuò mǒushì ▸ **to look hard at** (*stare at*) [+ *person*] 盯着(著) dīngzhe; (*consider*) [+ *idea, problem, situation*] 认(認)真考虑(慮) rènzhēn kǎolǜ

hardback ['hɑːdbæk] N [C] (*book*) 精装(裝)本 jīngzhuāngběn ▸ **it's only available in hardback** 只有精装(裝)本 zhǐyǒu jīngzhuāngběn

hard-boiled egg ['hɑːd'bɔɪld-] N [C] 煮老了的鸡(雞)蛋 zhǔ lǎo le de jīdàn [枚 méi]

hard disk (*Comput*) N [C] 硬盘(盤) yìngpán [个 gè]

hard drugs N PL 烈性毒品 lièxìng dúpǐn

harden ['hɑːdn] **I** VT **1** [+ *wax, glue etc*] 使变(變)硬 shǐ biànyìng **2** [+ *person, attitude, resolve*] 使变(變)得冷酷无(無)情 shǐ biànde lěngkù wúqíng **II** VI **1** [*wax, glue etc* +] 变(變)硬 biànyìng **2** [*person, attitude, resolve* +] 变(變)得冷酷无(無)情 biànde lěngkù wúqíng ▸ **to harden one's heart** 使心肠(腸)变(變)硬 shǐ xīncháng biànyìng

hardly ['hɑːdlɪ] ADV **1** (*scarcely*) 几(幾)乎不 jīhū bù **2** (*no sooner*) ▸ **he had hardly sat down when the door burst open** 他一坐下门(門)就被猛地打开(開)了 tā yī zuòxià mén jiù bèi měng de dǎkāi le ▸ **hardly ever/any/anyone** 几(幾)乎从(從)不/没(沒)有/没(沒)有任何人

jīhū cóngbù/méiyǒu/méiyǒu rènhé rén ▸ **I can hardly believe it** 我简(簡)直不能相信 wǒ jiǎnzhí bùnéng xiāngxìn ▸ **it's hardly surprising** 并(並)不出奇 bìngbù chūqí

hardship ['hɑːdʃɪp] N [c/u] 困难(難) kùnnan

hard shoulder (*esp Brit*) N [c] 高速公路紧(緊)急停车(車)带(帶) gāosù gōnglù jǐnjí tíngchēdài [美 = **shoulder**]

hard up (*inf*) ADJ 拮据(據)的 jiéjū de

hardware ['hɑːdwɛəʳ] N [u] **1** (*ironmongery*) 五金制(製)品 wǔjīn zhìpǐn **2** (*Comput*) 硬件 yìngjiàn **3** (*Mil*) 重武器 zhòng wǔqì

hardware store N [c] 五金商店 wǔjīn shāngdiàn [家 jiā]

hardworking [hɑːd'wəːkɪŋ] ADJ [+ *employee, student*] 勤奋(奮)的 qínfèn de

hardy ['hɑːdɪ] ADJ [+ *animal, person*] 能吃苦的 néng chīkǔ de; [+ *plant*] 耐寒的 nàihán de

hare [hɛəʳ] N **1** [c] (*animal*) 野兔 yětù [只 zhī] **2** [u] (*meat*) 野兔肉 yětù ròu

▸**hare off** (*Brit; inf*) VI 飞(飛)跑 fēipǎo

harm [hɑːm] **I** VT **1** (*damage*) 损(損)坏(壞) sǔnhuài **2** (*injure*) 伤(傷)害 shānghài **II** N [u] **1** (*damage*) 损(損)害 sǔnhài **2** (*injury*) 伤(傷)害 shānghài ▸ **to mean no harm** 没(沒)有恶(惡)意 méiyǒu èyì ▸ **out of harm's way** 在安全的地方 zài ānquán de dìfang ▸ **there's no harm (in) trying** 试(試)一试(試)也无(無)妨 shìyīshì yě wúfáng ▸ **to come to no harm** 平安无(無)事 píngān wúshì ▸ **to do more harm than good** 得不偿(償)失 dé bù cháng shī ▸ **it wouldn't do any harm (for you) to get an answerphone** 买(買)个(個)录(錄)音电(電)话(話)(对(對)你)没(沒)什么(麼)害处(處) mǎi gè lùyīn diànhuà(duì nǐ)méi shénme hàichu

harmful ['hɑːmful] ADJ [+ *effect, chemical, influence*] 有害的 yǒuhài de ▸ **to be harmful to sb/sth** 对(對)某人/某物有害 duì mǒurén/mǒuwù yǒuhài

harmless ['hɑːmlɪs] ADJ **1** (*safe*) 无(無)害的 wúhài de **2** (*inoffensive*) [+ *person, joke, pleasure, activity*] 无(無)恶(惡)意的 wú èyì de

harmonica [hɑː'mɔnɪkə] N [c] 口琴 kǒuqín [个 gè]

harmonious [hɑː'məunɪəs] ADJ **1** [+ *discussion, relationship*] 和睦的 hémù de **2** [+ *balance, layout, pattern*] 协(協)调(調)的 xiétiáo de **3** [+ *sound, tune*] 悦(悅)耳的 yuè'ěr de

harmony ['hɑːmənɪ] N [u] **1** (*accord*) 和睦 hémù **2** (*Mus*) 和声(聲) héshéng ▸ **in harmony (with)** [*work, live* +] 与(與)…协(協)调(調)一致 yǔ…xiétiáo yīzhì

harness ['hɑːnɪs] **I** N [c] **1** (*for horse, dog etc*) 挽(輓)具 wǎnjù [副 fù] **2** (*safety harness*) 安全带(帶) ānquándài **II** VT **1** [+ *resources, energy*] 利用 lìyòng **2** [+ *horse, dog*] 套上 tàoshang

harp [hɑːp] **I** N [c] (*Mus*) 竖(豎)琴 shùqín [架 jià] **II** VI ▸ **to harp on (about sth)** (*pej*) (对(對)某事)唠(嘮)唠(嘮)叨叨 (duì mǒushì) láoláodāodāo

harrowing ['hærəuɪŋ] ADJ [+ *film, experience*] 令人伤(傷)心的 lìngrén shāngxīn de

harsh [hɑːʃ] ADJ **1** [+ *criticism, sentence, treatment*] 严(嚴)酷的 yánkù de **2** [+ *conditions, climate, winter*] 恶(惡)劣的 èliè de **3** [+ *sound, light*] 刺耳的 cì'ěr de; [+ *chemical*] 刺激性的 cìjīxìng de

harvest ['hɑːvɪst] **I** N **1** [c/u] (*harvest time*) 收获(穫) shōuhuò [种 zhǒng] **2** [c] (*crop*) 收成 shōucheng [个 gè] **II** VT [+ *wheat, fruit, potatoes*] 收割 shōugē

has [hæz] VB *see* **have**

hasn't ['hæznt] = **has not**

hassle ['hæsl] (*inf*) **I** N [c/u] (*bother*) 麻烦(煩) máfan **II** VT [+ *person*] 打扰(擾) dǎrǎo

haste [heɪst] N [u] 仓(倉)促 cāngcù ▸ **in haste** 匆忙地 cōngmáng de ▸ **to make haste (to)** (*o.f.*) 赶(趕)快 gǎnkuài

hasten ['heɪsn] **I** VT [+ *decision, downfall, process etc*] 加速 jiāsù **II** VI (*liter*) 赶(趕)快 gǎnkuài ▸ **to hasten to do sth** 赶(趕)快做某事 gǎnkuài zuò mǒushì ▸ **I hasten to add...** 我急忙补(補)充说(說)… wǒ jímáng bǔchōng shuō... ▸ **to hasten to say...** 忙不迭地说(說)… mángbùdié de shuō...

hastily ['heɪstɪlɪ] ADV **1** (*hurriedly*) 赶(趕)快地 gǎnkuài de **2** (*rashly*) 仓(倉)促地 cāngcù de

hasty ['heɪstɪ] ADJ **1** (*hurried*) [+ *departure, return*] 仓(倉)促的 cāngcù de **2** (*rash*) [+ *decision, reply*] 草率的 cǎoshuài de ▸ **don't be hasty** 别(別)性急 bié xìngjí

hat [hæt] N [c] 帽子 màozi [顶 dǐng] ▸ **to keep sth under one's hat** 对(對)某事保守秘(祕)密 duì mǒushì bǎoshǒu mìmì ▸ **at the drop of a hat** 毫不迟(遲)疑地 háo bù chíyí de ▸ **that's old hat now** 那已经(經)过(過)时(時)了 nà yǐjīng guòshí le ▸ **to take one's hat off to sb** 向某人表示赞(讚)赏(賞) xiàng mǒurén biǎoshì zànshǎng ▸ **to talk through one's hat** 胡说(說) húshuō

hatch [hætʃ] **I** N [c] **1** (*Naut*) 舱(艙)口 cāngkǒu **2** (*esp Brit*) (*also*: **serving hatch**) 小窗口 xiǎo chuāngkǒu [个 gè] **II** VI **1** [*bird* +] 出壳(殼) chūké **2** [*egg* +] 孵化 fūhuà **III** VT **1** [+ *egg*] 孵 fū **2** [+ *plot, scheme*] 策划(劃) cèhuà ▸ **to be hatched** 孵出 fūchū

hatchback ['hætʃbæk] N [c] 有仓(倉)门(門)式后(後)背的汽车(車) yǒu cāngménshì hòubèi de qìchē

hate [heɪt] **I** VT [+ *person*] 恨 hèn; [+ *food, activity, sensation*] 讨(討)厌(厭) tǎoyàn **II** N [u] 仇恨 chóuhèn ▸ **to hate doing/to do sth** 不喜欢(歡)做某事 bù xǐhuān zuò mǒushì ▸ **I hate to trouble you, but...** 我本不愿(願)意麻烦(煩)你，但是… wǒ běn bù yuànyì máfan nǐ, dànshì... ▸ **I hate to tell you this, but...** 我抱歉地告诉(訴)你… wǒ bàoqiàn de gàosù nǐ...

hatred ['heɪtrɪd] N [u] 仇恨 chóuhèn

h

haul [hɔːl] I VT ▸ **to haul sth/sb up/out** *etc* 用力拉某物/某人起来(來)/出来(來)等 yònglì lā mǒuwù/mǒurén qǐlái/chūlái *děng* II N [c] [*of stolen goods*] 被窃(竊)物 bèiqièwù ▸ **to haul o.s. out of sth** 把自己硬拉出某物 bǎ zìjǐ yìng lāchū mǒuwù ▸ **to be hauled (up) before the court** 被送上法庭 bèi sòng shàng fǎtíng ▸ **a long haul** 长(長)久战(戰) chángjiǔzhàn

haunt [hɔːnt] I VT **1** [*ghost, spirit* +] 常出没(沒)于(於) cháng chūmò yú **2** [*problem, memory, fear* +] 萦(縈)绕(繞)在心头(頭) yíngrào zài xīntóu II N [c] 常去的地方 chángqù de dìfang [处 chù]

haunted ['hɔːntɪd] ADJ **1** [+ *house, building*] 闹(鬧)鬼的 nàoguǐ de **2** [+ *expression*] 愁容满(滿)面的 chóuróng mǎnmiàn de

KEYWORD

★ **have** [hæv] (*pt, pp* **had**) I VT **1** (*possess*) 有 yǒu ▸ **he has** *or* **he has got blue eyes/dark hair** 他长(長)着(著)蓝(藍)眼睛/黑头(頭)发(髮) tā zhǎngzhe lán yǎnjīng/hēi tóufa ▸ **do you have** *or* **have you got a car/ phone?** 你有车(車)/电(電)话(話)吗(嗎)? nǐ yǒu chē/diànhuà ma? ▸ **I have** *or* **I have got an idea** 我有个(個)主意 wǒ yǒu gè zhǔyi ▸ **to have** *or* **have got sth to do** 有必须(須)得做的事 yǒu bìxū děi zuò de shì ▸ **she had her eyes closed** 她闭(閉)上了眼睛 tā bìshàng le yǎnjīng

2 (*with meals, drinks*) ▸ **to have breakfast** 吃早饭(飯) chī zǎofàn ▸ **to have a drink/a cigarette** 喝一杯/抽支烟(煙) hē yībēi/chōu zhī yān

3 (*with activity*) ▸ **to have a swim/bath** 游泳/洗澡 yóuyǒng/xǐzǎo ▸ **to have a meeting/ party** 开(開)会(會)/开(開)派对(對) kāihuì/ kāi pàiduì

4 (*receive, obtain*) 得到 dédào ▸ **can I have a packet of sugar, please?** 请(請)给(給)我一包糖，好吗(嗎)? Qǐng gěi wǒ yī bāo táng, hǎo ma? ▸ **can I have your address?** 能告诉(訴)我你的地址吗(嗎)? néng gàosù wǒ nǐ de dìzhǐ ma? ▸ **you can have it for £5** 付5英镑它就是你的了 fù wǔ yīngbàng tā jiùshì nǐ de le ▸ **I must have it by tomorrow** 明天以前我必须(須)得到它 míngtiān yǐqián wǒ bìxū dédào tā

5 (*give birth to*) ▸ **to have a baby** 生孩子 shēng háizi

6 (*allow*) 容忍 róngrěn ▸ **I won't have it!** 我绝(絕)不允许(許)! wǒ juébù yǔnxǔ! ▸ **we can't have that** 我们(們)绝(絕)不允许(許)那样(樣) wǒmen juébù yǔnxǔ nàyàng

7 ▸ **to have sth done** 指使/安排做某事 zhǐshǐ/ānpái zuò mǒushì ▸ **to have one's hair cut** 理发(髮) lǐfà

8 (*experience, suffer*) ▸ **to have a headache** 头(頭)痛 tóutòng ▸ **to have a cold/flu/ diabetes** 得感冒/流感/糖尿病 dé gǎnmào/ liúgǎn/tángniàobìng ▸ **to have a heart attack** 心脏(臟)病发(發)作 xīnzàngbìng fāzuò ▸ **to have an operation** 动(動)手术(術) dòng shǒushù ▸ **she had her bag stolen/her arm broken** 她的包被偷了/她的胳膊断(斷)了 tā de bāo bèi tōu le/tā de gēbo duànle

9 (*inf: dupe*) ▸ **to be had** 被骗(騙) bèipiàn ▸ **you've been had!** 你被骗(騙)了! nǐ bèi piàn le!

10 (*inf*) ▸ **to have had it** (*be in trouble*) 没(沒)希望了 méi xīwàng le

II AUX VB **1** ▸ **to have arrived/gone** 已到了/走了 yǐ dàole/zǒule ▸ **has he told you?** 他已经(經)告诉(訴)你了吗(嗎)? tā yǐjīng gàosù nǐle ma? ▸ **when she had dressed, she went downstairs** 穿好衣服后(後)，她下了楼(樓) chuānhǎo yīfu hòu, tā xiàle lóu ▸ **having lived abroad for years, I wasn't familiar with...** 已在国(國)外呆(獃)了多年，我都对(對)…不熟悉了 yǐ zài guówài dāile duōnián, wǒ dōu duì...bù shúxī le ▸ **I haven't seen him for ages/since July** 我已经(經)很久/自7月以来(來)就没(沒)见(見)过(過)他了 wǒ yǐjīng hěnjiǔ/zì qīyuè yǐlái jiù méi jiànguò tā le

2 (*in tag questions*) ▸ **you've done it, haven't you?** 你已经(經)做了，是不是? nǐ yǐjīng zuò le, shì bùshì? ▸ **he hasn't done it, has he?** 他还(還)没(沒)做，是吗(嗎)? tā hái méi zuò, shì ma?

3 (*in short answers and questions*) ▸ **yes, I have** 是的，我有/已做了 shì de, wǒ yǒu/yǐzuò le ▸ **no I haven't!** 不，我还(還)没(沒)有/没(沒)做呢! bù, wǒ hái méiyǒu/méizuò ne! ▸ **so have I!** 我也一样(樣)! wǒ yě yīyàng! ▸ **neither have I** 我也没(沒)有过(過) wǒ yě méiyǒu guò ▸ **"I've seen this movie before" — "oh have you?"** "我以前看过(過)这(這)部电(電)影" "噢，是吗(嗎)?" "wǒ yǐqián kànguò zhèbù diànyǐng" "Ō, shì ma?" ▸ **"we haven't been there before" — "oh haven't you?"** "我们(們)以前没(沒)去过(過)那儿(兒)" "噢，是吗(嗎)?" "wǒmen yǐqián méi qùguò nàr" "Ō, shì ma?" ▸ **I've finished, have you?** 我已经(經)完成了，你呢? wǒ yǐjīng wánchéng le, nǐ ne?

4 (*be obliged*) ▸ **to have (got) to do sth** 不得不做某事 bùdébù zuò mǒushì ▸ **she has (got) to do it** 她必须(須)得这(這)么(麼)做 tā bìxū děi zhème zuò ▸ **this has (got) to be a mistake** 这(這)一定是个(個)错(錯)误(誤) zhè yīdìng shì gè cuòwù ▸ **he had to go away** 他必须(須)得走 tā bìxū děi zǒu

▸**have in** (*inf*) VT ▸ **to have it in for sb** 对(對)某人怀(懷)恨在心 duì mǒurén huáihèn zàixīn

▸**have on** VT **1** [+ *clothes*] 穿着(著) chuānzhe ▸ **he didn't have anything on** 他什么(麼)都没(沒)穿 tā shénme dōu méi chuān ▸ **I don't**

have any money on me 我一点(點)钱(錢)都没(沒)带(帶) wǒ yīdiǎn qián dōu méi dài
2 (Brit; inf) (tease) 逗 dòu ▶ **you're having me on!** 你在逗我！nǐ zài dòu wǒ!
3 ▶ **to have sth on** 已安排了某事 yǐ ānpái le mǒushì ▶ **do you have anything on tomorrow?** 你明天有事吗(嗎)？ nǐ míngtiān yǒushì ma?
▶**have out** VT ▶ **to have it out with sb** 同某人辩(辯)个(個)明白 tóng mǒurén biàn gè míngbai

haven ['heɪvn] N [c] 避难(難)处(處) bìnànchù [处 chù]
haven't ['hævnt] = **have not**
havoc ['hævək] N [U] 大破坏(壞) dà pòhuài ▶ **to cause havoc** 使混乱(亂) shǐ hùnluàn ▶ **to play havoc with** *or* **wreak havoc on sth** 扰(擾)乱(亂)某事 rǎoluàn mǒushì
Hawaii [hə'waiː] N 夏威夷 Xiàwēiyí
Hawaiian [hə'waɪjən] I ADJ 夏威夷的 Xiàwēiyí de II N 1 [c] (person) 夏威夷人 Xiàwēiyírén [个 gè] 2 [U] (language) 夏威夷语(語) Xiàwēiyíyǔ
hawk [hɔːk] I N [c] 1 (bird) 鹰(鷹) yīng 2 (person) 主战(戰)分子 zhǔzhàn fènzǐ [名 míng] II VT (pej: sell) 硬卖(賣) yìngmài ▶ **to watch sb like a hawk** 看某人看得很紧(緊) kān mǒurén kānde hěnjǐn
hawthorn ['hɔːθɔːn] N [c/U] 山楂 shānzhā [个 gè]
hay [heɪ] N [U] 干(乾)草 gāncǎo
hay fever N [U] 花粉病 huāfěnbìng
haystack ['heɪstæk] N [c] 大干(乾)草垛 dà gāncǎoduò
hazard ['hæzəd] I N [c] 危险(險) wēixiǎn II VT ▶ **to hazard a guess that...** 试(試)着(著)猜猜… shìzhe cāicai... ▶ **to be a hazard to sb** 对(對)某人构(構)成危险(險) duì mǒurén gòuchéng wēixiǎn ▶ **to be a health/fire hazard** 健康/火灾(災)上的危害 jiànkāng/huǒzāi shàng de wēihài
hazardous ['hæzədəs] ADJ (dangerous) 危险(險)的 wēixiǎn de
hazard (warning) lights (Aut) N PL 警报(報)灯(燈) jǐngbào dēng
haze [heɪz] N [s/U] 薄雾(霧) bówù ▶ **a haze of cigarette smoke** 香烟(煙)的烟(煙)雾(霧) xiāngyān de yānwù
hazel ['heɪzl] I N [c] (tree) 榛树(樹) zhēnshù [棵 kē] II ADJ [+ eyes] 淡褐色的 dàn hèsè de
hazelnut ['heɪzlnʌt] N [c] 榛子 zhēnzi [颗 kē]
hazy ['heɪzɪ] ADJ 1 (indistinct) [+ sky, day, sunshine] 雾(霧)蒙(濛)蒙(濛)的 wùméngméng de; [+ outline, view] 朦胧(朧)的 ménglóng de 2 (vague) [+ idea, memory] 模糊的 móhu de ▶ **he's rather hazy about the details** 他对(對)细(細)节(節)有点(點)遮遮掩掩 tā duì xìjié yǒudiǎn zhēzhē-yǎnyǎn
★**he** [hiː] PRON 1 (man, boy) 他 tā ▷ *He didn't do it. I did.* 他没做，我做了。Tā méi zuò, wǒ zuò le. 2 (male animal) 它 tā ▷ *He's a good dog.* 它是只好狗。Tā shì zhī hǎo gǒu.
★**head** [hɛd] I N [c] 1 (Anat) 头(頭) tóu [个 gè] 2 (mind) 头(頭)脑(腦) tóunǎo [副 fù] 3 [of company, organization, department] 领(領)导(導) lǐngdǎo [个 gè] 4 (Brit) (head teacher) 校长(長) xiàozhǎng [位 wèi] 5 [of table] 首 shǒu 6 [of queue, list] 最前面 zuì qiánmiàn 7 (on tape recorder, video) 磁头(頭) cítóu 8 (on beer) 泡沫 pàomò II VT 1 [+ list, group] 以…打头(頭) yǐ…dǎtóu ▷ *The list of most polluted cities is headed by London.* 污染最严重的城市列表以伦敦打头。Wūrǎn zuì yánzhòng de chéngshì lièbiǎo yǐ Lúndūn dǎtóu. 2 [+ group, company] 领(領)导(導) lǐngdǎo ▷ *The firm is headed by John Murray.* 公司是由约翰·麦瑞领导的。Gōngsī shì yóu Yuēhàn Màiruì lǐngdǎo de. 3 (Football) [+ ball] 用头(頭)顶(頂) yòng tóu dǐng ▶ **he fell head first into the river** 他头(頭)向下地栽到水里(裡) tā tóu xiàngxià de zāidào shuǐ lǐ ▶ **to go** *or* **fall head over heels** (lit) 头(頭)朝下跌倒 tóu cháoxià diēdǎo ▶ **to fall head over heels (in love)** (fig) 神魂颠倒地坠(墜)入(情网(網)) shénhún diāndǎo de zhuìrù(qíngwǎng) ▶ **10 pounds a** *or* **per head** 每人10英镑(鎊) měirén shí yīngbàng ▶ **she's got a head for figures/heights** 她有算术(術)才能/善于(於)登高 tā yǒu suànshù cáinéng/shànyú dēnggāo ▶ **I have no head for heights/figures** 我登高/算数(數)不灵(靈) wǒ dēnggāo/suànshù bùlíng ▶ **to come to a head/to be brought to a head** [situation +] 到了紧(緊)要关(關)头(頭) dàole jǐnyào guāntóu ▶ **let's put our heads together** 咱(偺)们(們)共同商量 zánmen gòngtóng shāngliáng ▶ **off the top of my head** 我估计(計) wǒ gūjì ▶ **on your own head be it!** 由你自负(負)后(後)果！Yóu nǐ zìfù hòuguǒ! ▶ **to bite** *or* **snap sb's head off** 对(對)某人大发(發)脾气(氣) duì mǒurén dà fā píqì ▶ **it went to his head** [alcohol +] 喝得他晕(暈)头(頭)转(轉)向 hēde tā yūn tóu zhuàn xiàng; [success, power +] 冲(沖)昏了他的头(頭)脑(腦) chōnghūnle tā de tóunǎo ▶ **to keep one's head** 保持镇(鎮)定 bǎochí zhèndìng ▶ **to lose one's head** 仓(倉)皇失措 cāng huáng shī cuò ▶ **I can't make head or** *or* **nor tail of this** (inf) 我对(對)这(這)件事一点(點)也摸不着(著)头(頭)脑(腦) wǒ duì zhè shì yīdiǎn yě mōbùzháo tóunǎo ▶ **to go/be off one's head** (esp Brit; inf) 发(發)疯(瘋)了 fāfēng le ▶ **to be off** *or* **out of one's head** (on drink, drugs) 神志不清 shénzhì bù qīng ▶ **to have got it into one's head that...** (be under impression that) 固执(執)地认(認)为(為)… gùzhí de rènwéi...; (have understood that) 明白了… míngbai le... ▶ **from head to foot** *or* **toe** 从(從)头(頭)到脚(腳) cóng tóu dào jiǎo ▶ **to laugh/scream one's head off** 狂笑/狂呼不已

h

kuángxiào/kuánghū bùyǐ ▸ **to go over sb's head** 令某人不能理解 lìng mǒurén bùnéng lǐjiě ▸ **heads or tails?** 正面还(還)是反面? zhèngmiàn háishì fǎnmiàn? ▸ **it's heads** 硬币(幣)正面 yìngbì zhèngmiàn

▸**head for** VT FUS [+ *place*] 前往 qiánwǎng ▹ *What's the name of the place we're heading for?* 我们要去的地方叫什么? Wǒmen yào qù de dìfang jiào shénme? ▹ *They are heading for the airport.* 他们正前往机场。Tāmen zhèng qiánwǎng jīchǎng. ▸ **to be heading** *or* **headed for Glasgow** 正前往格拉斯哥 zhèng qiánwǎng Gélāsīgē ▸ **to be heading** *or* **headed for disaster** 快要碰到灾(災)祸(禍) kuàiyào pèngdào zāihuò

▸**head off** **I** VT **1** [+ *person, vehicle*] 上前拦(攔)住 shàngqián lánzhù **2** [+ *threat, danger*] 防止 fángzhǐ ▹ *They did this in order to head off a strike.* 他们这样做是为了防止罢工的发生。Tāmen zhèyàng zuò shì wèile fángzhǐ bàgōng de fāshēng. **II** VI (*leave*) 出发(發) chūfā ▹ *I think we'd better be heading off.* 我们该出发了。Wǒmen gāi chūfā le.

▸**head up** VT [+ *organization, investigation*] 领(領)导(導) lǐngdǎo ▹ *Judge Samuel Evans headed up the investigation.* 塞缪尔・爱文斯法官领导这项调查。Sàimiù'ěr Àiwénsī fǎguān lǐngdǎo zhè xiàng diàochá.

headache ['hɛdeɪk] N [c] **1** (*pain*) 头(頭)痛 tóutòng [阵 zhèn] **2** (*problem*) 令人头(頭)疼的问(問)题(題) lìngrén tóuténg de wèntí [个 gè] ▸ **to have a headache** 头(頭)痛 tóutòng ▸ **to be a headache (for sb)** [(*problem*) +] 是件(令某人)头(頭)痛的事 shì jiàn(lìng mǒurén)tóutòng de shì

heading ['hɛdɪŋ] N [c] [*of chapter, article*] 标(標)题(題) biāotí [个 gè]

headlamp ['hɛdlæmp] (*Brit*) N = **headlight**

headlight ['hɛdlaɪt] N [c] 前灯(燈) qiándēng [个 gè]

headline ['hɛdlaɪn] N [c] 标(標)题(題) biāotí [个 gè] ▸ **the headlines** (*Publishing*) 头(頭)条(條)新闻(聞) tóutiáo xīnwén; (*TV, Rad*) 内(內)容提要 nèiróng tíyào ▸ **to hit the headlines** 成为(為)头(頭)条(條)新闻(聞) chéngwéi tóutiáo xīnwén ▸ **it was headline news** 是头(頭)条(條)新闻(聞) shì tóutiáo xīnwén

headmaster [hɛd'mɑːstəʳ] (*Brit*) N [c] 校长(長) xiàozhǎng [位 wèi]

headmistress [hɛd'mɪstrɪs] (*Brit*) N [c] 女校长(長) nǚ xiàozhǎng [位 wèi]

head office N [c/u] [*of company*] 总(總)部 zǒngbù

head of state (*pl* **heads of state**) N [c] 元首 yuánshǒu

headphones ['hɛdfəunz] N PL 耳机(機) ěrjī

headquarters ['hɛdkwɔːtəz] N PL **1** [*of company, organization*] 总(總)部 zǒngbù **2** (*Mil*) 指挥(揮)部 zhǐhuī bù

headroom ['hɛdrum] N [u] (*in car, under bridge*) 净(淨)空高度 jìngkōng gāodù ▸ **"Max. Headroom: 3.4 metres"** "高度限制:3.4米" "gāodù xiànzhì:sāndiǎnsì mǐ"

headscarf ['hɛdskɑːf] (*pl* **headscarves**) N [c] (*Brit*) 头(頭)巾 tóujīn [块 kuài]; (*worn by Muslim women*) 包头(頭)巾 bāo tóujīn [块 kuài]

headset ['hɛdsɛt] N [c] 耳机(機) ěrjī [副 fù]

head teacher (*Brit*) N [c] 校长(長) xiàozhǎng [位 wèi]

headway ['hɛdweɪ] N ▸ **to make headway** 取得进(進)展 qǔdé jìnzhǎn

heal [hiːl] **I** VT **1** [+ *injury*] 愈(癒)合 yùhé; [+ *sick person*] 治愈(癒) zhìyù **2** (*emotionally*) 治愈(癒) zhìyù **3** [+ *rift, disagreement*] 调(調)解 tiáojiě **II** VI **1** (*physically*) 痊愈(癒) quányù **2** (*emotionally*) 愈(癒)合 yùhé

★ **health** [hɛlθ] N [u] **1** 健康 jiànkāng ▹ *Her health has never been very good.* 她的健康从来都不好。Tā de jiànkāng cónglái dōu bùhǎo. **2** (*prosperity*) 发(發)达(達) fādá ▸ **to be good/bad for one's health** 对(對)某人的健康有益/不利 duì mǒurén de jiànkāng yǒuyì/bùlì ▸ **to be in good/poor health** 身体(體)健康/不好 shēntǐ jiànkāng/bùhǎo ▸ **to drink (to) sb's health** 举(舉)杯祝某人健康 jǔbēi zhù mǒurén jiànkāng

health care **I** N [u] 保健 bǎojiàn **II** CPD [+ *system, worker, services*] 保健 bǎojiàn

health centre, (*US*) **health center** N [c] 医(醫)疗(療)中心 yīliáo zhōngxīn

health food N [c/u] 保健食品 bǎojiàn shípǐn [种 zhǒng]

Health Service (*Brit*) N ▸ **the (National) Health Service** 英国(國)国(國)民医(醫)疗(療)服务(務)制度 Yīngguó Guómín Yīliáo Fúwù Zhìdù

healthy ['hɛlθɪ] ADJ **1** [+ *person, teeth, organ, skin*] 健康的 jiànkāng de **2** (*hearty*) [+ *appetite*] 好的 hǎo de **3** (*health-promoting*) [+ *diet, lifestyle*] 对(對)健康有益的 duì jiànkāng yǒuyì de **4** (*good*) [+ *profit, turnover*] 相当(當)大的 xiāngdāng dà de **5** (*successful*) [+ *economy, company, account*] 兴(興)旺发(發)达(達)的 xīngwàng fādá de

heap [hiːp] **I** N [c] (*pile*) [*of clothes, papers*] 堆 duī [个 gè] **II** VT ▸ **to heap sth on sth** [+ *sand, earth, clothes*] 将(將)某物堆在某物上 jiāng mǒuwù duīzài mǒuwù shang; (*food*) 将(將)某物装(裝)满(滿)某物 jiāng mǒuwù zhuāngmǎn mǒuwù ▸ **heaps** *or* **a heap of** (*inf*) [+ *time, work, money etc*] 大量 dàliàng ▸ **to heap praise/criticism on sb** 对(對)某人大加赞(讚)赏(賞)/批评(評) duì mǒurén dàjiā zànshǎng/pīpíng

▸**heap up** VT [+ *stones, sand*] 堆起 duīqǐ

★ **hear** [hɪəʳ] (*pt, pp* **heard** [həːd]) VT **1** [+ *sound, voice, music*] 听(聽)见(見) tīngjiàn ▹ *He heard voices in the garden.* 他听见从花园里传来的声

音。Tā tīngjiàn cóng huāyuán lǐ chuánlái de shēngyīn. **2** (*listen to*) [+ *news, lecture, concert*] 听(聽) tīng ▷ *I heard the news on the radio this morning.* 我今天早上听了新闻广播。Wǒ jīntiān zǎoshang tīngle xīnwén guǎngbō. ▷ *We went to hear the Berlin Philharmonic.* 我们去听了柏林交响乐团。Wǒmen qù tīngle Bólín jiāoxiǎngyuètuán. **3** (*Law*) [+ *case, evidence*] 审(審)理 shěnlǐ ▸ **to hear sb doing sth** 听(聽)见(見)某人做某事 tīngjiàn mǒurén zuò mǒushì ▸ **to hear that...** 听(聽)说(說)··· tīngshuō... ▸ **I've heard it all before** 我早就听(聽)了多少遍了 wǒ zǎo jiù tīngle duōshǎo biàn le ▸ **to hear about sth/sb** 听(聽)说(說)某事/某人 tīngshuō mǒushì/mǒurén ▸ **to hear from sb** 得到某人的消息 dédào mǒurén de xiāoxi ▸ **have you heard of Damien Hirst?** 你有没(沒)有听(聽)说(說)过(過)戴米安·赫斯特? nǐ yǒuméiyǒu tīngshuō guò Dàimǐ'ān Hèsītè? ▸ **I've never heard of him** 我从(從)来(來)没(沒)听(聽)说(說)过(過)他 wǒ cónglái méi tīngshuō guò tā ▸ **I wouldn't** *or* **won't hear of it!** 我坚(堅)决(決)不同意! Wǒ jiānjué bù tóngyì! ▸ **hear, hear** (*Brit; frm*) 说(說)的好,说(說)的好 shuōde hǎo, shuōde hǎo

▸**hear out** VT ▸ **to hear sb out** 听(聽)某人讲(講)完 tīng mǒurén jiǎngwán

heard [hə:d] PT, PP *of* **hear**

hearing ['hɪərɪŋ] N **1** [U] (*sense*) 听(聽)力 tīnglì **2** [C] (*Law*) 开(開)审(審) kāishěn ▸ **in** *or* **within sb's hearing** 在某人听(聽)得到的范(範)围(圍)内(內) zài mǒurén tīngdedào de fànwéi nèi ▸ **to give sb a (fair) hearing** (*Brit*)(公正地)听(聽)取某人的申诉(訴) (gōngzhèng de)tīngqǔ mǒurén de shēnsù

hearing aid N [C] 助听(聽)器 zhùtīngqì [个 gè]

hearse [hə:s] N [C] 灵(靈)车(車) língchē [辆 liàng]

heart [hɑ:t] **I** N **1** [C] (*Anat*) 心脏(臟) xīnzàng [颗 kē] **2** [C] (*emotions*) 感情 gǎnqíng [种 zhǒng] **3** [C/U] (*character, attitude*) 心灵(靈) xīnlíng **4** [C] (*shape*) 心形物 xīnxíng wù [个 gè] **5** [C] [*of lettuce*] 菜心 càixīn **II hearts** N PL (*Cards*) 红(紅)桃 hóngtáo ▸ **to learn/know sth (off) by heart** 背诵(誦)某事 bèisòng mǒushì ▸ **I knew in my heart (of hearts) it was true** 在我内(內)心深处(處)我知道这(這)是对(對)的 zài wǒ nèixīn shēnchù wǒ zhīdào zhè shì duì de ▸ **(at) the heart of the problem/debate** (在)问(問)题(題)/争(爭)论(論)的实(實)质(質) (zài)wèntí/zhēnglùn de shízhì ▸ **the heart of London** 伦(倫)敦中心 Lúndūn zhōngxīn ▸ **at heart** (*basically*) 本质(質)上 běnzhìshàng ▸ **to have a soft/hard heart** 心肠(腸)软(軟)/硬 xīncháng ruǎn/yìng ▸ **to lose heart** 失去信心 shīqù xìnxīn ▸ **to take heart (from sth)** (从(從)某事)受到鼓舞 (cóng mǒushì)shòu dào gǔwǔ ▸ **she set her heart on being a lawyer** 她一心想当(當)律师(師) tā yīxīn xiǎng dāng lǜshī ▸ **the heart of the matter** 问(問)题(題)的关(關)键(鍵) wèntí de guānjiàn ▸ **my heart went out to them** 我非常同情他们(們) wǒ fēicháng tóngqíng tāmen ▸ **matters** *or* **affairs of the heart** 感情问(問)题(題) gǎnqíng wèntí ▸ **with all one's heart** [*believe* +] 全心全意地 quán xīn quán yì de; [*love* +] 真心实(實)意地 zhēn xīn shí yì de ▸ **to break sb's heart** 使某人伤(傷)心 shǐ mǒurén shāngxīn ▸ **to have a broken heart** 心碎了 xīnsuì le ▸ **to have a change of heart** 改变(變)主意 gǎibiàn zhǔyì ▸ **be close** *or* **dear to one's heart** 是某人所关(關)心的 shì mǒurén suǒ guānxīn de ▸ **I thanked him from the bottom of my heart** 我从(從)心底里(裡)感激他 wǒ cóng xīndǐ lǐ gǎnjī tā ▸ **my heart sank** 我心头(頭)一沉 wǒ xīntóu yīchén ▸ **to take sth to heart** 对(對)某事耿耿于(於)怀(懷) duì mǒushì gěnggěng yú huái ▸ **to one's heart's content** 尽(盡)情地 jìnqíng de

heart attack N [C] 心脏(臟)病发(發)作 xīnzàngbìng fāzuò [阵 zhèn] ▸ **to have a heart attack** 心脏(臟)病发(發)作 xīnzàngbìng fāzuò

heartbeat ['hɑ:tbi:t] N **1** [S] (*beating*) 心跳 xīntiào **2** [C] (*single beat*) 心跳 xīntiào

heartbreaking ['hɑ:tbreɪkɪŋ] ADJ [+ *news, story*] 令人伤(傷)心的 lìngrén shāngxīn de ▸ **it was heartbreaking to watch** 看着(著)真让(讓)人心碎 kànzhe zhēn ràngrén xīnsuì

heartbroken ['hɑ:tbrəukən] ADJ 心碎的 xīnsuì de

heartburn ['hɑ:tbə:n] N [U] 胃灼热(熱) wèizhuórè ▸ **I've got heartburn** 我有胃灼热(熱) wǒ yǒu wèizhuórè

heart disease N [U] 心脏(臟)病 xīnzàngbìng

hearth [hɑ:θ] N [C] (*fireplace*) 壁炉(爐)炉(爐)床(牀) bìlú lúchuáng

heartily ['hɑ:tɪlɪ] ADV **1** [*laugh* +] 起劲(勁)地 qǐjìn de **2** [*eat, drink* +] 尽(盡)情地 jìnqíng de **3** [*agree, dislike* +] 非常 fēicháng; [+ *glad, sick, sorry*] 非常 fēicháng

heartless ['hɑ:tlɪs] ADJ [+ *person, attitude*] 无(無)情的 wúqíng de

hearty ['hɑ:tɪ] ADJ **1** (*cheerful*) [+ *person, laugh*] 开(開)心快活的 kāixīn kuàihuó de **2** (*satisfying*) [+ *meal*] 丰(豐)盛的 fēngshèng de **3** [+ *appetite*] 大的 dà de **4** (*strong*) [+ *agreement, dislike*] 强(強)烈的 qiángliè de

heat [hi:t] **I** N **1** [U] (*warmth*) 热(熱) rè **2** [U] (*temperature*) 热(熱)度 rèdù **3** [U] (*hob, flame etc*) 热(熱)源 rèyuán **4** [C] (*Sport*) (*also*: **qualifying heat**) 预(預)赛(賽) yùsài [场 chǎng] **II** VT [+ *water, food*] 加热(熱) jiārè; [+ *room, house*] 取暖 qǔnuǎn ▸ **in the heat of the election campaign** 在选(選)举(舉)竞(競)争(爭)的白热(熱)阶(階)段 zài xuǎnjǔ jìngzhēng de báirè jiēduàn ▸ **in the heat of the moment** 一

时(時)激动(動)之下 yīshí jīdòng zhīxià ▸ **to be on** *or* (US) **in heat** (*Zool*) 正在发(發)情 zhèngzài fāqíng ▸ **I find the heat unbearable** 热(熱)得我实(實)在受不了 rède wǒ shízài shòubùliǎo

▸**heat up** I VI [*water, room* +] 热(熱)起来(來) rè qǐlái II VT [+ *food*] 加热(熱) jiārè

heated ['hi:tɪd] ADJ **1** [+ *pool, room*] 加热(熱)的 jiārè de **2** [+ *argument, debate*] 激烈的 jīliè de

heater ['hi:tə^r] N [C] (*electric heater, gas heater*) 供暖装(裝)置 gōngnuǎn zhuāngzhì [个 gè]; (*in car*) 暖气(氣)设(設)备(備) nuǎnqì shèbèi [套 tào]

heather ['hɛðə^r] N [U] 石南属(屬)植物 shínánshǔ zhíwù

heating ['hi:tɪŋ] N [U] **1** (*process*) 供暖 gòngnuǎn **2** (*system*) 暖气(氣) nuǎnqì

heatwave ['hi:tweɪv] N [C] 酷暑时(時)期 kùshǔ shíqī [段 duàn]

heave [hi:v] I VT ▸ **to heave sth/sb onto sth** 将(將)某物/某人用力移动(動)到某物上 jiāng mǒuwù/mǒurén yònglì yídòngdào mǒuwù shang II VI **1** [*chest, sea* +] 起伏 qǐfú **2** (*retch*) [*person, stomach* +] 恶(噁)心 ěxin III N [C] (*pull*) 拉 lā; (*push*) 推 tuī; (*lift*) 举(舉) jǔ ▸ **to heave o.s. up** 拉自己起来(來) lā zìjǐ qǐlái ▸ **to heave a sigh** 叹(嘆)了一口气(氣) tànle yīkǒuqì ▸ **to heave a sigh of relief** 松(鬆)了一口气(氣) sōngle yīkǒuqì

▸**heave to** (*pt, pp* **hove**) (*Naut*) VI 停航 tíngháng

heaven ['hɛvn] I N [U] (*Rel*) (*inf*) 天堂 tiāntáng II **heavens** N PL ▸ **the heavens** (*liter*) 天空 tiānkōng ▸ **the heavens opened** 下了一场(場)倾(傾)盆大雨 xiàle yīcháng qīng pén dà yǔ ▸ **to move heaven and earth to do sth** 竭尽(盡)全力做某事 jiéjìn quánlì zuò mǒushì ▸ **heaven forbid!** 千万(萬)不要！ Qiānwàn bùyào!

heavenly ['hɛvnlɪ] ADJ **1** (*Rel*) (*celestial*) 天堂的 tiāntáng de **2** (*inf*: *wonderful*) [+ *day, place, occasion*] 无(無)比快乐(樂)的 wúbǐ kuàilè de

heavily ['hɛvɪlɪ] ADV **1** [*land, fall, sigh* +] 沉重地 chénzhòng de **2** (*a lot*) [*drink, smoke* +] 大量地 dàliàng de; [*rain, snow* +] 大 dà **3** [+ *armed, guarded*] 大量 dàliàng; [+ *sedated*] 厉(厲)害地 lìhài de **4** [*criticize* +] 严(嚴)厉(厲)地 yánlì de ▸ **to be heavily made up** 浓(濃)妆(妝)艳(豔)抹的 nóngzhuāng yànmǒ de ▸ **heavily pregnant** 怀(懷)孕后(後)期 huáiyùn hòuqī ▸ **to rely heavily on** *or* **be heavily reliant on sb/sth** 过(過)分依赖(賴)某人/某物 guòfèn yīlài mǒurén/mǒuwù ▸ **he was very heavily built** 他身材庞(龐)大 tā shēncái pángdà

heavy ['hɛvɪ] ADJ **1** (*in weight*) [+ *load, suitcase*] 重的 zhòng de **2** (*well-built*) [+ *person*] 壮(壯)实(實)的 zhuàngshi de **3** (*thick*) [+ *material, door etc*] 厚的 hòu de **4** (*in amount, number etc*) [+ *responsibility, commitment*] 重大的 zhòngdà de; [+ *casualties*] 大量的 dàliàng de; [+ *fighting*] 激烈的 jīliè de; [+ *traffic*] 拥(擁)挤(擠)的 yōngjǐ de; [+ *fine, penalty, sentence*] 重的 zhòng de; [+ *drinking, smoking, gambling*] 过(過)度的 guòdù de; [+ *rain, snow*] 大的 dà de; [+ *blow, fall*] 沉重有力的 chénzhòng yǒulì de; [+ *breathing*] 沉重的 chénzhòng de; [+ *schedule, week*] 繁忙的 fánmáng de **5** (*physically demanding*) [+ *work*] 繁重的 fánzhòng de **6** (*rich*) [+ *food, meal*] 难(難)消化的 nán xiāohuà de **7** (*inf*: *difficult*) [+ *situation*] 难(難)办(辦)的 nánbàn de; [+ *discussion*] 沉重的 chénzhòng de ▸ **how heavy are you/is it?** 你/它有多重？ nǐ/tā yǒu duō zhòng? ▸ **it's ten times heavier than** *or* **ten times as heavy as we estimated** 比我们(們)预(預)计(計)的要重10倍 bǐ wǒmen yùjì de yào zhòng shíbèi ▸ **a heavy drinker/smoker** 酒/烟(煙)鬼 jiǔ/yānguǐ ▸ **to make heavy weather of sth** 对(對)某事小题(題)大做 duì mǒushì xiǎo tí dà zuò ▸ **with a heavy heart** (*liter*) 沉重的心情 chénzhòng de xīnqíng ▸ **tanks are very heavy on fuel** 坦克很耗油 tǎnkè hěn hào yóu ▸ **the air was heavy with moisture** (*liter*) 空气(氣)湿(濕)度很大 kōngqì shīdù hěn dà

Hebrew ['hi:bru:] I ADJ 希伯来(來)的 Xībólái de II N [U] (*language*) 希伯来(來)语(語) Xībóláiyǔ

hectare ['hɛktɑ:^r] N [C] 公顷(頃) gōngqǐng

hectic ['hɛktɪk] ADJ [+ *schedule, pace, life etc*] 繁忙的 fánmáng de

he'd [hi:d] = **he would, he had**

hedge [hɛdʒ] I N [C] 树(樹)篱(籬) shùlí [道 dào] II VI (*stall*) 闪(閃)烁(爍)其词(詞) shǎnshuò qící ▸ **a hedge against inflation** 防止通货(貨)膨胀(脹)的手段 fángzhǐ tōng huò péngzhàng de shǒuduàn ▸ **to hedge one's bets** 两(兩)面下注 liǎngmiàn xiàzhù

hedgehog ['hɛdʒhɔg] N [C] 刺猬(蝟) cìwei [只 zhī]

heed [hi:d] VT (*frm*) [+ *advice, warning*] 听(聽)从(從) tīngcóng ▸ **to pay (no) heed to** *or* **take (no) heed of** (不)听(聽)取 (bù)tīngqǔ

heel [hi:l] I N [C] **1** [*of foot*] 脚(腳)后(後)跟 jiǎohòugēn [个 gè] **2** [*of shoe*] 鞋跟 xiégēn [个 gè] II **heels** N PL (*also*: **high heels**) 高跟鞋 gāogēnxié ▸ **to bring sb to heel** 使某人屈服 shǐ mǒurén qūfú ▸ **to take to one's heels** (*liter*) 逃跑 táopǎo ▸ **to turn on one's heel** 急转(轉)身 jí zhuǎnshēn

hefty ['hɛftɪ] (*inf*) ADJ **1** [+ *person*] 强(強)壮(壯)的 qiángzhuàng de **2** [+ *push*] 有力的 yǒulì de **3** [+ *profit, fine*] 可观(觀)的 kěguān de

height [haɪt] I N **1** [C/U] [*of person, tree, building*] 高度 gāodù [个 gè] **2** [C] (*altitude*) 高处(處) gāochù II **heights** N PL (*altitude*) 高 gāo; (*high ground*) 高地 gāodì ▸ **of average/medium height** 平均/中等高度 píngjūn/zhōngděng gāodù ▸ **what height are you?** 你有多高？ nǐ yǒu duō gāo? ▸ **the cliff is 100m in height** 悬(懸)崖有100米高 xuányá yǒu yībǎi mǐ gāo

▸ **to gain/lose height** 升高/降低高度 shēnggāo/jiàngdī gāodù ▸ **flying at a height of 5000 m** 在5000米的高空飞(飛)行 zài wǔqiān mǐ de gāokōng fēixíng ▸ **at knee/waist/shoulder height** 齐(齊)膝盖(蓋)/腰/肩膀 qí xīgài/yāo/jiānbǎng ▸ **from a (great) height** 从(從)(很)高处(處) cóng(hěn) gāochù ▸ **at the height of the summer** 在盛夏之际(際) zài shèngxià zhījì ▸ **a writer at the height of his powers** 一名处(處)于(於)巅(巔)峰状(狀)态(態)的作家 yīmíng chǔyú diānfēng zhuàngtài de zuòjiā ▸ **it is the height of fashion/good taste** 那是最时(時)髦/最有品位的 nàshì zuì shímáo/zuì yǒu pǐnwèi de ▸ **at its height,...** 在鼎盛时(時)期，… zài dǐngshèng shíqī, ...

heighten ['haɪtn] VT [+ *awareness, tension, fears, interest*] 增加 zēngjiā

heir [ɛəʳ] N [c] 继(繼)承人 jìchéngrén [位 wèi] ▸ **to be (the) heir to sth** 是某物的继(繼)承人 shì mǒuwù de jìchéngrén ▸ **the heir to the throne** 王位的继(繼)承人 wángwèi de jìchéngrén

heiress ['ɛərɛs] N [c] 女继(繼)承人 nǚ jìchéngrén [位 wèi]

held [hɛld] PT, PP *of* **hold**

helicopter ['hɛlɪkɔptəʳ] N [c] 直升飞(飛)机(機) zhíshēng fēijī [架 jià]

hell [hɛl] **I** N **1** [U] (*Rel*) 地狱(獄) dìyù **2** [c/U] (*fig: life, situation*) 活受罪 huó shòuzuì **II** INT (*inf!*) 天啊 tiān a ▸ **(just) for the hell of it** (*inf*) 仅(僅)为(為)取乐(樂) jǐn wèi qǔlè ▸ **to give sb hell** (*inf: tell off*) 狠狠地数(數)落某人 hěnhěn de shǔluò mǒurén; (*cause pain*) 使某人吃苦头(頭) shǐ mǒurén chī kǔtóu; (*cause trouble for*) 给(給)某人找麻烦(煩) gěi mǒurén zhǎo máfan ▸ **all hell broke loose** (*inf*) 突然之间(間)闹(鬧)翻天 tūrán zhījiān nào fān tiān ▸ **a** *or* **one hell of a job/time** *etc* (*inf*) 一份很难(難)的工作/一段难(難)熬的时(時)光 yīfèn hěn nán de gōngzuò/yīduàn nánáo de shíguāng ▸ **a** *or* **one hell of a lot of** (*inf*) 好多 hǎoduō ▸ **to go to hell** (*Rel*) 下地狱(獄) xià dìyù; (*fig: inf!*) 见(見)鬼去吧 jiàn guǐ qù ba ▸ **it was hell** (*inf*) 糟糕极(極)了 zāogāo jí le ▸ **the babysitter/neighbour from hell** (*inf*) 糟透了的保姆/邻(鄰)居 zāotòu le d ebǎomǔ/línjū ▸ **what/where/who the hell** (*inf*) 究竟什么(麼)/哪里(裡)/谁(誰) jiūjìng shénme/nǎlǐ/shuí ▸ **to run like hell** (*inf*) 拼命地跑 pīnmìng de pǎo ▸ **oh, to hell with it!** (*inf*) 见(見)鬼吧！ jiànguǐ ba!

he'll [hi:l] = **he will, he shall**

hello [hə'ləu] INT (*as greeting*) 你好 nǐhǎo; (*Tel*) 喂 wèi; (*to attract attention*) 劳(勞)驾(駕) láojià; (*expressing surprise*) 嘿 hēi

helmet ['hɛlmɪt] N [c] [*of motorcyclist, cyclist, astronaut*] 头(頭)盔 tóukuī [个 gè]; [*of soldier, policeman, fireman*] 钢(鋼)盔 gāngkuī [个 gè]

★**help** [hɛlp] **I** N [U] 帮(幫)助 bāngzhù ▷ *Thanks for your help.* 多谢你的帮助。Duōxiè nǐ de bāngzhù.; (*when in danger*) 救命 jiùmìng ▷ *He was screaming for help.* 他大叫救命。Tā dà jiào jiùmìng. **II** VT **1** [+ *person*] 帮(幫)助 bāngzhù ▷ *His car wouldn't start, so I helped him.* 他的车起动不了，所以我帮助了他。Tā de chē qǐdòng bùliǎo, suǒyǐ wǒ bāngzhùle tā. **2** (*improve*) 改善 gǎishàn ▷ *The new law does little to help the environment.* 新法律在改善环境方面没起什么作用。Xīn fǎlǜ zài gǎishàn huánjìng fāngmiàn méi qǐ shénme zuòyòng. **III** VI **1** (*assist*) 帮忙 bāngmáng ▷ *Can I help?* 我能帮忙吗？ Wǒ néng bāngmáng ma? **2** (*be useful*) 有用 yǒuyòng ▷ *The right style of swimsuit can help by hiding bulges.* 款式适当的游泳衣有助于掩饰肥胖部位。Kuǎnshì shìdàng de yóuyǒngyī yǒuzhùyù yǎnshì féipàng bùwèi. ▷ *Does that help?* 那有用吗？ Nà yǒuyòng ma? ▸ **she needs help to get up the stairs** 她需要帮(幫)助才能上楼(樓)梯 tā xūyào bāngzhù cáinéng shàng lóutī ▸ **the book wasn't much help** 这(這)本书(書)没(沒)什么(麼)用 zhè běn shū méi shénme yòng ▸ **thanks, you've been a great help** 谢(謝)谢(謝)，你帮(幫)了很大忙 xièxie, nǐ bāngle hěndà máng ▸ **with the help of sb/sth** 在某人/某物的帮(幫)助下 zài mǒurén/mǒuwù de bāngzhù xià ▸ **to be of help (to sb)** (对(對)某人有所帮(幫)助 (duì mǒurén) yǒu suǒ bāngzhù ▸ **I helped him (to) fix his car** 我帮(幫)助他修了他的车(車) wǒ bāngzhù tā xiūle tā de chē ▸ **I helped her to her feet** 我帮(幫)她站起来(來) wǒ bāng tā zhàn qǐlái ▸ **help!** 救命！ jiùmìng! ▸ **can I help you?** (*in shop*) 我能为(為)您效劳(勞)吗(嗎)? wǒ néng wèi nín xiàoláo ma? ▸ **people who can help themselves** (*be independent*) 能自立的人 néng zìlì de rén ▸ **to help o.s. to sth** (*serve oneself*) 随(隨)意用某物 suíyì yòng mǒuwù; (*inf: steal*) 顺(順)手牵(牽)羊拿某物 shùnshǒu qiānyáng ná mǒuwù ▸ **he can't help it** 他毫无(無)办(辦)法 tā háowú fànfǎ ▸ **I can't help feeling sorry for him** 我情不自禁地同情他 wǒ qíng bù zì jīn de tóngqíng tā ▸ **it can't be helped** 没(沒)办(辦)法 méi bànfǎ

▸**help out I** VI 帮(幫)忙 bāngmáng ▸ **to help out with sth** 帮忙做某事 bāngmáng zuò mǒushì ▷ *I help out with the secretarial work.* 我帮忙做秘书工作。Wǒ bāngmáng zuò mìshū gōngzuò. **II** VT 帮忙 bāngmáng ▷ *I had no money, but my mum helped me out.* 我没钱，但我妈妈帮了我的忙。Wǒ méi qián, dàn wǒ māma bāngle wǒ de máng.

helper ['hɛlpəʳ] N [c] 帮(幫)手 bāngshǒu [位 wèi]

helpful ['hɛlpful] ADJ [+ *person*] 有用的 yǒuyòng de; [+ *advice, suggestion*] 有建设(設)性的 yǒu jiànshèxìng de

helping ['hɛlpɪŋ] N [c] [*of food*] 一份 yīfèn

h

helpless ['hɛlplɪs] ADJ (*defenceless*) 无(無)依无(無)靠的 wúyīwúkào de ▸ **he was helpless to resist** 他无(無)法抵制 tā wúfǎ dǐzhì

helpline ['hɛlplaɪn] N [c] (*for emergencies, information*) 热(熱)线(線) rèxiàn

hem [hɛm] **I** N [c] [*of skirt, dress*] 褶边(邊) zhěbiān **II** VT [+ *skirt, dress etc*] 给(給)…缝(縫)边(邊) gěi…féngbiān
▸**hem in** VT 包围(圍) bāowéi

hemisphere ['hɛmɪsfɪə^r] N [c] **1** (*Geo*) 半球 bànqiú **2** [*of brain*] 大脑(腦)半球 dànǎo bànqiú ▸ **the northern/southern hemisphere** 北/南半球 běi/nánbànqiú

hemorrhage ['hɛmərɪdʒ] (*US*) N = **haemorrhage**

hemorrhoids ['hɛmərɔɪdz] (*US*) N PL = **haemorrhoids**

hen [hɛn] N [c] **1** (*chicken*) 母鸡(雞) mǔjī [只 zhī] **2** (*of other species*) 雌禽 cíqín ▸ **a hen pheasant/chaffinch** *etc* 一只(隻)雌雉/花鸡(雞)等 yīzhī cízhì/huājī *děng*

hence [hɛns] ADV (*therefore*) 因此 yīncǐ ▸ **2 years hence** 今后(後)两(兩)年 jīnhòu liǎngnián

henceforth [hɛns'fɔːθ] ADV 今后(後) jīnhòu

hen night (*Brit*) N [c] 婚礼前新娘与女伴们的聚会

hepatitis [hɛpə'taɪtɪs] N [U] 肝炎 gānyán

★ **her** [həː^r] **I** PRON **1** (*of woman, girl*) 她 tā ▹ *Tell her that I'll be late.* 告诉她我会晚到。Gàosù tā wǒ huì wǎndào. ▹ *You could write her a letter.* 你可以给她写封信。Nǐ kěyǐ gěi tā xiě fēng xìn. ▹ *"It's her again," said Peter.* 彼得说："又是她。" Pǐdé shuō: "yòu shì tā." ▹ *I was at school with her.* 我和她是同学。Wǒ hé tā shì tóngxué. **2** (*of female animal*) 它 tā ▹ *You'll have to take her to the vet.* 你得带它去看兽医。Nǐ děi dài tā qù kàn shòuyī. **II** ADJ **1** (*of woman, girl*) 她的 tā de **2** (*referring to female animal*) 它的 tā de ▹ *a cow and her calf* 母牛和它的小牛 mǔniú hé tā de xiǎoniú ▸ **I haven't seen her** 我还(還)没(沒)见(見)到她。wǒ hái méi jiàndào tā ▸ **they gave her the job** 他们(們)给(給)了她那份工作 tāmen gěile tā nà fèn gōngzuò ▸ **her face was very red** 她的脸(臉)很红(紅) tā de liǎn hěn hóng

herb [həːb], *US* əːrb] N [c] 草本植物 cǎoběn zhíwù [株 zhū]

herbal ['həːbl] (*US*) ['&:rbl ADJ [+ *medicine, remedy*] 药(藥)草的 yàocǎo de

herbal tea N [C/U] 药(藥)茶 yàochá

herd [həːd] **I** N [c] [*of cattle, goats*] 牧群 mùqún [群 qún] **II** VT (*drive*) [+ *animals*] 牧放 mùfàng; [+ *people*] 驱(驅)赶(趕) qūgǎn

★ **here** [hɪə^r] ADV **1** (*in/to this place*) 在这(這)里(裡) zài zhèlǐ **2** (*near me*) 到这(這)里(裡) dào zhèlǐ **3** (*at this point*) 这(這)时(時) zhèshí ▸ **"here!"** (*present*) "在这(這)儿(兒)！" "zài zhèr!" ▸ **here's my phone number** 这(這)是我的电(電)话(話)号(號)码(碼) zhè shì wǒde diànhuà hàomǎ ▸ **here's your taxi** 你的出租车(車)来(來)了 nǐ de chūzūchē lái le ▸ **here he is** (*he's just arrived*) 他到了 tā dào le ▸ **here you are** (*take this*) 给(給)你 gěi nǐ ▸ **here we are!** (*found it!*) 找到了！ zhǎodào le! ▸ **here and there** 各处(處) gèchù ▸ **"here's to…"** (*toast*) "为(為)…干(乾)杯" "wèi…gānbēi" ▸ **I'm here to help you** 我是来(來)帮(幫)你的 wǒ shì lái bāng nǐ de ▸ **OK here goes, I'll try it** 好，来(來)吧，我来(來)试(試)试(試) hǎo, lái ba, wǒ lái shìshi ▸ **here we go (again)** (*inf*) 噢，（又）来(來)了 ō, (yòu)lái le ▸ **(in the) here and now** 现(現)在 xiànzài

hereditary [hɪ'rɛdɪtrɪ] ADJ **1** [+ *disease*] 遗(遺)传(傳)的 yíchuán de **2** [+ *title*] 世袭(襲)的 shìxí de

heritage ['hɛrɪtɪdʒ] **I** N [U/S] 遗(遺)产(產) yíchǎn **II** CPD (*Brit*) [+ *centre, industry, site*] 文化遗(遺)产(產) wénhuà yíchǎn

hernia ['həːnɪə] N [c] 疝 shàn

hero ['hɪərəu] (*pl* **heroes**) N [c] **1** [*in book, film*] 男主人公 nán zhǔréngōng [个 gè] **2** [*of battle, struggle*] 英雄 yīngxióng [位 wèi] ▸ **Clint Eastwood is my hero** 克林特·伊斯特伍德是我崇拜的偶像 Kèlíntè Yīsītèwǔdé shì wǒ chóngbài de ǒuxiàng

heroic [hɪ'rəuɪk] ADJ 英勇的 yīngyǒng de

heroin ['hɛrəuɪn] N [U] 海洛因 hǎiluòyīn

heroine ['hɛrəuɪn] N [c] **1** (*in book, film*) 女主人公 nǚ zhǔréngōng [个 gè] **2** (*of battle, struggle*) 女英雄 nǚ yīngxióng [位 wèi] ▸ **Elizabeth Taylor was my heroine** 伊丽(麗)莎白·泰勒是我崇拜的偶像 Yīlìshābái Tàilè shì wǒ chóngbài de ǒuxiàng

heroism ['hɛrəuɪzəm] N [U] 英勇 yīngyǒng ▸ **an act of heroism** 英雄行为(為) yīngxióng xíngwéi

heron ['hɛrən] N [c] 鹭(鷺) lù [只 zhī]

herring ['hɛrɪŋ] (*pl* **herring** *or* **herrings**) N [C/U] 鲱鱼(魚) fēiyú [条 tiáo]

hers [həːz] PRON **1** (*of woman, girl*) 她的 tā de **2** (*of female animal*) 它的 tā de ▹ *Which bowl is hers?* 哪个食盆是它的？ Nǎge shípén shì tā de? ▸ **this is hers** 这(這)是她的。zhè shì tā de ▸ **a friend of hers** 她的一个(個)朋友 tā de yīgè péngyou

★ **herself** [həː'sɛlf] PRON **1** 她自己 tā zìjǐ ▹ *She'll have to try it out for herself.* 她必须得自己试试。Tā bìxū děi zìjǐ shìshi. **2** (*emphatic*) 她本人 tā běnrén ▹ *She herself lives in London.* 她本人住在伦敦。Tā běnrén zhùzài Lúndūn. ▸ **she hurt herself** 她伤(傷)了自己。tā shāngle zìjǐ ▸ **she made the dress herself** 她自己做的这(這)件连(連)衣裙。tā zìjǐ zuò de zhè jiàn liányīqún ▸ **by herself** (*unaided*) 她独(獨)立地 tā dúlì de ▹ *She painted the house by herself.* 她自己一个人粉刷了房子。(*alone*) 她独(獨)自地 tā dúzì de ▸ **she lives by herself** 她独(獨)自一人住 tā dúzì yīrén zhù

he's [hiːz] = **he is, he has**

hesitant ['hɛzɪtənt] ADJ [+ *smile, reaction*] 迟(遲)疑不决(決)的 chíyí bùjué de ▸ **to be hesitant about doing** *or* **to do sth** 对(對)于(於)做某事犹(猶)豫不决(決) duìyú zuò mǒushì yóuyù bùjué

hesitate ['hɛzɪteɪt] VI 犹(猶)豫 yóuyù ▸ **I would hesitate to say yes at this stage** 我目前还(還)不太想给(給)肯定的答复(復) wǒ mùqián hái bù tài xiǎng gěi kěndìng de dáfù ▸ **he did not hesitate to take action** 他毫不迟(遲)疑地采(採)取了行动(動) tā háobù chíyí de cáiqǔ le xíngdòng ▸ **don't hesitate to contact me** 请(請)务(務)必和我联(聯)系(繫) qǐng wùbì héwǒ liánxì

hesitation [hɛzɪ'teɪʃən] N [C/U] **1** (*delay*) 犹(猶)豫 yóuyù **2** (*in speech*) 迟(遲)疑 chíyí **3** (*unwillingness*) 不愿(願)意 bù yuànyì ▸ **I have no hesitation in agreeing with him** 我毫不犹(猶)豫地同意了他的意见(見) wǒ háo bù yóuyù de tóngyì le tā de yìjiàn ▸ **he accepted without hesitation** 他毫不犹(猶)豫地接受了 tā háo bù yóuyù de jiēshòu le

heterosexual ['hɛtərəu'sɛksjuəl] **I** ADJ [+ *person, relationship*] 异(異)性的 yìxìng de **II** N [C] 异(異)性恋(戀)者 yìxìngliànzhě [个 gè]

hexagon ['hɛksəgən] N [C] 六角形 liùjiǎoxíng [个 gè]

hey [heɪ] INT **1** (*to attract attention*) 喂 wèi **2** (*showing surprise, interest, anger*) 嘿 hēi

heyday ['heɪdeɪ] N ▸ **the heyday of the railways** 铁(鐵)路的黄(黃)金时(時)代 tiělù de huángjīn shídài ▸ **in its heyday,...** 在最兴(興)旺发(發)达(達)的时(時)候，… zài zuì xīngwàng fādá de shíhou, ...

HGV (*Brit*) N ABBR (= **heavy goods vehicle**) 载(載)重车(車)辆(輛) zàizhòng chēliàng

hi [haɪ] INT (*as greeting*) 嘿 hēi; (*in e-mail*) 你好 nǐhǎo

hibernate ['haɪbəneɪt] VI 冬眠 dōngmián

hiccough ['hɪkʌp] VI = **hiccup**

hiccup ['hɪkʌp] **I** VI 打嗝 dǎgé **II** N [C] (*problem*) 小问(問)题(題) xiǎo wèntí [个 gè] **III hiccups** N PL ▸ **to have/get (the) hiccups** 打嗝 dǎgé

hid [hɪd] PT *of* **hide**

hidden ['hɪdn] **I** PP *of* **hide** **II** ADJ [+ *feelings, dangers, facts*] 暗藏的 àncáng de; [+ *place, camera, microphone*] 隐(隱)秘(祕)的 yǐnmì de ▸ **there are no hidden charges** 没(沒)有变(變)相的额(額)外费(費)用 méiyǒu biànxiàng de éwài fèiyòng ▸ **hidden agenda** 隐(隱)藏的动(動)机(機) yǐncáng de dòngjī

hide [haɪd] (*pt* **hid**, *pp* **hidden**) **I** N [C/U] (*skin*) 兽(獸)皮 shòupí [张 zhāng] **II** VT **1** (*conceal*) [+ *object, person*] 隐(隱)藏 yǐncáng; [+ *feeling, information*] 隐(隱)瞒(瞞) yǐnmán **2** (*obscure*) [+ *sun, view*] 遮挡(擋) zhēdǎng **III** VI 藏起来(來) cáng qǐlái ▸ **to hide from sb** 躲着(著)某人 duǒzhe mǒurén ▸ **to hide o.s.** 躲起来(來) duǒ qǐlái ▸ **to hide sth from sb** (*lit*) 让(讓)某人找不到某物 ràng mǒurén zhǎobùdào mǒuwù; (*fig*) 对(對)某人隐(隱)瞒(瞞)某事 duì mǒurén yǐnmán mǒushì ▸ **he hid his face in his hands** 他用手遮住自己的脸(臉) tā yòng shǒu zhēzhù zìjǐ de liǎn ▸ **I have nothing to hide** 我没(沒)什么(麼)可隐(隱)瞒(瞞)的 wǒ méi shénme kě yǐnmán de

hide-and-seek ['haɪdən'siːk] N [U] ▸ **to play hide-and-seek** 玩捉迷藏 wán zhuōmícáng

hideous ['hɪdɪəs] ADJ [+ *painting, face*] 极(極)丑(醜)的 jíchǒu de; [+ *conditions, mistake*] 令人惊(驚)骇(駭)的 lìngrén jīnghài de

hiding ['haɪdɪŋ] N **1** ▸ **to give sb/get a (good) hiding** (*inf*) （痛）打某人/被（痛）打一顿(頓) (tòng)dǎ mǒurén/bèi (tòng)dǎ yī dùn **2** ▸ **go into/be in hiding** 躲藏起来(來) duǒcáng qǐlái ▸ **to come out of hiding** 从(從)躲藏处(處)出来(來) cóng duǒcángchù chūlái

hi-fi ['haɪfaɪ] N [C] 高保真音响(響)设(設)备(備) gāobǎozhēn yīnxiǎng shèbèi [套 tào]

★ **high** [haɪ] **I** ADJ **1** (*tall*) [+ *mountain, building, wall, heel etc*] 高的 gāo de ▷ *the high walls of the prison* 监狱的高墙 jiānyù de gāoqiáng **2** (*not low down*) [+ *ceiling, shelf, sun, collar*] 高的 gāo de **3** (*in degree, quantity*) [+ *level, price, speed, temperature etc*] 高的 gāo de; [+ *risk*] 极大的 jídà de ▷ *a high risk of failure* 极高的失败的风险 jígāo de shībài de fēngxiǎn; [+ *wind*] 强(強)烈的 qiángliè de ▷ *High winds have damaged the power lines.* 强风已毁坏了电缆。Qiángfēng yǐ huǐhuàile diànlǎn. **4** (*high-pitched*) [+ *voice, note*] 尖锐(銳)的 jiānruì de **5** (*high-ranking*) [+ *official*] 高级(級)的 gāojí de ▷ *someone very high in the government* 在政府里地位极高的某人 zài zhèngfǔ lǐ dìwèi jígāo de mǒurén **6** (*good*) [+ *principles, standards, morals*] 高的 gāo de ▷ *He was a man of the highest principles.* 他是个非常有原则的人。Tā shì gè fēicháng yǒu yuánzé de rén. ▷ *The standard was very high.* 标准很高。Biāozhǔn hěngāo.; [+ *quality, standard*] 高的 gāo de ▷ *The standard of university education is very high.* 大学教育的标准是非常高的。Dàxué jiàoyù de biāozhǔn shì fēicháng gāo de. **7** (*inf: on drugs*) 醉的 zuì de **8** (*Culin*) [+ *meat, game*] 略微腐坏(壞)的 lüèwēi fǔhuài de **II** ADV [*reach, throw* +] 高高地 gāogāo de ▷ *He threw the ball high in the air.* 他把球高高地扔到空中。Tā bǎ qiú gāogāo de rēngdào kōngzhōng.; [*fly, climb* +] 高 gāo **III** N [C] 最高记(記)录(錄) zuìgāo jìlù ▷ *Exports have reached a new high.* 出口已创一个新记录。Chūkǒu yǐ chuàng yī gè xīn jìlù. ▸ **it is 20 m high** 有20米高 yǒu èrshí mǐ gāo ▸ **how high is the door?** 门(門)有多高？ Mén yǒu duō gāo? ▸ **foods that are high in fat** 脂肪含量高的食品 zhīfáng hánliàng gāo de shípǐn ▸ **the temperature was in the high eighties** 气(氣)温(溫)高达(達)85至90度 qìwēn gāodá bāshíwǔ zhì jiǔshí dù ▸ **safety**

has always been our highest priority 安全一直是我们(們)最重视(視)的问(問)题(題) ānquán yīzhí shì wǒmen zuì zhòngshì de wèntí ▸ **I have a very high opinion of him** 我对(對)他的评(評)价(價)很高 wǒ duì tā de píngjià hěn gāo ▸ **to have high expectations (of sb/sth)** （对(對)某人/某事）有很高的期望 (duì mǒurén/mǒushì)yǒu hěngāo de qīwàng ▸ **to be in high spirits** 情绪(緒)很高 qíngxù hěngāo ▸ **to be high on** [+ *drug*] 因…而神情恍惚 yīn...ér shénqíng huǎnghū ▸ **sales of vodka have reached an all-time high** 伏特加酒的销(銷)售量创(創)历(歷)史最高记(記)录(錄) fútèjiājiǔ de xiāoshòuliàng chuàng lìshǐ zuìgāo jìlù ▸ **to pay a high price for sth** (*fig*) 为(為)某事付出很高的代价(價) wèi mǒushì fùchū hěngāo de dàijià ▸ **it's high time you learned how to do it** 这(這)是你该(該)学(學)怎么(麼)做的时(時)候了 zhè shì nǐ gāi xué zěnme zuò de shíhou le ▸ **to aim high** (*fig*) 力争(爭)上游 lì zhēng shàngyóu ▸ **plates piled high with food** 碟子里(裡)高高地堆着(著)食物 diézi lǐ gāogāo de duīzhe shíwù ▸ **economic reform is high on our agenda** *or* **list** 经(經)济(濟)改革是我们(們)的日程表上非常重要的问(問)题(題) jīngjì gǎigé shì wǒmen de rìchéngbiǎo shàng fēicháng zhòngyào de wèntí ▸ **high up** (*above the ground*) 离(離)地面高的 lí dìmiàn gāo de; (*in rank*) 居高位的 jū gāowèi de ▸ **to search** *or* **look high and low for sth** 到处(處)寻(尋)找某物 dàochù xúnzhǎo mǒuwù

> **high** 不能用于描写人，动物和植物，而应用 **tall**。*She was rather tall for a woman.* **tall** 还可以用来描写建筑物，如摩天大楼等，以及其他高度大于宽度的东西。*...tall pine trees...a tall glass vase...*

high chair N [c] 高脚(腳)椅 gāojiǎoyǐ [把 bǎ]

high-class [ˈhaɪˈklɑːs] ADJ [+ *performer, service*] 第一流的 dì yīliú de; [+ *shop, neighbourhood, hotel*] 高级(級)的 gāojí de

higher education [ˈhaɪəʳ-] N [U] 高等教育 gāoděng jiàoyù

high heels N PL (*shoes*) 高跟鞋 gāogēnxié

high jump N (*Sport*) ▸ **the high jump** 跳高 tiàogāo ▸ **you'll be for the high jump** (*fig*) 你将(將)受到严(嚴)厉(厲)惩(懲)罚(罰) nǐ jiāng shòudào yánlì chéngfá

highlands [ˈhaɪləndz] N PL 高原地区(區) gāoyuán dìqū ▸ **the Highlands (of Scotland)** （苏(蘇)格兰(蘭)）高地 (Sūgélán)gāodì

highlight [ˈhaɪlaɪt] I N [c] (*best part*) 最精彩的部分 zuì jīngcǎi de bùfen II VT [+ *problem, need*] 强(強)调(調) qiángdiào III **highlights** N PL 1 (*TV*) 最精彩的场(場)面 zuì jīngcǎi de chǎngmiàn 2 (*in hair*) 挑染 tiǎorǎn

highlighter [ˈhaɪlaɪtəʳ] N [c] (*pen*) 荧(熒)光记(記)号(號)笔(筆) yíngguāng jìhào bǐ [支 zhī]

highly [ˈhaɪlɪ] ADV (*extremely*) [+ *unlikely, critical, confidential, successful*] 非常 fēicháng ▸ **highly paid** 高薪 gāoxīn ▸ **highly skilled** [+ *person*] 技巧非常熟练(練)的 jìqiǎo fēicháng shúliàn de; [+ *job*] 熟练(練) shúliàn ▸ **to speak/think highly of sb** 赞(讚)扬(揚)/尊重某人 zànyáng/zūnzhòng mǒurén ▸ **to be highly regarded** *or* **thought of** 倍受尊重的 bèishòu zūnzhòng de

highness [ˈhaɪnɪs] N ▸ **His/Your Highness** 殿下 diànxià

high-rise [ˈhaɪraɪz] I ADJ [+ *flats, offices*] 高层(層)的 gāocéng de II N [c] 高层(層)建筑(築) gāocéng jiànzhù [座 zuò]

high school N [c/U] 1 (*Brit*) (*for students aged 11–18*) 中学(學) zhōngxué [所 suǒ] 2 (*US*) (*for students aged 14–18*) 中学(學) zhōngxué [所 suǒ]

high season (*Brit*) N ▸ **the high season** 旺季 wàngjì

high street (*esp Brit*) I N [c] 大街 dàjiē [条 tiáo] [美 = **main street**] II ADJ (*esp Brit*) 大街的 dàjiē de

high-tech, hi-tech [ˈhaɪˈtɛk] ADJ [+ *industry, company, equipment*] 高科技的 gāokējì de

highway [ˈhaɪweɪ] (*esp US*) N [c] 公路 gōnglù [条 tiáo]

Highway Code (*Brit*) N ▸ **the Highway Code** 公路法规(規) gōnglù fǎguī

hijack [ˈhaɪdʒæk] I VT [+ *plane, idea, event*] 劫持 jiéchí II N 劫持 jiéchí

hijacker [ˈhaɪdʒækəʳ] N [c] 劫持者 jiéchízhě [个 gè]

hike [haɪk] I VI (*go walking*) 步行 bùxíng II VT (*inf: raise*) 突然提高 tūrán tígāo III N [c] 1 (*walk*) 徒步旅行 túbù lǚxíng [次 cì] 2 (*inf: in prices etc*) 突然上涨(漲) tūrán shàngzhǎng ▸ **to go for a hike** 做徒步旅行 zuò túbù lǚxíng ▸ **to go hiking** 做徒步旅行 zuò túbù lǚxíng
▸ **hike up** VT (*inf*) 1 (*pull up*) [+ *trousers, skirt*] 提起 tíqǐ 2 (*raise*) 急剧(劇)提高 jíjù tígāo

hiker [ˈhaɪkəʳ] N [c] 徒步旅行者 túbù lǚxíngzhě [名 míng]

hiking [ˈhaɪkɪŋ] N [U] 步行 bùxíng

hilarious [hɪˈlɛərɪəs] ADJ [+ *account, adventure*] 滑稽的 huájī de

hill [hɪl] N [c] (*hillock*) 小山 xiǎoshān [座 zuò]; (*slope*) 坡 pō [个 gè] ▸ **to be over the hill** (*inf*) 过(過)了巅(巔)峰时(時)期 guòle diānfēng shíqī

hillside [ˈhɪlsaɪd] N [c] 山坡 shānpō

hill-walking [ˈhɪlwɔːkɪŋ] N [U] 登山 dēngshān ▸ **to go hill-walking** 登山 dēngshān

hilly [ˈhɪlɪ] ADJ [+ *country, area*] 多小山的 duō xiǎoshān de

★ **him** [hɪm] PRON 1 (*of man, boy*) 他 tā ▹ *Not him again!* 又是他！ Yòu shì tā! ▹ *I was at school with him.* 我和他是同学。Wǒ hé tā shì tóngxué. ▹ *I gave the bag to him.* 我把包给了他。Wǒ bǎ bāo gěile tā. 2 (*male animal*) 它 tā ▹ *You'll have to take him to the vet.* 你得带它去看兽医。Nǐ děi dài tā qù kàn shòuyī. ▸ **I haven't seen him** 我还(還)没(沒)看见(見)他 wǒ hái méi kànjiàn tā ▸ **they gave him the job** 他们(們)给(給)了他那份工作 tāmen gěile tā nàfèn gōngzuò

★ **himself** [hɪm'sɛlf] PRON **1** 他自己 tā zìjǐ ▹ *He'll have to try it out for himself.* 他必须得自己试试。Tā bìxū děi zìjǐ shìshì. **2** (*emphatic*) 他本人 tā běnrén ▹ *He himself lives in London.* 他本人住在伦敦。Tā běnrén zhù zài Lúndūn. ▸ **by himself** (*unaided*) 他独(獨)立地 tā dúlì de ▹ *He painted the house by himself.* 他自己一个人粉刷了房子。(*alone*) 他独(獨)自地 tā dúzì de ▸ **he hurt himself** 他伤(傷)了自己 tā shāngle zìjǐ ▸ **he prepared the supper himself** 他自己准(準)备(備)了晚餐 tā zìjǐ zhǔnbèi le wǎncān ▸ **he lives by himself** 他独(獨)自一人住。tā dúzì yīrén zhù

hind [haɪnd] **I** ADJ (*rear*) [+ *legs, quarters*] 后(後)面的 hòumiàn de **II** N (*female deer*) 雌鹿 cílù

hinder ['hɪndəʳ] VT [+ *progress, movement, person*] 阻碍(礙) zǔ'ài ▸ **to hinder sb from doing sth** 妨碍(礙)某人做某事 fángài mǒurén zuò mǒushì

hindsight ['haɪndsaɪt] N ▸ **with hindsight, we'd have done it differently** 事后(後)想来(來), 我们(們)本该(該)换(換)个(個)方法 shìhòu xiǎnglái, wǒmen běngāi huàn gè fāngfǎ ▸ **in hindsight, this was a mistake** 事后(後)想来(來), 这(這)是个(個)错(錯)误(誤) shìhòu xiǎng lái, zhè shì gè cuòwù

Hindu ['hɪndu:] **I** N [c] 印度教信徒 Yìndùjiào xìntú [位 wèi] **II** ADJ 与(與)印度教有关(關)的 yǔ Yìndùjiào yǒuguān de

Hinduism ['hɪndu:ɪzəm] N [U] 印度教 Yìndùjiào

hinge [hɪndʒ] N [c] 铰(鉸)链(鏈) jiǎoliàn ▸**hinge on** VT FUS (*depend on*) 取决(決)于(於) qǔjué yú

hint [hɪnt] **I** N **1** [c] (*suggestion*) 暗示 ànshì [个 gè] **2** [c] (*advice*) 建议(議) jiànyì [条 tiáo] **3** [s] (*sign, trace*) 迹(跡)象 jìxiàng [种 zhǒng] **II** VT ▸ **to hint that...** (*suggest*) 暗示··· ànshì... ▸ **to give a hint that...** 暗示··· ànshì... ▸ **to take a hint** 理会(會)了暗示 lǐhuìle ànshì ▸**hint at** VT FUS 暗示 ànshì [个 gè]

hip [hɪp] **I** N [c] (*Anat*) 髋(髖)部 kuānbù [个 gè] **II** ADJ (*inf: trendy*) 赶(趕)时(時)髦的 gǎn shímáo de

hippie ['hɪpɪ] N [c] 嬉皮士 xīpíshì [个 gè]

hippo ['hɪpəu] (*inf*) N [c] 河马(馬) hémǎ [头 tóu]

hippopotamus [hɪpə'pɔtəməs] (*pl* **hippopotamuses** *or* **hippopotami** [hɪpə'pɔtəmaɪ]) N [c] 河马(馬) hémǎ [头 tóu]

hippy ['hɪpɪ] N = **hippie**

hire ['haɪəʳ] **I** VT (*esp Brit*) [+ *car, equipment, hall*] 租用 zūyòng [美 = **rent**] [+ *worker*] 雇(僱)用 gùyòng **II** N [U] (*Brit*) [*of car, hall*] 租用 zūyòng [美 = **rental**] ▸ **for hire** (*esp Brit*) [+ *car, boat, building*] 供出租 gōng chūzū; [+ *taxi*] 空车(車) kōngchē ▸ **the car is on hire** 这(這)辆(輛)车(車)已被租用 zhè liàng chē yǐ bèi zūyòng ▸**hire out** VT [+ *cars, equipment, hall*] 出租 chūzū; [+ *cleaners, security guards*] 出雇(僱) chūgù

hire car (*Brit*) N [c] 租的车(車) zū de chē [美 = **rental car**]

★ **his** [hɪz] **I** ADJ **1** (*of man, boy*) 他的 tā de **2** (*of animal*) 它的 tā de ▹ *The dog is having his dinner.* 狗正在吃晚餐。Gǒu zhèngzài chī wǎncān. **II** PRON **1** (*of man, boy*) 他的 tā de **2** (*of male animal*) 它的 tā de ▹ *Which bowl is his?* 哪个食盆是它的？ Nǎge shípén shì tā de? ▸ **his face was very red** 他的脸(臉)很红(紅) tāde liǎn hěnhóng ▸ **these are his** 这(這)些是他的 zhèxiē shì tā de ▸ **a friend of his** 他的一个(個)朋友 tā de yīgè péngyou

Hispanic [hɪs'pænɪk] **I** ADJ 拉丁裔美国(國)人的 Lādīngyì Měiguórén de **II** N [c] 拉丁裔美国(國)人 Lādīngyì Měiguórén [个 gè]

hiss [hɪs] **I** VI [*snake, cat, steam, fat in pan etc* +] 发(發)出嘶嘶声(聲) fāchū sīsī shēng; [*person, audience* +] 发(發)尖利的嘘(噓)声(聲) fā jiānlì de xūshēng **II** VT 压(壓)低嗓门(門)地说(說) yādī sǎngmén de shuō ▹ *"Be quiet!" she hissed.* “别说话！”她压低了嗓门斥责道。"Bié shuōhuà!"tā yādīle sǎngmén chìzé dào. **III** N [c] [*of snake, steam, fat etc*] 嘶嘶声(聲) sīsī shēng; [*of person, audience*] 嘘(噓)声(聲) xūshēng ▸ **to hiss at sb/sth** (*in disapproval*) 对(對)某人/某物发(發)嘘(噓)声(聲) duì mǒurén/mǒuwù fā xūshēng

historian [hɪ'stɔ:rɪən] N [c] 历(歷)史学(學)家 lìshǐxuéjiā [名 míng]

historic [hɪ'stɔrɪk] ADJ (*important*) [+ *change, achievement, moment*] 历(歷)史性的 lìshǐxìng de

historical [hɪ'stɔrɪkl] ADJ [+ *figure, event, novel, film*] 历(歷)史的 lìshǐ de

★ **history** ['hɪstərɪ] N **1** [U] [*of town, country, person*] 历(歷)史 lìshǐ [段 duàn] ▹ *one of the most dramatic moments in Polish history* 波兰历史上最激动人心的时刻之一 Pōlán lìshǐshàng zuì jīdòng rénxīn de shíkè zhīyī **2** [U] (*Scol*) 历(歷)史 lìshǐ [段 duàn] **3** [c] (*record*) 历(歷)史 lìshǐ [段 duàn] ▹ *a college with a tremendous sporting history* 一家有了不起的体育史的学院 yījiā yǒu liǎobùqǐ de tǐyùshǐ de xuéyuàn ▸ **to have a history of sth/doing sth** 有某事/做某事的前科 yǒu mǒushì/zuò mǒushì de qiánkē ▸ **that's history** 那已成为(為)历(歷)史了 nà yǐ chéngwéi lìshǐ le ▸ **the rest is history** 后(後)来(來)的事就众(眾)所周知了 hòulái de shì jiù zhòng suǒ zhōu zhī le ▸ **to make history** 创(創)造历(歷)史 chuàngzào lìshǐ

★ **hit** [hɪt] (*pt, pp* **hit**) **I** VT **1** (*strike*) [+ *person, thing*] 打 dǎ ▹ *He hit me on the head.* 他打了我的头。Tā dǎle wǒ de tóu. **2** (*collide with*) [+ *car, tree, wall*] 碰撞 pèngzhuàng ▹ *The truck had hit a wall.*

h

卡车撞了墙。Kǎchē zhuàngle qiáng. **3** [+ *target*] [*bomb, bullet* +] 击(擊)中 jīzhòng ▷ *a missile that could hit its target with deadly accuracy* 一个命中率极高的导弹 yīgè mìngzhònglǜ jígāi de dǎodàn; [*bomber, gunner* +] 命中 mìngzhòng ▷ *He hit the bull's eye and won the prize.* 他命中了靶心，赢了奖。Tā mìngzhòngle bǎxīn, yíngle jiǎng. **4** (*appear in*) [+ *news, newspapers*] 登出 dēngchū **5** (*affect*) [+ *person, services, event etc*] 打击(擊) dǎjī ▷ *Consumers will be hit hard by the rise in prices.* 物价上涨对消费者打击重大。Wùjià shàngzhǎng duì xiāofèizhě dǎjī zhòngdà. **6** (*occur to*) 想出 xiǎngchū ▷ *Then the answer hit me.* 我一下子想出了答案。Wǒ yīxiàzi xiǎngchūle dá'àn. **II** N [c] **1** (*knock*) 击(擊) jī [下 xià] **2** (*on website*) 点(點)击(擊) diǎnjī [次 cì] **3** (*hit song*) 成功而风(風)行一时(時)的事物 chénggōng ér fēngxíng yīshí de shìwù [个 gè] ▸ **to be/become a hit** [*song, film, play* +] 是/成为(為)成功而风(風)行一时(時)的 shì/chéngwéi chénggōng ér féng xíng yī shí de

▸**hit back** **I** VI **1** (*lit: strike*) 回击(擊) huíjī **2** (*fig: counterattack*) ▸ **to hit back (at sb)** 回击(擊)（某人） huíjī(mǒurén) **II** VT 回击(擊) huíjī

▸**hit off** VT ▸ **to hit it off (with sb)** (*inf*)（与(與)某人）相处(處)很好 (yǔ mǒurén) xiāngchǔ hěnhǎo

▸**hit out at** (*esp Brit*) VT FUS **1** (*lit*) 猛打 měngdǎ ▷ *Ralph hit out at his assailant.* 拉尔夫猛打攻击他的人。Lāěrfū měng dǎ gōngjī tā de rén. **2** (*fig*) ▸ **to hit out at sb** 猛烈抨击(擊)某人 měngliè pēngjī mǒurén ▷ *The Prime Minister hit out at his colleagues.* 首相猛烈抨击他的同事。Shǒuxiàng měngliè pēngjī tā de tóngshì.

▸**hit (up)on** VT FUS [+ *solution*] 灵(靈)机(機)一动(動)地想出 língjīyīdòng de xiǎngchū

hitch [hɪtʃ] **I** VI (*inf: hitchhike*) 搭便车(車)旅行 dā biànchē lǚxíng **II** N [c] (*difficulty*) 障碍(礙) zhàng'ài [个 gè] ▸ **to hitch a ride** *or* **lift** (*inf*) 搭便车(車) dā biànchē ▸ **to hitch sth (on) to sth** (*fasten*) 将(將)某物拴在某物上 jiāng mǒuwù shuānzài mǒuwù shàng ▸ **to get hitched (to sb)** (*inf*)（与(與)某人）结(結)婚 (yǔmǒurén) jiéhūn ▸ **technical hitch** 技术(術)故障 jìshù gùzhàng

▸**hitch up** VT **1** [+ *trousers, skirt*] 急速拉起 jísù lāqǐ **2** [+ *horse and cart*] 套车(車) tàochē

hitchhike ['hɪtʃhaɪk] VI 搭便车(車)旅行 dā biànchē lǚxíng ▸ **to hitchhike to New York** 搭便车(車)到纽(紐)约(約)去 dā biànchē dào New York qù

hitchhiker ['hɪtʃhaɪkəʳ] N [c] 搭便车(車)旅行者 dā biànchē lǚxíngzhě [个 gè]

hitchhiking ['hɪtʃhaɪkɪŋ] N [U] 搭便车(車)旅行 dā biànchē lǚxíng

hi-tech ['haɪ'tɛk] ADJ = **high-tech**

hitman ['hɪtmæn] (*pl* **hitmen**) (*inf*) N 职(職)业(業)杀(殺)手 zhíyè shāshǒu

HIV N ABBR (= **human immunodeficiency virus**) 艾滋病病毒 àizībìng bìngdú ▸ **to be HIV positive/negative** 携(攜)带(帶)艾滋病病毒/未受艾滋病病毒感染 xiédài àizībìng bìngdú/wèishòu àizibìng bìngdú gǎnrǎn

hive [haɪv] N [c] (*beehive*) 蜂箱 fēngxiāng [个 gè] ▸ **a hive of activity/industry** 紧(緊)张(張)繁忙的场(場)所/喧闹(鬧)的工业(業)区(區) jǐnzhāng fánmáng de chǎngsuǒ/xuānnào de gōngyèqū

▸**hive off** (*esp Brit; inf*) VT [+ *company*] 使分立出来(來) shǐ fēnlì chūlái

HMS (*Brit*) ABBR (= **His/Her Majesty's Ship**) 英国(國)皇家海军(軍)舰(艦)艇 Yīngguó Huángjiā Hǎijūn Jiàntǐng

HNC (*Brit*) N ABBR (= **Higher National Certificate**) 国(國)家高等合格证(證)书(書) Guójiā Gāoděng Hégé Zhèngshū

HND (*Brit*) N ABBR (= **Higher National Diploma**) 国(國)家高等技术(術)学(學)校毕(畢)业(業)证(證)书(書) Guójiā Gāoděng Jìshù Xuéxiào Bìyè Zhèngshū

hoard [hɔːd] **I** N [c] [*of food, money, treasure*] 秘(祕)藏物 mìcángwù **II** VT [+ *food, money, treasure*] 储(儲)藏 chǔcáng **III** VI 积(積)聚 jījù

hoarse [hɔːs] ADJ [+ *person, voice, whisper*] 嘶哑(啞)的 sīyǎ de

hoax [həuks] N [c] 戏(戲)弄 xìnòng

hob [hɔb] (*Brit*) N [c] (*on cooker, stove*) 炉(爐)盘(盤) lúpán

hobble ['hɔbl] VI 跛行 bǒxíng

hobby ['hɔbɪ] N [c] 爱(愛)好 àihào [种 zhǒng]

hobo ['həubəu] (*US*) N [c] 流浪汉(漢) liúlànghàn [个 gè]

hockey ['hɔkɪ] N [U] **1** (*Brit*) (*on grass*) 曲棍球 qūgùnqiú [美 = **field hockey**] **2** (*US*) (*on ice*) 冰球 bīngqiú [英 = **ice hockey**]

hockey stick N [c] 曲棍球球棍 qūgùnqiú qiúgùn [根 gēn]

hog [hɔg] **I** N [c] **1** (*Brit*) (*boar*) 阉(閹)公猪(豬) yān gōngzhū [头 tóu] **2** (*US*) (*pig*) 猪(豬) zhū [头 tóu] **II** VT [+ *road, telephone etc*] 占(佔)用 zhànyòng ▸ **to go the whole hog** (*inf*) 彻(徹)底地干(幹) chèdǐ de gàn

Hogmanay [hɔgmə'neɪ] N [U] 新年前夜 Xīnnián Qiányè

HOGMANAY

New Year's Eve（新年前夜）是即将过去的一年的最后一天，在苏格兰被称为 **Hogmanay**。在苏格兰，除夕的庆典尤为重要。全家和朋友们汇聚一堂，一起聆听午夜的钟声，然后争当 **first-foot**（一个拜年的人）。在拜访友人和邻居时，人们会随身带上酒（一般是威士忌），还有一块煤，据说这样能为来年带来好运气。

hoist [hɔɪst] **I** N [c] (*apparatus*) 起重机(機) qǐzhòngjī [辆 liàng] **II** VT [+ *heavy object*] 举(舉)起 jǔqǐ; [+ *flag, sail*] 升起 shēngqǐ ▸ **to hoist o.s. onto a table** 自己爬到桌子上了 zìjǐ pádào zhuōzi shàng le

▸**hoist up** VT [+ *person, thing*] 举(舉)起 jǔqǐ ▸ **to hoist o.s. up** 往上爬 wǎngshàng pá

★ **hold** [həuld] (*pt, pp* **held**) **I** VT **1** (*grip*) [+ *bag, umbrella, box etc*] 拿 ná ▹ *Hold the baby while I load the car.* 我装车时帮我抱着婴儿。Wǒ zhuāngchē shí bāng wǒ bàozhe yīng'ér. ▹ *I held the box tightly.* 我紧紧地拿着盒子。Wǒ jǐnjǐn de názhe hézi. **2** (*keep*) [+ *hand, arm, head etc*] 保持 bǎochí ▹ *Hold your hands in front of your face.* 把你的双手举在面前。Bǎ nǐ de shuāngshǒu jǔ zài miànqián. ▹ *Hold your arms still.* 胳膊保持不动。Gēbo bǎochí bùdòng. **3** (*contain*) [*room, box, bottle etc* +] 容纳(納) róngnà ▹ *Each bottle will hold a litre.* 每个瓶子有一升的容量。Měi gè píngzi yǒu yīshēng de róngliàng. **4** (*have*) [+ *office, power*] 担(擔)任 dānrèn ▹ *She has never held ministerial office.* 她从来没有担任过部长级职位。Tā cónglái méiyǒu dānrèn guò bùzhǎngjí zhíwèi.; [+ *ticket, licence, opinion*] 持有 chíyǒu ▹ *He did not hold a firearms licence.* 他没有持枪执照。Tā méiyǒu chíqiāng zhízhào. ▹ *I myself hold the view that...* 我本人持有的观点是··· wǒ běnrén chíyǒu de guāndiǎn shì...; [+ *meeting, interview, election*] 举(舉)行 jǔxíng ▹ *The government said it would hold an investigation.* 政府表示将会进行一项调查。Zhèngfǔ biǎoshì jiāng huì jìnxíng yīxiàng diàochá. **5** (*detain*) 拘留 jūliú ▹ *I was held overnight in a cell.* 我整个晚上被拘留在牢房。Wǒ zhěnggè wǎnshang bèi jūliú zài láofáng. **II** VI **1** (*withstand pressure*) 支持得住 zhīchí de zhù ▹ *How long will the roof hold?* 屋顶能支持多久？Wūdǐng néng zhīchí duō jiǔ? **2** (*be valid*) [*argument, theory* +] 有根据(據) yǒu gēnjù ▹ *Your argument doesn't hold.* 你的论点立不住。Nǐ de lùndiǎn lì bùzhù. **3** (*stay same*) [*offer, invitation* +] 有效 yǒuxiào ▹ *Will you tell her the offer still holds.* 你能告诉她邀请仍然有效吗？Nǐ néng gàosù tā yāoqǐng réngrán yǒuxiào ma?; [*luck, weather, ceasefire* +] 持续(續) chíxù ▹ *If my luck continues to hold, I think I've got a fair chance.* 如果我继续走运，我想我的机会不小。Rúguǒ wǒ jìxù zǒuyùn, wǒ xiǎng wǒ de jīhuì bùxiǎo. **4** (*Tel*) 等着(著) děngzhe ▹ *The line's engaged: will you hold?* 电话占线，你能等一下吗？Diànhuà zhànxiàn, nǐ néng děng yīxià ma? **III** N [c] **1** (*grasp*) 握 wò ▹ *He released his hold on the camera.* 他撒手放开照相机。Tā sāshǒu fàngkāi zhàoxiàngjī. **2** [*of ship, plane*] 货(貨)舱(艙) huòcāng [个 gè] ▸ **to hold one's head up** 抬起头(頭) táiqǐ tóu; (*fig*) 保持信心 bǎochí xìnxīn ▸ **to hold sb responsible/liable/accountable** 要求某人负(負)责(責) yāoqiú mǒurén fùzé ▸ **hold the line!** (*Tel*) 别(別)挂(掛)线(線)！bié guàxiàn! ▸ **to hold one's breath** 屏息 bǐngxī ▸ **don't hold your breath!** (*inf*) 别(別)指望！Bié zhǐwàng! ▸ **to hold one's own (against sb)** (*fig*) （和某人）不相上下 (hé mǒurén)bù xiāng shàng xià ▸ **to hold sth shut/open** 使某物保持关(關)着(著)的/开(開)着(著)的状(狀)态(態) shǐ mǒuwù bǎochí guānzhe de/kāizhe de zhuàngtài ▸ **to hold sb prisoner/hostage** 扣(釦)留某人作为(為)囚犯/人质(質) kòuliú mǒurén zuòwéi qiúfàn/rénzhì ▸ **I don't hold with all this modern art** 我不赞(讚)同现(現)代艺(藝)术(術) wǒ bù zàntóng xiàndài yìshù ▸ **hold it!** 别(別)动(動)！biédòng! ▸ **to hold sb's interest** *or* **attention** 保持某人的兴(興)趣或注意力 bǎochí mǒurén de xìngqù*huò*zhùyìlì ▸ **hold still** *or* **hold steady** 静(靜)止不动(動) jìngzhǐ bùdòng ▸ **to have a hold over sb** 影响(響)某人 yǐngxiǎng mǒurén ▸ **to get/grab/take hold of sb/sth** 紧(緊)紧(緊)拿着(著)/抓着(著)/握着(著)某人/某物 jǐnjǐn názhe/zhuāzhe/wòzhe mǒurén/mǒuwù ▸ **I need to get hold of Bob** 我需要找到鲍(鮑)勃 wǒ xūyào zhǎodào Bàobó ▸ **to take hold of sb** (*overwhelm*) 征服某人 zhēngfú mǒurén ▸ **to put sth on hold** 暂(暫)时(時)不做某事 zànshí bùzuò mǒushì

▸**hold against** VT ▸ **to hold sth against sb** 因某事对(對)某人记(記)仇 yīn mǒushì duì mǒurén jìchóu ▹ *He lost the case, but never held it against me.* 他输了这场官司，但从未因此而记恨过我。Tā shūle zhè chǎng guānsi, dàn cóngwèi yīn cǐ ér jìhèn guò wǒ.

▸**hold back** VT **1** [+ *person, progress*] 阻拦(攔) zǔlán ▹ *She's very ambitious, so don't try to hold her back.* 她很有野心，别阻拦她。Tā hěnyǒu yěxīn, bié zǔlán tā. **2** [+ *secret, information*] 隐(隱)瞒(瞞) yǐnmán ▹ *I want the truth, now, with nothing held back.* 我现在要的是真相，没有一点隐瞒。Wǒ xiànzài yào de shì zhēnxiàng, méiyǒu yīdiǎn yǐnmán.

▸**hold down** VT **1** (*restrain*) [+ *person*] 把···按倒在地上 bǎ...àndǎo zài dìshang ▹ *It took three men to hold him down.* 要3个男人才把他按在地上。Yào sān gè nánrén cái bǎ tā àn zài dìshang. **2** (*manage*) [+ *job*] 保持住 bǎochí zhù ▹ *He could never hold down a regular job.* 他从来都保不住一份稳定的工作。Tā cónglái dōu bǎobùzhù yīfèn wěndìng de gōngzuò.

▸**hold forth** VI 滔滔不绝(絕)地讲(講) tāotāo bùjué de jiǎng ▹ *Jenkins was there, holding forth on his favourite subject.* 詹金斯在那儿，滔滔不绝地讲述他最喜欢的话题。Zhānjīnsī zàinàr, tāotāo bùjué de jiǎngshù tā zuì xǐhuān de huàtí.

▸**hold off** **I** VT [+ *challenge*] 使不能接近 shǐ bùnéng jiējìn ▹ *Alesi drove magnificently, holding off the challenge from Berger.* 阿勒西开得棒极了，使勃克不能接近。Ālèxī kāide bàng jí le,

h

shì Bókè bùnéng jiējìn. **II** VI 拖延 tuōyán ▷ *They threatened military action but have held off until now.* 他们以军事行动相威胁，但一直拖到现在。Tāmen yǐ jūnshì xíngdòng xiāng wēixié, dàn yīzhí tuōdào xiànzài.; [*rain* +] 不下 bùxià ▸ **to hold off doing sth** 推迟(遲)做某事 tuīchí zuò mǒushì

▸**hold on** VI **1** (*keep hold*) 抓牢 zhuāláo ▷ *The rope was wet, but Nancy held on.* 绳子湿了，但南希仍然牢牢地抓着。Shéngzi shī le, dàn Nánxī réngrán láoláo de zhuāzhe. **2** (*inf: wait*) 等一会(會)儿(兒) děng yīhuìr ▷ *Hold on a moment, please.* 请等一会儿。Qǐng děng yīhuìr.

▸**hold on to** VT FUS **1** (*grasp*) 抓住 zhuāzhù ▷ *He had to hold on to the chair to steady himself.* 他不得不抓住椅子使自己站稳。Tā bùdébù zhuāzhù yǐzi shǐ zìjǐ zhànwěn. **2** (*keep*) 保留 bǎoliú ▷ *Will you hold on to this for me for a couple of days?* 这个你能帮我保留几天吗？Zhège nǐ néng bāng wǒ bǎoliú jǐtiān ma?

▸**hold out** **I** VT **1** [+ *hand*] 伸出 shēnchū ▷ *Sam held out his hand for the briefcase.* 山姆伸手拿公文包。Shānmǔ shēnshǒu ná gōngwénbāo. **2** [+ *hope, prospect*] 带(帶)来(來) dàilái ▷ *Science may hold out some prospect of feeding the hungry.* 科学为解决饥饿问题带来了希望。Kēxué wèi jiějué jī'è wèntí dàiláile xīwàng. **II** VI ▸ **to hold out (for sth)** 坚(堅)决(決)要求（某物）jiānjué yāoqiú (mǒuwù) ▷ *I should have held out for a better deal.* 我本该要求更好的待遇。Wǒ běn gāi yāoqiú gènghǎo de dàiyù.

▸**hold over** VT (*postpone*) 推迟(遲) tuīchí

▸**hold up** VT **1** (*lift up*) 举(舉)起 jǔqǐ ▷ *The Englishman held up the rifle.* 英国人举起了手枪。Yīngguórén jǔqǐle shǒuqiāng. **2** (*support*) 支撑(撐) zhīchēng ▷ *These books hold the bed up.* 这些书支撑着床。Zhèxiē shū zhīchēngzhe chuáng. **3** (*delay*) 阻碍(礙) zǔ'ài ▷ *Why were you holding everyone up?* 你为什么要阻碍其他人？Nǐ wèishénme yào zǔài qítārén? **4** (*rob*) [+ *person, bank*] 抢(搶)劫 qiǎngjié ▷ *He held me up at gunpoint.* 他持枪抢劫了我。Tā chíqiāng qiǎngjiéle wǒ.

holder ['həuldəʳ] N [c] **1** (*container*) 容器 róngqì [个 gè] **2** (*owner*) [*of ticket, licence*] 持有者 chíyǒuzhě [名 míng]; [*of title, record*] 保持者 bǎochízhě [名 míng]

hold-up ['həuldʌp] N [c] **1** (*robbery*) 持械抢(搶)劫 chíxiè qiǎngjié [次 cì] **2** (*delay*) 延搁(擱) yángē [次 cì]; (*in traffic*) 交通阻塞 jiāotōng zǔsè [阵 zhèn]

hole [həul] **I** N [c] **1** (*space, gap*) 洞 dòng [个 gè] **2** (*tear*) (*in clothing, pocket, bag*) 破洞 pòdòng [个 gè] **3** (*for rabbit, mouse etc*) 洞穴 dòngxué **4** (*inf: unpleasant place*) 陋室 lòushì **5** (*Golf*) 球洞 qiúdòng **II** VT [+ *ship, building etc*] 打洞 dǎdòng ▸ **hole in the heart** (*Med*) 心脏(臟)穿孔 xīnzàng chuānkǒng ▸ **to pick holes (in sth)** (*inf: fig*) 找某物（中）的漏洞 zhǎo mǒuwù(zhōng)de lòudòng ▸ **a hole in one** 一击(擊)入洞 yījī rù dòng

▸**hole up** VI 躲藏 duǒcáng

holiday ['hɔlɪdeɪ] (*Brit*) N [c/u] 假期 jiàqī [个 gè] [美 = **vacation**] ▸ **public holiday** 公共假期 gōnggòng jiàqī ▸ **the school/summer/ Christmas holidays** (*Brit: Scol*) 学(學)校/暑/圣(聖)诞(誕)假期 xuéxiào/shǔ/ Shèngdàn jiàqī [美 = **vacation**] ▸ **to be on holiday** 在度假 zài dùjià

holiday home N [c] 度假时(時)的住处(處) dùjià shí de zhùchù [个 gè]

holidaymaker ['hɔlɪdɪmeɪkəʳ] (*Brit*) N [c] 度假者 dùjiàzhě [名 míng]

holiday resort N [c] 旅游(遊)胜(勝)地 lǚyóu shèngdì [处 chù]

Holland ['hɔlənd] N 荷兰(蘭) Hélán

hollow ['hɔləu] **I** ADJ **1** (*not solid*) [+ *container, log, tree*] 空的 kōng de **2** (*sunken*) [+ *cheeks, eyes*] 凹陷的 āoxiàn de **3** (*empty*) [+ *claim, threat*] 空洞的 kōngdòng de **4** (*dull*) [+ *sound, laugh*] 沉闷(悶)的 chénmèn de **II** N [c] (*in ground*) 凹地 āodì

▸**hollow out** VT 挖空 wākōng

holly ['hɔlɪ] N [u] 冬青 dōngqīng

Hollywood ['hɔlɪwud] **I** N 好莱(萊)坞(塢) Hǎoláiwū **II** CPD [+ *studio, star, film*] 好莱(萊)坞(塢) Hǎoláiwū

holocaust ['hɔləkɔːst] N [c] 大屠杀(殺) dàtúshā [次 cì] ▸ **the Holocaust** (*Hist*) 第二次世界大战期间纳粹对犹太人的大屠杀

holy ['həulɪ] ADJ [+ *picture, place, water*] 神圣(聖)的 shénshèng de; [+ *person*] 圣(聖)洁(潔)的 shèngjié de

homage ['hɔmɪdʒ] N [u] 敬意 jìngyì ▸ **to pay homage to sb/sth** 向某人/某物表示敬意 xiàng mǒurén/mǒuwù biǎoshì jìngyì

★ **home** [həum] **I** N **1** [c/u] (*house*) 家 jiā [个 gè] ▷ *His home is in Hampstead.* 他家在汉姆斯塔德。Tājiā zài Hànmǔsītǎdé. **2** [c/u] (*country, area*) 家乡(鄉) jiāxiāng [个 gè] ▷ *Jack often dreamed of home from his prison cell.* 杰克在监狱牢房里常常梦见家乡。Jiékè zài jiānyù láofáng lǐ chángcháng mèngjiàn jiāxiāng. **3** [c] (*institution*) 收容院 shōuróngyuàn [个 gè] ▷ *a home for handicapped children* 残疾儿童收容院 cánjí értóng shōuróngyuàn **II** ADJ **1** (*made at home*) 家庭的 jiātíng de ▷ *home cooking* 家庭式烹调 jiātíngshì pēngtiáo **2** (*Econ, Pol*) (*domestic*) 国(國)内(內)的 guónèi de ▷ *the expansion of the home market* 国内市场的扩大 guónèi shìchǎng de kuòdà **3** (*Sport*) [+ *team, game*] 主场(場)的 zhǔcháng de ▷ *They are Celtic fans, and attend all home games.* 他们是凯特人队的球迷，观看所有的主场比赛。Tāmen shì Kǎitèréndui de qiúmí, guānkàn suǒyǒu de zhǔchǎng bǐsài. **III** ADV [*be, go, get etc* +] 在家 zàijiā ▷ *I want to go home.* 我想回家。Wǒ xiǎng

huíjiā. ▷ *I'll phone you as soon as I get home.* 我一回家就打电话给你。Wǒ yīhuíjiā jiù dǎ diànhuà gěi nǐ. ▸ **at home** (*in house*) 在家 zàijiā ▷ *She went out to work, while he stayed at home to care for the children.* 她出去工作，而他则在家照顾孩子。Tā chūqù gōngzuò, ér tā zé zàijiā zhàogù háizi.; (*Sport*) 在主场(場) zài zhǔchǎng ▷ *Our team are at home this weekend.* 这个周末我们的球队是主场。Zhège zhōumò wǒmen de qiúduì shì zhǔchǎng.; (*comfortable*) 自在 zìzài ▷ *I felt at home at once, because I recognized familiar faces.* 我立即感到自在，因为我见到熟悉的面孔。Wǒ lìjí gǎndào zìzài, yīnwèi wǒ jiàndào shúxī de miànkǒng. ▸ **make yourself at home** 请(請)不要拘束 qǐng bùyào jūshù ▸ **the home of free enterprise/the blues** 自由企业(業)/蓝(藍)调(調)音乐(樂)的起源地 zìyóu qǐyè/lándiào yīnyuè de qǐyuándì ▸ **home and dry** (*Brit*) *or* **home free** (*US*) 大功告成 dà gōng gàochéng ▸ **a home from** *or* (*US*) **away from home** 像家一样(樣)舒适(適)的地方 xiàng jiā yīyàng shūshì de dìfang ▸ **to bring sth home to sb** 使某人认(認)识(識)到某事 shǐ mǒurén rènshí dào mǒushì ▸ **to drive/hammer sth home** (*fig*) 强(強)调(調)某事 qiángdiào mǒushì; (*lit*) 全部砸进(進)去 quánbù zá jìnqu
▸**home in on** VT FUS **1** (*locate*) [*missile, equipment* +] 自动(動)追击(擊) zìdòng zhuījī ▷ *The Sidewinder missile can home in on its target with pinpoint accuracy.* 响尾蛇导弹能非常准确地追击目标。Xiǎngwěishé dǎodàn néng fēicháng zhǔnquè de zhuījī mùbiāo. **2** (*concentrate on*) 把注意力集中于(於) bǎ zhùyìlì jízhōng yú ▷ *Critics immediately homed in on the group's greatest weakness.* 评论家立即针对该团体的最薄弱环节进攻。Pínglùnjiā lìjí zhēnduì gāi tuántǐ de zuì bóruò huánjié jìngōng. ▷ *He homed in on the details.* 他把注意力集中于细节方面。Tā bǎ zhùyìlì jízhōngyú xìjié fāngmiàn.

home address N [C] 家庭地址 jiātíng dìzhǐ

home economics N [U] 家政学(學) jiāzhèngxué

homeland ['həumlænd] N [C] 祖国(國) zǔguó [个 gè]

homeless ['həumlɪs] **I** ADJ [+ *family, refugee*] 无(無)家可归(歸)的 wújiā kěguī de **II** N PL ▸ **the homeless** 无(無)家可归(歸)的人 wújiā kěguī de rén ▸ **to be made homeless** 被弄成无(無)家可归(歸) bèi nòngchéng wú jiā kě guī

homely ['həumlɪ] ADJ **1** (*Brit*) (*comfortable*) 令人感到舒适(適)的 lìng rén gǎndào shūshì de [美 = **homey**] **2** (*US*) (*in looks*) 相貌平平的 xiàngmào píngpíng de

home-made [həum'meɪd] ADJ [+ *bread, bomb*] 自制(製)的 zìzhì de

Home Office (*Brit*) N ▸ **the Home Office** 内(內)政部 Nèizhèngbù

homeopathic [həumɪəu'pæθɪk] ADJ 顺(順)势(勢)疗(療)法的 shùnshì liáofǎ de

homeowner ['həuməunəʳ] N [C] 房产(產)主 fángchǎnzhǔ [位 wèi]

homepage ['həumpeɪdʒ] (*Comput*) N [C] 主页(頁) zhǔyè [个 gè]

Home Secretary (*Brit*) N ▸ **the Home Secretary** 内(內)政部长(長) Nèizhèng Bùzhǎng

homesick ['həumsɪk] ADJ 想家的 xiǎngjiā de

home town N [C] 家乡(鄉) jiāxiāng

homework ['həumwəːk] N [U] 家庭作业(業) jiātíng zuòyè ▸ **to do one's homework** (*lit*) 做家庭作业(業) zuò jiātíng zuòyè; (*fig*) 做必要的准(準)备(備)工作 zuò bìyào de zhǔnbèi gōngzuò

homey ['həumɪ] (*US*) ADJ 舒适(適)的 shūshì de [英 = **homely**]

homicide ['hɔmɪsaɪd] (*US*) N [C/U] 杀(殺)人 shārén [英 = **murder**]

homoeopathic [həumɪəu'pæθɪk] (*Brit*) ADJ = **homeopathic**

homosexual [hɔməu'sɛksjuəl] **I** ADJ [+ *person, relationship*] 同性恋(戀)的 tóngxìngliàn de **II** N [C] (*man, woman*) 同性恋(戀)者 tóngxìngliànzhě [个 gè]

Honduras [hɔn'djuərəs] N 洪都拉斯 Hóngdūlāsī

honest ['ɔnɪst] **I** ADJ **1** (*truthful*) 诚(誠)实(實)的 chéngshí de **2** (*trustworthy*) 可信的 kěxìn de **II** ADV (*inf: honestly*) 老实(實)说(說) lǎoshi shuō ▸ **to be honest,...** 说(說)实(實)话(話), … shuō shíhuà, ...

honestly ['ɔnɪstlɪ] ADV **1** (*with integrity*) 正直地 zhèngzhí de **2** (*bluntly*) 坦白地 tǎnbái de **3** (*emphasizing sth*) 真的 zhēn de ▸ **I honestly don't know** 我真的不知道 wǒ zhēnde bùzhīdào ▸ **oh, honestly!** 真是的！Zhēn shi de!

honesty ['ɔnɪstɪ] N [U] **1** (*integrity*) 诚(誠)实(實) chéngshí **2** (*bluntness*) 坦白 tǎnbái ▸ **in all honesty** 说(說)实(實)话(話) shuō shíhuà

honey ['hʌnɪ] N [U] **1** (*food*) 蜂蜜 fēngmì **2** (*esp US; inf*) (*darling*) 宝(寶)贝(貝) bǎobèi

honeymoon ['hʌnɪmuːn] N [C] **1** 蜜月 mìyuè [个 gè] **2** (*fig*) 早期的和谐(諧)时(時)期 zǎoqī de héxié shíqī ▸ **to be on (one's) honeymoon** [*couple* +] 在度蜜月 zài dù mìyuè ▸ **the honeymoon period is over** 初期的和谐(諧)时(時)期已经(經)过(過)去了 chūqī de héxié shíqī yǐjīng guòqu le

honeysuckle ['hʌnɪsʌkl] N [U] 金银(銀)花 jīnyínhuā

Hong Kong ['hɔŋ'kɔŋ] N 香港 Xiānggǎng

honor ['ɔnəʳ] (*US*) VT, N = **honour**

honorable ['ɔnərəbl] (*US*) ADJ = **honourable**

honorary ['ɔnərərɪ] ADJ **1** [+ *job, secretary*] 名

h

誉(譽)的 míngyù de **2** [+ *title, degree*] 荣誉(譽)的 róngyù de

honour, (US) **honor** ['ɔnəʳ] **I** VT **1** [+ *hero, leader*] 向…表示敬意 xiàng...biǎoshì jìngyì **2** [+ *commitment, promise*] 遵守 zūnshǒu **II** N **1** [U] (*pride, self-respect*) 自尊 zìzūn **2** [C] (*tribute*) 荣誉(譽) róngyù [种 zhǒng] ▶ **I would be honoured to accept** 我将(將)非常荣(榮)幸地接受 wǒ jiāng fēicháng róngxìng de jiēshòu ▶ **a festival in honour of David Hockney** 为(為)了对(對)大卫(衛)・霍可尼表示敬意而举(舉)行的庆(慶)祝活动(動) wèile duì Dàwèi Huòkěnì biǎoshì jìngyì ér jǔxíng de qìngzhù huódòng ▶ **it is an honour to work with her** 和她一起工作是很光荣(榮)的 hé tā yīqǐ gōngzuò shì hěn guāngróng de ▶ **the honour of hosting the Olympic Games** 主办(辦)奥(奧)林匹克运(運)动(動)会(會)的光荣(榮) zhǔbàn Àolínpǐkè Yùndònghuì de guāngróng ▶ **to do the honours** (*inf*) 尽(盡)主人之谊(誼) jìn zhǔrén zhīyì ▶ **on my honour** 用我的名誉(譽)担(擔)保 yòng wǒ de míngyù dānbǎo ▶ **your/his honour** (*Law*) 阁(閣)下 géxià

honourable, (US) **honorable** ['ɔnərəbl] ADJ **1** [+ *person, action, defeat*] 高尚的 gāoshàng de **2** (*in parliament*) 尊敬的 zūnjìng de

honours degree N [C] 优(優)等成绩(績)学(學)位 yōuděng chéngjì xuéwèi

hood [hud] N [C] **1** [*of coat etc*] 兜帽 dōumào [个 gè] **2** (*mask, blindfold*) 面罩 miànzhào **3** (*US: Aut*) 发(發)动(動)机(機)罩 fādòngjī zhào [个 gè] [英 = **bonnet**] **4** (*cover*) 罩 zhào **5** [*of cooker*] 排油烟(煙)机(機) páiyóuyānjī

hoof [hu:f] (*pl* **hooves**) N 蹄 tí

hook [huk] **I** N [C] (*for coats, fishing, curtains etc, on dress*) 钩(鉤) gōu [个 gè] **II** VT **1** (*fasten*) 钩(鉤)住 gōuzhù **2** ▶ **to hook one's arm around sth** 用胳膊钩(鉤)住某物 yòng gēbo gōuzhù mǒuwù **III** VI (*fasten*) ▶ **to hook onto sth** 挂(掛)在某物上 guàzài mǒuwù shang ▶ **left/right hook** 左/右钩(鉤)拳 zuǒ/yògōuquán ▶ **to get sb off the hook** 使某人脱(脫)离(離)困境 shǐ mǒurén tuō lí kùnjìng ▶ **to be off the hook** 脱(脫)身 tuōshēn ▶ **to take the phone off the hook** 不把电(電)话(話)听(聽)筒挂(掛)上 bù bǎ diànhuà tīngtǒng guàshàng

▶**hook up** VT (*Rad*) 联(聯)机(機) liánjī

hooligan ['hu:lɪgən] N [C] 流氓 liúmáng [个 gè]

hoop [hu:p] N [C] **1** (*ring*) 圈 quān **2** (*in basketball*) 篮(籃)圈 lánquān **3** (*for croquet*) 拱门(門) gǒngmén ▶ **to jump through a hoop** *or* **hoops** 受磨炼(鍊) shòu móliàn

hooray [hu:'reɪ] INT 好哇 hǎo wa

hoot [hu:t] **I** VI **1** [*driver, car, siren* +] 鸣(鳴)响(響) míngxiǎng; [*owl* +] 鸣(鳴)叫 míngjiào **2** (*laugh, jeer*) 哈哈大笑 hāhā dàxiào **II** VT [+ *horn*] 按 àn **III** N [C] [*of horn*] 汽车(車)喇叭声(聲) qìchē lǎbā shēng; [*of owl*] 猫(貓)头(頭)鹰(鷹)的叫声(聲) māotóuyīng de jiàoshēng ▶ **to hoot with laughter** 呵呵大笑 hēhē dàxiào ▶ **a hoot of laughter** 呵呵大笑 hēhē dàxiào ▶ **it's/he's a hoot** (*inf*) 这(這)是滑稽的/他是个(個)滑稽的人 zhè shì huájī de/tā shì gè huájī de rén

Hoover® ['hu:vəʳ] (*Brit*) **I** N [C] 吸尘(塵)器 xīchénqì [台 tái] **II** VT [+ *carpet*] 用吸尘(塵)器吸 yòng xīchénqì xī

hooves [hu:vz] N PL *of* **hoof**

hop [hɔp] **I** VI **1** (*jump*) [*person* +] 单(單)脚(腳)跳 dānjiǎo tiào; [*bird* +] 双(雙)脚(腳)跳 shuāngjiǎo tiào **2** (*inf: move quickly*) 飞(飛)奔 fēibēn ▷ *I hopped out of bed.* 我跳下床。 **II** N [C] (*by person*) 单(單)脚(腳)跳 dānjiǎo tiào; (*by bird*) 双(雙)爪跳 shuāngzhuǎ tiào ▶ **to be hopping mad** (*inf*) 气(氣)得暴跳如雷 qìde bào tiào rú léi ▶ **to catch sb on the hop** (*Brit; inf*) 使某人措手不及 shǐ mǒurén cuò shǒu bù jí; *see also* **hops**

★**hope** [həup] **I** VT 希望 xīwàng ▷ *I sat down, hoping to remain unnoticed.* 我坐下，希望没有被人注意到。Wǒ zuòxià, xīwàng méiyǒu bèi rén zhùyì dào. ▷ *They hope that a vaccine will be available soon.* 他们希望很快能有疫苗。Tāmen xīwàng hěnkuài néng yǒu yìmiáo. **II** VI 盼望 pànwàng ▷ *Nothing can be done except to wait, hope, and pray.* 除了等待，期望和祈祷外，什么都没用。Chúle děngdài, qīwàng hé qídǎo wài, shénme dōu méiyòng. **III** N **1** [U] 希望 xīwàng ▷ *She never completely gave up hope.* 她从来没有完全放弃希望。Tā cónglái méiyǒu wánquán fàngqì xīwàng. **2** [C] (*aspiration*) 期望 qīwàng [种 zhǒng] ▷ *the hopes and dreams of reformers* 改革者的期望和梦想 gǎigézhě de qīwàng hé mèngxiǎng ▶ **I hope so/not** 希望是这(這)样(樣)/希望不会(會) xīwàng shì zhèyàng/xīwàng bùhuì ▶ **to hope that...** 希望… xīwàng... ▶ **I hope you don't mind** 希望你不介意 Xīwàng nǐ bù jièyì ▶ **to hope to do sth** 希望能做某事 xīwàng néng zuò mǒushì ▶ **to hope for the best** 保持乐(樂)观(觀) bǎochí lèguān ▶ **to have no hope of sth/doing sth** 对(對)某事/做某事不抱希望 duì mǒushì/zuò mǒushi bùbào xīwàng ▶ **in the hope of/that...** 希望… xīwàng... ▶ **to hope against hope that...** 抱有一线(線)希望… bào yǒu yīxiàn xīwàng...

hopeful ['həupful] **I** ADJ **1** (*optimistic*) [+ *person*] 乐(樂)观(觀)的 lèguān de **2** (*promising*) [+ *situation, sign*] 鼓舞人心的 gǔwǔ rénxīn de **II** N [C] 有前途的人 yǒu qiántú de rén [个 gè] ▶ **to be hopeful that...** 对(對)…抱有希望 duì...bào yǒu xīwàng ▶ **surgeons are hopeful of saving her** 外科医(醫)生对(對)挽救她抱有希望 wàikē yīshēng duì wǎnjiù tā bàoyǒu xīwàng

hopefully ['həupfulɪ] ADV (*expectantly*) 怀(懷)着(著)希望地 huáizhe xīwàng de

▸ **hopefully,...** 如果运(運)气(氣)好… rúguǒ yùnqi hǎo…
hopeless ['həuplɪs] ADJ **1** (*in despair*) 绝(絕)望的 juéwàng de **2** (*dismal*) [+ *situation, position*] 糟糕的 zāogāo de **3** (*inf: useless*) [+ *teacher, driver, service*] 无(無)能的 wúnéng de ▸ **to be hopeless at doing sth** 实(實)在不会(會)做某事 shízài bùhuì zuò mǒushì ▸ **I'm hopeless at cooking** 我做饭(飯)实(實)在不行 wǒ zuòfàn shízài bùxíng
hops [hɔps] N PL 啤酒花 píjiǔ huā
horizon [hə'raɪzn] **I** N (*skyline*) ▸ **the horizon** 地平线(線) dìpíngxiàn **II horizons** N PL 眼界 yǎnjiè ▸ **on the horizon** (*fig*) 即将(將)发(發)生的 jíjiāng fāshēng de
horizontal [hɔrɪ'zɔntl] ADJ 水平的 shuǐpíng de
hormone ['hɔːməun] N [c] 激素 jīsù
horn [hɔːn] N **1** [c] [*of animal*] 角 jiǎo [个 gè] **2** [U] (*substance*) 角质(質)物 jiǎozhìwù **3** [c] (*Mus*) 号(號) hào [把 bǎ] **4** [c] (*Aut*) 喇叭 lǎba [个 gè]
horoscope ['hɔrəskəup] N [c] 占星术(術) zhānxīngshù [种 zhǒng]
horrendous [hə'rɛndəs] ADJ [+ *crime, error*] 恐怖的 kǒngbù de
horrible ['hɔrɪbl] ADJ [+ *colour, food, mess*] 糟透的 zāotòu de; [+ *accident, crime*] 可怕的 kěpà de; [+ *experience, moment, situation, dream*] 令人恐惧(懼)的 lìng rén kǒngjù de
horrid ['hɔrɪd] ADJ [+ *person, place, thing*] 极(極)糟的 jízāo de ▸ **to be horrid to sb** 对(對)某人极(極)不友好 duì mǒurén jí bù yǒuhǎo
horrific [hɔ'rɪfɪk] ADJ [+ *injury, accident, crime*] 极(極)其可怕的 jíqí kěpà de
horrified ['hɔrɪfaɪd] ADJ 受惊(驚)吓(嚇)的 shòu jīngxià de ▸ **to be horrified at sth** 对(對)某事感到震惊(驚) duì mǒushì gǎndào zhènjīng
horrifying ['hɔrɪfaɪɪŋ] ADJ [+ *experience, crime*] 极(極)其恐怖的 jíqí kǒngbù de
horror ['hɔrəʳ] N [U] (*alarm*) 恐怖 kǒngbù ▸ **to have a horror of sth** 痛恨某事 tònghèn mǒushì ▸ **the horrors of war** 战(戰)争(爭)的恐怖 zhànzhēng de kǒngbù
horror film N [c] 恐怖片 kǒngbù piān [部 bù]
hors d'oeuvre [ɔː'dəːvrə] N [c/U] 餐前的开(開)胃小吃 cānqián de kāiwèi xiǎochī
horse [hɔːs] N [c] 马(馬) mǎ [匹 pǐ]
horseback ['hɔːsbæk] N ▸ **on horseback** 骑(騎)着(著)马(馬) qízhe mǎ
horse chestnut N [c] **1** (*tree*) 七叶(葉)树(樹) qīyèshù [棵 kē] **2** (*conker*) 七叶(葉)树(樹)坚(堅)果 qīyèshù jiānguǒ [颗 kē]
horsepower ['hɔːspauəʳ] N [U] [*of engine, car etc*] 马(馬)力 mǎlì
horse racing N [U] 赛(賽)马(馬) sàimǎ
horseradish ['hɔːsrædɪʃ] N [c/U] 辣根 làgēn
horse riding N [U] 骑(騎)马(馬) qímǎ
hose [həuz] N [c] (*also:* **hosepipe**) 输(輸)水软(軟)管 shūshuǐ ruǎnguǎn [根 gēn]
▸**hose down** VT 用软(軟)管输(輸)水冲(沖)洗 yòng ruǎnguǎn shūshuǐ chōngxǐ
hospitable ['hɔspɪtəbl] ADJ **1** [+ *person, behaviour*] 好客的 hàokè de **2** [+ *climate*] 宜人的 yírén de
★ **hospital** ['hɔspɪtl] N [c/U] 医(醫)院 yīyuàn [家 jiā] ▸ **to be in hospital** *or* (*US*) **in the hospital** 住院 zhùyuàn
hospitality [hɔspɪ'tælɪtɪ] N [U] **1** [*of host, welcome*] 好客 hàokè **2** (*Comm*) (*food, drink*) 招待 zhāodài
★ **host** [həust] **I** N [c] **1** (*at party, dinner*) 主人 zhǔrén [位 wèi] **2** (*TV, Rad*) [*of television programme*] 主持人 zhǔchírén **3** (*for festival, conference etc*) 东(東)道主 dōngdàozhǔ **II** ADJ [+ *country, organization*] 东(東)道主的 dōngdàozhǔ de **III** VT **1** [+ *party, dinner*] 举(舉)行 jǔxíng **2** (*TV, Rad*) [+ *show*] 主持 zhǔchí **3** [+ *festival, conference*] 主办(辦) zhǔbàn ▸ **a whole host of problems** 许(許)多问(問)题(題) xǔduō wèntí ▸ **the host** (*Rel*) 圣(聖)饼(餅) shèngbǐng
hostage ['hɔstɪdʒ] N [c] (*prisoner*) 人质(質) rénzhì [个 gè] ▸ **to be taken/held hostage** 被绑(綁)架/扣押做人质(質) bèi bǎngjià/kòuyā zuò rénzhì
hostel ['hɔstl] (*esp Brit*) N [c] (*for homeless etc*) 招待所 zhāodàisuǒ [个 gè]
hostess ['həustɪs] N [c] **1** (*at party, dinner etc*) 女主人 nǚ zhǔrén [位 wèi] **2** (*in night club*) 女招待 nǚ zhāodài
hostile ['hɔstaɪl] ADJ **1** (*aggressive*) [+ *person, attitude*] 不友好的 bù yǒuhǎo de **2** [+ *conditions, environment*] 恶(惡)劣的 èliè de **3** (*enemy*) 敌(敵)方的 dífāng de ▸ **to be hostile to** *or* **towards sb** 对(對)某人不友善 duì mǒurén bù yǒushàn
hostility [hɔ'stɪlɪtɪ] **I** N [U] (*aggression*) 敌(敵)意 díyì **II hostilities** N PL (*fighting*) 交战(戰) jiāozhàn
hot [hɔt] ADJ **1** [+ *object*] 烫(燙)的 tàng de; [+ *weather, person*] 热(熱)的 rè de **2** (*spicy*) [+ *food*] 辣的 là de **3** (*inf: up-to-the-moment*) 热(熱)门(門)的 rèmén de **4** (*fierce*) [+ *temper*] 暴躁的 bàozào de ▸ **he's not so hot on physics** (*inf*) 他物理不怎么(麼)好 tā wùlǐ bù zěnme hǎo ▸ **hot and bothered** 焦躁不安的 jiāozào bùān de
▸**hot up** (*Brit; inf*) **I** VI [*situation, party* +] 热(熱)闹(鬧)起来(來) rènao qǐlái **II** VT [+ *pace*] 使增加 shǐ zēngjiā

> 在非正式英语中，**boiling** 或 **scorching** 可用于强调天气非常炎热。在冬天，如果气温比平均气温要高，可以用 **mild**。一般而言，**hot** 所表达的气温要高于 **warm**。**warm** 的东西是热得令人感到舒服的东西。*...a warm evening...*

hot chocolate N [U] 热(熱)巧克力 rè qiǎokèlì
hot dog N [c] 热(熱)狗 règǒu [个 gè]
hotel [həu'tɛl] N [c] 旅馆(館) lǚguǎn [个 gè] ▸ **to stay at a hotel** 住旅馆(館) zhù lǚguǎn

h

hotline ['hɔtlaɪn] N [c] 热(熱)线(線) rèxiàn

hotly ['hɔtlɪ] ADV **1** [*speak*+] 生气(氣)地 shēngqì de **2** [*contest, pursue*+] 激烈地 jīliè de ▸ **a claim which he has hotly denied** 他极(極)力否认(認)的说(說)法 tā jílì fǒurèn de shuōfǎ

hotspot N [c] 热点 rèdiǎn [个 gè]

hot-water bottle [hɔt'wɔ:tə^r-] N [c] 热(熱)水袋 rèshuǐdài [个 gè]

hound [haund] **I** N [c] (*dog*) 猎(獵)狗 liègǒu **II** VT (*harass, persecute*) 不断(斷)烦(煩)扰(擾) bùduàn fánrǎo

★ **hour** ['auə^r] **I** N **1** [c] 小时(時) xiǎoshí [个 gè] **2** [s] (*frm: time*) 时(時)间(間) shíjiān ▹ *The hour of his execution was approaching.* 处决他的时间快到了。Chǔjué tā de shíjiān kuài dào le. **II hours** N PL **1** (*ages*) 很长(長)时(時)间(間) hěncháng shíjiān ▹ *Getting there would take hours.* 去那儿要花很长时间。Qù nàr yào huā hěn cháng shíjiān. **2** (*in job*) 工作时(時)间(間) gōngzuò shíjiān ▹ *I worked quite irregular hours.* 我的工作时间很不固定。Wǒ de gōngzuò shíjiān hěn bù gùdìng. ▸ **office/visiting hours** 办(辦)公/参(參)观(觀)时(時)间(間) bàngōng/cānguān shíjiān ▸ **the buses leave on the hour** 每小时(時)正点(點)有一班公共汽车(車) měi xiǎoshí zhèngdiǎn yǒu yībān gōnggòng qìchē ▸ **in the early** *or* **small hours** 凌晨 língchén ▸ **after hours** 工作结(結)束后(後) gōngzuò jiéshù hòu ▸ **at all hours of the day and night** 白天和晚上任何时(時)候 báitiān hé wǎnshang rènhé shíhou ▸ **for three/four hours** 三/四个(個)小时(時) sān/sìgè xiǎoshí ▹ *They slept for two hours.* 他们睡了两个小时。Tāmen shuìle liǎng gè xiǎoshí. ▸ **(at) 60 kilometres/miles an** *or* **per hour** 每小时(時)60公里/英里 měi xiǎoshí liùshí gōnglǐ/yīnglǐ ▸ **to pay sb by the hour** 按小时(時)付费(費)给(給)某人 àn xiǎoshí fùfèi gěi mǒurén ▸ **lunch hour** 午餐时(時)间(間) wǔcān shíjiān

hourly ['auəlɪ] **I** ADV (*once each hour*) 每小时(時) měi xiǎoshí **II** ADJ **1** (*once each hour*) 每小时(時)一次的 měi xiǎoshí yīcì de **2** (*per hour*) [+ *rate, income*] 每小时(時)的 měi xiǎoshí de

★ **house** [*n* haus, *vb* hauz] **I** N **1** [c] (*home*) 家 jiā [个 gè] **2** [s] (*household*) 全家 quánjiā ▹ *The noise woke the whole house.* 那个声音吵醒了全家。Nàge shēngyīn chǎoxǐngle quánjiā. **3** [c] (*company*) ▸ **publishing house/steak house** 出版社/牛肉馆(館) chūbǎnshè/niúròuguǎn **4** [c] (*Pol*) 议(議)院 yìyuàn **5** [c] (*Theat*) 观(觀)众(眾) guānzhòng [名 míng] **6** [c] (*dynasty*) 王室 wángshì ▹ *the House of Windsor* 英国王室 Yīngguó wángshì **II** VT **1** [+ *person*] 提供住房 tígòng zhùfáng ▹ *Too many married couples are waiting to be housed.* 太多已婚夫妻正等着提供住房。Tàiduō yǐhūn fūqī zhèng děngzhe tígōng zhùfáng. **2** [+ *collection*] 储(儲)藏 chǔcáng ▹ *This is the building which houses the library.* 这就是藏书的那个建筑。Zhè jiùshì cángshū de nàge jiànzhù. ▸ **at/to my house** 在/到我家 zài/dào wǒjiā ▸ **to get** *or* **put** *or* **set one's house in order** 把自己的事情处(處)理妥当(當) bǎ zìjǐ de shìqing chǔlǐ tuǒdàng ▸ **to bring the house down** (*inf*) 博得全场(場)喝彩 bódé quánchǎng hècǎi ▸ **to get on like a house on fire** (*inf*) 意气(氣)相投 yìqì xiāngtóu ▸ **drinks are on the house** 饮(飲)料免费(費) yǐnliào miǎnfèi ▸ **to keep house** 料理家务(務) liàolǐ jiāwù

household ['haushəuld] N [c] **1** (*family*) 家庭 jiātíng [个 gè] **2** (*home*) 家 jiā ▸ **to be a household name** 是家喻户(戶)晓(曉)的名字 shì jiā yù hù xiǎo de míngzì

housekeeper ['hauski:pə^r] N [c] 管家 guǎnjiā [名 míng]

housekeeping ['hauski:pɪŋ] N [U] **1** (*work*) 管理家务(務) guǎnlǐ jiāwù **2** (*Brit*) (*money*) 持家费(費) chíjiāfèi

House of Commons N ▸ **the House of Commons** 下议(議)院 xiàyìyuàn

House of Lords N ▸ **the House of Lords** 上议(議)院 shàngyìyuàn

House of Representatives N ▸ **the House of Representatives** 众(眾)议(議)院 zhòngyìyuàn

Houses of Parliament N PL ▸ **the Houses of Parliament** 议(議)院 yìyuàn

housewife ['hauswaɪf] (*pl* **housewives**) N [c] 家庭主妇(婦) jiātíng zhǔfù [个 gè]

house wine N [c/U] 饭(飯)馆(館), 酒吧提供的最便宜的葡萄酒 fànguǎn, jiǔbā tígōng de zuì piányi de pútáojiǔ

housework ['hauswə:k] N [U] 家务(務)劳(勞)动(動) jiāwù láodòng

housing ['hauzɪŋ] **I** N [U] **1** (*houses*) 房屋 fángwū **2** (*provision*) 住房 zhùfáng **II** CPD [+ *problem, shortage*] 住房 zhùfáng

housing estate (*Brit*) N [c] 住宅区(區) zhùzhái qū [个 gè]

housing project (*US*) N [c] 安居工程 ānjū gōngchéng [项 xiàng]

hove [həuv] PT, PP *of* **heave to**

hover ['hɔvə^r] VI **1** [*bird, insect*+] 翱翔 áoxiáng; [*helicopter*+] 盘(盤)旋 pánxuán **2** [*person*+] 徘徊 páihuái

hovercraft ['hɔvəkra:ft] (*pl* **hovercraft**) N [c] 气(氣)垫(墊)船 qìdiàn chuán [艘 sōu]

KEYWORD

★ **how** [hau] **I** ADV **1** (*in questions*) 怎样(樣) zěnyàng ▸ **how did you do it?** 你是怎么(麼)做的? nǐ shì zěnme zuò de? ▸ **how was the film?** 电(電)影怎么(麼)样(樣)? diànyǐng zěnmeyàng? ▸ **how are you?** 你好吗(嗎)? nǐ hǎo ma? ▸ **how can you be so unkind?** 你怎么(麼)能如此刻薄呢? nǐ zěnme néng rúcǐ

kèbó ne? ▸ **"how do you do?" — "how do you do?"** "你好！" "你好！" "nǐ hǎo!" "nǐ hǎo!" ▸ **how long have you lived here?** 你在这(這)儿(兒)住了多久了？ nǐ zài zhèr zhùle duōjiǔ le? ▸ **how much milk/many people?** 有多少奶/人？ yǒu duōshǎo nǎi/rén? ▸ **how old are you?** 你多大了？ nǐ duōdà le? ▸ **how tall is he?** 他有多高？ tā yǒu duō gāo? ▸ **how well do you know her?** 你对(對)她了解有多少？ nǐ duì tā liǎojiě yǒu duōshao?
2 (*in exclamations*) ▸ **how lovely/awful!** 太可爱(愛)/糟了！ tài kě'ài/zāo le!
3 (*in suggestions*) ▸ **how about a cup of tea/a walk** *etc*? 来(來)杯茶/去散步等好吗(嗎)？ lái bēi chá/qù sànbù *děng* hǎo ma? ▸ **how about going to the cinema?** 去看电(電)影好吗(嗎)？ qù kàn diànyǐng hǎo ma? ▸ **how would you like to eat out tonight?** 今天晚上出去吃好吗(嗎)？ Jīntiān wǎnshang chūqù chī hǎo ma?
4 (*avoiding repetition*) ▸ **how about you?** 你呢？ nǐ ne?
II CONJ 怎么(麼) zěnme ▸ **I know how you did it** 我知道你怎么(麼)做的 wǒ zhīdào nǐ zěnme zuò de ▸ **to know how to do sth** 知道如何做某事 zhīdào rúhé zuò mǒushì ▸ **it's amazing how he always seems to understand** 他总(總)是如此善解人意真是太了不起了 tā zǒngshì rúcǐ shànjiě rényì zhēnshì tài liǎobùqǐ le

★**however** [hau'ɛvəʳ] **I** ADV **1** (*but*) 但是 dànshì ▹ *I hoped he might offer me a job. However, he didn't.* 我希望他能给我一份工作。但是他并没有这么做。 **2** (*with adj, adv*) 不管怎样(樣) bùguǎn zěnyàng ▹ *However hard she tried, nothing seemed to work.* 不管她怎样努力，都不行。Bùguǎn tā zěnyàng nǔlì, dōu bùxíng. **3** (*in questions*) 究竟怎样(樣) jiūjìng zěnyàng ▹ *However did you find me?* 你究竟怎样找到我的？ Nǐ jiūjìng zěnyàng zhǎo dào wǒ de? **II** CONJ (*no matter how*) 无(無)论(論) wúlùn ▹ *Wear your hair however you want.* 你想梳什么发型都行。Nǐ xiǎng shū shénme fàxíng dōu xíng. ▹ *I will wait for you however late you are.* 无论多晚我都会等你。Wúlùn duō wǎn wǒ dōu huì děng nǐ.

howl [haul] **I** VI [*animal* +] 嗥叫 háojiào; [*baby, person* +] 嚎哭 háokū; (*laugh*) 狂笑 kuángxiào; [*wind* +] 呼啸(嘯) hūxiào **II** N [c] [(*of animal*)] 嗥叫 háojiào [声 shēng]; [(*of baby, person*)] 嚎哭 háokū [阵 zhèn]; [(*of laughter*)] 狂笑 kuángxiào [阵 zhèn]

hp (*Aut*) ABBR (= **horsepower**) 马(馬)力 mǎlì

HQ ABBR (= **headquarters**) 总(總)部 zǒngbù

HRH (*Brit*) ABBR (= **His/Her Royal Highness**) 殿下 diànxià

hr(s) ABBR (= **hours**) 小时(時) xiǎoshí

HST (*US*) ABBR (= **Hawaiian Standard Time**) 夏威夷标(標)准(準)时(時)间(間) Xiàwēiyí Biāozhǔn Shíjiān

hubcap ['hʌbkæp] N [c] 毂(轂)盖(蓋) gǔgài

huddle ['hʌdl] **I** VI 蜷缩(縮) quánsuō **II** N [c] 挤(擠)作一团(團) jǐzuò yītuán ▸ **to huddle together** 挤(擠)作一团(團) jǐ zuò yītuán ▸ **to huddle around sth** 围(圍)着(著)某物 wéizhe mǒuwù

huff [hʌf] N ▸ **to be in a huff** 发(發)怒 fānù

hug [hʌg] **I** VT **1** [+ *person*] 拥(擁)抱 yōngbào **2** [+ *object*] 紧(緊)抱 jǐnbào **II** N [c] 拥(擁)抱 yōngbào [个 gè] ▸ **to give sb a hug** 拥(擁)抱某人 yōngbào mǒurén

huge [hju:dʒ] ADJ [+ *crowd, skyscraper, wardrobe*] 巨大的 jùdà de; [+ *amount, profit, debt*] 巨额(額)的 jù'é de; [+ *task*] 庞(龐)大的 pángdà de

hull [hʌl] **I** N [c] **1** (*Naut*) 船体(體) chuántǐ; [*of nut*] 壳(殼) ké **2** [*of strawberry etc*] 花萼 huā'è **II** VT [+ *fruit*] 除去…花萼 chúqù…huā'è

hum [hʌm] **I** VT [+ *tune, song*] 哼 hēng **II** VI [*person* +] 哼 hēng; [*machine, insect* +] 发(發)出嗡嗡声(聲) fāchū wēngwēng shēng **III** N [s] [*of traffic, machines, voices*] 嗡嗡声(聲) wēngwēng shēng

★**human** ['hju:mən] **I** ADJ [+ *body, behaviour*] 人的 rén de ▹ *the human body* 人体 réntǐ; [+ *weakness, emotion*] 有人性的 yǒu rénxìng de **II** N [c] (*also*: **human being**) 人 rén [个 gè] ▹ *Could a computer ever beat a human at chess?* 下象棋电脑能打败人吗？ Xià xiàngqí diànnǎo néng dǎbài rén ma? ▸ **the human race** 人类(類) rénlèi ▸ **human nature** 人性 rénxìng ▸ **human error** 人为(為)错(錯)误(誤) rénwéi cuòwù ▸ **we're only human** 我们(們)只是普通人 wǒmen zhǐshì pǔtōngrén

humane [hju:'meɪn] ADJ [+ *treatment, slaughter*] 人道的 réndào de

humanitarian [hju:mænɪ'tɛərɪən] ADJ [+ *aid, principles*] 人道主义(義)的 rédào zhǔyì de ▸ **on humanitarian grounds** 以人道主义(義)的原则(則) yǐ réndàozhǔyì de yuánzé

humanity [hju:'mænɪtɪ] **I** N [U] **1** (*mankind*) 人类(類) rénlèi **2** (*kindness*) 博爱(愛) bó'ài **3** (*humanness*) 人性 rénxìng **II the humanities** N PL 人文学(學)科 rénwén xuékē

human rights N PL 人权(權) rénquán

humble ['hʌmbl] **I** ADJ **1** (*modest*) [+ *person*] 谦(謙)虚(虛)的 qiānxū de **2** (*lowly*) [+ *background*] 卑贱(賤)的 bēijiàn de **II** VT (*humiliate, crush*) 使谦(謙)卑 shǐ qiānbēi ▸ **to humble sb's pride** 打掉某人的傲气(氣) dǎdiào mǒurén de àoqì

humid ['hju:mɪd] ADJ [+ *atmosphere, climate*] 潮湿(濕)的 cháoshī de

humidity [hju:'mɪdɪtɪ] N [U] [*of atmosphere, climate*] 湿(濕)度 shīdù

humiliate [hju:'mɪlɪeɪt] VT [+ *rival, person*] 羞辱 xiūrǔ

humiliating [hju:'mɪlɪeɪtɪŋ] ADJ [+ *experience, defeat*] 丢(丟)脸(臉)的 diūliǎn de

humiliation [hjuːmɪlɪ'eɪʃən] N **1** [U] (*feeling*) 羞辱 xiūrǔ **2** [C] (*situation, experience*) 丢(丟)脸(臉) diūliǎn
humility [hjuː'mɪlɪtɪ] N [U] (*modesty*) 谦(謙)恭 qiāngōng
humor ['hjuːməʳ] (*US*) N = **humour**
humorous ['hjuːmərəs] ADJ [+ *remark, book, person*] 幽默的 yōumò de
humour, (*US*) **humor** ['hjuːməʳ] **I** N [U] 幽默 yōumò **II** VT [+ *person*] 迎合 yínghé ▸ **sense of humour** 幽默感 yōumògǎn ▸ **to be in good/bad humour** 情绪(緒)好/不好 qíngxù hǎo/bùhǎo
hump [hʌmp] **I** N [C] (*in ground*) 丘陵 qiūlǐng; (*to restrict speed*) 凸面 tūmiàn; [*of camel*] 峰 fēng; (*deformity*) 驼(駝)背 tuóbèi **II** VT 扛 káng ▸ **to get the hump** (*Brit; inf*) 闷(悶)闷(悶)不乐(樂) mènmèn bùlè
hunch [hʌntʃ] **I** N [C] (*intuition*) 直觉(覺) zhíjué ▸ **I have a hunch that...** 我的直觉(覺)是… wǒ de zhíjué shì… **II** VT ▸ **to hunch one's shoulders** 耸(聳)起双(雙)肩 sǒngqǐ shuāngjiān
★ **hundred** ['hʌndrəd] **I** NUM 百 bǎi **II hundreds** N PL 几(幾)百 jǐbǎi ▹ *He handed me hundreds of forms.* 他递给我几百张表格。Tā dì gěi wǒ jǐbǎi zhāng biǎogé. ▸ **a** *or* **one hundred books/people/dollars** 一百本书(書)/个(個)人/美元 yībǎiběn shū/gè rén/měiyuán ▸ **a** *or* **one hundred per cent** 百分之百 bǎifēnzhī bǎi
hundredth ['hʌndrədθ] **I** ADJ 第一百的 dì yībǎi de **II** N ▸ **a hundredth (of a)** 百分之一 bǎifēn zhī yī
hung [hʌŋ] **I** PT, PP *of* **hang II** ADJ ▸ **a hung parliament** 各党(黨)势(勢)均力敌(敵)的议(議)院 gèdǎng shìjūn lìdí de yìyuàn
Hungarian [hʌŋ'gɛərɪən] **I** ADJ 匈牙利的 Xiōngyálì de **II** N **1** [C] (*person*) 匈牙利人 Xiōngyálìrén [个 gè] **2** [U] (*language*) 匈牙利语(語) Xiōngyálìyǔ
Hungary ['hʌŋgərɪ] N 匈牙利 Xiōngyálì
hunger ['hʌŋgəʳ] **I** N [U] **1** (*lack of food*) 饿(餓) è **2** (*starvation*) 饥(飢)饿(餓) jī'è **II** VI ▸ **they hunger for adventure** 他们(們)渴望冒险(險) tāmen kěwàng màoxiǎn ▸ **his hunger for adventure** 他想冒险(險)的强(強)烈愿(願)望 tā xiǎng màoxiǎn de qiángliè yuànwàng
hungry ['hʌŋgrɪ] ADJ 饥(飢)饿(餓)的 jī'è de ▸ **to be hungry** 饿(餓)了 èle ▸ **to be hungry for success** 渴望成功 kěwàng chénggōng ▸ **to go hungry** 挨饿(餓) ái'è
hunt [hʌnt] **I** VT **1** (*for food, sport*) 打猎(獵) dǎliè **2** [+ *criminal, fugitive*] 追捕 zhuībǔ **II** VI **1** (*for food, sport*) 打猎(獵) dǎliè **2** (*Brit*) (*for foxes*) 猎(獵)狐 lièhú **III** N [C] **1** (*for food, sport*) 狩猎(獵) shòuliè [次 cì] **2** (*Brit*) (*group of fox hunters*) 猎(獵)狐队(隊) lièhú duì **3** (*for missing person*) 搜(蒐)寻(尋) sōuxún [次 cì] **4** (*for criminal*) 追捕 zhuībǔ [次 cì] ▸ **detectives are hunting for clues** 刑警们(們)在寻(尋)找线(線)索 xíngjǐngmen zài xúnzhǎo xiànsuǒ
▸**hunt down** VT 追捕到 zhuībǔ dào
hunter ['hʌntəʳ] N [C] (*for food, sport*) 猎(獵)手 lièshǒu ▸ **bargain/house hunter** 寻(尋)便宜货(貨)/屋者 xún piányíhuò/wūzhě
hunting ['hʌntɪŋ] N [U] (*for food, sport*) 打猎(獵) dǎliè ▸ **job/house/bargain hunting** 到处(處)找工作/住房/便宜货(貨) dàochù zhǎo gōngzuò/zhùfáng/piányi huò
hurdle ['həːdl] **I** N [C] (*difficulty*) 障碍(礙) zhàng'ài [个 gè] **II hurdles** N PL (*Sport*) 跳栏(欄) tiàolán
hurl [həːl] VT **1** [+ *object*] 用力投掷(擲) yònglì tóuzhì **2** [+ *insult, abuse*] 叫嚷 jiàorǎng
hurrah [hu'rɑː] INT = **hooray**
hurray [hu'reɪ] INT = **hooray**
hurricane ['hʌrɪkən] N [C] 飓风(風) jùfēng [场 chǎng] ▸ **hurricane Charley/Tessa** 查理/特萨(薩)号(號)台(颱)风(風) Chálǐ/Tèsàhào táifēng
hurriedly ['hʌrɪdlɪ] ADV 匆忙地 cōngmáng de
hurry ['hʌrɪ] **I** VI 赶(趕)紧(緊) gǎnjǐn **II** VT [+ *person*] 催 cuī **III** N ▸ **to be in a hurry (to do sth)** 急于(於)（做某事） jí yú (zuò mǒushì) ▸ **to hurry in/off/home** 赶(趕)着(著)进(進)来(來)/走/回家 gǎnzhe jìnlai/zǒu/huíjiā ▸ **they hurried to help him** 他们(們)赶(趕)紧(緊)去帮他 tāmen gǎnjǐn qù bāng tā ▸ **to do sth in a hurry** 匆忙地做某事 cōngmángde zuò mǒushì ▸ **there's** *or* **I'm in no hurry** 不着(著)急或我不着(著)急 bù zháojí *huò* wǒ bù zháojí ▸ **what's the hurry?** 着(著)什么(麼)急？ zháo shénme jí?
▸**hurry along** VT 加速 jiāsù
▸**hurry up I** VI 赶(趕)快 gǎnkuài **II** VT 使赶(趕)紧(緊) shǐ gǎnjǐn
hurt [həːt] (*pt, pp* **hurt**) **I** VT **1** (*cause pain to*) 弄痛 nòngtòng **2** (*injure*) [+ *arm, leg, finger etc*] 使受伤(傷) shǐ shòushāng **3** (*emotionally*) 使伤(傷)心 shǐ shāngxīn **II** VI (*be painful*) 痛 tòng **III** ADJ **1** (*injured*) 受伤(傷)的 shòushāng de **2** (*emotionally*) 受委屈的 shòu wěiqū de ▸ **to hurt o.s.** 伤(傷)了自己 shāngle zìjǐ ▸ **I didn't want to hurt your feelings** 我并(並)不想伤(傷)害你的感情 wǒ bìng bùxiǎng shānghài nǐ de gǎnqíng ▸ **where does it hurt?** 哪儿(兒)疼？ nǎr téng?
hurtful ['həːtful] ADJ [+ *remark*] 刻薄的 kèbó de
★ **husband** ['hʌzbənd] **I** N [C] 丈夫 zhàngfu [个 gè] **II** VT (*liter*) [+ *resources*] 节(節)省 jiéshěng
hush [hʌʃ] **I** INT 嘘(噓) xū **II** VI (*be quiet*) 安静(靜)下来(來) ānjìng xiàlái **III** VT (*quieten*) 使安静(靜) shǐ ānjìng **IV** N ▸ **a hush fell over the crowd** 人群顿(頓)时(時)一片寂静(靜) rénqún dùnshí yīpiàn jìjìng
▸**hush up** VT [+ *scandal etc*] 不让(讓)张(張)扬(揚) bùràng zhāngyáng

husky ['hʌskɪ] **I** ADJ [+ *voice*] 嘶哑(啞)的 sīyǎ de **II** N [c] (*dog*) 爱(愛)斯基摩狗 Àisījīmó gǒu [条 tiáo]

hut [hʌt] N [c] **1** (*house*) 简(簡)陋的小屋 jiǎnlòu de xiǎowū [个 gè] **2** (*shed*) 木棚 mùpéng [个 gè]

hyacinth ['haɪəsɪnθ] N [c] 风(風)信子 fēngxìnzǐ [株 zhū]

hydrofoil ['haɪdrəfɔɪl] N [c] (*boat*) 水翼船 shuǐyì chuán [条 tiáo]

hydrogen ['haɪdrədʒən] (*Chem*) N [U] 氢(氫) qīng

hygiene ['haɪdʒiːn] N [U] 卫(衛)生 wèishēng

hygienic [haɪ'dʒiːnɪk] ADJ 卫(衛)生的 wèishēng de

hymn [hɪm] N [c] 赞(讚)美诗(詩) zànměi shī [首 shǒu]

hype [haɪp] (*inf*) **I** N [U] 炒作 chǎozuò **II** VT 炒作 chǎozuò

hyphen ['haɪfn] N [c] 连(連)字符 liánzìfú [个 gè]

hypnosis [hɪp'nəusɪs] N [U] **1** (*state*) 催眠状(狀)态(態) cuīmián zhuàngtài **2** (*hypnotism*) 催眠术(術) cuīmián shù ▸ **under hypnosis** 处(處)于(於)被催眠状(狀)态(態) chǔyú bèi cuīmián zhuàngtài

hypnotize ['hɪpnətaɪz] VT **1** (*lit*) 使进(進)入催眠状(狀)态(態) shǐ jìnrù cuīmián zhuàngtài **2** (*fig: fascinate*) 使着(著)迷 shǐ zháomí

hypocrite ['hɪpəkrɪt] N [c] 伪(偽)君子 wěijūnzǐ [个 gè]

hypocritical [hɪpə'krɪtɪkl] ADJ [+ *person, behaviour*] 虚(虛)伪(偽)的 xūwěi de

hypothesis [haɪ'pɔθɪsɪs] (*pl* **hypotheses** [haɪ'pɔθɪsiːz]) (*frm*) N [c] (*theory*) 假设(設) jiǎshè [种 zhǒng]

hysterical [hɪ'stɛrɪkl] ADJ **1** [+ *person, laughter*] 歇斯底里的 xiēsīdǐlǐ de **2** (*inf: hilarious*) 歇斯底里的 xiēsīdǐlǐ de

hysterics [hɪ'stɛrɪks] (*inf*) N PL ▸ **to be in/have hysterics** (*panic, be angry*) 歇斯底里发(發)作 xiēsīdǐlǐ fāzuò; (*laugh loudly*) 不可控制的狂笑 bùkě kòngzhì de kuángxiào

I¹, i [aɪ] N [c/U] (*letter*) 英语的第九个字母

I² [aɪ] PRON 我 wǒ

I³ ABBR (= **island, isle**) 岛(島) dǎo

IC (*Texting*) ABBR (= **I see**) 知道了 zhīdàole

ice [aɪs] **I** N **1** [U] (*on lake, river, road*) 冰 bīng; (*for drink*) 冰块(塊) bīngkuài **2** [c] (*Brit; o.f.*) (*ice cream*) 冰淇淋 bīngqílín [支 zhī] **II** VT [+ *cake*] 在…撒上糖霜 zài...sǎshàng tángshuāng **III** VI (*also:* **ice over, ice up**) [*road, window* +] 结(結)冰 jiébīng ▸ **to put sth on ice** (*fig*) 搁(擱)置某事 gēzhì mǒushì ▸ **to break the ice** (*fig*) 使气(氣)氛活跃(躍)起来(來) shǐ qìfēn huóyuè qǐlái ▸ **to cut no ice (with sb)** (*fig*) (对(對)某人)不起作用 (duì mǒurén)bù qǐ zuòyòng ▸ **to be (skating) on thin ice** (*fig*) 如履薄冰 rú lǚ bó bīng

iceberg ['aɪsbəːg] N [c] 冰山 bīngshān [座 zuò] ▸ **the tip of the iceberg** (*fig*) 冰山一角 bīngshān yījiǎo

icebox ['aɪsbɔks] N [c] (*US*) 冷藏柜(櫃) lěngcángguì [个 gè]

ice cream N [c/U] 冰淇淋 bīngqílín [个 gè]

ice cube N [c] 冰块(塊) bīngkuài [块 kuài]

iced [aɪst] ADJ **1** [+ *drink*] 冰的 bīng de **2** [+ *cake*] 有糖霜的 yǒu tángshuāng de

ice hockey (*esp Brit*) N [U] 冰球 bīngqiú [美 = **hockey**]

Iceland ['aɪslənd] N 冰岛(島) Bīngdǎo

Icelander ['aɪsləndəʳ] N [c] 冰岛(島)人 Bīngdǎorén [个 gè]

Icelandic [aɪs'lændɪk] **I** ADJ 冰岛(島)的 Bīngdǎo de **II** N [U] (*language*) 冰岛(島)语(語) Bīngdǎoyǔ

ice lolly (*Brit*) N [c] 冰棍 bīnggùn [根 gēn] [美 = **Popsicle®**]

ice rink N [c] 溜冰场(場) liūbīngchǎng [个 gè]

ice-skating ['aɪsskeɪtɪŋ] N [U] 溜冰 liūbīng; (*figure skating*) 花样(樣)滑冰 huāyàng liūbīng ▸ **to go ice-skating** 去溜冰 qù liūbīng

icing (*Culin*) N [U] 糖霜 tángshuāng ▸ **the icing on the cake** (*fig*) 锦(錦)上添花 jǐn shàng tiān huā

icing sugar (*Brit*) N [U] 糖粉 tángfěn [美 = **confectioners' sugar**]

icon ['aɪkɔn] N [c] **1** (*religious*) 圣(聖)像 shèngxiàng **2** (*Comput*) 图(圖)符 túfú [个 gè] **3** (*fig: symbol*) 偶像 ǒuxiàng [个 gè]

ICT (Brit) N ABBR (= **information and communication technology**) 通信技术(術) tōngxìn jìshù

icy ['aɪsɪ] ADJ [+ *air, water, temperature*] 冰冷的 bīnglěng de; [+ *road*] 结(結)冰的 jiébīng de

ID N ABBR (= **identification**) 身份证(證)明 shēnfèn zhèngmíng ▸ **do you have any ID?** 你有证(證)件吗(嗎)? nǐ yǒu zhèngjiàn ma?

I'd [aɪd] = **I would, I had**

ID card [aɪ'diː-] N = **identity card**

★ **idea** [aɪ'dɪə] N **1** [c] (*scheme*) 主意 zhǔyì [个 gè] ▹ *I had a brilliant idea.* 我有个绝妙主意。Wǒ yǒu gè juémiào zhǔyì. **2** [c] (*opinion, theory*) 看法 kànfǎ [种 zhǒng] ▹ *People had some odd ideas about us.* 人们对我们有些古怪的看法。Rénmen duì wǒmen yǒuxiē gǔguài de kànfǎ. **3** [c/U] (*notion*) 概念 gàiniàn [个 gè] ▹ *Do you have any idea how big the project is going to be?* 你对项目规模有概念吗? Nǐ duì xiàngmù guīmó yǒu gàiniàn ma? ▹ *Have you any idea how much it would cost?* 你知道大概是多少钱吗? Nǐ zhīdào dàgài shì duōshao qián ma? **4** [s] (*objective*) 目的 mùdì ▹ *The idea is to try and avoid further expense.* 目的是尽量避免更多的开销。Mùdì shì jǐnliàng bìmiǎn gèngduō de kāixiāo. ▸ **once you get the idea** 一旦你明白了 yīdàn nǐ míngbai le ▸ **(what a) good idea!** (真是个(個))好主意! (zhēnshì gè)hǎo zhǔyi! ▸ **to have a good/clear idea of sth** 非常了解某事 fēicháng liǎojiě mǒushì ▸ **I haven't the slightest** *or* **faintest idea** 我根本就不知道 wǒ gēnběn jiù bù zhīdào ▸ **that's not my idea of fun** 那不是我的兴(興)趣所在 nà bùshì wǒ de xìngqù suǒzài

ideal [aɪ'dɪəl] **I** ADJ [+ *person, world*] 理想的 lǐxiǎng de **II** N **1** [c] (*principle*) 理想 lǐxiǎng [个 gè] **2** [s] (*epitome*) 完美典范(範) wánměi diǎnfàn

ideally [aɪ'dɪəlɪ] ADV **1** [+ *suited, located, qualified*] 理想地 lǐxiǎng de **2** (*preferably*) 按理想说(說) àn lǐxiǎng shuō

identical [aɪ'dɛntɪkl] ADJ 完全相同的 wánquán xiāngtóng de ▸ **identical to** 和…完全相同 hé...wánquán xiāngtóng

identification [aɪdɛntɪfɪ'keɪʃən] N [U] **1** (*pinpointing*) 识(識)别(別) shíbié **2** (*of person, dead body, disease*) 确(確)认(認) quèrèn **3** (*proof of identity*) 身份证(證)明 shēnfèn zhèngmíng **4** (*association*) 关(關)联(聯) guānlián **5** (*empathy*) 息息相通感 xī xī xiāng tōng gǎn

identify [aɪ'dɛntɪfaɪ] VT (*recognize*) 识(識)别(別) shíbié ▸ **to identify with sb/sth** (*empathize*) 与(與)某人/某物认(認)同 yǔ mǒurén/mǒuwù rèntóng ▸ **to identify sb/sth with** (*associate*) 与(與)某人/某物相关(關)联(聯) yǔ mǒurén/mǒuwù xiāng guānlián

identity [aɪ'dɛntɪtɪ] N [c/U] **1** [*of person, culprit*] 身份 shēnfèn **2** [*of group, culture, nation, place*] 特性 tèxìng [种 zhǒng]

identity card N [c] 身份证(證) shēnfènzhèng [个 gè]

identity theft N [U] 身份盗用 shēnfèn dàoyòng

ideological [aɪdɪə'lɔdʒɪkl] ADJ 思想上的 sīxiǎngshang de

ideology [aɪdɪ'ɔlədʒɪ] N [c/U] (*beliefs*) 意识(識)形态(態) yìshí xíngtài [种 zhǒng]

idiom ['ɪdɪəm] N **1** [c] (*saying*) 习(習)语(語) xíyǔ **2** [c/U] (*frm: style*) 风(風)格 fēnggé [种 zhǒng]

idiot ['ɪdɪət] N [c] 傻子 shǎzi [个 gè]

idle ['aɪdl] **I** ADJ **1** (*inactive*) 闲(閒)散的 xiánsǎn de **2** (*lazy*) 懒(懶)惰的 lǎnduò de **3** [+ *conversation, curiosity*] 无(無)用的 wúyòng de **4** [+ *threat, boast*] 虚(虛)张(張)声(聲)势(勢)的 xū zhāng shēngshì de ▹ *This is no idle threat.* 这不是随便说说吓唬人的。Zhè bùshì suíbiàn shuōshuō xiàhu rén de. **5** [+ *machinery, factory*] 闲(閒)置的 xiánzhì de **6** [+ *worker*] 无(無)所事事的 wú suǒ shì shì de **II** VI [*machine, engine* +] 闲(閒)置 xiánzhì ▸ **to lie** *or* **stand idle** [*factory, machinery* +] 被搁(擱)置不用 bèi gēzhì bù yòng

▸**idle away** VT ▸ **to idle away the time** 虚(虛)度光阴(陰) xūdù guāngyīn

idol ['aɪdl] N [c] **1** (*hero*) 偶像 ǒuxiàng **2** (*religious*) 圣(聖)像 shèngxiàng [尊 zūn]

idyllic [ɪ'dɪlɪk] ADJ [+ *place, situation, childhood*] 质(質)朴(樸)宜人的 zhìpǔ yírén de

i.e. ABBR (= **id est**) 也就是 yě jiùshì

KEYWORD

★ **if** [ɪf] CONJ **1** (*conditional use*) 如果 rúguǒ ▸ **I'll go if you come with me** 如果你和我一起的话(話)我就去 rúguǒ nǐ hé wǒ yīqǐde huà wǒ jiù qù ▸ **if anyone comes in...** 如果有人来(來)… rúguǒ yǒurén lái... ▸ **if I were you** 如果我是你的话(話) rúguǒ wǒ shì nǐ de huà ▸ **if necessary** 如有必要 rúyǒu bìyào ▸ **if so** 如果是这(這)样(樣)的话(話) rúguǒ shì zhèyàng de huà ▸ **if not** 如果不行的话(話) rúguǒ bùxíng de huà

2 (*stating facts*) 即使 jíshǐ ▸ **she understood his meaning if not his words** 虽(雖)然不懂他的话(話), 她明白他的意思 suīrán bù dǒng tā de huà, tā míngbai tā de yìsi

3 (*whenever*) 无(無)论(論)何时(時) wúlùn héshí ▸ **if we are in Hong Kong, we always go to see her** 我们(們)无(無)论(論)何时(時)去香港, 都会(會)去看她 wǒmen wúlùn héshí qù Xiānggǎng, dōuhuì qù kàn tā

4 (*also:* **even if**) 即使 jíshǐ ▸ **I'll get this sorted if it's the last thing I do!** 无(無)论(論)怎样(樣)我都会(會)把这(這)事解决(決)好! Wúlùn zěnyàng wǒ dōu huì bǎ zhè shì jiějué hǎo!

5 (*whether*) 是否 shìfǒu ▸ **I don't know if he's in** 我不知道他是否会(會)在 wǒ bù zhīdào tā shìfǒu huìzài ▸ **ask him if he can come** 问(問)他是否能来(來) wèn tā shìfǒu néng lái **6** (*in requests*) 请(請) qǐng ▸ **if you could sign here, please** 请(請)在这(這)儿(兒)签(簽)名，好吗(嗎) qǐng zài zhèr qiānmíng, hǎo ma **7** (*in expressions*) ▸ **if ever** 要是有 yàoshì yǒu ▹ *If ever a man needed help, it was I.* 要是有人需要帮助的话，那就是我。Yàoshì yǒurén xūyào bāngzhù de huà, nà jiùshì wǒ. ▸ **if only** (*giving reason*) 即使只是 jíshǐ zhǐshì; (*expressing wish*) 要是…就好了 yàoshì…jiù hǎo le ▸ **let's invite her here, if only to find out what she's doing** 我们(們)邀请(請)她来(來)这(這)儿(兒)吧，即使只是问(問)问(問)她在忙些什么(麼) wǒmen yāoqǐng tā lái zhèr ba, jíshǐ zhǐshì wènwèn tā zài máng xiē shénme ▸ **if only we had more time!** 要是我们(們)再多点(點)时(時)间(間)就好了！ yàoshì wǒmen zài duōdiǎn shíjiān jiù hǎo le!

ignite [ɪɡ'naɪt] **I** VT **1** (*cause to burn*) [+ *explosive, petrol*] 点(點)燃 diǎnrán; [+ *fire*] 点(點) diǎn **2** (*fig*) [+ *interest, passion*] 使激动(動) shǐ jīdòng; [+ *war, debate*] 激起 jīqǐ **II** VI 着(著)火 zháohuǒ

ignition [ɪɡ'nɪʃən] (*Aut*) N **1** [U] (*process*) 发(發)火 fāhuǒ **2** [C] (*mechanism*) 发(發)火装(裝)置 fāhuǒ zhuāngzhì ▸ **turn the ignition on/off** 开(開)/关(關)点(點)火装(裝)置 kāi/guān diǎnhuǒ zhuāngzhì

ignorance ['ɪɡnərəns] N [U] (*lack of knowledge*) 无(無)知 wúzhī ▸ **to keep sb in ignorance of sth** 不让(讓)某人知道某事 bù ràng mǒurén zhīdào mǒushì

ignorant ['ɪɡnərənt] ADJ **1** (*uninformed, unaware*) 无(無)知的 wúzhī de **2** (*rude*) 粗鲁(魯)无(無)礼(禮)的 cūlǔ wúlǐ de ▸ **to be ignorant of** [+ *subject, events*] 不知道的 bù zhīdào de

ignore [ɪɡ'nɔːʳ] VT **1** (*pay no attention to*) [+ *person*] 不理 bù lǐ; [+ *advice, event*] 不顾(顧) bù gù **2** (*overlook*) [+ *fact*] 忽视(視) hūshì

I'll [aɪl] = **I will, I shall**

ill [ɪl] **I** ADJ **1** (*sick*) 有病的 yǒubìng de **2** (*harmful*) [+ *effects, luck, fortune*] 坏(壞)的 huài de **II** N (*liter: evil*) 恶(惡)意 èyì **III the ill** N PL ▸ **the mentally/terminally ill** 精神/晚期病人 jīngshén/wǎnqī bìngrén **IV ills** N PL (*frm, liter: troubles*) 弊病 bìbìng **V** ADV (*frm*) ▸ **to speak/think ill of sb** 讲(講)某人坏(壞)话(話)/认(認)为(為)某人坏(壞) jiǎng mǒurén huàihuà/rènwéi mǒurén huài ▸ **to fall** *or* **be taken ill** 生病 shēngbìng

> 单词 **ill** 和 **sick** 在语意上很相近，但使用方法略有不同。**ill** 通常不用在名词前，但可用在动词词组中，比如 **fall ill** 和 **be taken ill**。*He fell ill shortly before Christmas... One of the jury members was taken ill.* **sick** 经常用在名词前。*...sick children...* 在英式英语中，**ill** 比 **sick** 更为文雅和委婉。**sick** 常常指实际的身体病痛，例如晕船或呕吐。*I spent the next 24 hours in bed, groaning and being sick.* 美式英语中，**sick** 经常用在英国人说 **ill** 的地方。*Some people get hurt in accidents or get sick.*

illegal [ɪ'liːɡl] ADJ 非法的 fēifǎde ▸ **it is illegal to...** 做…是非法的 zuò…shì fēifǎ de

illegible [ɪ'ledʒɪbl] ADJ [+ *writing*] 难(難)以辨认(認)的 nányǐ biànrèn de

illegitimate [ɪlɪ'dʒɪtɪmət] ADJ **1** [+ *child*] 私生的 sīshēng de **2** [+ *activity*] 违(違)法的 wéifǎ de

ill health N [U] 健康状(狀)况(況)不佳 jiànkāng zhuàngkuàng bù jiā

illiterate [ɪ'lɪtərət] ADJ **1** [+ *person*] 文盲的 wénmáng de **2** [+ *letter, writing*] 语(語)言错(錯)误(誤)的 yǔyán cuòwù de

illness ['ɪlnɪs] N [C/U] 病 bìng [场 chǎng]

illuminate [ɪ'luːmɪneɪt] VT **1** [+ *room, street, building*] 照明 zhàomíng **2** (*explain*) 解释(釋) jiěshì

illuminated [ɪ'luːmɪneɪtɪd] ADJ **1** [+ *sign, building*] 被照明的 bèi zhàomíng de **2** [+ *manuscript*] 加了彩饰(飾)的 jiāle cǎishì de

illusion [ɪ'luːʒən] N [C] **1** (*false idea*) 幻想 huànxiǎng [个 gè] **2** (*false appearance*) 错(錯)觉(覺) cuòjué [个 gè] ▸ **to have no illusions about sth** 对(對)某事不抱有幻想 duì mǒushì bù bàoyǒu huànxiǎng ▸ **to be under the illusion that...** 对(對)…存有幻想 duì…cúnyǒu huànxiǎng

illustrate ['ɪləstreɪt] VT **1** (*demonstrate*) 显(顯)示 xiǎnshì **2** [+ *point, argument*] 说(說)明 shuōmíng **3** [+ *book*] 用插图(圖)装(裝)饰(飾) yòng chātú zhuāngshì

illustration [ɪlə'streɪʃən] N **1** [C] (*picture*) 插图(圖) chātú [幅 fú] **2** [C/U] (*example*) 实(實)例 shílì [个 gè]

I'm [aɪm] = **I am**

IM I N (= **instant messaging**) 即时通讯工具 jíshí tōngxùn gōngjù **II** VT 发即时通讯 fā jíshí tōngxùn

image ['ɪmɪdʒ] N [C] **1** (*mental picture*) 印象 yìnxiàng [个 gè] **2** (*picture*) 图(圖)像 túxiàng [幅 fú] **3** (*reflection*) 映像 yìngxiàng **4** (*public face*) 形象 xíngxiàng [种 zhǒng] **5** (*in poem, novel*) 意象 yìxiàng ▸ **to project an** *or* **the image of...** 给(給)人的印象是… gěi rén de yìnxiàng shì…

imaginary [ɪ'mædʒɪnərɪ] ADJ **1** [+ *danger*] 虚(虛)构(構)的 xūgòu de **2** [+ *being, place*] 想象中的 xiǎngxiàng zhōng de

imagination [ɪmædʒɪ'neɪʃən] N **1** [C/U] 想象力 xiǎngxiànglì [种 zhǒng] **2** [C] (*mind's eye*) 想象 xiǎngxiàng [个 gè] ▸ **a lack of imagination** 缺乏想象力 quēfá xiǎngxiànglì ▸ **it's just your imagination** 只是你的想象而已 zhǐshì nǐ de xiǎngxiàng éryǐ

imaginative [ɪ'mædʒɪnətɪv] ADJ **1** [+ *person*] 富于(於)想象的 fù yú xiǎngxiàng de **2** [+ *idea,* *approach, solution*] 新颖(穎)的 xīnyǐng de

imagine [ɪ'mædʒɪn] VT **1** (*envisage*) 想象 xiǎngxiàng **2** (*dream*) 幻想 huànxiǎng **3** (*suppose*) 设(設)想 shèxiǎng

imbalance [ɪm'bæləns] N [c/ʊ] 不平衡 bù pínghéng

IMF N ABBR (= **International Monetary Fund**) ▸ **the IMF** 国(國)际(際)货(貨)币(幣)基金组(組)织(織) Guójì Huòbì Jījīn Zǔzhī

imitate ['ɪmɪteɪt] VT **1** (*copy*) 效仿 xiàofǎng **2** (*mimic*) [+ *person, sound, gesture*] 模仿 mófǎng

imitation [ɪmɪ'teɪʃən] **I** N **1** [ʊ] (*act*) 模仿 mófǎng **2** [c] (*copy*) 仿制(製)品 fǎngzhìpǐn [件 jiàn] **II** ADJ 仿制(製)的 fǎngzhì de ▸ **to do an imitation of sb** 模仿某人 mófǎng mǒurén

immaculate [ɪ'mækjulət] ADJ **1** [+ *room, appearance*] 无(無)瑕疵的 wú xiácī de **2** [+ *performance*] 完美的 wánměi de ▸ **the Immaculate Conception** 圣(聖)灵(靈)怀(懷)胎说(說) shènglíng huáitāi shuō

immature [ɪmə'tjuəʳ] ADJ **1** [+ *organ, organism*] 发(發)育未全的 fāyù wèi quán de **2** (*childish*) [+ *person, behaviour*] 不成熟的 bù chéngshú de

immediate [ɪ'miːdɪət] ADJ **1** [+ *reaction, effect, result*] 立即的 lìjí de **2** (*urgent*) [+ *need, problem*] 当(當)前的 dāngqián de **3** (*nearest*) [+ *family, superior, vicinity*] 最近的 zuìjìn de

immediately [ɪ'miːdɪətlɪ] **I** ADV **1** (*at once*) 立即地 lìjí de **2** [+ *apparent, obvious*] 直接地 zhíjiē de **3** (*directly*) 紧(緊)接地 jǐnjiē de **II** CONJ ▸ **immediately he had said it, he regretted it** 他刚(剛)一说(說)完马(馬)上就后(後)悔了 tā gāng yī shuōwán mǎshàng jiù hòuhuǐ le ▸ **immediately next to** 紧(緊)靠着(著) jǐnkàozhe ▸ **immediately before/after** 紧(緊)接着(著)…之前/后(後) jǐnjiēzhe…zhīqián/hòu

immense [ɪ'mɛns] ADJ 巨大的 jùdà de

immensely [ɪ'mɛnslɪ] ADV [*like, help* +] 非常 fēicháng; [+ *popular, grateful*] 非常 fēicháng

immerse [ɪ'məːs] VT (*submerge*) 浸没(沒) jìnmò ▸ **to immerse sth in water** *etc* 把某物浸没(沒)在水等里(裡) bǎ mǒuwù jìnmò zài shuǐ děng lǐ ▸ **to immerse o.s. in sth** [+ *work, thought, subject*] 沉浸于(於)某事之中 chénjìn yú mǒushì zhī zhōng

immigrant ['ɪmɪgrənt] N [c] 移民 yímín [个 gè]

immigration [ɪmɪ'greɪʃən] **I** N [ʊ] **1** (*process*) 移民 yímín **2** (*also:* **immigration control**) (*at airport, port, border*) 移民局检(檢)查 yímínjú jiǎnchá **II** CPD [+ *authorities, policy, controls, officer*] 移民 yímín

imminent ['ɪmɪnənt] ADJ [+ *danger, death, arrival, departure*] 逼近的 bījìn de

immoral [ɪ'mɔrəl] ADJ [+ *person, behaviour, idea*] 不道德的 bù dàodé de ▸ **it is immoral to...** …是不道德的 ...shì bù dàodé de

immortal [ɪ'mɔːtl] **I** ADJ **1** [+ *god, being*] 不朽的 bù xiǔ de **2** [+ *poetry, words*] 流芳百世的 liúfāng bǎishì de **II** N **1** 不朽者 bùxiǔzhě **2** (*famous person*) 流芳百世的人 liúfāng bǎishì de rén

immune [ɪ'mjuːn] ADJ ▸ **immune to 1** [+ *disease*] 对(對)…有免疫力 duì...yǒu miǎnyìlì **2** [+ *flattery, criticism, attack*] 不受…影响(響)的 bù shòu...yǐngxiǎng de ▸ **immune from** [+ *prosecution, scandal*] 免除… miǎnchú...

immune system N [c] 免疫系统(統) miǎnyì xìtǒng

immunize ['ɪmjunaɪz] VT 使免疫 shǐ miǎnyì ▸ **to immunize sb against sth** 使某人免患某病 shǐ mǒurén miǎn huàn mǒu bìng

impact [*n* 'ɪmpækt, *vb* ɪm'pækt] **I** N **1** [c/ʊ] [*of collision, blow*] 冲(衝)击(擊) chōngjī **2** [c] [*of law, change, situation*] 影响(響) yǐngxiǎng **II** VI ▸ **to impact (up)on sb/sth** 冲(衝)击(擊)某人/某物 chōngjī mǒurén/mǒuwù ▸ **to have an impact (up)on sb/sth** 对(對)某人/某物产(產)生影响(響) duì mǒurén/mǒuwù chǎnshēng yǐngxiǎng ▸ **to make an impact** 产(產)生影响(響) chǎnshēng yǐngxiǎng ▸ **(up)on impact** 在碰撞时(時) zài pèngzhuàng shí

impair [ɪm'pɛəʳ] VT [+ *faculties, vision, judgement*] 削弱 xuēruò

impartial [ɪm'pɑːʃl] ADJ [+ *judge, observer*] 公正的 gōngzhèng de; [+ *advice*] 不偏不倚的 bù piān bù yǐ de

impasse ['ɪmpɑːs] N [s] (*in war, negotiations*) 僵局 jiāngjú ▸ **to reach an impasse** 陷入僵局 xiànrù jiāngjú

impatience [ɪm'peɪʃəns] N [ʊ] **1** (*annoyance at waiting*) 急躁 jízào **2** (*irritation*) 不耐烦(煩) bù nàifán **3** (*eagerness*) 急切 jíqiè

impatient [ɪm'peɪʃənt] ADJ **1** (*at waiting*) 急躁的 jízào de **2** (*irritable*) 不耐烦(煩)的 bù nàifán de ▸ **to get impatient (at** *or* **with sth)** (对(對)某事) 不耐烦(煩) (duì mǒushì) bù nàifán ▸ **to be impatient for sth/to do sth** 渴望某事/做某事 kěwàng mǒushì/zuò mǒushì

impeccable [ɪm'pɛkəbl] ADJ [+ *dress, manners, taste*] 无(無)瑕疵的 wú xiácī de; [+ *credentials, reputation*] 勿容置疑的 wù róng zhìyí de

impede [ɪm'piːd] VT [+ *progress, development, movement*] 妨碍(礙) fáng'ài

impending [ɪm'pɛndɪŋ] ADJ [+ *war, marriage*] 即将(將)来(來)临(臨)的 jíjiāng láilín de; [+ *doom, disaster*] 逼近的 bījìn de

imperative [ɪm'pɛrətɪv] **I** ADJ 绝(絕)对(對)必要的 juéduì bìyào de **II** N [c] **1** (*frm: necessity*) 要务(務) yàowù **2** (*Ling*) 祈使语(語)气(氣) qíshǐ yǔqì ▸ **it is imperative to stick to your budget** 绝(絕)对(對)不能超过(過)预(預)算 juéduì bùnéng chāoguò yùsuàn ▸ **it is imperative for us to act quickly** 我们(們)必须(須)要立即行动(動) wǒmen bìxū yào lìjí xíngdòng ▸ **it is imperative that...** …是非常重要的 ...shì fēicháng zhòngyào de ▸ **in the**

imperative (*Ling*) 用祈使语(語)气(氣) yòng qíshǐ yǔqì

imperfect [ɪm'pəːfɪkt] **I** ADJ [*+ goods*] 有瑕疵的 yǒu xiácī de; [*+ system, understanding, world*] 不完美的 bù wánměi de **II** N (*also*: **imperfect tense**) ▸ **the imperfect** 未完成时(時)态(態) wèi wánchéng shítài ▸ **in the imperfect** 用未完成时(時)态(態) yòng wèi wánchéng shítài

imperial [ɪm'pɪərɪəl] ADJ **1** [*+ palace, family*] 皇帝的 huángdì de; [*+ power*] 帝国(國)的 dìguó de **2** (*Brit*) [*+ measure*] 英制的 yīngzhì de

impersonal [ɪm'pəːsənl] ADJ **1** [*+ place, organization*] 没(沒)人情味的 méi rénqíngwèi de **2** (*objective*) [*+ basis*] 客观(觀)的 kèguān de

impersonate [ɪm'pəːsəneɪt] VT **1** (*fraudulently*) 冒充 màochōng **2** (*for entertainment*) 模仿 mófǎng

impetus ['ɪmpətəs] N [U/S] 动(動)力 dònglì

implant [*vb* ɪm'plaːnt, *n* 'ɪmplaːnt] **I** VT **1** [*+ embryo, tissue, cells*] 植入 zhírù **2** [*+ idea, principle*] 灌输(輸) guànshū **II** N [C] 植入物 zhírùwù

implement [*vb* 'ɪmplɪmɛnt, *n* 'ɪmplɪmənt] **I** VT [*+ plan, regulation*] 实(實)施 shíshī **II** N [C] (*tool*) 器具 qìjù [件 jiàn]

implicate ['ɪmplɪkeɪt] VT 牵(牽)连(連) qiānlián ▸ **to be implicated in sth** 牵(牽)连(連)在某事中 qiānlián zài mǒushì zhōng

implication [ɪmplɪ'keɪʃən] N **1** [C] (*possible consequence*) 牵(牽)扯的后(後)果 qiānchě de hòuguǒ **2** [C/U] (*inference*) 含意 hányì **3** [U] (*involvement*) 牵(牽)连(連) qiānlián ▸ **by implication** 含蓄地 hánxù de

implicit [ɪm'plɪsɪt] ADJ **1** (*implied*) [*+ threat, meaning, criticism*] 含蓄的 hánxù de **2** (*absolute*) [*+ belief, trust*] 绝(絕)对(對)的 juédùi de **3** (*inherent*) 内(內)含的 nèihán de

imply [ɪm'plaɪ] VT **1** [*person +*] (*suggest*) 暗示 ànshì ▸ **to imply that...** 暗示⋯ ànshì... **2** [*fact +*] (*mean*) 意味 yìwèi

impolite [ɪmpə'laɪt] ADJ 没(沒)礼(禮)貌的 méi lǐmào de ▸ **it would be impolite to refuse the invitation** 拒绝(絕)邀请(請)将(將)会(會)是没(沒)礼(禮)貌的 jùjué yāoqǐng jiāng huì shì méi lǐmào de

import [*vb* ɪm'pɔːt, *n* [*cpd* 'ɪmpɔːt **I** VT [*+ goods*] 进(進)口 jìnkǒu **II** N **1** [C] (*sth imported*) 进(進)口商品 jìnkǒu shāngpǐn [批 pī] **2** [U] (*importation*) 进(進)口 jìnkǒu **3** [S] (*significance*) 重要性 zhòngyàoxìng **III** CPD [*+ duty, licence, restrictions*] 进(進)口 jìnkǒu ▸ **of little/no import** 无(無)关(關)紧(緊)要 wúguān jǐnyào

importance [ɪm'pɔːtns] N [U] **1** (*significance*) 重要性 zhòngyàoxìng **2** (*influence*) 影响(響) yǐngxiǎng ▸ **of importance** 有影响(響)的 yǒu yǐngxiǎng de ▸ **of great/little importance** 至关(關)重要/无(無)关(關)紧(緊)要 zhì guān zhòngyào/wúguān jǐnyào

★**important** [ɪm'pɔːtənt] ADJ **1** (*significant*) [*+ thing, factor, decision*] 重要的 zhòngyào de ▹ *That is a very important point that you've raised.* 你提的问题是很重要的。Nǐ tí de wèntí shì hěn zhòngyào de. **2** (*influential*) 有影响(響)的 yǒu yǐngxiǎng de ▹ *a very important criminal lawyer* 一个非常有影响的刑事辩护律师 yīgè fēicháng yǒu yǐngxiǎng de xíngshì biànhù lǜshī ▹ *the list of important people who are coming* 到场的要人名单 ▸ **it is important to eat sensibly** 合理进(進)食是很重要的 hélǐ jìnshí shì hěn zhòngyào de ▸ **it is important for them to understand that...** 他们(們)一定要懂得⋯ tāmen yídìng yào dǒng de... ▸ **it is important that...** ⋯是非常重要的 ...shì fēicháng zhòngyào de ▸ **it's not important** 不重要的 bù zhòngyào de

importer [ɪm'pɔːtə^r] N [C] 进(進)口商 jìnkǒushāng [名 míng]

impose [ɪm'pəuz] **I** VT [*+ sanctions, restrictions, fine*] 施加 shījiā **II** VI ▸ **to impose on sb** 强(強)加于(於)某人 qiángjiā yú mǒurén

imposing [ɪm'pəuzɪŋ] ADJ [*+ building*] 壮(壯)观(觀)的 zhuàngguān de; [*+ person, manner*] 威严(嚴)的 wēiyán de

impossible [ɪm'pɔsɪbl] ADJ **1** [*+ task, demand*] 不可能的 bù kěnéng de **2** (*difficult*) [*+ situation, position*] 无(無)法忍受的 wúfǎ rěnshòu de; [*+ person*] 难(難)以对(對)付的 nányǐ duìfu de ▸ **it is impossible to understand what's going on** 不可能了解事情的进(進)展情况(況) bù kěnéng liǎojiě shìqing de jìnzhǎn qíngkuàng ▸ **these feelings are impossible to ignore** 不能忽视(視)这(這)些情感 bùnéng hūshì zhèxiē qínggǎn ▸ **it's impossible for me to leave now** 我现(現)在走不了 wǒ xiànzài zǒu bùliǎo ▸ **the impossible** 不可能的事 bù kěnéng de shì

impotent ['ɪmpətənt] ADJ **1** (*frm*: *powerless*) [*+ person, group*] 无(無)力的 wúlì de; [*+ rage*] 不起作用的 bù qǐ zuòyòng de **2** (*sexually*) 阳(陽)萎的 yángwěi de

impoverished [ɪm'pɔvərɪʃt] ADJ [*+ country, area, person*] 贫(貧)困的 pínkùn de

impractical [ɪm'præktɪkl] ADJ **1** [*+ idea, plan*] 不切实(實)际(際)的 bù qiè shíjì de **2** [*+ person*] 实(實)践(踐)能力差的 shíjiàn nénglì chà de

impress [ɪm'prɛs] VT [*+ person*] 给(給)⋯极(極)深的印象 gěi...jíshēn de yìnxiàng ▸ **to be impressed by** *or* **with sb/sth** 对(對)某人/某物印象深刻 duì mǒurén/mǒuwù yìnxiàng shēnkè ▸ **to impress sth (up)on sb** 使某人铭(銘)记(記)某事 shǐ mǒurén míngjì mǒushì

impression [ɪm'prɛʃən] N [C] **1** [*of place, situation, person*] 印象 yìnxiàng [个 gè] **2** (*mark*) [*of stamp, seal, foot*] 印记(記) yìnjì **3** (*imitation*) 滑稽模仿 huájī mófǎng [种 zhǒng] ▸ **to be under the impression that...** 以为(為)⋯ yǐwéi... ▸ **first impressions** 第一印象 dìyī yìnxiàng ▸ **to**

i

make *or* **create a good/bad impression** 留下好/不良印象 liúxià hǎo/bùliáng yìnxiàng ▸ **to give the impression of/that...** 给(給)人的印象是… gěi rén de yìnxiàng shì...

impressive [ɪmˈprɛsɪv] ADJ [+ *reputation, achievement, performance*] 给(給)人深刻印象的 gěi rén shēnkè yìnxiàng de

imprison [ɪmˈprɪzn] VT 监(監)禁 jiānjìn

imprisonment [ɪmˈprɪznmənt] N [U] 监(監)禁 jiānjìn

improbable [ɪmˈprɔbəbl] ADJ **1** (*unlikely*) [+ *outcome, explanation, story*] 不大可能的 bù dà kěnéng de **2** (*strange*) [+ *event, story*] 未必可信的 wèibì kěxìn de ▸ **it is improbable that...** …是不大可能的 ...shì bù dà kěnéng de

improper [ɪmˈprɔpəʳ] ADJ **1** (*unsuitable*) [+ *procedure*] 不适(適)当(當)的 bù shìdàng de **2** (*dishonest*) [+ *activities*] 不正当(當)的 bù zhèngdàng de **3** (*o.f.: rude*) 不合适(適)的 bù héshì de ▸ **it would be improper to...** …是不适(適)当(當)的 ...shì bù shìdàng de

improve [ɪmˈpruːv] **I** VT [+ *quality, conditions, situation*] 改进(進) gǎijìn **II** VI [*weather, situation* +] 改善 gǎishàn; [*pupil, performance* +] 进(進)步 jìnbù; [*patient, health* +] 改善 gǎishàn
▸**improve on** VT FUS 改进(進) gǎijìn

improvement [ɪmˈpruːvmənt] N [C/U] 改进(進) gǎijìn [个 gè] ▸ **improvement in** [+ *person, thing*] 进(進)步 jìnbù ▸ **to be an improvement (on sb/sth)** 比（某人/某物）有进(進)步 bǐ(mǒurén/mǒuwù)yǒu jìnbù ▸ **to make improvements to sth** 改进(進)某物 gǎijìn mǒuwù

improvise [ˈɪmprəvaɪz] **I** VI **1** (*make do*) 临(臨)时(時)凑(湊)合 línshí còuhe **2** (*Theat, Mus*) 即兴(興)创(創)作 jíxìng chuàngzuò **II** VT **1** [+ *bed, meal, shelter*] 临(臨)时(時)凑(湊)成 línshí còuchéng **2** (*Theat, Mus*) 即兴(興)创(創)作 jíxìng chuàngzuò

impulse [ˈɪmpʌls] N **1** [C/U] (*urge*) 冲(衝)动(動) chōngdòng **2** [C] (*Elec*) 脉(脈)冲(衝) màichōng ▸ **to have an impulse to do sth** 有做某事的冲(衝)动(動) yǒu zuò mǒushì de chōngdòng ▸ **to do sth on impulse** 一时(時)冲(衝)动(動)做某事 yīshí chōngdòng zuò mǒushì ▸ **to act on impulse** 凭(憑)一时(時)冲(衝)动(動)行事 píng yīshí chōngdòng xíngshì

impulsive [ɪmˈpʌlsɪv] ADJ [+ *person*] 冲(衝)动(動)的 chōngdòng de; [+ *purchase, decision*] 凭(憑)冲(衝)动(動)的 píng chōngdòng de

KEYWORD

★**in** [ɪn] **I** PREP **1** (*indicating place, position*) 在…里(裡) zài...lǐ ▸ **it's in the house/garden/box** 它在房子/花园(園)/盒子里(裡) tā zài fángzi/huāyuán/hézi lǐ ▸ **put it in the house/garden/box** 把它放在房子/花园(園)/盒子里(裡) bǎ tā fàngzài fángzi/huāyuán/hézi lǐ ▸ **in here/there** 在这(這)儿(兒)/那儿(兒) zài zhè'r/nà'r ▸ **there's a crack in the wall** 墙(牆)上有个(個)裂缝(縫) qiáng shàng yǒu gè lièfèng
2 (*with place names*) 在 zài ▸ **in London/England** 在伦(倫)敦/英格兰(蘭) zài Lúndūn/Yīnggélán
3 (*time: during*) 在 zài; (*within*) (*referring to future*) 在…之后(後) zài...zhīhòu; (*referring to past*) 在…之内(內) zài...zhīnèi ▸ **in 1988/May** 在1988年/5月 zài yī jiǔ bā bā nián/wǔ yuè ▸ **in spring/summer** 在春天/夏天 zài chūntiān/xiàtiān ▸ **in the morning/afternoon** 在上午/下午 zài shàngwǔ/xiàwǔ ▸ **in term time/the holidays** 在学(學)期/假期中 zài xuéqī/jiàqī zhōng ▸ **in the nineties** 在90年代 zài jiǔshí niándài ▸ **I'll see you in two weeks' time** *or* **in two weeks** 我两(兩)周(週)后(後)见(見)你 wǒ liǎng zhōu hòu jiàn nǐ ▸ **I did it in 3 hours/days** 我花了3小时(時)/天完成 wǒ huāle sān xiǎoshí/tiān wánchéng ▸ **most people can do this in half an hour** 大多数(數)人能够(夠)在半小时(時)内(內)完成 dàduōshùrén nénggòu zài bàn xiǎoshí nèi wánchéng
4 (*indicating manner, style etc*) 以 yǐ ▸ **in a loud/soft voice** 大声(聲)地/用柔和的声(聲)音 dàshēng de/yòng róuhé de shēngyīn ▸ **in pencil/ink** 用铅(鉛)笔(筆)/墨水笔(筆) yòng qiānbǐ/mòshuǐbǐ ▸ **the boy in the blue shirt** 穿蓝(藍)衬(襯)衫的男孩儿(兒) chuān lán chènshān de nánhái'r ▸ **a tall woman, dressed in blue** 一位身穿蓝(藍)衣的高个(個)女子 yī wèi shēnchuān lányī de gāogè nǚzǐ ▸ **in the sun/rain** 在阳(陽)光下/雨中 zài yángguāng xià/yǔ zhōng
5 (*with languages*) 用 yòng ▸ **in English/French** 用英语(語)/法语(語) yòng yīngyǔ/fǎyǔ
6 (*mood, state*) 处(處)于(於) chǔyú ▸ **he looked up in surprise** 他吃惊(驚)地往上看 tā chījīng de wǎng shàng kàn ▸ **to be in a mood/a bad temper** 心情/脾气(氣)不好 xīnqíng/píqì bù hǎo ▸ **in good condition** 状(狀)况(況)良好地 zhuàngkuàng liánghǎo de
7 (*with ratios, numbers*) 每 měi ▸ **one in ten people** 十分之一的人 shí fēn zhī yī de rén ▸ **20 pence in the pound** 每1英镑(鎊)中的20便士 měi yī yīngbàng zhōng de èrshí biànshì ▸ **they lined up in twos** 他们(們)排成两(兩)排 tāmen páichéng liǎngpái ▸ **people came in their thousands** 数(數)以千计(計)的人们(們)涌(湧)了进(進)来(來) shù yǐ qiān jì de rénmen yǒngle jìnlái
8 (*in book, film, activity*) 在 zài ▸ **I read it in a newspaper** 我在报(報)纸(紙)上看到的 wǒ zài bàozhǐ shàng kàndào de ▸ **in (the works of) Dickens** 在狄更斯（的作品）中 zài Dígēngsī(de zuòpǐn)zhōng ▸ **to be in teaching/publishing** 从(從)事教育/出版业(業) cóngshì jiàoyù/chūbǎnyè

9 (*amongst*) [+ *group, collection*] 在…中 zài…zhōng ▸ **the best athlete in the team** 该(該)队(隊)中最好的运(運)动(動)员(員) gāiduì zhōng zuìhǎo de yùndòngyuán ▸ **the disease is common in children** 这(這)种(種)病在儿(兒)童中是常见(見)的 zhè zhǒng bìng zài értóng zhōng shì chángjiàn de
10 (*with present participle*) 通过(過) tōngguò ▸ **in saying this** 通过(過)这(這)么(麼)一说(說) tōngguò zhème yīshuō
II ADV **1** ▸ **to be in** (*at home, work*) 在 zài ▷ *My flatmate was in at the time.* 我寓友那时候在家。Wǒ yùyǒu nà shíhou zài jiā.; (*in fashion*) 流行地 liúxíng de; (*in station, port*) 到达(達) dàodá ▸ **miniskirts are in again this year** 迷你裙今年又流行了 mínǐqún jīnnián yòu liúxíng le ▸ **the train isn't in yet** 火车(車)还(還)没(沒)到站 huǒchē hái méi dàozhàn ▸ **to ask sb in** 把某人请(請)到家中 bǎ mǒurén qǐngdào jiāzhōng
2 ▸ **to be in for sth** [+ *shock, surprise*] 即将(將)体(體)验(驗)到某事 jíjiāng tǐyàn dào mǒushì
III N ▸ **the ins and outs** (*of proposal, situation etc*) 来(來)龙(龍)去脉(脈) láilóng qùmài

in. (*pl* **in.** *or* **ins**) ABBR (= **inch**) 英寸 yīngcùn
inability [ɪnə'bɪlɪtɪ] N ▸ **my/his inability (to do sth)** 我/他没(沒)能力（做某事） wǒ/tā méi nénglì (zuò mǒushì)
inaccurate [ɪn'ækjurət] ADJ 不准(準)确(確)的 bù zhǔnquè de
inadequacy [ɪn'ædɪkwəsɪ] N [C/U] **1** [*of system, preparations*] 不充分 bù chōngfèn **2** [*of person*] 不胜(勝)任 bù shèngrèn
inadequate [ɪn'ædɪkwət] ADJ **1** [+ *income, amount, supply*] 不充分的 bù chōngfèn de **2** [+ *person*] 不能胜(勝)任的 bù néng shèngrèn de
inadvertently [ɪnəd'və:tntlɪ] ADV 漫不经(經)心地 màn bù jīngxīn de
inappropriate [ɪnə'prəuprɪət] ADJ **1** (*unsuitable*) 不适(適)当(當)的 bù shìdàng de **2** (*improper*) [+ *remark, behaviour*] 不相宜的 bù xiāngyí de ▸ **it would be inappropriate to comment** 进(進)行评(評)论(論)将(將)是不恰当(當)的 jìnxíng pínglùn jiāng shì bù qiàdàng de ▸ **it would be inappropriate for me to interfere** 我干涉将(將)是不恰当(當)的 wǒ gānshè jiāng shì bù qiàdàng de ▸ **to be inappropriate to sth** 对(對)某事不相宜 duì mǒushì bù xiāngyí
inaugurate [ɪ'nɔ:gjureɪt] VT **1** [+ *president, official*] 为(為)…举(舉)行就职(職)典礼(禮) wèi…jǔxíng jiùzhí diǎnlǐ **2** [+ *system, measure*] 开(開)创(創) kāichuàng
inbox ['ɪnbɔks] N [C] 收件箱 shōujiànxiāng [个 gè]; (*of email*)
Inc. (*esp US*) ABBR (= **incorporated**) 有限公司 yǒuxiàn gōngsī
inc. ABBR (= **including**) 包括 bāokuò
incapable [ɪn'keɪpəbl] ADJ ▸ **to be incapable of sth/doing sth** 不会(會)某事/做某事 bù huì mǒushì/zuò mǒushì
incense [*n* 'ɪnsɛns, *vt* ɪn'sɛns] **I** N [U] (*perfume*) 香 xiāng **II** VT (*enrage*) 激怒 jīnù
incentive [ɪn'sɛntɪv] **I** N [C/U] 刺激 cìjī **II** CPD (*Comm*) [+ *payment, plan*] 激励(勵) jīlì ▸ **tax incentives** 税(稅)收鼓励(勵) shuìshōu gǔlì
inch [ɪntʃ] **I** N [C] 英寸 yīngcùn **II** VI ▸ **to inch forward/up** 一点(點)一点(點)地向前/上 yīdiǎn yīdiǎn de xiàngqián/shàng **III** VT ▸ **to inch sth forward/up** 一点(點)一点(點)地使某物向前/上 yīdiǎn yīdiǎn de shǐ mǒuwù xiàngqián/shàng ▸ **we searched every inch of the house** 我们(們)彻(徹)底地搜查了那间(間)房子 wǒmen chèdǐ de sōuchále nà jiān fángzi ▸ **he didn't give an inch** (*back down, yield*) 他寸步不让(讓) tā cùnbù bù ràng
incidence ['ɪnsɪdns] N [C/U] [*of crime, disease*] 发(發)生率 fāshēnglǜ
incident ['ɪnsɪdnt] N [C] (*event*) 事件 shìjiàn [起 qǐ]
incidentally [ɪnsɪ'dɛntəlɪ] ADV (*by the way*) 顺(順)便提一句 shùnbiàn tí yī jù
incl. ABBR = **inc.**
inclination [ɪnklɪ'neɪʃən] N [C/U] (*desire*) 倾(傾)向 qīngxiàng [种 zhǒng]
incline [*n* 'ɪnklaɪn, *vb* ɪn'klaɪn] **I** N [C] (*slope*) 斜坡 xiépō [道 dào] **II** VT (*bend*) [+ *head*] 低 dī **III** VI [*surface* +] 倾(傾)斜 qīngxié ▸ **I incline to the view that...** (*frm*) 我倾(傾)向于(於)…的观(觀)点(點) wǒ qīngxiàng yú...de guāndiǎn
inclined [ɪn'klaɪnd] ADJ ▸ **to be inclined to do sth** (*tend to*) 倾(傾)向于(於)做某事 qīngxiàng yú zuò mǒushì; (*want to*) 想做某事 xiǎng zuò mǒushì ▸ **to be mathematically/artistically inclined** 在数(數)学(學)/艺(藝)术(術)方面有天赋(賦) zài shùxué/yìshù fāngmiàn yǒu tiānfù
★**include** [ɪn'klu:d] VT 包括 bāokuò ▷ *The four-man crew included one Briton.* 四人小组包括一个英国人。Sì rén xiǎozǔ bāokuò yīgè Yīngguórén. ▷ *Carpets and curtains are included in the purchase price.* 地毯和窗帘包括在购物价格里。Dìtǎn hé chuānglián bāokuò zài gòuwù jiàgé lǐ.
included [ɪn'klu:dɪd] ADJ 包括在内(內)的 bāokuò zàinèi de ▸ **myself included** 包括我在内(內) bāokuò wǒ zàinèi ▸ **service is not included** 不含小费(費) bù hán xiǎofèi ▸ **included in the price** 包括在价(價)格内(內) bāokuò zài jiàgé nèi
★**including** [ɪn'klu:dɪŋ] PREP 包括 bāokuò ▸ **it costs £15.50, including postage and packing** 价(價)格15英镑(鎊)50便士，邮(郵)资(資)和包装(裝)费(費)包括在内(內) jiàgé shíwǔ yīngbàng wǔshí biànshì, yóuzī hé bāozhuāng bāokuò zàinèi ▸ **nine people were injured,**

i

including two Britons 九个(個)人受了伤(傷)，包括两(兩)个(個)英国(國)人 jiǔgè rén shòule shāng, bāokuò liǎng gè Yīngguórén ▸ **up to and including** 直到并(並)包括 zhídào bìng bāokuò ▸ **including service charge** 内(內)含小费(費) nèi hán xiǎofèi

inclusion [ɪn'klu:ʒən] N [U] 包括 bāokuò

inclusive [ɪn'klu:sɪv] **I** ADJ **1** [+ *price*] 一切费(費)用包括在内(內)的 yīqiè fèiyòng bāokuò zàinèi de **2** [+ *organization, society*] 包罗(羅)广(廣)泛的 bāoluó guǎngfàn de **II** ADV 包括一切费(費)用在内(內)地 bāokuò yīqiè fèiyòng zàinèi de ▸ **inclusive of tax** 含税(稅) hán shuì ▸ **Monday to Friday inclusive** 从(從)周(週)一到周(週)五，包括首尾两(兩)天 cóng zhōuyī dào zhōuwǔ, bāokuò shǒuwěi liǎng tiān

income ['ɪnkʌm] N [C/U] 收入 shōurù [笔 bǐ] ▸ **gross/net income** 总(總)/净(淨)收入 zǒng/jìng shōurù ▸ **income bracket** 收入类(類)别(別) shōurù lèibié

income tax N [U] 所得税(稅) suǒdéshuì

incoming ['ɪnkʌmɪŋ] ADJ **1** [+ *flight, call, tide*] 进(進)来(來)的 jìnlái de; [+ *missile*] 正袭(襲)来(來)的 zhèng xílái de **2** [+ *government, president*] 即将(將)就任的 jíjiāng jiùrèn de

incompatible [ɪnkəm'pætɪbl] ADJ **1** [+ *lifestyles, systems, aims*] 不相容的 bù xiāngróng de; [+ *people*] 合不来(來)的 hébùlái de **2** [+ *computers, software*] 不兼容的 bù jiānróng de ▸ **incompatible with** 与(與)…不相容 yǔ…bù xiāngróng

incompetence [ɪn'kɔmpɪtns] N [U] 不胜(勝)任 bù shèngrèn

incompetent [ɪn'kɔmpɪtnt] ADJ 不胜(勝)任的 bù shèngrèn de

incomplete [ɪnkəm'pli:t] ADJ **1** (*unfinished*) [+ *book, painting, process*] 未完成的 wèi wánchéng de **2** (*partial*) [+ *success, achievement*] 不彻(徹)底的 bù chèdǐ de

inconsistent [ɪnkən'sɪstnt] ADJ **1** [+ *behaviour, action, person*] 反复(復)无(無)常的 fǎnfù wúcháng de **2** [+ *statements*] 前后(後)矛盾的 qiánhòu máodùn de ▸ **inconsistent with** 与(與)…不一致 yǔ…bù yīzhì

inconvenience [ɪnkən'vi:njəns] **I** N [C/U] 不便 bùbiàn **II** VT 打扰(擾) dǎrǎo

inconvenient [ɪnkən'vi:njənt] ADJ [+ *time, moment*] 不合时(時)宜的 bùhé shíyí de; [+ *journey, place*] 不方便的 bù fāngbiàn de ▸ **that's very inconvenient for me** 那对(對)我来(來)说(說)是很不方便的 nà duì wǒ láishuō shì hěn bù fāngbiàn de

incorporate [ɪn'kɔ:pəreɪt] VT (*include*) 包含 bāohán

Incorporated [ɪn'kɔ:pəreɪtɪd] ADJ (*US: Comm*) 组(組)成公司的 Zǔchéng Gōngsī de

incorrect [ɪnkə'rɛkt] ADJ **1** [+ *information, answer*] 错(錯)误(誤)的 cuòwù de **2** [+ *posture, diet*] 不适(適)当(當)的 bù shìdàng de

★ **increase** [*n* 'ɪnkri:s, *vb* ɪn'kri:s] **I** N [C] 增长(長) zēngzhǎng [成 chéng] ▹ *a sharp increase in productivity* 生产率的急剧增长 shēngchǎnlǜ de jíjù zēngzhǎng ▹ *an increase of 2 per cent in the volume of sales* 销售量增长了百分之二 xiāoshòu liàng zēngzhǎngle bǎifēnzhī èr **II** VI [*price, level, productivity* +] 增长(長) zēngzhǎng ▹ *The population continues to increase.* 人口不断增长。Rénkǒu bùduàn zēngzhǎng. **III** VT [+ *price, number, level*] 提高 tígāo ▹ *The company has increased the price of its cars.* 公司提高了汽车价格。Gōngsī tígāole qìchē jiàgé. ▸ **a 5% increase, an increase of 5%** 百分之五的增长(長) bǎifēnzhī wǔ de zēngzhǎng ▸ **a tax/price increase** 加税(稅)/价(價) jiā shuì/jià ▸ **to be on the increase** 在增加中 zài zhēngjiā zhōng ▸ **to increase by 3%** 增长(長)了百分之三 zēngzhǎngle bǎifēnzhī sān

increasingly [ɪn'kri:sɪŋlɪ] ADV (*with adj*) 越来(來)越 yuèláiyuè; (*with verb*) 日益 rìyì

incredible [ɪn'krɛdɪbl] ADJ **1** (*amazing, wonderful*) 不可思议(議)的 bùkě sīyì de **2** (*unbelievable*) 难(難)以置信的 nányǐ zhìxìn de **3** (*enormous*) 惊(驚)人的 jīngrén de

incredibly [ɪn'krɛdɪblɪ] ADV **1** (*surprisingly*) 难(難)以置信地 nányǐ zhìxìn de **2** (*extremely*) 非常地 fēicháng de

incur [ɪn'kə:ʳ] (*frm*) VT [+ *expenses, loss, debt*] 遭受 zāoshòu; [+ *disapproval, anger*] 招致 zhāozhì

indecent [ɪn'di:snt] ADJ **1** [+ *behaviour, suggestion, photo*] 下流的 xiàliú de **2** [+ *haste*] 不合适(適)的 bù héshì de

indeed [ɪn'di:d] ADV **1** (*certainly*) 确(確)实(實) quèshí **2** (*as a reply*) 是的 shì de **3** (*as intensifier*) 实(實)在 shízài **4** (*in fact*) 实(實)际(際)上 shíjìshang ▸ **yes indeed!** 的确(確)如此！díquè rúcǐ!

indefinitely [ɪn'dɛfɪnɪtlɪ] ADV [*postpone, continue, wait* +] 无(無)限期地 wú xiànqī de

independence [ɪndɪ'pɛndns] N [U] 独(獨)立 dúlì ▸ **to declare independence** 宣布独(獨)立 xuānbù dúlì ▸ **independence of mind/spirit** 思想/精神独(獨)立 sīxiǎng/jīngshén dúlì

Independence Day N [C/U] 独(獨)立纪(紀)念日 Dúlì Jìniànrì

★ **independent** [ɪndɪ'pɛndnt] ADJ **1** [+ *country, person, inquiry, organization*] 独(獨)立的 dúlì de ▹ *Two independent studies came to the same conclusions.* 两个独立的研究得出了相同的结论。Liǎng gè dúlì de yánjiū déchūle xiāngtóng de jiélùn. **2** (*Brit*) [+ *school*] 私立的 sīlì de ▸ **financially independent** 经(經)济(濟)自立的 jīngjì zìlì de ▸ **independent of each other** 相互独(獨)立 xiānghù dúlì

index ['ɪndɛks] (*pl* **indexes**) **I** N [C] **1** (*in book, library etc*) 索引 suǒyǐn [条 tiáo] **2** (*sign*) 指数(數) zhǐshù **II** VT [+ *book, information*] 编(編)索引 biān suǒyǐn

index finger N [C] 食指 shízhǐ [只 zhī]
India ['ɪndɪə] N 印度 Yìndù
Indian ['ɪndɪən] **I** ADJ 印度的 Yìndù de **II** N [C] **1** (*person from India*) 印度人 Yìndùrén [个 gè] **2** (*o.f.: Native American*) 印第安人 Yìndì'ānrén
indicate ['ɪndɪkeɪt] **I** VT **1** (*show*) 表明 biǎomíng **2** (*point to*) 指向 zhǐxiàng **3** (*mention*) 暗示 ànshì **II** VI (*Brit*) (*in car*) ▸ **to indicate left/right** 打左/右转(轉)向灯(燈) dǎ zuǒ/yòu zhuǎnxiàngdēng [美 = **signal**]
indication [ɪndɪ'keɪʃən] N [C/U] (*sign*) 迹(跡)象 jìxiàng [种 zhǒng] ▸ **to give an/no indication that...** 显(顯)示/不显(顯)示出… xiǎnshì/bù xiǎnshì chū... ▸ **all the indications are that...** 所有的迹(跡)象显(顯)示… suǒyǒu de jìxiàng xiǎnshì...
indicator ['ɪndɪkeɪtə'] N [C] **1** (*Brit*) [*on car*] 指示器 zhǐshìqì [个 gè] [美 = **turn signal**] **2** (*measurement*) 指标(標) zhǐbiāo ▸ **an indicator of health/economic activity** 健康/经(經)济(濟)活动(動)指标(標) jiànkāng/jīngjì huódòng zhǐbiāo
indict [ɪn'daɪt] (*esp US: Law*) VT 控告 kònggào ▸ **to be indicted for murder** 被告谋(謀)杀(殺)罪 bèi gào móushā zuì
indictment [ɪn'daɪtmənt] N **1** [C] (*condemnation*) 谴(譴)责(責) qiǎnzé **2** [C/U] (*esp US: Law*) 起诉(訴) qǐsù
indifference [ɪn'dɪfrəns] N [U] (*lack of interest*) 冷淡 lěngdàn
indifferent [ɪn'dɪfrənt] ADJ **1** (*uninterested*) 没(沒)兴(興)趣的 méi xìngqù de **2** (*mediocre*) 平庸的 píngyōng de ▸ **to be indifferent to sth** 不关(關)心某事 bù guānxīn mǒushì
indigestion [ɪndɪ'dʒɛstʃən] N [U] 消化不良 xiāohuà bù liáng
indignant [ɪn'dɪgnənt] ADJ ▸ **indignant (at sth/that...)** （对(對)某事/…）感到气(氣)愤(憤) (duì mǒushì/...)gǎndào qìfèn
indirect [ɪndɪ'rɛkt] ADJ **1** [+ *result, effect*] 间(間)接的 jiànjiē de **2** [+ *route, journey*] 迂回(迴)的 yūhuí de **3** [+ *answer, reference*] 非直截了当(當)的 fēi zhíjié liǎodàng de
indirectly [ɪndɪ'rɛktlɪ] ADV **1** [+ *responsible*] 间(間)接地 jiànjiē de **2** [*refer to, cause* +] 间(間)接地 jiànjiē de
indispensable [ɪndɪs'pɛnsəbl] ADJ 必不可少的 bìbù kěshǎo de ▸ **indispensable to/for** 对(對)…必需的 duì...bìxū de
individual [ɪndɪ'vɪdjuəl] **I** N (*single person*) 个(個)人 gèrén **II** ADJ **1** (*personal*) 个(個)人的 gèrén de **2** (*particular*) 单(單)个(個)的 dāngè de **3** (*unique*) 独(獨)特的 dútè de ▸ **he is an unpleasant/interesting individual** 他是个(個)讨(討)厌(厭)的/有趣的人 tā shì gè tǎoyàn de/yǒuqù de rén
individuality [ɪndɪvɪdju'ælɪtɪ] N [U] 个(個)性 gèxìng
individually [ɪndɪ'vɪdjuəlɪ] ADV **1** (*by oneself*) 单(單)独(獨)地 dāndú de **2** (*separately*) 个(個)别(別)地 gèbié de
Indonesia [ɪndə'ni:zɪə] N 印度尼西亚(亞) Yìndùníxīyà
Indonesian [ɪndə'ni:zɪən] **I** ADJ 印度尼西亚(亞)的 Yìndùníxīyà de **II** N **1** [C] (*person*) 印度尼西亚(亞)人 Yìndùníxīyàrén [个 gè] **2** [U] (*language*) 印度尼西亚(亞)语(語) Yìndùníxīyàyǔ
indoor ['ɪndɔ:'] ADJ 室内(內)的 shìnèi de

> 请勿将 **indoor** 和 **indoors** 混淆。**indoor** 是形容词，用在名词之前。它可以描述存在于建筑物内部的东西或者发生在建筑物内的事情。*...an indoor swimming pool...Table tennis, chess and cards are all indoor games.* **indoors** 是副词。如果去**indoors**，就是去建筑物的内部。如果某事发生在 **indoors**，表示它发生在建筑物内部。*He ran indoors and up the stairs to pack his bag...On a rainy day, the children were forced to play indoors.*

indoors [ɪn'dɔ:z] ADV 在室内(內) zài shì nèi
■ 用法参见 **indoor**
induce [ɪn'dju:s] VT **1** (*cause*) 导(導)致 dǎozhì **2** [+ *birth, labour*] 人工引导(導) réngōng yǐndǎo ▸ **to induce sb to do sth** 引诱(誘)某人做某事 yǐnyòu mǒurén zuò mǒushì
indulge [ɪn'dʌldʒ] **I** VT **1** [+ *desire, passion*] 纵(縱)情享受 zòngqíng xiǎngshòu **2** [+ *person, child*] 纵(縱)容 zòngróng **II** VI ▸ **to indulge (in)** [+ *luxury, hobby, vice*] 沉溺（于(於)） chénnì (yú) ▸ **to indulge o.s.** 纵(縱)情享受 zòngqíng xiǎngshòu
indulgence [ɪn'dʌldʒəns] N **1** [U] (*leniency*) 纵(縱)容 zòngróng **2** [C] (*pleasure*) 嗜好 shìhào [个 gè]
indulgent [ɪn'dʌldʒənt] ADJ [+ *parent*] 溺爱(愛)的 nì'ài de; [+ *smile*] 宽(寬)容的 kuānróng de
industrial [ɪn'dʌstrɪəl] ADJ [+ *equipment, production, waste, society*] 工业(業)的 gōngyè de; [+ *accident*] 因工的 yīngōng de
industrial estate (*Brit*) N [C] 工业(業)区(區) gōngyè qū [个 gè] [美 = **industrial park**]
industrialist [ɪn'dʌstrɪəlɪst] N [C] 工业(業)家 gōngyèjiā [名 míng]
industrialized [ɪn'dʌstrɪəlaɪzd] ADJ 工业(業)化的 gōngyèhuà de
industrial park (*US*) N [C] 工业(業)区(區) gōngyè qū [个 gè] [英 = **industrial estate**]
★ **industry** ['ɪndəstrɪ] N **1** [U] (*manufacturing*) 工业(業) gōngyè ▹ *Industry is making increasing use of robots.* 工业生产越来越多地利用机器人。 Gōngyè shēngchǎn yuèláiyuè duō de lìyòng jīqìrén. **2** [C] (*business*) 行业(業) hángyè [种 zhǒng] ▹ *the film industry* 电影业 diànyǐngyè **3** [U] (*diligence*) 勤劳(勞) qínláo ▹ *No one doubted his industry.* 没人怀疑他的勤劳。 Méirén huáiyí tā de qínláo.
ineffective [ɪnɪ'fɛktɪv] ADJ [+ *policy, system*] 无(無)效的 wúxiào de

i

inefficiency [ɪnɪ'fɪʃənsɪ] N [U] [*of person, machine, system*] 无(無)效率 wúxiàolǜ
inefficient [ɪnɪ'fɪʃənt] ADJ [+ *person, machine, system*] 效率低的 xiàolǜ dī de
inept [ɪ'nɛpt] ADJ [+ *politician, management*] 无(無)能的 wúnéng de ▶ **to be inept at sth** 不擅长(長)某事 bù shàncháng mǒushì
inequality [ɪnɪ'kwɔlɪtɪ] N [C/U] 不平等 bù píngděng
inevitable [ɪn'ɛvɪtəbl] I ADJ [+ *outcome, result, consequence*] 不可避免的 bùkě bìmiǎn de II N ▶ **the inevitable** 不可避免的事情 bùkě bìmiǎn de shìqing
inevitably [ɪn'ɛvɪtəblɪ] ADV 必然地 bìrán de
inexpensive [ɪnɪk'spɛnsɪv] ADJ 便宜的 piányi de
inexperienced [ɪnɪk'spɪərɪənst] ADJ 无(無)经(經)验(驗)的 wú jīngyàn de
inexplicable [ɪnɪk'splɪkəbl] ADJ [+ *decision, mistake*] 莫名其妙的 mòmíng qímiào de
infamous ['ɪnfəməs] ADJ [+ *crime, murderer*] 臭名昭著的 chòumíng zhāozhù de
▒ 用法参见 **famous**
infancy ['ɪnfənsɪ] N [U] [*of person*] 婴(嬰)儿(兒)期 yīng'érqī ▶ **to die in infancy** 夭折 yāozhé ▶ **to be in its infancy** [*research, organization* +] 处(處)于(於)初创(創)阶(階)段 chǔyú chūchuàng jiēduàn
infant ['ɪnfənt] I N [C] **1** (*baby*) 婴(嬰)儿(兒) yīng'ér [个 gè] **2** (*young child*) 幼儿(兒) yòu'ér [个 gè] II CPD **1** [+ *food, seat*] 婴(嬰)儿(兒) yīng'ér [个 gè] **2** [+ *son, daughter*] 年幼 niányòu
infantry ['ɪnfəntrɪ] (*Mil*) N ▶ **the infantry** 步兵 bùbīng
infant school ['ɪnfənt-] N [C/U] 幼儿(兒)学(學)校 yòuér xuéxiào [所 suǒ] ▷ *He's just started at infant school.* 他刚开始上幼儿学校。Tā gāng kāishǐ shàng yòu'ér xuéxiào.
infect [ɪn'fɛkt] VT **1** [+ *person, animal, plant*] 感染 gǎnrǎn **2** [*vice, enthusiasm* +] 感染 gǎnrǎn ▶ **to become infected** [*wound* +] 感染了 gǎnrǎnle; [*person* +] 染上了 rǎnshàngle
infection [ɪn'fɛkʃən] N **1** [C] (*disease*) 感染 gǎnrǎn [处 chù] **2** [U] (*contagion*) 传(傳)染 chuánrǎn ▶ **to have an ear/throat infection** 耳朵/咽喉感染 ěrduo/yānhóu gǎnrǎn
infectious [ɪn'fɛkʃəs] ADJ **1** [+ *disease*] 传(傳)染的 chuánrǎn de **2** [+ *enthusiasm, laughter*] 有感染力的 yǒu gǎnrǎnlì de
infer [ɪn'fəːʳ] VT **1** (*deduce*) 推断(斷) tuīduàn **2** (*imply*) 暗示 ànshì
inferior [ɪn'fɪərɪəʳ] I ADJ **1** (*lower in hierarchy*) 低等的 dīděng de **2** (*in worth*) [+ *work, person*] 差的 chà de; [+ *goods*] 次的 cì de II N [C] **1** (*in hierarchy*) 下级(級) xiàjí **2** (*in worth*) 低下的人 dīxià de rén ▶ **to be inferior to** 比…低一等 bǐ...dī yīděng ▶ **to feel inferior (to)** 感到（比…）低一等 gǎndào(bǐ...)dī yīděng
infertile [ɪn'fəːtaɪl] ADJ **1** [+ *man, woman, animal*] 不能生育的 bùnéng shēngyù de **2** [+ *soil, land*] 贫(貧)瘠的 pínjí de
infertility [ɪnfəː'tɪlɪtɪ] I N [U] **1** [*of man, woman, animal*] 不育症 bùyùzhèng **2** [*of soil*] 贫(貧)瘠 pínjí II CPD [+ *clinic, specialist*] 不育症 bùyùzhèng
infested [ɪn'fɛstɪd] ADJ [+ *plant, animal*] 被侵扰(擾)的 bèi qīnrǎo de ▶ **to be infested with** 被…侵扰(擾) bèi...qīnrǎo
infinite ['ɪnfɪnɪt] ADJ **1** (*very great*) [+ *variety, patience*] 极(極)大的 jídà de **2** (*limitless*) [+ *universe, number*] 无(無)限的 wúxiàn de
infinitely ['ɪnfɪnɪtlɪ] ADV (*with adj*) 非常地 fēicháng de; (*with comparative*) …得多 ...de duō
infinitive [ɪn'fɪnɪtɪv] N [C] 不定词(詞) búdìngcí [个 gè]
infirmary [ɪn'fəːmərɪ] N [C] 医(醫)院 yīyuàn [家 jiā]
inflame [ɪn'fleɪm] VT [+ *situation, passions*] 使火上浇(澆)油 shǐ huǒshàng jiāoyóu
inflamed [ɪn'fleɪmd] ADJ [+ *throat, appendix, joint*] 发(發)炎的 fāyán de ▶ **to become inflamed** 发(發)炎了 fāyánle
inflammation [ɪnflə'meɪʃən] N [U] 发(發)炎 fāyán
inflatable [ɪn'fleɪtəbl] ADJ [+ *life jacket, dinghy, ball*] 充气(氣)的 chōngqì de
inflate [ɪn'fleɪt] I VT **1** [+ *tyre, balloon*] 使充气(氣) shǐ chōngqì **2** [+ *price*] 抬高 táigāo **3** (*exaggerate*) [+ *amount, effect*] 夸大 kuādà II VI [*tyre, balloon* +] 膨胀(脹) péngzhàng
inflated [ɪn'fleɪtɪd] ADJ [+ *price*] 飞(飛)涨(漲)的 fēizhǎng de; [+ *opinion, idea*] 夸大的 kuādà de
inflation [ɪn'fleɪʃən] N [U] 通货(貨)膨胀(脹) tōnghuò péngzhàng
inflexible [ɪn'flɛksɪbl] ADJ **1** [+ *rule, system*] 固定的 gùdìng de **2** [+ *person*] 不灵(靈)活的 bù línghuó de **3** [+ *object, material*] 不可弯(彎)曲的 bùkě wānqū de
inflict [ɪn'flɪkt] VT ▶ **to inflict sth on sb** [+ *damage, suffering*] 使某人遭受某事 shǐ mǒurén zāoshòu mǒushì
influence ['ɪnfluəns] I N **1** [C/U] (*power*) 权(權)势(勢) quánshì [种 zhǒng] **2** [C] (*effect*) 影响(響) yǐngxiǎng [个 gè] II VT [+ *person, situation, choice*] 影响(響) yǐngxiǎng ▶ **to be/have an influence on sb** 对(對)某人有影响(響) duì mǒurén yǒu yǐngxiǎng ▶ **to be a good/bad influence on sb** 对(對)某人有好/坏(壞)的影响(響) ▶ **to have a good/bad influence on sb** 对(對)某人有好/坏(壞)的影响(響) duì mǒurén yǒu hǎo/huài de yǐngxiǎng ▶ **under the influence of alcohol/drugs** 在酒精/毒品的作用下 zài jiǔjīng/dúpǐn de zuòyòng xià
influential [ɪnflu'ɛnʃl] ADJ [+ *politician, critic*] 有权(權)势(勢)的 yǒu quánshì de ▶ **to be influential in doing sth** 对(對)做某事有影

响(響) duì zuò mǒushì yǒu yǐngxiǎng

influx ['ɪnflʌks] N [c] (*of people*) 涌(湧)入 yǒngrù; (*of funds, goods*) 流入 liúrù

info ['ɪnfəu] (*inf*) N [U] 信息 xìnxī

inform [ɪn'fɔːm] **I** VT **1** (*tell*) 告诉(訴) gàosù **2** (*frm: give form to*) 贯(貫)穿 guànchuān **II** VI ▸ **to inform on sb** (*to police, authorities*) 告发(發)某人 gàofā mǒurén ▸ **to inform sb of sth** 把某事通知某人 bǎ mǒushì tōngzhī mǒurén ▸ **to inform sb that...** 告诉(訴)某人… gàosù mǒurén...

informal [ɪn'fɔːml] ADJ **1** (*relaxed*) [+ *person, speech, behaviour*] 不拘礼(禮)节(節)的 bùjū lǐjié de **2** (*casual*) [+ *clothes, party*] 日常的 rìcháng de **3** (*unofficial*) [+ *meeting, discussions, agreement*] 非正式的 fēi zhèngshì de

★ **information** [ɪnfə'meɪʃən] N [U] 信息 xìnxī ▷ *If you have any new information, please let us know.* 如果有任何新信息，请告诉我们。Rúguǒ yǒu rènhé xīn xìnxī, qǐng gàosù wǒmen. ▷ *For further information, contact the number below.* 如需详情，请打以下电话。Rú xū xiángqíng, qǐng dǎ yǐxià diànhuà. ▸ **a piece of information** 一条(條)信息 yī tiáo xìnxi ▸ **for your information** 供参(參)考 gōng cānkǎo

information office N [c] 咨(諮)询(詢)处(處) zīxún chù [个 gè]

information technology N [U] 信息技术(術) xìnxī jìshù

informative [ɪn'fɔːmətɪv] ADJ [+ *report, article*] 增长(長)见(見)闻(聞)的 zēngzhǎng jiànwén de

informed [ɪn'fɔːmd] ADJ [+ *person*] 有见(見)识(識)的 yǒu jiànshi de ▸ **to be well/poorly informed** 见(見)多识(識)广(廣)的/孤陋寡闻(聞)的 jiànduō-shíguǎng de/gūlòu-guǎwén de ▸ **an informed guess/choice** 有根据(據)的猜测(測)/选(選)择(擇) yǒu gēnjù de cāicè/xuǎnzé

infra-red [ɪnfrə'rɛd] ADJ [+ *rays, light, equipment*] 红(紅)外线(線)的 hóngwàixiàn de

infrastructure ['ɪnfrəstrʌktʃəʳ] N [c/U] [*of country, organization*] 基础(礎)结(結)构(構) jīchǔ jiégòu

infrequent [ɪn'friːkwənt] ADJ [+ *buses*] 稀少的 xīshǎo de; [+ *visits*] 不经(經)常的 bù jīngcháng de

infuriate [ɪn'fjuərɪeɪt] VT [+ *person*] 激怒 jīnù

infuriating [ɪn'fjuərɪeɪtɪŋ] ADJ 令人讨(討)厌(厭)的 lìng rén tǎoyàn de

ingenious [ɪn'dʒiːnjəs] ADJ [+ *idea, solution*] 有独(獨)创(創)性的 yǒu dúchuàngxìng de; [+ *invention, device*] 精巧的 jīngqiǎo de

ingredient [ɪn'griːdɪənt] N [c] **1** (*in food*) 配料 pèiliào [种 zhǒng] **2** (*in situation*) 要素 yàosù

inhabit [ɪn'hæbɪt] VT 居住 jūzhù

inhabitant [ɪn'hæbɪtnt] N [c] 居民 jūmín [个 gè]

inhale [ɪn'heɪl] **I** VT [+ *smoke, gas*] 吸入 xīrù **II** VI **1** 吸气(氣) xīqì **2** (*when smoking*) 吸入肺部 xīrù fèibù

inhaler [ɪn'heɪləʳ] N [c] 吸入器 xīrùqì

inherent [ɪn'hɪərənt] ADJ (*danger, problem, qualities*) 内(內)在的 nèizài de ▸ **to be inherent in** *or* **to sth** 某物内(內)在固有的 mǒuwù nèizài gùyǒu de

inherit [ɪn'hɛrɪt] **1** VT [+ *property, money*] 继(繼)承 jìchéng **2** [+ *characteristic, disease*] 由遗(遺)传(傳)而得 yóu yíchuán ér dé **3** [+ *situation*] 接手 jiēshǒu

inheritance [ɪn'hɛrɪtəns] N **1** [c/U] (*property, money*) 继(繼)承 jìchéng **2** [U/S] (*genetic*) 遗(遺)传(傳) yíchuán **3** [U/S] (*fig: legacy*) 遗(遺)产(產) yíchǎn

inhibit [ɪn'hɪbɪt] VT **1** (*slow down, stop*) 阻止 zǔzhǐ **2** ▸ **to inhibit sb from doing sth** (*discourage*) 阻止某人做某事 zǔzhǐ mǒurén zuò mǒushì

inhibited [ɪn'hɪbɪtɪd] ADJ 拘束的 jūshù de

inhibition [ɪnhɪ'bɪʃən] N **1** [c] (*hang-up*) 抑制 yìzhì **2** [U] (*restraint*) 约(約)束 yuēshù

initial [ɪ'nɪʃl] **I** ADJ [+ *stage, reaction, meeting*] 初步的 chūbù de **II** N [c] (*letter*) 首字母 shǒuzìmǔ [个 gè] **III** VT [+ *document*] 草签(簽) cǎoqiān **IV initials** N PL [*of name*] 首字母 shǒuzìmǔ

initially [ɪ'nɪʃəlɪ] ADV 最初 zuìchū

initiate [ɪ'nɪʃɪeɪt] **I** VT (*begin*) [+ *talks, process*] 发(發)动(動) fādòng **II** N (*member*) 新入会(會)的人 xīn rùhuì de rén ▸ **to initiate sb into** [+ *religion, mysteries, secrets*] 把…传(傳)授给(給)某人 bǎ...chuánshòu gěi mǒurén; [+ *society, organization*] 接纳(納)某人加入 jiēnà mǒurén jiārù ▸ **to initiate proceedings against sb** 开(開)始提起对(對)某人的诉(訴)讼(訟) kāishǐ tíqǐ duì mǒurén de sùsòng

initiation [ɪnɪʃɪ'eɪʃən] N [c/U] **1** (*start*) 开(開)创(創) kāichuàng **2** (*into group, organization*) 加入仪(儀)式 jiārù yíshì

initiative [ɪ'nɪʃətɪv] N **1** [c] (*idea, measure*) 倡议(議) chàngyì [个 gè] **2** [U] (*resourcefulness*) 主动(動)性 zhǔdòng xìng ▸ **to take the initiative** 采(採)取主动(動) cǎiqǔ zhǔdòng ▸ **to act on one's own initiative** 主动(動)采(採)取行动(動) zhǔdòng cǎiqǔ xíngdòng ▸ **to have the initiative** 掌握主动(動)权(權) zhǎngwò zhǔdòngquán ▸ **to have the initiative to do sth** 有做某事的主动(動)性 yǒu zuò mǒushì de zhǔdòngxìng

inject [ɪn'dʒɛkt] **I** VT **1** [+ *drugs, poison*] 注射 zhùshè **2** ▸ **to inject fun/interest into sth** 给(給)某物注入乐(樂)趣/兴(興)趣 gěi mǒuwù zhùrù lèqù/xìngqù ▸ **to inject money into sth** 把资(資)金投入某事 bǎ zījīn tóurù mǒushì **II** VI [*drug user* +] 注射 zhùshè ▸ **to inject sb with sth** 给(給)某人注射某物 gěi mǒurén zhùshè mǒuwù

injection [ɪn'dʒɛkʃən] N [c] **1** (*Med*) 注射 zhùshè **2** [*of money*] 投入 tóurù ▸ **to give sb an injection** 给(給)某人注射 gěi mǒurén zhùshè

▸ **to have an injection** 打针(針) dǎzhēn

injure ['ɪndʒə^r] VT [*+ person*] 伤(傷)害 shānghài; [*+ leg, arm, hand*] 伤(傷) shāng ▸ **to injure o.s.** 伤(傷)害自己 shānghài zìjǐ ▸ **he was badly injured in the attack** 他在进(進)攻中受了重伤(傷) tā zài jìngōng zhōng shòule zhòngshāng

injured ['ɪndʒəd] I ADJ 1 [*+ person, part of body*] 受伤(傷)的 shòushāng de 2 [*+ pride, feelings*] 受伤(傷)的 shòushāng de II N PL ▸ **the injured** 受伤(傷)者 shòushāngzhě ▸ **the injured party** (*Law*) 受害方 shòuhàifāng

injury ['ɪndʒərɪ] N [C/U] (*wound*) 伤(傷)害 shānghài [个 gè] ▸ **to do o.s. an injury** 伤(傷)害自己 shānghài zìjǐ ▸ **to escape without injury** 安然脱(脫)险(險) ānrán tuōxiǎn

injury time N [U] 伤(傷)停补(補)时(時) shāngtíng bǔshí

injustice [ɪn'dʒʌstɪs] N [C/U] 不公正 bù gōngzhèng ▸ **you do me an injustice** 你让(讓)我受委屈了 nǐ ràng wǒ shòu wěiqū le

ink [ɪŋk] I N [C/U] (*in pen*) 墨水 mòshuǐ [瓶 píng]; (*in printing*) 油墨 yóumò II VT 涂(塗)墨于(於) túmò yú

inland [*adj* 'ɪnlənd, *adv* ɪn'lænd] I ADJ [*+ lake, sea, waterway*] 内(內)陆(陸)的 nèilù de II ADV [*travel, live +*] 在内(內)陆(陸) zài nèilù

Inland Revenue (*Brit*) N ▸ **the Inland Revenue** 国(國)内(內)税(稅)收部 Guónèi Shuìshōubù [美 = **Internal Revenue Service, IRS**]

in-laws ['ɪnlɔːz] N PL 姻亲(親) yīnqīn

inmate ['ɪnmeɪt] N [C] [*of prison, psychiatric hospital*] 同住者 tóngzhùzhě [名 míng]

inn [ɪn] N [C] 小旅馆(館) xiǎo lǚguǎn [家 jiā]

innate [ɪ'neɪt] ADJ [*+ skill, quality, characteristic*] 天生的 tiānshēng de

inner ['ɪnə^r] ADJ 1 [*+ office, courtyard*] 内(內)部的 nèibù de 2 [*+ calm, feelings*] 内(內)心的 nèixīn de

inner city N [C] 旧城区，尤其指社会和经济问题较严重的市中心

inner-city ['ɪnəsɪtɪ] ADJ 旧(舊)城区(區)的 jiù chéngqū de

inning ['ɪnɪŋ] (*Baseball*) N [C] 局 jú

innings ['ɪnɪŋz] (*pl* **innings**) (*Cricket*) N [C] 局 jú ▸ **he's had a good innings** (*fig*) 他一生幸福而长(長)寿(壽) tā yīshēng xìngfú ér chángshòu

innocence ['ɪnəsns] N [U] 1 (*Law*) 清白 qīngbái 2 (*naivety*) 单(單)纯(純) dānchún

innocent ['ɪnəsnt] I ADJ 1 (*not guilty*) 清白的 qīngbái de 2 (*naive*) [*+ child, person*] 单(單)纯(純)的 dānchún de 3 (*not involved*) 无(無)辜的 wúgū de 4 [*+ remark, question*] 无(無)恶(惡)意的 wú èyì de II N [C] (*naive person*) 幼稚的人 yòuzhì de rén [个 gè] ▸ **to be innocent of a crime** 无(無)罪 wúzuì ▸ **to play the innocent** 假装(裝)无(無)知 jiǎzhuāng wúzhī

innocently ['ɪnəsntlɪ] 1 ADV (*trustingly*) 天真地 tiānzhēn de 2 (*feigning innocence*) [*say, act +*] 假装(裝)无(無)心地 jiǎzhuāng wúxīn de

innovation [ɪnəu'veɪʃən] N [C/U] 创(創)新 chuàngxīn [次 cì]

innovative ['ɪnəvətɪv] ADJ 1 [*+ product, design*] 新颖(穎)的 xīnyǐng de 2 [*+ person*] 富有创(創)新精神的 fùyǒu chuàngxīn jīngshén de

innuendo [ɪnju'ɛndəu] (*pl* **innuendoes** *or* **innuendos**) N [C/U] 影射 yǐngshè ▸ **sexual innuendo** 性暗示 xìng ànshì

in-patient ['ɪnpeɪʃənt] N [C] 住院病人 zhùyuàn bìngrén [位 wèi]

input ['ɪnput] I N 1 [C/U] [*of resources*] 投入 tóurù 2 [U] (*Comput*) 输(輸)入 shūrù II VT (*Comput*) 输(輸)入 shūrù

inquest ['ɪnkwɛst] N [C] 1 (*on sb's death*) 审(審)讯(訊) shěnxùn 2 (*fig: into defeat, failure*) 调(調)查 diàochá [次 cì]

inquire [ɪn'kwaɪə^r] VT, VI 询(詢)问(問) xúnwèn ▸ **to inquire about** [*+ person, fact*] 打听(聽) dǎtīng ▸ **to inquire where/what/whether** 询(詢)问(問)哪里(裡)/什么(麼)/是否 xúnwèn nǎlǐ/shénme/shìfǒu

▸ **inquire after** VT FUS ▸ **to inquire after sb/sb's health** 问(問)起某人/某人的健康情况(況) wènqǐ mǒurén/mǒurén de jiànkāng qíngkuàng

▸ **inquire into** VT FUS [*+ death, circumstances*] 调(調)查 diàochá

inquiry [ɪn'kwaɪərɪ] N 1 [C] (*question*) 询(詢)问(問) xúnwèn; (*about advertisement*) 咨询(詢) zīxún 2 [C] (*investigation*) 调(調)查 diàochá [次 cì] 3 [U] (*Police*) 质(質)询(詢) zhìxún ▸ **to make inquiries** 进(進)行调(調)查 jìnxíng diàochá ▸ **public inquiry** 公开(開)调(調)查 gōngkāi diàochá ▸ **to hold an inquiry into sth** 对(對)某事进(進)行调(調)查 duì mǒushì jìnxíng diàochá ▸ **a court of inquiry** 调(調)查庭 diàochá tíng

ins ABBR (= **inches**) 英寸 yīngcùn

insane [ɪn'seɪn] I ADJ 1 (*clinically*) [*+ person*] 精神错(錯)乱(亂)的 jīngshén cuòluàn de 2 (*foolish*) [*+ idea, scheme*] 愚蠢的 yúchǔn de II N PL ▸ **the insane** 精神病患者 jīngshénbìng huànzhě ▸ **to go insane** 疯(瘋)了 fēngle

insanity [ɪn'sænɪtɪ] N [U] 1 (*clinical*) 精神病 jīngshénbìng 2 [*of idea, decision, action*] 荒谬(謬) huāngmiù

inscription [ɪn'skrɪpʃən] N [C] 题(題)字 tízì [个 gè]

insect ['ɪnsɛkt] N [C] 昆虫(蟲) kūnchóng [只 zhī]

insect repellent N [C/U] 杀(殺)虫(蟲)剂(劑) shāchóngjì [瓶 píng]

insecure [ɪnsɪ'kjuə^r] ADJ 1 [*+ person*] 缺乏自信的 quēfá zìxìn de 2 [*+ job, system*] 无(無)保障的 wú bǎozhàng de

insecurity [ɪnsɪ'kjuərɪtɪ] N 1 [C/U] [*of person*] 不安全感 bù ānquángǎn 2 [U] [*of job, finances*] 无(無)保障 wú bǎozhàng

insensitive [ɪn'sɛnsɪtɪv] ADJ (*uncaring*) [*+ person*]

不敏感的 bù mǐngǎn de; [+ *remark*] 麻木不仁的 mámù bùrén de
insert [*vb* ɪn'səːt, *n* 'ɪnsəːt] **I** VT **1** [+ *object*] (*into sth*) 插入 chārù; (*between two things*) 夹(夾) jiá **2** [+ *word*] (*into text*) 插入 chārù **II** N [c] (*in magazine, book*) 插页(頁) chāyè
inside ['ɪn'saɪd] **I** N 内(內)部 nèibù **II** ADJ **1** [+ *wall, surface*] 内(內)部的 nèibù de; [+ *lavatory*] 室内(內)的 shì nèi de; [+ *pocket*] 里(裡)面的 lǐmiàn de **2** [+ *knowledge, information, story*] 内(內)幕的 nèimù de **III** ADV **1** [*go* +] 里(裡)面 lǐmiàn; [*be* +] 在里(裡)面 zài lǐmiàn **2** (*indoors*) 在屋内(內) zài wū nèi **IV** PREP **1** [+ *place, container*] 在…的里(裡)面 zài...de lǐmiàn **2** [+ *time*] 在…之内(內) zài...zhīnèi **3** [+ *organization*] 在内(內)部 zài...nèibù **V** **insides** N PL (*inf: stomach*) [+ *of person, animal*] 内(內)脏(臟) nèizàng
inside lane N [c] 里(裡)道 lǐdào [条 tiáo]
inside out ADV 里(裡)面朝外地 lǐmiàn cháowài de ▸ **to know sth/sb inside out** 透彻(徹)了解某事/某人 tòuchè liǎojiě mǒushì/mǒurén ▸ **to turn sth inside out** (*lit*) 把某物的里(裡)面翻到外面 bǎ mǒuwù de lǐmiàn fān dào wàimiàn; (*fig*) 彻(徹)底查看某物 chèdǐ chákàn mǒuwù
insider [ɪn'saɪdəʳ] N [c] 内(內)部人士 nèibù rénshì [位 wèi]
insight ['ɪnsaɪt] N **1** [c/ʊ] (*into situation, problem*) 见(見)识(識) jiànshi **2** [ʊ] (*understanding*) 洞察力 dòngchálì ▸ **to gain/give an insight into sth** 对(對)某事了解/使了解某事 duì mǒushì liǎojiě/shǐ liǎojiě mǒushì
insignificant [ɪnsɪg'nɪfɪknt] ADJ 无(無)足轻(輕)重的 wú zú qīng zhòng de
insincere [ɪnsɪn'sɪəʳ] ADJ [+ *person*] 不诚(誠)恳(懇)的 bù chéngkěn de; [+ *words, flattery*] 虚(虛)假的 xūjiǎ de; [+ *smile*] 虚(虛)伪(偽)的 xūwěi de
insist [ɪn'sɪst] VI, VT 坚(堅)持 jiānchí ▸ **to insist that...** (*claim*) 坚(堅)持… jiānchí...; (*demand*) 坚(堅)决(決)要求… jiānjué yāoqiú... ▸ **to insist on sth/doing sth** 坚(堅)持要求某事/做某事 jiānchí yāoqiú mǒushì/zuò mǒushì
insistence [ɪn'sɪstəns] N [ʊ] 坚(堅)决(決)主张(張) jiānjué zhǔzhāng ▸ **at his insistence** 经(經)他坚(堅)决(決)要求 jīng tā jiānjué yāoqiú ▸ **his insistence on sth/doing sth** 他坚(堅)决(決)主张(張)某事/做某事 tā jiānjué zhǔzhāng mǒushì/zuò mǒushì
insistent [ɪn'sɪstənt] ADJ **1** (*determined*) [+ *person*] 坚(堅)持的 jiānchí de **2** (*continual*) [+ *noise, rhythm*] 不断(斷)的 bùduàn de ▸ **to be insistent that...** 一再坚(堅)持… yīzài jiānchí...
insomnia [ɪn'sɔmnɪə] N [ʊ] 失眠 shīmián
inspect [ɪn'spɛkt] VT **1** (*examine*) 检(檢)查 jiǎnchá **2** (*officially*) [+ *premises, equipment, troops*] 视(視)察 shìchá
inspection [ɪn'spɛkʃən] N [c/ʊ] **1** (*examination*) 检(檢)查 jiǎnchá [次 cì] **2** (*official*) [*of premises, equipment, troops*] 视(視)察 shìchá [次 cì] ▸ **to carry out an inspection (of sth)** 检(檢)查(某物) jiǎnchá (mǒuwù)
inspector [ɪn'spɛktəʳ] N [c] **1** (*official*) 检(檢)查员(員) jiǎncháyuán [位 wèi] **2** (*Brit: Police*) 巡官 xúnguān [位 wèi] **3** (*Brit*) (*also*: **ticket inspector**) 查票员(員) chápiàoyuán [位 wèi]
inspiration [ɪnspə'reɪʃən] N **1** [ʊ] (*encouragement*) 鼓舞 gǔwǔ **2** [s] (*stimulus*) 灵(靈)感 línggǎn **3** [s] (*inspiring person, action*) 鼓舞人心的人/物 gǔwǔ rénxīn de rén/wù **4** [c] (*idea*) 妙想 miàoxiǎng ▸ **to be the inspiration for sth** 是某事的灵(靈)感起源 shì mǒushì de línggǎn qǐyuán ▸ **to be an inspiration to sb** 是对(對)某人的鼓舞 shì duì mǒurén de gǔwǔ
inspirational [ɪnspə'reɪʃənl] ADJ 激发(發)灵(靈)感的 jīfā línggǎn de
inspire [ɪn'spaɪəʳ] VT **1** [+ *person*] 激励(勵) jīlì **2** [+ *work of art*] 给(給)予灵(靈)感 jǐyǔ línggǎn **3** [+ *confidence, hope, respect*] 唤(喚)起 huànqǐ ▸ **to inspire sb to do sth** 鼓舞某人做某事 gǔwǔ mǒurén zuò mǒushì
inspiring [ɪn'spaɪərɪŋ] ADJ 鼓舞人心的 gǔwǔ rénxīn de
instability [ɪnstə'bɪlɪtɪ] N [ʊ] [*of place, situation, person*] 不稳(穩)定性 bù wěndìngxìng
install, instal [ɪn'stɔːl] VT **1** [+ *equipment, software*] 安装(裝) ānzhuāng **2** [+ *official*] 使…就职(職) shǐ...jiùzhí
installation [ɪnstə'leɪʃən] N **1** [ʊ] [*of machine, equipment*] 安装(裝) ānzhuāng **2** [c] (*place*) 设(設)施 shèshī [套 tào]
instalment, (*US*) **installment** [ɪn'stɔːlmənt] N [c] **1** (*payment*) 分期付款 fēnqī fùkuǎn [期 qī] **2** [*of story, TV serial*] 连(連)载(載)的一部分 liánzǎi de yī bùfen [个 gè] ▸ **in instalments** [*pay, receive* +] 分期付款 fēnqī fùkuǎn
instance ['ɪnstəns] N [c] (*example*) 例子 lìzi [个 gè] ▸ **for instance** 例如 lìrú ▸ **in many instances** 很多情况(況)下 hěnduō qíngkuàng xià ▸ **in the first instance** 首先 shǒuxiān
instant ['ɪnstənt] **I** N [c] (*moment*) 瞬息 shùnxī [个 gè] **II** ADJ **1** [+ *reaction, success*] 立即的 lìjí de **2** [+ *coffee, soup, noodles*] 速食的 sùshí de ▸ **she called the police the instant he left** 他一走，她就叫警察了 tā yī zǒu, tā jiù jiào jǐngchá le ▸ **at that instant** 在那一瞬间(間) zài nà yīshùnjiān ▸ **for an instant** 一瞬间(間) yī shùnjiān ▸ **in an instant** 立即 lìjí
instantly ['ɪnstəntlɪ] ADV (*with verb*) 立即 lìjí; (*with adjective*) 即刻 jíkè
instant message N [c] 即时通讯 jíshí tōngxùn [个 gè]
instead [ɪn'stɛd] ADV 代替 dàitì ▸ **instead of** 而不是 ér bùshì
instinct ['ɪnstɪŋkt] N [c/ʊ] **1** (*biological*) 本能

běnnéng [种 zhǒng] **2** *(inclination)* 直觉(覺) zhíjué [种 zhǒng] ▶ **survival/killer instinct** 求生本能/嗜杀(殺)本性 qiúshēng běnnéng/shìshā běnxìng

instinctive [ɪnˈstɪŋktɪv] ADJ [+ *reaction, feeling*] 本能的 běnnéng de

institute [ˈɪnstɪtjuːt] **I** N [c] **1** *(research or teaching organization)* 学(學)院 xuéyuàn **2** *(professional body)* [*of architects, planners etc*] 协(協)会(會) xiéhuì **II** VT [+ *system, rule, measure*] 设(設)立 shèlì; [+ *inquiry*] 着(著)手 zhuóshǒu ▶ **to institute proceedings against sb** 对(對)某人提出诉(訴)讼(訟) duì mǒurén tíchū sùsòng

institution [ɪnstɪˈtjuːʃən] N **1** [c] *(custom, tradition)* 风(風)俗 fēngsú [种 zhǒng] **2** [c] *(organization)* 公共机(機)构(構) gōnggòng jīgòu **3** [c] *(mental hospital, children's home)* 收容所 shōuróngsuǒ [家 jiā] **4** [ʊ] *(putting in place)* [*of system, rule*] 设(設)立 shèlì

institutional [ɪnstɪˈtjuːʃənl] ADJ 机(機)构(構)性的 jīgòuxìng de ▶ **to be in institutional care** 在慈善机(機)构(構)的收容照顾(顧)下 zài císhàn jīgòu de shōuróng zhàogù xià

instruct [ɪnˈstrʌkt] VT **1** *(tell)* ▶ **to instruct sb to do sth** 命令某人做某事 mìnglìng mǒurén zuò mǒushì **2** *(teach)* ▶ **to instruct sb in sth** 教某人某事 jiāo mǒurén mǒushì

instruction [ɪnˈstrʌkʃən] **I** N [ʊ] *(teaching)* 教育 jiàoyù **II** CPD [+ *manual, leaflet*] 说(說)明 shuōmíng **III instructions** N PL **1** *(orders)* 指示 zhǐshì **2** *(directions) (on label, in manual)* 说(說)明 shuōmíng

instructor [ɪnˈstrʌktəʳ] N [c] *(for skiing, swimming, driving)* 教员(員) jiàoyuán [位 wèi]

instrument [ˈɪnstrumənt] N [c] **1** *(tool, device)* 器械 qìxiè [件 jiàn] **2** *(Mus)* 乐(樂)器 yuèqì [件 jiàn] ▶ **an instrument of diplomacy/repression** 外交/镇(鎮)压(壓)手段 wàijiāo/zhènyā shǒuduàn

instrumental [ɪnstruˈmɛntl] **I** ADJ [+ *music, piece*] 乐(樂)器的 yuèqì de **II** N [c] *(piece of music)* 器乐(樂) qìyuè ▶ **to be instrumental in (doing) sth** 在（做）某事中起到关(關)键(鍵)作用 zài(zuò)mǒushì zhōng qǐ dào guānjiàn zuòyòng

insufficient [ɪnsəˈfɪʃənt] ADJ [+ *funds, evidence*] 不足的 bùzú de

insulate [ˈɪnsjuleɪt] VT **1** [+ *house, body*] *(against cold)* 使…隔热(熱) shǐ…gérè **2** [+ *room, studio*] *(against sound)* 使…隔音 shǐ…géyīn **3** [+ *equipment*] *(against electricity)* 使绝(絕)缘(緣) shǐ juéyuán **4** *(fig)* ▶ **to insulate sb/o.s. from** *or* **against sth** 使某人/自己与(與)某物隔离(離) shǐ mǒurén/zìjǐ yǔ mǒuwù gélí ▶ **to insulate sth from** *or* **against** [+ *cold*] 使某物不受… shǐ mǒuwù bù shòu…; [+ *sound*] 使某物与(與)…隔离(離) shǐ mǒuwù yǔ…gélí

insulation [ɪnsjuˈleɪʃən] N [ʊ] **1** *(against cold: action)* 防寒 fánghán; *(material)* 防寒材料 fánghán cáiliào **2** *(fig)* [*of person, group*] 隔绝(絕) géjué

insulin [ˈɪnsjulɪn] N [ʊ] 胰岛(島)素 yídǎosù ▶ **to be on insulin** 用胰岛(島)素 yòng yídǎosù

insult [*n* ˈɪnsʌlt, *vb* ɪnˈsʌlt] **I** N [c] 侮辱 wǔrǔ [个 gè] **II** VT 侮辱 wǔrǔ ▶ **to be an insult to sth** 对(對)某物的亵(褻)渎(瀆) duì mǒuwù de xièdú ▶ **to add insult to injury** 雪上加霜 xuě shàng jiā shuāng

insulting [ɪnˈsʌltɪŋ] ADJ [+ *attitude, remark*] 侮辱的 wǔrǔ de; [+ *person*] 无(無)礼(禮)的 wúlǐ de

insurance [ɪnˈʃuərəns] N [ʊ] 保险(險) bǎoxiǎn ▶ **fire/life/health insurance** 火/人寿(壽)/健康险(險) huǒ/rénshòu/jiànkāng xiǎn ▶ **to take out insurance (against)** 买(買)（防备(備)…的）保险(險) mǎi(fángbèi…de) bǎoxiǎn ▶ **as (an) insurance against** *(fig)* 作为(為)预(預)防…的措施 zuòwéi yùfáng…de cuòshī

insurance policy N [c] **1** *(lit)* 保险(險)单(單) bǎoxiǎndān [张 zhāng] **2** *(fig)* 保险(險)措施 bǎoxiǎn cuòshī [项 xiàng] ▶ **life/health/travel insurance policy** 人寿(壽)/健康/旅行保险(險)单(單) rénshòu/jiànkāng/lǚxíng bǎoxiǎndān ▶ **to take out an insurance policy** 买(買)保险(險) mǎi bǎoxiǎn

insure [ɪnˈʃuəʳ] VT [+ *house, car*] 给(給)…保险(險) gěi…bǎoxiǎn ▶ **to be insured for 5000 pounds** 上了5000英磅保险(險) shàngle wǔqiān yīngbàng bǎoxiǎn ▶ **to be insured against fire** 保火险(險) bǎo huǒxiǎn

insurer [ɪnˈʃuərəʳ] N [c] 承保人 chéngbǎorén [名 míng]

intact [ɪnˈtækt] ADJ **1** *(whole)* 完整的 wánzhěng de **2** *(unchanged)* 完好无(無)损(損)的 wánhǎo wúsǔn de

intake [ˈɪnteɪk] N **1** [s] [*of food, water, air*] 摄(攝)取 shèqǔ **2** [c] [*of students, recruits*] 招收 zhāoshōu

integral [ˈɪntɪgrəl] ADJ 构(構)成整体(體)所必需的 gòuchéng zhěngtǐ suǒ bìxū de ▶ **an integral part of** …的组(組)成部分 …de zǔchéng bùfèn ▶ **integral to** 对(對)…是不可缺的 duì…shì bùkěquē de

integrate [ˈɪntɪgreɪt] **I** VT **1** [+ *newcomer*] ▶ **to integrate sb into sth** 使某人与(與)某物融为(為)一体(體) shǐ mǒurén yǔ mǒuwù róng wéi yītǐ **2** [+ *ideas, systems*] 使结(結)合 shǐ jiéhé **II** VI [*groups, individuals* +] 融成一体(體) róngchéng yītǐ

integrity [ɪnˈtɛgrɪtɪ] N [ʊ] **1** *(honesty)* 刚(剛)正不阿 gāngzhèng bù'ē **2** *(purity)* [*of culture, group*] 完整 wánzhěng

intellect [ˈɪntəlɛkt] N [c/ʊ] **1** *(thinking)* 智力 zhìlì **2** *(intelligence)* 才智 cáizhì

intellectual [ɪntəˈlɛktjuəl] **I** ADJ **1** [+ *activity, interest, pursuit*] 智力的 zhìlì de **2** *(clever)* 高智商的 gāo zhìshāng de **II** N [c] *(person)* 知识(識)分子 zhīshi fènzǐ [名 míng]

intelligence [ɪn'tɛlɪdʒəns] N [U] **1** *(intellect)* 才智 cáizhì **2** *(understanding)* 理解力 lǐjiělì **3** *(Mil) (service)* 情报(報)机(機)构(構) qíngbào jīgòu **4** *(Mil) (information)* 情报(報) qíngbào

intelligent [ɪn'tɛlɪdʒənt] ADJ **1** [+ *person*] 聪(聰)明的 cōngmíng de **2** [+ *decision, conversation*] 明智的 míngzhì de **3** [+ *machine, life*] 智能的 zhìnéng de

intend [ɪn'tɛnd] VT ▸ **to intend to do sth** 打算做某事 dǎsuàn zuò mǒushì ▸ **to intend doing sth** 打算做某事 dǎsuàn zuò mǒushì ▸ **to intend that...** 打算… dǎsuàn... ▸ **to be intended to do sth** 用来(來)做某事 yònglái zuò mǒushì ▸ **to be intended for sb/sth** [*gift, money* +] 专(專)门(門)用于(於)某人/某事 zhuānmén yòngyú mǒurén/mǒushì ▸ **to be intended as sth** [*announcement, declaration* +] 被有意作为(為)某物 bèi yǒuyì zuòwéi mǒuwù

intense [ɪn'tɛns] ADJ **1** *(great)* [+ *heat, pain*] 剧(劇)烈的 jùliè de; [+ *anger, joy, desire*] 强(強)烈的 qiángliè de; [+ *competition*] 激烈的 jīliè de **2** [+ *person*] 认(認)真的 rènzhēn de

intensely [ɪn'tɛnslɪ] ADV *(extremely)* 非常地 fēicháng de

intensify [ɪn'tɛnsɪfaɪ] **I** VT [+ *efforts, pressure*] 加强(強) jiāqiáng **II** VI [*efforts, pressure* +] 加剧(劇) jiājù

intensity [ɪn'tɛnsɪtɪ] N [U] [*of heat, anger, desire*] 强(強)度 qiángdù; [*of debate, attack*] 激烈 jīliè

intensive [ɪn'tɛnsɪv] ADJ [+ *training, study, talks*] 深入细(細)致的 shēnrù xìzhì de; [+ *efforts*] 集中的 jízhōng de; [+ *treatment, therapy*] 强(強)化的 qiánghuà de

intensive care N ▸ **to be in intensive care** 接受重病特别(別)护(護)理 jiēshòu zhòngbìng tèbié hùlǐ

intent [ɪn'tɛnt] **I** N [U] *(frm)* 意图(圖) yìtú **II** ADJ **1** ▸ **to be intent on sth** *(absorbed in)* 专(專)心致志于(於)某事 zhuānxīn zhìzhì yú mǒushì **2** ▸ **to be intent on doing sth** *(determined)* 一心想做某事 yīxīn xiǎngzuò mǒushì ▸ **to all intents (and purposes)** 实(實)际(際)上 shíjì shang

intention [ɪn'tɛnʃən] N [C/U] 打算 dǎsuàn [个 gè] ▸ **with the best (of) intentions** 好心好意地 hǎoxīnhǎoyì de ▸ **to have no/every intention of doing sth** 根本没(沒)有做某事的意图(圖)/打定主意做某事 gēnběn méiyǒu zuò mǒushì de yìtú/dǎdìng zhǔyi zuò mǒushì

intentional [ɪn'tɛnʃənl] ADJ 故意的 gùyì de

intentionally [ɪn'tɛnʃnəlɪ] ADV 故意地 gùyì de

interact [ɪntər'ækt] VI 互相影响(響) hùxiāng yǐngxiǎng ▸ **to interact with** 与(與)…接合 yǔ...jiēhé

interaction [ɪntər'ækʃən] N [C/U] **1** [*of people*] 互相联(聯)系(繫) hùxiāng liánxì **2** [*of ideas, objects*] 相互影响(響) xiānghù yǐngxiǎng

interactive [ɪntər'æktɪv] ADJ **1** [+ *television, computer, game*] 交互的 jiāohù de **2** [+ *group, teaching*] 互动(動)的 hùdòng de

intercept [ɪntə'sɛpt] VT [+ *person, car*] 截住 jiézhù; [+ *message, supplies*] 截取 jiéqǔ; [+ *plane, missile*] 截获(獲) jiéhuò

interchange [*n* 'ɪntətʃeɪndʒ, *vb* ɪntə'tʃeɪndʒ] **I** N **1** [C/U] *(exchange)* [*of ideas, information*] 交换(換) jiāohuàn **2** [C] *(on motorway, freeway)* 立体(體)交叉道 lìtǐ jiāochādào **II** VT 交换(換) jiāohuàn

intercom ['ɪntəkɔm] N [C] 内部通信系统 nèibù tōngxìn xìtǒng [个 gè]

intercourse ['ɪntəkɔːs] N [U] **1** *(frm)* *(also:* **sexual intercourse**) 性交 xìngjiāo **2** ▸ **social intercourse** *(o.f.)* 社交 shèjiāo ▸ **to have (sexual) intercourse** 性交 xìngjiāo

★**interest** ['ɪntrɪst] **I** N **1** [U/S] *(in subject, idea, person)* 兴(興)趣 xìngqù ▹ *There has been a lively interest in the elections.* 大家对选举兴致颇高。Dàjiā duì xuǎnjǔ xìngzhì pō gāo. **2** [C] *(pastime, hobby)* 爱(愛)好 àihào [个 gè] ▹ *His interests include cooking and photography.* 他的爱好包括烹调和摄影。Tā de àihào bāokuò pēngtiáo hé shèyǐng. **3** [C] *(advantage, profit)* 利益 lìyì ▹ *They would protect the interests of their members.* 他们将保护成员的利益。Tāmen jiāng bǎohù chéngyuán de lìyì. **4** [U] *(on loan, savings)* 利息 lìxī ▹ *Does your current account pay interest?* 你的活期存款账户付利息吗？ Nǐ de huóqī cúnkuǎn zhànghù fù lìxī ma? ▹ *the interest you pay on your mortgage* 你付贷款的利息 nǐ fù dàikuǎn de lìxī **II interests** N PL *(Comm) (in a company)* 股权(權) gǔquán ▹ *Her business interests include a theme park.* 她的公司股权包括一个主题公园。Tā de gōngsī gǔquán bāokuò yīgè zhǔtí gōngyuán. **III** VT [*work, subject, idea* +] 使感兴(興)趣 shǐ gǎnxìngqù ▹ *These are the stories that interest me.* 这些是使我感兴趣的故事。Zhèxiē shì shǐ wǒ gǎn xìngqù de gùshi. ▸ **to take an interest in sth/sb** 对(對)某事/某人感兴(興)趣 duì mǒushì/mǒurén gǎn xìngqù ▸ **to show an interest in sth/sb** 显(顯)露对(對)某事/某人的兴(興)趣 xiǎnlù duì mǒushì/mǒurén de xìngqù ▸ **to lose interest (in sth/sb)** 对(對)（某事/某人）失去兴(興)趣 duì (mǒushì/mǒurén) shīqù xìngqù ▸ **controlling interest** *(Comm)* 控股权(權)益 kònggǔ quányì ▸ **to be in sb's interests** 对(對)某人有益 duì mǒurén yǒuyì ▸ **in the interests of stability/security** 为(為)稳(穩)定/安全起见(見) wèi wěndìng/ānquán qǐjiàn ▸ **to interest sb in sth** 使某人对(對)某事发(發)生兴(興)趣 shǐ mǒurén duì mǒushì fāshēng xìngqù

interested ['ɪntrɪstɪd] ADJ **1** ▸ **to be interested (in sth/doing sth)** 对(對)（某事/做某事）有兴(興)趣 duì (mǒushì/zuò mǒushì) yǒu xìngqù **2** [+ *party, body*] 有关(關)的 yǒuguān de

i

请勿将 **interested** 和 **interesting** 混淆。如果你 **interested in** 某事，说明你对它很感兴趣，很想了解或知道更多关于它的事情，或者想花更多的时间来做这件事。*Not all of the children were interested in animals... She asked him how he became interested in politics.* 如果你发现某事**interesting**，表示它令人感兴趣，引人注意，使你乐于更多地了解这件事或者去做这件事。*It must be an awfully interesting job... The interesting thing is that this is exactly the answer we got before.*

interesting ['ɪntrɪstɪŋ] ADJ [+ *idea, place, person*] 有趣的 yǒuqù de ▸ **it is interesting that...** 令人关(關)注的是… lìng rén guānzhù de shì... ▸ **it will be interesting to see how he reacts** 看他怎么(麼)反应(應)会(會)是很有趣的 kàn tā zěnme fǎnyìng shì hěn yǒuqù de
用法参见 **interested**

interestingly ['ɪntrɪstɪŋlɪ] ADV 有趣的是 yǒuqù de shì

interest rate N [c] 利率 lìlǜ

interface ['ɪntəfeɪs] **I** N [c] **1** (*Comput*) 界面 jièmiàn **2** (*area of contact*) 接合处(處) jiēhéchù **II** VI (*frm: interact*) ▸ **to interface (with sth)** (与(與)某物) 互相影响(響) (yǔ mǒuwù) hùxiāng yǐngxiǎng

interfaith ADJ 跨宗教的 kuà zōngjiào de

interfere [ɪntə'fɪə^r] VI **1** (*meddle*) (*in situation, sb's affairs*) 干涉 gānshè **2** (*disrupt*) 妨碍(礙) fáng'ài ▸ **to interfere in sth** 干预(預)某事 gānyù mǒushì ▸ **to interfere with sth** [+ *plans, career, duty*] 妨碍(礙)某事 fáng'ài mǒushì

interference [ɪntə'fɪərəns] N [U] **1** (*meddling*) 干涉 gānshè **2** (*Rad, TV*) 干扰(擾) gānrǎo

interim ['ɪntərɪm] **I** ADJ [+ *agreement, report*] 临(臨)时(時)的 línshí de; [+ *results, profits*] 中期的 zhōngqī de; [+ *government*] 过(過)渡的 guòdù de **II** N ▸ **in the interim** 在此期间(間) zài cǐ qījiān

interior [ɪn'tɪərɪə^r] **I** N **1** [c] [*of building, car, box*] 内(內)部 nèibù **2** [s] [*of country*] 内(內)地 nèidì **II** ADJ **1** [+ *door, window, room*] 内(內)部的 nèibù de **2** [+ *minister, department*] 内(內)政的 nèizhèng de ▸ **Minister/Ministry of the Interior** 内(內)政部长(長)/部 nèizhèng bùzhǎng/bù

interior design N [U] 室内(內)设(設)计(計) shìnèi shèjì

interior designer N [c] 室内装(裝)饰(飾)设(設)计(計)师(師) shìnèi zhuāngshì shèjìshī [位 wèi]

intermediate [ɪntə'mi:dɪət] ADJ **1** [+ *stage, position*] 中间(間)的 zhōngjiān de **2** [+ *student, course, level*] 中级(級)的 zhōngjí de

intermission [ɪntə'mɪʃən] N [c] (*Cine*) 休息时(時)间(間) xiūxi shíjiān [段 duàn]; (*US: Theat, Mus*) 幕间(間)休息 mùjiān xiūxi [英 = **interval**]

intern [*vb* ɪn'tə:n, *n* 'ɪntə:n] **I** VT (*imprison*) 拘留 jūliú **II** N [c] (*US: Med, Pol*) 实(實)习(習)生 shíxíshēng [名 míng]

internal [ɪn'tə:nl] ADJ **1** [+ *wall, dispute, reform, mail*] 内(內)部的 nèibù de **2** [+ *bleeding, injury, examination*] 内(內)的 nèi de **3** [+ *security, politics*] 国(國)内(內)的 guónèi de

internally [ɪn'tə:nəlɪ] ADV **1** (*within*) 在内(內)部 zài nèibù **2** (*Med*) 在体(體)内(內) zài tǐnèi **3** (*within a company*) 从(從)内(內)部 cóng nèibù ▸ **"not to be taken internally"** "切勿内(內)服" "qièwù nèifú"

Internal Revenue Service (*US*) N ▸ **the Internal Revenue Service** 国(國)税(稅)局 Guóshuìjú [英 = **Inland Revenue**]

★ **international** [ɪntə'næʃənl] **I** ADJ 国(國)际(際)的 guójì de **II** N [c] (*Brit: Sport*) **1** (*match*) 国(國)际(際)比赛(賽) guójì bǐsài [场 chǎng] **2** (*player*) 国(國)际(際)比赛(賽)选(選)手 guójì bǐsài xuǎnshǒu [名 míng]

international relations N PL 国(國)际(際)关(關)系(係) guójì guānxì

Internet ['ɪntənɛt] N ▸ **the Internet** 因特网(網) yīntèwǎng

Internet café N [c] 网(網)吧 wǎngbā [个 gè]

Internet service provider N [c] 因特网(網)服务(務)提供者 yīntèwǎng fúwù tígōngzhě [名 míng]

internet user N [c] 网(網)民 wǎngmín [个 gè]

interpret [ɪn'tə:prɪt] **I** VT **1** (*explain*) [+ *message, poem*] 把…理解为(為) bǎ...lǐjiě wéi; [+ *behaviour, statement*] 阐(闡)释(釋) chǎnshì **2** (*translate*) 口译(譯) kǒuyì **II** VI (*translate*) 口译(譯) kǒuyì ▸ **to interpret sth as sth** 把某事理解为(為)某事 bǎ mǒushì lǐjiě wéi mǒushì

interpretation [ɪntə:prɪ'teɪʃən] N **1** [c/U] (*explanation, understanding*) 解释(釋) jiěshì [种 zhǒng] **2** [c] (*Theat, Mus*) 艺(藝)术(術)表现(現) yìshù biǎoxiàn

interpreter [ɪn'tə:prɪtə^r] N [c] 口译(譯)者 kǒuyìzhě [位 wèi]

interrogate [ɪn'tɛrəugeɪt] VT [+ *witness, prisoner, suspect*] 审(審)问(問) shěnwèn

interrogation [ɪntɛrəu'geɪʃən] N **1** [U] (*activity*) 审(審)问(問) shěnwèn **2** [c] (*period of questioning*) 审(審)讯(訊)期 shěnxùnqī

interrupt [ɪntə'rʌpt] **I** VT **1** [+ *speaker, conversation*] 打断(斷) dǎduàn **2** [+ *activity*] 中断(斷) zhōngduàn **II** VI (*in conversation*) 打岔 dǎchà
用法参见 **disturb**

interruption [ɪntə'rʌpʃən] N [c/U] 打扰(擾) dǎrǎo [种 zhǒng]

intersection [ɪntə'sɛkʃən] N [c] [*of roads*] 交叉口 jiāochākǒu [个 gè]

interstate ['ɪntəsteɪt] **I** ADJ 州与(與)州之间(間)的 zhōu yǔ zhōu zhījiān de **II** N [c] (*US*) 州际(際)公路 zhōujì gōnglù [条 tiáo]

interval ['ɪntəvl] N [c] **1** (*break, pause*) 间(間)隔 jiàngé [个 gè] **2** (*Brit: Theat, Mus, Sport*) 幕

间(間)休息 mùjiān xiūxi [个 gè] [美 = intermission] ▸ **at intervals** (*in time*) 不时(時) bùshí; (*in space*) 每隔一定距离(離) měigé yīdìng jùlí ▸ **sunny intervals** 偶尔(爾)出太阳(陽) ǒuěr chū tàiyáng

intervene [ɪntəˈviːn] VI **1** [*person* +] 干预(預) gānyù **2** [*event* +] 介入 jièrù **3** [*time* +] 介于(於) jièyú **4** (*in speech*) 打断(斷) dǎduàn

intervention [ɪntəˈvɛnʃən] N [C/U] [*by person*] 干预(預) gānyù; (*military*) 干涉 gānshè

interview [ˈɪntəvjuː] **I** N [C/U] **1** (*for job*) 面试(試) miànshì [次 cì] **2** (*Publishing, Rad, TV*) 采(採)访(訪) cǎifǎng [次 cì] **II** VT **1** (*for job*) 面试(試) miànshì **2** (*Publishing, Rad, TV*) 采(採)访(訪) cǎifǎng **3** (*Police*) 盘(盤)问(問) pánwèn ▸ **to go for/have an interview** 参(參)加面试(試) cānjiā miànshì ▸ **to give an interview** 接受采(採)访(訪) jiēshòu cǎifǎng

interviewer [ˈɪntəvjuəʳ] N [C] **1** (*Rad, TV*) 采(採)访(訪)者 cǎifǎngzhě [位 wèi] **2** [*of job applicant*] 面试(試)者 miànshìzhě

intimacy [ˈɪntɪməsɪ] N [U] **1** (*mental*) 亲(親)密 qīnmì **2** (*physical*) 亲(親)昵(暱) qīnnì

intimate [*adj* ˈɪntɪmət, *vb* ˈɪntɪmeɪt] **I** ADJ **1** (*very close*) [+ *friend, relationship*] 亲(親)密的 qīnmì de **2** (*sexual*) [+ *relationship*] 暧昧的 àimèi de **3** (*private*) [+ *conversation, details*] 私人的 sīrén de **4** (*cosy*) [+ *restaurant, atmosphere*] 惬(愜)意的 qièyì de **5** (*thorough*) [+ *knowledge*] 精通的 jīngtōng de **II** VT (*frm: hint at*) 暗示 ànshì ▸ **to be intimate (with sb)** (*sexually*) 和（某人）关(關)系(係)暧昧 hé(mǒurén)guānxì àimèi ▸ **to have an intimate knowledge of sth** 对(對)某事造诣(詣)很深 duì mǒushì zàoyì hěn shēn ▸ **to intimate that...** (*frm*) 暗示… ànshì...

intimidate [ɪnˈtɪmɪdeɪt] VT 恐吓(嚇) kǒnghè ▸ **to intimidate sb into doing sth** 胁(脅)迫某人做某事 xiépò mǒurén zuò mǒushì

intimidated [ɪnˈtɪmɪdeɪtɪd] ADJ 被胁(脅)迫的 bèi xiépò de

intimidating [ɪnˈtɪmɪdeɪtɪŋ] ADJ [+ *atmosphere, place, experience*] 恐怖的 kǒngbù de; [+ *person*] 可怕的 kěpà de

★ **into** [ˈɪntu] PREP (*indicating motion, direction*) 到…里(裡)面 dào...lǐmiàn ▸ **come into the house/garden** 走进(進)房子/花园(園)里(裡) zǒujìn fángzi/huāyuán lǐ ▸ **get into the car** 进(進)入车(車)子 jìnrù chēzi ▸ **he threw some socks into his case** 他把几(幾)只袜(襪)子扔进(進)了箱子里(裡) tā bǎ jǐzhī wàzi rēngjìn le xiāngzi lǐ ▸ **let's go into town** 我们(們)进(進)城吧 wǒmen jìnchéng ba ▸ **she poured some tea into the cup** 她把一些茶倒进(進)了杯子里(裡) tā bǎ yīxiē chá dàojìnle bēizi lǐ ▸ **to translate Chinese into French** 把汉(漢)语(語)翻译(譯)成法语(語) bǎ Hànyǔ fānyì chéng Fǎyǔ ▸ **it broke into pieces** 它碎成一片片的了 tā suì chéng yī piànpiàn de le ▸ **research into cancer** 对(對)癌症的深入研究 duì áizhèng de shēnrù yánjiū ▸ **he worked late into the night** 他工作到深夜 tā gōngzuò dào shēnyè ▸ **they got into trouble** 他们(們)陷入麻烦(煩)之中 tāmen xiànrù máfan zhīzhōng ▸ **I'd like to change some dollars into euros** 我想把一些美元换(換)成欧(歐)元 wǒ xiǎng bǎ yīxiē měiyuán huànchéng ōuyuán

intolerable [ɪnˈtɔlərəbl] ADJ [+ *behaviour, situation, burden*] 无(無)法忍受的 wúfǎ rěnshòu de

intolerant [ɪnˈtɔlərnt] ADJ [+ *person, society*] 偏狭(狹)的 piānxiá de; [+ *attitude*] 不容忍的 bù róngrěn de ▸ **to be intolerant of sth/sb** 不能容忍某事/某人 bùnéng róngrěn mǒushì/mǒurén

intranet [ˈɪntrənɛt] N [C] 内(內)联(聯)网(網) nèilián wǎng

intricate [ˈɪntrɪkət] ADJ [+ *pattern, design*] 复(複)杂(雜)的 fùzá de

intrigue [*n* ˈɪntriːg, *vb* ɪnˈtriːg] **I** N [C/U] 阴(陰)谋(謀) yīnmóu [个 gè] **II** VT (*fascinate*) 使…感兴(興)趣 shǐ...gǎnxìngqù

intrigued [ɪnˈtriːgd] ADJ 被迷住的 bèi mízhù de ▸ **I would be intrigued to hear more** 我有兴(興)趣接着(著)听(聽) wǒ yǒu xìngqù jiēzhe tīng

intriguing [ɪnˈtriːgɪŋ] ADJ 引人入胜(勝)的 yǐn rén rù shèng de

introduce [ɪntrəˈdjuːs] VT **1** [+ *new idea, measure, technology*] 引进(進) yǐnjìn **2** [+ *speaker, TV show, radio programme*] 介绍(紹) jièshào **3** ▸ **to introduce sb (to sb)** 给(給)某人介绍(紹)（某人） gěi mǒurén jièshào (mǒurén) **4** ▸ **to introduce sb to sth** [+ *pastime, technique*] 引导(導)某人做某事 yǐndǎo mǒurén zuò mǒushì ▸ **may I introduce you (to...)?** 让(讓)我介绍(紹)你（认(認)识(識)…）好吗(嗎)? ràng wǒ jièshaò nǐ (rènshi...) hǎo ma?

introduction [ɪntrəˈdʌkʃən] N **1** [U] [*of new idea, measure, technology*] 引进(進) yǐnjìn **2** [C] [*of person*] 介绍(紹) jièshào [个 gè] **3** [C] (*beginning*) [*of book, talk*] 引言 yǐnyán [个 gè] **4** (*first experience of sth*) ▸ **China's introduction to British ballet** 中国(國)首次接触(觸)英国(國)芭蕾 Zhōngguó shǒucì jiēchù Yīngguó bālěi **5** (*presentation of basic facts*) ▸ **an introduction to linguistics** 语(語)言学(學)入门(門) yǔyánxué rùmén ▸ **letter of introduction** 介绍(紹)信 jièshàoxìn

introductory [ɪntrəˈdʌktərɪ] ADJ **1** [+ *remarks, course*] 介绍(紹)性的 jièshàoxìng de **2** [+ *offer, price*] 试(試)销(銷)的 shìxiāo de

intrude [ɪnˈtruːd] VI **1** [*person* +] 侵入 qīnrù **2** ▸ **to intrude on** [*person, thing* +] [+ *conversation, grief, party*] 打扰(擾) dǎrǎo ▸ **am I intruding?** 我没(沒)有打扰(擾)吧？ wǒ méiyǒu dǎrǎo ba?

i

intruder [ɪn'truːdəʳ] N [c] 闯(闖)入者 chuǎngrùzhě [名 míng]
intuition [ɪntjuː'ɪʃən] N [c/u] 直觉(覺) zhíjué
inundate ['ɪnʌndeɪt] VT ▶ **to be inundated with** [+ *calls, letters, requests*] …多得应(應)接不暇 …duō de yìngjiē bù xiá
invade [ɪn'veɪd] VT **1** (*Mil*) 侵略 qīnlüè **2** (*fig*) [*people, animals* +] 涌(湧)入 yǒngrù
invalid [*n* 'ɪnvəlɪd, *adj* ɪn'vælɪd] **I** N [c] 病弱者 bìngruòzhě [个 gè] **II** ADJ [+ *procedure, document, argument*] 无(無)效的 wúxiào de
invaluable [ɪn'væljuəbl] ADJ [+ *experience, advice*] 无(無)价(價)的 wújià de

> 特别注意，请勿将单词 **invaluable**，**priceless** 和 **worthless** 混淆。某事物 **invaluable**，表示该事物非常有价值。*Their advice to me was invaluable at that stage of my work.* **priceless** 表示事物非常珍贵，是无价之宝。*...priceless masterpieces by Van Gogh...* 与之相反 **worthless** 表示某事物没有什么价值。*I'm afraid your shares are now worthless.*

invariably [ɪn'vɛərɪəblɪ] ADV 不变(變)地 bùbiàn de
invasion [ɪn'veɪʒən] N [c/u] **1** (*Mil*) 入侵 rùqīn **2** (*fig*) 侵袭(襲) qīnxí **3** ▶ **an invasion of privacy** 对(對)隐(隱)私的侵犯 duì yǐnsī de qīnfàn
invent [ɪn'vɛnt] VT **1** [+ *machine, system, game, word*] 发(發)明 fāmíng **2** [+ *lie, excuse*] 捏造 niēzào
invention [ɪn'vɛnʃən] N **1** [c] (*machine, system*) 发(發)明 fāmíng [项 xiàng] **2** [c] (*untrue story*) 捏造 niēzào **3** [u] (*act of inventing*) [*of machine, system*] 发(發)明 fāmíng
inventive [ɪn'vɛntɪv] ADJ [+ *person, mind, idea*] 有发(發)明才能的 yǒu fāmíng cáinéng de
inventor [ɪn'vɛntəʳ] N [c] [*of machine, system*] 发(發)明家 fāmíngjiā [位 wèi]
inventory ['ɪnvəntrɪ] N **1** [c] [*of house, ship*] 清单(單) qīngdān [张 zhāng] **2** [c/u] (*US*) (*supply, stock*) 库存 kùcún
inverted commas [ɪn'vəːtɪd-] (*Brit*) N PL 引号(號) yǐnhào ▶ **in inverted commas** (*lit*) 用引号(號)标(標)志(誌) yòng yǐnhào biāozhì; (*fig*) 所谓(謂)的 suǒwèi de [美 = **quotation marks**]
invest [ɪn'vɛst] **I** VT **1** [+ *money*] 投资(資) tóuzī **2** [+ *time, energy*] 投入 tóurù **II** VI ▶ **invest in** (*Comm*) 投资(資)于(於) tóuzī yú; (*fig*) [+ *product, system*] 购(購)买(買) gòumǎi ▶ **to invest sb with rights/responsibilities** (*frm*) 授予某人权(權)利/责(責)任 shòuyǔ mǒurén quánlì/zérèn ▶ **by the powers invested in me** (*frm*) 根据(據)授予我的权(權)力 gēnjù shòuyǔ wǒ de quánlì
investigate [ɪn'vɛstɪgeɪt] VT 调(調)查 diàochá
investigation [ɪnvɛstɪ'geɪʃən] N [c/u] 调(調)查 diàochá [项 xiàng] ▶ **to be under investigation (for sth)** （由于(於)某事）接受调(調)查 (yóuyú mǒushì)jiēshòu diàochá
investigator [ɪn'vɛstɪgeɪtəʳ] N [c] 调(調)查员(員) diàocháyuán [名 míng]
investment [ɪn'vɛstmənt] N **1** [u] (*activity*) 投资(資) tóuzī [项 xiàng] **2** [c] (*amount of money*) 投资(資)额(額) tóuzī'é [笔 bǐ] **3** [c] (*property, painting etc*) 投资(資) tóuzī [项 xiàng] ▷ *I bought a flat as an investment.* 我买了一套公寓作为投资。Wǒ mǎile yī tào gōngyù zuòwéi tóuzī. **4** [u/s] (*fig*) 投资(資) tóuzī [项 xiàng]
investor [ɪn'vɛstəʳ] (*Fin*) N [c] 投资(資)者 tóuzīzhě [位 wèi]
invigilator [ɪn'vɪdʒɪleɪtəʳ] N [c] 监(監)考员(員) jiānkǎoyuán [位 wèi]
invisible [ɪn'vɪzɪbl] ADJ **1** 看不见(見)的 kànbùjiàn de **2** [+ *problem, situation*] 被忽略的 bèi hūlüè de **3** [+ *exports, earnings, assets*] 无(無)形的 wúxíng de
invitation [ɪnvɪ'teɪʃən] N **1** [c] 邀请(請) yāoqǐng [个 gè] **2** [c] (*card*) 请(請)柬 qǐngjiǎn [封 fēng] **3** ▶ **an invitation to disaster/crime** 招致灾(災)难(難)/犯罪的诱(誘)因 zhāozhì zāinàn/fànzuì de yòuyīn ▶ **by invitation only** 凭(憑)柬入场(場) píng jiǎn rùchǎng ▶ **at sb's invitation** 应(應)某人的邀请(請) yìng mǒurén de yāoqǐng
invite [*vb* ɪn'vaɪt, *n* 'ɪnvaɪt] **I** VT **1** 邀请(請) yāoqǐng [个 gè] **2** (*encourage*) [+ *trouble, criticism*] 招致 zhāozhì **II** N [c] (*inf: invitation*) 邀请(請) yāoqǐng [个 gè] ▶ **to invite sb to do sth** 邀请(請)某人做某事 yāoqǐng mǒurén zuò mǒushì ▶ **to invite sb to dinner** 请(請)某人赴宴 qǐng mǒurén fùyàn
▶**invite out** VT 将(將)…请(請)去 jiāng…qǐng qù
inviting [ɪn'vaɪtɪŋ] ADJ 吸引人的 xīyǐnrén de
invoice ['ɪnvɔɪs] **I** N [c] 发(發)票 fāpiào [张 zhāng] **II** VT [+ *person*] 开(開)发(發)票 kāi fāpiào ▶ **to invoice sb for goods** 给(給)某人开(開)物品发(發)票 gěi mǒurén kāi wùpǐn fāpiào
invoke [ɪn'vəuk] VT **1** [+ *law, saying, famous person*] 援引 yuányǐn **2** (*evoke*) [+ *feelings, memories*] 唤(喚)起 huànqǐ
involve [ɪn'vɔlv] VT **1** (*entail*) 包含 bāohán **2** (*concern, affect*) 使卷(捲)入 shǐ juǎnrù ▶ **to involve sb (in sth)** 使某人参(參)与(與)（某事） shǐ mǒurén cānyù (mǒushì)
involved [ɪn'vɔlvd] ADJ **1** (*complicated*) 复(複)杂(雜)的 fùzá de **2** ▶ **to be involved in** (*take part in*) 参(參)与(與) cānyù; (*be engrossed in*) 专(專)心于(於) zhuānxīn yú **3** (*be entailed by*) …所需的 …suǒxū de ▶ **to feel involved in sth** 感到成为(為)某事的一部分 gǎndào chéngwéi mǒushì de yībùfen ▶ **to be involved with sb** 和某人关(關)系(係)亲(親)密 hé mǒurén guānxì qīnmì

involvement [ɪn'vɔlvmənt] N **1** [U] (*participation*) 参(參)与(與) cānyù **2** [U] (*concern, enthusiasm*) 眷顾(顧) juàngù **3** [C/U] (*relationship*) 牵(牽)连(連) qiānlián

inward ['ɪnwəd] **I** ADJ **1** [+ *movement*] 向内(內)的 xiàngnèi de **2** [+ *thoughts, feelings*] 内(內)心的 nèixīn de **II** ADV = **inwards**

inwards ['ɪnwədz] ADV [*move, face* +] 向内(內) xiàngnèi

iodine ['aɪəudiːn] N [U] 碘 diǎn

IOU N ABBR (= **I owe you**) 借条(條) jiètiáo

iPod® ['aɪpɔd] 数(數)码(碼)随(隨)身听(聽) shùmǎ suíshēntīng [个 gè]

IQ N ABBR (= **intelligence quotient**) 智商 zhìshāng

IRA N ABBR **1** (= **Irish Republican Army**) 爱(愛)尔(爾)兰(蘭)共和军(軍) Ài'ěrlán Gònghéjūn **2** (*US*) (= **individual retirement account**) 个(個)人退休帐(帳)户(戶) gèrén tuìxiū zhànghù

Iran [ɪ'rɑːn] N 伊朗 Yīlǎng

Iranian [ɪ'reɪnɪən] **I** ADJ 伊朗的 Yīlǎng de **II** N **1** [C] (*person*) 伊朗人 Yīlǎngrén [个 gè] **2** [U] (*language*) 伊朗语(語) Yīlǎngyǔ

Iraq [ɪ'rɑːk] N 伊拉克 Yīlākè

Iraqi [ɪ'rɑːkɪ] **I** ADJ 伊拉克的 Yīlākè de **II** N [C] (*person*) 伊拉克人 Yīlākèrén [名 míng]

Ireland ['aɪələnd] N 爱(愛)尔(爾)兰(蘭) Ài'ěrlán ▸ **the Republic of Ireland** 爱(愛)尔(爾)兰(蘭)共和国(國) Ài'ěrlán Gònghéguó

iris ['aɪrɪs] N [C] **1** (*of eye*) 虹膜 hóngmó **2** (*flower*) 蝴蝶花 húdiéhuā [束 shù]

Irish ['aɪrɪʃ] **I** ADJ 爱(愛)尔(爾)兰(蘭)的 Ài'ěrlán de **II** N [U] (*language*) 爱(愛)尔(爾)兰(蘭)语(語) Ài'ěrlányǔ **III the Irish** N PL 爱(愛)尔(爾)兰(蘭)人 Ài'ěrlánrén

Irishman ['aɪrɪʃmən] (*pl* **Irishmen**) N [C] 爱(愛)尔(爾)兰(蘭)男人 Ài'ěrlán nánrén [个 gè]

Irishwoman ['aɪrɪʃwumən] (*pl* **Irishwomen**) N [C] 爱(愛)尔(爾)兰(蘭)女人 Ài'ěrlán nǚrén [个 gè]

iron ['aɪən] **I** N **1** [U] (*metal*) 铁(鐵) tiě **2** [C] (*for clothes*) 熨斗 yùndǒu [个 gè] **II** ADJ **1** [+ *bar, railings*] 铁(鐵)的 tiě de **2** (*fig*) [+ *will, discipline*] 刚(剛)强(強)的 gāngqiáng de **III** VT [+ *clothes*] 熨 yùn **IV irons** N PL (*chains*) 镣(鐐)铐(銬) liàokào ▸ **to clap sb in irons** 给(給)某人戴上镣(鐐)铐(銬) gěi mǒurén dàishàng liàokào
▸**iron out** VT [+ *problems*] 消除 xiāochú

ironic [aɪ'rɔnɪk] ADJ **1** [+ *remark, smile*] 挖苦的 wākǔ de **2** [+ *situation*] 令人啼笑皆非的 lìng rén tí xiào jiē fēi de ▸ **it is ironic that...** 具有讽(諷)刺性的是… jùyǒu fěngcìxìng de shì...

ironically [aɪ'rɔnɪklɪ] ADV **1** [*say* +] 挖苦地 wākǔ de **2** ▸ **ironically (enough)...** (极(極)) 具有讽(諷)刺性的是… (jí) jùyǒu fěngcìxìng de shì...

ironing ['aɪənɪŋ] N [U] **1** (*activity*) 熨烫(燙) yùntàng **2** (*clothes*) 要熨烫(燙)的衣服 yào yùntàng de yīfu ▸ **to do the ironing** 熨衣服 yùn yīfu

ironing board N [C] 熨衣板 yùnyībǎn [个 gè]

ironmonger's ['aɪənmʌŋgəz] N [C] 五金店 wǔjīndiàn [家 jiā]

ironmonger's shop N [C] 五金店 wǔjīndiàn [家 jiā]

irony ['aɪrənɪ] N **1** [U] (*in speech*) 讽(諷)刺 fěngcì **2** [C/U] [*of situation*] 讥(譏)讽(諷) jīfěng

irrational [ɪ'ræʃənl] ADJ [+ *feelings, behaviour*] 无(無)理性的 wúlǐxìng de

irregular [ɪ'rɛgjulə^r] ADJ **1** [+ *surface, pattern*] 不整齐(齊)的 bù zhěngqí de **2** (*not set*) [+ *hours, times*] 不定期的 bù dìngqī de; [+ *meals, periods*] 不规(規)律的 bù guīlǜ de; [+ *heartbeat, pulse*] 不规(規)则(則)的 bù guīzé de **3** (*not acceptable*) [+ *behaviour*] 不正当(當)的 bù zhèngdàng de **4** (*Ling*) [+ *verb, noun, adjective*] 不规(規)则(則)的 bù guīzé de ▸ **at irregular intervals** 不定时(時)的间(間)隔 bù dìngshí de jiàngé

irrelevant [ɪ'rɛləvənt] ADJ 不相干的 bù xiānggān de ▸ **irrelevant to sb/sth** 与(與)某人/某事无(無)关(關) yǔ mǒurén/mǒushì wúguān

irresistible [ɪrɪ'zɪstɪbl] ADJ **1** [+ *urge, desire*] 压(壓)不住的 yābùzhù de **2** [+ *person, charm, food*] 无(無)法抗拒的 wúfǎ kàngjù de **3** [+ *force, pressure*] 不可抗拒的 bùkě kàngjù de

irrespective [ɪrɪ'spɛktɪv] ▸ **irrespective of** PREP 不论(論) bùlùn

irresponsible [ɪrɪ'spɔnsɪbl] ADJ [+ *person, driver*] 无(無)责(責)任感的 wú zérèngǎn de; [+ *attitude, behaviour*] 不负(負)责(責)任的 bù fù zérèn de ▸ **it is irresponsible to drive when tired** 疲劳(勞)驾(駕)车(車)是很不负(負)责(責)任的 píláo jiàchē shì hěn bù fù zérèn de

irreversible [ɪrɪ'vɜːsəbl] ADJ [+ *damage, change*] 不可扭转(轉)的 bù kě niǔzhuǎn de

irrigation [ɪrɪ'geɪʃən] N [U] 灌溉 guàngài

irritable ['ɪrɪtəbl] ADJ [+ *person*] 易激怒的 yì jīnù de
■ 用法参见 **angry**

irritate ['ɪrɪteɪt] VT **1** [+ *person*] 使烦(煩)躁 shǐ fánzào **2** [+ *skin, eyes*] 使不舒服 shǐ bù shūfu

irritating ['ɪrɪteɪtɪŋ] ADJ [+ *person, habit, noise*] 烦(煩)人的 fánrén de

irritation [ɪrɪ'teɪʃən] N **1** [U] (*feeling of annoyance*) 恼(惱)怒 nǎonù **2** [C] (*annoying thing*) 恼(惱)人的事 nǎorén de shì [件 jiàn] **3** [C/U] [*of skin, eyes*] 刺激 cìjī

IRS (*US*) N ABBR (= **Internal Revenue Service**) ▸ **the IRS** 国(國)税(稅)局 Guóshuìjú

is [ɪz] VB *of* **be**

Islam ['ɪzlɑːm] N [U] 伊斯兰(蘭)教 Yīsīlánjiào

Islamic [ɪz'læmɪk] ADJ [+ *law, faith*] 伊斯兰(蘭)教的 Yīsīlánjiào de; [+ *country*] 伊斯兰(蘭)的 Yīsīlán de

island ['aɪlənd] N [C] **1** (*Geo*) 岛(島) dǎo [个 gè]

i

2 (*also*: **traffic island**) 交通岛(島) jiāotōngdǎo

islander ['aɪləndəʳ] N [c] 岛(島)上居民 dǎoshang jūmín [群 qún]

isle [aɪl] N [c] 岛(島) dǎo [个 gè]

isn't ['ɪznt] = **is not**

isolate ['aɪsəleɪt] VT **1** [+ *person, country*] 孤立 gūlì **2** [+ *substance, sick person, animal*] 隔离(離) gélí

isolated ['aɪsəleɪtɪd] ADJ **1** [+ *place*] 孤零零的 gūlínglíng de **2** [+ *person*] 孤立的 gūlì de **3** (*single*) [+ *incident, case, example*] 个(個)别(別)的 gèbié de

isolation [aɪsə'leɪʃən] N [U] **1** [*of person*] 孤立 gūlì **2** ▸ **to consider sth in isolation** 孤立地看待某事 gūlì de kàndài mǒushì

ISP N ABBR (= **Internet service provider**) 因特网(網)服务(務)提供者 yīntèwǎng fúwù tígōngzhě

Israel ['ɪzreɪl] N 以色列 Yǐsèliè

Israeli [ɪz'reɪlɪ] **I** ADJ 以色列的 Yǐsèliè de **II** N [c] (*person*) 以色列人 Yǐsèlièrén [名 míng]

★ **issue** ['ɪʃjuː] **I** N **1** [c] (*problem, subject*) 问(問)题(題) wèntí [个 gè] ▹ *the issue of human rights* 人权问题 rénquán wèntí **2** ▸ **the issue** (*most important part*) 要点(點) yàodiǎn [个 gè] ▹ *That's not the issue.* 那不是问题所在。Nà bùshì wèntí suǒzài. **3** [c] [*of magazine, newspaper*] 期 qī ▹ *the latest issue of the magazine* 最新一期杂志 zuìxīn yīqī zázhì **4** [c] (*pl* **issue**) (*o.f.: offspring*) 子女 zǐnǚ ▹ *He died without issue.* 他死后无子女。Tā sǐ hòu wú zǐnǚ. **II** VT **1** [+ *rations, equipment, documents*] 发(發)给(給) fāgěi ▹ *Who issued the travel documents?* 谁签发旅行证件？ Shuí qiānfā lǚxíng zhèngjiàn? **2** [+ *statement*] 发(發)表 fābiǎo ▹ *We need to issue some sort of statement.* 我们要发表某种声明。Wǒmen yào fābiǎo mǒuzhǒng shēngmíng. **III** VI (*frm*) ▸ **to issue (from)** [*liquid, sound, smell* +] （从(從)…）出来(來) (cóng...) chūlái ▸ **to avoid the issue** 回(迴)避问(問)题(題) huíbì wèntí ▸ **to confuse** *or* **cloud the issue** 混淆问(問)题(題) hùnxiáo wèntí ▸ **to take issue with sb** 与(與)某人争(爭)论(論) yǔ mǒurén zhēnglùn ▸ **to make an issue of sth** 把某事看得极(極)为(為)重要 bǎ mǒushì kàn de jíwéi zhòngyào ▸ **to be at issue** 在争(爭)议(議)中的 zài zhēngyì zhōng de ▸ **to issue sth to sb** 给(給)某人发(發)放某物 gěi mǒurén fāfàng mǒuwù ▸ **to issue sb with sth** 给(給)某人发(發)放某物 gěi mǒurén fāfàng mǒuwù

IT N ABBR (= **Information Technology**) 信息技术(術) xìnxī jìshù

★ **it** [ɪt] PRON **1** (*object or animal*) 它 tā ▹ *"Where's my pen?" – "It's on the table."* “我的钢笔在哪儿呢？”“在桌子上。” "Wǒ de gāngbǐ zài nǎr ne?" "Zài zhuōzi shàng." ▹ *Give it to me.* 把它给我。Bǎ tā gěi wǒ. ▹ *I spoke to him about it.* 我跟他说了这事儿。Wǒ gēn tā shuōle zhè shìr.; (*referring to baby*) 他/她 tā/tā ▹ *Is it a boy or a girl?* 是男孩儿还是女孩儿？ Shì nánháir háishì nǚháir? **2** (*weather, date, time*) ▹ *It's very cold in winter here.* 这里的冬天很冷。Zhèlǐ de dōngtiān hěn lěng. ▹ *It's Friday.* 今天星期五。Jīntiān xīngqī wǔ. ▹ *It's 6 o'clock.* 现在6点。Xiànzài liùdiǎn. ▹ *It's August 10th.* 今天是8月10日。Jīntiān shì bā yuè shí rì. ▸ **it's raining** 正在下雨。zhèngzài xiàyǔ **3** (*impersonal*) ▹ *It's easy to see why you left.* 你离开的原因显而易见。Nǐ líkāi de yuányīn xiǎn ér yì jiàn. ▹ *It was John who spoke to them.* 是约翰告诉他们的。Shì Yuēhàn gàosù tāmen de. ▸ **it doesn't matter** 没(沒)关(關)系(係)。méi guānxi. ▸ **I can't find it** 我找不到。wǒ zhǎo bù dào ▸ **what is it?** (*thing*) 是什么(麼)东(東)西？ shì shénme dōngxi?; (*what's the matter?*) 怎么(麼)了？ zěnme le? ▸ **"who is it?" — "it's me"** “是谁(誰)？”“是我。” "shì shuí?" "shì wǒ."

Italian [ɪ'tæljən] **I** ADJ 意大利的 Yìdàlì de **II** N **1** [c] (*person*) 意大利人 Yìdàlìrén [名 míng] **2** [U] (*language*) 意大利语(語) Yìdàlìyǔ

italics [ɪ'tælɪks] N PL 斜体(體)字 xiétǐzì ▸ **in italics** 用斜体(體) yòng xiétǐ

Italy ['ɪtəlɪ] N 意大利 Yìdàlì

itch [ɪtʃ] **I** N [c] (*on skin*) 痒(癢) yǎng [种 zhǒng] **II** VI [*person, part of body* +] 发(發)痒(癢) fāyǎng ▸ **to be itching to do sth** (*inf*) 渴望做某事 kěwàng zuò mǒushì

itchy ['ɪtʃɪ] ADJ [+ *skin, nose, eyes, scalp etc*] 发(發)痒(癢)的 fāyǎng de; [+ *piece of clothing*] 使人发(發)痒(癢)的 shǐ rén fāyǎng de ▸ **to have itchy feet** 渴望漫游(遊) kěwàng mànyóu

it'd ['ɪtd] = **it would, it had**

item ['aɪtəm] N [c] **1** (*on list, agenda*) 项(項)目 xiàngmù [个 gè]; (*on bill*) 项(項) xiàng; (*in collection: object*) 物品 wùpǐn [件 jiàn] **2** (*in newspaper, on TV*) 新闻(聞) xīnwén [条 tiáo] ▸ **items of clothing** 几(幾)件衣服 jǐjiàn yīfu

itinerary [aɪ'tɪnərərɪ] N [c] 旅行计(計)划(劃) lǚxíng jìhuà

it'll ['ɪtl] = **it will**

★ **its** [ɪts] ADJ **1** (*of animal*) 它的 tā de ▹ *The horse lifted its head.* 马抬起头来。Mǎ táiqǐ tóu lái. **2** (*of baby*) 他/她的 tā/tā de ▹ *The baby was sucking its thumb.* 宝宝吮着大拇指。Bǎobao shǔnzhe dàmǔzhǐ.

> 请勿将 **its** 和 **it's** 混淆。**its** 意为”它的”。**it's** 是 **it is** 或者 **it has** 的缩略形式。*The dog wagged its tail... It's hot in here... It's stopped raining.*

it's [ɪts] = **it is, it has**

> 用法参见 **its**

★ **itself** [ɪt'sɛlf] PRON **1** (*reflexive*) 它自己 tāzìjǐ **2** (*emphatic*) 本身 běnshēn ▸ **it switches itself on automatically** 它自动(動)接通。tā zìdòng jiētōng ▸ **I think life itself is a learning process** 我认(認)为(為)生活本身是个(個)学(學)习(習)的过(過)程。wǒ rènwéi shēnghuó běnshēn shì gè xuéxí de guòchéng. ▸ **the baby can hold the toy itself** 宝(寶)宝(寶)自己能拿住玩具 bǎobao zìjǐ néng názhù wánjù ▸ **she is kindness/politeness itself** 她是仁慈/礼(禮)貌的化身 tā shì réncí/lǐmào de huàshēn ▸ **in itself** 本身 běnshēn ▹ *Stress in itself is not necessarily harmful.* 压力本身并不一定是有害的。Yālì běnshēn bìng bù yīdìng shì yǒuhài de. ▸ **by itself** (*unaided*) 自己独(獨)立地 zìjǐ dúlì de ▹ *The cat managed to climb down the tree by itself.* 猫自己设法爬下了树。Māo zìjǐ shèfǎ páxiàle shù. ▹ *The wound will heal by itself.* 伤口会自己愈合的。Shāngkǒu huì zìjǐ yùhé de.; (*alone*) 单(單)独(獨)地 dāndú de ▹ *The dog shouldn't have been left at home by itself.* 狗不该被单独留在家里。Gǒu bù gāi bèi dāndú liú zài jiā lǐ.

ITV (*Brit: TV*) N ABBR (= **Independent Television**) 独(獨)立电(電)视(視)台(臺) Dúlì Diànshìtái

IUD N ABBR (= **intra-uterine device**) 避孕环(環) bìyùnhuán

I've [aɪv] = **I have**

ivory ['aɪvərɪ] N [U] **1** (*substance*) 象牙 xiàngyá **2** (*colour*) 乳白色 rǔbáisè

ivy ['aɪvɪ] N [U] 常春藤 chángchūnténg

Ivy League N 常春藤盟校 chángchūnténg méngxiào

IVY LEAGUE

美国东北部的8所一流大学被称作 **Ivy League** （常青藤盟校）。哈佛大学, 耶鲁大学, 宾夕法尼亚大学, 普林斯顿大学, 哥伦比亚大学, 布朗大学, 达特莫斯大学和康奈尔大学最初常聚到一起举行体育比赛。这个名字据称是取之于爬满了老楼墙壁的常青藤。另一种说法是，最初只有4所大学，罗马数字的4是IV，发音近似于 **ivy**。

J, j [dʒeɪ] N [C/U] (*letter*) 英语的第十个字母

jab [dʒæb] **I** VT ▸ **to jab sb (in the arm/back/eye) with sth** 用某物戳某人(的胳膊/背部/眼睛) yòng mǒuwù chuō mǒurén de (gēbo/bèibù/yǎnjing) **II** VI ▸ **to jab at sb with sth** 用某物戳某人 yòng mǒuwù chuō mǒurén **III** N [C] (*Brit; inf*) (*injection*) 注射 zhùshè ▸ **to jab one's finger/stick at sb** 用手指/棍子戳某人 yòng shǒuzhǐ/gùnzi chuō mǒurén ▸ **to jab sth into sth/sb** 把某物刺入某物/某人 bǎ mǒuwù cì rù mǒuwù/mǒurén ▸ **to have a flu/tetanus jab** (*Brit; inf*) 打感冒/破伤(傷)风(風)预(預)防针(針) dǎ gǎnmào/pòshāngfēng yùfáng zhēn ▸ **to give sb a jab** (*Brit; inf*) 给(給)某人打针(針) gěi mǒurén dǎ zhēn

jack [dʒæk] N [C] **1** (*Aut*) 千斤顶(頂) qiānjīndǐng [个 gè] **2** (*Cards*) 勾儿(兒) gōur [个 gè] **3** (*Bowls*) 靶子球 bǎziqiú
▸ **jack in** (*inf*) VT 放弃(棄) fàngqì
▸ **jack up** VT **1** (*Aut*) 用千斤顶(頂)顶(頂)起 yòng qiānjīndǐng dǐng qǐ **2** (*inf*) [+ *price, amount*] 提高 tígāo

jacket ['dʒækɪt] N [C] **1** (*garment*) 夹(夾)克 jiākè [件 jiàn] **2** (*esp US*) (*also*: **dust jacket**) 护(護)封 hùfēng [个 gè] ▸ **potatoes in their jackets, jacket potatoes** (*Brit*) 带(帶)皮的马(馬)铃(鈴)薯 dàipí de mǎlíngshǔ [美 = **baked potatoes**]

jackpot ['dʒækpɔt] N [C] 头(頭)彩 tóucǎi ▸ **to hit the jackpot** (*inf: fig*) 获(獲)得最大成功 huòdé zuì dà chénggōng

Jacuzzi® [dʒə'kuːzɪ] N [C] 一种用于涡流式沐浴或用于在浴池中产生旋涡的装置的商标

jade [dʒeɪd] **I** N [U] (*stone*) 玉 yù **II** ADJ (*also*: **jade green**) 碧绿(綠)的 bìlǜ de **III** CPD [+ *necklace, ornament*] 玉的 yù de

jagged ['dʒægɪd] ADJ [+ *outline, edge, rocks*] 参(參)差不齐(齊)的 cēncī bùqí de

jail [dʒeɪl] **I** N [C/U] 监(監)狱(獄) jiānyù [个 gè] **II** VT 监(監)禁 jiānjìn ▸ **in jail** 在监(監)狱(獄) zài jiānyù ▹ *He was sentenced to two years in jail.* 他被判两年监禁。Tā bèi pàn liǎng nián jiānjìn. ▸ **to go to jail** 入狱(獄) rùyù

jail sentence N [C] 监(監)狱(獄)刑期 jiānyù xíngqī

jam [dʒæm] **I** N **1** [C/U] (*Brit*) (*preserve*) 果酱(醬) guǒjiàng [瓶 píng] [美 = **jelly**] **2** [C] (*also*: **traffic**

j

jam) 交通堵塞 jiāotōng dǔsè [次 cì] **II** VT **1** ▸ **to jam sth into/on sth** 将(將)某物塞进(進)/扣住某物 jiāng mǒuwù sāijìn/kòuzhù mǒuwù **2** (*fill*) [+ *road, square etc*] 拥(擁)塞 yōngsāi **3** (*immobilize*) [+ *mechanism, drawer etc*] 使卡住 shǐ qiǎzhù **4** (*inundate*) [+ *switchboard, phone lines*] 使塞满(滿) shǐ sāimǎn **5** (*Rad*) (*prevent from broadcasting*) 干扰(擾) gānrǎo **III** VI **1** (*get stuck*) [*drawer, mechanism, gun* +] 卡住 qiǎzhù **2** ▸ **to jam into a stadium/hall** *etc* 涌(湧)进(進)体(體)育馆(館)/大厅(廳)等 yǒngjìn tǐyùguǎn/dàtīng *děng* **3** (*inf*) (*Mus*) 即兴(興)演奏 jíxìng yǎnzòu ▸ **to be in a jam** (*inf: in difficulty*) 陷入困境 xiàn rù kùnjìng ▸ **to get sb out of a jam** (*inf*) 使某人摆(擺)脱(脫)困境 shǐ mǒurén bǎituō kùnjìng

Jamaica [dʒə'meɪkə] N 牙买(買)加 Yámǎijiā

Jamaican [dʒə'meɪkən] **I** ADJ 牙买(買)加的 Yámǎijiā de **II** N [c] (*person*) 牙买(買)加人 Yámǎijiārén [个 gè]

jammed [dʒæmd] ADJ **1** [+ *roads*] 堵塞的 dǔsè de **2** [+ *mechanism, machine*] 卡住的 qiǎzhù de **3** [+ *switchboard, phone lines*] 应(應)接不暇的 yìngjiē bù xiá de ▸ **to be jammed with people/cars** 挤(擠)满(滿)了人/汽车(車) jǐmǎnle rén/qìchē

jam-packed ADJ ▹ *The room was jam-packed.* 房间给挤满了。Fángjiān gěi jǐmǎn le.

Jan. ABBR (= **January**) 一月 yīyuè

janitor ['dʒænɪtəʳ] N [c] 看门(門)人 kānménrén [个 gè]

January ['dʒænjuərɪ] N [c/U] 一月 yīyuè; *see also* **July**

Japan [dʒə'pæn] N 日本 Rìběn

Japanese [dʒæpə'ni:z] (*pl* **Japanese**) **I** ADJ 日本的 Rìběn de **II** N **1** [c] (*person*) 日本人 Rìběnrén [个 gè] **2** [U] (*language*) 日语(語) Rìyǔ

jar [dʒɑ:ʳ] **I** N [c] **1** (*container*) 广(廣)口瓶 guǎngkǒupíng [个 gè] **2** (*contents*) 罐装(裝)物 guànzhuāngwù [种 zhǒng] **II** VI **1** ▸ **to jar (on sb)** [*sound, remark* +] 给(給)(某人)不愉快的感觉(覺) gěi (mǒurén) bù yúkuài de gǎnjué **2** (*move*) 颠(顛)簸 diānbǒ **III** VT **1** (*shake, knock*) 使震伤(傷) shǐ zhènshāng **2** (*grate on*) [*sound, remark* +] 刺激 cìjī

jargon ['dʒɑ:gən] N [U] 行话(話) hánghuà

jaundice N [U] 黄疸病 huángdǎnbìng [场 cháng]

javelin ['dʒævlɪn] N **1** [c] (*spear*) 标(標)枪(槍) biāoqiāng [支 zhī] **2** (*competition*) ▸ **the javelin** 标(標)枪(槍)赛(賽) biāoqiāngsài [场 chǎng]

jaw [dʒɔ:] (*Anat*) **I** N [c] [*of person*] 颌 hé [个 gè] **II jaws** N PL [*of person, animal*] 嘴巴 zuǐba ▸ **his jaw dropped** 他大吃一惊(驚) tā dà chī yī jīng

jazz [dʒæz] N [U] (*Mus*) 爵士乐(樂) juéshìyuè ▸ **and all that jazz** (*inf*) 诸(諸)如此类(類)的事情 zhū rú cǐ lèi de shìqing

▸**jazz up** VT (*inf*) [+ *food, party, one's image*] 使有趣 shǐ yǒuqù

jealous ['dʒɛləs] ADJ **1** (*possessive*) [+ *husband, wife*] 爱(愛)妒忌的 ài dùjì de **2** (*envious*) 妒忌的 dùjì de ▸ **to be jealous of sb/sth** 忌妒某人/某事 dùjì mǒurén/mǒushì

jealousy ['dʒɛləsɪ] N [U] **1** (*possessiveness*) [*of husband, wife etc*] 嫉妒 jídù **2** (*envy*) 妒忌 dùjì

jeans [dʒi:nz] N PL 牛仔裤(褲) niúzǎikù ▸ **a pair of jeans** 一条(條)牛仔裤(褲) yī tiáo niúzǎikù

jeep® [dʒi:p] N [c] 吉普车(車) jípǔchē [辆 liàng]

Jehovah's Witness N [c] 耶和华(華)见(見)证(證)人 Yéhéhuá Jiànzhèngrén ▹ *She's a Jehovah's Witness.* 她是一位耶和华见证人信徒。Tā shì yī wèi Yéhéhuá Jiànzhèngrén xìntú.

Jell-O® ['dʒɛləu] (*US*) N [U] 果冻(凍) guǒdòng [英 = **jelly**]

jelly ['dʒɛlɪ] N [c/U] **1** (*Brit*) (*dessert*) 果冻(凍) guǒdòng [盒 hé] [美 = **Jell-O**®] **2** (*US*) (*preserve*) 果酱(醬) guǒjiàng [瓶 píng] [英 = **jam**]

jellyfish ['dʒɛlɪfɪʃ] (*pl* **jellyfish**) N [c] 海蜇(蟄) hǎizhé [头 tóu]

jeopardize ['dʒɛpədaɪz] VT [+ *job, relationship, outcome*] 危害 wēihài

jerk [dʒə:k] **I** VT (*pull*) ▸ **to jerk sth up/away/back** 将(將)某物猛地拉上/开(開)/回 jiāng mǒuwù měng de lāshang/kāi/huí **II** VI ▸ **to jerk up/back** 猛然向上/后(後)一动(動) měngrán xiàng shàng/hòu yī dòng **III** N [c] **1** (*jolt*) 急动(動) jídòng **2** (*inf!: idiot*) 呆(獃)子 dāizi [个 gè] ▸ **the bus jerked to a halt** 巴士猛地停住了 bāshì měng de tíng zhù le ▸ **the train started with a jerk** 火车(車)颠(顛)簸着(著)起动(動)了 huǒchē diānbǒzhe qǐdòng le ▸ **with a jerk of his head** 扭动(動)一下他的头(頭) niǔdòng yīxià tā de tóu ▸ **to give a jerk** 抖了一下 dǒule yīxià

jersey ['dʒə:zɪ] **I** N **1** [c] (*o.f.: pullover*) 针(針)织(織)毛衫 zhēnzhī máoshān [件 jiàn] **2** [U] (*fabric*) 细(細)毛纱(紗) xìmáoshā **II** CPD [+ *dress, top*] 针(針)织(織)紧(緊)身衣 zhēnzhī jǐnshēnyī

Jesus ['dʒi:zəs] N (*Rel*) 耶稣(穌) Yēsū ▸ **Jesus Christ** 耶稣(穌)基督 Yēsū Jīdū ▸ **Jesus!** (*inf!*) 天哪！Tiān na!

jet [dʒɛt] **I** N **1** [c] [*of gas, liquid*] 喷射流 pēnshèliú **2** [c] (*aeroplane*) 喷(噴)气(氣)式飞(飛)机(機) pēnqìshì fēijī [架 jià] **3** [U] (*stone*) 黑玉 hēiyù **II** VI ▸ **to jet off to Paris/on holiday** 飞(飛)往巴黎/度假 fēiwǎng Bālí/dùjià **III** CPD [+ *earring, necklace*] 黑玉 hēiyù

jet engine N [c] 喷(噴)气(氣)发(發)动(動)机(機) pēnqì fādòngjī

jet lag N [U] 时(時)差反应(應) shíchā fǎnyìng

jetty ['dʒɛtɪ] N [c] 码(碼)头(頭) mǎtóu [个 gè]

Jew [dʒuː] N [c] 犹(猶)太人 Yóutàirén [个 gè]
jewel ['dʒuːəl] N [c] **1** (*gem*) 宝(寶)石 bǎoshí [块 kuài] **2** (*fig*) 珍宝(寶) zhēnbǎo ▸ **it's the jewel in the/sb's crown** 是/某人的宝(寶)中之宝(寶) shì/mǒurén de bǎo zhōng zhī bǎo
jeweller, (US) jeweler ['dʒuːələʳ] N [c] **1** (*person*) 珠宝(寶)商 zhūbǎoshāng [个 gè] **2** (*also*: **jeweller's**) 珠宝(寶)店 zhūbǎodiàn [家 jiā]
jewellery, (US) jewelry ['dʒuːəlrɪ] N [U] 首饰(飾) shǒushi
Jewish ['dʒuːɪʃ] ADJ 犹(猶)太的 Yóutài de
jigsaw ['dʒɪgsɔː] N **1** [c] (*also*: **jigsaw puzzle**) 拼图(圖)玩具 pīntú wánjù [套 tào] **2** (*fig*) 错(錯)综(綜)复(複)杂(雜)的局势(勢) cuòzōng fùzá de júshì **3** (*tool*) 竖(豎)锯(鋸) shùjù
★**job** [dʒɔb] N [c] **1** (*position*) 工作 gōngzuò [份 fèn] **2** (*task*) 任务(務) rènwù [项 xiàng] ▹ *We managed to finish the entire job in three months.* 我们花了3个月的时间完成了全部任务。Wǒmen huāle sān gè yuè de shíjiān wánchéngle quánbù rènwù. **3** (*function*) 职(職)责(責) zhízé [个 gè] ▹ *It's not my job to look after your children.* 给你看孩子不是我的职责。Gěi nǐ kān háizi bù shì wǒ de zhízé. ▸ **Gladys got a job as a secretary** 格拉迪斯找到了一份秘书(書)工作。Gélādísí zhǎodào le yīfèn mìshū gōngzuò. ▸ **it's a good job that...** 幸好… xìnghaǒ... ▸ **to do** *or* (*Brit*) **make a good job of sth** 把事情做好 bǎ shìqing zuò hǎo ▸ **I had a job finding it** 我好不容易才找到 wǒ hǎobù róngyì cái zhǎodào ▸ **on the job** [*learn, teach* +] 工作着(著) gōngzuòzhe ▸ **a part-time/full-time job** 半职(職)/全职(職)工作 bànzhí/quánzhí gōngzuò ▸ **he's only doing his job** 他只是在履行职(職)责(責) tā zhǐshì zài lǚxíng zhízé ▸ **it's just the job** (*Brit*; *inf*) 正是想要的 zhèngshì xiǎng yào de
用法参见 **position**
job centre (*Brit*) N [c] 职(職)业(業)介绍(紹)所 zhíyè jièshàosuǒ [家 jiā]
jobless ['dʒɔblɪs] I ADJ 失业(業)的 shīyè de II N PL ▸ **the jobless** 失业(業)者 shīyèzhě
jockey ['dʒɔkɪ] I N [c] (*Sport*) 赛(賽)马(馬)骑(騎)师(師) sàimǎ qíshī [位 wèi] II VI ▸ **to jockey for position** [*rivals, competitors* +] 运(運)用手段谋(謀)取利益 yùnyòng shǒuduàn móuqǔ lìyì
jog [dʒɔg] I VT 轻(輕)碰 qīngpèng II VI 慢跑 mànpǎo III N ▸ **to go for a jog** 去慢跑 qù mànpǎo ▸ **to jog sb's memory** 唤(喚)起某人的记(記)忆(憶) huànqǐ mǒurén de jìyì ▸ **to go jogging** 去慢跑 qù mànpǎo
jogging ['dʒɔgɪŋ] N [U] 慢跑 mànpǎo
★**join** [dʒɔɪn] I VT **1** (*become member of*) [+ *club, party, army, navy, queue*] 加入 jiārù ▹ *We both joined the Labour Party.* 我们俩都加入了工党。Wǒmenliǎ dōu jiārùle gōngdǎng. **2** (*connect*) [+ *things, places*] 连(連)接 liánjiē ▹ *Draw a straight line joining these two points.* 画一直线，将这两点连接起来。Huà yī zhíxiàn, jiāng zhè liǎng diǎn liánjiē qǐlái. **3** (*meet*) [+ *person*] 会(會)面 huìmiàn ▹ *She flew out to join him in Africa.* 她飞往非洲与他会面。Tā fēiwǎng Fēizhōu yǔ tā huìmiàn. **4** [+ *road, river*] 汇(匯)合 huìhé ▹ *This road joins the motorway at junction 16.* 这条路在16号岔路口与高速公路汇合。Zhè tiáo lù zài shíliù hào chàlùkǒu yǔ gāosù gōnglù huìhé. II VI [*roads, rivers* +] 汇(匯)合 huìhé ▹ *The two streams join and form a river.* 两条小溪汇合，形成河流。Liǎng tiáo xiǎoxī huìhé, xíngchéng héliú. III N [c] 接缝(縫) jiēfèng [条 tiáo] ▸ **to join forces (with sb)** (与(與)某人)通力合作 (yǔ mǒurén)tōnglì hézuò ▸ **will you join us for dinner?** 你想不想和我们(們)一起吃晚饭(飯)? nǐ xiǎng bù xiǎng hé wǒmen yīqǐ chī wǎnfàn? ▸ **I'll join you later** 我一会(會)儿(兒)过(過)来(來) wǒ yīhuìr guòlai
▸**join in** I VI 参(參)与(與) cānyù II VT FUS [+ *work, discussion etc*] 参(參)加 cānjiā
▸**join up** VI **1** (*Mil*) 参(參)军(軍) cānjūn **2** (*meet*) ▸ **to join up (with sb)** (与(與)某人)联(聯)合起来(來) (yǔ mǒurén) liánhé qǐlái
joiner ['dʒɔɪnəʳ] (*Brit*) N [c] 细(細)木工人 xìmù gōngrén [个 gè]
joint [dʒɔɪnt] I N [c] **1** (*Anat*) 关(關)节(節) guānjié [个 gè] **2** (*Tech*) (*in woodwork, pipe etc*) 连(連)接处(處) liánjiēchù **3** (*Brit*: *Culin*) [*of beef, lamb*] 大块(塊)肉 dàkuàiròu [块 kuài] [美 = **roast**] **4** (*inf*: *bar, club*) 低级(級)场(場)所 dījí chǎngsuǒ **5** (*inf*) (*Drugs*) 含大麻的香烟(煙) hán dàmá de xiāngyān II ADJ **1** (*shared*) [+ *effort, decision*] 共同的 gòngtóng de; [+ *owners*] 联(聯)合的 liánhé de ▸ **to be out of joint** 不协(協)调(調)的 bù xiétiáo de
joint account N [c] 共有帐(帳)户(戶) gòngyǒu zhànghù
jointly ['dʒɔɪntlɪ] ADV [*own, run, fund, produce* +] 共同地 gòngtóng de; [+ *responsible*] 共同地 gòngtóng de
joke [dʒəuk] I N [c] **1** (*funny story*) 笑话(話) xiàohua [个 gè] **2** (*prank*) 玩笑 wánxiào II VI 开(開)玩笑 kāi wánxiào ▸ **the decision was a joke** (*inf*) 这(這)个(個)决(決)定真是荒唐 zhège juédìng zhēn shì huāngtáng ▸ **it's no joke** (*inf*) 不是闹(鬧)着(著)玩儿(兒)的 bùshì nàozhe wánr de ▸ **to play a joke on sb** 开(開)某人的玩笑 kāi mǒurén de wánxiào ▸ **to joke about sth** 以某事为(為)笑柄 yǐ mǒushì wéi xiàobǐng ▸ **you're joking** *or* **you must be joking!** (*inf*)
你在开(開)玩笑或你一定在开(開)玩笑吧！nǐ zài kāi wánxiào *huò* nǐ yīdìng zài kāi wánxiào ba!
joker ['dʒəukəʳ] N [c] **1** (*Cards*) 王 wáng **2** (*person*) 爱(愛)开(開)玩笑的人 ài kāiwánxiào de rén
jolly ['dʒɔlɪ] I ADJ **1** (*merry*) [+ *person, laugh*] 愉快的

yúkuài de **2** *(enjoyable)* [+ *time, party*] 欢(歡)乐(樂)的 huānlè de **II** ADV *(Brit; o.f., inf)* 非常 fēicháng **III** VT *(Brit)* ▸ **to jolly sb along** 哄某人开(開)心 hǒng mǒurén kāixīn ▸ **jolly good** *(Brit)* 太好了 tài hǎo le

jolt [dʒəult] **I** N [c] **1** *(jerk)* 颠(顛)簸 diānbǒ **2** *(shock)* 震惊(驚) zhènjīng **II** VT **1** *(physically)* 摇(搖)晃 yáohuàng **2** *(emotionally)* 使震惊(驚) shǐ zhènjīng **III** VI 颠(顛)簸 diānbǒ ▸ **to give sb a jolt** *(emotionally)* 使某人震惊(驚) shǐ mǒurén zhènjīng ▸ **I realized with a jolt that...** 我猛然意识(識)到… wǒ měngrán yìshí dào...

Jordan ['dʒɔːdən] N **1** *(country)* 约(約)旦 Yuēdàn **2** ▸ **the (River) Jordan** 约(約)旦河 Yuēdànhé

Jordanian [dʒɔː'deɪnɪən] **I** ADJ 约(約)旦的 Yuēdàn de **II** N [c] 约(約)旦人 Yuēdànrén [个 gè]

journal ['dʒəːnl] N [c] **1** *(publication)* 报(報)刊 bàokān **2** *(diary)* 日记(記) rìjì [本 běn] ▸ **to keep a journal (of sth)** 记(記)(关(關)于(於)某事的)日记(記) jì (guānyú mǒushì de) rìjì

journalism ['dʒəːnəlɪzəm] N [U] *(profession)* 新闻(聞)业 xīnwényè ▸ **piece of journalism** 报(報)导(導) bàodǎo

journalist ['dʒəːnəlɪst] N [c] 新闻(聞)工作者 xīnwén gōngzuòzhě [位 wèi]

journey ['dʒəːnɪ] **I** N [c] 旅程 lǚchéng [段 duàn] **II** VI *(frm)* 旅行 lǚxíng ▸ **a 5-hour journey** 5个(個)小时(時)的路程 wǔ gè xiǎoshí de lùchéng ▸ **to go on a journey** 去旅行 qù lǚxíng

> 请勿将 **journey,voyage** 和 **trip** 混淆。**journey** 是指从一地搭乘车船或飞机到另一地的过程。*...a journey of over 2000 miles...* 如果你 **journey to** 某地，你就是去那里。这是书面的用法。*The nights became colder as they journeyed north.* **voyage** 是指从一地到另一地的长途行程，通常指乘船旅行或者太空旅行。*...the voyage to the moon in 1972...* **trip** 是指从一地到另一地的旅行过程，在目的地做短暂的停留后返回。*...a business trip to Milan...*

joy [dʒɔɪ] N **1** [U] *(happiness)* 快乐(樂) kuàilè **2** [c] *(delight)* 愉悦(悅) yúyuè [种 zhǒng]

joyrider ['dʒɔɪraɪdəʳ] N [c] 开偷来的车去兜风的人

joystick ['dʒɔɪstɪk] N [c] **1** *(Aviat)* 操纵(縱)杆(桿) cāozònggǎn **2** *(Comput)* 控制杆(桿) kòngzhìgǎn [根 gēn]

JP *(Brit)* N ABBR (= **Justice of the Peace**) 地方执(執)法官 dìfāng zhífǎguān

Jr, *(US)* **Jr.** ABBR *(in names)* (= **junior**) 小 Xiǎo

judge [dʒʌdʒ] **I** N [c] **1** *(Law)* 法官 fǎguān [位 wèi] **2** *(in competition)* 裁判 cáipàn [个 gè] **II** VT **1** [+ *exhibits, competition*] 评(評)定 píngdìng **2** *(evaluate)* [+ *effect, impact*] 评(評)估 pínggū; [+ *person*] 评(評)判 píngpàn **3** *(estimate)* [+ *age, weight, size*] 判断(斷) pànduàn **4** *(frm: consider)* 断(斷)定 duàndìng **III** VI *(form opinion)* 判断(斷) pànduàn ▸ **I'll be the judge of that** 这(這)由我说(說)了算 zhè yóu wǒ shuōle suàn ▸ **judging by** *or* **from his expression** 从(從)他的表情上判断(斷) cóng tā de biǎoqíng shàng pànduàn ▸ **as** *or* **so far as I can judge** 依我看 yī wǒ kàn ▸ **to be a good judge of sth** 很会(會)判断(斷)某事 hěn huì pànduàn mǒushì

judg(e)ment ['dʒʌdʒmənt] N **1** [c/U] *(view, opinion)* 看法 kànfǎ **2** [U] *(discernment)* 判断(斷)力 pànduànlì **3** [c/U] *(Law)* 审(審)判 shěnpàn ▸ **in my judgment** 依我来(來)看 yī wǒ lái kàn ▸ **to pass judgment (on sb/sth)** *(Law)* (对(對)某人/某事)作出判决(決) (duì mǒurén/mǒushì)zuòchū pànjué; *(fig)* 评(評)论(論)(某人/某事) pínglùn(mǒurén/mǒushì) ▸ **an error of judgment** 判断(斷)失误(誤) pànduàn shīwù

judo ['dʒuːdəu] N [U] 柔道 róudào

jug [dʒʌg] N [c] **1** *(container)* 壶(壺) hú [把 bǎ] **2** *(contents)* 壶(壺)中物 húzhōngwù [壶 hú]

juggle ['dʒʌgl] **I** VI 玩杂(雜)耍 wán záshuǎ **II** VT **1** *(lit)* 连(連)续(續)抛(拋)接 liánxù pāo jiē **2** *(fig)* [+ *demands, priorities*] 同时(時)兼顾(顧) tóngshí jiāngù ▸ **to juggle with sth** [+ *balls, plates etc*] 连(連)续(續)抛(拋)接某物 liánxù pāo jiē mǒuwù; [+ *figures, numbers*] 窜(竄)改某物 cuàngǎi mǒuwù

juggler ['dʒʌgləʳ] N [c] 杂(雜)耍演员(員) záshuǎ yǎnyuán [个 gè]

juice [dʒuːs] **I** N **1** [c/U] *(from fruit)* 汁 zhī [杯 bēi] **2** [U] *(inf: petrol)* 汽油 qìyóu **II juices** N PL **1** [*of meat*] 汁 zhī [碗 wǎn] **2** *(digestive)* 液 yè

juicy ['dʒuːsɪ] ADJ **1** [+ *fruit, steak*] 多汁液的 duō zhīyè de **2** *(inf: scandalous)* [+ *details, rumours, gossip*] 绘(繪)声(聲)绘(繪)色的 huì shēng huì sè de

Jul. ABBR (= **July**) 七月 qīyuè

July [dʒuː'laɪ] N [c/U] 七月 qīyuè ▸ **the first of July** 七月一日 qīyuè yīrì ▸ **(on) the eleventh of July** (在)七月十一日 (zài)qī yuè shíyī rì ▸ **in the month of July** 在七月份 zài qī yuèfèn ▸ **at the beginning/end of July** 在七月初/末 zài qīyuè chū/mò ▸ **in the middle of July** 在七月中旬 zài qī yuè zhōngxún ▸ **during July** 在七月份期间(間) zài qīyuèfèn qī jiān ▸ **in July of next year** 在明年七月 zài míng nián qī yuè ▸ **each** *or* **every July** 每年七月 měinián qīyuè ▸ **July was wet this year** 今年七月份多雨 jīnnián qī yuèfèn duō yǔ

jumble ['dʒʌmbl] **I** N **1** [s] *(muddle)* 杂(雜)乱(亂) záluàn **2** [U] *(Brit) (items for sale)* 义(義)卖(賣)的旧(舊)杂(雜)物 yìmài de jiù záwù [美 = **rummage**] **II** VT *(also: **jumble up**)* 使混乱(亂) shǐ hùnluàn

jumble sale *(Brit)* N [c] 杂(雜)物义(義)卖(賣) záwù yìmài [次 cì] [美 = **rummage sale**]

JUMBLE SALE

在学校或教堂里举行 **jumble sale**（杂物拍卖）可以为慈善机构，学校（例如，为了购买电脑）或教会（或许为了修葺屋顶）筹措资金。人们捐出不需要的衣物，玩具，图书和其他家庭用品，有意者前来观看，以期”掏到”便宜的二手货。

jumbo [ˈdʒʌmbəu] **I** N [c] (*also*: **jumbo jet**) 大型喷(噴)气(氣)式客机(機) dàxíng pēnqìshì kèjī [架 jià] **II** ADJ (*also*: **jumbo-sized**) 特大的 tèdà de

jump [dʒʌmp] **I** VI **1** (*into air*) 跳 tiào **2** (*from seat etc*) 跳起来(來) tiào qǐlái **3** (*with fear, surprise*) 突然跃(躍)起 tūrán yuèqǐ **4** (*increase*) 暴涨(漲) bàozhǎng **II** VT [+ *fence, stream*] 跳过(過) tiàoguò **III** N [c] **1** (*leap*) 跳 tiào **2** (*increase*) 猛增 měngzēng ▶ **to jump over sth** 跳过(過)某物 tiào guò mǒuwù ▶ **to jump out of a window** 从(從)窗户(戶)跳下 cóng chuānghu tiàoxià ▶ **to jump on/off sth** 跳上/下某物 tiàoshàng/xià mǒuwù ▶ **to jump to one's feet** 噌地站起来(來) cēng de zhàn qǐlái ▶ **to jump the queue** (*Brit*) 加塞儿(兒) jiāsāir ▶ **to get a** *or* (*US*) **the jump on sb/sth** 抢(搶)在某人/某事之前行动(動) qiǎng zài mǒurén/mǒushì zhīqián xíngdòng

▶**jump at** VT FUS [+ *chance, offer*] 欣然接受 xīnrán jiēshòu

▶**jump up** VI 突然站立 tūrán zhànlì

jumper [ˈdʒʌmpəʳ] N [c] **1** (*Brit*) (*sweater*) 毛衣 máoyī [件 jiàn] [美 = **sweater**] **2** (*US*) (*dress*) 无(無)袖连(連)衣裙 wúxiù liányīqún [英 = **pinafore**] **3** (*Sport*) ▶ **a long/high jumper** 跳远(遠)/跳高运(運)动(動)员(員) tiàoyuǎn/tiàogāo yùndòngyuán

Jun. ABBR (= **June**) 六月 liùyuè

junction [ˈdʒʌŋkʃən] (*Brit*) N [c] **1** [*of roads*] 交叉点(點) jiāochādiǎn [个 gè] [美 = **intersection**] **2** (*Rail*) 联(聯)轨(軌)点(點) liánguǐdiǎn [个 gè]

June [dʒuːn] N [c/ʊ] 六月 liùyuè; *see also* **July**

jungle [ˈdʒʌŋgl] N **1** [c/ʊ] 丛(叢)林 cónglín [片 piàn] **2** [s] (*fig*) 混乱(亂) hùnluàn ▶ **the law of the jungle** 弱肉强(強)食的原则(則) ruò ròu qiáng shí de yuánzé

junior [ˈdʒuːnɪəʳ] **I** ADJ 级(級)别(別)低的 jíbié dī de **II** N [c] **1** (*subordinate*) 下级(級) xiàjí **2** (*Brit: Scol*) 小学(學)生 xiǎoxuésheng [个 gè] ▶ **he's my junior by 2 years, he's 2 years my junior** 他比我小两(兩)岁(歲) tā bǐ wǒ xiǎo liǎng suì ▶ **to be junior to sb** 是某人的下属(屬) shì mǒurén de xiàshǔ ▶ **George Bush Junior** (*US*) 小乔(喬)治・布什 xiǎo Qiáozhì Bùshí

junior high, (US) junior high school N [c/ʊ] 初中 chūzhōng [所 suǒ]

junior school (*Brit*) N [c/ʊ] 小学(學) xiǎoxué [所 suǒ]

junk [dʒʌŋk] **I** N **1** [ʊ] (*inf: rubbish*) 废(廢)旧(舊)杂(雜)物 fèijiù záwù **2** [ʊ] (*antiques*) 古董 gǔdǒng **3** [c] (*ship*) 平底帆船 píngdǐ fānchuán [艘 sōu] **II** VT (*inf*) 扔掉 rēngdiào

junk food N [ʊ] 垃圾食品 lājī shípǐn

junkie [ˈdʒʌŋkɪ] (*inf*) N [c] 吸毒者 xīdúzhě [名 míng]

junk mail N [ʊ] 垃圾邮(郵)件 lājī yóujiàn

Jupiter [ˈdʒuːpɪtəʳ] N [ʊ] (*planet*) 木星 Mùxīng

jurisdiction [dʒuərɪsˈdɪkʃən] N [ʊ] 司法权(權) sīfǎquán ▶ **to have jurisdiction over** 对(對)…有管辖(轄)权(權) duì…yǒu guǎnxiáquán ▶ **it falls** *or* **comes within/outside my jurisdiction** 这(這)件事在我的权(權)限之内(內)/之外 zhè jiàn shì zài wǒ de quánxiàn zhī nèi/zhī wài

jury [ˈdʒuərɪ] N [c] **1** (*Law*) 陪审(審)团(團) péishěntuán [个 gè] **2** (*in competition*) 评(評)审(審)团(團) píngshěn tuán [个 gè] ▶ **the jury is (still) out** 陪审(審)团(團)(仍)在合议(議) péishěntuán(réng)zài héyì

★**just** [dʒʌst] **I** ADJ **1** (*frm: fair*) [+ *decision, punishment, reward*] 公平的 gōngpíng de ▷ *Was Pollard's life sentence just or was it too severe?* 判波拉德无期徒刑公平呢，还是太重了？ Pàn Bōlādé wúqī túxíng gōngpíng ne, háishì tài zhòng le?; [+ *society, cause*] 公正的 gōngzhèng de ▷ *a just and civilized society* 一个公正文明的社会 yī gè gōngzhèng wénmíng de shèhuì **II** ADV **1** (*exactly*) 正好 zhènghǎo ▷ *That's just what I wanted to hear.* 那正好是我想要听的。Nà zhènghǎo shì wǒ xiǎng yào tīng de. **2** (*merely*) 仅(僅)仅(僅) jǐnjǐn ▷ *It's not true, it's just a story.* 这不是真的，仅仅是个故事。Zhè bù shì zhēn de, jǐnjǐn shì gè gùshi. **3** (*barely*) 刚(剛)刚(剛) gānggāng ▷ *Her hand was just visible.* 刚刚能看见她的手。Gānggāng néng kànjiàn tā de shǒu. **4** (*for emphasis*) 简(簡)直 jiǎnzhí ▷ *She just won't relax.* 她就是无法放松。Tā jiùshì wúfǎ fàngsōng. **5** (*in instructions, requests: only*) 只是 zhǐshì ▷ *I just want some information on ferries, please.* 劳驾，我只是想要一些有关渡船的信息。Láojià, wǒ zhǐshì xiǎng yào yī xiē yǒuguān dùchuán de xìnxī. ▶ **it's just right** 正合适(適) zhèng héshì ▶ **I'm just finishing this** 我马(馬)上就做完了 wǒ mǎshàng jiù zuòwán le ▶ **we were just going** 我们(們)正要走 wǒmen zhèngyào zǒu ▶ **I was just about to phone** *or* **I was just going to phone** 我正要打电(電)话(話) wǒ zhèngyào dǎ diànhuà ▶ **to have just done sth** 刚(剛)刚(剛)做完某事 gānggāng zuòwán mǒushì ▷ *He has just left.* 他刚走。Tā gāng zǒu. ▶ **just now** (*a moment ago*) 刚(剛)才 gāngcái; (*at the present time*) 现(現)在 xiànzài ▶ **just about everything/everyone** 差不多所有东(東)西/所有人 chàbùduō suǒyǒu dōngxi/suǒyǒu rén ▶ **it's just about big enough** 差不多够(夠)大了 chàbùduō gòu dà le ▶ **we can just about get there in time** 我们(們)可能刚(剛)刚(剛)能准(準)时(時)赶(趕)到那里(裡) wǒmen

J

kěnéng gānggāng néng zhǔnshí gǎn dào nàlǐ ▸ **it's just that...** 不过(過)··· bùguò... ▸ **she's just as clever as you** 她跟你一样(樣)聪(聰)明 tā gēn nǐ yīyàng cōngmíng ▸ **just as I expected** 正如我所预(預)料的那样(樣) zhèng rú wǒ suǒ yùliào de nàyàng ▸ **just as he was leaving** 就在他要离(離)开(開)时(時) jiùzài tā yào líkāi shí ▸ **just before/after...** 就在···以前/以后(後) jiùzài...yǐqián/yǐhòu ▸ **just enough time/money** 时(時)间(間)/钱(錢)正好够(夠) shíjiān/qián zhènghǎo gòu ▸ **he just missed** (*failed to hit target*) 他差点(點)就打中目标(標) tā chàdiǎn jiù dǎzhòng mùbiāo ▸ **he just missed the wall** (*avoided crashing into*) 他差点(點)撞到墙(牆)上 tā chàdiǎn zhuàng dào qiáng shang ▸ **not just now** 不是现(現)在 bùshì xiànzài ▸ **just a minute, just one moment** (*asking someone to wait*) 等一下 děng yīxià; (*interrupting*) 慢着(著) mànzhe

justice ['dʒʌstɪs] N **1** [U] (*Law*) (*system*) 司法 sīfǎ **2** [U] (*fairness*) 正义(義) zhèngyì **3** [U] (*legitimacy*) [*of cause, complaint*] 正当(當) zhèngdàng **4** [C] (*US*) (*judge*) 法官 fǎguān [名 míng] ▸ **Lord Chief Justice** (*Brit: Law*) 首席大法官 shǒuxí dà fǎguān ▸ **to do justice to sb/sth** 使某人/某物达(達)到最佳效果 shǐ mǒurén/mǒuwù dádào zuì jiā xiàoguǒ ▹ *The photograph I had seen didn't do her justice.* 照片没有她本人好看。Zhàopiàn méiyǒu tā běnrén hǎo kàn. ▸ **she didn't do herself justice** 她没(沒)有充分发(發)挥(揮)自己的才能 tā méiyǒu chōngfèn fāhuī zìjǐ de cáinéng ▸ **to bring sb to justice** 把某人缉(緝)拿归(歸)案 bǎ mǒurén jīná guī'àn

justifiable [dʒʌstɪ'faɪəbl] ADJ 有理的 yǒulǐ de

justification [dʒʌstɪfɪ'keɪʃən] N [C/U] 正当(當)理由 zhèngdàng lǐyóu [个 gè]

justify ['dʒʌstɪfaɪ] VT [+ *action, decision*] 证(証)明···是有理由的 zhèngmíng...shì yǒu lǐyóu de ▸ **he is justified in doing it** 他这(這)么(麼)做是有理由的 tā zhème zuò shì yǒu lǐyóu de ▸ **to justify o.s.** 为(為)自己辩(辯)护(護) wèi zìjǐ biànhù

jut [dʒʌt] VI (*also:* **jut out**) 突出 tūchū

juvenile ['dʒu:vənaɪl] **I** ADJ **1** [+ *crime, offender, court*] 青少年的 qīngshàonián de **2** (*pej*) [+ *humour, mentality, person*] 幼稚的 yòuzhì de **II** N [C] (*frm*) 青少年 qīngshàonián [名 míng]

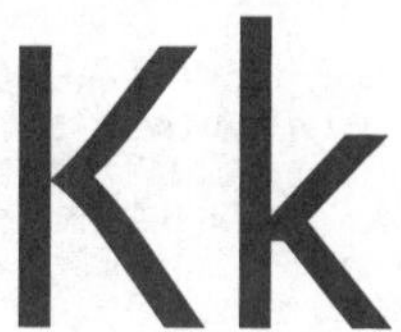

K¹, k [keɪ] N [C/U] (*letter*) 英语的第十一个字母

K² ABBR **1** (*inf*) (= **thousands**) 千 qiān **2** (*Comput*) (= **kilobytes**) 千字节(節) qiānzìjié

kabob [kə'bɔb] (*US*) N = **kebab**

Kampuchea [kæmpu'tʃɪə] (*formerly*) N 柬埔寨 Jiǎnpǔzhài

Kampuchean [kæmpu'tʃɪən] (*formerly*) ADJ 柬埔寨的 Jiǎnpǔzhài de

kangaroo [kæŋgə'ru:] N [C] 袋鼠 dàishǔ [只 zhī]

karaoke [kɑ:rə'əukɪ] N [U] 卡拉OK kǎlā ōukèi

karate [kə'rɑ:tɪ] N [U] 空手道 kōngshǒudào

Kazakhstan [kæzæk'stɑ:n] N 哈萨(薩)克斯坦 Hāsàkèsītǎn

kebab [kə'bæb] N [C] **1** (*on stick*) 烤肉串 kǎoròuchuàn [串 chuàn] **2** (*in bread*) 夹(夾)烤肉饼(餅) jiākǎoròubǐng [个 gè] [美 = **kabob**]

keel [ki:l] N [C] (*Naut*) 龙(龍)骨 lónggǔ [条 tiáo] ▸ **to keep sb/sth on an even keel** 使某人/某物保持稳(穩)定 shǐ mǒurén/mǒuwù bǎochí wěndìng ▸ **to get** *or* **put sth back on an even keel** 使某物恢复(復)稳(穩)定 shǐ mǒuwù huīfù wěndìng

▸ **keel over** (*inf*) VI [*person* +] 倒下 dǎoxià

keen [ki:n] ADJ **1** (*enthusiastic*) 热(熱)衷的 rèzhōng de **2** [+ *interest, desire*] 强(強)烈的 qiángliè de **3** [+ *sense, mind, intelligence*] 敏锐(銳)的 mǐnruì de **4** [+ *competition*] 激烈的 jīliè de ▸ **to have a keen eye for detail** 对(對)细(細)节(節)有敏锐(銳)的观(觀)察力 duì xìjié yǒu mǐnruì de guānchálì ▸ **to be keen to do sth** 渴望做某事 kěwàng zuò mǒushì ▸ **to be keen for sb to do sth** 极(極)力要求某人做某事 jílì yāoqiú mǒurén zuò mǒushì ▸ **to be keen that...** 积(積)极(極)主张(張)··· jījí zhǔzhāng... ▸ **to be keen on sth** 热(熱)衷于(於)某事 rèzhōng yú mǒushì ▸ **to be keen on doing sth** (*enjoy doing*) 喜欢(歡)做某事 xǐhuān zuò mǒushì; (*eager to do*) 很想做某事 hěnxiǎng zuò mǒushì ▸ **to be keen on sb** 喜爱(愛)某人 xǐ'ài mǒurén

★ **keep** [ki:p] (*pt, pp* **kept**) **I** VT **1** (*retain*) [+ *receipt, money, job*] 保留 bǎoliú ▹ *Make sure you always keep your receipts.* 记住留着收据。Jìzhù liúzhe shōujù. **2** (*store*) 保存 bǎocún ▹ *Keep your card in a safe place.* 把你的卡保存好。Bǎ nǐ de kǎ bǎocún hǎo. ▹ *The rubbish is kept in the basement.*

垃圾是放在地下室的。Lājī shì fàng zài dìxiàshì de. **3** (*detain*) 留 liú ▷ *They kept her in hospital overnight.* 他们留她在医院过夜。Tāmen liú tā zài yīyuàn guòyè. **4** (*hold*) 保持 bǎochí ▷ *Keep your back straight.* 别驼背。Bié tuóbèi. ▷ *Keep costs to a minimum.* 尽量减低费用。Jǐnliàng jiǎndī fèiyòng. **5** (*manage*) [+ *shop, guest house*] 经(經)营(營) jīngyíng ▷ *My aunt kept a sweetshop.* 我姨妈经营糖果店。Wǒ yímā jīngyíng tángguǒdiàn. **6** (*look after*) [+ *chickens, bees etc*] 饲养(養) sìyǎng **7** [+ *accounts, diary*] 记(記) jì ▷ *As a young girl I used to keep a diary.* 当我是小女孩时我常记日记。Dāng wǒ shì xiǎo nǚhái shí wǒ cháng jì rìjì. **8** (*support*) [+ *family*] 养(養) yǎng **II** VI **1** (*stay*) 保持 bǎochí ▷ *It's not always easy to keep warm.* 保暖并不总是那么容易的。Bǎonuǎn bìng bù zǒngshì nàme róngyì de. **2** (*last*) [*food* +] 保鲜(鮮) bǎoxiān ▷ *Homemade muesli keeps for ages.* 自己作的穆兹利可以保鲜很长时间。Zìjǐ zuò de mùzīlì kěyǐ bǎoxiān hěn cháng shíjiān. ▷ *Fish doesn't keep well, even in the fridge.* 就算把鱼放在冰箱里也不容易保鲜。Jiù suàn bǎ yú fàng zài bīngxiāng lǐ yě bù róngyì bǎoxiān. **III** N **1** [s] (*expenses*) 生活费(費) shēnghuófèi ▷ *I need to give my parents money for my keep.* 我需要给父母我的生活费。Wǒ xūyào gěi fùmǔ wǒ de shēnghuófèi. **2** [c] [*of castle*] 要塞 yàosài [个 gè] ▸ **to keep doing sth** (*repeatedly*) 总(總)是做某事 zǒngshì zuò mǒushì; (*continuously*) 不停做某事 bùtíng zuò mǒushì ▸ **to keep sb happy** 让(讓)某人高兴(興) ràng mǒurén gāoxìng ▸ **to keep sb waiting** 让(讓)某人等着(著) ràng mǒurén děngzhe ▸ **to keep the room tidy** 保持房间(間)整洁(潔) bǎochí fángjiān zhěngjié ▸ **to keep sth to o.s.** 保守秘(祕)密 bǎoshǒu mìmì ▸ **to keep an appointment** 守约(約) shǒuyuē ▸ **to keep a promise** 履行诺(諾)言 lǚxíng nuòyán ▸ **to keep one's word** 履行诺(諾)言 lǚxíng nuòyán ▸ **can you keep a secret?** 你能保守秘(祕)密吗(嗎)？ nǐ néng bǎoshǒu mìmì ma? ▸ **to keep a record (of sth)** 记(記)录(錄)(某事) jìlù (mǒushì) ▸ **to keep o.s.** 供养(養)自己 gōngyǎng zìjǐ ▸ **to keep (good) time** [*clock* +] 准(準)时(時) zhǔnshí ▸ **what kept you?** 怎么(麼)会(會)晚了？ zěnme huì wǎnle? ▸ **how are you keeping?** (*inf*) 你还(還)好吗(嗎)？ nǐ hái hǎo ma? ▸ **to keep at it** (*persevere*) 坚(堅)持干(幹) jiānchí gàn

▸**keep away** **I** VT ▸ **to keep sth/sb away (from sth)** 使某物/某人不要来(來)(某处(處)) shǐ mǒuwù/mǒurén bùyào lái (mǒuchù) ▷ *Keep animals away from the kitchen.* 别让动物到厨房里。Bié ràng dòngwù dào chúfáng lǐ. **II** VI ▸ **to keep away (from sth)** 不接近(某处(處)) bù jiējìn (mǒuchù) ▷ *They kept away from the forest.* 他们不接近森林。Tāmen bù jiējìn sēnlín.

▸**keep back** **I** VT **1** (*reserve*) [+ *paint, ingredients*] 保留 bǎoliú ▷ *Keep back enough juice to make the sauce.* 留足够的汁做调味汁。Liú zúgòu de zhī zuò tiáowèizhī. **2** (*conceal*) [+ *information*] 隐(隱)瞒(瞞) yǐnmán ▷ *I can't help feeling he's keeping something back.* 我总觉得他在隐瞒着什么。Wǒ zǒng juéde tā zài yǐnmánzhe shénme. **II** VI 不靠近 bù kàojìn ▷ *Keep back or I'll shoot.* 别向前，不然我就开枪了。Bié xiàng qián, bùrán wǒ jiù kāiqiāng le.

▸**keep down** VT **1** (*control*) [+ *prices, spending*] 控制 kòngzhì ▷ *We want to try and keep costs down.* 我们想尽量压缩费用。Wǒmen xiǎng jǐnliàng yāsuō fèiyòng. **2** (*not vomit*) [+ *food*] 咽(嚥)下 yànxià ▷ *I can't keep anything down, not even water.* 我什么都咽不下，连水都不行。Wǒ shénme dōu yàn bù xià, lián shuǐ dōu bù xíng.

▸**keep from** **I** VT FUS ▸ **to keep from doing sth** 克制 kèzhì ▷ *She bit her lip to keep from crying.* 她咬着嘴唇克制着自己不要哭。Tā yǎozhe zuǐchún kèzhìzhe zìjǐ bùyào kū. **II** VT ▸ **to keep sb/sth from doing sth** 不让(讓)某人/某物做某事 bù ràng mǒurén/mǒuwù zuò mǒushì ▷ *Can't you keep your children from stealing my apples?* 你不能不让你孩子偷我的苹果吗？Nǐ bùnéng bù ràng nǐ háizi tōu wǒ de píngguǒ ma?

▸**keep in** VT [+ *invalid, child*] 不让(讓)外出 bù ràng wàichū; (*as punishment*) 关(關)禁闭(閉) guānjìnbì

▸**keep in with** (*esp Brit*) VT FUS 搞好关(關)系(係) gǎohǎo guānxì ▷ *Now he is getting old he wishes he had kept in with his family.* 他年纪大了，后悔当初没有多亲近家人。

▸**keep off** **I** VT 使不接近 shǐ bù jiējìn ▷ *a bamboo shelter to keep the rain off* 挡雨的竹棚 dǎngyǔ de zhúpéng ▷ *Keep your dog off my lawn!* 别让你的狗接近我的草坪！Bié ràng nǐ de gǒu jiējìn wǒ de cǎopíng! ▸ **Keep your hands off me!** 别(別)碰我！Bié pèng wǒ! **II** VT FUS ▸ **keep off the grass!** 请(請)勿进(進)入草坪！qǐng wù jìnrù cǎopíng! **III** VI [*rain* +] 不下(雨) bù xià(yǔ) ▷ *Luckily the rain kept off.* 幸好没有下雨。Xìnghǎo méiyǒu xiàyǔ.

▸**keep on** VI ▸ **to keep on doing sth** 继(繼)续(續)做某事 jìxù zuò mǒushì ▷ *They kept on walking for a while in silence.* 他们继续走了一会儿，谁都没说话。Tāmen jìxù zǒule yīhuì'ér, shuí dōu méi shuōhuà.

▸**keep out** VT [+ *intruder, unwelcome visitor*] 阻拦(攔) zǔlán ▷ *a guard dog to keep out intruders* 阻止闯入者的看家狗 zǔzhǐ chuǎngrùzhě de kānjiāgǒu

▸**keep to** VT FUS (*observe*) [+ *agreement*] 遵守 zūnshǒu; [+ *limit*] 局(侷)限于(於) júxiànyú ▷ *You've got to keep to the speed limit.* 你绝对不能超速。Nǐ juéduì bùnéng chāosù.

▸**keep up** **I** VT **1** (*maintain*) [+ *standards*] 维(維)持 wéichí ▷ *It's important to keep up our standards.*

维持水准是很重要的。Wéichí shuǐzhǔn shì hěn zhòngyào de. **2** (*continue*) [+ *payments, diet*] 继(繼)续(續) jìxù ▷ *He was unable to keep up the payments.* 他没能力继续付款。Tā méi nénglì jìxù fùkuǎn. **3** (*prevent from sleeping*) (使)熬夜 (shǐ) áoyè ▷ *We were kept up by the noise from next door.* 隔壁的噪音使我们睡不着觉。 ▸ **to keep up appearances** 撑(撐)场(場)面 chēng chǎngmiàn **II** VI ▸ **to keep up** 跟上 gēnshang ▸ **to keep up with sb** (*walking, moving*) 跟上某人 gēnshàng mǒurén; (*in work*) 跟上某人 gēnshàng mǒurén ▸ **to keep up with demand/inflation** 跟上需求/通货(貨)膨胀(脹) gēn shàng xūqiú/tōnghuò péngzhàng

keeper ['ki:pəʳ] N [c] **1** (*at zoo*) 饲养(養)员(員) sìyǎngyuán [位 wèi] **2** [c] (*Brit; inf*) (*goalkeeper*) 守门(門)员(員) shǒuményuán [名 míng]

keep fit (*esp Brit*) N [U] 健身运(運)动(動) jiànshēn yùndòng

keep-fit [ki:p'fɪt] CPD [+ *class, session, course*] 健身 jiànshēn

keeping ['ki:pɪŋ] N [U] ▸ **in keeping with** [+ *image, surroundings*] 与(與)…协(協)调(調) yǔ...xiétiáo; [+ *regulation, law*] 与(與)…一致 yǔ...yīzhì ▸ **out of keeping with** 与(與)…不协(協)调(調) yǔ...bù xiétiáo

kennel ['kɛnl] **I** N [c] (*Brit*) (*dog house*) 狗窝(窩) gǒuwō [个 gè] **II** (*also*: **kennels**) N PL (*establishment*) 养(養)狗场(場) yǎnggǒuchǎng

Kenya ['kɛnjə] N 肯尼亚(亞) Kěnníyà

Kenyan ['kɛnjən] **I** ADJ 肯尼亚(亞)的 Kěnníyà de **II** N (*person*) 肯尼亚(亞)人 Kěnníyàrén

kept [kɛpt] PT, PP *of* **keep**

kerb, (*US*) **curb** [kə:b] N [c] 路缘(緣) lùyuán [个 gè]

kerosene ['kɛrəsi:n] N [U] **1** (*aviation fuel*) 航空燃料 hángkōng ránliào **2** (*US*) (*for heater, lamp*) 煤油 méiyóu [英 = **paraffin**]

ketchup ['kɛtʃəp] N [U] 番茄酱(醬) fānqiéjiàng

kettle ['kɛtl] N [c] 水壶(壺) shuǐhú [把 bǎ] ▸ **to put the kettle on** 烧(燒)水 shāo shuǐ ▸ **the kettle's boiling** 水开(開)了 shuǐ kāi le

key [ki:] **I** N [c] **1** (*for lock, mechanism*) 钥(鑰)匙 yàoshi [把 bǎ] **2** [*of computer, typewriter, piano*] 键(鍵) jiàn [个 gè] **3** (*Mus*) 调(調) diào **4** ▸ **the key (to sth)** (*to success, victory, peace, mystery*) (某事的)关(關)键(鍵) (mǒushì de) guānjiàn **II** ADJ [+ *issue, factor etc*] 关(關)键(鍵)的 guānjiàn de **III** VT (*also*: **key in**) 输(輸)入 shūrù ▸ **to hold the key to sth** 掌握某事的关(關)键(鍵) zhǎngwò mǒushì de guānjiàn ▸ **the key to doing sth** 做某事的关(關)键(鍵) zuò mǒushì de guānjiàn

keyboard ['ki:bɔ:d] **I** N [c] [*of computer, typewriter, piano*] 键(鍵)盘(盤) jiànpán [个 gè] **II keyboards** N PL 键(鍵)盘(盤)乐(樂)器 jiànpán yuèqì

keyhole ['ki:həul] N [c] 钥(鑰)匙孔 yàoshikǒng [个 gè]

key ring N [c] 钥(鑰)匙环(環) yàoshihuán [个 gè]

kg ABBR (= **kilograms**) 公斤 gōngjīn

khaki ['ka:kɪ] **I** N [U] **1** (*colour*) 土黄(黃)色 tǔhuángsè **2** (*material*) 卡其布 kǎqíbù **II** ADJ **1** (*colour*) 土黄(黃)色的 tǔhuángsè de **2** (*material*) 卡其布的 kǎqíbù de

kHz ABBR (= **kilohertz**) 千赫兹(茲) qiānhèzī

kick [kɪk] **I** VT [+ *person, ball*] 踢 tī **II** VI [*person, horse* +] 踢 tī **III** N [c] **1** (*blow from person, animal*) 踢 tī [顿 dùn] **2** (*Sport*) 踢 tī **3** [*of rifle*] 反冲(衝) fǎnchōng ▸ **to give sb a kick** 踢某人 tī mǒurén ▸ **to get a kick out of sth** 从(從)某事中获(獲)得乐(樂)趣 cóng mǒushì zhōng huòdé lèqù ▸ **to do sth for kicks** (*inf*) 为(為)刺激而做某事 wèi cìjī ér zuò mǒushì ▸ **to kick the habit** (*inf*) 戒除恶(惡)习(習) jièchú èxí ▸ **to kick the bucket** (*inf*) 翘(翹)辫(辮)子 qiào biànzi ▸ **I could have kicked myself!** (*inf*) 我真后(後)悔！Wǒ zhēn hòuhuǐ!

▸**kick about** VT, VI = **kick around**

▸**kick around** (*inf*) **I** VI 在 zài **II** VT [+ *ideas*] 随(隨)便谈(談)一谈(談) suíbiàn tányītán

▸**kick in** VI (*take effect*) [*electrical device* +] 开(開)启(啟) kāiqǐ; [*medicine* +] 起作用 qǐ zuòyòng

▸**kick off I** VI **1** (*Sport*) 开(開)赛(賽) kāisài **2** (*inf: begin*) 开(開)始 kāishǐ **II** VT 开(開)始 kāishǐ

▸**kick up** VT FUS ▸ **to kick up a fuss (about sth)** (为(為)某事)大发(發)牢骚(騷) (wèi mǒushì) dàfā láosāo

kick-off ['kɪkɔf] (*Sport*) N [s] 开(開)场(場)时(時)间(間) kāichǎng shíjiān

kid [kɪd] **I** N [c] **1** (*inf: child*) 小孩 xiǎohái [个 gè]; (*teenager*) 年轻(輕)人 niánqīngrén [个 gè] **2** (*goat*) 小山羊 xiǎoshānyáng [只 zhī] **II** VI (*inf: joke*) 开(開)玩笑 kāi wánxiào ▸ **you're kidding!** 你一定是在开(開)玩笑吧！nǐ yīdìng shì zài kāi wánxiào ba! ▸ **kid brother** (*inf*) 弟 dì ▸ **kid sister** (*inf*) 妹 mèi

kidnap ['kɪdnæp] **I** VT 绑(綁)架 bǎngjià **II** N [c/U] 绑(綁)架 bǎngjià [次 cì]

kidnapping ['kɪdnæpɪŋ] N [c/U] 绑(綁)架 bǎngjià

kidney ['kɪdnɪ] N **1** [c] (*Anat*) 肾(腎)脏(臟) shènzàng [个 gè] **2** [c/U] (*Culin*) 腰子 yāozi [个 gè]

kidney bean N [c] 云(雲)豆 yúndòu [颗 kē]

★ **kill** [kɪl] **I** VT **1** [+ *person, animal, plant*] 致死 zhìsǐ ▷ *Her mother was killed in a car crash.* 她母亲死于车祸。Tā mǔqīn sǐ yú chēhuò. **2** (*murder*) 谋(謀)杀(殺) móushā ▷ *She killed him with a hammer.* 她用锤子杀死了他。Tā yòng chuízi shāsǐle tā. **3** (*fig*) [+ *rumour, hope, idea*] 扼杀(殺) èshā **4** (*inf*) [+ *lights, motor*] 关(關)掉 guāndiào **5** [+ *pain*] 止痛 zhǐtòng ▷ *I'll give you something to kill the pain.* 我给你点止痛的药。Wǒ gěi nǐ diǎn zhǐtòng de yào. **II** N [s] (*after hunt*) 捕杀(殺) bǔshā ▸ **my back's killing me** (*inf*) 我的

背疼死了 wǒ de bèi téngsǐ le ▸ **to kill time** 消磨时(時)间(間) xiāomó shíjiān ▸ **he certainly hasn't been killing himself** (*inf: fig*) 他肯定没(沒)有竭尽(盡)全力 tā kěndìng méiyǒu jié jìn quánlì ▸ **to kill o.s. (laughing** *or* **with laughter)** (*inf: fig*) 笑得前仰后(後)合 xiào de qián yǎng hòu hé ▸ **to go** *or* **move in for the kill** (*fig*) 出致命的一击(擊) chū zhìmìng de yī jī

▸**kill off** VT **1** [+ *bacteria, species*] 灭(滅)绝(絕) mièjué **2** [+ *hope, idea*] 扼杀(殺) èshā

有几个词和 **kill** 语意相近。**murder** 是蓄意谋杀。**assassinate** 是指出于政治目而暗杀某重要人物。**slaughter** 和**massacre** 表示大屠杀，**slaughter** 还可以指宰杀动物用以食用。

killer ['kɪlə^r] N [c] **1** (*murderer*) 凶手 xiōngshǒu [个 gè] **2** (*disease, activity*) 杀(殺)灭(滅)物 shāmièwù [种 zhǒng] ▸ **learning English vocabulary is a killer** 学(學)习(習)英文单(單)词(詞)真是难(難)死人了 xuéxí yīngwén dāncí zhēn shì nán sǐ rén le

killing ['kɪlɪŋ] N [c] 谋(謀)杀(殺) móushā ▸ **to make a killing** (*inf*) 发(發)大财(財) fā dà cái

kiln [kɪln] N [c] 窑(窯) yáo

kilo ['kiːləu] N [c] 公斤 gōngjīn

kilobyte ['kɪləubaɪt] (*Comput*) N [c] 千字节(節) qiānzìjié

kilogram(me) ['kɪləugræm] N [c] 公斤 gōngjīn

kilometre, (*US*) **kilometer** ['kɪləmiːtə^r] N [c] 公里 gōnglǐ

kilowatt ['kɪləuwɔt] N [c] 千瓦 qiānwǎ

kilt [kɪlt] N [c] 苏(蘇)格兰(蘭)短裙 Sūgélán duǎnqún [条 tiáo]

kin [kɪn] (*o.f.*) N PL 亲(親)戚 qīnqi

★ **kind** [kaɪnd] **I** ADJ [+ *person, action, smile, voice*] 友好的 yǒuhǎo de ▹ *They are all extremely kind and helpful.* 他们都很友好，乐于助人。Tāmen dōu hěn yǒu hǎo, lè yú zhù rén. ▹ *Thank you. You've been very kind.* 谢谢，你太好心了。Xièxie, nǐ tài hǎoxīn le. **II** N [c] (*type, sort*) 种(種)类(類) zhǒnglèi [个 gè] ▸ **an opportunity to meet all kinds of people** 与(與)各种(種)各样(樣)的人见(見)面的机(機)会(會) yǔ gèzhǒng gèyàng de rén jiànmiàn de jīhuì ▸ **it was kind of them to help** 他们(們)来(來)帮(幫)忙真是太好了 tāmen lái bāngmáng zhēnshì tàihǎo le ▸ **would you be kind enough to** *or* **so kind as to close the window?** 麻烦(煩)你把窗户(戶)关(關)上好吗(嗎)? Máfan nǐ bǎ chuānghù guān shàng hǎo ma? ▸ **he's a kind of explorer** 他可以说(說)是个(個)探险(險)者 tā kěyǐ shuō shì gè tànxiǎnzhě ▸ **she's kind of cute** (*inf*) 她还(還)算可爱(愛) tā hái suàn kě'ài ▸ **in kind** (*similarly*) 以牙还(還)牙 yǐ yá huán yá; (*not in money*) 以物偿(償)付 yǐ wù cháng fù ▸ **payment in kind** 以货(貨)代款 yǐ huò dài kuǎn ▸ **to be two/three/four of a kind** 两(兩)/三/四个(個)都属(屬)同一类(類) liǎng/sān/sì gè dōu shǔ tóng yī lèi

kindergarten ['kɪndəgaːtn] N [c] 幼儿(兒)园(園) yòu'éryuán [家 jiā]

kindly ['kaɪndlɪ] **I** ADJ [+ *person, tone, interest*] 友善的 yǒushàn de **II** ADV [*say, smile, treat* +] 亲(親)切地 qīnqiè de; [*agree, offer* +] 友善地 yǒushàn de ▸ **will you kindly stop shouting at me!** 请(請)别(別)冲(衝)着(著)我大喊大叫！Qǐng bié chòngzhe wǒ dà hǎn dà jiào! ▸ **he doesn't take kindly to criticism/people criticizing him** 他不乐(樂)意接受批评(評) tā bù lèyì jiēshòu pīpíng

kindness ['kaɪndnɪs] N **1** [U] (*quality*) 仁慈 réncí **2** [c] (*act*) 友好的行为(為) yǒuhǎo de xíngwéi [种 zhǒng]

king [kɪŋ] N [c] **1** 国(國)王 guówáng [位 wèi] **2** (*Cards*) 老K lǎokèi [张 zhāng] **3** (*Chess*) 王 wáng ▸ **the king of the jungle/rock 'n' roll** 森林/摇(搖)滚(滾)乐(樂)之王 sēnlín/yáogǔn yuè zhī wáng

kingdom ['kɪŋdəm] N [c] 王国(國) wángguó [个 gè] ▸ **the animal/plant kingdom** 动(動)/植物王国(國) dòng/zhíwù wángguó

kingfisher ['kɪŋfɪʃə^r] N [c] 翠鸟(鳥) cuìniǎo [只 zhī]

king-size(d) ['kɪŋsaɪz(d)] ADJ 特大的 tèdà de

kiosk ['kiːɔsk] N [c] **1** (*shop*) 售货(貨)亭 shòuhuòtíng [个 gè] **2** (*Brit*) (*phone box*) 电(電)话(話)亭 diànhuàtíng [个 gè]

kipper ['kɪpə^r] N [c] 熏(薰)制(製)鲱鱼(魚) xūnzhì fēiyú [条 tiáo]

kiss [kɪs] **I** N [c] 吻 wěn [个 gè] **II** VT 吻 wěn **III** VI 接吻 jiēwěn ▸ **to give sb a kiss** 吻某人一下 wěn mǒurén yīxià ▸ **to kiss sb goodbye/goodnight** 与(與)某人吻别(別)/吻某人一下，道晚安 yǔ mǒurén wěnbié/wěn mǒurén yīxià, dào wǎn'ān

kiss of life (*Brit*) N [s] 口对(對)口人工呼吸 kǒu duì kǒu réngōng hūxī

kit [kɪt] N **1** [U] (*esp Brit*) (*equipment*) 成套用品 chéngtào yòngpǐn; (*clothing*) 服装(裝) fúzhuāng; (*Mil*) 装(裝)备(備) zhuāngbèi **2** [c] (*set*) 用品包 yòngpǐnbāo [种 zhǒng] **3** [c] (*for assembly*) 配套元件 pèitào yuánjiàn

▸**kit out** (*Brit; inf*) VT ▸ **to kit sb out (with/in sth)** (用某物)装(裝)备(備)某人 (yòng mǒuwù) zhuāngbèi mǒurén ▸ **to be kitted out with/in sth** 全副武装(裝)地穿着(著)某物 quán fù wǔzhuāng de chuānzhe mǒuwù ▸ **to kit o.s. out with/in sth** 全副武装(裝)地穿着(著)某物 quán fù wǔzhuāng de chuānzhe mǒuwù

kitchen ['kɪtʃɪn] N [c] 厨(廚)房 chúfáng [个 gè]

kitchen sink N [c] 厨(廚)房洗涤(滌)池 chúfáng xǐdíchí [种 zhǒng]

kite [kaɪt] N [c] **1** (*toy*) 风(風)筝(箏) fēngzhēng [个 gè] **2** (*Zool*) 鸢(鳶) yuān ▸ **as high as a kite**

k

晕(暈)乎乎的 yūnhūhū de

kitten ['kɪtn] N [c] 小猫(貓) xiǎomāo [只 zhī]

kiwi fruit ['ki:wi:-] N [c] 猕(獼)猴桃 míhóutáo [个 gè]

Kleenex® ['kli:nɛks] N [c] (*pl* **Kleenex**) 纸(紙)巾 zhǐjīn

km ABBR (= **kilometres**) 公里 gōnglǐ

km/h ABBR (= **kilometres per hour**) 每小时(時)…公里 měi xiǎoshí…gōnglǐ

knack [næk] N [c] ▸ **to have the knack of doing sth** 掌握做某事的诀(訣)窍(竅) zhǎngwò zuò mǒushì de juéqiào ▸ **there's a knack to doing this** 干(幹)这(這)个(個)是有诀(訣)窍(竅)的 gàn zhège shì yǒu juéqiào de

knee [ni:] I N [c] 膝盖(蓋) xīgài [个 gè] II VT 用膝盖(蓋)撞击(擊) yòng xīgài zhuàngjī ▸ **to bring sb to his/her knees** 迫使某人屈服 pòshǐ mǒurén qūfú ▸ **(to sit/be) on sb's knee** (坐) 在某人的膝上 (zuò)zài mǒurén de xī shàng ▸ **to be on one's knees** 跪着(著) guìzhe ▸ **to fall to one's knees** 跪倒 guìdǎo

kneecap ['ni:kæp] I N [c] 膝盖(蓋)骨 xīgàigǔ II VT 用枪(槍)击(擊)穿膝盖(蓋)骨 yòng qiāng jīchuān xīgàigǔ

kneel [ni:l] (*pt, pp* **knelt**) VI (*also*: **kneel down**) 跪下 guìxià ▸ **to be kneeling** 跪着(著) guìzhe

knelt [nɛlt] PT, PP *of* **kneel**

knew [nju:] PT *of* **know**

knickers ['nɪkəz] (*Brit*) N PL 女式内(內)裤(褲) nǚshì nèikù [美 = **panties**] ▸ **a pair of knickers** 一条(條)女式内(內)裤(褲) yītiáo nǚshì nèikù ▸ **to get one's knickers in a twist** (*Brit; inf*) 恼(惱)火 nǎohuǒ

knife [naɪf] (*pl* **knives**) I N [c] 刀 dāo [把 bǎ] II VT 用刀刺 yòng dāo cì ▸ **knife and fork** 刀叉 dāochā ▸ **to go under the knife** 动(動)手术(術) dòng shǒushù ▸ **the knives are out for him** (*Brit*) 他成为(為)众(眾)矢之的 tā chéngwéi zhòng shǐ zhī dì

knight [naɪt] I N [c] **1** (*Hist*) 骑(騎)士 qíshì [名 míng] **2** (*Chess*) 马(馬) mǎ [匹 pǐ] II VT 封…为(為)爵士 fēng…wéi juéshì

knit [nɪt] I VT [+ *garment*] 织(織) zhī II VI **1** (*with wool*) 织(織) zhī **2** [*bones* +] 愈(癒)合 yùhé

knitted ['nɪtɪd] ADJ [+ *garment*] 针(針)织(織)的 zhēnzhī de

knitting ['nɪtɪŋ] N [U] **1** (*activity*) 织(織) zhī **2** (*garments*) 编(編)织(織)物 biānzhīwù ▸ **to do one's knitting** 织(織)东(東)西 zhī dōngxi

knitting needle N [c] 编(編)织(織)针(針) biānzhīzhēn [根 gēn]

knitwear ['nɪtwɛəʳ] N [U] 针(針)织(織)品 zhēnzhīpǐn

knives [naɪvz] N PL *of* **knife**

knob [nɔb] N [c] **1** [*on door*] 球形把手 qiúxíng bǎshǒu [个 gè] **2** (*on radio, TV etc*) 旋钮(鈕) xuánniǔ **3** [*on gatepost, stick, umbrella*] 圆(圓)把儿(兒) yuánbàr ▸ **a knob of butter** (*Brit*) 一小块(塊)黄(黃)油 yī xiǎo kuài huángyóu

knock [nɔk] I VT **1** (*strike*) 碰撞 pèngzhuàng **2** (*inf: criticize*) 批评(評) pīpíng II VI **1** (*on door, window*) 敲 qiāo **2** [*engine* +] 发(發)出爆震声(聲) fāchū bàozhènshēng; [*pipes* +] 嘭嘭作响(響) pēngpēng zuòxiǎng III N [c] **1** (*blow, bump*) 碰撞 pèngzhuàng [下 xià] **2** (*on door*) 敲门(門)声(聲) qiāoménshēng [声 shēng] ▸ **to knock a nail into sth** 在某处(處)钉(釘)钉(釘)子 zài mǒu chù dìng dīngzi ▸ **to knock a hole in sth** 在某处(處)打个(個)洞 zài mǒu chù dǎ gè dòng ▸ **he knocked the drink out of my hand** 他碰掉了我手里(裡)的饮(飲)料 tā pèngdiàole wǒ shǒu lǐ de yǐnliào ▸ **to knock sb to the ground/floor** [*blow, blast, person* +] 把某人击(擊)倒在地 bǎ mǒurén jīdǎo zài dì ▸ **to knock sb unconscious** [*blow, blast* +] 把某人打昏 bǎ mǒurén dǎhūn; [*person* +] 打昏某人 dǎhūn mǒurén ▸ **to knock some sense into sb** 让(讓)某人明事理 ràng mǒurén míng shìlǐ ▸ **knock it off!** (*inf*) 别(別)胡闹(鬧)了! Bié hú'nào le! ▸ **he knocked on** *or* **at the door** 他敲了门(門) tā qiāole mén

▸**knock about** (*inf*) I VT [+ *person*] 不断(斷)打 bùduàn dǎ II VI ▸ **knock about with sb** 和某人厮(廝)混 hé mǒurén sīhùn

▸**knock around** VT, VI = **knock about**

▸**knock back** (*inf*) VT [+ *drink*] 一饮(飲)而尽(盡) yīyǐn érjìn

▸**knock down** VT **1** (*run over*) 撞倒 zhuàngdǎo **2** (*demolish*) 拆除 chāichú **3** (*esp US*) [+ *price*] 减(減) jiǎn

▸**knock off** I VI (*inf: finish work*) 下班 xiàbān II VT **1** [+ *percentage, amount*] 减(減)价(價) jiǎnjià **2** (*Brit; inf*) (*steal*) 偷 tōu

▸**knock out** VT **1** (*make unconscious*) [*blow, person* +] 打昏 dǎhūn; [*drug* +] 使丧(喪)失知觉(覺) shǐ sàngshī zhījué; (*cause to sleep*) [*sedative* +] 使入睡 shǐ rùshuì **2** (*Boxing*) 击(擊)昏 jīhūn **3** (*eliminate*) (*in game, competition*) 淘汰 táotài

▸**knock over** VT 撞倒 zhuàngdǎo

knockout ['nɔkaut] I N [c] **1** (*Boxing*) 击(擊)倒对(對)手获(獲)胜(勝) jīdǎo duìshǒu huòshèng **2** (*inf: sensation*) (*person*) 令人倾(傾)倒的人 lìng rén qīngdǎo de rén [位 wèi]; (*thing*) 引人注目的东(東)西 yǐn rén zhùmù de dōngxi [件 jiàn] II ADJ (*Brit*) [+ *competition*] 淘汰赛(賽) táotàisài [场 chǎng]

knot [nɔt] I N [c] **1** (*in rope, string*) 结(結) jié [个 gè]; (*in hair*) 髻 jì **2** (*in wood*) 节(節)瘤 jiéliú **3** (*Naut*) 节(節) jié II VT 将(將)…打个(個)结(結) jiāng…dǎ gè jié ▸ **to tie a knot** 打个(個)结(結) dǎ gè jié ▸ **to tie the knot** (*get married*) 结(結)婚 jiéhūn ▸ **to have a knot in one's stomach** 感到心里(裡)一阵(陣)紧(緊)揪 gǎndào xīnlǐ yī zhèn jǐnjiū

★ **know** [nəu] (*pt* **knew**, *pp* **known**) VT **1** [+ *facts, dates*] 知道 zhīdào ▷ *I don't know her address.* 我不知道她的地址。Wǒ bù zhīdào tā de dìzhǐ.

2 [*+ language*] 懂 dǒng ▷ *I don't know Chinese very well.* 我不怎么懂汉语。Wǒ bù zěnme dǒng hànyǔ. **3** (*be acquainted with*) [*+ person, place, subject*] 认(認)识(識) rènshi ▷ *I've known David for years.* 我认识戴维很多年了。Wǒ rènshi Dàiwéi hěn duō nián le. ▷ *He didn't know London very well.* 他不怎么熟悉伦敦。Tā bù zěnme shúxī Lúndūn. **4** (*recognize*) 识(識)别(別) shíbié ▷ *He knew a good bargain when he saw one.* 他很会识别便宜货。Tā hěn huì shíbié piányi huò. ▸ **to know that...** 知道… zhīdào... ▷ *I knew that he lived in Glasgow.* 我知道他住在格拉斯哥。Wǒ zhīdào tā zhù zài Gélāsīgē. ▷ *I knew at once that something was wrong.* 我马上就知道有点不对头。Wǒ mǎshàng jiù zhīdào yǒudiǎn bù duìtóu. ▸ **to know where/when** 知道何处(處)/何时(時)… zhīdào héchù/héshí... ▸ **do you know how to swim?** 你会(會)游泳吗(嗎)? nǐ huì yóuyǒng ma? ▸ **everyone knew him as Robert** 每个(個)人都叫他罗(羅)伯特 měi gè rén dōu jiào tā Luóbótè ▸ **to get to know sb** 逐渐(漸)开(開)始了解某人 zhújiàn kāishǐ liǎojiě mǒurén ▸ **to let it be known that...** 使人们(們)间(間)接了解到… shǐ rénmen jiànjiē liǎojiě dào... ▸ **to know sth about sb/sth** 知道某人/某事的情况(況) zhīdào mǒurén/mǒushì de qíngkuàng ▷ *She didn't know anything about music.* 她对音乐一窍不通。Tā duì yīnyuè yī qiào bù tōng. ▸ **to know about sth** 听(聽)说(說)过(過)某事 tīngshuō guò mǒushì ▸ **I don't know about that** 我不这(這)么(麼)认(認)为(為) wǒ bù zhème rènwéi ▸ **yes, I know** 对(對), 的确(確)如此 duì, díquè rúcǐ ▸ **you never know** 很难(難)讲(講) hěn nán jiǎng ▸ **to know of sth/sb** 听(聽)说(說)过(過)某事/某人 tīngshuōguò mǒushì/mǒurén ▸ **you know** (*used for emphasis*) 你得知道 nǐ děi zhīdào ▷ *The conditions in there are awful, you know.* 你得知道，那里的条件很差。Nǐ děi zhīdào, nàlǐ de tiáojiàn hěn chà.; (*in explanations*) 你知道的 nǐ zhīdào de ▷ *the white dress, you know, the one with the short sleeves* 白色连衣裙，你知道的，就是短袖的那件 báisè liányīqún, nǐ zhīdào de, jiùshì duǎnxiù de nà jiàn ▸ **to know better (than to do sth)** 明白而不至于(於)(做某事) míngbai ér bù zhìyú (zuò mǒushì) ▸ **you should know better than to do that** 你应(應)该(該)知道不该(該)那样(樣)做 nǐ yīnggāi zhīdào bù gāi nàyàng zuò ▸ **to be in the know** 知情 zhīqíng

know-all ['nəuɔːl] (*Brit; inf, pej*) N [c] 自以为(為)无(無)所不知的人 zì yǐwéi wú suǒ bù zhī de rén [个 gè] [美 = **know-it-all**]

know-how ['nəuhau] (*inf*) N [ʊ] 技能 jìnéng

knowing ['nəuɪŋ] ADJ [*+ smile, look*] 心照不宣的 xīnzhào bùxuān de

knowingly ['nəuɪŋlɪ] ADV **1** (*intentionally*) 蓄意地 xùyì de **2** [*smile, look +*] 会(會)意地 huìyì de

know-it-all ['nəuɪtɔːl] (*US; inf, pej*) N [c] 自以为(為)无(無)所不知的人 zì yǐwéi wú suǒ bù zhī de rén [个 gè] [英 = **know-all**]

knowledge ['nɔlɪdʒ] N [ʊ] 知识(識) zhīshi ▸ **to (the best of) my knowledge** 据(據)我所知 jù wǒ suǒzhī ▸ **it is common knowledge that...** 众(眾)所周知… zhòng suǒ zhōu zhī... ▸ **safe in the knowledge that...** 对(對)…心中有数(數) duì...xīn zhōng yǒu shù

knowledgeable ['nɔlɪdʒəbl] ADJ 知识(識)渊(淵)博的 zhīshi yuānbó de ▸ **to be knowledgeable about sth** 对(對)某事在行 duì mǒushì zàiháng

known [nəun] I PP *of* **know** II ADJ [*+ criminal, cure*] 已知的 yǐzhī de ▸ **to be known for sth** 因某事而出名 yīn mǒushì ér chūmíng

knuckle ['nʌkl] N [c] 指节(節) zhǐjié
▸ **knuckle down** (*inf*) VI 开(開)始认(認)真工作 kāishǐ rènzhēn gōngzuò ▸ **to knuckle down to sth** 埋头(頭)做某事 máitóu zuò mǒushì
▸ **knuckle under** (*inf*) VI 屈服 qūfú

koala [kəu'ɑːlə] N [c] 树(樹)袋熊 shùdàixióng [只 zhī]

Koran [kɔ'rɑːn] N ▸ **the Koran** 《古兰(蘭)经(經)》 Gǔlánjīng

Korea [kə'rɪə] N *see* **North Korea, South Korea**

Korean [kə'rɪən] I ADJ (*Geo*) 朝鲜(鮮)的 Cháoxiǎn de II N **1** (*person*) 朝鲜(鮮)人 Cháoxiǎnrén **2** (*language*) 朝鲜(鮮)语(語) Cháoxiǎnyǔ

kosher ['kəuʃə^r] ADJ **1** (*lit*) [*+ meat, restaurant*] 按犹(猶)太教规(規)的 àn Yóutài jiàoguī de **2** (*inf: fig*) 正确(確)的 zhèngquè de

Kremlin ['krɛmlɪn] N ▸ **the Kremlin** (*building*) 克里姆林宫(宮) Kèlǐmǔlín Gōng; (*government*) 俄罗(羅)斯政府 Éluósī zhèngfǔ

Kurd [kəːd] N 库(庫)尔(爾)德人 Kù'ěrdérén

Kuwait [ku'weɪt] N 科威特 Kēwēitè

Kuwaiti [ku'weɪtɪ] I ADJ 科威特的 Kēwēitè de II N (*person*) 科威特人 Kēwēitèrén

kW, KW ABBR (= **kilowatt**) 千瓦 qiānwǎ

Kyrgyzstan [kəːgɪs'tɑːn] N 吉尔(爾)吉斯斯坦 Jí'ěrjísīsītǎn

K

Ll

L¹, l [ɛl] N (*letter*) 英语的第十二个字母
L² ABBR **1** (*Brit: Aut*) (= **learner**) 驾(駕)驶(駛)学(學)员(員) jiàshǐ xuéyuán **2** (= **large**) 大的 dà de
L., l. ABBR **1** (= **lake**) 湖 hú **2** (= **left**) 左的 zuǒ de
l ABBR (= **litres**) 升 shēng
L8R (*Texting*) ABBR = **later**
lab [læb] (*inf*) N (*laboratory*) 实(實)验(驗)室 shíyànshì
label ['leɪbl] **I** N [c] **1** (*lit: on suitcase, clothing, bottle, tin etc*) 标(標)签(籤) biāoqiān [个 gè] **2** (*fig*) 绰(綽)号(號) chuòhào **3** (*Mus*) [*of record*] 原指贴在唱片上的标签，现专指唱片公司 **II** VT **1** (*lit*) [+ *object*] 用标(標)签(籤)标(標)明 yòng biāoqiān biāomíng **2** (*fig*) [+ *person*] 把…称(稱)为(為) bǎ...chēngwéi
labor ['leɪbəʳ] (US) N = **labour**
laboratory [lə'bɔrətərɪ] N [c] **1** (*for analysis, research*) 研究室 yánjiūshì [个 gè] **2** (*in school*) 实(實)验(驗)室 shíyànshì [个 gè]
Labor Day (US) N [U] 劳(勞)动(動)节(節) Láodòngjié
laborious [lə'bɔːrɪəs] ADJ 艰(艱)苦的 jiānkǔ de
labor union (US) N [c] 工会(會) gōnghuì [个 gè] [英 = **trade union**]
★ **labour, (US) labor** ['leɪbəʳ] **I** N [U] **1** (*hard work*) 劳(勞)动(動) láodòng ▷ *the culmination of fifteen months' labour* 15个月劳动的终结 shíwǔ gè yuè láodòng de zhōngjié **2** (*manpower*) 劳(勞)动(動)力 láodònglì ▷ *a shortage of skilled labour* 熟练劳动力的缺乏 shúliàn láodònglì de quēfá **3** (*Ind*) (*work done by work force*) 工作 gōngzuò ▷ *They are threatening a withdrawal of labour.* 他们威胁要撤回完成的工作。Tāmen wēixié yào chèhuí wánchéng de gōngzuò. **4** (*Med*) 分娩 fēnmiǎn **5** ▶ **Labour** (*Labour Party*) 工党(黨) Gōngdǎng **II** ADJ ▶ **Labour** [+ *politician, voter*] 工党(黨) Gōngdǎng **III** VI ▶ **to labour to do sth** 不辞(辭)辛劳(勞)地做某事 bùcí xīnláo de zuò mǒushì **IV** VT ▶ **to labour a point** 一再重复(複) yīzài chóngfù ▶ **to labour under a delusion/an illusion** 抱着(著)错(錯)觉(覺)不放 bàozhe cuòjué bù fàng ▶ **to be in labour** (*Med*) 处(處)于(於)阵(陣)痛期 chǔyú zhèntòng qī ▶ **to vote Labour** 投工党(黨)的票 tóu gōngdǎng de piào
labo(u)rer ['leɪbərəʳ] N [c] 劳(勞)动(動)者 láodòngzhě [名 míng]
Labour Party (*Brit*) N 工党(黨) Gōngdǎng
lace [leɪs] **I** N **1** [U] (*fabric*) 花边(邊) huābiān **2** [c] [*of shoe*] 系(繫)带(帶) jìdài [根 gēn] **II** ADJ [+ *curtains, handkerchief, garment*] 有花边(邊)的 yǒu huābiān de **III** VT **1** (*also*: **lace up**) [+ *shoe etc*] 系(繫)紧(緊) jìjǐn **2** ▶ **to lace sth with** [+ *alcohol, poison*] 搀(攙)某物于(於) chān mǒuwù yú
lack [læk] **I** N [s/U] (*absence*) 缺乏 quēfá **II** VT [+ *means, skills, experience, confidence*] 缺乏 quēfá ▶ **through** *or* **for lack of sth** 因缺乏某物 yīn quēfá mǒuwù ▶ **to be lacking** 不足 bùzú ▶ **to be lacking in sth** [+ *confidence, imagination, talent*] 缺乏某物 quēfá mǒuwù
lacquer ['lækəʳ] N [c/U] **1** (*finish*) 漆 qī **2** (*Brit*) (*also*: **hair lacquer**) 发(髮)胶(膠) fàjiāo [美 = **hairspray**]
lacy ['leɪsɪ] ADJ [+ *dress, nightdress, tights etc*] 花边(邊)的 huābiān de; [+ *flowers, pattern*] 花边(邊)似的 huābiān shì de
lad [læd] (*inf*) N [c] (*boy*) 小伙(夥)子 xiǎohuǒzi [个 gè]; (*young man*) 青年男子 qīngnián nánzǐ [个 gè]
ladder ['lædəʳ] **I** N [c] **1** (*for climbing*) 梯子 tīzi [个 gè] **2** (*Brit*) (*in tights*) 抽丝(絲) chōusī [美 = **run**] **II** VT, VI (*Brit*) [+ *tights*] 抽丝(絲) chōusī ▶ **the social/career ladder** (*fig*) 社会(會)/事业(業)阶(階)梯 shèhuì/shìyè jiētī
ladle ['leɪdl] **I** N [c] 长(長)柄勺子 chángbǐng sháozi [个 gè] **II** VT ▶ **to ladle sth into/onto sth** 把某物舀到某物里(裡)/上 bǎ mǒuwù yǎodào mǒuwù lǐ/shàng
▶**ladle out** VT (*fig*) [+ *advice, money etc*] 慷慨地提供 kāngkǎi de tígōng
lady ['leɪdɪ] N [c] **1** (*woman*) 女士 nǚshì [位 wèi] **2** (*educated woman*) 淑女 shūnǚ **3** (*Brit*) (*title*) 夫人 fūrén ▶ **Our Lady** (*Rel*) 圣(聖)母 shèngmǔ ▶ **ladies and gentlemen...** 女士们(們)，先生们(們)… nǚshìmen, xiānshēngmen... ▶ **young lady** 小姐 ▶ **the ladies'** (*Brit*) ▶ **the ladies' room** (US) 女厕(廁)所 nǚ cèsuǒ
ladybird ['leɪdɪbəːd] (*Brit*) N [c] 瓢虫(蟲) piáochóng [只 zhī] [美 = **ladybug**]
ladybug ['leɪdɪbʌg] (US) N [c] 瓢虫(蟲) piáochóng [只 zhī] [英 = **ladybird**]
lag [læg] (*esp Brit*) VT [+ *pipes etc*] 给(給)…加上外套 gěi...jiāshang wàitào
▶**lag behind I** VI 落后(後) luòhòu **II** VT FUS ▶ **to lag behind sb** (*in league tables, studies, technology*) 落后(後)于(於)某人 luòhòu yú mǒurén
lager ['lɑːgəʳ] (*Brit*) N [c/U] 淡啤酒 dànpíjiǔ [瓶 píng]
lagoon [lə'guːn] N [c] 泻(瀉)湖 xièhú [个 gè]
laid [leɪd] PT, PP *of* **lay**
laid-back [leɪd'bæk] (*inf*) ADJ 松(鬆)弛的 sōngchí de

lain [leɪn] PP *of* **lie**
lake [leɪk] N [C] 湖 hú [个 gè] ▸ **the wine/milk lake** 欧盟储备的多余葡萄酒/牛奶
lamb [læm] N **1** [C] *(animal)* 羔羊 gāoyáng [只 zhī] **2** [U] *(meat)* 羔羊肉 gāoyángròu
lame [leɪm] ADJ **1** [+ *person, animal*] 跛的 bǒ de **2** *(weak)* [+ *excuse, argument*] 站不住脚(腳)的 zhànbùzhù jiǎo de ▸ **to go lame** [*horse* +] 变(變)成瘸子 biànchéng quézi
lament [lə'mɛnt] *(frm)* **I** N [C] *(complaint)* 悲伤(傷) bēishāng **II** VT *(regret)* 为(為)…而痛惜 wèi…ér tòngxī; [+ *sb's death*] 哀悼 āidào ▸ **to lament (the fact) that...** 哀叹(歎)…(的事实(實)) āitàn...(de shìshí) ▸ **"prices have dropped," he lamented** "价(價)格下跌了，"他哀叹(歎)道 "jiàgé xiàdiē le, "tā āitàn dào
lamp [læmp] N [C] 灯(燈) dēng [盏 zhǎn]
lamp-post ['læmppəust] *(Brit)* N [C] 路灯(燈)柱 lùdēngzhù [个 gè] [美 = **street lamp, street light**]
lampshade ['læmpʃeɪd] N [C] 灯(燈)罩 dēngzhào [个 gè]
★ **land** [lænd] **I** N **1** [U] *(area of open ground)* 土地 tǔdì ▹ *agricultural land* 田地 tiándì **2** [U] *(property, estate)* 田产(產) tiánchǎn ▹ *Their home is on his father's land.* 他们的屋宅也列在父亲的田产中。Tāmen de wūzhái yě liè zài fùqīn de tiánchǎn zhōng. **3** [U] *(not sea)* 陆(陸)地 lùdì ▹ *We turned away from land and headed out to sea.* 我们离开陆地，向海洋进发。Wǒmen líkāi lùdì, xiàng hǎiyáng jìnfā. **4** [C] *(liter: country, nation)* 国(國)家 guójiā ▹ *a foreign land* 外国 wàiguó **II lands** N PL *(liter)* 地产(產) dìchǎn **III** VI **1** *(fall)* 落下 luòxià ▹ *Three shells had landed close to a crowd of people.* 3颗炮弹在人群附近落下。Sān kē pàodàn zài rénqún fùjìn luòxià. **2** *(Aviat, Space)* 降落 jiàngluò ▹ *His plane lands at six-thirty.* 他的飞机于6点30分降落。Tā de fēijī yú liù diǎn sānshí fēn jiàngluò. **3** *(from ship)* 登陆(陸) dēnglù ▹ *Three divisions of troops landed in Malaysia.* 3个师的部队在马来西亚登陆。Sān gè shī de bùduì zài Mǎláixīyà dēnglù. **4** *(fig: arrive unexpectedly)* [*object, item* +] 不期而至 bù qī ér zhì ▹ *The report landed on his desk.* 那份报告不期然地落到他的办公桌上。Nà fèn bàogào bùqīrán de luò dào tā de bàngōngzhuō shàng. **IV** VT **1** [+ *plane, spacecraft*] 使降落 shǐ jiàngluò; [+ *ship*] 使登陆(陸) shǐ dēnglù **2** *(esp Brit)* [+ *goods, fish*] 卸xiè ▹ *The catch was landed at Liverpool.* 捕获物在利物浦卸上岸。Bǔhuòwù zài Lìwùpǔ xiè shàng àn. **3** [+ *job, place*] 捞(撈)到 lāo dào ▹ *He landed a place on the graduate training scheme.* 他在毕业生培训项目中捞到一个位置。Tā zài bìyèshēng péixùn xiàngmù zhōng lāodào yī gè wèizhi. **4** [+ *blow, punch*] 打 dǎ ▹ *He landed a blow on the Italian's chin.* 他在那个意大利人的下颌上打了一拳。Tā zài nàge Yìdàlìrén de xiàhé shàng dǎle yī quán. ▸ **to own land** 拥(擁)有田产(產) yōngyǒu tiánchǎn ▸ **to go/travel by land** 从(從)陆(陸)路去/陆(陸)路旅行 cóng lùdì qù/lùlù lǚxíng ▸ **on dry land** 陆(陸)地上 lùdì shàng ▸ **to land sb with sth/sb** *(Brit; inf)* 把某事/某人硬推给(給)某人 bǎ mǒushì/mǒurén yìng tuī gěi mǒurén ▸ **to land sb in trouble** *(Brit; inf)* 使某人陷入麻烦(煩) shǐ mǒurén xiànrù máfan
▸**land up** *(esp Brit; inf)* VI 落得 luòde ▹ *You'll land up in jail if you aren't careful.* 如果你不小心的话，你就得落得个入狱的下场。Rúguǒ nǐ bù xiǎoxīn de huà, nǐ jiù děi luò de gè rùyù de xiàchǎng.
landing ['lændɪŋ] N **1** [C] *(on stairs)* 楼(樓)梯平台(臺) lóutī píngtái [个 gè] **2** [C/U] *(Aviat)* 降落 jiàngluò [次 cì]
landing card *(Aviat, Naut)* N [C] 入境登记(記)卡 rùjìng dēngjìkǎ [张 zhāng]
landlady ['lændleɪdɪ] N [C] **1** [*of rented house, flat, room*] 女房东(東) nǚfángdōng [位 wèi] **2** *(Brit)* [*of pub*] 女店主 nǚdiànzhǔ
landlord ['lændlɔːd] N [C] **1** [*of rented house, flat, room*] 男房东(東) nánfángdōng [位 wèi] **2** *(Brit)* [*of pub*] 男店主 nándiànzhǔ
landmark ['lændmaːk] N [C] **1** *(building, hill etc)* 界标(標) jièbiāo **2** *(fig)* 里程碑 lǐchéngbēi
landowner ['lændəunə^r^] N [C] 土地所有者 tǔdì suǒyǒuzhě [名 míng]
landscape ['lændskeɪp] **I** N **1** [C/U] 风(風)景 fēngjǐng [道 dào] **2** [C] *(Art)* 风(風)景画(畫) fēngjǐnghuà [幅 fú] **II** VT 使自然美化 shǐ zìrán měihuà
landslide ['lændslaɪd] N [C] **1** *(lit)* 塌方 tāfāng **2** *(fig: electoral)* 竞(競)选(選)选(選)票的一面倒 jìngxuǎn xuǎnpiào de yī miàn dǎo ▸ **to win by a landslide** 大获(獲)全胜(勝) dà huò quán shèng
lane [leɪn] N [C] **1** *(in country)* 小路 xiǎolù [条 tiáo] **2** *(in town)* 巷 xiàng **3** *(Aut)* [*of road*] 车(車)道 chēdào [条 tiáo] **4** [*of athletics track, swimming pool*] 道 dào
language ['læŋgwɪdʒ] N **1** [C] *(English, Russian etc)* 语(語)言 yǔyán [种 zhǒng] **2** [U] *(speech)* 语(語)言表达(達)能力 yǔyán biǎodá nénglì **3** [U] *(specialized terminology)* 术(術)语(語) shùyǔ **4** [U] *(style)* [*of writing, speech*] 措辞(辭) cuòcí
language laboratory N [C] 语(語)言实(實)验(驗)室 yǔyán shíyànshì [个 gè]
lanky ADJ 过(過)分瘦长(長)的 guòfèn shòucháng de ▹ *a lanky boy* 一个瘦瘦高高的男孩 yígè shòushou gāogāo de nánhái
lantern ['læntən] N [C] 灯(燈)笼(籠) dēnglóng [盏 zhǎn]
Laos [laus] *(Geo)* N 老挝(撾) Lǎowō
Laotian ['lauʃn] *(Geo)* **I** ADJ 老挝(撾)的 Lǎowō de **II** N **1** [C] *(person)* 老挝(撾)人 Lǎowōrén [个 gè] **2** [U] *(language)* 老挝(撾)语(語) Lǎowōyǔ

L

lap [læp] **I** N [c] **1** [*of person*] 大腿的上方 dàtuǐ de shàngfāng **2** (*in race*) 圈 quān **II** VT **1** (*also*: **lap up**) [+ *milk etc*] 舔 tiǎn **2** (*also*: **lap against**) [+ *shore, cliff, pier*] 拍打 pāidǎ **3** [+ *competitor*] (*in race*) 领(領)先…一圈 lǐngxiān...yī quān **III** VI ▶ **to lap against sth** [*waves, water* +] 拍打某物 pāidǎ mǒuwù

▶**lap up** VT (*lit*) [+ *milk etc*] 舔 tiǎn; (*fig*) [+ *flattery, news story*] 欣然接受 xīnrán jiēshòu

lapel [lə'pɛl] N [c] 翻领(領) fānlǐng

Lapland ['læplænd] (*Geo*) N 拉普兰(蘭) Lāpǔlán

Lapp [læp] **I** ADJ (*Geo*) 拉普的 Lāpǔ de **II** N **1** [c] (*person*) 拉普人 Lāpǔrén [个 gè] **2** [U] (*language*) 拉普语(語) Lāpǔyǔ

lapse [læps] **I** N [c] **1** (*bad behaviour*) 差错(錯) chācuò **2** [*of memory, concentration*] 丧(喪)失 sàngshī **3** [*of time*] 流逝 liúshì **II** VI **1** [*time* +] 流逝 liúshì **2** (*expire*) [*contract* +] 失效 shīxiào; [*membership* +] 丧(喪)失 sàngshī **3** (*Rel*) [*person* +] 背离(離) bèilí ▶ **to lapse into silence** 陷入沉默 xiànrù chénmò

laptop ['læptɔp] N [c] (*also*: **laptop computer**) 笔(筆)记(記)本电(電)脑(腦) bǐjìběn diànnǎo [个 gè]

lard [lɑːd] N [U] 猪(豬)油 zhūyóu

larder ['lɑːdəʳ] (*esp Brit*) N [c] 食品室 shípǐnshì [间 jiān]

★**large** [lɑːdʒ] ADJ **1** (*big*) [+ *house, person*] 大的 dà de; [+ *number, amount*] 大量的 dàliàng de ▷ *We are facing a large number of problems.* 我们面临大量的问题。Wǒmen miànlín dàliàng de wèntí. ▷ *a large number of people* 许多人 xǔduōrén **2** (*serious*) [+ *problem, question*] 重大的 zhòngdà de ▶ **at large** (*as a whole*) 整个(個) zhěnggè ▷ *their attitude to the world at large* 他们对整个世界的态度 tāmen duì zhěnggè shìjiè de tàidu ▶ **to be at large** 逍遥(遙)自在 xiāoyáo zìzài ▷ *There were three convicts still at large.* 3名囚犯仍逍遥法外。Sān míng qiúfàn réng xiāoyáo fǎ wài. ▶ **by and large** 总(總)的来(來)说(說) zǒng de lái shuō

largely ['lɑːdʒlɪ] ADV (*mostly*) 大体(體)上 dàtǐshang ▶ **largely because of** 主要是因为(為) zhǔyào shì yīnwèi

large-scale ['lɑːdʒ'skeɪl] ADJ **1** [+ *action, event*] 大规(規)模的 dàguīmó de **2** [+ *map, diagram*] 大比例的 dàbǐlì de

lark [lɑːk] N [c] **1** (*bird*) 云(雲)雀 yúnquè [只 zhī] **2** (*Brit; inf*) (*fun*) 戏(戲)谑(謔) xìxuè ▶ **to do sth for a lark** (*Brit*) 为(為)闹(鬧)着(著)玩而做某事 wèi nàozhe wán ér zuò mǒushì

▶**lark around, lark about** VI 胡闹(鬧) húnào

larva ['lɑːvə] (*pl* **larvae** ['lɑːviː]) N [c] 幼虫(蟲) yòuchóng [条 tiáo]

laryngitis [lærɪn'dʒaɪtɪs] (*Med*) N [U] 喉炎 hóuyán

laser ['leɪzəʳ] **I** N **1** [c/U] (*beam*) 激光 jīguāng [束 shù] **2** [c] (*machine*) 激光器 jīguāngqì [台 tái] **II** VT 使用激光 shǐyòng jīguāng ▶**laser off** 激光去除 jīguāng qùchú

lash [læʃ] **I** VT **1** (*tie*) ▶ **to lash sth to sth** 把某物紧(緊)紧(緊)系(繫)在某物上 bǎ mǒuwù jǐnjǐn jì zài mǒuwù shang **2** (*liter*) [*rain, wind* +] 抽打 chōudǎ **3** (*whip*) 鞭打 biāndǎ **II** N [c] (*blow of whip*) 鞭打 biāndǎ **III** **lashes** N PL (*eyelashes*) 睫毛 jiémáo

▶**lash down** **I** VT (*tie*) 捆(綑)紧(緊) kǔnjǐn **II** VI [*rain* +] 猛烈冲(衝)击(擊) měngliè chōngjī

▶**lash out** VI ▶ **to lash out (at sb)** (*strike out*) 痛打(某人) tòngdǎ (mǒurén) ▶ **to lash out at sb** (*verbally*) 严(嚴)厉(厲)斥责(責)某人 yánlì chìzé mǒurén

lass [læs] (*Brit; inf*) N [c] 少女 shàonǚ [位 wèi]

★**last** [lɑːst] **I** ADJ **1** (*most recent*) [+ *visit, trip, letter*] 最近的 zuìjìn de ▷ *Much had changed since my last visit.* 自我最近一次拜访以后，那里发生了很大的变化。Zì wǒ zuìjìn yī cì bàifǎng yǐhòu, nàlǐ fāshēngle hěn dà de biànhuà.; [+ *Monday, July, weekend etc*] 上 shàng ▷ *last Monday* 上个星期一 shàng gè xīngqīyī **2** (*final*) [+ *bus, hope etc*] 最后(後)的 zuìhòu de ▷ *He missed the last bus home.* 他错过了回家的最后一班车。Tā cuòguòle huíjiā de zuìhòu yī bān chē.; (*of series, row*) 最后(後)的 zuìhòu de ▷ *the last classroom along the passage* 走廊里的最后一个教室 zǒuláng lǐ de zuìhòu yī gè jiàoshì ▷ *the last three pages of the chapter* 这一章的最后3页 zhè yī zhāng de zuìhòu sān yè **3** (*remaining*) [+ *traces, piece etc*] 剩下的 shèngxià de ▷ *the last piece of pizza* 剩下的一块比萨饼 shèngxià de yī kuài bǐsàbǐng **4** (*for emphasis*) 最不的 zuìbù de ▷ *The last thing I wanted to do was teach.* 我最不想做的事就是教书了。Wǒ zuì bù xiǎng zuò de shì jiùshì jiāoshū le. ▷ *You are the last person I'd confide in!* 你是我最不信任的人！Nǐ shì wǒ zuì bù xìnrèn de rén! **II** PRON **1** (*previous one*) 上一个(個) shàng yī gè ▷ *The next tide would be even higher than the last.* 下一次的潮水要比上一次的还高。Xià yī cì de cháoshuǐ yào bǐ shàng yī cì de hái gāo. **2** (*final one*) 最后(後)一个(個) zuìhòu yī gè ▷ *Which address is the last on your list?* 你单子上的最后一个地址是哪一个？ Nǐ dānzi shàng de zuìhòu yī gè dìzhǐ shì nǎ yī gè? ▷ *The trickiest bits are the last on the list.* 最棘手的是单子上的最后一个。Zuì jíshǒu de shì dānzi shàng de zuìhòu yī gè. **3** (*for emphasis*) 最后(後)一个(個) zuìhòu yī gè ▷ *He is the last person I would think of.* 他是我最不会考虑的一个人。Tā shì wǒ zuì bù huì kǎolǜ de yī gè rén. ▷ *I would be the last to say that science has explained everything.* 我绝对不觉得科学已经解释了所有事情。Wǒ juéduì bù juéde kēxué yǐjīng jiěshìle suǒyǒu shìqing. **4** (*remainder*) 剩下的 shèngxià de ▷ *He finished off the last of the wine.* 他把剩下的葡萄酒喝完了。Tā bǎ shèngxià de pútáojiǔ hēwán le. ▷ *We've eaten the last of the pineapples.* 我们把剩下的菠萝都吃了。Wǒmen bǎ shèngxià de bōluó dōu chī le. **III** ADV **1** (*most recently*) 最近 zuìjìn ▷ *They last saw their homeland nine years ago.* 他们最近一次看到故乡是9年以前了。Tāmen zuìjìn yī cì kàndào gùxiāng shì jiǔ nián yǐqián le. **2** (*at the end*) 最后(後) zuìhòu ▷ *He added the milk last.* 他最后把牛奶加进去。Tā zuìhòu bǎ niúnǎi jiā jìnqù. **3** (*in final position*) 最后(後) zuìhòu **IV** VI **1** (*continue*) 持续(續) chíxù ▷ *Their marriage only lasted six months.* 他们的婚姻只持续了6个月。Tāmen de hūnyīn zhǐ chíxùle liù gè yuè. ▷ *The war in Croatia lasted until January 1992.* 克罗地亚的战争一直持续到1992年1月。Kèluódìyà de zhànzhēng yīzhí chíxù dào yī jiǔ jiǔ èr nián yī yuè. **2** (*stay fresh*) 保鲜(鮮) bǎoxiān ▷ *A fresh pepper lasts about three weeks.* 新鲜的辣椒能保鲜约3个星期。Xīnxiān de làjiāo néng bǎoxiān yuē sān gè xīngqī. **3** (*be sufficient*) [*money, commodity* +] 够(夠)用 gòu yòng ▷ *The curry lasted for two nights.* 这些咖哩饭够两个晚上用了。Zhèxiē gālífàn gòu liǎng gè wǎnshàng yòng le. ▶ **last week** 上个(個)星期 shàng gè xīngqī ▷ *I had lunch with him last week.* 我上个星期跟他一起吃的午饭。Wǒ shàng gè xīngqī gēn tā yīqǐ chī de wǔfàn. ▶ **last night** (*yesterday evening*) 昨晚 zuówǎn; (*during the night*) 昨天夜里(裡) zuótiān yèli ▶ **the last time** (*the final time*) 最后(後)一次 zuìhòu yī cì; (*the previous time*) 上一次 shàng yīcì ▶ **at (long) last** (*finally*) 终(終)于(於) zhōngyú ▶ **the last I heard** 最近一次我听(聽)到的是 zuìjìn yī cì wǒ tīng dào de shì ▶ **I'm always the last to find out** 我总(總)是最后(後)一个(個)知道 wǒ zǒngshì zuìhòu yī gè zhīdào ▶ **the night/Christmas before last** 前天晚上/前年圣(聖)诞(誕)节(節) qiántiān wǎnshàng/qiánnián Shèngdàn Jié ▶ **our house is the last but one** 我们(們)的房子是倒数(數)第二个(個) wǒmen de fángzi shì dàoshǔ dì'èr gè ▶ **the last president but one** 倒数(數)第二个(個)总(總)统(統) dàoshǔ dì èr gè zǒngtǒng ▶ **last but not least** 最后(後)一个(個)，但不是不重要的 zuìhòu yī gè, dàn bù shì bù zhòngyào de ▶ **it lasts (for) 2 hours** 持续(續)了两(兩)个(個)小时(時) chíxù le liǎnggè xiǎoshí ▶ **it can't/won't last** 它不会(會)持久 tā bù huì chíjiǔ

last-ditch [ˈlɑːstˈdɪtʃ] ADJ ▶ **a last-ditch attempt** 孤注一掷(擲) gū zhù yī zhì

lasting [ˈlɑːstɪŋ] ADJ [+ *impression, solution*] 持久的 chíjiǔ de

lastly [ˈlɑːstlɪ] ADV 最后(後) zuìhòu

last-minute [ˈlɑːstmɪnɪt] ADJ [+ *decision, appeal etc*] 最后(後)一刻的 zuìhòu yīkè de

last name N [c] 姓 xìng

latch [lætʃ] N [c] (*on door, gate*) 闩(閂) shuān ▶ **on/off the latch** 上/没(沒)上闩(閂) shàng/méi shàng shuān

▶**latch on to** VT FUS **1** (*inf: take interest in*) [+ *person*] 缠(纏)住不放 chánzhù bù fàng; [+ *idea*] 关(關)注 guānzhù **2** (*attach to*) [+ *object*] 附着(著) fùzhuó

★ **late** [leɪt] **I** ADJ **1** (*at an advanced point of*) 晚的 wǎn de ▷ *in the late afternoon* 傍晚 bàngwǎn **2** (*not on time*) 迟(遲)的 chí de ▷ *I apologize for my late arrival.* 真抱歉，我迟到了。Zhēn bàoqiàn, wǒ chídào le. **3** (*after the usual time*) 稍晚的 shāowǎn de ▷ *They had a late lunch.* 他们午餐吃得比较晚。Tāmen wǔcān chī de bǐjiào wǎn. **4** (*deceased*) ▶ **the late Mr Parkin** 已故的帕金先生 yǐgù de Pàjīn xiānsheng **II** ADV **1** (*at an advanced point of*) 晚 wǎn ▷ *The case is expected to end late next week.* 该案可望于下周晚些时候结束。Gāi'àn kě wàng yú xià zhōu wǎn xiē shíhou jiéshù. **2** (*not on time*) 迟(遲) chí ▷ *Steve arrived late.* 史蒂夫迟到了。Shǐdìfū chídào le. **3** (*after the usual time*) 晚 wǎn ▷ *We went to bed very late.* 我们很晚才睡觉。Wǒmen hěn wǎn cái shuìjiào. ▶ **we're late** 我们(們)迟(遲)到了 wǒmen chídào le ▶ **sorry I'm late** 对(對)不起，我迟(遲)到了 duìbuqǐ, wǒ chídào le ▶ **to be 10 minutes late** 迟(遲)到10分钟(鐘) chídào shí fēnzhōng ▶ **it's late** 太迟(遲)了 tài chíle ▶ **to be in one's late thirties/forties** 接近40/50岁(歲) jiējìn sìshí/wǔshí suì ▶ **late of** (*frm: until recently of*) 直到最近 zhídào zuìjìn ▷ *Jane Smith, late of Bristol* 简·史密斯，直到最近一直住在布里斯托尔 Jiǎn Shǐmìsī, zhídào zuìjìn yīzhí zhù zài Bùlǐsītuō'ěr ▶ **to work late** 工作到很晚 gōngzuò dào hěnwǎn ▶ **late in life** 晚年 wǎnnián ▶ **of late** (*frm: recently*) 近来(來) jìnlái ▶ **in late May** 5月下旬 wǔyuè xiàxún ▶ **late in the day** (*fig*) 为(為)时(時)已晚 wéi shí yǐ wǎn

latecomer [ˈleɪtkʌməʳ] N [c] 迟(遲)到者 chídàozhě

lately [ˈleɪtlɪ] ADV (*recently*) 最近 zuìjìn

latent [ˈleɪtnt] ADJ [+ *energy, skill, ability*] 潜(潛)在的 qiánzài de

★ **later** [ˈleɪtəʳ] **I** ADJ [+ *time, date, meeting etc*] 较(較)晚的 jiàowǎn de ▷ *An inquest will be held at a later date.* 审讯将于再晚些时候进行。Shěnxùn jiāng yú zài wǎn xiē shíhòu jìnxíng.; [+ *version, edition*] 以后(後)的 yǐhòu de ▷ *He changed his approach in later editions.* 在以后的版本中，他改变了方法。Zài yǐhòu de bǎnběn zhōng, tā gǎibiànle fāngfǎ. **II** ADV 以后(後) yǐhòu ▷ *I'll join you later.* 我一会儿就来。Wǒ yīhuìr jiù lái. ▶ **in later life** 在晚年 zài wǎnnián ▶ **some time/weeks/years later** 一些时(時)候/几(幾)个(個)星期/几(幾)年以后(後) yīxiē shíhou/jǐ gè xīngqī/jǐ nián yǐhòu ▶ **later on** 以后(後) yǐhòu

用法参见 **after**

latest [ˈleɪtɪst] ADJ **1** (*most recent*) [+ *book, film, news*] 最新的 zuìxīn de **2** (*most up-to-date*) [+ *fashion*] 最新式的 zuì xīnshì de ▶ **at the latest** 最迟(遲) zuìchí

lather ['lɑːðəʳ] I N [s/U] *(soapy)* 泡沫 pàomò II VT [*+ hair, fabric*] 涂(塗)泡沫于(於) tú pàomò yú III VI [*soap etc +*] 起泡沫 qǐ pàomò ▸ **to get in a lather** *or* **to work o.s. up into a lather (over** *or* **about sth)** (对(對)某事)过(過)分焦躁不安 (duì mǒushì)guòfèn jiāozào bù'ān

Latin ['lætɪn] I N **1** [U] *(language)* 拉丁语(語) Lādīngyǔ **2** [C] *(person)* 拉丁人 Lādīngrén [个 gè] II ADJ 拉丁的 Lādīng de

Latin America N 拉丁美洲 Lādīngměizhōu

Latin American I ADJ 拉丁美洲的 Lādīngměizhōu de II N [C] *(person)* 拉丁美洲人 Lādīngměizhōurén [个 gè]

latitude ['lætɪtjuːd] N **1** [C/U] *(Geo)* 纬(緯)度 wěidù **2** [U] *(freedom)* 自由 zìyóu

latter ['lætəʳ] I ADJ **1** *(not former)* 后(後)者的 hòuzhě de **2** *(later)* [*+ part, half*] 后(後)半的 hòubàn de II N ▸ **the latter** 后(後)者 hòuzhě

Latvia ['lætvɪə] *(Geo)* N 拉脱(脫)维(維)亚(亞) Lātuōwéiyà

Latvian ['lætvɪən] I ADJ 拉脱(脫)维(維)亚(亞)的 Lātuōwéiyà de II N **1** [C] *(person)* 拉脱(脫)维(維)亚(亞)人 Lātuōwéiyàrén [个 gè] **2** [U] *(language)* 拉脱(脫)维(維)亚(亞)语(語) Lātuōwéiyàyǔ

★ **laugh** [lɑːf] I N [C] 笑 xiào [阵 zhèn] II VI 笑 xiào ▸ **to give a laugh** 发(發)笑 fā xiào ▸ **to do sth for a laugh** *or* **for laughs** 做某事取乐(樂) zuò mǒushì qǔlè ▸ **to have the last laugh** 取得最后(後)胜(勝)利 qǔdé zuìhòu shènglì

▸**laugh at** VT FUS **1** *(lit)* 对(對)…发(發)笑 duì…fāxiào **2** *(fig: mock)* 嘲笑 cháoxiào

▸**laugh off** VT [*+ criticism, problem*] 对(對)…一笑置之 duì…yī xiào zhì zhī

laughable ['lɑːfəbl] ADJ [*+ attempt, idea, proposition*] 可笑的 kěxiào de

laughter ['lɑːftəʳ] N [U] 笑声(聲) xiàoshēng

launch [lɔːntʃ] I VT **1** *(Naut)* *(on maiden voyage)* [*+ ship, liner*] 使下水 shǐ xiàshuǐ; *(for rescue)* [*+ lifeboat*] 放下 fàngxià **2** *(Space)* [*+ rocket, missile, satellite*] 发(發)射 fāshè **3** *(fig)* [*+ product, publication*] 推出 tuīchū; [*+ campaign*] 发(發)起 fāqǐ II N [C] **1** *(Naut)* [*of ship*] 下水 xiàshuǐ; [*of lifeboat*] 放下 fàngxià **2** *(Space)* [*of rocket, missile, satellite*] 发(發)射 fāshè **3** *(fig)* [*+ of product, publication*] 首次推出 shǒucì tuīchū; [*of campaign*] 发(發)起 fāqǐ **4** *(motorboat)* 汽艇 qìtǐng [艘 sōu]

▸**launch into** VT FUS [*+ speech, activity*] 开(開)始 kāishǐ

launder ['lɔːndəʳ] VT **1** *(o.f.)* [*+ clothes, sheets*] 洗熨 xǐyùn **2** *(fig)* [*+ money*] 洗 xǐ ▹ *banks that launder drug money* 洗毒品赃款的银行 xǐ dúpǐn zāngkuǎn de yínháng

Launderette® [lɔːn'drɛt], *(US)* **Laundromat**® ['lɔːndrəmæt] N [C] 自助洗衣店 zìzhù xǐyīdiàn [家 jiā]

laundry ['lɔːndrɪ] N **1** [U] *(dirty washing)* 待洗的衣物 dàixǐ de yīwù; *(clean washing)* 洗好的衣物 xǐhǎo de yīwù **2** [C] *(business)* 洗衣店 xǐyīdiàn [家 jiā] **3** [C] *(also:* **laundry room)** 洗衣房 xǐyīfáng [间 jiān] ▸ **to do the laundry** 洗烫(燙)衣物 xǐtàng yīwù

laundry detergent *(US)* N [U/C] 洗衣粉 xǐyīfěn [英 = **washing powder**]

lava ['lɑːvə] N [U] 熔岩 róngyán

lavatory ['lævətərɪ] *(Brit; o.f.)* N [C] 卫(衛)生间(間) wèishēngjiān [个 gè] [美 = **bathroom**]

lavender ['lævəndəʳ] I N [U] **1** *(plant)* 熏(薰)衣草 xūnyīcǎo **2** *(colour)* 淡紫色 dànzǐsè II ADJ *(lavender-coloured)* 淡紫色的 dànzǐsè de III CPD [*+ oil*] 熏(薰)衣草 xūnyīcǎo

lavish ['lævɪʃ] I ADJ **1** *(grand)* [*+ meal*] 丰(豐)盛的 fēngshèng de; [*+ party*] 盛大的 shèngdà de; [*+ production*] 大量的 dàliàng de **2** *(generous)* [*+ lifestyle, spending, gift*] 奢华(華)的 shēhuá de; [*+ praise*] 慷慨的 kāngkǎi de II VT ▸ **to lavish sth on sb** [*+ gifts, praise*] 将(將)某物慷慨赠(贈)予某人 jiāng mǒuwù kāngkǎi zèngyǔ mǒurén ▹ *The prince lavished gifts on his guests.* 王子将礼物赠予到访客人。Wángzi jiāng lǐwù zèngyǔ dàofǎng kèrén.; [*+ time, attention*] 将(將)某物花在某人身上 jiāng mǒuwù huā zài mǒurén shēn shàng ▸ **to be lavish with sth** 在某物上非常大方 zài mǒuwù shàng fēicháng dàfāng ▸ **to be lavish in one's praise of sth** 对(對)某物赞(讚)不绝(絕)口 duì mǒuwù zàn bù jué kǒu

★ **law** [lɔː] I N **1** [S/U] *(legal system)* 法律 fǎlǜ ▹ *Changes in the law are needed.* 有必要修改法律。Yǒu bìyào xiūgǎi fǎlǜ. **2** [U] *(profession)* 司法界 sīfǎjiè ▹ *a career in law* 在司法界的事业 zài sīfǎ jiè de shìyè **3** [U] *(Univ)* 法学(學) fǎxué ▹ *a degree in law* 法学学位 fǎxué xuéwèi **4** [C] *(regulation)* 法规(規) fǎguī [条 tiáo] ▹ *Britain's blasphemy laws* 英国的有关亵渎神的法规 Yīngguó de yǒuguān xièdú shén de fǎguī **5** [C] *(code)* 规(規)范(範) guīfàn ▹ *inflexible moral laws* 固定的道德规范 gùdìng de dàodé guīfàn **6** [C] [*of nature, science*] 定律 dìnglǜ [条 tiáo] ▹ *the law of gravity* 引力定律 yǐnlì dìnglǜ II **laws** N PL *(rules)* [*of organization, activity*] 规(規)则(則) guīzé ▸ **against the law** 违(違)法 wéifǎ ▸ **to break the law** 违(違)法 wéifǎ ▸ **by law** 依照法律 yīzhào fǎlǜ ▸ **to be above the law** 凌(淩)驾(駕)于(於)法律之上 língjià yú fǎlǜ zhī shàng ▸ **criminal/company law** 刑/公司法 xíng/gōngsī fǎ ▸ **to take the law into one's own hands** 越过(過)法律权(權)限擅自处(處)理 yuèguò fǎlǜ quánxiàn shànzì chǔlǐ ▸ **to study law** 学(學)习(習)法律 xuéxí fǎlǜ ▸ **to go to law** *(esp Brit)* 诉(訴)诸(諸)法律 sù zhū fǎlǜ ▸ **law and order** 治安 zhì'ān

lawful ['lɔːful] ADJ [*+ activity, organization*] 合法的 héfǎ de

lawless ['lɔːlɪs] ADJ [*+ action*] 不法的 bùfǎ de

lawn [lɔːn] N [c] 草坪 cǎopíng [片 piàn]
lawn bowling (US) N [U] 草地保龄(齡)球 cǎodì bǎolíngqiú [英 = **bowls**]
lawnmower ['lɔːnməuəʳ] N [c] 割草机(機) gēcǎojī [部 bù]
law school (US) N [c/U] 法律学(學)校 fǎlǜ xuéxiào [所 suǒ] ▸ **to go to law school** 进(進)法律学(學)校 jìn fǎlǜ xuéxiào
lawsuit ['lɔːsuːt] N [c] (frm) 诉(訴)讼(訟) sùsòng
lawyer ['lɔːjəʳ] N [c] 律师(師) lǜshī [位 wèi]
lax [læks] ADJ [+ *behaviour, standards*] 不严(嚴)格的 bù yángé de
laxative ['læksətɪv] **I** N [c] 泻(瀉)药(藥) xièyào **II** ADJ 缓(緩)泻(瀉)的 huǎnxiè de
lay [leɪ] (*pt, pp* **laid**) **I** PT *of* **lie** **II** VT **1** (*put*) 放 fàng **2** (*put down*) [+ *carpet, cable etc*] 铺(鋪) pū **3** (*set*) [+ *trap*] 设(設)置 shèzhì **4** [+ *egg*] 产(產) chǎn **III** ADJ (*secular*) [+ *preacher*] 非神职(職)的 fēi shénzhí de ▸ **to lay the table** 摆(擺)放餐具 bǎifàng cānjù ▸ **to lay the blame for sth on sb** 因某事责(責)怪某人 yīn mǒushì zéguài mǒurén ▸ **to lay charges** 提出指控 tíchū zhǐkòng ▸ **to lay the foundations/basis for sth** 为(為)某事奠定基础(礎) wèi mǒushì diàndìng jīchǔ ▸ **to lay a trap for sb** 为(為)某人设(設)置圈套 wèi mǒurén shèzhì quāntào ▸ **to get laid** (*inf!*) 性交 xìngjiāo ▸ **the lay person** 外行 wàiháng
▸**lay aside** VT **1** [+ *object*] 把…放在一边(邊) bǎ…fàng zài yī biān **2** [+ *feeling, belief*] 放弃(棄) fàngqì
▸**lay down** VT **1** (*put down*) 放下 fàngxià **2** [+ *rules, laws etc*] 制定 zhìdìng ▸ **to lay down the law** 定下规(規)矩 dìngxià guījǔ ▸ **to lay down one's life for sb** (*liter: in war etc*) 为(為)某人而牺(犧)牲自己的生命 wèi mǒurén ér xīshēng zìjǐ de shēngmìng
▸**lay in** VT [+ *supply*] 储(儲)存 chǔcún
▸**lay into** VT FUS **1** (*attack physically*) 痛打 tòngdǎ **2** (*criticize*) 斥责(責) chìzé
▸**lay off** **I** VT [+ *workers*] 解雇(僱) jiěgù **II** VI (*inf*) 住手 zhùshǒu
▸**lay on** VT [+ *meal, entertainment etc*] 提供 tígōng ▹ *Mrs Kaul had laid on dinner.* 考尔太太设了宴席。Kǎo'ěr tàitai shèle yànxí.
▸**lay out** VT **1** (*spread out*) [+ *objects*] 摊(攤)开(開) tānkāi **2** (*present*) [+ *ideas, plans*] 陈(陳)述 chénshù **3** (*design*) [+ *land, building*] 设(設)计(計) shèjì **4** (*inf: spend*) 耗费(費) hàofèi **5** [+ *corpse*] 为(為)…做殡(殯)葬准(準)备(備) wèi…zuò bìnzàng zhǔnbèi
▸**lay up** VT ▸ **to be laid up (with sth)** (*inf: with illness*) (因…而)卧(臥)床 (yīn…ér) wòchuáng
lay-by ['leɪbaɪ] (Brit) N [c] 路侧(側)停车(車)处(處) lùcè tíngchēchù [个 gè] [美 = **pull-off**]
layer ['leɪəʳ] **I** N [c] **1** [*of substance, material*] 层(層) céng **2** (*fig*) [*of system, idea*] 层(層) céng **II** VT 把…分层(層) bǎ…fēncéng
layman ['leɪmən] (*pl* **laymen**) N [c] 外行 wàiháng [个 gè] ▸ **in layman's terms** 用非专(專)业(業)的语(語)言 yòng fēi zhuānyè de yǔyán
lay-off ['leɪɔf] (Ind) N [c] 下岗(崗) xiàgǎng
layout ['leɪaut] N [c] **1** [*of building, garden*] 布(佈)局 bùjú [个 gè] **2** [*of report, article*] 设(設)计(計) shèjì
lazy ['leɪzɪ] ADJ **1** [+ *person*] 懒(懶)惰的 lǎnduò de **2** (*relaxed*) [+ *day, lunch*] 懒(懶)散的 lǎnsǎn de; [+ *movement, drawl*] 缓(緩)慢的 huǎnmàn de
lb ABBR (= **pound**) 磅 bàng
LCD N ABBR (= **liquid crystal display**) 液晶显(顯)示屏 yèjīng xiǎnshìpíng
★**lead**[1] [liːd] (*pt, pp* **led**) **I** N **1** [s] (*in race, competition: front position*) 领(領)先 lǐngxiān **2** [c] (*fig: example*) 榜样(樣) bǎngyàng [个 gè] **3** [c] (*clue*) 线(線)索 xiànsuǒ [条 tiáo] ▹ *The police were following up several leads.* 警方顺着几条线索进一步调查。Jǐngfāng shùnzhe jǐ tiáo xiànsuǒ jìnyībù diàochá. **4** [c] (*Cine, Theat*) (*part*) 主角 zhǔjué [名 míng] ▹ *Richard is to play the lead in their new film.* 理查德将在他们的新片中扮演主角。Lǐchádé jiāng zài tāmen de xīnpiàn zhōng bànyǎn zhǔjué.; (*actor, actress*) 主演 zhǔyǎn [名 míng] **5** [c] (*esp Brit*) [*for dog*] 皮带(帶) pídài [条 tiáo] [美 = **leash**] **6** [c] (*Elec*) 导(導)线(線) dǎoxiàn [根 gēn]; (*to battery*) 导(導)线(線) dǎoxiàn **II** VT **1** (*guide*) 带(帶)领(領) dàilǐng ▹ *The nurse led me to a large room.* 护士把我带到一个大房间。Hùshì bǎ wǒ dàidào yī gè dà fángjiān. **2** (*be at the head of*) [+ *group, party, organization*] 领(領)导(導) lǐngdǎo ▹ *He led the country between 1949 and 1984.* 他于1949至1984年领导这个国家。Tā yú yī jiǔ sì jiǔ zhì yī jiǔ bā sì nián lǐngdǎo zhège guójiā.; [+ *march, demonstration, parade*] 带(帶)领(領) dàilǐng ▹ *He led a demonstration through the city.* 游行队伍在他的带领下穿过市区。Yóuxíng duìwu zài tā de dàilǐng xià chuānguò shìqū. **3** (*spearhead*) [+ *campaign, activity*] 指挥(揮) zhǐhuī; (*start*) [+ *move*] 发(發)起 fāqǐ ▹ *The educated middle class led the move towards independence.* 受过教育的中产阶级发起了走向独立的运动。Shòuguò jiàoyù de zhōngchǎn jiējí fāqǐle zǒu xiàng dúlì de yùndòng. **4** (*direct*) [+ *discussion, conversation*] 引向 yǐnxiàng ▹ *After a while I led the conversation around to her job.* 过了一会，我把谈话内容引向了她的工作。Guòle yīhuì, wǒ bǎ tánhuà nèiróng yǐnxiàngle tā de gōngzuò. **III** VI **1** [*walker, rider, driver* +] 领(領)路 lǐnglù ▹ *Tom was leading; I followed behind.* 汤姆领路，我跟在后面。Tāngmǔ lǐnglù, wǒ gēn zài hòumiàn. **2** (*in race, competition*) 领(領)先 lǐngxiān ▹ *Spurs lead by four goals to two.* 热刺队以4比2领先。Rècìduì yǐ sì bǐ èr lǐngxiān. **3** [*road, pipe, wire etc* +] 通往 tōngwǎng ▹ *A path leads straight to Stonehenge.* 一直通往巨石阵的小径。Yīzhí tōngwǎng Jùshízhèn de xiǎojìng.

l

▸ **to be in the lead** (*in race, competition, poll*) 领(領)先 lǐngxiān ▸ **to go into the lead** 进(進)入领(領)先位置 jìnrù lǐngxiān wèizhì ▸ **to take the lead** (*Sport*) 领(領)先 lǐngxiān; (*fig*) 起带(帶)头(頭)作用 qǐ dàitóu zuòyòng ▹ *They took the lead in the development of naval aviation.* 他们在海军航空学的发展中起了带头作用。Tāmen zài hǎijūn hángkōngxué de fāzhǎn zhōng qǐle dàitóu zuòyòng. ▸ **to have a lead of 5 points** (*Sport*) 领(領)先5分 lǐngxiān wǔ fēn ▸ **to follow sb's lead** 仿效某人的做法 fǎngxiào mǒurén de zuòfǎ ▹ *Many others followed his lead.* 许多人效仿了他的做法。Xǔduōrén xiàofǎngle tā de zuòfǎ. ▸ **to lead a busy/active life** 过(過)着(著)繁忙/活跃(躍)的生活 guòzhe fánmáng/huóyuè de shēnghuó ▸ **to lead the way** (*lit*) 引路 yǐnlù; (*fig*) 率先 shuàixiān ▸ **to lead sb to believe that...** 使某人相信… shǐ mǒurén xiāngxìn... ▸ **to lead sb to do sth** 促使某人做某事 cùshǐ mǒurén zuò mǒushì ▹ *What led you to do this work?* 什么促使你做这项工作？ Shénme cùshǐ nǐ zuò zhè xiàng gōngzuò?

▸**lead away** VT [+ *prisoner*] 带(帶)走 dàizǒu

▸**lead back** VI 带(帶)回 dàihuí

▸**lead off I** VI (*in game, conversation, meeting etc*) 开(開)始 kāishǐ ▹ *She led off with a few of her old hit songs.* 她以她的几首流行的旧歌开始了演出。Tā yǐ tā de jǐ shǒu liúxíng de jiù gē kāishǐle yǎnchū. **II** VT FUS (*also*: **lead off from**) [*road, room, door* +] 由…通向 yóu...tōngxiàng

▸**lead on** VT (*deceive*) [+ *person*] 劝(勸)诱(誘) quànyòu ▹ *I bet she led him on.* 我想她一定引诱他了。Wǒ xiǎng tā yīdìng yǐnyòu tā le.

▸**lead on to** (*esp Brit*) VT FUS (*result in*) 引起 yǐnqǐ

▸**lead to** VT FUS (*result in*) 导(導)致 dǎozhì

▸**lead up to** VT FUS **1** (*culminate in*) [+ *situation*] 导(導)致 dǎozhì ▹ *the events that led up to her death* 导致她死亡的事件 dǎozhì tā sǐwáng de shìjiàn **2** (*precede*) [+ *time, event*] 临(臨)近 línjìn ▹ *the weeks leading up to Christmas* 临近圣诞节前的几个星期 línjìn Shèngdàn Jié qián de jǐ gè xīngqī **3** (*in conversation*) 渐(漸)渐(漸)引到 jiànjiàn yǐndào ▹ *Since you came in you've been leading up to this question.* 自你进来后，一直在渐渐引向这个问题。Zì nǐ jìnlái hòu, yīzhí zài jiànjiàn yǐnxiàng zhège wèntí.

★ **lead²** [lɛd] **I** N **1** [U] (*metal*) 铅(鉛) qiān **2** [C/U] (*in pencil*) 铅(鉛)笔(筆)心 qiānbǐxīn **II** CPD [+ *pipe, roof*] 铅(鉛) qiān

leaded ['lɛdɪd] ADJ **1** [+ *petrol*] 含铅(鉛)的 hánqiān de **2** [+ *window, glass*] 铅(鉛)框的 qiānkuàng de

★ **leader** ['li:dəʳ] N [C] **1** [*of group, organization*] 领(領)导(導)人 lǐngdǎorén [位 wèi] **2** (*Sport*) 领(領)先者 lǐngxiānzhě **3** (*Brit*) (*in newspaper*) 社论(論) shèlùn [美 = **editorial**] **4** ▸ **Leader of the House of Commons/Lords** (*Brit: Parl*) 下/上议(議)院议(議)长(長) xià/shàng yìyuàn yìzhǎng

leadership ['li:dəʃɪp] N [U] **1** (*leading people*) 领(領)导(導)人 lǐngdǎorén **2** (*position*) 领(領)导(導) lǐngdǎo **3** (*quality*) 领(領)导(導)能力 lǐngdǎo nénglì

lead-free ['lɛdfri:] ADJ [+ *petrol, paint*] 无(無)铅(鉛)的 wúqiān de

leading ['li:dɪŋ] ADJ **1** (*most important*) [+ *person, thing*] 主导(導)的 zhǔdǎo de **2** (*Theat, Cine*) [+ *role, part*] 主要的 zhǔyào de **3** (*front*) 引领(領)的 yǐnlǐng de

lead singer [li:d-] N [C] (*in pop group*) 主唱 zhǔchàng [位 wèi]

leaf [li:f] (*pl* **leaves**) N [C] **1** [*of tree, plant*] 叶(葉) yè [片 piàn] **2** [*of table*] 活动(動)桌板 huódòng zhuōbǎn ▸ **to turn over a new leaf** 翻开(開)新的篇章 fānkāi xīn de piānzhāng ▸ **to take a leaf out of sb's book** 模仿某人 mófǎng mǒurén

▸**leaf through** VT FUS [+ *book, magazine*] 翻阅(閱) fānyuè

leaflet ['li:flɪt] **I** N [C] (*booklet*) 小册(冊)子 xiǎocèzi [本 běn]; (*single sheet*) 传(傳)单(單) chuándān [份 fèn] **II** VT [+ *place*] 向…散发(發)传(傳)单(單) xiàng...sànfā chuándān

league [li:g] N [C] **1** (*like-minded group*) 联(聯)盟 liánméng **2** (*Sport*) 联(聯)赛(賽) liánsài [季 jì] ▸ **to be in league with sb** 与(與)某人勾结(結) yǔ mǒurén gōujié ▸ **to be in the same league as sb** (*comparing*) 与(與)某人同类(類) yǔ mǒurén tónglèi ▸ **out of sb's league** (*fig*) 与(與)某人不是一类(類)人 yǔ mǒurén bù shì yī lèi rén

leak [li:k] **I** N [C] **1** [*of liquid, gas*] 裂隙 lièxì [条 tiáo] **2** (*hole*) (*in roof, pipe etc*) 漏洞 lòudòng [个 gè] **3** [*of document, information*] 泄(洩)露 xièlòu **II** VI [*shoes, pipe, liquid, gas* +] 漏 lòu **III** VT **1** [+ *liquid, gas*] 漏 lòu **2** [+ *document, information*] 泄(洩)露 xièlòu

▸**leak out** VI [*news, information* +] 泄(洩)露 xièlòu

lean [li:n] (*pt, pp* **leaned** *or* **leant**) **I** VT ▸ **to lean sth on/against sth** 把某物靠在某物上 bǎ mǒuwù kàozài mǒuwù shang **II** VI (*slope*) 倾(傾)斜 qīngxié **III** ADJ **1** [+ *person*] 精瘦的 jīngshòu de **2** [+ *meat*] 瘦的 shòu de **3** [+ *period of time*] 不景气(氣)的 bù jǐngqì de ▸ **to lean against sth** [*person* +] 靠在某物上 kàozài mǒuwù shàng ▸ **to lean forward/back** 向前/后(後)倾(傾) xiàngqián/hòu qīng

▸**lean on** VT FUS **1** (*rest against*) [+ *person, object*] 倚 yǐ **2** (*fig*) [+ *person*] 依赖(賴) yīlài **3** (*inf: threaten*) 威胁(脅) wēixié

▸**lean towards** VT FUS [+ *idea, belief, right, left*] 倾(傾)向于(於) qīngxiàngyú

leaning ['li:nɪŋ] N [C] 倾(傾)向 qīngxiàng

leant [lɛnt] PT, PP *of* **lean**

leap [li:p] (*pt, pp* **leaped** *or* **leapt**) **I** N [C] **1** (*jump*)

跳 tiào **2** (*increase*) (*in price, number etc*) 激增 jīzēng **II** VI **1** (*jump*) 跳 tiào **2** ▸**to leap into/onto sth** 迅速跳进(進)/上某物 xùnsù tiàojìn/shàng mǒuwù **3** (*increase*) [*price, number etc* +] 激增 jīzēng ▸**to take a leap of faith** 碰运(運)气(氣) pèng yùnqi ▸**by** *or* **in leaps and bounds** 突飞(飛)猛进(進)地 tū fēi měng jìn de ▸**my heart leapt** (*with happiness*) 我的心狂跳不已 wǒ de xīn kuáng tiào bùyǐ; (*with fear*) 我的心突突直跳 wǒ de xīn tūtū zhí tiào

▸**leap at** VT FUS [+ *offer, chance*] 迫不及待地接受 pò bù jí dài de jiēshòu

▸**leap up** VI **1** [*person* +] 一跃(躍)而起 yīyuè ér qǐ **2** (*increase*) [*price, amount* +] 激增 jīzēng

leapt [lɛpt] PT, PP *of* **leap**

leap year N [C] 闰(閏)年 rùnnián [个 gè]

★ **learn** [lə:n] (*pt, pp* **learned** *or* **learnt**) **I** VT **1** (*study*) [+ *skill*] 学(學) xué ▷ *Children learn foreign languages very easily.* 孩子学外语非常容易。Háizi xué wàiyǔ fēicháng róngyì.; [+ *poem, song*] 背 bèi ▷ *We have to learn the whole poem by heart.* 我们得把整首诗背下来。Wǒmen děi bǎ zhěng shǒu shī bèi xiàlái. **2** (*find out*) [+ *news, fact*] 得知 dézhī ▷ *I remember when I learned the terrible news.* 我还记得什么时候得知这条坏消息的。Wǒ hái jìde shénme shíhòu dézhī zhè tiáo huài xiāoxi de. **II** VI 学(學) xué ▷ *Experienced teachers help you learn quickly.* 经验丰富的老师帮你学得快。Jīngyàn fēngfù de lǎoshī bāng nǐ xué de kuài. ▸**to learn about sth** (*study*) 学(學)到某物 xuédào mǒuwù ▸**to learn to do sth/how to do sth** (*by studying*) 学(學)做某事/怎样(樣)做某事 xuézuò mǒushì/zěnyàng zuò mǒushì ▷ *He is learning to play the piano.* 他在学弹钢琴。Tā zài xué tán gāngqín.; (*through experience*) 学(學)做某事/学(學)习(習)如何做某事 xué zuò mǒushì/xuéxí rúhé zuò mǒushì ▷ *He learned to conceal his views.* 他学会了隐瞒观点。Tā xuéhuìle yǐnmán guāndiǎn. ▸**to learn of sth** (*find out*) 获(獲)悉某事 huòxī mǒushì ▸**to learn that...** (*find out*) 获(獲)悉⋯ huòxī... ▸**to learn from one's mistakes** 从(從)错(錯)误(誤)中吸取教训(訓) cóng cuòwù zhōng xīqǔ jiàoxùn

learned ['lə:nɪd] ADJ **1** [+ *person*] 博学(學)的 bóxué de **2** [+ *book, paper*] 学(學)术(術)性的 xuéshùxìng de

learner ['lə:nə^r] N [C] **1** (*student*) 学(學)习(習)者 xuéxízhě [位 wèi] **2** (*Brit*) (*also:* **learner driver**) 驾(駕)驶(駛)学(學)员(員) jiàshǐ xuéyuán [个 gè]

learning ['lə:nɪŋ] N [U] (*study*) 学(學)习(習) xuéxí

learnt [lə:nt] PT, PP *of* **learn**

lease [li:s] **I** N [C] (*legal agreement, contract*) (*on flat, car*) 租约(約) zūyuē [份 fèn] **II** VT [+ *flat, car*] 租 zū ▸**on lease (to)** 被租给(給) bèi zū gěi ▸**to give sb a new lease of life** 给(給)某人注入新的活力 gěi mǒurén zhùrù xīn de huólì ▸**to lease sth to sb** [+ *flat, car, land*] 把某物租给(給)某人 bǎ mǒuwù zū gěi mǒurén

leash [li:ʃ] N [C] 皮带(帶) pídài [条 tiáo] ▸**on a leash** 拴在链(鏈)条(條)上 shuān zài liàntiáo shàng

★ **least** [li:st] **I** ADJ (*noun*) 最少的 zuìshǎo de ▷ *the area where there is least unemployment* 失业率最低的地区 shīyelǜ zuì dī de dìqū **II** ADV **1** (*adjective*) ▸**the least expensive/attractive/interesting** 最便宜/没(沒)有魅力/没(沒)趣的 zuì piányi/méiyǒu mèilì/méi qù de ▷ *the least interesting of all his theories* 他所有理论中最没趣的 tā suǒyǒu lǐlùn zhōng zuì méi qù de **2** (*verb*) 最不 zuìbù ▷ *He came out when I least expected it.* 在我最意想不到的时候，他出现了。Zài wǒ zuì yì xiǎng bù dào de shíhòu, tā chūxiàn le. ▷ *those who need help the least* 最不需要帮助的那些人 zuì bù xūyào bāngzhù de nàxiē rén **III** PRON ▸**the least** 最少 zuìshǎo ▷ *the gap between those earning the most and those earning the least* 收入最多的人与收入最少的人之间的差距 shōurù zuì duō de rén yǔ shōurù zuì shǎo de rén zhījiān de chājù ▸**at least** (*in expressions of quantity, comparisons*) 至少 zhìshǎo ▷ *I must have slept twelve hours at least.* 我一定至少睡了12个小时。Wǒ yīdìng zhìshǎo shuìle shí'èr gè xiǎoshí.; (*still*) 无(無)论(論)如何 wúlùn rúhé ▷ *It looks difficult but at least it is not dangerous.* 看起来很困难，但无论如何没有什么危险。Kàn qǐlái hěn kùnnan, dàn wúlùn rúhé méiyǒu shénme wēixiǎn.; (*or rather*) 起码(碼) qǐmǎ ▷ *I spotted my ex-wife; at least I thought I did.* 我看见我前妻了；起码我认为是的。Wǒ kànjiàn wǒ qiánqī le; qǐmǎ wǒ rènwéi shì de.; (*at the very minimum*) 至少 zhìshǎo ▷ *You could at least have written.* 你至少应该写信吧。Nǐ zhìshǎo yīnggāi xiě xìn ba. ▸**not in the least** 一点(點)也不 yī diǎn yě bù ▸**it was the least I could do** 是我力所能及的 shì wǒ lì suǒ néng jí de ▸**not least because** 尤其是因为(為) yóuqí shì yīnwèi ▸**to say the least** 至少可以说(說) zhìshǎo kěyǐ shuō ▸**least of all** 尤其 yóuqí

leather ['lɛðə^r] **I** N [U] 皮革 pígé **II** CPD [+ *jacket, shoes, chair*] 皮 pí

★ **leave** [li:v] (*pt, pp* **left**) **I** VT **1** (*depart from*) [+ *place*] 离(離)开(開) líkāi ▷ *They left the house after tea.* 吃过茶点后，他们离开了家。Chīguò chádiǎn hòu, tāmen líkāile jiā. **2** (*give up*) [+ *school, job, group*] 放弃(棄) fàngqì ▷ *He left school with no qualifications.* 他弃学了，没有拿到任何文凭。Tā qìxué le, méiyǒu nádào rènhé wénpíng. **3** (*take leave of*) [+ *person*] 与(與)⋯分开(開) yǔ...fēnkāi ▷ *I simply couldn't bear to leave my little girl.* 我就是忍受不了与我的小女儿分开。Wǒ jiùshì rěnshòu bù liǎo yǔ wǒ de xiǎo nǚ'ér fēnkāi. **4** (*abandon*) [+ *wife, family*] 抛(拋)弃(棄) pāoqì ▷ *My husband left me*

L

for another woman. 我丈夫为了另一个女人抛弃了我。Wǒ zhàngfu wèile lìng yī gè nǚrén pāoqìle wǒ. **5** (*cause*) [*+ mark, stain, impression*] 留下 liúxià ▷ *Coffee leaves a stain.* 咖啡会留下污迹。Kāfēi huì liú xià wūjì. **6** (*leave behind*) (*deliberately*) 留下 liúxià ▷ *Leave your key with a neighbour.* 把钥匙留给邻居。Bǎ yàoshi liú gěi línjū.; (*accidentally*) 落 luò ▷ *I had left my raincoat in the restaurant.* 我把雨衣落在饭店里了。Wǒ bǎ yǔyī là zài fàndiàn lǐ le. **7** [*+ message*] 留 liú ▷ *Can I leave a message for Jim?* 我能不能给吉姆留个口信？ Wǒ néng bù néng gěi Jímǔ liú gè kǒuxìn? **8** (*keep back*) [*+ food, space, time*] 留 liú ▷ *Leave some of the stew for the boys.* 把炖菜给那几个男孩留一些。Bǎ dùncài gěi nà jǐ gè nánhái liú yīxiē. **9** (*waste*) [*+ food, drink*] 剩 shèng **II** VI **1** (*depart*) [*person +*] 离(離)开(開) líkāi; [*bus, train +*] 出发(發) chūfā ▷ *My train leaves at 11.30.* 我坐的火车11点30分出发。Wǒ zuò de huǒchē shíyī diǎn sānshí fēn chūfā. **2** (*give up school*) 辍(輟)学(學) chuòxué; (*give up job*) 辞(辭)职(職) cízhí ▷ *He hated his job, so he left.* 他憎恶他的工作，所以辞职了。Tā zēngwù tā de gōngzuò, suǒyǐ cízhí le. **III** N [U] (*time off maternity/sick etc leave*) 休假 xiūjià ▷ *Why don't you take a few days' leave?* 你为什么不休几天假？ Nǐ wèishénme bù xiū jǐ tiān jià?; (*Mil*) 假期 jiàqī ▷ *How much leave do you get?* 你有多少探亲假？ Nǐ yǒu duōshǎo tànqīn jià? ▸ **to leave sth to sb** [*+ money, property etc*] 把某物留给(給)某人 bǎ mǒuwù liúgěi mǒurén ▸ **to leave sth until later** 把某事往后(後)拖延 bǎ mǒushì wǎng hòu tuōyán ▸ **to leave sb/sth alone** 不理会(會)某人/某物 bù lǐhuì mǒurén/mǒuwù ▸ **to leave sb to do sth** 让(讓)某人做某事 ràng mǒurén zuò mǒushì ▸ **the accident left four people dead** 该(該)事故造成4人死亡 gāi shìgù zàochéng sì rén sǐwáng ▸ **he leaves a wife and two children** 他死后(後)留下了妻子和两(兩)个(個)孩子 tā sǐ hòu liúxiàle qīzi hé liǎng gè háizi ▸ **to be left with sth** 被赠(贈)予某物 bèi zèngyǔ mǒuwù ▷ *When their mother died they were left with nothing.* 母亲死后没有留给他们任何遗产。Mǔqīn sǐ hòu méiyǒu liúgěi tāmen rènhé yíchǎn. ▸ **to leave for** [*+ destination*] 前往 qiánwǎng ▷ *My plan was to leave for the seaside.* 我的计划是前往海边。Wǒ de jìhuà shì qiánwǎng hǎibiān. ▸ **to take one's leave (of sb)** (*frm*) (向某人)告别(別) (xiàng mǒurén) gàobié ▸ **to be on leave** 在休假 zài xiūjià

▸**leave behind** VT **1** (*forget*) 忘带(帶) wàngdài **2** (*decide not to take*) 留下 liúxià **3** (*say goodbye to*) [*+ person, place*] 永别(別) yǒngbié **4** (*leave in one's wake*) [*+ situation*] 留下 liúxià **5** (*advance beyond*) [*+ country, organization*] 超过(過) chāoguò

▸**leave off I** VT **1** [*+ cover, lid*] 敞开(開) chǎngkāi **2** [*+ heating, light*] 关(關)掉 guāndiào **3** (*omit*) (*from list*) 遗(遺)漏 yílòu **II** VI (*inf: stop*) 别(別)… bié… ▷ *Just leave off, will you!* 别烦了，行不行！ Bié fán le, xíng bù xíng!

▸**leave on** VT [*+ light, heating*] 开(開)着(著) kāizhe

▸**leave out** VT 删(刪)掉 shāndiào ▷ *One or two scenes in the play were left out.* 剧中的一两个场景被删掉了。Jù zhōng de yī liǎng gè chǎngjǐng bèi shāndiào le. ▸ **to leave sb/sth out of sth** 不把某人/某物包括在某物内(內) bù bǎ mǒurén/mǒuwù bāokuò zài mǒuwù nèi

leaves [liːvz] N PL *of* **leaf**

Lebanese [lɛbəˈniːz] (*pl* **Lebanese**) **I** ADJ 黎巴嫩的 Líbānèn de **II** N (*person*) 黎巴嫩人 Líbānènrén

Lebanon, the Lebanon [ˈlɛbənən] N 黎巴嫩 Líbānèn

lecture [ˈlɛktʃəʳ] **I** N [C] (*talk*) 讲(講)座 jiǎngzuò [个 gè] **II** VI 做讲(講)座 zuò jiǎngzuò **III** VT (*scold*) ▸ **to lecture sb on** *or* **about sth** 告诫(誡)某人有关(關)某事 gàojiè mǒurén yǒuguān mǒushì ▸ **to give a lecture (on sth)** 作(某方面的)讲(講)座 zuò (mǒu fāngmiàn de) jiǎngzuò ▸ **to give sb a lecture (on** *or* **about sth)** (*telling off*) (就某事)斥责(責)某人 (jiù mǒushì)chìzé mǒurén

lecture hall (*US*) N [C] 讲(講)演厅(廳) jiǎngyǎntīng [间 jiān] [英 = **lecture theatre**]

lecturer [ˈlɛktʃərəʳ] N [C] 讲(講)师(師) jiǎngshī [位 wèi]

lecture theatre (*Brit*) N [C] 讲(講)演厅(廳) jiǎngyǎntīng [间 jiān] [美 = **lecture hall**]

LED N ABBR (= **light-emitting diode**) 发(發)光二级(級)管 fāguāng èrjíguǎn

led [lɛd] PT, PP *of* **lead**[1]

ledge [lɛdʒ] N [C] **1** [*of mountain*] 岩石突出部 yánshí tūchūbù **2** [*of window*] 台(臺) tái

leek [liːk] N [C] 韭葱(蔥) jiǔcōng [捆 kǔn]

leer [lɪəʳ] **I** VI ▸ **to leer at sb** 色迷迷地看某人 sèmímí de kàn mǒurén **II** N [C] 斜眼一瞥 xiéyǎn yī piē

★ **left**[1] [lɛft] **I** ADJ (*not right*) 左的 zuǒ de ▷ *his left eye* 他的左眼 tā de zuǒyǎn **II** N ▸ **the left** 左侧(側) zuǒcè ▷ *There was a strong light coming from the left.* 有一道强光从左侧射来。Yǒu yī dào qiángguāng cóng zuǒcè shè lái. **III** ADV [*turn, go, look +*] 向左 xiàngzuǒ ▷ *Turn left at the traffic lights.* 在红绿灯处向左拐。Zài hónglǜdēng chù xiàng zuǒ guǎi. ▸ **on the left** 在左边(邊) zài zuǒbiān ▸ **to the left** 靠左边(邊) kào zuǒbiān ▸ **the Left** (*Pol*) 左翼 zuǒyì

★ **left**[2] [lɛft] **I** PT, PP *of* **leave II** ADJ ▸ **to be left** (*remain*) 剩下 shèngxià ▷ *Is there any gin left?* 剩没剩杜松子酒？ Shèng méi shèng dùsōngzǐ jiǔ? ▸ **to have sth left** 还(還)剩某物 hái shèng mǒuwù ▸ **to be left over** [*food, money etc +*] 剩下 shèngxià

left-hand [ˈlɛfthænd] ADJ [*+ side, corner*] 左侧(側)的 zuǒcè de

left-handed [lɛft'hændɪd] ADJ 左撇子的 zuǒpiězi de

left-luggage [lɛft'lʌgɪdʒ] (Brit) N [U] ▸ **left-luggage locker** 行李寄存柜(櫃) xíngli jìcún guì ▸ **left-luggage office** 行李寄存处(處) xínglǐ jìcún chù

leftovers ['lɛftəuvəz] N PL [*of meal*] 剩饭(飯) shèngfàn

left-wing ['lɛft'wɪŋ] (*Pol*) **I** ADJ [+ *person, ideas*] 左翼的 zuǒyì de **II** N ▸ **the left wing** 左翼 zuǒyì

leg [lɛg] N **1** [C] [*of person, bird, table, chair*] 腿 tuǐ [条 tiáo] **2** [C] [*of trousers, shorts*] 腿部 tuǐbù ▸ **trouser legs** 裤(褲)腿 kùtuǐ **3** [C/U] (*Culin*) [*of lamb, chicken*] 腿 tuǐ [根 gēn] ▸ **he doesn't have a leg to stand on** (*inf*) 他完全站不住脚(腳) tā wánquán zhàn bù zhù jiǎo ▸ **the first/second/last leg** [*of journey*] 第一/第二/最后(後)一段行程 dì yī/dì èr/zuìhòu yī duàn xíngchéng; (*esp Brit: Sport*) 一段赛(賽)程 yī duàn sàichéng

legacy ['lɛgəsɪ] N [C] (*in will*) 遗(遺)产(產) yíchǎn [笔 bǐ] ▸ **the legacy of** [+ *event, historical period*] …的后(後)果 …de hòuguǒ

legal ['li:gl] ADJ **1** (*relating to law*) [+ *system, requirement*] 法律的 fǎlù de **2** (*allowed by law*) [+ *action, situation*] 合法的 héfǎ de ▸ **to take legal action/proceedings against sb** 对(對)某人采(採)取法律行动(動)/提出诉(訴)讼(訟) duì mǒurén cǎiqǔ fǎlù xíngdòng/tíchū sùsòng

legal holiday (US) N [C] 法定假期 fǎdìng jiàqī [个 gè] [英 = **bank holiday, public holiday**]

legalize ['li:gəlaɪz] VT 使合法化 shǐ héfǎhuà

legally ['li:gəlɪ] ADV **1** (*as regards the law*) 在法律上 zài fǎlǜshang **2** (*according to the law*) 依照法律地 yīzhào fǎlù de ▸ **legally binding** 受法律约(約)束 shòu fǎlù yuēshù

legend ['lɛdʒənd] N **1** [C/U] (*story*) 传(傳)奇 chuánqí [个 gè] **2** [C] (*fig: person*) 传(傳)奇人物 chuánqí rénwù [名 míng]

legendary ['lɛdʒəndərɪ] ADJ **1** (*from legend*) 传(傳)奇的 chuánqí de **2** (*fig: very famous*) 传(傳)奇般的 chuánqíbān de

leggings ['lɛgɪŋz] N PL **1** (*woman's*) 裤(褲)袜(襪) kùwà **2** (*protective*) 绑(綁)腿 bǎngtuǐ

legible ['lɛdʒəbl] ADJ 易读(讀)的 yìdú de

legislate ['lɛdʒɪsleɪt] VI 立法 lìfǎ ▸ **to legislate on sth** 就某事立法 jiù mǒushì lìfǎ ▸ **to legislate against sth** 立法禁止某事 lìfǎ jìnzhǐ mǒushì

legislation [lɛdʒɪs'leɪʃən] N [U] 立法 lìfǎ

legislative ['lɛdʒɪslətɪv] ADJ [+ *assembly, power, reform*] 立法的 lìfǎ de

legitimate [lɪ'dʒɪtɪmət] ADJ **1** (*reasonable*) [+ *fear, claim, excuse*] 合理的 hélǐ de **2** (*legal*) 合法的 héfǎ de **3** [+ *child*] 婚生的 hūnshēng de

leisure ['lɛʒə^r], US 'li:ʒə^r] N [U] (*free time*) 闲(閒)暇 xiánxiá ▸ **at (one's) leisure** 在闲(閒)暇的时(時)候 zài xiánxiá de shíhòu

leisure centre (Brit) N [C] 娱(娛)乐(樂)中心 yúlè zhōngxīn [个 gè]

leisurely ['lɛʒəlɪ] ADJ [+ *pace, walk*] 悠闲(閒)的 yōuxián de

lemon ['lɛmən] **I** N [C] 柠(檸)檬 níngméng [个 gè] **II** ADJ (*also*: **lemon yellow**) 柠(檸)檬黄(黃)色的 níngménghuáng sè de

lemonade [lɛmə'neɪd] N [U] 柠(檸)檬汽水 níngméng qìshuǐ

lend [lɛnd] (*pt, pp* **lent**) VT **1** ▸ **to lend sth to sb** 把某物借给(給)某人 bǎ mǒuwù jiègěi mǒurén **2** (*loan*) [*bank* +] 贷(貸) dài **3** (*frm*) ▸ **to lend dignity to sth** 显(顯)示对(對)某事的尊重 xiǎnshì duì mǒushì de zūnzhòng ▸ **it lends itself to...** 适(適)宜于(於)… shìyí yú...

length [lɛŋθ] N **1** [C/U] (*size*) [*of object, animal*] 长(長)度 chángdù [个 gè]; [*of sentence, article*] 篇幅 piānfu [个 gè] **2** [C] (*piece*) [*of wood, string, cloth etc*] 一段 yī duàn **3** [C] (*in swimming pool*) 长(長)度 chángdù **4** [C/U] (*duration*) 期间(間) qījiān [个 gè] ▸ **at length** (*for a long time*) 详(詳)尽(盡)地 xiángjìn de; (*liter: at last*) 最后(後) zuìhòu ▸ **it is 10 metres in length** 10米长(長) shímǐ cháng ▸ **to go to great lengths to do sth** 竭尽(盡)全力做某事 jié jìn quánlì zuò mǒushì ▸ **they travelled the length of the island** 他们(們)走遍了整个(個)岛(島)屿(嶼) tāmen zǒubiànle zhěnggè dǎoyǔ

lengthen ['lɛŋθn] **I** VT 使延长(長) shǐ yáncháng **II** VI 变(變)长(長) biàncháng

lengthways ['lɛŋθweɪz], **lengthwise** ['lɛŋθwaɪz] ADV [*slice, fold, lay* +] 纵(縱)向地 zòngxiàng de

lengthy ['lɛŋθɪ] ADJ **1** [+ *process, procedure, meeting*] 漫长(長)的 màncháng de **2** [+ *report, book, document*] 冗长(長)的 rǒngcháng de

lenient ['li:nɪənt] ADJ [+ *person, attitude, punishment*] 宽(寬)大的 kuāndà de

lens [lɛnz] N [C] [*of spectacles*] 镜(鏡)片 jìngpiàn [片 piàn]; [*of telescope, camera*] 镜(鏡)头(頭) jìngtóu [个 gè]

Lent [lɛnt] N [U] 大斋(齋)节(節) Dàzhāijié

lent [lɛnt] PT, PP *of* **lend**

lentil ['lɛntɪl] N [C] 小扁豆 xiǎobiǎndòu [颗 kē]

Leo ['li:əu] N **1** [U] (*sign*) 狮(獅)子座 Shīzi Zuò **2** [C] (*person*) 狮(獅)子座的人 Shuīzi Zuò de rén [个 gè] ▸ **I'm (a) Leo** 我是狮(獅)子座的 wǒ shì Shīzi Zuò de

leopard ['lɛpəd] N [C] 豹 bào [只 zhī]

leotard ['li:ətɑ:d] N [C] 紧(緊)身衣 jǐnshēnyī [件 jiàn]

leprosy ['lɛprəsɪ] N [U] 麻风(風)病 máfēngbìng

lesbian ['lɛzbɪən] **I** ADJ 女同性恋(戀)的 nǚ tóngxìngliàn de **II** N [C] 女同性恋(戀)者 nǚ tóngxìngliànzhě [个 gè]

Lesotho [lɪ'su:tu:] N 莱(萊)索托(託) Láisuǒtuō

★ **less** [lɛs] **I** ADJ (*noun*) 更少的 gèng shǎo de ▷ *A shower uses less water than a bath.* 淋浴比盆浴用的水更少。Línyù bǐ pényù yòng de shuǐ gèng shǎo. **II** ADV **1** (*adjective/adverb*) 较(較)少地

jiàoshǎo de ▷ *Malaria is less common in Britain.* 疟疾在英国较少见。Nüèjí zài Yīngguó jiào shǎojiàn. ▷ *He still eats cheese, but far less often.* 他还是吃奶酪，但不像以前那么频繁了。Tā háishì chī nǎilào, Dàn bùxiàng yǐqián nàme pínfán le. **2** (*verb*) 较(較)少 jiàoshǎo ▷ *I visit him less than I should.* 我应该多去看他。Wǒ yīnggāi duō qù kàn tā. ▷ *He goes out less than he used to.* 他比以前出去得少了。Tā bǐ yǐqián chūqù de shǎo le. **III** PRON 较(較)少的东(東)西 jiàoshǎo de dōngxi ▷ *I've got less than you.* 我的比你的少。Wǒ de bǐ nǐ de shǎo. **IV** PREP ▸ **less tax/10% discount** 去掉税(稅)/10%的折扣 qùdiào shuì/bǎifēnzhī shí de zhékòu ▸ **less of the money/time** 较(較)少的钱(錢)/时(時)间(間) jiàoshǎo de qián/shíjiān ▸ **I see less of them now they've moved** 他们(們)搬家了，我与(與)他们(們)见(見)面的机(機)会(會)少了 Tāmen bānjiā le, wǒ yǔ tāmen jiànmiàn de jīhuì shǎo le ▸ **less than half** 不到一半 bùdào yībàn ▸ **no less than 45% of the electorate** 不少于(於)45%的全体(體)选(選)民 bù shǎo yú bǎifēnzhī sìshí wǔ de quántǐ xuǎnmín ▸ **less than ever** 不比从(從)前 bù bǐ cóngqián ▸ **less than perfect/helpful** 决(決)不完美/决(決)没(沒)有帮(幫)助 jué bù wánměi/jué méiyǒu bāngzhù ▸ **less and less** (*as adj*) 越来(來)越少的 yuèláiyuè shǎo de; (*as adv*) 越来(來)越少地 yuèláiyuè shǎo de ▸ **the less he works, the more he complains** 他做的越少，抱怨的越多 tā zuò de yuè shǎo, bàoyuàn de yuè duō ▸ **the Prime Minister, no less** 居然是首相 jūrán shì shǒuxiàng

> **less** 可以修饰不可数名词。*...less meat...* 修饰可数名词应该使用 **fewer**。*...fewer potatoes...*

lessen [ˈlɛsn] **I** VI 减(減)少 jiǎnshǎo **II** VT 使减(減)少 shǐ jiǎnshǎo

lesser [ˈlɛsəʳ] ADJ (*smaller*) (*in degree, importance, amount*) 次要的 cìyào de ▸ **to a lesser extent** *or* **degree** 在较(較)小程度上 zài jiàoxiǎo chéngdù shàng

lesson [ˈlɛsn] N [c] **1** (*class*) (*in history, dancing etc*) 课(課) kè [堂 táng] **2** (*fig*) 教训(訓) jiàoxùn ▸ **to teach sb a lesson** (*fig*) 给(給)某人一个(個)教训(訓) gěi mǒurén yī gè jiàoxùn

lest [lɛst] (*frm*) CONJ 以免 yǐmiǎn

★ **let** [lɛt] (*pt, pp* **let**) VT **1** ▸ **to let sb do sth** (*give permission*) 允许(許)某人做某事 yǔnxǔ mǒurén zuò mǒushì ▷ *My parents wouldn't let me go out with boys.* 我父母不许我与男孩子们一起交往。Wǒ fùmǔ bùxǔ wǒ yǔ nánháizimen yīqǐ jiāowǎng. **2** ▸ **to let sth happen** 让(讓)某事发(發)生 ràng mǒushì fāshēng ▷ *People here let everyone else do the work.* 这里的人让别人做工作。Zhèlǐ de rén ràng biérén zuò gōngzuò. **3** (*Brit*) (*also:* **let out**) (*lease*) 出租 chūzū ▷ *She is thinking of letting her house to an American serviceman.* 她在想把房子租给一个美国军人。Tā zài xiǎng bǎ fángzi zū gěi yī gè Měiguó jūnrén. [美 = **rent**] ▸ **to let sb know that...** 告诉(訴)某人… gàosù mǒurén... **4** ▸ **to let sb in/out** 让(讓)某人进(進)去/出去 ràng mǒurén jìnqù/chūqù ▸ **let's go/eat** 我们(們)走/吃吧 wǒmen zǒu/chī ba ▷ *I'm bored. Let's go home.* 我觉得无聊，我们回家吧。Wǒ jué de wúliáo, wǒmen huíjiā ba. ▸ **let me explain/help** 让(讓)我来(來)解释(釋)/帮忙 ràng wǒ lái jiěshì/bāngmáng ▸ **he can't afford his rent, let alone a holiday** 他付不起房租，更别(別)提度假了 tā fù bù qǐ fángzū, gèng bié tí dùjià le ▸ **"to let"** "现(現)房待租" "xiànfáng dàizhū" ▸ **to let go** (*release one's grip*) 松(鬆)开(開) sōngkāi ▸ **to let go of** (*stop holding*) 松(鬆)开(開)… sōngkāi... ▸ **to let sb/sth go** (*release*) 放走某人/某物 fàngzǒu mǒurén/mǒuwù ▷ *Eventually I let the frog go.* 最后，我放走了青蛙。Zuìhòu, wǒ fàngzǒule qīngwā. ▸ **to let o.s. go** (*relax*) 放得开(開) fàng de kāi; (*neglect o.s.*) 不修边(邊)幅 bù xiū biānfú

▸**let down** VT **1** (*fail*) [+ *person*] 令…失望 lìng...shīwàng ▷ *Charlie's never let me down yet.* 查理从来没有令我失望过。Chálǐ cónglái méiyǒu lìng wǒ shīwàng guò. **2** (*esp Brit*) [+ *tyre etc*] 给(給)…放气(氣) gěi...fàngqì **3** [+ *dress, hem etc*] 放长(長) fàngcháng

▸**let in** VT **1** [+ *water, air*] 允许(許)进(進)来(來) yǔnxǔ jìnlái **2** (*open door for*) [+ *person*] 给(給)…开(開)门(門) gěi...kāimén ▸ **to let sb in on a secret** 让(讓)某人知道一个(個)秘(祕)密 ràng mǒurén zhīdào yī gè mìmì

▸**let off** VT **1** [+ *culprit*] 放过(過) fàngguò ▷ *He let me off with a warning.* 他给我一个警告就放过我了。Tā gěi wǒ yī gè jǐnggào jiù fàngguò wǒ le. **2** (*excuse*) ▸ **to let sb off sth** 允许(許)某人不用做某事 yǔnxǔ mǒurén bù yòng zuò mǒushì **3** [+ *firework, gun, bomb*] 放 fàng

▸**let on** VI ▸ **not to let on that...** 不泄(洩)漏出去… bù xièlòu chūqù...

▸**let out** **1** VT [+ *water, air, breath*] 放掉 fàngdiào **2** [+ *scream, cry*] 发(發)出 fāchū ▷ *She let out a terrible shriek.* 她发出一声可怕的尖叫。Tā fāchū yī shēng kěpà de jiānjiào. **3** (*Brit*) (*lease*) 出租 chūzū ▷ *She is thinking of letting out her house to an American serviceman.* 她在想把她的房子租给一个美国军人。Tā zài xiǎng bǎ tā de fángzi zūgěi yī gè Měiguó jūnrén. [美 = **rent**]

▸**let up** VI **1** (*cease*) 停止 tíngzhǐ ▷ *We thought the rain would let up soon.* 我们觉得雨不久会停。Wǒmen juéde yǔ bùjiǔ huì tíng. **2** (*diminish*) 减(減)缓(緩) jiǎnhuǎn ▷ *Still the heat didn't let up.* 炎热依旧没有减缓。Yánrè yījiù méiyǒu jiǎnhuǎn.

lethal [ˈliːθl] ADJ [+ *weapon, chemical etc*] 致命的 zhìmìng de

★ **letter** [ˈlɛtəʳ] N [c] **1** (*note*) 信 xìn [封 fēng] **2** [*of alphabet*] 字母 zìmǔ [个 gè] ▷ *the letter E* 字母E zìmǔ E ▸ **to the letter** 不折不扣地 bù zhé bù kòu de

letterbox ['lɛtəbɔks] (*Brit*) N [c] (*in door*) 信箱 xìnxiāng [个 gè] [美 = **mailbox**]

lettuce ['lɛtɪs] N [c/ʊ] 生菜 shēngcài [棵 kē]

leukaemia, (*US*) **leukemia** [luː'kiːmɪə] N [ʊ] 白血病 báixuèbìng

★ **level** ['lɛvl] I ADJ **1** (*flat*) 平的 píng de ▷ *The floor is quite level.* 地板很平。Dìbǎn hěn píng. **2** (*Culin*) [+ *spoonful*] 平的 píng de **3** (*at same height*) 一样(樣)高的 yīyàng gāo de ▷ *The tree tops are level with the roof.* 树冠与屋顶一样高。Shùguān yǔ wūdǐng yīyàng gāo. ▷ *Amy knelt down so that their eyes were level.* 埃米跪下身子，这样他们可以平视对方。Āi mǐ guìxià shēngzi, zhèyàng tāmen kěyǐ píngshì duìfāng. **4** (*in points, goals etc*) 平的 píng de ▷ *The teams were level at the end of extra time.* 加时赛结束时，两队比分平了。Jiāshísài jiéshù shí, liǎng duì bǐfēn píng le. II ADV ▸ **to draw level with** (*esp Brit*) [+ *person, vehicle*] 与(與)…平齐(齊) yǔ…píngqí; [+ *team, opponent*] 与(與)…比分拉平 yǔ…bǐfēn lāpíng III N [c] **1** (*amount, degree*) (*on scale*) 程度 chéngdù ▷ *the lowest level of inflation for years* 多年来最低程度的通货膨胀率 duō nián lái zuì dī chéngdù de tōnghuò péngzhàng lǜ **2** (*standard*) 水平 shuǐpíng [种 zhǒng] ▷ *The general level of training was not high.* 培训的总体水平不高。Péixùn de zǒngtǐ shuǐpíng bù gāo. **3** (*height*) [*of lake, river*] 水位 shuǐwèi [个 gè] ▷ *The level of the lake continues to rise.* 湖水的水位继续上升。Húshuǐ de shuǐwèi jìxù shàngshēng. IV VT (*flatten*) [+ *building, forest etc*] 把…弄平 bǎ…nòngpíng ▷ *Tractors levelled more than 1000 acres of forest.* 拖拉机将1000多英亩的森林夷为平地。Tuōlājī jiāng yīqiān duō yīngmǔ de sēnlín yíwéi píngdì. V VI ▸ **to level with sb** (*inf*) 对(對)某人开(開)诚(誠)布公 duì mǒurén kāi chéng bù gōng ▸ **to be level with** (*esp Brit*) [+ *person, vehicle*] 与(與)…平齐(齊) yǔ…píngqí; [+ *team, opponent*] 与(與)…并(並)驾(駕)齐(齊)驱(驅) yǔ…bìng jià qí qū ▸ **at eye/waist** *etc* **level** 在与(與)眼/腰等平齐(齊)的位置 zài yǔ yǎn/yāo děng píngqí de wèizhi ▷ *He held the gun at waist level.* 他把枪端在与腰平齐的位置上。Tā bǎ qiāng duān zài yǔ yāo píngqí de wèizhi shàng. ▸ **to be on the level** (*inf*) [*plan etc* +] 真实(實)可信 zhēnshí kěxìn; [*person* +] 诚(誠)恳(懇) chéngkěn ▸ **to level the score** (*Sport*) 扳平比分 bānpíng bǐfēn ▸ **to level an accusation/a criticism at** *or* **against sb** 指控/批评(評)某人 zhǐkòng/pīpíng mǒurén ▸ **to level a gun at sb** 把枪(槍)对(對)准(準)某人 bǎ qiāng duìzhǔn mǒurén ▸ **to do one's level best** 全力以赴 quánlì yǐ fù

▸**level off** VI **1** [*prices etc* +] 稳(穩)定 wěndìng **2** [*plane* +] 平飞(飛) píngfēi

▸**level out** VI = **level off**

level crossing (*Brit*) N [c] 平交道口 píngjiāodàokǒu [个 gè] [美 = **railroad crossing**]

lever ['liːvə^r], *US* 'lɛvə^r] I N [c] **1** (*to operate machine*) 杆(桿) gǎn [根 gēn] **2** (*to provide leverage*) 杠杆(桿) gànggǎn **3** (*fig*) 手段 shǒuduàn II VT ▸ **to lever sth open** 撬开(開)某物 qiàokāi mǒuwù ▸ **to lever o.s. up** 把自己支撑(撐)起来(來) bǎ zìjǐ zhīchēng qǐlái

leverage ['liːvərɪdʒ], *US* 'lɛvərɪdʒ] N [ʊ] **1** (*using bar, lever*) 杠杆(桿)作用 gànggǎn zuòyòng **2** (*fig: influence*) 影响(響) yǐngxiǎng

levy ['lɛvɪ] I N (*tax, charge*) 税(稅)款 shuìkuǎn II VT [+ *tax, charge*] 征(徵)收 zhēngshōu

liability [laɪə'bɪlətɪ] I N **1** [c] (*burden, risk*) 负(負)担(擔) fùdān [种 zhǒng] **2** [ʊ] (*responsibility*) 责(責)任 zérèn II **liabilities** N PL (*Comm*) 债(債)务(務) zhàiwù

liable ['laɪəbl] ADJ ▸ **to be liable to sth/to do sth** [*person* +] 有…/做某事的倾(傾)向 yǒu…/zuò mǒushì de qīngxiàng; [*thing* +] 可能会(會)…/做某事 kěnéng huì…/zuò mǒushì ▸ **to be liable (for sth)** (*for damages, debt*) 负(負)(某事的)责(責)任 fù(mǒushì de)zérèn

liaise [liː'eɪz] VI (*Brit*) ▸ **to liaise (with sb)** (*initiate contact*) (与(與)某人)联(聯)络(絡) (yǔ mǒurén) liánluò; (*maintain contact*) (与(與)某人)保持联(聯)系(繫) (yǔ mǒurén) bǎochí liánxì

liar ['laɪə^r] N [c] 说(說)谎(謊)者 shuōhuǎngzhě [个 gè]

liberal ['lɪbərl] I ADJ **1** (*tolerant*) [+ *person, attitude*] 开(開)明的 kāimíng de **2** (*generous*) [+ *use, amount*] 大方的 dàfang de **3** (*Pol*) ▸ **Liberal** 自由党(黨) Zìyóudǎng II N [c] **1** (*tolerant person*) 开(開)明的人 kāimíng de rén **2** (*Pol*) ▸ **Liberal** 自由党(黨)党(黨)员(員) Zìyóudǎng dǎngyuán [名 míng] ▸ **to be liberal with sth** (*generous*) 慷慨提供某物 kāngkǎi tígōng mǒuwù

Liberal Democrat (*Brit*) N [c] 自由民主党(黨)党(黨)员(員) Zìyóu Mínzhǔdǎng Dǎngyuán [名 míng] ▸ **the Liberal Democrat Party** 自由民主党(黨) Zìyóu mínzhǔdǎng

liberate ['lɪbəreɪt] VT [+ *city, country*] 解放 jiěfàng; [+ *oppressed people etc*] 使获(獲)自由 shǐ huò zìyóu; [+ *hostage, prisoner*] 释(釋)放 shìfàng

liberation [lɪbə'reɪʃən] N [ʊ] [*of country, oppressed group*] 解放 jiěfàng

Liberia [laɪ'bɪərɪə] N 利比里亚(亞) Lìbǐlǐyà

Liberian [laɪ'bɪərɪən] I ADJ 利比里亚(亞)的 Lìbǐlǐyà de II N [c] (*person*) 利比里亚(亞)人 Lìbǐlǐyàrén [个 gè]

liberty ['lɪbətɪ] N [c/ʊ] 自由 zìyóu ▸ **to be at liberty** [*criminal* +] 自由的 zìyóu de ▸ **to be at liberty to do sth** 有权(權)做某事 yǒuquán zuò mǒushì ▸ **to take the liberty of doing sth** 冒昧地做某事 màomèi de zuò mǒushì

L

Libra ['li:brə] N **1** [U] *(sign)* 天秤座 Tiānchèng Zuò **2** [C] *(person)* 天秤座的人 Tiānchèng Zuò de rén [个 gè] ▸ **I'm (a) Libra** 我是天秤座的 wǒ shì Tiānchèng Zuò de

librarian [laɪ'brɛərɪən] N [C] 图(圖)书(書)管理员(員) túshū guǎnlǐyuán [位 wèi]

library ['laɪbrərɪ] N [C] **1** *(public)* 图(圖)书(書)馆(館) túshūguǎn [个 gè] **2** *(in private house)* 书(書)斋(齋) shūzhāi **3** *(private collection)* 收藏 shōucáng

Libya ['lɪbɪə] N 利比亚(亞) Lìbǐyà

Libyan ['lɪbɪən] **I** ADJ 利比亚(亞)的 Lìbǐyà de **II** N [C] *(person)* 利比亚(亞)人 Lìbǐyàrén [个 gè]

lice [laɪs] N PL *of* **louse**

licence, *(US)* **license** ['laɪsns] N **1** [C] *(permit)* 许(許)可证(證) xǔkězhèng [张 zhāng] **2** [C] *(also:* **driving licence***)* 驾(駕)驶(駛)执(執)照 jiàshǐ zhízhào [本 běn] **3** [C] *(Comm)* 特许(許) tèxǔ **4** [U] *(pej)* ▸ **licence to do sth** 放肆地做某事 fàngsì de zuò mǒushì ▸ **under licence** *(Comm)* 经(經)特许(許) jīng tèxǔ

用法参见 **license**

license ['laɪsns] **I** N *(US)* = **licence II** VT ▸ **to license sb/sth (to do sth)** 许(許)可某人/某组(組)织(織)(做某事) xǔkě mǒurén/mǒuzǔzhī (zuò mǒushì)

请勿将 **licence** 和 **license** 混淆。在英式英语中，以 **-ce** 结尾的 **licence** 是名词。*...a driver's licence...* 以 **-se** 结尾的 **license** 是动词。*The restaurant was licensed to serve alcohol.* 在美式英语中，后一种拼写也可用作名词。

licensed ['laɪsnst] ADJ **1** [+ *car, gun*] 领(領)有许(許)可证(證)的 lǐngyǒu xǔkězhèng de **2** *(Brit)* [+ *restaurant, hotel*] *(to sell alcohol)* 领(領)有卖(賣)酒许(許)可证(證)的 lǐngyǒu màijiǔ xǔkězhèng de

license number *(US)* N [C] 车(車)牌号(號) chēpáihào [英 = **registration number**]

license plate *(US)* N [C] 车(車)牌照 chēpáizhào [个 gè] [英 = **number plate**]

lick [lɪk] **I** VT **1** [+ *stamp, fingers, lolly etc*] 舔 tiǎn **2** *(inf: defeat)* 击(擊)败(敗) jībài **II** N [C] 舔 tiǎn ▸ **to lick one's lips** *(lit)* 舔嘴唇(脣) tiǎn zuǐchún; *(fig)* 垂涎欲滴 chuí xián yù dī ▸ **a lick of paint** *(inf)* 少许(許)涂(塗)料 shǎoxǔ túliào

lid [lɪd] N [C] **1** *[of box, case, pan]* 盖(蓋) gài [个 gè] **2** *(eyelid)* 眼睑(瞼) yǎnjiǎn [个 gè] ▸ **to keep a/the lid on sth** *(fig)* 隐(隱)瞒(瞞)某事 yǐnmán mǒushì

lie[1] [laɪ] *(pt* **lay**, *pp* **lain***)* VI **1** *(be horizontal)* [*person* +] 躺 tǎng **2** *(be situated)* [*place* +] 位于(於) wèiyú; [*object* +] 平放 píngfàng **3** *(fig)* [*problem, cause etc* +] 在于(於) zàiyú **4** *(Brit) (be placed) (in race, league etc)* 处(處)于(於) chǔyú **5** ▸ **to lie hidden/forgotten** 被遗(遺)忘 bèi yíwàng ▸ **to lie ahead** 摆(擺)在面前 bǎi zài miàn qián ▸ **to lie low** *(fig)* 隐(隱)藏 yǐncáng

▸**lie about** *(Brit)* VI = **lie around**

▸**lie around** VI **1** [*things* +] 乱(亂)放 luànfàng **2** [*people* +] 懒(懶)懒(懶)散散 lǎnlǎnsǎnsǎn

▸**lie back** VI [*person* +] 向后(後)靠 xiànghòu kào

▸**lie behind** VT FUS *(cause)* 是…的缘(緣)由 shì...de yuányóu

▸**lie down** VI [*person* +] 躺下 tǎngxià ▸ **to take sth lying down** 对(對)某事俯首屈服 duì mǒushì fǔ shǒu qūfú

lie[2] [laɪ] **I** VI *(tell lies)* 说(說)谎(謊) shuōhuǎng **II** N [C] 谎(謊)言 huǎngyán [个 gè] ▸ **to tell lies** 说(說)谎(謊) shuōhuǎng ▸ **to live a lie** 过(過)着(著)虚(虛)伪(僞)的生活 guòzhe xūwěi de shēnghuó

Liechtenstein ['lɪktənstaɪn] *(Geo)* N 列支敦士登 Lièzhīdūnshìdēng

lie-in ['laɪɪn] *(Brit; inf)* N ▸ **to have a lie-in** 睡懒(懶)觉(覺) shuì lǎnjiào

lieutenant [lɛf'tɛnənt], *US* lu:'tɛnənt] N [C] 中尉 zhōngwèi [位 wèi]

★ **life** [laɪf] *(pl* **lives***)* N **1** [C/U] *(living, existence)* 生命 shēngmìng [个 gè] ▷ *her last hours of life* 她生命的最后时刻 tā shēngmìng de zuìhòu shíkè **2** [U] *(living things)* 生物 shēngwù ▷ *Is there life on Mars?* 火星上有生物吗？ Huǒxīng shàng yǒu shēngwù ma? ▷ *Your life is in danger.* 你的生命处于危险之中。Nǐ de shēngmìng chǔyú wēixiǎn zhī zhōng. **3** [C] *(lifespan)* [*of person*] 一生 yīshēng [个 gè] ▷ *People spend their lives worrying about money.* 人的一生都在为钱而担忧。Rén de yīshēng dōu zài wèi qián ér dānyōu.; [*of machine, organization*] 寿(壽)命 shòumìng ▷ *The repairs did not increase the life of the equipment.* 维修并没有增加设备的使用寿命。Wéixiū bìng méiyǒu zēngjiā shèbèi de shǐyòng shòumìng. **4** [U] *(events, experience)* 生活 shēnghuó ▷ *Life had not been kind to her.* 生活没有善待她。Shēnghuó méiyǒu shàndài tā. **5** [U] *(vitality)* [*of person, place*] 活力 huólì ▷ *The town was full of life.* 这座城市充满了活力。Zhè zuò chéngshì chōngmǎnle huólì. **6** [U] *(inf)* *(also:* **life imprisonment***)* 无(無)期徒刑 wúqī túxíng ▷ *He could get life, if convicted.* 如果定罪，他会被判无期徒刑。Rúguǒ dìngzuì, tā huì bèi pàn wúqī túxíng. ▸ **to paint from life** 写(寫)生 xiěshēng ▸ **to fight for one's life** 与(與)生命抗争(爭) yǔ shēngmìng kàngzhēng ▸ **to be jailed/scarred for life** 遭受终(終)生监(監)禁/创(創)伤(傷) zāoshòu zhōngshēng jiānjìn/chuāngshāng ▸ **his personal/working life** 他的个(個)人/工作生活 tāde gèrén/gōngzuò shēnghuó ▸ **to come to life** [*person, party etc* +] 苏(甦)醒过(過)来(來) sūxǐng guòlái ▸ **to take sb's life/one's own life** *(frm)* 杀(殺)害某人/自杀(殺) shāhài mǒurén/zìshā

lifebelt ['laɪfbɛlt] N [C] 救生带(帶) jiùshēngdài [条 tiáo]

lifeboat ['laɪfbəut] N [C] 救生船 jiùshēngchuán

[艘 sōu]
lifeguard ['laɪfgɑːd] N [c] (*at beach, swimming pool*) 救生员(員) jiùshēngyuán [位 wèi]
life insurance N [U] 人寿(壽)保险(險) rénshòu bǎoxiǎn
life jacket N [c] 救生衣 jiùshēngyī [件 jiàn]
lifelike ['laɪflaɪk] ADJ **1** [+ *model, dummy etc*] 逼真的 bīzhēn de **2** (*realistic*) [+ *painting, character*] 栩栩如生的 xǔxǔ rú shēng de
life preserver [-prɪ'zəːvə^r] (*US*) N [c] (*lifebelt*) 救生用具 jiùshēng yòngjù [件 jiàn]; (*life jacket*) 救生衣 jiùshēngyī [件 jiàn]
life sentence N [c] 无(無)期徒刑 wúqī túxíng
lifestyle ['laɪfstaɪl] N [c/U] 生活方式 shēnghuó fāngshì [种 zhǒng]
lifetime ['laɪftaɪm] N **1** [c] [*of person*] 一生 yīshēng **2** [s] [*of product, organization*] 寿(壽)命 shòumìng ▶ **the chance of a lifetime** 千载(載)难(難)逢的机(機)会(會) qiān zǎi nán féng de jīhuì
lift [lɪft] **I** VT **1** (*raise*) [+ *thing, part of body*] 举(舉)起 jǔqǐ **2** (*end*) [+ *ban, sanctions, embargo*] 解除 jiěchú **3** (*increase*) [+ *rate, price*] 提高 tígāo **4** (*inf: copy*) 抄袭(襲) chāoxí **II** VI [*fog* +] 消散 xiāosàn **III** N [c] (*Brit*) 电(電)梯 diàntī [部 bù] [美 = **elevator**] ▶ **to give sb a lift** (*esp Brit: Aut*) 让(讓)某人搭便车(車) ràng mǒurén dā biànchē
▶**lift off** VI [*rocket, aircraft* +] 起飞(飛) qǐfēi
▶**lift up** VT [+ *person, thing*] 举(舉)起 jǔqǐ
lift-off ['lɪftɔf] N [c/U] [*of rocket*] 起飞(飛) qǐfēi
light [laɪt] (*pt, pp* **lit**) **I** N **1** [U] (*from sun, moon, lamp, fire*) 光 guāng **2** [c] (*Elec, Aut*) 灯(燈) dēng [盏 zhǎn] **3** [s] (*for cigarette*) 打火机(機) dǎhuǒjī **II** VT **1** (*set alight*) [+ *candle, fire, cigarette*] 点(點)燃 diǎnrán **2** [+ *room*] 照亮 zhàoliàng **III** ADJ **1** (*pale*) [+ *colour*] 淡的 dàn de **2** (*bright*) [+ *building, room*] 明亮的 míngliàng de **3** (*not dark*) [+ *evening, morning*] 亮的 liàng de **4** (*not heavy*) [+ *object*] 轻(輕)的 qīng de **5** (*not intensive*) [+ *rain, traffic, sleep*] 小量的 xiǎoliàng de **6** (*not strenuous*) [+ *work*] 容易做的 róngyì zuò de **7** (*graceful, gentle*) [+ *movement, action*] 轻(輕)快的 qīngkuài de **8** (*lenient*) [+ *sentence*] 从(從)轻(輕)的 cóngqīng de **9** (*not serious*) [+ *book, music*] 轻(輕)松(鬆)的 qīngsōng de; [+ *discussion etc*] 轻(輕)松(鬆)的 qīngsōng de **IV** ADV [*travel* +] 轻(輕)装(裝)地 qīng zhuāng de **V lights** N PL **1** (*Aut*) (*also*: **traffic lights**) 交通指示灯(燈) jiāotōng zhǐshìdēng ▶ **to turn** *or* **switch the light on/off** 开(開)/关(關)灯(燈) kāi/guān dēng ▶ **to cast** *or* **shed** *or* **throw light on sth** (*fig*) 使某事清楚明白地显(顯)示出来(來) shǐ mǒushì qīngchǔ míngbai de xiǎnshì chūlái ▶ **to present sth in a favourable/an unfavourable light** 表现(現)某物宜人/不宜人之处(處) biǎoxiàn mǒuwù yírén/bù yírén zhī chù ▶ **to set light to sth** (*esp Brit*) 点(點)燃某物 diǎnrán mǒuwù [美 = **set fire to**] ▶ **to come** *or* **be brought to light** [*fact, information* +] 暴露 bàolù ▶ **in the light of** [+ *discussions, new evidence etc*] 鉴(鑑)于(於) jiànyú ▶ **to make light of sth** 对(對)某事不以为(為)意 duì mǒushì bù yǐ wéi yì
▶**light up** **I** VI **1** (*illuminate*) 变(變)亮 biànliàng **2** [*face, eyes* +] 放光彩 fàng guāngcǎi **II** VT (*illuminate*) 照亮 zhàoliàng
light bulb N [c] 灯(燈)泡 dēngpào [个 gè]
lighten ['laɪtn] **I** VT **1** (*make less heavy*) 使变(變)轻(輕) shǐ biànqīng **2** (*make less difficult*) [+ *load, burden*] 减(減)轻(輕) jiǎnqīng **3** (*make less serious*) [+ *situation, atmosphere, mood*] 使轻(輕)松(鬆) shǐ qīngsōng **4** (*make less dark*) 使变(變)浅(淺) shǐ biàn qiǎn **II** VI **1** (*become more cheerful*) [*mood* +] 变(變)得愉快 biànde yúkuài **2** (*become less dark*) 变(變)浅(淺) biàn qiǎn
lighter ['laɪtə^r] N [c] (*also*: **cigarette lighter**) 打火机(機) dǎhuǒjī [个 gè]
light-hearted [laɪt'hɑːtɪd] ADJ [+ *person*] 轻(輕)松(鬆)愉快的 qīngsōng yúkuài de; [+ *question, remark etc*] 轻(輕)松(鬆)的 qīngsōng de
lighthouse ['laɪthaus] N [c] 灯(燈)塔 dēngtǎ [座 zuò]
lighting ['laɪtɪŋ] N [U] (*on roads, in theatre*) 照明设(設)备(備) zhàomíng shèbèi
lightly ['laɪtlɪ] ADV **1** (*gently*) [*kiss, touch* +] 轻(輕)轻(輕)地 qīngqīng de **2** (*not heavily*) [*sleep, eat* +] 轻(輕)微地 qīngwēi de **3** (*Culin*) [*cook, brown, steam* +] 稍微地 shāowēi de **4** (*not seriously*) 轻(輕)率地 qīngshuài de ▶ **to get off lightly** 从(從)轻(輕)发(發)落 cóngqīng fāluò
lightning ['laɪtnɪŋ] **I** N [U] (*in sky*) 闪(閃)电(電) shǎndiàn **II** ADJ ▶ **with lightning speed** 闪(閃)电(電)般的 shǎndiànbān de
lightweight ['laɪtweɪt] **I** ADJ **1** [+ *fabric, product*] 重量轻(輕)的 zhòngliàng qīng de **2** (*fig*) [+ *person*] 无(無)足轻(輕)重的 wú zú qīng zhòng de **II** N [c] **1** (*Boxing*) 轻(輕)量级(級)运(運)动(動)员(員) qīngliàngjí yùndòngyuán [名 míng] **2** (*fig: person*) 无(無)足轻(輕)重的人 wú zú qīng zhòng de rén [个 gè]
★**like**[1] [laɪk] PREP **1** (*similar to*) 像 xiàng **2** (*in similes*) 像…一样(樣) xiàng…yīyàng ▷ *I was trembling like a leaf.* 我抖得像片叶子一样。Wǒ dǒu de xiàng piàn yèzi yīyàng. **3** (*such as*) 如 rú ▷ *big countries like Australia and India* 如澳大利亚和印度这样的大国 rú Àodàlìyà hé Yìndù zhèyàng de dàguó ▶ **a house like ours** 像我们(們)这(這)样(樣)的房子 xiàng wǒmen zhèyàng de fángzi ▶ **something like that** 差不多 chàbuduō ▶ **to be like sth/sb** 像某物/某人 xiàng mǒuwù/mǒurén ▶ **what's he/the weather like?** 他/天气(氣)怎么(麼)样(樣)? tā/tiānqì zěnmeyàng? ▶ **to look like** [+ *person*] 长(長)得像 zhǎngde xiàng; [+ *thing*] 类(類)似 lèisì ▶ **to sound/taste like** 听(聽)/尝(嘗)起来(來)像 tīng/cháng qǐlái xiàng ▶ **what does it look/sound/taste like?** 看/听(聽)/尝(嘗)

起来(來)怎么(麼)样(樣)? kàn/tīng/cháng qǐlái zěnmeyàng? ▸ **he was acting like an idiot** 他做事像白痴(癡)一样(樣) tā zuòshì xiàng báichī yīyàng ▸ **there's nothing like...** 什么(麼)也比不上… shénme yě bǐ bù shàng... ▸ **that's just like him** 他就是这(這)样(樣) tā jiùshì zhèyàng ▸ **like this** 像这(這)样(樣) xiàng zhèyàng ▸ **and the like** 诸(諸)如此类(類) zhūrú cǐlèi

★ **like²** [laɪk] **I** VT **1** (*find attractive, enjoyable*) [+ *person, thing*] 喜欢(歡) xǐhuan ▹ *I can't think why Grace doesn't like me.* 我不明白格雷丝为什么不喜欢我。Wǒ bù míngbai Géléisī wèishénme bù xǐhuān wǒ. **2** (*approve of*) [+ *action, behaviour*] 赞(贊)同 zàntóng **II** N ▸ **his likes and dislikes** 他的好恶(惡) tā de hàowù ▸ **to like doing sth** 喜欢(歡)做某事 xǐhuān zuò mǒushì ▸ **to like to do sth** 喜欢(歡)做某事 xǐhuān zuò mǒushì ▹ *I like to go to bed early during the week.* 不是周末的时候，我喜欢早点上床休息。Bùshì zhōumò de shíhòu, wǒ xǐhuan zǎodiǎn shàngchuáng xiūxi. ▹ *She doesn't like him working so hard.* 她不愿意他工作得那么辛苦。 ▹ *His wife didn't like him drinking so much.* 他妻子不愿意他喝这么多酒。Tā de qīzi bù yuànyì tā hē zhème duō jiǔ. ▸ **I would** *or* **I'd like an ice-cream/to go for a walk** 我想吃个(個)冰激凌(淩)/去散步。wǒxiǎng chīgè bīngjilíng/qù sànbù. ▸ **would you like a coffee?** 你想不想来(來)杯咖啡? nǐ xiǎngbù xiǎng láibēi kāfēi? ▸ **if you like** (*in offers, suggestions*) 如果你愿(願)意的话(話) rúguǒ nǐ yuànyì de huà ▹ *You can stay here if you like.* 如果你愿意的话，你可以呆在这里。Rúguǒ nǐ yuànyì de huà, nǐ kěyǐ dāi zài zhèlǐ.; (*in other words*) 换(換)句话(話)说(說) huàn jù huà shuō

likeable ['laɪkəbl] ADJ [+ *person*] 可爱(愛)的 kě'ài de

likelihood ['laɪklɪhud] N [U/S] 可能性 kěnéngxìng ▸ **there is every likelihood that...** 非常有可能… fēicháng yǒu kěnéng... ▸ **in all likelihood** 十有八九 shí yǒu bā jiǔ

★ **likely** ['laɪklɪ] ADJ **1** (*probable*) 很可能的 hěn kěnéng de ▹ *A "yes" vote is still the likely outcome.* 结果仍很有可能是赞成票。Jiéguǒ réng hěn yǒu kěnéng shì zànchéng piào. **2** [+ *person, place, thing*] 合适(適)的 héshì de ▹ *He seemed a likely candidate to become Prime Minister.* 他似乎是成为首相的合适人选。Tā sìhū shì chéngwéi shǒuxiàng de héshì rénxuǎn. ▸ **it is likely that...** 有可能… yǒu kěnéng... ▸ **to be likely to do sth** 很有可能做某事 hěnyǒu kěnéng zuò mǒushì ▸ **not likely!** (*inf*) 太不可能！Tài bù kěnéng!

likeness ['laɪknɪs] N [S] (*similarity*) 相似 xiāngsì ▸ **that's a good likeness** (*photo, portrait*) 那活像本人 nà huó xiàng běnrén

likewise ['laɪkwaɪz] ADV (*similarly*) 同样(樣)地 tóngyàng de ▸ **to do likewise** 照样(樣)做 zhàoyàng zuò

liking ['laɪkɪŋ] N ▸ **to have a liking for sb/sth** 喜爱(愛)某人/某物 xǐ'ài mǒurén/mǒuwù ▸ **to be to sb's liking** 合某人意 hé mǒurén yì ▸ **it's too big for my liking** 对(對)我来(來)说(說)太大了 duì wǒ lái shuō tài dà le ▸ **to take a liking to sb** 对(對)某人产(產)生好感 duì mǒurén chǎnshēng hǎogǎn

lilac ['laɪlək] **I** N **1** [C] (*Bot*) 丁香树(樹) dīngxiāngshù [棵 kē] **2** [C/U] (*flower*) 丁香花 dīngxiānghuā [束 shù] **3** [U] (*colour*) 淡紫色 dàn zǐsè **II** ADJ 淡紫色的 dàn zǐsè de

lily ['lɪlɪ] N [C] (*plant*) 百合属(屬) bǎihéshǔ; (*flower*) 百合花 bǎihéhuā [束 shù]

lily of the valley N [C/U] 铃(鈴)兰(蘭) línglán [株 zhū]

limb [lɪm] N [C] **1** (*Anat*) 四肢 sìzhī **2** (*liter*) [*of tree*] 大枝 dàzhī ▸ **to go out on a limb** (*fig*) 惹是生非 rě shì shēng fēi

limbo ['lɪmbəu] N ▸ **to be in limbo** 处(處)于(於)不定状(狀)态(態) chǔyú bùdìng zhuàngtài

lime [laɪm] N **1** [C] (*fruit*) 酸橙 suānchéng [个 gè] **2** [C] (*also*: **lime tree**) (*linden*) 椴树(樹) duàn shù [棵 kē]; (*bearing limes*) 酸橙树(樹) suānchéng shù **3** [C/U] (*also*: **lime juice**) 酸橙汁 suānchéng zhī [杯 bēi] **4** [U] (*for soil*) 石灰 shíhuī

limelight ['laɪmlaɪt] N ▸ **to be in the limelight** 为(為)公众(眾)所瞩(矚)目 wéi gōngzhòng suǒ zhǔmù

limestone ['laɪmstəun] N [U] 石灰岩 shíhuīyán

limit ['lɪmɪt] **I** VT [+ *production, expense etc*] 限制 xiànzhì **II** N [C] **1** (*maximum point*) 限度 xiàndù [个 gè] **2** [*of area, city*] 界线(線) jièxiàn **3** (*restriction*) (*on time, money*) 限定 xiàndìng [种 zhǒng] ▸ **to limit o.s. to sth** 自我限定某物 zìwǒ xiàndìng mǒuwù ▸ **to be off limits (to sb)** 禁止(某人)入内(內) jìnzhǐ(mǒurén)rù nèi ▸ **to be over the limit** (*Brit*) 饮(飲)酒过(過)量 yǐnjiǔ guòliàng ▸ **within limits** 适(適)度地 shìdù de

limitation [lɪmɪ'teɪʃən] **I** N [U] (*control*) 限制 xiànzhì **II limitations** N PL (*shortcomings*) 局(侷)限 júxiàn ▸ **a limitation on sth** 对(對)某事的限额(額) duì mǒushì de xiàn'é

limited ['lɪmɪtɪd] ADJ [+ *choice, resources etc*] 有限的 yǒuxiàn de ▸ **to be limited to sth/sb** 只限于(於)某物/某人 zhǐ xiànyú mǒuwù/mǒurén

limousine ['lɪməziːn] N [C] 豪华(華)轿(轎)车(車) háohuá jiàochē

limp [lɪmp] **I** N [C] 跛行 bǒxíng **II** VI [*person, animal* +] 跛行 bǒxíng **III** ADJ [+ *body, material etc*] 柔软(軟)的 róuruǎn de ▸ **to have a limp** 腿瘸 tuǐ qué ▸ **to walk with a limp** 一瘸一拐(枴)地走 yī qué yī guǎi de zǒu

★ **line** [laɪn] **I** N [C] **1** (*long thin mark*) 线(線) xiàn [条 tiáo] **2** (*wrinkle*) 皱(皺)纹(紋) zhòuwén **3** (*row*) (*of people, things*) 排 pái ▹ *a line of women queueing for bread* 一排妇女在排队等面包 yī

pái fùnǚ zài páiduì děng miànbāo ▷ *long lines of trees* 长排的树木 cháng pái de shùmù **4** [+ *of words*] (*written, printed*) 行 háng ▷ *I only read the first few lines.* 我只读了前几行。Wǒ zhǐ dúle qián jǐ háng.; (*in poem, song*) 句 jù ▷ *the most famous line in English poetry* 英语诗歌中最有名的一句 yīngyǔ shīgē zhōng zuì yǒumíng de yī jù **5** (*Theat, Cine*) 台(臺)词(詞) táicí ▷ *He's learning his lines for the school play.* 他在为学校里的一出剧背台词。Tā zài wèi xuéxiào lǐ de yī chū jù bèi táicí. **6** (*rope, cord*) 线(線) xiàn; (*also:* **washing line**) 晾衣绳(繩) liàngyīshéng [根 gēn] ▷ *She hung her washing on the line.* 她把衣服挂到晾衣绳上。Tā bǎ yīfu guà dào liàngyīshéng shàng.; (*also:* **fishing line**) 钓(釣)鱼(魚)线(線) diàoyúxiàn; (*Elec*) (*wire*) 电(電)线(線) diànxiàn ▷ *High winds had brought the lines down.* 猛烈的风把电线刮断了。Měngliè de fēng bǎ diànxiàn guāduàn le.; (*Tel*) 线(線)路 xiànlù [条 tiáo] ▷ *The line was dead.* 线路不通。xiànlù bù tōng. **7** (*railway track*) 铁(鐵)路线(線)路 tiělù xiànlù [条 tiáo] ▷ *repairs to the line* 对铁路线路的维修 duì tiělù xiànlù de wéixiū **8** (*bus, coach, train route*) 路线(線) lùxiàn ▷ *They had taken the wrong line on the London Tube.* 他们在伦敦地铁坐错了线。Tāmen zài Lúndūn dìtiě zuòcuòle xiàn. **9** (*boundary*) 界线(線) jièxiàn ▷ *just across the state line in Nevada* 刚刚越过内华达州的州界 gānggāng yuèguò Nèihuádá Zhōu de zhōujiè **10** (*liter: edge, contour*) 曲线(線) qūxiàn ▷ *an evening dress that follows the lines of the body* 显现身体曲线的晚礼服 xiǎnxiàn shēntǐ qūxiàn de wǎnlǐfú **11** (*attitude, policy*) 方针(針) fāngzhēn ▷ *the official line of the Labour Party* 工党的方针 gōngdǎng de fāngzhēn **12** (*also:* **line of business, line of work**) 生产(產)线(線) shēngchǎnxiàn ▷ *What line are you in?* 你在哪一条生产线上？ Nǐ zài nǎ yī tiáo shēngchǎnxiàn shàng? **13** (*Comm*) (*of product*) 种(種) zhǒng ▷ *a new line of computer printers* 一种新的电脑打印机 yī zhǒng xīn de diànnǎo dǎyìnjī **II** VT **1** (*form rows along*) [*people, trees* +] 沿…排成行 yán...pái chéng háng ▷ *Crowds lined the route.* 一群人沿路排成一行。Yī qún rén yánlù páichéng yī háng. **2** (*form layer inside*) 覆盖(蓋)…的里(裡)层(層) fùgài...de lǐcéng ▷ *Moisture lined the walls of the cave.* 湿气覆盖洞穴内壁。Shīqì fùgài dòngxué nèibì. ▷ *the muscles that line the intestines* 肠内壁的肌肉 cháng nèibì de jīròu **3** (*put lining in*) [+ *clothing*] 加里(裡)衬(襯)于(於) jiā lǐchèn yú; [+ *container*] 放在…的内(內)壁 fàng zài...de nèibì ▸ **to line sth with sth** 把某物放在某物的内(內)壁 bǎ mǒuwù fàng zài mǒuwù de nèibì ▸ **hold the line please!** (*Tel*) 请(請)稍等！ qǐng shāoděng! ▸ **to stand** *or* **wait in line** (*esp US*) 排队(隊)等候 páiduì děnghòu [英 = **queue**] ▸ **in line with** (*according to*) 与(與)…一致 yǔ...yīzhì ▸ **to be in line for sth** 即将(將)获(獲)得某事物 jíjiāng huòdé mǒushìwù ▸ **somewhere along** *or* **down the line** 在某个(個)时(時)期 zài mǒu gè shíqī ▸ **to bring sth into line with sth** 使某物与(與)某物一致 shǐ mǒuwù yǔ mǒuwù yīzhì ▸ **to be on the line** [*job, reputation* +] 面临(臨)威胁(脅) miànlín wēixié ▸ **on the right lines** 大体(體)正确(確) dàtǐ zhèngquè ▸ **to be/step out of line** (*fig*) 越轨(軌) yuèguǐ ▸ **to draw the line at doing sth** 拒绝(絕)做某事 jùjué zuò mǒushì ▸ **to take a hard line on sth** 对(對)某事态(態)度强(強)硬 duì mǒushì tàidu qiángyìng
▸**line up** **I** VI (*form queue*) 排队(隊) páiduì **II** VT **1** [+ *people, objects*] 使排队(隊) shǐ páiduì ▷ *The men were lined up against a wall.* 这些男子们被靠墙排成排。Zhèxiē nánzǐmen bèi kào qiáng pái chéng pái. **2** (*organize*) [+ *event, celebration*] 安排 ānpái ▷ *A formal party was lined up.* 人们正在安排一场正式的晚会。Rénmen zhèng zài ānpái yī chǎng zhèngshì de wǎnhuì. **3** ▸ **to line sb up (for sth)** (为(為)某事)安排组(組)织(織)好某人 (wèi mǒushì) ānpái zǔzhī hǎo mǒurén ▷ *I had lined up a wonderful cast.* 我已经安排好一组优秀的演员到场。Wǒ yǐjīng ānpái hǎo yī zǔ yōuxiù de yǎnyuán dàochǎng. ▸ **to have sb/sth lined up** 安排某人/某事 ānpái mǒurén/mǒushì

linear [ˈlɪnɪəʳ] ADJ **1** [+ *process, sequence*] 线(線)性的 xiànxìng de **2** [+ *shape, form*] 直线(線)的 zhíxiàn de

lined [laɪnd] ADJ **1** [+ *face, skin*] 褶皱(皺)的 zhězhòu de **2** [+ *paper*] 带(帶)横(橫)格的 dài hénggé de **3** [+ *skirt, jacket etc*] 带(帶)衬(襯)里(裡)的 dài chènlǐ de

linen [ˈlɪnɪn] **I** N [U] **1** (*cloth*) 亚(亞)麻布 yàmábù **2** (*tablecloths, sheets*) 亚(亞)麻制(製)品 yàmá zhìpǐn **II** CPD [+ *jacket, sheets*] 亚(亞)麻料 yàmáliào

liner [ˈlaɪnəʳ] N [C] (*ship*) 班轮(輪) bānlún [艘 sōu]

line-up [ˈlaɪnʌp] N [C] **1** (*chosen group*) (*Sport*) 阵(陣)容 zhènróng; (*at concert, festival*) 演出名单(單) yǎnchū míngdān **2** (*identity parade*) 等待检查的一排人 děngdài jiǎnchá de yī pái rén

linger [ˈlɪŋgəʳ] VI [*smell, tradition, feelings* +] 继(繼)续(續)存留 jìxù cúnliú; [*person* +] 逗留 dòuliú

lingerie [ˈlænʒəriː] N [U] 女内(內)衣 nǚ nèiyī

lingering [ˈlɪŋgərɪŋ] ADJ [+ *sense, feeling, doubt*] 继(繼)续(續)存在的 jìxù cúnzài de; [+ *death*] 拖久的 tuōjiǔ de

linguist [ˈlɪŋgwɪst] N [C] **1** (*knowing languages*) 通晓(曉)数(數)国(國)语(語)言的人 tōngxiǎo shùguó yǔyán de rén [名 míng] **2** (*knowing linguistics*) 语(語)言学(學)家 yǔyánxuéjiā

linguistic [lɪŋˈgwɪstɪk] ADJ [+ *ability, awareness, studies etc*] 语(語)言学(學)的 yǔyánxué de

linguistics [lɪŋˈgwɪstɪks] N [U] 语(語)言学(學) yǔyánxué

lining ['laɪnɪŋ] N **1** [c/ʊ] [*of garment*] 衬(襯)里(裡) chènlǐ [个 gè] **2** [c] (*Anat*) [*of stomach etc*] 膜 mó

link [lɪŋk] **I** N [c] **1** (*relationship*) 关(關)系(係) guānxì **2** (*connection*) (*between people, organizations*) 联(聯)系(繫) liánxì [种 zhǒng] **3** (*Comput*) (*also*: **hyperlink**) 超链(鏈)接 chāoliànjiē [个 gè] **4** (*means of transport/ communication*) 线(線)路 xiànlù **5** [*of chain*] 环(環)节(節) huánjié **II** VT **1** (*join*) [+ *places, objects*] 连(連)接 liánjiē **2** (*relate*) [+ *people, situations*] 联(聯)系(繫) liánxì **3** [+ *arms, hands*] 挽住 wǎnzhù **III links** N PL (*Golf*) 球场(場) qiúchǎng

▶**link up I** VT [+ *machines, systems*] 联(聯)接 liánjiē **II** VI [*people, groups* +] 联(聯)合 liánhé

lion ['laɪən] N [c] 狮(獅)子 shīzi [头 tóu] ▶ **the lion's share of sth** 某物的最大一部分 mǒuwù de zuìdà yībùfen

lioness ['laɪənɪs] N [c] 母狮(獅) mǔshī [头 tóu]

lip [lɪp] N **1** [c] (*Anat*) 唇(脣) chún [个 gè] **2** [c] [*of cup, jug etc*] 边(邊)缘(緣) biānyuán **3** [ʊ] (*inf: insolence*) 唐突无(無)礼(禮)的话(話) tángtū wúlǐ de huà

lip-read ['lɪpri:d] VI 唇(脣)读(讀) chúndú

lip salve N [c/ʊ] 润(潤)唇膏 rùnchúngāo [支 zhī]

lipstick ['lɪpstɪk] N [c/ʊ] 口红(紅) kǒuhóng [支 zhī]

liqueur [lɪ'kjuəʳ], *US* lɪ'kə:ʳ] N [c/ʊ] 饭后饮用的甜的烈性酒

liquid ['lɪkwɪd] **I** N [c/ʊ] 液体(體) yètǐ [种 zhǒng] **II** ADJ 液体(體)的 yètǐ de

liquidize ['lɪkwɪdaɪz] (*Culin*) VT 使液化 shǐ yèhuà

liquidizer ['lɪkwɪdaɪzəʳ] (*esp Brit: Culin*) N [c] 榨(搾)汁机(機) zhàzhījī [个 gè]

liquor ['lɪkəʳ] (*US*) N [ʊ] 酒 jiǔ ▶ **hard liquor** 烈性酒 lièxìng jiǔ [英 = **spirits**]

liquor store (*US*) N [c] 酒店 jiǔdiàn [家 jiā] [英 = **off-licence**]

lisp [lɪsp] **I** N [c] 咬舌 yǎoshé **II** VI 咬着(著)舌说(說) yǎozhe shé shuō ▶ **to speak with a lisp** 口齿(齒)不清地说(說) kǒuchǐ bù qīng de shuō

★ **list** [lɪst] **I** N [c] 单(單)子 dānzi [个 gè] ▷ *There were six names on the list.* 单子上有6个名字。 Dānzi shàng yǒu liù gè míngzì. **II** VT **1** (*record*) [*person* +] 列出 lièchū ▷ *The pupils listed their favourite sports.* 小学生们把他们最喜好的运动列了出来。 Xiǎoxuéshēngmen bǎ tāmen zuì xǐhào de yùndòng lièle chūlái. **2** (*show*) [*document, label* +] 标(標)明 biāomíng ▷ *There was a label on each case listing its contents.* 每个箱子都有一个标签标明箱内东西。 Měi gè xiāngzi dōu yǒu yī gè biāoqiān biāomíng xiāng nèi dōngxi. **3** (*Comput*) 列出 lièchū ▷ *Have you tried listing your other directories?* 你有没有试着把其他的目录列出来? Nǐ yǒu méiyǒu shìzhe bǎ qítā de mùlù liè chūlái? **4** (*include on list*) 列在…之内(內) liè zài…zhīnèi ▷ *He is not listed in the phone book.* 他的名字没列在电话簿内。 Tā de míngzì méi liè zài diànhuàbù nèi. **III** VI [*ship* +] 倾(傾)斜 qīngxié

listen ['lɪsn] VI **1** (*try to hear*) (*to sound, music*) 听(聽) tīng; (*to speaker*) 听(聽)…说(說) tīng…shuō **2** (*follow advice*) 听(聽)从(從) tīngcóng ▶ **to listen to sb** (*pay attention to*) 留神听(聽)某人说(說)话(話) liúshén tīng mǒurén shuōhuà; (*follow advice of*) 听(聽)从(從)某人 tīngcóng mǒurén ▶ **to listen to sth** 听(聽)某事 tīng mǒushì ▶ **listen!** (*to a sound*) 你听(聽)! nǐ tīng!; (*pay attention to me*) 听(聽)着(著)! Tīngzhe! ▶ **to listen for** (*also*: **listen out for**) (*Brit*) 注意听(聽) zhùyì tīng

▶**listen in** VI ▶ **listen in on** *or* **to** (*eavesdrop*) 偷听(聽) tōutīng

listener ['lɪsnəʳ] (*Rad*) N [c] 听(聽)众(眾) tīngzhòng [名 míng] ▶ **to be a good listener** 会(會)倾(傾)听(聽)的人 huì qīngtīng de rén

lit [lɪt] PT, PP *of* **light**

liter ['li:təʳ] (*US*) N = **litre**

literacy ['lɪtərəsɪ] N [ʊ] 读(讀)写(寫)能力 dúxiě nénglì

literal ['lɪtərəl] ADJ [+ *sense, meaning*] 字面的 zìmiàn de; [+ *translation*] 直译(譯)的 zhíyì de

literally ['lɪtrəlɪ] ADV **1** (*used for emphasis*) 确(確)实(實)地 quèshí de **2** [*translate* +] 逐字地 zhúzì de

literary ['lɪtərərɪ] ADJ [+ *work, criticism, theory*] 文学(學)的 wénxué de; [+ *word, expression, language*] 书(書)面的 shūmiàn de

literate ['lɪtərət] ADJ (*able to read and write*) 有读(讀)写(寫)能力的 yǒu dúxiě nénglì de; (*well-educated*) 有文化修养(養)的 yǒu wénhuà xiūyǎng de

literature ['lɪtrɪtʃəʳ] N [ʊ] **1** (*novels, plays, poetry*) 文学(學) wénxué **2** (*printed information*) 印刷品 yìnshuāpǐn **3** (*publications*) 文献(獻) wénxiàn

Lithuania [lɪθju'eɪnɪə] (*Geo*) N 立陶宛 Lìtáowǎn

Lithuanian [lɪθju'eɪnɪən] **I** ADJ 立陶宛的 Lìtáowǎn de **II** N **1** [c] (*person*) 立陶宛人 Lìtáowǎnrén [个 gè] **2** [ʊ] (*language*) 立陶宛语(語) Lìtáowǎnyǔ

litre, (*US*) **liter** ['li:təʳ] N [c] 升 shēng

litter ['lɪtəʳ] **I** N **1** [ʊ] (*rubbish*) 垃圾 lājī **2** [c] [+ *of dogs, cats, pigs etc*] 一窝(窩) yī wō **II** VT 使…布(佈)满(滿)杂(雜)乱(亂)东(東)西 shǐ…bùmǎn záluàn dōngxi

litter bin (*Brit*) N [c] 垃圾箱 lājīxiāng [个 gè] [美 = **trash can**]

littered ['lɪtəd] ADJ ▶ **littered with** [+ *papers, debris*] 胡乱(亂)堆满(滿) húluàn duīmǎn; [+ *mistakes, references*] 布满(滿) bùmǎn

★ **little** ['lɪtl] **I** ADJ **1** (*small*) [+ *thing, person*] 小的 xiǎo de ▷ *a little house* 小房子 xiǎo fángzi **2** (*young*) [+ *child*] 小的 xiǎo de **3** (*younger*)

▸**little brother/sister** 弟弟/妹妹 dìdi/mèimei **4** (*short*) [+ *distance, time, event*] 短的 duǎn de ▹*a little while longer* 过一段时间 guò yī duàn shíjiān ▹*There is very little time left.* 只剩下很短的时间了。Zhǐ shèngxià hěn duǎn de shíjiān le. **5** (*trivial*) 琐(瑣)碎的 suǒsuì de ▹*Harry would often get angry over little things.* 哈利总是为琐事动怒。Hālì zǒngshì wèi suǒshì dòngnù. **6** (*quantifier*) ▸**to have little time/money** 没(沒)有多少时(時)间(間)/金钱(錢) méiyǒu duōshao shíjiān/jīnqián **II** ADV 少 shǎo ▹*I have seen him very little recently.* 最近我很少见到他。Zuìjìn wǒ hěn shǎo jiàn dào tā. ▹*We tried to interfere as little as possible.* 我们尽可能不干预。Wǒmen jìn kěnéng bù gānyù. ▸**a little** (*small amount*) 一点(點) yīdiǎn; (*noun*) 一点(點) yīdiǎn; [*sleep, eat* +] 一点(點) yīdiǎn ▹*Try to persuade her to eat a little.* 试着劝她吃点东西。Shìzhe quàn tā chī diǎn dōngxi. ▸**a little boy of 8** 一个(個)8岁(歲)的小男孩 yīgè bāsuì de xiǎo nánhái ▸**a little bit** (*adj*) 有点(點) yǒudiǎn ▸**little by little** 逐渐(漸)地 zhújiàn de

> **little** 和 **a little** 都用在不可数名词前，但是意义不同。例如，如果说 **I have a little money**，这是一个肯定的表达，说明你有钱。然而，如果说 **I have little money**，它就是一个否定的表达，意思是基本上没钱。

little finger N [c] 小指 xiǎozhǐ [根 gēn]

★**live**[1] [lɪv] **I** VI **1** (*reside*) (*in house, town, country*) 住 zhù ▹*I used to live in Grange Road.* 我曾经住在格兰奇路。Wǒ céngjīng zhù zài Gélánqí lù. **2** (*lead one's life*) 生活 shēnghuó ▹*people who live in poverty* 生活在贫困中的人们 shēnghuó zài pínkùn zhōng de rénmen **3** (*survive*) 活着(著) huózhe ▹*Do you work to live or live to work?* 你是为活着而工作还是为工作而活着？Nǐ shì wèi huózhe ér gōngzuò háishì wèi gōngzuò ér huózhe? ▹*We need water to live.* 我们需要水来维持生命。Wǒmen xūyào shuǐ lái wéichí shēngmìng. **II** VT [+ *life*] 过(過) guò ▹*We can start living a normal life again.* 我们可以重新开始过正常的生活。Wǒmen kěyǐ chóngxīn kāishǐ guò zhèngcháng de shēnghuó. ▸**to live by hunting/fishing** 以狩猎(獵)/捕鱼(魚)为(為)生 yǐ shòuliè/bǔyú wéishēng

▸**live down** VT [+ *defeat, error, failure*] 使人淡忘 shǐ rén dànwàng

▸**live for** VT FUS [+ *work, pleasure*] 为(為)…而生活 wèi...ér shēnghuó

▸**live in** VI [*student* +] 住学(學)校公寓 zhù xuéxiào gōngyù; [*maid, nurse etc* +] 住在雇(僱)主家里(裡) zhù zài gùzhǔ jiāli

▸**live off** VT FUS **1** [+ *money*] 靠…生活 kào...shēnghuó **2** [+ *food*] 以…为(為)主食 yǐ...wéi zhǔshí ▹*We lived off fruit for a week.* 我们一个星期都以水果为主食。Wǒmen yī gè xīngqī dōu yǐ shuǐguǒ wéi zhǔshí. **3** [+ *parents etc*] 依靠…生活 yīkào...shēnghuó ▹*I was living off my parents.* 我依靠父母生活。Wǒ yīkào fùmǔ shēnghuó.

▸**live on I** VT FUS **1** [+ *money*] 靠…维(維)持生活 kào...wéichí shēnghuó ▹*I don't have enough money to live on.* 我的钱不够维持生活。Wǒ de qián bù gòu wéichí shēnghuó. **2** [+ *food*] 以…为(為)主食 yǐ...wéi zhǔshí ▹*The children live on chips.* 孩子们把薯条当主食。Háizimen bǎ shǔtiáo dàng zhǔshí. **II** VI (*survive*) (*in memory, history*) 留下印记(記) liúxià yìnjì

▸**live out** VT **1** ▸**to live out one's days** *or* **life** 度过(過)一生 dùguò yīshēng **2** [+ *dream, fantasy*] 付诸(諸)实(實)践(踐) fù zhū shíjiàn

▸**live through** VT FUS [+ *war, crisis etc*] 历(歷)经(經) lìjīng

▸**live together** VI 同居 tóngjū

▸**live up** VT ▸**to live it up** (*inf*) 狂欢(歡) kuánghuān

▸**live up to** VT FUS [+ *expectations*] 符合 fúhé

▸**live with** VT FUS [+ *partner*] 与(與)…同居 yǔ...tóngjū

★**live**[2] [laɪv] **I** ADJ **1** [+ *animal, plant*] 活的 huó de **2** [+ *pictures, broadcast*] 实(實)况(況)的 shíkuàng de; [+ *performance*] 现(現)场(場)的 xiànchǎng de **3** (*Elec*) [+ *wire*] 带(帶)电(電)的 dàidiàn de **4** [+ *bullet*] 未爆炸的 wèi bàozhà de **II** ADV **1** [*broadcast* +] 实(實)况(況)地 shíkuàng de **2** [*perform, play* +] 现(現)场(場)地 xiànchǎng de

livelihood [ˈlaɪvlɪhud] N [c/ʊ] (*source of income*) 生计(計) shēngjì

lively [ˈlaɪvlɪ] ADJ [+ *person*] 活泼(潑)的 huópo de; [+ *place, event, discussion*] 活跃(躍)的 huóyuè de ▸**to take a lively interest in sth** (*enthusiastic*) 对(對)某物有浓(濃)厚的兴(興)趣 duì mǒuwù yǒu nónghòu de xìngqù

liven up [ˈlaɪvn-] **I** VT [+ *place, discussion, evening etc*] 使有生气(氣) shǐ yǒu shēngqì; [+ *person*] 使活跃(躍) shǐ huóyuè **II** VI [*place, discussion, evening, person etc* +] 活跃(躍)起来(來) huóyuè qǐlái

liver [ˈlɪvəʳ] N **1** [c] (*Anat*) 肝脏(臟) gānzàng [个 gè] **2** [c/ʊ] (*Culin*) 肝 gān [个 gè]

lives [laɪvz] N PL *of* **life**

livestock [ˈlaɪvstɔk] N [ʊ] 家畜 jiāchù

living [ˈlɪvɪŋ] **I** ADJ [+ *author, relative*] 在世的 zàishì de **II** N [ʊ] (*life*) 生活 shēnghuó **III the living** N PL 活着(著)的人们(們) huózhe de rénmen ▸**for a living** 作为(為)谋(謀)生之道 zuòwéi móushēng zhīlù ▸**to earn** *or* **make a/one's living** 谋(謀)生 móushēng ▸**within living memory** 就当(當)今人们(們)所能记(記)住的 jiù dāngjīn rénmen suǒ néng jìzhù de

living room N [c] 起居室 qǐjūshì [间 jiān]

lizard [ˈlɪzəd] N [c] 蜥蜴 xīyì [只 zhī]

LMT (US) ABBR (= **Local Mean Time**) 地方平均时(時) Dìfāng Píngjūnshí

load [ləud] **I** N [c] **1** *(thing carried)* *[of person, animal]* 负(負)荷 fùhè; *[of vehicle]* 装(裝)载(載)量 zhuāngzàiliàng [车 chē] **2** *(weight)* 负(負)重 fùzhòng **3** *(Elec)* 负(負)荷 fùhè **4** *(workload)* 工作量 gōngzuòliàng **II** VT **1** *(also:* **load up***)* *[+ vehicle, ship]* 装(裝) zhuāng **2** *(Comput)* *[+ program, data]* 下载(載) xiàzǎi **3** *[+ gun]* 给(給)…上子弹(彈) gěi…shàng zǐdàn; *[+ camera]* 把胶(膠)卷装(裝)入 bǎ jiāojuǎn zhuāngrù ▸ **loads of** *or* **a load of money/people** *(inf)* 很多钱(錢)/人 hěnduō qián/rén ▸ **a load of nonsense** *(inf)* 一派胡言 yī pài húyán

loaded ['ləudɪd] ADJ **1** *[+ gun]* 装(裝)有子弹(彈)的 zhuāngyǒu zǐdàn de **2** *[+ question, word]* 别(別)有用意的 biéyǒu yòngyì de **3** *(inf: rich)* 很有钱(錢)的 hěn yǒuqián de ▸ **to be loaded in favour of/against sb** *(biased)* 一味地偏爱(愛)/反对(對)某人 yīwèi de piān'ài/fǎnduì mǒurén ▸ **to be loaded with sth** *[+ goods]* 满(滿)载(載)某物 mǎnzài mǒuwù **4** *[+ humour, irony]* 充满(滿)某事 chōngmǎn mǒushì

loaf [ləuf] *(pl* **loaves***)* **I** N [c] ▸ **a loaf (of bread)** 一条(條)(面(麵)包) yītiáo (miànbāo) **II** VI *(also:* **loaf about, loaf around***)* 闲(閒)逛 xiánguàng ▸ **use your loaf!** *(Brit; inf)* 动(動)动(動)脑(腦)筋! Dòngdòng nǎojīn!

loan [ləun] **I** N **1** [c] *(sum of money)* 贷(貸)款 dàikuǎn [笔 bǐ] **2** [s] *[of book, car, house etc]* 借出 jièchū **II** VT ▸ **to loan sth (out) to sb** *[+ money, thing]* 把某物借给(給)某人 bǎ mǒuwù jiègěi mǒurén ▸ **to be on loan (to/from sb/sth)** (从(從)某人/某处(處))借来(來) (cóng mǒurén/mǒu chù)jièlái ▸ **to give/offer sb the loan of sth** 主动(動)提出借给(給)某人某物 zhǔdòng tíchū jiè gěi mǒurén mǒuwù

loathe [ləuð] VT 憎恨 zēnghèn ▸ **to loathe doing sth** 极(極)讨(討)厌(厭)做某事 jí tǎoyàn zuò mǒushì

loaves [ləuvz] N PL *of* **loaf**

lobby ['lɔbɪ] **I** N [c] **1** *[of building]* 大厅(廳) dàtīng **2** *(Pol)* *(pressure group)* 游(遊)说(說)团(團) yóushuìtuán **II** VT *[+ MP, councillor]* 游(遊)说(說) yóushuì **III** VI ▸ **to lobby for sth** 为(為)某事而游(遊)说(說) wèi mǒushì ér yóushuì

lobster ['lɔbstəʳ] N **1** [c] *(Zool)* 龙(龍)虾(蝦) lóngxiā [只 zhī] **2** [c/u] *(Culin)* 龙(龍)虾(蝦)肉 lóngxiāròu [盘 pán]

★**local** ['ləukl] **I** ADJ **1** *[+ council, newspaper, library]* 当(當)地的 dāngdì de; *[+ residents]* 本地的 běndì de **2** *(Tel)* *[+ call]* 本地的 běndì de **II** N [c] *(Brit; inf)* *(pub)* 当(當)地酒店 dāngdì jiǔdiàn [家 jiā] **III the locals** N PL *(people)* 当(當)地人 dāngdìrén

local anaesthetic N [c/u] 局部麻醉 júbù mázuì

local authority *(Brit)* N [c] 地方当(當)局 dìfāng dāngjú [美 = **local government**]

local government N **1** [u] *(system)* 地方政府 dìfāng zhèngfǔ **2** [c] *(US)* *(organization)* 地方当(當)局 dìfāng dāngjú [英 = **local authority**]

locally ['ləukəlɪ] ADV **1** *(not nationally)* 在地方 zài dìfāng **2** *(in the neighbourhood)* 在附近 zài fùjìn

local time N [u] 当(當)地时(時)间(間) dāngdì shíjiān

locate [ləu'keɪt] VT *(frm: find)* *[+ person, thing]* 找到 zhǎodào ▸ **to be located** *(frm: situated)* 位于(於) wèiyú

location [ləu'keɪʃən] N **1** [c] *(place)* 地点(點) dìdiǎn [个 gè] **2** [c/u] *(Cine)* 外景 wàijǐng **3** [c/u] *(setting)* 位置 wèizhi **4** [c] *(whereabouts)* 位置 wèizhi ▸ **on location** *(Cine)* 外景拍摄(攝) wàijǐng pāishè

loch [lɔx] N [c] 湖 hú [个 gè]

lock [lɔk] **I** N [c] **1** *[of door, drawer, suitcase]* 锁(鎖) suǒ [把 bǎ] **2** *(on canal)* 水闸(閘) shuǐzhá **3** *(also:* **lock of hair***)* 一绺(綹)头(頭)发(髮) yī liǔ tóufa **II** VT **1** *[+ door, drawer, suitcase]* 锁(鎖) suǒ **2** *(Comput)* *[+ screen]* 锁(鎖) suǒ **III** VI **1** *[door etc +]* 锁(鎖)得上 suǒ de shàng **2** *(jam)* *[wheels, knee, mechanism +]* 卡住 qiǎzhù **3** ▸ **to lock (into place)** 挤(擠)住 jǐzhù **IV locks** N PL *(liter: hair)* 头(頭)发(髮) tóufa ▸ **lock, stock and barrel** 全部地 quánbù de

▸**lock away** VT **1** *[+ valuables]* 将(將)…锁(鎖)藏起来(來) jiāng…suǒcáng qǐlái **2** *[+ criminal]* 把…关(關)起来(來) bǎ…guān qǐlái

▸**lock in** VT *[+ person, object]* *(in room, safe)* 把…锁(鎖)起来(來) bǎ…suǒ qǐlái ▸ **to lock sb in** 把某人锁(鎖)在屋里(裡) bǎ mǒurén suǒzài wūlǐ

▸**lock out** VT **1** *[+ person]* *(deliberately)* 把…锁(鎖)在外面 bǎ…suǒ zài wàimian ▸ **to lock o.s. out** 把自己锁(鎖)在外面 bǎ zìjǐ suǒ zài wàimian **2** *(Ind)* 不准工人进厂以威胁工人接受条件

▸**lock up** **I** VT **1** *[+ house, car]* 锁(鎖)好 suǒhǎo **2** *[+ criminal]* 把…监(監)禁起来(來) bǎ…jiānjìn qǐlái; *[+ mental patient]* 把…关(關)进(進)精神病院 bǎ…guānjìn jīngshénbìngyuàn **II** VI 锁(鎖)好门(門)窗 suǒhǎo ménchuāng

locked [lɔkt] ADJ 上了锁(鎖)的 shàngle suǒ de

locker ['lɔkəʳ] N [c] 小柜(櫃) xiǎoguì [个 gè]

locksmith ['lɔksmɪθ] N [c] 锁(鎖)匠 suǒjiàng [名 míng]

locomotive [ləukə'məutɪv] N [c] *(frm)* 机(機)车(車) jīchē [个 gè]

lodge [lɔdʒ] **I** VI **1** *[person +]* ▸ **to lodge (with)** 寄宿 jìsù **2** *(get stuck)* *[bullet +]* 射入 shèrù **II** VT *[+ complaint, protest, appeal]* 提出 tíchū **III** N [c] **1** *(at entrance)* 小屋 xiǎowū [间 jiān] **2** *(hunting lodge)* 小屋 xiǎowū [间 jiān]

lodger ['lɔdʒəʳ] N [c] 房客 fángkè [个 gè]

lodging ['lɔdʒɪŋ] **I** N [u] *(accommodation)* 宿处(處) sùchù **II lodgings** N PL 租住的房子 zūzhù de fángzi

loft [lɔft] N [c] **1** *(attic)* 阁(閣)楼(樓) gélóu [座 zuò] **2** *(apartment)* 顶(頂)楼(樓)公寓 dǐnglóu gōngyù

log [lɔg] **I** N [c] **1** (*from tree: trunk*) 原木 yuánmù [根 gēn]; (*for fuel*) 木柴 mùchái [根 gēn] **2** (*diary*) 日志(誌) rìzhì **II** N ABBR (= **logarithm**) (*Math*) 对(對)数(數) duìshù **III** VT [+ *event, fact*] 记(記)录(錄) jìlù ▸ **to keep a log (of sth)** 登记(記)某事 dēngjì mǒushì
▸**log in, log on** (*Comput*) VI 登录(錄) dēnglù
▸**log into** (*Comput*) VT FUS 登入 dēngrù
▸**log out, log off** (*Comput*) VI 退出系统(統) tuìchū xìtǒng

logic ['lɔdʒɪk] N [U] **1** (*Philosophy*) 逻(邏)辑(輯) luóji **2** (*judgment*) 逻(邏)辑(輯)性 luójixìng

logical ['lɔdʒɪkl] ADJ [+ *argument, analysis*] 逻(邏)辑(輯)的 luóji de; [+ *conclusion, result*] 合逻(邏)辑(輯)的 hé luóji de; [+ *course of action*] 合乎情理的 héhū qínglǐ de ▸ **it is logical to assume that...** 假定…是合乎情理的 jiǎdìng...shì héhū qínglǐ de

logistics [lɔ'dʒɪstɪks] N PL 后(後)勤 hòuqín

logo ['ləugəu] N [c] [*of firm, organization*] 标(標)识(識) biāozhì [个 gè]

lollipop ['lɔlɪpɔp] N [c] 棒棒糖 bàngbàngtáng [根 gēn]

lollipop lady (*Brit*) N [c] 为保证儿童安全过马路手持暂停指挥牌的女交通管理员

lollipop man (*Brit*) (*pl* **lollipop men**) N [c] 为保证儿童安全过马路手持暂停指挥牌的男交通管理员

lolly ['lɔlɪ] (*Brit; inf*) N [c] (*lollipop*) 棒棒糖 bàngbàngtáng [根 gēn]; *see also* **ice lolly**

London ['lʌndən] N 伦(倫)敦 Lúndūn

Londoner ['lʌndənəʳ] N [c] 伦(倫)敦人 Lúndūnrén [个 gè]

lone [ləun] ADJ [+ *person, thing*] 孤独(獨)的 gūdú de ▸ **a lone voice** 自持一个(個)观(觀)点(點) zìchí yī gè guāndiǎn

loneliness ['ləunlɪnɪs] N [U] 孤独(獨) gūdú

lonely ['ləunlɪ] ADJ **1** (*sad*) [+ *person*] 孤独(獨)的 gūdú de; [+ *situation, period*] 孤寂的 gūjì de **2** (*unfrequented*) [+ *place*] 人迹(跡)罕至的 rénjì hǎn zhì de

loner ['ləunəʳ] N [c] 喜独(獨)处(處)的人 xǐ dúchǔ de rén [个 gè]

lonesome ADJ 寂寞的 jìmò de ▸ **to feel lonesome** 感到寂寞 gǎndào jìmò.

★ **long** [lɔŋ] **I** ADJ **1** (*in distance*) [+ *rope, hair, table, tunnel*] 长(長)的 cháng de **2** (*in time*) [+ *meeting, discussion, film, time*] 长(長)的 cháng de ▹ *It was a long meeting.* 这个会议很长。Zhège huìyì hěn cháng. **3** (*in words*) [+ *book, poem*] 长(長)的 cháng de **II** ADV (*time*) 长(長)久 chángjiǔ ▹ *Have you been here long?* 你在这里时间长吗？Nǐ zài zhèlǐ shíjiān cháng ma? **III** VI ▸ **to long for sth/to do sth** 渴望某物/做某事 kěwàng mǒuwù/zuò mǒushì ▸ **how long is the tunnel?** 这(這)个(個)隧道有多长(長)？ zhège suìdào yǒu duō cháng? ▸ **how long is the lesson?** 这(這)节(節)课(課)多长(長)时(時)间(間)? zhè jié kè duō cháng shíjiān? ▸ **6 metres long** 6米长(長) liùmǐ cháng ▸ **the film is three hours long** 这(這)部电(電)影长(長)达(達)3个(個)小时(時) zhè bù diànyǐng cháng dá sān gè xiǎoshí ▸ **all day/night long** 整天/夜 zhěngtiān/yè ▸ **so** *or* **as long as** (*provided*) 只要 zhǐyào; (*while*) 在…同时(時) zài...tóngshí ▹ *You can't turn the heat off as long as the system is on.* 在系统开着的同时，不能中断供暖。Zài xìtǒng kāizhe de tóngshí, bù néng zhōngduàn gōngnuǎn. ▸ **he no longer comes** *or* **he doesn't come any longer** 他不再来(來)了 tā bùzài lái le ▸ **long ago** 很久以前 hěnjiǔ yǐqián ▸ **long before/after** 很久以前/以后(後) hěn jiǔ yǐqián/yǐhòu ▸ **before long** (*future*) 不久 bùjiǔ ▹ *They're bound to catch him before long.* 不久，他们一定会抓到他。Bùjiǔ, tāmen yīdìng huì zhuādào tā.; (*past*) 很快 hěn kuài ▹ *Before long we were all safely back home.* 很快，我们就都安全到家了。Hěn kuài, wǒmen jiù dōu ānquán dàojiā le. ▸ **for long** 很久 hěn jiǔ ▸ **it won't take long** 这(這)不需花很多时(時)间(間) zhè bù xūyào huā hěnduō shíjiān ▸ **it won't be long before/until...** 很快就… hěn kuài jiù... ▸ **I won't be long** 我很快就来(來) wǒ hěn kuài jiù lái ▸ **at long last** 终(終)于(於) zhōngyú ▸ **a long way** 很远(遠) hěnyuǎn ▸ **so long!** (*inf*) 再见(見)! Zàijiàn! ▸ **the long and the short of it is that...** 总(總)而言之… zǒng ér yán zhī...

long-distance [lɔŋ'dɪstəns] **I** ADJ [+ *journey, phone call*] 长(長)途的 chángtú de; [+ *race, runner*] 长(長)跑的 chángpǎo de **II** ADV [*phone* +] 通过(過)长(長)途电(電)话(話) tōngguò chángtú diànhuà

long-haul ['lɔŋhɔːl] ADJ [*flight, route* +] 长(長)途的 chángtú de

longing ['lɔŋɪŋ] N [c/U] ▸ **longing (for)** (对(對)…的)渴望 (duì...de) kěwàng

longitude ['lɔŋgɪtjuːd] N [c/U] 经(經)度 jīngdù ▸ **250 degrees longitude** 经(經)度250度 jīngdù èrbǎi wǔshí dù

long jump (*Sport*) N ▸ **the long jump** 跳远(遠) tiàoyuǎn

long-life ['lɔŋlaɪf] ADJ [+ *milk*] 可长(長)久保存的 kě chángjiǔ bǎocún de; [+ *batteries, bulb*] 耐用的 nàiyòng de

long-sighted ['lɔŋ'saɪtɪd] (*Brit*) ADJ 远(遠)视(視)的 yuǎnshì de [美 = **far-sighted**]

long-standing ['lɔŋ'stændɪŋ] ADJ [+ *tradition, problem, dispute*] 长(長)期存在的 chángqī cúnzài de; [+ *relationship*] 长(長)久的 chángjiǔ de

long-term ['lɔŋtəːm] ADJ [+ *effects, prospects, future*] 长(長)远(遠)的 chángyuǎn de; [+ *plan, project, solution*] 长(長)久的 chángjiǔ de; [+ *memory*] 长(長)期的 chángqī de ▸ **the long-term unemployed** 长(長)期失业(業) chángqī shīyè

long wave N [U] 长(長)波 chángbō

L

loo [lu:] (*Brit; inf*) N [c] 厕(廁)所 cèsuǒ [个 gè] [美 = **bathroom**]

★ **look** [luk] **I** VI **1** (*glance, gaze*) 看 kàn **2** (*search*) 找 zhǎo ▷ *Have you looked behind the sofa?* 你找没找沙发后面? Nǐ zhǎo méi zhǎo shāfā hòumiàn? **3** (*seem, appear*) 看起来(來) kànqǐlái ▷ *He looked scared.* 他看起来害怕了。Tā kàn qǐlái hàipà le. ▷ *It looks all right to me.* 我看可以。Wǒ kàn kěyǐ. **II** N **1** (*expression*) 表情 biǎoqíng [副 fù] ▷ *There was a worried look on his face.* 他脸上有一种担忧的表情。Tā liǎn shàng yǒu yī zhǒng dānyōu de biǎoqíng. **2** (*appearance*) 装(裝)扮 zhuāngbàn ▷ *the punk look* 朋克式装扮 péngkè shì zhuāngbàn **III looks** N PL (*appearance*) 外表 wàibiǎo; (*good looks*) 美貌 měimào ▶ **to look out of the window** 望向窗外 wàngxiàng chuāng wài ▶ **to look south/onto the sea** [*building, window, garden* +] 面向南方/大海 miàn xiàng nánfāng/dàhǎi ▶ **look (here)!** (*expressing annoyance etc*) 喂! Wèi! ▶ **look!** (*expressing surprise*) 看! Kàn! ▶ **look out!** 当(當)心! dāngxīn! ▶ **to look like sb** (*in appearance*) 长(長)得像某人 zhǎng de xiàng mǒurén ▶ **it looks like Jim** (*it may be him*) 看起来(來)像吉姆 kàn qǐlái xiàng Jímǔ ▶ **to look like sth** (*in appearance*) 看起来(來)像某物 kàn qǐlái xiàng mǒuwù ▶ **it looks like rain** 看来(來)要下雨了 kàn lái yào xiàyǔ le ▶ **it looks as if...** 看来(來)… kànlái... ▷ *It looks about 4 metres long.* 看起来约有4米长。Kàn qǐlái yuē yǒu sì mǐ cháng. ▶ **to have** *or* **take a look at** (*examine*) 看一看 kànyīkàn; (*consider*) 细(細)看 xì kàn ▶ **to give sb a quizzical/puzzled look** 揶揄地/疑惑地看某人一眼 yéyú de/yíhuò de kàn mǒurén yī yǎn ▶ **to have a look for sth/sb** 找某物/某人 zhǎo mǒuwù/mǒurén ▶ **by the look** *or* **looks of it** 根据(據)外表来(來)判断(斷) gēnjù wàibiǎo lái pànduàn ▶ **I don't like the look of it/him** 看它/他的样(樣)子就不舒服 kàn tā/tā de yàngzi jiù bù shūfu

▶**look after** VT FUS **1** (*care for*) 照顾(顧) zhàogù **2** (*deal with*) 照管 zhàoguǎn

▶**look ahead** VI (*in time*) 向前看 xiàng qián kàn

▶**look around** = **look round**

▶**look at** VT FUS **1** (*gaze at*) 看一看 kàn yī kàn **2** (*consider*) [+ *problem, subject etc*] 考虑(慮) kǎolǜ

▶**look back** VI **1** (*think back*) 回(迴)顾(顧) huígù ▷ *The past always seems better when you look back on it.* 当你回顾往事的时候，过去总是那么美好。Dāng nǐ huígù wǎngshì de shíhou, guòqù zǒngshì nàme měihǎo. **2** (*glance back*) 回(迴)头(頭)看 huítóu kàn ▶ **to look back at sth/sb** 回头(頭)看某物/某人 huítóu kàn mǒuwù/mǒurén ▶ **looking back,...** 回想起来(來)，… huíxiǎng qǐlái, ...

▶**look down on, look down upon** VT FUS 轻(輕)视(視) qīngshì

▶**look for** VT FUS (*seek*) [+ *person, thing*] 寻(尋)找 xúnzhǎo

▶**look forward to** VT FUS 盼望 pànwàng ▶ **to look forward to doing sth** 盼望做某事 pànwàng zuò mǒushì ▶ **we look forward to hearing from you** 我们(們)盼望收到你的回音 wǒmen pànwàng shōudào nǐ de huíyīn

▶**look in** VI ▶ **to look in on sb** 顺(順)便看望某人 shùnbiàn kànwàng mǒurén

▶**look into** VT FUS (*investigate*) 调(調)查 diàochá ▶ **to look into doing sth** 为(為)做某事作调(調)查准(準)备(備) wèi zuò mǒushì zuò diàochá zhǔnbèi

▶**look on I** VI (*watch*) 旁观(觀) pángguān **II** VT FUS (*also*: **look upon**) (*consider*) 看待 kàndài ▷ *Employers look favourably on applicants who have work experience.* 雇主对有工作经验的申请者另眼看待。Gùzhǔ duì yǒu gōngzuò jīngyàn de shēnqǐngzhě lìng yǎn kàndài. ▶ **to look on sb as sth** 把某人当(當)作某物看待 bǎ mǒurén dàngzuò mǒuwù kàndài

▶**look out for** VT FUS (*pay attention to*) 留心 liúxīn

▶**look over** VT (*examine*) [+ *document, essay*] 检(檢)查 jiǎnchá; [+ *building*] 查看 chákàn

▶**look round, look around I** VI **1** (*turn head*) 环(環)顾(顧) huángù **2** (*in building*) 看看 kànkan **II** VT FUS [+ *place, building*] 游(遊)览(覽) yóulǎn

▶**look through** VT FUS [+ *book, magazine, papers*] 翻阅(閱) fānyuè

▶**look to** VT FUS ▶ **to look to sb for sth/to do sth** 指望某人提供某事/做某事 zhǐwàng mǒurén tígōng mǒushì/zuò mǒushì

▶**look up I** VI **1** (*raise eyes*) 抬眼看 tái yǎn kàn **2** (*inf*) ▶ **things are looking up** 事情有好转(轉)了 shìqing yǒu hǎozhuǎn le **II** VT **1** [+ *information, meaning*] 查 chá **2** [+ *person*] 看望 kànwàng

▶**look upon** = **look on**

▶**look up to** VT FUS [+ *hero, idol*] 敬佩 jìngpèi

lookout ['lukaut] **I** N [c] **1** (*person*) 看守 kānshǒu [名 míng] **2** (*place*) 瞭望台(臺) liàowàngtái [个 gè] ▶ **to be on the lookout for sth** 留心某事 liúxīn mǒushì ▶ **to keep a lookout (for sb/sth)** 密切注视(視)(某人/某事) mìqiè zhùshì(mǒurén/mǒushì) **II** CPD [+ *post, tower, point*] 瞭望 liàowàng

loom [lu:m] **I** VI **1** (*also*: **loom up**) [*object, shape* +] 隐(隱)隐(隱)出现(現) yǐnyǐn chūxiàn **2** [*event* +] 逼近 bījìn **II** N [c] (*for weaving*) 织(織)布机(機) zhībùjī ▶ **to loom large** 赫然显(顯)现(現) hèrán xiǎnxiàn

loony ['lu:nɪ] (*inf*) **I** ADJ 发(發)疯(瘋)的 fāfēng de **II** N [c] 疯(瘋)子 fēngzi [个 gè]

loop [lu:p] **I** N [c] **1** (*in string, ribbon etc*) 圈 quān **2** (*Comput*) 重复(複)指令 chóngfù zhǐlìng **II** VT ▶ **to loop sth around/over sth** 把某物缠(纏)

绕(繞)在某物上 bǎ mǒuwù chánrào zài mǒuwù shang **III** VI 环(環)绕(繞) huánrào

loophole ['lu:phəul] N [c] (*in law*) 漏洞 lòudòng [个 gè]

loose [lu:s] **I** ADJ **1** (*not firm*) [+ *screw, connection, tooth*] 松(鬆)动(動)的 sōngdòng de **2** (*not tied back*) [+ *hair*] 散开(開)的 sǎnkāi de **3** (*not tight*) [+ *clothes, trousers*] 宽(寬)松(鬆)的 kuānsōng de; [+ *coalition, arrangement*] 松散的 sōngsǎn de **4** (*vague*) [+ *definition, translation*] 不精确(確)的 bù jīngquè de **5** (*o.f.: promiscuous*) [+ *woman, morals*] 放荡(蕩)的 fàngdàng de **II** N ▸ **to be on the loose** [*prisoner, animal* +] 行动(動)不受限制 xíngdòng bùshòu xiànzhì **III** VT **1** (*frm: free*) [+ *animal, prisoner*] 把…放开(開) bǎ…fàngkāi ▸ **to set sb/sth loose** 释(釋)放某人/某物 shìfàng mǒurén/mǒuwù ▸ **to let sb loose on sth** 放任某人做某事 fàngrèn mǒurén zuò mǒushì ▸ **to break loose** 挣(掙)脱(脫)出来(來) zhēngtuō chūlái

loosely ['lu:slɪ] ADV **1** [*hold, hang, tie* +] 松(鬆)散地 sōngsǎn de **2** [+ *organized, arranged*] 不周密地 bù zhōumì de **3** [*define, translate* +] 粗略地 cūlüè de ▸ **loosely speaking** 笼(籠)统(統)地说(說) lóngtǒng de shuō

loosen ['lu:sn] VT **1** (*undo*) [+ *screw, nuts*] 拧(擰)松(鬆) nǐngsōng; [+ *clothing, belt, tie etc*] 松(鬆)开(開) sōngkāi **2** (*relax*) [+ *restrictions, laws*] 放松(鬆) fàngsōng ▸ **to loosen one's grip on sth** [+ *object*] 对(對)紧(緊)抓的某物稍稍松(鬆)手 duì jǐn zhuā de mǒuwù shāoshāo sōngshǒu; [+ *power, people*] 放松(鬆)对(對)某物的掌控 fàngsōng duì mǒuwù de zhǎngkòng

▸**loosen up** VI **1** (*exercise*) 放松(鬆) fàngsōng **2** (*relax*) 松(鬆)弛下来(來) sōngchí xiàlái

loot [lu:t] **I** VT [+ *shops, homes*] 洗劫 xǐjié **II** N [ʊ] (*inf*) 掠夺(奪)品 lüèduópǐn

lopsided ['lɔp'saɪdɪd] ADJ (*crooked*) 歪斜的 wāixié de

lord [lɔ:d] (*Brit*) N [c] (*peer*) 贵(貴)族 guìzú [位 wèi] ▸ **Lord Smith** 史密斯阁(閣)下 Shǐmìsī géxià ▸ **the Lord** (*Rel*) 上帝 Shàngdì ▸ **my lord** (*Brit*) (*to bishop, noble*) 大人 dàren; (*to judge*) 阁(閣)下 géxià ▸ **good Lord!** 我的天！wǒ de tiān! ▸ **the Lords** (*Brit*) 上议(議)院 shàngyìyuàn

lorry ['lɔrɪ] (*Brit*) N [c] 卡车(車) kǎchē [辆 liàng] [美 = **truck**]

lorry driver (*Brit*) N [c] 卡车(車)司机(機) kǎchē sījī [位 wèi] [美 = **truck driver**]

★ **lose** [lu:z] (*pt, pp* **lost**) **I** VT **1** (*mislay*) [+ *keys, pen etc*] 丢(丟)失 diūshī ▹ *I lost my keys.* 我把钥匙丢了。Wǒ bǎ yàoshi diū le. **2** (*not win*) [+ *contest, fight, argument*] 输(輸) shū **3** (*be dismissed from*) [+ *job, place*] 丢(丟)掉 diūdiào ▹ *He lost his place in the team.* 他丢掉了在队里的位置。Tā diūdiàole zài duì lǐ de wèizhi. **4** (*through death*) [+ *relative, wife etc*] 失去 shīqù ▹ *He had just lost his wife.* 他刚刚失去了妻子。Tā gānggāng shīqùle qīzi. **5** (*waste*) [+ *time, opportunity*] 浪费(費) làngfèi **6** (*Comm*) [+ *money*] 亏(虧)损(損) kuīsǔn ▹ *The company was losing a million pounds a week.* 该公司一个星期亏损100万英镑。Gāi gōngsī yī gè xīngqī kuīsǔn yībǎi wàn yīngbàng. **7** (*through injury, disease*) [+ *blood, tooth, leg*] 失掉 shīdiào; [+ *voice, sight etc*] 丧(喪)失 sàngshī **8** (*run out of*) [+ *confidence, control etc*] 丧(喪)失 sàngshī **9** (*shake off*) [+ *pursuers*] 摆(擺)脱(脫) bǎituō ▹ *He managed to lose his pursuers in the maze of streets.* 在繁杂的街道上，他竭力摆脱了跟踪者。Zài fánzá de jiēdào shàng, tā jiélì bǎituōle gēnzōngzhě. **II** VI (*in competition, argument*) 输(輸) shū ▸ **to lose o.s. in sth** 沉湎于(於)某事 chénmiǎn yú mǒushì ▸ **to lose weight** 减(減)重 jiǎnzhòng ▸ **to lose no time in doing sth** 马(馬)上着(著)手做某事 mǎshàng zhuóshǒu zuò mǒushì ▹ *Bill lost no time in telling me about his idea.* 比尔赶紧和我讲他的想法。Bǐ'ěr gǎnjǐn hé wǒ jiǎng tā de xiǎngfǎ. ▸ **to lose sight of sth** (*no longer see*) 看不见(見)某物 kànbujiàn mǒuwù; (*forget*) 忽略某事 hūlüè mǒushì

▸**lose out** VI 受损(損)失 shòu sǔnshī

loser ['lu:zə^r] N [c] **1** (*in game, contest*) 失败(敗)者 shībàizhě [个 gè] **2** (*inf: failure*) 不成器的人 bù chéngqì de rén [个 gè] ▸ **to be a good/bad loser** 输(輸)得起/不起的人 shūde qǐ/bùqǐ de rén

loss [lɔs] **I** N [c/ʊ] **1** 丧(喪)失 sàngshī [种 zhǒng] **2** (*death*) 失去 shīqù **II losses** N PL (*Mil*) 伤(傷)亡 shāngwáng ▸ **loss of life** 丧(喪)生 sàngshēng ▸ **to make a loss** [*company* +] 亏(虧)损(損) kuīsǔn ▸ **to sell sth at a loss** 亏(虧)本卖(賣)某物 kuīběn mài mǒuwù ▸ **to cut one's losses** 赶(趕)紧(緊)罢(罷)手以免更大损(損)失 gǎnjǐn bàshǒu yǐmiǎn gèng dà sǔnshī ▸ **to be at a loss (as to how/why** *etc*...**)** (对(對)如何/为(為)何等…)不知所措 (duì rúhé/wèihé *děng*...)bù zhī suǒ cuò

lost [lɔst] **I** PT, PP *of* **lose II** ADJ [+ *object*] 丢(丟)失的 diūshī de; [+ *person, animal*] 走失的 zǒushī de ▸ **to be lost** (*having lost one's way*) 迷路 mílù ▸ **to get lost** (*lose one's way*) 迷路 mílù ▸ **to feel lost** 不知所措 bù zhī suǒ cuò ▸ **get lost!** (*inf: go away*) 走开(開)! Zǒu kāi! ▸ **to be lost in thought** 陷入沉思 xiànrù chénsī ▸ **to be lost on sb** [*advice, words* +] 对(對)某人不起作用 duì mǒurén bù qǐ zuòyòng

lost and found (*US*) N = **lost property**

lost property N [ʊ] **1** (*things*) 招领(領)的失物 zhāolǐng de shīwù **2** (*Brit*) (*office*) 失物招领(領)处(處) shīwù zhāolǐngchù [美 = **lost and found**]

★ **lot** [lɔt] N [c] **1** (*set, group*) (*of papers, books, people etc*) 批 pī ▹ *We've just sacked one lot of builders.* 我们刚解雇了一批建筑工人。Wǒmen gāng jiěgùle yī pī jiànzhù gōngrén. **2** (*US*) (*land*) 地

皮 dìpí; *see also* **parking lot** **3** (*at auction*) 批件 pījiàn ▷ *lot no. 359* 批件号为359 pījiànhào wéi sānbǎi wǔshí jiǔ **4** (*destiny*) 命运(運) mìngyùn ▷ *attempts by the workers to improve their lot* 工人为改变自身命运所做的努力 gōngrén wèi gǎibiàn zìshēn mìngyùn suǒ zuò de nǔlì ▸ **a lot** (*many*) [*of books etc*] 许(許)多 xǔduō ▷ *Have one of mine, I've got a lot.* 给你一个吧，我有很多。Gěi nǐ yī gè ba, wǒ yǒu hěn duō.; (*much*) [*of money etc*] 很多 hěnduō ▷ *We still owe quite a lot.* 我们还是欠很多钱。Wǒmen háishì qiàn hěn duō qián. ▸ **a lot of** (*many, much*) 许(許)多 xǔduō ▷ *a lot of people* 许多人 xǔduō rén ▷ *I drink a lot of coffee.* 我喝许多咖啡。Wǒ hē xǔduō kāfēi. ▸ **lots of** [+ *things, people*] 许(許)多 xǔduō ▸ **he reads/smokes a lot** 他书(書)读(讀)得/烟(煙)抽得很多 tā shū dú de/yān chōu de hěn duō ▸ **I like you a lot** 我非常喜欢(歡)你 wǒ fēicháng xǐhuān nǐ ▸ **the lot** (*inf: everything*) 全部 quánbù ▷ *She's taken the lot!* 她全部都拿走了！Tā quánbù dōu názǒu le! ▸ **they're a boring/friendly lot** (*inf*) 他们(們)这(這)些人很无(無)聊/友好 tāmen zhèxiē rén hěn wúliáo/yǒuhǎo ▸ **to draw lots** 抽签(籤) chōuqiān

lotion ['ləuʃən] N [c/u] 洗液 xǐyè [瓶 píng]

lottery ['lɔtərɪ] N [c] **1** (*game*) 彩票 cǎipiào [张 zhāng] **2** (*fig*) 难(難)料的事 nánliào de shì

loud [laud] **I** ADJ **1** [+ *noise, voice, laugh*] 响(響)亮的 xiǎngliàng de **2** (*gaudy*) [+ *clothes*] 俗艳(豔)的 súyàn de **II** ADV [*speak* +] 大声(聲)地 dàshēng de ▸ **out loud** [*read, laugh etc* +] 出声(聲)地 chūshēng de ▸ **to be loud in one's support/condemnation of sth** 大力支持/强(強)烈谴(譴)责(責)某事 dàlì zhīchí/qiángliè qiǎnzé mǒushì

loudly ['laudlɪ] ADV 大声(聲)地 dàshēng de

loudspeaker [laud'spiːkə^r] N [c] 扬(揚)声(聲)器 yángshēngqì [个 gè]

lounge [laundʒ] **I** N [c] **1** (*in hotel*) 休息室 xiūxīshì [间 jiān] **2** (*at airport, station*) 等候室 děnghòushì [间 jiān] **3** (*esp Brit*) (*in house*) 起居室 qǐjūshì [间 jiān] **4** (*Brit*) (*also*: **lounge bar**) 豪华(華)酒吧 háohuá jiǔbā **II** VI 懒(懶)洋洋地倚靠着(著) lǎnyángyáng de yǐkàozhe ▸ **lounge about,** (*Brit*) **lounge around** VI 闲(閒)逛 xiánguàng ▸ **to lounge around the house/pool** 在家/游泳池消磨时(時)间(間) zài jiā/yóuyǒngchí xiāomó shíjiān

louse [laus] (*pl* **lice**) N [c] 虱(蝨)子 shīzi [只 zhī] ▸ **louse up** (*inf*) VT 搞糟 gǎozāo

lousy ['lauzɪ] (*inf*) ADJ [+ *show, meal, weather etc*] 糟糕的 zāogāo de; [+ *cook, singer, teacher etc*] 蹩脚(腳)的 biéjiǎo de ▸ **to feel lousy** (*ill*) 感觉(覺)不舒服 gǎnjué bù shūfu

lout [laut] N [c] 粗人 cūrén [个 gè]

lovable ['lʌvəbl] ADJ 可爱(愛)的 kě'ài de

★ **love** [lʌv] **I** N [u] **1** (*for partner, sweetheart*) 爱(愛)情 àiqíng; (*for child, pet*) 爱(愛) ài ▷ *my love for my children* 我对孩子的爱 wǒ duì háizi de ài **2** (*Brit; inf*) (*term of address*) 对不相识者的客气称呼 ▷ *Are you OK, love?* 你没事吧？ Nǐ méi shì ba? **II** VT [+ *partner, child, pet*] 爱(愛) ài ▷ *I love you.* 我爱你。Wǒ ài nǐ.; [+ *thing, food, activity*] 热(熱)爱(愛) rè'ài ▸ **sb's love for sb** 某人对(對)某人的爱(愛) mǒurén duì mǒurén de ài ▸ **to be in love (with sb)** (与(與)某人)恋(戀)爱(愛) (yǔ mǒurén) liàn'ài ▸ **to fall in love (with sb)** 爱(愛)上(某人) àishàng (mǒurén) ▸ **to make love** 做爱(愛) zuò'ài ▸ **love at first sight** 一见(見)钟(鐘)情 yī jiàn zhōngqíng ▸ **love (from) Anne** (*on letter*) 爱(愛)你的，安妮 ài nǐ de, Ānní ▸ **to send one's love to sb** 向某人问(問)候 xiàng mǒurén wènhòu ▸ **a love of music/football/animals** 对(對)音乐(樂)/足球/动(動)物的热(熱)爱(愛) duì yīnyuè/zúqiú/dòngwù de rè'ài ▸ **"15 love"** (*Tennis*) 15比0 shíwǔ bǐ líng ▸ **to love doing/to do sth** 喜爱(愛)做某事 xǐ'ài zuò mǒushì ▸ **I'd love to come** 我非常想来(來) wǒ fēicháng xiǎng lái ▸ **I'd love you to come** *or* **I'd love it if you came** 你要是来(來)真是太好了 nǐ yàoshì lái zhēn shì tài hǎo le ▒ 用法参见 **nought**

love affair N [c] 风(風)流韵(韻)事 fēngliú yùnshì [件 jiàn]

love life N [c/u] 爱(愛)情生活 àiqíng shēnghuó

lovely ['lʌvlɪ] (*esp Brit*) ADJ **1** (*beautiful*) [+ *place, person, music*] 漂亮的 piàoliang de **2** (*delightful*) [+ *holiday, meal, present*] 令人愉快的 lìng rén yúkuài de; [+ *person*] 可爱(愛)的 kě'ài de ▸ **how lovely to see you!** 见(見)到你真是高兴(興)！ jiàndào nǐ zhēnshì gāoxìng!

lover ['lʌvə^r] N [c] **1** (*sexual partner*) 情人 qíngrén [个 gè] **2** (*liter: person in love*) 情侣(侶) qínglǚ ▸ **a lover of art** *or* **an art lover** 钟(鍾)爱(愛)艺(藝)术(術)的人 zhōng'ài yìshù de rén

loving ['lʌvɪŋ] ADJ [+ *person*] 表示爱(愛)的 biǎoshì ài de; [+ *relationship*] 充满(滿)爱(愛)的 chōngmǎn ài de; [+ *care, support*] 细(細)心周到的 xìxīn zhōudào de ▸ **in loving memory of...** 充满(滿)爱(愛)意地追念… chōngmǎn àiyì de zhuīniàn...

★ **low** [ləu] **I** ADJ **1** (*not tall*) [+ *wall, hill, heel*] 矮的 ǎi de **2** (*not high up*) [+ *ceiling, shelf, sun, neckline*] 低的 dī de **3** (*deep*) [+ *bow, curtsey*] 深的 shēn de **4** (*in degree*) [+ *temperature, price, level, speed*] 低的 dī de **5** (*in intensity*) [+ *heat, light, volume*] 低的 dī de **6** (*poor*) [+ *standard, quality*] 低劣的 dīliè de ▷ *work of very low quality* 质量低劣的工作 zhìliàng dīliè de gōngzuò ▷ *The standard of child care is very low in many homes.* 在许多家庭里，对孩子的照顾是不足的。Zài xǔduō jiātíng lǐ, duì háizi de zhàogù shì bù zú de. **7** (*low-pitched*) [+ *voice, note*] 低音的 dīyīn de ▷ *a long low note* 长长的低音音调 chángcháng de dīyīn yīndiào **8** (*quiet*) [+ *voice, whisper, murmur*] 低声(聲)的 dīshēng de **9** (*depressed*) [+ *person,* *morale*] 情绪(緒)低落的 qíngxù dīluò de ▷ *I was really low after my father died.* 我父亲去世以后，我的情绪非常低落。Wǒ fùqīn qùshì yǐhòu, wǒ de qíngxù fēicháng dīluò. **II** ADV [*fly* +] 低 dī ▷ *I asked him to fly low over the beach.* 我让他在海滩上方低飞。Wǒ ràng tā zài hǎitān shàngfāng dī fēi. **III** N [c] **1** (*Met*) 低气(氣)压(壓)区(區) dīqìyāqū **2** (*low point*) 低点(點) dīdiǎn ▶ **to be/run low on sth** 快用完某物 kuài yòngwán mǒuwù ▶ **low in calories/salt/fat** 低卡路里/盐(鹽)/脂肪 dī kǎlùlǐ/yán/zhīfáng

low-alcohol ['ləu'ælkəhɔl] ADJ [+ *wine, beer*] 低度酒的 dīdùjiǔ de

low-calorie ['ləu'kælərɪ] ADJ [+ *food*] 低卡路里的 dī kǎlùlǐ de

lower ['ləuəʳ] **I** VT **1** ▶ **to lower sth into/to/onto sth** 把某物向下移到某物里(裡)/上 bǎ mǒuwù xiàngxià yídào mǒuwù lǐ/shang **2** (*reduce*) [+ *rate, level, price etc*] 降低 jiàngdī **3** (*make less loud*) [+ *voice*] 放低 fàngdī; [+ *volume*] 减(減)低 jiǎndī **4** (*bow*) [+ *head, eyes*] 低垂 dīchuí **II** ADJ **1** (*bottom*) [+ *deck, lip*] 下层(層)的 xiàcéng de **2** (*less important*) [+ *court, rank*] 下级(級)的 xiàjí de ▶ **the lower sixth** (*Brit: Scol*) 中学(學)六年级(級) zhōngxué liù niánjí ▶ **to lower o.s. into a chair/onto a bed** 屈身坐在椅子/躺在床上 qūshēn zuò zài yǐzi/tǎng zài chuáng shàng

low-fat ['ləu'fæt] ADJ [+ *food, yogurt, diet*] 低脂肪的 dī zhīfáng de

loyal ['lɔɪəl] ADJ [+ *friend, supporter, customer etc*] 忠实(實)的 zhōngshí de ▶ **to be/remain loyal to sb** 对(對)某人保持忠诚(誠) duì mǒurén bǎochí zhōngchéng

loyalty ['lɔɪəltɪ] N [U] 忠诚(誠) zhōngchéng ▶ **sb's loyalty to sb** 某人对(對)某人的忠诚(誠) mǒurén duì mǒurén de zhōngchéng ▶ **out of loyalty to sb** 出于(於)对(對)某人的忠诚(誠) chūyú duì mǒurén de zhōngchéng ▶ **to have strong/divided loyalties** 非常忠诚(誠)/部分的忠诚(誠) fēicháng zhōngchéng/bùfèn de zhōngchéng

loyalty card N [c] 会(會)员(員)卡 huìyuánkǎ [张 zhāng]

LP N ABBR (= **long-playing record**) 慢转(轉)密纹(紋)唱片 mànzhuàn mìwén chàngpiàn

L-plates ['ɛlpleɪts] (*Brit: Aut*) N PL L车牌(以提示其他司机该车由学员驾驶员驾驶)

L-PLATES

按照英国法律，学员驾驶员在未通过考试以前，要在他驾驶的任何车辆前后贴上 **L-plate** 标志。**L-plate** 是塑料或金属的方形牌子，白底，带有一个大大的红色 **L**（意为 **learner**）。学员驾驶员驾驶车辆时，必须有合格的司机陪同。在通过考试前，驾车上高速公路是违法的。

LSAT (*US*) N ABBR (= **Law School Admissions Test**) 法学(學)院入学(學)考试(試) Fǎxuéyuàn Rùxué Kǎoshì

Ltd (*Comm*) ABBR (= **limited company**) 股份有限公司 gǔfèn yǒuxiàn gōngsī

lubricate ['lu:brɪkeɪt] VT [+ *part of machine, chain etc*] 给(給)…上油 gěi...shàngyóu

luck [lʌk] N [U] **1** (*chance*) 运(運)气(氣) yùnqì **2** (*good fortune*) 幸运(運) xìngyùn ▶ **good luck** 好运(運) hǎoyùn ▶ **good luck!** *or* **best of luck!** 祝你好运(運)！ zhùnǐ hǎoyùn! ▶ **bad luck** 不走运(運) bù zǒuyùn ▶ **bad** *or* **hard** *or* **tough luck!** (*showing sympathy*) 真不走运(運)！ zhēn bù zǒuyùn! ▶ **hard** *or* **tough luck!** (*not showing sympathy*) 活该(該)倒霉！ Huógāi dǎoméi! ▶ **to be in luck** 走运(運) zǒuyùn ▶ **to be out of luck** 不走运(運) bù zǒuyùn ▶ **to have no luck (doing sth)** 没(沒)有(做某事的)运(運)气(氣) méiyǒu(zuò mǒushì de)yùnqi ▶ **to try one's luck (at sth/at doing sth)** 碰碰(某事/做某事的)运(運)气(氣) pèngpèng(mǒushì/zuò mǒushì de)yùnqi ▶ **with (any) luck** 如果幸运(運)的话(話) rúguǒ xìngyùn de huà

luckily ['lʌkɪlɪ] ADV 幸运(運)的是 xìngyùn de shì ▶ **luckily for me/us** 我/我们(們)挺运(運)气(氣)的 wǒ/wǒmen tǐng yùnqi de

lucky ['lʌkɪ] ADJ **1** [+ *person*] 幸运(運)的 xìngyùn de **2** [+ *charm, number*] 吉祥的 jíxiáng de ▶ **to be lucky** [*person* +] 走运(運) zǒuyùn ▶ **I'm lucky to be alive** 我很庆(慶)幸我活着(著) wǒ hěn qìngxìng wǒ huózhe ▶ **to be lucky enough to do sth** 有幸做某事 yǒuxìng zuò mǒushì ▶ **it is lucky that...** 侥(僥)幸(倖)的是… jiǎoxìng de shì... ▶ **today's your lucky day** 今天是你的吉日 jīntiān shì nǐ de jírì ▶ **to have a lucky escape** 侥(僥)幸(倖)逃脱(脫) jiǎoxìng táotuō ▶ **lucky break** 命运(運)的转(轉)机(機) mìngyùn de zhuǎnjī ▶ **you'll be lucky!** (*inf*) 你会(會)有好运(運)的！ nǐ huìyǒu háoyùn de! ▶ **you'll be lucky if...** (*inf*) 如果…就算你走运(運)了 rúguǒ...jiù suàn nǐ zǒuyùn le

lucrative ['lu:krətɪv] ADJ [+ *contract, business, market*] 有利的 yǒulì de

ludicrous ['lu:dɪkrəs] ADJ (*ridiculous*) [+ *situation, idea, price etc*] 荒唐的 huāngtáng de ▶ **it is ludicrous to suggest that...** 建议(議)…真是荒唐 jiànyì...zhēn shì huāngtáng ▶ **it's ludicrous that...** …真是荒唐 ...zhēn shì huāngtáng

luggage ['lʌgɪdʒ] N [U] 行李 xíngli ▶ **piece of luggage** 一件行李 yī jiàn xínglǐ

luggage rack N [c] **1** (*in train, coach*) 行李架 xínglijià [个 gè] **2** (*US*) (*on car*) 车(車)顶(頂)架 chēdǐngjià [英 = **roof rack**]

lukewarm ['lu:kwɔ:m] ADJ **1** (*tepid*) 微温(溫)的 wēiwēn de **2** (*unenthusiastic*) [+ *reaction, welcome*] 冷淡的 lěngdàn de ▶ **to be lukewarm about sth/doing sth** 对(對)某事/做某事热(熱)情不

高 duì mǒushì/zuò mǒushì rèqíng bù gāo ▶ **to be lukewarm towards sb** 对(對)某人不冷不热(熱) duì mǒurén bù lěng bù rè

lull [lʌl] I N [c] *(break) (in conversation, fighting etc)* 间(間)歇 jiānxiē II VT ▶ **to lull sb to sleep** *[sound, motion +]* 哄某人睡觉(覺) hǒng mǒurén shuìjiào ▶ **to be lulled into sth/doing sth** 被哄得产(產)生某事/被哄得做某事 bèi hǒng de chǎnshēng mǒushì/bèi hǒng de zuò mǒushì

lullaby [ˈlʌləbaɪ] N [c] 催眠曲 cuīmiánqǔ [首 shǒu]

lumber [ˈlʌmbəʳ] I N [U] 1 *(esp US) (wood)* 木材 mùcái [英 = **timber**] 2 *(Brit; o.f.) (junk)* 废(廢)旧(舊)杂(雜)物 fèijiù záwù II VI ▶ **to lumber into view/across the square** *[person, animal +]* 笨重缓(緩)慢地走进(進)视(視)野/通过(過)广(廣)场(場) bènzhòng huǎnmàn de zǒujìn shìyě/tōngguò guǎngchǎng; *[truck, tank +]* 缓(緩)缓(緩)地移动(動)进(進)入视(視)野/穿过(過)广(廣)场(場) huǎnhuǎn de yídòng jìnrù shìyě/chuānguò guǎngchǎng
▶**lumber with** VT *(Brit; inf)* ▶ **to be/get lumbered with sb/sth** 为(為)某人/某事所累 wèi mǒurén/mǒushì suǒlěi ▶ **to be/get lumbered with doing sth** 苦于(於)无(無)奈做某事 kǔ yú wúnài zuò mǒushì

luminous [ˈluːmɪnəs] ADJ 1 *[+ hands, dial, paint, etc]* 发(發)光的 fāguāng de ▷ *the luminous dial on the clock* 钟表上的夜光指针 zhōngbiǎo shàng de yèguāng zhǐzhēn 2 *(bright)* 明亮的 míngliàng de

lump [lʌmp] I N [c] 1 *(piece) [of clay, butter, wood, sugar etc]* 块(塊) kuài 2 *(protrusion) (on body)* 肿(腫)块(塊) zhǒngkuài [个 gè] II VT ▶ **to lump together** *(inf) [+ things, places]* 杂(雜)凑(湊)在一起 zácòu zài yīqǐ; *[+ people]* 混在一起 hùn zài yīqǐ

lump sum N [c] 一次性付的钱(錢) yīcìxìng fù de qián

lumpy [ˈlʌmpɪ] ADJ *[+ rice, sauce]* 多块(塊)的 duōkuài de; *[+ bed, mattress]* 凹凸不平的 āotū bùpíng de

lunar [ˈluːnəʳ] ADJ *[+ landscape, module, landing etc]* 月的 yuè de

lunatic [ˈluːnətɪk] I N [c] 1 *(inf: fool)* 疯(瘋)子 fēngzi [个 gè] 2 *(o.f.: mentally ill)* 精神失常者 jīngshén shīchángzhě [名 míng] II ADJ *[+ behaviour]* 疯(瘋)的 fēng de

lunch [lʌntʃ] I N 1 [c/U] *(meal)* 午餐 wǔcān [顿 dùn] 2 [U] *(lunchtime)* 午餐时(時)间(間) wǔcān shíjiān II VI *(frm)* 吃(喫)午饭(飯) chī wǔfàn ▶ **to have lunch (with sb)** (与(與)某人)共进(進)午餐 (yǔ mǒurén) gòngjìn wǔcān ▶ **to have sth for lunch** 午餐吃某物 wǔcān chī mǒuwù ▶ **to invite sb to lunch** 邀请(請)某人共进(進)午餐 yāoqǐng mǒurén gòng jìn wǔcān
用法参见 **meal**

lunch break N [c] 午休时(時)间(間) wǔxiū shíjiān ▶ **to be on one's lunch break** 在午休 zài wǔxiū

lunch hour N [c] = **lunch break**

lunchtime [ˈlʌntʃtaɪm] N [c/U] 午餐时(時)间(間) wǔcān shíjiān ▶ **at lunchtime** 午休时(時)候 wǔxiū shíhou

lung [lʌŋ] N [c] 肺 fèi [片 piàn]

lure [luəʳ] I VT *(entice, tempt)* ▶ **to lure sb into/to sth** 引诱(誘)某人进(進)入某处(處)/做某事 yǐnyòu mǒurén jìnrù mǒuchù/zuò mǒushì II N [c] 1 *(attraction)* 魅力 mèilì [种 zhǒng] 2 *(Fishing, Hunting)* 饵(餌) ěr
▶**lure away** VT 诱(誘)惑 yòuhuò

lurk [ləːk] VI 1 *[animal, person +]* 暗藏 àncáng 2 *(fig) [danger, suspicion, doubt +]* 潜(潛)伏 qiánfú

lush [lʌʃ] ADJ *[+ fields, gardens]* 茂盛的 màoshèng de; *[+ grass, vegetation]* 繁茂的 fánmào de

lust [lʌst] I N 1 [U] *(sexual)* 性欲(慾) xìngyù 2 [U/S] ▶ **lust for money/power/revenge** 金钱(錢)/权(權)力/复(復)仇欲(慾) jīnqián/quánlì/fùchóu yù II VI 1 ▶ **to lust after sb** 贪(貪)恋(戀)某人 tānliàn mǒurén 2 ▶ **to lust for** *or* **after sth** *[+ power, money]* 对(對)某物有强(強)烈的欲(慾)望 duì mǒuwù yǒu qiángliè de yùwàng

Luxembourg [ˈlʌksəmbəːg] *(Geo)* N 卢(盧)森堡 Lúsēnbǎo

luxurious [lʌgˈzjuərɪəs] ADJ *[+ hotel, surroundings, lifestyle]* 豪华(華)的 háohuá de

luxury [ˈlʌkʃərɪ] I N 1 [U] *(comfort)* 奢华(華) shēhuá 2 [c] *(extra)* 奢侈品 shēchǐpǐn [件 jiàn] 3 [S] *(pleasure)* 奢侈享受 shēchǐ xiǎngshòu II CPD *[+ hotel, car, goods]* 豪华(華) háohuá ▶ **to live in luxury** 过(過)奢华(華)的生活 guò shēhuá de shēnghuó ▶ **it's a luxury (for me/us) to be able to lie in** (对(對)我/我们(們)来(來)说(說))睡懒(懶)觉(覺)简(簡)直是一种(種)奢侈 (duì wǒ/wǒmen lái shuō)shuì lǎnjiào jiǎnzhí shì yī zhǒng shēchǐ

LW *(Rad)* ABBR (= **long wave**) 长(長)波 chángbō

Lycra® [ˈlaɪkrə] I N [U] 莱(萊)卡 Láikǎ II CPD *[+ clothes, shorts]* 莱(萊)卡 Láikǎ

lying [ˈlaɪɪŋ] I VB *see* **lie¹** *see* **lie²** II N [U] 说(說)谎(謊) shuōhuǎng III ADJ 好说(說)谎(謊)的 hào shuōhuǎng de

lyrics [ˈlɪrɪks] N PL *[of song]* 词(詞)句 cíjù

Mm

M¹, m¹ [ɛm] **I** N (*letter*) 英语的第十三个字母 **II** ABBR (= **male**) 男性 nánxìng
M² **I** ABBR (= **medium**) 中等的 zhōngděng de **II** N ABBR (*Brit*) (= **motorway**) ▸ **the M1** 1号(號)高速公路 yīhào gāosù gōnglù
m² ABBR **1** (= **metres**) 米 mǐ **2** (= **million**) 百万(萬) bǎiwàn
MA N ABBR (= **Master of Arts**) (*qualification*) 文学(學)硕(碩)士学(學)位 wénxué shuòshì xuéwèi; (*person*) 文学(學)硕(碩)士 wénxué shuòshì
ma [mɑː] (*inf*) N [c] 妈(媽) mā
mac [mæk] (*Brit; inf*) N [c] 雨衣 yǔyī [件 jiàn]
macaroni [mækəˈrəunɪ] N [U] 通心粉 tōngxīnfěn ▸ **macaroni cheese** *or* (*US*) **macaroni and cheese** 干(乾)酪通心粉布丁 gānlào tōngxīnfěn bùdīng
Macedonia [mæsɪˈdəunɪə] N 马(馬)其顿(頓) Mǎqídùn
Macedonian [mæsɪˈdəunɪən] **I** ADJ 马(馬)其顿(頓)的 Mǎqídùn de **II** N **1** [c] (*person*) 马(馬)其顿(頓)人 Mǎqídùnrén [个 gè] **2** [U] (*language*) 马(馬)其顿(頓)语(語) Mǎqídùnyǔ
machine [məˈʃiːn] **I** N [c] **1** 机(機)器 jīqì [台 tái] **2** (*system*) [*party, war, propaganda*] 机(機)构(構) jīgòu **3** (*automaton*) 自动(動)装(裝)置 zìdòng zhuāngzhì **II** VT **1** (*Tech*) 机(機)械加工 jīxiè jiāgōng **2** [+ *dress etc*] 用缝(縫)纫(紉)机(機)制(製)作 yòng féngrènjī zhìzuò ▸ **by machine** 用机(機)器制(製)造 yòng jīqì zhìzào
machine gun N [c] 机(機)关(關)枪(槍) jīguānqiāng [架 jià]
machinery [məˈʃiːnərɪ] N [U] **1** 机(機)器 jīqì **2** (*of government*) 体(體)系 tǐxì
machine washable [-ˈwɔʃəbl] ADJ 可机(機)洗的 kě jīxǐ de
macho [ˈmætʃəu] ADJ [+ *man, attitude, approach*] 大男子气(氣)概的 dànánzǐ qìgài de
mackerel [ˈmækrl] N [c/U] (*pl* **mackerel**) 鲭(鯖)鱼(魚) qīngyú [条 tiáo]
mackintosh [ˈmækɪntɔʃ] (*Brit*) N [c] 雨衣 yǔyī [件 jiàn]
mad [mæd] ADJ **1** (*insane*) 精神失常的 jīngshén shīcháng de **2** (*foolish*) 愚蠢的 yúchǔn de **3** (*wild*) 疯(瘋)狂的 fēngkuáng de **4** (*inf: angry*) 恼(惱)怒的 nǎonù de ▸ **to go mad** (*inf: go insane*) 发(發)疯(瘋) fāfēng; (*get angry*) 发(發)火 fāhuǒ ▸ **you are/must be mad (to do that)** 你(那么(麼)做)准(準)是犯傻了 nǐ (nàme zuò) zhǔn shì fànshǎ le ▸ **to drive sb mad** (*inf*) 逼得某人发(發)疯(瘋) bī de mǒurén fāfēng ▸ **to be mad at sb** (*inf*) 对(對)某人很恼(惱)火 duì mǒurén hěn nǎohuǒ ▸ **to be mad about** *or* **on sth** (*inf*) 狂热(熱)地爱(愛)好某物 kuángrè de àihào mǒuwù ▸ **to be mad about** *or* **on sb** (*inf*) 迷恋(戀)某人 míliàn mǒurén ▸ **like mad** (*inf*) 拼命 pīnmìng
Madagascar [mædəˈgæskəʳ] N 马(馬)达(達)加斯加 Mǎdájiāsījiā
madam [ˈmædəm] N **1** (*form of address*) 女士 nǚshì [位 wèi] **2** [c] (*esp Brit*) (*child*) 任性的大小姐 rènxìng de dàxiǎojiě [个 gè] ▸ **Madam Chairman/Speaker** 主席/议(議)长(長)女士 zhǔxí/yìzhǎng nǚshì ▸ **Dear Madam** 尊敬的女士 zūnjìng de nǚshì
mad cow disease (*esp Brit*) N [U] (*BSE*) 疯(瘋)牛病 fēngniúbìng
made [meɪd] **I** PT, PP *of* **make** **II** ADJ ▸ **a British-made car** 一辆(輛)英国(國)制(製)造的汽车(車) yīliàng Yīngguó zhìzào de qìchē
made-to-measure [ˈmeɪdtəˈmɛʒəʳ] (*Brit*) ADJ 量身定做的 liángshēn dìngzuò de
made-up [ˈmeɪdʌp] ADJ **1** (*wearing make-up*) 化了妆(妝)的 huàlezhuāng de **2** (*invented*) [*word, name, story*] 编(編)造的 biānzào de
madly [ˈmædlɪ] ADV **1** (*frantically*) [*grin, scream, rush +*] 疯(瘋)狂地 fēngkuáng de **2** (*extremely*) [+ *jealous, angry*] 极(極)其地 jíqí de ▸ **madly in love** 深深地爱(愛)恋(戀) shēnshēn de àiliàn
madman [ˈmædmən] (*pl* **madmen**) N [c] 疯(瘋)子 fēngzi [个 gè] ▸ **like a madman** 像个(個)疯(瘋)子一样(樣) xiàng ge fēngzi yīyàng
madness [ˈmædnɪs] N [U] **1** (*insanity*) 疯(瘋)狂 fēngkuáng **2** (*foolishness*) 愚蠢 yúchǔn ▸ **it would be madness to do that** 那么(麼)做真是愚蠢之极(極) nàme zuò zhēn shì yúchǔn zhījí
Mafia [ˈmæfɪə] N ▸ **the Mafia** 黑手党(黨) Hēishǒudǎng
mag [mæg] (*Brit; inf*) N (*magazine*) 杂(雜)志(誌) zázhì
magazine [mægəˈziːn] N [c] **1** (*Publishing, Rad, TV*) 杂(雜)志(誌) zázhì [份 fèn] **2** [*of firearm*] 弹(彈)匣 dànxiá **3** (*Mil*) (*store*) 弹(彈)药(藥)库 dànyàokù
maggot [ˈmægət] N [c] 蛆 qū [只 zhī]
magic [ˈmædʒɪk] **I** N [U] **1** (*supernatural power*) 魔法 mófǎ **2** (*wonder*) 魔力 mólì **3** (*conjuring*) 魔术(術) móshù **II** ADJ **1** [+ *formula, solution, cure*] 神奇的 shénqí de **2** (*special*) [+ *place, moment, experience*] 迷人的 mírén de **3** (*supernatural*) 魔法的 mófǎ de ▸ **as if by/like magic** 不可思议(議) bù kě sī yì ▸ **the magic number/word** 神奇数(數)字/咒语(語) shénqí shùzì/zhòuyǔ
magical [ˈmædʒɪkl] ADJ **1** (*supernatural*) 魔力的 mólì de **2** (*wonderful*) 迷人的 mírén de

magician [mə'dʒɪʃən] N [c] (*wizard, conjurer*) 魔术(術)师(師) móshùshī [位 wèi]
magistrate ['mædʒɪstreɪt] N [c] 地方法官 dìfāng fǎguān [位 wèi]
magnet ['mægnɪt] N [c] **1** 磁铁(鐵) cítiě [块 kuài] **2** ▸ **a magnet for** (*attraction*) 吸引物 xīyǐnwù
magnetic [mæg'nɛtɪk] ADJ **1** (*Phys*) 有磁性的 yǒu cíxìng de **2** [+ *tape, strip, disk*] 磁的 cí de **3** [+ *personality*] 有魅力的 yǒu mèilì de
magnificent [mæg'nɪfɪsnt] ADJ (*excellent*) [+ *book, painting*] 极(極)棒的 jíbàng de; (*impressive*) [+ *work, performance*] 出色的 chūsè de; (*beautiful*) [+ *building, view, costume*] 华(華)丽(麗)的 huálì de
magnify ['mægnɪfaɪ] VT **1** (*enlarge*) [+ *object*] 放大 fàngdà **2** (*amplify*) [+ *sound*] 扩(擴)大 kuòdà **3** (*increase*) 加强(強) jiāqiáng
magnifying glass ['mægnɪfaɪɪŋ-] N [c] 放大镜(鏡) fàngdàjìng [个 gè]
magpie ['mægpaɪ] N [c] 喜鹊(鵲) xǐquè [只 zhī]
mahogany [mə'hɔgənɪ] I N [U] 红(紅)木 hóngmù II CPD [+ *table, desk*] 红(紅)木 hóngmù
maid [meɪd] N [c] (*servant*) 女仆(僕) nǚpú [个 gè]
maiden name ['meɪdn-] N [c] 娘家姓 niángjiā xìng [个 gè]
mail [meɪl] I N [U] **1** ▸ **the mail** (*the post*) 邮(郵)政 yóuzhèng **2** (*letters*) 邮(郵)件 yóujiàn **3** (*e-mail*) 电(電)子邮(郵)件 diànzǐ yóujiàn II VT **1** (*esp US*) (*post*) 寄出 jìchū [英 = **post**] **2** (*e-mail*) 发(發)电(電)邮(郵)给(給) fā diànyóu gěi ▸ **your cheque is in the mail** 你的支票已寄出 nǐ de zhīpiào yǐ jìchū ▸ **by mail** 以邮(郵)寄方式 yǐ yóujì fāngshì
mailbox ['meɪlbɔks] N [c] **1** (*US*) (*for letters*) 信箱 xìnxiāng [个 gè] [英 = **letterbox**] **2** (*US*) 邮(郵)筒 yóutǒng [个 gè] [英 = **post box**] **3** (*Comput*) 电(電)子信箱 diànzǐ xìnxiāng [个 gè]
mailing list ['meɪlɪŋ-] N [c] 邮(郵)寄名单(單) yóujì míngdān
mailman ['meɪlmæn] (*pl* **mailmen**) (*US*) N [c] 邮(郵)差 yóuchāi [个 gè] [英 = **postman**]
mail order I N [U] (*system*) 邮(郵)购(購) yóugòu II CPD ▸ **mail-order** [+ *firm, catalogue*] 邮(郵)购(購) yóugòu
mailwoman ['meɪlwumən] (*pl* **mailwomen**) (*US*) N [c] 女邮(郵)递(遞)员(員) nǚ yóudìyuán [位 wèi] [英 = **postwoman**]
★ **main** [meɪn] I ADJ [+ *reason, place, entrance, meal*] 主要的 zhǔyào de ▹ *My main concern is to protect the children.* 保护孩子们是我主要关心的事。Bǎohù háizǐmen shì wǒ zhǔyào guānxīn de shì. ▹ *Mrs Foster hurried through the main entrance.* 福斯特太太匆匆忙忙地从主入口进来了。Fúsītè tàitai cōngcōng mángmáng de cóng zhǔrùkǒu jìnlái le. II N [c] (*pipe*) [+ *water, gas*] 总(總)管道 zǒng guǎndào ▹ *A bulldozer had severed a gas main.* 推土机切断了一条煤气总管道。Tuītǔjī qiēduàn le yī tiáo méiqì zǒngguǎndào. ▸ **in the main** (*in general*) 大体(體)上 dàtǐshàng
main course N [c] 主菜 zhǔcài [道 dào]
mainland ['meɪnlənd] I N ▸ **the mainland** 大陆(陸) dàlù II ADJ 大陆(陸)的 dàlù de
mainly ['meɪnlɪ] ADV 主要地 zhǔyào de
main road N [c] 主干(幹)道 zhǔ gàndào [条 tiáo]
mains [meɪnz] I N PL (*Elec*) 总(總)输(輸)送网(網) zǒng shūsòng wǎng II CPD [+ *electricity, water, drainage*] 干(幹)线(線) gànxiàn
mainstream ['meɪnstriːm] I N ▸ **the mainstream** 主流 zhǔliú II ADJ [+ *cinema, politics etc*] 主流的 zhǔliú de
main street (*US*) N [c] 大街 dàjiē [条 tiáo] [英 = **high street**]
maintain [meɪn'teɪn] VT **1** (*preserve*) [+ *friendship, peace*] 保持 bǎochí **2** (*keep up*) [+ *momentum, output*] 维(維)持 wéichí **3** (*look after*) [+ *building, equipment*] 保养(養) bǎoyǎng **4** (*affirm*) [+ *belief, opinion, innocence*] 坚(堅)持 jiānchí **5** (*provide for*) [+ *dependant*] 赡(贍)养(養) shànyǎng ▸ **to maintain that...** 坚(堅)称(稱)… jiānchēng... ▸ **to maintain o.s.** 养(養)活自己 yǎnghuó zìjǐ
maintenance ['meɪntənəns] N [U] **1** (*running*) [*of building, equipment*] 保养(養) bǎoyǎng **2** (*preservation*) [*of peace, system*] 维(維)持 wéichí **3** (*Law*) (*alimony*) 赡(贍)养(養)费(費) shànyǎng fèi
maize [meɪz] (*esp Brit*) N [U] 玉米 yùmǐ [美 = **corn**]
majestic [mə'dʒɛstɪk] ADJ 壮(壯)观(觀)的 zhuàngguān de
majesty ['mædʒɪstɪ] N **1** (*title*) ▸ **Your/His/Her Majesty** 陛下 bìxià **2** [U] (*splendour*) 雄伟(偉) xióngwěi
★ **major** ['meɪdʒə[r]] I ADJ **1** (*important, significant*) [+ *event, factor*] 重要的 zhòngyào de ▹ *Exercise has a major part to play in preventing disease.* 锻炼对于预防疾病有重要作用。Duànliàn duìyú yùfáng jíbìng yǒu zhòngyào zuòyòng. **2** (*Mus*) [+ *key, scale*] 大调(調) dàdiào II N [c] **1** (*Mil*) 少校 shàoxiào [位 wèi] **2** (*US: Scol*) (*main subject*) 专(專)业 zhuānyè [个 gè] **3** ▸ **a history major** (*US: Scol*) (*student*) 历(歷)史专(專)业(業)学(學)生 lìshǐ zhuānyè xuéshēng III VI ▸ **to major in sth** (*US: Scol*) 主修某专(專)业(業) zhǔxiū mǒu zhuānyè ▹ *I decided to major in French.* 我决定主修法语。Wǒ juédìng zhǔxiū Fǎyǔ. ▸ **(symphony/concerto) in C major** C大调(調)(交响(響)乐(樂)/协(協)奏曲 C dà diào(jiāoxiǎngyuè/xiézòuqǔ)
Majorca [mə'jɔːkə] N 马(馬)胶(膠)尔(爾)卡岛(島) Mǎjiāo'ěrkǎ dǎo ▹ *We went to Majorca in August.* 我们八月去了马胶尔卡岛。Wǒmen bāyuè qù le Mǎjiāo'ěrkǎ dǎo.
majority [mə'dʒɔrɪtɪ] I N **1** [S + PL VB] [*of people, things*] 大多数(數) dàduōshù **2** [c] (*margin*) [*of votes*] 多数(數)票 duōshù piào **3** [U] (*adulthood*)

成年 chéngnián **II** CPD [+ *verdict, holding*] 多数(數) duōshù ▶ **to be in a** *or* **the majority** 占(佔)多数(數) zhàn duōshù ▶ **the (vast) majority of...** (绝(絕))大多数(數)··· (jué) dàduōshù...

★ **make** [meɪk] (*pt, pp* **made**) **I** VT **1** (*produce, form*) [+ *object, clothes, cake*] 做 zuò ▷ *Sheila makes her own bread.* 希拉自己做面包。Xīlā zìjǐ zuò miànbāo.; [+ *noise*] 制(製)造 zhìzào ▷ *We made a terrible racket as we came out of the club.* 我们大声喧哗着出了夜总会。Wǒmen dàshēng xuānhuázhe chūle yèzǒnghuì.; [+ *speech*] 发(發)表 fābiǎo ▷ *He made a speech about the need for unity.* 他发表了有关统一之必要的演讲。Tā fābiǎo le yǒuguān tǒngyī zhī bìyào de yǎnjiǎng.; [+ *remark, suggestion*] 提出 tíchū ▷ *May I make a suggestion?* 我能提个建议吗？Wǒ néng tí ge jiànyì ma?; [+ *mistake*] 犯 fàn ▷ *You have made a terrible mistake.* 你犯了个严重的错误。Nǐ fàn le ge yánzhòng de cuòwù. **2** (*manufacture*) [+ *goods*] 生产(產) shēngchǎn ▷ *The firm makes a wide range of electrical goods.* 这家公司生产各种电器产品。Zhè jiā gōngsī shēngchǎn gèzhǒng diànqì chǎnpǐn. **3** (*cause to be*) ▶ **to make sb sad** 使某人难(難)过(過) shǐ mǒurén nánguò ▷ *The whole business makes me really angry.* 整件事使我实在恼火。Zhěng jiàn shì shǐ wǒ shízài nǎohuǒ. **4** ▶ **to make sb famous** 使某人成名 shǐ mǒurén chéngmíng ▷ *James Bond, the role that made Sean Connery a star* 詹姆士·邦德，这个使肖恩·康纳利成名的角色 Zhānmǔshì Bāngdé, zhè ge shǐ Xiàoēn Kāngnàlì chéngmíng de juésè **5** ▶ **to make sth into sth** 将(將)某物改成某物 jiāng mǒuwù gǎichéng mǒuwù ▷ *a disused factory that was made into an art gallery* 一座废弃的工厂被改成了美术馆 yī zuò fèiqì de gōngchǎng bèi gǎichéngle měishùguǎn **6** (*force*) ▶ **to make sb do sth** 促使某人做某事 cùshǐ mǒurén zuò mǒushì **7** (*earn*) [+ *money*] 挣(掙) zhèng ▷ *He was making nine hundred dollars a week.* 他一周挣900美元。Tā yī zhōu zhèng jiǔbǎi měiyuán. **8** (*equal*) ▶ **2 and 2 make 4** 2加2等于(於)4 èr jiā èr děngyú sì **9** [+ *friend, enemy*] 结(結)交 jiéjiāo ▷ *I made some good friends at the conference.* 我在会上结交了一些好朋友。Wǒ zài huì shàng jiéjiāo le yīxiē hǎopéngyou. ▷ *On his first day at school he made friends with a girl called Janet.* 他在上学的头一天结交了一位叫珍妮特的女孩。Tā zài shàngxué de tóu yī tiān jiéjiāo le yīwèi jiào Zhēnnītè de nǚhái. **10** (*cause to be successful*) 使成功 shǐ chénggōng ▷ *What really makes the book are the illustrations.* 真正使这本书成功的是它的插图。Zhēnzhèng shǐ zhè běn shū chénggōng de shì tā de chātú. ▷ *Meeting you has really made my day!* 能认识你实在是我今天最高兴的事！Néng rènshi nǐ shízài shì wǒ jīntiān zuì gāoxìng de shì. **11** (*be, constitute*) 成为(為) chéngwéi ▷ *She'll make a good teacher.* 她将会成为一名好老师。Tā jiāng huì chéngwéi yī míng hǎolǎoshī. **II** N [c] (*brand*) 牌子 páizi [个 gè] ▷ *She couldn't tell what make of car he was driving.* 她看不出他开的是辆什么牌子的车。Tā kànbùchū tā kāi de shì liàng shénme páizǐ de chē. ▶ **to make a profit/loss** 赢(贏)利/赔(賠)钱(錢) yínglì/péiqián ▶ **to make one's bed** 铺(鋪)床 pùchuáng ▶ **to make a fool of sb** 愚弄某人 yúnòng mǒurén ▶ **to make it** (*arrive*) 及时(時)抵达(達) jíshí dǐdá; (*succeed*) 达(達)成目标(標) dáchéng mùbiāo; (*in life*) 成功 chénggōng ▶ **what time do you make it?** 你表(錶)几(幾)点(點)了？nǐ biǎo jǐdiǎn le ▶ **to make good** (*succeed*) 有成就 yǒu chéngjiù ▷ *He was born poor but made good and went to the States.* 他出身贫苦，但后来颇有成就并去了美国。Tā chūshēn pínkǔ, dàn hòulái pōyǒu chéngjiù bìng qùle Měiguó.; (*carry out*) [+ *threat, promise*] 履行 lǚxíng ▷ *Arkoff made good his promise.* 阿考夫履行了他的诺言。Ēkǎofū lǚxíngle tā de nuòyán.; (*put right*) [+ *damage, loss*] 弥(彌)补(補) míbǔ ▷ *Three years was a short time in which to make good the deficiencies.* 用3年时间弥补亏空是很短的。Yòng sān nián shíjiān míbǔ kuīkōng shì hěn duǎn de. ▶ **to make do with sth** 将(將)就某事 jiāngjiù mǒushì ▶ **it's made (out) of glass** 是玻璃做的 shì bōlí zuò de ▶ **to have (got) it made** (*inf*) 有成功的把握 yǒu chénggōng de bǎwò

▶**make for** VT FUS [+ *place*] 走向 zǒuxiàng ▷ *He rose from his seat and made for the door.* 他从座位上起身，向门走去。Tā cóng zuòwèi shàng qǐshēn, xiàng mén zǒuqù.

▶**make of** VT FUS 看待 kàndài ▷ *What did you make of the Prime Minister's speech last night?* 你怎么看待昨晚首相的讲话？Nǐ zěnme kàndài zuówǎn shǒuxiàng de jiǎnghuà?

▶**make off** VI 逃走 táozǒu

▶**make off with** VT FUS 偷走 tōuzǒu

▶**make out** VT **1** (*understand*) 明白 míngbai ▷ *It's difficult to make out what he says.* 他说的话很难让人明白。Tā shuō de huà hěnnán ràngrén míngbai. **2** (*see*) 看出 kànchū ▷ *I could just make out the outline of the house.* 我只能看出房子的轮廓。Wǒ zhǐnéng kànchū fángzi de lúnkuò. **3** (*write*) [+ *cheque*] 开(開)出 kāichū ▷ *I made a cheque out for 300 pounds.* 我开出一张300英镑的支票。Wǒ kāichū yīzhāng sānbǎi yīngbàng de zhīpiào. **4** (*pretend*) ▶ **to make out that...** 假装(裝)··· jiǎzhuāng **5** (*claim, imply*) ▶ **to make sb out to be rich/talented** 把某人说(說)成很富有/有才华(華) bǎ mǒurén shuōchéng hěn yǒu cáihuá ▷ *He's not as hard as people make out.* 他并不像人们说的那么强硬。Tā bìng bù xiàng rénmen shuō de nàme qiángyìng. ▶ **to make out a case for sth** 提出理由证(證)实(實)某事 tíchū lǐyóu zhèngshí mǒushì

▸**make over** VT (*assign*) ▸ **to make sth over (to sb)** 把某物的所有权(權)转(轉)让(讓)(给(給)某人) bǎ mǒuwù de suǒyǒuquán zhuǎnràng (gěi mǒurén) ▹ *The land was made over to the Council for building purposes.* 这块地的所有权已转让给市议会作为建筑用地。Zhè kuài dì de suǒyǒuquán yǐ zhuǎnràng gěi shìyìhuì zuòwéi jiànzhù yòngdì.

▸**make up** I VT **1** (*constitute*) 构(構)成 gòuchéng ▹ *Women make up two-fifths of the British labour force.* 妇女构成英国劳动力人数的五分之二。Fùnǚ gòuchéng yīngguó láodònglì rénshǔ de wǔ fēn zhī èr. ▸ **to be made up of** 由…组(組)成 yóu...zǔchéng **2** (*invent*) [+ *story, excuse*] 捏造 niēzào ▹ *He was very good at making up excuses.* 他对捏造借口很在行。Tā duì niēzào jièkǒu hěn zàiháng. **3** (*prepare*) [+ *bed*] 准(準)备(備) zhǔnbèi **4** (*with cosmetics*) 化妆(妝) huàzhuāng ▹ *She spent too much time making herself up.* 她花太多的时间来化妆。Tā huā tàiduō de shíjiān lái huàzhuāng. **II** VI (*after quarrel*) 和好 héhǎo ▹ *She came back and they made up.* 她回来了，他们和好如初。Tā huílái le, tāmen héhǎo rúchū. ▸ **to make up one's mind** 下定决(決)心 xià dìng juéxīn ▸ **to make it up to sb** 对(對)某人作出补(補)偿(償) duì mǒurén zuòchū bǔcháng ▹ *I'll make it up to you, I promise.* 我保证对你作出补偿。Wǒ bǎozhèng duìnǐ zuòchū bǔcháng. ▸ **to make o.s. up** 化妆(妝) huàzhuāng

▸**make up for** VT FUS [+ *deficiency*] 弥(彌)补(補) míbǔ ▹ *What the country lacks in natural resources it makes up for in bright ideas.* 国家在自然资源方面的缺乏由明智的决策加以弥补。Guójiā zài zìrán zīyuán fāngmiàn de quēfá yóu míngzhì de juécè jiāyǐ míbǔ.; [+ *loss, disappointment*] 补(補)偿(償) bǔcháng ▹ *I'm sorry I broke your vase I'll make up for it.* 很抱歉打碎了你的花瓶，我会做出补偿的。Hěn bàoqiàn dásuìle nǐ de huāpíng, wǒ huì zuòchū bǔcháng de.

makeover ['meɪkəuvə^r] N [c] **1** (*facelift*) [*of person*] 整容 zhěngróng; [*of room*] 翻新 fānxīn **2** (*improvement*) 革新 géxīn

maker ['meɪkə^r] N [c] **1** (*person*) [*of programme, film etc*] 制(製)作者 zhìzuòzhě [位 wèi] **2** (*manufacturer*) 制(製)造商 zhìzàoshāng [名 míng]

makeshift ['meɪkʃɪft] ADJ (*temporary*) 临(臨)时(時)凑(湊)合的 línshí còuhe de

make-up ['meɪkʌp] N **1** [U] (*cosmetics*) 化妆(妝)品 huàzhuāngpǐn **2** [S] (*personality*) 性格 xìnggé **3** [S] (*composition*) 组(組)成 zǔchéng

making ['meɪkɪŋ] N [U] 制(製)作 zhìzuò ▸ **a star in the making** 一个(個)成长(長)中的明星 yīge chéngzhǎng zhōng de míngxīng ▸ **to have (all) the makings of** 具备(備)…的(所有)素质(質) jùbèi...de(suǒyǒu)sùzhì ▸ **of one's own making** 自作自受 zì zuò zì shòu ▸ **to be the making of sb/sth** 某人/某事成功的因素 mǒurén/mǒushì chénggōng de yīnsù

malaria [mə'lɛərɪə] N [U] 疟(瘧)疾 nüèji

Malawi [mə'lɑːwɪ] N 马(馬)拉维(維) Mǎlāwéi

Malaysia [mə'leɪzɪə] N 马(馬)来(來)西亚(亞) Mǎláixīyà

Malaysian [mə'leɪzɪən] I ADJ 马(馬)来(來)西亚(亞)的 Mǎláixīyà de **II** N [c] (*person*) 马(馬)来(來)西亚(亞)人 Mǎláixīyàrén [个 gè]

Maldives ['mɔːldaɪvz] N PL ▸ **the Maldives** 马(馬)尔(爾)代夫群岛(島) Mǎ'ěrdàifū Qúndǎo

male [meɪl] I N [c] **1** (*man*) 男子 nánzǐ [名 míng] **2** (*Bio*) 雄性动(動)物 xióngxìng dòngwù **II** ADJ **1** (*in gender*) [+ *employee, child, model, friend, population*] 男的 nán de; [+ *animal, insect, plant, tree*] 雄性的 xióngxìng de **2** (*relating to men*) [+ *role, characteristic, behaviour*] 男性的 nánxìng de

male nurse N [c] 男护(護)士 nán hùshi [名 míng]

malfunction [mæl'fʌŋkʃən] I N [c] [*of computer, machine*] 故障 gùzhàng [个 gè] **II** VI [*computer, machine* +] 发(發)生故障 fāshēng gùzhàng

Mali ['mɑːlɪ] N 马(馬)里 Mǎlǐ

malicious [mə'lɪʃəs] ADJ [+ *person, gossip*] 恶(惡)意的 èyì de

malignant [mə'lɪgnənt] ADJ **1** (*Med*) [+ *tumour, growth*] 恶(惡)性的 èxìng de **2** (*harmful, cruel*) [+ *behaviour, intention*] 恶(惡)毒的 èdú de

mall [mɔːl] N [c] (*also*: **shopping mall**) 大型购(購)物中心 dàxíng gòuwù zhōngxīn [个 gè]

mallet ['mælɪt] N [c] 木槌 mùchuí [个 gè]

malnutrition [mælnjuː'trɪʃən] N [U] 营(營)养(養)不良 yíngyǎng bùliáng

malpractice [mæl'præktɪs] N [c/U] 渎(瀆)职(職) dúzhí

malt [mɔːlt] N **1** [U] (*grain*) 麦(麥)芽 màiyá **2** [c/U] (*also*: **malt whisky**) 麦(麥)芽威士忌酒 màiyá wēishìjìjiǔ [瓶 píng]

Malta ['mɔːltə] N 马(馬)耳他 Mǎ'ěrtā

Maltese [mɔːl'tiːz] (*pl* **Maltese**) I ADJ 马(馬)耳他的 Mǎ'ěrtā de **II** N **1** [c] (*person*) 马(馬)耳他人 Mǎ'ěrtārén [个 gè] **2** [U] (*language*) 马(馬)耳他语(語) Mǎ'ěrtāyǔ

mammal ['mæml] N [c] 哺乳动(動)物 bǔrǔ dòngwù [个 gè]

mammoth ['mæməθ] I ADJ (*enormous*) [+ *task*] 巨大的 jùdà de **II** N [c] (*Zool*) 猛犸 měngmǎ [头 tóu]

★**man** [mæn] (*pl* **men**) I N **1** [c] (*person*) 男人 nánrén [个 gè] ▹ *Larry was a handsome man in his early fifties.* 50刚出头的拉里是个帅气的男人。Wǔshí gāng chūtóu de Lālǐ shì gè shuàiqi de nánrén. **2** [U] (*mankind*) 人类(類) rénlèi ▹ *the most dangerous substance known to man* 人类所知的最危险的物质 rénlèi suǒzhī de zuì wēixiǎn de wùzhì **3** (*form of address*) 老兄 lǎoxiōng ▷ *Hey man, where d'you get those boots?* 嗨，老兄，你从哪儿搞来的这些靴子？ Hāi, lǎoxiōng, nǐ cóng nǎr gǎolái de zhèxiē xuēzi? **4** [c] (*in board game: piece*) 棋子 qízǐ [枚 méi] ▷ *Both players begin with the same number of men.* 双方选手以同样数目的棋子开始比赛。 Shuāngfāng xuǎnshǒu yǐ tóngyàng shǔmù de qízǐ kāishǐ bǐsài. **II** VT (*staff*) 在…值班 zài…zhíbān ▷ *The station is seldom manned in the evening.* 这个车站晚上很少有人值班。 Zhè ge chēzhàn wǎnshàng hěnshǎo yǒurén zhíbān. **III men** N PL (*troops, workers*) 雇(僱)员(員) gùyuán ▷ *The men voted to accept the pay offer.* 雇员们投票决定接受工资条件。 Gùyuánmen tóupiào juédìng jiēshòu gōngzī tiáojiàn. ▸ **a betting/outdoors man** 好赌(賭)博/户(戶)外活动(動)的人 hào dǔbó/hùwài huódòng de rén ▸ **man and wife** 夫妻 fūqī

manage ['mænɪdʒ] **I** VT (*run, control*) [+ *business, shop, time, money*] 管理 guǎnlǐ **II** VI (*cope*) 应(應)付 yìngfù ▸ **to manage to do sth** 设(設)法做到某事 shèfǎ zuòdào mǒushì ▸ **to manage without sb/sth** 在没(沒)有某人/某物的情况(況)下设(設)法对(對)付过(過)去 zài méiyǒu mǒurén/mǒuwù de qíngkuàng xià shèfǎ duìfù guòqù ▸ **he managed a smile** 他勉强(強)一笑 tā miǎnqiǎng yī xiào

manageable ['mænɪdʒəbl] ADJ [+ *task, number, problem*] 易处(處)理的 yì chǔlǐ de

management ['mænɪdʒmənt] N **1** [U] (*managing*) 管理 guǎnlǐ **2** [U/S] (*managers*) 管理人员(員) guǎnlǐ rényuán ▸ **under new management** 在新的领(領)导(導)下 zài xīnde lǐngdǎo xià

manager ['mænɪdʒə^r] N [c] **1** [*of business, department etc*] 经(經)理 jīnglǐ [位 wèi] **2** [*of entertainer*] 经(經)纪(紀)人 jīngjìrén **3** (*Sport*) 球队(隊)经(經)理 qiúduì jīnglǐ [位 wèi] ▸ **sales manager** 销(銷)售经(經)理 xiāoshòu jīnglǐ

manageress [mænɪdʒə'rɛs] N [c] 女经(經)理 nǚ jīnglǐ [位 wèi]

managerial [mænɪ'dʒɪərɪəl] ADJ [+ *position, role, skills*] 管理的 guǎnlǐ de ▸ **managerial staff** 管理人员(員) guǎnlǐ rényuán

managing director ['mænɪdʒɪŋ-] N [c] 总(總)裁 zǒngcái

mandarin ['mændərɪn] N **1** [U] ▸ **Mandarin (Chinese)** 普通话(話) Pǔtōnghuà **2** [c] (*Chinese official*) 官人 guānrén **3** [c] (*Brit*) (*civil servant*) 内(內)务(務)官员(員) nèiwù guānyuán [名 míng] **4** [c] (*also:* **mandarin orange**) 柑橘 gānjú [个 gè]

mandate ['mændeɪt] **I** N [c] **1** (*Pol*) 委任 wěirèn **2** (*authority*) 授权(權) shòuquán **II** VT ▸ **to be mandated to do sth** 被授权(權)做某事 bèi shòuquán zuò mǒushì

mandatory ['mændətərɪ] ADJ (*obligatory*) 强(強)制的 qiángzhì de

mane [meɪn] N [c] **1** [*of horse*] 马(馬)鬃(騣) mǎzōng **2** [*of lion*] 狮(獅)鬣 shīliè **3** [*of person*] 厚密的头(頭)发(髮) hòumì de tóufa

maneuver [mə'nuːvə^r] (*US*) VT, VI, N = **manoeuvre**

mangetout ['mɔnʒ'tuː] (*Brit*) N [c] 可连(連)荚(莢)吃的豆 kě liánjiáchī de dòu

mangle ['mæŋgl] VT (*twist, crush*) 压(壓)损(損) yāsǔn

mango ['mæŋgəu] (*pl* **mangoes**) **I** N [c] (*fruit*) 芒果 mángguǒ [个 gè] **II** CPD [+ *juice, yoghurt*] 芒果 mángguǒ

manhole ['mænhəul] N [c] 检(檢)修孔 jiǎnxiūkǒng [个 gè] ▸ **manhole cover** 窨井盖(蓋) jiàojǐng gài [个 gè]

manhood ['mænhud] N [U] **1** (*adulthood*) 成年 chéngnián **2** (*masculinity*) 男子气(氣)概 nánzǐ qìgài

mania ['meɪnɪə] N **1** [c] (*craze*) 狂热(熱) kuángrè **2** [U] (*illness*) 躁狂症 zàokuángzhèng

maniac ['meɪnɪæk] N [c] **1** (*lunatic*) 疯(瘋)子 fēngzi [个 gè] **2** (*idiot*) 傻子 shǎzi [个 gè] **3** (*freak*) ▸ **a baseball/religious maniac** 棒球迷/宗教狂 bàngqiú mí/zōngjiào kuáng

manic ['mænɪk] ADJ [+ *behaviour, activity*] 疯(瘋)狂的 fēngkuáng de

manicure ['mænɪkjuə^r] **I** N [c] 修指甲 xiū zhǐjia **II** VT 修 xiū ▸ **to have a manicure** 修指甲 xiū zhǐjia

manifest ['mænɪfɛst] (*frm*) **I** VT (*show, display*) 表明 biǎomíng **II** ADJ (*evident, obvious*) [+ *failure, injustice*] 明显(顯)的 míngxiǎn de **III** N [c] (*Aviat, Naut*) 舱(艙)单(單) cāngdān ▸ **it manifests itself** 显(顯)现(現)出来(來) xiǎnxiàn chūlái ▸ **to be/become** *or* **be made manifest** 明了/变(變)得明了 míngliǎo/biàn de míngliǎo

manifesto [mænɪ'fɛstəu] N [c] 宣言 xuānyán

manipulate [mə'nɪpjuleɪt] VT **1** (*influence*) [+ *person, situation, events*] 操纵(縱) cāozòng; [+ *nature*] 控制 kòngzhì **2** (*handle*) [+ *object, substance*] 熟练(練)使用 shúliàn shǐyòng **3** (*Med*) [+ *joint*] 推拿 tuīná **4** (*operate*) [+ *machine, controls*] 操作 cāozuò

manipulation [mənɪpju'leɪʃən] N [c/U] **1** (*influencing*) [*of person, situation, events*] 操纵(縱) cāozòng; [*of nature*] 调(調)控 tiáokòng **2** (*handling*) [*of object, substance*] 使用 shǐyòng **3** (*Med*) 推拿 tuīná **4** (*operation*) [*of machine, controls*] 操作 cāozuò

mankind [mæn'kaɪnd] N [U] (*human beings*) 人类(類) rénlèi

manly ['mænlɪ] ADJ [+ *quality, feeling*] 男子气(氣)的 nánzǐqì de; [+ *activity*] 适(適)合男子的 shìhé nánzǐ de; [+ *person, appearance*] 男子汉(漢)的 nánzǐhàn de

man-made ['mæn'meɪd] ADJ 人造的 rénzào de

manner ['mænə^r] **I** N [s] **1** (*way*) 方式 fāngshì

m

2 (*behaviour*) 举(舉)止 jǔzhǐ **II manners** N PL (*polite behaviour*) 礼(禮)貌 lǐmào ▸ **in a manner of speaking** 在某种(種)意义(義)上 zài mǒuzhǒng yìyì shàng ▸ **all manner of objects/things** 各种(種)各样(樣)的东(東)西 gè zhǒng gè yàng de dōngxi ▸ **to have good/bad manners** 有礼(禮)貌/无(無)礼(禮) yǒu lǐmào/wúlǐ ▸ **it's good/bad manners to arrive on time** 准(準)时(時)是有礼(禮)貌/无(無)礼(禮)的表现(現) zhǔnshí shì yǒu lǐmào/wúlǐ de biǎoxiàn

manoeuvre, (*US*) **maneuver** [mə'nuːvə^r] **I** VT **1** (*move*) [+ *vehicle, bulky object*] 设(設)法移动(動) shèfǎ yídòng **2** (*manipulate*) [+ *person, things*] 操纵(縱) cāozòng **II** VI (*move*) [*driver, vehicle* +] 驶(駛) shǐ **III** N [c] **1** (*movement*) 动(動)作 dòngzuò [个 gè] **2** (*move*) 策略 cèlüè [种 zhǒng] **IV manoeuvres** N PL (*Mil*) 演习(習) yǎnxí ▸ **room for manoeuvre** 回(迴)旋的余(餘)地 huíxuán de yúdì

manpower ['mænpauə^r] N [U] 人力 rénlì

mansion ['mænʃən] N [c] 宅第 zháidì [座 zuò]

manslaughter ['mænslɔːtə^r] N [U] 过(過)失杀(殺)人 guòshī shārén

mantelpiece ['mæntlpiːs] N [c] 壁炉(爐)台(臺) bìlú tái [个 gè]

manual ['mænjuəl] **I** ADJ **1** [+ *work, worker*] 手工的 shǒugōng de **2** (*hand-operated*) [+ *controls, car, gearbox*] 手动(動)的 shǒudòng de **3** (*relating to hands*) [+ *dexterity*] 手的 shǒu de **II** N [c] (*handbook*) 手册(冊) shǒucè [本 běn]

manually ['mænjuəlɪ] ADV [*operate* +] 人工地 réngōng de

manufacture [mænju'fæktʃə^r] **I** VT **1** (*make, produce*) [+ *goods*] 生产(產) shēngchǎn **2** (*fabricate*) [+ *information*] 捏造 niēzào **II** N [U] (*making*) 生产(產) shēngchǎn

manufacturer [mænju'fæktʃərə^r] N [c] 制(製)造商 zhìzàoshāng [个 gè]

manure [mə'njuə^r] N [U] 粪(糞)肥 fèn féi

manuscript ['mænjuskrɪpt] N [c] **1** [*of book, report*] 底稿 dǐgǎo [本 běn] **2** (*old document*) 手稿 shǒugǎo [本 běn]

★ **many** ['mɛnɪ] **I** ADJ (*a lot of*) [+ *people, things, ideas*] 许(許)多的 xǔduō de ▷ *Many people have been killed.* 许多人被杀害。Xǔduō rén bèi shāhài. ▷ *Not many films are made in Finland.* 芬兰出品的电影不是很多。Fēnlán chūpǐn de diànyǐng bù shì hěn duō. **II** PRON 许(許)多的 xǔduō de ▷ *Some find jobs, but many are forced to beg.* 一些人找到了工作，但许多人被迫去乞讨。Yīxiē rén zhǎodào le gōngzuò, dàn xǔduōrén bèipò qù qǐtǎo. ▸ **how many** (*direct question*) 多少 duōshǎo ▷ *How many cigarettes do you smoke a day?* 你一天抽多少支香烟？ Nǐ yī tiān chōu duōshǎo zhī xiāngyān?; (*indirect question*) 多少 duōshǎo ▷ *No-one knows how many people were killed.* 没有人知道有多少人被杀害。Méiyǒurén zhīdào yǒu duōshao rén bèi shāhài. ▸ **as many as you can** (*maximum amount*) 尽(盡)可能多 jìn kěnéng duō ▸ **twice as many (as)** (*comparison*) (是…的)两(兩)倍 (shì…de) liǎngbèi ▷ *We produce ten times as many tractors as the United States.* 我们生产的拖拉机是美国的10倍。Wǒmen shēngchǎn de tuōlājī shì Měiguó de shí bèi. ▸ **as many as ten thousand people** (*emphatic*) 一万(萬)人之多 yīwàn rén zhīduō ▸ **a good** *or* **great many** 相当(當)多 xiāngdāng duō ▸ **many a time** 许(許)多次 xǔduō cì

map [mæp] **I** N [c] 地图(圖) dìtú [张 zhāng] **II** VT (*make a map of*) 绘(繪)制(製)…的地图(圖) huìzhì…de dìtú

▸**map out** VT **1** [+ *plan, task*] 筹(籌)划(劃) chóuhuà **2** [+ *career*] 安排 ānpái

maple ['meɪpl] **I** N **1** [c/U] (*tree*) 枫(楓)树(樹) fēngshù [棵 kē] **2** [U] (*wood*) 枫(楓)木 fēngmù **II** CPD [+ *wood, tree, leaf*] 枫(楓) fēng

Mar. ABBR (= March) 三月 sānyuè

mar [mɑː^r] VT (*spoil*) 毁(毀)坏(壞) huǐhuài

marathon ['mærəθən] **I** N [c] (*race*) 马(馬)拉松长(長)跑 mǎlāsōng chángpǎo [次 cì] **II** ADJ 马(馬)拉松式的 mǎlāsōngshì de

marble ['mɑːbl] **I** N **1** [U] (*stone*) 大理石 dàlǐshí **2** [c] (*glass ball*) 弹(彈)子 dànzǐ [颗 kē] **II** CPD [+ *tiles, statue, fireplace*] 大理石 dàlǐshí **III marbles** N PL (*game*) 弹(彈)子游(遊)戏(戲) dànzǐ yóuxì ▸ **to lose one's marbles** (*inf*) 丧(喪)失理智 sàngshī lǐzhì

★ **March** [mɑːtʃ] N [c/U] 三月 sānyuè; *see also* July

march [mɑːtʃ] **I** VI **1** (*Mil*) [*soldiers* +] 行军(軍) xíngjūn **2** [*protesters* +] 行进(進) xíngjìn **3** (*walk briskly*) 快步走 kuàibù zǒu **II** VT **1** 使行军(軍) shǐ xíngjūn **2** 迫使前进(進) pòshǐ qiánjìn **III** N [c] **1** (*Mil*) 行军(軍) xíngjūn [次 cì] **2** (*demonstration*) 游(遊)行示威 yóuxíng shìwēi [次 cì] **3** ▸ **the march of progress** 事情的进(進)展 shìqing de jìnzhǎn

Mardi Gras [mɑːdɪ'grɑː] 参见下文

MARDI GRAS

Mardi Gras 是在基督教的 **Shrove Tuesday**（忏悔星期二）举行的狂欢节，即在 **Lent**（大斋节）开始的前一天。复活节之前的40天为 **Lent**，基督徒有在这个期间斋戒的传统。**Mardi Gras** 的名称来自法语，原意为 **fat Tuesday**，因为在这一天，人们在斋戒前要吃掉所有油腻的食物。在某些地方，比如，美国新奥尔良的南部城市，这天是人们纵情狂欢的时刻，人们穿上五颜六色的盛装，在街头载歌载舞。

mare [mɛə^r] N [c] 母马(馬) mǔmǎ [匹 pǐ]

margarine [mɑːdʒə'riːn] N [U] 人造黄(黃)油 rénzào huángyóu

margin ['mɑːdʒɪn] N [c] **1** *(difference) (of votes, points)* 差数(數) chāshù **2** *(extra amount) (for safety, error etc)* 余(餘)地 yúdì **3** *(space) [of page]* 页(頁)边(邊)空白 yèbiān kòngbái [个 gè] **4** *(edge)* 边(邊)缘(緣) biānyuán ▸ **(on) the margins (of sth)** (在) (某事物的)边(邊)缘(緣) (zài)(mǒu shìwù de)biānyuán

marginal ['mɑːdʒɪnl] **I** ADJ **1** *(minor) [+ increase, improvement]* 微小的 wēixiǎo de **2** *[+ person, group] (socially excluded)* 边(邊)缘(緣)的 biānyuán de **II** *(Brit)* N [c] *(also:* **marginal seat***)* 边(邊)座 biānzuò

marginally ['mɑːdʒɪnəlɪ] ADV *[+ different, better etc]* 稍许(許) shāoxǔ; *[improve, increase, etc +]* 稍微 shāowēi

marigold ['mærɪgəuld] N [c] 金盏(盞)花 jīnzhǎnhuā [株 zhū]

marijuana [mærɪ'wɑːnə] N [U] 大麻 dàmá

marina [mə'riːnə] N [c] 小艇船坞(塢) xiǎotǐng chuánwù [个 gè]

marinade ['mærɪneɪd] **I** N [c] 腌(醃)泡汁 yānpàozhī **II** VT, VI = **marinate**

marinate ['mærɪneɪt] **I** VT 使浸泡 shǐ jìnpào **II** VI 腌(醃)泡 yānpào

marine [mə'riːn] **I** ADJ **1** *[+ life, plant, biology]* 海洋的 hǎiyáng de **2** *(maritime) [+ engineering, law, insurance]* 海事的 hǎishì de **II** N [c] *(soldier)* 海军(軍)陆(陸)战(戰)队(隊)士兵 hǎijūn lùzhànduì shìbīng

marital ['mærɪtl] ADJ 婚姻的 hūnyīn de

marital status N [U] 婚姻状(狀)况(況) hūnyīn zhuàngkuàng

maritime ['mærɪtaɪm] ADJ *[+ nation, museum]* 海洋的 hǎiyáng de ▸ **maritime law** 海事法 hǎishì fǎ

marjoram ['mɑːdʒərəm] N [U] 墨角兰(蘭) mòjiǎolán

mark [mɑːk] **I** N **1** [c] *(cross, tick)* 记(記)号(號) jìhao [个 gè] **2** [c] *(stain)* 污点(點) wūdiǎn [个 gè] **3** [c] *(trace) [of shoes, fingers, tyres]* 印迹(跡) yìnjì **4** [s] *(token)* 特征(徵) tèzhēng **5** [c] *(Brit) (grade, score)* 分数(數) fēnshù [个 gè] **6** *(level, stage)* ▸ **the halfway mark** 中点(點)标(標)志(誌) zhōngdiǎn biāozhì **7** *(version, model)* ▸ **Mark 3 Ford Escort** 福特护(護)卫(衛)者3型 Fútè Hùwèizhě Sānxíng **II** VT **1** *(with word, symbol)* 标(標)明 biāomíng **2** *(stain, damage) [+ clothes, furniture]* 留痕迹(跡)于(於) liú hénjì yú **3** *(indicate) [+ place]* 标(標)示 biāoshì **4** *(signal) [+ event]* 标(標)志(誌) biāozhì **5** *(characterize)* 以…为(為)特征(徵) yǐ…wéi tèzhēng **6** *(Brit: Scol)* 评(評)分 píngfēn **7** *(esp Brit: Sport) [+ player]* 盯住 dīngzhù **III** VI *(stain)* 留下痕迹(跡) liúxià hénjì ▸ **to leave your** *or* **a mark** 留下你的/一个(個)深远(遠)影响(響) liúxià nǐ de/yī ge shēnyuǎn yǐngxiǎng ▸ **to make one's mark** 成名 chéngmíng ▸ **"on your marks** *or (US)* **mark"** *(Sport)* "各就各位" "gè jiù gè wèi" ▷ *On your marks, get set, go!* 各就各位，预备，跑！Gè jiù gè wèi, yùbèi, pǎo! ▸ **to be up to the mark** 达(達)到要求的标(標)准(準) dádào yāoqiú de biāozhǔn ▸ **to be quick/slow off the mark (in doing sth)** 不失时(時)机(機)地/慢吞吞地开(開)始(做某事) bù shī shí jī de/màn tūntūn de kāishǐ(zuò mǒushì) ▸ **to be wide of the mark** *[claim, estimate +]* 毫不相干 háo bù xiāng gān ▸ **to mark time** 原地踏步 yuán dì tà bù

▸**mark down** VT **1** *(reduce) [+ prices, goods]* 削价(價) xuējià **2** *(write down)* 记(記)下 jìxià

▸**mark off** VT *(tick off)* 标(標)记(記)出 biāojì chū

▸**mark out** VT **1** *[+ area, road]* 划(劃)出 huàchū **2** *[+ person, place]* 区(區)别(別) qūbié

▸**mark up** VT *(increase) [+ price, goods]* 标(標)高 biāogāo

marked [mɑːkt] ADJ *(obvious)* 显(顯)著的 xiǎnzhù de ▸ **in marked contrast to...** 与(與)…形成鲜(鮮)明对(對)照 yǔ…xíngchéng xiānmíng duìzhào ▸ **he is a marked man** 他被盯上了 tā bèi dīng shàng le

marker ['mɑːkəʳ] N [c] **1** *(sign)* 标(標)识(識) biāoshí [个 gè] **2** *(also:* **marker pen***)* 记(記)号(號)笔(筆) jìhàobǐ [支 zhī]

★ **market** ['mɑːkɪt] **I** N [c] **1** *(in town, village etc: place)* 市场(場) shìchǎng [个 gè]; *(event)* 集市 jíshì [个 gè] **2** *(demand)* 市场(場) shìchǎng ▷ *The foreign market was increasingly important.* 国外市场日益重要起来。Guówài shìchǎng rìyì zhòngyào qǐlái. **II** VT 销(銷)售 xiāoshòu ▸ **to be on/come onto the market** 在市场(場)上出售 zài shìchǎng shàng chūshòu ▸ **on the open market** 在开(開)放的市场(場)上 zài kāifàng de shìchǎng shàng ▸ **to play the market** *(Econ)* 投机(機)倒把 tóu jī dǎo bǎ

marketing ['mɑːkɪtɪŋ] **I** N [U] 市场(場)营(營)销(銷) shìchǎng yíngxiāo **II** CPD *[+ campaign, director]* 销(銷)售 xiāoshòu

marketplace ['mɑːkɪtpleɪs] N [c] **1** *(Comm)* ▸ **the marketplace** 市场(場) shìchǎng [个 gè] **2** *(area, site)* 集市场(場) jíshìchǎng [个 gè]

market research N [U] 市场(場)调(調)查 shìchǎng diàochá

marmalade ['mɑːməleɪd] N [c/U] 橘子酱(醬) júzi jiàng [瓶 píng]

maroon [mə'ruːn] **I** ADJ *(colour)* 褐红(紅)色的 hèhóngsè de **II** VT ▸ **to be marooned** *(stranded)* 被困 bèi kùn

marquee [mɑː'kiː] N [c] 大帐(帳)篷 dà zhàngpeng [顶 dǐng]

marriage ['mærɪdʒ] N **1** [c/U] *(relationship, institution)* 婚姻 hūnyīn [个 gè] **2** [c] *(wedding)* 婚礼(禮) hūnlǐ [场 chǎng] ▸ **marriage of convenience** 权(權)宜婚姻 quányí hūnyīn

marriage certificate N [c] 结(結)婚证(證)书(書) jiéhūn zhèngshū [本 běn]

married ['mærɪd] ADJ **1** *[+ man, woman]* 已婚的

m

yǐhūn de **2** [+ *life*] 婚姻的 hūnyīn de ▶ **a married man/woman** 有妇(婦)之夫/有夫之妇(婦) yǒufù zhīfū/yǒufū zhīfù ▶ **to be married to sb** 和某人结(結)婚 hé mǒurén jiéhūn ▶ **to get married** 结(結)婚 jiéhūn

marrow ['mærəu] N **1** [c/u] (*vegetable*) 西葫芦(蘆) xīhúlu [个 gè] **2** [u] (*bone marrow*) 骨髓 gǔsuǐ

marry ['mærɪ] **I** VT **1** [*man, woman* +] 和…结(結)婚 hé...jiéhūn **2** [*priest, registrar* +] 为(為)…主持婚礼(禮) wèi...zhǔchí hūnlǐ **II** VI 结(結)婚 jiéhūn

Mars [mɑ:z] N (*planet*) 火星 Huǒxīng

marsh [mɑ:ʃ] N [c/u] (*bog*) 沼泽(澤) zhǎozé [片 piàn]

marshal ['mɑ:ʃl] **I** N [c] **1** (*official*) (*at sports meeting etc*) 典礼(禮)官 diǎnlǐguān [名 míng] **2** (*US: Police*) 执(執)法官 zhífǎguān [名 míng] **3** (*Mil*) (*also*: **field marshal, air marshal**) 元帅(帥) yuánshuài [位 wèi] **II** VT **1** (*organize*) [+ *resources, support*] 聚集 jùjí **2** [+ *soldiers*] 集结(結) jíjié

martial art ['mɑ:ʃl-] N [c] 武术(術) wǔshù ▶ **the martial arts** 武术(術) wǔshù

martyr ['mɑ:təʳ] **I** N [c] 殉道者 xùndàozhě [名 míng] **II** VT (*kill*) 使成为(為)殉道者 shǐ chéngwéi xùndàozhě

marvel ['mɑ:vl] **I** N [c] (*wonder*) 奇迹(蹟) qíjì [个 gè] **II** VI ▶ **to marvel at sth** 对(對)某事感到大为(為)惊(驚)讶(訝) duì mǒushì gǎndào dàwéi jīngyà

marvellous, (*US*) **marvelous** ['mɑ:vləs] ADJ 极好的 jíhǎo de

Marxism ['mɑ:ksɪzəm] N [u] 马(馬)克思主义(義) Mǎkèsīzhǔyì

Marxist ['mɑ:ksɪst] **I** ADJ 马(馬)克思主义(義)的 Mǎkèsīzhǔyì de **II** N [c] 马(馬)克思主义(義)者 Mǎkèsīzhǔyìzhě [名 míng]

marzipan ['mɑ:zɪpæn] N [u] 杏仁蛋白糊 xìngrén dànbái hú

mascara [mæs'kɑ:rə] N [u] 睫毛膏 jiémáogāo

mascot ['mæskət] N [c] 吉祥物 jíxiángwù [个 gè]

masculine ['mæskjulɪn] ADJ **1** (*of men*) [+ *characteristic, value*] 男性的 nánxìng de **2** (*manly*) [+ *man, woman, image*] 男子气(氣)的 nánzǐqì de; [+ *room, clothes*] 男性化的 nánxìnghuà de **3** (*Ling*) [+ *pronoun*] 阳(陽)性的 yángxìng de

mash [mæʃ] (*Culin*) **I** VT (*also*: **mash up**) 把…捣(搗)成糊状(狀) bǎ...dǎochéng húzhuàng **II** N [u] (*Brit; inf*) (*mashed potato*) 土豆泥 tǔdòuní

mashed potato [mæʃt-] N [c/u] 土豆泥 tǔdòuní [份 fèn]

mask [mɑ:sk] **I** N [c] **1** (*disguise*) 面罩 miànzhào [个 gè] **2** (*protection*) 口罩 kǒuzhào [个 gè] **3** (*concealing emotions*) 伪(偽)装(裝) wěizhuāng **II** VT (*hide*) [+ *feelings*] 掩饰(飾) yǎnshì; [+ *object*] 遮住 zhēzhù ▶ **a masked man** (*robber etc*) 戴面具的人 dài miànjù de rén

mason ['meɪsn] N [c] **1** (*also*: **stone mason**) 石匠 shíjiàng [名 míng] **2** (*also*: **freemason**) 共济(濟)会(會)会(會)员(員) gòngjìhuì huìyuán [名 míng]

masonry ['meɪsnrɪ] N [u] (*stonework*) 砖(磚)石结(結)构(構) zhuānshí jiégòu

mass [mæs] **I** N **1** [c] (*large amount, number*) [*of objects, people, substance*] 大量 dàliàng **2** [c] (*area, volume*) [*of air, water, land*] 团(團) tuán **3** [c/u] (*Phys*) [*of object*] 体(體)积(積) tǐjī **4** [c/u] (*Rel*) ▶ **Mass** 弥(彌)撒 mísa **II** CPD [+ *communication, unemployment etc*] 大规(規)模 dà guīmó **III** VI [*troops, protesters* +] 聚集 jùjí **IV** VT [+ *troops*] 集结(結) jíjié **V** **the masses** N PL 群众(眾) qúnzhòng ▶ **masses of** (*inf*) 大量 dàliàng ▶ **to go to Mass** 去做弥(彌)撒 qù zuò mísa

massacre ['mæsəkəʳ] **I** N [c/u] 大屠杀(殺) dàtúshā [次 cì] **II** VT 大规(規)模屠杀(殺) dà guīmó túshā

用法参见 **kill**

massage ['mæsɑ:ʒ] **I** N [c/u] 按摩 ànmó [次 cì] **II** VT **1** 按摩 ànmó **2** (*manipulate*) [+ *statistics*] 篡改 cuàngǎi ▶ **to give sb a massage** 为(為)某人按摩 wèi mǒuré nànmó

massive ['mæsɪv] ADJ **1** (*huge*) [+ *amount, increase*] 巨大的 jùdà de; [+ *explosion*] 大规(規)模的 dà guīmó de **2** [+ *heart attack, haemorrhage*] 严(嚴)重的 yánzhòng de **3** (*inf: emphatic*) 极(極)大的 jídà de

mass media N ▶ **the mass media** 大众(眾)传(傳)媒 dàzhòng chuánméi

mass-produce ['mæsprə'dju:s] VT [+ *goods, cars etc*] 批量生产(產) pīliàng shēngchǎn

mass-produced ['mæsprə'dju:st] ADJ 批量生产(產)的 pīliàng shēngchǎn de

mast [mɑ:st] N [c] **1** (*Naut*) 船桅 chuánwéi [根 gēn] **2** [*for radio, television etc*] 天线(線)杆(桿) tiānxiàn gān [根 gēn]

master ['mɑ:stəʳ] **I** N [c] **1** [*of servant, dog*] 主人 zhǔrén **2** [*of situation*] 主宰者 zhǔzǎizhě [名 míng] **3** (*o.f.: teacher*) (*in secondary school*) 男教师(師) nán jiàoshī [位 wèi] **4** (*o.f.*) ▶ **Master Simon** 西蒙少爷(爺) Xīméng shàoye **5** (*o.f.: on envelope*) ▶ **Master Simon Fisher** 西蒙・费(費)舍(捨)先生 Xīméng Fèishě xiānsheng **6** (*Art*) 大师(師) dàshī **7** (*also*: **master copy**) 母版 mǔbǎn **8** ▶ **master's (degree)** 硕(碩)士(学(學)位) shuòshì (xuéwèi) **II** CPD [+ *baker, craftsman, builder etc*] 师(師)傅 shīfu **III** VT **1** (*overcome*) [+ *situation, difficulty, feeling*] 控制 kòngzhì **2** (*learn*) [+ *skill, language*] 掌握 zhǎngwò

mastermind ['mɑ:stəmaɪnd] **I** VT 策划(劃) cèhuà **II** N [c] 策划(劃)者 cèhuàzhě

Master of Arts N [s] **1** (*degree*) 文学(學)硕(碩)士学(學)位 wénxué shuòshì xuéwèi **2** (*person*) 文学(學)硕(碩)士 wénxué shuòshì

Master of Science N [s] **1** (*degree*) 理学(學)硕(碩)士学(學)位 lǐxué shuòshì xuéwèi **2** (*person*) 理学(學)硕(碩)士 lǐxué shuòshì

masterpiece ['mɑːstəpiːs] N [c] **1** (*great work*) 杰(傑)作 jiézuò [部 bù] **2** (*greatest work*) ▶ **sb's masterpiece** 某人最杰(傑)出的作品 mǒurén zuì jiéchū de zuòpǐn **3** (*superb example*) ▶ **a masterpiece of sth** 某事的典范(範) mǒushì de diǎnfàn

mat [mæt] **I** N [c] **1** (*on floor*) 席(蓆) xí [张 zhāng] **2** (*also*: **doormat**) 门(門)口地垫(墊) ménkǒu dìdiàn [个 gè] **3** (*also*: **table mat**) 桌垫(墊) zhuōdiàn [个 gè] **II** ADJ = **matt**

★ **match** [mætʃ] **I** N **1** [c] (*game*) [*of football, tennis etc*] 比赛(賽) bǐsài [场 chǎng] **2** [c] (*for lighting fire*) 火柴 huǒchái [根 gēn] **3** (*combination*) ▶ **to be a good/perfect match** [*colours, clothes* +] 很/非常相称(稱) hěn/fēicháng xiāngchèn ▷ *Helen's choice of lipstick was a good match for her skin-tone.* 海伦选的唇膏和她的肤色非常相称。Hǎilún xuǎn de chúngāo hé tā de fūsè fēicháng xiāngchèn. **II** VT **1** (*go well with*) [*colours, clothes* +] 和…相配 hé...xiāngpèi ▷ *The lampshades matched the curtains.* 灯罩和窗帘很相配。Dēngzhào hé chuānglián hěn xiāngpèi. **2** ▶ **to match sth to** *or* **with sth** (*coordinate*) 使某物和某物相配 shǐ mǒuwù hé mǒuwù xiāngpèi ▷ *She likes to match her lipstick with her outfit.* 她喜欢用和她的服饰相配的口红。Tā xǐhuan yòng hé tā de fúshì xiāngpèi de kǒuhóng.; (*put together*) 使某物和某物相匹配 shǐ mǒuwù hé mǒuwù xiāng pǐpèi ▷ *an organization which matches job seekers with vacancies* 把求职者安排在相应空缺岗位上的机构 bǎ qiúzhízhě ānpái zài xiāngyìng kòngquē gǎngwèi shàng de jīgòu **3** (*also*: **match up**) [+ *socks, gloves etc*] 配成对(對) pèichéngduì ▷ *She was trying to match all the odd socks that were lying about.* 她正试着把散落四处的单只袜子配成对。Tā zhèng shìzhe bǎ sǎnluò sìchù de dānzhī wàzi pèichéng duì. **4** (*equal*) 比得上 bǐdeshàng ▷ *efforts to match ever-increasing demand by building new schools* 建立新学校以努力满足不断增长的需求 jiànlì xīn xuéxiào yǐ mǎnzú bùduàn zēngzhǎng de xūqiú **5** (*correspond to*) 和…一致 hé...yīzhì ▷ *check that the buyer's name matches the name on the credit card* 检查一下买主姓名是否和信用卡上的姓名一致 jiǎnchá yīxià mǎizhǔ xìngmíng shìfǒu hé xìnyòngkǎ shàng de xìngmíng yīzhì **III** VI **1** (*go together*) [*colours, materials* +] 相配 xiāngpèi ▷ *All the chairs matched.* 所有的椅子都很搭配。Suǒyǒu de yǐzi dōu hěn dāpèi. **2** (*correspond*) 相符合 xiāngfúhé ▷ *The sale will only go ahead if the serial numbers match.* 只有当序号都相符合时，销售才能继续进行。Zhǐyǒu dāng xùhào dōu xiāng fúhé shí, xiāoshòu cái néng jìxù jìnxíng. ▶ **to be no match for sb/sth** 同某人/某物没(沒)法相比 tóng mǒurén/mǒuwù méifǎ xiāngbǐ ▶ **to be** *or* **make a good match** [*couple* +] 很般配的一对(對) hěn bānpèi de yīduì ▷ *Don't they make a good match!* 他们真是很般配的一对！Tāmen zhēnshì hěn bānpèi de yīduì! ▶ **to meet one's match** 遇到对(對)手 yùdào duìshǒu ▶ **with shoes to match** 配以合适(適)的鞋子 pèiyǐ héshì de xiézi
▶ **match up to** VT FUS 配得上 pèideshàng

matchbox ['mætʃbɔks] N [c] 火柴盒 huǒcháihé [个 gè]

matching ['mætʃɪŋ] ADJ [+ *clothes, curtains etc*] 相称(稱)的 xiāngchèn de

mate [meɪt] **I** N [c] **1** (*Brit*; *inf*) (*friend*) 伙(夥)伴 huǒbàn [个 gè] **2** (*animal*) 配偶 pèi'ǒu [个 gè] **3** (*Naut*) (*also*: **first mate**) 大副 dàfù; (*Mil*) (*junior officer*) 军(軍)士 jūnshì **4** (*assistant*) 助手 zhùshǒu **II** VI [*animals* +] 交配 jiāopèi

material [mə'tɪərɪəl] **I** N **1** [c/ʊ] (*substance*) 材料 cáiliào **2** [c/ʊ] (*cloth*) 衣料 yīliào [块 kuài] **3** [ʊ] (*information, data*) 资(資)料 zīliào **II** ADJ **1** (*physical*) 物质(質)的 wùzhì de **2** (*frm*: *relevant*) [+ *evidence*] 决(決)定性的 juédìngxìng de **III materials** N PL (*equipment*) 用具 yòngjù

materialize [mə'tɪərɪəlaɪz] VI **1** (*happen*) [*problem, event* +] 出现(現) chūxiàn **2** (*suddenly appear*) 突然出现(現) tūrán chūxiàn

maternal [mə'təːnl] ADJ **1** [+ *feelings, role*] 母亲(親)的 mǔqīn de **2** [+ *grandfather, aunt etc*] 母系的 mǔxì de

maternity [mə'təːnɪtɪ] **I** N [ʊ] (*motherhood*) 母亲(親)身份 mǔqin shēnfèn **II** CPD [+ *clothes, ward, care*] 孕产(產)妇(婦) yùnchǎnfù

maternity hospital N [c] 产(產)科医(醫)院 chǎnkē yīyuàn [家 jiā]

maternity leave N [ʊ] 产(產)假 chǎnjià ▶ **to be on maternity leave** 休产(產)假 xiū chǎnjià

math [mæθ] (*US*) N = **maths**

mathematical [mæθə'mætɪkl] ADJ **1** [+ *formula, calculation*] 数(數)学(學)的 shùxué de **2** [+ *mind, abilities*] 数(數)学(學)方面的 shùxué fāngmiàn de

mathematician [mæθəmə'tɪʃən] N [c] **1** (*by career*) 数(數)学(學)家 shùxuéjiā [名 míng] **2** (*mathematically gifted person*) 数(數)学(學)好的人 shùxué hǎo de rén

mathematics [mæθə'mætɪks] (*frm*) N [ʊ] 数(數)学(學) shùxué

maths [mæθs] (*Brit*) N [ʊ] 数(數)学(學) shùxué [美 = **math**]

matinée ['mætɪneɪ] **I** N [c] 午后(後)的演出 wǔhòu de yǎnchū [场 chǎng] **II** CPD [+ *performance*] 下午场(場) xiàwǔchǎng

matron ['meɪtrən] (*Brit*) N [c] **1** (*in nursing home, hospital*) 护(護)士长(長) hùshizhǎng [名 míng] **2** (*in school*) 女舍(捨)监(監) nǚ shèjiān [名 míng]

matt, matte, mat [mæt] ADJ [+ *colour, finish,*

m

paint] 无(無)光泽(澤)的 wú guāngzé de

matted ['mætɪd] ADJ [+ *hair*] 缠(纏)结(結)的 chánjié de

★ **matter** ['mætəʳ] **I** N **1** [c] (*affair, situation, problem*) 事件 shìjiàn [个 gè] ▷ *Will you report the matter to the authorities?* 你会将该事件报告给当局吗？ Nǐ huì jiāng gāi shìjiàn bàogào gěi dāngjú ma? **2** [ʊ] (*Phys*) 物质(質) wùzhì ▷ *An atom is the smallest indivisible particle of matter.* 原子是最小的不可分的物质微粒。Yuánzǐ shì zuìxiǎo de bù kěfēn de wùzhì wēilì. **3** [ʊ] ▶ **waste/vegetable matter** 废(廢)物/植物 fèiwù/zhíwù **II** VI (*be important*) 要紧(緊) yàojǐn ▷ *Your happiness is the only thing that matters.* 你的幸福是惟一要紧的事。Nǐ de xìngfú shì wéiyī yàojǐn de shì. **III matters** N PL 事态(態) shìtài ▷ *It is hard to see how this would improve matters.* 很难看出这会对事态有怎样的改善。Hěn nán kànchū zhè huì duì shìtài yǒu zěnyàng de gǎishàn. ▶ **what's the matter (with...)?** (…)怎么(麼)了？ (...) zěnme le? ▶ **in a matter of days/weeks** 仅(僅)几(幾)天/几(幾)周(週) jǐn jǐtiān/jǐzhōu ▶ **as a matter of urgency** *or* **priority** 作为(為)紧(緊)急 {或} 优(優)先考虑(慮)的事情 zuòwéi jǐnjí *huò* yōuxiān kǎolǜ de shìqing ▶ **no matter what** (*whatever happens*) 不管发(發)生什么(麼) bùguǎn fāshēng shénme ▶ **another** *or* **a different matter** 另一回事 lìng yīhuíshì ▶ **it is only a matter of time** 这(這)仅(僅)仅(僅)是时(時)间(間)问(問)题(題) zhè jǐnjǐn shì shíjiān wèntí ▶ **as a matter of course** 理所当(當)然的事 lǐ suǒ dāng rán de shì ▶ **as a matter of fact** 事实(實)上 shìshí shàng ▶ **for that matter** (*used for emphasis*) 而且 érqiě ▶ **no matter how/what/who** 不管怎样(樣)/无(無)论(論)什么(麼)/无(無)论(論)谁(誰) bùguǎn zěnyàng/wúlùn shénme/wúlùn shéi ▶ **it doesn't matter** 没(沒)关(關)系(係) méi guānxi

matter-of-fact ['mætərəv'fækt] ADJ [+ *person, voice, attitude etc*] 不带(帶)感情的 bù dài gǎnqíng de

mattress ['mætrɪs] N [c] 床(牀)垫(墊) chuángdiàn [个 gè]

mature [mə'tjuəʳ] **I** ADJ **1** (*not childlike*) 成熟的 chéngshú de **2** (*fully grown*) 成年的 chéngnián de **3** (*ripe*) [+ *cheese, wine*] 酿(釀)熟的 niàngshú de **II** VI **1** (*grow up*) [*person* +] 长(長)成 zhǎngchéng **2** (*develop*) [*artist, style* +] 成熟 chéngshú **3** (*ripen, age*) [*cheese, wine etc* +] 酿(釀)熟 niàngshú **4** (*Fin*) 到期 dàoqī **III** VT [+ *wine, cheese*] 使酿(釀)熟 shǐ niàngshú ▶ **mature cheddar (cheese)** 浓(濃)味切达(達)干(乾)酪 nóngwèi qièdá gānlào

mature student (*Brit*) N [c] 成年学(學)生 chéngnián xuéshēng [名 míng]

maturity [mə'tjuərɪtɪ] N [ʊ] (*adulthood, wisdom*) 成熟 chéngshú

maul [mɔːl] VT **1** [*lion, bear, dog etc* +] 伤(傷)害 shānghài **2** (*criticize*) 抨击(擊) pēngjī

Mauritania [mɔːrɪ'teɪnɪə] N 毛里塔尼亚(亞) Máolǐtǎníyà

Mauritius [mə'rɪʃəs] N 毛里求斯 Máolǐqiúsī

mauve [məuv] ADJ 淡紫色的 dàn zǐsè de

maverick ['mævrɪk] **I** N [c] 自行其是的人 zìxíng qíshì de rén **II** ADJ 自行其是的 zìxíng qíshì de

max. ABBR = **maximum**

maximize ['mæksɪmaɪz] VT **1** [+ *profit, output, efficiency etc*] 使增至最大限度 shǐ zēngzhì zuìdà xiàndù **2** (*Comput*) 使…最大化 shǐ...zuìdàhuà ▷ *Click on the square icon to maximize the window.* 点击方形图标使窗口最大化。Diǎnjī fāngxíng túbiāo shǐ chuāngkǒu zuìdàhuà.

maximum ['mæksɪməm] **I** ADJ **1** (*highest, greatest*) [+ *speed, height*] 最高的 zuìgāo de; [+ *weight*] 最重的 zuìzhòng de; [+ *sentence*] 最严(嚴)厉(厲)的 zuìyánlì de **2** (*great*) 最大的 zuìdà de **II** N [c] 最大量 zuìdàliàng ▶ **a maximum of two years** 至多两(兩)年 zhìduō liǎngnián ▶ **six weeks maximum** 6星期的最高极(極)限 liù xīngqī de zuìgāo jíxiàn

★ **May** [meɪ] N [c/ʊ] 五月 wǔyuè; *see also* **July**

 KEYWORD

★ **may** [meɪ] AUX VB **1** (*possibility*) ▶ **it may rain later** 等会(會)儿(兒)可能要下雨 děnghuìr kěnéng yào xiàyǔ ▶ **we may not be able to come** 我们(們)可能来(來)不了 wǒmen kěnéng lái bùliǎo ▶ **he may be out** 他可能出去了 tā kěnéng chūqù le ▶ **he may have hurt himself** 他可能伤(傷)了自己 tā kěnéng shāngle zìjǐ ▶ **the coat may be worn with or without the hood** 外套可以连(連)帽穿也可以不连(連)帽穿 wàitào kěyǐ liánmào chuān yě kěyǐ bù liánmào chuān

2 (*permission*) ▶ **may I come in?** 我可以进(進)来(來)吗(嗎)？ wǒ kěyǐ jìnlái ma? ▶ **may I offer you a glass of wine?** 给(給)你来(來)一杯酒好吗(嗎)？ Gěi nǐ lái yī bēi jiǔ hǎo ma? ▶ **you may go now** 你现(現)在可以走了 nǐ xiànzài kěyǐ zǒu le

3 (*conceding*) ▶ **I may be old, but I'm not stupid** 我也许(許)是老了，但绝(絕)不愚蠢 wǒ yěxǔ shì lǎole, dàn juébù yúchǔn; (*expressing wishes*) 祝愿(願) zhùyuàn ▶ **may you be very happy together!** 祝愿(願)你们(們)百年好合！ zhùyuàn nǐmen bǎinián hǎohé!

4 (*in expressions*) ▶ **you may as well go** 你不妨也去 nǐ bùfáng yěqù ▶ **come what may** 无(無)论(論)发(發)生什么(麼)事 wúlùn fāshēng shénme shì

maybe ['meɪbiː] ADV **1** (*indicating uncertainty,*

concession) 可能 kěnéng **2** (*making suggestions*) 也许(許) yěxǔ **3** (*estimating*) 大概 dàgài ▶ **maybe so/not** 也许(許)如此/不是 yěxǔ rúcǐ/bùshì

May Day N [U] 五一节(節) Wǔyījié

mayhem ['meɪhɛm] N [U] 混乱(亂) hùnluàn

mayonnaise [meɪə'neɪz] N [U] 蛋黄(黃)酱(醬) dànhuángjiàng ▶ **egg/tuna mayonnaise** 蛋黄(黃)酱(醬)鸡(雞)蛋/金枪(槍)鱼(魚) dànhuángjiàng jīdàn/jīnqiāngyú

mayor [mɛə^r] N [C] 市长(長) shìzhǎng [位 wèi]

mayoress ['mɛərɛs] (*Brit*) N [C] **1** (*female mayor*) 女市长(長) nǚshìzhǎng **2** (*wife of mayor*) 市长(長)夫人 shìzhǎng fūrén

maze [meɪz] N [C] **1** (*puzzle*) 迷宫(宮) mígōng [个 gè] **2** ▶ **maze of streets/corridors** 迷宫(宮)似的街道/走廊 mígōngshì de jiēdào/zǒuláng **3** ▶ **maze of rules/jargon** 错(錯)综(綜)复(複)杂(雜)的规(規)则(則)/术(術)语(語) cuòzōng fùzá de guīzé/shùyǔ

MBA N ABBR (= **Master of Business Administration**) (*qualification*) 工商管理硕(碩)士学(學)位 gōngshāng guǎnlǐ shuòshì xuéwèi; (*person*) 工商管理硕(碩)士 gōngshāng guǎnlǐ shuòshì

MD N ABBR **1** (= **Doctor of Medicine**) (*with doctorate*) 医(醫)学(學)博士 yīxué bóshì; (*US*) (*with degree*) 医(醫)学(學)博士 yīxué bóshì **2** (*esp Brit: Comm*) (= **Managing Director**) 总(總)经(經)理 zǒngjīnglǐ **3** = **MiniDisc®**

MDT (*US*) ABBR (= **Mountain Daylight Time**) 山区(區)时(時)间(間) Shānqū Shíjiān

★ **me** [mi:] PRON 我 wǒ ▷ *He loves me.* 他爱我。Tā ài wǒ. ▷ *Give me the key.* 把钥匙给我。Bǎ yàoshi gěi wǒ. ▶ **it's me** 是我 shì wǒ

meadow ['mɛdəu] N [C] 草地 cǎodì [片 piàn]

meagre, (*US*) **meager** ['mi:gə^r] ADJ 微薄的 wēibó de

meal [mi:l] N **1** [C] (*occasion*) 一餐 yīcān [顿 dùn] **2** [C] (*food*) 膳食 shànshí [顿 dùn] **3** [U] (*flour*) 粗磨粉 cūmófěn ▶ **to go out for a meal** 出去吃饭(飯) chūqù chīfàn ▶ **to make a meal of sth** (*Brit; inf*) 对(對)某事做得太过(過)分 duì mǒushì zuò de tài guòfèn

> 每天的第一顿饭叫做 **breakfast**。午餐最常用的表达法是 **lunch**，但是在英国的某些地方，或在某些场合下，也可以用 **dinner**。*He seldom has lunch at all...school dinners...Christmas dinner.* **dinner**通常用来指晚餐。在英式英语里，它还可以指正式的或特殊的一餐。*In the evening they had a dinner to celebrate.* **supper** 和 **tea** 有时也被用来表示晚餐，但也有人用 **supper** 表示夜宵，用 **tea** 表示下午小餐。

mealtime ['mi:ltaɪm] N [C/U] 吃饭(飯)时(時)间(間) chīfàn shíjiān

★ **mean** [mi:n] (*pt, pp* **meant**) **I** VT **1** (*signify*) 表示…意思 biǎoshi...yìsī ▷ *In modern Welsh, "glas" means "blue".* 在现代威尔士语中，"glas" 表示的意思是蓝色。Zài xiàndài wēi'ěrshìyǔ zhōng, "glas" biǎoshì de yìsi shì lánsè. **2** (*refer to*) 意指 yìzhǐ ▷ *I thought you meant her, not me.* 我想你指的是她，不是我。Wǒ xiǎng nǐ zhǐ de shì tā, bù shì wǒ. **3** (*involve*) 意味着(著) yìwèizhe ▷ *Becoming a millionaire didn't mean an end to his money worries.* 成为百万富翁并不意味着他不再被钱困扰。Chéngwéi bǎiwàn fùwēng bìng bù yìwèi zhe tā bùzài bèi qián kùnrǎo. **4** (*intend*) ▶ **to mean to do sth** 意欲做某事 yìyù zuò mǒushì **5** ▶ **a film meant for adults** 针(針)对(對)成人的电(電)影 zhēnduì chéngrén de diànyǐng **II** ADJ **1** (*not generous*) 吝啬(嗇)的 lìnsè de **2** (*unkind*) [+ *person*] 刻薄的 kèbó de **3** (*US; inf*) (*cruel*) [+ *person, animal*] 残(殘)忍的 cánrěn de **4** (*shabby*) [+ *street, lodgings*] 破旧(舊)的 pòjiù de ▷ *What does "imperialism" mean?* "imperialism" 是什么意思？"Imperialism" shì shénme yìsi? ▶ **I mean it, I mean what I say** 我是当(當)真的 wǒ shì dàngzhēn de ▶ **what do you mean?** 你什么(麼)意思？ nǐ shénme yìsi? ▶ **do you mean it?** 你当(當)真吗(嗎)？ nǐ dāngzhēn mǎ? ▶ **to mean a lot to sb** 对(對)某人很重要 duì mǒurén hěn zhòngyào ▶ **I mean** 我是说(說) wǒshìshuō ▶ **he's meant to be an expert** (*reputed*) 他被公认(認)为(為)专(專)家 tā bèi gōngrèn wéi zhuānjiā ▶ **to be mean with sth** (*ungenerous*) 在某事上很吝啬(嗇) zài mǒushì shàng hěn lìnsè ▶ **to be mean to sb** (*unkind*) 对(對)某人刻薄 duì mǒurén kèbó ▶ **he plays a mean guitar** (*inf*) 他弹(彈)吉他很出色 tā tán jítā hěn chūsè ▶ **he's no mean pianist/footballer** 他是位很好的钢(鋼)琴家/足球运(運)动(動)员(員) tā shì wèi hěn hǎo de gāngqínjiā/zúqiú yùndòngyuán; *see also* **means**

meaning ['mi:nɪŋ] N **1** [C/U] (*sense, signification*) [*of word, expression*] 意思 yìsi [层 céng]; [*of symbol, dream, gesture*] 含义(義) hányì [个 gè] **2** [U] (*purpose, value*) 意义(義) yìyì

meaningful ['mi:nɪŋful] ADJ **1** [+ *result, explanation*] 有意义(義)的 yǒu yìyì de **2** [+ *glance, remark*] 意味深长(長)的 yìwèi shēncháng de **3** [+ *relationship, occasion*] 有意义(義)的 yǒu yìyì de

meaningless ['mi:nɪŋlɪs] ADJ **1** (*nonsensical*) 无(無)意义(義)的 wú yìyì de **2** (*pointless*) 无(無)目的的 wú mùdì de

means [mi:nz] (*pl* **means**) **I** N [C] (*method*) 方法 fāngfǎ [个 gè] **II** N PL (*frm: money*) 财(財)富 cáifù ▶ **by means of** 通过(過) tōngguò ▶ **by all means!** 当(當)然！Dāngrán! ▶ **by no means** 决(決)不 juébù

meant [mɛnt] PT, PP *of* **mean**

meantime ['mi:ntaɪm] **I** N ▶ **in the meantime** 同时(時) tóngshí **II** ADV (*US*) 在此期间(間) zài cǐ qījiān

meanwhile ['mi:nwaɪl] ADV 同时(時) tóngshí

m

measles ['mi:zlz] N [U] 麻疹 mázhěn

measure ['mɛʒəʳ] **I** VT **1** [+ *size, distance, temperature etc*] 测(測)量 cèliáng **2** (*evaluate*) [+ *impact, success, performance*] 衡量 héngliáng **II** VI [*room, person, object* +] 有 yǒu **III** N **1** [C] (*step*) 措施 cuòshī [项 xiàng] **2** (*frm: degree, amount*) ▸ **a** *or* **some measure of** 相当(當)程度的 xiāngdāng chéngdù de **3** ▸ **a/the measure of** [+ *achievement, situation*] 一定程度的 yīdìng chéngdù de **4** [C] (*serving*) [*of whisky, brandy etc*] 固定量 gùdìngliàng **5** [C] (*US: Mus*) 小节(節) xiǎojié [英 = **bar**] ▸ **to take measures to do sth** (*frm*) 采(採)取措施以应(應)对(對)某事 cǎiqǔ cuòshī yǐ yìngduì mǒushì ▸ **for good measure** 另外 lìngwài ▸ **beyond measure** (*used for emphasis*) 非常地 fēicháng de
▸**measure up** VI ▸ **to measure up (to sth)** 符合(某标(標)准(準)) fúhé (mǒu biāozhǔn)

measurement ['mɛʒəmənt] **I** N **1** [C] (*length, width etc*) 尺寸 chǐcùn **2** [U] (*process of measuring*) 测(測)量 cèliáng **II measurements** N PL [*of person*] 三围(圍) sānwéi ▸ **chest/hip measurement** 胸围(圍)/臀围(圍) xiōngwéi/túnwéi ▸ **to take measurements** 量尺寸 liángchǐcùn

meat [mi:t] **I** N [U] 肉 ròu **II** CPD [+ *product, dish, pie*] 肉类(類) ròulèi ▸ **crab meat** 蟹肉 xièròu

meatball ['mi:tbɔ:l] N [C] 肉丸 ròuwán [个 gè]

Mecca ['mɛkə] N **1** (*Geo*) 麦(麥)加 Màijiā **2** [C] (*fig*) ▸ **mecca** 向往的地方 xiàngwǎng de dìfang

mechanic [mɪ'kænɪk] N [C] 机(機)械工 jīxiègōng [位 wèi]

mechanical [mɪ'kænɪkl] ADJ **1** [+ *device, problem, work*] 机(機)械的 jīxiè de **2** (*automatic*) [+ *gestures*] 呆(獃)板的 dāibǎn de

mechanical engineering N [U] (*science*) 机(機)械工程 jīxiè gōngchéng

mechanics [mɪ'kænɪks] **I** N [U] (*Phys*) 力学(學) lìxué **II** N PL [*of process, system, government*] 构(構)成 gòuchéng

mechanism ['mɛkənɪzəm] N [C] **1** (*device*) 机(機)械装(裝)置 jīxiè zhuāngzhì **2** (*procedure*) 途径(徑) tújìng [条 tiáo] **3** (*reflex*) 本能反应(應) běnnéng fǎnyìng [种 zhǒng]

medal ['mɛdl] N [C] (*award*) 奖(獎)章 jiǎngzhāng [枚 méi]

medallion [mɪ'dæliən] N [C] 大奖(獎)牌 dàjiǎngpái [枚 méi]

medallist, (*US*) **medalist** ['mɛdlɪst] N [C] 奖(獎)牌获(獲)得者 jiǎngpái huòdézhě [名 míng] ▸ **gold/silver medallist** 金牌/银(銀)牌获(獲)得者 jīnpái/yínpái huòdézhě

meddle ['mɛdl] VI ▸ **to meddle** 干预(預) gānyù ▸ **to meddle with** *or* **in sth** 干预(預)某事 gānyù mǒushì

media ['mi:dɪə] **I** PL *of* **medium II** N PL ▸ **the media** 媒体(體) méitǐ **III** CPD [+ *coverage, attention, bias*] 媒体(體) méitǐ

mediaeval [mɛdɪ'i:vl] ADJ = **medieval**

median strip ['mi:dɪən-] (*US: Aut*) N [C] 中央分车(車)带(帶) zhōngyāng fēnchē dài [条 tiáo] [英 = **central reservation**]

mediate ['mi:dɪeɪt] VI 调(調)停 tiáotíng

medical ['mɛdɪkl] **I** ADJ [+ *treatment, care*] 医(醫)疗(療)的 yīliáo de **II** N [C] (*examination*) 体(體)格检查 tǐgé jiǎnchá [次 cì]

medical certificate N [C] 诊(診)断(斷)书(書) zhěnduànshū [份 fèn]

medical student N [C] 医(醫)科学(學)生 yīkē xuéshēng [名 míng]

medicated ['mɛdɪkeɪtɪd] ADJ [+ *soap, shampoo*] 含药(藥)物的 hán yàowù de

medication [mɛdɪ'keɪʃən] N [C/U] 药(藥)物 yàowù ▸ **to be on medication** 进(進)行药(藥)物治疗(療) jìnxíng yàowù zhìliáo

medicinal [mɛ'dɪsɪnl] ADJ [+ *substance*] 药(藥)用的 yàoyòng de; [+ *qualities, effects*] 药(藥)疗(療)的 yàoliáo de

medicine ['mɛdsɪn] N **1** [U] (*science*) 医(醫)学(學) yīxué **2** [C/U] (*medication*) 药(藥) yào [种 zhǒng]

medieval, mediaeval [mɛdɪ'i:vl] ADJ 中世纪(紀)的 zhōngshìjì de

mediocre [mi:dɪ'əukəʳ] ADJ 平庸的 píngyōng de

meditate ['mɛdɪteɪt] VI **1** 冥想 míngxiǎng **2** (*reflect*) 沉思 chénsī ▸ **to meditate on sth** 对(對)某事进(進)行深思 duì mǒushì jìnxíng shēnsī

meditation [mɛdɪ'teɪʃən] N **1** [U] (*ritual*) 冥想 míngxiǎng **2** [C] (*thought*) 沉思 chénsī

Mediterranean [mɛdɪtə'reɪnɪən] **I** N ▸ **the Mediterranean** (*sea*) 地中海 Dìzhōnghǎi; (*region*) 地中海沿岸地区(區) Dìzhōnghǎi yán'àn dìqū **II** ADJ [+ *climate, diet*] 地中海地区(區)的 Dìzhōnghǎi dìqū de

medium ['mi:dɪəm] (*pl* **media** *or* **mediums**) **I** ADJ **1** (*average*) [+ *size, height*] 中等的 zhōngděng de **2** (*clothing size*) 中码(碼)的 zhōngmǎ de **II** N [C] **1** (*means*) [*of communication*] 媒介 méijiè **2** (*substance, material*) 传(傳)导(導)体(體) chuándǎotǐ **3** (*pl* **mediums**) (*person*) 灵(靈)媒 língméi ▸ **to strike** *or* **find a happy medium** 找到一种(種)折中办(辦)法 zhǎodào yī zhǒng zhézhōng bànfǎ

medium-sized ['mi:dɪəm'saɪzd] ADJ 中等大小的 zhōngděng dàxiǎo de

medium wave (*esp Brit*) N [U] 中波 zhōngbō

meek [mi:k] ADJ 温(溫)顺(順)的 wēnshùn de

★ **meet** [mi:t] (*pt, pp* **met**) **I** VT **1** [+ *friend*] (*accidentally*) 遇见(見) yùjiàn ▷ *I met Dave this morning while I was out shopping.* 我今天早晨出去购物的时候遇见了戴夫。Wǒ jīntiān zǎochén chūqù gòuwù de shíhou yùjiàn le Dàifū.; (*by arrangement*) 和…见(見)面 hé...jiànmiàn ▷ *I could meet you for a drink after work.* 我可以下班后和你见面去喝一杯。Wǒ kěyǐ xiàbān hòu hé nǐ jiànmiàn qù hē yībēi. **2** [*+ stranger*] (*for the first time*) 结(結)识(識) jiéshí ▷ *I met a Swedish girl on the train from Copenhagen.* 我在从哥本哈根开出的火车上结识了一位瑞典女孩。Wǒ zài cóng Gēběnhāgēn kāichū de huǒchē shàng jiéshí le yīwèi Ruìdiǎn nǚhái.; (*be introduced to*) 认(認)识(識) rènshi ▷ *Hey, Terry, come and meet my Dad.* 嗨，特里，来介绍你认识我爸爸。Hāi, Tèlǐ, lái jièshào nǐ rènshi wǒ bàba. **3** (*go and fetch*) (*at station, airport*) 接 jiē ▷ *Dan came to the airport to meet me.* 丹来机场接我。Dān lái jīchǎng jiē wǒ. **4** [*+ opponent*] 对(對)抗 duìkàng ▷ *Arsenal meet Liverpool in the next round of the Cup.* 在足总杯下一轮的比赛中，阿森纳队将和利物浦队对抗。Zài zúzǒngbēi xià yīlún de bǐsài zhōng, Ēsēnnà duì jiāng hé Lìwùpǔ duì duìkàng. **5** (*satisfy*) [*+ need, condition*] 达(達)到 dádào ▷ *Certain standards must be met by all applicants.* 所有的申请者都必须达到这些标准。Suǒyǒu de shēnqǐngzhě dōu bìxū dádào zhèxiē biāozhǔn. **6** (*deal with*) [*+ problem, challenge, deadline*] 应(應)付 yìngfù ▷ *It is going to be difficult to meet the deadline.* 很难在截止日期前完成。Hěn nán zài jiézhǐ rìqī qián wánchéng. **7** (*pay*) [*+ expenses, bill, cost*] 支付 zhīfù ▷ *The government will meet the cost of any damage.* 政府将支付任何损失费用。Zhèngfǔ jiāng zhīfù rènhé sǔnshī fèiyòng. **8** (*join*) [*line, road, area +*] 汇(匯)合 huìhé ▷ *where the Atlantic meets the Indian Ocean* 大西洋和印度洋汇合的地方 dàxīyáng hé yìndùyáng huìhé de dìfāng **9** (*touch*) 接触(觸) jiēchù ▷ *The plane jolted as the wheels met the ground.* 轮子触地后飞机颠簸前行。Lúnzi chùdì hòu fēijī diānbǒ qiánxíng. **10** [*+ eyes, gaze*] 正视(視) zhèngshì ▷ *Nina's eyes met her sister's across the table.* 尼娜和坐在桌子另一边的姐姐互相对视着。Nínà hé zuòzài zhuōzi lìng yībiān de jiějie hùxiāng duìshìzhe. **II** VI **1** [*friends +*] (*accidentally*) 相遇 xiāngyù ▷ *They met again while walking their dogs in Hyde Park.* 他们在海德公园遛狗的时候又相遇了。Tāmen zài Hǎidé Gōngyuán liùgǒu de shíhou yòu xiāngyù le.; (*by arrangement*) 见(見)面 jiànmiàn ▷ *After that they met every day.* 此后他们天天见面。Cǐhòu tāmen tiāntiān jiànmiàn. **2** [*strangers +*] (*for the first time*) 认(認)识(識) rènshi ▷ *I don't think we've met, have we?* 我想我们不认识，对吧？ Wǒ xiǎng wǒmen bù rènshi, duìba? **3** [*club, committee etc +*] (*for talks, discussion*) 开(開)会(會) kāihuì ▷ *The committee meets four times a year.* 委员会一年开4次会。Wěiyuánhuì yīnián kāi sì cì huì. **4** (*join*) [*lines, roads, areas +*] 相交 xiāngjiāo ▷ *Parallel lines never meet.* 平行线永远不会相交。Píngxíngxiàn yǒngyuǎn bùhuì xiāngjiāo. **5** [*opponents +*] 交手 jiāoshǒu ▷ *The two women will meet tomorrow in the final.* 这两位女选手将在明天的决赛中交手。Zhè liǎng wèi nǚ xuǎnshǒu jiāng zài míngtiān de juésài zhōng jiāoshǒu. **6** (*touch*) 相碰 xiāngpèng ▷ *Their mouths met.* 他们相吻了。Tāmen xiāngwěn le. **7** [*eyes +*] 相遇 xiāngyù ▷ *Our eyes met.* 我们的目光相遇了。Wǒmen de mùguāng xiāngyù le. **III** N [c] **1** (*Brit*) (*in hunting*) 集合 jíhé **2** (*US: Sport*) 比赛(賽) bǐsài [场 chǎng] ▷ *a track meet* 一场田径比赛 yīchǎng tiánjìng bǐsài ▸ **pleased to meet you** 见(見)到你很高兴(興) jiàndào nǐ hěn gāoxìng ▸ **nice to have met you** 很高兴(興)认(認)识(識)你 hěn gāoxìng rènshi nǐ

▸**meet up** VI (*by arrangement*) 会(會)面 huìmiàn ▷ *We meet up for lunch once a week.* 我们每周会面一次共进午餐。Wǒmen měizhōu huìmiàn yī cì gòngjìn wǔcān.; (*accidentally*) 偶遇 ǒuyù

▸**meet up with** VT FUS (*by arrangement*) 和…会(會)面 hé...huìmiàn; (*accidentally*) 和…偶遇 hé...ǒuyù

▸**meet with** VT FUS **1** [*+ difficulty, success*] 经(經)历(歷) jīnglì ▷ *The strikes met with little success.* 罢工不太成功。Bàgōng bù tài chénggōng. **2** (*have meeting with*) [*+ person*] 与(與)…会(會)面 yǔ...huìmiàn

★ **meeting** ['miːtɪŋ] N **1** [c] (*assembly*) [*of club, committee*] 会(會)议(議) huìyì [次 cì] ▷ *There is a different chairman at each meeting.* 每次会议都有不同的主席。Měi cì huìyì dōuyǒu bùtóng de zhǔxí. **2** [s] (*people*) 与(與)会(會)者 yùhuìzhě ▷ *The meeting decided that further efforts were needed.* 与会者决定要进一步努力。Yùhuìzhě juédìng yào jìnyībù nǔlì. **3** [c] (*encounter*) 会(會)面 huìmiàn [次 cì] ▷ *Christopher remembers his first meeting with Alice.* 克里斯托弗记得他和艾丽斯的第一次会面。Kèlǐsītuōfú jì de tā hé Àilìsī de dìyīcì huìmiàn. ▷ *a chance meeting on the way to the office* 去办公室途中的一次偶遇 qù bàngōngshì túzhōng de yīcì ǒuyù ▸ **to call a meeting** 召集一次会(會)议(議) zhàojí yīcì huìyì ▸ **she's in** or **at a meeting** 她在开(開)会(會) tā zài kāihuì

meeting place N [c] 会(會)场(場) huìchǎng

mega ['mɛgə] ADV 非常地 fēicháng de; (*inf*) ▸ **He's mega rich.** 他非常地有钱(錢)。Tā fēicháng de yǒuqián.

megabyte ['mɛgəbaɪt] N [c] 兆字节(節) zhàozìjié [个 gè]

megaphone ['mɛgəfəun] N [c] 扩(擴)音器 kuòyīnqì [个 gè]

melancholy ['mɛlənkəlɪ] **I** ADJ (*sad*) 忧(憂)郁(鬱)的 yōuyù de **II** N [U] (*sadness*) 忧(憂)郁(鬱) yōuyù

melody ['mɛlədɪ] N **1** [c] (*tune*) 旋律 xuánlǜ [段 duàn] **2** [U] (*tunefulness*) 抑扬(揚)顿(頓)挫 yìyáng dùncuò

melon ['mɛlən] N [c/U] 瓜 guā [个 gè]

melt [mɛlt] **I** VI **1** [*metal, ice, snow, butter, chocolate +*] 融化 rónghuà **2** ▸ **melt into** [*+ darkness, crowd*] 消失 xiāoshī **II** VT [*+ metal,*

m

ice, snow, butter, chocolate] 使融化 shǐ rónghuà **III** N [c] (*US: Culin*) 烤的奶酪加肉面包 ▸ **my heart melted** 我的心软(軟)了 wǒ de xīn ruǎn le
▸**melt away** VI **1** [*people* +] 逐渐(漸)散去 zhújiàn sànqù **2** [*doubts* +] 消除 xiāochú
▸**melt down** VT 熔毁(毀) rónghuǐ

★ **member** ['mɛmbəʳ] N [c] **1** [*of family, staff, public*] 一员(員) yīyuán ▷ *He refused to name the members of staff involved.* 他拒绝说出职工中参加者的姓名。Tā jùjué shuōchū zhígōng zhōng cānjiāzhě de xìngmíng. **2** [*of club, party*] 成员(員) chéngyuán [个 gè] ▷ *Britain is a member of NATO.* 英国是北大西洋公约组织的成员。Yīngguó shì Běidàxīyáng Gōngyuē Zǔzhī de chéngyuán. **3** [*of parliament, assembly*] 议(議)员(員) yìyuán ▷ *He was elected to Parliament as the Member for Leeds.* 他被选为代表利兹市的议会议员。Tā bèi xuǎnwéi dàibiǎo Lìzī shì de yìhuì yìyuán. ▸ **member country/state** 成员(員)国(國)/州 chéngyuán guó/zhōu

Member of Congress (*US*) N [c] 国(國)会(會)议(議)员(員) Guóhuì Yìyuán [名 míng]

Member of Parliament (*Brit*) N [c] 下院议(議)员(員) Xiàyuàn Yìyuán [名 míng]

Member of the European Parliament N [c] 欧(歐)洲议(議)会(會)议(議)员(員) Ōuzhōu Yìhuì Yìyuán [名 míng]

membership ['mɛmbəʃɪp] N [U] **1** (*member status*) 会(會)员(員)身份 huìyuán shēnfèn **2** [S + PL VB] (*members*) 全体(體)会(會)员(員) quántǐ huìyuán **3** [c] (*number of members*) 会(會)员(員)人数(數) huìyuán rénshù

membership card N [c] 会(會)员(員)证(證) huìyuánzhèng

memento [mə'mɛntəu] (*pl* **mementos** *or* **mementoes**) N [c] 纪(紀)念品 jìniànpǐn [件 jiàn]

memo ['mɛməu] N [c] 备(備)忘录(錄) bèiwànglù [份 fèn]

memorabilia [mɛmərə'bɪlɪə] N PL 纪(紀)念品 jìniànpǐn

memorable ['mɛmərəbl] ADJ 难(難)忘的 nánwàng de

memorandum [mɛmə'rændəm] (*frm*) N [c] 备(備)忘录(錄) bèiwànglù [份 fèn]

memorial [mɪ'mɔːrɪəl] **I** N [c] 纪(紀)念碑 jìniànbēi [座 zuò] **II** ADJ [+ *service, prize*] 纪(紀)念仪(儀)式的 jìniàn yíshì de

memorize ['mɛməraɪz] VT 记(記)住 jìzhù

memory ['mɛmərɪ] N **1** [c/U] (*ability to remember*) 记(記)忆(憶)力 jìyìlì [种 zhǒng] **2** [c] (*thing remembered*) 记(記)忆(憶) jìyì [个 gè] **3** [c] [+ *of dead person*] 追忆(憶) zhuīyì **4** [c/U] (*Comput*) 存储(儲)器 cúnchǔqì [个 gè] ▸ **to have a good/bad memory (for sth)** (对(對)某事)记(記)忆(憶)力好/差 (duì mǒushì)jìyìlì hǎo/chà ▸ **to lose one's memory** 丧(喪)失记(記)忆(憶) sàngshī jìyì ▸ **loss of memory** *or* **memory loss** 失忆(憶) shīyì ▸ **to do sth from memory** 凭(憑)记(記)忆(憶)做某事 píng jìyì zuò mǒushì ▸ **in memory of** 以纪(紀)念 yǐ jìniàn

memory card N [c] 记忆卡 jìyì kǎ [个 gè]

men [mɛn] N PL *of* **man**

menace ['mɛnɪs] **I** N **1** [c] (*source of danger*) 威胁(脅) wēixié **2** [U] (*feeling of danger*) 危险(險) wēixiǎn **3** (*inf: nuisance*) ▸ **to be a menace** 讨(討)厌(厭)的东(東)西 tǎoyànde dōngxi **II** VT (*threaten*) 威胁(脅) wēixié

menacing ['mɛnɪsɪŋ] ADJ [+ *person, gesture, expression*] 凶恶(惡)的 xiōng'è de

mend [mɛnd] VT **1** (*repair*) [+ *object*] 修理 xiūlǐ **2** (*heal*) [+ *division, quarrel*] 弥(彌)合 míhé ▸ **to mend one's ways** 改善自己的行为(為)方式 gǎishàn zìjǐ de xíngwéi fāngshì ▸ **to be on the mend** (*inf*) 在好转(轉)中 zài hǎozhuǎn zhōng

menial ['miːnɪəl] ADJ (*lowly*) [+ *work, tasks*] 卑下的 bēixià de

meningitis [mɛnɪn'dʒaɪtɪs] N [U] 脑(腦)膜炎 nǎomóyán

menopause ['mɛnəupɔːz] N ▸ **the menopause** 绝(絕)经(經)期 juéjīngqī

men's room (*US*) N [c] (*men's toilet*) 男厕(廁)所 nán cèsuǒ [间 jiān]

menstruation [mɛnstru'eɪʃən] N [U] 月经(經) yuèjīng

menswear ['mɛnzwɛəʳ] N [U] 男装(裝) nánzhuāng

mental ['mɛntl] ADJ **1** [+ *ability, effort, development*] 智力的 zhìlì de **2** [+ *illness, health*] 精神的 jīngshén de **3** (*Brit; inf*) (*crazy, mad*) 发(發)疯(瘋)的 fāfēng de ▸ **mental arithmetic** 心算 xīnsuàn

mental hospital N [c] 精神病院 jīngshénbìngyuàn [个 gè]

mentality [mɛn'tælɪtɪ] N [c] 心态(態) xīntài [种 zhǒng]

mentally ['mɛntlɪ] ADV [+ *disturbed, unstable, exhausted*] 精神上 jīngshén shang ▸ **to be mentally handicapped** 智力发(發)育不全 zhìlì fāyù bùquán ▸ **to be mentally ill** 精神失常 jīngshén shīcháng

menthol ['mɛnθɔl] N [U] 薄荷醇 bòhechún

mention ['mɛnʃən] **I** VT 提到 tídào **II** N [c/U] (*reference*) 提及 tíjí ▸ **to mention that...** 谈(談)到… tándào... ▸ **don't mention it!** 不客气(氣)! bù kèqi! ▸ **not to mention...** 更不必说(說)… gèng bùbì shuō... ▸ **to make no mention of sth** 未提及某事 wèi tíjí mǒushì
▧ 用法参见 **comment**

menu ['mɛnjuː] N [c] **1** (*list of dishes*) 菜单(單) càidān [个 gè] **2** (*also*: **set menu**) (*meal*) 套餐 tàocān [份 fèn] **3** (*Comput*) 选(選)择(擇)菜单(單) xuǎnzé càidān [个 gè]

MEP N ABBR (= **Member of the European Parliament**) 欧(歐)洲议(議)会(會)议(議)

员(員) Ōuzhōu yìhuì yìyuán

mercenary ['mə:sɪnərɪ] **I** N [c] *(soldier)* 雇(僱)佣(傭)兵 gùyōngbīng [名 míng] **II** ADJ *(pej)* [*+ person*] 惟利是图(圖)的 wéilì shìtú de

merchandise ['mə:tʃəndaɪz] N [U] 商品 shāngpǐn

merchant ['mə:tʃənt] **I** N [c] 商人 shāngrén [名 míng] **II** ADJ [*+ seaman, ship, fleet*] 商业(業)的 shāngyè de

merchant marine *(US)* N = **merchant navy**

merchant navy N ▸ **the merchant navy** 商船队(隊) shāngchuánduì

merciless ['mə:sɪlɪs] ADJ 冷酷无(無)情的 lěngkù wúqíng de

mercury ['mə:kjurɪ] N **1** [U] 水银(銀) shuǐyín **2** ▸ **Mercury** *(Astron)* 水星 Shuǐxīng

mercy ['mə:sɪ] N [U] 宽(寬)恕 kuānshù ▸ **to beg** *or* **plead for mercy** 乞求宽(寬)恕 qǐqiú kuānshù ▸ **to have mercy on sb** 怜(憐)悯(憫)某人 liánmǐn mǒurén ▸ **to be at the mercy of sb** 任凭(憑)某人的摆(擺)布(佈) rènpíng mǒurén de bǎibù

mere [mɪə^r] ADJ **1** *(simple)* 仅(僅)仅(僅)的 jǐnjǐn de **2** *(slightest)* 微不足道的 wēibùzúdào de ▸ **a mere 2%** 仅(僅)仅(僅)2% jǐnjǐn bǎifēnzhī èr

merely ['mɪəlɪ] ADV 只(隻)不过(過) zhǐbùguò ▸ **not merely... but...** 不仅(僅)…而且… bùjǐn...érqiě...

merge [mə:dʒ] **I** VT 合并(並) hébìng **II** VI **1** *(combine)* [*objects, organizations +*] 联(聯)合 liánhé **2** *(blend)* [*colours, sounds, shapes +*] 融合 rónghé ▸ **to merge sth with sth** 将(將)某物和某物结(結)合 jiāng mǒuwù hé mǒuwù jiéhé ▸ **to merge with sth** *(combine)* [*object, organization +*] 和某物结(結)合 hé mǒuwù jiéhé; *(blend)* [*colour, sound, shape etc +*] 和某物融合 hé mǒuwù rónghé

merger ['mə:dʒə^r] N [c] 合并(並) hébìng

meringue [mə'ræŋ] N [c/U] 蛋白酥皮饼(餅) dànbái sūpí bǐng [个 gè]

merit ['mɛrɪt] **I** N [U] *(worth, value)* 价(價)值 jiàzhí **II** VT *(frm: deserve)* 值得 zhídé **III merits** N PL *(advantages)* 优(優)点(點) yōudiǎn ▸ **on merit** *or* **on its/their merits** 根据(據)实(實)际(際)功过(過)或根据(據)是非曲直 gēnjù shíjì gōngguò*huò*gēnjù shìfēi qūzhí

mermaid ['mə:meɪd] N [c] 美人鱼(魚) měirényú [条 tiáo]

merry ['mɛrɪ] ADJ **1** *(happy)* [*+ person, mood*] 快乐(樂)的 kuàilè de **2** *(cheerful)* [*+ tune*] 欢(歡)快的 huānkuài de **3** *(Brit; inf) (tipsy)* 微醉的 wēizuì de ▸ **Merry Christmas!** 圣(聖)诞(誕)快乐(樂)! Shèngdàn Kuàilè!

merry-go-round ['mɛrɪgəuraund] N [c] **1** *(roundabout)* 旋转(轉)木马(馬) xuánzhuàn mùmǎ [个 gè] **2** *(whirl)* 走马(馬)灯(燈)似的更迭 zǒumǎdēng shì de gēngdié

mesh [mɛʃ] **I** N [c/U] *(net)* 网(網) wǎng [张 zhāng] **II** VI 紧(緊)密配合 jǐnmì pèihé ▸ **to mesh with sth** 与(與)某物协(協)调(調)一致 yǔ mǒuwù xiétiáo yīzhì

mess [mɛs] N **1** [s/U] *(untidiness)* 凌(淩)乱(亂) língluàn **2** [s/U] *(chaotic situation)* 混乱(亂)的局面 hùnluàn de júmiàn **3** [s/U] *(filth)* 脏(臟)东(東)西 zāng dōngxi **4** [c] *(Mil)* 食堂 shítáng [个 gè] ▸ **what a mess!** *(house, room)* 真是又脏(臟)又乱(亂)! Zhēnshì yòu zāng yòu luàn!; *(situation)* 真是乱(亂)七八糟! Zhēnshì luàn qī bā zāo! ▸ **to be a mess** [*room, house +*] 又脏(臟)又乱(亂) yòu zāng yòu luàn; [*life, situation +*] 一团(團)糟 yītuánzāo ▸ **to be in a mess** [*hair, room +*] 乱(亂)七八糟地 luàn qī bā zāo de; [*organization, country +*] 陷入困境 xiànrù kùnjìng ▸ **to get o.s. in a mess** 使自己陷入困境 shǐ zìjǐ xiànrù kùnjìng

▸ **mess about, mess around** *(inf)* **I** VI **1** *(waste time)* 混日子 hùn rìzi **2** *(joke)* ▸ **to be messing about** 开(開)玩笑 kāi wánxiào **II** VT *(esp Brit) (treat unfairly)* 玩弄 wánnòng

▸ **mess about with, mess around with** *(inf)* VT FUS *(interfere with)* 干预(預) gānyù

▸ **mess up** *(inf)* **I** VT **1** *(spoil)* [*+ plan, system*] 毁(毀)掉 huǐdiào **2** *(make untidy)* [*+ house, room, things*] 弄乱(亂) nòngluàn **3** *(make dirty)* [*+ room, floor*] 搞脏(髒) gǎozāng **II** VI *(make a mistake)* 搞砸 gǎozá

▸ **mess with** *(inf)* VT FUS 插手 chāshǒu

message ['mɛsɪdʒ] N [c] **1** *(to sb)* 消息 xiāoxi [条 tiáo] **2** *(meaning)* [*of play, book etc*] 主旨 zhǔzhǐ ▸ **to leave (sb) a message** (给(給)某人)留个(個)信 (gěi mǒurén)liú gè xìn ▸ **to get the message** *(inf)* 领(領)会(會) lǐnghuì ▸ **to get the/one's message across** 使人理解这(這)个(個)/自己的意思 shǐ rén lǐjiě zhège/zìjǐ de yìsi

message board N [c] 留言板 liúyán bǎn [个 gè]

messenger ['mɛsɪndʒə^r] N [c] 通信员(員) tōngxìnyuán [位 wèi]

messy ['mɛsɪ] ADJ **1** *(untidy)* [*+ person, activity*] 邋遢的 lāta de; [*+ thing, place*] 凌(淩)乱(亂)的 língluàn de **2** *(awkward)* [*+ situation*] 棘手的 jíshǒu de

met [mɛt] PT, PP *of* **meet**

metabolism [mɛ'tæbəlɪzəm] N [c/U] 新陈(陳)代谢(謝) xīnchén dàixiè

metal ['mɛtl] **I** N [c/U] 金属(屬) jīnshǔ [种 zhǒng] **II** CPD [*+ plate, bar, rod*] 金属(屬) jīnshǔ

metallic [mɪ'tælɪk] ADJ **1** [*+ sound*] 金属(屬)的 jīnshǔ de **2** *(made of metal)* 金属(屬)制(製)的 jīnshǔzhì de **3** [*+ paint, colour*] 像金属(屬)的 xiàngjīnshǔ de **4** [*+ taste*] 有金属(屬)腥味的 yǒu jīnshǔ xīngwèi de

metaphor ['mɛtəfə^r] N [c/U] 隐(隱)喻 yǐnyù

meteor ['mi:tɪə^r] N [c] 流星 liúxīng [颗 kē]

meteorite ['mi:tɪəraɪt] N [c] 陨(隕)星 yǔnxīng [颗 kē]

m

meteorology [mi:tɪə'rɔlədʒɪ] N [U] 气(氣)象学(學) qìxiàngxué

meter ['mi:tə^r] **I** N [C] **1** (*instrument*) (*for gas, water, electricity*) 仪(儀)表 yíbiǎo [个 gè]; (*also:* **parking meter**) 停车(車)计(計)时(時)器 tíngchē jìshíqì [个 gè] **2** (*US*) (*unit*) = **metre II** VT [+ *gas, water, electricity*] 用表计(計)量 yòngbiǎo jìliáng

请勿将 **meter** 和 **metre** 混淆。在英式英语里，以 **-er** 结尾的 **meter**，是用来测量或记录某事的工具，而以 **-re** 结尾的 **metre** 是测量单位。在美式英语中，**meter** 对于这两个含义都适用。

method ['mɛθəd] N [C/U] (*way*) 方法 fāngfǎ [种 zhǒng] ▸ **method of payment** *or* **payment method** 付款方式 fùkuǎn fāngshì

methodical [mɪ'θɔdɪkl] ADJ 有条(條)不紊的 yǒutiáo bù wěn de

Methodist ['mɛθədɪst] N [C] 卫(衛)理公会(會)派教徒 wèilǐgōnghuì pài jiàotú [个 gè] ▷ *I'm a Methodist.* 我是个卫理公会派教徒。Wǒ shì ge wèilǐgōnghuì pài jiàotú.

meths [mɛθs] (*Brit; inf*) N [U] 甲基化酒精 jiǎjīhuà jiǔjīng

methylated spirits [mɛθəleɪtɪd-] (*Brit; frm*) N [U] 甲基化酒精 jiǎjīhuà jiǔjīng

meticulous [mɪ'tɪkjuləs] ADJ [+ *person, detail*] 严(嚴)谨(謹)的 yánjǐn de; [+ *care*] 过(過)度重视(視)细(細)节(節)的 guòdù zhòngshì xìjié de ▸ **to be meticulous about sth/about doing sth** 对(對)某事/做某事非常谨(謹)慎 duì mǒushì/zuò mǒushì fēicháng jǐnshèn

metre, (*US*) **meter** ['mi:tə^r] N [C] (*unit*) 米 mǐ

用法参见 **meter**

metric ['mɛtrɪk] **I** ADJ 公制的 gōngzhì de **II** N ▸ **to think/work in metric** (*inf*) 用公制考虑(慮)/工作 yòng gōngzhì kǎolǜ/gōngzuò ▸ **to go metric** 采(採)用公制 cǎiyòng gōngzhì

metro ['mɛtrəu] N ▸ **the metro** 地铁(鐵) dìtiě

metropolitan [mɛtrə'pɔlɪtn] ADJ 大都市的 dàdūshì de

Mexican ['mɛksɪkən] **I** ADJ 墨西哥的 Mòxīgē de **II** N [C] (*person*) 墨西哥人 Mòxīgērén [个 gè]

Mexico ['mɛksɪkəu] N 墨西哥 Mòxīgē

mg ABBR (= **milligram**) 毫克 háokè

MHz ABBR (= **megahertz**) 兆赫 zhàohè

mice [maɪs] N PL *of* **mouse**

microblog N [C] 微博客 wēi bókè [个 gè]

microchip ['maɪkrəutʃɪp] N [C] 集成电(電)路块(塊) jíchéng diànlù kuài [个 gè]

microphone ['maɪkrəfəun] N [C] 话(話)筒 huàtǒng [个 gè]

microscope ['maɪkrəskəup] N [C] 显(顯)微镜(鏡) xiǎnwēijìng [个 gè] ▸ **under the microscope** (*fig*) 仔细(細)审(審)查 zǐxì shěnchá

microwave ['maɪkrəuweɪv] **I** N [C] (*also:* **microwave oven**) 微波炉(爐) wēibōlú [个 gè] **II** VT 用微波炉(爐)烹调(調) yòng wēibōlú pēngtiáo

mid- [mɪd] ADJ 中的 zhōng de ▸ **he's in his mid-thirties/forties** 他大约(約)三十五六/四十五六岁(歲) tā dàyuē sānshíwǔliù/sìshíwǔliù suì

mid-air ['mɪdɛə^r] **I** N ▸ **in mid-air** 在空中 zài kōngzhōng **II** ADJ 空中的 kōngzhōng de

midday [mɪd'deɪ] **I** N [U] **1** (*noon*) 正午 zhèngwǔ **2** (*middle of the day*) 中午 zhōngwǔ **II** ADJ 中午的 zhōngwǔ de ▸ **at midday** (*at noon*) 在正午 zài zhèngwǔ; (*in the middle of the day*) 在中午 zài zhōngwǔ

★ **middle** ['mɪdl] **I** N **1** [C] (*centre*) 中央 zhōngyāng [个 gè] ▷ *Howard stood in the middle of the room.* 霍华德站在房间中央。Huòhuádé zhàn zài fángjiān zhōngyāng. **2** [S] (*half-way point*) [*of month, event*] 中 zhōng ▷ *in the middle of the party* 舞会中 wǔhuì zhōng ▷ *in the middle of the morning* 上午10点左右 shàngwǔ shí diǎn zuǒyòu **3** [C] (*inf: waist*) 腰部 yāobù **II** ADJ **1** [+ *position, event, period*] 中间(間)的 zhōngjiān de ▷ *the middle month of each quarter* 每一季的中间那个月份 měi yījì de zhōngjiān nàge yuèfèn ▷ *She was the middle child of three.* 她在3个孩子中排行老二。Tā zài sān gè háizi zhōng páiháng lǎo èr. **2** (*moderate*) [+ *course, way, path*] 中间(間)派的 zhōngjiānpài de ▷ *a middle course between free enterprise and state intervention* 介于自由企业与政府干预之间的中间道路 jièyú zìyóu qǐyè yǔ zhèngfǔ gānyù zhījiān de zhōngjiān dàolù ▸ **in the middle of the night** 在半夜 zài bànyè ▸ **to be in the middle of sth/of doing sth** 正忙于(於)某事/做某事 zhèng mángyú mǒushì/zuò mǒushì

middle-aged [mɪdl'eɪdʒd] ADJ **1** (*neither young nor old*) 中年的 zhōngnián de **2** (*stuffy, boring*) 老气(氣)的 lǎoqì de

Middle Ages N PL ▸ **the Middle Ages** 中世纪(紀) zhōngshìjì ▸ **in the Middle Ages** 在中世纪(紀)时(時)期 zài zhōngshìjì shíqī

middle class **I** N ▸ **the middle class(es)** 中产(產)阶(階)级(級) zhōngchǎn jiējí **II** ADJ (*also:* **middle-class**) **1** (*sociologically*) 中层(層)社会(會)的 zhōngcéng shèhuì de **2** (*pej: bourgeois*) 中产(產)阶(階)级(級)的 zhōngchǎn jiējí de

Middle East N ▸ **the Middle East** 中东(東) Zhōngdōng

Middle Eastern ADJ 中东(東)的 Zhōngdōng de

middle name N [C] 中间(間)名字 zhōngjiān míngzi [个 gè] ▸ **trouble is her middle name** 麻烦(煩)是她的突出特征(徵) máfán shì tā de tūchū tèzhēng

MIDDLE NAME

first name 是由父母取的名字。**last name** 或 **surname** 是家族的姓氏。在

说英语的国家中，名在姓之前。在 **first name** 和 **last name** 之间，还可能有 **middle name**（中名），这是你父母给你取的第二个"名"。**middle name** 通常只用于正式场合，例如，选课或签署文件时。

midge [mɪdʒ] N [c] 蠓 měng [只 zhī]
midget ['mɪdʒɪt] **I** N [c] 矮人 ǎirén [个 gè] **II** ADJ (*miniature*) 袖珍的 xiùzhēn de
midnight ['mɪdnaɪt] **I** N [U] 半夜 bànyè **II** CPD 午夜的 wǔyè de ▸ **at midnight** 在午夜 zài wǔyè
midst [mɪdst] N ▸ **in the midst of** [+ *situation, event*] 在…之际(際) zài...zhījì; [+ *crowd, group*] 在…中 zài...zhōng ▸ **to be in the midst of doing sth** 正在做某事 zhèngzài zuò mǒushì
midsummer [mɪd'sʌmə^r] N [U] 仲夏 zhòngxià
midway [mɪd'weɪ] **I** ADJ ▸ **the midway point** (*in space*) 中间(間)位置 zhōngjiān wèizhi; (*in time*) 到一半的时(時)候 dào yībàn de shíhou **II** ADV **1** (*in space*) ▸ **midway between sth and sth** 某地与(與)某地的中间(間) mǒudì yǔ mǒudì de zhōngjiān **2** (*in time*) ▸ **midway through sth** 某事中途 mǒushì zhōngtú
midweek [mɪd'wiːk] **I** ADJ 一周(週)中间(間)的 yīzhōu zhōngjiān de **II** ADV 一周(週)中间(間) yīzhōu zhōngjiān
midwife ['mɪdwaɪf] (*pl* **midwives**) N [c] 助产(產)士 zhùchǎnshì [位 wèi]
midwinter [mɪd'wɪntə^r] N [U] 仲冬 zhòngdōng
★ **might** [maɪt] **I** AUX VB **1** (*possibility*) ▸ **I might get home late** 我可能会(會)晚回家 wǒ kěnéng huì wǎn huíjiā ▸ **you might be right** 你也许(許)是对(對)的 nǐ yěxǔ shì duì de ▸ **it might have been an accident** 可能是个(個)事故 kěnéng shì gè shìgù ▸ **you might have been killed!** 你差点(點)儿(兒)没(沒)命了！nǐ chàdiǎnr méimìng le! **2** (*suggestions*) ▸ **you might try the bookshop** 你可以试(試)一下书(書)店 nǐ kěyǐ shìyīxià shūdiàn **3** (*permission*) ▸ **might I make a suggestion?** 我可以提个(個)建议(議)吗(嗎)？ wǒ kěyǐ tígè jiànyì ma? **4** (*in expressions*) ▸ **I might have known** *or* **guessed** 我早就该(該)知道 {或} 猜到 wǒ zǎojiù zhīdào *huò* cāidào ▸ **you might as well go** 你不妨也去 nǐ bùfáng yě qù **II** N [U] (*power*) 力量 lìliàng ▸ **with all one's might** 竭尽(盡)全力地 jié jìn quán lì de
mighty ['maɪtɪ] **I** ADJ (*powerful*) 强(強)大的 qiángdà de **II** ADV (*US; inf*) (*very*) 很 hěn
migraine ['miːgreɪn] N [c/U] 偏头(頭)痛 piāntóutòng [阵 zhèn]
migrant ['maɪgrənt] **I** N [c] **1** (*person*) 移民 yímín [个 gè] **2** (*animal*) 迁(遷)徙动(動)物 qiānxǐ dòngwù **II** CPD [+ *worker*] 流动(動) liúdòng; [+ *animal*] 迁(遷)徙 qiānxǐ
migrate [maɪ'greɪt] VI **1** [*person* +] 迁(遷)移 qiānyí **2** [*bird* +] 迁(遷)徙 qiānxǐ
migration [maɪ'greɪʃən] N [c/U] **1** [+ *of people*] 移居 yíjū **2** [+ *of birds*] 迁(遷)徙 qiānxǐ
mike [maɪk] (*inf*) N (*microphone*) 麦(麥)克风(風) màikèfēng
mild [maɪld] **I** ADJ **1** (*slight*) [+ *feeling, tone*] 温(溫)和的 wēnhé de **2** (*not severe*) [+ *infection, illness*] 轻(輕)微的 qīngwēi de **3** (*gentle*) [+ *person, nature*] 和善的 héshàn de **4** (*moderate*) [+ *climate, weather*] 温(溫)暖的 wēnnuǎn de **5** (*not harsh*) [+ *soap, cosmetic*] 温(溫)和的 wēnhé de **6** (*not strong*) [+ *curry, cheese*] 淡味的 dànwèi de **II** N [U] (*Brit*) (*beer*) 淡啤酒 dàn píjiǔ
用法参见 **hot**
mildew ['mɪldjuː] N [U] 霉 méi
mildly ['maɪldlɪ] ADV **1** (*slightly*) 稍微 shāowēi **2** (*gently*) [*say, remark* +] 温(溫)和地 wēnhé de **3** (*not strongly*) [+ *spiced, flavoured*] 适(適)度地 shìdù de ▸ **to put it mildly** 说(說)得婉转(轉)些 shuō de wǎnzhuǎn xiē
mile [maɪl] **I** N [c] 英里 yīnglǐ **II miles** N PL (*inf: a long way*) 很远(遠)的距离(離) hěnyuǎn de jùlí ▸ **to do 30 miles to the gallon** 1加仑(侖)油可跑30英里(裡) yī jiālún yóu kě pǎo sānshí yīnglǐ ▸ **70 miles per** *or* **an hour** 每小时(時)70英里 měi xiǎoshí qīshí yīnglǐ ▸ **to win by a mile** *or* **miles** (*inf*) 远(遠)远(遠)胜(勝)出 yuǎn yuǎn shèng chū ▸ **to be miles away** (*inf: distracted*) 心不在焉 xīn bù zài yān ▸ **miles better/too slow** (*inf*) 好得多/过(過)分慢 hǎo de duō/guòfèn màn
mileage ['maɪlɪdʒ] N [c/U] **1** (*number of miles*) 英里里程 yīnglǐ lǐchéng **2** (*fuel efficiency*) 燃油效率 rányóu xiàolǜ **3** ▸ **to get a lot of mileage out of sth** 从(從)某事中获(獲)取大量好处(處) cóng mǒushì zhōng huòqǔ dàliàng hǎochù
mileometer, milometer [maɪ'lɔmɪtə^r] N [c] 计(計)程器 jìchéngqì [个 gè]
milestone ['maɪlstəun] N [c] (*important event*) 里程碑 lǐchéngbēi [块 kuài]
militant ['mɪlɪtnt] **I** ADJ (*politically active*) 激进(進)的 jījìn de **II** N [c] (*political activist*) 激进(進)分子 jījìn fènzǐ [名 míng]
★ **military** ['mɪlɪtərɪ] **I** ADJ [+ *leader, action*] 军(軍)事的 jūnshì de **II** N ▸ **the military** 军(軍)队(隊) jūnduì
militia [mɪ'lɪʃə] N [c] 民兵 mínbīng [个 gè]
milk [mɪlk] **I** N [U] 奶 nǎi **II** VT **1** [+ *cow, goat*] 挤(擠)…的奶 jǐ...de nǎi **2** (*exploit*) [+ *situation, person*] 榨(搾)取 zhàqǔ
milk chocolate N [U] 牛奶巧克力 niúnǎi qiǎokèlì
milkman ['mɪlkmən] (*pl* **milkmen**) N [c] 送牛奶的人 sòng niúnǎi de rén [位 wèi]
milkshake ['mɪlkʃeɪk] N [c/U] 奶昔 nǎixī [份 fèn]
milky ['mɪlkɪ] ADJ **1** (*in colour*) 乳白色的 rǔbái sè de **2** [+ *drink*] 掺(摻)奶的 chānnǎi de
mill [mɪl] **I** N [c] **1** (*for grain*) 磨坊 mòfáng [个 gè]

m

2 (*for coffee, pepper*) 碾磨器 niǎnmòqì [个 gè] **3** (*factory*) 厂(廠) chǎng **II** VT (*grind*) [+ *grain, flour*] 磨 mó
▸**mill about, mill around** VI [*people, crowd* +] 乱(亂)转(轉) luànzhuàn

millennium [mɪˈlɛnɪəm] (*pl* **millenniums** *or* **millennia** [mɪˈlɛnɪə]) N [c] **1** (*1000 years*) 一千(軆)年 yīqiān nián [个 gè] **2** ▸ **the Millennium** (*year 2000*) 千禧年 qiānxǐnián

milligram, (*Brit*) **milligramme** [ˈmɪlɪɡræm] N [c] 毫克 háokè

millilitre, (*US*) **milliliter** [ˈmɪlɪliːtə^r] N [c] 毫升 háoshēng

millimetre, (*US*) **millimeter** [ˈmɪlɪmiːtə^r] N [c] 毫米 háomǐ

★ **million** [ˈmɪljən] **I** NUM 百万(萬) bǎiwàn ▹ *three million pounds* 300万英镑 sānbǎi wàn yīngbàng **II millions** N PL (*lit*) 数(數)百万(萬) shùbǎiwàn; (*inf: fig*) 无(無)数(數) wúshù ▸ **a** *or* **one million books/people/dollars** 100万(萬)本书(書)/个(個)人/元 yībǎi wàn běn shū/gè rén/yuán ▸ **millions are starving** 数(數)以百万(萬)的人正在忍受饥(飢)饿(餓) shù yǐ bǎi wàn de rén zhèngzài rěnshòu jī'è ▸ **millions of people/things** (*loads of*) 无(無)数(數)的人/物 wúshù de rén/wù

millionaire [mɪljəˈnɛə^r] N [c] 百万(萬)富翁 bǎiwàn fùwēng [个 gè]

millionth [ˈmɪljənθ] **I** ADJ 第一百万(萬)的 dì yībǎiwàn de **II** N [c] (*millionth part*) 百万(萬)分之一 bǎiwànfēn zhī yī

milometer [maɪˈlɔmɪtə^r] N = **mileometer**

mime [maɪm] **I** VT **1** 假唱 jiǎchàng **2** (*act out*) 模仿 mófǎng **II** VI **1** 假装(裝) jiǎzhuāng **2** (*act*) 用手比划(劃)表示 yòng shǒu bǐhuà biǎoshì **III** N **1** [U] (*art form*) 哑(啞)剧(劇) yǎjù **2** [c] (*performance*) 哑(啞)剧(劇)表演 yǎjù biǎoyǎn [场 chǎng] **IV** CPD [+ *artist*] 哑(啞)剧(劇) yǎjù

mimic [ˈmɪmɪk] **I** VT 模仿 mófǎng **II** N [c] 善于(於)模仿的人 shànyú mófǎng de rén [个 gè]

min. (*pl* **min.** *or* **mins**) N ABBR **1** (= **minute**) 分钟(鐘) fēnzhōng **2** = **minimum**

mince [mɪns] **I** N [U] (*Brit: Culin*) 肉末 ròumò [美 = **ground beef**] **II** VT (*Brit*) [+ *meat*] 绞(絞)碎 jiǎosuì [美 = **grind**] **III** VI (*in walking*) 扭扭捏捏地走 niǔniǔ-niēniē de zǒu ▸ **he doesn't mince (his) words** 他直言不讳(諱) tā zhí yán bù huì

mincemeat [ˈmɪnsmiːt] N [U] **1** (*fruit*) 百果馅(餡) bǎiguǒxiàn **2** (*Brit*) (*meat*) 肉末 ròumò [美 = **ground beef, hamburger meat**] ▸ **to make mincemeat of sb** 彻(徹)底击(擊)败(敗)某人 chèdǐ jībài mǒurén

mince pie N [c/U] 百果馅(餡)饼(餅) bǎiguǒ xiànbǐng [个 gè]

★ **mind** [maɪnd] **I** N [c] **1** (*thoughts*) 脑(腦)海 nǎohǎi ▹ *He couldn't get her out of his mind.* 他无法将她从脑海中摆脱。Tā wúfǎ jiāng tā cóng nǎohǎi zhōng bǎituō. **2** (*intellect*) 智力 zhìlì [种 zhǒng] ▹ *Studying stretched my mind and got me thinking.* 学习开发了我的智力并让我勤于思考。Xuéxí kāifāle wǒ de zhìlì bìng ràng wǒ qín yú sī kǎo. **3** (*mentality*) 头(頭)脑(腦) tóunǎo ▹ *Andrew, you have a very suspicious mind.* 安德鲁，你有个善猜疑的头脑。Āndélǔ, nǐ yǒu ge shàn cāiyí de tóunǎo. **4** (*thinker*) 有才智的人 yǒu cáizhì de rén ▹ *a team of the brightest minds available* 才智出众的人组成的团队 Cáizhì chūzhòng de rén zǔchéng de tuánduì **II** VT **1** (*Brit*) (*look after*) [+ *child, shop*] 照看 zhàokàn ▹ *My mother is minding the office.* 我母亲正照看着办公室。Wǒ mǔqīn zhèng zhàokànzhe bàngōngshì. **2** (*be careful of*) 当(當)心 dāngxīn ▹ *Mind your head!* 当心头！Dāngxīn tóu! **3** (*object to*) 介意 jièyì ▹ *I don't mind walking.* 我不介意走路。Wǒ bù jièyì zǒulù. **4** (*have a preference*) ▸ **I don't mind (what/who...)** 我不在乎(什么(麼)/谁(誰)···) wǒ bù zàihu (shénme/shéi...) ▹ *I don't mind what we have for dinner.* 我不在乎我们晚饭吃什么。Wǒ bù zàihu wǒmen wǎnfàn chī shénme. **5** ▸ **do/would you mind (if...)?** (如果···)你介意吗(嗎)? (rúguǒ...) nǐ jièyì ma? ▹ *Would you mind waiting outside for a moment?* 你介意在外面等一会儿吗? Nǐ jièyì zài wàimiàn děng yīhuìr ma? ▸ **to be out of one's mind** 发(發)疯(瘋) fāfēng ▸ **to have a lot on one's mind** 有许(許)多事牵(牽)肠(腸)挂(掛)肚 yǒu xǔduō shì qiān cháng guà dù ▸ **to my mind** (*in my opinion*) 据(據)我看来(來) jù wǒ kànlái ▸ **to make up one's mind** *or* **make one's mind up** 下定决(決)心 xiàdìng juéxīn ▸ **to change one's/sb's mind** 改变(變)主意 gǎibiàn zhǔyi ▸ **to be in** *or* (*US*) **of two minds about sth** 对(對)某事犹(猶)豫不决(決) duì mǒushì yóu yù bù jué ▸ **what do you have in mind?** 你有什么(麼)主意? nǐ yǒu shénme zhǔyi? ▸ **to bear** *or* **keep sth in mind** 记(記)住某事 jìzhù mǒushì ▸ **it slipped my mind** 我忘了 wǒ wàng le ▸ **it never crossed my mind** 我从(從)未想过(過) wǒ cóngwèi xiǎngguò ▸ **in my mind's eye** 在我的想像中 zài wǒ de xiǎngxiàng zhōng ▸ **to come** *or* **spring to mind** 在脑(腦)海中闪(閃)现(現) zài nǎohǎi zhōng shǎnxiàn ▸ **my mind was on other things** 我的心思在其他事情上 wǒ de xīnsi zài qítā shìqing shàng ▸ **to have** *or* **keep an open mind** 暂(暫)不作决(決)定 zàn bù zuò juédìng ▸ **state of mind** 精神状(狀)况(況) jīngshén zhuàngkuàng ▸ **to take one's mind off sth** 暂(暫)时(時)丢(丟)开(開)不想 zànshí diūkāi bùxiǎng ▸ **mind you,...** (*admittedly*) 说(說)真的，··· shuō zhēn de, ... ▸ **never mind** 不要紧(緊) bù yàojǐn ▸ **I wouldn't mind a coffee** 我挺想喝杯咖啡 wǒ tǐng xiǎng hē bēi kāfēi ▸ **mind your own business** (*inf*) 别(別)多管闲(閒)事 bié duō guǎn xián shì ▸ **mind the**

step 小心脚(腳)下 xiǎoxīn jiǎoxià

minder ['maɪndəʳ] N [c] **1** (*bodyguard*) 保镖(鏢) bǎobiāo [名 míng] **2** (*Brit*) (*also*: **child minder**) 保育员(員) bǎoyùyuán [名 míng]

mindful ['maɪndful] (*frm*) ADJ ▸ **mindful of** 留神的 liúshén de

mindless ['maɪndlɪs] ADJ **1** (*senseless*) [+ *violence*] 盲目的 mángmù de **2** (*stupid*) [+ *person*] 没(沒)头(頭)脑(腦)的 méi tóunǎo de **3** (*boring*) [+ *work*] 无(無)需动(動)脑(腦)的 wúxū dòngnǎo de

KEYWORD

★ **mine¹** [maɪn] PRON 我的 wǒ de ▸ **a friend of mine** 我的一个(個)朋友 wǒ de yīge péngyou ▸ **this is mine** 这(這)是我的 zhèshì wǒde ▸ **these are mine** 这(這)些是我的 zhèxiē shì wǒde

★ **mine²** [maɪn] I N [c] **1** (*for coal, gold etc*) 矿(礦) kuàng [座 zuò] **2** (*bomb*) 地雷 dìléi II VT **1** (*dig out*) [+ *coal, gold etc*] 开(開)采(採) kāicǎi **2** (*lay mines in*) [+ *area*] 布(佈)雷于(於) bùléi yú ▸ **he's a real mine of information** 他真是一本活字典 tā zhēnshi yīběn huó zìdiǎn

minefield ['maɪnfiːld] N [c] **1** (*area*) 雷区(區) léiqū **2** (*situation*) 危险(險)地带(帶) wēixiǎn dìdài

miner ['maɪnəʳ] N [c] 矿(礦)工 kuànggōng [位 wèi]

mineral ['mɪnərəl] I N [c] 矿(礦)物 kuàngwù [种 zhǒng] II CPD [+ *deposit, resources*] 矿(礦)物 kuàngwù [种 zhǒng]

mineral water ['mɪnərəl-] N [U/C] 矿(礦)泉水 kuàngquánshuǐ

mingle ['mɪŋgl] VI **1** ▸ **to mingle (with sth)** (*mix*) [*sounds, smells etc* +] (和某物)混杂(雜) (hé mǒuwù) hùnzá **2** [*person* +] (*at party*) 交往 jiāowǎng

miniature ['mɪnətʃəʳ] I ADJ 微型的 wēixíng de II N [c] **1** (*painting*) 微型画(畫) wēixínghuà [幅 fú] **2** (*bottle*) 小瓶装(裝)的酒 xiǎopíngzhuāng de jiǔ [瓶 píng] ▸ **in miniature** 缩(縮)影的 suōyǐng de

minibar ['mɪnɪbɑːʳ] N [c] 客房内(內)酒吧 kèfángnèi jiǔbā

minibus ['mɪnɪbʌs] N [c] 小公共汽车(車) xiǎo gōnggòng qìchē [辆 liàng]

minicab ['mɪnɪkæb] (*Brit*) N [c] 必须得事先预定的出租车

MiniDisc®, minidisc ['mɪnɪdɪsk] N **1** [U] (*system*) MD格式 MD géshì **2** [c] (*disc*) 迷你光碟 mínǐ guāngdié [张 zhāng] **3** [c] (*also*: **MiniDisc®player**) 微型唱片机(機) wēixíng chàngpiàn jī [台 tái]

minimal ['mɪnɪml] ADJ 最低限度的 zuìdī xiàndù de

minimize ['mɪnɪmaɪz] VT **1** (*reduce*) [+ *risks, disease*] 使…减(減)少到最低 shǐ…jiǎnshǎo dào zuìdī **2** (*play down*) [+ *role, weakness*] 贬(貶)低 biǎndī **3** (*Comput*) 把…最小化 bǎ…zuìxiǎohuà

minimum ['mɪnɪməm] I ADJ **1** (*lowest, smallest*) 最低的 zuìdī de **2** (*little*) 最少的 zuìshǎo de II N [c] 最少量 zuìshǎoliàng ▸ **to reduce/keep sth to a minimum** 将(將)某物降到/保持在最低限度 jiāng mǒuwù jiàngdào/bǎochí zài zuìdī xiàndù ▸ **a minimum of...** 最少的…zuìshǎo de... ▸ **three months minimum** 最少3个(個)月 zuìshǎo sān gè yuè

mining ['maɪnɪŋ] I N [U] 矿(礦)业(業) kuàngyè II CPD [+ *village, expert*] 采(採)矿(礦) cǎikuàng

miniskirt ['mɪnɪskəːt] N [c] 超短裙 chāoduǎnqún [条 tiáo]

★ **minister** ['mɪnɪstəʳ] I N [c] **1** (*Brit*: *Pol*) 部长(長) bùzhǎng [位 wèi] ▹ *the new Defence Minister* 新国防部部长 xīn guófángbù bùzhǎng **2** (*Rel*) 牧师(師) mùshī [位 wèi] II VI ▸ **to minister to** [+ *people, needs*] 照料 zhàoliào

ministry ['mɪnɪstrɪ] N **1** [c] (*Brit*: *Pol*) 部 bù **2** (*Rel*) ▸ **the ministry** 牧师(師) mùshī [位 wèi] ▸ **the Ministry of Defence/Agriculture** (*Brit*) 国(國)防部/农(農)业(業)部 guófángbù/nóngyèbù

mink [mɪŋk] N [c] 水貂 shuǐdiāo [只 zhī] ▹ *a mink coat* 一件貂皮大衣 yījiàn diāopí dàyī

minor ['maɪnəʳ] I ADJ **1** (*unimportant*) [+ *repairs, changes*] 不重要的 bù zhòngyào de; [+ *injuries*] 不严(嚴)重的 bù yánzhòng de **2** (*Mus*) [+ *key, scale*] 小调(調)的 xiǎodiào de II N [c] **1** (*under-age child*) 未成年人 wèichéngniánrén [名 míng] **2** (*US*: *Scol*) (*subject*) 辅(輔)修科目 fǔxiū kēmù [门 mén] **3** (*US*: *Scol*) (*student*) ▸ **a history minor** 历(歷)史辅(輔)修生 lìshǐ fǔxiūshēng [名 míng] III VI (*US*: *Scol*) ▸ **to minor in sth** 辅(輔)修某科 fǔxiū mǒukē ▸ **Chopin's Scherzo in B flat minor** 用降B小调(調)演奏肖邦的谐(諧)谑(謔)曲 yòng jiàng B xiǎodiào yǎnzòu Xiāobāng de xiéxuèqǔ

minority [maɪ'nɔrɪtɪ] I N **1** [s + PL VB] [*of group, society*] 少数(數) shǎoshù **2** [c] (*ethnic, cultural, religious*) 少数(數)民族 shǎoshù mínzú [个 gè] II CPD [+ *shareholder, verdict*] 少数(數) shǎoshù ▸ **to be in a** *or* **the minority** 占(佔)少数(數) zhàn shǎoshù ▸ **a (small) minority of** (极(極))少数(數)的 (jí)shǎoshù de

mint [mɪnt] I N **1** [U] (*plant*) 薄荷 bòhe **2** [U] (*sweet*) 薄荷糖 bòhe táng **3** ▸ **the (Royal) Mint,** (*US*) **the Mint** (英国(國)皇家)铸(鑄)币(幣)局，(美国(國))铸(鑄)币(幣)局 (Yīngguó huángjiā) zhùbìjú, (Měiguó) zhùbìjú II VT [+ *coins*] 铸(鑄)造 zhùzào ▸ **in mint condition** 状(狀)况(況)完好 zhuàngkuàng wánhǎo

minus ['maɪnəs] I N [c] **1** (*also*: **minus sign**) 负(負)号(號) fùhào **2** (*disadvantage*) 不足 bùzú II PREP (*inf*: *without*) 没(沒)有 méiyǒu ▸ **12 minus 3 (is** *or* **equals 9)** 12

m

减(減)3(等于(於)9) shí'èr jiǎn sān (děngyú jiǔ) ▸ **minus 24 (degrees C/F)** (*temperature*) 零下24(摄(攝)氏/华(華)氏度) língxià èrshísì (shèshì/huáshì dù) ▸ **minus 24** (*Math*) 负(負)24 fù èrshísì ▸ **B minus** (*Scol*) B减(減) bì jiǎn

★**minute¹** [maɪ'nju:t] ADJ [+ *amount*] 极(極)小的 jíxiǎo de ▸ **in minute detail** 细(細)枝末节(節) xì zhī mò jié

★**minute²** ['mɪnɪt] **I** N [c] **1** (*unit*) 分钟(鐘) fēnzhōng **2** (*fig: short time*) 一会(會)儿(兒) yīhuìr ▹ *Will you excuse me if I sit down for a minute?* 我可以坐一会儿吗？ Wǒ kěyǐ zuò yīhuìr ma? **II minutes** N PL [*of meeting*] 会(會)议(議)记(記)录(錄) huìyì jìlù ▸ **5 minutes past 3** 3点(點)过(過)5分 sān diǎn guò wǔ fēn ▸ **wait** *or* **just a minute!** 等一会(會)儿(兒)！ děng yīhuìr! ▸ **(at) any minute** *or* **any minute (now)** 随(隨)时(時) suíshí ▸ **the minute (that)...** 一…就… yī...jiù... ▸ **this minute** (*inf*) 立刻 lìkè ▸ **(at/until) the last minute** (在/到)最后(後)一刻 (zài/dào)zuìhòu yīkè

miracle ['mɪrəkl] **I** N [c] **1** (*Rel*) 圣(聖)迹(蹟) shèngjì [处 chù] **2** (*marvel*) 奇迹(蹟) qíjì [个 gè] **II** CPD [+ *cure, drug*] 特效 tèxiào ▸ **it's a miracle (that)...** …真是个(個)奇迹(蹟) ...zhēn shì ge qíjì

miraculous [mɪ'rækjuləs] ADJ **1** 奇迹(蹟)般的 qíjìbān de **2** (*Rel*) 圣(聖)迹(蹟)般的 shèngjìbān de

mirage ['mɪrɑ:ʒ] N [c] **1** (*optical illusion*) 海市蜃楼(樓) hǎishì shènlóu [栋 dòng] **2** (*delusion*) 幻影 huànyǐng [辆 liàng]

mirror ['mɪrə^r] **I** N [c] 镜(鏡)子 jìngzi [面 miàn]; [*in car*] 后(後)视(視)镜(鏡) hòushìjìng [个 gè] **II** VT 反映 fǎnyìng

misbehave [mɪsbɪ'heɪv] VI 行为(為)无(無)礼(禮) xíngwéi wúlǐ

misc. ABBR = **miscellaneous**

miscalculate [mɪs'kælkjuleɪt] **I** VT 错(錯)误(誤)估计(計) cuòwù gūjì **II** VI 算错(錯) suàncuò

miscarriage ['mɪskærɪdʒ] N [c] (*Med*) 流产(產) liúchǎn [次 cì] ▸ **to have a miscarriage** 流产(產) liúchǎn ▸ **miscarriage of justice** 误(誤)判 wùpàn

miscellaneous [mɪsɪ'leɪnɪəs] ADJ [+ *people, objects*] 形形色色的 xíngxíng-sèsè de ▸ **miscellaneous expenses** 各种(種)花销(銷) gèzhǒng huāxiāo

mischief ['mɪstʃɪf] N [U] **1** (*playfulness, fun*) 顽(頑)皮 wánpí **2** (*trouble, harm*) 损(損)害 sǔnhài ▸ **to get into** *or* **up to mischief** 胡闹(鬧) húnào ▸ **to do o.s. a mischief** (*inf*) 使自己受伤(傷) shǐ zìjǐ shòushāng

mischievous ['mɪstʃɪvəs] ADJ **1** (*playful, fun-loving*) 淘气(氣)的 táoqì de **2** (*malicious*) 恶(惡)意的 èyì de

misconception ['mɪskən'sɛpʃən] N [c] 误(誤)解 wùjiě

misconduct [mɪs'kɔndʌkt] N [U] (*misbehaviour*) 行为(為)不端 xíngwéi bùduān

miser ['maɪzə^r] (*pej*) N [c] 守财(財)奴 shǒucáinú [个 gè]

miserable ['mɪzərəbl] ADJ **1** (*unhappy*) [+ *person*] 痛苦的 tòngkǔ de **2** (*wretched*) [+ *conditions, place*] 破败(敗)的 pòbài de **3** (*unpleasant*) [+ *weather, day*] 恶(惡)劣的 èliè de **4** (*bad-tempered, unfriendly*) [+ *person, nature*] 坏(壞)脾气(氣)的 huài píqi de **5** (*meagre*) [+ *amount*] 少得可怜(憐)的 shǎo de kělián de **6** (*hopeless*) [+ *failure*] 悲惨(慘)的 bēicǎn de ▸ **to feel miserable** 感到痛苦 gǎndào tòngkǔ

misery ['mɪzərɪ] N **1** [U] (*unhappiness*) 痛苦 tòngkǔ **2** [U] (*wretchedness*) 穷(窮)困 qióngkùn **3** [c] (*esp Brit: inf*) (*person*) 爱(愛)发(發)牢骚(騷)的人 ài fā láosāo de rén [个 gè] ▸ **to put sb out of their misery** (*inf*) 解开(開)某人心中的疑团(團) jiěkāi mǒurén xīn zhōng de yítuán ▸ **to put sth out of its misery** 杀(殺)死某动(動)物以结(結)束其痛苦 shāsǐ mǒu dòngwù yǐ jiéshù qí tòngkǔ ▸ **to make sb's life a misery** 使某人日子不好过(過) shǐ mǒurén rìzi bù hǎoguò

misfortune [mɪs'fɔ:tʃən] N [c/U] 不幸 bùxìng

misgiving [mɪs'gɪvɪŋ] N [c/U] ▸ **to have misgivings about sth** 对(對)某事感到担(擔)心 duì mǒushì gǎndào dānxīn ▸ **to be filled with misgiving about sth** 对(對)某事疑虑(慮)重重 duì mǒushì yí lǜ chóngchóng

misguided [mɪs'gaɪdɪd] ADJ [+ *opinion, attempt*] 误(誤)导(導)的 wùdǎo de; [+ *person*] 误(誤)入歧途的 wùrù qítú de

mishandle [mɪs'hændl] VT [+ *situation, project*] 错(錯)误(誤)处(處)理 cuòwù chǔlǐ

mishap ['mɪshæp] N [c] 小小的不幸 xiǎoxiǎo de bùxìng ▸ **without mishap** 毫无(無)波折 háowú bōzhé

mishear [mɪs'hɪə^r] (*pt, pp* **misheard** [mɪs'hə:d]) **I** VT [+ *person, remark*] 听(聽)错(錯) tīngcuò **II** VI 听(聽)错(錯) tīngcuò

misinterpret [mɪsɪn'tə:prɪt] VT 曲解 qūjiě

misjudge [mɪs'dʒʌdʒ] VT [+ *person, situation*] 错(錯)误(誤)判断(斷) cuòwù pànduàn

mislay [mɪs'leɪ] (*pt, pp* **mislaid** [mɪs'leɪd]) VT 忘记(記)把…放在何处(處) wàngjì bǎ...fàng zài héchù

mislead [mɪs'li:d] (*pt, pp* **misled**) VT 误(誤)导(導) wùdǎo ▸ **to mislead sb about sth** 在某事上误(誤)导(導)某人 zài mǒushì shàng wùdǎo mǒurén

misleading [mɪs'li:dɪŋ] ADJ 使人误(誤)解的 shǐ rén wùjiě de

misled [mɪs'lɛd] PT, PP *of* **mislead**

misplace [mɪs'pleɪs] (*frm*) VT (*mislay*) 误(誤)置 wùzhì

misprint ['mɪsprɪnt] N [c] 印刷错(錯)误(誤) yìnshuā cuòwù

misrepresent [mɪsrɛprɪ'zɛnt] VT [+ *person, views*] 歪曲 wāiqū

Miss [mɪs] N **1** (*before surname*) 小姐 xiǎojiě **2** (*esp Brit*) (*as form of address*) 小姐 xiǎojiě ▸ **Dear Miss Smith** 亲(親)爱(愛)的史密斯小姐 qīn'ài de Shǐmìsī xiǎojiě ▸ **Miss World** (*in beauty contests*) 世界小姐 shìjiè xiǎojiě

MISS, MRS, MS

在说英语的国家中，**Mrs**（夫人）用于已婚女士的姓名前。**Miss**（小姐）用于未婚女士的姓名前。有些女士认为，让人们知道她是否结婚并不重要，所以往往用 **Ms**（女士）称呼自己。与 **Mr**（先生）类似，**Ms** 不表明任何婚姻状况。

★ **miss** [mɪs] **I** VT **1** (*fail to hit*) 未击(擊)中 wèi jīzhòng ▹ *She threw an ashtray across the room, narrowly missing my head.* 她从房间那端扔过来一只烟灰缸，差点击中我的头。Tā cóng fángjiān nàduān rēng guòlái yīzhī yānhuīgāng, chàdiǎn jīzhòng wǒ de tóu. **2** (*Sport*) [+ *shot, penalty*] 打偏 dǎpiān ▹ *He scored four goals but missed a penalty.* 他进了4个球，却踢偏了1个点球。Tā jìnle ge qiú, què tīpiān le yīge diǎnqiú. **3** (*fail to catch*) [+ *train, bus, plane*] 错(錯)过(過) cuòguò ▹ *Daniel nearly missed his flight.* 丹尼尔差点错过他的航班。Dānní'ěr chàdiǎn cuòguò tā de hángbān. **4** (*notice loss of*) [+ *money etc*] 发(發)觉(覺)丢(丟)失 fājué diūshī ▹ *He didn't miss his wallet until he was on the plane.* 直到上了飞机他才发觉丢失了钱包。Zhídào shàngle fēijī tā cái fājué diūshīle qiánbāo. **5** (*fail to notice*) 忽视(視) hūshì ▹ *Captain Cobbins was an experienced officer and didn't miss much.* 科宾斯上尉是个有经验的军官，不会忽视太多东西。Kēbīnsī shàngwèi shì gè yǒu jīngyàn de jūnguān, bùhuì hūshì tàiduō dōngxī. **6** (*feel the absence of*) [+ *person, thing*] 想念 xiǎngniàn ▹ *Did you miss me?* 你想念我吗？ Nǐ xiǎngniàn wǒ ma? ▹ *If I moved into a flat I'd really miss my garden.* 如果我搬到公寓去住，我肯定会很想念我的花园。Rúguǒ wǒ bān dào gōngyù qù zhù, wǒ kěndìng huì hěn xiǎngniàn wǒ de huāyuán. **7** (*fail to take*) [+ *chance, opportunity*] 错(錯)过(過) cuòguò ▹ *It was too good an opportunity to miss.* 这个机会好得不容错过。Zhège jīhuì hǎo de bù róng cuò guò. **8** (*fail to attend*) [+ *class, meeting*] 缺席 quēxí ▹ *I couldn't miss a departmental meeting.* 系里开会我不可以缺席。Xìlǐ kāihuì wǒ bù kěyǐ quēxí. **II** VI (*fail to hit*) [*person* +] 没(沒)打中 méi dǎzhòng ▹ *She threw her plate at his head and missed.* 她把盘子朝他的头扔去，但没打中。Tā bǎ pánzi cháo tā de tóu rēng qù, dàn méi dǎzhòng. **III** N [c] **1** (*failure to hit*) 击(擊)不中 jī bùzhòng ▹ *After more misses, they shot the lion in the chest.* 又有几次没击中后，他们射中了狮子的胸部。Yòu yǒu jǐcì méi jīzhòng hòu, tāmen shèzhòngle shīzi de xiōngbù. **2** (*Sport*) 失误(誤) shīwù [次 cì] ▹ *Striker Marcus Smith's miss cost them the match.* 前锋马库斯·史密斯的失误使他们输掉了这场比赛。Qiánfēng Mǎkùsī Shǐmìsī de shīwù shì tāmen shūdiàole zhèchǎng bǐsài. ▸ **to just miss sth** 刚(剛)好错(錯)过(過)某事 gānghǎo cuòguò mǒushì ▸ **you can't miss it** 你不会(會)找不到 nǐ bùhuì zhǎo bùdào ▸ **to miss the point** 没(沒)领(領)会(會)要点(點) méi lǐnghuì yàodiǎn ▸ **his shirt was missing a button** (*inf*) 他的衬(襯)衫少了一粒纽(紐)扣(釦) tā de chènshān shǎole yī lì niǔkòu ▸ **to give sth a miss** (*Brit; inf*) 避开(開)某事 bìkāi mǒushì

▸ **miss out** (*Brit*) **I** VT (*accidentally*) 遗(遺)漏 yílòu ▹ *It's easy to miss out a comma when you're writing quickly.* 在你飞快地书写的时候很容易会遗漏一个逗号。Zài nǐ fēikuài de shūxiě de shíhou hěn róngyì huì yílòu yīge dòuhào. [美 = **leave out**] **II** VI (*lose out*) 错(錯)过(過)机(機)会(會) cuòguò jīhuì

▸ **miss out on** VT FUS [+ *opportunity, fun*] 错(錯)过(過) cuòguò

missile ['mɪsaɪl] N [c] **1** (*Mil*) 导(導)弹(彈) dǎodàn [枚 méi] **2** (*object thrown*) 投掷(擲)物 tóuzhìwù

missing ['mɪsɪŋ] ADJ (*absent, lost*) [+ *person*] 失踪(蹤)的 shīzōng de; [+ *object*] 丢(丟)失的 diūshī de ▸ **to go missing** 不知去向 bù zhī qù xiàng ▸ **missing person** 失踪(蹤)人员(員) shīzōng rényuán ▸ **missing in action** 作战(戰)中失踪(蹤) zuòzhàn zhōng shīzōng

mission ['mɪʃən] N [c] **1** (*task*) 任务(務) rènwù [项 xiàng] **2** (*aim*) 使命 shǐmìng [个 gè] **3** (*official representatives*) 代表团(團) dàibiǎotuán [个 gè] **4** (*Mil, Aviat*) (*flight*) 飞(飛)行任务(務) fēixíng rènwù [个 gè] **5** (*Rel*) (*campaign*) 传(傳)教活动(動) chuánjiào huódòng; (*building*) 教区(區) jiàoqū

missionary ['mɪʃənrɪ] N [c] 传(傳)教士 chuánjiào shì [名 míng]

misspell ['mɪs'spɛl] (*pt, pp* **misspelt** (*Brit*) *or* **misspelled**) VT 拼错(錯) pīncuò

mist [mɪst] N [c/u] 薄雾(霧) bówù [场 chǎng]

▸ **mist over, mist up I** VI [*window, glasses* +] 被蒙上水汽 bèi méngshàng shuǐqì ▸ **his eyes misted over** 他泪(淚)眼模糊 tā lèi yǎn mó hu **II** VT [+ *window, glasses*] 使蒙上水汽 shǐ méngshàng shuǐqì

mistake [mɪs'teɪk] (*pt* **mistook**, *pp* **mistaken**) **I** N [c] **1** (*error*) (*in calculations, text etc*) 错(錯)误(誤) cuòwù [个 gè] **2** (*blunder*) 过(過)失 guòshī [个 gè] **II** VT (*be wrong about*) 弄错(錯) nòngcuò ▸ **to make a mistake** 犯错(錯) fàncuò ▸ **you're making a big mistake** 你正在犯一个(個)严(嚴)重的错(錯)误(誤) nǐ zhèngzài fàn yīge yánzhòng de cuòwù ▸ **to make the mistake of doing sth** 误(誤)做某事 wùzuò mǒushì ▸ **it's a (big) mistake to do that** 那么(麼)做是个(個)(严(嚴)重的)错(錯)误(誤) nàme zuò shì ge(yánzhòng de)cuòwù ▸ **there must be some mistake** 一定是搞错(錯)了 yīdìng shì gǎocuò le ▸ **to do sth by mistake** 误(誤)做某事 wùzuò mǒushì ▸ **to mistake A for B** 把A误(誤)认(認)为(為)B bǎ A wùrèn wéi B ▸ **there is no mistaking...** …不可能被弄错(錯) ...bù kěnéng bèi nòngcuò

mistaken [mɪs'teɪkən] **I** PP *of* **mistake II** ADJ [+ *idea, belief etc*] 错(錯)误(誤)的 cuòwù de ▸ **to be mistaken (about sth)** [*person* +] (把某事)搞错(錯) (bǎ mǒushì)gǎocuò ▸ **if I'm not** *or* **unless I'm mistaken** 如果我没(沒)弄错(錯)的话(話) rúguǒ wǒ méi nòngcuò de huà

mistakenly [mɪs'teɪkənlɪ] ADV 错(錯)误(誤)地 cuòwù de

mister ['mɪstəʳ] N (*inf*) 先生 xiānsheng *see* **Mr**

mistletoe ['mɪsltəu] N [U] 槲寄生 hújìshēng

MISTLETOE

mistletoe 是一种灌木，绿色茎叶和蜡白色浆果。在英国和美国，被用作圣诞节装饰物。根据传统，人们在槲寄生下面亲吻。

mistook [mɪs'tuk] PT *of* **mistake**

mistress ['mɪstrɪs] N [C] **1** (*lover*) 情妇(婦) qíngfù **2** (*Brit; o.f.*) (*Scol*) (*teacher*) 女教师(師) nǚ jiàoshī [名 míng] **3** (*owner*) 女主人 nǚ zhǔrén **4** [*of house, servant*] 女主人 nǚ zhǔrén

mistrust [mɪs'trʌst] **I** N [U] ▸ **mistrust (of sth/sb)** (对(對)某事/某人)不信任 (duì mǒushì/mǒurén) bù xìnrèn **II** VT 不相信 bù xiāngxìn

misty ['mɪstɪ] ADJ [+ *day, weather*] 有雾(霧)的 yǒuwù de ▸ **it's misty** 有雾(霧) yǒuwù

misunderstand [mɪsʌndə'stænd] (*pt, pp* **misunderstood**) VT, VI 误(誤)解 wùjiě

misunderstanding ['mɪsʌndə'stændɪŋ] N **1** [C/U] 误(誤)会(會) wùhuì [个 gè] **2** [C] (*disagreement*) 争(爭)执(執) zhēngzhí [场 chǎng]

misunderstood [mɪsʌndə'stud] **I** PT, PP *of* **misunderstand II** ADJ 被误(誤)解的 bèi wùjiě de

misuse [*n* mɪs'ju:s, *vb* mɪs'ju:z] **I** N [C/U] 滥(濫)用 lànyòng **II** VT 误(誤)用 wùyòng

mitt [mɪt] N [C] **1** (*inf: mitten*) 连(連)指手套 liánzhǐ shǒutào [双 shuāng] **2** (*Baseball*) (*glove*) 棒球手套 bàngqiú shǒutào [双 shuāng] **3** (*inf: hand*) 手 shǒu

mitten ['mɪtn] N [C] 连(連)指手套 liánzhǐ shǒutào [双 shuāng]

mix [mɪks] **I** VT **1** (*combine*) [+ *liquids, ingredients, colours*] 混合 hùnhé **2** (*prepare*) [+ *cake, sauce*] 拌和 bànhuò; [+ *cement*] 搅(攪)拌 jiǎobàn **3** [+ *sounds, tracks*] 混 hùn **II** VI **1** 混合 hùnhé **2** (*socially*) ▸ **to mix (with sb)** (和某人)相处(處) (hé mǒurén) xiāngchǔ **III** N **1** [C] (*combination*) 混合 hùnhé [种 zhǒng] **2** [C/U] (*powder*) 混合料 hùnhé liào ▸ **to mix sth with sth** [+ *activities*] 将(將)某物同某物混淆 jiāng mǒuwù tóng mǒuwù hùnxiáo ▸ **to mix business with pleasure** 把生意和娱(娛)乐(樂)相结(結)合 bǎ shēngyi hé yúlè xiāng jiéhé ▸ **to mix sb a drink** 给(給)某人调(調)制(製)一杯饮(飲)料 gěi mǒurén tiáozhì yībēi yǐnliào ▸ **politics and sport don't mix** 政治和运(運)动(動)互不相容 zhèngzhì hé yùndòng hù bù xiāngróng

▸ **mix in** VT [+ *eggs etc*] 搅(攪)拌加入 jiǎobàn jiārù

▸ **mix up** VT (*confuse*) [+ *people*] 分辨不出 fēnbiàn bùchū; [+ *things*] 混淆 hùnxiáo

mixed [mɪkst] ADJ **1** (*varying*) [+ *reactions, signals*] 复(複)杂(雜)的 fùzá de **2** (*combined*) [+ *salad, herbs*] 什锦(錦)的 shíjǐn de **3** (*diverse*) [+ *group, community*] 形形色色的 xíngxíng sèsè de **4** [+ *race*] 混血的 hùnxuè de **5** [+ *marriage*] 异(異)族的 yìzú de **6** (*coeducational*) [+ *school, education*] 男女混合的 nánnǚ hùnhé de ▸ **to have mixed feelings (about sth)** (对(對)于(於)某事)百感交集 (duìyú mǒushì)bǎi gǎn jiāo jí

mixed grill (*Brit: Culin*) N [C] 烤杂(雜)排 kǎozápái [盘 pán]

mixed up ADJ (*confused*) 糊涂(塗)的 hútu de ▸ **to get mixed up (about sth)** (把某事)混淆起来(來) (bǎ mǒushì)hùnxiáo qǐlái ▸ **to get sth mixed up** [+ *facts, dates*] 把某事弄混 bǎ mǒushì nòng hùn ▸ **to be** *or* **get mixed up in sth** 被卷(捲)入某事 bèi juǎnrù mǒushì

mixer ['mɪksəʳ] N [C] **1** (*also:* **food mixer**) 搅(攪)拌器 jiǎobànqì [个 gè] **2** (*drink*) 调(調)酒用的饮(飲)料 tiáojiǔ yòng de yǐnliào **3** (*person*) ▸ **to be a good mixer** 是交际(際)能手 shì jiāojì néngshǒu [个 gè]

mixture ['mɪkstʃəʳ] N [C/U] 混合物 hùnhéwù [种 zhǒng]

mix-up ['mɪksʌp] (*inf*) N [C] 混乱(亂) hùnluàn [种 zhǒng]

mm ABBR (= **millimetres**) 毫米 háomǐ

MMS ['ɛmɛm'ɛs] N ABBR (= **multimedia messaging service**) 彩信 cǎixìn [条(條) tiáo]

moan [məun] **I** VI **1** (*groan*) 呻吟 shēnyín [阵 zhèn] **2** (*inf: complain*) ▸ **to moan (about sth)** 抱怨(某事) bàoyuàn (mǒushì) **3** (*say*) 呻吟着(著)说(說) shēnyínzhe shuō **II** N [C] **1** (*groan*) 呻吟 shēnyín [阵 zhèn] **2** (*complaint*) 抱怨 bàoyuàn

moat [məut] N [C] 护(護)城河 hùchénghé [条 tiáo]

mob [mɔb] **I** N **1** [C] (*disorderly crowd*) 暴民 bàomín [群 qún] **2** [C] (*inf: gang, crew*) 团(團)伙 tuánhuǒ [个 gè] **3** (*inf: mafia*) ▸ **the Mob** 黑手党(黨) Hēishǒudǎng [名 míng] **II** VT [+ *person*]

成群围(圍)住 chéngqún wéizhù **III** CPD [+ *violence, rule*] 暴民 bàomín [群 qún]

mobile ['məubaɪl] **I** ADJ **1** [+ *library, studio, office*] 流动(動)的 liúdòng de **2** [+ *person*] (*having transport*) 有私人的代步工具的 yǒu sīrén de dàibù gōngjù de; (*able to walk*) 能活动(動)的 néng huódòng de **3** [+ *workforce, population*] 流动(動)的 liúdòng de **II** N [c] **1** (*Brit; inf*) (*mobile phone*) 手机(機) shǒujī [部 bù] **2** (*decoration*) 风(風)动(動)饰(飾)物 fēngdòng shìwù

mobile home N [c] 活动(動)住房 huódòng zhùfáng [座 zuò]

mobile phone (*Brit*) N [c] 手机(機) shǒujī [部 bù] [美 = **cellphone, cellular phone**]

mobility [məu'bɪlɪtɪ] N [U] **1** [*of person*] (*through transport*) 机(機)动(動)性 jīdòngxìng; (*ability to walk*) 行走能力 xíngzǒu nénglì **2** [*of workforce, population*] 流动(動)性 liúdòngxìng

mobilize ['məubɪlaɪz] **I** VT **1** (*organize*) [+ *people, support*] 动(動)员(員) dòngyuán **2** (*Mil*) [+ *army*] 调(調)动(動) diàodòng **II** VI (*Mil*) [*country, army* +] 动(動)员(員)起来(來) dòngyuán qǐlái

mock [mɔk] **I** VT (*ridicule*) 嘲笑 cháoxiào **II** ADJ **1** (*artificial, false*) [+ *style, material*] 仿制(製)的 fǎngzhì de **2** (*pretend*) [+ *emotion*] 假装(裝)的 jiǎzhuāng de **3** (*staged*) [+ *battle, execution*] 模拟(擬)的 mónǐ de **III mocks** N PL (*Brit*) (*also:* **mock exams, mock examinations**) 模拟(擬)考试(試) mónǐ kǎoshì

mockery ['mɔkərɪ] N [U] 嘲弄 cháonòng ▶ **to make a mockery of sth** 使某事成为(為)笑柄 shǐ mǒushì chéngwéi xiàobǐng

mocking ['mɔkɪŋ] ADJ 讥(譏)讽(諷)的 jīfěng de

mod cons (*Brit; inf*) N PL ABBR (= **modern conveniences**) 现(現)代化生活设(設)备(備) xiàndàihuà shēnghuó shèbèi

mode [məud] (*frm*) N [c] **1** (*form*) 形式 xíngshì [种 zhǒng] **2** (*setting*) 模式 móshì

model ['mɔdl] **I** N [c] **1** [*of boat, building*] 模型 móxíng [个 gè] **2** (*fashion model*) 时(時)装(裝)模特 shízhuāng mótè [位 wèi] **3** (*artist's model*) 模特 mótè **4** (*example*) ▶ **a model of** …的典范(範) …de diǎnfàn **II** ADJ **1** (*exemplary*) [+ *teacher, mother, farm etc*] 模范(範)的 mófàn de **2** (*miniature*) ▶ **model aircraft/train** 模型飞(飛)机(機)/火车(車) móxíng fēijī/huǒchē **III** VT **1** [+ *clothes*] 展示 zhǎnshì **2** (*sculpt*) 塑造 sùzào **IV** VI (*for designer, photographer etc*) 当(當)模特 dāng mótè ▶ **to model o.s. on sb** 以某人为(為)榜样(樣) yǐ mǒurén wéi bǎngyàng

modem ['məudɛm] N [c] 调(調)制(製)解调(調)器 tiáozhì jiětiáo qì [个 gè]

moderate [*adj, n* 'mɔdərət, *vb* 'mɔdəreɪt] **I** ADJ **1** (*not extreme*) [+ *views, people*] 中庸的 zhōngyōng de **2** (*not big, not small*) [+ *amount, improvement*] 适(適)度的 shìdù de **II** N [c] (*Pol*) 温(溫)和派 wēnhépài **III** VT **1** [+ *tone of voice, language*] 使缓(緩)和 shǐ huǎnhé **2** [+ *demands*] 减(減)轻(輕) jiǎnqīng; [+ *views*] 使温(溫)和 shǐ wēnhé **IV** VI (*abate*) [*storm, crisis etc* +] 变(變)温(溫)和 biàn wēnhé

moderation [mɔdə'reɪʃən] N [U] 中庸 zhōngyōng ▶ **in moderation** 适(適)度 shìdù

modern ['mɔdən] ADJ **1** (*present-day*) [+ *world, times, society*] 现(現)代的 xiàndài de **2** (*up-to-date*) [+ *technology, design*] 新式的 xīnshì de

modernize ['mɔdənaɪz] VT 使现(現)代化 shǐ xiàndàihuà

modern languages N PL 现(現)代语(語)言 xiàndài yǔyán

modest ['mɔdɪst] ADJ **1** (*small*) [+ *amount, improvement*] 少量的 shǎoliàng de; [+ *house, flat*] 朴(樸)素的 pǔsù de **2** (*not boastful*) [+ *person*] 谦(謙)虚(虛)的 qiānxū de **3** (*decent*) [+ *woman, clothes, behaviour*] 端庄(莊)的 duānzhuāng de

modesty ['mɔdɪstɪ] N [U] **1** (*humility*) 谦(謙)逊(遜) qiānxùn **2** (*smallness*) 小 xiǎo **3** (*simplicity*) 朴(樸)实(實) pǔshí **4** (*decency*) 端庄(莊) duānzhuāng

modification [mɔdɪfɪ'keɪʃən] N [C/U] (*to machine*) 改装(裝) gǎizhuāng; (*to policy, plan*) 修改 xiūgǎi ▶ **to make modifications to sth** 对(對)某物进(進)行修改 duì mǒuwù jìnxíng xiūgǎi

modify ['mɔdɪfaɪ] VT [+ *machine*] 改装(裝) gǎizhuāng; [+ *policy, plan*] 修改 xiūgǎi

module ['mɔdju:l] N [c] **1** (*Scol*) 单(單)元 dānyuán **2** (*Space*) 舱(艙) cāng **3** [*of building*] 部件 bùjiàn **4** [*of machine*] 组(組)件 zǔjiàn

mohair ['məuhɛə^r] **I** N [U] 马(馬)海毛 mǎhǎimáo **II** CPD [+ *jumper, scarf, dress*] 马(馬)海毛 mǎhǎimáo

Mohammed [mə'hæmɛd] N 穆罕默德 Mùhǎnmòdé

moist [mɔɪst] ADJ 潮湿(濕)的 cháoshī de

moisten ['mɔɪsn] VT 弄湿(濕) nòngshī

moisture ['mɔɪstʃə^r] N [U] 水分 shuǐfèn

moisturizer ['mɔɪstʃəraɪzə^r] N [C/U] 保湿(濕)霜 bǎoshīshuāng [瓶 píng]

molasses [mə'læsɪz] N [U] 糖浆(漿) tángjiāng

mold *etc* [məuld] (*US*) N, VT = **mould** *etc*

Moldova [mɔl'dəuvə] N 摩尔(爾)多瓦 Mó'ěrduōwǎ

Moldovan [mɔl'dəuvən] **I** ADJ 摩尔(爾)多瓦的 Mó'ěrduōwǎ de [个 gè] **II** N **1** [C] (*person*) 摩尔(爾)多瓦人 Mó'ěrduōwǎrén **2** [U] (*language*) 摩尔(爾)多瓦语(語) Mó'ěrduōwǎyǔ

mole [məul] N [c] **1** (*on skin*) 痣 zhì [个 gè] **2** (*animal*) 鼹(鼴)鼠 yǎnshǔ [只 zhī] **3** (*spy*) 间(間)谍(諜) jiàndié [名 míng]

molecule ['mɔlɪkju:l] N [c] 分子 fēnzǐ

molest [mə'lɛst] VT (*sexually*) 猥亵(褻) wěixiè

molten ['məultən] ADJ [+ *metal, glass, rock*] 熔化的 rónghuà de

mom [mɔm] (*US; inf*) N [c] 妈(媽)妈(媽) māma

[英 = **mum**]

★**moment** ['məumənt] N **1** [c] (*period of time*) 片刻 piànkè ▷ *It lasted only a moment.* 只持续了片刻。Zhǐ chíxùle piànkè. **2** [c] (*point in time*) 瞬间(間) shùnjiān ▷ *That was the moment I understood.* 在那一瞬间我明白了。Zài nà yīshùnjiān wǒ míngbai le. **3** [U] (*frm: importance*) 重要 zhòngyào ▷ *a matter of the greatest moment* 最重要的一件事 zuì zhòngyào de yī jiàn shì ▸ **for a** *or* **one moment** (*showing disbelief*) 一刻 yīkè ▷ *I don't for a moment think there'll be a divorce.* 我一刻都没想过会离婚。Wǒ yīkè dōu méi xiǎngguò huì líhūn.; (*showing relief*) 有那么(麼)一刻 yǒu nàme yīkè ▷ *For a moment I thought he wasn't going to make it.* 有那么一刻我还以为他不会来了。Yǒu nàme yīkè wǒ hái yǐwéi tā bùhuì lái le.; (*briefly*) 一会(會)儿(兒) yīhuìr ▷ *She stared at him for a moment, then turned away.* 她盯着他看了一会儿，然后转过身。Tā dīngzhe tā kànle yīhuìr, ránhòu zhuǎnguò shēn. ▸ **for the moment** 暂(暫)时(時) zànshí ▸ **in a moment** (*explaining when*) 马(馬)上 mǎshàng; (*explaining duration*) 一瞬间(間) yīshùnjiān ▸ **one moment, please** (*on the telephone*) 请(請)稍等 qǐng shāoděng ▸ **the moment (that)...** 一…，就… yī..., jiù... ▸ **at that moment** 当(當)时(時) dāngshí ▸ **at the/this (present) moment** 此刻/当(當)前 cǐkè/dāngqián ▸ **(at) any moment (now)** 随(隨)时(時) suíshí ▸ **at the last moment** 在最后(後)一刻 zài zuìhòu yīkè

momentarily ['məuməntrılı] ADV **1** (*Brit*) (*for a moment*) 短暂(暫)地 duǎnzàn de **2** (*US*) (*very soon*) 立即 lìjí

momentary ['məuməntərı] ADJ 短暂(暫)的 duǎnzàn de

momentous [məu'mεntəs] ADJ 重大的 zhòngdà de

momentum [məu'mεntəm] N [U] **1** [*of events, change, political movement*] 势(勢)头(頭) shìtóu **2** (*Phys*) 动(動)量 dòngliàng ▸ **to gather** *or* **gain momentum** [*process* +] 势(勢)头(頭)增长(長) shìtóu zēngzhǎng; [*object, vehicle* +] 积(積)聚动(動)力 jījù dònglì

mommy ['mɔmı] (*US; inf*) N [c] 妈(媽)妈(媽) māma

Mon. ABBR (= **Monday**) 星期一 xīngqīyī

monarch ['mɔnək] N [c] 君主 jūnzhǔ

monarchy ['mɔnəkı] N **1** [U] (*system*) 君主制 jūnzhǔzhì **2** [c] (*country*) 君主制国(國)家 jūnzhǔzhì guójiā [个 gè] **3** ▸ **the monarchy** (*royal family*) 皇室 huángshì

monastery ['mɔnəstərı] N [c] 寺院 sìyuàn [个 gè]

Monday ['mʌndı] N [c/U] 星期一 xīngqīyī [个 gè]; *see also* **Tuesday**

monetary ['mʌnıtərı] ADJ [+ *system, policy, control*] 货(貨)币(幣)的 huòbì de

★**money** ['mʌnı] **I** N [U] **1** (*cash*) 钱(錢) qián ▷ *Do you have any money on you?* 你身边带钱了吗？ Nǐ shēnbiān dài qiánle ma? **2** (*in the bank*) 存款 cúnkuǎn ▷ *I spent all my money on the house.* 我把存款都用来买房子了。Wǒ bǎ cúnkuǎn dōu yònglái mǎi fángzi le. **3** (*currency*) 货(貨)币(幣) huòbì ▷ *They might not accept British money.* 他们可能不接受英国货币。Tāmen kěnéng bù jiēshòu Yīngguó huòbì. **II monies** N PL (*frm*) 款项(項) kuǎnxiàng ▷ *the investment and management of monies by pension funds* 退休基金各款项的投资及管理 tuìxiū jījīn gè kuǎnxiàng de tóuzī jí guǎnlǐ ▸ **to make money** [*person, business* +] 赚(賺)钱(錢) zhuànqián ▸ **to be in the money** (*inf*) 有钱(錢) yǒuqián ▸ **to get your money's worth** 物有所值 wù yǒu suǒ zhí

money belt N [c] 腰包 yāobāo

money order (*US*) N [c] 汇(匯)票 huìpiào [张 zhāng] [英 = **postal order**]

Mongol ['mɔŋgəl] **I** N [c] 蒙古人 Ménggǔ rén [个 gè] **II** ADJ 蒙古的 Ménggǔ de

Mongolia [mɔŋ'gəulıə] N 蒙古 Ménggǔ

Mongolian [mɔŋ'gəulıən] **I** ADJ 蒙古的 Ménggǔ de **II** N **1** [c] (*person*) 蒙古人 Ménggǔrén [个 gè] **2** [U] (*language*) 蒙古语(語) Ménggǔyǔ

mongrel ['mʌŋgrəl] N [c] (*dog*) 杂(雜)种(種)狗 zázhǒng gǒu [只 zhī]

monitor ['mɔnıtəʳ] **I** N [c] **1** (*screen*) (*Comput*) 显(顯)示屏 xiǎnshìpíng [个 gè]; [*of video, television*] 监(監)视(視)器 jiānshìqì [个 gè] **2** (*Med*) (*machine*) 监(監)控器 jiānkòngqì **3** (*observer*) 监(監)察员(員) jiāncháyuán **4** (*Scol*) 导(導)生 dǎoshēng **II** VT **1** [+ *progress, situation*] 监(監)控 jiānkòng **2** [+ *broadcasts*] 监(監)听(聽) jiāntīng

monk [mʌŋk] N [c] 僧侣(侶) sēnglǚ [个 gè]

monkey ['mʌŋkı] N [c] **1** (*Zool*) 猴 hóu [只 zhī] **2** (*inf: scamp*) 淘气(氣)鬼 táoqìguǐ

monologue ['mɔnəlɔg] N **1** [c/U] (*speech*) 独(獨)白 dúbái [段 duàn] **2** [c] (*rant*) 长(長)篇大论(論) chángpiān dàlùn [段 duàn]

monopoly [mə'nɔpəlı] N [c] **1** (*control*) ▸ **monopoly (over/on sth)** (对(對)某事的)垄(壟)断(斷) (duì mǒushì de) lǒngduàn **2** (*company*) 垄(壟)断(斷)企业(業) lǒngduàn qǐyè [家 jiā] ▸ **to have a monopoly on/over sth** 对(對)某事实(實)行垄(壟)断(斷) duì mǒushì shíxíng lǒngduàn ▸ **doctors don't have a monopoly on morality** 并(並)非只有医(醫)生才有道德规(規)范(範) bìngfēi zhǐyǒu yīshēng cái yǒu dàodé guīfàn

monosodium glutamate [mɔnə'sə udıəm'glu:təmeıt] N [U] 味精 wèijīng

monotonous [mə'nɔtənəs] ADJ [+ *life, job etc, voice, tune*] 单(單)调(調)的 dāndiào de

monotony [mə'nɔtənı] N [U] [*of life, job etc*] 一成不变(變) yīchéng búbiàn; (*of voice, tune*)

单(單)调(調) dāndiào
monsoon [mɔn'suːn] N [c] **1** (*also*: **monsoon season**) ▸ **the monsoon** 季风(風)季节(節) jìfēng jìjié **2** (*rainstorm*) 季风(風)雨 jìfēngyǔ
monster ['mɔnstə^r] **I** N [c] **1** (*imaginary creature*) 怪物 guàiwu [个 gè] **2** (*large thing*) 庞(龐)然大物 pángrán dàwù [个 gè] **3** (*evil person*) (*cruel, frightening*) 恶(惡)人 èrén [个 gè] **II** ADJ (*inf: massive*) 巨大的 jùdà de
★ **month** [mʌnθ] N [c] **1** (*calendar month*) 月 yuè [个 gè] **2** (*four-week period*) 一个(個)月的时(時)间(間) yīgè yuè de shíjiān ▸ **every month** 每个(個)月 měigè yuè ▸ **300 dollars a month** 一个(個)月300美元 yīge yue sānbǎi měiyuán
monthly ['mʌnθlɪ] **I** ADJ 每月的 měiyuè de **II** ADV (*every month*) 按月 ànyuè **III** N [c] 月刊 yuèkān [本 běn]
monument ['mɔnjumənt] N [c] **1** (*memorial*) 纪(紀)念碑 jìniànbēi [座 zuò] **2** (*historical building*) 历(歷)史遗(遺)迹(跡) lìshǐ yíjì ▸ **a monument to sb/sth** (*structure*) 某人/某事的纪(紀)念碑 mǒurén/mǒushì de jìniànbēi; (*fig*) 某人/某事的典范(範) mǒurén/mǒushì de diǎnfàn
mood [muːd] N **1** [c] [*of person*] 心情 xīnqíng [种 zhǒng]; [*of crowd, group*] 氛围(圍) fēnwéi **2** [s] [*of place*] 气(氣)氛 qìfēn ▸ **to be in a mood** 心情不好 xīnqíng bùhǎo ▸ **to be in a good/bad/awkward mood** 心情好/坏(壞)/不痛快 xīnqíng hǎo/huài/bù tòngkuài ▸ **I'm (not) in the mood to do this** 我想做这(這)个(個)(没(沒)有心思做这(這)个(個)) wǒ xiǎng zuò zhègè(méiyǒu xīnsi zuò zhège)
moody ['muːdɪ] ADJ **1** (*unpredictable*) [+ *person*] 喜怒无(無)常的 xǐnù wúcháng de **2** (*atmospheric*) [+ *film, music*] 忧(憂)郁(鬱)的 yōuyù de
moon [muːn] **I** N **1** ▸ **the moon** 月球 yuèqiú **2** [c] [*of other planets*] 卫(衛)星 wèixīng [颗 kē] **II** VI (*Brit; inf*) 亮出光屁股 liàngchū guāng pìgu ▸ **to be over the moon** (*inf*) 非常喜悦(悅) fēicháng xǐyuè ▸ **once in a blue moon** 千载(載)难(難)逢 qiānzǎi nánféng ▷ *Once in a blue moon you get some problems.* 偶尔你也碰到一些麻烦。Ǒ'ěr nǐ yě pèngdào yīxiē máfan.
▸**moon about** VI = **moon around**
▸**moon around** **I** VI (*inf*) 闲(閒)混 xiánhùn **II** VT FUS 闲(閒)逛 xiánguàng
moonlight ['muːnlaɪt] **I** N [U] 月光 yuèguāng **II** VI (*inf: work*) 兼职(職) jiānzhí ▸ **in the moonlight** 在月光下 zài yuèguāng xià
moor [muə^r] **I** N [c] (*esp Brit*) (*heath*) 荒泽(澤) huāngzé **II** VT [+ *boat, ship*] 系(繫)泊 jìbó **III** VI 停泊 tíngbó
moose [muːs] (*pl* **moose**) N 麋 mí
mop [mɔp] **I** N [c] **1** (*for floors*) 拖把 tuōbǎ [个 gè] **2** ▸ **mop (of hair)** 蓬乱(亂)的(头(頭)发(髮)) péngluàn de (tóufa) **II** VT **1** [+ *floor*] 用拖把擦洗 yòng tuōbǎ cāxǐ **2** [+ *brow, forehead*] 擦 cā
▸**mop up** VT **1** [+ *liquid*] 擦干(乾)净(淨) cā gānjìng **2** (*inf: deal with*) 处(處)理 chǔlǐ
mope [məup] VI 郁(鬱)闷(悶) yùmèn
▸**mope about** VI, VT = **mope around**
▸**mope around** **I** VI 闷(悶)闷(悶)不乐(樂) mènmèn bùlè **II** VT FUS [+ *house, office*] 没(沒)精打采(採)地闲(閒)逛 méijīngdǎcǎi de xiánguàng
moped ['məupɛd] N [c] 机(機)动(動)自行车(車) jīdòng zìxíngchē [辆 liàng]
moral ['mɔrl] **I** ADJ [+ *issues, values*] 道德的 dàodé de; [+ *courage, duty*] 道义(義)的 dàoyì de; [+ *behaviour, person*] 品行端正的 pǐnxíng duānzhèng de **II** N [c] [*of story*] 寓意 yùyì [则 zé] **III** **morals** N PL (*principles, values*) 道德规(規)范(範) dàodé guīfàn ▸ **(to give sb) moral support** (*encouragement*) (给(給)某人以)道义(義)上的支持 (gěi mǒurén yǐ)dàoyì shàng de zhīchí
morale [mɔ'rɑːl] N [U] [*of army, staff*] 士气(氣) shìqì
morality [mə'rælɪtɪ] N **1** [U] (*ethics*) 道德伦(倫)理 dàodé lúnlǐ **2** [c] (*system of morals*) 道德观(觀) dàodéguān **3** [U] [*of something*] 道德性 dàodéxìng
morally ['mɔrəlɪ] ADV **1** (*from a moral perspective*) [+ *right, wrong, justifiable*] 从(從)道德观(觀)点(點)看 cóng dàodé guāndiǎn kàn; [+ *superior*] 道德上 dàodé shang **2** (*in a moral way*) [*live, behave* +] 品行端正地 pǐnxíng duānzhèng de
morbid ['mɔːbɪd] ADJ [+ *person, interest, subject*] 病态(態)的 bìngtài de

 KEYWORD

★ **more** [mɔː^r] **I** ADJ **1** (*in comparisons with uncount noun, plural noun*) 更多的 gèngduō de ▸ **I get more money/holidays than you do** 我比你有更多的钱(錢)/假期 wǒ bǐ nǐ yǒu gèngduō de qián/jiàqī ▸ **there are more problems than solutions** 问(問)题(題)多于(於)解决(決)方案 wèntí duō yú jiějué fāngàn
2 (*additional*) (*with uncount noun, plural noun*) 再一些的 zài yīxiē de ▸ **would you like some more tea/peanuts?** 你要再来(來)点(點)茶/花生吗(嗎)? nǐ yào zài lái diǎn chá/huāshēng ma? ▸ **is there any more wine?** 还(還)有酒吗(嗎)? háiyǒu jiǔ ma? ▸ **are there any more cakes?** 还(還)有蛋糕吗(嗎)? Háiyǒu dàngāo ma? ▸ **I have no more** *or* **I don't have any more milk/pencils** 我没(沒)有牛奶/铅(鉛)笔(筆)了 Wǒ méiyǒu niúnǎi/qiānbǐ le ▸ **a few more weeks** 再几(幾)个(個)星期 zài jǐgè xīngqī
II PRON **1** (*in comparisons: more in quantity, number*) 更多的量 gèngduō de liàng ▸ **there's/there are more than I thought** 比我想得更多 bǐ wǒ xiǎng de gèngduō ▸ **it cost more than we expected** 比我们(們)预(預)料得更贵(貴) bǐ

m

wǒmen yùliào de gèngguì ▸ **more than 20** 大于(於)20 dàyú èrshí ▸ **she's got more than me** 她比我得到的多 tā bǐ wǒ dédào de duō
2 *(further, additional) (in quantity)* 额(額)外的量 éwài de liàng ▸ **is there/are there any more?** 还(還)有多的吗(嗎)? háiyǒu duō de ma? ▸ **there isn't/there aren't any more left** 没(沒)有多余(餘)的了 méiyǒu duōyú de le ▸ **have you got any more of it/them?** 你还(還)有吗(嗎)? nǐ háiyǒu ma? ▸ **a little/a few more** 多一点(點)点(點) duō yīdiǎndiǎn ▸ **much/many more** 多得多 duō de duō
III ADV **1** *(to form comparative)* 更 gèng ▸ **more dangerous/difficult (than)** (比…)更危险(險)/难(難) (bǐ…) gèng wēixiǎn/nán ▸ **more easily/quickly (than)** (比…)更容易/快 (bǐ…) gèng róngyì/kuài ▸ **I go out more than I used to** 我比过(過)去出去得多了 wǒ bǐ guòqù chūqù de duō le
2 *(in expressions)* ▸ **more and more** 越来(來)越 yuèláiyuè ▸ **more or less** *(adj, adv)* 差不多 chàbùduō; *(at end of sentence)* 或多或少 huò duō huò shǎo ▸ **more than ever** 空前的多 kōngqián de duō ▸ **once more** 再一次 zài yīcì ▸ **what's more** 更有甚者 gèng yǒu shèn zhě

moreover [mɔːˈrəuvəʳ] ADV 而且 érqiě
morgue [mɔːg] N [c] 停尸(屍)房 tíngshīfáng [间 jiān]
★ **morning** [ˈmɔːnɪŋ] **I** N [c/U] *(early in the morning)* 早晨 zǎochén [个 gè]; *(later in the morning)* 上午 shàngwǔ [个 gè] ▹ *We spent all morning cleaning the kitchen.* 我们花了一上午时间来打扫厨房。Wǒmen huāle yī shàngwǔ shíjiān lái dásǎo chúfáng. **II** CPD [+ *paper, sun, walk*] *(early in the morning)* 早晨 zǎochén; *(later in the morning)* 上午 shàngwǔ ▸ **good morning!** 早上好! zǎoshàng hǎo! ▸ **he'll phone back in the morning** 他会(會)在明天上午回电(電)话(話) tā huì zài míngtiān shàngwǔ huí diànhuà ▸ **at 3 o'clock/7 o'clock in the morning** 凌(淩)晨3点(點)/早上7点(點) língchén sāndiǎn/zǎoshàng qīdiǎn ▸ **this morning** 今天上午 jīntiān shàngwǔ ▸ **the next morning** 第二天早上 dì-èr tiān zǎoshàng ▸ **on Monday morning** 星期一上午 Xīngqī yī shàngwǔ
morning sickness N [U] 孕妇(婦)晨吐 yùnfù chéntù
Moroccan [məˈrɔkən] **I** ADJ 摩洛哥的 Móluògē de **II** N [c] *(person)* 摩洛哥人 Móluògērén [个 gè]
Morocco [məˈrɔkəu] N 摩洛哥 Móluògē
moron [ˈmɔːrɔn] *(inf)* N [c] 蠢货(貨) chǔnhuò [个 gè]
morphine [ˈmɔːfiːn] N [U] 吗(嗎)啡 mǎfēi
Morse [mɔːs] N [U] *(also:* **Morse code***)* 莫尔(爾)斯电(電)码(碼) Mò'ěrsī Diànmǎ
mortal [ˈmɔːtl] **I** ADJ **1** *(not immortal)* 终(終)有一死的 zhōngyǒu yīsǐ de **2** [+ *danger, enemy, combat*] 致命的 zhìmìng de **II** N ▸ **a mere/an ordinary mortal** 凡人/普通人 fánrén/pǔtōngrén
mortar [ˈmɔːtəʳ] N **1** [U] *(Archit)* 砂浆(漿) shājiāng **2** [c] *(Mil)* 迫击(擊)炮(砲) pǎijīpào [枚 méi] **3** [c] *(Culin) (bowl)* 研钵(缽) yánbō [个 gè] ▸ **pestle and mortar** 杵和臼 chǔ hé jiù
mortgage [ˈmɔːgɪdʒ] **I** N [c] 抵押贷(貸)款 dǐyā dàikuǎn [笔 bǐ] **II** VT [+ *house, property*] 抵押 dǐyā ▸ **to take out a mortgage (on sth)** 用抵押贷(貸)款(购(購)置某物) yòng dǐyā dàikuǎn(gòuzhì mǒuwù)
mortician [mɔːˈtɪʃən] *(US)* N [c] 殡(殯)葬业者 bìnzàngyèzhě [名 míng]
mortified [ˈmɔːtɪfaɪd] *(inf)* ADJ *(embarrassed)* ▸ **to be mortified** 感到羞辱 gǎndào xiūrǔ
mortuary [ˈmɔːtjuərɪ] N [c] 太平间(間) tàipíngjiān [个 gè]
mosaic [məuˈzeɪɪk] N [c] 镶(鑲)嵌图(圖)案 xiāngqiàn tú'àn [幅 fú]
Moscow [ˈmɔskəu] N 莫斯科 Mòsīkē ▹ *in Moscow* 在莫斯科 zài Mòsīkē
Moslem [ˈmɔzləm] ADJ, N = **Muslim**
mosque [mɔsk] N [c] 清真寺 qīngzhēnsì [座 zuò]
mosquito [mɔsˈkiːtəu] *(pl* **mosquitoes***)* N [c] 蚊 wén [只 zhī]
mosquito net N [c] 蚊帐(帳) wénzhàng [顶 dǐng]
moss [mɔs] N [c/U] 苔藓(蘚) táixiǎn

 KEYWORD

★ **most** [məust] **I** ADJ **1** *(almost all) (with uncount noun, plural noun)* 大部分的 dàbùfen de ▸ **most people** 大多数(數)人 dàduōshù rén
2 *(in comparisons)* ▸ **(the) most** *(with uncount noun, plural noun)* 最 zuì ▸ **who won the most money/prizes?** 谁(誰)赢(贏)了最多的钱(錢)/奖(獎)品? shuí yíngle zuìduō de qián/jiǎngpǐn? ▸ **we see each other most days** 我们(們)大多数(數)时(時)间(間)都见(見)面 wǒmen dàduōshù shíjiān dōu jiànmiàn
II PRON *(uncount)* 大部分 dàbùfen; *(plural)* 大多数(數) dàduōshù ▸ **most of it/them** 它/他们(們)的大部分 tā/tāmen de dàbùfen ▸ **I paid the most** 我付了大部分 wǒ fùle dàbùfen ▸ **to make the most of sth** 充分利用某物 chōngfèn lìyòng mǒuwù ▸ **at the (very) most** 顶(頂)多 dǐngduō
III ADV *(superlative)* **1** *(with verb)* ▸ **(the) most** 最 zuì ▸ **what I miss (the) most is...** 我最想念的是… wǒ zuì xiǎngniàn de shì…
2 *(with adj)* ▸ **the most comfortable/expensive sofa in the shop** 店里(裡)最舒服/贵(貴)的沙发(發) diànlǐ zuì shūfu/guì de shāfā
3 *(with adv)* ▸ **most efficiently/effectively** 最

有效率/有效地 zuì yǒuxiàolǜ/yǒuxiào de ▸ **most of all** 最起码(碼)的 zuì qǐmǎ de **4** (*very*) [*+ polite, interesting etc*] 很 hěn ▸ **a most interesting book** 一本很有趣的书(書) yīběn hěn yǒuqù de shū

> 注意，可以说
> *Most children love sweets*，但不能说 *Most of children love sweets*。然而，如果后接代词，就可以说 *Most of them love sweets*。

mostly ['məustlɪ] ADV **1** (*chiefly*) 主要 zhǔyào **2** (*usually*) 通常 tōngcháng

MOT [ɛməu'tiː] (*Brit*) N 旧(舊)车(車)性能测(測)试(試) jiùchē xìngnéng cèshì

motel [məu'tɛl] N [c] 汽车(車)旅馆(館) qìchē lǚguǎn [家 jiā]

moth [mɔθ] N [c] 蛾 é [只 zhī]

★ **mother** ['mʌðəʳ] **I** N **1** [c] (*parent*) 母亲(親) mǔqīn [位 wèi] **2** (*as address*) ▸ **Mother** 妈(媽)妈(媽) māma **II** VT **1** (*be mother to*) 抚(撫)养(養) fǔyǎng **2** (*pamper, protect*) 慈母般照顾(顧) címǔbān zhàogù ▹ *She mothers all her lodgers.* 她慈母般照顾所有的房客。Tā címǔbān zhàogù suǒyǒu de fángkè.

motherhood ['mʌðəhud] N [U] 母亲(親)身份 mǔqīn shēnfèn

mother-in-law ['mʌðərɪnlɔː] (*pl* **mothers-in-law**) N [c] [*of woman*] 婆婆 pópo [位 wèi]; [*of man*] 岳母 yuèmǔ [位 wèi]

motherly ['mʌðəlɪ] ADJ [*+ feeling, behaviour*] 母亲(親)的 mǔqīn de; [*+ person, figure*] 母亲(親)般的 mǔqīnbān de

mother-of-pearl ['mʌðərəv'pəːl] N [U] 珠母层(層) zhūmǔcéng

Mother's Day (*Brit*) N [c/U] 母亲(親)节(節) Mǔqīn Jié [个 gè]

mother-to-be ['mʌðətə'biː] (*pl* **mothers-to-be**) N [c] 孕妇(婦) yùnfù [名 míng]

mother tongue N [c] 母语(語) mǔyǔ

motif [məu'tiːf] N [c] **1** (*design*) 基调(調) jīdiào **2** (*theme*) 主题(題) zhǔtí [个 gè]

motion ['məuʃən] **I** N **1** [U] 运(運)动(動) yùndòng **2** [c] (*gesture*) 动(動)作 dòngzuò [个 gè] **3** [c] (*in meeting*) 动(動)议(議) dòngyì [项 xiàng] **4** [c] (*Brit*) (*also*: **bowel motion**) 大便 dàbiàn [美 = **movement**] **II** VI ▸ **to motion to sb (to do sth)** (*gesture, signal*) 示意某人(做某事) shìyì mǒurén (zuò mǒushì) ▸ **to be in motion** [*process, event +*] 在进(進)行中 zài jìnxíng zhōng; [*vehicle, device +*] 在行驶(駛)中 zài xíngshǐ zhōng ▸ **to set sth in motion** [*+ process, event*] 使某事开(開)始进(進)行 shǐ mǒushì kāishǐ jìnxíng; [*+ device*] 使某物开(開)始运(運)转(轉) shǐ mǒuwù kāishǐ yùnzhuǎn ▸ **to go through the motions** 敷衍了事 fū yǎn liǎo shì

motionless ['məuʃənlɪs] ADJ 不动(動)的 bùdòng de

motion picture (*esp US*) N [c] 电(電)影 diànyǐng [部 bù]

motivate ['məutɪveɪt] VT **1** (*prompt, drive*) ▸ **to be motivated by sth** [*act, decision +*] 受某事的驱(驅)使 shòu mǒushì de qūshǐ; [*person +*] 受到某事的激发(發) shòudào mǒushì de jīfā **2** [*+ worker, student etc*] 激励(勵) jīlì ▸ **to motivate sb to do sth** 激励(勵)某人做某事 jīlì mǒurén zuò mǒushì ▹ *What motivates athletes to take drugs?* 什么驱使运动员服用禁药？ Shénme qūshǐ yùndòngyuán fúyòng jìnyào? ▸ **a racially motivated attack** 带(帶)有种(種)族动(動)机(機)的攻击(擊)行动(動) dàiyǒu zhǒngzú dòngjī de gōngjī xíngdòng

motivated ['məutɪveɪtɪd] ADJ 士气(氣)高涨(漲)的 shìqì gāozhàng de

motivation [məutɪ'veɪʃən] N [U] **1** (*motive*) 动(動)机(機) dòngjī **2** (*commitment*) 动(動)力 dònglì

motive ['məutɪv] **I** N [c] (*reason*) 动(動)机(機) dòngjī **II** ADJ [*+ power, force*] 产(產)生运(運)动(動)的 chǎnshēng yùndòng de

motor ['məutəʳ] **I** N [c] **1** [*of machine, vehicle*] 发(發)动(動)机(機) fādòngjī [个 gè] **2** (*Brit; inf*) (*car*) 汽车(車) qìchē **II** ADJ [*+ industry, trade*] 机(機)动(動)车(車)辆(輛)的 jīdòng chēliàng de **III** VI (*o.f.: drive*) 开(開)汽车(車) kāi qìchē

motorbike ['məutəbaɪk] N [c] 摩托车(車) mótuōchē [辆 liàng]

motorboat ['məutəbəut] N [c] 摩托艇 mótuōtǐng [艘 sōu]

motor car ['məutəkaː] (*Brit; frm*) N [c] 汽车(車) qìchē [辆 liàng]

motorcycle ['məutəsaɪkl] (*frm*) N [c] 摩托车(車) mótuōchē [辆 liàng]

motorcyclist ['məutəsaɪklɪst] N [c] 摩托车(車)手 mótuōchēshǒu [位 wèi]

motoring ['məutərɪŋ] (*esp Brit*) **I** N [U] (*activity*) 驾(駕)驶(駛)汽车(車) jiàshǐ qìchē **II** ADJ [*+ offence, organization*] 汽车(車)驾(駕)驶(駛)的 qìchē jiàshǐ de [美 = **automobile, driving**]

motorist ['məutərɪst] (*esp Brit*) N [c] 开(開)汽车(車)的人 kāi qìchē de rén [个 gè] [美 = **driver**]

motor mechanic N [c] 机(機)械师(師) jīxièshī [个 gè]

motor racing (*Brit*) N [U] 赛(賽)车(車) sàichē

motorway ['məutəweɪ] (*Brit*) **I** N [c] 高速公路 gāosù gōnglù [条 tiáo] [美 = **freeway**] **II** CPD [*+ traffic, network*] 高速公路 gāosù gōnglù

motto ['mɔtəu] (*pl* **mottoes**) N [c] **1** (*slogan*) [*of school, regiment*] 格言 géyán [句 jù] **2** (*principle*) [*of person*] 座右铭(銘) zuòyòumíng [句 jù]

mould, (*US*) **mold** [məuld] **I** N **1** [c] (*cast*) (*for jelly, metal*) 模子 múzi [个 gè] **2** [U] (*fungus*) 霉(黴)菌 méijūn **II** VT **1** (*shape*) [*+ plastic, clay etc*] 使成形 shǐ chéngxíng **2** (*influence*) [*+ public opinion, character*] 影响(響) yǐngxiǎng

mouldy, (*US*) **moldy** ['məuldɪ] ADJ [*+ bread, cheese*] 发(發)霉(黴)的 fāméi de

m

mound [maund] N [c] **1** [*of earth*] 土堆 tǔduī **2** (*heap*) [*of objects*] 堆 duī **3** (*Baseball*) 投球区(區)土墩 tóuqiúqū tǔdūn

mount [maunt] **I** VT **1** (*organize*) [+ *attack, campaign*] 发(發)起 fāqǐ; [+ *exhibition, display*] 举(舉)办(辦) jǔbàn **2** (*fix*) [+ *jewel, picture*] 安放 ānfàng **3** (*get onto*) [+ *horse, cycle*] 骑(騎)上 qíshàng [名 míng] **4** (*frm: climb*) [+ *staircase, platform*] 登上 dēngshàng **II** VI **1** (*increase*) [*tension, problems* +] 加剧(劇) jiājù **2** (*pile up*) 增加 zēngjiā **3** (*get onto horse or cycle*) 骑(騎) qí **III** N **1** (*mountain*) (*in names*) ▸ **Mount Rushmore** 拉什莫尔(爾)山 Lāshímò'ěr Shān **2** [c] (*frm: horse*) 坐骑(騎) zuòqí **3** [c] (*for picture, photograph etc*) 框 kuàng ▸ **the car mounted the pavement** 汽车(車)轧(軋)上人行道 qìchē yà shàng rénxíngdào ▸ **mounting debts/bills** 成堆的债(債)务(務)/账(賬)单(單) chéng duī de zhàiwù/zhàngdān

▸**mount up** VI 不断(斷)增加 bùduàn zēngjiā

mountain ['mauntɪn] **I** N [c] 山 shān [座 zuò] **II** CPD [+ *road, stream*] 山 shān ▸ **a mountain of sth** [+ *papers, work*] 一大堆某物 yīdàduī mǒuwù ▸ **to make a mountain out of a molehill** 小题(題)大做 xiǎo tí dà zuò

mountain bike N [c] 山地自行车(車) shāndì zìxíngchē [辆 liàng]

mountaineer [mauntɪ'nɪəʳ] N [c] 登山能手 dēngshān néngshǒu [位 wèi]

mountaineering [mauntɪ'nɪərɪŋ] N [U] 登山运(運)动(動) dēngshān yùndòng ▸ **to go mountaineering** 爬山 páshān

mountainous ['mauntɪnəs] ADJ [+ *country, area*] 多山的 duōshān de

mountain range N [c] 山脉(脈) shānmài

mountainside ['mauntɪnsaɪd] N [c] 山坡 shānpō [个 gè]

mourn [mɔːn] **I** VT **1** [+ *death*] 哀悼 āidào; [+ *person*] 悼念 dàoniàn **2** [+ *loss of something*] 为(為)…感到痛心 wèi...gǎndào tòngxīn **II** VI ▸ **to mourn for** [+ *person*] 悼念 dàoniàn; [+ *thing, time*] 为(為)…感到惋惜 wèi...gǎndào wǎnxī

mourner ['mɔːnəʳ] N [c] 送葬者 sòngzàngzhě [名 míng]

mourning ['mɔːnɪŋ] N [U] 哀悼 āidào ▸ **to be in mourning** 服丧(喪) fúsāng

mouse [maus] (*pl* **mice**) N [c] **1** (*Zool*) 鼠 shǔ [只 zhī] **2** (*Comput*) 鼠标(標) shǔbiāo [个 gè]

mouse mat ['mausmæt] N [c] 鼠标(標)垫(墊) shǔbiāo diàn [个 gè]

moussaka [mu'sɑːkə] N [U] 碎肉茄子蛋 suìròu qiézi dàn

mousse [muːs] N [c/U] **1** (*Culin*) 奶油冻(凍) nǎiyóudòng [盒 hé] **2** (*foam*) 摩丝(絲) mósī [瓶 píng]

moustache, (*US*) **mustache** [məs'tɑːʃ] N [c] 髭 zī [根 gēn]

mouth [*n* mauθ, *vb* mauð] **I** N [c] **1** [+ *of person, animal*] 嘴 zuǐ [张 zhāng] **2** (*way of talking*) 说(說)话(話)方式 shuōhuà fāngshì **3** [*of river*] 河口 hékǒu [个 gè] **4** [*of cave, tunnel*] 口 kǒu **II** VT **1** (*mime*) 唇(脣)语(語) chúnyǔ **2** (*trot out*) 言不由衷地说(說) yán bù yóu zhōng de shuō

mouthful ['mauθful] N **1** [c] [*of food*] 一口 yīkǒu **2** [s] (*inf: word*) 拗口的词(詞) àokǒu de cí

mouth organ (*esp Brit*) N [c] 口琴 kǒuqín [只 zhī]

mouthpiece ['mauθpiːs] N [c] **1** [*of telephone*] 送话(話)口 sònghuàkǒu; [*of trumpet etc*] 吹口 chuīkǒu **2** (*spokesman*) 代言人 dàiyánrén [位 wèi]

mouthwash ['mauθwɔʃ] N [c/U] 漱口剂(劑) shùkǒujì

★ **move** [muːv] **I** VI **1** (*change position*) [*vehicle* +] 行进(進) xíngjìn ▹ *The train began to move.* 火车开始开动了。Huǒchē kāishǐ kāidòng le.; [*person, object* +] 动(動) dòng **2** (*relocate*) 搬家 bānjiā ▹ *She had often considered moving to London.* 她常考虑搬到伦敦去住。Tā cháng kǎolǜ bān dào Lúndūn qù zhù. **3** (*also:* **move on**) (*from job*) 换(換) huàn ▹ *Christina moved to another job to get more experience.* 克里斯蒂娜换了另一份工作以获得更多的经验。Kèlǐsīdìnà huànle lìng yī fèn gōngzuò yǐ huòdé gèngduō de jīngyàn.; (*from activity*) 改换(換) gǎihuàn **4** (*shift*) ▸ **to move to(wards)** 倾(傾)向于(於) qīngxiàng yú ▹ *The Labour Party has moved to the right.* 工党已倾向于右派立场。Gōngdǎng yǐ qīngxiàng yú yòupài lìchǎng. **5** (*develop*) [*situation, events* +] 进(進)展 jìnzhǎn ▹ *Events are moving fast.* 事情进展迅速。Shìqing jìnzhǎn xùnsù. **II** VT **1** (*change position of*) [+ *furniture, car*] 挪动(動) nuódòng ▹ *Workmen were moving a heavy wardrobe down the stairs.* 工人们正把一个很重的衣橱挪到楼下去。Gōngrénmen zhèng bǎ yīgè hěn zhòng de yīchú nuó dào lóu xià qù. **2** (*transfer*) [+ *worker*] 调(調)动(動) diàodòng ▹ *His superiors moved him to another department.* 他的上司把他调到另一个部门。Tā de shàngsi bǎ tā diào dào lìng yīgè bùmén. **3** (*change*) ▸ **to move sth (to)** [+ *event, date*] 改(到) gǎi (dào) ▹ *The club has moved its meeting to January 22nd.* 俱乐部已把聚会的日期改到1月22日。Jùlèbù yǐ bǎ jùhuì de rìqī gǎi dào yī yuè èr rì. **4** (*affect emotionally*) [+ *person*] 感动(動) gǎndòng ▹ *The whole incident had moved her profoundly.* 整个事件深深地感动了她。Zhěnggè shìjiàn shēnshēn de gǎndòngle tā. **5** ▸ **to move sb to do sth** (*motivate*) 促使某人做某事 cùshǐ mǒurén zuò mǒushì ▹ *What has moved the President to take this step?* 是什么促使总统采取这一举措？Shì shénme cùshǐ zǒngtǒng cǎiqǔ zhè yī jǔcuò? **6** ▸ **to move that...** (*Pol*) 提议(議)… tíyì... ▹ *She moved that the meeting be adjourned.* 她提议休会。Tā tíyì xiūhuì. **III** N [c] **1** (*movement*) 动(動)作 dòngzuò ▹ *Daniel's eyes followed her every move.*

丹尼尔的眼光紧随她的每一个动作。Dānní'ěr de yǎnguāng jǐnsuí tā de měi yīgè dòngzuò. **2** (*act*) 行动(動) xíngdòng ▷ *A government move to drop the plan could affect share prices.* 政府终止这项计划的行动将会影响到股票价格。Zhèngfǔ zhōngzhǐ zhè xiàng jìhuà de xíngdòng jiāng huì yǐngxiǎng dào gǔpiào jiàgé. **3** (*change*) [*of house*] 搬家 bānjiā [次 cì] ▷ *The move to Prague was a daunting prospect.* 搬家至布拉格，其前景颇令人沮丧。Bānjiā zhì Bùlāgé, qí qiánjǐng pō lìng rén jǔsàng. **4** (*change*) [*of job, belief*] 变(變)动(動) biàndòng ▷ *His move to the personnel department was no surprise.* 他被调到人事部门的变动并不令人吃惊。Tā bèi diào dào rénshìbùmén de biàndòng bìng bù lìng rén chījīng. **5** (*in game: go, turn*) 一步 yībù; (*change of position*) 一步棋 yībù qí ▶ **to move house/jobs/offices** 搬家/换(換)工作/更换(換)办(辦)公地点(點) bānjiā/huàn gōngzuò/gēnghuàn bàngōng dìdiǎn ▶ **a good/bad move** 好/糟糕的一步 hǎo/zāogāo de yībù ▶ **one false move** 不明智的行为(為) bù míngzhì de xíngwéi ▶ **to get a move on** (*inf*) 快点(點) kuàidiǎn ▶ **to be on the move** 迁(遷)移中 qiānyí zhōng ▶ **to make a move** (*take action*) 采(採)取行动(動) cǎiqǔ xíngdòng; (*leave*) 离(離)去 líqù

▶**move about, move around** VI **1** (*change position*) 走来(來)走去 zǒulái zǒuqù **2** (*change residence, job*) 不断(斷)迁(遷)移 bùduàn qiānyí ▷ *I was born in Fort Worth but we moved about a lot.* 我出生在沃思堡，但我们不断在各地迁移。Wǒ chūshēng zài Wòsībǎo, dàn wǒmen bùduàn zài gè dì qiānyí.

▶**move along** **I** VI **1** (*develop*) 发(發)展 fāzhǎn ▷ *Research tends to move along at a slow but orderly pace.* 研究趋于缓慢而有序地发展。Yánjiū qūyú huǎnmàn ér yǒuxù de fāzhǎn. **2** (*keep walking*) 走开(開) zǒukāi ▷ *Move along there, please.* 请走开。Qǐng zǒukāi. **II** VT **1** (*cause to develop*) 使进(進)展 shǐ jìnzhǎn ▷ *I hope we can move things along without too much delay.* 我希望我们能使事情有所进展而不致有太多延误。Wǒ xīwàng wǒmen néng shǐ shìqing yǒusuǒ jìnzhǎn ér bùzhì yǒu tàiduō yánwù. **2** (*order to move*) [*police* +] 命令走开(開) mìnglìng zǒukāi ▷ *Our officers are moving them along and not allowing them to gather in large groups.* 我们的官员命令他们走开，不允许他们聚众。Wǒmen de guānyuán mìnglìng tāmen zǒukāi, bù yǔnxǔ tāmen jùzhòng.

▶**move around** VI = **move about**

▶**move away** VI (*from town, area*) 离(離)开(開) líkāi ▷ *He moved away and lost contact with the family.* 他离开家，和家人失去了联系。Tā líkāi jiā, hé jiārén shīqùle liánxì.; (*from window, door*) 走开(開) zǒukāi ▷ *She moved away from the window.* 她从窗户处走开。Tā cóng chuānghù chù zǒukāi.

▶**move back** **I** VI **1** (*return*) (*to town, area*) 回来(來) huílái **2** (*backwards*) [*person, troops, vehicle* +] 后(後)退 hòutuì **II** VT [+ *crowd*] 使后(後)退 shǐ hòutuì; [+ *object*] (*less far forward*) 往后(後)移 wǎng hòuyí; (*to original position*) 使回原位 shǐ huí yuánwèi; (*in board game*) 后(後)退 hòutuì ▷ *Move back three squares.* 后退3格。Hòutuì sān gé.

▶**move down** VI 下降 xiàjiàng

▶**move forward** **I** VI [*person, troops, vehicle* +] 向前移动(動) xiàngqián yídòng; (*in board game*) 前进(進) qiánjìn **II** VT [+ *object*] 使向前移 shǐ xiàngqián yí

▶**move in** VI **1** (*into house*) 搬入 bānrù ▷ *The house wasn't ready when she moved in.* 她搬进去的时候房子还没装修好。Tā bān jìnqù de shíhou fángzi hái méi zhuāngxiū hǎo. **2** [+ *police, soldiers*] 开(開)进(進)来(來) kāijìnlái ▷ *The troops moved in to stop the riot.* 军队开进来镇压暴乱。Jūnduì kāi jìnlái zhènyā bàoluàn.

▶**move in on** VT FUS 开(開)始参(參)与(與) kāishǐ cānyù

▶**move into** VT FUS (*house, area*) 搬进(進) bānjìn

▶**move in with** VT FUS 和…同居 hé…tóngjū ▷ *Her husband had moved in with a younger woman.* 她的丈夫和一个比她年轻的女人同居了。Tā de zhàngfu hé yīge bǐ tā niánqīng de nǚrén tóngjū le.

▶**move off** VI [*car* +] 开(開)走 kāizǒu ▷ *Gil waved his hand and the car moved off.* 吉尔挥了挥手，车开走了。Jí'ěr huīle huī shǒu, chē kāizǒu le.

▶**move on** **I** VI **1** (*leave*) 启(啟)程前往 qǐchéng qiánwǎng ▷ *After three weeks in Hong Kong, we moved on to Japan.* 在香港逗留了3个星期后，我们启程前往日本。Zài Xiānggǎng dòuliú le sān gè xīngqī hòu, wǒmen qǐchéng qiánwǎng Rìběn. **2** (*progress*) 进(進)行 jìnxíng ▷ *Now, can we move on and discuss productivity.* 好，让我们进行下一项，讨论生产率问题。Hǎo, ràng wǒmen jìnxíng xià yīxiàng, tǎolùn shēngchǎnlǜ wèntí. **II** VT **1** (*order to move*) 命令走开(開) mìnglìng zǒukāi ▷ *I used to busk, but I was always being moved on by the police.* 我以前常在街头卖艺，但警察总是命令我走开。Wǒ yǐqián cháng zài jiētóu màiyì, dàn jǐngchá zǒng shì mìnglìng wǒ zǒukāi. **2** (*cause to develop*) 使有所进(進)展 shǐ yǒusuǒ jìnzhǎn ▷ *I think we need to move things on a bit.* 我认为我们应该使情况略有所进展。Wǒ rènwéi wǒmen yīnggāi shǐ qíngkuàng lüè yǒusuǒ jìnzhǎn.

▶**move out** VI (*of house*) 搬出去 bān chūqù ▷ *The guy that lived there moved out a month ago.* 以前住在那儿的家伙一个月前搬出去了。Yǐqián zhù zài nàr de jiāhuo yīgè yuè qián bān chūqù le.

▶**move over** VI (*to make room*) 让(讓)开(開)些

m

ràngkāi xiē ▷ *Move over and let me drive.* 让开些，让我来开车。Ràngkāi xiē, ràng wǒ lái kāichē.

▸**move up** VI **1** (*on sofa etc*) 靠拢(攏) kàolǒng ▷ *Move up, John, and make room for the lady.* 靠拢点，约翰，给那位女士挪个地方。Kàolǒngdiǎn, Yuēhàn, gěi nà wèi nǚshì nuó ge dìfang. **2** [+ *employee, pupil*] 升级(級) shēngjí

movement ['mu:vmənt] **I** N **1** [c] (*Rel, Pol*) (*group of people*) 团(團)体(體) tuántǐ [个 gè] **2** [c/ʊ] (*moving*) 动(動)静(靜) dòngjing **3** [c] (*gesture*) 动(動)作 dòngzuò [个 gè] **4** [c/ʊ] (*transport, travel*) [*of goods, people*] 运(運)输(輸) yùnshū **5** [c/ʊ] (*shift*) (*in attitude, policy*) 动(動)向 dòngxiàng **6** [c] (*Mus*) 乐(樂)章 yuèzhāng **7** [c] (*also*: **bowel movement**) 排便 páibiàn **II movements** N PL [*of person*] 活动(動) huódòng

movie ['mu:vɪ] (*US*) N [c] 电(電)影 diànyǐng [部 bù] [英 = **film**] ▸ **the movies** 电(電)影 diànyǐng [英 = **the cinema**]

movie theater (*US*) N [c] 电(電)影院 diànyǐngyuàn [个 gè] [英 = **cinema**]

moving ['mu:vɪŋ] ADJ **1** (*emotionally*) 动(動)人的 dòngrén de **2** (*not static*) 活动(動)的 huódòng de

mow [məu] (*pt* **mowed**, *pp* **mowed** *or* **mown** [məun]) VT [+ *grass, lawn*] 刈 yì

▸**mow down** VT (*kill*) [+ *person*] [*driver* +] 撞死 zhuàngsǐ; [*gunman* +] 枪(槍)杀(殺) qiāngshā

mower ['məuəʳ] N [c] (*also*: **lawnmower**) 割草机(機) gēcǎojī [台 tái]

Mozambique [məuzəm'bi:k] N 莫桑比克 Mòsāngbǐkè

MP N ABBR **1** (*Brit*) (= **Member of Parliament**) 下院议(議)员(員) Xiàyuàn Yìyuán **2** (= **Military Police**) 军(軍)警 jūnjǐng

MP3 [ɛmpi:'θri:] N **1** (*format*) 一种音频压缩格式 **2** (*file*) 以这种音频压缩格式储存的声音文件

MP3 player ['ɛmpi:θri:-] N [c] MP3 播放器 M P sān bōfàngqì [个 gè] ▷ *I need a new MP3 player.* 我需要一个新MP3播放器。Wǒ xūyào yígè xīn M P sān bōfàngqì.

mph ABBR (= **miles per hour**) 每小时(時)…英里 měi xiǎoshí…yīnglǐ

Mr ['mɪstəʳ], (*US*) **Mr.** N ▸ **Mr Smith** 史密斯先生 Shǐmìsī xiānsheng

Mrs ['mɪsɪz], (*US*) **Mrs.** N ▸ **Mrs Smith** 史密斯太太 Shǐmìsī tàitai

MS N ABBR **1** (*US*) (= **Master of Science**) = **MSc** **2** (= **multiple sclerosis**) 多发(發)性硬化 duōfāxìng yìnghuà

Ms [mɪz], (*US*) **Ms.** N (*Miss or Mrs*) ▸ **Ms Smith** 史密斯女士 Shǐmìsī nǚshì

MSc N ABBR (= **Master of Science**) (*qualification*) 理学(學)硕(碩)士学(學)位 lǐxué shuòshì xuéwèi; (*person*) 理学(學)硕(碩)士 lǐxué shuòshì

MSG I (*Texting*) ABBR = **message II** N ABBR (= **monosodium glutamate**) 味精 wèijīng

MSP N ABBR (= **Member of the Scottish Parliament**) 苏(蘇)格兰(蘭)下院议(議)员(員) Sūgélán Xiàyuàn Yìyuán

MST (*US*) ABBR (= **Mountain Standard Time**) 山区(區)标(標)准(準)时(時)间(間) Shānqū Biāozhǔn Shíjiān

Mt, Mt. (*esp US*) (*pl* **Mts**) ABBR (= **mount**) 山 shān

 KEYWORD

★ **much** [mʌtʃ] **I** ADJ 大量的 dàliàng de ▸ **we haven't got much time/money** 我们(們)没(沒)有多少时(時)间(間)/钱(錢) wǒmen méiyǒu duōshǎo shíjiān/qián

II PRON 大量 dàliàng ▸ **there isn't much left** 剩下的不多了 shèngxià de bù duō le ▸ **he doesn't do much at the weekends** 周(週)末他不做太多事 zhōumò tā bùzuò tài duō shì ▸ **much of the time/his life** 大多数(數)时(時)间(間)/他人生的大部分 dà duōshù shíjiān/tā rénshēng de dà bùfen

III ADV **1** (*a great deal*) 许(許)多 xǔduō ▸ **he hasn't changed much** 他没(沒)变(變)很多 tā méi biàn hěn duō ▸ **"did you like her?" — "not much"** "你喜欢(歡)她吗(嗎)？" "不太喜欢(歡)" "nǐ xǐhuan tā ma?" "bùtài xǐhuan" ▸ **much as I like him...** 尽(儘)管我喜欢(歡)他，但是… jǐnguǎn wǒ xǐhuān tā, dànshì... ▸ **however much you may try to forget...** 无(無)论(論)你怎么(麼)竭力想忘掉都… wúlùn nǐ zěnme jiélì xiǎng wàngdiào dōu...

2 (*far*) …得多 ...de duō ▸ **I'm much better now** 我感觉(覺)好多了 wǒ gǎnjué hǎoduō le ▸ **it's much the biggest publishing company in Europe** 它是欧(歐)洲最大的出版公司 tā shì Ōuzhōu zuìdà de chūbǎn gōngsī ▸ **those trousers are much too big for you** 那些裤(褲)子对(對)你而言实(實)在太肥了 nàxiē kùzi duì nǐ éryán shízài tàiféi le

3 (*often*) 经(經)常 jīngcháng ▸ **do you go out much?** 你经(經)常出去吗(嗎)？ nǐ jīngcháng chūqù ma?

4 (*almost*) 几(幾)乎 jīhū ▸ **the two books are much the same** 这(這)两(兩)本书(書)几(幾)乎是一样(樣)的 zhè liǎng běn shū jīhū shì yīyàng de ▸ **"how are you feeling?" — "much the same"** "你感觉(覺)怎么(麼)样(樣)？" "几(幾)乎没(沒)变(變)" "nǐ gǎnjué zěnme yàng?" "jīhū méi biàn"

muck [mʌk] N [ʊ] (*inf*: *dirt*) 污垢 wūgòu

▸**muck about** (*Brit*; *inf*) **I** VI **1** (*fool about*) 鬼混 guǐhùn **2** ▸ **to muck about with sth** 瞎摆(擺)弄某物 xiā bǎinòng mǒuwù **II** VT [+ *person*] 耍弄 shuǎnòng

▸**muck around** VI = **muck about**

▸**muck in** (*Brit*; *inf*) VI 一起出力 yīqǐ chūlì

▸**muck out** **I** VT 清除 qīngchú **II** VI 打扫(掃)畜舍 dǎsǎo chùshè

▸**muck up** (*Brit; inf*) VT [+ *exam, interview etc*] 搞糟 gǎozāo [美 = **screw up**]

mucky ['mʌkɪ] (*inf*) ADJ [+ *boots, field*] 肮脏(臟)的 āngzāng de

mucus ['mjuːkəs] N [U] 黏液 niányè

mud [mʌd] N [U] 泥 ní

muddle ['mʌdl] **I** N [C/U] **1** [*of papers, figures, things*] 混乱(亂)状(狀)态(態) hùnluàn zhuàngtài [个 gè] **2** (*situation*) 糟糕局面 zāogāo júmiàn [个 gè] **II** VT (*also*: **muddle up**) [+ *things*] 把…弄乱(亂) bǎ...nòngluàn; [+ *words, names*] 混淆 hùnxiáo; [+ *person*] 使糊涂(塗) shǐ hútu ▸**to be in a muddle** 一片混乱(亂) yīpiàn hùnluàn ▸**to get in a muddle** [*person* +] 弄糊涂(塗)了 nòng hútu le; [*objects* +] 搞得一团(團)糟 gǎo de yītuán zāo ▸**to muddle sb/sth (up) with sb/sth** 将(將)某人和某人/某物和某物搞混 jiāng mǒurén hé mǒurén/mǒuwù hé mǒuwù gǎohùn

▸**muddle along** VI (*inf: drift*) 混日子 hùn rìzi

▸**muddle through** (*inf*) VI (*get by*) 对(對)付过(過)去 duìfu guòqù

muddled ['mʌdld] ADJ (*confused*) [+ *person, thinking, ideas*] 糊涂(塗)的 hútu de

muddy ['mʌdɪ] **I** ADJ **1** [+ *floor, field*] 沾满(滿)烂(爛)泥的 zhānmǎn lànní de **2** [+ *colour, green*] 灰暗的 huī'àn de **II** VT (*dirty*) 使沾(霑)上烂(爛)泥 shǐ zhānshàng lànní

mudguard ['mʌdgɑːd] (*esp Brit*) N [C] 挡(擋)泥板 dǎngníbǎn [块 kuài]

muesli ['mjuːzlɪ] N [U] 穆兹利，和干水果混在一起的燕麦早餐

muffin ['mʌfɪn] N [C] **1** 松饼(餅) sōngbǐng [个 gè] **2** (*Brit*) 英式松饼(餅) yīngshì sōngbǐng [个 gè]

muffle ['mʌfl] VT [+ *sound*] 使低沉 shǐ dīchén

muffled ['mʌfld] ADJ **1** [+ *sound*] 低沉的 dīchén de **2** (*against cold*) 裹住的 guǒzhù de

muffler ['mʌflə^r] N [C] **1** (*US: Aut*) 消音器 xiāoyīnqì [个 gè] **2** (*o.f.: scarf*) 围(圍)巾 wéijīn [条 tiáo]

mug [mʌg] **I** N [C] **1** (*large cup*) (*for drinks*) 大杯子 dà bēizi [个 gè]; (*for beer*) 啤酒杯 píjiǔ bēi [个 gè] **2** (*contents*) 一大杯的量 yīdàbēi de liàng **3** (*inf: face*) 脸(臉) liǎn **4** (*Brit; inf*) (*fool*) 傻瓜 shǎguā **II** VT (*rob*) 行凶抢(搶)劫 xíngxiōng qiǎngjié ▸**it's a mug's game** (*Brit; inf*) 这(這)是桩(樁)无(無)利可图(圖)的事 Zhè shì zhuāng wú lì kě tú de shì

▸**mug up** (*Brit; inf*) VT (*also*: **mug up on**) 突击(擊)学(學)习(習) tūjī xuéxí

mugger ['mʌgə^r] N [C] 抢(搶)劫犯 qiǎngjiéfàn [名 míng]

mugging ['mʌgɪŋ] N [C/U] (*assault*) 行凶抢(搶)劫 xíngxiōng qiǎngjié [次 cì]

muggy ['mʌgɪ] ADJ [+ *weather, day*] 闷(悶)热(熱)而潮湿(濕)的 mēnrè 'ér cháoshī de ▸**it's muggy today** 今天天气(氣)很闷(悶)热(熱) jīntiān tiānqì hěn mènrè

mule [mjuːl] N [C] **1** (*Zool*) 骡(騾) luó [头 tóu] **2** (*shoe*) 拖鞋 tuōxié [双 shuāng]

multicoloured, (*US*) **multicolored** ['mʌltɪkʌləd] ADJ 多色的 duōsè de

multi-level [mʌltɪ'lɛvl] (*US*) ADJ [+ *building, car park*] 多层(層)的 duōcéng de [英 = **multi-storey**]

multimedia [mʌltɪ'miːdɪə] **I** N [U] **1** (*Comput*) 多媒体(體) duōméitǐ **2** (*Scol*) 多媒体(體)教学(學) duōméitǐ jiàoxué **II** ADJ 多媒体(體)的 duōméitǐ de

multinational [mʌltɪ'næʃənl] **I** ADJ **1** [+ *company, corporation*] 跨国(國)的 kuàguó de **2** [+ *force*] 多国(國)的 duōguó de **II** N [C] 跨国(國)公司 kuàguó gōngsī [家 jiā]

multiple ['mʌltɪpl] **I** ADJ [+ *injuries*] 多次的 duōcì de; [+ *collision*] 多重的 duōchóng de; [+ *birth*] 多胎的 duōtāi de **II** N [C] (*Math*) 倍数(數) bèishù

multiple-choice ['mʌltɪpltʃɔɪs] ADJ [+ *exam, question*] 多项(項)选(選)择(擇)的 duōxiàng xuǎnzé de

multiple sclerosis [-sklɪ'rəusɪs] N [U] 多发(發)性硬化 duōfāxìng yìnghuà

multiplex ['mʌltɪplɛks] N [C] (*also*: **multiplex cinema**) 多剧(劇)场(場)影剧(劇)院 duōjùchǎng yǐngjùyuàn [个 gè]

multiplication [mʌltɪplɪ'keɪʃən] N **1** [U] (*Math*) 乘法 chéngfǎ **2** [S] (*increase*) 倍增 bèizēng

multiply ['mʌltɪplaɪ] **I** VT (*Math*) ▸**to multiply sth (by sth)** (某数(數))乘以某数(數) (mǒushù) chéngyǐ mǒushù **II** VI **1** (*increase*) 增加 zēngjiā **2** (*reproduce*) 繁殖 fánzhí **3** (*Math*) 做乘法 zuò chéngfǎ

multiracial [mʌltɪ'reɪʃl] ADJ [+ *school, society*] 多种(種)族的 duōzhǒngzú de

multi-storey [mʌltɪ'stɔːrɪ] **I** ADJ [+ *building, car park*] 多层(層)的 duōcéng de **II** N [C] (*car park*) 多层(層)停车(車)场(場) duōcéng tíngchēchǎng

multitude ['mʌltɪtjuːd] N **1** ▸**a multitude of** [+ *reasons, ideas*] 许(許)多 xǔduō **2** [C] (*liter: crowd*) 人群 rénqún ▸**to cover** *or* **hide a multitude of sins** 掩盖(蓋)种(種)种(種)罪恶(惡) yǎngài zhǒngzhǒng zuì'è

mum [mʌm] **I** N (*Brit; inf*) (*mother*) 妈(媽)妈(媽) māma [美 = **mom**] **II** ADJ ▸**to keep mum** 保密 bǎomì ▸**mum's the word** 别(別)声(聲)张(張) bié shēngzhāng

mumble ['mʌmbl] **I** VT 含糊地说(說) hánhu de shuō **II** VI 咕哝(噥) gūnong **III** N [C] 咕哝(噥) gūnong

mummy ['mʌmɪ] N [C] **1** (*Brit; inf*) (*mother*) 妈(媽)妈(媽) māma [位 wèi] [美 = **mommy**] **2** (*embalmed body*) 木乃伊 mùnǎiyī

mumps [mʌmps] N [U] 腮腺炎 sāixiànyán

munch [mʌntʃ] **I** VT 大嚼 dàjiáo **II** VI 出声(聲)

咀嚼 chūshēng jǔjué

municipal ['mju:'nɪsɪpl] ADJ 市政的 shìzhèng de

mural ['mjuərl] N [c] 壁画(畫) bìhuà [幅 fú]

murder ['mə:də^r] **I** N [c/u] (*killing*) 谋(謀)杀(殺) móushā [个 gè] **II** VT **1** (*kill*) 谋(謀)杀(殺) móushā **2** (*spoil*) [+ *piece of music, language*] 糟蹋 zāota ▸ **to get away with murder** (*inf*) 为(為)所欲为(為) wéi suǒ yù wéi ▸ **the traffic was murder!** (*inf*) 交通真要命！ Jiāotòng zhēn yàomìng! ▸ **I could murder him!** 我真该(該)杀(殺)了他！ wǒ zhēn gāi shāle tā!
▒用法参见 **kill**

murderer ['mə:dərə^r] N [c] 凶手 xiōngshǒu [个 gè]

murky ['mə:kɪ] ADJ **1** [+ *street, night*] 昏暗的 hūn'àn de **2** [+ *water*] 混浊(濁)的 húnzhuó de **3** (*Brit*) (*shady, shadowy*) 不可告人的 bùkě gàorén de **4** (*hazy, unclear*) 晦涩(澀)难(難)懂的 huìsè nándǒng de

murmur ['mə:mə^r] **I** VT (*say quietly*) 小声(聲)说(說) xiǎoshēng shuō **II** VI (*speak quietly*) 小声(聲)说(說)话(話) xiǎoshēng shuōhuà **III** N **1** [c] (*voice*) 低语(語) dīyǔ **2** [s] (*low sound*) [*of voices*] 窃(竊)窃(竊)低语(語)声(聲) qièqiè dīyǔshēng; [*of wind, waves*] 细(細)声(聲) xìshēng **3** [c] (*Med*) (*also*: **heart murmur**) 杂(雜)音 záyīn ▸ **without a murmur** 毫无(無)怨言 háo wú yuàn yán

muscle ['mʌsl] N **1** [c/u] (*Anat*) 肌肉 jīròu [块 kuài] **2** [u] (*power*) 实(實)力 shílì ▸ **he didn't move a muscle** 他一动(動)不动(動) tā yī dòng bù dòng ▸ **to flex one's muscles** 显(顯)示力量 xiǎnshì lìliàng
▸**muscle in** VI 强(強)行挤(擠)入 qiángxíng jǐrù
▸**muscle in on** VT FUS 强(強)行插足 qiángxíng chāzú

muscular ['mʌskjulə^r] ADJ [+ *person, body*] 肌肉发(發)达(達)的 jīròu fādá de; [+ *pain, weakness*] 肌肉的 jīròu de

museum [mju:'zɪəm] N [c] 博物馆(館) bówùguǎn [个 gè]

mushroom ['mʌʃrum] **I** N [c] (*edible*) 蘑菇 mógu [个 gè]; (*poisonous*) 毒蘑菇 dú mógu [个 gè] **II** VI [*town, organization* +] 迅速发(發)展 xùnsù fāzhǎn **III** CPD [+ *soup, omelette, pizza*] 蘑菇 mógu

★ **music** ['mju:zɪk] N [u] **1** (*sound*) 音乐(樂) yīnyuè ▹ *classical music* 古典音乐 gǔdiǎn yīnyuè **2** (*activity*) 音乐(樂)艺(藝)术(術) yīnyuè yìshù ▹ *He plans to make his career in music.* 他打算在音乐艺术方面发展。Tā dásuàn zài yīnyuè yìshù fāngmiàn fāzhǎn. **3** (*Scol, Univ*) 音乐(樂)课(課) yīnyuè kè **4** (*score*) 乐(樂)谱(譜) yuèpǔ ▹ *He's never been able to read music.* 他一向不识乐谱。Tā yīxiàng bùshí yuèpǔ. ▸ **to face the music** 承担(擔)自己行为(為)的后(後)果 chéngdān zìjǐ xíngwéi de hòuguǒ ▸ **to be music to sb's ears** 佳音 jiāyīn

musical ['mju:zɪkl] **I** ADJ **1** (*related to music*) [+ *career, skills*] 音乐(樂)的 yīnyuè de **2** (*musically gifted*) [+ *person*] 有音乐(樂)天赋(賦)的 yǒu yīnyuè tiānfù de **3** (*resembling music*) [+ *tone, voice, accent*] 悦(悅)耳的 yuè'ěr de **II** N [c] (*show, film*) 音乐(樂)剧(劇) yīnyuèjù [部 bù]

musical instrument N [c] 乐(樂)器 yuèqì [件 jiàn]

music centre, (*US*) **music center** N [c] 组(組)合音响(響) zǔhé yīnxiǎng [套 tào]

musician [mju:'zɪʃən] N [c] 音乐(樂)家 yīnyuèjiā [位 wèi]

Muslim, Moslem ['muzlɪm] **I** N [c] 穆斯林 Mùsīlín [个 gè] **II** ADJ 穆斯林的 Mùsīlín de

muslin ['mʌzlɪn] N [u] 平纹(紋)细(細)布(佈) píngwén xìbù

mussel ['mʌsl] N [c] 贻(貽)贝(貝) yíbèi [只 zhī]

★ **must** [mʌst] **I** AUX VB **1** (*expressing importance or necessity*) 必须(須) bìxū **2** (*expressing intention*) 得 děi **3** (*expressing forceful suggestion*) 一定要 yīdìng yào ▹ *You must see my new guitar.* 你一定要看看我的新吉他。Nǐ yīdìng yào kānkān wǒ de xīn jítā. **4** (*expressing anger in question*) 偏要 piānyào ▹ *Must you be so careless?* 你偏要这么粗心吗？ Nǐ piān yào zhème cūxīn ma? **5** (*expressing presumption*) 一定 yīdìng ▹ *Russell must be one of the youngest ever Wembley referees.* 拉塞尔一定是温布利体育场上历来最年轻的裁判之一。Lāsāi'ěr yīdìng shì Wēnbùlì tǐyùchǎng shàng lìlái zuì niánqīng de cáipàn zhīyī. ▹ *He must have forgotten to pick up the tickets.* 他一定忘记去取票了。Tā yīdìng wàngjì qù qǔpiào le. **6** (*expressing sympathy*) 一定 yīdìng ▹ *Sit down, you must be exhausted.* 坐吧，你一定累坏了。Zuò ba, nǐ yīdìng lèi huài le. **7** (*expressing surprise or shock*) ▸ **you must be joking** 你准(準)是在开(開)玩笑 nǐ zhǔn shì zài kāi wánxiào ▹ *I must be mad!* 我准是疯了！ Wǒ zhǔn shì fēng le! **II** N (*inf: necessity*) ▸ **to be a must** 是必备(備)之物 shìbìbèi zhī wù ▹ *Rubber gloves are a must if your skin is sensitive.* 橡胶手套对于敏感皮肤是必备之物。Xiàngjiāo shǒutào duìyú mǐngǎn pífū shì bìbèi zhī wù. ▸ **the doctor must allow the patient to decide** 医(醫)生必须(須)让(讓)病人来(來)决(決)定 yīshēng bìxū ràng bìngrén lái juédìng ▸ **I really must be getting back** 我真得回去了。wǒ zhēn děi huíqù le ▸ **if you must** (*expressing reluctant agreement*) 如果你坚(堅)持要 rúguǒ nǐ jiānchí yào ▸ **if you must know** (*expressing reluctance to tell sb sth*) 如果你一定要知道的话(話) rúguǒ nǐ yīdìng yào zhīdào de huà

mustache ['mʌstæʃ] (*US*) N = **moustache**

mustard ['mʌstəd] N [u] 芥末 jièmo

mustn't ['mʌsnt] = **must not**

mute [mju:t] **I** ADJ (*silent*) 缄(緘)默的 jiānmò de

II VT *(reduce)* 抑制 yìzhì

mutilate ['mju:tɪleɪt] VT [+ *person, corpse*] 毁(毀)伤(傷) huǐshāng

mutiny ['mju:tɪnɪ] **I** N [C/U] [*of soldiers, sailors*] 哗(譁)变(變) huábiàn **II** VI [*soldiers, sailors* +] 反叛 fǎnpàn

mutter ['mʌtəʳ] **I** VI 嘟哝(噥) dūnong **II** VT 低声(聲)说(說) dīshēng shuō **III** N [C] 低语(語) dīyǔ

mutton ['mʌtn] N [U] *(meat)* 羊肉 yángròu ▸ **mutton dressed (up) as lamb** *(Brit; inf)* 老来(來)俏 lǎoláiqiào

mutual ['mju:tʃuəl] ADJ *(shared)* [+ *feeling, attraction*] 共有的 gòngyǒu de; [+ *benefit, interest*] 共同的 gòngtóng de ▸ **a mutual friend** 共同的朋友 gòngtóng de péngyou ▸ **the feeling is mutual** 有同感 yǒu tónggǎn

mutually ['mju:tʃuəlɪ] ADV [+ *convenient, acceptable*] 彼此 bǐcǐ ▸ **mutually exclusive** 互不相容 hùbù xiāngróng

muzzle ['mʌzl] **I** N [C] **1** *(restraint) (for dog)* 口套 kǒutào **2** *(nose and mouth)* [*of dog*] 鼻口部分 bíkǒu bùfen **3** [*of gun*] 枪(槍)口 qiāngkǒu **II** VT **1** [+ *dog*] 给(給)…套口套 gěi…tào kǒutào **2** *(gag)* [+ *press, person*] 使缄(緘)默 shǐ jiānmò

MW *(Rad)* ABBR (= **medium wave**) 中波 zhōngbō

★ **my** [maɪ] ADJ 我的 wǒ de ▹ *my parents* 我的父母 wǒ de fùmǔ ▹ *I've washed my hair.* 我洗了头。Wǒ xǐle tóu.

Myanmar, Myanma ['maɪænmɑ:] [mjænmɑ:] N 缅(緬)甸 Miǎndiàn

myself [maɪ'sɛlf] PRON **1** 我自己 wǒ zìjǐ ▹ *I prepared the dinner myself.* 我自己做的晚餐。Wǒ zìjǐ zuò de wǎncān. ▹ *I bought myself a new CD.* 我给自己买了张新唱片。Wǒ gěi zìjǐ mǎile zhāng xīn chàngpiàn. ▹ *I want to try it out for myself.* 我想自己试一下。Wǒ xiǎng zìjǐ shì yīxià. **2** *(emphatic)* 我本人 wǒ běnrén ▹ *I myself live in London.* 我本人住在伦敦。Wǒ běnrén zhù zài Lúndūn. **3** *(me)* 我 wǒ ▹ *a complete beginner like myself* 像我这样的一个初学者 xiàng wǒ zhèyàng de yīgè chūxuézhě ▸ **I hurt myself** 我伤(傷)了自己。wǒ shāngle zìjǐ ▸ **by myself** *(unaided)* 我独(獨)力地 wǒ dúlì de ▹ *I did it all by myself.* 这都是我自己一个人独力做的。Zhè dōu shì wǒ zìjǐ yī gè rén dúlì zuò de.; *(alone)* 我独(獨)自 wǒ dúzì ▹ *I live by myself.* 我独自一个人住。Wǒ dúzì yī gè rén zhù.

mysterious [mɪs'tɪərɪəs] ADJ **1** *(strange)* 神秘(祕)的 shénmì de **2** *(enigmatic)* ▸ **to be mysterious about sth** 对(對)某事卖(賣)弄玄虚(虛) duì mǒushì màinòng xuánxū

mystery ['mɪstərɪ] **I** N **1** [C] *(puzzle)* 谜(謎) mí [个 gè] **2** [U] *(strangeness)* [*of place, person*] 离(離)奇 líqí **3** [C] *(story)* 推理作品 tuīlǐ zuòpǐn [部 bù] **II** ADJ *(unknown, mysterious)* 神秘(祕)的 shénmì de

mystical ['mɪstɪkl] ADJ [+ *experience, cult, rite*] 玄妙的 xuánmiào de

mystify ['mɪstɪfaɪ] VT 使困惑 shǐ kùnhuò

myth [mɪθ] N [C] **1** *(legend, story)* 神话(話) shénhuà [个 gè] **2** *(fallacy)* 谬(謬)论(論) miùlùn [个 gè]

mythical ['mɪθɪkl] ADJ **1** [+ *beast, monster*] 神话(話)中的 shénhuà zhōng de **2** [+ *jobs, opportunities etc*] 虚(虛)构(構)的 xūgòu de

mythology [mɪ'θɔlədʒɪ] N [C/U] 神话(話) shénhuà [个 gè]

Nn

N¹, n [ɛn] N [c/ʊ] (*letter*) 英语的第十四个字母
N² ABBR (= **north**) 北方 běifāng
n/a ABBR (= **not applicable**) 不适(適)用 bù shìyòng
nag [næg] **I** VT (*go on at*) 唠(嘮)叨 láodao **II** VI 唠(嘮)叨 láodao **III** N [c] **1** (*inf: horse*) 马(馬) mǎ [匹 pǐ] **2** (*pej: person*) 喋喋不休的人 diédié bùxiū de rén [个 gè] ▸ **to nag at sb** [*worry, doubt, feeling* +] 令某人烦(煩)恼(惱) lìng mǒurén fánnǎo ▸ **to nag (at) sb to do sth** 唠(嘮)叨某人做某事 láodao mǒurén zuò mǒushì ▸ **to nag sb into doing sth** 非叫某人做某事不可 fēi jiào mǒurén zuò mǒushì bù kě
nagging [ˈnægɪŋ] **I** ADJ [+ *doubt, suspicion*] 挥(揮)之不去的 huī zhī bù qù de; [+ *pain*] 令人心烦(煩)的 lìngrén xīnfán de **II** N [ʊ] 纠(糾)缠(纏)不休 jiūchán bùxiū
nail [neɪl] **I** N [c] **1** [*of finger, toe*] 指甲 zhǐjia [个 gè] **2** (*for hammering*) 钉(釘)子 dīngzi [个 gè] **II** VT **1** (*attach*) ▸ **to nail sth to/on sth** 把某物钉(釘)在某物上 bǎ mǒuwù dìng zài mǒuwù shang **2** (*inf*) [+ *thief*] 抓住 zhuāzhù ▸ **to be nailed shut** 用钉(釘)子钉(釘)死 yòng dīngzi dìng sǐ
▸**nail down** VT **1** (*identify*) 确(確)定 quèdìng **2** (*agree on*) 达(達)成 dáchéng **3** (*attach*) 钉(釘)牢 dìngláo ▸ **to nail sb down to a date/price** 要某人确(確)定日期/价(價)格 yào mǒurén quèdìng rìqī/jiàgé
nailbrush [ˈneɪlbrʌʃ] N [c] 指甲刷 zhǐjiashuā [个 gè]
nailfile [ˈneɪlfaɪl] N [c] 指甲锉(銼) zhǐjia cuò [个 gè]
nail polish N [ʊ] 指甲油 zhǐjia yóu
nail polish remover N [ʊ] 洗甲水 xǐjiǎ shuǐ
nail scissors N PL [PL] 指甲刀 zhǐjiadāo [个 gè]
nail varnish (*Brit*) N = **nail polish**
naive, naïve [naɪˈiːv] ADJ [+ *person, ideas*] 天真的 tiānzhēn de ▸ **it was naive of him to believe her** 他真是天真，竟然相信了她 tā zhēn shì tiānzhēn, jìngrán xiāngxìnle tā
naked [ˈneɪkɪd] ADJ **1** [+ *person, body*] 裸体(體)的 luǒtǐ de **2** [+ *flame, light*] 无(無)遮蔽的 wú zhēbì de **3** [+ *fear, hatred*] 分明的 fēnmíng de ▸ **visible to the naked eye** 肉眼可见(見)的 ròuyǎn kě jiàn de ▸ **to see sth with the naked eye** 肉眼可见(見)某物 ròuyǎn kě jiàn mǒuwù
★ **name** [neɪm] **I** N [c] **1** [*of person, thing*] 名字 míngzi [个 gè] **2** (*reputation*) 名声(聲) míngshēng **II** VT **1** (*give name to*) [+ *child, ship*] 取名 qǔmíng ▹ *Have they named the baby yet?* 他们给孩子取名了吗？ Tāmen gěi háizi qǔmíngle ma? **2** (*identify*) [+ *accomplice, victim, criminal*] 确(確)定 quèdìng ▹ *The victims have not been named.* 遇难者的身份还没有确定。Yùnànzhě de shēnfèn hái méiyǒu quèdìng. **3** (*specify*) [+ *date, place, price*] 说(說)定 shuōdìng ▹ *Name the place, we'll be there.* 说定个地方，我们会在那儿。Shuō dìng gè dìfang, wǒmen huì zài nàr. ▸ **what's your name?** 你叫什么(麼)名字？ nǐ jiào shénme míngzi? ▸ **my name is Peter** 我叫彼得 wǒ jiào Bǐdé ▸ **to mention sb by name** 指名道姓 zhǐ míng dào xìng ▸ **in sb's name** 以某人的名义(義) yǐ mǒurén de míngyì ▸ **crimes committed in the name of freedom** 以自由为(為)名违(違)法犯罪 yǐ zìyóu wéi míng wéifǎ fànzuì ▸ **to call sb names** 嘲弄某人 cháonòng mǒurén ▸ **to give one's name and address** 留下姓名和地址 liúxià xìngmíng hé dìzhǐ ▸ **to make a name for o.s.** 成名 chéngmíng ▸ **to give sb/sth a bad name** 损(損)害某人/某事的声(聲)誉(譽) sǔnhài mǒurén/mǒushì de shēngyù ▸ **the name of the game** (*inf*) 最要紧(緊)的方面 zuì yàojǐn de fāngmiàn ▸ **to be named after** *or* (*US*) **for sb/sth** 以某人/某事物的名字命名 yǐ mǒurén/mǒushìwù de míngzi mìngmíng ▸ **to name sb as sb** 确(確)认(認)某人是某人 quèrèn mǒurén shì mǒurén ▹ *The victim was named as John Smith.* 遇难者被确认是约翰史密斯。yùnànzhě bèi quèrèn shì Yuēhàn Shǐmìsī. ▸ **to name sb as sth** 任命某人某种(種)职(職)务(務) rènmìng mǒurén mǒu zhǒng zhíwù ▹ *McGovern was named as the new chairman.* 麦戈文被任命为新的主席。Màigēwén bèi rènmìng wéi xīn de zhǔxí.
namely [ˈneɪmlɪ] ADV 即 jí ▸ **namely that...** 就是说(說)··· jiùshì shuō...
nanny [ˈnænɪ] N [c] 保姆 bǎomǔ [个 gè]
nap [næp] **I** N **1** [c] (*sleep*) 小睡 xiǎoshuì **2** [s] [*of fabric*] 绒(絨)毛 róngmáo **II** VI (*inf*) ▸ **to be caught napping** 被察觉(覺)有失误(誤)之处(處) bèi chájué yǒu shīwù zhī chù ▸ **to have a nap** 小睡一会(會)儿(兒) xiǎo shuì yīhuìr
napkin [ˈnæpkɪn] N [c] (*serviette*) 餐巾 cānjīn [张 zhāng]
nappy [ˈnæpɪ] (*Brit*) N [c] 尿布 niàobù [块 kuài] [美 = **diaper**]
narcotic [nɑːˈkɔtɪk] **I** ADJ [+ *drug, effects*] 麻醉的 mázuì de **II** N [c] (*type of drug*) 麻醉药(藥) mázuìyào **III narcotics** N PL (*esp US*) (*illegal drugs*) 毒品 dúpǐn
narrative [ˈnærətɪv] N [c/ʊ] 叙(敘)述 xùshù

narrator [nə'reɪtəʳ] N [c] **1** (*in novel, play*) 叙(敘)述者 xùshùzhě [名 míng] **2** (*Cine, TV, Rad*) 解说(說)员(員) jiěshuōyuán [名 míng]

narrow ['nærəu] **I** ADJ **1** [+ *road, ledge, feet*] 窄的 zhǎi de **2** [+ *majority, victory, defeat*] 勉强(強)的 miǎnqiǎng de **3** [+ *ideas, view*] 狭(狹)隘的 xiá'ài de **II** VI **1** [*road, river* +] 变(變)窄 biànzhǎi **2** [*gap, difference* +] 缩(縮)小 suōxiǎo **3** [*eyes* +] 眯 mī **III** VT **1** [+ *gap, difference*] 缩(縮)小 suōxiǎo **2** [+ *eyes*] 眯起 mīqǐ ▸ **to have a narrow escape** 勉强(強)逃脱(脫) miǎnqiǎng táotuō ▸ **in the narrow sense of the word** 就该(該)词(詞)的狭(狹)义(義)来(來)说(說) jiù gāi cí de xiáyì lái shuō

▸**narrow down** VT [+ *choice, possibility*] 减(減)少 jiǎnshǎo ▸ **to narrow the list down (to three)** 把名单(單)减(減)少(到3个(個)) bǎ míngdān jiǎnshǎo(dào sān gè)

narrowly ['nærəulɪ] ADV [*avoid, escape, miss* +] 勉强(強)地 miǎnqiǎng de

narrow-minded [nærəu'maɪndɪd] ADJ [+ *person*] 心胸狭(狹)窄的 xīnxiōng xiázhǎi de; [+ *attitude*] 狭(狹)隘偏执(執)的 xiá'ài piānzhí de

NASA ['næsə] (US) N ABBR (= **National Aeronautics and Space Administration**) 国(國)家航空和宇宙航行局 Guójiā Hángkōng hé Yǔzhòu Hángxíng Jú

nasal ['neɪzl] ADJ **1** (*Anat, Med*) [+ *passage, cavity, congestion*] 鼻的 bí de **2** [+ *voice*] 带(帶)鼻音的 dài bíyīn de

nasty ['nɑːstɪ] ADJ **1** (*obnoxious*) [+ *person*] 令人憎恶(惡)的 lìng rén zèngwù de; [+ *remark*] 恶(惡)意的 èyì de **2** (*bad*) [+ *taste, smell*] 恶(噁)心的 ěxīn de; [+ *weather, temper, shock*] 讨(討)厌(厭)的 tǎoyàn de **3** (*serious*) [+ *injury, accident, disease*] 严(嚴)重的 yánzhòng de; [+ *problem*] 难(難)的 nán de ▸ **to be nasty to sb** 待某人不好 dài mǒurén bùhǎo ▸ **to turn nasty** [*person* +] 露出凶相 lù chū xiōngxiàng ▸ **a nasty business** 令人难(難)受的事 lìng rén nánshòu de shì

★**nation** ['neɪʃən] N **1** [c] (*country*) 国(國)家 guójiā [个 gè] **2** ▸ **the nation** (*people*) 国(國)民 guómín

★**national** ['næʃənl] **I** ADJ [+ *election, newspaper, interest*] 国(國)家的 guójiā de; [+ *characteristic, hobby*] 民族的 mínzú de **II** N [c] (*citizen*) 公民 gōngmín [个 gè]

national anthem N [c] 国(國)歌 guógē [首 shǒu]

national dress N [U] 民族服装(裝) mínzú fúzhuāng

National Health Service (*Brit*) N ▸ **the National Health Service** 英国国民医疗服务制度 ▸ **on the National Health Service** 由国(國)民保健署提供 yóu guómín bǎojiànshǔ tígōng

national holiday (*US*) N [c] 法定假期 fǎdìng jiàqī [个 gè] [英 = **bank holiday**]

National Insurance (*Brit*) **I** N [U] 英国国民保险制度 Yīngguó guómín bǎoxiǎn zhìdù **II** CPD [+ *contributions, card*] 国(國)民保险(險) guómín bǎoxiǎn

nationalism ['næʃnəlɪzəm] N [U] 民族主义(義) mínzú zhǔyì

nationalist ['næʃnəlɪst] **I** ADJ 民族主义(義)的 mínzú zhǔyì de **II** N [c] 民族主义(義)者 mínzú zhǔyìzhě [名 míng]

nationality [næʃə'nælɪtɪ] N [c/U] 国(國)籍 guójí [个 gè] ▸ **What nationality is he?** 他是哪国(國)人？ Tā shì nǎ guó rén?

nationalize ['næʃnəlaɪz] VT 使国(國)有化 shǐ guóyǒuhuà

nationally ['næʃnəlɪ] ADV [*broadcast, agree* +] 全国(國)性地 quánguóxìng de; [+ *available*] 在全国(國)范(範)围(圍)内(內) zài quánguó fànwéi nèi

national park N [c] 国(國)家公园(園) guójiā gōngyuán [个 gè]

National Trust (*Brit*) N ▸ **the National Trust** 全国名胜古迹托管协会

nationwide ['neɪʃənwaɪd] **I** ADJ [+ *problem, tour, campaign, search etc*] 全国(國)性的 quánguóxìng de **II** ADV [*distribute, broadcast, campaign etc* +] 全国(國)性地 quánguóxìng de; [*available* +] 在全国(國)范(範)围(圍)内(內) zài quánguó fànwéi nèi

native ['neɪtɪv] **I** ADJ [+ *country*] 本国(國)的 běnguó de; [+ *language, tongue*] 母语(語)的 mǔyǔ de; [+ *plant, species*] 土生的 tǔshēng de **II** N [c] 当(當)地人 dāngdìrén [位 wèi] ▸ **to be a native of Canada/France** [+ *person*] 加拿大/法国(國)本地人 Jiānádà/Fǎguó běndìrén ▸ **to be native to Canada/France** [*plant, animal* +] 加拿大/法国(國)本土的 Jiānádà/Fǎguó běntǔ de

Native American **I** N [c] 印第安人 Yìndì'ānrén [个 gè] **II** ADJ 印第安人的 Yìndì'ānrén de

NATIVE AMERICAN

Native American （美洲印第安人）由许多部族组成，例如，科曼奇族，阿帕契族和苏人族，他们在欧洲人到来之前就一直居住在北美洲。继欧洲人之后，后来非洲人和亚洲人也陆续来到北美大陆。**Native American** 最初被西方人称为 **Indian**，因为人们错误地认为发现者克里斯托弗・哥伦布到达了东印度而不是北美大陆。切不可使用带有种族歧视色彩的字眼 **Red Indian** 或 **redskin** 等。

native speaker N [c] 讲(講)母语(語)的人 jiǎng mǔyǔ de rén ▸ **a native speaker of English, an English native speaker** 以英语(語)为(為)母语(語)的人 yǐ yīngyǔ wéi

n

mŭyŭ de rén

NATO ['neɪtəu] N ABBR (= **North Atlantic Treaty Organization**) 北约(約) Běiyuē

natural ['nætʃrəl] ADJ **1** (*normal*) 正常的 zhèngcháng de **2** (*instinctive*) [+ *inclination, instinct*] 出于(於)本性的 chūyú běnxìng de **3** (*innate*) [+ *flair, aptitude, talent*] 天生的 tiānshēng de **4** (*unaffected*) [+ *person, manner*] 自然的 zìrán de **5** (*not man-made*) [+ *material, product, food*] 天然的 tiānrán de; [+ *disaster*] 大自然的 dàzìrán de **6** (*Mus*) 本位音的 běnwèiyīn de **7** (*biological*) [+ *father, parent, sister*] 亲(親)生的 qīnshēng de ▸ **it's natural to worry about one's children** 担(擔)心自己的孩子是很自然的 dānxīn zìjǐ de háizi shì hěn zìrán de ▸ **it is natural for us to want excitement** 对(對)我们(們)来(來)说(說)，寻(尋)求刺激是很自然的 duì wǒmen lái shuō, xúnqiú cìjī shì hěn zìrán de ▸ **to die of natural causes** 自然死亡 zìrán sǐwáng ▸ **Martin is a natural musician** 马(馬)丁是个(個)天生的音乐(樂)家 Mǎdīng shì gè tiānshēng de yīnyuèjiā

natural gas N [U] 天然气(氣) tiānránqì

natural history N [U] 博物学(學) bówùxué

naturally ['nætʃrəlɪ] ADV **1** (*unsurprisingly*) 自然地 zìrán de **2** [*behave, lead, arise, result* +] 自然地 zìrán de **3** [*occur, happen* +] 自然而然地 zìrán ér rán de **4** (*by nature*) 天生地 tiānshēng de ▸ **"naturally!"** "当(當)然啦！" "Dāngrán la!" ▸ **to come naturally (to sb)** (对(對)某人来(來)说(說))很容易 (duì mǒurén lái shuō) hěn róngyì

natural resources N PL 自然资(資)源 zìrán zīyuán

nature ['neɪtʃə^r] N **1** [U] (*also*: **Nature**) 自然界 zìránjiè **2** (*character*) [*of thing*] [S/U] 特性 tèxìng; [*of person*] [C/U] 天性 tiānxìng [种 zhǒng] ▸ **the protests were political in nature** 那些抗议(議)都是政治性的 nàxiē kàngyì dōu shì zhèngzhì xìng de ▸ **it was not in her nature to tell lies** 她生性不会(會)说(說)谎(謊) tā shēngxìng bù huì shuōhuǎng ▸ **I am an optimist by nature** 我天生是个(個)乐(樂)天派 wǒ tiānshēng shì gè lètiān pài ▸ **by its (very) nature** 理所当(當)然 lǐ suǒ dāng rán ▸ **documents of a confidential nature** 机(機)密文件 jīmì wénjiàn ▸ **or something of that nature** 或者类(類)似性质(質)的事物 huòzhě lèisì xìngzhì de shìwù

naught [nɔːt] N = **nought**

naughty ['nɔːtɪ] ADJ **1** (*disobedient*) [+ *child*] 淘气(氣)的 táoqì de **2** (*rude*) [+ *magazine, film*] 低级(級)的 dījí de; [+ *word*] 下流的 xiàliú de

nausea ['nɔːsɪə] N [U] 恶(噁)心 ěxīn

naval ['neɪvl] ADJ [+ *uniform, battle, forces*] 海军(軍)的 hǎijūn de

navel ['neɪvl] N [C] 肚脐(臍) dùqí

navigate ['nævɪgeɪt] I VT **1** [+ *ship, aircraft*] 导(導)航 dǎoháng **2** [+ *river, ocean*] 在…航行 zài...hángxíng II VI (*in a car*) 指路 zhǐlù; [*birds, fish* +] 找到正确(確)的方向 zhǎodào zhèngquè de fāngxiàng ▸ **to navigate (one's way) around sth** (*lit*) 绕(繞)过(過)某物 ràoguò mǒuwù ▸ **to navigate (a path) through sth** (*fig*) 找到解决(決)的方法 zhǎodào jiějué de fāngfǎ

navigation [nævɪ'geɪʃən] N [U] **1** (*action*) 航行 hángxíng **2** (*science*) 航行学(學) hángxíngxué

navy ['neɪvɪ] I N **1** ▸ **the navy** (*service*) 海军(軍) hǎijūn **2** [C] (*ships*) 海军(軍)舰(艦)队(隊) hǎijūn jiànduì **3** [U] (*also*: **navy-blue**) 藏青色 zàngqīngsè II ADJ (*also*: **navy-blue**) 藏青色的 zàngqīngsè de ▸ **to be in the navy** 在海军(軍)服役 zài hǎijūn fúyì ▸ **to join the navy** 参(參)加海军(軍) cānjiā hǎijūn ▸ **the Department of the Navy** (*US*) 海军(軍)部 hǎijūn bù

Nazi ['nɑːtsɪ] I N [C] 纳(納)粹分子 Nàcuì fènzǐ [名 míng] II CPD [+ *party, propaganda, sympathizer*] 纳(納)粹 Nàcuì

NB ABBR (= **nota bene**) 注(註)意 zhùyì

NBA (*US*) N ABBR (= **National Basketball Association**) 全国(國)篮(籃)球协(協)会(會) Quánguó Lánqiú Xiéhuì

NBC (*US*) N ABBR (= **National Broadcasting Company**) 国(國)家广(廣)播公司 Guójiā Guǎngbō Gōngsī

NE ABBR (= **north-east**) 东(東)北 dōngběi

★ **near** [nɪə^r] I ADJ **1** (*physically, in time*) 近的 jìn de ▷ *Christmas is quite near now.* 圣诞节很近了。 Shèngdàn Jié hěn jìn le. **2** (*not complete*) [+ *darkness, tragedy*] 几(幾)乎 jīhū ▷ *We were sitting in near darkness.* 我们几乎是在黑暗中坐着。 Wǒmen jīhū shì zài hēi'àn zhōng zuòzhe. II ADV **1** (*close*) 近 jìn ▷ *He must live quite near.* 他一定住得很近。 Tā yídìng zhù de hěn jìn. **2** (*almost*) [+ *disastrous, perfect, impossible, fatal*] 几(幾)乎 jīhū ▷ *a near fatal accident* 一场几乎致命的事故 yī chǎng jīhū zhìmìng de shìgù III PREP (*also*: **near to**) **1** (*physically*) 近 jìn ▷ *I stood very near them.* 我站得离他们很近。 Wǒ zhàn de lí tāmen hěn jìn. **2** (*just before/after*) 临(臨)近 línjìn ▷ *It happened near the beginning of the game.* 这件事发生在临近比赛的时候。 Zhè jiàn shì fāshēng zài línjìn bǐsài de shíhou. **3** (*bordering on*) [+ *completion, truth, collapse*] 接近 jiējìn ▷ *Her views were fairly near the truth.* 她的观点相当接近真相。 Tā de guāndiǎn xiāngdāng jiējìn zhēnxiàng. IV VT **1** [+ *place, end, age, time*] 接近 jiējìn ▷ *He was nearing the door when the light went on.* 他接近门的时候，灯亮了。 Tā jiējìn mén de shíhou, dēng liàng le. ▷ *They were nearing the end of their training.* 他们的训练接近尾声了。 Tāmen de xùnliàn jiējìn wěishēng le. **2** (*border on*) 近于(於) jìnyú ▷ *The crisis neared a critical point last week.* 上星期，危机近于顶点。 Shàng xīngqī, wēijī jìn yú dǐngdiǎn.

▸ **25,000 pounds or nearest offer** (Brit) 25, 000英镑(鎊)或者是与(與)之相似的报(報)价(價) liǎngwàn wǔqiān yīngbàng huòzhě shì yǔ zhī xiāngsì de bàojià ▸ **the nearest shops are 5 km away** 最近的商店离(離)这(這)里(裡)有5公里远(遠)。zuìjìn de shāngdiàn lí zhèlǐ yǒu wǔ gōnglǐ yuǎn ▸ **my office is quite near** 我的办(辦)公室离(離)这(這)儿(兒)不远(遠)。wǒde bàngōngshì lí zhèr bù yuǎn ▸ **in the near future** 在不远(遠)的将(將)来(來) zài bùyuǎn de jiānglái ▸ **to draw near** [event, time +] 临(臨)近 línjìn ▹ *The wedding day drew near.* 婚礼快到了。Hūnlǐ kuài dào le. ▸ **near enough** 将(將)近 jiāngjìn ▸ **she's nowhere near ready** 她根本没(沒)准(準)备(備)好 tā gēnběn méi zhǔnbèi hǎo ▸ **don't go/come any nearer!** 不许(許)再走/靠近了！Bùxǔ zài zǒu/kàojìn le! ▸ **don't come near me!** 别(別)走近我！Bié zǒujìn wǒ! ▸ **he won't (even) go near a hospital** 他(怎么(麼)也)不愿(願)意去医(醫)院 tā(zěnme yě)bù yuànyì qù yīyuàn ▸ **the building is nearing completion** 这(這)座楼(樓)房要竣工了 zhè zuò lóufáng yào jùngōng le

nearby [nɪəˈbaɪ] **I** ADJ 附近的 fùjìn de **II** ADV 在附近 zài fùjìn

nearly [ˈnɪəlɪ] ADV 差不多 chà bù duō ▸ **you're nearly as tall as I am** 你跟我差不多高了 nǐ gēn wǒ chàbùduō gáo le ▸ **the film isn't nearly as good as the book** 电(電)影拍得没(沒)有书(書)好看 diànyǐng pāi de méiyǒu shū hǎo kàn ▸ **it's not nearly big enough** 根本不够(夠)大 gēnběn bù gòu dà ▸ **I (very) nearly fell over** 我差点(點)摔倒了 wǒ chàdiǎn shuāidǎo le ▸ **nearly always** 几(幾)乎总(總)是 jīhū zǒngshì ▸ **she was nearly in tears** 她差点(點)要哭了 tā chàdiǎn yào kū le

near-sighted [nɪəˈsaɪtɪd] (US) ADJ (*short-sighted*) 近视(視)的 jìnshì de

neat [ni:t] ADJ **1** (*tidy*) [+ *house, desk, pile, clothes*] 整洁(潔)的 zhěngjié de; [+ *handwriting*] 工整的 gōngzhěng de **2** [+ *person*] (*organized*) 爱(愛)整洁(潔)的 ài zhěngjié de; (*in appearance*) 干(乾)净(淨)得体(體)的 gānjìng détǐ de **3** (*simple, effective*) [+ *plan, solution, description*] 简(簡)明的 jiǎnmíng de **4** (*esp Brit*) (*undiluted*) [+ *whisky, gin etc*] 纯(純)的 chún de ▹ *I drink my whisky neat.* 我爱喝纯威士忌酒。Wǒ ài hē chún wēishìjì jiǔ. **5** (*US; inf*) (*great*) 绝(絕)妙的 juémiào de

neatly [ˈni:tlɪ] ADV (*tidily, conveniently*) 整齐(齊)地 zhěngqí de

necessarily [ˈnɛsɪsrɪlɪ] ADV (*inevitably*) 必然 bìrán ▸ **not necessarily** 未必 wèibì

necessary [ˈnɛsɪsrɪ] ADJ **1** (*required*) [+ *skill, quality, item*] 必要的 bìyào de **2** (*inevitable*) [+ *consequence, connection*] 必然的 bìrán de ▸ **if/when/where necessary** 如有必要/必要时(時)/在必要处(處) rú yǒu bìyào/bìyào shí/zài bìyào chù ▸ **I don't want to stay longer than necessary** 我不想呆得太久 wǒ bù xiǎng dāi de tài jiǔ ▸ **it may be necessary (for us) to buy a new cooker** (我们(們))可能应(應)该(該)买(買)一个(個)新的炊具 (wǒmen) kěnéng yīnggāi mǎi yīgè xīn de chuījù

necessity [nɪˈsɛsɪtɪ] N **1** [U] (*need*) 需要 xūyào **2** [C] (*essential item*) 必需品 bìxūpǐn **3** [C] (*essential measure*) 不可避免的事情 bùkě bìmiǎn de shìqing ▸ **there is no necessity for us to do anything** 我们(們)没(沒)有必要做什么(麼) wǒmen méiyǒu bìyào zuò shénme ▸ **of necessity** (*frm*) 必定 bìdìng ▸ **out of necessity** 迫不得已 pò bù dé yǐ ▸ **the necessity of doing sth** 做某事的必要性 zuò mǒushì de bìyàoxìng

neck [nɛk] **I** N [C] **1** (*Anat*) [*of person, animal*] 颈(頸) jǐng **2** (*of shirt, dress, jumper*) 领(領)子 lǐngzi [个 gè] **3** (*narrow part*) (*of bottle*) 颈(頸)部 jǐngbù; (*of guitar, violin*) 颈(頸)状(狀)部位 jǐngzhuàng bùwèi **II** VI (*inf*) 盘(盤)颈(頸)亲(親)昵(暱) pánjǐng qīnnì ▸ **to be breathing down sb's neck** 紧(緊)紧(緊)盯着(著)某人 jǐnjǐn dīngzhe mǒurén ▸ **to be neck and neck** 并(並)驾(駕)齐(齊)驱(驅) bìng jià qí qū ▸ **to stick one's neck out** (*inf*) 担(擔)风(風)险(險) dān fēngxiǎn

necklace [ˈnɛklɪs] N [C] 项(項)链(鏈) xiàngliàn [条 tiáo]

necktie [ˈnɛktaɪ] (US) N [C] 领(領)带(帶) lǐngdài [条 tiáo] [英 = **tie**]

nectarine [ˈnɛktərɪn] N [C] (*fruit*) 油桃 yóutáo [个 gè]

★ **need** [ni:d] **I** VT **1** (*require*) 需要 xūyào ▹ *The animals need food supplements throughout the winter.* 动物整个冬天都需要食物补给。Dòngwù zhěnggè dōngtiān dōu xūyào shíwù bǔjǐ. ▹ *You need glasses.* 你得戴眼镜。Nǐ děi dài yǎnjìng. **2** (*want*) [+ *drink, holiday, cigarette*] 想要 xiǎngyào ▹ *I need a holiday.* 我想要去度假。Wǒ xiǎng yào qù dùjià. **3** (*could do with*) [+ *a haircut, a bath, a wash*] 得 děi ▹ *The car needs a wash.* 这车得洗洗了。Zhè chē děi xǐxǐ le. **II** N [S] **1** (*demand*) 需求 xūqiú ▹ *These groups are obviously answering a need.* 这些团体显然是在满足一种需求。Zhèxiē tuántǐ xiǎnrán shì zài mǎnzú yī zhǒng xūqiú. **2** (*necessity*) 必要 bìyào ▹ *There's a need for more information.* 有必要再寻求一些信息。Yǒu bìyào zài xúnqiú yīxiē xìnxī. **III needs** N PL (*requirements*) 需求 xūqiú ▹ *He had not been able to satisfy her emotional needs.* 他没能满足她感情上的需求。Tā méi néng mǎnzú tā gǎnqíng shàng de xūqiú. ▹ *the needs of industry* 工业的需求 gōngyè de xūqiú ▸ **to need to do sth** 必须(須)做某事 bìxū zuò mǒushì ▹ *You need to see a doctor.* 你必须去看医生。Nǐ bìxū qù kàn yīshēng. ▸ **the car needs servicing** 这(這)辆(輛)车(車)需要维(維)修(脩)了 zhè liàng chē xūyào wéixiū le ▸ **you**

n

don't need (to have) a degree to see what's going on 你很容易就能知道发(發)生了什么(麼) nǐ hěn róngyì jiù néng zhīdào fāshēngle shénme ▸ **he doesn't need to know** *or* **he needn't know** 他不必知道 tā bùbì zhīdào ▸ **"need I stay?" — "no, you needn't"** "需要我留下吗(嗎)?" "不必了" "Xūyào wǒ liúxià ma?" "bùbì le" ▸ **to be in need** 有困难(難) yǒu kùnnan ▸ **to be (badly) in need of sth** (急)需某物 (jí)xū mǒuwù ▸ **(there's) no need** *(it's not necessary)* (那)不用了 (nà) bùyòng le ▸ **there's no need to shout** *(please don't)* 别(別)嚷嚷 bié rāngrang ▸ **there's no need for us to finish this** 我们(們)没(沒)有必要做完 wǒmen méiyǒu bìyào zuòwán ▸ **he has no need to work** 他没(沒)有必要工作 tā méiyǒu bìyào gōngzuò ▸ **to feel the need to do sth** 觉(覺)得应(應)该(該)做某事 jué de yīnggāi zuò mǒushì

needle ['ni:dl] **I** N [c] **1** *(for sewing)* 针(針) zhēn [根 gēn] **2** *(for knitting)* 编(編)织(織)针(針) biānzhīzhēn [根 gēn] **3** *(for injections)* 注射针(針) zhùshèzhēn [只 zhī] **4** *(on record player)* 唱针(針) chàngzhēn **5** *(on dial)* 指针(針) zhǐzhēn **6** *(on pine tree)* 针(針)叶(葉) zhēnyè **II** VT *(inf: nag)* 刺激 cìjī

needless ['ni:dlɪs] ADJ [+ *death, suffering, worry, risk etc*] 不必要的 bù bìyào de ▸ **needless to say** 不用说(說) bùyòng shuō

needlework ['ni:dlwə:k] N [U] 针(針)线(線)活 zhēnxiànhuó

needn't ['ni:dnt] = **need not**

needy ['ni:dɪ] **I** ADJ 贫(貧)困的 pínkùn de **II** N PL ▸ **the needy** 贫(貧)困的人 pínkùn de rén

negative ['nɛgətɪv] **I** ADJ **1** [+ *effect, news*] 负(負)面的 fùmiàn de **2** [+ *test, result*] 阴(陰)性的 yīnxìng de **3** *(gloomy)* [+ *person, attitude, view*] 消极的 xiāojí de **4** *(not affirmative)* [+ *answer, response*] 否定的 fǒudìng de **5** *(Elec)* [+ *charge, current*] 负(負)极(極)的 fùjí de **6** *(Math)* 负(負)的 fù de **II** N [c] **1** *(Phot)* 底片 dǐpiàn **2** *(Ling)* 否定词(詞) fǒudìngcí [个 gè] ▸ **why do you have to be so negative about everything?** 你怎么(麼)对(對)什么(麼)都这(這)么(麼)消极(極)呢? nǐ zěnme duì shénme dōu zhème xiāojí ne? ▸ **to answer in the negative** 作否定的回答 zuò fǒudìng de huídá

neglect [nɪ'glɛkt] **I** VT **1** *(not care for)* [+ *child, area, house, garden*] 忽略 hūlüè **2** *(not pay attention to)* [+ *person*] 怠慢 dàimàn; [+ *work, duty*] 疏忽 shūhu **3** *(overlook)* [+ *writer, artist*] 忽视(視) hūshì **II** N [U] **1** [*of child*] 疏忽 shūhu **2** [*of area, house, garden*] 疏于(於)照顾(顧) shū yú zhàogù ▸ **to neglect to do sth** 漏做某事 lòu zuò mǒushì

neglected [nɪ'glɛktɪd] ADJ **1** *(uncared for)* [+ *animal, child, garden*] 未被妥善照管的 wèi bèi tuǒshàn zhàoguǎn de **2** *(ignored)* [+ *family, wife*] 被冷落的 bèi lěngluò de ▹ *She's feeling rather neglected.* 她感到倍受冷落。Tā gǎndào bèi shòu lěngluò. **3** *(overlooked)* [+ *writer, artist*] 被忽视(視)的 bèi hūshì de; [+ *aspect*] 被忽略的 bèi hūlüè de

negligee ['nɛglɪʒeɪ] N [c] 女式长(長)睡衣 nǚshì cháng shuìyī [件 jiàn]

negligence ['nɛglɪdʒəns] *(frm)* N [U] *(carelessness)* 玩忽职(職)守 wánhū zhíshǒu

negligible ['nɛglɪdʒɪbl] ADJ [+ *risk, amount, level*] 无(無)足轻(輕)重的 wú zú qīng zhòng de

negotiate [nɪ'gəuʃɪeɪt] **I** VI 商讨(討) shāngtǎo **II** VT **1** [+ *treaty, contract*] 谈(談)判 tánpàn **2** [+ *obstacle, hill, bend*] 顺(順)利通过(過) shùnlì tōngguò ▸ **to negotiate with sb (for sth)** (就某事)与(與)某人协(協)商 (jiù mǒushì)yǔ mǒurén xiéshāng

negotiation [nɪgəuʃɪ'eɪʃən] **I** N [U] *(bargaining)* 谈(談)判 tánpàn **II negotiations** N PL *(discussions)* 洽谈(談) qiàtán

negotiator [nɪ'gəuʃɪeɪtə^r] N [c] 谈(談)判人 tánpànrén [位 wèi]

neighbour, *(US)* **neighbor** ['neɪbə^r] N [c] **1** *(person living nearby)* 邻(鄰)居 línjū [个 gè] **2** *(person next to you)* 旁边(邊)的人 pángbiān de rén [个 gè]

neighbourhood, *(US)* **neighborhood** ['neɪbəhud] N [c] **1** *(place)* 地区(區) dìqū [个 gè] **2** *(people)* 邻(鄰)里 línlǐ ▸ **in the neighbourhood of sth** [+ *place*] 邻(鄰)近某处(處) línjìn mǒu chù; [+ *amount*] 大约(約)某数(數)量 dàyuē mǒu shùliàng

neighbouring, *(US)* **neighboring** ['neɪbərɪŋ] ADJ [+ *town, state, house, building*] 邻(鄰)近的 línjìn de

neither ['naɪðə^r] **I** PRON *(person)* 两(兩)人都不 liǎng rén dōu bù; *(thing)* 两(兩)者都不 liǎngzhě dōu bù **II** CONJ ▸ **I didn't move and neither did John** 我和约(約)翰都没(沒)动(動) wǒ hé Yuēhàn dōu méi dòng ▸ **neither do/have I** 我也不/没(沒) wǒ yě bù/méi ▸ **neither... nor...** 既不…也不… jìbù...yěbù... ▸ **that is neither here nor there** 不相干 bù xiānggān

> **neither** 和 **none** 作代词的时候用法不同。用 **neither** 指两个人或事物，表示否定含义。*Neither had close friends at university.* **neither of** 的用法与之相同，后接代词或名词词组。*Neither of them spoke...Neither of these options is desirable.* 注意，也可以把 **neither** 用在单数可数名词之前。*Neither side can win.* **none** 可以指代三个或者三个以上的人或事物，表示否定含义。*None could afford the food.* **none of** 的用法与之相同，后接代词或名词词组。*None of them had learned anything.*
> **neither** 和 **none** 作代词的时候用法不同。用 **neither** 指两个人或事物，表示否

定含义。*Neither had close friends at university.* **neither of** 的用法与之相同，后接代词或名词词组。*Neither of them spoke...Neither of these options is desirable.* 注意，也可以把 **neither** 用在单数可数名词之前。*Neither side can win.* **none** 可以指代三个或者三个以上的人或事物，表示否定含义。*None could afford the food.* **none of** 的用法与之相同，后接代词或名词词组。*None of them had learned anything...*

neon ['ni:ɔn] I N [U] 氖 nǎi II CPD [+ *light, sign*] 霓虹 níhóng

Nepal [nɪ'pɔ:l] N 尼泊尔(爾) Níbó'ěr

Nepalese [nɛpə'li:z] (*pl* **Nepalese**) I ADJ 尼泊尔(爾)的 Níbó'ěr de II N 1 [U] (*language*) 尼泊尔(爾)语(語) Níbó'ěryǔ 2 [C] (*person*) 尼泊尔(爾)人 Níbó'ěrrén [个 gè] ▸ **the Nepalese** (*people*) 尼泊尔(爾)人 Níbó'ěrrén

Nepali [nɪ'pɔ:lɪ] I ADJ 尼泊尔(爾)的 Níbó'ěr de II N 1 [U] (*language*) 尼泊尔(爾)语(語) Níbó'ěryǔ 2 [C] (*person*) 尼泊尔(爾)人 Níbó'ěrrén [个 gè]

nephew ['nɛvju:] N [C] (*brother's son*) 侄(姪)子 zhízi [个 gè]; (*sister's son*) 外甥 wàisheng [个 gè] ▸ **my nieces and nephews** 我的甥侄(姪)辈(輩) wǒ de shēng zhí bèi

nerve [nə:v] I N 1 [C] (*Anat*) 神经(經) shénjīng [根 gēn] 2 [U] (*courage*) 勇气(氣) yǒngqì II **nerves** N PL (*anxiety*) 神经(經)紧(緊)张(張) shénjīng jǐnzhāng; (*strength of character*) 精神力量 jīngshén lìliang ▸ **to lose one's nerve** 失去勇气(氣) shīqù yǒngqì ▸ **to have the nerve to do sth** (*courage*) 有胆(膽)量做某事 yǒu dǎnliàng zuò mǒushì; (*cheek*) 厚颜(顏)无(無)耻(恥)地做某事 hòuyán wúchǐ de zuò mǒushì ▸ **you've got a nerve!** (*inf*) 你真有脸(臉)! nǐ zhēn yǒu liǎn! ▸ **what a nerve!** 真有胆(膽)量! zhēn yǒu dǎnliàng! ▸ **to get on sb's nerves** 使某人心烦(煩) shǐ mǒurén xīnfán

nerve-racking ['nə:vrækɪŋ] ADJ 伤(傷)脑(腦)筋的 shāng nǎojīn de

nervous ['nə:vəs] ADJ 1 (*worried*) 紧(緊)张(張)的 jǐnzhāng de 2 (*by nature*) [+ *person, animal, disposition*] 神经(經)质(質)的 shénjīngzhì de 3 (*mental*) [+ *strain, tension, disorder*] 神经(經)的 shénjīng de ▸ **to be nervous about sth/about doing sth** 对(對)某事/做某事感到紧(緊)张(張)不安 duì mǒushì/zuò mǒushì gǎndào jǐnzhāng bù'ān ▸ **to be nervous of sb/sth** 对(對)某事/某人心中不安 duì mǒushì/mǒurén xīn zhōng bù'ān

nervous breakdown N [C] 精神崩溃(潰) jīngshén bēngkuì ▸ **to have a nervous breakdown** 精神崩溃(潰) jīngshén bēngkuì

nervousness ['nə:vəsnɪs] N [U] (*anxiety*) 焦虑(慮) jiāolǜ

nervous system N [C] 神经(經)系统(統) shénjīng xìtǒng

nest [nɛst] I N [C] [*of bird*] 巢 cháo [个 gè]; [*of insect, animal*] 穴 xué II VI 筑(築)巢 zhùcháo

net [nɛt] I N 1 [C] (*for fishing, trapping, in games*) 网(網) wǎng [张 zhāng] 2 [C] (*for protecting plants, pram*) 网(網)罩 wǎngzhào 3 [U] (*fabric*) 网(網)眼织(織)物 wǎngyǎn zhīwù 4 (*Comput*) ▸ **the Net** 网(網)络(絡) wǎngluò [个 gè] II VT 1 [+ *fish, butterfly*] 用网(網)捕 yòng wǎng bǔ 2 [+ *sum of money*] 净(淨)得 jìngdé III ADJ 1 (*also*: **nett**) [+ *assets, income, profit*] 净(淨)的 jìng de 2 (*final*) [+ *result, effect*] 最终(終)的 zuìzhōng de ▸ **to slip through the net** (*escape arrest*) 漏网(網) lòuwǎng; (*miss out*) 漏掉 lòu diào ▸ **to cast/spread one's net wider** 抛(拋)开(開)/撒开(開)大网(網) pāo kāi/sǎ kāi dà wǎng ▸ **an income/profit of 10,000 pounds net** 纯(純)收入/利润(潤)10, 000英镑(鎊) chún shóurù/lìrùn yīwàn yīngbàng ▸ **net weight 250g** 净(淨)重250克 jìngzhòng èrbǎi wǔshí kè ▸ **250g net** 净(淨)重250克 jìngzhòng èrbǎi wǔshí kè

netball ['nɛtbɔ:l] N [U] 无(無)挡(擋)板篮(籃)球 wúdǎngbǎn lánqiú

netbook N [C] 上网本 shàngwǎngběn

Netherlands ['nɛðələndz] N PL ▸ **the Netherlands** 荷兰(蘭) Hélán

nett [nɛt] (*Brit*) ADJ = **net**

nettle ['nɛtl] N [C] 荨(蕁)麻 qiánmá ▸ **to grasp the nettle** (*esp Brit*) 果断(斷)处(處)理棘手问(問)题(題) guǒduàn chǔlǐ jíshǒu wèntí

network ['nɛtwə:k] I N [C] 1 [*of roads, veins etc*] 网(網)状(狀)系统(統) wǎngzhuàng xìtǒng [个 gè] 2 [*of people, offices, shops*] 联(聯)络(絡)网(網) liánluòwǎng [个 gè] 3 (*system*) 网(網)络(絡) wǎngluò [个 gè] 4 (*TV, Rad*) (*company*) 网(網) wǎng [个 gè] II VI 1 (*socialize*) 建立关(關)系(係) jiànlì guānxì 2 ▸ **to be networked** (*Rad, TV*) 联(聯)播 liánbō

neurotic [njuə'rɔtɪk] I ADJ [+ *person, behaviour*] 神经(經)质(質)的 shénjīngzhì de II N 神经(經)质(質)者 shénjīngzhìzhě ▸ **to be/become neurotic about sth** 对(對)某事极(極)为(為)焦虑(慮) duì mǒushì jíwéi jiāolǜ

neuter ['nju:tə^r] I VT [+ *male*] 阉(閹)割 yāngē; [+ *female*] 骟(騸) shàn II ADJ (*Ling*) 中性的 zhōngxìng de

neutral ['nju:trəl] I ADJ 1 [+ *person, country, position*] 中立的 zhōnglì de 2 (*impassive*) [+ *voice, language, expression*] 不带(帶)感情色彩的 bù dài gǎnqíng sècǎi de 3 [+ *colour*] 暗淡的 àndàn de 4 (*Elec*) [+ *wire*] 不带(帶)电(電)的 bù dàidiàn de II N (*in vehicle*) ▸ **in/into neutral** 处(處)于(於)空挡(擋)位置 chǔyú kōngdǎng wèizhi ▸ **to remain neutral** 保持中立 bǎochí zhōnglì

★ **never** ['nɛvə^r] ADV 1 (*not at any time*) 从(從)未 cóngwèi 2 (*emphatic*) 决(決)不 juébù ▷ *I would never do anything to hurt him.* 我决不会做任何伤害他的事情。Wǒ juébù huì zuò rènhé

n

shānghài tā de shìqing. ▸ **never again!** 下次绝(絕)对(對)不许(許)了！Xiàcì juéduì bùxǔ le! ▸ **I never met him** 我从(從)未见(見)过(過)他。wǒ cóngwèi jiànguò tā ▸ **we never saw him again** 我们(們)再没(沒)有见(見)过(過)他 wǒmen zài méiyǒu jiànguò tā ▸ **never ever** (*inf*) 永不 yǒng bù ▸ **never in my life** 我从(從)未 wǒ cóngwèi ▷ *Never in my life have I seen anyone drink as much as you.* 我从未见过任何人有你这么能喝酒。Wǒ cóngwèi jiànguò rènhé rén yǒu nǐ zhème néng hē jiǔ. ▸ **well I never!** (*inf, o.f.*) 真没(沒)想到！ zhēn méi xiǎngdào!

never-ending [nɛvər'ɛndɪŋ] ADJ [+ *supply, quest, struggle*] 永无(無)休止的 yǒng wú xiūzhǐ de

nevertheless [nɛvəðə'lɛs] ADV (*frm*) 不过(過) bù guò

★ **new** [nju:] ADJ **1** (*brand new*) 崭(嶄)新的 zhǎnxīn de ▷ *We have just bought a new television.* 我们刚买了一台崭新的电视。Wǒmen gāng mǎile yī tái zhǎnxīn de diànshì. ▷ *smart new houses* 漂亮的新居 piàoliang de xīnjū **2** (*recent*) [+ *product, system, method*] 新式的 xīnshì de ▷ *a new type of bandage* 一种新式绷带 yī zhǒng xīnshì bēngdài **3** (*different*) [+ *job, address, boss, president*] 新的 xīn de ▷ *He's got a new job.* 他找到了一个新工作。Tā zhǎodàole yī gè xīn gōngzuò. **4** (*recently found*) [+ *star, country, friend, evidence*] 新发(發)现(現)的 xīnfāxiàn de ▷ *New evidence has come to light.* 有新的证据出现了。Yǒu xīn de zhèngjù chūxiàn le. **5** (*inexperienced*) [+ *mother, member*] 无(無)经(經)验(驗)的 wú jīngyàndé ▷ *The society welcomes new members.* 协会欢迎新成员。Xiéhuì huānyíng xīn chéngyuán. ▸ **this concept is new to me** 我对(對)这(這)个(個)概念不熟悉 wǒ duì zhège gàiniàn bù shúxī ▸ **I'm new to this way of doing things** 我不熟悉这(這)种(種)做事方式 wǒ bù shúxī zhèzhǒng zuò shì fāngshì ▸ **I'm new here** 我是新来(來)的 wǒ shì xīnlái de

New Age ADJ 新世纪(紀)的 Xīnshìjì de

newborn ['nju:bɔ:n] ADJ [+ *baby, lamb*] 新生的 xīnshēng de

newcomer ['nju:kʌmə^r] N [c] (*to area, organization, activity*) 新来(來)的人 xīnlái de rén [个 gè] ▸ **to be a newcomer to sth** 某领(領)域的新手 mǒu lǐngyù de xīnshǒu

newly ['nju:lɪ] ADV [+ *formed, discovered, acquired*] 新近地 xīnjìn de

★ **news** [nju:z] N [U] 消息 xiāoxi ▷ *News travels pretty fast around here.* 在这里，消息传得很快。Zài zhèlǐ, xiāoxi chuán de hěn kuài. ▸ **a piece of news** 一条(條)消息 yītiáo xiāoxi ▸ **good/bad news** 好/坏(壞)消息 hǎo/huài xiāoxi ▸ **to be good/bad news (to/for sb)** 对(對)某人有利/不利 duì mǒurén yǒulì/bù lì ▸ **the news** (*TV, Rad*) 新闻(聞) xīnwén ▸ **to be on the news** 在新闻(聞)中播出 zài xīnwén zhōng bōchū ▸ **to be in the news** 被作为(為)新闻(聞)报(報)道 bèi zuòwéi xīnwén bàodào

> 注意，尽管 **news** 看起来像是复数，事实上它是一个不可数名词。*Good news is always worth waiting for.* 不能说 **a news**，但是可以说 **a piece of news**，指某个具体的事实或消息。*One of my colleagues told me a very exciting piece of news.* 当谈到电视，广播或者报纸新闻的时候，可以把一个独立的故事或报道叫做 **a news item**。

news agency N [c] 通讯(訊)社 tōngxùnshè [个 gè]

newsagent ['nju:zeɪdʒənt] (*Brit*) N [c] **1** (*person*) 报(報)刊经(經)销(銷)人 bàokān jīngxiāorén **2** (*also*: **newsagent's**) 报(報)刊店 bàokāndiàn [家 jiā]

newscaster ['nju:zkɑ:stə^r] (*US*) N [c] 播音员(員) bōyīnyuán [位 wèi] [英 = **newsreader**]

newsdealer ['nju:zdi:lə^r] N [c] (*US*) 报(報)刊经(經)销(銷)者 bàokān jīngxiāozhě [个 gè]

newsletter ['nju:zlɛtə^r] N [c] 通讯(訊) tōngxùn

newspaper ['nju:zpeɪpə^r] N **1** [c] (*publication*) 报(報)纸(紙) bàozhǐ [份 fèn] **2** [c] (*organization*) 报(報)社 bàoshè [个 gè] **3** [U] (*sheets of paper*) 报(報)纸(紙) bàozhǐ ▸ **in the newspaper** 在报(報)上 zài bào shàng ▸ **to be in the newspapers** 在报(報)上报(報)道 zài bào shàng bàodào

newsreader ['nju:zri:də^r] (*Brit*) N [c] 播音员(員) bōyīnyuán [位 wèi] [美 = **newscaster**]

newt [nju:t] N [c] 水螈 shuǐyuán [条 tiáo]

New Year N [U] ▸ **(the) New Year** 新年 Xīnnián ▸ **in the New Year** 在新的一年中 zài xīnde yīnián zhōng ▸ **Happy New Year!** 新年快乐(樂)！Xīnnián Kuàilè! ▸ **to wish sb a happy new year** 祝愿(願)某人新年快乐(樂) zhùyuàn mǒurén xīnnián kuàilè

New Year's Day, (*US*) **New Year's** N [U] 元旦 Yuándàn ▸ **on New Year's Day** 在元旦那天 zài Yuándàn nà tiān

New Year's Eve, (*US*) **New Year's** N [U] 元旦前夜 Yuándàn qiányè

New Zealand [-'zi:lənd] **I** N 新西兰(蘭) Xīnxīlán **II** ADJ 新西兰(蘭)的 Xīnxīlán de

New Zealander [-'zi:ləndə^r] N [c] 新西兰(蘭)人 Xīnxīlánrén [个 gè]

★ **next** [nɛkst] **I** ADJ **1** (*in time*) 下一个(個)的 xiàyīgè de ▷ *I've got a meeting next Friday.* 下星期五我有个会。Xià xīngqī wǔ wǒ yǒu gè huì. ▷ *I'm getting married next year.* 明年我结婚。Míngnián wǒ jiéhūn. **2** (*adjacent*) [+ *house, street, room*] 旁边(邊)的 pángbiān de ▷ *The telephone was ringing in the next room.* 隔壁房间的电话在响。Gébì fángjiān de diànhuà zài xiǎng. ▷ *He is talking with the next person.* 他正在和旁边的人说话。Tā zhèngzài hé pángbiān de rén shuōhuà. **3** (*in queue, series, list*) 下一个(個)的 xiàyīgè de ▷ *the next person in the queue* 队伍中的下一个人 duìwu zhōng de xià yī gè rén

II ADV 接下来(來)地 jiēxiàlái de ▶ *Allow the sauce to cool. Next, add the parsley.* 先冷却调味汁。接下来，放入欧芹。Xiān lěngquè tiáowèi zhī. Jiē xiàlái, fàngrù ōuqín. ▶ *The news is next.* 接下来是新闻。Jiē xiàlái shì xīnwén. **III** PRON 下一个(個) xiàyīgè ▶ *I don't want to be the next to go.* 我不想是下一个要走的人。Wǒ bù xiǎng shì xià yī gè yào zǒu de rén. ▶ **the next day/morning** 第二天/天早晨 dì'èrtiān/tiān zǎochén ▶ **the next five years/weeks will be very important** 接下来(來)的5年/周(週)将(將)是至关(關)重要的 jiēxiàlái de wǔ nián/zhōu jiāngshì zhì guān zhòng yào de ▶ **the next five days/weeks were a nightmare** 接下来(來)的5天/周(週)简(簡)直是恶(惡)梦(夢)一场(場) jiēxiàlái de wǔtian.../zhōu jiǎnzhí shì èmèng yīchǎng ▶ **the next flight/prime minister** 下一次航班/下一任首相 xià yī cì hángbān/xià yīrèn shǒuxiàng ▶ **next time, be a bit more careful** 下一次，要更谨(謹)慎些 xài yīcì, yào gèng jǐnshèn xiē ▶ **who's next?** 下一位是谁(誰)? xià yīwèi shì shuí? ▶ **when next I saw him...** 当(當)我再一次看到他的时(時)候… dāng wǒ zài yī cì kàndào tā de shíhou... ▶ **next to nothing** [*cost, do, know* +] 几(幾)乎不 jīhū bù ▶ **the next best thing** 仅(僅)次于(於)最好的 jǐn cì yú zuì hǎo de ▶ **the next largest category** 第二大范(範)畴(疇) dì èr dà fànchóu ▶ **the next thing I knew** (*inf*) 突然发(發)现(現) tūrán fāxiàn ▶ **the week after next** 下下个(個)星期 xiàxiàgè xīngqī ▶ **next to** (*beside*) 旁边(邊) pángbiān ▶ **next on the right/left** 右/左面第一个(個) yòu/zuǒmiàn dì yī gè ▶ **next (please)!** (*at doctor's etc*) 下一位！ Xià yī wèi!

next door **I** ADV (*in neighbouring building, room etc*) 隔壁 gébì **II** ADJ [+ *building, house, flat, room*] 隔壁的 gébì de ▶ **my next door neighbour** 我的隔壁邻(鄰)居 wǒ de gébì línjū ▶ **the people/family next door** 隔壁的人/人家 gébì de rén/rénjiā

next of kin ['nɛkstəv'kɪn] (*frm*) **I** N [U] (*individual*) 直系亲(親)属(屬) zhíxì qīnshǔ **II** N PL (*family*) 家人 jiārén

NFL (*US*) N ABBR (= **National Football League**) 全国(國)橄榄(欖)球联(聯)盟 Quánguó Gǎnlǎnqiú Liánméng

NHS (*Brit*) N ABBR (= **National Health Service**) ▶ **the NHS** 英国国民医疗服务制度

nibble ['nɪbl] VT **1** (*bite*) 轻(輕)咬 qīng yǎo **2** (*eat*) 啃 kěn ▶ **to nibble (away) on** *or* **at sth** 一点(點)一点(點)地咬某物 yīdiǎn yīdiǎn de yǎo mǒuwù

Nicaragua [nɪkə'rægjuə] N 尼加拉瓜 Níjiālāguā

Nicaraguan [nɪkə'rægjuən] **I** ADJ 尼加拉瓜的 Níjiālāguā de **II** N [C] 尼加拉瓜人 Níjiālāguārén [个 gè]

nice [naɪs] ADJ **1** (*good*) [+ *time, holiday, meal, weather etc*] 好的 hǎo de **2** [+ *person*] (*likeable*) 和蔼(藹)的 hé'ǎi de; (*friendly*) 友好的 yǒuhǎo de **3** (*kind*) [+ *remark, act*] 善意的 shànyì de **4** (*adj: lovely*) 宜人的 yírén de ▶ **to look nice** [*person, place* +] 看上去不错(錯) kànshàngqù bùcuò ▶ **it's nice to see you** 很高兴(興)见(見)到你 hěn gāoxìng jiàndào nǐ ▶ **it's nice that...** 太好了… tài hǎo le... ▶ **to be nice to sb** 对(對)某人好 duì mǒurén hǎo ▶ **it's nice of you to ask...** 谢(謝)谢(謝)你问(問)起… xièxie nǐ wèn qǐ... ▶ **it's nice and warm/bright in here** 这(這)里(裡)真好，挺温(溫)暖/明亮的 zhèlǐ zhēn hǎo, tǐng wēnnuǎn/míngliàng de

nicely ['naɪslɪ] ADV **1** (*satisfactorily*) [*work, run* +] 令人满(滿)意地 lìng rén mǎnyì de **2** (*attractively*) [*dress, arrange* +] 好看地 hǎokàn de ▶ **you can have a biscuit if you ask nicely** 如果你好好问(問)的话(話)，你可以吃一块(塊)饼(餅)干(乾) rúguǒ nǐ hǎohǎo wèn de huà, nǐ kěyǐ chī yī kuài bǐnggān ▶ **that will do nicely** 对(對)我来(來)说(說)就够(夠)了 duì wǒ lái shuō jiù gòu le ▶ **she's doing (very) nicely** 她过(過)得(很)好 tā guò de (hěn) hǎo

niche [niːʃ] N [C] **1** (*for statue*) 壁龛(龕) bìkān [个 gè] **2** (*in market, organization, field*) 空白 kòngbái ▶ **to find one's niche** 找到自己的位置 zhǎodào zìjǐ de wèizhi ▶ **to carve a niche for o.s.** 为(為)自己寻(尋)求发(發)展的空间(間) wèi zìjǐ xúnqiú fāzhǎn de kōngjiān

nick [nɪk] **I** VT **1** (*Brit; inf*) (*steal*) 偷 tōu **2** (*Brit; inf*) (*arrest*) 抓获(獲) zhuāhuò **3** (*cut*) 刮(颳)破 guāpò **II** N [C] (*scratch*) 小伤(傷)口 xiǎoshāngkǒu [处 chù] ▶ **to be nicked for doing sth** (*Brit; inf*) 因做某事而被捕 yīn zuò mǒushì ér bèibǔ ▶ **in good nick** (*Brit; inf*) 状(狀)况(況)良好 zhuàngkuàng liánghǎo ▶ **the nick** (*Brit; inf*) 监(監)狱(獄) jiānyù ▶ **in the nick of time** 正当(當)紧(緊)要关(關)头(頭) zhèngdāng jǐnyào guāntóu

nickel ['nɪkl] N [C] **1** (*metal*) 镍(鎳) niè **2** (*US*) (*coin*) 5美分硬币(幣) wǔ měifēn yìngbì [枚 méi]

nickname ['nɪkneɪm] **I** N [C] 绰(綽)号(號) chuòhào [个 gè] **II** VT ▶ **to nickname sb sth** 给(給)某人起某个(個)绰(綽)号(號) gěi mǒurén qǐ mǒu gè chuòhào

nicotine ['nɪkətiːn] N [U] 尼古丁 nígǔdīng

niece [niːs] N [C] (*brother's daughter*) 侄(姪)女 zhínǚ [个 gè]; (*sister's daughter*) 甥女 shēngnǚ [个 gè] ▶ **my nieces and nephews** 我的甥侄(姪)辈(輩) wǒ de shēng zhí bèi

Niger [niːʒeəʳ] ['naɪdʒəʳ] N **1** (*country*) 尼日尔(爾) Nírì'ěr **2** (*river*) 尼日尔(爾)河 Nírì'ěrhé

Nigeria [naɪ'dʒɪərɪə] N 尼日利亚(亞) Nírìlìyà

Nigerian [naɪ'dʒɪərɪən] **I** ADJ 尼日利亚(亞)的 Nírìlìyà de **II** N [C] 尼日利亚(亞)人 Nírìlìyàrén [个 gè]

★**night** [naɪt] N **1** [C/U] (*period of darkness*) 黑夜 hēiyè [个 gè] **2** [C] (*evening*) 晚上 wǎnshang [个 gè] ▶ **at night** 夜间(間) yèjiān ▶ **from**

n

nine o'clock at night until nine in the morning 从(從)晚上9点(點)到早上9点(點) cóng wǎnshang jiǔ diǎn dào zǎoshàng jiǔ diǎn ▸ **by night** 夜间(間) yèjiān ▹ *They travelled by night to avoid detection.* 他们夜间赶路以免被人察觉。Tāmen yèjiān gǎnlù yǐmiǎn bèi rén chájué. ▸ **in/during the night** 夜里(裡) yèlǐ ▸ **the night before last** 前天晚上 qiántiān wǎnshang ▸ **the night before (sth)** 前一天晚上 qiányītiān wǎnshang ▸ **night and day** *or* **day and night** 日日夜夜 rìrì-yèyè ▸ **night was falling** 夜幕降临(臨)了 yèmù jiànglín le

nightclub ['naɪtklʌb] N [c] 夜总(總)会(會) yèzǒnghuì [个 gè]

nightdress ['naɪtdrɛs] (*Brit*) N [c] 睡衣 shuìyī [件 jiàn] [美 = **nightgown**]

nightfall ['naɪtfɔːl] N [U] 黄(黃)昏 huánghūn ▸ **at nightfall** 在傍晚 zài bàngwǎn

nightgown ['naɪtgaun] (*esp US*) N [c] 睡衣 shuìyī [件 jiàn] [英 = **nightdress**]

nightie ['naɪtɪ] N [c] 睡衣 shuìyī [件 jiàn]

nightingale ['naɪtɪŋgeɪl] N [c] 夜莺(鶯) yèyīng [只 zhī]

nightlife ['naɪtlaɪf] N [U] 夜生活 yèshēnghuó

nightly ['naɪtlɪ] I ADJ 晚间(間)的 wǎnjiān de II ADV 每晚 měiwǎn

nightmare ['naɪtmɛəʳ] N [c] 恶(惡)梦(夢) èmèng [场 chǎng] ▸ **to have a nightmare** 做恶(惡)梦(夢) zuò èmèng ▸ **the bus journey was a nightmare** 乘公共汽车(車)旅行真是一场(場)恶(惡)梦(夢) chéng gōnggòng qìchē lǚxíng zhēnshì yī chǎng èmèng

night school N [c/U] 夜校 yèxiào [所 suǒ] ▸ **to go to night school** 上夜校 shàng yèxiào

night shift N [c] **1** (*hours*) 夜班 yèbān **2** (*people*) 夜班工作人员(員) yèbān gōngzuòrényuán [名 míng] ▸ **to do the night shift** 值夜班 zhí yèbān ▸ **to be on night shift** 值夜班 zhí yèbān

night-time ['naɪttaɪm] I N [U] 夜间(間) yèjiān ▸ **at night-time** 在晚上 zài wǎnshang II CPD [+ *curfew, raid, activity*] 夜间(間) yèjiān

nil [nɪl] N **1** [U] (*Brit: Sport*) 零 líng ▸ **they lost two nil to Italy** 他们(們)以0比2输(輸)给(給)意大利队(隊) tāmen yǐ líng bǐ èr shūgěi Yìdàlì duì **2** ▸ **their chances of survival are nil** 他们(們)没(沒)有幸(倖)存的可能 tāmen méiyǒu xìngcún de kěnéng

▒ 用法参见 **nought**

nimble ['nɪmbl] ADJ [+ *person, fingers, movements*] 灵(靈)巧的 língqiǎo de; [+ *mind*] 敏锐(銳)的 mǐnruì de

★ **nine** [naɪn] NUM 九 jiǔ; *see also* **five**

★ **nineteen** ['naɪn'tiːn] NUM 十九 shíjiǔ; *see also* **fifteen**

nineteenth [naɪn'tiːnθ] NUM 第十九 dì shíjiǔ; *see also* **fifth**

ninetieth ['naɪntɪɪθ] NUM 第九十 dì jiǔshí

★ **ninety** ['naɪntɪ] NUM 九十 jiǔshí; *see also* **fifty**

ninth [naɪnθ] NUM **1** (*in series*) 第九 dì jiǔ **2** (*fraction*) 九分之一 jiǔfēnzhī yī; *see also* **fifth**

nip [nɪp] I VT (*bite*) 咬 yǎo II N **1** (*bite*) ▸ **to give sb a nip** 轻(輕)咬某人 qīng yǎo mǒurén **2** [c] (*drink*) 少量 shǎoliàng ▸ **to nip to a place** (*Brit; inf*) 快去某处(處) kuài qù mǒu chù ▸ **to nip out/down/up (to do sth)** (*Brit; inf*) 快点(點)去/下去/上去(做某事) kuàidiǎn qù/xiàqù/shàngqù(zuò mǒushì)

nipple ['nɪpl] N [c] **1** (*on body*) 乳头(頭) rǔtóu **2** (*US*) (*on bottle*) 橡皮奶头(頭) xiàngpí nǎitóu [个 gè] [英 = **teat**]

nitrogen ['naɪtrədʒən] N [U] 氮 dàn

 KEYWORD

★ **no** [nəu] (*pl* **noes**) I ADV (*opposite of "yes"*) 不 bù ▸ **"did you see it?" — "no (I didn't)"** "你看见(見)了吗(嗎)?" "不(我没(沒)见(見)到)" "nǐ kànjiàn le mǎ?" "bù (wǒ méi jiàndào)" ▸ **no thank you, no thanks** 不用，谢(謝)谢(謝)你 bùyòng, xièxie nǐ ▸ **oh no!** 噢不！Ō bù! ▸ **no fewer/more than** 不少/多于(於) bù shǎo/duō yú

II ADJ (*not any*) 没(沒)有 méiyǒu ▸ **I have no milk/books** 我没(沒)有牛奶/书(書) wǒ méiyǒu niúnǎi/shū ▸ **I've no time** 我没(沒)时(時)间(間) wǒ méi shíjiān ▸ **there's no other solution** 没(沒)有其他办(辦)法 méiyǒu qítā bànfǎ ▸ **"no entry"** "严(嚴)禁入内(內)" "yánjìn rù nèi" ▸ **"no smoking"** "严(嚴)禁吸烟(煙)" "yánjìn xīyān" ▸ **no way!** 没(沒)门(門)儿(兒)! méiménr!

III N 否决(決) fǒujué ▸ **there were 20 noes and one "don't know"** 有二十个(個)说(說)"不"，一个(個)说(說) "不确(確)定" yǒu èrshí gè shuō "bù", yī gè shuō "bù quèdìng" ▸ **I won't take no for an answer** 我不会(會)接受否定的答复(復) wǒ bù huì jiēshòu fǒudìng de dáfù

no. (*pl* **nos.**) ABBR (= **number**) 编(編)号(號) biānhào

nobility [nəu'bɪlɪtɪ] N **1** [U] (*quality*) 高尚 gāoshàng **2** ▸ **the nobility** 贵(貴)族 guìzú

noble ['nəubl] I ADJ **1** (*admirable*) [+ *person, character*] 高尚的 gāoshàng de **2** (*aristocratic*) [+ *family, birth*] 贵(貴)族的 guìzú de II N [c] 贵(貴)族 guìzú [名 míng]

nobody ['nəubədɪ] PRON 没(沒)有人 méiyǒu rén ▸ **he's a nobody** 他是个(個)无(無)名小卒 tā shì gè wúmíng xiǎozú

nod [nɔd] I VI (*to show agreement*) 点(點)头(頭) diǎntóu; (*as greeting*) 点(點)头(頭)打招呼 diǎntóu dǎ zhāohu; (*indicating sth/sb*) 点(點)头(頭)示意 diǎntóu shìyì II VT ▸ **to nod one's head** (*to show agreement*) 点(點)头(頭)表示同意 diǎntóu biǎoshì tóngyì; (*as greeting*) 点(點)头(頭)招呼 diǎntóu zhāohu; (*indicating sth/sb*)

点(點)头(頭)示意 diǎntóu shìyì **III** N [c] (*to show agreement*) 点(點)头(頭)同意 diǎntóu tóngyì; (*as greeting*) 点(點)头(頭)打招呼 diǎntóu dǎ zhāohu; (*indicating sth/sb*) 点(點)头(頭)示意 diǎntóu shìyì ▶ **to nod to sb** (*as greeting*) 对(對)某人点(點)头(頭)打招呼 duì mǒurén diǎntóu dǎ zhāohu ▶ **to nod the ball into the net/over the line** (*Brit; inf*) 把球顶(頂)入网(網)/顶(頂)过(過)线(線) bǎ qiú dǐng rù wǎng/dǐng guò xiàn ▶ **to give a nod** (*to show agreement*) 点(點)头(頭)同意 diǎntóu tóngyì; (*as greeting*) 点(點)头(頭)打招呼 diǎntóu dǎ zhāohu

▶**nod off** (*inf*) VI (*also*: **nod off to sleep**) 打瞌睡 dǎ kēshuì

noise [nɔɪz] N **1** [c] (*sound*) 响(響)声(聲) xiǎngshēng [阵 zhèn] **2** [U] (*din*) 噪音 zàoyīn ▶ **to make a noise** 发(發)出响(響)声(聲) fāchū xiǎngshēng ▶ **try not to make so much noise** 尽(儘)量不要弄出这(這)么(麼)多响(響)声(聲) jìnliàng bùyào nòngchū zhème duō xiǎngshēng

noisy ['nɔɪzɪ] ADJ [+ *people, machine*] 嘈杂(雜)的 cáozá de; [+ *place*] 喧闹(鬧)的 xuānnào de

nominal ['nɔmɪnl] ADJ **1** [+ *leader, head, Christian*] 名义(義)上的 míngyìshang de **2** [+ *fee, sum, amount*] 微不足道的 wēi bù zú dào de

nominate ['nɔmɪneɪt] VT **1** (*propose*) (*for job, award*) 提名 tímíng **2** (*appoint*) 任命 rènmìng ▶ **to nominate sb for sth** [+ *post, position*] 任命某人担(擔)任某职(職)位 rènmìng mǒurén dānrèn mǒu zhíwèi ▶ **to nominate sb/sth for sth** [+ *award, prize*] 提名某人/某事获(獲)得某物 tímíng mǒurén/mǒushì huòdé mǒuwù ▶ **to nominate sb to sth** [+ *body, organization*] 为(為)某团(團)体(體)选(選)任某人 wèi mǒu tuántǐ xuǎnrèn mǒurén

nomination [nɔmɪ'neɪʃən] N **1** [c] (*proposal*) (*for post, award*) 提名 tímíng **2** [c/U] (*appointment*) 任命 rènmìng

nominee [nɔmɪ'niː] N [c] 被提名者 bèi tímíngzhě [位 wèi]

non-alcoholic [nɔnælkə'hɔlɪk] ADJ 不含酒精的 bù hán jiǔjīng de

none [nʌn] PRON **1** (*not one*) 没(沒)有一个(個) méiyǒu yī gè **2** (*not any*) 没(沒)有一点(點)儿(兒) méiyǒu yīdiǎnr ▶ **none of us/them** 我们(們)/他们(們)谁(誰)也没(沒) wǒmen/tāmen shuí yě méi ▶ **I've/there are none left** (*not one*) 我一个(個)也没(沒)有了/一个(個)也没(沒)剩 wǒ yī gè yě méiyǒu le/yī gè yě méi shèng ▶ **I've/there's none left** (*not any*) 我一点(點)也没(沒)有了/一点(點)也没(沒)剩 wǒ yīdiǎn yě méiyǒu le/yīdiǎn yě méi shèng ▶ **none at all** (*not any*) 一点(點)儿(兒)都没(沒)有了 yīdiǎnr dōu méiyǒu le; (*not one*) 根本没(沒)有 gēnběn méiyǒu ▶ **I was none the wiser** 我还(還)是不明白 wǒ háishì bù míngbai ▶ **she would have none of it** (*inf*) 她决(決)不接受 tā juébù jiēshòu ▶ **it was none other than Jim Murdoch** 不是别(別)人，正是吉姆・默多克 bù shì biérén, zhèngshì Jímǔ Mòduōkè ▶ **to be none too pleased about sth** 对(對)某事很不高兴(興) duì mǒushì hěn bù gāoxìng ▶ **none but** (*frm*) 只有 zhǐyǒu

用法参见 **neither**

nonetheless ['nʌnðə'lɛs] ADV 不过(過) bùguò

non-existent [nɔnɪg'zɪstənt] ADJ 不存在的 bù cúnzài de

non-fiction [nɔn'fɪkʃən] **I** N [U] 非小说(說)类(類)文学(學) fēixiǎoshuōlèi wénxué **II** CPD [+ *book, prize*] 写(寫)实(實)的 xiěshí de

nonsense ['nɔnsəns] N [U] **1** (*rubbish*) 胡说(說)八道 húshuō bādào **2** (*gibberish*) 无(無)意义(義)的词(詞)语(語) wúyìyì de cíyǔ ▶ **nonsense!** 胡说(說)! Húshuō! ▶ **to make a nonsense of sth** 使某事变(變)得荒谬(謬) shǐ mǒushì biàn de huāngmiù

non-smoker ['nɔn'sməukəʳ] N [c] 不吸烟(煙)的人 bù xīyān de rén [个 gè]

non-smoking ['nɔn'sməukɪŋ] ADJ [+ *area, carriage*] 禁烟(煙)的 jìn yān de

non-stick ['nɔn'stɪk] ADJ [+ *pan, surface*] 不粘的 bù nián de

non-stop ['nɔn'stɔp] **I** ADJ [+ *activity, music*] 不停的 bù tíng de; [+ *flight*] 直达(達)的 zhídá de **II** ADV **1** (*ceaselessly*) 不断(斷)地 bùduàn de **2** (*without interruption*) [*fly, drive* +] 不停地 bù tíng de

noodles ['nuːdlz] N PL 面(麵)条(條) miàntiáo

noon [nuːn] **I** N [U] 中午 zhōngwǔ **II** CPD 正午的 zhèngwǔ de ▶ **at noon** 中午 zhōngwǔ

no-one ['nəuwʌn] PRON = **nobody**

nor [nɔːʳ] CONJ 也不 yěbù ▶ **nor me!** 我也不是! wǒ yě bùshì!; *see also* **neither**

norm [nɔːm] N [c] **1** (*convention*) 规(規)范(範) guīfàn **2** (*rule, requirement*) 标(標)准(準) biāozhǔn ▶ **to be the norm** 是正常现(現)象 shì zhèngcháng xiànxiàng

normal ['nɔːməl] ADJ [+ *life, behaviour, circumstances, person*] 正常的 zhèngcháng de ▶ **in normal circumstances...** 在正常情况(況)下… zài zhèngcháng qíngkuàng xià... ▶ **to get back** *or* **return to normal** 恢复(復)正常 huīfù zhèngcháng ▶ **to continue as normal** 照常继(繼)续(續) zhàocháng jìxù ▶ **more/higher/worse than normal** 比正常的多/高/糟糕 bǐ zhèngcháng de duō/gāo/zāogāo

normally ['nɔːməlɪ] ADV **1** (*usually*) 通常地 tōngcháng de **2** (*conventionally*) [*act, behave* +] 正常地 zhèngcháng de ▶ **to be working normally** 正常运(運)作 zhèngcháng yùnzuò

★**north** [nɔːθ] **I** N [U/s] 北方 běifāng **II** ADJ 北部的 běibù de **III** ADV 向北方 xiàng běifāng ▶ **the north of France** 法国(國)北部 Fǎguó běibù ▶ **to the north** 以北 yǐběi ▶ **the north wind** 北风(風) běifēng ▶ **north of** …以北

...yǐběi ▸ **it's 15 miles or so north of Oxford** 在牛津以北15英里左右。zài Niújīn yǐběi shíwǔ yīnglǐ zuǒyòu

North America N 北美 Běiměi

North American I ADJ 北美的 Běiměi de II N [c] 北美人 Běiměirén [个 gè]

northbound ['nɔːθbaund] ADJ 向北行驶(駛)的 xiàngběi xíngshǐ de ▹ *The truck was northbound on the M5.* 卡车沿着M5道向北行驶。Kǎchē yánzhe Mwǔ dào xiàngběi xíngshǐ. ▹ *Northbound traffic is moving very slowly.* 向北的车辆现在行驶非常缓慢。Xiàngběi de chēliàng xiànzài xíngshǐ fēicháng huǎnmàn.

north-east [nɔːθ'iːst] I N 东(東)北 dōngběi II ADJ 东(東)北的 dōngběi de III ADV 向东(東)北 xiàng dōngběi

north-eastern ['nɔːθ'iːstən] ADJ 东(東)北的 dōngběi de

northern ['nɔːðən] ADJ 北方的 běifāng de ▸ **the northern hemisphere** 北半球 běibànqiú

Northern Ireland N 北爱(愛)尔(爾)兰(蘭) Běi'ài'ěrlán

North Korea N 朝鲜(鮮) Cháoxiǎn

North Korean I ADJ 朝鲜(鮮)的 Cháoxiǎn de II N [c] 朝鲜(鮮)人 Cháoxiǎnrén [个 gè]

North Pole N ▸ **the North Pole** 北极(極) Běijí

North Sea N ▸ **the North Sea** 北海 Běi Hǎi

northward(s) ['nɔːθwəd(z)] ADV 向北 xiàng běi

north-west [nɔːθ'wɛst] I N 西北 xīběi II ADJ 西北的 xīběi de III ADV 向西北 xiàng xīběi

north-western ['nɔːθ'westən] ADJ 西北的 xīběi de

Norway ['nɔːweɪ] N 挪威 Nuówēi

Norwegian [nɔː'wiːdʒən] I ADJ 挪威的 Nuówēi de II N 1 [c] (*person*) 挪威人 Nuówēirén [个 gè] 2 [U] (*language*) 挪威语(語) Nuówēiyǔ

nos. ABBR (= **numbers**) 编(編)号(號) biānhào

nose [nəuz] I N [c] 1 (*on face*) 鼻子 bízi [个 gè]; (*sense of smell*) 嗅觉(覺) xiùjué 2 [*of aircraft*] 机(機)头(頭) jītóu II VI ▸ **to nose forward/out** 缓(緩)慢前行/驶(駛)出 huǎnmàn qiánxíng/shǐchū ▸ **just follow your nose** 凭(憑)本能行事 píng běnnéng xíngshì ▸ **to get (right) up sb's nose** (*Brit; inf*) (真是)使某人恼(惱)怒 (zhēn shì)shǐ mǒurén nǎonù ▸ **to have a (good) nose for sth** 善于(於)觉(覺)察某事 shànyú juéchá mǒushì ▸ **to keep one's nose clean** (*inf*) 洁(潔)身自好 jié shēn zì hào ▸ **to look down one's nose at sb/sth** (*inf*) 小看某人/某事 xiǎokàn mǒurén/mǒushì ▸ **to pay through the nose (for sth)** (*inf*) 付出过(過)高价(價)格(买(買)某物) fùchū guò gāo jiàgé(mǎi mǒuwù) ▸ **to rub sb's nose in sth** (*inf*) 哪壶(壺)不开(開)提哪壶(壺) nǎ hú bù kāi tí nǎ hú ▸ **to turn one's nose up at sth** (*inf*) 对(對)某事不屑一顾(顧) duì mǒushì bùxiè yī gù ▸ **to be happening/going on under sb's nose** 在某人眼皮底下发(發)生/进(進)行 zài mǒurén yǎnpí dǐxià fāshēng/jìnxíng ▸ **to poke** *or* **stick one's nose into sth** (*inf*) 干预(預)某事 gānyù mǒushì

▸ **nose around, nose about** (*inf*) I VI 察看 chákàn II VT FUS 考察 kǎochá

nosebleed ['nəuzbliːd] N [c] 鼻出血 bí chū xiě [次 cì] ▸ **to have a nosebleed** 流鼻血 liú bíxuè

nosey ['nəuzɪ] (*inf*) ADJ = **nosy**

nostalgia [nɔs'tældʒɪə] N [U] 怀(懷)旧(舊) huáijiù ▸ **nostalgia for sth** 对(對)某事物的怀(懷)恋(戀) duì mǒushìwù de huáiliàn

nostalgic [nɔs'tældʒɪk] ADJ [+ *person*] 怀(懷)旧(舊)的 huáijiù de; [+ *trip, memory, song, book*] 令人怀(懷)旧(舊)的 lìng rén huáijiù de ▸ **to be nostalgic about/for sth** 怀(懷)恋(戀)某事物 huáiliàn mǒushìwù

nostril ['nɔstrɪl] N [c] 鼻孔 bíkǒng

nosy ['nəuzɪ] (*inf*) ADJ 爱(愛)多管闲(閒)事的 ài duō guǎn xiánshì de

★ **not** [nɔt] ADV 不 bù ▸ **he is not** *or* **isn't here** 他不在这(這)儿(兒) tā bùzài zhèr ▸ **I do not** *or* **don't want to go out tonight** 我今晚不想出去 wǒ jīnwǎn bùxiǎng chūqù ▸ **it's too late, isn't it?** 现(現)在太晚了，不是吗(嗎)? xiànzài tài wǎn le, bùshì ma? ▸ **he asked me not to do it** 他叫我不要这(這)么(麼)做 tā jiào wǒ bùyào zhème zuò ▸ **are you coming or not?** 你来(來)不来(來)? nǐ lái bù lái? ▸ **not at all** (*in answer to question*) 一点(點)也不 yīdiǎn yě bù; (*in answer to thanks*) 不客气(氣) bù kèqi ▸ **I'm not at all tired** 我一点(點)也不累 wǒ yīdiǎn yě bù lèi ▸ **not yet/now** 还(還)没(沒)/现(現)在不 háiméi/xiànzài bù ▸ **not really** 并(並)不是的 bìng bùshì de ▸ **not everyone has the time to cook** 不是所有人都有时(時)间(間)下厨(廚)的 bùshì suǒyǒu rén dōu yǒu shíjiān xiàchú de

notable ['nəutəbl] I ADJ [+ *success, achievement, example*] 显(顯)著的 xiǎnzhù de II N (*frm*) 要人 yàorén ▸ **to be notable for sth** 因某事而著称(稱) yīn mǒushì ér zhùchēng ▸ **it is notable that...** 值得注意的是… zhíde zhùyì de shì... ▸ **with a few notable exceptions** 除了个(個)别(別)明显(顯)的例外 chúle gèbié míngxiǎn de lìwài

用法参见 **famous**

notably ['nəutəblɪ] ADV 1 (*particularly*) 尤其 yóuqí 2 (*noticeably*) 显(顯)著地 xiǎnzhù de ▸ **most notably** 最为(為)显(顯)著地 zuì wéi xiǎnzhù de

notch [nɔtʃ] N [c] 1 (*in wood, blade*) 凹口 āokǒu [个 gè] 2 (*level*) 等级(級) děngjí

▸ **notch up** VT [+ *victory, sales, profit*] 取得 qǔdé

note [nəut] I N [c] 1 (*message*) 便条(條) biàntiáo [张 zhāng] 2 (*to remind o.s.*) 笔(筆)记(記) bǐjì [个 gè] 3 (*in book, article*) 注释(釋) zhùshì 4 (*Brit*) (*banknote*) 纸(紙)币(幣) zhǐbì [张 zhāng] [美 = **bill**] 5 (*Mus*) (*sound*) 音 yīn [个 gè];

(*printed, written*) 音符 yīnfú **II** VT **1** (*observe*) 留意 liúyì **2** (*point out*) 指出 zhǐchū **3** (*also*: **note down**) 记(記)下 jìxià **III notes** N PL (*from or for lecture*) 笔(筆)记(記) bǐjì ▸ **to make a note of sth** 记(記)下某事 jìxià mǒushì ▸ **to take notes** 记(記)笔(筆)记(記) jì bǐjì ▸ **to compare notes** 交换(換)意见(見) jiāohuàn yìjiàn ▸ **the film ends on a positive note** 影片以大团(團)圆(圓)的结(結)局告终(終) yǐngpiàn yǐ dà tuányuán de jiéjú gàozhōng ▸ **to sound/strike a note of caution** 听(聽)起来(來)有/带(帶)着(著)一种(種)警告的语(語)气(氣) tīng qǐlái yǒu/dàizhe yī zhǒng jǐnggào de yǔqì ▸ **there was a note of triumph in her voice** 她说(說)话(話)时(時)带(帶)着(著)一种(種)胜(勝)利的口吻 tā shuōhuà shí dàizhe yī zhǒng shènglì de kǒuwěn ▸ **to take note (of sth)** 留意到（某事） liúyì dào (mǒushì) ▸ **of note** 有名望 yǒu míngwàng ▸ **to note that...** 指出… zhǐchū... ▸ **(please) note that...** (请(請))注意… (qǐng) zhùyì...

notebook ['nəutbuk] N [c] 笔(筆)记(記)本 bǐjìběn [个 gè]

noted ['nəutɪd] ADJ (*famous*) 知名的 zhīmíng de ▸ **to be noted for sth** 以某事物而著名 yǐ mǒushìwù ér zhùmíng

notepad ['nəutpæd] N [c] **1** (*pad of paper*) 记(記)事本 jìshìběn [个 gè] **2** (*Comput*) 记(記)事簿 jìshìbù [个 gè]

notepaper ['nəutpeɪpəʳ] N [U] 信纸(紙) xìnzhǐ

noteworthy ['nəutwəːðɪ] (*frm*) ADJ [+ *fact, event*] 值得注意的 zhídé zhùyì de ▸ **it is noteworthy that...** 值得注意的是… zhíde zhùyì de shì...

★ **nothing** ['nʌθɪŋ] PRON **1** (*not anything*) 什么(麼)也没(沒)有 shénme yě méiyǒu ▹ *I pressed the button but nothing happened.* 我按了按钮，但什么都没有发生。Wǒ ànle ànniǔ, dàn shénme dōu méiyǒu fāshēng. ▹ *The man nodded but said nothing.* 男子点了点头，但什么也没有说。Nánzǐ diǎnle diǎn tóu, dàn shénme yě méiyǒu shuō. **2** (*something trivial*) 无(無)关(關)紧(緊)要 wúguān jǐnyào ▹ *a fight that started over nothing* 因无关紧要的事而打架 yīn wúguān jǐnyào de shì ér dǎjià ▸ **nothing new/serious/to worry about** 没(沒)有什么(麼)新的/要紧(緊)的/值得担(擔)忧(憂)的 méiyoǔ shénme xīnde/yàojǐn de/zhíde dānyōu de ▸ **there's nothing better/worse (than...)** 没(沒)有（比…）更好/更糟糕的 méiyǒu (bǐ ...) gèng hǎo/gèng zāogāo de ▸ **nothing much** 没(沒)有什么(麼) méiyoǔ shénme ▸ **nothing else** 没(沒)有别(別)的 méiyǒu bié de ▸ **for nothing** (*free*) 免费(費) miǎnfèi; (*cheap*) 便宜 piányi; (*in vain*) 白白地 báibái de ▸ **to be worth nothing** 一文不值 yī wén bù zhí ▸ **nothing at all** 什么(麼)也没(沒)有 shénme yě méiyǒu ▹ *"What did you say?" — "Nothing. Nothing at all."* "你说什么？" "没有。什么也没说。" "Nǐ shuō shénme?" "Méiyǒu. Shénme yě méi shuō." ▸ **nothing but** 只 zhǐ ▸ **he's nothing if not well-organized** (*frm*) 他条(條)理分明之极(極) tā tiáolǐ fēnmíng zhī jí ▸ **it's nothing less than outrageous!** 简(簡)直是蛮(蠻)横(橫)无(無)理！Jiǎnzhí shì mánhèng wúlǐ! ▸ **he's nothing less than a thief!** 他简(簡)直是个(個)贼(賊)！tā jiǎnzhí shì gè zéi! ▸ **it was nothing of the sort** *or* **kind** 根本没(沒)有那回事 gēnběn méiyǒu nà huí shì

notice ['nəutɪs] **I** VT (*observe*) 注意到 zhùyì dào **II** N **1** [c] (*sign*) 公告 gōnggào [个 gè] **2** [U] (*warning*) 通知 tōngzhī **3** [c] (*Brit*) (*review*) [*of play, film*] 评(評)论(論) pínglùn [篇 piān] ▸ **to notice that...** 注意到… zhùyì dào... ▸ **to bring sth to sb's notice** 引起某人对(對)某事的注意 yǐnqǐ mǒurén duì mǒushì de zhùyì ▸ **to take no notice of sb/sth** 不理某人/某事 bùlǐ mǒurén/mǒushì ▸ **to escape sb's notice** 躲过(過)某人的注意 duǒguò mǒurén de zhùyì ▸ **it has come to my notice that...** 我察觉(覺)到… wǒ chájué dào... ▸ **to give sb notice of sth** 事先通知某人有关(關)某事 shìxiān tōngzhī mǒurén yǒuguān mǒushì ▸ **without notice** 不事先通知 bù shìxiān tōngzhī ▸ **advance notice** 提前通知 tíqián tōngzhī ▸ **at short/a moment's/24 hours' notice** 一经(經)通知就/马(馬)上就/24小时(時)内(內)就 yījīng tōngzhī jiù/mǎshàng jiù/èrshísì xiǎoshí jiù ▸ **until further notice** 直到另行通知 zhídào lìngxíng tōngzhī ▸ **to hand in** *or* **give in one's notice** 递(遞)交辞(辭)呈 dìjiāo cíchéng ▸ **to be given one's notice** 接到解雇(僱)通知 jiēdào jiěgù tōngzhī

noticeable ['nəutɪsəbl] ADJ [+ *effect, difference, improvement*] 明显(顯)的 míngxiǎn de ▸ **it is noticeable that...** 可以明显(顯)注意到… kěyǐ míngxiǎn zhùyì dào...

noticeably ['nəutɪsəblɪ] ADV 明显(顯)地 míngxiǎn de ▸ **most noticeably** 最明显(顯)地 zuì míngxiǎn de

noticeboard ['nəutɪsbɔːd] (*Brit*) N [c] 布(佈)告栏(欄) bùgàolán [个 gè] ▸ **on the noticeboard** 在布(佈)告栏(欄)上 zài bùgàolán shàng [美 = **bulletin board**]

notification [nəutɪfɪ'keɪʃən] N [U] 通知 tōngzhī ▸ **to be given** *or* **receive notification of sth** 收到有关(關)某事的通知 shōudào yǒuguān mǒushì de tōngzhī

notify ['nəutɪfaɪ] VT ▸ **to notify sb (of sth)** 将(將)(某事)通知某人 jiāng (mǒushì) tōngzhī mǒurén ▸ **to notify sb that...** 告诫(誡)某人… gàojiè mǒurén...

notion ['nəuʃən] **I** N [c] (*idea*) 概念(唸) gàiniàn [个 gè] **II notions** N PL (*US*) 小件针(針)线(線)用品 xiǎojiàn zhēnxiàn yòngpǐn

notorious [nəu'tɔːrɪəs] ADJ [+ *case, criminal,*

n

murderer, womanizer] 声(聲)名狼籍的 shēngmíng lángjí de ▸ **to be notorious for sth/for doing sth** 因某事/做某事而臭名远(遠)扬(揚) yīn mǒushì/zuò mǒushì ér chòumíng yuǎn yáng
▮ 用法参见 **famous**

notoriously [nəu'tɔːrɪəslɪ] ADV [+ *unreliable, inefficient*] 人所共知地 rén suǒ gòng zhī de

notwithstanding [nɔtwɪθ'stændɪŋ] PREP, ADV 尽(儘)管 jǐnguǎn

nought [nɔːt] (*esp Brit*) NUM 零 líng [美 = **zero**]
在英式英语的口语中，**nought** 比 **zero** 常用得多。*...from nought to 60 miles per hour...* 在科技性内容中，**zero** 通常作为数字使用。当你想显得精确时，通常也使用 **zero**。在美式英语中，一般使用 **zero**，而不用 **nought**。在报电话号码时，用 **o** ([əu])。在体育评论中，尤其是表示足球比分时，多用 **nil**。*England beat Poland two-nil at Wembley.* 网球运动中，通常用 **love** 表示零的含义。*...a two-games-to-love lead...*

noun [naun] N [c] 名词(詞) míngcí [个 gè]

nourish ['nʌrɪʃ] VT [+ *person*] 养(養)育 yǎngyù; [+ *plant*] 滋养(養) zīyǎng

nourishment ['nʌrɪʃmənt] N [U] (*food*) 营(營)养(養) yíngyǎng

Nov. ABBR (= **November**) 十一月 shíyīyuè

novel ['nɔvl] **I** N [c] 小说(說) xiǎoshuō [部 bù] **II** ADJ [+ *idea, approach*] 新颖(穎)的 xīnyǐng de

novelist ['nɔvəlɪst] N [c] 小说(說)家 xiǎoshuōjiā [位 wèi]

novelty ['nɔvəltɪ] **I** N **1** [U] (*newness*) 新奇 xīnqí **2** [c] (*new concept, experience*) 新奇的事物 xīnqí de shìwù **II novelties** N PL (*knick-knacks*) 小玩意 xiǎowányì

November [nəu'vɛmbəʳ] N [c/U] 十一月 shíyīyuè [个 gè]; *see also* **July**

novice ['nɔvɪs] N [c] **1** (*beginner*) 新手 xīnshǒu [个 gè] **2** (*Rel*) (*female*) 见(見)习(習)修女 jiànxí xiūnǚ [名 míng]; (*male*) 见(見)习(習)修士 jiànxí xiūshì [名 míng] ▸ **to be a novice at sth** 对(對)某物不熟悉 duì mǒuwù bù shúxī

★ **now** [nau] **I** ADV **1** (*at the present time*) 现(現)在 xiànzài ▷ *It is now just after one o'clock.* 现在刚过1点钟。Xiànzài gāng guò yī diǎn zhōng. ▷ *I'm going home now.* 我要回家了。Wǒ yào huíjiā le. **2** (*these days*) 如今 rújīn ▷ *Most schoolchildren now own calculators.* 如今大多数学童都有计算器。Rújīn dàduōshù xuétóng dōu yǒu jìsuànqì. **3** (*under the circumstances*) 看来(來) kànlái ▷ *I was hoping to go tomorrow. That won't be possible now.* 我本来想明天走。看来这不可能了。Wǒ běnlái xiǎng míngtiān zǒu. Kànlái zhè bù kěnéng le. **4** (*specifying length of time*) 到现(現)在为(為)止 dào xiànzài wéizhǐ ▷ *They've been married now for 30 years.* 到现在为止，他们已经结婚30年了。Dào xiànzài wéizhǐ, tāmen yǐjīng jiéhūn sānshí nián le. **5** (*introducing new information*) 喂(餵) wèi ▷ *Now, I hadn't told him this, so he must have found out for himself.* 喂，这件事我没告诉他，他一定是自己发现的。Wèi, zhè jiàn shì wǒ méi gàosù tā, tā yīdìng shì zìjǐ fāxiàn de. **II** CONJ ▸ **now (that)** 既然 jìrán ▷ *Now that he's feeling better, he can go back to work.* 既然他感觉好些了，就可以去上班了。Jìrán tā gǎnjué hǎo xiē le, jiù kěyǐ qù shàngbān le. ▸ **right now** 这(這)时(時) zhèshí ▷ *What if a shark came along right now?* 这时，如果来了鲨鱼该怎么办呢？Zhèshí, rúguǒ láile shāyú gāi zěnme bàn ne? ▸ **by now** 到现(現)在 dào xiànzài ▷ *He should be here by now.* 他现在应该到了。Tā xiànzài yīnggāi dào le. ▷ *By now he'll be home and in bed.* 现在，他一定到了家，上床休息了。Xiànzài, tā yīdìng dàole jiā, shàngchuáng xiūxi le. ▸ **just now** (*at the moment*) 眼下 yǎnxià ▷ *I'm pretty busy just now.* 眼下我很忙。Yǎnxià wǒ hěn máng. ▸ **(every) now and then** *or* **again** 时(時)而 shí'ér ▸ **from now on** 从(從)现(現)在起 cóng xiànzài qǐ ▸ **in 3 days from now** 从(從)现(現)在起3天后(後) cóng xiànzài qǐ sān tiān hòu ▸ **between now and Monday** 从(從)现(現)在到星期一 cóng xiànzài dào xīngqīyī ▸ **that's all for now** 就到这(這)里(裡) jiùdào zhèli ▸ **any day/moment/time now** 不日/随(隨)时(時)/任何时(時)候 bùrì/suíshí/rènhé shíhou ▸ **now then** 喂(以引起注意) wèi (yǐ yǐnqǐ zhùyì)

nowadays ['nauədeɪz] ADV 现(現)今 xiànjīn

nowhere ['nəuwɛəʳ] ADV (*no place*) 无(無)处(處) wúchù; (*emphatic*) 没(沒)有地方 méiyǒu dìfāng ▸ **nowhere else** (*no place else*) 没(沒)有其他地方 méiyǒu qítā dìfang; (*emphatic*) 不在任何其他地方 bùzài rènhé qítā dìfang ▸ **to come/appear from** *or* **out of nowhere** 不知从(從)什么(麼)地方突然冒出来(來)/出现(現) bùzhī cóng shénme dìfang tūrán mào chūlái/chūxiàn ▸ **this is getting us nowhere, we're getting nowhere with this** 这(這)么(麼)做我们(們)只能一无(無)所获(獲) zhème zuò wǒmen zhǐnéng yì wú suǒ huò ▸ **in the middle of nowhere** 前不着(著)村，后(後)不着(著)店 qián bù zháo cūn, hòu bù zháo diàn

nozzle ['nɔzl] N [c] 喷(噴)嘴 pēnzuǐ [个 gè]

nuclear ['njuːklɪəʳ] ADJ [+ *fission, physics, weapon, power*] 核能的 hénéng de

nucleus ['njuːklɪəs] (*pl* **nuclei** ['njuːklɪaɪ]) N [c] **1** [*of atom, cell*] 核 hé **2** [*of group*] 核心人物 héxīn rénwù [位 wèi]

nude [njuːd] **I** ADJ 裸体(體)的 luǒtǐ de **II** N [c] (*picture*) 裸体(體)画(畫) luǒtǐhuà [幅 fú]; (*sculpture*) 裸体(體)雕像 luǒtǐ diāoxiàng [尊 zūn] ▸ **in the nude** (*naked*) 裸体(體) luǒtǐ

nudge [nʌdʒ] **I** VT 用肘轻(輕)推 yòng zhǒu qīng tuī **II** N [c] 轻(輕)推 qīng tuī ▸ **to give sb a nudge** 用肘轻(輕)推某人 yòng zhǒu qīng tuī mǒurén

nudist ['nju:dɪst] **I** N [c] 裸体(體)主义(義)者 luǒtǐ zhǔyìzhě [名 míng] **II** CPD [+ *beach*] 裸体(體) luǒtǐ

nudity ['nju:dɪtɪ] N [U] 裸体(體) luǒtǐ

nugget ['nʌgɪt] N [c] **1** [*of gold*] 小块(塊) xiǎokuài **2** (*Culin*) 碎块(塊) suìkuài **3** [*of information*] 有价(價)值的东(東)西 yǒu jiàzhí de dōngxi

nuisance ['nju:sns] N ▶ **to be a nuisance** [*thing* +] 讨(討)厌(厭)的东(東)西 tǎoyàn de dōngxi; [*person* +] 讨(討)厌(厭)的人 tǎoyàn de rén ▶ **it's a nuisance that...** 真是讨(討)厌(厭)… zhēn shì tǎoyàn... ▶ **what a nuisance!** 真讨(討)厌(厭)! zhēn tǎoyàn!

numb [nʌm] **I** ADJ **1** [+ *fingers, toes, arm etc*] 麻木的 mámù de **2** (*through fear, shock*) 僵住的 jiāngzhu de **II** VT **1** (*lit*) [+ *fingers, part of body*] 麻痹(痺) mábì **2** [+ *person, senses*] 使失去知觉(覺) shǐ shīqù zhījué ▶ **to go numb** [*fingers, toes, arm* +] 变(變)麻 biàn má ▶ **to be numb with shock/fear/grief** 因震惊(驚)/恐惧(懼)/悲痛而失去知觉(覺) yīn zhènjīng/kǒngjù/bēitòng ér shīqù zhījué ▶ **to numb the pain** 麻痹(痺)疼痛 mábì téngtòng

★ **number** ['nʌmbəʳ] **I** N **1** [c] (*Math*) 数(數) shù [个 gè] ▷ *Think of a number between one and ten.* 在1至10之间想一个数。Zài yī zhì shí zhījiān xiǎng yī gè shù. **2** [c] (*telephone number*) 电(電)话(話)号(號)码(碼) diànhuà hàomǎ [个 gè] **3** [c] [*of house, bank account, bus*] 号(號) hào [个 gè] ▷ *He lives at number 3, Argyll Street.* 他住在阿盖尔街3号。Tā zhù zài Āgài'ěr jiē sān hào. **4** [c/U] (*quantity*) [*of things, people*] 数(數)量 shùliàng ▷ *The number of traffic accidents has fallen.* 交通事故的数量已经减少。Jiāotōng shìgù de shùliàng yǐjīng jiǎnshǎo. ▷ *A surprising number of men never marry.* 男性不结婚的人数惊人的多。Nánxìng bù jiéhūn de rénshù jīngrén de duō. **II** VT **1** [+ *pages*] 给(給)…标(標)号(號)码(碼) gěi...biāo hàomǎ ▷ *Number the pages before you start.* 在开始之前，先把页码标上。Zài kāishǐ zhī qián, xiān bǎ yèmǎ biāo shàng. **2** (*amount to*) 总(總)计(計) zǒngjì ▷ *The force numbered almost a quarter of a million men.* 该部队总计约有25万男子。Gāi bùduì zǒngjì yuē yǒu èrshíwǔ wàn nánzǐ. ▶ **their album reached number twenty three** 他们(們)的唱片在排行榜上名列23 tāmen de chàngpiàn zài páihángbǎng shàng míng liè èrshísān ▶ **a number of** (*several*) 几(幾)个(個) jǐgè ▶ **a large/small number of** 大量/少数(數) dàliàng/shǎoshù ▶ **any number of** [+ *things, reasons*] 许(許)多 xǔduō ▶ **to be numbered among** (*frm*) 属(屬)于(於) shǔyú

number one ADJ [+ *priority, position, choice, issue*] 首要的 shǒuyào de

number plate (*Brit*) N [c] 车(車)号(號)牌 chēhàopái [个 gè] [美 = **license plate**]

Number Ten (*Brit*) N (*10 Downing Street*) 唐宁街10号是指英国伦敦唐宁街10号，即英国首相的办公住所。

numerical [nju:'mɛrɪkl] ADJ [+ *value*] 数(數)字的 shùzì de; [+ *advantage, superiority*] 人数(數)的 rénshù de ▶ **in numerical order** 按数(數)字顺(順)序 àn shùzì shùnxù

numerous ['nju:mərəs] ADJ [+ *examples, attempts etc*] 许(許)多的 xǔduō de ▶ **on numerous occasions** 许(許)多次 xǔduō cì

nun [nʌn] N [c] 修女 xiūnǚ [名 míng]

nurse [nə:s] **I** N [c] **1** (*in hospital*) 护(護)士 hùshi [位 wèi] **2** (*o.f.: nanny*) 保姆 bǎomǔ **II** VT **1** [+ *patient*] 照料 zhàoliào **2** [+ *cold, injury*] 护(護)理 hùlǐ ▶ **to nurse a grudge against sb** 对(對)某人怀(懷)恨在心 duì mǒurén huáihèn zài xīn

nursery ['nə:sərɪ] N [c] **1** (*kindergarten*) 幼儿(兒)园(園) yòu'éryuán [个 gè] **2** (*room*) 保育室 bǎoyùshì **3** (*garden*) 苗圃 miáopǔ; (*garden centre*) 花卉商店 huāhuì shāngdiàn [家 jiā]

nursery rhyme N [c] 儿(兒)歌 érgē [首 shǒu]

nursery school N [c/U] 幼儿(兒)园(園) yòu'éryuán [个 gè]

nursing ['nə:sɪŋ] **I** N [U] (*profession, care*) 护(護)理 hùlǐ **II** CPD **1** [+ *staff, profession, care*] 护(護)理 hùlǐ **2** [+ *mother*] 喂(餵)奶 wèinǎi

nursing home N [c] 私人疗(療)养(養)院 sīrén liáoyǎngyuàn [家 jiā]

nurture ['nə:tʃəʳ] VT [+ *child, talent, relationship, new player*] 培养(養) péiyǎng; [+ *plant*] 培育 péiyù; [+ *hopes, ambition, dream*] 抱有 bàoyǒu

nut [nʌt] N [c] **1** (*Bot, Culin*) 坚(堅)果 jiānguǒ [枚 méi] **2** (*Tech*) 螺母 luómǔ [个 gè] **3** (*inf: lunatic*) 疯(瘋)子 fēngzi ▶ **the nuts and bolts of sth** 某事的基本要点(點) mǒushì de jīběn yàodiǎn; *see also* **nuts**

nutmeg ['nʌtmɛg] N [U] 肉豆蔻 ròudòukòu

nutrient ['nju:trɪənt] **I** N [c] 营(營)养(養) yíngyǎng **II** ADJ 有营(營)养(養)的 yǒu yíngyǎng de

nutrition [nju:'trɪʃən] N [U] (*nourishment*) 营(營)养(養) yíngyǎng

nutritious [nju:'trɪʃəs] ADJ [+ *food, meal*] 有营(營)养(養)的 yǒu yíngyǎng de

nuts [nʌts] (*inf*) ADJ ▶ **to be nuts** 发(發)疯(瘋)的 fāfēng de ▶ **to be nuts about sth/sb** 迷恋(戀)某物/某人 míliàn mǒuwù/mǒurén ▶ **to go nuts** (*get angry*) 暴跳如雷 bào tiào rú léi; (*become crazed*) 发(發)疯(瘋) fāfēng; *see also* **nut**

NVQ (*Brit: Scol*) N ABBR (= **national vocational qualification**) 国(國)家职(職)业(業)考试(試) Guójiā Zhíyè Kǎoshì

NW ABBR (= **north-west**) 西北 xīběi

nylon ['naɪlɔn] **I** N [U] 尼龙(龍) nílóng **II** CPD [+ *shirt, sheets*] 尼龙(龍) nílóng

NZ ABBR (= **New Zealand**) 新西兰(蘭) Xīnxīlán

Oo

O, o [əu] N [c/ʊ] **1** (*letter*) 英语的第十五个字母 **2** (*US: Scol*) (*outstanding*) 优(優)秀 yōuxiù **3** (*Tel etc*) (*number*) 零 líng
用法参见 **nought**

oak [əuk] **I** N **1** [c] (*also:* **oak tree**) 橡树(樹) xiàngshù [棵 kē] **2** [ʊ] (*wood*) 橡木 xiàngmù **II** CPD [+ *furniture, door*] 橡木 xiàngmù

OAP (*Brit*) N ABBR (= **old-age pensioner**) 拿退休金的人 ná tuìxiūjīn de rén

oar [ɔːʳ] N [c] 桨(槳) jiǎng [只 zhī] ▶ **to put** *or* **shove one's oar in** (*inf: interfere*) 干预(預) gānyù

oasis [əu'eɪsɪs] (*pl* **oases** [əu'eɪsiːz]) N [c] **1** (*in desert*) 绿(綠)洲 lùzhōu **2** (*sanctuary*) 慰藉 wèijiè

oath [əuθ] N [c] **1** (*promise*) 誓言 shìyán [个 gè] **2** (*o.f.: swearword*) 咒骂(罵) zhòumà ▶ **on** (*Brit*) *or* **under oath** 在发(發)誓的情况(況)下 zài fāshì de qíngkuàng xià ▶ **to take the oath** (*Law*) 宣誓 xuānshì

oatmeal ['əutmiːl] N [ʊ] **1** (*for cooking*) 燕麦(麥)粉 yànmài fěn **2** (*esp US*) (*porridge*) 燕麦(麥)粥 yànmài zhōu [英 = **porridge**]

oats [əuts] N PL 燕麦(麥) yànmài

obedience [ə'biːdɪəns] N [ʊ] 服从(從) fúcóng ▶ **in obedience to** 遵从(從) zūncóng

obedient [ə'biːdɪənt] ADJ [+ *child, dog*] 顺(順)从(從)的 shùncóng de

obese [ə'biːs] ADJ 肥胖的 féipàng de
用法参见 **fat**

obesity [ə'biːsɪtɪ] N [ʊ] 肥胖症 féipàngzhèng

obey [ə'beɪ] **I** VT [+ *person, orders*] 听(聽)从(從) tīngcóng; [+ *law, regulations*] 服从(從) fúcóng **II** VI 服从(從) fúcóng

obituary [ə'bɪtjuərɪ] N [c] 讣(訃)告 fùgào [则 zé]

object [*n* 'ɔbdʒɛkt, *vb* əb'dʒɛkt] **I** N [c] **1** (*thing*) 物体(體) wùtǐ [个 gè] **2** (*aim, purpose*) 目的 mùdì [个 gè] **3** ▶ **an object of ridicule/the object of his affection** 嘲笑的对(對)象/他爱(愛)慕的对(對)象 cháoxiào de duìxiàng/tā àimù de duìxiàng **4** (*Ling*) 宾(賓)语(語) bīnyǔ [个 gè] **II** VI 反对(對) fǎnduì ▶ **money/distance is no object** 金钱(錢)/距离(離)不成问(問)题(題) jīnqián/jùlí bù chéng wèntí ▶ **to object to sth** 反对(對)某事 fǎnduì mǒushì ▶ **to object that...** 反对(對)说(說)… fǎnduì shuō… ▶ **I object!** 我反对(對)! Wǒ fǎnduì!

objection [əb'dʒɛkʃən] N [c] 异(異)议(議) yìyì [个 gè] ▶ **to make** *or* **raise an objection** 提出异(異)议(議) tíchū yìyì ▶ **to have no objection to sth** 不反对(對)某事 bù fǎnduì mǒushì

objective [əb'dʒɛktɪv] **I** ADJ 客观(觀)的 kèguān de **II** N [c] (*goal*) 目标(標) mùbiāo [个 gè]

obligation [ɔblɪ'geɪʃən] N [c/ʊ] 责(責)任 zérèn ▶ **to have an obligation to do sth** 有责(責)任做某事 yǒu zérèn zuò mǒushì ▶ **to have an obligation to sb (to do sth)** 对(對)某人有(做某事)的责(責)任 duì mǒurén yǒu(zuò mǒushì)de zérèn ▶ **to be under an obligation to do sth** 有义(義)务(務)做某事 yǒu yìwù zuò mǒushì ▶ **to be under an obligation to sb** 对(對)某人有义(義)务(務) duì mǒurén yǒu yìwù

obligatory [ə'blɪgətərɪ] ADJ 强(強)制性的 qiángzhìxìng de

oblige [ə'blaɪdʒ] **I** VT **1** (*compel*) ▶ **to oblige sb to do sth** 迫使某人做某事 pòshǐ mǒurén zuò mǒushì **2** (*do a favour for*) 施惠于(於) shīhuì yú **II** VI (*cooperate*) 帮忙 bāngmáng ▶ **to feel obliged to do sth** 感到必须(須)得做某事 gǎndào bìxū děi zuò mǒushì ▶ **to be (much) obliged to sb (for sth)** (*frm, o.f.: grateful*) (由于(於)某事)(非常)感激某人 (yóuyú mǒushì)(fēicháng)gǎnjī mǒurén ▶ **I would be obliged if...** (*frm*) 烦(煩)请(請)您… fán qǐng nín …

oblique [ə'bliːk] **I** ADJ **1** (*indirect*) [+ *reference, warning*] 间(間)接的 jiànjiē de **2** [+ *angle*] 斜的 xié de **II** N [c] (*Brit: Typ*) 斜线(線) xiéxiàn [条 tiáo] ▶ **at an oblique angle (to sth)** (与(與)某物)呈斜角 (yǔ mǒuwù)chéng xiéjiǎo

oblivion [ə'blɪvɪən] N [ʊ] 遗(遺)忘 yíwàng ▶ **to be consigned to oblivion** 被忘却(卻) bèi wàngquè

oblivious [ə'blɪvɪəs] ADJ ▶ **oblivious of** *or* **to sth** 忘却(卻)某事 wàngquè mǒushì

oblong ['ɔblɔŋ] **I** N [c] 长(長)方形 chángfāngxíng [个 gè] **II** ADJ 长(長)方形的 chángfāngxíng de

obnoxious [əb'nɔkʃəs] ADJ [+ *behaviour, person, smell*] 讨(討)厌(厭)的 tǎoyàn de

oboe ['əubəu] N [c] 双(雙)簧管 shuānghuángguǎn [只 zhī]

obscene [əb'siːn] ADJ **1** (*offensive*) [+ *gesture, remark, image*] 猥亵(褻)的 wěixiè de **2** (*immoral*) [+ *wealth, income etc*] 可憎的 kězēng de

obscenity [əb'sɛnɪtɪ] N **1** [ʊ] (*behaviour*) 淫行 yínxíng **2** [c] (*swearword*) 脏(髒)话(話) zānghuà [句 jù]

obscure [əb'skjuəʳ] **I** ADJ **1** (*little-known*) [+ *place, author etc*] 不知名的 bù zhīmíng de **2** (*difficult to understand*) 晦涩(澀)的 huìsè de **II** VT (*conceal*) [+ *view, object*] 遮蔽 zhēbì; [+ *truth, meaning etc*] 混淆 hùnxiáo

observant [əb'zəːvənt] ADJ 观(觀)察力敏

锐(銳)的 guānchálì mǐnruì de

observation [ɔbzəˈveɪʃən] N **1** [c] (*remark*) 评(評)论(論) pínglùn [篇 piān] **2** [U] (*act of observing*) 观(觀)察 guānchá **3** [U] (*Med*) 观(觀)察 guānchá ▸ **powers of observation** 观(觀)察力 guānchálì ▸ **she's under observation** 她受到严(嚴)密监(監)视(視) tā shòudào yánmì jiānshì

observatory [əbˈzəːvətrɪ] N [c] 天文台(臺) tiānwéntái [个 gè]

observe [əbˈzəːv] VT **1** (*watch*) 观(觀)察 guānchá **2** (*frm: notice*) 注意到 zhùyì dào **3** (*comment*) 评(評)论(論) pínglùn **4** (*abide by*) [+ *rule, convention*] 遵守 zūnshǒu ▸ **to observe that…** 评(評)述说(說)… píngshù shuō…

observer [əbˈzəːvəʳ] N [c] **1** (*onlooker*) 旁观(觀)者 pángguānzhě [名 míng] **2** (*commentator*) 评(評)论(論)员(員) pínglùnyuán [名 míng]

obsess [əbˈsɛs] VT 使着(著)迷 shǐ zháomí ▸ **to be obsessed by** *or* **with sb/sth** 被某人/某事迷住心窍(竅) bèi mǒurén/mǒushì mízhù xīnqiào

obsession [əbˈsɛʃən] N [c] 着(著)迷 zháomí [种 zhǒng]

obsessive [əbˈsɛsɪv] ADJ [+ *person*] 着(著)迷的 zháomí de; [+ *behaviour, interest*] 着(著)魔的 zháomó de ▸ **to be obsessive about sth** 对(對)某物着(著)迷 duì mǒuwù zháomí

obsolete [ˈɔbsəliːt] ADJ 不再用的 bùzài yòng de

obstacle [ˈɔbstəkl] N [c] **1** (*physical barrier*) 障碍(礙) zhàng'ài **2** (*difficulty*) 阻碍(礙) zǔ'ài ▸ **an obstacle to sth/to doing sth** 某事/做某事的障碍(礙) mǒushì/zuò mǒushì de zhàng'ài

obstinate [ˈɔbstɪnɪt] ADJ **1** (*stubborn*) [+ *person*] 固执(執)的 gùzhí de; [+ *resistance, refusal*] 顽(頑)固的 wángù de **2** (*troublesome*) [+ *problem, stain etc*] 难(難)对(對)付的 nán duìfu de

obstruct [əbˈstrʌkt] VT **1** (*block*) [+ *road, path*] 堵塞 dǔsè **2** (*hinder*) [+ *justice, progress*] 阻碍(礙) zǔ'ài

obstruction [əbˈstrʌkʃən] N **1** [c] (*blockage*) 障碍(礙)物 zhàng'àiwù [个 gè] **2** [U] [*of plan, law*] 阻碍(礙) zǔ'ài

obtain [əbˈteɪn] (*frm*) **I** VT (*get*) [+ *book, information, degree etc*] 获(獲)得 huòdé **II** VI (*exist, be the case*) 通行 tōngxíng

obvious [ˈɔbvɪəs] ADJ 明显(顯)的 míngxiǎn de ▸ **it's obvious that…** 很明显(顯)… hěn míngxiǎn … ▸ **for obvious reasons** 由于(於)显(顯)然的理由 yóuyú xiǎnrán de lǐyóu

obviously [ˈɔbvɪəslɪ] ADV **1** (*of course*) 显(顯)然地 xiǎnrán de **2** (*noticeably*) 明显(顯)地 míngxiǎn de ▸ **obviously!** 当(當)然！Dāngrán! ▸ **obviously not** 显(顯)然不是 xiǎnrán bù shì ▸ **he was obviously not drunk** 很显(顯)然，他没(沒)醉 hěn xiǎnrán, tā méi zuì ▸ **he was not obviously drunk** 他醉得不明显(顯) tā zuìde bù míngxiǎn

occasion [əˈkeɪʒən] **I** N [c] **1** (*moment*) 时(時)刻 shíkè [个 gè] **2** (*event, celebration*) 场(場)合 chǎnghé [种 zhǒng] **3** (*opportunity*) ▸ **an occasion for sth/for doing sth** 某事/做某事的机(機)会(會) mǒushì/zuò mǒushì de jīhuì [个 gè] **II** VT (*frm: cause*) 引起 yǐnqǐ ▸ **on occasion(s)** 有时(時) yǒushí ▸ **to rise to the occasion** 应(應)付自如 yìngfù zìrú ▸ **a sense of occasion** 隆重感 lóngzhòng gǎn

occasional [əˈkeɪʒənl] ADJ 偶尔(爾)的 ǒu'ěr de ▸ **I like the occasional drink** 我喜欢(歡)偶尔(爾)喝点(點)酒 wǒ xǐhuan ǒu'ěr hē diǎn jiǔ

occasionally [əˈkeɪʒənəlɪ] ADV 偶尔(爾)地 ǒu'ěr de ▸ **very occasionally** 非常偶然地 fēicháng ǒurán de

occult [ɔˈkʌlt] **I** N ▸ **the occult** 神鬼之事 shénguǐ zhī shì **II** ADJ [+ *subject, powers*] 玄妙的 xuánmiào de

occupant [ˈɔkjupənt] N [c] **1** (*long-term*) [*of house*] 占(佔)用者 zhànyòngzhě [名 míng] **2** (*short-term*) [*of car, room etc*] 使用者 shǐyòngzhě [位 wèi]

occupation [ɔkjuˈpeɪʃən] N **1** [c] (*job*) 职(職)业(業) zhíyè [种 zhǒng] **2** [c] (*pastime*) 消遣 xiāoqiǎn **3** [U] (*annexation*) [*of building, country etc*] 占(佔)领(領) zhànlǐng

occupier [ˈɔkjupaɪəʳ] (*frm*) N [c] 占(佔)用者 zhànyòngzhě [名 míng]

occupy [ˈɔkjupaɪ] VT **1** (*inhabit*) [+ *house, office*] 占(佔)用 zhànyòng **2** ▸ **to be occupied** [*seat, place etc* +] 被占(佔)用 bèi zhànyòng **3** (*take possession of*) [+ *building, country etc*] 占(佔)领(領) zhànlǐng **4** (*take up*) [+ *attention, mind*] 填满(滿) tiánmǎn; [+ *space*] 占(佔) zhàn **5** (*fill*) [+ *time*] 占(佔)用 zhànyòng; [+ *position, post*] 担(擔)任 dānrèn ▸ **to occupy o.s. (with sth/doing sth)** (*to be busy*) 使自己忙于(於)(某事/做某事) shǐ zìjǐ mángyú(mǒushì/zuò mǒushì) ▸ **to be occupied with sth/doing sth** 忙于(於)某事/做某事 máng yú mǒushì/zuò mǒushì

occur [əˈkəːʳ] VI **1** (*happen*) 发(發)生 fāshēng **2** (*be found*) 出现(現) chūxiàn ▸ **to occur to sb** 某人想到 mǒurén xiǎngdào

occurrence [əˈkʌrəns] (*frm*) N [c] **1** (*event*) 事件 shìjiàn [起 qǐ] **2** (*incidence*) 事故 shìgù [次 cì] ▸ **an everyday/daily occurrence** 每天/日常发(發)生的事情 měitiān/rìcháng fāshēng de shìqing

ocean [ˈəuʃən] N [c] 海洋 hǎiyáng [片 piàn] ▸ **oceans of** (*inf*) 许(許)多 xǔduō ▸ **it's a drop in the ocean** 沧(滄)海一粟 cānghǎi yī sù

o'clock [əˈklɔk] ADV ▸ **six o'clock** 6点(點)钟(鐘) liùdiǎnzhōng

Oct. ABBR (= **October**) 十月 shíyuè

October [ɔkˈtəubəʳ] N [c/U] 十月 shíyuè; *see also* **July**

octopus [ˈɔktəpəs] N [c] 章鱼(魚) zhāngyú [只 zhī]

odd [ɔd] ADJ **1** (*strange*) 奇怪的 qíguài de **2** (*not*

O

paired) [+ sock, glove, shoe etc] 单(單)只(隻)的 dānzhī de **3** (assorted, unspecified) 任意的 rènyì de **4** [+ number] 奇数(數)的 jīshù de ▸ **to be the odd man/woman/one out** 落单(單)的男人/女人/一人 luòdān de nánrén/nǚrén/yī rén ▸ **the odd drink/walk/holiday** 偶尔(爾)的饮(飲)酒/散步/度假 ǒu'ěr de yǐnjiǔ/sànbù/dùjià ▸ **sixty odd** 六十几(幾)个(個) liùshí jǐ gè; see also **odds**

oddly ['ɔdlɪ] ADV **1** (strangely) [behave, dress +] 古怪地 gǔguài de **2**; see also **enough**

odds [ɔdz] N PL **1** 可能性 kěnéngxìng **2** (in betting) 赌(賭)注赔(賠)率 dǔzhù péilǜ ▸ **the odds are in favour of/against him** 形势(勢)对(對)他有利/不利 xíngshì duì tā yǒulì/bùlì ▸ **against all (the) odds** 克(剋)服各种(種)不利条(條)件 kèfú gèzhǒng bùlì tiáojiàn ▸ **odds and ends** (inf) 零碎的东(東)西 língsuì de dōngxi ▸ **it makes no odds** (inf) 没(沒)有区(區)别(別) méiyǒu qūbié ▸ **to be at odds (with)** (in disagreement) (与(與))不和 (yǔ)bù hé; (at variance) (与(與))不相称(稱) (yǔ)bù xiāngchèn

odometer [ɔ'dɔmɪtəʳ] (US) N [c] 里程表 lǐchéngbiǎo [个 gè]

odour, (US) **odor** ['əudəʳ] N [c/u] 气(氣)味 qìwèi [种 zhǒng]

 KEYWORD

★ **of** [ɔv, əv] PREP **1** (gen) 的 de ▸ **the history of China** 中国(國)历(歷)史 Zhōngguó lìshǐ ▸ **at the end of the street** 在街的尽(盡)头(頭) zài jiēde jìntóu ▸ **the president of France** 法国(國)总(總)统(統) Fǎguó zǒngtǒng ▸ **a friend of ours/mine** 我们(們)/我的一个(個)朋友 wǒmen/wǒ de yī gè péngyou ▸ **the city of New York** 纽(紐)约(約)城 Niǔyuēchéng ▸ **south of Madrid** 马(馬)德里的南部 Mǎdélǐ de nánbù ▸ **how silly of him not to say anything!** 他只(隻)字未提真是太傻了！ Tā zhī zì wèi tí zhēn shì tài shǎ le!
2 (expressing quantity, amount) ▸ **a kilo of flour** 一公斤面(麵)粉 yī gōngjīn miànfěn ▸ **a cup of tea/vase of flowers** 一杯茶/一瓶花 yībēi chá/yīpíng huā ▸ **a slice of bread** 一片面(麵)包 yī piàn miànbāo ▸ **there were three of them** 他们(們)有3个(個) tāmen yǒu sāngè ▸ **three of us went** 我们(們)3人去了 wǒmen sān rén qù le ▸ **can some of you help?** 你们(們)中有人能帮(幫)忙吗(嗎)？ nǐmen zhōng yǒu rén néng bāngmáng ma? ▸ **I'll eat half of it** 我要吃一半 wǒ yào chī yī bàn ▸ **the number of road accidents** 交通事故的数(數)量 jiāotōng shìgù de shùliàng ▸ **an annual income of $30,000** 每年3万(萬)美元的收入 měinián sānwàn měiyuán de shōurù
3 (made of) 由…制(製)成 yóu…zhìchéng ▸ **made of wood** 木制(製)的 mùzhì de
4 (in dates) ▸ **the 5th of July** 7月5日 qīyuè wǔrì ▸ **the winter of 2001** 2001年的冬天 èr líng líng yī nián de dōngtiān
5 (US) (in times) ▸ **at five of three** 3点(點)差5分 sān diǎn chà wǔ fēn

 KEYWORD

★ **off** [ɔf] **I** ADJ **1** (not turned on) [+ machine, light, engine, tap] 关(關)着(著)的 guānzhe de
2 (cancelled) [+ meeting, match, agreement] 取消的 qǔxiāo de
3 (Brit) [+ milk, cheese, meat etc] 不新鲜(鮮)的 bù xīnxiān de ▸ **the milk's off** 牛奶变(變)质(質)了 niúnǎi biànzhì le
4 (in expressions) ▸ **on the off chance** (just in case) 怀(懷)着(著)渺茫的希望 huáizhe miǎománg de xīwàng ▸ **to have an off day** (inf) 状(狀)态(態)欠佳 zhuàngtài qiànjiā
II ADV **1** (away) ▸ **I must be off** 我必须(須)得走了 wǒ bìxū děi zǒu le ▸ **where are you off to?** 你上哪儿(兒)去？ nǐ shàng nǎr qù? ▸ **to go off to Paris/Italy** 去巴黎/意大利 qù Bālí/Yìdàlì ▸ **it's a long way off** (in distance) 它在很远(遠)的地方 tā zài hěnyuǎn de dìfang; (in time) 它还(還)远(遠)未结(結)束 tā hái yuǎn wèi jiéshù ▸ **the game is three days off** 3天后(後)开(開)赛(賽) sān tiān hòu kāi sài
2 (not at work) ▸ **to be off** (on holiday) 在休假 zài xiūjià; (due to illness) 休病假 xiū bìngjià ▸ **I'm off on Fridays** 我周(週)五不上班 wǒ zhōuwǔ bù shàngbān ▸ **to have a day off** (as holiday) 休假一天 xiūjià yītiān; (because ill) 休病假一天 xiū bìngjià yītiān
3 (Comm) ▸ **10% off** 10%的折扣 bǎifēnzhī shí de zhékòu
4 (removed, detached) 脱(脫)落/掉 tuōluò/diào ▸ **there's a button off** 一颗(顆)扣(鈕)子掉了 yī kē kòuzi diào le
III PREP **1** (indicating motion, removal etc) ▸ **to take a picture off the wall** 把画(畫)像从(從)墙(牆)上取下来(來) bǎ huàxiàng cóng qiáng shang qǔ xiàlái ▸ **to fall/jump off a cliff** 摔/跳下悬(懸)崖 shuāi/tiào xià xuányá ▸ **to get off a bus/train** 下公共汽车(車)/火车(車) xià gōnggòng qìchē/huǒchē
2 (distant from) ▸ **it's just off the motorway** 它就在高速公路边(邊)上 tā jiù zài gāosù gōnglù biān shang ▸ **it's 15 km off the main road** 它离(離)主干(幹)道15公里远(遠) tā lí zhǔgàndào shíwǔ gōnglǐ yuǎn ▸ **an island off the coast** 海岸边(邊)的一个(個)小岛(島) hǎi'àn biān de yī gè xiǎodǎo
3 (not enjoying) ▸ **to be off meat/beer** etc 不想吃肉/喝啤酒等 bù xiǎng chīròu/hē píjiǔ děng

off-colour ['ɔf'kʌləʳ] (Brit) ADJ (ill) 身体(體)不舒服的 shēntǐ bù shūfu de ▸ **to feel off-colour**

感觉(覺)不适(適) gǎnjué bù shì
off-duty ['ɔf'dju:tɪ] ADJ 不当(當)班的 bù dāngbān de
offence, (*US*) **offense** [ə'fɛns] N **1** [c] (*crime*) 罪行 zuìxíng [种 zhǒng] **2** [U] (*hurt feelings*) 冒犯 màofàn **3** (*US: Sport*) ▸ **the offense** 进(進)攻方 jìngōng fāng ▸ **to commit an offence** 犯罪 fànzuì ▸ **to give** *or* **cause offence (to sb)** 冒犯(某人) màofàn(mǒurén) ▸ **to take offence (at sth)** (因某事而)生气(氣) (yīn mǒushì ér) shēngqì ▸ **no offence, but...** 不要见(見)怪, 但… bùyào jiànguài, dàn...
offend [ə'fɛnd] I VT (*upset*) 得罪 dézuì II VI (*commit an offence*) 犯罪 fànzuì ▸ **to offend against** [+ *law, rule*] 违(違)反 wéifǎn
offender [ə'fɛndə^r] N [c] **1** (*criminal*) 罪犯 zuìfàn [名 míng] **2** (*culprit*) 作祟的人/物 zuòsuì de rén/wù
offense [ə'fɛns] (*US*) N [c] = **offence**
offensive [ə'fɛnsɪv] I ADJ **1** [+ *remark, behaviour*] 无(無)礼(禮)的 wúlǐ de **2** (*US: Sport*) 攻方的 gōngfāng de II N [c] (*Mil*) 进(進)攻 jìngōng [次 cì] ▸ **to be offensive to sb** 得罪某人 dézuì mǒurén ▸ **offensive weapon** 进(進)攻性武器 jìngōng xìng wǔqì ▸ **to go on the offensive** 采(採)取攻势(勢) cǎiqǔ gōngshì
★ **offer** ['ɔfə^r] I VT **1** (*making invitation*) 给(給) gěi ▹ *I was offered a place at Harvard University.* 哈佛大学给了我一次入学机会。Hāfó Dàxué gěile wǒ yī cì rùxué jīhuì. ▹ *Meadows stood up and offered her his chair.* 梅多斯站起来把座位让给了她。Méiduōsī zhàn qǐlái bǎ zuòwèi ràng gěi le tā. **2** (*bid*) [+ *money*] 出价(價) chūjià ▹ *They offered Ramon 2,000 pesos an acre for his farm.* 他们向拉蒙出价一英亩2000比索来购买他的农场。Tāmen xiàng Lāméng chūjià yī yīngmǔ liǎng qiān bǐsuǒ lái gòumǎi tā de nóngchǎng. **3** (*provide*) [+ *service, product*] 提供 tígōng ▹ *We are successful because we offer a quality service.* 我们的成功在于我们提供优质的服务。Wǒmen de chénggōng zàiyú wǒmen tígōng yōuzhì de fúwù. **4** (*give*) [+ *advice, help, congratulations*] 提出 tíchū ▹ *Do you have any advice to offer parents?* 你有什么建议要向家长提吗？Nǐ yǒu shénme jiànyì yào xiàng jiāzhǎng tí ma? II N [c] **1** (*proposal*) 提议(議) tíyì [项 xiàng] ▹ *Anne would not accept Steele's offer.* 安妮将不会接受斯蒂尔的提议。Ānní jiāng bù huì jiēshòu Sīdì'ěr de tíyì. **2** (*special deal*) 特价(價) tèjià [个 gè] ▹ *today's special offer* 今天的特价商品 jīntiān de tèjià shāngpǐn **3** (*bid*) 报(報)价(價) bàojià ▸ **to make (sb) an offer (for sth)** (就某物)向(某人)报(報)价(價) (jiù mǒuwù)xiàng(mǒurén)bàojià ▹ *I'll make you one final offer.* 我将给你一个最终报价。wǒ jiāng gěi nǐ yī gè zuì zhōng bàojià. ▸ **to be on offer** (*Comm*) (*available*) 供出售的 gōng chūshòu de
off-grid ADJ 离网的 líwǎng de
off-hand [ɔf'hænd] I ADJ 随(隨)便的 suíbiàn de II ADV 当(當)下 dāngxià ▸ **I can't tell you** *or* **say off-hand** 我不能即刻告诉(訴)你 wǒ bùnéng jíkè gàosù nǐ
★ **office** ['ɔfɪs] N **1** [c] (*room*) 办(辦)公室 bàngōngshì [间 jiān] ▹ *He called me into his office.* 他把我叫进他的办公室。Tā bǎ wǒ jiào jìn tā de bàngōngshì. **2** [c] (*department*) 部门(門) bùmén [个 gè] **3** [c] (*US*) [*of doctor, dentist*] 诊(診)所 zhěnsuǒ [家 jiā] [英 = **surgery**] **4** [U] (*job, position*) 职(職)务(務) zhíwù ▸ **Office of Fair Trading** (*Brit*) 公平贸(貿)易部 gōngpíng màoyì bù ▸ **to be in** *or* **hold office** 担(擔)任要职(職) dānrèn yàozhí ▸ **to run for office** 竞(競)选(選)公职(職) jìngxuǎn gōngzhí ▸ **to take office** 就职(職) jiùzhí ▸ **through his good offices** (*frm*) 通过(過)他的斡旋 tōngguò tā de wòxuán
office block N [c] 办(辦)公大楼(樓) bàngōng dàlóu [座 zuò]
office building N [c] 办(辦)公大楼(樓) bàngōng dàlóu [栋 dòng]
office hours N PL **1** (*Comm*) 办(辦)公时(時)间(間) bàngōng shíjiān **2** (*US: Med*) 门(門)诊(診)时(時)间(間) ménzhěn shíjiān ▸ **during/outside office hours** 上班/下班时(時)间(間) shàngbān/xiàbān shíjiān
★ **officer** ['ɔfɪsə^r] N [c] **1** (*Mil*) 军(軍)官 jūnguān [位 wèi] **2** (*also:* **police officer**) 警官 jǐngguān [位 wèi] **3** (*official*) 官员(員) guānyuán
office worker N [c] 职(職)员(員) zhíyuán [个 gè]
★ **official** [ə'fɪʃl] I ADJ **1** (*approved*) 官方的 guānfāng de ▹ *the official unemployment figures* 官方的失业统计数据 guānfāng de shīyè tǒngjì shùjù **2** (*job-related*) [+ *residence, visit*] 公务(務)的 gōngwù de ▹ *the Irish President's official residence* 爱尔兰总统的官邸 Àiěrlán zǒngtǒng de guāndǐ ▹ *Tony Blair is currently on an official visit to Hungary.* 托尼・布莱尔正在对匈牙利进行正式访问。Tuōní Bùláiěr zhèngzài duì Xiōngyálì jìnxíng guóshì fǎngwèn. II N [c] (*in government, organization etc*) 官员(員) guānyuán [名 míng]
off-licence ['ɔflaɪsns] (*Brit*) N [c] (*shop*) 有卖(賣)酒许(許)可的店 yǒu màijiǔ xǔkě de diàn [家 jiā] [美 = **liquor store**]
offline, off-line [ɔf'laɪn] (*Comput*) I ADJ **1** 脱(脫)机(機)的 tuōjī de **2** (*switched off*) 关(關)机(機)的 guānjī de II ADV 脱(脫)机(機)地 tuōjī de
off-peak ['ɔf'pi:k] I ADJ [+ *heating, telephone calls, train, ticket*] 非高峰时(時)间(間)的 fēi gāofēng shíjiān de II ADV [*call, travel* +] 非高峰时(時)间(間)地 fēi gāofēng shíjiān de
off-putting ['ɔfputɪŋ] (*Brit*) ADJ 令人讨(討)厌(厭)的 lìng rén tǎoyàn de
off-season ['ɔf'si:zn] I N ▸ **the off season** 淡季 dànjì II ADJ [+ *holiday, booking, ticket*] 淡季的

dànjì de **III** ADV [*travel, book etc* +] 淡季地 dànjì de

offset ['ɔfsɛt] (*pt, pp* **offset**) VT (*counteract*) 抵销(銷) dǐxiāo

offshore [ɔf'ʃɔːʳ] **I** ADJ [+ *rig, wind, fishing*] 离(離)岸的 lí'àn de; [+ *company, bank, investment*] 海外的 hǎiwài de **II** ADV 近海地 jìnhǎi de

offside ['ɔf'saɪd] **I** ADJ **1** (*Aut*) (*right*) 右侧(側)的 yòucè de; (*left*) 左侧(側)的 zuǒcè de **2** (*Sport*) 越位的 yuèwèi de **II** ADV (*Sport*) 越位地 yuèwèi de **III** N ▸ **the offside** (*Aut*) (*right*) 右侧(側) yòucè; (*left*) 左侧(側) zuǒcè

offspring ['ɔfsprɪŋ] (*pl* **offspring**) (*frm*) N [c] 后(後)代 hòudài

★ **often** ['ɔfn] ADV **1** (*frequently*) 经(經)常 jīngcháng ▷ *She didn't write very often.* 她不经常写信。Tā bù jīngcháng xiě xìn. ▸ **how often do you wash the car?** 你多久洗一次车(車)? nǐ duō jiǔ xǐ yī cì chē? ▸ **I wash up twice as often as them** *or* **as they do** 我洗碗的次数(數)是他们(們)的两(兩)倍 wǒ xǐwǎn de cìshù shì tāmen de liǎng bèi **2** ▸ **more often than not** *or* **as often as not** 往往 wǎngwǎng ▸ **every so often** 时(時)常 shícháng ▸ **it's not often that...** 并(並)不经(經)常… bìng bù jīngcháng...

> 不能用 **often** 来表示在短期内发生了几次的事情。例如，不能说 *I often phoned her yesterday*，而是说 *I phoned her several times yesterday* 或 *I kept phoning her yesterday*。

oh [əu] INT **1** (*beginning reply*) 哦 ò **2** (*expressing feelings*) 啊 à

OHP N ABBR (= **overhead projector**) 高架投影仪(儀) gāojià tóuyǐngyí

★ **oil** [ɔɪl] **I** N [c/u] 油 yóu [桶 tǒng] **II** VT [+ *engine, machine*] 给(給)…加油 gěi...jiāyóu; [+ *wood, skin*] 给(給)…涂(塗)油 gěi...túyóu

oil filter (*Aut*) N [c] 滤(濾)油器 lǜyóuqì [个 gè]

oil painting N [c] (*picture*) 油画(畫) yóuhuà [幅 fú]

oil refinery N [c] 炼(煉)油厂(廠) liànyóuchǎng [家 jiā]

oil rig N [c] (*on land*) 石油钻(鑽)塔 shíyóu zuàntǎ [个 gè]; (*at sea*) 钻(鑽)井平台(臺) zuànjǐng píngtái [个 gè]

oil slick N [c] 浮油 fúyóu [层 céng]

oil tanker N [c] (*ship*) 油轮(輪) yóulún [艘 sōu]

oil well N [c] 油井 yóujǐng [个 gè]

oily ['ɔɪlɪ] ADJ **1** [+ *rag, substance*] 多油的 duōyóu de **2** [+ *food*] 油腻(膩)的 yóunì de

ointment ['ɔɪntmənt] N [c] 油膏 yóugāo [管 guǎn]

OK [əu'keɪ] = **okay**

okay [əu'keɪ] (*inf*) **I** ADJ **1** (*acceptable*) 可以的 kěyǐ de **2** (*safe and well*) 好的 hǎo de **II** ADV (*acceptably*) 不错(錯) bùcuò **III** INT **1** (*expressing agreement*) 行 xíng **2** (*in questions*) 好吗(嗎) hǎo ma **3** (*granted*) 好吧 hǎo ba **IV** VT (*approve*) 批准 pīzhǔn **V** N ▸ **to give sb/sth the okay** 同意某人/某事 tóngyì mǒurén/mǒushì ▸ **are you okay?** 你还(還)好吗(嗎)? nǐ hái hǎo ma? ▸ **are you okay for money?** 你钱(錢)够(夠)用吗(嗎)? nǐ qián gòu yòng ma? ▸ **it's okay with** *or* **by me** 这(這)对(對)我没(沒)问(問)题(題) zhè duì wǒ méi wèntí

★ **old** [əuld] ADJ **1** (*aged*) [+ *person*] 年老的 niánlǎo de ▷ *an old lady* 一位年老的女士 yī wèi niánlǎo de nǚshì **2** (*talking about age*) 岁(歲)数(數)的 suìshù de ▷ *He wasn't old enough to understand.* 他还没到能明白的岁数。Tā hái méi dào néng míngbai de suìshù. **3** (*not new, not recent*) 古老的 gǔlǎo de ▷ *an old proverb* 古老的谚语 gǔlǎo de yànyǔ **4** (*worn out*) 破旧(舊)的 pòjiù de ▷ *an old toothbrush lying on the window sill* 窗台上有一把破牙刷 chuāngtái shàng yǒu yī bǎ pò yáshuā **5** (*former*) 以前的 yǐqián de ▷ *his old job at the town hall* 他以前在市政厅的工作 tā yǐqián zài shìzhèngtīng de gōngzuò **6** (*long-standing*) [+ *friend, enemy, rival*] 老的 lǎo de ▷ *Pete's an old friend of mine.* 彼得是我的一个老朋友。Bǐdé shì wǒ de yī gè lǎo péngyou. ▸ **how old are you?** 你多大了? nǐ duō dà le? ▸ **he's 10 years old** 他10岁(歲)了 tā shísuì le ▸ **older brother/sister** 哥哥/姐姐 gēge/jiějie ▸ **any old thing** (*inf*) 随(隨)便什么(麼)东(東)西 suíbiàn shénme dōngxi

old age N [u] **1** (*state*) 老年 lǎonián **2** (*time of life*) 晚年 wǎnnián

old age pension (*Brit*) N [c] (*state pension*) 退休金 tuìxiūjīn [笔 bǐ] [美 = **social security benefit, social security payment**]

old age pensioner (*Brit*) N [c] (*senior citizen*) 拿退休金的人 ná tuìxiūjīn de rén [位 wèi] [美 = **senior citizen, retiree**]

old-fashioned ['əuld'fæʃnd] ADJ [+ *object, custom, idea*] 老式的 lǎoshì de; [+ *person*] 守旧(舊)的 shǒujiù de

old people's home (*esp Brit*) N [c] 养(養)老院 yǎnglǎoyuàn [家 jiā]

olive ['ɔlɪv] **I** N [c] **1** (*fruit*) 橄榄(欖) gǎnlǎn [棵 kē] **2** (*also:* **olive tree**) 橄榄(欖)树(樹) gǎnlǎnshù **II** ADJ (*also:* **olive-green**) 橄榄(欖)绿(綠)的 gǎnlǎnlǜ de ▸ **to offer an olive branch to sb** 向某人提出和解的建议(議) xiàng mǒurén tíchū héjiě de jiànyì

olive oil N [u] 橄榄(欖)油 gǎnlǎnyóu

Olympic [əu'lɪmpɪk] **I** ADJ 奥(奧)林匹克的 Àolínpǐkè de **II the Olympics** N PL 奥(奧)林匹克运(運)动(動)会(會) Àolínpǐkè Yùndònghuì

Olympic Games N PL 奥(奧)林匹克运(運)动(動)会(會) Àolínpǐkè Yùndònghuì

Oman [əu'mɑːn] N [c] 阿曼 Āmàn

omelette, (*US*) **omelet** ['ɔmlɪt] N [c] 煎蛋饼(餅) jiāndànbǐng [个 gè] ▸ **ham/cheese omelet(te)** 火腿/奶酪煎蛋饼(餅) huǒtuǐ/nǎilào jiān dàn bǐng

omen ['əumən] N [c] (*sign*) 预(預)兆 yùzhào [个 gè] ▸ **a good/bad omen** 一

个(個)好的/坏(壞)的预(預)兆 yī gè hǎo de/huài de yùzhào

ominous ['ɔmɪnəs] ADJ [+ *sign, event, silence, warning*] 不祥的 bùxiáng de; [+ *clouds, smoke*] 预(預)示的 yùshì de

omit [əu'mɪt] (*frm*) VT 删(刪)去 shānqù ▸ **to omit to do sth** 忽略做某事 hūlüè zuò mǒushì

KEYWORD

★ **on** [ɔn] I PREP **1** (*indicating position*) 在…上 zài...shang ▸ **it's on the table/wall** 它在桌上/墙(牆)上 tā zài zhuōshàng/qiángshàng ▸ **he put the book on the shelf** 他把书(書)放到架子上 tā bǎ shū fàng dào jiàzi shàng ▸ **the house is on the main road** 房子在主路旁 fángzi zài zhǔlù páng ▸ **to live on a farm/an island** 住在一个(個)农(農)场(場)里(裡)/岛(島)上 zhù zài yī gè nóngchǎng lǐ/dǎo shàng ▸ **on the left/right** 在左边(邊)/右边(邊) zài zuǒbiān/yòubiān ▸ **on the top floor** 在顶(頂)楼(樓) zài dǐnglóu ▸ **she was lying on her back/stomach** 她仰面躺着(著)/俯卧(臥)着(著) tā yǎngmiàn tǎngzhe/fǔwòzhe
2 (*indicating means, method, condition etc*) ▸ **on foot** 步行 bùxíng ▸ **on the train/bus** [*be, sit* +] 在火车(車)/公共汽车(車)上 zài huǒchē/gōnggòng qìchē shàng; [*travel, go* +] 乘坐 chéngzuò ▸ **on the television/radio** 在电(電)视(視)上/广(廣)播中 zài diànshì shàng/guǎngbō zhōng ▸ **she's on the telephone** (*engaged*) 她正在打电(電)话(話) tā zhèngzài dǎ diànhuà ▸ **on the Internet** 在因特网(網)上 zài Yīntèwǎng shàng ▸ **to be on antibiotics** 定期服用抗生素 dìngqī fúyòng kàngshēngsù ▸ **to be away on business** 出差 chūchāi
3 (*referring to time*) 在 zài ▸ **on Friday** 在星期五 zài xīngqīwǔ ▸ **on Fridays** 在每个(個)星期五 zài měigè xīngqīwǔ ▸ **on June 20th** 在6月20日 zài liù yuè èrshí rì ▸ **on Friday, June 20th** 在6月20日，星期五 zài liù yuè èrshí rì, xīngqīwǔ ▸ **on Christmas Day** 在圣(聖)诞(誕)日 zài Shèngdàn Rì ▸ **a week on Friday** 下个(個)星期五 xià gè xīngqī wǔ ▸ **on arrival** 到了后(後) dàole hòu ▸ **on seeing this** 看到这(這)个(個)以后(後) kàndào zhège yǐhòu
4 (*about, concerning*) 关(關)于(於) guānyú ▸ **information on train services** 火车(車)服务(務)信息 huǒchē fúwù xìnxī
II ADV **1** (*clothes*) ▸ **to have one's coat on** 穿着(著)外套 chuānzhe wàitào ▸ **what's she got on?** 她穿着(著)什么(麼)？ tā chuānzhe shénme?
2 (*covering, lid etc*) ▸ **screw the lid on tightly** 把盖(蓋)子旋紧(緊) bǎ gàizi xuánjǐn
3 (*onwards, further*) ▸ **to walk/read on** 继(繼)续(續)走/读(讀) jìxù zǒu/dú ▸ **from now/that day on** 从(從)此/那一天以后(後) cóngcǐ/nà yī tiān yǐhòu ▸ **on and on** 不停地 bùtíng de
III ADJ **1** (*turned on*) [+ *machine, light, engine, tap*] 打开(開)的 dǎkāi de
2 (*happening*) ▸ **is the meeting still on?** 会(會)议(議)还(還)在进(進)行吗(嗎)？ huìyì háizài jìnxíng ma? ▸ **there's a good film on at the cinema** 电(電)影院正在上映一部好电(電)影 diànyǐngyuàn zhèngzài shàngyìng yībù hǎo diànyǐng ▸ **the weather forecast will be on in a minute** 马(馬)上就有天气(氣)预(預)报(報) mǎshàng jiù yǒu tiānqì yùbào
3 (*inf*) ▸ **that's not on!** 那可不行！ nà kě bùxíng!

★ **once** [wʌns] I ADV **1** (*one time only*) 一次 yīcì
2 (*at one time*) 曾经(經) céngjīng ▷ *Texas was once ruled by Mexico.* 德克萨斯州曾经受墨西哥管辖。Dékèsàsī zhōu céngjīng shòu Mòxīgē guǎnxiá. **3** (*on one occasion*) 有一次 yǒu yī cì ▷ *I went to Portugal once.* 我去过一次葡萄牙。Wǒ qùguò yī cì Pútáoyá. II CONJ (*as soon as*) 一旦 yīdàn ▸ **at once** (*immediately*) 立刻 lìkè; (*simultaneously*) 同时(時) tóngshí ▸ **once a** *or* **every month** 每月一次 měi yuè yī cì ▸ **once more** *or* **again** 再一次 zài yī cì ▸ **once and for all** 一劳(勞)永逸地 yī láo yǒng yì de ▸ **once upon a time** (*in stories*) 很久以前 hěnjiǔ yǐqián; (*in the past*) 从(從)前 cóngqián ▸ **once in a while** 偶尔(爾) ǒu'ěr ▸ **all at once** (*suddenly*) 突然 tūrán ▸ **for once** 就这(這)一次 jiù zhè yī cì ▸ **just this once** (*inf*) 就这(這)一次 jiù zhè yī cì ▸ **once or twice** (*a few times*) 一两(兩)次 yī liǎng cì

oncoming ['ɔnkʌmɪŋ] ADJ (*approaching*) [+ *traffic, car*] 迎面而来(來)的 yíngmiàn ér lái de

KEYWORD

one [wʌn] I ADJ **1** (*number*) 一 yī ▸ **he's one year old** 他1岁(歲) tā yīsuì ▸ **it's one o'clock** 现(現)在1点(點) xiànzài yīdiǎn ▸ **one hundred/thousand children** 100/1000个(個)孩子 yībǎi/yīqiān gè háizi ▸ **one hundred and fifty** 150 yī bǎi wǔ ▸ **we'll go there one day** 总(總)有一天我们(們)会(會)去那儿(兒)的 zǒng yǒu yī tiān wǒmen huì qù nàr de ▸ **there will be one or two changes** 会(會)有一两(兩)个(個)改动(動) huì yǒu yīliǎng gè gǎidòng ▸ **one thing I don't understand is why...** 我不明白的一件事是为(為)什么(麼)… wǒ bù míngbai de yī jiàn shì shì wèishénme...
2 (*sole*) 唯一的 wéiyī de ▸ **my one hope is that...** 我唯一的希望是… wǒ wéiyī de xīwàng shì...
3 (*instead of "a"*) 一个(個) yīgè
4 (*same*) 同一的 tóngyī de ▸ **shall I put it all on the one plate?** 要我把它都放在同一个(個)盘(盤)子里(裡)吗(嗎)？ yào wǒ bǎ tā dōu fàngzài tóngyīgè pánzi lǐ ma?
II PRON **1** (*number*) 一 yī ▸ **I've already got one**

我已经(經)有一个(個)了 wǒ yǐjīng yǒu yīgè le ▸ **one of them/of the boys** 他们(們)中的一个(個)/男孩中的一个(個) tāmen zhōng de yīgè/nánhái zhōng de yīgè ▸ **it's one of the biggest airports in the world** 这(這)是世界上最大的飞(飛)机(機)场(場)之一 zhè shì shìjiè shàng zuì dà de fēijīchǎng zhī yī ▸ **two coffees, not one** 两(兩)杯咖啡，而不是一杯 liǎng bēi kāfēi, ér bù shì yī bēi ▸ **one by one** 一个(個)一个(個)地 yīgè yīgè de ▸ **all in one** 合为(為)一体(體)的 hé wéi yī tǐ de
2 (*with adj*) 一个(個) yīgè ▸ **I've already got a red one** 我已经(經)有一个(個)红(紅)的了 wǒ yǐjīng yǒu yīgè hóng de le ▸ **you are the only one who can do it** 你是唯一可以做这(這)事的人 nǐ shì wéiyī kěyǐ zuò zhè shì de rén
3 (*in generalizations*) 人人 rénrén ▸ **what can one do?** 一个(個)人能做什么(麼)呢？ yī gè rén néng zuò shénme ne? ▸ **one's** (*possessive*) 本人的 běnrén de ▸ **to cut one's finger/hair** 割破手指/剪头(頭)发(髮) gēpò shǒuzhǐ/jiǎn tóufa ▸ **this one** 这(這)个(個) zhège ▸ **that one** 那个(個) nàge ▸ **one another** (*us*) 相互 xiānghù; (*you, them*) 彼此 bǐcǐ ▸ **one never knows** 没(沒)有人会(會)知道 méiyǒu rén huì zhīdào ▸ **to be at one (with sb)** (与(與)某人)一致 (yǔ mǒurén) yīzhì ▸ **to be/get one up on sb** 胜(勝)某人一筹(籌) shèng mǒurén yī chóu
III N (*numeral*) 一 yī

one-off [wʌn'ɔf] (*esp Brit*) **I** ADJ 一次性的 yīcìxìng de **II** N [c] (*inf*) 一次性事件 yīcìxìng shìjiàn

KEYWORD

oneself PRON 自己 zìjǐ ▹ *It's important to give oneself time to think.* 给自己一些时间思考是很重要的。Gěi zìjǐ yīxiē shíjiān sīkǎo shì hěn zhòngyào de. ▸ **to hurt oneself** 伤(傷)了自己 shāngle zìjǐ ▸ **to keep sth for oneself** 把某物留给(給)自己 bǎ mǒuwù liú gěi zìjǐ ▸ **to talk to oneself** 自言自语(語) zì yán zì yǔ ▸ **by oneself** (*unaided*) 独(獨)力地 dúlì de ▹ *One should learn to deal with one's problems by oneself.* 每个人应该学会自己独立解决问题。Měi gè rén yīnggāi xué huì zìjǐ dúlì jiějué wèntí.; (*alone*) 独(獨)自 dúzì ▹ *Living by oneself is very lonely.* 独自一个人生活很孤单。Dúzì yī gè rén shēnghuó hěn gūdān.

one-sided [wʌn'saɪdɪd] ADJ **1** (*unequal*) [+ *contest, relationship*] 一边(邊)倒的 yībiāndǎo de **2** (*biased*) 片面的 piànmiàn de

one-to-one ['wʌntəwʌn] **I** ADJ [+ *relationship, tuition*] 一对(對)一的 yīduìyī de **II** ADV [+ *talk, deal with*] 一对(對)一地 yīduìyī de

one-way ['wʌnweɪ] ADJ **1** [+ *street, traffic*] 单(單)行的 dānxíng de **2** [+ *ticket, trip*] 单(單)程的 dānchéng de

ongoing ['ɔngəuɪŋ] ADJ [+ *project, situation etc*] 持续(續)的 chíxù de

onion ['ʌnjən] **I** N [c] 洋葱(蔥) yángcōng [个 gè] **II** CPD [+ *soup*] 洋葱(蔥) yángcōng ▸ **to know one's onions** (*inf*) 精明干(幹)练(練) jīngmíng gànliàn

online, on-line ['ɔnlaɪn] (*Comput*) **I** ADJ **1** (*connected to the Internet*) [+ *person, computer*] 在线(線)的 zàixiàn de **2** (*available on the Internet*) [+ *service*] 在线(線)的 zàixiàn de **II** ADV (*on the Internet*) 网(網)上 wǎngshang ▸ **to go online** (*connect to the Internet*) [*person +*] 上网(網) shàngwǎng; (*become available on the Internet*) [*person, organization +*] 在线(線) zàixiàn

onlooker ['ɔnlukə^r] N [c] 旁观(觀)者 pángguānzhě [名 míng]

★ **only** ['əunlɪ] **I** ADV **1** (*emphasizing one thing*) 仅(僅)仅(僅) jǐnjǐn ▹ *I'm only interested in finding out the facts.* 我仅仅对找出事实真相有兴趣。Wǒ jǐnjǐn duì zhǎochū shìshí zhēnxiàng yǒu xìngqù. ▹ *The video is to be used for teaching purposes only.* 该录像仅供教学使用。Gāi lùxiàng jǐn gōng jiàoxué shǐyòng.
2 (*emphasizing sth must happen*) 只有 zhǐyǒu ▹ *The lawyer is paid only if he wins.* 律师只有赢了官司才能拿钱。Lǜshī zhǐyǒu yíngle guānsi cái néng ná qián. **3** (*emphasizing insignificance*) 只 zhǐ **II** ADJ (*sole*) 唯一的 wéiyī de ▹ *He was the only survivor.* 他是唯一的幸存者。Tā shì wéiyī de xìngcúnzhě. **III** CONJ (*but*) 可是 kěshì ▸ **I was only joking** 我只是在开(開)玩笑。wǒ zhǐshì zài kāi wánxiào ▸ **I saw her only last week** 我上周(週)才见(見)了她 wǒ shàngzhōu cái jiànle tā ▸ **I'd be only too pleased** *or* **happy to help** 我非常乐(樂)意来(來)帮(幫)忙 wǒ fēicháng lèyì lái bāngmáng ▸ **I know only too well...** 我太了解… wǒ tài liǎojiě ... ▸ **it's only fair/natural** 这(這)很公平/自然 zhè hěn gōngpíng/zìrán ▸ **we asked for her autograph only to be ignored** 我们(們)要她的签(簽)名却(卻)被置之不理 wǒmen yào tā de qiānmíng què bèi zhì zhī bù lǐ ▸ **only just** (*recently*) 刚(剛)刚(剛) gānggāng ▹ *I've only just arrived* 我刚刚才到 wǒ gānggāng cái dào; (*barely*) 勉强(強) miǎnqiǎng ▹ *Farmers have only just managed to survive* 农民们只是勉强维持生计 nóngmínmen zhǐshì miǎnqiǎng wéichí shēngjì ▸ **not only... but (also)...** 不但…而且… bùdàn...érqiě... ▹ *Chimps not only use tools but make them.* 黑猩猩不但使用而且制造工具。Hēixīngxing bùdàn shǐyòng érqiě zhìzào gōngjù. ▸ **the only one** (*person*) 唯一 wéiyī; (*thing*) 唯一 wéiyī ▸ **an only child** 独(獨)生子女 dúshēng zǐnǚ

o.n.o. (*Brit*) ABBR (= **or nearest offer**) 或依买(買)方接近售价(價)的出价(價) huò yī mǎifāng jiējìn shòujià de chūjià

on-screen, onscreen ['ɔnskri:n] **I** ADJ **1** *(Comput)* 在屏幕上的 zài píngmù shàng de **2** *(TV, Cine)* 银(銀)屏上的 yínpíng shang de **3** *(TV, Cine)* 银(銀)幕的 yínmù de **II** ADV **1** *(Comput)* 在屏幕上 zài píngmù shang **2** *(TV, Cine)* 银(銀)幕上 yínmù shang

onset ['ɔnsɛt] N [s] *[of war, winter, illness]* 开(開)始 kāishǐ

onstage [ɔn'steɪdʒ] ADV *[appear, walk +]* 舞台(臺)上 wǔtái shang

onto, on to ['ɔntu] PREP 到…上 dào…shàng ▶ **to get onto sth** *[+ bus, train, plane]* 上某交通工具 shàng mǒu jiāotōng gōngjù; *[+ subject, matter]* 开(開)始谈(談)论(論)某事 kāishǐ tánlùn mǒushì ▶ **to hold/hang/cling onto sth** 紧(緊)紧(緊)抓/握/揪住某物 jǐnjǐn zhuā/wò/jiūzhù mǒuwù ▶ **to be onto something** *(inf)* 将(將)要揭示某事 jiāng yào jiēshì mǒushì ▶ **to be onto sb** *(inf)* 追究某人 zhuījiū mǒurén

onward ['ɔnwəd] **I** ADJ **1** *[+ journey, flight]* 延续(續)的 yánxù de **2** *[+ progress]* 前进(進)的 qiánjìn de **II** ADV = **onwards**

onwards ['ɔnwədz] ADV **1** *(on journey, walk etc)* *[continue, go +]* 向前地 xiàngqián de **2** *(in development)* *[move, progress +]* 前进(進)地 qiánjìn de ▶ **from that time onwards** 从(從)那一时(時)刻起 cóng nà yī shíkè qǐ

oops [ups] *(inf)* INT 哎呀 āiya

ooze [u:z] **I** VI *[mud, water, slime +]* 渗(滲)出 shènchū **II** VT **1** *[+ pus, blood etc]* 渗(滲)出 shènchū **2** *[person +]* *[+ confidence, sex appeal]* 散发(發)出 sànfā chū

op [ɔp] *(inf)* N [c] **1** *(esp Brit: Med)* 手术(術) shǒushù [次 cì] **2** *(Mil)* 行动(動) xíngdòng [次 cì] **3** *(opportunity)* 机(機)会(會) jīhuì [个 gè] ▶ **photo op** 拍照机(機)会(會) pāizhào jīhuì

opaque [əu'peɪk] ADJ **1** *[+ substance, glass, window]* 不透明的 bù tòumíng de **2** *[+ comment, language]* 晦涩(澀)的 huìsè de

OPEC ['əupɛk] N ABBR (= **Organization of Petroleum-Exporting Countries**) 石油输(輸)出国(國)组(組)织(織) Shíyóu Shūchūguó Zǔzhī

★ **open** ['əupn] **I** ADJ **1** *(unfastened, unsealed)* *[+ door, window]* 开(開)着(著)的 kāizhe de ▷ *He climbed through the open window.* 他从开着的窗户中爬了进来。Tā cóng kāizhe de chuānghù zhōng pále jìnlái.; *[+ container]* 打开(開)的 dǎkāi de ▷ *an open packet of cigarettes* 一包打开的香烟 yī bāo dǎkāi de xiāngyān; *[+ mouth, eyes]* 张(張)着(著)的 zhāngzhe de ▷ *Angelica looked at me with her mouth open.* 安吉莉卡张着嘴看着我。Ānjílìkǎ zhāngzhe zuǐ kànzhe wǒ. **2** *(accessible to the public)* *[+ shop]* 营(營)业(業)的 yíngyè de ▷ *The bank won't be open for another half-hour.* 这家银行再过半个小时就不营业了。Zhè jiā yínháng zài guò bàn gè xiǎoshí jiù bù yíngyè le. **3** *[+ countryside, road]* 开(開)阔(闊)的 kāikuò de ▷ *The road stretched across open country.* 道路穿过开阔地带向前延伸。Dàolù chuān guò kāikuò dìdài xiàng qián yánshēn. **4** *(frank)* *[+ nature, character]* 坦率的 tǎnshuài de ▷ *Judy had an open and trusting nature.* 朱迪天性坦率，易信赖他人。Zhūdí tiānxìng tǎnshuài, yì xìnlài tārén. **5** *(not reserved)* *[+ ticket, return]* 日期待定的 rìqī dàidìng de ▷ *I can stay as long as I want, I've got an open ticket.* 我想呆多久就呆，我买了张日期待定的票。Wǒ xiǎng dāi duō jiǔ jiù dāi, wǒ mǎile zhāng rìqī dāidìng de piào. **6** *(available)* *[+ offer, vacancy]* 可得到的 kě dédào de ▷ *We should use all the opportunities open to us.* 我们应该利用一切可得到的机会。Wǒmen yīnggāi lìyòng yīqiè kě dédào de jīhuì. ▷ *I'm afraid the vacancy is no longer open.* 我恐怕这个职位空缺没了。Wǒ kǒngpà zhège zhíwèi kòngquē méi le. **II** VT **1** *(unfasten, unseal)* *[+ container]* 打开(開) dǎkāi ▷ *I opened a can of beans.* 我打开了一罐豆子。Wǒ dǎkāile yī guàn dòuzi.; *[+ door, lid]* 开(開) kāi ▷ *She opened the door with her key.* 她用钥匙开了门。Tā yòng yàoshi kāile mén.; *[+ letter]* 拆开(開) chāikāi ▷ *I'll open the mail after breakfast.* 我会在早饭后拆开信件。Wǒ huì zài zǎofàn hòu chāikāi xìnjiàn.; *[+ book, hand, mouth, eyes]* 开(開) kāi ▷ *He opened the heavy Bible.* 他翻开厚重的圣经。Tā fānkāi hòuzhòng de Shèngjīng. ▷ *He opened his mouth and yawned.* 他张开嘴打了个哈欠。Tā zhāngkāi zuǐ dǎle gè hāqian. ▷ *She opened her eyes and looked around.* 她睁开眼睛向四周望了望。Tā zhēngkāi yǎnjīng xiàng sìzhōu wàngle wàng. **2** *(launch, declare operational)* 宣布营(營)业(業) xuānbù yíngyè ▷ *The leisure centre was opened by the Queen in 1976.* 这个休闲中心是在1976年由女王宣布开业的。Zhège xiūxián zhōngxīn shì zài yī jiǔ qī liù nián yóu nǚwáng xuānbù kāiyè de. **III** VI **1** *(come unfastened or unsealed)* *[door, lid +]* 开(開) kāi ▷ *The door opened and a tall man entered the room.* 门开了，一个高个子男人走进了房间。Mén kāi le, yī gè gāo gèzi nánrén zǒujìnle fángjiān.; *[+ container]* 开(開) kāi ▷ *The box opened and the books fell out.* 盒子开了，里面的书掉了出来。Hézi kāi le, lǐmiàn de shū diàole chūlai. **2** *[book, hand, mouth, eye, flower +]* 张(張)开(開) zhāngkāi ▷ *The officer's mouth opened in astonishment.* 这个官员吃惊地张大了嘴。Zhège guānyuán chījīng de zhāngdàle zuǐ. ▷ *Her eyes opened and she woke up.* 她的眼睛睁开了，她醒过来了。Tā de yǎnjīng zhēngkāi le, tā xǐng guòlái le. **3** *[public building +]* *(each day)* 开(開)门(門) kāimén ▷ *He was waiting for the bar to open.* 他等着酒吧开门。Tā děngzhe jiǔbā kāimén.; *(for first time)* 开(開)始营(營)运(運) kāishǐ yíngyùn ▷ *The original railway station opened in 1854.* 最早的火车站于1854年开始营运。Zuì zǎo de huǒchēzhàn yú yī bā wǔ sì nián kāishǐ yíngyùn. **4** (*have first night*) [*film, play* +] 首演 shǒuyǎn ▷ *The new Spielberg film has opened in New York.* 斯皮尔伯格的新电影已在纽约首映。Sīpí'ěrbógé de xīn diànyǐng yǐ zài Niǔyuē shǒuyìng. **IV** N ▶ **(out) in the open** (*not secret*) 公开(開) gōngkāi ▶ **an open question** 容许(許)争(爭)论(論)的问(問)题(題) róngxǔ zhēnglùn de wèntí ▶ **an open secret** 公开(開)的秘(祕)密 gōngkāi de mìmì ▶ **an open fire** 未封上的炉(爐)火 wèi fēng shàng de lúhuǒ ▶ **in the open (air)** 在户(戶)外 zài hùwài ▶ **the open sea/ocean** 远(遠)海/洋 yuǎnhǎi/yáng ▶ **to open one's mouth** (*speak*) 张(張)口说(說)话(話) zhāng kǒu shuōhuà ▶ **to be open to** [+ *suggestions, ideas*] 乐(樂)意接受 lèyì jiēshòu; [+ *criticism, abuse*] 容易受到 róngyì shòudào ▶ **open to the public seven days a week** 一周(週)向公众(眾)开(開)放7天 yī zhōu xiàng gōngzhòng kāifàng qī tiān ▶ **to open an account** 开(開)立账(賬)户(戶) kāilì zhànghù

▶**open onto** VT FUS [*room, door* +] 通向 tōngxiàng

▶**open up** **I** VT **1** [+ *country, market, opportunities*] 开(開)放 kāifàng ▷ *If the agreement is to succeed, the EU must open up its markets.* 如能达成协议，欧盟必须开放其市场。Rú néng dáchéng xiéyì, Ōuméng bìxū kāifàng qí shìchǎng. **2** (*unlock*) 打开(開) dǎkāi **II** VI **1** (*unlock*) 开(開)门(門) kāimén ▷ *Open up! It's freezing out here.* 开门！外面很冷。Kāi mén! Wàimiàn hěn lěng. **2** (*confide*) 倾(傾)诉(訴) qīngsù ▷ *She was disappointed that he hadn't opened up more.* 他未能倾诉更多的情况，为此她很失望。Tā wèi néng qīngsù gèng duō de qíngkuàng, wèicǐ tā hěn shīwàng. **3** [*country, market, opportunities* +] 展现(現) zhǎnxiàn ▷ *New opportunities are opening up for investors who want...* 新的机会正展现给那些想…的投资者们。Xīn de jīhuì zhèng zhǎnxiàn gěi nàxiē xiǎng ... de tóuzīzhěmen.

open-air [əupn'ɛəʳ] ADJ [+ *concert, swimming pool*] 户(戶)外的 hùwài de

opener ['əupnəʳ] N [c] **1** (*also*: **tin opener, can opener**) 开(開)启(啟)工具 kāiqǐ gōngjù **2** (*also*: **bottle opener**) 开(開)瓶器 kāipíng qì [个 gè]

opening ['əupnɪŋ] **I** ADJ (*initial*) [+ *remarks, stages, scene*] 开(開)始的 kāishǐ de **II** N [c] **1** (*gap, hole*) 开(開)口 kāikǒu **2** (*beginning*) [*of play, book etc*] 开(開)头(頭) kāitóu **3** (*ceremony*) [*of building, bridge etc*] 开(開)放 kāifàng **4** (*opportunity*) 机(機)会(會) jīhuì [个 gè] **5** (*job*) 空缺 kòngquē [个 gè]

opening hours N PL 营(營)业时(時)间(間) yíngyè shíjiān

openly ['əupnlɪ] ADV [*speak, cry* +] 公开(開)地 gōngkāi de ▶ **to be openly gay** 公开(開)同性恋(戀) gōngkāi tóngxìngliàn

open-minded [əupn'maɪndɪd] ADJ 开(開)明的 kāimíng de

open-necked ['əupnnɛkt] ADJ [+ *shirt*] 开(開)领(領)的 kāilǐng de

openness ['əupnnɪs] N [U] **1** (*frankness*) 坦率 tǎnshuài **2** (*receptiveness*) 开(開)放 kāifàng

open-plan ['əupn'plæn] ADJ [+ *office*] 开(開)敞式布(佈)置 kāichǎngshì bùzhì

Open University (*Brit*) N ▶ **the Open University** 开(開)放大学(學) Kāifàng Dàxué

OPEN UNIVERSITY

英国 **Open University** 的学生在家里完成大部分的学业，通过广播和电视节目接受函授辅导，通过邮件收到作业。他们可以不时地在普通大学中和辅导老师见面，也可以参加夏季学校。**Open University** 又称为 **OU**，可以使不具备正式资格或无法参加传统课程的人们获得学位。许多成年人报名入学。

opera ['ɔpərə] N **1** [c] (*individual work*) 歌剧(劇) gējù [部 bù] **2** [U] (*art form*) 歌剧(劇) gējù

opera house N [c] 歌剧(劇)院 gējùyuàn [家 jiā]

opera singer N [c] 歌剧(劇)演唱者 gējù yǎnchàngzhě [名 míng]

★ **operate** ['ɔpəreɪt] **I** VT (*work*) [+ *machine, vehicle, system*] 操作 cāozuò; [+ *company, organization*] 经(經)营(營) jīngyíng **II** VI **1** (*work*) [*machine, vehicle, system* +] 工作 gōngzuò ▷ *Calculators and computers operate on the same principle.* 计算器和计算机是按同样的原理工作的。Jìsuànqì hé jìsuànjī shì àn tóngyàng de yuánlǐ gōngzuò de.; [*company, organization* +] 运(運)作 yùnzuò ▷ *the multinational companies which operate in their country* 在他们国家做生意的跨国公司 zài tāmen guójiā zuò shēngyi de kuàguó gōngsī; [*laws, forces* +] 生效 shēngxiào ▷ *Laws of the same kind operate in nature.* 同样的法则也在自然界起作用。Tóngyàng de fǎzé yě zài zìránjiè qǐ zuòyòng. **2** (*Med*) 动(動)手术(術) dòngshǒushù ▷ *They operated but it was too late.* 他们动了手术，但已经太迟了。Tāmen dòngle shǒushù, dàn yǐjīng tài chí le. ▶ **to operate on sb** (*Med*) 给(給)某人动(動)手术(術) gěi mǒurén dòng shǒushù

operating room ['ɔpəreɪtɪŋ-] (*US: Med*) N [c] 手术(術)室 shǒushùshì [间 jiān]

operating system (*Comput*) N [c] 操作系统(統) cāozuò xìtǒng

operating table (*Med*) N [c] 手术(術)台(臺) shǒushùtái [张 zhāng] ▶ **to be on the operating table** 在手术(術)台(臺)上 zài shǒushùtái shàng

operating theatre (*Brit: Med*) N [c] 手术(術)室 shǒushùshì [间 jiān] [美 = **operating room**]

★ **operation** [ɔpə'reɪʃən] N **1** [c] (*procedure*)

实(實)施步骤(驟) shíshī bùzhòu [个 gè] ▷ *the risks at each stage of the operation* 各个实施步骤的风险 gègè shíshī bùzhòu de fēngxiǎn **2** [c] (*Mil*) 行动(動) xíngdòng [次 cì] ▷ *the most successful customs operation of the year* 本年度最成功的海关行动 běn niándù zuì chénggōng de hǎiguān xíngdòng **3** [c] (*Med*) 手术(術) shǒushù [次 cì] ▷ *a major heart operation* 一次大的心脏手术 yī cì dà de xīnzàng shǒushù **4** [u] (*use*) [*of machine, vehicle etc*] 操作 cāozuò ▷ *a guide to the operation of the machine* 机器操作指南 jīqì cāozuò zhǐnán **5** [c] (*Comm*) (*business*) 企业 qǐyè [家 jiā] ▷ *The two groups now run their business as a single combined operation.* 两个集团现作为一个单一的联合企业经营业务。Liǎng gè jítuán xiàn zuòwéi yī gè dānyī de liánhé qǐyè jīngyíng yèwù. ▶ **to be in operation** [*law, scheme* +] 在实(實)施中 zài shíshī zhōng; [*machine, device* +] 运(運)转(轉)着(著) yùnzhuǎn zhe ▶ **to come into operation** 生效 shēngxiào ▶ **to bring** *or* **put sth into operation** 使某事开(開)始实(實)施 shǐ mǒushì kāishǐ shíshī ▶ **to have an operation** (*Med*) 接受手术(術) jiēshòu shǒushù ▶ **to perform** *or* **carry out an operation** (*Med*) 施行手术(術) shīxíng shǒushù ▷ *Dr Jones will perform the operation.* 琼斯医生将施行这次手术。Qióngsī yīshēng jiāng shīxíng zhè cì shǒushù.

operational [ɔpəˈreɪʃənl] ADJ [+ *machine, vehicle, system*] 可使用的 kě shǐyòng de

operative [ˈɔpərətɪv] **I** ADJ [+ *machine, measure, system*] 有效的 yǒuxiào de **II** N [c] **1** (*worker*) 工人 gōngrén [名 míng] **2** (*US*) (*government agent*) 特工 tègōng [名 míng] ▶ **the operative word** 关(關)键(鍵)词(詞) guānjiàn cí

operator [ˈɔpəreɪtəʳ] N [c] **1** (*Tel*) 接线(線)员(員) jiēxiànyuán [位 wèi] **2** [*of machine*] 操作员(員) cāozuòyuán **3** (*business*) 经(經)营(營)者 jīngyíngzhě

opinion [əˈpɪnjən] N **1** [c] (*individual view*) 观(觀)点(點) guāndiǎn [个 gè] **2** [u] (*collective view*) 见(見)解 jiànjiě ▶ **in my/her opinion** 按我的/她的意见(見) àn wǒ de/tā de yìjiàn ▶ **to have a good** *or* **high opinion of sb** 对(對)某人评(評)价(價)好或高 duì mǒurén píngjià hǎo*huò*gāo ▶ **to have a good** *or* **high opinion of o.s.** 自视(視)很好或很高 zìshì hěn hǎo*huò*hěn gāo ▶ **to be of the opinion that...** (*frm*) 认(認)为(為)··· rènwéi ...

opinionated [əˈpɪnjəneɪtɪd] ADJ 固执(執)己见(見)的 gùzhí jǐjiàn de

opinion poll N [c] 民意测(測)验(驗) mínyì cèyàn [次 cì]

opium [ˈəupɪəm] N [u] 鸦(鴉)片 yāpiàn

opponent [əˈpəunənt] N [c] **1** (*adversary*) (*in competition, fight, election*) 对(對)手 duìshǒu [个 gè] **2** (*enemy*) [*of government*] 政敌(敵) zhèngdí **3** [*of course of action*] 反对(對)者 fǎnduìzhě

opportunity [ɔpəˈtjuːnɪtɪ] N [c/u] 机(機)会(會) jīhuì [个 gè] ▶ **to take the opportunity of doing sth** *or* **to do sth** 趁机(機)会(會)做某事 chèn jīhuì zuò mǒushì ▶ **at the first opportunity** 一有机(機)会(會) yī yǒu jīhuì

oppose [əˈpəuz] VT [+ *person, idea*] 反对(對) fǎnduì ▶ **to be opposed to sth** 反对(對)某事 fǎnduì mǒushì ▶ **as opposed to** 而不是 ér bù shì

opposing [əˈpəuzɪŋ] ADJ **1** [+ *side, team*] 对(對)立的 duìlì de **2** [+ *ideas, tendencies*] 相反的 xiāngfǎn de

opposite [ˈɔpəzɪt] **I** ADJ **1** (*facing*) [+ *side, house*] 对(對)面的 duìmiàn de **2** (*farthest*) [+ *end, corner*] 最远(遠)的 zuìyuǎn de **3** (*contrary*) [+ *meaning, direction*] 相反的 xiāngfǎn de **II** ADV [*live, work, sit* +] 在对(對)面 zài duìmiàn **III** PREP **1** (*across from*) 在···的对(對)面 zài...de duìmiàn **2** (*corresponding to*) (*on list, form etc*) 对(對)应(應) duìyìng **IV** N ▶ **the opposite** 对(對)立面 duìlìmiàn ▶ **the opposite sex** 异(異)性 yìxìng

opposition [ɔpəˈzɪʃən] N **1** [u] (*resistance*) 反对(對) fǎnduì **2** ▶ **the opposition** (*Sport*) (*opponents*) 对(對)手 duìshǒu ▶ **the Opposition** (*Brit: Pol*) 反对(對)派 fǎnduì pài

oppress [əˈprɛs] VT 压(壓)迫 yāpò

opt [ɔpt] VI ▶ **to opt for sth** 选(選)择(擇)某事 xuǎnzé mǒushì ▶ **to opt to do sth** 选(選)择(擇)做某事 xuǎnzé zuò mǒushì
▶**opt out** VI ▶ **to opt out (of sth)** 决(決)定退出(某事) juédìng tuìchū (mǒushì)

optician [ɔpˈtɪʃən] N [c] **1** (*person*) 眼镜(鏡)商 yǎnjìngshāng [个 gè] **2** (*also*: **optician's**) 眼镜(鏡)店 yǎnjìngdiàn [家 jiā]

optimism [ˈɔptɪmɪzəm] N [u] 乐(樂)观(觀) lèguān

optimist [ˈɔptɪmɪst] N [c] 乐(樂)观(觀)主义(義)者 lèguān zhǔyìzhě [名 míng]

optimistic [ɔptɪˈmɪstɪk] ADJ 乐(樂)观(觀)的 lèguān de

optimum [ˈɔptɪməm] ADJ [+ *conditions, number, size etc*] 最佳的 zuìjiā de

option [ˈɔpʃən] N [c] **1** (*choice*) 选(選)择(擇) xuǎnzé [种 zhǒng] **2** (*Scol, Univ*) 选(選)修课(課) xuǎnxiūkè [门 mén] **3** (*Comm*) 买(買)卖(賣)权(權) mǎimàiquán ▶ **to keep one's options open** 暂(暫)不做决(決)定 zàn bù zuò juédìng ▶ **to have no other option (but to...)** (除···之外)别(別)无(無)选(選)择(擇) (chú ... zhī wài) bié wú xuǎnzé ▶ **I'm afraid that's not an option** 我恐怕那样(樣)行不通 wǒ kǒngpà nàyàng xíng bù tōng

optional [ˈɔpʃənl] ADJ 可选(選)的 kěxuǎn de ▶ **optional extras** 选(選)装(裝)配件 xuǎn zhuāng pèijiàn

★ **or** [ɔːʳ] CONJ **1** (*linking alternatives*) 还(還)是 háishì ▷ *Would you like tea or coffee?* 你要茶还是咖啡？ Nǐ yào chá háishì kāfēi? **2** (*also*: **or else**) 否则(則) fǒuzé ▷ *Don't put plastic dishes in the*

O

oven or they'll melt. 别把塑料盘子放进烤箱，否则它们会熔化的。Bié bǎ sùliào pánzi fàng jìn kǎoxiāng, fǒuzé tāmen huì rónghuà de. **3** (*qualifying previous statement*) 或者说(說) huòzhě shuō ▷ *The man was a fool, or at least incompetent.* 那人是个傻瓜，或者说，至少很无能。Nà rén shì gè shǎguā, huòzhě shuō, zhìshǎo hěn wúnéng. **4** (*giving approximate amount*) 大约(約) dàyuē ▷ *five or ten minutes* 大约5到10分钟 dàyuē wǔ dào shí fēnzhōng

oral ['ɔːrəl] **I** ADJ **1** (*spoken*) [+ *test, report*] 口头(頭)的 kǒutóu de **2** [+ *vaccine, medicine, contraceptive*] 口服的 kǒufú de **II** N [c] (*spoken examination*) 口试(試) kǒushì [次 cì] ▸ **oral sex** 口交 kǒujiāo

orange ['ɔrɪndʒ] **I** N **1** [c] (*fruit*) 柑橘 gānjú [只 zhī] **2** [U] (*drink*) 橙汁 chéngzhī **II** ADJ (*in colour*) 橙色的 chéngsè de

orange juice ['ɔrɪndʒdʒuːs] N [U] 橘子汁 júzizhī

orange squash [ɔrɪndʒ'skwɔʃ] N [U] 浓(濃)缩(縮)橙汁 nóngsuō chéngzhī

orange tree N [c] 橘树(樹) júshù [棵 kē]

orbit ['ɔːbɪt] **I** N [c] [*of planet, satellite etc*] 轨(軌)道 guǐdào [条 tiáo] **II** VT [+ *earth, moon etc*] 环(環)绕(繞)…运(運)行 huánrào...yùnxíng ▸ **to put a satellite into orbit** 将(將)卫(衛)星送入轨(軌)道 jiāng wèixīng sòng rù guǐdào

orchard ['ɔːtʃəd] N [c] 果园(園) guǒyuán [个 gè]

orchestra ['ɔːkɪstrə] N **1** [c] (*players*) 管弦乐(樂)队(隊) guǎnxián yuèduì [支 zhī] **2** (*US*) (*stalls*) ▸ **the orchestra** 剧(劇)场(場)正厅(廳)前座 jùchǎng zhèngtīng qiánzuò [英 = **stalls**]

orchid ['ɔːkɪd] N [c] 兰(蘭)花 lánhuā [盆 pén]

ordeal [ɔː'diːl] N [c] 煎熬 jiān'áo [种 zhǒng]

★ **order** ['ɔːdə^r] **I** N **1** [c] (*command*) 命令 mìnglìng [个 gè] **2** [c] (*Comm*) (*from shop, company*) 定货(貨) dìnghuò; (*in restaurant*) 点(點)菜 diǎncài [份 fèn] ▷ *A waiter came to take their order.* 一位服务员过来请他们点菜。Yī wèi fúwùyuán guòlái qǐng tāmen diǎn cài. **3** [U] (*sequence*) 次序 cìxù **4** [U] (*stability*) 常规(規) chángguī **5** [U] (*peace*) 秩序 zhìxù ▷ *Troops were sent to the islands to restore order.* 军队被派往岛上以恢复秩序。Jūnduì bèi pài wǎng dǎo shàng yǐ huīfù zhìxù. **6** [s] (*system*) 制度 zhìdù ▷ *questioning the existing social order* 质疑现行社会制度 zhìyí xiànxíng shèhuì zhìdù **7** [c] (*Rel*) 修道会(會) xiūdàohuì **II** VT **1** (*command*) 命令 mìnglìng ▷ *Sherman ordered an investigation into the deaths.* 舍曼下令对死亡事件进行调查。Shèmàn xiàlìng duì sǐwáng shìjiàn jìnxíng diàochá. **2** (*Comm*) (*from shop, company*) 定购(購) dìnggòu ▷ *She phoned the shop and ordered a couple of CDs.* 她给商店打电话定购了两张CD。Tā gěi shāngdiàn dǎ diànhuà dìnggòule liǎng zhāng CD. ▷ *Davis ordered a pizza.* 戴维斯定了一份比萨饼。Dàiwéisī dìngle yī fèn bǐsàbǐng.; (*in restaurant*) 点(點)菜 diǎncài **3** (*arrange*) 整理 zhěnglǐ ▷ *He spent five minutes ordering the notes for his speech.* 他花了5分钟整理演讲稿。Tā huāle wǔ fēnzhōng zhěnglǐ yǎnjiǎng gǎo. **III** VI (*in restaurant*) 点(點)菜 diǎncài ▷ *Are you ready to order?* 可以点菜了吗？Kěyǐ diǎn càile ma? ▸ **to be under orders to do sth** 奉命做某事 fèngmìng zuò mǒushì ▸ **to take orders** 接受命令 jiēshòu mìnglìng ▷ *I'm not taking orders from you or anyone else!* 我不会接受你或其他任何人的命令！Wǒ bù huì jiēshòu nǐ huò qítā rènhé rén de mìnglìng! ▸ **to place an order for sth with sb** 向某人定购(購)某物 xiàng mǒurén dìnggòu mǒuwù ▷ *She placed an order for a carton of fresh cream with the milkman.* 她向卖牛奶的人定购了一盒新鲜奶油。Tā xiàng mài niúnǎi de rén dìnggòule yī hé xīnxiān nǎiyóu. ▸ **made/done to order** (*Comm*) 定制(製) dìngzhì ▸ **on order** (*Comm*) 已定而尚未交货(貨)的 yǐ dìng ér shàng wèi jiāo huò de ▸ **in order** (*in sequence*) 按顺(順)序 àn shùnxù; (*correct*) 妥当(當)的 tuǒdàng de ▷ *Thank you, sir, your papers seem to be in order.* 谢谢您，先生，您的资料看起来都很妥当。Xièxie nín, xiānsheng, nín de zīliào kàn qǐlái dōu hěn tuǒdàng. ▸ **in order of size** 按尺寸大小 àn chǐcùn dàxiǎo ▸ **in alphabetical/numerical order** 按字母/数(數)字顺(順)序 àn zìmǔ/shùzì shùnxù ▸ **in short order** 迅速地 xùnsù de ▸ **in (good) working order** 运(運)转(轉)(良好) yùnzhuǎn (liánghǎo) ▸ **out of order** (*not working*) 已坏(壞)停用 yǐhuài tíngyòng; (*in the wrong sequence*) 顺(順)序颠倒 shùnxù diāndǎo ▷ *It's hopeless, the pages are all out of order.* 全完了，所有页码顺序都颠倒了。Quán wán le, suǒyǒu yèmǎ shùnxù dōu diāndǎo le. ▸ **in order to do sth** 为(為)了做某事 wèile zuò mǒushì ▷ *He had to hurry in order to catch his train.* 为了赶上火车他得快点了。Wèile gǎn shàng huǒchē tā děi kuài diǎn le. ▸ **in order for sth to happen** 为(為)了成就某事 wèile chéngjiù mǒushì ▸ **in order that...** 以便… yǐbiàn... ▸ **to the order of** (*Econ*) 面值 miànzhí ▷ *a cheque to the order of five thousand pounds* 一张面值5000英镑的支票 yī zhāng miànzhí wǔqiān yīngbàng de zhīpiào ▸ **of** *or* **in the order of** (*approximately*) 大约(約) dàyuē ▸ **to order sb to do sth** 命令某人做某事 mìnglìng mǒurén zuò mǒushì ▷ *He ordered me to leave the building.* 他命令我离开大楼。Tā mìnglìng wǒ líkāi dàlóu.

▸ **order around, order about** VT 支使 zhīshǐ

order form N [c] 定货(貨)单(單) dìnghuòdān [份 fèn]

orderly ['ɔːdəlɪ] **I** ADJ (*well-organized*) [+ *manner, sequence, system*] 有秩序的 yǒu zhìxù de **II** N [c] **1** (*Med*) 勤杂(雜)工 qínzágōng [名 míng] **2** (*Mil*) 勤务(務)兵 qínwùbīng [名 míng]

ordinary ['ɔːdnrɪ] ADJ **1** (*everyday*) 普通的 pǔtōng de **2** (*pej: mediocre*) 平常的 píngcháng de ▸ **out of the ordinary** (*exceptional*) 非凡的 fēifán de

ore [ɔːʳ] N [c/u] 矿(礦)石 kuàngshí [堆 duī]
oregano [ɔrɪˈgɑːnəu], US əˈrɛgənəu] N [u] 牛至 niúzhì
organ [ˈɔːgən] N [c] **1** (*Anat*) 器官 qìguān [个 gè] **2** (*Mus*) 管风(風)琴 guǎnfēngqín [架 jià]
organic [ɔːˈgænɪk] ADJ **1** [+ *food, farming*] 有机(機)的 yǒujī de **2** [+ *substance*] 有机(機)物的 yǒujīwù de
organism [ˈɔːgənɪzəm] N [c] 生物体(體) shēngwùtǐ
organization [ɔːgənaɪˈzeɪʃən] N **1** [c] (*business, club, society, arranging*) 组(組)织(織) zǔzhī [个 gè] **2** [u] (*order*) 条(條)理 tiáolǐ
organize [ˈɔːgənaɪz] VT **1** (*arrange*) [+ *activity, event*] 组(組)织(織) zǔzhī **2** (*order*) 整理 zhěnglǐ
organized [ˈɔːgənaɪzd] ADJ **1** (*structured*) 有组(組)织(織)的 yǒu zǔzhī de **2** (*efficient*) 井然有序的 jǐngrán yǒuxù de
organizer [ˈɔːgənaɪzəʳ] N [c] [*of conference, party etc*] 组(組)织(織)者 zǔzhīzhě [名 míng]
orgasm [ˈɔːgæzəm] N [c/u] 性高潮 xìnggāocháo ▸ **to have an orgasm** 达(達)到性高潮 dádào xìnggāocháo
orgy [ˈɔːdʒɪ] N [c] 纵(縱)酒狂欢(歡) zòngjiǔ kuánghuān ▸ **an orgy of violence/destruction** 极(極)度暴力/破坏(壞) jídù bàolì/pòhuài
oriental [ɔːrɪˈɛntl] ADJ 东(東)方的 dōngfāng de
orientation [ɔːrɪənˈteɪʃən] N [c/u] (*beliefs, preferences*) 定位 dìngwèi ▸ **orientation course** 迎新情况(況)介绍(紹) yíng xīn qíngkuàng jièshào
origin [ˈɔrɪdʒɪn] N [c/u] **1** (*source*) 起源 qǐyuán **2** (*ancestry*) 出身 chūshēn ▸ **country of origin** 祖国(國) zǔguó ▸ **people of Indian origin** 印度人 Yìndùrén
original [əˈrɪdʒɪnl] I ADJ **1** (*first, earliest*) 最初的 zuìchū de **2** (*authentic*) [+ *art, writing, music*] 原作的 yuánzuò de **3** (*imaginative*) [+ *artist, idea*] 独(獨)创(創)的 dúchuàng de **II** N [c] (*not a copy*) [*of painting, document etc*] 原作 yuánzuò [件 jiàn]
originally [əˈrɪdʒɪnəlɪ] ADV (*at first*) 起初 qǐchū
originate [əˈrɪdʒɪneɪt] VI ▸ **to originate in** [*idea, custom etc* +] 发(發)源于(於) fāyuán yú ▸ **to originate with** *or* **from** 由…首创(創) yóu ... shǒuchuàng
Orkney [ˈɔːknɪ] N 奥克尼郡 Àokèníjùn ▹ *in Orkney* 在奥克尼郡 zài Àokèníjùn
ornament [ˈɔːnəmənt] N **1** [c] (*object*) 装(裝)饰(飾)物 zhuāngshìwù [件 jiàn] **2** [u] (*decorations*) 装(裝)饰(飾) zhuāngshì
ornamental [ɔːnəˈmɛntl] ADJ (*decorative*) [+ *pond, tree*] 装(裝)饰(飾)的 zhuāngshì de
ornate [ɔːˈneɪt] ADJ (*highly decorative*) [+ *necklace, design*] 装(裝)饰(飾)华(華)丽(麗)的 zhuāngshì huálì de
orphan [ˈɔːfn] I N [c] 孤儿(兒) gū'ér [个 gè] **II** VT ▸ **to be orphaned** 成为(為)孤儿(兒) chéngwéi gū'ér
orthodox [ˈɔːθədɔks] ADJ **1** (*conventional, accepted*) [+ *beliefs, methods*] 正统(統)的 zhèngtǒng de **2** (*conservative, traditional*) [+ *person*] 保守的 bǎoshǒu de **3** ▸ **Orthodox** (*Rel*) 东(東)正教的 Dōngzhèngjiào de
orthopaedic, (US) **orthopedic** [ɔːθəˈpiːdɪk] ADJ [+ *surgeon, ward, shoes*] 矫(矯)形的 jiǎoxíng de
ostentatious [ɔstɛnˈteɪʃəs] ADJ [+ *building, car etc*] 装(裝)饰(飾)花哨的 zhuāngshì huāshao de; [+ *person*] 卖(賣)弄的 màinòng de
osteopath [ˈɔstɪəpæθ] N [c] 整骨医(醫)生 zhěnggǔ yīshēng [名 míng]
ostrich [ˈɔstrɪtʃ] N [c] 鸵(鴕)鸟(鳥) tuóniǎo [只 zhī]
★ **other** [ˈʌðəʳ] I ADJ **1** (*additional*) 另外的 lìngwài de ▹ *May I make one other point?* 我能再另外讲一点吗？ Wǒ néng zài lìngwài jiǎng yī diǎn ma? **2** (*not this one*) 其他的 qítā de ▹ *Calls are cheaper in the evening than at other times.* 晚上打电话比其他时间打便宜。Wǎnshang dǎ diànhuà bǐ qítā shíjiān dǎ piányi. ▹ *toys, paints, books and other equipment* 玩具, 颜料, 书和其他装备 wánjù, yánliào, shū hé qítā zhuāngbèi **3** ▸ **the other...** (*of two things or people*) 另一… lìngyī... ▹ *the other side of the street* 街道的另一边 jiēdào de lìng yī biān **4** (*apart from oneself*) 其他的 qítā de ▹ *She likes to be with other people.* 她喜欢和其他人在一起。Tā xǐhuan hé qítā rén zài yīqǐ. **II** PRON **1** (*additional one, different one*) 其他 qítā ▹ *in our family, as in many others* 在我们的家庭，就像在许多其他家庭一样 zài wǒmen de jiātíng, jiù xiàng zài xǔduō qítā jiātíng yīyàng ▹ *Some projects are shorter than others.* 某些项目比其他的工期短。Mǒuxiē xiàngmù bǐ qítā de gōngqī duǎn. ▹ *He and two others were sentenced to death.* 他和其他两个人被判死刑。Tā hé qítā liǎng gè rén bèi pàn sǐxíng. **2** (*of two things or people*) ▸ **the other** 另一个(個) lìng yīgè ▹ *his papers in one hand, his hat in the other* 他一只手拿着报纸，另一只拿着帽子 tā yī zhī shǒu názhe bàozhǐ, lìng yī zhī názhe màozi **3** ▸ **others** (*other people*) 他人 tārén ▹ *a brave man who died helping others* 一个为拯救他人而死的勇士 yī gè wèi zhěngjiù tārén ér sǐ de yǒngshì ▸ **the others** (*people*) 其他人 qítā rén; (*things*) 其余(餘) qíyú ▸ **other than** (*apart from*) 除了 chúle ▸ **the other day/week** (*inf: recently*) 几(幾)天/星期前 jǐtiān/xīngqī qián ▸ **somebody/something or other** (*inf*) 某个(個)人/某件事 mǒu gè rén/mǒu jiàn shì ▸ **none other than** 不是别(別)人而正是 bù shì biérén ér zhèngshì
otherwise [ˈʌðəwaɪz] ADV **1** (*if not*) 否则(則) fǒuzé **2** (*apart from that*) 除此以外 chúcǐ yǐwài **3** (*differently*) 别(別)样(樣) biéyàng ▸ **otherwise known as...** 又以…为(為)人们(們)所熟知 yòu yǐ ... wéi rénmen suǒ shúzhī

O

otter ['ɔtəʳ] N [c] 水獭(獺) shuǐtǎ [只 zhī]
OU (*Brit*) N ABBR (= **Open University**) ▸ **the OU** 开(開)放大学(學) Kāifàng Dàxué
ouch [autʃ] INT 哎哟(喲) āiyō
ought [ɔːt] (*pt* **ought**) AUX VB **1** (*indicating advisability*) ▸ **you ought to see a doctor** 你应(應)该(該)去看医(醫)生 nǐ yīnggāi qù kàn yīshēng **2** (*indicating likelihood*) ▸ **he ought to be there now** 他现(現)在应(應)该(該)到那儿(兒)了 tā xiànzài yīnggāi dào nàr le ▸ **this ought to be easy** (*but it isn't*) 这(這)本该(該)挺容易的 zhè běn gāi tǐng róngyì de ▸ **you ought to have been more careful** 你早该(該)更当(當)心点(點)的 nǐ zǎo gāi gèng dāngxīn diǎn de ▸ **he ought to have arrived by now** 他这(這)会(會)儿(兒)该(該)到了 tā zhèhuìr gāi dào le
ounce [auns] N [c] (*unit of weight*) 盎司 àngsī ▸ **an** *or* **every ounce of** 一点(點)或每一分 yīdiǎn *huò* měi yī fēn
★ **our** ['auəʳ] ADJ 我们(們)的 wǒmen de ▹ *our apartment* 我们的公寓 wǒmen de gōngyù
ours [auəz] PRON 我们(們)的 wǒmen de ▸ **this is ours** 这(這)是我们(們)的 zhè shì wǒmen de ▸ **a friend of ours** 我们(們)的一个(個)朋友 wǒmen de yī gè péngyou
ourselves [auə'sɛlvz] PRON PL 我们(們)自己 wǒmen zìjǐ ▹ *We built the house ourselves.* 我们自己盖了房子。Wǒmen zìjǐ gàile fángzi. ▹ *We ourselves live in London.* 我们本人住在伦敦。Wǒmen běnrén zhù zài Lúndūn. ▹ *We bought ourselves a new car.* 我们给自己买了辆新车。Wǒmen gěi zìjǐ mǎile liàng xīn chē. ▸ **we didn't hurt ourselves** 我们(們)没(沒)伤(傷)到自己 wǒmen méi shāngdào zìjǐ ▸ **by ourselves** (*unaided*) 我们(們)独(獨)力地 wǒmen dúlì de ▹ *We're learning to play the guitar by ourselves.* 我们在自学吉他。Wǒmen zài zìxué jítā.; (*alone*) 我们(們)单(單)独(獨)地 wǒmen dāndú de ▹ *We were left by ourselves.* 我们单独留了下来。Wǒmen dāndú liúle xiàlái.
oust [aust] VT (*forcibly remove*) [+ *government, MP etc*] 驱(驅)逐 qūzhú

KEYWORD

★ **out** [aut] **I** ADV **1** (*outside*) 在外面 zài wàimiàn ▸ **it's sunny/cold out** 外面阳(陽)光明媚/冷 wàimiàn yángguāng míngmèi/lěng ▸ **out here/there** 这(這)儿(兒)/那儿(兒) zhèr/nàr ▸ **to pull sth out** 把某物拿开(開) bǎ mǒuwù ná kāi ▸ **to be/get out and about** 四处(處)走动(動) sìchù zǒudòng
2 (*absent, not in*) 不在 bù zài ▸ **Mr Green is out at the moment** 格林先生这(這)会(會)儿(兒)不在 Gélín xiānsheng zhèhuìr bùzài ▸ **to have a day/night out** 外出玩一天/一晚 wàichū wán yī tiān/yī wǎn
3 (*indicating distance*) 出发(發)地 chūfā de ▸ **the boat was 25 km out** 船开(開)出了25公里(裡) chuán kāichūle èrshíwǔ gōnglǐ ▸ **three days out from Plymouth** 从(從)普利茅斯出发(發)3天的路程 cóng Pǔlìmáosī chūfā sān tiān de lùchéng
4 (*Sport*) 出界地 chūjiè de ▸ **the ball was out** 球出界了 qiú chūjiè le ▸ **out!** 出界！chū jiè!
II ADJ **1** ▸ **to be out** (*unconscious*) 不省人事的 bùxǐngrénshì de; (*out of game*) 出局的 chūjú de; (*out of fashion*) 过(過)时(時)的 guòshí de; (*in flower*) 盛开(開)的 shèngkāi de; (*known*) [*news, secret* +] 被泄(洩)露的 bèi xièlòu de; (*available*) [*book, CD* +] 有售的 yǒushòu de; (*extinguished*) [*fire, light, gas* +] 熄灭(滅)的 xīmiè de; (*impossible*) 不可行的 bù kěxíng de; (*inf: on strike*) 在罢(罷)工中的 zài bàgōng zhōng de; [*tide* +] 退潮的 tuìcháo de ▸ **before the week was out** 在这(這)周(週)结(結)束前 zài zhè zhōu jiéshù qián
2 (*inf*) ▸ **to be out to do sth** (*intend*) 力求做某事 lìqiú zuò mǒushì
3 (*wrong*) ▸ **to be out in one's calculations** 计(計)算有错(錯)误(誤) jìsuàn yǒu cuòwù
III VT [+ *homosexual*] 揭露…的性倾(傾)向 jiēlù…de xìngqīngxiàng
IV ▸ **out of** PREP **1** (*outside*) (*with movement*) 出 chū; (*beyond*) 朝…外 cháo…wài ▸ **to go/come out of the house** 从(從)房子里(裡)走出去/来(來) cóng fángzi lǐ zǒu chūqu/lai ▸ **to take sth out of a box/bag** *etc* 把某物从(從)盒子/包等里(裡)拿出来(來) bǎ mǒuwù cóng hézi/bāo *děng* lǐ ná chūlai ▸ **to look out of the window** 向窗外望去 xiàng chuāng wài wàng qù ▸ **to drink sth out of a cup** 用杯子喝某物 yòng bēizi hē mǒuwù ▸ **to copy sth out of a book** 从(從)书(書)中直接摘录(錄)某物 cóng shū zhōng zhíjiē zhāilù mǒuwù ▸ **to be out of danger** 脱(脫)离(離)危险(險) tuōlí wēixiǎn ▸ **to stay out of the sun/rain** 避免日晒/躲雨 bìmiǎn rìshài/duǒyǔ
2 (*with cause, motive*) 出于(於) chūyú ▸ **out of curiosity/fear/greed** 出于(於)好奇/害怕/贪(貪)心 chū yú hàoqí/hàipà/tānxīn
3 (*from among*) …中的 …zhōng de ▸ **one out of every three smokers** 每3个(個)烟(煙)民中的1个(個) měi sān gè yānmín zhōng de yīgè ▸ **out of 100 cars sold, only one had any faults** 100辆(輛)售出的车(車)中，只有1辆(輛)有问(問)题(題) yībǎi liàng shòu chū de chē zhōng, zhǐyǒu yī liàng yǒu wèntí
4 (*without*) ▸ **to be out of milk/petrol** 牛奶喝完了/汽油用完了 niúnǎi hēwán le/qìyóu yòngwán le

outback ['autbæk] N ▸ **the outback** 内(內)地 nèidì
outbound ['autbaund] ADJ [+ *flight, journey*] 开(開)往外地的 kāiwǎng wàidì de

outbreak ['autbreɪk] N [c] [*of war, disease, violence*] 爆发(發) bàofā

outburst ['autbə:st] N [c] **1** (*fit*) [*of rage, temper, joy etc*] 爆发(發) bàofā **2** (*period*) [*of violence*] 突发(發) tūfā

outcast ['autkɑ:st] N [c] 被遗(遺)弃(棄)的人 bèi yíqì de rén [个 gè]

outcome ['autkʌm] N [c] 结(結)果 jiéguǒ [个 gè]

outcry ['autkraɪ] N [c] 强(強)烈抗议(議) qiángliè kàngyì

outdated [aut'deɪtɪd] ADJ [+ *custom, idea, method*] 过(過)时(時)的 guòshí de

outdo [aut'du:] (*pt* **outdid**, *pp* **outdone**) VT 胜(勝)过(過) shèngguò ▸ **not to be outdone** 为(為)了不相形见(見)绌(絀) wèile bù xiāng xíng jiàn chù

outdoor [aut'dɔ:ʳ] ADJ **1** (*taking place outdoors*) [+ *activity*] 户(戶)外的 hùwài de **2** (*for use outdoors*) [+ *swimming pool, toilet*] 露天的 lùtiān de; [+ *clothes*] 室外的 shìwài de **3** [+ *person*] 爱(愛)好户(戶)外活动(動)的 àihào hùwài huódòng de

> 请勿将 **outdoor** 和 **outdoors** 混淆。**outdoor** 是用在名词前面的形容词。它是用来描述发生或存在于户外而非室内的事情。*David enjoyed outdoor activities, such as sailing, climbing and cycling...In summer when it's really hot, we go swimming at the outdoor pool.* **outdoors** 是副词。如果某事发生或存在于 **outdoors**，它发生在户外而非室内。*It was such a beautiful day that I decided it would do him good to be outdoors...Outdoors, the children played happily, while the adults talked inside the house.*

outdoors [aut'dɔ:z] **I** ADV (*in the open air*) [*play, stay, sleep* +] 在户(戶)外 zài hùwài **II** N ▸ **the (great) outdoors** 野外活动(動) yěwài huódòng

用法参见 **outdoor**

outer ['autəʳ] ADJ 外部的 wàibù de

outer space N [U] 太空 tàikōng

outfit ['autfɪt] **I** N [c] **1** (*clothes and accessories*) 全套衣装(裝) quántào yīzhuāng [套 tào] **2** (*suit of clothes*) 套装(裝) tàozhuāng [套 tào] **3** (*inf: firm*) 组(組)织(織) zǔzhī [个 gè] **II** VT (*US*) 装(裝)备(備) zhuāngbèi

outgoing ['autgəuɪŋ] ADJ **1** (*extrovert*) 开(開)朗的 kāilǎng de **2** (*leaving office*) [+ *president, mayor etc*] 将(將)离(離)任的 jiāng lírèn de **3** [+ *mail, call, flight*] 外发(發)的 wàifā de

outgoings ['autgəuɪŋz] (*Brit*) N PL 开(開)销(銷) kāixiāo

outgrow [aut'grəu] (*pt* **outgrew**, *pp* **outgrown**) VT **1** [+ *clothes*] 因长(長)大而穿不下 yīn zhǎngdà ér chuānbùxià **2** [+ *behaviour, idea, taste*] 因成长(長)而不再有 yīn chéngzhǎng ér bùzài yǒu

outhouse ['authaus] N [c] **1** (*building*) 外屋 wàiwū **2** (*US*) (*toilet*) 户(戶)外厕(廁)所 hùwài cèsuǒ [间 jiān]

outing ['autɪŋ] N [c] (*excursion*) 出游(遊) chūyóu [次 cì]

outlaw ['autlɔ:] **I** VT [+ *activity, organization*] 宣布(佈)…为(為)非法… xuānbù...wéi fēifǎ **II** N [c] 逃犯 táofàn [名 míng]

outlay ['autleɪ] (*frm*) N [c] 支出 zhīchū [笔 bǐ]

outlet ['autlɛt] N [c] **1** (*hole, pipe*) 排放口 páifàngkǒu [个 gè] **2** (*US: Elec*) 电(電)源插座 diànyuán chāzuò [个 gè] [英 = **socket**] **3** (*Comm*) (*also*: **retail outlet**) 经(經)销(銷)店 jīngxiāodiàn **4** (*for feelings, anger, talents, energy*) 发(發)泄(洩)途径(徑) fāxiè tújìng

outline ['autlaɪn] **I** N [c] **1** (*shape*) (*of object, person, house etc*) 轮(輪)廓 lúnkuò [个 gè] **2** (*brief explanation*) (*of plan, subject*) 概要 gàiyào [篇 piān] **II** VT **1** (*explain briefly*) 概括 gàikuò **2** (*silhouette*) 衬(襯)出轮(輪)廓 chènchū lúnkuò

outlook ['autluk] N **1** [c] (*attitude*) 看法 kànfǎ [种 zhǒng] **2** [s] (*prospects, weather forecast*) 前景 qiánjǐng

outlying ['autlaɪɪŋ] ADJ 远(遠)离(離)中心的 yuǎnlí zhōngxīn de

outnumber [aut'nʌmbəʳ] VT 在数(數)量上超过(過) zài shùliàng shang chāoguò ▸ **they outnumbered us (by) five to one** 他们(們)的人数(數)是我们(們)的5倍 tāmen de rénshù shì wǒmen de wǔ bèi

out-of-date [autəv'deɪt] ADJ **1** (*expired*) [+ *passport, ticket etc*] 过(過)期的 guòqī de **2** (*old-fashioned*) [+ *book, object, idea*] 过(過)时(時)的 guòshí de

out of doors ADV [*play, eat, sit* +] 在户(戶)外 zài hùwài

out-of-the-way ['autəvðə'weɪ] ADJ **1** (*remote*) [+ *place*] 偏僻的 piānpì de **2** (*little-known*) 不知名的 bù zhīmíng de

out-of-town ['autəvtaun] ADJ [+ *shop, supermarket*] 郊区(區)的 jiāoqū de

out-of-work ['autəvwə:k] ADJ 失业的 shīyè de

outpatient ['autpeɪʃənt] N [c] 门(門)诊(診)病人 ménzhěn bìngrén [位 wèi]

outpost ['autpəust] N [c] **1** (*Mil*) 前哨 qiánshào **2** (*Comm*) 边(邊)远(遠)分部 biānyuǎn fēnbù

output ['autput] **I** N [c/U] **1** (*production*) [*of factory, mine, writer etc*] 产(產)量 chǎnliàng **2** (*Comput*) 输(輸)出 shūchū **II** VT (*Comput*) [*program, computer* +] 输(輸)出 shūchū

outrage ['autreɪdʒ] **I** N **1** [c] (*scandal*) 引起义(義)愤(憤)的事 yǐnqǐ yìfèn de shì **2** [c] (*atrocity*) 暴行 bàoxíng **3** [U] (*anger*) 愤(憤)慨 fènkǎi **II** VT (*shock, anger*) 使义(義)愤(憤) shǐ yìfèn

outrageous [aut'reɪdʒəs] ADJ **1** (*appalling*) [+ *remark, behaviour*] 惊(驚)人的 jīngrén de **2** (*daring, flamboyant*) [+ *clothes*] 大胆(膽)的 dàdǎn de

outright [*adv* autˈraɪt, *adj* ˈautraɪt] **I** ADV **1** (*absolutely*) [*reject, condemn* +] 彻(徹)底地 chèdǐ de **2** (*openly*) [*ask, deny, refuse* +] 直率地 zhíshuài de **II** ADJ **1** (*absolute*) [+ *winner, victory*] 完全的 wánquán de **2** (*open*) [+ *refusal, denial, hostility*] 无(無)保留的 wú bǎoliú de ▸ **to be killed outright** 当(當)场(場)毙(斃)命 dāngchǎng bìmìng

outset [ˈautsɛt] N (*start*) ▸ **at the outset** 在开(開)始时(時) zài kāishǐ shí ▸ **from the outset** 从(從)一开(開)始 cóng yī kāishǐ

★ **outside** [autˈsaɪd] **I** N [c] (*exterior*) [*of container*] 外面 wàimiàn [个 gè]; [*of building*] 外表 wàibiǎo [个 gè] **II** ADJ **1** (*exterior*) [+ *wall, surface*] 外部的 wàibù de ▹ *a long wooden shed that stood against the outside wall* 紧靠外墙的一个长长的木棚 jǐn kào wài qiáng de yī gè chángcháng de mùpéng **2** (*outdoor*) [+ *toilet*] 户(戶)外的 hùwài de ▹ *We only had an outside toilet.* 我们只有一个户外厕所。Wǒmen zhǐyǒu yī gè hùwài cèsuǒ. **3** (*independent*) 外界的 wàijiè de ▹ *a report prepared by a group of outside consultants* 由一组外界顾问准备的报告 yóu yī zǔ wàijiè gùwèn zhǔnbèi de bàogào **III** ADV **1** [*be, wait* +] 在外面 zài wàimian ▹ *It was dark outside.* 外面很黑。Wàimian hěn hēi. **2** [*go* +] 向外面 xiàng wàimian ▹ *Let's go outside.* 我们到外面去吧。Wǒmen dào wàimian qù ba. **IV** PREP **1** (*on the outside of*) [+ *place*] 在…外 zài...wài ▹ *There was a demonstration outside the embassy.* 在大使馆外有示威游行。Zài dàshǐguǎn wài yǒu shìwēi yóuxíng.; [+ *organization*] 在…以外 zài...yǐwài ▹ *He is hoping to recruit a chairman from outside the company.* 他希望在公司以外招聘一位主席。Tā xīwàng zài gōngsī yǐ wài zhāopìn yī wèi zhǔxí. **2** (*not included in*) [+ *period*] 在…以外 zài...yǐwài ▹ *You'll have to do it outside office hours.* 你得在办公时间以外做这件事。Nǐ děi zài bàngōng shíjiān yǐ wài zuò zhè jiàn shì.; [+ *price range*] 超出 chāochū ▹ *a beautiful guitar, but way outside my price range* 是把漂亮的吉他，但超出了我能承受的价格范围 shì bǎ piàoliàng de jítā, dàn chāochūle wǒ néng chéngshòu de jiàgé fànwéi **3** (*near to*) [+ *larger place*] 在…附近 zài...fùjìn ▹ *a small village just outside Birmingham* 在伯明翰附近的小村庄 zài Bómínghàn fùjìn de xiǎo cūnzhuāng **4** ▸ **an outside chance** 微乎其微的机(機)会(會) wēi hū qí wēi de jīhuì ▹ *He's got an outside chance of winning.* 他赢的机会微乎其微。Tā yíng de jīhuì wēi hū qí wēi. ▸ **at the outside** (*at the most*) 最多 zuì duō; (*at the latest*) 最迟(遲) zuì chí ▸ **the outside world** 外界 wàijiè ▸ **outside of** (*apart from*) 除了 chúle

outside lane N [c] (*right-hand side of road*) 右边(邊)车(車)道 yòubiān chēdào; (*left-hand side of the road*) 左边(邊)车(車)道 zuǒbiān chēdào

outside line (*Tel*) N [c] 外线(線) wàixiàn

outsider [autˈsaɪdəʳ] N [c] **1** (*stranger*) 外人 wàirén [个 gè] **2** (*odd man out*) 局外人 júwàirén [个 gè] **3** (*in race etc*) 不被看好的选(選)手 bù bèi kànhǎo de xuǎnshǒu [名 míng]

outsize [ˈautsaɪz] (*Brit*) ADJ **1** (*extra-large*) [+ *clothes*] 特大的 tèdà de **2** (*huge*) 巨大的 jùdà de

outskirts [ˈautskəːts] N PL ▸ **the outskirts** 郊区(區) jiāoqū ▸ **on the outskirts of...** 在…的郊区(區) zài...de jiāoqū

outspoken [autˈspəukən] ADJ [+ *person, critic*] 直言不讳(諱)的 zhíyán bùhuì de; [+ *statement, criticism*] 坦率的 tǎnshuài de

outstanding [autˈstændɪŋ] ADJ **1** (*excellent*) 杰(傑)出的 jiéchū de **2** (*remaining*) [+ *debt*] 未付款的 wèi fùkuǎn de; [+ *work, problem*] 未解决(決)的 wèi jiějué de **3** (*obvious*) [+ *example*] 显(顯)著的 xiǎnzhù de

outward [ˈautwəd] ADJ **1** (*external*) [+ *sign, appearances*] 外表的 wàibiǎo de **2** (*outbound*) [+ *journey*] 外出的 wàichū de

outwardly [ˈautwədlɪ] ADV 外表上 wàibiǎo shang

outward(s) [ˈautwəd(z)] ADV 向外 xiàngwài

outweigh [autˈweɪ] (*frm*) VT ▸ **the advantages (far) outweigh the disadvantages** 利(远(遠)远(遠))大于(於)弊 lì (yuǎnyuǎn) dàyú bì

oval [ˈəuvl] **I** ADJ [+ *table, mirror, face*] 椭(橢)圆(圓)形的 tuǒyuánxíng de **II** N [c] 椭(橢)圆(圓) tuǒyuán [个 gè] ▸ **the Oval Office** (*US*) 白宫(宮)椭(橢)圆(圓)形办(辦)公室 Báigōng tuǒyuánxíng bàngōngshì

ovary [ˈəuvərɪ] N [c] 卵巢 luǎncháo [个 gè]

oven [ˈʌvn] N [c] 烤箱 kǎoxiāng [个 gè]

ovenproof [ˈʌvnpruːf] ADJ 耐热(熱)的 nàirè de

oven-ready [ˈʌvnrɛdɪ] ADJ 即可入炉(爐)烤制(製)的 jíkě rùlú kǎozhì de

KEYWORD

★ **over** [ˈəuvəʳ] **I** ADJ (*finished*) [+ *game, life, relationship etc*] 结(結)束的 jiéshù de

II PREP **1** (*more than*) 超过(過) chāoguò ▸ **over 200 people came** 超过(過)二百人来(來)了 zhāoguò èrbǎi rén lái le

2 (*indicating position: above, on top of*) 在…上 zài...shang; (*spanning*) 横(橫)跨 héngkuà; (*across*) 穿过(過) chuānguò; (*on the other side of*) 在…对(對)面 zài...duìmiàn ▸ **there's a picture over the fireplace** 壁炉(爐)上挂(掛)着(著)一幅画(畫) bìlú shàng guàzhe yī fú huà ▸ **a bridge over the river** 横(橫)跨河流的一座桥(橋) héngkuà héliú de yīzuò qiáo ▸ **a helicopter flew over the building** 一架直升机(機)在大楼(樓)上方飞(飛)过(過) yī jià zhíshēngjī zài dàlóu shàngfāng fēiguò ▸ **to climb over a wall** 爬过(過)一堵墙(牆) pá guò yī dǔ qiáng ▸ **pour the sauce over the mushrooms** 把汁浇(澆)在蘑菇上 bǎ zhī jiāo zài mógu shàng ▸ **the pub over the road** 街对(對)面的酒吧 jiē duìmiàn de jiǔbā

3 (*during*) 在…期间(間) zài…qījiān ▸ **we talked about it over dinner** 我们(們)边(邊)吃晚饭(飯)边(邊)讨(討)论(論) wǒmen biān chī wǎnfàn biān tǎolùn ▸ **let's discuss it over a drink** (*invitation*) 我们(們)边(邊)喝东(東)西边(邊)商议(議)吧 wǒmen biān hē dōngxi biān shāngyì ba ▸ **over the weekend** 在周(週)末 zài zhōumò
4 (*recovered from*) [+ *illness, shock, trauma*] 康复(復) kāngfù ▸ **he's over the flu** 他流感好了 tā liúgǎn hǎo le
5 (*about*) 关(關)于(於) guānyú ▸ **concern over recent events** 对(對)最近事态(態)的关(關)心 duì zuìjìn shìtài de guānxīn
6 ▸ **all over the town/house/floor** 全镇(鎮)/满(滿)屋子/满(滿)地 quánzhèn/mǎn wūzi/mǎndì
III ADV **1** (*across*) [*walk, jump, fly etc* +] 过(過) guò ▸ **to cross over to the other side of the road** 穿过(過)马(馬)路到另一边(邊) chuān guò mǎlù dào lìng yī biān ▸ **over here/there** 在这(這)里(裡)/那里(裡) zài zhèlǐ/nàlǐ ▸ **to ask** *or* **invite sb over** (*to one's house*) 邀请(請)某人来(來)作客 yāoqǐng mǒurén lái zuòkè ▸ **I'll drive over to her place later** 我过(過)会(會)儿(兒)会(會)开(開)车(車)去她那儿(兒) wǒ guò huìr huì kāichē qù tā nàr
2 ▸ **to fall/turn over** 跌倒/打翻 diēdǎo/dǎfān
3 (*remaining*) (*money, food etc*) 剩下 shèngxià ▸ **there are three over** 还(還)剩3个(個) hái shèng sān gè ▸ **is there any cake (left) over?** 还(還)有蛋糕剩下吗(嗎)? Háiyǒu dàngāo shèngxià ma?
4 (*more, above*) 超过(過) chāoguò ▸ **people aged 65 and over** 65岁(歲)及以上年龄(齡)的人 liùshíwǔ suì jí yǐshàng niánlíng de rén
5 (*very*) [+ *clever, rich, generous etc*] 过(過)于(於) guòyú ▸ **not over intelligent** 不太聪(聰)明 bù tài cōngmíng
6 (*US*) (*again*) 再 zài ▸ **if she'd had the chance to do it over** 如果她有机(機)会(會)再做一次的话(話) rúguǒ tā yǒu jīhuì zài zuò yī cì de huà ▸ **twice over** 再次 zàicì
7 (*in expressions*) ▸ **all over** (*everywhere*) 到处(處) dàochù ▸ **all over again** 重新 chóngxīn ▸ **over and over (again)** 三番五次 sān fān wǔ cì

overall [*adj, n* 'əuvərɔːl, *adv* əuvər'ɔːl] **I** ADJ **1** (*total*) [+ *length, cost etc*] 全部的 quánbù de **2** (*general*) [+ *impression, view*] 总(總)体(體)的 zǒngtǐ de **II** ADV 总(總)的说(說)来(來) zǒngdeshuōlái **III** N [C] (*Brit*) (*woman's, child's, painter's*) 罩衫 zhàoshān [件 jiàn] **IV overalls** N PL (*protective clothing*) 工装(裝)裤(褲) gōngzhuāngkù

overboard ['əuvəbɔːd] (*Naut*) ADV 向船外 xiàng chuánwài ▸ **to go overboard (on sth)** (*inf*) (对(對)某事)走极(極)端 (duì mǒushì)zǒu jíduān

overbooked [əuvə'bukt] ADJ 超员(員)预(預)订(訂)的 chāoyuán yùdìng de

overcame [əuvə'keɪm] PT *of* **overcome**

overcast ['əuvəkɑːst] ADJ 多云(雲)的 duōyún de

overcharge [əuvə'tʃɑːdʒ] VT, VI 要价(價)太高 yàojià tàigāo

overcoat ['əuvəkəut] N [C] 大衣 dàyī [jia4n jiàn]

overcome [əuvə'kʌm] (*pt* **overcame**, *pp* **overcome**) VT **1** [+ *difficulty, problem, fear*] 战(戰)胜(勝) zhànshèng **2** ▸ **to be overcome by sth** (*emotionally*) 因某事而不能自持 yīn mǒushì ér bùnéng zìchí; (*physically*) 受不了某物 shòubùliǎo mǒuwù ▸ **to be overcome with grief** 悲痛不已 bēitòng bù yǐ

overcrowded [əuvə'kraudɪd] ADJ 过(過)度拥(擁)挤(擠)的 guòdù yōngjǐ de

overcrowding [əuvə'kraudɪŋ] N [U] 过(過)度拥(擁)挤(擠) guòdù yōngjǐ

overdo [əuvə'duː] (*pt* **overdid**, *pp* **overdone**) VT **1** (*take to extremes*) [+ *exercise*] 做得过(過)多 zuò de guòduō; [+ *whisky, beer, eating*] 过(過)度饮(飲)食 guòdù yǐnshí; [+ *praise*] 过(過)度使用 guòdù shǐyòng **2** (*overcook*) 煮得过(過)久 zhǔ de guòjiǔ ▸ **to overdo it** (*inf*: *overtax oneself*) 工作过(過)度 gōngzuò guòdù; (*exaggerate*) 夸(誇)张(張) kuāzhāng

overdone [əuvə'dʌn] ADJ [+ *food*] 煮得过(過)久的 zhǔ de guòjiǔ de

overdose ['əuvədəus] **I** N [C] 过(過)量用药(藥) guòliàng yòngyào [剂 jì] **II** VI ▸ **to overdose (on sth)** 过(過)量用(某药(藥)物) guòliàng yòng (mǒu yàowù) ▸ **to take an overdose** 服药(藥)过(過)量 fú yào guòliàng

overdraft ['əuvədrɑːft] N [C] 透支额(額) tòuzhī'é [笔 bǐ]

overdrawn [əuvə'drɔːn] ADJ [+ *account, person*] 透支的 tòuzhī de

overdue [əuvə'djuː] ADJ **1** (*late*) [+ *person, bus, train*] 迟(遲)到的 chídào de **2** (*much needed*) [+ *change, reform*] 期待已久的 qīdài yǐjiǔ de **3** (*late*) [+ *library book, rented video*] 过(過)期的 guòqī de **4** (*outstanding*) [+ *bill, rent*] 过(過)期未付的 guòqī wèifù de ▸ **to be long overdue** (*reform*) 早该(該)实(實)行的 zǎo gāi shíxíng de ▸ **to be two weeks overdue** (*library book, rented video*) 过(過)期两(兩)周(週)的 guòqī liǎng zhōu de

overestimate [*vb* əuvər'ɛstɪmeɪt, *n* əuvər'ɛstɪmət] **I** VT 过(過)高估计(計) guògāo gūjì **II** N [C] 过(過)高的估计(計) guògāo de gūjì

overexcited [əuvərɪk'saɪtɪd] ADJ 过(過)度兴(興)奋(奮)的 guòdù xīngfèn de

overflow [əuvə'fləu] **I** VI **1** [*sink, bath, jug* +] 满(滿)得溢出 mǎnde yìchū; [*river* +] 泛(氾)滥(濫) fànlàn **2** [*liquid* +] 溢出 yìchū **3** (*fig*) ▸ **to be overflowing (with sth/sb)** 挤(擠)满(滿)(某物/某人) jǐmǎn (mǒuwù/mǒurén)

O

4 *(become apparent)* [*emotion* +] 爆发(發) bàofā **5** ▸ **to overflow with sth** [+ *emotion*] 满(滿)怀(懷)某事 mǎnhuái mǒushì **II** N [c] **1** *(hole, pipe)* 溢流口 yìliúkǒu **2** *(excess)* 过(過)剩之物或人 guòshèng zhī wù huò rén ▸ **to be full to overflowing** 满(滿)得要溢出来(來) mǎn de yào yì chūlai

overgrown [əuvəˈgrəun] ADJ [+ *garden*] 蔓生的 mànshēng de ▸ **an overgrown child** 思想言行幼稚的成年人 sīxiǎng yánxíng yòuzhì de chéngniánrén

overhaul [*vb* əuvəˈhɔːl, *n* ˈəuvəhɔːl] **I** VT **1** [+ *engine*] 大修 dàxiū [次 cì] **2** [+ *system, method*] 彻(徹)底革新 chèdǐ géxīn **II** N [c] **1** [*of engine etc*] 大修 dàxiū [次 cì] **2** [+ *of system*] 检查修正 jiǎnchá xiūzhèng

overhead [*adv* əuvəˈhɛd, *adj* ˈəuvəhɛd] **I** ADV **1** *(above)* 在头(頭)顶(頂)上 zài tóudǐng shang **2** *(in the sky)* 在空中 zài kōngzhōng **II** ADJ **1** [+ *light, lighting*] 头(頭)顶(頂)上的 tóudǐng shang de **2** *(cables, railway)* 高架的 gāojià de

overhead projector N [c] 高架投影仪(儀) gāojià tóuyǐngyí [部 bù]

overheads [ˈəuvəhɛdz] N PL *(expenses)* 经(經)费(費) jīngfèi

overhear [əuvəˈhɪəʳ] *(pt, pp* **overheard***)* VT [+ *person*] 偶然听(聽)到 ǒurán tīngdào; [+ *conversation*] 无(無)意听(聽)到 wúyì tīngdào

overheat [əuvəˈhiːt] VI **1** [*engine* +] 变(變)得过(過)热(熱) biànde guòrè **2** [*economy* +] 发(發)展过(過)热(熱) fāzhǎn guòrè

overjoyed [əuvəˈdʒɔɪd] ADJ 极(極)度高兴(興)的 jídù gāoxìng de ▸ **to be overjoyed at sth** 因某事而欣喜若狂 yīn mǒushì ér xīnxǐ ruò kuáng

overland [ˈəuvəlænd] **I** ADJ [+ *journey*] 经(經)由陆(陸)路的 jīngyóu lùlù de **II** ADV [*travel* +] 经(經)陆(陸)路 jīng lùlù

overlap [*vb* əuvəˈlæp, *n* ˈəuvəlæp] **I** VI **1** *(physically)* [*objects, areas* +] 重叠(疊) chóngdié **2** *(coincide)* [*ideas, activities, events* +] 巧合 qiǎohé **II** VT **1** *(go over)* 部分重叠(疊) bùfen chóngdié **2** *(put over)* 交搭 jiāodā **III** N [c] 重叠(疊)部分 chóngdié bùfen

▸**overlap with** VT FUS 与(與)…重叠(疊) yǔ…chóngdié

overleaf [əuvəˈliːf] ADV 在背面 zài bèimiàn

overload [əuvəˈləud] **I** VT **1** [+ *vehicle*] 使超载(載) shǐ chāozài **2** ▸ **to overload sb with sth** 使某人负(負)载(載)过(過)多某物 shǐ mǒurén fùzài guòduō mǒuwù **3** *(Elec)* [+ *circuit*] 使超负(負)荷 shǐ chāo fùhè **II** N [U] [*of information, work*] 过(過)重的负(負)担(擔) guòzhòng de fùdān ▸ **to be overloaded (with sth)** [*vehicle* +] (因某物而)超载(載) (yīn mǒuwù ér)chāo zài; [*person, system* +] (因某物而) 负(負)荷过(過)重 (yīn mǒuwù ér)fùhè guò zhòng

overlook [əuvəˈluk] VT **1** *(have view over)* 俯瞰 fǔkàn **2** *(fail to notice)* 忽略 hūlüè **3** *(forgive)* 宽(寬)容 kuānróng

overnight [*adv* əuvəˈnaɪt, *adj* ˈəuvənaɪt] **I** ADV **1** *(during the whole night)* [*sleep, stay* +] 一整夜 yī zhěngyè **2** *(fig: suddenly)* 一下子 yī xiàzi **II** ADJ *(for a night)* [+ *accommodation*] 过(過)夜的 guòyè de ▸ **an overnight success** 突如其来(來)的成功 tū rú qí lái de chénggōng ▸ **overnight stop** *or* **stay** 过(過)一夜 guò yī yè

overnight bag [ˈəuvənaɪtbæg] N [c] 短途旅行包 duǎntú lǚxíngbāo [个 gè]

overpass [ˈəuvəpɑːs] *(esp US)* N [c] 立交桥(橋) lìjiāoqiáo [座 zuò] [英 = **flyover**]

overpay [əuvəˈpeɪ] VT 多付 duōfù

overpower [əuvəˈpauəʳ] VT *(physically)* [+ *thief, assailant*] 制服 zhìfú; [+ *team, opponent*] 打败(敗) dǎbài

overpowering [əuvəˈpauərɪŋ] ADJ **1** [+ *smell, sound, taste*] 极(極)其强(強)烈的 jíqí qiángliè de **2** [+ *desire, urge*] 难(難)以抑制的 nányǐ yìzhì de **3** *(imposing)* 强(強)悍的 qiánghàn de

overran [əuvəˈræn] PT *of* **overrun**

overreact [əuvəriːˈækt] VI 反应(應)过(過)火 fǎnyìng guòhuǒ

overrule [əuvəˈruːl] VT [+ *person, decision*] 否决(決) fǒujué

overrun [əuvəˈrʌn] *(pt* **overran**, *pp* **overrun***)* **I** VT [*army, rebels* +] [+ *area*] 横(橫)行于(於) héngxíng yú **II** VI ▸ **to overrun (by 10 minutes)** 超出(10分钟(鐘)) chāochū (shí fēnzhōng) ▸ **to be overrun by** *or* **with sth** 某物泛(氾)滥(濫)成灾(災)的 mǒuwù fànlàn chéng zāi de

oversaw [əuvəˈsɔː] PT *of* **oversee**

overseas [əuvəˈsiːz] **I** ADV 向海外 xiàng hǎiwài **II** ADJ *(foreign)* [+ *market, trade*] 海外的 hǎiwài de; [+ *student, visitor*] 在国(國)外的 zài guówài de

oversee [əuvəˈsiː] *(pt* **oversaw**, *pp* **overseen***)* VT *(supervise)* 监(監)督 jiāndū

overshadow [əuvəˈʃædəu] VT **1** *(cloud)* 给(給)…蒙上阴(陰)影 gěi…méngshang yīnyǐng **2** *(eclipse)* ▸ **to be overshadowed by sb/sth** 与(與)某人/某物相比黯然失色 yǔ mǒurén/mǒuwù xiāngbǐ ànrán shīsè **3** *(tower over)* 高出 gāochū

oversight [ˈəuvəsaɪt] N [c] 疏忽 shūhu ▸ **due to an oversight** 由于(於)疏忽 yóuyú shūhū

oversleep [əuvəˈsliːp] *(pt, pp* **overslept***)* VI 睡过(過)头(頭) shuì guòtóu

overspend [əuvəˈspɛnd] *(pt, pp* **overspent***)* VI 超支 chāozhī ▸ **we have overspent by 5,000 dollars** 我们(們)超支了5000美元 wǒmen chāozhīle wǔqiān měiyuán

overt [əuˈvəːt] ADJ 公开(開)的 gōngkāi de

overtake [əuvəˈteɪk] *(pt* **overtook**, *pp* **overtaken***)* **I** VT **1** *(esp Brit: Aut)* 超过(過) chāoguò [美 =

pass] 2 [*event, change* +] [+ *person, place*] 突然降临(臨) tūrán jiànglín 3 [*emotion, weakness* +] [+ *person*] 压(壓)倒 yādǎo II VI (*esp Brit: Aut*) 超车(車) chāochē [美 = **pass**]

overthrow [*vb* əuvə'θrəu, *n* 'əuvəθrəu] (*pt* **overthrew**, *pp* **overthrown**) I VT [+ *government, leader*] 推翻 tuīfān II N [S] 推翻 tuīfān

overtime ['əuvətaɪm] N [U] 1 加班时(時)间(間) jiābān shíjiān 2 (*US: Sport*) 加时(時)赛(賽) jiāshísài ▸ **to do** *or* **work overtime** 加班 jiābān ▸ **to work overtime to do sth** (*inf*) 加班加点(點)地做某事 jiābān jiādiǎn de zuò mǒushì

overtook [əuvə'tuk] PT *of* **overtake**

overturn [əuvə'tə:n] I VT 1 [+ *glass, chair*] 打翻 dǎfān 2 (*reverse*) [+ *decision, ruling*] 推翻 tuīfān 3 [+ *government, system*] 颠(顛)覆 diānfù II VI [*vehicle* +] 翻倒 fāndǎo; [*boat* +] 翻了 fānle

overweight [əuvə'weɪt] ADJ [+ *person*] 超重的 chāozhòng de
▒ 用法参见 **fat**

overwhelm [əuvə'wɛlm] VT 1 (*affect deeply*) [*feelings, emotions* +] 使不知所措 shǐ bùzhīsuǒcuò 2 (*defeat*) [+ *opponent, enemy etc*] 制服 zhìfú

overwhelming [əuvə'wɛlmɪŋ] ADJ 1 [+ *desire, sense*] 极(極)其强(強)烈的 jíqí qiángliè de 2 [+ *majority, victory*] 压(壓)倒性的 yādǎoxìng de

overwork [əuvə'wə:k] I N [U] 过(過)分劳(勞)累 guòfèn láoleì II VT [+ *person*] 使工作过(過)度 shǐ gōngzuò guòdù III VI 工作过(過)度 gōngzuò guòdù

overworked [əuvə'wə:kt] ADJ 1 [+ *person*] 过(過)度劳(勞)累的 guòdù láolèi de 2 [+ *word, expression*] 使用过(過)滥(濫)的 shǐyòng guòlàn de

overwrite (*pt* **overwrote**, *pp* **overwritten**) VT (*Comput*) 重写 chóngxiě

ow [au] INT 哎哟(喲) āiyō

owe [əu] VT [+ *money*] 欠 qiàn ▸ **to owe sb sth** [+ *money*] 欠某人某物 qiàn mǒurén mǒuwù; [+ *apology, explanation*] 应(應)给(給)予某人某物 yīng jěyǔ mǒurén mǒuwù ▸ **to owe sth to sb** [+ *success, life*] 应(應)把某事归(歸)功于(於)某人 yīng bǎ mǒushì guīgōng yú mǒurén ▸ **to owe it to sb/o.s. (to do sth)** 该(該)为(為)某人/自己(做某事) gāi wèi mǒurén/zìjǐ(zuò mǒushì)

owing to ['əuɪŋ-] PREP (*because of*) 因为(為) yīnwèi

owl [aul] N [C] 猫(貓)头(頭)鹰(鷹) māotóuyīng [只 zhī]

★ **own** [əun] I ADJ (*emphasizing possession, individual action*) 自己的 zìjǐ de ▹ *I decided I wanted to have my own shop.* 我决定要拥有自己的商店。Wǒ juédìng yào yōngyǒu zìjǐ de shāngdiàn. ▹ *They will be expected to make their own beds.* 他们被要求自己铺床。Tāmen bèi yāoqiú zìjǐ pū chuáng. II PRON (*emphasizing possession, individual action*) 自己的 zìjǐ de ▹ *Did she hire skis or take her own?* 她是租的滑雪板还是拿的自己的？ Tā shì zū de huáxuěbǎn háishì ná de zìjǐ de? ▹ *There's no career structure, you have to create your own.* 并没有什么职业模式，你得创造出你自己的。Bìng méiyǒu shénme zhíyè móshì, nǐ děi chuàngzào chū nǐ zìjǐ de. III VT (*possess*) [+ *house, land, car etc*] 拥(擁)有 yōngyǒu ▹ *Julie's father owned a pub.* 朱莉的父亲拥有一家酒吧。Zhūlì de fùqīn yōngyǒu yī jiā jiǔbā. ▸ **a room of my own** 我自己的房间(間) wǒ zìjǐ de fángjiān ▸ **to get one's own back (on sb)** (*esp Brit; inf*) (*take revenge*) (向某人)报(報)复(復) (xiàng mǒurén)bàofù [美 = **get even (with sb)**] ▸ **on one's own** (*alone*) 独(獨)自地 dúzì de ▹ *She lived on her own.* 她独自一人住。Tā dúzì yī rén zhù.; (*without help*) 独(獨)立地 dúlì de ▹ *We can't solve this problem on our own.* 我们无法独立解决这个问题。Wǒmen wúfǎ dúlì jiějué zhège wèntí. ▸ **a place to call one's own** 一个(個)属(屬)于(於)自己的地方 yī gè shǔyú zìjǐ de dìfang ▸ **to come into one's own** 进(進)入鼎盛时(時)期 jìnrù dǐngshèng shíqī ▸ **as if** *or* **like he owns the place** (*inf*) 好像他是这(這)儿(兒)的主人似的 hǎoxiàng tā shì zhèr de zhǔrén shìde
▸**own up** VI (*confess*) 坦白 tǎnbái ▹ *Come on, own up! Who did it?* 得了，坦白吧！是谁干的？Dé le, tǎnbái ba! Shì shuí gàn de?
▸**own up to** VT FUS 承认(認) chéngrèn ▸ **to own up to having done sth** 承认(認)干(幹)了某事 chéngrèn gànle mǒushì

O

owner ['əunəʳ] N [C] 物主 wùzhǔ [位 wèi]

ownership ['əunəʃɪp] N [U] 所有权(權) suǒyǒuquán

ox [ɔks] (*pl* **oxen**) N [C] 公牛 gōngniú [头 tóu]

Oxbridge ['ɔksbrɪdʒ] (*Brit*) N [U] (*Oxford and Cambridge universities*) 牛津和剑(劍)桥(橋)大学(學) Niújīn hé Jiànqiáo Dàxué

OXBRIDGE

Oxbridge 是英国两所久副盛名的大学牛津大学和剑桥大学的合称。这两所大学的历史都可以追溯到12世纪。其间任何一所学院中的教育都被认为具备世界一流水平。许多 **Oxbridge** 的毕业生进入政治，商务以及外交领域，开始他们辉煌的职业生涯。

oxen ['ɔksn] N PL *of* **ox**

oxtail soup ['ɔksteɪl-] N [U] 牛尾汤(湯) niúwěi tāng

oxygen ['ɔksɪdʒən] N [U] 氧气(氣) yǎngqì

oyster ['ɔɪstəʳ] N [C] 牡蛎(蠣) mǔlì 蚝(蠔) háo [个 gè] ▸ **the world is your oyster** 这(這)个(個)世界是你的 zhège shìjiè shì nǐ de

oz ABBR (= **ounce**) 盎司 àngsī
ozone [ˈəuzəun] N [U] 臭氧 chòuyǎng
ozone-friendly [əuzəunˈfrɛndlɪ] ADJ 无(無)害臭氧层(層)的 wúhài chòuyǎngcéng de
ozone layer N [C] 臭氧层(層) chòuyǎngcéng [层 céng]

P, p¹ [piː] N [C/U] (*letter*) 英语的第十六个字母
p² (*Brit*) ABBR (= **penny/pence**) 便士 biànshì
p. (*pl* **pp.**) ABBR (= **page**) 页(頁) yè
PA N ABBR **1** (= **personal assistant**) 私人助理 sīrén zhùlǐ **2** ▸ **PA (system)** (= **public address system**) 有线(線)广(廣)播系统(統) yǒuxiàn guǎngbō xìtǒng
p.a. ABBR (= **per annum**) 每年 měinián
pace [peɪs] **I** N **1** [S] (*speed*) [*of change, life etc*] 速度 sùdù; [*of walker, runner*] 步速 bùsù **2** [C] (*as measurement*) 步 bù **II** VT (*also*: **pace around**) [+ *room*] 踱步于(於) duóbù yú ▸ **to set the pace** (*in race*) 定步速 dìng bùsù ▸ **to keep pace with** [+ *person*] 与(與)…并(並)驾(駕)齐(齊)驱(驅) yǔ... bìng jià qí qū; [+ *events*] 与(與)…同步 yǔ... tóngbù ▸ **to do sth at one's own pace** 按自己的步调(調)做某事 àn zìjǐ de bùdiào zuò mǒushì ▸ **to take a pace forwards/backwards** 进(進)一步/退一步 jìn yī bù/tuì yī bù ▸ **to put sb through his/her paces** 考察某人的能力 kǎochá mǒurén de nénglì ▸ **to pace up and down** 踱来(來)踱去 duó lái duó qù
pacemaker [ˈpeɪsmeɪkəʳ] N [C] **1** (*Med*) 起搏器 qǐbóqì [个 gè] **2** (*Sport*) 定步速者 dìng bùsù zhě
Pacific [pəˈsɪfɪk] N ▸ **the Pacific (Ocean)** 太平洋 Tàipíngyáng
pacifier [ˈpæsɪfaɪəʳ] (*US*) N [C] (*for sucking*) 橡皮奶头(頭) xiàngpí nǎitóu [个 gè] [英 = **dummy**]
pacifist [ˈpæsɪfɪst] N [C] 和平主义(義)者 hépíng zhǔyìzhě [名 míng]
pack [pæk] **I** VT **1** [+ *clothes*] 把…打包 bǎ...dǎbāo **2** [+ *suitcase, bag*] 把…装(裝)箱 bǎ...zhuāngxiāng **3** [+ *hole*] (*with earth, cement*) 填塞 tiánsāi **II** VI 打点(點)行装(裝) dǎdiǎn xíngzhuāng **III** N [C] **1** (*bundle*) [*of goods*] 捆(綑) kǔn; [*of documents*] 包 bāo **2** (*US*) [*of cigarettes*] 包 bāo **3** (*group*) [*of hounds*] 群 qún; [*of people*] 伙(夥) huǒ **4** (*back pack*) 背包 bēibāo [个 gè] **5** [*of cards*] 副 fù ▸ **to pack one's bags** (*fig*) 卷(捲)铺(鋪)盖(蓋)走人 juǎn pūgài zǒurén ▸ **to pack sb/sth into sth** (*cram*) 把某人/某物塞满(滿)某物 bǎ mǒurén/mǒuwù sāimǎn mǒuwù ▸ **to pack sth into/around sth** (*compress*) 把某物塞进(進)某物/在某物周围(圍)压(壓)紧(緊) bǎ mǒuwù sāijìn mǒuwù/

zài mǒuwù zhōuwéi yājǐn ▸ **to send sb packing** (*inf*) 把某人赶(趕)走 bǎ mǒurén gǎnzǒu

▸**pack in** (*Brit; inf*) VT [+ *job*] 放弃(棄) fàngqì ▸ **pack it in!** (*stop it!*) 停止！tíngzhǐ!

▸**pack off** (*inf*) VT ▸ **to pack sb off to school/bed** *etc* 打发(發)某人上学(學)/上床睡觉(覺)等 dǎfa mǒurén shàngxué/shàngchuáng shuìjiào *děng*

▸**pack up** I VI 1 (*Brit; inf*) (*stop working*) 停止工作 tíngzhǐ gōngzuò 2 (*Brit*) (*put things away*) 打点(點)行装(裝) dǎdiǎn xíngzhuāng II VT [+ *belongings, clothes*] 打包 dǎbāo

package ['pækɪdʒ] I N [c] 1 (*parcel*) 包裹 bāoguǒ [个 gè] 2 [*of measures, proposals*] 一揽(攬)子 yīlǎnzi 3 (*Comput*) 程序包 chéngxùbāo [个 gè] II VT [+ *goods*] 包装(裝) bāozhuāng

package deal N [c] 1 (*set of proposals*) 一揽(攬)子交易 yīlǎnzi jiāoyì 2 (*holiday*) 包价(價)旅游(遊) bāojià lǚyóu

package holiday (*Brit*) N [c] 包价(價)旅游(遊) bāojià lǚyóu [英 = **package tour**]

package tour N = **package holiday**

packaging ['pækɪdʒɪŋ] N [U] 包装(裝) bāozhuāng

packed [pækt] ADJ 1 (*crowded*) 拥(擁)挤(擠)的 yōngjǐ de 2 (*compacted*) [+ *snow, earth*] 压(壓)坚(堅)实(實)的 yā jiānshí de ▸ **packed solid** (*with people*) 挤(擠)得水泄不通 jǐ de shuǐ xiè bù tōng

packed lunch (*Brit*) N [c] 盒装(裝)午餐 hézhuāng wǔcān [份 fèn]

packet ['pækɪt] N [c] [*of cigarettes, biscuits*] 盒 hé [个 gè]; [*of crisps, sweets, seeds*] 袋 dài [个 gè]; [*of cereals*] 包 bāo ▸ **to make a packet** (*Brit; inf*) 赚(賺)大钱(錢) zhuàn dà qián

packing ['pækɪŋ] N [U] 1 (*act*) 打包 dǎbāo 2 (*wrapping*) 包装(裝)材料 bāozhuāng cáiliào ▸ **to do one's/the packing** 打包 dǎbāo

pact [pækt] N [c] 合同 hétong [份 fèn]

pad [pæd] I N [c] 1 [*of paper*] 便笺(箋)簿 biànjiānbù [个 gè] 2 (*to prevent friction, damage*) 垫(墊) diàn 3 (*for cleaning*) 抹布 mābù 4 (*inf: home*) 住所 zhùsuǒ II VT [+ *cushion, shoulders, upholstery*] 填塞 tiánsāi III VI ▸ **to pad about/out** *etc* 踱来(來)踱去/踱出等 duólái duóqù/duóchū *děng*

▸ **elbow/knee pad** 护(護)肘/护(護)膝 hùzhǒu/hùxī

padded ['pædɪd-] ADJ [+ *jacket, shoulder, collar*] 加有衬(襯)垫(墊)的 jiāyǒu chèndiàn de

padding ['pædɪŋ] N [U] 1 (*material*) 填塞物 tiánsāiwù 2 (*fig*) 冗词(詞)赘(贅)句 rǒngcí zhuìjù

paddle ['pædl] I N [c] 1 (*for canoe*) 短桨(槳) duǎnjiǎng [个 gè] 2 (*US*) (*for table tennis*) 球拍 qiúpāi [只 zhī] [英 = **bat**] II VT [+ *boat, canoe*] 用桨(槳)划(劃) yòng jiǎng huá III VI (*at seaside*) 戏(戲)水 xìshuǐ ▸ **to go for a paddle** 去戏(戲)水 qù xìshuǐ

paddling pool ['pædlɪŋ-] (*Brit*) N [c] 浅(淺)水池 qiǎnshuǐchí [个 gè] [美 = **wading pool**]

paddock ['pædək] N [c] (*field*) 围(圍)场(場) wéichǎng; (*at race course*) 马(馬)的集中场(場) mǎ de jízhōngchǎng

padlock ['pædlɔk] I N [c] 挂(掛)锁(鎖) guàsuǒ [个 gè] II VT 锁(鎖)上 suǒshang

paedophile, (*US*) **pedophile** ['pi:dəufaɪl] I N [c] 恋(戀)童癖者 liàntóngpǐzhě [个 gè] II ADJ [+ *ring, network, activity*] 恋(戀)童癖的 liàntóngpǐ de

★ **page** [peɪdʒ] I N [c] 1 [*of book, magazine, newspaper*] 页(頁) yè 2 (*also:* **page boy**) (*in hotel*) 男听(聽)差 nán tīngchāi; (*at wedding*) 小男傧(儐)相 xiǎo nán bīnxiàng II VT (*in hotel, place of work*) [+ *person*] 广(廣)播找 guǎngbō zhǎo

pager ['peɪdʒə^r^] N [c] 寻(尋)呼机(機) xúnhūjī [个 gè]

paid [peɪd] I PT, PP *of* **pay** II ADJ [+ *work*] 有薪金的 yǒu xīnjīn de; [+ *holiday*] 带(帶)薪的 dàixīn de; [+ *staff, official*] 受雇(僱)用的 shòu gùyòng de ▸ **well paid** [+ *person*] 拿高薪的 ná gāo xīn de; [+ *job*] 薪金丰(豐)厚的 xīnjīn fēnghòu de ▸ **badly** *or* **poorly paid** [+ *person*] 拿低薪的 ná dī xīn de; [+ *job*] 低收入的 dī shōurù de ▸ **to put paid to sth** (*Brit*) 结(結)束某事 jiéshù mǒushì

pain [peɪn] N 1 [C/U] (*physical*) 疼痛 téngtòng [阵 zhèn] 2 [U] (*fig: unhappiness*) 痛苦 tòngkǔ 3 (*inf: nuisance*) ▸ **to be a pain (in the neck)** 讨(討)厌(厭)的家(傢)伙 tǎoyàn de jiāhuo [个 gè] ▸ **to have a pain in one's chest/arm** 胸痛/胳膊疼 xiōng tòng/gēbo téng ▸ **to be in pain** 在苦恼(惱)中 zài kǔnǎo zhōng ▸ **to take (great) pains to do sth** 尽(盡)力做某事 jìnlì zuò mǒushì ▸ **to take (great) pains with/over sth** 对(對)某事煞费(費)苦心 duì mǒushì shà fèi kǔxīn ▸ **what a pain!** (*inf*) 真讨(討)厌(厭)！zhēn tǎoyàn! ▸ **on pain of death/imprisonment** 违(違)者以死/监(監)禁论(論)处(處) wéizhě yǐ sǐ/jiānjìn lùn chǔ

painful ['peɪnful] ADJ 1 (*physically*) [+ *back, joint, swelling*] 疼痛的 téngtòng de; [+ *treatment, blow, spasm etc*] 痛苦的 tòngkǔ de 2 (*upsetting, unpleasant*) [+ *memory, decision, situation, sight*] 讨(討)厌(厭)的 tǎoyàn de 3 (*inf: embarrassing*) [+ *performance, interview*] 令人难(難)堪的 lìngrén nánkān de

painfully ['peɪnfəlɪ] ADV [+ *aware, obvious, shy*] 痛苦地 tòngkǔ de; [+ *slow*] 使人心烦(煩)地 shǐ rén xīnfán de

painkiller ['peɪnkɪlə^r^] N [c] 止痛药(藥) zhǐtòngyào [片 piàn]

painless ['peɪnlɪs] ADJ 1 [+ *treatment, operation, childbirth*] 无(無)痛的 wútòng de 2 (*fig*) [+ *solution, method, process*] 不费(費)力的 bù fèilì de

painstaking ['peɪnzteɪkɪŋ] ADJ [+ *work, research,*

P

investigation] 艰(艱)苦的 jiānkǔ de; [+ *person*] 勤奋(奮)努力的 qínfèn nǔlì de

paint [peɪnt] **I** N [c/U] **1** (*decorator's*) 油漆 yóuqī [桶 tǒng] **2** (*artist's*) 颜(顏)料 yánliào [罐 guàn] **II** VT **1** (*decorate*) [+ *wall, door, house*] 油漆 yóuqī **2** (*portray*) [+ *person, object*] 描绘(繪) miáohuì **3** (*create*) [+ *picture, portrait*] 用颜(顏)料画(畫) yòng yánliào huà **III** VI (*creatively*) 绘(繪)画(畫) huìhuà ▸ **a tin of paint** 一罐颜(顏)料 yīguàn yánliào ▸ **to paint sth blue/white** *etc* 把某物涂(塗)成蓝(藍)色/白色等 bǎ mǒuwù túchéng lánsè/báisè děng ▸ **to paint a grim/gloomy/vivid picture of sth** 将(將)某物描绘(繪)成一副凄(淒)凉(涼)/灰暗/生动(動)的景象 jiāng mǒuwù miáohuì chéng yī fù qīliáng/huī'àn/shēngdòng de jǐngxiàng ▸ **to paint in oils** 画(畫)油画(畫) huà yóuhuà

paintbrush ['peɪntbrʌʃ] N [c] **1** (*decorator's*) 漆刷 qīshuā [个 gè] **2** (*artist's*) 画(畫)笔(筆) huàbǐ [支 zhī]

painter ['peɪntəʳ] N [c] **1** (*artist*) 画(畫)家 huàjiā [位 wèi] **2** (*decorator*) 油漆工 yóuqīgōng [个 gè]

painting ['peɪntɪŋ] N **1** [U] (*activity*) (*artistic*) 绘(繪)画(畫) huìhuà; (*decorating walls, doors etc*) 上油漆 shàng yóuqī **2** [c] (*picture*) 画(畫) huà [幅 fú]

paintwork ['peɪntwəːk] N [U] 漆面 qīmiàn

pair [pɛəʳ] N [c] **1** [*of shoes, gloves, socks*] 双(雙) shuāng **2** (*two people*) 对(對) duì ▸ **a pair of scissors** 一把剪刀 yībǎ jiǎndāo ▸ **a pair of trousers** 一条(條)裤(褲)子 yī tiáo kùzi ▸ **in pairs** 成对(對)地 chéngduì de

▸**pair off** VI ▸ **to pair off with sb** 与(與)某人成双(雙)成对(對) yǔ mǒurén chéngshuāng chéngduì

> 名词 **pair** 后既可跟动词单数形式也可跟动词复数形式，具体用法取决于它所指的两个事物或人是被看作一个整体还是两者的集合。*A good pair of trainers is essential...The pair are still friends and meet regularly.*

pajamas [pəˈdʒaːməz] (*US*) N PL = **pyjamas**

Pakistan [paːkɪˈstaːn] N 巴基斯坦 Bājīsītǎn

Pakistani [paːkɪˈstaːnɪ] **I** ADJ 巴基斯坦的 Bājīsītǎn de **II** N [c] 巴基斯坦人 Bājīsītǎn rén [个 gè]

pal [pæl] (*inf*) N [c] 好友 hǎoyǒu [位 wèi]

palace ['pæləs] N [c] 宫(宮)殿 gōngdiàn [座 zuò] ▸ **Buckingham Palace** 白金汉(漢)宫(宮) Báijīnhàn gōng

pale [peɪl] **I** ADJ **1** (*light*) [+ *wall, wood*] 灰暗的 huī'àn de; [+ *colour*] 淡的 dàn de **2** (*milky*) [+ *light, sky*] 昏暗的 hūn'àn de **3** (*fair*) [+ *skin, complexion*] 白皙的 báixī de **4** (*from sickness, fear*) [+ *face, person*] 苍(蒼)白的 cāngbái de **II** N [c] ▸ **beyond the pale** 越轨(軌)的 yuèguǐ de **III** VI [*cheeks* +] 变(變)苍(蒼)白 biàn cāngbái ▸ **pale blue/pink/green** 淡蓝(藍)色/粉红(紅)色/绿(綠)色 dàn lánsè/fěnhóngsè/lǜsè ▸ **to grow** *or* **turn** *or* **go pale** 变(變)得苍(蒼)白 biàn de cāngbái ▸ **to pale into insignificance (beside sth)** (与(與)某事比)微不足道 (yǔ mǒushì bǐ)wēi bù zú dào

Palestine ['pælɪstaɪn] N 巴勒斯坦 Bālèsītǎn

Palestinian [pælɪsˈtɪnɪən] **I** ADJ 巴勒斯坦的 Bālèsītǎn de **II** N [c] 巴勒斯坦人 Bālèsītǎn rén [个 gè]

palette ['pælɪt] N [c] **1** (*for mixing paints*) 调(調)色盘(盤) tiáosèpán [个 gè] **2** (*range of colours*) 一套颜(顏)料 yītào yánliào

palm [paːm] N [c] **1** (*also:* **palm tree**) 棕榈(櫚)树(樹) zōnglǘshù [棵 kē] **2** [*of hand*] 手掌 shǒuzhǎng [个 gè]

▸**palm off** (*inf*) VT ▸ **to palm sth off on sb** 把某物硬塞给(給)某人 bǎ mǒuwù yìngsāi gěi mǒurén

palmtop ['paːmtɔp] N [c] 掌上电(電)脑(腦) zhǎngshàng diànnǎo [台 tái]

pamper ['pæmpəʳ] VT [+ *child, pet*] 纵(縱)容 zòngróng ▸ **to pamper o.s.** 放纵(縱)自己 fàngzòng zìjǐ

pamphlet ['pæmflət] N [c] 小册(冊)子 xiǎocèzi [本 běn]

pan [pæn] **I** N [c] **1** (*also:* **saucepan**) 炖(燉)锅(鍋) dùnguō [口 kǒu] **2** (*US*) (*for baking*) 平底锅(鍋) píngdǐguō [口 kǒu] **II** VI (*Cine, TV*) 摇(搖)镜(鏡)头(頭) yáo jìngtóu **III** VT (*inf*) [+ *book, film*] 严(嚴)厉(厲)批评(評) yánlì pīpíng ▸ **to pan for gold** 淘金 táojīn

Panama ['pænəmaː] N 巴拿马(馬) Bā'námǎ

pancake ['pænkeɪk] N [c] 薄煎饼(餅) báo jiānbing [张 zhāng]

> **PANCAKE**
>
> 如果你要求英国厨师和美国厨师为你做一张 **pancake**，饼的样子决不会是一模一样。在这两个国家，**pancake** 都呈扁平圆形，用牛奶，面粉和鸡蛋打成面糊，油炸后，趁热吃。英国的饼很薄，经常卷起来，或者夹有甜味或其他口味的馅儿。很多人在 **Shrove Tuesday**（忏悔星期二）即 **Lent**（大斋节）开始前的一天吃饼，这一天就是人们熟知的 **Pancake Day**（煎饼节）。（**Lent** 是指复活节前的40天，从前基督教徒有在这段时间里斋戒的传统。）在美国，**pancake** 相对较小，较厚，通常在早餐时，就着黄油和枫糖吃。

panda ['pændə] N [c] 熊猫(貓) xióngmāo [只 zhī]

pander ['pændəʳ] VI ▸ **to pander to** [+ *person, whim, desire, opinion*] 迎合 yínghé

p & h (*US*) ABBR (= **postage and handling**) = **p & p**

p & p (*Brit*) ABBR (= **postage and packing**) 邮(郵)费(費)及包装(裝)费(費) yóufèi jí bāozhuāngfèi [美 = **p & h**]

pane [peɪn] N [c] [*of glass*] 窗格玻璃 chuānggé bōlí [块 kuài]

panel ['pænl] N [c] **1** [*of wood, metal etc*] 板 bǎn [块 kuài] **2** (*group of judges, experts*) 专(專)门(門)小组(組) zhuānmén xiǎozǔ ▸ **control** *or* **instrument panel** 控制板或仪(儀)表板 kòngzhì bǎn*huò*yíbiǎo bǎn

panelled, (US) paneled ['pænld] ADJ [+ *room, wall, door*] 有镶(鑲)板的 yǒu xiāngbǎn de

panelling, (US) paneling ['pænəlɪŋ] N [U] 镶(鑲)板 xiāngbǎn

pang [pæŋ] N [c] [*of regret, sadness, guilt, conscience*] 悲痛 bēitòng ▸ **hunger pangs** 一阵(陣)饥(飢)饿(餓)感 yī zhèn jī'è gǎn

panhandler ['pænhændləʳ] (*US; inf*) N [c] 乞丐 qǐgài [个 gè] [英 = **beggar**]

panic ['pænɪk] I N **1** [U] (*anxiety*) 惊(驚)恐 jīngkǒng **2** [c] (*scare*) 恐慌 kǒnghuāng [阵 zhèn] II VI [*person, crowd* +] 惊(驚)慌 jīnghuāng III VT [+ *person*] 使惊(驚)慌 shǐ jīnghuāng ▸ **to be in a panic** 处(處)于(於)焦虑(慮)不安中 chǔyú jiāolǜ bù'ān zhōng ▸ **to do sth in a panic** 惊(驚)慌失措地做某事 jīnghuāng shī cuò de zuò mǒushì ▸ **to get into a panic** 陷入恐慌 xiànrù kǒnghuāng

panorama [pænə'rɑːmə] N [c] 全景 quánjǐng

pansy ['pænzɪ] N [c] (*flower*) 三色紫罗(羅)兰(蘭) sānsè zǐluólán [束 shù]

pant [pænt] VI [*person* +] 喘气(氣) chuǎnqì; [*animal* +] 气(氣)喘吁吁 qìchuǎn xūxū

panther ['pænθəʳ] N [c] 豹 bào [只 zhī]

panties ['pæntɪz] (*esp US*) N PL 短衬(襯)裤(褲) duǎn chènkù [英 = **pants, knickers**]

pantomime ['pæntəmaɪm] (*Brit*) N [c/U] 童话(話)剧(劇) tónghuàjù [部 bù]

PANTOMIME

作为圣诞节期间的特殊节目，英国家长会带孩子去看一场 **pantomime**，又称为 **panto**，一种取材于童话传说或传统故事的戏剧。演员穿着奇特的戏装，还有很多歌曲和舞蹈表演。观众的参与受到鼓励。孩子们给反派角色喝倒彩，使劲给男女主人公鼓劲。男主人公可能会由年轻的女演员反串，而男演员则反串岁数较大的女性角色（常常是男主人公的母亲）。

pants [pænts] N PL **1** (*Brit*) (*underwear*) 内(內)裤(褲) nèikù [美 = **underpants**] **2** (*US*) (*trousers*) 裤(褲)子 kùzi [英 = **trousers**] ▸ **a pair of pants** (*Brit*) (*underwear*) (*woman's, man's*) 一条(條)内(內)裤(褲) yī tiáo nèikù; (*US*) (*trousers*) 一条(條)裤(褲)子 yī tiáo kùzi

pantyhose ['pæntɪhəuz] (*US*) N PL 连(連)裤(褲)袜(襪) liánkùwà ▸ **a pair of pantyhose** 一条(條)连(連)裤(褲)袜(襪) yītiáo liánkùwà [英 = **tights**]

★ **paper** ['peɪpəʳ] I N **1** [U] 纸(紙) zhǐ **2** [c] (*also:* **newspaper**) 报(報)纸(紙) bàozhǐ [份 fèn] **3** [c] (*exam*) 试(試)卷 shìjuàn [份 fèn] **4** [c] (*academic essay*) (*spoken*) 论(論)文 lùnwén [篇 piān]; (*written*) 文章 wénzhāng [篇 piān] **5** [c] (*official report*) 文件 wénjiàn [份 fèn] **6** [U] (*wallpaper*) 壁纸(紙) bìzhǐ II ADJ [+ *hat, aeroplane, cup, plate, towel*] 纸(紙)制(製)的 zhǐzhì de III VT [+ *room*] 贴(貼)壁纸(紙)于(於) tiē bìzhǐ yú IV **papers** N PL **1** (*also:* **identity papers**) 身份证(證)件 shēnfèn zhèngjiàn **2** (*documents*) 文件 wénjiàn [份 fèn] ▸ **a piece of paper** (*odd bit, sheet*) 一张(張)纸(紙) yīzhāng zhǐ ▸ **to put sth down on paper** 把某事写(寫)下来(來) bǎ mǒushì xiě xiàlai

paperback ['peɪpəbæk] I N [c] 平装(裝)书(書) píngzhuāng shū [本 běn] II ADJ ▸ **paperback edition** 平装(裝)版 píngzhuāng bǎn

paper bag N [c] 纸(紙)制(製)购(購)物袋 zhǐzhì gòuwùdài [个 gè]

paper boy N [c] 送报(報)男孩 sòngbào nánhái [个 gè]

paper clip N [c] 回(迴)形针(針) huíxíngzhēn [枚 méi]

paper girl N [c] 送报(報)女孩 sòngbào nǚhái [个 gè]

paper handkerchief N [c] 面巾纸(紙) miànjīnzhǐ [包 bāo]

paper hanky (*inf*) N [c] 面巾纸(紙) miànjīnzhǐ [包 bāo]

paperweight ['peɪpəweɪt] N [c] 压(壓)纸(紙)器 yāzhǐqì [个 gè]

paperwork ['peɪpəwəːk] N [U] 文书(書)工作 wénshū gōngzuò

paprika ['pæprɪkə] N [U] 辣椒粉 làjiāofěn

pap smear, pap test [pæp-] N [c] 子宫(宮)颈(頸)涂(塗)片检查 zǐgōngjǐng túpiàn jiǎnchá [英 = **smear (test)**]

par [pɑːʳ] N [U] **1** (*standard*) ▸ **to be below par** 一般水平以下 yībān shuǐpíng yǐxià **2** (*Golf*) 标(標)准(準)杆(桿)数(數) biāozhǔn gānshù ▸ **to be on a par with** 与(與)…同等水平 yǔ…tóngděng shuǐpíng ▸ **to feel below** *or* **under par** 感觉(覺)身体(體)不适(適) gǎnjué shēntǐ bùshì ▸ **under/over par** (*Golf*) 低于(於)/高于(於)标(標)准(準)杆(桿)数(數) dī yú/gāo yú biāozhǔn gānshù ▸ **to be par for the course** (*fig*) 不出所料的 bù chū suǒ liào de

paracetamol [pærə'siːtəmɔl] N [c/U] 扑(撲)热(熱)息痛 pūrèxītòng [片 piàn]

parachute ['pærəʃuːt] I N [c] 降落伞(傘) jiàngluòsǎn [个 gè] II VI 跳伞(傘) tiàosǎn III VT 伞(傘)投 sǎntóu ▸ **to parachute sb/sth into** [+ *country, region*] 用降落伞(傘)将(將)某人/某物空投到 yòng jiàngluòsǎn jiāng mǒurén/mǒuwù kōngtóu dào

parade [pə'reɪd] I N [c] 游(遊)行 yóuxíng [次 cì] II VT **1** [+ *prisoners*] 使…游(遊)街 shǐ…yóujiē

P

2 (*show off*) [+ *object, person, wealth, knowledge*] 炫耀 xuànyào **III** VI 游(遊)行 yóuxíng
paradise ['pærədaɪs] N **1** [U] (*Rel*) (*heaven*) 天堂 tiāntáng **2** [C/U] (*fig*) 乐(樂)园(園) lèyuán [个 gè]
paradox ['pærədɔks] N [C] **1** (*situation*) 自相矛盾 zìxiāng máodùn **2** (*statement*) 反论(論) fǎnlùn
paradoxically [pærə'dɔksɪklɪ] ADV 自相矛盾地 zìxiāng máodùn de
paraffin ['pærəfɪn] (*Brit*) N [U] (*also*: **paraffin oil**) 石蜡(蠟) shílà [美 = **kerosene**]
paragraph ['pærəgrɑːf] N [C] 段落 duànluò [个 gè] ▸ **to begin a new paragraph** 开(開)始一个(個)新的段落 kāishǐ yī gè xīn de duànluò
Paraguay ['pærəgwaɪ] N **1** (*country*) 巴拉圭 Bālāguī **2** (*river*) ▸ **the Paraguay** 巴拉圭河 Bālāguī Hé
Paraguayan [pærə'gwaɪən] **I** ADJ 巴拉圭的 Bālāguī de **II** N [C] 巴拉圭人 Bālāguīrén [个 gè]
parallel ['pærəlɛl] **I** ADJ **1** [+ *lines, walls, streets*] 平行的 píngxíng de **2** (*fig*: *similar*) 相似的 xiāngsì de; (*simultaneous*) 同时(時)的 tóngshí de **3** (*Comput*) 并(並)行的 bìngxíng de **II** N [C] **1** (*similarity*) 相似 xiāngsì **2** (*Geo*) 纬(緯)度圈 wěidùquān **III** VT 与(與)…相似 yǔ…xiāngsì ▸ **to be parallel to sth** 与(與)某物平行 yǔ mǒuwù píngxíng ▸ **to run parallel (with** *or* **to)** (*lit*) (与(與)…) 平行 (yǔ…)píngxíng; (*fig*) (与(與)…) 同时(時)发(發)生 (yǔ…)tóngshí fāshēng ▸ **in parallel (with sth)** (与(與)某事) 同时(時) (yǔ mǒushì)tóngshí ▸ **to draw parallels between/with** 从(從)…中/与(與)…找到相似之处(處) cóng…zhōng/yǔ…zhǎodào xiāngsì zhī chù
paralyse, (*US*) **paralyze** ['pærəlaɪz] VT **1** (*Med*) 使瘫(癱)痪(瘓) shǐ tānhuàn **2** (*fig*) [+ *airport, organization, production*] 使瘫(癱)痪(瘓) shǐ tānhuàn ▸ **to be paralysed with** *or* **by fear/indecision** 害怕/优(優)柔寡断(斷)得不知所措 hàipà/yōuróu guǎ duàn de bù zhī suǒ cuò
paralysed, (*US*) **paralyzed** ['pærəlaɪzd] (*Med*) ADJ [+ *person, limb*] 瘫(癱)痪(瘓)的 tānhuàn de
paralysis [pə'rælɪsɪs] (*Med*) N [U] 瘫(癱)痪(瘓) tānhuàn
paralyze ['pærəlaɪz] (*US*) VT = **paralyse**
paramedic [pærə'mɛdɪk] N [C] 护(護)理人员(員) hùlǐ rényuán [位 wèi]
paramount ['pærəmaunt] ADJ 最高的 zuìgāo de ▸ **of paramount importance** 至关(關)重要 zhì guān zhòngyào
paranoid ['pærənɔɪd] (*inf*) ADJ (*suspicious*) 多疑的 duōyí de
parasite ['pærəsaɪt] N [C] **1** (*lit*: *insect*) 寄生虫(蟲) jìshēngchóng [条 tiáo]; (*plant*) 寄生植物 jìshēng zhíwù [株 zhū] **2** (*fig*: *person*) 寄生虫(蟲) jìshēngchóng [条 tiáo] [条 tiáo]
parcel ['pɑːsl] **I** N [C] (*package*) 包裹 bāoguǒ [个 gè] [美 = **package**] **II** VT (*also*: **parcel up**) 打包 dǎbāo
▸**parcel out** VT [+ *land*] 瓜分 guāfēn
pardon ['pɑːdn] **I** VT **1** (*Law*) [+ *prisoner*] 赦免 shèmiǎn **2** (*forgive*) [+ *sin, error, person*] 原谅(諒) yuánliàng **II** N [C] (*Law*) 赦免 shèmiǎn ▸ **to pardon sb for sth/for doing sth** 原谅(諒)某人某事/做某事 yuánliàng mǒurén mǒushì/zuò mǒushì ▸ **I beg your pardon!, pardon me!** (*I'm sorry!*) 对(對)不起！ Duìbuqǐ! ▸ **(I beg your) pardon?,** (*US*) **pardon me?** (*what did you say?*) 请(請)问(問)您刚(剛)才说(說)什么(麼)? qǐngwèn nín gāngcái shuō shénme? ▸ **pardon me!** (*esp Brit*) (*to get attention*) 劳(勞)驾(駕)! Láojià!
★ **parent** ['pɛərənt] **I** N [C] **1** (*father*) 父亲(親) fùqīn [位 wèi] **2** (*mother*) 母亲(親) mǔqīn [位 wèi] **II parents** N PL 父母 fùmǔ
parental [pə'rɛntl] ADJ [+ *guidance, responsibility*] 父母的 fùmǔ de
Paris ['pærɪs] N 巴黎 Bālí
parish ['pærɪʃ] N [C] **1** [*of church*] 教区(區) jiàoqū **2** (*civil*) 行政堂区(區) xíngzhèng tángqū
park [pɑːk] **I** N [C] **1** (*public garden*) 公园(園) gōngyuán [个 gè] **2** (*Brit*) (*private*) 私家庄(莊)园(園) sījiā zhuāngyuán **II** VT 停放 tíngfàng **III** VI 停车(車) tíngchē
parked ['pɑːkt] ADJ [+ *driver, car*] 停着(著)的 tíng zhe de
parking ['pɑːkɪŋ] N [U] 停车(車) tíngchē ▸ **"no parking"** "严(嚴)禁停车(車)" "yánjìn tíngchē"
parking lights (*US*) N PL [英 = **sidelights**]
parking lot (*US*) N [C] 停车(車)场(場) tíngchēchǎng [个 gè] [英 = **car park**]
parking meter N [C] 停车(車)计(計)时(時)器 tíngchē jìshíqì [个 gè]
parking ticket N [C] 违(違)章停车(車)罚(罰)款单(單) wéizhāng tíngchē fákuǎndān [张 zhāng]
parliament ['pɑːləmənt] (*Brit*) N [C/U] 议(議)会(會) yìhuì [个 gè]
parliamentary [pɑːlə'mɛntərɪ] ADJ 议(議)会(會)的 yìhuì de
parlour, (*US*) **parlor** ['pɑːlə^r] N [C] **1** (*in house*) 起居室 qǐjūshì [间 jiān] **2** (*shop*) ▸ **pizza/ice-cream parlour** 比萨(薩)饼(餅)/冰淇淋店 bǐsàbǐng/bīngqílín diàn
Parmesan [pɑːmɪ'zæn] N [U] (*also*: **Parmesan cheese**) 巴尔(爾)马(馬)干(乾)酪 Bā'ěrmǎ Gānlào
parole [pə'rəul] **I** N [U] 假释(釋) jiǎshì **II** VT 假释(釋) jiǎshì ▸ **to be on parole** 宣誓后(後)获(獲)释(釋) xuānshì hòu huòshì
parrot ['pærət] N [C] 鹦(鸚)鹉(鵡) yīngwǔ [只 zhī]
parsley ['pɑːslɪ] N [U] 欧(歐)芹 ōuqín
parsnip ['pɑːsnɪp] N [C] 欧(歐)洲防风(風)根 ōuzhōu fángfēnggēn
parson ['pɑːsn] (*o.f.*) N [C] (*Church of England*) 教区(區)牧师(師) jiàoqū mùshī [名 míng]; (*in*

other church) 牧师(師) mùshī [名 míng]

★**part** [pɑːt] **I** N **1** [c/ʊ] *(section, division)* 部分 bùfen [个 gè] ▷ *She spent the first part of her honeymoon in hospital.* 她蜜月的头一部分是在医院里度过的。Tā mìyuè de tóu yī bùfen shì zài yīyuàn lǐ dùguò de. ▷ *The exam is divided into two parts.* 考试分为两部分。Kǎoshì fēn wéi liǎng bùfen. ▷ *This is still a major problem in some parts of the world.* 这仍然是世界上某些地方的一个主要问题。Zhè réngrán shì shìjiè shang mǒuxiē dìfang de yī gè zhǔyào wèntí. **2** [c] *(piece)* [*of machine, vehicle*] 部件 bùjiàn [个 gè] ▷ *a group of workers who make parts for generators* 一组生产发电机部件的工人 yī zǔ shēngchǎn fādiànjī bùjiàn de gōngrén **3** [c] *(Theat, Cine, TV, Rad) (role)* 角色 juésè [个 gè] ▷ *King Lear is certainly the most difficult part in the play.* 李尔王无疑是这部戏中最难的角色。Lǐ'ěrwáng wúyí shì zhè bù xì zhōng zuì nán de juésè. **4** [s] *(involvement)* 份儿(兒) fènr ▷ *If only he could conceal his part in the accident.* 但愿他会隐瞒他在事故中也有份儿。Dànyuàn tā huì yǐnmán tā zài shìgù zhōng yě yǒu fènr. **5** [c] *(of serialized story, play)* 分部 fēnbù **6** [c] *(US) (in hair)* 分缝(縫) fēnfèng [英 = **parting**] **7** [c] *(Mus)* 声(聲)部 shēngbù **II** ADV = **partly** **III** VT **1** *(separate)* [+ *objects*] 分开(開) fēnkāi; [+ *couple, family members*] 使分开(開) shǐ fēnkāi; [+ *fighters*] 拉开(開) lākāi **2** *(divide)* [+ *hair*] 分 fēn **IV** VI **1** *(leave each other)* [*couple* +] 分手 fēnshǒu **2** *(take one's leave)* [*people* +] 分别(別) fēnbié **3** *(divide)* [*crowd* +] 分开(開) fēnkāi ▸ **to take part in** *(participate in)* 参(參)加 cānjiā ▸ **to play a part in** *(be part of)* 在…中起作用 zài...zhōng qǐ zuòyòng ▸ **to look the part** 仪(儀)表得体(體) yíbiǎo détǐ ▸ **to take sth in good part** 不因某事而见(見)怪 bù yīn mǒushì ér jiàn guài ▸ **to take sb's part** 支持某人 zhīchí mǒurén ▸ **on sb's part** 在某人方面 zài mǒurén fāngmiàn ▸ **for my/his part** 就我/他来(來)说(說) jiù wǒ/tā lái shuō ▸ **for the most part** *(usually, generally)* 大抵 dàdǐ ▸ **in part** 在某种(種)程度上 zài mǒu zhǒng chéngdù shàng ▸ **for the better** *or* **best part of the day** 一天中大部分时(時)间(間) yī tiān zhōng dà bùfen shíjiān ▸ **to be part and parcel of sth** 某事物的主要组(組)成部分 mǒushìwù de zhǔyào zǔchéng bùfen
▸**part with** VT FUS [+ *possessions*] 放弃(棄) fàngqì; [+ *money, cash*] 花 huā

partial ['pɑːʃl] ADJ **1** *(incomplete)* [+ *victory, support, solution*] 部分的 bùfen de **2** *(unjust)* 偏袒的 piāntǎn de **3** ▸ **to be partial to sb/sth** 偏爱(愛)某人/某事 piān'ài mǒurén/mǒushì

partially ['pɑːʃəlɪ] ADV *(partly)* 部分地 bùfen de ▸ **partially sighted/deaf** 半盲/聋(聾) bàn máng/lóng

participant [pɑː'tɪsɪpənt] N [c] *(in activity, debate, on course etc)* 参(參)加者 cānjiāzhě

participate [pɑː'tɪsɪpeɪt] VI 参(參)与(與) cānyù ▸ **to participate in sth** [+ *activity, discussion*] 参(參)加某事 cānjiā mǒushì

participation [pɑːtɪsɪ'peɪʃən] N [ʊ] *(in competition, discussion)* 参(參)与(與) cānyù

particle ['pɑːtɪkl] N [c] [*of dust, metal*] 微粒 wēilì [颗 kē]; [*of food*] 小粒 xiǎolì

particular [pə'tɪkjulə^r] **I** ADJ **1** *(specific)* [+ *person, thing, time, place*] 特定的 tèdìng de **2** *(special)* 特有的 tèyǒu de **3** *(great)* 特别(別)的 tèbié de **II particulars** N PL *(details)* 细(細)节(節) xìjié; *(name, address etc)* 详(詳)情 xiángqíng ▸ **in particular** 尤其 yóuqí ▸ **to be very particular about sth** *(fussy, demanding)* 对(對)某事很挑剔 duì mǒushì hěn tiāotī

particularly [pə'tɪkjuləlɪ] ADV **1** *(especially)* 尤其 yóuqí **2** *(really)* [+ *difficult, good, beautiful, badly*] 特别(別)地 tèbié de; [*like, dislike, want* +] 格外地 géwài de

parting ['pɑːtɪŋ] **I** N **1** [c/ʊ] *(leave-taking)* 分离(離) fēnlí **2** [c/ʊ] *(separation)* 分界 fēnjiè **3** [c] *(Brit) (in hair)* 分缝(縫) fēnfèng [美 = **part**] **II** ADJ [+ *words, gift, kiss*] 临(臨)别(別)的 línbié de ▸ **parting shot** 临(臨)别(別)恶(惡)语(語) línbié èyǔ

partition [pɑː'tɪʃən] **I** N **1** [c] *(wall, screen)* 分隔物 fēngéwù **2** [ʊ] [*of country*] 分裂 fēnliè **II** VT **1** [+ *room, office*] 分隔 fēngé **2** [+ *country*] 分裂 fēnliè

partly ['pɑːtlɪ] ADV *(to some extent)* 部分地 bùfen de

partner ['pɑːtnə^r] **I** N [c] **1** *(wife, husband, girlfriend, boyfriend)* 伴侣(侶) bànlǚ [个 gè] **2** *(in firm)* 合伙(夥)人 héhuǒrén [个 gè] **3** *(in treaty, agreement etc)* 合作者 hézuòzhě **4** *(Sport)* 搭档(檔) dādàng [个 gè] **5** *(for cards, games)* 对(對)家 duìjiā [个 gè] **6** *(at dance)* 舞伴 wǔbàn [个 gè] **II** VT [+ *person*] *(at dance)* 做…的舞伴 zuò...de wǔbàn; *(in card game)* 做…的对(對)家 zuò...de duìjiā ▸ **business partner** 生意伙(夥)伴 shēngyì huǒbàn

partnership ['pɑːtnəʃɪp] N [c/ʊ] **1** *(between people, organizations)* 合伙(夥)关(關)系(係) héhuǒ guānxì **2** *(in firm, business)* 合伙(夥)人身份 héhuǒrén shēnfen ▸ **to go into partnership** *or* **form a partnership (with sb)** (与(與)某人)合伙(夥)做生意 (yǔ mǒurén)héhuǒ zuò shēngyì

part of speech *(pl* **parts of speech)** N [c] 词(詞)性 cíxìng

partridge ['pɑːtrɪdʒ] N [c] 山鹑(鶉) shānchún [只 zhī]

part-time ['pɑː't'taɪm] **I** ADJ [+ *work, staff, course, student*] 兼职(職)的 jiānzhí de **II** ADV [*work, study* +] 部分时(時)间(間)地 bùfen shíjiān de

★**party** ['pɑːtɪ] N [c] **1** *(Pol)* 党(黨) dǎng [个 gè] **2** *(social event)* 聚会(會) jùhuì [次 cì] **3** *(group)* 群 qún **4** *(Law)* 一方 yīfāng ▸ **birthday party** 生日聚会(會) shēngrì jùhuì ▸ **dinner party** 家

宴 jiāyàn ▸ **to give** *or* **throw** *or* **have a party** 举(舉)行晚会(會) jǔxíng wǎnhuì ▸ **to be (a) party to sth** [+ *crime, undertaking*] 参(參)与(與)某事 cānyù mǒushì

★ **pass** [pɑːs] **I** VT **1** (*spend*) [+ *time*] 度过(過) dùguò ▷ *The children passed the time playing in the street.* 孩子们在街上玩以消磨时间。Háizimen zài jiē shàng wán yǐ xiāomó shíjiān. **2** (*hand*) ▸ **to pass sb sth** [+ *salt, glass, newspaper, tool*] 把某物递(遞)给(給)某人 bǎ mǒuwù dìgěi mǒurén ▷ *She passed me her glass.* 她把她的玻璃杯递给我。Tā bǎ tā de bōlíbēi dìgěi wǒ. **3** (*go past*) [+ *place, person*] 经(經)过(過) jīngguò ▷ *We passed the new hotel.* 我们经过了那家新旅馆。Wǒmen jīngguòle nà jiā xīn lǚguǎn. **4** (*move*) ▸ **to pass sth through/around/over sth** 将(將)某物穿过(過)/围(圍)住/跨过(過)某物 jiāng mǒuwù chuānguò/wéizhù/kuàguò mǒuwù **5** (*overtake, exceed*) [+ *vehicle*] 超过(過) chāoguò ▷ *We got behind a tractor and couldn't pass it.* 我们跟在一辆拖拉机后面，没法超过。Wǒmen gēn zài yī liàng tuōlājī hòumiàn, méifǎ chāoguò. ▷ *Contributions for 1986 have already passed the 3 million mark.* 1986年的捐款额已超过了300万英镑的数目。Yī jiǔ bā liù nián de juānkuǎn'é yǐ chāoguòle sānbǎi wàn yīngbàng de shùmù. **6** [+ *exam, test*] 通过(過) tōngguò ▷ *Kevin has just passed his driving test.* 凯文刚刚通过驾驶测试。Kǎiwén gānggāng tōngguò jiàshǐ cèshì. **7** (*approve*) [+ *law, proposal*] 批准 pīzhǔn ▷ *Many of the laws passed by Parliament are never enforced.* 国会批准的许多法案从未强制执行。Guóhuì pīzhǔn de xǔduō fǎ'àn cóng wèi qiángzhì zhíxíng. **8** (*Sport*) ▸ **to pass sb the ball** 把球传(傳)给(給)某人 bǎ qiú chuángěi mǒurén **II** VI **1** (*go by*) [*time* +] 过(過)去 guòqù ▷ *Several minutes passed.* 几分钟过去了。Jǐ fēnzhōng guòqù le. **2** (*go past*) [*vehicles, people* +] 经(經)过(過) jīngguò ▷ *The ships sounded their hooters as they passed.* 船只经过时鸣汽笛。Chuánzhī jīngguò shí míng qìdí. **3** (*go*) ▸ **to pass through/over/near sth** 穿过(過)/跨过(過)/移近某物 chuānguò/kuàguò/yíjìn mǒuwù **4** (*in exam*) 及格 jígé ▷ *She told me that I had passed.* 她告诉我我及格了。Tā gàosù wǒ wǒ jígé le. **5** ▸ **to pass to sb** [*inheritance, estate* +] 传(傳)给(給)某人 chuángěi mǒurén **III** N [c] **1** (*permit*) 许(許)可证(證) xǔkězhèng **2** (*in mountains*) 隘口 àikǒu [个 gè] **3** (*Sport*) 传(傳)球 chuánqiú ▸ **to pass without comment** 默许(許) mòxǔ ▸ **to pass unnoticed** 被忽略过(過)去 bèi hūlüè guòqù ▸ **to pass for 25** 被认(認)为(為)有25岁(歲) bèi rènwéi yǒu èrshí wǔ suì ▸ **to pass as sth/sb** 当(當)作某事/某人 dāngzuò mǒushì/mǒurén ▸ **I'll pass, thanks** (*inf*) 不用了，谢(謝)谢(謝) bùyòng le, xièxie ▸ **to get a pass (in sth)** (*Scol, Univ*) (某考试(試))达(達)到及格标(標)准(準) (mǒu kǎoshì)dádào jígé biāozhǔn ▸ **to make a pass at sb** (*inf*) 向某人调(調)情 xiàng mǒurén tiáoqíng ▸ **things have come to a pretty pass** (*Brit; inf*) 事情到了如此糟糕的境地 shìqing dàole rúcǐ zāogāo de jìngdì

▸**pass around, pass round** VT 传(傳)递(遞) chuándì

▸**pass away** VI (*die*) 去世 qùshì

▸**pass by I** VI 走过(過) zǒuguò **II** VT [*life, love* +] 漠视(視) mòshì

▸**pass down** VT [+ *customs, inheritance*] 把…往下传(傳) bǎ...wǎngxià chuán

▸**pass off** VI [*event, demonstration* +] 完成 wánchéng

▸**pass off as** VT [+ *person, object*] 冒充作 màochōng zuò ▷ *She passed him off as her young brother.* 她把他冒充作自己的弟弟。Tā bǎ tā màochōng zuò zìjǐ de dìdi. ▷ *horse meat passed off as beef* 将马肉假冒作牛肉 jiāng mǎròu jiǎmào zuò niúròu ▸ **to pass o.s. off as sth** 自己冒充作某物 zìjǐ màochōng zuò mǒuwù

▸**pass on I** VT ▸ **to pass sth on (to sb)** [+ *news, information, message*] 把某物传(傳)给(給)(某人) bǎ mǒuwù chuángěi (mǒurén); [+ *illness*] 把某病传(傳)染给(給)(某人) bǎ mǒubìng chuánrǎn gěi (mǒurén); [+ *benefits, costs, price rises*] 将(將)某事波及(某人) jiāng mǒushì bōjí (mǒurén) **II** VI (*die*) 去世 qùshì

▸**pass out** VI **1** (*faint*) 昏厥 hūnjué **2** (*Brit: Mil*) 毕(畢)业(業) bìyè

▸**pass over I** VT (*ignore*) 不予考虑(慮) bùyǔ kǎolǜ **II** VI (*die*) 去世 qùshì

▸**pass round** VT = **pass around**

▸**pass up** VT [+ *opportunity, chance*] 放弃(棄) fàngqì

passable ['pɑːsəbl] ADJ **1** [+ *road*] 可通行的 kě tōngxíng de **2** (*acceptable*) [+ *restaurant, attempt, quality*] 尚可的 shàngkě de

passage ['pæsɪdʒ] N **1** [c] (*corridor*) 走廊 zǒuláng [条 tiáo] **2** [c] (*in book, speech, piece of music*) 段 duàn [个 gè] **3** [c] (*Anat*) 通道 tōngdào [条 tiáo] **4** [ʊ] (*movement, progress*) 通过(過) tōngguò **5** [c] (*on boat: journey*) 航行 hángxíng [次 cì] ▸ **to clear a passage (through sth)** (从(從)某事物中)开(開)出一条(條)路 (cóng mǒushìwù zhōng)kāi chū yī tiáo lù ▸ **the passage of time** 时(時)间(間)的推移 shíjiān de tuīyí

passageway ['pæsɪdʒweɪ] N [c] 走廊 zǒuláng [条 tiáo]

passenger ['pæsɪndʒəʳ] N [c] (*in car, boat, plane etc*) 乘客 chéngkè [位 wèi]

passer-by [pɑːsə'baɪ] (*pl* **passers-by**) N [c] 过(過)路人 guòlùrén [个 gè]

passing ['pɑːsɪŋ] **I** ADJ [+ *comment, glimpse, thought*] 短暂(暫)的 duǎnzàn de; [+ *moment*] 飞(飛)逝的 fēishì de **II** N [ʊ] [*of person*] 去世 qùshì; [*of era, years, custom*] 消逝 xiāoshì ▸ **a**

passing interest in sb/sth 对(對)某人/某事短暂(暫)的兴(興)趣 duì mǒurén/mǒushì duǎnzàn de xìngqù ▸ **to bear a passing resemblance to sth/sb** 与(與)某事/某人非常相似 yǔ mǒushì/mǒurén fēicháng xiāngsì ▸ **in passing** [*mention, note* +] 顺(順)便地 shùnbiàn de

passing place (*Brit*) N [c] 窄路会车时车辆的停靠处

passion ['pæʃən] N **1** [U] (*for person*) 情爱(愛) qíng'ài **2** [c] (*for cars, sport, politics*) 酷爱(愛) kù'ài [种 zhǒng] **3** [U] (*fervour*) 激情 jīqíng ▸ **to have a passion for sth** 酷爱(愛)某事 kù'ài mǒushì

passionate ['pæʃənɪt] ADJ **1** [+ *person*] (*fervent*) 充满(滿)激情的 chōngmǎn jīqíng de; (*loving*) 热(熱)恋(戀)的 rèliàn de **2** [+ *affair, embrace*] 感情强(強)烈的 gǎnqíng qiángliè de

passion fruit (*pl* **passion fruit**) N [c] 西番莲(蓮)果 xīfānliánguǒ [个 gè]

passive ['pæsɪv] **I** ADJ [+ *person, attitude*] 消极(極)的 xiāojí de **II** N [U] ▸ **the passive** (*Ling*) 被动(動)语(語)态(態) bèidòng yǔtài ▸ **passive resistance** 消极(極)抵抗 xiāojí dǐkàng

Passover ['pɑːsəuvəʳ] N [U] 逾越节(節) yúyuèjié

passport ['pɑːspɔːt] N **1** [c] 护(護)照 hùzhào [本 běn] **2** (*fig*) ▸ **a/the passport to** …的保障 ...de bǎozhàng [个 gè]

passport control N [U] 验(驗)照处(處) jiǎnzhàochù

passport office N [c] 护(護)照管理局 hùzhào guǎnlǐjú

password ['pɑːswəːd] N [c] 密码(碼) mìmǎ [个 gè]

★ **past** [pɑːst] **I** PREP (*in front of, beyond, later than*) 过(過) guò ▷ *He walked past the hat shop.* 他走过了这家帽子店。Tā zǒuguòle zhè jiā màozi diàn. ▷ *The farm was just past the village.* 过了村庄就是农场。Guòle cūnzhuāng jiùshì nóngchǎng. ▷ *I think we must have gone past the turn.* 我想我们已经过了转弯处。Wǒ xiǎng wǒmen yǐjīng guòle zhuǎnwān chù. ▷ *It's long past bedtime.* 早过了就寝的时间了。Zǎo guòle jiùqǐn de shíjiān le. **II** ADV (*by*) ▸ **to go/walk/drive past** 经(經)/走/开(開)过(過) jīng/zǒu/kāiguò **III** ADJ (*previous*) [+ *life, experience, government*] 过(過)去的 guòqù de; [+ *week, month, year*] 刚(剛)过(過)去的 gāng guòqù de **IV** N [c] **1** ▸ **the past** 过(過)去 guòqù [个 gè]; (*tense*) 过(過)去时(時) guòqùshí **2** [*of person, country*] 过(過)去 guòqù ▸ **he ran past me** 他从(從)我身边(邊)跑过(過) tā cóng wǒ shēnbiān pǎoguò ▸ **he's past forty** 他40多岁(歲)了 tā sìshí duō suì le ▸ **it's past midnight** 过(過)了午夜 guòle wǔyè ▸ **ten/(a) quarter past eight** 8点(點)10/15分 bā diǎn shí/shíwǔ fēn ▸ **I'm past caring** 我已不在乎了 wǒ yǐ bù zàihū le ▸ **to be past it** (*Brit; inf*) [*person, thing* +] 老而无(無)用了 lǎo ér wúyòng le ▸ **for the past few/3 days** 过(過)去几(幾)/3天以来(來) guòqù jǐ/sāntiān yǐlái ▸ **the past tense** 过(過)去时(時) guòqù shí ▸ **in the past** (*before now*) 在过(過)去 zài guòqù; (*in the past tense*) 用过(過)去时(時)态(態) yòng guòqù shítài

pasta ['pæstə] N [U] 意大利面食 Yìdàlì miànshí

paste [peɪst] **I** N **1** [c/U] (*wet mixture*) 浆(漿)糊 jiànghu [瓶 píng] **2** [U] (*jewellery*) 人造宝(寶)石 rénzào bǎoshí **3** [U] (*Culin*) ▸ **fish/meat/tomato** *etc* **paste** 鱼(魚)/肉/番茄等酱(醬) yú/ròu/fānqié *děng* jiàng **II** VT **1** (*stick*) ▸ **to paste sth on/to sth** [+ *paper, label, poster*] 把某物贴(貼)在某物上 bǎ mǒuwù tiēzài mǒuwù shang **2** (*Comput*) ▸ **to paste sth into a file** 把某物粘贴(貼)在文件里(裡) bǎ mǒuwù zhāntiē zài wénjiàn lǐ ▸ **wallpaper paste** 壁纸(紙)胶(膠) bìzhǐ jiāo

pastel ['pæstl] **I** ADJ [+ *colour*] 浅(淺)色的 qiǎnsè de **II** N **1** [c/U] (*chalk*) 彩色粉笔(筆) cǎisè fěnbǐ [盒 hé] **2** [c] (*picture*) 彩色粉笔(筆)画(畫) cǎisè fěnbǐhuà

pasteurized ['pæstʃəraɪzd] ADJ [+ *milk, cream*] 巴氏杀(殺)菌法的 bāshì shājūnfǎ de

pastime ['pɑːstaɪm] N [c] 消遣 xiāoqiǎn

pastor ['pɑːstəʳ] N [c] 牧师(師) mùshī [位 wèi]

past participle [-'pɑːtɪsɪpl] N [c] 过(過)去分词(詞) guòqù fēncí

pastry ['peɪstrɪ] N **1** [U] (*dough*) 油酥面(麵)团(團) yóusū miàntuán **2** [c] (*cake*) 酥皮糕点(點) sūpí gāodiǎn [块 kuài]

pasture ['pɑːstʃəʳ] N **1** [U] (*grazing land*) 牧草 mùcǎo **2** [c] (*field*) 牧场(場) mùchǎng [个 gè]

pasty [*n* 'pæstɪ, *adj* 'peɪstɪ] **I** N [c] (*Brit*) 馅(餡)饼(餅) xiànbǐng [个 gè] **II** ADJ [+ *complexion, face*] 苍(蒼)白的 cāngbái de

pat [pæt] **I** VT [+ *hand, shoulder, dog*] 轻(輕)拍 qīngpāi **II** N [c] ▸ **to give sb a pat (on the shoulder/arm)** (在某人肩/臂上)轻(輕)拍一下 (zài mǒurén jiān/bì shang) qīngpāi yīxià **III** ADJ [+ *answer, remark*] 敷衍了事的 fūyǎn liǎoshì de ▸ **to pat sb on the head/arm** 拍拍某人的头(頭)/胳膊 pāipāi mǒurén de tóu/gēbo ▸ **to give sb/o.s. a pat on the back** (*fig*) 对(對)某人/自己表示赞(贊)同 duì mǒurén/zìjǐ biǎoshì zàntóng ▸ **he knows it off pat,** (*US*) **he has it down pat** 他对(對)这(這)事了如指掌 tā duì zhè shì liǎo rú zhǐ zhǎng

patch [pætʃ] **I** N [c] **1** (*piece of material*) 补(補)丁 bǔding [个 gè] **2** (*over eye*) 罩 zhào **3** (*area*) 斑片 bānpiàn [块 kuài] **II** VT [+ *clothes, roof, tyre*] 补(補) bǔ ▸ **vegetable/cabbage** *etc* **patch** 蔬菜/卷(捲)心菜等地 shūcài/juǎnxīncài *děng* dì ▸ **(to go through) a bad/rough patch** 经(經)受不幸/困难(難)时(時)期 jīngshòu bùxìng/kùnnan shíqī

▸**patch up** VT **1** [+ *clothes, roof, tyre*] 修补(補)

P

xiūbǔ **2** (*fig*) [+ *marriage, relationship*] 弥(彌)合 míhé; [+ *quarrel*] 平息 píngxī

patchy ['pætʃɪ] ADJ **1** (*uneven*) [+ *colour, lawn, fog, rain*] 不均匀(勻)的 bù jūnyún de; [+ *performance, progress, education*] 杂(雜)凑(湊)的 zácòu de **2** (*incomplete*) [+ *information, knowledge, results*] 不调(調)和的 bù tiáohé de

pâté ['pæteɪ] N [c/ʊ] 肉酱(醬) ròujiàng

patent ['peɪtnt] **I** N [c] 专(專)利权(權) zhuānlìquán **II** VT 取得…的专(專)利权(權) qǔdé...de zhuānlìquán **III** ADJ [+ *nonsense, lie*] 显(顯)而易见(見)的 xiǎn ér yì jiàn de

paternal [pə'tə:nl] ADJ [+ *responsibility, love*] 父亲(親)般的 fùqīn bān de ▸ **paternal grandmother/grandfather** 祖母/父 zǔmǔ/fù

path [pɑ:θ] N [c] **1** (*track*) 小路 xiǎolù [条 tiáo]; (*in garden*) 小径(徑) xiǎojìng [条 tiáo] **2** [*of bullet, planet, car, person*] 路线(線) lùxiàn **3** (*fig: way*) 道路 dàolù ▸ **garden path** 公园(園)小径(徑) gōngyuán xiǎojìng

pathetic [pə'θɛtɪk] ADJ **1** (*pitiful*) [+ *person, animal*] 可怜(憐)的 kělián de; [+ *sight, cries*] 哀怜(憐)的 āilián de **2** (*very poor*) [+ *excuse, effort, attempt*] 不足道的 bùzúdào de

pathname ['pɑ:θneɪm] N [c] (*Comput*) 路径名 lùjìng míng [个 gè]

pathway ['pɑ:θweɪ] N [c] **1** (*path*) 小路 xiǎolù [条 tiáo] **2** (*fig: to success, good career etc*) 途径(徑) tújìng [条 tiáo]

patience ['peɪʃns] N [ʊ] **1** (*tolerance*) 耐心 nàixīn **2** (*Brit: Cards*) 单(單)人纸(紙)牌游(遊)戏(戲) dānrén zhǐpái yóuxì ▸ **to lose (one's) patience** 失去耐心 shīqù nàixīn

patient ['peɪʃnt] **I** N [c] (*Med*) 病人 bìngrén [个 gè] **II** ADJ [+ *person*] 耐心的 nàixīn de ▸ **to be patient with sb** 对(對)某人有耐心 duì mǒurén yǒu nàixīn

patio ['pætɪəu] N [c] 露台(臺) lùtái [个 gè]

patriotic [pætrɪ'ɔtɪk] ADJ [+ *person, song, speech*] 爱(愛)国(國)的 àiguó de

patrol [pə'trəul] **I** N **1** [c] (*group*) 巡逻(邏)队(隊) xúnluó duì [支 zhī] **2** [c/ʊ] (*activity*) 巡逻(邏) xúnluó **II** VT [+ *city, streets, area*] 在…巡逻(邏) zài...xúnluó ▸ **to be on patrol** 在巡逻(邏)中 zài xúnluó zhōng ▸ **to do a patrol (of sth)** (对(對)某处(處))进(進)行巡逻(邏) (duì mǒu chù)jìnxíng xúnluó

patrol car N [c] 巡逻(邏)车(車) xúnluóchē [辆(輛) liàng]

patron ['peɪtrən] N [c] **1** (*customer*) [*of pub, hotel*] 主顾(顧) zhǔgù [位 wèi] **2** (*benefactor*) [*of charity, campaign, group*] 赞(贊)助人 zànzhùrén [位 wèi] ▸ **patron of the arts** 提倡艺(藝)术(術)的人 tíchàng yìshù de rén

patronize ['pætrənaɪz] VT **1** (*treat condescendingly*) 居高临(臨)下地对(對)待 jū gāo lín xià de duìdài **2** (*support*) [+ *artist, writer, musician*] 资(資)助 zīzhù **3** (*frm*) [+ *shop, firm, restaurant*] 惠顾(顧) huìgù

patronizing ['pætrənaɪzɪŋ] ADJ [+ *person*] 居高临(臨)下的 jū gāo lín xià de; [+ *tone, comment*] 屈尊俯就的 qūzūn fǔjiù de

patter ['pætə^r] **I** N **1** [s] (*sound*) [*of feet, rain*] 嗒嗒声(聲) dādāshēng **2** [ʊ/s] (*talk*) 珠玑(璣)妙语(語) zhūjī miàoyǔ **II** VI [*footsteps, person* +] 嗒嗒地行走 dādā de xíngzǒu; [*rain* +] 发(發)出嗒嗒声(聲) fāchū dādāshēng

pattern ['pætən] N [c] **1** (*design*) (*on material, carpet*) 花样(樣) huāyàng [种 zhǒng] **2** [*of behaviour, activity*] 方式 fāngshì **3** (*for sewing, knitting*) 样(樣)式 yàngshì [个 gè] **4** (*model*) 模范(範) mófàn ▸ **patterns of behaviour** 行为(為)模式 xíngwéi móshì

patterned ['pætənd] ADJ [+ *fabric, carpet*] 有图(圖)案的 yǒu tú'àn de

pause [pɔ:z] **I** N [c] **1** (*temporary halt*) 停顿(頓) tíngdùn [次 cì] **2** (*Mus*) 延长(長)号(號) yánchánghào **II** VI (*when speaking*) 停顿(頓) tíngdùn; (*when doing sth*) 暂(暫)停 zàntíng ▸ **to pause for breath** 停下来(來)喘口气(氣) tíng xiàlai chuǎn kǒu qì

pave [peɪv] VT [+ *street, yard, path*] 铺(鋪)砌 pūqì ▸ **to pave the way for sth** 为(為)某事铺(鋪)平道路 wèi mǒushì pūpíng dàolù

pavement ['peɪvmənt] N [c] **1** (*Brit*) (*for pedestrians*) 人行道 rénxíngdào [条 tiáo] [美 = **sidewalk**] **2** (*US*) (*road surface*) 铺(鋪)筑(築)过(過)的路面 pūzhù guò de lùmiàn

pavilion [pə'vɪlɪən] (*Brit*) N [c] **1** (*building*) 休息处(處) xiūxi chù **2** (*temporary structure*) 搭建物 dājiànwù

paving ['peɪvɪŋ] N [ʊ] (*material*) 铺(鋪)筑(築)材料 pūzhù cáiliào

paw [pɔ:] **I** N [c] [*of cat, dog, lion, bear*] 爪子 zhuǎzi [个 gè] **II** VT (*also*: **paw at**) (*with paw*) 抓挠(撓) zhuānáo; (*with hoof*) 扒 bā; (*pej: touch*) 粗鲁(魯)地摸弄 cūlǔ de mōnòng

pawn [pɔ:n] **I** N [c] **1** (*Chess*) 卒 zú [名 míng] **2** (*fig*) 工具 gōngjù [件 jiàn] **II** VT 典当(當) diǎndàng

pawnbroker ['pɔ:nbrəukə^r] N [c] 当(當)铺(鋪)老板(闆) dàngpù lǎobǎn [位 wèi]

★ **pay** [peɪ] (*pt, pp* **paid**) **I** N [ʊ] (*wage, salary*) 工资(資) gōngzī ▷ *The pay is dreadful.* 工资低微。Gōngzī dīwēi. **II** VT **1** [+ *debt, bill, tax*] 付 fù **2** [+ *person*] (*as wage, salary*) ▸ **to get paid** 发(發)工资(資) fā gōngzī; (*for goods, services*) 付给(給) fùgěi **3** ▸ **to pay sb sth** (*as wage, salary, for goods, services*) 付给(給)某人某物 fùgěi mǒurén mǒuwù **III** VI (*be profitable, beneficial*) 有利 yǒulì ▸ **how much did you pay for it?** 你买(買)那个(個)花了多少钱(錢)? nǐ mǎi nàge huāle duōshǎo qián? ▸ **I paid 10 pounds for that record** 我买(買)那张(張)唱片花了10英镑(鎊) wǒ mǎi nà zhāng chàngpiàn huāle shí yīngbàng ▸ **to pay the price** *or* **penalty for sth** (*fig*) 为(為)某事付出代价(價) wèi mǒushì fùchū dàijià ▸ **to pay one's way** 自谋(謀)生路

zì móu shēnglù ▸ **it pays to be cautious** 小心谨(謹)慎不吃亏(虧) xiǎoxīn jǐnshèn bù chīkuī

▸**pay back** VT **1** [+ *money, loan*] 偿(償)还(還) chánghuán **2** [+ *person*] (*with money*) 还(還)给(給) huángěi

▸**pay for** VT FUS **1** [+ *purchases*] 买(買) mǎi **2** (*fig*) [+ *mistake*] 为(為)…付出代价(價) wèi…fùchū dàijià

▸**pay in** VT [+ *money, cheque*] 存入账(賬)户(戶) cúnrù zhànghù

▸**pay off I** VT **1** [+ *debt, mortgage*] 还(還)清 huánqīng **2** [+ *creditor etc*] 付清 fùqīng **II** VI [*scheme, decision, patience* +] 得益 déyì

▸**pay out** VT **1** [+ *rope*] 松(鬆)出 sōngchū **2** [+ *money*] 付出 fùchū

▸**pay up** VI [*person, company* +] 付清 fùqīng

payable ['peɪəbl] ADJ [+ *tax, interest*] 应(應)付的 yìngfù de ▸ **to make a cheque payable to sb** 开(開)一张(張)可由某人兑(兌)现(現)的支票 kāi yī zhāng kě yóu mǒurén duìxiàn de zhīpiào

pay day N [U] 发(發)薪日 fāxīn rì

pay envelope (*US*) N [C] 工资(資)袋 gōngzī dài [个 gè] [英 = **pay packet**]

payment ['peɪmənt] N **1** [C] (*sum of money*) 付款额(額) fùkuǎn é [笔 bǐ] **2** [U] (*act of paying*) 支付 zhīfù ▸ **advance payment** 预(預)付款 yùfù kuǎn ▸ **monthly payment** 月付 yuèfù ▸ **on payment of** 在支付…的情况(況)下 zài zhīfù… de qíngkuàng xià

payout ['peɪaut] N [C] 支出 zhīchū [笔 bǐ]

pay packet (*Brit*) N [C] 工资(資)袋 gōngzī dài [个 gè] [美 = **pay envelope**]

payphone ['peɪfəun] N [C] 公用电(電)话(話) gōngyòng diànhuà [部 bù]

payroll ['peɪrəul] N [C] 工资(資)名单(單) gōngzī míngdān [份 fèn] ▸ **to be on the/sb's payroll** 受雇(僱)/于(於)某公司 shòugù/yú mǒu gōngsī

pay slip (*Brit*) N [C] 薪水单(單) xīnshuǐdān [张 zhāng]

PC I N ABBR **1** (= **personal computer**) 个(個)人电(電)脑(腦) gèrén diànnǎo **2** (*Brit*) (= **police constable**) 普通警员(員) pǔtōng jǐngyuán **II** ADJ ABBR (= **politically correct**) 不会(會)造成冒犯的 bù huì zàochéng màofàn de

pc I ABBR (= **per cent**) 百分之 bǎifēnzhī **II** N ABBR (= **postcard**) 明信片 míngxìnpiàn

PDA N ABBR (= **personal digital assistant**) 掌上电(電)脑(腦) zhǎngshàng diànnǎo

PDT (*US*) ABBR (= **Pacific Daylight Time**) 太平洋夏令时(時)间(間) Tàipíngyáng Xiàlìng Shíjiān

PE (*Scol*) N ABBR (= **physical education**) 体(體)育 tǐyù

pea [piː] N [C] 豌豆 wāndòu [粒 lì]

★**peace** [piːs] N [U] **1** (*not war*) 和平 hépíng **2** (*calm*) [*of place, surroundings*] 宁(寧)静(靜) níngjìng ▷ *He chose to return to the relative peace of his childhood village.* 他选择回到相对宁静的童年时的村子。Tā xuǎnzé huídào xiāngduì níngjìng de tóngnián shí de cūnzi.; (*personal*) 平静(靜) píngjìng ▷ *the search for this elusive inner peace* 寻找难得的内心平静 xúnzhǎo nándé de nèixīn píngjìng ▸ **to be at peace with sb/sth** 对(對)某人/某事平和处(處)之 duì mǒurén/mǒushì pínghé chǔ zhī ▸ **to keep the peace** [*police* +] 维(維)持治安 wéichí zhì'ān; [*ordinary person* +] 守规(規)矩 shǒu guīju

peaceful ['piːsful] ADJ **1** [+ *place, time*] 安静(靜)的 ānjìng de **2** [+ *person*] 平和的 pínghé de

peach [piːtʃ] **I** N [C] 桃 táo [个 gè] **II** ADJ (*in colour*) 桃色的 táosè de

peacock ['piːkɔk] N [C] 孔雀 kǒngquè [只 zhī]

peak [piːk] **I** N [C] **1** [*of mountain*] 山顶(頂) shāndǐng [个 gè] **2** [*of cap*] 舌 shé **3** (*fig*) [*of powers, career, fame etc*] 顶(頂)峰 dǐngfēng **II** ADJ [+ *level, times*] 高峰的 gāofēng de **III** VI [*person, temperature, crisis, career* +] 达(達)到顶(頂)峰 dádào dǐngfēng

peanut ['piːnʌt] N [C] 花生 huāshēng [粒 lì]

peanut butter N [U] 花生酱(醬) huāshēng jiàng

pear [pɛəʳ] N [C] 梨 lí [个 gè]

pearl [pəːl] N [C] 珍珠 zhēnzhū [颗 kē]

peasant ['pɛznt] N [C] 农(農)民 nóngmín [位 wèi]

peat [piːt] N [U] 泥煤 níméi

pebble ['pɛbl] N [C] 卵石 luǎnshí [块 kuài]

peck [pɛk] **I** VT [*bird* +] 啄 zhuó **II** VI ▸ **to peck at sth** [*bird* +] 啄某物 zhuó mǒuwù **III** N [C] **1** [*of bird*] 啄 zhuó **2** (*kiss*) 匆匆地吻 cōngcōng de wěn ▸ **to peck a hole in sth** 在某物上啄一个(個)洞 zài mǒuwù shàng zhuó yī gè dòng ▸ **to peck sb on the cheek, give sb a peck on the cheek** 轻(輕)吻某人面颊(頰) qīngwěn mǒurén miànjiá

peckish ['pɛkɪʃ] (*Brit; inf*) ADJ ▸ **to be** *or* **feel peckish** 觉(覺)得有点(點)饿(餓) jué de yǒudiǎn è

peculiar [pɪ'kjuːlɪəʳ] ADJ (*strange*) [+ *person, taste, shape, idea*] 奇怪的 qíguài de ▸ **peculiar to sth/sb** 为(為)某事/某人所特有 wéi mǒushì/mǒurén suǒ tèyǒu

peculiarity [pɪkjuːlɪ'ærɪtɪ] N [C] **1** (*habit*) [*of person*] 怪癖 guàipǐ [个 gè] **2** (*characteristic*) [*of person, place, style*] 特质(質) tèzhì [种 zhǒng]

pedal ['pɛdl] **I** N [C] **1** (*on bicycle*) 脚(腳)蹬子 jiǎodēngzi [个 gè] **2** (*in car, on piano*) 踏板 tàbǎn [个 gè] **II** VI 踩踏板 cǎitàbǎn

pedestal ['pɛdəstl] N [C] 基座 jīzuò ▸ **to put sb on a pedestal** 把某人当(當)偶像崇拜 bǎ mǒurén dāng ǒuxiàng chóngbài

pedestrian [pɪ'dɛstrɪən] **I** N [C] 行人 xíngrén [个 gè] **II** ADJ **1** [+ *street, traffic*] 步行的 bùxíng de **2** (*prosaic*) 乏味的 fáwèi de

pedestrian crossing (*Brit*) N [C] 人行横(橫)道 rénxíng héngdào [条 tiáo]

P

pedestrianized [pɪˈdɛstrɪənaɪzd] ADJ 步行的 bùxíng de

pedestrian precinct (Brit) N [c] 步行区(區) bùxíngqū

pedigree [ˈpɛdɪgriː] N [c] **1** [*of animal*] 系谱(譜) xìpǔ **2** [*of person*] 门(門)第 méndì **3** (*track record*) [*of person, sports team*] 记(記)录(錄) jìlù ▶ **pedigree dog/cattle** 纯(純)种(種)狗/牛 chúnzhǒng gǒu/niú

pedophile [ˈpiːdəufaɪl] (US) N ADJ = **paedophile**

pee [piː] (*inf*) **I** VI 撒尿 sāniào **II** N ▶ **to have a pee** 撒尿 sāniào ▶ **to need a pee** 要撒尿 yào sāniào

peek [piːk] **I** VI ▶ **to peek at/over/into** *etc* 向/从(從)上/向里(裡)等窥(窺)视(視) xiàng/cóngshàng/xiànglǐ *děng* kuīshì **II** N ▶ **to have** *or* **take a peek (at sth/sb)** 瞥(某物/某人)一眼 piē (mǒuwù/mǒurén) yīyǎn

peel [piːl] **I** N [U] [*of orange, potato*] 皮 pí **II** VT [+ *vegetables, fruit*] 削 xiāo **III** VI [*paint, wallpaper* +] 剥(剝)落 bōluò; (*after sunburn etc*) [*skin, back, person* +] 脱(脫)皮 tuōpí
▶**peel back** VT 剥(剝)开(開) bōkāi
▶**peel off** VT [+ *label, wrapping etc*] 剥(剝)掉 bōdiào

peep [piːp] **I** N ▶ **to have** *or* **take a peep (at sth/sb)** 瞥(某物/某人)一眼 piē (mǒuwù/mǒurén) yīyǎn **II** VI (*look*) 窥(窺)视(視) kuīshì ▶ **I didn't hear a peep from him** (*inf*) 我没(沒)有听(聽)到他一点(點)声(聲)响(響) wǒ méiyǒu tīngdào tā yī diǎn shēngxiǎng
▶**peep out** VI (*be visible*) 慢慢露出 mànmàn lùchū

peer [pɪəʳ] **I** N [c] **1** (*Brit*) (*noble*) 贵(貴)族 guìzú [名 míng] **2** (*equal*) 同等的人 tóngděng de rén **3** (*contemporary*) 同龄(齡)人 tónglíngrén [个 gè] **II** VI ▶ **to peer at sb/sth** 盯着(著)看某人/某事 dīngzhe kàn mǒurén/mǒushì

peg [pɛg] **I** N [c] **1** (*for coat, hat, bag*) 挂(掛)钉(釘) guàdīng [枚 méi] **2** (*Brit*) (*also*: **clothes peg**) 衣夹(夾) yījiā [个 gè] **3** (*also*: **tent peg**) 系(繫)帐(帳)篷的桩(樁) jì zhàngpeng de zhuāng **II** VT ▶ **to peg sth at/to sth** [+ *price, rate, level*] 将(將)某物固定于(於)某物 jiāng mǒuwù gùdìng yú mǒuwù ▶ **to peg the washing on the line** 把洗好的衣服夹(夾)在晾衣绳(繩)上 bǎ xǐ hǎo de yīfu jiā zài liàngyīshéng shàng

pelican [ˈpɛlɪkən] N [c] 鹈(鵜)鹕(鶘) tíhú [只 zhī]

pelican crossing (Brit) N [c] 自控人行横(橫)道 zìkòng rénxínghéngdào [条 tiáo]

pellet [ˈpɛlɪt] N [c] **1** [*of paper, mud, dung*] 小团(團) xiǎotuán **2** (*for shotgun*) 小弹(彈)丸 xiǎo dànwán [粒 lì] **3** [*of animal feed*] 丸 wán

pelt [pɛlt] **I** VT ▶ **to pelt sb with sth** 向某人扔某物 xiàng mǒurén rēng mǒuwù **II** VI (*inf*: *run*) 飞(飛)奔 fēibēn **III** N [c] (*animal skin*) 毛皮 máopí [张 zhāng] ▶ **it is** *or* **the rain is pelting down** (*inf*) 大雨倾(傾)盆 dàyǔ qīng pén

pelvis [ˈpɛlvɪs] N [c] 骨盆 gǔpén [个 gè]

pen [pɛn] **I** N **1** [c] (*for writing*) 笔(筆) bǐ [支 zhī]; (*also*: **fountain pen**) 自来(來)水笔(筆) zìláishuǐbǐ [支 zhī]; (*also*: **ballpoint pen**) 圆(圓)珠笔(筆) yuánzhūbǐ [支 zhī] **2** [c] (*enclosure*) (*for sheep, pigs*) 栏(欄) lán **3** (*US*; *inf*) (*prison*) ▶ **the pen** 监(監)狱(獄) jiānyù [所 suǒ] **II** VT (*frm*) [+ *letter, note, article*] 写(寫) xiě ▶ **to put pen to paper** 下笔(筆) xiàbǐ ▶ **to be penned in** *or* **up** [*person, animal* +] 被关(關)起来(來) bèi guān qǐlái

penalize [ˈpiːnəlaɪz] VT **1** ▶ **to penalize sb (for sth/for doing sth)** (*Sport*) (因某事/做某事)判罚(罰)某人 (yīn mǒushì/zuò mǒushì) pànfá mǒurén; (*in exam*) (因某事/做某事)扣某人分 (yīn mǒushì/zuò mǒushì) kòu mǒurén fēn; (*disadvantage*) (因某事/做某事)使某人处(處)不利地位 (yīn mǒushì/zuò mǒushì) shǐ mǒurén chǔ bùlì dìwèi **2** [+ *activity, attitude*] 处(處)罚(罰) chǔfá

penalty [ˈpɛnltɪ] N [c] **1** (*punishment, fine*) 处(處)罚(罰) chǔfá [次 cì] **2** (*Football, Rugby*) 罚(罰)球 fáqiú [个 gè]

pence [pɛns] (Brit) N PL *of* **penny**

pencil [ˈpɛnsl] N [c] 铅(鉛)笔(筆) qiānbǐ [支 zhī]
▶**pencil in** VT [+ *appointment, person*] 暂(暫)定为(為) zàndìng wéi

pencil case N [c] 铅(鉛)笔(筆)盒 qiānbǐhé [个 gè]

pencil sharpener N [c] 铅(鉛)笔(筆)刀 qiānbǐdāo [把 bǎ]

pendant [ˈpɛndnt] N [c] 垂饰(飾) chuíshì [件 jiàn]

pending [ˈpɛndɪŋ] **I** PREP 直至 zhízhì **II** ADJ (*frm*) [+ *business, lawsuit, divorce*] 未决(決)的 wèijué de

penetrate [ˈpɛnɪtreɪt] VT [*light, water, sound* +] 透过(過) tòuguò; [*person* +] [+ *territory, forest*] 进(進)入 jìnrù; [+ *profession, organisation*] 进(進)入 jìnrù; [+ *enemy group etc*] 打入 dǎrù

penfriend [ˈpɛnfrɛnd] (Brit) N [c] 笔(筆)友 bǐyǒu [个 gè] [美 = **pen pal**]

penguin [ˈpɛŋgwɪn] N [c] 企鹅(鵝) qǐ'é [只 zhī]

penicillin [pɛnɪˈsɪlɪn] N [U] 青霉(黴)素 qīngméisù

peninsula [pəˈnɪnsjulə] N [c] 半岛(島) bàndǎo [座 zuò]

penis [ˈpiːnɪs] N [c] 阴(陰)茎(莖) yīnjìng [个 gè]

penitentiary [pɛnɪˈtɛnʃərɪ] (US) N [c] 监(監)狱(獄) jiānyù [所 suǒ]

penknife [ˈpɛnnaɪf] (*pl* **penknives**) N [c] 小刀 xiǎodāo [把 bǎ]

penniless [ˈpɛnɪlɪs] ADJ [+ *person*] 身无(無)分文的 shēn wú fēnwén de

penny [ˈpɛnɪ] (*pl* **pennies** *or* (*Brit*) **pence**) N [c] **1** (*Brit*) (*after 1971*) 便士 biànshì [枚 méi] **2** (*US*; *inf*) 分 fēn ▶ **it was worth every penny** 那非常值得 nà fēicháng zhídé ▶ **it won't cost you**

a penny 这(這)不会(會)花你一分一厘(釐) zhè bùhuì huā nǐ yī fēn yī lí

pen pal (US) N [c] 笔(筆)友 bǐyǒu [个 gè] [英 = **penfriend**]

pension ['pɛnʃən] N [c] (*from state*) 养(養)老金 yǎnglǎojīn [份 fèn]; (*from employer*) 退休金 tuìxiūjīn [份 fèn]
▶**pension off** VT 发(發)给(給)…养(養)老金使其退休 fāgěi...yǎnglǎojīn shǐqí tuìxiū

pensioner ['pɛnʃənə^r] (*Brit*) N [c] 领(領)养(養)老金的人 lǐng yǎnglǎojīn de rén [个 gè] [美 = **retiree**]

Pentagon ['pɛntəgən] (US) N ▶ **the Pentagon** 五角大楼(樓) Wǔjiǎo Dàlóu

penthouse ['pɛnthaus] N [c] 屋顶(頂)公寓 wūdǐng gōngyù [套 tào]

penultimate [pɛ'nʌltɪmət] ADJ [+ *paragraph, day*] 倒数(數)第二的 dàoshǔ dì'èr de

★ **people** ['pi:pl] I N PL **1** (*individuals*) 人 rén ▷ *There were 120 people at the lecture.* 120人去听了讲座。Yībǎi èrshí rén qù tīngle jiǎngzuò. **2** (*generalizing*) 人们(們) rénmen ▷ *There has been a complete change in people's ideas on the subject.* 人们完全改变了对这个问题的看法。Rénmen wánquán gǎibiànle duì zhège wèntí de kànfǎ. **3** ▶ **the people** (*ordinary people*) 人民 rénmín ▷ *a rift between the people and their leadership* 人民和领导层的不和 rénmín hé lǐngdǎocéng de bùhé; (*Pol*) 国(國)民 guómín **II** N [c] (*nation, race*) 民族 mínzú [个 gè] ▷ *the native peoples of Central America* 中美洲的土著民族 Zhōngměizhōu de tǔzhù mínzú **III** VT (*populate*) 居住于(於) jūzhù yú ▶ **old people** 老人 lǎorén ▶ **young people** 年轻(輕)人 niánqīngrén ▶ **many people** 许(許)多人 xǔduō rén ▶ **people say that...** 有人说(說)… yǒurén shuō... ▶ **a man of the people** 同人民打成一片的人 tóng rénmín dǎ chéng yīpiàn de rén

pepper ['pɛpə^r] I N **1** [U] (*spice*) 胡椒粉 hújiāofěn **2** [c] (*vegetable*) 胡椒 hújiāo [个 gè] **II** VT ▶ **to pepper sth with sth** 将(將)某物接二连(連)三地点(點)缀(綴)于(於)某物 jiāng mǒuwù jiē èr lián sān de diǎnzhuì yú mǒuwù

peppermill ['pɛpəmɪl] N 胡椒磨 hújiāo mò [个 gè]

peppermint ['pɛpəmɪnt] N **1** [c] (*sweet, candy*) 薄荷糖 bòhe táng [块 kuài] **2** [U] (*plant*) 大修道院副院长(長) hújiāo bòhe

per [pə:^r] PREP 每 měi ▶ **per day** 每天 měi tiān ▶ **per person** 每人 měi rén ▶ **per hour** 每小时(時) měi xiǎoshí ▶ **per kilo** 每公斤 měi gōngjīn ▶ **per annum** 每年 měinián ▶ **per capita** 每人 měirén ▶ **as per your instructions** (*frm*) 按照你的指示 ànzhào nǐ de zhǐshì

perceive [pə'si:v] VT **1** [+ *sound, light, difference*] 察觉(覺) chájué **2** (*understand*) 理解 lǐjiě ▶ **to perceive sb/sth as being/doing sth** 认(認)为(為)某人/某物为(為)/做某事 rènwéi mǒurén/mǒuwù wéi/zuò mǒushì

★ **per cent, percent** [pə'sɛnt] (*pl* **per cent**) N [c] 百分之… bǎifēnzhī... ▶ **a 20 per cent discount** 优(優)惠百分之20 yōuhuì bǎi fēn zhī èrshí ▶ **by 15 per cent** 以百分之15 yǐ bǎifēnzhī shíwǔ

percentage [pə'sɛntɪdʒ] N [c] (*amount*) 百分数(數) bǎifēnshù [个 gè] ▶ **to be paid on a percentage basis** 按百分比支付 àn bǎifēnbǐ zhīfù

perception [pə'sɛpʃən] N **1** [U] (*perspicacity*) 悟性 wùxìng **2** [c] (*idea*) 看法 kànfǎ [个 gè] **3** [c] (*way of thinking*) 感知 gǎnzhī

perceptive [pə'sɛptɪv] ADJ **1** [+ *person*] 观(觀)察敏锐(銳)的 guānchá mǐnruì de **2** [+ *comment, analysis*] 富有见(見)地的 fùyǒu jiàndì de

perch [pə:tʃ] I N **1** [c] (*for bird*) 栖(棲)息地 qīxīdì [片 piàn] **2** [c] (*pl* **perch**) (*fish*) 鲈(鱸)鱼(魚) lúyú [条 tiáo] **II** VI **1** [*bird* +] 栖(棲)息 qīxī **2** [*person* +] 坐 zuò

percussion [pə'kʌʃən] N [U] 打击(擊)乐(樂)器 dǎjī yuèqì

perfect [*adj, n* 'pə:fɪkt, *vb* pə'fɛkt] I ADJ **1** (*faultless*) [+ *weather, behaviour*] 完美的 wánměi de; [+ *sauce, skin, teeth*] 无(無)瑕的 wúxiá de **2** (*ideal*) [+ *crime, solution, example*] 理想的 lǐxiǎng de **3** (*complete*) [+ *sense, nonsense, madness*] 完全的 wánquán de; [+ *idiot, fool, stranger*] 绝(絕)对(對)的 juéduì de **II** VT [+ *technique, skill*] 使完善 shǐ wánshàn **III** N ▶ **the perfect (tense)** 完成(时(時)) wánchéng(shí) ▶ **perfect for sb/sth** 对(對)某人/某事完全合适(適) duì mǒurén/mǒushì wánquán héshì ▶ **he's a perfect stranger to me** 对(對)我来(來)说(說)他完全是个(個)陌生人 duì wǒ láishuō tā wánquán shì gè mòshēngrén

perfection [pə'fɛkʃən] N [U] (*faultlessness*) 完美 wánměi ▶ **to perfection** [+ *done, cooked*] 恰到好处(處) qià dào hǎo chù

perfectly ['pə:fɪktlɪ] ADV **1** [*perform, work, do, speak* +] 非常好地 fēicháng hǎo de **2** [*suit, capture* +] 完美地 wánměi de **3** (*emphatic*) [+ *honest, reasonable, clear*] 绝(絕)对(對)地 juéduì de ▶ **I'm perfectly happy with the situation** 我对(對)这(這)个(個)情况(況)完全满(滿)意 wǒ duì zhège qíngkuàng wánquán mǎnyì ▶ **you know perfectly well that...** 你知道得很清楚… nǐ zhīdào de hěn qīngchu...

perform [pə'fɔ:m] I VT **1** [+ *task*] 执(執)行 zhíxíng; [+ *operation*] 施行 shīxíng; [+ *ceremony*] 举(舉)行 jǔxíng **2** [+ *piece of music, dance, play*] 表演 biǎoyǎn **II** VI **1** (*function*) [*person, organization, business* +] 表现(現) biǎoxiàn; [*instrument, vehicle* +] 运(運)转(轉) yùnzhuǎn **2** [*actor, musician, singer, dancer* +] 演出 yǎnchū

performance [pə'fɔ:məns] N **1** [c] (*Theat*) (*by actor, musician, singer, dancer*) 表演 biǎoyǎn [次

P

cì]; [*of play, show*] 演出 yǎnchū [场 chǎng] **2** [U] [*of employee, surgeon, athlete, team*] 表现(現) biǎoxiàn; [*of company, economy*] 运(運)作 yùnzuò; [*of car, engine*] 性能 xìngnéng ▸ **the team put up a good performance** 该(該)队(隊)表现(現)良好 gāi duì biǎoxiàn liánghǎo

performer [pəˈfɔːməʳ] N [C] (*actor, musician, singer, dancer*) 表演者 biǎoyǎnzhě [位 wèi] ▸ **to be a good/poor performer** 有造诣(詣)/水平差的表演者 yǒu zàoyì/shuǐpíng chà de biǎoyǎnzhě

perfume [ˈpəːfjuːm] **I** N **1** [C/U] 香水 xiāngshuǐ [瓶 píng] **2** [C] (*liter: smell*) [*of flowers, spices*] 芳香 fāngxiāng [种 zhǒng] **II** VT (*liter*) [+ *air, room*] 使…散发(發)香味 shǐ…sànfā xiāngwèi; (*intentionally*) 洒(灑)香水 sǎ xiāngshuǐ

★ **perhaps** [pəˈhæps] ADV 可能 kěnéng ▸ **perhaps he'll come** 他可能会(會)来(來) tā kěnéng huì lái ▸ **perhaps not** 未必 wèibì

perimeter [pəˈrɪmɪtəʳ] N [C] 周(週)边(邊) zhōubiān

period [ˈpɪərɪəd] **I** N [C] **1** (*interval, stretch*) 周(週)期 zhōuqī [个 gè] **2** (*time*) 时(時)期 shíqī [段 duàn] **3** (*era*) 时(時)代 shídài [个 gè] **4** (*Scol*) 课(課)时(時) kèshí [个 gè] **5** (*esp US*) (*punctuation mark*) 句号(號) jùhào [个 gè] [英 = **full stop**] **6** (*also*: **menstrual period**) 月经(經)期 yuèjīngqī [个 gè] **II** ADJ [+ *costume, furniture etc*] 古式的 gǔshì de ▸ **for a period of three weeks** 3周(週)的时(時)间(間) sān zhōu de shíjiān ▸ **the holiday period** (*Brit*) 假期 jiàqī ▸ **I won't do it. Period.** 我不愿(願)意做。就这(這)样(樣)。Wǒ bù yuànyì zuò. Jiù zhèyàng. ▸ **to have one's period** 来(來)例假 lái lìjià

periodic [pɪərɪˈɔdɪk] ADJ [+ *event, occurrence*] 周(週)期性的 zhōuqīxìng de

periodical [pɪərɪˈɔdɪkl] **I** N [C] 期刊 qīkān [本 běn] **II** ADJ 定期的 dìngqī de

periodically [pɪərɪˈɔdɪklɪ] ADV 定期地 dìngqī de

peripheral [pəˈrɪfərəl] **I** ADJ **1** [+ *issue, activity*] 边(邊)缘(緣)的 biānyuán de **2** [+ *area, vision*] 外围(圍)的 wàiwéi de **II** N [C] (*Comput*) 外围(圍)设(設)备(備) wàiwéi shèbèi ▸ **to be peripheral to sth** 对(對)某事不重要 duì mǒushì bù zhòngyào

perish [ˈperɪʃ] VI **1** (*die*) 死亡 sǐwáng **2** (*esp Brit*) [*rubber, elastic, leather* +] 老化 lǎohuà

perjury [ˈpəːdʒərɪ] N [U] 伪(偽)证(證) wěizhèng ▸ **to commit perjury** 作伪(偽)证(證) zuò wěizhèng

perk [pəːk] (*inf*) N [C] 好处(處) hǎochù [个 gè]
▸ **perk up** **I** VI (*cheer up*) 活跃(躍)起来(來) huóyuè qǐlái **II** VT 使快活 shǐ kuàihuo

perm [pəːm] **I** N [C] (*Brit*) 烫(燙)发(髮) tàngfà [次 cì] [美 = **permanent**] **II** VT ▸ **to have one's hair permed** 烫(燙)头(頭)发(髮) tàng tóufa

permanent [ˈpəːmənənt] **I** ADJ [+ *relationship, feature, solution*] 持久的 chíjiǔ de; [+ *damage*] 永久的 yǒngjiǔ de; [+ *state, job, position*] 长(長)期的 chángqī de **II** N (*US*) = **perm**
▸ **permanent address** 固定地址 gùdìng dìzhǐ
▸ **I'm not permanent here** 我不会(會)一直呆在这(這)里(裡) wǒ bù huì yīzhí dāi zài zhèlǐ

permanently [ˈpəːmənəntlɪ] ADV **1** (*for ever*) [*affect, damage* +] 永远(遠)地 yǒngyuǎn de **2** [*stay, live* +] 一直地 yīzhí de; [+ *locked, open, frozen*] 长(長)期地 chángqī de

permissible [pəˈmɪsɪbl] ADJ 容许(許)的 róngxǔ de

permission [pəˈmɪʃən] N [U] **1** (*consent*) 准许(許) zhǔnxǔ **2** (*official authorization*) 批准 pīzhǔn ▸ **to give sb permission to do sth** (*consent*) 许(許)可某人做某事 xǔkě mǒurén zuò mǒushì; (*official authorization*) 批准某人做某事 pīzhǔn mǒurén zuò mǒushì

permit [*n* ˈpəːmɪt, *vb* pəˈmɪt] **I** N [C] (*authorization*) 许(許)可证(證) xǔkězhèng [个 gè] **II** VT (*frm*) **1** (*allow*) 允许(許) yǔnxǔ **2** (*make possible*) 容许(許) róngxǔ ▸ **fishing permit** 捕鱼(魚)许(許)可证(證) bǔyú xǔkězhèng ▸ **to permit sb to do sth** (*allow*) 允许(許)某人做某事 yǔnxǔ mǒurén zuò mǒushì; (*make possible*) 使某人可能做某事 shǐ mǒurén kěnéng zuò mǒushì ▸ **weather permitting** 天气(氣)许(許)可的话(話) tiānqì xǔkě de huà

perpendicular [pəːpənˈdɪkjuləʳ] **I** ADJ [+ *line, surface*] 垂直的 chuízhí de **II** N [C] ▸ **the perpendicular** (*Geom*) 垂直线(線) chuízhíxiàn
▸ **perpendicular to** 垂直于(於) chuízhí yú

perplex [pəˈplɛks] VT 使…迷惑 shǐ…míhuò

persecute [ˈpəːsɪkjuːt] VT 迫害 pòhài

persecution [pəːsɪˈkjuːʃən] N [U] 迫害 pòhài

persevere [pəːsɪˈvɪəʳ] VI ▸ **to persevere (with sth)** 百折不挠(撓)地(做某事) bǎi zhé bù náo de (zuò mǒushì)

Persian [ˈpəːʃən] **I** ADJ 波斯的 Bōsī de **II** N **1** [U] (*language*) 波斯语(語) Bōsīyǔ **2** [C] (*person*) 波斯人 Bōsīrén [个 gè]

Persian Gulf N ▸ **the Persian Gulf** 波斯湾(灣) Bōsīwān

persist [pəˈsɪst] VI [*rain, problem, symptom etc* +] 持续(續) chíxù ▸ **to persist with sth** 执(執)意坚(堅)持某事 zhíyì jiānchí mǒushì ▸ **to persist in doing sth** 坚(堅)持不懈地做某事 jiānchí bù xiè de zuò mǒushì

persistence [pəˈsɪstəns] N [U] **1** (*determination*) 坚(堅)持不懈 jiānchí bùxiè **2** (*continuing existence*) 持续(續) chíxù

persistent [pəˈsɪstənt] ADJ **1** [+ *smell, noise*] 不断(斷)的 bùduàn de; [+ *problem, rain, wind*] 持续(續)的 chíxù de; [+ *symptom, cough*] 顽(頑)固性的 wángùxìng de; [+ *rumour, report*] 连(連)续(續)不断(斷)的 liánxù bùduàn de **2** [+ *person*] 坚(堅)持不懈的 jiānchí bùxiè de

★ **person** [ˈpəːsn] (*pl gen* **people**) N [C] 人 rén [个

gè] ▸ **in person** [*appear, collect, sing* +] 亲(親)自 qīnzì ▸ **on** *or* **about one's person** 带(帶)在身上 dài zài shēnshàng ▸ **first/second/third person** 第一/二/三人称(稱) dìyī/èr/sān rénchēng

> **person** 的复数形式通常为 **people**。*They were both lovely, friendly people...There were a lot of people at the party.* **persons** 只用于正式场合和法律用语中。*Persons who wish to adopt a child may contact their local social services department.*

personal ['pə:snl] ADJ **1** (*individual*) [+ *telephone number, bodyguard*] 私人的 sīrén de; [+ *opinion, habits*] 个(個)人的 gèrén de; [+ *care, contact, appearance, appeal*] 亲(親)自的 qīnzì de **2** (*private*) [+ *life, matter, relationship*] 私人的 sīrén de **3** (*against sb*) [+ *remark, attack*] 人身的 rénshēn de ▸ **personal belongings** *or* **property** 私人物品 sīrén wùpǐn ▸ **nothing personal!** 不针(針)对(對)个(個)人！ Bù zhēnduì gèrén!

personal assistant N [c] 私人秘(祕)书(書) sīrén mìshū [名 míng]

personal computer N [c] 个(個)人电(電)脑(腦) gèrén diànnǎo [台 tái]

personal details N PL 个(個)人信息 gèrén xìnxī

personality [pə:sə'nælɪtɪ] N **1** [c/u] (*character*) 个(個)性 gèxìng [种 zhǒng] **2** [c] (*famous person*) 名人 míngrén [个 gè]

personally ['pə:snəlɪ] ADV **1** (*for my part*) 就我个(個)人来(來)说(說) jiù wǒ gèrén láishuō **2** (*in person*) 亲(親)自 qīnzì **3** [*meet, know* +] 个(個)人地 gèrén de ▸ **to take sth personally** 认(認)为(為)某事是针(針)对(對)个(個)人的 rènwéi mǒushì shì zhēnduì gèrén de

personal organizer N [c] 个(個)人备(備)忘录 gèrén bèiwànglù

personal stereo N [c] 随(隨)身听(聽) suíshēntīng [个 gè]

personify [pə:'sɔnɪfaɪ] VT **1** (*embody*) 是…的化身 shì...de huàshēn **2** (*represent*) [+ *quality*] 象征(徵) xiàngzhēng

personnel [pə:sə'nɛl] **I** N PL (*staff*) 人员(員) rényuán **II** N [U] (*department*) 人事部门(門) rénshì bùmén

perspective [pə'spɛktɪv] **1** [c] (*way of thinking*) 视(視)角 shìjiǎo **2** [U] (*Art*) 透视(視)法 tòushìfǎ ▸ **to put sth into perspective** (*fig*) 正确(確)地看待某物 zhèngquè de kàndài mǒuwù

perspiration [pə:spɪ'reɪʃən] N [U] 汗 hàn

persuade [pə'sweɪd] VT ▸ **to persuade sb to do sth** 劝(勸)说(說)某人做某事 quànshuō mǒurén zuò mǒushì ▸ **to persuade sb that...** 说(說)服某人… shuōfú mǒurén... ▸ **to be persuaded of sth** (*certain*) 确(確)信某事 quèxìn mǒushì

persuasion [pə'sweɪʒən] N **1** [U] 说(說)服 shuōfú **2** [c] (*frm: belief*) 信仰 xìnyǎng [种 zhǒng] ▸ **people of all political persuasions** 持各种(種)政见(見)的人们(們) chí gèzhǒng zhèngjiàn de rénmen

persuasive [pə'sweɪsɪv] ADJ [+ *person*] 有说(說)服力的 yǒu shuōfúlì de; [+ *argument, evidence*] 令人信服的 lìngrén xìnfú de

Peru [pə'ru:] N 秘(祕)鲁(魯) Bìlǔ

Peruvian [pə'ru:vjən] **I** ADJ 秘(祕)鲁(魯)的 Bìlǔ de **II** N [c] 秘(祕)鲁(魯)人 Bìlǔrén [个 gè]

perverse [pə'və:s] ADJ [+ *person*] 刚(剛)愎的 gāngbì de; [+ *behaviour, remark*] 背理的 bèilǐ de; [+ *delight, pleasure*] 违(違)反常情的 wéifǎn chángqíng de

pervert [*n* 'pə:və:t, *vb* pə'və:t] **I** N [c] 堕(墮)落者 duòluòzhě [名 míng] **II** VT (*frm*) **1** (*corrupt*) [+ *person, mind*] 腐蚀(蝕) fǔshí **2** (*distort*) [+ *truth, custom*] 曲解 qūjiě ▸ **to pervert the course of justice** 滥(濫)用司法程序 lànyòng sīfǎ chéngxù

pessimist ['pɛsɪmɪst] N [c] 悲观(觀)主义(義)者 bēiguān zhǔyìzhě [名 míng]

pessimistic [pɛsɪ'mɪstɪk] ADJ [+ *person, attitude*] 悲观(觀)的 bēiguān de ▸ **to be pessimistic about sth** 对(對)某事感到悲观(觀) duì mǒushì gǎndào bēiguān

pest [pɛst] N [c] **1** (*insect*) 害虫(蟲) hàichóng [只 zhī] **2** (*fig: inf: nuisance*) (*person*) 讨(討)厌(厭)的人 tǎoyàn de rén [个 gè]

pester ['pɛstə'] VT 烦(煩)扰(擾) fánrǎo ▸ **to pester sb for sth** 缠(纏)着(著)某人要某物 chánzhe mǒurén yào mǒuwù ▸ **to pester sb to do sth** 缠(纏)住某人做某事 chánzhù mǒurén zuò mǒushì

pesticide ['pɛstɪsaɪd] N [c] 杀(殺)虫(蟲)剂(劑) shāchóngjì [瓶 píng]

pet [pɛt] **I** N [c] 宠(寵)物 chǒngwù [只 zhī] **II** ADJ [+ *theory, subject, project*] 特别(別)的 tèbié de **III** VT (*stroke*) [+ *person, animal*] 抚(撫)摸 fǔmō **IV** VI (*sexually*) 爱(愛)抚(撫) àifǔ ▸ **teacher's pet** (*favourite*) 老师(師)的宠(寵)儿(兒) lǎoshī de chǒng'ér ▸ **pet dog/rabbit** *etc* 宠(寵)物狗/兔等 chǒngwù gǒu/tù *děng* ▸ **pet hate** 特别(別)讨(討)厌(厭)的事物 tèbié tǎoyàn de shìwù

petal ['pɛtl] N [c] 花瓣 huābàn [片 piàn]

peter out ['pi:tə-] VI [*road, stream* +] 逐渐(漸)消失 zhújiàn xiāoshī; [*conversation, meeting* +] 逐渐(漸)停息 zhújiàn tíngxī

petite [pə'ti:t] ADJ [+ *woman*] 娇(嬌)小的 jiāoxiǎo de

petition [pə'tɪʃən] **I** N [c] **1** (*signed document*) 请(請)愿(願)书(書) qǐngyuànshū [份 fèn] **2** (*Law*) 诉(訴)状(狀) sùzhuàng [份 fèn] **II** VT (*Law*) 请(請)愿(願) qǐngyuàn **III** VI (*Law*) ▸ **to petition for divorce** 起诉(訴)离(離)婚 qǐsù líhūn ▸ **to petition to do sth** 申请(請)做某事 shēnqǐng zuò mǒushì

petrified ['pɛtrɪfaɪd] (*fig*) ADJ (*terrified*) 吓(嚇)呆的 xiàdāi de ▸ **to be petrified of sth** 很害怕某

P

事 hěn hàipà mǒushì

petrify ['pɛtrɪfaɪ] ['pɛtrəl] VT (*terrify*) 使吓(嚇)呆 shǐ xiàdāi

petrol ['pɛtrəl] (*Brit*) N [U] 汽油 qìyóu [美 = **gas, gasoline**]

petroleum [pə'trəulɪəm] N [U] 石油 shíyóu

petrol pump (*Brit*) N [C] **1** (*at petrol station*) 加油泵 jiāyóubèng [个 gè] [美 = **gas pump**] **2** (*in engine*) 油泵 yóubèng [个 gè]

petrol station (*Brit*) N [C] 加油站 jiāyóuzhàn [个 gè] [美 = **gas station**]

petrol tank (*Brit*) N [C] 汽油罐 qìyóuguàn [个 gè] [美 = **gas tank**]

petticoat ['pɛtɪkəut] (*o.f.*) N [C] (*full length*) 裙子 qúnzi [条 tiáo]; (*underskirt*) 衬(襯)裙 chènqún [条 tiáo]

petty ['pɛtɪ] ADJ **1** (*trivial*) 琐(瑣)碎的 suǒsuì de **2** (*small-minded*) 狭(狹)隘的 xiá'ài de **3** (*minor*) [+ *crime, criminal, theft*] 不严(嚴)重的 bù yánzhòng de

pew [pju:] N [C] (*in church*) 靠背长(長)凳 kàobèi chángdèng [张 zhāng]

pewter ['pju:tə^r] N [U] 白蜡(蠟) báilà

PG (*Brit: Cine*) N ABBR (= **parental guidance**) 宜在家长(長)指导(導)下观(觀)看 yí zài jiāzhǎng zhǐdǎo xià guānkàn

PG13 (*US: Cine*) N ABBR (= **parental guidance**) 13岁以下儿童宜在家长指导下观看

phantom ['fæntəm] **I** N [C] (*ghost*) 幽灵(靈) yōulíng [个 gè] **II** ADJ (*fig*) 幻想的 huànxiǎng de

pharmacist ['fɑ:məsɪst] N [C] **1** (*person*) 药(藥)剂(劑)师(師) yàojìshī [名 míng] **2** (*shop*) (*also*: **pharmacist's**) 药(藥)店 yàodiàn [家 jiā]

pharmacy ['fɑ:məsɪ] N **1** [C] (*shop*) 药(藥)店 yàodiàn [家 jiā] **2** [U] (*science*) 药(藥)学(學) yàoxué

用法参见 **chemist**

phase [feɪz] **I** N [C] 阶(階)段 jiēduàn [个 gè] **II** VT [+ *action, change*] 分阶(階)段进(進)行 fēn jiēduàn jìnxíng

▸**phase in** VT 分阶(階)段引进(進) fēn jiēduàn yǐnjìn

▸**phase out** VT 分阶(階)段结(結)束 fēn jiēduàn jiéshù

PhD N ABBR (= **Doctor of Philosophy**) (*qualification*) 博士学(學)位 bóshì xuéwèi; (*person*) 博士 bóshì

pheasant ['fɛznt] N **1** [C] (*bird*) 雉 zhì [只 zhī] **2** [U] (*meat*) 雉肉 zhìròu

phenomena [fə'nɔmɪnə] N PL *of* **phenomenon**

phenomenal [fə'nɔmɪnl] ADJ [+ *increase, talent, success*] 非凡的 fēifán de

phenomenon [fə'nɔmɪnən] (*pl* **phenomena**) N [C] 现(現)象 xiànxiàng [种 zhǒng] ▸ **a natural phenomenon** 自然现(現)象 zìrán xiànxiàng

Philippines ['fɪlɪpi:nz] N PL ▸ **the Philippines** (*also*: **Republic of the Philippines**) 菲律宾(賓) Fēilǜbīn

philosopher [fɪ'lɔsəfə^r] N [C] 哲学(學)家 zhéxuéjiā [位 wèi]

philosophical [fɪlə'sɔfɪkl] ADJ **1** [+ *ideas, discussion, debate*] 哲学(學)的 zhéxué de **2** (*calm, resigned*) 达(達)观(觀)的 dáguān de ▸ **to be philosophical about sth** 对(對)某事泰然处(處)之 duì mǒushì tàirán chǔ zhī

philosophy [fɪ'lɔsəfɪ] N **1** [U] (*subject*) 哲学(學) zhéxué **2** [C] (*set of ideas*) [*of philosopher*] 哲学(學)体(體)系 zhéxué tǐxì [个 gè] **3** [C] (*personal beliefs*) 人生观(觀) rénshēngguān [种 zhǒng]

phishing ['fɪʃɪŋ] N [U] 网络钓鱼 wǎngluò diàoyú

phlegm [flɛm] N [U] 痰 tán

phobia ['fəubjə] N [C] 恐惧(懼) kǒngjù [种 zhǒng] ▸ **a phobia about sth/about doing sth** 对(對)某事/做某事的恐惧(懼)症 duì mǒushì/zuò mǒushì de kǒngjùzhèng

phone [fəun] **I** N **1** [U] (*system*) (*also*: **the phone**) 电(電)话(話) diànhuà **2** [C] (*object*) 电(電)话(話) diànhuà [部 bù] **II** VT [+ *person, organization*] 打电(電)话(話)给(給) dǎ diànhuà gěi **III** VI 打电(電)话(話) dǎ diànhuà ▸ **to be on the phone** (*possess a phone*) 装(裝)有电(電)话(話) zhuāngyǒu diànhuà; (*be calling*) 在通话(話) zài tōnghuà ▸ **by phone** 通过(過)电(電)话(話) tōngguò diànhuà ▸ **over the phone** 通过(過)电(電)话(話) tōngguò diànhuà

▸**phone back I** VT **1** (*return call of*) 给(給)…回电(電)话(話) gěi…huí diànhuà **2** (*call again*) 再给(給)…打电(電)话(話) zài gěi…dǎ diànhuà **II** VI **1** (*return call*) 回电(電) huídiàn **2** (*call again*) 再打电(電)话(話) zài dǎ diànhuà

▸**phone up I** VT 给(給)…打电(電)话(話) gěi…dǎ diànhuà **II** VI 打电(電)话(話) dǎ diànhuà

phone bill N [C] 话(話)费(費)单(單) huàfèi dān [张 zhāng]

phone book N [C] 电(電)话(話)簿 diànhuà bù [本 běn]

phone booth (*US*) N [C] 电(電)话(話)亭 diànhuà tíng [个 gè] [英 = **phone box**]

phone box (*Brit*) N [C] 电(電)话(話)亭 diànhuà tíng [个 gè] [美 = **phone booth**]

phone call N [C] 电(電)话(話) diànhuà [部 bù] ▸ **to make a phone call** 打电(電)话(話) dǎ diànhuà

phonecard ['fəunkɑ:d] N [C] 电(電)话(話)卡 diànhuà kǎ [张 zhāng]

phone number N [C] 电(電)话(話)号(號)码(碼) diànhuà hàomǎ [个 gè]

phonetics [fə'nɛtɪks] N [U] 语(語)音学(學) yǔyīnxué

phoney ['fəunɪ] (*inf*) **I** ADJ [+ *address, accent*] 伪(偽)造的 wěizào de; [+ *person*] 冒充的 màochōng de **II** N [C] 冒充者 màochōngzhě [名 míng]

★ **photo** ['fəutəu] (*inf*) N [c] 照片 zhàopiàn [张 zhāng] ▸ **to take a photo (of sb/sth)** 给(給)(某人/某物)拍照片 gěi(mǒurén/mǒuwù)pāi zhàopiàn

photocopier ['fəutəukɔpɪəʳ] N [c] 影印机(機) yǐngyìnjī [台 tái]

photocopy ['fəutəukɔpɪ] **I** N [c] 影印本 yǐngyìnběn [个 gè] **II** VT [+ *document, picture*] 影印 yǐngyìn

photograph ['fəutəgræf] **I** N [c] 照片 zhàopiàn [张 zhāng] **II** VT [+ *person, object, place*] 给(給)…拍照 gěi...pāizhào ▸ **to take a photograph of sb/sth** 给(給)某人/某物拍照 gěi mǒurén/mǒuwù pāizhào

photographer [fə'tɔgrəfəʳ] N [c] 摄(攝)影师(師) shèyǐngshī [位 wèi]

photographic [fəutə'græfɪk] ADJ [+ *equipment, paper, evidence*] 摄(攝)影的 shèyǐng de

photography [fə'tɔgrəfɪ] N [U] 摄(攝)影 shèyǐng

phrase [freɪz] **I** N [c] **1** (*expression*) 习(習)语(語) xíyǔ [个 gè] **2** (*in phrase book, dictionary*) 短语(語) duǎnyǔ [个 gè] **3** (*not clause*) 词(詞)组(組) cízǔ **4** (*quotation*) 警句 jǐngjù **5** (*Mus*) 短句 duǎnjù **II** VT (*word*) (*in speech*) 表达(達) biǎodá; (*in writing*) 措辞(辭) cuòcí ▸ **set phrase** 固定词(詞)组(組) gùdìng cízǔ ▸ **turn of phrase** 措辞(辭) cuòcí

phrase book N [c] 常用词(詞)手册(冊) chángyòngcí shǒucè [本 běn]

physical ['fɪzɪkl] **I** ADJ **1** (*not mental*) [+ *needs, harm, exercise, strength*] 生理的 shēnglǐ de **2** [+ *geography, properties*] 自然的 zìrán de **3** (*material*) [+ *object, world*] 物质(質)的 wùzhì de **4** (*scientific*) [+ *law, explanation*] 物理的 wùlǐ de **5** (*sexual*) [+ *love, relationship, attraction*] 肉体(體)上的 ròutǐ shang de **II** N [c] 体(體)格检(檢)查 tǐgé jiǎnchá

physical education N [U] 体(體)育 tǐyù

physically ['fɪzɪklɪ] ADV [+ *fit, attractive*] 身体(體)上地 shēntǐ shang de

physician [fɪ'zɪʃən] (*US*) N [c] 医(醫)生 yīshēng [位 wèi]

physicist ['fɪzɪsɪst] N [c] 物理学(學)家 wùlǐxué jiā [位 wèi]

physics ['fɪzɪks] N [U] 物理学(學) wùlǐxué

physiotherapist [fɪzɪəu'θɛrəpɪst] N [c] 理疗(療)师(師) lǐliáoshī [位 wèi]

physiotherapy [fɪzɪəu'θɛrəpɪ] N [U] 物理疗(療)法 wùlǐ liáofǎ

physique [fɪ'ziːk] N [c] 体(體)格 tǐgé

pianist ['piːənɪst] N [c] (*professional*) 钢(鋼)琴家 gāngqínjiā [位 wèi]; (*amateur*) 钢(鋼)琴演奏者 gāngqín yǎnzòuzhě [位 wèi]

piano [pɪ'ænəu] N [c] 钢(鋼)琴 gāngqín [架 jià]

pick [pɪk] **I** N **1** [c] (*also*: **pickaxe**) 镐(鎬) gǎo **2** ▸ **the pick of** …的精华(華) ...de jīnghuá **II** VT **1** (*choose*) 选(選)择(擇) xuǎnzé **2** (*gather*) [+ *fruit, flowers*] 采(採)摘 cǎizhāi **3** (*remove, take*) ▸ **to pick sth off/out of/from sth** 把某物从(從)某物中摘下/挑出/拣(揀)出 bǎ mǒuwù cóng mǒuwù zhōng zhāixià/tiāochū/jiǎnchū **4** [+ *lock*] 拨(撥)开(開) bōkāi **5** [+ *scab, spot*] 除掉 chúdiào ▸ **take your pick** 随(隨)意挑选(選) suíyì tiāoxuǎn ▸ **to pick one's nose** 挖鼻孔 wā bíkǒng ▸ **to pick one's teeth** 剔牙 tīyá ▸ **to pick sb's brains** (*inf*) 向某人请(請)教 xiàng mǒurén qǐngjiào ▸ **to pick sb's pocket** 扒窃(竊)某人的口袋 páqiè mǒurén de kǒudài ▸ **to pick a fight/argument (with sb)** (向某人)挑起争(爭)斗(鬥)/争(爭)论(論) (xiàng mǒurén)tiǎo qǐ zhēngdòu/zhēnglùn ▸ **to pick one's way across/through sth** 谨(謹)慎地通过(過)某物 jǐnshèn de tōngguò mǒuwù

▸**pick at** VT FUS [+ *food*] 一点(點)点(點)地吃 yīdiǎndiǎn de chī

▸**pick off** VT (*shoot*) [+ *people, aircraft*] 瞄准(準)射击(擊) miáozhǔn shèjī

▸**pick on** (*inf*) VT FUS 找…的碴 zhǎo...de chá

▸**pick out** VT **1** (*make out*) [+ *person, thing*] 分辨出 fēnbiàn chū **2** (*select*) [+ *person, thing*] 挑中 tiāozhòng

▸**pick up** **I** VI (*improve*) [*health* +] 恢复(復) huīfù; [*economy, business etc* +] 好转(轉) hǎozhuǎn **II** VT **1** [+ *object*] (*take hold of*) 拿起 náqǐ; (*from floor, ground*) 捡(撿)起 jiǎnqǐ **2** (*collect*) [+ *person, parcel*] 接 jiē **3** (*catch*) [+ *illness*] 获(獲)得 huòdé **4** [+ *hitchhiker*] 搭载(載) dāzài **5** (*inf*) [+ *person*] (*for sexual encounter*) 随(隨)便结(結)识(識) suíbiàn jiéshí **6** (*inf: learn*) [+ *language, skill, idea*] 学(學)会(會) xuéhuì **7** (*arrest*) 逮捕 dàibǔ **8** (*receive*) [+ *signal, radio station*] 收到 shōudào ▸ **to pick up where one left off** 从(從)停下来(來)的地方继(繼)续(續) cóng tíng xiàlái de dìfang jìxù ▸ **to pick o.s. up** (*after falling*) 自己站起来(來) zìjǐ zhàn qǐlái ▸ **to pick up speed** 加速 jiāsù

pickle ['pɪkl] **I** N [c/U] (*preserve*) 腌(醃)菜 yāncài **II** VT (*in vinegar*) 腌(醃)渍(漬) yānzì; (*in brine*) 腌(醃)制(製) yānzhì **III pickles** N PL 腌(醃)菜 yāncài ▸ **to be/get in a pickle** (*inf*) 处(處)于(於)/进(進)入进(進)退两(兩)难(難)的境地 chǔyú/jìnrù jìntuì liǎng nán de jìngdì

pickpocket ['pɪkpɔkɪt] N [c] 扒手 páshǒu [个 gè]

pick-up ['pɪkʌp] N [c] (*also*: **pick-up truck**) 轻(輕)型小货(貨)车(車) qīngxíng xiǎohuòchē [辆 liàng]

picnic ['pɪknɪk] **I** N [c] (*meal*) 野餐 yěcān [顿 dùn] **II** VI 去野餐 qù yěcān ▸ **to have a picnic** 野餐 yěcān ▸ **to go on** *or* **for a picnic** 去野餐 qù yěcān

picnic area N [c] 野餐区(區) yěcān qū

picture ['pɪktʃəʳ] **I** N [c] **1** (*painting, drawing, print*) 画(畫) huà [幅 fú] **2** (*photograph*) 照片 zhàopiàn [张 zhāng] **3** (*TV*) 图(圖)像 túxiàng **4** (*film, movie*) 电(電)影 diànyǐng [部 bù] **5** (*fig: description*) 描绘(繪) miáohuì; (*situation*) 局面

P

júmiàn **II** VT (*imagine*) 想像 xiǎngxiàng **III the pictures** N PL (*Brit; inf*) (*the cinema*) 电(電)影院 diànyǐngyuàn [美 = **the movies**] ▸ **to take a picture of sb/sth** 给(給)某人/某物拍照 gěi mǒurén/mǒuwù pāizhào ▸ **to paint a vivid/gloomy/bleak** *etc* **picture (of sth)** 描绘(繪)了(某事的)一副生动(動)/灰暗/凄(淒)凉(涼)等的景象 miáohuìle(mǒushì de)yī fù shēngdòng/huī'àn/qīliáng *děng* de jǐngxiàng ▸ **to put sb in the picture** 使某人非常了解情况(況) shǐ mǒurén fēicháng liǎojiě qíngkuàng ▸ **to get the picture** (*inf*) 了解情况(況) liǎojiě qíngkuàng ▸ **to have a picture of sth** (*mentally*) 非常明白某事 fēicháng míngbai mǒushì ▸ **to be pictured** 登照片 dēng zhàopiàn

picture messaging [-'mɛsɪdʒɪŋ] N [U] 彩信 cǎixìn

picturesque [pɪktʃə'rɛsk] ADJ [+ *village, building*] 美丽(麗)如画(畫)的 měilì rúhuà de

pie [paɪ] N [C/U] 派 pài [个 gè]

piece [piːs] N [C] **1** (*fragment*) 块(塊) kuài **2** (*length*) [*of string, ribbon, sticky tape*] 段 duàn **3** (*portion*) [*of cake, bread, chocolate*] 块(塊) kuài **4** (*article, work of art, composition*) 篇 piān **5** (*for game, chess, draughts*) 棋子 qízǐ ▸ **in pieces** 破碎 pòsuì ▸ **to take sth to pieces** (*dismantle*) 把某物全部拆开(開)来(來) bǎ mǒuwù quánbù chāikāi lái ▸ **to be in one piece** [*object* +] 完整无(無)损(損) wánzhěng wú sǔn; [*person* +] 安然无(無)恙 ānrán wú yàng ▸ **piece by piece** 一点(點)一点(點)地 yīdiǎn yīdiǎn de ▸ **to pick up the pieces** 重新振作起来(來) chóngxīn zhènzuò qǐlái ▸ **to go to pieces** (*inf*) 崩溃(潰) bēngkuì ▸ **a piece of paper** 一张(張)纸(紙) yīzhāng zhǐ ▸ **a piece of clothing** 一块(塊)布 yī kuài bù ▸ **a piece of furniture** 一件家具 yī jiàn jiājù ▸ **a piece of machinery** 一部机(機)器 yī bù jīqì ▸ **a piece of advice** 一条(條)建议(議) yī tiáo jiànyì ▸ **a piece of research** 一项(項)调(調)查 yī xiàng diàochá ▸ **a twenty-piece dinner service** 20人的套餐服务(務) èrshí rén de tàocān fúwù ▸ **to say one's piece** 吐出心里(裡)话(話) tǔchū xīnli huà ▸ **a 10p piece** (*Brit*) 一枚10便士硬币(幣) yīméi shí biànshì yìngbì

▸**piece together** VT **1** [+ *information, truth*] 搜(蒐)集 sōují **2** [+ *object*] 拼合 pīnhé

pie chart N [C] 饼(餅)形图(圖) bǐngxíng tú [幅 fú]

pier [pɪəʳ] N [C] 码(碼)头(頭) mǎtóu [个 gè]

pierce [pɪəs] VT [+ *surface, material, skin*] 刺 cì ▸ **to have one's ears pierced** 扎耳洞 zhā ěrdòng

pierced [pɪəst] ADJ [+ *ears, nose, lip*] 穿孔的 chuānkǒng de

piercing ['pɪəsɪŋ] **I** ADJ **1** [+ *cry, scream*] 尖锐(銳)的 jiānruì de **2** [+ *eyes, stare*] 敏锐(銳)的 mǐnruì de **3** [+ *wind*] 刺骨的 cìgǔ de **II** N [C] 人体(體)穿孔 réntǐ chuānkǒng [个 gè]

pig [pɪg] N [C] **1** 猪(豬) zhū [头 tóu] **2** (*inf: person*) (*unkind*) 粗俗的人 cūsú de rén [个 gè]; (*greedy*) 贪(貪)吃的人 tānchī de rén [个 gè]

pigeon ['pɪdʒən] N [C] 鸽(鴿)子 gēzi [只 zhī]

piggyback ['pɪgɪbæk] N [C] ▸ **to give somebody a piggyback** 背某人 bēi mǒurén

piggy bank ['pɪgɪ-] N [C] 储(儲)蓄罐 chǔxùguàn [个 gè]

pigpen ['pɪgpɛn] (*US*) N = **pigsty**

pigsty ['pɪgstaɪ] (*esp Brit*) N [C] **1** (*on farm*) 猪(豬)圈 zhūjuàn [个 gè] [美 = **pigpen**] **2** (*inf: room, house*) 邋遢的房子 lātā de fángzi [间 jiān]

pigtail ['pɪgteɪl] N [C] 辫(辮)子 biànzi [条 tiáo]

pike [paɪk] (*pl* **pike** *or* **pikes**) N [C] (*fish*) 狗鱼(魚) gǒuyú [条 tiáo]

pilchard ['pɪltʃəd] N [C] 沙丁鱼(魚) shādīngyú [条 tiáo]

pile [paɪl] **I** N [C] **1** [*of earth, leaves, boxes, clothes etc*] 堆 duī [个 gè] **2** [*of carpet*] 绒(絨)面 róngmiàn **3** (*pillar*) 桩(樁) zhuāng **II** VT [+ *objects*] 堆起 duīqǐ **III piles** N PL (*haemorrhoids*) 痔疮(瘡) zhìchuāng ▸ **piles of** *or* **a pile of sth** (*inf*) 一大堆某物 yīdàduī mǒuwù ▸ **in a pile** 堆成堆 duī chéng duī ▸ **to pile into/out of sth** (*inf*) [+ *vehicle, building*] 一窝(窩)蜂地进(進)入/离(離)开(開)某处(處) yīwōfēng de jìnrù/líkāi mǒu chù

▸**pile on** VT ▸ **to pile it on** (*inf*) 夸(誇)张(張) kuāzhāng

▸**pile up** VI **1** [*papers* +] 堆积(積) duījī **2** [*problems, work* +] 积(積)累(纍) jīlěi

pile-up ['paɪlʌp] N [C] 数(數)辆(輛)车(車)同时(時)碰撞事件 shùliàng chē tóngshí pèngzhuàng shìjiàn

pilgrimage ['pɪlgrɪmɪdʒ] N [C] 朝圣(聖) cháoshèng ▸ **to go on** *or* **make a pilgrimage to** 前去朝圣(聖) qián qù cháoshèng

pill [pɪl] N [C] 药(藥)丸 yàowán [粒 lì] ▸ **the pill** (*contraceptive pill*) 避孕药(藥) bìyùnyào ▸ **to be on the pill** 服避孕药(藥) fú bìyùnyào

pillar ['pɪləʳ] N [C] 柱子 zhùzi [根 gēn] ▸ **a pillar of society/of the community** 社会(會)/社区(區)的支柱 shèhuì/shèqū de zhīzhù

pillow ['pɪləu] N [C] 枕头(頭) zhěntou [个 gè]

pillowcase ['pɪləukeɪs] N [C] 枕套 zhěntào [个 gè]

pilot ['paɪlət] **I** N [C] **1** (*Aviat*) 飞(飛)行员(員) fēixíngyuán [个 gè] **2** (*Naut*) 领(領)航员(員) lǐnghángyuán **3** (*TV*) (*also*: **pilot episode**) 试(試)播片断(斷) shìbō piànduàn **II** ADJ [+ *scheme, study*] 试(試)验(驗)性的 shìyànxìng de **III** VT [+ *aircraft*] 驾(駕)驶(駛) jiàshǐ ▸ **to pilot a scheme/programme** 试(試)行计(計)划(劃)/项(項)目 shì íng jìhuà/xiàngmù

pimple ['pɪmpl] N [C] 粉刺 fěncì [个 gè]

PIN [pɪn] N ABBR (= **personal identification number**) (*also*: **PIN number**) 密码(碼) mìmǎ

pin [pɪn] **I** N [C] **1** (*used in sewing*) 大头(頭)针(針) dàtóuzhēn [枚 méi] **2** (*badge*) 饰(飾)针(針) shìzhēn [枚 méi] **3** (*in wheel, machine*) 轴(軸)

钉(釘) zhóudīng **4** *(in bone)* 骨钉(釘) gǔdīng **5** *(in grenade)* 保险(險)针(針) bǎoxiǎnzhēn **6** *(Brit: Elec)* ▸ **a 3-pin plug** 三相插头(頭) sānxiàng chātóu **II** VT **1** *(on wall, door, board)* 钉(釘)住 dìngzhù; *(to clothes)* 别(別)住 biézhù **2** [*+ person, part of body*] *(in position)* 使不能动(動) shǐ bùnéng dòng ▸ **pins and needles** 发(發)麻 fāmá ▸ **to pin sth on sb** 把某事归(歸)罪于(於)某人 bǎ mǒushì guīzuì yú mǒurén ▸ **to pin the blame on sb** 推说(說)是某人的责(責)任 tuīshuō shì mǒurén de zérèn ▸ **to pin one's hopes on sth/sb** 寄希望于(於)某事/某人 jì xīwàng yú mǒushì/mǒurén
▸**pin down** VT **1** ▸ **to pin sb down (to sth)** 迫使某人履行(某事) pòshǐ mǒurén lǚxíng (mǒushì) **2** *(identify)* [*+ date, location, source of problem*] 确(確)定 quèdìng

pinafore ['pɪnəfɔːʳ] *(esp Brit)* N [c] **1** *(also:* **pinafore dress***)* 无(無)袖女裙 wúxiù nǚqún [条 tiáo] **2** *(apron)* 围(圍)裙 wéiqún [条 tiáo]

pinball ['pɪnbɔːl] N [ʊ] 弹(彈)球戏(戲) tánqiúxì [一台 yītái] ▹ *to play pinball* 玩弹球戏 wántánqiúxì ▸ **a pinball machine** 弹(彈)球机(機) tánqiújī

pinch [pɪntʃ] **I** N **1** [c] [*of spice, salt, sugar*] 一撮 yīcuō **2** ▸ **to give sb a pinch** 捏某人 niē mǒurén **II** VT **1** [*+ person*] *(with finger and thumb)* 捏 niē **2** *(inf: steal)* 偷窃(竊) tōuqiè **III** VI [*shoe +*] 夹(夾)脚(腳) jiājiǎo ▸ **at a pinch** 必要时(時) bìyào shí ▸ **to feel the pinch** 感到缺钱(錢) gǎndào quē qián

pine [paɪn] **I** N **1** [c] *(also:* **pine tree***)* 松树(樹) sōngshù [棵 kē] **2** [ʊ] *(wood)* 松木 sōngmù **II** VI ▸ **to pine (for sb/sth)** [*+ person, place*] 朝思暮想(某人/某物) zhāoxī mùxiǎng (mǒurén/mǒuwù)
▸**pine away** VI 憔悴 qiáocuì

pineapple ['paɪnæpl] N [c] 菠萝(蘿) bōluó 凤(鳳)梨 fènglí [个 gè]

ping [pɪŋ] N [c] *(noise)* 砰 pēng

ping-pong® ['pɪŋpɔŋ] *(inf)* N [ʊ] 乒乓球 pīngpāngqiú

pink [pɪŋk] **I** ADJ 粉红(紅)色的 fěnhóngsè de **II** N [c/ʊ] 粉红(紅)色 fěnhóngsè [种 zhǒng]

pinpoint ['pɪnpɔɪnt] VT [*+ cause, problem*] 查明 chámíng; [*+ position, place*] 指出 zhǐchū

pint [paɪnt] N [c] **1** *(measure)* *(Brit)* *(568 cc)* 品脱(脫) pǐntuō; *(US)* *(473 cc)* 品脱(脫) pǐntuō **2** *(Brit; inf)* *(beer)* 一品脱(脫)啤酒 yī pǐntuō píjiǔ ▸ **to go for a pint** *(Brit; inf)* 去酒吧喝酒 qù jiǔbā hējiǔ

pioneer [paɪə'nɪəʳ] **I** N [c] **1** [*of scheme, science, method*] 先驱(驅) xiānqū [名 míng] **2** *(early settler)* 拓荒者 tuòhuāngzhě [名 míng] **II** VT [*+ technique, invention*] 倡导(導) chàngdǎo

pious ['paɪəs] ADJ **1** *(religious)* 虔诚(誠)的 qiánchéng de **2** *(sanctimonious)* 虚(虛)伪(偽)的 xūwěi de **3** *(empty)* [*+ hopes, words*] 空洞的 kōngdòng de

pip [pɪp] **I** N [c] [*of apple, orange*] 种(種)子 zhǒngzi [颗 kē] **II** VT *(Brit)* *(fig)* ▸ **to be pipped at the post** 最后(後)一刻败(敗)北 zuìhòu yīkè bàiběi **III the pips** N PL *(Brit)* *(time signal on radio)* 报(報)时(時)信号(號) bàoshí xìnhào; *(during phone call)* 嘟嘟声(聲) dūdū shēng

pipe [paɪp] **I** N [c] **1** *(for water, gas)* 管子 guǎnzi [根 gēn] **2** *(for smoking)* 烟(煙)斗 yāndǒu [个 gè] **3** *(Mus)* *(instrument)* 管乐(樂)器 guǎnyuèqì; [*of organ*] 管 guǎn **II** VT [*+ water, gas, oil*] 管道输(輸)送 guǎndào shūsòng **III pipes** N PL *(also:* **bagpipes***)* 风(風)笛 fēngdí
▸**pipe down** *(inf)* VI *(be quiet)* 安静(靜)下来(來) ānjìng xiàlái

pipeline ['paɪplaɪn] N [c] *(for oil, gas)* 管道 guǎndào [根 gēn] ▸ **to be in the pipeline** 在酝(醞)酿(釀)中 zài yùnniàng zhōng

piper ['paɪpəʳ] N [c] 风(風)笛手 fēngdíshǒu [名 míng]

piping ['paɪpɪŋ] **I** N [ʊ] **1** *(pipes)* 管道 guǎndào **2** *(on clothes)* 滚(滾)边(邊) gǔnbiān **II** ADV ▸ **piping hot** [*+ water, food, coffee*] 滚(滾)烫(燙) gǔntàng

pirate ['paɪərət] **I** N [c] 海盗(盜) hǎidào [个 gè] **II** VT [*+ video, CD, software etc*] 盗(盜)版 dàobǎn

pirated ['paɪərətɪd] *(Comm)* ADJ [*+ video, CD, software etc*] 盗(盜)版的 dàobǎn de

Pisces ['paɪsiːz] N **1** [ʊ] *(sign)* 双(雙)鱼(魚)座 Shuāngyú Zuò **2** [c] *(person)* 双(雙)鱼(魚)座的人 Shuāngyú Zuò de rén [个 gè] ▸ **I'm (a) Pisces** 我是双(雙)鱼(魚)座的 wǒ shì Shuāngyú Zuò de

piss [pɪs] *(inf!)* **I** VI *(urinate)* 撒尿 sāniào **II** N [ʊ] *(urine)* 尿 niào ▸ **it's pissing down** *(Brit)* *(raining)* 下大雨 xià dàyǔ ▸ **piss off!** 滚(滾)开(開)! Gǔnkāi! ▸ **to piss o.s. (laughing)** *(Brit)* 大笑不止 dàxiào bù zhǐ ▸ **to be pissed off (with sb/sth)** *(annoyed)* 厌(厭)烦(煩)(某人/某事) yànfán(mǒurén/mǒushì) ▸ **to take the piss (out of sb)** *(Brit)* 取笑(某人) qǔxiào(mǒurén)

pissed [pɪst] *(inf!)* ADJ *(drunk)* 醉的 zuì de

pistol ['pɪstl] N [c] 手枪(槍) shǒuqiāng [把 bǎ]

piston ['pɪstən] N [c] 活塞 huósāi [个 gè]

pit [pɪt] **I** N [c] **1** *(coal mine)* 矿(礦)井 kuàngjǐng [个 gè] **2** *(hole in ground)* *(road)* 坑 kēng [个 gè] **3** *(also:* **gravel pit***)* 采(採)石场(場) cǎishíchǎng [个 gè] **4** *(US)* *(fruit stone)* 核(覈) hé **5** *(also:* **orchestra pit***)* 乐(樂)队(隊)池 yuèduìchí **II** VT ▸ **to pit one's wits/skills against sb** 与(與)某人较(較)量才智/技能 yǔ mǒurén jiàoliàng cáizhì/jìnéng **III the pits** N PL *(Aut)* 维(維)修加油站 wéixiū jiāyóuzhàn ▸ **in the pit of one's stomach** 在内(內)心深处(處) zài nèixīn shēnchù ▸ **to be pitted against sb/sth** 与(與)某人/某事较(較)量 yǔ mǒurén/mǒushì jiàoliàng

pitch [pɪtʃ] **I** N **1** [c] *(Brit: Sport)* *(field)* 球场(場) qiúchǎng [个 gè] [美 = **field**] **2** [s/ʊ] [*of note,*

P

sound, voice] 音高 yīngāo **3** [s] (*fig: level, degree*) [*of feeling, situation*] 程度 chéngdù **4** [u] (*tar*) 沥(瀝)青 lìqīng **5** [c] (*also:* **sales pitch**) 推销(銷)商品的行话(話) tuīxiāo shāngpǐn de hánghuà **6** [u] (*Naut*) [*of boat*] 颠簸 diānbǒ **II** VT **1** [+ *tent*] 搭 dā **2** (*throw*) [+ *ball, object*] 投 tóu **3** (*knock*) [+ *person*] 摔出 shuāichū **4** (*set*) [+ *price, message*] 定位 dìngwèi **III** VI **1** (*fall forwards*) 重重倒下 zhòngzhòng dǎoxià **2** (*Naut*) [*boat* +] 颠簸 diānbǒ

▸**pitch in** (*inf*) VI [*person* +] 起劲(勁)地干(幹) qǐjìn de gàn

pitch-black ['pɪtʃ'blæk] ADJ [+ *night, place*] 漆黑的 qīhēi de

pitcher ['pɪtʃəʳ] N [c] **1** (*esp US*) (*jug*) 大罐 dàguàn [个 gè] **2** (*US: Baseball*) 投手 tóushǒu [名 míng]

pitfall ['pɪtfɔːl] N [c] 隐(隱)患 yǐnhuàn [个 gè]

pith [pɪθ] N [u] **1** [*of orange, lemon*] 髓 suǐ **2** (*fig*) [*of matter, question*] 精髓 jīngsuǐ

pitiful ['pɪtɪful] ADJ **1** (*touching*) [+ *person, appearance, sight etc*] 可怜(憐)的 kělián de **2** (*lamentable*) [+ *excuse, attempt, effort etc*] 可鄙的 kěbǐ de

pity ['pɪtɪ] **I** N **1** [u] (*compassion*) 同情 tóngqíng **2** (*misfortune*) ▸**it is a pity that...** 真遗(遺)憾… zhēn yíhàn... **II** VT [+ *person*] 同情 tóngqíng ▸**to take pity on sb** 怜(憐)悯(憫)某人 liánmǐn mǒurén ▸**what a pity!** 真可惜！zhēn kěxī!

pizza ['piːtsə] N [c] 比萨(薩)饼(餅) bǐsàbǐng [个 gè]

placard ['plækaːd] N [c] (*outside shop*) 招贴(貼) zhāotiē; (*in demonstration*) 标(標)语(語)牌 biāoyǔ pái [块 kuài]

placate [plə'keɪt] (*frm*) VT [+ *person*] 安慰 ānwèi; [+ *opposition, anger*] 平息 píngxī

★**place** [pleɪs] **I** N **1** [c] (*location*) 地方 dìfang [个 gè] ▹ *We were looking for a good place to camp.* 我们寻找露营的地方。Wǒmen xúnzhǎo lùyíng de dìfang. ▹ *The cellar was a very dark place.* 地窖是个很黑的地方。Dìjiào shì gè hěn hēi de dìfang. ▹ *They seem to have scheduled the president to be in two places at once.* 他们似乎想让总统同时出现在两个不同的地方。Tāmen sìhū xiǎng ràng zǒngtǒng tóngshí chūxiàn zài liǎng gè bùtóng de dìfang. ▹ *The pain was always in the same place.* 总是在一个地方疼。Zǒngshì zài yī gè dìfang téng. ▹ *I keep these cards in a very safe place.* 我把卡片放在一个非常安全的地方。Wǒ bǎ kǎpiàn fàng zài yī gè fēicháng ānquán de dìfang. **2** [c] (*empty: space*) 空位 kòngwèi [个 gè] ▹ *I found a place to park.* 我找到了一个空位停车。Wǒ zhǎodàole yī gè kòngwèi tíngchē.; (*seat*) 座位 zuòwèi [个 gè] ▹ *There was only one place left for him to sit.* 只有一个座位留给他。Zhǐyǒu yī gè zuòwèi liú gěi tā.; (*at university, on course, on committee, in team*) 名额(額) míng'é [个 gè] ▹ *I got a place at a teachers' training college nearby.* 我得到了附近师范学院的一个名额。Wǒ dédàole fùjìn shīfàn xuéyuàn de yī gè míng'é. **3** [s] (*inf: home*) 家 jiā ▹ *Do you want to meet at your place or mine?* 你想在你家还是我家见面？ Nǐ xiǎng zài nǐ jiā háishì wǒ jiā jiànmiàn? **4** (*in street names*) 路 lù ▹ *Laurel Place* 劳瑞尔路 láoruì'ěr Lù **5** [s] (*role*) (*in society, system, world*) 地位 dìwèi ▹ *Britain's place in the world* 英国在世界上的地位 Yīngguó zài shìjiè shàng de dìwèi **6** [c] (*in competition*) 名次 míngcì [个 gè] ▹ *Britain won third place at the games in Barcelona.* 英国在巴塞罗那奥运会上得了第3名。Yīngguó zài Bāsàiluónà àoyùnhuì shàng déle dì sān míng. **7** (*US; inf*) ▸**some/every/no/any place** 某些/每个(個)/没(沒)有/任何地方 mǒuxiē/měigè/méiyǒu/rènhé dìfang [个 gè] ▹ *The poor guy obviously didn't have any place to go.* 那个可怜的家伙显然没有任何地方可去。Nàge kělián de jiāhuo xiǎnrán méiyǒu rènhé dìfang kě qù. **II** VT **1** (*put*) [+ *object*] 放 fàng ▹ *She placed the music on the piano and sat down.* 她把乐谱放在钢琴上，坐了下来。Tā bǎ yuèpǔ fàng zài gāngqín shàng, zuòle xiàlái. **2** (*classify*) [+ *person, work, drug*] 归(歸)类(類) guīlèi ▹ *Some place him on a par with Einstein.* 有人将他归为与爱因斯坦比肩的人。Yǒu rén jiāng tā guīwéi yǔ Àiyīnsītǎn bǐjiān de rén. **3** (*identify*) [+ *person*] 记(記)起 jìqǐ ▹ *She was looking at me as if she could not quite place me.* 她看着我好像记不起我是谁了。Tā kànzhe wǒ hǎoxiàng jìbuqǐ wǒ shì shúi le. ▸**from place to place** 从(從)一个(個)地方到另一个(個)地方 cóng yī gè dìfang dào lìng yī gè dìfang ▸**all over the place** (*everywhere*) 到处(處) dàochù ▸**in places** 有几(幾)处(處) yǒu jǐchù ▸**in the first place** (*first of all*) 首先 shǒuxiān; (*originally*) 原先 yuánxiān ▸**to change places with sb** (*fig*) 与(與)某人交换(換)位置 yǔ mǒurén jiāohuàn wèizhi ▸**at sb's place** (*home*) 在某人的家里(裡) zài mǒurén de jiāli ▸**to sb's place** 到某人的家里(裡) dào mǒurén de jiāli ▸**he's going places** 他正飞(飛)黄(黃)腾(騰)达(達) tā zhèng fēi huáng téng dá ▸**in sb's/sth's place** 代替某人/某物 dàitì mǒurén/mǒuwù ▸**to take sb's/sth's place** 代替某人/某物 dàitì mǒurén/mǒuwù ▸**it's not my place to do it** 我无(無)权(權)这(這)么(麼)做 wǒ wúquán zhème zuò ▸**to put sb in his/her place** (*fig*) 煞住他/她的傲气(氣) shā zhù tā/tā de àoqì ▸**to fall into place** (*become clear*) 开(開)始有头(頭)绪(緒) kāishǐ yǒu tóuxù; (*go well*) 开(開)始明朗化 kāishǐ mínglǎnghuà ▸**in place** (*in correct place*) 到位 dàowèi; (*ready*) 就绪(緒) jiùxù ▸**out of place** (*in wrong place*) 不在应(應)在的地方 bù zài yīng zài de dìfang; (*inappropriate*) 不适(適)当(當)的 bù shìdàng de ▸**to feel out of place** 感到不自在的 gǎndào bù zìzài de ▸**to take place** (*happen*) 发(發)生 fāshēng ▸**to place an order** 订(訂)购(購) dìnggòu ▸**to place an advertisement** 打广(廣)告 dǎ guǎnggào ▸ **to be placed third** *etc (in race, exam)* 得第3名等 dé dì sān míng *děng* ▸ **to place one's faith in/hopes on sth** 对(對)某事寄于(於)信任/希望 duì mǒushì jìyú xìnrèn/xīwàng ▸ **how are you placed?** 你有什么(麼)安排吗(嗎)? nǐ yǒu shénme ānpái ma?

placement ['pleɪsmənt] N **1** [c] *(job)* 职(職)位 zhíwèi [个 gè] **2** [U] *(placing)* [*of object*] 放置 fàngzhì; *(in home, school)* [*of person*] 安置 ānzhì

place of birth N [c] 出生地 chūshēngdì

placid ['plæsɪd] ADJ **1** [+ *person*] 平静(靜)的 píngjìng de **2** [+ *place, river, life*] 宁(寧)静(靜)的 níngjìng de

plague [pleɪg] **I** N **1** [c] *(disease)* 瘟疫 wēnyì [场 chǎng] **2** *(fig)* [*of locusts, rats*] 灾(災)难(難) zāinàn [场 chǎng]; [*of robberies, attacks*] 祸(禍)患 huòhuàn **II** VT *(fig)* [*problems, difficulties* +] 烦(煩)扰(擾) fánrǎo ▸ **to plague sb with questions** 不断(斷)向某人发(發)问(問) bùduàn xiàng mǒurén fāwèn

plaice [pleɪs] (*pl* **plaice**) N [c/U] 鲽(鰈)鱼(魚) diéyú [条 tiáo]

plain [pleɪn] **I** ADJ **1** *(not patterned)* 无(無)图(圖)案花纹(紋)的 wú tú'àn huāwén de **2** *(simple)* [+ *dress, food, design*] 简(簡)单(單)的 jiǎndān de **3** *(clear, easily understood)* 清楚的 qīngchu de **4** *(not beautiful)* [+ *girl, woman*] 不漂亮的 bù piàoliang de **II** ADV [+ *wrong, stupid, terrible etc*] 简(簡)直 jiǎnzhí **III** N [c] **1** *(area of land)* 平原 píngyuán [个 gè] **2** *(in knitting)* ▸ **one plain, one purl** 一针(針)平织(織)，一针(針)反织(織) yī zhēn píngzhī yī zhēn fǎnzhī ▸ **in plain clothes** *(Police)* 身穿便服 shēn chuān biànfú ▸ **it is plain that...** 显(顯)然… xiǎnrán... ▸ **to make it plain to sb that...** 对(對)某人明确(確)表示… duì mǒurén míngquè biǎoshì...

plain chocolate *(Brit)* N [U] 纯(純)巧克力 chún qiǎokèlì [美 = **dark chocolate**]

plainly ['pleɪnlɪ] ADV **1** *(obviously)* 显(顯)然地 xiǎnrán de **2** *(distinctly)* [*hear, see, recognize* +] 清楚地 qīngchǔ de; [*state* +] 明确(確)地 míngquè de

plaintiff ['pleɪntɪf] *(Law)* N [c] 原告 yuángào [名 míng]

plait [plæt] **I** N [c] [*of hair*] 辫(辮)子 biànzi [条 tiáo]; [*of rope, leather*] 辫(辮)状(狀)物 biànzhuàng wù [美 = **braid**] **II** VT [+ *hair, rope, leather*] 编(編) biān [美 = **braid**]

★ **plan** [plæn] **I** N [c] **1** *(scheme, project)* 计(計)划(劃) jìhuà [个 gè] **2** *(drawing)* 详(詳)图(圖) xiángtú [张 zhāng] **II** VT **1** [+ *crime, holiday, future etc*] 计(計)划(劃) jìhuà **2** *(design)* [+ *building, garden etc*] 设(設)计(計) shèjì **III** VI *(think ahead)* 打算 dǎsuàn ▹ *We must plan for the future.* 我们必须为将来做打算。Wǒmen bìxū wèi jiānglái zuò dǎsuàn. **IV plans** N PL *(intentions)* 计(計)划(劃) jìhuà ▹ *Do you have any plans for the weekend?* 你周末有什么计划吗？ Nǐ zhōumò yǒu shénme jìhuà ma? ▸ **to go according to plan** 按计(計)划(劃)进(進)行 àn jìhuà jìnxíng ▸ **to plan to do sth** 计(計)划(劃)做某事 jìhuà zuò mǒushì ▸ **how long do you plan to stay?** 你准(準)备(備)住多久？ nǐ zhǔnbèi zhù duō jiǔ? ▸ **to plan for** *or* **on sth** *(expect)* 预(預)先想到某事 yùxiān xiǎngdào mǒushì ▸ **to plan on doing sth** 意欲做某事 yìyù zuò mǒushì

plane [pleɪn] **I** N [c] **1** 飞(飛)机(機) fēijī [架 jià] **2** *(Math)* 平面 píngmiàn **3** *(fig: level)* [*of existence, consciousness*] 水平 shuǐpíng **4** *(tool)* 刨子 bàozi **5** *(also:* **plane tree***)* 悬(懸)铃(鈴)木 xuánlíngmù **II** VT [+ *wood*] 刨 bào

planet ['plænɪt] N [c] 行星 xíngxīng [个 gè]

plank [plæŋk] N [c] **1** [*of wood*] 板 bǎn [块 kuài] **2** ▸ **the main/central plank** [*of policy, argument*] 主要/中心政纲(綱)准(準)则(則) zhǔyào/zhōngxīn zhènggāng zhǔnzé

planning ['plænɪŋ] N [U] **1** *(organization)* 计(計)划(劃) jìhuà **2** *(town planning)* 规(規)划(劃) guīhuà

★ **plant** [plɑːnt] **I** N **1** [c] 植物 zhíwù [株 zhū] **2** [U] *(machinery)* 机(機)器 jīqì ▹ *new plant and equipment* 新的机器设备 xīn de jīqì shèbèi **3** [c] *(factory, power station)* 工厂(廠) gōngchǎng [个 gè] **II** VT **1** [+ *flower, tree, crop etc*] 栽种(種) zāizhòng; [+ *field, garden*] 种(種)植 zhòngzhí ▹ *Alongside the road was a field planted with maize.* 路的两边是种了玉米的田地。Lù de liǎng biān shì zhòngle yùmǐ de tiándì. **2** *(put secretly)* [+ *microphone, bomb*] 安放 ānfàng ▹ *They had planted the bomb beneath the house.* 他们在房子下安放了炸弹。Tāmen zài fángzi xià ānfàngle zhàdàn.; [+ *incriminating evidence*] 栽赃(贓) zāizāng ▹ *I'm convinced the evidence was planted in John's flat.* 我相信在约翰房里发现的证据是栽赃的。Wǒ xiāngxìn zài Yuēhàn fáng lǐ fāxiàn de zhèngjù shì zāizāng de. **3** *(place)* [+ *object, kiss*] 放置 fàngzhì

plantation [plæn'teɪʃən] N [c] **1** *(for tea, rubber, sugar)* 种(種)植园(園) zhòngzhíyuán [个 gè] **2** [*of trees*] 人工林 réngōng lín

plant pot N [U] 盆栽 pénzāi [个 gè]

plaque [plæk] N **1** [c] *(on building, wall)* 饰(飾)板 shìbǎn [块 kài] **2** [U] *(on teeth)* 斑 bān

plasma screen N [c] 离子屏幕 lízǐ píngmù [个 gè]

plaster ['plɑːstəʳ] **I** N **1** [U] *(for walls, ceilings)* 灰泥 huīní **2** [U] *(also:* **plaster of Paris***)* 熟石灰 shú shíhuī **3** [c/U] *(Brit) (also:* **sticking plaster***)* 橡皮膏 xiàngpígāo [块 kuài] [美 = **Band-Aid®**] **II** VT **1** [+ *wall*] 用灰泥涂(塗)抹 yòng huīní túmǒ **2** *(cover)* ▸ **to plaster sth with sth** 用某物贴(貼)满(滿)某物 yòng mǒuwù tiēmǎn mǒuwù ▸ **in plaster** *(Brit)* 打了石膏的 dǎle shígāo de

plaster cast *(Med)* N [c] 石膏绷(繃)带(帶) shígāo bēngdài

plastic ['plæstɪk] **I** N [c/U] 塑料 sùliào [种 zhǒng] **II** ADJ **1** [+ *bucket, chair, cup*] 塑料的

sùliào de **2** (*flexible*) 可塑的 kěsù de
plastic bag N [c] 塑料袋 sùliào dài [个 gè]
plastic surgery N [U] 整形手术(術) zhěngxíng shǒushù
plastic wrap (US) N [U] 保鲜(鮮)膜 bǎoxiān mó [英 = **clingfilm**]
plate [pleɪt] N **1** [c] (*dish*) 碟 dié [个 gè]; (*for serving*) 托(託)盘(盤) tuōpán [个 gè] **2** [c] (*on door*) 牌 pái **3** [c] (*on machine*) 金属(屬)牌 jīnshǔ pái [块 kuài] **4** [U] (*metal objects*) (*also*: **gold plate**) 镀(鍍)金餐具 dùjīn cānjù; (*also*: **silver plate**) 银(銀)餐具 yín cānjù **5** [c] (*Typ*) (*for printing*) 印版 yìnbǎn **6** [c] (*picture, photograph*) 整页(頁)插图(圖) zhěngyè chātú [版 bǎn] **7** [c] (*number plate*) 牌照 páizhào [块 kuài] **8** [c] (*dental plate*) 托牙板 tuōyá bǎn ▸ **a plate of cakes/biscuits** 一盘(盤)蛋糕/饼(餅)干(乾) yī pán dàngāo/bǐnggān
plateau ['plætəu] (*pl* **plateaus** *or* **plateaux** ['plætəuz]) N [c] **1** 高原 gāoyuán **2** (*fig*) [*of activity, process*] 稳(穩)定状(狀)态(態) wěndìng zhuàngtài
platform ['plætfɔːm] N [c] **1** (*stage*) 平台(臺) píngtái [个 gè] **2** (*for landing on*) 平台(臺) píngtái **3** (*Rail*) 站台(臺) zhàntái [个 gè] **4** (*Pol*) 政纲(綱) zhènggāng **5** (*Brit*) [*of bus*] 出入口平台(臺) chūrùkǒu píngtái ▸ **the train leaves from platform 7** 火车(車)从(從)7号(號)站台(臺)出发(發) huǒchē cóng qī hào zhàntái chūfā
platinum ['plætɪnəm] N [U] 白金 báijīn
platoon [plə'tuːn] N [c] 排 pái
platter ['plætəʳ] N [c] 大浅(淺)盘(盤) dà qiǎnpán
plausible ['plɔːzɪbl] ADJ [+ *theory, explanation*] 似乎有理的 sìhū yǒulǐ de; [+ *person, rogue, liar*] 花言巧语(語)的 huāyán qiǎoyǔ de
★ **play** [pleɪ] **I** N **1** [c] (*Theat, TV, Rad*) 戏(戲)剧(劇) xìjù [出 chū] **2** [U] (*activity*) (*with toys, games etc*) 游(遊)戏(戲) yóuxì; (*sport*) 活动(動) huódòng ▷ *Rain again interrupted play at Wimbledon today.* 温布尔登赛事又受到下雨的干扰。Wēnbù'ěrdēng sàishì yòu shòudào xiàyǔ de gānrǎo. **II** VT **1** [+ *game, chess*] 玩 wán ▷ *Let's play a game.* 咱们玩游戏吧。Zánmen wán yóuxì ba.; [+ *football*] 踢 tī; [+ *cricket, tennis*] 打 dǎ **2** (*compete against*) [+ *team, opponent*] 同…比赛(賽) tóng...bǐsài **3** (*in play, film*) [+ *part, role, character*] 扮演 bànyǎn **4** (*Mus*) [+ *instrument, piece of music*] 演奏 yǎnzòu **5** (*listen to*) [+ *CD, record, tape*] 播放 bōfàng **III** VI **1** [*children* +] 玩耍 wánshuǎ ▷ *Polly was playing with her teddy bear.* 波莉在玩她的玩具熊。Bōlì zài wán tā de wánjùxióng. **2** [*orchestra, band* +] 演奏 yǎnzòu **3** [*CD, record, tape, radio* +] 播放 bōfàng ▷ *There was classical music playing in the background.* 古典音乐正作为背景音乐播放。Gǔdiǎn yīnyuè zhèng zuòwéi bèijǐng yīnyuè bōfàng. ▸ **a play on words** 双(雙)关(關)语(語) shuāngguān yǔ ▸ **to bring into play** 调(調)动(動) diàodòng ▸ **to play cards** 玩纸(紙)牌 wán zhǐpái ▸ **to play a trick on sb** 对(對)某人耍花招 duì mǒurén shuǎ huāzhāo ▸ **to play a part** *or* **role in sth** (*fig*) 在某事中起作用 zài mǒushì zhōng qǐ zuòyòng ▸ **to play (it) safe** 谨(謹)慎行事 jǐnshèn xíngshì ▸ **to play for time** 为(為)争(爭)取时(時)间(間)而拖延 wèi zhēngqǔ shíjiān ér tuōyán ▸ **to play into sb's hands** 让(讓)某人占(佔)便宜 ràng mǒurén zhàn piānyi
▸**play about with** VT FUS = **play around with**
▸**play along with** VT FUS [+ *person*] 同…合作 tóng...hézuò; [+ *idea, charade*] 依照…行事 yīzhào...xíngshì
▸**play around** (*inf*) VI (*be silly*) 胡闹(鬧) húnào
▸**play around with, play about with** (*inf*) VT FUS [+ *idea, problem*] 摆(擺)弄 bǎinòng
▸**play at** VT FUS ▸ **to play at (doing/being) sth** (*do half-heartedly*) 敷衍地做某事 fūyǎn de zuò mǒushì; (*as game*) 扮成某事 bànchéng mǒushì ▷ *They played at (being) soldiers.* 他们扮成士兵。Tāmen bànchéng shìbīng. ▸ **what's he playing at?** 他在胡闹(鬧)些什么(麼)? tā zài hú'nào xiē shénme?
▸**play back** VT [+ *recording, message, video*] 回放 huífàng
▸**play down** VT 减(減)低 jiǎndī
▸**play off against** VT 挑拨(撥)离(離)间(間) tiǎobó líjiàn
▸**play on** VT FUS [+ *sb's feelings, fears*] 利用 lìyòng ▸ **to play on sb's mind** 萦(縈)绕(繞)某人的心头(頭) yíngrào mǒurén de xīntóu
▸**play up** (*inf*) VI **1** [*machine, part of body* +] 出毛病 chū máobìng **2** [*child* +] 调(調)皮捣(搗)乱(亂) tiáopí dǎoluàn
★ **player** ['pleɪəʳ] N [c] **1** (*Sport*) 选(選)手 xuǎnshǒu [名 míng] ▷ *He was a good tennis player.* 他是名优秀的网球选手。Tā shì míng yōuxiù de wǎngqiú xuǎnshǒu. **2** (*Mus*) ▸ **a trumpet/flute/piano player** 小号(號)/长(長)笛/钢(鋼)琴演奏者 xiǎohào/chángdí/gāngqín yǎnzòuzhě [位 wèi] **3** (*Theat*) 演员(員) yǎnyuán **4** (*Comm, Pol*) (*party involved*) 参(參)与(與)者 cānyùzhě ▷ *America is a key player in the negotiations.* 美国是这次谈判的主要参与者。Měiguó shì zhè cì tánpàn de zhǔyào cānyùzhě.
playful ['pleɪful] ADJ [+ *person, gesture*] 开(開)玩笑的 kāiwánxiào de; [+ *animal*] 顽(頑)皮的 wánpí de
playground ['pleɪgraund] N [c] (*at school*) 运(運)动(動)场(場) yùndòng chǎng [个 gè]; (*in park*) 游(遊)戏(戲)场(場) yóuxì chǎng [个 gè]
playgroup ['pleɪgruːp] N [c] 幼儿(兒)园(園) yòu'éryuán [个 gè]
playing card ['pleɪɪŋ-] N [c] 纸(紙)牌 zhǐpái [张 zhāng]
playing field ['pleɪɪŋ-] N [c] 运(運)动(動)

场(場) yùndòng chǎng [个 gè] ▸ **a level playing field** (*fig*) 公平竞(競)争(爭) gōngpíng jìngzhēng

playschool ['pleɪsku:l] N = **playgroup**

playtime ['pleɪtaɪm] N [U] 游(遊)戏(戲)时(時)间(間) yóuxì shíjiān

playwright ['pleɪraɪt] N [C] 剧(劇)作家 jùzuòjiā [名 míng]

plc (*Brit*) ABBR (= **public limited company**) 股票上市公司 gǔpiào shàngshì gōngsī

plea [pli:] N [C] **1** (*request*) ▸ **plea (for sth)** 恳(懇)求(某事) kěnqiú (mǒushì) **2** (*Law*) (*in court*) 抗辩(辯) kàngbiàn **3** (*excuse*) 托词(詞) tuōcí ▸ **a plea for help** 请(請)求帮(幫)助 qǐngqiú bāngzhù ▸ **a plea for sb to do sth** 请(請)求某人做某事 qǐngqiú mǒurén zuò mǒushì

plead [pli:d] **I** VT **1** (*Law*) [+ *case, cause*] 为(為)…辩(辯)护(護) wèi...biànhù **2** (*give as excuse*) [+ *ignorance, ill health, poverty*] 以…为(為)借口 yǐ...wéi jièkǒu **II** VI (*Law*) (*in court*) 辩(辯)护(護) biànhù ▸ **to plead with sb (to do sth)** 恳(懇)求某人(做某事) kěnqiú mǒurén(zuò mǒushì) ▸ **to plead for sth** 恳(懇)求某物 kěnqiú mǒuwù ▸ **to plead guilty** 服罪 fúzuì ▸ **to plead not guilty** 不服罪 bù fúzuì

pleasant ['plɛznt] ADJ **1** (*agreeable*) 令人愉快的 lìngrén yúkuài de **2** (*friendly*) 友善的 yǒushàn de

pleasantly ['plɛzntlɪ] ADV [+ *warm, tired, relaxed*] 愉快地 yúkuàide; [*say, behave, spend time* +] 亲(親)切地 qīnqiè de ▸ **to be pleasantly surprised** 感到惊(驚)喜的 gǎndào jīngxǐ de

please [pli:z] **I** INT **1** (*in polite requests, written instructions*) 请(請) qǐng **2** (*accepting sth*) 好的 hǎo de **3** (*to attract attention*) 劳(勞)驾(駕) láojià **II** VT (*satisfy*) 使高兴(興) shǐ gāoxìng **III** VI (*give pleasure, satisfaction*) 满(滿)意 mǎnyì ▸ **yes, please** 好的 hǎode ▸ **my bill, please** 请(請)给(給)我账(賬)单(單) qǐng gěi wǒ zhàngdān ▸ **please don't cry!** 拜托(託), 别(別)哭了! bàituō, bié kū le! ▸ **it pleased them to...** …让(讓)他们(們)开(開)心 ...ràng tāmen kāixīn ▸ **please yourself!** (*inf*) 请(請)便! Qǐngbiàn! ▸ **do as you please** 按你喜欢(歡)的做 àn nǐ xǐhuan de zuò

pleased [pli:zd] ADJ (*happy, satisfied*) 开(開)心的 kāixīn de ▸ **to be pleased that...** 对(對)…感到高兴(興) duì...gǎndào gāoxìng ▸ **to be pleased to help** 乐(樂)意相助 lèyì xiāngzhù ▸ **pleased to meet you** 见(見)到你很高兴(興) jiàndào nǐ hěn gāoxìng ▸ **pleased with sth** 对(對)某事满(滿)意 duì mǒushì mǎnyì ▸ **we are pleased to inform you that...** 我们(們)荣(榮)幸地告诉(訴)你… wǒmen róngxìng de gàosù nǐ...

pleasing ['pli:zɪŋ] ADJ [+ *situation, picture, person*] 令人愉快的 lìngrén yúkuài de ▸ **it's pleasing to see/know that...** 高兴(興)地看到/知道… gāoxìng de kàndào/zhīdào...

pleasurable ['plɛʒərəbl] ADJ [+ *experience, sensation*] 令人愉快的 lìngrén yúkuài de

pleasure ['plɛʒə^r^] N **1** [U] (*happiness, satisfaction*) 高兴(興) gāoxìng **2** [U] (*fun*) 享乐(樂) xiǎnglè **3** [C] (*enjoyable experience*) 乐(樂)事 lèshì [件 jiàn] ▸ **to take pleasure in sth/in doing sth** 乐(樂)于(於)某事/做某事 lè yú mǒushì/zuò mǒushì ▸ **to give sb great pleasure** 使某人很高兴(興) shǐ mǒurén hěn gāoxìng ▸ **"it's a pleasure", "my pleasure"** "乐(樂)意效劳(勞)" "lèyì xiàoláo" ▸ **with pleasure** 非常愿(願)意 fēicháng yuànyì ▸ **is this trip for business or pleasure?** 这(這)趟旅行是出公差还(還)是度假? zhè tàng lǚxíng shì chū gōngchāi háishì dùjià?

pleat [pli:t] N [C] 褶 zhě

pleated ['pli:tɪd] ADJ 有褶的 yǒuzhě de ▹ *a pleated skirt* 百褶裙 bǎizhěqún

pledge [plɛdʒ] **I** N [C] (*promise*) 誓言 shìyán [个 gè] **II** VT (*promise*) [+ *money, support, help*] 发(發)誓 fāshì ▸ **to pledge that...** 保证(證)… bǎozhèng... ▸ **to pledge to do sth** 保证(證)做某事 bǎozhèng zuò mǒushì ▸ **to pledge sb to secrecy** 叫某人发(發)誓保密 jiào mǒurén fāshì bǎomì ▸ **to pledge o.s. to sth** 保证(證)某事 bǎozhèng mǒushì

plentiful ['plɛntɪful] ADJ [+ *food, supply, resources*] 大量的 dàliàng de

plenty ['plɛntɪ] PRON **1** (*lots*) 大量 dàliàng **2** (*sufficient*) 充足 chōngzú ▸ **plenty of** [+ *food, money, time*] 很多 hěnduō; [+ *jobs, people, houses*] 许(許)多 xǔduō ▸ **we've got plenty of time to get there** 我们(們)有充足的时(時)间(間)去那里(裡) wǒmen yǒu chōngzú de shíjiān qù nàlǐ

pliers ['plaɪəz] N PL 钳(鉗)子 qiánzi ▸ **a pair of pliers** 一把钳(鉗)子 yī bǎ qiánzi

plight [plaɪt] N [S] [*of person, country*] 困境 kùnjìng

plod [plɔd] VI 沉重而缓(緩)慢地走 chénzhòng ér huǎnmàn de zǒu ▸ **to plod up/down the stairs** 拖着(著)脚(腳)步走上/下楼(樓)梯 tuōzhe jiǎobù zǒu shàng/xià lóutī

▸**plod along, plod on** VI [*work, production* +] 缓(緩)慢进(進)行 huǎnmàn jìnxíng

▸**plod along with, plod on with** VT FUS 努力从(從)事 nǔlì cóngshì

plonk [plɔŋk] **I** N [U] (*Brit; inf*) (*wine*) 劣质(質)酒 lièzhì jiǔ **II** VT ▸ **to plonk sth down on sth** 把某物重重地放在某物上 bǎ mǒuwù zhòngzhòng de fàngzài mǒuwù shang ▸ **to plonk o.s. down (on sth)** 猛地坐下(坐在某处(處)) měng de zuò xià(zuòzài mǒu chù)

plot [plɔt] **I** N **1** [C] (*secret plan*) ▸ **a plot (to do sth)** (做某事的)阴(陰)谋(謀) (zuò mǒushì de) yīnmóu [个 gè] **2** [C/U] [*of story, play, film*] 情节(節) qíngjié [个 gè] **3** [C] (*also*: **plot of land**) 小块(塊)地皮 xiǎokuài dìpí **4** [C] (*for gardening*) 小块(塊)土地 xiǎokuài tǔdì **II** VT **1** [+ *sb's*

P

downfall, overthrow] 密谋(謀) mìmóu **2** [+ *strategy*] 谋(謀)划(劃) móuhuà **3** (*Aviat, Naut*) [+ *position, course*] 标(標)绘(繪) biāohuì **4** (*Math*) [+ *point on graph*] 绘(繪)制(製) huìzhì **III** VI (*conspire*) 密谋(謀) mìmóu ▸ **to plot to do sth** 密谋(謀)做某事 mìmóu zuò mǒushì

plough, (*US*) **plow** [plau] **I** N [C] 犁 lí [把 bǎ] **II** VT [+ *field, land*] 耕 gēng

▸**plough back** VT ▸ **to plough sth back (into sth)** [+ *profits*] 把某事再投资(資)(于(於)某事) bǎ mǒushì zài tóuzī (yú mǒushì)

▸**plough into** **I** VT FUS [+ *crowd*] 猛力撞入 měnglì zhuàngrù **II** VT (*invest*) ▸ **to plough money into sth** 把钱(錢)投资(資)于(於)某事 bǎ qián tóuzī yú mǒushì

▸**plough through** VT FUS [+ *meal, work, meeting*] 费(費)力而缓(緩)慢地进(進)行 fèilì ér huǎnmàn de jìnxíng

ploughman's lunch ['plaumənz-] (*Brit*) N [C] 酒吧供应的农夫午餐，包括面包，奶酪，色拉和泡菜

plow [plau] (*US*) N, VT = **plough**

ploy [plɔɪ] N [C] ▸ **ploy (to do sth)** (做某事的)花招 (zuò mǒushì de) huāzhāo [个 gè]

pls ABBR (= **please**) 请(請) qǐng

pluck [plʌk] **I** VT **1** [+ *fruit, flower, leaf*] 采(採)摘 cǎizhāi **2** (*seize*) 扯 chě **3** [+ *guitar, strings*] 拨(撥) bō **4** [+ *chicken, turkey, goose*] 拔…的毛 bá...de máo **5** [+ *eyebrows*] 拔 bá **II** N [U] (*courage*) 勇气(氣) yǒngqì ▸ **to be plucked from danger** 脱(脫)离(離)危险(險) tuōlí wēixiǎn ▸ **to be plucked to safety** 转(轉)危为(為)安 zhuǎn wēi wéi ān ▸ **to pluck up (the) courage (to do sth)** 鼓起勇气(氣)(做某事) gǔ qǐ yǒngqì(zuò mǒushì)

▸**pluck at** VT FUS 抓住 zhuāzhù

plug [plʌg] **I** N [C] **1** (*Elec*) (*on appliance*) 插头(頭) chātóu [个 gè]; (*inf: socket*) 插座 chāzuò [个 gè] **2** (*in sink, bath*) 塞子 sāizi [个 gè] **3** (*also: sparking plug*) 火花塞 huǒhuāsāi **4** [+ *of flush toilet*] ▸ **to pull the plug** 冲(沖)厕(廁)所 chōng cèsuǒ **5** (*advertisement*) ▸ **to give sb/sth a plug** 大肆宣传(傳)某人/某物 dàsì xuānchuán mǒurén/mǒuwù **II** VT **1** [+ *hole, leak*] 塞住 sāizhù **2** (*inf: advertise*) 推销(銷) tuīxiāo ▸ **to pull the plug (on sth)** (*inf*) [+ *project, deal*] 停止(某事) tíngzhǐ(mǒushì)

▸**plug in** (*Elec*) **I** VT 插上…的插头(頭) chāshang...de chātóu **II** VI 插上插头(頭) chāshang chātóu

plughole ['plʌghəul] (*Brit*) N [C] 排水孔 páishuǐ kǒng [个 gè] ▸ **to go down the plughole** (*inf*) 付诸(諸)东(東)流 fù zhū dōng liú

plum [plʌm] **I** N [C] (*fruit*) 梅子 méizi [颗 kē] **II** ADJ (*inf*) ▸ **a plum job** 美差 měichāi

plumber ['plʌməʳ] N [C] 管子工 guǎnzi gōng [位 wèi]

plumbing ['plʌmɪŋ] N [U] **1** (*piping*) 管道装(裝)置 guǎndào zhuāngzhì **2** (*trade, work*) 管道装(裝)修 guǎndào zhuāngxiū

plummet ['plʌmɪt] VI **1** [*price, amount, rate* +] 暴跌 bàodiē **2** [*aircraft, bird etc* +] 俯冲(衝) fǔchōng

plump [plʌmp] ADJ [+ *person, arm, chicken, fruit*] 丰(豐)满(滿)的 fēngmǎn de

▸**plump for** (*inf*) VT FUS 选(選)定 xuǎndìng

▸**plump up** VT [+ *cushion, pillow*] 使鼓起 shǐ gǔqǐ

用法参见 **fat**

plunder ['plʌndəʳ] **I** VT (*frm*) **1** (*steal from*) [+ *city, tomb*] 抢(搶)劫 qiǎngjié **2** (*take*) 取得 qǔdé **II** N [U] **1** (*activity*) 抢(搶)劫 qiǎngjié **2** (*stolen things*) 赃(贓)物 zāngwù

plunge [plʌndʒ] **I** N [C] **1** (*fall*) [*of person*] 跳入 tiàorù **2** [*in prices, rates*] 猛跌 měngdiē **II** VT **1** ▸ **to plunge sth into sth** [+ *knife, hand etc*] 把某物猛插入另一物 bǎ mǒuwù měng chārù lìng yī wù **2** ▸ **to be plunged into darkness/chaos** 陷入黑暗/混乱(亂) xiànrù hēi'àn/hùnluàn **III** VI **1** ▸ **to plunge into sth** (*fall*) 撞入某处(處) zhuàngrù mǒuchù; (*leap*) 跳入某处(處) tiàorù mǒuchù **2** [*economy, interest rates* +] ▸ **to plunge (to sth)** 猛然跌入(某状(狀)态(態)) měngrán diērù (mǒu zhuàngtài) **3** [*bird* +] 俯冲(衝) fǔchōng ▸ **to take the plunge** (*fig*) 采(採)取断(斷)然行动(動) cǎiqǔ duànrán xíngdòng ▸ **to plunge (o.s.)/be plunged into sth** (*become involved*) 全身心投入某事 quán shēnxīn tóurù mǒushì

plural ['pluərl] **I** ADJ 复(複)数(數)的 fùshù de **II** N [C] 复(複)数(數) fùshù [个 gè]

plus [plʌs] **I** CONJ **1** (*added to*) 加 jiā **2** (*as well as*) 和 hé **II** ADJ (*positive*) [+ *number*] 正的 zhèng de **III** ADV (*additionally*) 此外 cǐwài **IV** N [C] (*inf*) ▸ **it's a plus** 这(這)是个(個)附加的好处(處) zhè shì gè fùjiā de hǎochù [个 gè] ▸ **ten/twenty plus** 十几(幾)/二十多 shí jǐ/èrshí duō ▸ **B plus** (*Scol*) B加 bìjiā

ply [plaɪ] **I** VT **1** (*offer*) ▸ **to ply sb with food/drink** 反复(復)给(給)某人食物/饮(飲)料 fǎnfù gěi mǒurén shíwù/yǐnliào **2** (*bombard*) ▸ **to ply sb with questions** 向某人问(問)个(個)不休 xiàng mǒurén wèn ge bùxiū **3** [+ *tool*] 使用 shǐyòng **4** [*ship, aircraft, vehicle* +] [+ *route*] 定期来(來)回 dìngqī láihuí **II** VI ▸ **to ply between... and...** [*ship, aircraft, vehicle* +] 在…和…之间(間)定期来(來)回 zài...hé...zhījiān dìngqī láihuí **III** N [C] [*of wool, rope*] 股 gǔ ▸ **to ply one's trade** 从(從)事自己的工作 cóngshì zìjǐ de gōngzuò

plywood ['plaɪwud] N [U] 胶(膠)合板 jiāohé bǎn

PM (*Brit; inf*) N ABBR (= **Prime Minister**) ▸ **the PM** 总(總)理 Zǒnglǐ

p.m. ADV ABBR (= **post meridiem**) 下午 xiàwǔ

pneumatic drill [nju:'mætɪk-] N [C] 风(風)钻(鑽) fēngzuàn [个 gè]

pneumonia [nju:'məunɪə] N [U] 肺炎 fèiyán

poach [pəutʃ] **I** VT **1** (*steal*) [+ *fish, animals, birds*] 偷猎(獵) tōuliè **2** [+ *person*] 挖人 wārén **3** [+ *idea*] 窃(竊)取 qièqǔ **4** (*cook*) [+ *egg*] 水煮 shuǐzhǔ; [+ *fish, chicken, fruit*] 炖(燉) dùn **II** VI (*steal*) 偷猎(獵) tōuliè

poached [pəutʃt] ADJ [+ *egg, salmon*] 煮的 zhǔ de

PO Box N ABBR (= **Post Office Box**) 邮(郵)箱 yóuxiāng

pocket ['pɔkɪt] **I** N [c] **1** (*in jacket, trousers, shirt, skirt*) 口袋 kǒudài [个 gè] **2** (*in suitcase, car door, handbag*) 袋子 dàizi **3** (*fig: small area*) [*of air, resistance*] 小范(範)围(圍) xiǎo fànwéi **II** CPD [+ *calculator, dictionary*] 袖珍的 xiùzhēn de **III** VT **1** (*take*) 把…据(據)为(為)己有 bǎ…jùwéi jǐyǒu **2** (*steal*) [+ *money, document*] 据(據)为(為)己有 jùwéi jǐyǒu ▸ **to put money in sb's pocket** 把钱(錢)放入某人腰包 bǎ qián fàngrù mǒurén yāobāo ▸ **to be out of pocket** (*Brit*) 赔(賠)钱(錢) péiqián

pocketbook ['pɔkɪtbuk] N [c] **1** (*US*) (*wallet*) 皮夹(夾) píjiā [个 gè] **2** (*US*) (*handbag*) 手提包 shǒutíbāo [个 gè] **3** (*notebook*) 袖珍记(記)事本 xiùzhēn jìshìběn

pocket money (*esp Brit*) N [U] 零花钱(錢) línghuāqián [美 = **allowance**]

pod [pɔd] N [c] (*on plant*) 豆荚(莢) dòujiá

podgy ['pɔdʒɪ] (*inf*) ADJ [+ *person, cheeks, arms etc*] 矮胖的 ǎipàng de

podiatrist [pɔ'daɪətrɪst] (*esp US*) N [c] 足病医(醫)生 zúbìng yīshēng [名 míng]

podium ['pəudɪəm] N [c] 指挥(揮)台(臺) zhǐhuī tái [个 gè]

poem ['pəuɪm] N [c] 诗(詩) shī [首 shǒu]

poet ['pəuɪt] N [c] 诗(詩)人 shīrén [位 wèi]

poetic [pəu'ɛtɪk] ADJ **1** [+ *drama, language, description*] 有诗(詩)意的 yǒu shīyì de **2** [+ *tradition*] 诗(詩)的 shī de

poetry ['pəuɪtrɪ] N [U] **1** (*poems*) 诗(詩) shī **2** (*form of literature*) 诗(詩)歌 shīgē

poignant ['pɔɪnjənt] ADJ 心酸的 xīnsuān de

★**point** [pɔɪnt] **I** N **1** [c] (*in report, lecture, interview*) 论(論)点(點) lùndiǎn [个 gè] **2** [s] (*significant part*) [*of argument, discussion*] 要害 yàohài ▷ *He came straight to the point.* 他切中要害。Tā qièzhòng yàohài. **3** [s] (*purpose*) [*of action*] 目的 mùdì ▷ *What was the point in getting married?* 结婚目的何在？ Jiéhūn mùdì hé zài? **4** [c] (*aspect*) [*of report, project, situation*] 点(點) diǎn ▷ *The most interesting point about the village was its religion.* 关于这个村庄最有趣的一点是它的宗教。Guānyú zhège cūnzhuāng zuì yǒuqù de yī diǎn shì tā de zōngjiào. **5** [c] (*place*) 位置 wèizhi [个 gè] ▷ *We were nearing the point where the lane curved round to the right.* 我们在道路向右转弯这个位置附近。Wǒmen zài dàolù xiàng yòu zhuǎnwān zhège wèizhi fùjìn. **6** [s] (*moment*) 时(時)刻 shíkè ▷ *At this point the girl slowly sat up on the sofa.* 就在这时女孩在沙发上慢慢坐起。Jiù zài zhè shí nǚhái zài shāfā shàng mànmàn zuò qǐ. **7** [c] (*sharp end*) [*of needle, knife, instrument*] 尖端 jiānduān [个 gè] **8** [c] (*in score, competition, game, sport*) 分 fēn ▷ *New Zealand have beaten Scotland by 21 points to 18.* 新西兰以21分比18分赢了苏格兰。Xīnxīlán yǐ èrshíyī fēn bǐ shíbā fēn yíngle Sūgélán. **9** [c] (*also*: **power point**) 插座 chāzuò [个 gè] **10** [c] (*also*: **decimal point**) 小数(數)点(點) xiǎoshùdiǎn [个 gè] ▷ *seven point eight per cent* 百分之七点八 bǎifēnzhī qī diǎn bā **II** VI (*with finger, stick*) 指出 zhǐchū **III** VT ▸ **to point sth at sb** [+ *gun, finger, stick*] 把某物瞄准(準)某人 bǎ mǒuwù miáozhǔn mǒurén **IV points** N PL **1** (*Aut*) 接触(觸)点(點) jiēchùdiǎn **2** (*Brit: Rail*) 道岔 dàochà ▸ **the research made some valid points** 研究得出了一些有效的论(論)点(點)。yánjiū déchūle yīxiē yǒuxiào de lùndiǎn. ▸ **there's no point (in doing that)** (那样(樣)做) 毫无(無)意义(義) (nàyàng zuò) háowú yìyì ▸ **good/bad points** [*of person*] 优(優)/缺点(點) yōu/quēdiǎn ▸ **a strong point** 长(長)处(處) chángchù ▸ **the train stops at Carlisle and all points south** 火车(車)停靠卡莱(萊)尔(爾)及其以南的所有站点(點) huǒchē tíngkào Kǎlái'ěr jíqí yǐnán de suǒyǒu zhàndiǎn ▸ **at that point** 那时(時) nàshí ▸ **up to a point** 在某种(種)程度上 zài mǒu zhǒng chéngdù shàng ▸ **two point five** (2.5) 二点(點)五 èr diǎn wǔ ▸ **to be on the point of doing sth** 正要做某事时(時) zhèngyào zuò mǒushì shí ▸ **to make a point of doing sth** 特意做某事 tèyì zuò mǒushì ▸ **to get/miss the point** 理解/不理解要点(點) lǐjiě/bù lǐjiě yàodiǎn ▸ **to come/get to the point** 切中要点(點) qièzhòng yàodiǎn ▸ **to make one's point** 使他人领(領)会(會)自己的意思 shǐ tārén lǐnghuì zìjǐ de yìsi ▸ **to prove one's point** 证(證)明某人的观(觀)点(點) zhèngmíng mǒurén de guāndiǎn ▸ **that's the whole point!** 正是这(這)个(個)意思！zhèng shì zhège yìsi! ▸ **to be beside the point** 不切题(題)的 bù qiètí de ▸ **you've got a point there!** 你言之有理！nǐ yán zhī yǒulǐ! ▸ **I take/see your point** 我接受/理解你的看法 wǒ jiēshòu/lǐjiě nǐ de kànfǎ ▸ **in point of fact** 事实(實)上 shìshí shàng ▸ **the points of the compass** 罗(羅)盘(盤)上的罗(羅)经(經)点(點) luópán shàng de luójīngdiǎn ▸ **to point at sth/sb** (*with finger, stick*) 指着(著)某物/某人 zhǐzhe mǒuwù/mǒurén ▸ **to point to sth/sb** (*with finger/stick*) 指向某物/某人 zhǐ xiàng mǒuwù/mǒurén ▷ *Mr Jones pointed to a chair and asked her to sit down.* 琼斯先生指指椅子请她坐下。Qióngsī xiānsheng zhǐzhǐ yǐzi qǐng tā zuò xià. ▸ **to point to** *or* **towards sth** [*sign, needle, arrow* +] 指向某物 zhǐ xiàng mǒuwù ▸ **to point to sth** [*fact* +] 暗示某事 ànshì mǒushì; [*speaker* +] 指出 zhǐchū ▷ *They*

P

pointed proudly to the administration's success in recent years. 他们自豪地指出近年来在管理上的成功。Tāmen zìháo de zhǐchū jìn nián lái zài guǎnlǐ shàng de chénggōng. ▶ **to point forwards/north** 指向前/北 zhǐ xiàng qián/běi ▶ **to point the way forward** 标(標)引前方道路 biāoyǐn qiánfāng dàolù
▶**point out** VT [+ *person, place, mistake, fact*] 指出 zhǐchū ▶ **to point out that...** 指出… zhǐchū...
▶**point to** VT FUS 暗示 ànshì

point-blank ['pɔɪnt'blæŋk] **I** ADV **1** [*refuse, say, ask* +] 直截了当(當)地 zhíjié liǎodàng de **2** (*also*: **at point-blank range**) 短射程 duǎn shèchéng **II** ADJ [+ *refusal*] 直截了当(當)的 zhíjié liǎodàng de

pointed ['pɔɪntɪd] ADJ **1** [+ *stick, nose, roof, shoes*] 尖的 jiān de **2** (*fig*) [+ *remark, question*] 一针(針)见(見)血的 yīzhēn jiànxiě de

pointedly ['pɔɪntɪdlɪ] ADV [*ask, reply* +] 直截了当(當)地 zhíjié liǎodàng de

pointer ['pɔɪntə^r] N [C] **1** (*tip*) 点(點)子 diǎnzi [个 gè] **2** (*indication*) 暗示 ànshì **3** (*needle*) (*on machine*) 指针(針) zhǐzhēn [根 gēn] **4** (*stick*) 教鞭 jiàobiān [条 tiáo] **5** (*dog*) 指示犬 zhǐshì quǎn [只 zhī]

pointless ['pɔɪntlɪs] ADJ 无(無)意义(義)的 wú yìyì de ▶ **it is pointless to complain** 抱怨无(無)用 bàoyuàn wúyòng

point of view N [C] 观(觀)点(點) guāndiǎn [种 zhǒng] ▶ **from the point of view of...** 从(從)…的观(觀)点(點)来(來)看 cóng... de guāndiǎn lái kàn ▶ **from a practical point of view** 从(從)现(現)实(實)的角度看 cóng xiànshí de jiǎodù kàn

poison ['pɔɪzn] **I** N [C/U] 毒药(藥) dúyào [种 zhǒng] **II** VT **1** [+ *person, animal*] 下毒 xiàdú **2** [+ *relationship, atmosphere*] 毒害 dúhài

poisoning ['pɔɪznɪŋ] N [U] 下毒 xiàdú ▶ **lead/alcohol poisoning** 铅(鉛)/酒精中毒 qiān/jiǔjīng zhòngdú

poisonous ['pɔɪznəs] ADJ **1** (*lit*) [+ *animal, plant, fumes, chemicals*] 有毒的 yǒudú de **2** (*fig*) [+ *rumours, comments*] 恶(惡)毒的 èdú de

poke [pəuk] **I** VT **1** (*jab*) (*with finger, stick*) 戳 chuō **2** (*put*) ▶ **to poke sth in (to) sth** 把某物戳到某物中 bǎ mǒuwù chuōdào mǒuwù zhōng **II** N ▶ **to give sb/sth a poke** 捅捅某人/某物 tǒngtong mǒurén/mǒuwù ▶ **to poke the fire** 拨(撥)火 bōhuǒ ▶ **to poke one's head out of the window/around the door** *etc* 把头(頭)探出窗户(戶)/门(門)等 bǎ tóu tànchū chuānghu/mén *děng* ▶ **to poke fun at sb/sth** 嘲笑某人/某物 cháoxiào mǒurén/mǒuwù
▶**poke about, poke around** (*inf*) VI (*search*) ▶ **to poke about (for sth)** 摸索着(著)找(某物) mōsuǒzhe zhǎo (mǒuwù)
▶**poke at** VT FUS (*prod*) 拨(撥)弄 bōnòng
▶**poke out** VI (*stick out*) 露出 lòuchū

poker ['pəukə^r] N **1** [U] (*Cards*) 扑(撲)克牌 pūkèpái **2** [C] (*for fire*) 拨(撥)火棒 bōhuǒ bàng [根 gēn]

Poland ['pəulənd] N 波兰(蘭) Bōlán

polar ['pəulə^r] ADJ [+ *ice-cap, region*] 地极(極)的 dìjí de

polar bear ['pəulə^r-] N [C] 北极(極)熊 běijíxióng [头 tóu]

Pole [pəul] N [C] 波兰(蘭)人 Bōlánrén [个 gè]

pole [pəul] N [C] **1** (*stick*) 杆(桿) gān [根 gēn] **2** (*Geo*) 地极 dìjí [个 gè] **3** (*Elec*) 电(電)极(極) diànjí ▶ **to be poles apart** 截然相反 jié rán xiāngfǎn ▶ **to be in pole position** (*in motor racing*) 在跑道内(內)圈 zài pǎodào nèiquān

pole bean (US) N [C] (*runner bean*) 蔓生菜豆 mànshēng càidòu [颗 kē]

pole vault N [S] ▶ **the pole vault** 撑(撐)杆跳高 chēnggān tiàogāo

★ **police** [pə'li:s] **I** N PL **1** (*organization*) 警方 jǐngfāng **2** (*members*) 警察 jǐngchá **II** VT [+ *street, area, event*] 维(維)持治安 wéichí zhì'ān

police car N [C] 警车(車) jǐngchē

police force N [C] 警力 jǐnglì

policeman [pə'li:smən] (*pl* **policemen**) N [C] 男警察 nán jǐngchá [个 gè]

police officer N [C] 警察 jǐngchá [名 míng]

police station N [C] 警察局 jǐngchá jú [个 gè]

policewoman [pə'li:swumən] (*pl* **policewomen**) N [C] 女警察 nǚ jǐngchá [个 gè]

★ **policy** ['pɔlɪsɪ] N **1** [C/U] [*of government, council*] 政策 zhèngcè [项 xiàng] ▷ *What is their policy on nuclear testing?* 他们对核试验的政策是什么? Tāmen duì hé shìyàn de zhèngcè shì shénme?; [*of company, newspaper*] 方针(針) fāngzhēn [个 gè] **2** [C] (*also*: **insurance policy**) 保单(單) bǎodān [份 fèn] ▶ **to take out a policy** (*Insurance*) 买(買)保险(險) mǎi bǎoxiǎn

polio ['pəulɪəu] N [U] 小儿(兒)麻痹(痺)症 xiǎo'ér mábìzhèng

Polish ['pəulɪʃ] **I** ADJ 波兰(蘭)的 Bōlán de **II** N [U] (*language*) 波兰(蘭)语(語) Bōlányǔ

polish ['pɔlɪʃ] **I** N **1** [C/U] (*for shoes, furniture, floor*) 上光剂(劑) shàngguāng jì [盒 hé] **2** [U] (*shine*) (*on shoes, furniture, floor*) 光泽(澤) guāngzé **3** [U] (*fig: refinement*) 优(優)雅 yōuyǎ **II** VT [+ *shoes*] 擦亮 cāliàng; [+ *furniture, floor*] 上光 shàngguāng
▶**polish off** (*inf*) VT [+ *food, drink*] 吃/喝掉 chī/hē diào

polished ['pɔlɪʃt] ADJ **1** [+ *furniture, floor*] 擦亮的 cāliàng de **2** (*fig*) [+ *person*] 优(優)雅的 yōuyǎ de; [+ *performance, style*] 优(優)美的 yōuměi de

polite [pə'laɪt] ADJ **1** (*well-mannered*) [+ *person, behaviour*] 有礼(禮)貌的 yǒu lǐmào de **2** (*refined*) [+ *company, society*] 上流的 shàngliú de ▶ **to make polite conversation** 谈(談)吐斯文 tántǔ sīwén ▶ **it isn't polite to do that** 那样(樣)做是不礼(禮)貌的 nàyàng zuò shì bù lǐmào de

politely [pə'laɪtlɪ] ADV 有礼(禮)貌地 yǒu lǐmào de

politeness [pə'laɪtnɪs] N [U] 礼(禮)貌 lǐmào ▸ **to do sth out of politeness** 出于(於)礼(禮)貌做某事 chūyú lǐmào zuò mǒushì

★ **political** [pə'lɪtɪkl] ADJ **1** [+ *system, party, issue, agenda, crisis etc*] 政治的 zhèngzhì de **2** [+ *person*] 从(從)事政治的 cóngshì zhèngzhì de

politically [pə'lɪtɪklɪ] ADV [+ *motivated, sensitive*] 政治上 zhèngzhì shang ▸ **politically correct** [+ *person, word*] 得体(體)的 détǐ de ▸ **politically incorrect** 不得体(體)的 bù détǐ de

politician [pɔlɪ'tɪʃən] N [C] 政治家 zhèngzhì jiā [位 wèi]

politics ['pɔlɪtɪks] **I** N [U] **1** (*activity*) 政治 zhèngzhì **2** (*subject*) 政治学(學) zhèngzhì xué **II** N PL (*beliefs, opinions*) 政见(見) zhèngjiàn ▸ **office politics** 人际(際)关(關)系(係) rénjì guānxì

poll [pəul] **I** N [C] (*also*: **opinion poll**) 民意调(調)查 mínyì diàochá [次 cì] **II** VT **1** [+ *people*] (*in opinion poll*) 向…提问(問) xiàng…tíwèn **2** (*number of votes*) 获(獲)得选(選)票 huòdé xuǎnpiào **III polls** N PL (*election*) 选(選)举(舉)投票 xuǎnjǔ tóupiào ▸ **to go to the polls** [*voters* +] 去投票 qù tóupiào; [*government* +] 进(進)行选(選)举(舉) jìnxíng xuǎnjǔ ▸ **the polls have closed** 投票结(結)束了 tóupiào jiéshù le

pollen ['pɔlən] N [U] 花粉 huāfěn

polling station ['pəulɪŋ-] (*Brit*) N [C] 投票站 tóupiào zhàn [个 gè]

pollute [pə'lu:t] VT [+ *air, water, land*] 污染 wūrǎn

polluted [pə'lu:tɪd] ADJ [+ *river, beach, water*] 被污染的 bèi wūrǎn de

pollution [pə'lu:ʃən] N [U] **1** (*process*) 污染 wūrǎn **2** (*substances*) 污染物 wūrǎn wù

polo ['pəuləu] N [U] (*Sport*) 马(馬)球 mǎqiú

polo neck (*Brit*) N [C] 圆(圓)高领(領) yuán gāolǐng

polo shirt N [C] 短袖有领的运动T恤衫

polyester [pɔlɪ'ɛstə^r] N [U] 聚酯 jùzhǐ

polystyrene [pɔlɪ'staɪri:n] **I** N [U] 聚苯乙烯 jùběnyǐxī **II** CPD [+ *cup, tile*] 聚苯乙烯 jùběnyǐxī

polytechnic [pɔlɪ'tɛknɪk] (*Brit: Hist*) N [C] 专(專)科学(學)校 zhuānkē xuéxiào [所 suǒ]

polythene ['pɔlɪθi:n] N [U] 聚乙烯 jùyǐxī

polythene bag ['pɔlɪθi:n-] N [C] 聚乙烯塑料袋 jùyǐxī sùliàodài [个 gè]

pomegranate ['pɔmɪgrænɪt] N [C] 石榴 shíliu [个 gè]

pompous ['pɔmpəs] (*pej*) ADJ [+ *person*] 自大的 zìdà de; [+ *speech, comment, article, gesture*] 浮夸的 fúkuā de

pond [pɔnd] N [C] 池塘 chítáng [个 gè]

ponder ['pɔndə^r] **I** VT (*think about*) 深思 shēnsī **II** VI 沉思 chénsī

pony ['pəunɪ] N [C] 小马(馬) xiǎomǎ [匹 pǐ]

ponytail ['pəunɪteɪl] N [C] 马(馬)尾辫(辮) mǎwěibiàn [条 tiáo] ▸ **to have one's hair in a ponytail** 梳成马(馬)尾辫(辮) shūchéng mǎwěibiàn

pony trekking [-trɛkɪŋ] (*Brit*) N [U] 骑(騎)小马(馬)出游(遊) qí xiǎomǎ chūyóu ▸ **to go pony trekking** 骑(騎)小马(馬)出游(遊) qí xiǎomǎ chūyóu

poodle ['pu:dl] N [C] 卷(捲)毛狮(獅)子狗 juǎnmáo shīzigǒu [只 zhī]

pool [pu:l] **I** N **1** [C] (*pond*) 水塘 shuǐtáng [个 gè] **2** [C] (*also*: **swimming pool**) 游(遊)泳池 yóuyǒngchí [个 gè] **3** (*fig*) ▸ **pool of light/blood** 一滩(灘)亮光/血 yītān liàngguāng/xiè **4** [C] (*amount, number*) [*of cash*] 公库(庫) gōngkù; [*of secretaries, workers, vehicles*] 储(儲)备(備) chǔbèi **5** [C] (*Cards*) (*kitty*) 全部赌(賭)注 quánbù dǔzhù **6** [U] (*game*) 美式台(臺)球 měishì táiqiú **II** VT [+ *money, knowledge, resources, ideas*] 集中 jízhōng **III pools** N PL (*Brit*) (*also*: **football pools**) 足球彩票 zúqiú cǎipiào ▸ **car pool** 合伙(夥)用车(車) héhuǒ yòng chē ▸ **typing pool,** (*US*) **secretary pool** 秘(祕)书(書)组(組) mìshū zǔ ▸ **to do the (football) pools** 赌(賭)足球彩票 dǔ zúqiú cǎipiào

poor [puə^r] **I** ADJ **1** (*not rich*) [+ *person*] 贫(貧)穷(窮)的 pínqióng de; [+ *country, area*] 贫(貧)困的 pínkùn de **2** (*bad*) [+ *quality, performance*] 低水平的 dī shuǐpíng de; [+ *eyesight, memory, health*] 不好的 bùhǎo de; [+ *swimmer, reader*] 糟糕的 zāogāo de; [+ *wages, conditions, results, attendance*] 差的 chà de **II** N PL ▸ **the poor** 穷(窮)人 qióngrén ▸ **to be poor in sth** [+ *resources, vitamins*] 缺乏某物 quēfá mǒuwù ▸ **to be poor at doing sth** 不善于(於)做某事 bù shànyú zuò mǒushì ▸ **poor (old) Bill** 可怜(憐)的(老)比尔(爾) kělián de (lǎo) Bǐ'ěr

poorly ['puəlɪ] **I** ADJ (*inf: ill*) 身体(體)不适(適)的 shēntǐ bùshì de **II** ADV [+ *designed, paid, furnished, educated etc*] 不足地 bùzú de; [*play, sell, perform* +] 糟糕地 zāogāo de

pop [pɔp] **I** N **1** [U] (*Mus*) 流行音乐(樂) liúxíng yīnyuè **2** [U] (*Brit; inf*) (*fizzy drinks*) 汽水 qìshuǐ [美 = **soda pop**] **3** [C] (*US; inf*) (*father*) 爸爸 bàba [个 gè] **4** [C] (*sound*) 爆破声(聲) bàopò shēng **II** VI **1** [*balloon, cork* +] 爆开(開) bàokāi **2** (*inf*) [*eyes* +] 张(張)大 zhāngdà **III** VT (*inf*) ▸ **to pop sth into/onto sth** 快速地将(將)某物放进(進)某物里(裡)/放在某处(處) kuàisù de jiāng mǒuwù fàngjìn mǒuwù lǐ/fàngzài mǒuchù ▸ **to go pop** (*inf*) 发(發)出爆裂声(聲) fāchū bàoliè shēng ▸ **she popped her head out of the window** 她猛地从(從)窗户(戶)里(裡)探出头(頭) tā měng de cóng chuānghù lǐ tàn chū tóu

P

▸**pop in** (*inf*) VI 来(來)/去一会(會)儿(兒) lái/qù yīhuìr
▸**pop out** (*inf*) VI 出去一会(會)儿(兒) chūqù yīhuìr
▸**pop up** (*inf*) VI 突然出现(現) tūrán chūxiàn

popcorn ['pɔpkɔːn] N [U] 爆米花 bàomǐhuā

pope [pəup] N [C] 教皇 jiàohuáng [位 wèi]

poplar ['pɔplə^r] N [C] 杨(楊)树(樹) yángshù [棵 kē]

popper ['pɔpə^r] N [C] **1** (*Brit; inf*) (*for fastening*) 摁扣(釦)儿(兒) ènkòu'r **2** (*esp US*) (*for popcorn*) 爆爆米花的器皿 bào bàomǐhuā de qìmǐn

poppy ['pɔpɪ] N [C] 罂(罌)粟 yīngsù [棵 kē]

Popsicle® ['pɔpsɪkl] (*US*) N [C] 冰棒 bīngbàng [根 gēn] [英 = **ice lolly**]

pop star N [C] 明星 míngxīng [个 gè]

popular ['pɔpjulə^r] ADJ **1** (*well-liked*) [+ *person, place, thing*] 流行的 liúxíng de **2** (*general*) [+ *idea, belief, appeal*] 普遍的 pǔbiàn de **3** (*fashionable*) [+ *name, activity*] 时(時)髦的 shímáo de **4** (*not elitist*) [+ *books, newspapers, TV programmes*] 通俗的 tōngsú de **5** (*Pol*) [+ *movement, activity*] 民众(眾)的 mínzhòng de ▸ **to be popular with sb** [*food, activity etc* +] 某人所喜欢(歡)的 mǒurén suǒ xǐhuān de; [*person* +] 受某人欢(歡)迎的 shòu mǒurén huanyíng de

popularity [pɔpju'lærɪtɪ] N [U] [*of person*] 名望 míngwàng; [*of thing, activity*] 普及 pǔjí

popularly ['pɔpjuləlɪ] ADV [+ *called, known as*] 一般地 yībān de; [+ *believed, supposed*] 普遍地 pǔbiàn de

population [pɔpju'leɪʃən] N [C] **1** (*inhabitants*) 人口 rénkǒu [个 gè] **2** ▸ **the male/civilian/elephant population** 男性/平民/大象的数(數)量 nánxìng/píngmín/dàxiàng de shùliàng ▸ **a prison population of 44,000** 44, 000名囚犯 sìwàn sìqiān míng qiúfàn

pop-up ['pɔpʌp] I ADJ 弹出的 tánchū de II N [C] 弹窗 tánchuāng [个 gè] ▸ **pop-up book** 立体书 lìtǐ shū [本 běn]

porcelain ['pɔːsəlɪn] N [U] 瓷 cí

porch [pɔːtʃ] N [C] **1** (*entrance*) [*of house*] 门(門)廊 ménláng [条 tiáo]; [*of church*] 柱廊 zhùláng **2** (*US*) (*veranda*) 走廊 zǒuláng [条 tiáo]

pore [pɔː^r] I N [C] **1** (*Anat*) 毛孔 máokǒng **2** (*Bot*) 气(氣)孔 qìkǒng II VI ▸ **to pore over** *or* **through sth** [+ *book, article*] 钻(鑽)研某物 zuānyán mǒuwù

pork [pɔːk] N [U] 猪(豬)肉 zhūròu

pork chop N [C] 猪(豬)排 zhūpái [盘 pán]

porn [pɔːn] (*inf*) N [U] 色情作品 sèqíng zuòpǐn

pornographic [pɔːnə'græfɪk] ADJ [+ *film, book, magazine*] 色情的 sèqíng de

pornography [pɔː'nɔgrəfɪ] N [U] 色情作品 sèqíng zuòpǐn

porridge ['pɔrɪdʒ] N [U] 麦(麥)片粥 màipiàn zhōu

port [pɔːt] I N **1** [C] (*harbour*) 港口 gǎngkǒu [个 gè] **2** [C] (*town*) 港市 gǎngshì [座 zuò] **3** [U] (*Naut*) (*left side*) 左舷 zuǒxián **4** [U] (*wine*) 波尔图葡萄酒，一种酒精浓度较高, 味甜, 供餐后饮用的红葡萄酒 **5** [C] (*Comput*) 端口 duānkǒu II ADJ (*Naut*) [+ *side*] 左舷的 zuǒxián de ▸ **port of call** (*Naut*) 停靠港 tíngkào gǎng ▸ **to port** (*Naut*) 向左舷 xiàng zuǒxián

portable ['pɔːtəbl] ADJ [+ *television, computer etc*] 便携(攜)式的 biànxiéshì de

porter ['pɔːtə^r] N [C] **1** (*for luggage*) 搬运(運)工 bānyùngōng **2** (*Brit*) (*doorkeeper*) 门(門)房 ménfáng [个 gè] [美 = **doorman**] **3** (*Brit*) (*in hospital*) 勤杂(雜)工 qínzágōng [美 = **orderly**] **4** (*US*) (*on train*) 列车(車)员(員) lièchēyuán [位 wèi] [英 = **attendant**]

portfolio [pɔːt'fəulɪəu] N [C] **1** (*case*) 公事包 gōngshìbāo [个 gè] **2** (*work*) [*of artist, student*] 文件夹(夾) wénjiànjiā [个 gè] **3** (*Pol*) 部长(長)职(職)责(責) bùzhǎng zhízé **4** (*Fin*) 投资(資)组(組)合 tóuzī zǔhé

portion ['pɔːʃən] N [C] **1** (*part*) 部分 bùfen **2** (*helping of food*) 份 fèn

portrait ['pɔːtreɪt] N [C] (*picture*) 画(畫)像 huàxiàng [幅 fú]

portray [pɔː'treɪ] VT **1** (*depict*) 描绘(繪) miáohuì **2** (*play*) [*actor* +] 扮演 bànyǎn

portrayal [pɔː'treɪəl] N [C] **1** (*depiction*) 描述 miáoshù **2** (*actor's*) 表演 biǎoyǎn [场 chǎng]

Portugal ['pɔːtjugəl] N 葡萄牙 Pútáoyá

Portuguese [pɔːtju'giːz] (*pl* **Portuguese**) I ADJ 葡萄牙的 Pútáoyá de II N **1** [C] (*person*) 葡萄牙人 Pútáoyárén [个 gè] **2** [U] (*language*) 葡萄牙语(語) Pútáoyáyǔ

pose [pəuz] I N [C] 姿势(勢) zīshì [种 zhǒng] II VT **1** [+ *question*] (*ask*) 问(問) wèn; (*raise*) 提出 tíchū **2** [+ *problem, danger*] 引发(發) yǐnfā III VI ▸ **to pose as sb** 摆(擺)出某人的样(樣)子 bǎichū mǒurén de yàngzi ▸ **to pose for sth** [+ *painting, photograph*] 为(為)某事摆(擺)姿势(勢) wèi mǒushì bǎi zīshì ▸ **to strike a pose** 装(裝)样(樣)子 zhuāng yàngzi

posh [pɔʃ] (*inf*) ADJ **1** (*smart*) [+ *hotel, restaurant, car*] 豪华(華)的 háohuá de **2** (*upper-class*) [+ *person, voice*] 上流的 shàngliú de ▸ **to talk posh** 装(裝)腔作势(勢)地说(說)话(話) zhuāng qiāng zuò shì de shuōhuà

★ **position** [pə'zɪʃən] I N [C] **1** (*place*) [*of house, person, thing*] 位置 wèizhi [个 gè] ▹ *The house is in a very exposed position.* 房子处在一个显眼的位置。Fángzi chǔ zài yī gè xiǎnyǎn de wèizhi.; [*of sun, stars*] 方位 fāngwèi **2** (*posture*) [*of person's body*] 姿势(勢) zīshì [种 zhǒng] ▹ *She remained in that position.* 她保持那种姿势。Tā bǎochí nàzhǒng zīshì. **3** (*frm: job*) 职(職)位 zhíwèi **4** (*role*) [*in society*] 地位 dìwèi **5** (*in race, competition*) 名 míng **6** (*attitude*) 观(觀)点(點) guāndiǎn **7** (*situation*) 处(處)境 chǔjìng II VT [+ *person, thing*] 放置 fàngzhì ▸ **to be in position** 在适(適)当(當)的位置 zài shìdàng de wèizhi ▸ **to be in a position to do sth** 能做某事 néng zuò mǒushì

请勿将 **position**, **post** 和 **title** 混淆。某人拥有的固定工作，在正式的英语被称为 **position** 或 **post**。在招聘广告中，工作职位通常被称为 **position** 或 **post**，人们申请工作时，通常可以使用这两者中的任何一个。*He left a career in teaching to take up a position with a charity...She is well qualified for the post.* 在会话中，用 **job** 一词。*He's afraid of losing his job.* 某人的 **title** 是指他在某组织机构中的地位或职位。*"Can you tell me your official job title?" – "It's Sales Manager."*

positive ['pɔzɪtɪv] ADJ **1** (*hopeful, confident*) [+ *person, attitude*] 积(積)极(極)的 jījí de **2** (*good*) [+ *situation, experience*] 有益的 yǒuyì de **3** (*decisive*) [+ *decision, action, step*] 明确(確)的 míngquè de **4** [+ *response*] 正面的 zhèngmiàn de **5** (*affirmative*) [+ *test, result*] 阳(陽)性的 yángxìng de **6** (*clear*) [+ *proof, evidence*] 确(確)定的 quèdìng de **7** (*sure*) ▸ **to be positive (about sth)** 确(確)信(某事) quèxìn (mǒushì) **8** (*Math*) 正的 zhèng de **9** (*Elec*) 正极的 zhèngjí de ▸ **positive thinking** 乐(樂)观(觀)的想法 lèguān de xiǎngfǎ ▸ **to be positive that...** (*sure*) 确(確)信… quèxìn...

positively ['pɔzɪtɪvlɪ] ADV **1** (*really*) 确(確)实(實)地 quèshí de **2** (*encouragingly*) 积(積)极(極)地 jījí de

possess [pə'zɛs] VT **1** (*own*) [+ *car, watch, radio*] 拥(擁)有 yōngyǒu **2** (*have*) [+ *quality, ability*] 具有 jùyǒu **3** (*liter: take hold of*) 支配 zhīpèi ▸ **like a man possessed** 像着(著)了魔似的人 xiàng zháole mó shìde rén ▸ **whatever possessed you (to do it)?** 什么(麼)想法促使你(去干(幹)这(這)事)? shénme xiǎngfǎ cùshǐ nǐ(qù gàn zhè shì)?

possession [pə'zɛʃən] **I** N [U] (*act, state*) 拥(擁)有 yōngyǒu **II possessions** N PL 财(財)产(產) cáichǎn ▸ **to be in possession of sth** (*frm*) [+ *facts, information, documents*] 掌握某事 zhǎngwò mǒushì ▸ **to take possession of sth** (*Mil*) 占(佔)领(領)某处(處) zhànlǐng mǒu chù; [*new owner* +] 获(獲)得某物 huòdé mǒuwù ▸ **to be in the possession of sb** 被某人所拥(擁)有 bèi mǒurén suǒ yōngyǒu

possessive [pə'zɛsɪv] **I** ADJ 占(佔)有欲(慾)强(強)的 zhànyǒuyù qiáng de **II** N [U/C] (*Ling*) 所有格 suǒyǒugé ▸ **to be possessive about sb** 对(對)某人有强(強)烈的占(佔)有欲(慾) duì mǒurén yǒu qiángliè de zhànyǒuyù ▸ **to be possessive about sth** 独(獨)占(佔)某物 dúzhàn mǒuwù

possibility [pɔsɪ'bɪlɪtɪ] N [C] **1** (*chance*) (*that sth is true*) 可能性 kěnéngxìng [种 zhǒng]; (*of sth happening*) 可能的事 kěnéng de shì [件 jiàn] **2** (*option*) 可选(選)性 kěxuǎnxìng [种 zhǒng]

★ **possible** ['pɔsɪbl] ADJ (*conceivable*) [+ *event, reaction, effect, consequence*] 可能的 kěnéng de; [+ *risk, danger*] 潜(潛)在的 qiánzài de; [+ *answer, cause, solution*] 可接受的 kě jiēshòu de ▸ **it's possible (that...)** 可能(…) kěnéng... ▸ **if it's possible to do that** 如有可能做的话(話) rú yǒu kěnéng zuò de huà ▸ **if possible** 如有可能 rúyǒu kěnéng ▸ **as far as possible** 尽(盡)可能地 jìn kěnéng de ▸ **to do everything possible** 竭尽(盡)所能 jié jìn suǒ néng ▸ **as soon as possible** 尽(盡)快 jìnkuài ▸ **as much as possible** 尽(盡)可能多地 jìn kěnéng duō de ▸ **the best possible/the worst possible time/option** *etc* 再好/再糟不过(過)的时(時)候/选(選)择(擇)等 zài hǎo/zài zāo bùguò de shíhou/xuǎnzé *děng*

possibly ['pɔsɪblɪ] ADV **1** (*perhaps*) 大概 dàgài **2** (*conceivably*) (*expressing surprise*) 到底 dàodǐ ▸ **to do everything one possibly can** 尽(盡)最大的能力 jìn zuì dà de nénglì ▸ **if you possibly can** 你尽(盡)可能 nǐ jìn kěnéng ▸ **I can't possibly do that** 我无(無)论(論)如何也不会(會)做那事的 wǒ wúlùn rúhé yě bù huì zuò nà shì de

post [pəust] **I** N **1** (*Brit*) ▸ **the post** (*service, system*) 邮(郵)政 yóuzhèng; (*letters, delivery*) 邮(郵)件 yóujiàn [封 fēng] [美 = **mail**] **2** [C] (*pole*) 柱子 zhùzi [根 gēn] **3** [C] (*job*) 职(職)位 zhíwèi [个 gè] **4** [C] (*Mil*) 岗(崗)哨 gǎngshào [个 gè] **5** [C] (*also*: **trading post**) 贸(貿)易站 màoyì zhàn [个 gè] **6** [C] (*also*: **goalpost**) 球门(門)柱 qiúmén zhù [根 gēn] **II** VT **1** (*Brit*) [+ *letter*] 邮(郵)寄 yóujì [美 = **mail**] **2** (*Mil*) 让(讓)…站岗(崗) ràng...zhàngǎng ▸ **in the post** 邮(郵)递(遞)中 yóudì zhōng ▸ **by post** (*Brit*) 以邮(郵)件的方式 yǐ yóujiàn de fāngshì ▸ **by return of post** (*Brit*) 由下一班回程邮(郵)递(遞)立即回信 yóu xià yī bān huíchéng yóudì lìjí huíxìn ▸ **to post sb to Paris/Spain** *etc* (*assign*) 派某人到巴黎/西班牙等 pài mǒurén dào Bālí/Xībānyá *děng* ▸ **to keep sb posted (on sth)** 使某人知情(某事) shǐ mǒurén zhīqíng(mǒushì)

▸ **post up** VT 张(張)贴(貼) zhāngtiē

用法参见 **position**

postage ['pəustɪdʒ] N [U] (*charge*) 邮(郵)资(資) yóuzī ▸ **postage and packing** 邮(郵)费(費)及包装(裝)费(費) yóufèi jí bāozhuāngfèi

postal ['pəustl] ADJ [+ *charges, service, strike, worker*] 邮(郵)政的 yóuzhèng de

postal order (*Brit*) N [C] 邮(郵)政汇(匯)票 yóuzhèng huìpiào [张 zhāng]

postbox ['pəustbɔks] (*Brit*) N [C] (*in street*) 邮(郵)筒 yóutǒng [个 gè]

postcard ['pəustkɑːd] N [C] 明信片 míngxìnpiàn [张 zhāng]

postcode ['pəustkəud] (*Brit*) N [C] 邮(郵)政编(編)码(碼) yóuzhèng biānmǎ [个 gè] [美 = **zip code**]

poster ['pəustəʳ] N [C] 海报(報) hǎibào [张 zhāng]

P

postgraduate ['pəust'grædjuət] (*Brit*) N [c] 研究生 yánjiūshēng [名 míng]
postman ['pəustmən] (*pl* **postmen**) (*Brit*) N [c] 邮(郵)递(遞)员(員) yóudìyuán [位 wèi] [美 = **mailman**]
postmark ['pəustmɑːk] N [c] 邮(郵)戳 yóuchuō [个 gè]
post-mortem [pəust'mɔːtəm] N [c] **1** (*autopsy*) 验(驗)尸(屍) yànshī **2** (*fig*) 事后(後)剖析 shìhòu pōuxī
post office N **1** [c] (*building*) 邮(郵)局 yóujú [个 gè] **2** ▸ **the Post Office** (*organization*) 邮(郵)局 yóujú
postpone [pəus'pəun] VT 推迟(遲) tuīchí
posture ['pɔstʃəʳ] **I** N **1** [c/ʊ] (*physical*) 姿势(勢) zīshì [个 gè] **2** [c] (*frm: fig: attitude*) 态(態)度 tàidu [种 zhǒng] **II** VI 摆(擺)姿势(勢) bǎi zīshì
postwoman ['pəustwumən] (*pl* **postwomen**) (*Brit*) N [c] 女邮(郵)递(遞)员(員) nǚ yóudìyuán [位 wèi] [美 = **mailwoman**]
pot [pɔt] **I** N **1** [c] (*for cooking*) 锅(鍋) guō [口 kǒu] **2** [c] (*also*: **teapot**) 茶壶(壺) cháhú [个 gè] **3** [c] (*also*: **pot of tea**) 一壶(壺)茶 yīhúchá **4** [c] (*also*: **coffeepot**) 咖啡壶(壺) kāfēihú [个 gè] **5** [c] (*also*: **pot of coffee**) 一壶(壺)咖啡 yīhú kāfēi **6** [c] (*for paint, jam, marmalade, honey*) 罐 guàn [个 gè] **7** [c] (*also*: **chamber pot**) 尿壶(壺) niàohú **8** [c] (*also*: **flowerpot**) 花盆 huāpén [个 gè] **9** [ʊ] (*inf: marijuana*) 大麻 dàmá **II** VT [+ *plant*] 把…栽在盆里(裡) bǎ…zāi zài pén lǐ ▸ **pots of money** (*Brit; inf*) 大笔(筆)钱(錢) dà bǐ qián ▸ **to go to pot** (*inf*) [*work, performance* +] 垮掉 kuǎdiào
potato [pə'teɪtəu] (*pl* **potatoes**) N [c/ʊ] 马(馬)铃(鈴)薯 mǎlíngshǔ [个 gè] 土豆 tǔdòu [个 gè]
potato chips (*US*) N PL 薯片 shǔpiàn [英 = **crisps**]
potato peeler [-'piːləʳ] N [c] 马(馬)铃(鈴)薯削皮器 mǎlíngshǔ xiāopíqì [个 gè]
potent ['pəutnt] ADJ **1** (*powerful*) [+ *argument, symbol, mix*] 有说(說)服力的 yǒu shuōfúlì de; [+ *drug*] 有效力的 yǒu xiàolì de; [+ *drink*] 烈性的 lièxìng de **2** [+ *man*] 有性交能力的 yǒu xìngjiāo nénglì de ▸ **a potent weapon** 强(強)有力的武器 qiángyǒulì de wǔqì
potential [pə'tɛnʃl] **I** ADJ [+ *sales, advantage, problem*] 潜(潛)在的 qiánzài de **II** N [ʊ] **1** (*aptitude*) ▸ **potential (for sth)** (对(對)某事的)可能性 (duì mǒushì de) kěnéngxìng **2** (*capability*) [*of person*] 潜(潛)质(質) qiánzhì **3** (*possibilities*) [*of thing*] 潜(潛)力 qiánlì ▸ **to have potential** 有潜(潛)力 yǒu qiánlì ▸ **to achieve one's potential** 发(發)挥(揮)潜(潛)力 fāhuī qiánlì
potentially [pə'tɛnʃəlɪ] ADV 可能地 kěnéng de
pothole ['pɔthəul] N [c] **1** (*in road*) 坑洼(窪) kēngwā **2** (*cave*) 壶(壺)穴 húxué [个 gè]
pot plant, (*US*) **potted plant** N [c] 盆栽植物 pénzāi zhíwù [盆 pén]
potter ['pɔtəʳ] **I** N [c] 陶工 táogōng [名 míng] **II** VI ▸ **to potter around, potter about** (*Brit*) 磨磨蹭蹭地做琐(瑣)事 mómó cèngcèng de zuò suǒshì ▸ **to potter around the house** (*Brit*) 在房里(裡)闲(閒)逛 zài fáng lǐ xiánguàng
pottery ['pɔtərɪ] N **1** [ʊ] (*pots, dishes*) 陶器 táoqì **2** [ʊ] (*work, hobby*) 陶艺(藝) táoyì **3** [c] (*factory, workshop*) 制(製)陶厂(廠) zhìtáo chǎng [家 jiā] ▸ **a piece of pottery** 一件陶器 yī jiàn táoqì
potty ['pɔtɪ] (*inf*) **I** ADJ (*mad*) 傻的 shǎ de **II** N [c] (*for child*) 尿壶(壺) niàohú [个 gè] ▸ **to go potty** (*inf*) 发(發)疯(瘋) fāfēng
pouch [pautʃ] N [c] **1** (*for tobacco, coins*) 小袋 xiǎodài [个 gè] **2** (*Zool*) 育儿(兒)袋 yù'ér dài [个 gè]
poultry ['pəultrɪ] N [ʊ] **1** (*birds*) 家禽 jiāqín **2** (*meat*) 家禽肉 jiāqín ròu
pounce [pauns] VI **1** 猛扑(撲) měngpū **2** ▸ **to pounce on sb/sth** [*animal, person* +] 猛扑(撲)向某人/某物 měngpū xiàng mǒurén/mǒuwù **3** ▸ **to pounce on** (*criticize*) [+ *mistake, suggestion, comment*] 抨击(擊) pēngjī
★ **pound** [paund] **I** N [c] **1** (*unit of money*) 镑(鎊) bàng **2** (*unit of weight*) 磅 bàng **3** (*for dogs, cats*) 认(認)领(領)所 rènlǐng suǒ; (*for cars*) 认(認)领(領)场(場) rènlǐng chǎng **II** VT **1** (*beat*) [+ *table, wall, door etc*] 猛击(擊) měngjī **2** (*crush*) [+ *spice, grain etc*] 捣(搗) dǎo **III** VI **1** [*heart* +] 剧(劇)烈跳动(動) jùliè tiàodòng **2** [*head* +] 剧(劇)痛 jùtòng ▸ **a pound coin** 1镑(鎊)硬币(幣) yī bàng yìngbì ▸ **a five-pound note** 5镑(鎊)纸(紙)币(幣) wǔ bàng zhǐbì ▸ **half a pound (of sth)** 半磅(某物) bànbàng (mǒuwù)
pound sterling N [c] 英镑(鎊) yīngbàng
pour [pɔːʳ] **I** VT ▸ **to pour sth (into/onto sth)** [+ *liquid*] 灌某物(到某物里(裡)/上) guàn mǒuwù (dào mǒuwù lǐ/shang); [+ *powder*] 倒某物(到某物里(裡)/上) dào mǒuwù (dào mǒuwù lǐ/shang) **II** VI **1** ▸ **to pour (from sth)** [*water, blood, smoke* +] (从(從)某物)涌(湧)出 (cóng mǒuwù) yǒngchū **2** ▸ **to pour into/out of sth** [*people* +] 涌(湧)进(進)/出某地 yǒngjìn/chū mǒudì ▸ **to pour sb/o.s. a drink** 给(給)某人/自己倒了一杯喝的 gěi mǒurén/zìjǐ dàole yī bēi hē de ▸ **tears/sweat poured down his face** 眼泪(淚)/汗水顺(順)着(著)他的面颊(頰)流了下来(來) yǎnlèi/hànshuǐ shùnzhe tā de miànjiá liúle xiàlái ▸ **it is pouring (with rain), it is pouring down** 大雨如注 dàyǔ rúzhù
▸**pour away** VT [+ *liquid*] 倒掉 dàodiào
▸**pour in** **I** VI [*news, letters* +] 滚(滾)滚(滾)而来(來) gǔngǔn érlái **II** VT [+ *water, milk, eggs*] 倒入 dàorù
▸**pour out** VT **1** [+ *tea, wine etc*] 倒出 dàochū **2** (*fig*) [+ *thoughts, feelings, worries*] 倾(傾)诉(訴) qīngsù

以某物开(開)启(啟)某物 yǐ mǒuwù kāiqǐ mǒuwù ▶ **he prefaced his remark by saying that…** 以说(說)…作为(為)他的开(開)场(場)白 yǐ shuō… zuòwéi tā de kāichǎngbái ▶ **to be prefaced by sth** 以某事作为(為)开(開)场(場) yǐ mǒushì zuòwéi kāichǎng

prefect ['pri:fɛkt] (*Brit*) N [c] (*in school*) 级(級)长(長) jízhǎng [位 wèi]

prefer [prɪ'fəːʳ] VT 偏爱(愛) piān'ài ▶ **to prefer coffee to tea** 喜欢(歡)咖啡胜(勝)于(於)茶 xǐhuan kāfēi shèngyú chá ▶ **to prefer doing sth** 更喜欢(歡)做某事 gèng xǐhuān zuò mǒushì ▶ **I'd prefer to go by train** 我宁(寧)愿(願)坐火车(車)去 wǒ nìngyuàn zuò huǒchē qù ▶ **I'd prefer him to go to university** 我宁(寧)可他上大学(學) wǒ nìngkě tā shàng dàxué ▶ **to prefer charges** 提出控告 tíchū kònggào

preferable ['prɛfrəbl] ADJ ▶ **preferable (to sth/to doing sth)** (比某事/做某事)更可取 (bǐ mǒushì/zuò mǒushì) gèng kěqǔ ▶ **it is preferable to discuss matters openly** 公开(開)地讨(討)论(論)事情会(會)更好 gōngkāi de tǎolùn shìqing huì gèng hǎo

preferably ['prɛfrəblɪ] ADV 最好 zuìhǎo

preference ['prɛfrəns] N [c/U] 偏爱(愛) piān'ài ▶ **to have a preference for sth/for doing sth** 偏爱(愛)某物/做某事 piān'ài mǒuwù/zuò mǒushì ▶ **in preference to sth** 更倾(傾)向于(於)某事 gèng qīngxiàng yú mǒushì ▶ **to give preference to sb** 给(給)某人以优(優)待 gěi mǒurén yǐ yōudài

preferential [prɛfə'rɛnʃəl] ADJ [+ *treatment, arrangement*] 优(優)待的 yōudài de

prefix ['pri:fɪks] (*Ling*) N [c] 前缀(綴) qiánzhuì

pregnancy ['prɛgnənsɪ] N **1** [U] (*condition*) 孕期 yùnqī **2** [c] (*instance*) 怀(懷)孕 huáiyùn

pregnant ['prɛgnənt] ADJ **1** [+ *woman, animal*] 怀(懷)孕的 huáiyùn de **2** (*fig*) [+ *pause, silence*] 耐人寻(尋)味的 nàirén xúnwèi de ▶ **3 months pregnant** 怀(懷)孕3个(個)月 huáiyùn sān gè yuè ▶ **when I was pregnant with Stephen** 当(當)我怀(懷)着(著)斯蒂芬的时(時)候 dāng wǒ huáizhe Sīdìfēn de shíhou ▶ **to get pregnant** 怀(懷)孕了 huáiyùn le

prehistoric ['pri:hɪs'tɔrɪk] ADJ 史前的 shǐqián de

prejudice ['prɛdʒudɪs] I N [c/U] (*bias*) 偏见(見) piānjiàn [个 gè] II VT **1** (*influence*) [+ *person, result, case*] 使有偏见(見) shǐ yǒu piānjiàn **2** (*compromise*) [+ *situation, health etc*] 侵害 qīnhài ▶ **prejudice against/in favour of sb** 对(對)某人有偏见(見)/偏爱(愛)某人 duì mǒurén yǒu piānjiàn/piān'ài mǒurén ▶ **without prejudice to** (*frm*) 无(無)损(損)于(於) wú sǔn yú ▶ **to prejudice sb against/in favour of sth** 使某人对(對)某事抱有偏见(見)/怀(懷)有好感 shǐ mǒurén duì mǒushì bào yǒu piānjiàn/huái yǒu hǎogǎn

prejudiced ['prɛdʒudɪst] ADJ (*biased*) [+ *person*] 有偏见(見)的 yǒu piānjiàn de; [+ *view, opinion, information*] 偏颇(頗)的 piānpō de ▶ **to be prejudiced in favour of sb/sth** 偏向于(於)某人/某事 piānxiàng yú mǒurén/mǒushì ▶ **to be prejudiced against sb/sth** 对(對)某人/某事存有偏见(見) duì mǒurén/mǒushì cún yǒu piānjiàn

preliminary [prɪ'lɪmɪnərɪ] I ADJ [+ *talks, results etc*] 预(預)备(備)性的 yùbèixìng de II N [c] (*Sport*) 预(預)赛(賽) yùsài ▶ **preliminary round** (*Sport*) 分组(組)预(預)选(選)赛(賽) fēnzǔ yùxuǎnsài ▶ **as a preliminary to sth/to doing sth** 作为(為)某事/做某事的预(預)备(備) zuòwéi mǒushì/zuò mǒushì de yùbèi

prelude ['prɛlju:d] N [c] **1** (*Mus*) 前奏曲 qiánzòuqǔ [首 shǒu] **2** ▶ **a prelude to sth/to doing sth** 某事/做某事的前奏 mǒushì/zuò mǒushì de qiánzòu

premature ['prɛmətʃuəʳ] ADJ [+ *baby*] 早产(產)的 zǎochǎn de; [+ *death, arrival, congratulations*] 过(過)早的 guòzǎo de ▶ **you're being a little premature** 你有点(點)草率 nǐ yǒu diǎn cǎoshuài

premier ['prɛmɪəʳ] I ADJ (*best*) 首位的 shǒuwèi de II N [c] (*Pol*) 首相 shǒuxiàng

première ['prɛmɪɛəʳ] N [c] [*of film, play, musical*] 首次公演 shǒucì gōngyǎn

Premier League (*Brit: Football*) N ▶ **the Premier League** 超级(級)联(聯)赛(賽) Chāojí Liánsài

premise ['prɛmɪs] (*frm*) I N [c] [*of argument*] 前提 qiántí [个 gè] II **premises** N PL [*of business, institution, school*] 地产(產) dìchǎn ▶ **on the premises** (*in the buildings*) 在屋内(內) zài wū nèi; (*outside*) 在房屋周围(圍) zài fángwū zhōuwéi

premium ['pri:mɪəm] I N [c] **1** (*Comm*) (*additional sum*) 额(額)外费(費)用 éwài fèiyòng [笔 bǐ] **2** (*Insurance*) 保险(險)费(費) bǎoxiǎnfèi II ADJ (*also*: **premium-quality**) [+ *product, service*] 质(質)量一流的 zhìliàng yīliú de ▶ **to be at a premium** (*expensive*) 稀有而昂贵(貴)的 xīyǒu ér ángguì de; (*hard to get*) 稀缺的 xīquē de

premonition [prɛmə'nɪʃən] N [c] 预(預)感 yùgǎn [种 zhǒng] ▶ **to have a premonition that…** 预(預)感到… yùgǎn dào…

preoccupied [pri:'ɔkjupaɪd] ADJ [+ *person*] 全神贯(貫)注的 quánshén guànzhù de ▶ **to be preoccupied with sth** 对(對)某事心事重重 duì mǒushì xīnshì chóngchóng

prep [prɛp] I VT (*esp US*) **1** (*prepare*) 预(預)备(備) yùbèi **2** (*Med*) [+ *patient*] 为(為)…作术(術)前准(準)备(備) wèi…zuò shù qián zhǔnbèi II N [U] (*Brit*) (*homework*) 课(課)外作业(業) kèwài zuòyè ▶ **to do one's prep** 做课(課)外作业(業) zuò kèwài zuòyè

prepaid [pri:'peɪd] ADJ [+ *fee, activity, funeral*] 预(預)付的 yùfù de; [+ *envelope, phone card*] 预(預)先付讫(訖)的 yùxiān fùqì de

P

preparation [prɛpə'reɪʃən] **I** N **1** [U] (*activity*) 准(準)备(備) zhǔnbèi **2** [C] (*food, medicine, cosmetic*) 配制(製)品 pèizhìpǐn
II preparations N PL (*arrangements*) ▸ **preparations (for sth)** (为(為)某事的)准(準)备(備)工作 (wèi mǒushì de) zhǔnbèi gōngzuò ▸ **in preparation for sth** 为(為)某事而准(準)备(備)的 wèi mǒushì ér zhǔnbèi de ▸ **to make preparations for sth** 为(為)某事做好准(準)备(備) wèi mǒushì zuò hǎo zhǔnbèi

preparatory school [prɪ'pærətərɪ-] N = **prep school**

prepare [prɪ'pɛə^r] **I** VT [+ *speech, room, report, object etc*] 准(準)备(備) zhǔnbèi; [+ *food, meal*] 预(預)备(備) yùbèi **II** VI ▸ **to prepare (for sth)** [+ *event, exam, interview*] (为(為)某事)做准(準)备(備) (wèi mǒushì) zuò zhǔnbèi ▸ **to prepare o.s. for sth** [+ *shock, meeting, event*] 使自己对(對)某事有所准(準)备(備) shǐ zìjǐ duì mǒushì yǒu suǒ zhǔnbèi ▸ **to prepare to do sth** (*get ready*) 准(準)备(備)好做某事 zhǔnbèi hǎo zuò mǒushì ▸ **to prepare for action** 准(準)备(備)战(戰)斗(鬥) zhǔnbèi zhàndòu

prepared [prɪ'pɛəd] ADJ ▸ **to be prepared to do sth** (*willing*) 有意做某事 yǒuyì zuò mǒushì ▸ **prepared (for sth)** (*ready*) (对(對)某事)有所准(準)备(備)的 (duì mǒushì) yǒu suǒ zhǔnbèi de

preposition [prɛpə'zɪʃən] N [C] 介词(詞) jiècí [个 gè]

prep school N [C/U] **1** (*Brit*) 只收男生或女生的私立小学(學) zhǐshōu nánshēng huò nǚshēng de sīlì xiǎoxué [所 suǒ] **2** (*US*) 预(預)科学(學)校 yùkē xuéxiào [所 suǒ]

prerequisite [pri:'rɛkwɪzɪt] N [C] 先决(決)条(條)件 xiānjué tiáojiàn

preschool ['pri:'sku:l] ADJ [+ *age, child, education*] 学(學)龄(齡)前的 xuélíngqián de

prescribe [prɪ'skraɪb] VT **1** (*Med*) 开(開) kāi **2** (*state*) 规(規)定 guīdìng ▸ **to prescribe sth for sb/sth** 给(給)某人/因为(為)某事开(開)某物 gěi mǒurén/yīnwéi mǒushì kāi mǒuwù

prescription [prɪ'skrɪpʃən] N [C] (*Med*) (*slip of paper*) 处(處)方 chǔfāng [个 gè]; (*medicine*) 药(藥)方 yàofāng [个 gè] ▸ **to make up a prescription** 配方 pèifāng ▸ **to give sb a prescription for sth** 给(給)某人开(開)用于(於)某事的处(處)方 gěi mǒurén kāi yòngyú mǒushì de chǔfāng ▸ **"only available on prescription"** "凭(憑)处(處)方购(購)买(買)" "píng chǔfāng gòumǎi"

presence ['prɛzns] N **1** [U] (*existence, attendance*) 到场(場) dàochǎng **2** [U] (*fig: personality*) 风(風)度 fēngdù **3** [C] (*spirit, invisible influence*) 存在 cúnzài ▸ **in sb's presence** 当(當)着(著)某人的面 dāngzhe mǒurén de miàn ▸ **to make one's presence felt** 让(讓)人感到自身的存在 ràng rén gǎndào zìshēn de cúnzài

present [*adj, n* 'prɛznt, *vb* prɪ'zɛnt] **I** ADJ **1** (*current*) 现(現)有的 xiànyǒu de **2** (*in attendance*) 在场(場)的 zàichǎng de **II** N **1** (*not past*) ▸ **the present** 目前 mùqián **2** [C] (*gift*) 礼(禮)物 lǐwù [件 jiàn] **3** ▸ **the present** (*also*: **present tense**) 现(現)在时(時)态(態) xiànzài shítài [个 gè] **III** VT **1** (*give*) ▸ **to present sth (to sb)** [+ *prize, award*] 授予(某人)某事 shòuyǔ (mǒurén) mǒushì **2** (*cause, provide*) [+ *problem, threat*] 产(產)生 chǎnshēng; [+ *challenge, opportunity*] 呈现(現) chéngxiàn **3** (*introduce*) [+ *information, view*] 表述 biǎoshù; [+ *person*] 介绍(紹) jièshào **4** (*portray*) [+ *person, thing*] 描述 miáoshù **5** (*Rad, TV*) [+ *programme*] 主持 zhǔchí ▸ **the present day** 当(當)今 dāngjīn ▸ **to be present at sth** 出席某事 chūxí mǒushì ▸ **to be present in sth** 存在于(於)某事中 cúnzài yú mǒushì zhōng ▸ **all those present** 全体(體)在场(場)人员(員) quántǐ zàichǎng rényuán ▸ **at present** 现(現)在 xiànzài ▸ **to give sb a present** 给(給)某人礼(禮)物 gěi mǒurén lǐwù ▸ **to present sb with sth** [+ *prize, award*] 授予某人某物 shòuyǔ mǒurén mǒuwù; [+ *choice, option*] 给(給)予某人某物 jǐyǔ mǒurén mǒuwù; [+ *difficulty, problem, threat*] 给(給)某人带(帶)来(來)某物 gěi mǒurén dài lái mǒuwù ▸ **to present o.s. as being...** 将(將)自己表述为(為)… jiāng zìjǐ biǎoshù wéi... ▸ **to present itself** [*opportunity* +] 出现(現) chūxiàn

presentable [prɪ'zɛntəbl] ADJ [+ *person*] 中看的 zhōngkàn de

presentation [prɛzn'teɪʃən] N **1** [C] [*of award, prize*] 授予 shòuyǔ **2** [U] (*appearance*) [*of product, food*] 外观(觀) wàiguān; [*of essay, report*] 观(觀)感 guāngǎn **3** [C] (*lecture, talk*) 陈(陳)述 chénshù **4** [C] (*Theat*) (*production*) 演出 yǎnchū [场 chǎng] ▸ **to give a presentation** 做陈(陳)述 zuò chénshù ▸ **on presentation of...** [+ *voucher, invitation*] 一经(經)出示… yī jīng chūshì...

present-day ['prɛzntdeɪ] ADJ 当(當)前的 dāngqián de

presenter [prɪ'zɛntə^r] N [C] (*on radio, TV*) 节(節)目主持人 jiémù zhǔchírén [位 wèi]

presently ['prɛzntlɪ] ADV **1** (*after a while*) 一会(會)儿(兒) yīhuìr **2** (*shortly*) 马(馬)上 mǎshang **3** (*currently*) 目前 mùqián

present participle [-'pa:tɪsɪpl] N [C] 现(現)在分词(詞) xiànzài fēncí

preservation [prɛzə'veɪʃən] N [U] **1** (*continuation*) [*of peace, standards, life etc*] 保持 bǎochí **2** (*maintenance*) [*of building, monument, furniture etc*] 保存 bǎocún

preservative [prɪ'zə:vətɪv] N [C/U] (*for food, wood*) 防腐剂(劑) fángfǔjì

preserve [prɪ'zə:v] **I** VT **1** [+ *customs, independence, peace*] 维(維)护(護) wéihù; [+ *building, artefact*] 保存 bǎocún; [+ *character, area, forest*] 保护(護) bǎohù **2** (*in salt, syrup, vinegar etc*) [+ *food*] 防腐

fángfǔ **II** N **1** [c/ʊ] (*jam, marmalade, chutney*) 果酱(醬) guǒjiàng [瓶 píng] **2** [c] (*for game, fish*) 私人渔(漁)猎(獵)区(區) sīrén yúliè qū **3** [c] ▸ **a male/working class preserve** 男性/工人阶(階)级(級)所独(獨)有 nánxìng/gōngrén jiējí suǒ dúyǒu ▸ **strawberry preserve** 草莓酱(醬) cǎoméijiàng

preside [prɪ'zaɪd] VI ▸ **to preside over sth** [+ *meeting, event*] 主持某事 zhǔchí mǒushì

★ **president** ['prɛzɪdənt] N [c] **1** (*Pol*) 总(總)统(統) zǒngtǒng [位 wèi] **2** [+ *of society, club, institution*] 主席 zhǔxí **3** (*US*) [*of company*] 总(總)裁 zǒngcái

presidential [prɛzɪ'dɛnʃl] ADJ (*Pol*) [+ *election, candidate*] 总(總)统(統)职(職)位的 zǒngtǒng zhíwèi de; [+ *adviser, representative*] 总(總)统(統)的 zǒngtǒng de

★ **press** [prɛs] **I** N **1** (*newspapers, journalists*) ▸ **the press** 新闻(聞)界 xīnwén jiè **2** [c] (*for wine*) 榨(搾)汁机(機) zhàzhījī [台 tǎi] **3** [c] (*also:* **printing press**) 印刷机(機) yìnshuājī [台 tǎi] **II** VT **1** [+ *button, switch, bell*] 按 àn; [+ *accelerator*] 踏 tà **2** (*squeeze*) 挤(擠) jǐ **3** (*iron*) [+ *clothes, sheets etc*] 熨平 yùnpíng **4** (*put pressure on*) ▸ **to press sb for sth/to do sth** 催逼某人某事/做某事 cuībī mǒurén mǒushì/zuò mǒushì **5** (*express*) [+ *claim, views, point*] 坚(堅)持 jiānchí **III** VI (*squeeze*) 挤(擠) jǐ ▸ **to go to press** [*newspaper* +] 付印 fùyìn ▸ **to give sth a press** [+ *switch, button, bell*] 按某物 àn mǒuwù ▸ **at the press of a switch** 按了开(開)关(關)后(後) ànle kāiguān hòu ▸ **to press sb about sth** 从(從)某人处(處)打探某事 cóng mǒurén chù dǎtàn mǒushì ▸ **to press sb for an answer** 催某人回答 cuī mǒurén huídá ▸ **to press sb into doing sth** (*urge*) 迫切要求某人做某事 pòqiè yāoqiú mǒurén zuò mǒushì ▸ **to press sth (up)on sb** (*force*) 迫使某人接受某事 pòshǐ mǒurén jiēshòu mǒushì ▸ **to press charges (against sb)** (*Law*) 起诉(訴)(某人) qǐsù (mǒurén) ▸ **to be pressed for time/money** 时(時)间(間)紧(緊)迫/手头(頭)紧(緊) shíjiān jǐnpò/shǒutóu jǐn ▸ **to press (down) on sth** (向下)压(壓)某物 (xiàngxià) yā mǒuwù ▸ **to press for sth** [+ *changes etc*] 迫切要求某事 pòqiè yāoqiú mǒushì
▸ **press ahead, press on** VI 勇往直前 yǒngwǎng zhíqián ▸ **to press on with sth** 加紧(緊)某事 jiājǐn mǒushì

press conference N [c] 新闻(聞)发(發)布(佈)会(會) xīnwén fābùhuì

pressing ['prɛsɪŋ] ADJ [+ *problem, issue*] 紧(緊)迫的 jǐnpò de

press stud (*Brit*) N [c] 摁扣(鈕)儿(兒) ènkòur

press-up ['prɛsʌp] (*Brit*) N [c] 俯卧(臥)撑(撐) fǔwòchēng [个 gè]

★ **pressure** ['prɛʃəʳ] **I** N **1** [ʊ] (*physical force*) 压(壓)力 yālì **2** [ʊ] [*of air, gas, water*] 压(壓)强(強) yāqiáng **3** [ʊ] (*fig: coercion*) ▸ **pressure (to do sth)** (做某事的)压(壓)力 (zuò mǒushì de) yālì **4** [c/ʊ] (*stress*) 压(壓)力 yālì [种 zhǒng] **II** VT ▸ **to pressure sb (to do sth)** 强(強)使某人(做某事) qiángshǐ mǒurén (zuò mǒushì) ▸ **high/low pressure** 高/低压(壓) gāo/dīyā ▸ **to put pressure on sb (to do sth)** 对(對)某人施加压(壓)力(去做某事) duì mǒurén shījiā yālì (qù zuò mǒushì) ▸ **under pressure** (*with stress*) 在压(壓)力下 zài yālì xià ▸ **to be under pressure to do sth** 被迫做某事 bèipò zuò mǒushì ▸ **to pressure sb into doing sth** 迫使某人做某事 pòshǐ mǒurén zuò mǒushì

pressure cooker N [c] 高压(壓)锅(鍋) gāoyāguō [个 gè]

pressure group N [c] 压(壓)力集团(團) yālì jítuán

prestige [prɛs'tiːʒ] N [ʊ] [*of person, organization, job*] 威望 wēiwàng

prestigious [prɛs'tɪdʒəs] ADJ [+ *institution, job*] 有威望的 yǒu wēiwàng de

presumably [prɪ'zjuːməblɪ] ADV 据(據)推测(測) jù tuīcè

presume [prɪ'zjuːm] VT **1** (*assume*) ▸ **to presume (that...)** 认(認)定(…) rèndìng(...) **2** (*dare*) ▸ **to presume to do sth** 擅自做某事 shànzì zuò mǒushì ▸ **I presume so** 我认(認)为(為)是的 wǒ rènwéi shìde ▸ **to be presumed dead** 被认(認)定死亡 bèi rèndìng sǐwáng

pretence, (*US*) **pretense** [prɪ'tɛns] N [c/ʊ] 假装(裝) jiǎzhuāng ▸ **under false pretences** 虚(虛)情假意地 xū qíng jiǎ yì de ▸ **to make a pretence of doing sth** 假装(裝)做某事 jiǎzhuāng zuò mǒushì

pretend [prɪ'tɛnd] **I** VT ▸ **to pretend to do sth/pretend that...** (*make believe*) 假装(裝)做某事/假装(裝)… jiǎzhuāng zuò mǒushì/jiǎzhuāng... ▷ *The children were pretending to be pirates.* 孩子们扮成海盗。Háizimen bànchéng hǎidào. ▷ *She can sunbathe and pretend she's in Spain.* 她能照日光浴，想像着她是在西班牙。Tā néng zhào rìguāngyù, xiǎngxiàngzhe tā shì zài Xībānyá. **II** VI 假装(裝) jiǎzhuāng ▸ **I don't pretend to understand it** (*claim*) 我不会(會)不懂装(裝)懂的 wǒ bù huì bù dǒng zhuāng dǒng de

pretense [prɪ'tɛns] (*US*) N = **pretence**

pretentious [prɪ'tɛnʃəs] ADJ [+ *person, play, restaurant etc*] 矫(矯)饰(飾)的 jiǎoshì de

pretext ['priːtɛkst] N [c] 借口 jièkǒu [个 gè] ▸ **on** *or* **under the pretext of sth/of doing sth** 以某事/做某事为(為)借口 yǐ mǒushì/zuò mǒushì wéi jièkǒu

pretty ['prɪtɪ] **I** ADJ [+ *person, face, house, dress*] 漂亮的 piàoliang de **II** ADV (*inf: quite*) [+ *good, happy, soon etc*] 相当(當) xiāngdāng ▸ **to look pretty** 看上去漂亮 kàn shàngqù piàoliang ▸ **pretty much/pretty well** (*inf: more or less*) 差不多 chàbuduō

prevail [prɪ'veɪl] VI **1** (*be current*) [*custom, belief,*

P

conditions, fashion +] 盛行 shèngxíng **2** (*triumph*) ▸ **to prevail (over sth)** 胜(勝)过(過)(某事) shèngguò (mǒushì) ▸ **to prevail upon sb to do sth** 说(說)服某人做某事 shuōfú mǒurén zuò mǒushì

prevailing [prɪ'veɪlɪŋ] ADJ **1** [+ *wind*] 盛行的 shèngxíng de **2** (*dominant*) [+ *view, opinion*] 主导(導)的 zhǔdǎo de

prevalent ['prɛvələnt] ADJ [+ *belief, custom, attitude*] 普遍的 pǔbiàn de

prevent [prɪ'vɛnt] VT [+ *war, disease, situation*] 阻止 zǔzhǐ; [+ *accident, fire*] 防止 fángzhǐ ▸ **to prevent sb (from) doing sth** 阻止某人做某事 zǔzhǐ mǒurén zuò mǒushì ▸ **to prevent sth (from) happening** 防止某事发(發)生 fángzhǐ mǒushì fāshēng

preventable [prɪ'vɛntəbl] ADJ [+ *disease, death, accident*] 可预(預)防的 kě yùfáng de

prevention [prɪ'vɛnʃən] N [U] 预(預)防 yùfáng

preventive [prɪ'vɛntɪv] ADJ [+ *measures, medicine*] 预(預)防的 yùfáng de

preview ['priːvjuː] N [C] [*of film, exhibition*] 预(預)演 yùyǎn

previous ['priːvɪəs] ADJ **1** (*prior*) [+ *marriage, relationship, experience, owner*] 前的 qián de **2** (*preceding*) [+ *chapter, week, day*] 以前的 yǐqián de ▸ **previous to** (*before*) 在…之前 zài … zhīqián

用法参见 **former**

previously ['priːvɪəslɪ] ADV **1** 以前 yǐqián **2** ▸ **10 days previously** 10天前 shí tiān qián

pre-war [priː'wɔːʳ] ADJ 二战(戰)前的 èrzhàn qián de

prey [preɪ] N [U] 猎(獵)物 lièwù ▸ **to fall prey to sth** (*fig*) 受某事折磨 shòu mǒushì zhémó ▸ **to be prey to sth** 为(為)某事而受苦 wèi mǒushì ér shòukǔ

▸**prey on** VT FUS [*animal* +] 捕食 bǔshí ▸ **to prey on sb's mind** 烦(煩)扰(擾)某人 fánrǎo mǒurén

★ **price** [praɪs] **I** N [C/U] 价(價)格 jiàgé [种 zhǒng] **II** VT [+ *goods*] 定价(價) dìngjià ▸ **what is the price of...?** …多少钱(錢)? … duōshǎo qián? ▸ **to go up** *or* **rise in price** 涨(漲)价(價) zhǎngjià ▸ **you can't put a price on friendship/your health** 友谊(誼)/健康无(無)价(價) yǒuyì/jiànkāng wújià ▸ **to pay a high price for sth** (*fig*) 为(為)某事付出很高代价(價) wèi mǒushì fùchū hěn gāo dàijià ▸ **it's a small price to pay for freedom** 这(這)是为(為)自由付出的小小代价(價) zhè shì wèi zìyóu fùchū de xiǎoxiǎo dàijià ▸ **at a price** 以很高代价(價) yǐ hěngāo dàijià ▸ **what price he'll change his mind?** 他改变(變)主意的可能性有多少? tā gǎibiàn zhǔyi de kěnéngxìng yǒu duōshao? ▸ **to be priced at** 定价(價)为(為) dìngjià wéi ▸ **to price o.s. out of the market** 漫天要价(價)以至无(無)人问(問)津 màntiān yàojià yǐzhì wú rén wènjīn

priceless ['praɪslɪs] ADJ **1** [+ *diamond, painting*] 无(無)价(價)的 wújià de **2** (*very useful*) [+ *experience, skill, assistance*] 宝(寶)贵(貴)的 bǎoguì de **3** (*inf: amusing*) [+ *person, comment*] 很有趣的 hěn yǒuqù de

用法参见 **invaluable**

price list N [C] 价(價)目表 jiàmùbiǎo [个 gè]

prick [prɪk] **I** N [C] **1** (*sting*) 刺 cì [根 gēn] **2** (*inf!: penis*) 阴(陰)茎(莖) yīnjīng; (*idiot*) 蠢人 chǔnrén [个 gè] **II** VT **1** (*scratch*) (*on thorn, with needle*) 刺 cì **2** (*also*: **prick holes in**) 刺孔于(於) cìkǒng yú ▸ **to prick o.s. (on/with sth)** 被(某物)刺到 bèi (mǒuwù)cì dào ▸ **to prick up one's ears** (*listen*) 侧(側)耳倾(傾)听(聽) cè'ěr qīngtīng

prickly ['prɪklɪ] ADJ **1** [+ *plant, fabric, animal*] 多刺的 duōcì de **2** (*irritable*) [+ *person*] 易怒的 yìnù de

pride [praɪd] **I** N [U] **1** (*satisfaction, dignity, self-respect*) 自豪 zìháo **2** (*arrogance*) 傲慢 àomàn **II** VT ▸ **to pride o.s. on sth/on doing sth** 因某事/做某事而自豪 yīn mǒushì/zuò mǒushì ér zìháo ▸ **to take (a) pride in sb/sth** 因某人/某事而自豪 yīn mǒurén/mǒushì ér zìháo ▸ **to take a pride in doing sth** 以做某事为(為)豪 yǐ zuò mǒushì wéi háo ▸ **to have** *or* **take pride of place** (*Brit*) 占(佔)据(據)头(頭)等重要的位置 zhànjù tóuděng zhòngyào de wèizhi

priest [priːst] N [C] 神职(職)人员(員) shénzhí rényuán [位 wèi]

primarily ['praɪmərɪlɪ] ADV 主要地 zhǔyào de

primary ['praɪmərɪ] **I** ADJ **1** (*principal*) [+ *reason, aim, cause*] 主要的 zhǔyào de **2** (*Brit*) [+ *education, teacher*] 小学(學)的 xiǎoxué de **II** N [C] (*in US*) (*also*: **primary election**) 初选(選) chūxuǎn

primary school ['praɪmərɪ-] (*Brit*) N [C/U] 小学(學) xiǎoxué [所 suǒ] [美 = **elementary school, grade school**]

prime [praɪm] **I** ADJ **1** (*major*) [+ *cause, concern, target*] 首要的 shǒuyào de **2** (*best*) [+ *condition, position*] 第一流的 dìyīliú de **II** N [C] ▸ **in one's prime** 处(處)于(於)黄(黃)金时(時)期 chǔyú huángjīn shíqī **III** VT **1** (*prepare*) ▸ **to prime sb (to do sth)** 事先使某人准(準)备(備)好(做某事) shìxiān shǐ mǒurén zhǔnbèi hǎo (zuò mǒushì) **2** [+ *gun*] 装(裝) zhuāng **3** [+ *wood*] 给(給)…上底漆 gěi…shàng dǐqī ▸ **of prime importance** 最重要 zuì zhòngyào ▸ **prime beef** 上等牛肉 shàngděng niúròu ▸ **a prime example of...** …最典型的例子 …zuì diǎnxíng de lìzi ▸ **in the prime of life** 处(處)于(於)壮(壯)年时(時)期 chǔyú zhuàngnián shíqī

Prime Minister [praɪm-] N [C] 总(總)理 Zǒnglǐ [位 wèi]

primitive ['prɪmɪtɪv] ADJ **1** (*simple*) [+ *tribe, society, tool*] 原始的 yuánshǐ de **2** (*early*) [+ *man, life form, instinct*] 早期的 zǎoqī de **3** (*crude*)

[+ *conditions, technique*] 简(簡)陋的 jiǎnlòu de

primrose ['prɪmrəuz] N [C] 报(報)春花 bàochūnhuā [束 shù]

prince [prɪns] N [C] 王子 wángzǐ [位 wèi]

princess [prɪn'sɛs] N [C] 公主 gōngzhǔ [位 wèi]

principal ['prɪnsɪpl] **I** ADJ **1** (*main*) [+ *reason, aim*] 主要的 zhǔyào de **2** (*Theat*) [+ *role, part, character*] 主要的 zhǔyào de **II** N **1** [C] (*head teacher*) [*of school, college*] 校长(長) xiàozhǎng [位 wèi] **2** [C] (*Theat*) 主角 zhǔjué [位 wèi] **3** [S] (*Fin*) (*sum*) 资(資)本 zīběn

principally ['prɪnsɪplɪ] ADV 主要地 zhǔyào de

principle ['prɪnsɪpl] N **1** [C/U] (*moral belief*) 准(準)则(則) zhǔnzé [个 gè] **2** [C/U] [*of philosophy, theory*] 原理 yuánlǐ **3** [C] (*basic law*) 原则(則) yuánzé ▸ **in principle** (*in theory*) 原则(則)上 yuánzé shàng ▸ **to agree to/approve of sth in principle** 原则(則)上同意/批准某事 yuánzé shàng tóngyì/pīzhǔn mǒushì ▸ **on principle** 根据(據)原则(則) gēnjù yuánzé

print [prɪnt] **I** N **1** [U] (*type*) 印刷字体(體) yìnshuā zìtǐ **2** [C] (*picture*) 图(圖)片 túpiàn [张 zhāng] **3** [C] (*photograph*) 照片 zhàopiàn [张 zhāng] **4** [C] (*fabric*) 印花布 yìnhuā bù **II** VT **1** (*produce*) [+ *book, newspaper, leaflet*] 印刷 yìnshuā **2** (*publish*) [+ *story, article*] 出版 chūbǎn **3** (*stamp*) [+ *word, number, pattern*] 印 yìn **4** (*write*) 用印刷体(體)写(寫) yòng yìnshuātǐ xiě **5** (*Comput*) 打印 dǎyìn **III** VI (*write*) 用印刷体(體)写(寫) yòng yìnshuātǐ xiě **IV prints** N PL (*fingerprints*) 指纹(紋) zhǐwén ▸ **the fine** *or* **small print** 小号(號)印刷体(體) xiǎohào yìnshuātǐ ▸ **to appear in print/get into print** 刊登出 kāndēng chū ▸ **to be in print** [*book* +] 在销(銷)售的 zài xiāoshòu de ▸ **to be out of print** [*book* +] 绝(絕)版的 juébǎn de
▸**print out** VT (*Comput*) [+ *document, file*] 打印出 dǎyìn chū

printer ['prɪntəʳ] N [C] **1** (*machine*) 打印机(機) dǎyìnjī [台 tái] **2** (*person*) 印刷工 yìnshuā gōng **3** (*firm*) (*also*: **printer's**) 印刷所 yìnshuā suǒ [个 gè]

printout ['prɪntaut] N [C] 打印输(輸)出 dǎyìn shūchū [次 cì]

prior ['praɪəʳ] **I** ADJ **1** (*previous*) [+ *knowledge, engagement, consent*] 在先的 zàixiān de **2** (*more important*) [+ *duty, commitment*] 更重要的 gèng zhòngyào de **II** N [C] (*Rel*) (*head monk*) 小修道院院长(長) xiǎo xiūdàoyuàn yuànzhǎng [名 míng]; (*deputy head monk*) 大修(脩)道院副院长(長) dà xiūdàoyuàn fù yuànzhǎng ▸ **I have a prior engagement** 我有另一个(個)约(約)会(會)在先 wǒ yǒu lìng yī gè yuēhuì zàixiān ▸ **without prior warning** 没(沒)有事先警告 méiyǒu shìxiān jǐnggào ▸ **prior to sth/to doing sth** 在某事/做某事之前 zài mǒushì/zuò mǒushì zhī qián ▸ **to have a prior claim on sth** 对(對)某事有优(優)先要求权(權) duì mǒushì yǒu yōuxiān yāoqiúquán

priority [praɪ'ɔrɪtɪ] **I** N [C] (*concern*) 重点(點) zhòngdiǎn [个 gè] **II priorities** N PL 优(優)先考虑(慮)的事 yōuxiān kǎolǜ de shì ▸ **to take** *or* **have priority (over sth/sb)** (比某事/某人)具有优(優)先权(權) (bǐ mǒushì/mǒurén) jùyǒu yōuxiānquán ▸ **to give priority to sth/sb** 给(給)某事/某人以优(優)先权(權) gěi mǒushì/mǒurén yǐ yōuxiān quán

prison ['prɪzn] N **1** [C/U] (*institution*) 监(監)狱(獄) jiānyù [个 gè] **2** [U] (*imprisonment*) 坐牢 zuòláo **3** [C] (*fig*) 束缚(縛) shùfù ▸ **in prison** 坐牢 zuòláo

prisoner ['prɪznəʳ] N [C] 囚犯 qiúfàn [个 gè]; (*during war*) 战(戰)俘 zhànfú [个 gè] ▸ **the prisoner at the bar** (*Law*) 被告 bèigào ▸ **to take sb prisoner** 俘虏(虜)某人 fúlǔ mǒurén ▸ **to hold sb prisoner** 关(關)押某人 guānyā mǒurén

prisoner of war N [C] 战(戰)俘 zhànfú [名 míng]

prison officer N [C] 狱(獄)官 yùguān [名 míng]

pristine ['prɪstiːn] ADJ [+ *house, clothes*] 纯(純)净(淨)的 chúnjìng de ▸ **in pristine condition** 一尘(塵)不染的 yī chén bù rǎn de

privacy ['prɪvəsɪ] N [U] 隐(隱)私 yǐnsī ▸ **in the privacy of one's own home** 在自家私下里(裡) zài zìjiā sīxià lǐ ▸ **an invasion of privacy** 对(對)隐(隱)私的侵犯 duì yǐnsī de qīnfàn

private ['praɪvɪt] **I** ADJ **1** (*not public*) [+ *property, land, plane*] 私人的 sīrén de; [+ *performance, ceremony*] 非公开(開)的 fēigōngkāi de **2** (*not state-owned*) [+ *education, housing, health care, industries*] 私有的 sīyǒu de **3** (*confidential*) [+ *papers, discussion, conversation, meeting*] 秘(祕)密的 mìmì de **4** (*not professional*) [+ *correspondence, life*] 个(個)人的 gèrén de **5** (*personal*) [+ *life, thoughts, plans, affairs, belongings*] 私人的 sīrén de **6** (*secluded*) [+ *place*] 幽僻的 yōupì de **7** (*secretive*) [+ *person*] 内(內)敛(斂)的 nèiliǎn de **II** N [C] (*Mil*) 士兵 shìbīng [名 míng] ▸ **to be in private practice** (*Med*) 私人开(開)业(業)行医(醫) sīrén kāiyè xíngyī ▸ **in (his) private life** 在他的私生活中 zài tā de sīshēnghuó zhōng ▸ **in private** 私下 sīxià

privately ['praɪvɪtlɪ] ADV **1** (*in private*) 私下地 sīxià de **2** (*secretly*) 秘(祕)密地 mìmì de ▸ **privately owned** 私人所有 sīrén suǒyǒu

private property N [U] 私人财(財)产(產) sīrén cáichǎn

private school N [C/U] (*fee-paying*) 私立学(學)校 sīlì xuéxiào [所 suǒ]

privatize ['praɪvɪtaɪz] VT [+ *company, industry*] 私有化 sīyǒuhuà

privilege ['prɪvɪlɪdʒ] N **1** [C] (*benefit*) 优(優)惠 yōuhuì **2** [S] (*honour*) 荣(榮)幸 róngxìng **3** [U] (*due to background*) 特权(權) tèquán

privileged ['prɪvɪlɪdʒd] ADJ **1** [+ *person, position*] 享有特权(權)的 xiǎngyǒu tèquán de

P

2 [+ *information*] 特许(許)的 tèxǔ de ▸ **to be/feel privileged to do sth** 有幸做某事 yǒuxìng zuò mǒushì

privy ['prɪvɪ] (*frm*) ADJ ▸ **to be privy to sth** [+ *information, facts*] 私下知悉某事 sīxià zhīxī mǒushì

prize [praɪz] **I** N [c] **1** (*in competition, sport*) 奖(獎) jiǎng [个 gè] **2** (*Scol, Univ*) (*for achievement*) 奖(獎)励(勵) jiǎnglì [项 xiàng] **II** ADJ 一流的 yīliú de **III** VT 珍藏 zhēncáng

prize-giving ['praɪzgɪvɪŋ] N [c] **1** (*after competition*) 颁(頒)奖(獎)仪(儀)式 bānjiǎng yíshì [个 gè] **2** (*Scol*) (*for achievement*) 颁(頒)奖(獎) bānjiǎng [次 cì]

prizewinner ['praɪzwɪnəʳ] N [c] **1** (*in competition*) 获(獲)奖(獎)者 huòjiǎngzhě [位 wèi] **2** (*Scol, Univ*) (*for achievement*) 获(獲)奖(獎)者 huòjiǎngzhě [位 wèi]

pro [prəu] **I** N **1** [c] (*professional*) 职(職)业选(選)手 zhíyè xuǎnshǒu [位 wèi] **2** ▸ **the pros and cons (of sth/of doing sth)** (某事/做某事的)利弊 (mǒushì/zuò mǒushì de) lìbì [个 gè] **II** PREP (*in favour of*) 赞(贊)成 zànchéng

probability [prɔbə'bɪlɪtɪ] N [c/ʊ] ▸ **probability (of sth/that...)** (某事/…的)可能性 (mǒushì/...de) kěnéngxìng [种 zhǒng] ▸ **the probability of sth happening** 某事发(發)生的可能性 mǒshì fāshēng de kěnéngxing ▸ **the probability is that...** 可能性是… kěnéngxìng shì... ▸ **in all probability** 极有可能 jí yǒu kěnéng

probable ['prɔbəbl] ADJ 可能的 kěnéng de ▸ **it is/seems probable that...** 可能…/似乎可能… kěnéng.../sìhū kěnéng...

★ **probably** ['prɔbəblɪ] ADV 可能 kěnéng ▷ *You probably won't understand this word.* 你可能不理解这个词。Nǐ kěnéng bù lǐjiě zhège cí. ▸ **probably!/probably not!** 很可能！/很可能不是！ hěn kěnéng! /hěn kěnéng bùshì!

probation [prə'beɪʃən] N [ʊ] **1** (*for criminal*) 缓(緩)刑 huǎnxíng **2** (*for employee*) 试(試)用期 shìyòngqī ▸ **to be on probation** [*criminal* +] 在缓(緩)刑中 zài huǎnxíng zhōng; [*employee* +] 在试(試)用期中 zài shìyòngqī zhōng ▸ **to put sb on probation** [+ *criminal*] 判某人缓(緩)刑 pàn mǒurén huǎnxíng

probe [prəub] **I** N [c] **1** (*Med*) 探针(針) tànzhēn [根 gēn] **2** (*also*: **space probe**) 航天探测(測)器 hángtiān tàncèqì **3** (*enquiry*) (*into corruption, illegal practices*) 探究 tànjiū **II** VT **1** (*investigate*) [+ *financial situation, practices, mystery, death*] 调(調)查 diàochá **2** (*search*) 探查 tànchá **3** (*Med*) (*with instrument*) [+ *wound*] 检(檢)查 jiǎnchá **III** VI **1** (*investigate*) ▸ **to probe (into sth)** 探究(某事) tànjiū (mǒushì) **2** (*Med*) (*with instrument*) 探查 tànchá

★ **problem** ['prɔbləm] N [c] **1** (*difficulty*) 难(難)题(題) nántí [个 gè] **2** (*puzzle*) 疑惑 yíhuò [个 gè] ▸ **to have problems with sth** 对(對)某事有疑惑 duì mǒushì yǒu yíhuò ▸ **what's the problem?** 有什么(麼)问(問)题(題)吗(嗎)？ yǒu shénme wèntí ma? ▸ **I had no problem finding her** 我要找她不难(難) wǒ yào zhǎo tā bùnán ▸ **no problem!** (*inf*) 没(沒)问(問)题(題)！ méi wèntí!

problematic(al) [prɔblə'mætɪk(l)] ADJ [+ *activity, situation, relationship*] 成问(問)题(題)的 chéng wèntí de

procedure [prə'siːdʒəʳ] N **1** [c] (*process*) 步骤(驟) bùzhòu [个 gè] **2** [c/ʊ] (*customary method*) 程序 chéngxù [道 dào]

proceed [prə'siːd] VI **1** (*continue*) 继(繼)续(續) jìxù **2** (*frm: go*) (*on foot*) 走 zǒu; (*in car*) 前进(進) qiánjìn; [*car, vehicle* +] 行进(進) xíngjìn ▸ **to proceed with sth** 继(繼)续(續)某事 jìxù mǒushì ▸ **to proceed to do sth** 开(開)始做某事 kāishǐ zuò mǒushì

proceedings [prə'siːdɪŋz] N PL **1** (*events*) 活动(動) huódòng **2** (*Law*) 诉(訴)讼(訟) sùsòng **3** (*minutes*) [*of conference, meeting*] 记(記)录(錄) jìlù

proceeds ['prəusiːdz] N PL 收入 shōurù

★ **process** ['prəusɛs] **I** N [c] **1** (*procedure*) 过(過)程 guòchéng [个 gè] **2** (*Bio, Chem*) 过(過)程 guòchéng **II** VT **1** [+ *raw materials, food*] 加工 jiāgōng **2** [+ *application*] (*for job, visa, benefit*) 办(辦)理 bànlǐ **3** (*Comput*) [+ *data*] 处(處)理 chǔlǐ ▸ **by a process of elimination** 通过(過)一系列的筛(篩)选(選) tōngguò yīxìliè de shāixuǎn ▸ **in the process** 在过(過)程中 zài guòchéng zhōng ▸ **to be in the process of doing sth** 在从(從)事某事的过(過)程中 zài cóngshì mǒushì de guòchéng zhōng

procession [prə'sɛʃən] N [c] 队(隊)伍 duìwu [个 gè] ▸ **wedding/funeral procession** 迎亲(親)/送葬队(隊)伍 yíngqīn/sòngzàng duìwu

proclaim [prə'kleɪm] VT 宣告 xuāngào ▸ **to proclaim that...** 声(聲)明… shēngmíng... ▸ **to proclaim o.s. sth** 公开(開)宣称(稱)自己的某立场(場) gōngkāi xuānchēng zìjǐ de mǒu lìchǎng

prod [prɔd] **I** VT **1** (*push*) (*with finger, stick, knife*) 戳 chuō **2** (*encourage*) ▸ **to prod sb into sth/into doing sth** 促使某人做某事 cùshǐ mǒurén zuò mǒushì **II** N [c] **1** (*with finger, stick, knife*) ▸ **to give sb/sth a prod** 戳某人/某物一下 chuō mǒurén/mǒuwù yīxià **2** (*reminder*) ▸ **to give sb a prod** 提醒某人一下 tíxǐng mǒurén yīxià ▸ **to prod sb to do sth** 促使某人做某事 cùshǐ mǒurén zuò mǒushì

prodigy ['prɔdɪdʒɪ] N [c] 天才 tiāncái [名 míng] ▸ **child prodigy** 神童 shéntóng [个 gè]

★ **produce** [*n* 'prɔdjuːs, *vb* prə'djuːs] **I** N [ʊ] 产(產)品 chǎnpǐn ▷ *organic produce* 绿色产品 lǜsè chǎnpǐn **II** VT **1** (*bring about*) [+ *effect, result*] 促成 cùchéng ▷ *All our efforts have failed to produce an agreement.* 我们所有的努力都没能促成一致意见。Wǒmen suǒyǒu de nǔlì dōu méi néng cùchéng yīzhì yìjiàn. **2** (*make*) [+ *goods, commodity*] 生产(產) shēngchǎn ▷ *The company produces components for the aerospace industry.* 这家公司为航空业生产零部件。Zhè jiā gōngsī wèi hángkōngyè shēngchǎn língbùjiàn. **3** (*Bio, Chem*) [+ *gas, toxins etc*] 产(產)生 chǎnshēng **4** (*provide*) [+ *evidence, argument*] 提出 tíchū ▷ *Scientists have produced powerful arguments against his ideas.* 科学家们提出了辩驳他的想法的有力论据。Kēxuéjiāmen tíchūle biànbó tā de xiǎngfǎ de yǒulì lùnjù. **5** (*show*) [+ *passport, knife etc*] 出示 chūshì **6** [+ *play, film, programme*] 上演 shàngyǎn

producer [prəˈdjuːsəʳ] N [c] **1** (*Theat, Cine, Mus*) [*of film, play, programme*] 制(製)片人 zhìpiànrén [位 wèi]; [*of record*] 制(製)作人 zhìzuòrén **2** [*of food, material*] (*country*) 产(產)地 chǎndì [个 gè]; (*company*) 制(製)造商 zhìzào shāng [个 gè]

★ **product** [ˈprɔdʌkt] N [c] **1** 产(產)品 chǎnpǐn [个 gè] **2** (*result*) 产(產)物 chǎnwù

production [prəˈdʌkʃən] N **1** [ʊ] (*Ind, Agr*) (*process*) 生产(產) shēngchǎn; (*amount produced, amount grown*) 产(產)量 chǎnliàng **2** [ʊ] (*Bio*) [*of cells, hormones etc*] 繁殖 fánzhí **3** [c] (*play, show*) 作品 zuòpǐn [部 bù] **4** [ʊ] [*of film, programme, play*] 制(製)作 zhìzuò ▶ **to go into production** [*goods* +] 投产(產) tóuchǎn ▶ **on production of** 一经(經)出示 yī jīng chūshì

productive [prəˈdʌktɪv] ADJ **1** [+ *workforce, factory, writer*] 多产(產)的 duōchǎn de **2** [+ *discussion, meeting, relationship*] 富有成效的 fùyǒu chéngxiào de

productivity [prɔdʌkˈtɪvɪtɪ] N [ʊ] 生产(產)力 shēngchǎnlì

profession [prəˈfɛʃən] N [c] **1** (*job*) 职(職)业(業) zhíyè [种 zhǒng] **2** (*people*) (*medical, legal etc*) 从(從)业(業)人员(員) tóngyè rényuán

professional [prəˈfɛʃənl] **I** ADJ **1** (*work-related*) [+ *activity, context, capacity*] 业(業)务(務)的 yèwù de **2** (*not amateur*) [+ *photographer, musician, footballer*] 职(職)业(業)的 zhíyè de; [+ *advice, help*] 专(專)业(業)的 zhuānyè de **3** (*correct*) [+ *person, attitude*] 内(內)行的 nèiháng de **4** (*skilful*) [+ *performance, piece of work*] 专(專)业(業)水平的 zhuānyè shuǐpíng de **II** N [c] **1** (*doctor, lawyer, teacher*) 专(專)业(業)人士 zhuānyè rénshì [名 míng] **2** (*Sport*) 职(職)业(業)运(運)动(動)员(員) zhíyè yùndòngyuán [位 wèi] **3** (*competent person*) 内(內)行 nèiháng ▶ **professional misconduct** 渎(瀆)职(職) dúzhí ▶ **to seek/take professional advice** 寻(尋)求/采(採)纳(納)专(專)家建议(議) xúnqiú/cǎinà zhuānjiā jiànyì

professionally [prəˈfɛʃnəlɪ] ADV **1** (*as a professional*) [*qualified* +] 专(專)业(業)上 zhuānyè shang; [*play* +] 职(職)业(業)地 zhíyè de **2** (*correctly*) [*behave* +] 内(內)行地 nèiháng de **3** (*skilfully*) [*produce, make etc* +] 专(專)业(業)地 zhuānyè de ▶ **speaking professionally** 从(從)专(專)业(業)上讲(講) cóng zhuānyè shàng jiǎng ▶ **personally and professionally** 从(從)个(個)人生活和工作来(來)说(說) cóng gèrén shēnghuó hé gōngzuò lái shuō

professor [prəˈfɛsəʳ] N [c] **1** (*Brit*) 教授 jiàoshòu [位 wèi] **2** (*US*) 教员(員) jiàoyuán [位 wèi]

profile [ˈprəufaɪl] N [c] **1** [*of person's face*] 侧(側)面 cèmiàn **2** (*fig: biography*) 简(簡)介 jiǎnjiè ▶ **to keep a low profile** [*person* +] 保持低调(調) bǎochí dīdiào ▶ **a high profile** (*of person, organization*) 引人注目的形象 yǐn rén zhùmù de xíngxiàng

profiling N [ʊ] 概况分析 gàikuàng fēnxī

profit [ˈprɔfɪt] **I** N [c/ʊ] 利润(潤) lìrùn **II** VI ▶ **to profit from sth** 从(從)某事中获(獲)益 cóng mǒushì zhōng huòyì ▶ **to make a profit** 赚(賺)钱(錢) zhuànqián ▶ **to sell (sth) at a profit** 出售(某物)而获(獲)利 chūshòu (mǒuwù)ér huòlì

profitable [ˈprɔfɪtəbl] ADJ **1** [+ *business, deal, activity*] 有利润(潤)的 yǒu lìrùn de **2** [+ *discussion, meeting*] 有益的 yǒuyì de

profound [prəˈfaund] ADJ **1** (*great*) [+ *effect, change, implications*] 深远(遠)的 shēnyuǎn de; [+ *differences*] 极(極)大的 jídà de; [+ *shock, sense, feeling, respect*] 深深的 shēnshēn de **2** (*intellectual*) [+ *idea, book, mind*] 深刻的 shēnkè de

program [ˈprəugræm] **I** N [c] **1** (*also*: **computer program**) 程序 chéngxù [个 gè] **2** (*US*) = **programme** **II** VT **1** (*Comput*) ▶ **to program sth (to do sth)** 为(為)某物编(編)程(做某事) wèi mǒuwù biānchéng (zuò mǒushì) **2** (*US*) = **programme**

★ **programme**, (*US*) **program** [ˈprəugræm] **I** N [c] **1** (*Rad, TV*) 节(節)目 jiémù [个 gè] **2** (*for theatre, concert*) 节(節)目宣传(傳)册(冊) jiémù xuānchuáncè [本 běn] **3** (*list*) [*of talks, events, performances*] 节(節)目单(單) jiémù dān [个 gè] **4** (*scheme*) 计(計)划(劃) jìhuà **II** VT ▶ **to programme sth (to do sth)** [+ *machine, system*] 设(設)定某事(做某事) shèdìng mǒushì (zuò mǒushì); *see also* **program**

programmer [ˈprəugræməʳ] (*Comput*) N [c] 程序员(員) chéngxùyuán [位 wèi]

programming [ˈprəugræmɪŋ] N [ʊ] 编程 biānchéng

progress [*n* ˈprəugrɛs, *vb* prəˈgrɛs] **I** N [ʊ] **1** (*headway*) 进(進)展 jìnzhǎn **2** (*advances*) 进(進)步 jìnbù **3** (*development*) [*of event, match, talks, disease*] 发(發)展 fāzhǎn **II** VI **1** (*make headway*) 进(進)展 jìnzhǎn **2** ▶ **to progress (to sth/to doing sth)** 提高(到某事/到做某事) tígāo (dào mǒushì/dào zuò mǒushì) **3** (*move on*) [*career, day, disease* +] 推进(進) tuījìn ▶ **to make progress (with sth)** (对(對)某事)取得进(進)步 (duì mǒushì) qǔdé jìnbù ▶ **in progress** (*meeting, battle, match*) 正在进(進)展

P

中 zhèngzài jìnzhǎn zhōng
progression [prə'greʃən] N **1** [U/S] *(advancement)* *(in career, course)* 进(進)展 jìnzhǎn **2** [C] *(development)* *(of events, disease, career)* 进(進)程 jìnchéng **3** [C] *(series)* 系列 xìliè
progressive [prə'gresɪv] **I** ADJ **1** *(enlightened)* [+ *person, school, policy*] 先进(進)的 xiānjìn de **2** *(gradual)* [+ *loss, decline, change*] 逐渐(漸)的 zhújiàn de **II** N [C] *(person)* 改革派人士 gǎigépài rénshì [名 míng]
prohibit [prə'hɪbɪt] *(frm)* VT 禁止 jìnzhǐ ▸ **to prohibit sb from doing sth** 严(嚴)禁某人做某事 yánjìn mǒurén zuò mǒushì ▸ **"smoking prohibited"** "严(嚴)禁吸烟(煙)" "yánjìn xīyān"
project [*n* 'prɔdʒekt, *vb* prə'dʒekt] **I** N [C] **1** *(plan, scheme)* 工程 gōngchéng [个 gè] **2** *(Scol, Univ)* 课(課)题(題) kètí [个 gè] **II** VT **1** *(plan)* 计(計)划(劃) jìhuà **2** *(estimate)* [+ *figure, amount*] 估计(計) gūjì **3** [+ *light, film, picture*] 投射 tóushè **4** [+ *feeling, quality, image*] 表露 biǎolù **5** ▸ **to project sb/o.s. as sth** 突出某人/自己作为(為)某物的形象 tūchū mǒurén/zìjǐ zuòwéi mǒuwù de xíngxiàng **III** VI *(stick out)* 突出 tūchū
projection [prə'dʒekʃən] N **1** [C] *(estimate)* 预(預)测(測) yùcè **2** [C] *(overhang)* 凸出物 tūchū wù **3** [U] [*of film, movie*] 投影 tóuyǐng
projector [prə'dʒektə^r] N [C] 放映机(機) fàngyìngjī [台 tái]
prolific [prə'lɪfɪk] ADJ [+ *artist, composer, writer*] 多产(產)的 duōchǎn de
prologue, (US) **prolog** ['prəulɔg] N [C] [*of play, book*] 序 xù
prolong [prə'lɔŋ] VT 延长(長) yáncháng
prom [prɔm] N [C] **1** *(Brit)* *(by sea)* 海滨(濱)大道 hǎibīn dàdào [条 tiáo] **2** *(US)* *(dance)* 学生的正式舞会

PROM

在英国，**prom**（即 **promenade concert** 的略称）是由一系列古典音乐会组成。每年夏天，由 **Royal Albert Hall** 在伦敦举办的 **prom** 最为著名。每季的最后一场音乐会—**Last Night of the Proms**—通常会有电视转播，并总要演奏一些爱国歌曲。在场的听众一边站着挥舞手中的英国国旗，一边纵情歌唱。美国人对 **prom** 的理解却不大相同，其含义为高中或大学学年末举行的一场正式舞会。**senior prom** 标志着 **high school** 的结束。对于美国年轻人而言，这也是成长历程中一个重要的典礼。

promenade [prɔmə'nɑːd] **I** N [C] 海滨(濱)大道 hǎibīn dàdào [条 tiáo] **II** VI [*person* +] 散步 sànbù
prominence ['prɔmɪnəns] N [U] *(importance)* 卓越 zhuōyuè ▸ **to give prominence to sth** 重视(視)某事 zhòngshì mǒushì ▸ **to rise to prominence** 崭(嶄)露头(頭)角 zhǎn lù tóujiǎo
prominent ['prɔmɪnənt] ADJ **1** *(important)* 重要的 zhòngyào de **2** *(noticeable)* 显(顯)著的 xiǎnzhù de
promiscuous [prə'mɪskjuəs] ADJ [+ *person, behaviour*] 滥(濫)交的 lànjiāo de
promise ['prɔmɪs] **I** N **1** [C] 许(許)诺(諾) xǔnuò [个 gè] **2** [U] *(potential)* [*of person*] 有前途 yǒu qiántú; [*of thing*] 前景 qiánjǐng **II** VI 保证(證) bǎozhèng **III** VT ▸ **to promise sb sth, promise sth to sb** 保证(證)给(給)某人某物 bǎozhèng gěi mǒurén mǒuwù ▸ **to make a promise (to do sth)** 保证(證)(做某事) bǎozhèng (zuò mǒushì) ▸ **to break/keep a promise (to do sth)** 违(違)背/遵守(做某事的)诺(諾)言 wéibèi/zūnshǒu (zuò mǒushì de) nuòyán ▸ **a young man of promise** 有希望的小伙(夥)子 yǒu xīwàng de xiǎohuǒzi ▸ **to promise (sb) that…** (向某人)保证(證)… (xiàng mǒurén) bǎozhèng… ▸ **to promise to do sth** 保证(證)做某事 bǎozhèng zuò mǒushì ▸ **it promises to be lively** 这(這)看来(來)很来(來)劲(勁) zhè kàn lái hěn láijìn
promising ['prɔmɪsɪŋ] ADJ [+ *person, career*] 有希望的 yǒu xīwàng de
promote [prə'məut] VT **1** [+ *employee*] 晋(晉)升 jìnshēng **2** *(publicize)* [+ *record, film, book, product*] 促销(銷) cùxiāo **3** *(encourage)* [+ *understanding, peace*] 促进(進) cùjìn **4** *(sponsor, organize)* [+ *event*] 赞(贊)助 zànzhù ▸ **the team was promoted to the first division** *(Brit: Sport)* 该(該)队(隊)升到第一级(級)别(別) gāi duì shēngdào dìyī jíbié
promoter [prə'məutə^r] N [C] **1** [*of concert, sporting event*] 赞(贊)助人 zànzhùrén [位 wèi] **2** [*of cause, idea*] 推广(廣)人 tuīguǎngrén [位 wèi]
promotion [prə'məuʃən] N **1** [C/U] *(at work)* 晋(晉)级(級) jìnjí [次 cì] **2** [U] *(pushing)* [*of product*] 促销(銷) cùxiāo **3** [C] *(publicity campaign)* 推广(廣) tuīguǎng **4** [U] *(Brit: Sport)* 升级(級) shēngjí
prompt [prɔmpt] **I** ADJ **1** *(on time)* 干(乾)脆的 gāncuì de **2** *(rapid)* [+ *action, response*] 迅速的 xùnsù de **II** N [C] **1** *(Theat)* ▸ **to give sb a prompt** 给(給)某人提词(詞) gěi mǒurén tící **2** *(Comput)* 提示符 tíshì fú [个 gè] **III** VT **1** *(cause)* [+ *action, plan*] 引发(發) yǐnfā **2** *(when talking)* 提示 tíshì **3** *(Theat)* 提词(詞) tící ▸ **to be prompt to do sth** 立刻做某事 lìkè zuò mǒushì ▸ **at 8 o'clock prompt** 8点(點)整 bādiǎn zhěng ▸ **to prompt sb to do sth** 促使某人做某事 cùshǐ mǒurén zuò mǒushì
promptly ['prɔmptlɪ] ADV **1** *(immediately)* 立刻 lìkè **2** *(punctually)* 准(準)时(時)地 zhǔnshí de
prone [prəun] ADJ **1** ▸ **to be prone to sth** 易

于(於)某事的 yìyú mǒushì de **2** (*face down*) ▸ **to lie prone** 俯卧(臥) fǔwò ▸ **she is prone to burst into tears if...** 如果…她动(動)辄(輒)就哭 rúguǒ ... tā dòngzhé jiù kū ▸ **accident-/injury-prone** 易出事/受伤(傷)的 yì chūshì/shòushāng de

prong [prɔŋ] N [c] [*of fork*] 尖齿(齒) jiānchǐ

pronoun ['prəunaun] N [c] 代词(詞) dàicí [个 gè]

pronounce [prə'nauns] **I** VT **1** [+ *word, name*] 发(發)音 fāyīn **2** (*frm*) [+ *verdict, sentence*] 宣布 xuānbù **3** (*frm: opine*) 断(斷)言 duànyán **II** VI (*frm*) ▸ **to pronounce (up)on sth** 就某事发(發)表意见(見) jiù mǒushì fābiǎo yìjiàn ▸ **to pronounce sb fit/dead** 宣布(佈)某人康复(復)/死亡 xuānbù mǒurén kāngfù/sǐwáng ▸ **to pronounce o.s. satisfied** 表示满(滿)意 biǎoshì mǎnyì

pronunciation [prənʌnsɪ'eɪʃən] N [c/u] 发(發)音 fāyīn [个 gè]

proof [pru:f] **I** N [u] 证(證)据(據) zhèngjù **II** (*frm*) ADJ ▸ **to be proof against sth** 不受某事影响(響)的 bùshòu mǒushì yǐngxiǎng de **III proofs** N PL (*Typ*) 校样(樣) jiàoyàng ▸ **to be 70% proof** [*alcohol* +] 70%的标(標)准(準)酒精度 bǎifēnzhī qīshí de biāozhǔn jiǔjīngdù

prop [prɔp] **I** N [c] **1** (*stick, post*) 支柱 zhīzhù [根 gēn] **2** (*fig: person, thing*) 靠山 kàoshān [座 zuò] **II** VT (*also*: **prop up**) (*lean*) ▸ **to prop sth (up) against/on sth** 把某物靠在某物上 bǎ mǒuwù kàozài mǒuwù shang **III props** N PL (*Theat*) 道具 dàojù

▸**prop up** VT **1** (*lit: lean*) 支撑(撐) zhīchēng **2** (*fig*) [+ *government, industry, currency*] 支持 zhīchí

propaganda [prɔpə'gændə] N [u] 宣传(傳) xuānchuán

propel [prə'pɛl] VT **1** [+ *vehicle, boat, machine, person*] 推动(動) tuīdòng **2** (*fig*) ▸ **to propel sb into sth** 促使某人做某事 cùshǐ mǒurén zuò mǒushì

propeller [prə'pɛləʳ] N [c] 推进(進)器 tuījìn qì [台 tái]

proper ['prɔpəʳ] ADJ **1** (*genuine*) [+ *job, meal, teacher*] 适(適)当(當)的 shìdàng de **2** (*correct*) [+ *procedure, place, word*] 恰当(當)的 qiàdàng de **3** (*socially acceptable*) [+ *behaviour, job*] 适(適)宜的 shìyí de **4** (*inf: real*) [+ *idiot, thug etc*] 十足的 shízú de ▸ **to go through the proper channels** 通过(過)正当(當)渠道 tōngguò zhèngdàng qúdào ▸ **the town/city proper** 城/市区(區) chéng/shìqū

properly ['prɔpəlɪ] ADV **1** (*adequately*) [*eat, work, concentrate* +] 充分地 chōngfèn de **2** (*decently*) [*behave* +] 体(體)面地 tǐmiàn de

proper noun N [c] 专(專)有名词(詞) zhuānyǒu míngcí [个 gè]

property ['prɔpətɪ] N **1** [u] (*possessions*) 财(財)产(產) cáichǎn **2** [c/u] (*buildings and land*) 地产(產) dìchǎn [处 chù] **3** [c] (*characteristic*) [*of substance, material*] 特性 tèxìng [种 zhǒng]

prophecy ['prɔfɪsɪ] N [c] 预(預)言 yùyán [个 gè]

prophet ['prɔfɪt] N [c] (*Rel*) 先知 xiānzhī ▸ **prophet of doom** 悲观(觀)预(預)言家 bēiguān yùyánjiā

proportion [prə'pɔ:ʃən] **I** N **1** [c] (*frm: part*) [*of group, amount*] 部分 bùfen [个 gè] **2** [c] (*number*) [*of people, things*] 比例 bǐlì **3** [c/u] (*ratio*) ▸ **proportion (of sth to sth)** (某物与(與)某物的)比例 (mǒuwù yǔ mǒwù de) bǐlì **II proportions** N PL (*dimensions*) [*of building, design*] 比例 bǐlì; (*fig*) 程度 chéngdù ▸ **in (direct) proportion to sth** (*at the same rate as*) 与(與)某事成(正)比 yǔ mǒushì chéng(zhèng) bǐ; (*in relation to*) 与(與)某事相称(稱) yǔ mǒushì xiāngchèn ▸ **to keep sth in proportion** 如实(實)对(對)待某事 rúshí duìdài mǒushì ▸ **to get sth out of proportion** 无(無)根据(據)地夸(誇)大某事 wú gēnjù de kuādà mǒushì ▸ **to be out of all proportion to sth** 完完全全与(與)某事不相称(稱) wánwán-quánquán yǔ mǒushì bù xiāngchèn ▸ **to have a sense of proportion** 具有辨别(別)轻(輕)重缓(緩)急的能力 jùyǒu biànbié qīngzhòng huǎnjí de nénglì

proportional [prə'pɔ:ʃənl] ADJ ▸ **proportional to sth** 与(與)某物成比例的 yǔ mǒuwù chéng bǐlì de

proportionate [prə'pɔ:ʃənɪt] ADJ = **proportional**

proposal [prə'pəuzl] N [c] **1** (*plan*) 提案 tí'àn [个 gè] **2** (*also*: **proposal of marriage**) 求婚 qiúhūn

propose [prə'pəuz] **I** VT **1** [+ *plan, idea*] 提出 tíchū **2** [+ *motion*] 提议(議) tíyì **II** VI (*offer marriage*) 求婚 qiúhūn ▸ **to propose to do** *or* **doing sth** (*intend*) 意欲做某事 yìyù zuò mǒushì ▸ **to propose that...** (*suggest*) 建议(議)… jiànyì...; (*in debate*) 提出… tíchū... ▸ **to propose a toast** 提议(議)干(乾)杯 tíyì gānbēi

proposition [prɔpə'zɪʃən] **I** N [c] **1** (*idea*) ▸ **a difficult/attractive proposition** 一个(個)棘手/有趣的问(問)题(題) yīgè jíshǒu/yǒuqù de wèntí **2** (*offer, suggestion*) 提议(議) tíyì **3** (*frm: statement*) 主张(張) zhǔzhāng **II** VT ▸ **to proposition sb** 向某人提出猥亵(褻)的要求 xiàng mǒurén tíchū wěixiè de yāoqiú ▸ **to make sb a proposition** 向某人提议(議) xiàng mǒurén tíyì

proprietor [prə'praɪətəʳ] N [c] [*of hotel, shop, newspaper*] 业(業)主 yèzhǔ [位 wèi]

prose [prəuz] N [u] 散文 sǎnwén

prosecute ['prɔsɪkju:t] **I** VT **1** ▸ **to prosecute sb (for sth/for doing sth)** (因某事/做某事而)起诉(訴)某人 (yīn mǒushì/zuò mǒushì ér) qǐsù mǒurén **2** [+ *case*] 起诉(訴) qǐsù **II** VI 起诉(訴) qǐsù

prosecution [prɔsɪ'kju:ʃən] N **1** [c/u] [*of person*]

P

起诉(訴) qǐsù **2** (*accusing side*) ▸ **the prosecution** 原告 yuángào [名 míng]
prosecutor ['prɔsɪkjuːtəʳ] N [c] 起诉(訴)人 qǐsùrén
prospect [*n* 'prɔspɛkt, *vb* prə'spɛkt] **I** N **1** [c/ʊ] (*likelihood*) 可能 kěnéng **2** [s] (*thought*) 期望 qīwàng **II** VI ▸ **to prospect (for sth)** [+ *gold, oil, minerals*] 勘探(某物) kāntàn (mǒuwù) **III prospects** N PL (*for work, marriage*) 前景 qiánjǐng
prospective [prə'spɛktɪv] ADJ [+ *husband, employer, buyer etc*] 可能的 kěnéng de
prospectus [prə'spɛktəs] N [c] **1** [*of university, school*] 简(簡)介 jiǎnjiè **2** [*of company*] 计(計)划(劃)书(書) jìhuàshū
prosper ['prɔspəʳ] (*frm*) VI [*person, business, city* +] 兴(興)隆 xīnglóng
prosperity [prɔ'spɛrɪtɪ] N [ʊ] 繁荣(榮) fánróng
prosperous ['prɔspərəs] ADJ [+ *person, business, city*] 繁荣(榮)的 fánróng de
prostitute ['prɔstɪtjuːt] **I** N [c] (*female*) 妓女 jìnǚ [个 gè] **II** VT ▸ **to prostitute o.s./one's talents** (*fig*) 作践(踐)自己/自己的才华(華) zuòjiàn zìjǐ/zìjǐ de cáihuá ▸ **a male prostitute** 男妓 nánjì
protect [prə'tɛkt] VT [+ *person, floor, rights, freedom*] 保护(護) bǎohù ▸ **to protect sb/sth from** *or* **against sth** 保护(護)某人/某物不受某物的伤(傷)害 bǎohù mǒurén/mǒuwù bùshòu mǒuwù de shānghài ▸ **to protect o.s. from** *or* **against sth** 保护(護)自己不受某物的伤(傷)害 bǎohù zìjǐ bù shòu mǒuwù de shānghài
protection [prə'tɛkʃən] N **1** [c/ʊ] ▸ **protection (from** *or* **against sth)** [*of person, floor, plant*] （免受某物侵害的）保护(護) (miǎnshòu mǒuwù qīnhài de) bǎohù [种 zhǒng] **2** [ʊ] [*of rights, freedom, interests*] 保护(護) bǎohù **3** [ʊ] (*Insurance*) ▸ **protection (against sth)** （防止某事的）保险(險) (fángzhǐ mǒushì de) bǎoxiǎn ▸ **to be offered police protection** 被提供了警方保护(護)的 bèi tígōngle jǐngfāng bǎohù de
protective [prə'tɛktɪv] ADJ **1** [+ *clothing, layer*] 保护(護)性的 bǎohùxìng de **2** [+ *person*] 给(給)予保护(護)的 jǐyǔ bǎohù de ▸ **protective custody** (*Law*) 保护(護)性拘留 bǎohùxìng jūliú
protein ['prəutiːn] N [c/ʊ] 蛋白质(質) dànbáizhì [种 zhǒng]
protest [*n* 'prəutɛst, *vb* prə'tɛst] **I** N [c/ʊ] 抗议(議) kàngyì [个 gè] **II** VI ▸ **to protest about/against/at sth** (*Brit*) 抗议(議)某事 kàngyì mǒushì **III** VT **1** (*claim*) 申辩(辯) shēnbiàn **2** (*US*) (*voice opposition to*) 示威 shìwēi ▸ **to protest that...** 坚(堅)决(決)声(聲)明… jiānjué shēngmíng...
Protestant ['prɔtɪstənt] **I** N [c] 新教徒 Xīnjiàotú [个 gè] **II** ADJ 新教的 Xīnjiào de
protester [prə'tɛstəʳ] N [c] 抗议(議)者 kàngyìzhě [名 míng]
protractor [prə'træktəʳ] N [c] 量角器 liángjiǎoqì [个 gè]
proud [praud] ADJ **1** [+ *parents, owner*] 自豪的 zìháo de **2** (*arrogant*) 骄(驕)傲的 jiāo'ào de **3** (*dignified*) [+ *person, people*] 自尊心强(強)的 zìzūnxīn qiáng de ▸ **to be proud of sb/sth** 为(為)某人/某事感到自豪 wèi mǒurén/mǒushì gǎndào zìháo ▸ **to be proud to do sth** 以做某事为(為)荣(榮) yǐ zuò mǒushì wéi róng ▸ **to be proud that...** 为(為)…感到自豪 wèi... gǎndào zìháo ▸ **to do sb proud** (*inf*) 盛情款待某人 shèngqíng kuǎndài mǒurén
prove [pruːv] **I** VT [+ *idea, theory*] 证(證)明 zhèngmíng **II** VI ▸ **to prove (to be) correct** *etc* 证(證)明是对(對)的等 zhèngmíng shì duì de *děng* ▸ **to prove that...** [*person* +] 证(證)明… zhèngmíng...; [*situation, experiment, calculations* +] 显(顯)示… xiǎnshì... ▸ **to prove sb right/wrong** 证(證)明某人是对(對)的/错(錯)的 zhèngmíng mǒurén shì duìde/cuòde ▸ **to prove o.s. (to be) useful** *etc* 证(證)明自己是有用的等 zhèngmíng zìjǐ shì yǒuyòng de *děng*
proverb ['prɔvəːb] N [c] 谚(諺)语(語) yànyǔ [条 tiáo]
★ **provide** [prə'vaɪd] VT **1** [+ *food, money, shelter*] 供应(應) gōngyìng; [+ *answer, opportunity, details*] 提供 tígōng **2** ▸ **to provide that...** [*law, agreement* +] 规(規)定… guīdìng... ▸ **to provide sb with sth** [+ *food, job, resources*] 提供某人某物 tígōng mǒurén mǒuwù ▸ **to be provided with** [+ *person*] 具有 jùyǒu; [+ *thing*] 有 yǒu
▸ **provide for** VT FUS **1** [+ *person*] 供养(養) gōngyǎng **2** [+ *future event*] 提前准(準)备(備) tíqián zhǔnbèi ▸ **to be well provided for** 保障生活无(無)忧(憂)的 bǎozhàng shēnghuó wúyōu de ▸ **to provide for sth (to happen)** [*law, agreement* +] 规(規)定某事(发(發)生) guīdìng mǒushì(fāshēng)
provided (that) [prə'vaɪdɪd-] CONJ 假如 jiǎrú
providing [prə'vaɪdɪŋ] CONJ ▸ **providing (that)** 假如 jiǎrú
province ['prɔvɪns] **I** N **1** [c] [*of country*] 省 shěng **2** [s] (*area of responsibility etc*) [*of person*] 本分 běnfèn **II the provinces** N PL 首都以外的地方 shǒudū yǐwài de dìfāng
provincial [prə'vɪnʃəl] ADJ **1** [+ *town, newspaper etc*] 省的 shěng de **2** (*unsophisticated*) 偏狭(狹)的 piānxiá de
provision [prə'vɪʒən] **I** N **1** [ʊ] [+ *of service*] 供应(應) gōngyìng **2** [c/ʊ] (*arrangement*) (*for potential need*) 准(準)备(備) zhǔnbèi **3** [c] (*stipulation*) (*in contract, agreement*) 规(規)定 guīdìng [条 tiáo] **II provisions** N PL (*food*) 食物 shíwù ▸ **to make provision for** [+ *sb's future, family*] 为(為)…做准(準)备(備) wèi... zuò zhǔnbèi; [+ *security, defences*] 为(為)…做好安排

wèi...zuò hǎo ānpái
provisional [prəˈvɪʒənl] ADJ [+ *government, agreement, arrangement etc*] 临(臨)时(時)的 línshí de
provocative [prəˈvɔkətɪv] ADJ **1** [+ *remark, article, behaviour, action*] 挑衅(釁)的 tiǎoxìn de **2** (*sexually*) [+ *clothing, behaviour, gesture*] 挑逗的 tiǎodòu de
provoke [prəˈvəuk] VT **1** (*annoy*) [+ *person*] 激怒 jīnù **2** (*cause*) [+ *fight, reaction, anger*] 挑起 tiǎoqǐ ▸ **to provoke sb into doing sth** 刺激某人做某事 cìjī mǒurén zuò mǒushì
prowl [praul] **I** VI [*animal, person* +] 潜(潛)行 qiánxíng **II** N **1** (*lit*) ▸ **to be on the prowl** [*animal* +] 潜(潛)行觅(覓)食 qiánxíng mìshí **2** (*fig*) ▸ **to be on the prowl (for sth)** [*person* +] 来(來)回寻(尋)觅(覓)(某物) láihuí xúnmì (mǒuwù)
proximity [prɔkˈsɪmɪtɪ] N [U] ▸ **proximity (to sth/sb)** 邻(鄰)近(某物/某人) línjìn (mǒuwù/mǒurén)
proxy [ˈprɔksɪ] N ▸ **by proxy** 由代理人 yóu dàilǐrén
prudent [ˈpruːdnt] ADJ 慎重的 shènzhòng de
prudently [ˈpruːdntlɪ] ADV [*act, behave* +] 谨(謹)慎地 jǐnshèn de
prune [pruːn] **I** N [C] 梅干(乾) méigān [颗 kē] **II** VT [+ *bush, plant, tree*] 修剪 xiūjiǎn
pry [praɪ] VI ▸ **to pry (into sth)** 刺探(某事) cìtàn (mǒushì) ▸ **safe from prying eyes** 躲开(開)窥(窺)视(視)的眼睛 duǒkāi kuīshì de yǎnjīng
PS ABBR (= **postscript**) 附言 fùyán
pseudonym [ˈsjuːdənɪm] N [C] 笔(筆)名 bǐmíng ▸ **under a pseudonym** 以笔(筆)名 yǐ bǐmíng
PST (US) ABBR (= **Pacific Standard Time**) 太平洋标(標)准(準)时(時)间(間) Tàipíngyáng Biāozhǔn Shíjiān
psychiatric [saɪkɪˈætrɪk] ADJ 精神病学(學)的 jīngshénbìng xué de
psychiatrist [saɪˈkaɪətrɪst] N [C] 精神病医(醫)生 jīngshénbìng yīshēng [位 wèi]
psychic [ˈsaɪkɪk] ADJ [+ *person, powers*] 特异(異)功能的 tèyì gōngnéng de ▸ **I'm not psychic!** 我没(沒)有特异(異)功能！wǒ méiyǒu tèyì gōngnéng!
psychoanalysis [saɪkəuəˈnælɪsɪs] N [U] 精神分析学(學) jīngshén fēnxī xué
psychoanalyst [saɪkəuˈænəlɪst] N [C] 精神分析学(學)家 jīngshén fēnxīxuéjiā
psychological [saɪkəˈlɔdʒɪkl] ADJ **1** (*mental*) [+ *effect, problem, disorder*] 心理的 xīnlǐ de **2** (*relating to psychology*) [+ *test, treatment*] 心理学(學)的 xīnlǐxué de
psychologist [saɪˈkɔlədʒɪst] N [C] 心理学(學)家 xīnlǐxuéjiā [位 wèi]
psychology [saɪˈkɔlədʒɪ] N **1** [U] (*science*) 心理学(學) xīnlǐxué **2** [C/U] (*character*) 心理 xīnlǐ
psychotherapist [saɪkəuˈθɛrəpɪst] N [C] 精神治疗(療)师(師) jīngshén zhìliáoshī [名 míng]
psychotherapy [saɪkəuˈθɛrəpɪ] N [U] 心理疗(療)法 xīnlǐ liáofǎ
PTO ABBR (= **please turn over**) 请(請)翻过(過)来(來) qǐng fān guòlái
pub [pʌb] (*Brit*) N [C] 酒吧 jiǔbā [个 gè]
puberty [ˈpjuːbətɪ] N [U] 青春期 qīngchūnqī
★ **public** [ˈpʌblɪk] **I** ADJ **1** (*from people*) [+ *support, opinion, interest*] 公众(眾)的 gōngzhòng de **2** (*for people*) [+ *building, service, library*] 公共的 gōnggòng de **3** (*not private*) [+ *announcement, meeting*] 公开(開)的 gōngkāi de; [+ *figure, life*] 社会(會)的 shèhuì de **4** (*state*) [+ *funding, spending, service*] 国(國)家的 guójiā de **II** N [S + PL VB] **1** ▸ **the (general) public** 民众(眾) mínzhòng **2** (*audience, fans*) ▸ **sb's public** 某人的支持公众(眾) mǒurén de zhīchí gōngzhòng ▸ **it's public knowledge** 众(眾)所周知 zhòng suǒ zhōu zhī ▸ **in/out of the public eye** 常/不常在公开(開)场(場)合露面的 cháng/bù cháng zài gōngkāi chǎnghé lòumiàn de ▸ **to make sth public** 将(將)某事公布于(於)世 jiāng mǒushì gōngbù yú shì ▸ **to become public** 变(變)得公开(開)的 biàn de gōngkāi de ▸ **to go public** (*Comm*) 上市 shàngshì ▸ **in public** [*speak, smoke, drink* +] 公开(開)地 gōngkāi de
publican [ˈpʌblɪkən] N [C] 酒馆(館)老板 jiǔguǎn lǎobǎn [位 wèi]
publication [pʌblɪˈkeɪʃən] N **1** [U] [*of book, magazine, article*] 出版 chūbǎn **2** [C] (*book, magazine*) 刊物 kānwù [期 qī]
public company N [C] 上市公司 shàngshì gōngsī [家 jiā]
public convenience (*Brit; frm*) N [C] 公共厕(廁)所 gōnggòng cèsuǒ [间 jiān]
public holiday N [C] 法定假期 fǎdìng jiàqī [个 gè]
public house (*Brit*) N = **pub**
publicity [pʌbˈlɪsɪtɪ] N [U] **1** (*information, advertising*) 宣传(傳) xuānchuán **2** (*attention*) 关(關)注 guānzhù
publicize [ˈpʌblɪsaɪz] VT [+ *fact, event, book*] 宣传(傳) xuānchuán
public limited company N [C] 上市有限公司 shàngshì yǒuxiàn gōngsī [家 jiā]
publicly [ˈpʌblɪklɪ] ADV **1** [*say, announce, deny* +] 公开(開)地 gōngkāi de **2** (*state*) [+ *owned, run, funded*] 由公众(眾)地 yóu gōngzhòng de
public opinion N [U] 舆(輿)论(論) yúlùn
public relations N [U] 公共关(關)系(係) gōnggòng guānxì ▸ **a public relations exercise** 公关(關)演习(習) gōngguān yǎnxí
public school N [C/U] **1** (*Brit*) (*private school*) 私立中学(學) sīlì zhōngxué [所 suǒ] **2** (*US*) (*state school*) 公立学(學)校 gōnglì xuéxiào [所 suǒ]
public transport N [U] 公共交通 gōnggòng jiāotōng

P

publish ['pʌblɪʃ] VT **1** [*company* +] [+ *book, magazine*] 出版 chūbǎn **2** [*newspaper, magazine* +] [+ *letter, article*] 刊登 kāndēng **3** [*writer* +] [+ *article, story*] 发(發)表 fābiǎo

publisher ['pʌblɪʃəʳ] N [C] **1** (*person*) 出版商 chūbǎnshāng **2** (*company*) 出版社 chūbǎnshè [家 jiā]

publishing ['pʌblɪʃɪŋ] N [U] 出版 chūbǎn

pub lunch (*Brit*) N [C] 由酒吧提供的午餐

pudding ['pudɪŋ] N **1** [C/U] (*type of dessert*) 布丁 bùdīng **2** [C/U] (*Brit*) (*dessert in general*) 甜点(點) tiándiǎn [份 fèn] ▸ **rice pudding** 米饭(飯)布丁 mǐfàn bùdīng ▸ **black pudding,** (*US*) **blood pudding** 黑血肠(腸) hēi xuècháng

puddle ['pʌdl] N [C] **1** [*of rain*] 水坑 shuǐkēng [个 gè] **2** [*of blood, oil*] 滩(灘) tān

Puerto Rico ['pwəːtəu'riːkəu] N 波多黎各 Bōduōlígè

puff [pʌf] **I** N [C] **1** (*on cigarette, pipe*) ▸ **to take a puff** 吸一口 xī yīkǒu **2** (*gasp*) 喘息 chuǎnxī **II** VI **1** (*pant*) 喘气(氣) chuǎnqì **2** ▸ **to puff on** *or* **at sth** [+ *cigarette, pipe*] 吸某物 xī mǒuwù ▸ **a puff of wind/air/smoke** 一阵(陣)风(風)/空气(氣)/烟(煙) yī zhèn fēng/kōngqì/yān

▸**puff out** VT [+ *one's chest, cheeks*] 鼓起 gǔqǐ

puff pastry N [U] 松(鬆)饼(餅) sōngbǐng

pull [pul] **I** VT **1** [+ *rope, hair*] 拖 tuō; [+ *handle, door, cart, carriage*] 拉 lā **2** (*draw*) [+ *curtain, blind*] 拉 lā **3** (*squeeze*) [+ *trigger*] 扣(釦) kòu **4** (*inf: attract*) [+ *people*] 吸引 xīyǐn; [+ *sexual partner*] 勾引 gōuyǐn **5** [+ *pint of beer*] 灌 guàn **II** VI 猛拉 měnglā **III** N **1** [C] (*tug*) ▸ **to give sth a pull** 拉一下某物 lā yīxià mǒuwù [下 xià] **2** [S] [*of moon, magnet, current*] 牵(牽)引力 qiānyǐnlì **3** [S] (*fig*) [+ *of homeland, past*] 吸引力 xīyǐnlì ▸ **to pull sth free/out of sth** [+ *arm, hand, foot*] 将(將)某物从(從)某物中抽出来(來) jiāng mǒuwù cóng mǒuwù zhōng chōu chūlái ▷ *She pulled her feet out of the wet boots.* 她把脚从湿靴子中抽了出来。Tā bǎ jiǎo cóng shī xuēzi zhōng chōule chūlái. ▸ **to pull a muscle** 扭伤(傷)肌肉 niǔshāng jīròu ▸ **to pull a face** 夸(誇)张(張)地做表情 kuāzhāng de zuò biǎoqíng ▸ **to pull sth to pieces** (*criticize*) 将(將)某事批得体(體)无(無)完肤(膚) jiāng mǒushì pī de tǐ wú wán fū ▸ **to pull o.s. together** 振作起来(來) zhènzuò qǐlái ▸ **to pull sb's leg** (*fig*) 开(開)某人的玩笑 kāi mǒurén de wánxiào ▸ **to pull strings (for sb)** (为(為)某人)暗中操作 (wèi mǒurén)ànzhōng cāozuò

▸**pull apart** VT **1** (*separate*) [+ *fighters*] 拉开(開) lākāi **2** (*destroy*) 扯坏(壞) chěhuài

▸**pull away** VI **1** [*vehicle, driver* +] 开(開)走 kāizǒu **2** [*person* +] (*from sb*) 疏远(遠) shūyuǎn

▸**pull back** VI **1** (*retreat*) [*troops* +] 撤退 chètuì **2** (*change mind*) ▸ **to pull back (from sth/from doing sth)** 中止(某事/做某事) zhōngzhǐ (mǒushì/zuò mǒushì)

▸**pull down** VT [+ *building*] 拆毁(毀) chāihuǐ

▸**pull in I** VI **1** (*at the kerb*) 停了下来(來) tíngle xiàlái **2** [*train* +] 到站 dàozhàn **II** VT **1** (*inf*) [+ *money*] 赚(賺) zhuàn **2** [+ *crowds, people*] 吸引 xīyǐn **3** [*police* +] ▸ **to pull sb in (for sth/for doing sth)** (为(為)某事/做某事)拘捕某人 (wèi mǒushì/zuò mǒushì) jūbǔ mǒurén

▸**pull into** VT FUS [*driver, vehicle* +] [+ *road, drive*] 拐(枴)入 guǎirù

▸**pull off** VT **1** (*take off*) [+ *clothes*] 脱(脫)下 tuōxià **2** (*fig*) [+ *plan, deal, trick, victory*] 实(實)现(現) shíxiàn ▸ **to pull it off** 成功 chénggōng

▸**pull out I** VI **1** (*Aut*) (*from kerb*) 开(開)出 kāichū; (*when overtaking*) 超车(車) chāochē **2** [*train* +] 离(離)站 lízhàn **3** (*withdraw*) (*from agreement, contest*) 退出 tuìchū; [*troops* +] 撤离(離) chèlí **II** VT (*extract*) [+ *file, information*] 调(調)出 diàochū

▸**pull over I** VI 靠边(邊)停下 kàobiān tíngxià **II** VT ▸ **the police pulled him over** 警察叫他停车(車) jǐngchá jiào tā tíngchē

▸**pull through** VI (*from illness*) 恢复(復)健康 huīfù jiànkāng; (*from difficulties*) 渡过(過)难(難)关(關) dùguò nánguān

▸**pull together** VI 同心协(協)力 tóngxīn xiélì

▸**pull up I** VI (*stop*) [*driver, vehicle* +] 停下 tíngxià **II** VT **1** (*raise*) [+ *socks, trousers*] 拉起 lāqǐ **2** (*uproot*) [+ *plant, weed*] 拔除 báchú ▸ **to pull up a chair** 拖把椅子过(過)来(來) tuō bǎ yǐzi guòlái

pulley ['pulɪ] N [C] 滑轮(輪) huálún [个 gè]

pull-off ['pulɔf] (*US*) N [C] 路侧(側)停车(車)处(處) lùcè tíngchēchù [个 gè] [英 = **lay-by**]

pullover ['puləuvəʳ] N [C] 套头(頭)衫 tàotóushān [件 jiàn]

pulp [pʌlp] **I** N [U] **1** [*of fruit*] (*inside*) 果肉 guǒròu; (*crushed*) 浆(漿) jiāng **2** (*for paper*) 浆(漿) jiāng **II** ADJ (*pej*) [+ *magazine, novel*] 低劣的 dīliè de **III** VT [+ *paper, documents*] 销(銷)毁(毀) xiāohuǐ ▸ **to beat sb to a pulp** 把某人打得遍体(體)鳞(鱗)伤(傷) bǎ mǒurén dǎ de biàn tǐ lín shāng

pulp fiction N [U] 低俗小说(說) dīsú xiǎoshuō

pulpit ['pulpɪt] N [C] 讲(講)坛(壇) jiǎngtán

pulse [pʌls] **I** N [C] **1** (*Anat*) 脉(脈)搏 màibó [下 xià] **2** (*rhythm*) 节(節)奏 jiézòu **3** (*Tech*) 脉(脈)冲(衝) màichōng **II** VI 有节(節)奏地跳动(動) yǒu jiézòu de tiàodòng **III pulses** N PL (*Culin*) 豆子 dòuzi ▸ **to take** *or* **feel sb's pulse** 给(給)某人诊(診)脉(脈) gěi mǒurén zhěnmài ▸ **to have one's finger on the pulse (of sth)** 了解(某物)最新动(動)态(態) liǎojiě(mǒuwù)zuì xīn dòngtài

puma ['pjuːmə] N [C] (*mountain lion*) 美洲狮(獅) měizhōu shī [头 tóu]

pump [pʌmp] **I** N [C] **1** (*for liquid, gas*) 泵 bèng [个 gè] **2** (*for getting water*) 抽水机(機) chōushuǐjī [台 tái] **3** (*for inflating sth*) 打气(氣)筒 dǎqìtǒng

[个 gè] **4** (*esp Brit*) (*shoe*) 浅(淺)口无(無)带(帶)皮鞋 qiǎnkǒu wúdài píxié **II** VT **1** (*move*) ▸ **to pump sth into/out of/up from sth** [+ *liquid, gas*] 把某物从(從)某物抽入/抽出/抽上去 bǎ mǒuwù cóng mǒuwù chōurù/chōuchū/chōu shàngqù **2** (*obtain*) [+ *oil, water, gas*] 用泵抽 yòng bèng chōu ▸ **water/petrol pump** 水/油泵 shuǐ/yóubèng ▸ **to pump money into sth** (*inf*) 不断(斷)把钱(錢)投入某事 bùduàn bǎ qián tóurù mǒushì ▸ **to have one's stomach pumped** 洗胃 xǐwèi ▸ **to pump sb for information** (*inf*) 从(從)某人处(處)探出消息 cóng mǒurén chù tànchū xiāoxi

▸**pump out** VT (*supply*) 源源不断(斷)供应(應) yuányuán bùduàn gōngyìng

▸**pump up** VT (*inflate*) 打气(氣) dǎqì

pumpkin ['pʌmpkɪn] N [c] 南瓜 nánguā [个 gè]

pun [pʌn] N [c] 双(雙)关(關) shuāngguān

punch [pʌntʃ] **I** N **1** [c] (*blow*) 拳打 quándǎ [顿 dùn] **2** [U] (*fig: force*) 力量 lìliàng **3** [c] (*tool*) (*for making holes*) 打孔器 dǎkǒng qì [个 gè] **4** [c/U] (*drink*) 混合饮(飲)料 hùnhé yǐnliào [杯 bēi] **II** VT **1** (*hit*) 用拳打击(擊) yòng quán dǎjī **2** [+ *button, keyboard*] 敲击(擊) qiāojī **3** (*make a hole in*) [+ *ticket, paper*] 在…上打孔 zài…shang dǎkǒng ▸ **he didn't pull his** *or* **any punches** 他直言不讳(諱) tā zhí yán bù huì ▸ **to punch sb on the nose/in the eye** 拳打某人的鼻子/眼睛 quándǎ mǒurén de bízi/yǎnjīng ▸ **to punch a hole in sth** 在某物上打孔 zài mǒuwù shàng dǎ kǒng

▸**punch in** VT 敲入 qiāorù

▸**punch out** (*US*) VT (*hit*) 拳打 quándǎ

punchline ['pʌntʃlaɪn] N [c] 妙语(語) miàoyǔ [句 jù]

punch-up ['pʌntʃʌp] (*Brit; inf*) N [c] 打架 dǎjià

punctual ['pʌŋktjuəl] ADJ 准(準)时(時)的 zhǔnshí de

punctuation [pʌŋktju'eɪʃən] N [U] 标(標)点(點) biāodiǎn

puncture ['pʌŋktʃə^r] **I** N [c] 刺孔 cìkǒng [个 gè] **II** VT [+ *tyre, lung*] 戳破 chuōpò ▸ **to have a puncture** 轮(輪)胎被扎破了 lúntāi bèi zhāpò le

pundit ['pʌndɪt] N [c] 专(專)家 zhuānjiā [位 wèi]

punish ['pʌnɪʃ] VT **1** [+ *person*] 惩(懲)罚(罰) chéngfá **2** [+ *crime*] 处(處)罚(罰) chǔfá ▸ **to punish sb for sth/for doing sth** 因某事/做某事而惩(懲)罚(罰)某人 yīn mǒushì/zuò mǒushì ér chéngfá mǒurén

punishment ['pʌnɪʃmənt] N **1** [U] 惩(懲)罚(罰) chéngfá **2** [c/U] (*penalty*) 处(處)罚(罰) chǔfá [次 cì] ▸ **to take a lot of punishment** (*fig*) [*car, machine, person, body* +] 受到很大损(損)伤(傷) shòudào hěn dà sǔnshāng

punk [pʌŋk] N **1** [c] (*also*: **punk rocker**) 朋克 péngkè [个 gè] **2** [U] (*also*: **punk rock**) 朋克摇(搖)滚(滾)乐(樂) péngkè yáogǔnyuè **3** [c] (*US; inf*) (*hoodlum*) 小阿飞(飛) xiǎo āfēi [个 gè]

punter ['pʌntə^r] (*Brit; inf*) N [c] **1** (*gambler*) 下赌(賭)注的人 xià dǔzhù de rén **2** (*customer*) 顾(顧)客 gùkè [位 wèi]

pup [pʌp] N [c] **1** (*young dog*) 小狗 xiǎogǒu [只 zhī] **2** [*of seal, otter*] 幼兽(獸) yòushòu [只 zhī]

pupil ['pju:pl] N [c] **1** (*student*) 学(學)生 xuéshēng [名 míng] **2** [*of eye*] 瞳孔 tóngkǒng

puppet ['pʌpɪt] N [c] **1** (*on strings*) 木偶 mù'ǒu [个 gè] **2** (*also*: **glove puppet**) 布袋式木偶 bùdàishì mù'ǒu [个 gè] **3** (*fig: person, government*) 傀儡 kuǐlěi [个 gè]

puppy ['pʌpɪ] N [c] 小狗 xiǎogǒu [只 zhī]

purchase ['pə:tʃɪs] (*frm*) **I** VT 购(購)买(買) gòumǎi **II** N **1** [U] (*act of buying*) 购(購)买(買) gòumǎi **2** [c] (*item bought*) 购(購)买(買)物 gòumǎi wù [件 jiàn] **3** (*grip*) ▸ **to get** *or* **gain (a) purchase on sth** 牢牢抓住某物 láoláo zhuāzhù mǒuwù

pure [pjuə^r] ADJ **1** [+ *silk, gold, wool*] 纯(純)的 chún de **2** (*clean*) [+ *water, air*] 纯(純)净(淨)的 chúnjìng de **3** (*chaste*) [+ *woman, girl*] 纯(純)洁(潔)的 chúnjié de **4** (*theoretical*) [+ *maths, science, research*] 纯(純)理论(論)的 chún lǐlùn de **5** (*complete*) [+ *coincidence, luck, joy, speculation*] 完全的 wánquán de ▸ **a pure wool jumper** 纯(純)毛套衫 chúnmáo tàoshān ▸ **this is fraud, pure and simple** 这(這)完完全全是欺诈(詐) zhè wánwán-quánquán shì qīzhà

puree ['pjuəreɪ] N [c/U] 酱(醬) jiàng

purely ['pjuəlɪ] ADV (*wholly*) 完全地 wánquán de

purify ['pjuərɪfaɪ] VT [+ *air, water, gold*] 净(淨)化 jìnghuà

purity ['pjuərɪtɪ] N [U] **1** [*of air, water*] 纯(純)净(淨) chúnjìng **2** [*of woman, girl*] 纯(純)洁(潔) chúnjié

purple ['pə:pl] **I** ADJ 紫色的 zǐsè de **II** N [c/U] 紫色 zǐsè [种 zhǒng]

purpose ['pə:pəs] N [c] **1** [*of person*] 目的 mùdì [个 gè] **2** [*of act, meeting, visit*] 意义(義) yìyì [个 gè] ▸ **a sense of purpose** (*in life*) 意义(義)感 yìyì gǎn; (*in activity*) 目标(標)感 mùbiāo gǎn ▸ **for that purpose** 出于(於)那种(種)目的 chū yú nàzhǒng mùdì ▸ **for medicinal/propaganda** *etc* **purposes** 出于(於)医(醫)疗(療)/宣传(傳)等的目的 chū yú yīliáo/xuānchuán *děng* de mùdì ▸ **for all practical purposes, to all intents and purposes** 实(實)际(際)上 shíjì shàng ▸ **to little/no purpose** 徒劳(勞)无(無)益的 túláo wú yì de ▸ **on purpose** 故意地 gùyì de

purposeful ['pə:pəsful] ADJ [+ *person, look, gesture*] 坚(堅)定的 jiāndìng de

purr [pə:^r] **I** VI **1** [*cat* +] 呜(嗚)呜(嗚)叫 wūwū jiào **2** [*engine, car* +] 发(發)出隆隆声(聲) fāchū lónglóngshēng **3** [*person* +] 呢喃 nínán **II** N [c] [*of cat*] 呜(嗚)呜(嗚)声(聲) wūwūshēng [阵 zhèn]; [*of engine, car*] 隆隆声(聲) lónglóngshēng [阵 zhèn]

P

purse [pəːs] **I** N [c] **1** (*Brit*) (*for money*) 钱(錢)包 qiánbāo [个 gè] **2** (*US*) (*handbag*) 手袋 shǒudài [个 gè] [英 = **handbag**] **II** VT ▸ **to purse one's lips** 撅起嘴 juēqǐ zuǐ

pursue [pəˈsjuː] (*frm*) VT **1** (*follow*) [+ *person, car*] 追赶(趕) zhuīgǎn **2** (*involve o.s. in*) [+ *activity, interest, policy, career*] 继(繼)续(續) jìxù **3** (*try to obtain*) [+ *aim, objective*] 追求 zhuīqiú **4** (*follow up*) [+ *matter, claim*] 穷(窮)追不舍(捨) qióngzhuī bùshě; [+ *topic, possibility, idea*] 探究 tànjiū

pursuit [pəˈsjuːt] N **1** ▸ **the pursuit of** [+ *happiness, pleasure, excellence*] 对(對)…的追求 duì…de zhuīqiú **2** [c] (*pastime*) 消遣 xiāoqiǎn ▸ **in pursuit of** [+ *happiness, pleasure*] 追求 zhuīqiú; [+ *person, car, animal*] 穷(窮)追 qióngzhuī ▸ **in hot pursuit** 紧(緊)紧(緊)追赶(趕) jǐnjǐn zhuīgǎn

pus [pʌs] N [U] 脓(膿) nóng

push [puʃ] **I** N [c] **1** 推 tuī **2** (*encouragement*) 鼓励(勵) gǔlì **II** VT **1** (*press*) [+ *button*] 按 àn **2** (*shove*) [+ *car, door, person*] 推 tuī **3** (*put pressure on*) [+ *person*] 逼迫 bīpò **4** (*promote*) [+ *product, project*] 推销(銷) tuīxiāo; [+ *case, argument*] 努力争(爭)取 nǔlì zhēngqǔ **5** (*inf: sell*) [+ *drugs*] 贩(販)卖(賣) fànmài **III** VI **1** (*press*) 按 àn **2** (*shove*) 推 tuī ▸ **to give sth/sb a push** (*with hand*) 推了某物/某人一下 tuīle mǒuwù/mǒurén yīxià ▸ **at the push of a button** 只要按一下按钮(鈕) zhǐyào àn yīxià ànniǔ ▸ **at a push** (*Brit; inf*) 紧(緊)急情况(況)下 jǐnjí qíngkuàng xià ▸ **to push one's way through the crowd** 挤(擠)过(過)人群 jǐguò rénqún ▸ **to push sth/sb out of the way** 把某物/某人推开(開) bǎ mǒuwù/mǒurén tuīkāi ▸ **to push a door open/shut** 把门(門)推开(開)/上 bǎ mén tuīkāi/shàng ▸ **"push"** (*on door*) "推" "tuī" ▸ **to push sb to do sth** 促使某人做某事 cùshǐ mǒurén zuò mǒushì ▸ **to push sb into doing sth** 迫使某人做某事 pòshǐ mǒurén zuò mǒushì ▸ **to push o.s. to the limit** 将(將)自己推到极(極)限 jiāng zìjǐ tuī dào jíxiàn ▸ **to be pushed for time/money** (*inf*) 赶(趕)时(時)间(間)/缺钱(錢) gǎn shíjiān/quēqián ▸ **she's pushing fifty** (*inf*) 她将(將)近50岁(歲)了 tā jiāngjìn wǔshí suì le ▸ **to push forward/push through the crowd** 挤(擠)向/过(過)人群 jǐxiàng/guò rénqún

▸**push ahead** VI (*make progress*) ▸ **to push ahead (with sth)** 推进(進)(某事) tuījìn (mǒushì)

▸**push around** (*inf*) VT (*bully*) 摆(擺)布(佈) bǎibù

▸**push aside** VT [+ *idea, thought*] 忽略 hūlüè

▸**push back** VT [+ *chair, hair*] 往后(後)推 wǎnghòu tuī

▸**push down** VT [+ *total, prices*] 降低 jiàngdī

▸**push for** VT FUS 迫切要求 pòqiè yāoqiú

▸**push forward** = **push ahead**

▸**push in** VI (*in queue*) 插队(隊) chāduì

▸**push off** (*inf*) VI (*leave*) 走开(開) zǒukāi ▸ **push off!** 滚(滾)开(開)! Gǔnkāi!

▸**push on** VI (*continue*) ▸ **to push on (with sth)** 加紧(緊)(做某事) jiājǐn (zuò mǒushì)

▸**push over** VT [+ *person, wall, furniture*] 推倒 tuīdǎo

▸**push through** VT [+ *measure, scheme*] 促成 cùchéng

▸**push up** VT [+ *total, prices*] 提高 tígāo

pushchair [ˈpuʃtʃɛəʳ] (*Brit*) N [c] 幼儿(兒)车(車) yòu'érchē [辆 liàng] [美 = **stroller**]

pusher [ˈpuʃəʳ] (*inf*) N [c] (*drug dealer*) 毒品贩(販)子 dúpǐn fànzi [个 gè]

push-up [ˈpuʃʌp] (*US*) N [c] 俯卧(臥)撑(撐) fǔwòchēng [个 gè] ▸ **to do push-ups** 做俯卧(臥)撑(撐) zuò fǔwòchēng

pushy [ˈpuʃɪ] (*pej*) ADJ (*assertive*) 好胜(勝)且好卖(賣)弄的 hàoshèng jiě hào màinòng de

pussy [ˈpusɪ] N [c] (*inf*) (*also:* **pussycat**) 小猫(貓)咪 xiǎo māomī [只 zhī]

★ **put** [put] (*pt, pp* **put**) VT **1** (*place*) [+ *thing*] 放 fàng ▹ *I put her suitcase on the table.* 我把她的手提箱放在桌上。Wǒ bǎ tā de shǒutíxiāng fàng zài zhuō shàng.; [+ *person*] (*in institution*) 安置 ānzhì ▹ *They had to put him in an asylum.* 他们只得把他安置在收容所里。Tāmen zhǐdé bǎ tā ānzhì zài shōuróngsuǒ lǐ. ▹ *He'd been put in jail.* 他被投入了监牢。Tā bèi tóurùle jiānláo.; [+ *confidence, trust, faith*] (*in person, thing*) 投入 tóurù ▹ *Are we right to put our confidence in computers?* 我们是否应该对计算机有信心? Wǒmen shìfǒu yīnggāi duì jìsuànjī yǒu xìnxīn? **2** (*cause to be*) [+ *person, thing*] (*in state, situation*) 使处(處)于(於) shǐ chǔyú ▹ *It puts me in a rather difficult position.* 这使我处于一个非常为难的处境。Zhè shǐ wǒ chǔyú yī gè fēicháng wéinán de chǔjìng. **3** (*express*) [+ *idea, remark*] 表述 biǎoshù ▹ *He didn't put it quite as crudely as that.* 他表述得并没那么拙劣。Tā biǎoshù de bìng méi nàme zhuōliè. **4** (*present*) ▸ **to put sth (to sb)** [+ *case, view, suggestion*] (向某人)陈(陳)述某事 (xiàng mǒurén) chénshù mǒushì ▹ *He should have known how to put his case.* 他早该知道如何陈述他的情况。Tā zǎo gāi zhīdào rúhé chénshù tā de qíngkuàng. **5** (*classify*) 看作 kànzuò ▹ *I wouldn't put him in the same class as Verdi.* 我没把他看作是与维迪一个级别的。Wǒ méi bǎ tā kànzuò shì yǔ Wéidí yī gè jíbié de. **6** (*write, type*) [+ *word, information*] 写(寫) xiě ▸ **to put a lot of time/energy/effort into sth/into doing sth** 投入大量的时(時)间(間)/精力/努力于(於)某事/做某事 tóurù dàliàng de shíjiān/jīnglì/nǔlì yú mǒushì/zuò mǒushì ▸ **to put money on a horse** 赌(賭)马(馬) dǔmǎ ▸ **to stay put** 留在原处(處) liú zài yuánchù ▸ **how shall I put it?** 我该(該)怎么(麼)说(說)呢? wǒ gāi zěnme shuō ne? ▸ **let me put it this way** 让(讓)我这(這)么(麼)说(說)吧 ràng wǒ zhème shuō ba ▶ **to put a question (to sb)** (向某人)提问(問) (xiàng mǒurén)tíwèn ▶ **I put it to you that...** (*Brit; frm*) 我认(認)为(為)··· wǒ rènwéi... ▶ **the cost is now put at 20 million pounds** 现(現)在成本估计(計)为(為)20亿(億)英镑(鎊) xiànzài chéngběn gūjì wéi èrshí yì yīngbàng

▶**put about** I VT (*Brit*) [+ *rumour*] 散布(佈) sànbù II VI (*Naut*) 改变(變)方向 gǎibiàn fāngxiàng

▶**put across, put over** VT [+ *ideas, argument*] 讲(講)清 jiǎngqīng

▶**put aside** VT **1** [+ *work, object*] 放在一边(邊) fàngzài yībiān ▷ *My aunt put aside her sewing and picked up her book.* 我舅妈把针线活放在一边开始看书。Wǒ jiùmā bǎ zhēnxiànhuó fàngzài yībiān kāishǐ kàn shū. **2** (*disregard*) [+ *idea, problem, remark*] 置之不理 zhì zhī bù lǐ ▷ *It's a problem which they usually put aside.* 这是他们通常置之不理的问题。Zhè shì tāmen tōngcháng zhì zhī bù lǐ de wèntí. **3** (*save*) [+ *sum of money*] 存 cún ▷ *She put aside a small sum every week to pay for her annual holiday.* 她每星期存一点钱用于每年的度假。Tā měi xīngqī cún yīdiǎn qián yòng yú měi nián de dùjià.

▶**put away** VT **1** (*store, unpack*) 把···收起 bǎ...shōuqǐ ▷ *I put away the shopping.* 我把买的东西收起来了。Wǒ bǎ mǎi de dōngxi shōu qǐlái le. **2** (*inf: imprison*) 把···关(關)起 bǎ...guānqǐ ▷ *They put him away for ten years.* 他们把他关了10年。Tāmen bǎ tā guānle shí nián. **3** (*save*) [+ *money*] 存 cún ▷ *I've got a thousand pounds put away for a rainy day.* 我存了1000镑以备不时之需。Wǒ cúnle yīqiān bàng yǐ bèi bùshí zhī xū. **4** (*inf: consume*) (*food, drink*) 吃喝掉 chīhē diào

▶**put back** VT **1** (*replace*) 放回 fànghuí ▷ *I put the book back on the shelf.* 我把书放回书架。Wǒ bǎ shū fàng huí shūjià. **2** (*postpone*) 推迟(遲) tuīchí **3** (*delay*) 使延误(誤) shǐ yánwù **4** [+ *watch, clock*] 倒拨(撥) dàobō

▶**put by** VT [+ *money, supplies*] 存储(儲)···备(備)用 cúnchǔ...bèiyòng

▶**put down** VT **1** (*on floor, table*) 放下 fàngxià **2** (*in writing*) 写(寫)下 xiěxià **3** [+ *money, deposit*] 支付 zhīfù **4** (*quell*) [+ *riot, rebellion*] 镇(鎮)压(壓) zhènyā **5** (*inf: humiliate*) [+ *person*] 羞辱 xiūrǔ **6** (*put to sleep*) [+ *animal*] 宰杀(殺) zǎishā

▶**put down to** VT (*attribute*) ▶ **to put sth down to sth** 把某事归(歸)因于(於)某事 bǎ mǒushì guīyīn yú mǒushì ▷ *I put it down to arthritis.* 我把它归因于关节炎。Wǒ bǎ tā guīyīn yú guānjiéyán.

▶**put forward** VT **1** [+ *ideas, proposal, name*] 提出 tíchū ▷ *These were the arguments which Jenny put forward.* 这些是詹妮提出的论点。Zhèxiē shì Zhānní tíchū de lùndiǎn. **2** [+ *watch, clock*] 向前拨(撥) xiàngqián bō

▶**put in** I VT **1** (*make*) [+ *request, complaint, application*] 提出 tíchū **2** (*dedicate*) [+ *time, effort, work*] 投入 tóurù **3** (*install*) [+ *gas, electricity, sink*] 安装(裝) ānzhuāng II VI (*Naut*) ▶ **to put in (at)** 进(進)港 jìngǎng

▶**put in for** VT FUS [+ *promotion, leave*] 申请(請) shēnqǐng

▶**put off** VT **1** [+ *event*] (*delay*) 推迟(遲) tuīchí **2** [+ *person*] (*ask to wait*) 使等待 shǐ děngdài ▷ *They wanted to come this evening but I put them off until tomorrow.* 他们今晚想来，但我让他们等到明天。Tāmen jīn wǎn xiǎng lái, dàn wǒ ràng tāmen děngdào míngtiān.; (*Brit*) (*distract*) 使分心 shǐ fēnxīn ▷ *Every time Peter served, a man in the crowd coughed and put him off.* 每次轮到彼得时，人群中就有人咳嗽让他分心。Měi cì lúndào Bǐdé shí, rénqún zhōng jiù yǒu rén késou ràng tā fēnxīn.; (*discourage*) 使失去兴(興)趣 shǐ shīqù xìngqù ▷ *His personal habits put her off.* 他的个人习惯使她失去了兴趣。Tā de gèrén xíguàn shǐ tā shīqùle xìngqù. ▶ **to put off doing sth** (*postpone*) 推迟(遲)做某事 tuīchí zuò mǒushì ▶ **to put sb off sth/sb** (*alienate from*) 使某人摆(擺)脱(脫)某事/某人 shǐ mǒurén bǎituō mǒushì/mǒurén ▶ **to put sb off doing sth** 使不再喜欢(歡)做某事 shǐ bùzài xǐhuan zuò mǒushì

▶**put on** VT **1** [+ *clothes, make-up, glasses*] 穿戴 chuāndài **2** (*switch on*) [+ *light, TV, radio, oven*] 开(開) kāi; [+ *CD, video*] 放 fàng; [+ *dinner*] 做 zuò; [+ *kettle*] 用···烧(燒)水 yòng...shāo shuǐ **3** (*organize*) [+ *play, exhibition*] 举(舉)行 jǔxíng; [+ *extra bus, train*] 安排 ānpái **4** (*adopt*) [+ *look, accent, act*] 假装(裝) jiǎzhuāng ▶ **to put on weight/three kilos** *etc* 增重/增加了3公斤等 zēngzhòng/zēngjiāle sān gōngjīn *děng* ▶ **you're putting it on** (*pretending*) 你是假装(裝)的 nǐ shì jiǎzhuāng de

▶**put onto** VT ▶ **to put sb onto sb/sth** 向某人引荐(薦)某人/某物 xiàng mǒurén yǐnjiàn mǒurén/mǒuwù

▶**put out** I VT **1** (*extinguish*) [+ *candle, cigarette*] 熄灭(滅) xīmiè; [+ *fire, blaze*] 扑(撲)灭(滅) pūmiè **2** (*switch off*) [+ *electric light*] 关(關) guān **3** (*lay out*) 摆(擺)放 bǎifàng **4** (*take outside*) [+ *rubbish, cat*] 放出 fàngchū **5** [+ *one's hand*] (*to greet, touch, for help, protection*) 伸出 shēnchū **6** (*make public*) [+ *story, statement*] 公布(佈) gōngbù **7** (*Brit*) (*dislocate*) [+ *back, shoulder*] 使···脱(脫)臼 shǐ...tuōjiù **8** (*inf: inconvenience*) [+ *person*] 麻烦(煩) máfan II VI (*Naut*) ▶ **to put out to sea** 出海 chūhǎi ▶ **to put out from Plymouth** 从(從)普利茅斯启(啟)航 cóng Pǔlìmáosī qǐháng ▶ **to put out one's tongue** 伸出舌头(頭) shēnchū shétou ▶ **to put o.s. out** 难(難)为(為)自己 nánwéi zìjǐ

▶**put over** VT = **put across**

▶**put through** VT **1** (*Tel*) [+ *person, phone call*] 接通 jiētōng ▷ *"Data Room, please." — "I'll put you*

P

through." "请接资料室。" "我给你接通。" "Qǐng jiē zīliàoshì." "Wǒ gěi nǐ jiētōng."
2 (*cause to experience*) ▸ **to put sb through sth** 使某人经(經)受某事 shǐ mǒurén jīngshòu mǒushì **3** (*carry out*) [+ *plan, agreement*] 完成 wánchéng ▸ **put me through to Miss Blair** 请(請)帮(幫)我接布莱(萊)尔(爾)小姐 qǐng bāng wǒ jiē Bùlái'ěr xiǎojiě

▸**put together** VT [+ *furniture, machine*] 装(裝)配 zhuāngpèi; [+ *team, collection*] 组(組)成 zǔchéng; [+ *plan, campaign*] 组(組)织(織) zǔzhī ▸ **more than the rest of them put together** 比其他所有人的总(總)和都多 bǐ qítā suǒyǒu rén de zǒnghé dōu duō

▸**put up** VT **1** [+ *fence, building, tent*] 建造 jiànzào; [+ *poster, sign*] 张(張)贴(貼) zhāngtiē **2** [+ *umbrella, hood*] 撑(撐)起 chēngqǐ **3** (*provide*) [+ *money*] 提供 tígōng **4** (*increase*) [+ *price, cost*] 增加 zēngjiā **5** (*accommodate*) 为(為)…提供住宿 wèi…tígōng zhùsù
▸ **to put up one's hand** 举(舉)手 jǔshǒu
▸ **to put up resistance/a fight** 进(進)行抵抗/战(戰)斗(鬥) jìnxíng dǐkàng/zhàndòu
▸ **to put sb up to sth/to doing sth** (*incite*) 唆使某人做某事 suōshǐ mǒurén zuò mǒushì
▸ **to put sth up for sale** 出售某物 chūshòu mǒuwù

▸**put upon** VT FUS ▸ **to be put upon** 被利用 bèi lìyòng

▸**put up with** VT FUS 容忍 róngrěn

putt [pʌt] **I** VT 轻(輕)击(擊) qīngjī **II** N [c] 轻(輕)击(擊) qīngjī

putting green ['pʌtɪŋ-] N [c] 高尔夫球场中球洞草坪区

puzzle ['pʌzl] **I** N **1** [c] (*for entertainment: riddle, conundrum*) 谜(謎) mí [个 gè]; (*game*) 测(測)智游(遊)戏(戲) cèzhì yóuxì; (*toy*) 测(測)智玩具 cèzhì wánjù [套 tào] **2** [s] (*mystery*) 谜(謎)团(團) mítuán **II** VT (*baffle*) 使困惑 shǐ kùnhuò **III** VI ▸ **to puzzle over sth** 对(對)某事冥思苦想 duì mǒushì míng sī kǔ xiǎng

puzzled ['pʌzld] ADJ [+ *person, expression, frown*] 茫然的 mángrán de ▸ **to be puzzled by** *or* **about sth** 对(對)某事感到困惑 duì mǒushì gǎndào kùnhuò ▸ **to be puzzled as to why...** 对(對)于(於)为(為)什么(麼)…感到困惑 duìyú wèishénme ...gǎndào kùnhuò

puzzling ['pʌzlɪŋ] ADJ [+ *statement, action, behaviour*] 令人困惑的 lìngrén kùnhuò de

PVC N ABBR (= **polyvinyl chloride**) 聚氯乙烯 jùlǜyǐxī

PW (*US*) N ABBR = **POW**

pyjamas, (*US*) **pajamas** [pə'dʒɑːməz] N PL 睡衣裤(褲) shuìyīkù ▸ **a pair of pyjamas** 一套睡衣裤(褲) yītào shuìyīkù

pylon ['paɪlən] N [c] 电(電)缆(纜)塔 diànlǎn tǎ [个 gè]

pyramid ['pɪrəmɪd] N [c] **1** (*monument*) 金字塔 jīnzì tǎ [座 zuò] **2** (*Geom*) 锥(錐)体(體) zhuītǐ **3** (*pile of objects*) 一堆 yīduī

Pyrenees [pɪrə'niːz] N PL 比利牛斯山脉(脈) Bǐlìniúsī Shānmài

Qq

Q, q [kjuː] N [C/U] (*letter*) 英语的第十七个字母

QC (*Brit: Law*) N ABBR (= **Queen's Counsel**) 皇室法律顾(顧)问(問) Huángshì Fǎlǜ Gùwèn

quack [kwæk] **I** N [C] **1** [*of duck*] 嘎嘎声(聲) gāgāshēng **2** (*inf, pej: doctor*) 庸医(醫) yōngyī [个 gè] **II** VI 嘎嘎叫 gāgājiào **III** ADJ (*inf, pej*) [+ *remedy*] 冒牌的 màopái de

quad [kwɔd] N **1** (*quadrangle*) 四边(邊)形 sìbiānxíng **2** (*quadruplet*) ▸ **quads** 四胞胎 sìbāotāi

quadruple [kwɔ'druːpl] **I** VT 使成四倍 shǐ chéng sìbèi **II** VI 成四倍 chéng sìbèi

quail [kweɪl] **I** N [C] (*bird*) 鹌(鵪)鹑(鶉) ānchún [只 zhī] **II** VI (*liter*) ▸ **to quail (at sth)** (对(對)某事)感到不寒而栗(慄) (duì mǒushì) gǎndào bù hán ér lì

quaint [kweɪnt] ADJ **1** [+ *house, village*] 古雅的 gǔyǎ de **2** [+ *ideas, customs, times*] 离(離)奇的 líqí de

quake [kweɪk] **I** VI (*tremble*) 战(戰)栗(慄) zhànlì **II** N [C] (*inf*) (*also*: **earthquake**) 地震 dìzhèn

qualification [kwɔlɪfɪ'keɪʃən] N **1** [C] (*degree, diploma etc*) 资(資)格证(證)明 zīgé zhèngmíng [个 gè]; (*skill*) 素质(質) sùzhì **2** [C/U] (*reservation*) 条(條)件 tiáojiàn **3** [U] (*graduation*) 取得资(資)格 qǔdé zīgé

qualified ['kwɔlɪfaɪd] ADJ **1** (*trained*) [+ *doctor, teacher, nurse etc*] 合格的 hégé de **2** (*limited*) [+ *support, praise*] 有保留的 yǒu bǎoliú de ▸ **fully qualified** 完全合格的 wánquán hégé de ▸ **he's not qualified for the job** 他不胜(勝)任这(這)项(項)工作 tā bù shèngrèn zhè xiàng gōngzuò ▸ **to be/feel qualified to do sth** (*fit, competent*) 有/感到有资(資)格做某事 yǒu/gǎndào yǒu zīgé zuò mǒushì ▸ **it was a qualified success** 这(這)是一次有限的胜(勝)利 zhè shì yī cì yǒuxiàn de shènglì

qualify ['kwɔlɪfaɪ] **I** VI **1** (*pass examinations*) 取得资(資)格 qǔdé zīgé **2** (*in competition*) 具备(備)资(資)格 jùbèi zīgé **3** ▸ **to qualify for sth** (*be eligible for*) 符合某事的条(條)件 fúhé mǒushì de tiáojiàn **II** VT **1** ▸ **to qualify sb for sth/to do sth** 使某人对(對)某事/做某事有资(資)格 shǐ mǒurén duì mǒushì/zuò mǒushì yǒu zīgé **2** (*modify*) [+ *statement*] 缓(緩)和 huǎnhé ▸ **to qualify as an engineer/a nurse** *etc* 取得工程师(師)/护(護)士等的资(資)格 qǔdé gōngchéngshī/hùshì *děng* de zīgé

quality ['kwɔlɪtɪ] **I** N **1** [U] (*standard*) [*of work, product*] 质(質)量 zhìliàng **2** [C] (*characteristic*) [*of person*] 素质(質) sùzhì [种 zhǒng]; [*of wood, stone etc*] 特质(質) tèzhì **II** ADJ [+ *goods, product, service*] 优(優)质(質)的 yōuzhì de ▸ **of good/poor quality** 质(質)量好/坏(壞)的 zhìliàng hǎo/huài de ▸ **quality of life** 生活质(質)量 shēnghuó zhìliàng ▸ **quality time** 休闲(閒)时(時)光 xiūxián shíguāng

qualm [kwɑːm] N [C] 疑虑(慮) yílǜ [个 gè] ▸ **to have no qualms about doing sth** 对(對)于(於)做某事毫无(無)疑虑(慮) duìyú zuò mǒushì háo wú yílǜ

quantify ['kwɔntɪfaɪ] VT 量化 liànghuà

quantity ['kwɔntɪtɪ] N **1** [C/U] (*amount*) 数(數)量 shùliàng **2** [U] (*volume*) 容量 róngliàng ▸ **in large/small quantities** 大/少量 dà/shǎoliàng ▸ **in quantity** (*in bulk*) 大批量 dà pīliàng

quarantine ['kwɔrəntiːn] N [U] 检(檢)疫 jiǎnyì ▸ **in quarantine** 被隔离(離) bèi gélí

quarrel ['kwɔrəl] **I** N [C] 吵架 chǎojià [场 chǎng] **II** VI 争(爭)吵 zhēngchǎo ▸ **to have a quarrel with sb** 跟某人争(爭)吵 gēn mǒurén zhēngchǎo ▸ **I can't quarrel with that** 我对(對)此无(無)可争(爭)辩(辯) wǒ duì cǐ wú kě zhēngbiàn

quarry ['kwɔrɪ] **I** N **1** [C] (*for stone, minerals*) 采(採)石场(場) cǎishíchǎng [座 zuò] **2** [S] (*prey*) 猎(獵)物 lièwù **II** VT [+ *stone, minerals*] 开(開)采(採) kāicǎi

quart [kwɔːt] (*US*) N [C] 夸脱(脫) kuātuō

quarter ['kwɔːtə^r] **I** N [C] **1** (*fourth part*) 四分之一 sìfēnzhīyī **2** (*three months*) 季度 jìdù [个 gè] **3** (*district*) 地区(區) dìqū **4** (*US*) (*coin*) 25美分硬币(幣) èrshíwǔ měifēn yìngbì [枚 méi] **II** VT **1** (*cut into four*) 把…切成4片 bǎ…qiēchéng sì piàn **2** (*divide by four*) 把…4等分 bǎ…sì děngfēn **3** ▸ **to be quartered** (*accommodated*) 被安置 bèi ānzhì **III** ADJ 四分之一的 sìfēnzhīyī de **IV quarters** N PL 宿舍 sùshè ▸ **to cut/divide sth into quarters** 把某物切/分为(為)4份 bǎ mǒuwù qiē/fēnwéi sì fèn ▸ **a quarter of an hour** 一刻钟(鐘) yīkèzhōng ▸ **it's a quarter to three** *or* (*US*) **of three** 现(現)在是三点(點)差一刻 xiànzài shì sān diǎn chà yīkè ▸ **it's a quarter past three** *or* (*US*) **after three** 现(現)在是三点(點)一刻 xiànzài shì sān diǎn yīkè ▸ **at close quarters** 近距离(離)地 jìn jùlí de

quarter-final ['kwɔːtə'faɪnl] N [C] 四分之一决(決)赛(賽) sìfēnzhīyī juésài [场 chǎng]

quarterly ['kwɔːtəlɪ] **I** ADJ [+ *meeting, payment, report*] 季度的 jìdù de **II** ADV [*meet, pay* +] 季度地 jìdù de **III** N [C] (*magazine*) 季刊 jìkān

quarter-pounder ['kwɔːtə'paundə^r] N [C] 四分之一磅重的大汉堡

quartet [kwɔː'tɛt] N [C] **1** (*group*) 四人表演组(組)合 sì rén biǎoyǎn zǔhé [个 gè] **2** (*piece of* *music*) 四声(聲)部曲 sìshēngbùqǔ [首 shǒu]

quartz [kwɔ:ts] **I** N [U] 石英 shíyīng **II** CPD [+ *watch, clock*] 石英 shíyīng

quay [ki:] N [C] 码(碼)头(頭) mǎtóu [个 gè]

queasy ['kwi:zɪ] (*inf*) ADJ (*nauseous*) ▸ **to feel queasy** 感到恶(噁)心 gǎndào ěxin

queen [kwi:n] N [C] **1** (*monarch*) 女王 nǚwáng [位 wèi] **2** (*king's wife*) 王后 wánghòu [位 wèi] **3** ▸ **the queen of crime fiction** 侦(偵)探小说(說)之冠 zhēntàn xiǎoshuō zhī guàn **4** (*Zool*) 雌后 cíhòu **5** (*inf, offensive: homosexual*) 男同性恋(戀)者 nán tóngxìngliànzhě [名 míng] **6** (*Cards*) 皇后 huánghòu [张 zhāng] **7** (*Chess*) 王后 wánghòu ▸ **Queen Victoria** 维(維)多利亚(亞)女王 Wéiduōlìyà nǚwáng ▸ **the queen of hearts/spades** 红(紅)桃/黑桃皇后 hóngtáo/hēitáo huánghòu

Queen Mother N ▸ **the Queen Mother** 太后(後) Tàihòu

queer [kwɪəʳ] **I** ADJ **1** (*o.f.: odd*) [+ *feeling, story, place*] 奇怪的 qíguài de **2** (*inf!: homosexual*) 同性恋(戀)的 tóngxìngliàn de **II** N [C] (*inf!: homosexual*) 同性恋(戀)者 tóngxìngliànzhě

quell [kwɛl] VT [+ *riot*] 镇(鎮)压(壓) zhènyā; [+ *unease, fears*] 消除 xiāochú

quench [kwɛntʃ] VT ▸ **to quench one's thirst** 解渴 jiěkě

query ['kwɪərɪ] **I** N [C] (*question*) 疑问(問) yíwèn [个 gè] **II** VT **1** (*check*) [+ *figures, bill, expenses*] 询(詢)问(問) xúnwèn **2** (*ask*) ▸ **to query whether/why/what** *etc* 询(詢)问(問)是否/为(為)何/什么(麼)等 xúnwèn shìfǒu/wèihé/shénme *děng*

quest [kwɛst] N [C] ▸ **quest (for sth)** (对(對)某物的)探寻(尋) (duì mǒuwù de) tànxún

★ **question** ['kwɛstʃən] **I** N **1** [C] (*query*) 问(問)题(題) wèntí [个 gè] ▹ *A panel of experts attempted to answer our questions.* 专家组试图回答我们的问题。Zhuānjiā zǔ shìtú huídá wǒmen de wèntí. **2** [U] (*doubt*) 疑问(問) yíwèn ▹ *There was no question about the diagnosis: she had lung cancer.* 诊断结果已经没有疑问：她患了肺癌。Zhěnduàn jiéguǒ yǐjīng méiyǒu yíwèn:tā huànle fèi'ái. **3** [C] (*issue*) 议(議)题(題) yìtí [项 xiàng] ▹ *the nuclear power question* 核能源议题 hénéngyuán yìtí **4** [C] (*in written exam*) 试(試)题(題) shìtí [道 dào] ▹ *You have to answer four questions in two hours.* 你得在两小时内回答四道题。Nǐ děi zài liǎng xiǎoshí nèi huídá sì dào tí. **II** VT **1** (*interrogate*) 盘(盤)问(問) pánwèn ▹ *A man is being questioned by police in connection with the attack.* 一名与该袭击有关的男子正受到警方盘问。Yī míng yǔ gāi xíjī yǒuguān de nánzǐ zhèng shòudào jǐngfāng pánwèn. **2** (*doubt*) 怀(懷)疑 huáiyí ▹ *It never occurs to them to question the doctor's decisions.* 他们从未想过要质疑医生的决定。Tāmen cóngwèi xiǎngguo yào zhìyí yīshēng de juédìng. ▸ **to ask sb a question, to put a question to sb** 问(問)某人一个(個)问(問)题(題)，向某人提出问(問)题(題) wèn mǒurén yī gè wèntí, xiàng mǒurén tíchū wèntí ▸ **to be in question** 出问(問)题(題)的 chū wèntí de ▸ **to bring** *or* **call sth into question** 对(對)某事提出质(質)疑 duì mǒushì tíchū zhìyí ▸ **to be open to question** 令人怀(懷)疑的 lìng rén huáiyí de ▸ **to be beyond question** 不成问(問)题(題)的 bù chéng wèntí de ▸ **without question** (*unquestioningly*) 毫无(無)异(異)议(議) háo wú yìyì; (*without doubt*) 毫无(無)疑问(問) háo wú yíwèn ▸ **the question is...** 问(問)题(題)是… wèntí shì ... ▸ **there's no question of a compromise/them agreeing** 妥协(協)/他们(們)同意是不可能的 tuǒxié/tāmen tóngyì shì bù kěnéng de ▸ **to be out of the question** 不可能的 bù kěnéng de ▸ **the person/night in question** 谈(談)及的人/夜晚 tánjí de rén/yèwǎn ▸ **to question whether...** 询(詢)问(問)是否… xúnwèn shìfǒu...

questionable ['kwɛstʃənəbl] ADJ [+ *value, quality*] 可疑的 kěyí de; [+ *taste*] 成问(問)题(題)的 chéng wèntí de; [+ *motive, behaviour, practice*] 靠不住的 kàobùzhù de; [+ *decision*] 不确(確)定的 bù quèdìng de ▸ **it is questionable whether...** 是否…还(還)不确(確)定 shìfǒu...hái bù quèdìng

question mark N [C] 问(問)号(號) wènhào [个 gè]

questionnaire [kwɛstʃə'nɛəʳ] N [C] 问(問)卷 wènjuàn [份 fèn]

queue [kju:] (*esp Brit*) **I** N [C] 队(隊) duì [支 zhī] [美 = **line**] **II** VI (*also:* **queue up**) 排队(隊) páiduì [美 = **line up**] ▸ **to jump the queue** 加塞儿(兒) jiāsāir ▸ **to queue for sth** 为(為)某事排队(隊) wèi mǒushì páiduì ▸ **to be queueing up for sth/to do sth** (*fig*) 为(為)某事/做某事排队(隊)等候 wèi mǒushì/zuò mǒushì páiduì děnghòu

quiche [ki:ʃ] N [C/U] 什锦(錦)烘饼(餅) shíjǐn hōngbǐng [个 gè]

★ **quick** [kwɪk] **I** ADJ **1** (*fast*) [+ *person, movement etc*] 快的 kuài de ▹ *You'll have to be quick. The flight leaves in about three hours.* 你得快点。航班大约3小时后起飞。Nǐ děi kuài diǎn. Hángbān dàyuē sān xiǎoshí hòu qǐfēi. ▹ *He was a very quick learner.* 他学东西很快。Tā xué dōngxi hěn kuài. **2** (*sharp*) [+ *mind, wit*] 敏捷的 mǐnjié de **3** (*brief*) [+ *look*] 快速的 kuàisù de; [+ *visit*] 短时(時)间(間)的 duǎn shíjiān de **4** (*swift*) [+ *reply, response, decision*] 迅速的 xùnsù de ▹ *a quick end to the war* 战争的迅速收场 zhànzhēng de xùnsù shōuchǎng **II** ADV (*inf: quickly*) 快地 kuài de ▹ *Come quick!* 快点来！Kuài diǎn lái! ▸ **be quick!** 快点(點)！kuài diǎn! ▸ **to be quick to do sth** 立马(馬)做某事 lìmǎ zuò mǒushì ▸ **to have a quick temper** 脾气(氣)急躁 píqì jízào

quicken ['kwɪkən] **I** VT [+ *pace, step*] 加快 jiākuài **II** VI [*pace, step, pulse* +] 加速 jiāsù

quickly ['kwɪklɪ] ADV **1** (*at speed*) [*walk, grow, speak, work* +] 快地 kuài de **2** (*swiftly*) [*realize, change, react, finish* +] 迅速地 xùnsù de; [*die* +] 快速地 kuàisù de

quick-witted [kwɪk'wɪtɪd] ADJ 机(機)敏的 jīmǐn de

quid [kwɪd] (*pl* **quid**) (*Brit; inf*) N [C] 1英镑(鎊) yī yīngbàng

quiet ['kwaɪət] **I** ADJ **1** (*not noisy*) [+ *voice, music*] 悄声(聲)的 qiāoshēng de; [+ *engine, aircraft*] 无(無)噪音的 wú zàoyīn de; [+ *place*] 安静(靜)的 ānjìng de **2** (*tranquil*) [+ *place, situation, time*] 宁(寧)静(靜)的 níngjìng de **3** (*reserved*) [+ *person*] 平静(靜)的 píngjìng de **4** (*silent*) ▸ **to be quiet** [*person* +] 沉默的 chénmò de **5** (*not busy*) [+ *business, day*] 冷清的 lěngqīng de **6** (*discreet*) [+ *wedding, celebration*] 私下的 sīxià de **II** N [U] **1** (*peacefulness*) 宁(寧)静(靜) níngjìng **2** (*silence*) 安静(靜) ānjìng **III** VT **1** (*US*) (*silence*) 使安静(靜) shǐ ānjìng [英 = **quieten**] **2** (*US*) (*calm*) [+ *fears*] 安抚(撫) ānfǔ **IV** VI (*US*) 沉静(靜)下来(來) chénjìng xiàlái [英 = **quieten**] ▸ **be quiet!** 请(請)安静(靜)! qǐng ānjìng! ▸ **to go quiet** 哑(啞)口无(無)言 yǎ kǒu wú yán ▸ **to keep quiet about sth/keep sth quiet** 保守某事的秘(祕)密/将(將)某事保密 bǎoshǒu mǒushì de mìmì/jiāng mǒushì bǎomì ▸ **I'll have a quiet word with him** 我要私下跟他谈(談)谈(談) wǒ yào sīxià gēn tā tántan ▸ **on the quiet** 私下里(裡) sīxià li

quieten ['kwaɪətn] (*Brit*) (*also:* **quieten down**) **I** VI **1** (*grow calm*) 平静(靜)下来(來) píngjìng xiàlái **2** (*grow silent*) 安静(靜)下来(來) ānjìng xiàlái [美 = **quiet**] **II** VT [+ *person, animal*] 使…安静(靜) shǐ…ānjìng [美 = **quiet**]

quietly ['kwaɪətlɪ] ADV **1** [*speak, play* +] 安静(靜)地 ānjìng de **2** (*silently*) 默默地 mòmò de **3** (*calmly*) 平静(靜)地 píngjìng de ▸ **quietly confident** 沉稳(穩)自信 chénwěn zìxìn

quilt [kwɪlt] N [C] **1** (*covering*) 被子 bèizi [床 chuáng] **2** (*Brit*) (*duvet*) 羽绒(絨)被 yǔróngbèi [床 chuáng]

quirk [kwəːk] N [C] **1** (*idiosyncrasy*) 怪癖 guàipǐ [个 gè] **2** (*chance event*) 异(異)常的事 yìcháng de shì [件 jiàn] ▸ **a quirk of fate** 命运(運)难(難)料 mìngyùn nán liào

quirky [kwəːkɪ] ADJ [+ *person, humour, film*] 怪诞(誕)的 guàidàn de

quit [kwɪt] (*pt, pp* **quit** *or* **quitted**) **I** VT **1** (*esp US*) (*give up*) [+ *habit, activity*] 摆(擺)脱(脫) bǎituō **2** (*inf: leave*) [+ *job*] 辞(辭)去 cíqù; [+ *place, premises*] 离(離)开(開) líkāi **II** VI **1** (*give up*) 放弃(棄) fàngqì **2** (*resign*) 辞(辭)职(職) cízhí ▸ **to quit doing sth** 戒除做某事 jièchú zuò mǒushì ▸ **quit doing that!** (*US; inf*) 别(別)再干(幹)那个(個)了! Bié zài gàn nàge le! ▸ **notice to quit** (*Brit*) 请(請)辞(辭)报(報)告 qǐng cí bàogào

★ **quite** [kwaɪt] ADV **1** (*rather*) 相当(當) xiāngdāng ▹ *I quite like it.* 我相当喜欢它。Wǒ xiāngdāng xǐhuan tā. ▹ *He was quite young.* 他相当年轻。Tā xiāngdāng niánqīng. ▹ *He calls quite often.* 他常常打电话。Tā chángcháng dǎ diànhuà. **2** (*completely*) 十分 shífēn ▹ *I stood quite still.* 我十分安静地站着。Wǒ shífēn ānjìng de zhànzhe. ▹ *I'm not quite sure.* 我不十分肯定。Wǒ bù shífēn kěndìng. ▹ *It's quite clear that this won't work.* 十分清楚的是，这方法不奏效。Shífēn qīngchu de shì, zhè fāngfǎ bù zòuxiào. ▸ **I see them quite a lot** 我常常见(見)到他们(們) wǒ chángcháng jiàndào tāmen ▸ **it costs quite a lot to go to the States** 去美国(國)相当(當)贵(貴) qù Měiguó xiāngdāng guì ▸ **quite a lot of money** 很多钱(錢) hěn duō qián ▸ **quite a few** 相当(當)多 xiāngdāng duō ▸ **it's not quite finished** 像是还(還)没(沒)结(結)束 xiàng shì hái méi jiéshù ▸ **it's not quite the same** 不十分相同 bù shífēn xiāngtóng ▸ **there aren't quite enough glasses** 杯子不太够(夠) bēizi bù tài gòu ▸ **I can't quite remember** 我不太记(記)得了 wǒ bùtài jìde le ▸ **I didn't buy quite as many as last time** 我没(沒)买(買)上次那么(麼)多 wǒ méi mǎi shàng cì nàme duō ▸ **I quite understand** 我相当(當)明白 wǒ xiāngdāng míngbai ▸ **quite (so)!** 的确(確)(是这(這)样(樣))! díquè (shì zhèyàng)! ▸ **it was quite a sight** 景色十分壮观(觀) jǐngsè shífēn zhuàngguān

> **quite** 可用在 **a** 或 **an** 之前，后接形容词加名词结构。例如，可以说 *It's quite an old car* 或者 *The car is quite old*，以及 *It was quite a warm day* 或者 *The day was quite warm*。如前例所示，**quite** 应放在不定冠词之前。例如，不能说 *It's a quite old car*。**quite** 可以用来修饰形容词和副词，而且程度比 **fairly** 更强烈，但是比 **very** 弱。 **quite** 暗示某事物的某种特性超出预料。*Nobody here's ever heard of it but it is actually quite common.* 注意，不要混淆 **quite** 和 **quiet**。

quits [kwɪts] ADJ ▸ **we're quits** 我们(們)互不相欠了 wǒmen hù bù xiāng qiàn le ▸ **let's call it quits** 让(讓)我们(們)就此罢(罷)手 ràng wǒmen jiù cǐ bàshǒu

quiver ['kwɪvəʳ] VI (*tremble*) [*lip, voice* +] 颤(顫)抖 chàndǒu ▸ **to quiver with fear/rage** 因恐惧(懼)/愤(憤)怒而颤(顫)抖 yīn kǒngjù/fènnù ér chàndǒu

quiz [kwɪz] **I** N [C] (*game*) 测(測)验(驗) zhīshi jìngsài [次 cì] **II** VT (*inf: question*) 盘(盤)问(問) pánwèn

quota ['kwəutə] N [C] **1** (*allowance*) 定额(額) dìng'é [个 gè] **2** (*share*) 配额(額) pèi'é

quotation [kwəu'teɪʃən] N [C] **1** (*from book, play, interview*) 引语(語) yǐnyǔ [句 jù] **2** (*estimate*) 报(報)价(價) bàojià [个 gè]

q

quotation marks N PL 引号(號) yǐnhào ▸ **in quotation marks** 带(帶)引号(號) dài yǐnhào
quote [kwəut] **I** VT **1** [+ *politician, author*] 引用 yǐnyòng; [+ *line*] 引述 yǐnshù; [+ *reference number*] 援引 yuányǐn; [+ *law, statistics*] 引证(證) yǐnzhèng **2** ▸ **to quote a price/figure for sth** 为(為)某事物报(報)出价(價)格/数(數)字 wèi mǒu shìwù bàochū jiàgé/shùzì **II** N [c] **1** (*from book, play, interview, person*) 引语(語) yǐnyǔ [句 jù] **2** (*estimate*) 报(報)价(價) bàojià **III quotes** N PL (*inf*: *quotation marks*) 引号(號) yǐnhào ▸ **to quote sb as saying that...** 引用某人的话(話)说(說)··· yǐnyòng mǒurén de huà shuō... ▸ **in quotes** 在引号(號)里(裡) zài yǐnhào li

Rr

R¹, r [ɑːʳ] N [c/ʊ] (*letter*) 英语的第十八个字母
R² (*US*: *Cine*) ABBR **1** (= **restricted**) 17岁限制级 **2** (*Texting*) = **are**
R.¹ (*US*: *Pol*) ABBR = **republican**
R.², r. ABBR **1** (= **river**) 河 hé **2** (= **right**) 右边(邊)的 yòubian de
rabbi [ˈræbaɪ] N [c] 拉比(犹太教教师或法学导师)
rabbit [ˈræbɪt] **I** N **1** [c] (*animal*) 兔子 tùzi [只 zhī] **2** [ʊ] (*meat*) 兔肉 tùròu **II** VI (*Brit*; *inf*) (*also*: **to rabbit on**) 唠(嘮)叨 láodao
rabies [ˈreɪbiːz] N [ʊ] 狂犬病 kuángquǎnbìng
raccoon [rəˈkuːn] N [c] 浣熊 huànxióng
★ **race** [reɪs] **I** N **1** [c] (*speed contest*) 速度竞(競)赛(賽) sùdù jìngsài [场 chǎng] **2** [c] (*for power, control*) 竞(競)赛(賽) jìngsài **3** [c/ʊ] (*ethnic group*) 种(種)族 zhǒngzú [个 gè] **II** VI **1** (*compete in races*) 参(參)赛(賽) cānsài **2** (*hurry*) 快速行进(進) kuàisù xíngjìn **3** [*pulse, heart* +] 剧(劇)烈跳动(動) jùliè tiàodòng; [*mind* +] 飞(飛)快地转(轉) fēikuài de zhuàn **4** [*engine* +] 快速运(運)转(轉) kuàisù yùnzhuǎn **III** VT **1** [+ *person*] 与(與)···进(進)行速度竞(競)赛(賽) yǔ...jìnxíng sùdù jìngsài **2** (*enter for races*) [+ *horse, dog*] 使参(參)赛(賽) shǐ cānsài; [+ *car, boat*] 赛(賽) sài ▸ **a race against time** 抢(搶)时(時)间(間) qiǎng shíjiān ▸ **he raced across the road** 他快速穿过(過)马(馬)路 tā kuàisù chuānguò mǎlù ▸ **to race in/out** 快速进(進)/出 kuàisù jìn/chū
race car (*US*) N = **racing car**
racecourse [ˈreɪskɔːs] (*Brit*) N [c] 赛(賽)马(馬)场(場) sàimǎchǎng [个 gè] [美 = **racetrack**]
racehorse [ˈreɪshɔːs] N [c] 赛(賽)马(馬) sàimǎ [匹 pǐ]
racetrack [ˈreɪstræk] N [c] (*for cars*) 赛(賽)道 sàidào [条 tiáo]; (*US*) (*for horses*) 赛(賽)马(馬)场(場) sàimǎchǎng [个 gè] [英 = **racecourse**]
racial [ˈreɪʃl] ADJ [+ *discrimination, prejudice, equality*] 种(種)族的 zhǒngzú de
racing [ˈreɪsɪŋ] N [ʊ] 比赛(賽) bǐsài
racing car (*Brit*) N [c] 赛(賽)车(車) sàichē [辆 liàng]
racing driver [ˈreɪsɪŋ-] (*Brit*) N [c] 赛(賽)车(車)手 sàichēshǒu [位 wèi]
racism [ˈreɪsɪzəm] N [ʊ] 种(種)族歧视(視) zhǒngzú qíshì

racist ['reɪsɪst] **I** ADJ [+ *policy, attack, behaviour, idea*] 种(種)族主义(義)的 zhǒngzú zhǔyì de; [+ *person, organization*] 有种(種)族偏见(見)的 yǒu zhǒngzú piānjiàn de **II** N [c] 种(種)族主义(義)者 zhǒngzú zhǔyìzhě [个 gè]

rack [ræk] **I** N [c] **1** (*also*: **luggage rack**) 行李架 xínglijià [个 gè] **2** (*for hanging clothes, dishes*) 架 jià [个 gè] **II** VT ▸ **racked by** *or* **with** [+ *pain, anxiety, doubts*] 被/受折磨 bèi/shòu zhémó ▸ **magazine rack** 报(報)刊架 bàokānjià ▸ **to go to rack and ruin** [*building* +] 荒废(廢) huāngfèi; [*business, country* +] 衰败(敗) shuāibài ▸ **to rack one's brains** 绞(絞)尽(盡)脑(腦)汁 jiǎojìn nǎozhī

racket ['rækɪt] N **1** [c] (*for tennis, squash etc*) 球拍 qiúpāi [副 fù] **2** [s] (*noise*: *inf*) 吵闹(鬧) chǎonào **3** [c] (*swindle*: *inf*) 非法勾当(當) fēifǎ gòudàng

racquet ['rækɪt] N [c] 球拍 qiúpāi [副 fù]

radar ['reɪdɑːʳ] **I** N [c/ʊ] 雷达(達) léidá [个 gè] **II** CPD [+ *screen, antenna, system*] 雷达(達) léidá

radiant ['reɪdɪənt] ADJ **1** [+ *smile, person*] 容光焕(煥)发(發)的 róngguāng huànfā de **2** [+ *object*] 光辉(輝)灿(燦)烂(爛)的 guānghuī cànlàn de **3** (*Phys*) 辐(輻)射的 fúshè de

radiation [reɪdɪ'eɪʃən] N [ʊ] **1** (*radioactivity*) 辐(輻)射 fúshè **2** (*radio waves*) 射线(線) shèxiàn

radiator ['reɪdɪeɪtəʳ] N [c] **1** (*on wall*) 暖气(氣)片 nuǎnqìpiàn [个 gè] **2** (*in car*) 散热(熱)器 sànrèqì

radical ['rædɪkl] **I** ADJ **1** (*fundamental*) [+ *change, reform, disagreement*] 根本的 gēnběn de **2** (*Pol*) [+ *person, organization, views*] 激进(進)的 jījìn de **II** N [c] (*Pol*) (*person*) 激进(進)分子 jījìn fènzǐ

★ **radio** ['reɪdɪəu] **I** N **1** [c] (*receiver*) 收音机(機) shōuyīnjī [台 tái] **2** [c] (*two-way*) 无(無)线(線)电(電)收发(發)报(報)机(機) wúxiàndiàn shōufābàojī **3** [ʊ] (*broadcasting*) 广(廣)播 guǎngbō **4** [ʊ] (*communication system*) 无(無)线(線)通讯(訊) wúxiàn tōngxùn **II** VI 用无(無)线(線)电(電)发(發)送 yòng wúxiàndiàn fāsòng **III** VT **1** (*contact by radio*) [+ *person*] 用无(無)线(線)电(電)联(聯)系(繫) yòng wúxiàndiàn liánxì **2** (*send by radio*) [+ *information, message*] 广(廣)播 guǎngbō ▸ **on the radio** 广(廣)播中 guǎngbō zhōng

radioactive ['reɪdɪəu'æktɪv] ADJ 放射性的 fàngshèxìng de

radioactive waste N [ʊ] 放射性废(廢)物 fàngshèxìng fèiwù

radio-controlled ['reɪdɪəukən'trəuld] ADJ 无(無)线(線)电(電)遥(遙)控的 wúxiàndiàn yáokòng de

radio station N [c] 广(廣)播电(電)台(臺) guǎngbō diàntái [个 gè]

radish ['rædɪʃ] N [c] 萝(蘿)卜(蔔) luóbo [个 gè]

RAF (*Brit*) N ABBR (= **Royal Air Force**) ▸ **the RAF** 皇家空军(軍) Huángjiā Kōngjūn

raffle ['ræfl] **I** N [c] 对(對)奖(獎) duìjiǎng [次 cì] **II** VT [+ *prize*] 抽中 chōuzhòng

raft [rɑːft] N [c] **1** (*also*: **life raft**) 皮艇 pítǐng [艘 sōu] **2** (*improvised*) 筏 fá ▸ **a raft of** 大量 dàliàng

rag [ræg] **I** N **1** [c/ʊ] (*piece of cloth*) 破布 pòbù [块 kuài] **2** [c] (*inf, pej*: *newspaper*) 小报(報) xiǎobào **II** VT (*Brit*) (*tease*) 戏(戲)弄 xìnòng **III rags** N PL (*torn clothes*) 破旧(舊)衣服 pòjiù yīfu ▸ **in rags** 衣衫褴(襤)褛(褸) yīshān lánlǚ ▸ **a rags-to-riches story** 从(從)赤贫(貧)到暴富的故事 cóng chìpín dào bàofù de gùshi

rage [reɪdʒ] **I** N [c/ʊ] (*fury*) 盛怒 shèngnù [阵 zhèn] **II** VI **1** [*person* +] 发(發)怒 fānù **2** [*storm* +] 肆虐 sìnüè; [*debate* +] 持续(續) chíxù ▸ **it's all the rage** (*very fashionable*) 风(風)靡一时(時) fēngmǐ yīshí ▸ **to fly into a rage** 勃然大怒 bórán dànù

ragged ['rægɪd] ADJ **1** (*untidy*) [+ *clothes, person*] 破烂(爛)不堪的 pòlàn bùkān de **2** (*uneven*) [+ *edge, line*] 凹凸不平的 āotū bùpíng de

raid [reɪd] **I** N [c] (*by soldiers, police*) 突袭(襲) tūxí; (*by criminal*) 袭(襲)击(擊) xíjī **II** VT [*soldiers, police* +] 突袭(襲) tūxí; [*criminal* +] 袭(襲)击(擊) xíjī

rail [reɪl] **I** N [c] **1** (*for safety on stairs*) 扶手 fúshǒu [个 gè]; (*on bridge, balcony*) 横(橫)栏(欄) hénglán [个 gè]; (*on ship*) 栏(欄)杆 lángān **2** (*for hanging clothes*) 横(橫)杆 hénggān [根 gēn] **3** (*also*: **curtain rail**) 窗帘(簾)横(橫)杆 chuānglián hénggān **4** (*for trains*) 铁(鐵)轨(軌) tiěguǐ [条 tiáo] **II** CPD [+ *travel, transport, strike*] 铁(鐵)路 tiělù ▸ **by rail** (*by train*) 乘火车(車) chéng huǒchē

railcard ['reɪlkɑːd] (*Brit*) N [c] 火车(車)票优(優)惠卡 huǒchēpiào yōuhuìkǎ [张 zhāng]

railing(s) ['reɪlɪŋ(z)] N PL 围(圍)栏(欄) wéilán [个 gè]

railroad ['reɪlrəud] (*US*) N [c] = **railway**

railway ['reɪlweɪ] (*Brit*) N [c] **1** (*system*) 铁(鐵)路 tiělù **2** (*line*) 铁(鐵)道 tiědào [条 tiáo] **3** (*company*) 铁(鐵)路公司 tiělù gōngsī

railway line (*Brit*) N [c] 铁(鐵)路线(線) tiělùxiàn [条 tiáo]

railway station (*Brit*) N [c] 火车(車)站 huǒchēzhàn [个 gè]

rain [reɪn] **I** N [ʊ] 雨 yǔ **II** VI 下雨 xiàyǔ ▸ **in the rain** 在雨中 zài yǔ zhōng ▸ **as right as rain** (*inf*) 完全康复(復)了 wánquán kāngfù le ▸ **it's raining** 正在下雨 zhèng zài xiàyǔ ▸ **it's raining cats and dogs** 下着(著)倾(傾)盆大雨 xiàzhe qīngpén dàyǔ ▸ **to be rained off** 因雨暂(暫)停 yīn yǔ zàntíng

rainbow ['reɪnbəu] N [c] 彩虹 cǎihóng [条 tiáo]

raincoat ['reɪnkəut] N [c] 雨衣 yǔyī [件 jiàn]

raindrop ['reɪndrɔp] N [c] 雨滴 yǔdī [个 gè]

rainfall ['reɪnfɔːl] N [c/ʊ] 降雨量 jiàngyǔliàng

rainforest ['reɪnfɔrɪst] N [c/ʊ] 雨林 yǔlín [片 piàn]

r

rainy ['reɪnɪ] ADJ [+ *day, night, area*] 多雨的 duōyǔ de ▶ **rainy season** 雨季 yǔjì ▶ **to save sth for a rainy day** 存储(儲)某物以备(備)不时(時)之需 cúnchǔ mǒuwù yǐ bèi bù shí zhī xū

★ **raise** [reɪz] I VT **1** (*lift*) [+ *hand, glass*] 举(舉)起 jǔqǐ; [+ *window*] 打开(開) dǎkāi **2** (*increase*) [+ *salary, rate, speed limit*] 增加 zēngjiā; [+ *morale, standards*] 提高 tígāo **3** (*bring up*) [+ *subject, question, objection*] 提出 tíchū; [+ *doubts, hopes*] 引起 yǐnqǐ **4** [+ *money, loan*] 筹(籌)集 chóují **5** (*rear*) [+ *child, family*] 抚(撫)养(養) fǔyǎng; [+ *cattle, chickens*] 饲养(養) sìyǎng; [+ *crop*] 种(種)植 zhòngzhí **6** (*end*) [+ *siege, embargo*] 解除 jiěchú II N [c] (*US*) (*payrise*) 加薪 jiāxīn [次 cì] [英 = **rise**] ▶ **to raise a glass to sb/sth** 为(為)某人/某事举(舉)杯庆(慶)贺(賀) wèi mǒurén/mǒushì jǔbēi qìnghè ▶ **to raise sb's hopes** 使某人满(滿)怀(懷)希望 shǐ mǒurén mǎn huái xīwàng ▶ **to raise a smile/laugh** 引来(來)微笑/大笑 yǐnlái wēixiào/dàxiào ▶ **to raise one's voice** 提高某人的声(聲)音 tígāo mǒurén de shēngyīn

raisin ['reɪzn] N [c] 葡萄干(乾) pútáogān [粒 lì]

rake [reɪk] I N [c] **1** (*tool*) 耙 pá [个 gè] **2** (*o.f.: person*) 花花公子 huāhuā gōngzǐ [个 gè] II VT **1** [+ *soil*] 耙 pá **2** [+ *leaves, lawn*] 耙拢(攏) pálǒng **3** [*light, gun* +] [+ *area*] 扫(掃)射 sǎoshè ▶ **he's raking it in** (*inf*) 他发(發)大财(財)了 tā fā dàcái le

rally ['rælɪ] I N [c] **1** (*public meeting*) 集会(會) jíhuì [次 cì] **2** (*Aut*) 拉力赛(賽) lālìsài [场 chǎng] **3** (*Tennis*) 连(連)续(續)对(對)打 liánxù duìdǎ [局 jú] II VT [+ *support*] 集合 jíhé III VI **1** (*unite*) 联(聯)合 liánhé **2** [*sick person* +] 康复(復) kāngfù **3** [*Stock Exchange* +] 回升 huíshēng ▶ **rally round** I VI 团(團)结(結)一致 tuánjié yīzhì II VT FUS 团(團)结(結)在…周(週)围(圍) tuánjié zài…zhōuwéi

RAM [ræm] (*Comput*) N ABBR (= **random access memory**) 随(隨)机(機)存储(儲)器 suíjī cúnchǔqì

ram [ræm] I N [c] (*sheep*) 公羊 gōngyáng II VT **1** (*crash into*) 撞击(擊) zhuàngjī **2** (*push*) [+ *bolt, fist etc*] 捅 tǒng

Ramadan [ræmə'dɑːn] N [U] 斋(齋)月 zhāiyuè

ramble ['ræmbl] I N [c] (*walk*) 散步 sànbù II VI **1** (*hike*) 漫步 mànbù **2** (*also*: **ramble on**) (*talk*) 闲(閒)扯 xiánchě

rambler ['ræmbləʳ] N [c] **1** (*Brit*) (*walker*) 漫步者 mànbùzhě [个 gè] **2** (*Bot*) 攀缘(緣)植物 pānyuán zhíwù

rambling ['ræmblɪŋ] I N [U] 散步 sànbù II ADJ **1** [+ *speech, letter*] 漫无(無)边(邊)际(際)的 màn wú biānjì de **2** [+ *house*] 杂(雜)乱(亂)无(無)章的 záluàn wúzhāng de **3** (*Bot*) 攀缘(緣)的 pānyuán de

ramp [ræmp] N [c] (*for cars, wheelchairs etc, in garage*) 坡道 pōdào [条 tiáo] ▶ **on/off ramp** (*US: Aut*) 上/下坡道 shàng/xià pōdào

rampage [ræm'peɪdʒ] I N ▶ **to go on the rampage** 横(橫)冲(衝)直撞 héng chōng zhí zhuàng II VI 横(橫)冲(衝)直撞 héng chōng zhí zhuàng

ran [ræn] PT *of* **run**

ranch [rɑːntʃ] N [c] 牧场(場) mùchǎng

rancid ['rænsɪd] ADJ 有腐臭的 yǒu fǔchòu de

R & D N ABBR (= **research and development**) 研究与(與)开(開)发(發) yánjiū yǔ kāifā

random ['rændəm] I ADJ **1** [+ *arrangement, selection*] 随(隨)机(機)的 suíjī de **2** (*haphazard*) 任意的 rènyì de II N ▶ **at random** 随(隨)意 suíyì

rang [ræŋ] PT *of* **ring**

range [reɪndʒ] I N [c] **1** (*variety*) [*of ages, prices*] 范(範)围(圍) fànwéi [个 gè]; [*of subjects, possibilities*] 系列 xìliè [个 gè] **2** (*Comm*) (*selection*) 范(範)围(圍) fànwéi **3** (*reach*) [*of missile, vision*] 射程 shèchéng **4** (*also*: **mountain range**) 山脉(脈) shānmài [个 gè] **5** (*also*: **kitchen range**) (*Brit*) 炉(爐)灶 lúzào II VT (*place in a line*) 排列 páiliè III VI ▶ **to range over...** [*writing, speech* +] 涉及… shèjí... ▶ **at close range** 近距离(離) jìn jùlí ▶ **price range** 价(價)格范(範)围(圍) jiàgé fànwéi ▶ **within (firing) range** 在(射击(擊))距离(離)内(內) zài (shèjī) jùlí nèi ▶ **out of range** 超出范(範)围(圍) chāochū fànwéi ▶ **to range from... to...** 在…到…之间(間) zài...dào...zhījiān ▶ **ranged right/left** [*text* +] 靠右/左对(對)齐(齊) kào yòu/zuǒ duìqí

ranger ['reɪndʒəʳ] N [c] 护(護)林员(員) hùlínyuán

rank [ræŋk] I N **1** [c] (*row*) 行 háng **2** [c/U] (*status*) 等级(級) děngjí **3** [c/U] (*social class: frm*) 阶(階)层(層) jiēcéng **4** [c] (*Brit*) (*also*: **taxi rank**) 出租车(車)候客站 chūzūchē hòukèzhàn II VI ▶ **to rank as...** 被列为(為)… bèi lièwéi... III VT ▶ **he is ranked third in the world** 他在世界上排名第三 tā zài shìjièshang páimíng dìsān IV ADJ **1** (*stinking*) 发(發)臭的 fāchòu de **2** (*utter*) [+ *hypocrisy, stupidity etc*] 极(極)度的 jídù de V **the ranks** N PL **1** (*Mil*) 士兵 shìbīng **2** (*group*) 行列 hángliè ▶ **the rank and file** (*ordinary members*) 普通成员(員) pǔtōng chéngyuán ▶ **to rank among...** 列入…当(當)中 lièrù...dāngzhōng ▶ **to close ranks** 紧(緊)密团(團)结(結) jǐnmì tuánjié ▶ **to break ranks** 阵(陣)亡将(將)士纪(紀)念日 dǎpò jiēcéng

ransom ['rænsəm] N [c/U] (*money*) 赎(贖)金 shújīn [笔 bǐ] ▶ **to hold to ransom** [+ *hostage etc*] 勒取赎(贖)金 lèqǔ shújīn; (*fig*) [+ *nation, company*] 要挟 yāoxié

rant [rænt] I VI 咆哮 páoxiào II N [c] 咆哮 páoxiào ▶ **to rant and rave** 大嚷大叫 dà rǎng dà jiào

rap [ræp] I VT (*tap*) 敲打 qiāodǎ II VI **1** (*tap*) 敲击(擊) qiāojī **2** (*perform rap song*) 说(說)唱表演 shuōchàng biǎoyǎn III N **1** [c] (*tap*) 敲打

声(聲) qiāodǎshēng [阵 zhèn] **2** [U] (*also*: **rap music**) 说(說)唱音乐(樂) shuōchàng yīnyuè ▸ **to rap sb's knuckles** *or* **to rap sb on the knuckles** 斥责(責)某人 chìzé mǒurén

rape [reɪp] **I** N **1** [C/U] (*crime*) 强(強)奸(姦) qiángjiān [次 cì] **2** [U] (*Bot*) (*also*: **oilseed rape**) 油菜 yóucài **II** VT 强(強)奸(姦) qiángjiān

rapid ['ræpɪd] ADJ [+ *growth, development, change*] 迅速的 xùnsù de; [+ *heartbeat, steps*] 快的 kuài de

rapidly ['ræpɪdlɪ] ADV [*grow, change, walk, move* +] 迅速地 xùnsù de

rapids ['ræpɪdz] N PL 湍流 tuānliú

rapist ['reɪpɪst] N [C] 强(強)奸(姦)犯 qiángjiānfàn

rapport [ræ'pɔːʳ] N [S] 和睦关(關)系(係) hémù guānxì

rare [rɛəʳ] ADJ **1** (*uncommon*) 稀有的 xīyǒu de **2** (*lightly cooked*) [+ *steak*] 半熟的 bànshóu de ▸ **it is rare to find…** 难(難)得找到… nándé zhǎodào…

rarely ['rɛəlɪ] ADV 很少 hěnshǎo

rash [ræʃ] **I** N **1** [C] (*on skin*) 皮疹 pízhěn **2** [S] (*spate*) [*of events, robberies*] 一连(連)串 yīliánchuàn **II** ADJ **1** [+ *person*] 轻(輕)率的 qīngshuài de **2** [+ *promise, act*] 草率的 cǎoshuài de ▸ **to come out in a rash** 出皮疹 chū pízhěn

rasher ['ræʃəʳ] (*Brit*) N [C] 熏肉片 xūnròupiàn [片 piàn] [美 = **slice**]

raspberry ['rɑːzbərɪ] N [C] (*fruit*) 山莓 shānméi [只 zhī] ▸ **to blow a raspberry** (*inf*) 咂舌头(頭)嘲笑某人 zā shétou cháoxiào mǒurén

rat [ræt] N [C] **1** (*Zool*) 田鼠 tiánshǔ [只 zhī] **2** (*inf*: *person*) 卑鄙小人 bēibǐ xiǎorén

★**rate** [reɪt] **I** N [C] **1** (*speed*) 速率 sùlǜ **2** (*level*) [*of interest, taxation, inflation*] 率 lǜ **3** (*ratio*) 比率 bǐlǜ **II** VT **1** (*value*) 评(評)价(價) píngjià **2** (*estimate*) 评(評)估 pínggū **3** (*price*) 对(對)…估价(價) duì…gūjià **III rates** N PL (*Brit*; *formerly*) (*property tax*) 房地产(產)税(稅) fángdìchǎnshuì ▸ **at a rate of 60 kph** 以每小时(時)60公里的速度 yǐ měi xiǎoshí liùshí gōnglǐ de sùdù ▸ **rate of growth** (*Fin*) 增长(長)率 zēngzhǎnglǜ ▸ **rate of return** (*Fin*) 回报(報)率 huíbàolǜ ▸ **at this/that rate** 照这(這)种(種)/那种(種)情况(況)继(繼)续(續) zhào zhèzhǒng/nàzhǒng qíngkuàng jìxù ▸ **at any rate** (*at least*) 无(無)论(論)如何 wúlùn rúhé ▸ **to rate sb/sth as** 把某人/某事物评(評)价(價)成 bǎ mǒurén/mǒu shìwù píngjiàchéng ▸ **to rate sb/sth as sth** 把某人/某事物评(評)为(為)某事物 bǎ mǒurén/mǒu shìwù píngwéi mǒu shìwù ▸ **to rate sb/sth among** 把某人/某事物归(歸)类(類)于(於) bǎ mǒurén/mǒu shìwù guīlèiyú ▸ **to rate sb/sth highly** 给(給)某人/某事物高度评(評)价(價) gěi mǒurén/mǒu shìwù gāodù píngjià

★**rather** ['rɑːðəʳ] ADV **1** (*somewhat*) 相当(當) xiāngdāng **2** (*instead*) 而 ér ▸ **rather a lot** 相当(當)多 xiāngdāng duō ▸ **I would rather go than stay** 我宁(寧)愿(願)走而不愿(願)留下来(來) wǒ nìngyuàn zǒu ér bù yuàn liú xiàlái ▸ **I'd rather not say** 我宁(寧)可不说(說) wǒ nìngkě bùshuō ▸ **rather than** (*instead of*) 而不是 ér bùshì ▸ **or rather** (*more accurately*) 或者更确(確)切地 huòzhě gèng quèqiè de ▸ **I rather think he won't come** 我的确(確)认(認)为(為)他不会(會)来(來) wǒ díquè rènwéi tā bù huì lái

rating ['reɪtɪŋ] **I** N [C] **1** (*score*) 等级(級) děngjí **2** (*assessment*) 评(評)定 píngdìng **3** (*Brit*: *Naut*) (*sailor*) 水兵 shuǐbīng **II ratings** N PL (*Rad*) 收听(聽)率 shōutīnglǜ; (*TV*) 收视(視)率 shōushìlǜ

ratio ['reɪʃɪəu] N [C] 比例 bǐlì ▸ **a ratio of 5 to 1** 5比1的比例 wǔ bǐ yī de bǐlì ▸ **the ratio of… to…** …对(對)…的比例 …duì…de bǐlì

ration ['ræʃən] **I** N [C] (*allowance*) [*of food, petrol etc*] 配给(給)限额(額) pèijǐ xiàn'é **II** VT [+ *food, petrol etc*] 定量供应(應) dìngliàng gōngyìng **III rations** N PL (*Mil*) 口粮(糧) kǒuliáng

rational ['ræʃənl] ADJ [+ *decision, explanation*] 合理的 hélǐ de; [+ *person*] 理性的 lǐxìng de

rationalize ['ræʃnəlaɪz] VT **1** (*justify*) 使有合理依据(據) shǐ yǒu hélǐ yījù **2** (*streamline*) [+ *company, system*] 使合理化 shǐ hélǐhuà

rattle ['rætl] **I** N [C] **1** (*baby's toy*) 拨(撥)浪鼓 bōlanggǔ [个 gè] **2** (*noise*) [*of door, window*] 格格响(響) gēgēxiǎng; [*of train, car, engine etc*] 轰(轟)鸣(鳴)声(聲) hōngmíngshēng; [+ *of bottles*] 格格响(響) gēgēxiǎng; [*of chain*] 哗(嘩)啦声(聲) huālāshēng **II** VI [*door, window* +] 哐啷哐啷作响(響) kuānglāng kuānglāng zuòxiǎng; [*bottles* +] 格格作响(響) gēgē zuòxiǎng; [*chains* +] 哗(嘩)啦作响(響) huālā zuòxiǎng; [*train, car, engine* +] 轰(轟)隆作响(響) hōnglōng zuòxiǎng **III** VT **1** (*shake*) 使颤(顫)动(動)出声(聲) shǐ chàndòng chūshēng **2** (*inf*: *unsettle*) 使不安 shǐ bù'ān ▸ **to rattle along** [*car, bus* +] 轰(轟)鸣(鳴)而过(過) hōngmíng ér guò

▸**rattle off** VT 急促而不假思索地说(說) jícù ér bù jiǎ sīsuǒ de shuō

rattlesnake ['rætlsneɪk] N [C] 响(響)尾蛇 xiǎngwěishé [条 tiáo]

raucous ['rɔːkəs] ADJ 沙哑(啞)的 shāyǎ de

rave [reɪv] **I** VI (*talk wildly*) 胡言乱(亂)语(語) húyán luànyǔ **II** ADJ (*inf*) [+ *review*] 热(熱)烈的 rèliè de **III** N [C] (*Brit*; *inf*) (*dance*) 狂欢(歡)舞会(會) kuánghuān wǔhuì [场 chǎng]

▸**rave about** VT FUS (*inf*) 极(極)力赞(讚)美 jílì zànměi [阵 zhèn]

raven ['reɪvən] N [C] 渡鸦(鴉) dùyā

ravenous ['rævənəs] ADJ ▸ **to be ravenous** 饿(餓)极(極)了的 è jíle de ▹ *I'm ravenous!* 我饿极了！Wǒ è jí le!

ravine [rə'viːn] N [C] 深谷 shēngǔ

r

raw [rɔː] ADJ **1** (*uncooked*) [+ *meat, vegetables*] 生的 shēng de **2** (*unprocessed*) [+ *cotton, sugar etc*] 未加工的 wèi jiāgōng de **3** (*sore*) 摩擦得疼的 mócā de téng de **4** (*inexperienced*) 生手的 shēngshǒu de **5** [+ *weather, day*] 湿(濕)冷的 shīlěng de ▸ **to get a raw deal** 受到不公待遇 shòudào bù gōng dàiyù

raw materials N PL 原材料 yuáncáiliào

ray [reɪ] N [c] **1** [*of light*] 光线(線) guāngxiàn **2** [*of heat*] 辐(輻)射 fúshè ▸ **a ray of hope** 一线(線)希望 yī xiàn xīwàng

razor ['reɪzə^r] N [c] **1** (*also*: **safety razor**) 剃须(鬚)刀 tìxūdāo [个 gè] **2** (*also*: **electric razor**) 电(電)动(動)剃(鬚)刀 diàndòng tìxūdāo [个 gè]

razor blade N [c] 剃须(鬚)刀刀片 tìxūdāo dāopiàn [个 gè]

RC ADJ ABBR (= **Roman Catholic**) 天主教的 Tiānzhǔjiào de

Rd. (*esp US*) **Rd.** ABBR (= **road**) 路 lù

RDA N ABBR (= **recommended daily amount**) 推荐(薦)日摄(攝)取量 tuījiàn rì shèqǔliàng

RE (*Brit*: *Scol*) N ABBR (= **religious education**) 宗教教育 zōngjiào jiàoyù

re [riː] PREP (*with regard to*) 关(關)于(於) guānyú

★ **reach** [riːtʃ] **I** VT **1** (*arrive at*) [+ *place, destination*] 到达(達) dàodá; [+ *conclusion, agreement, decision*] 达(達)成 dáchéng; [+ *stage, level, age*] 达(達)到 dádào **2** (*be able to touch*) 够(夠)着(著) gòuzháo **3** (*get hold of*) 联(聯)络(絡) liánluò **II** VI (*stretch out one's arm*) 伸手 shēnshǒu **III** N [U] (*range*) [*of arm*] 伸手可及的范(範)围(圍) shēnshǒu kějí de fànwéi **IV reaches** N PL [*of river*] 游 yóu ▸ **within reach** 伸手可及 shēnshǒu kějí ▸ **out of reach** 远(遠)离(離) yuǎnlí ▸ **within reach of...** 离(離)…近 lí…jìn ▸ **within easy reach of...** 离(離)…很近 lí…hěn jìn ▸ **beyond the reach of sb/sth** (*fig*) 超出某人/某事能力之外 chāochū mǒurén/mǒushì nénglì zhī wài ▸ **"keep out of the reach of children"** "远(遠)离(離)儿(兒)童" "yuǎnlí értóng"
▸**reach out I** VI 伸手 shēnshǒu **II** VT [+ *hand*] 伸出 shēnchū ▸ **to reach out for sth** 伸手拿某物 shēnshǒu ná mǒuwù

> **reach** 和 **arrive** 都可以指到达某个地方。**reach** 后可以直接加表示地点的名词或代词，而且强调需要很大努力才能到达。*To reach the capital might not be easy.* **arrive at** 和 **reach** 还可以表示某人最终做了决定或找到了答案。*It took hours to arrive at a decision...They were unable to reach a decision.*

react [riː'ækt] VI **1** (*respond*) 反应(應) fǎnyìng **2** (*rebel*) ▸ **to react against sth** 反抗某事 fǎnkàng mǒushì **3** (*Chem*) ▸ **to react (with)** (和…)起反应(應) (hé...)qǐ fǎnyìng **4** (*Med*) (对(對)…)有反应(應) (duì...)yǒu fǎnyìng

reaction [riː'ækʃən] **I** N **1** [c/U] (*response*) 反应(應) fǎnyìng [种 zhǒng] **2** [c] (*Med, Chem*) 反应(應) fǎnyìng **3** [U] (*conservatism*) 极(極)端保守 jíduān bǎoshǒu **II reactions** N PL (*reflexes*) 反应(應)能力 fǎnyìng nénglì ▸ **a reaction against sth** 反对(對)某事 fǎnduì mǒushì

reactor [riː'æktə^r] N [c] 反应(應)器 fǎnyìngqì [个 gè]

★ **read** [riːd] (*pt, pp* **read** [rɛd]) **I** VI **1** [*person* +] 阅(閱)读(讀) yuèdú **2** [*piece of writing* +] 读(讀)起来(來) dú qǐlái **II** VT **1** [+ *book, newspaper etc*] 读(讀) dú **2** [+ *music*] 看懂 kàndǒng **3** (*understand*) [+ *mood, thoughts*] 了解 liǎojiě **4** [+ *meter, thermometer etc*] 识(識)读(讀) shídú **5** (*carry stated message*) [*notice, sign* +] 写(寫)着(著) xiězhe; [*meter, thermometer etc* +] 显(顯)示 xiǎnshì **6** (*study at university*) (*Brit*) 攻读(讀) gōngdú **III** N ▸ **to have a read** 阅(閱)读(讀) yuèdú ▸ **to read sb's mind** 了解某人的想法 liǎojiě mǒurén de xiǎngfǎ ▸ **to take sth as read** 把某事当(當)作是不容置疑的 bǎ mǒushì dàngzuò shì bù róng zhìyí de ▸ **to read sth into sb's remarks** 从(從)某人的话(話)中读(讀)出某种(種)含义(義) cóng mǒurén de huà zhōng dúchū mǒu zhǒng hányì ▸ **it's a good read** 这(這)是本好的读(讀)物 zhè shì běn hǎo de dúwù
▸**read out** VT 朗读(讀) lǎngdú
▸**read over** VT 细(細)读(讀) xìdú
▸**read through** VT **1** (*quickly*) 浏(瀏)览(覽) liúlǎn **2** (*thoroughly*) 仔细(細)阅(閱)读(讀) zǐxì yuèdú
▸**read up on** VT FUS 研读(讀) yándú

reader ['riːdə^r] N [c] **1** [*of book, newspaper etc*] 读(讀)者 dúzhě [个 gè] **2** (*beginner's book*) 初级(級)读(讀)本 chūjí dúběn **3** (*Brit*: *Univ*) 高级(級)讲(講)师(師) gāojí jiǎngshī [位 wèi]

readily ['rɛdɪlɪ] ADV **1** (*without hesitation*) 欣然 xīnrán **2** (*without difficulty*) 容易地 róngyì de

reading ['riːdɪŋ] N **1** [U] [*of books, newspapers etc*] (*activity*) 阅(閱)读(讀) yuèdú **2** [U] (*material read*) 阅(閱)读(讀)材料 yuèdú cáiliào **3** [c] (*literary event*) 朗读(讀)会(會) lǎngdúhuì **4** [c] (*on meter, thermometer etc*) 读(讀)数(數) dúshù **5** [c] (*interpretation*) ▸ **my reading of the situation is that...** 我对(對)于(於)这(這)种(種)情况(況)的理解是… wǒ duìyú zhèzhǒng qíngkuàng de lǐjiě shì... **6** [c] (*in church*) 朗诵(誦)会(會) lǎngsònghuì **7** [c] (*text from Bible etc*) 朗读(讀) lǎngdú

ready ['rɛdɪ] **I** ADJ **1** (*prepared, available*) 做好准(準)备(備)的 zuòhǎo zhǔnbèi de **2** (*willing*) 乐(樂)意的 lèyì de **3** (*easy, quick*) 就绪(緒)的 jiùxù de **II** N ▸ **at the ready** 准(準)备(備)好 zhǔnbèihǎo **III** VT 准(準)备(備) zhǔnbèi ▸ **to get ready** (*prepare o.s.*) 准(準)备(備)好 zhǔnbèihǎo ▸ **to get sb/sth ready** 使某人/某物准(準)备(備)就绪(緒) shǐ mǒurén/mǒuwù zhǔnbèi jiùxù ▸ **to be ready to do sth** (*prepared*) 准(準)备(備)做某事 zhǔnbèi zuò mǒushì;

(*willing*) 愿(願)意做某事 yuànyì zuò mǒushì ▸ **to be ready for sth** (*prepared for*) 已为(為)某事准(準)备(備)好 yǐ wèi mǒushì zhǔnbèihǎo; (*wanting*) 想要某物 xiǎng yào mǒuwù ▸ **ready for use** 待用 dàiyòng

ready-made ['rɛdɪ'meɪd] ADJ **1** [+ *clothes*] 现(現)成的 xiànchéng de **2** (*useful*) 可用的 kě yòng de

★ **real** [rɪəl] **I** ADJ **1** (*not artificial*) [+ *leather, gold*] 真正的 zhēnzhèng de **2** (*not feigned*) [+ *reason, interest, name*] 真实(實)的 zhēnshí de **3** (*not imaginary*) [+ *life, feeling*] 真实(實)的 zhēnshí de **4** (*for emphasis*) 真的 zhēn de ▹ *It's a real shame.* 真是遗憾。Zhēnshi yíhàn. **II** ADV (*US; inf*) (*very*) 很 hěn ▸ **for real** 当(當)真 dàngzhēn ▸ **the real thing** 真家(傢)伙 zhēn jiāhuo ▸ **in real life** 现(現)实(實)生活中 xiànshí shēnghuó zhōng ▸ **in real terms** 实(實)际(際)上 shíjì shang

real estate I N [U] 不动(動)产(產) bùdòngchǎn **II** CPD (*US*) [+ *agent, business etc*] 房地产(產) fángdìchǎn

realistic [rɪə'lɪstɪk] ADJ **1** (*sensible*) 现(現)实(實)的 xiànshí de **2** (*convincing*) [+ *book, film, portrayal*] 逼真的 bīzhēn de

reality [ri:'ælɪtɪ] N **1** [U] (*real things*) 现(現)实(實) xiànshí **2** [C/U] (*realness*) 真相 zhēnxiàng ▸ **in reality** 事实(實)上 shìshí shang

reality TV N [U] 真人电(電)视(視)秀 zhēnrén diànshìxiù

realization [rɪəlaɪ'zeɪʃən] N **1** [S/U] (*understanding*) 认(認)识(識) rènshi **2** [U] (*fulfilment*) [*of dreams, hopes, fears*] 实(實)现(現) shíxiàn **3** [C/U] (*Econ*) [*of asset*] 变(變)卖(賣) biànmài

realize ['rɪəlaɪz] VT **1** (*understand*) 意识(識)到 yìshídào **2** (*fulfil*) [+ *dream, ambition, fears*] 实(實)现(現) shíxiàn; [+ *design, idea*] 体(體)现(現) tǐxiàn **3** (*Econ*) [+ *amount, profit*] 变(變)卖(賣) biànmài ▸ **to realize that...** 意识(識)到… yìshídào...

★ **really** ['rɪəlɪ] ADV **1** (*very*) ▸ **really good/ delighted** 真好/真高兴(興) zhēn hǎo/zhēn gāoxìng **2** (*genuinely*) 确(確)实(實) quèshí **3** (*after negative*) 真正地 zhēnzhèng de ▸ **really?** (*indicating surprise, interest*) 真的吗(嗎)? zhēnde ma? ▸ **really!** (*indicating annoyance*) (*Brit*) 哎呀！āiyā!

▒ 用法参见 **actually**

realm [rɛlm] N [C] (*domain*) 领(領)域 lǐngyù

realtor ['rɪəltɔ:ʳ] (*US*) N [C] 房地产(產)商 fángdìchǎnshāng [个 gè] [英 = **estate agent**]

reappear [ri:ə'pɪəʳ] VI 重现(現) chóngxiàn

rear [rɪəʳ] **I** ADJ (*back*) [+ *end, entrance*] 后(後)面的 hòumian de **II** N **1** [S] (*back*) 后(後)面 hòumian **2** [C] (*buttocks: inf*) 臀部 túnbù **III** VT (*raise*) [+ *cattle, chickens*] (*esp Brit*) 饲养(養) sìyǎng [美 = **raise**] [+ *family, children*] 抚(撫)养(養) fǔyǎng **IV** VI (*also:* **rear up**) [*horse* +] 用后(後)腿站立 yòng hòutuǐ zhànlì

rearrange [ri:ə'reɪndʒ] VT **1** [+ *objects*] 重新安置 chóngxīn ānzhì **2** [+ *meeting*] 重新安排 chóngxīn ānpái

rear-view mirror ['rɪəvju:-] N [C] 后(後)视(視)镜(鏡) hòushìjìng

★ **reason** ['ri:zn] **I** N **1** [C] (*cause*) 原因 yuányīn [个 gè] **2** [U] (*rationality*) 理性 lǐxìng **II** VI ▸ **to reason with sb** 与(與)某人理论(論) yǔ mǒurén lǐlùn **III** VT 推理 tuīlǐ ▸ **the reason for sth** 某事的动(動)机(機) mǒushì de dòngjī ▸ **the reason why** …的原因 ...de yuányīn ▸ **to have reason to do sth** (*frm*) 有理由做某事 yǒu lǐyóu zuò mǒushì ▸ **by reason of** (*frm*) 因为(為) yīnwèi ▸ **with good reason** 合乎情理 héhū qínglǐ ▸ **within reason** 在合理的范(範)围(圍)内(內) zài hélǐ de fànwéi nèi

reasonable ['ri:znəbl] ADJ **1** (*moderate, sensible*) [+ *person, decision*] 合情合理的 héqíng hélǐ de; [+ *number, amount*] 相当(當)的 xiāngdāng de; [+ *price*] 合理的 hélǐ de **2** (*not bad*) 凑(湊)合的 còuhe de **3** (*rational*) [+ *explanation, request*] 合理的 hélǐ de ▸ **be reasonable!** 理智些！lǐzhì xie!

reasonably ['ri:znəblɪ] ADV **1** (*moderately*) 相当(當)地 xiāngdāng de **2** (*sensibly*) 明智地 míngzhì de

reasoning ['ri:znɪŋ] N [U] 推理 tuīlǐ

reassurance [ri:ə'ʃuərəns] N **1** [U] (*comfort*) 放心 fàngxīn **2** [C] (*guarantee*) 保证(證) bǎozhèng

reassure [ri:ə'ʃuəʳ] VT 使安心 shǐ ānxīn

reassuring [ri:ə'ʃuərɪŋ] ADJ 令人安心的 lìng rén ānxīn de

rebate ['ri:beɪt] N [C] 部分退款 bùfen tuìkuǎn

rebel [*n* 'rɛbl, *vb* rɪ'bɛl] **I** N [C] **1** (*against society, parents*) 反叛者 fǎnpànzhě **2** (*in uprising*) 起义(義)者 qǐyìzhě **3** (*in politics*) 持不同政见(見)者 chí bùtóng zhèngjiànzhě **II** VI **1** (*against society, parents*) 反叛 fǎnpàn **2** (*in uprising*) 起义(義) qǐyì **3** (*in politics*) 反对(對) fǎnduì

rebellion [rɪ'bɛljən] N [C/U] (*uprising*) 叛乱(亂) pànluàn; (*against society, parents*) 反叛 fǎnpàn; (*in politics*) 反抗 fǎnkàng

rebellious [rɪ'bɛljəs] ADJ [+ *person*] 叛逆的 pànnì de; [+ *behaviour*] 反叛的 fǎnpàn de; [+ *politician*] 反对(對)的 fǎnduì de

rebuild [ri:'bɪld] (*pt, pp* **rebuilt**) VT **1** [+ *town, building*] 重建 chóngjiàn **2** [+ *economy, confidence*] 恢复(復) huīfù

recall [*vb* rɪ'kɔ:l, *n* 'ri:kɔl] **I** VT **1** (*remember*) 记(記)起 jìqǐ **2** (*recount*) 回忆(憶)起 huíyìqǐ **3** (*call back*) [+ *parliament, ambassador etc*] 召回 zhàohuí; [+ *product*] 收回 shōuhuí **II** N **1** [U] [*of memories*] 回忆(憶) huíyì **2** [S] [*of ambassador etc*] 召回 zhàohuí ▸ **beyond recall** 无(無)法恢复(復) wúfǎ huīfù

receding [rɪ'si:dɪŋ] ADJ [+ *hair*] 后(後)移的 hòuyí de

r

receipt [rɪ'si:t] **I** N **1** [c] *(for purchases)* 收据(據) shōujù [张 zhāng] **2** [c] *(for deposit)* 收条(條) shōutiáo [张 zhāng] **3** [U] *(act of receiving)* 收到 shōudào **II receipts** N PL *(monies received)* 收入 shōurù ▸ **on receipt of** *(frm)* 收到…时(時) shōudào...shí ▸ **to be in receipt of sth** *(frm)* 已收到某物 yǐ shōudào mǒuwù

★ **receive** [rɪ'si:v] VT **1** *(get)* [+ *money, letter etc*] 收到 shōudào; [+ *injury, treatment*] 受到 shòudào; [+ *criticism, acclaim*] 遭受 zāoshòu **2** *(Rad, TV)* 接收 jiēshōu **3** *(frm: welcome)* [+ *visitor, guest*] 接待 jiēdài **4** *(react to)* 接受到 jiēshòudào ▸ **"received with thanks"** *(Comm)* "钱(錢)款已收到，谢(謝)谢(謝)" "qiánkuǎn yǐ shōu dào, xièxie" ▸ **to be on the receiving end of sth** 遭受某事 zāoshòu mǒushì

receiver [rɪ'si:vəʳ] N [c] **1** *(of telephone)* 听(聽)筒 tīngtǒng [个 gè] **2** *(Rad, TV)* 接收器 jiēshōuqì **3** *(Comm)* 破产(產)管理人 pòchǎn guǎnlǐrén

★ **recent** ['ri:snt] ADJ [+ *event*] 最近的 zuìjìn de ▸ **in recent years** *or* **times** 近年来(來)或近一段时(時)期 jìn nián lái *huò* jìn yī duàn shíqī

recently ['ri:sntlɪ] ADV *(lately, not long ago)* 最近 zuìjìn ▸ **until recently** 直到最近 zhídào zuìjìn

reception [rɪ'sɛpʃən] N **1** [s] *(in public building)* 接待处(處) jiēdàichù **2** [c] *(party)* 欢(歡)迎会(會) huānyínghuì [个 gè] **3** [U] *(Rad, TV)* 接收 jiēshōu **4** [c] *(welcome)* 反响(響) fǎnxiǎng [种 zhǒng]

reception desk N [s] 接待处(處) jiēdàichù

receptionist [rɪ'sɛpʃənɪst] *(esp Brit)* N [c] 接待员(員) jiēdàiyuán [位 wèi] [美 = **desk clerk**]

recession [rɪ'sɛʃən] N [c/U] 衰退 shuāituì

recharge [ri:'tʃɑ:dʒ] VT 充电(電) chōngdiàn

recipe ['rɛsɪpɪ] *(Culin)* N [c] 食谱(譜) shípǔ [个 gè] ▸ **a recipe for disaster/success** 造成灾(災)难(難)的因素/成功的秘(祕)诀(訣) zàochéng zāinàn de yīnsù/chénggōng de mìjué

recipient [rɪ'sɪpɪənt] N [c] 接受者 jiēshòuzhě [个 gè]

recital [rɪ'saɪtl] N [c] 独(獨)自表演 dúzì biǎoyǎn

recite [rɪ'saɪt] VT **1** [+ *poem*] 背诵(誦) bèisòng **2** *(enumerate)* [+ *complaints etc*] 列举(舉) lièjǔ

reckless ['rɛkləs] ADJ [+ *person, behaviour*] 鲁(魯)莽的 lǔmǎng de

reckon ['rɛkən] **I** VT **1** *(consider)* 认(認)为(為) rènwéi **2** *(calculate)* 计(計)算 jìsuàn **II** VI ▸ **he is somebody to be reckoned with** 他是一个(個)得认(認)真对(對)付的人 tā shì yī gè děi rènzhēn duìfu de rén ▸ **to reckon without sb/sth** 未考虑(慮)到某人/某事物 wèi kǎolǜdào mǒurén/mǒu shìwù ▸ **I reckon that...** *(think: inf)* 我估计(計)… wǒ gūjì...

▸**reckon on** VT FUS *(expect)* 期望 qīwàng

reclaim [rɪ'kleɪm] VT **1** [+ *luggage, tax etc*] 取回 qǔhuí **2** [+ *land*] *(from sea)* 开(開)垦(墾) kāikěn

recline [rɪ'klaɪn] **I** VI **1** [*person* +] 斜倚 xiéyǐ **2** [*seat* +] 向后(後)倾(傾)斜 xiàng hòu qīngxié **II** VT [+ *seat*] 使倾(傾)斜 shǐ qīngxié

reclining [rɪ'klaɪnɪŋ] ADJ ▸ **a reclining seat** 一个(個)靠背可调(調)整的座位 yī gè kàobèi kě tiáozhěng de zuòwèi

recognition [rɛkəg'nɪʃən] N [U] **1** *(identification)* [*of person, place*] 认(認)出 rènchū **2** *(understanding)* [*of problem, fact*] 承认(認) chéngrèn **3** *(approval)* [*of achievement*] 认(認)可 rènkě ▸ **to change beyond recognition** 变(變)化得使人认(認)不出来(來) biànhuà de shǐ rén rèn bù chūlái ▸ **in recognition of** 为(為)酬答…而 wèi chóudá...ér ▸ **to gain recognition** 得到承认(認) dédào chéngrèn

recognizable ['rɛkəgnaɪzəbl] ADJ 可辨认(認)的 kě biànrèn de

recognize ['rɛkəgnaɪz] VT **1** [+ *person, place, voice*] 认(認)出 rènchū; [+ *sign, symptom*] 识(識)别(別) shíbié; [+ *problem, need*] 承认(認) chéngrèn **2** *(accept validity of)* [+ *qualifications*] 认(認)可 rènkě; [+ *government*] 承认(認) chéngrèn **3** *(show appreciation of)* [+ *achievement*] 认(認)可 rènkě ▸ **to recognize sb by/as** 通过(過)…认(認)出某人/把某人认(認)作… tōngguò...rènchū mǒurén/bǎ mǒurén rènzuò...

recollect [rɛkə'lɛkt] VT 想起 xiǎngqǐ

recollection [rɛkə'lɛkʃən] N **1** [c] *(memory)* 记(記)忆(憶) jìyì **2** [U] *(remembering)* 回忆(憶) huíyì ▸ **to the best of my recollection** 如果我没(沒)有记(記)错(錯) rúguǒ wǒ méiyǒu jìcuò

recommend [rɛkə'mɛnd] VT **1** [+ *book, shop, person*] 推荐(薦) tuījiàn **2** [+ *course of action*] 建议(議) jiànyì ▸ **she has a lot to recommend her** 她有许(許)多值得称(稱)道的地方 tā yǒu xǔduō zhídé chēngdào de dìfang ▸ **to recommend sb for promotion** 推荐(薦)某人升职(職) tuījiàn mǒurén shēngzhí

recommendation [rɛkəmɛn'deɪʃən] N [c/U] 推荐(薦) tuījiàn [个 gè] ▸ **on the recommendation of** 在…建议(議)下 zài...jiànyì xià

reconcile ['rɛkənsaɪl] VT **1** [+ *two people*] 和解 héjiě **2** [+ *two facts, beliefs*] 调(調)和 tiáohé ▸ **to reconcile o.s. to sth** [+ *unpleasant situation etc*] 使自己接受某事 shǐ zìjǐ jiēshòu mǒushì

reconsider [ri:kən'sɪdəʳ] VT, VI 重新考虑(慮) chóngxīn kǎolǜ

reconstruct [ri:kən'strʌkt] VT **1** *(rebuild)* 重建 chóngjiàn **2** *(form picture of)* [+ *event, crime*] 重现(現) chóngxiàn

★ **record** [*n, adj* 'rɛkɔ:d, *vb* rɪ'kɔ:d] **I** N [c] **1** *(written account)* 记(記)载(載) jìzǎi **2** *(also:* **track record**) 记(記)录(錄) jìlù **3** *(sound-recording)* 唱片 chàngpiàn [张 zhāng] **4** *(unbeaten statistic)* 记(記)录(錄) jìlù [个 gè] **II records** N PL 记(記)录(錄) jìlù **III** VT **1** *(make record of, document)* 记(記)录(錄) jìlù **2** *(show, register)* [*thermometer, clock etc* +] 显(顯)示 xiǎnshì

3 (*make recording of*) 录(錄)制(製) lùzhì **IV** ADJ [+ *sales, profits, levels*] 创(創)记(記)录(錄)的 chuàng jìlù de ▸ **in record time** 破记(記)录(錄)地 pò jìlù de ▸ **to keep sth on record** 把某事物记(記)录(錄)保存下来(來) bǎ mǒu shìwù jìlù bǎocún xiàlái ▸ **to have a good/poor record** 有良好/不好的记(記)录(錄) yǒu liánghǎo/bùhǎo de jìlù ▸ **to keep a record of sth** 记(記)录(錄)某事 jìlù mǒushì ▸ **to set** *or* **put the record straight** 澄清事实(實) chéngqīng shìshí ▸ **to be on record** 正式记(記)录(錄)的 zhèngshì jìlù de ▸ **off the record** [*speak* +] 私下里(裡) sīxià li

recorded delivery [rɪˈkɔːdɪd-] (*Brit*) N [U] 挂(掛)号(號)邮(郵)递(遞) guàhào yóudì

recorder [rɪˈkɔːdə^r] N [C] **1** (*Mus*) (*instrument*) 八孔竖(豎)笛 bākǒng shùdí [支 zhī] **2** (*Law*) 法官 fǎguān

recording [rɪˈkɔːdɪŋ] N **1** [C] (*recorded music, voice etc*) 录(錄)音 lùyīn [段 duàn] **2** [U] (*process of recording*) 录(錄)制(製) lùzhì

record player N [C] 唱机(機) chàngjī [部 bù]

recount [rɪˈkaunt] VT [+ *story, event*] 描述 miáoshù

recover [rɪˈkʌvə^r] **I** VI **1** (*from illness, shock, experience*) 恢复(復) huīfù **2** [*country, economy* +] 复(復)原 fùyuán **II** VT **1** [+ *stolen goods, lost items*] 找回 zhǎohuí **2** [+ *body*] 找到 zhǎodào **3** [+ *financial loss*] 挽回 wǎnhuí **4** [+ *consciousness*] 恢复(復) huīfù

recovery [rɪˈkʌvərɪ] N **1** [C/U] (*from illness, operation*) 康复(復) kāngfù **2** [U] [*of stolen, lost items*] 挽回 wǎnhuí **3** [C/U] (*in economy, finances*) 恢复(復) huīfù **4** [U] [*of physical/mental state*] 恢复(復) huīfù ▸ **to be in recovery** (*from addiction etc*) 在恢复(復)中 zài huīfù zhōng

recreate [riːkrɪˈeɪt] VT 重现(現) chóngxiàn

recreation [rɛkrɪˈeɪʃən] N [U] 消遣 xiāoqiǎn

recreational [rɛkrɪˈeɪʃənl] ADJ 娱(娛)乐(樂)的 yúlè de

recruit [rɪˈkruːt] **I** N [C] **1** (*Mil*) 新兵 xīnbīng **2** (*in company, organization*) 新成员(員) xīn chéngyuán **II** VT **1** (*Mil*) 招募 zhāomù **2** [+ *staff, new members*] 招收 zhāoshōu

recruitment [rɪˈkruːtmənt] N [U] 招收 zhāoshōu

rectangle [ˈrɛktæŋgl] N [C] 长(長)方形 chángfāngxíng [个 gè]

rectangular [rɛkˈtæŋgjulə^r] ADJ 长(長)方形的 chángfāngxíng de

rectify [ˈrɛktɪfaɪ] VT 改正 gǎizhèng

rector [ˈrɛktə^r] N [C] 教区(區)长(長) jiàoqūzhǎng

recur [rɪˈkəː^r] VI **1** [*error, event* +] 再发(發)生 zài fāshēng **2** [*illness, pain* +] 复(復)发(發) fùfā

recurring [rɪˈkəːrɪŋ] **I** ADJ (*recurrent*) [+ *problem, dream*] 重复(複)的 chóngfù de **II** ADV (*in decimals*) 循环(環) xúnhuán

recycle [riːˈsaɪkl] VT 再生利用 zàishēng lìyòng

recycling [riːˈsaɪklɪŋ] N [U] 循环(環)利用 xúnhuán lìyòng

★ **red** [rɛd] **I** ADJ **1** 红(紅)色的 hóngsè de **2** [+ *face, person*] 涨(漲)红(紅)的 zhànghóng de **3** [+ *hair*] 红(紅)褐色的 hónghèsè de **4** [+ *wine*] 红(紅)的 hóng de **II** N [C/U] 红(紅)色 hóngsè [种 zhǒng] ▸ **to be in the red** (*inf*) [*bank account, business* +] 负(負)债(債) fùzhài ▸ **to see red** (*inf*) 暴怒 bàonù

Red Cross N ▸ **the Red Cross** 红(紅)十字会(會) Hóngshízìhuì

redcurrant [ˈrɛdkʌrənt] (*Brit: Bot, Culin*) N [C] 小红(紅)浆(漿)果 xiǎo hóngjiāngguǒ [颗 kē]; (*also*: **redcurrant bush**) 红(紅)浆(漿)果树(樹) hóngjiāngguǒ shù [棵 kē]

redeem [rɪˈdiːm] VT **1** [+ *situation*] 挽回 wǎnhuí **2** [+ *sth in pawn, loan*] 赎(贖)回 shúhuí **3** (*Rel*) [+ *person*] 拯救 zhěngjiù ▸ **to redeem o.s.** 弥(彌)补(補)自己的过(過)失 míbǔ zìjǐ de guòshī

red-haired [rɛdˈhɛəd] ADJ 红(紅)棕色头(頭)发(髮)的 hóngzōngsè tóufa de

red-handed [rɛdˈhændɪd] ADJ ▸ **to catch somebody red-handed** 抓住某人做错(錯)事 zhuāzhù mǒurén zuò cuòshì ▹ *He was caught red-handed.* 他被抓住做了错事。Tā bèi zhuāzhù zuòle cuòshì.

redhead [ˈrɛdhɛd] N [C] 有红(紅)棕色头(頭)发(髮)的人 yǒu hóngzōngsè tóufa de rén [个 gè]

red-hot [rɛdˈhɔt] ADJ **1** (*very hot*) 炽(熾)热(熱)的 chìrè de **2** (*inf: very popular*) 热(熱)门(門)的 rèmén de **3** (*inf: passionate*) 狂热(熱)的 kuángrè de ▸ **the red-hot favourite** (*inf*) 大热(熱)门(門) dà rèmén

red light N ▸ **to go through a red light** 闯(闖)红(紅)灯(燈) chuǎng hóngdēng

red-light district [ˈrɛdlaɪt-] N [C] 红(紅)灯(燈)区(區) hóngdēngqū

red meat N [C/U] 牛羊肉 niúyángròu

redo [riːˈduː] VT (*pt* **redid**, *pp* **redone**) 重做 chóngzuò

reduce [rɪˈdjuːs] VT [+ *spending, numbers, risk etc*] 减(減)少 jiǎnshǎo ▸ **to reduce sb to sth** 使某人沦(淪)落到某种(種)状(狀)态(態) shǐ mǒurén lúnluòdào mǒu zhǒng zhuàngtài ▸ **to reduce sth to sth** 使某事陷入某种(種)状(狀)态(態) shǐ mǒushì xiànrù mǒu zhǒng zhuàngtài ▸ **to reduce sth by/to** 将(將)某物减(減)少…/将(將)某物减(減)少到… jiāng mǒuwù jiǎnshǎo…/jiāng mǒuwù jiǎnshǎodào… ▸ **to reduce sb to tears** 使某人伤(傷)心流泪(淚) shǐ mǒurén shāngxīn liúlèi ▸ **to reduce sb to silence** 使某人沉默 shǐ mǒurén chénmò ▸ **"reduce speed now"** (*Aut*) "现(現)在减(減)速" "xiànzài jiǎnsù"

reduced [rɪˈdjuːst] ADJ [+ *goods, ticket etc*] 减(減)少的 jiǎnshǎo de ▸ **"greatly reduced prices"** "大减(減)价(價)" "dàjiǎnjià"

r

reduction [rɪˈdʌkʃən] N **1** [c/U] (*decrease*) 减(減)少 jiǎnshǎo **2** [c] (*discount*) 减(減)价(價) jiǎnjià [次 cì]

redundancy [rɪˈdʌndənsɪ] (*Brit*) N **1** [c] (*dismissal*) 冗员(員) rǒngyuán [美 = **layoff**] **2** [U] (*being dismissed*) 裁员(員) cáiyuán ▸ **compulsory redundancy** 强(強)行裁员(員) qiángxíng cáiyuán ▸ **voluntary redundancy** 自愿(願)减(減)员(員) zìyuàn jiǎnyuán

redundant [rɪˈdʌndnt] ADJ (*Brit*) **1** (*unemployed*) [+ *worker*] 被裁员(員)的 bèi cáiyuán de **2** (*superfluous*) [+ *skills, buildings*] 冗余(餘)的 rǒngyú de ▸ **to be made redundant** [*worker* +] 被裁员(員) bèi cáiyuán

reed [riːd] (*Bot*) N [c] 芦(蘆)苇(葦) lúwěi

reef [riːf] N [c] 暗礁 ànjiāo

reel [riːl] **I** N [c] **1** [*of thread, cable, film, tape*] 卷(捲)轴(軸) juànzhóu **2** (*Cine*) 盘(盤) pán **3** (*on fishing-rod*) 钩(鉤)丝(絲)螺旋轮(輪) gōusī luóxuánlún **4** (*dance*) 里尔(爾)舞(一种(種)轻(輕)快的苏(蘇)格兰(蘭)或爱(愛)尔(爾)兰(蘭)舞) lǐ'ěrwǔ (yī zhǒng qīngkuài de Sūgélán huò Ài'ěrlán wǔ) **II** VI **1** (*sway*) 摇(搖)晃地移动(動) yáohuàng de yídòng **2** (*from shock*) 眩晕(暈) xuànyùn ▸ **my head is reeling** 我头(頭)昏脑(腦)胀(脹) wǒ tóu hūn nǎo zhàng

▸**reel in** VT [+ *fish*] 收线(線)钓(釣)到 shōuxiàn diàodào; [+ *line*] 绕(繞) rào

▸**reel off** VT (*say*) 一口气(氣)说(說)出 yīkǒuqì shuōchū

ref [rɛf] (*Sport*) (*inf*) N [c] (*referee*) 裁判员(員) cáipànyuán

ref. ABBR (= **reference**) 参(參)考号(號) cānkǎohào

refectory [rɪˈfɛktərɪ] N [c] **1** (*in school, university*) 食堂 shítáng **2** (*in monastery*) 斋(齋)房 zhāifáng

refer [rɪˈfəːʳ] VT ▸ **to refer sb to** [+ *book*] 叫某人参(參)看 jiào mǒurén cānkàn; [+ *manager*] 叫某人去…寻(尋)求帮(幫)助 jiào mǒurén qù…xúnqiú bāngzhù; [+ *doctor, hospital*] 将(將)某人交由…治疗(療) jiāng mǒurén jiāo yóu…zhìliáo ▸ **to refer sth to** (*pass on*) [+ *task, problem*] 把某事提交给(給) bǎ mǒushì tíjiāo gěi

▸**refer to** VT FUS **1** (*mention*) 提到 tídào **2** (*by a name*) 说(說)起 shuōqǐ **3** (*relate to*) 指 zhǐ **4** (*mean*) 意为(為) yìwéi **5** (*consult*) 参(參)考 cānkǎo

referee [rɛfəˈriː] **I** N [c] **1** (*Sport*) 裁判员(員) cáipànyuán [位 wèi] **2** (*Brit*) (*for job application*) 证(證)明人 zhèngmíngrén [美 = **reference**] **II** VT [+ *football match etc*] 当(當)裁判 dāng cáipàn

reference [ˈrɛfrəns] N [c] **1** (*mention*) 提到 tídào [次 cì] **2** (*in book, article*) 参(參)考 cānkǎo **3** (*number, name*) 参(參)考号(號) cānkǎohào ▹ *a map reference* 地图图例 dìtú túlì **4** (*for job application: letter*) 证(證)明人 zhèngmíngrén [位 wèi] ▸ **with reference to** *or* **in reference to** (*in letter*) 关(關)于(於)… guānyú… ▸ **"please quote this reference"** (*Comm*) "请(請)注明此编(編)号(號)" "qǐng zhùmíng cǐ biānhào"

reference number N [c] 参(參)考号(號) cānkǎohào

refill [*vb* riːˈfɪl, *n* ˈriːfɪl] **I** VT 再装(裝)满(滿) zài zhuāngmǎn **II** N [c] **1** [*of ink*] 替芯 tìxīn; [*of detergent*] 替换(換)装(裝) tìhuànzhuāng **2** [*of drink*] 续(續)杯 xùbēi

refine [rɪˈfaɪn] VT **1** (*purify*) [+ *substance*] 精炼(煉) jīngliàn **2** (*improve*) [+ *theory, method*] 改良 gǎiliáng

refined [rɪˈfaɪnd] ADJ **1** (*cultured*) [+ *person, taste*] 有教养(養)的 yǒu jiàoyǎng de **2** (*purified*) [+ *substance*] 精炼(煉)的 jīngliàn de

refinery [rɪˈfaɪnərɪ] N [c] 精炼(煉)厂(廠) jīngliànchǎng

reflect [rɪˈflɛkt] **I** VT **1** (*bounce back*) [+ *image*] 映出 yìngchū; [+ *light, heat*] 反射 fǎnshè **2** (*mirror*) [+ *situation, attitude*] 反映 fǎnyìng **II** VI (*think*) 沉思 chénsī

▸**reflect on** VT FUS 带(帶)来(來) dàilái

reflection [rɪˈflɛkʃən] **I** N **1** [c] (*image*) 影像 yǐngxiàng [个 gè] **2** [U] [*of light, heat*] 反射 fǎnshè **3** [c] (*indication*) [*of situation, attitude*] 反映 fǎnyìng **4** [U] (*thought*) 沉思 chénsī **II reflections** N PL 考虑(慮) kǎolǜ ▸ **on reflection** 再经(經)考虑(慮) zài jīng kǎolǜ ▸ **to be a reflection on sb/sth** (*criticism*) 有损(損)于(於)某人/某事 yǒusǔn yú mǒurén/mǒushì

reflex [ˈriːflɛks] **I** N [c] **1** (*Physiol*) (*action, movement*) 反射动(動)作 fǎnshè dòngzuò [个 gè] **2** (*habit*) 反射作用 fǎnshè zuòyòng **II** ADJ [+ *action, movement*] (*also*: **reflex action**) 反射动(動)作的 fǎnshè dòngzuò de **III reflexes** N PL (*speed of reaction*) 反应(應) fǎnyìng

reform [rɪˈfɔːm] **I** N **1** [U] [*of law, system*] 改革 gǎigé **2** [c] (*process, result*) 改革 gǎigé **II** VT [+ *law, system*] 改革 gǎigé **III** VI [*criminal, alcoholic* +] 改过(過) gǎiguò

refrain [rɪˈfreɪn] **I** VI 克制 kèzhì **II** N [c] [*of song*] 叠(疊)句 diéjù ▸ **to refrain from doing sth** 克制而不做某事 kèzhì ér bù zuò mǒushì

refresh [rɪˈfrɛʃ] VT [*sleep, drink, rest* +] 使恢复(復) shǐ huīfù ▸ **to refresh sb's memory** 唤(喚)起某人的记(記)忆(憶) huànqǐ mǒurén de jìyì

refresher course [rɪˈfrɛʃə-] N [c] 进(進)修课(課)程 jìnxiū kèchéng [门(門) mén]

refreshing [rɪˈfrɛʃɪŋ] ADJ **1** [+ *drink, sleep*] 提神的 tíshén de **2** [+ *fact, idea etc*] 令人耳目一新的 lìng rén ěr mù yī xīn de

refreshments [rɪˈfrɛʃmənts] N PL 饮(飲)料及小吃 yǐnliào jí xiǎochī

refrigerator [rɪˈfrɪdʒəreɪtəʳ] N [c] 冰箱 bīngxiāng [个 gè]

refuel [riːˈfjuəl] **I** VI [*aircraft, car* +] 加燃料 jiā

ránliào **II** VT [+ *aircraft, car*] 给(給)…加燃料 gěi...jiā ránliào

refuelling [riːˈfjuəlɪŋ] N [U] 加燃料 jiā ránliào

refuge [ˈrɛfjuːdʒ] N **1** [U] (*source of protection*) 庇护(護) bìhù **2** [C] (*hut*) 庇护(護)所 bìhùsuǒ **3** [C] (*safe house*) 避难(難)所 bìnànsuǒ [个 gè] ▸ **to seek** *or* **take refuge in silence/drink** 从(從)缄(緘)默/饮(飲)酒中寻(尋)求慰藉 cóng jiānmò/yǐnjiǔ zhōng xúnqiú wèijiè

refugee [rɛfjuˈdʒiː] N [C] 难(難)民 nànmín [批 pī] ▸ **a political refugee** 政治难(難)民 yī gè zhèngzhì nànmín

refund [*n* ˈriːfʌnd, *vb* rɪˈfʌnd] **I** N [C] 退款 tuìkuǎn [笔 bǐ] **II** VT [+ *money*] 偿(償)还(還) chánghuán

refurbish [riːˈfəːbɪʃ] VT 重新装(裝)饰(飾) chóngxīn zhuāngshì

refusal [rɪˈfjuːzəl] N [C/U] 拒绝(絕) jùjué ▸ **to give/offer sb first refusal** (*option*) 给(給)某人优(優)先取舍(捨)权(權) gěi mǒurén yōuxiān qǔshěquán

refuse[1] [rɪˈfjuːz] VT, VI 拒绝(絕) jùjué ▸ **to refuse to do sth** 拒绝(絕)做某事 jùjué zuò mǒushì ▸ **to refuse sb sth** 拒绝(絕)给(給)某人某物 jùjué gěi mǒurén mǒuwù ▸ **to refuse sb permission** 不批准某人 bù pīzhǔn mǒurén

refuse[2] [ˈrɛfjuːs] N [U] 垃圾 lājī

refuse collection N [C/U] 垃圾收集 lājī shōují

regain [rɪˈgeɪn] VT [+ *power, control*] 重新取得 chóngxīn qǔdé; [+ *health, confidence*] 恢复(復) huīfù

regard [rɪˈgɑːd] **I** VT (*consider, view*) 认(認)为(為) rènwéi **II** N [U] (*esteem*) 尊敬 zūnjìng ▸ **to give one's regards to** 向…表示问(問)候 xiàng...biǎoshì wènhòu ▸ **"with kindest regards"** "谨(謹)此致侯" "jǐn cǐ zhì hòu" ▸ **as regards, with regard to, in regard to** (*frm*) 关(關)于(於) guānyú ▸ **in this/that regard** 在这(這)/那方面 zài zhè/nà fāngmiàn

regarding [rɪˈgɑːdɪŋ] PREP (*frm*) 关(關)于(於) guānyú

regardless [rɪˈgɑːdlɪs] ADV [*carry on, continue* +] 无(無)论(論)如何 wúlùn rúhé ▸ **regardless of** 不管 bùguǎn

regenerate [rɪˈdʒɛnəreɪt] **I** VT 复(復)兴(興) fùxīng **II** VI (*Bio*) 再生 zàishēng

reggae [ˈrɛgeɪ] N [U] 西印度群岛的节奏很强的流行音乐和舞蹈

regime [reɪˈʒiːm] N [C] **1** (*system of government*) 政体(體) zhèngtǐ **2** (*diet, exercise*) 养(養)生法 yǎngshēngfǎ

regiment [*n* ˈrɛdʒɪmənt, *vb* ˈrɛdʒɪmɛnt] **I** N [C] (*Mil*) 团(團) tuán [个 gè] **II** VT [+ *people*] 严(嚴)格控制 yángé kòngzhì

region [ˈriːdʒən] N [C] **1** (*area*) 区(區)域 qūyù [个 gè] **2** (*administrative division*) 地区(區) dìqū ▸ **in the region of** (*frm: approximately*) 大约(約) dàyuē

regional [ˈriːdʒənl] ADJ 地区(區)的 dìqū de

register [ˈrɛdʒɪstə[r]] **I** N [C] **1** (*at hotel*) 登记(記) dēngjì [个 gè] **2** (*in school*) 注(註)册(冊) zhùcè [个 gè] **3** (*official record*) 记(記)录(錄) jìlù **II** VT **1** [+ *birth, death, marriage*] 登记(記) dēngjì **2** [+ *letter*] 挂(掛)号(號)邮(郵)寄 guàhào yóujì **3** (*indicate*) [+ *amount, measurement*] 显(顯)示为(為) xiǎnshìwéi; [+ *feeling, opinion*] 流露出 liúlùchū **III** VI **1** (*sign up*) (*at hotel*) 登记(記) dēngjì; (*at doctor's, dentist's, for work, class*) 注(註)册(冊) zhùcè **2** (*show*) [*amount, measurement* +] 显(顯)示 xiǎnshì **3** (*make impression*) 留有印象 liúyǒu yìnxiàng ▸ **to register a protest** 以示抗议(議) yǐ shì kàngyì

registered [ˈrɛdʒɪstəd] ADJ **1** (*Post*) [+ *letter, mail*] 挂(掛)号(號)的 guàhào de **2** [+ *drug addict*] 有记(記)录(錄)的 yǒu jìlù de **3** [+ *child minder etc*] 注(註)册(冊)的 zhùcè de

registrar [ˈrɛdʒɪstrɑː[r]] N [C] **1** (*in registry office*) 登记(記)员(員) dēngjìyuán [个 gè] **2** (*Brit*) (*in hospital*) 专(專)科住院医(醫)师(師) zhuānkē zhùyuàn yīshī [位 wèi] **3** (*in college, university*) 大学中主管招生, 考试等事务的负责人

registration [rɛdʒɪsˈtreɪʃən] N [C/U] [*of birth, death, students*] 登记(記) dēngjì [个 gè]

registration number (*Brit*) N [C] 牌照号(號)码(碼) páizhào hàomǎ [个 gè] [美 = **license number**]

registry office [ˈrɛdʒɪstrɪ-] (*Brit*) N [C] 户(戶)籍登记(記)处(處) hùjí dēngjìchù ▸ **to get married in a registry office** 在户(戶)籍登记(記)处(處)公证(證)结(結)婚 zài hùjí dēngjìchù gōngzhèng jiéhūn

regret [rɪˈgrɛt] **I** N [C/U] 遗(遺)憾 yíhàn [个 gè] **II** VT **1** [+ *one's action*] 后(後)悔 hòuhuǐ **2** [+ *event*] 对(對)…表示遗(遺)憾 duì...biǎoshì yíhàn ▸ **with regret** 遗(遺)憾地 yíhàn de ▸ **to have no regrets** 没(沒)有遗(遺)憾 méiyǒu yíhàn ▸ **to regret that...** 对(對)…感到后(後)悔 duì...gǎndào hòuhuǐ ▸ **we regret to inform you that...** 我们(們)遗(遺)憾地通知您… wǒmen yíhàn de tōngzhī nín...

regrettable [rɪˈgrɛtəbl] ADJ (*frm*) 令人遗(遺)憾的 lìng rén yíhàn de

regrettably [rɪˈgrɛtəblɪ] ADV (*frm*) 可惜地 kěxī de

regular [ˈrɛgjulə[r]] **I** ADJ **1** (*even*) [+ *breathing, intervals*] 有规(規)律的 yǒu guīlǜ de; [+ *features, shape etc*] 匀(勻)称(稱)的 yúnchèn de **2** (*frequent*) [+ *event*] 有规(規)律的 yǒu guīlǜ de; [+ *visitor*] 经(經)常的 jīngcháng de **3** (*usual*) 固定的 gùdìng de **4** (*normal*) 正常的 zhèngcháng de **5** [+ *soldier*] 正规(規)的 zhèngguī de **6** (*Ling*) [+ *verb etc*] 规(規)则(則)的 guīzé de **II** N [C] (*client etc*) (*in bar, restaurant, shop*) 常客 chángkè

regularly [ˈrɛgjuləlɪ] ADV **1** (*frequently*) 经(經)常 jīngcháng **2** (*at set intervals*) 定期地 dìngqī de **3** (*smoothly, evenly*) [+ *spaced, distributed*] 均匀(勻)地 jūnyún de **4** (*symmetrically*) [+ *shaped etc*] 匀(勻)称(稱)地 yúnchèn de

regulate ['rɛgjuleɪt] VT **1** *(control)* 管制 guǎnzhì **2** *(adjust)* [*+ machine, oven*] 调(調)整 tiáozhěng

regulation [rɛgju'leɪʃən] N **1** [C] *(rule)* 规(規)章 guīzhāng [套 tào] **2** [U] *(control)* [*of process, expenditure, speed*] 法规(規) fǎguī

rehabilitation ['riːəbɪlɪ'teɪʃən] N [U] [*of criminal, drug addict, invalid*] 康复(復) kāngfù

rehearsal [rɪ'həːsəl] N [C/U] 排练(練) páiliàn [次 cì]

rehearse [rɪ'həːs] VT, VI 排练(練) páiliàn

reign [reɪn] **I** N [C] [*of monarch*] 统(統)治 tǒngzhì **II** VI **1** [*monarch +*] 统(統)治 lǒngzhào **2** [*peace, calm, silence etc +*] 笼(籠)罩 lǒngzhào ▸ **a reign of terror** 恐怖时(時)期 kǒngbù shíqī ▸ **to reign supreme** 占(佔)绝(絕)对(對)优(優)势(勢) zhàn juéduì yōushì

reimburse [riːɪm'bəːs] VT 偿(償)还(還) chánghuán

rein [reɪn] N [C] *(for horse)* 缰(韁)绳(繩) jiāngshéng [根 gēn] ▸ **to give sb free rein** 给(給)予某人充分自由 jǐyǔ mǒurén chōngfèn zìyóu ▸ **to keep a tight rein on sth** 严(嚴)密地控制某事 yánmì de kòngzhì mǒushì
▸**rein in** VT 控制 kòngzhì

reincarnation [riːɪnkɑː'neɪʃən] N **1** [U] *(belief)* 转(轉)世 zhuǎnshì **2** [C] *(reincarnated being)* 转(轉)世化身 zhuǎnshì huàshēn

reindeer ['reɪndɪəʳ] (*pl* **reindeer**) N 驯(馴)鹿 xùnlù

reinforce [riːɪn'fɔːs] VT **1** *(strengthen)* 加固 jiāgù **2** *(back up)* [*+ idea, statement, prejudice*] 加强(強) jiāqiáng

reinforcement [riːɪn'fɔːsmənt] **I** N [C/U] **1** *(strengthening)* 加固 jiāgù **2** *(backing up)* [*of attitude, prejudice*] 加强(強) jiāqiáng **II reinforcements** N PL *(Mil)* 增援 zēngyuán

reinstate [riːɪn'steɪt] VT **1** [*+ tax, law, practice*] 恢复(復) huīfù **2** [*+ employee*] 恢复(復)职(職)位 huīfù zhíwèi

reject [*vb* rɪ'dʒɛkt, *n* 'riːdʒɛkt] **I** VT **1** [*+ plan, belief, idea, goods*] 拒绝(絕)接受 jùjué jiēshòu **2** [*+ applicant, admirer*] 拒绝(絕) jùjué **3** [*machine +*] [*+ coin*] 不接受 bù jiēshòu **4** *(Med)* [*+ heart, kidney*] 排斥 páichì **II** N [C] 退货(貨)产(產)品 tuìhuò chǎnpǐn

rejection [rɪ'dʒɛkʃən] N [C/U] **1** [*of plan, belief etc*] 拒绝(絕)接受 jùjué jiēshòu **2** [*of applicant*] 拒绝(絕) jùjué **3** *(feeling)* 拒绝(絕) jùjué **4** *(Med)* [*of heart, kidney*] 排斥 páichì

rejoice [rɪ'dʒɔɪs] VI ▸ **to rejoice at** *or* **over sth** 因某事感到高兴(興) yīn mǒushì gǎndào gāoxìng

relate [rɪ'leɪt] **I** VI ▸ **to relate to** *(empathize with)* [*+ person*] 与(與)…交往 yǔ...jiāowǎng; *(concern)* [*+ subject*] 与(與)…有关(關) yǔ...yǒuguān **II** VT **1** *(tell)* [*+ story etc*] *(frm)* 讲(講)述 jiǎngshù **2** *(connect)* 将(將)…联(聯)系(繫)起来(來) jiāng...liánxì qǐlái

related [rɪ'leɪtɪd] ADJ **1** [*+ questions, issues*] 有联(聯)系(繫)的 yǒu liánxì de **2** [*+ people*] 有亲(親)缘(緣)关(關)系(係)的 yǒu qīnyuán guānxì de **3** [*+ species, languages*] 属(屬)同一种(種)类(類)的 shǔ tóngyī zhǒnglèi de ▸ **to be related to sb** 和某人有关(關)连(連) hé mǒurén yǒu guānlián ▸ **to be related to sth** [*species, language +*] 和某事有关(關)连(連) hé mǒushì yǒu guānlián

relating to [rɪ'leɪtɪŋ-] PREP 关(關)于(於) guānyú

relation [rɪ'leɪʃən] **I** N [C] **1** *(relative)* 亲(親)戚(慼) qīnqi [个 gè] **2** *(connection)* 关(關)系(係) guānxì [种 zhǒng] **II relations** N PL *(rapport)* 关(關)系(係) guānxì ▸ **diplomatic/international relations** 外交/国(國)际(際)关(關)系(係) wàijiāo/guójì guānxì ▸ **to bear no relation to** 和…无(無)关(關) hé...wúguān ▸ **in relation to** 与(與)…相比 yǔ...xiāngbǐ

relationship [rɪ'leɪʃənʃɪp] N [C] **1** *(connection)* 关(關)系(係) guānxì [个 gè] **2** *(rapport)* *(between two people, countries)* 关(關)系(係) guānxì [种 zhǒng] **3** *(affair)* 亲(親)密的关(關)系(係) qīnmì de guānxì [种 zhǒng] ▸ **to have a good relationship** 关(關)系(係)亲(親)密 guānxì qīnmì

relative ['rɛlətɪv] **I** N [C] *(member of family)* 亲(親)戚(慼) qīnqi [个 gè] **II** ADJ *(comparative)* 相对(對)的 xiāngduì de ▸ **relative to** 相对(對)于(於) xiāngduì yú ▸ **it's all relative** 都是相对(對)而言 dōushì xiāngduì ér yán

relatively ['rɛlətɪvlɪ] ADV 相对(對) xiāngduì

relax [rɪ'læks] **I** VI **1** [*person +*] *(unwind)* 放松 fàngsōng **2** [*body, muscle +*] 松弛 sōngchí **II** VT **1** [*+ person, mind*] 使放松 shǐ fàngsōng **2** [*+ one's grip, muscles*] 使松弛 shǐ sōngchí **3** [*+ rule, control*] 放宽(寬) fàngkuān

relaxation [riːlæk'seɪʃən] N [U] **1** *(rest)* 消遣 xiāoqiǎn **2** [*of rule, control etc*] 放宽(寬) fàngkuān

relaxed [rɪ'lækst] ADJ [*+ person*] 放松(鬆)的 fàngsōng de; [*+ discussion, atmosphere*] 轻(輕)松(鬆)的 qīngsōng de

relaxing [rɪ'læksɪŋ] ADJ 令人放松(鬆)的 lìng rén fàngsōng de

relay [*n* 'riːleɪ, *vb* rɪ'leɪ] **I** N [C] *(also:* **relay race***)* 接力赛(賽) jiēlìsài [场 chǎng] **II** VT **1** [*+ message, news*] 转(轉)述 zhuǎnshù **2** [*+ programme, broadcast*] 转(轉)播 zhuǎnbō

★ **release** [rɪ'liːs] **I** N **1** [C] [*of prisoner*] 释(釋)放 shìfàng [次 cì] **2** [C] [*of documents, funds etc*] 公开(開) gōngkāi **3** [C] [*of gas, water etc*] 排放 páifàng **4** [U] *(from obligation, situation)* 免除 miǎnchú **5** [U] [*of film, record*] 发(發)行 fāxíng **6** [C] *(record, film)* 发(發)行 fāxíng **7** [C] *(Tech)* *(device)* 释(釋)放器 shìfàngqì **II** VT **1** [*+ person*] *(from captivity)* 释(釋)放 shìfàng; *(from wreckage etc)* 解救 jiějiù; *(from obligation, responsibility)* 免除 miǎnchú **2** [*+ gas etc*] 排放 páifàng **3** *(let go of)* 放开(開) fàngkāi **4** *(Tech)* [*+ catch, spring* etc] 放开(開) fàngkāi; (*Aut*) [+ *clutch, brake*] 松(鬆)开(開) sōngkāi **5** [+ *record, film*] 发(發)行 fāxíng **6** [+ *report, news, figures*] 发(發)表 fābiǎo ▸ **"on general release"** [*film* +] "公开(開)上映" "gōngkāi shàngyìng"

relegate ['rɛləgeɪt] VT **1** (*Brit: Sport*) ▸ **to be relegated** 被降级(級) bèi jiàngjí **2** (*downgrade*) ▸ **to relegate sth to...** 把某物降级(級)到··· bǎ mǒuwù jiàngjídào...

relent [rɪ'lɛnt] VI 让(讓)步 ràngbù

relentless [rɪ'lɛntlɪs] ADJ **1** [+ *heat, noise, pressure*] 不断(斷)的 bùduàn de **2** [+ *tyrant, enemy*] 残(殘)忍的 cánrěn de

relevant ['rɛləvənt] ADJ **1** [+ *fact, information, question*] 切题(題)的 qiètí de **2** [+ *chapter, area*] 相关(關)的 xiāngguān de ▸ **relevant to** 和···有关(關)的 hé...yǒuguān de

reliable [rɪ'laɪəbl] ADJ [+ *person, firm, news, information*] 可靠的 kěkào de; [+ *method, machine*] 可信赖(賴)的 kě xìnlài de

relic ['rɛlɪk] N [C] **1** [*of the past*] 遗(遺)物 yíwù [个 gè] **2** (*historical object*) 纪(紀)念物 jìniànwù [个 gè] **3** (*Rel*) 圣(聖)者遗(遺)物 shèngzhě yíwù

relief [rɪ'li:f] **I** N **1** [U] (*alleviation*) 缓(緩)解 huǎnjiě **2** [U] (*gladness*) 如释(釋)重负(負) rú shì zhòng fù **3** [U] (*aid*) (*to country etc*) 救援 jiùyuán **4** [C] (*Art*) 浮雕 fúdiāo **5** [U] (*Geo*) 地势(勢)起伏 dìshì qǐfú **II** CPD [+ *bus, driver*] 后(後)备(備) hòubèi ▸ **in relief** (*Art*) 浮雕 fúdiāo

relieve [rɪ'li:v] VT **1** (*alleviate*) [+ *pain, worry*] 减(減)轻(輕) jiǎnqīng **2** (*take over from*) [+ *colleague*] 换(換)班 huànbān ▸ **to relieve sb of sth** [+ *load*] 替某人拿某物 tì mǒurén ná mǒuwù; [+ *duties, post*] 免除 miǎnchú ▸ **to relieve o.s.** (*euphemism*) 解大小便 jiě dà xiǎo biàn

relieved [rɪ'li:vd] ADJ 宽(寬)慰的 kuānwèi de ▸ **to be relieved that...** 对(對)···感到放心 duì...gǎndào fàngxīn ▸ **I'm relieved to hear it** 听(聽)到这(這)么(麼)说(說)我感到宽(寬)慰 tīngdào zhème shuō wǒ gǎndào kuānwèi

religion [rɪ'lɪdʒən] N **1** [U] (*belief*) 宗教信仰 zōngjiào xìnyǎng **2** [C] (*set of beliefs*) 宗教 zōngjiào [种 zhǒng]

religious [rɪ'lɪdʒəs] ADJ **1** [+ *activities, faith*] 宗教的 zōngjiào de **2** [+ *person*] 笃(篤)信宗教的 dǔxìn zōngjiào de **3** [+ *book*] 有关(關)宗教的 yǒuguān zōngjiào de

religious education N [U] 宗教教育 zōngjiào jiàoyù

relinquish [rɪ'lɪŋkwɪʃ] VT [+ *authority, control, claim*] 放弃(棄) fàngqì

relish ['rɛlɪʃ] **I** N **1** [C/U] (*Culin*) 调(調)味品 tiáowèipǐn **2** [U] (*enjoyment*) 乐(樂)趣 lèqù **II** VT (*enjoy*) [+ *challenge, competition*] 享受 xiǎngshòu; [+ *idea, thought, prospect*] 喜欢(歡) xǐhuan ▸ **to relish doing sth** 乐(樂)于(於)做某事 lèyú zuò mǒushì

relocate [ri:ləu'keɪt] **I** VT [+ *business, staff*] 调(調)动(動) diàodòng **II** VI 迁(遷)往别(別)处(處) qiānwǎng biéchù

reluctance [rɪ'lʌktəns] N [U] 不情愿(願) bù qíngyuàn

reluctant [rɪ'lʌktənt] ADJ (*unwilling*) 不情愿(願)的 bù qíngyuàn de ▸ **to be reluctant to do sth** 不愿(願)做某事 bùyuàn zuò mǒushì

reluctantly [rɪ'lʌktəntlɪ] ADV 不情愿(願)地 bù qíngyuàn de

rely on [rɪ'laɪ-] VT FUS **1** (*be dependent on*) 依赖(賴) yīlài **2** (*trust*) 信赖(賴) xìnlài

★ **remain** [rɪ'meɪn] VI **1** (*continue to be*) 仍然是 réngrán shì **2** (*stay*) 逗留 dòuliú **3** (*survive*) 遗(遺)留 yíliú ▸ **to remain silent/in control** 保持沉默/仍然控制局面 bǎochí chénmò/réngrán kòngzhì júmiàn ▸ **much remains to be done** 还(還)有许(許)多事情要做 hái yǒu xǔduō shìqing yào zuò ▸ **the fact remains that...** 事实(實)上情况(況)是··· shìshí shang qíngkuàng shì... ▸ **it remains to be seen whether...** 是否···，以后(後)可见(見)分晓(曉) shìfǒu..., yǐhòu kě jiàn fēnxiǎo

remainder [rɪ'meɪndə^r] **I** N [S] (*rest*) 剩余(餘)部分 shèngyú bùfen **II** VT (*Comm*) 清仓(倉)抛(拋)售 qīngcāng pāoshòu

remaining [rɪ'meɪnɪŋ] ADJ 剩下的 shèngxià de

remains [rɪ'meɪnz] N PL **1** (*remnants*) [*of object, building, meal*] 剩余(餘)物 shèngyúwù **2** (*relics*) 遗(遺)迹(跡) yíjì **3** [*of dead person*] 遗(遺)体(體) yítǐ

remand [rɪ'ma:nd] **I** N ▸ **to be on remand** 被还(還)押 bèi huányā **II** VT **1** ▸ **to be remanded in custody** 被还(還)押 bèi huányā **2** ▸ **to be remanded on bail** 被保释(釋)候审(審) bèi bǎoshì hòushěn

remark [rɪ'ma:k] **I** N [C] (*comment*) 评(評)论(論) pínglùn [个 gè] **II** VT (*comment*) 评(評)论(論) pínglùn ▸ **to remark that...** 说(說)··· shuō... ▸ **to remark on sth** 谈(談)论(論)某事 tánlùn mǒushì

用法参见 **comment**

remarkable [rɪ'ma:kəbl] ADJ 不寻(尋)常的 bù xúncháng de

remarkably [rɪ'ma:kəblɪ] ADV 极(極)其地 jíqí de

remarry [ri:'mærɪ] VI 再婚 zàihūn

remedy ['rɛmədɪ] **I** N [C] **1** (*for illness*) 治疗(療)法 zhìliáofǎ **2** (*for situation*) 补(補)救的方法 bǔjiù de fāngfǎ **II** VT **1** [+ *mistake, injustice*] 改正 gǎizhèng **2** [+ *situation*] 补(補)救 bǔjiù

★ **remember** [rɪ'mɛmbə^r] VT **1** (*still have in mind*) [+ *person, name, event*] 记(記)住 jìzhù **2** (*bring back to mind*) 回想起 huíxiǎngqǐ **3** (*bear in mind*) 牢记(記) láojì ▸ **remember me to him** (*send greetings*) 代我向他问(問)候 dài wǒ xiàng tā wènhòu ▸ **to remember doing sth** *or* **having done sth** 记(記)得做过(過)某事 jìde zuòguo mǒushì ▸ **she remembered to do it** 她记(記)得要做某事 tā jìde yào zuò mǒushì

r

remembrance [rɪˈmɛmbrəns] N **1** (*memory*) ▸ **in remembrance of** 纪(紀)念 jìniàn **2** [C/U] (*souvenir*) [*of place, event*] 纪(紀)念物 jìniànwù

Remembrance Day, Remembrance Sunday (*Brit*) N 阵(陣)亡将(將)士纪(紀)念(唸)日 zhènwáng jiàngshì jìniànrì

REMEMBRANCE SUNDAY

Remembrance Sunday 是最接近11月11日的那个星期天，在这一天人们纪念在两次世界大战中阵亡的将士。

remind [rɪˈmaɪnd] VT 提醒 tíxǐng ▸ **to remind sb to do sth** 提醒某人做某事 tíxǐng mǒurén zuò mǒushì ▸ **to remind sb that...** 提醒某人… tíxǐng mǒurén… ▸ **to remind sb of sth** (*issue reminder*) 提醒某人某事 tíxǐng mǒurén mǒushì ▸ **to remind sb of sb/sth** (*be reminiscent of*) 使某人想起某人/某事 shǐ mǒurén xiǎngqǐ mǒurén/mǒushì ▸ **that reminds me!** 我记(記)起来(來)了！ wǒ jì qǐlái le!

reminder [rɪˈmaɪndəʳ] N [C] **1** [*of person, place, event*] 唤(喚)起记(記)忆(憶)的事物 huànqǐ jìyì de shìwù **2** (*aide-memoire*) 提醒物 tíxǐngwù **3** (*official letter*) 催缴(繳)单(單) cuījiǎodān

reminiscent [rɛmɪˈnɪsnt] ADJ ▸ **to be reminiscent of sth** 使人想起某事 shǐ rén xiǎngqǐ mǒushì

remnant [ˈrɛmnənt] N [C] **1** (*relic*) 残(殘)余(餘) cányú **2** (*Comm*) [*of cloth*] 碎布头(頭) suìbùtóu

remorse [rɪˈmɔːs] N [U] 悔恨 huǐhèn

remote [rɪˈməut] ADJ **1** (*isolated*) [+ *place*] 遥(遙)远(遠)的 yáoyuǎn de **2** (*distant*) [+ *person*] 冷淡的 lěngdàn de **3** (*slight*) [+ *possibility, chance*] 微小的 wēixiǎo de ▸ **in the remote past** 在遥(遙)远(遠)的过(過)去 zài yáoyuǎn de guòqù ▸ **there is a remote possibility that...** …的可能性极小 ...de kěnéngxìng jí xiǎo ▸ **to be remote from** 与(與)…无(無)关(關) yǔ...wúguān

remote control N **1** [C] (*device*) (*for TV etc*) 遥(遙)控器 yáokòngqì [个 gè] **2** [U] (*system*) 遥(遙)控 yáokòng

remotely [rɪˈməutlɪ] ADV (*at all*) 丝(絲)毫 sīháo

removal [rɪˈmuːvəl] N **1** [U] (*of object, stain*) 去除 qùchú **2** [U] [*of threat, suspicion*] 排除 páichú **3** [C/U] (*Brit*) (*from building*) 搬迁(遷) bānqiān **4** [U] (*dismissal*) (*from office*) 免职(職) miǎnzhí

removal man (*pl* **removal men**) (*Brit*) N [C] 搬运(運)工 bānyùngōng [个 gè]

removal van (*Brit*) N [C] 搬迁(遷)专(專)用车(車) bānqiān zhuānyòngchē [辆 liàng]

remove [rɪˈmuːv] VT **1** [+ *object, organ*] 移走 yízǒu **2** [+ *clothing, bandage*] 脱(脫)下 tuōxià **3** [+ *stain*] 清除 qīngchú **4** [+ *obstacle, problem, suspicion, threat*] 消除 xiāochú **5** [+ *official*] 免职(職) miǎnzhí **6** [+ *name*] (*from list*) 删(刪)除 shānchú ▸ **my first cousin once removed** 我堂亲(親)/表亲(親)的子女 wǒ tángqīn/biǎoqīn de zǐnǚ

rename [riːˈneɪm] VT 重新命名 chóngxīn mìngmíng

render [ˈrɛndəʳ] (*frm*) VT **1** (*give*) [+ *service, aid*] 提供 tígōng **2** ▸ **to render sth harmless/worthless** 使某物无(無)害/一文不值 shǐ mǒuwù wúhài/yī wén bù zhí **3** (*submit*) [+ *account*] 翻译(譯) fānyì

rendezvous [ˈrɔndɪvuː] (*pl* **rendezvous** [ˈrɔndɪvuz]) **I** N [C] **1** (*meeting*) 约(約)会(會) yuēhuì **2** (*place*) 约(約)会(會)地点(點) yuēhuì dìdiǎn **II** VI **1** [*people, spacecraft* +] 会(會)合 huìhé ▸ **to rendezvous with sb** 与(與)某人在约(約)定地点(點)相会(會) yǔ mǒurén zài yuēdìng dìdiǎn xiānghuì

renew [rɪˈnjuː] VT **1** [+ *efforts, attack, talks*] 重新开(開)始 chóngxīn kāishǐ **2** [+ *loan, contract*] 延长(長) yáncháng **3** [+ *acquaintance, relationship*] 重建 chóngjiàn

renewable [rɪˈnjuːəbl] ADJ (*energy, resource*) 可更新的 kě gēngxīn de

renewal [rɪˈnjuːəl] N **1** [C/U] [*of licence, contract etc*] 更新 gēngxīn **2** [S] [*of hostilities, conflict*] 重新开(開)始 chóngxīn kāishǐ

renewed [rɪˈnjuːd] ADJ 复(復)兴(興)的 fùxīng de

renovate [ˈrɛnəveɪt] VT 修复(復) xiūfù

renowned [rɪˈnaund] ADJ 著名的 zhùmíng de ▸ **to be renowned for sth** 由于(於)某事而知名 yóuyú mǒushì ér zhīmíng

rent [rɛnt] **I** N [C/U] (*for building, room, land*) 租金 zūjīn [笔 bǐ] **II** VT **1** (*hire*) [+ *building, room, land, car*] 租用 zūyòng **2** (*also*: **rent out**) [+ *house, room*] 出租 chūzū

rental [ˈrɛntl] **I** N **1** [C] (*charge*) 租金 zūjīn **2** [U] (*act of renting*) 租赁(賃) zūlìn **II** ADJ 出租的 chūzū de

rental car (*US*) N [C] 租的车(車) zū de chē [英 = **hire car**]

reorganize [riːˈɔːgənaɪz] VT 重组(組) chóngzǔ

rep [rɛp] N **1** (*representative*) (*for group*) 代表 dàibiǎo; (*also*: **sales rep**) 商品经(經)销(銷)代理 shāngpǐn jīngxiāo dàilǐ [位 wèi] **2** (*Theat*) (*repertory*) 仓(倉)库(庫) cāngkù

Rep. (*US: Pol*) ABBR **1** (= **representative**) 众(眾)议(議)院议(議)员(員) zhòngyìyuàn yìyuán **2** (= **republican**) 共和党(黨)的 gònghédǎng de

repair [rɪˈpɛəʳ] **I** N [C/U] 修理 xiūlǐ [次 cì] **II** VT **1** [+ *object, building*] 修补(補) xiūbǔ **2** [+ *damage*] 维(維)修 wéixiū ▸ **in good/bad repair** 维(維)修良好/不善 wéixiū liánghǎo/bù shàn ▸ **to be beyond repair** 无(無)法修复(復) wúfǎ xiūfù ▸ **under repair** (*road etc*) 在修理中 zài xiūlǐ zhōng

repair kit N [C] 成套维(維)修工具 chéngtào wéixiū gōngjù

repay [riːˈpeɪ] (*pt, pp* **repaid**) VT **1** [+ *loan, debt, person*] 偿(償)还(還) chánghuán **2** [+ *favour*] 报(報)答 bàodá **3** [+ *sb's efforts, attention*] 值得 zhídé

repayment [riːˈpeɪmənt] N **1** [c] (*sum of money*) 还(還)款 huánkuǎn **2** [ʊ] (*action of repaying*) 偿(償)还(還) chánghuán
repeat [rɪˈpiːt] **I** VT **1** [+ *statement, question*] 重复(複) chóngfù **2** [+ *action, mistake*] 重做 chóngzuò **3** (*Rad, TV*) 重播 chóngbō **4** (*Scol*) [+ *class, course*] 重修 chóngxiū **5** [+ *pattern*] 重复(複) chóngfù **II** VI ▸ **I repeat** 我重申 wǒ chóngshēn **III** N [c] **1** (*Rad, TV*) 重播 chóngbō [次 cì] **2** [*of event*] 重演 chóngyǎn ▸ **to repeat o.s.** 一再重述 yī zài chóngshù ▸ **to repeat itself** 再次发(發)生 zàicì fāshēng
repeatedly [rɪˈpiːtɪdlɪ] ADV 反复(復)地 fǎnfù de
repeat prescription N [c] 同样(樣)药(藥)方 tóngyàng yàofāng
repellent [rɪˈpɛlənt] ADJ 令人厌(厭)恶(惡)的 lìng rén yànwù de
repetition [rɛpɪˈtɪʃən] N [c/ʊ] (*repeat occurrence*) 重复(複) chóngfù
repetitive [rɪˈpɛtɪtɪv] ADJ [+ *movements, work, music*] 反复(復)的 fǎnfù de
replace [rɪˈpleɪs] VT **1** (*put back*) 将(將)…放回 jiāng…fànghuí **2** (*supply replacement for*) [+ *sth damaged, lost, worn out*] 替换(換) tìhuàn **3** (*take the place of*) 代替 dàitì ▸ **to replace sth with sth else** 用某物代替某物 yòng mǒuwù dàitì mǒuwù
replacement [rɪˈpleɪsmənt] N **1** [c] (*substitute person*) 代替人 dàitìrén **2** [c] (*substitute object*) 代替物 dàitìwù **3** [ʊ] (*act of replacing*) 代替 dàitì
replay [*n* ˈriːpleɪ, *vb* riːˈpleɪ] **I** N [c] **1** (*TV*) (*repeat showing*) 重放 chóngfàng [次 cì] **2** [*of match*] 重新比赛(賽) chóngxīn bǐsài [场 chǎng] **II** VT [+ *track, song*] (*on tape*) 重新播放 chóngxīn bōfàng ▸ **to replay a match** 重新比赛(賽) chóngxīn bǐsài
replica [ˈrɛplɪkə] **I** N [c] 复(複)制(製)品 fùzhìpǐn **II** ADJ 复(複)制(製)的 fùzhì de
reply [rɪˈplaɪ] **I** N [c] **1** (*answer*) 回答 huídá [个 gè] **2** (*retaliation*) 反应(應) fǎnyìng **II** VI **1** (*to question, letter*) 答复(復) dáfù **2** (*retaliation*) (*to attack etc*) 回应(應) huíyìng ▸ **in reply to your question...** 就你的问(問)题(題)而言… jiù nǐ de wèntí ér yán... ▸ **"in reply to your letter..."** "对(對)您来(來)信的回复(復)…" "duì nín láixìn de huífù..." ▸ **there's no reply** (*Tel*) 无(無)人接听(聽) wúrén jiētīng
★**report** [rɪˈpɔːt] **I** N [c] **1** (*account*) 报(報)告 bàogào [个 gè] **2** (*Publishing, TV*) (*bulletin*) 报(報)道 bàodào [个 gè] **3** (*Brit*) (*also*: **school report**) 成绩(績)单(單) chéngjìdān [份 fèn] **4** [*of gun*] 爆炸声(聲) bàozhàshēng **II** VT **1** (*state*) 汇(匯)报(報) huìbào **2** (*Publishing, TV*) 报(報)道 bàodào **3** (*bring to notice*) [+ *theft, accident, death*] 报(報)案 bào'àn; [+ *person*] 告发(發) gàofā **III** VI (*make a report*) 汇(匯)报(報) huìbào ▸ **to report to sb** (*present o.s. to*) 向某人报(報)到 xiàng mǒurén bàodào; (*be responsible to*) 对(對)某人负(負)责(責) duì mǒurén fùzé ▸ **to report on sth** 报(報)告某事 bàogào mǒushì ▸ **to report sick** 报(報)病 bàobìng ▸ **it is reported that...** 据(據)报(報)道… jù bàodào...
report card (*US*) N [c] 学(學)生成绩(績)报(報)告单(單) xuéshēng chéngjì bàogàodān [份 fèn] [英 = **report**]
reportedly [rɪˈpɔːtɪdlɪ] ADV 据(據)说(說) jùshuō
reporter [rɪˈpɔːtə^r] N [c] 记(記)者 jìzhě [名 míng]
represent [rɛprɪˈzɛnt] VT **1** (*act on behalf of*) [+ *person, nation*] 代表 dàibiǎo **2** (*reflect*) [+ *view, belief*] 体(體)现(現) tǐxiàn **3** (*stand for*) [+ *word, object*] 表示 biǎoshì **4** (*constitute*) 体(體)现(現) tǐxiàn ▸ **to represent sb/sth as** (*describe*) 把某人/某事描绘(繪)成 bǎ mǒurén/mǒushì miáohuì chéng
representation [rɛprɪzɛnˈteɪʃən] **I** N **1** [ʊ] (*representatives*) 代表 dàibiǎo **2** [c] (*depiction*) 描绘(繪) miáohuì **II representations** N PL (*protest*) 抗议(議) kàngyì
representative [rɛprɪˈzɛntətɪv] **I** N [c] **1** [*of person, nation*] 代表 dàibiǎo [个 gè] **2** (*Comm*) 代理 dàilǐ **3** (*US: Pol*) 众(眾)议(議)院议(議)员(員) zhòngyìyuàn yìyuán **II** ADJ [+ *group, survey, cross-section*] 有代表性的 yǒu dàibiǎoxìng de ▸ **representative of** 典型的 diǎnxíng de
repress [rɪˈprɛs] VT [+ *people, revolt*] 压(壓)制 yāzhì; [+ *feeling, impulse*] 压(壓)抑 yāyì
repression [rɪˈprɛʃən] N **1** [c/ʊ] [*of people, country*] 镇(鎮)压(壓) zhènyā **2** [c] [*of feelings*] 压(壓)抑 yāyì
reprimand [ˈrɛprɪmɑːnd] **I** N [c] 训(訓)斥 xùnchì **II** VT 训(訓)斥 xùnchì
reproduce [riːprəˈdjuːs] **I** VT 复(複)制(製) fùzhì **II** VI (*breed*) 繁殖 fánzhí
reproduction [riːprəˈdʌkʃən] N **1** [c] (*copy*) [*of document*] 拷贝(貝)件 kǎobèijiàn [个 gè]; [*of painting, furniture*] 复(複)制(製)品 fùzhìpǐn **2** [ʊ] (*copying*) 复(複)印 fùyìn **3** [ʊ] (*breeding*) 繁殖 fánzhí **4** [ʊ] [*of sound*] 录制(製) lùzhì
reptile [ˈrɛptaɪl] N [c] 爬行动(動)物 páxíng dòngwù [种 zhǒng]
republic [rɪˈpʌblɪk] N [c] 共和国(國) gònghéguó [个 gè]
republican [rɪˈpʌblɪkən] **I** ADJ **1** [+ *system, government etc*] 共和政体(體)的 gònghé zhèngtǐ de **2** (*US: Pol*) ▸ **Republican** 共和党(黨)的 gònghédǎng de **II** N [c] **1** (*anti-monarchist*) 共和主义(義)者 gònghé zhǔyìzhě **2** (*US: Pol*) ▸ **Republican** 共和党(黨)党(黨)员(員) gònghédǎng dǎngyuán
reputable [ˈrɛpjutəbl] ADJ 声(聲)誉(譽)好的 shēngyù hǎo de
reputation [rɛpjuˈteɪʃən] N [c] 名声(聲)

r

míngshēng [种 zhǒng] ▸ **to have a reputation for** 因…而闻(聞)名 yīn...ér wénmíng

reputed [rɪ'pju:tɪd] ADJ 据(據)说(說)的 jùshuō de

request [rɪ'kwɛst] **I** N [c] **1** (*polite demand*) 要求 yāoqiú [个 gè] **2** (*Rad*) 点(點)播 diǎnbō **II** VT 要求 yāoqiú ▸ **on request** 应(應)要求 yìng yāoqiú ▸ **at the request of** 应(應)…的要求 yìng...de yāoqiú ▸ **Mr and Mrs X request the pleasure of your company...** (*frm*) X先生和夫人敬请(請)您的大驾(駕)光临(臨)… X xiānsheng hé fūrén jìng qǐng nín de dàjià guānglín...

require [rɪ'kwaɪə'] VT **1** (*need*) 需要 xūyào **2** (*demand*) 要求 yāoqiú ▸ **to be required** [*approval, permission* +] 必须(須)有 bìxū yǒu ▸ **to require sb to do sth** 要求某人做某事 yāoqiú mǒurén zuò mǒushì ▸ **if required** 如有需要 rú yǒu xūyào ▸ **required by law** 法律规(規)定 fǎlǜ guīdìng

requirement [rɪ'kwaɪəmənt] N [c] **1** (*need*) 需要的事物 xūyào de shìwù **2** (*condition*) 必备(備)条(條)件 bìbèi tiáojiàn ▸ **to meet sb's requirements** 符合某人的要求 fúhé mǒurén de yāoqiú

rescue ['rɛskju:] **I** N [c/U] 营(營)救 yíngjiù [次 cì] **II** VT 解救 jiějiù ▸ **to go/come to sb's rescue** 前往/来(來)营(營)救某人 qiánwǎng/lái yíngjiù mǒurén ▸ **to rescue sb from sth** 从(從)某事中解救某人 cóng mǒushì zhōng jiějiù mǒurén

★**research** [rɪ'sə:tʃ] **I** N [U] 研究 yánjiū **II** VT [+ *story, subject*] 研究 yánjiū **III** VI ▸ **to research into sth** 研究某事 yánjiū mǒushì ▸ **to do research** 从(從)事研究 cóngshì yánjiū ▸ **a piece of research** 一个(個)研究课(課)题(題) yī gè yánjiū kètí ▸ **research and development** 研究与(與)开(開)发(發) yánjiū yǔ kāifā

resemblance [rɪ'zɛmbləns] N [c/U] (*likeness*) 相似 xiāngsì [种 zhǒng] ▸ **to bear a strong resemblance to** 与(與)…极(極)其相似 yǔ...jíqí xiāngsì ▸ **it bears no resemblance to...** 与(與)…毫无(無)相似之处(處) yǔ...háo wú xiāngsì zhī chù

resemble [rɪ'zɛmbl] VT 与(與)…相似 yǔ...xiāngsì

resent [rɪ'zɛnt] VT [+ *attitude, treatment*] 憎恶(惡) zēngwù; [+ *person*] 怨恨 yuànhèn

resentful [rɪ'zɛntful] ADJ 憎恨的 zēnghèn de

resentment [rɪ'zɛntmənt] N [c/U] 憎恨 zēnghèn

reservation [rɛzə'veɪʃən] N **1** [c] (*booking*) 预(預)定 yùdìng [个 gè] **2** [c/U] (*doubt*) 保留 bǎoliú **3** [c] (*land*) 保留地 bǎoliúdì ▸ **with reservation(s)** (*doubts*) 持保留意见(見) chí bǎoliú yìjiàn ▸ **to make a reservation** (*in hotel, restaurant, on train*) 预(預)定 yùdìng

reservation desk (*US*) N [c] (*in hotel*) 预(預)定台(臺) yùdìngtái [个 gè]

reserve [rɪ'zə:v] **I** VT **1** [+ *seat, table, ticket etc*] 预(預)定 yùdìng **2** (*keep*) 保留 bǎoliú **II** N [c] **1** (*store*) [*of food, fuel, energy, talent etc*] 储(儲)备(備) chǔbèi **2** [c] (*Brit: Sport*) 候补(補)队(隊)员(員) hòubǔ duìyuán [名 míng] **3** [c] (*also:* **nature reserve**) 自然保护(護)区(區) zìrán bǎohùqū **4** [U] (*restraint*) 矜持 jīnchí **III reserves** N PL (*Mil*) 后(後)备(備)军(軍) hòubèijūn ▸ **in reserve** 备(備)用 bèiyòng

reserved [rɪ'zə:vd] ADJ **1** (*unavailable*) [+ *seat*] 已预(預)定的 yǐ yùdìng de **2** (*restrained*) 矜持的 jīnchí de

reservoir ['rɛzəvwa:'] N [c] **1** [*of water*] 水库(庫) shuǐkù [坐 zuò] **2** [*of talent etc*] 储(儲)备(備) chǔbèi

residence ['rɛzɪdəns] N **1** [c] (*frm: home*) 居所 jūsuǒ **2** [U] (*length of stay*) 居住 jūzhù ▸ **to take up residence** 开(開)始居住 kāishǐ jūzhù ▸ **to be in residence** (*queen etc*) 居住 jūzhù ▸ **writer/artist in residence** 常驻(駐)作家/艺(藝)术(術)家 chángzhù zuòjiā/yìshùjiā ▸ **place of residence** (*frm*) 居住地 jūzhùdì

residence permit (*Brit*) N [c] 居留许(許)可 jūliú xǔkě

resident ['rɛzɪdənt] **I** N [c] **1** [*of country, town, house*] 居民 jūmín [位 wèi] **2** [*of hotel*] 房客 fángkè **II** ADJ **1** (*frm: residing*) 居住的 jūzhù de **2** [+ *population*] 居住的 jūzhù de

residential [rɛzɪ'dɛnʃəl] ADJ **1** [+ *area*] 住宅的 zhùzhái de **2** [+ *course*] 寄宿制的 jìsùzhì de **3** [+ *staff*] 住宿的 zhùsù de **4** [+ *home*] 居住的 jūzhù de

residue ['rɛzɪdju:] (*Chem*) N [c] 残(殘)余(餘) cányú

resign [rɪ'zaɪn] **I** VT [+ *one's job*] 辞(辭)去 cíqù **II** VI 辞(辭)职(職) cízhí ▸ **to resign o.s. to sth** [+ *situation, fact*] 听(聽)任某事 tīngrèn mǒushì

resignation [rɛzɪg'neɪʃən] N **1** [c/U] (*from job*) 辞(辭)呈 cíchéng **2** [U] (*state of mind*) 达(達)观(觀) dáguān ▸ **to tender one's resignation** 宣布辞(辭)职(職) xuānbù cízhí

resilient [rɪ'zɪlɪənt] ADJ **1** [+ *material*] 有弹(彈)性的 yǒu tánxìng de **2** [+ *person*] 适(適)应(應)力强(強)的 shìyìnglì qiáng de

resin ['rɛzɪn] N [c/U] **1** (*natural*) 树(樹)脂 shùzhī **2** (*synthetic*) 合成树(樹)脂 héchéng shùzhī

resist [rɪ'zɪst] VT **1** (*withstand*) [+ *change, demand*] 抗拒 kàngjù; [+ *enemy, attack, damage, cold*] 抵抗 dǐkàng; [+ *temptation, urge*] 克制 kèzhì **2** (*withstand temptation of*) 抗拒 kàngjù

resistance [rɪ'zɪstəns] N **1** [s/U] (*opposition*) (*to change, demand*) 抵制 dǐzhì **2** [s/U] (*Med*) (*to illness, infection*) 抵抗力 dǐkànglì **3** [s/U] (*Mil*) 抵抗 dǐkàng **4** [U] (*Elec*) 电(電)阻 diànzǔ

resistant [rɪ'zɪstənt] ADJ **1** (*to change etc*) 抵制的 dǐzhì de **2** (*to chemical, disease, antibiotics*) 有抵抗力的 yǒu dǐkànglì de

resit [ri:'sɪt] (*Brit*) **I** VT [+ *exam*] 补(補)考 bǔkǎo

II N [c] 补(補)考 bǔkǎo [次 cì]
resolute ['rɛzəlu:t] ADJ [+ *person*] 坚(堅)定的 jiāndìng de; [+ *refusal, action*] 果断(斷)的 guǒduàn de
resolution [rɛzə'lu:ʃən] N **1** [c/U] (*vow, determination*) 决(決)心 juéxīn [个 gè] **2** [c] (*formal decision*) 决(決)议(議) juéyì **3** [s] (*solution*) [*of problem, difficulty*] 解决(決) jiějué ▸ **to make a resolution** 下决(決)心 xià juéxīn ▸ **New Year's resolution** 新年决(決)心 xīnnián juéxīn
resolve [rɪ'zɔlv] I VT [+ *problem, difficulty*] 解决(決) jiějué II VI ▸ **to resolve to do sth** 下决(決)心去做某事 xià juéxīn qù zuò mǒushì III N [U] (*determination*) 决(決)心 juéxīn
resort [rɪ'zɔ:t] I N **1** [c] (*also*: **holiday resort**) 度假胜(勝)地 dùjià shèngdì [个 gè] **2** (*recourse*) ▸ **without resort to** 不诉(訴)诸(諸)于(於) bù sù zhū yú II VI ▸ **to resort to sth** 最终(終)诉(訴)诸(諸)于(於)某事 zuìzhōng sù zhū yú mǒushì ▸ **a seaside/winter sports resort** 海边(邊)/冬季运(運)动(動)胜(勝)地 yī gè hǎibiān/dōngjì yùndòng shèngdì ▸ **as a last resort** 作为(為)最后(後)手段 zuòwéi zuìhòu shǒuduàn ▸ **in the last resort** 最终(終)还(還)得 zuìzhōng hái děi
resource [rɪ'zɔ:s] I N [c] (*raw material*) 资(資)源 zīyuán II **resources** N PL **1** (*coal, iron, oil*) 资(資)源 zīyuán **2** (*money*) 财(財)力 cáilì III VT (*Brit*) ▸ **to be adequately/poorly resourced** 设(設)备(備)充足/不足 shèbèi chōngzú/bùzú ▸ **natural resources** 自然资(資)源 zìrán zīyuán
resourceful [rɪ'zɔ:sful] ADJ 机(機)敏的 jīmǐn de
respect [rɪs'pɛkt] I N [U] (*consideration, esteem*) 尊敬 zūnjìng II VT [+ *person*] 尊敬 zūnjìng; [+ *sb's wishes, beliefs*] 考虑(慮)到 kǎolǜdào; [+ *custom, tradition*] 尊重 zūnzhòng III **respects** N PL (*regards*) 问(問)候 wènhòu ▸ **to have respect for sb/sth** 对(對)某人/某事怀(懷)有敬意 duì mǒurén/mǒushì huáiyǒu jìngyì ▸ **to show sb/sth respect** 对(對)某人/某事表示尊敬 duì mǒurén/mǒushì biǎoshì zūnjìng ▸ **with respect to** *or* **in respect of** (*frm*) 关(關)于(於) guānyú ▸ **in this respect** 就此而言 jiù cǐ ér yán ▸ **in some/many respects** 在某些/许(許)多方面 zài mǒuxiē/xǔduō fāngmiàn ▸ **with (all due) respect** 尊重您的意见(見), 但是 zūnzhòng nín de yìjiàn, dànshì ▸ **to pay one's respects** (*frm*) 表示某人的敬意 biǎoshì mǒurén de jìngyì
respectable [rɪs'pɛktəbl] ADJ **1** [+ *area, background*] 体(體)面的 tǐmiàn de **2** [+ *person*] 受人尊敬的 shòurén zūnjìng de **3** (*adequate*) [+ *amount, income*] 过(過)得去的 guòdequ de; [+ *standard, mark etc*] 相当(當)好的 xiāngdāng hǎo de
respectful [rɪs'pɛktful] ADJ 恭敬的 gōngjìng de
respective [rɪs'pɛktɪv] ADJ 分别(別)的 fēnbié de
respectively [rɪs'pɛktɪvlɪ] ADV 分别(別) fēnbié ▸ **France and Britain were 3rd and 4th respectively** 法国(國)和英国(國)分别(別)名列第3和第4 Fǎguó hé Yīngguó fēnbié míngliè dì sān hé dì sì
respite ['rɛspaɪt] N [s/U] (*rest*) 暂(暫)缓(緩) zànhuǎn
respond [rɪs'pɔnd] VI **1** (*answer*) 回应(應) huíyìng **2** (*react*) (*to pressure, criticism*) 回应(應) huíyìng; (*to treatment*) 反应(應) fǎnyìng
response [rɪs'pɔns] N [c] **1** (*answer*) (*to question, remark*) 回答 huídá **2** (*reaction*) (*to situation, event*) 反应(應) fǎnyìng ▸ **in response to** 作为(為)回应(應) zuòwéi huíyìng
responsibility [rɪspɔnsɪ'bɪlɪtɪ] I N **1** [U] (*liability*) 责(責)任 zérèn **2** [s] (*duty*) 职(職)责(責) zhízé **3** [U] (*obligation*) 义(義)务(務) yìwù II **responsibilities** N PL 责(責)任 zérèn ▸ **to take responsibility for sth/sb** 对(對)某事/某人负(負)责(責) duì mǒushì/mǒurén fùzé
responsible [rɪs'pɔnsɪbl] ADJ **1** (*at fault*) 负(負)有责(責)任的 fùyǒu zérèn de **2** (*in charge*) 负(負)责(責)的 fùzé de **3** (*sensible, trustworthy*) [+ *person*] 可靠的 kěkào de; [+ *job*] 责(責)任重大的 zérèn zhòngdà de ▸ **to be responsible for sth/doing sth** 为(為)某事/做某事负(負)责(責) wèi mǒushì/zuò mǒushì fùzé ▸ **to be responsible to sb** 对(對)某人负(負)责(責) duì mǒurén fùzé

> 请勿将 **responsible for** 和 **responsible to** 混淆。如果你 **responsible for** 某事物，表示你有责任处理此事，并做出与之有关的决定。*We cannot be responsible for delays between sending and receipt of e-mails.* **responsible for** 也可表示某人是导致某事发生的原因，或应对此承担责任。*He still felt responsible for her death.* 如果你 **responsible to** 某个人或某个组织，表明他们是你的上级，你需要向他们进行汇报。*I'm responsible to my board of directors.*

responsibly [rɪs'pɔnsɪblɪ] ADV 明事理地 míng shìlǐ de
responsive [rɪs'pɔnsɪv] ADJ **1** (*receptive*) 积(積)极(極)响(響)应(應)的 jījí xiǎngyìng de **2** (*to sb's needs, interests etc*) 反应(應)灵(靈)敏的 fǎnyìng língmǐn de
rest [rɛst] I N **1** [U] (*relaxation*) 休息 xiūxi **2** [c] (*break*) 休息 xiūxi [次 cì] **3** [s] (*remainder*) 剩余(餘) shèngyú **4** [c] (*support*) 支架 zhījià II VI **1** (*relax*) 休息 xiūxi **2** (*be supported*) 依靠 yīkào III VT (*relax*) [+ *eyes, legs, muscles*] 休息 xiūxi ▸ **to rest sth on/against sth** (*lean*) 把某物靠在某物上 bǎ mǒuwù kào zài mǒuwù shang ▸ **to rest on sth** (*lean on*) 靠在某物上 kào zài mǒuwù shang; (*be based on*) 依据(據)某物 yījù mǒuwù ▸ **the rest (of them)** (*people, objects*) (他们(們)当(當)中)其余(餘)的 (tāmen

r

dāngzhōng)qíyú de ▸ **and the rest/all the rest of it** 以及其余(餘)/其余(餘)所有的 yǐjí qíyú/qíyú suǒyǒu de ▸ **to put** *or* **set sb's mind at rest** 使某人免于(於)忧(憂)虑(慮) shǐ mǒurén miǎnyú yōulǜ ▸ **to rest one's eyes** *or* **gaze on sth** 将(將)目光停留在某物上 jiāng mùguāng tíngliú zài mǒuwù shang ▸ **to come to rest** [*object* +] 停下来(來) tíng xiàlái ▸ **to lay sb to rest** 安葬某人 ānzàng mǒurén ▸ **to let the matter rest** 使事情到此为(為)止 shǐ shìqing dào cǐ wéi zhǐ ▸ **I won't rest until...** 直到…我才会(會)停止 zhídào...wǒ cái huì tíngzhǐ ▸ **I rest my case** (*hum*) 我无(無)需多说(說)了 wǒ wúxū duō shuō le

rest area (*US*) N [c] 路边(邊)服务(務)站 lùbiān fúwùzhàn [个 gè] [英 = **service station**]

restaurant ['rɛstərɔŋ] N [c] 餐馆(館) cānguǎn [家 jiā]

restaurant car (*Brit*) N [c] 餐车(車) cānchē [美 = **dining car**]

restful ['rɛstful] ADJ [+ *music, lighting, atmosphere*] 令人放松的 lìng rén fàngsōng de

restless ['rɛstlɪs] ADJ **1** (*dissatisfied*) 焦躁不安的 jiāozào bù'ān de **2** (*fidgety*) 坐立不安的 zuòlì bù'ān de

restoration [rɛstə'reɪʃən] N **1** [c/U] [*of painting, church etc*] 修复(復) xiūfù **2** [U] [*of rights, of law and order*] 恢复(復) huīfù **3** [U] [*of land*] 复(復)原 fùyuán **4** [U] [*of health, sight, etc*] 恢复(復) huīfù **5** (*Hist*) ▸ **the Restoration** 1660年英国查理二世王权复辟

restore [rɪ'stɔːʳ] VT **1** [+ *painting, building*] 修复(復) xiūfù **2** [+ *law and order*] 恢复(復) huīfù **3** [+ *faith, confidence*] 重建 chóngjiàn **4** (*to power, former state*) 使…复(復)位 shǐ...fùwèi **5** [+ *land*] 恢复(復) huīfù **6** (*return: frm*) 归(歸)还(還) guīhuán **7** [+ *health, sight*] 恢复(復) huīfù

restrain [rɪs'treɪn] VT **1** [+ *person*] 阻止 zǔzhǐ **2** [+ *curiosity, anger*] 抑制 yìzhì **3** [+ *growth, inflation*] 遏制 èzhì ▸ **to restrain sb from doing sth** 阻止某人做某事 zǔzhǐ mǒurén zuò mǒushì ▸ **to restrain o.s. from doing sth** 克制自己做某事 kèzhì zìjǐ zuò mǒushì

restraint [rɪs'treɪnt] N **1** [c/U] (*restriction*) 约(約)束 yuēshù **2** [U] (*moderation*) 克制 kèzhì ▸ **wage restraint** 工资(資)限额(額)政策 gōngzī xiàn'é zhèngcè

restrict [rɪs'trɪkt] VT **1** [+ *growth, membership, privilege*] 限制 xiànzhì **2** [+ *vision, movements*] 阻碍(礙) zǔ'ài **3** [+ *activities*] 约(約)束 yuēshù

restriction [rɪs'trɪkʃən] N [c] 限制 xiànzhì

rest room (*US*) N [c] 洗手间(間) xǐshǒujiān [个 gè] [英 = **toilet, lavatory**]

restructure [riː'strʌktʃəʳ] VT **1** [+ *organization, system*] 改组(組) gǎizǔ **2** [+ *debt*] 重组(組) chóngzǔ

★ **result** [rɪ'zʌlt] **I** N [c] [*of event, action*] 后(後)果 hòuguǒ [种 zhǒng]; [*of match, election, exam, competition*] 结(結)果 jiéguǒ [个 gè]; [*of calculation*] 答案 dá'àn [个 gè] **II** VI 产(產)生 chǎnshēng ▸ **to result in** 导(導)致 dǎozhì ▸ **as a result of** 由于(於) yóuyú ▸ **to result from** 因…而产(產)生 yīn...ér chǎnshēng ▸ **as a result it is...** 因此是… yīncǐ shì...

resume [rɪ'zjuːm] **I** VT [+ *work, journey*] 继(繼)续(續) jìxù **II** VI (*start again*) 继(繼)续(續) jìxù ▸ **to resume one's seat** (*frm*) 回到原座 huí dào yuán zuò

résumé ['reɪzjuːmeɪ] N [c] **1** (*summary*) 摘要 zhāiyào **2** (*US*) (*CV*) 简(簡)历(歷) jiǎnlì [份 fèn] [英 = **CV**]

resuscitate [rɪ'sʌsɪteɪt] VT **1** (*Med*) 使…苏(甦)醒 shǐ...sūxǐng **2** [+ *plan, idea*] 重新启(啟)动(動) chóngxīn qǐdòng

retail ['riːteɪl] **I** ADJ [+ *trade, sales*] 零售的 língshòu de **II** ADV 零卖(賣)地 língmài de **III** VT (*sell*) 零售 língshòu **IV** VI ▸ **to retail at** *or* **for...** 以…价(價)格零售 yǐ...jiàgé língshòu

retailer ['riːteɪləʳ] N [c] 零售商 língshòushāng

retail price N [c] 零售价(價) língshòujià

retain [rɪ'teɪn] VT [+ *independence, humour, heat*] 保持 bǎochí; [+ *ticket, souvenir*] 保留 bǎoliú

retaliate [rɪ'tælɪeɪt] VI 报(報)复(復) bàofù

retaliation [rɪtælɪ'eɪʃən] N [U] 报(報)复(復) bàofù ▸ **in retaliation for** 为(為)…复(復)仇 wèi...fùchóu

retarded [rɪ'tɑːdɪd] ADJ **1** [+ *child*] 智力迟(遲)缓(緩)的 zhìlì chíhuǎn de **2** [+ *development, growth*] 发(發)育迟(遲)缓(緩)的 fāyù chíhuǎn de ▸ **mentally retarded** 智力迟(遲)缓(緩)的 zhìlì chíhuǎn de

retire [rɪ'taɪəʳ] VI **1** (*give up work*) 退休 tuìxiū **2** (*frm: withdraw*) 离(離)开(開) líkāi **3** (*frm: go to bed*) 就寝(寢) jiùqǐn

retired [rɪ'taɪəd] ADJ 退休的 tuìxiū de

retiree [rɪtaɪə'riː] (*US*) N [c] 领(領)养(養)老金的人 lǐng yǎnglǎojīn de rén [位 wèi] [英 = **pensioner**]

retirement [rɪ'taɪəmənt] N [c/U] 退休 tuìxiū

retort [rɪ'tɔːt] **I** VI 反驳(駁) fǎnbó **II** N [c] (*reply*) 反驳(駁) fǎnbó

retreat [rɪ'triːt] **I** N **1** [c] (*place*) 隐(隱)居处(處) yǐnjūchù **2** [c/U] (*act*) 退避 tuìbì **3** [c/U] (*Mil*) 撤退 chètuì **II** VI **1** (*from danger, enemy*) 退避 tuìbì **2** (*from promise etc*) 放弃(棄) fàngqì **3** (*Mil*) 撤退 chètuì ▸ **to beat a hasty retreat** 迅速逃离(離) xùnsù táolí

retrieve [rɪ'triːv] VT **1** [+ *object*] 取回 qǔhuí **2** (*put right*) [+ *situation, error*] 挽回 wǎnhuí **3** (*Comput*) 检索 jiǎnsuǒ

retrospect ['rɛtrəspɛkt] N ▸ **in retrospect** 回顾(顧) huígù

★ **return** [rɪ'təːn] **I** VI [*person* +] 返回 fǎnhuí ▷ *I returned to my hotel.* 我返回到我住的酒店。Wǒ fǎnhuí dào wǒ zhù de jiǔdiàn.; [*situation, symptom* +] 再出现(現) zàichūxiàn ▷ *If the pain returns, repeat the treatment.* 如果疼痛再出现，则重复疗程。Rúguǒ téngtòng zài chūxiàn,

zé chóngfù liáochéng. **II** VT **1** [+ *something borrowed or stolen*] 归(歸)还(還) guīhuán ▷ *He returned her passport.* 他归还了她的护照。Tā guīhuánle tā de hùzhào. **2** [+ *favour, feeling, greeting*] 回 huí **3** (*Law*) [+ *verdict*] 裁决(決) cáijué **4** (*Pol*) [+ *candidate*] 当(當)选(選) dāngxuǎn **5** [+ *ball*] 回传(傳) huíchuán **III** N **1** [s] [*of person*] 返回 fǎnhuí **2** [s] [*of something borrowed or stolen*] 归(歸)还(還) guīhuán **3** [s] (*to activity, to a state*) 回到 huídào **4** [c/U] (*Econ*) (*from land, shares, investment*) 盈利 yínglì **5** [s] [*of merchandise*] 退货(貨) tuìhuò **6** [U] (*Comput*) (*key*) 回车(車)键(鍵) huíchējiàn **IV returns** N PL (*Comm*) 利润(潤) lìrùn ▸ **in return (for)** 作为(為)(对(對)…)的回报(報) zuòwéi(duì...)de huíbào ▸ **by return of post** 请(請)即赐(賜)复(復) qǐng jí cìfù ▸ **many happy returns (of the day)!** 生日快乐(樂)！ shēngrì kuàilè! **V** CPD **1** (*Brit*) [+ *journey, ticket*] 往返 wǎngfǎn **2** [+ *match*] (*Brit*) 回访(訪) huífǎng
▸**return to** VT FUS **1** [+ *consciousness, power*] 恢复(復) huīfù **2** [+ *subject, activity*] 回到 huídào

reunion [riːˈjuːnɪən] N **1** [c] [*of family, school, class etc*] 团(團)聚 tuánjù [次 cì] **2** [c/U] [*of two people*] 重聚 chóngjù

reunite [riːjuːˈnaɪt] VT **1** [+ *people*] 重聚 chóngjù **2** [+ *organization, country etc*] 使…重新团(團)结(結) shǐ...chóngxīn tuánjié

rev [rɛv] (*Aut*) N ABBR (= **revolution**) 旋转(轉) xuánzhuǎn

revamp [riːˈvæmp] VT 更新 gēngxīn

rev counter (*Brit*: *Aut*) N [c] 转(轉)速计(計)数(數)器 zhuǎnsù jìshùqì

Rev(d). (*Rel*) ABBR = **reverend**

reveal [rɪˈviːl] VT **1** (*make known*) 透露 tòulù **2** (*make visible*) 展现(現) zhǎnxiàn

revealing [rɪˈviːlɪŋ] ADJ **1** [+ *comment, action*] 揭露事实(實)的 jiēlù shìshí de **2** [+ *clothes*] 暴露的 bàolù de

revel [ˈrɛvl] VI ▸ **to revel in sth** 尽(盡)情享受某事物 jìnqíng xiǎngshòu mǒu shìwù

revelation [rɛvəˈleɪʃən] **I** N **1** [c] (*fact*) 透露出来(來)的事 tòulù chūlái de shì **2** [s] (*surprise*) 揭露 jiēlù **3** [c/U] (*disclosure*) [*of fact*] 揭露 jiēlù **II Revelations** N PL (*in Bible*) 启(啟)示录(錄) Qǐshìlù

revenge [rɪˈvɛndʒ] **I** N [U] 复(復)仇 fùchóu **II** VT [+ *defeat, injustice*] 报(報)复(復) bàofù ▸ **to get one's revenge (for sth)** (为(為)某事)进(進)行报(報)复(復) (wèi mǒushì)jìnxíng bàofù ▸ **to take (one's) revenge (on sb)** (对(對)某人)进(進)行报(報)复(復) (duì mǒurén)jìnxíng bàofù ▸ **to revenge o.s. (on sb)** (向某人)进(進)行报(報)复(復) (xiàng mǒurén)jìnxíng bàofù

revenue [ˈrɛvənjuː] N [c/U] 岁(歲)入 suìrù

Reverend [ˈrɛvərənd] ADJ (*in titles*) ▸ **the Reverend John Smith** (*Catholic*) 约(約)翰・史密斯神父 Yuēhàn Shǐmìsī shénfu; (*Protestant*) 约(約)翰・史密斯牧师(師) Yuēhàn Shǐmìsī mùshī; (*Anglican*) 约(約)翰・史密斯会(會)长(長) Yuēhàn Shǐmìsī huìzhǎng

reversal [rɪˈvəːsl] N [c] **1** (*turnaround*) 翻转(轉) fānzhuǎn **2** (*setback*) 挫败(敗) cuòbài

reverse [rɪˈvəːs] **I** N **1** [s] (*opposite*) 相反 xiāngfǎn **2** [U] (*Aut*) (*also*: **reverse gear**) 倒退挡(檔) dàotuìdǎng **3** [s] (*back*) [*of cloth, coin, medal*] 反面 fǎnmiàn; [*of paper*] 背面 bèimiàn **4** [c] (*setback, defeat*) 挫败(敗) cuòbài **II** ADJ **1** [+ *process, effect*] 相反的 xiāngfǎn de **2** [+ *side*] 反面的 fǎnmiàn de **III** VT **1** [+ *order, position, direction*] 使反转(轉) shǐ fǎnzhuǎn **2** [+ *process, decision, trend*] 彻(徹)底转(轉)变(變) chèdǐ zhuǎnbiàn **3** (*Law*) [+ *judgement, verdict*] 撤销(銷) chèxiāo **4** [+ *roles*] 互换(換) hùhuàn **5** [+ *car*] (*esp Brit*) 倒退行驶(駛) dàotuì xíngshǐ [美 = **back up**] **IV** VI (*Brit*: *Aut*) 倒退行驶(駛) dàotuì xíngshǐ [美 = **back up**] ▸ **in reverse** (*action, process*) 顺(順)序相反 shùnxù xiāngfǎn; (*Aut*) 挂(掛)倒挡(檔) guà dàodǎng ▸ **in reverse order** 逆序 nìxù ▸ **to go into reverse** [*trend* +] 逆转(轉) nìzhuǎn; (*in car*) 挂(掛)倒挡(檔) guà dàodǎng

reverse-charge call [rɪˈvəːstʃɑːdʒ-] (*Brit*) N [c] 受话(話)人付费(費)电(電)话(話) shòuhuàrén fùfèi diànhuà [美 = **collect call**]

reversing lights [rɪˈvəːsɪŋ-] (*Brit*) N PL 倒车(車)灯(燈) dàochēdēng

revert [rɪˈvəːt] VI **1** ▸ **to revert to** [+ *former state*] 回到 huídào **2** (*Law*) [*money, property* +] 物归(歸)原主 wù guī yuánzhǔ

review [rɪˈvjuː] **I** N [c] **1** (*evaluation*) [*of book, film*] 评(評)论(論) pínglùn [个 gè] **2** (*examination*) [*of situation, policy etc*] 审(審)查 shěnchá **3** (*magazine*) 评(評)论(論)刊物 pínglùn kānwù **4** (*Mil*) 检阅(閱) jiǎnyuè **II** VT **1** [+ *book, film etc*] 评(評)论(論) pínglùn **2** [+ *situation, policy etc*] 审(審)查 shěnchá **3** (*Mil*) [+ *troops*] 检阅(閱) jiǎnyuè ▸ **to be/come under review** 受到审(審)查 shòudào shěnchá

reviewer [rɪˈvjuːəʳ] N [c] 评(評)论(論)家 pínglùnjiā

revise [rɪˈvaɪz] **I** VT (*alter, adapt*) [+ *manuscript, article*] 修改 xiūgǎi; [+ *opinion, attitude*] 修正 xiūzhèng; [+ *procedure*] 改进(進) gǎijìn; (*study*) 复(復)习(習) fùxí **II** VI (*study*) (*Brit*) 复(復)习(習) fùxí ▸ **revised edition** 修订(訂)本 xiūdìngběn

revision [rɪˈvɪʒən] N **1** [c/U] (*alteration, adaptation*) 修改 xiūgǎi **2** [U] (*Brit*) (*studying*) 复(復)习(習) fùxí

revival [rɪˈvaɪvəl] N [c] **1** (*renewed popularity*) 复(復)兴(興) fùxīng **2** (*economic*) 复(復)苏(甦) fùsū **3** (*Theat*) 重新上演 chóngxīn shàngyǎn

revive [rɪˈvaɪv] **I** VT **1** [+ *person*] 使苏(甦)醒 shǐ sūxǐng **2** [+ *economy, industry*] 复(復)苏(甦) fùsū **3** [+ *custom*] 复(復)兴(興) fùxīng **4** [+ *hope, courage, interest etc*] 唤(喚)起 huànqǐ **5** [+ *play*]

重演 chóngyǎn **II** VI **1** [*person* +] 苏(甦)醒 sūxǐng **2** [*activity, economy, faith, interest etc* +] 复(復)苏(甦) fùsū

revolt [rɪ'vəult] **I** N [c/ʊ] **1** (*rebellion*) 造反 zàofǎn **2** (*rejection*) 反叛 fǎnpàn **II** VI 起义(義) qǐyì **III** VT 使憎恶(惡) shǐ zēngwù ▸ **to revolt against sb/sth** 反抗某人/某物 fǎnkàng mǒurén/mǒuwù

revolting [rɪ'vəultɪŋ] ADJ 令人厌(厭)恶(惡)的 lìng rén yànwù de

revolution [rɛvə'lu:ʃən] N **1** [c/ʊ] (*Pol*) 革命 gémìng [场 chǎng] **2** [c] (*change*) (*in industry, education*) 变(變)革 biàngé [场 chǎng] **3** [c/ʊ] (*rotation*) 旋转(轉)一周 xuánzhuǎn yī zhōu

revolutionary [rɛvə'lu:ʃənrɪ] **I** ADJ **1** [+ *method, idea, concept*] 创(創)新的 chuàngxīn de **2** (*Pol*) [+ *leader, army, movement*] 革命的 gémìng de **II** N [c] (*Pol*) 革命者 gémìngzhě

revolutionize [rɛvə'lu:ʃənaɪz] VT 彻(徹)底改变(變) chèdǐ gǎibiàn

revolve [rɪ'vɔlv] VI [*wheel, propeller etc* +] 旋转(轉) xuánzhuǎn ▸ **to revolve (a)round sth 1** [*earth, moon* +] 围(圍)绕(繞)某物旋转(轉) wéirào mǒuwù xuánzhuǎn **2** [*life, discussion* +] 以某物为(為)中心 yǐ mǒuwù wéi zhōngxīn

revolver [rɪ'vɔlvə^r] N [c] 左轮(輪)手枪(槍) zuǒlún shǒuqiāng

reward [rɪ'wɔ:d] **I** N [c] **1** (*for service, merit, work*) 奖(獎)励(勵) jiǎnglì [种 zhǒng] **2** (*Police*) (*for capture of criminal, information*) 赏(賞)金 shǎngjīn **3** (*satisfaction*) 回报(報) huíbào **II** VT **1** [+ *person*] 奖(獎)赏(賞) jiǎngshǎng **2** [+ *patience, determination etc*] 报(報)偿(償) bàocháng

rewarding [rɪ'wɔ:dɪŋ] ADJ (*worthwhile*) [+ *experience, job etc*] 值得做的 zhídé zuò de ▸ **financially rewarding** 报(報)酬丰(豐)厚 bàochóu fēnghòu

rewind [ri:'waɪnd] (*pt, pp* **rewound**) VT 倒带(帶) dàodài

rewrite [ri:'raɪt] (*pt* **rewrote**, *pp* **rewritten**) VT 改写(寫) gǎixiě

rheumatism ['ru:mətɪzəm] N [ʊ] 风(風)湿(濕)病 fēngshībìng

rhinoceros [raɪ'nɔsərəs] N [c] 犀牛 xīniú [只 zhī]

rhubarb ['ru:bɑ:b] N [ʊ] 大黄(黃) dàhuáng

rhyme [raɪm] **I** N **1** [c] (*sound, word*) 同韵(韻)词(詞) tóngyùncí **2** [c] (*verse*) 押韵(韻)诗(詩) yāyùnshī **3** [ʊ] (*technique*) 押韵(韻) yāyùn **II** VI 押韵(韻) yāyùn ▸ **without rhyme or reason** 毫无(無)道理 háo wú dàolǐ ▸ **to rhyme with sth** 与(與)某词(詞)押韵(韻) yǔ mǒu cí yāyùn

rhythm ['rɪðm] N **1** [c/ʊ] [*of drums, music*] 节(節)奏 jiézòu [个 gè] **2** [c] [*of body, tides, seasons*] 周(週)期 zhōuqī

RI N ABBR (= **religious instruction**) (*Brit: Scol*) 宗教教育 zōngjiào jiàoyù

rib [rɪb] **I** N [c] (*Anat*) 肋骨 lèigǔ [根 gēn] **II** VT (*mock: inf*) 逗弄 dòunong

ribbon ['rɪbən] N **1** [c/ʊ] (*for hair*) 饰(飾)带(帶) shìdài [条 tiáo]; (*for decoration*) 捆(綑)扎(紮)带(帶) kǔnzādài **2** [c] [*of typewriter*] 色带(帶) sèdài ▸ **in ribbons** (*torn*) 破烂(爛)不堪 pòlàn bù kān

rice [raɪs] N [c/ʊ] **1** (*grain*) 大米 dàmǐ [粒 lì] **2** (*when cooked*) 米饭(飯) mǐfàn [碗 wǎn]

rice pudding N [c/ʊ] 米饭(飯)布丁 mǐfàn bùdīng

rich [rɪtʃ] **I** ADJ **1** [+ *person, country*] 富有的 fùyǒu de **2** [+ *food, diet*] 油腻(膩)的 yóunì de **3** [+ *soil*] 肥沃的 féiwò de **4** [+ *colour*] 深的 shēn de **5** [+ *voice*] 深沉的 shēnchén de **6** [+ *experience, life, history*] 丰(豐)富的 fēngfù de **7** [+ *tapestries, silks*] 贵(貴)重的 guìzhòng de **II** N PL ▸ **the rich** 富人 fùrén ▸ **rich in** [+ *minerals, resources etc*] 富含 fùhán

riches ['rɪtʃɪz] N PL 财(財)富 cáifù

richly ['rɪtʃlɪ] ADV **1** [+ *decorated, carved*] 华(華)丽(麗)地 huálì de **2** [+ *coloured, flavoured*] 浓(濃)厚地 nónghòu de **3** [*reward, benefit* +] 丰(豐)厚地 fēnghòu de **4** [+ *deserved, earned*] 完全地 wánquán de

rid [rɪd] (*pt, pp* **rid**) VT ▸ **to rid sb/sth of sth** 使某人/某物摆(擺)脱(脫)某事物 shǐ mǒurén/mǒuwù bǎituō mǒushìwù ▸ **to get rid of sth/sb** [+ *smell, dirt, car etc*] 摆(擺)脱(脫)某物/某人 bǎituō mǒuwù/mǒurén ▸ **to be rid of sth/sb** 摆(擺)脱(脫)某事物/某人 bǎituō mǒushìwù/mǒurén

riddle ['rɪdl] N [c] **1** (*conundrum*) 谜(謎)语(語) míyǔ **2** (*mystery*) 谜(謎) mí

riddled ['rɪdld] ADJ ▸ **to be riddled with 1** [+ *guilt, doubts, errors*] 充斥着(著) chōngchìzhe **2** [+ *holes, bullets*] 被弄得千疮(瘡)百孔 bèi nòng de qiān chuāng bǎi kǒng

ride [raɪd] (*pt* **rode**, *pp* **ridden** ['rɪdn]) **I** N [c] **1** (*in car, on bicycle*) 兜风(風) dōufēng [次 cì] **2** (*on horse, bus, train*) 出行 chūxíng [次 cì] **3** (*track, path*) 供骑(騎)马(馬)用的小径(徑) gōng qímǎ yòng de xiǎojìng **II** VI (*travel*) (*on horse*) 骑(騎)马(馬) qímǎ; (*on bicycle*) 骑(騎)车(車) qíchē; (*in car*) 乘坐 chéngzuò **III** VT **1** [+ *horse, bicycle, motorcycle*] 骑(騎) qí **2** [+ *distance*] 行进(進) xíngjìn ▸ **a horse/car ride** 骑(騎)马(馬)/乘车(車)出游(遊) qímǎ/chéngchē chūyóu ▸ **to go for a ride** 出游(遊) chūyóu ▸ **to give sb a ride** (*US*) 让(讓)某人搭车(車) ràng mǒurén dāchē ▸ **to take sb for a ride** (*fig*) 欺骗(騙)某人 qīpiàn mǒurén ▸ **to be riding high** 声(聲)明显(顯)赫 shēngmíng xiǎnhè ▸ **a rough ride** (*inf*) 艰(艱)难(難)的处(處)境 jiānnán de chǔjìng

▸**ride out** VT ▸ **to ride out the storm** 安然度过(過) ānrán dùguò

rider ['raɪdə^r] N [c] **1** (*on horse*) 骑(騎)师(師) qíshī [位 wèi]; (*on bicycle*) 骑(騎)自行车(車)的人 qí zìxíngchē de rén [个 gè]; (*on motorcycle*) 骑(騎)手 qíshǒu [名 míng] **2** (*addendum*) 附加意

见(見) fùjiā yìjiàn

ridge [rɪdʒ] N [c] **1** 隆起 lóngqǐ [个 gè] **2** [*of hill*] 脊 jǐ [个 gè]

ridicule ['rɪdɪkjuːl] **I** VT (*mock*) [+ *person, proposal*] 嘲讽(諷) cháofěng **II** N [U] 嘲笑 cháoxiào ▸ **to be the object of ridicule** 成为(為)嘲笑的对(對)象 chéngwéi cháoxiào de duìxiàng

ridiculous [rɪ'dɪkjuləs] ADJ 荒谬(謬)的 huāngmiù de

riding ['raɪdɪŋ] N [U] 骑(騎)马(馬) qímǎ ▸ **to go riding** 去骑(騎)马(馬) qù qímǎ

rife [raɪf] ADJ [*corruption, superstition, disease etc* +] 普遍的 pǔbiàn de ▸ **to be rife with** [+ *rumours, fears etc*] 充斥着(著) chōngchì zhe

rifle ['raɪfl] **I** N [c] (*gun*) 步枪(槍) bùqiāng [支 zhī] **II** VT (*also*: **rifle through**) [+ *papers, clothing, bag etc*] 搜劫 sōujié

rift [rɪft] N [c] **1** (*split*) (*in ground*) 裂缝(縫) lièfèng **2** (*disagreement*) 裂痕 lièhén

rig [rɪg] **I** N [c] (*also*: **oil rig**) 钻(鑽)井台(臺) zuànjǐngtái **II** VT [+ *election, game etc*] 暗箱操纵(縱) ànxiāng cāozòng

▸**rig out** (*Brit; inf*) VT ▸ **to rig sb out as/in** 将(將)某人打扮成/使某人穿戴着(著) jiāng mǒurén dǎbànchéng/shǐ mǒurén chuāndàizhe

▸**rig up** VT [+ *device, net*] 拼凑(湊)做成 pīncòu zuòchéng

★**right** [raɪt] **I** ADJ **1** (*not left*) 右边(邊)的 yòubiān de ▹ *her right hand* 她的右手 tā de yòushǒu **2** (*correct*) [+ *answer, size, person*] 正确(確)的 zhèngquè de ▹ *the right answer* 正确答案 zhèngquè dáàn; (*appropriate*) [+ *person, place, clothes*] 合适(適)的 héshì de; [+ *decision, direction, time*] 最适(適)宜的 zuì shìyí de **3** (*proper, fair*) 恰当(當)的 qiàdàng de **4** [+ *side*] (*of material*) 正面的 zhèngmiàn de **5** (*socially acceptable*) 适(適)当(當)的 shìdàng de **6** (*emphasizing*) (*Brit; inf*) 不折不扣的 bù zhé bù kòu de **II** N **1** [s] (*not left*) 右边(邊) yòubiān **2** [U] (*what is morally right*) 正确(確) zhèngquè **3** [c] (*entitlement*) 权(權)利 quánlì [个 gè] **III** ADV **1** (*correctly*) 正确(確)地 zhèngquè de **2** (*properly, fairly*) 恰当(當) qiàdàng **3** (*not to/on the left*) 右边(邊)地 yòubiān de **4** (*directly, exactly*) 就 jiù **IV** VT **1** (*put right way up*) [+ *ship, car etc*] 使…回到正确(確)的位置 shǐ…huídào zhèngquè de wèizhi **2** (*correct*) [+ *fault, situation, wrong*] 纠(糾)正 jiūzhèng **V** INT 好 hǎo **VI rights** N PL (*Publishing*) 版权(權) bǎnquán ▸ **this is not the right time for...** 这(這)时(時)间(間)不合适(適)做… zhè shíjiān bù héshì zuò… ▸ **do you have the right time?** 你的表(錶)几(幾)点(點)了? nǐ de biǎo jǐdiǎn le? ▸ **the Right** (*Pol*) 右派 yòupài ▸ **to be right** [*person* +] 正确(確) zhèngquè; [*answer, fact* +] 对(對) duì; [*clock* +] 准(準)确(確) zhǔnquè ▸ **to get sth right** 做对(對)某事 zuò duì mǒushì ▸ **let's get it right this time!** 这(這)次别(別)再出错(錯)了! zhè cì bié zài chūcuò le! ▸ **you did the right thing** 你做得对(對) nǐ zuò de duì ▸ **to put sth right** [+ *mistake, injustice etc*] 纠(糾)正某事 jiūzhèng mǒushì ▸ **right now** (*inf*) 当(當)即 dāngjí ▸ **right before/after** 刚(剛)好在之前/之后(後) gānghǎo zài zhīqián/zhīhòu ▸ **right against the wall** 正好靠墙(牆) zhènghǎo kàoqiáng ▸ **right in the middle** 正中间(間) zhèngzhōngjiān ▸ **right ahead** 正前方 zhèngqiánfāng ▸ **by rights** 按道理 àn dàolǐ ▸ **to** *or* **on the right** (*position*) 靠或在右侧(側) kào*huò*zài yòucè ▸ **to the right** (*movement*) 向右 xiàngyòu ▸ **to be in the right** 有道理 yǒu dàolǐ ▸ **right away** *or* **right off** (*immediately*) 立刻 lìkè ▸ **to be within one's rights** 不超越权(權)限 bù chāoyuè quánxiàn ▸ **in his/her own right** 依靠他/她自身的能力 yīkào tā/tā zìshēn de nénglì ▸ **to go right to the end of sth** 一直走到某物的尽(盡)头(頭) yīzhí zǒu dào mǒuwù de jìntóu ▸ **film rights** 电(電)影拍摄(攝)权(權) diànyǐng pāishèquán

right angle N [c] 直角 zhíjiǎo [个 gè] ▸ **at right angles** 垂直 chuízhí

rightful ['raɪtful] ADJ [+ *heir, owner, place, share*] 合法的 héfǎ de

right-hand drive ['raɪthænd-] **I** N [U] 右侧(側)驾(駕)驶(駛) yòucè jiàshǐ **II** ADJ [+ *vehicle*] 右侧(側)驾(駕)驶(駛)的 yòucè jiàshǐ de

right-handed [raɪt'hændɪd] ADJ 惯(慣)用右手的 guànyòng yòushǒu de

right-hand side N [s] 右侧(側) yòucè

rightly ['raɪtlɪ] ADV (*with reason*) 恰当(當)地 qiàdàng de ▸ **if I remember rightly** (*Brit*) 如果我没(沒)记(記)错(錯) rúguǒ wǒ méi jìcuò

right of way N [c] **1** (*public path*) 通行权(權) tōngxíngquán **2** (*Aut*) (*priority*) 先行权(權) xiānxíngquán

right-wing [raɪt'wɪŋ] **I** ADJ 右翼的 yòuyì de **II** N [s] (*of political party*) 右翼势(勢)力 yòuyì shìlì

rigid ['rɪdʒɪd] ADJ **1** [+ *structure, back etc*] 坚(堅)硬的 jiānyìng de **2** [+ *attitude, principle, views etc*] 僵化的 jiānghuà de **3** [+ *control*] 严(嚴)格的 yángé de

rigorous ['rɪgərəs] ADJ [+ *control, test, training*] 严(嚴)格的 yángé de

rim [rɪm] N [c] **1** [*of glass, dish*] 边(邊)缘(緣) biānyuán **2** [*of wheel*] 辋(輞)圈 wǎngquān

rind [raɪnd] N [c/U] [*of bacon, fruit, cheese*] 皮 pí

ring [rɪŋ] (*pt* **rang**, *pp* **rung**) **I** N [c] **1** (*on finger*) 戒指 jièzhi [枚 méi] **2** [*of people, objects, light, smoke etc*] 圈 quān **3** [*of spies, drug-dealers etc*] 团(團)伙 tuánhuǒ **4** (*for boxing*) 拳击(擊)台(臺) quánjītái **5** [*of circus*] 马(馬)戏(戲)场(場) mǎxìchǎng **6** (*bullring*) 斗(鬥)牛场(場) dòuniúchǎng **7** (*sound of telephone, bell*) 铃(鈴)声(聲) língshēng **8** (*on cooker*) (*esp Brit*) 灶眼 zàoyǎn **II** VI **1** [*bell* +] 鸣(鳴)响(響) míngxiǎng

2 [*telephone* +] 响(響) xiǎng **3** (*Brit*: *Tel*) (*call*) 打电(電)话(話) dǎ diànhuà [美 = **call**] **4** (*also*: **ring out**) [*voice, words, shot* +] 鸣(鳴)响(響) míngxiǎng **III** VT **1** [+ *bell, doorbell*] 使…响(響) shǐ…xiǎng **2** (*Brit*: *Tel*) 给(給)…打电(電)话(話) gěi…dǎ diànhuà **3** (*circle*) 圈出 quānchū **4** (*surround*) 环(環)绕(繞) huánrào ▸ **there was a ring at the door, the doorbell rang** 有人按门(門)铃(鈴) yǒurén àn ménlíng ▸ **to give sb a ring** (*Brit*: *Tel*) 给(給)某人打电(電)话(話) gěi mǒurén dǎ diànhuà ▸ **that has a ring of truth about it** 那听(聽)上去是真的 nà tīng shàngqù shì zhēn de ▸ **to run rings (a)round sb** (*inf*) 远(遠)远(遠)胜(勝)过(過)某人 yuǎnyuǎn shèng guò mǒurén ▸ **my ears are ringing** 我耳中嗡嗡作响(響) wǒ ěr zhōng wēngwēng zuòxiǎng ▸ **to ring true/false** 听(聽)起来(來)正确(確)/错(錯)误(誤) tīng qǐlái zhèngquè/cuòwù

▸**ring back** (*Brit*: *Tel*) **I** VT 回电(電)话(話) huí diànhuà [美 = **call back**] **II** VI 再打电(電)话(話) zài dǎ diànhuà [美 = **call back**]

▸**ring off** (*Brit*: *Tel*) VI 挂(掛)断(斷)电(電)话(話) guàduàn diànhuà [美 = **hang up**]

▸**ring up** (*Brit*: *Tel*) VT 给(給)…打电(電)话(話) gěi…dǎ diànhuà

ring binder [-baɪndəʳ] N [c] 活页(頁)簿 huóyèbù [本 běn]

ringing ['rɪŋɪŋ] **I** ADJ [+ *crash*] 清脆的 qīngcuì de **II** N [U] **1** [*of telephone, bell*] 鸣(鳴)响(響) míngxiǎng **2** (*in ears*) 嗡嗡作响(響) wēngwēng zuò xiǎng

ringing tone (*Brit*) N [c] 铃(鈴)声(聲) língshēng

ring road (*Brit*: *Aut*) N [c] 环(環)路 huánlù [美 = **beltway**]

rink [rɪŋk] N [c] **1** (*also*: **ice rink**) 溜冰场(場) liūbīngchǎng [个 gè] **2** (*also*: **roller skating rink**) 旱冰场(場) hànbīngchǎng [个 gè]

rinse [rɪns] **I** N [c] **1** (*of dishes, clothes*) 漂洗 piǎoxǐ; (*of hair, hands*) 冲(沖)洗 chōngxǐ **2** (*hair dye*) 染发(髮)剂(劑) rǎnfàjì **II** VT [+ *dishes, clothes*] 漂洗 piǎoxǐ; [+ *hair, hands etc*] 冲(沖)洗 chōngxǐ; (*also*: **rinse out**) [+ *mouth*] 漱 shù

riot ['raɪət] **I** N [c] (*disturbance*) 暴乱(亂) bàoluàn [次 cì] **II** VI 闹(鬧)事 nàoshì ▹ *They rioted in protest against the Government.* 他们在反对政府的抗议中闹事。Tāmen zài fǎnduì zhèngfǔ de kàngyì zhōng nàoshì. ▸ **to run riot** [*children, football fans etc* +] 撒野 sāyě ▸ **a riot of colour(s)** 五彩缤(繽)纷(紛) wǔcǎi bīnfēn

RIP ABBR (= **rest in peace**) 愿(願)灵(靈)安眠 yuàn líng ān mián

rip [rɪp] **I** N [c] 裂口 lièkǒu [个 gè] **II** VT 撕裂 sīliè **III** VI 裂开(開) lièkāi

▸**rip off** VT **1** [+ *clothes*] 迅速脱(脫)掉 xùnsù tuōdiào **2** (*inf*: *swindle*) 欺骗(騙) qīpiàn

▸**rip up** VT 把…撕成碎片 bǎ…sīchéng suìpiàn

ripe [raɪp] ADJ [+ *fruit, corn*] 成熟的 chéngshú de; [+ *cheese*] 发(發)酵好的 fājiào hǎo de ▸ **to be ripe for sth** 某事的时(時)机(機)已成熟 mǒushì de shíjī yǐ chéngshú ▸ **the time is ripe** 时(時)机(機)已成熟 shíjī yǐ chéngshú ▸ **he lived to a ripe old age** 他活到高龄(齡) tā huó dào gāolíng

ripen ['raɪpn] **I** VI [*sun* +] [+ *fruit, crop*] 成熟 chéngshú **II** VT [*fruit, crop* +] 使…成熟 shǐ…chéngshú

rip-off ['rɪpɔf] (*inf*) N [c] **1** 敲竹杠 qiāo zhúgàng **2** (*copy*) [*of song, film*] 抄袭(襲) chāoxí

ripple ['rɪpl] **I** N [c] **1** (*on water*) 涟(漣)漪 liányī **2** [*of laughter, applause*] 微弱的一阵(陣) wēiruò de yī zhèn **II** VI **1** [*water* +] 起涟(漣)漪 qǐ liányī **2** [*muscles* +] 凸起 tūqǐ **III** VT [+ *surface*] 使…泛起涟(漣)漪 shǐ…fànqǐ liányī

★ **rise** [raɪz] (*pt* **rose**, *pp* **risen** [rɪzn]) **I** N **1** [c] (*incline*) 斜坡 xiépō **2** [c] (*Brit*) (*salary increase*) 加薪 jiāxīn [次 cì] **3** [c] (*in prices, temperature, crime rate*) 上升 shàngshēng [次 cì] **4** [s] (*to power, fame etc*) 兴(興)起 xīngqǐ **II** VI **1** (*move upwards*) 上升 shàngshēng **2** [*prices, numbers* +] 上升 shàngshēng **3** [*water* +] 上涨(漲) shàngzhǎng **4** [*sun, moon* +] 升起 shēngqǐ **5** [*wind* +] 刮(颳)起来(來) guā qǐlái **6** (*frm*) [*person* +] (*get up*) 起床 qǐchuáng **7** (*from chair*) 起身 qǐshēn **8** [*sound, voice* +] (*in pitch*) 提高 tígāo **9** [*land* +] 隆起 lóngqǐ **10** (*also*: **rise up**) [*tower, building* +] 矗立 chùlì **11** (*revolt*) 反抗 fǎnkàng **12** (*in rank*) 升职(職) shēngzhí ▸ **to rise to power** 掌权(權) zhǎngquán ▸ **to rise above sth** 不受某事的影响(響) bù shòu mǒushì de yǐngxiǎng ▸ **to give rise to sth** 引起某事 yǐnqǐ mǒushì

rising ['raɪzɪŋ] ADJ **1** (*increasing*) 增加的 zēngjiā de **2** [+ *tide*] 上涨(漲)的 shàngzhǎng de **3** (*up-and-coming*) [+ *film star, politician etc*] 崭(嶄)露头(頭)角的 zhǎn lù tóujiǎo de

risk [rɪsk] **I** N **1** [c/U] (*danger*) 危险(險) wēixiǎn [个 gè] **2** [c] (*possibility, chance*) 风(風)险(險) fēngxiǎn [种 zhǒng] **3** [c] (*dangerous person or thing*) 危险(險)事物 wēixiǎn shìwù **II** VT **1** (*endanger*) 冒…危险(險) mào…wēixiǎn **2** (*take the chance of*) 冒险(險)做 màoxiǎn zuò ▸ **to take a risk** 担(擔)风(風)险(險) dān fēngxiǎn ▸ **to run the risk of sth/doing sth** 冒着(著)某事/做某事的危险(險) màozhe mǒushì/zuò mǒushì de wēixiǎn ▸ **at risk** 处(處)于(於)危险(險) chǔyú wēixiǎn ▸ **at one's own risk** 风(風)险(險)自负(負) fēngxiǎn zìfù ▸ **to risk it** (*inf*) 冒险(險)一试(試) màoxiǎn yī shì

risky ['rɪskɪ] ADJ 有风(風)险(險)的 yǒu fēngxiǎn de

rite [raɪt] N [c] 仪(儀)式 yíshì [个 gè] ▸ **rite of passage** 人生大事 rénshēng dàshì

ritual ['rɪtjuəl] **I** ADJ [+ *dance, murder*] 仪(儀)式上的 yíshì shang de **II** N [c/U] **1** (*Rel*) 仪(儀)式程

序 yíshì chéngxù **2** (*procedure*) 程序 chéngxù

rival ['raɪvl] **I** N [c] **1** (*in competition, election, business*) 竞(競)争(爭)对(對)手 jìngzhēng duìshǒu [个 gè] **2** (*in love*) 情敌(敵) qíngdí [个 gè] **II** ADJ **1** [+ *firm, newspaper etc*] 竞(競)争(爭)的 jìngzhēng de **2** [+ *teams, groups, supporters*] 对(對)立的 duìlì de **III** VT (*match*) 与(與)…匹敌(敵) yǔ...pǐdí

rivalry ['raɪvlrɪ] N [c/ʊ] 竞(競)争(爭) jìngzhēng

river ['rɪvəʳ] **I** N [c] **1** 河 hé [条 tiáo] **2** [*of blood etc*] 涌(湧)出 yǒngchū **II** CPD [+ *port, traffic*] 河 hé ▸ **up/down river** 河流上游(遊)/下游(遊) héliú shàngyóu/xiàyóu

river bank N [c] 河岸 hé'àn [个 gè]

river bed N [c] 河床 héchuáng

rivet ['rɪvɪt] **I** N [c] (*bolt*) 铆钉(釘) mǎodīng **II** VT [+ *person, attention*] 吸引 xīyǐn

Riviera [rɪvɪ'ɛərə] N 里维埃拉 Lǐwéi'āilā

★ **road** [rəud] **I** N [c] **1** (*in country*) 公路 gōnglù [条 tiáo] **2** (*in town*) 路 lù [条 tiáo] **3** (*fig*) 道路 dàolù [条 tiáo] **II** CPD [+ *accident, sense*] 交通 jiāotōng ▸ **it takes four hours by road** 要花4小时(時)的车(車)程 yào huā sì xiǎoshí de chēchéng ▸ **let's hit the road** (*inf*) 我们(們)启(啟)程吧 wǒmen qǐchéng ba ▸ **to be on the road** [*person* +] 在旅途中 zài lǚtú zhōng; [*pop group* +] 在巡回(迴)演出中 zài xúnhuí yǎnchū zhōng ▸ **on the road to success/recovery** 在获(獲)得成功/康复(復)的过(過)程中 zài huòdé chénggōng/kāngfù de guòchéng zhōng ▸ **major/minor road** 主干(幹)道/非主干(幹)道 zhǔ gàndào/fēi zhǔ gàndào

roadblock ['rəudblɔk] N [c] 路障 lùzhàng

road map N [c] 道路图(圖) dàolùtú [张 zhāng]

road rage N [ʊ] 行车(車)纠(糾)纷(紛) xíngchē jiūfēn

road safety N [ʊ] 道路安全 dàolù ānquán

roadside ['rəudsaɪd] **I** N [c] 路边(邊) lùbiān **II** CPD [+ *building, sign etc*] 路边(邊) lùbiān ▸ **at** *or* **by the roadside** 在路边(邊) zài lùbiān

road sign N [c] 交通标(標)志(誌) jiāotōng biāozhì [个 gè]

roadway ['rəudweɪ] N [c] 车(車)行道 chēxíngdào [个 gè]

roadworks ['rəudwəːks] N PL 道路施工 dàolù shīgōng

roam [rəum] **I** VI 漫无(無)目的地走动(動) màn wú mùdì de zǒudòng **II** VT [+ *streets, countryside*] 漫步 mànbù

roar [rɔːʳ] **I** N [c] **1** [*of animal*] 吼叫声(聲) hǒujiàoshēng **2** [*of crowd*] 喧哗(嘩) xuānhuá **3** [*of traffic, storm*] 喧闹(鬧)声(聲) xuānnàoshēng **II** VI **1** [*animal* +] 吼叫 hǒujiào **2** [*person, crowd* +] 大喊大叫 dà hǎn dà jiào **3** [*engine, wind etc* +] 咆哮 páoxiào ▸ **to roar with laughter** 哈哈大笑 hāhā dàxiào ▸ **roar of laughter** 大笑声(聲) dàxiàoshēng

roast [rəust] **I** N [c] (*meat dish*) 烤肉 kǎoròu **II** VT **1** [+ *food*] 烤 kǎo **2** [+ *coffee*] 烘焙 hōngbèi

▮ 用法参见 **cook**

roast beef N [ʊ] 烤牛肉 kǎoniúròu

rob [rɔb] VT [+ *person, house, bank*] 抢(搶)劫 qiǎngjié ▸ **to rob sb of sth** 剥(剝)夺(奪)某人的某物 bōduó mǒurén de mǒuwù

▮ 用法参见 **steal**

robber ['rɔbəʳ] N [c] 强(強)盗(盜) qiángdào [个 gè]

▮ 用法参见 **thief**

robbery ['rɔbərɪ] N [c/ʊ] 抢(搶)劫 qiǎngjié [次 cì]

robe [rəub] N [c] **1** (*for ceremony etc*) 礼(禮)袍 lǐpáo **2** (*also*: **bath robe**) 浴袍 yùpáo **3** (*US*) (*dressing-gown*) 睡袍 shuìpáo

robin ['rɔbɪn] N [c] 知更鸟(鳥) zhīgēngniǎo [只 zhī]

robot ['rəubɔt] N [c] 机(機)器人 jīqìrén [个 gè]

robust [rəu'bʌst] ADJ **1** [+ *person*] 强(強)健的 qiángjiàn de **2** [+ *object, machine*] 结(結)实(實)的 jiēshi de **3** [+ *appetite, health, economy*] 旺盛的 wàngshèng de

rock [rɔk] **I** N **1** [ʊ] (*substance*) 岩 yán **2** [c] (*boulder*) 巨石 jùshí [块 kuài] **3** [c] (*esp US*) (*small stone*) 小石子 xiǎoshízǐ [块 kuài] **4** [ʊ] (*Mus*) (*also*: **rock music**) 摇(搖)滚(滾)乐(樂) yáogǔnyuè **5** [ʊ] (*Brit*) (*candy*) 硬棒糖 yìngbàngtáng **II** VT **1** (*swing gently*) [+ *cradle*] 摇(搖)晃 yáohuàng; [+ *child*] 轻(輕)摇(搖) qīngyáo **2** (*shake*) [*explosion* +] 使剧(劇)烈震动(動) shǐ jùliè zhèndòng; (*shock*) [*news, crime* +] 使震惊(驚) shǐ zhènjīng **III** VI **1** [*object* +] 摇(搖)晃 yáohuàng **2** [*person* +] 轻(輕)轻(輕)摇(搖)摆(擺) qīngqīng yáobǎi ▸ **on the rocks** (*inf*) [*drink* +] (*with ice*) 加冰块(塊)的 jiā bīngkuài de; [*marriage* +] (*in difficulties*) 濒(瀕)于(於)破裂 bīnyú pòliè; [*business* +] (*in difficulties*) 濒(瀕)临(臨)破产(產) bīnlín pòchǎn

rock and roll N [ʊ] 摇(搖)滚(滾)乐(樂) yáogǔnyuè

rock-bottom ['rɔk'bɔtəm] **I** N ▸ **to reach** *or* **touch** *or* **hit rock-bottom** [*person* +] 处(處)于(於)最糟的境地 chǔyú zuì zāo de jìngdì; [*prices* +] 降至最低点(點) jiàng zhì zuìdīdiǎn **II** ADJ [+ *prices*] 最低的 zuìdī de

rock climbing N [ʊ] 攀岩运(運)动(動) pānyán yùndòng

rockery ['rɔkərɪ] N [c] 岩石 yánshí [块 kuài]

rocket ['rɔkɪt] **I** N [c] **1** (*Space*) 火箭 huǒjiàn [支 zhī] **2** (*Mil*) 火箭式导(導)弹(彈) huǒjiànshì dǎodàn **3** (*firework*) 火箭式礼(禮)花 huǒjiànshì lǐhuā [个 gè] **II** VI (*also*: **sky-rocket**) 剧(劇)增 jùzēng

rocking chair ['rɔkɪŋ-] N [c] 摇(搖)椅 yáoyǐ

rocking horse N [c] 木马(馬) mùmǎ [个 gè]

rocky ['rɔkɪ] ADJ **1** [+ *path, shore, ground*] 岩石的 yánshí de **2** (*inf*) [+ *business, marriage*] 不稳(穩)定 bù wěndìng

rod [rɔd] N [c] **1** (*pole*) 杆 gān [根 gēn] **2** (*also*:

r

fishing rod) 钓(釣)鱼(魚)竿 diàoyúgān [根 gēn]

rode [rəud] PT *of* **ride**

rodent ['rəudnt] N [C] 啮(齧)齿(齒)目动(動)物 nièchǐmù dòngwù

rogue [rəug] N [C] 无(無)赖(賴) wúlài [个 gè]

★ **role** [rəul] N [C] **1** (*function*) [*of person, country, organization*] 作用 zuòyòng [个 gè] **2** (*Theat*) (*part*) 角色 juésè [个 gè]

role model N [C] 榜样(樣) bǎngyàng [个 gè]

roll [rəul] **I** N [C] **1** [*of paper, cloth, film etc*] 一卷 yī juǎn **2** [*of banknotes*] 一叠(疊) yī dié **3** (*also:* **bread roll**) 小圆(圓)面(麵)包 xiǎo yuánmiànbāo [个 gè] **4** (*register, list*) 花名册(冊) huāmíngcè **5** (*sound*) [*of drums, thunder*] 持续(續)而平稳(穩)的振动(動)声(聲) chíxù ér píngwěn de zhèndòngshēng **II** VT **1** [+ *ball, stone, dice etc*] 使滚(滾)动(動) shǐ gǔndòng **2** (*also:* **roll up**) [+ *carpet, string*] 绕(繞) rào; [+ *sleeves, cigarette*] 卷 juǎn **3** [+ *eyes*] 转(轉)动(動) zhuàndòng **4** (*also:* **roll out**) [+ *pastry*] 擀 gǎn **5** (*flatten*) [+ *lawn, road, surface*] 碾平 niǎnpíng **III** VI **1** [*ball, stone* +] 滚(滾)动(動) gǔndòng **2** [*drums, thunder* +] 发(發)出隆隆声(聲) fāchū lónglóngshēng **3** [*vehicle* +] 缓(緩)行 huǎnxíng **4** [*ship* +] 左右摇(搖)晃 zuǒyòu yáohuàng **5** [*tears, sweat* +] 滚(滾)落 gǔnluò **6** [*camera, printing press* +] 运(運)转(轉) yùnzhuǎn ▶ **cheese/ham roll** 奶酪/火腿面(麵)包卷(捲) nǎilào/huǒtuǐ miànbāojuǎn ▶ **to be rolling in it** (*inf*) 赚(賺)大笔(筆)的钱(錢) zhuàn dà bǐ de qián ▶ **on a roll** (*inf*) 好运(運)连(連)连(連) hǎoyùn liánlián ▶ **rolled into one** (*inf*) 合为(為)一体(體)的 hé wéi yītǐ de

▶**roll about, roll around** VI 打滚(滾) dǎgǔn

▶**roll in** VI (*inf*) [*money, invitations* +] 滚(滾)滚(滾)而来(來) gǔngǔn ér lái

▶**roll over** VI 翻滚(滾) fāngǔn

▶**roll up I** VT [+ *carpet, newspaper, string*] 卷(捲)起 juǎnqǐ **II** VI (*inf: arrive*) 到达(達) dàodá

roll call N [C/U] 点(點)名 diǎnmíng

roller ['rəuləʳ] N [C] **1** (*in machine*) 滚(滾)筒 gǔntǒng **2** (*for moving heavy object*) 滚(滾)轮(輪) gǔnlún **3** (*for lawn*) 辗(輾)草坪机(機) niǎn cǎopíng jī **4** (*for road*) 轧(軋)路机(機) yàlùjī **5** (*for hair*) 卷(捲)发(髮)筒 juǎnfàtǒng

rollerblades ['rəuləbleɪdz] N PL 直排轮(輪)溜冰鞋 zhípáilún liūbīngxié

roller coaster [-'kaustəʳ] N [C] (*at funfair*) 过(過)山车(車) guòshānchē [辆 liàng] ▶ **on a roller coaster** 急转(轉)突变(變) jí zhuǎn tū biàn

roller skates N PL 旱冰鞋 hànbīngxié

roller skating N [U] 穿旱冰鞋滑行 chuān hànbīngxié huáxíng

rolling pin ['rəulɪŋ-] N [C] 擀面(麵)杖 gǎnmiànzhàng [根 gēn]

ROM [rɔm] N ABBR (= **read-only memory**) 只(隻)读(讀)存储(儲)器 zhǐdú cúnchǔqì

Roman ['rəumən] **I** ADJ **1** (*of ancient Rome*) 古罗(羅)马(馬)的 gǔ Luómǎ de **2** (*of modern Rome*) 罗(羅)马(馬)的 Luómǎ de **II** N [C] (*in ancient Rome*) 古罗(羅)马(馬)人 gǔ Luómǎrén [个 gè]

Roman Catholic I ADJ 天主教的 Tiānzhǔjiào de **II** N [C] 天主教教徒 Tiānzhǔjiào jiàotú [个 gè]

romance [rə'mæns] N **1** [C] (*affair*) 恋(戀)情 liànqíng [种 zhǒng] **2** [U] (*romantic actions, feelings*) 浪漫 làngmàn **3** [U] (*charm, excitement*) 迷人之处(處) mírén zhī chù **4** [C] (*novel*) 爱(愛)情小说(說) àiqíng xiǎoshuō

Romania [rə'meɪnɪə] N 罗(羅)马(馬)尼亚(亞) Luómǎníyà

Romanian [rə'meɪnɪən] **I** ADJ 罗(羅)马(馬)尼亚(亞)的 Luómǎníyà de **II** N **1** [C] (*person*) 罗(羅)马(馬)尼亚(亞)人 Luómǎníyàrén [个 gè] **2** [U] (*language*) 罗(羅)马(馬)尼亚(亞)语(語) Luómǎníyàyǔ

Roman numeral N [C] 罗(羅)马(馬)数(數)字 Luómǎ shùzì [个 gè]

romantic [rə'mæntɪk] ADJ **1** [+ *person*] 浪漫的 làngmàn de **2** (*connected with love*) [+ *play, story etc*] 爱(愛)情的 àiqíng de **3** (*charming, exciting*) [+ *setting, holiday, dinner etc*] 浪漫的 làngmàn de **4** (*naive, idealized*) [+ *view, idea*] 理想主义(義)的 lǐxiǎng zhǔyì de

rompers ['rɔmpəz] N PL 幼儿(兒)连(連)衫裤(褲) yòu'ér liánshānkù

romper suit ['rɔmpə-] N [C] 幼儿(兒)连(連)衫裤(褲) yòu'ér liánshānkù

roof [ru:f] N [C] **1** [*of building*] 屋顶(頂) wūdǐng [个 gè] **2** [*of cave, mine, vehicle*] 顶(頂) dǐng [个 gè] ▶ **to go through the roof** (*inf*) [*level, price* +] 突飞(飛)猛涨(漲) tū fēi měng zhǎng ▶ **to hit the roof** *or* **to go through the roof** (*inf: lose one's temper*) 怒气(氣)冲(沖)天 nùqì chōngtiān

roof rack (*Brit: Aut*) N [C] 车(車)顶(頂)架 chēdǐngjià [个 gè] [美 = **luggage rack**]

rook [ruk] N [C] **1** (*bird*) 秃(禿)鼻乌(烏)鸦(鴉) tūbí wūyā **2** (*Chess*) 车(車) jū

★ **room** [ru:m] **I** N **1** [C] (*in house*) 室 shì [个 gè] **2** [C] (*also:* **bedroom**) 卧(臥)室 wòshì [个 gè] **3** [U] (*space*) 空间(間) kōngjiān **II** VI ▶ **to room with sb** (*esp US*) 和某人一起租住 hé mǒurén yīqǐ zūzhù ▶ **single/double room** 单(單)人/双(雙)人间(間) dānrén/shuāngrén jiān ▶ **to make room for sb** 给(給)某人让(讓)出地方 gěi mǒurén ràng chū dìfang

roommate ['ru:mmeɪt] N [C] 室友 shìyǒu [个 gè]

room service N [U] 客房送餐服务(務) kèfáng sòngcān fúwù

roomy ['ru:mɪ] ADJ 宽(寬)敞的 kuānchǎng de

rooster ['ru:stəʳ] (*esp US*) N [C] 公鸡(雞) gōngjī [英 = **cock**]

root [ru:t] **I** N [C] **1** (*Bot*) 根 gēn [个 gè] **2** (*Math*) 方根 fānggēn **3** [*of hair, tooth*] 根 gēn **4** [*of problem, belief*] 根源 gēnyuán **II** VI [*plant* +] 生

根 shēnggēn **III** VT ▶ **to be rooted in** [*ideas, attitudes* +] 根源于(於) gēnyuányú **IV roots** N PL (*family origins*) 祖先 zǔxiān ▶ **to take root** [*plant* +] 生根 shēnggēn; [*idea* +] 扎(紮)根 zhāgēn
▶**root about** VI (*fig: search*) 翻寻(尋) fānxún
▶**root for** VT FUS (*support*) 给(給)…加油 gěi…jiāyóu
▶**root out** VT 不遗(遺)余(餘)力地寻(尋)找 bù yí yú lì de xúnzhǎo

rope [rəup] **I** N [C/U] 绳(繩)子 shéngzi [根 gēn] **II** VT **1** (*tie*) 将(將)…拴在 jiāng…shuān zài **2** (*also*: **rope together**) [+ *climbers etc*] 用绳(繩)捆(綑)绑(綁) yòng shéng kǔnbǎng ▶ **to know the ropes** 掌握诀(訣)窍(竅) zhǎngwò juéqiào
▶**rope in** VT (*inf*) [+ *person*] 说(說)服…参(參)加 shuōfú…cānjiā
▶**rope off** VT [+ *area*] 用绳(繩)围(圍)起 yòng shéng wéiqǐ

rop(e)y ['rəupɪ] (*Brit; inf*) ADJ 劣质(質)的 lièzhì de

rosary ['rəuzərɪ] N [C] (*beads*) 念珠 niànzhū

rose [rəuz] **I** PT *of* **rise II** N [C] (*flower*) 玫瑰 méigui [朵 duǒ] **III** ADJ (*pink*) 玫瑰色的 méiguisè de

rosé ['rəuzeɪ] N [C/U] 玫瑰红(紅)葡萄酒 méiguihóng pútáojiǔ

rosemary ['rəuzmərɪ] N [U] 迷迭香 mídiéxiāng

rosy ['rəuzɪ] ADJ **1** (*pink*) 红(紅)扑(撲)扑(撲)的 hóngpūpū de **2** [+ *situation*] 令人鼓舞的 lìng rén gǔwǔ de ▶ **a rosy future** 美好的未来(來) měihǎo de wèilái

rot [rɔt] **I** N [U] **1** (*decay*) 腐烂(爛) fǔlàn **2** (*Brit; inf, o.f.*) (*rubbish*) 蠢话(話) chǔnhuà **II** VT (*cause to decay*) 使腐坏(壞) shǐ fǔhuài **III** VI (*decay*) [*teeth, wood, fruit* +] 腐烂(爛) fǔlàn ▶ **to stop the rot** (*Brit*) 力挽狂澜(瀾) lì wǎn kuáng lán
▶**rot away** VI 朽烂(爛) xiǔlàn

rota ['rəutə] N [C] 勤务(務)轮(輪)值表 qínwù lúnzhíbiǎo ▶ **on a rota basis** 轮(輪)流当(當)值 lúnliú dāngzhí

rotate [rəu'teɪt] **I** VT **1** (*spin*) 转(轉)动(動) zhuàndòng **2** (*change round*) [+ *crops*] 轮(輪)种(種) lúnzhòng **II** VI **1** (*revolve*) 旋转(轉) xuánzhuǎn **2** (*take turns*) 轮(輪)换(換) lúnhuàn

rotating [rəu'teɪtɪŋ] ADJ **1** [+ *movement*] 旋转(轉)的 xuánzhuǎn de **2** [+ *drum, mirror*] 可旋转(轉)的 kě xuánzhuǎn de

rotation [rəu'teɪʃən] N **1** [C/U] [*of planet, drum etc*] 旋转(轉) xuánzhuǎn **2** [U] [*of crops*] 轮(輪)种(種) lúnzhòng **3** [U] [*of jobs*] 轮(輪)流 lúnliú ▶ **in rotation** 轮(輪)流地 lúnliú de

rotten ['rɔtn] ADJ **1** (*decayed*) [+ *food*] 腐烂(爛)的 fǔlàn de; [+ *wood*] 朽烂(爛)的 xiǔlàn de; [+ *teeth*] 蛀烂(爛)的 zhùlàn de **2** (*inf: awful*) 糟透的 zāotòu de ▶ **to feel rotten** (*ill: inf*) 感觉(覺)不适(適) gǎnjué bùshì

rouble, ruble ['ru:bl] N [C] 卢(盧)布 lúbù

rough [rʌf] **I** ADJ **1** [+ *skin, surface, cloth*] 粗糙的 cūcāo de **2** [+ *terrain*] 崎岖(嶇)的 qíqū de **3** [+ *sea, crossing*] 波涛(濤)汹(洶)涌(湧)的 bōtāo xiōngyǒng de **4** (*violent*) [+ *person*] 粗鲁(魯)的 cūlǔ de; [+ *town, area*] 治安混乱(亂)的 zhì'ān hùnluàn de; [+ *treatment, handling*] 粗暴的 cūbào de **5** (*hard*) [+ *life, conditions, journey*] 艰(艱)难(難)的 jiānnán de **6** (*approximate*) [+ *outline, plan, idea*] 粗略的 cūlüè de; [+ *sketch, drawing*] 初步的 chūbù de **II** VT ▶ **to rough it** (*inf*) 将(將)就着(著)过(過) jiāngjiuzhe guò ▶ **to have a rough time** 处(處)境艰(艱)难(難) chǔjìng jiānnán ▶ **to sleep rough** (*Brit*) [*homeless person* +] 露宿街头(頭) lù sù jiētóu ▶ **to feel rough** (*Brit; inf*) 感觉(覺)不适(適) gǎnjué bùshì
▶**rough out** VT [+ *drawing*] 勾勒 gōulè; [+ *idea, article*] 拟(擬)出…的草案 nǐchū…de cǎo'àn

roughly ['rʌflɪ] ADV **1** (*violently*) [*handle, grab, push* +] 粗暴地 cūbào de **2** (*aggressively*) [*speak* +] 粗鲁(魯)地 cūlǔ de **3** [*make, construct* +] 粗糙地 cūcāo de **4** (*approximately*) 大约(約) dàyuē ▶ **roughly speaking** 粗略地说(說) cūlüè de shuō

roulette [ru:'lɛt] N [U] 轮(輪)盘(盤)赌(賭) lúnpándǔ

round [raund] **I** ADJ **1** (*circular*) 圆(圓)的 yuán de **2** (*spherical*) 球形的 qiúxíng de **3** (*approximate*) [+ *figure, sum*] 不计(計)尾数(數)的 bù jì wěishù de **II** N [C] **1** (*journey*) [*of milkman, paper boy*] (*esp Brit*) 投递(遞)路线(線) tóudì lùxiàn; [*of doctor*] 查房 cháfáng **2** (*stage*) (*in competition*) 一轮(輪) yī lún **3** [*of drinks*] 一轮(輪) yī lún **4** (*Golf*) 一场(場) yī chǎng **5** (*Boxing*) 回合 huíhé [个 gè] **6** [*of ammunition*] 一发(發) yī fā **7** [*of talks*] 一轮(輪) yī lún **III** VT [+ *corner, bend*] 绕(繞)过(過) ràoguò **IV** PREP **1** (*surrounding*) 围(圍)绕(繞) wéirào **2** (*near*) 在…附近 zài…fùjìn **3** (*on or from the other side of*) 绕(繞)过(過) ràoguò **4** (*indicating circular movement*) ▶ **to move round the room/sail round the world** 绕(繞)房间(間)一周(週)/环(環)球航行 rào fángjiān yī zhōu/huánqiú hángxíng ▶ **all round** 在…周围(圍) zài…zhōuwéi ▶ **to go round** (*rotate*) 转(轉)动(動) zhuàndòng ▶ **to go round (sth)** 绕(繞)过(過)(某物) ràoguò (mǒuwù) ▶ **to get round sth** [+ *problem, difficulty*] 绕(繞)过(過)某事 ràoguò mǒushì ▶ **to go round to sb's (house)** 造访(訪)某人(的家) zàofǎng mǒurén (de jiā) ▶ **enough to go round** 够(夠)每个(個)人分的 gòu měigè rén fēn de ▶ **to go round the back** 绕(繞)到背面 rào dào bèimiàn ▶ **to come/go the long way round** 绕(繞)远(遠)路来(來)/去 rào yuǎn lù lái/qù ▶ **all (the) year round** 一年到头(頭) yī nián dàotóu ▶ **the wrong way round** 反了 fǎnle ▶ **in round figures** 用约(約)整数(數)表示 yòng yuēzhěngshù biǎoshì ▶ **to ask sb round** 邀请(請)某人来(來)家 yāoqǐng

r

mǒurén lái jiā ▸ **I'll be round at 6 o'clock** 我会(會)在6点(點)钟(鐘)到你家 wǒ huì zài liù diǎnzhōng dào nǐ jiā ▸ **round about** (*esp Brit*) (*approximately*) 大约(約) dàyuē ▸ **round the clock** (*inf*) 连(連)续(續)24小时(時) liánxù èrshísì xiǎoshí ▸ **the daily round** (*fig*) 每天例行的公事 měi tiān lìxíng de gōngshì ▸ **a round of applause** 掌声(聲)雷动(動) zhǎngshēng léidòng ▸ **a round of toast/sandwiches** (*Brit*) 一份土司/三明治 yī fèn tǔsī/sānmíngzhì

▸**round down** VT 把…调(調)低为(為)整数(數) bǎ…tiáodī wéi zhěngshù

▸**round off** VT **1** [+ *meal, evening*] 圆(圓)满(滿)结(結)束 yuánmǎn jiéshù **2** [+ *price, figure*] 把…四舍(捨)五入 bǎ…sì shě wǔ rù

▸**round on** (*Brit*) VT FUS 责(責)骂(罵) zémà [美 = **turn on**]

▸**round up** VT **1** [+ *cattle, sheep*] 驱(驅)拢(攏) qūlǒng **2** [+ *people*] 围(圍)捕 wéibǔ **3** [+ *price, figure*] 把…调(調)高为(為)整数(數) bǎ…tiáogāo wéi zhěngshù

roundabout ['raundəbaut] **I** N [c] (*Brit*) **1** (*Aut*) 环(環)形交叉路 huánxíng jiāochālù [个 gè] [美 = **traffic circle**] **2** (*at funfair*) 旋转(轉)木马(馬) xuánzhuǎn mùmǎ [个 gè] **3** (*in playground*) 旋转(轉)盘(盤) xuánzhuǎnpán **II** ADJ **1** [+ *route*] 绕(繞)道的 ràodào de **2** [+ *way, means*] 拐弯(彎)抹角的 guǎi wān mò jiǎo de

rounders ['raundəz] N [U] 圆(圓)场(場)棒球 yuánchǎng bàngqiú ▹ *Rounders is a bit like baseball.* 圆场棒球有一点像棒球。Yuánchǎng bàngqiú yǒu yìdiǎn xiàng bàngqiú.

round trip **I** N [c] 往返旅行 wǎngfǎn lǚxíng [次 cì] **II** ADJ (*US*) 往返的 wǎngfǎn de [英 = **return**]

roundup ['raundʌp] N [c] **1** [*of news, information*] 综(綜)述 zōngshù **2** [*of criminals*] 搜捕 sōubǔ

rouse [rauz] VT **1** (*wake up: frm*) 叫醒 jiàoxǐng **2** (*stir up*) 使激动(動) shǐ jīdòng ▸ **to rouse o.s.** 醒来(來) xǐnglái ▸ **to rouse sb to anger** 激怒某人 jīnù mǒurén

route [ru:t] **I** N [c] **1** (*path, journey*) 路 lù [条 tiáo] **2** [*of bus, train*] 路线(線) lùxiàn [条 tiáo]; [*of ship*] 航线(線) hángxiàn **3** (*means*) 途径(徑) tújìng **II** VT 按路线(線)发(發)送 àn lùxiàn fāsòng ▸ **"all routes"** (*Aut*) "所有车(車)辆(輛)按路线(線)行驶(駛)" "suǒyǒu chēliàng àn lùxiàn xíngshǐ"

routine [ru:'ti:n] **I** ADJ [+ *work, job*] 常规(規)的 chángguī de; [+ *check, inquiries*] 例行的 lìxíng de **II** N **1** [c/U] (*procedure*) 例行公事 lìxíng gōngshì [次 cì] **2** [c/U] (*drudgery*) 日常琐(瑣)事 rìcháng suǒshì **3** [c] (*Theat*) 保留节(節)目 bǎoliú jiémù

row¹ [rəu] **I** N [c] **1** (*line*) [*of people, houses*] 一排 yī pái **2** [*of seats in theatre, cinema*] 一排 yī pái **II** VI (*in boat*) 划船 huáchuán **III** VT [+ *boat*] 划 huá ▸ **in a row** 连(連)续(續) liánxù

row² [rau] **I** N **1** [s] (*noise*) (*Brit; inf*) 吵闹(鬧)声(聲) chǎonàoshēng **2** [c] (*noisy quarrel*) 吵架 chǎojià [场 chǎng] **3** [c] (*dispute*) 争(爭)执(執) zhēngzhí **II** VI (*argue*) 争(爭)吵 zhēngchǎo ▸ **to have a row** 吵架 chǎojià

rowboat ['rəubəut] (*US*) N [c] 划艇 huátǐng [艘 sōu] [英 = **rowing boat**]

rowing ['rəuɪŋ] (*Sport*) N [U] 赛(賽)艇运(運)动(動) sàitǐng yùndòng

rowing boat (*Brit*) N [c] 划艇 huátǐng [艘 sōu] [美 = **rowboat**]

royal ['rɔɪəl] ADJ 皇家的 huángjiā de ▸ **the royal family** 王室 wángshì

ROYAL FAMILY

royal family (英国王室)以伊丽莎白女王二世为首。女王于1953年登基。她的丈夫是菲利普亲王，即爱丁堡公爵。他们育有四名成年子女：查尔斯王子, 安妮公主, 安德鲁王子和爱德华王子。查尔斯王子，即威尔士亲王是王位的继承人。他有两个孩子，威廉王子和哈利王子。他们的母亲是已故的威尔士王妃戴安娜。

Royal Air Force (*Brit*) N ▸ **the Royal Air Force** 皇家空军(軍) Huángjiā Kōngjūn

royalty ['rɔɪəltɪ] **I** N [U] (*royal persons*) 王室成员(員) wángshì chéngyuán **II royalties** N PL (*to author*) 版税(稅) bǎnshuì; (*to inventor*) 专(專)利权(權)使用费(費) zhuānlìquán shǐyòngfèi

RRP (*Brit*) N ABBR (= **recommended retail price**) 建议(議)零售价(價) jiànyì língshòujià

RSI (*Med*) N ABBR (= **repetitive strain injury**) 肢体(體)重复(複)性劳(勞)损(損) zhītǐ chóngfùxìng láosǔn

RSVP ABBR (= **répondez s'il vous plaît**) 请(請)赐(賜)复(復) qǐng cì fù

RU (*Texting*) ABBR = **are you**

rub [rʌb] VT (*with hand, fingers*) 揉 róu; (*with cloth, substance*) 擦 cā ▸ **to rub sth with sth** 将(將)某物涂(塗)抹在某物上 jiāng mǒuwù túmǒ zài mǒuwù shang ▸ **to rub sth onto** *or* **into sth** 用某物揉擦某物 yòng mǒuwù róucā mǒuwù ▸ **to rub one's hands (together)** 搓手 cuō shǒu ▸ **to rub sb up** *or* (*US*) **rub sb the wrong way** (*inf*) 惹恼(惱)某人 rěnǎo mǒurén

▸**rub down** VT [+ *body*] 擦干(乾) cāgān; [+ *horse*] 擦刷干(乾)净(淨) cāshuā gānjìng

▸**rub in** VT [+ *ointment*] 将(將)…揉搓进(進)… jiāng…róucuō jìn… ▸ **don't rub it in!** (*inf*) 别(別)老提了！Bié lǎo tí le!

▸**rub off** **I** VI [*paint* +] 被擦掉 bèi cādiào **II** VT [+ *paint, mark etc*] 擦掉 cādiào

▸**rub off on** (*inf*) VT FUS 影响(響) yǐngxiǎng

▸**rub out** VT (*erase*) 擦掉 cādiào

rubber ['rʌbə^r] N **1** [U] (*substance*) 橡胶(膠) xiàngjiāo **2** [c] (*Brit*) 橡皮擦 xiàngpícā [个 gè]

[美 = **eraser**] **3** [C] (*US; inf*) 安全套 ānquántào [英 = **condom**]

rubber band N [C] 橡皮筋 xiàngpíjīn

rubber boot (*US*) N [C] 橡胶(膠)长(長)统(統)靴 xiàngjiāo chángtǒngxuē [双 shuāng] [英 = **wellington**]

rubbish [ˈrʌbɪʃ] (*Brit*) **I** N [U] **1** (*refuse*) 垃圾 lājī [美 = **garbage, trash**] **2** (*inferior material*) 垃圾 lājī **3** (*nonsense*) 废(廢)话(話) fèihuà **II** ADJ (*Brit; inf*) ▶ **I'm rubbish at golf** 我高尔(爾)夫球打得很糟糕 wǒ gāo'ěrfūqiú dǎ de hěn zāogāo **III** VT 贬(貶)低 biǎndī ▶ **rubbish!** 胡说(說)! húshuō!

rubbish bin (*Brit*) N [C] 垃圾箱 lājīxiāng [个 gè]

rubbish dump (*Brit*) N [C] 垃圾堆存处(處) lājī duīcúnchù

rubble [ˈrʌbl] N [U] 碎石 suìshí

ruby [ˈruːbɪ] **I** N [C] (*gem*) 红(紅)宝(寶)石 hóngbǎoshí [个 gè] **II** ADJ (*red*) 深红(紅)色的 shēnhóngsè de

rucksack [ˈrʌksæk] N [C] 背包 bēibāo [个 gè]

rudder [ˈrʌdəʳ] N [C] **1** [*of ship*] 舵 duò **2** [*of plane*] 方向舵 fāngxiàngduò

rude [ruːd] ADJ **1** [+ *person, behaviour, remark*] 无(無)礼(禮)的 wúlǐ de **2** (*vulgar*) [+ *word, joke, noise*] 粗鄙的 cūbǐ de **3** (*brutal*) [+ *shock, surprise*] 突然的 tūrán de **4** (*crude*) [+ *table, shelter etc*] 简(簡)陋 jiǎnlòu ▶ **to be rude to sb** 对(對)某人无(無)礼(禮) duì mǒurén wúlǐ

rudely [ˈruːdlɪ] ADV [*interrupt, say, push* +] 无(無)礼(禮)地 wúlǐ de

ruffle [ˈrʌfl] **I** VT **1** [+ *hair*] 抚(撫)弄 fǔnòng **2** [+ *water*] 吹皱(皺) chuīzhòu **3** [*bird* +] [+ *feathers*] 竖(豎)起 shùqǐ **4** [+ *person*] 使心烦(煩)意乱(亂) shǐ xīnfán yìluàn **II ruffles** N PL 皱(皺)边(邊) zhòubiān

rug [rʌg] N [C] **1** (*carpet*) 小地毯 xiǎodìtǎn [块 kuài] **2** (*Brit*) (*blanket*) 小毛毯 xiǎomáotǎn [块 kuài]

rugby [ˈrʌgbɪ] N [U] (*also*: **rugby football**) 英式橄榄(欖)球 yīngshì gǎnlǎnqiú

rugged [ˈrʌgɪd] ADJ **1** [+ *man, features, face*] 粗野的 cūyě de **2** [+ *piece of equipment*] 结(結)实(實)的 jiēshi de **3** [+ *landscape*] 崎岖(嶇)多岩的 qíqū duōyán de **4** [+ *determination, independence*] 坚(堅)强(強)的 jiānqiáng de **5** [+ *character*] 坚(堅)忍的 jiānrěn de

ruin [ˈruːɪn] **I** N **1** [U] (*destruction*) [*of building*] 毁(毀)坏(壞) huǐhuài; [*of hopes, plans etc*] 破灭(滅) pòmiè **2** [U] (*downfall*) [*of person*] 落泊 luòbó **3** [U] (*bankruptcy*) 破产(產) pòchǎn **4** [C] (*old building*) 废(廢)墟 fèixū **II** VT **1** (*spoil*) [+ *clothes, carpet*] 毁(毀)坏(壞) huǐhuài; [+ *plans, prospects*] 葬送 zàngsòng; [+ *eyesight, health*] 损(損)害 sǔnhài **2** (*bankrupt*) [+ *person*] 使破产(產) shǐ pòchǎn **III ruins** N PL [*of building, castle*] 废(廢)墟 fèixū ▶ **to be in ruins** [*building, town* +] 破败(敗)不堪 pòbài bùkān; [*life, plans* +] 严(嚴)重受损(損) yánzhòng shòusǔn

★ **rule** [ruːl] **I** N **1** [C] (*regulation*) 规(規)则(則) guīzé [条 tiáo] **2** [S] (*norm*) 惯(慣)例 guànlì **3** [C] [*of language, science*] 规(規)则(則) guīzé [条 tiáo] **4** [U] (*government*) 统(統)治 tǒngzhì **5** [C] (*for measuring*) 尺 chǐ **II** VT [+ *country, people*] 统(統)治 tǒngzhì **III** VI **1** [*leader, monarch etc* +] 统(統)治 tǒngzhì **2** (*on subject*) 作出裁决(決) zuòchū cáijué ▶ **to rule in favour of/against/on** (*Law*) 判定…/否决(決)…/对(對)…作出裁决(決) pàndìng.../fǒujué.../duì...zuòchū cáijué ▶ **to rule that...** [*umpire, judge etc* +] 裁决(決)… cáijué... ▶ **it's against the rules** 这(這)是不合规(規)定的 zhè shì bù hé guīdìng de ▶ **as a rule of thumb** 凭(憑)经(經)验(驗)行事 píng jīngyàn xíngshì ▶ **under British rule** 在英国(國)的统(統)治下 zài Yīngguó de tǒngzhì xià ▶ **to bend the rules** 通融一下 tōngróng yīxià ▶ **to rule over sb/sth** [+ *country, people*] 统(統)治某人/某地 tǒngzhì mǒurén/mǒudì ▶ **as a rule** 通常 tōngcháng ▶**rule out** VT [+ *idea, possibility*] 排除 páichú; [+ *situation, competition*] 使成为(為)不可能 shǐ chéngwéi bù kěnéng ▶ **murder cannot be ruled out** 不排除他杀(殺)的可能性 bù páichú tāshā de kěnéngxìng

ruler [ˈruːləʳ] N [C] **1** (*for measuring*) 直尺 zhíchǐ [把 bǎ] **2** (*sovereign*) 统(統)治者 tǒngzhìzhě

ruling [ˈruːlɪŋ] **I** ADJ [+ *party, body*] 执(執)政的 zhízhèng de **II** N [C] (*Law*) 裁决(決) cáijué ▶ **the ruling class** 统(統)治阶(階)级(級) tǒngzhì jiējí

rum [rʌm] N [U] 朗姆酒 lǎngmǔjiǔ

Rumania *etc* [ruːˈmeɪnɪə] N = **Romania** *etc*

rumble [ˈrʌmbl] **I** N [C] [*of thunder, traffic, guns*] 隆隆声(聲) lónglóngshēng **II** VI **1** [*stomach* +] 咕噜作响(響) gūlū zuòxiǎng **2** [*thunder, guns, traffic* +] 发(發)隆隆声(聲) fā lónglóngshēng **3** (*also*: **rumble along**) 隆隆地行进(進) lónglóng de xíngjìn

rummage [ˈrʌmɪdʒ] **I** N [U] 翻找 fānzhǎo **II** VI (*search*) 翻找 fānzhǎo

rumour, (*US*) **rumor** [ˈruːməʳ] **I** N [C/U] 谣(謠)言 yáoyán [个 gè] **II** VT ▶ **it is rumoured that...** 据(據)谣(謠)传(傳)… jù yáochuán...

rump steak [rʌmp-] N [C/U] 后(後)腿部牛排 hòutuǐbù niúpái

★ **run** [rʌn] (*pt* **ran**, *pp* **run**) **I** N [C] **1** (*as exercise, sport*) 跑步 pǎobù [次 cì] **2** (*in car*) 旅行 lǚxíng **3** (*regular journey*) [*of train, bus etc*] 路线(線) lùxiàn **4** (*series*) [*of victories, defeats etc*] 连(連)续(續) liánxù **5** (*Cricket, Baseball*) 跑动(動)得分 pǎodòng défēn [次 cì] **6** (*Theat*) 持续(續)的演出 chíxù de yǎnchū **7** (*in tights, stockings*) 抽丝(絲) chōusī **II** VT **1** [+ *race, distance*] 跑 pǎo **2** (*operate*) [+ *business, shop, country*] 经(經)营(營) jīngyíng; [+ *competition, course*] 开(開)办(辦) kāibàn; [+ *country*] 治理 zhìlǐ **3** [+ *water, bath*] 流 liú **4** (*pass*) [+ *hand, fingers*] 移动(動) yídòng **5** (*operate*) [+ *machine*] 使运(運)转(轉)

shǐ yùnzhuǎn **6** *(perform)* [+ *program, test*] 进(進)行 jìnxíng; *(own, maintain)* [+ *car, machine*] 使用 shǐyòng **7** *(Publishing)* [+ *feature, article*] 刊登 kāndēng **III** VI **1** [*person, animal* +] 跑 pǎo **2** *(flee)* 逃跑 táopǎo **3** *(work)* [*machine* +] 运(運)转(轉) yùnzhuǎn **4** *(operate)* [*system, organization, etc* +] 运(運)作 yùnzuò **5** [*bus, train* +] *(operate)* 行驶(駛) xíngshǐ **6** *(continue)* [*play, show etc* +] 连(連)续(續)上演 liánxù shàngyǎn; [*contract* +] 有效 yǒuxiào **7** *(flow)* [*river, tears, nose* +] 流 liú **8** *(US) (in election)* 竞(競)选(選) jìngxuǎn [英 = **stand**] **9** [*road, railway etc* +] 伸展 shēnzhǎn **10** [*colours, washing* +] 掉色 diàosè **11** *(in combination)* 变(變)得 biàn de ▸ **to go for a run** *(as exercise)* 跑步锻(鍛)炼(鍊) pǎobù duànliàn ▸ **to break into a run** 突然奔跑起来(來) tūrán bēnpǎo qǐlái ▸ **a run of good/bad luck** 接二连(連)三的好运(運)/厄运(運) jiē èr lián sān de hǎoyùn/èyùn ▸ **to have the run of sb's house** 被允许(許)随(隨)意进(進)出某人的住宅 bèi yǔnxǔ suíyì jìn chū mǒurén de zhùzhái ▸ **there was a run on...** [+ *meat, tickets*] 有…的需求 yǒu...de xūqiú ▸ **in the long run** 终(終)究 zhōngjiū ▸ **in the short run** 从(從)短期看 cóng duǎnqī kàn ▸ **on the run** [*fugitive* +] 逃跑 táopǎo ▸ **I'll run you to the station** 我开(開)车(車)送你去车(車)站 wǒ kāichē sòng nǐ qù chēzhàn ▸ **to make a run for it** *(inf)* 试(試)图(圖)迅速逃跑 shìtú xùnsù táopǎo ▸ **to run on** *or* **off petrol/batteries** 以汽油/电(電)池为(為)能源 yǐ qìyóu/diànchí wéi néngyuán ▸ **to run for president** 竞(競)选(選)总(總)统(統) jìngxuǎn zǒngtǒng ▸ **to run dry** [*well etc* +] 干(乾)涸 gānhé ▸ **tempers were running high** 情绪(緒)变(變)得激动(動)起来(來) qíngxù biàn de jīdòng qǐlái ▸ **unemployment is running at 20 per cent** 失业(業)率为(為)20% shīyèlǜ wéi bǎifēnzhī èrshí ▸ **it runs in the family** 这(這)是家族遗(遺)传(傳) zhè shì jiāzú yíchuán ▸ **to be run off one's feet** *(Brit)* 忙碌不堪 mánglù bùkān

▸**run across** VT FUS *(find)* 不期而遇 bù qī ér yù

▸**run after** VT FUS *(chase)* 追赶(趕) zhuīgǎn

▸**run away** VI *(from home, situation)* 出走 chūzǒu

▸**run away with** VT FUS 不受…控制 bù shòu...kòngzhì

▸**run by** VT ▸ **to run sth by sb** *(inf)* 看某人对(對)某事的反应(應) kàn mǒurén duì mǒushì de fǎnyìng

▸**run down** I VT **1** *(esp Brit)* [+ *production, factory*] 逐渐(漸)停止 zhújiàn tíngzhǐ **2** *(Aut)* [+ *person*] 撞伤(傷) zhuàngshāng **3** *(criticize)* 诋(詆)毁(毀) dǐhuǐ **II** VI [*battery* +] 耗尽(盡) hàojìn ▸ **to be run down** [*person* +] *(tired)* 筋疲力尽(盡) jīn pí lì jìn

▸**run in** *(Brit)* VT [+ *car*] 小心试(試)用 xiǎoxīn shìyòng

▸**run into** VT FUS **1** *(meet)* [+ *person*] 偶然碰见(見) ǒurán pèngjiàn; [+ *trouble, problems*] 遭遇 zāoyù **2** *(collide with)* 撞上 zhuàngshàng ▸ **to run into debt** 陷入债(債)务(務) xiànrù zhàiwù ▸ **their losses ran into millions** 他们(們)的损(損)失达(達)到数(數)百万(萬) tāmen de sǔnshī dádào shù bǎiwàn

▸**run off** I VI **1** [*person, animal* +] 跑掉 pǎodiào **2** *(with sb)* 私奔 sībēn **II** VT **1** [+ *liquid*] 使流掉 shǐ liúdiào **2** [+ *copies*] 复(複)印一下 fùyìn yīxià

▸**run out** VI **1** [*time, money, luck* +] 用完 yòngwán ▹ *Time is running out.* 快没时间了。Kuài méi shíjiān le. **2** [*lease, passport* +] 到期 dàoqī

▸**run out of** VT FUS 耗尽(盡) hàojìn

▸**run over** I VT *(Aut)* [+ *person*] 撞倒 zhuàngdǎo **II** VT FUS *(repeat)* 再来(來)一遍 zài lái yī biàn **III** VI [*bath, sink, water* +] 溢出 yìchū

▸**run through** VT FUS **1** [+ *instructions*] 扫(掃)视(視) sǎoshì **2** *(rehearse)* [+ *scene, lines*] 排练(練) páiliàn

▸**run up** VT [+ *debt*] 积(積)欠 jīqiàn

▸**run up against** VT FUS [+ *difficulties*] 遇到 yùdào

runaway [ˈrʌnəweɪ] I ADJ [+ *truck, train*] 失控的 shīkòng de; [+ *horse*] 脱(脫)缰(韁)的 tuōjiāng de; [+ *inflation, success*] 势(勢)不可挡(擋)的 shì bù kě dǎng de **II** N [c] *(child)* 离(離)家出走者 líjiā chūzǒuzhě

rung [rʌŋ] I PP *of* **ring** **II** N [c] **1** [*of ladder*] 横(橫)档 héngdàng **2** *(in organization)* 级(級)别(別) jíbié

runner [ˈrʌnəʳ] N [c] **1** *(in race: person)* 赛(賽)跑者 sàipǎozhě [个 gè]; *(horse)* 赛(賽)马(馬) sàimǎ **2** *(on sledge, etc)* 滑板 huábǎn **3** *(on drawer)* 滑槽 huácáo ▸ **drugs/gun runner** 毒品/枪(槍)支走私者 dúpǐn/qiāngzhī zǒusīzhě

runner bean *(Brit)* N [c] 红(紅)花菜豆 hónghuā càidòu

runner-up [rʌnərˈʌp] N [c] 亚(亞)军(軍) yàjūn [个 gè]

running [ˈrʌnɪŋ] I N **1** [U] *(sport)* 赛(賽)跑 sàipǎo **2** [s] [*of business, organization*] 管理 guǎnlǐ **3** [s] [*of machine etc*] 维(維)修保养(養) wéixiū bǎoyǎng **II** ADJ [+ *water, stream*] 流动(動)的 liúdòng de ▸ **to be in the running for sth** 有希望得到某物 yǒu xīwàng dédào mǒuwù ▸ **to be out of the running for sth** 没(沒)有希望得到某物 méiyǒu xīwàng dédào mǒuwù ▸ **6 days running** 连(連)续(續)6天 liánxù liù tiān ▸ **to give a running commentary on sth** 对(對)某事做连(連)续(續)报(報)导(導) duì mǒushì zuò liánxù bàodǎo ▸ **to have a running battle with sb** 和某人不断(斷)争(爭)吵 hé mǒurén bùduàn zhēngchǎo ▸ **a running total** 累积(積)总(總)计(計) lěijī zǒngjì ▸ **to be up and running** [*system etc* +] 运(運)作正常 yùnzuò zhèngcháng

runny ['rʌnɪ] ADJ **1** [+ *egg, butter*] 流质(質)的 liúzhì de **2** [+ *nose*] 流鼻涕的 liú bítì de; [+ *eyes*] 流泪(淚)的 liú lèi de

run-up ['rʌnʌp] N **1** ▸ **the run-up to...** [+ *election etc*] …的前期 ...de qiánqī **2** [C] (*before a jump*) 助跑 zhùpǎo

runway ['rʌnweɪ] N [C] 跑道 pǎodào [条 tiáo]

rupture ['rʌptʃəʳ] **I** N [C] **1** (*Med*) 破裂 pòliè **2** (*conflict*) 决(決)裂 juéliè **II** VT **1** [+ *part of body*] 使破裂 shǐ pòliè **2** [+ *relations*] 破坏(壞) pòhuài **3** ▸ **to rupture o.s.** (*Med*) 发(發)疝气(氣) fā shànqì

rural ['ruərl] ADJ **1** [+ *area, accent*] 乡(鄉)村的 xiāngcūn de **2** [+ *economy, problems*] 农(農)村的 nóngcūn de

rush [rʌʃ] **I** N [S] (*hurry*) 匆忙 cōngmáng; [*of water, air*] 冲(衝) chōng; [*of feeling, emotion*] 突发(發) tūfā; (*sudden demand*) ▸ **a rush (on)** 抢(搶)购(購) qiǎnggòu **II** VT (*hurry*) [+ *lunch, job etc*] 赶(趕)紧(緊)做 gǎnjǐn zuò; [+ *person*] (*to hospital etc*) 急速赶(趕)往 jísù gǎnwǎng; [+ *supplies, order*] (*to person, place*) 急速发(發)送 jísù fāsòng **III** VI **1** [*person* +] 急速前往 jísù qiánwǎng ▷ *Russian banks rushed to buy as many dollars as they could.* 俄罗斯银行赶紧买入尽可能多的美元。Éluósī yínháng gǎnjǐn mǎirù jìn kěnéng duō de měiyuán. **2** [*air, water* +] 急泻(瀉) jíxiè ▸ **don't rush me!** 别(別)催我! Bié cuī wǒ! ▸ **to rush sth off** (*send*) 紧(緊)急发(發)送某物 jǐnjí fāsòng mǒuwù ▸ **what's the rush?** 什么(麼)事那么(麼)急? shénme shì nàme jí? ▸ **to be in a rush (to do sth)** 仓(倉)促(地做某事) cāngcù (de zuò mǒushì) ▸ **to rush sb into doing sth** 催促某人做某事 cuīcù mǒurén zuò mǒushì

▸**rush through** VT [+ *order, application*] 赶(趕)紧(緊)处(處)理 gǎnjǐn chǔlǐ

rush hour N [C] 高峰时(時)间(間) gāofēng shíjiān [段 duàn]

Russia ['rʌʃə] N 俄罗(羅)斯 Éluósī

Russian ['rʌʃən] **I** ADJ 俄罗(羅)斯的 Éluósī de **II** N **1** [C] (*person*) 俄罗(羅)斯人 Éluósīrén [个 gè] **2** [U] (*language*) 俄语(語) Éyǔ

Russian Federation N ▸ **the Russian Federation** 俄罗(羅)斯联(聯)邦 Éluósī Liánbāng

rust [rʌst] **I** N [U] 铁(鐵)锈(鏽) tiěxiù **II** VI [*iron, car etc* +] 生锈(鏽) shēngxiù **III** VT [+ *iron, car etc*] 使生锈(鏽) shǐ shēngxiù

rusty ['rʌstɪ] ADJ **1** [+ *surface, object*] 生锈(鏽)的 shēngxiù de **2** [+ *skill*] 荒疏的 huāngshū de

rutabaga [ruːtə'beɪgə] (*US*) N [C/U] 芜(蕪)菁甘蓝(藍) wújīnggānlán [英 = **swede**]

ruthless ['ruːθlɪs] ADJ [+ *person*] 冷酷的 lěngkù de; [+ *determination, efficiency*] 坚(堅)决(決)的 jiānjué de

RV (*US*) N ABBR (= **recreational vehicle**) 娱(娛)乐(樂)车(車) yúlèchē

Rwanda [ru'ændə] N 卢(盧)旺达(達) Lúwàngdá

Rwandan [ru'ændən] **I** ADJ 卢(盧)旺达(達)的 Lúwàngdá de **II** N [C] (*person*) 卢(盧)旺达(達)人 Lúwàngdárén [个 gè]

rye [raɪ] N [U] (*cereal*) 黑麦(麥) hēimài

r

Ss

S¹, s [ɛs] N [c/ʊ] **1** (*letter*) 英语的第十九个字母 **2** (*US: Scol*) (*satisfactory*) 成绩(績)"满(滿)意" chéngjì "mǎnyì"

S² ABBR **1** (= **south**) 南方 nánfāng **2** (= **small**) 小的 xiǎo de **3** (*pl* **SS**) (= **saint**) 圣(聖)徒 shèngtú

Sabbath ['sæbəθ] N [c] 安息日 ānxīrì

sabotage ['sæbətɑːʒ] **I** N [ʊ] 蓄意破坏(壞) xùyì pòhuài **II** VT [+ *machine, bridge etc*] 破坏(壞) pòhuài; [+ *plan, meeting, relationship etc*] 毁(毀) huǐ ▸ **an act of sabotage** 破坏(壞)行为(為) pòhuài xíngwéi

saccharin ['sækərɪn] N [ʊ] 糖精 tángjīng

sachet ['sæʃeɪ] N [c] [*of shampoo, sugar etc*] 小袋 xiǎo dài

sack [sæk] **I** N [c] (*bag*) 麻袋 mádài [个 gè] **II** VT **1** (*dismiss*) 解雇(僱) jiěgù **2** (*plunder*) 洗劫 xǐjié ▸ **to get the sack** 被解雇(僱) bèi jiěgù ▸ **to give sb the sack** 解雇(僱)某人 jiěgù mǒurén ▸ **to sack sb for sth/for doing sth** 因某事/做某事解雇(僱)某人 yīn mǒushì/zuò mǒushì jiěgù mǒurén

sacred ['seɪkrɪd] ADJ **1** (*religious*) [+ *music, art*] 宗教的 zōngjiào de ▹ *sacred songs or music* 圣歌或圣乐 shènggē huò shèngyuè **2** (*holy*) [+ *animal, place, writings*] 神圣(聖)的 shénshèng de **3** (*fig: sacrosanct*) 神圣(聖)不可侵犯的 shénshèng bùkě qīnfàn de

sacrifice ['sækrɪfaɪs] **I** N **1** [c] (*Rel*) [*of animal, person*] 献(獻)祭 xiànjì **2** [c/ʊ] (*fig*) 牺(犧)牲 xīshēng **II** VT **1** (*Rel*) [+ *animal*] 用…祭祀 yòng…jìsì **2** (*forfeit*) [+ *health, career, human lives*] 牺(犧)牲 xīshēng ▸ **to make sacrifices (for sb/sth)** (为(為)某人/某事)做出牺(犧)牲 (wèi mǒurén/mǒushì) zuòchū xīshēng ▸ **to sacrifice sth for sb/sth** 为(為)某人/某事牺(犧)牲某物 wèi mǒurén/mǒushì xīshēng mǒuwù

sad [sæd] ADJ **1** (*unhappy*) 伤(傷)心的 shāngxīn de **2** (*distressing*) 令人悲伤(傷)的 lìng rén bēishāng de **3** (*regrettable*) 令人遗(遺)憾的 lìng rén yíhàn de **4** (*inf: pathetic*) 可悲的 kěbēi de ▸ **to be sad about sth** 因某事难(難)过(過) yīn mǒushì nánguò ▸ **I'm sad that...** …使我伤(傷)心 ...shǐ wǒ shāngxīn ▸ **he was sad to see her go** 看着(著)她走，他很伤(傷)心 kànzhe tā zǒu, tā hěn shāngxīn ▸ **it is sad that...** 很遗(遺)憾… hěn yíhàn...

sadden ['sædn] VT [+ *person*] 使伤(傷)心 shǐ shāngxīn ▸ **I was saddened to learn of his death** 得知他去世令我很悲痛 dézhī tā qùshì lìng wǒ hěn bēitòng

saddle ['sædl] **I** N [c] (*for horse*) 马(馬)鞍 mǎ'ān [副 fù]; (*on bike, motorbike*) 车(車)座 chēzuò [个 gè] **II** VT **1** (*also*: **saddle up**) 给(給)…装(裝)鞍 gěi...zhuāng ān **2** ▸ **to saddle sb with sth** 使某人承担(擔)某项(項)责(責)任 shǐ mǒurén chéngdān mǒuxiàng zérèn ▸ **in the saddle** (*on horse*) 骑(騎)着(著)马(馬) qízhe mǎ; (*in control*) 掌权(權) zhǎngquán

▸**saddle up** VT 给(給)…装(裝)鞍 gěi...zhuāng ān

sadistic [sə'dɪstɪk] ADJ 施虐狂的 shīnüèkuáng de

sadly ['sædlɪ] ADV **1** (*unhappily*) 难(難)过(過)地 nánguò de **2** (*unfortunately*) 可惜地 kěxī de **3** (*seriously*) [+ *mistaken, neglected*] 完全地 wánquán de ▹ *If you think I'm going to leave, you are sadly mistaken.* 如果你以为我会离开，你就完全错了。Rúguǒ nǐ yǐwéi wǒ huì líkāi, nǐ jiù wánquán cuò le. ▸ **to be sadly lacking (in sth)** 丝(絲)毫没(沒)有(某物) sīháo méiyǒu (mǒuwù) ▸ **he will be sadly missed** 大家会(會)很想他的 dàjiā huì hěn xiǎng tā de

sadness ['sædnɪs] N [ʊ] 悲痛 bēitòng

s.a.e. (*Brit*) ABBR (= **stamped addressed envelope**) 贴(貼)有邮(郵)票并(並)写(寫)好地址的信封 tiēyǒu yóupiào bìng xiěhǎo dìzhǐ de xìnfēng [美 = **SASE**]

safari [sə'fɑːrɪ] N [c] 游(遊)猎(獵) yóuliè ▸ **to go on safari** 去游(遊)猎(獵) qù yóuliè

safe [seɪf] **I** ADJ **1** (*not dangerous*) 安全的 ānquán de **2** (*out of danger*) 脱(脫)险(險)的 tuōxiǎn de **3** (*secure*) [+ *place*] 保险(險)的 bǎoxiǎn de **4** (*trouble-free*) [+ *journey, delivery*] 无(無)损(損)的 wúsǔn de **5** (*without risk*) [+ *option, action*] 无(無)风(風)险(險)的 wú fēngxiǎn de **6** (*pej: tame*) 沉闷(悶)的 chénmèn de **II** N [c] 保险(險)箱 bǎoxiǎnxiāng [个 gè] ▸ **safe from sth** 不受到某事的攻击(擊) bù shòudào mǒushì de gōngjī ▸ **safe and sound** 安然无(無)恙 ānrán wú yàng ▸ **safe journey!** 一路平安！yī lù píng'ān! ▸ **(just) to be on the safe side** 为(為)谨(謹)慎起见(見) wèi jǐnshèn qǐjiàn ▸ **it is safe to say that...** 可以有把握地说(說)… kěyǐ yǒu bǎwò de shuō... ▸ **in safe hands** 在可靠的人手中 zài kěkào de rén shǒu zhōng

safeguard ['seɪfgɑːd] **I** N [c] 保护(護)措施 bǎohù cuòshī **II** VT 保护(護) bǎohù

safely ['seɪflɪ] ADV **1** (*without harm*) [*drive, arrive etc* +] 安全地 ānquán de **2** (*securely*) [*lock up, hide* +] 万(萬)无(無)一失地 wàn wú yī shī de **3** (*reliably*) ▸ **I can safely say/assume that...** 我可以有把握地说(說)/认(認)为(為)… wǒ kěyǐ yǒu bǎwò de shuō/rènwéi...

safe sex N [ʊ] 安全性交 ānquán xìngjiāo

safety ['seɪftɪ] I N [U] 1 [*of plane, roads, factory*] 安全 ānquán 2 (*wellbeing*) [*of person, crew*] 平安 píng'ān 3 (*harmful potential*) [*of object, substance*] 安全性 ānquánxìng 4 (*safe place*) 安全场(場)所 ānquán chǎngsuǒ II CPD [+ *features, measures*] 安全 ānquán
safety pin N [C] 安全别(別)针(針) ānquán biézhēn [枚 méi]
saffron ['sæfrən] I N [U] (*spice*) 藏红(紅)花 zànghóng huā II ADJ (*in colour*) 橘黄(黃)的 júhuáng de
sag [sæg] VI 1 [*bed, roof* +] 下陷 xiàxiàn; [*breasts, bottom* +] 松弛而下垂 sōngchí ér xiàchuí 2 (*fig*) [*spirits* +] 萎靡不振 wěimǐ bù zhèn; [*demand* +] 下跌 xiàdiē
sage [seɪdʒ] I N 1 [U] (*herb*) 鼠尾草 shǔwěicǎo 2 [C] (*liter: wise man*) 圣(聖)贤(賢) shèngxián II ADJ (*liter*) 贤(賢)明的 xiánmíng de
Sagittarius [sædʒɪ'tɛərɪəs] N 1 [U] (*sign*) 人马(馬)座 Rénmǎ Zuò 2 [C] (*person*) 人马(馬)座的人 Rénmǎ Zuò de rén ▸ **I'm (a) Sagittarius** 我是人马(馬)座的 wǒ shì rénmǎzuò de
Sahara [sə'hɑːrə] N ▸ **the Sahara (Desert)** 撒哈拉(大沙漠) Sāhālā (Dà shāmò)
said [sɛd] PT, PP *of* **say**
sail [seɪl] I N [C] [*of boat, yacht*] 帆 fān [张 zhāng] II VT [+ *boat, yacht*] 驾(駕)驶(駛) jiàshǐ III VI 1 (*travel*) [*ship* +] 航行 hángxíng; [*sailor* +] 扬(揚)帆行驶(駛) yángfān xíngshǐ; [*passenger* +] 乘船航行 chéngchuán hángxíng 2 (*begin voyage*) 启(啟)航 qǐháng 3 (*fly*) ▸ **to sail over/across/up to sth** 飞(飛)过(過)/飞(飛)越/上升到某处(處) fēiguò/fēiyuè/shàngshēng dào mǒuchù ▸ **to set sail** 起航 qǐháng ▸ **to sail for** *or* **to set sail for** 起航前往 qǐháng qiánwǎng ▸ **to go sailing** 去航行 qù hángxíng
▸**sail through** VT FUS [+ *exams, interview etc*] 顺(順)利地通过(過) shùnlì de tōngguò
sailboat ['seɪlbəut] (*US*) N [C] 帆船 fānchuán [艘 sōu] [英 = **sailing boat**]
sailing ['seɪlɪŋ] N 1 [U] (*Sport*) 帆船运(運)动(動) fānchuán yùndòng 2 [C] (*departure*) 轮(輪)船航班 lúnchuán hángbān ▸ **it wasn't all plain sailing** 并(並)不都是一帆风(風)顺(順) bìng bù dōushì yī fān fēng shùn
sailing boat (*Brit*) N [C] 帆船 fānchuán [美 = **sailboat**]
sailor ['seɪləʳ] N [C] 水手 shuǐshǒu [位 wèi]
saint [seɪnt] N [C] 1 (*Rel*) 圣(聖)徒 shèngtú [个 gè] 2 (*good person*) 圣(聖)人 shèngrén ▸ **he's no saint** 他并(並)不是十全十美 tā bìng bùshì shí quán shí měi
sake [seɪk] N ▸ **for the sake of** [+ *health, career, person etc*] 为(為)了 wèile ▸ **do it for my sake!** 看在我的情份上做吧！ Kàn zài wǒ de qíngfèn shàng zuò ba! ▸ **for its own sake** 纯(純)粹为(為)此而已 chúncuì wèi cǐ éryǐ ▸ **he enjoys talking for talking's sake** 他喜欢(歡)为(為)了说(說)话(話)而说(說)话(話) tā xǐhuān wèile shuōhuà ér shuōhuà ▸ **for argument's sake, for the sake of argument** 为(為)了便于(於)讨(討)论(論) wèile biànyú tǎolùn ▸ **for goodness** *or* **heaven's sake!** (*inf*) 看在上帝份上！ Kàn zài shàngdì fèn shàng!
salad ['sæləd] N [C/U] 色拉 sèlā [份 fèn] ▸ **green/tomato salad** 蔬菜/西红(紅)柿色拉 shūcài/xīhóngshì sèlā ▸ **ham/chicken/cheese salad** 火腿/鸡(雞)肉/干(乾)酪色拉 huǒtuǐ/jīròu/gānlào sèlā ▸ **potato/pasta/rice salad** 土豆/意大利粉/米饭(飯)色拉 tǔdòu/yìdàlìfěn/mǐfàn sèlā
salad cream (*Brit*) N [U] 色拉酱(醬) sèlā jiàng
salad dressing N [C/U] 色拉调(調)味料 sèlā tiáowèiliào
salami [sə'lɑːmɪ] N [C/U] 萨(薩)拉米香肠(腸) sàlāmǐ xiāngcháng
salary ['sælərɪ] N [C/U] 薪水 xīnshuǐ [份 fèn] ▸ **to be on a good/modest salary** 拿高薪/适(適)中的薪水 ná gāoxīn/shìzhōng de xīnshuǐ
★ **sale** [seɪl] I N 1 [S] (*selling*) 出售 chūshòu ▹ *new laws to control the sale of guns* 控制枪支出售的新法律 kòngzhì qiāngzhī chūshòu de xīn fǎlǜ 2 [C] (*with reductions*) 贱(賤)卖(賣) jiànmài [次 cì] 3 [C] (*auction*) 拍卖(賣) pāimài ▹ *a cattle sale* 牛拍卖 niú pāimài II **sales** N PL 1 (*quantity sold*) 销(銷)售量 xiāoshòuliàng ▹ *Car sales are down.* 小汽车销售量有所下降。Xiǎoqìchē xiāoshòuliàng yǒu suǒ xiàjiàng. 2 (*department*) 销(銷)售部 xiāoshòubù 3 ▸ **the sales** 降价(價)期 jiàngjià qī 4 (*in compounds*) [+ *campaign, drive, figures, target*] 销(銷)售 xiāoshòu; [+ *conference, meeting*] 与(與)销(銷)售有关(關)的 yǔ xiāoshòu yǒuguān de ▸ **to be (up) for sale** 待售 dàishòu ▸ **to be on sale** (*Brit*) (*available*) 上市 shàngshì; (*US*) (*reduced*) 廉价(價)出售 liánjià chūshòu ▸ **(on) sale or return** 卖(賣)不出去可以退货(貨) mài bù chūqù kěyǐ tuìhuò ▸ **closing-down** *or* (*US*) **liquidation sale** 清仓(倉)大甩卖(賣) qīngcāng dà shuǎimài
sales assistant (*Brit*) N [C] 售货(貨)员(員) shòuhuòyuán [美 = **sales clerk**]
sales clerk (*US*) N [C] 售货(貨)员(員) shòuhuòyuán [英 = **sales assistant**]
salesman ['seɪlzmən] (*pl* **salesmen**) N [C] 1 (*representative*) 推销(銷)员(員) tuīxiāoyuán [位 wèi] 2 (*in shop, showroom*) 售货(貨)员(員) shòuhuòyuán
salesperson ['seɪlzpəːsn] (*pl* **salespeople**) N [C] 1 (*representative*) 推销(銷)员(員) tuīxiāoyuán 2 (*in shop, showroom*) 售货(貨)员(員) shòuhuòyuán
sales rep N [C] 推销(銷)员(員) tuīxiāoyuán
saleswoman ['seɪlzwumən] (*pl* **saleswomen**) N [C] 1 (*representative*) 女推销(銷)员(員) nǚ tuīxiāoyuán 2 (*in shop, showroom*) 女售货(貨)

S

员(員) nǚ shòuhuòyuán

saline ['seɪlaɪn] **I** ADJ [+ *water, solution*] 含盐(鹽)的 hányán de **II** N [U] 生理盐(鹽)水 shēnglǐ yánshuǐ

saliva [sə'laɪvə] N [U] 唾液 tuòyè

salmon ['sæmən] (*pl* **salmon**) N [C/U] 大马(馬)哈鱼(魚) dà mǎhā yú [条 tiáo] ▸ **smoked salmon** 熏(薰)制(製)的大马(馬)哈鱼(魚) xūnzhì de dàmǎhāyú

salon ['sælɔn] N [C] **1** (*also*: **hairdressing salon**) 美发(髮)廊 měifà láng [家 jiā] **2** (*also*: **beauty salon**) 美容院 měiróngyuàn

saloon [sə'luːn] N [C] **1** (*US*) (*bar*) 酒吧 jiǔbā; (*Brit*; *o.f.*) (*lounge bar*) (*also*: **saloon bar**) 雅座酒吧 yǎzuò jiǔbā **2** (*Brit*: *Aut*) 可容纳4至7位乘客的轿车 [美 = **sedan**]

salt [sɔːlt] **I** N [U] 盐(鹽) yán **II** VT **1** (*flavour*) 加盐(鹽)于(於) jiāyán yú **2** (*preserve*) 用盐(鹽)腌(醃) yòng yán yān **III** CPD [+ *lake, deposits*] 盐(鹽) yán ▸ **to take sth with a pinch** *or* **grain of salt** 对(對)某事半信半疑 duì mǒushì bàn xìn bàn yí ▸ **the salt of the earth** 社会(會)中坚(堅)分子 shèhuì zhōngjiān fènzǐ ▸ **worth one's salt** 称(稱)职(職) chènzhí

salt cellar (*Brit*) N [C] 盐(鹽)瓶 yánpíng [美 = **salt shaker**]

salt shaker [-'ʃeɪkə^r] (*US*) N [C] 盐(鹽)瓶 yánpíng [个 gè] [英 = **salt cellar**]

saltwater ['sɔːlt'wɔːtə^r] ADJ [+ *fish, lake*] 咸(鹹)水的 xiánshuǐ de

salty ['sɔːltɪ] ADJ [+ *food*] 咸(鹹)的 xián de; [+ *air*] 有海洋气(氣)息的 yǒu hǎiyáng qìxī de

salute [sə'luːt] **I** N [C] **1** (*with hand*) 敬礼(禮) jìnglǐ **2** (*with guns*) 礼(禮)炮(砲) lǐpào **3** (*in greeting*) 致意 zhìyì **4** (*expressing admiration*) ▸ **a salute to** 向…的致敬 xiàng...de zhìjìng **II** VT **1** [+ *officer, flag*] 向…行军(軍)礼(禮) xiàng...xíng jūnlǐ **2** (*praise*) 祝贺(賀) zhùhè **III** VI (*with hand*) 行礼(禮) xínglǐ ▸ **to salute sb for sth** (*fig*) 因某事对(對)某人表示赞(讚)赏(賞) yīn mǒushì duì mǒurén biǎoshì zànshǎng

salvage ['sælvɪdʒ] **I** N [U] **1** (*saving*) 抢(搶)救 qiǎngjiù **2** (*things saved*) 抢(搶)救出的财(財)物 qiǎngjiù chū de cáiwù **II** VT (*from ship, building*) 抢(搶)救 qiǎngjiù; [+ *pride, reputation*] 挽救 qiǎngjiù ▸ **to salvage sth (from sth)** (从(從)某事中)挽回某物 (cóng mǒushì zhōng) wǎnhuí mǒuwù

salvation [sæl'veɪʃən] N [U] **1** (*Rel*) 拯救 zhěngjiù **2** (*fig*) [*of person, institution*] 救星 jiùxīng ▸ **to be beyond salvation** 无(無)可救药(藥) wú kě jiù yào

Salvation Army N ▸ **the Salvation Army** 救世军(軍) Jiùshìjūn

★ **same** [seɪm] **I** ADJ **1** (*similar*) [+ *size, colour, age*] 相同的 xiāngtóng de ▷ *He and Tom were the same age.* 他和汤姆年龄相同。Tā hé Tāngmǔ niánlíng xiāngtóng. **2** (*very same*) [+ *place, person, time*] 同一个(個)的 tóng yī gè de ▷ *We stay in the same hotel every year.* 我们每年总是住在同一个旅馆。Wǒmen měi nián zǒngshì zhù zài tóng yī gè lǚguǎn. **3** (*aforementioned*) 上述的 shàngshù de ▷ *I had the same experience myself.* 我自己也有上述的经历。Wǒ zìjǐ yě yǒu shàngshù de jīnglì. **II** PRON ▸ **the same 1** (*similar*) 一样(樣) yīyàng ▷ *The houses were all the same.* 房子都一样。Fángzi dōu yīyàng. **2** (*unchanged*) 一成不变(變)的状(狀)况(況) yī chéng bù biàn de zhuàngkuàng ▷ *Nothing ever stays the same.* 事情不可能是一成不变的。Shìqing bù kěnéng shì yī chéng bù biàn de. **3** (*also*: **the same thing**) 同样(樣) tóngyàng ▷ *We like him very much and he says the same about us.* 我们很喜欢他，他说他也同样喜欢我们。Wǒmen hěn xǐhuān tā, tā shuō tā yě tóngyàng xǐhuān wǒmen. ▸ **the same as** 与(與)…一样(樣) yǔ...yīyàng ▸ **the same book/place as** 与(與)…一样(樣)的书(書)/地方 yǔ...yīyàng de shū/dìfang ▸ **on the same day** 在同一天 zài tóng yī tiān ▸ **at the same time** (*simultaneously*) 同时(時) tóngshí ▷ *They started moving at the same time.* 他们同时开始移动。Tāmen tóngshí kāishǐ yídòng.; (*paradoxically*) 同时(時) tóngshí ▷ *They want to stay but at the same time they want to go.* 他们想留下，但同时又想走。Tāmen xiǎng liú xià, dàn tóngshí yòu xiǎng zǒu.; (*notwithstanding*) 尽(儘)管如此 jǐnguǎn rúcǐ ▷ *At the same time, I'd like to be sure it's true.* 尽管如此，我还是想证实它的真实性。Jǐnguǎn rúcǐ, wǒ háishì xiǎng zhèngshí tā de zhēnshíxìng. ▸ **all** *or* **just the same** 仍然 réngrán ▸ **to do the same (as sb)** 也(像某人)那么(麼)做 yě(xiàng mǒurén) nàme zuò ▸ **(the) same to you!** (*after greeting*) 祝你也一样(樣)！zhù nǐ yě yīyàng!; (*after insult*) 你也是！nǐ yě shì! ▸ **same here!** (*inf*) 我也一样(樣)！wǒ yě yīyàng! ▸ **they're one and the same** 他们(們)完全一样(樣) tāmen wánquán yīyàng ▸ **(the) same again** 同样(樣)的再来(來)一份 tóngyàng de zài lái yī fèn ▸ **"Do you want some tea?" — "No, but thanks all the same"** "你要茶吗(嗎)？""不，但还(還)是要谢(謝)谢(謝)。" "Nǐ yào chá ma?" "Bù, dàn háishì yào xièxie."

sample ['sɑːmpl] **I** N [C] [*of work, merchandise*] 样(樣)品 yàngpǐn [件 jiàn]; (*Med*) [*of blood, urine*] 采(採)样(樣) cǎiyàng [个 gè]; [*of people, things*] 抽样(樣) chōuyàng **II** VT [+ *food, wine*] 品尝(嘗) pǐncháng; [+ *place, situation, way of life*] 体(體)验(驗) tǐyàn ▸ **free sample** 免费(費)赠(贈)样(樣) miǎnfèi zèngyàng

sanction ['sæŋkʃən] **I** N **1** [C] (*punishment*) 制裁 zhìcái **2** [U] (*approval*) 批准 pīzhǔn **II** VT (*give approval to*) 批准 pīzhǔn **III sanctions** N PL (*Pol*) 国(國)际(際)制裁 guójì zhìcái ▸ **sanctions against** 对(對)…的制裁 duì...de zhìcái ▸ **to impose sanctions (on** *or* **against)** (对(對)…)

实(實)施制裁 (duì...)shíshī zhìcái
sanctuary ['sæŋktjuərɪ] N **1** [c] (*for birds, animals*) 禁猎(獵)区(區) jìnlièqū **2** [c] (*place of safety*) 避难(難)所 bìnànsuǒ **3** [U] (*safety*) 避难(難) bìnàn
sand [sænd] **I** N [U] 沙子 shāzi **II** VT (*also*: **sand down**) 打磨 dǎmó **III sands** N PL (*beach*) 沙滩(灘) shātān
▸**sand down** VT 打磨 dǎmó
sandal ['sændl] N [c] 凉(涼)鞋 liángxié [双 shuāng]
sandbox ['sændbɔks] (*US*) N [c] (*for children*) 沙坑 shākēng [英 = **sandpit**]
sand castle N [c] 沙堡 shābǎo 座 zuò
sand dune N [c] 沙丘 shāqiū [个 gè]
sandpaper ['sændpeɪpəʳ] N [U] 砂纸(紙) shāzhǐ
sandpit ['sændpɪt] (*Brit*) N [c] (*for children*) 沙坑 shākēng [美 = **sandbox**]
sandstone ['sændstəun] **I** N [U] 砂岩 shāyán **II** CPD [+ *building, wall, cliff*] 砂岩质(質) shāyán zhì
sandwich ['sændwɪtʃ] **I** N [c] 三明治 sānmíngzhì [份 fèn] **II** VT ▸ **to be sandwiched between** 被夹(夾)在…之间(間) bèi jiázài...zhījiān ▸ **a cheese/ham/jam sandwich** 奶酪/火腿/果酱(醬)三明治 nǎilào/huǒtuǐ/guǒjiàng sānmíngzhì
sandy ['sændɪ] ADJ **1** [+ *beach*] 覆盖(蓋)着(著)沙的 fùgài zhe shā de **2** (*in colour*) [+ *hair*] 沙色的 shāsè de
sane [seɪn] ADJ **1** (*not crazy*) 神志正常的 shénzhì zhèngcháng de **2** (*reasonable*) [+ *action, policy, idea*] 明智的 míngzhì de
sang [sæŋ] PT *of* **sing**
sanitary napkin ['sænɪtərɪ-] (*US*) N [c] 卫(衛)生巾 wèishēng jīn [块 kuài] [英 = **sanitary towel**]
sanitary towel (*Brit*) N [c] 卫(衛)生巾 wèishēng jīn [块 kuài] [美 = **sanitary napkin**]
sanity ['sænɪtɪ] N [U] **1** (*mental health*) 精神健全 jīngshén jiànquán **2** (*sense*) 明智 míngzhì
sank [sæŋk] PT *of* **sink**
Santa (Claus) ['sæntə('klɔːz)] N 圣(聖)诞(誕)老人 Shèngdàn Lǎorén
sap [sæp] **I** N [U] [*of plants*] 汁 zhī **II** VT ▸ **to sap sb's strength/confidence** 使某人筋疲力尽(盡)/挫伤(傷)某人的自信心 shǐ mǒurén jīn pí lì jìn/cuòshāng mǒurén de zìxìnxīn
sapphire ['sæfaɪəʳ] N [c/U] 蓝(藍)宝(寶)石 lán bǎoshí
sarcasm ['sɑːkæzm] N [U] 讽(諷)刺 fěngcì
sarcastic [sɑː'kæstɪk] ADJ [+ *person*] 尖刻的 jiānkè de; [+ *remark*] 讽(諷)刺的 fěngcì de
sardine [sɑː'diːn] N [c] 沙丁鱼(魚) shādīngyú [条 tiáo]
SARS [sɑːz] N ABBR (= **severe acute respiratory syndrome**) 非典型性肺炎 fēi diǎnxíngxìng fèiyán
SASE (*US*) N ABBR (= **self-addressed stamped envelope**) 贴(貼)足邮(郵)资(資)写(寫)明发(發)信人自己的姓名地址的回信信封 tiēzú yóuzī xiěmíng fāxìn rén zìjǐ de xìngmíng dìzhǐ de huíxìn xìnfēng [英 = **s.a.e.**]
sash [sæʃ] N [c] **1** (*around waist*) 腰带(帶) yāodài; (*over shoulder*) 肩带(帶) jiāndài **2** [*of window*] 窗框 chuāngkuàng
SAT N ABBR **1** (*US*) (= **Scholastic Aptitude Test**) 学(學)业能力倾(傾)向测(測)试(試) Xuéyè Nénglì Qīngxiàng Cèshì **2** (*Brit*) (= **Standard Assessment Task**) 小学(學)标(標)准(準)评(評)估 Xiǎoxué Biāozhǔn Pínggū
sat [sæt] PT, PP *of* **sit**
Sat. ABBR (= **Saturday**) 星期六 xīngqīliù
satchel ['sætʃl] N [c] 书(書)包 shūbāo
satellite ['sætəlaɪt] N **1** [c] (*for communications*) 人造卫(衛)星 rénzào wèixīng [颗 kē] **2** [U] (*also*: **satellite television**) 卫(衛)星电(電)视(視) wèixīng diànshì **3** [c] (*Astron*) (*moon*) 卫(衛)星 wèixīng **4** [c] (*Pol*) (*also*: **satellite state**) 卫(衛)星国(國) wèixīng guó ▸ **on satellite** 在卫(衛)星电(電)视(視)上 zài wèixīng diànshì shàng
satellite dish N [c] 圆(圓)盘(盤)式卫(衛)星电(電)视(視)接收器 yuánpánshì wèixīng diànshì jiēshōuqì
satellite television N [U] 卫(衛)星电(電)视(視) wèixīng diànshì
satin ['sætɪn] **I** N [U] 缎(緞)子 duànzi **II** CPD [+ *ribbon, dress*] 缎(緞)子 duànzi ▸ **with a satin finish** 有缎(緞)子光泽(澤) yǒu duànzi guāngzé
satire ['sætaɪəʳ] N **1** [U] (*humour*) 讽(諷)刺 fěngcì **2** [c] (*novel, play*) 讽(諷)刺作品 fěngcì zuòpǐn
satisfaction [sætɪs'fækʃən] N [U] **1** (*contentment*) 满(滿)足感 mǎnzú gǎn **2** (*for wrong, injustice*) ▸ **to get satisfaction (from sb)** (从(從)某人那里(裡))得到赔(賠)偿(償) (cóng mǒurén nàlǐ) dédào péicháng ▸ **satisfaction with** 对(對)…的满(滿)意 duì...de mǎnyì ▸ **has it been done to your satisfaction?** 您对(對)此满(滿)意吗(嗎)? Nín duì cǐ mǎnyì ma?
satisfactory [sætɪs'fæktərɪ] ADJ 令人满(滿)意的 lìng rén mǎnyì de ▸ **in a satisfactory condition** (*Med*) 病情稳(穩)定 bìngqíng wěndìng
satisfied ['sætɪsfaɪd] ADJ **1** (*pleased*) 满(滿)足的 mǎnzú de **2** (*convinced*) 确(確)信的 quèxìn de ▸ **to be satisfied with sth** (*pleased*) 对(對)某事满(滿)意 duì mǒushì mǎnyì ▸ **to be satisfied that...** 确(確)信… quèxìn...
satisfy ['sætɪsfaɪ] VT **1** (*please*) [+ *person*] 使满(滿)足 shǐ mǎnzú **2** [+ *curiosity*] 满(滿)足 mǎnzú **3** [+ *demand*] 满(滿)足 mǎnzú; [+ *requirements, conditions*] 符合 fúhé **4** (*convince*) ▸ **to satisfy sb that...** 使人相信… shǐ rén xiāngxìn... ▸ **to satisfy o.s. that...** 使自己确(確)信… shǐ zìjǐ quèxìn...
satisfying ['sætɪsfaɪɪŋ] ADJ [+ *task*] 令人满(滿)

意的 lìng rén mǎnyì de; [*+ meal*] 令人心满(滿)意足的 lìng rén xīn mǎn yì zú de

sat nav ['sætnæv] N [c] 卫(衛)星导(導)航 wèixīng dǎoháng

Saturday ['sætədɪ] N [c/U] 星期六 xīngqīliù [个 gè]; *see also* **Tuesday**

sauce [sɔːs] N [c/U] (*savoury*) 酱(醬) jiàng [种 zhǒng]; (*sweet*) 汁 zhī [种 zhǒng]

saucepan ['sɔːspən] N [c] 深平底锅(鍋) shēn píngdǐ guō [个 gè]

saucer ['sɔːsəʳ] N [c] 茶杯碟 chábēi dié [个 gè]

Saudi ['saudi] I ADJ (*also*: **Saudi Arabian**) 沙特阿拉伯的 Shātè Ālābó de II N [c] (*person*) (*also*: **Saudi Arabian**) 沙特阿拉伯人 Shātè Ālābórén

Saudi Arabia [saudɪə'reɪbɪə] N 沙特阿拉伯 Shātè Ālābó

sauna ['sɔːnə] N [c] **1** (*act*) 桑拿浴 sāngná yù **2** (*room*) 桑拿浴室 sāngná yùshì ▸ **to have a sauna** 洗桑拿 xǐ sāngná

sausage ['sɔsɪdʒ] N [c/U] 香肠(腸) xiāngcháng [根 gēn]

sausage roll (*Brit*) N [c] 香肠(腸)卷(捲) xiāngcháng juǎn [个 gè]

sauté ['səuteɪ] I VT 快炸 kuàizhá II ADJ (*also*: **sautéed**) [*+ potatoes, mushrooms*] 炸的 zhá de

savage ['sævɪdʒ] I ADJ [*+ animal*] 凶猛的 xiōngměng de; [*+ attack*] 恶(惡)毒的 èdú de II N [c] (*o.f., pej*) 野蛮(蠻)人 yěmánrén III VT **1** (*maul*) 凶猛地攻击(擊) xiōngměng de gōngjī **2** (*criticize*) 猛烈抨击(擊) měngliè pēngjī ▸ **he was savaged to death** 他被残(殘)害致死 tā bèi cánhài zhì sǐ

save [seɪv] I VT **1** (*rescue*) [*+ person*] 救 jiù **2** (*preserve*) [*+ job, marriage, environment*] 保全 bǎoquán **3** (*also*: **save up**) [*+ money*] 积(積)攒(攢) jīzǎn **4** (*economize on*) [*+ money, time*] 节(節)省 jiéshěng **5** (*keep*) [*+ receipts etc*] 保存 bǎocún; [*+ food, drink etc*] 留着(著) liúzhe; [*+ seat*] 保留 bǎoliú **6** (*Comput*) 存储(儲) cúnchǔ **7** (*Sport*) 救球 jiùqiú II VI (*also*: **save up**) 积(積)攒(攢) jīzǎn III N [c] 救球 jiùqiú IV PREP (*frm*) (*also*: **save for**) 除…外 chú...wài ▸ **to save sb from sth** 挽救某人免于(於)某事 wǎnjiù mǒurén miǎnyú mǒushì ▸ **to save sb's life** 挽救某人的生命 wǎnjiù mǒurén de shēngmìng ▸ **to save (up) for sth** 为(為)某物储(儲)蓄 wèi mǒuwù chǔxù ▸ **to save sb/o.s. some work/time/expense** 对(對)某人/自己来(來)说(說)省事/节(節)省时(時)间(間)/节(節)省开(開)支 duì mǒurén/zìjǐ lái shuō shěngshì/jiéshěng shíjiān/jiéshěng kāizhī ▸ **to save sth for sth** 为(為)某事留某物 wèi mǒushì liú mǒuwù ▸ **to save sb from doing sth** 使某人免于(於)做某事 shǐ mǒurén miǎnyú zuò mǒushì ▸ **God save the Queen!** 上帝保佑(祐)女王！ Shàngdì bǎoyòu nǚwáng! ▸ **to make a save** (*Sport*) 救球 jiù qiú

▸**save up** VI 积(積)攒(攢) jīzǎn

saving ['seɪvɪŋ] I N [c] [*of time, money*] 节(節)约(約) jiéyuē II **savings** N PL (*money*) 存款 cúnkuǎn ▸ **to make a saving (on sth)** (在某物上)节(節)省 (zài mǒuwù shàng) jiéshěng

savings ['seɪvɪŋz] N PL (*money*) 存款 cúnkuǎn

savings account N [c] 储(儲)蓄账(賬)户(戶) chǔxù zhànghù [个 gè]

savings and loan association (*US*) N [c] 房屋储(儲)蓄借贷(貸)联(聯)合会(會) fángwū chǔxù jièdài liánhéhuì [英 = **building society**]

saviour, (*US*) **savior** ['seɪvjəʳ] N [c] **1** 救星 jiùxīng **2** ▸ **the Saviour** 救世主 Jiùshìzhǔ

savoury, (*US*) **savory** ['seɪvərɪ] I ADJ [*+ food, dish*] 咸(鹹)辣的 xiánlà de II **savouries** N PL (*Brit*) 小吃 xiǎochī

saw [sɔː] (*pt* **sawed**, *pp* **sawed** *or* **sawn**) I PT *of* **see** II VT 锯(鋸) jù III VI ▸ **to saw through sth** 锯(鋸)断(斷)某物 jùduàn mǒuwù IV N [c] 锯(鋸)子 jùzi [把 bǎ] ▸ **to saw sth in half** 将(將)某物锯(鋸)成两(兩)半 jiāng mǒuwù jù chéng liǎng bàn

▸**saw up** VT 把…锯(鋸)成小块(塊) ba...jùchéng xiǎokuài

sawdust ['sɔːdʌst] N [U] 锯(鋸)末 jùmò

sawn [sɔːn] PP *of* **saw**

sax [sæks] (*inf*) N [c] 萨(薩)克斯管 sàkèsīguǎn

saxophone ['sæksəfəun] N [c] 萨(薩)克斯管 sàkèsīguǎn [根 gēn]

★**say** [seɪ] (*pt, pp* **said**) I VT **1** (*utter*) 说(說) shuō ▷ *I couldn't understand what they were saying.* 我不明白他们在说什么。Wǒ bù míngbai tāmen zài shuō shénme. **2** (*indicate*) [*clock, watch +*] 表明 biǎomíng ▷ *My watch says 3 o'clock.* 我的手表3点了。Wǒ de shǒubiǎo sān diǎn le.; [*sign +*] 写(寫)着(著) xiězhe II N ▸ **to have one's say** 表达(達)个(個)人的意见(見) biǎodá gèrén de yìjiàn ▸ **to say that...** (*verbally*) 说(說)…shuō... ▷ *He said that he'd broken his arm.* 他说他的手臂断了。Tā shuō tā de shǒubì duàn le. ▷ *She said that I was to give you this.* 她叫我把这个给你。(*in writing*) [*person +*] 说(說)…shuō...; [*book, article +*] 写(寫)明… xiěmíng... ▸ **to say sth to sb** 告诉(訴)某人某事 gàosù mǒurén mǒushì ▸ **to say sth to o.s.** 暗自思量某事 ànzì sīliang mǒushì ▸ **to say yes/no** 同意/不同意 tóngyì/bù tóngyì ▸ **to say goodbye/sorry (to sb)** (向某人)告别(別)/道歉 (xiàng mǒurén) gàobié/dàoqiàn ▸ **when all is said and done** 归(歸)根结(結)底 guī gēn jié dǐ ▸ **there is something/a lot to be said for it** 有一些/很多优(優)点(點) yǒu yīxiē/hěn duō yōudiǎn ▸ **it says something/a lot about her state of mind** 这(這)在某种(種)/很大程度上显(顯)露了她的想法 zhè zài mǒu zhǒng/hěn dà chéngdù shàng xiǎnlùle tā de xiǎngfǎ ▸ **you can say that again!** (*inf*) 我太同意你说(說)的了！ wǒ tài tóngyì nǐ shuō de le! ▸ **that is to say** 就是说(說) jiùshì shuō ▸ **that goes without saying** 那自不消说(說) nà zì bùxiāo shuō ▸ **I can't say I'm sorry** 我并(並)

不感到内(内)疚 wǒ bìng bù gǎndào nèijiù ▶ **I must say that...** 依我看… yī wǒ kàn... ▶ **to say nothing of** 更不用说(說) gèng bùyòng shuō ▶ **that says it all** 不言自明 bù yán zì míng ▶ **say that...** (*suppose*) 假设(設)… jiàshè... ▷ *Say you won a million pounds.* 假设你赢了100万英镑。Jiǎshè nǐ yíngle yībǎi wàn yīngbàng. ▶ **come for dinner at, say, 8 o'clock** 来(來)吃晚饭(飯)吧，先定8点(點)吧 lái chī wǎnfàn ba, xiān dìng bā diǎn ba ▶ **shall we say Tuesday?** 星期二好吗(嗎)? xīngqī èr hǎo ma? ▶ **to have a** *or* **some say in sth** 对(對)某事有发(發)言权(權) duì mǒushì yǒu fāyánquán

saying ['seɪɪŋ] N [c] 格言 géyán [句 jù]

scab [skæb] N [c] **1** (*on wound*) 痂 jiā **2** (*inf, pej: strike-breaker*) 工贼(賊) gōngzéi

scaffolding ['skæfəldɪŋ] N [U] 脚(腳)手架 jiǎoshǒu jià

scald [skɔːld] **I** VT 烫(燙)伤(傷) tàngshāng **II** N [c] 烫(燙)伤(傷) tàngshāng ▶ **to scald o.s.** 烫(燙)伤(傷)自己 tàngshāng zìjǐ

scale [skeɪl] **I** N **1** [s] (*size, extent*) 规(規)模 guīmó **2** [c] (*measuring system*) (*for temperature etc*) 标(標)度 biāodù **3** [c] (*Brit*) [*of salaries, fees etc*] 级(級)别(別) jíbié **4** [c] [*of map, model*] 比例 bǐlì **5** [c] (*Mus*) 音阶(階) yīnjiē **6** [c] [*of fish, reptile*] 鳞(鱗) lín **II** CPD [+ *model, drawing*] 按比例制(製)作的 àn bǐlì zhìzuò de **III** VT (*climb*) 攀登 pāndēng **IV scales** N PL (*for weighing*) (*also:* **bathroom scales, kitchen scales**) 秤 chèng; (*for heavier things*) 磅秤 bàngchèng ▶ **a pair** *or* **set of scales** 一架天平 yī jià tiānpíng ▶ **on a scale of 1 to 10** 从(從)1到10各等级(級)地 cóng yī dào shí gè děngjí de ▶ **to scale** 按比例 àn bǐlì ▶ **on a large/small scale** 以大/小规(規)模(模) yǐ dà/xiǎo guīmó

▶**scale down** VT 相应(應)缩(縮)减(減) xiāngyìng suōjiǎn

scallion ['skæljən] (*US: Culin, Bot*) N [c] 葱(蔥) cōng [英 = **spring onion**]

scallop ['skɔləp] N [c] (*shellfish*) 扇贝(貝) shànbèi

scalp [skælp] **I** N [c] 头(頭)皮 tóupí **II** VT 削下…的头(頭)皮 xuēxià...de tóupí

scalpel ['skælpl] N [c] (*for surgery*) 手术(術)刀 shǒushù dāo [把 bǎ]; (*for artwork*) 雕刻刀 diāokè dāo

scam [skæm] (*inf*) N [c] 骗(騙)局 piànjú

scampi ['skæmpɪ] (*Brit*) N PL 大虾(蝦) dàxiā

scan [skæn] **I** VT **1** (*examine closely*) [+ *area, room, horizon, group*] 仔细(細)察看 zǐxì chákàn **2** (*glance quickly over*) [+ *newspaper, article, page*] 浏(瀏)览(覽) liúlǎn **3** [*radar* +] 扫(掃)描 sǎomiáo **4** (*Comput*) [+ *document, picture*] 扫(掃)描 sǎomiáo **5** (*with x-ray, ultrasound etc*) [+ *luggage*] 查验(驗) cháyàn; (*Med*) 扫(掃)描检(檢)查 sǎomiáo jiǎnchá **II** VI [*poem* +] 符合格律 fúhé gélǜ **III** N [c] (*Med*) 扫(掃)描 sǎomiáo; [*of pregnant woman*] 超声(聲)波检(檢)查 chāoshēngbō jiǎnchá ▶ **to scan sth into a computer** 将(將)某物扫(掃)描入电(電)脑(腦) jiāng mǒuwù sǎomiáo rù diànnǎo

scandal ['skændl] N **1** [c] (*shocking event*) 丑(醜)闻(聞) chǒuwén [条 tiáo] **2** [U] (*gossip*) 流言飞(飛)语(語) liúyán fēiyǔ **3** [c] (*disgrace*) 耻(恥)辱 chǐrǔ ▶ **it is a scandal that...** …真是个(個)耻(恥)辱 ...zhēn shì ge chǐrǔ

Scandinavia [skændɪ'neɪvɪə] N 斯堪的纳(納)维(維)亚(亞) Sīkāndìnàwéiyà

Scandinavian [skændɪ'neɪvɪən] **I** ADJ 斯堪的纳(納)维(維)亚(亞)的 Sīkāndìnàwéiyà de **II** N [c] (*person*) 斯堪的纳(納)维(維)亚(亞)人 Sīkāndìnàwéiyàrén [个 gè]

scanner ['skænəʳ] N [c] **1** (*in hospital*) 扫(掃)描器 sǎomiáoqì **2** (*for security*) 扫(掃)描检(檢)测(測)装(裝)置 sǎomiáo jiǎncè zhuāngzhì **3** (*Comput*) 扫(掃)描仪(儀) sǎomiáo yí [台 tái]

scapegoat ['skeɪpgəut] **I** N [c] 替罪羊 tìzuìyáng **II** VT ▶ **to scapegoat sb (for sth)** 使某人(成为(為)某事的)替罪羊 shǐ mǒurén (chéngwéi mǒushì de) tìzuìyáng ▶ **to make sb a scapegoat (for sth)** 使某人成为(為)(某事的)替罪羊 shǐ mǒurén chéngwéi (mǒushì de) tìzuìyáng

scar [skɑː] **I** N [c] **1** (*on skin*) 伤(傷)疤 shāngbā [个 gè] **2** (*mental, emotional*) 创(創)伤(傷) chuàngshāng **II** VT **1** (*skin*) 给(給)…留下伤(傷)痕 gěi...liúxià shānghén **2** [+ *mind*] 给(給)…留下创(創)伤(傷) gěi...liúxià chuāngshāng **3** [+ *place*] 在…留下痕迹(跡) zài...liúxià hénjì ▶ **to scar sb for life** (*physically*) 给(給)某人留下终(終)生的伤(傷)疤 gěi mǒurén liúxià zhōngshēng de shāngbā; (*emotionally*) 给(給)某人留下终(終)生的创(創)伤(傷) gěi mǒurén liúxià zhōngshēng de chuāngshāng

scarce [skɛəs] ADJ 短缺的 duǎnquē de ▶ **to make o.s. scarce** (*inf*) 溜走 liūzǒu

scarcely ['skɛəslɪ] ADV **1** (*barely*) 几(幾)乎不 jīhū bù **2** (*certainly not*) 决(決)不 juébù ▶ **scarcely anybody** 几(幾)乎没(沒)人 jīhū méi rén ▶ **I can scarcely believe it** 我简(簡)直不能相信 wǒ jiǎnzhí bùnéng xiāngxìn ▶ **scarcely had I arrived when the phone rang** 我刚(剛)到电(電)话(話)就响(響)了 wǒ gāng dào diànhuà jiù xiǎng le

scare [skɛəʳ] **I** VT 使害怕 shǐ hàipà **II** N [c] **1** (*fright*) ▶ **to give sb/have a scare** 把某人吓(嚇)了一跳/吓(嚇)了一跳 bǎ mǒurén xiàle yī tiào/xiàle yī tiào **2** (*public panic*) 恐慌 kǒnghuāng [阵 zhèn] ▶ **a bomb/security scare** 炸弹(彈)/安全恐慌 zhàdàn/ānquán kǒnghuāng

▶**scare away, scare off** VT **1** [+ *intruder, visitor, animal etc*] 把…吓(嚇)跑 bǎ...xiàpǎo **2** (*put off*) [+ *boyfriend, voter etc*] 吓(嚇)跑 xiàpǎo

scarecrow ['skɛəkrəu] N [c] 稻草人 dàocǎorén [个 gè]

S

scared ['skɛəd] ADJ **1** *(frightened)* ▸ **to be scared (of sb/sth)** 害怕(某人/某物) hàipà (mǒurén/mǒuwù) **2** *(worried)* ▸ **to be scared of sth/that...** 担(擔)心某事/··· dānxīn mǒushì/... ▸ **to be scared of doing sth** *(frightened of)* 害怕做某事 hàipà zuò mǒushì; *(worried about)* 担(擔)心做某事 dānxīn zuò mǒushì ▸ **to be scared to do sth** 害怕做某事 hàipà zuò mǒushì ▸ **to be scared stiff** *or* **scared to death** 吓(嚇)得要命 xiàde yàomìng

scarf [skɑːf] *(pl* **scarfs** *or* **scarves)** N [c] *(long)* 围(圍)巾 wéijīn [条 tiáo]; *(square)* 头(頭)巾 tóujīn [块 kuài]

scarlet ['skɑːlɪt] ADJ 鲜(鮮)红(紅)的 xiānhóng de

scarves [skɑːvz] N PL *of* **scarf**

scary ['skɛərɪ] *(inf)* ADJ 令人害怕的 lìng rén hàipà de

scatter ['skætəʳ] **I** VT **1** *(drop)* ▸ **to scatter sth over/on sth** 将(將)某物撒在某处(處) jiāng mǒuwù sǎzài mǒuchù **2** *(untidily)* 乱(亂)放 luànfàng **3** *(disperse)* 驱(驅)散 qūsàn **II** VI 分散 fēnsàn

scenario [sɪ'nɑːrɪəu] N [c] **1** *(development)* 局面 júmiàn **2** *(Cine, Theat)* 剧(劇)本提纲(綱) jùběn tígāng

scene [siːn] N [c] **1** *(in play, film, book)* 一场(場) yī chǎng **2** *[of crime, accident]* 现(現)场(場) xiànchǎng **3** *(picture)* 景象 jǐngxiàng **4** *(event)* 场(場)面 chǎngmiàn **5** *(inf: fuss)* 当(當)众(眾)吵闹(鬧) dāngzhòng chǎonào ▸ **behind the scenes** 秘(祕)密地 mìmì de ▸ **to appear on the scene** 到场(場) dàochǎng ▸ **the political scene** 政治舞台(臺) zhèngzhì wǔtái ▸ **to set the scene for sth** 为(為)某事的发(發)生做准(準)备(備) wèi mǒushì de fāshēng zuò zhǔnbèi ▸ **to make a scene** *(inf: fuss)* 大吵大闹(鬧) dà chǎo dà nào

scenery ['siːnərɪ] N [U] **1** *(landscape)* 风(風)景 fēngjǐng **2** *(Theat)* 舞台(臺)布景 wǔtái bùjǐng

scenic ['siːnɪk] ADJ *[+ location etc]* 风(風)景优(優)美的 fēngjǐng yōuměi de ▸ **to take the scenic route** 走风(風)景优(優)美的那条(條)路 zǒu fēngjǐng yōuměi de nà tiáo lù

scent [sɛnt] **I** N **1** [c] *[of flowers, herbs etc]* 香味 xiāngwèi **2** [c/U] *(used for tracking) [of person, animal]* 气(氣)味 qìwèi **3** [c/U] *(Brit) (perfume)* 香水 xiāngshuǐ [美 = **perfume**] **II** VT *(catch smell of)* 嗅到 xiùdào ▸ **to put** *or* **throw sb off the scent** 使某人失去线(線)索 shǐ mǒurén shīqù xiànsuǒ

scented ['sɛntɪd] ADJ *[+ flower, candle, soap etc]* 芳香的 fāngxiāng de

sceptical, *(US)* **skeptical** ['skɛptɪkl] ADJ 怀(懷)疑的 huáiyí de ▸ **to be sceptical about sth** 对(對)某事持怀(懷)疑态(態)度 duì mǒushì chí huáiyí tàidu

schedule ['ʃɛdjuːl], *US* 'skɛdjuːl] **I** N [c] **1** *(agenda)* 日程安排 rìchéng ānpái [个 gè] **2** *(US) [of trains, buses]* 时(時)间(間)表 shíjiān biǎo [个 gè] [英 = **timetable**] **3** *(list of prices, details etc)* 清单(單) qīngdān **II** VT ▸ **to be scheduled to do sth** 安排做某事 ānpái zuò mǒushì ▸ **on schedule** 准(準)时(時) zhǔnshí ▸ **to be ahead of/behind schedule** 提前/落后(後)于(於)计(計)划(劃) tíqián/luòhòu yú jìhuà ▸ **we are working to a very tight schedule** 我们(們)的工作日程很紧(緊) wǒmen de gōngzuò rìchéng hěn jǐn ▸ **everything went according to schedule** 所有事情都按预(預)定计(計)划(劃)进(進)行了 suǒyǒu shìqing dōu àn yùdìng jìhuà jìnxíng le ▸ **to be scheduled for next week/2 o'clock** 被排在下星期/两(兩)点(點)钟(鐘)进(進)行 bèi pái zài xià xīngqī/liǎng diǎn zhōng jìnxíng

scheduled flight ['ʃɛdjuːld-], *US* 'skɛdjuːld-] N [c] 定期航班 dìngqī hángbān [个 gè]

scheme [skiːm] **I** N [c] **1** *(esp Brit)* 计(計)划(劃) jìhuà [个 gè] [美 = **program**] **2** *(plan)* 方案 fāng'àn [个 gè] **II** VI 图(圖)谋(謀) túmóu

schizophrenic [skɪtsə'frɛnɪk] **I** ADJ 精神分裂的 jīngshén fēnliè de **II** N [c] 精神分裂症患者 jīngshén fēnliè zhèng huànzhě

scholar ['skɔləʳ] N [c] *(learned person)* 学(學)者 xuézhě [位 wèi]

scholarship ['skɔləʃɪp] N **1** [c] *(grant)* 奖(獎)学(學)金 jiǎngxuéjīn [项 xiàng] **2** [U] *(knowledge)* 学(學)术(術)成就 xuéshù chéngjiù

★ **school** [skuːl] **I** N **1** [c/U] *(place)* 学(學)校 xuéxiào [所 suǒ]; *(pupils and staff)* 全体(體)师(師)生 quántǐ shīshēng ▹ *The whole school's going to hate you.* 全体师生都会恨你的。Quántǐ shīshēng dōu huì hèn nǐ de. **2** [U] *(school time, experience)* 上学(學) shàngxué **3** [c/U] *(university department)* 学(學)院 xuéyuàn ▹ *the art school* 艺术学院 yìshù xuéyuàn **4** [c/U] *(US; inf) (university)* 大学(學) dàxué [所 suǒ] **5** [c] *(specialist academy)* ▸ **riding/driving school** 骑(騎)术(術)/驾(駕)驶(駛)学(學)校 qíshù/jiàshǐ xuéxiào **6** [c] *[of fish, dolphins]* 群 qún **II** CPD *[+ uniform, shoes, year]* 学(學)校的 xuéxiào de ▸ **to go to school** *[child +]* 上学(學) shàngxué; *(US) [adult +]* 上大学(學) shàng dàxué ▸ **to leave school** *[child +]* 结(結)束义(義)务(務)教育 jiéshù yìwù jiàoyù ▸ **to be at law/medical school** 攻读(讀)法律/医(醫)学(學) gōngdú fǎlǜ/yīxué ▸ **to go to law/medical school** 上法/医(醫)学(學)院 shàng fǎ/yīxuéyuàn

schoolbag ['skuːlbæg] N [c] 书(書)包 shūbāo [个 gè]

school book N [c] 教科书(書) jiàokēshū [本 běn]

schoolboy ['skuːlbɔɪ] N [c] 男生 nánshēng [个 gè]

schoolchildren ['skuːltʃɪldrən] N PL 学(學)童 xuétóng

schoolgirl ['skuːlgəːl] N [c] 女生 nǚshēng [个 gè]

schooling ['sku:lɪŋ] N [U] 学(學)校教育 xuéxiào jiàoyù
schoolteacher ['sku:lti:tʃəʳ] N [C] 教师(師) jiàoshī [位 wèi]
science ['saɪəns] N **1** [U] (*scientific study*) 科学(學) kēxué **2** [C/U] (*branch of science, school subject*) 学(學)科 xuékē [个 gè] ▸ **the sciences** 理科 lǐkē
science fiction N [U] 科幻小说(說) kēhuàn xiǎoshuō
scientific [saɪən'tɪfɪk] ADJ **1** (*relating to science*) 科学(學)的 kēxué de **2** (*methodical*) 符合科学(學)定律的 fúhé kēxué dìnglǜ de
scientist ['saɪəntɪst] N [C] 科学(學)家 kēxué jiā [位 wèi]
sci-fi ['saɪfaɪ] N ABBR (= **science fiction**) 科幻小说(說) kēhuàn xiǎoshuō
scissors ['sɪzəz] N PL 剪刀 jiǎndāo ▸ **a pair of scissors** 一把剪刀 yī bǎ jiǎndāo
scold [skəuld] VT 责(責)骂(罵) zémà
scone [skɔn] (*esp Brit*) N [C] 烤饼(餅) kǎobǐng [个 gè]
scoop [sku:p] **I** N [C] **1** (*implement*) 球形勺 qiúxíng sháo **2** (*portion*) ▸ **a scoop (of sth)** 一勺(的某物) yī sháo (de mǒuwù) **3** (*Publishing*) 独(獨)家新闻(聞) dújiā xīnwén **II** VT **1** (*lift*) ▸ **to scoop sb/sth into one's arms** 把某人/某物揽(攬)在怀(懷)里(裡) bǎ mǒurén/mǒuwù lǎnzài huáilǐ **2** (*with spoon, hands*) ▸ **to scoop sth into sth** 把某物舀入某物中 bǎ mǒuwù yǎorù mǒuwù zhōng **3** [+ *prize, award*] 赢(贏)得 yíngdé
▸**scoop out** VT 舀出 yǎochū
▸**scoop up** VT 捞(撈)起 lāoqǐ
scooter ['sku:təʳ] N [C] **1** (*also*: **motor scooter**) 小型摩托车(車) xiǎoxíng mótuōchē [辆 liàng] **2** (*child's*) 踏板车(車) tàbǎnchē [个 gè]
scope [skəup] N **1** [U] (*opportunity, potential*) ▸ **scope (for sth/to do sth)** (某事/做某事的)余(餘)地 (mǒushì/zuò mǒushì de) yúdì **2** [S] (*range*) 范(範)围(圍) fànwéi ▸ **there is plenty of scope for improvement** (*Brit*) 还(還)有很大的改进(進)余(餘)地 háiyǒu hěn dà de gǎijìn yúdì
scorching ['skɔ:tʃɪŋ] (*inf*) ADJ (*also*: **scorching hot**) [+ *day, weather*] 炎热(熱)的 yánrè de ▸ **it's scorching today** 今天是个(個)大热(熱)天 jīntiān shì ge dàrètiān
▮用法参见 **hot**
score [skɔ:ʳ] **I** N [C] **1** (*points*) 比分 bǐfēn [个 gè] **2** (*Mus*) 配乐(樂) pèiyuè **3** (*liter: twenty*) 二十 èrshí **II** VT **1** [+ *goal, point*] 得 dé **2** (*achieve*) [+ *success, victory*] 取得 qǔdé **3** (*cut*) [+ *card, leather*] 划(劃) huá; [+ *line, mark*] 刻 kè **4** (*inf*) [+ *drug*] 非法取得 fēifǎ qǔdé **III** VI (*in game, sport*) 得分 défēn ▸ **scores (of)** 许(許)多 xǔduō ▸ **a score of** 几(幾)个(個) jǐ gè ▸ **on that/this score** 在那/这(這)一点(點)上 zài nà/zhè yī diǎn shàng ▸ **to score 6 out of 10** 10分中得6分 Shí fēn zhōng dé liù fēn ▸ **to score a point over sb/score points off sb** (*fig*) 驳(駁)倒某人 bódǎo mǒurén ▸ **to score a hit** 命中 mìngzhòng ▸ **to score low/high** 获(獲)低/高分 huòdī/gāofēn
scoreboard ['skɔ:bɔ:d] N [C] 记(記)分牌 jìfēn pái [个 gè]
scorer ['skɔ:rəʳ] N [C] **1** [*of goal, point, run etc*] 得分者 défēn zhe **2** (*person keeping score*) 记(記)分员(員) jìfēnyuán
scorn [skɔ:n] **I** N [U] 鄙视(視) bǐshì **II** VT **1** (*despise*) 瞧不起 qiáobùqǐ **2** (*reject*) 拒绝(絕) jùjué
Scorpio ['skɔ:pɪəu] N **1** [U] (*sign*) 天蝎(蠍)座 Tiānxiē Zuò **2** [C] (*person*) 天蝎(蠍)座的人 Tiānxiē Zuò de rén [个 gè] ▸ **I'm (a) Scorpio** 我是天蝎(蠍)座的 wǒ shì tiānxiēzuò de
scorpion ['skɔ:pɪən] N [C] 蝎(蠍)子 xiēzi [只 zhī]
Scot [skɔt] N [C] 苏(蘇)格兰(蘭)人 Sūgélánrén [个 gè]
Scotch [skɔtʃ] N **1** [U] (*also*: **Scotch whisky**) 苏(蘇)格兰(蘭)威士忌 Sūgélán wēishìjì **2** [C] (*measure of whisky*) 一杯威士忌 yī bēi wēishìjì
Scotch tape® (*US*) N [U] 透明胶(膠)带(帶) tòumíng jiāodài
Scotland ['skɔtlənd] N 苏(蘇)格兰(蘭) Sūgélán
Scots [skɔts] **I** ADJ 苏(蘇)格兰(蘭)的 Sūgélán de **II** N [U] (*dialect*) 苏(蘇)格兰(蘭)英语(語) Sūgélán yīngyǔ
Scotsman ['skɔtsmən] (*pl* **Scotsmen**) N [C] 苏(蘇)格兰(蘭)男人 Sūgélán nánrén [个 gè]
Scotswoman ['skɔtswumən] (*pl* **Scotswomen**) N [C] 苏(蘇)格兰(蘭)女人 Sūgélán nǚrén [个 gè]
Scottish ['skɔtɪʃ] ADJ 苏(蘇)格兰(蘭)的 Súgélán de
scout [skaut] **I** N [C] **1** (*also*: **boy scout**) 男童子军(軍)成员(員) nán tóngzǐjūn chéngyuán [个 gè] **2** (*Mil*) 侦(偵)察员(員) zhēncháyuán **II** VT ▸ **to scout an area (for sth)** 搜(蒐)索某个(個)地区(區)(寻(尋)找某物) sōusuǒ mǒugè dìqū (xúnzhǎo mǒuwù) **III** VI ▸ **to scout for sth** 物色某物 wùsè mǒuwù **IV the Scouts** N PL 童子军(軍) tóngzǐjūn
▸**scout around,** (*Brit*) **scout round** VI 到处(處)找 dàochù zhǎo
scowl [skaul] **I** VI 横(橫)眉怒目 héng méi nù mù **II** N [C] 怒容 nùróng ▸ **to scowl at sb** 怒视(視)某人 nùshì mǒurén
scramble ['skræmbl] **I** VI (*clamber*) ▸ **to scramble up/down/over sth** 爬上/下/过(過)某物 páshàng/xià/guò mǒuwù ▸ **to scramble into/out of sth** 仓(倉)促进(進)入/出某处(處) cāngcù jìnrù/chū mǒuchù ▸ **to scramble for sth/to do sth** (*compete*) 争(爭)抢(搶)某物/做某事 zhēngqiǎng mǒuwù/zuò mǒushì **II** VT [+ *eggs*] 炒 chǎo **III** N [C] **1** ▸ **scramble (for sth)** (*struggle, rush*) 争(爭)夺(奪)(某物) zhēngduó (mǒuwù) **2** (*climb*) 攀登 pāndēng ▸ **he**

S

scrambled to his feet 他腾(騰)地站起来(來) tā téng de zhàn qǐlái ▸ **to go scrambling** (*Brit: Sport*) 参(參)加摩托车(車)越野赛(賽) cānjiā mótuōchē yuèyěsài

scrambled egg ['skræmbld-] N [c/U] 炒鸡(雞)蛋 chǎo jīdàn [盘 pán]

scrap [skræp] **I** N **1** [c] [*of paper, cloth*] 碎屑 suìxiè [块 kuài]; [*of truth, evidence*] 一丁点(點) yīdīngdiǎn **2** [U] (*also:* **scrap metal**) 废(廢)铜(銅)烂(爛)铁(鐵) fèitóng làntiě **3** [c] (*inf: quarrel*) 争(爭)吵 zhēngchǎo; (*fight*) 打架 dǎjià **II** VT **1** [+ *car, ship*] 报(報)废(廢) bàofèi **2** [+ *project, idea, system, tax*] 废(廢)弃(棄) fèiqì **III** VI (*inf: quarrel*) 争(爭)吵 zhēngchǎo; (*fight*) 打架 dǎjià **IV scraps** N PL [*of food*] 残(殘)羹剩饭(飯) cángēng shèngfàn ▸ **to sell sth for scrap** 把某物作为(為)废(廢)品出售 bǎ mǒuwù zuòwéi fèipǐn chūshòu

scrapbook ['skræpbuk] N [c] 剪贴(貼)簿 jiǎntiēbù [本 běn]

scrape [skreɪp] **I** VT **1** (*clean*) 擦净(淨) cājìng **2** (*hurt*) 擦伤(傷) cāshāng **3** (*damage*) 刮坏(壞) guāhuài **II** VI 刮 guā **III** N **1** [s] (*sound*) 刮擦声(聲) guācā shēng **2** [c] (*inf, o.f.: difficulty*) 窘境 jiǒngjìng ▸ **to scrape sth off/from sth** 从(從)某物刮掉/刮去某物 cóng mǒuwù guādiào/guāqù mǒuwù

▸**scrape through** VT FUS VI 勉强(強)通过(過) miǎnqiǎng tōngguò

▸**scrape together** VT 凑(湊)集 còují

scrap paper N [U] 废(廢)纸(紙) fèizhǐ ▸ **a piece of scrap paper** 一张(張)废(廢)纸(紙) yī zhāng fèizhǐ

scratch [skrætʃ] **I** N [c] **1** (*on car, furniture*) 刮痕 guāhén [条 tiáo] **2** (*on body*) 擦伤(傷) cāshāng [处 chù] **II** VT **1** (*damage*) [+ *car, furniture, etc*] 划(劃)破 huápò **2** (*because of itch*) 搔 sāo **3** (*claw*) 抓 zhuā **III** VI 搔痒(癢) sāoyǎng ▸ **to do sth from scratch** 白手起家做某事 bái shǒu qǐ jiā zuò mǒushì ▸ **to be up to scratch** 合格 hégé ▸ **to scratch the surface (of sth)** (对(對)某事)浅(淺)尝(嘗)辄(輒)止 (duì mǒushì) qiǎn cháng zhé zhǐ ▸ **to scratch o.s.** 挠(撓)自己 náo zìjǐ

scratch card (*Brit*) N [c] 刮卡 guākǎ [张 zhāng]

scrawl [skrɔːl] **I** VT 潦草地写(寫) liáocǎo de xiě **II** N [c/U] 潦草的笔(筆)迹(跡) liáocǎo de bǐjì

scream [skriːm] **I** N [c] 尖叫声(聲) jiānjiào shēng [声 shēng] **II** VI 尖声(聲)喊叫 jiānshēng hǎnjiào **III** VT ▸ **to scream sth (at sb)** (冲(衝)着(著)某人)大喊某事 (chòngzhe mǒurén) dàhǎn mǒushì ▸ **to let out a scream** 发(發)出尖叫 fāchū jiānjiào ▸ **he's/it's a scream** (*inf*) 他/这(這)滑稽透顶(頂)了 tā/zhè huájī tòudǐng le ▸ **to scream at sb** 大骂(罵)某人 dà mà mǒurén ▸ **to scream at sb to do sth** 大声(聲)喝叫某人去做某事 dàshēng hèjiào mǒurén qù zuò mǒushì

screech [skriːtʃ] **I** VI **1** [*car, tyres, brakes* +] 发(發)出刺耳的声(聲)音 fāchū cì'ěr de shēngyīn **2** [*bird* +] 尖叫 jiānjiào **3** [*person* +] ▸ **to screech (at sb)** (冲(衝)某人)尖叫 (chòng mǒurén) jiānjiào **II** VT 尖声(聲)喊出 jiānshēng hǎnchū **III** N [c] **1** [*of car, tyres, brakes*] 刺耳的声(聲)音 cì'ěr de shēngyīn **2** [*of bird, person*] 尖叫 jiānjiào ▸ **to screech to a halt** 嘎然刹住 gārán shāzhù

screen [skriːn] **I** N [c] **1** (*at cinema*) 银(銀)幕 yínmù [个 gè] **2** [*of television, computer*] 屏幕 píngmù [个 gè] **3** (*partition*) 屏风(風) píngfēng **4** (*for illegal activity*) 掩护(護) yǎnhù **II** VT **1** (*conceal*) 遮蔽 zhēbì **2** [+ *film*] (*in the cinema*) 上映 shàngyìng; (*on television*) 播放 bōfàng **3** (*check*) [+ *candidates*] 筛(篩)选(選) shāixuǎn ▸ **to screen sb for sth** (*for disease*) 对(對)某人进(進)行某病的检(檢)查 duì mǒurén jìnxíng mǒu bìng de jiǎnchá; (*for security reasons*) 对(對)某人进(進)行某安全事项(項)检(檢)查 duì mǒurén jìnxíng mǒu ānquán shìxiàng jiǎnchá ▸ **to screen sth from sth** 把某物与(與)某物挡(擋)开(開) bǎ mǒuwù yǔ mǒuwù dǎngkāi

screening ['skriːnɪŋ] N **1** [c] [*of film*] (*in the cinema*) 上映 shàngyìng; (*on television*) 播放 bōfàng **2** [c/U] (*Med*) 检(檢)查 jiǎnchá **3** [U] (*for security*) 审(審)查 shěnchá

screenplay ['skriːnpleɪ] N [c] 电(電)影剧(劇)本 diànyǐng jùběn [个 gè]

screensaver ['skriːnseɪvəʳ] N [c] 屏幕保护(護) píngmù bǎohù

screenshot [skriːnʃɔt] N [c] (*Comput*) 截图 jiétú [个 gè]

screw [skruː] **I** N [c] 螺丝(絲) luósī [个 gè] **II** VT **1** (*fasten*) ▸ **to screw sth on/to sth** [+ *shelf etc*] 用螺丝(絲)把某物固定在某物上 yòng luósī bǎ mǒuwù gùdìngzài mǒuwù shang **2** (*twist into position*) ▸ **to screw sth on/into sth** 将(將)某物拧(擰)在/入某物 jiāng mǒuwù nǐngzài/rù mǒuwù **3** (*inf!: have sex with*) 与(與)…性交 yǔ…xìngjiāo ▸ **to put the screw(s) on** (*inf*) 威逼 wēibī ▸ **to turn** *or* **tighten the screw(s) on sb** (*inf*) 对(對)某人增加压(壓)力 duì mǒurén zēngjiā yālì ▸ **to screw one's eyes/face into a grimace** 眯起双(雙)眼/皱(皺)起面孔做怪相 mīqǐ shuāngyǎn/zhòuqǐ miànkǒng zuò guàixiàng ▸ **to screw sth out of sb** (*esp Brit; inf*) 逼迫某人拿出某物 bīpò mǒurén náchū mǒuwù ▸ **to have one's head screwed on** (*inf*) 保持头(頭)脑(腦)清醒 bǎochí tóunǎo qīngxǐng

▸**screw down** VT 用螺丝(絲)固定 yòng luósī gùdìng

▸**screw in** VT 拧(擰)入 nǐngrù

▸**screw up I** VT **1** (*Brit*) [+ *paper*] 把…揉成一团(團) bǎ…róuchéng yītuán [美 = **crush**] **2** (*inf: ruin*) 把…弄得一团(團)糟 bǎ…nòngde yītuánzāo **II** VI (*inf: fail*) 弄糟 nòngzāo ▸ **to screw up one's eyes/face** 眯起眼睛/皱(皺)起

眉头(頭) mīqǐ yǎnjīng/zhòuqǐ méitóu

screwdriver ['skru:draɪvəʳ] N [c] 螺丝(絲)起子 lúosīqǐzi [把 bǎ]

scribble ['skrɪbl] I VT [+ *note*] 潦草书(書)写(寫) liáocǎo shūxiě II VI **1** (*write quickly*) 潦草书(書)写(寫) liáocǎo shūxiě **2** (*make marks*) 乱(亂)涂(塗) luàntú III N [c/U] **1** (*note*) 草草写(寫)成的便条(條) cǎocǎo xiěchéng de biàntiáo **2** (*drawing*) 涂(塗)鸦(鴉)之作 túyā zhī zuò
▸**scribble down** VT 草草写(寫)下 cǎocǎo xiěxià

script [skrɪpt] N **1** [c] [*of play, film*] 剧(劇)本 jùběn **2** [c/U] (*writing*) 文字体(體)系 wénzì tǐxì

scroll [skrəul] I N [c] **1** [*of paper, parchment*] 卷(捲)轴(軸) juǎnzhóu **2** (*decoration*) 涡(渦)卷(捲)形装(裝)饰(飾) wōjuǎn xíng zhuāngshì II VI ▸ **to scroll up/down** 逐渐(漸)上移/下移 zhújiàn shàngyí/xiàyí

scrounge [skraundʒ] (*inf*) I VT ▸ **to scrounge sth (off sb)** (从(從)某人处(處))乞讨(討)某物 (cóng mǒurén chù) qǐtǎo mǒuwù II VI ▸ **to scrounge (off sb)** (向某人)乞讨(討) (xiàng mǒurén) qǐtǎo III N ▸ **to be on the scrounge** 在行骗(騙) zài xíngpiàn

scrub [skrʌb] I VT [+ *floor, pan, clothes*] 擦洗 cāxǐ; [+ *vegetables, one's hands*] 刷洗 shuāxǐ II VI 用力擦洗 yònglì cāxǐ III N **1** [U] (*land*) 低矮丛(叢)林地 dī'ǎi cónglín dì **2** [s] (*wash*) 擦洗 cāxǐ ▸ **to scrub sth clean** 将(將)某物擦净(淨) jiāng mǒuwù cājìng ▸ **to give sth a scrub** 刷净(淨)某物 shuājìng mǒuwù
▸**scrub off** VT 擦掉 cādiào

scruffy ['skrʌfɪ] ADJ [+ *person, appearance*] 邋遢的 lātā de; [+ *clothes, house*] 不整洁(潔)的 bù zhěngjié de

scrum ['skrʌm] N [c] 橄榄球赛中两队前锋并排用肩膀相抵，用腿争夺扔进中间空隙中的球

scrutiny ['skru:tɪnɪ] N [U] 仔细(細)检查 zǐxì jiǎnchá ▸ **to come under scrutiny** 受到密切注意 shòudào mìqiè zhùyì

scuba diving ['sku:bə-] N [U] 带(帶)水下呼吸器潜(潛)水 dài shuǐxià hūxīqì qiánshuǐ ▸ **to go scuba diving** 带(帶)水下呼吸器去潜(潛)水 dài shuǐ xià hūxīqì qù qiánshuǐ

scuffle ['skʌfl] I N [c] 混战(戰) hùnzhàn II VI 扭打 niǔdǎ ▸ **to scuffle with sb** 与(與)某人混战(戰) yǔ mǒurén hùnzhàn

sculptor ['skʌlptəʳ] N [c] 雕塑家 diāosùjiā

sculpture ['skʌlptʃəʳ] N **1** [U] (*art*) 雕塑 diāosù **2** [c] (*object*) 塑像 sùxiàng [个 gè]

scum [skʌm] N **1** [U] (*on liquid*) 浮渣 fúzhā **2** [PL] (*inf: people*) 渣滓 zhāzi

scurry ['skʌrɪ] VI 急赶(趕) jígǎn
▸**scurry around** VI 奔忙 bēnmáng
▸**scurry off** VI 匆忙离(離)开(開) cōngmáng líkāi

scythe [saɪð] N [c] 长(長)柄大镰(鐮)刀 chángbǐng dà liándāo [个 gè]

SE ABBR (= **south-east**) 东(東)南部 dōngnán bù

sea [si:] I N **1** ▸ **the sea** 海洋 hǎiyáng **2** (*in names*) ▸ **the North/Irish/Dead Sea** 北/爱(愛)尔(爾)兰(蘭)/死海 Běi/Ài'ěrlán/Sǐ Hǎi II CPD [+ *breeze, air*] 海 hǎi ▸ **beside** *or* **by the sea** 在海边(邊) ▸ **by sea** 由海路 yóu hǎilù ▸ **at sea** (*lit*) 在海上 zài hǎishàng ▸ **to be all at sea (with sth)** (对(對)某事)不知所措 (duì mǒushì)bù zhī suǒ cuò ▸ **to be swept out to sea** 被大海卷(捲)走 bèi dàhǎi juǎnzǒu ▸ **to look out to sea** 望大海 wàng dàhǎi ▸ **heavy** *or* **rough sea(s)** 波涛(濤)汹(洶)涌(湧) bōtāo xiōngyǒng ▸ **a sea of faces/glasses** 数(數)不清的面孔/玻璃杯 shǔ bù qīng de miànkǒng/bōlibēi

seafood ['si:fu:d] N [U] 海味 hǎiwèi

seafront ['si:frʌnt] N ▸ **the seafront** 滨(濱)海区(區) bīnhǎi qū

seagull ['si:gʌl] N [c] 海鸥(鷗) hǎi'ōu [只 zhī]

seal [si:l] I N [c] **1** (*animal*) 海豹 hǎibào [只 zhī] **2** (*official stamp*) 印章 yìnzhāng [个 gè] **3** (*in fridge, machine*) 密封装(裝)置 mìfēng zhuāngzhì **4** (*sealed condition*) 密封 mìfēng II VT **1** (*close*) [+ *envelope*] 封讫(訖) fēngqì; [+ *container, opening*] 密封 mìfēng **2** (*finalize*) [+ *agreement*] 使定局 shǐ dìngjú ▸ **to give sth one's seal of approval** 正式认(認)可某物 zhèngshì rènkě mǒuwù ▸ **to seal sb's fate** 注定某人的命运(運) zhùdìng mǒurén de mìngyùn
▸**seal off** VT 封锁(鎖) fēngsuǒ

sea level N [U] 海平面 hǎipíngmiàn ▸ **100 metres above/below sea level** 海拔/低于(於)海平面100米 hǎibá/dīyú hǎipíngmiàn yībǎi mǐ

seam [si:m] N [c] **1** (*stitches*) 缝(縫) fèng **2** [*of coal etc*] 层(層) céng ▸ **to be bursting at the seams** 拥(擁)挤(擠)不堪 yōngjǐ bùkān

seaman ['si:mən] N [c] 水手 shuǐshǒu [个 gè]

search [sə:tʃ] I N [c] **1** (*for missing person*) 搜寻(尋) sōuxún [次 cì] **2** [*of place*] 搜查 sōuchá **3** (*Comput*) 检(檢)索 jiǎnsuǒ [次 cì] II VT [+ *place, person*] 搜查 sōuchá III VI ▸ **to search (for sb/sth)** 寻(尋)找(某人/某物) xúnzhǎo (mǒurén/mǒuwù) ▸ **a search for** [+ *object, person*] 寻(尋)找 xúnzhǎo; [+ *solution, settlement*] 寻(尋)求 xúnqiú ▸ **in search of** 寻(尋)求 xúnqiú ▸ **to search sb/sth for sth** 为(為)找某物搜查某人/某物 wèi zhǎo mǒuwù sōuchá mǒurén/mǒuwù ▸ **to search one's mind for sth** 绞(絞)尽(盡)脑(腦)汁想某事 jiǎojìn nǎozhī xiǎng mǒushì
▸**search through** VT FUS 彻(徹)底搜寻(尋) chèdǐ sōuxún

search engine (*Comput*) N [c] 搜索引擎 sōusuǒ yǐnqíng

search party N [c] 搜索队(隊) sōusuǒduì ▸ **to send out a search party (for sb)** 派搜索队(隊)(寻(尋)找某人) pài sōusuǒduì(xúnzhǎo mǒurén)

seashore ['si:ʃɔ:ʳ] N [c] 海岸 hǎi'àn [个 gè] ▸ **on**

S

the seashore 在海边(邊) zài hǎi biān

seasick ['si:sɪk] ADJ 晕(暈)船的 yūnchuán de ▸ **to be** *or* **feel seasick** 感到晕(暈)船恶(噁)心 gǎndào yùnchún ěxīn ▸ **to be seasick** (*vomit*) 晕(暈)船呕(嘔)吐 yùnchuán ǒutù

seaside ['si:saɪd] (*Brit*) N ▸ **the seaside** 海边(邊) hǎibiān ▸ **at the seaside** 在海边(邊) zài hǎi biān ▸ **to go to the seaside** 去海边(邊) qù hǎibiān

★ **season** ['si:zn] **I** N [c] **1** [*of year*] 季节(節) jìjié [个 gè] **2** (*for activity*) 时(時)节(節) shíjié [个 gè] ▹ *the planting season* 种植时节 zhòngzhí shíjié ▹ *the rainy season* 雨季 yǔjì **3** (*series*) [*of films etc*] 上映期 shàngyìngqī ▹ *a new season of horror films* 恐怖片新的上映期 kǒngbùpiàn xīn de shàngyìngqī **II** VT ▸ **to season sth (with sth)** (用某物)给(給)某物调(調)味 (yòng mǒuwù) fěi mǒuwù tiáowèi ▸ **the football season** 足球赛(賽)季 zúqiú sàijì ▸ **raspberries are in season/out of season** 红(紅)莓正当(當)令/下市 hóngméi zhèng dānglìng/xiàshì

seasonal ['si:znl] ADJ [+ *factors, variations*] 季节(節)性的 jìjiéxìng de; [+ *staff*] 节(節)令性的 jiélìngxìng de

seasoning ['si:znɪŋ] N [c/U] 调(調)味品 tiáowèipǐn

season ticket N [c] 季票 jìpiào [张 zhāng]

seat [si:t] **I** N [c] **1** (*chair*) 椅子 yǐzi [把 bǎ]; (*in car, theatre, cinema*) 座 zuò [个 gè] **2** (*place*) (*in theatre, bus, train*) 座位 zuòwèi [个 gè] **3** [*of MP*] 议(議)席 yìxí **4** (*on committee*) 席位 xíwèi **5** (*part*) [*of chair*] 座部 zuòbù; [*of trousers*] 臀 tún; (*buttocks*) 臀部 túnbù **6** (*centre*) [*of government, learning etc*] 中心 zhōngxīn **II** VT **1** (*put*) 使就座 shǐ jiùzuò **2** (*have room for*) 容纳(納) róngnà ▸ **are there any seats left?** 还(還)有位子吗(嗎)? Háiyǒu wèizi ma? ▸ **to take a/one's seat** 就座 jiùzuò ▸ **to be in the driver's** *or* **driving seat** 处(處)于(於)控制地位 chǔyú kòngzhì dìwèi ▸ **to seat o.s.** 坐下 zuòxià ▸ **to be seated** (*be sitting*) 坐下 zuòxia ▸ **please be seated** (*frm*) 请(請)坐 qǐng zuò

seat belt N [c] 安全带(帶) ānquán dài [条 tiáo]

seating ['si:tɪŋ] N [U] 座位 zuòwèi

sea turtle (*US*) N [c] 海龟(龜) hǎiguī [英 = turtle]

sea water N [U] 海水 hǎishuǐ

seaweed ['si:wi:d] N [c/U] 海草 hǎicǎo

sec [sɛk] (*inf*) N [c] 一会(會)儿(兒) yīhuìr ▸ **I'll just be a sec** 我只要一会(會)儿(兒) wǒ zhǐyào yīhuìr

sec., sec N ABBR (= **seconds**) 秒 miǎo

secluded [sɪ'klu:dɪd] ADJ [+ *place, life*] 僻静(靜)的 pìjìng de

★ **second** ['sɛkənd] **I** ADJ 第二的 dì èr de ▹ *his second marriage* 他的第二次婚姻 tā de dì èr cì hūnyīn **II** ADV **1** (*after someone else*) [*perform* +] 第二地 dì èr de; (*in race, contest*) [*come, finish* +] 第二名地 dì èrmíng de **2** (*secondly*) 再者 zàizhě **III** N **1** [c] (*unit of time*) 秒 miǎo **2** (*short time*) ▸ **seconds/a second** 片刻 piànkè ▹ *Wait a second!* 稍等片刻! Shāo děng piànkè! ▹ *It'll only take a second.* 一会儿就行。Yīhuìr jiù xíng. **3** [U] (*also*: **second gear**) 第二挡(檔) dì èrdǎng **4** [c] (*imperfect product*) 次品 cìpǐn ▹ *Some of the articles are seconds.* 有些东西是次品。Yǒuxiē dōngxi shì cìpǐn. **IV** VT **1** (*in formal meeting*) [+ *motion, nomination*] 附议(議) fùyì **2** (*back*) [+ *call*] 赞(贊)同 zàntóng **3** (*Brit: Scol*) ▸ **upper/lower second** 中上/中下 zhōngshàng/zhōngxià ▸ **second floor** (*Brit*) 三层(層) sāncéng; (*US*) 二层(層) èrcéng ▸ **to be second nature to sb** 某人的第二天性 mǒurén de dì èr tiānxìng ▸ **to be second to none** 首屈一指的 shǒu qū yī zhǐ de ▸ **to be second only to sth/sb** 仅(僅)次于(於)某物/某人 jǐn cìyú mǒuwù/mǒurén ▸ **Charles the Second** 查理二世 Chálǐ èrshì ▸ **just a second!** 就一会(會)儿(兒)! Jiù yīhuìr!

secondary ['sɛkəndərɪ] **I** ADJ **1** (*less important*) [+ *issue, role*] 次要的 cìyào de; [+ *road*] 支路的 zhīlù de **2** (*subsequent*) [+ *effect*] 随(隨)后(後)的 suíhòu de; [+ *infection, tumour*] 继(繼)发(發)性的 jìfāxìng de **II** CPD [+ *pupil, curriculum*] 中学(學) zhōngxué ▸ **of secondary importance** 次要的 cìyào de

secondary school N [c/U] 中学(學) zhōngxué [所 suǒ]

second-class ['sɛkənd'klɑ:s] **I** ADJ **1** [+ *citizen, education*] 二等的 èrděng de **2** [+ *stamp, letter*] 第二级(級)的 dì'èrjí de **3** [+ *ticket, carriage*] 二等的 èrděng de **II** ADV **1** [*travel* +] 乘坐二等 chéngzuò èrděng **2** [*send, post* +] 作为(為)第二级(級)邮(郵)件 zuòwéi dì'èrjí yóujiàn **III** N [U] 二等 èrděng

second-hand ['sɛkənd'hænd] **I** ADJ **1** [+ *car, books, clothes*] 二手的 èrshǒu de **2** [+ *information, opinions*] 间(間)接的 jiànjiē de **II** ADV [*buy* +] 作为(為)二手货(貨) zuòwéi èrshǒuhuò ▸ **to hear sth (at) second-hand** 间(間)接地得知某事 jiànjiē de dézhī mǒushì **III** CPD [+ *shop, bookshop*] 经(經)营(營)旧(舊)货(貨) jīngyíng jiùhuò

secondly ['sɛkəndlɪ] ADV 其次 qícì

second-rate ['sɛkənd'reɪt] ADJ 平庸的 píngyōng de

second thought N ▸ **to have second thoughts about sth/about doing sth** 重新考虑(慮)某事/做某事 chóngxīn kǎolǜ/zuò mǒushì ▸ **without a second thought** 不加思索地 bù jiā sīsuǒ de ▸ **on second thoughts** *or* (*US*) **thought** 经(經)重新考虑(慮)后(後) jīng chóngxīn kǎolǜ hòu

Second World War N ▸ **the Second World War** 第二次世界大战(戰) dì èrcì shìjiè dàzhàn

secrecy ['si:krəsɪ] N [U] 保密 bǎomì ▸ **in secrecy** 秘(祕)密地 mìmì de

secret ['si:krɪt] **I** ADJ [+ *plan, activity, place etc*] 秘(祕)密的 mìmì de **II** N [c] 秘(祕)密 mìmì [个 gè] ▸ **to keep sth secret (from sb)** (对(對)某人) 保密某事 (duì mǒurén) bǎomì mǒushì ▸ **a secret admirer** (*romantic*) 暗恋(戀)者 ànliànzhě ▸ **can you keep a secret?** 你能保守秘(祕)密吗(嗎)? nǐ néng bǎoshǒu mìmì ma? ▸ **to make no secret of sth** 不隐(隱)瞒(瞞)某事 bù yǐnmán mǒushì ▸ **in secret** 暗地里(裡) àndìlǐ ▸ **the secret of (sb's) success** (某人) 成功的秘(祕)诀(訣) (mǒurén) chénggōng de mìjué

secretarial [sɛkrɪ'tɛərɪəl] ADJ [+ *work, assistance*] 秘(祕)书(書)的 mìshū de; [+ *course*] 有关(關)秘(祕)书(書)事务(務)的 yǒuguān mìshū shìwù de; [+ *staff*] 秘(祕)书(書)处(處)的 mìshū chù de

★ **secretary** ['sɛkrətərɪ] N [c] **1** (*in office*) 秘(祕)书(書) mìshū [位 wèi] **2** [*of organization*] (*committee member*) 书(書)记(記) shūjì; (*manager*) 干(幹)事 gànshì **3** (*company secretary*) 文书(書) wénshū ▸ **Secretary of State (for sth)** (*Brit*) (某部) 部长(長) (mǒubù) bùzhǎng ▸ **Secretary of State** (*US*) 国(國)务(務)卿 guówùqīng ▸ **the Transport/Health Secretary** (*Brit*) 交通/卫(衛)生大臣 jiāotōng/wèishēng dàchén

secretive ['si:krətɪv] ADJ 爱(愛)保密的 ài bǎomì de ▸ **to be secretive about sth** 对(對)某事守口如瓶 duì mǒushì shǒu kǒu rú píng

secretly ['si:krɪtlɪ] ADV [*act* +] 秘(祕)密地 mìmì de; [*hope* +] 暗自地 ànzì de

secret service N [c] 情报(報)机(機)关(關) qíngbào jīguān

sect [sɛkt] N [c] 派别(別) pàibié [个 gè]

section ['sɛkʃən] N [c] **1** (*part*) 部分 bùfen [个 gè] **2** (*department*) 部门(門) bùmén [个 gè] **3** [*of document*] 节(節) jié **4** (*cross-section*) 剖面图(圖) pōumiàntú ▸ **the business section** 商业版 shāngyèbǎn

sector ['sɛktəʳ] N [c] **1** 部分 bùfen **2** (*Mil*) 防御地段 fángyù dìduàn ▸ **the public/private sector** 政府机(機)构(構)/私营(營)部门(門) zhèngfǔ jīgòu/sīyíng bùmén

secular ['sɛkjuləʳ] ADJ 非宗教的 fēi zōngjiào de

secure [sɪ'kjuə] **I** ADJ **1** (*impregnable*) [+ *house, windows*] 紧(緊)闭(閉)的 jǐnbì de; [+ *prison, hospital*] 拘留性的 jūliú xìng de; [+ *border*] 固若金汤(湯)的 gù ruò jīn tāng de; [+ *data, communication, transaction*] 安全的 ānquán de **2** (*dependable*) [+ *job, future*] 稳(穩)定的 wěndìng de **3** (*firmly fixed*) 牢固的 láogù de **4** (*emotionally*) 无(無)忧(憂)虑(慮)的 wú yōulǜ de **II** VT **1** (*fasten*) [+ *rope, shelf*] 缚(縛)牢 fúláo **2** (*get*) [+ *contract, votes*] 获(獲)得 huòdé **3** (*make safe*) [+ *place*] 使安全 shǐ ānquán **4** ▸ **to secure a loan against sth** 用某物担(擔)保贷(貸)款 yòng mǒuwù dānbǎo dàikuǎn ▸ **to be financially secure** 经(經)济(濟)上无(無)忧(憂)无(無)虑(慮) jīngjì shàng wú yōu wú lǜ ▸ **to secure sth to sth** 将(將)某物缚(縛)在某物上 jiāng mǒuwù fù zài mǒuwù shàng ▸ **to secure sth for sb** 为(為)某人弄到某物 wèi mǒurén nòngdào mǒuwù

★ **security** [sɪ'kjuərɪtɪ] **I** N [U] **1** (*precautions*) 保安措施 bǎo'ān cuòshī ▹ *The Queen's visit was marked by tight security.* 女王的到访以保安严密著称。Nǚwáng de dàofǎng yǐ bǎoān yánmì zhùchēng. **2** [*of country, border, building, person*] 安全 ānquán; [*of data, transaction*] 妥善保管 tuǒshàn bǎoguǎn **3** [*of job*] 稳(穩)定性 wěndìng xìng ▹ *fears about job security* 对工作稳定性的担忧 duì gōngzuò wěndìngxìng de dānyōu **4** (*emotional*) 安全感 ānquán gǎn ▹ *a sense of security* 安全感 ānquángǎn **5** (*for loan*) 抵押品 dǐyā pǐn **II securities** N PL (*Fin*) 证(證)券 zhèngquàn ▸ **to increase/tighten security** 增加/加强(強)保安 zēngjiā/jiāqiáng bǎoān

security guard N [c] (*at building*) 保安人员(員) bǎo'ān rényuán; (*transporting money*) 押钞(鈔)人员(員) yāchāo rényuán [位 wèi]

sedan [sə'dæn] (*US: Aut*) N [c] 箱式小客车(車) xiāngshì xiǎo kèchē [辆 liàng] [英 = **saloon**]

sedate [sɪ'deɪt] **I** ADJ [+ *person*] 安祥的 ānxiáng de; [+ *life*] 平静(靜)的 píngjìng de; [+ *pace*] 稳(穩)健的 wěnjiàn de **II** VT 给(給)…服镇(鎮)静(靜)剂(劑) gěi...fú zhènjìngjì

sedative ['sɛdɪtɪv] N [c] 镇(鎮)静(靜)剂(劑) zhènjìngjì

seduce [sɪ'dju:s] VT (*sexually*) 勾引 gōuyǐn; (*tempt*) 引诱(誘) yǐnyòu; (*delight*) 吸引 xīyǐn ▸ **to seduce sb into doing sth** 引诱(誘)某人做某事 yǐnyòu mǒurén zuò mǒushì

seductive [sɪ'dʌktɪv] ADJ [+ *person*] 性感的 xìnggǎn de; [+ *offer, argument*] 诱(誘)惑的 yòuhuò de

★ **see** [si:] (*pt* **saw**, *pp* **seen**) **I** VT **1** 看见(見) kànjiàn ▹ *Did you see what happened?* 你看见发生的事了吗? Nǐ kànjiàn fāshēng de shì le ma? **2** (*meet*) [+ *person*] 见(見) jiàn ▹ *I'll see you at the cinema.* 我在电影院见你。Wǒ zài diànyǐngyuàn jiàn nǐ. ▹ *You need to see a doctor.* 你需要去看医生。Nǐ xūyào qù kàn yīshēng. **3** (*watch*) [+ *film, play*] 看 kàn ▹ *the best film I've ever seen* 我看过的最好的电影 wǒ kànguò de zuì hǎo de diànyǐng **4** (*look at*) [+ *letter, document, picture etc*] 看 kàn ▹ *Did you see the article by Professor Gray?* 你看了格雷教授的文章了吗? Nǐ kànle Géléi jiàoshòu de wénzhāng le ma? **5** (*understand*) 明白 míngbai ▹ *I see what you mean.* 我明白你的意思了。Wǒ míngbai nǐ de yìsī le. **6** (*notice*) 意识(識)到 yìshí dào **7** (*find out*) 查明 chámíng **8** (*imagine*) 想像 xiǎngxiàng **9** (*regard*) 把…当(當)作 bǎ...dàngzuò ▹ *He saw her as a rival.* 他把她当成一个对手。Tā bǎ tā dàngchéng yī gè duìshǒu. **10** (*witness*) [+ *change, event*] 目睹 mùdǔ ▹ *Yesterday saw the resignation of the* *disgraced Minister.* 昨天威望扫地的部长辞职了。Zuótiān wēiwàng sǎodì de bùzhǎng cízhí le. **II** VI 看见(見) kànjiàn ▷ *It's dark and I can't see.* 太黑了，我看不见。Tài hēi le, wǒ kàn bù jiàn. ▶ **I can see something** 我能看见(見)某物 wǒ néng kànjiàn mǒuwù ▶ **to see sb doing/do sth** 看见(見)某人做某事 kànjiàn mǒurén zuò mǒushì ▶ **there was nobody to be seen** 看不见(見)任何人 kàn bù jiàn rènhé rén ▶ **have you seen my glasses?** 你看见(見)我的眼镜(鏡)了吗(嗎)? nǐ kànjiàn wǒde yǎnjìng le ma? ▶ **I don't know what she sees in him** 我不知道她看中他哪一点(點) wǒ bù zhīdào tā kànzhòng tā nǎ yī diǎn ▶ **to go and see sb** 去见(見)某人 qù jiàn mǒurén ▶ **see Chapter 6** 参(參)见(見)第6章 cānjiàn dì liù zhāng ▶ **to see that...** (*realize, notice*) 意识(識)到··· yìshi dào... ▷ *I could see she was lonely.* 我察觉到她很孤独。Wǒ chájué dào tā hěn gūdú.; (*ensure*) 确(確)保 quèbǎo ▶ **to see if** (*find out if*) 查看···是否 chákàn...shìfǒu ▷ *I'll see if she's available.* 我去看看她是否有空。Wǒ qù kànkan tā shìfǒu yǒu kòng. ▶ **I can see him doing really well** (*envisage*) 我可以想像他将(將)干(幹)得不错(錯) wǒ kěyǐ xiǎngxiàng tā jiāng gàn de bùcuò ▶ **see you (soon)!** (*inf*) 再见(見)! zàijiàn! ▶ **see you later!** 一会(會)儿(兒)见(見)! yīhuǐr jiàn! ▶ **to see sb to the door** 送某人出门(門) sòng mǒurén chūmén ▶ **I'll see what I can do** 我会(會)看看能做些什么(麼) wǒ huì kànkàn néng zuòxiē shénme ▶ **let me see, let's see** (*show me*) 让(讓)我看看吧 ràng wǒ kànkan ba; (*let me think*) 让(讓)我想一想 ràngwǒ xiǎngyīxiǎng ▶ **I see** 我明白 wǒ míngbai ▶ **you see** (*in explanations*) 你知道 nǐ zhīdào ▶ **we'll see** 看看再说(說) kànkan zài shuō ▶ **see for yourself** 你自己看看 nǐ zìjǐ kànkan ▶ **as far as I can see** 就我看来(來) jiùwǒ kànlái

▶**see about** VT FUS (*deal with*) 处(處)理 chǔlǐ

▶**see off** VT **1** (*say goodbye to*) 向···告别(別) xiàng...gàobié **2** (*Brit*) (*defeat*) [+ *opponent, challenge*] 击(擊)败(敗) jībài

▶**see out** VT (*see to the door*) 送 sòng ▶ **I'll see myself out** 不用送了 bùyòng sòng le

▶**see through I** VT (*help*) [+ *person*] 帮(幫)助···渡过(過)难(難)关(關) bāngzhù...dùguò nánguān ▷ *$50 should see you through.* 50美金应该能够帮你渡过难关。Wǔshí měijīn yīnggāi nénggòu bāng nǐ dùguò nánguān. ▷ *He saw me through the hard times.* 他曾帮我度过艰难岁月。Tā céng bāng wǒ dùguò jiānnán suìyuè. **II** VT FUS (*understand*) [+ *person*] 看穿 kànchuān; [+ *plan*] 识(識)破 shípò ▷ *The jailers saw through my scheme.* 看守们识破了我的计划。Kānshǒumen shípòle wǒ de jìhuà.

▶**see to** VT FUS (*deal with*) 处(處)理 chǔlǐ ▷ *Franklin saw to the luggage.* 福兰克林负责照管行李。Fúlánkèlín fùzé zhàoguǎn xíngli. ▶ **to see to it that...** 确(確)保··· quèbǎo...

seed [siːd] **I** N **1** [C/U] [*of plant, fruit*] 籽 zǐ [粒 lì] **2** [C] (*beginning*) 萌芽 méngyá **3** [C] (*Tennis*) 种(種)子选(選)手 zhǒngzi xuǎnshǒu **II** VT ▶ **to be seeded nine/fifteenth** *etc* 第9/15等号(號)种(種)子选(選)手 dì jiǔ/shíwǔ děng hào zhǒngzi xuǎnshǒu ▶ **to plant** *or* **sow a seed** (*in ground*) 播种(種) bōzhǒng; (*in sb's mind*) 播下···的种(種)子 bō xià...de zhǒngzi ▶ **to go** *or* **run to seed** [*plant* +] 花谢(謝)结(結)籽 huā xiè jiē zǐ; [*person, institution* +] 走下坡路 zǒu xiàpōlù

seeing [ˈsiːɪŋ] CONJ ▶ **seeing as** *or* **that** 鉴(鑑)于(於) jiànyú

seeing-eye dog [siːɪŋˈaɪ-] (*US*) N [C] 导(導)盲犬 dǎomángquǎn [只 zhī] [英 = **guide dog**]

seek [siːk] (*pt, pp* **sought**) VT **1** [+ *truth, revenge, shelter, compensation*] 寻(尋)求 xúnqiú **2** [+ *work, job*] 寻(尋)找 xúnzhǎo ▶ **to seek advice/help (from sb)** (向某人)求教/求助 (xiàng mǒurén) qiújiào/qiúzhù ▶ **to seek to do sth** 试(試)图(圖)做某事 shìtú zuò mǒushì

▶**seek out** VT 搜寻(尋)出 sōuxún chū

★ **seem** [siːm] VI 似乎 sìhū ▷ *Everyone seems busy.* 每个人似乎都挺忙。Měi gè rén sìhū dōu tǐng máng. ▶ **it seems like...** 看起来(來)像是··· kànqǐlái xiàngshì... ▶ **it seems as if...** 好像··· hǎoxiàng... ▶ **to seem (to be) happy/interested** 好像(是)高兴(興)/感兴(興)趣 hǎoxiàng (shì) gāoxìng/gǎn xìngqù ▶ **to seem to do sth** 好像做某事 hǎoxiàng zuò mǒushì ▶ **how did she seem to you?** 你觉(覺)得她看起来(來)怎么(麼)样(樣)? nǐ juéde tā kàn qǐlái zěnmeyàng? ▶ **there seems to be...** 好像有··· hǎoxiàng yǒu... ▶ **it seems that...** 看来(來)··· kànlái... ▶ **it seems to me that...** 我觉(覺)得··· wǒ juéde... ▶ **she couldn't seem to stop crying** 她看来(來)是哭不停了 tā kànlái shì kū bù tíng le ▶ **I seem to have mislaid it** 我好像忘记(記)把它放在哪里(裡)了 wǒ hǎoxiàng wàngjì bǎ tā fàng zài nǎlǐ le

seemingly [ˈsiːmɪŋlɪ] ADV 表面上 biǎomiàn shang

seen [siːn] PP *of* **see**

seesaw [ˈsiːsɔː] **I** N [C] 跷(蹺)跷(蹺)板 qiāoqiāobǎn **II** VI 反复(復)多变(變) fǎnfù duōbiàn

seethe [siːð] VI **1** [*person* +] 怒火中烧(燒) nùhuǒ zhōngshāo **2** ▶ **to be seething (with)** (*crowded*) 拥(擁)挤(擠)不堪 yōngjǐ bùkān ▶ **to seethe at sth** 为(為)某事发(發)怒 wèi mǒushì fānù ▶ **to seethe with anger** 火冒三丈 huǒ mào sān zhàng

see-through [ˈsiːθruː] ADJ [+ *blouse, dress*] 薄如蝉(蟬)翼的 bó rú chányì de

segment [ˈsɛgmənt] N [C] [*of population, society*] 阶(階)层(層) jiēcéng; [*of market, economy etc*] 部分 bùfen; [*of orange*] 瓣 bàn

segregate [ˈsɛgrɪgeɪt] VT (*divide*) 使隔离(離) shǐ

gélí; (*isolate*) 使孤立 shǐ gūlì ▶ **to segregate sb from sb** 将(將)某人与(與)某人分开(開) jiāng mǒurén yǔ mǒurén fēnkāi

seize [siːz] VT **1** [+ *person, object, opportunity*] 抓住 zhuāzhù **2** [+ *power, control*] 夺(奪)取 duóqǔ; [+ *building, territory*] 占(佔)据(據) zhànjù **3** [+ *hostage*] 俘获(獲) fúhuò **4** [+ *property*] 没(沒)收 mòshōu

▶**seize up** VI [*engine* +] 卡住 kǎzhù; [*part of body* +] 僵住 jiāngzhù

▶**seize (up)on** VT FUS 大肆利用 dàsì lìyòng

seizure ['siːʒə^r] N [C] **1** (*Med*) 发(發)作 fāzuò **2** (*taking*) [*of power, land*] 夺(奪)取 duóqǔ **3** (*confiscation*) [*of drugs etc*] 温(溫)和的 mòshōu

seldom ['sɛldəm] ADV 不常 bùcháng

select [sɪ'lɛkt] **I** VT 挑选(選) tiāoxuǎn **II** ADJ 第一流的 dìyīliú de ▶ **a select group** 精选(選)的一群 jīngxuǎn de yī qún ▶ **a select few** 精选(選)的几(幾)个(個) jīngxuǎn de jǐ gè

selection [sɪ'lɛkʃən] N **1** [U] (*being chosen*) 挑选(選) tiāoxuǎn **2** [C] (*Comm*) (*range*) 供选(選)择(擇)的范(範)围(圍) gōng xuǎnzéde fànwéi [个 gè] **3** [C] (*collection*) 选(選)集 xuǎnjí

selective [sɪ'lɛktɪv] ADJ **1** (*discerning*) 精挑细(細)选(選)的 jīng tiāo xì xuǎn de **2** (*based on selection*) [+ *education, school, breeding etc*] 选(選)择(擇)性的 xuǎnzé xìng de

self [sɛlf] (*pl* **selves**) N ▶ **the self** (*ego*) 自身 zìshēn ▶ **I feel my old** *or* **normal self again** 我感到和以前一模一样(樣) wǒ gǎndào hé yǐqián yī mú yī yàng

self-assured [sɛlfə'ʃuəd] ADJ 自信的 zìxìn de

self-catering [sɛlf'keɪtərɪŋ] (*Brit*) ADJ [+ *holiday, accommodation*] 自供伙食的 zìgōng huǒshí de

self-centred, (*US*) **self-centered** [sɛlf'sɛntəd] ADJ 以自我为(為)中心的 yǐ zìwǒ wéi zhōngxīn de

self-confidence [sɛlf'kɔnfɪdns] N [U] 自信心 zìxìn xīn

self-conscious [sɛlf'kɔnʃəs] ADJ 容易难(難)为(為)情的 róngyì nánwéiqíng de ▶ **to be self-conscious about sth** 极(極)为(為)在意某事 jíwéi zàiyì mǒushì

self-contained [sɛlfkən'teɪnd] ADJ [+ *flat*] 有独(獨)立设(設)施的 yǒu dúlì shèshī de; [+ *person*] 不与(與)他人往来(來)的 bù yǔ tārén wǎnglái de

self-control [sɛlfkən'trəul] N [U] 自制力 zìzhìlì

self-defence, (*US*) **self-defense** [sɛlfdɪ'fɛns] N [U] 自卫(衛) zìwèi ▶ **in self-defence** 出于(於)自卫(衛) chūyú zìwèi

self-discipline [sɛlf'dɪsɪplɪn] N [U] 自我约(約)束 zìwǒ yuēshù

self-drive [sɛlf'draɪv] (*Brit*) ADJ ▶ **a self-drive car** 由承租人驾(駕)驶(駛)的车(車) yóu chéngzūrén jiàshǐ de chē ▶ **a self-drive holiday** 自己租车(車)驾(駕)驶(駛)的旅行 zìjǐ zūchē jiàshǐ de lǚxíng

self-employed [sɛlfɪm'plɔɪd] **I** ADJ 个(個)体(體)的 gètǐ de **II** N PL ▶ **the self-employed** 个(個)体(體)户(戶) gètǐhù

self-esteem [sɛlfɪs'tiːm] N [U] 自尊心 zìzūn xīn ▶ **to have low/high self-esteem** 自尊心差/强(強) zìzūnxīn chà/qiáng

self-indulgent [sɛlfɪn'dʌldʒənt] ADJ 放纵(縱)自己的 fàngzòng zìjǐ de

self-interest [sɛlf'ɪntrɪst] N [U] 自身利益 zìshēn lìyì

selfish ['sɛlfɪʃ] ADJ [+ *person, reason, behaviour*] 自私的 zìsī de ▶ **it was a selfish decision** 这(這)是一个(個)自私的决(決)定 zhè shì yī gè zìsī de juédìng

selfless ['sɛlflɪs] ADJ [+ *person, act, behaviour*] 无(無)私的 wúsī de

self-pity [sɛlf'pɪtɪ] N [U] 自怜(憐) zìlián

self-raising [sɛlf'reɪzɪŋ] (*Brit*) ADJ ▶ **self-raising flour** 自发(發)面(麵)粉 zìfā miànfěn [美 = **self-rising**]

self-respect [sɛlfrɪs'pɛkt] N [U] 自尊心 zìzūn xīn

self-rising [sɛlf'raɪzɪŋ] (*US*) ADJ ▶ **self-rising flour** 自发(發)面(麵)粉 zìfā miànfěn [英 = **self-raising**]

self-service [sɛlf'səːvɪs] ADJ [+ *shop, restaurant, garage*] 自助的 zìzhù de

★**sell** [sɛl] (*pt, pp* **sold**) **I** VT **1** 卖(賣) mài ▷ *I sold the house for 80,000 pounds.* 我的房子卖了8万英镑。Wǒ de fángzi màile bā wàn yīngbàng. ▷ *Do you sell flowers?* 你们这儿卖花吗? Nǐmen zhèr mài huā ma? ▷ *We sell rubber products.* 我们经销橡胶制品。Wǒmen jīngxiāo xiàngjiāo zhìpǐn. **2** (*fig*) [+ *idea*] 使接受 shǐ jiēshòu ▷ *She is hoping she can sell the idea to clients.* 她希望能够让客户接受这个主意。Tā xīwàng nénggòu ràng kèhù jiēshòu zhège zhǔyi. **II** VI [*goods, product* +] 有销(銷)路 yǒu xiāolù ▷ *I'm not sure if it will sell.* 我不能肯定是否有销路。Wǒ bùnéng kěndìng shìfǒu yǒu xiāolù. ▶ **to sell at** *or* **for 10 pounds** 售价(價)10英镑(鎊) shòujià shí yīngbàng ▶ **to sell sb sth, sell sth to sb** 将(將)某物卖(賣)给(給)某人 jiāng mǒuwù màigěi mǒurén ▶ **to sell o.s.** 自我推销(銷) zìwǒ tuīxiāo

▶**sell off** VT 卖(賣)掉 màidiào

▶**sell out** VI **1** (*lit*) [*shop* +] 卖(賣)光存货(貨) màiguāng cúnhuò; [*book, tickets* +] 卖(賣)光 màiguāng ▷ *The tickets have sold out.* 票卖光了。Piào màiguāng le. **2** (*fig: betray principles*) 放弃(棄)原则(則) fàngqì yuánzé **3** (*US*) (*sell everything*) 出售所有财(財)物 chūshòu suǒyǒu cáiwù ▶ **to sell out of sth** 卖(賣)光某物 màiguāng mǒuwù ▷ *The shop had sold out of ice creams.* 那家商店的冰激凌卖光了。Nà jiā shāngdiàn de bīngjīlíng màiguāng le.

▶**sell up** (*Brit*) VI 出售所有财(財)物 chūshòu suǒyǒu cáiwù

sell-by date ['sɛlbaɪ-] (*Brit*) N [C] 商品必须(須)售出的截止日期 shāngpǐn bìxū shòuchū de jiézhǐ rìqī

seller ['sɛləʳ] N [c] *(person, company)* 销(銷)售者 xiāoshòuzhě [个 gè] ▸ **to be a big seller** 畅(暢)销(銷)品 chàngxiāopǐn ▸ **it's a seller's market** 这(這)是卖(賣)方市场(場) zhè shì màifāng shìchǎng

Sellotape® ['sɛləuteɪp] *(Brit)* **I** N [u] 透明胶(膠)带(帶) tòumíng jiāodài [美 = **Scotch tape**] **II** VT ▸ **to sellotape sth to sth** 用透明胶(膠)带(帶)将(將)某物粘贴(貼)在某物上 yòng tòumíng jiāodài jiāng mǒuwù zhāntiēzài mǒuwù shang ▸ **to sellotape things together** 用透明胶(膠)带(帶)将(將)东(東)西粘在一起 yòng tòumíng jiāodài jiāng dōngxi zhān zài yīqǐ [美 = **tape**]

selves [sɛlvz] PL *of* **self**

semester [sɪ'mɛstəʳ] *(esp US)* N [c] 学(學)期 xuéqī [个 gè]

semicircle ['sɛmɪsəːkl] N [c] 半圆(圓) bànyuán [个 gè]

semi-colon [sɛmɪ'kəulən] N [c] 分号(號) fēnhào

semi-detached [sɛmɪdɪ'tætʃt] *(Brit)* ADJ 半独(獨)立式的 bàn dúlì shì de

semi-final [sɛmɪ'faɪnl] N [c] 半决(決)赛(賽) bàn juésài [场 chǎng]

seminar ['sɛmɪnɑːʳ] N [c] 专(專)题(題)讨(討)论(論)会(會) zhuāntí tǎolùn huì [个 gè]

semi-skimmed (milk) [sɛmɪ'skɪmd(-)] *(Brit)* N [u] 半脱(脫)脂奶 bàn tuōzhīnǎi [美 = **two-percent milk**]

Sen. *(US)* ABBR **1** (= **senator**) 参(參)议(議)院议(議)员(員) cānyì yuàn yìyuán **2** *(in names)* (= **senior**) 老 lǎo

senate ['sɛnɪt] N **1** *(Pol)* ▸ **the Senate** 参(參)议(議)院 cānyìyuàn **2** *(Univ)* *(also:* **the Senate**) 理事会(會) lǐshìhuì

senator ['sɛnɪtəʳ] *(US)* N [c] 参(參)议(議)院议(議)员(員) cānyìyuàn yìyuán

★ **send** [sɛnd] *(pt, pp* **sent**) VT **1** ▸ **to send sth (to sb)** [+ *letter, money*] 将(將)某物发(發)送(给(給)某人) jiāng mǒuwù fāsòng (gěi mǒurén) ▹ *I promised I would send her the money.* 我答应会将钱给她送去的。Wǒ dāying huì jiāng qián gěi tā sòngqù de. **2** [+ *person*] 派遣 pàiqiǎn ▹ *The government sent troops to the region.* 政府派遣军队去那个地区。Zhèngfǔ pàiqiǎn jūnduì qù nàge dìqū. **3** *(transmit)* [+ *signal, picture*] 传(傳)送 chuánsòng ▹ *the pictures that the satellite sent back* 卫星传送回来的照片 wèixīng chuánsòng huílái de zhàopiàn ▸ **to send sth by post** *or (US)* **mail** 邮(郵)寄某物 yóujì mǒuwù ▸ **to send sb for** [+ *check-up, scan etc*] 叫某人去 jiào mǒurén qù; [+ *bread, water etc*] 差某人去送 chāi mǒurén qù sòng ▸ **he was sent there to fight terrorists** 他被派到那儿(兒)去对(對)付恐怖分子 tā bèi pàidào nàr qù duìfù kǒngbù fènzǐ ▸ **to send word that...** 捎信说(說)… shāo xìn shuō... ▸ **she sends (you) her love** 她(向你)问(問)候 tā(xiàng nǐ)wènhòu ▸ **to send sb to sleep** 使某人入睡 shǐ mǒurén rùshuì ▸ **to send sth flying** 把某物撞飞(飛) bǎ mǒuwù zhuàngfēi

▸**send away** VT [+ *unwelcome visitor*] 把…打发(發)走 bǎ...dǎfā zǒu

▸**send away for** VT FUS 函购(購) hángòu

▸**send back** VT [+ *goods*] 退还(還) tuìhuán

▸**send for** VT FUS **1** *(also:* **send away for, send off for**) *(by post)* 函购(購) hángòu **2** [+ *doctor, police*] 差人去叫 chāirén qùjiào

▸**send in** VT [+ *report, application etc*] 寄送 jìsòng

▸**send off** VT **1** ▸ **to send sth off (to sb)** [+ *goods, parcel*] 将(將)某物邮(郵)寄(给(給)某人) jiāng mǒuwù yóujì (gěi mǒurén) **2** *(Sport)* [+ *player*] 将(將)…罚(罰)出场(場) jiāng...fá chūchǎng

▸**send off for** VT FUS 函购(購) hángòu

▸**send on** VT [+ *letter*] 转(轉)送 zhuǎnsòng; [+ *luggage etc*] *(in advance)* 先行发(發)走 xiānxíng fāzǒu; *(afterwards)* 转(轉)送 zhuǎnsòng

▸**send out** **I** VT **1** [+ *invitation, leaflet*] 发(發)出 fāchū **2** *(emit)* [+ *light, heat, signal*] 发(發)送出 fāsòngchū **II** VI ▸ **to send out for sth** [+ *pizza, curry*] 电(電)话(話)订(訂)购(購)某物 diànhuà dìnggòu mǒuwù

▸**send round** VT ▸ **to send sth round (to sb)** [+ *letter, document*] 分发(發)某物(给(給)某人) fēnfā mǒuwù (gěi mǒurén)

▸**send up** VT **1** *(raise)* [+ *price, blood pressure*] 使上升 shǐ shàngshēng **2** *(Brit; inf)* *(parody)* 通过(過)模仿取笑 tōngguò mófǎng qǔxiào

sender ['sɛndəʳ] N [c] [*of letter, package, radio message*] 发(發)送人 fāsòngrén [个 gè]

send-off ['sɛndɔf] *(inf)* N ▸ **to give sb a good send-off** 为(為)某人饯(餞)行 wèi mǒurén jiànxíng

Senegal [sɛnɪ'gɔːl] N 塞内(內)加尔(爾) Sàinèijiā'ěr

Senegalese [sɛnɪgə'liːz] *(pl* **Senegalese**) **I** ADJ 塞内(內)加尔(爾)的 Sàinèijiā'ěr de **II** N [c] *(person)* 塞内(內)加尔(爾)人 Sàinèijiā'ěrrén

senile ['siːnaɪl] ADJ 老态(態)龙(龍)钟(鐘)的 lǎotài lóngzhōng de

senior ['siːnɪəʳ] ADJ [+ *staff, manager, officer*] 高级(級)的 gāojí de; [+ *job, position*] 上级(級)的 shàngjí de ▸ **to be senior to sb, be sb's senior** *(in company)* 是某人的上级(級) shì mǒurén de shàngjí ▸ **she is 15 years his senior** 她比他年长(長)15岁(歲) tā bǐ tā niánzhǎng shíwǔ suì ▸ **Jones Senior** *(esp US)* 老琼(瓊)斯 lǎo Qióngsī

senior citizen N [c] 已届(屆)退休年龄(齡)的公民 yǐ jiè tuìxiū niánlíng de gōngmín [位 wèi]

senior high, (US) senior high school N [c] 高中 gāozhōng [所 suǒ]

sensation [sɛn'seɪʃən] N **1** [c] *(physical, mental)* 感觉(覺) gǎnjué **2** [u] *(sense of touch)* 触(觸)

觉(覺) chùjué **3** *(great success)* ▸ **to be a sensation** 轰(轟)动(動)一时(時)的人物/事件 hōngdòng yīshí de rénwù/shìjiàn ▸ **to cause a sensation** 引起轰(轟)动(動) yǐnqǐ hōngdòng

sensational [sɛn'seɪʃənl] ADJ **1** *(wonderful)* 极(極)好的 jíhǎo de **2** *(surprising)* [+ *event*] 轰(轟)动(動)性的 hōngdòng xìng de **3** *(exaggerated)* [+ *story, report*] 耸(聳)人听(聽)闻(聞)的 sǒng rén tīng wén de

★ **sense** [sɛns] **I** N **1** [c] [*of smell, taste*] 感觉(覺)官能 gǎnjué guānnéng [种 zhǒng] ▹ *the five senses* 5种感觉官能 wǔ zhǒng gǎnjué guānnéng **2** [s] *(feeling)* [*of guilt, shame etc*] 感觉(覺) gǎnjué ▹ *I was overcome by a sense of failure.* 我被失败感所压倒。Wǒ bèi shībàigǎn suǒ yādǎo. **3** [ʊ] *(good sense)* 明智 míngzhì **4** [c] *(meaning)* [*of word*] 释(釋)义(義) shìyì [个 gè] ▹ *a noun which has two senses* 一个有两种释义的名词 yī gè yǒu liǎng zhǒng shìyì de míngcí **II** VT *(become aware of)* 觉(覺)察到 juéchá dào ▸ **to have the sense to do sth** 明智地做某事 míngzhì de zuò mǒushì ▹ *They sometimes have the sense to seek help.* 他们有时很明智，知道求助。Tāmen yǒushí hěn míngzhì, zhīdào qiúzhù. ▸ **a keen sense of smell** 嗅觉(覺)灵(靈)敏 xiùjué língmǐn ▸ **it makes sense** *(can be understood)* 讲(講)得通 jiǎng de tōng; *(is sensible)* 合情合理 hé qíng hé lǐ ▸ **there is no sense in doing that** 那么(麼)做是不明智的 nàme zuò shì bù míngzhì de ▸ **to come to one's senses** *(become reasonable)* 恢复(復)理智 huīfù lǐzhì ▸ **to take leave of one's senses** 发(發)疯(瘋) fāfēng ▸ **to talk sense** 说(說)话(話)有道理 shuōhuà yǒu dàolǐ ▸ **to make sense of sth** 理解某事 lǐjiě mǒushì ▸ **in a sense** 从(從)某种(種)意义(義)上说(說) cóng mǒuzhǒng yìyì shàng shuō ▸ **to sense that...** 察觉(覺)到… chájué dào… ▹ *He sensed that she did not like him.* 他察觉到她不喜欢他。Tā chájué dào tā bù xǐhuān tā.

senseless ['sɛnslɪs] ADJ **1** *(pointless)* 毫无(無)意义(義)的 háowú yìyì de **2** *(unconscious)* 不省人事的 bù xǐng rénshì de ▸ **to be beaten senseless** 被打得失去知觉(覺) bèi dǎ de shīqù zhījué

sense of humour N [s] 幽默感 yōumò gǎn

sensible ['sɛnsɪbl] ADJ [+ *person*] 通情达(達)理的 tōng qíng dá lǐ de; [+ *decision, suggestion*] 明智的 míngzhì de; [+ *shoes, clothes*] 实(實)用耐穿的 shíyòng nàichuān de ▸ **it would be sensible to go to bed early** 早上床睡觉(覺)是明智的 zǎo shàngchuáng shuìjiào shì míngzhì de

sensitive ['sɛnsɪtɪv] ADJ **1** [+ *person*] *(understanding)* 善解人意的 shàn jiě rényì de; *(over-sensitive)* 过(過)于(於)敏感的 guòyú mǐngǎn de **2** [+ *subject*] 棘手的 jíshǒu de **3** [+ *skin*] 敏感的 mǐngǎn de **4** [+ *instrument*] 灵(靈)敏的 língmǐn de ▸ **to be sensitive to sth** [+ *sb's feelings*] 对(對)某物敏感 duì mǒuwù mǐngǎn ▸ **to be sensitive about sth** 对(對)某事敏感 duì mǒushì mǐngǎn

sensitivity [sɛnsɪ'tɪvɪtɪ] **I** N **1** [c/ʊ] [*of person*] *(to sb's feelings, needs)* 敏感性 mǐngǎn xìng; *(over-sensitive nature)* 神经(經)过(過)敏 shénjīng guòmǐn **2** [ʊ] [*of device, organism etc*] *(to heat, light etc)* 灵(靈)敏性 língmǐn xìng **3** [ʊ] [*of issue*] 棘手 jíshǒu **II sensitivities** N PL 感情 gǎnqíng

sensual ['sɛnsjuəl] ADJ **1** [+ *pleasure, experience*] 感官的 gǎnguān de **2** [+ *person*] 性感的 xìnggǎn de

sensuous ['sɛnsjuəs] ADJ **1** [+ *experience, pleasure, fabric*] 给(給)感官以快感的 gěi gǎnguān yǐ kuàigǎn de **2** [+ *person, voice, lips*] 性感的 xìnggǎn de

sent [sɛnt] PT, PP *of* **send**

sentence ['sɛntns] **I** N **1** [c] *(Ling)* 句子 jùzi [个 gè] **2** [c/ʊ] *(Law)* 刑罚(罰) xíngfá **II** VT ▸ **to sentence sb to death/to 5 years in prison** 判某人死刑/5年囚禁 pàn mǒurén sǐxíng/wǔ nián qiújìn ▸ **to pass sentence on sb** 宣布对(對)某人的判决(決) xuānbù duì mǒurén de pànjué

sentiment ['sɛntɪmənt] N **1** [c] *(opinion)* 观(觀)点(點) guāndiǎn **2** [ʊ] *(emotion)* 多愁善感 duō chóu shàn gǎn

sentimental [sɛntɪ'mɛntl] ADJ [+ *person*] 多愁善感的 duō chóu shàn gǎn de; [+ *song, story*] 充满(滿)柔情的 chōngmǎn róuqíng de; [+ *value, reasons*] 情感的 qínggǎn de

separate [*adj* 'sɛprɪt, *vb* 'sɛpəreɪt] **I** ADJ [+ *section, piece, pile*] 分开(開)的 fēnkāi de; [+ *occasion, incident*] 不同的 bùtóng de; [+ *existence, organization, species, entity*] 独(獨)立的 dúlì de; [+ *rooms*] 单(單)独(獨)的 dāndú de; [+ *issue, question*] 不相关(關)的 bù xiāngguān de **II** VT **1** *(split up)* [+ *people, things*] 分开(開) fēnkāi **2** *(make a distinction between)* [+ *ideas, facts*] 区(區)分 qūfēn **3** *(exist between)* 分隔 fēngé **III** VI **1** *(move apart)* 分开(開) fēnkāi **2** *(split up)* [*parents, couple* +] 分居 fēnjū **3** *(also:* **separate out)** [*mixture, sauce, colours* +] 分离(離) fēnlí **IV separates** N PL *(clothes)* 单(單)件衣物 dānjiàn yīwù ▸ **they went their separate ways** *(to different places)* 他们(們)分道扬(揚)镳(鑣)了 tāmen fēn dào yáng biāo le; *(ended their relationship)* 他们(們)分手了 tāmen fēnshǒu le ▸ **to keep sth separate from** 将(將)某物与(與)…分开(開) jiāng mǒuwù yǔ…fēnkāi ▸ **to remain separate from** 保持与(與)…分离(離) bǎochí yǔ…fēnlí ▸ **to separate from** [+ *object, surface*] 与(與)…分开(開) yǔ…fēnkāi; [+ *husband, wife*] 分居 fēnjū ▸ **to separate sth from sth** *(move apart)* 把某物与(與)某物分开(開) bǎ mǒuwù yǔ mǒuwù fēnkāi; *(make a distinction between)* 把某物

S

从(從)某物中识(識)别(别)出来(來) bǎ mǒuwù cóng mǒuwù zhōng shíbié chūlái; (*make different*) 将(將)某物与(與)某物区(區)分 jiāng mǒuwù yǔ mǒuwù qūfēn; (*form a barrier between*) 把某物与(與)某物分隔 bǎ mǒuwù yǔ mǒuwù fēngé ▸ **to be separated** [*couple* +] 分居 fēnjū ▸ **to separate (people/things) into groups** 将(將)(人/物)分成组(組) jiāng (rén/wù) fēnchéng zǔ

separated ['sɛpəreɪtɪd] ADJ (*not divorced*) 分居的 fēnjū de

separately ['sɛprɪtlɪ] ADV 分开(開)地 fēnkāi de

separation [sɛpə'reɪʃən] N [c/ʊ] **1** [*of things, groups*] 分开(開) fēnkāi; (*process of separating*) 分离(離) fēnlí **2** (*division*) (*into smaller parts*) 分隔 fēngé **3** (*time apart*) (*from loved ones*) 分离(離) fēnlí **4** (*split-up*) [*of couple*] 分居 fēnjū

Sept. ABBR (= **September**) 九月 jǐuyuè

September [sɛp'tɛmbə^r] N [c/ʊ] 九月 jiǔyuè; *see also* **July**

septic ['sɛptɪk] ADJ [+ *wound, finger etc*] 脓(膿)毒性的 nóngdú xìng de ▸ **to go septic** (*Brit*) 化脓(膿) huànóng

sequel ['si:kwl] N [c] **1** (*to film, story*) 续(續)集 xùjí **2** (*aftermath*) 后(後)果 hòuguǒ

sequence ['si:kwəns] N [c] **1** (*series*) 一连(連)串 yīliánchuàn **2** (*order*) 顺(順)序 shùnxù **3** (*Cine*) 连(連)续(續)镜(鏡)头(頭) liánxù jìngtóu ▸ **sequence of events** 一连(連)串事件 yīliánchuàn shìjiàn ▸ **in sequence** 按顺(順)序 àn shùnxù

sequin ['si:kwɪn] N [c] 装(裝)饰(飾)性亮片 zhuāngshìxìng liàngpiàn

Serb [sə:b] ADJ, N = **Serbian**

Serbia ['sə:bɪə] N 塞尔(爾)维(維)亚(亞) Sài'ěrwéiyà

Serbian ['sə:bɪən] **I** ADJ 塞尔(爾)维(維)亚(亞)的 Sài'ěrwéiyà de **II** N **1** [c] (*person*) 塞尔(爾)维(維)亚(亞)人 Sài'ěrwéiyàrén **2** [ʊ] (*language*) 塞尔(爾)维(維)亚(亞)语(語) Sài'ěrwéiyàyǔ

serene [sɪ'ri:n] ADJ [+ *person, smile*] 安祥的 ānxiáng de; [+ *place*] 宁(寧)静(靜)的 níngjìng de

sergeant ['sɑ:dʒənt] N [c] **1** (*Mil*) 中士 zhōngshì **2** (*Brit: Police*) 小队(隊)长(長) xiǎo duìzhǎng; (*US*) 巡佐 xúnzuǒ

serial ['sɪərɪəl] **I** N [c] (*on TV, radio*) 连(連)续(續)剧(劇) liánxùjù [部 bù]; (*in magazine*) 连(連)载(載) liánzǎi [个 gè] **II** ADJ [+ *rapist, adulterer, murderer etc*] 连(連)续(續)的 liánxù de

serial killer N [c] 连(連)环(環)杀(殺)手 liánhuán shāshǒu [个 gè]

serial number N [c] 编(編)号(號) biānhào [个 gè]

series ['sɪərɪz] (*pl* **series**) N [c] **1** [*of events, things*] 一系列 yīxìliè [个 gè] **2** (*on TV, radio*) 系列节(節)目 xìliè jiémù [个 gè]

★ **serious** ['sɪərɪəs] ADJ **1** [+ *problem, accident, illness*] 严(嚴)重的 yánzhòng de **2** (*not frivolous*) [+ *matter*] 严(嚴)肃(肅)的 yánsù de ▹ *I think this is a serious point.* 我认为这是个严肃的问题。Wǒ rènwéi zhè shì gè yánsù de wèntí.; [+ *thought, consideration*] 认(認)真的 rènzhēn de **3** [+ *person*] (*sincere*) 当(當)真的 dàngzhēn de ▹ *You really are serious about this, aren't you?* 你是当真的，是不是？ Nǐ shì dàngzhēn de, shì bù shì? ▹ *I hope you're not serious.* 我希望你不是当真的。Wǒ xīwàng nǐ bùshì dàngzhēn de.; (*solemn*) 严(嚴)肃(肅)的 yánsù de ▸ **are you serious?** 你是认(認)真的吗(嗎)？ nǐ shì rènzhēn de ma?

seriously ['sɪərɪəslɪ] ADV **1** [*injure, ill, damage* +] 严(嚴)重地 yánzhòng de **2** [*talk, think* +] 认(認)真地 rènzhēn de; [*deal with* +] 严(嚴)肃(肅)地 yánsù de **3** (*sincerely*) [*hope, believe* +] 真诚(誠)地 zhēnchéng de **4** (*truth to tell*) 说(說)真的 shuō zhēn de ▸ **to take sb/sth seriously** 认(認)真对(對)待某人/某事 rènzhēn duìdài mǒurén/mǒushì ▸ **seriously rich** (*inf*) 极(極)其富有的 jíqí fùyǒu de

seriousness ['sɪərɪəsnɪs] N [ʊ] **1** [*of problem, situation*] 严(嚴)重性 yánzhòng xìng **2** [*of person*] 严(嚴)肃(肅) yánsù ▸ **in all seriousness** 说(說)实(實)在的 shuō shízài de

sermon ['sə:mən] N [c] **1** (*Rel*) 布(佈)道 bùdào **2** (*fig*) 说(說)教 shuōjiào

servant ['sə:vənt] N [c] **1** (*worker*) 佣(傭)人 yōngrén **2** (*fig*) 工具 gōngjù [个 gè]

serve [sə:v] **I** VT **1** [+ *country, community, organization*] 供职(職)于(於) gòngzhíyú **2** [+ *people, area*] [*hospital, business, library etc* +] 为(為)…服务(務) wèi...fúwù **3** (*in shop, bar*) 招待 zhāodài **4** [+ *food, drink, meal*] 端上 duānshang **5** (*satisfy*) [+ *purpose*] 达(達)到 dádào **6** [+ *apprenticeship*] 当(當) dāng; [+ *prison term*] 服 fú **II** VI **1** (*at table*) 侍奉用餐 shìfèng yòngcān **2** (*Tennis*) 发(發)球 fāqiu **3** (*do duty*) [*official* +] 供职(職) gòngzhí; [*soldier* +] 服役 fúyì **4** (*function*) ▸ **to serve as sth** 当(當)作某物用 dàngzuò mǒuwù yòng **III** N [c] (*Tennis*) 发(發)球 fāqiú ▸ **are you being served?** 有人接待您吗(嗎)？ yǒurén jiēdài nín ma? ▸ **it serves you right** 你活该(該) nǐ huógāi ▸ **to serve on a committee/jury** 是委员(員)会(會)/陪审(審)团(團)的成员(員) shì wěiyuánhuì/péishěntuán de chéngyuán ▸ **to serve to do sth** 有助于(於)做某事 yǒuzhù yú zuò mǒushì

▸**serve out** VT [+ *contract*] 做到期满(滿) zuòdào qīmǎn; [+ *term*] 供职(職)到任期结(結)束 gòngzhí dào rènqī jiéshù; [+ *prison sentence*] 服满(滿) fúmǎn

▸**serve up** VT [+ *food*] 端上 duānshang

server ['sə:və^r] N [c] **1** (*Comput*) 服务(務)器 fúwùqì [个 gè] **2** (*Tennis*) 发(發)球员(員) fāqiúyuán

★ **service** ['sə:vɪs] **I** N **1** [c] (*facility*) 服务(務) fúwù [项 xiàng] ▹ *a one hour dry-cleaning service*

一小时干洗服务 yī xiǎoshí gānxǐ fúwù **2** [U] (*in hotel, restaurant*) 服务(務) fúwù ▷ *The service isn't very good.* 服务不怎么好。Fúwù bù zěnme hǎo. **3** [C] (*train/bus service*) 火车(車)/公共汽车(車)营(營)运(運) huǒchē/gōnggòng qìchē yíngyùn [种 zhǒng] ▷ *The service is better than it used to be.* 营运服务比以前好。Yíngyùn fúwù bǐ yǐqián hǎo. **4** [U] (*employment*) 任职(職) rènzhí ▷ *Pat is leaving the company after 12 years service.* 在任职12年后，帕特将离开公司。Zài rènzhí shí'èr nián hòu, Pat jiāng líkāi gōngsī. **5** [C] (*organization, system*) 公共服务(務)业务(務) gōnggòng fúwù yèwù ▷ *the postal service* 邮政服务 yóuzhèng fúwù **6** [C] (*Rel*) (*ceremony*) 仪(儀)式 yíshì [个 gè] ▷ *A religious service is currently underway.* 一场宗教仪式正在进行中。Yī chǎng zōngjiào yíshì zhèngzài jìnxíng zhōng. ▷ *the Sunday evening service* 星期日的晚祷仪式 xīngqīrì de wǎndǎo yíshì **7** [C] (*Aut*) 维(維)修 wéixiū ▷ *The car is due for a service.* 这车该维修了。Zhè chē gāi wéixiū le. **8** [C] (*Tennis*) (*serve*) 轮(輪)到的发(發)球权(權) lúndào de fāqiúquán **9** ▶ **a dinner/tea service** 整套餐/茶具 zhěngtào cān/chájù **II** VT [+ *vehicle, machine*] 检(檢)修 jiǎnxiū **III services** N PL (*help*) 帮(幫)助 bāngzhù ▷ *Their services are no longer required.* 不再需要他们的帮助了。Bùzài xūyào tāmen de bāngzhù le. **IV the Services** N PL (*Mil*) 三军(軍) sānjūn ▶ **military** *or* (*esp Brit*) **national service** 义(義)务(務)兵役 yìwù bīngyì ▶ **service included/not included** (*on menu*) 含/不含小费(費) hán/bù hán xiǎofèi ▶ **to be of service to sb** 为(為)某人效劳(勞) wèi mǒurén xiàoláo ▶ **to do sb a service** 帮某人的忙 bāng mǒurén de máng ▶ **to be in/out of service** [*machine, vehicle* +] 在使用中/停止使用 zài shǐyòng zhōng/tíngzhǐ shǐyòng ▶ **to have one's car serviced** 把某人的车(車)送去维(維)修 bǎ mǒurén de chē sòngqù wéixiū; *see also* **services**

service area (*Brit*) N [C] (*on motorway*) 路边(邊)服务(務)区(區) lùbiān fúwùqū

service charge N [C] 服务(務)费(費) fúwùfèi [笔 bǐ]

serviceman ['səːvɪsmən] (*pl* **servicemen**) N [C] 军(軍)人 jūnrén

services ['səːvɪsɪz] (*pl* **services**) (*Brit*) N [C] (*on motorway*) 路边(邊)服务(務)站 lùbiān fúwùzhàn

service station N [C] **1** (*petrol station*) 加油站 jiāyóuzhàn [座 zuò] **2** (*Brit*) (*on motorway*) 路边(邊)服务(務)站 lùbiān fúwùzhàn [美 = **rest area**]

servicewoman ['səːvɪswumən] N [C] 女军(軍)人 nǚjūnrén [位 wèi]

serviette [səːvɪ'ɛt] (*Brit*) N [C] 餐巾 cānjīn [美 = **napkin**]

serving ['səːvɪŋ] N [C] 一份 yī fèn

sesame ['sɛsəmɪ] **I** N [C] 芝麻 zhīma **II** CPD [+ *seeds, oil*] 芝麻 zhīma

session ['sɛʃən] N [C] **1** (*period of activity*) 一段时(時)间(間) yī duàn shíjiān ▷ *a recording session* 录制时间 lùzhì shíjiān **2** (*sitting*) [*of court*] 开(開)庭 kāitíng; [*of parliament*] 会(會)议(議) huìyì **3** (*US*) (*academic year*) 学(學)年 xuénián; (*term*) 学(學)期 xuéqī ▶ **to be in session** (*at court*) 开(開)庭 kāitíng; (*in council, parliament*) 开(開)会(會) kāihuì; (*over period of months, weeks etc*) 开(開)会(會)期 kāihuìqī

★ **set** [sɛt] (*pt, pp* **set**) **I** N **1** [C] [*of problems, questions*] 系列 xìliè ▷ *a new set of problems* 一系列新问题 yīxìliè xīn wèntí; [*of cutlery, saucepans, books, keys*] 套 tào; [*of golf clubs, spanners*] 成套 chéngtào **2** [C] (*TV, Rad*) (*also*: **television set**) 电(電)视(視)机(機) diànshìjī [台 tái] **3** [C] (*Tennis*) 局 jú **4** [S] (*group of people*) 群 qún ▷ *the yachting set* 一群快艇爱好者 yī qún kuàitǐng àihǎozhě **5** [C] (*also*: **film set**) 摄(攝)影场(場) shèyǐng chǎng **6** [C] (*Theat, Cine*) (*stage*) 舞台(臺) wǔtái; (*scenery*) 布(佈)景 bùjǐng **7** [C] (*at hairdresser's*) 做头(頭)发(髮) zuò tóufa ▷ *a shampoo and set* 洗头和做头发 xǐ tóu hé zuò tóufa **8** [C] (*Math*) 集 jí **II** ADJ (*fixed*) [+ *routine, time, price*] 规(規)定的 guīdìng de ▷ *Meals are at set times.* 在规定时间进餐。Zài guīdìng shíjiān jìncān. **III** VT **1** (*put*) 放 fàng ▷ *He set the glass on the counter.* 他把玻璃杯放在柜台上。Tā bǎ bōlibēi fàng zài guìtái shàng. **2** (*lay*) [+ *table*] 摆(擺)放 bǎifàng ▷ *Shall I set the table for supper?* 要我为晚餐摆放餐具吗？Yào wǒ wèi wǎncān bǎifàng cānjù ma? **3** (*fix*) [+ *time, price, rules*] 确(確)定 quèdìng ▷ *They haven't yet set a date for the wedding.* 他们还没确定婚礼的日期。Tāmen hái méi quèdìng hūnlǐ de rìqī. **4** (*establish*) [+ *record*] 创(創)造 chuàngzào ▷ *She set a new world record in the 400 metres.* 她创造了新的400米世界记录。Tā chuàngzàole xīn de sìbǎi mǐ shìjiè jìlù.; [+ *precedent*] 开(開)创(創) kāichuàng; [+ *example*] 树(樹)立 shùlì **5** (*adjust*) [+ *alarm*] 设(設)定 shèdìng ▷ *He set his alarm clock for four a.m.* 他把闹钟设定在早晨4点。Tā bǎ nàozhōng shèdìng zài zǎochén sì diǎn.; [+ *heating, volume*] 调(調)整 tiáozhěng **6** (*Brit*) (*make up*) [+ *exam*] 出试(試)题(題) chū shìtí **7** (*impose*) [+ *task, challenge, target, deadline*] 规(規)定 guīdìng ▷ *We have set ourselves an ambitious target.* 我们为自己制定了一个雄心勃勃的目标。Wǒmen wèi zìjǐ zhìdìngle yī gè xióngxīn bóbó de mùbiāo. **8** (*typeset*) 排版 páibǎn ▷ *the deadline for setting the text* 文字排版的最后期限 wénzì páibǎn de zuìhòu qīxiàn **IV** VI **1** [*sun* +] 落山 luòshān **2** [*jam, jelly, concrete, glue* +] 凝固 nínggù ▷ *He held the board in place while the glue set.* 他举着板子等着胶水干。Tā jǔzhe bǎnzi děngzhe jiāoshuǐ gān. **3** [*bone* +] 接合长(長)好 jiēhé zhǎnghǎo ▷ *It'll take six weeks for the bone to set.* 骨头接合长好要用6个

星期。Gūtou jiēhé zhǎnghǎo yào yòng liù gè xīngqī. ▸ **a set of false teeth** 一副假牙 yī fù jiàyá ▸ **a set of dining-room furniture** 一套饭(飯)厅(廳)家具 yī tào fàntīng jiājù ▸ **these chairs are only available as a set** 这(這)些椅子只成套出售 zhèxiē yǐzi zhǐ chéngtào chūshòu ▸ **a chess set** 一副国(國)际(際)象棋 yī fù guójì xiàngqí ▸ **to be set in one's ways** 积(積)习(習)难(難)改 jīxí nángǎi ▸ **a set phrase** 一个(個)固定词(詞)组(組) yī gè gùdìng cízǔ ▸ **to be set on doing sth** 决(決)心做某事 juéxīn zuò mǒushì ▸ **to be set to do sth** (*likely to*) 很有可能做某事 hěn yǒu kěnéng zuò mǒushì; (*about to*) 将(將)做某事 jiāng zuò mǒushì ▸ **all set for sth/to do sth** (*ready*) 为(為)某事做好准(準)备(備) wèi mǒushì zuò hǎo zhǔnbèi ▸ **a house set in parkland** 座落在开(開)阔(闊)草坪上的房屋 zuòluò zài kāikuò cǎopíng shàng de fángwū ▸ **a novel set in Rome** 以罗(羅)马(馬)为(為)背景的小说(說) yǐ Luómǎ wéi bèijǐng de xiǎoshuō ▸ **a gate set into the wall** 嵌在墙(牆)里(裡)的大门(門) qiàn zài qiáng lǐ de dàmén ▸ **to set sth to music** 为(為)…谱(譜)曲 wèi...pǔqǔ ▸ **to set the scene** *or* **stage for sth** 为(為)某事创(創)造条(條)件 wèi mǒushì chuàngzào tiáojiàn ▸ **to set sb free** 给(給)某人自由 gěi mǒurén zìyóu

▸**set about** VT FUS (*embark on*) ▸ **to set about sth/doing sth** 着(著)手某事/做某事 zhuóshǒu mǒushì/zuò mǒushì

▸**set against** VT **1** ▸ **to set sth against sth** [+ *argument, fact*] 把某事和某事作比较(較) bǎ mǒushì hé mǒushì zuò bǐjiào **2** ▸ **to set sb against sb** 使某人反对(對)某人 shǐ mǒurén fǎnduì mǒurén

▸**set apart** VT 使显(顯)得与(與)众(眾)不同 shǐ xiǎnde yǔ zhòng bù tóng

▸**set aside** VT **1** [+ *money, time*] 留出 liúchū **2** [+ *belief, emotion*] 不理会(會) bù lǐhuì

▸**set back** VT **1** (*cost*) ▸ **to set sb back 5 pounds** (*inf*) 花了某人5英镑(鎊) huāle mǒurén wǔ yīngbàng **2** (*delay*) ▸ **to set sb/sth back** 耽搁(擱)某人/某事 dānge mǒurén/mǒushì ▹ *Bad weather set us back by about three weeks.* 恶劣的天气耽搁了我们3个星期。Èliè de tiānqì dāngēle wǒmen sān gè xīngqī. **3** (*situate*) ▸ **a house set back from the road** 远(遠)离(離)公路的一幢房子 yuǎnlí gōnglù de yīzhuàng fángzi

▸**set down** VT [+ *rules, guidelines*] 制定 zhìdìng

▸**set forth** (*frm*) VT [+ *argument, case*] 陈(陳)述 chénshù

▸**set in** VI [*winter, bad weather* +] 到来(來) dàolái; [*panic, infection* +] 开(開)始并(並)持续(續) kāishǐ bìng chíxù ▸ **the rain has set in for the day** 今天雨会(會)下一整天 jīntiān yǔ huì xià yī zhěng tiān

▸**set off** I VI (*depart*) ▸ **to set off (for)** 启(啟)程(前往) qǐchéng (qiánwǎng) II VT **1** (*start*) [+ *bomb*] 使爆炸 shǐ bàozhà; [+ *alarm*] 触(觸)发(發) chùfā; [+ *chain of events*] 导(導)致 dǎozhì **2** (*show up well*) [*colour, flavour* +] 衬(襯)托出 chèntuō chū ▹ *a red dress that set off her marvellous complexion* 一件衬托出她绝好气色的红色连衣裙 yī jiàn chèntuō chū tā juéhǎo qìsè de hóngsè liányīqún

▸**set out** I VI (*depart*) 出发(發) chūfā II VT **1** (*arrange*) [+ *chairs, plates, goods etc*] 摆(擺)放 bǎifàng **2** (*state*) [+ *argument, theory etc*] 阐(闡)述 chǎnshù ▸ **to set out to do sth** 开(開)始做某事 kāishǐ zuò mǒushì ▸ **to set out from home** 从(從)家里(裡)出发(發) cóng jiālǐ chūfā

▸**set up** I VT **1** (*start*) [+ *organization, service*] 设(設)立 shèlì **2** (*erect*) [+ *tent*] 搭 dā; [+ *roadblock*] 设(設)置 shèzhì II VI (*in business*) 成立 chénglì ▸ **to set o.s. up** (*in business*) 开(開)业(業) kāiyè ▸ **to set up shop/home** 开(開)店/定居 kāidiàn/dìngjū

setback [ˈsɛtbæk] N [c] (*hitch*) 挫折(摺) cuòzhé; (*in health*) 复(復)发(發) fùfā

set menu N [c] 套餐 tàocān [个 gè]

settee [sɛˈtiː] N [c] 长(長)沙发(發)椅 cháng shāfāyǐ [个 gè]

setting [ˈsɛtɪŋ] N [c] **1** [*of controls*] 挡(檔) dǎng **2** (*location*) 环(環)境 huánjìng **3** [*of jewel*] 底座 dǐzuò

settle [ˈsɛtl] I VT **1** [+ *argument, question*] 解决(決) jiějué; [+ *affairs*] 料理 liàolǐ **2** (*pay*) [+ *bill, account, debt*] 支付 zhīfù II VI **1** [*sand, dust* +] 沉积(積) chénjī **2** [*sediment* +] 沉淀(澱) chéndiàn **3** ▸ **to settle on sth** [*insect, bird* +] 停落在某物上 tíngluò zài mǒuwù shang **4** (*go to live*) 定居 dìngjū **5** = **settle down** ▸ **they have settled their differences** 他们(們)已经(經)解决(決)了他们(們)之间(間)的分歧 tāmen yǐjīng jiějuéle tāmen zhījiān de fēnqí ▸ **to settle a score** *or* **an old score (with sb)** (与(與)某人)算旧(舊)账(賬) (yǔ mǒurén) suàn jiùzhàng ▸ **that's settled then!** 那么(麼)事情就这(這)样(樣)定了！ nàme shìqing jiù zhèyàng dìng le! ▸ **to settle o.s. (into...)** (在…)坐下来(來) (zài...)zuò xiàlái ▸ **it'll settle your stomach** 这(這)会(會)使你的胃舒服一点(點) zhè huì shǐ nǐ de wèi shūfu yīdiǎn ▸ **to wait for the dust to settle** (*fig*) 等到尘(塵)埃落定 děngdào chénāi luòdìng

▸**settle down** I VI **1** (*live stable life*) 开(開)始过(過)安稳(穩)的日子 kāishǐ guò ānwěn de rìzi **2** (*make o.s. comfortable*) 舒舒服服地歇下来(來) shūshu fúfu de xiēxiàlái **3** (*become calm*) [*person* +] 适(適)应(應) shìyìng; [*situation* +] 平静(靜)下来(來) píngjìng xiàlái ▸ **to settle down to do sth** 定下心来(來)做某事 dìng xià xīn lái zuò mǒushì

▸**settle for** VT FUS 勉强(強)认(認)可

miǎnqiǎng rènkě
▸**settle in** VI 适(適)应(應) shìyìng
▸**settle into** VT FUS **1** [*+ school, job etc*] 习(習)惯(慣)于(於) xíguànyú **2** [*+ chair*] 舒舒服服地坐下 shūshufúfu de zuòxià
▸**settle on** VT FUS (*decide on*) [*+ object*] 决(決)定 juédìng; [*+ action, name*] 选(選)定 xuǎndìng
▸**settle up** VI ▸ **to settle up (with sb)** 付清欠(某人的)账(賬) fùqīng qiàn (mǒurén de) zhàng
settlement ['sɛtlmənt] N **1** [C] (*agreement*) 协(協)议(議) xiéyì **2** [U] (*payment*) 清偿(償) qīngcháng **3** [C] (*village, town*) 定居点(點) dìngjūdiǎn **4** [U] (*colonization*) 殖民地的开(開)拓 zhímíndì de kāituò ▸ **in settlement of our account** 结(結)清我们(們)的账(賬)目 jiéqīng wǒmen de zhàngmù
setup ['sɛtʌp] (*inf*) N [C] (*organization*) 机(機)构(構) jīgòu; (*system, situation*) 组(組)织(織)情况(況) zǔzhī qíngkuàng
★**seven** ['sɛvn] NUM 七 qī; *see also* **five**
★**seventeen** [sɛvn'ti:n] NUM 十七 shíqī; *see also* **fifteen**
seventeenth [sɛvn'ti:nθ] NUM 第十七 dì shíqī; *see also* **fifth**
seventh ['sɛvnθ] NUM 第七 dì qī; *see also* **fifth**
seventieth ['sɛvntɪɪθ] NUM 第七十 dì qīshí
★**seventy** ['sɛvntɪ] NUM 七十 qīshí; *see also* **fifty**
sever ['sɛvəʳ] VT **1** [*+ limb, pipe*] 切断(斷) qiēduàn **2** [*+ links, relations*] 断(斷)绝(絕) duànjué
★**several** ['sɛvərl] ADJ, PRON 几(幾)个(個) jǐ gè ▹ *several hours later* 几个小时后 jǐ gè xiǎoshí hòu ▸ **several times** 几(幾)次 jǐ cì ▸ **several of us** 我们(們)中的几(幾)个(個) wǒmen zhōng de jǐ gè
severe [sɪ'vɪəʳ] ADJ **1** [*+ pain, damage, shortage*] 严(嚴)重的 yánzhòng de **2** [*+ punishment, criticism*] 严(嚴)厉(厲)的 yánlì de; [*+ winter, climate*] 严(嚴)酷的 yánkù de **3** (*stern*) [*+ person, expression*] 严(嚴)肃(肅)的 yánsù de **4** (*austere*) [*+ architecture, dress*] 简(簡)朴(樸)的 jiǎnpǔ de
severity [sɪ'vɛrɪtɪ] N [U] **1** [*of pain, damage, shortage, injury, illness*] 严(嚴)重 yánzhòng **2** [*of punishment*] 严(嚴)厉(厲) yánlì; [*of winter, weather*] 严(嚴)酷 yánkù **3** (*sternness*) [*of manner, voice*] 严(嚴)肃(肅) yánsù **4** (*austerity*) [*of architecture, dress*] 简(簡)朴(樸) jiǎnpǔ
sew [səu] (*pt* **sewed**, *pp* **sewn**) VI, VT 缝(縫) féng ▸ **to sew sth together** 缝(縫)合某物 fénghé mǒuwù
▸**sew up** VT **1** [*+ garment*] 把…缝(縫)起来(來) ba...féngqǐlái **2** (*inf*) [*+ deal, contest*] 顺(順)利完成 shùnlì wánchéng
sewage ['su:ɪdʒ] N [U] 污物 wūwù
sewer ['su:əʳ] N [C] 排污管 páiwūguǎn [根 gēn]
sewing ['səuɪŋ] N [U] **1** (*activity*) 缝(縫)纫(紉) féngrèn **2** (*items being sewn*) 缝(縫)制(製)品 féngzhìpǐn
sewing machine N [C] 缝(縫)纫(紉)机(機) féngrènjī [台 tái]
sewn [səun] PP *of* **sew**
sex [sɛks] N **1** [C] (*gender*) 性别(別) xìngbié [种 zhǒng] **2** [U] (*lovemaking*) 性交 xìngjiāo ▸ **to have sex (with sb)** (和某人)性交 (hé mǒurén) xìngjiāo
sex education N [U] 性教育 xìng jiàoyù
sexism ['sɛksɪzəm] N [U] 性别(別)歧视(視) xìngbié qíshì
sexist ['sɛksɪst] **I** ADJ [*+ person, attitude, behaviour*] 性别(別)歧视(視)的 xìngbié qíshì de **II** N [C] (*person*) 摄(攝)影室 xìngbié qíshì zhě
sexual ['sɛksjuəl] ADJ [*+ attraction, relationship, health*] 性的 xìng de; [*+ differences, discrimination*] 性别(別)的 xìngbié de; [*+ reproduction, maturity*] 生殖的 shēngzhí de
sexuality [sɛksju'ælɪtɪ] N [U] **1** (*sexual feelings*) 性欲(慾) xìngyù **2** (*sexual orientation*) 性倾(傾)向 xìng qīngxiàng
sexy ['sɛksɪ] ADJ 性感的 xìnggǎn de
Seychelles [seɪ'ʃɛl(z)] N PL ▸ **the Seychelles** 塞舌尔(爾)群岛(島) Sàishé'ěr Qúndǎo
Sgt, (*esp US*) **Sgt.** ABBR (= **sergeant**) (*in army*) 中士 zhōngshì; (*Brit*) (*in police*) 巡佐 xúnzuǒ
shabby ['ʃæbɪ] ADJ **1** [*+ clothes, place*] 破旧(舊)的 pòjiù de; [*+ person*] 衣衫褴(襤)褛(褸)的 yīshān lánlǚ de **2** [*+ treatment, behaviour*] 不公正的 bù gōngzhèng de
shack [ʃæk] N [C] 棚屋 péngwū
▸**shack up** (*inf*) VI ▸ **to shack up (with sb)** (与(與)某人)同居 (yǔ mǒurén) tóngjū
shade [ʃeɪd] **I** N **1** [U] (*shelter*) 阴(陰)凉(涼)处(處) yīnliáng chù **2** [U] (*in painting, photo*) 阴(陰)影 yīnyǐng **3** [C] (*hue*) [*of colour*] 色度 sèdù [种 zhǒng] **4** [C] (*also:* **lampshade**) 灯(燈)罩 dēngzhào [个 gè] **5** [C] (*US*) (*on window*) 遮阳(陽)窗帘(簾) zhēyáng chuānglián [副 fù] [英 = **blind**] **II** VT [*+ place*] 遮蔽 zhēbì; [*+ eyes*] 为(為)…挡(擋)光 wèi...dǎngguāng **III shades** N PL (*inf*) 太阳(陽)镜(鏡) tàiyáng jìng ▸ **in the shade** 在阴(陰)凉(涼)处(處) ▸ **a shade...** 有点(點)… yǒudiǎn... ▸ **shades of meaning/opinion** 有细(細)微差别(別)的意思/意见(見) yǒu xìwēi chābié de yìsi/yìjiàn ▸ **to shade sth from the light/sun** 遮住某物以使不受光线(線)/阳(陽)光照射 zhēzhù mǒuwù yǐ shǐ bù shòu guāngxiàn/yángguāng zhàoshè
▸**shade into** VT FUS 逐渐(漸)变(變)成 zhújiàn biànchéng
shadow ['ʃædəu] **I** N **1** [C] 影子 yǐngzi [个 gè] **2** [U] (*shade*) 阴(陰)影 yīnyǐng **II** VT 跟踪(蹤) gēnzōng **III** (*Brit*) CPD (*Pol*) [*+ minister, chancellor*] 影子 yǐngzi ▸ **in shadow** 在阴(陰)影中 zài yīnyǐng zhōng ▸ **in the shadow of sth** 在某物的影子下 zài mǒuwù de yǐngzi xià ▸ **in sb's shadow** 在某人的阴(陰)影下 zài mǒurén de yīnyǐng xià ▸ **without** *or* **beyond a shadow of**

S

(a) doubt 毫无(無)疑问(問) háo wú yíwèn
shadow cabinet (*Brit*) N ▸ **the Shadow Cabinet** 影子内(內)阁(閣) yǐngzi nèigé
shady ['ʃeɪdɪ] ADJ **1** [*+ place*] 背阴(陰)的 bèiyīn de; [*+ tree*] 成荫(蔭)的 chéngyīn de **2** (*dishonest*) [*+ person*] 不正当(當)的 bù zhèngdàng de; [*+ activity, deal*] 见(見)不得人的 jiànbùdé rén de
shaft [ʃɑːft] N [C] **1** [*of mine, lift*] 井状(狀)通道 jǐngzhuàng tōngdào **2** [*of axe, club, spear etc*] 柄 bǐng **3** (*in machine*) 轴(軸) zhóu **4** [*of light*] 束 shù
shaggy ['ʃægɪ] ADJ [*+ hair, sweater, dog etc*] 蓬乱(亂)的 péngluàn de
shake [ʃeɪk] (*pt* **shook**, *pp* **shaken** ['ʃeɪkn]) **I** VT **1** [*+ dice, rug, person*] 猛摇(搖) měngyáo; [*+ bottle, cocktail, medicine*] 摇(搖)晃 yáohuàng; [*+ buildings, ground*] 使震动(動) shǐ zhèndòng **2** (*affect*) [*+ person*] 使震惊(驚) shǐ zhènjīng **3** (*undermine*) [*+ belief, confidence*] 使动(動)摇(搖) shǐ dòngyáo **II** VI [*person, part of the body +*] 发(發)抖 fādǒu; [*voice +*] 颤(顫)抖 chàndǒu; [*building, table +*] 震动(動) zhèndòng; [*ground +*] 震颤(顫) zhènchàn **III** N **1** ▸ **to give sth/sb a shake** 猛摇(搖)一下某物/某人 měngyáo yīxià mǒuwù/mǒurén **2** [C] (*also:* **milkshake**) 奶昔 nǎixī ▸ **to shake one's head** (*in refusal*) 摇(搖)头(頭)拒绝(絕) yáotóu jùjué; (*in dismay*) 摇(搖)摇(搖)头(頭) yáoyao tóu ▸ **to shake one's fist (at sb)** (朝某人)挥(揮)拳头(頭) (cháo mǒurén) huī quántou ▸ **to shake hands (with sb)** (和某人)握手 (hé mǒurén) wòshǒu ▸ **to shake with fear/rage/laughter** [*person +*] 怕/气(氣)/笑得发(發)抖 pà/qì/xiào de fādǒu; [*voice +*] 怕/气(氣)/笑得颤(顫)抖 pà/qì/xiào de chàndǒu ▸ **he declined with a shake of his head** 他摇(搖)摇(搖)头(頭)拒绝(絕)了 tā yáoyao tóu jùjué le
▸**shake down** (*US*) VT [*+ person*] 勒索 lèsuǒ
▸**shake off** VT **1** [*+ person, sb's hand*] 摆(擺)脱(脫) bǎituō **2** [*+ pursuer*] 甩掉 shuǎidiào **3** [*+ illness, habit*] 克服 kèfú
▸**shake up** VT **1** (*reorganize*) 重组(組) chóngzǔ **2** (*upset*) 使受惊(驚)吓(嚇) shǐ shòu jīngxià
shaky ['ʃeɪkɪ] ADJ **1** [*+ hand*] 发(發)抖的 fādǒu de; [*+ voice*] 颤(顫)抖的 chàndǒu de **2** (*weak*) [*+ situation, start, economy*] 不稳(穩)定的 bù wěndìng de **3** (*unreliable*) [*+ memory*] 不可靠的 bù kěkào de; [*+ knowledge, understanding*] 成问(問)题(題)的 chéng wèntí de
shall [ʃæl] AUX VB **1** (*indicating future in 1st person*) ▸ **I shall go** 我要走了 wǒ yào zǒule **2** (*in 1st person questions*) ▸ **shall I/we open the door?** 我/我们(們)把门(門)打开(開)好吗(嗎)? wǒ/wǒmen bǎ mén dǎkāi hǎo ma? **3** (*in 1st person tag questions*) ▸ **I'll get some, shall I?** 我去拿一些，好吗(嗎)? wǒ qù ná yīxiē, hǎoma? **4** (*indicating inevitability*) 一定 yīdìng ▸ **the president shall hold office for five years** (*frm*) 总(總)统(統)要任职(職)5年 zǒngtǒng yào rènzhí wǔ nián
shallow ['ʃæləu] **I** ADJ **1** [*+ water, ditch, grave*] 浅(淺)的 qiǎn de; [*+ container*] 浅(淺)口的 qiǎnkǒu de; [*+ breathing*] 浅(淺)的 qiǎn de **2** (*superficial*) [*+ person, argument, idea*] 肤(膚)浅(淺)的 fūqiǎn de **II shallows** N PL ▸ **the shallows** 浅(淺)水处(處) qiǎnshuǐchù
sham [ʃæm] **I** N [C] 假象 jiǎxiàng **II** CPD [*+ marriage, fight*] 假 jiǎ
shambles ['ʃæmblz] N ▸ **to be a shambles** [*place +*] 乱(亂)七八糟 luàn qī bā zāo; [*event, situation +*] 一塌糊涂(塗) yī tā hútu ▸ **what a shambles!** 真是一团(團)糟！ zhēnshì yī tuán zāo!
shame [ʃeɪm] **I** N [U] **1** (*embarrassment*) 羞耻(恥) xiūchǐ **2** (*disgrace*) 耻(恥)辱 chǐrǔ **II** VT 使感到羞耻(恥) shǐ gǎndào xiūchǐ ▸ **it is a shame that…** …真遗(遺)憾 …zhēn yíhàn ▸ **it would be a shame to waste this** 把这(這)浪费(費)掉太可惜了 bǎ zhè làngfèi diào tài kěxī le ▸ **what a shame!** 太遗(遺)憾了！ tài yíhàn le! ▸ **to put sb/sth to shame** 使某人/某事相形见(見)绌(絀) shǐ mǒurén/mǒushì xiāng xíng jiàn chù ▸ **it shamed him to admit…** 他羞愧地承认(認)… tā xiūkuìde chéngrèn … ▸ **to shame sb into sth/into doing sth** 使某人羞愧地做某事 shǐ mǒurén xiūkuìde zuò mǒushì
shameful ['ʃeɪmful] ADJ [*+ action, episode*] 可耻(恥)的 kěchǐ de ▸ **it is shameful that…** …是可耻(恥)的 …shì kěchǐ de
shameless ['ʃeɪmlɪs] ADJ [*+ person, behaviour*] 无(無)耻(恥)的 wúchǐ de
shampoo [ʃæm'puː] **I** N [C/U] (*substance*) 洗发(髮)液 xǐfàyè [瓶 píng] **II** VT 用洗发(髮)液洗 yòng xǐfàyè xǐ
shandy ['ʃændɪ] (*Brit*) N **1** [U] (*type of drink*) 搀(攙)柠(檸)檬汁的啤酒 chān níngméngzhī de píjiǔ **2** [C] (*glass*) 一杯搀(攙)柠(檸)檬汁的啤酒 yī bēi chān níngméngzhī de píjiǔ
shan't [ʃɑːnt] = **shall not**
shape [ʃeɪp] **I** N **1** [C] (*form, circle, triangle etc*) 形状(狀) xíngzhuàng [种 zhǒng] **2** [S] (*fig*) [*of plan, organization*] 模式 móshì **II** VT **1** (*lit: fashion, form*) 塑造 sùzào **2** (*determine*) [*+ ideas, life*] 决(決)定 juédìng ▸ **to take shape** [*idea, plan etc +*] 成形 chéngxíng ▸ **in the shape of a heart** 呈心形 chéng xīn xíng ▸ **I can't bear gardening in any shape or form** 我受不了任何形式的园(園)艺(藝) wǒ shòubuliǎo rènhé xíngshì de yuányì ▸ **to be in (good) shape** [*person +*] 体(體)形好 tǐxíng hǎo ▸ **to be out of shape** [*person +*] 体(體)质(質)差 tǐzhì chà ▸ **to get (o.s.) into shape** 锻(鍛)炼(鍊)身体(體) duànliàn shēntǐ
▸**shape up** VI (*progress*) [*events +*] 进(進)展 jìnzhǎn; [*person +*] 表现(現) biǎoxiàn
shapeless ['ʃeɪplɪs] ADJ 不成形的 bù chéngxíng de

★**share** [ʃɛəʳ] **I** N [c] **1** *(part)* 一份 yī fèn **2** *(Comm, Fin) (in company)* 股票 gǔpiào [支 zhī] ▷ *The firm's shares jumped to 114p.* 公司的股票涨到114便士。Gōngsī de gǔpiào zhǎng dào yībǎi yīshí sì biànshì. **II** VT **1** *(have in common)* [+ *room, bed, taxi*] 合用 héyòng; [+ *feature, quality*] 共有 gòngyǒu ▷ *two tribes who share a common language* 说同一种语言的两个部落 shuō tóng yī zhǒng yǔyán de liǎng gè bùluò **2** *(be jointly responsible for)* [+ *job, cooking, task*] 分担(擔) fēndān **3** *(divide)* ▶ **to share sth among/between** 把某物分给(給)… bǎ mǒuwù fēngěi… ▷ *Share the sweets between the children.* 把糖分给孩子们吃。Bǎ táng fēn gěi háizimen chī. ▶ **to do one's share** 尽(盡)自己的责(責)任 jìn zìjǐ de zérèn ▷ *It helps when a father does his share at home.* 父亲在家中尽自己的责任会有很大帮助。Fùqīn zài jiā zhōng jìn zìjǐ de zérèn huì yǒu hěndà bāngzhù. ▶ **to get one's share** 得到自己应(應)得的一份 dédào zìjǐ yīng dé de yī fèn ▶ **to share sth with sb** [+ *room, bed, taxi*] 和某人合用某物 hé mǒurén hé yòng mǒuwù ▷ *the huge house that he shared with his sisters* 他和姊妹们合住的大房子 tā hé zǐmèimen hézhù de dà fángzi; [+ *feature, quality*] 和某人共有某特性 hé mǒurén gòngyǒu mǒu tèxìng; [+ *cost*] 和某人分摊(攤)某开(開)销(銷) hé mǒurén fēntān mǒu kāixiāo; [+ *job, cooking, task*] 和某人分担(擔)某事 hé mǒurén fēndān mǒushì; *(allow to use)* 和某人分享某物 hé mǒurén fēnxiǎng mǒuwù ▶ **to share in** [+ *success, profits, benefits*] 分享 fēnxiǎng; [+ *responsibility, work*] 分担(擔) fēndān

▶**share out** VT 平均分配 píngjūn fēnpèi

shareholder [ˈʃɛəhəuldəʳ] N [c] 股东(東) gǔdōng [个 gè] [美 = **stockholder**]

shark [ʃɑːk] N **1** [c/ʊ] *(fish)* 鲨(鯊)鱼(魚) shāyú [条 tiáo] **2** [c] *(inf: person)* 骗(騙)子 piànzi

sharp [ʃɑːp] **I** ADJ **1** [+ *knife, teeth*] 锋(鋒)利的 fēnglì de; [+ *point, edge*] 尖锐(銳)的 jiānruì de **2** *(pointed)* [+ *nose, chin*] 尖的 jiān de **3** *(abrupt)* [+ *increase, change*] 急剧(劇)的 jíjù de; [+ *curve, bend*] 急转(轉)的 jízhuǎn de **4** *(clear)* [+ *image, distinction*] 清晰的 qīngxī de **5** *(acute)* [+ *pain, cold*] 剧(劇)烈的 jùliè de **6** *(severe)* [+ *reply, criticism*] 严(嚴)厉(厲)的 yánlì de **7** *(strong)* [+ *taste, smell*] 浓(濃)烈的 nóngliè de **8** *(quick-witted)* [+ *person*] 机(機)敏的 jīmǐn de **9** *(Mus)* 升半音的 shēng bànyīn de **II** N [c] *(Mus)* 半升音 bànshēngyīn **III** ADV *(precisely)* ▶ **at 2 o'clock sharp** 两(兩)点(點)整 liǎng diǎn zhěng ▶ **turn sharp left** 向左急转(轉)弯(彎) xiàng zuǒ jí zhuǎnwān ▶ **to be sharp with sb** 对(對)某人刻薄 duì mǒurén kèbó ▶ **C sharp/F sharp** 升C调(調)/升F调(調) shēng C diào/shēng F diào ▶ **sharp practice** 不正当(當)的手段 bù zhèngdāng de shǒuduàn

sharpen [ˈʃɑːpn] VT **1** *(lit)* [+ *stick, pencil*] 削尖 xiāojiān; [+ *knife*] 磨快 mókuài **2** *(fig)* [+ *skill, understanding*] 磨练(練) móliàn

sharpener [ˈʃɑːpnəʳ] N [c] *(also:* **pencil sharpener***)* 卷(捲)笔(筆)刀 juǎnbǐdāo; *(also:* **knife sharpener***)* 磨具 mójù [个 gè]

sharply [ˈʃɑːplɪ] ADV **1** *(abruptly)* [*turn* +] 突然地 tūrán de **2** *(steeply)* [*rise, fall* +] 急剧(劇)地 jíjù de **3** *(greatly)* [*contrast* +] 鲜(鮮)明地 xiānmíng de **4** *(severely)* [*speak* +] 严(嚴)厉(厲)地 yánlì de

shatter [ˈʃætəʳ] VT, VI **1** *(break)* 粉碎 fěnsuì **2** *(fig: ruin)* [+ *hopes, confidence*] 粉碎 fěnsuì

shattered [ˈʃætəd] ADJ **1** *(overwhelmed, grief-stricken)* 感到震骇(駭)的 gǎndào zhènhài de **2** *(inf: exhausted)* 筋疲力尽(盡)的 jīn pí lì jìn de

shave [ʃeɪv] **I** VT [+ *head, legs*] 剃毛发(髮) tì máofà; [+ *person*] 剃须(鬚) tìxū **II** VI 刮脸(臉) guā liǎn **III** N ▶ **to have a shave** 刮脸(臉) guā liǎn

▶**shave off** VT [+ *beard*] 剃去 tìqù

shaver [ˈʃeɪvəʳ] N [c] *(also:* **electric shaver***)* 电(電)动(動)剃刀 diàndòng tìdāo [个 gè]

shaving [ˈʃeɪvɪŋ] **I** N [ʊ] *(action)* 剃须(鬚) tìxū **II** CPD [+ *gel, things*] 剃须(鬚) tìxū **III shavings** N PL 刨花 bàohuā

shaving cream N [ʊ] 剃须(鬚)膏 tìxūgāo

shaving foam N [ʊ] 泡沫剃须(鬚)膏 pàomò tìxūgāo

shawl [ʃɔːl] N [c] 披肩 pījiān [个 gè]

★**she** [ʃiː] PRON **1** *(woman, girl)* 她 tā ▷ *She didn't do it. I did.* 她没做。是我做的。Tā méi zuò. Shì wǒ zuò de. **2** *(animal)* 它 tā ▷ *She's a good dog.* 它是只好狗。Tā shì zhī hǎo gǒu.

sheath [ʃiːθ] N [c] **1** *(for knife)* 鞘 qiào **2** *(Brit) (condom)* 避孕套 bìyùntào [个 gè]

shed [ʃɛd] *(pt, pp* **shed***)* **I** N [c] **1** *(in garden)* 棚 péng **2** *(by railway, factory)* 棚式外廊 péngshì wàiláng **II** VT **1** *(naturally)* [+ *skin, leaves, hair*] 脱(脫)落 tuōluò **2** *(get rid of)* 摆(擺)脱(脫) bǎituō ▶ **to shed tears** 流泪(淚) liú lèi ▶ **to shed blood** 杀(殺)人 shā rén ▶ **to shed jobs** 裁员(員) cáiyuán ▶ **a lorry has shed its load** *(Brit)* 一辆(輛)大卡车(車)掉落了货(貨)物 yī liàng dà kǎchē diàoluòle huòwù

she'd [ʃiːd] = **she had, she would**

sheep [ʃiːp] *(pl* **sheep***)* N [c] 绵(綿)羊 miányáng [只 zhī]

sheepdog [ˈʃiːpdɔg] N [c] **1** *(for controlling sheep)* 牧羊犬 mùyángquǎn **2** *(type of dog)* 牧羊犬 mùyángquǎn [只 zhī]

sheepskin [ˈʃiːpskɪn] **I** N [c/ʊ] 绵(綿)羊皮 miányángpí **II** CPD [+ *coat, gloves*] 绵(綿)羊皮 miányángpí [张 zhāng]

sheer [ʃɪəʳ] ADJ **1** [+ *joy, delight, beauty*] 纯(純)粹的 chúncuì de; [+ *determination, brilliance*] 绝(絕)对(對)的 juéduì de; [+ *terror, desperation*] 彻(徹)底的 chèdǐ de; [+ *size, scale, volume*] 巨大的 jùdà de **2** *(steep)* [+ *cliff, drop*] 陡峭的 dǒuqiào de **3** *(thin)* 纤(纖)薄的 xiānbó de

▶ **by sheer chance** 纯(純)属(屬)偶然 chún shǔ ǒurán ▶ **it was sheer luck** 这(這)纯(純)粹是运(運)气(氣) zhè chúncuì shì yùnqì

sheet [ʃi:t] N [c] **1** *(on bed)* 床单(單) chuángdān [床 chuáng] **2** *[of paper]* 一张(張) yī zhāng; *[of glass, metal, wood, ice]* 一片 yī piàn

sheik(h) [ʃeɪk], *US* ʃi:k] N [c] 酋长(長) qiúzhǎng

shelf [ʃɛlf] *(pl* **shelves**) N [c] *(bookshelf)* 架子 jiàzi [个 gè]; *(in cupboard)* 搁(擱)板 gēbǎn [块 kuài]; *(in oven)* 层(層) céng ▶ **a set of shelves** 一整套架子 yī zhěng tào jiàzi ▶ **to be left on the shelf** *(inf)* *[+ person]* 嫁不出去的 jià bù chūqù de

shell [ʃɛl] I N [c] **1** *(on beach)* 贝(貝)壳(殼) bèiké [只 zhī] **2** *[of tortoise, snail, crab, egg, nut]* 壳(殼) ké [个 gè] **3** *(explosive)* 炮(砲)弹(彈) pàodàn **4** *(frame)* *[of building, boat, car]* 框架 kuàngjià II VT **1** *(prepare)* *[+ nuts, peas, prawns]* 去壳(殼) qù ké **2** *(fire shells at)* 炮(砲)击(擊) pàojī

▶**shell out** *(inf)* I VT FUS ▶ **to shell out money (for sth/on sth/to do sth)** (为(為)某物/就某物/为(為)做某事)破费(費) (wèi mǒuwù/jiù mǒuwù/wèi zuò mǒushì) pòfèi II VI ▶ **to shell out (for sth/on sth/to do sth)** (为(為)某物/就某物/为(為)做某事)花钱(錢) (wèi mǒuwù/jiù mǒuwù/wèi zuò mǒushì) huāqián

she'll [ʃi:l] = **she will**

shellfish ['ʃɛlfɪʃ] *(pl* **shellfish**) I N [c/U] 贝(貝)类(類)海产(產) bèilèi hǎichǎn [种 zhǒng] II N PL *(as food)* 贝(貝)类(類)海鲜(鮮) bèilèi hǎixiān

shelter ['ʃɛltəʳ] I N **1** [c] *(building)* *(against bad weather)* 遮蔽处(處) zhēbìchù [个 gè]; *(against bombs)* 防空洞 fángkōngdòng; *(for homeless)* 收容所 shōuróngsuǒ **2** [U] *(protection)* *[from rain]* 躲避 duǒbì; *(from danger)* 避难(難) bìnàn II VT **1** *(protect)* *(from wind and rain)* 遮蔽 zhēbì **2** *(give lodging to)* *[+ fugitive]* 收容 shōuróng III VI 躲避 duǒbì ▶ **to take shelter (from sth)** 躲避(某事) duǒbì (mǒushì)

sheltered ['ʃɛltəd] ADJ **1** *[+ bay, harbour]* 遮风(風)避雨的 zhē fēng bì yǔ de **2** *[+ life, upbringing]* 受庇护(護)的 shòu bìhù de ▶ **sheltered housing** *or* **accommodation** 福利院 fúlìyuàn

shelves [ʃɛlvz] N PL *of* **shelf**

shepherd ['ʃɛpəd] I N [c] 牧羊人 mùyángrén II VT ▶ **to shepherd sb towards/onto** *etc* **sth** 护(護)送某人去/上等某处(處) hùsòng mǒurén qù/shàng *děng* mǒuchù

shepherd's pie *(Brit)* N [c/U] 肉馅(餡)土豆泥饼(餅) ròuxiàn tǔdòuní bǐng [个 gè]

sheriff ['ʃɛrɪf] *(US)* N [c] **1** *(modern)* 县(縣)治安官 xiàn zhì'ānguān **2** *(in Wild West)* 镇(鎮)上警长(長) zhènshang jǐngzhǎng

sherry ['ʃɛrɪ] N **1** [c/U] *(substance)* 雪利酒 xuělìjiǔ **2** [c] *(also:* **glass of sherry**) 一杯雪利酒 yī bēi xuělìjiǔ

she's [ʃi:z] = **she is, she has**

Shetland ['ʃɛtlənd] N 设(設)得兰(蘭)群岛(島) Shèdélán Qúndǎo

shield [ʃi:ld] I N [c] **1** *(soldier's)* 盾牌 dùnpái [个 gè] **2** *(trophy)* 盾形锦(錦)标(標) dùnxíng jǐnbiāo **3** *(Tech)* *(protective device)* 防护(護)板 fánghùbǎn **4** ▶ **a shield against sth** 免受某物侵害的屏障 miǎnshòu mǒuwù qīnhài de píngzhàng II VT ▶ **to shield sb/sth (from sth)** *(physically)* 把某人/某物(与(與)某物)遮挡(擋)开(開) bǎ mǒurén/mǒuwù (yǔ mǒuwù) zhēdǎngkāi; *(fig)* 保护(護)某人/某物(免于(於)某事) bǎohù mǒurén/mǒuwù (miǎnyú mǒushì)

shift [ʃɪft] I N [c] **1** *(change)* 转(轉)变(變) zhuǎnbiàn **2** *(period of work)* 轮(輪)班 lúnbān **3** *(group of workers)* 轮(輪)班职(職)工 lúnbān zhígōng II VT **1** *(move)* 移动(動) yídòng **2** *(change)* *[+ opinion, policy, emphasis]* 改变(變) gǎibiàn **3** *(remove)* *[+ stain]* 去除 qùchú III VI **1** *(move)* *[cargo, load +]* 移动(動) yídòng; *[wind +]* 转(轉)向 zhuǎnxiàng; *[person, eyes +]* 转(轉)移 zhuǎnyí **2** *(change)* *[opinion, policy +]* 改变(變) gǎibiàn ▶ **to shift gears** *(US: Aut)* 换(換)挡(檔) huàn dǎng [英 = **change gears**] ▶ **to shift up/down** *(US: Aut)* 升一挡(檔)/降一挡(檔) shēng yī dǎng/jiàng yī dǎng [英 = **change**]

shift work N [U] 轮(輪)班工作 lúnbān gōngzuò ▶ **to do shift work** 做轮(輪)班工作 zuò lúnbān gōngzuò

shifty ['ʃɪftɪ] ADJ 靠不住 kàobùzhù; *(person)* ▷ *He looked shifty.* 他看起来靠不住。Tā kànqǐlái kàobùzhù. 诡(詭)诈(詐)的眼神 guǐzhà de yǎnshēn; *(eyes)*

shin [ʃɪn] I N [c] 胫(脛)部 jìngbù II VI ▶ **to shin up a tree** 爬上树(樹) páshàng shù

shine [ʃaɪn] *(pt, pp* **shone**) I VI **1** *[sun, light +]* 照耀 zhàoyào **2** *[eyes, hair +]* 发(發)光 fāguāng **3** *(excel)* ▶ **to shine (at sth)** (在某方面)很出色 (zài mǒu fāngmiàn) hěn chūsè II VT **1** *[+ torch, light]* 用…照 yòng...zhào **2** *(pt, pp* **shined**) *(polish)* *[+ shoes, furniture etc]* 擦亮 cāliàng III N [s/U] *(of surface)* 光泽(澤) guāngzé

shingles ['ʃɪŋglz] N [U] 带(帶)状(狀)疱(皰)疹 dàizhuàng pàozhěn

shiny ['ʃaɪnɪ] ADJ 闪(閃)闪(閃)发(發)光的 shǎnshǎn fāguāng de

ship [ʃɪp] I N [c] 船 chuán [艘 sōu] II VT ▶ **to ship sb/sth to** 运(運)送某人/某物到 yùnsòng mǒurén/mǒuwù dào ▶ **to be on board ship** 在船上 zài chuán shàng

shipbuilding ['ʃɪpbɪldɪŋ] N [U] 造船 zàochuán

shipment ['ʃɪpmənt] N [c] *[of goods]* *(by ship)* 船运(運)货(貨)物 chuányùn huòwù; *(by train, plane etc)* 运(運)输(輸)的货(貨)物 yùnshū de huòwù

shipping ['ʃɪpɪŋ] N [U] **1** *(business)* 航运(運) hángyùn **2** *(cost of transport)* 船运(運)费(費) chuányùn fèi **3** *(ships)* 船舶 chuánbó

shipwreck ['ʃɪprɛk] I N **1** [c/U] *(event)* 海难(難) hǎinàn **2** [c] *(ship)* 失事的船只(隻) shīshì de chuánzhī **II** VT ▸ **to be shipwrecked** 遭海难(難) zāo hǎinàn

shipyard [ˈʃɪpjɑːd] N [c] 船坞(塢) chuánwù [个 gè]

shirt [ʃəːt] N [c] 衬(襯)衫 chènshān [件 jiàn]

shit [ʃɪt] (*inf!*) **I** INT 该(該)死 gāisǐ **II** N [U] **1** (*faeces*) 粪(糞)便 fènbiàn **2** (*rubbish, nonsense*) 狗屎 gǒushǐ

shiver [ˈʃɪvəʳ] **I** N [c] 颤(顫)抖 chàndǒu **II** VI 发(發)抖 fādǒu ▸ **to shiver with fear/cold** 怕得/冷得发(發)抖 pàde/lěngde fādǒu

shoal [ʃəul] N [c] [*of fish*] 群 qún

shock [ʃɔk] **I** N **1** [c] (*unpleasant surprise*) 震骇(駭) zhènhài [种 zhǒng] **2** [c] (*surprise*) 震惊(驚) zhènjīng **3** [U] (*condition*) (*emotional*) 令人震惊(驚)的状(狀)况(況) lìngrén zhènjīng de zhuàngkuàng; (*Med*) 休克 xiūkè **4** [c/U] (*impact*) 震动(動) zhèndòng **5** [c] (*also*: **electric shock**) 触(觸)电(電) chùdiàn [次 cì] **II** VT **1** (*upset*) 使震惊(驚) shǐ zhènjīng **2** (*offend, scandalize*) 使厌(厭)恶(惡) shǐ yànwù ▸ **it came as a shock (to hear that...)** (听(聽)到…)令人震惊(驚) (tīng dào...)lìng rén zhènjīng ▸ **to be in shock** (*Med*) 处(處)于(於)休克状(狀)态(態) chǔ yú xiūkè zhuàngtài

shocked [ʃɔkt] ADJ **1** (*upset*) 受到打击(擊)的 shòudào dǎjī de **2** (*offended, scandalized*) 感到不快的 gǎndào bùkuài de ▸ **I was shocked to learn that...** 听(聽)说(說)…我很震惊(驚) tīngshuō...wǒ hěn zhènjīng

shocking [ˈʃɔkɪŋ] ADJ **1** (*outrageous*) 骇(駭)人听(聽)闻(聞)的 hài rén tīng wén de **2** (*inf: very bad*) 糟透的 zāotòu de ▸ **it is shocking that...** 令人吃惊(驚)的是… lìng rén chījīng de shì...

shoe [ʃuː] (*pt, pp* **shod** [ʃɔd]) **I** N [c] **1** (*for person*) 鞋 xié [双 shuāng] **2** (*for horse*) 马(馬)蹄铁(鐵) mǎtítiě **II** VT 钉(釘)马(馬)蹄铁(鐵) dìng mǎtítiě ▸ **a pair of shoes** 一双(雙)鞋 yī shuāng xié ▸ **I wouldn't want to be in his shoes** 我不想处(處)于(於)他的境地 wǒ bù xiǎng chǔ yú tā de jìngdì

shoelace [ˈʃuːleɪs] N [c] 鞋带(帶) xiédài [根 gēn] ▸ **to do up** *or* **tie** *or* **fasten one's shoelaces** 系(繫)鞋带(帶) jì xiédài

shoe polish N [U] 鞋油 xiéyóu

shoe shop N [c] 鞋店 xiédiàn [家 jiā]

shone [ʃɔn] PT, PP *of* **shine**

shook [ʃuk] PT *of* **shake**

shoot [ʃuːt] (*pt, pp* **shot**) **I** N [c] **1** (*on branch, seedling*) 嫩芽 nènyá **2** (*Cine, Phot*) 拍摄(攝) pāishè **II** VT **1** (*kill*) [+ *person, animal*] 向…开(開)枪(槍) xiàng...kāiqiāng **2** (*Brit*) (*hunt*) 射猎(獵) shèliè [美 = **hunt**] **3** (*execute*) 枪(槍)决(決) qiāngjué **4** [+ *film*] 拍摄(攝) pāishè **III** VI **1** (*with gun, bow*) ▸ **to shoot (at sb/sth)** (朝某人/某物)射击(擊) (cháo mǒurén/mǒuwù) shèjī **2** (*Football etc*) 射门(門) shèmén ▸ **to shoot sb in the back/leg** *etc* 射中某人的背部/腿等 shè zhòng mǒurén de bèibù/tuǐ děng ▸ **to shoot o.s.** 射中自己 shè zhòng zìjǐ ▸ **to shoot o.s. in the head/leg** *etc* 射中自己的头(頭)/腿等 shè zhòng zìjǐ de tóu/tuǐ děng ▸ **to shoot past/into/through sth** *etc* (*move*) 飞(飛)快经(經)过(過)/进(進)入/穿过(過)某物等 fēikuài jīngguò/jìnrù/chuān guò mǒuwù děng

▸**shoot down** VT **1** [+ *plane*] 击(擊)落 jīluò **2** (*fig*) [+ *person*] 批驳(駁) pībó; [+ *idea, rumour etc*] 驳(駁)倒 bódǎo

▸**shoot up** VI **1** (*increase*) 暴涨(漲) bàozhǎng **2** (*inject drugs*) 注射毒品 zhùshè dúpǐn

shooting [ˈʃuːtɪŋ] N [c] **1** (*attack, murder, shots*) 枪(槍)击(擊) qiāngjī **2** [*of film*] 拍摄(攝) pāishè **3** (*Brit*) (*hunting*) 射猎(獵) shèliè [美 = **hunting**]

shop [ʃɔp] **I** N [c] **1** (*esp Brit*) 商店 shāngdiàn [家 jiā] [美 = **store**] **2** (*workshop*) 车(車)间(間) chējiān **II** VI 购(購)物 gòuwù **III** VT (*Brit; inf*) [+ *person*] 告发(發) gàofā ▸ **to talk shop** 三句话(話)不离(離)本行 sān jù huà bù lí běnháng ▸ **to go shopping** 去买(買)东(東)西 qù mǎi dōngxi

▸**shop around** VI 仔细(細)选(選)购(購) zǐxì xuǎngòu ▸ **to shop around for sth** 到处(處)物色某物 dàochù wùsè mǒuwù

shop assistant (*Brit*) N [c] 店员(員) diànyuán [位 wèi] [美 = **sales clerk**]

shopkeeper [ˈʃɔpkiːpəʳ] (*Brit*) N [c] 店主 diànzhǔ [个 gè] [美 = **storekeeper**]

shoplifting [ˈʃɔplɪftɪŋ] N [U] 商店货(貨)物扒窃(竊) shāngdiàn huòwù páqiè

shopper [ˈʃɔpəʳ] N [c] 购(購)物者 gòuwùzhě [个 gè]

shopping [ˈʃɔpɪŋ] N [U] **1** (*activity*) 购(購)物 gòuwù **2** (*goods*) 所购(購)之物 suǒgòu zhī wù ▸ **to do the shopping** 买(買)东(東)西 mǎi dōngxī; *see also* **shop**

shopping bag N [c] 购(購)物袋 gòuwùdài [个 gè]

shopping cart (*US*) N [c] 购(購)物手推车(車) gòuwù shǒutuīchē [个 gè] [英 = **shopping trolley**]

shopping centre, (*US*) **shopping center** N [c] 购(購)物中心 gòuwù zhōngxīn [个 gè]

shopping list N [c] **1** (*for purchases*) 购(購)物单(單) gòuwùdān **2** (*wish list*) 心愿(願)表 xīnyuànbiǎo

shopping mall N [c] 购(購)物大厦(廈) gòuwù dàshà [个 gè]

shopping trolley (*Brit*) N [c] 购(購)物手推车(車) gòuwù shǒutuīchē [个 gè] [美 = **shopping cart**]

shop window N [c] 商店橱(櫥)窗 shāngdiàn chúchuāng [个 gè]

shore [ʃɔːʳ] N [c] 岸 àn [个 gè] ▸ **the shore(s) of...** …的岸边(邊) ...de àn biān ▸ **on shore** 在陆(陸)上 zài lù shàng

▸**shore up** VT [+ *wall*] 支撑(撐) zhīchēng;

S

[+ *system*] 加强(強) jiāqiáng

★ **short** [ʃɔːt] **I** ADJ **1** (*in time*) 短暂(暫)的 duǎnzàn de ▷ *We had a short meeting.* 我们的会面很短暂。Wǒmen de huìmiàn hěn duǎnzàn. **2** (*in length*) 短的 duǎn de ▷ *His black hair was very short.* 他的黑头发很短。Tā de hēi tóufa hěn duǎn. **3** (*not tall*) 矮的 ǎi de ▷ *I'm tall and thin and he's short and fat.* 我又高又瘦，他又矮又胖。Wǒ yòu gāo yòu shòu, tā yòu ǎi yòu pàng. **4** (*scarce*) 短缺的 duǎnquē de ▷ *Money is short.* 钱不够。**5** (*curt*) ▸ **to be short (with sb)** (对(對)某人) 粗暴无(無)礼(禮) (duì mǒurén cūbào wúlǐ) ▷ *I'm sorry I was so short with you.* 对不起，我对你太粗暴无礼了。Duìbùqǐ, wǒ duì nǐ tài cūbào wúlǐ le. **II** N [c] **1** (*Brit*) (*drink*) 少量烈酒 shǎoliàng lièjiǔ **2** (*film*) 短片 duǎnpiàn **III shorts** N PL **1** (*short trousers*) 短裤(褲) duǎnkù **2** (*esp US*) (*underpants*) 男用短衬(襯)裤(褲) nányòng duǎnchènkù ▸ **a short time ago** 不久以前 bùjiǔ yǐqián ▸ **at short notice** 临(臨)时(時)通知 línshí tōngzhī ▸ **in short** 简(簡)而言之 jiǎn ér yán zhī ▸ **to have a short temper** 脾气(氣)暴躁 píqì bàozào ▸ **to be short of sth** 缺乏某物 quēfá mǒuwù ▸ **I'm 3 short** 我还(還)缺3个(個) wǒ hái quē sān gè ▸ **Fred is short for Frederick** 弗雷德是弗雷德里克的简(簡)称(稱) Fúléidé shì Fúléidélǐkè de jiǎnchēng ▸ **a pair of shorts** 一条(條)短裤(褲) yī tiáo duǎnkù ▸ **to cut short** 缩(縮)短 suōduǎn ▸ **to run short of** 所剩不多了 suǒ shèng bù duō le ▸ **to fall short of** 未达(達)到 wèi dádào ▸ **short of doing...** 除了做…外 chúle zuò...wài ▸ **nothing/little short of...** 不亚(亞)于(於)/简(簡)直就是… bù yà yú/jiǎnzhí jiùshì... ▸ **to stop short** 突然停住 tūrán tíngzhù ▸ **to stop short of doing sth** 差点(點)儿(兒)就要做某事 chà diǎnr jiù yào zuò mǒushì

shortage [ˈʃɔːtɪdʒ] N [c/ʊ] 短缺 duǎnquē [种 zhǒng]

shortbread [ˈʃɔːtbrɛd] N [c/ʊ] 白脱(脫)甜酥饼(餅) báituō tiánsūbǐng [个 gè]

short-circuit [ʃɔːtˈsəːkɪt] **I** VI 发(發)生短路 fāshēng duǎnlù **II** VT **1** (*Elec*) 使短路 shǐ duǎnlù **2** (*fig*) [+ *process, system*] 避开(開) bìkāi **III** N [c] 短路 duǎnlù

shortcoming [ˈʃɔːtkʌmɪŋ] N [c] 缺点(點) quēdiǎn

shortcrust pastry [ˈʃɔːtkrʌst-] (*Brit*) N [ʊ] 松(鬆)脆馅(餡)饼(餅)底盘(盤) sōngcuì xiànbǐng dǐpán

short cut N [c] **1** (*route*) 近路 jìnlù **2** (*method*) 捷径(徑) jiéjìng [条 tiáo]

shorten [ˈʃɔːtn] **I** VT **1** [+ *holiday, life, book, letter*] 缩(縮)短 suōduǎn **2** [+ *clothes, plank etc*] 截短 jiéduǎn **II** VI 变(變)短 biàn duǎn

shortfall [ˈʃɔːtfɔːl] N [c] 赤字 chìzì

shorthand [ˈʃɔːthænd] N [ʊ] **1** (*system*) 速记(記) sùjì **2** (*quick name*) 简(簡)略表达(達) jiǎnlüè biǎodá ▸ **in shorthand** 用速记(記)记(記)录(錄) yòng sùjì jì lù

shortlist [ˈʃɔːtlɪst] **I** N [c] 最后(後)一轮(輪)候选(選)名单(單) zuìhòu yī lún hòuxuǎn míngdān **II** VT (*esp Brit*) 进(進)入最后(後)一轮(輪)候选(選)名单(單) jìnrù zuìhòu yī lún hòuxuǎn míngdān

short-lived [ˈʃɔːtˈlɪvd] ADJ 短暂(暫)的 duǎnzàn de

shortly [ˈʃɔːtlɪ] ADV 马(馬)上 mǎshàng ▸ **shortly after/before sth** 某事后(後)/前不久 mǒushì hòu/qián bùjiǔ ▸ **shortly after/before doing sth** 做某事后(後)/前不久 zuò mǒushì hòu/qián bùjiǔ

short-sighted [ʃɔːtˈsaɪtɪd] ADJ **1** (*Brit*) 近视(視)的 jìnshì de [美 = **near-sighted**] **2** (*misguided*) 目光短浅(淺)的 mùguāng duǎnqiǎn de

short-sleeved [ˈʃɔːtsliːvd] ADJ 短袖的 duǎnxiù de

short story N [c] 短篇小说(說) duǎnpiān xiǎoshuō [则 zé]

short-tempered [ʃɔːtˈtɛmpəd] ADJ 易怒的 yìnù de

short-term [ˈʃɔːttəːm] ADJ [+ *solution, gain*] 短期的 duǎnqī de; [+ *memory*] 短暂(暫)的 duǎnzàn de

short wave N [ʊ] 短波 duǎnbō

shot [ʃɔt] **I** PT, PP *of* **shoot** **II** N **1** [c] (*from gun*) 射击(擊) shèjī [阵 zhèn] **2** [ʊ] (*shotgun pellets*) 铅(鉛)沙弹(彈) qiānshādàn **3** [c] (*Football*) 射门(門) shèmén [次 cì] **4** [c] (*injection*) 皮下注射 píxià zhùshè [针 zhēn] **5** [c] (*Cine, Phot*) 镜(鏡)头(頭) jìngtóu ▸ **to fire a shot (at sb/sth)** (朝某人/某物) 开(開)枪(槍) (cháo mǒurén/mǒuwù) kāi qiāng ▸ **a good/poor shot** (*person*) 一位神枪(槍)手/不高明的射手 yī wèi shén qiāngshǒu/bù gāomíng de shèshǒu ▸ **a shot in the arm** (*fig*) 起鼓舞作用的事物 qǐ gǔwǔ zuòyòng de shìwù ▸ **to have a shot at sth/at doing sth** (*inf*) 尝(嘗)试(試)某事/做某事 chángshì mǒushì/zuò mǒushì ▸ **to give sth one's best shot** (*inf*) 对(對)某事尽(盡)自己最大的努力 duì mǒushì jìn zìjǐ zuì dà de nǔlì ▸ **to do sth like a shot** (*inf*) 立刻做某事 lìkè zuò mǒushì ▸ **to call the shots** 发(發)号(號)施令 fā hào shī lìng ▸ **it's a long shot** 这(這)是大胆(膽)的尝(嘗)试(試) zhè shì dàdǎn de chángshì ▸ **to get shot of sb/sth** (*inf*) 摆(擺)脱(脫)某人/某物 bǎituō mǒurén/mǒuwù

shotgun [ˈʃɔtgʌn] N [c] 霰散弹(彈)枪(槍) xiàndànqiāng [支 zhī]

★ **should** [ʃud] AUX VB **1** (*indicating advisability*) ▸ **I should go now** 我现(現)在应(應)该(該)走了 wǒ xiànzài yīnggāi zǒule **2** (*indicating obligation*) 应(應)当(當) yīngdāng **3** (*indicating likelihood*) ▸ **he should be there by now/he should get there soon** 他现(現)在该(該)到那儿(兒)了/他该(該)很快就到那儿(兒)了 tā xiànzài gāi dào nàr le/tā gāi hěnkuài jiù dào nàr le **4** (*frm: would*) ▶ **I should go if he asked me** 如果他要求，我会(會)走的 rúguǒ tā yāoqiú, wǒ huì zǒu de **5** (*after "that"*) ▶ **it's not right that we should be fined** 我们(們)竟会(會)被罚(罰)款，这(這)是不对(對)的 wǒmen jìng huì bèi fákuǎn, zhè shì bùduì de ▶ **you should have been more careful** 你本该(該)更加小心 nǐ běngāi gèngjiā xiǎoxīn ▶ **he should have arrived by now** 他现(現)在应(應)该(該)到了 tā xiànzài yīnggāi dào le ▶ **I should go if I were you** 我要是你就走了 wǒ yàoshì nǐ jiù zǒu le ▶ **I should like to** 我很乐(樂)意 wǒ hěn lèyì ▶ **I should like to invite them to dinner** 我想要请(請)他们(們)吃晚餐 wǒ xiǎng yào qǐng tāmen chī wǎncān ▶ **I should like a strawberry ice cream** 我想要一份草莓冰淇淋 wǒ xiǎng yào yī fèn cǎoméi bīngqílín ▶ **should he phone** *or* **if he should phone...** 如果他打电(電)话(話)来(來)··· rúguǒ tā dǎ diànhuà lái...

shoulder ['ʃəuldəʳ] **I** N [c] 肩膀 jiānbǎng [个 gè] **II** VT [+ *responsibility, blame*] 承担(擔) chéngdān ▶ **to look over one's shoulder** (*feel anxious*) 焦虑(慮)不安 jiāolǜ bù'ān ▶ **to rub shoulders with sb** (*mix with*) 和某人有交往 hé mǒurén yǒu jiāowǎng ▶ **to work shoulder to shoulder** (*co-operate*) 齐(齊)心协(協)力地工作 qí xīn xié lì de gōngzuò ▶ **we will stand shoulder to shoulder with our allies** 我们(們)将(將)与(與)我们(們)的同盟并(並)肩协(協)力 wǒmen jiāng yǔ wǒmen de tóngméng bìngjiān xié lì

shoulder blade N [c] 肩胛骨 jiānjiǎgǔ [块 kuài]

shouldn't ['ʃudnt] = **should not**

shout [ʃaut] **I** N [c] 喊叫声(聲) hǎnjiàoshēng **II** VT (*also*: **shout out**) 呼喊 hūhǎn **III** VI (*also*: **shout out**) 喊叫 hǎnjiào ▶ **to give sb a shout** (*inf*) 让(讓)某人知道 ràng mǒurén zhīdào

▶**shout down** VT [+ *speaker*] 用叫喊声(聲)压(壓)倒 yòng jiàohǎnshēng yādǎo

shouting ['ʃautɪŋ] N [U] (*quarrelling*) 叫喊 jiàohǎn

shove [ʃʌv] **I** VT 撞 zhuàng **II** N [c] ▶ **to give sb/sth a shove** 猛推某人/某物 měng tuī mǒurén/mǒuwù ▶ **to shove sth into/under sth** (*inf: put*) 把某物塞进(進)某物/塞到某物下 bǎ mǒuwù sāi jìn mǒuwù/sāi dào mǒuwù xià ▶ **he shoved me out of the way** 他把我推到一边(邊) tā bǎ wǒ tuī dào yī biān

▶**shove off** (*inf*) VI 走开(開) zǒukāi

shovel ['ʃʌvl] **I** N [c] 铲(鏟) chǎn **II** VT **1** [+ *snow, coal, earth*] 铲(鏟) chǎn **2** (*push*) 把···胡乱(亂)塞入 bǎ...húluàn sāirù

★ **show** [ʃəu] (*pt* **showed**, *pp* **shown**) **I** N [c] **1** (*display*) [*of emotion, support, strength*] 表示 biǎoshì ▷ *Miners gathered in a show of support for the government.* 矿工们聚集在一起以表示对政府的支持。Kuànggōngmen jùjí zài yīqǐ yǐ biǎoshì duì zhèngfǔ de zhīchí. **2** (*exhibition*) 展览(覽) zhǎnlǎn [个 gè] **3** (*Theat*) 演出 yǎnchū **4** (*TV, Rad*) 节(節)目 jiémù [个 gè] **II** VT **1** (*indicate*) 表明 biǎomíng ▶ **to show sb sth** *or* **to show sth to sb** 给(給)某人看某物或把某物给(給)某人看 gěi mǒurén kàn mǒuwù *huò* bǎ mǒuwù gěi mǒurén kàn ▷ *Cut out this article and show it to your bank manager.* 剪下这篇文章，把它给你的银行经理看一下。Jiǎn xià zhè piān wénzhāng, bǎ tā gěi nǐ de yínháng jīnglǐ kàn yīxià. **2** (*demonstrate*) 展示 zhǎnshì **3** (*display*) [+ *signs*] 显(顯)示 xiǎnshì; [+ *respect, interest etc*] 表示 biǎoshì ▷ *The peace talks showed signs of progress.* 和平谈判显示出进展的迹象。Hépíng tánpàn xiǎnshì chū jìnzhǎn de jìxiàng. **4** (*put on*) [+ *programme, film*] 播映 bōyìng ▷ *The ceremony was shown on BBC1.* 典礼在BBC1台播映。Diǎnlǐ zài BBC yī tái bōyìng. **5** (*illustrate, depict*) [*picture, graph, film etc* +] 描述 miáoshù ▷ *Figure 4.1 shows the respiratory system.* 图示4. 1显示的是呼吸系统。Túshì sì diǎn yī xiǎnshì de shì hūxī xìtǒng **6** ▶ **to show sb in/out** 带(帶)某人进(進)来(來)/出去 dài mǒurén jìnlái/chūqù **7** (*exhibit*) [+ *painting etc*] 展出 zhǎnchū **III** VI **1** (*be evident*) 显(顯)而易见(見) xiǎn ér yì jiàn ▷ *Ferguson was unhappy and it showed.* 弗格森不太高兴，这是显而易见的。Fúgésēn bù tài gāoxìng, zhè shì xiǎn ér yì jiàn de. **2** (*be visible*) 看得见(見) kàndejiàn **3** (*esp US*) (*arrive, appear*) 露面 lòumiàn ▶ **a show of hands** 举(舉)手表决(決) jǔ shǒu biǎojué ▶ **who's running the show here?** 谁(誰)在这(這)儿(兒)掌管一切？ shuí zài zhèr zhǎngguǎn yīqiè? ▶ **for show** 为(為)装(裝)门(門)面 wèi zhuāng ménmiàn ▶ **on show** (*exhibits*) 在展览(覽)中 zài zhǎnlǎn zhōng ▶ **to show that...** 表明··· biǎomíng... ▷ *The post-mortem shows that death was due to natural causes.* 验尸情况证实死亡是由于自然原因造成的。Yàn shī qíngkuàng zhèngshí sǐwáng shì yóuyú zìrán yuányīn zàochéng de. ▶ **to show sb how to do sth** 示范(範)某人如何做某事 shìfàn mǒurén rúhé zuò mǒushì ▶ **to show a profit/loss** (*Comm*) 赢(贏)利/亏(虧)损(損) yínglì/kuīsǔn ▶ **to show sb to his seat/to the door** 领(領)某人到他的座位/门(門)口 lǐng mǒurén dào tā de zuòwèi/ménkǒu ▶ **to have something/nothing to show for sth** 在某方面有所建树(樹)/毫无(無)成果 zài mǒu fāngmiàn yǒu suǒ jiànshù/háo wú chéngguǒ ▶ **it just goes to show that...** 这(這)证(證)明··· zhè zhèngmíng...

▶**show around** VT [+ *person*] 带(帶)···参(參)观(觀) dài...cānguān

▶**show off I** VI 卖(賣)弄 màinòng **II** VT 炫耀 xuànyào

▶**show up I** VI **1** (*be visible, noticeable*) 显(顯)露 xiǎnlù **2** (*arrive, appear*) 露面 lòumiàn **II** VT

1 (*make visible, noticeable*) [+ *imperfections etc*] 使显(顯)现(現) shǐ xiǎnxiàn **2** (*embarrass*) 使难(難)堪 shǐ nánkān

show business N [U] 娱(娛)乐(樂)界 yúlèjiè

shower [ˈʃauəʳ] **I** N [C] **1** (*rain*) 阵(陣)雨 zhènyǔ [场 chǎng] **2** [*of stones, sparks etc*] 一阵(陣) yī zhèn **3** (*for washing*) 淋浴器 línyùqì [个 gè] **4** (*US*) (*party*) 送礼(禮)会(會) sònglǐhuì **II** VI 洗淋浴 xǐ línyù **III** VT ▸ **to shower sb with sth** [+ *confetti, rice*] 把某物撒向某人 bǎ mǒuwù sǎxiàng mǒurén; [+ *gifts, kisses*] 送某人大量的某物 sòng mǒurén dàliàng de mǒuwù ▸ **to have** *or* **take a shower** 洗淋浴 xǐ línyù

shower cap N [C] 浴帽 yùmào [个 gè]

shower gel N [U] 沐浴露 mùyùlù

showing [ˈʃəuɪŋ] N [C] [*of film*] 放映 fàngyìng

show jumping [-dʒʌmpɪŋ] N [U] 赛(賽)马(馬)中的障碍(礙)赛(賽) sàimǎzhōng de zhàng'àisài

shown [ʃəun] PP *of* **show**

show-off [ˈʃəuɔf] N [C] 爱(愛)卖(賣)弄的人 ài màinòng de rén

showroom [ˈʃəurum] N [C] 陈(陳)列室 chénlièshì [个 gè]

shrank [ʃræŋk] PT *of* **shrink**

shred [ʃrɛd] **I** N [C] **1** (*piece*) 细(細)条(條) xìtiáo **2** ▸ **not a shred of evidence/truth** 无(無)丝(絲)毫证(證)据(據)/事实(實) wú sīháo zhèngjù/shìshí **II** VT [+ *food*] 切碎 qiēsuì; [+ *paper, documents*] 撕碎 sīsuì

shrewd [ʃruːd] ADJ [+ *person*] 精明的 jīngmíng de; [+ *investment*] 高明的 gāomíng de

shriek [ʃriːk] **I** VI 尖叫 jiānjiào **II** N [C] 尖叫声(聲) jiānjiào shēng ▸ **to shriek with laughter** 尖声(聲)大笑 jiān shēng dà xiào

shrimp [ʃrɪmp] N [C] (*small*) 小虾(蝦) xiǎoxiā [只 zhī]; (*US*) (*bigger*) 虾(蝦) xiā [只 zhī] [英 = **prawn**]

shrimp cocktail (*US*) N [C] 冷盘(盤)虾(蝦) lěngpánxiā [英 = **prawn cocktail**]

shrine [ʃraɪn] N [C] **1** (*religious*) 圣(聖)坛(壇) shèngtán **2** (*to sb's memory*) 圣(聖)地 shèngdì [个 gè]

shrink [ʃrɪŋk] (*pt* **shrank**, *pp* **shrunk**) **I** VI **1** [*cloth* +] 缩(縮)水 suōshuǐ **2** [*forests, profits, audiences etc* +] 减(減)少 jiǎnshǎo **3** ▸ **to shrink away/back** 退缩(縮)/畏缩(縮) tuìsuō/wèisuō **II** VT [+ *cloth*] 使皱(皺)缩(縮) shǐ zhòusuō **III** N [C] (*inf, pej*) 精神病医(醫)生 jīngshénbìng yīshēng ▸ **not to shrink from sth** 不回(迴)避某事 bù huíbì mǒushì

shrivel [ˈʃrɪvl] (*also*: **shrivel up**) **I** VI 枯萎 kūwěi **II** VT 使干(乾)枯 shǐ gānkū

shroud [ʃraud] **I** N [C] 裹尸(屍)布 guǒshībù [张 zhāng] **II** VT **1** ▸ **to be shrouded in mist/smoke** *etc* 被雾(霧)/烟(煙)等笼(籠)罩 bèi wù/yān *děng* lǒngzhào **2** ▸ **to be shrouded in mystery** 笼(籠)罩着(著)神秘(祕)色彩 lǒngzhàozhe shénmì sècǎi

Shrove Tuesday [ʃrəuv-] N [U] 忏(懺)悔星期二 Chànhuǐ xīngqī'èr

shrub [ʃrʌb] N [C] 灌木 guànmù

shrug [ʃrʌg] **I** VI 耸(聳)肩 sǒngjiān **II** VT ▸ **to shrug one's shoulders** 耸(聳)耸(聳)肩 sǒngsǒngjiān **III** N [C] 耸(聳)肩 sǒngjiān

▸**shrug off** VT [+ *criticism, problem, illness*] 对(對)…不予理会(會) duì...bùyǔ lǐhuì

shrunk [ʃrʌŋk] PP *of* **shrink**

shudder [ˈʃʌdəʳ] **I** VI [*person* +] 颤(顫)抖 chàndǒu; [*vehicle, machine* +] 剧(劇)烈摇(搖)晃 jùliè yáohuàng **II** N [C] 颤(顫)抖 chàndǒu ▸ **to shudder with fear/cold** *etc* 吓(嚇)得/冷得等发(發)抖 xiàde/lěngde *děng* fādǒu ▸ **to shudder to a halt** 随(隨)着(著)一阵(陣)颤(顫)动(動)停了下来(來) suízhe yīzhèn chàndòng tíngle xiàlái ▸ **I shudder to think what would have happened if...** 我不敢设(設)想如果…将(將)会(會)发(發)生什么(麼) wǒ bù gǎn shèxiǎng rúguǒ...jiāng huì fāshēng shénme ▸ **to give a shudder** 浑(渾)身颤(顫)抖 hún shēn chàndǒu

shuffle [ˈʃʌfl] **I** VI **1** ▸ **to shuffle along/in/out** *etc* 拖着(著)脚(腳)走来(來)走去/走进(進)来(來)/走出去等 tuōzhe jiǎo zǒulái zǒuqù/zǒujìnlái/zǒuchūqù *děng* **2** (*fidget*) ▸ **to shuffle around** 坐立不安 zuò lì bù'ān **II** VT **1** [+ *cards*] 洗 xǐ **2** [+ *papers*] 乱(亂)翻 luàn fān **3** ▸ **to shuffle one's feet** 来(來)回地挪动(動)双(雙)脚(腳) láihuí de nuódòng shuāngjiǎo **III** N [s] 曳足而行 yè zú ér xíng

shun [ʃʌn] VT [+ *publicity, neighbours etc*] 回(迴)避 huíbì

shut [ʃʌt] (*pt, pp* **shut**) **I** VT [+ *door, drawer*] 关(關)上 guānshang; [+ *shop*] 关(關)门(門) guānmén; [+ *mouth, eyes*] 闭(閉)上 bìshang **II** VI [*door, drawer* +] 关(關)上 guānshang; [*shop* +] 打烊 dǎyàng; [*mouth, eyes* +] 闭(閉)上 bìshang **III** ADJ [+ *door, drawer*] 关(關)闭(閉)的 guānbì de; [+ *shop*] 打烊的 dǎyàng de; [+ *mouth, eyes*] 闭(閉)着(著)的 bìzhe de

▸**shut away** VT ▸ **to shut o.s. away** 把自己关(關)起来(來) bǎ zìjǐ guānqǐlái

▸**shut down I** VT **1** [+ *factory*] 使停业 shǐ tíngyè **2** [+ *machine*] 关(關)闭(閉) guānbì **II** VI [*factory* +] 停业 tíngyè

▸**shut in** VT 把…关(關)起来(來) bǎ...guānqǐlái

▸**shut off** VT [+ *supply, water, engine*] 切断(斷) qiēduàn

▸**shut out** VT **1** [+ *person*] 把…关(關)在外面 bǎ...guānzài wàimiàn; [+ *cold, noise etc*] 把…隔绝(絕)在外 bǎ...géjué zàiwài **2** (*block*) [+ *view*] 挡(擋)住 dǎngzhù; [+ *thought, memory*] 排除 páichú

▸**shut up I** VI (*inf*) 住口 zhùkǒu **II** VT [+ *person*] 使住口 shǐ zhùkǒu ▸ **shut up!** (*inf*) 闭(閉)嘴! bìzuǐ!

shutter [ˈʃʌtəʳ] N [C] **1** (*on window*) 百叶(葉)窗

bǎiyèchuāng **2** (*on camera*) 快门(門) kuàimén [个 gè]

shuttle ['ʃʌtl] **I** N [c] **1** (*plane, bus*) 穿梭班机(機)/班车(車) chuānsuō bānjī/bānchē [架/辆 jià/liàng] **2** (*also*: **space shuttle**) 航天飞(飛)机(機) hángtiān fēijī [架 jià] **3** (*for weaving*) 梭 suō **II** VI [*vehicle, person* +] ▸ **to shuttle back and forth between** 在…间(間)穿梭往返 zài…jiān chuānsuō wǎngfǎn **III** VT 穿梭 chuānsuō

shuttlecock ['ʃʌtlkɔk] (*Badminton*) N [c] 羽毛球 yǔmáoqiú [个 gè]

shy [ʃaɪ] **I** ADJ [+ *person*] 害羞的 hàixiū de; [+ *animal*] 易受惊(驚)的 yì shòujīng de **II** VI [*horse* +] 惊(驚)退 jīngtuì ▸ **to be shy of doing sth** 对(對)做某事有顾(顧)忌 duì zuò mǒushì yǒu gùjì

▸**shy away from** VT FUS ▸ **to shy away from sth/from doing sth** 因顾(顧)忌而回(迴)避某事/做某事 yīn gùjì 'ér huíbì mǒushì/zuò mǒushì

Siberia [saɪ'bɪərɪə] N 西伯利亚(亞) Xībólìyà

sibling ['sɪblɪŋ] (*frm*) N [c] 兄弟姐妹 xiōngdì jiěmèi ▸ **sibling rivalry** 手足相争(爭) shǒuzú xiāng zhēng

Sicilian [sɪ'sɪlɪən] **I** ADJ 西西里的 Xīxīlǐ de **II** N [c] (*person*) 西西里人 Xīxīlǐrén

Sicily ['sɪsɪlɪ] N 西西里岛(島) Xīxīlǐdǎo

sick [sɪk] **I** ADJ **1** (*physically*) 患病的 huànbìng de; (*mentally*) 令人讨(討)厌(厭)的 lìng rén tǎoyàn de **2** ▸ **to be sick** (*vomit*) 呕(嘔)吐 ǒutù **3** [+ *humour, joke*] 病态(態)的 bìngtài de **II** N [U] (*Brit*) (*vomit*) 呕(嘔)吐物 ǒutùwù **III** N PL ▸ **the sick** 病人 bìngrén ▸ **to feel sick** 感觉(覺)恶(惡)心 gǎnjué ěxīn ▸ **to fall sick** 患病 huàn bìng ▸ **to be off sick** 因病缺席 yīn bìng quēxí ▸ **to make sb sick** (*inf*) 使某人感到厌(厭)恶(惡) shǐ mǒurén gǎn dào yànwù ▸ **to be sick of sth/of doing sth** (*inf*) 讨(討)厌(厭)某事/做某事 tǎoyàn mǒushì/zuò mǒushì

▨ 用法参见 **ill**

sicken ['sɪkn] VT (*disgust*) 使作呕(嘔) shǐ zuò'ǒu

sickening ['sɪknɪŋ] ADJ 令人作呕(嘔)的 lìng rén zuò'ǒu de

sick leave N [U] 病假 bìngjià ▸ **to be on sick leave** 休病假 xiū bìngjià

sickly ['sɪklɪ] ADJ **1** [+ *child, plant*] 多病的 duōbìng de **2** [+ *smell, taste*] 令人作呕(嘔)的 lìng rén zuò'ǒu de

sickness ['sɪknɪs] N [U] **1** (*illness*) 患病 huànbìng **2** (*vomiting*) 呕(嘔)吐 ǒutù ▸ **radiation/altitude/motion sickness** 放射病/高空病/晕(暈)动(動)病 fàngshè bìng/gāokōng bìng/yùn dòng bìng

sick note N [c] 病假条(條) bìngjiàtiáo [张 zhāng]; (*from parents*) 有病诊(診)断(斷) yǒubìng zhěnduàn [份 fèn]; (*from doctor*)

sick pay N [U] 病假工资(資) bìngjià gōngzī

★**side** [saɪd] **I** N [c] **1** 边(邊) biān [个 gè] ▹ *on both sides of the border* 边境两边 biānjìng liǎng biān **2** (*surface*) [*of cube*] 面 miàn **3** (*not back or front*) [*of building, vehicle*] 侧(側)面 cèmiàn [个 gè] ▹ *a van with his name on the side* 侧面写有他名字的货车 cèmiàn xiě yǒu tā míngzì de huòchē; [*of body*] 体(體)侧(側) tǐcè [边 biān] **4** (*half*) [*of paper, face, brain*] 一面 yī miàn [个 gè] ▹ *on the other side of the page* 这页纸的另一面上 zhè yè zhǐ de lìng yī miàn shàng; [*of tape, record*] 面 miàn [个 gè] ▹ *We want to hear side A.* 我们想听A面。Wǒmen xiǎng tīng A miàn. **5** (*edge*) [*of road, bed*] 边(邊)缘(緣) biānyuán [个 gè] ▹ *Park on the side of the road.* 把车停在路边。Bǎ chē tíng zài lù biān. **6** [*of hill, valley*] 坡 pō [个 gè] ▹ *narrow valleys with steep sides* 两面陡坡的狭窄山谷 liǎng miàn dǒu pō de xiázhǎi shāngǔ **7** (*aspect*) 方面(麵) fāngmiàn ▹ *Anxiety has a mental and a physical side.* 焦虑有精神方面的因素也有身体方面的因素。Jiāolǜ yǒu jīngshén fāngmiàn de yīnsù yě yǒu shēntǐ fāngmiàn de yīnsù. **8** (*Brit*) (*team*) 队(隊) duì [支 zhī] ▹ *the Scottish First Division side* 苏格兰甲级队 Sūgélán jiǎ jí duì [美 = **team**] **9** (*in conflict, contest*) 一方 yīfāng ▹ *They sold arms to both sides.* 他们向双方出售军火。Tāmen xiàng shuāngfāng chūshòu jūnhuǒ. **10** [*of argument, debate*] 派 pài ▹ *people on both sides of the issue* 针对该议题的两派人 zhēnduì gāi yìtí de liǎng pài rén **II** ADJ [+ *door, entrance*] 旁边(邊)的 pángbiān de **III** VI ▸ **to side with sb** 支持某人 zhīchí mǒurén ▸ **on either side of sth** 在某物的任一边(邊) zài mǒuwù de rèn yī biān ▸ **on the other side of sth** 在某物的另一边(邊) zài mǒuwù de lìng yī biān ▸ **the right/wrong side of sth** 某物正确(確)的/错(錯)误(誤)的一边(邊) mǒuwù zhèngquè de/cuòwù de yī biān ▸ **from side to side** 从(從)一边(邊)到另一边(邊) cóng yī biān dào lìng yī biān ▸ **to lie on one's side** [*person* +] 侧(側)卧(臥) cè wò; [*thing* +] 侧(側)放 cè fàng ▸ **by the side of** 在…旁边(邊) zài…pángbiān ▸ **side by side** 肩并(並)肩 jiān bìng jiān ▸ **she never left my side** 她从(從)没(沒)离(離)开(開)过(過)我身边(邊) tā cóng méi líkāi guò wǒ shēn biān ▸ **to be at** *or* **by sb's side** 在某人身旁 zài mǒurén shēn páng ▸ **to get on the right/wrong side of sb** (*fig*) 讨(討)某人喜欢(歡)/不讨(討)某人喜欢(歡) tǎo mǒurén xǐhuān/bù tǎo mǒurén xǐhuān ▸ **they are on our side** 他们(們)站在我们(們)这(這)边(邊) tāmen zhàn zài wǒmen zhè biān ▸ **to take sides** 偏袒 piāntǎn ▸ **to put sth to one side** 把某事暂(暫)搁(擱)一边(邊) bǎ mǒushì zàn gē yī biān ▸ **to earn some money on the side** 赚(賺)额(額)外的收入 zhuàn éwài de shōurù ▸ **a side of beef** 牛的胁(脅)肉 niú de xié ròu

sideboard ['saɪdbɔ:d] **I** N [c] 餐具柜(櫃) cānjùguì **II sideboards** N PL (*Brit*) = **sideburns**

sideburns ['saɪdbə:nz] N PL 连(連)鬓(鬢)胡(鬍)

S

子 liánbìn húzi

side-effect ['saɪdɪfɛkt] N [c] **1** [*of drug*] 副作用 fù zuòyòng [个 gè] **2** [*of situation*] 意外后(後)果 yìwài hòuguǒ

sidelight ['saɪdlaɪt] N [c] **1** (*Brit*) (*on front of vehicle*) 示宽(寬)灯(燈) shìkuāndēng [个 gè] [美 = **parking light**] **2** (*US*) (*on side of vehicle*) 边(邊)灯(燈) biāndēng

sideline ['saɪdlaɪn] **I** N [c] **1** (*extra job*) 副业(業) fùyè [个 gè] **2** (*Sport*) 边(邊)线(線) biānxiàn **II** VT **1** (*keep back*) [+ *person, policy*] 使靠边(邊) shǐ kàobiān **2** [+ *player*] 使…退出比赛(賽) shǐ…tuìchū bǐsài ▸ **on the sidelines** (*not involved*) 当(當)局外人 dàng jú wài rén

side order N [c] 与主菜同时上的附加菜

side street N [c] 小街 xiǎojiē [条 tiáo]

sidetrack ['saɪdtræk] VT 使…转(轉)移目标(標) shǐ…zhuǎnyí mùbiāo

sideview mirror ['saɪdvjuː-] (*US*) N [c] 后(後)视(視)镜(鏡) hòushì jìng [个 gè] [英 = **wing mirror**]

sidewalk ['saɪdwɔːk] (*US*) N [c] 人行道 rénxíngdào [条 tiáo] [英 = **pavement**]

sideways ['saɪdweɪz] **I** ADV [*move* +] 向一边(邊) xiàng yī biān; [*look, face* +] 斜侧(側) xiécè **II** ADJ [+ *glance, movement*] 向一侧(側)的 xiàng yī cè de

siege [siːdʒ] N [c] 围(圍)困 wéikùn ▸ **to lift a siege** 解围(圍) jiěwéi ▸ **to be under siege** 被围(圍)困 bèi wéikùn ▸ **to lay siege to** [*police, soldiers* +] 围(圍)攻 wéigōng; [*journalists* +] 包围(圍) bāowéi

Sierra Leone [sɪ'ɛrəlɪ'əun] N 塞拉利昂 Sàilālì'áng

sieve [sɪv] **I** N [c] (*for flour etc*) 筛(篩)子 shāizi [个 gè]; (*for liquid*) 滤(濾)器 lǜqì; (*garden sieve*) 筛(篩)网(網) shāiwǎng **II** VT [+ *flour, soil etc*] 筛(篩) shāi; [+ *liquid*] 滤(濾) lǜ ▸ **to have a memory** *or* **mind like a sieve** 记(記)性极(極)差 jìxìng jí chà

sift [sɪft] VT 筛(篩) shāi

▸**sift through** VT FUS [+ *evidence, wreckage*] 详(詳)查 xiángchá

sigh [saɪ] **I** N [c] 叹(嘆)息 tànxī **II** VI 叹(嘆)气(氣) tànqì ▸ **to breathe** *or* **heave a sigh of relief** 松(鬆)一口气(氣) sōng yī kǒu qì

sight [saɪt] **I** N **1** [U] (*faculty*) 视(視)力 shìlì **2** [c] (*spectacle*) 景象 jǐngxiàng [种 zhǒng] **3** [c] (*on gun*) 瞄准(準)器 miáozhǔn qì **II sights** N PL (*places of interest*) ▸ **the sights** 景点(點) jǐngdiǎn **III** VT 看见(見) kànjiàn ▸ **to catch sight of sb/sth** 瞧见(見)某人/某物 qiáo jiàn mǒurén/mǒuwù ▸ **to lose sight of sth** (*fig*) 忽略某事 hūlüè mǒushì ▸ **the sight of sth** 一看见(見)某物 yī kànjiàn mǒuwù ▸ **to set one's sights on sth** 立志拥(擁)有某物 lìzhì yōngyǒu mǒuwù ▸ **in sight** (*lit*) 看得见(見) kàndejiàn ▸ **out of sight** 看不见(見) kàn bù jiàn ▸ **to be in** *or* **within sight** (*fig*) 在望 zài wàng ▸ **at first sight** 乍一看 zhà yī kàn ▸ **I know her by sight** 我看到她就知道她是谁(誰) wǒ kàndào tā jiù zhīdào tā shì shuí ▸ **on sight** [*shoot, arrest* +] 一看见(見)就… yī kànjiàn jiù… ▸ **a sight better/worse** (*inf*) 好/坏(壞)得多 hǎo/huàide duō

sightseeing ['saɪtsiːɪŋ] N [U] 观(觀)光 guānguāng ▸ **to go sightseeing** 观(觀)光游(遊)览(覽) guānguāng yóulǎn

★**sign** [saɪn] **I** N **1** [c] (*notice*) 指示牌 zhǐshìpái [块 kuài] ▹ *a sign saying "No Exit"* 一块写着"禁止入内"的指示牌 yī kuài xiě zhe"jìnzhǐ rù nèi"de zhǐshì pái **2** [c] (*also*: **road sign**) 路标(標) lùbiāo [个 gè] **3** [c] (*gesture*) (*with hand etc*) 手势(勢) shǒushì ▹ *the V-for-victory sign* 代表胜利的V字手势 dàibiǎo shènglì de V zì shǒushì **4** [c] (*Math, Mus*) (*symbol*) 符号(號) fúhào ▹ *an equals sign* 一个等于号 yī gè děngyúhào **5** [c/U] (*indication, evidence*) 迹(跡)象 jìxiàng [种 zhǒng] ▹ *The sky is clear and there's no sign of rain.* 天空晴朗，丝毫没有要下雨的迹象。Tiānkōng qínglǎng, sīháo méiyǒu yào xiàyǔ de jìxiàng. **6** [c] (*Astrol*) 星座 xīngzuò **II** VT **1** [+ *document*] 签(簽)署 qiānshǔ **2** [+ *TV programme*] (*for deaf people*) 用手语(語)演播 yòng shǒuyǔ yǎnbō **3** (*Football*) [+ *player*] 与(與)…签(簽)约(約) yǔ…qiānyuē **III** VI **1** (*use sign language*) 使用手语(語) shǐyòng shǒuyǔ **2** (*Football*) [*player* +] 签(簽)约(約) qiānyuē ▸ **to make a sign** 做手势(勢) zuò shǒushì ▸ **a plus/minus sign** 正/负(負)号(號) zhèng/fù hào ▸ **there's no sign of her changing her mind** 她没(沒)有任何要改变(變)主意的表示 tā méiyǒu rènhé yào gǎibiàn zhǔyì de biǎoshì ▸ **he was showing signs of improvement** 他的身体(體)有好转(轉)的迹(跡)象 tā de shēntǐ yǒu hǎozhuǎn de jìxiàng ▸ **a sign of the times** 时(時)代的特征(徵) shídài de tèzhēng ▸ **it's a good/bad sign** 这(這)是个(個)好/坏(壞)兆头(頭) zhèshì gè hǎo/huài zhàotou ▸ **to sign one's name** 签(簽)名 qiānmíng

▸**sign away** VT [+ *rights etc*] 签(簽)字放弃(棄) qiānzì fàngqì

▸**sign for** VT FUS [+ *goods*] 签(簽)收 qiānshōu

▸**sign in** VI (*at hotel etc*) 签(簽)到 qiāndào

▸**sign off** VI **1** (*Rad, TV*) 结(結)束播放 jiéshù bōfàng **2** (*in letter*) 就此搁(擱)笔(筆) jiùcǐ gēbǐ **3** (*Brit*) (*as unemployed*) 退出失业(業)救济(濟) tuìchū shīyè jiùjì

▸**sign on** (*Brit*) VI (*as unemployed*) 申请(請)失业(業)救济(濟) shēnqǐng shīyè jiùjì ▸ **to sign on for sth** [+ *course*] 签(簽)约(約)做某事 qiānyuē zuò mǒushì

▸**sign out** VI (*from hotel etc*) 签(簽)名离(離)开(開) qiānmíng líkāi

▸**sign over** VT ▸ **to sign sth over to sb** 将(將)某物签(簽)约(約)转(轉)让(讓)给(給)某人 jiāng mǒuwù qiānyuē zhuǎnràng gěi mǒurén

▸**sign up** **I** VI (*for job, course, trip etc*) 签(簽)约(約)受雇(僱) qiānyuē shòugù **II** VT [+ *player, recruit*] 签(簽)约(約)雇(僱)用 qiānyuē gùyòng ▸**to sign up for** [+ *job, course, trip*] 签(簽)约(約)从(從)事 qiānyuē cóngshì

signal ['sɪgnl] **I** N [c] **1** (*to do sth*) 信号(號) xìnhào [个 gè] **2** (*indication*) 暗示 ànshì **3** (*Rail*) 信号(號)机(機) xìnhàojī [部 bù] **4** (*Elec*) 信号(號) xìnhào [个 gè] **II** VI **1** (*with gesture, sound*) ▸**to signal (to sb)** (向某人)示意 (xiàng mǒurén) shìyì **2** (*Aut*) (*with indicator*) 开(開)信号(號)灯(燈)示意 kāi xìnhàodēng shìyì **III** VT **1** [+ *message*] 用信号(號)示意 yòng xìnhào shìyì; [+ *person*] 向…打手势(勢)示意 xiàng…dǎ shǒushì shìyì **2** (*indicate*) 标(標)志(誌)着(著) biāozhìzhe **IV** ADJ (*frm*) [+ *triumph, failure*] 显(顯)著的 xiǎnzhù de

signature ['sɪgnətʃəʳ] N [c] 签(簽)名 qiānmíng [个 gè]

significance [sɪg'nɪfɪkəns] N [U] 重要性 zhòngyàoxìng ▸**of no/some significance** 毫无(無)/有一定重要意义(義) háo wú/yǒu yīdìng zhòngyào yìyì

significant [sɪg'nɪfɪkənt] ADJ **1** (*important*) 重要的 zhòngyào de **2** (*considerable*) [+ *amount, number, effect*] 相当(當)大的 xiāngdāng dà de **3** (*meaningful*) [+ *look, glance etc*] 意味深长(長)的 yìwèi shēncháng de ▸**it is significant that...** 值得注意的是… zhídé zhùyì de shì...

signify ['sɪgnɪfaɪ] VT **1** (*represent*) [*symbol, number* +] 表示 biǎoshì **2** (*indicate*) [*event* +] 意味 yìwèi **3** (*make known*) [*person* +] 示意 shìyì ▸**to signify that...** 意味着(著)… yìwèi zhe...

sign language N [c/U] 手势(勢)语(語) shǒushìyǔ; (*for deaf people*) 手语(語) shǒuyǔ [种 zhǒng]

signpost ['saɪnpəust] N [c] **1** (*road sign*) 路标(標) lùbiāo [个 gè] **2** (*indicator*) 指标(標) zhǐbiāo

Sikh [si:k] **I** N [c] 锡(錫)克教信徒 Xīkèjiào xìntú **II** ADJ 锡(錫)克教的 Xīkèjiào de

silence ['saɪləns] **I** N [c/U] 寂静(靜) jìjìng [片 piàn] **II** VT [+ *person*] 使安静(靜) shǐ ānjìng; [+ *opposition*] 压(壓)制 yāzhì ▸**in silence** 鸦(鴉)雀无(無)声(聲) yā què wú shēng ▸**to break one's silence** 开(開)口讲(講)话(話) kāikǒu jiǎnghuà

silent ['saɪlənt] ADJ [+ *person*] (*on particular occasion*) 沉默的 chénmò de; (*as character trait*) 沉默寡言的 chénmò guǎyán de; [+ *place, object*] 安静(靜)的 ānjìng de; [+ *prayer, emotion*] 默默的 mòmò de; [+ *film*] 无(無)声(聲)的 wúshēng de ▸**to fall silent** (*stop talking*) 不作声(聲) bù zuò shēng; (*stop making noise*) 安静(靜)下来(來) ānjìng xiàlái ▸**to be/remain silent about sth** 对(對)某事守口如瓶 duì mǒushì shǒu kǒu rú píng

silhouette [sɪlu:'ɛt] **I** N [c] 黑色轮(輪)廓 hēisè lúnkuò **II** VT ▸**to be silhouetted against sth** 某物衬(襯)出…的轮(輪)廓 mǒuwù chènchū...de lúnkuò

silicon ['sɪlɪkən] N [U] 硅(矽) guī

silicon chip N [c] 硅(矽)片 guīpiàn [个 gè]

silicone ['sɪlɪkəun] **I** N [U] 硅(矽)酮 guītóng **II** CPD [+ *implant, coating*] 硅(矽)酮 guītóng

silk [sɪlk] **I** N [c/U] 丝(絲)绸(綢) sīchóu [块 kuài] **II** CPD [+ *scarf, shirt*] 丝(絲)绸(綢) sīchóu

silky ['sɪlkɪ] ADJ [+ *material*] 丝(絲)质(質)的 sīzhì de; [+ *skin*] 柔软(軟)光洁(潔)的 róuruǎn guāngjié de

silly ['sɪlɪ] ADJ [+ *person*] 愚蠢的 yúchǔn de; [+ *idea, object*] 可笑的 kěxiào de ▸**he's silly to be upset** 他这(這)么(麼)难(難)过(過)真是太傻了 tā zhème nánguò zhēn shì tài shǎ le ▸**it would be silly to waste it** 把它浪费(費)了就太愚蠢了 bǎ tā làngfèi le jiù tài yúchǔn le

silver ['sɪlvəʳ] **I** N [U] **1** 银(銀) yín **2** (*silverware*) 银(銀)器 yínqì **3** (*coins*) 银(銀)币(幣) yínbì **II** ADJ **1** (*in colour*) [+ *hair*] 银(銀)白色的 yínbáisè de **2** (*made of silver*) [+ *spoon, necklace*] 银(銀)的 yín de ▸**silver-grey** 银(銀)灰色 yín huī sè

silver-plated [sɪlvə'pleɪtɪd] ADJ 镀(鍍)银(銀)的 dùyín de

SIM card ['sɪm-] N [c] 手机(機)智能卡 shǒujī zhìnéngkǎ [张 zhāng]

similar ['sɪmɪləʳ] ADJ 相似的 xiāngsì de ▸**to be similar to sth** 和某事物类(類)似 hé mǒushìwù lèisì

similarity [sɪmɪ'lærɪtɪ] N **1** [U] (*resemblance*) 相似 xiāngsì **2** [c] (*similar feature*) 相似之处(處) xiāngsì zhīchù

similarly ['sɪmɪləlɪ] ADV **1** (*in a similar way*) 类(類)似地 lèisì de **2** (*likewise*) 同样(樣)地 tóngyàng de

simmer ['sɪməʳ] **I** VI 炖(燉) dùn **II** VT 煨 wēi ▸**simmer down** VI (*calm down*) 安静(靜)下来(來) ānjìng xiàlái; [*situation* +] 平静(靜)下来(來) píngjìng xiàlái

simple ['sɪmpl] ADJ **1** (*easy*) 简(簡)单(單)的 jiǎndān de **2** (*basic*) [+ *meal, life, cottage*] 简(簡)朴(樸)的 jiǎnpǔ de **3** (*mere*) 纯(純)粹的 chúncuì de **4** (*Ling*) [+ *tense*] 简(簡)单(單)的 jiǎndān de **5** (*o.f.: not intelligent*) 智能低的 zhìnéng dī de ▸**it would be simpler to move house** 搬家会(會)更容易些 bān jiā huì gèng róngyì xiē

simplicity [sɪm'plɪsɪtɪ] N [U] **1** (*lack of complexity*) 简(簡)易 jiǎnyì **2** [*of design, style etc*] 朴(樸)素 pǔsù

simplify ['sɪmplɪfaɪ] VT 简(簡)化 jiǎnhuà

simply ['sɪmplɪ] ADV **1** (*merely*) 仅(僅)仅(僅) jǐnjǐn **2** [*live, say, dress* +] 简(簡)单(單)地 jiǎndān de **3** (*absolutely*) 完全 wánquán

simulate ['sɪmjuleɪt] VT [+ *action, feeling*] 假装(裝) jiǎzhuāng; [+ *substance, noise*] 模仿 mófǎng

simultaneous [sɪməl'teɪnɪəs] ADJ 同时(時)的 tóngshí de; [+ *translation*] 同声(聲)的

S

tóngshēng de; [+ *broadcast*] 同步的 tóngbù de

sin [sɪn] **I** N [c/ʊ] 罪孽 zuìniè **II** VI 有罪 yǒu zuì

★ **since** [sɪns] **I** ADV **1** (*from then onwards*) 此后(後) cǐhòu ▷ *They went to college together and have done business together since.* 他们一起上的大学并从此后一起做生意。Tāmen yīqǐ shàng de dàxué bìng cóng cǐ hòu yīqǐ zuò shēngyì. **2** (*latterly*) 后(後)来(來) hòulái ▷ *6,000 people were arrested, several hundred of whom have since been released.* 6000人被逮捕，其中几百人后来被释放。Liùqiān rén bèi dàibǔ, qízhōng jǐ bǎi rén hòulái bèi shìfàng. **II** PREP **1** (*from*) 自…以来(來) zì...yǐlái **2** (*after*) 从(從)…以后(後) cóng...yǐhòu ▷ *I haven't seen powdered eggs since the war.* 自战后我从未见过鸡蛋粉。Zì zhàn hòu wǒ cóng wèi jiànguò jīdàn fěn. **III** CONJ **1** (*from when*) 自从(從) zìcóng ▷ *I've been wearing glasses since I was three.* 我从3岁起就戴眼镜。Wǒ cóng sān suì qǐ jiù dài yǎnjìng. **2** (*after*) 从(從)…以后(後) cóng...yǐhòu ▷ *So much has changed in the sport since I was a teenager.* 自我十几岁起，这项运动已经改变了很多。Zì wǒ shíjǐ suì qǐ, zhè xian:ng yùndòng yǐjīng gǎibiàn le hěnduō. **3** (*as*) 因为(為) yīnwèi ▶ **since then** *or* **ever since** 从(從)那时(時)起 cóng nàshí qǐ ▶ **I've been here since the end of June** 我自6月底以来(來)一直在这(這)儿(兒)。wǒ zì liùyuè dǐ yǐlái yīzhí zài zhèr ▶ **since it was Saturday, he stayed in bed an extra hour** 因为(為)是星期六，他在床上多呆了一小时(時)。yīnwèi shì xīngqīliù, tā zài chuángshàng duō dāile yī xiǎoshí ▶ **long since** 很久以前 hěn jiǔ yǐqián

> **for** 用来表示过去, 现在或将来某事持续的时间的长短，或未发生某事的时间的长短。*She slept for eight hours...He will be away for three weeks...I hadn't seen him for four years.* 表示某个时间段开始时，用 **since**。*She has been with the group since it began...the first civilian president since the coup 17 years ago...* **since** 还可以表示某事发生的最后时间，或者未发生某事的时间的长短。*She hadn't eaten since breakfast...It was a long time since she had been to church.*

sincere [sɪn'sɪəʳ] ADJ [+ *person*] 真诚(誠)的 zhēnchéng de; [+ *belief, apology*] 诚(誠)挚的 chéngzhì de

sincerely [sɪn'sɪəlɪ] ADV 由衷地 yóuzhōng de ▶ **Yours sincerely** *or* (*US*) **Sincerely yours** 谨(謹)上 jǐnshàng

sing [sɪŋ] (*pt* **sang**, *pp* **sung**) **I** VI [*person* +] 唱歌 chànggē; [*bird* +] 鸣(鳴) míng **II** VT [+ *song*] [*person* +] 唱 chàng; [*bird* +] 鸣(鳴)唱 míngchàng ▶ **to sing sb sth, sing sth to sb** 为(為)某人唱某歌 wèi mǒurén chàng mǒugē ▶**sing along** VI ▶ **to sing along (with/to)** (和着(著)…) 一起唱 (hézhe...) yīqǐ chàng

Singapore [sɪŋgə'pɔːʳ] N 新加坡 Xīnjiāpō

singer ['sɪŋəʳ] N [c] 歌手 gēshǒu [位 wèi]

singing ['sɪŋɪŋ] N [ʊ] (*activity*) 唱歌 chànggē; (*sounds*) 歌声(聲) gēshēng

★ **single** ['sɪŋgl] **I** ADJ **1** (*solitary*) 单(單)个(個)的 dāngè de ▷ *We heard a single shot.* 我们听到一声枪响。Wǒmen tīngdào yī shēng qiāng xiǎng. **2** (*individual*) 唯一的 wéiyī de ▷ *the world's single most important source of oil* 世界上唯一最重要的石油来源 shìjiè shàng wéiyī zuì zhòngyào de shíyóu láiyuán **3** (*unmarried*) 单(單)身的 dānshēn de ▷ *a single woman* 一位单身女子 yī wèi dānshēn nǚzǐ **4** (*for one person, car etc*) [+ *sheet, garage*] 单(單)人的 dānrén de **II** N [c] (*Brit*) **1** (*also*: **single ticket**) 单(單)程票 dānchéngpiào [张 zhāng] [美 = **one-way ticket**] **2** (*record*) 单(單)曲唱片 dānqǔ chàngpiàn ▶ **not a single one was left** 一个(個)都没(沒)剩 yī gè dōu méi shèng ▶ **every single day** 每一天 měi yītiān ▶ **single spacing** (*Typ*) 单(單)倍行距 dān bèi háng jù ▶**single out** VT (*choose*) 选(選)出 xuǎnchū ▶ **to single sb out for sth** 为(為)某事选(選)出某人 wèi mǒushì xuǎn chū mǒurén

single bed N [c] 单(單)人床 dānrén chuáng [个 gè]

single file N ▶ **in single file** 一列纵(縱)队(隊) yī liè zòngduì

single-handed [sɪŋgl'hændɪd] ADV 独(獨)自一人地 dúzì yī rén de

single-minded [sɪŋgl'maɪndɪd] ADJ 一心一意的 yī xīn yī yì de

single parent N [c] 单(單)亲(親) dānqīn

single room N [c] 单(單)人房 dānrén fáng [个 gè]

singles ['sɪŋglz] (*Tennis*) N [ʊ] 单(單)打比赛(賽) dāndǎ bǐsài

singular ['sɪŋgjuləʳ] **I** ADJ **1** (*Ling*) 单(單)数(數)的 dānshù de **2** (*remarkable*) 非凡的 fēifán de **3** (*o.f.: strange*) 奇怪的 qíguài de **II** N ▶ **the singular** 单(單)数(數)形式 dānshù xíngshì ▶ **in the singular** 用单(單)数(數) yòng dānshù

sinister ['sɪnɪstəʳ] ADJ [+ *event, figure, reason*] 邪恶(惡)的 xié'è de

sink [sɪŋk] (*pt* **sank**, *pp* **sunk**) **I** N [c] 洗涤(滌)槽 xǐdí cáo [个 gè] **II** VT **1** [+ *ship*] 使下沉 shǐ xiàchén **2** [+ *well, mine*] 挖掘 wājué **III** VI **1** (*in water*) [*ship* +] 沉没(沒) chénmò; [*object* +] 下沉 xiàchén **2** (*subside*) [*ground, building, foundation* +] 下陷 xiàxiàn **3** (*drop*) [*level, price* +] 下跌 xiàdiē ▶ **to sink sth into sth** [+ *teeth, claws, knife, needle*] 将(將)某物插入某物 jiāng mǒuwù chārù mǒuwù ▶ **to sink to...** [*prices, pay increases etc* +] 下降至… xiàjiàng zhì... ▶ **the sun was sinking** 太阳(陽)落山了 tàiyáng luò shān le ▶ **she sank to her knees** 她跪下了 tā guì xià le ▶ **to sink into a chair** 瘫(癱)在椅子上 tān zài yǐzi shàng ▶ **to sink into depression/a coma** 陷入消沉/昏迷 xiàn rù xiāochén/hūnmí ▶ **my heart sank** 我心头(頭)

一沉 wǒ xīn tóu yī chén ▸ **her voice sank to a whisper** 她的声(聲)音减(減)小成耳语(語) tā de shēngyīn jiǎn xiǎo chéng ěryǔ
▸**sink in** VI [*words* +] 被理解 bèi lǐjiě

sinus ['saɪnəs] N [c] 鼻窦(竇) bídòu

sip [sɪp] I N [c] 一小口 yī xiǎo kǒu II VT 抿 mǐn III VI 小口地喝 xiǎokǒu de hē ▸ **to take** *or* **have a sip (of sth)** 抿一口(某饮(飲)料) mǐn yī kǒu(mǒu yǐnliào)

sir [sə^r] N (*as address*) 先生 xiānsheng ▸ **yes, sir** 是，先生 ▸ **Dear Sir** 亲(親)爱(愛)的先生 Qīn'ài de Xiānsheng ▸ **Dear Sirs** 诸(諸)位先生 zhūwèi xiānsheng ▸ **Dear Sir or Madam** 亲(親)爱(愛)的先生或女士 Qīnài de xiānsheng huò nǚshì ▸ **Sir John Smith** 约(約)翰・史密斯爵士 Yuēhàn Shǐmìsī Juéshì

siren ['saɪərn] N [c] 警报(報)器 jǐngbàoqì [个 gè]

sirloin ['sə:lɔɪn] N [c/u] (*also:* **sirloin steak**) 牛腰上部的肉 niúyāo shàngbù de ròu

★**sister** ['sɪstə^r] I N [c] **1** 姐妹 jiěmèi [对 duì]; (*elder*) 姐姐 jiějie [个 gè]; (*younger*) 妹妹 mèimei [个 gè] **2** (*nun*) 修女 xiūnǚ **3** (*Brit*) (*nurse*) 护(護)士长(長) hùshizhǎng II CPD ▸ **sister organization/ship** 姐妹组(組)织(織)/船 jiěmèi zǔzhī/chuán ▸ **my brothers and sisters** 我的兄弟姐妹们(們) wǒde xiōngdì jiěmèimen

sister-in-law ['sɪstərɪnlɔ:] (*pl* **sisters-in-law**) N [c] (*husband's sister*) 姑子 gūzi [个 gè]; (*wife's sister*) 姨子 yízi [个 gè]; (*older brother's wife*) 嫂子 shǎozi [位 wèi]; (*younger brother's wife*) 弟媳 dìxí [个 gè]

★**sit** [sɪt] (*pt, pp* **sat**) I VI **1** (*also:* **sit down**) 坐下 zuòxià ▹ *A woman came and sat next to her.* 一位女子进来，紧挨她坐下。Yī wèi nǚzǐ jìnlái, jǐn āi tā zuò xià. **2** (*be sitting*) 坐 zuò ▹ *She was sitting on the edge of the bed.* 她正坐在床沿上。Tā zhèng zuò zài chuáng yán shàng. **3** [*parliament, court* +] 开(開)会(會) kāihuì ▹ *Parliament sits for only 28 weeks out of 52.* 议会一年52周里只开28周的会。Yìhuì yī nián wǔshíèr zhōu lǐ zhǐ kāi èrshíbā zhōu de huì. **4** (*for painter*) 当(當)模特 dāng mótè ▹ *She had sat for famous painters like Rossetti.* 她为罗塞蒂等著名画家当过模特。Tā wèi Luósàidì děng zhùmíng huàjiā dāng guò mótè. II VT **1** (*position*) 使坐 shǐ zuò ▹ *He used to sit me on his lap.* 他以前常让我坐在他腿上。Tā yǐqián cháng ràng wǒ zuò zài tā tuǐ shàng. **2** (*invite to sit*) 使就座 shǐ jiùzuò **3** (*Brit*) [+ *exam*] 参(參)加 cānjiā [美 = **take**] ▸ **to sit on a committee** 成为(為)委员(員)会(會)成员(員) chéngwéi wěiyuánhuì chéngyuán ▸ **sit tight! I'll be right back** 等一下！我马(馬)上就回来(來) děng yīxià! wǒ mǎshàng jiù huílái
▸**sit about** (*Brit; inf*) VI = **sit around**
▸**sit around** (*inf*) VI 闲(閒)坐着(著) xián zuòzhe
▸**sit back** (*inf*) VI (*fig*) 在一旁闲(閒)着(著) zài yīpáng xiánzhe
▸**sit down** VI (*from standing*) 坐下 zuòxià ▸ **to be sitting down** 就座 jiùzuò
▸**sit in on** VT FUS [+ *meeting, lesson*] 旁听(聽) pángtīng
▸**sit on** (*inf*) VT FUS (*keep to oneself*) [+ *report etc*] 搁(擱)置 gēzhí
▸**sit out** VT [+ *event*] 挨到…结(結)束 āidào…jiéshù
▸**sit through** VT [+ *film, lecture etc*] 耐着(著)性子到…结(結)束 nàizhe xìngzi dào…jiéshù
▸**sit up** VI **1** (*from lying*) 坐起来(來) zuòqǐlái **2** (*straighten*) 坐直 zuòzhí **3** (*stay up late*) 熬夜 áoyè

sitcom ['sɪtkɔm] N [c] 情景喜剧(劇) qíngjǐng xǐjù [部 bù]

site [saɪt] I N [c] **1** [*of event*] 地点(點) dìdiǎn **2** (*building site*) 工地 gōngdì [个 gè] **3** (*archaeological*) 遗(遺)址 yízhǐ [个 gè] **4** (*also:* **website**) 网(網)址 wǎngzhǐ [个 gè] II VT [+ *factory, missiles*] 设(設)置 shèzhì

sitting ['sɪtɪŋ] N [c] **1** [*of assembly etc*] 开(開)会(會) kāihuì **2** (*in canteen*) 分批就餐 fēnpī jiùcān ▸ **to do sth at a single sitting** 一口气(氣)做完某事 yī kǒu qì zuò wán mǒushì

sitting room (*Brit*) N [c] 起居室 qǐjūshì [间 jiān] [美 = **living room**]

situated ['sɪtjueɪtɪd] ADJ ▸ **to be situated in/on/near sth** 位于(於)某物中/上/旁 wèiyú mǒuwù zhōng/shàng/páng

★**situation** [sɪtju'eɪʃən] N [c] **1** (*circumstances*) 情况(況) qíngkuàng [种 zhǒng] ▹ *It's an impossible situation.* 这情况真是难以应付。Zhè qíngkuàng zhēn shì nán yǐ yìngfù. **2** (*location*) 环(環)境 huánjìng ▹ *The city is in a beautiful situation.* 这座城市环境优美。Zhè zuò chéngshì huánjìng yōuměi. **3** (*o.f.: job*) 工作 gōngzuò ▹ *It's not so easy to find another situation.* 另找份工作并不那么容易。Lìng zhǎo fèn gōngzuò bìng bù nàme róngyì. ▸ **"situations vacant"** (*Brit*) "招聘" "zhāopìn" [美 = **Employment**]

★**six** [sɪks] NUM 六 liù; *see also* **five**

★**sixteen** [sɪks'ti:n] NUM 十六 shíliù; *see also* **fifteen**

sixteenth [sɪks'ti:nθ] NUM 第十六 dì shíliù; *see also* **fifth**

sixth [sɪksθ] NUM **1** (*in series*) 第六 dì liù **2** (*fraction*) 六分之一 liùfēnzhī yī ▸ **the upper/lower sixth** (*Brit: Scol*) 高级/初级六年级，英国中学教育的最后两年，在此期间学生准备Alevel考试，以取得大学入学资格; *see also* **fifth**

sixth form (*Brit*) N ▸ **the sixth form** 六年级，英国中学教育的最后两年，在此期间学生准备Alevel考试，以取得大学入学资格

sixth form college (*Brit*) N [c] 第六级学校，为16岁以上的学生提供Alevel考试及相关的课程

S

sixtieth ['sɪkstɪɪθ] NUM 第六十 dì liùshí

★ **sixty** ['sɪkstɪ] NUM 六十 liùshí; *see also* **fifty**

size [saɪz] N **1** [C/U] [*of object*] 大小 dàxiǎo [种 zhǒng]; [*of clothing, shoes*] 尺码(碼) chǐmǎ [个 gè] **2** [C/U] [*of loan, business*] 多少 duōshǎo **3** [U] [*of area, building, task, loss*] 大 dà ▶ **I take size 12** (*dress, shirt etc*) 我穿12号(號) wǒ chuān shí'èr hào ▶ **what size shoes do you take?** 你穿几(幾)号(號)的鞋? nǐ chuān jǐ hào de xié? ▶ **it's the size of...** 相当(當)于(於)…的大小 xiāngdāng yú...de dàxiǎo ▶ **to cut sth to size** 将(將)某物改至一定大小 jiāng mǒuwù gǎi zhì yīdìng dàxiǎo

▶**size up** (*inf*) VT [+ *person, situation*] 评(評)估 pínggū

sizeable ['saɪzəbl] ADJ [+ *amount, number*] 相当(當)大的 xiāngdāng dà de; [+ *problem, operation*] 大的 dà de; [+ *object, company, estate*] 颇(頗)大的 pōdà de; [+ *majority, minority*] 相当(當)数(數)量的 xiāngdāng shùliàng de

sizzle ['sɪzl] VI 咝(嘶)咝(嘶)作响(響) sīsī zuòxiǎng

skate [skeɪt] I N **1** [C] (*ice skate*) 溜冰鞋 liūbīngxié **2** [C] (*roller skate*) 旱冰鞋 hàn bīngxié [双 shuāng] **3** [C/U] (*pl* **skate**) (*fish*) 鳐(鰩)鱼(魚) yáoyú [条 tiáo] II VI **1** (*ice skate*) 溜冰 liūbīng **2** (*roller skate*) 溜旱冰 liū hànbīng ▶ **to go skating** (*on ice skates*) 去溜冰 qù liū bīng; (*on roller skates*) 去溜旱冰 qù liū hàn bīng

▶**skate around, skate over, skate round** VT FUS [+ *problem, issue*] 一带(帶)而过(過) yī dài ér guò

skateboard ['skeɪtbɔːd] N [C] 滑板 huábǎn [个 gè]

skateboarding ['skeɪtbɔːdɪŋ] N [U] 滑板运(運)动(動) huábǎn yùndòng

skater ['skeɪtəʳ] N [C] 滑冰者 huábīngzhě [个 gè]

skates [skeɪts] N PL 溜冰鞋 liūbīngxié

skating ['skeɪtɪŋ] N [U] (*ice-skating*) 冰上运(運)动(動) bīngshàng yùndòng; *see also* **skate**

skating rink N [C] (*ice rink*) 溜冰场(場) liūbīngchǎng [个 gè]

skeleton ['skɛlɪtn] N [C] **1** (*bones*) 骨骼 gǔgé [副 fù] **2** (*frame*) [*of building*] 框架 kuàngjià **3** (*framework*) [*of plan*] 提纲(綱) tígāng

skeptical ['skɛptɪkl] (*US*) ADJ = **sceptical**

sketch [skɛtʃ] I N [C] **1** (*drawing*) 素描 sùmiáo [张 zhāng] **2** (*outline*) 概述 gàishù **3** (*Theat, TV, Rad*) 诙(詼)谐(諧)短剧(劇) huīxié duǎnjù II VT **1** [+ *drawing, landscape, figure, map*] 给(給)…画(畫)速写(寫) gěi...huà sùxiě **2** (*also*: **sketch out**) [+ *ideas, plan*] 概述 gàishù

sketchy ['skɛtʃɪ] ADJ 粗略的 cūlüè de

skewer ['skjuːəʳ] I N [C] 串肉扦 chuànròuqiān [根 gēn] II VT 刺穿 cìchuān

ski [skiː] I N [C] 滑雪板 huáxuěbǎn [个 gè] II VI 滑雪 huáxuě ▶ **to go skiing** 去滑雪 qù huáxuě

ski boot N [C] 滑雪鞋 huáxuěxié [双 shuāng]

skid [skɪd] I VI ▶ **to skid (into/across** *etc* **sth)** [*person* +] 滑着(著)(冲(衝)向/穿过(過)等某物) huázhe (chōngxiàng/chuānguò *děng* mǒuwù); [*car, driver* +] 打滑 dǎhuá II N [C] ▶ **to go into a skid** 打滑 dǎhuá

skier ['skiːəʳ] N [C] 滑雪者 huáxuězhě [个 gè]

skiing ['skiːɪŋ] N [U] **1** (*activity*) 滑雪 huáxuě **2** (*competition*) 滑雪比赛(賽) huáxuě bǐsài; *see also* **ski**

skilful, (US) skillful ['skɪlful] ADJ [+ *person, player*] 老练(練)的 lǎoliàn de; [+ *use, choice, management*] 技巧娴(嫻)熟的 jìqiǎo xiánshú de ▶ **to be skilful at doing sth** 能熟练(練)地做某事 néng shúliàn de zuò mǒushì

ski lift N [C] 载送滑雪者上坡的装置

skill [skɪl] N **1** [U] (*ability*) 技巧 jìqiǎo **2** [C] (*acquired*) 技能 jìnéng [项 xiàng]

skilled [skɪld] ADJ [+ *person*] 熟练(練)的 shúliàn de; [+ *work*] 技术(術)性的 jìshùxìng de

skillful ['skɪlful] (*US*) ADJ = **skilful**

skim [skɪm] VT **1** ▶ **to skim sth from** *or* **off sth** [+ *fat, cream*] 从(從)某物上撇去某物 cóng mǒuwù shang piēqù mǒuwù **2** (*also*: **skim over**) [+ *ground, water, wave*] 掠过(過) lüèguò **3** (*also*: **skim through**) [+ *book, article*] 浏(瀏)览(覽) liúlǎn

skimmed milk [skɪmd-] (*Brit*) N [U] 脱(脫)脂牛奶 tuōzhī niúnǎi [美 = **skim milk**]

skim milk (*US*) N [U] 脱(脫)脂牛奶 tuōzhī niúnǎi [英 = **skimmed milk**]

skimpy ['skɪmpɪ] ADJ **1** [+ *meal*] 不足的 bùzú de **2** [+ *clothes*] 用料少的 yòngliào shǎo de

skin [skɪn] I N **1** [C/U] [*of person*] 皮肤(膚) pífū; [*of animal*] 皮 pí [张 zhāng]; (*complexion*) 肤(膚)色 fūsè [种 zhǒng] **2** [C/U] [*of fruit, vegetable*] 外皮 wàipí **3** [S] (*on liquid*) 薄层(層) báocéng II VT 剥(剝)去…的皮 bōqù...de pí ▶ **to be soaked** *or* **drenched to the skin** 全身都湿(濕)透了 quánshēn dōu shītòu le

skin cancer N [C/U] 皮肤(膚)癌 pífū'ái

skinhead ['skɪnhɛd] (*Brit*) N [C] 留平头的人(一般被认为有暴力倾向)

skinny ['skɪnɪ] (*inf*) ADJ [+ *person*] 极瘦的 jíshòu de; [+ *arms, legs*] 皮包骨的 píbāogǔ de

skip [skɪp] I VI **1** (*hop*) 蹦跳 bèngtiào **2** (*esp Brit*) (*with rope*) 跳绳(繩) tiàoshéng [美 = **skip rope**] II VT **1** (*miss*) [+ *lunch, lecture*] 故意不做 gùyì bù zuò; [+ *school*] 逃学(學) táoxué **2** (*also*: **skip over**) [+ *boring parts*] 略过(過) lüèguò III N [C] **1** (*movement*) 蹦跳 bèngtiào **2** (*Brit*) (*container*) 无盖用以装运工地废料的废料桶 [美 = **Dumpster®**]

ski pass N [C] 滑雪证(證) huáxuězhèng [个 gè]

skipper ['skɪpəʳ] I N [C] [*of ship*] 船长(長) chuánzhǎng; [*of team*] 队(隊)长(長) duìzhǎng II VT [+ *boat*] 当(當)…的船长(長) dāng...de chuánzhǎng; [+ *team*] 当(當)…的队(隊)长(長) dāng...de duìzhǎng

skipping rope ['skɪpɪŋ-] (Brit) N [c] 跳绳(繩) tiàoshéng [美 = **skip rope**]
skip rope (US) N [c] 跳绳(繩) tiàoshéng [根 gēn] [英 = **skipping rope**]
skirt [skəːt] **I** N [c] 裙子 qúnzi [条 tiáo] **II** VT **1** [+ *area*] [*path, road etc* +] 环(環)绕(繞) huánrào; [*person* +] 绕(繞)…的边(邊)缘(緣)走 rào...de biānyuán zǒu **2** [+ *problem, question*] 避而不谈(談) bì ér bù tán
▸**skirt around, skirt round** VT FUS = **skirt**
skirting board ['skəːtɪŋ-] (Brit) N [c/u] 踢脚(腳)板 tījiǎobǎn [美 = **baseboard**]
ski slope N [c] 滑雪坡 huáxuěpō
skittles ['skɪtlz] N [u] 九柱游戏(戲) jiǔzhù yóuxì ▸ **to play skittles** 玩九柱游戏 wán jiǔzhù yóuxì
skive [skaɪv] (Brit; inf) VI 逃避劳(勞)动(動) táobì láodòng
▸**skive off** (Brit; inf) **I** VT FUS [+ *school, work*] 逃避 táobì **II** VI 逃避劳(勞)动(動) táobì láodòng
skull [skʌl] N [c] 颅(顱)骨 lúgǔ [个 gè]
skunk [skʌŋk] N [c] 臭鼬 chòuyòu
sky [skaɪ] N [c/u] 天空 tiānkōng [片 piàn] ▸ **to praise sb to the skies** 把某人捧上了天 bǎ mǒurén pěng shàng le tiān
skyscraper ['skaɪskreɪpəʳ] N [c] 摩天大厦(廈) mótiān dàshà [座 zuò]
slab [slæb] N [c] [*of stone, concrete*] 厚板 hòubǎn; [*of meat*] 厚片 hòupiàn
slack [slæk] **I** ADJ **1** [+ *rope, skin*] 松(鬆)弛的 sōngchí de **2** [+ *market, demand, business*] 不景气(氣)的 bù jǐngqì de; [+ *period*] 萧(蕭)条(條)的 xiāotiáo de **3** [+ *worker*] 懈怠的 xièdài de **4** [+ *security, discipline*] 马(馬)虎的 mǎhu de **II** N [u] (*in rope etc*) 松(鬆)弛部分 sōngchí bùfen **III slacks** N PL (*o.f.*: *trousers*) 宽(寬)松(鬆)的裤(褲)子 kuānsōng de kùzi
slacken ['slækn] **I** VI **1** [*rope* +] 变(變)松(鬆) biànsōng **2** (*also*: **slacken off**) [*speed* +] 放慢 fàngmàn; [*demand, situation* +] 减(減)缓(緩) jiǎnhuǎn; [*rain* +] 变(變)小 biànxiǎo **II** VT [+ *grip*] 放松(鬆) fàngsōng; [+ *speed*] 放慢 fàngmàn
slain [sleɪn] PP *of* **slay**
slam [slæm] **I** VT **1** [+ *door*] 使劲(勁)关(關) shǐjìn guān **2** (*throw*) ▸ **to slam sth down** 砰地放下某物 pēng de fàngxià mǒuwù **3** (*criticize*) 猛烈抨击(擊) měngliè pēngjī **II** VI [*door* +] 砰地关(關)上 pēng de guānshang ▸ **to slam sth against/into sth** 用某物猛击(擊)某物/将(將)某物使劲(勁)扔进(進)某物 yòng mǒuwù měng jī mǒuwù/jiāng mǒuwù shǐjìn rēngjìn mǒuwù ▸ **to slam on the brakes** 猛踩刹车(車) měng cǎi shāchē ▸ **to slam into sth** 猛然撞上某物 měngrán zhuàngshàng mǒuwù
slander ['slaːndəʳ] **I** N [c/u] (*Law*) 诽(誹)谤(謗) fěibàng **II** VT 诋(詆)毁(毀) dǐhuǐ
slang [slæŋ] N [u] 俚语(語) lǐyǔ ▸ **military/prison slang** 军(軍)队(隊)/监(監)狱(獄)俚语(語) jūnduì/jiānyù lǐyǔ
slant [slaːnt] **I** VI [*floor, ceiling, handwriting* +] 倾(傾)斜 qīngxié; [*sunlight* +] 斜照 xiézhào **II** VT [+ *information, programme*] 有倾(傾)向性地报(報)导(導) yǒu qīngxiàngxìng de bàodǎo **III** N [s] **1** [*of eyes, shoulders, handwriting, hill*] 倾(傾)斜 qīngxié **2** (*fig*: *approach*) 有偏向性的观(觀)点(點) yǒu piānxiàngxìng de guāndiǎn
slap [slæp] **I** N [c] 掌击(擊) zhǎngjī [次 cì] **II** VT [+ *child, face, bottom*] 掴(摑) guó **III** ADV (*inf*: *directly*) 直接地 zhíjiēde ▸ **to give sb a slap** 打某人一巴掌 dǎ mǒurén yī bāzhǎng ▸ **a slap in the face** (*fig*) 污辱 wūrǔ ▸ **to slap sb on the back** 拍拍某人的后(後)背 pāipāi mǒurén de hòubèi ▸ **to slap sth (down) on sth** 啪的一声(聲)把某物扔到某物上 pā de yī shēng bǎ mǒuwù rēngdào mǒuwù shàng ▸ **to slap some paint on a wall** 往墙(牆)上涂(塗)些油漆 wǎng qiáng shàng tú xiē yóuqī
▸ **slap-bang** *or* **slap in the middle of sth** (*Brit*; *inf*) 在某物的正中央 zài mǒuwù de zhèng zhōngyāng
slash [slæʃ] **I** VT **1** [+ *tyres, face*] 划(劃)破 huápò **2** [+ *prices, costs*] 大幅削减(減) dàfú xuējiǎn **II** N [c] **1** (*slit*) 划(劃)口 huákǒu **2** (*also*: **forward slash**) 斜线(線)号(號) xiéxiànhào ▸ **to slash one's wrists** 割腕 gē wàn ▸ **to slash at sb/sth** 朝某人/某物猛砍 cháo mǒurén/mǒuwù měng kǎn
slate [sleɪt] **I** N **1** [u] 板岩 bǎnyán **2** [c] (*on roof*) 石板瓦 shíbǎnwǎ **II** VT (*Brit*) (*criticize*) 严(嚴)厉(厲)批评(評) yánlì pīpíng
slaughter ['slɔːtəʳ] **I** N [u] [*of people*] 屠杀(殺) túshā; [*of wildlife*] 杀(殺)戮 shālù; [*of cows, sheep, pigs etc*] 屠宰 túzǎi **II** VT [+ *people*] 屠杀(殺) túshā; [+ *wildlife*] 杀(殺)戮 shālù; [+ *cows, sheep, pigs etc*] 屠宰 túzǎi
▒ 用法参见 **kill**
slaughterhouse ['slɔːtəhaus] N [c] 屠宰场(場) túzǎichǎng [个 gè]
Slav [slaːv] N [c] 斯拉夫人 Sīlāfūrén
slave [sleɪv] N [c] 奴隶(隸) núlì ▸ **to work like a slave** 像奴隶(隸)般工作 xiàng núlì bān gōngzuò ▸ **a slave to sth** 受某物掌控 shòu mǒuwù zhǎngkòng
▸**slave away** VI 苦干(幹) kǔgàn
▸**slave over** VT FUS 拼命地干(幹) pīnmìng de gàn ▸ **to slave over a hot stove** 在灼热(熱)的炉(爐)子前忙碌 zài zhuórè de lúzi qián mánglù
slavery ['sleɪvərɪ] N [u] 奴隶(隸)制 núlìzhì
slay [sleɪ] (*pt* **slew**, *pp* **slain**) VT **1** (*liter*) [+ *dragon*] 杀(殺)死 shāsǐ; [+ *person*] 杀(殺)害 shāhài **2** (*esp US*) (*murder*) 谋(謀)杀(殺) móushā
sleazy ['sliːzɪ] (*inf*) ADJ [+ *place*] 肮脏(髒)的 āngzāng de; [+ *magazine, person*] 淫秽(穢)的 yínhuì de
sled [slɛd] (*US*) **I** N [c] 雪橇 xuěqiāo [副 fù] [英 =

S

sledge] **II** VI ▸**to go sledding** 乘雪橇 chéng xuěqiāo [英 = **go sledging**]

sledge [slɛdʒ] (Brit) **I** N [c] 雪橇 xuěqiāo [副 fù] [美 = **sled**] **II** VI ▸**to go sledging** 乘雪橇 chéng xuěqiāo [美 = **go sledding**]

sleek [sliːk] ADJ **1** [+ *hair, fur*] 油亮的 yóuliàng de **2** [+ *car, boat etc*] 锃亮的 zèngliàng de **3** [+ *person*] 考究的 kǎojiū de

sleep [sliːp] (*pt, pp* **slept**) **I** N **1** [ʊ] 睡眠 shuìmián **2** [c] (*nap*) 睡觉(覺) shuìjiào **II** VI (*be asleep*) 睡 shuì; (*fall asleep*) 入睡 rùshuì; (*spend the night*) 过(過)夜 guòyè **III** VT ▸**the house sleeps 4** 这(這)个(個)房子可供4个(個)人睡 zhège fángzi kě gōng sì gè rén shuì ▸**to go to sleep** 去睡觉(覺) qù shuìjiào ▸**to have a good night's sleep** 睡个(個)好觉(覺) shuì gè hǎo jiào ▸**to put a cat/dog** *etc* **to sleep** 把猫(貓)/狗等人道地杀(殺)死 bǎ māo/gǒu *děng* réndào de shāsǐ ▸**I didn't lose any sleep over it** (*fig*) 我并(並)没(沒)有为(為)这(這)事忧(憂)虑(慮)过(過) wǒ bìng méiyǒu wèi zhè shì yōulǜ guò

▸**sleep around** (*inf*) VI 乱(亂)搞男女关(關)系(係) luàngǎo nánnǚ guānxì

▸**sleep in** (*Brit*) VI 睡懒(懶)觉(覺) shuì lǎnjiào

▸**sleep off** VT 以睡眠消除 yǐ shuìmián xiāochú

▸**sleep through** VT FUS [+ *noise*] 不被…吵醒 bù bèi…chǎoxǐng

▸**sleep together** VI 有性关(關)系(係) yǒu xìngguānxì

▸**sleep with** VT FUS 和…有性关(關)系(係) hé…yǒu xìngguānxì

sleeper [ˈsliːpəʳ] N [c] **1** (*Brit*) (*train*) 卧(臥)车(車) wòchē; (*carriage*) 卧(臥)铺(鋪)车(車)厢(廂) wòpù chēxiāng; (*berth*) 卧(臥)铺(鋪) wòpù **2** (*Brit*) (*on track*) 枕木 zhěnmù **3** ▸**I'm a light/heavy sleeper** 我是个(個)睡觉(覺)警醒/沉的人 wǒ shìgè shuìjiào jǐngxǐng/chén de rén

sleeping bag [ˈsliːpɪŋ-] N [c] 睡袋 shuìdài [个 gè]

sleeping car N [c] 火车(車)卧(臥)铺(鋪)车(車)厢(廂) huǒchē wòpù chēxiāng [列 liè]

sleeping pill N [c] 安眠药(藥) ānmiányào [片 piàn]

sleepless [ˈsliːplɪs] ADJ [+ *person*] 失眠的 shīmián de ▸**to have a sleepless night** 过(過)了个(個)不眠之夜 guòle gè bù mián zhī yè

sleepwalk [ˈsliːpwɔːk] VI 梦(夢)游(遊) mèngyóu

sleepy [ˈsliːpɪ] ADJ **1** [+ *person*] 困(睏)的 kùn de **2** [+ *village, town*] 冷清的 lěngqīng de

sleet [sliːt] N [ʊ] 雨夹(夾)雪 yǔjiāxuě

sleeve [sliːv] N [c] **1** [*of jacket, sweater etc*] 袖子 xiùzi [个 gè] **2** (*esp Brit*) [*of record*] 唱片套 chàngpiàn tào [个 gè] [美 = **jacket**] ▸**with long/short sleeves** 长(長)袖/短袖 chángxiù/duǎnxiù ▸**to have sth up one's sleeve** (*fig*) 暗藏某物以备(備)不时(時)之需 àncáng mǒuwù yǐ bèi bùshí zhī xū

sleeveless [ˈsliːvlɪs] ADJ 无(無)袖的 wúxiù de

sleigh [sleɪ] N [c] 雪橇 xuěqiāo

slender [ˈslɛndəʳ] ADJ **1** [+ *person, legs*] 修长(長)的 xiūcháng de **2** [+ *chance, means, majority*] 微弱的 wēiruò de

slept [slɛpt] PT, PP *of* **sleep**

slew [sluː] **I** PT *of* **slay** **II** VI [*vehicle* +] 旋转(轉) xuánzhuàn **III** VT [+ *vehicle*] 使旋转(轉) shǐxuánzhuàn **IV** N (*esp US*) ▸**a slew of** 大量 dàliàng

slice [slaɪs] **I** N [c] **1** [*of meat, bread, lemon*] 片 piàn **2** (*share*) 份额(額) fèn'é **II** VT 把…切成片 bǎ…qiēchéng piàn **III** VI ▸**to slice through sth** 切开(開)某物 qiēkāi mǒuwù ▸**sliced bread** 切片面(麵)包 qiēpiàn miànbāo ▸**it's the best thing since sliced bread** 这(這)是极(極)好的东(東)西 zhè shì jí hǎo de dōngxi

slick [slɪk] **I** ADJ **1** [+ *performance, advertisement*] 巧妙的 qiǎomiào de; [+ *movement, gear change*] 娴(嫻)熟的 xiánshú de **2** (*pej: clever*) 圆(圓)滑的 yuánhuá de **II** N [c] 浮油 fúyóu

slide [slaɪd] (*pt, pp* **slid**) **I** N [c] **1** (*in playground*) 滑梯 huátī [个 gè] **2** (*Phot*) 幻灯(燈)片 huàndēngpiàn [张 zhāng] **3** (*Brit*) (*also:* **hair slide**) 发(髮)夹(夾) fàjiā [个 gè] **4** (*microscope slide*) 载(載)物片 zàiwù piàn **5** (*in prices, earnings*) 下滑 xiàhuá **II** VT 使…滑动(動) shǐ…huádòng **III** VI **1** (*slip*) ▸**to slide down/off/into sth** 滑下/离(離)/进(進)某物 huáxià/lí/jìn mǒuwù **2** (*quietly*) ▸**to slide into/out of sth** 悄悄溜进(進)/出某处(處) qiāoqiāo liūjìn/chū mǒuchù ▸**to slide into chaos/a depression** 渐(漸)渐(漸)陷入混乱(亂)/消沉 jiànjiàn xiànrù hùnluàn/xiāochén ▸**to let standards/things slide** 听(聽)任标(標)准(準)下降/事情变(變)糟 tīngrèn biāozhǔn xiàjiàng/shìqíng biàn zāo

▸**slide away** VI 溜走 liūzǒu

sliding [ˈslaɪdɪŋ] ADJ [+ *door*] 滑动(動)的 huádòng de

slight [slaɪt] **I** ADJ **1** [+ *increase, problem*] 微小的 wēixiǎo de **2** (*slim*) [+ *person*] 娇(嬌)小的 jiāoxiǎo de **3** (*insubstantial*) 无(無)足轻(輕)重的 wú zú qīngzhòng de **II** VT (*insult*) 怠慢 dàimàn **III** N [c] (*insult*) 污辱 wūrǔ ▸**the slightest noise/problem** *etc* 极(極)轻(輕)微的声(聲)响(響)/极(極)小的问(問)题(題)等 jí qīngwēi de shēngxiǎng/jí xiǎo de wèntí *děng* ▸**not the slightest bit** 一点(點)也不 yīdiǎn yě bù ▸**not in the slightest** 一点(點)也不 yīdiǎn yě bù

slightly [ˈslaɪtlɪ] ADV (*a bit*) 略微地 lüèwēi de ▸**slightly built** 体(體)格纤(纖)弱 tǐgé qiànruò

slim [slɪm] **I** ADJ **1** [+ *figure*] 苗条(條)的 miáotiáo de; [+ *book, wallet*] 薄的 báo de **2** [+ *chance*] 小的 xiǎo de **II** VI (*lose weight*) 节(節)食减(減)肥 jiéshí jiǎnféi

▸**slim down** I VI [*company* +] 精简(簡)机(機)构(構) jīngjiǎn jīgòu II VT [+ *company*] 精简(簡) jīngjiǎn

slimming ['slɪmɪŋ] N [U] 减(減)肥 jiǎnféi

slimy ['slaɪmɪ] ADJ **1** [+ *substance*] 泥浆(漿)的 níjiāng de; (*object*) 有泥浆(漿)的 yǒu níjiāng de **2** (*Brit*) [+ *person*] 谄(諂)媚的 chǎnmèi de

sling [slɪŋ] (*pt, pp* **slung**) I N [C] **1** (*for arm*) 悬(懸)带(帶) xuándài **2** (*for baby*) 背带(帶) bēidài II VT **1** (*throw*) 扔 rēng **2** (*suspend*) 悬(懸)挂(掛) xuánguà ▸**to have one's arm in a sling** 胳膊用悬(懸)带(帶)吊着(著) gēbo yòng xuándài diào zhe ▸**to sling sth over sth** 将(將)某物挂(掛)在某物上 jiāng mǒuwù guà zài mǒuwù shàng

slip [slɪp] I VT (*put*) ▸**to slip sth into/under sth** 将(將)某物悄悄塞入某物/到某物下面 jiāng mǒuwù qiāoqiāo sāirù mǒuwù/dào mǒuwù xiàmian II VI **1** (*slide*) [*person* +] 滑跤 huájiāo; [*object* +] 滑落 huáluò **2** (*decline*) 下降 xiàjiàng III N [C] **1** (*fall*) 滑倒 huádǎo **2** (*mistake*) 差错(錯) chācuò [个 gè] **3** [*of paper*] 细(細)条(條) xìtiáo **4** (*underskirt*) 衬(襯)裙 chènqún; (*with top part*) 连(連)身衬(襯)裙 liánshēn chènqún ▸**to slip sth on/off** [+ *clothes, shoes*] 迅速穿上/脱(脫)下某物 xùnsù chuānshàng/tuōxià mǒuwù ▸**to slip sth to sb, slip sb sth** 偷偷将(將)某物塞给(給)某人 tōutōu jiāng mǒuwù sāi gěi mǒurén ▸**it slipped my mind** 我忘了 wǒ wàng le ▸**to slip into/out of sth** [+ *room, house*] 悄悄溜进(進)/出某处(處) qiāoqiāo liūjìn/chū mǒuchǔ; [+ *clothes, shoes*] 迅速穿上/脱(脫)下某物 xùnsù chuānshàng/tuōxià mǒuwù ▸**to slip into a habit/routine** 逐渐(漸)养(養)成习(習)惯(慣)/规(規)律 zhújiàn yǎngchéng xíguàn/guīlǜ ▸**to let slip that...** 无(無)意中透露… wúyì zhōng tòulù... ▸**a slip of the tongue** 口误(誤) kǒuwù ▸**to give sb the slip** (*inf*) 甩掉某人 shuǎidiào mǒurén

▸**slip away** VI (*go*) 悄悄溜走 qiāoqiāo liūzǒu

▸**slip out** VI (*go out*) 出去一下 chūqù yīxià

▸**slip up** VI (*make mistake*) 出差错(錯) chūchācuò

slipper ['slɪpəʳ] N [C] 拖鞋 tuōxié [只 zhī]

slippery ['slɪpərɪ] ADJ **1** [+ *surface*] 滑的 huá de **2** [+ *person*] 狡猾的 jiǎohuá de ▸**to be on a slippery slope to ruin/anarchy** 将(將)导(導)致(緻)毁(毀)灭(滅)/混乱(亂) jiāng dǎozhì huǐmiè/hùnluàn

slip road (*Brit*) N [C] (*to motorway*) 连接高速公路的岔道 [美 = **entrance ramp, exit ramp**]

slit [slɪt] (*pt, pp* **slit**) I N [C] **1** (*cut*) 划(劃)口 huákǒu [个 gè] **2** (*opening*) 缝(縫) fèng II VT (*make a cut in*) 切开(開) qiēkāi ▸**to slit sb's throat** 割开(開)某人的喉咙(嚨) gēkāi mǒurén de hóulóng

slog [slɔg] (*Brit; inf*) I VI (*also*: **slog away**) 勤恳(懇)地工作 qínkěn de gōngzuò II N [S] **1** (*effort*) (*also*: **hard slog**) 艰(艱)辛的事 jiānxīn de shì **2** (*journey*) 长(長)途跋涉 chángtú báshè

slogan ['sləugən] N [C] 口号(號) kǒuhào [个 gè]

slope [sləup] I N [C] **1** (*gentle hill*) 斜坡 xiépō [个 gè] **2** (*side of mountain*) 坡 pō **3** (*slant*) 坡度 pōdù **4** (*ski slope*) 滑雪坡 huáxuěpō II VI ▸**to slope down** 向下倾(傾)斜 xiàngxià qīngxié ▸**on a slope** 在斜坡上 zài xiépō shàng ▸**to slope to the right/left** 向右/左倾(傾)斜 xiàng yòu/zuǒ qīngxié

sloping ['sləupɪŋ] ADJ [+ *ground, roof*] 斜的 xié de

sloppy ['slɔpɪ] ADJ **1** (*careless*) 马(馬)虎的 mǎhu de **2** (*sentimental*) 感伤(傷)的 gǎnshāng de

slot [slɔt] I N [C] **1** (*in machine*) 狭(狹)槽 xiácáo **2** (*fig: in timetable*) 时(時)段 shíduàn; (*Rad, TV*) 档期 dàngqī II VT ▸**to slot sth into sth** [+ *money, card, cassette*] 把某物放入某处(處) bǎ mǒuwù fàngrù mǒuchù III VI ▸**to slot into sth** 放入某物 fàngrù mǒuwù

▸**slot in** I VT [+ *money, card, cassette*] 把…放入 ba...fàngrù ▸**to slot sb in** 把某人安排进(進)去 bǎ mǒurén ānpái jìnqù II VI 安放 ānfàng

slot machine N [C] 投币(幣)机(機) tóubìjī [个 gè]; (*for gambling*) 吃角子老虎机(機) chījiǎozi lǎohǔjī [部 bù]

slouch [slautʃ] I VI **1** (*have poor posture*) ▸**to slouch (over sth)** 无(無)精打采地靠着(著)(某物) wú jīng dǎ cǎi de kàozhe (mǒuwù) **2** (*walk*) ▸**to slouch in/out** 没(沒)精打采地走进(進)/走出 méi jīng dǎ cǎi de zǒujìn/zǒuchū II N [S] 低头(頭)垂肩的姿态(態) dī tóu chuí jiān de zītài ▸**she was slouched in a chair** 她没(沒)精打采地坐在椅子上 tā méi jīng dǎ cǎi de zuò zài yǐzi shàng

▸**slouch around** VI 懒(懶)散地闲(閒)逛 lǎnsǎn de xiánguàng

Slovak ['sləuvæk] I ADJ 斯洛伐克的 Sīluòfákè de II N **1** [C] (*person*) 斯洛伐克人 Sīluòfákèrén **2** [U] (*language*) 斯洛伐克语(語) Sīluòfákèyǔ ▸**the Slovak Republic** 斯洛伐克共和国(國) Slovakia gònghéguó

Slovakia [sləu'vækɪə] N 斯洛伐克 Sīluòfákè

Slovakian [sləu'vækɪən] ADJ, N = **Slovak**

Slovene ['sləuvi:n] I ADJ 斯洛文尼亚(亞)的 Sīluòwénníyà de II N **1** [C] (*person*) 斯洛文尼亚(亞)人 Sīluòwénníyàrén **2** [U] (*language*) 斯洛文尼亚(亞)语(語) Sīluòwénníyàyǔ

Slovenia [sləu'vi:nɪə] N 斯洛文尼亚(亞) Sīluòwénníyà

Slovenian [sləu'vi:nɪən] ADJ, N = **Slovene**

slow [sləu] I ADJ **1** [+ *music, journey, process, speed*] 慢的 màn de; [+ *driver, swimmer, learner*] 迟(遲)钝(鈍)的 chídùn de **2** (*not clever*) [+ *person*] 愚钝(鈍)的 yúdùn de **3** (*not exciting*) [+ *place, activity*] 乏味的 fáwèi de II ADV (*inf*) 缓(緩)慢地 huǎnmàn de III VT (*also*: **slow down, slow up**) [+ *vehicle, driver, business*] 放慢 fàngmàn IV VI (*also*: **slow down, slow up**) [*vehicle, driver,*

S

business +] 减(減)速 jiǎnsù ▸ **to be slow to act/decide** 行动(動)/决(決)定迟(遲)了 xíngdòng/juédìng chí le ▸ **to be slow** [*watch* +] 慢了 màn le ▸ **my watch is 20 minutes slow** 我的表(錶)慢了20分钟(鐘) wǒde biǎo mànle èrshí fēnzhōng ▸ **business is slow** 生意清淡 shēngyì qīngdàn ▸ **I began to walk slower and slower** 我开(開)始越走越慢 wǒ kāishǐ yuè zǒu yuè màn ▸ **"slow"** (*road sign*) "缓(緩)行" "huǎnxíng"

▸**slow down** I VI (*become less active*) [*person* +] 放松(鬆) fàngsōng II VT (*make less active*) [+ *person*] 使放松(鬆) shǐ fàngsōng

slowly ['sləulɪ] ADV **1** [*walk, move* +] 慢慢地 mànmàn de **2** (*gradually*) 逐渐(漸)地 zhújiàn de

slow motion N ▸ **in slow motion** 以慢动(動)作 yǐ màn dòngzuò

slug [slʌg] N [c] **1** 鼻涕虫(蟲) bítìchóng **2** (*US; inf*) (*bullet*) 子弹(彈) zǐdàn [颗 kē]

sluggish ['slʌgɪʃ] ADJ [+ *circulation, stream*] 迟(遲)缓(緩)的 chíhuǎn de; [+ *economy, growth*] 萧条(條)的 xiāotiáo de

slum [slʌm] I N [c] (*house*) 陋室 lòushì; (*area*) 贫(貧)民窟 pínmínkū [个 gè] II VT, VI ▸ **to be slumming (it)** 过(過)贫(貧)穷(窮)的生活 guò pínqióng de shēnghuó

slump [slʌmp] I N [c] **1** (*drop*) (*in sales, demand etc*) 暴跌 bàodiē **2** (*Econ*) (*recession*) 经(經)济(濟)萧条(條) jīngjì xiāotiáo II VI **1** [*person* +] ▸ **to slump (into/onto sth)** 猛地倒(在某物里(裡)/上) měng de dǎo (zài mǒuwù lǐ/shang) **2** [*sales, demand etc* +] 暴跌 bàodiē ▸ **he was slumped over the wheel** 他猛地倒在方向盘(盤)上 tā měng de dǎo zài fāngxiàngpán shàng

slung [slʌŋ] PT, PP of **sling**

slur [slə:ʳ] I N (*insult*) ▸ **a slur (on sb/sth)** (对(對)某人/某物的)诽(誹)谤(謗) (duì mǒurén/mǒuwù de) fěibàng II VT ▸ **to slur one's speech** 说(說)话(話)含糊 shuōhuà hánhu

sly [slaɪ] ADJ [+ *smile, expression, remark*] 会(會)意的 huìyì de; [+ *person*] 狡诈(詐)的 jiǎozhà de ▸ **on the sly** (*inf*) 秘(祕)密地 mìmì de

smack [smæk] I N [c] 巴掌 bāzhǎng II VT [+ *face, person*] 掴(摑) guó; (*as punishment*) 打 dǎ III VI ▸ **to smack of sth** 带(帶)有某事的意味 dàiyǒu mǒushì de yìwèi IV ADV (*inf*) ▸ **smack in the middle** 在正中间(間) zài zhèng zhōngjiān ▸ **to smack one's lips** 咂嘴 zāzuǐ

★**small** [smɔ:l] I ADJ **1** [+ *person, object, quantity, number*] 小的 xiǎo de ▹ *the smallest church in England* 英格兰最小的教堂 Yīnggélán zuì xiǎo de jiàotáng ▹ *a small amount of money* 一小笔钱 yī xiǎo bǐ qián **2** (*young*) [+ *child*] 年幼的 niányòu de ▹ *She had two small children.* 她有两个年幼的孩子。Tā yǒu liǎng gè niányòu de háizi. **3** (*minor*) [+ *mistake, problem, change*] 微不足道的 wēi bù zú dào de ▹ *He made a lot of small mistakes.* 他犯过很多小错。Tā fànguò hěn duō xiǎo cuò. II N [c] ▸ **the small of the** or **one's back** 后(後)腰 hòuyāo ▸ **to get** or **grow smaller** [*thing* +] 变(變)小 biàn xiǎo; [*population, number* +] 变(變)少 biàn shǎo ▸ **to make sth smaller** [+ *object, garment*] 使某物变(變)小些 shǐ mǒuwù biàn xiǎo xiē ▸ **a small business/businessman** 小本生意/商人 xiǎoběn shēngyì/shāngrén ▸ **to make sb look/feel small** 使某人显(顯)得/觉(覺)得渺小 shǐ mǒurén xiǎnde/juéde miǎoxiǎo

smart [sma:t] I ADJ **1** (*esp Brit*) (*neat, tidy*) [+ *person, clothes*] 漂亮的 piàoliang de; [+ *place*] 整洁(潔)的 zhěngjié de **2** (*fashionable*) [+ *house, area, party*] 时(時)髦的 shímáo de **3** (*clever*) [+ *person, idea*] 聪(聰)明的 cōngmíng de **4** (*Mil*) [+ *bomb, weapon*] 精确(確)制(製)导(導)的 jīngquè zhìdǎo de II VI **1** (*sting*) [*eyes, wound* +] 感到刺痛 gǎndào cìtòng **2** (*feel upset*) ▸ **to smart from sth** or **over sth** 对(對)某事感到痛苦 duì mǒushì gǎndào tòngkǔ ▸ **the smart set** 时(時)髦的阔(闊)人 shímáo de kuòrén ▸ **don't get smart with me!** 别(別)对(對)我要小聪(聰)明! Bié duì wǒ shuǎ xiǎocōngming!

smart card N [c] 智能卡 zhìnéngkǎ [张 zhāng]

smarten up ['sma:tn-] I VT [+ *place*] 整理 zhěnglǐ II VI [*person* +] 打扮起来(來) dǎbàn qǐlái ▸ **to smarten o.s. up** 打扮自己 dǎbàn zìjǐ

smart phone N [c] 智能手机(機) zhìnéng shǒujī [部 bù]

smash [smæʃ] I N [c] **1** (*inf: car crash*) 撞车(車) zhuàngchē **2** (*also*: **smash hit**) (*song, play, film*) 轰(轟)动(動)的演出 hōngdòng de yǎnchū **3** (*Tennis*) 高压(壓)球 gāoyāqiú II VT **1** [+ *bottle, window etc*] 打碎 dǎsuì **2** (*beat*) [+ *record*] 打破 dǎpò **3** (*destroy*) [+ *life, hope*] 破灭(滅) pòmiè; [+ *organization, system*] 消灭(滅) xiāomiè III VI (*break*) [*bottle, window etc* +] 打碎 dǎsuì ▸ **to smash sth into/against sth** 用某物猛击(擊)某物 yòng mǒuwù měng jī mǒuwù ▸ **to smash sth (in)to pieces** or **bits** 将(將)某物击(擊)成碎片 jiāng mǒuwù jī chéng suìpiàn ▸ **to smash through sth** 撞穿某物 zhuàngchuān mǒuwù

▸**smash up** VT [+ *room, furniture, car etc*] 撞毁(毀) zhuànghuǐ

smashing ['smæʃɪŋ] (*Brit; inf*) ADJ (*wonderful*) 极好的 jí hǎo de

smear [smɪəʳ] I N [c] **1** (*mark*) 污迹(跡) wūjì **2** (*insult*) 诽(誹)谤(謗) fěibàng **3** (*Brit*) (*also*: **smear test**) 子宫(宮)颈(頸)涂(塗)片检(檢)查 zǐgōngjǐng túpiàn jiǎnchá [美 = **pap smear**] II VT **1** (*spread*) [+ *cream, ointment, paint etc*] 涂(塗)抹 túmǒ **2** (*make dirty with*) 弄脏(髒) nòngzāng **3** (*insult*) 诽(誹)谤(謗) fěibàng ▸ **his hands were smeared with oil/ink** 他的手上沾满(滿)了油/墨水 tā de shǒu shàng zhānmǎnle yóu/mòshuǐ

smell [smɛl] (*pt, pp* **smelled** *or* **smelt**) **I** N **1** [c] (*aroma, odour*) 气(氣)味 qìwèi [种 zhǒng] **2** [u] (*sense*) 嗅觉(覺) xiùjué **II** VT **1** (*notice the smell of*) 闻(聞)到 wéndào **2** (*sniff*) 嗅 xiù **3** (*have instinct for*) 察觉(覺) chájué **III** VI **1** (*have unpleasant odour*) 发(發)臭 fā chòu **2** ▸ **to smell nice/delicious/spicy** *etc* 闻(聞)起来(來)香/好吃/辣等 wén qǐlái xiāng/hǎochī/là *děng* ▸ **sense of smell** 嗅觉(覺) xiùjué ▸ **to smell of** 有…气(氣)味 yǒu…qìwèi

smelly ['smɛlɪ] (*pej*) ADJ (*not fragrant*) 难(難)闻(聞)的 nánwén de; [+ *cheese*] 气(氣)味强(強)烈的 qìwèi qiángliè de

smelt [smɛlt] **I** PT, PP *of* **smell** **II** VT [+ *ore*] 熔炼(煉) róngliàn

smile [smaɪl] **I** N [c] 微笑 wēixiào [个 gè] **II** VI ▸ **to smile (at sb)** (对(對)某人)微笑 (duì mǒurén) wēixiào **III** VT 用微笑表示 yòng wēixiào biǎoshì

smiling ['smaɪlɪŋ] ADJ [+ *face, person*] 微笑的 wēixiào de

smirk [smə:k] (*pej*) **I** N [c] 傻笑 shǎxiào **II** VI 傻笑 shǎxiào

smog [smɔg] N [u] 烟(煙)雾(霧) yānwù

smoke [sməuk] **I** N [u] 烟(煙) yān **II** VI **1** [*person* +] 吸烟(煙) xīyān **2** [*chimney* +] 冒烟(煙) màoyān **III** VT **1** [+ *cigarette, cigar, pipe*] 抽 chōu **2** [+ *fish, meat*] 熏制(製) xūnzhì ▸ **to have a smoke/go for a smoke** 抽根烟(煙)/去抽根烟(煙) chōu gēn yān/qù chōu gēn yān ▸ **to go up in smoke** [*house etc* +] 被烧(燒)光 bèi shāoguāng; (*fig*) 突然破灭(滅) tūrán pòmiè ▸ **do you smoke?** 你抽烟(煙)吗(嗎)? nǐ chōu yān ma?

smoke alarm N [c] 烟(煙)雾(霧)报(報)警器 yānwù bàojǐngqì [个 gè]

smoked [sməukt] ADJ [+ *bacon, salmon*] 熏制(製)的 xūnzhì de; [+ *glass*] 烟(煙)熏(薰)过(過)的 yān xūnguò de

smoker ['sməukəʳ] N [c] (*person*) 吸烟(煙)者 xīyānzhě [个 gè]

smoking ['sməukɪŋ] **I** N [u] 吸烟(煙) xīyān **II** ADJ [+ *area, compartment*] 吸烟(煙)的 xīyān de ▸ **"no smoking"** "禁止吸烟(煙)" "jìnzhǐ xīyān"

smoky ['sməukɪ] ADJ [+ *atmosphere, room*] 烟(煙)雾(霧)弥(瀰)漫的 yānwù mímàn de; [+ *taste*] 烟(煙)熏(薰)的 yānxūn de

smooth [smu:ð] **I** ADJ **1** (*not rough*) [+ *surface, skin*] 光滑的 guānghuá de **2** (*not lumpy*) [+ *sauce, mixture*] 无(無)颗(顆)粒的 wú kēlì de **3** (*not harsh*) [+ *flavour, whisky*] 醇和的 chúnhé de **4** (*not jerky*) [+ *movement*] 流畅(暢)的 liúchàng de **5** (*not bumpy*) [+ *landing, take-off, flight*] 平稳(穩)的 píngwěn de **6** (*successful*) [+ *transition, running, process*] 顺(順)利的 shùnlì de **7** (*pej*) [+ *man*] 圆(圓)滑的 yuánhuá de **II** VT (*also:* **smooth out, smooth down**) [+ *skirt, piece of paper etc*] 使平滑 shǐ pínghuá ▸ **to smooth the path** *or* **way (for sth)** (为(為)某事)铺(鋪)平道路 (wèi mǒushì) pūpíng dàolù

▸**smooth out** VT [+ *difficulties*] 消除 xiāochú

▸**smooth over** VT = **smooth out**

smother ['smʌðəʳ] VT **1** [+ *fire, flames*] 把…闷(悶)熄 bǎ…mènxī **2** (*suffocate*) [+ *person*] 使窒息 shǐ zhìxī **3** (*over-protect*) [+ *person*] 溺爱(愛) nì'ài **4** (*repress*) [+ *emotions*] 抑制 yìzhì ▸ **to smother sth/sb with sth** (*cover*) 用某物将(將)某物/某人覆盖(蓋) yòng mǒuwù jiāng mǒuwù/mǒurén fùgài ▸ **smothered with** *or* **in sth** 以或被某物覆盖(蓋) yǐ*huò*bèi mǒuwù fùgài

SMS N ABBR (= **short message service**) 短信息服务(務) duǎnxìnxī fúwù

smudge [smʌdʒ] **I** N [c] 污迹(跡) wūjì **II** VT 弄脏(髒) nòngzāng

smug [smʌg] (*pej*) ADJ [+ *person, expression*] 沾沾自喜的 zhānzhān zì xǐ de

smuggle ['smʌgl] VT [+ *goods, drugs, refugees*] 走私 zǒusī ▸ **to smuggle sth in/out** 走私进(進)口/出口某物 zǒusī jìnkǒu/chūkǒu mǒuwù

smuggler ['smʌgləʳ] N [c] 走私者 zǒusīzhě [个 gè]

smuggling ['smʌglɪŋ] N [u] 走私 zǒusī

snack [snæk] **I** N [c] 小吃 xiǎochī [份 fèn] **II** VI 吃零食 chī língshí ▸ **to have a snack** 吃点(點)零食 chī diǎn língshí

snack bar N [c] 小吃部 xiǎochībù [个 gè]

snag [snæg] **I** N [c] (*problem*) 麻烦(煩) máfan **II** VT [+ *clothes*] 钩(鉤)破 gōupò

snail [sneɪl] N [c] 蜗(蝸)牛 wōniú [只 zhī] ▸ **at a snail's pace** 极(極)慢地 jí màn de

snake [sneɪk] **I** N [c] 蛇 shé [条 tiáo] **II** VI (*liter*) ▸ **to snake (through sth)** 蜿蜒(穿过(過)某物) wānyán (chuānguò mǒuwù)

snap [snæp] **I** N **1** [s] (*sound*) 劈啪声(聲) pīpāshēng **2** [c] (*inf: photograph*) 照片 zhàopiàn **II** ADJ [+ *decision, judgement*] 仓(倉)促的 cāngcù de **III** VT **1** [+ *rope, stick etc*] 把…啪地拉断(斷) bǎ…pāde lāduàn **2** (*inf: photograph*) 给(給)…拍照 gěi…pāizhào **IV** VI **1** [*rope, stick* +] 啪地绷(繃)断(斷) pāde bēngduàn **2** (*fig: lose control*) 崩溃(潰) bēngkuì ▸ **a cold snap** 寒潮 háncháo ▸ **to snap one's fingers** (*lit*) 打响(響)指 dǎ xiǎngzhǐ; (*fig*) 轻(輕)而易举(舉) qīng ér yì jǔ ▷ *I can get anything I want just by snapping my fingers.* 我可以轻而易举地得到任何想要的东西。Wǒ kěyǐ qīng ér yì jǔ de dédào rènhé xiǎng yào de dōngxi. ▸ **to snap open/shut** [*trap, jaws, bag etc* +] 啪地一声(聲)打开(開)/合上 pā de yī shēng dǎkāi/héshàng

▸**snap at** VT FUS **1** [*dog* +] 一下咬住 yīxià yǎozhù **2** [*person* +] 厉(厲)声(聲)对(對)…说(說) lìshēng duì…shuō

▸**snap off** **I** VT 折断(斷) zhéduàn **II** VI 断(斷)掉 duàndiào

S

▸**snap out of** VT FUS ▸**to snap out of sth** 很快摆(擺)脱(脫)某心境 hěnkuài bǎituō mǒu xīnjìng ▸**to snap out of it** 摆(擺)脱(脫)沮丧(喪)的情绪(緒) bǎituō jùsàng de qíngxù
▸**snap up** VT [+ *bargain*] 抢(搶)购(購) qiǎnggòu

snapshot ['snæpʃɔt] N [c] **1** (*photo*) 快照 kuàizhào [张 zhāng] **2** (*impression*) 简(簡)单(單)印象 jiǎndān yìnxiàng

snarl [snɑːl] **I** VI [*animal* +] 嗥叫 háojiào **II** VT [*person* +] 咆哮道 páoxiào dào **III** N [c] [*of animal*] 嗥叫 háojiào
▸**snarl up** VT [+ *plan etc*] 搅(攪)乱(亂) jiǎoluàn

snatch [snætʃ] **I** N [c] [*of conversation, song etc*] 片段 piànduàn **II** VT **1** (*grab*) 抢(搶)夺(奪) qiǎngduó **2** (*seize*) [+ *child, hostage*] 劫 jié **3** (*steal*) [+ *handbag*] 抢(搶)走 qiǎngzǒu **4** (*take*) [+ *opportunity, look, time etc*] 抓住 zhuāzhù **III** VI ▸**don't snatch!** 别(別)抢(搶)! bié qiǎng! ▸**to snatch a sandwich** 抓紧(緊)时(時)间(間)吃个(個)三明治 zhuājǐn shíjiān chī gè sānmíngzhì ▸**to snatch some sleep** 抓紧(緊)时(時)间(間)睡会(會)儿(兒)觉(覺) zhuājǐn shíjiān shuì huìr jiào
▸**snatch up** VT 一把抓住 yī bǎ zhuāzhù

sneak [sniːk] (*pt, pp* (*US*) *also* **snuck**) **I** VI ▸**to sneak in/out** 偷偷溜进(進)/出 tōutōu liūjìn/chū **II** VT ▸**to sneak a look at sth** 偷看一眼某物 tōukàn yī yǎn mǒuwù ▸**to sneak sb/sth into a place** 将(將)某人/某物偷带(帶)进(進)一个(個)地方 jiāng mǒurén/mǒuwù tōu dàijìn yī gè dìfang **III** N [c] (*inf: telltale*) 告密者 gàomìzhě [个 gè]
▸**sneak up** VI ▸**to sneak up on sb** 悄悄地接近某人 qiāoqiāo de jiējìn mǒurén

sneakers ['sniːkəz] (*US*) N PL 胶(膠)底运(運)动(動)鞋 jiāodǐ yùndòngxié [双 shuāng] [英 = **trainers**]

sneaky ['sniːkɪ] (*inf*) ADJ [+ *person, action*] 鬼鬼祟祟的 guǐguǐ-suìsuì de

sneer [snɪəʳ] **I** VI 讥(譏)笑 jīxiào **II** N [c] 嘲讽(諷) cháofěng ▸**to sneer at sb/sth** (*mock*) 嘲笑某人/某事 cháoxiào mǒurén/mǒushì

sneeze [sniːz] **I** VI 打喷(噴)嚏 dǎ pēntì **II** N [c] (噴)喷嚏 pēntì [个 gè] ▸**it's not to be sneezed at** (*inf*) 这(這)可不应(應)被轻(輕)视(視) zhè kě bù yīng bèi qīngshì

sniff [snɪf] **I** N [c] **1** (*from cold, crying*) 抽鼻子 chōu bízi; (*disapproving*) 嗤之以鼻 chīzhīyǐbí **II** VI 抽鼻子 chōu bízi **III** VT [+ *perfume, air*] 嗅 xiù; [+ *glue*] 吸入 xīrù ▸**to take a sniff of sth** (*smell*) 闻(聞)一下某物 wén yīxià mǒuwù
▸**sniff out I** VT **1** [+ *drugs etc*] 嗅出 xiùchū **2** (*inf*) [+ *scandal, bargain*] 找出 zhǎochū

snigger ['snɪgəʳ] VI 窃(竊)笑 qièxiào

snip [snɪp] **I** VT 剪断(斷) jiǎnduàn **II** VI ▸**to snip at sth** 剪某物 jiǎn mǒuwù **III** N **1** [c] 剪 jiǎn **2** [s] (*Brit; inf*) (*bargain*) 便宜货(貨) piányihuò

sniper ['snaɪpəʳ] N [c] 狙击(擊)手 jūjīshǒu [个 gè]

snob [snɔb] (*pej*) N [c] 势(勢)利小人 shìlì xiǎorén [个 gè]

snooker ['snuːkəʳ] **I** N [U] (*Sport*) 英式台(臺)球 yīngshì táiqiú **II** VT (*Brit; inf*) ▸**to be snookered** 处(處)于(於)困境 chǔyú kùnjìng

snoop [snuːp] VI ▸**to snoop around** 到处(處)窥(窺)探 dàochù kuītàn ▸**to snoop on sb** 窥(窺)探某人 kuītàn mǒurén

snooze [snuːz] (*inf*) **I** N [c] 小睡 xiǎoshuì **II** VI 打盹 dǎdǔn ▸**to have a snooze** 打个(個)盹 dǎ gè dǔn

snore [snɔːʳ] **I** VI 打鼾 dǎhān **II** N [c] 鼾声(聲) hānshēng [阵 zhèn]

snorkel ['snɔːkl] **I** N [c] 潜(潛)水通气(氣)管 qiánshuǐ tōngqìguǎn [根 gēn] **II** VI 戴潜(潛)水通气(氣)管潜(潛)泳 dài qiánshuǐ tōngqìguǎn qiányǒng ▸**to go snorkelling** 去潜(潛)泳 qù qiányǒng

snort [snɔːt] **I** N [c] [*of person*] 哼的一声(聲) hēngde yī shēng; [*of animal*] 喷(噴)鼻息的声(聲)音 pēn bíxī de shēngyīn **II** VI [*person* +] 哼一声(聲) hēng yī shēng; [*animal* +] 喷(噴)鼻息 pēn bíxī **III** VT (*inf*) [+ *cocaine*] 从(從)鼻孔吸入 cóng bíkǒng xīrù

snow [snəu] **I** N [U] 雪 xuě **II** VI 下雪 xiàxuě **III** VT ▸**to be snowed under with work** (*inf*) 忙得不可开(開)交 mángde bù kě kāi jiāo ▸**it's snowing** 下雪了 xiàxuě le

snowball ['snəubɔːl] **I** N [c] 雪球 xuěqiú [个 gè] **II** VI [*problem, campaign* +] 滚(滾)雪球般地扩(擴)大 gǔn xuěqiú bān de kuòdà

snowboard ['snəubɔːd] **I** N [c] 滑雪板 huáxuěbǎn [个 gè] **II** VI 用滑雪板滑雪 yòng huáxuěbǎn huáxuě ▸**to go snowboarding** 去滑滑雪板 qù huá huáxuěbǎn

snowboarding ['snəubɔːdɪŋ] N [U] 滑雪板运(運)动(動) huáxuěbǎn yùndòng; *see also* **snowboard**

snowflake ['snəufleɪk] N [c] 雪花 xuěhuā [朵 duǒ]

snowman ['snəumæn] N [c] 雪人 xuěrén [个 gè] ▸**to build a snowman** 做雪人 zuò xuěrén

snub [snʌb] **I** VT [+ *person*] 怠慢 dàimàn **II** N [c] 怠慢 dàimàn

snuck [snʌk] (*US*) PT, PP *of* **sneak**

snug [snʌg] ADJ **1** [+ *place*] 温(溫)暖舒适(適)的 wēnnuǎn shūshì de; [+ *person*] 安适(適)的 ānshì de **2** (*well-fitting*) [+ *garment*] 紧(緊)身的 jǐnshēn de ▸**a snug fit** 合体(體) hétǐ

KEYWORD

★ **so** [səu] **I** ADV **1** (*thus, likewise*) 这(這)样(樣) zhèyàng ▸**they do so because...** 他们(們)这(這)样(樣)做是因为(為)… tāmen zhèyàng zuò shì yīnwéi... ▸**if you don't want to go, say so** 如果你不想去，就说(說)你不想去 rúguǒ nǐ bùxiǎng qù, jiù shuō nǐ bùxiǎng qù ▸**if so** 如果这(這)样(樣) rúguǒ zhèyàng

▸ **"it's five o'clock" — "so it is!"** "5点(點)了。" "的确(確)是！" "wǔdiǎn le."díquè shì!" ▸ **I hope/think so** 我希望/认(認)为(為)如此 wǒ xīwàng/rènwéi rúcǐ ▸ **so far** (*up to now*) 迄今为(為)止 qìjīn wéizhǐ; (*up to then*) 到那时(時)为(為)止 dào nàshí wéizhǐ ▸ **and so on** 等等 děngděng
2 (*also*) ▸ **so do I/so am I** 我也一样(樣) wǒ yě yīyàng
3 (*in comparisons: to such a degree*) 如此 rúcǐ ▸ **so quickly/big (that)** 如此快/大(以至于(於)) rúcǐ kuài/dà(yǐzhì yú) ▸ **not so clever (as)** 不(如…)那么(麼)聪(聰)明 bù(rú…)nàme cōngmíng
4 (*very*) 非常 fēicháng ▸ **we were so worried** 我们(們)非常担(擔)心 wǒmen fēicháng dānxīn ▸ **so much** 那么(麼)多 nàme duō ▸ **there's so much work to do** 有那么(麼)多工作要做 yǒu nàme duō gōngzuò yào zuò ▸ **I love you so much** 我非常爱(愛)你 wǒ fēicháng ài nǐ ▸ **so many** 那么(麼)多 nàme duō ▸ **I've got so many things to do** 我有那么(麼)多事情要做 wǒ yǒu nàme duō shìqing yào zuò
5 (*linking events*) 于(於)是 yúshì ▸ **so I was right after all** 那终(終)究我是对(對)的 nà zhōngjiū wǒ shì duìde ▸ **so how was your day?** 那你今天过(過)得怎么(麼)样(樣)？ Nà nǐ jīntiān guò de zěnmeyàng?
6 (*inf*) ▸ **so (what)?** 那又怎么(麼)样(樣)？ nà yòu zěnmeyàng?
7 (*in approximations*) ▸ **ten or so** 10个(個)左右 shí gè zuǒyòu
8 (*inf*) ▸ **so long!** 再见(見)！ zàijiàn!
II CONJ **1** (*expressing purpose*) ▸ **so (that)** 为(為)的是 wèi de shì ▸ **I brought it so (that) you could see it** 我带(帶)过(過)来(來)给(給)你看 wǒ dàiguòlái gěi nǐ kàn ▸ **so as to** 以便 yǐbiàn
2 (*expressing result*) 因此 yīncǐ ▸ **he didn't come so I left** 他没(沒)来(來)，因此我走了 tā méilái, yīncǐ wǒ zǒu le

soak [səuk] **I** VT **1** (*drench*) 使湿(濕)透 shǐ shītòu **2** (*leave in water*) 浸泡 jìnpào **II** VI **1** [*dirty washing, dishes* +] 浸泡 jìnpào **2** [*person* +] (*in bath*) 泡一泡 pàoyipào ▸ **to soak through sth** 浸透某物 jìntòu mǒuwù ▸ **to have a soak** (*in bath*) 泡一泡 pàoyipào
▸**soak in** VI [*liquid* +] 吸收 xīshōu
▸**soak up** VT [+ *liquid*] 吸收 xīshōu

soaked [səukt] ADJ (*also*: **soaked through**) [+ *person, clothes*] 湿(濕)透的 shītòu de

soaking ['səukɪŋ] ADJ (*also*: **soaking wet**) [+ *person*] 湿(濕)透的 shītòu de; [+ *clothes*] 湿(濕)淋淋的 shīlínlín de

so-and-so ['səuənsəu] (*inf*) N [C] (*somebody*) 某某人 mǒumǒurén; (*something*) 某某事 mǒumoushì ▸ **Mr/Mrs So-and-so** 某某先生/太太 mǒumǒu xiānsheng/tàitai ▸ **the little so-and-so!** (*pej*) 讨(討)厌(厭)的家伙！ Tǎoyàn de jiāhuǒ!

soap [səup] N [C/U] **1** 肥皂 féizào [块 kuài] **2** = **soap opera**

soap opera N [C] 肥皂剧(劇) féizào jù [部 bù]

soap powder N [C/U] 皂粉 zàofěn

soar [sɔːʳ] VI **1** [*bird* +] 翱翔 áoxiáng; [*aircraft* +] 升入 shēngrù **2** [*temperature, price* +] 骤(驟)升 zhòushēng **3** [*building, tree etc* +] 高耸(聳) gāosǒng

sob [sɔb] **I** N [C] 啜泣 chuòqì **II** VI 啜泣 chuòqì

sober ['səubəʳ] ADJ **1** 未醉的 wèizuìde **2** (*serious*) [+ *person*] 郑(鄭)重的 zhèngzhòng de; [+ *attitude*] 清醒的 qīngxǐng de **3** [+ *colours, clothes*] 素净(淨)的 sùjìng de ▸ **to stay sober** 保持清醒 bǎochí qīngxǐng
▸**sober up** **I** VI 清醒起来(來) qīngxǐng qǐlái **II** VT 使醒酒 shǐ xǐngjiǔ

so-called ['səu'kɔːld] ADJ **1** (*before name, title*) 号(號)称(稱)的 hàochēng de **2** (*falsely named*) 所谓(謂)的 suǒwèi de

soccer ['sɔkəʳ] N [U] 足球 zúqiú [英 = **football**]

sociable ['səuʃəbl] ADJ 好交际(際)的 hào jiāojì de

★**social** ['səuʃl] **I** ADJ **1** [+ *problems, injustice, change, structure*] 社会(會)的 shèhuì de **2** [+ *event, function*] 社交的 shèjiāo de ▹ *We ought to organize more social events.* 我们应该组织更多的社交活动。Wǒmen yīnggāi zǔzhī gēng duō de shèjiāo huódòng. **3** [+ *animals, insects*] 群居的 qúnjū de **II** N [C] (*o.f.*) 社交聚会(會) shèjiāo jùhuì

socialism ['səuʃəlɪzəm] N [U] 社会(會)主义(義) shèhuì zhǔyì

socialist ['səuʃəlɪst] **I** ADJ [+ *party, state*] 社会(會)主义(義)的 shèhuì zhǔyì de **II** N [C] 社会(會)主义(義)者 shèhuì zhǔyìzhě [位 wèi]

socialize ['səuʃəlaɪz] VI 参(參)加社交 cānjiā shèjiāo ▸ **to socialize with** 与(與)…交往 yǔ…jiāowǎng

social life N [C] 社交生活 shèjiāo shēnghuó

socially ['səuʃəlɪ] ADV [*meet, know* +] 社会(會)上 shèhuì shàng ▸ **socially acceptable** 社会(會)上可以接受的 shèhuì shàng kěyǐ jiēshòu de ▸ **socially deprived/disadvantaged** 在全社会(會)中贫(貧)困的/处(處)于(於)社会(會)不利地位的 zài quán shèhuì zhōng pínkùn de/chǔyú shèhuì bùlì dìwèi de

social security (*Brit*) N [U] (*payment*) 社会(會)保障 shèhuì bǎozhàng [美 = **welfare**] ▸ **Department of Social Security** 社会(會)保障部 shèhuì bǎozhàngbù ▸ **to be on social security** 靠社会(會)救济(濟)金为(為)生的 kào shèhuì jiùjìjīn wéi shēng de [美 = **to be on welfare**]

social services N PL 社会(會)福利事业(業) shèhuì fúlì shìyè

social work N [U] 社会(會)福利工作 shèhuì

S

fúlì gōngzuò

social worker N [c] 社会(會)福利工作者 shèhuì fúlì gōngzuòzhě [位 wèi]

★ **society** [sə'saɪətɪ] I N **1** [U] *(people in general)* 社会(會) shèhuì ▷ *Women must have equal status in society.* 妇女在社会上必须有平等的地位。 Fùnǚ zài shèhuì shàng bìxū yǒu píngděng de dìwèi. **2** [c/U] *(community)* 社会(會) shèhuì ▷ *a multi-racial society* 多种族社会 duō zhǒngzú shèhuì **3** [c] *(club)* 社团(團) shètuán ▷ *the local film society* 当地影视协会 dāngdì yǐngshì xiéhuì II CPD [+ *wedding*] 社交界 shèjiāojiè

sociology [səusɪ'ɔlədʒɪ] N [U] 社会(會)学(學) shèhuìxué

sock [sɔk] I N [c] 袜(襪)子 wàzi [双 shuāng] II VT *(inf)* ▸ **to sock sb in the mouth/on the jaw** 猛击(擊)某人的嘴巴/下巴 měngjī mǒurén de zuǐba/xiàba ▸ **to pull one's socks up** *(fig)* 加紧(緊)努力 jiājǐn nǔlì

socket ['sɔkɪt] N [c] **1** *(Brit: Elec)* 插座 chāzuò [个 gè] [美 = **outlet**] **2** *(also:* **eye socket***)* 眼窝(窩) yǎnwō; *(also:* **hip socket** *etc)* 髋(髖)关(關)节(節)等 kuānguānjié *děng*

soda ['səudə] N [U] **1** *(also:* **soda water***)* 苏(蘇)打水 sūdá shuǐ **2** *(US) (also:* **soda pop***)* 汽水 qìshuǐ

sodium ['səudɪəm] N [U] 钠(鈉) nà

sofa ['səufə] N [c] 沙发(發) shāfā [个 gè]

sofa bed N [c] 沙发(發)床 shāfā chuáng [张 zhāng]

soft [sɔft] ADJ **1** [+ *towel*] 松(鬆)软(軟)的 sōngruǎn de; [+ *skin*] 柔软(軟)的 róuruǎn de **2** [+ *bed, paste*] 柔软(軟)的 róuruǎn de **3** [+ *voice, music*] 轻(輕)柔的 qīngróu de **4** [+ *light, colour*] 柔和的 róuhé de **5** *(lenient)* 温(溫)和的 wēnhé de ▸ **to have a soft spot for sb** 对(對)某人有好感 duì mǒurén yǒu hǎogǎn ▸ **to be soft on sb** 对(對)某人宽(寬)厚 duì mǒurén kuānhòu

soft drink N [c] 软(軟)性饮(飲)料 ruǎnxìng yǐnliào [瓶 píng]

soft drugs N PL 软(軟)毒品 ruǎn dúpǐn

soften ['sɔfn] I VT **1** [+ *food*] 使变(變)软(軟) shǐ biànruǎn **2** [+ *impact, blow*] 使缓(緩)和 shǐ huǎnhé **3** [+ *position, attitude*] 使软(軟)化 shǐ ruǎnhuà **4** [+ *voice, expression*] 使柔和 shǐ róuhé II VI **1** *(also:* **soften up***)* [*food, material* +] 变(變)软(軟) biàn ruǎn **2** [+ *position, attitude*] 变(變)缓(緩)和 biàn huǎnhé **3** [*voice, expression* +] 变(變)温(溫)和 biǎn wēnhé

▸ **soften up** I VT *(fig)* [+ *person*] 使软(軟)化 shǐ ruǎnhuà II VI [*food, material* +] 变(變)软(軟) biàn ruǎn

softly ['sɔftlɪ] ADV **1** *(gently)* 轻(輕)轻(輕)地 qīngqīng de **2** *(quietly)* 温(溫)柔地 wēnróu de

softness ['sɔftnɪs] N [U] [*of hair, skin*] 柔性 róuxìng

software ['sɔftwɛə^r] N [U] 软(軟)件 ruǎnjiàn

soggy ['sɔgɪ] ADJ [+ *food*] 水份太多的 shuǐfèn tàiduō de; [+ *clothes*] 湿(濕)透的 shītòu de ▸ **to go soggy** 受潮 shòucháo

soil [sɔɪl] I N **1** [c/U] *(earth)* 土壤 tǔrǎng [种 zhǒng] **2** [U] *(territory)* 领(領)土 lǐngtǔ II VT *(make dirty)* 弄脏(髒) nòngzāng

solar ['səulə^r] ADJ 太阳(陽)的 tàiyáng de

solar power N [U] 太阳(陽)能 tàiyáng néng

solar system N [c] 太阳(陽)系 tàiyáng xì

sold [səuld] PT, PP *of* **sell**

soldier ['səuldʒə^r] N [c] 士兵 shìbīng [位 wèi]

▸ **soldier on** VI 顽(頑)强(強)地坚(堅)持下去 wánqiáng de jiānchí xiàqù

sold out ADJ [+ *tickets*] 卖(賣)光的 maìguāng de; [+ *concert, show*] 客满(滿)的 kèmǎn de ▸ **to be sold out of sth** 某物全部卖(賣)光了 mǒuwù quánbù màiguāng le

sole [səul] I N **1** [c] [*of foot, shoe*] 底 dǐ [个 gè] **2** [c/U] *(pl* **sole***)* *(fish)* 鳎(鰨)鱼(魚) tǎyú II ADJ **1** *(only)* [+ *aim, purpose, reason*] 唯一的 wéiyī de **2** *(exclusive)* [+ *ownership, responsibility*] 专(專)有的 zhuānyǒu de

solely ['səullɪ] ADV 惟一地 wéiyī de ▸ **I will hold you solely responsible** 我要你个(個)人负(負)责(責) wǒ yào nǐ gèrén fùzé

solemn ['sɔləm] ADJ **1** [+ *person, expression*] 一本正经(經)的 yī běn zhèngjīng de **2** [+ *music*] 庄(莊)严(嚴)的 zhuāngyán de **3** [+ *promise, agreement*] 郑(鄭)重的 zhèngzhòng de

solicitor [sə'lɪsɪtə^r] *(Brit)* N [c] 律师(師) lǜshī [位 wèi]

solid ['sɔlɪd] I ADJ **1** *(not soft)* 坚(堅)实(實)的 jiānshí de **2** *(without gaps)* 紧(緊)密的 jǐnmì de **3** *(not liquid)* 固体(體)的 gùtǐ de **4** *(reliable)* [+ *person*] 可信赖(賴)的 kě xìnlài de; [+ *advice, experience*] 确(確)实(實)的 quèshí de; [+ *evidence, information*] 有根据(據)的 yǒu gēnjù de **5** *(strong)* [+ *structure*] 牢固的 láogù de **6** *(unbroken)* [+ *months, years*] 整整的 zhěngzhěng de **7** *(pure)* [+ *gold, oak*] 纯(純)质(質)的 chúnzhì de II ADV ▸ **I read for 2 hours solid** 我阅(閱)读(讀)了整整两(兩)个(個)小时(時) wǒ yuèdúle zhěngzhěng liǎng gè xiǎoshí III N [c] 固体(體) gùtǐ IV **solids** N PL *(food)* 非流食 fēi líushí

solidarity [sɔlɪ'dærɪtɪ] N [U] 团(團)结(結)一致 tuánjié yīzhì ▸ **to show solidarity (with sb)** 显(顯)示(同某人)站在一起 xiǎnshì (tóng mǒurén) zhàn zài yīqǐ

solitary ['sɔlɪtərɪ] ADJ **1** [+ *person, animal, life*] 孤僻的 gūpì de **2** [+ *activity*] 单(單)独(獨)的 dāndú de **3** *(single)* 无(無)伴的 wúbàn de

solitude ['sɔlɪtju:d] N [U] 独(獨)处(處) dúchǔ ▸ **to live in solitude** 离(離)群索居 lí qún suǒ jū

solo ['səuləu] I N [c] *(piece of music)* 独(獨)奏 dúzòu; *(song)* 独(獨)唱 dúchàng; *(dance)* 独(獨)舞 dúwǔ [段 duàn] II ADJ *(flight, album, career)* 单(單)独(獨)的 dāndú de III ADV [*fly, play, perform* +] 单(單)独(獨)地 dāndú de

soloist ['səuləuɪst] N [c] (*instrumentalist*) 独(獨)奏演员(員) dúzòu yǎnyuán; (*singer*) 独(獨)唱演员(員) dúchàng yǎnyuán [位 wèi]
soluble ['sɔljubl] ADJ 可溶的 kěróng de
solution [sə'luːʃən] N [c] **1** (*to problem*) 解决(決)方案 jiějué fāng'àn [个 gè] **2** (*to crossword, riddle*) 答案 dá'àn **3** (*liquid*) 溶液 róngyè
solve [sɔlv] VT **1** [+ *mystery, case*] 破解 pòjiě **2** [+ *problem*] 解决(決) jiějué **3** [+ *puzzle, riddle*] 解答 jiědá
solvent ['sɔlvənt] **I** ADJ (*Comm*) 有偿(償)付能力的 yǒu chángfù nénglì de **II** N [c/u] (*Chem*) 溶剂(劑) róngjì
Somali [sə'mɑːlɪ] **I** ADJ 索马(馬)里的 Suǒmǎlǐ de **II** N [c] (*person*) 索马(馬)里人 Suǒmǎlǐrén
Somalia [sə'mɑːlɪə] N 索马(馬)里 Suǒmǎlǐ
sombre, (*US*) **somber** ['sɔmbəʳ] ADJ **1** [+ *colour, place*] 暗淡的 àndàn de **2** [+ *person, mood, expression*] 忧(憂)郁(鬱)的 yōuyù de

KEYWORD

★ **some** **I** ADJ **1** (*a little, a few*) 一些 yīxiē ▸ **some milk/books** 一些牛奶/书(書) yīxiē niúnǎi/shū ▸ **would you like some wine?** 你来(來)点(點)葡萄酒吗(嗎)？ nǐ lái diǎn pútáojiǔ ma? ▸ **we've got some time but not much** 我们(們)还(還)有些时(時)间(間)，但不太多了 wǒmen hái yǒu xiē shíjiān, dàn bù tài duō le ▸ **there must be some steps we can take** 我们(們)一定能采(採)取些什么(麼)措施 wǒmen yīdìng néng cǎiqǔ xiē shénme cuòshī
2 (*certain, in contrasts*) 某些 mǒuxiē ▸ **some people say that...** 有些人说(說)… yǒuxiē rén shuō... ▸ **some people hate fish, while others love it** 有些人讨(討)厌(厭)鱼(魚)，而有些人喜欢(歡) yǒuxiē rén tǎoyàn yú, ér yǒuxiē rén xǐhuān
3 (*unspecified*) ▸ **some (or other)** 某一 mǒuyī ▸ **he was asking for some book (or other)** 他要某本书(書) tā yào mǒu běn shū ▸ **some woman was asking for you** 有位女士找你 yǒu wèi nǚshì zhǎo nǐ ▸ **some day** 某天 mǒu tiān ▸ **we'll meet again some day** 有一天我们(們)会(會)再见(見)面的 yǒu yī tiān wǒmen huì zài jiànmiàn de ▸ **shall we meet some day next week?** 我们(們)在下个(個)星期的某天见(見)面好吗(嗎)？ wǒmen zài xià gè xīngqī de mǒu tiān jiànmiàn hǎo ma?
4 (*considerable*) 相当(當)的 xiāngdāng de
5 (*inf: emphatic*) 了不得的 liǎobudé de ▸ **that was some party!** 那个(個)聚会(會)好棒！ Nàge jùhuì hǎo bàng!
II PRON (*a certain amount, certain number*) 一些 yīxiē ▸ **I've got some** 我有一些 wǒ yǒu yīxiē ▸ **there was/were some left** 还(還)剩下一些 hái shèngxià yīxiē ▸ **some of it/them** 它的一部分/他们(們)中的一些 tāde yī bùfen/tāmen zhōng de yīxiē ▸ **some of the play was good** 戏(戲)剧(劇)中的某些部分是好的 xìjù zhōng de mǒuxiē bùfen shì hǎo de ▸ **could I have some of that cheese?** 给(給)我点(點)儿(兒)那种(種)奶酪好吗(嗎)？ gěi wǒ diǎnr nàzhǒng nǎilào hǎo ma? ▸ **I've read some of the book** 那本书(書)我读(讀)了一些 nà běn shū wǒ dúle yīxiē
III ADV **1** (*approximately*) ▸ **some 10 people** 大约(約)10人 dàyuē shí rén
2 (*US*) (*to a degree*) 一点(點)儿(兒) yīdiǎnr ▸ **we can walk some** 我们(們)可以走一走 wǒmen kěyǐ zǒuyizǒu

somebody ['sʌmbədɪ] PRON = **someone**
somehow ['sʌmhau] ADV (*in some way*) 不知怎样(樣)地 bùzhī zěnyàng de
someone ['sʌmwʌn] PRON 某人 mǒurén ▸ **there's someone coming** 有人来(來)了 yǒu rén lái le ▸ **I saw someone in the garden** 我看见(見)花园(園)里(裡)有人 wǒ kànjiàn huāyuán lǐ yǒu rén ▸ **someone else** 别(別)人 biérén
someplace ['sʌmpleɪs] (*US*) ADV = **somewhere**
★ **something** ['sʌmθɪŋ] PRON 某事物 mǒu shìwù ▸ **let's do something nice for your birthday** 咱(偺)们(們)得好好过(過)过(過)你的生日 zánmen děi hǎohǎo guòguo nǐ de shēngrì ▸ **there was obviously something wrong** 显(顯)然有些事情不对(對)劲(勁) xiǎnrán yǒu xiē shìqing bù duìjìn ▸ **something to do** 有事要做 yǒu shì yào zuò ▸ **something else** 其他事情 qítā shìqing ▸ **would you like a sandwich or something?** 你要来(來)点(點)三明治或其他什么(麼)东(東)西吗(嗎)？ nǐ yào lái diǎn sānmíngzhì huò qítā shénme dōngxi ma? ▸ **it's something of a mystery** 这(這)是件神秘(祕)的事 zhè shì jiàn shénmì de shì ▸ **they make up something like two-thirds of the population** 他们(們)占(佔)了差不多三分之二的人口 tāmen zhànle chàbùduō sānfēnzhī èr de rénkǒu
sometime ['sʌmtaɪm] ADV 某个(個)时(時)候 mǒugè shíhòu

> 请勿将 **sometimes** 和 **sometime** 混淆。**sometimes** 表示某事物只发生在某些时候，而不是总是发生。*Do you visit your sister? — Sometimes...Sometimes I wish I still lived in Australia.* **sometimes** 还可以表示某事物发生在特定情况下，而不是在任何情况下都会发生。*Sometimes they stay for a week, sometimes just for the weekend.* **sometime** 表示未来或过去某个不确定或未指明的时间。*Can I come and see you sometime? ...He started his new job sometime last month.*

sometimes ['sʌmtaɪmz] ADV 有时(時) yǒushí
用法参见 **sometime**
somewhat ['sʌmwɔt] ADV 有点(點) yǒudiǎn ▸ **somewhat to my surprise** 让(讓)我有

S

点(點)奇怪的是 ràng wǒ yǒudiǎn qíguài de shì

somewhere ['sʌmwɛəʳ] ADV (*place*) 在某处(處) zài mǒuchù ▸ **I need somewhere to live** 我需要找个(個)地方住 wǒ xūyào zhǎogè dìfang zhù ▸ **I must have lost it somewhere** 我一定把它丢(丟)在哪儿(兒)了 wǒ yīdìng bǎ bā diūzài nǎr le ▸ **it's somewhere in Italy** 这(這)是意大利的某个(個)地方 zhè shì Yìdàlì de mǒu gè dìfāng ▸ **let's go somewhere quiet** 我们(們)去个(個)安静(靜)的地方吧 wǒmen qù gè ānjìng de dìfang ba ▸ **somewhere else** 别(別)的地方 biéde dìfang ▸ **to be getting somewhere** (*making progress*) 有些进(進)展 yǒuxiē jìnzhǎn ▸ **he's somewhere between 65 and 70** 他的年纪(紀)大约(約)在65至70之间(間) tā de niánjì dàyuē zài liùshí wǔ zhì qīshí zhījiān

★ **son** [sʌn] N [c] 儿(兒)子 érzi [个 gè]

song [sɔŋ] N **1** [c] 歌曲 gēqǔ [首 shǒu] **2** [c] [*of bird*] 鸣(鳴)叫 míngjiào **3** [U] (*singing*) 唱歌 chànggē ▸ **to be on song** (*Brit*) [*sportsperson* +] 处(處)于(於)良好竞(競)技状(狀)态(態) chǔyú liánghǎo jìngjì zhuàngtài

son-in-law ['sʌnɪnlɔː] (*pl* **sons-in-law**) N [c] 女婿 nǚxu [个 gè]

★ **soon** [suːn] ADV **1** (*in a short time*) 不久 bùjiǔ ▹ *It will soon be Christmas.* 不久圣诞节就要到了。Bùjiǔ Shèngdàn Jié jiù yào dào le. **2** (*a short time later*) 很快 hěn kuài ▹ *I soon forgot about our conversation.* 我很快就忘了我们的谈话内容。Wǒ hěn kuài jiù wàngle wǒmen de tánhuà nèiróng. **3** (*early*) 早 zǎo ▹ *It's too soon to talk about leaving.* 谈离开的事还太早。Tán líkāi de shì hái tài zǎo. ▸ **soon afterwards** 不久后(後) bùjiǔ hòu ▸ **as soon as** 一…就… yī…jiù… ▸ **quite soon** 很快 hěn kuài ▸ **how soon?** 多快？ duō kuài? ▸ **see you soon!** 再见(見)！ zàijiàn!

sooner ['suːnəʳ] ADV ▸ **I would sooner...** 我宁(寧)愿(願)… wǒ nìngyuàn... ▸ **sooner or later** 迟(遲)早 chízǎo ▸ **the sooner the better** 越快越好 yuè kuài yuè hǎo ▸ **no sooner said than done** 说(說)到做到 shuō dào zuò dào ▸ **no sooner had we left than...** 我们(們)一离(離)开(開)就… wǒmen yī líkāi jiù...

soothe [suːð] VT **1** [+ *person, animal*] 使…平静(靜) shǐ...píngjìng **2** [+ *pain*] 使…缓(緩)和 shǐ...huǎnhé

soothing ['suːðɪŋ] ADJ **1** [+ *ointment*] 镇(鎮)痛的 zhèntòng de **2** [+ *words, manner*] 令人安慰的 lìng rén ānwèi de **3** [+ *music, bath*] 令人心旷(曠)神怡的 lìng rén xīn kuàng shén yí de

sophisticated [sə'fɪstɪkeɪtɪd] ADJ **1** [+ *person*] 老于(於)世故的 lǎoyú shìgù de; [+ *lifestyle, taste*] 高雅时(時)髦的 gāoyǎ shímáo de **2** [+ *machinery, system*] 精密的 jīngmì de

sophomore ['sɔfəmɔːʳ] (*US*) N [c] 二年级(級)学(學)生 èr niánjí xuéshēng [个 gè]

soprano [sə'prɑːnəu] N [c] (*woman, girl*) 女高音歌手 nǚ gāoyīn gēshǒu; (*boy*) 男童声(聲)最高音歌手 nán tóngshēng zuì gāoyīn gēshǒu

sorbet ['sɔːbeɪ] (*Brit*) N [c/U] 果汁冰糕 guǒzhī bīnggāo [个 gè]

sordid ['sɔːdɪd] ADJ **1** [+ *place*] 污秽(穢)的 wūhuì de **2** [+ *behaviour*] 卑鄙的 bēibǐ de

sore [sɔːʳ] **I** ADJ **1** (*painful*) 痛的 tòng de **2** (*US; inf*) (*angry*) 恼(惱)火的 nǎohuǒ de **II** N [c] 痛处(處) tòngchù ▸ **it's a sore point (with him)** 这(這)是(他的一个(個))痛处(處) zhè shì (tā de yī gè) tòngchù ▸ **to be sore about sth** (*US; inf*) 因某事生气(氣) yīn mǒushì shēngqì ▸ **to be sore at sb** (*US; inf*) 生某人的气(氣) shēng mǒurén de qì

sorely ['sɔːlɪ] ADV **1** ▸ **to be sorely tempted (to do sth)** 极想(做某事) jí xiǎng (zuò mǒushì) **2** ▸ **he'll be sorely missed** 人们(們)会(會)非常想念他 rénmen huì fēicháng xiǎngniàn tā

sorrow ['sɔrəu] **I** N [c] 悲伤(傷) bēishāng **II sorrows** N PL 烦(煩)恼(惱) fánnǎo

sorry ['sɔrɪ] ADJ **1** (*regretful*) 懊悔的 àohuǐ de **2** (*wretched*) [+ *condition, excuse*] 拙劣的 zhuōliè de ▸ **(I'm) sorry!** (*apology*) 对(對)不起！ duìbùqǐ! ▸ **sorry?** (*pardon?*) 请(請)再讲(講)一遍 qǐng zài jiǎng yī biàn ▸ **to feel sorry for sb** 对(對)某人表示同情 duì mǒurén biǎoshì tóngqíng ▸ **to be sorry about sth** 对(對)某事表示歉意 duì mǒushì biǎoshì qiànyì ▸ **I'm sorry if I offended you** 如果我冒犯了你，我很抱歉 rúguǒ wǒ màofànle nǐ, wǒ hěn bàoqiàn ▸ **I'm sorry to hear that...** 听(聽)到…我很伤(傷)心 tīngdào...wǒ hěn shāngxīn ▸ **a sorry sight** 悲惨(慘)景象 bēicǎn jǐngxiàng

★ **sort** [sɔːt] **I** N **1** [c] ▸ **sort (of)** 种(種)类(類) zhǒnglèi [个 gè] ▹ *What sort of school did you go to?* 你去了哪种学校？ Nǐ qùle nǎ zhǒng xuéxiào? ▹ *What sort do you want?* 你要哪一种？ Nǐ yào nǎ yī zhǒng? **2** [c] (*make, brand*) [*of coffee, car etc*] 品牌 pǐnpái [个 gè] **3** [s] (*person*) 人 rén ▹ *He seemed to be just the right sort for the job.* 他看起来是做这份工作的合适人选。Tā kàn qǐlái shì zuò zhè fèn gōngzuò de héshì rénxuǎn. **II** VT **1** (*arrange*) [+ *papers, mail, belongings*] 把…分类(類) bǎ...fēnlèi ▹ *Minnie was alone in the post office, sorting mail.* 明妮独自在邮局，将邮件分类。Míngní dúzì zài yóujú, jiāng yóujiàn fēnkāi. **2** (*separate*) 分开(開) fēnkāi ▹ *The students are sorted into three ability groups.* 将学生按能力分成3个组。Jiāng xuéshēng àn nénglì fēnchéng sān gè zǔ. **3** (*inf: solve*) [+ *problem*] 解决(決) jiějué ▹ *These problems have now been sorted.* 这些问题已经被解决了。Zhèxiē wèntí yǐjīng bèi jiějué le. **4** (*Comput*) 整理 zhěnglǐ ▸ **sort of** (*inf*) 有点(點)儿(兒) yǒu diǎnr ▹ *It's a sort of yellowish colour.* 有点儿发黄的颜色。Yǒudiǎnr fāhuáng de yánsè. ▸ **all sorts of** 各种(種)不

同的 gè zhǒng bùtóng de ▸ **a career/an education of sorts** 不怎么(麼)样(樣)的职(職)业(業)/教育 bù zěnmeyàng de zhíyè/jiàoyù

▸**sort out** VT **1** (*separate*) 区(區)别(別) qūbié ▹ *the difficulty of trying to sort out fact from fiction* 区别事实与虚构的困难 qūbié shìshí yǔ xūgòu de kùnnan **2** (*solve*) [+ *problem*] 解决(決) jiějué

SOS [ɛsəu'ɛs] N 紧(緊)急求救 jǐnjí qiújiù

so-so ['səusəu] (*inf*) **I** ADJ (*in quality*) 马(馬)马(馬)虎虎的 mǎmǎ hūhū de **II** ADV ▸ **'How are you?' 'So-so.'** "你好吗(嗎)？" "还(還)凑(湊)合。" "Nǐ hǎo ma?" "Hái còuhe."

sought [sɔːt] PT, PP *of* **seek**

soul [səul] N **1** [c] (*Rel*) 灵(靈)魂 línghún **2** [s] (*fig*) 精力 jīnglì **3** [c] (*person*) 人 rén **4** [U] (*Mus*) 爵士灵(靈)歌 juéshì línggē ▸ **I didn't see a soul** 我一个(個)人都没(沒)看见(見) wǒ yī gè rén dōu méi kànjiàn ▸ **poor soul** 可怜(憐)的人 kělián de rén

★ **sound** [saund] **I** ADJ **1** (*healthy*) 健康的 jiànkāng de ▹ *My heart is basically sound.* 我的心脏基本上是健康的。Wǒ de xīnzàng jīběn shàng shì jiànkāng de. **2** (*not damaged*) [+ *building*] 完好无(無)损(損)的 wánhǎo wú sǔn de ▹ *The house was surprisingly sound after the explosion.* 爆炸发生后，这所房子令人吃惊地完好无损。Bàozhá fāshēng hòu, zhè suǒ fángzi lìng rén chījīng de wánhǎo wú sǔn. **3** (*sensible*) [+ *advice*] 明智的 míngzhì de **4** (*safe*) [+ *investment*] 可靠的 kěkào de **5** (*reliable, thorough*) 牢固的 láogù de ▹ *a sound theoretical foundation* 牢固的理论基础 láogù de lǐlùn jīchǔ **6** (*valid*) [+ *argument, policy, claim*] 合理的 hélǐ de ▹ *His argument is basically sound.* 他的论点基本上是合理的。Tā de lùndiǎn jīběn shàng shì hélǐ de. **II** ADV ▸ **sound asleep** 酣睡 hānshuì **III** N **1** [c] (*noise*) 声(聲)音 shēngyīn [种 zhǒng] ▹ *the sound of footsteps* 脚步声 jiǎobù shēng **2** [s] (*volume*) (*on TV, radio etc*) 音量 yīnliàng ▹ *Morris turned down the sound.* 莫里斯把音量调小了。Mólǐsī bǎ yīnliàng tiáoxiǎo le. **3** [U] (*Phys*) 声(聲) shēng ▹ *twice the speed of sound* 声速的两倍 shēngsù de liǎng bèi **IV** VT [+ *alarm, bell*] 敲响(響) qiāoxiǎng ▹ *Sound the alarm!* 敲警钟！Qiāo jǐngzhōng! **V** VI **1** [*alarm, bell* +] 响(響) xiǎng ▹ *The buzzer sounded in Daniel's office.* 丹尼尔办公室的门铃响了。Dānní'ěr bàngōngshì de ménlíng xiǎng le. **2** (*seem*) 听(聽)起来(來) tīng qǐlái ▹ *She sounded a bit worried.* 她听起来有点担心。Tā tīng qǐlái yǒudiǎn dānxīn. ▸ **to be of sound mind** 心理健康的 xīnlǐ jiànkāng de ▸ **to make a sound** 出声(聲) chūshēng ▸ **I don't like the sound of that** 我不喜欢(歡)那种(種)语(語)气(氣) wǒ bù xǐhuān nàzhǒng yǔqì ▸ **that sounds like an explosion** 听(聽)起来(來)像是爆炸声(聲)的 tīngqǐlái xiàngshì bàozhàshēng de ▸ **she sounds like the Queen** (*in voice, manner*) 她的语(語)气(氣)听(聽)上去像是女皇 tā de yǔqì tīng shàngqù xiàng shì nǚhuáng ▸ **that sounds like a great idea** 这(這)主意听(聽)起来(來)妙极了 zhè zhǔyì tīngqǐlái miàojí le ▸ **it sounds as if...** 听(聽)起来(來)似乎… tīngqǐlái sìhū...

▸**sound off** (*inf*) VI ▸ **to sound off (about sth)** (就某事)夸(誇)夸(誇)其谈(談) (jiù mǒushì) kuākuā qí tán

▸**sound out** VT [+ *person*] 试(試)探 shìtàn

soundly ['saundlɪ] ADV **1** [*sleep* +] 酣畅(暢)地 hānchàng de **2** [*be based* +] 稳(穩)固地 wěngù de **3** [*defeat* +] 彻(徹)底地 chèdǐ de

soundtrack ['saundtræk] N [c] 声(聲)道 shēngdào [个 gè]

soup [suːp] N [c/U] 汤(湯) tāng [份 fèn]

sour ['sauə^r] **I** ADJ **1** (*bitter-tasting*) 酸的 suān de **2** [+ *milk*] 酸的 suān de **3** (*bad-tempered*) 愠(慍)怒的 yùnnù de **II** VT [+ *relationship, attitude*] 使恶(惡)化 shǐ èhuà **III** VI [*relationship, attitude* +] 变(變)坏(壞) biànhuài ▸ **to go** *or* **turn sour** [*milk, wine* +] 变(變)馊(餿) biàn sōu; [*relationship* +] 变(變)糟 biàn zāo ▸ **it's sour grapes** 这(這)是酸葡萄 zhè shì suān pútáo

source [sɔːs] N [c] **1** [*of money, resources, energy*] 来(來)源 láiyuán **2** (*person*) 消息提供者 xiāoxi tígōngzhě **3** (*book*) 原始资(資)料 yuánshǐ zīliào **4** [*of river*] 源头(頭) yuántóu **5** [*of problem, anxiety*] 根源 gēnyuán [个 gè]

★ **south** [sauθ] **I** N [s/U] 南方 nánfāng **II** ADJ 南部的 nánbù de **III** ADV 向南方 xiàng nánfāng ▸ **the south of France** 法国(國)南部 Fǎguó nánbù ▸ **to the south** 以南 yǐnán ▸ **the south wind** 南风(風) nánfēng ▸ **south of...** 在…以南 zài...yǐnán ▹ *It's 15 miles or so south of Glasgow.* 它位于格拉斯哥以南15英里左右。Tā wèiyú Gélāsīgē yǐnán shíwǔ yīnglǐ zuǒyòu.

South Africa N 南非 Nánfēi

South African I ADJ 南非的 Nánfēi de **II** N [c] (*person*) 南非人 Nánfēirén [个 gè]

South America N 南美洲 Nán měizhōu

South American I ADJ 南美洲的 Nán měizhōu de **II** N [c] (*person*) 南美洲人 Nán měizhōurén [个 gè]

southbound ['sauθbaund] ADJ 往南的 wǎngnánde

south-east [sauθ'iːst] **I** N 东(東)南 dōngnán **II** ADJ 东(東)南的 dōngnán de **III** ADV 向东(東)南 xiàng dōngnán

South-East Asia N 东(東)南亚(亞) Dōngnán yà

south-eastern [sauθ'iːstən] ADJ 东(東)南的 dōngnán de

southern ['sʌðən] ADJ 南方的 nánfāng de ▸ **the southern hemisphere** 南半球 nán bànqiú

South Korea N 韩(韓)国(國) Hánguó

South Pole N ▸ **the South Pole** 南极(極) Nánjí

South Wales N 南威尔(爾)士 Nán Wēi'ěrshì

S

southward(s) ['sauθwəd(z)] ADJ 向南 xiàngnán
south-west [sauθ'wɛst] **I** N [s/U] 西南 xīnán **II** ADJ 西南的 xīnán de **III** ADV 向西南 xiàng xīnán
south-western [sauθ'wɛstən] ADJ 西南的 xīnán de
souvenir [su:və'nɪə^r] N [c] 纪(紀)念品 jìniàn pǐn [件 jiàn]
sovereign ['sɔvrɪn] **I** N [c] (*frm: king, queen*) 君主 jūnzhǔ **II** ADJ **1** [+ *state, country*] 独(獨)立自主的 dúlì zìzhǔ de **2** [+ *power, right*] 拥(擁)有最高权(權)力的 yōngyǒu zuìgāo quánlì de
Soviet ['səuvɪət] ADJ ▸ **the former Soviet Union** 前苏(蘇)联(聯) qián Sūlián
sow [səu] (*pt* **sowed**, *pp* **sown** [səun]) VT **1** [+ *seeds*] 播种(種) bōzhǒng **2** [+ *suspicion, doubts etc*] 传(傳)播 chuánbō
soy [sɔɪ] (*US*) N [U] 黄(黃)豆 huángdòu [英 = **soya**]
soya ['sɔɪə] (*Brit*) N [U] 黄(黃)豆 huángdòu [美 = **soy**]
soya bean (*Brit*) N [c] 黄(黃)豆 huángdòu [粒 lì] [美 = **soybean**]
soybean ['sɔɪbi:n] (*US*) N [c] 黄(黃)豆 huángdòu [粒 lì] [英 = **soya bean**]
soy sauce [sɔɪ-] N [U] 酱(醬)油 jiàngyóu
spa [spɑ:] N [c] **1** (*town*) 矿(礦)泉胜(勝)地 kuàngquán shèngdì **2** (*US*) (*also*: **health spa**) 美容健身院 měiróng jiànshēn yuàn [个 gè]
space [speɪs] **I** N **1** [c/U] (*gap, place*) 空隙 kòngxì [个 gè] **2** [c/U] (*room*) 空间(間) kōngjiān **3** [U] (*beyond Earth*) 太空 tàikōng **II** CPD 太空 tàikōng **III** VT (*also*: **space out**) [+ *text, visits*] 把…分隔开(開) bǎ…fēngé kāi; [+ *payments*] 把…均匀(勻)分配 bǎ…jūnyún fēnpèi ▸ **to clear a space for sth** 为(為)某物腾(騰)地方 wèi mǒuwù téng dìfang ▸ **in a short space of time** (*from now*) 片刻后(後) piànkè hòu; (*in past*) 很快 hěn kuài ▸ **(with)in the space of an hour** 在一小时(時)内(內) zài yī xiǎoshí nèi
spacecraft ['speɪskrɑ:ft] (*pl* **spacecraft**) N [c] 宇宙飞(飛)船 yǔzhòu fēichuán [艘 sōu]
spaceship ['speɪsʃɪp] N = **spacecraft**
spacious ['speɪʃəs] ADJ 宽(寬)敞的 kuānchǎng de
spade [speɪd] **I** N [c] **1** (*tool*) 锹(鍬) qiāo [把 bǎ] **2** (*child's*) 小铲(鏟) xiǎochǎn **II spades** N PL (*Cards*) 黑桃 hēitáo
spaghetti [spə'gɛtɪ] N [U] 意大利面(麵) Yìdàlì miàn
Spain [speɪn] N 西班牙 Xībānyá
spam [spæm] (*Comput*) N [U] 垃圾邮(郵)件 lājī yóujiàn
span [spæn] **I** VT **1** [+ *river, lake*] 横(橫)跨 héngkuà **2** [+ *time*] 跨越 kuàyuè **II** N [c] **1** [*of wings*] 翼展 yìzhǎn **2** [*of arch*] 跨度 kuàdù **3** (*in time*) 一段时(時)间(間) yī duàn shíjiān
Spaniard ['spænjəd] N [c] 西班牙人 Xībānyá rén
spaniel ['spænjəl] N [c] 拍马(馬)屁者 pāimǎpìzhě [个 gè]
Spanish ['spænɪʃ] **I** ADJ 西班牙的 Xībānyá de **II** N [U] (*language*) 西班牙语(語) Xībānyáyǔ **III the Spanish** N PL 西班牙人 Xībānyárén [个 gè]
spank [spæŋk] VT [+ *person, bottom*] 打 dǎ
spanner ['spænə^r] (*Brit*) N [c] 扳钳(鉗) bānqián [个 gè] [美 = **wrench**]
spare [spɛə^r] **I** ADJ **1** (*free*) 多余(餘)的 duōyú de **2** (*extra*) 备(備)用的 bèiyòng de **II** N [c] = **spare part III** VT **1** ▸ **to spare sb the trouble/pain/details** 避免某人的麻烦(煩)/痛苦/让(讓)某人知道详(詳)情 bìmiǎn mǒurén de máfan/tònkǔ/ràng mǒurén zhīdào xiángqíng **2** (*make available*) 抽出 chōuchū **3** (*afford to give*) 出让(讓) chūràng **4** (*not harm*) 幸(倖)免 xìngmiǎn ▸ **these two are going spare** 这(這)两(兩)个(個)是闲(閒)着(著)的 zhè liǎng gè shì xiánzhe de ▸ **to have time/money to spare** 有剩余(餘)的时(時)间(間)/金钱(錢) yǒu shèngyú de shíjiān/jīnqián ▸ **to spare no expense** 不惜工本 bù xī gōngběn ▸ **I can spare (you) 5 minutes** 我能(为(為)你)抽出5分钟(鐘) wǒ néng (wèi nǐ) chōuchū wǔ fēnzhōng
spare part N [c] 备(備)件 bèijiàn [个 gè]
spare time N [U] 业(業)余(餘)时(時)间(間) yèyú shíjiān
spark [spɑ:k] **I** N [c] **1** (*from fire, electricity*) 火花 huǒhuā **2** [*of wit, interest, imagination*] 一点(點)儿(兒) yīdiǎnr **II** VT (*also*: **spark off**) 触(觸)发(發) chùfā
sparkle ['spɑ:kl] **I** N [U] 光亮 guāngliàng **II** VI **1** [*diamonds +*] 闪(閃)耀 shǎnyào **2** [*water +*] 闪(閃)闪(閃)发(發)光 shǎnshǎn fāguāng **3** [*eyes +*] 发(發)亮 fāliàng
sparkling water ['spɑ:klɪŋ-] N [U] 苏(蘇)打水 sūdáshuǐ
sparkling wine N [U] 汽酒 qìjiǔ
spark plug N [c] 火花塞 huǒhuā sāi
sparrow ['spærəu] N [c] 麻雀 máquè [只 zhī]
sparse [spɑ:s] ADJ **1** [+ *vegetation, traffic*] 稀少的 xīshǎo de **2** [+ *hair*] 稀疏的 xīshū de
spasm ['spæzəm] N **1** [c/U] (*Med*) 抽搐 chōuchù **2** [c] [*of anger etc*] 一阵(陣) yī zhèn
spat [spæt] **I** PT, PP *of* **spit II** N [c] (*US*) (*quarrel*) 争(爭)端 zhēngduān
spate [speɪt] N ▸ **a spate of** 大量 dàliàng ▸ **to be in spate** [*river +*] 猛涨(漲) měng zhǎng
spatula ['spætjulə] N [c] **1** (*Culin*) 刮刀 guādāo **2** (*Med*) 压(壓)舌板 yāshébǎn [个 gè]
★ **speak** [spi:k] (*pt* **spoke**, *pp* **spoken**) **I** VT **1** [+ *language*] 讲(講) jiǎng ▷ *They both spoke English.* 他们两个都讲英语。Tāmen liǎng gè dōu jiǎng yīngyǔ. **2** ▸ **to speak the truth** 说(說)实(實)话(話) shuō shíhuà **II** VI **1** 讲(講)话(話) jiǎnghuà ▷ *Simon opened his mouth to speak.* 西蒙开口讲话了。Xīméng kāikǒu

jiǎnghuà le. **2** (*make a speech*) 演说(說) yǎnshuō ▷ *The Prime Minister spoke to the nation on television.* 总理在电视上向全国人民作演说。Zǒnglǐ zài diànshì shàng xiàng quánguó rénmín zuò yǎnshuō. ▸ **they're not speaking** 他们(們)不再讲(講)话(話)了 tāmen bùzài jiǎnghuà le ▸ **she's not speaking to me** 她不再和我讲(講)话(話)了 tā bùzài hé wǒ jiǎnghuà le ▸ **to speak of** *or* **about sb/sth** 提到某人/某事 tídào mǒurén/mǒushì ▸ **to speak to sb about sth** 和某人谈(談)某事 hé mǒurén tán mǒushì ▸ **to speak well** *or* **highly of sb** 赞(讚)扬(揚)某人 zànyáng mǒurén ▸ **to speak ill of sb** 说(說)某人的坏(壞)话(話) shuō mǒurén de huàihuà ▸ **no food/money to speak of** 不值一提的食物/金钱(錢) bù zhí yī tí de shíwù/jīnqián ▸ **so to speak** 也就是说(說) yě jiùshì shuō ▸ **generally/technically** *etc* **speaking** 总(總)的/从(從)技术(術)上等来(來)说(說) zǒngde/cóng jìshù shàng *děng* lái shuō ▸ **speaking of...** 提到… tídào... ▸ **speaking as a parent/teacher,...** 作为(為)家长(長)/老师(師)来(來)说(說)… zuòwéi jiāzhǎng/lǎoshī lái shuō...

▸**speak for** VT FUS [+ *other people*] 代表…讲(講)话(話) dàibiǎo...jiǎnghuà ▷ *I think I can speak for everyone here when I express my sincere apologies.* 我想我能够代表这里的所有人表示由衷的歉意。Wǒ xiǎng wǒ nénggòu dàibiǎo zhèlǐ de suǒyǒurén biǎoshì yóuzhōng de qiànyì. ▸ **it speaks for itself** 这(這)不言而喻 zhè bù yán ér yù ▸ **speak for yourself!** (*inf*) 谈(談)你自己的意见(見)! Tán nǐ zìjǐ de yìjiàn! ▸ **that picture is already spoken for** (*reserved*) 那幅画(畫)已经(經)有人要了 nà fú huà yǐjīng yǒu rén yào le

▸**speak out** VI 畅(暢)所欲(慾)言 chàng suǒ yù yán

▸**speak up** VI ▸ **speak up!** 大声(聲)点(點)儿(兒)! dàshēngdiǎnr!

speaker ['spiːkər] N [c] **1** (*in debate*) 演讲(講)者 yǎnjiǎngzhě [个 gè] **2** (*also*: **loudspeaker**) 扬(揚)声(聲)器 yángshēngqì [个 gè] **3** ▸ **the Speaker** (*in UK House of Parliament*) 下议(議)院议(議)长(長) xiàyìyuàn yìzhǎng; (*in US House of Representatives*) 众(眾)议(議)院议(議)长(長) zhòngyìyuàn yìzhǎng ▸ **a French/Russian speaker** 讲(講)法语(語)/俄语(語)的人 jiǎng fǎyǔ/éyǔ de rén

speaking ['spiːkɪŋ] **I** N [U] (*in debate, meeting*) 演讲(講) yǎnjiǎng **II** ADJ ▸ **Italian-speaking people** 讲(講)意大利语(語)的人士 jiǎng Yìdàlìyǔ de rénshì ▸ **to be on speaking terms (with sb)** (和某人)关(關)系(係)好 (hé mǒurén) guānxì hǎo

spear [spɪər] **I** N [c] (*weapon*) 矛 máo **II** VT [+ *person*] 用矛刺 yòng máo cì; [+ *object*] 叉 chā [个 gè]

★ **special** ['spɛʃl] **I** ADJ **1** (*important*) 特别(別)的 tèbié de **2** (*different*) 异(異)常的 yìcháng de ▷ *Did you notice anything special about him?* 你有没有注意到他有什么异常的地方？Nǐ yǒu méiyǒu zhùyì dào tā yǒu shénme yìcháng de dìfang? **3** (*particular*) 专(專)门(門)的 zhuānmén de ▷ *To marry a foreigner, special permission has to be obtained.* 与外国人结婚，须经专门许可。Yǔ wàiguórén jiéhūn, xū jīng zhuānmén xǔkě. **4** (*extra*) [+ *effort, favour*] 额(額)外的 éwài de ▷ *a law which provides special assistance to those with large families* 为大家庭提供额外帮助的一项法律 wèi dà jiātíng tígōng éwài bāngzhù de yī xiàng fǎlǜ **II** N [c] **1** (*in restaurant*) 特色菜 tèsè cài [道 dào] **2** (*TV, Rad*) 特别(別)节(節)目 tèbié jiémù [个 gè] **3** (*train*) 专(專)列 zhuānliè [个 gè] ▸ **we only use these plates on special occasions** 我们(們)只在特别(別)场(場)合才用这(這)些碟子 wǒmen zhǐ zài tèbié chǎnghé cái yòng zhèxiē diézi ▸ **to take special care** 格外小心 géwài xiǎoxīn ▸ **it's nothing special** 没(沒)什么(麼)特别(別)的 méi shénme tèbié de

special delivery N ▸ **by special delivery** 用特快专(專)递(遞) yòng tèkuài zhuāndì

special effects (*Cine*) N PL 特技效果 tèjì xiàoguǒ

specialist ['spɛʃəlɪst] N [c] **1** (*expert*) ▸ **a specialist in** *or* **on** 一位…方面的专(專)家 yī wèi...fāngmiàn de zhuānjiā **2** (*Med*) 专(專)科医(醫)生 zhuānkē yīshēng [位 wèi]

speciality [spɛʃɪ'ælɪtɪ], (*US*) **specialty** ['spɛʃəltɪ] N [c] **1** (*food*) 特制(製)品 tèzhìpǐn [种 zhǒng]; (*product*) 特产(產) tèchǎn [种 zhǒng] **2** (*subject area*) 专(專)业(業) zhuānyè

specialize ['spɛʃəlaɪz] VI ▸ **to specialize in** [+ *subject*] 专(專)攻 zhuāngōng; [+ *food*] 擅长(長)于(於) shàncháng yú

specially ['spɛʃlɪ] ADV **1** (*specifically*) 专(專)门(門)地 zhuānmén de **2** (*inf: particularly*) 尤其 yóuqí

special needs N PL ▸ **children with special needs** (*Brit*) 有特殊需要的儿(兒)童 yǒu tèshū xūyào de értóng

special offer (*Comm*) N [c] 特价(價)品 tèjiàpǐn [个 gè]

specialty ['spɛʃəltɪ] (*US*) N = **speciality**

species ['spiːʃiːz] N [c] 种(種) zhǒng [个 gè]

specific [spə'sɪfɪk] ADJ **1** (*fixed*) 特定的 tèdìng de **2** (*exact*) 具体(體)的 jùtǐ de **3** ▸ **to be specific to** 对(對)…特有的 duì...tèyǒu de

specifically [spə'sɪfɪklɪ] ADV **1** (*specially*) 特别(別)地 tèbié de; (*exclusively*) 特定的 tèdìng de **2** (*exactly*) 明确(確)的 míngquè de ▸ **(more) specifically** (更)具体(體)地说(說) (gèng)jùtǐ de shuō

specify ['spɛsɪfaɪ] VT 指定 zhǐdìng ▸ **unless otherwise specified** 除非额(額)外注明 chúfēi éwài zhùmíng

specimen ['spɛsɪmən] N [c] **1** [*of plant, animal*]

S

标(標)本 biāoběn **2** [*of handwriting, signature*] 实(實)例 shílì **3** [*of blood, urine*] 抽样(樣) chōuyàng

speck [spɛk] N [c] [*of dirt, dust*] 斑点(點) bāndiǎn ▷ *a tiny speck of dust* 一小粒灰尘 yī xiǎo lì huīchén

specs [spɛks], **spectacles** ['spɛktəklz] N PL 眼镜(鏡) yǎnjìng [副 fù]

spectacle ['spɛktəkl] **I** N **1** [c] (*scene*) 奇观(觀) qíguān [个 gè] **2** [c/ʊ] (*event, performance*) 场(場)面 chǎngmiàn **II spectacles** N PL (*glasses*) 眼镜(鏡) yǎnjìng

spectacles ['spɛktəklz] N PL 眼镜(鏡) yǎnjìng

spectacular [spɛk'tækjulə^r] **I** ADJ [+ *view, scenery*] 壮(壯)丽(麗)的 zhuànglìde; [+ *rise, growth*] 惊(驚)人的 jīngrénde ▷ *a spectacular rise in house prices* 房价的暴涨 fángjià de bàozhǎng; [+ *success, result*] 引人注目的 yǐn rén zhù mù de **II** N [c] (*performance*) 场(場)面浩大的表演 chǎngmiàn hàodà de biǎoyǎn

spectator [spɛk'teɪtə^r] N [c] 观(觀)众(眾) guānzhòng [个 gè]

spectrum ['spɛktrəm] (*pl* **spectra** ['spɛktrə]) N [c] **1** (*of colours, radio waves*) 谱(譜) pǔ **2** [*of opinion, emotion etc*] 范(範)围(圍) fànwéi

speculate ['spɛkjuleɪt] VI **1** (*Fin*) 投机(機) tóujī **2** ▶ **to speculate (about)** 猜测(測)(关(關)于(於)…) cāicè (guānyú…) ▶ **to speculate that...** 推测(測)… tuīcè…

speech [spi:tʃ] N **1** [c] (*formal talk*) 演说(說) yǎnshuō [场 chǎng] **2** [ʊ] (*faculty*) 说(說)话(話)能力 shuōhuà nénglì **3** [s] (*manner of speaking*) 说(說)话(話)方式 shuōhuà fāngshì **4** [ʊ] (*spoken language*) 口语(語) kǒuyǔ **5** [c] (*Theat*) 台(臺)词(詞) táicí

speechless ['spi:tʃlɪs] ADJ 讲(講)不出话(話)的 jiǎng bù chū huà de ▶ **to be speechless with rage/astonishment** 气(氣)/惊(驚)讶(訝)得讲(講)不出话(話)来(來) qì/jīngyà de jiǎng bù chū huà lái

speed [spi:d] (*pt, pp* **sped** [spɛd]) **I** N **1** [c/ʊ] (*rate, promptness*) 速度 sùdù [种 zhǒng] **2** [ʊ] (*fast movement*) 快速 kuàisù **3** [c] (*rapidity*) 迅速 xùnsù **4** [c] [*of typing, shorthand*] 速度 sùdù **II** VI **1** ▶ **to speed along/by** *etc* 沿着(著)等…迅速行进(進) yánzhe *děng*…xùnsù xíngjìn **2** (*drive too fast*) 超速行驶(駛) chāosù xíngshǐ ▶ **at full** *or* **top speed** 以最高速度 yǐ zuì gāo sùdù ▶ **at a speed of 70km/h** 以时(時)速70公里 yǐ shísù qīshí gōnglǐ ▶ **a five-speed gearbox** 5速变(變)速箱 wǔ sù biànsùxiāng

▶**speed up** (*pt, pp* **speeded up**) **I** VI **1** [*car, runner etc* +] 加快速度 jiākuài sùdù **2** [*process* +] 加速 jiāsù **II** VT 加快…的速度 jiākuài…de sùdù

speedboat ['spi:dbəut] N [c] 快艇 kuàitǐng

speeding ['spi:dɪŋ] (*Law*) N [ʊ] 超速行驶(駛) chāosù xíngshǐ

speed limit (*Law*) N [c] 速度极(極)限 sùdù jíxiàn [个 gè]

speedometer [spɪ'dɔmɪtə^r] N [c] 速度计(計) sùdùjì [只 zhī]

speedy ['spi:dɪ] ADJ [+ *recovery, return, conclusion*] 迅速的 xùnsù de; [+ *sale, trial*] 快的 kuài de

spell [spɛl] (*pt, pp* **spelled** *or* **spelt**) **I** N [c] **1** (*period*) 一段时(時)间(間) yī duàn shíjiān **2** (*also:* **magic spell**) 咒语(語) zhòuyǔ **II** VT **1** [+ *word*] 用字母拼 yòng zìmǔ pīn **2** [+ *disaster, trouble*] 招致 zhāozhì ▶ **to cast a spell on sb** [*witch* +] 用咒语(語)迷惑某人 yòng zhòuyǔ míhuò mǒurén; (*fig*) 迷住某人 mízhù mǒurén ▶ **to be/fall under sb's spell** 被某人迷住 bèi mǒurén mízhù ▶ **he can't spell** 他不会(會)拼写(寫) tā bùhuì pīnxiě

▶**spell out** VT **1** [+ *feelings, intentions etc*] 详(詳)细(細)说(說)明 xiángxì shuōmíng **2** [+ *word*] 把…的字母拼写(寫)出 bǎ…de zìmǔ pīnxiě chū

spelling ['spɛlɪŋ] N **1** [c] [*of word*] 拼法 pīnfǎ [种 zhǒng] **2** [ʊ] (*ability to spell*) 拼写(寫) pīnxiě ▶ **spelling mistake** 拼写(寫)错(錯)误(誤) pīnxiě cuòwù

spelt [spɛlt] PT, PP *of* **spell**

★ **spend** [spɛnd] (*pt, pp* **spent**) VT **1** [+ *money*] 花费(費) huāfèi ▷ *I spent a hundred pounds on clothes.* 我花了100英镑买衣服。Wǒ huāle yībǎi yīngbàng mǎi yīfu. **2** [+ *time, life*] 度过(過) dùguò ▷ *I have spent all my life in this town.* 我在这个镇上度过了一生。Wǒ zài zhège zhèn shàng dùguòle yīshēng. ▶ **to spend time/energy on sth** 在某事上花时(時)间(間)/精力 zài mǒushì shàng huā shíjiān/jīnglì ▶ **to spend time/energy doing sth** 花时(時)间(間)/精力做某事 huā shíjiān/jīnglì zuò mǒushì ▶ **to spend the night in a hotel** 在旅馆(館)度过(過)一晚 zài lǚguǎn dùguò yī wǎn

spending ['spɛndɪŋ] N [ʊ] 开(開)支 kāizhī

spent [spɛnt] **I** PT, PP *of* **spend** **II** ADJ **1** [+ *cartridge, bullets*] 失去效能的 shīqù xiàonéng de **2** [+ *matches*] 已用过(過)的 yǐ yòngguò de

sperm [spə:m] N **1** [c] (*cell*) 精子 jīngzi [个 gè] **2** [ʊ] (*fluid*) 精液 jīngyè

sphere [sfɪə^r] N [c] **1** 球体(體) qiútǐ **2** (*area*) 领(領)域 lǐngyù [个 gè]

spice [spaɪs] **I** N [c/ʊ] 香料 xiāngliào **II** VT ▶ **to spice sth (up) with** (*fig*) 用…为(為)某物增添趣味 yòng…wèi mǒuwù zēngtiān qùwèi

spicy ['spaɪsɪ] ADJ [+ *food*] 辛辣的 xīnlà de

spider ['spaɪdə^r] N [c] 蜘蛛 zhīzhū [只 zhī] ▶ **spider's web** 蜘蛛网(網) zhīzhū wǎng

spike [spaɪk] **I** N [c] **1** (*of metal*) 尖钉(釘) jiāndīng [个 gè] **2** (*fig*) 尖状(狀)物 jiānzhuàng wù **II spikes** N PL (*Sport*) (*shoes*) 钉(釘)鞋 dīngxié **III** VT (*inf*) [+ *drink*] 搀(攙)加 chānjiā

spike heels (US) N PL 细(細)高跟鞋 xì gāogēn xié [英 = **stilettos**]

spill [spɪl] (*pt, pp* **spilt** *or* **spilled**) **I** VT [+ *liquid*] 使溢出 shǐ yìchū **II** VI [*liquid* +] 溢出 yìchū ▶ **to**

spill sth on/over sth 将(將)某物洒(灑)在某物上 jiāng mǒuwù sǎzài mǒuwù shàng
▶**spill out** VI **1** [*people* +] 蜂拥(擁) fēngyōng **2** [*things* +] 流出 liúchū **3** (*from container*) 散落 sǎnluò
▶**spill over** VI **1** [*liquid* +] 溢出 yìchū **2** ▶ **spill over into** [*conflict, tension* +] 发(發)展成 fāzhǎn chéng

spin [spɪn] (*pt, pp* **spun**) **I** N **1** [c/ʊ] [*of wheel etc*] 旋转(轉) xuánzhuǎn **2** [s] (*in car*) 兜风(風) dōufēng **3** [s] (*Aviat*) 急剧(劇)下降 jíjù xiàjiàng **4** [s] (*interpretation*) 添油加醋 tiān yóu jiā cù **5** [ʊ] (*pej*) (*Pol*) 添油加醋 tiānyóujiācù **6** [c/ʊ] [*of ball*] 旋转(轉) xuánzhuǎn **II** VT **1** [+ *wheel, ball, coin*] 使…旋转(轉) shǐ...xuánzhuǎn **2** [+ *wool, cotton*] 纺(紡) fǎng **3** (*Brit*) (*also*: **spin-dry**) 甩干(乾) shuǎigān **III** VI **1** [*person* +] 转(轉)身 zhuǎnshēn **2** [*wheel, ball etc* +] 打转(轉) dǎzhuàn **3** (*make thread*) 纺(紡)纱(紗) fǎngshā ▶ **my head's spinning** 我头(頭)昏脑(腦)胀(脹) wǒ tóu hūn nǎo zhàng ▶ **to spin a yarn** 编(編)造奇闻(聞)轶(軼)事 biānzào qíwén yìshì
▶**spin out** VT [+ *speech etc*] 拖长(長)时(時)间(間) tuōcháng shíjiān

spinach ['spɪnɪtʃ] N [ʊ] 菠菜 bōcài

spinal ['spaɪnl] ADJ 脊柱的 jǐzhù de

spine [spaɪn] N [c] **1** (*backbone*) 脊柱 jǐzhù [根 gēn] **2** (*on plant, animal*) 刺 cì **3** [*of book*] 书(書)脊 shūjǐ

spiral ['spaɪərl] **I** N [c] 螺旋 luóxuán **II** VI **1** ▶ **to spiral (upwards)** [*smoke* +] 盘(盤)旋(上升) pánxuán (shàngshēng) **2** [*prices etc* +] 不断(斷)急剧(劇)上升 bùduàn jíjù shàngshēng **3** ▶ **to spiral downwards** [*prices, rates* +] 不断(斷)急剧(劇)下降 bùduàn jíjù xiàjiàng; [*person* +] 每况(況)愈下 měi kuàng yù xià ▶ **a spiral of debt** 一连(連)串债(債)务(務) yīliánchuàn zhàiwù ▶ **a downward spiral** 一连(連)串的倒霉(黴)事 yīliánchuàn de dǎoméishì

spire ['spaɪəʳ] N [c] 塔尖 tǎjiān [个 gè]

spirit ['spɪrɪt] **I** N **1** [c] (*soul*) 精神 jīngshén **2** [c] (*ghost*) 幽灵(靈) yōulíng **3** [ʊ] (*energy, courage*) 勇气(氣) yǒngqì **4** [s] [*of law, agreement*] 精神实(實)质(質) jīngshén shízhì **5** [s] (*frame of mind*) 心态(態) xīntài **II** VT ▶ **to be spirited away** 被迅速而神秘(祕)地带(帶)走 bèi xùnsù ér shénmì de dàizǒu **III spirits** N PL **1** (*Brit*) (*whisky etc*) 烈酒 lièjiǔ [美 = **liquor**] **2** (*frame of mind*) 情绪(緒) qíngxù ▶ **community spirit** 社区(區)精神 shèqū jīngshén ▶ **in good spirits** 心境好的 xīnjìng hǎo de

spiritual ['spɪrɪtjuəl] **I** ADJ **1** (*of the spirit*) 精神上的 jīngshénshang de **2** (*religious*) 宗教的 zōngjiào de **II** N [c] (*song*) 灵(靈)歌 línggē [首 shǒu]

spit [spɪt] (*pt, pp* **spat**) **I** N **1** [c] (*for roasting*) 烤肉叉 kǎoròu chā **2** [ʊ] (*saliva*) 唾液 tuòyè **II** VI **1** [*person, animal* +] 吐唾液 tǔ tuòyè **2** [*fire, cooking food* +] 乱(亂)崩 luàn bēng **3** ▶ **it's spitting** (*Brit*) 天正下着(著)毛毛雨 tiān zhèng xiàzhe máomáoyǔ [美 = **sprinkle**] **III** VT [+ *water, food*] 吐出 tǔchū
▶**spit out** VT 吐出 tǔchū

spite [spaɪt] **I** N [ʊ] 恶(惡)意 èyì **II** VT 激怒 jīnù ▶ **in spite of** 尽(儘)管 jǐnguǎn ▶ **to do sth in spite of o.s.** 不由自主地做某事 bù yóu zìzhǔ de zuò mǒushì

spiteful ['spaɪtful] ADJ [+ *person, behaviour*] 怀(懷)有恶(惡)意的 huáiyǒu èyì de

splash [splæʃ] **I** N [c] **1** (*sound*) 溅(濺)泼(潑)声(聲) jiànpō shēng **2** [*of liquid*] 少许(許) shǎoxǔ **3** [*of colour*] 斑点(點) bāndiǎn **II** INT 扑(撲)通 pūtōng **III** VT 溅(濺) jiàn **IV** VI **1** (*also*: **splash about**) (*in sea*) 嬉水 xīshuǐ **2** [*water, rain* +] 噼噼啪啪落下 pīpī-pāpā luòxià ▶ **to splash paint on the floor** 把油漆泼(潑)在地板上 bǎ yóuqī pō zài dìbǎn shàng ▶ **to make a splash** (*inf: fig*) 引起轰(轟)动(動) yǐnqǐ hōngdòng
▶**splash out** (*Brit; inf*) VI ▶ **to splash out (on)** 大手大脚(腳)地花钱(錢)(在) dà shǒu dà jiǎo de huāqián (zài)

splendid ['splɛndɪd] ADJ **1** (*excellent*) [+ *idea, work*] 极好的 jíhǎo de **2** (*impressive*) [+ *architecture, work of art*] 辉(輝)煌的 huīhuáng de

splendour, (*US*) **splendor** ['splɛndəʳ] **I** N [ʊ] 壮(壯)观(觀) zhuàngguān **II splendours** N PL 辉(輝)煌 huīhuáng

splinter ['splɪntəʳ] **I** N [c] **1** [*of wood*] 刺 cì **2** [*of glass*] 碎片 suìpiàn **II** VI 裂成碎片 lièchéng suìpiàn

split [splɪt] (*pt, pp* **split**) **I** N **1** [c] (*crack, tear*) 裂缝(縫) lièfèng **2** [s] (*division*) 划(劃)分 huàfēn **3** [c] (*disagreement*) 分裂 fēnliè **II** VT **1** (*divide*) 把…划(劃)分 bǎ...huàfēn **2** (*cause to divide*) [+ *party, group*] 使分裂 shǐ fēnliè **3** (*share equally*) [+ *work, profits*] 平分 píngfēn **III** VI **1** ▶ **to split (into)** (*divide*) 划(劃)分(成) huàfēn (chéng) **2** [*party, group* +] 分裂 fēnliè **3** (*crack, tear*) [*wood, garment* +] 裂开(開) lièkāi ▶ **to do the splits** 劈叉 pǐchà ▶ **let's split the difference** 让(讓)我们(們)分担(擔)差额(額)吧 ràng wǒmen fēndān chā'é ba ▶ **to split hairs** 在鸡(雞)毛蒜皮上争(爭)辩(辯) zài jīmáo suànpí shàng zhēngbiàn
▶**split up I** VI **1** [+ *couple, group*] 分手 fēnshǒu **II** VT 把…分割 bǎ...fēngē

splutter ['splʌtəʳ] VI **1** [*engine, flame* +] 发(發)噼啪声(聲) fā pīpā shēng **2** [*person* +] 结(結)结(結)巴巴地说(說) jiéjie bāba de shuō **3** (*sound angry*) 急促而含糊地说(說) jícù ér hánhu de shuō

spoil [spɔɪl] (*pt, pp* **spoiled** *or* **spoilt**) **I** VT **1** (*damage*) 损(損)害 sǔnhài **2** [+ *child*] 溺爱(愛) nì'ài

S

3 *(indulge)* [*+ person*] 宠(寵)爱(愛) chǒng'ài 4 *(Brit)* [*+ ballot paper*] 作废(廢) zuòfèi **II** VI ▸ **to be spoiling for a fight** 一心想打架 yīxīn xiǎng dǎjià ▸ **to spoil o.s.** 犒劳(勞)自己 kàoláo zìjǐ

spoilt [spɔɪlt] **I** PT, PP *of* **spoil II** ADJ **1** [*+ child*] 宠(寵)坏(壞)的 chǒnghuài de **2** *(Brit)* [*+ ballot paper*] 作废(廢)的 zuòfèi de

spoke [spəuk] **I** PT *of* **speak II** N [C] [*of wheel*] 辐(輻)条(條) fútiáo

spoken ['spəukn] PP *of* **speak**

spokesman ['spəuksmən] *(pl* **spokesmen***)* N [C] 男发(發)言人 nán fāyánrén [位 wèi]

spokesperson ['spəukspəːsn] *(pl* **spokespeople***)* N [C] 发(發)言人 fāyánrén

spokeswoman ['spəukswumən] *(pl* **spokeswomen***)* N [C] 女发(發)言人 nǚ fāyánrén [位 wèi]

sponge [spʌndʒ] **I** N **1** [U] *(substance man-made, natural)* 海绵(綿) hǎimián **2** [C] *(for washing)* 海绵(綿)擦 hǎimián cā **3** [C/U] *(also:* **sponge cake***)* 松糕 sōnggāo **II** VT *(wipe)* 用海绵(綿)擦 yòng hǎimián cā **III** VI ▸ **to sponge off** *or* **on sb** *(inf)* 白吃白喝某人 bái chī bái hē mǒurén

sponsor ['spɔnsəʳ] **I** N [C] **1** [*of player, event, TV programme*] 赞(贊)助者 zànzhùzhě **2** *(Brit) (for charity)* 出资(資)者 chūzīzhě **3** *(for application, bill in parliament etc)* 倡议(議)者 chàngyìzhě **II** VT **1** [*+ player, event, TV programme*] 赞(贊)助 zànzhù **2** *(Brit) (for charity)* 赞(贊)助 zànzhù **3** [*+ proposal, bill etc*] 倡议(議) chàngyì

sponsorship ['spɔnsəʃɪp] N [U] 资(資)助 zīzhù

spontaneous [spɔn'teɪnɪəs] ADJ **1** *(unplanned)* 自然而然的 zìrán ér rán de **2** [*+ explosion, miscarriage*] 自然的 zìrán de

spooky ['spuːkɪ] *(inf)* ADJ 阴(陰)森森的 yīnsēnsēn de

spoon [spuːn] **I** N [C] 匙 chí [把 bǎ] **II** VT ▸ **to spoon sth into/onto/over** 用匙将(將)某物放入/放在…上/浇(澆)在…上 yòng chí jiāng mǒuwù fàngrù/fàngzài...shang/jiāozài...shang

spoonful ['spuːnful] N [C] ▸ **a spoonful of** 一匙 yī chí

sport [spɔːt] **I** N **1** [C] *(particular game)* 运(運)动(動) yùndòng [项 xiàng] **2** [U] *(generally)* 体(體)育 tǐyù **II** VT [*+ clothes*] 穿着(著) chuānzhe; [*+ jewellery*] 戴着(著) dàizhe ▸ **she's a (good) sport** *(o.f.)* 她是一个(個)大度的人 tā shì yī gè dàdù de rén

sporting ['spɔːtɪŋ] ADJ **1** [*+ event etc*] 体(體)育运(運)动(動)的 tǐyù yùndòng de **2** *(o.f.: generous)* [*+ act, gesture*] 大度的 dàdù de ▸ **to have a sporting chance of doing sth** 有可能做某事 yǒu kěnéng zuò mǒushì

sport jacket *(US)* N [C] 粗呢夹(夾)克 cūní jiákè [件 jiàn] [英 = **sports jacket**]

sports car N [C] 跑车(車) pǎochē [辆 liàng]

sports jacket *(Brit)* N [C] 粗呢夹(夾)克 cūní jiákè [件 jiàn] [美 = **sport jacket**]

sportsman ['spɔːtsmən] *(pl* **sportsmen***)* N [C] 男运(運)动(動)员(員) nán yùndòngyuán [位 wèi]

sportswear ['spɔːtswɛəʳ] N [U] 运(運)动(動)服 yùndòngfú

sportswoman ['spɔːtswumən] *(pl* **sportswomen***)* N [C] 女运(運)动(動)员(員) nǚ yùndòngyuán [位 wèi]

sporty ['spɔːtɪ] ADJ **1** [*+ person*] 爱(愛)运(運)动(動)的 ài yùndòng de **2** [*+ car*] 像赛(賽)车(車)的 xiàng sàichē de

spot [spɔt] **I** N [C] **1** *(mark)* 斑点(點) bāndiǎn [个 gè] **2** *(dot)* 点(點) diǎn [个 gè] **3** *(pimple)* 疵点(點) cīdiǎn [个 gè] **4** [*of rain*] 一滴 yī dī **5** *(place)* 地点(點) dìdiǎn **6** *(Rad, TV)* 短小节(節)目 duǎnxiǎo jiémù **7** ▸ **a spot of** *(esp Brit) (small amount)* [*+ lunch, activity*] 少量 shǎoliàng; [*+ trouble, bother*] 处(處)境 chǔjìng **II** VT *(notice)* 发(發)现(現) fāxiàn ▸ **on the spot** *(in that place)* 在现(現)场(場) zài xiànchǎng; *(immediately)* 当(當)场(場) dāngchǎng ▸ **to be in a tight spot** *(inf)* 处(處)于(於)困境中 chǔyú kùnjìng zhōng ▸ **to put sb on the spot** 使某人处(處)于(於)难(難)堪地位 shǐ mǒurén chǔyú nánkān dìwèi

spotless ['spɔtlɪs] ADJ 一尘(塵)不染的 yī chén bù rǎn de

spotlight ['spɔtlaɪt] **I** N [C] **1** *(on stage)* 聚光灯(燈) jùguāngdēng **2** *(in room)* 照明灯(燈) zhàomíngdēng **II** VT 使突出醒目 shǐ tūchū xǐngmù

spotty ['spɔtɪ] ADJ 多粉刺的 duō fěncì de; *(pimply)*

spouse [spaus] N [C] 配偶 pèi'ǒu [位 wèi]

sprain [spreɪn] **I** VT ▸ **to sprain one's ankle/wrist** 扭伤(傷)脚(腳)踝/手腕 niǔshāng jiǎohuái/shǒuwàn **II** N [C] 扭伤(傷) niǔshāng

sprang [spræŋ] PT *of* **spring**

sprawl [sprɔːl] **I** VI **1** [*person +*] 伸开(開)四肢躺/坐 shēnkāi sìzhī tǎng/zuò **2** [*place +*] 扩(擴)展 kuòzhǎn **II** N [U] ▸ **urban sprawl** 城镇(鎮)漫无(無)计(計)划(劃)地扩(擴)展 chéngzhèn mànwú jìhuà kuòzhǎn ▸ **to send sb sprawling** 把某人摔趴在地上 bǎ mǒurén shuāi pā zài dìshang

spray [spreɪ] **I** N **1** [C/U] [*of water*] 水花 shuǐhuā **2** [C/U] *(in can)* 喷(噴)剂(劑) pēnjì **3** [C] *(in garden)* 喷(噴)雾(霧)器 pēnwù qì **4** [C] [*of flowers*] 小枝 xiǎozhī **II** VT **1** *(sprinkle)* [*+ liquid*] 喷(噴) pēn; [*+ glass etc*] 向…溅(濺)射 xiàng...jiànshè **2** *(with pesticide)* [*+ crops*] 向…喷(噴)杀(殺)虫(蟲)剂(劑) xiàng...pēn shāchóng jì **3** *(with paint)* 喷涂(塗) pēntú **4** [*+ bullets*] 向…扫(掃)射 xiàng...sǎoshè **III** VI **1** [*liquid +*] 溅(濺)散 jiànsàn **2** *(with pesticide)* 喷(噴)杀(殺)虫(蟲)剂(劑) pēn shāchóng jì

spread [sprɛd] *(pt, pp* **spread***)* **I** N **1** [S] *(increase)*

扩(擴)展 kuòzhǎn **2** [s] *(range, distribution)* 各种(種) gè zhǒng **3** [c/U] *(on bread)* 涂(塗)抹酱(醬) túmǒ jiàng **4** [c] *(inf: meal)* 盛宴 shèngyàn [个 gè] **5** [c] *(Publishing, Typ)* 横(横)贯(貫)两(兩)版的篇幅 héngguàn liǎngbǎn de piānfú **II** VT **1** ▸ **to spread sth on/over** 把某物摊(攤)在…上 bǎ mǒuwù tānzài...shàng **2** [+ *butter, jam*] 涂(塗) tú **3** [+ *wings, arms, sails*] 张(張)开(開) zhāngkāi **4** *(scatter)* 撒 sǎ **5** *(distribute)* [+ *workload, wealth*] 分摊(攤) fēntān **6** *(distribute)* [+ *repayments, job losses*] 把…分期 bǎ...fēnqī **7** [+ *disease*] 传(傳)播 chuánbō **III** VI **1** [*news* +] 不胫(脛)而走 bù jìng ér zǒu; [*disease* +] 传(傳)播 chuánbō **2** [*liquid, gas, fire* +] 蔓延 mànyán ▸ **to spread bread/toast with butter** 把黄(黃)油抹在面(麵)包/烤面(麵)包上 bǎ huángyóu mǒ zài miànbāo/kǎomiànbāo shàng
▸**spread out I** VI **1** *(move apart)* [*people, animals, vehicles* +] 散开(開) sànkāi **2** *(stretch out)* [*person* +] 伸开(開)四肢 shēnkāi sìzhī **II** VT *(arrange)* 摊(攤)开(開) tānkāi

spreadsheet ['sprɛdʃiːt] N [c] 电(電)子表格 diànzǐ biǎogé [份 fèn]

spree [spriː] N [c] ▸ **to go on a spending/drinking spree** 无(無)节(節)制地花钱(錢)/酗酒 wú jiézhì de huāqián/xùjiǔ

spring [sprɪŋ] *(pt* **sprang**, *pp* **sprung)** **I** N **1** [c/U] *(season)* 春季 chūnjì [个 gè] **2** [c] *(wire coil)* 弹(彈)簧 tánhuáng [个 gè] **3** [c] [*of water*] 泉 quán [眼 yǎn] **II** VI **1** *(leap)* 跳 tiào **2** *(move suddenly)* 弹(彈) tán **III** VT ▸ **to spring a leak** [*pipe etc* +] 出现(現)裂缝(縫) chūxiàn lièfèng ▸ **in (the) spring** 在春季 zài chūnjì ▸ **to walk with a spring in one's step** 轻(輕)快有力地走路 qīngkuài yǒulì de zǒulù ▸ **to spring into action** 迅速行动(動)起来(來) xùnsù xíngdòng qǐlái ▸ **to spring from** 起源于(於) qǐyuán yú ▸ **he sprang the news on me** 他突然向我宣布了这(這)条(條)消息 tā tūrán xiàng wǒ xuānbùle zhè tiáo xiāoxi
▸**spring up** VI *(suddenly appear)* 突然出现(現) tūrán chūxiàn

spring onion *(Brit)* N [c] 小葱(蔥) xiǎocōng [美 = **scallion**]

springtime ['sprɪŋtaɪm] N [U] 春季 chūnjì ▸ **in springtime** 在春季 zàichūnjì

sprinkle ['sprɪŋkl] **I** VT **1** *(with liquid)* 洒(灑) sǎ **2** *(with powder)* 撒 sǎ ▸ **to sprinkle water on sth, sprinkle sth with water** 把水洒(灑)在某物上 bǎ shuǐ sǎ zài mǒuwù shàng **II** VI ▸ **it's sprinkling** *(US)* 天正下着(著)毛毛雨 tiān zhèng xiàzhe máomaoyǔ [英 = **spit**]

sprint [sprɪnt] **I** N [c] *(race)* 短跑 duǎnpǎo **II** VI 全速奔跑 quánsù bēnpǎo ▸ **to break into a sprint** 突然开(開)始奔跑 tūrán kāishǐ bēnpǎo

sprinter ['sprɪntəʳ] N [c] 短跑运(運)动(動)员(員) duǎnpǎo yùndòngyuán [名 míng]

sprout [spraut] **I** VI **1** *(produce shoots)* 发(發)芽 fāyá **2** *(grow)* 长(長)出 zhǎngchū **II** VT [+ *hair, wings*] 长(長)出 zhǎngchū **III sprouts** N PL 球芽甘蓝(藍) qiúyá gānlán

sprung [sprʌŋ] PP *of* **spring**

spun [spʌn] PT, PP *of* **spin**

spur [spəːʳ] **I** N **1** ▸ **a spur to sth** 某物的刺激物 mǒuwù de cìjīwù **2** [c] *(on rider's boot)* 靴刺 xuēcì **II** VT ▸ **to spur sb into (doing) sth** 激励(勵)某人去(做)某事 jīlì mǒurén qù (zuò) mǒushì ▸ **on the spur of the moment** 一时(時)冲(衝)动(動)之下 yīshí chōngdòng zhī xià
▸**spur on** VT 激励(勵) jīlì

spurt [spəːt] **I** N [c] **1** [*of blood etc*] 喷射 pēnshè **2** [*of energy*] 迸发(發) bèngfā **II** VI **1** ▸ **to spurt from sth** [*blood, flame* +] 从(從)某物中喷出 cóng mǒuwù zhōng pēnchū **2** ▸ **to spurt up/along** [*person, thing* +] 突然加速 tūrán jiāsù ▸ **to put on a spurt** *(in race)* 全力冲(衝)刺 quánlì chōngcì; *(in work)* 全力以赴 quán lì yǐ fù

spy [spaɪ] **I** N [c] 间(間)谍(諜) jiàndié [个 gè] **II** VI **1** ▸ **to spy on** *(watch)* 暗中监(監)视(視) ànzhōng jiānshì **2** *(get information about)* 刺探 cìtàn **III** VT *(liter: notice)* 发(發)现(現) fāxiàn **IV** CPD **1** [+ *film, story*] 间(間)谍(諜) jiàndié **2** [+ *satellite, plane*] 侦(偵)探 zhēntàn ▸ **to spy for** 为(為)…充当(當)间(間)谍(諜) wèi...chōngdāng jiàndié

spying ['spaɪɪŋ] N [U] 当(當)间(間)谍(諜) dāng jiàndié

spyware ['spaɪwɛəʳ] N [c/U] *(Comput)* 间谍软件 jiàndié ruǎnjiàn [个 gè]

Sq., *(esp US)* **Sq.** ABBR (= **square**) *(in addresses)* 广(廣)场(場) guǎngchǎng

sq. ABBR = **square** 平方 píngfāng

squabble ['skwɔbl] **I** VI 发(發)生口角 fāshēng kǒujiǎo **II** N [c] 口角 kǒujiǎo ▸ **to squabble with sb** 与(與)某人发(發)生口角 yǔ mǒurén fāshēng kǒujué

squad [skwɔd] N [c] **1** *(Mil, Police)* 班 bān **2** *(Sport)* 队(隊) duì

squadron ['skwɔdrn] N [c] **1** *(in air force, navy)* 中队(隊) zhōngduì **2** *(in army)* 连(連) lián

squander ['skwɔndəʳ] VT [+ *money, resources*] 浪费(費) làngfèi

square [skwɛəʳ] **I** N [c] **1** 正方形 zhèngfāng xíng [个 gè] **2** *(in town)* 广(廣)场(場) guǎngchǎng [个 gè] **3** *(Math)* 平方 píngfāng [个 gè] **4** *(US)* *(block of houses)* 街区(區) jiēqū **5** *(inf, o.f.: person)* 老古板 lǎo gǔbǎn **II** ADJ *(in shape)* 正方形的 zhèngfāng xíng de **III** VT **1** *(Math)* 使自乘 shǐ zìchéng **2** *(arrange)* 调(調)正 tiáozhèng **3** ▸ **to square sth with sth** 使某事与(與)某事一致 shǐ mǒushì yǔ mǒushì yīzhì **4** ▸ **to square sth with sb** *(inf)* 就某事获(獲)得某人的许(許)可 jiù mǒushì huòdé mǒurén de xǔkě **IV** VI ▸ **to square with** 符合

S

fúhé ▸ **we're back to square one** 我们(們)又得从(從)头(頭)来(來)过(過) wǒmen yòu děi cóngtóu lái guò ▸ **to be all square** (*inf*) [*people* +] 扯平 chěpíng; [*match* +] 打平 dǎpíng ▸ **a square meal** 一顿(頓)丰(豐)盛的饭(飯)菜 yī dùn fēngshèng de fàncài ▸ **2 metres square** 2米见(見)方 liǎng mǐ jiànfāng ▸ **2 square metres** 2平方米 èr píngfāngmǐ ▸**square up** (*Brit*) VI (*settle bill, debt*) 结(結)清 jiéqīng ▸ **to square up with sb** 和某人结(結)清账(賬) hé mǒurén jiéqīng zhàng

squarely ['skwɛəlɪ] ADV **1** (*directly*) [*fall, land etc* +] 正对(對)着(著)地 zhèngduìzhe de **2** (*fully*) [*face, confront* +] 直面地 zhímiàn de

square root N [c] 平方根 píngfāng gēn

squash [skwɔʃ] **I** N **1** [U] (*Brit*) ▸ **orange squash** 浓(濃)缩(縮)橙汁，需加水再喝 nóngsuō chéngzhī, xū jiāshuǐ zài hē **2** [C/U] (*US*) (*vegetable*) 南瓜 nánguā **3** [U] (*Sport*) 壁球 bìqiú **II** VT **1** (*crush*) 把…压(壓)碎 bǎ...yāsuì **2** ▸ **to squash sb/sth into** 将(將)某人/某物硬塞入 jiāng mǒurén/mǒuwù yìng sāirù ▸ **to squash sb/sth against** 将(將)某人/某物挤(擠)到 jiāng mǒurén/mǒuwù jǐdào ▸ **to squash sth flat** 将(將)某物压(壓)扁 jiāng mǒuwù yābiǎn

squat [skwɔt] **I** VI **1** (*also*: **squat down**) 蹲下 dūnxià **2** (*be sitting*) 蹲坐 dūnzuò **3** (*on property*) 擅自占(佔)用 shànzì zhànyòng **II** N [c] (*illegally occupied building*) 擅自占(佔)用的建筑(築) shànzì zhànyòng de jiànzhù **III** ADJ [+ *person*] 矮胖的 ǎipàng de; [+ *shape*] 低矮的 dī'ǎi de

squatter ['skwɔtə^r] N [c] 擅自占(佔)地者 shànzì zhàndì zhě [个 gè]

squeak [skwi:k] **I** VI **1** [*door* +] 嘎吱作响(響) gāzhī zuòxiǎng **2** [*mouse* +] 吱吱叫 zhīzhi jiào **II** N [c] **1** [*of hinge*] 嘎吱声(聲) gāzhī shēng **2** [*of mouse*] 吱吱声(聲) zhīzhi shēng ▸**squeak by, squeak through** (*inf*) VI 勉强(強)通过(過) miǎnqiǎng tōngguò

squeal [skwi:l] **I** VI **1** [*person* +] 发(發)出长(長)而尖的叫声(聲) fāchū cháng ér jiān de jiàoshēng **2** [*brakes, tyres* +] 发(發)出尖锐(銳)刺耳声(聲) fāchū jiānruì cì'ěr shēng **II** N [c] **1** [*of person*] 尖叫声(聲) jiānjiào shēng **2** [*of brakes, tyres*] 刺耳声(聲) cì'ěr shēng

squeeze [skwi:z] **I** N [c] **1** [*of hand etc*] 紧(緊)握 jǐnwò **2** (*Fin*) 银(銀)根紧(緊)缩(縮) yíngēn jǐnsuō **II** VT **1** 用力捏 yònglì niē **2** ▸ **to squeeze sth under/through sth** 将(將)某物硬挤(擠)到某物下面/过(過)某物 jiāng mǒuwù yìng jǐdào mǒuwù xiàmiàn/guò mǒuwù **III** VI ▸ **to squeeze under/through sth** 硬挤(擠)到某物下面/过(過)某物 yìng jǐdào mǒuwù xiàmiàn/guò mǒuwù ▸ **to give sth a squeeze** 用力捏了捏某物 yònglì niēle niē mǒuwù ▸ **a squeeze of lemon** 一点(點)榨(搾)出的柠(檸)檬汁 yīdiǎn zhàchū de níngméngzhī ▸**squeeze out** VT **1** [+ *juice, paste etc*] 榨(搾)出 zhà **2** (*fig: exclude*) [+ *person*] 排挤(擠)出 páijǐ chū

squid [skwɪd] N [C/U] 鱿(魷)鱼(魚) yóuyú

squint [skwɪnt] **I** VI 眯着(著)眼看 mīzhe yǎn kàn **II** N [c] (*Med*) 斜视(視) xiéshì

squirm [skwə:m] VI **1** (*wriggle*) 扭动(動) niǔdòng **2** (*fig: with embarrassment*) 局(侷)促不安 júcù bù'ān

squirrel ['skwɪrəl] N [c] 松鼠 sōngshǔ [只 zhī]

squirt [skwə:t] **I** VI ▸ **to squirt out** 喷(噴)射出 pēnshè chū **II** VT ▸ **to squirt sth into/onto sth** 将(將)某物喷(噴)入某物/到某物上 jiāng mǒuwù pēnrù mǒuwù/dào mǒuwù shang **III** N [c] [*of liquid*] 喷流 pēnliú

Sr, (*esp US*) **Sr.** ABBR (= **senior**) 老 lǎo

Sri Lanka [srɪ'læŋkə] N 斯里兰(蘭)卡 Sīlǐlánkǎ

St, (*esp US*) **St.** ABBR **1** (= **street**) 街 jiē **2** (*pl* **SS**) (= **saint**) 圣(聖)人 shèngrén

stab [stæb] **I** VT [+ *person*] 刺 cì **II** VI 戳 chuō **III** N **1** [c] (*with knife etc*) 刺 cì **2** ▸ **a stab of pain/pity/jealousy** 一阵(陣)疼痛/怜(憐)悯(憫)/嫉妒 yī zhèn téngtòng/liánmǐn/jìdù **3** ▸ **to have a stab at (doing) sth** (*inf*) 试(試)图(圖)(做)某事 shìtú (zuò) mǒushì ▸ **to stab sb to death** 刺死某人 cìsǐ mǒurén ▸ **to stab sb in the back** (*fig*) 暗箭伤(傷)人 ànjiàn shāng rén ▸ **to stab sth with sth** 用某物戳某物 yòng mǒuwù chuō mǒuwù

stability [stə'bɪlɪtɪ] N [U] **1** [*of government, economy etc*] 稳(穩)定 wěndìng **2** [*of object*] 稳(穩)定性 wěndìng xìng

stabilize ['steɪbəlaɪz] **I** VT [+ *prices, rates*] 保持…的稳(穩)定 bǎochí...de wěndìng **II** VI [*prices, rates, patient's condition* +] 稳(穩)定 wěndìng

stable ['steɪbl] **I** ADJ **1** [+ *prices, relationship, personality, condition*] 稳(穩)定的 wěndìng de **2** [+ *object*] 稳(穩)固的 wěngù de **II** N [c] (*also*: **stables**) **1** (*for horse*) 马(馬)厩(廄) mǎjiù [个 gè] **2** (*in horse-racing*) 赛(賽)马(馬)训(訓)练(練)场(場) sàimǎ xùnliàn chǎng **III** VT [+ *horse*] 把…拴进(進)马(馬)厩(廄) bǎ...shuānjìn mǎjiù

stack [stæk] **I** N [c] (*pile*) 堆 duī **II** VT (*also*: **stack up**) [+ *chairs, books etc*] 把…堆起来(來) bǎ...duī qǐlái ▸ **to be stacked with...** 堆满(滿)了… duīmǎn le... ▸ **stacks of time/money** (*Brit; inf*) 大量时(時)间(間)/钱(錢) dàliàng shíjiān/qián ▸ **the odds are stacked against them** 他们(們)的胜(勝)算不大 tāmen de shèngsuàn bù dà

stadium ['steɪdɪəm] (*pl* **stadia** *or* **stadiums** ['steɪdɪə]) N [c] 体(體)育场(場) tǐyùchǎng [个 gè]

★ **staff** [stɑ:f] **I** N [c] **1** (*workforce*) 职(職)员(員) zhíyuán [名 míng] ▹ *an error by one of his staff* 他的一名职员犯的过失 tā de yī míng zhíyuán fàn de guòshī **2** (*liter: stick*) 棍棒 gùnbàng [根 gēn] **II** VT 为(為)…配备(備)职(職)员(員)

wèi...pèibèi zhíyuán ▷ *It was staffed by engineers.* 为其配备了工程师。Wèi qí pèibèile gōngchéngshī.

staffroom ['stɑːfruːm] N [c] 员(員)工室 yuángōngshì [间(間) jiān]

stag [stæg] N [c] 牡鹿 mǔlù [只 zhī]

★ **stage** [steɪdʒ] **I** N [c] **1** (*in theatre*) 舞台(臺) wǔtái [个 gè] **2** (*platform*) 平台(臺) píngtái [个 gè] **3** (*period*) 阶(階)段 jiēduàn ▷ *the final stage of a world tour* 环球旅行的最后阶段 huánqiú lǚxíng de zuìhòu jiēduàn **II** VT **1** [+ *play*] 上演 shàngyǎn **2** [+ *demonstration, strike*] 举(舉)行 jǔxíng ▸ **to do sth in stages** 分期做某事 fēnqī zuò mǒushì ▸ **the stage** (*Theat*) 剧(劇)坛(壇) jùtán ▸ **in the early/final stages** 在早/晚期 zài zǎo/wǎnqī ▸ **he staged a remarkable recovery** 他奇迹(蹟)般地康复(復)了 tā qíjì bān de kāngfù le

stagger ['stægəʳ] **I** VI 跌跌撞撞 diēdiē zhuàngzhuàng **II** VT **1** (*amaze*) 使震惊(驚) shǐ zhènjīng **2** [+ *hours, holidays*] 使错(錯)开(開) shǐ cuòkāi

staggering ['stægərɪŋ] ADJ 令人吃惊(驚)的 lìngrén chījīng de

stagnant ['stægnənt] ADJ **1** [+ *economy, business*] 萧(蕭)条(條)的 xiāotiáo de **2** [+ *water*] 停滞(滯)的 tíngzhì de

stag night N [c] 婚礼前新郎与男伴们的聚会

stain [steɪn] **I** N [c] (*mark*) 污迹(跡) wūjì [处 chù] **II** VT **1** (*mark*) 沾污 zhānwū **2** [+ *wood*] 给(給)…染色 gěi...rǎnsè

stained glass [steɪnd-] N [U] 彩色玻璃 cǎisè bōli

stainless steel ['steɪnlɪs-] N [U] 不锈(鏽)钢(鋼) bùxiù gāng

stain remover [-rɪ'muːvəʳ] N [c/U] 除锈(鏽)剂(劑) chúxiùjì [种(種) zhǒng]

stair [stɛəʳ] **I** N [c] (*step*) 梯级(級) tījí [层 céng] **II stairs** N PL (*flight of steps*) 楼(樓)梯 lóutī

staircase ['stɛəkeɪs] N [c] 楼(樓)梯 lóutī [个 gè]

stairway ['stɛəweɪ] N [c] 楼(樓)梯 lóutī [个 gè]

stake [steɪk] **I** N [c] **1** (*post*) 桩(樁) zhuāng **2** (*interest*) 股份 gǔfèn **3** (*in gambling*) 赌(賭)注 dǔzhù **4** (*in risky situation*) 利害关(關)系(係) lìhài guānxi **II** VT ▸ **to stake money on sth** 对(對)某事押赌(賭)注 duì mǒushì yā dǔzhù ▸ **to stake one's reputation on sth** 把某人的声(聲)誉(譽)押在某事上 bǎ mǒurén de shēngyù yā zài mǒushì shàng ▸ **to stake a claim to sth** 声(聲)明对(對)某物拥(擁)有所有权(權) shēngmíng duì mǒuwù yōngyǒu suǒyǒuquán ▸ **to have a stake in sth** 与(與)某事有利害关(關)系(係) yǔ mǒushì yǒu lìhài guānxì ▸ **to raise the stakes** (*fig*) 冒更大的风(風)险(險) mào gèng dà de fēngxiǎn ▸ **there's a lot at stake** 很多事情可能受到很大影响(響) hěn duō shìqing kěnéng shòudào hěn dà yǐngxiǎng ▸ **I wouldn't stake my life on it** 我并(並)不肯定 wǒ bìng bù kěndìng

▸**stake out** VT [+ *position, claim*] 申明 shēnmíng

stale [steɪl] ADJ **1** [+ *bread, food*] 陈(陳)的 chén de **2** [+ *smell, air*] 污浊(濁)的 wūzhuó de **3** (*fig*) [+ *relationship, person, ideas*] 乏味的 fáwèi de

stalk [stɔːk] **I** N [c] [*of flower, leaf*] 梗 gěng; [*of fruit*] 柄 bǐng **II** VT **1** [+ *animal*] 潜(潛)步追踪(蹤) qiánbù zhuīzōng **2** [+ *person*] 骚(騷)扰(擾) sāorǎo **III** VI ▸ **to stalk out/off** 昂首阔(闊)步地走出/离(離)开(開) áng shǒu kuò bù de zǒuchū/líkāi

stall [stɔːl] **I** N [c] **1** (*in street, market etc*) 货(貨)摊(攤) huòtān [个 gè] **2** (*in stable*) 牲畜棚 shēngchù péng [个 gè] **II** VT **1** [+ *car*] 使熄火 shǐ xīhuǒ **2** (*delay*) [+ *person*] 拖住 tuōzhù; [+ *process*] 拖延 tuōyán **III** VI **1** [*engine, car* +] 熄火 xīhuǒ **2** [*person* +] 拖延 tuōyán **IV the stalls** N PL (*Brit*) (*in cinema, theatre*) 正厅(廳)前座 zhèngtīng qiánzuò

stamina ['stæmɪnə] N [U] 耐力 nàilì

stammer ['stæməʳ] **I** N [c] 结(結)巴 jiēba **II** VI 结(結)巴地说(說)话(話) jiēbā de shuōhuà

stamp [stæmp] **I** N [c] **1** 邮(郵)票 yóupiào [枚 méi] **2** (*rubber stamp*) 图(圖)章 túzhāng **3** (*in passport*) 章 zhāng [个 gè] **II** VI (*with foot*) 跺脚(腳) duòjiǎo **III** VT [+ *passport, visa*] 盖(蓋)章于(於) gàizhāng yú ▸ **to bear the stamp of sth** (*fig*) 有某物的特征(徵) yǒu mǒuwù de tèzhēng ▸ **to stamp one's foot** 跺脚(腳) duò jiǎo ▸ **to stamp a mark/word on sth** 在某物上盖(蓋)印/字 zài mǒuwù shàng gài yìn/zì

▸**stamp out** VT [+ *bullying, discrimination etc*] 消灭(滅) xiāomiè

stamped [stæmpt] ADJ 贴(貼)了邮(郵)票的 tiēle yóupiào de ▷ *The letter wasn't stamped.* 这封信没有贴邮票。Zhè fēng xìn méiyǒu tiē yóupiào. ▸ **Enclose a stamped addressed envelope.** 请(請)附上一个(個)贴了邮票写(寫)好地址的信封。Qǐng fùshàng yī gè tiēle yóupiào xiěhǎo dìzhǐde xìnfēng.

stampede [stæm'piːd] **I** N [c] **1** [*of animals*] 惊(驚)跑 jīngpǎo **2** [*of people*] 蜂拥(擁) fēngyōng **II** VI **1** [*animals* +] 惊(驚)跑 jīngpǎo **2** [*people* +] 蜂拥(擁) fēngyōng

stance [stæns] N [c] **1** (*posture*) 站立姿势(勢) zhànlì zīshì **2** (*attitude*) 态(態)度 tàidu [种 zhǒng]

★ **stand** [stænd] (*pt, pp* **stood**) **I** N [c] **1** (*stall*) 摊(攤)子 tānzi [个 gè] ▷ *a newspaper stand* 报摊 bàotān [个 gè] **2** (*at exhibition*) 展台(臺) zhǎntái [个 gè] **3** (*Brit*) (*in stadium, arena*) 看台(臺) kàntái [个 gè] **4** (*for holding things*) 架子 jiàzi [个 gè] ▷ *A number of hats hung from a stand.* 架子上挂了几顶帽子。Jiàzi shàng guàle jǐ dǐng màozi. **II** VI **1** (*be upright*) 站立 zhànlì ▷ *She was standing at the bus stop.* 她站在公共汽车站。Tā zhàn zài gōnggòng qìchēzhàn. **2** (*rise*) 站起来(來) zhàn qǐlái ▷ *The judge asked us all to stand.* 法官让我们都站起来。Fǎguān

S

ràng wǒmen dōu zhàn qǐlái. **3** (*be situated*) [*object, building* +] 耸(聳)立 sǒnglì ▷ *The house stands alone on top of a hill.* 那幢房子傲然耸立在山顶上。Nà zhuàng fángzi àorán sǒnglì zài shāndǐng shàng. **4** (*remain*) [*decision, offer* +] 保持有效 bǎochí yǒuxiào ▷ *Our original offer stands.* 我们当初的提议仍然有效。Wǒmen dāngchū de tíyì réngrán yǒuxiào. **5** (*Brit*) (*in election*) 当(當)候选(選)人 dāng hòuxuǎnrén ▷ *She was invited to stand as the Liberal candidate.* 她被邀请做自由党候选人。Tā bèi yāoqǐng zuò zìyóudǎng hòuxuǎnrén. [美 = run] **6** ▶ **to stand aside/back** 让(讓)开(開)/退后(後) ràngkāi/tuìhòu **7** ▶ **where** *or* **how does he stand on...?** 他对(對)…持什么(麼)态(態)度？ tā duì...chí shénme tàidu? **III** VT **1** ▶ **to stand sth on/in sth** 将(將)某物竖(豎)放在某物上/中 jiāng mǒuwù shùfàngzài mǒuwù shang/zhōng **2** (*withstand, tolerate*) 经(經)受住 jīngshòu zhù ▷ *The economy will not stand another rise in interest rates.* 经济将经受不起利息的再次上升。Jīngjì jiāng jīngshòu bù qǐ lìxī de zàicì shàngshēng. **3** ▶ **I can't stand him/it** 我无(無)法容忍他/它 wǒ wúfǎ róngrěn tā/tā ▶ **to take the stand** (*US: Law*) 出庭作证(證) chūtíng zuòzhèng ▶ **to make a stand against sth** 反抗某物 fǎnkàng mǒuwù ▶ **to take a stand on sth** 对(對)某事表明立场(場) duì mǒushì biǎomíng lìchǎng ▶ **sb's last stand** 某人的最后(後)一搏 mǒurén de zuìhòu yī bó ▶ **to stand at** [*value, level, score etc* +] 处(處)于(於) chǔyú ▷ *Unemployment now stands at 20%.* 目前失业率处于20%的水平。Mùqián shīyèlǜ chǔyú bǎifēnzhī èrshí de shuǐpíng. ▶ **as things stand** 照这(這)种(種)样(樣)子 zhào zhèzhǒng yàngzi ▶ **it stands to reason** 那是显(顯)而易见(見)的 nà shì xiǎn ér yì jiàn de ▶ **to stand to gain/lose sth** 很可能会(會)获(獲)得/失去某物 hěn kěnéng huì huòdé/shīqù mǒuwù ▶ **to stand for parliament** (*Brit*) 竞(競)选(選)议(議)员(員) jìngxuǎn yìyuán ▶ **to stand sb a drink/meal** (*inf*) 请(請)某人喝一杯/吃一顿(頓) qǐng mǒurén hē yī bēi/chī yī dùn ▶ **to stand trial** 受审(審)判 shòu shěnpàn

▶**stand by I** VI **1** (*be ready*) 作好准(準)备(備) zuòhǎo zhǔnbèi **2** (*fail to help*) 袖手旁观(觀) xiù shǒu pángguān ▷ *We cannot stand by and watch while our allies are attacked.* 我们不能袖手旁观，眼睁睁看着盟军遭到进攻。Wǒmen bùnéng xiù shǒu pángguān, yǎnzhēngzhēng kànzhe méngjūn zāodào jìngōng. **II** VT FUS **1** [+ *promise, decision*] 遵守 zūnshǒu **2** [+ *person*] 支持 zhīchí

▶**stand down** VI 辞(辭)职(職) cízhí

▶**stand for** VT FUS **1** (*signify*) 主张(張) zhǔzhāng ▷ *He hates us and everything we stand for.* 他恨我们以及我们主张的一切。Tā hèn wǒmen yǐjí wǒmen zhǔzhāng de yīqiè. **2** [*abbreviation* +] 代表 dàibiǎo ▷ *What does CSE stand for?* CSE代表什么？ CSE dàibiǎo shénme? **3** ▶ **I will not stand for it** 我不会(會)容忍这(這)个(個) wǒ bùhuì róngrěn zhège

▶**stand in for** VT FUS [+ *teacher*] 代替 dàitì

▶**stand out** VI (*be prominent*) 醒目 xǐngmù ▷ *The name on the van stood out clearly.* 货车上的名字非常醒目。Huòchē shàng de míngzì fēicháng xǐngmù.

▶**stand up** VI **1** [*person* +] (*rise*) 起立 qǐlì ▷ *I put down my glass and stood up.* 我把玻璃杯放下，站起来。Wǒ bǎ bōlibēi fàngxià, zhàn qǐlái. **2** [*person* +] (*be on one's feet*) 站立 zhànlì ▷ *a shop assistant who has to stand up all day* 整天都得站着的售货员 zhěngtiān dōu děi zhànzhe de shòuhuòyuán **3** [*claim, evidence* +] 站得住脚(腳) zhàndezhù jiǎo ▷ *He made wild accusations that did not stand up.* 他做了无根无据，根本站不住脚的指控。Tā zuòle wú gēn wú jù, gēnběn zhàn bù zhù jiǎo de zhǐkòng.

▶**stand up for** VT FUS [+ *person*] 坚(堅)持 jiānchí; [+ *one's rights*] 维(維)护(護) wéihù

▶**stand up to** VT FUS **1** (*withstand*) 经(經)得起 jīngdeqǐ ▷ *Will this building stand up to the gales?* 这座建筑会经得起狂风吗？ Zhè zuò jiànzhù huì jīngdeqǐ kuángfēng ma? **2** [+ *person*] 勇敢地面对(對) yǒnggǎn de miànduì ▷ *He's too weak to stand up to her.* 他太软弱了，根本无法面对她。Tā tài ruǎnruò le, gēnběn wúfǎ miànduì tā.

standard ['stændəd] **I** N [c] **1** (*level*) 水平 shuǐpíng [种 zhǒng] **2** (*norm, criterion*) 标(標)准(準) biāozhǔn [个 gè] **3** (*flag*) 旗子 qízi **II** ADJ **1** [+ *size*] 普通的 pǔtōng de **2** [+ *procedure, practice*] 标(標)准(準)的 biāozhǔn de **3** [+ *model, feature*] 规(規)范(範)的 guīfàn de **4** [+ *textbook, work*] 权(權)威性的 quánwēixìng de **III standards** N PL 规(規)范(範) guīfàn ▶ **to be up to standard** 达(達)到标(標)准(準) dádào biāozhǔn

standardize ['stændədaɪz] VT 标(標)准(準)化 biāozhǔnhuà

standard of living N [c] 生活水平 shēnghuó shuǐpíng [种 zhǒng]

stand-by, standby ['stændbaɪ] **I** N [c] 后(後)备(備) hòubèi **II** CPD [+ *ticket, seat*] 剩余(餘) shèngyú ▶ **to be on stand-by** [*doctor, crew, firemen etc* +] 待命 dàimìng

standing ['stændɪŋ] **I** N **1** [U] (*status*) 身份 shēnfèn **2** [c] (*reputation*) 声(聲)誉(譽) shēngyù **II** ADJ **1** ▶ **a standing invitation** 长(長)期有效的邀请(請) chángqī yǒuxiào de yāoqǐng ▷ *Remember that you have a standing invitation to stay with us.* 记住你随时可以来我们这里住。Jìzhù nǐ suíshí kěyǐ lái wǒmen zhèlǐ zhù. **2** [+ *army*] 常备(備)的 chángbèi de ▶ **of many years' standing** 持续(續)多年的 chíxù duō nián de ▶ **a standing ovation** 起立长(長)时(時)间(間)鼓掌 qǐlì cháng shíjiān gǔzhǎng

standing order (*Brit: Fin*) N [c] 长(長)期有效委托书(書) chángqī yǒuxiào wěituō shū [份 fèn]

standpoint ['stændpɔɪnt] N ▸ **from a military/economic standpoint** 从(從)军(軍)事/经(經)济(濟)的立场(場)出发(發) cóng jūnshì/jīngjì de lìchǎng chūfā

standstill ['stændstɪl] N ▸ **to be at a standstill** [*traffic, negotiations* +] 停滞(滯)不前的 tíngzhì bù qián de ▸ **to come** *or* **be brought to a standstill** [*traffic* +] 停滞(滯)下来(來) tíngzhì xiàlái; [*production, progress* +] 被迫停顿(頓) bèipò tíngdùn

stank [stæŋk] PT *of* **stink**

staple ['steɪpl] I N [c] **1** (*for fastening paper*) 订(訂)书(書)钉(釘) dìngshūdīng [颗 kē] **2** (*food*) 主食 zhǔshí II ADJ [+ *diet, goods*] 基本的 jīběn de III VT (*fasten*) 用订(訂)书(書)钉(釘)钉(釘) yòng dìngshūdīng dìng ▸ **to be a staple of sth** [*product, activity* +] 为(為)某物的一个(個)主要成分 wéi mǒuwù de yī gè zhǔyào chéngfèn

stapler ['steɪplə^r] N [c] 钉(釘)书(書)器 dìngshūqì [个 gè]

★ **star** [stɑː^r] I N [c] **1** (*in sky*) 星 xīng [颗 kē] **2** (*shape*) 星形物 xīngxíng wù **3** (*celebrity*) 明星 míngxīng [个 gè] II VT [*play, film* +] [+ *actor, actress*] 使主演 shǐ zhǔyǎn ▷ *The movie starred Lana Turner.* 莱娜・特纳担任那部电影的主角。Láinà Tènà dānrèn nà bù diànyǐng de zhǔjué. III VI ▸ **to star (in)** [+ *play, film*] (在…中)主演 (zài...zhōng) zhǔyǎn IV **the stars** N PL (*inf: horoscope*) 星象 xīngxiàng ▸ **a 4-star hotel** 4星级(級)旅馆(館) sì xīngjí lǚguǎn

starboard ['stɑːbɔːd] ADJ [+ *side*] 右舷的 yòuxián de ▸ **to starboard** 距离(離)右舷 jùlí yòuxián

starch [stɑːtʃ] N **1** [c/u] (*in food*) 淀(澱)粉 diànfěn **2** [u] (*for stiffening clothes*) 淀(澱)粉浆(漿) diànfěn jiāng

stardom ['stɑːdəm] N [u] 明星地位 míngxīng dìwèi

stare [stɛə^r] I VI ▸ **to stare (at sb/sth)** 盯着(著)(某人/某物) dīngzhe (mǒurén/mǒuwù) II N [c] 凝视(視) níngshì ▸ **to give sb a stare** 盯某人一眼 dīng mǒurén yī yǎn

stark [stɑːk] I ADJ **1** [+ *room, object, landscape*] 光秃(禿)秃(禿)的 guāng tūtū de **2** [+ *warning, choice*] 严(嚴)峻的 yánjùn de **3** ▸ **to be in stark contrast to sth** 和某物形成鲜(鮮)明对(對)比 hé mǒuwù xíngchéng xiānmíng duìbǐ II ADV ▸ **stark naked** 一丝(絲)不挂(掛)地 yī sī bù guà de

★ **start** [stɑːt] I N [c] **1** 开(開)始 kāishǐ [个 gè] ▷ *the start of the project* 项目的开始 xiàngmù de kāishǐ ▷ *the start of the year* 年初 **2** (*departure*) 开(開)端 kāiduān ▷ *We need a fresh start.* 我们要有个新的开端。Wǒmen yào yǒu gè xīn de kāiduān. **3** (*sudden movement*) 惊(驚)跳 jīngtiào ▷ *He awoke with a start.* 他猛然惊醒。Tā měngrán jīngxǐng. **4** (*lead*) 先行 xiānxíng ▷ *You must give me fifty metres start.* 你一定要让我先行50米。Nǐ yīdìng yào ràng wǒ xiān xíng wǔshí mǐ. II VT **1** (*begin*) 开(開)始 kāishǐ ▷ *My father started work when he was ten.* 我父亲10岁时开始工作。Wǒ fùqīn shí suì shí kāishǐ gōngzuò. **2** (*cause*) [+ *fire, panic*] 使产(產)生 shǐ chǎnshēng ▷ *I started a fire.* 我生了火。Wǒ shēng le huǒ. **3** (*found*) [+ *business*] 创(創)建 chuàngjiàn ▷ *He raised the money to start a restaurant.* 他筹资创建了一家餐馆。Tā chóuzī chuàngjiànle yī jiā cānguǎn. **4** [+ *engine, car*] 启(啟)动(動) qǐdòng III VI **1** (*begin*) 开(開)始 kāishǐ ▷ *The meeting starts at 7.* 会议7点开始。Huìyì qī diǎn kāishǐ. **2** (*with fright*) 惊(驚)起 jīngqǐ ▷ *It caused her to start back in terror.* 她被惊吓得往后跳了一下。Tā bèi jīngxià de wǎng hòu tiàole yī xià. **3** [*engine, car* +] 启(啟)动(動) qǐdòng ▷ *The car wouldn't start.* 那辆车启动不了。Nà liàng chē qǐdòng bùliǎo. **4** ▸ **to start as sth** 从(從)做某事发(發)迹(跡) cóng zuò mǒushì fājì ▷ *Mr. Dunbar started as an assistant.* 邓伯先生从当助理起家。Dèngbó xiānsheng cóng dāng zhùlǐ qǐjiā. ▸ **at the start** (*at first*) 一开(開)始 yī kāishǐ ▸ **for a start** (*firstly*) 首先 shǒuxiān ▸ **from the start** 从(從)一开(開)始 cóng yī kāishǐ ▸ **to get off to a good/bad start** 开(開)头(頭)顺(順)利/开(開)头(頭)不顺(順)利 kāitóu shùnlì/kāitóu bù shùnlì ▸ **to make an early start** 一早出发(發) yī zǎo chūfā ▸ **from start to finish** 从(從)头(頭)至尾 cóng tóu zhì wěi ▸ **to start doing** *or* **to do sth** 开(開)始做某事 kāishǐ zuò mǒushì ▸ **to start (off) with** (*initially*) 开(開)始时(時) kāishǐ shí

▸ **start off** VI **1** (*begin*) 开(開)始从(從)事 kāishǐ cóngshì ▷ *He started off as an assistant.* 他从助理做起。Tā cóng zhùlǐ zuò qǐ. **2** (*begin moving*) 动(動)身 dòngshēn ▸ **to start off by doing sth** 首先做某事 shǒuxiān zuò mǒushì

▸ **start on** VT FUS 开(開)始 kāishǐ

▸ **start out** VI (*begin*) 开(開)始 kāishǐ ▷ *It started out as fun, but it became hard work.* 开始很好玩，但后来变得很费劲。Kāishǐ hěn hǎo wán, dàn hòulái biànde hěn fèijìn. ▸ **to start out by doing sth** 最先做某事 zuì xiān zuò mǒushì

▸ **start over** (US) VI, VT 重新开(開)始 chóngxīn kāishǐ

▸ **start up** I VT **1** [+ *business*] 创(創)办(辦) chuàngbàn **2** [+ *engine, car*] 发(發)动(動) fādòng II VI [*engine, car* +] 发(發)动(動) fādòng

starter ['stɑːtə^r] N [c] **1** (*in car*) 起动(動)装(裝)置 qǐdòng zhuāngzhì [个 gè] **2** (*race official*) 发(發)令员(員) fālìngyuán [个 gè] **3** (*horse, athlete*) 参(參)赛(賽)者 cānsàizhě [个 gè] **4** (Brit) (*in meal*) 开(開)胃菜 kāiwèi cài [道 dào] ▸ **for starters** (*inf*) 首先 shǒuxiān

starting point ['stɑːtɪŋ-] N [c] **1** (*for journey*) 起始点(點) qǐshǐ diǎn **2** (*for discussion, idea*)

开(開)端 kāiduān [个 gè]

startle ['stɑ:tl] VT 使吓(嚇)一跳 shǐ xià yī tiào

startling ['stɑ:tlɪŋ] ADJ 惊(驚)人的 jīngrén de

starvation [stɑ:'veɪʃən] N [U] 饥(飢)饿(餓) jī'è ▸ **to die of** *or* **from starvation** 饿(餓)死 èsǐ

starve [stɑ:v] I VI **1** (*be very hungry*) 挨饿(餓) ái'è **2** (*die from hunger*) 饿(餓)死 èsǐ II VT [+ *person, animal*] 使挨饿(餓) shǐ ái'è ▸ **I'm starving** (*inf*) 我饿(餓)极(極)了 wǒ è jí le ▸ **to starve to death** 饿(餓)死 èsǐ ▸ **to be starved of...** [+ *investment, love*] 匮(匱)乏…的 kuìfá...de

★ **state** [steɪt] I N **1** [C] (*condition*) 状(狀)态(態) zhuàngtài [种 zhǒng] ▹ *They are concerned about the state of the house.* 他们对房子的状态有所担心。Tāmen duì fángzi de zhuàngtài yǒu suǒ dānxīn. **2** [C] (*country*) 国(國)家 guójiā [个 gè] ▹ *Europe's only remaining communist state* 欧洲惟一尚存的共产主义国家 ōuzhōu wéiyī shàng cún de gòngchǎn zhǔyì guójiā **3** [C] (*part of country*) 州 zhōu [个 gè] ▹ *the Southern states* 美国南部各州 America nánbù gè zhōu **4** [S] (*government*) 政府 zhèngfǔ ▹ *The state does not collect enough revenue to cover its expenditure.* 政府征收的税收不能满足支出。Zhèngfǔ zhēngshōu de shuìshōu bùnéng mǎnzú zhīchū. II CPD **1** (*government-controlled*) 政府 zhèngfǔ ▹ *the state social-security system* 政府社会保障系统 zhèngfǔ shèhuì bǎozhàng xìtǒng **2** (*involving head of state*) 国(國)事 guóshì ▹ *a state visit to India* 对印度的国事访问 duì Yìndù de guóshì fǎngwèn III VT (*say, declare*) 申明 shēnmíng ▹ *Please state your name.* 请申明您的姓名。Qǐng shēnmíng nín de xìngmíng. IV **the States** N PL (*inf*) 美国(國) Měiguó ▸ **to be in a state** 处(處)于(於)焦虑(慮)状(狀)态(態) chǔyú jiāolǜ zhuàngtài ▸ **to get into a state** 陷入紧(緊)张(張)不安的状(狀)态(態) xiànrù jǐnzhāng bù'ān de zhuàngtài ▸ **to lie in state** 受公众(眾)瞻仰 shòu gōngzhòng zhānyǎng ▸ **a state of emergency** (*Pol*) 紧(緊)急状(狀)态(態) jǐnjí zhuàngtài ▸ **state of affairs** 事态(態) shìtài ▸ **state of mind** 心情 xīnqíng ▸ **to state that...** 声(聲)明… shēngmíng...

stately ['steɪtlɪ] ADJ **1** [+ *building*] 宏伟(偉)的 hóngwěi de **2** [+ *pace*] 庄(莊)重的 zhuāngzhòng de

statement ['steɪtmənt] N [C] **1** (*declaration*) 声(聲)明 shēngmíng [个 gè] **2** (*also:* **bank statement**) 银(銀)行结(結)单(單) yínháng jiédān [张 zah...ng]

state school (*Brit*) N [C] 公立学(學)校 gōnglì xuéxiào [所 suǒ] [美 = **public school**]

statesman ['steɪtsmən] (*pl* **statesmen**) N [C] 政治家 zhèngzhìjiā [位 wèi]

static ['stætɪk] I N [U] **1** (*on radio, TV*) 静(靜)电(電)干扰(擾) jìngdiàn gānrǎo **2** (*also:* **static electricity**) 静(靜)电(電) jìngdiàn II ADJ 静(靜)止的 jìngzhǐ de ▸ **to remain static** [*numbers, prices etc* +] 保持稳(穩)定 bǎochí wěndìng

station ['steɪʃən] I N [C] **1** (*railway station*) 车(車)站 chēzhàn [个 gè] **2** (*police station*) 警察局 jǐngchá jú **3** (*on radio*) 电(電)台(臺) diàntái [个 gè] II VT **1** (*position*) 安置 ānzhì **2** (*Mil*) (*base*) 驻(駐)扎(紮) zhùzhā ▸ **to marry/be educated above one's station** (*o.f.*) 与(與)高于(於)本人地位的人结(結)婚/受到高于(於)本人地位的教育 yǔ gāoyú běnrén dìwèi de rén jiéhūn/shòudào gāoyú běnrén dìwèi de jiàoyù ▸ **to station o.s. somewhere** 呆在某处(處) dāi zài mǒuchǔ

stationary ['steɪʃnərɪ] ADJ 停滞(滯)的 tíngzhì de

stationer's ['steɪʃnəz] N [C] 文具店 wénjùdiàn [家 jiā]

stationery ['steɪʃnərɪ] N [U] 文具 wénjù

station wagon (*US*) N [C] 旅行车(車) lǚxíng chē [辆 liàng] [英 = **estate car**]

statistic [stə'tɪstɪk] N [C] 统(統)计(計)资(資)料 tǒngjì zīliào

statistical [stə'tɪstɪkl] ADJ [+ *analysis, evidence, information*] 统(統)计(計)的 tǒngjì de

statistics [stə'tɪstɪks] N [U] (*subject*) 统(統)计(計)学(學) tǒngjì xué

statue ['stætju:] N [C] 塑像 sùxiàng [尊 zūn]

stature ['stætʃə^r] N [U] **1** (*height*) 身高 shēngāo **2** (*reputation*) 名望 míngwàng

status ['steɪtəs] N [U] **1** (*position*) 地位 dìwèi **2** (*official classification*) 身份 shēnfèn **3** (*importance*) 重要地位 zhòngyào dìwèi

status quo [-'kwəu] (*frm*) N ▸ **the status quo** 现(現)状(狀) xiànzhuàng

statutory ['stætjutrɪ] (*frm*) ADJ 法定的 fǎdìng de

staunch [stɔ:ntʃ] I ADJ [+ *supporter, ally*] 坚(堅)定的 jiāndìng de II (*frm*) VT **1** [+ *flow*] 阻止 zǔzhǐ **2** [+ *blood, wound*] 使止住 shǐ zhǐzhù

★ **stay** [steɪ] I N [C] **1** 逗留 dòuliú [次 cì] ▹ *We want to make your stay as enjoyable as possible.* 我们想尽量令你的逗留愉快。Wǒmen xiǎng jìnliàng lìng nǐ de dòuliú yúkuài. **2** (*in institution*) 暂(暫)住 zànzhù ▹ *an overnight stay in hospital* 在医院里暂住的一夜 zài yīyuàn lǐ zàn zhù de yī yè II VI **1** (*in place, position*) 呆(獃) dāi ▹ *"Stay here," Kate said. "I'll bring the car."* "呆在这里，"凯特说，"我把车开过来。" "Dāi zài zhèlǐ, "Kǎitè shuō, "wǒ bǎ chē kāi guòlái." **2** (*in town, hotel, someone's house*) 逗留 dòuliú ▹ *How long can you stay in Brussels?* 你能在布鲁塞尔逗留多长时间？Nǐ néng zài Bùlǔsài'ěr dòuliú duō cháng shíjiān? **3** (*in state, situation*) 保持 bǎochí ▹ *information on how to stay healthy* 有关如何保持健康的资料 yǒuguān rúhé bǎochí jiànkāng de zīliào III VT ▸ **to stay the night** 过(過)夜 guòyè ▸ **to stay with sb** 在某人家暂(暫)住 zài mǒurén jiā zànzhù ▸ **computers are here to stay** 电(電)

脑(腦)将(將)深深扎下根来(來) diànnǎo jiāng shēnshēn zāxià gēn lái ▸ **to stay put** 固定不动(動) gùdìng bù dòng ▸ **to stay ahead of sth/sb** 领(領)先于(於)某物/某人 lǐngxiān yú mǒuwù/mǒurén

▸**stay away** VI **1** (*from place*) 不接近 bù jiējìn **2** (*from person, activity*) 远(遠)离(離) yuǎnlí

▸**stay behind** VI 留在后(後)面 liúzài hòumiàn

▸**stay in** VI 呆在家里(裡) dāizài jiālǐ

▸**stay on** VI (*in place, job*) 继(繼)续(續)留下 jìxù liúxià

▸**stay out** VI 夜不归(歸)宿 yèbù guīsù ▹ *She stayed out all night.* 她彻夜未归。Tā chèyè wèi guī. ▸ **stay out of it!** 别(別)介入这(這)件事！ Bié jièrù zhè jiàn shì!

▸**stay up** VI 不去睡 bùqùshuì

staycation N [C] (*inf*) 居家度假 jūjiā dùjià 宅度假 zhái dùjià

steadily ['stɛdɪlɪ] ADV **1** (*continuously*) 不断(斷)地 bùduàn de **2** (*calmly*) [*look, stare* +] 镇(鎮)定地 zhèndìng de

steady ['stɛdɪ] **I** ADJ **1** (*continuous*) [+ *progress, increase, fall*] 稳(穩)定的 wěndìng de **2** (*regular*) [+ *job, income*] 固定的 gùdìng de **3** (*uniform*) [+ *speed*] 规(規)律的 guīlǜ de **4** (*stable*) [+ *relationship*] 稳(穩)定的 wěndìng de **5** (*reliable*) [+ *person*] 踏踏实(實)实(實)的 tātā shíshí de **6** (*firm*) [+ *object, hand*] 稳(穩)的 wěn de **7** (*calm*) [+ *look, voice*] 镇(鎮)定的 zhèndìng de **II** VT (*stabilize*) 使平稳(穩) shǐ píngwěn **III** VI (*stabilize*) 稳(穩)定下来(來) wěndìng xiàlái ▸ **to steady o.s.** (*mentally*) 使自己镇(鎮)定下来(來) shǐ zìjǐ zhèndìng xiàlái; (*physically*) 使自己不摇(搖)晃 shǐ zìjǐ bù yáohuàng ▸ **to steady one's nerves** 稳(穩)定自己的情绪(緒) wěndìng zìjǐ de qíngxù

steak [steɪk] N **1** [C/U] (*beef*) 牛排 niúpái [份 fèn] **2** [C] (*fish, pork etc*) 厚片 hòupiàn

steal [sti:l] (*pt* **stole**, *pp* **stolen**) **I** VT 偷窃(竊) tōuqiè **II** VI **1** 行窃(竊) xíngqiè **2** ▸ **to steal away/out** 悄悄溜走 qiāoqiāo liūzǒu ▸ **he stole it from me** 他从(從)我这(這)里(裡)把它偷走了 tā cóng wǒ zhèlǐ bǎ tā tōuzǒu le

> 请勿将 **rob** 和 **steal** 混淆。如果你 **steal** 某物，例如钱或车，你未经允许就将他人的物品据为己有，并且不打算归还。*My car was stolen on Friday evening.* 注意，不能说某人 **steal** 某人，只能说 **steal from** 某人。某人 **rob** 某人或某个地方，即使用暴力将他人或某个地方的东西据为己有，并且不打算归还。*They planned to rob an old woman...They joined forces to rob a factory.* **rob** 后可以跟 **of** 加被强占的物品。*The two men were robbed of more than £700.* 注意，**rob** 后可以直接跟被抢劫的对象，即可以说 **rob** 某人。

steam [sti:m] **I** N [U] **1** 蒸汽 zhēngqì **2** (*on window*) 水汽 shuǐqì **II** CPD 蒸汽 zhēngqì **III** VT 蒸 zhēng **IV** VI 冒蒸汽 mào zhēngqì ▸ **to run out of steam** 失去劲(勁)头(頭) shīqù jìntóu ▸ **under one's own steam** 靠自己的力量 kào zìjǐ de lìliang ▸ **to let off steam** 发(發)泄(洩) fāxiè

▸**steam up** VI [*window, mirror, spectacles* +] 蒙上水汽 méngshang shuǐqì ▸ **to get steamed up about sth** (*inf*) 因某事而恼(惱)火 yīn mǒushì ér nǎohuǒ

> 用法参见 **cook**

steamy ['sti:mɪ] ADJ **1** [+ *room*] 蒸汽弥(瀰)漫的 zhēngqì mímàn de **2** (*inf*) [+ *film, book, scene*] 色情的 sèqíng de

steel [sti:l] **I** N [U] 钢(鋼)铁(鐵) gāngtiě **II** CPD **1** (*made from steel*) 钢(鋼)制(製) gāngzhì **2** (*producing steel*) 钢(鋼)铁(鐵)生产(產) gāngtiě shēngchǎn **III** VT ▸ **to steel o.s. (to do sth)** 狠下心(做某事) hěnxià xīn (zuò mǒushì)

steep [sti:p] **I** ADJ **1** [+ *hill, staircase*] 陡的 dǒu de **2** [+ *increase, rise*] 急剧(劇)的 jíjù de **3** (*inf: expensive*) 过(過)高的 guògāo de **II** VT ▸ **to steep sth in liquid** 将(將)某物浸泡在液体(體)中 jiāng mǒuwù jìnpào zài yètǐ zhōng ▸ **to be steeped in history** 充满(滿)历(歷)史气(氣)息 chōngmǎn lìshǐ qìxī

steeple ['sti:pl] N [C] 尖塔 jiāntǎ

steer [stɪəʳ] **I** VT **1** [+ *car, boat, plane*] 驾(駕)驶(駛) jiàshǐ **2** ▸ **to steer sb to/towards** 带(帶)领(領)某人去/向…方向发(發)展 dàilǐng mǒurén qù/xiàng...fāngxiàng fāzhǎn **II** VI [*car, boat, plane* +] 行驶(駛) xíngshǐ ▸ **to steer clear of sb/sth** 避开(開)某人/某事 bìkāi mǒurén/mǒushì

steering ['stɪərɪŋ] N [U] (*in car etc*) 转(轉)向装(裝)置 zhuǎnxiàng zhuāngzhì

steering wheel N [C] 方向盘(盤) fāngxiàng pán [个 gè]

stem [stɛm] **I** N [C] **1** [*of plant*] 茎(莖) jīng **2** [*of leaf, fruit*] 梗 gěng **3** [*of glass*] 柄脚(腳) bǐngjiǎo **4** [*of pipe*] 柄 bǐng **II** VT **1** (*stop*) [+ *flow, tide*] 堵住 dǔzhù; [+ *illegal drugs, violence*] 遏制 èzhì **2** [+ *bleeding*] 止住 zhǐzhù

▸**stem from** VT FUS 起源于(於) qǐyuán yú

stench [stɛntʃ] N [C] 恶(惡)臭 èchòu [股 gǔ]

★ **step** [stɛp] **I** N **1** [C] (*footstep*) 脚(腳)步 jiǎobù ▹ *He heard steps in the corridor.* 他听见走廊里的脚步声。Tā tīngjiàn zǒuláng lǐ de jiǎobùshēng. **2** [C] (*in dance*) 舞步 wǔbù **3** [C] (*action*) 步骤(驟) bùzhòu ▹ *the first step towards peace* 通向和平的第一步 tōng xiàng hépíng de dì yī bù **4** [C] (*stage*) [*of process*] 阶(階)段 jiēduàn [个 gè] ▹ *The next step is to put the theory into practice.* 下一阶段是将理论付诸于实践。Xià yī jiēduàn shì jiāng lǐlùn fùzhū yú shíjiàn. **5** [C] [*of stairs*] 梯级(級) tījí [层 céng] ▹ *She was sitting on the top step.* 她坐在最高的一级楼梯上。Tā zuò zài zuì gāo de yī jí lóutī shàng. **6** [C] (*outside door*) 台(臺)阶(階) táijiē **7** [U] (*also*: **step aerobics**) 阶(階)梯健身运(運)

S

动(動) jiētī jiànshēn yùndòng **II** VI **1** ▸ **to step forward/backward** *etc* 向前/后(後)等迈(邁)步 xiàngqián/hòu *děng* màibù **2** ▸ **to step on/over sth** (*tread*) 踩在某物上/跨过(過)某物 cǎizài mǒuwù shàng/kuàguò mǒuwù **III steps** N PL (*Brit*) = **stepladder** ▸ **step by step** 逐步地 zhúbù de ▸ **to stay** *or* **keep one step ahead of sb/sth** 保持比某人/某物领(領)先一步 bǎochí bǐ mǒurén/mǒuwù lǐngxiān yī bù ▸ **to take a step** (*lit*) 迈(邁)一步 mài yī bù ▸ **to take steps to do sth** (*fig*) 采(採)取措施做某事 cǎiqǔ cuòshī zuò mǒushì ▸ **to be in step/out of step with sb** (*fig*) 与(與)某人一致/不一致 yǔ mǒurén yīzhì/bù yīzhì ▸ **to walk in step/out of step (with sb)** (与(與)某人)步伐一致/不一致 (yǔ mǒurén) bùfá yīzhì/bù yīzhì

▸**step aside** = **step down**

▸**step back** VI ▸ **to step back (from sth)** (*fig*) 跳出(某事)来(來)看 tiàochū (mǒushì) lái kàn

▸**step down, step aside** VI 辞(辭)职(職) cízhí

▸**step in** VI (*intervene*) 介入 jièrù

▸**step off** VT FUS [+ *plane, platform*] 走下来(來) zǒu xiàlái

▸**step up** VT (*increase*) [+ *efforts, pace etc*] 增加 zēngjiā

stepbrother ['stɛpbrʌðə^r] N [C] (*with shared father*) 异(異)母兄弟 yìmǔ xiōngdì [个 gè]; (*with shared mother*) 异(異)父兄弟 yìfù xiōngdì [个 gè]

stepchild ['stɛptʃaɪld] (*pl* **stepchildren**) N [C] (*of woman*) 丈夫与(與)前妻所生的子女 zhàngfu yǔ qiánqī suǒ shēng de zǐnǚ; (*of man*) 妻子与(與)前夫所生的子女 qīzi yǔ qiánfū suǒ shēng de zǐnǚ

stepdaughter ['stɛpdɔːtə^r] N [C] 继(繼)女 jìnǚ [个 gè]

stepfather ['stɛpfɑːðə^r] N [C] 继(繼)父 jìfù [位 wèi]

stepladder ['stɛplædə^r] N [C] 活梯 huótī

stepmother ['stɛpmʌðə^r] N [C] 继(繼)母 jìmǔ [位 wèi]

stepsister ['stɛpsɪstə^r] N [C] (*with shared father*) 异(異)母姐妹 yìmǔ jiěmèi [个 gè]; (*with shared mother*) 异(異)父姐妹 yìfù jiěmèi [个 gè]

stepson ['stɛpsʌn] N [C] 继(繼)子 jìzǐ [个 gè]

stereo ['stɛrɪəu] **I** N [C] 立体(體)声(聲)装(裝)置 lìtǐ shēng zhuāngzhì [套 tào] **II** ADJ 立体(體)声(聲)的 lìtǐ shēng de ▸ **in stereo** 用立体(體)声(聲) yòng lìtǐshēng

stereotype ['stɪərɪətaɪp] **I** N [C] 老套 lǎotào **II** VT 使模式化 shǐ móshì huà

sterile ['stɛraɪl] ADJ **1** [+ *bandage, needle*] 消过(過)毒的 xiāoguòdú de **2** [+ *person, animal*] 不育的 bùyù de **3** [+ *debate, ideas*] 枯燥乏味的 kūzào fáwèi de

sterilize ['stɛrɪlaɪz] VT **1** [+ *object*] 消毒 xiāodú **2** [+ *person, animal*] 使绝(絕)育 shǐ juéyù

sterling ['stəːlɪŋ] **I** N [U] (*currency*) 英国(國)货(貨)币(幣) Yīngguó huòbì **II** ADJ **1** [+ *silver*] 纯(純)的 chún de **2** [+ *efforts, character*] 优(優)秀的 yōuxiù de ▸ **one pound sterling** 一英镑(鎊) yī yīngbàng

stern [stəːn] **I** ADJ **1** [+ *warning, measures*] 严(嚴)厉(厲)的 yánlì de **2** [+ *person*] 严(嚴)格的 yángé de **II** N [C] [*of boat*] 船尾 chuánwěi

steroid ['stɪərɔɪd] N [C] 类(類)固醇 lèigùchún

stew [stjuː] **I** N [C/U] 炖(燉)的食物 dùn de shíwù [种 zhǒng] **II** VT, VI **1** [+ *meat, vegetables*] 炖(燉) dùn **2** [+ *fruit*] 煨 wēi ▸ **stewed tea** 泡过(過)久的茶 pào guò jiǔ de chá

steward ['stjuːəd] N [C] **1** (*on ship, plane, train*) 乘务(務)员(員) chéngwù yuán **2** (*at race, march, in club*) 干(幹)事 gànshì [个 gè]

stewardess ['stjuədɛs] N [C] 女乘务(務)员(員) nǚ chéngwùyuán [位 wèi]

stick [stɪk] (*pt, pp* **stuck**) **I** N [C] **1** [*of wood*] 枯枝 kūzhī [根 gēn] **2** (*as weapon*) 棍棒 gùnbàng **3** (*walking stick*) 拐(枴)杖 guǎizhàng [根 gēn] **4** [*of chalk, dynamite, celery*] 条(條) tiáo **II** VT **1** ▸ **to stick sth on** *or* **to sth** (*with glue etc*) 将(將)某物粘贴(貼)在某物上 jiāng mǒuwù zhāntiē zài mǒuwù shang **2** ▸ **to stick sth in/through sth** (*inf: put*) 随(隨)手将(將)某物戳进(進)/放进(進)某物中 suíshǒu jiāng mǒuwù chuōjìn/fàngjìn mǒuwù zhōng **3** ▸ **to stick sth in** *or* **into sth** (*push*) 将(將)某物刺入某物中 jiāng mǒuwù cìrù mǒuwùzhōng **4** (*Brit; inf*) (*tolerate*) 忍受 rěnshòu **III** VI **1** ▸ **to stick (to sth)** [*stamp, sticker* +] 粘贴(貼)(在某物上) zhántiē (zài mǒuwù shang) **2** [*substance, paste* +] 粘在 zhānzài **3** (*remain*) [*name* +] 长(長)久保留 chángjiǔ bǎoliú ▹ *I nicknamed him "Rex", a name which stuck.* 我给他起了个外号叫Rex，一直叫到现在。Wǒ gěi tā qǐle gè wàihào jiào Ruìkèsī, yīzhí jiàodào xiànzài. **4** (*get jammed*) [*door, lift* +] 卡住 kǎzhù ▸ **to get (hold of) the wrong end of the stick** (*inf*) 误(誤)解 wùjiě ▸ **to stick in one's mind** [*thought etc* +] 铭(銘)记(記)在某人的心中 míngjì zài mǒurén de xīn zhōng

▸**stick around** (*inf*) VI 呆在附近 dāizài fùjìn

▸**stick by** VT FUS [+ *person*] 忠于(於) zhōngyú

▸**stick out I** VI (*protrude*) 伸出 shēnchū **II** VT **1** (*extend*) [+ *tongue, hand*] 伸出 shēnchū **2** ▸ **to stick it out** (*inf*) 坚(堅)持到底 jiānchí dàodǐ

▸**stick to** VT FUS **1** [+ *one's word, agreement*] 信守 xìnshǒu **2** [+ *the truth, facts*] 紧(緊)扣 jǐnkòu **3** (*continue on*) [+ *road*] 沿着(著) yánzhe **4** [+ *job*] 坚(堅)持 jiānchí

▸**stick together** VI [*people* +] 团(團)结(結)一致 tuánjié yīzhì

▸**stick up I** VI (*extend upwards*) 竖(豎)起 shùqǐ **II** VT [+ *picture, notice*] 张(張)贴(貼) zhāntiē

▸**stick up for** VT FUS [+ *person, idea*] 为(為)…辩(辯)护(護) wèi...biànhù

▸**stick with** VT FUS [+ *person, job*] 忠于(於) zhōngyú

sticker ['stɪkə^r] N [C] 不干(乾)胶(膠)标(標)

签(籤) bùgānjiāo biāoqiān [个 gè]

sticky ['stɪkɪ] ADJ **1** [+ *substance*] 黏的 nián de **2** [+ *bottle, tube etc*] 胶(膠)黏的 jiāonián de **3** (*adhesive*) [+ *tape, paper*] 黏性的 niánxìng de **4** [+ *weather, day*] 湿(濕)热(熱)的 shīrè de **5** (*inf: difficult*) 棘手的 jíshǒu de

stiff [stɪf] **I** ADJ **1** [+ *brush, trousers*] 硬挺的 yìngtǐng de **2** [+ *paste*] 稠的 chóu de **3** (*with aching muscles*) [+ *person*] 酸(痠)痛的 suāntòng de; [+ *neck, arm etc*] 僵硬的 jiāngyìng de **4** [+ *door, drawer, zip etc*] 紧(緊)的 jǐn de **5** [+ *manner, smile*] 生硬的 shēngyìng de **6** [+ *competition*] 激烈的 jīliè de; [+ *sentence, law*] 严(嚴)厉(厲)的 yánlì de **7** [+ *whisky, brandy*] 烈性的 lièxìng de; [+ *breeze*] 强(強)劲(勁)的 qiángjìn de **II** ADV ▸ **to be bored/scared stiff** 讨(討)厌(厭)/害怕极(極)了 tǎoyàn/hàipà jíle ▸ **to keep a stiff upper lip** (*Brit*) 感情不外露 gǎnqíng bù wàilù

stiffen ['stɪfn] **I** VI **1** [*person, body* +] 变(變)僵直 biàn jiāngzhí **2** (*also*: **stiffen up**) [*muscles, joints* +] 变(變)僵硬 biàn jiāngyìng **3** [*attitudes, behaviour* +] 变(變)得坚(堅)定 biàn de jiāndìng **II** VT **1** [+ *cloth*] 使变(變)挺 shǐ biàntǐng **2** [+ *attitude, behaviour*] 加强(強) jiāqiáng

stifle ['staɪfl] VT **1** [+ *yawn, laugh*] 忍住 rěnzhù **2** [+ *debate, creativity*] 抑制 yìzhì

stifling ['staɪflɪŋ] ADJ **1** [+ *heat*] 令人窒息的 lìng rén zhìxī de **2** (*fig*) [+ *situation*] 沉闷(悶)的 chénmèn de

stigma ['stɪgmə] N **1** [C/U] (*disgrace*) 耻(恥)辱 chǐrǔ **2** [C] (*Bot*) [*of flower*] 柱头(頭) zhùtóu

stilettos [stɪ'lɛtəuz] (*Brit*) N PL 细(細)高跟鞋 xì gāogēn xié [美 = **spike heels**]

★ **still** [stɪl] **I** ADJ **1** [+ *person, hands*] 不动(動)的 bùdòng de ▷ *He sat very still for several minutes.* 他一动也不动地坐了几分钟。Tā yī dòng yě bù dòng de zuòle jǐ fēnzhōng. ▷ *His hands were never still.* 他双手从不停歇。Tā shuāngshǒu cóngbù tíngxiē. **2** (*tranquil*) [+ *place, water, air*] 平静(靜)的 píngjìng de ▷ *a still lake* 平静的湖 píngjìng de hú ▷ *The night air was very still.* 夜空非常寂静。Yèkōng fēicháng jìjìng. **3** (*Brit*) (*not fizzy*) 无(無)气(氣)泡的 wú qìpào de ▷ *a bottle of still water* 一瓶无气泡的水 yī píng wú qìpào de shuǐ **II** ADV **1** (*up to the present*) 仍然 réngrán ▷ *She still lives in London.* 她仍住在伦敦。Tā réng zhù zài Lúndūn. **2** (*possibly*) 还(還)是 háishì ▷ *We could still make it if we rush.* 如果我们快点，还能赶上。Rúguǒ wǒmen kuàidiǎn, hái néng gǎnshàng. **3** (*even*) 更 gèng ▷ *They could delay the flight still further.* 他们能将航班拖延得更久。Tāmen néng jiāng hángbān tuōyán de gèngjiǔ. **4** (*yet*) 还(還) hái ▷ *There are ten weeks still to go.* 还有10个星期呢。Hái yǒu shí gè xīngqī ne. **5** (*nonetheless*) 尽(儘)管如此 jǐnguǎn rúcǐ ▷ *I didn't win. Still, it was fun.* 我没赢。尽管如此，却玩得很开心。Wǒ méi yíng. Jǐnguǎn rúcǐ, què wánde hěn kāixīn. **6** (*for emphasis*) 还(還)是 háishì ▷ *Despite the ruling, he was still found guilty.* 尽管有那个裁决，他还是被定了罪。Jǐnguǎn yǒu nàge cáijué, tā háishì bèi dìngle zuì. **III** N [C] (*Cine*) 剧(劇)照 jùzhào ▸ **to stand/keep still** 站着(著)别(別)动(動)/别(別)动(動) zhànzhe biédòng/biédòng ▸ **he still hasn't arrived** 他还(還)没(沒)到 tā hái méi dào ▸ **better still** 更好 gèng hǎo

stimulate ['stɪmjuleɪt] VT **1** [+ *economy, interest, demand*] 激励(勵) jīlì **2** [+ *person*] 激发(發) jīfā **3** [+ *part of body*] 促进(進) cùjìn

stimulus ['stɪmjuləs] (*pl* **stimuli** ['stɪmjulaɪ]) N **1** [C/U] (*incentive*) 刺激 cìjī **2** [C] (*Bio, Psych*) 刺激因素 cìjī yīnsù [个 gè]

sting [stɪŋ] (*pt, pp* **stung**) **I** N [C] **1** (*pain, bite*) 刺 cì [根 gēn] **2** (*part*) [*of insect*] 螫刺 áocì **3** (*inf: by police*) 精心设(設)置的圈套 jīngxīn shèzhì de quāntào **II** VT **1** [*insect, nettle* +] 刺 cì **2** [*substance* +] 灼痛 zhuótòng **3** [*wind, remarks* +] 刺痛 cìtòng **III** VI **1** [*insect, nettle* +] 叮 dīng **2** [*ointment* +] 引起刺痛 yǐnqǐ cìtòng **3** [*skin* +] 感到灼痛 gǎndào zhuótòng

stingy ['stɪndʒɪ] ADJ 吝啬的 lìnsède

stink [stɪŋk] (*pt* **stank**, *pp* **stunk**) **I** N [C] 恶(惡)臭 èchòu [种 zhǒng] **II** VI 发(發)臭 fāchòu ▸ **to stink of sth** 有某物的气(氣)味 yǒu mǒuwù de qìwèi ▸ **that idea stinks!** (*inf*) 那个(個)主意糟透了！Nàge zhǔyi zāo tòu le!

stint [stɪnt] **I** N [C] 时(時)间(間) shíjiān **II** VI ▸ **don't stint on...** 别(別)舍(捨)不得… bié shěbude...

stir [stəːʳ] **I** N [S] (*fuss*) 轰(轟)动(動) hōngdòng **II** VT **1** [+ *tea, sauce etc*] 搅(攪)动(動) jiǎodòng **2** (*move*) [+ *person*] 打动(動) dǎdòng; [+ *emotion*] 激起 jīqǐ **III** VI (*move slightly*) [*leaves etc* +] 微动(動) wēidòng; [*person* +] 挪动(動) nuódòng ▸ **to give sth a stir** 搅(攪)动(動)某物 jiǎodòng mǒuwù

▸ **stir up** VT **1** [+ *trouble*] 挑起 tiǎoqǐ **2** [+ *dust, mud*] 扬(揚)起 yángqǐ

stir-fry ['stəː'fraɪ] **I** VT 煸 biān **II** N [C] 炒菜 chǎocài

stitch [stɪtʃ] **I** N **1** [C] (*in sewing*) 针(針)脚(腳) zhēnjiǎo **2** [C] (*in knitting*) 针(針) zhēn **3** [C] (*Med*) 缝(縫)针(針) féngzhēn [枚 méi] **4** [S] (*pain*) 突然剧(劇)痛 tūrán jùtòng **II** VT **1** ▸ **to stitch sth together/to stitch sth to sth** 将(將)某物缝(縫)起来(來)/将(將)某物缝(縫)在某物上 jiāng mǒuwù féngqǐlái/jiāng mǒuwù féngzài mǒuwù shàng **2** (*Med*) (*also*: **stitch up**) [+ *wound*] 缝(縫)合 fénghé

▸ **stitch up** VT **1** (*Med*) [+ *wound*] 缝(縫)合 fénghé **2** (*Brit; inf*) (*trick, frame*) 诬(誣)陷 wūxiàn

stock [stɔk] **I** N **1** [C] (*supply*) 供应(應)物 gōngyìng wù [种 zhǒng] **2** [U] (*in shop*) 库存 kùcún **3** [C/U] (*Fin*) 股票 gǔpiào **4** [U] (*gravy*)

S

汤(湯)汁 tāngzhī **5** [U] (*frm: origin*) 血统(統) xuètǒng **II** N PL (*livestock*) 牲畜 shēngchù **III** ADJ [+ *answer, response*] 老一套的 lǎo yī tào de **IV** VT [*shop* +] [+ *goods*] 储(儲)备(備) chǔbèi ▶ **in/out of stock** 有/无(無)存货(貨) yǒu/wú cúnhuò ▶ **stocks and shares** 股票 gǔpiào ▶ **to take stock (of sth)** 斟酌(某事) zhēnzhuó (mǒushì) ▶ **well-stocked** 储(儲)备(備)丰(豐)富 chǔbèi fēngfù

▶**stock up** VI ▶ **to stock up (on** *or* **with sth)** 储(儲)备(備)(某物) chǔbèi (mǒuwù)

stockbroker ['stɔkbrəukəʳ] N [C] 股票经(經)纪(紀)人 gǔpiào jīngjìrén [位 wèi]

stock cube N [C] 固体(體)汤(湯)料 gùtǐtāngliào [个 gè]

stock exchange N [C] 股票交易所 gǔpiào jiāoyì suǒ [个 gè]

stockholder ['stɔkhəuldəʳ] (US) N [C] 股东(東) gǔdōng [位 wèi] [英 = **shareholder**]

stocking ['stɔkɪŋ] N [C] 长(長)统(統)袜(襪) chángtǒng wà [双 shuāng]

stock market N [C] 股票市场(場) gǔpiào shìchǎng [个 gè]

stoke [stəuk] VT **1** (*also*: **stoke up**) [+ *fire, furnace*] 添燃料 tiān ránliào **2** (*also*: **stoke up**) [+ *feeling*] 煽动(動) shāndòng

stole [stəul] **I** PT *of* **steal II** N [C] (*shawl*) 披肩 pījiān

stolen ['stəuln] PP *of* **steal**

stomach ['stʌmək] **I** N [C] **1** (*organ*) 胃 wèi [个 gè] **2** (*abdomen*) 腹部 fùbù [个 gè] **II** VT 容忍 róngrěn

stomach ache N [C/U] 胃痛 wèitòng [阵 zhèn]

stone [stəun] **I** N **1** [U] 石头(頭) shítou **2** [C] (*pebble*) 石子 shízǐ [块 kuài] **3** [C] (*gem*) 宝(寶)石 bǎoshí **4** [C] (*Brit*) (*in fruit*) 核 hé [美 = **pit**] **5** [C] (*Brit*) (*weight*) 英石，等于14磅或6. 35公斤 **II** CPD (*made of stone*) 石制(製) shízhì **III** VT **1** (*throw stones at*) 向…扔石头(頭) xiàng…rēng shítou **2** (*Brit*) [+ *fruit*] 去核 qùhé [美 = **pit**] ▶ **within a stone's throw of** 与(與)…只有一箭之遥(遙) yǔ…zhǐyǒu yī jiàn zhī yáo

stood [stud] PT, PP *of* **stand**

stool [stu:l] N [C] **1** (*chair*) 凳子 dèngzi **2** (*Med*) (*faeces*) 大便 dàbiàn

stoop [stu:p] **I** VI **1** (*also*: **stoop down, stoop over**) (*bend*) 弯(彎)腰 wānyāo **2** (*walk with a stoop*) 驼(駝)背 tuóbèi **II** N 驼(駝)背 tuóbèi ▶ **to stoop to (doing) sth** 堕(墮)落到(做出)某事 duòluò dào (zuòchū) mǒushì

★ **stop** [stɔp] **I** VT **1** 停止 tíngzhǐ ▷ *Stop the car and let me out.* 停车让我下车。Tíngchē ràng wǒ xià chē. **2** (*prevent*) 阻止 zǔzhǐ ▷ *Does putting people in prison stop crime?* 把人关在监狱里能阻止犯罪吗？ Bǎ rén guān zài jiānyù lǐ néng zǔzhǐ fànzuì ma? **3** [+ *cheque*] 停止兑(兌)现(現) tíngzhǐ duìxiàn **II** VI **1** [*person, vehicle* +] 停下来(來) tíng xiàlái ▷ *She stopped and stared at the poster.* 她停下来盯着海报看。Tā tíng xiàlái dīngzhe hǎibào kàn. **2** (*stop working*) [*watch, engine, heart* +] 停 tíng ▷ *My watch has stopped.* 我的手表停了。Wǒ de shǒubiǎo tíng le. **3** [*rain, noise, activity* +] 停 tíng ▷ *The rain had stopped.* 雨停了。Yǔ tíng le. **4** (*also*: **stop off**) (*on journey*) 逗留 dòuliú **III** N [C] **1** (*on journey: place*) 站 zhàn; (*time*) 停留 tíngliú ▷ *Their first stop was a hotel outside Paris.* 他们旅程中的第一站是巴黎郊外的一家旅馆。Tāmen lǚchéng zhōng de dì yī zhàn shì Bālí jiāowài de yī jiā lǚguǎn. **2** (*for bus, train*) 车(車)站 chēzhàn [个 gè] ▷ *We'll get off at the next stop.* 我们将在下一站下车。Wǒmen jiāng zài xià yī zhàn xià chē. ▶ **to stop doing sth** 停止做某事 tíngzhǐ zuò mǒushì ▶ **to stop sb (from) doing sth** 阻止某人做某事 zǔzhǐ mǒurén zuò mǒushì ▶ **stop it!** 住手！ zhùshǒu! ▶ **to come to a stop** [*car, train etc* +] 停下来(來) tíng xiàlái ▶ **to put a stop to sth** 使某事停止 shǐ mǒushì tíngzhǐ

▶**stop by I** VI 顺(順)便过(過)访(訪) shùnbiàn guòfǎng **II** VT FUS [+ *place*] 顺(順)道去 shùndào qù

▶**stop up** VT [+ *hole, leak*] 堵塞 dǔsāi

stoplight ['stɔplaɪt] (US) N [C] **1** (*in road*) 交通信号(號)灯(燈) jiāotōng xìnhào dēng [个 gè] [英 = **traffic light**] **2** (*on vehicle*) 刹车(車)灯(燈) shāchē dēng

stopover ['stɔpəuvəʳ] N [C] **1** (*on journey*) 中途停留 zhōngtú tíngliú **2** (*on plane journey*) 转(轉)机(機)停留 zhuǎnjī tíngliú

stoppage ['stɔpɪdʒ] N [C] **1** (*strike*) 停工 tínggōng **2** (*Brit: Sport*) 暂(暫)停 zàntíng [美 = **time out**] **3** (*from salary*) 扣除 kòuchú

stopwatch ['stɔpwɔtʃ] N [C] 秒表 miǎobiǎo [只 zhī]

storage ['stɔ:rɪdʒ] N [U] **1** 贮(貯)藏 zhùcáng **2** (*Comput*) 存储(儲) cúnchǔ

store [stɔ:ʳ] **I** N [C] **1** [*of food*] 储(儲)备(備) chǔbèi **2** [*of knowledge, jokes*] 丰(豐)富 fēngfù **3** (*depot*) 仓(倉)库 cāngkù **4** (*Brit*) (*large shop*) 大商店 dà shāngdiàn [家 jiā] **5** (*US*) (*shop*) 店铺(鋪) diànpù [家 jiā] [英 = **shop**] **II** VT **1** (*also*: **store away**) [+ *provisions, information*] 存放 cúnfàng **2** [*computer, brain* +] [+ *information*] 存储(儲) cúnchǔ **III stores** N PL (*provisions*) 补(補)给(給)品 bǔjǐpǐn ▶ **to be** *or* **lie in store (for sb)** 等待着(著)(某人) děngdài zhe (mǒurén) ▶ **to set great/little store by sth** (*frm*) 重视(視)/轻(輕)视(視)某物 zhòngshì/qīngshì mǒuwù

▶**store up** VT [+ *food, money*] 储(儲)备(備) chǔbèi; [+ *memories*] 积(積)聚 jījù

storekeeper ['stɔ:ki:pəʳ] (US) N [C] 店主 diànzhǔ [位 wèi] [英 = **shopkeeper**]

storey, (US) **story** ['stɔ:rɪ] N [C] 层(層) céng

storm [stɔ:m] **I** N [C] **1** 暴风(風)雨 bàofēngyǔ [场 chǎng] **2** [*of criticism, protest*] 爆发(發) bàofā **II** VI ▶ **to storm in/out** 猛冲(衝)而入/出 měngchōng' érrù/chū **III** VT (*attack*)

[+ *place*] 猛攻 měnggōng ▸ **to take sth by storm** 轰(轟)动(動) hōngdòng

stormy ['stɔːmɪ] ADJ **1** [+ *weather*] 有暴风(風)雨的 yǒu bàofēngyǔ de **2** [+ *relationship*] 多风(風)波的 duō fēngbō de; [+ *debate*] 激烈的 jīliè de

★ **story** ['stɔːrɪ] N [c] **1** (*account*) 描述 miáoshù [种 zhǒng] ▹ *I told her the story of my life.* 我向她描述了我的生活。Wǒ xiàng tā miáoshù le wǒ de shēnghuó. ▹ *the story of the women's movement in Ireland* 对于爱尔兰妇女运动的描述 duìyú Ài'ěrlán fùnǚ yùndòng de miáoshù **2** (*tale*) 故事 gùshì [个 gè] ▹ *a ghost story* 一个鬼故事 yī gè guǐ gùshì **3** (*in newspaper, on news broadcast*) 报(報)道 bàodào [条 tiáo] ▹ *Those are some of the top stories in the news.* 那些是新闻中最重要的报道。Nàxiē shì xīnwén zhōng zuì zhòngyào de bàodào. **4** (*lie*) 谎(謊)话(話) huǎnghuà ▹ *He invented some story about a friend.* 他编造了个有关一个朋友的谎话。Tā biānzàole gè yǒuguān yī gè péngyou de huǎnghuà. **5** (*US*) [*of building*] = **storey** ▸ **it's a different story** 那是另一回事 nà shì lìng yī huí shì ▸ **the (same) old story** 老一套 lǎo yī tào ▸ **that's only part of** *or* **not the whole story** 那不是事实(實)的全部 nà bùshì shìshí de quánbù ▸ **my side of the story** 我的叙(敘)述 wǒ de xùshù

stout [staut] **I** ADJ **1** [+ *shoes*] 耐穿的 nàichuān de; [+ *branch*] 粗大的 cūdà de **2** [+ *person*] 肥胖的 féipàng de **3** [+ *resistance, defence*] 顽(頑)强(強)的 wánqiáng de **II** N [c/u] (*Brit*) (*beer*) 黑啤酒 hēi píjiǔ

stove [stəuv] N [c] **1** (*for cooking*) 炉(爐)子 lúzi [个 gè] **2** (*for heating*) 加热(熱)器 jiārè qì **3** (*US*) (*top of cooker*) 炉(爐) lú

straddle ['strædl] VT **1** [+ *chair, fence etc*] (*sitting*) 跨坐 kuàzuò; (*standing*) 跨立 kuàlì **2** [*bridge, town* +] [+ *border, road*] 横(橫)跨 héngkuà **3** [+ *period, activity*] 跨越 kuàyuè

straight [streɪt] **I** ADJ **1** (*not curving*) 笔(筆)直的 bǐzhí de **2** [+ *hair*] 直的 zhí de **3** (*honest*) [+ *answer*] 直截了当(當)的 zhíjié liǎodàng de **4** (*simple*) [+ *fight, choice*] 非此即彼的 fēicǐ jíbǐ de **5** (*uninterrupted*) [+ *hours, victories*] 连(連)续(續)的 liánxù de **6** (*Theat*) (*serious*) [+ *role, play*] 朴(樸)实(實)无(無)华(華)的 pǔshí wúhuá de **7** (*inf: heterosexual*) 异(異)性恋(戀)的 yìxìngliàn de **8** [+ *whisky etc*] 纯(純)的 chún de **II** ADV **1** [*walk, stand, look* +] 直 zhí **2** (*immediately*) 直接地 zhíjiē de **3** (*without an interval*) 连(連)续(續)不断(斷)地 liánxù bùduàn de **III** N [c] (*on racetrack*) 直道 zhídào ▸ **to be straight with sb** (*honest*) 坦诚(誠)地对(對)待某人 tǎnchéng de duìdài mǒurén ▸ **to put sth straight** (*make it clear*) 澄清某事 chéngqīng mǒushì ▸ **to get sth straight** 彻(徹)底了解某事 chèdǐ liǎojiě mǒushì ▸ **let's get this straight** 让(讓)我们(們)把事情搞清楚 ràng wǒmen bǎ shìqing gǎo qīngchǔ ▸ **straight away, straight off** 马(馬)上 mǎshàng ▸ **to tell sb sth straight (out)** 坦率地告诉(訴)某人某事 tǎnshuài de gàosù mǒurén mǒushì

straighten ['streɪtn] **I** VT (*also*: **straighten out**) [+ *picture, hair*] 弄直 nòngzhí **II** VI (*also*: **straighten out**) [*road etc* +] 变(變)直 biànzhí

▸**straighten out** **I** VI = **straighten II** VT **1** = **straighten 2** [+ *problem, situation*] 弄清楚 nòng qīngchǔ

▸**straighten up** VI (*stand straight*) 直起身子 zhíqǐ shēnzi

straightforward [streɪt'fɔːwəd] ADJ **1** (*simple*) 简(簡)单(單)的 jiǎndān de **2** (*honest*) [+ *person, behaviour*] 直截了当(當)的 zhíjié liǎo dàng de

strain [streɪn] **I** N **1** [c/u] (*pressure*) 负(負)担(擔) fùdān [个 gè] **2** [c/u] (*tension*) 紧(緊)张(張) jǐnzhāng **3** [u] (*Tech*) 作用力 zuòyòng lì **4** [c] [*of virus, plant*] 系 xì **5** [c/u] ▸ **back/muscle strain** 背部/肌肉扭伤(傷) bèibù/jīròu niǔshāng [处 chù] **II** VT **1** [+ *back, muscle*] 扭伤(傷) niǔshāng **2** (*overload*) [+ *resources, system*] 使超过(過)负(負)荷 shǐ chāoguò fùhè **3** [+ *food*] 过(過)滤(濾) guòlǜ **III** VI ▸ **to strain to do sth** 尽(盡)力去做某事 jìnlì qù zuò mǒushì **IV strains** N PL (*liter*) [*of music*] 乐(樂)曲 yuèqǔ ▸ **to be under great strain** [*person* +] 处(處)于(於)极(極)度紧(緊)张(張)之中 chǔyú jídù jǐnzhāng zhī zhōng; [*organization* +] 负(負)担(擔)过(過)重 fùdān guò zhòng ▸ **to put a strain on sth/sb** 给(給)某事/某人增加负(負)担(擔) gěi mǒushì/mǒurén zēngjiā fùdān

strained [streɪnd] ADJ **1** [+ *back, muscle*] 劳(勞)损(損)的 láosǔn de **2** [+ *voice, laugh etc*] 勉强(強)的 miǎnqiǎng de **3** [+ *relations*] 紧(緊)张(張)的 jǐnzhāng de

strainer ['streɪnəʳ] N [c] 滤(濾)网(網) lǜwǎng

strait [streɪt] **I** N [c] (*Geo*) (*also*: **straits**) 海峡(峽) hǎixiá [个 gè] **II straits** N PL ▸ **to be in dire** *or* **desperate straits** 处(處)于(於)艰(艱)难(難)的境地 chǔyú jiānnán de jìngdì

strand [strænd] N [c] **1** [*of wire, wool*] 股 gǔ **2** [*of hair*] 缕(縷) lǚ **3** [*of plan, theory, story*] 一个(個)组(組)成部分 yī gè zǔchéng bùfen

stranded ['strændɪd] ADJ **1** [+ *traveller*] 受困无(無)援的 shòukùn wúyuán de **2** [+ *ship, animal*] 搁(擱)浅(淺)的 gēqiǎn de

strange [streɪndʒ] ADJ **1** (*odd*) 奇怪的 qíguài de **2** (*unfamiliar*) [+ *person, place*] 陌生的 mòshēng de

strangely ['streɪndʒlɪ] ADV 奇怪地 qíguài de ▸ **strangely (enough)** 奇怪的是 qíguài de shì

stranger ['streɪndʒəʳ] N [c] **1** (*unknown person*) 陌生人 mòshēng rén [个 gè] **2** (*from another area*) 异(異)乡(鄉)人 yìxiāngrén [个 gè] ▸ **they are strangers** 他们(們)互相不认(認)识(識) tāmen hùxiāng bù rènshí ▸ **to be a stranger to sth** 很不习(習)惯(慣)某事 hěn bù xíguàn mǒushì

S

strangle ['stræŋgl] VT **1** (*kill*) 扼死 èsǐ **2** (*fig: stifle*) 压(壓)制 yāzhì

strap [stræp] **I** N [c] **1** [*of watch, bag*] 带(帶) dài [根 gēn] **2** [*of slip, dress*] 肩带(帶) jiāndài **II** VT ▸ **to strap sb/sth in/on** 用带(帶)子将(將)某人/某物捆(綑)在…里(裡)/上 yòng dàizi jiāng mǒurén/mǒuwù kǔnzài...lǐ/shang

strategic [strə'ti:dʒɪk] ADJ **1** [+ *position*] 关(關)键(鍵)的 guānjiàn de **2** [+ *plan, site*] 有战(戰)略意义(義)的 yǒu zhànlüè yìyì de **3** [+ *weapons, arms*] 战(戰)略的 zhànlüè de

strategy ['strætɪdʒɪ] N **1** [c/ʊ] (*plan*) 行动(動)计(計)划(劃) xíngdòng jìhuà **2** [ʊ] (*Mil*) 战(戰)略 zhànlüè

straw [strɔ:] N **1** [ʊ] 稻草 dàocǎo **2** [c] (*drinking straw*) 吸管 xīguǎn [根 gēn] ▸ **that's the last straw!** 那是最后(後)的极(極)限！ Nà shì zuìhòu de jíxiàn!

strawberry ['strɔ:bərɪ] **I** N [c] 草莓 cǎoméi [个 gè] **II** CPD 草莓 cǎoméi

stray [streɪ] **I** ADJ **1** [+ *cat, dog*] 迷失的 míshī de **2** [+ *bullet, hair*] 零星的 língxīng de **3** (*scattered*) 偶尔(爾)发(發)生的 ǒu'ěr fāshēng de **II** VI **1** ▸ **to stray into/onto** 误(誤)入 wùrù **2** (*fig*) [*thoughts, mind* +] 走神 zǒushén; [*eyes* +] 不由自主地移动(動) bù yóu zì zhǔ de yídòng **III** N [c] (*dog, cat*) 走失的动(動)物 zǒushī de dòngwù

streak [stri:k] **I** N [c] **1** (*stripe*) 条(條)纹(紋) tiáowén **2** (*in hair*) 缕(縷) lǚ **3** [*of madness, jealousy etc*] 个(個)性特征(徵) gèxìng tèzhēng **II** VT 在…上留下条(條)纹(紋) zài...shàng liúxià tiáowén **III** VI ▸ **to streak past** 划(劃)过(過) huáguò ▸ **to have streaks in one's hair** 头(頭)发(發)有不同颜(顏)色的条(條)缕(縷) tóufa yǒu bùtóng yánsè de tiáolǚ ▸ **a winning/losing streak** 接连(連)赢(贏)/失败(敗) jiēlián yíng/shībài ▸ **to be streaked with sth** 夹(夾)杂(雜)着(著)某物 jiāzázhe mǒuwù

stream [stri:m] **I** N [c] **1** (*small river*) 溪流 xīliú [条 tiáo] **2** (*current*) 水流 shuǐliú **3** (*series*) [*of people, vehicles*] 川流不息 chuān liú bù xī; [*of questions, insults etc*] 一连(連)串 yīliánchuàn **4** (*Brit: Scol*) 能力小组(組) nénglì xiǎozǔ **II** VT (*Brit: Scol*) 把学(學)生分成能力小组(組) bǎ xuéshēng fēnchéng nénglì xiǎozǔ **III** VI [*water, oil, blood* +] 涌(湧)流 yǒngliú ▸ **to come on stream** [*factory etc* +] 投入生产(產) tóurù shēngchǎn ▸ **to stream in/out** [*people* +] 涌(湧)入/出 yǒngrù/chū

★**street** [stri:t] N [c] 街道 jiēdào [条 tiáo] ▸ **on the street(s)** (*homeless*) 无(無)家可归(歸)的 wú jiā kě guī de; (*outdoors*) 户(戶)外 hùwài ▸ **the man in the street** 普通人 pǔtōngrén

streetcar ['stri:tkɑ:ʳ] (*US*) N [c] 有轨(軌)电(電)车(車) yǒuguǐ diànchē [部 bù] [英 = **tram**]

streetlamp ['stri:tlæmp] N [c] 街灯(燈) jiēdēng [个 gè]

street plan N [c] 街道计(計)划(劃) jiēdàojìhuà [个 gè]

strength [strɛŋθ] N **1** [ʊ] (*physical*) 力气(氣) lìqi **2** [ʊ] [*of object, material*] 强(強)度 qiángdù **3** [ʊ] (*power, influence*) [*of person, organization, country*] 实(實)力 shílì **4** [ʊ] (*courage, determination*) 勇气(氣) yǒngqì **5** [c/ʊ] (*quality, ability*) 长(長)处(處) chángchù **6** [ʊ] (*intensity*) [*of feeling, opinion, belief*] 力量 lìliàng **7** [ʊ] (*number of people*) 人数(數) rénshù **8** [c/ʊ] [*of drink, chemical*] 浓(濃)度 nóngdù ▸ **on the strength of** 依凭(憑) yīpíng ▸ **to go from strength to strength** 不断(斷)取得成功 bùduàn qǔdé chénggōng ▸ **at full strength** (*fully staffed*) 全体(體) quántǐ ▸ **below strength** [+ *staff, army, team*] 人手不足 rénshǒu bùzú ▸ **strength of mind/character** 充足的信心/坚(堅)强(強)的性格 chōngzú de xìnxīn/jiānqiáng de xìnggé

strengthen ['strɛŋθən] VT **1** [+ *building, machine*] 加固 jiāgù **2** [+ *muscle*] 使…有力 shǐ...yǒulì **3** [+ *economy, currency, relationship*] 加强(強) jiāqiáng **4** [+ *argument*] 增强(強) zēngqiáng

strenuous ['strɛnjuəs] ADJ **1** [+ *exercise, walk*] 激烈的 jīliè de **2** [+ *efforts*] 努力的 nǔlì de

stress [strɛs] **I** N [c/ʊ] **1** (*mental strain*) 压(壓)力 yālì [个 gè] **2** (*force, pressure*) 重压(壓) zhòngyā **3** (*on word, syllable*) 重音 zhòngyīn **4** (*emphasis*) 强(強)调(調) qiángdiào **II** VT **1** [+ *point, importance*] 强(強)调(調) qiángdiào **2** [+ *word, syllable*] 重读(讀) zhòngdú ▸ **to be under stress** 有压(壓)力 yǒu yālì ▸ **to lay great stress on sth** 极(極)其强(強)调(調)某物 jíqí qiángdiào mǒuwù ▸ **to stress that...** 强(強)调(調)… qiángdiào...

stressed [strɛst] ADJ (*tense*) 紧(緊)张(張)的 jǐnzhāng de

stressful ['strɛsful] ADJ [+ *job, situation*] 紧(緊)张(張)的 jǐnzhāng de

stretch [strɛtʃ] **I** N [c] **1** [*of road, sand, water*] 连(連)绵(綿)的一片 liánmián de yī piàn **2** (*period*) 一段时(時)间(間) yī duàn shíjiān **II** VI **1** [*person, animal* +] 伸懒(懶)腰 shēn lǎnyāo **2** (*extend*) [*land, area* +] 延伸 yánshēn **3** (*be flexible*) [*elastic, garment* +] 伸缩(縮) shēnsuō **III** VT **1** [+ *arm, leg*] 伸直 shēnzhí **2** (*pull*) [+ *elastic, garment*] 拉 lā **3** (*over-extend*) [+ *resources*] 使紧(緊)张(張) shǐ jǐnzhāng lā **4** [*job, task* +] [+ *person*] 使倾(傾)注全力 shǐ qīngzhù quánlì ▸ **for several days/weeks at a stretch** 连(連)续(續)几(幾)天/星期 liánxù jǐ tiān/xīngqī ▸ **by no/any stretch of the imagination** 无(無)论(論)怎样(樣)/任凭(憑)如何异(異)想天开(開) wúlùn zěnyàng/rènpíng rúhé yì xiǎng tiān kāi ▸ **to stretch one's legs** 散散步 sànsàn bù

▸**stretch out** **I** VI 舒展着(著)身子躺 shūzhǎnzhe shēnzi tǎng **II** VT [+ *arm, leg*] 伸出 shēnchū ▸ **to stretch o.s. out** 舒展着(著)身子躺 shūzhǎnzhe shēnzi tǎng

▸**stretch to** VT FUS [*money, food* +] 支付得起 zhīfù de qǐ

stretcher ['strɛtʃəʳ] **I** N [c] 担(擔)架 dānjià **II** VT 用担(擔)架抬 yòng dānjià tái

stretchy ['strɛtʃɪ] ADJ 有弹(彈)性的 yǒu tánxìngde

strict [strɪkt] ADJ **1** [+ *rule, instruction*] 严(嚴)格的 yángé de **2** [+ *person*] 严(嚴)厉(厲)的 yánlì de ▸ **in the strict(est) sense of the word** 就某字精确(確)的意义(義)而言 jiù mǒu zì jīngquè de yìyì ér yán ▸ **a strict vegetarian** 绝(絕)对(對)的素食主义(義)者 juéduì de sùshí zhǔyìzhě ▸ **to tell sb sth in the strictest confidence** 极(極)秘(祕)密地将(將)某事告诉(訴)某人 jí mìmì de jiāng mǒushì gàosù mǒurén

strictly ['strɪktlɪ] ADV **1** (*severely*) 严(嚴)格地 yángé de **2** (*exactly*) 完全地 wánquán de **3** (*exclusively*) 绝(絕)对(對)地 juéduì de ▸ **strictly confidential** 绝(絕)密 juémì ▸ **strictly speaking** 严(嚴)格地说(說) yángé de shuō ▸ **strictly between ourselves** 只有我们(們)两(兩)个(個)人知道 zhǐyǒu wǒmen liǎng gè rén zhīdào

stride [straɪd] (*pt, pp* **strode**) **I** N [c] 大步 dàbù **II** VI ▸ **to stride across/off** 大步流星地穿过(過)/走开(開) dàbù liúxīng de chuānguò/zǒukāi ▸ **to take sth in one's stride** *or* (*US*) **in stride** 从(從)容处(處)理某事 cóngróng chǔlǐ mǒushì ▸ **to make strides** 取得进(進)步 qǔdé jìnbù

strike [straɪk] (*pt, pp* **struck**) **I** N [c] **1** [*of workers*] 罢(罷)工 bàgōng [场 chǎng] **2** (*Mil*) 袭(襲)击(擊) xíjī **II** VT **1** (*frm: hit*) [+ *person, thing*] 打 dǎ **2** (*frm: collide with*) 碰撞 pèngzhuàng **3** (*affect*) 侵袭(襲) qīnxí **4** [*idea, thought* +] 突然想到 tūrán xiǎngdào **5** [+ *oil, gold*] 发(發)现(現) fāxiàn **6** [+ *bargain, deal*] 达(達)成 dáchéng **7** [+ *match*] 擦 cā **8** ▸ **to strike fear/terror into people** (*liter*) 引起人们(們)的恐惧(懼)/惊(驚)恐 yǐnqǐ rénmen de kǒngjù/jīngkǒng **III** VI **1** (*go on strike*) 罢(罷)工 bàgōng **2** [*illness, disaster* +] 降临(臨) jiànglín **3** [*clock* +] 报(報)时(時) bàoshí **4** [*killer* +] 袭(襲)击(擊) xíjī; [*snake* +] 咬 yǎo ▸ **to be on strike** 在罢(罷)工 zài bàgōng ▸ **to go on strike** 参(參)加罢(罷)工 cānjiā bàgōng ▸ **to call a strike** 号(號)召罢(罷)工 hàozhào bàgōng ▸ **to be struck by lightning** 遭到雷击(擊) zāodào léijī ▸ **to be struck by sth** 某事给(給)…印象深刻 mǒushì gěi...yìnxiàng shēnkè ▸ **it struck me that...** 我突然想到… wǒ tūrán xiǎngdào... ▸ **he struck me as very serious/clever** 我感到他很严(嚴)肃(肅)/聪(聰)明 wǒ gǎndào tā hěn yánsù/cōngmíng ▸ **the clock struck nine** 钟(鐘)敲了9点(點) zhōng qiāo le jiǔ diǎn ▸ **to strike a balance (between two things)** (把两(兩)者) 折中 (bǎ liǎngzhě) zhézhōng

▸**strike back** VI **1** (*Mil*) 反击(擊) fǎnjī **2** [*person* +] (*retaliate*) 回击(擊) huíjī

▸**strike down** VT (*kill*) 打倒 dǎdǎo; (*injure*) 使病得厉(厲)害 shǐ bìngde lìhài

▸**strike off** VT **1** (*from list*) 除名 chúmíng **2** [+ *doctor, lawyer*] 取消从(從)业(業)资(資)格 qǔxiāo cóngyè zīgé

▸**strike out** **I** VI **1** (*speak out*) 抨击(擊) pēngjī **2** (*hit out*) 猛力打击(擊) měnglì dǎjī **3** (*become independent*) 独(獨)闯(闖)新路 dúchuǎng xīnlù **4** (*liter: in particular direction*) 行进(進) xíngjìn **5** (*Baseball*) 使三击(擊)不中出局 shǐ sān jī bùzhòng chūjú **6** (*US; inf*) (*fail*) 失败(敗) shībài **II** VT [+ *word, sentence*] 删(刪)去 shānqù

▸**strike up** VT **1** [+ *conversation*] 开(開)始 kāishǐ **2** [+ *friendship*] 开(開)始建立 kāishǐ jiànlì **3** [*band, orchestra* +] [+ *music*] 开(開)始演奏 kāishǐ yǎnzòu

striker ['straɪkəʳ] N [c] **1** (*person on strike*) 罢(罷)工者 bàgōngzhě [名 míng] **2** (*Football*) 前锋(鋒) qiánfēng [个 gè]

striking ['straɪkɪŋ] ADJ **1** (*noticeable*) 突出的 tūchū de **2** (*attractive*) 出众(眾)的 chūzhòng de

string [strɪŋ] (*pt, pp* **strung**) **I** N **1** [c/u] 细(細)绳(繩) xìshéng [根 gēn] **2** [c] [*of beads, onions*] 串 chuàn **3** [c] [*of islands*] 一系列 yīxìliè **4** [c] [*of disasters, excuses*] 一连(連)串 yīliánchuàn **5** [c] (*Comput*) 字符串 zìfú chuàn **6** [c] (*on guitar, violin*) 弦 xián [根 gēn] **II** VT ▸ **to string sth across sth** 把某物挂(掛)在某物上 bǎ mǒuwù guàzài mǒuwù shang **III the strings** N PL (*in orchestra*) 弦乐(樂)器 xiányuèqì ▸ **to pull strings** 运(運)用影响(響)以达(達)目的 yùnyòng yǐngxiǎng yǐ dá mùdè ▸ **with no strings (attached)** 不加附带(帶)条(條)件 bù jiā fùdài tiáojiàn

▸**string along** VT [+ *person*] 愚弄 yúnòng

▸**string together** VT [+ *words etc*] 把…连(連)接在一起 bǎ...liánjiē zài yīqǐ

string bean (*US*) N [c] 菜豆 càidòu [英 = **French bean**]

strip [strɪp] **I** N [c] **1** [*of paper, cloth*] 狭(狹)条(條) xiátiáo [条 tiáo] **2** [*of metal, wood*] 条(條) tiáo **3** [*of land, water*] 带(帶)状(狀) dàizhuàng **4** (*Sport*) (*team colours*) 彩条(條)球衣 cǎitiáo qiúyī **5** (*US*) (*comic strip*) 连(連)环(環)画(畫) liánhuánhuà **II** VT **1** (*undress*) 脱(脫)光…的衣服 tuōguāng...de yīfu **2** [+ *bed*] 取下 qǔxià **3** [+ *paint*] 刮去 guāqù **4** [+ *engine, machine*] 拆开(開) chāikāi **5** ▸ **to strip sb of** [+ *property, rights, title*] 剥(剝)夺(奪)某人的 bōduó mǒurén de **III** VI (*undress*) 脱(脫)光衣服 tuōguāng yīfu; (*as entertainer*) 表演脱(脫)衣舞 biǎoyǎn tuōyī wǔ

▸**strip away** VT (*fig*) 揭除 jiēchú

▸**strip off** **I** VI (*undress*) 脱(脫)光衣服 tuōguāng yīfu **II** VT [+ *clothes*] 脱(脫)下 tuōxià

stripe [straɪp] **I** N [c] 条(條)纹(紋) tiáowén [个 gè] **II stripes** N PL (*on uniform*) 制服上表示军衔

S

或服役时间的条纹

striped [straɪpt] ADJ 有条(條)纹(紋)的 yǒu tiáowén de

stripper [ˈstrɪpəʳ] N [c] (*strip-tease artist*) 脱(脫)衣舞表演者 tuōyīwǔ biǎoyǎnzhě

strip-search [ˈstrɪpsəːtʃ] **I** N [c] 光身搜查 guāngshēn sōuchá **II** VT 对(對)…进(進)行光身搜查 duì...jìnxíng guāngshēn sōuchá

stripy [ˈstraɪpɪ] ADJ 有条(條)纹(紋)的 yǒu tiáowén de ▷ *a stripy shirt* 一件有条纹的衬衫 yī jiàn yǒu tiáowén de chènshān

strive [straɪv] (*pt* **strove**, *pp* **striven** [ˈstrɪvn]) VI ▶ **to strive for sth/to do sth** 力争(爭)某事/做某事 lìzhēng mǒushì/zuò mǒushì

strode [strəud] PT *of* **stride**

stroke [strəuk] **I** N [c] **1** (*blow*) 击(擊) jī **2** (*in swimming: single movement*) 两(兩)臂划水一周 liǎngbì huáshuǐ yī zhōu; (*style*) 泳姿 yǒngzī **3** (*Med*) 中风(風) zhòngfēng [次 cì] **4** (*Tennis, Cricket, Golf*) 击(擊)球 jīqiú **5** [*of clock*] 鸣(鳴)响(響) míngxiǎng **6** [*of paintbrush, pen*] 笔(筆)划(劃) bǐhuà **II** VT [+ *person, animal*] 抚(撫)摸 fǔmō ▶ **at a stroke, in one stroke** 一下子 yīxiàzi ▶ **a stroke of luck** 好运(運) hǎoyùn ▶ **on the stroke of midnight** 子时(時) zǐshí ▶ **a 2-stroke engine** 双(雙)冲(衝)程发(發)动(動)机(機) shuāng chōngchéng fādòngjī

stroll [strəul] **I** N [c] 散步 sànbù **II** VI 散步 sànbù ▶ **to go for a stroll** 去散步 qù sànbù ▶ **to have** *or* **take a stroll** 去散步 qù sànbù

stroller [ˈstrəuləʳ] (*US*) N [c] 婴(嬰)儿(兒)小推车(車) yīng'ér xiǎo tuīchē [辆 liàng] [英 = **pushchair**]

★ **strong** [strɔŋ] **I** ADJ **1** [+ *person, arms, grip*] 有力的 yǒulì de **2** (*healthy*) 强(強)健的 qiángjiàn de ▷ *He was very strong when he was young.* 他年轻时身体很强壮。Tā niánqīng shí shēntǐ hěn qiángzhuàng. ▷ *Next week you may travel, when you are a little stronger.* 下星期你身体稍稍好一些就可以出去旅行了。Xià xīngqī nǐ shēntǐ shāoshāo hǎo yīxiē jiù kěyǐ chūqù lǚxíng le. **3** [+ *object, material*] 牢固的 láogù de **4** [+ *wind, current*] 强(強)劲(勁)的 qiángjìng de **5** [+ *drug*] 强(強)劲(勁)的 qiángjìng de; [+ *alcoholic drink*] 烈性的 lièxìng de; [+ *chemical, non-alcoholic drink*] 浓(濃)的 nóng de **6** [+ *impression, influence*] 感染力强(強)的 gǎnrǎnlì qiáng de **7** [+ *opinion, view, supporter*] 坚(堅)定的 jiāndìng de **8** [+ *smell, taste, flavour*] 浓(濃)郁(鬱)的 nóngyù de **9** [+ *protest, measures*] 激烈的 jīliè de **10** [+ *personality*] 强(強)的 qiáng de **11** [+ *desire, reaction*] 强(強)烈的 qínglìe de **12** (*likely to succeed*) 强(強)有力的 qiángyǒulì de ▷ *She is a strong contender for the team.* 她是入选队伍强有力的竞争者。Tā shì rùxuǎn duìwǔ qiángyǒulì de jìngzhēngzhě. **II** ADV ▶ **to be going strong** [*place, activity* +] 状(狀)态(態)良好 zhuàngtài liánghǎo; [*person* +] 身体(體)硬朗 shēntǐ yìnglǎng ▶ **strong language** 激烈的措辞(辭) jīliè de cuòcí ▶ **his/her strong point(s)** 他/她的长(長)处(處) tā/tā de chángchù ▶ **they were 50 strong** 他们(們)多达(達)50人 tāmen duō dá wǔshí rén

stronghold [ˈstrɔŋhəuld] N [c] [*of attitude, belief*] 坚(堅)固据(據)点(點) jiāngù jùdiǎn [个 gè]

strongly [ˈstrɔŋlɪ] ADV **1** [+ *made, built*] 牢固 láogù **2** [*defend, advise, argue* +] 坚(堅)决(決) jiānjué **3** [*feel, believe* +] 坚(堅)定 jiāndìng **4** [*impress, influence* +] 强(強)大 qiángdà **5** [*taste, smell* +] 浓(濃)重 nóngzhòng ▶ **I feel strongly about it** 我对(對)此有强(強)烈的看法 wǒ duì cǐ yǒu qiángliè de kànfǎ

strove [strəuv] PT *of* **strive**

struck [strʌk] PT, PP *of* **strike**

structural [ˈstrʌktʃrəl] ADJ [+ *changes, damage*] 结(結)构(構)的 jiégòu de

structural engineer N [c] 房产(產)检(檢)视(視)员(員) fángchǎn jiǎnshìyuán [位 wèi]

structure [ˈstrʌktʃəʳ] **I** N **1** [c/u] [*of organization, society, book etc*] 体(體)系 tǐxì **2** [c] (*building*) 建筑(築)物 jiànzhù wù **II** VT 安排 ānpái

struggle [ˈstrʌgl] **I** N **1** [c] (*fight*) 搏斗(鬥) bódòu **2** [c/u] (*attempt to do sth*) 斗(鬥)争(爭) dòuzhēng **3** [c] (*difficulty*) 难(難)事 nánshì **II** VI **1** (*try hard*) 尽(盡)力 jìnlì **2** (*fight*) 搏斗(鬥) bódòu **3** (*try to free o.s.*) 挣(掙)扎 zhēngzhá **4** (*have difficulty*) 艰(艱)难(難)地应(應)付 jiānnán de yìngfu ▶ **to have a struggle to do sth** 艰(艱)难(難)地做某事 jiānnán de zuò mǒushì

strung [strʌŋ] PT, PP *of* **string**

stub [stʌb] **I** N [c] [*of cheque, ticket etc*] 存根 cúngēn ▶ **pencil stub** 铅(鉛)笔(筆)头(頭) qiānbǐtóu ▶ **cigarette stub** 烟(煙)蒂 yāndì **II** VT ▶ **to stub one's toe** 踢到了脚(腳)趾 tīdàole jiǎozhǐ

▶**stub out** VT [+ *cigarette*] 捻(撚)熄 niǎnxī

stubble [ˈstʌbl] N [u] **1** (*on chin*) 胡(鬍)子茬 húzi chá **2** (*in field*) 残(殘)株 cánzhū

stubborn [ˈstʌbən] ADJ **1** [+ *person*] 倔强(強)的 juéjiàng de; [+ *resistance*] 顽(頑)强(強)的 wánqiáng de **2** [+ *stain, illness*] 难(難)对(對)付的 nán duìfu de

stuck [stʌk] **I** PT, PP *of* **stick** **II** ADJ ▶ **to be stuck** (*unable to move*) [*object* +] 卡住 qiǎzhù; [*person* +] 陷于(於) xiànyú; (*unable to continue*) 卡住了 qiǎzhù le ▶ **to get stuck** (*physically*) 被卡住 bèi kǎzhù; (*with work*) 被难(難)住 bèi nánzhù

stud [stʌd] **I** N [c] **1** (*on clothing*) 饰(飾)钉(釘) shìdīng [个 gè] **2** (*earring*) 耳钉(釘) ěrdīng **3** (*Brit*) (*on soles of boots*) 鞋钉(釘) xiédīng **4** (*stud farm*) 种(種)马(馬)场(場) zhǒngmǎ chǎng **5** (*inf: man*) 性欲(慾)旺盛的男子 xìngyù wàngshèng de nánzǐ **II** VT ▶ **studded with** 镶(鑲)有 xiāngyǒu

★ **student** [ˈstjuːdənt] **I** N [c] **1** (*at university*) 大学(學)生 dàxuéshēng [名 míng] **2** (*at school*) 中学(學)生 zhōngxuéshēng [名 míng] **II** CPD

[+ *life, pub*] 学(學)生 xuéshēng; [+ *friends*] 同学(學) tóngxué ▸ **a law/medical student** 一名法律/医(醫)学(學)学(學)生 yī míng fǎlǜ/yīxué xuéshēng ▸ **a student nurse/teacher** 一名实(實)习(習)护(護)士/教师(師) yī míng shíxí hùshì/jiàoshī

student driver (*US*) N [c] 见(見)习(習)司机(機) jiànxí sījī [个 gè] [英 = **learner driver**]

studio ['stju:dɪəu] N [c] **1** (*TV, Rad, Mus*) 摄(攝)影室 shèyǐng shì [个 gè] **2** [*of artist*] 画(畫)室 huàshì [个 gè]; [*of photographer*] 摄(攝)影室 shèyǐngshì

studio apartment (*US*) N [c] 带有厨房和卫生间的小型套房 [英 = **studio flat**]

studio flat (*Brit*) N [c] 带有厨房和卫生间的小型套房 [美 = **studio apartment**]

★**study** ['stʌdɪ] **I** N **1** [U] (*activity*) 学(學)习(習) xuéxí ▹ *rooms set aside for study* 专供学习的房间 zhuān gōng xuéxí de fángjiān **2** [c] (*piece of research*) 研究 yánjiū ▹ *the first study of the drug's effects* 第一项探讨药物作用的研究 dì yī xiàng tàntǎo yàowù zuòyòng de yánjiū **3** [c] (*room*) 书(書)房 shūfáng [间 jiān] **II** VT **1** [+ *subject*] 攻读(讀) gōngdú **2** [+ *sb's face, evidence*] 仔细(細)察看 zǐxì chákàn **III** VI 学(學)习(習) xuéxí **IV studies** N PL 学(學)业(業) xuéyè ▸ **to make a study of sth** 研究某事 yánjiū mǒushì ▸ **business/European studies** 商务(務)/欧(歐)洲研究 shāngwù/ōuzhōu yánjiū

stuff [stʌf] **I** N [U] **1** (*things*) 物品 wùpǐn **2** (*substance*) 东(東)西 dōngxi **II** VT **1** ▸ **to stuff sth in/under sth** 把某物塞入某物内(內)/塞到某物下面 bǎ mǒwù sāirù mǒwù nèi/sāidào mǒuwù xiàmiàn **2** ▸ **to stuff sth with sth** 用某物装(裝)满(滿)某物 yòng mǒuwù zhuāngmǎn mǒuwù **3** (*Culin*) [+ *peppers, mushrooms*] 给(給)…装(裝)馅(餡) gěi…zhuāngxiàn; [+ *chicken, turkey*] 把填料塞入 bǎ tiánliào sāirù **4** [+ *toy, pillow*] 填塞 tiánsāi **5** [+ *dead animal*] 制(製)成标(標)本 zhìchéng biāoběn **6** ▸ **my nose is stuffed up** 我鼻子堵了 wǒ bízi dǔ le ▸ **get stuffed!** (*Brit; inf!*) 去你的！Qù nǐ de!

stuffing ['stʌfɪŋ] N [U] (*in sofa, chicken etc*) 填料 tiánliào

stuffy ['stʌfɪ] ADJ **1** [+ *room*] 闷(悶)热(熱)的 mēnrè de **2** [+ *person, ideas*] 古板的 gǔbǎn de

stumble ['stʌmbl] VI **1** (*while moving*) 绊(絆)脚(腳) bànjiǎo **2** (*while speaking*) 结(結)巴 jiēba

▸**stumble across, stumble on** VT FUS 偶然遇到 ǒurán yùdào

stump [stʌmp] **I** N [c] **1** [*of tree*] 树(樹)桩(樁) shùzhuāng **2** [*of limb*] 残(殘)肢 cánzhī **II** VT ▸ **to be stumped** 被难(難)倒 bèi nándǎo

▸**stump up** VT (*Brit; inf*) [+ *money*] 付清 fùqīng

stun [stʌn] VT **1** (*shock*) 使震惊(驚) shǐ zhènjīng **2** (*daze*) 使昏迷 shǐ hūnmí

stung [stʌŋ] PT, PP *of* **sting**

stunk [stʌŋk] PP *of* **stink**

stunned [stʌnd] ADJ (*shocked*) 目瞪口呆(獃)的 mù dèng kǒu dāi de ▸ **a stunned silence** 哑(啞)口无(無)言 yǎ kǒu wú yán

stunning ['stʌnɪŋ] ADJ **1** (*impressive*) 惊(驚)人的 jīngrén de **2** (*beautiful*) [+ *person, dress etc*] 极漂亮的 jí piàoliàng de

stunt [stʌnt] **I** N [c] **1** (*in film*) 惊(驚)险(險)动(動)作 jīngxiǎn dòngzuò **2** (*publicity stunt*) 噱头(頭) xuétóu **II** VT [+ *growth, development*] 阻碍(礙)…的正常发(發)育 zǔ'ài…de zhèngcháng fāyù

stuntman ['stʌntmæn] N [c] 特技演员(員) tèjì yǎnyuán [个 gè]

stupid ['stju:pɪd] ADJ **1** [+ *person*] 笨的 bèn de **2** [+ *question, idea, mistake*] 愚蠢的 yúchǔn de **3** (*inf*) 乏味的 fáwèi de

stupidity [stju:'pɪdɪtɪ] N [U] 愚蠢 yúchǔn

sturdy ['stə:dɪ] ADJ **1** [+ *object*] 结(結)实(實)的 jiēshi de **2** [+ *person*] 健壮(壯)的 jiànzhuàng de

stutter ['stʌtə^r] **I** N [c] 口吃 kǒuchī **II** VI 结(結)结(結)巴巴地说(說) jiējie bāba de shuō ▸ **to have a stutter, speak with a stutter** 结(結)结(結)巴巴地说(說) jiējie-bāba de shuō

style [staɪl] **I** N **1** [c] (*type*) 方式 fāngshì [种 zhǒng] **2** [U] (*elegance*) 风(風)度 fēngdù **3** [c/U] (*design*) 样(樣)式 yàngshì [种 zhǒng] **II** VT **1** [+ *hair*] 打理 dǎlǐ **2** [+ *clothes*] 使符合特定款式 shǐ fúhé tèdìng kuǎnshì ▸ **in the latest style** 最新式样(樣) zuì xīn shìyàng

stylish ['staɪlɪʃ] ADJ 时(時)髦的 shímáo de

stylist ['staɪlɪst] N [c] **1** (*hair stylist*) 发(髮)型师(師) fàxíng shī **2** (*literary*) 文体(體)家 wéntǐjiā [位 wèi]

sub... [sʌb] PREFIX **1** (*under*) 下 xià **2** (*subordinate*) 分支 fēnzhī **3** (*inferior*) 次于(於) cìyú

subconscious [sʌb'kɔnʃəs] **I** N [s] 潜(潛)意识(識) qián yìshi **II** ADJ 潜(潛)意识(識)的 qián yìshi de

subdued [səb'dju:d] ADJ **1** [+ *person*] 闷(悶)闷(悶)不乐(樂)的 mènmèn bùlè de **2** [+ *light*] 柔和的 róuhé de

subject [*n* 'sʌbdʒɪkt, *vb* səb'dʒɛkt] **I** N [c] **1** (*matter*) 主题(題) zhǔtí [个 gè] **2** (*Scol*) 科目 kēmù [个 gè] **3** [*of country*] 国(國)民 guómín **4** (*Gram*) 主语(語) zhǔyǔ [个 gè] **II** VT ▸ **to subject sb to sth** 使某人经(經)受某事 shǐ mǒurén jīngshòu mǒushì **III** ADJ ▸ **to be subject to** 遭到 zāodào ▸ **to change the subject** 改变(變)话(話)题(題) gǎibiàn huàtí ▸ **subject to availability** 以可取得为(為)准(準) yǐ kě qǔdé wéi zhǔn ▸ **prices may be subject to alteration** 价(價)格可能会(會)有变(變)动(動) jiàgé kěnéng huì yǒu biàndòng

subjective [səb'dʒɛktɪv] ADJ 主观(觀)的 zhǔguān de

subject matter N [U] 题(題)材 tícái

S

submarine [sʌbmə'ri:n] N [c] 潜(潛)水艇 qiánshuǐtǐng [艘 sōu]

submerge [səb'mə:dʒ] I VT 使淹没(沒) shǐ yānmò II VI [*submarine* +] 潜(潛)入水中 qiánrù shuǐzhōng ▸ **to submerge o.s. in sth** (*fig*) 献(獻)身于(於)某事 xiànshēn yú mǒushì

submission [səb'mɪʃən] N 1 [U] (*subjection*) 屈服 qūfú 2 [U] (*frm*) [*of document*] 提交 tíjiāo 3 [C] (*proposal*) 呈递(遞)材料 chéngdì cáiliào

submit [səb'mɪt] I VT [+ *proposal, application, claim etc*] 提交 tíjiāo II VI ▸ **to submit to sth** 屈服于(於)某物 qūfú yú mǒuwù

subordinate [*n, adj* sə'bɔ:dɪnət, *vb* sə'bɔ:dɪneɪt] I N [C] 下属(屬) xiàshǔ II ADJ 1 [+ *officer, position, role*] 下级(級)的 xiàjí de 2 ▸ **to be subordinate to sb** 是某人的下属(屬) shì mǒurén de xiàshǔ 3 ▸ **to be subordinate to sth** 从(從)属(屬)于(於)某事物 cóngshǔyú mǒuwù III VT ▸ **to subordinate sth to sth** 使某物服从(從)某物 shǐ mǒuwù fúcóng mǒuwù

subordinate clause N 从(從)句 cóngjù

subscribe [səb'skraɪb] VI ▸ **to subscribe (to sth)** [+ *magazine etc*] 订(訂)阅(閱) dìngyuè; [+ *fund, charity*] 定期捐款 dìngqī juānkuǎn ▸ **I don't subscribe to that view** 我不赞(贊)成那个(個)看法 wǒ bù zànchéng nàge kànfǎ

subscriber [səb'skraɪbəʳ] N [C] 1 (*to magazine, newspaper*) 订(訂)阅(閱)者 dìngyuèzhě [个 gè] 2 (*to service*) 用户(戶) yònghù [个 gè]

subscription [səb'skrɪpʃən] N [C] 1 (*to magazine, service*) 订(訂)阅(閱) dìngyuè 2 (*money paid*) 订(訂)阅(閱)费(費) dìngyuè fèi 3 (*membership dues*) 注(註)册(冊)费(費) zhùcè fèi 4 (*to charity*) 捐赠(贈) juānzèng ▸ **to take out a subscription to** [+ *organization*] 注(註)册(冊) zhùcè; [+ *magazine etc*] 订(訂)阅(閱) dìngyuè

subsequent ['sʌbsɪkwənt] (*frm*) ADJ 1 (*later*) [+ *events, generations*] 随(隨)后(後)的 suíhòu de 2 (*further*) [+ *research, investigations*] 进(進)一步的 jìnyībù de ▸ **subsequent to** 在…之后(後) zài...zhīhòu

subsequently ['sʌbsɪkwəntlɪ] (*frm*) ADV 后(後)来(來) hòulái

subside [səb'saɪd] VI 1 [*feeling* +] 平息 píngxī 2 [*flood, river* +] 减(減)退 jiǎntuì 3 [*earth, building* +] 下陷 xiàxiàn

subsidiary [səb'sɪdɪərɪ] I ADJ 1 [+ *question, role*] 次要的 cìyào de 2 (*Brit: Univ*) [+ *subject*] 辅(輔)助的 fǔzhù de II N [C] 1 (*subsidiary company*) 子公司 zǐ gōngsī [个 gè] 2 (*Brit: Univ*) (*subsidiary subject*) 辅(輔)助科目 fǔzhù kēmù

subsidize ['sʌbsɪdaɪz] VT 给(給)…补(補)助金 gěi...bǔzhùjīn

subsidy ['sʌbsɪdɪ] N [C] 补(補)助金 bǔzhù jīn [笔 bǐ]

substance ['sʌbstəns] N 1 [C] (*matter*) 物质(質) wùzhì [种 zhǒng] 2 [S] (*frm*) [*of speech, article etc*] 要旨 yàozhǐ 3 [U] (*frm: truth*) 根据(據) gēnjù 4 [U] (*importance, significance*) 实(實)质(質) shízhì ▸ **a man of substance** (*frm*) 要人 yàorén ▸ **to lack substance** [*speech, article etc* +] 缺乏实(實)质(質)性内(內)容 quēfá shízhìxìng nèiróng

substantial [səb'stænʃl] ADJ 1 [+ *building*] 牢固的 láogù de 2 [+ *meal*] 丰(豐)盛的 fēngshèng de; [+ *improvement*] 重大的 zhòngdà de; [+ *reward, amount*] 相当(當)数(數)额(額)的 xiāngdāng shù'é de

substantially [səb'stænʃəlɪ] (*frm*) ADV 1 (*by a large amount*) 在很大程度上 zài hěndà chéngdù shang 2 (*in essence*) 基本上 jīběn shàng

substitute ['sʌbstɪtju:t] I N [C] 1 (*person*) 代替者 dàitìzhě [位 wèi] 2 (*thing*) 代用品 dàiyòngpǐn [件 jiàn] 3 (*Football*) 替补(補)队(隊)员(員) tìbǔ duìyuán II VT ▸ **to substitute sth (for sth)** 用某物代替(某物) yòng mǒuwù dàitì (mǒuwù) III VI ▸ **to substitute for** [*person* +] 接替 jiētì; [*thing* +] 代替 dàitì

substitution [sʌbstɪ'tju:ʃən] N [C/U] 代替 dàitì; (*Football*) 替换(換) tìhuàn

subtitled ['sʌbtaɪtld] ADJ 有字幕的 yǒu zìmù de

subtitles ['sʌbtaɪtlz] N PL 字幕 zìmù

subtle ['sʌtl] ADJ 1 [+ *change, difference*] 细(細)微的 xìwēi de 2 [+ *smell, sound, etc*] 隐(隱)约(約)的 yǐnyuē de; [+ *scent*] 淡雅的 dànyǎ de 3 (*indirect*) [+ *person*] 敏锐(銳)的 mǐnruì de

subtlety ['sʌtltɪ] N 1 [C] (*nuance*) 细(細)微差别(別) xìwēi chābié 2 [U] (*indirect methods*) 含蓄的方式 hánxù de fāngshì 3 [U] (*art of being subtle*) 微妙之处(處) wēimiào zhī chù

subtract [səb'trækt] VT ▸ **to subtract sth (from sth)** (从(從)某数(數)中)减(減)去某数(數) (cóng mǒushù zhōng) jiǎnqù mǒushù

suburb ['sʌbə:b] I N [C] 郊区(區) jiāoqū [个 gè] II **the suburbs** N PL 郊区(區) jiāoqū

suburban [sə'bə:bən] ADJ 1 [+ *shopping centre, train etc*] 郊区(區)的 jiāoqū de 2 (*pej*) [+ *clothes, lifestyle*] 古板的 gǔbǎn de

subway ['sʌbweɪ] N [C] 1 (*US*) (*underground railway*) 地铁(鐵) dìtiě [条 tiáo] [英 = **underground**] 2 (*Brit*) (*underpass*) 地下通道 dìxià tōngdào [美 = **underpass**]

succeed [sək'si:d] I VI [*plan, person* +] 成功 chénggōng; [*marriage* +] 美满(滿) měimǎn II VT 1 [+ *person*] (*in job*) 接替 jiētì 2 (*follow*) 继(繼)…之后(後) jì...zhīhòu ▸ **to succeed in doing sth** 成功地做某事 chénggōng de zuò mǒushì ▸ **to succeed to the throne** 继(繼)承王位 jìchéng wángwèi

success [sək'sɛs] N [U/C] 成功 chénggōng ▸ **without success** 一无(無)所成 yī wú suǒ chéng

successful [sək'sɛsful] ADJ 1 [+ *attempt, film, product*] 成功的 chénggōng de 2 [+ *writer, lawyer*] 有成就的 yǒu chéngjiù de ▸ **the successful candidate** 获(獲)胜(勝)的候选(選)人 huòshèng de hòuxuǎnrén ▸ **to be**

successful in doing sth 在做某事方面成功 zài zuò mǒushì fāngmiàn chénggōng

successfully [sək'sɛsfəlɪ] ADV 成功地 chénggōng de

succession [sək'sɛʃən] N **1** [s] (*series*) 一连(連)串 yī liánchuàn **2** [U] (*to throne etc*) 继(繼)承 jìchéng ▸ **for the third year in succession** 连(連)续(續)3年 liánxù sān nián ▸ **in quick succession** 紧(緊)接着(著) jǐnjiē zhe

successive [sək'sɛsɪv] ADJ [+ *governments, years, attempts*] 接连(連)的 jiēlián de ▸ **on 3 successive days** 接连(連)3天 jiēlián sān tiān

successor [sək'sɛsəʳ] N [C] 继(繼)任者 jìrènzhě [个 gè] ▸ **to be the successor to sb** 做某人的接班人 zuò mǒurén de jiēbānrén

succumb [sə'kʌm] (*frm*) VI ▸ **to succumb (to)** (*to temptation*) 抵挡(擋)不住 dǐdǎng bùzhù ▸ **to succumb to illness** 被疾病压(壓)垮 bèi jíbìng yākuǎ

★ **such** [sʌtʃ] ADJ **1** (*of this kind*) 此类(類)的 cǐ lèi de ▹ *Such a book should be praised, not banned.* 此类书应该得到赞扬，而不应被禁止。Cǐ lèi shū yīnggāi dédào zànyáng, ér bù yīng bèi jìnzhǐ. **2** (*emphasizing similarity*) 诸(諸)如此类(類) zhūrú cǐ lèi ▹ *It was in Brighton or Bournemouth or some such place.* 是在布赖顿或伯恩茅斯，或诸如此类的地方。Shì zài Bùláidùn huò Bó'ēnmáosī, huò zhūrú cǐ lèi de dìfāng. **3** (*so much*) 这(這)么(麼) zhème ▹ *He showed such courage in the face of adversity.* 他在厄运面前显示出这等勇气。Tā zài èyùn miànqián xiǎnshì chū zhè děng yǒngqì. ▸ **such a(n)** 那么(麼) nàme ▹ *It was such a lovely day.* 那一天天气那么好。Nà yī tiān tiānqì nàme hǎo. ▸ **such a lot of** 那么(麼)多 nàme duō ▸ **in such a way that...** 以致于(於)… yǐzhìyú... ▸ **such as** (*like*) 像 xiàng ▹ *countries such as France, Germany, and Italy* 像法国，德国，意大利等国家 xiàng Fǎguó, Déguó, Yìdàlì děng guójiā ▸ **you're welcome to borrow such books as I have** 我只有这(這)些书(書)，但是你尽(儘)管借 wǒ zhǐyǒu zhèxiē shū, dànshì nǐ jǐnguǎn jiè ▸ **I said no such thing** 我没(沒)有这(這)样(樣)讲(講) wǒ méiyǒu zhèyàng jiǎng ▸ **such as it is** 尽(儘)管价(價)值不过(過)尔(爾)尔(爾) jǐnguǎn jiàzhí bùguò ěrěr ▸ **as such** (*exactly*) 如所指的 rú suǒ zhǐ de ▹ *I am not a learner as such: I used to ride a bike years ago.* 我并不完全是个初学者：许多年前也常常骑自行车。Wǒ bìng bù wánquán shì gè chūxuézhě: xǔduō nián qián yě chángcháng qí zìxíngchē. ▹ *He's not lazy as such: he just lacks energy.* 他并不像所说的那样懒：他只是缺少活力。Tā bìng bù xiàng suǒshuō de nàyàng lǎn, tā zhǐshì quēshǎo huólì.; (*on its own*) 就其本身而言 jiù qí běnshēn ér yán ▹ *He is not very interested in politics as such.* 他对政治本身并不大感兴趣。Tā duì zhèngzhì běnshēn bìng bù dà gǎn xìngqù.

such 修饰单数可数名词时，后面跟 **a** 或 **an**。*...such a pleasant surprise...such an old car...* 修饰名词复数或不可数名词时，后面不加 **a** 或 **an**。*...such beautiful girls...such power...* 不能用 **such** 指代在现场的某事物或说话人所在地，而要用 **like that** 或 **like this**。例如，你称赞某人的手表时，不能说 *I'd like such a watch*，而应说 *I'd like a watch like that*。同样，谈到目前你所居住的城镇时，不能说 *There's not much to do in such a town*，而应说 *There's not much to do in a town like this.*

such-and-such ['sʌtʃənsʌtʃ] ADJ 某某 mǒumǒu

suck [sʌk] **I** VT **1** [+ *ice-lolly, sweet*] 含在嘴里(裡)舔吃 hánzài zuǐlǐ tiǎnchī; [+ *dummy, thumb*] 吮 shǔn **2** [*pump, machine* +] 抽吸 chōuxī **II** VI ▸ **to suck (on/at sth)** 吮(某物) shǔn (mǒuwù)

Sudan [su'dɑːn] N 苏(蘇)丹 Sūdān

Sudanese [suːdə'niːz] **I** ADJ 苏(蘇)丹的 Sūdān de **II** N [C] (*person*) 苏(蘇)丹人 Sūdānrén

sudden ['sʌdn] ADJ 意外的 yìwài de ▸ **all of a sudden** 出乎意料 chū hū yìliào

suddenly ['sʌdnlɪ] ADV 突然 tūrán

sue [suː] **I** VT 起诉(訴) qǐsù **II** VI 提起诉(訴)讼(訟) tíqǐ sùsòng ▸ **to sue sb for damages** 控告某人要求赔(賠)偿(償) kònggào mǒurén yāoqiú péicháng

suede [sweɪd] **I** N [U] 仿麂皮 fǎng jǐpí **II** CPD [+ *shoes, handbag*] 仿麂皮 fǎng jǐpí

suffer ['sʌfəʳ] **I** VT **1** [+ *blow, setback*] 遭受 zāoshòu **2** [+ *pain, illness*] 承受 chéngshòu **II** VI **1** (*due to pain, illness, poverty*) [*activity* +] 受损(損)失 shòu sǔnshī **2** (*be badly affected*) [*person* +] 受苦难(難) shòu kǔnàn ▸ **to suffer from shock/diarrhoea** 受惊(驚)吓(嚇)/患腹泻(瀉) shòu jīngxià/huàn fùxiè

sufferer ['sʌfərəʳ] N [C] 患者 huànzhě [位 wèi]

suffering ['sʌfərɪŋ] N [C/U] 痛苦 tòngkǔ

suffice [sə'faɪs] (*frm*) VI 足够(夠) zúgòu ▸ **suffice it to say that...** 只要说(說)…就够(夠)了 zhǐyào shuō...jiù gòu le

sufficient [sə'fɪʃənt] ADJ **1** 足够(夠)的 zúgòu de **2** (*frm*) [+ *condition, cause*] 充足的 chōngzú de ▸ **to be sufficient for sth** 对(對)某事来(來)说(說)足够(夠)了 duì mǒushì lái shuō zúgòu le ▸ **to be sufficient to do sth** 足够(夠)做某事 zúgòu zuò mǒushì ▸ **sufficient money to do sth/for sth** 足够(夠)的资(資)金来(來)做某事/付某笔(筆)费(費)用 zúgòu de zījīn lái zuò mǒushì/fù mǒu bǐ fèiyòng

sufficiently [sə'fɪʃəntlɪ] ADV **1** [*recover, provide* +] 充分地 chōngfèn de **2** [+ *large, powerful*] 足够(夠)地 zúgòu de

suffocate ['sʌfəkeɪt] **I** VI **1** (*die*) 闷(悶)死 mēnsǐ **2** (*have difficulty breathing*) 呼吸困难(難) hūxī kùnnan **II** VT 使窒息 shǐ zhìxī

sugar ['ʃugəʳ] **I** N [U/C] 糖 táng [勺 sháo] **II** VT [+ *tea etc*] 加糖 jiā táng

★ **suggest** [sə'dʒɛst] VT **1** (*propose*) 建议(議)

S

jiànyì ▷ *We have to suggest possible topics for next term's class.* 我们需要就下学期的课题提些建议。Wǒmen xūyào jiù xià xuéqī de kètí tí xiē jiànyì. **2** (*indicate*) 显(顯)示出 xiǎnshì chū ▷ *His expression suggested some pleasure at the fact that I had come.* 他的表情显示出他对我的到来有些好感。Tā de biǎoqíng xiǎnshì chū tā duì wǒ de dàolái yǒu xiē hǎogǎn. ▸ **to suggest that...** (*propose*) 建议(議)··· jiànyì... ▷ *I suggested that we walk to the park.* 我建议走路去公园。Wǒ jiànyì zǒulù qù gōngyuán.; (*indicate*) 显(顯)示出··· xiǎnshì chū... ▷ *Early reports suggested that he would lose heavily.* 早期报告显示出他会惨败。Zǎoqī bàogào xiǎnshì chū tā huì cǎnbài.; (*imply*) 暗示 ànshì ▷ *I'm not suggesting (that) that is what is happening.* 我并未暗示说现在就是这样。Wǒ bìng wèi ànshì shuō xiànzài jiù shì zhèyàng.

suggestion [sə'dʒɛstʃən] N [c] **1** (*proposal*) 建议(議) jiànyì [条 tiáo] **2** (*indication*) 暗示 ànshì **3** (*association*) 联(聯)想 liánxiǎng ▸ **a suggestion of sth** 细(細)微的迹(跡)象 xìwēi de jìxiàng ▸ **to make a suggestion** 提建议(議) tí jiànyì

suggestive [sə'dʒɛstɪv] ADJ [*remark*] 挑逗的 tiǎodòu de ▸ **to be suggestive of sth** 使人联(聯)想起某物 shǐ rén liánxiǎng qǐ mǒuwù

suicide ['suɪsaɪd] I N **1** [c/u] 自杀(殺) zìshā **2** [u] (*harmful action*) 自取灭(滅)亡 zìqǔ mièwáng **3** [c] (*person*) 自杀(殺)者 zìshāzhě II CPD [+ *attack, mission*] 自杀(殺)性 zìshā xìng ▸ **a suicide bomber** 人肉炸弹(彈) rénròu zhàdàn ▸ **to commit suicide** 自杀(殺) zìshā

suit [su:t] I N [c] **1** (*man's, woman's*) 西装(裝) xīzhuāng [套 tào] **2** (*for particular activity*) 套装(裝) tàozhuāng **3** (*Law*) 讼(訟)案 sòng'àn **4** (*Cards*) 一组(組)同样(樣)花色的纸(紙)牌 yī zǔ tóngyàng huāsè de zhǐpái II VT **1** (*be convenient, appropriate*) 对(對)···合适(適) duì...héshì **2** [*colour, clothes* +] [+ *person*] 适(適)合 shìhé ▸ **to file** *or* **bring a suit against sb** (*US: Law*) 起诉(訴)某人 qǐsù mǒurén ▸ **to follow suit** (*do the same*) 跟着(著)做 gēnzhe zuò ▸ **to suit sth to sb/sth** (*adapt*) 使某物适(適)合于(於)某人/某物 shǐ mǒuwù shìhé yú mǒurén/mǒuwù ▸ **to be suited to doing sth** 适(適)宜于(於)做某事 shìyí yú zuò mǒushì ▸ **to suit o.s.** 随(隨)自己的意愿(願)行事 suí zìjǐ de yìyuàn xíngshì ▸ **suit yourself!** 自便! zìbiàn! ▸ **to be well suited (to each other)** (互相)很搭配 (hùxiāng)hěn dāpèi

suitable ['su:təbl] ADJ **1** (*convenient*) [+ *time, place*] 合适(適)的 héshì de **2** (*appropriate*) [+ *person, clothes*] 适(適)合的 shìhé de

suitably ['su:təblɪ] ADV **1** [+ *dressed, qualified*] 适(適)当(當)地 shìdàng de **2** [+ *impressed, amazed*] 适(適)宜地 shìyí de

suitcase ['su:tkeɪs] N [c] 手提箱 shǒutíxiāng [个 gè]

suite [swi:t] N [c] **1** (*in hotel, large building*) 套间(間) tàojiān; *see also* **en suite** **2** (*furniture*) 一套家具 yī tào jiājù ▸ **a bedroom/dining room suite** 一套卧(臥)室/饭(飯)厅(廳)家具 yī tào wòshì/fàntīng jiājù ▸ **a bathroom suite** 一套浴具 yī tào yùjù

sulfur ['sʌlfə^r] (*US*) N = **sulphur**

sulk [sʌlk] I N [c] 生闷(悶)气(氣) shēng mènqì II VI 生闷(悶)气(氣) shēng mènqì ▸ **to be in a sulk** 生闷(悶)气(氣) shēng mènqì

sulphur, (*US*) **sulfur** ['sʌlfə^r] N [u] 硫磺 liúhuáng

sultana [sʌl'tɑ:nə] (*Brit*) N [c] 无(無)核小葡萄干(乾) wúhé xiǎo pútáogān [颗 kē]

sum [sʌm] I N [c] **1** (*amount*) 数(數)额(額) shù'é [笔 bǐ] **2** (*calculation*) 算术(術)题(題) suànshù tí [道 dào] **3** (*Math*) (*total*) 总(總)数(數) zǒngshù ▸ **to do a sum** 算算术(術) suàn suànshù ▸ **in sum** (*frm*) 简(簡)而言之 jiǎn ér yán zhī

▸ **sum up** I VT **1** (*describe briefly*) 概括 gàikuò **2** (*epitomize*) 代表 dàibiǎo II VI 总(總)结(結) zǒngjié

summarize ['sʌməraɪz] I VT 概括 gàikuò II VI 总(總)结(結) zǒngjié

summary ['sʌmərɪ] I N [c] 摘要 zhāiyào [个 gè] II ADJ (*frm*) [+ *justice, execution*] 草率的 cǎoshuài de ▸ **in summary** 概括地说(說) gàikuò de shuō

summer ['sʌmə^r] I N [c/u] 夏季 xiàjì [个 gè] II CPD [+ *dress, weather, sunshine*] 夏季 xiàjì ▸ **in (the) summer** 在夏季 zài xiàjì

summertime ['sʌmətaɪm] N [u] 夏季 xiàjì

summit ['sʌmɪt] N [c] **1** [*of mountain*] 峰顶(頂) fēngdǐng [个 gè] **2** (*Pol*) (*meeting*) 高峰会(會)议(議) gāofēng huìyì [个 gè]

summon ['sʌmən] VT **1** [+ *person, police, help*] 召唤(喚) zhāohuàn **2** (*Law*) 传(傳)讯(訊) chuánxùn **3** (*also*: **summon up**) [+ *strength, courage*] 鼓起 gǔqǐ

Sun. ABBR (= **Sunday**) 星期天 xīngqītiān

sun [sʌn] N **1** [s/c] (*in the sky*) 太阳(陽) tàiyáng [轮 lún] **2** [u] (*heat*) 太阳(陽)的光和热(熱) tàiyáng de guāng hé rè; (*light*) 阳(陽)光 yángguāng ▸ **to sit/lie in the sun** 坐/躺在阳(陽)光下 zuò/tǎng zài yángguāng xià ▸ **to catch the sun** 被晒黑 bèi shàihēi ▸ **everything under the sun** 世上万(萬)物 shìshàng wànwù

sunbathe ['sʌnbeɪð] VI 晒日光浴 shài rìguāngyù

sunblock ['sʌnblɔk] N [c/u] 防晒霜 fángshài shuāng [瓶 píng]

sunburn ['sʌnbə:n] N [u] 晒斑 shàibān

sunburned ['sʌnbə:nd], **sunburnt** ADJ 晒伤(傷)的 shàishāng de

sunburnt ['sʌnbə:nt] ADJ = **sunburned**

Sunday ['sʌndɪ] N [c/u] 星期天 xīngqītiān [个 gè]; *see also* **Tuesday**

SUNDAY LUNCH

英国传统的 **Sunday lunch** 以大块烤肉为主菜，如牛肉，猪肉，羊肉或鸡肉。除肉类之外，还配有烤土豆，蔬菜，可能还有 **Yorkshire pudding** ——一种用加牛奶，鸡蛋的面糊做成的脆皮可口的饼，要在炉里烤到表层胀起才算好。**gravy**（调味肉汁）也会在餐桌上见到。自己不想做也没关系，许多酒吧和餐馆提供 **Sunday lunch**。

Sunday school N [c/u] 主日学(學)校 zhǔrì xuéxiào [所 suǒ] ▸ **to go to Sunday school** 去主日学校 qù zhǔrì xuéxiào

sunflower ['sʌnflauəʳ] N [c] 向日葵 xiàngrìkuí [株 zhū]

sung [sʌŋ] PP *of* **sing**

sunglasses ['sʌnglɑːsɪz] N PL 墨镜(鏡) mòjìng

sunk [sʌŋk] PP *of* **sink**

sunlight ['sʌnlaɪt] N [u] 阳(陽)光 yángguāng

sunny ['sʌnɪ] ADJ **1** [+ *weather, day*] 晴朗的 qínglǎng de **2** [+ *place*] 阳(陽)光充足的 yángguāng chōngzú de **3** [+ *disposition, person*] 乐(樂)观(觀)的 lèguān de ▸ **it is sunny** 天气(氣)晴朗 tiānqì qínglǎng

sunrise ['sʌnraɪz] N **1** [u] (*time*) 拂晓(曉) fúxiǎo **2** [c] (*sky*) 日出 rìchū ▸ **at sunrise** 拂晓(曉)时(時)分 fúxiǎo shífēn

sun roof N [c] (*on car*) 遮阳(陽)篷顶(頂) zhēyáng péngdǐng [个 gè]

sunscreen ['sʌnskriːn] N [c/u] 遮光屏 zhēguāng píng [个 gè]

sunset ['sʌnsɛt] N **1** [u] (*time*) 傍晚 bàngwǎn **2** [c] (*sky*) 日落 rìluò [次 cì] ▸ **at sunset** 傍晚时(時) bàngwǎn shí

sunshine ['sʌnʃaɪn] N [u] 阳(陽)光 yángguāng

sunstroke ['sʌnstrəuk] N [u] 中暑 zhòngshǔ ▸ **to get sunstroke** 中暑 zhòngshǔ

suntan ['sʌntæn] **I** N [c] 晒黑 shàihēi [处 chù] **II** CPD [+ *lotion, cream*] 防晒 fángshài ▸ **to get a suntan** 皮肤(膚)晒黑 pífū shàihēi

super ['suːpəʳ] (*Brit; inf*) ADJ 极(極)好的 jíhǎo de

superb [suː'pəːb] ADJ 极(極)好的 jíhǎo de

superficial [suːpə'fɪʃəl] ADJ **1** [+ *wound, injury, damage*] 表皮的 biǎopí de **2** [+ *knowledge, analysis*] 表面性的 biǎomiàn xìng de **3** (*pej*) [+ *person*] 肤(膚)浅(淺)的 fūqiǎn de

superintendent [suːpərɪn'tɛndənt] N [c] **1** (*Police: Brit*) 警督 jǐngdū; (*US*) 警长(長) jǐngzhǎng **2** [*of place, activity*] 主管人 zhǔguǎn rén **3** (*US*) [*of building, school*] 看门(門)人 kānménrén [英 = **caretaker**]

superior [su'pɪərɪəʳ] **I** ADJ **1** (*better*) 优(優)秀的 yōuxiù de **2** (*more senior*) 上级(級)的 shàngjí de **3** (*pej: smug*) 高傲的 gāo'ào de **II** N [c] (*in rank*) 上级(級) shàngjí ▸ **superior to** 优(優)于(於) yōuyú

superiority [supɪərɪ'ɔrɪtɪ] N [u] 优(優)势(勢) yōushì

supermarket ['suːpəmɑːkɪt] N [u] 超级(級)市场(場) chāojí shìchǎng

supernatural [suːpə'nætʃərəl] **I** ADJ [+ *creature, powers*] 神奇的 shénqí de **II** N ▸ **the supernatural** 超自然事物 chāo zìrán shìwù

superpower ['suːpəpauəʳ] (*Pol*) N [c] 超级(級)大国(國) chāojí dàguó [个 gè]

superstition [suːpə'stɪʃən] N [c/u] 迷信 míxìn

superstitious [suːpə'stɪʃəs] ADJ [+ *person, fear, belief*] 迷信的 míxìn de

supervise ['suːpəvaɪz] VT [+ *person, activity*] 监(監)督 jiāndū

supervision [suːpə'vɪʒən] N [u] [*of person*] 管理 guǎnlǐ; [*of activity*] 监(監)督 jiāndū ▸ **under medical supervision** 遵循医(醫)嘱(囑) zūnxún yīzhǔ

supervisor ['suːpəvaɪzəʳ] N [c] **1** [*of workers*] 监(監)工 jiāngōng **2** [*of student*] 导(導)师(師) dǎoshī [位 wèi]

supper ['sʌpəʳ] N [c/u] **1** (*early evening*) 晚餐 wǎncān [顿 dùn] **2** (*late evening*) 夜宵 yèxiāo [顿 dùn] ▸ **to have supper** 吃晚餐 chī wǎncān

用法参见 **meal**

supple ['sʌpl] ADJ **1** [+ *object, material*] 柔韧(韌)的 róurèn de **2** [+ *person, body*] 轻(輕)盈的 qīngyíng de

supplement [*n* 'sʌplɪmənt, *vb* sʌplɪ'mɛnt] **I** N [c] **1** (*additional amount*) [*of vitamins, money etc*] 补(補)充 bǔchōng **2** [*of book*] 补(補)编(編) bǔbiān **3** [*of newspaper, magazine*] 增刊 zēngkān **II** VT 补(補)充 bǔchōng

supplier [sə'plaɪəʳ] N [c] 供应(應)商 gōngyìngshāng [个 gè]

supply [sə'plaɪ] **I** VT **1** (*provide*) 提供 tígōng **2** (*Comm*) (*deliver*) 送货(貨) sònghuò **II** N **1** [c/u] (*stock*) 供应(應)量 gōngyìng liàng **2** [u] (*supplying*) 供应(應) gōngyìng **III supplies** N PL **1** (*food*) 供给(給) gōngjǐ **2** (*Mil*) 军(軍)需品 jūnxū pǐn ▸ **to supply sth to sb** 为(為)某人提供某物 wèi mǒurén tígōng mǒuwù ▸ **to supply sb/sth with sth** 为(為)某人/某物提供某物 wèi mǒurén/mǒuwù tígōng mǒuwù ▸ **it comes supplied with an adaptor** 内(內)含变(變)压(壓)器 nèi hán biànyāqì ▸ **food is in short supply** 食品供应(應)不足 shípǐn gōngyìng bùzú ▸ **the electricity/gas supply** 电(電)力/煤气(氣)供应(應) diànlì/méiqì gōngyìng ▸ **supply and demand** (*Econ*) 供求 gōngqiú

★ **support** [sə'pɔːt] **I** N **1** [u] (*moral*) 支持 zhīchí ▹ *The prime minister gave his full support to the reforms.* 首相对改革给予大力支持。Shǒuxiàng duì gǎigé gěiyǔ dàlì zhīchí. **2** [u] (*financial*) 资(資)助 zīzhù ▹ *the proposal to cut agricultural support by 15%* 削减15%的农业资助的提议 xiāojiǎn bǎifēnzhī shíwǔ de nóngyè zīzhù de tíyì **3** [u] (*kindness, help*) 帮助 bāngzhù ▹ *mentally ill people in need of support* 患心理疾病

S

的人士需要帮助 huàn xīnlǐ jíbìng de rénshì xūyào bāngzhù **4** [c] (*for object, structure*) 支承 zhīchéng **5** [u] (*balance*) 支撑(撐)物 zhīchēngwù ▷ *Alice was leaning against him for support.* 艾丽斯把他当支撑物靠着。Àilìsī bǎ tā dàng zhīchēngwù kào zhe. **6** [u] (*evidence*) (*for theory, statement*) 依据(據) yījù ▷ *History offers some support for this view.* 历史为此观点提供了某些依据。Lìshǐ wèi cǐ guāndiǎn tígōng le mǒuxiē yījù. **II** VT **1** (*morally*) [+ *policy, strike etc*] 支持 zhīchí ▷ *He thanked everyone who had supported the strike.* 他对支持罢工的所有人士表示感谢。Tā duì zhīchí bàgōng de suǒyǒu rénshì biǎoshì gǎnxiè. **2** (*financially*) 供养(養) gōngyǎng ▷ *He has a wife and three children to support.* 他需要供养妻子和3个孩子。Tā xūyào gōngyǎng qīzi hé sān gè háizi. **3** (*hold up*) [+ *object, structure*] 支承 zhīchéng ▷ *the girders that supported the walkway* 支承着人行道的大梁 zhīchéngzhe rénxíngdào de dàliáng **4** (*hold up*) [+ *person*] 撑(撐)着(著) chēngzhe ▷ *Let your baby sit on the floor with cushions to support him.* 让你的婴儿坐在地上，用坐垫撑着他。Ràng nǐ de yīng'ér zuò zài dìshang, yòng zuòdiàn chēngzhe tā. **5** (*substantiate*) [+ *theory, statement*] 证(證)实(實) zhèngshí ▷ *There was no evidence to support such a theory.* 没有证据来证实这一理论。Méiyǒu zhèngjù lái zhèngshí zhè yī lǐlùn. **6** [+ *football team*] 支持 zhīchí ▷ *Tim supports Manchester United.* 蒂姆支持曼联队。Dìmǔ zhīchí Mànliánduì. ▸ **in support of** 支持 zhīchí ▸ **to support o.s.** (*financially*) 养(養)活自己 yǎnghuó zìjǐ

supporter [sə'pɔːtəʳ] N [c] **1** [*of politician, policy*] 支持者 zhīchí zhě [个 gè] **2** [*of team*] 追随(隨)者 zhuīsuí zhě

suppose [sə'pəuz] VT 认(認)为(為) rènwéi ▸ **I suppose** 我想 wǒ xiǎng ▸ **it was worse than she'd supposed** 事情比她想像的要糟 shìqing bǐ tā xiǎngxiàng de yào zāo ▸ **I don't suppose she'll come** 我想她不会(會)来(來) wǒ xiǎng tā bùhuì lái ▸ **he's about sixty, I suppose** 我想他大概60岁(歲) wǒ xiǎng tā dàgài liùshí suì ▸ **I suppose so/not** 我看是/不是这(這)样(樣) wǒ kàn shì/bùshì zhèyàng ▸ **suppose he was right** 假定他是对(對)的 jiǎdìng tā shì duì de ▸ **he is supposed to do it** (*duty*) 他应(應)该(該)做的 tā yīnggāi zuò de ▸ **he's supposed to be an expert** 人们(們)以为(為)他是个(個)专(專)家 rénmen yǐwéi tā shì gè zhuānjiā

supposedly [sə'pəuzɪdlɪ] ADV 据(據)称(稱) jùchēng

supposing [sə'pəuzɪŋ] CONJ 假使 jiǎshǐ

suppress [sə'prɛs] VT **1** [+ *religion*] 禁止 jìnzhǐ; [+ *revolt*] 镇(鎮)压(壓) zhènyā **2** [+ *information, publication*] 封锁(鎖) fēngsuǒ **3** [+ *feelings*] 抑制 yìzhì **4** [+ *yawn, laugh, sneeze*] 忍住 rěnzhù

supreme [su'priːm] ADJ **1** (*in titles*) 最高的 zuìgāo de **2** (*great*) 极(極)度的 jídù de

Supt, (*esp US*) **Supt.** (*Police*) ABBR (= **superintendent**) 警长(長) jǐngzhǎng

surcharge ['səːtʃɑːdʒ] N [c] 附加费(費) fùjiā fèi [笔 bǐ]

★ **sure** [ʃuəʳ] **I** ADJ **1** (*definite, convinced*) 有把握的 yǒu bǎwò de ▷ *How can you be so sure?* 你怎么这么有把握？Nǐ zěnme zhème yǒu bǎwò? **2** (*reliable*) [+ *remedy*] 有效的 yǒuxiào de; [+ *sign*] 准(準)确(確)无(無)误(誤)的 zhǔnquè wúwù de ▷ *She has a sure grasp of social issues.* 她对社会问题掌握得准确无误。Tā duì shèhuì wèntí zhǎngwò de zhǔnquè wúwù. **3** ▸ **to be sure to do sth** (*certain*) 肯定做某事 kěndìng zuò mǒushì ▷ *Kids are sure to love crawling through the tunnel.* 孩子们肯定喜欢爬隧道。Háizǐmen kěndìng xǐhuān pá suìdào. **II** ADV ▸ **she sure is pretty** (*esp US; inf*) 她确(確)实(實)很漂亮 tā quèshí hěn piàoliang ▸ **to make sure that...** (*take action*) 保证(證)… bǎozhèng… ▷ *Make sure that you follow the instructions carefully.* 你一定要仔细按照说明书做。Nǐ yīdìng yào zǎixì ànzhào shuōmíngshū zuò. ▷ *You must make sure that you finish your work on time.* 你必须保证按时完成工作。Nǐ bìxū bǎozhèng ànshí wánchéng gōngzuò.; (*check*) 查明… chámíng… ▷ *He looked in the bathroom to make sure that he was alone.* 他看了看洗澡 间，确定是否只有他一个人。Tā kànlekàn xǐzǎojiān, quèdìng shìfǒu zhǐyǒu tā yī gè rén. ▸ **sure!** (*inf: of course*) 当(當)然了！dāngrán le! ▸ **sure enough** 果然 guǒrán ▸ **to be sure of (doing) sth** 有把握(做)某事 yǒu bǎwò(zuò)mǒushì ▸ **that's for sure** 毫无(無)疑问(問) háo wú yíwèn ▸ **I'm sure of it** 我确(確)信 wǒ quèxìn ▸ **I'm not sure how/why/when** 我不能肯定如何/为(為)什么(麼)/什么(麼)时(時)候 wǒ bùnéng kěndìng rúhé/wèishénme/shénme shíhou ▸ **to be sure of o.s.** 有自信心 yǒu zìxìnxīn

surely ['ʃuəlɪ] ADV (*for emphasis*) 想必 xiǎngbì; (*frm: certainly*) 肯定 kěndìng ▸ **surely you don't mean that!** 你肯定不是这(這)个(個)意思！nǐ kěndìng bùshì zhège yìsi! ▸ **slowly but surely** 缓(緩)慢而稳(穩)步地 huǎnmàn ér wěnbù de

surf [səːf] **I** N [u] 拍岸的浪花 pāi'àn de lànghuā **II** VI 冲(衝)浪 chōnglàng **III** VT ▸ **to surf the Internet** 网(網)上冲(衝)浪 wǎngshang chōnglàng ▸ **to go surfing** 去冲(衝)浪 qù chōnglàng

surface ['səːfɪs] **I** N **1** [c] [*of object*] 表面 biǎomiàn [个 gè] **2** [c] (*top layer*) 表层(層) biǎocéng [个 gè] **3** [c] [*of lake, pond*] 水面 shuǐmiàn **4** [s] (*of mind, emotions*) 外表 wàibiǎo **II** VI **1** [*fish, diver* +] 浮出水面 fúchū shuǐmiàn **2** [*news* +] 被揭露 bèi jiēlù; [*feeling* +] 显(顯)露 xiǎnlù **3** (*inf: rise from bed*) 起床 qǐchuáng **III** VT [+ *road*] 铺(鋪)路 pūlù ▸ **on the surface** 在表面上 zài biǎomiàn shàng

surfboard ['səːfbɔːd] N [c] 冲(衝)浪板 chōnglàng bǎn [块 kuài]

surfing ['səːfɪŋ] N [U] 冲(衝)浪 chōnglàng; *see also* **surf**

surge [səːdʒ] **I** N [c] **1** (*in demand, interest*) 急剧(劇)上升 jíjù shàngshēng **2** (*in flow*) 汹(洶)涌(湧) xiōngyǒng **3** [*of emotion*] 一阵(陣) yī zhèn ▶ **a surge of electricity** 电(電)涌(湧) diànyǒng **II** VI **1** [*water* +] 奔腾(騰) bēnténg **2** [*people, vehicles* +] 涌(湧) yǒng **3** [*level, rate* +] 急剧(劇)上升 jíjù shàngshēng **4** (*liter*) [*emotion* +] 翻腾(騰) fānténg **5** (*Elec*) 突然增加 tūrán zēngjiā ▶ **to surge forward** 蜂拥(擁)向前 fēngyōng xiàng qián

surgeon ['səːdʒən] N [c] 外科医(醫)师(師) wàikē yīshī [位 wèi]

surgery ['səːdʒərɪ] N **1** [U] (*treatment*) 外科手术(術) wàikē shǒushù **2** [c] (*Brit*) (*room*) [*of doctor, dentist*] 诊(診)所 zhěnsuǒ [家 jiā] **3** [c] (*Brit*) (*also*: **surgery hours**) [*of doctor, dentist*] 门(門)诊(診)时(時)间(間) ménzhěn shíjiān **4** [c] (*Brit*) [*of MP etc*] 接待时(時)间(間) jiēdài shíjiān

surgical ['səːdʒɪkl] ADJ **1** [+ *instrument, mask etc*] 外科手术(術)用的 wàikē shǒushù yòng de **2** [+ *treatment, operation*] 外科的 wàikē de

surname ['səːneɪm] N [c] 姓 xìng [个 gè]

surpass [səː'pɑːs] (*frm*) VT 超过(過) chāoguò

surplus ['səːpləs] **I** N [c] ▶ **a surplus (of sth)** 过(過)剩的(某物) guòshèng de (mǒuwù) **II** ADJ [+ *stock, grain etc*] 过(過)剩的 guòshèng de ▶ **a trade surplus** 贸(貿)易顺(順)差 màoyì shùnchā ▶ **it is surplus to our requirements** (*frm*) 超过(過)我们(們)的需要 chāoguò wǒmen de xūyào

surprise [sə'praɪz] **I** N **1** [c] (*unexpected event*) 意想不到的事物 yìxiǎng bùdào de shìwù [个 gè] **2** [U] (*astonishment*) 诧(詫)异(異) chàyì **II** ADJ [+ *visit, announcement etc*] 出人意料的 chū rén yìliào de **III** VT **1** (*astonish*) 使感到意外 shǐ gǎndào yìwài **2** (*catch unawares*) 使震惊(驚) shǐ zhènjīng ▶ **it came as a surprise (to me)** 这(這)出乎(我的)意料 zhè chūhū(wǒ de) yìliào ▶ **to take sb by surprise** 使某人吃惊(驚) shǐ mǒurén chījīng ▶ **to my (great) surprise** 使我(很)惊(驚)奇的是 shǐ wǒ (hěn) jīngqí de shì ▶ **it surprised me that...** 令我吃惊(驚)的是… lìng wǒ chījīng de shì... ▶ **it wouldn't surprise me if...** 如果…我不会(會)感到吃惊(驚) rúguǒ...wǒ bùhuì gǎndào chījīng

surprised [sə'praɪzd] ADJ 惊(驚)讶(訝)的 jīngyà de ▶ **to be surprised to find/see sth** 真没(沒)想到会(會)发(發)现(現)/看到某物 zhēn méi xiǎngdào huì fāxiàn/kàndào mǒuwù ▶ **to be surprised at sth** 对(對)某事感到吃惊(驚) duì mǒushì gǎndào chījīng ▶ **to be surprised that...** 对(對)…感到惊(驚)讶(訝) duì...gǎndào jīngyà

请勿将 **surprised** 和 **surprising** 混淆。在发生意外或异常情况时，可以说你感到 **surprised**。*I'm surprised at your behaviour...I was surprised that it was so cold in August...* **surprising** 的事物让人感到 **surprised**。*A surprising number of customers complained...It's not surprising that she was disappointed when he didn't arrive.*

surprising [sə'praɪzɪŋ] ADJ [+ *situation, announcement*] 出人意外的 chū rén yìwài de ▶ **it is surprising how/that...** 真没(沒)想到如此/是… zhēn méi xiǎngdào rúcǐ/shì...
用法参见 **surprised**

surprisingly [sə'praɪzɪŋlɪ] ADV 出人意外地 chū rén yìwài de ▶ **(somewhat) surprisingly, he agreed** 他(有点(點))出人意外地同意了 tā (yǒudiǎn) chū rén yìwài de tóngyì le

surrender [sə'rɛndə^r] **I** N **1** [c/U] (*act*) 投降 tóuxiáng **2** [U] [*of weapons*] 交出 jiāochū **II** VI 投降 tóuxiáng **III** VT **1** [+ *weapons, territory*] 交出 jiāochū **2** [+ *claim, right*] 放弃(棄) fàngqì

surrogate ['sʌrəgɪt] **I** N [c] 替代品 tìdàipǐn [个 gè] **II** ADJ (*substitute*) 替代的 tìdài de

surround [sə'raund] VT **1** [*walls, circumstances* +] 围(圍)绕(繞) wéirǎo **2** [*police, soldiers* +] 包围(圍) bāowéi ▶ **to surround o.s. with people/things** 周围(圍)都是人/物 zhōuwéi dōu shì rén/wù

surrounding [sə'raundɪŋ] ADJ 周(週)围(圍)的 zhōuwéi de

surroundings [sə'raundɪŋz] N PL 环(環)境 huánjìng

surveillance [səː'veɪləns] N [U] 监(監)视(視) jiānshì ▶ **under surveillance** 在监(監)视(視)下 zài jiānshì xià

survey [*n* 'səːveɪ, *vb* səː'veɪ] **I** N [c] **1** (*esp Brit*) [*of house*] 查勘 chákān [美 = **inspection**] **2** [*of land*] 测(測)量 cèliáng **3** (*poll*) 民意测(測)验(驗) mínyì cèyàn [项 xiàng] **II** VT **1** (*esp Brit*) [+ *house*] 查勘 chákān [美 = **inspect**] **2** (*examine, measure*) [+ *land*] 测(測)量 cèliáng **3** (*carry out survey on*) [+ *people, organizations*] 调(調)查 diàochá **4** (*look at*) [+ *scene, work etc*] 审(審)视(視) shěnshì

surveyor [sə'veɪə^r] N [c] **1** [*of land*] 勘测(測)员(員) kāncèyuán **2** (*Brit*) [*of buildings*] 房产(產)检(檢)视(視)员(員) fángchǎn jiǎnshìyuán [位 wèi] [美 = **structural engineer**]

survival [sə'vaɪvl] **I** N [U] [*of person, company*] 生存 shēngcún **II** CPD [+ *course, kit, guide*] 救生 jiùshēng

survive [sə'vaɪv] **I** VI **1** [*person, animal* +] 幸(倖)存 xìngcún **2** [*custom* +] 继(繼)续(續)存在 jìxù cúnzài **II** VT **1** (*outlive*) [+ *person*] 比…活得长(長) bǐ...huódé cháng **2** [+ *accident, illness*] 从(從)…中逃生 cóng...zhōng táoshēng ▶ **to survive on £80 a week** 每周(週)靠80英镑(鎊)过(過)活 měi zhōu kào bāshí yīngbàng guòhuó

survivor [sə'vaɪvəʳ] N [c] **1** [*of illness, accident*] 幸(倖)存者 xìngcúnzhě [个 gè] **2** [*of incest, abuse*] 生还(還)者 shēnghuánzhě ▸ **the only survivor from the 1990 team** 1990年队(隊)伍的惟一幸(倖)存者 yī jiǔ jiǔ líng nián duìwǔ de wéiyī xìngcúnzhě

susceptible [sə'sɛptəbl] ADJ **1** ▸ **susceptible (to)** [+ *heat, injury*] 易受的 yì shòu de; [+ *flattery, pressure*] 易受…影响(響)的 yì shòu... yǐngxiǎng de **2** [+ *person*] 易受感动(動)的 yì shòu gǎndòng de

suspect [*adj, n* [n'sʌspɛkt, *vb* səs'pɛkt] **I** ADJ 可疑的 kěyí de **II** N [c] (*in crime*) 嫌疑犯 xiányí fàn [个 gè] **III** VT **1** [+ *person*] 怀(懷)疑 huáiyí **2** [+ *sb's motives*] 质(質)疑 zhìyí **3** (*think*) 猜想 cāixiǎng ▸ **to suspect sb of doing sth** 怀(懷)疑某人做某事 huáiyí mǒurén zuò mǒushì ▸ **to suspect that...** 怀(懷)疑… huáiyí...

suspend [səs'pɛnd] VT **1** (*hang*) 悬(懸)挂(掛) xuánguà **2** (*delay, stop*) 暂(暫)停 zàntíng **3** (*from employment*) 暂(暫)令停职(職) zànlìng tíngzhí

suspended sentence [səs'pɛndɪd-] N [c] 缓(緩)刑 huǎnxíng

suspenders [səs'pɛndəz] N PL **1** (*Brit*) 吊袜(襪)带(帶) diàowàdài [美 = **garters**] **2** (*US*) 背带(帶) bēidài [英 = **braces**]

suspense [səs'pɛns] N [U] **1** (*uncertainty*) 焦虑(慮) jiāolǜ **2** (*in novel, film*) 悬(懸)念 xuánniàn ▸ **to keep sb in suspense** 使某人处(處)于(於)紧(緊)张(張)状(狀)态(態) shǐ mǒurén chǔyú jǐnzhāng zhuàngtài

suspension [səs'pɛnʃən] N **1** [c/U] (*from job, team*) 暂(暫)令停职(職) zànlìng tíngzhí **2** [U] (*in car etc*) 减(減)震装(裝)置 jiǎnzhèn zhuāngzhì **3** [U] [*of payment, flight etc*] 暂(暫)停 zàntíng

suspension bridge N [c] 吊桥(橋) diàoqiáo [座 zuò]

suspicion [səs'pɪʃən] N **1** [c/U] (*about crime, wrongdoing*) 怀(懷)疑 huáiyí **2** [c/U] (*distrust*) 怀(懷)疑 huáiyí **3** [c] (*idea*) 模糊的想法 móhu de xiǎngfǎ **4** [s] (*trace, hint*) 一点(點)儿(兒) yìdiǎnr ▸ **to be arrested on suspicion of murder** 因谋(謀)杀(殺)嫌疑被逮捕 yīn móushā xiányí bèi dàibǔ ▸ **to be under suspicion** 受到怀(懷)疑 shòudào huáiyí

suspicious [səs'pɪʃəs] ADJ **1** [+ *look*] 表示怀(懷)疑的 biǎoshì huáiyí de; [+ *nature*] 多疑的 duōyí de **2** [+ *circumstances, death, package*] 可疑的 kěyí de ▸ **to be suspicious of** *or* **about sb/sth** 对(對)某人/某事起疑心 duì mǒurén/mǒushì qǐ yíxīn

sustain [səs'teɪn] VT **1** [+ *interest, growth, life etc*] 维(維)持 wéichí **2** [+ *person*] 支撑(撐) zhīchēng **3** (*frm*) [+ *injury, loss, defeat*] 遭受 zāoshòu

SUV N ABBR (= **sports utility vehicle**) 越野车(車) yuèyěchē [辆 liàng]

SW ABBR **1** (= **south-west**) 西南部 xīnán bù **2** (*Rad*) (= **short wave**) 短波 duǎnbō

swagger ['swægəʳ] **I** N [s] 昂首阔(闊)步 áng shǒu kuò bù **II** VI 大摇(搖)大摆(擺) dà yáo dà bǎi

swallow ['swɔləu] **I** N [c] **1** (*bird*) 燕子 yàn zi [只 zhī] **2** [*of food, drink*] 吞咽(嚥) tūnyàn **II** VT **1** [+ *food, drink, pills*] 吞下 tūnxià **2** [+ *story, statement*] 轻(輕)信 qīngxìn **III** VI 吞咽(嚥) tūnyàn ▸ **to swallow one's pride** 放下架子 fàngxià jiàzi

▸ **swallow up** VT **1** [+ *money, resources*] 耗尽(盡) hàojìn **2** [+ *company*] 吞并(並) tūnbìng

swam [swæm] PT *of* **swim**

swamp [swɔmp] **I** N [c/U] 沼泽(澤) zhǎozé [片 piàn] **II** VT (*flood*) 浸没(沒) jìnmò ▸ **to be swamped with sth** 某物多得难(難)以招架 mǒuwù duō de nányǐ zhāojià

swan [swɔn] N [c] 天鹅(鵝) tiān'é [只 zhī]

swap [swɔp] **I** N [c] 交换(換) jiāohuàn **II** VT **1** ▸ **to swap sth (for)** (*exchange for*) (以某物)作交换(換) (yǐ mǒuwù) zuò jiāohuàn; (*replace with*) 以…替代某物 yǐ...tìdài mǒuwù **2** [+ *stories, opinions*] 交换(換) jiāohuàn ▸ **to do a swap (with sb)** (与(與)某人)交换(換) (yǔ mǒurén) jiāohuàn ▸ **to swap places (with sb)** (与(與)某人)换(換)位子 (yǔ mǒurén) huàn wèizi

swarm [swɔːm] **I** N [c] [*of bees, ants, people*] 群 qún **II** VI **1** [*bees, ants* +] 成群地行进(進) chéngqún de xíngjìn **2** [*people* +] 蜂拥(擁) fēngyōng ▸ **to be swarming with** 挤(擠)满(滿) jǐmǎn

sway [sweɪ] **I** VI [*person, tree* +] 摇(搖)摆(擺) yáobǎi **II** VT (*influence*) 动(動)摇(搖) dòngyáo **III** N ▸ **to hold sway (over sb/sth)** 有支配(某人/某物)的力量 yǒu zhīpèi (mǒurén/mǒuwù) de lìliàng

Swaziland ['swɑːzɪlænd] N 斯威士兰(蘭) Sīwēishìlán

swear [swɛəʳ] (*pt* **swore**, *pp* **sworn**) **I** VI (*curse*) 咒骂(罵) zhòumà **II** VT (*promise*) 宣誓 xuānshì ▸ **to swear that...** (*promise*) 发(發)誓… fāshì...; (*confirm*) 起誓保证(證)… qǐshì bǎozhèng... ▸ **to swear to do sth** 宣誓做某事 xuānshì zuò mǒushì ▸ **to swear an oath** 起誓 qǐshì ▸ **to be sworn to secrecy/silence** 发(發)誓保守秘(祕)密/保持沉默 fāshì bǎoshǒu mìmì/bǎochí chénmò

▸ **swear by** VT FUS ▸ **I swear by it/them** 我极(極)其信赖(賴)某事/他们(們) wǒ jíqí xìnlài mǒushì/tāmen

▸ **swear in** VT [+ *person*] 使宣誓就职(職) shǐ xuānshì jiùzhí

swear word [swɛəʳ-] N [c] 骂(罵)人的话(話) màrén de huà [句 jù]

sweat [swɛt] **I** N [U] 汗水 hànshuǐ **II** VI 出汗 chū hàn ▸ **to be in a (cold) sweat** (*lit*) 出了一身(冷)汗 chū le yī shēn(lěng)hàn; (*fig*) 吓(嚇)得出了一身(冷)汗 xià de chū le yī

shēn(lěng)hàn
sweater ['swɛtəʳ] N [c] 毛衣 máoyī [件 jiàn]
sweatshirt ['swɛtʃə:t] N [c] 棉毛衫 miánmáoshān [件 jiàn]
sweatsuit ['swɛtsu:t] N [c] 运(運)动(動)服 yùndòngfú [件 jiàn]
sweaty ['swɛtɪ] ADJ 满(滿)是汗的 mǎnshì hàn de
Swede [swi:d] N [c] 瑞典人 Ruìdiǎnrén [个 gè]
swede [swi:d] (*Brit*) N [c/ʊ] 洋大头(頭)菜 yáng dàtóucài [个 gè] [美 = **rutabaga**]
Sweden ['swi:dn] N 瑞典 Ruìdiǎn
Swedish ['swi:dɪʃ] I ADJ 瑞典的 Ruìdiǎn de II N [ʊ] (*language*) 瑞典语(語) Ruìdiǎnyǔ
sweep [swi:p] (*pt, pp* **swept**) I N [c] 1 ▸ **the floor could do with a sweep** 地板该(該)扫(掃)了 dìbǎn gāi sǎo le 2 (*curve*) 蜿蜒 wānyán 3 (*range*) 广(廣)度 guǎngdù II VT 1 (*with brush*) 扫(掃) sǎo 2 (*with hand*) 拂去 fúqù; [+ *one's hair*] 掠 lüè 3 [*wind* +] 吹 chuī; [*water, crowd* +] 冲(沖) chōng 4 [*eyes, lights* +] [+ *place*] 扫(掃)视(視) sǎoshì III VI 1 ▸ **to sweep in/out/past** [*person* +] 昂首阔(闊)步地进(進)来(來)/出去/走过(過) áng shǒu kuò bù de jìnlái/chūqù/zǒuguò 2 [*hand, arm* +] 挥(揮)舞 huīwǔ 3 [*wind* +] 吹 chuī ▸ **to sweep sth under the carpet** *or* **rug** (*fig*) 隐(隱)瞒(瞞)某事 yǐnmán mǒushì
▸**sweep aside, sweep away** VT 一扫(掃)而空 yī sǎo ér kōng
▸**sweep up** I VI 清扫(掃) qīngsǎo II VT [+ *dirt, rubbish etc*] 扫(掃)去 sǎoqù
sweet [swi:t] I N (*Brit*) 1 [c] (*chocolate, mint*) 糖果 tángguǒ [颗 kē] [美 = **candy**] 2 [c/ʊ] (*pudding*) 甜点(點) tiándiǎn [份 fèn] [美 = **dessert**] II ADJ 1 (*sugary*) 甜的 tián de 2 (*fragrant*) 芳香的 fāngxiāng de 3 [+ *sound*] 悦(悅)耳的 yuè'ěr de 4 [+ *air, water*] 清新的 qīngxīn de 5 (*kind*) 和蔼(藹)的 hé'ǎi de 6 (*inf: cute*) 可爱(愛)的 kě'ài de 7 [+ *revenge*] 令人满(滿)意的 lìng rén mǎnyì de ▸ **to smell/taste sweet** 闻(聞)/尝(嘗)起来(來)甜美 wén/cháng qǐlái tiánměi ▸ **sweet and sour** 糖醋 tángcù
sweetcorn ['swi:tkɔ:n] N [ʊ] 1 (*Bot*) 甜玉米 tián yùmǐ 2 (*Culin*) 玉米粒 yùmǐ lì
sweeten ['swi:tn] VT 使变(變)甜 shǐ biàntián
sweetener ['swi:tnəʳ] N [c] 1 (*sugar substitute*) 代糖 dàitáng 2 (*fig*) 甜头(頭) tiántou
sweetheart ['swi:thɑ:t] N [c] 1 (*boyfriend/girlfriend*) 心上人 xīnshàngrén [个 gè] 2 (*form of address*) 亲(親)爱(愛)的 qīn'àide
sweetness ['swi:tnɪs] N [ʊ] [*of food, drink*] 甜 tián
swell [swɛl] (*pt* **swelled**, *pp* **swollen** *or* **swelled**) I VI 1 (*also:* **swell up**) [*face, ankle etc* +] 肿(腫)胀(脹) zhǒngzhàng 2 (*increase*) [*amount, size* +] 增加 zēngjiā 3 (*liter: get louder*) 变(變)响(響)亮 biàn xiǎngliàng II VT 使增加 shǐ zēngjiā III N [s] [*of sea*] 海面波浪 hǎimiàn bōlàng IV ADJ (*US; inf*) (*excellent*) 出色的 chūsè de ▸ **to swell with pride** (*liter*) 充满(滿)自豪 chōngmǎn zìháo
swelling ['swɛlɪŋ] N [c/ʊ] 肿(腫)块(塊)肿(腫)胀(脹) zhǒngkuài zhǒngzhàng
swept [swɛpt] PT, PP *of* **sweep**
swerve [swə:v] I N [c] (*in car etc*) 改变(變)方向 gǎibiàn fāngxiàng II VI [*car etc* +] 突然转(轉)向 tūrán zhuǎnxiàng III VT [+ *car etc*] 使突然转(轉)向 shǐ tūrán zhuǎnxiàng
swift [swɪft] I ADJ 1 [+ *recovery*] 快速的 kuàisù de; [+ *response, decision*] 敏捷的 mǐnjié de 2 [+ *stream, movement*] 速度快的 sùdù kuài de II N [c] (*bird*) 褐雨燕 hè yǔyàn ▸ **to be swift to do sth** 迅速地做某事 xùnsù de zuò mǒushì
swim [swɪm] (*pt* **swam**, *pp* **swum**) I VI 1 [*person, animal* +] 游水 yóushuǐ 2 (*as sport*) 游泳 yóuyǒng 3 (*fig*) [*room* +] 旋转(轉) xuánzhuǎn II VT 1 [+ *river etc*] 游过(過) yóuguò 2 [+ *distance*] 游 yóu III N [c] ▸ **to go for a swim** 去游泳 qù yóuyǒng [次 cì] ▸ **to go swimming** 去游泳 qù yóuyǒng ▸ **my head is swimming** 我头(頭)晕(暈) wǒ tóuyūn
swimmer ['swɪməʳ] N [c] 1 游泳者 yóuyǒngzhě 2 (*sportsperson*) 游泳运(運)动(動)员(員) yóuyǒng yùndòngyuán [位 wèi] ▸ **he's a good swimmer** 他是个(個)游泳好手 tā shì gè yóuyǒng hǎoshǒu
swimming ['swɪmɪŋ] N [ʊ] 游泳 yóuyǒng
swimming pool N [c] 游泳池 yóuyǒng chí [个 gè]
swimming trunks (*Brit*) N PL 游泳裤(褲) yóuyǒngkù [条 tiáo] [美 = **trunks**]
swimsuit ['swɪmsu:t] N [c] 游泳衣 yóuyǒngyī [套 tào]
swine flu N [ʊ] 猪流感 zhū liúgǎn [个 gè]
swing [swɪŋ] (*pt, pp* **swung**) I N 1 [c] (*in playground*) 秋(鞦)千(韆) qiūqiān [副 fù] 2 [c] (*movement*) 摇(搖)摆(擺) yáobǎi 3 [c] (*in opinions etc*) 剧(劇)变(變) jùbiàn 4 [ʊ] (*Mus*) 强(強)节(節)奏爵士音乐(樂) qiáng jiézòu juéshì yīnyuè II VT 1 [+ *arms, legs*] 摆(擺)动(動) bǎidòng 2 [+ *vehicle etc*] 使转(轉)向 shǐ zhuǎnxiàng III VI 1 [*pendulum* +] 晃动(動) huàngdòng 2 [*door* +] 转(轉)动(動) zhuǎndòng 3 [*vehicle* +] 转(轉)向 zhuǎnxiàng 4 [*person* +] 摇(搖)摆(擺) yáobǎi 5 [*opinions, attitudes* +] 剧(劇)变(變) jùbiàn ▸ **a swing to the left** (*Pol*) 改向左派 gǎi xiàng zuǒpài ▸ **to get into the swing of things** 积(積)极(極)投入某事 jījí tóurù mǒushì ▸ **to be in full swing** [*party etc* +] 正处(處)于(於)全盛时(時)期 zhèng chǔyú quánshèng shíqī ▸ **to take a swing at sb/sth** (*try to hit*) 挥(揮)拳打某人/某物 huīquán dǎ mǒurén/mǒuwù
▸**swing at** VT FUS (*try to hit*) 挥(揮)拳打 huīquán dǎ
swipe [swaɪp] I VT 1 (*inf: steal*) 偷 tōu 2 (*through machine*) [+ *card*] 刷卡 shuākǎ II VI ▸ **to swipe**

at 猛打 měngdǎ **III** N ▸ **to take a swipe at sb/sth** (*lit*) 挥(揮)臂猛击(擊)某人/某物 huībì měngjī mǒurén/mǒuwù; (*fig: criticize*) 含沙射影地攻击(擊)某人/某物 hán shā shè yǐng de gōngjī mǒurén/mǒuwù

swirl [swəːl] **I** VI [*water, leaves* +] 打旋 dǎxuán **II** VT 使旋动(動) shǐ xuándòng **III** N [c] 打旋 dǎxuán

Swiss [swɪs] (*pl* **Swiss**) **I** ADJ 瑞士的 Ruìshì de **II** N [c] (*person*) 瑞士人 Ruìshìrén

switch [swɪtʃ] **I** N [c] **1** (*for light, radio etc*) 开(開)关(關) kāiguān [个 gè] **2** (*change*) 转(轉)变(變) zhuǎnbiàn **II** VT **1** (*change*) 改变(變) gǎibiàn **2** (*exchange*) 调(調)换(換) diàohuàn **III** VI (*change*) 转(轉)变(變) zhuǎnbiàn ▸ **to switch two things round** *or* **over** 交换(換)两(兩)样(樣)东(東)西的位置 jiāohuàn liǎng yàng dōngxi de wèizhì

▸**switch off** **I** VT [+ *light, engine, radio*] 关(關)掉 guāndiào **II** VI (*inf: stop paying attention*) 失去兴(興)趣 shīqù xìngqù

▸**switch on** VT [+ *light, engine, radio*] 开(開)启(啟) kāiqǐ

switchboard ['swɪtʃbɔːd] N [c] 交换(換)台(臺) jiāohuàntái [个 gè]

Switzerland ['swɪtsələnd] N 瑞士 Ruìshì

swivel ['swɪvl] **I** VI ▸ **to swivel round** 转(轉)动(動) zhuǎndòng **II** VT ▸ **to swivel sth round** 使某物转(轉)动(動) shǐ mǒuwù zhuǎndòng

swollen ['swəulən] **I** PP *of* **swell** **II** ADJ **1** [+ *ankle, eyes etc*] 肿(腫)胀(脹)的 zhǒngzhàng de **2** [+ *lake, river etc*] 涨(漲)水的 zhǎngshuǐ de

swoop [swuːp] **I** N [c] **1** (*by police, soldiers*) 突袭(襲) tūxí **2** [*of bird, aircraft*] 飞(飛)扑(撲) fēipū **II** VI **1** [*bird, aircraft* +] 突然下落 tūrán xiàluò **2** [*police, soldiers* +] 突袭(襲) tūxí ▸ **in** *or* **at one fell swoop** 一下子 yīxiàzi

swop [swɔp] N, VT = **swap**

sword [sɔːd] N [c] 剑(劍) jiàn [把 bǎ]

swordfish ['sɔːdfɪʃ] (*pl* **swordfish**) N [c/u] 箭鱼(魚) jiànyú

swore [swɔːʳ] PT *of* **swear**

sworn [swɔːn] **I** PP *of* **swear** **II** ADJ ▸ **a sworn statement** 宣誓证(證)词(詞) xuānshì zhèngcí ▸ **to be sworn enemies** 是不共戴天的仇敌(敵) shì bù gòng dài tiān de chóudí

swot [swɔt] N [c]; *see also* **swot** VERB 苦读(讀)的人 kǔ dú de rén [个 gè]

swum [swʌm] PP *of* **swim**

swung [swʌŋ] PT, PP *of* **swing**

syllable ['sɪləbl] N [c] 音节(節) yīnjié [个 gè]

syllabus ['sɪləbəs] (*esp Brit*) N [c] 教学(學)大纲(綱) jiàoxué dàgāng [个 gè] ▸ **on the syllabus** 含在教学(學)大纲(綱)内(內) hán zài jiàoxué dàgāng nèi

symbol ['sɪmbl] N [c] **1** (*sign*) 象征(徵) xiàngzhēng [种 zhǒng] **2** (*Math, Chem*) 符号(號) fúhào [个 gè] **3** (*representation*) 标(標)志(誌) biāozhì [个 gè]

symbolic [sɪm'bɔlɪk], **symbolical** [sɪm'bɔlɪkl] ADJ **1** [*importance, value, gesture*] 象征(徵)性的 xiàngzhēngxìng de **2** [+ *language, representation*] 象征(徵)主义(義)的 xiàngzhēng zhǔyì de ▸ **to be symbolic of sth** 是某物的象征(徵) shì mǒuwù de xiàngzhēng

symmetrical [sɪ'mɛtrɪkl] ADJ 对(對)称(稱)的 duìchèn de

symmetry ['sɪmɪtrɪ] N [c/u] 对(對)称(稱)性 duìchènxìng

sympathetic [sɪmpə'θɛtɪk] ADJ **1** (*understanding*) 有同情心的 yǒu tóngqíngxīn de **2** (*likeable*) [+ *person, character*] 意气(氣)相投的 yìqì xiāng tóu de **3** (*supportive*) 赞(贊)同的 zàntóng de ▸ **to be sympathetic to sth** (*supportive*) 赞(贊)同某事 zàntóng mǒushì; (*understanding*) 同情某事 tóngqíng mǒushì

sympathize ['sɪmpəθaɪz] VI ▸ **to sympathize (with)** (*express sorrow for*) [+ *person*] (对(對)…)表示同情 (duì…) biǎoshì tóngqíng; (*understand*) [+ *sb's feelings*] 体(體)谅(諒) tǐliàng; (*support*) [+ *organization, cause, idea*] 支持 zhīchí

sympathy ['sɪmpəθɪ] **I** N [u] 同情心 tóngqíngxīn **II** **sympathies** N PL (*support*) 支持 zhīchí; (*condolences*) 慰问(問) wèiwèn ▸ **to have** *or* **feel sympathy for sb** 同情某人 tóngqíng mǒurén ▸ **to have sympathy with** [+ *idea, attitude*] 赞(贊)同 zàntóng ▸ **with deepest sympathy** 深表慰问(問) shēnbiǎo wèiwèn ▸ **to come out in sympathy (with sb)** [*workers* +] 声(聲)援(某人) shēngyuán (mǒurén)

symphony ['sɪmfənɪ] N [c] 交响(響)乐(樂) jiāoxiǎngyuè [首 shǒu]

symptom ['sɪmptəm] N [c] **1** (*Med*) 症状(狀) zhèngzhuàng [个 gè] **2** (*indication*) 征(徵)兆 zhēngzhào

synagogue ['sɪnəgɔg] N [c] 犹(猶)太教堂 yóutài jiàotáng [座 zuò]

synchronize ['sɪŋkrənaɪz] **I** VT [+ *watches, movements*] 使…在时(時)间(間)上一致 shǐ…zài shíjiān shang yīzhì **II** VI ▸ **to synchronize with** 与(與)…一致 yǔ…yīzhì ▸ **to synchronize sth with sth** 使某物与(與)某物一致 shǐ mǒuwù yǔ mǒuwù yīzhì

syndicate [*n* 'sɪndɪkɪt, *vb* 'sɪndɪkeɪt] **I** N [c] [*of people, businesses, newspapers*] 辛迪加 xīndíjiā **II** VT ▸ **to be syndicated (to)** [*article* +] 联(聯)网(網)发(發)表 liánwǎng fābiǎo; [*programme* +] 联(聯)网(網)播放 liánwǎng bōfàng

syndrome ['sɪndrəum] N [c] **1** (*Med*) 综(綜)合症 zōnghézhèng [个 gè] **2** (*fig*) 种(種)种(種)表现(現) zhǒngzhǒng biǎoxiàn

synonym ['sɪnənɪm] N [c] 同义(義)词(詞) tóngyìcí [个 gè]

synthetic [sɪn'θɛtɪk] **I** ADJ [+ *material, chemical*] 合成的 héchéng de **II** N PL ▸ **synthetics** (*fabrics etc*) 合成纤(纖)维(維) héchéng xiānwéi

Syria ['sɪrɪə] N 叙(敘)利亚(亞) Xùlìyà
Syrian ['sɪrɪən] **I** ADJ 叙(敘)利亚(亞)的 Xùlìyà de **II** N [c] *(person)* 叙(敘)利亚(亞)人 Xùlìyàrén [个 gè]
syringe [sɪ'rɪndʒ] N [c] 注射器 zhùshèqì [支 zhī]
syrup ['sɪrəp] N [U] **1** *(in cooking)* 糖浆(漿) tángjiāng **2** *(Med)* 糖浆(漿)剂(劑) tángjiāngjì **3** *(also:* **golden syrup***)* 糖浆(漿) tángjiāng
★ **system** ['sɪstəm] N [c] **1** *(organization, set)* 系统(統) xìtǒng [个 gè] ▷ *a new administrative system* 新的行政系统 xīn de xíngzhèng xìtǒng ▷ *a computer system* 电脑系统 diànnǎo xìtǒng **2** *(method)* 方法 fāngfǎ [种 zhǒng] ▷ *a simple filing system* 简单的文件归档方法 jiǎndān de wénjiàn guīdàng fāngfǎ **3** *(Anat, Law, Math)* 系统(統) xìtǒng ▷ *the digestive system* 消化系统 xiāohuà xìtǒng ▷ *the legal system* 法律系统 fǎlǜ xìtǒng ▷ *the decimal system* 十进制 shíjìnzhì **4** *(body)* 身体(體) shēntǐ ▷ *The strenuous exercise made great demands on her system.* 艰苦的锻炼使她的身体付出很大的代价。Jiānkǔ de duànliàn shǐ tā de shēntǐ fùchū hěn dà de dàijià. ▸ **the system** *(government)* 制度 zhìdù ▸ **it was a shock to his system** 对(對)他震动(動)很大 duì tā zhèndòng hěn dà ▸ **to get sth out of one's system** 把某事发(發)泄(洩)出来(來) bǎ mǒushì fāxiè chūlái
systematic [sɪstə'mætɪk] ADJ 有系统(統)的 yǒu xìtǒng de

T, t [tiː] N [c/U] *(letter)* 英语的第二十个字母
ta [tɑː] *(Brit; inf)* INT 谢(謝)谢(謝) xièxie
tab [tæb] N [c] **1** *(on drinks can)* 拉环(環) lāhuán [个 gè] **2** *(on garment)* 标(標)签(籤) biāoqiān [个 gè] **3** *(US) (bill)* 账(賬)单(單) zhàngdān [个 gè] ▸ **to pick up the tab** *(inf)* 付账(賬) fùzhàng ▸ **to keep tabs on** *(inf)* [*+ person, sb's movements*] 监(監)视(視) jiānshì
table ['teɪbl] **I** N [c] **1** *(piece of furniture)* 桌子 zhuōzi [张 zhāng] **2** *(chart)* 表格 biǎogé [个 gè] **II** VT *(Brit)* [*+ motion, proposal etc*] 提议(議) tíyì ▸ **to lay** *or* **set the table** 摆(擺)餐桌 bǎi cānzhuō ▸ **to clear the table** 清理餐桌 qīnglǐ cānzhuō ▸ **to turn the tables on sb** 转(轉)而占(佔)了某人的上风(風) zhuǎn ér zhànle mǒurén de shàngfēng
tablecloth ['teɪblklɔθ] N [c] 桌布 zhuōbù [块 kuài]
table d'hôte [tɑːbl'dəut] N [c] 套餐 tàocān [份 fèn]
table lamp N [c] 台(臺)灯(燈) táidēng [盏 zhǎn]
table mat N [c] **1** *(for plate)* 桌垫(墊) zhuōdiàn **2** *(for hot dish)* 盘(盤)垫(墊) pándiàn [个 gè]
tablespoon ['teɪblspuːn] N [c] **1** *(spoon)* 餐匙 cānchí [把 bǎ] **2** *(amount)* 一餐匙的量 yī cānchí de liàng
tablespoonful ['teɪblspuːnful] N [c] 一餐匙的量 yī cānchí de liàng
tablet ['tæblɪt] N [c] **1** *(Med)* 药(藥)片 yàopiàn [片 piàn] **2** *(Hist) (for writing)* 写(寫)字版 xiězìbǎn [个 gè] ▸ **a tablet of soap** *(Brit; frm)* 一块(塊)肥皂 yī kuài féizào
table tennis *(Sport)* N [U] 乒乓球 pīngpāngqiú
tabloid ['tæblɔɪd] N [c] 小报(報) xiǎobào [份 fèn] ▸ **the tabloids** 各种(種)小报(報) gè zhǒng xiǎobào
taboo [tə'buː] **I** N [c] *(religious, social)* 禁忌 jìnjì **II** ADJ [*+ subject, place, name etc*] 忌讳(諱)的 jìhuì de
tack [tæk] **I** N [c] *(nail)* 图(圖)钉(釘) túdīng **II** VT **1** *(nail)* 用图(圖)钉(釘)钉(釘) yòng túdīng dìng **2** *(stitch)* 粗缝(縫) cū féng **III** VI *(Naut)* 抢(搶)风(風)航行 qiǎng fēng hángxíng ▸ **to change tack, try a different tack** 改变(變)方针(針) gǎibiàn fāngzhēn ▸ **to tack sth on to (the end of) sth** [*+ note, clause*] 把某事物附加

t

到某事物(的末尾) bǎ mǒu shìwù fùjiādào mǒu shìwù(de mòwěi)

▸**tack up** VT 粗缝(縫) cū féng

tackle ['tækl] **I** N **1** [U] (*for fishing*) 用具 yòngjù **2** [U] (*for lifting*) 滑轮(輪) huálún **3** [C] (*Football*) 抢(搶)球 qiǎngqiú; (*Rugby*) 擒抱 qínbào **II** VT **1** (*deal with*) [+ *problem*] 解决(決) jiějué **2** (*challenge*) [+ *person*] 坦诚(誠)面对(對) tǎnchéng miànduì **3** (*Football, Rugby*) 截球 jiéqiú

tacky ['tækɪ] ADJ **1** (*sticky*) 黏的 nián de **2** (*pej: cheap-looking*) 俗气(氣)的 súqì de

tact [tækt] N [U] 机(機)智 jīzhì

tactful ['tæktful] ADJ 老练(練)的 lǎoliàn de

tactical ['tæktɪkl] ADJ **1** [+ *move, withdrawal, error*] 策略的 cèlüè de **2** (*Mil*) [+ *weapons*] 战(戰)术(術)的 zhànshù de; [+ *policy, bombing etc*] 战(戰)略的 zhànlüè de ▸ **tactical voting** (*Brit*) 策略性投票 cèlüèxìng tóupiào

tactics ['tæktɪks] N PL 策略 cèlüè

tactless ['tæktlɪs] ADJ 不得体(體)的 bù détǐ de

tadpole ['tædpəul] N [C] 蝌蚪 kēdǒu [只 zhī]

taffy ['tæfɪ] (*US*) N [U] 太妃糖 tàifēitáng [英 = **toffee**]

tag [tæg] **I** N [C] **1** (*label*) 标(標)签(籤) biāoqiān [个 gè] **2** (*electronic*) 标(標)签(籤) biāoqiān [个 gè] **II** VT **1** (*label*) [+ *object*] 加标(標)签(籤)于(於) jiā biāoqiān yú **2** (*describe*) [+ *person*] 把…称(稱)为(為) bǎ...chēngwéi ▸ **a price/name tag** 价(價)格/姓名标(標)签(籤) jiàgé/xìngmíng biāoqiān

▸**tag along** VI 尾随(隨) wěisuí

Tahiti [tɑːˈhiːtɪ] N 塔希提 Tǎxītí

tail [teɪl] **I** N [C] **1** [*of animal*] 尾巴 wěiba [条 tiáo] **2** [*of plane*] 尾部 wěibù **3** [*of shirt, coat*] 下摆(擺) xiàbǎi **II** VT (*follow*) [+ *person, vehicle*] 尾随(隨) wěisuí **III tails** N [C] PL (*formal suit*) 燕尾服 yànwěifú ▸ **to turn tail (and run)** 掉头(頭)(逃跑) diàotóu(táopǎo) ▸ **"heads or tails?" — "tails"** "正面还(還)是背面?" "背面" "zhèngmiàn háishì bèimiàn?" "bèimiàn"

▸**tail off** VI **1** (*in size, quality etc*) 逐渐(漸)减(減)少 zhújiàn jiǎnshǎo **2** (*also:* **tail away**) [*voice* +] 逐渐(漸)消失 zhújiàn xiāoshī

tailor ['teɪlə^r] **I** N [C] **1** (*person*) 裁缝(縫) cáifeng [个 gè] **2** (*also:* **tailor's**) 裁缝(縫)店 cáifengdiàn [个 gè] **II** VT ▸ **to tailor sth (to)** 修改某物(以适(適)应(應)) xiūgǎi mǒuwù (yǐ shìyìng)

tainted ['teɪntɪd] ADJ **1** [+ *food, water, air*] 被污染的 bèi wūrǎn de **2** (*fig*) [+ *reputation etc*] 被玷污的 bèi diànwū de

Tajikistan [tɑːdʒɪkɪ'stɑːn] N 塔吉克斯坦 Tǎjíkèsītǎn

★**take** [teɪk] (*pt* **took**, *pp* **taken**) **I** VT **1** [+ *holiday, vacation*] 度 dù; [+ *shower, bath*] 洗 xǐ; [+ *decision*] 做 zuò **2** (*take hold of*) [+ *sb's arm*] 拿 ná ▷ *Let me take your coat.* 让我来拿你的外套吧。Ràng wǒ lái ná nǐ de wàitào ba. **3** (*steal*) 偷走 tōuzǒu ▷ *Someone's taken my pen.* 有人偷走了我的钢笔。Yǒu rén tōuzǒule wǒ de gāngbǐ. **4** (*require*) [+ *effort, courage etc*] 需要 xūyào ▷ *It took a lot of courage to admit his mistake.* 他需要很大勇气去承认错误。Tā xūyào hěn dà yǒngqì qù chéngrèn cuòwù. **5** (*tolerate*) [+ *pain, criticism etc*] 忍受 rěnshòu ▷ *I can't take any more.* 我不能再忍受了。Wǒ bùnéng zài rěnshòu le. **6** (*hold*) [+ *passengers, spectators etc*] 容纳(納) róngnà ▷ *The new stadium can take about 8000 people.* 新的体育场大约可以容纳8000人。Xīn de tǐyùchǎng dàyuē kěyǐ róngnà bāqiān rén. **7** (*accompany*) [+ *person*] 送 sòng ▷ *He offered to take her home in a taxi.* 他提出乘出租车送她回家。Tā tíchū chéng chūzūchē sòng tā huíjiā. **8** [+ *prisoner*] 俘获(獲) fúhuò ▷ *Marines went in, taking 15 prisoners.* 海军陆战队员进去了,俘获了15名犯人。Hǎijūn lùzhàn duìyuán jìnqù le, fúhuòle shíwǔ míng fànrén. **9** (*accept*) [+ *job, position*] 接受 jiēshòu ▷ *I eagerly took the job.* 我兴冲冲地接受了这份工作。Wǒ xìngchōngchōng de jiēshòu le zhè fèn gōngzuò. **10** (*carry, bring*) [+ *object*] 携(攜)带(帶) xiédài **11** (*travel along*) [+ *road*] 走 zǒu ▷ *Take the Chester Road out of town.* 走切斯特路出城。zǒu Qièsītè Lù chūchéng. **12** [+ *bus, train*] 乘坐 chéngzuò ▷ *She took the train to New York.* 她乘火车去纽约。Tā chéng huǒchē qù Niǔyuē. **13** [+ *size*] 穿 chuān ▷ *What size do you take?* 你穿多大号? Nǐ chuān duō dà hào? **14** [+ *time*] 花费(費) huāfèi ▷ *The sauce takes 25 minutes to prepare.* 做调味汁要花25分钟。Zuò tiáowèizhī yào huā èrshíwǔ fēnzhōng. **15** (*react to*) 看待 kàndài ▷ *How did he take the news?* 他怎样看待这个消息? Tā zěnyàng kàndài zhègè xiāoxi? ▷ *No one took my message seriously.* 没有人认真看待我的讯息。Méiyǒu rén rènzhēn kàndài wǒ de xùnxī. **16** [+ *exam, test*] 参(參)加 cānjiā **17** [+ *drug, pill*] 服用 fúyòng ▷ *I took a couple of aspirins.* 我服下几片阿斯匹林。Wǒ fúxià jǐ piàn āsīpǐlín. **18** (*esp Brit*) (*teach*) [+ *subject, class*] 教 jiāo ▷ *She took them for geography.* 她教他们地理。Tā jiāo tāmen dìlǐ. **19** (*study*) [+ *subject, course*] 修 xiū ▷ *I'm taking history at university.* 我在大学修历史。Wǒ zài dàxué xiū lìshǐ. **II** VI (*have effect*) [*dye, injection, drug* +] 见(見)效 jiànxiào ▷ *You need a few minutes for cortisone to take.* 你得等几分钟让可的松见效。Nǐ děi děng jǐ fēnzhōng ràng kědísōng jiànxiào. **III** N [C] **1** (*Cine*) 镜(鏡)头(頭) jìngtóu ▷ *She had to do several takes to get it right.* 她拍了好几个镜头才得到满意的效果。Tā pāile hǎo jǐ gè jìngtóu cái dédào mǎnyì de xiàoguǒ. **2** (*inf: viewpoint*) 看法 kànfǎ ▷ *What's your take on this?* 你对这件事的看法是什么? Nǐ duì zhè jiàn shì de kànfǎ shì shénme? ▸ **don't forget to take your umbrella** 别(別)忘了带(帶)雨伞(傘) bié wàngle dài yǔsǎn ▸ **she's not yet taken her driving test**

她还(還)没(沒)考驾(駕)照 tā hái méi kǎo jiàzhào. ▸ **to take sth from** [+ *drawer, box etc*] 把某物从(從)…拿出来(來) bǎ mǒuwù cóng…ná chūlái ▸ **I take it that…** 我的理解是… wǒ de lǐjiě shì… ▸ **take it or leave it** 接不接受随(隨)便 jiē bù jiēshòu suíbiàn ▸ **to take sb for…** (*mistake*) 把某人误(誤)认(認)为(為)… bǎ mǒurén wùrènwéi… ▹ *I took him for a doctor.* 我把他误认为医生了。Wǒ bǎ tā wùrènwéi yīshēng le. ▸ **to take sb's hand, take sb by the hand/arm** 拉某人的手，牵(牽)某人的手/挽某人的胳膊 lā mǒurén de shǒu, qiān mǒurén de shǒu/wǎn mǒurén de gēbo ▸ **to take sb for a walk** 带(帶)某人去散步 dài mǒurén qù sànbù ▸ **to take it on** *or* **upon o.s. to do sth** 将(將)做某事的责(責)任揽(攬)到自己身上 jiāng zuò mǒushì de zérèn lǎndào zìjǐ shēnshang ▸ **to take to doing sth** 开(開)始有规(規)律地做某事 kāishǐ yǒu guīlǜ de zuò mǒushì

▸**take after** VT FUS (*resemble*) 像 xiàng ▹ *He takes after his dad.* 他像他的爸爸。Tā xiàng tā de bàba.

▸**take apart** VT (*dismantle*) [+ *bicycle, radio, machine*] 拆开(開) chāikāi

▸**take away** I VT **1** (*remove*) 拿走 názǒu **2** (*carry off*) 带(帶)走 dàizǒu **3** (*Math*) 减(減)去 jiǎnqù ▹ *What's 35 take away 10?* 35减去10等于多少？Sānshíwǔ jiǎnqù shí děngyú duōshao? II VI ▸ **to take away from** (*detract from*) 减(減)损(損) jiǎnsǔn

▸**take back** VT **1** (*return*) [+ *goods*] 退回 tuìhuí **2** (*retract*) [+ *one's words*] 收回 shōuhuí

▸**take down** VT **1** (*write down*) 记(記)录(錄) jìlù **2** (*dismantle*) [+ *wall, fence etc*] 拆除 chāichú

▸**take in** VT **1** (*deceive*) [+ *person*] 蒙(矇)骗(騙) mēngpiàn ▹ *I wasn't going to be taken in by his charm.* 我不会被他的魅力所蒙骗。Wǒ bùhuì bèi tā de mèilì suǒ mēngpiàn. **2** (*understand*) 明白 míngbai ▹ *Robert took it all in without needing explanations.* 罗伯特没用任何解释就全明白了。Luóbótè méi yòng rènhé jiěshì jiù quán míngbai le. **3** (*include*) 容纳(納) róngnà ▹ *The university has expanded to take in the school of art.* 为了容纳艺术学院，大学进行了扩张。Wèile róngnà yìshù xuéyuàn, dàxué jìnxíngle kuòzhāng. **4** [+ *lodger*] 留宿 liúsù **5** [+ *orphan, refugee, stray dog*] 收容 shōuróng **6** [+ *dress, waistband*] 改窄 gǎizhǎi

▸**take off** I VI **1** [*aircraft* +] 起飞(飛) qǐfēi **2** (*also:* **take o.s off**) (*go away*) 动(動)身 dòngshēn ▹ *They took off for a weekend in the country.* 他们动身去乡下度周末。Tāmen dòngshēn qù xiāngxia dù zhōumò. II VT **1** [+ *time from work*] 休假 xiūjià ▹ *She took two days off work.* 她休了两天假。Tā xiūle liǎng tiān jià. **2** [+ *clothes, glasses, make-up*] 脱(脫)下 tuōxià **3** (*esp Brit*) (*imitate*) [+ *person*] 模仿 mófǎng

▸**take on** VT **1** (*undertake*) [+ *work, responsibility*] 承担(擔) chéngdān ▹ *Don't take on any more responsibilities.* 不要再承担更多的责任了。Bùyào zài chéngdān gèng duō de zérèn le. **2** [+ *employee*] 雇用 gùyòng ▹ *The company has taken on more staff.* 公司雇用了更多员工。Gōngsī gùyòngle gèng duō yuángōng. **3** (*compete against*) 与(與)较(較)量 yǔ…jiàoliàng ▹ *I knew I couldn't take him on.* 我知道自己没法跟他较量。Wǒ zhīdào zìjǐ méi fǎ gēn tā jiàoliàng. **4** (*develop*) 越来(來)越显(顯)示出 yuèláiyuè xiǎnshìchū ▹ *His writing took on a greater intensity.* 他的写作越来越显示出深度。Tā de xiězuò yuèláiyuè xiǎnshìchū shēndù.

▸**take out** VT **1** (*invite*) [+ *person*] 邀请(請) yāoqǐng ▹ *He took her out for a meal.* 他邀请她出去吃饭。Tā yāoqǐng tā chūqù chīfàn. **2** (*remove*) [+ *tooth*] 拔除 báchú **3** [+ *loan, mortgage, licence etc*] 取得 qǔdé

▸**take out on** VT ▸ **to take one's anger/feelings out on sb** 向某人发(發)泄(洩)怒气(氣)/情感 xiàng mǒurén fāxiè nùqì/qínggǎn

▸**take over** I VT **1** [+ *business, country*] 接管 jiēguǎn **2** [+ *job*] 接手 jiēshǒu ▹ *His widow has taken over the running of the company.* 他的遗孀接手经营这家公司。Tā de yíshuāng jiēshǒu jīngyíng zhè jiā gōngsī. II VI ▸ **to take over from sb** 从(從)某人手中接管 cóng mǒurén shǒu zhōng jiēguǎn

▸**take to** VT FUS **1** (*like*) 喜欢(歡)上 xǐhuan shang ▹ *I immediately took to Alan.* 我立刻喜欢上了艾伦。Wǒ lìkè xǐhuan shang le Àilún. **2** (*begin*) 开(開)始常做 kāishǐ chángzuò ▹ *He's recently taken to fishing.* 他最近开始常去钓鱼。Tā zuìjìn kāishǐ cháng qù diàoyú.

▸**take up** I VT **1** (*start*) [+ *hobby, sport*] 开(開)始 kāishǐ **2** [+ *job*] 从(從)事 cóngshì **3** (*occupy*) [+ *time, space*] 占(佔)用 zhànyòng ▹ *I won't take up any more of your time.* 我不会再占用你更多的时间。Wǒ bùhuì zài zhànyòng nǐ gèng duō de shíjiān. **4** (*deal with*) 着(著)手处(處)理 zhuóshǒu chǔlǐ ▹ *He intends to take up the proposal with the prime minister.* 他打算与首相着手处理该提议。Tā dǎsuàn yǔ shǒuxiàng zhuóshǒu chǔlǐ gāi tíyì. **5** (*continue*) [+ *task, story*] 继(繼)续(續) jìxù ▹ *David was taking up where he had left off.* 戴维接着上次中断的地方继续。Dàiwéi jiēzhe shàngcì zhōngduàn de dìfang jìxù. **6** (*shorten*) [+ *hem, garment*] 改短 gǎiduǎn II VI (*befriend*) ▸ **to take up with sb** 开(開)始和某人鬼混 kāishǐ hé mǒurén guǐhùn ▸ **to take sb up on an offer** 接受某人提出的建议(議) jiēshòu mǒurén tíchū de jiànyì

takeaway ['teɪkəweɪ] (*Brit*) N [c] **1** (*shop, restaurant*) 外卖(賣)店 wàimàidiàn [家 jiā] [美 = **takeout**] **2** (*food*) 外卖(賣) wàimài [个 gè] [美 = **takeout**]

t

taken ['teɪkən] **I** PP *of* **take II** ADJ ▸ **to be taken with sb/sth** (*attracted to*) 被某人/某事迷住 bèi mǒurén/mǒushì mízhù

takeoff ['teɪkɔf] N [c] [*of plane*] 起飞(飛) qǐfēi [次 cì]

takeout ['teɪkaut] (*US*) N [c] **1** (*shop, restaurant*) 外卖(賣)店 wàimàidiàn [家 jiā] [英 = **takeaway**] **2** (*food*) 外卖(賣) wàimài [个 gè] [英 = **takeaway**]

takeover ['teɪkəuvəʳ] N [c] **1** (*of company*) 接管 jiēguǎn **2** (*of country*) 占(佔)领(領) zhànlǐng

takings ['teɪkɪŋz] (*Brit: Comm*) N PL (*from sales*) 营(營)业(業)收入 yíngyè shōurù

talc [tælk] N [U] (*also*: **talcum powder**) 爽身粉 shuǎngshēnfěn

tale [teɪl] N [c] **1** (*story*) 故事 gùshi [个 gè] **2** (*account*) 传(傳)闻(聞) chuánwén [个 gè] ▸ **to tell tales** [*child* +] 打小报(報)告 dǎ xiǎobàogào

talent ['tælnt] N [c/U] 才能 cáinéng [种 zhǒng] ▸ **to have a talent for sth** 在某事上有天分 zài mǒushì shang yǒu tiānfèn

talented ['tæləntɪd] ADJ [+ *person, actor etc*] 有才能的 yǒu cáinéng de

★ **talk** [tɔːk] **I** N **1** [c] (*prepared speech*) 讲(講)话(話) jiǎnghuà [次 cì] ▹ *a talk on careers abroad* 关于海外事业发展的讲话 guānyú hǎiwài shìyè fāzhǎn de jiǎnghuà **2** [U] (*conversation*) 谈(談)话(話) tánhuà ▹ *I will not have that kind of talk at the table!* 我不会在餐桌上进行这类谈话的！Wǒ bùhuì zài cānzhuō shang jìnxíng zhè lèi tánhuà de! **3** [U] (*gossip*) 谣(謠)言 yáoyán ▹ *There is talk that the president may be deposed.* 有谣言说总统可能被罢免。Yǒu yáoyán shuō zǒngtǒng kěnéng bèi bàmiǎn. **4** [c] (*discussion*) 交谈(談) jiāotán [次 cì] ▹ *I want to have a long talk with her.* 我想跟她长谈一次。Wǒ xiǎng gēn tā cháng tán yī cì. **II** VI **1** (*speak*) 说(說)话(話) shuōhuà **2** (*chat*) 聊 liáo ▹ *We talked for hours.* 我们聊了几个小时。Wǒmen liáole jǐ gè xiǎoshí. **3** (*give information*) 招供 zhāogòng ▹ *They'll talk, they'll name me.* 他们会招供的，他们会供出我。Tāmen huì zhāogòng de, tāmen huì gòngchū wǒ. **4** (*gossip*) 说(說)闲(閒)话(話) shuō xiánhuà ▹ *We don't want the neighbours to talk.* 我们不想让邻居说闲话。Wǒmen bù xiǎng ràng línjū shuō xiánhuà. **III** VT [+ *politics, sport etc*] 谈(談)论(論) tánlùn ▹ *Let's talk business.* 咱们谈论正事吧。Zánmen tánlùn zhèngshì ba. **IV talks** N PL (*Pol etc*) 会(會)谈(談) huìtán ▸ **to give a talk** 作讲(講)座 zuò jiǎngzuò; [+ *politician*] 发(發)表讲(講)话(話) fābiǎo jiǎnghuà ▸ **to talk to** *or* **with sb** 跟某人谈(談)话(話) gēn mǒurén tánhuà ▸ **to talk about sth** 谈(談)论(論)某事 tánlùn mǒushì ▸ **talking of...** 谈(談)到… tándào...

▸**talk down** VT (*denigrate*) 贬(貶)低 biǎndī

▸**talk into** VT ▸ **to talk sb into (doing) sth** 说(說)服某人做某事 shuōfú mǒurén zuò mǒushì

▸**talk out of** VT ▸ **to talk sb out of (doing) sth** 说(說)服某人不做某事 shuōfú mǒurén bù zuò mǒushì

▸**talk over, talk through** VT [+ *problem etc*] 仔细(細)商讨(討) zǐxì shāngtǎo

▸**talk up** VT (*exaggerate*) 夸(誇)耀 kuāyào

talkative ['tɔːkətɪv] ADJ 健谈(談)的 jiàntán de

talk show (*TV, Rad*) N [c] **1** (*US*) 脱(脫)口秀 tuōkǒuxiù [个 gè] [英 = **chat show**] **2** (*discussion programme*) 访(訪)谈(談)节(節)目 fǎngtán jiémù [个 gè]

tall [tɔːl] ADJ 高的 gāo de ▸ **how tall are you?** 你有多高？ nǐ yǒu duō gāo? ▸ **he's 6 feet tall** 他6英尺高 tā liù yīngchǐ gāo ▸ **a tall order** 苛求 kēqiú

用法参见 **high**

tambourine [tæmbə'riːn] N [c] 铃(鈴)鼓 línggǔ

tame [teɪm] **I** ADJ **1** [+ *animal, bird*] 驯(馴)服的 xùnfú de **2** (*fig*) [+ *story, party*] 乏味的 fáwèi de **II** VT [+ *animal, bird*] 驯(馴)养(養) xùnyǎng

tamper ['tæmpəʳ] VI ▸ **to tamper with sth** 乱(亂)动(動)某物 luàndòng mǒuwù

tampon ['tæmpɔn] N [c] 月经(經)棉栓 yuèjīng miánshuān [个 gè]

tan [tæn] **I** N [c] (*also*: **suntan**) 晒黑的肤(膚)色 shàihēi de fūsè [种 zhǒng] **II** VI [*person* +] 晒黑 shàihēi **III** VT [+ *hide, animal skin*] 鞣 róu **IV** ADJ (*colour*) 黄(黃)褐色的 huánghèsè de ▸ **to get a tan** 晒黑 shàihēi

tandem ['tændəm] N [c] 双(雙)人脚(腳)踏车(車) shuāngrén jiǎotàchē [辆 liàng] ▸ **in tandem (with)** (与(與)…)紧(緊)密配合 (yǔ...)jǐnmì pèihé

tangerine [tændʒə'riːn] **I** N [c] (*fruit*) 红(紅)橘 hóngjú [个 gè] **II** ADJ (*colour*) 橘红(紅)的 júhóng de

tangle ['tæŋgl] **I** N [c] [*of branches, knots, wire*] 缠(纏)结(結) chánjié **II** VT ▸ **to be/get tangled (up)** 乱(亂)成一团(團) luànchéng yī tuán ▸ **in a tangle** [*wires, string etc* +] 乱(亂)成一团(團) luànchéng yī tuán; (*fig*) 错(錯)综(綜)复(複)杂(雜) cuòzōng fùzá

tank [tæŋk] N [c] **1** (*Mil*) 坦克 tǎnkè [辆 liàng] **2** (*for petrol, water*) 箱 xiāng [个 gè] **3** (*also*: **fish tank**) 缸 gāng

tanker ['tæŋkəʳ] N [c] **1** (*ship*) 油轮(輪) yóulún [艘 sōu] **2** (*truck*) 油罐车(車) yóuguànchē [辆 liàng] **3** (*Rail*) 运(運)油火车(車) yùnyóu huǒchē [列 liè]

tanned [tænd] ADJ [+ *skin, person*] 晒黑的 shàihēi de

tantrum ['tæntrəm] N [c] 发(發)脾气(氣) fā píqi ▸ **to have a tantrum** [*child* +] 耍脾气(氣) shuǎ píqi ▸ **to throw a tantrum** [*adult* +] 发(發)脾气(氣) fā píqi

Tanzania [tænzə'nɪə] N 坦桑尼亚(亞) Tǎnsāngníyà

Tanzanian [tænzə'nɪən] I ADJ 坦桑尼亚(亞)的 Tǎnsāngníyà de II N [c] (*person*) 坦桑尼亚(亞)人 Tǎnsāngníyàrén [个 gè]

tap [tæp] I N [c] 1 (*esp Brit*) (*on sink, pipe etc*) 龙(龍)头(頭) lóngtóu [个 gè] [美 = **faucet**] 2 (*gentle blow*) 轻(輕)敲 qīngqiāo II VT 1 (*hit gently*) 轻(輕)拍 qīngpāi 2 [+ *resources, energy*] 利用 lìyòng 3 [+ *telephone*] 窃(竊)听(聽) qiètīng ▸ **on tap** (*inf: resources, information*) 现(現)成的 xiànchéng de; (*beer*) 扎(紮)啤 zāpí

tap-dancing ['tæpdɑːnsɪŋ] N [U] 踢踏舞 tītàwǔ

tape [teɪp] I N 1 [U] (*in cassette etc*) 带(帶) dài 2 [c] (*cassette*) 磁带(帶) cídài [盘 pán] 3 [U] (*adhesive*) 胶(膠)带(帶) jiāodài 4 [c/U] (*for tying*) 绑(綁)带(帶) bǎngdài 5 [c] (*tag*) (*on clothes*) 标(標)签(籤) biāoqiān [个 gè] II VT 1 (*record*) 录(錄)制(製) lùzhì 2 (*attach*) 贴(貼) tiē

▸**tape up** VT (*fasten with tape*) 捆(綑)扎(紮) kǔnzā

tape measure N [c] 卷(捲)尺 juǎnchǐ [把 bǎ]

tape recorder N [c] 录(錄)音机(機) lùyīnjī [台 tái]

tapestry ['tæpɪstrɪ] N 1 [c/U] (*on wall*) 挂(掛)毯 guàtǎn [幅 fú] 2 [c] (*liter*) 多彩景象 duō cǎi jǐngxiàng

tar [tɑː] N [U] 1 (*on road etc*) 沥(瀝)青 lìqīng 2 (*in cigarettes*) 焦油 jiāoyóu

target ['tɑːgɪt] I N [c] 1 (*of missile*) 目标(標) mùbiāo [个 gè] 2 (*fig: of criticism, abuse*) 对(對)象 duìxiàng [个 gè] 3 (*aim*) 目标(標) mùbiāo [个 gè] II VT 1 (*attack*) [+ *troops etc*] 瞄准(準) miáozhǔn 2 (*try to solve*) [+ *problem*] 尽(盡)力解决(決) jìnlì jiějué 3 (*criticize*) [+ *person*] 抨击(擊) pēngjī 4 [+ *audience, market*] 把…作为(為)目标(標) bǎ...zuòwéi mùbiāo ▸ **to be on target** [*project, work, sales* +] 按计(計)划(劃)进(進)行 àn jìhuà jìnxíng

tariff ['tærɪf] N [c] 1 (*tax*) 关(關)税(稅) guānshuì [个 gè] 2 (*Brit; frm*) (*in hotel, restaurant*) 价(價)目 jiàmù

tarmac® ['tɑːmæk] I N [U] 1 (*Brit*) (*on road*) 沥(瀝)青碎石路面 lìqīng suìshí lùmiàn [美 = **blacktop**] 2 (*Aviat*) ▸ **the tarmac** 柏油路面 bǎiyóu lùmiàn II VT (*Brit*) [+ *road*] 用柏油铺(鋪) yòng bǎiyóu pū

tarpaulin [tɑː'pɔːlɪn] N [c/U] 油布 yóubù [块 kuài]

tarragon ['tærəgən] N [U] 龙(龍)蒿 lónghāo

tart [tɑːt] I N [c] 1 (*cake*) 果馅(餡)饼(餅) guǒxiànbǐng [个 gè] 2 (*Brit; inf!*) (*prostitute*) 妓女 jìnǚ [个 gè] II ADJ (*bitter*) 酸的 suān de

▸**tart up** (*Brit; inf*) VT [+ *room, building*] 艳(豔)俗地装(裝)饰(飾) yànsú de zhuāngshì ▸ **to tart o.s. up** (*inf*) 打扮 dǎbàn

tartan ['tɑːtn] I N [c/U] 苏(蘇)格兰(蘭)方格呢 Sūgélán fānggéní [块 kuài] II ADJ [+ *rug, scarf etc*] 苏(蘇)格兰(蘭)方格的 Sūgélán fānggé de

TARTAN

是一种有图案的厚羊毛布料，其图案是由不同宽度和颜色的直线条垂直交叉组成。**tartan** 用来做 **kilt** —一种苏格兰成年男子和男孩子在正式场合穿的特别的短裙。这种布料起源于 **Highlands**（苏格兰高地）—即苏格兰群山连绵的西北部。在那里，**tartan** 被作为反抗英国王室的标志，并因此在1747年至1782年期间被禁用。不同的颜色和图案代表着苏格兰的不同地区。

tartar(e) sauce ['tɑːtə-] N [U] 塔塔沙司 tǎtǎ shāsī

task [tɑːsk] N [c] 任务(務) rènwù [项 xiàng] ▸ **to take sb to task** (*rebuke, scold*) 责(責)备(備)某人 zébèi mǒurén

taste [teɪst] I N 1 [U] (*sense*) 味觉(覺) wèijué 2 [c] (*flavour*) 味道 wèidào [种 zhǒng] 3 [c] (*sample*) 尝(嘗)试(試) chángshì [次 cì] 4 [s] (*fig*) [*of suffering, freedom etc*] 体(體)验(驗) tǐyàn 5 [U] (*choice, liking*) 品位 pǐnwèi II VT 1 (*get flavour of*) 尝(嘗) cháng 2 (*test, detect*) 品尝(嘗) pǐncháng III VI ▸ **to taste of/like sth** 有/像某物的味道 yǒu/xiàng mǒuwù de wèidào ▸ **to develop** *or* **acquire a taste for sth** 养(養)成对(對)某物的爱(愛)好 yǎngchéng duì mǒuwù de àihào ▸ **to have good/bad taste** 品好/差 pǐn hǎo/chà ▸ **to be in good/bad taste** [*remark, joke* +] 格调(調)高雅/低俗 gédiào gāoyǎ/dīsú ▸ **to taste delicious/bitter** 尝(嘗)起来(來)好吃/苦 cháng qǐlái hǎo chī/kǔ

tasteful ['teɪstful] ADJ [+ *clothes, furnishings*] 高雅的 gāoyǎ de

tasteless ['teɪstlɪs] ADJ 1 [+ *food*] 无(無)味的 wúwèi de 2 [+ *remark, joke*] 不雅的 bùyǎ de 3 [+ *furniture, decor etc*] 低俗的 dīsú de

tasty ['teɪstɪ] ADJ [+ *food*] 味美的 wèiměi de

tattered ['tætəd] ADJ 1 [+ *clothes*] 褴(襤)褛(褸)的 lánlǚ de 2 (*fig*) [+ *hopes*] 潦倒的 liáodǎo de

tatters ['tætəz] N ▸ **to be in tatters** [*clothes* +] 破烂(爛)的 pòlàn de; [*plan, relationship* +] 千疮(瘡)百孔的 qiān chuāng bǎi kǒng de

tattoo [tə'tuː] I N [c] 1 (*on skin*) 纹(紋)身 wénshēn [个 gè] 2 (*Brit*) (*military display*) 军(軍)乐(樂)队(隊)表演 jūnyuèduì biǎoyǎn II VT ▸ **to tattoo sth on sth** 将(將)某物纹(紋)刺在某处(處) jiāng mǒuwù wéncì zài mǒuchù

taught [tɔːt] PT, PP *of* **teach**

taunt [tɔːnt] I VT [+ *person*] 讥(譏)笑 jīxiào II N [c] (*insult*) 侮辱 wǔrǔ ▸ **to taunt sb with/about sth** 用/就某事嘲弄某人 yòng/jiù mǒushì cháonòng mǒurén

Taurus ['tɔːrəs] N 1 [U] (*sign*) 金牛座 Jīnniú Zuò 2 [c] (*person*) 金牛座的人 Jīnniú Zuò de rén ▸ **I'm (a) Taurus** 我是金牛座的 wǒ shì Jīnniú Zuò de

taut [tɔːt] ADJ [+ *skin, thread etc*] 紧(緊)绷(繃)的 jǐnbēng de

★**tax** [tæks] **I** N [c/U] (*on goods, income etc*) 税(稅) shuì [种 zhǒng] **II** VT **1** [+ *earnings, goods etc*] 对(對)…征(徵)税(稅) duì…zhēngshuì **2** (*test*) [+ *person, memory, patience*] 考验(驗) kǎoyàn ▷ *That question really taxed him.* 那个问题对他真是个考验。Nàge wèntí duì tā zhēnshi gè kǎoyàn. ▸ **before/after tax** 税(稅)前/后(後) shuì qián/hòu ▸ **free of tax** 免税(稅)的 miǎnshuì de

taxation [tæk'seɪʃən] N [U] **1** (*system*) 税(稅)制 shuìzhì **2** (*money paid*) 税(稅)额(額) shuì'é

tax-free ['tæksfriː] ADJ 免税(稅)的 miǎnshuì de

taxi ['tæksɪ] **I** N [c] 出租车(車) chūzūchē [辆 liàng] **II** VI [*plane* +] 滑行 huáxíng

taxi driver N [c] 出租司机(機) chūzū sījī [个 gè]

taxi rank (*Brit*) N [c] 出租车(車)候客站 chūzūchē hòukèzhàn [个 gè] [美 = **taxi stand**]

taxi stand (*US*) N [c] 出租车(車)候客站 chūzūchē hòukèzhàn [个 gè] [英 = **taxi rank**]

taxpayer ['tækspeɪəʳ] N [c] 纳(納)税(稅)人 nàshuìrén [个 gè]

TB N ABBR (= **tuberculosis**) 肺结(結)核 fèijiéhé

tbc ABBR (= **to be confirmed**) 有待确(確)认(認) yǒudài quèrèn

tea [tiː] N [c/U] **1** (*drink*) 茶 chá [杯 bēi] **2** (*dried leaves*) 茶叶(葉) cháyè [片 piàn] **3** (*Brit*) (*evening meal*) 晚饭(飯) wǎnfàn [顿 dùn] ▸ **(afternoon) tea** (*Brit*) (下午)茶 (xiàwǔ)chá

用法参见 **meal**

TEA

英国人和美国人喝的茶大多是红茶。通常茶里要加牛奶，可能还加糖，当然也可以在茶里只放一小片柠檬。花草茶（**herbal tea**），如薄荷或甘菊茶，正风行起来。**tea** 还可以指下午小餐，通常有三明治，蛋糕，还有茶。在英国的一些地方，**tea** 还可以指晚上的正餐。

tea bag N [c] 袋茶 dàichá [包 bāo]

tea break (*Brit*) N [c] 茶点(點)时(時)间(間) chádiǎn shíjiān [美 = **coffee break**]

teach [tiːtʃ] (*pt, pp* **taught**) **I** VT **1** ▸ **to teach sb sth, teach sth to sb** 教某人某事，将(將)某事教给(給)某人 jiāo mǒurén mǒushì, jiāng mǒushì jiāogěi mǒurén **2** (*in school*) [+ *pupils, subject*] 教 jiāo **3** (*educate*) 教育 jiàoyù **II** VI (*be a teacher*) 教书(書) jiāoshū ▸ **to teach sb to do sth/how to do sth** 教某人做某事/怎样(樣)做某事 jiāo mǒurén zuò mǒushì/zěnyàng zuò mǒushì

teacher ['tiːtʃəʳ] N [c] 教师(師) jiàoshī [位 wèi]

teaching ['tiːtʃɪŋ] **I** N [U] (*job*) 教学(學) jiàoxué **II teachings** N PL 教导(導) jiàodǎo

tea cloth (*Brit*) N [c] 擦拭布 cāshìbù [块 kuài] [美 = **dishcloth**]

teacup ['tiːkʌp] N [c] 茶杯 chábēi [个 gè]

tea leaves N PL 茶叶(葉) cháyè

★**team** [tiːm] N [c] **1** [*of people, experts, horses*] 组(組) zǔ [个 gè] ▷ *a team of scientists* 一组科学家 yī zǔ kēxuéjiā **2** (*Sport*) 队(隊) duì [个 gè]

▸**team up** VI 合作 hézuò ▸ **to team up with sb** 与(與)某人协(協)作 yǔ mǒurén xiézuò

teamwork ['tiːmwəːk] N [U] 协(協)力合作 xiélì hézuò

teapot ['tiːpɔt] N [c] 茶壶(壺) cháhú [个 gè]

tear[1] [tɛəʳ] (*pt* **tore**, *pp* **torn**) **I** N [c] (*rip, hole*) 裂口 lièkǒu [个 gè] **II** VT **1** (*rip*) 撕裂 sīliè **2** (*remove violently*) 扯 chě **III** VI **1** (*become torn*) 撕破 sīpò **2** (*rush*) 飞(飛)奔 fēibēn ▸ **to tear sth to pieces** *or* **to bits** *or* **to shreds** [+ *paper, letter, clothes*] 把某物撕成片或小块(塊)或条(條) bǎ mǒuwù sīchéng piàn *huò* xiǎo kuài *huò* tiáo ▸ **to tear sb to pieces** (*fig*) 与(與)某人激烈争(爭)吵 yǔ mǒurén jīliè zhēngchǎo

▸**tear along** VI [*driver, vehicle* +] 疾驰(馳) jíchí

▸**tear apart** VT **1** (*upset*) [+ *person*] 使心神不安 shǐ xīnshén bù'ān **2** (*divide*) [+ *group of people*] 使分裂 shǐ fēnliè

▸**tear away** VT ▸ **to tear o.s. away (from sth)** 强迫自己离(離)开(開)(某事物) qiǎngpò zìjǐ líkāi (mǒu shìwù)

▸**tear down** VT [+ *building, statue*] 拆除 chāichú

▸**tear off** VT [+ *clothes*] 脱(脫)掉 tuōdiào

▸**tear up** VT [+ *sheet of paper, cheque*] 撕毁(毀) sīhuǐ

tear[2] [tɪəʳ] N [c] (*when crying*) 眼泪(淚) yǎnlèi [滴 dī] ▸ **to be in tears** 哭泣 kūqì ▸ **to burst into tears** 哭起来(來) kū qǐlái

tearful ['tɪəful] ADJ [+ *person, face*] 含泪(淚)的 hánlèi de

tear gas N [U] 催泪(淚)弹(彈) cuīlèidàn

tease [tiːz] **I** VT 逗弄 dòunong **II** N [c] (*person*) 爱(愛)开(開)玩笑的人 ài kāi wánxiào de rén

teaspoon ['tiːspuːn] N [c] (*spoon, amount*) 茶匙 cháchí [把 bǎ]

teaspoonful ['tiːspuːnful] N [c] 一茶匙的量 yī cháchí de liàng

teatime ['tiːtaɪm] (*Brit*) N [U] 茶点(點)时(時)间(間) chádiǎn shíjiān

tea towel (*Brit*) N [c] 擦拭布 cāshìbù [块 kuài] [美 = **dish towel**]

technical ['tɛknɪkl] ADJ **1** [+ *problems, advances*] 技术(術)的 jìshù de **2** [+ *terms, language*] 专(專)业(業)的 zhuānyè de **3** [+ *skills, ability etc*] 专(專)业(業)技能的 zhuānyè jìnéng de

technically ['tɛknɪklɪ] ADV **1** [+ *advanced, demanding*] 科技地 kējì de **2** (*strictly speaking*) 严(嚴)格说(說)来(來) yángé shuō lái

technician [tɛk'nɪʃən] N [c] 技师(師) jìshī [位 wèi]

technique [tɛk'niːk] N **1** [c] (*method*) 手法 shǒufǎ [种 zhǒng] **2** [U] (*skill*) 技术(術) jìshù

techno ['tɛknəu] N [c] 科技舞曲 kējì wǔqǔ

technological [tɛknə'lɔdʒɪkl] ADJ 工艺(藝)的 gōngyì de
technology [tɛk'nɔlədʒɪ] N [C/U] 工艺(藝)学(學) gōngyìxué [门 mén]
teddy (bear) ['tɛdɪ(-)] N [C] 玩具熊 wánjùxióng [只 zhī]
tedious ['ti:dɪəs] ADJ 乏味的 fáwèi de
tee [ti:] N [C] (*Golf*) 球座 qiúzuò [个 gè] ▸**tee off** VI (*Golf*) 开(開)球 kāiqiú
teem [ti:m] VI ▸**to be teeming with** [+ *visitors, tourists etc*] 充满(滿) chōngmǎn
teen [ti:n] ADJ (*teenage*) 青少年的 qīngshàonián de; *see also* **teens**
teenage ['ti:neɪdʒ] ADJ [+ *children, fashions etc*] 十几(幾)岁(歲)的 shíjǐ suì de
teenager ['ti:neɪdʒə^r] N [C] 青少年 qīngshàonián [名 míng]
teens [ti:nz] N PL ▸**to be in one's teens** 在少年时(時)代 zài shàonián shídài
tee-shirt ['ti:ʃə:t] N = **T-shirt**
teeth [ti:θ] N PL *of* **tooth**
teetotal ['ti:'təutl] ADJ [+ *person*] 滴酒不沾的 dījiǔ bù zhān de
tel. ABBR (= **telephone number**) 电(電)话(話)号(號)码(碼) diànhuà hàomǎ
telecommunications ['tɛlɪkəmju:nɪ'keɪʃənz] N [U] 电(電)信 diànxìn
telegram ['tɛlɪgræm] N [C] 电(電)报(報) diànbào [个 gè]
telegraph pole ['tɛlɪgra:f-] N [C] 电(電)话(話)线(線)杆(桿) diànhuàxiàngān [根 gēn]
telephone ['tɛlɪfəun] **I** N **1** [U] (*system*) 电(電)话(話) diànhuà **2** [C] (*piece of equipment*) 电(電)话(話) diànhuà [部 bù] **II** VT, VI 打电(電)话(話) dǎ diànhuà ▸**to be on the telephone** (*talking*) 正在打电(電)话(話) zhèng zài dǎ diànhuà; (*Brit*) (*connected to phone system*) 装(裝)电(電)话(話) zhuāng diànhuà
telephone book, telephone directory N [C] 电(電)话(話)簿 diànhuàbù [个 gè]
telephone box (*Brit*) N [C] 电(電)话(話)亭 diànhuàtíng [个 gè] [美 = **phone booth**]
telephone call N [C] 电(電)话(話) diànhuà [个 gè] ▸**to make a telephone call** 打电(電)话(話) dǎ diànhuà
telephone number N [C] 电(電)话(話)号(號)码(碼) diànhuà hàomǎ [个 gè]
telesales ['tɛlɪseɪlz] N [U] 电(電)话(話)销(銷)售 diànhuà xiāoshòu
telescope ['tɛlɪskəup] N [C] 望远(遠)镜(鏡) wàngyuǎnjìng [架 jià]
televise ['tɛlɪvaɪz] VT 电(電)视(視)播放 diànshì bōfàng
television ['tɛlɪvɪʒən] N **1** [C] (*also:* **television set**) 电(電)视(視)机(機) diànshìjī [台 tái] **2** [U] (*system*) 电(電)视(視) diànshì **3** [U] (*business*) 电(電)视(視)业(業) diànshìyè ▸**to be on television** [*programme* +] 由电(電)视(視)播放 yóu diànshì bōfàng; [*person* +] 上电(電)视(視) shàng diànshì
television programme N [C] 电(電)视(視)节(節)目 diànshì jiémù [个 gè]
★**tell** [tɛl] (*pt, pp* **told**) **I** VT **1** (*inform*) ▸**to tell sb sth** 告诉(訴)某人某事 gàosù mǒurén mǒushì ▹ *They told us the news.* 他们告诉了我们这个消息。Tāmen gàosùle wǒmen zhège xiāoxi. **2** (*relate*) [+ *story, joke*] 讲(講) jiǎng ▹ *Will you tell me a story?* 你能给我讲个故事吗？ Nǐ néng gěi wǒ jiǎng gè gùshi ma? **3** (*distinguish*) ▸**to tell sth from sth** 把某物和某物区(區)分开(開) bǎ mǒuwù hé mǒwù qūfēnkāi **4** (*know*) 确(確)定 quèdìng ▹ *I couldn't tell what they were thinking.* 我不能确定他们在想什么。Wǒ bùnéng quèdìng tāmen zài xiǎng shénme. **5** (*reveal*) 表明 biǎomíng ▹ *The facts tell us that this is not true.* 事实向我们表明这不是真的。Shìshí xiàng wǒmen biǎomíng zhè bùshì zhēn de. **II** VI (*have an effect*) 影响(響) yǐngxiǎng ▹ *The late nights were beginning to tell on my health.* 熬夜开始影响我的健康了。Áo yè kāishǐ yǐngxiǎng wǒ de jiànkāng le. ▸**to tell sb to do sth** 指示某人做某事 zhǐshì mǒurén zuò mǒushì ▸**to tell sb that...** 告诉(訴)某人说(說)··· gàosù mǒurén shuō... ▸**to tell sb about** *or* **of sth** 给(給)某人讲(講)述某事 gěi mǒurén jiǎngshù mǒushì ▸**to tell the time** 看时(時)间(間) kàn shíjiān ▸**(I) tell you what...** (*inf*) (我)提议(議)··· (wǒ)tíyì... ▸**to do as one is told** 按吩咐做事 àn fēnfù zuòshì
▸**tell apart** VT (*distinguish*) 分辨出 fēnbiànchū
▸**tell off** VT ▸**to tell sb off** 斥责(責)某人 chìzé mǒurén
▸**tell on** VT FUS (*inf: inform against*) 揭发(發) jiēfā
teller ['tɛlə^r] (*US*) N [C] (*in bank*) 出纳(納)员(員) chūnàyuán [名 míng]
telly ['tɛlɪ] (*Brit; inf*) N [C/U] 电(電)视(視) diànshì [台 tái] ▸**on telly** 在电(電)视(視)上播放 zài diànshì shang bōfàng ▸**to watch telly** 看电(電)视(視) kàn diànshì [美 = **TV**]
temp [tɛmp] **I** N [C] 临(臨)时(時)雇(僱)员(員) línshí gùyuán [个 gè] **II** VI 做临(臨)时(時)工 zuò línshígōng
temper ['tɛmpə^r] **I** N [C/U] 脾气(氣) píqi [种 zhǒng] **II** VT (*frm: moderate*) 使缓(緩)和 shǐ huǎnhé ▸**to be in a good/bad temper** 情绪(緒)好/坏(壞) qíngxù hǎo/huài ▸**to lose one's temper** 发(發)怒 fānù ▸**to have a bad temper** 脾气(氣)坏(壞) píqi huài
temperament ['tɛmprəmənt] N [C/U] 性情 xìngqíng
temperamental [tɛmprə'mɛntl] ADJ **1** [+ *person*] 喜怒无(無)常的 xǐ nù wú cháng de **2** [+ *car, machine*] 时(時)好时(時)坏(壞)的 shí hǎo shí huài de
temperature ['tɛmprətʃə^r] N **1** [C/U] [*of place*] 气(氣)温(溫) qìwēn **2** [U] [*of person*] 体(體)温(溫) tǐwēn ▸**to have** *or* **be running a**

t

temperature 发(發)烧(燒) fāshāo ▸ **to take sb's temperature** 测(測)某人的体(體)温(溫) cè mǒurén de tǐwēn

temple ['tɛmpl] N [c] **1** (*building*) 庙(廟)宇 miàoyǔ [座 zuò] **2** (*at side of head*) 太阳(陽)穴 tàiyángxué [个 gè]

temporarily ['tɛmpərərɪlɪ] ADV 临(臨)时(時)地 línshí de

temporary ['tɛmpərərɪ] ADJ 临(臨)时(時)的 línshí de ▸ **temporary secretary/teacher** 临(臨)时(時)秘(祕)书(書)/代课(課)教师(師) línshí mìshū/dàikè jiàoshī

tempt [tɛmpt] VT 诱(誘)使 yòushǐ ▸ **to tempt sb into doing sth** *or* **to do sth** 诱(誘)使某人做某事 yòushǐ mǒurén zuò mǒushì ▸ **to be tempted to do sth** 受到引诱(誘)去做某事 shòudào yǐnyòu qù zuò mǒushì

temptation [tɛmp'teɪʃən] N [c/u] 诱(誘)惑 yòuhuò [种 zhǒng]

tempting ['tɛmptɪŋ] ADJ 诱(誘)人的 yòurén de

★**ten** [tɛn] NUM 十 shí ▸ **tens of thousands** 好几(幾)万(萬) hǎo jǐ wàn

tenant ['tɛnənt] N [c] 房客 fángkè [个 gè]

tend [tɛnd] **I** VT **1** (*frm*) [+ *plants, crops*] 看护(護) kānhù **2** (*frm*) [+ *sick person*] 照料 zhàoliào **II** VI **1** ▸ **to tend to do sth** 倾(傾)向于(於)做某事 qīngxiàng yú zuò mǒushì **2** ▸ **to tend towards sth** 趋(趨)于(於)某事 qū yú mǒushì **3** ▸ **to tend to sb/sth** 照料某人/某事物 zhàoliào mǒurén/mǒu shìwù

tendency ['tɛndənsɪ] N [c] 倾(傾)向 qīngxiàng ▸ **a tendency to do sth** 做某事的倾(傾)向 zuò mǒushì de qīngxiàng

tender ['tɛndəʳ] **I** ADJ **1** (*loving*) [+ *person, care*] 温(溫)柔的 wēnróu de **2** (*sore*) [+ *arm, leg etc*] 有触(觸)痛的 yǒu chùtòng de **3** [+ *meat, vegetables*] 嫩的 nèn de **4** [+ *age*] 年幼的 niányòu de **II** N [c] (*Comm*) (*offer*) 投标(標) tóubiāo **III** VT (*frm*) [+ *offer, resignation, apology*] 提出 tíchū **IV** VI ▸ **to tender for sth** (*Comm*) 为(為)某事投标(標) wèi mǒushì tóubiāo ▸ **to put in a tender (for)** 参(參)加(某项(項))投标(標) cānjiā (mǒu xiàng)tóubiāo ▸ **to put work out to tender** (*Brit*) 对(對)工程进(進)行招标(標) duì gōngchéng jìnxíng zhāobiāo

tendon ['tɛndən] N [c] 腱 jiàn [个 gè]

tenner ['tɛnəʳ] (*Brit; inf*) N [c] (*ten pounds*) 10英镑(鎊) shí yīngbàng; (*ten-pound note*) 面值10英镑(鎊)的钞(鈔)票 miànzhí shí yīngbàng de chāopiào

tennis ['tɛnɪs] N [u] 网(網)球运(運)动(動) wǎngqiú yùndòng

tennis ball N [c] 网(網)球 wǎngqiú [个 gè]

tennis court N [c] 网(網)球场(場) wǎngqiúchǎng [个 gè]

tennis match N [c] 网(網)球赛(賽) wǎngqiúsài [场 chǎng]

tennis player N [c] 网(網)球手 wǎngqiúshǒu [位 wèi]

tennis racket N [c] 网(網)球拍 wǎngqiúpāi [支 zhī]

tenor ['tɛnəʳ] N **1** [c] (*Mus*) 男高音歌手 nán gāoyīn gēshǒu [位 wèi] **2** [s] [*of speech, reply etc*] 大意 dàyì

tenpin bowling ['tɛnpɪn-] (*esp Brit*) N [u] 十柱保龄(齡)球 shízhù bǎolíngqiú

tense [tɛns] **I** ADJ **1** [+ *person, smile, period, situation*] 紧(緊)张(張)的 jǐnzhāng de **2** [+ *muscle*] 紧(緊)绷(繃)的 jǐnbēng de **II** N [c] (*Ling*) 时(時)态(態) shítài [种 zhǒng] **III** VT, VI (*also:* **tense up**) (*tighten*) 绷(繃)紧(緊) bēngjǐn

tension ['tɛnʃən] N **1** [c/u] (*of situation*) 紧(緊)张(張)的局势(勢) jǐnzhāng de júshì [个 gè] **2** [u] (*of person*) 焦虑(慮) jiāolǜ **3** [u] (*between ropes, wires*) 张(張)力 zhānglì

tent [tɛnt] N [c] 帐(帳)篷 zhàngpeng [顶 dǐng]

tentative ['tɛntətɪv] ADJ **1** [+ *person*] 犹(猶)豫不决(決)的 yóuyù bù jué de **2** [+ *step, smile*] 试(試)探性的 shìtànxìng de **3** [+ *conclusion, agreement, plan*] 暂(暫)定的 zàndìng de

tenth [tɛnθ] NUM **1** (*in series*) 第十 dìshí **2** (*fraction*) 十分之一 shífēn zhī yī; *see also* **fifth**

tent peg N [c] 帐(帳)篷桩(樁) zhàngpengzhuāng [个 gè]

tent pole N [c] 帐(帳)篷支柱 zhàngpeng zhīzhù [根 gēn]

tepid ['tɛpɪd] ADJ **1** [+ *liquid*] 微温(溫)的 wēiwēn de **2** (*fig*) [+ *reaction, applause*] 不热(熱)烈的 bù rèliè de

★**term** [təːm] **I** N [c] **1** (*word, expression*) 词(詞)语(語) cíyǔ ▹ *a term of abuse* 骂人的词语 mà rén de cíyǔ **2** (*period*) 期间(間) qījiān ▹ *Blair's second term of office as Premier* 布莱尔作为首相的第二个任期 Bùlái'ěr zuòwéi shǒuxiàng de dì èr gè rènqī **3** (*at school, university*) 学(學)期 xuéqī [个 gè] **II** VT (*call*) 将(將)…称(稱)作 jiāng…chēngzuò ▹ *The press termed the visit a triumph.* 媒体称这次访问非常成功。Méitǐ chēng zhè cì fǎngwèn fēicháng chénggōng. **III terms** N [c] PL (*conditions*) [*of agreement, treaty etc*] 条(條)款 tiáokuǎn ▸ **in simple/economic terms** 简(簡)单(單)/就经(經)济(濟)而言 jiǎndān/jiù jīngjì ér yán ▸ **in terms of the climate/economy** 就气(氣)候/经(經)济(濟)而言 jiù qìhòu/jīngjì ér yán ▸ **on easy terms** (*Comm*) 以分期付款方式 yǐ fēnqī fùkuǎn fāngshì ▸ **in the short/long term** 短/长(長)期 duǎn/chángqī ▸ **to think/talk in terms of doing sth** 就做某事的角度来(來)考虑(慮)/说(說) jiù zuò mǒushì de jiǎodù lái kǎolǜ/shuō ▸ **to be on good terms** 关(關)系(係)好 guānxì hǎo ▸ **to be on good terms with sb** 与(與)某人关(關)系(係)好 yǔ mǒurén guānxì hǎo ▸ **on equal** *or* **the same terms** 按同样(樣)条(條)件 àn tóngyàng tiáojiàn ▸ **to come to terms with sth** 接受某事为(為)事实(實) jiēshòu mǒushì wéi shìshí

terminal ['tə:mɪnl] **I** ADJ [+ *disease, patient*] 晚期的 wǎnqī de **II** N [c] **1** (*Comput*) 终(終)端 zhōngduān [个 gè] **2** (*Elec*) 接头(頭)处(處) jiētóuchù [个 gè] **3** (*Comm*) (*for oil, ore etc*) 储(儲)备(備)区(區) chǔbèiqū **4** (*at airport*) 终(終)点(點)站 zhōngdiǎnzhàn [个 gè]

terminally ['tə:mɪnlɪ] ADV ▸ **terminally ill** 病入膏肓的 bìng rù gāo huāng de

terminate ['tə:mɪneɪt] **I** VT **1** (*frm*) [+ *discussion etc*] 终(終)结(結) zhōngjié **2** [+ *contract, pregnancy*] 终(終)止 zhōngzhǐ **II** VI [*contract* +] 终(終)止 zhōngzhǐ ▸ **this train terminates in...** (*frm*) 本次列车(車)的终(終)点(點)站是··· běn cì lièchē de zhōngdiǎnzhàn shì...

termini ['tə:mɪnaɪ] N PL *of* **terminus**

terminology [tə:mɪ'nɔlədʒɪ] N [c/U] 术(術)语(語) shùyǔ [个 gè]

terminus ['tə:mɪnəs] (*pl* **termini**) N [c] (*for buses, trains*) 终(終)点(點)站 zhōngdiǎnzhàn

Ter(r). ABBR (= **terrace**) 地 dì

terrace ['tɛrəs] **I** N [c] **1** (*Brit*) (*row of houses*) 成排的房屋 chéngpái de fángwū [排 pái] **2** (*patio*) 平台(臺) píngtái [个 gè] **3** (*Agr*) 梯田 tītián [块 kuài] **II terraces** N PL (*Brit: Sport*) ▸ **the terraces** 球场(場)看台(臺) qiúchǎng kàntái [个 gè]

terraced ['tɛrəst] ADJ **1** [+ *house*] 成排的 chéngpái de **2** [+ *garden*] 梯状(狀)的 tīzhuàng de

terrain [tɛ'reɪn] N [c/U] 地势(勢) dìshì [种 zhǒng]

terrible ['tɛrɪbl] ADJ **1** [+ *accident, winter*] 可怕的 kěpà de **2** (*very poor*) 糟糕的 zāogāo de **3** (*inf: awful*) 糟透的 zāotòu de

terribly ['tɛrɪblɪ] ADV **1** (*very*) 非常 fēicháng **2** (*very badly*) 差劲(勁)地 chàjìn de

terrier ['tɛrɪə^r] N [c] (*dog*) 活泼的小狗 [只 zhī]

terrific [tə'rɪfɪk] ADJ **1** (*very great*) [+ *amount, thunderstorm, speed*] 惊(驚)人的 jīngrén de **2** (*wonderful*) [+ *time, party, idea*] 极好的 jíhǎo de

terrified ['tɛrɪfaɪd] ADJ 吓(嚇)坏(壞)的 xiàhuài de ▸ **to be terrified of sth** 被某事吓(嚇)破胆(膽) bèi mǒushì xiàpò dǎn

terrify ['tɛrɪfaɪ] VT 使惧(懼)怕 shǐ jùpà

terrifying ['tɛrɪfaɪɪŋ] ADJ 令人害怕的 lìng rén hàipà de

territorial [tɛrɪ'tɔ:rɪəl] **I** ADJ [+ *waters, boundaries, dispute*] 领(領)土的 lǐngtǔ de **II** N [c] (*Brit: Mil*) 英国(國)义(義)务(務)兵 Yīngguó yìwùbīng

territory ['tɛrɪtərɪ] N [c/U] **1** (*land*) 领(領)土 lǐngtǔ **2** (*fig*) 范(範)围(圍) fànwéi

terror ['tɛrə^r] N [U] (*great fear*) 恐惧(懼) kǒngjù ▸ **in terror of sth** 对(對)某事胆(膽)战(戰)心惊(驚) duì mǒushì dǎn zhàn xīn jīng ▸ **to have a terror of (doing) sth** 害怕(做)某事 hàipà (zuò) mǒushì

terrorism ['tɛrərɪzəm] N [U] 恐怖主义(義) kǒngbù zhǔyì

terrorist ['tɛrərɪst] **I** N [c] 恐怖分子 kǒngbù fènzǐ [名 míng] **II** ADJ 恐怖分子的 kǒngbù fènzǐ de

★**test** [tɛst] **I** N [c] **1** (*trial, check*) 试(試)验(驗) shìyàn [次 cì] ▹ *a nuclear test* 核试验 héshìyàn **2** [*of person, courage etc*] 判断(斷)标(標)准(準) pànduàn biāozhǔn ▹ *The test of any civilised society is how it treats its minorities.* 对于任何文明社会的判断标准是它怎样对待少数民族。Duìyú rènhé wénmíng shèhuì de pànduàn biāozhǔn shì tā zěnyàng duìdài shǎoshù mínzú. **3** (*Med*) 检验(驗) jiǎnyàn [次 cì] ▹ *a blood test* 验血 yàn xuè **4** (*Chem*) 化验(驗) huàyàn ▹ *They carried out tests on the water.* 他们对水域进行了化验。Tāmen duì shuǐyù jìnxíngle huàyàn. **5** (*Scol*) 测(測)验(驗) cèyàn [个 gè] **6** [*of intelligence*] 测(測)验(驗) cèyàn ▹ *an intelligence test* 智力测验 zhìlì cèyàn **7** (*also*: **driving test**) 驾(駕)驶(駛)考试(試) jiàshǐ kǎoshì [次 cì] **II** VT **1** (*try out*) 试(試)验(驗) shìyàn ▹ *The drug was tested on gorillas.* 药品在大猩猩身上进行了试验。Yàopǐn zài dàxīngxing shēnshang jìnxíngle shìyàn. **2** (*Med*) 检(檢)测(測) jiǎncè ▹ *They tested her blood type.* 他们检测了她的血型。Tāmen jiǎncèle tā de xuèxíng. **3** (*Scol*) 测(測)试(試) cèshì ▹ *I will test you on your knowledge of French.* 我要测试一下你的法语。Wǒ yào cèshì yīxià nǐ de Fǎyǔ. ▸ **to put sth to the test** 将(將)某物加以考验(驗) jiāng mǒuwù jiā yǐ kǎoyàn ▸ **to test water for impurities** 测(測)试(試)水的纯(純)度 cèshì shuǐ de chúndù

testicle ['tɛstɪkl] N [c] 睾丸 gāowán [个 gè]

testify ['tɛstɪfaɪ] **I** VI (*Law*) 作证(證) zuòzhèng **II** VT (*Law*) ▸ **to testify that...** 证(證)实(實)··· zhèngshí... ▸ **to testify to sth** [*person* +] 证(證)实(實)某事 zhèngshí mǒushì; [*fact* +] 证(證)明某事 zhèngmíng mǒushì

testimony ['tɛstɪmənɪ] N [c/U] **1** (*Law*) 证(證)词(詞) zhèngcí **2** ▸ **to be (a) testimony to sth** 是对(對)某事物的(一个(個))证(證)明 shì duì mǒu shìwù de (yī gè) zhèngmíng

test match (*Brit: Cricket, Rugby*) N [c] 国(國)际(際)锦(錦)标(標)赛(賽) guójì jǐnbiāosài [场 chǎng]

test tube N [c] 试(試)管 shìguǎn [根 gēn]

tetanus ['tɛtənəs] (*Med*) N [U] 破伤(傷)风(風) pòshāngfēng

text [tɛkst] **I** N **1** [U] (*written material*) 正文 zhèngwén **2** [c] (*book*) 课(課)本 kèběn [本 běn] **3** [c] (*also*: **text message**) 手机(機)短信 shǒujī duǎnxìn [条 tiáo] **II** VT (*on mobile phone*) 发(發)短消息 fā duǎnxiāoxi

textbook ['tɛkstbuk] N [c] 课(課)本 kèběn [本 běn]

textile ['tɛkstaɪl] **I** N [c] 纺(紡)织(織)品 fǎngzhīpǐn [件 jiàn] **II textiles** N PL (*industries*) 纺(紡)织(織)厂(廠) fǎngzhīchǎng

text message N [c] 短信 duǎnxìn [条 tiáo]

text messaging [-'mɛsɪdʒɪŋ] N [U] 发(發)短信 fā duǎnxìn

texture ['tɛkstʃə^r] N [c/U] [*of cloth, skin, soil*]

t

质(質)地 zhìdì

Thai [taɪ] I ADJ 泰国(國)的 Tàiguó de II N 1 [c] (*person*) 泰国(國)人 Tàiguórén [个 gè] 2 [u] (*language*) 泰语(語) Tàiyǔ

Thailand ['taɪlænd] N 泰国(國) Tàiguó

★**than** [ðæn, ðən] I PREP (*in comparisons*) 比 bǐ ▷ *She's taller than her husband.* 她比丈夫高。Tā bǐ zhàngfu gāo. ▷ *We've got less than three weeks.* 我们只有不到3周的时间了。Wǒmen zhǐyǒu bù dào sān zhōu de shíjiān le. ▷ *This year my salary is more than twice what it was last year.* 我今年的薪水是去年的两倍多。Wǒ jīnnián de xīnshuǐ shì qùnián de liǎng bèi duō. II CONJ 比 bǐ ▷ *He loves her more than she loves him.* 他比她爱得深。Tā bǐ tā ài de shēn. ▸ **it's smaller than a matchbox** 它比一个(個)火柴盒还(還)小 tā bǐ yī gè huǒcháihé hái xiǎo ▸ **more/less than Paul** 比保罗(羅)多/少 bǐ Bǎoluó duō/shǎo ▸ **more than 20** 多于(於)20 duō yú èrshí ▸ **more than once** 不止一次 bù zhǐ yī cì ▸ **she's older than you think** 她比你想的年纪(紀)要大 tā bǐ nǐ xiǎng de niánjì yào dà ▸ **I'd rather stay in than go out** 我宁(寧)可呆在家里(裡)而不愿(願)出去 wǒ nìngkě dāi zài jiāli ér bù yuàn chūqù

★**thank** [θæŋk] VT [+ *person*] 感谢(謝) gǎnxiè ▸ **thank you (very much)** (非常)感谢(謝)你 (fēicháng) gǎnxiè nǐ ▸ **no, thank you** 不, 谢(謝)谢(謝) bù, xièxie ▸ **thank God, thank Goodness, thank heavens** 感谢(謝)上帝 gǎnxiè Shàngdì ▸ **to thank sb for (doing) sth** 感谢(謝)某人(做)某事 gǎnxiè mǒurén (zuò) mǒushì ▸ **I don't need any help, thank you** 我自己来(來), 谢(謝)谢(謝)你 wǒ zìjǐ lái, xièxie nǐ

thankful ['θæŋkful] ADJ ▸ **to be thankful (for sth)** 感激(某事) gǎnjī (mǒushì) ▸ **to be thankful that/to be...** 庆(慶)幸… qìngxìng...

thankfully ['θæŋkfəlɪ] ADV 幸亏(虧) xìngkuī ▸ **thankfully, there were few victims** 幸亏(虧)受害者不多 xìngkuī shòuhàizhě bù duō

thanks [θæŋks] I N PL 感谢(謝) gǎnxiè II INT (*inf*) 谢(謝)谢(謝) xièxie ▸ **to give sb one's thanks** (*frm*) 向某人表示感谢(謝) xiàng mǒurén biǎoshì gǎnxiè ▸ **many thanks, thanks a lot** 多谢(謝) duōxiè ▸ **no, thanks** 不了, 谢(謝)谢(謝) bù le, xièxie ▸ **thanks to sb/sth** 多亏(虧)某人/某事 duōkuī mǒurén/mǒushì

Thanksgiving (Day) ['θæŋksgɪvɪŋ(-)] (*US*) N [c/u] 感恩节(節) Gǎn'ēn Jié [个 gè]

THANKSGIVING

每年11月的第4个星期四是 **Thanksgiving** (感恩节), 是美国一个重要的全国性节日, 对于每个家庭也是个值得庆祝的日子。感恩节是为了纪念第一批到达北美大陆的英国定居者— **pilgrims** (英国清教徒)。感恩节名字的由来可以追溯到1621年, 清教徒们因为第一次丰收而向上帝表示感谢。传统的感恩节大餐以烤火鸡为主菜, 以 **pumpkin pie** 为甜点。

KEYWORD

★**that** [ðæt] (*demonstrative adj, pron: pl* **those**) I ADJ 那 nà ▸ **that man/woman/book** 那个(個)男人/女人/那本书(書) nàge nánrén/nǚrén/nà běn shū ▸ **that place** 那个(個)地方 nàge dìfang ▸ **that one** 那一个(個) nà yī gè ▸ **that one over there** 那边(邊)的那个(個) nàbiān de nàge

II PRON 1 (*demonstrative*) 那 nà ▸ **who's/what's that?** 那是谁(誰)/那是什么(麼)? nà shì shuí/nà shì shénme? ▸ **is that you?** 是你吗(嗎)? shì nǐ ma? ▸ **I prefer this to that** 两(兩)相比较(較), 我更喜欢(歡)这(這)个(個) liǎng xiāng bǐjiào, wǒ gèng xǐhuan zhège ▸ **will you eat all that?** 你会(會)把那个(個)都吃完吗(嗎)? nǐ huì bǎ nàge dōu chīwán ma? ▸ **that's my house** 那是我的房子 nà shì wǒde fángzi ▸ **that's what he said** 那是他所说(說)的 nà shì tā suǒ shuō de ▸ **that is (to say)** 也就是(说(說)) yě jiùshì (shuō) ▸ **that's it** (*finished*) 就这(這)样(樣) jiù zhèyàng; (*exactly*) 没(沒)错(錯) méi cuò ▸ **that's that** 就这(這)样(樣)了 jiù zhèyàng le
2 (*relative*) …的 ...de ▸ **the girl that came in** 进(進)来(來)的那个(個)女孩 jìnlái de nàge nǚhái ▸ **the man that I saw** 我见(見)过(過)的那个(個)男的 wǒ jiànguo de nàge nán de ▸ **the woman that you spoke to** 和你说(說)过(過)话(話)的那个(個)女的 hé nǐ shuōguo huà de nàge nǚ de ▸ **all that I have** 我所有的一切 wǒ suǒyǒu de yīqiè ▸ **the day that he came** 他来(來)的那天 tā lái de nà tiān

III CONJ 引导宾语从句的关系代词 ▸ **he thought that I was ill** 他以为(為)我病了 tā yǐwéi wǒ bìng le ▸ **it's interesting that you should agree** 有趣的是你竟然同意了 yǒuqù de shì nǐ jìngrán tóngyì le ▸ **I'm so happy that I could sing for joy** 我高兴(興)得唱起了歌 wǒ gāoxìng de chàngqǐle gē

IV ADV (*so*) 如此 rúcǐ ▸ **that much/bad/high** 如此多/糟糕/高 rúcǐ duō/zāogāo/gāo

thatched [θætʃt] ADJ [+ *roof, cottage*] 茅草屋顶(頂)的 máocǎo wūdǐng de

thaw [θɔː] I N 1 [c] [*of ice, snow*] 解冻(凍) jiědòng 2 [s] (*fig: in relations*) 缓(緩)和 huǎnhé II VI 1 [*ice, snow* +] 融化 rónghuà 2 (*fig*) [*relations* +] 缓(緩)和 huǎnhé III VT 1 (*also:* **thaw out**) [+ *frozen food*] 解冻(凍) jiědòng 2 (*fig*) [+ *atmosphere, relations*] 缓(緩)和 huǎnhé ▸ **it's thawing** (*weather*) 雪化了 xuě huà le

KEYWORD

★**the** [ðiː, ðə] DEF ART **1** 定冠词，用于指代已知的人或物 ▸**the man/girl/house/book** 男人/女孩/房子/书(書) nánrén/nǚhái/fángzi/shū ▸**the men/women/houses/books** 男人/女孩/房子/书(書) nánrén/nǚhái/fángzi/shū ▸**the yellow dress, not the green one** 那件黄(黃)色的衣服，不是绿(綠)色的 nà jiàn huángsè de yīfu, bùshì lǜsè de ▸**the Germans and the French** 德国(國)人和法国(國)人 Déguórén hé Fǎguórén ▸**the history of France** 法国(國)史 Fǎguóshǐ ▸**I haven't the time/money** 我没(沒)钱(錢)/时(時)间(間) wǒ méi qián/shíjiān ▸**the best solution** 最好的解决(決)方案 zuìhǎo de jiějué fāng'àn ▸**to play the piano/violin** 弹(彈)钢(鋼)琴/拉小提琴 tán gāngqín/lā xiǎotíqín ▸**the age of the computer** 计(計)算机(機)时(時)代 jìsuànjī shídài ▸**I got it from the teacher** 我从(從)老师(師)那儿(兒)得来(來)的 wǒ cóng lǎoshī nàr délái de ▸**I'm going to the butcher's/the cinema** 我要去肉店/电(電)影院 wǒ yào qù ròudiàn/diànyǐngyuàn ▸**can you give it to the nurse?** 你能把它交给(給)那位护(護)士吗(嗎)? nǐ néng bǎ tā jiāo gěi nà wèi hùshì ma?
2 (*adjective forming uncount noun*) 用于形容词前表示不可数的一类物 (*forming plural noun*) 用于形容词前构成复数，表示一类人或物 ▸**to attempt the impossible** 尝(嘗)试(試)不可能的事 chángshì bù kěnéng de shì ▸**the rich and the poor** 穷(窮)人和富人 qióngrén hé fùrén
3 (*in dates, decades*) 表示具体时间 ▸**the fifth of March** 3月5日 sānyuè wǔ rì ▸**the nineties** 90年代 jiǔshí niándài
4 (*in titles*) 用于称谓中 ▸**Elizabeth the First** 伊丽(麗)莎白一世 Yīlìshābái Yīshì ▸**Peter the Great** 彼得大帝 Bǐdé Dàdì
5 (*in comparisons*) ▸**the faster he works, the more mistakes he makes** 他工作得越快，犯的错(錯)误(誤)就越多 tā gōngzuò de yuè kuài, fàn de cuòwù jiù yuè duō ▸**the more I look at it the less I like it** 我越看越不喜欢(歡) wǒ yuè kàn yuè bù xǐhuan ▸**two dollars to the pound** 两(兩)美元兑(兌)换(換)一英镑(鎊) liǎng měiyuán duìhuàn yī yīngbàng

theatre, (*US*) **theater** [ˈθɪətəʳ] N **1** [c] (*building*) 剧(劇)院 jùyuàn [座 zuò] **2** [U] (*entertainment*) 戏(戲)剧(劇) xìjù **3** [c] (*Med*) (*also*: **operating theatre**) 手术(術)室 shǒushùshì [间 jiān] **4** [c] (*US*) (*also*: **movie theater**) 电(電)影院 diànyǐngyuàn [家 jiā] [英 = **cinema**] ▸**to go to the theatre** 去看戏(戲) qù kàn xì

theatrical [θɪˈætrɪkl] ADJ **1** [+ *event, production, performance*] 戏(戲)剧(劇)的 xìjù de **2** (*fig*) [+ *gesture, behaviour*] 矫(矯)揉造作的 jiǎo róu zào zuò de

theft [θɛft] N [c/U] 盗(盜)窃(竊) dàoqiè [起 qǐ]

★**their** [ðɛəʳ] ADJ **1** (*of men, boys, mixed group*) 他们(們)的 tāmen de ▹*Their children grew up in the countryside.* 他们的孩子在乡间长大。Tāmen de háizi zài xiāngjiān zhǎngdà.; (*of women, girls*) 她们(們)的 tāmen de ▹*The girls went out with their boyfriends.* 女孩们和她们的男朋友们一起出去了。Nǚháimen hé tāmen de nánpéngyoumen yīqǐ chūqù le.; (*of things, animals*) 它们(們)的 tāmen de ▹*The trees shed their leaves every autumn.* 这些树每年秋天都落叶。Zhèxiē shù měi nián qiūtiān dōu luò yè. **2** (*his or her*) 他/她的 tā/tā de ▹*Does anyone need any help with their homework?* 谁做家庭作业需要帮助？ Shuí zuò jiātíng zuòyè xūyào bāngzhù?

theirs [ðɛəz] PRON **1** (*of men, boys, mixed group*) 他们(們)的 tāmen de; (*of women, girls*) 她们(們)的 tāmen de; (*of animals*) 它们(們)的 tāmen de **2** (*his or hers*) 他/她的 tā/tā de ▹*I don't know whose handkerchief it is. Somebody must have left theirs.* 我不知道那是谁的手帕。一定是谁把它落在这儿了。Wǒ bù zhīdào nà shì shuí de shǒupà. Yīdìng shì shuí bǎ tā là zài zhèr le. ▸**it's theirs** 是他们(們)/她们(們)的 shì tāmen/tāmen de ▸**a friend of theirs** 他们(們)/她们(們)的一个(個)朋友 tāmen/tāmen de yī gè péngyou

★**them** [ðɛm, ðəm] PRON **1** (*plural referring to men, boys, mixed group*) 他们(們) tāmen; (*referring to women, girls*) 她们(們) tāmen ▹*I'll phone them later.* 我过一会儿给他们/她们打电话。Wǒ guò yīhuìr gěi tāmen/tāmen dǎ diànhuà. ▹*If you see your parents, do give them my best wishes.* 如果你见到你的父母，一定代我向他们问好。Rúguǒ nǐ jiàndào nǐ de fùmǔ, yīdìng dài wǒ xiàng tāmen wènhǎo. ▹*Not them again.* 又是他们/她们。Yòu shì tāmen/tāmen. ▹*I was at school with them.* 我和他们/她们是校友。Wǒ hé tāmen/tāmen shì xiàoyǒu.; (*referring to things and animals*) 它们(們) tāmen ▹*He took off his glasses and put them in his pocket.* 他摘下眼镜，把它放进口袋。Tā zhāixià yǎnjìng, bǎ tā fàngjìn kǒudài. **2** (*singular: him or her*) 他/她 tā/tā ▹*If anyone phones, please tell them I'm out.* 如果有人打电话，告诉他/她我出去了。Rúguǒ yǒu rén dǎ diànhuà, gàosù tā/tā wǒ chūqù le.

theme [θiːm] N [c] **1** [*of speech, article, book etc*] 主题(題) zhǔtí [个 gè] **2** (*Mus*) 主旋律 zhǔxuánlǜ [个 gè]

theme park N [c] 主题(題)公园(園) zhǔtí gōngyuán [座 zuò]

★**themselves** [ðəmˈsɛlvz] PL PRON **1** (*referring to men, boys, mixed group*) 他们(們)自己 tāmen zìjǐ; (*referring to girls, women*) 她们(們)自己 tāmen zìjǐ ▹*Have they hurt themselves?* 他们/她

们伤了自己吗？ Tāmen/tāmen shāngle zìjǐ ma? ▷ *They cooked the meal themselves.* 他们/她们自己做的饭。Tāmen/tāmen zìjǐ zuò de fàn. ▷ *They only care about themselves.* 他们只关心自己。Tāmen zhǐ guānxīn zìjǐ.; (*referring to animals*) 它们(們)自己 tāmen zìjǐ ▷ *Cats wash themselves.* 猫自己清洗自己。Māo zìjǐ qīngxǐ zìjǐ. **2** (*emphatic: referring to men, boys, mixed group*) 他们(們)本人 tāmen běnrén; (*referring to women, girls*) 她们(們)本人 tāmen běnrén ▷ *They themselves live in London.* 他们/她们本人住在伦敦。Tāmen/tāmen běnrén zhù zài Lúndūn. **3** (*singular: himself or herself*) 他/她自己 tā/tā zìjǐ ▷ *Anyone who has a problem should deal with it themselves.* 任何人有问题都应该自己解决。Rènhé rén yǒu wèntí dōu yīnggāi zìjǐ jiějué. ▶ **they all enjoyed themselves** 他们(們)/她们(們)都玩得很开(開)心 tāmen/tāmen dōu wán de hěn kāixīn ▶ **by themselves** (*unaided*) 他/她们(們)独(獨)立地 tā/tāmen dúlì de ▷ *They built the house by themselves.* 他/她们自己盖了房子。Tā/tāmen zìjǐ gàile fángzi.; (*alone*) 他/她们(們)独(獨)自地 tā/tāmen dúzì de ▷ *They live by themselves.* 他们自己住。Tāmen zìjǐ zhù.

★**then** [ðɛn] **I** ADV **1** (*at that time*) (*past*) 当(當)时(時) dāngshí ▷ *Life was simpler then.* 当时的生活较为简单。Dāngshí de shēnghuó jiào wéi jiǎndān.; (*future*) 那时(時) nàshí ▷ *I'm coming up on Friday so I'll see you then.* 我星期五会来的，那就那时见吧。Wǒ xīngqīwǔ huì lái de, nà jiù nàshí jiàn ba. **2** (*after that*) 之后(後) zhīhòu ▷ *He thought a bit and then answered.* 他想了一会儿之后答应了。Tā xiǎngle yīhuìr zhīhòu dāyìng le. ▷ *I'll give him a call and then we'll know what's happening.* 我给他打个电话，之后我们就会知道是什么事了。Wǒ gěi tā dǎ gè diànhuà, zhīhòu wǒmen jiù huì zhīdào shì shénme shì le. **3** (*therefore*) 就是 jiùshì ▷ *This, then, is what you must do.* 这就是你要做的。Zhè jiùshì nǐ yào zuò de. **II** ADJ 当(當)时(時)的 dāngshí de ▷ *the then president* 当时的总统 dāngshí de zǒngtǒng ▶ **by then** 到那时(時) dào nàshí ▶ **from then on** 从(從)那时(時)起 cóng nàshí qǐ ▶ **before then** 在那之前 zài nà zhīqián ▶ **until then** 直到那时(時) zhídào nàshí ▶ **since then** 自从(從)那时(時) zìcóng nàshí ▶ **but then** (*however*) 不过(過) bùguò ▶ **well/OK then** 好吧 hǎo ba ▶ **if… then…** 如果…就… rúguǒ…jiù…

theology [θɪˈɔlədʒɪ] N [U] 神学(學) shénxué

theoretical [θɪəˈrɛtɪkl] ADJ **1** [+ *explanation, subject*] 理论(論)的 lǐlùn de **2** [+ *possibility, risk*] 假设(設)的 jiǎshè de

theory [ˈθɪərɪ] N [C/U] 理论(論) lǐlùn ▶ **in theory** 就理论(論)而言 jiù lǐlùn ér yán

therapist [ˈθɛrəpɪst] N [C] 治疗(療)专(專)家 zhìliáo zhuānjiā [位 wèi]

therapy [ˈθɛrəpɪ] N [U] 治疗(療) zhìliáo ▶ **to be in therapy** 接受治疗(療) jiēshòu zhìliáo

★**there** [ðɛəʳ] ADV (*referring to place, pointing, indicating*) 那儿(兒) nàr ▶ **they've lived there for 30 years** 他们(們)在那儿(兒)住了30年 tāmen zài nàr zhùle sánshí nián ▶ **he went there on Friday** 他是星期五去那儿(兒)的 tā shì xīngqī wǔ qù nàr de ▶ **is Shirley there please?** (*on telephone*) 请(請)问(問)雪莉在吗(嗎)? qǐng wèn Xuělì zài ma? ▶ **it's over there** 在那边(邊) zài nàbiān ▶ **it's in/down there** 就在那边(邊) jiù zài nàbiān ▶ **put it in/down there** 就把它放在那边(邊) jiù bǎ tā fàng zài nàbiān ▶ **that book there** 在那边(邊)的那本书(書) zài nàbiān de nà běn shū ▶ **there he is!** 他在那儿(兒)呐！tā zài nàr na! ▶ **there you are** (*offering something*) 给(給)你 gěi nǐ ▶ **that's what it's there for** 那就是它存在的原因 nà jiùshì tā cúnzài de yuányīn ▶ **there is/there are** 有 yǒu ▶ **there has been an accident** 发(發)生了一个(個)事故 fāshēng le yī gè shìgù ▶ **there are 3 of them** 他们(們)中有3个(個) tāmen zhōng yǒu sān gè ▶ **hello there, hi there** 你好啊 nǐ hǎo a ▶ **there!** 嘿！Hēi! ▶ **there, there** (*comforting*) 好了，好了 hǎo le, hǎo le

> 请勿将 **there**，**their** 和 **they're** 混淆。**there** 表示某事物的存在，引起对某事物的注意，或表示某事物在某地或将要到达某地。*There is nothing to be afraid of...There she is...I'll meet them there later.* **their** 表示某物属于上文提到的某人或某物，或与上文提到的某人或某物有关。*They walked their dog together every day...It wasn't their fault that they were late.* **they're** 是 **they are** 的缩略形式。*They're nice people.*

thereabouts [ˈðɛərəˈbauts] ADV ▶ **or thereabouts** (*place*) 或其附近 huò qí fùjìn; (*amount*) 大约(約)如此 dàyuē rúcǐ

thereafter [ðɛərˈɑːftəʳ] (*frm*) ADV 此后(後) cǐhòu

thereby [ˈðɛəbaɪ] (*frm*) ADV 因此 yīncǐ

therefore [ˈðɛəfɔːʳ] ADV 因此 yīncǐ

there's [ˈðɛəz] = **there is, there has**

thermal [ˈθəːml] ADJ **1** [+ *springs, baths*] 温(溫)的 wēn de **2** [+ *power, insulation*] 热(熱)量的 rèliàng de **3** [+ *underwear*] 保暖的 bǎonuǎn de **4** [+ *paper, printer*] 热(熱)敏的 rèmǐn de

thermometer [θəˈmɔmɪtəʳ] N [C] 温(溫)度计(計) wēndùjì [个 gè]

Thermos® [ˈθəːməs] N [C] (*also*: **Thermos flask**) 保温(溫)瓶 bǎowēnpíng [个 gè]

thermostat [ˈθəːməustæt] N [C] 恒(恆)温(溫)器 héngwēnqì [个 gè]

★**these** [ðiːz] **I** PL ADJ (*demonstrative*) 这(這)些 zhèxiē **II** PL PRON 这(這)些 zhèxiē ▶ **these ones are cheaper than those ones** 这(這)些比那些便宜 zhèxiē bǐ nàxiē piányi ▶ **these days** 目前 mùqián ▶ **which are better? these or those?** 哪些更好？这(這)些还(還)是那

些？ Nǎxiē gèng hǎo? Zhèxiē háishi nàxiē?

thesis ['θiːsɪs] (*pl* **theses** ['θiːsiːz]) N [c] **1** (*for degree*) 论(論)文 lùnwén [篇 piān] **2** (*argument*) 论(論)点(點) lùndiǎn [个 gè]

★**they** [ðeɪ] PL PRON **1** (*referring to men, boys, mixed group*) 他们(們) tāmen ▷ *They haven't arrived yet.* 他们还没到。Tāmen hái méi dào.; (*referring to women, girls*) 她们(們) tāmen ▷ *They're pretty girls.* 她们是漂亮的女孩。Tāmen shì piàoliang de nǚhái.; (*referring to animals, things*) 它们(們) tāmen ▷ *They are healthy animals.* 它们是健康的动物。Tāmen shì jiànkāng de dòngwù. **2** (*in generalizations*) 人们(們) rénmen ▷ *They say that there are plenty of opportunities.* 人们都说有很多机会。Rénmen dōu shuō yǒu hěn duō jīhuì. **3** (*he or she*) 他/她 tā/tā ▷ *If anyone has any problems they can come to Mary for help.* 如果谁有任何问题，可以向玛丽寻求帮助。Rúguǒ shuí yǒu rènhé wèntí, kěyǐ xiàng Mǎlì xúnqiú bāngzhù.

they'd [ðeɪd] = **they had, they would**

they'll [ðeɪl] = **they shall, they will**

they're [ðɛəʳ] = **they are**

they've [ðeɪv] = **they have**

thick [θɪk] ADJ **1** [+ *slice, line, book, clothes*] 厚的 hòu de **2** [+ *sauce, mud, fog*] 浓(濃)的 nóng de **3** [+ *forest, hair etc*] 浓(濃)密的 nóngmì de **4** (*Brit; inf*) (*stupid*) 笨的 bèn de ▸ **it's 20 cm thick** 有20厘(釐)米粗 yǒu èrshí límǐ cū ▸ **thick and fast** 席卷(捲)而来(來) xíjuǎn ér lái ▸ **in the thick of it** 深陷某事 shēn xiàn mǒushì ▸ **through thick and thin** 在任何情况(況)下 zài rènhé qíngkuàng xià

thicken ['θɪkn] **I** VI **1** [*sauce etc* +] 变(變)稠 biàn chóu **2** [*crowd etc* +] 聚集 jùjí **II** VT [+ *sauce etc*] 使变(變)稠 shǐ biàn chóu ▸ **the plot thickens** 事情变(變)得复(複)杂(雜)了 shìqing biàn de fùzá le

thickness ['θɪknɪs] N [c/U] **1** [*of rope, wire*] 厚度 hòudù **2** (*layer*) 层(層) céng

thief [θiːf] (*pl* **thieves** [θiːvz]) N [c] 贼(賊) zéi [个 gè]

> 任何将他人物品未经许可就据为己有的人，都可被叫做 **thief**。**robber** 是指用暴力的手段，或以暴力相威胁，将他人的物品据为己有，例如抢劫银行或商店等。**burglar** 是指入室抢劫者。

thigh [θaɪ] N [c] 大腿 dàtuǐ [条 tiáo]

thin [θɪn] **I** ADJ **1** [+ *slice, line, book, material*] 薄的 báo de **2** [+ *soup, sauce*] 稀的 xī de **3** [+ *person, animal*] 瘦的 shòu de **4** [+ *hair*] 稀疏的 xīshū de **5** [+ *crowd*] 少的 shǎo de **II** VT (*also*: **thin down**) [+ *sauce, paint*] 使变(變)稀 shǐ biàn xī **III** VI (*also*: **thin out**) [*crowd, vegetation* +] 减(減)少 jiǎnshǎo ▸ **thin on the ground** 寥寥无(無)几(幾)的 liáoliáo wú jǐ de ▸ **his hair is thinning** 他的头(頭)发(髮)变(變)得稀疏了 tā de tóufa biàn de xīshū le

★**thing** [θɪŋ] **I** N [c] **1** 事 shì [件 jiàn] **2** (*physical object*) 物品 wùpǐn [件 jiàn] ▷ *A baby's not a thing. It's a human being!* 婴儿不是物品，是人！Yīng'ér bùshì wùpǐn, shì rén! **3** (*matter, subject, anything*) 事情 shìqing ▷ *Don't bother me with little things like that.* 别用那些小事烦我。Bié yòng nàxiē xiǎoshì fán wǒ. ▷ *Don't you worry about a thing.* 别担心任何事。Bié dānxīn rènhé shì. **II things** N PL **1** (*belongings*) 东(東)西 dōngxi ▷ *I like my own things around me.* 我喜欢我的东西都在我旁边。Wǒ xǐhuan wǒ de dōngxi dōu zài wǒ pángbiān. **2** (*in general*) 情形 qíngxíng ▸ **a strange thing happened** 发(發)生了一件很奇怪的事 fāshēngle yī jiàn hěn qíguài de shì ▸ **how are things going?** 情形如何？ qíngxíng rúhé? ▸ **the thing is...** 是这(這)样(樣)… shì zhèyàng... ▸ **for one thing** 一则(則) yī zé ▸ **the best thing would be to...** 最好的方式是… zuìhǎo de fāngshì shì... ▸ **first thing (in the morning)** (早晨)头(頭)件事 (zǎochen) tóu jiàn shì ▸ **last thing (at night)** (晚上)最后(後)做的事 (wǎnshang) zuìhòu zuò de shì ▸ **to have a thing about** (*inf*: *like*) 喜爱(愛) xǐ'ài; (*dislike*) 厌(厭)恶(惡) yànwù ▸ **to do one's own thing** (*inf*) 自由行事 zìyóu xíngshì ▸ **you lucky/silly thing** (*inf*) 你这(這)个(個)幸运(運)的/傻人 nǐ zhège xìngyùn de/shǎrén

★**think** [θɪŋk] (*pt, pp* **thought**) **I** VI **1** (*reflect*) 思考 sīkǎo ▷ *He thought for a moment, but said nothing.* 他思考了一会，没说什么。Tā sīkǎole yīhuì, méi shuō shénme. **2** (*reason*) 想 xiǎng ▷ *People didn't think this way 20 years ago.* 人们20年前不这么想。Rénmen èrshí nián qián bù zhème xiǎng. **II** VT **1** (*be of the opinion, believe*) 认(認)为(為) rènwéi **2** (*believe*) 以为(為) yǐwéi ▷ *How old do you think I am?* 你以为我多大？ Nǐ yǐwéi wǒ duō dà? **3** (*reflect*) 想 xiǎng ▷ *"What are you thinking?"—"I am thinking how lovely you look."* "你在想什么？" "我在想你是多么好看。" "Nǐ zài xiǎng shénme?" "Wǒ zài xiǎng nǐ shì duōme hǎokàn." **4** (*conceive, imagine*) 想出 xiǎngchū **III** N ▸ **to have a think about sth** 考虑(慮)某事 kǎolǜ mǒushì ▸ **to think of** (*reflect upon*) 想着(著) xiǎngzhe; (*recall*) 记(記)起 jìqǐ; (*show consideration for*) 考虑(慮) kǎolǜ; (*conceive of*) 想到 xiǎngdào ▸ **what do you think of...?** 你认(認)为(為)…怎么(麼)样(樣)? nǐ rènwéi...zěnmeyàng? ▸ **to think about sth/sb** 想着(著)某事物/某人 xiǎngzhe mǒu shìwù/mǒurén ▸ **I'll think about it** 我要考虑(慮)一下 wǒ yào kǎolǜ yīxià ▸ **to think of doing sth** 考虑(慮)做某事 kǎolǜ zuò mǒushì ▸ **to think highly of sb** 看重某人 kànzhòng mǒurén ▸ **to think nothing of doing sth** 认(認)为(為)做某事没(沒)什么(麼)了不起 rènwéi zuò mǒushì méishénme liǎobuqǐ ▸ **to think aloud** 自言自语(語) zì yán zì yǔ ▸ **think again!** 别(別)想! bié xiǎng! ▸ **he is thought to have survived** 人们(們)认(認)为(為)他活

t

了下来(來) rénmen rènwéi tā huóle xiàlái ▶ **I think so/not** 我想是/不是的 wǒ xiǎng shì/bùshì de

▶**think back** VI ▶ **to think back (to sth)** 回想起(某事) huíxiǎngqǐ (mǒushì)

▶**think over** VT [+ *offer, suggestion*] 仔细(細)考虑(慮) zǐxì kǎolǜ

▶**think through** VT 全面考虑(慮) quánmiàn kǎolǜ

▶**think up** VT [+ *plan, scheme, excuse*] 想出 xiǎngchū

thinking ['θɪŋkɪŋ] N [U] **1** (*ideas*) 想法 xiǎngfǎ **2** (*thought*) 思考 sīkǎo ▶ **to my (way of) thinking** 依我看来(來) yī wǒ kànlái

third [θəːd] **I** NUM **1** (*in series*) 第三 dìsān **2** (*fraction*) 三份 sān fèn **II** N **1** [U] (*Aut*) (*also*: **third gear**) 第三挡(檔) dìsān dǎng **2** [C] (*Brit: Univ*) (*degree*) 学位考试最低及格成绩 ▶ **a third of** 三分之一 sān fēn zhī yī; *see also* **fifth**

thirdly ['θəːdlɪ] ADV 第三 dìsān

third party insurance (*Brit*) N [U] 第三方保险(險) dìsān fāng bǎoxiǎn

Third World I N ▶ **the Third World** 第三世界 Dì Sān Shìjiè **II** ADJ [+ *country, debt*] 第三世界的 Dì Sān Shìjiè de

thirst [θəːst] N **1** [C/U] (*feeling*) 口渴 kǒukě [阵 zhèn] **2** [U] (*condition*) 干(乾)渴 gānkě ▶ **a thirst for...** [+ *success, learning etc*] 对(對)…的渴望 duì...de kěwàng

thirsty ['θəːstɪ] ADJ 渴的 kě de ▶ **gardening is thirsty work** 园(園)艺(藝)是辛苦的工作 yuányì shì xīnkǔ de gōngzuò

★ **thirteen** [θəː'tiːn] NUM 十三 shísān; *see also* **fifteen**

thirteenth [θəː'tiːnθ] NUM 第十三 dìshísān; *see also* **fifth**

thirtieth ['θəːtɪɪθ] NUM 第三十 dìsānshí

★ **thirty** ['θəːtɪ] NUM 三十 sānshí; *see also* **fifty**

KEYWORD

★ **this** [ðɪs] (*pl* **these**) **I** ADJ **1** (*demonstrative*) 这(這) zhè ▶ **this man** 这(這)个(個)男人 zhège nánrén ▶ **this house** 这(這)座房子 zhè zuò fángzi ▶ **this one is better than that one** 这(這)个(個)比那个(個)好 zhège bǐ nàge hǎo **2** (*with days, months, years*) 这(這)个(個) zhège ▶ **this Sunday/month/year** 这(這)个(個)星期天/月/今年 zhège xīngqītiān/yuè/jīnnián **II** PRON 这(這)个(個) zhège ▶ **who's/what's this?** 这(這)是谁(誰)/什么(麼)? zhè shì shuí/shénme? ▶ **this is where I live** 这(這)是我住的地方 zhè shì wǒ zhù de dìfang ▶ **this is how you do it** 你应(應)该(該)这(這)么(麼)做 nǐ yīnggāi zhème zuò ▶ **this is what he said** 这(這)是他所说(說)的 zhè shì tā suǒ shuō de ▶ **this is Janet** (*in introduction*) 这(這)是珍妮特 zhè shì Zhēnnítè; (*on telephone*) 我是珍妮特 wǒ shì Zhēnnítè ▶ **like this** 像这(這)个(個)一样(樣)的 xiàng zhège yīyàng de **III** ADV (*demonstrative*) ▶ **this much/high/long** 这(這)么(麼)多/高/长(長) zhème duō/gāo/cháng ▶ **it was about this big** 它大约(約)有这(這)么(麼)大 tā dàyuē yǒu zhème dà ▶ **we can't stop now we've gone this far** 我们(們)已经(經)走了这(這)么(麼)远(遠)了，停不下来(來)了 wǒmen yǐjīng zǒule zhème yuǎn le, tíng bù xiàlái le

thistle ['θɪsl] N [C] 蓟(薊) jì

thongs [θɔŋz] (*US*) N PL (*open shoes*) 夹(夾)趾拖鞋 jiāzhǐ tuōxié [英 = **flip-flops**]

thorn [θɔːn] N [C] 刺 cì [根 gēn]

thorough ['θʌrə] ADJ **1** [+ *search, investigation*] 彻(徹)底的 chèdǐ de **2** [+ *knowledge, research*] 详(詳)尽(盡)的 xiángjìn de **3** (*methodical*) [+ *person*] 细(細)致(緻)的 xìzhì de **4** (*complete*) 完全的 wánquán de

thoroughly ['θʌrəlɪ] ADV **1** [*examine, study* +] 全面地 quánmiàn de **2** [*wash, search* +] 彻(徹)底地 chèdǐ de **3** (*very, very much*) 十分 shífēn ▶ **I thoroughly agree** 我完全同意 wǒ wánquán tóngyì

★ **those** [ðəuz] **I** PL ADJ 那些 nàxiē **II** PL PRON 那些 nàxiē

▶ **those people/books** 那些人/书(書) nàxiē rén/shū ▶ **I prefer those ones to these** 与(與)这(這)些相比我更喜欢(歡)那些 yǔ zhèxiē xiāngbǐ wǒ gèng xǐhuan nàxiē ▶ **are those yours?** 那些是你的吗(嗎)? nàxiē shì nǐ de ma?

★ **though** [ðəu] **I** CONJ (*although*) 虽(雖)然 suīrán ▷ *Though he hadn't stopped working all day, he wasn't tired.* 虽然一整天都在工作，他却不累。Suīrán yī zhěng tiān dōu zài gōngzuò, tā què bù lèi. **II** ADV 但是 dànshì ▷ *It's not easy, though.* 但是不容易啊。Dànshì bù róngyì a.

▶ **even though** 尽(儘)管 jǐnguǎn

> **though** 和 **although** 都用在从句中，引出某个意外的情况或跟另一事实形成对照的情况。**though** 不用于非常正式的英语中。*Though he was noisy and sometimes arrogant, I quite liked him...It was certainly not paper, though it looked very much like it...Although she said she was hungry, she refused food and drink...The street is much the same, although there are some rather smart new shops.* **even though** 可用于强调令人吃惊的事实。*She wore a fur coat, even though it was a very hot day.* **as though** 通过对比或解释的方式来描述某个情形。*He looked at me as though I was a total stranger...The furniture looked as though it had come out of somebody's attic.* **though** 也可以表示 **'however'** 的含义。但这种用法非常不正式。*At weekends, though, the atmosphere changes...He was dressed neatly, though.*

★ **thought** [θɔːt] **I** PT, PP *of* **think II** N **1** [C] (*idea*) 想法 xiǎngfǎ [个 gè] ▷ *The thought never crossed* *my mind.* 我从来没有这种想法。Wǒ cónglái méiyǒu zhè zhǒng xiǎngfǎ. **2** [U] (*reflection*) 沉思 chénsī ▷ *She frowned as though deep in thought.* 她皱着眉头好像陷入深深的沉思。Tā zhòuzhe méitóu hǎoxiàng xiànrù shēnshēn de chénsī. **3** [U] (*way of thinking*) 观(觀)点(點) guāndiǎn ▷ *This school of thought argues that depression is best treated by drugs.* 这个学派的观点认为抑郁最好用药物治疗。Zhège xuépài de guāndiǎn rènwéi yìyù zuì hǎo yòng yàowù zhìliáo. **4** [C] (*intention*) 念头(頭) niàntou [个 gè] ▷ *Her one thought was to get back to Derek.* 她唯一的念头是回到德里克身边。Tā wéiyī de niàntou shì huídào Délǐkè shēnbiān. **III thoughts** N PL (*opinions*) 看法 kànfǎ ▷ *Tom disclosed his thoughts on Britain.* 汤姆透露了他对英国的看法。Tāngmǔ tòulòule tā duì Yīngguó de kànfǎ. ▸ **after much thought** 经(經)慎重考虑(慮)后(後) jīng shènzhòng kǎolǜ hòu ▸ **to give sth some thought** 琢磨某事 zuómo mǒushì

thoughtful ['θɔːtful] ADJ **1** (*deep in thought*) 深思的 shēnsī de **2** (*considerate*) 体(體)贴(貼)的 tǐtiē de

thoughtless ['θɔːtlɪs] ADJ (*inconsiderate*) [+ *behaviour, words, person*] 不体(體)贴(貼)的 bù tǐtiē de

★**thousand** ['θauzənd] NUM ▸ **a** *or* **one thousand** 一千 yī qiān ▸ **thousands of** 许(許)许(許)多多 xǔ xǔ duō duō ▷ *thousands of dollars* 许多美元 xǔduō měiyuán

thousandth ['θauzəntθ] NUM (*in series*) 第一千 dì yī qiān

thrash [θræʃ] VT **1** (*hit*) 鞭打 biāndǎ **2** (*inf: defeat*) 击(擊)溃(潰) jīkuì

▸**thrash about, thrash around** VI 乱(亂)冲(衝)乱(亂)撞 luàn chōng luàn zhuàng

▸**thrash out** VT (*inf*) [+ *problem, differences*] 推敲 tuīqiāo

thread [θrɛd] I N **1** [C/U] (*yarn*) 线(線) xiàn [根 gēn] **2** [C] [*of screw*] 螺纹(紋) luówén **3** [C] (*of story, account*) 思路 sīlù II VT **1** [+ *needle*] 穿 chuān **2** (*join with string*) 串 chuàn ▸ **to thread one's way between/through** 小心翼翼地穿过(過) xiǎoxīn yìyì de chuānguò

threat [θrɛt] N [C/U] 威胁(脅) wēixié [个 gè] ▸ **to make a threat (against sb)** 威胁(脅)(某人) wēixié (mǒurén) ▸ **to be under threat (of/from sth)** 受到(某物的)威胁(脅) shòudào (mǒuwù de) wēixié ▸ **a threat to sth** 对(對)某物的威胁(脅) duì mǒuwù de wēixié

threaten ['θrɛtn] I VI [*storm, danger* +] 似将(將)发(發)生 sì jiāng fāshēng II VT **1** (*make a threat against*) [+ *person*] 威胁(脅) wēixié **2** (*endanger*) [+ *life, livelihood*] 使受到威胁(脅) shǐ shòudào wēixié ▸ **to threaten sb with a knife/gun** 用刀/枪(槍)威胁(脅)某人 yòng dāo/qiāng wēixié mǒurén ▸ **to be threatened with imprisonment/extinction** 受到监(監)禁/覆灭(滅)的威胁(脅) shòudào jiānjìn/fùmiè de wēixié ▸ **to threaten to do sth** (*promise*) 扬(揚)言做某事 yángyán zuò mǒushì; (*seem likely*) 可能发(發)生某事 kěnéng fāshēng mǒushì

threatening ['θrɛtnɪŋ] ADJ [+ *behaviour, person, letter*] 威胁(脅)的 wēixié de

★**three** [θriː] NUM 三 sān; *see also* **five**

three-dimensional [θriːdɪ'mɛnʃənl] ADJ **1** [+ *object*] 三维(維)的 sānwéi de **2** [+ *film, picture, image*] 立体(體)的 lìtǐ de

three-piece suite ['θriːpiːs-] (*esp Brit*) N [C] 三件套沙发(發) sān jiàn tào shāfā

three-quarters [θriː'kwɔːtəz] I N PL 四分之三 sì fēn zhī sān II ADV ▸ **three-quarters full/empty** 四分之三满(滿)/空 sì fēn zhī sān mǎn/kōng III PRON 四分之三 sìfēn zhī sān ▸ **three-quarters of an hour** 45分钟(鐘) sìshíwǔ fēnzhōng

threshold ['θrɛʃhəuld] N [C] **1** [*of building, room*] 门(門)槛(檻) ménkǎn [个 gè] **2** (*fig: on scale*) 限度 xiàndù ▸ **to be on the threshold of** (*fig*) 正处(處)在…的开(開)端(耑) zhēng chǔ zài...de kāiduān

threw [θruː] PT *of* **throw**

thrift shop (*US*) N [C] 慈善商店 císhàn shāngdiàn [个 gè] [英 = **charity shop**]

thrifty ['θrɪftɪ] ADJ [+ *person*] 节(節)俭(儉)的 jiéjiǎn de

thrill [θrɪl] I N [C] (*excitement*) 兴(興)奋(奮) xīngfèn II VI ▸ **to thrill at/to sth** 因某事而兴(興)奋(奮) yīn mǒushì ér xīngfèn III VT [+ *person, audience*] 使兴(興)奋(奮) shǐ xīngfèn ▸ **to give sb a thrill** 使某人兴(興)奋(奮) shǐ mǒurén xīngfèn ▸ **a thrill of anticipation/surprise** 一阵(陣)期望/惊(驚)奇 yī zhèn qīwàng/jīngqí ▸ **to be thrilled with sth/to do sth/that...** 对(對)于(於)某事/做某事/…感到兴(興)奋(奮) duìyú mǒushì/zuò mǒushì/...gǎndào xīngfèn

thriller ['θrɪlə^r] N [C] (*novel, play, film*) 惊(驚)险(險) jīngxiǎn [场 chǎng]

thrilling ['θrɪlɪŋ] ADJ [+ *performance, news etc*] 令人兴(興)奋(奮)的 lìng rén xīngfèn de

thriving ['θraɪvɪŋ] ADJ [+ *business, community*] 繁荣(榮)的 fánróng de

throat [θrəut] N [C] **1** (*gullet*) 咽喉 yānhóu [个 gè] **2** (*neck*) 脖子 bózi [个 gè] ▸ **to clear one's throat** 清清嗓子 qīngqīng sǎngzi ▸ **to have a sore throat** 嗓子疼 sǎngzi téng

throb [θrɔb] I N [S] **1** [*of heart*] 悸动(動) jìdòng **2** [*of pain*] 一跳跳的疼 yī tiàotiào de téng **3** [*of engine, music*] 振动(動) zhèndòng II VI **1** [*head, foot etc* +] 一跳一跳地疼 yī tiàotiào de téng **2** [*heart* +] 悸动(動) jìdòng **3** [*engine, music* +] 振动(動) zhèndòng

throne [θrəun] N [C] **1** (*chair*) 宝(寶)座 bǎozuò [个 gè] **2** (*fig*) 皇位 huángwèi [个 gè]

throng ['θrɔŋ] I N [C] (*crowd*) 大群 dà qún II VT

t

[*people* +] [+ *streets, beaches etc*] 蜂拥(擁)而至 fēngyōng ér zhì **III** VI ▸ **to throng to/into/around** 拥(擁)向/入/在周(週)围(圍) yōng xiàng/rù/zài zhōuwéi

★ **through** [θruː] **I** PREP **1** [+ *place*] 穿过(過) chuānguò ▹ *The rain poured through a hole in the roof.* 雨在屋顶上穿了一个洞。Yǔ zài wūdǐng shang chuānle yī gè dòng. **2** (*throughout*) [+ *time*] 整个(個) zhěnggè ▹ *trips for older people all through the year* 整年都为老年人安排的旅行 zhěng nián dōu wèi lǎoniánrén ānpái de lǚxíng **3** (*coming from the other side of*) 穿过(過) chuānguò ▹ *They could hear music through the walls of the house.* 他们能听到音乐穿墙而来。Tāmen néng tīngdào yīnyuè chuān qiáng ér lái. **4** (*by means of*) 通过(過) tōngguò ▹ *They were opposed to change through violence.* 他们反对通过暴力变革。Tāmen fǎnduì tōngguò bàolì biàngé. **5** (*because of*) 由于(於) yóuyú ▹ *The discovery of adrenalin came about through a mistake.* 由于一个错误导致了肾上腺素的发现。Yóuyú yī gè cuòwù dǎozhìle shènshàngxiànsù de fāxiàn. **II** ADV **1** (*in space*) 穿过(過) chuānguò ▹ *We decided to drive straight through to Birmingham.* 我们决定开车直接去伯明翰。Wǒmen juédìng kāichē zhíjiē qù Bómínghàn. **2** (*in time*) 整个(個) zhěnggè ▹ *hard work right through the summer* 持续了整个夏天的辛苦工作 chíxùle zhěnggè xiàtiān de xīnkǔ gōngzuò **III** ADJ [+ *ticket, train*] 直达(達)的 zhídá de ▸ **(from) Monday through Friday** (*US*) (从(從))周(週)一到周(週)五 (cóng) zhōuyī dào zhōuwǔ [英 = **to**] ▸ **to be through** (*on telephone*) 被接通 bèi jiētōng ▹ *You're through.* 已为您接通。Yǐ wèi nín jiētōng. ▹ *You're through to the accounts department.* 已为你接到会计部。Yǐ wèi nǐ jiē dào kuàijìbù. ▸ **to be through with sb/sth** 与(與)某人断(斷)绝(絕)往来(來)/再也不做某事 yǔ mǒurén duànjué wǎnglái/zài yě bù zuò mǒushì ▸ **"no through road** *or* (*US*) **traffic"** “此路不通” “cǐ lù bù tōng”

throughout [θruːˈaut] **I** PREP **1** [+ *place*] 遍及 biànjí **2** [+ *time*] 贯(貫)穿 guànchuān **II** ADV **1** (*everywhere*) 全部 quánbù **2** (*the whole time*) 始终(終) shǐzhōng

throw [θrəu] (*pt* **threw**, *pp* **thrown** [θrəun]) **I** N [c] 投掷(擲) tóuzhì **II** VT **1** (*toss*) [+ *stone, ball*] 丢(丟) diū **2** (*place carelessly*) 扔 rēng **3** [+ *person*] 抛(拋) pāo **4** [+ *one's head, arms etc*] 甩 shuǎi **5** [*horse* +] [+ *rider*] 摔出 shuāichū **6** [+ *fit, tantrum*] 发(發)作 fāzuò **7** (*fig: confuse*) 惊(驚)扰(擾) jīngrǎo ▸ **to throw one's energy/money into sth** 把大量的精力/金钱(錢)投入某事 bǎ dàliàng de jīnglì/jīnqián tóurù mǒushì ▸ **to throw o.s. into sth** 积(積)极(極)投入某事 jījí tóurù mǒushì ▸ **to throw o.s. somewhere** 重重地倒在某处(處) zhòngzhòng de dǎo zài mǒuchù ▸ **to be thrown in(to) jail** *or* **prison** 被投入监(監)狱(獄) bèi tóurù jiānyù ▸ **to be thrown into turmoil/confusion** 陷入混乱(亂)/迷惑 xiànrù hùnluàn/míhuò ▸ **to throw open** [+ *doors, windows*] 使大开(開)着(著) shǐ dà kāizhe; [+ *debate*] 使公开(開) shǐ gōngkāi ▸ **to throw a party** (*inf*) 开(開)个(個)派对(對) kāi gè pàiduì

▸**throw about, throw around** (*inf*) VT (*fig*) [+ *money*] 挥(揮)霍 huīhuò

▸**throw away** VT **1** [+ *rubbish*] 扔掉 rēngdiào **2** [+ *opportunity*] 错(錯)过(過) cuòguò

▸**throw in** VT (*inf: include*) 免费(費)供应(應) miǎnfèi gōngyìng

▸**throw off** VT (*get rid of*) 摆(擺)脱(脫) bǎituō

▸**throw out** VT **1** [+ *rubbish*] 扔掉 rēngdiào **2** (*from team, organization*) 赶(趕)走 gǎnzǒu **3** [+ *case, request*] 否决(決) fǒujué

▸**throw up** (*inf*) VI (*vomit*) 呕(嘔)吐 ǒutù

thru [θruː] (*US*) = **through**

thrush [θrʌʃ] N **1** [c] (*bird*) 画(畫)眉鸟(鳥) huàméiniǎo [只 zhī] **2** [U] (*Med*) 鹅(鵝)口疮(瘡) ékǒuchuāng

thrust [θrʌst] (*pt, pp* **thrust**) **I** N **1** [U] (*Tech*) 推力 tuīlì **2** [c] (*push*) 猛推 měngtuī **3** [s] (*impetus*) 要点(點) yàodiǎn **II** VT **1** [+ *person, object*] 猛推 měngtuī **2** [+ *hand, sword*] 戳 chuō

Thu. ABBR (= **Thursday**) 星期四 xīngqīsì

thud [θʌd] **I** N [c] 砰的一声(聲) pēng de yī shēng **II** VI 砰然作响(響) pēngrán zuò xiǎng

thug [θʌg] N [c] 暴徒 bàotú [个 gè]

thumb [θʌm] **I** N [c] (*on hand*) 大拇指 dàmǔzhǐ [个 gè] **II** VT ▸ **to thumb a lift/ride** 搭便车(車) dā biànchē ▸ **to give sb/sth the thumbs down** (*inf*) 不同意某人/某事 bù tóngyì mǒurén/mǒushì ▸ **to give sb/sth the thumbs up** (*inf*) 同意某人/某事 tóngyì mǒurén/mǒushì

▸**thumb through** VT FUS [+ *book, magazine*] 翻阅(閱) fānyuè

thumbtack [ˈθʌmtæk] (*US*) N [c] 图(圖)钉(釘) túdīng [颗 kē] [英 = **drawing pin**]

thump [θʌmp] **I** N [c] **1** (*blow*) 重击(擊) zhòngjī **2** (*sound*) 砰的一声(聲) pēng de yī shēng **II** VT **1** (*esp Brit; inf*) (*hit*) [+ *person*] 揍 zòu **2** [+ *object, table*] 撞击(擊) zhuàngjī **III** VI **1** ▸ **to thump on sth** 撞击(擊)某物 zhuàngjī mǒuwù **2** [*heart etc* +] 砰砰作响(響) pēngpēng zuò xiǎng

thunder [ˈθʌndəʳ] **I** N [U] **1** (*in sky*) 雷 léi **2** (*fig*) [*of guns, waterfall etc*] 隆隆声(聲) lónglóng shēng **II** VI **1** ▸ **it was thundering** 打雷了 dǎléi le **2** [*guns, train etc* +] 轰(轟)隆作响(響) hōnglōng zuò xiǎng **III** VT (*shout*) 大嚷大叫 dà rǎng dà jiào ▸ **to thunder past** [*train etc* +] 像雷电(電)一样(樣)通过(過) xiàng léidiàn yīyàng tōngguò

thunderstorm [ˈθʌndəstɔːm] N [c] 雷雨 léiyǔ [阵 zhèn]

thundery [ˈθʌndərɪ] ADJ 要打雷的 yào dǎléi de

Thur(s). ABBR (= **Thursday**) 星期四 xīngqīsì

Thursday ['θəːzdɪ] N [c/u] 星期四 xīngqīsì [个 gè]; *see also* **Tuesday**

thus [ðʌs] (*frm*) ADV **1** (*therefore*) 因此 yīncǐ **2** (*in this way*) 就这(這)样(樣) jiù zhèyàng

thwart [θwɔːt] VT [+ *person, plans*] 阻挠(撓) zǔnáo

thx ABBR (= **thanks**) 谢(謝)谢(謝) xièxie

thyme [taɪm] N [u] (*herb*) 百里香 bǎilǐxiāng

tick [tɪk] **I** N **1** [c] (*esp Brit*) (*mark*) 勾号(號) gōuhào [个 gè] [美 = **check**] **2** [c] [*of clock*] 嘀嗒声(聲) dīdā shēng **3** [c] (*Zool*) 扁虱(蝨) biǎnshī **4** [c] (*Brit; inf*) (*moment*) 一刹那 yīchànà **5** (*Brit; inf*) (*credit*) ▶ **to buy sth on tick** 赊(賒)账(賬)购(購)买(買)某物 shēzhàng gòumǎi mǒuwù **II** VI [*clock, watch* +] 嘀嗒作响(響) dīdā zuò xiǎng **III** VT (*esp Brit*) [+ *item on list*] 打勾 dǎ gōu [美 = **check off**] ▶ **what makes him tick?** (*inf*) 什么(麼)使他成为(為)这(這)个(個)样(樣)子的？ shénme shǐ tā chéngwéi zhège yàngzi de?

▶**tick away, tick by** VI [*clock, time, seconds* +] 时(時)间(間)嘀嗒流逝 shíjiān dīdā liúshì

▶**tick off** VT **1** (*esp Brit*) [+ *item on list*] 打勾 dǎ gōu [美 = **check off**] **2** (*Brit; inf*) (*scold*) 责(責)骂(罵) zémà **3** (*US; inf*) (*annoy*) 使厌(厭)烦(煩) shǐ yànfán

▶**tick over** VI [*business etc* +] 照常进(進)行 zhàocháng jìnxíng

ticket ['tɪkɪt] N **1** [c] (*for public transport, theatre, raffle*) 票 piào [张 zhāng] **2** [c] (*Aut*) (*also:* **parking ticket**) 违(違)章停车(車)罚(罰)单(單) wéizhāng tíngchē fádān [张 zhāng] **3** [c] (*price label*) 标(標)价(價)牌 biāojiàpái **4** [s] (*US: Pol*) 候选(選)人名单(單) hòuxuǎnrén míngdān

ticket barrier N [c] (*automatic*) 检(檢)票口 jiǎnpiàokǒu [个 gè]

ticket collector N [c] (*on train, bus*) 检(檢)票员(員) jiǎnpiàoyuán [个 gè]

ticket inspector N [c] (*on train, bus*) 查票员(員) chápiàoyuán [位 wèi]

ticket machine N [c] 售票机(機) shòupiàojī [台 tái]

ticket office N [c] 售票处(處) shòupiàochù [个 gè]

tickle ['tɪkl] **I** VT **1** [+ *person*] 挠(撓) náo **2** (*fig: amuse*) 逗乐(樂) dòulè **II** VI [*feather, hair etc* +] 发(發)痒(癢) fāyǎng

ticklish ['tɪklɪʃ] ADJ **1** [+ *person*] 怕痒(癢)的 pà yǎng de **2** [+ *problem, decision, issue etc*] 棘手的 jíshǒu de

tide [taɪd] N **1** [c] (*in sea*) 潮汐 cháoxī **2** [s] (*fig*) [*of events, fashion, opinion*] 趋(趨)向 qūxiàng ▶ **high/low tide** 涨(漲)/落潮 zhǎng/luò cháo

▶**tide over** VT (*with loan etc*) 渡过(過) dùguò

tidy ['taɪdɪ] **I** ADJ **1** [+ *room, desk, person*] 整洁(潔)的 zhěngjié de **2** (*inf*) [+ *sum, profit*] 可观(觀)的 kěguān de **II** VT (*also:* **tidy up**) [+ *room, house etc*] 整理 zhěnglǐ

▶**tidy away** VT 整理 zhěnglǐ

▶**tidy up** VT, VI 整理 zhěnglǐ

tie [taɪ] **I** N [c] **1** (*clothing*) 领(領)带(帶) lǐngdài [条 tiáo] **2** (*string etc*) 带(帶)子 dàizi **3** (*link*) 联(聯)系(繫) liánxì **4** (*esp Brit: Sport*) (*match*) 淘汰赛(賽) táotàisài [局 jú] **5** (*draw*) (*in competition*) 平局 píngjú [个 gè] **II** VT **1** (*also:* **tie up**) [+ *shoelaces etc*] 扎(紮) zā **2** (*also:* **tie together**) [+ *ropes etc*] 拴 shuān **3** (*link*) 紧(緊)密相关(關) jǐnmì xiāngguān **III** VI ▶ **to tie (with sb)** (*Sport etc*) (与(與)某人)打成平局 (yǔ mǒurén) dǎchéng píngjú ▶ **to tie sth in a bow/knot** 将(將)某物打成蝴蝶结(結)/打结(結) jiāng mǒuwù dǎchéng húdiéjié/dǎ jié ▶ **to tie string/ribbon around sth** 把绳(繩)/丝(絲)带(帶)绕(繞)着(著)某物打结(結) bǎ shéng/sīdài ràozhe mǒuwù dǎ jié

▶**tie down** VT (*fig: restrict*) [+ *person*] 束缚(縛) shùfù ▶ **to tie sb down to a date/price** 为(為)某人定死日期/价(價)钱(錢) wèi mǒurén dìngsǐ rìqī/jiàqián

▶**tie in** VI ▶ **to tie in with** 与(與)…相符 yǔ…xiāngfú

▶**tie up** VT **1** [+ *parcel*] 捆(綑)绑(綁) kǔnbǎng **2** [+ *dog*] 拴 shuān **3** [+ *person*] 捆(綑)绑(綁) kǔnbǎng **4** (*settle*) [+ *arrangements, deal etc*] 了结(結) liǎojié ▶ **to be tied up** (*inf: busy*) 忙得不可开(開)交 máng de bù kě kāi jiāo

tier [tɪəʳ] N [c] **1** [*of stadium etc*] 排 pái **2** [*of cake*] 层(層) céng

tiger ['taɪgəʳ] N [c] 老虎 lǎohǔ [只 zhī]

tight [taɪt] **I** ADJ **1** (*not loose*) [+ *string, skin, cloth*] 紧(緊)绷(繃)的 jǐnbēng de **2** (*compact*) 紧(緊)密的 jǐnmì de **3** (*firm*) [+ *hold, grip*] 紧(緊)的 jǐn de **4** (*close-fitting*) [+ *shoes, clothes*] 紧(緊)身的 jǐnshēn de **5** (*sharp*) [+ *bend*] 急转(轉)的 jízhuǎn de **6** (*strict*) [+ *budget, schedule*] 紧(緊)张(張)的 jǐnzhāng de; [+ *security, controls*] 严(嚴)格的 yángé de **7** (*scarce*) [+ *money*] 短缺的 duǎnquē de **8** (*inf: stingy*) 小气(氣)的 xiǎoqi de **9** (*inf: drunk*) 醉了的 zuìle de **II** ADV [*hold, squeeze, shut* +] 紧(緊)紧(緊)地 jǐnjǐn de ▶ **to be packed tight** [*suitcase* +] 塞满(滿) sāimǎn; [*people* +] 靠紧(緊) kàojǐn

tighten ['taɪtn] **I** VT **1** [+ *rope, strap*] 拉紧(緊) lājǐn **2** [+ *screw, bolt*] 弄紧(緊) nòngjǐn **3** [+ *grip, security, rules etc*] 加紧(緊) jiājǐn **II** VI **1** [*grip* +] 握紧(緊) wòjǐn **2** [*rope, strap etc* +] 拉紧(緊) lājǐn

▶**tighten up** VT [+ *screw, bolt*] 弄紧(緊) nòngjǐn

tightly ['taɪtlɪ] ADV **1** (*firmly, tautly*) [*grasp, cling, close, seal* +] 紧(緊)紧(緊)地 jǐnjǐn de **2** (*closely*) 紧(緊)密地 jǐnmì de **3** (*rigorously*) [*control, regulate* +] 严(嚴)格地 yángé de ▶ **a tightly knit community** 内(內)部联(聯)系(繫)密切的社区(區) nèibù liánxì mìqiè de shèqū

tights [taɪts] (*Brit*) N PL 连(連)裤(褲)袜(襪) liánkùwà [美 = **pantyhose**]

t

tile [taɪl] **I** N [c] **1** (*on roof*) 瓦 wǎ [片 piàn] **2** (*on floor, wall*) 砖(磚) zhuān [块 kuài] **II** VT [+ *floor, bathroom etc*] 给(給)…铺(鋪)砖(磚) gěi...pūzhuān

tiled [taɪld] ADJ (*roof*) 铺(鋪)瓦的 pū wǎ de; (*wall, floor, room*) 镶(鑲)瓷砖(磚)的 xiāng cízhuān de

till [tɪl] **I** N [c] (*Brit*) (*in shop etc*) 收银(銀)台(臺) shōuyíntái [个 gè] [美 = **cash register**] **II** VT (*cultivate*) [+ *land, soil*] 耕种(種) gēngzhòng **III** PREP, CONJ = **until**

tilt [tɪlt] **I** VT **1** [+ *object*] 翘(翹)起 qiàoqǐ **2** [+ *part of body*] 仰起 yǎngqǐ **II** VI **1** [+ *object*] 倾(傾)斜 qīngxié **2** [*part of body* +] 抬起 táiqǐ **III** N [c] (*slope*) 倾(傾)斜 qīngxié ▸ **(at) full tilt** 全速地 quánsù de

timber ['tɪmbəʳ] (*Brit*) N [U] (*material*) 木料 mùliào [美 = **lumber**]

★**time** [taɪm] **I** N **1** [U] 时(時)间(間) shíjiān ▹ *a period of time* 一段时间 yī duàn shíjiān ▹ *I haven't got much time.* 我没太多时间。Wǒ méi tài duō shíjiān. **2** [U] (*period*) 时(時)候 shíhou ▹ *during my time in Toronto* 我在多伦多的时候 wǒ zài Duōlúnduō de shíhou **3** [c] (*day*) 时(時)期 shíqī ▹ *in these difficult times* 在这段困难时期 zài zhè duàn kùnnan shíqī **4** [s] (*by clock*) 时(時)间(間) shíjiān ▹ *I will see you at the same time next week.* 下星期和你在同一时间见面。Xià xīngqī hé nǐ zài tóngyī shíjiān jiànmiàn. **5** [c] (*occasion*) 次 cì ▹ *the last time I saw her* 我最后一次见到她 wǒ zuìhòu yī cì jiàndào tā **6** [U] (*Mus*) 节(節)拍 jiépāi **II** VT **1** (*measure time of*) 计(計)时(時) jìshí ▹ *He timed his speech.* 他对自己的演讲进行了计时。Tā duì zìjǐ de yǎnjiǎng jìnxíngle jìshí. ▹ *They timed his rate of breathing.* 他们计算他呼吸的频率。Tāmen jìsuàn tā hūxī de pínlǜ. **2** (*fix moment for*) [+ *visit etc*] 定于(於) dìng yú ▹ *They timed the attack for six o'clock.* 他们定于6点发动攻击。Tāmen dìng yú liù diǎn fādòng gōngjī. ▸ **it is time for sth/to do sth** 是做某事的时(時)候 shì zuò mǒushì de shíhou ▸ **to have a good/bad time** 度过(過)一段愉快/不愉快的时(時)光 dùguò yī duàn yúkuài/bù yúkuài de shíguāng ▸ **to spend time** 花时(時)间(間) huā shíjiān ▸ **to spend one's time doing sth** 花时(時)间(間)做某事 huā shíjiān zuò mǒushì ▸ **three times a day** 一日三次 yī rì sān cì ▸ **three times the size of sth** 某物大小的3倍 mǒuwù dàxiǎo de sān bèi ▸ **four at a time** 一次4个(個) yī cì sì gè ▸ **for a time** 好一段时(時)间(間) hǎo yī duàn shíjiān ▸ **all the time** 总(總)是 zǒngshì ▸ **for the time being** 暂(暫)时(時) zànshí ▸ **from time to time** 偶尔(爾) ǒu'ěr ▸ **time after time, time and again** 一次次 yī cì cì ▸ **at one time** (*in the past*) 曾经(經) céngjīng ▸ **at the same time** (*nevertheless*) 然而 rán'ér; (*simultaneously*) 同时(時) tóngshí ▸ **at times** (*sometimes*) 有时(時) yǒushí ▸ **in time** (*eventually*) 到时(時) dàoshí ▸ **to be in time** (*Mus*) [*singers, dancers etc* +] 合拍 hépāi ▸ **in time (for)** 正好赶(趕)上(…) zhènghǎo gǎnshàng (...) ▸ **in a week's/month's time** 一周(週)/月以后(後) yī zhōu/yuè yǐhòu ▸ **in no time, in next to no time** 立刻 lìkè ▸ **it's about time...** *or* **it's high time...** 早就该(該)… zǎo jiù gāi... ▸ **the best/worst film of all time** 有史以来(來)最好/最差的电(電)影 yǒu shǐ yǐ lái zuì hǎo/zuì chà de diànyǐng ▸ **any time** 任何时(時)候 rènhé shíhou ▸ **on time** 准(準)时(時) zhǔnshí ▸ **once upon a time** 很久以前 hěn jiǔ yǐqián ▸ **to be 30 minutes behind time/ahead of time** 晚了/提前30分钟(鐘) wǎnle/tíqián sānshí fēnzhōng ▸ **by the time he arrived** 到他到达(達)时(時) dào tā dàodá shí ▸ **5 times 5 is 25** 5乘5等于(於)25 wǔ chéng wǔ děngyú èrshíwǔ ▸ **what time is it?, what's the time?** 几(幾)点(點)了？ jǐ diǎn le? ▸ **to ask sb the time** 问(問)某人时(時)间(間) wèn mǒurén shíjiān ▸ **time off** (*from work*) 休假 xiūjià ▸ **to have a hard time** 受苦受难(難) shòu kǔ shòu nàn ▸ **time's up!** 时(時)间(間)到了！ shíjiān dào le! ▸ **to have no time for sth** (*fig*) 没(沒)有时(時)间(間)关(關)注某事 méiyǒu shíjiān guānzhù mǒushì ▸ **in one's own (good) time** (*without being hurried*) 从(從)容地 cóngróng de ▸ **in** *or* (*US*) **on one's own time** (*out of working hours*) 业(業)余(餘)时(時)间(間) yèyú shíjiān ▸ **to take one's time** 慢慢来(來) mànmàn lái ▸ **to take time** 需要时(時)间(間) xūyào shíjiān ▸ **to be behind the times** 落伍 luòwǔ ▸ **to be ahead of** *or* **before one's time** 领(領)先于(於)某人的时(時)代 lǐngxiān yú mǒurén de shídài ▸ **to time sth well/badly** 某段时(時)间(間)计(計)划(劃)得好/糟糕 mǒu duàn shíjiān jìhuà de hǎo/zāogāo ▸ **to be timed to happen** 定于(於)发(發)生 dìng yú fāshēng

timeless ['taɪmlɪs] ADJ 永恒(恆)的 yǒnghéng de

time limit N [c] 期限 qīxiàn [个 gè]

timeline ['taimlain] N [c] 时间线 shíjiānxiàn [条 tiáo]

timely ['taɪmlɪ] ADJ [+ *arrival, reminder*] 及时(時)的 jíshí de

time out (*US: Sport*) N [c] 休场(場) xiūchǎng [英 = **stoppage**]

timer ['taɪməʳ] N [c] 定时(時)器 dìngshíqì [个 gè]

timetable ['taɪmteɪbl] N [c] **1** (*Brit: Rail etc*) 时(時)刻表 shíkèbiǎo [个 gè] [美 = **schedule**] **2** (*Brit: Scol*) 课(課)程表 kèchéngbiǎo [个 gè] [美 = **class schedule**] **3** (*programme of events*) 计(計)划(劃)表 jìhuàbiǎo [个 gè]

time zone N [c] 时(時)区(區) shíqū

timid ['tɪmɪd] ADJ [+ *person, animal*] 胆(膽)小的 dǎnxiǎo de

timing ['taɪmɪŋ] N [U] **1** (*skill*) 时(時)间(間)把握

shíjiān bǎwò **2** [*of announcement*] 时(時)间(間)安排 shíjiān ānpái

tin [tɪn] N **1** [U] (*metal*) 锡(錫) xī **2** [C] (*Brit*) (*can*) 罐 guàn [个 gè] [美 = **can**] **3** [C] (*container*) (*for biscuits, tobacco*) 听(聽) tīng **4** [C] (*Brit*) (*for baking*) 锡(錫)盒 xīhé [美 = **pan**]

tinfoil ['tɪnfɔɪl] N [U] (*foil*) 锡(錫)纸(紙) xīzhǐ

tingle ['tɪŋgl] I VI (*when circulation returns, with cold*) 刺痛 cìtòng; (*with excitement*) 激动(動)起来(來) jīdòng qǐlái II N ▸ **a tingle of excitement** 一阵(陣)兴(興)奋(奮) yī zhèn xīngfèn

tinker ['tɪŋkəʳ] I VI ▸ **to tinker with sth** 随(隨)意乱(亂)修某物 suíyì luàn xiū mǒuwù II N [C] **1** (*pot mender*) 补(補)锅(鍋)匠 bǔguōjiàng [个 gè] **2** (*Brit; inf!*) (*gipsy*) 浪人 làngrén

tinned [tɪnd] (*Brit*) ADJ [+ *food*] 罐装(裝)的 guànzhuāng de [美 = **canned**]

tin opener [-əupnəʳ] (*Brit*) N [C] 开(開)罐器 kāiguànqì [个 gè] [美 = **can opener**]

tinsel ['tɪnsl] N [U] 闪(閃)亮的金属(屬)装(裝)饰(飾) shǎnliàng de jīnshǔ zhuāngshì

tint [tɪnt] I N [C] **1** (*colour*) 淡色 dànsè **2** (*for hair*) 染色 rǎnsè II VT [+ *hair*] 染 rǎn

tinted ['tɪntɪd] ADJ [+ *hair, spectacles, glass*] 泛…色的 fàn…sè de

tiny ['taɪnɪ] ADJ 极(極)小的 jí xiǎo de ▸ **a tiny bit** 微乎其微 wēi hū qí wēi

tip [tɪp] I N [C] **1** [*of branch, paintbrush*] 顶(頂)端 dǐngduān [个 gè] **2** (*protective on umbrella, walking stick*) 尖端 jiānduān **3** (*to waiter*) 小费(費) xiǎofèi [笔 bǐ] **4** (*Brit*) (*for rubbish*) 弃(棄)置场(場) qìzhìchǎng [个 gè] **5** (*Brit*) (*for coal*) 堆 duī **6** (*advice*) 提示 tíshì [个 gè] II VT **1** [+ *waiter*] 给(給)…小费(費) gěi…xiǎofèi **2** (*pour*) 倒出 dàochū **3** (*also:* **tip over**) (*overturn*) 翻转(轉) fānzhuǎn **4** (*predict*) [+ *winner etc*] 猜测(測) cāicè **5** (*tilt*) [+ *object, part of body*] 倾(傾)斜 qīngxié III VI (*also:* **tip over**) [*object, part of body* +] 倾(傾)斜 qīngxié ▸ **the tip of the iceberg** (*fig*) 冰山一角 bīngshān yī jiǎo
▸**tip off** VT [+ *person*] 提醒 tíxǐng

tipsy ['tɪpsɪ] ADJ 微醉的 wēizuì de

tiptoe ['tɪptəu] VI 踮着(著)脚(腳)走 diǎnzhe jiǎo zǒu ▸ **on tiptoe** 踮着(著)脚(腳)走 diǎnzhe jiǎo zǒu

tire ['taɪəʳ] I N (*US*) = **tyre** II VT (*also:* **tire out**) (*make tired*) 使疲劳(勞) shǐ píláo III VI (*become tired*) 疲劳(勞) píláo ▸ **to tire of sth** 对(對)某事感到厌(厭)倦了 duì mǒushì gǎndào yànjuàn le

tired ['taɪəd] ADJ 累的 lèi de ▸ **to be tired of (doing) sth** 厌(厭)倦于(於)(做)某事 yànjuàn yú (zuò) mǒushì

> 请勿将 **tired** 与 **tiring** 混淆。如果你 **tired**，说明你感到疲劳，需要休息。*Do you mind if I sit down? I'm feeling very tired.* **tiring** 的任务或旅途让人感到 **tired**。*Looking after young children is very tiring... I went to bed early after the long and tiring journey.*

tiresome ['taɪəsəm] ADJ 讨(討)厌(厭)的 tǎoyàn de

tiring ['taɪərɪŋ] ADJ [+ *work, day etc*] 令人疲劳(勞)的 lìng rén píláo de
用法参见 **tired**

tissue ['tɪʃuː] N **1** [U] (*Anat, Bio*) 组(組)织(織) zǔzhī **2** [C] (*paper handkerchief*) 纸(紙)巾 zhǐjīn [张 zhāng]

tissue paper N [U] 绵(綿)纸(紙) miánzhǐ

tit [tɪt] N [C] **1** (*inf!: breast*) 乳房 rǔfáng **2** (*bird*) 山雀 shānquè [只 zhī] ▸ **tit for tat** 以牙还(還)牙 yǐ yá huán yá

title ['taɪtl] N **1** [C] [*of book, play*] 标(標)题(題) biāotí [个 gè] **2** [C] (*rank*) 称(稱)号(號) chēnghào **3** [C] (*Sport*) 冠军(軍) guànjūn [个 gè] **4** [U] (*Law*) (*right*) ▸ **title to** 所有权(權) suǒyǒuquán

T-junction ['tiː'dʒʌŋkʃən] N [C] 丁字路口 dīngzì lùkǒu [个 gè]

KEYWORD

★**to** [tuː, tə] I PREP **1** (*direction*) 到 dào ▸ **to France/London/school/the station** 去法国(國)/伦(倫)敦/学(學)校/车(車)站 qù Fǎguó/Lúndūn/xuéxiào/chēzhàn ▸ **we went to a party last night** 我们(們)昨晚去参(參)加了一个(個)聚会(會) wǒmen zuó wǎn qù cānjiāle yī gè jùhuì ▸ **the road to Manchester** 通往曼彻(徹)斯特的路 tōngwǎng Mànchèsītè de lù

2 (*as far as*) ▸ **from here to London** 从(從)这(這)儿(兒)到伦(倫)敦 cóng zhèr dào Lúndūn ▸ **to count to ten** 数(數)到10 shǔdào shí

3 (*position*) 向 xiàng ▸ **to the north/south** 朝北/南 cháo běi/nán ▸ **to the left/right** 向左/右 xiàng zuǒ/yòu ▸ **nailed/stuck to the wall** 钉(釘)/粘在墙(牆)上 dìng/zhān zài qiáng shang

4 (*in time expressions*) ▸ **it's five/ten/a quarter to five** 差5分/10分/一刻5点(點) chà wǔ fēn/shí fēn/yī kè wǔ diǎn

5 (*for, of*) 的 de ▸ **the key to the front door** 前门(門)的钥(鑰)匙 qiánmén de yàoshi ▸ **a letter to his wife** 给(給)他妻子的一封信 gěi tā qīzi de yī fēng xìn ▸ **she is secretary to the director** 她是主管的秘书(書) tā shì zhǔguǎn de mìshū

6 (*indirect object*) ▸ **to give sth to sb** 给(給)某人某物 gěi mǒurén mǒuwù ▸ **to talk to sb** 对(對)某人说(說) duì mǒurén shuō ▸ **I sold it to a friend** 我把它卖(賣)给(給)了一个(個)朋友 wǒ bǎ tā màigěile yī gè péngyou ▸ **you've done something to your hair** 你打理了你的头(頭)发(髮) nǐ dǎlǐle nǐ de tóufa ▸ **it was clear to me that...** 对(對)我来(來)说(說)这(這)显(顯)而易见(見)… duì wǒ lái shuō zhè xiǎn ér yì jiàn...; (*after noun: involving*)

t

▸ **damage to sth** 对(對)某物的损(損)害 duì mǒuwù de sǔnhài ▸ **a danger to sb** 对(對)某人的危险(險) duì mǒurén de wēixiǎn ▸ **repairs to sth** 对(對)某物的修理 duì mǒuwù de xiūlǐ
7 (*towards*) ▸ **to be friendly/kind/loyal to sb** 对(對)某人友好/仁慈/忠实(實) duì mǒurén yǒuhǎo/réncí/zhōngshí
8 (*in relation to*) ▸ **30 miles to the gallon** 每加仑(侖)可行30英里 měi jiālún kě xíng sānshí yīnglǐ ▸ **A is to B as C is to D** A与(與)B的关(關)系(係)就像C与(與)D的关(關)系(係) A yǔ B de guānxì jiù xiàng C yǔ D de guānxì ▸ **three goals to two** 3比2 sān bǐ èr
9 (*purpose, result*) ▸ **to come to sb's aid** 来(來)帮(幫)某人的忙 lái bāng mǒurén de máng ▸ **to sentence sb to death** 判某人死刑 pàn mǒurén sǐxíng
10 (*indicating range, extent*) ▸ **from... to...** 从(從)…到… cóng...dào... ▸ **everything from seeds to vegetables** 从(從)种(種)子到蔬菜的每样(樣)东(東)西 cóng zhǒngzi dào shūcài de měi yàng dōngxi ▸ **from May to September** 从(從)5月到9月 cóng wǔyuè dào jiǔyuè
11 (*with*) ▸ **to enter to the sound of drums** 随(隨)着(著)鼓声(聲)进(進)入 suízhe gǔshēng jìnrù
II WITH VERB **1** (*simple infinitive*) 与原形动词一起构成动词不定式 ▸ **to go/eat** 走/吃 zǒu/chī ▸ **to want/to try to do sth** 想/试(試)着(著)做某事 xiǎng/shìzhe zuò mǒushì
2 (*with vb omitted*) 用来代替动词不定式或不定式短语，避免重复 ▸ **I don't want to** 我不想 wǒ bù xiǎng ▸ **you ought to** 你应(應)该(該) nǐ yīnggāi
3 (*in order to*) 为(為)了 wèile ▸ **I did it to help you** 我这(這)么(麼)做是为(為)了帮你 wǒ zhème zuò shì wèile bāng nǐ ▸ **measures to help developing nations** 用以帮助发(發)展中国(國)家的措施 yòng yǐ bāngzhù fāzhǎnzhōng guójiā de cuòshī
4 (*equivalent to relative clause*) 用作定语 ▸ **I have things to do** 我有事要做 wǒ yǒu shì yào zuò ▸ **he has a lot to lose** 他要失去很多 tā yào shīqù hěn duō
5 (*after adjective etc*) 用于某些动词, 名词, 形容词后构成不定式 ▸ **to be ready to go** 准(準)备(備)走 zhǔnbèi zǒu ▸ **it's great to see you** 见(見)到你太好了 jiàndào nǐ tài hǎo le ▸ **too old/young to do sth** 年纪(紀)太大/太小以至于(於)不能做某事 niánjì tài dà/tài xiǎo yǐzhì yú bùnéng zuò mǒushì ▸ **it's too heavy to lift** 它太重了根本提不动(動) tā tài zhòng le gēnběn tí bù dòng ▸ **to be old/young enough to do sth** 到了做某事的年龄(齡)/足够(夠)年轻(輕)做某事 dàole zuò mǒushì de niánlíng/zúgòu niánqīng zuò mǒushì
6 (*and*) ▸ **he awoke/arrived to find that everyone had gone** 他醒来(來)/到了发(發)现(現)大家都走了 tā xǐnglái/dàole fāxiàn dàjiā dōu zǒu le
III ADV ▸ **to push/pull the door to** 把门(門)掩上 bǎ mén yǎnshàng ▸ **to and fro** 来(來)来(來)回回地 láilái huíhuí de

toad [təud] N [c] 蟾蜍 chánchú [只 zhī]
toadstool ['təudstuːl] N [c] 毒菌 dújùn
toast [təust] **I** N **1** [u] (*Culin*) 烤面(麵)包 kǎomiànbāo **2** [c] (*drink*) 祝酒 zhùjiǔ [次 cì] **II** VT **1** (*Culin*) [+ *bread etc*] 烤 kǎo **2** (*drink to*) 为(為)…祝酒 wèi...zhùjiǔ ▸ **a piece** *or* **slice of toast** 一片烤面(麵)包 yī piàn kǎomiànbāo ▸ **to drink a toast to sb** 为(為)某人干(乾)杯 wèi mǒurén gānbēi
toaster ['təustə^r] N [c] 烤面(麵)包机(機) kǎomiànbāojī [台 tái]
tobacco [tə'bækəu] N [u] 烟(煙)草 yāncǎo
tobacconist's (shop) [tə'bækənɪsts-] N [c] 烟(煙)草店 yāncǎodiàn [家 jiā]
toboggan [tə'bɔgən] N [c] 平底雪橇 píngdǐ xuěqiāo [个 gè]
★**today** [tə'deɪ] **I** ADV **1** 今天 jīntiān ▹ *I hope you're feeling better today.* 我希望你今天感觉好些。Wǒ xīwàng nǐ jīntiān gǎnjué hǎo xiē. **2** (*at the present time*) 现(現)在 xiànzài ▹ *This is the best translation available today.* 这是现存的最好的翻译。Zhè shì xiàncún de zuì hǎo de fānyì. **II** N [u] **1** 今天 jīntiān ▹ *Today is Thursday.* 今天星期四。Jīntiān xīngqīsì. **2** (*the present time*) 现(現)今 xiànjīn ▹ *the Africa of today* 现今的非洲 xiànjīn de Fēizhōu ▸ **what day is it today?** 今天星期几(幾)? jīntiān xīngqī jǐ? ▸ **a week ago today** 上星期的今天 shàng xīngqī de jīntiān ▸ **today is the 4th of March** 今天是3月4日 jīntiān shì sān yuè sì rì ▸ **today's paper** 今天的报(報)纸(紙) jīntiān de bàozhǐ
toddler ['tɔdlə^r] N [c] 学(學)步的小孩 xuébù de xiǎohái [个 gè]
toe [təu] N [c] **1** [*of foot*] 脚(腳)趾 jiǎozhǐ [个 gè] **2** [*of shoe, sock*] 脚(腳)趾处(處) jiǎozhǐchù [个 gè] ▸ **big/little toe** 大/小脚(腳)趾 dà/xiǎo jiǎozhǐ ▸ **to toe the line** 听(聽)从(從)命令 tīngcóng mìnglìng
TOEFL ['təufəl] N ABBR (= **Test of English as a Foreign Language**) 托福 Tuōfú
toenail ['təuneɪl] N [c] 脚(腳)指甲 jiǎozhǐjia [个 gè]
toffee ['tɔfɪ] N **1** [u] (*Brit*) (*substance*) 太妃糖 tàifēitáng [美 = **taffy**] **2** [c] (*sweet*) 乳脂糖 rǔzhītáng [颗 kē]
★**together** [tə'gɛðə^r] ADV **1** (*with each other*) 一起 yīqǐ ▹ *We went on long bicycle rides together.* 我们一起骑了很长一段时间的自行车。Wǒmen yīqǐ qíle hěn cháng yī duàn shíjiān de zìxíngchē. **2** (*in the same place*) 在一起 zài yīqǐ ▹ *The trees grew close together.* 这些树长拢在一

起。Zhèxiē shù zhǎnglǒng zài yīqǐ. **3** *(at the same time)* 同时(時) tóngshí ▷ *Three horses crossed the finish line together.* 3匹马同时越过终点线。Sān pǐ mǎ tóngshí yuèguò zhōngdiǎnxiàn. **4** *(in a group)* 合在一起 hé zài yīqǐ ▷ *Mix the ingredients together thoroughly.* 把这些原料充分地合在一起。Bǎ zhèxiē yuánliào chōngfèn de hé zài yīqǐ. **5** *(combined)* 加起来(來) jiā qǐlái ▷ *The two opposition parties together won 29 per cent of the vote.* 两个反对党加起来赢得29%的选票。Liǎng gè fǎnduìdǎng jiā qǐlái yíngdé bǎi fēn zhī èrshíjiǔ de xuǎnpiào. ▶ **together with** 连(連)同 liántóng

Togo['təugəu] N 多哥 Duōgē

toilet['tɔɪlət] **I** N [c] **1** *(apparatus)* 抽水马(馬)桶 chōushuǐ mǎtǒng [个 gè] **2** *(Brit)* *(room)* 卫(衛)生间(間) wèishēngjiān [个 gè] [美 = **bathroom**] **II** CPD [+ *kit, accessories etc*] 厕(廁)所 cèsuǒ ▶ **to go to the toilet** *(esp Brit)* 上厕(廁)所 shàng cèsuǒ

toilet bag(*Brit*) N [c] 洗漱包 xǐshùbāo [个 gè]

toilet paperN [u] 卫(衛)生纸(紙) wèishēngzhǐ

toiletries['tɔɪlətrɪz] N PL 卫(衛)生用品 wèishēng yòngpǐn

toilet rollN [c/u] 卫(衛)生卷(捲)纸(紙) wèishēng juǎnzhǐ [卷 juǎn]

token['təukən] **I** N [c] **1** *(sign)* 象征(徵) xiàngzhēng [个 gè] **2** *(instead of money)* 代金券 dàijīnquàn [张 zhāng] **II** ADJ [+ *strike, payment, gesture*] 象征(徵)性的 xiàngzhēngxìng de ▶ **by the same token** 同样(樣) tóngyàng

told[təuld] PT, PP *of* **tell**

tolerable['tɔlərəbl] ADJ **1** *(bearable)* 可忍受的 kě rěnshòu de **2** *(frm: fairly good)* 相当(當)好的 xiāngdāng hǎo de

tolerant['tɔlərnt] ADJ 宽(寬)容的 kuānróng de ▶ **to be tolerant of** 对(對)…宽(寬)容 duì...kuānróng

tolerate['tɔləreɪt] VT **1** [+ *pain, noise etc*] 忍受 rěnshòu **2** *(accept)* 容忍 róngrěn

toll[təul] **I** N [c] **1** [*of casualties, accidents*] 伤(傷)亡人数(數) shāngwáng rénshù **2** *(on road, bridge)* 通行费(費) tōngxíngfèi [笔 bǐ] **II** VI [*bell* +] 鸣(鳴)响(響) míngxiǎng ▶ **the work took its toll on us** 这(這)工作让(讓)我们(們)受尽(盡)折磨 zhè gōngzuò ràng wǒmen shòujìn zhémó

toll-free['təulfri:] *(US: Tel)* **I** ADJ [+ *number*] 免费(費)的 miǎnfèi de [英 = **Freephone®**] **II** ADV ▶ **to call toll-free** 拨(撥)打免费(費)电(電)话(話) bōdǎ miǎnfèi diànhuà

tomato[tə'mɑ:təu] *(pl* **tomatoes***)* N [c/u] 西红(紅)柿 xīhóngshì 番茄 fānqié [个 gè]

tomato sauce(*Culin*) N [u] *(ketchup)* 西红(紅)柿酱(醬) xīhóngshì jiàng

tomb[tu:m] N [c] 坟(墳)墓 fénmù [个 gè]

tombstone['tu:mstəun] N [c] 墓碑 mùbēi [个 gè]

tomorrow[tə'mɔrəu] **I** ADV **1** 明天 míngtiān **2** *(in the future)* 未来(來) wèilái **II** N **1** [u] 明天 míngtiān **2** [c/u] *(future)* 将(將)来(來) jiānglái ▶ **a week tomorrow, tomorrow week** 下星期的明天 xià xīngqī de míngtiān ▶ **the day after tomorrow** 后(後)天 hòutiān ▶ **tomorrow morning** 明天早晨 míngtiān zǎochen

ton[tʌn] N [c] **1** *(Brit)* 英吨(噸) yīngdūn **2** *(US)* *(also:* **short ton***)* 美吨(噸) měidūn **3** *(metric ton)* 公吨(噸) gōngdūn ▶ **tons of** *(inf)* 大量的 dàliàng de

tone[təun] **I** N **1** [c] [*of sound*] 音质(質) yīnzhì **2** [c] [*of voice*] 腔调(調) qiāngdiào **3** [s] [*of speech, article etc*] 基调(調) jīdiào **4** [c/u] [*of colour*] 色调(調) sèdiào **5** [s] *(Tel)* 声(聲)音 shēngyīn **II** VT *(also:* **tone up***)* [+ *muscles*] 增强(強) zēngqiáng

▶ **tone down** VT **1** [+ *criticism etc*] 缓(緩)和 huǎnhé **2** [+ *colour, flavour*] 调(調)和 tiáohé

▶ **tone in with, tone with** *(esp Brit)* VT FUS 搭配 dāpèi

Tonga[tɔŋgə] N 汤(湯)加 Tāngjiā

tongs[tɔŋz] N PL 夹(夾)子 jiāzi

tongue[tʌŋ] N **1** [c] *(Anat)* 舌头(頭) shétou [条 tiáo] **2** [u] *(Culin)* 口条(條) kǒutiáo **3** [c] *(frm: language)* 语(語)言 yǔyán ▶ **tongue in cheek** 毫无(無)诚(誠)意的 háo wú chéngyì de

tonic['tɔnɪk] N **1** [u] *(also:* **tonic water***)* 奎宁(寧)水 kuíníngshuǐ **2** [c/u] *(Med)* 滋补(補)品 zībǔpǐn **3** [c] *(fig: boost)* 有兴(興)奋(奮)作用的东(東)西 yǒu xīngfèn zuòyòng de dōngxi

tonight[tə'naɪt] ADV N [u] 今晚 jīnwǎn

tonsil['tɔnsl] N [c] 扁桃体(體) biǎntáotǐ [个 gè] ▶ **to have one's tonsils out** 切除扁桃体(體) qiēchú biǎntáotǐ

tonsillitis[tɔnsɪ'laɪtɪs] N [u] 扁桃腺炎 biǎntáoxiànyán

★**too**[tu:] ADV **1** *(excessively)* 太 tài ▷ *It was too far to walk.* 要是走路就太远了。Yàoshi zǒulù jiù tài yuǎn le. **2** *(also)* 也 yě **3** *(for emphasis)* 并(並)且 bìngqiě ▷ *We did learn to read, and quickly too.* 我们确实学会了阅读，并且学得很快。Wǒmen quèshí xuéhuìle yuèdú, bìngqiě xué de hěnkuài. ▶ **you're from Brooklyn? Me too!** 你从(從)布鲁(魯)克林来(來)？我也是！nǐ cóng Bùlǔkèlín lái? Wǒ yě shì! ▶ **too bad!** 很遗(遺)憾！Hěn yíhàn! ▶ **I'm not too happy with it** 我对(對)此并(並)不是很高兴(興) wǒ duì cǐ bìng bùshì hěn gāoxìng ▶ **all too well/recently, only too well/recently** 好/近得不能再好/近 hǎo/jìn de bùnéng zài hǎo/jìn

用法参见 **also**

took[tuk] PT *of* **take**

tool[tu:l] N [c] **1** *(implement)* 用具 yòngjù [种 zhǒng] **2** *(fig)* 工具 gōngjù **3** *(pej: person)* 爪牙 zhǎoyá

toolbar['tulbɑ:ʳ] N [c] *(Comput)* 工具栏(欄) gōngjùlán [个 gè]

tool boxN [c] 工具箱 gōngjùxiāng [个 gè]

t

tool kit N [c] 工具包 gōngjùbāo [个 gè]
tooth [tu:θ] (*pl* **teeth**) N [c] **1** (*Anat*) 牙齿(齒) yáchǐ [颗 kē] **2** [*of comb, saw, zip*] 齿(齒) chǐ ▸ **to have a tooth out** *or* (*US*) **pulled** 拔牙 bá yá ▸ **to brush one's teeth** 刷牙 shuā yá
toothache ['tu:θeɪk] N [c/U] 牙痛 yátòng [阵 zhèn] ▸ **to have toothache** 牙痛 yátòng
toothbrush ['tu:θbrʌʃ] N [c] 牙刷 yáshuā [把 bǎ]
toothpaste ['tu:θpeɪst] N [c/U] 牙膏 yágāo [管 guǎn]
toothpick ['tu:θpɪk] N [c] 牙签(籤) yáqiān [根 gēn]
★**top** [tɔp] **I** N **1** [c] [*of mountain, building, tree, stairs*] 顶(頂)部 dǐngbù [个 gè] **2** [c] [*of page*] 顶(頂)端 dǐngduān [个 gè] ▹ *Go back to the top of the page.* 回到本页的顶端。Huídào běn yè de dǐngduān. **3** [c] [*of cupboard*] 顶(頂)层(層) dǐngcéng **4** [c] [*of surface, table*] 表面 biǎomiàn [个 gè] **5** [s] (*esp Brit*) [*of street*] 尽(盡)头(頭) jìntóu **6** [c] (*lid*) [*of box, jar, bottle*] 盖(蓋)子 gàizi [个 gè] **7** [s] [*of table, league*] 榜首 bǎngshǒu **8** [U] (*Aut*) (*also*: **top gear**) 最高挡(檔) zuì gāo dǎng **9** [c] (*blouse*) 上衣 shàngyī [件 jiàn] **II** ADJ **1** [+ *shelf, step, storey, marks*] 最高的 zuì gāo de **2** [+ *executive, golfer*] 顶(頂)级(級)的 dǐngjí de ▸ **top speed** 全速 quánsù **III** VT **1** (*be first in*) [+ *poll, vote, list*] 获(獲)第一名 huò dìyī míng **2** (*exceed*) [+ *estimate, speed etc*] 超过(過) chāoguò ▹ *US investments here topped fifty million dollars.* 美国的投资超过5000万美元。Měiguó de tóuzī chāoguò wǔqiān wàn měiyuán. ▸ **at the top of the stairs/page/street** 在楼(樓)梯/页(頁)面的顶(頂)端/街道的尽(盡)头(頭) zài lóutī/yèmiàn de dǐngduān/jiēdào de jìntóu ▸ **at the top of the list** 居于(於)榜首 jū yú bǎngshǒu ▸ **to get to the top** (*in profession etc*) 取得高层(層)地位 qǔdé gāocéng dìwèi ▸ **on top of** (*above*) 在…上面 zài…shangmiàn ▹ *She laid her hand on top of his.* 她把手放在他的手上。Tā bǎ shǒu fàng zài tā de shǒu shang.; (*in addition to*) 除…之外 chú…zhīwài ▹ *700 jobs are being cut on top of the 2000 that were lost last year.* 除了去年2000人失去工作之外，又有700个工作职位被削减。Chúle qùnián liǎng qiān rén shīqù gōngzuò zhī wài, yòu yǒu qībǎi gè gōngzuò zhí wèi bèi xuējiǎn. ▸ **to get on top of sth** (*fig*) 圆(圓)满(滿)地处(處)理某事 yuánmǎn de chǔlǐ mǒushì ▸ **from top to bottom** 彻(徹)底 chèdǐ ▸ **from top to toe** (*Brit*) 从(從)头(頭)到脚(腳) cóng tóu dào jiǎo ▸ **at the top of one's voice** 扯着(著)嗓子叫喊 chězhe sǎngzi jiàohǎn ▸ **to be/go over the top** (*Brit; inf*) 过(過)分 guòfèn ▸ **top priority** 最优(優)先 zuì yōuxiān ▸ **to be** *or* **come top** 独(獨)占(佔)鳌(鰲)头(頭) dúzhàn áotóu
▸**top up** VT **1** [+ *drink*] 加满(滿) jiāmǎn **2** [+ *salary, loan*] 增加 zēngjiā
top hat N [c] 大礼(禮)帽 dàlǐmào [顶 dǐng]
topic ['tɔpɪk] N [c] 话(話)题(題) huàtí [个 gè]
topical ['tɔpɪkl] ADJ [+ *issue, question*] 热(熱)门(門)的 rèmén de
topless ['tɔplɪs] ADJ [+ *bather, waitress, dancer*] 袒胸的 tǎnxiōng de
topping ['tɔpɪŋ] (*Culin*) N [c/U] 配料 pèiliào [种 zhǒng]
topple ['tɔpl] **I** VT [+ *government, leader*] 推翻 tuīfān **II** VI (*also*: **topple over**) [*person, object* +] 翻倒 fāndǎo
top-secret ['tɔp'si:krɪt] ADJ 最高机(機)密的 zuìgāo jīmì de ▹ *top-secret documents* 最高机密文件 zuìgāo jīmì wénjiàn
torch [tɔ:tʃ] N [c] **1** (*Brit*) (*electric*) 手电(電)筒 shǒudiàntǒng [个 gè] [美 = **flashlight**] **2** (*with flame*) 火把 huǒbǎ [个 gè]
tore [tɔ:ʳ] PT *of* **tear**¹
torment [*n* 'tɔ:mɛnt, *vb* tɔ:'mɛnt] **I** N [c/U] 折磨 zhémó **II** VT **1** [*feelings, guilt* +] 折磨 zhémó **2** (*annoy*) 折磨 zhémó ▸ **in torment** 在折磨中 zài zhémó zhōng
torn [tɔ:n] **I** PP *of* **tear**¹ **II** ADJ ▸ **to be torn between** 在两(兩)者中游(遊)移不定 zài liǎngzhě zhōng yóuyí bù dìng
tornado [tɔ:'neɪdəu] (*pl* **tornadoes**) N [c] 飓(颶)风(風) jùfēng [场 chǎng]
torpedo [tɔ:'pi:dəu] (*pl* **torpedoes**) N [c] 鱼(魚)雷 yúléi [个 gè]
torrent ['tɔrnt] N [c] **1** (*flood*) 急流 jíliú **2** (*fig*) ▸ **a torrent of abuse/questions** 一片谩(謾)骂(罵)/成堆的问(問)题(題) yī piàn mànmà/chéngduī de wèntí
torrential [tɔ'rɛnʃl] ADJ [+ *rain*] 滂沱的 pāngtuó de
tortoise ['tɔ:təs] N [c] 乌(烏)龟(龜) wūguī [只 zhī]
torture ['tɔ:tʃəʳ] **I** N [U] **1** 酷刑 kùxíng **2** (*torment*) 折磨 zhémó **II** VT **1** 对(對)…施以酷刑 duì…shī yǐ kùxíng **2** (*torment*) 使痛苦 shǐ tòngkǔ
Tory ['tɔ:rɪ] (*Brit: Pol*) **I** ADJ 保守党(黨)的 Bǎoshǒudǎng de **II** N [c] 保守党(黨)党(黨)员(員) Bǎoshǒudǎng dǎngyuán
toss [tɔs] **I** VT **1** 扔 rēng **2** [*wind, sea* +] [+ *boat etc*] 使颠(顛)簸 shǐ diānbǒ **3** [+ *salad*] 拌 bàn **4** [+ *pancake*] 抛(拋)起使翻转(轉) pāoqǐ shǐ fānzhuǎn **II** N **1** ▸ **with a toss of her head** 她把头(頭)往后(後)一仰 tā bǎ tóu wǎng hòu yī yǎng **2** ▸ **to decide sth by the toss of a coin** 抛(拋)硬币(幣)决(決)定某事 pāo yìngbì juédìng mǒushì ▸ **to toss a coin** 掷(擲)硬币(幣) zhì yìngbì ▸ **to toss one's head** 一摆(擺)头(頭) yī bǎi tóu ▸ **to win/lose the toss** (*Sport*) 掷(擲)硬币(幣)占(佔)上风(風)/落下风(風) zhì yìngbì zhàn shàngfēng/luò xiàfēng ▸ **I don't give a toss** (*Brit; inf*) 我不在乎 wǒ bù zàihu ▸ **to toss and turn** (*in bed*) 辗(輾)转(轉)反侧(側) zhǎnzhuǎn fǎn cè
▸**toss up** VI 掷(擲)硬币(幣)决(決)定 zhì

yìngbì juédìng

★**total** ['təutl] **I** ADJ **1** [+ *number, workforce, cost etc*] 总(總)的 zǒng de **2** (*complete*) [+ *failure, wreck, stranger*] 完全的 wánquán de **II** N [c] (*sum of money, number*) 总(總)数(數) zǒngshù [个 gè] ▷ *The companies have a total of 1776 employees.* 公司总共有1776名员工。Gōngsī zǒnggòng yǒu yī qiān qī bǎi qīshíliù míng yuángōng. **III** VT **1** (*add up*) 加起来(來) jiā qǐlái ▷ *Votes cast for each candidate will be totalled.* 每个候选人的选票要被加起来。Měigè hòuxuǎnrén de xuǎnpiào yào bèi jiā qǐlái. **2** (*add up to*) 总(總)计(計) zǒngjì ▷ *1980 revenues totalled 18 billion dollars.* 1980年税收总计180亿美元。Yī jiǔ bā líng nián shuìshōu zǒngjì yī bǎi bāshí yì měiyuán. ▸ **in total** 总(總)共 zǒnggòng

totalitarian [təutælɪ'tɛərɪən] ADJ [+ *regime, state*] 极权(權)主义(義)的 jíquán zhǔyì de

totally ['təutəlɪ] ADV **1** [*agree, destroy* +] 完全地 wánquán de **2** [+ *different, new*] 绝(絕)对(對)地 juéduì de

touch [tʌtʃ] **I** N **1** [U] (*sense of touch*) 触(觸)觉(覺) chùjué **2** [c] (*contact*) 触(觸)摸 chùmō [次 cì] **3** [c] (*detail*) 修饰(飾) xiūshì **II** VT **1** (*with hand, foot*) 触(觸)摸 chùmō **2** (*tamper with*) 瞎搞 xiā gǎo **3** (*make contact with*) 碰到 pèngdào **4** (*move*) (*emotionally*) 感动(動) gǎndòng **5** (*use, consume*) 碰过(過) pèngguò **III** VI (*be in contact*) 接触(觸) jiēchù ▸ **a personal touch** 独(獨)特的方法 dútè de fāngfǎ ▸ **to put the finishing touches to sth** 对(對)某物做最后(後)的润(潤)色 duì mǒuwù zuò zuìhòu de rùnsè ▸ **a touch of frost/flu** *etc* 些微的霜/有点(點)儿(兒)感冒等 xiēwēi de shuāng/yǒudiǎnr gǎnmào *děng* ▸ **to be out of touch** 落伍的 luòwǔ de ▸ **to be/keep in touch with sth** 与(與)某事物保持联(聯)系(繫) yǔ mǒu shìwù bǎochí liánxì ▸ **to be/keep in touch (with sb)** (与(與)某人)保持联(聯)系(繫) (yǔ mǒurén) bǎochí liánxì ▸ **to get in touch with sb** 与(與)某人联(聯)系(繫) yǔ mǒurén liánxì ▸ **to lose touch (with sb)** (与(與)某人)失去联(聯)系(繫) (yǔ mǒurén) shīqù liánxì

▸**touch down** VI [*aircraft* +] 着(著)陆(陸) zhuólù

▸**touch on** VT FUS (*mention*) 提及 tíjí

▸**touch up** VT (*paint*) 修饰(飾) xiūshì

touchdown ['tʌtʃdaun] N **1** [c/U] [*of aircraft, spacecraft*] 着(著)陆(陸) zhuólù **2** [c] (*Sport*) 触(觸)地得分 chùdì défēn

touched [tʌtʃt] ADJ (*emotionally*) 感动(動)的 gǎndòng de

touching ['tʌtʃɪŋ] ADJ (*moving*) [+ *scene, story etc*] 使人感动(動)的 shǐ rén gǎndòng de

touchline ['tʌtʃlaɪn] (*Sport*) N [s] 边(邊)线(線) biānxiàn

touch-sensitive ['tʌtʃ'sɛnsɪtɪv] ADJ [+ *screen*] 触(觸)摸感应(應)的 chùmō gǎnyìng de

touchy ['tʌtʃɪ] ADJ **1** [+ *person*] 敏感的 mǐngǎn de **2** [+ *subject*] 棘手的 jíshǒu de

tough [tʌf] ADJ **1** (*strong, hard-wearing*) [+ *material*] 坚(堅)韧(韌)的 jiānrèn de **2** [+ *meat*] 老的 lǎo de **3** [+ *person, animal*] (*physically*) 强(強)壮(壯)的 qiángzhuàng de **4** (*mentally*) 顽(頑)强(強)的 wánqiáng de **5** (*difficult*) [+ *task, problem, way of life*] 艰(艱)辛的 jiānxīn de **6** [+ *time*] 倒霉的 dǎoméi de **7** (*firm*) [+ *stance, negotiations, policies*] 严(嚴)格的 yángé de **8** (*rough*) 无(無)法无(無)天的 wú fǎ wú tiān de ▸ **tough (luck)!** 倒霉！dǎoméi!

tour ['tuəʳ] **I** N [c] **1** (*journey*) 旅行 lǚxíng [次 cì] **2** [*of town, factory, museum*] 观(觀)光 guānguāng [次 cì] **3** (*by pop group, sports team*) 巡回(迴)表演 xúnhuí biǎoyǎn [个 gè] **II** VT [+ *country, city*] 观(觀)光 guānguāng ▷ *The Prime Minister toured the poorest area of Liverpool.* 首相巡视了利物浦最贫穷的地区。Shǒuxiàng xúnshìle Lìwùpǔ zuì pínqióng de dìqū. ▸ **to go on a tour of** [+ *museum etc*] 去游(遊)览(覽)… qù yóulǎn…; [+ *region*] 去…旅行 qù…lǚxíng ▸ **to go/be on tour** [*pop group, theatre company etc* +] 进(進)行巡回(迴)演出 jìnxíng xúnhuí yǎnchū

tour director (*US*) N [c] 导(導)游(遊) dǎoyóu [个 gè]

tour guide N [c] 导(導)游(遊) dǎoyóu [个 gè] [美 = **tour director**]

tourism ['tuərɪzm] N [U] 旅游(遊)业(業) lǚyóuyè

tourist ['tuərɪst] **I** N [c] 游(遊)客 yóukè [位 wèi] **II** CPD [+ *season, attraction*] 旅游(遊) lǚyóu ▸ **the tourist trade** 旅游(遊)业(業) lǚyóuyè

tourist office N [c] 旅游(遊)咨询(詢)处(處) lǚyóu zīxúnchù [个 gè]

tournament ['tuənəmənt] N [c] 锦(錦)标(標)赛(賽) jǐnbiāosài [个 gè]

tour operator N [c] 包价(價)旅游(遊)承包商 bāojià lǚyóu chéngbāoshāng [个 gè]

tow [təu] **I** VT [+ *vehicle, trailer*] 拖 tuō **II** N (*Aut*) ▸ **to give sb a tow** 帮(幫)某人拖车(車) bāng mǒurén tuōchē ▸ **to have sb in tow** (*inf*) 带(帶)着(著)某人 dàizhe mǒurén ▸ **"on** *or* (*US*) **in tow"** (*Aut*) "被拖着(著)" "bèi tuōzhe"

▸**tow away** VT [+ *vehicle*] 拖走 tuōzǒu

★**toward(s)** [tə'wɔːd(z)] PREP **1** (*in direction of: lit*) 朝着(著) cháozhe ▷ *He saw his mother running toward(s) him.* 他看见妈妈朝着他跑来。Tā kànjiàn māma cháozhe tā pǎolái.; (*fig*) 向着(著) xiàngzhe ▷ *the trend toward(s) couples living together rather than marrying* 向着同居而不结婚方向发展的趋势 xiàngzhe tóngjū ér bù jiéhūn fāngxiàng fāzhǎn de qūshì **2** (*with regard to*) 对(對)于(於) duìyú ▷ *There has been a change of attitude toward(s) science.* 对于科学有态度上的转变。Duìyú kēxué yǒu tàidu shang de zhuǎnbiàn. **3** (*near*) 接近 jiējìn ▷ *Their home was toward(s) the top of the hill.* 他们的家接近山顶。Tāmen de jiā jiējìn shāndǐng. **4** (*as*

t

contribution to) 为(為) wèi ▷ *He gave them £20,000 toward(s) a house.* 他为他们的房子捐助两万英镑。Tā wèi tāmen de fángzi juānzhù liǎngwàn yīngbàng. **5** (*in time*) 接近 jiējìn ▷ *towards the end of the year* 接近年底时 jiējìn niándǐ shí

towel ['tauəl] **I** N [c] 毛巾 máojīn [条 tiáo] **II** VT [+ *hair*] 用毛巾擦 yòng máojīn cā ▶ **to throw in the towel** (*fig*) 认(認)输(輸) rènshū ▶ **to towel o.s. dry** 用毛巾擦干(乾)自己 yòng máojīn cāgān zìjǐ

towelling ['tauəlɪŋ] N [U] (*fabric*) 毛巾布 máojīnbù

tower ['tauəʳ] **I** N [c] 塔 tǎ [座 zuò] **II** VI [*building, mountain* +] 耸(聳)立 sǒnglì ▶ **to tower above** *or* **over sb/sth** 比某人/某物高得多 bǐ mǒurén/mǒuwù gāo de duō

tower block (*Brit*) N [c] 高楼(樓)大厦(廈) gāolóu dàshà [座 zuò]

★ **town** [taun] N **1** [c] 城镇(鎮) chéngzhèn [个 gè] **2** [U] (*one's home town*) 家乡(鄉) jiāxiāng ▷ *She left town.* 她离开了家乡。Tā líkāile jiāxiāng. ▶ **to go to town** (*fig*) 以极大的精力去做 yǐ jí dà de jīnglì qù zuò ▶ **in town** 在市中心 zài shì zhōngxīn ▶ **to be out of town** 出城 chū chéng

town centre (*Brit*) N [c] 市中心 shìzhōngxīn [个 gè]

town hall (*Brit*) N [c] 市政厅(廳) shìzhèngtīng [个 gè]

tow rope ['təurəup] N [c] 拖绳(繩) tuōshéng [根 gēn]

tow truck (*US*) N [c] (*breakdown lorry*) 拖车(車) tuōchē [部 bù]

toxic ['tɔksɪk] ADJ [+ *fumes, waste etc*] 有毒的 yǒudú de

toy [tɔɪ] **I** N [c] 玩具 wánjù [个 gè] **II** CPD [+ *train, car*] 玩具 wánjù

▶**toy with** VT FUS **1** [+ *object, food*] 心不在焉地摆(擺)弄 xīn bù zài yān de bǎinòng **2** [+ *idea*] 漫不经(經)心地考虑(慮) màn bù jīngxīn de kǎolǜ

toyshop ['tɔɪʃɔp] N [c] 玩具店 wánjùdiàn [家 jiā]

trace [treɪs] **I** N [c] **1** (*sign*) [*of substance*] 痕迹(跡) hénjì [个 gè]; [*of person*] 踪(蹤)迹(跡) zōngjì [个 gè] **2** (*small amount*) ▶ **a trace of** 微量的 wēiliàng de **II** VT **1** (*draw*) [+ *picture*] 描摹 miáomó **2** (*with finger*) 勾画(畫) gōuhuà **3** (*also*: **trace back**) [+ *development, progress etc*] 追溯 zhuīsù **4** (*locate*) [+ *person, letter*] 追踪(蹤) zhuīzōng; [+ *cause*] 探究 tànjiū ▶ **to vanish** *or* **disappear without trace** 消失得无(無)影无(無)踪(蹤) xiāoshī de wú yǐng wú zōng

track [træk] **I** N [c] **1** (*path*) 小径(徑) xiǎojìng [条 tiáo] **2** [*of bullet etc*] 轨(軌)迹(跡) guǐjì [个 gè] **3** [*of suspect, animal*] 足迹(跡) zújì [个 gè] **4** (*Rail*) 轨(軌)道 guǐdào [条 tiáo] **5** (*on tape, record*) 曲目 qǔmù [个 gè] **6** (*Sport*) 跑道 pǎodào [条 tiáo] **II** VT (*follow*) [+ *animal, person*] 追踪(蹤) zhuīzōng ▶ **to keep/lose track of sb/sth** 掌握/跟不上某人/某物的动(動)态(態) zhǎngwò/gēn bù shàng mǒurén/mǒuwù de dòngtài ▶ **to be on the right track** (*fig*) 方向正确(確) fāngxiàng zhèngquè

▶**track down** VT [+ *prey, criminal*] 追踪(蹤)到 zhuīzōng dào

tracksuit ['træksuːt] (*Brit*) N [c] 运(運)动(動)服 yùndòngfú [套 tào] [美 = **sweatsuit**]

tractor ['træktəʳ] N [c] 拖拉机(機) tuōlājī [部 bù]

★ **trade** [treɪd] **I** N **1** [U] (*buying and selling*) 贸(貿)易 màoyì **2** [c] (*skill, job*) 谋(謀)生之道 móushēng zhī dào [种 zhǒng] **3** [c] (*specific kind of work*) 行业(業) hángyè ▷ *the book trade* 图书业 túshūyè **II** VI (*do business*) 做生意 zuò shēngyì **III** VT **1** (*exchange*) ▶ **to trade sth (for sth)** (*esp US*) 用某物交换(換)(某物) yòng mǒuwù jiāohuàn (mǒuwù) ▶ **to trade with** [+ *country, company*] 与(與)…进(進)行贸(貿)易 yǔ…jìnxíng màoyì ▶ **to trade in** [+ *merchandise*] 从(從)业于(於) cóngyè yú

▶**trade in** VT [+ *old car etc*] 以旧(舊)换(換)新 yǐ jiù huàn xīn

trademark ['treɪdmaːk] N [c] 商标(標) shāngbiāo [个 gè]

trader ['treɪdəʳ] N [c] 商人 shāngrén [个 gè]

tradesman ['treɪdzmən] (*pl* **tradesmen**) N [c] **1** (*workman*) 工匠 gōngjiàng [个 gè] **2** (*shopkeeper*) 小业(業)主 xiǎoyèzhǔ [个 gè]

trade union (*esp Brit*) N [c] 工会(會) gōnghuì [个 gè] [美 = **labor union**]

trading ['treɪdɪŋ] N [U] 交易 jiāoyì

tradition [trə'dɪʃən] N [c/U] 传(傳)统(統) chuántǒng [个 gè]

traditional [trə'dɪʃənl] ADJ [+ *costume, music, method etc*] 传(傳)统(統)的 chuántǒng de

traffic ['træfɪk] **I** N [U] **1** (*vehicles*) 交通 jiāotōng **2** [*in drugs etc*] 非法交易 fēifǎ jiāoyì **3** (*air traffic, sea traffic etc*) 航行 hángxíng **II** VI ▶ **to traffic in** [+ *liquor, drugs*] 贩(販)卖(賣) fànmài

traffic circle (*US*) N [c] 转(轉)盘(盤) zhuànpán [个 gè] [英 = **roundabout**]

traffic jam N [c] 交通阻塞 jiāotōng zǔsè [阵 zhèn]

traffic lights N PL 红(紅)绿(綠)灯(燈) hónglǜdēng

traffic warden (*esp Brit*) N [c] 交通管理员(員) jiāotōng guǎnlǐyuán [位 wèi]

tragedy ['trædʒədɪ] N [c/U] **1** (*disaster*) 极(極)大的不幸 jídà de bùxìng [个 gè] **2** (*Theat*) 悲剧(劇) bēijù [个 gè]

tragic ['trædʒɪk] ADJ **1** [+ *death, consequences, accident*] 悲惨(慘)的 bēicǎn de **2** (*Theat*) [+ *play, hero etc*] 悲剧(劇)的 bēijù de

trail [treɪl] **I** N [c] **1** (*path*) 小路 xiǎolù **2** [*of footprints etc*] 串 chuàn **II** VT **1** (*drag*) [+ *scarf, coat, fingers*] 拖 tuō **2** (*follow*) [+ *person, animal*]

跟踪(蹤) gēnzōng **III** VI **1** *(drag)* [*scarf, coat, fingers* +] 拖曳 tuōyè **2** *(move slowly)* 拖着(著)步子走 tuōzhe bùzi zǒu **3** *(in game, contest)* 落后(後) luòhòu ▸ **to be on the trail of sb/sth, be on sb's trail** 追踪(蹤)某人/某物 zhuīzōng mǒurén/mǒuwù

▸ **trail away, trail off** VI [*sound, voice* +] 渐(漸)弱至无(無)声(聲) jiànruò zhì wúshēng

trailer ['treɪlə^r] N [c] **1** *(Aut)* 拖车(車) tuōchē [部 bù] **2** *(US)* *(caravan)* 房式拖车(車) fángshì tuōchē [辆 liàng] [英 = **caravan**] **3** *(Cine, TV)* 预(預)告片 yùgàopiàn

trailer park *(US)* N [c] 活动(動)住房停放处(處) huódòng zhùfáng tíngfàngchù [英 = **caravan site**]

train [treɪn] **I** N [c] **1** *(Rail)* 火车(車) huǒchē [辆 liàng] **2** [*of dress*] 裙裾 qúnjū **II** VT **1** *(teach skills to)* 培训(訓) péixùn **2** [+ *dog*] 训(訓)练(練) xùnliàn **3** [+ *athlete*] 培养(養) péiyǎng **4** *(educate)* [+ *mind*] 开(開)发(發) kāifā **5** [+ *plant*] 给(給)…整枝 gěi…zhěngzhī ▸ **to train sth on sb/sth** [+ *camera, hose, gun etc*] 把某物对(對)准(準)某人/某物 bǎ mǒuwù duìzhǔn mǒurén/mǒuwù **III** VI **1** *(learn a skill)* 受训(訓)练(練) shòu xùnliàn **2** *(Sport)* 锻(鍛)炼(鍊) duànliàn ▸ **train of thought** 思路 sīlù ▸ **a train of events** 一系列的事件 yīxìliè de shìjiàn

trained [treɪnd] ADJ **1** [+ *worker, teacher*] 经(經)专(專)门(門)训(訓)练(練)的 jīng zhuānmén xùnliàn de **2** [+ *animal*] 驯(馴)化的 xùnhuà de ▸ **to the trained eye** 经(經)专(專)业眼光鉴(鑑)定 jīng zhuānyè yǎnguāng jiàndìng

trainee [treɪ'niː] N [c] **1** *(apprentice)* 受训(訓)者 shòuxùnzhě [位 wèi] **2** *(in office, management job)* 实(實)习(習)生 shíxíshēng [个 gè]

trainer ['treɪnə^r] N [c] **1** *(Sport)* 教练(練) jiàoliàn [位 wèi] **2** *(Brit)* *(shoe)* 运(運)动(動)鞋 yùndòngxié [双 shuāng] [美 = **sneaker**] **3** [*of animals*] 驯(馴)兽(獸)师(師) xùnshòushī [位 wèi]

training ['treɪnɪŋ] N [U] **1** *(for occupation)* 培训(訓) péixùn **2** *(Sport)* 训(訓)练(練) xùnliàn ▸ **to be in training for sth** *(Sport)* 为(為)某事进(進)行训(訓)练(練) wèi mǒushì jìnxíng xùnliàn

training course N [c] 培训(訓)班 péixùnbān [个 gè]

trait [treɪt] N [c] 特性 tèxìng [种 zhǒng]

traitor ['treɪtə^r] N [c] 叛徒 pàntú [个 gè]

tram [træm] *(Brit)* N [c] *(also:* **tramcar**) 有轨(軌)电(電)车(車) yǒu guǐ diànchē [辆 liàng] [美 = **streetcar**] ▸ **to go by tram** 乘有轨(軌)电(電)车(車)去 chéng yǒu guǐ diànchē qù

tramp [træmp] **I** N [c] **1** *(vagrant)* 流浪者 liúlàngzhě [个 gè] **2** *(esp US; inf, pej)* *(woman)* 荡(蕩)妇(婦) dàngfù [个 gè] **II** VI *(walk slowly)* 踏 tà **III** VT [+ *town, streets*] 踏遍 tàbiàn

trample ['træmpl] **I** VT **1** [+ *grass, plants*] 践(踐)踏 jiàntà **2** [+ *person*] 踩 cǎi **II** VI ▸ **to trample on** 践(踐)踏在 jiàntà zài ▸ **to trample on sb's feelings** 伤(傷)害某人的感情 shānghài mǒurén de gǎnqíng

trampoline ['træmpəliːn] N [c] 蹦床 bèngchuáng [个 gè]

trance [trɑːns] N [c] 恍惚 huǎnghū ▸ **to be in/go into a trance** 在/陷入迷睡状(狀)态(態) zài/xiànrù míshuì zhuàngtài

tranquil ['træŋkwɪl] ADJ 宁(寧)静(靜)的 níngjìng de

tranquillity, *(US)* **tranquility** [træŋ'kwɪlɪtɪ] N [U] 安谧(謐) ānmì

tranquillizer, *(US)* **tranquilizer** ['træŋkwɪlaɪzə^r] N [c] 镇(鎮)静(靜)剂(劑) zhènjìngjì

transaction [træn'zækʃən] N [c] *(piece of business)* 交易 jiāoyì [个 gè]

transatlantic ['trænzət'læntɪk] ADJ **1** [+ *trade, phone-call, flight etc*] 跨越大西洋的 kuàyuè Dàxīyáng de **2** *(Brit)* *(American)* 大西洋彼岸的 Dàxīyáng bǐ'àn de

transcript ['trænskrɪpt] N [c] [*of tape, notes*] 讲(講)稿 jiǎnggǎo [份 fèn]

transfer [*n* 'trænsfəʳ, *vb* træns'fəːʳ] **I** N **1** [c/U] [*of money, documents*] 转(轉)移 zhuǎnyí [次 cì] **2** [c/U] [*of employee*] 调(調)任 diàorèn **3** [c/U] *(Pol)* [*of power*] 移交 yíjiāo **4** [c] *(Sport)* 转(轉)会(會) zhuǎnhuì [次 cì] **5** [c] *(Brit)* *(picture, design)* 转(轉)印 zhuǎnyìn [美 = **decal**] **II** VT **1** [+ *employee*] 调(調)任 diàorèn **2** [+ *money, documents etc*] 转(轉)移 zhuǎnyí **3** *(Pol)* [+ *power, ownership*] 移交 yíjiāo ▸ **by bank transfer** 通过(過)银(銀)行转(轉)账(賬) tōngguò yínháng zhuǎnzhàng ▸ **to transfer the charges** *(Brit: Tel)* 收费(費)转(轉)移 shōufèi zhuǎnyí

transform [træns'fɔːm] VT [+ *person, situation etc*] 完全改变(變) wánquán gǎibiàn ▸ **to transform sb/sth into** 使某人/某事变(變)成 shǐ mǒurén/mǒushì biànchéng

transformation [trænsfə'meɪʃən] N [c/U] 改变(變) gǎibiàn ▸ **transformation into sth** 改变(變)成某事物 gǎibiàn chéng mǒushìwù

transfusion [træns'fjuːʒən] N [c/U] *(also:* **blood transfusion**) 输(輸)血 shūxuè [次 cì]

transit ['trænzɪt] **I** N **1** ▸ **in transit** *(people)* 在途中 zài túzhōng; *(things)* 运(運)送中 yùnsòng zhōng **2** [U] *(US)* 运(運)输(輸) yùnshū **II** ADJ [+ *area, building*] 中转(轉)的 zhōngzhuǎn de

transition [træn'zɪʃən] N [c/U] 过(過)渡 guòdù ▸ **transition from/to sth** 从(從)/向某事物过(過)渡 cóng/xiàng mǒushìwù guòdù

translate [trænz'leɪt] VT **1** [+ *word, book etc*] 翻译(譯) fānyì **2** *(convert)* 转(轉)化 zhuǎnhuà ▸ **to translate a book from English into French** 把一本书(書)从(從)英语(語)翻译(譯)成法语(語) bǎ yī běn shū cóng Yīngyǔ fānyìchéng Fǎyǔ

translation [trænz'leɪʃən] N **1** [c] *(text)* 译(譯)文

t

yìwén [篇 piān] **2** [U] (*act of translating*) 翻译(譯) fānyì ▸ **to read sth in translation** 读(讀)某物的译(譯)文 dú mǒuwù de yìwén

translator [trænzˈleɪtəʳ] N [C] 译(譯)者 yìzhě [个 gè]

transmission [trænzˈmɪʃən] N **1** [U] [*of information, disease*] 传(傳)播 chuánbō **2** [C] (*TV, Rad*) (*broadcast*) 播送 bōsòng **3** [U] (*act of transmitting*) 播出 bōchū **4** [C/U] (*Aut*) 传(傳)动(動)装(裝)置 chuándòng zhuāngzhì

transmit [trænzˈmɪt] VT **1** [+ *message, signal*] 发(發)送 fāsòng **2** (*frm*) [+ *disease*] 传(傳)播 chuánbō **3** (*TV, Rad*) [+ *programme*] 播出 bōchū

transmitter [trænzˈmɪtəʳ] (*TV, Rad*) N [C] 发(發)射机(機) fāshèjī

transparent [trænsˈpærnt] ADJ **1** [+ *blouse, plastic*] 透明的 tòumíng de **2** (*fig*) [+ *lie, pretence*] 显(顯)而易见(見)的 xiǎn ér yì jiàn de; [+ *costs, activity*] 清楚的 qīngchǔ de

transplant [*vb* trænsˈplɑːnt, *n* ˈtrænsplɑːnt] **I** VT **1** (*Med*) [+ *organ*] 移植 yízhí **2** (*move*) 使迁(遷)移 shǐ qiānyí **3** [+ *plant*] 移栽 yízāi **II** N **1** [C/U] (*Med*) (*operation*) 移植 yízhí [次 cì] **2** [C] (*Med*) (*organ*) 移植器官 yízhí qìguān [次 cì] ▸ **to have a heart/liver transplant** 进(進)行心脏(臟)/肝脏(臟)移植 jìnxíng xīnzàng/gānzàng yízhí

transport [*n* ˈtrænspɔːt, *vb* trænsˈpɔːt] **I** N [U] **1** [*of people, goods*] 运(運)输(輸) yùnshū **2** (*transportation*) 交通工具 jiāotōng gōngjù **II** VT (*move*) 运(運)送 yùnsòng ▸ **to have one's own transport** 有自己的交通工具 yǒu zìjǐ de jiāotōng gōngjù ▸ **public transport** (*esp Brit*) 公共交通 gōnggòng jiāotōng ▸ **Department of Transport** (*Brit*) 交通部 jiāotōngbù

transportation [ˈtrænspɔːˈteɪʃən] N [U] **1** (*US*) (*transport*) 运(運)输(輸) yùnshū **2** (*means of transport*) 交通工具 jiāotōng gōngjù ▸ **Department of Transportation** (*US*) 交通部 jiāotōngbù

transvestite [trænzˈvɛstaɪt] N [C] 爱(愛)穿着(著)异(異)性衣物的人 ài chuānzhuó yìxìng yīwù de rén

trap [træp] **I** N [C] **1** (*for animals*) 陷阱 xiànjǐng [个 gè] **2** (*trick*) 圈套 quāntào [个 gè] **3** (*carriage*) 双(雙)轮(輪)马(馬)车(車) shuānglún mǎchē [辆 liàng] **II** VT **1** [+ *animal*] 诱(誘)捕 yòubǔ **2** (*trick*) [+ *person*] 诱(誘)导(導) yòudǎo **3** (*confine*) (*in bad marriage etc*) 使陷入 shǐ xiànrù **4** (*in building*) 困住 kùnzhù **5** (*capture*) [+ *gas, water, energy*] 使不泄(洩)漏 shǐ bù xièlòu ▸ **to set** *or* **lay a trap for sb** 为(為)某人设(設)陷阱 wèi mǒurén shè xiànjǐng ▸ **to trap one's finger in the door** 某人的手指被门(門)缝(縫)夹(夾)了一下 mǒurén de shǒuzhǐ bèi ménfèng jiāle yīxià

trash [træʃ] N [U] **1** (*US*) 废(廢)物 fèiwù [英 = **rubbish**] **2** (*pej: nonsense*) 胡说(說)八道 hú shuō bā dào

trash can (*US*) N [C] 垃圾桶 lājītǒng [个 gè] [英 = **(dust) bin**]

trashy [ˈtræʃɪ] ADJ 垃圾的 lājī de ▹ *a really trashy film* 一部垃圾的电影 yī bù lājī de diànyǐng

trauma [ˈtrɔːmə] N [C/U] 创(創)伤(傷) chuāngshāng [种 zhǒng]

traumatic [trɔːˈmætɪk] ADJ 创(創)伤(傷)的 chuāngshāng de

travel [ˈtrævl] **I** N [U] (*travelling*) 旅行 lǚxíng **II** VI **1** [*person* +] 前往 qiánwǎng **2** [*light, sound, news* +] 传(傳)播 chuánbō **III** VT [+ *distance*] 走过(過) zǒuguò **IV travels** N [C] PL 游(遊)历(歷) yóulì ▸ **news travels fast** 消息传(傳)得快 xiāoxi chuán de kuài ▸ **this wine doesn't travel well** 这(這)酒不宜长(長)途运(運)输(輸) zhè jiǔ bùyí chángtú yùnshū

travel agency N [C] 旅行社 lǚxíngshè [个 gè]

travel agent N [C] **1** (*shop, office*) 旅行中介 lǚxíng zhōngjiè [个 gè] **2** (*person*) 旅行代理人 lǚxíng dàilǐrén [个 gè]

travel insurance N [U] 旅行保险(險) lǚxíng bǎoxiǎn

traveller, (*US*) **traveler** [ˈtrævləʳ] N [C] **1** 旅行者 lǚxíngzhě [位 wèi] **2** (*Brit*) (*gypsy*) 漂泊者 piāobózhě [个 gè]

traveller's cheque, (*US*) **traveler's check** N [C] 旅行支票 lǚxíng zhīpiào [张 zhāng]

travelling, (*US*) **traveling** [ˈtrævlɪŋ] **I** N [U] 行程 xíngchéng **II** CPD [+ *circus, exhibition*] 巡回(迴) xúnhuí ▸ **travelling expenses** 旅费(費) lǚfèi

travel rep N [C] 全陪导(導)游(遊) quánpéi dǎoyóu

travel sick ADJ 晕(暈)车(車)/船/机(機)的 yùnchē/chuán/jī de

travel sickness N [U] 晕(暈)车(車)/船/机(機)症 yùnchē/chuán/jī zhèng

tray [treɪ] N [C] **1** (*for food, drink*) 托盘(盤) tuōpán [个 gè] **2** (*on desk*) 文件盘(盤) wénjiànpán

treacherous [ˈtrɛtʃərəs] ADJ **1** [+ *person*] 不忠的 bù zhōng de **2** [+ *ground, conditions, current*] 危险(險)的 wēixiǎn de

treacle [ˈtriːkl] (*Brit*) N [U] (*also:* **black treacle**) 糖浆(漿) tángjiāng [美 = **molasses**]

tread [trɛd] (*pt* **trod**, *pp* **trodden**) **I** N **1** [S] (*footstep*) 脚(腳)步声(聲) jiǎobùshēng **2** [C/U] [*of tyre*] 轮(輪)胎面 lúntāimiàn **II** VI 走 zǒu ▸ **to tread carefully** (*fig*) 小心行事 xiǎoxīn xíngshì ▸ **tread on** VT FUS 踩上 cǎi shàng

treasure [ˈtrɛʒəʳ] **I** N **1** [U] (*gold, jewels etc*) 宝(寶)藏 bǎozàng **2** [C] (*inf: person*) 宝(寶)贝(貝) bǎobèi [个 gè] **II** VT (*value*) [+ *object, memory, friendship*] 珍惜 zhēnxī **III treasures** N PL 珍品 zhēnpǐn

treasurer [ˈtrɛʒərəʳ] N [C] 财(財)务(務)总(總)管 cáiwù zǒngguǎn [位 wèi]

treasury [ˈtrɛʒərɪ] N ▸ **the Treasury,** (*US*) **the Treasury Department** 财(財)政部 cáizhèngbù

treat [tri:t] **I** N [c] **1** (*gift, outing*) 待遇 dàiyù **2** (*luxury*) 礼(禮)遇 lǐyù **II** VT **1** (*behave towards*) [+ *person, object*] 对(對)待 duìdài **2** (*Med*) [+ *patient, illness*] 医(醫)治 yīzhì **3** (*Tech*) [+ *substance, material*] 处(處)理 chǔlǐ ▸ **to treat sth as a joke** 把某事当(當)作笑话(話) bǎ mǒushì dàngzuò xiàohuà ▸ **to treat sb for a wound/injury** 给(給)某人治疗(療)伤(傷)口/伤(傷)处(處) gěi mǒurén zhìliáo shāngkǒu/shāngchù ▸ **to treat a substance/material with sth** 用某物处(處)理某种(種)物质(質)/材料 yòng mǒuwù chǔlǐ mǒuzhǒng wùzhì/cáiliào ▸ **to treat sb to sth** 用某物款待某人 yòng mǒuwù kuǎndài mǒurén ▸ **to treat o.s. to sth** 使自己享受某物 shǐ zìjǐ xiǎngshòu mǒuwù

treatment ['tri:tmənt] N **1** [U] (*attention*) 对(對)待 duìdài **2** [C/U] (*Med*) 治疗(療) zhìliáo [次 cì] ▸ **to have** *or* **receive treatment for sth** (*Med*) 因某病接受治疗(療) yīn mǒu bìng jiēshòu zhìliáo

treaty ['tri:tɪ] N [C] 条(條)约(約) tiáoyuē [个 gè]

treble ['trɛbl] **I** ADJ **1** (*triple*) 三倍的 sān bèi de **2** (*Mus*) [+ *instrument*] 高音 gāoyīn; [+ *voice, part*] 高音部 gāoyīnbù **II** N [C] **1** (*singer*) 高音歌手 gāoyīn gēshǒu [位 wèi] **2** (*on hi-fi, radio etc*) 高音部 gāoyīnbù **III** VT 使成三倍 shǐ chéng sān bèi **IV** VI 增至三倍 zēng zhì sān bèi ▸ **to be treble the amount/size of sth** 是某物数(數)量/大小的三倍 shì mǒuwù shùliàng/dàxiǎo de sān bèi

tree [tri:] N [C] 树(樹) shù [棵 kē]

trek [trɛk] **I** N [C] 跋涉 báshè **II** VI 徒步穿越 túbù chuānyuè

tremble ['trɛmbl] VI **1** [*voice* +] (*with fear etc*) 颤(顫)抖 chàndǒu **2** [*body* +] (*with fear, cold*) 战(戰)栗(慄) zhànlì **3** [*ground, trees* +] 抖动(動) dǒudòng

tremendous [trɪ'mɛndəs] ADJ **1** (*enormous*) [+ *amount, success etc*] 极(極)大的 jí dà de **2** (*excellent*) 极(極)棒的 jí bàng de

trench [trɛntʃ] N [C] **1** 沟(溝) gōu [条 tiáo] **2** (*in battlefield*) 战(戰)壕 zhànháo [个 gè]

trend [trɛnd] N [C] **1** (*tendency*) 趋(趨)势(勢) qūshì [种 zhǒng] **2** (*fashion*) 潮流 cháoliú [个 gè] ▸ **a trend towards/away from (doing) sth** (做)某事/背离(離)某事的倾(傾)向 (zuò) mǒushì/bèilí mǒushì de qīngxiàng ▸ **to set a trend** 领(領)导(導)潮流 lǐngdǎo cháoliú

trendy ['trɛndɪ] (*inf*) ADJ [+ *idea, person, clothes, place*] 时(時)髦的 shímáo de

trespass ['trɛspəs] VI ▸ **to trespass on** 擅入 shàn rù ▸ **"no trespassing"** "禁止擅入" "jìnzhǐ shàn rù"

trial ['traɪəl] **I** N [C/U] **1** (*Law*) 审(審)理 shěnlǐ [次 cì] **2** [*of machine, drug etc*] 试(試)验(驗) shìyàn **II trials** N PL (*ordeal*) 麻烦(煩) máfan ▸ **horse trials** 马(馬)术(術)比赛(賽) mǎshù bǐsài ▸ **trial by jury** 陪审(審)团(團)审(審)理 péishěntuán shěnlǐ ▸ **to be sent for trial** 送审(審) sòngshěn ▸ **on trial** (*Law*) 受审(審) shòushěn; (*on approval*) 试(試)验(驗) shìyàn ▸ **by trial and error** 反复(複)试(試)验(驗) fǎnfù shìyàn

trial period N [C] (*for employee, product*) 试(試)用期 shìyòngqī [段 duàn]

triangle ['traɪæŋgl] N [C] **1** (*Math*) 三角 sānjiǎo [个 gè] **2** (*Mus*) 三角铁(鐵) sānjiǎotiě

triangular [traɪ'æŋgjulə^r] ADJ 三角形的 sānjiǎoxíng de

tribe [traɪb] N [C] 部落 bùluò [个 gè]

tribunal [traɪ'bju:nl] N [C] 特别(別)法庭 tèbié fǎtíng [个 gè]

tribute ['trɪbju:t] N [C/U] 赞(讚)赏(賞) zànshǎng ▸ **to be a tribute to sth** 归(歸)功于(於)某事 guīgōng yú mǒushì ▸ **to pay tribute to sb/sth** 对(對)某人/某事表示敬意 duì mǒurén/mǒushì biǎoshì jìngyì

trick [trɪk] **I** N [C] **1** (*by conjuror*) 戏(戲)法 xìfǎ [个 gè] **2** (*deception*) 伎俩(倆) jìliǎng [个 gè] **3** (*skill, knack*) 诀(訣)窍(竅) juéqiào **4** (*Cards*) 一圈牌 yī quān pái **II** VT (*deceive*) 耍花招 shuǎ huāzhāo ▸ **to play a trick on sb** 对(對)某人耍花招 duì mǒurén shuǎ huāzhāo ▸ **a trick of the light** 光引起的幻觉(覺) guāng yǐnqǐ de huànjué ▸ **that should do the trick** (*inf*) 这(這)应(應)该(該)奏效 zhè yīnggāi zòuxiào ▸ **to trick sb into doing sth** 用计(計)诱(誘)使某人做某事 yòng jì yòushǐ mǒurén zuò mǒushì

trickle ['trɪkl] **I** VI **1** [*water, tears, blood* +] 一滴滴地流 yī dīdī de liú **2** [*people, things* +] 相继(繼)走 xiāngjì zǒu **II** N [C] [*of water, blood*] 细(細)流 xìliú

tricky ['trɪkɪ] ADJ [+ *job, problem*] 棘手的 jíshǒu de

tricycle ['traɪsɪkl] N [C] 三轮(輪)车(車) sānlúnchē [辆 liàng]

trifle ['traɪfl] **I** N **1** [C] (*small detail*) 琐(瑣)事 suǒshì [件 jiàn] **2** [C/U] (*Culin*) 水果蛋糕 shuǐguǒ dàngāo [个 gè] **II** ADV ▸ **a trifle long/short** 有点(點)长(長)/短 yǒudiǎn cháng/duǎn **III** VI ▸ **to trifle with sb/sth** 耍某人/不重视(視)某事 shuǎ mǒurén/bù zhòngshì mǒushì

trigger ['trɪgə^r] **I** N [C] **1** [*of gun*] 扳机(機) bānjī [个 gè] **2** [*of bomb*] 导(導)火索 dǎohuǒsuǒ [个 gè] **3** (*cause*) 诱(誘)因 yòuyīn [个 gè] **II** VT **1** [+ *alarm, bomb*] 启(啟)动(動) qǐdòng **2** (*also:* **trigger off**) [+ *reaction, riot*] 引发(發) yǐnfā

trim [trɪm] **I** ADJ **1** [+ *garden etc*] 整齐(齊)的 zhěngqí de **2** [+ *figure, person*] 苗条(條)的 miáotiáo de **II** N **1** [C] (*haircut*) 修剪 xiūjiǎn **2** [C/U] (*decoration*) (*on clothes*) 镶(鑲)边(邊) xiāngbiān; (*on car*) 饰(飾)边(邊) shìbiān **III** VT **1** (*cut*) [+ *hair, beard*] 剪短 jiǎnduǎn **2** (*decorate*) ▸ **to trim (with)** (以…)装(裝)饰(飾) (yǐ…) zhuāngshì **3** (*Naut*) [+ *sail*] 整帆 zhěngfān ▸ **to**

t

keep in (good) trim 保持身体(體)健康 bǎochí shēntǐ jiànkāng
▸**trim off** VT 除去 chúqù

trimmings ['trɪmɪŋz] N PL **1** (*Culin*) 花色配菜 huāsè pèicài [份 fèn] **2** [*of pastry etc*] 边(邊)角料 biānjiǎoliào

Trinidad and Tobago ['trɪnɪdædntə'beɪgəu] N 特立尼达(達)和多巴哥 Tèlìnídá hé Duōbāgē

trio ['triːəu] N [c] **1** (*Mus*) [*of musicians*] 三重奏 sānchóngzòu [段 duàn] **2** (*Mus*) (*composition*) 三重奏曲 sānchóngzòu qǔ [首 shǒu] **3** (*group of three*) 三人组(組) sānrénzǔ [个 gè]

trip [trɪp] **I** N [c] **1** (*journey*) 出行 chūxíng [次 cì] **2** (*outing*) 外出 wàichū [次 cì] **II** VI **1** (*also*: **trip up**) (*stumble*) 绊(絆)倒 bàndǎo **2** (*liter*: *walk lightly*) 轻(輕)快地走 qīngkuài de zǒu **III** VT (*also*: **trip up**) (*cause to fall*) 把…绊(絆)倒 bǎ…bàndǎo ▸ **to go on a trip** 外出旅行 wàichū lǚxíng
▸**trip over** VT FUS [+ *stone, root etc*] 绊(絆)倒 bàndǎo
▸**trip up** **I** VI **1** = **trip 2** (*fig*: *make a mistake*) 出差错(錯) chū chācuò **II** VT **1** = **trip 2** (*fig*: *cause to make a mistake*) 使犯错(錯) shǐ fàncuò
用法参见 **journey**

triple ['trɪpl] **I** ADJ 三部分的 sān bùfen de **II** ADV ▸ **triple the distance/size** 三倍的距离(離)/尺寸 sānbèi de jùlí/chǐcùn **III** VT 使增至三倍 shǐ zēng zhì sānbèi **IV** VI 三倍于(於) sānbèi yú

triplets ['trɪplɪts] N PL 三胞胎 sānbāotāi

tripod ['traɪpɔd] N [c] (*for camera, telescope*) 三脚(腳)架 sānjiǎojià [个 gè]

triumph ['traɪʌmf] **I** N **1** [c] (*great achievement*) 巨大的成功 jùdà de chénggōng [个 gè] **2** [u] (*satisfaction*) 得意 déyì **II** VI ▸ **to triumph (over)** **1** [+ *problem, disability etc*] 胜(勝)(过(過)) shèng (guò) **2** [+ *opponent*] 战(戰)胜(勝) zhànshèng

triumphant [traɪ'ʌmfənt] ADJ [+ *person, team*] 得胜(勝)的 déshèng de; [+ *wave, return*] 凯(凱)旋的 kǎixuán de

trivia ['trɪvɪə] N PL 琐(瑣)事 suǒshì

trivial ['trɪvɪəl] ADJ 琐(瑣)碎的 suǒsuì de

trod [trɔd] PT *of* **tread**

trodden [trɔdn] PP *of* **tread**

trolley ['trɔlɪ] N [c] **1** (*Brit*) (*for luggage, in supermarket*) 手推车(車) shǒutuīchē [辆 liàng] [美 = **cart**] **2** (*Brit*) (*table on wheels*) 茶具车(車) chájùchē [个 gè] [美 = **cart**] **3** (*Brit*) (*in hospital*) 有轮(輪)子的病床 yǒu lúnzi de bìngchuáng [张 zhāng] [美 = **gurney**] **4** (*US*) (*vehicle*) 电(電)车(車) diànchē [辆 liàng] [英 = **tram**]

trombone [trɔm'bəun] N [c] 长(長)号(號) chánghào [只 zhī]

troop [truːp] **I** N [c] **1** [*of people, animals*] 群 qún **2** [*of soldiers*] 队(隊) duì **II** VI ▸ **to troop in/out** 结(結)队(隊)进(進)/出 jiéduì jìn/chū **III** **troops** N [c] PL (*Mil*) 部队(隊) bùduì [支 zhī]

trophy ['trəufɪ] N [c] (*cup, shield etc*) 奖(獎)品 jiǎngpǐn [个 gè]

tropical ['trɔpɪkl] ADJ [+ *rainforest, disease, climate*] 热(熱)带(帶)的 rèdài de

trot [trɔt] **I** N [s] **1** [*of person*] 小步快跑 xiǎo bù kuài pǎo **2** [*of horse*] 小跑 xiǎopǎo **II** VI [*horse, person* +] 小步快跑 xiǎo bù kuài pǎo ▸ **on the trot** (*Brit*; *inf*) (*in succession*) 一个(個)接一个(個)地 yī gè jiē yī gè de
▸**trot out** (*inf*) VT [+ *excuse, information*] 重复(複) chóngfù

trouble ['trʌbl] **I** N **1** [c/u] (*difficulties, bother, effort*) 麻烦(煩) máfan [个 gè] **2** [s] (*problem*) 问(問)题(題) wèntí [个 gè] **3** [u] (*unrest*) 骚(騷)乱(亂) sāoluàn **II** VT **1** (*worry*) 使担(擔)忧(憂) shǐ dānyōu **2** (*disturb*) 打扰(擾) dǎrǎo **III** VI ▸ **to trouble to do sth** 费(費)心做某事 fèixīn zuò mǒushì **IV** **troubles** N PL 忧(憂)虑(慮) yōulǜ ▸ **to be in trouble** (*with police, authorities*) 惹麻烦(煩) rě máfan; [*ship, climber etc* +] 陷入困境 xiànrù kùnjìng ▸ **to have trouble doing sth** 做某事有困难(難) zuò mǒushì yǒu kùnnan ▸ **what's the trouble?** 怎么(麽)了？ zěnme le? ▸ **the trouble is...** 问(問)题(題)是… wèntí shì... ▸ **stomach/back trouble** 胃部/背部毛病 wèibù/bèibù máobìng ▸ **it's no trouble!** 没(沒)问(問)题(題)！Méi wèntí! ▸ **to go to the trouble of doing sth, take the trouble to do sth** 不辞(辭)劳(勞)苦地做某事 bù cí láokǔ de zuò mǒushì ▸ **please don't trouble yourself** 不麻烦(煩)您了 bù máfan nín le

troubled [trʌbld] ADJ **1** [+ *person*] 焦虑(慮)的 jiāolǜ de **2** [+ *place, times*] 多事的 duōshì de

troublemaker ['trʌblmeɪkə^r] N [c] 闹(鬧)事者 nàoshìzhě [个 gè]

troublesome ['trʌblsəm] ADJ [+ *child etc*] 烦(煩)人的 fánrén de; [+ *injury, cough etc*] 麻烦(煩)的 máfan de

trough [trɔf] N [c] **1** (*for feeding animals*) 槽 cáo **2** (*fig*: *low point*) 低谷 dīgǔ ▸ **a trough of low pressure** (*Met*) 低压(壓)槽 dīyācáo

trousers ['trauzəz] (*Brit*) N PL 裤(褲)子 kùzi [美 = **pants**] ▸ **a pair of trousers** 一条(條)裤(褲)子 yī tiáo kùzi

trout [traut] N **1** [c/u] 鳟(鱒)鱼(魚) zūnyú [条 tiáo] **2** [u] (*food*) 鳟(鱒)鱼(魚)肉 zūnyú ròu

trowel ['trauəl] N [c] **1** (*garden tool*) 小铲(鏟)子 xiǎo chǎnzi **2** (*builder's tool*) 瓦刀 wǎdāo

truant ['truənt] **I** N **1** ▸ **to play truant** 逃学(學) táoxué **2** [c] (*pupil*) 逃学(學)生 táoxuéshēng [个 gè] **II** VI 逃学(學) táoxué

truce [truːs] N [c] 休战(戰) xiūzhàn ▸ **to call a truce** 宣布休战(戰) xuānbù xiūzhàn

truck [trʌk] N **1** [c] (*esp US*) 卡车(車) kǎchē [辆 liàng] [英 = **lorry**] **2** [c] (*Brit*: *Rail*) 货(貨)车(車) huòchē **3** ▸ **to have no truck with sb/sth** 拒不与(與)某人打交道/参(參)与(與)某事 jù bù yǔ mǒurén dǎ jiāodào/cānyù mǒushì

truck driver(*esp US*) N [C] 卡车(車)司机(機) kǎchē sījī [位 wèi] [英 = **lorry driver**]

true[truː] ADJ **1** [+ *story, motive, feelings*] 真实(實)的 zhēnshí de **2** (*genuine, typical*) 真正的 zhēnzhèng de **3** (*accurate*) [+ *likeness*] 准(準)确(確)的 zhǔnquè de ▸ **it is true that...** …是真的 ...shì zhēn de ▸ **to come true** [*dream, prediction* +] 实(實)现(現) shíxiàn ▸ **to hold true** 适(適)用 shìyòng ▸ **to be true to sb** 对(對)某人忠诚(誠) duì mǒurén zhōngchéng ▸ **to be true to sth** (*to idea, cause*) 忠于(於)某事 zhōngyú mǒushì ▸ **true to form** 一如既往 yī rú jì wǎng ▸ **true to life** 逼真的 bīzhēn de

truly[ˈtruːlɪ] ADV **1** (*genuinely*) 确(確)实(實)地 quèshí de **2** (*for emphasis*) 相当(當)地 xiāngdāng de **3** (*truthfully*) 的确(確)地 díquè de ▸ **yours truly** (*in letter*) 您忠诚(誠)的 nín zhōngchéng de

trumpet[ˈtrʌmpɪt] N [C] 小号(號) xiǎohào [把 bǎ]

trunk[trʌŋk] **I** N [C] **1** [*of tree*] 树(樹)干(幹) shùgàn [个 gè] **2** [*of elephant*] 象鼻 xiàngbí [个 gè] **3** (*case*) 箱子 xiāngzi **4** (*US*) (*of car*) 后(後)备(備)箱 hòubèixiāng [个 gè] [英 = **boot**] **5** (*frm*) [*of person*] 躯(軀)干(幹) qūgàn **II trunks** N PL (*also*: **swimming trunks**) 游泳裤(褲) yóuyǒngkù

trust[trʌst] **I** N **1** [U] 信任 xìnrèn **2** [C] (*Fin*) 信托(託) xìntuō **3** [C] (*Brit*) (*also*: **trust hospital**) 由政府出资独立经营的医院 **II** VT **1** (*have confidence in*) [+ *person*] 信任 xìnrèn **2** (*consider reliable*) [+ *legs, voice etc*] 信赖(賴) xìnlài **3** [+ *sb's judgement, advice*] 相信 xiāngxìn ▸ **sb's trust in sb** 某人对(對)某人的信任 mǒurén duì mǒurén de xìnrèn ▸ **a position of trust** 重任 zhòngrèn ▸ **to take sth on trust** [+ *advice, information*] 未经(經)查证(證)就相信某事 wèi jīng cházhèng jiù xiāngxìn mǒushì ▸ **to hold sth in trust** (*Law*) 受托(託)保管某物 shòu tuō bǎoguǎn mǒuwù ▸ **to trust sb to do sth** 信任某人做某事 xìnrèn mǒurén zuò mǒushì ▸ **to trust sb with sth** 把某物托(託)付给(給)某人 bǎ mǒuwù tuōfù gěi mǒurén ▸ **to trust (that)...** (*frm*: *hope*) 相信… xiāngxìn...

trusted[ˈtrʌstɪd] ADJ [+ *friend, advisor*] 可靠的 kěkào de

trusting[ˈtrʌstɪŋ] ADJ [+ *person, nature*] 相信别(別)人的 xiāngxìn biérén de

trustworthy[ˈtrʌstwəːðɪ] ADJ [+ *person*] 可靠的 kěkào de

truth[truːθ] (*pl* **truths** [truːðz]) N **1** [U] (*facts*) 事实(實) shìshí **2** [U] (*truthfulness*) 真实(實)性 zhēnshíxìng **3** [C] (*principle*) 真理 zhēnlǐ

truthful[ˈtruːθful] ADJ **1** [+ *person*] 诚(誠)实(實)的 chéngshí de **2** [+ *answer, account*] 如实(實)的 rúshí de

★**try**[traɪ] **I** N [C] **1** 尝(嘗)试(試) chángshì [个 gè] ▹ *It's worth a try.* 这值得一试。Zhè zhídé yī shì. **2** (*Rugby*) 触(觸)球 chùqiú **II** VT **1** (*attempt*) 试(試) shì ▹ *I tried a different approach to the problem.* 我试着用不同的方法来解决这个问题。Wǒ shìzhe yòng bùtóng de fāngfǎ lái jiějué zhège wèntí. **2** (*test*) 尝(嘗)试(試) chángshì ▹ *I've tried herbal cigarettes but I don't like them.* 我尝试过草烟但不喜欢。Wǒ chángshì guo cǎoyān dàn bù xǐhuan. **3** (*Law*) [+ *case, person*] 审(審)理 shěnlǐ **4** [+ *person, place*] 试(試) shì ▹ *Have you tried the local music shops?* 你试过当地的音乐商店吗？ Nǐ shìguo dāngdì de yīnyuè shāngdiàn ma? **III** VI (*make effort*) 努力 nǔlì ▹ *You can do it if you try.* 如果你努力就能够做到。Rúguǒ nǐ nǔlì jiù nénggòu zuòdào. ▸ **to have a try at sth, give sth a try** 尝(嘗)试(試)做某事 chángshì zuò mǒushì ▸ **to try to do sth, try doing sth** 尽(盡)力做某事 jìnlì zuò mǒushì ▸ **to try one's best** *or* **hardest to do sth** 尽(盡)某人最大的能力做某事 jìn mǒurén zuì dà de nénglì zuò mǒushì

▸**try on** VT [+ *dress, hat, shoes*] 试(試)穿 shìchuān ▸ **to try it on (with sb)** (*Brit; inf*) 试(試)探(某人) shìtàn (mǒurén)

▸**try out** VT (*test*) 试(試)验(驗) shìyàn

trying[ˈtraɪɪŋ] ADJ **1** [+ *person*] 难(難)对(對)付的 nán duìfu de **2** [+ *experience, situation*] 令人厌(厭)烦(煩)的 lìng rén yànfán de

T-shirt[ˈtiːʃəːt] N [C] 短袖衫 duǎnxiùshān [件 jiàn]

tub[tʌb] N [C] **1** (*container*) 缸 gāng [个 gè] **2** (*US*) 浴缸 yùgāng [个 gè] [英 = **bath**]

tube[tjuːb] N **1** [C] (*pipe*) 管子 guǎnzi [根 gēn] **2** [C] (*container*) 筒 tǒng [个 gè] **3** (*Brit*) ▸ **the tube** (*underground*) 地铁(鐵) dìtiě [美 = **subway**] **4** (*US; inf*) ▸ **the tube** (*television*) 电(電)视(視) diànshì [英 = **the box**] ▸ **to travel by tube** 乘地铁(鐵) chéng dìtiě

tuberculosis[tjubəːkjuˈləusɪs] N [U] 肺结(結)核 fèijiéhé

tube station(*Brit*) N [C] 地铁(鐵)站 dìtiězhàn [个 gè]

tuck[tʌk] **I** VT (*put*) 夹(夾) jiā **II** N [C] (*Sewing*) 褶 zhě

▸**tuck away** VT (*store*) 妥善保存 tuǒshàn bǎocún ▸ **to be tucked away** (*building etc*) 隐(隱)蔽起来(來) yǐnbì qǐlái

▸**tuck in** **I** VT **1** [+ *clothing*] 塞进(進) sāijìn **2** [+ *child*] 给(給)…盖(蓋)好被子 gěi...gàihǎo bèizi **II** VI (*Brit; inf*) (*eat*) 尽(盡)情吃 jìnqíng chī

▸**tuck into**(*Brit; inf*) VT FUS [+ *meal*] 大吃 dàchī

▸**tuck up**(*Brit*) VT [+ *invalid, child*] 给(給)…盖(蓋)好被子 gěi...gàihǎo bèizi

tuck shop(*Brit*) N [C] 糖果铺(鋪) tángguǒpù [个 gè]

Tue(s). ABBR (= **Tuesday**) 星期二 xīngqī'èr

Tuesday[ˈtjuːzdɪ] N [C/U] 星期二 xīngqī'èr [个 gè] ▸ **it is Tuesday 23rd March** 今天是3月23号(號)，星期二 jīntiān shì sānyuè èrshísān hào, xīngqī'èr ▸ **on Tuesday** 在星期二 zài xīngqī'èr ▸ **on Tuesdays** 每个(個)星期二

t

měigè xīngqī'èr ▸ **every Tuesday** 每逢星期二 měi féng xīngqī'èr ▸ **every other Tuesday** 隔周(週)星期二 gé zhōu xīngqī'èr ▸ **last/next Tuesday** 上个(個)/下个(個)星期二 shàng gè/xià gè xīngqī'èr ▸ **the following Tuesday** 下个(個)星期二 xià gè xīngqī'èr ▸ **Tuesday's newspaper** 星期二的报(報)纸(紙) xīngqī'èr de bàozhǐ ▸ **a week/fortnight on Tuesday** 一周(週)/两(兩)周(週)后(後)的星期二 yī zhōu/liǎng zhōu hòu de xīngqī'èr ▸ **the Tuesday before last** 上上个(個)星期二 shàng shàng gè xīngqī'èr ▸ **the Tuesday after next** 下下个(個)星期二 xià xià gè xīngqī'èr ▸ **Tuesday morning/afternoon/evening** 星期二早晨/下午/晚上 xīngqī'èr zǎochen/xiàwǔ/wǎnshang

tug [tʌg] **I** VT 拉 lā **II** VI ▸ **to tug at** 拉 lā **III** N **1** ▸ **to give sth a tug** 猛拽某物 měng zhuài mǒuwù **2** [C] (*ship*) 拖船 tuōchuán

tuition [tjuːˈɪʃən] N [U] **1** 教学(學) jiàoxué **2** (*fees*) 学(學)费(費) xuéfèi

tulip [ˈtjuːlɪp] N [C] 郁(鬱)金香 yùjīnxiāng [支 zhī]

tumble [ˈtʌmbl] **I** N [C] 跌倒 diēdǎo **II** VI [*person, object* +] 滚(滾)落 gǔnluò; [*water* +] 翻滚(滾) fāngǔn; [*prices, levels* +] 跌 diē ▸ **to have** *or* **take a tumble** 跌跤 diējiāo

▸**tumble to** (*inf*) VT FUS ▸ **he tumbled to the fact that...** 他突然明白事实(實)是… tā tūrán míngbai shìshí shì...

tumble dryer (*Brit*) N [C] 滚(滾)筒干(乾)衣机(機) gǔntǒng gānyījī [台 tái] [美 = **dryer**]

tumbler [ˈtʌmbləʳ] N [C] (*glass*) 平底玻璃杯 píngdǐ bōlibēi [个 gè]

tummy [ˈtʌmɪ] (*inf*) N [C] 肚子 dùzi [个 gè]

tumour, (US) **tumor** [ˈtjuːməʳ] (*Med*) N [C] 肿(腫)瘤 zhǒngliú [个 gè]

tuna [ˈtjuːnə] N [C/U] (*also:* **tuna fish**) 金枪(槍)鱼(魚) jīnqiāngyú [条 tiáo]

tune [tjuːn] **I** N [C] (*melody*) 曲调(調) qǔdiào [个 gè] **II** VT **1** (*Mus*) [+ *instrument*] 调(調) tiáo **2** [+ *engine, machine*] 调(調)试(試) tiáoshì **3** [+ *radio, TV*] 调(調)台(臺) tiáotái ▸ **to be in/out of tune** [*instrument* +] 调(調)子正确(確)/不正确(確) diàozi zhèngquè/bù zhèngquè; [*singer* +] 合/跑调(調) hé/pǎodiào ▸ **to be in/out of tune with** (*fig*) 与(與)…协(協)调(調)/不协(協)调(調) yǔ...xiétiáo/bù xiétiáo ▸ **to change one's tune** 转(轉)变(變)态(態)度 zhuǎnbiàn tàidu ▸ **to the tune of 10,000 pounds** 最大限额(額)到1万(萬)镑(鎊) zuì dà xiàné dào yī wàn bàng

▸**tune in** VI (*Rad, TV*) 收听(聽)/看 shōutīng/kàn

▸**tune up** VI [*musician, orchestra* +] 调(調)音 tiáo yīn

tunic [ˈtjuːnɪk] N [C] 无(無)袖上衣 wú xiù shàngyī

Tunisia [tjuːˈnɪzɪə] N 突尼斯 Tūnísī

Tunisian [tjuːˈnɪzɪən] **I** ADJ 突尼斯的 Tūnísī de **II** N [C] (*person*) 突尼斯人 Tūnísīrén

tunnel [ˈtʌnl] **I** N [C] **1** 隧道 suìdào [条 tiáo] **2** (*in mine*) 坑道 kēngdào **II** VI 挖地道 wā dìdào

turbulence [ˈtəːbjuləns] N [U] 猛烈而不稳(穩)定的水流/气(氣)流 měngliè ér bù wěndìng de shuǐliú/qìliú

turf [təːf] **I** N **1** [U] (*grass*) 草坪 cǎopíng **2** [C] (*square of grass*) 草皮 cǎopí [块 kuài] **II** VT [+ *area*] 铺(鋪) pū

▸**turf out** (*Brit; inf*) VT [+ *person*] 赶(趕)走 gǎnzǒu

Turk [təːk] N [C] 土耳其人 Tǔ'ěrqírén [个 gè]

Turkey [ˈtəːkɪ] N 土耳其 Tǔ'ěrqí

turkey [ˈtəːkɪ] N **1** [C] (*bird*) 火鸡(雞) huǒjī [只 zhī] **2** [U] (*meat*) 火鸡(雞)肉 huǒjī ròu

Turkish [ˈtəːkɪʃ] **I** ADJ 土耳其的 Tǔ'ěrqí de **II** N [U] (*language*) 土耳其语(語) Tǔ'ěrqíyǔ

Turkmenistan [ˈtəːkmɛnɪstɑːn] N 土库曼斯坦 Tǔkùmànsītǎn

turmeric [ˈtəːmərɪk] (*Culin*) N [U] 姜(薑)黄(黃) jiānghuáng

turmoil [ˈtəːmɔɪl] N [S/U] 混乱(亂) hùnluàn ▸ **in turmoil** 处(處)于(於)混乱(亂)状(狀)态(態) chǔyú hùnluàn zhuàngtài

★**turn** [təːn] **I** N [C] **1** (*change*) 转(轉)变(變) zhuǎnbiàn [次 cì] ▹ *every twist and turn in government policy* 政府政策的每一次扭转 zhèngfǔ zhèngcè de měi yī cì niǔzhuǎn **2** (*in road*) 转(轉)弯(彎) zhuǎnwān [个 gè] **3** (*performance*) 表演 biǎoyǎn [次 cì] ▹ *a comedy turn* 喜剧表演 xǐjù biǎoyǎn **4** (*in game, queue, series*) 机(機)会(會) jīhuì [个 gè] ▹ *He stood in the queue waiting his turn.* 他排队等着轮到他。Tā páiduì děngzhe lúndào tā. **5** (*Brit; inf*) (*Med*) 发(發)病 fābìng ▹ *Mrs Reilly is having one of her turns.* 瑞利夫人的病发作了。Ruìlì fūrén de bìng fāzuò le. **II** VT **1** [+ *part of body*] 转(轉)动(動) zhuàndòng ▹ *He turned his head left and right.* 他把头左右转动。Tā bǎ tóu zuǒyòu zhuàndòng. **2** [+ *object*] 调(調)转(轉) diàozhuǎn ▹ *She turned the bedside chair to face the door.* 她把床边的椅子转向门口。Tā bǎ chuáng biān de yǐzi zhuǎnxiàng ménkǒu. **3** [+ *handle, key*] 转(轉)动(動) zhuǎndòng **4** [+ *page*] 翻 fān **5** (*shape*) [+ *wood, metal*] 打制(製) dǎzhì **III** VI **1** (*rotate*) [*object, wheel* +] 旋转(轉) xuánzhuǎn ▹ *The cog wheels started to turn.* 齿轮开始旋转。Chǐlún kāishǐ xuánzhuǎn. **2** (*change direction*) [*person* +] 转(轉)身 zhuǎnshēn ▹ *He turned abruptly and walked away.* 他突然转身走开了。Tā tūrán zhuǎnshēn zǒukāi le. **3** [*vehicle* +] 转(轉)向 zhuǎnxiàng ▹ *You come over a bridge and turn sharply to the right.* 你走到桥边然后照直向右转。Nǐ zǒudào qiáo biān ránhòu zhàozhí xiàng yòu zhuǎn. **4** (*become sour*) [*milk* +] 变(變)质(質) biànzhì ▸ **to take a turn for the worse** [*situations, events* +] 恶(惡)化 èhuà

▸ **"no left turn"** "禁止左转(轉)" "jìnzhǐ zuǒ zhuǎn" ▸ **it's my turn to...** 轮(輪)到我做… lúndào wǒ zuò... ▸ **to take turns** *or* **to take it in turns (to do sth)** 轮(輪)流做(某事) lúnliú zuò (mǒushì) ▸ **in turn** (*one after the other*) 轮(輪)流 lúnliú; (*then, afterwards*) 依次 yīcì ▸ **turn of events** 事态(態)变(變)迁(遷) shìtài biànqiān ▸ **it gave me quite a turn** (*inf*) 吓(嚇)了我一跳 xiàle wǒ yī tiào ▸ **at the turn of the century/year** 在世纪(紀)/新年之交 zài shìjì/xīnnián zhī jiāo ▸ **to do sb a good turn** 帮某人大忙 bāng mǒurén dà máng ▸ **to turn forty** 满(滿)40岁(歲) mǎn sìshí suì ▸ **to turn grey** [*person, hair* +] 变(變)灰白 biàn huībái ▸ **to turn green/blue** *etc* 变(變)绿(綠)/蓝(藍)等 biàn lǜ/lán *děng* ▸ **to turn nasty** 变(變)糟 biàn zāo

▸**turn against** VT FUS 转(轉)而反对(對) zhuǎn ér fǎnduì

▸**turn around** VI = **turn round**

▸**turn away** I VI 放弃(棄) fàngqì II VT 1 [+ *applicants*] 拒绝(絕) jùjué 2 [+ *business*] 放弃(棄) fàngqì

▸**turn back** I VI 往回走 wǎnghuí zǒu II VT [+ *person, vehicle*] 掉头(頭) diàotóu

▸**turn down** VT 1 [+ *request, offer*] 拒绝(絕) jùjué 2 [+ *heat, sound*] 调(調)低 tiáodī 3 [+ *bedclothes*] 垂放 chuífàng

▸**turn in** I VI (*inf: go to bed*) 睡觉(覺) shuìjiào II VT [+ *oneself*] (*to police*) 自首 zìshǒu; [+ *sb else*] (*to police*) 告发(發) gàofā

▸**turn into** I VT FUS 变(變)成 biànchéng ▷ *The water turns into steam.* 水变成了蒸汽。Shuǐ biànchéngle zhēngqì. II VT 使变(變)成 shǐ biànchéng ▷ *Don't turn a drama into a crisis.* 别把戏剧变成闹剧。Bié bǎ xìjù biànchéng nàojù.

▸**turn off** I VI (*from road*) 拐(枴)弯(彎) guǎiwān II VT 1 [+ *light, radio, tap*] 关(關) guān 2 [+ *engine*] 关(關)掉 guāndiào

▸**turn on** I VT 1 [+ *light, radio, tap*] 打开(開) dǎkāi 2 [+ *engine*] 发(發)动(動) fādòng II VT FUS [+ *person*] 攻击(擊) gōngjī

▸**turn out** I VT [+ *light, gas*] 关(關)掉 guāndiào II VI [*voters etc* +] 到场(場) dàochǎng ▸ **to turn out to be** (*prove to be*) 原来(來)是 yuánlái shì ▸ **to turn out well/badly** 结(結)果很好/很糟 jiéguǒ hěn hǎo/hěn zāo

▸**turn over** I VI [*person* +] 翻身 fānshēn II VT 1 [+ *object, page*] 翻转(轉) fānzhuǎn 2 (*give*) 移交 yíjiāo ▷ *He had refused to turn over funds that had belonged to Potter.* 他拒绝移交属于伯特的款项。Tā jùjué yíjiāo shǔyú Bótè de kuǎnxiàng. ▸ **to turn sth over to** (*change function of*) 把某物改变(變)成 bǎ mǒuwù gǎibiàn chéng

▸**turn round, turn around** I VI 1 [*person, vehicle* +] 调(調)转(轉) diàozhuǎn 2 (*rotate*) 转(轉)动(動) zhuàndòng II VT [*person, vehicle* +] 调(調)头(頭) diàotóu

▸**turn to** I VT FUS 1 [+ *page*] 翻到 fāndào 2 [+ *person*] 求助于(於) qiúzhù yú II VT [+ *attention, thoughts*] 转(轉)到 zhuǎndào ▷ *We turn now to the British news.* 我们现在转到英国新闻。Wǒmen xiànzài zhuǎndào Yīngguó xīnwén.

▸**turn up** I VI 1 (*arrive*) [*person* +] 露面 lòumiàn 2 (*be found*) [*lost object* +] 出现(現) chūxiàn II VT 1 [+ *collar, sleeves*] 竖(豎)起 shùqǐ 2 [+ *radio, heater*] 开(開)大 kāi dà 3 [+ *hem*] 改短 gǎiduǎn

turning ['tə:nɪŋ] N [c] (*in road*) 拐(枴)弯(彎) guǎiwān [个 gè]

turning point N [c] 转(轉)弯(彎)处(處) zhuǎnwānchù [个 gè]

turnip ['tə:nɪp] N [c/u] 萝(蘿)卜(蔔) luóbo [个 gè]

turnout ['tə:naut] N [c] [*of people, voters etc*] 全部参(參)与(與)人(数(數)) quánbù cānyùrén (shù)

turnover ['tə:nəuvə^r] N [c/u] 1 (*Comm*) (*amount of money*) 营(營)业(業)额(額) yíngyè'é [个 gè] 2 (*Comm*) [*of staff*] 人事变(變)动(動)率 rénshì biàndònglǜ 3 (*Culin*) 糖三角 tángsānjiǎo ▸ **there is a rapid turnover in staff** 人员(員)变(變)动(動)很快 rényuán biàndòng hěn kuài

turn signal (*US*) N [u] 指示器 zhǐshìqì [个 gè] [英 = **indicator**]

turnstile ['tə:nstaɪl] N [c] 旋转(轉)栅(柵)门(門) xuánzhuǎn zhàmén [扇 shàn]

turn-up ['tə:nʌp] N [c] 1 (*Brit*) (*on trousers*) 卷(捲)边(邊) juǎnbiān [美 = **cuff**] 2 ▸ **that's a turn-up for the books!** (*inf*) 真是意想不到的事! zhēnshi yìxiǎng bù dào de shì!

turquoise ['tə:kwɔɪz] I N [c] (*stone*) 绿(綠)松石 lǜsōngshí [块 kuài] II ADJ [+ *colour*] 青绿(綠)色的 qīnglǜsè de

turtle ['tə:tl] (*Brit*) N [c] 龟(龜) guī [只 zhī] [美 = **sea turtle**]

tusk [tʌsk] N [c] [*of elephant, boar etc*] 长(長)牙 chángyá [根 gēn]

tutor ['tju:tə^r] I N [c] 1 (*Brit: Scol*) 助教 zhùjiào [位 wèi] 2 (*private tutor*) 家庭教师(師) jiātíng jiàoshī [位 wèi] II VT (*teach*) 教 jiāo

tutorial [tju:'tɔ:rɪəl] N [c] 辅(輔)导(導)课(課) fǔdǎokè [节 jié]

tuxedo [tʌk'si:dəu] (*US*) N [c] 男式晚礼(禮)服 nánshì wǎnlǐfú [件 jiàn] [英 = **dinner jacket, DJ**]

TV N ABBR (= **television**) 电(電)视(視) diànshì ▸ **on TV** 在电(電)视(視)上播放 zài diànshì shang bōfàng ▸ **to watch TV** 看电(電)视(視) kàn diànshì

tweed [twi:d] I N [c/u] 粗花呢 cūhuāní II ADJ [+ *jacket, skirt*] 粗花呢的 cūhuāní de

tweezers ['twi:zəz] N PL 镊(鑷)子 nièzi ▸ **a pair of tweezers** 一把镊(鑷)子 yī bǎ nièzi

twelfth [twɛlfθ] NUM 1 (*in series*) 第十二 dì shí'èr 2 (*fraction*) 十二分之一 shí'èr fēn zhī yī; *see also* **fifth**

★**twelve** [twɛlv] NUM 十二 shí'èr ▸**at twelve (o'clock)** (*midday*) 中午12点(點) zhōngwǔ shí'èr diǎn; (*midnight*) 凌晨零点(點) língchén língdiǎn; *see also* **five**

twentieth ['twɛntɪɪθ] NUM 第二十 dì'èrshí

★**twenty** ['twɛntɪ] NUM 二十 èrshí ▸**twenty-one** 二十一 èrshíyī; *see also* **fifty**

twenty-four-seven, 24/7 ['twɛntɪfɔ:sɛvn] (*inf*) ADV 夜以继(繼)日地 yè yǐ jì rì de ▸**to do sth twenty-four-seven** 夜以继(繼)日地做某事 yè yǐ jì rì de zuò mǒushì

★**twice** [twaɪs] ADV 两(兩)次 liǎng cì ▸**twice as much/long as** 多/长(長)至两(兩)倍 duō/chángzhì liǎng bèi ▸**twice a week** 一周(週)两(兩)次 yī zhōu liǎng cì ▸**she is twice your age** 她年纪(紀)比你大一倍 tā niánjì bǐ nǐ dà yī bèi

twig [twɪg] **I** N [c] 嫩枝 nènzhī [根 gēn] **II** VI (*Brit; inf*) (*realize*) 明白 míngbai **III** VT (*Brit; inf*) (*realize*) 恍然大悟 huǎngrán dà wù

twilight ['twaɪlaɪt] N [U] **1** (*evening*) 黄(黃)昏 huánghūn **2** (*light*) 暮色 mùsè

twin [twɪn] **I** ADJ **1** [+ *sister, brother*] 孪生的 luánshēng de **2** [+ *spires, towers etc*] 成双(雙)的 chéngshuāng de **II** N [c] **1** (*person*) 双(雙)胞胎 shuāngbāotāi [对 duì] **2** (*also*: **twin room**) 双(雙)人房 shuāngrénfáng [间 jiān] **III** VT (*Brit*) [+ *towns etc*] ▸**to be twinned with** 与(與)…结(結)对(對)子 yǔ...jié duìzi

twin beds N PL 成对(對)的单(單)人床 chéngduì de dānrénchuáng

twinkle ['twɪŋkl] **I** VI [*star, light, eyes* +] 闪(閃)烁(爍) shǎnshuò **II** N [s] 光芒 guāngmáng

twin room N [c] 双(雙)人房 shuāngrénfáng [间 jiān]

twirl [twə:l] **I** VT 使旋转(轉) shǐ xuánzhuǎn **II** VI **1** (*twist*) 缠(纏)绕(繞) chánrào **2** (*move round and round*) 转(轉)圈 zhuànquān **III** N ▸**to do a twirl** 转(轉)一圈 zhuàn yī quān

twist [twɪst] **I** N [c] **1** (*action*) 拧(擰) nǐng **2** (*in road, track etc*) 弯(彎)曲处(處) wānqūchù [个 gè] **3** (*in coil, flex etc*) 螺旋状(狀) luóxuánzhuàng **4** (*in story*) 转(轉)变(變) zhuǎnbiàn **II** VT **1** (*turn*) 扭 niǔ **2** (*turn the ends of*) 使成螺旋状(狀) shǐ chéng luóxuánzhuàng **3** (*injure*) [+ *ankle*] 扭伤(傷) niǔshāng **4** [+ *sb's arm, hand etc*] 扭 niǔ **5** (*turn*) [+ *object*] 扭转(轉) niǔzhuǎn **6** (*fig*) [+ *meaning, words*] 曲解 qūjiě **III** VI **1** [*road, river* +] 盘(盤)旋 pánxuán **2** [*arm, leg etc* +] 扭曲 niǔqū

twit [twɪt] (*inf*) N [c] 笨蛋 bèndàn [个 gè]

twitch [twɪtʃ] **I** N [c] 抽动(動) chōudòng **II** VI [*muscle, body* +] 颤(顫)动(動) chàndòng

★**two** [tu:] NUM 二 èr ▸**two by two, in twos** 两(兩)两(兩)成群 liǎngliǎng chéng qún ▸**to put two and two together** (*fig*) 根据(據)事实(實)推断(斷) gēnjù shìshí tuīduàn; *see also* **five**

two-percent milk [tu:pə'sɛnt-] (*US*) N [U] 半脱(脫)脂奶 bàntuōzhīnǎi [英 = **semi-skimmed (milk)**]

TXT (*Texting*) ABBR = **text**

type [taɪp] **I** N **1** [c] (*category, example*) 种(種)类(類) zhǒnglèi [个 gè] **2** [c] (*sort, kind*) 类(類)型 lèixíng [种 zhǒng] **3** [c] [*person* +] 型 xíng **4** [U] (*Typ*) 字体(體) zìtǐ **II** VT, VI 打字 dǎzì
▸**type into** VT 录(錄)入 lùrù
▸**type up** VT 打印 dǎyìn

typewriter ['taɪpraɪtə^r] N [c] 打字机(機) dǎzìjī [台 tái]

typhoid ['taɪfɔɪd] N [U] 伤(傷)寒 shānghán

typhoon [taɪ'fu:n] N [c] 台(颱)风(風) táifēng [股 gǔ]

typical ['tɪpɪkl] ADJ [+ *behaviour, weather etc*] 典型的 diǎnxíng de ▸**typical of** 典型的 diǎnxíng de ▸**that's typical!** 一向如此！yīxiàng rúcǐ!

typically ['tɪpɪklɪ] ADV **1** (*generally*) 通常 tōngcháng **2** (*very*) [+ *English, Chinese etc*] 典型地 diǎnxíng de **3** (*as usual*) 向来(來) xiànglái

typing ['taɪpɪŋ] N [U] 打字 dǎzì

typist ['taɪpɪst] N [c] 打字员(員) dǎzìyuán [个 gè]

tyre, (US) tire ['taɪə^r] N [c] 轮(輪)胎 lúntāi [个 gè]

tyre pressure, (US) tire pressure N [c] 轮(輪)胎气(氣)压(壓) lúntāi qìyā

Uu

U, u [ju:] N [C/U] (*letter*) 英语的第二十一个字母

UFO N ABBR (= **unidentified flying object**) 不明飞(飛)行物 bùmíng fēixíngwù

Uganda [ju:'gændə] N 乌(烏)干达(達) Wūgāndá

Ugandan [ju:'gændən] **I** ADJ 乌(烏)干达(達)的 Wūgāndá de **II** N [C] (*person*) 乌(烏)干达(達)人 Wūgāndárén

ugh [ə:h] EXCLAMATION 呃 è

ugly ['ʌglɪ] ADJ **1** [+ *person, dress, building*] 丑(醜)陋的 chǒulòu de **2** (*unpleasant*) [+ *situation, incident*] 令人不快的 lìng rén bùkuài de

UHT ADJ ABBR (= **ultra-heat treated**) 超高温(溫)处(處)理 chāogāowēn chǔlǐ

UK N ABBR (= **United Kingdom**) ▸ **the UK** 大不列颠及北爱(愛)尔(爾)兰(蘭)联(聯)合王国(國) Dàbùlièdiān Jí Běi'ài'ěrlán Liánhéwángguó

Ukraine [ju:'kreɪn] N ▸ **(the) Ukraine** 乌(烏)克兰(蘭) Wūkèlán

Ukrainian [ju:'kreɪnɪən] **I** ADJ 乌(烏)克兰(蘭)的 Wūkèlán de **II** N **1** [C] (*person*) 乌(烏)克兰(蘭)人 Wūkèlánrén [个 gè] **2** [U] (*language*) 乌(烏)克兰(蘭)语(語) Wūkèlányǔ

ulcer ['ʌlsə^r] N [C] 溃(潰)疡(瘍) kuìyáng [处 chù]

Ulster ['ʌlstə^r] N 乌(烏)尔(爾)斯特 Wūěrsītè

ultimate ['ʌltɪmət] **I** ADJ **1** (*final*) [+ *aim, success, result*] 最终(終)的 zuìzhōng de **2** (*greatest*) [+ *responsibility, authority*] 最大的 zuìdà de **II** N ▸ **the ultimate in luxury** *etc* 最奢华(華)等之物 zuì shēhuá *děng* zhī wù

ultimately ['ʌltɪmətlɪ] ADV **1** (*finally*) 最终(終)地 zuìzhōng de **2** (*basically*) 根本地 gēnběn de

ultimatum [ʌltɪ'meɪtəm] (*pl* **ultimatums** *or* **ultimata** [ʌltɪ'meɪtə]) N [C] 最后(後)通牒 zuìhòu tōngdié ▸ **to give sb an ultimatum** 给(給)某人下最后(後)通牒 gěi mǒurén xià zuìhòu tōngdié

ultrasound ['ʌltrəsaund] N **1** [C] (*also:* **ultrasound scan**) 超声(聲) chāoshēng **2** [U] (*sound waves*) 超声(聲)波 chāoshēngbō

ultraviolet ['ʌltrə'vaɪəlɪt] ADJ [+ *rays, light, radiation*] 紫外的 zǐwài de

umbrella [ʌm'brɛlə] **I** N [C] **1** 伞(傘) sǎn [把 bǎ] **2** (*fig*) ▸ **under the umbrella of** 在…的庇护(護)下 zài…de bìhù xià **II** ADJ **1** [+ *group, organization*] 包罗(羅)万(萬)象的 bāo luó wàn xiàng de **2** [+ *term, word*] 集合的 jíhé de

umpire ['ʌmpaɪə^r] **I** N [C] (*Tennis, Cricket*) 裁判员(員) cáipànyuán [位 wèi] **II** VT [+ *game*] 当(當)…的裁判 dāng…de cáipàn

UN N ABBR (= **United Nations**) ▸ **the UN** 联(聯)合国(國) Liánhéguó

unable [ʌn'eɪbl] ADJ ▸ **to be unable to do sth** 不能做某事 bùnéng zuò mǒushì

unacceptable [ʌnək'sɛptəbl] ADJ 不能接受的 bùnéng jiēshòu de ▸ **it is unacceptable for ministers to tell lies** 部长(長)撒谎(謊)是不能接受的 bùzhǎng sāhuǎng shì bùnéng jiēshòu de

unaccompanied [ʌnə'kʌmpənɪd] ADJ **1** [+ *child*] 无(無)人陪同的 wúrén péitóng de **2** [+ *voice, instrument*] 无(無)伴奏的 wú bànzòu de

unaccustomed [ʌnə'kʌstəmd] ADJ **1** ▸ **to be unaccustomed to sth** 对(對)某事不习(習)惯(慣) duì mǒushì bù xíguàn **2** (*unusual*) 不寻(尋)常的 bù xúncháng de ▸ **to be unaccustomed to doing sth** 不习(習)惯(慣)做某事 bù xíguàn zuò mǒushì

unanimous [ju:'nænɪməs] ADJ [+ *decision*] 一致同意的 yīzhì tóngyì de ▸ **to be unanimous in sth/in doing sth** 一致同意某事/做某事 yīzhì tóngyì mǒushì/zuò mǒushì

unarmed [ʌn'ɑ:md] ADJ 无(無)武装(裝)的 wú wǔzhuāng de ▸ **unarmed combat** 徒手搏击(擊) túshǒu bójī

unattended [ʌnə'tɛndɪd] ADJ [+ *luggage etc*] 无(無)人看管的 wúrén kānguǎn de ▸ **to leave sth/sb unattended** 单(單)独(獨)撇下某物/某人 dāndú piēxià mǒuwù/mǒurén

unattractive [ʌnə'træktɪv] ADJ **1** [+ *person, character*] 没(沒)有魅力的 méiyǒu mèilì de **2** [+ *building, place*] 乏味的 fáwèi de **3** [+ *prospect, idea*] 讨(討)厌(厭)的 tǎoyàn de ▸ **to be unattractive to sb** [*plan, idea* +] 对(對)某人没(沒)有吸引力 duì mǒurén méiyǒu xīyǐnlì

unauthorized [ʌn'ɔ:θəraɪzd] ADJ **1** [+ *visit, use*] 未经(經)批准的 wèi jīng pīzhǔn de **2** [+ *version, biography*] 未经(經)授权(權)的 wèi jīng shòuquán de

unavailable [ʌnə'veɪləbl] ADJ **1** [+ *product, book*] 不可获(獲)得的 bùkě huòdé de **2** [+ *person*] 联(聯)系(繫)不上的 liánxì bù shàng de ▸ **to be unavailable for comment** 无(無)法发(發)表评(評)论(論) wúfǎ fābiǎo pínglùn

unavoidable [ʌnə'vɔɪdəbl] ADJ [+ *delay, job losses etc*] 不可避免的 bùkě bìmiǎn de

unaware [ʌnə'wɛə^r] ADJ ▸ **to be unaware of sth** 不知道某事 bù zhīdào mǒushì ▸ **to be unaware that...** 没(沒)有意识(識)到… méiyǒu yìshídào…

unawares [ʌnə'wɛəz] ADV ▸ **to catch** *or* **take sb unawares** 使某人吃惊(驚) shǐ mǒurén chījīng

unbearable [ʌn'bɛərəbl] ADJ **1** [+ *heat, pain*] 难(難)以忍受的 nányǐ rěnshòu de **2** [+ *person*]

U

不能容忍的 bùnéng róngrěn de ▸ **to become unbearable** [*heat, pain, life* +] 变(變)得难(難)以忍受 biàn de nányǐ rěnshòu

unbeatable [ʌn'bi:təbl] ADJ **1** [+ *person, team*] 难(難)以战(戰)胜(勝)的 nányǐ zhànshèng de **2** [+ *price, value, quality*] 无(無)与(與)伦(倫)比的 wú yǔ lún bǐ de

unbelievable [ʌnbɪ'li:vəbl] ADJ **1** 不可信的 bù kěxìn de **2** (*amazing*) 难(難)以置信的 nányǐ zhìxìn de ▸ **it is unbelievable that...** …真是难(難)以置信 ...zhēnshi nányǐ zhìxìn

unbias(s)ed [ʌn'baɪəst] ADJ [+ *person, opinion*] 公正的 gōngzhèng de

unborn [ʌn'bɔ:n] ADJ [+ *child*] 未出生的 wèi chūshēng de

unbreakable [ʌn'breɪkəbl] ADJ 不易打碎的 bù yì dǎsuì de

unbutton [ʌn'bʌtn] VT [+ *coat, shirt etc*] 解开(開)…的纽(紐)扣 jiěkāi...de niǔkòu

uncalled-for [ʌn'kɔ:ldfɔ:ʳ] ADJ [+ *remark, criticism etc*] 无(無)理由的 wú lǐyóu de

uncanny [ʌn'kænɪ] ADJ [+ *resemblance, ability, feeling*] 异(異)乎寻(尋)常的 yìhū xúncháng de ▸ **it's uncanny** 这(這)真怪异(異) zhè zhēn guàiyì

uncertain [ʌn'sə:tn] ADJ [+ *future, outcome*] 不确(確)定的 bù quèdìng de ▸ **to be uncertain about sth** 对(對)某事心无(無)定数(數) duì mǒushì xīn wú dìngshù ▸ **to be uncertain how/whether to do sth** 拿不准(準)该(該)如何做某事/是否要做某事 ná bùzhǔn gāi rúhé zuò mǒushì/shìfǒu yào zuò mǒushì ▸ **it's uncertain whether...** 是否…仍无(無)法确(確)定 shìfǒu...réng wúfǎ quèdìng ▸ **in no uncertain terms** 毫不含糊地 háo bù hánhu de

uncertainty [ʌn'sə:tntɪ] N [U] (*confusion*) 不确(確)定 bù quèdìng

unchanged [ʌn'tʃeɪndʒd] ADJ 未改变(變)的 wèi gǎibiàn de

uncivilized [ʌn'sɪvɪlaɪzd] ADJ **1** (*lit*) [+ *country, people*] 未开(開)化的 wèi kāihuà de **2** (*fig*) [+ *person, behaviour, hour*] 无(無)教养(養)的 wú jiàoyǎng de

uncle ['ʌŋkl] N [C] (*father's older brother*) 伯父 bófù [位 wèi]; (*father's younger brother*) 叔父 shūfù [位 wèi]; (*father's sister's husband*) 姑父 gūfu [位 wèi]; (*mother's brother*) 舅父 jiùfù [位 wèi]; (*mother's sister's husband*) 姨父 yífu [位 wèi]

unclear [ʌn'klɪəʳ] ADJ **1** [+ *reason, implications*] 不清楚的 bù qīngchu de **2** [+ *instructions, answer*] 含糊的 hánhu de ▸ **it is** *or* **remains unclear whether...** 是否…仍不确(確)定 shìfǒu...réng bù quèdìng ▸ **to be unclear about sth** 对(對)某事不甚明了 duì mǒushì bù shèn míngliǎo

uncomfortable [ʌn'kʌmfətəbl] ADJ **1** (*physically*) [+ *person*] 不舒服的 bù shūfu de; [+ *chair, room, journey*] 不舒适(適)的 bù shūshì de **2** (*uneasy*) [+ *person*] 不安的 bù'ān de **3** (*unpleasant*) [+ *situation, fact*] 不利的 bùlì de

uncommon [ʌn'kɔmən] ADJ 罕见(見)的 hǎnjiàn de

unconditional [ʌnkən'dɪʃənl] ADJ [+ *love, acceptance, surrender*] 无(無)条(條)件的 wú tiáojiàn de

unconscious [ʌn'kɔnʃəs] **I** ADJ **1** (*not awake*) 失去知觉(覺)的 shīqù zhījué de **2** (*not deliberate*) 无(無)意识(識)的 wú yìde **3** (*unaware*) ▸ **unconscious of** 未察觉(覺)的 wèi chájué de **II** N ▸ **the unconscious** 潜(潛)意识(識) qiányìshí ▸ **to knock/beat sb unconscious** 把某人打昏过(過)去 bǎ mǒurén dǎhūn guòqù

uncontrollable [ʌnkən'trəuləbl] ADJ **1** [+ *person*] 不受管束的 bù shòu guǎnshù de **2** [+ *temper, laughter*] 控制不住的 kòngzhì bù zhù de

unconventional [ʌnkən'vɛnʃənl] ADJ [+ *person, behaviour*] 反传(傳)统(統)的 fǎn chuántǒng de

uncover [ʌn'kʌvəʳ] VT **1** (*remove covering from*) 露出 lòuchū **2** (*discover*) [+ *plot, evidence*] 发(發)现(現) fāxiàn

undecided [ʌndɪ'saɪdɪd] ADJ **1** [+ *person*] 犹(猶)豫不决(決)的 yóuyù bù jué de **2** [+ *question*] 未决(決)定的 wèi juédìng de ▸ **to be undecided about sth** 对(對)某事拿不定主意 duì mǒushì ná bù dìng zhǔyi

undeniable [ʌndɪ'naɪəbl] ADJ [+ *fact, evidence*] 不可否认(認)的 bù kě fǒurèn de

★ **under** ['ʌndəʳ] **I** PREP **1** (*beneath*) 在…下面 zài...xiàmiàn ▹ *the cupboard under the sink* 在水槽下面的橱柜 zài shuǐcáo xiàmiàn de chúguì **2** (*less than*) [+ *age, price*] 不到 bù dào ▹ *He's still under 18.* 他还不到18岁。Tā hái bù dào shíbā suì. **3** (*according to*) [+ *law, agreement*] 根据(據) gēnjù ▹ *Equal pay for men and women is guaranteed under English law.* 根据英格兰法律，应保证男女同工同酬。Gēnjù Yīnggélán fǎlǜ, yīng bǎozhèng nánnǚ tónggōng tóngchóu. **4** [+ *sb's leadership*] 在…的领(領)导(導)下 zài...de lǐngdǎo xià ▹ *China under Chairman Mao* 毛主席领导下的中国 Máo zhǔxí lǐngdǎo xià de Zhōngguó **5** [+ *chapter, heading etc*] 在…中 zài...zhōng ▹ *It's filed under letter C.* 它被归在字母C中。Tā bèi guī zài zìmǔ C zhōng. **II** ADV **1** [*go, fly* +] 从(從)下面 cóng xiàmiàn **2** (*in age, price etc*) 以下 yǐxià ▹ *children aged 12 and under* 12岁及以下的儿童 shí'èr suì jí yǐxià de értóng ▸ **she writes under the name Jan Hunt** 她以简(簡)・亨特这(這)个(個)名字写(寫)东(東)西 tā yǐ Jiǎn Hēngtè zhège míngzì xiě dōngxi

under-age [ʌndər'eɪdʒ] ADJ [+ *person*] 未成年的 wèi chéngnián de ▸ **under-age drinking/sex** 未成年人的饮(飲)酒/性行为(為) wèichéngniánrén de yǐnjiǔ/xìng xíngwéi

underbush ['ʌndəbuʃ] (US) N [U] 下层(層)灌木丛(叢) xiàcéng guànmùcóng [英 = **undergrowth**]

undercover [ʌndə'kʌvəʳ] **I** ADJ [+ *operation, work, agent*] 秘(祕)密的 mìmì de **II** ADV [*work* +] 暗中的 ànzhōng de
underdone [ʌndə'dʌn] ADJ 半生不熟的 bàn shēng bù shú de
underestimate [*vb* 'ʌndər'ɛstɪmeɪt, *n* 'ʌndər'ɛstɪmət] **I** VT [+ *importance, amount, person*] 低估 dīgū **II** N [C] 低估 dīgū
undergo [ʌndə'gəu] (*pt* **underwent**, *pp* **undergone**) VT [+ *surgery, test, treatment, training*] 经(經)受 jīngshòu
undergraduate [ʌndə'grædjuɪt] **I** N [C] 本科生 běnkēshēng [名 míng] **II** CPD [+ *course, degree etc*] 本科 běnkē
underground ['ʌndəgraund] **I** N ▸ **the underground 1** (*Brit*) (*railway*) 地铁(鐵) dìtiě [美 = **subway**] **2** (*Pol*) 地下组(組)织(織) dìxià zǔzhī **II** ADJ [+ *car park, cables, newspaper, activities*] 地下的 dìxià de **III** ADV **1** (*below ground*) 在地下 zài dìxià **2** (*secretly*) 秘(祕)密地 mìmì de
undergrowth ['ʌndəgrəuθ] (*Brit*) N [U] 下层(層)灌木丛(叢) xiàcéng guànmùcóng [美 = **underbush**]
underline [ʌndə'laɪn] (*Brit*) VT **1** [+ *word, sentence*] 在…下面划(劃)线(線) zài...xiàmiàn huàxiàn [美 = **underscore**] **2** (*emphasize*) 强(強)调(調) qiángdiào [美 = **underscore**]
undermine [ʌndə'maɪn] VT [+ *sb's confidence, authority*] 逐渐(漸)削弱 zhújiàn xuēruò
underneath [ʌndə'ni:θ] **I** ADV **1** (*below*) 在下面 zài xiàmiàn **2** (*fig: at heart*) 心底里(裡) xīndǐli **II** PREP **1** (*below*) 在…下面 zài...xiàmiàn **2** (*fig*) 在…背后(後) zài...bèihòu **III** N ▸ **the underneath** 底部 dǐbù
underpaid [ʌndə'peɪd] ADJ 报(報)酬过(過)低的 bàochóu guòdī de ▹ *Teachers are underpaid.* 老师的报酬过低。Lǎoshī de bàochóu guò dī.
underpants ['ʌndəpænts] N PL 内(內)裤(褲) nèikù
underpass ['ʌndəpɑ:s] N [C] **1** (*for pedestrians*) 地下通道 dìxià tōngdào [条 tiáo] **2** (*road under motorway*) 高架桥(橋)下通道 gāojiàqiáo xià tōngdào
underscore [ʌndə'skɔ:ʳ] VT **1** (*highlight*) 强(強)调(調) qiángdiào **2** (*with line*) [+ *word, phrase etc*] 在…下面划(劃)线(線) zài...xiàmiàn huàxiàn
undershirt ['ʌndəʃə:t] (*US*) N [C] 贴(貼)身内(內)衣 tiēshēn nèiyī [件 jiàn] [英 = **vest**]
underside ['ʌndəsaɪd] N [C] 底面 dǐmiàn
underskirt ['ʌndəskə:t] (*Brit*) N [C] 衬(襯)裙 chènqún
★ **understand** [ʌndə'stænd] (*pt, pp* **understood**) VT [+ *speaker, sb's words, meaning*] 明白 míngbai; [+ *foreign language*] 懂 dǒng; [+ *book, subject, behaviour*] 理解 lǐjiě ▹ *They are too young to understand what is going on.* 他们太年轻，无法理解所发生的一切。Tāmen tài niánqīng, wúfǎ lǐjiě suǒ fāshēng de yīqiè. ▹ *His wife doesn't understand him.* 他的妻子不理解他。Tā de qīzi bù lǐjiě tā. ▸ **to understand that...** (*believe*) 获(獲)悉… huòxī... ▸ **he is understood to be in Italy** 人们(們)认(認)为(為)他在意大利 rénmen rènwéi tā zài Yìdàlì ▸ **to make o.s. understood** 将(將)自己的意思表达(達)清楚 jiāng zìjǐ de yìsi biǎodá qīngchu
understandable [ʌndə'stændəbl] ADJ 可以理解的 kěyǐ lǐjiě de ▸ **it is understandable that...** …是可以理解的 ...shì kěyǐ lǐjiě de
understanding [ʌndə'stændɪŋ] **I** ADJ 通情达(達)理的 tōng qíng dá lǐ de **II** N [C/U] **1** (*knowledge*) 了解 liáojiě **2** [U] (*sympathy*) 同情 tóngqíng **3** [C] (*agreement*) 协(協)定 xiédìng **4** [U] (*trust*) 相互理解 xiānghù lǐjiě ▸ **to come to an understanding with sb (about sth)** (就某事)和某人达(達)成协(協)议(議) (jiù mǒushì) hé mǒurén dáchéng xiéyì ▸ **to have an understanding of sth** 对(對)某事有一定的了解 duì mǒushì yǒu yīdìng de liǎojiě ▸ **on the understanding that...** 在…条(條)件下 zài...tiáojiàn xià
understate [ʌndə'steɪt] VT 轻(輕)描淡写(寫) qīng miáo dàn xiě
understatement ['ʌndəsteɪtmənt] N [C/U] 轻(輕)描淡写(寫)的陈(陳)述 qīng miáo dàn xiě de chénshù
understood [ʌndə'stud] **I** PT, PP *of* **understand II** ADJ **1** (*agreed*) 取得同意的 qǔdé tóngyì de **2** (*implied*) 不言而喻的 bù yán ér yù de ▸ **it is understood that...** 不言而喻的是… bù yán ér yù de shì...
undertake [ʌndə'teɪk] (*pt* **undertook**, *pp* **undertaken**) VT [+ *task, job*] 承担(擔) chéngdān ▸ **to undertake to do sth** (*frm*) 保证(證)做某事 bǎozhèng zuò mǒushì
undertaker ['ʌndəteɪkəʳ] (*Brit*) N [C] 丧(喪)事承办(辦)人 sāngshì chéngbànrén [个 gè] [美 = **mortician**]
undertaking ['ʌndəteɪkɪŋ] N [C] (*task*) 任务(務) rènwù [个 gè] ▸ **to give an undertaking to do sth** 承诺(諾)做某事 chéngnuò zuò mǒushì ▸ **to give an undertaking that...** 承诺(諾)… chéngnuò...
underwater ['ʌndə'wɔ:təʳ] **I** ADV [*swim etc* +] 在水下 zài shuǐ xià **II** ADJ [+ *exploration, camera etc*] 水下的 shuǐ xià de
underway [ʌndə'weɪ] ADJ 在进(進)行中的 zài jìnxíng zhōng de ▸ **to get underway** 开(開)始 kāishǐ
underwear ['ʌndəwɛəʳ] N [U] 内(內)衣 nèiyī
underworld ['ʌndəwə:ld] N ▸ **the underworld 1** (*criminal*) 黑社会(會) hēishèhuì **2** (*Myth*) 阴(陰)间(間) yīnjiān
undesirable [ʌndɪ'zaɪərəbl] ADJ [+ *person, effects, behaviour*] 不良的 bùliáng de ▸ **it is undesirable that...** …令人不快 ...lìng rén bùkuài
undisputed ['ʌndɪs'pju:tɪd] ADJ **1** [+ *fact*] 无(無)

U

可置疑的 wú kě zhìyí de **2** [+ *champion*] 无(無)可争(爭)辩(辯)的 wú kě zhēngbiàn de

undo [ʌn'du:] (*pt* **undid**, *pp* **undone**) VT **1** [+ *shoelaces, knot, buttons, trousers*] 解开(開) jiěkāi **2** (*spoil*) [+ *work*] 使无(無)效 shǐ wúxiào **3** [+ *damage*] 消除 xiāochú

undone [ʌn'dʌn] **I** PP *of* **undo** **II** ADJ **1** [+ *work, tasks etc*] 未做的 wèizuò de **2** [+ *shoelaces, zip, button*] 松开(開)的 sōngkāi de; [+ *blouse, dress*] 解开(開)的 jiěkāi de ▸ **to leave sth undone** 未完成某事 wèi wánchéng mǒushì ▸ **to come undone** [*shoelaces, zip, button* +] 开(開)了 kāi le; [*blouse, dress* +] 解开(開)了 jiěkāi le ▹ *His shoelaces came undone.* 他的鞋带开了。Tā de xiédài kāi le.

undoubtedly [ʌn'dautɪdlɪ] ADV 毋庸置疑地 wúyōng zhìyí de

undress [ʌn'drɛs] **I** VI 脱(脫)衣服 tuō yīfu **II** VT 脱(脫)去…的衣服 tuōqù...de yīfu

unearth [ʌn'ə:θ] VT **1** [+ *remains, treasure etc*] 发(發)掘 fājué **2** [+ *secrets, evidence*] 发(發)现(現) fāxiàn

uneasy [ʌn'i:zɪ] ADJ **1** (*worried*) [+ *person, feeling*] 不安的 bù'ān de **2** (*fragile*) [+ *peace, truce, relationship*] 令人不安的 lìng rén bù'ān de ▸ **to be uneasy about sth** 为(為)某事忧(憂)虑(慮) wèi mǒushì yōulǜ

unemployed [ʌnɪm'plɔɪd] **I** ADJ [+ *person*] 失业(業)的 shīyè de **II** N PL ▸ **the unemployed** 失业(業)者 shīyèzhě

unemployment [ʌnɪm'plɔɪmənt] N [U] 失业(業) shīyè

unequal [ʌn'i:kwəl] ADJ **1** [+ *lengths, amounts*] 不同的 bùtóng de **2** [+ *system, situation*] 不平等的 bù píngděng de ▸ **to be/feel unequal to sth** (*frm*) 不胜(勝)任某事/感觉(覺)难(難)以胜(勝)任某事 bù shèngrèn mǒushì/gǎnjué nányǐ shèngrèn mǒushì

UNESCO [ju:'nɛskəu] N ABBR (= **United Nations Educational, Scientific and Cultural Organization**) 联(聯)合国(國)教科文组(組)织(織) Liánhéguó Jiàokēwén Zǔzhī

uneven [ʌn'i:vn] ADJ **1** [+ *teeth, road, surface*] 高低不平的 gāodī bù píng de **2** [+ *breathing*] 乱(亂)的 luàn de; [+ *rate*] 有差异(異)的 yǒu chāyì de **3** (*inconsistent*) [+ *performance*] 不稳(穩)定的 bù wěndìng de

unexpected [ʌnɪks'pɛktɪd] ADJ 意外的 yìwài de

unexpectedly [ʌnɪks'pɛktɪdlɪ] ADV 意外地 yìwài de

unfair [ʌn'fɛəʳ] ADJ [+ *system, situation, act, person*] 不公平的 bù gōngpíng de ▸ **to be unfair to sb** 对(對)某人不公平 duì mǒurén bù gōngpíng ▸ **it's unfair that...** …是不公平的 ...shì bù gōngpíng de ▸ **it is unfair to generalize** 笼(籠)统(統)地概括是不公平的 lǒngtǒng de gàikuò shì bù gōngpíng de ▸ **to gain an unfair advantage** 获(獲)取不正当(當)的利益 huòqǔ bù zhèngdàng de lìyì

unfaithful [ʌn'feɪθful] ADJ [+ *husband, wife*] 不忠的 bù zhōng de ▸ **to be unfaithful to sb** 对(對)某人不忠 duì mǒurén bù zhōng

unfamiliar [ʌnfə'mɪlɪəʳ] ADJ [+ *place, person, subject*] 陌生的 mòshēng de ▸ **to be unfamiliar to sb** 对(對)某人来(來)说(說)不熟悉 duì mǒurén lái shuō bù shúxī ▸ **to be unfamiliar with sth** 不熟悉某事 bù shúxī mǒushì

unfashionable [ʌn'fæʃnəbl] ADJ [+ *clothes, ideas*] 过(過)时(時)的 guòshí de; [+ *place*] 不流行的 bù liúxíng de

unfasten [ʌn'fɑ:sn] VT **1** [+ *strap, belt, button, clothes*] 解开(開) jiěkāi **2** [+ *lock, latch*] 打开(開) dǎkāi

unfavourable, (US) **unfavorable** [ʌn'feɪvrəbl] ADJ **1** [+ *conditions, impression*] 不利的 bùlì de **2** [+ *review, reaction*] 不赞(贊)同的 bù zàntóng de ▸ **to be unfavourable to sb** [*terms, conditions* +] 不利于(於)某人 bùlì yú mǒurén

unfinished [ʌn'fɪnɪʃt] ADJ 未完成的 wèi wánchéng de ▸ **unfinished business** 未做完的事情 wèi zuòwán de shìqing

unfit [ʌn'fɪt] ADJ (*physically*) 不太健康的 bù tài jiànkāng de ▸ **to be unfit for sth/to do sth** 不胜(勝)任某事/不适(適)合做某事 bù shèngrèn mǒushì/bù shìhé zuò mǒushì ▸ **unfit for work** 身体(體)不佳无(無)法工作 shēntǐ bù jiā wúfǎ gōngzuò ▸ **unfit for human consumption** 不宜给(給)人食用 bùyí gěi rén shíyòng

unfold [ʌn'fəuld] **I** VT [+ *sheet, map*] 展开(開) zhǎnkāi **II** VI [*situation, story, facts* +] 展现(現) zhǎnxiàn

unforgettable [ʌnfə'gɛtəbl] ADJ 难(難)忘的 nánwàng de

unfortunate [ʌn'fɔ:tʃənət] ADJ **1** (*unlucky*) [+ *person, accident*] 不幸的 bùxìng de **2** (*regrettable*) [+ *event, remark*] 令人遗(遺)憾的 lìng rén yíhàn de ▸ **it is unfortunate that...** 不幸的是… bùxìng de shì...

unfortunately [ʌn'fɔ:tʃənətlɪ] ADV 可惜 kěxī

unfounded [ʌn'faundɪd] ADJ [+ *allegations, fears*] 没(沒)有根据(據)的 méiyǒu gēnjù de

unfriendly [ʌn'frɛndlɪ] ADJ **1** [+ *person*] 不友善的 bù yǒushàn de **2** [+ *behaviour, remark*] 不友好的 bù yǒuhǎo de ▸ **to be unfriendly to sb** 对(對)某人不友好 duì mǒurén bù yǒuhǎo

unfurnished [ʌn'fə:nɪʃt] ADJ [+ *house, flat*] 无(無)家具设(設)备(備)的 wú jiājù shèbèi de

ungrateful [ʌn'greɪtful] ADJ 不领(領)情的 bù lǐngqíng de

unhappiness [ʌn'hæpɪnɪs] N [U] 不幸 bùxìng

unhappy [ʌn'hæpɪ] ADJ **1** [+ *person*] 愁苦的 chóukǔ de **2** (*unfortunate*) [+ *accident, event*] 不幸的 bùxìng de **3** [+ *childhood*] 悲惨(慘)的 bēicǎn de ▸ **to be unhappy about** *or* **with sth** (*dissatisfied*) 对(對)某事不满(滿) duì mǒushì bùmǎn

unhealthy[ʌnˈhɛlθɪ] ADJ **1** [+ *person*] 身体(體)不佳的 shēntǐ bù jiā de **2** [+ *place, diet, lifestyle*] 不利于(於)健康的 bù lìyú jiànkāng de **3** [+ *interest*] 不健康的 bù jiànkāng de

unheard-of[ʌnˈhə:dɔv] ADJ **1** (*unknown*) 无(無)先例的 wú xiānlì de **2** (*exceptional*) 前所未闻(聞)的 qián suǒ wèi wén de

unhelpful[ʌnˈhɛlpful] ADJ **1** [+ *person*] 不予帮(幫)助的 bù yǔ bāngzhù de **2** [+ *advice*] 无(無)用的 wúyòng de ▸ **to be unhelpful to sb** [*person* +] 对(對)某人毫无(無)帮(幫)助 duì mǒurén háo wú bāngzhù; [*situation, system* +] 对(對)某人是无(無)益的 duì mǒurén shì wúyì de

unhurt[ʌnˈhə:t] ADJ 没(沒)有受伤(傷)的 méiyǒu shòushāng de ▸ **to escape unhurt** 安然逃脱(脫) ānrán táotuō

unhygienic[ˈʌnhaɪˈdʒi:nɪk] ADJ 不卫(衛)生的 bù wèishēng de

uni[ˈju:nɪ] N 大学(學) dàxué [所 suǒ]; (*university*) ▹ *to go to uni* 上大学 shàng dàxué

unidentified[ʌnaɪˈdɛntɪfaɪd] ADJ 无(無)法识(識)别(別)的 wúfǎ shíbié de

uniform[ˈju:nɪfɔ:m] **I** N [c/u] 制服 zhìfú [套 tào] **II** ADJ **1** (*regular*) [+ *length, width etc*] 统(統)一的 tǒngyī de **2** (*similar*) [+ *objects*] 相同的 xiāngtóng de **3** [+ *result, rise, growth*] 一致的 yīzhì de ▸ **in uniform** 穿着(著)制服 chuānzhe zhìfú

unify[ˈju:nɪfaɪ] VT 使统(統)一 shǐ tǒngyī

unimportant[ʌnɪmˈpɔ:tənt] ADJ 微不足道的 wēi bù zú dào de

uninhabited[ʌnɪnˈhæbɪtɪd] ADJ [+ *area, island, house etc*] 无(無)人居住的 wúrén jūzhù de

unintentional[ʌnɪnˈtɛnʃənəl] ADJ 无(無)心的 wúxīn de

★**union**[ˈju:njən] **I** N **1** [u] (*unification*) 合并 hébìng ▹ *We are working for the union of the two countries.* 我们正为这两个国家的合并而努力。Wǒmen zhèng wèi zhè liǎng gè guójiā de hébìng ér nǔlì. **2** [c] (*also:* **trade union**) 工会(會) gōnghuì [个 gè] **II** CPD [+ *activities, representative etc*] 协(協)会(會) xiéhuì

Union Jack N [c] 英国(國)国(國)旗 Yīngguó guóqí [面 miàn]

unique[ju:ˈni:k] ADJ **1** (*individual*) [+ *number, pattern etc*] 独(獨)一无(無)二的 dú yī wú èr de **2** (*distinctive*) [+ *ability, skill, performance*] 罕有的 hǎnyǒu de ▸ **to be unique to sb/sth** 某人/某物独(獨)有的 mǒurén/mǒuwù dúyǒu de

unisex[ˈju:nɪsɛks] ADJ [+ *hair salon, clothing*] 不分男女的 bù fēn nánnǚ de

unit[ˈju:nɪt] N [c] **1** (*single whole*) 单(單)位 dānwèi [个 gè] **2** (*group, centre*) 小组(組) xiǎozǔ [个 gè] **3** (*measurement*) 单(單)位 dānwèi **4** (*machine*) 部件 bùjiàn **5** (*section*) [*of furniture etc*] 组(組)合件 zǔhéjiàn **6** (*Mil*) 分队(隊) fēnduì **7** (*in course book*) 单(單)元 dānyuán [个 gè]

unite[ju:ˈnaɪt] **I** VT [+ *people, party*] 使联(聯)合 shǐ liánhé **II** VI [*people, party* +] 联(聯)合行动(動) liánhé xíngdòng

united[ju:ˈnaɪtɪd] ADJ **1** [+ *group*] 和睦的 hémù de **2** [+ *effort*] 共同的 gòngtóng de **3** (*Pol*) [+ *country*] 统(統)一的 tǒngyī de ▸ **to be united in sth** [+ *desire, belief, dislike*] 在某事上保持一致 zài mǒushì shang bǎochí yīzhì ▸ **to be united on sth** [+ *issue, need*] 就某事达(達)成一致 jiù mǒushì dáchéng yīzhì ▸ **to be united against sb/sth** 团(團)结(結)起来(來)对(對)抗某人/某事 tuánjié qǐlái duìkàng mǒurén/mǒushì

United Arab Emirates[-ˈɛmɪrɪts] N PL ▸ **the United Arab Emirates** 阿拉伯联(聯)合酋长(長)国(國) Ālābó Liánhé Qiúzhǎngguó

United Kingdom N ▸ **the United Kingdom** 大不列颠及北爱(愛)尔(爾)兰(蘭)联(聯)合王国(國) Dàbùlièdiān Jí Běi'àiěr'lán Liánhéwángguó

United Nations N ▸ **the United Nations** 联(聯)合国(國) Liánhéguó

United States (of America) N ▸ **the United States (of America)** 美利坚(堅)合众(眾)国(國) Měilìjiān Hézhòngguó

unity[ˈju:nɪtɪ] N [u] **1** (*solidarity*) 团(團)结(結) tuánjié **2** (*unification*) 统(統)一 tǒngyī

Univ. ABBR (= **university**) 大学(學) dàxué

universal[ju:nɪˈvə:sl] ADJ 普遍的 pǔbiàn de

universe[ˈju:nɪvə:s] N [c] 宇宙 yǔzhòu [个 gè]

★**university**[ju:nɪˈvə:sɪtɪ] **I** N [c/u] 大学(學) dàxué [所 suǒ] ▸ **to go to university** 上大学(學) shàng dàxué **II** CPD [+ *student, professor, education, year*] 大学(學) dàxué

unjust[ʌnˈdʒʌst] ADJ [+ *action, treatment, society, law*] 不公正的 bù gōngzhèng de

unkind[ʌnˈkaɪnd] ADJ 刻薄的 kèbó de ▸ **to be unkind to sb** 对(對)某人刻薄 duì mǒurén kèbó ▸ **it is unkind to make fun of people** 取笑他人是不友好的 qǔxiào tārén shì bù yǒuhǎo de ▸ **it was unkind of him to say that** 他那么(麼)说(說)是不友好的 tā nàme shuō shì bù yǒuhǎo de

unknown[ʌnˈnəun] **I** ADJ **1** [+ *fact, number*] 未知的 wèizhī de **2** [+ *writer, artist*] 名不见(見)经(經)传(傳)的 míng bù jiàn jīngzhuàn de **3** (*unidentified*) [+ *person*] 陌生的 mòshēng de **II** N **1** [c] (*person*) 无(無)名小卒 wúmíng xiǎozú **2** [s] (*thing*) 未知事物 wèizhī shìwù ▸ **he was unknown to me** 我不认(認)识(識)他 wǒ bù rènshi tā ▸ **unknown to me, he...** 不为(為)我所知，他… bù wéi wǒ suǒ zhī, tā... ▸ **it is not unknown for travellers to forget their passports** 旅客忘带(帶)护(護)照的事并(並)不少见(見) lǚkè wàng dài hùzhào de shì bìng bù shǎojiàn ▸ **an unknown quantity** 一个(個)未知数(數) yī gè wèizhīshù ▸ **fear of the unknown** 对(對)未知事物的恐惧(懼) duì wèizhī shìwù de kǒngjù

u

unlawful [ʌn'lɔːful] ADJ 非法的 fēifǎ de
unleaded [ʌn'lɛdɪd] **I** ADJ 无(無)铅(鉛)的 wúqiān de **II** N [U] 无(無)铅(鉛)燃料 wúqiān ránliào
unleaded petrol [ʌn'lɛdɪd-] N [U] 无(無)铅(鉛)汽油 wúqiān qìyóu
unleash [ʌn'liːʃ] VT [*+ feeling, force etc*] 激起 jīqǐ; [*+ missile*] 发(發)射 fāshè
unless [ʌn'lɛs] CONJ 除非 chúfēi ▸ **unless otherwise stated** 除非另有说(說)明 chúfēi lìng yǒu shuōmíng
unlike [ʌn'laɪk] **I** ADJ (*not alike*) 不相似的 bù xiāngsì de **II** PREP **1** (*in contrast to*) 与(與)…相反 yǔ…xiāngfǎn **2** (*different from*) 不同于(於) bùtóng yú **3** (*not typical of*) 无(無)…的特征(徵) wú…de tèzhēng
unlikely [ʌn'laɪklɪ] ADJ **1** 未必会(會)发(發)生的 wèibì huì fāshēng de **2** [*+ combination, circumstances*] 不大可能的 bù dà kěnéng de ▸ **in the unlikely event that...** 万(萬)一有…情况(況) wànyī yǒu…qíngkuàng ▸ **in the unlikely event of anything going wrong** 万(萬)一有事不顺(順) wànyī yǒu shì bù shùn ▸ **it is unlikely that...** …是不大可能的 …shì bù dà kěnéng de ▸ **he is unlikely to win** 他获(獲)胜(勝)的希望不大 tā huòshèng de xīwàng bù dà
unlimited [ʌn'lɪmɪtɪd] ADJ [*+ supply, resources*] 无(無)限制的 wú xiànzhì de; [*+ money, travel*] 无(無)限量的 wú xiànliàng de
unlisted ['ʌn'lɪstɪd] ADJ **1** (*US: Tel*) [*+ person, number*] 未列入电(電)话(話)簿的 wèi lièrù diànhuàbù de [英 = **ex-directory**] **2** (*Econ*) 不上市的 bù shàngshì de
unload [ʌn'ləud] VT **1** [*+ objects*] 卸 xiè **2** [*+ car, lorry*] 从(從)…上卸货(貨) cóng…shang xièhuò
unlock [ʌn'lɔk] VT [*+ door, car, suitcase*] 开(開) kāi
unlucky [ʌn'lʌkɪ] ADJ **1** [*+ person*] 不幸的 bùxìng de **2** [*+ object, number*] 不吉利的 bù jílì de ▸ **he was unlucky enough to lose his wallet** 他丢(丟)了钱(錢)包，真是太倒霉了 tā diūle qiánbāo, zhēnshi tài dǎoméi le ▸ **we were unlucky not to win** 真不走运(運)，我们(們)没(沒)赢(贏) zhēn bù zǒuyùn, wǒmen méi yíng
unmarried [ʌn'mærɪd] ADJ 未婚的 wèihūn de
unmistak(e)able [ʌnmɪs'teɪkəbl] ADJ 明显(顯)的 míngxiǎn de
unnatural [ʌn'nætʃrəl] ADJ **1** (*not normal*) 反常的 fǎncháng de **2** (*not sincere*) 做作的 zuòzuo de ▸ **it is not unnatural that...** …是很正常的 …shì hěn zhèngcháng de ▸ **it is unnatural to keep the sexes apart** 将(將)两(兩)性分开(開)是不合人情的 jiāng liǎngxìng fēnkāi shì bùhé rénqíng de ▸ **it would be unnatural for two people to agree all the time** 要两(兩)个(個)人总(總)是意见(見)一致是不正常的 yào liǎng gè rén zǒngshì yìjiàn yīzhì shì bù zhèngcháng de
unnecessary [ʌn'nɛsəsərɪ] ADJ 不必要的 bù bìyào de ▸ **it was unnecessary to do anything** 什么(麼)都不必做 shénme dōu bùbì zuò
unnoticed [ʌn'nəutɪst] ADJ ▸ **it went** *or* **passed unnoticed** 没(沒)有人察觉(覺) méiyǒu rén chájué
unofficial [ʌnə'fɪʃl] ADJ **1** [*+ estimate, report*] 非官方的 fēi guānfāng de **2** [*+ strike*] 未经(經)工会(會)同意的 wèi jīng gōnghuì tóngyì de
unpack [ʌn'pæk] **I** VI 开(開)包 kāibāo **II** VT [*+ suitcase, bag*] 打开(開)…取出东(東)西 dǎkāi…qǔchū dōngxi
unpaid [ʌn'peɪd] ADJ **1** [*+ bill, tax*] 未支付的 wèi zhīfù de **2** [*+ holiday, leave*] 无(無)薪的 wúxīn de **3** [*+ work*] 无(無)报(報)酬的 wú bàochou de **4** [*+ worker*] 无(無)酬服务(務)的 wú chóu fúwù de
unpleasant [ʌn'plɛznt] ADJ [*+ experience, task, situation, sensation*] 使人不愉快的 shǐ rén bù yúkuài de; [*+ person, manner*] 令人讨(討)厌(厭)的 lìng rén tǎoyàn de ▸ **to be unpleasant to sb** 跟某人过(過)不去 gēn mǒurén guòbuqù ▸ **she's unpleasant to work with** 她很难(難)一起共事 tā hěn nán yīqǐ gòngshì ▸ **it is very unpleasant to be criticized** 受到批评(評)让(讓)人很不高兴(興) shòudào pīpíng ràng rén hěn bù gāoxìng
unplug [ʌn'plʌg] VT 拔去…的插头(頭) báqù…de chātóu
unpopular [ʌn'pɔpjuləʳ] ADJ [*+ person, decision*] 不受欢(歡)迎的 bù shòu huānyíng de ▸ **to be unpopular with sb** 不受某人的欢(歡)迎 bù shòu mǒurén de huānyíng ▸ **to make sb/o.s. unpopular (with sb)** 使某人/自己不受(某人的)欢(歡)迎 shǐ mǒurén/zìjǐ bù shòu (mǒurén de) huānyíng
unprecedented [ʌn'prɛsɪdɛntɪd] ADJ **1** [*+ decision, event, increase*] 前所未有的 qián suǒ wèi yǒu de **2** [*+ success*] 空前的 kōngqián de
unpredictable [ʌnprɪ'dɪktəbl] ADJ [*+ person, weather, result*] 易变(變)的 yì biàn de
unprofessional [ʌnprə'fɛʃənl] ADJ [*+ attitude, conduct, act*] 不专(專)业(業)的 bù zhuānyè de
unprotected ['ʌnprə'tɛktɪd] ADJ **1** (*not defended*) 不设(設)防的 bù shèfáng de **2** (*not covered*) 无(無)保护(護)的 wú bǎohù de ▸ **unprotected sex** 无(無)防范(範)措施的性行为(為) wú fángfàn cuòshī de xìngxíngwéi ▸ **to be unprotected from sth** 未经(經)保护(護)地暴露于(於)某物 wèi jīng bǎohù de bàolù yú mǒuwù
unqualified [ʌn'kwɔlɪfaɪd] ADJ **1** [*+ teacher, nurse etc*] 不合格的 bù hégé de **2** (*complete*) [*+ disaster, success, support*] 完全的 wánquán de ▸ **to be unqualified for** 不能胜(勝)任 bùnéng shèngrèn ▸ **to be unqualified to do sth**

没(沒)资(資)格做某事 méi zīgé zuò mǒushì

unravel [ʌn'rævl] **I** VT **1** [+ *string, wool*] 解开(開) jiěkāi **2** [+ *mystery, truth*] 弄清 nòngqīng **II** VI [*mystery, puzzle* +] 明朗 mínglǎng

unreal [ʌn'rɪəl] ADJ **1** (*artificial*) 假的 jiǎ de **2** (*bizarre*) 离(離)谱(譜)的 lípǔ de

unrealistic ['ʌnrɪə'lɪstɪk] ADJ [+ *person, expectation, idea, view*] 不切实(實)际(際)的 bù qiè shíjì de ▸ **it is unrealistic to expect that...** 指望…是不切实(實)际(際)的 zhǐwàng...shì bù qiè shíjì de

unreasonable [ʌn'ri:znəbl] ADJ **1** [+ *person, attitude*] 无(無)理的 wúlǐ de **2** [+ *decision, price, amount*] 不合理的 bù hélǐ de ▸ **it is unreasonable to expect that...** 指望…是荒谬(謬)的 zhǐwàng...shì huāngmiù de ▸ **it is not unreasonable that...** …并(並)不过(過)分 ...bìng bù guòfèn

unrelated [ʌnrɪ'leɪtɪd] ADJ **1** [+ *incident, cause*] 不相关(關)的 bù xiāngguān de **2** [+ *people*] 无(無)亲(親)缘(緣)关(關)系(係)的 wú qīnyuán guānxì de ▸ **unrelated to sth** 和某物无(無)关(關) hé mǒuwù wúguān ▸ **unrelated to sb** 和某人无(無)亲(親)缘(緣)关(關)系(係) hé mǒurén wú qīnyuán guānxì

unreliable [ʌnrɪ'laɪəbl] ADJ **1** [+ *person, firm*] 不可信赖(賴)的 bùkě xìnlài de **2** [+ *machine, method*] 不可靠的 bù kěkào de

unrest [ʌn'rɛst] N [U] 动(動)荡(盪) dòngdàng

unroll [ʌn'rəul] VT 展开(開) zhǎnkāi

unruly [ʌn'ru:lɪ] ADJ **1** [+ *child, behaviour*] 任性的 rènxìng de **2** [+ *hair*] 不服帖的 bù fútiē de

unsafe [ʌn'seɪf] ADJ **1** (*in danger*) [+ *person*] 不安全的 bù ānquán de **2** (*dangerous*) [+ *machine, bridge, conditions*] 危险(險)的 wēixiǎn de **3** (*Brit: Law*) [+ *conviction*] 不成立的 bù chénglì de ▸ **it is unsafe to play here** 在这(這)儿(兒)玩不安全 zài zhèr wán bù ānquán ▸ **the car was unsafe to drive** 开(開)这(這)辆(輛)车(車)不安全 kāi zhè liàng chē bù ānquán ▸ **unsafe to eat/drink** 食用/饮(飲)用不安全 shíyòng/yǐnyòng bù ānquán ▸ **unsafe sex** 无(無)防范(範)措施的性行为(為) wú fángfàn cuòshī de xìngxíngwéi

unsatisfactory ['ʌnsætɪs'fæktərɪ] ADJ 令人不满(滿)意的 lìng rén bù mǎnyì de

unscrew [ʌn'skru:] VT [+ *lid, cap*] 旋开(開) xuánkāi

unsettled [ʌn'sɛtld] ADJ **1** [+ *person*] 不安的 bù'ān de **2** [+ *situation, future*] 不稳(穩)定的 bù wěndìng de **3** [+ *question, argument, issue etc*] 未解决(決)的 wèi jiějué de **4** [+ *weather*] 易变(變)的 yì biàn de

unsettling [ʌn'sɛtlɪŋ] ADJ 使人不安的 shǐ rén bù'ān de

unshaven [ʌn'ʃeɪvn] ADJ [+ *man, face*] 胡(鬍)子未刮的 húzi wèi guā de

unskilled [ʌn'skɪld] ADJ **1** [+ *worker*] 不熟练(練)的 bù shúliàn de **2** [+ *work, job*] 无(無)需特殊技能的 wúxū tèshū jìnéng de

unstable [ʌn'steɪbl] ADJ **1** [+ *ladder*] 不牢固的 bù láogù de **2** [+ *government, situation*] 不稳(穩)固的 bù wěngù de **3** [+ *person*] 反复(復)无(無)常的 fǎnfù wú cháng de **4** (*Chem, Phys*) [+ *substance*] 不稳(穩)定的 bù wěndìng de

unsteady [ʌn'stɛdɪ] ADJ **1** [+ *step, voice*] 不平稳(穩)的 bù píngwěn de **2** [+ *person*] 摇(搖)晃的 yáohuàng de **3** [+ *ladder etc*] 不稳(穩)固的 bù wěngù de ▸ **to be unsteady on one's feet** 走路摇(搖)摇(搖)晃晃 zǒulù yáoyáo-huànghuàng

unsuccessful [ʌnsək'sɛsful] ADJ **1** [+ *attempt, application*] 失败(敗)的 shībài de **2** [+ *person, applicant*] 不成功的 bù chénggōng de ▸ **to be unsuccessful in** *or* **at doing sth** 做某事没(沒)有成功 zuò mǒushì méiyǒu chénggōng

unsuitable [ʌn'su:təbl] ADJ **1** [+ *place, time, clothes*] 不适(適)宜的 bù shìyí de **2** [+ *candidate, applicant*] 不合适(適)的 bù héshì de **3** [+ *friend, husband, partner*] 不相称(稱)的 bù xiāngchèn de ▸ **to be unsuitable for sth/for doing sth** 不适(適)于(於)某事/做某事 bù shìyú mǒushì/zuò mǒushì ▸ **to be unsuitable for sb** 对(對)某人不合适(適) duì mǒurén bù héshì

unsure [ʌn'ʃuəʳ] ADJ 没(沒)有把握的 méiyǒu bǎwò de ▸ **to be unsure about sth** 对(對)某事没(沒)有把握 duì mǒushì méiyǒu bǎwò ▸ **to be unsure of o.s.** 对(對)自己缺乏信心 duì zìjǐ quēfá xìnxīn

unsympathetic ['ʌnsɪmpə'θɛtɪk] ADJ **1** (*uncaring*) 无(無)动(動)于(於)衷的 wú dòng yú zhōng de **2** (*unlikeable*) 冷淡的 lěngdàn de ▸ **to be unsympathetic to(wards) sth** 对(對)某事不表同情 duì mǒushì bù biǎo tóngqíng

untidy [ʌn'taɪdɪ] ADJ **1** [+ *room*] 不整洁(潔)的 bù zhěngjié de **2** [+ *person, appearance*] 邋遢的 lāta de

untie [ʌn'taɪ] VT **1** [+ *rope, knot*] 解开(開) jiěkāi **2** [+ *prisoner, dog*] 松(鬆)开(開) sōngkāi **3** [+ *sb's hands, feet*] 给(給)…松(鬆)绑(綁) gěi...sōngbǎng

★ **until** [ən'tɪl] **I** PREP 直到…时(時) zhídào...shí ▹ *They didn't find her until the next day.* 他们直到第二天才找到她。Tāmen zhídào dì'èr tiān cái zhǎodào tā. **II** CONJ 到…为(為)止 dào...wéizhǐ ▹ *She waited until he had gone.* 她一直等到他走为止。Tā yīzhí děngdào tā zǒu wéizhǐ. ▸ **until now** 直到现(現)在 zhídào xiànzài ▸ **not until now** 直到现(現)在才 zhídào xiànzài cái ▸ **until then** 届(屆)时(時) jièshí ▸ **not until then** 直到那时(時)才… zhídào nàshí cái...

untrue [ʌn'tru:] ADJ 不正确(確)的 bù zhèngquè de ▸ **it is untrue that...** …与(與)事实(實)不符 ...yǔ shìshí bù fú ▸ **it would be untrue to say that...** 说(說)…就不对(對)了 shuō...jiù bùduì le

U

unused¹[ʌn'ju:zd] ADJ 闲(閒)置的 xiánzhì de

unused²[ʌn'ju:st] ADJ ▸ **to be unused to sth/to doing sth** 不习(習)惯(慣)某事/做某事 bù xíguàn mǒushì/zuò mǒushì

unusual[ʌn'ju:ʒuəl] ADJ **1** 不寻(尋)常的 bù xúncháng de **2** (*distinctive*) 与(與)众(眾)不同的 yǔ zhòng bùtóng de ▸ **it's unusual to see someone so tall** 难(難)得见(見)到这(這)么(麼)高的人 nándé jiàndào zhème gāo de rén

unusually[ʌn'ju:ʒuəlɪ] ADV 异(異)乎寻(尋)常地 yìhū xúncháng de

unveil[ʌn'veɪl] VT **1** [+ *statue, plaque*] 为(為)…揭幕 wèi...jiēmù **2** [+ *plan*] 透露 tòulù

unwanted[ʌn'wɔntɪd] ADJ **1** [+ *clothing, animal*] 没(沒)人要的 méi rén yào de **2** [+ *child, pregnancy*] 不想要的 bù xiǎngyào de

unwelcome[ʌn'wɛlkəm] ADJ **1** [+ *guest*] 不受欢(歡)迎的 bù shòu huānyíng de **2** [+ *news*] 讨(討)厌(厭)的 tǎoyàn de ▸ **to feel unwelcome** 感到不受欢(歡)迎 gǎndào bù shòu huānyíng

unwell[ʌn'wɛl] ADJ ▸ **to feel/be unwell** 觉(覺)得/身体(體)不适(適) juéde/shēntǐ bùshì

unwilling[ʌn'wɪlɪŋ] ADJ ▸ **to be unwilling to do sth** 不愿(願)做某事 bù yuàn zuò mǒushì

unwind[ʌn'waɪnd] (*pt, pp* **unwound**) **I** VT [*bandage, scarf etc*] 解开(開) jiěkāi **II** VI (*relax*) 放松 fàngsōng

unwise[ʌn'waɪz] ADJ **1** [+ *decision, choice*] 愚蠢的 yúchǔn de **2** [+ *person*] 不明智的 bù míngzhì de ▸ **it would be unwise to expect too much** 期望过(過)多是不明智的 qīwàng guò duō shì bù míngzhì de ▸ **to be unwise enough to do sth** 做某事真是傻 zuò mǒushì zhēnshi shǎ

unwittingly[ʌn'wɪtɪŋlɪ] ADV 无(無)意地 wúyì de

unwrap[ʌn'ræp] VT 打开(開)…的包装(裝) dǎkāi...de bāozhuāng

unzip[ʌn'zɪp] VT 拉开(開) lākāi

KEYWORD

★ **up**[ʌp] **I** PREP **1** (*to higher point on*) [+ *hill, slope, ladder, stairs*] 沿…向上 yán...xiàngshàng ▸ **he went up the stairs/the hill/the ladder** 他上了楼(樓)/山/梯子 tā shàngle lóu/shān/tīzi
2 (*along*) [+ *road, river*] 沿着(著) yánzhe ▸ **a bus came/went up the road** 一辆(輛)公共汽车(車)沿着(著)路开(開)过(過)来(來)/去 yī liàng gōnggòng qìchē yánzhe lù kāi guòlái/qù
3 (*at higher point on*) [+ *hill, ladder, tree*] 在…高处(處) zài...gāochù; [+ *road*] 在…高远(遠)处(處) zài...gāoyuǎnchù; [+ *river*] 在…上游(遊) zài...shàngyóu ▸ **the cat was up a tree** 猫(貓)在树(樹)上 māo zài shù shang ▸ **they live further up the street** 他们(們)住在这(這)条(條)街那边(邊)儿(兒) tāmen zhù zài zhè tiáo jiē nàbiānr

II ADV **1** (*towards higher point*) 往上 wǎngshàng ▸ **the lift only goes up to the 12th floor** 电(電)梯只到12层(層)楼(樓)以上 diàntī zhǐ dào shí'èr céng lóu yǐshàng ▸ **to pace up and down** 走来(來)走去 zǒu lái zǒu qù
2 (*at higher point*) 高高地 gāogāo de ▸ **up in the sky** 在天上 zài tiānshang ▸ **up here/there** 这(這)/那上面 zhè/nà shàngmian ▸ **up above** 再往上 zài wǎng shàng
3 ▸ **to be up** (*be out of bed*) 起床 qǐchuáng; (*be at an end*) [*time* +] 结(結)束 jiéshù; (*be on the increase*) [*price, level, amount* +] 上升 shàngshēng ▸ **what's up?** (*inf*) 怎么(麼)了? zěnme le? ▸ **what's up with him?** 他怎么(麼)了? tā zěnme le?
4 (*to/in the north*) 在/向北方 zài/xiàng běifāng ▸ **he often comes up to Scotland** 他常北上去苏(蘇)格兰(蘭) tā cháng běishàng qù Sūgélán ▸ **how long are you staying up here?** 你在那儿(兒)住了多久了? nǐ zài nàr zhùle duō jiǔ le?
5 (*approaching*) ▸ **to go/come/run up (to sb)** (朝某人)走去/过(過)来(來)/跑去 (cháo mǒurén) zǒuqù/guòlái/pǎoqù
6 ▸ **up to** (*as far as*) 直到 zhídào; (*in approximations*) 多达(達) duōdá ▸ **the water came up to his knees** 水到他的膝盖(蓋)了 shuǐ dào tā de xīgài le ▸ **I can spend up to £100** 我可以花到100英镑(鎊) wǒ kěyǐ huādào yībǎi yīngbàng ▸ **up to 100 people** 多达(達)100人 duō dá yībǎi rén
7 ▸ **up to** *or* **until** 直到 zhídào ▸ **I'll be here up to** *or* **until 5.30 pm** 我会(會)一直呆到下午5点(點)30分 wǒ huì yīzhí dāidào xiàwǔ wǔ diǎn sānshífēn ▸ **up to now** 直到现(現)在 zhídào xiànzài
8 ▸ **it is up to you (to decide)** 随(隨)便你(决(決)定) suíbiàn nǐ (juédìng)
9 ▸ **to be up to sth** (*inf: be doing*) 忙于(於)做某件坏(壞)事 máng yú zuò mǒu jiàn huàishì ▸ **what is he up to?** 他在捣(搗)什么(麼)鬼? tā zài dǎo shénme guǐ?
10 ▸ **to be up to sth** (*adequate for*) [+ *task*] 足够(夠)某事 zúgòu mǒushì; [+ *standard*] 达(達)到某事 dádào mǒushì ▸ **his work is not up to the required standard** 他的工作未能达(達)到要求的标(標)准(準) tā de gōngzuò wèi néng dádào yāoqiú de biāozhǔn ▸ **to be up to doing sth** 胜(勝)任做某事 shèngrèn zuò mǒushì
11 ▸ **to feel up to sth/to doing sth** 感到能胜(勝)任某事/感到有力气(氣)做某事 gǎndào néng shèngrèn mǒushì/gǎndào yǒu lìqi zuò mǒushì
12 (*in other expressions*) ▸ **to be up against sb/sth** 面临(臨)某人/某事 miànlín mǒurén/mǒushì ▸ **to be up for discussion** 即将(將)讨(討)论(論) jíjiāng tǎolùn

III VT (*increase*) 增加 zēngjiā

IV VI (*inf*) ▸ **she upped and left** 她突然起身离(離)开(開)了 tā tūrán qǐshēn líkāi le
V N PL ▸ **ups and downs** (*in life, career*) 起起伏伏 qǐqǐ fúfú ▸ **we all have our ups and downs** 我们(們)都有盛衰浮沉 wǒmen dōu yǒu shèngshuāi fúchén

up-and-coming [ʌpənd'kʌmɪŋ] ADJ [+ *actor, musician, company*] 有前途的 yǒu qiántú de
upbringing ['ʌpbrɪŋɪŋ] N [C] 教养(養) jiàoyǎng
update [*vb* ʌp'deɪt, *n* 'ʌpdeɪt] **I** VT [+ *records, information*] 更新 gēngxīn **II** N [C] 最新信息 zuìxīn xìnxī [条 tiáo] ▸ **to update sb on sth** 告知某人某事最新动(動)态(態) gàozhī mǒurén mǒushì zuì xīn dòngtài
upfront [ʌp'frʌnt] **I** ADJ **1** [+ *person*] 坦率的 tǎnshuài de **2** (*advance*) [+ *charge, cost*] 提前支付的 tíqián zhīfù de **II** ADV [*pay, charge* +] 提前地 tíqián de ▸ **to be upfront about sth** 对(對)某事很坦率 duì mǒushì hěn tǎnshuài ▸ **to be upfront about being gay/divorced** *etc* 公开(開)表示自己是同性恋(戀)/已离(離)婚等 gōngkāi biǎoshì zìjǐ shì tóngxìngliàn/yǐ líhūn děng
upgrade [*vb* ʌp'greɪd, *n* 'ʌpgreɪd] **I** VT **1** [+ *computer etc*] 使升级(級) shǐ shēngjí **2** [+ *employee*] 提升 tíshēng **II** N [C] 升级(級) shēngjí ▸ **to upgrade sth/sb to sth** 将(將)某物升级(級)为(為)某物/将(將)某人升为(為)某职(職) jiāng mǒuwù shēngjí wéi mǒuwù/jiāng mǒurén shēngwéi mǒuzhí ▸ **an upgrade to sth** 提升到某个(個)等级(級) tíshēngdào mǒu gè děngjí
upheaval [ʌp'hiːvl] N [C] 剧(劇)变(變) jùbiàn
uphill ['ʌp'hɪl] **I** ADJ **1** [+ *climb, journey*] 上坡的 shàngpō de **2** (*fig*) [+ *task*] 艰(艱)难(難)的 jiānnán de **II** ADV [*walk, push* +] 往坡上 wǎng pōshang ▸ **an uphill struggle** *or* **battle (to do sth)** (做某事的)艰(艱)苦奋(奮)斗(鬥) (zuò mǒushì de) jiānkǔ fèndòu
uphold [ʌp'həuld] (*pt, pp* **upheld**) VT [+ *law, principle, decision*] 维(維)护(護) wéihù
upholstery [ʌp'həulstərɪ] N [U] 软(軟)垫(墊) ruǎndiàn
upkeep ['ʌpkiːp] N [U] **1** [*of building, place*] 维(維)护(護) wéihù **2** [*of person, service*] 供养(養) gōngyǎng
upload [ʌp'ləud] VT 上载(載) shàngzài
upmarket [ʌp'mɑːkɪt] (*Brit*) ADJ [+ *product, hotel*] 高档(檔)的 gāodàng de [美 = **upscale**]
upon [ə'pɔn] (*frm*) PREP 在…上面 zài…shàngmian ▸ **upon doing sth** 在做某事之时(時) zài zuò mǒushì zhī shí ▸ **Christmas/the football season is upon us** 圣(聖)诞(誕)节(節)/足球赛(賽)季就要来(來)了 Shèngdàn Jié/zúqiú sàijì jiù yào lái le ▸ **row upon row/layer upon layer of** 一排排的/一层(層)层(層)的… yī páipái de/yī céngcéng de…
upper ['ʌpə^r] **I** ADJ **1** [+ *floor, deck, shelf*] 上层(層)的 shàngcéng de **2** [+ *lip*] 上面的 shàngmian de **3** [+ *part*] 较(較)高的 jiàogāo de **4** [+ *arm, back, body*] 上部的 shàngbù de **II** N [C] [*of shoe*] 鞋帮 xiébāng ▸ **the upper sixth** (*Brit: Scol*) 中学(學)七年级(級)(英国(國)中学(學)教育的最后(後)一年，在此其间(間)，学(學)生参(參)加大学(學)升学(學)资(資)格的考试(試)) zhōngxué qī niánjí (Yīngguó zhōngxué jiàoyù de zuìhòu yī nián, zài cǐ qījiān, xuésheng cānjiā dàxué shēngxué zīgé de kǎoshì)
upper class **I** N ▸ **the upper class(es)** 上流社会(會) shàngliú shèhuì **II** ADJ (*also*: **upper-class**) 上流社会(會)的 shàngliú shèhuì de
upright ['ʌpraɪt] **I** ADJ **1** (*vertical*) [+ *freezer, vacuum cleaner*] 立式的 lìshì de **2** (*honest*) [+ *person*] 正直的 zhèngzhí de **II** ADV [*sit, stand* +] 挺直地 tǐngzhí de **III** N [C] (*Archit*) 垂直的构(構)件 chuízhí de gòujiàn ▸ **to remain upright** 保持直立 bǎochí zhílì
uprising ['ʌpraɪzɪŋ] N [C] 起义(義) qǐyì
uproar ['ʌprɔː^r] N [U] **1** (*shouting*) 喧嚣(囂) xuānxiāo **2** (*protest*) 骚(騷)乱(亂) sāoluàn ▸ **an uproar over** *or* **about sth** 因某事引起的骚(騷)乱(亂) yīn mǒushì yǐnqǐ de sāoluàn
upscale ['ʌpskeɪl] (*US*) ADJ [+ *product, hotel*] 高档的 gāodàng de [英 = **upmarket**]
upset [*vb* ʌp'sɛt, *n* 'ʌpsɛt] (*pt, pp* **upset**) **I** VT **1** (*make unhappy*) [+ *person*] 使苦恼(惱) shǐ kǔnǎo **2** (*knock over*) [+ *glass etc*] 打翻 dǎfān **3** (*disturb*) [+ *routine, plan*] 打乱(亂) dǎluàn **II** ADJ **1** (*unhappy*) 心烦(煩)意乱(亂)的 xīn fán yì luàn de **2** [+ *stomach*] 不舒服的 bù shūfu de **III** N ▸ **to have/get a stomach upset** (*Brit*) 感到肠(腸)胃不适(適) gǎndào chángwèi bùshì ▸ **to be upset about sth** 为(為)某事感到烦(煩)恼(惱) wèi mǒushì gǎndào fánnǎo ▸ **to get upset** (*sad*) 感到难(難)过(過) gǎndào nánguò; (*offended*) 感到生气(氣) gǎndào shēngqì
upside down [ʌpsaɪd-] **I** ADV [*hang, hold, turn* +] 上下颠(顛)倒地 shàngxià diāndǎo de **II** ADJ 上下颠(顛)倒的 shàngxià diāndǎo de ▸ **to turn a place upside down** 把某地方翻得乱(亂)七八糟 bǎ mǒu dìfang fān de luàn qī bā zāo ▸ **to turn sb's life** *or* **world upside down** 把某人的生活搞得天翻地覆 bǎ mǒurén de shēnghuó gǎo de tiān fān dì fù
upstairs [ʌp'stɛəz] **I** ADV **1** [*be* +] 在楼(樓)上 zài lóushang **2** [*go* +] 往楼(樓)上 wǎng lóushang **II** ADJ [+ *window, room*] 楼(樓)上的 lóushang de **III** N [S] [*of building*] 楼(樓)上 lóushang
uptight [ʌp'taɪt] ADJ 焦虑(慮)的 jiāolǜ de ▷ *She's really uptight.* 她非常焦虑。Tā fēicháng jiāolǜ.
up-to-date ['ʌptə'deɪt] ADJ **1** (*modern*) 最新的 zuì xīn de **2** (*well-informed*) 掌握最新信息的 zhǎngwò zuì xīn xìnxī de ▸ **to keep up-to-date (with sth)** 跟上(某事的)最新发(發)展 gēnshàng (mǒushì de) zuì xīn

fāzhǎn ▸ **to keep sb up-to-date (with** *or* **on sth)** 为(為)某人提供(关(關)于(於)某事的)最新信息 wèi mǒurén tígōng (guānyú mǒushì de) zuì xīn xìnxī ▸ **to keep sth up-to-date** 不断(斷)更新某物 bùduàn gēngxīn mǒuwù

uptown ['ʌptaun] (*US*) **I** ADV **1** [*be* +] 在市镇外围的住宅区 **2** [*go* +] 去市镇外围的住宅区 **II** ADJ 住宅区(區)的 zhùzháiqū de

upward ['ʌpwəd] **I** ADJ 向上的 xiàngshàng de **II** ADV = **upwards** ▸ **upward of** (*more than*) 多于(於)··· duōyú...

upwards ['ʌpwədz] ADV 向上 xiàngshàng

uranium [juə'reɪnɪəm] N [U] 铀(鈾) yóu

Uranus [juə'reɪnəs] N 天王星 Tiānwángxīng

urban ['ə:bən] ADJ [+ *area, development*] 城市的 chéngshì de

urge [ə:dʒ] **I** N [C] 冲(衝)动(動) chōngdòng **II** VT **1** ▸ **to urge sb to do sth** 怂(慫)恿某人做某事 sǒngyǒng mǒurén zuò mǒushì **2** ▸ **to urge caution** 强(強)调(調)要谨(謹)慎 qiángdiào yào jǐnshèn ▸ **to have an urge to do sth** 强(強)烈地想要做某事 qiángliè de xiǎng yào zuò mǒushì ▸ **an urge for revenge** 复(復)仇的强(強)烈欲(慾)望 fùchóu de qiángliè yùwàng

▸**urge on** VT 激励(勵) jīlì

urgency ['ə:dʒənsɪ] N [U] [*of task*] 紧(緊)迫 jǐnpò ▸ **a note of urgency** (*in voice*) 急迫的语(語)气(氣) jípò de yǔqì ▸ **sense of urgency** 紧(緊)迫感 jǐnpògǎn ▸ **as a matter of urgency** 作为(為)紧(緊)急事件 zuòwéi jǐnjí shìjiàn

urgent ['ə:dʒənt] ADJ **1** [+ *letter, message etc*] 紧(緊)急的 jǐnjí de **2** [+ *need, voice*] 急迫的 jípò de

urinal ['juərɪnl] N [C] 小便池 xiǎobiànchí

urinate ['juərɪneɪt] VI 排尿 páiniào

urine ['juərɪn] N [U] 尿 niào

URL (*Comput*) N ABBR (= **Uniform Resource Locator**) 统(統)一资(資)源定位器 tǒngyī zīyuán dìngwèiqì

urn [ə:n] N [C] **1** (*pot*) 瓮(甕) wèng [个 gè] **2** (*for ashes*) 骨灰瓮(甕) gǔhuīwèng **3** (*also*: **tea urn**) 茶水壶(壺) cháshuǐhú

Uruguay ['juərəgwaɪ] N 乌(烏)拉圭 Wūlāguī

Uruguayan [juərə'gwaɪən] **I** ADJ 乌(烏)拉圭的 Wūlāguī de **II** N [C] (*person*) 乌(烏)拉圭人 Wūlāguīrén [个 gè]

US N ABBR (= **United States**) ▸ **the US** 美国(國) Měiguó

★ **us** [ʌs] PRON 我们(們) wǒmen ▹ *They need us.* 他们需要我们。Tāmen xūyào wǒmen. ▹ *He brought us a present.* 他带给我们一份礼物。Tā dài gěi wǒmen yī fèn lǐwù. ▹ *He lives with us.* 他和我们住在一起。Tā hé wǒmen zhù zài yīqǐ.

USA N ABBR (= **United States of America**) ▸ **the USA** 美国(國) Měiguó

★ **use** [*n* ju:s, *vb* ju:z] **I** N **1** [U/S] (*using*) 使用 shǐyòng ▹ *the use of artificial drugs* 人造药品的使用 rénzào yàopǐn de shǐyòng **2** [C/U] (*purpose*) 用途 yòngtú [种 zhǒng] ▹ *Metal detectors have many uses.* 金属探测器有很多用途。Jīnshǔ tàncèqì yǒu hěn duō yòngtú. **3** [C] [*of word*] 用法 yòngfǎ [种 zhǒng] ▹ *Old uses of some words are dying out.* 一些词的旧用法正逐渐消失。Yīxiē cí de jiù yòngfǎ zhèng zhújiàn xiāoshī. **II** VT **1** [+ *object, tool*] 使用 shǐyòng **2** [+ *word, phrase*] 应(應)用 yìngyòng **3** (*pej*) [+ *person*] 利用 lìyòng **4** (*also*: **use up**) [+ *supply*] 用完 yòngwán ▹ *You've used all the ice cubes.* 你用掉了所有的冰块。Nǐ yòngdiàole suǒyǒu de bīngkuài. ▸ **to be in use** 正被使用 zhèng bèi shǐyòng ▸ **to go out of use** 不再被使用 bù zài bèi shǐyòng ▸ **to be of use (to sb)** (对(對)某人)有用 (duì mǒurén) yǒuyòng ▸ **to make use of sth** 利用某物 lìyòng mǒuwù ▸ **it's no use** 没(沒)用的 méiyòng de ▸ **it's no use arguing/crying** *etc* 吵/哭等是没(沒)用的 chǎo/kū *děng* shì méiyòng de ▸ **what's the use!** 有什么(麼)用呢！yǒu shénme yòng ne! ▸ **to be no use (to sb)** (对(對)某人)毫无(無)用处(處) (duì mǒurén) háowú yòngchu ▸ **to have a use for sth** 用得着(著)某物 yòng de zháo mǒuwù ▸ **to have the use of sth** 使用某物 shǐyòng mǒuwù ▸ **she used to do it** 她过(過)去是这(這)么(麼)做的 tā guòqù shì zhème zuò de ▸ **I didn't use to** *or* **I used not to worry so much** 我过(過)去不这(這)么(麼)焦虑(慮) wǒ guòqù bù zhème jiāolǜ ▸ **to be used to sth/to doing sth** 习(習)惯(慣)于(於)某事/做某事 xíguàn yú mǒushì/zuò mǒushì ▸ **to get used to sth/to doing sth** 开(開)始习(習)惯(慣)于(於)某事/做某事 kāishǐ xíguàn yú mǒushì/zuò mǒushì

▸**use up** VT 用完 yòngwán

used [ju:zd] ADJ **1** [+ *tissue, glass, envelope*] 用过(過)的 yòngguò de **2** [+ *car*] 旧(舊)的 jiù de

useful ['ju:sful] ADJ 有用的 yǒuyòng de ▸ **to be useful to** *or* **for sb** 对(對)某人有用的 duì mǒurén yǒuyòng de ▸ **to be useful for sth/doing sth** 对(對)某事/做某事有帮(幫)助的 duì mǒushì/zuò mǒushì yǒu bāngzhù de ▸ **it's useful to keep a diary** 写(寫)日记(記)很有助益 xiě rìjì hěn yǒu zhùyì ▸ **it would be useful for us to have more information** 得到更多的信息会(會)对(對)我们(們)很有用 dédào gèngduō de xìnxī huì duì wǒmen hěn yǒuyòng ▸ **to come in useful** 有帮助 yǒu bāngzhù

useless ['ju:slɪs] ADJ **1** (*unusable*) 无(無)用的 wúyòng de **2** (*pointless*) 徒劳(勞)的 túláo de **3** (*inf: hopeless*) 无(無)能的 wúnéng de ▸ **it's useless to complain** 抱怨是无(無)用的 bàoyuàn shì wúyòng de ▸ **to be useless at sth/at doing sth** (*inf*) 对(對)某事/做某事非常差劲(勁) duì mǒushì/zuò mǒushì fēicháng chàjìn

user ['ju:zə^r] N [C] **1** [*of product, service*] 使用者 shǐyòngzhě [位 wèi] **2** (*consumer*) [*of petrol, gas*

etc] 用户(戶) yònghù
user-friendly ['ju:zə'frɛndlɪ] ADJ 易于(於)使用的 yì yú shǐyòng de
username ['ju:zəneɪm] N [c] (*Comput*) 用户名 yònghùmíng [个 gè]
USS ABBR (= **United States Ship**) 美国(國)军(軍)舰(艦) Měiguó Jūnjiàn
usual ['ju:ʒuəl] ADJ [+ *time, place etc*] 惯(慣)常的 guàncháng de ▸ **as usual** (*as normally happens*) 像往常一样(樣) xiàng wǎngcháng yīyàng; (*just the same*) 像平常一样(樣) xiàng píngcháng yīyàng ▸ **warmer/colder than usual** 比平常暖和/冷 bǐ píngcháng nuǎnhuo/lěng ▸ **it is usual to tip waiters** 给(給)侍者小费(費)是很平常的 gěi shìzhě xiǎofèi shì hěn píngcháng de
usually ['ju:ʒuəlɪ] ADV 通常地 tōngcháng de
utensil [ju:'tɛnsl] N [c] 用具 yòngjù [件 jiàn] ▸ **cooking/kitchen utensils** 烹饪(飪)/厨(廚)房用具 pēngrèn/chúfáng yòngjù
utility [ju:'tɪlɪtɪ] N **1** [c] (*also*: **public utility**) 公共设(設)施 gōnggòng shèshī **2** [U] (*frm*: *usefulness*) 效用 xiàoyòng
utility room [ju:'tɪlɪtɪ-] N [c] 储(儲)物室 chǔwùshì [个 gè]
utilize ['ju:tɪlaɪz] (*frm*) VT 利用 lìyòng
utmost ['ʌtməust] **I** ADJ 极(極)度的 jídù de **II** N ▸ **to do one's utmost (to do sth)** 竭尽(盡)全力(做某事) jiéjìn quánlì (zuò mǒushì) ▸ **of the utmost importance** 最重要的 zuì zhòngyào de
utter ['ʌtə^r] **I** ADJ (*total*) [+ *amazement, nonsense, fool*] 绝(絕)对(對)的 juéduì de **II** VT (*liter*) [+ *sounds, words*] 说(說) shuō
utterly ['ʌtəlɪ] ADV (*totally*) 全然 quánrán
U-turn ['ju:'tə:n] N [c] **1** (*when driving*) U形转(轉)弯(彎) U xíng zhuǎnwān **2** (*fig*) 彻(徹)底转(轉)变(變) chèdǐ zhuǎnbiàn ▸ **to do a U-turn** (*in vehicle*) 180度掉头(頭) yībǎibāshí dù diàotóu; (*fig*) 彻(徹)底转(轉)变(變) chèdǐ zhuǎnbiàn
Uzbek ['ʌzbɛk] **I** ADJ 乌(烏)兹(茲)别(別)克的 Wūzībiékè de **II** N **1** [c] (*person*) 乌(烏)兹(茲)别(別)克人 Wūzībiékèrén [个 gè] **2** [U] (*language*) 乌(烏)兹(茲)别(別)克语(語) Wūzībiékèyǔ
Uzbekistan [ʌzbɛkɪ'stɑ:n] N 乌(烏)兹(茲)别(別)克 Wūzībiékè

V¹, v [vi:] N [c/U] (*letter*) 英语的第二十二个字母
V² (*Texting*) ABBR (= **very**) 很 hěn
v. ABBR **1** (= **versus**) 对(對) duì **2** (= **volt**) 伏特 fútè **3** (= **verse**) 诗(詩) shī
vacancy ['veɪkənsɪ] N [c] (*job*) 空缺 kòngquē [个 gè]; (*hotel room*) 空房 kōngfáng [间 jiān] ▸ **"no vacancies"** "客满(滿)" "kèmǎn" ▸ **have you any vacancies?** (*hotel*) 你们(們)有空房吗(嗎)? nǐmen yǒu kōngfáng ma?
vacant ['veɪkənt] ADJ **1** [+ *seat, bathroom*] 空着(著)的 kòngzhe de **2** [+ *look, expression*] 茫然的 mángrán de **3** [+ *job*] 空缺的 kòngquē de
vacate [və'keɪt] (*frm*) VT [+ *house, seat*] 空出 kòngchū; [+ *job*] 辞(辭)去 cíqù
vacation [və'keɪʃən] N [c] **1** (*esp US*) 休假 xiūjià [次 cì] [英 = **holiday**] **2** (*at university etc*) 假期 jiàqī ▸ **to take a vacation** 休假 xiūjià ▸ **to be/go on vacation** 在/去度假 zài/qù dùjià
vaccinate ['væksɪneɪt] VT ▸ **to vaccinate sb (against sth)** 重视(視) gěi mǒurén jiēzhòng yìmiáo (yùfáng mǒu jíbìng)
vaccination [væksɪ'neɪʃən] N **1** [U] (*immunization*) 疫苗接种(種) yìmiáo jiēzhòng **2** [c] (*injection*) 预(預)防针(針) yùfángzhēn ▸ **a vaccination against smallpox/tetanus** 天花疫苗接种(種)/破伤(傷)风(風)预(預)防针(針) tiānhuā yìmiáo jiēzhòng/pòshāngfēng yùfángzhēn
vaccine ['væksi:n] N [c/U] 疫苗 yìmiáo [种 zhǒng]
vacuum ['vækjum] **I** N [c] **1** (*Phys*) 真空 zhēnkōng **2** (*fig*) 空白 kòngbái **II** VT [+ *room, carpet etc*] 用吸尘(塵)器打扫(掃) yòng xīchénqì dǎsǎo
vacuum cleaner N [c] (*also*: **vacuum**) 真空吸尘(塵)器 zhēnkōng xīchénqì [台 tái]
vagina [və'dʒaɪnə] N [c] 阴(陰)道 yīndào
vague [veɪg] ADJ **1** [+ *memory, idea*] 不清楚的 bù qīngchu de; [+ *shape, outline*] 模糊的 móhu de; [+ *talk, instructions*] 含糊的 hánhu de **2** (*evasive*) [+ *person, promise*] 含糊其辞(辭)的 hánhu qí cí de **3** (*distracted*) [+ *person, look*] 茫然的 mángrán de ▸ **I haven't the vaguest idea** 我一无(無)所知 wǒ yī wú suǒ zhī
vaguely ['veɪglɪ] ADV **1** (*unclearly*) 含糊地 hánhu de **2** (*evasively*) 闪(閃)烁(爍)其辞(辭)地 shǎnshuò qí cí de **3** (*slightly*) 略微地 lüèwēi de

vain [veɪn] ADJ **1** *(conceited)* [+ *person*] 自负(負)的 zìfù de **2** *(useless)* [+ *attempt, action, hope*] 徒劳(勞)的 túláo de ▸ **in vain** 徒然 túrán ▸ **to die in vain** 白白死去 báibái sǐqù
Valentine card ['væləntaɪn-] N [c] 情人节(節)贺(賀)卡 Qíngrén Jié hèkǎ [张 zhāng]
Valentine's Day ['væləntaɪnz-] N [c/u] 情人节(節) Qíngrén Jié [个 gè]
valiant ['vælɪənt] ADJ 勇敢的 yǒnggǎn de
valid ['vælɪd] ADJ **1** [+ *ticket, document*] 有效的 yǒuxiào de **2** [+ *argument, reason*] 令人信服的 lìng rén xìnfú de
valley ['vælɪ] N [c] 山谷 shāngǔ [个 gè]
valuable ['væljuəbl] **I** ADJ **1** [+ *jewels, painting etc*] 贵(貴)重的 guìzhòng de **2** *(useful)* [+ *lesson, contribution*] 有价(價)值的 yǒu jiàzhí de **II valuables** N PL 贵(貴)重物品 guìzhòng wùpǐn
valuation [vælju'eɪʃən] N [c] [*of house etc*] 估价(價) gūjià
★ **value** ['vælju:] **I** N **1** [c/u] *(financial worth)* 价(價)值 jiàzhí [种 zhǒng] **2** [u] *(importance)* 重要性 zhòngyàoxìng ▷ *The value of this experience should not be underestimated.* 这次经历的重要性不应被低估。Zhè cì jīnglì de zhòngyàoxìng bù yīng bèi dīgū. **3** [u] *(worth in relation to price)* 价(價)格 jiàgé ▷ *Both offer excellent value at around £50 for a double room.* 对一间双人房双方都报出50英镑左右的优惠价格。Duì yī jiān shuāngrénfáng shuāngfāng dōu bàochū wǔshí yīngbàng zuǒyòu de yōuhuì jiàgé. **II** VT **1** *(assess the worth of)* 给(給)…估价(價) gěi…gūjià ▷ *jewellery valued at around $10,000* 估价在1万美元左右的珠宝 gūjià zài yī wàn měiyuán zuǒyòu de zhūbǎo **2** *(appreciate)* 重视(視) zhòngshì ▷ *She genuinely values his opinion.* 她确实很重视他的看法。Tā quèshí hěn zhòngshì tā de kànfǎ. **III values** N PL *(principles, beliefs)* 价(價)值观(觀)念 jiàzhí guānniàn ▸ **value for money** 物有所值 wù yǒu suǒ zhí ▸ **to lose (in) value** [*currency, property* +] 贬(貶)值 biǎnzhí ▸ **to gain (in) value** [*currency, property* +] 升值 shēngzhí ▸ **to be of value to sb** 对(對)某人有益 duì mǒurén yǒuyì
valued ['vælju:d] ADJ 受重视(視)的 shòu zhòngshì de
valve [vælv] N [c] *(in pipe, tube)* 阀(閥) fá; *(in heart, vein)* 瓣膜 bànmó
vampire ['væmpaɪəʳ] N [c] 吸血鬼 xīxuèguǐ [个 gè]
van [væn] N [c] **1** *(Aut)* 厢(廂)式运(運)货(貨)车(車) xiāngshì yùnhuòchē [辆 liàng] **2** *(Brit: Rail)* 铁(鐵)路货(貨)车(車)厢(廂) tiělù huòchēxiāng
vandal ['vændl] N [c] 蓄意破坏(壞)公物者 xùyì pòhuài gōngwùzhě [个 gè]
vandalism ['vændəlɪzəm] N [u] 蓄意破坏(壞)公物的行为(為) xùyì pòhuài gōngwù de xíngwéi
vandalize ['vændəlaɪz] VT 肆意毁(毀)坏(壞) sìyì huǐhuài
vanilla [və'nɪlə] N [u] 香草 xiāngcǎo
vanish ['vænɪʃ] VI **1** [*person, aircraft* +] 消失 xiāoshī **2** *(cease to exist)* [*tradition, system, species* +] 灭(滅)绝(絕) mièjué
vanity ['vænɪtɪ] N [u] 虚(虛)荣(榮)xūróng
vapour, *(US)* **vapor** ['veɪpəʳ] N [c/u] 蒸汽 zhēngqì
variable ['vɛərɪəbl] **I** ADJ **1** *(likely to change)* [+ *mood, quality, climate*] 易变(變)的 yì biàn de **2** *(able to be changed)* [+ *temperature, height, speed*] 可变(變)的 kěbiàn de **II** N [c] **1** *(Math)* 变(變)量 biànliàng **2** *(factor)* 可变(變)因素 kěbiàn yīnsù
variant ['vɛərɪənt] N [c] 变(變)体(體) biàntǐ [个 gè]
variation [vɛərɪ'eɪʃən] N **1** [c/u] *(in price, level, amount)* 变(變)动(動) biàndòng **2** [c] [*of plot, musical theme etc*] 变(變)化 biànhuà
varied ['vɛərɪd] ADJ **1** *(diverse)* [+ *opinions, reasons*] 各种(種)各样(樣)的 gè zhǒng gè yàng de **2** *(full of variety)* [+ *career, work, diet*] 丰(豐)富多彩的 fēngfù duōcǎi de
variety [və'raɪətɪ] N **1** [u] *(diversity)* 多样(樣)性 duōyàngxìng **2** [s] *(range)* [*of objects*] 若干 ruògān **3** [c] *(type)* 种(種)类(類) zhǒnglèi ▸ **a wide variety of...** 种(種)类(類)繁多的… zhǒnglèi fánduō de... ▸ **for a variety of reasons** 由于(於)种(種)种(種)原因 yóuyú zhǒngzhǒng yuányīn
various ['vɛərɪəs] ADJ **1** *(several)* 不同的 bùtóng de **2** *(different)* 各种(種)各样(樣)的 gè zhǒng gè yàng de
varnish ['vɑ:nɪʃ] **I** N [c/u] 清漆 qīngqī **II** VT 给(給)…涂(塗)清漆 gěi…tú qīngqī ▸ **to varnish one's nails** 给(給)指甲涂(塗)指甲油 gěi zhǐjia tú zhǐjiayóu
vary ['vɛərɪ] **I** VT *(make changes to)* [+ *routine, diet*] 更改 gēnggǎi **II** VI *(be different)* [*amount, sizes, colours* +] 有差异(異) yǒu chāyì ▸ **to vary with** [+ *weather, season, age etc*] 随(隨)…而变(變)化 suí…ér biànhuà
vase [vɑ:z], *US* veɪs] N [c] 花瓶 huāpíng [个 gè]
Vaseline® ['væsɪli:n] N [u] 凡士林 Fánshìlín
vast [vɑ:st] ADJ **1** [+ *area*] 广(廣)阔(闊)的 guǎngkuò de **2** [+ *knowledge*] 渊(淵)博的 yuānbó de **3** [+ *expense*] 巨(鉅)额(額)的 jù'é de
VAT [vi:eɪ'ti:, væt] *(Brit)* N ABBR (= **value added tax**) 增值税(稅) zēngzhíshuì
vault [vɔ:lt] **I** N [c] **1** *(tomb)* 地下墓室 dìxià mùshì **2** *(in bank)* 保险(險)库 bǎoxiǎnkù **3** [*of roof*] 拱顶(頂) gǒngdǐng **II** VT *(also:* **vault over**) 跃(躍)过(過) yuèguò
VCR N ABBR (= **video cassette recorder**) 录(錄)像机(機) lùxiàngjī
VD N ABBR (= **venereal disease**) 性病 xìngbìng
VDT *(US)* N ABBR (= **visual display terminal**) 视(視)频(頻)显(顯)示装(裝)置 shìpín xiǎnshì

zhuāngzhì [英 = VDU]
VDU (*Brit*) N ABBR (= **visual display unit**) 视(視)频(頻)显(顯)示装(裝)置 shìpín xiǎnshì zhuāngzhì [美 = VDT]
veal [vi:l] N [U] 小牛肉 xiǎoniúròu
veer [vɪəʳ] VI **1** [*vehicle* +] 突然转(轉)向 tūrán zhuǎnxiàng **2** [*wind* +] 转(轉)向 zhuǎnxiàng
vegan [ˈvi:gən] **I** N [C] 纯(純)素食主义(義)者 chún sùshí zhǔyìzhě [个 gè] **II** ADJ 纯(純)素食主义(義)者的 chún sùshí zhǔyìzhě de
vegetable [ˈvɛdʒtəbl] **I** N [C] 蔬菜 shūcài [种 zhǒng] **II** CPD [+ *oil, dish*] 蔬菜 shūcài
vegetarian [vɛdʒɪˈtɛərɪən] **I** N [C] 素食者 sùshízhě [个 gè] **II** ADJ [+ *diet, restaurant etc*] 素的 sù de
vegetation [vɛdʒɪˈteɪʃən] (*frm*) N [U] 植物 zhíwù
veggieburger [ˈvɛdʒɪbə:gəʳ] N [C] 素食汉(漢)堡包 sùshí hànbǎobāo [个 gè]
vehement [ˈvi:ɪmənt] ADJ 激烈的 jīliè de
vehicle [ˈvi:ɪkl] N [C] **1** (*car, bus etc*) 机(機)动(動)车(車) jīdòngchē [辆 liàng] **2** (*frm: means*) 工具 gōngjù [个 gè]
veil [veɪl] N [C] **1** (*covering*) 面纱(紗) miànshā **2** (*fig*) [*of secrecy, silence*] 掩盖(蓋) yǎngài
vein [veɪn] N [C] **1** (*in body*) 静(靜)脉(脈) jìngmài [条 tiáo] **2** [*of leaf*] 叶(葉)脉(脈) yèmài **3** [*of metal, mineral*] 矿(礦)脉(脈) kuàngmài **4** (*mood, style*) 风(風)格 fēnggé
Velcro® [ˈvɛlkrəu] N [U] 尼龙(龍)搭扣 nílóng dākòu
velocity [vɪˈlɔsɪtɪ] N [C/U] 速度 sùdù
velvet [ˈvɛlvɪt] **I** N [C/U] 天鹅(鵝)绒(絨) tiān'éróng [块 kuài] **II** ADJ 天鹅(鵝)绒(絨)的 tiān'éróng de
vending machine [ˈvɛndɪŋ-] N [C] 自动(動)售货(貨)机(機) zìdòng shòuhuòjī [部 bù]
vendor [ˈvɛndəʳ] N [C] **1** (*in street*) 小贩(販) xiǎofàn **2** (*Law*) [*of house, land*] 卖(賣)主 màizhǔ
Venezuela [vɛnɛˈzweɪlə] N 委内(內)瑞拉 Wěinèiruìlā
Venezuelan [vɛnɛˈzweɪlən] **I** ADJ 委内(內)瑞拉的 Wěinèiruìlā de **II** N [C] (*person*) 委内(內)瑞拉人 Wěinèiruìlārén
vengeance [ˈvɛndʒəns] N [U] 报(報)复(復) bàofù ▸ **to do sth with a vengeance** 加倍努力地做某事 jiābèi nǔlì de zuò mǒushì
venison [ˈvɛnɪsn] N [U] 鹿肉 lùròu
venom [ˈvɛnəm] N [U] **1** [*of snake, insect*] 毒液 dúyè **2** (*fig: bitterness*) 怨恨 yuànhèn
vent [vɛnt] **I** N [C] (*for air, smoke etc*) 孔 kǒng **II** VT [+ *feelings, anger*] 发(發)泄(洩) fāxiè ▸ **to give vent to** [+ *feelings, anger*] 发(發)泄(洩) fāxiè
ventilate [ˈvɛntɪleɪt] VT 使通风(風) shǐ tōngfēng
venture [ˈvɛntʃəʳ] **I** N [C] 探险(險) tànxiǎn **II** VT [+ *opinion, sentence*] (*frm*) 冒昧地表示 màomèi de biǎoshì **III** VI 冒险(險)前往 màoxiǎn qiánwǎng ▸ **business venture** 企业 qǐyè ▸ **to venture to do sth** 冒险(險)做某事 màoxiǎn zuò mǒushì ▸ **to venture into sth** 大胆(膽)尝(嘗)试(試)某事 dàdǎn chángshì mǒushì
venue [ˈvɛnju:] N [C] 举(舉)行场(場)所 jǔxíng chǎngsuǒ [个 gè]
Venus [ˈvi:nəs] N (*planet*) 金星 Jīnxīng
verb [və:b] N [C] 动(動)词(詞) dòngcí [个 gè]
verbal [ˈvə:bl] ADJ **1** [+ *skills, translation etc*] 语(語)言的 yǔyán de **2** [+ *attack*] 口头(頭)的 kǒutóu de **3** (*Ling*) 动(動)词(詞)的 dòngcí de
verdict [ˈvə:dɪkt] N [C] **1** (*Law*) 裁定 cáidìng **2** (*opinion*) 定论(論) dìnglùn ▸ **a verdict of guilty/not guilty** 有罪/无(無)罪的裁定 yǒuzuì/wúzuì de cáidìng
verge [və:dʒ] N [C] **1** (*Brit*) [*of road*] 路边(邊)草带(帶) lùbiān cǎodài **2** ▸ **to be on the verge of sth/of doing sth** 即将(將)发(發)生某事/即将(將)做某事 jíjiāng fāshēng mǒushì/jíjiāng zuò mǒushì
▸ **verge on** VT FUS 濒(瀕)临(臨) bīnlín
verify [ˈvɛrɪfaɪ] VT 证(證)实(實) zhèngshí ▸ **to verify that...** 证(證)实(實)··· zhèngshí...
versatile [ˈvə:sətaɪl] ADJ **1** [+ *person*] 多才多艺(藝)的 duō cái duō yì de **2** [+ *substance, machine*] 多功能的 duō gōngnéng de
verse [və:s] N **1** [U] (*poetry*) 诗(詩) shī **2** [C] [*of poem, song*] 诗(詩)节(節) shījié **3** [C] (*in bible*) 节(節) jié ▸ **to write in verse** 用韵(韻)文写(寫) yòng yùnwén xiě
version [ˈvə:ʃən] N [C] **1** [*of book, design*] 版本 bǎnběn **2** [*of event, incident*] 说(說)法 shuōfǎ
versus [ˈvə:səs] PREP 与(與)···相对(對) yǔ...xiāngduì; (*in competition*) 对(對) duì
vertical [ˈvə:tɪkl] **I** ADJ 垂直的 chuízhí de **II** N ▸ **the vertical** 垂直方向 chuízhí fāngxiàng
vertigo [ˈvə:tɪgəu] N [U] 眩晕(暈) xuànyūn ▹ *I get vertigo.* 我会感到眩晕。Wǒ huì gǎndào xuànyūn.
★ **very** [ˈvɛrɪ] **I** ADV **1** 很 hěn ▹ *a very good idea* 一个很好的主意 yī gè hěn hǎo de zhǔyi **2** ▸ **the very end/beginning** 最终(終)/一开(開)始 zuìzhōng/yī kāishǐ **II** ADJ ▸ **those were his very words** 那就是他的原话(話) nà jiù shì tā de yuánhuà ▸ **the very thought (of it) alarms me** 一想起(它)就让(讓)我惊(驚)恐不安 yī xiǎngqǐ(tā)jiù ràng wǒ jīngkǒng bù'ān ▸ **at the very least** 至少 zhìshǎo ▸ **very well** (*agreeing*) 那好吧 nà hǎo ba ▸ **very much so** 确(確)实(實)如此 quèshí rúcǐ ▸ **very little** 极少的 jí shǎo de ▸ **there isn't very much (of...)** (···)不太多了 (...)bùtài duō le ▸ **I like him very much** 我非常喜欢(歡)他 wǒ fēicháng xǐhuan tā
vessel [ˈvɛsl] (*frm*) N [C] **1** (*boat*) 轮(輪)船 lúnchuán **2** (*container*) 容器 róngqì
vest [vɛst] **I** N [C] **1** (*Brit*) (*underwear*) 汗衫 hànshān [件 jiàn] [美 = **undershirt**] **2** (*US*) (*waistcoat*) 马(馬)甲 mǎjiǎ [件 jiàn] [英 = **waistcoat**] **II** VT (*frm*) ▸ **to be vested with sth** 被赋(賦)予某物 bèi fùyǔ mǒuwù ▸ **to be**

V

vested in sb 被给(給)予某人 bèi jǐyǔ mǒurén
vet [vɛt] **I** N [c] **1** *(esp Brit)* *(veterinary surgeon)* 兽(獸)医(醫) shòuyī [个 gè] [美 = **veterinarian**] **2** *(US; inf)* *(veteran)* 老兵 lǎobīng **II** VT *(Brit)* *(check)* 审(審)查 shěnchá
veteran ['vɛtərn] **I** N [c] *[of war]* 老兵 lǎobīng **II** ADJ *[+ MP, campaigner]* 经(經)验(驗)丰(豐)富的 jīngyàn fēngfù de
veterinarian [vɛtrɪ'nɛərɪən] *(US)* N [c] 兽(獸)医(醫) shòuyī [个 gè] [英 = **vet, veterinary surgeon**]
veterinary ['vɛtrɪnərɪ] ADJ 兽(獸)医(醫)的 shòuyī de
veterinary surgeon *(frm)* *(Brit)* N [c] 兽(獸)医(醫) shòuyī [美 = **veterinarian**]
veto ['viːtəu] *(pl* **vetoes)** **I** N [c] 否决(決) fǒujué **II** VT 否决(決) fǒujué ▸ **power of veto** 否决(決)权(權) fǒujuéquán ▸ **to put a veto on** 禁止 jìnzhǐ
VHF *(Rad)* N ABBR (= **very high frequency**) 特高频(頻) tègāopín
via ['vaɪə] PREP **1** *[+ place]* 经(經)由 jīngyóu **2** *(by means of)* 通过(過) tōngguò
viable ['vaɪəbl] ADJ 可行的 kěxíng de
vibrate [vaɪ'breɪt] **I** VI 震颤(顫) zhènchàn **II** VT 使震动(動) shǐ zhèndòng
vibration [vaɪ'breɪʃən] N **1** [U] *(movement)* 震动(動) zhèndòng **2** [c] *(instance)* 颤(顫)动(動) chàndòng
vicar ['vɪkə^r] N [c] 教区(區)牧师(師) jiàoqū mùshī [位 wèi]
vice [vaɪs] N **1** [c] *(moral fault)* 恶(惡)习(習) èxí **2** [U] *(criminal activities)* 毒品色情犯罪 dúpǐn sèqíng fànzuì **3** [c] *(Brit)* *(tool)* 老虎钳(鉗) lǎohǔqián [美 = **vise**]
vice-chairman [vaɪs'tʃɛəmən] N [c] 副主席 fùzhǔxí
vice president N [c] **1** *(Pol)* 副总(總)统(統) fùzǒngtǒng **2** *[of club]* 副会(會)长(長) fùhuìzhǎng
vice versa ['vaɪsɪ'vəːsə] ADV 反之亦然 fǎn zhī yìrán
vicinity [vɪ'sɪnɪtɪ] N ▸ **in the vicinity (of)** 在(…)附近 zài (...) fùjìn
vicious ['vɪʃəs] ADJ **1** *[+ attack, blow]* 剧(劇)烈的 jùliè de **2** *[+ person, dog]* 凶残(殘)的 xiōngcán de **3** *[+ words, look, letter]* 恶(惡)毒的 èdú de
victim ['vɪktɪm] N [c] *[of accident etc]* 受害者 shòuhàizhě [个 gè] ▸ **to be the victim of** *[+ attack etc]* 成为(為)…的受害者 chéngwéi...de shòuhàizhě
victimize ['vɪktɪmaɪz] VT 欺负(負) qīfu
victor ['vɪktə^r] *(liter)* N [c] 胜(勝)利者 shènglìzhě
Victorian [vɪk'tɔːrɪən] **I** ADJ **1** *[+ house, furniture etc]* 维(維)多利亚(亞)时(時)代的 Wéiduōlìyà Shídài de **2** *(old-fashioned)* *[+ values etc]* 古板(闆)守旧(舊)的 gǔbǎn shǒujiù de **II** N [c] *(person)* 维(維)多利亚(亞)时(時)代的人 Wéiduōlìyà Shídài de rén
victorious [vɪk'tɔːrɪəs] ADJ 胜(勝)利的 shènglì de
victory ['vɪktərɪ] N [c/U] 胜(勝)利 shènglì [次 cì] ▸ **to win a victory over sb** 击(擊)败(敗)某人获(獲)胜(勝) jībài mǒurén huòshèng
video ['vɪdɪəu] **I** N **1** [c] *(film)* 录(錄)像 lùxiàng [段 duàn] **2** [U] *(system)* 录(錄)像 lùxiàng **3** [c] *(cassette)* 录(錄)像带(帶) lùxiàngdài [盘 pán] **4** [c] *(esp Brit)* *(machine)* 录(錄)像机(機) lùxiàngjī [台 tái] [美 = **VCR**] **II** CPD *[+ equipment etc]* 录像 lùxiàng **III** VT *(esp Brit)* 录(錄)下 lùxià [美 = **tape, videotape**]
video camera N [c] 摄(攝)像机(機) shèxiàngjī [台 tái]
video game N [c] 电(電)子游(遊)戏(戲) diànzǐ yóuxì [种 zhǒng]
videophone ['vɪdɪəufəun] N [c] 可视(視)电(電)话(話) kěshì diànhuà [部 bù]
video recorder N [c] 录(錄)像机(機) lùxiàngjī [台 tái]
video shop *(Brit)* N [c] 录(錄)像带(帶)租赁(賃)店 lùxiàngdài zūlìndiàn [家 jiā]
videotape ['vɪdɪəuteɪp] **I** N [c/U] 录(錄)像带(帶) lùxiàngdài [卷 juǎn] **II** VT *(record)* 录(錄) lù
vie [vaɪ] *(frm)* VI ▸ **to vie (with sb) (for sth/to do sth)** (与(與)某人)争(爭)夺(奪)(某物)/争(爭)(做某事) (yǔ mǒurén) zhēngduó (mǒuwù)/zhēng (zuò mǒushì)
Vietnam ['vjɛt'næm] N 越南 Yuènán
Vietnamese [vjɛtnə'miːz] *(pl* **Vietnamese)** **I** ADJ 越南的 Yuènán de **II** N **1** [c] *(person)* 越南人 Yuènánrén [个 gè] **2** [U] *(language)* 越南语(語) Yuènányǔ
★ **view** [vjuː] **I** N [c] **1** *(from window, hilltop etc)* 景色 jǐngsè [道 dào] **2** *(outlook)* 见(見)解 jiànjiě **3** *(ability to see sth)* 看 kàn ▹ *They pushed forward for a better view.* 他们用力朝前挤，想看得清楚些。Tāmen yònglì cháo qián jǐ, xiǎng kàn de qīngchu xiē. **4** *(opinion)* 看法 kànfǎ [种 zhǒng] ▹ *his views on women* 他对女人的看法 tā duì nǚrén de kànfǎ **II** VT **1** *(frm: look at)* 看 kàn **2** *(consider)* 看待 kàndài ▹ *How do you view the matter?* 你如何看待这件事？ Nǐ rúhé kàndài zhè jiàn shì? ▸ **to block sb's view** 挡(擋)住某人的视(視)线(線) dǎngzhù mǒurén de shìxiàn ▸ **on view** *(in museum etc)* 在展出 zài zhǎnchū ▸ **in full view (of)** (…)全都看得见(見)的 (...) quán dōu kàn de jiàn de ▸ **to take the view that...** 认(認)为(為)… rènwéi... ▸ **in view of the weather/the fact that...** 考虑(慮)到天气(氣)/…这(這)个(個)事实(實) kǎolùdào tiānqì/...zhège shìshí ▸ **in my view** 在我看来(來) zài wǒ kànlái ▸ **with a view to...** 是为(為)了… shì wèile...
viewer ['vjuːə^r] N [c] *[of TV]* 观(觀)众(眾) guānzhòng
viewpoint ['vjuːpɔɪnt] N [c] **1** *(attitude)* 角度 jiǎodù **2** *(place)* 观(觀)察位置 guānchá wèizhì

vigilant ['vɪdʒɪlənt] ADJ 警惕的 jǐngtì de
vigorous ['vɪgərəs] ADJ **1** [+ *exercise*] 充满(滿)活力的 chōngmǎn huólì de **2** [+ *campaign, action*] 积(積)极(極)的 jījí de
vile [vaɪl] ADJ **1** (*offensive*) [+ *behaviour, language*] 可恶(惡)的 kěwù de **2** (*unpleasant*) [+ *weather, food, temper*] 极坏(壞)的 jí huài de
villa ['vɪlə] N [C] **1** (*in countryside*) 乡(鄉)间(間)别(別)墅 xiāngjiān biéshù [幢 zhuàng] **2** (*in town*) 市郊独(獨)立的别(別)墅 shìjiāo dúlì de biéshù
village ['vɪlɪdʒ] N [C] 村庄(莊) cūnzhuāng [个 gè]
villager ['vɪlɪdʒə^r] N [C] 村民 cūnmín [个 gè]
villain ['vɪlən] N [C] **1** (*scoundrel*) 恶(惡)棍 ègùn **2** (*in novel, play etc*) 反面人物 fǎnmiàn rénwù **3** (*Brit*) (*criminal*) 职(職)业(業)罪犯 zhíyè zuìfàn
vindictive [vɪn'dɪktɪv] ADJ [+ *person, action*] 报(報)复(復)性的 bàofùxìng de
vine [vaɪn] N [C] **1** (*producing grapes*) 葡萄藤 pútáoténg [条 tiáo] **2** (*in jungle*) 藤本植物 téngběn zhíwù
vinegar ['vɪnɪgə^r] N [C/U] 醋 cù [瓶 píng]
vineyard ['vɪnjɑːd] N [C] 葡萄园(園) pútáoyuán [座 zuò]
vintage ['vɪntɪdʒ] **I** N [C] (*of wine*) 酿(釀)造年份及产(產)地 niàngzào niánfèn jí chǎndì **II** ADJ **1** [*wine*] 上等的 shàngděng de **2** [*car, aeroplane*] 古老而享有声(聲)誉(譽)的 gǔlǎo ér xiǎngyǒu shēngyù de **3** [+ *comedy, performance etc*] 经(經)典的 jīngdiǎn de ▸ **the 1970 vintage** (*of wine*) 1970年产(產)的葡萄酒 yī jiǔ qī líng nián chǎn de pútáojiǔ
vinyl ['vaɪnl] N [U] **1** (*material*) 乙烯基 yǐxījī **2** (*records*) 唱片 chàngpiàn
viola [vɪ'əulə] N [C] 中提琴 zhōngtíqín
violate ['vaɪəleɪt] (*frm*) VT **1** [+ *law, agreement*] 违(違)背 wéibèi **2** [+ *peace, privacy*] 侵犯 qīnfàn **3** [+ *tomb*] 亵(褻)渎(瀆) xièdú
violation [vaɪə'leɪʃən] N [C/U] **1** [*of agreement, law*] 违(違)反 wéifǎn **2** [*of tomb*] 亵(褻)渎(瀆) xièdú ▸ **in violation of** [+ *rule, law*] 违(違)背 wéibèi
violence ['vaɪələns] N [U] **1** 暴力 bàolì **2** (*liter: strength*) 猛力 měnglì
violent ['vaɪələnt] ADJ **1** [+ *person, crime*] 暴力的 bàolì de **2** [+ *death, explosion*] 猛烈的 měngliè de **3** [+ *opposition, pain, emotion*] 强(強)烈的 qiángliè de
violet ['vaɪələt] **I** ADJ [+ *light, glow, sky*] 紫罗(羅)兰(蘭)色的 zǐluólánsè de **II** N [C] (*flower*) 紫罗(羅)兰(蘭) zǐluólán
violin [vaɪə'lɪn] N [C] 小提琴 xiǎotíqín [把 bǎ]
violinist [vaɪə'lɪnɪst] N [C] 小提琴手 xiǎotíqínshǒu [个 gè]
VIP [viːaɪ'piː] N ABBR (= **very important person**) 要人 yàorén
virgin ['vəːdʒɪn] **I** N [C] 处(處)女 chǔnǚ [个 gè] **II** ADJ [+ *snow, forest*] 原始的 yuánshǐ de
Virgo ['vəːgəu] N **1** [U] (*sign*) 处(處)女座 Chǔnǚ Zuò **2** [C] (*person*) 处(處)女座的人 Chǔnǚ Zuò de rén ▸ **I'm (a) Virgo** 我是处(處)女座的 wǒ shì Chǔnǚ Zuò de
virtual ['vəːtjuəl] ADJ **1** 实(實)际(際)上的 shíjì shang de **2** (*Comput*) 虚(虛)拟(擬)的 xūnǐ de ▸ **it's a virtual certainty/impossibility** 这(這)实(實)际(際)上是件已确(確)定的事/不可能的事 zhè shíjì shang shì jiàn yǐ quèdìng de shì/bù kěnéng de shì
virtually ['vəːtjuəlɪ] ADV 事实(實)上 shìshíshang ▸ **it is virtually impossible** 事实(實)上这(這)是不可能的 shìshí shang zhè shì bù kěnéng de
virtual reality N [U] 虚(虛)拟(擬)现(現)实(實) xūnǐ xiànshí
virtue ['vəːtjuː] N **1** [U] (*moral correctness*) 美德 měidé **2** [C] (*good quality*) 优(優)点(點) yōudiǎn **3** [C] (*advantage*) 优(優)势(勢) yōushì ▸ **by virtue of** (*frm*) 由于(於) yóuyú
virus ['vaɪərəs] (*Med, Comput*) N [C] 病毒 bìngdú [种 zhǒng]
visa ['viːzə] N [C] 签(簽)证(證) qiānzhèng [个 gè]
vise [vaɪs] (*US*) N = **vice**
visibility [vɪzɪ'bɪlɪtɪ] N [U] **1** 能见(見)度 néngjiàndù **2** (*fig: prominence*) 瞩(矚)目 zhǔmù
visible ['vɪzəbl] ADJ **1** (*able to be seen*) 可见(見)的 kějiàn de **2** (*fig: noticeable*) 明显(顯)的 míngxiǎn de
vision ['vɪʒən] N **1** [U] (*sight*) 视(視)力 shìlì **2** [C] (*hope for the future*) 想像 xiǎngxiàng **3** [C] (*in dream etc*) 幻象 huànxiàng
★ **visit** ['vɪzɪt] **I** N [C] **1** (*to person*) 拜访(訪) bàifǎng [次 cì] **2** (*to place*) 访(訪)问(問) fǎngwèn [次 cì] **II** VT **1** [+ *person*] 拜访(訪) bàifǎng **2** [+ *place*] 游(遊)览(覽) yóulǎn ▸ **to pay sb a visit** 拜访(訪)某人 bàifǎng mǒurén ▸ **on a private/official visit** 进(進)行私人性/官方的访(訪)问(問) jìnxíng sīrénxìng/guānfāng de fǎngwèn
▸ **visit with** (*US*) VT FUS 拜访(訪) bàifǎng
visiting hours ['vɪzɪtɪŋ-] N PL (*in hospital*) 探视(視)时(時)间(間) tànshì shíjiān
visitor ['vɪzɪtə^r] N [C] **1** (*to city, country*) 游(遊)客 yóukè [位 wèi] **2** (*to person, house*) 来(來)客 láikè [位 wèi]
visitor centre, (*US*) **visitor center** N [C] 游(遊)客中心 yóukè zhōngxīn [个 gè]
visual ['vɪzjuəl] ADJ 视(視)觉(覺)的 shìjué de
visualize ['vɪzjuəlaɪz] VT **1** (*imagine*) 设(設)想 shèxiǎng **2** (*envisage*) 想像 xiǎngxiàng
vital ['vaɪtl] ADJ **1** (*essential*) 至关(關)重要的 zhì guān zhòngyào de **2** (*full of life*) [+ *person*] 有活力的 yǒu huólì de ▸ **it is vital to.../that...** 对(對)…/…是至关(關)重要的 duì.../...shì zhì guān zhòngyào de ▸ **to be of vital importance (to sb/sth)** (对(對)某人/某事)极(極)其重要 (duì mǒurén/mǒushì) jíqí zhòngyào ▸ **vital**

organs 重要器官 zhòngyào qìguān

vitality[vaɪ'tælɪtɪ] N [U] (*liveliness*) 生命力 shēngmìnglì

vitamin['vɪtəmɪn], *US* 'vaɪtəmɪn] **I** N [C] 维(維)生素 wéishēngsù [种 zhǒng] **II** CPD [+ *pill, supplement*] 维(維)生素 wéishēngsù

vivid['vɪvɪd] ADJ **1** [+ *description, memory*] 生动(動)的 shēngdòng de **2** [+ *colour, light*] 鲜(鮮)艳(艷)的 xiānyàn de ▸ **a vivid imagination** 生动(動)的想象力 shēngdòng de xiǎngxiànglì

V-neck['viːnɛk] N [C] **1** (*also*: **V-neck sweater**) V领(領)衫 V lǐng shān **2** (*collar*) V字领(領) V zì lǐng

vocabulary[vəu'kæbjulərɪ] N **1** [C/U] [*of person*] 词(詞)汇(匯)量 cíhuìliàng **2** [C] [*of language*] 词(詞)汇(匯) cíhuì [个 gè]

vocal['vəukl] ADJ **1** (*lit*) 嗓音的 sǎngyīn de **2** (*fig*: *outspoken*) 直言不讳(諱)的 zhíyán bù huì de

vocation[vəu'keɪʃən] N [C] 职(職)业(業) zhíyè

vocational[vəu'keɪʃənl] ADJ [+ *training, course, skills*] 职(職)业(業)的 zhíyè de

vodka['vɔdkə] N [C/U] 伏特加酒 fútèjiā jiǔ [瓶 píng]

vogue[vəug] N ▸ **the vogue for** …的新潮流 ...de xīn cháoliú ▸ **to be in vogue** 正在流行 zhèng zài liúxíng ▸ **to come into vogue** 开(開)始流行 kāishǐ liúxíng

voice[vɔɪs] **I** N [C] **1** 嗓音 sǎngyīn [种 zhǒng] **2** (*opinion*) 意见(見) yìjiàn **II** VT [+ *opinion, anger, concern*] 表达(達) biǎodá ▸ **in a loud/soft voice** 大声(聲)地/柔声(聲)地 dàshēng de/róushēng de ▸ **to have a voice in sth** 对(對)某事有发(發)言权(權) duì mǒushì yǒu fāyánquán ▸ **to give voice to** [+ *doubt, wish etc*] 表露 biǎolù ▸ **the active/passive voice** 主动(動)/被动(動)语(語)态(態) zhǔdòng/bèidòng yǔtài

voice mail N [U] 语(語)音留言 yǔyīn liúyán

void[vɔɪd] **I** N [C] **1** (*space*) 空间(間) kōngjiān **2** (*fig*: *emptiness*) 空虚(虛) kōngxū **II** ADJ (*invalid*) [+ *vote, contract*] 无(無)效的 wúxiào de ▸ **to be void of sth** (*frm*) 缺乏某物 quēfá mǒuwù

vol. ABBR (= **volume**) 册(冊) cè

volatile['vɔlətaɪl] ADJ **1** [+ *situation*] 不稳(穩)定的 bù wěndìng de **2** [+ *person, temper*] 多变(變)的 duōbiàn de **3** (*Tech*) [+ *liquid, substance*] 易挥(揮)发(發)的 yì huīfā de

volcano[vɔl'keɪnəu] (*pl* **volcanoes**) N [C] 火山 huǒshān [座 zuò]

volleyball['vɔlɪbɔːl] N [U] 排球 páiqiú

volt[vəult] N [C] 伏特 fútè

voltage['vəultɪdʒ] N [C/U] 电(電)压(壓) diànyā ▸ **high/low voltage** 高压(壓)/低压(壓) gāoyā/dīyā

volume['vɔljuːm] N **1** [C] [*of object, gas etc*] 体(體)积(積) tǐjī **2** [C] [*of sales, traffic*] 量 liàng **3** [C] (*frm*: *book*) 卷 juàn; (*in series*) 册(冊) cè **4** [U] (*sound level*) [*of TV, radio, stereo*] 音量 yīnliàng ▸ **volume one/two** [*of book*] 第一/二册(冊) dìyī/èr cè ▸ **the way she looked at him spoke volumes** 她看他的眼神意味深长(長) tā kàn tā de yǎnshén yìwèi shēncháng

voluntarily['vɔləntrɪlɪ] ADV 主动(動)地 zhǔdòng de

voluntary['vɔləntərɪ] ADJ **1** (*not compulsory*) 自愿(願)的 zìyuàn de **2** [+ *work, worker*] 志愿(願)的 zhìyuàn de **3** [+ *organization*] 自愿(願)的 zìyuàn de

volunteer[vɔlən'tɪəʳ] **I** N [C] **1** (*unpaid worker*) 志愿(願)者 zhìyuànzhě [名 míng] **2** (*helper*) 自愿(願)参(參)加者 zìyuàn cānjiāzhě [个 gè] **3** (*to army etc*) 志愿(願)兵 zhìyuànbīng [个 gè] **II** VT (*frm*) [+ *information, explanation*] 主动(動)提供 zhǔdòng tígōng **III** VI (*for army etc*) 自愿(願) zìyuàn ▸ **to volunteer to do sth** 自愿(願)做某事 zìyuàn zuò mǒushì

vomit['vɔmɪt] **I** N [U] 呕(嘔)吐物 ǒutùwù **II** VT [+ *blood etc*] 吐 tù **III** VI 呕(嘔)吐 ǒutù

★**vote**[vəut] **I** N [C] **1** 选(選)票 xuǎnpiào [张 zhāng] **2** ▸ **the vote** (*votes cast*) 选(選)票总(總)数(數) xuǎnpiào zǒngshù; (*right to vote*) 选(選)举(舉)权(權) xuǎnjǔquán ▹ *They captured 13 per cent of the vote.* 他们获得了百分之十三的选票。Tāmen huòdéle bǎi fēn zhī shísān de xuǎnpiào. ▹ *Women have had the vote for over fifty years.* 妇女获得选举权已有五十多年了。Fùnǚ huòdé xuǎnjǔquán yǐ yǒu wǔshí duō nián le. **II** VT ▸ **to vote Labour/Green** *etc* 投票给(給)工党(黨)/绿(綠)党(黨)等 tóupiào gěi gōngdǎng/lǜdǎng *děng* **III** VI 投票 tóupiào ▸ **to cast one's vote** 投票 tóupiào ▸ **to put sth to the vote** 将(將)某事交付表决(決) jiāng mǒushì jiāofù biǎojué ▸ **to take a vote on sth** 就某事进(進)行表决(決) jiù mǒushì jìnxíng biǎojué ▸ **to vote to do sth** 投票决(決)定做某事 tóupiào juédìng zuò mǒushì ▸ **to vote yes/no to sth** 投票赞(贊)成/反对(對)某事 tóupiào zànchéng/fǎnduì mǒushì ▸ **to be voted chairman** *etc* 被投票选(選)为(為)主席等 bèi tóupiào xuǎnwéi zhǔxí *děng* ▸ **to vote for sb** 投某人票 tóu mǒurén piào ▸ **to vote for/against sth** 投票支持/反对(對)某事 tóupiào zhīchí/fǎnduì mǒushì ▸ **to vote on sth** 投票表决(決)某事 tóupiào biǎojué mǒushì

voter['vəutəʳ] N [C] 选(選)举(舉)人 xuǎnjǔrén

voting['vəutɪŋ] N [U] 选(選)举(舉) xuǎnjǔ

voucher['vautʃəʳ] N [C] 代金券 dàijīnquàn [张 zhāng]

vow[vau] **I** N [C] 誓言 shìyán [个 gè] **II** VT ▸ **to vow to do sth** 发(發)誓做某事 fāshì zuò mǒushì ▸ **to take** *or* **make a vow to do sth** 立誓要做某事 lìshì yào zuò mǒushì ▸ **to vow that...** 立誓… lìshì...

vowel['vauəl] N [C] 元音 yuányīn [个 gè]

voyage['vɔɪɪdʒ] **I** N [C] 航行 hángxíng [次 cì]

II VI *(frm)* 航行 hángxíng

vulgar['vʌlgə^r] ADJ **1** *(rude)* [+ *person, joke, gesture*] 粗俗的 cūsú de **2** *(tasteless)* [+ *decor, design*] 庸俗的 yōngsú de

vulnerable['vʌlnərəbl] ADJ **1** [+ *person*] 易受伤(傷)的 yì shòushāng de **2** [+ *position, target*] 脆弱的 cuìruò de ▸ **to be vulnerable to sth** 易受某物伤(傷)害 yì shòu mǒuwù shānghài

vulture['vʌltʃə^r] N [C] 秃(禿)鹫(鷲) tūjiù [只 zhī]; *(person)* 乘人之危者 chéng rén zhī wēi zhě

W, w[1]['dʌblju:] N [C/U] *(letter)* 英语的第二十三个字母

W[2] ABBR **1** (= **west**) 西方 xīfāng **2** *(Elec)* (= **watt**) 瓦 wǎ

waddle['wɔdl] VI [*duck, fat person* +] 摇(搖)摇(搖)摆(擺)摆(擺)地行走 yáoyáo bǎibǎi de xíngzǒu

wade[weɪd] VI **1** *(in water, mud)* ▸ **to wade across/through sth** 跋涉而过(過)某地 báshè ér guò mǒudì **2** *(fig)* ▸ **to wade through** [+ *book, report*] 吃力地看完 chīlì de kànwán

▸**wade in** VI 插手 chāshǒu

wading pool['weɪdɪŋ-] *(US)* N [C] 浅(淺)水池 qiǎnshuǐchí [英 = **paddling pool**]

wafer['weɪfə^r] N [C] *(biscuit)* 威化饼(餅) wēihuàbǐng

waffle['wɔfl] **I** N **1** [C] *(Culin)* 蛋奶烘饼(餅) dànnǎi hōngbǐng [个 gè] **2** [U] *(empty talk)* 空话(話) kōnghuà **II** VI *(also:* **waffle on**) 胡扯 húchě

wag[wæg] **I** VT **1** [+ *finger*] 摇(搖)动(動) yáodòng **2** [+ *tail*] 摇(搖) yáo **II** VI [*tail* +] 摇(搖) yáo

wage[weɪdʒ] **I** N [C] *(also:* **wages**) 工资(資) gōngzī [份 fèn] **II** VT [+ *war, campaign*] 发(發)动(動) fādòng ▸ **a day's wages** 一天的工资(資) yī tiān de gōngzī ▸ **to wage war (against** *or* **on sth)** (对(對)某事) 开(開)战(戰) (duì mǒushì) kāizhàn

wage packet *(esp Brit)* N [C] 工资(資)袋 gōngzīdài

wager['weɪdʒə^r] **I** N [C] 赌(賭)注 dǔzhù **II** VT 以…为(為)赌(賭)注 yǐ...wéi dǔzhù ▸ **I'll wager that...** *(inf)* 我打赌(賭)… wǒ dǎdǔ...

wagon, *(esp Brit)* **waggon**['wægən] N [C] **1** *(horse-drawn)* 四轮(輪)运(運)货(貨)马(馬)车(車) sìlún yùnhuò mǎchē [辆 liàng] **2** *(Brit: Rail)* 货(貨)车(車) huòchē ▸ **to be on the wagon** *(inf)* 戒酒 jièjiǔ

wail[weɪl] **I** N [C] **1** [*of person*] 嚎啕声(聲) háotáoshēng **2** [*of siren*] 呼啸(嘯)声(聲) hūxiàoshēng **II** VI **1** [*person* +] 嚎啕 háotáo **2** [*siren* +] 呼啸(嘯) hūxiào **III** VT 哀诉(訴) āisù

waist[weɪst] N [C] **1** 腰 yāo **2** [*of clothing*] 腰身 yāoshēn

waistcoat['weɪskəut] *(Brit)* N [C] 马(馬)甲

mǎjiǎ [件 jiàn] [美 = **vest**]

★**wait** [weɪt] **I** VI 等待 děngdài **II** N [c] (*interval*) 等待时(時)间(間) děngdài shíjiān [段 duàn] ▷ *There was a long wait.* 等待时间很长。 Děngdài shíjiān hěn cháng. ▶ **to wait for sb/sth** 等候某人/某物 děnghòu mǒurén/mǒuwù ▶ **there was a letter waiting for me** 有封信等我去取 yǒu fēng xìn děng wǒ qù qǔ ▶ **I can't wait** *or* **I can hardly wait to tell her** 我等不及要告诉(訴)她 wǒ děng bùjí yào gàosù tā ▶ **it can wait** 这(這)可以过(過)会(會)儿(兒)再说(說) zhè kěyǐ guò huìr zài shuō ▶ **wait a minute!** 等一下！ děng yīxià! ▶ **"repairs while you wait"** "修补(補)，立等可取" "xiūbǔ, lì děng kě qǔ" ▶ **to keep sb waiting** 让(讓)某人等着(著) ràng mǒurén děngzhe ▶ **to lie in wait for sb** 埋伏着(著)等待某人 máifú zhe děngdài mǒurén

▶**wait around, wait about** VI ▶ **to wait around** *or* **about for sth** 无(無)所事事地等待某事 wúsuǒ shì shì de děngdài mǒushì

▶**wait behind** VI 留下来(來)等候 liúxiàlái děnghòu

▶**wait on** VT FUS (*in restaurant, hotel etc*) 侍候 shìhòu

▶**wait up** VI 熬夜等待 áoyè děngdài ▶ **don't wait up for me** 不要熬夜等我 bùyào áoyè děng wǒ

waiter ['weɪtə^r] N [c] 男服务(務)员(員) nán fúwùyuán [位 wèi]

waiting list ['weɪtɪŋ-] N [c] 等候者名单(單) děnghòuzhě míngdān [份 fèn] ▶ **to be on the waiting list (for sth)** 被列于(於)(某事的)等候者名单(單) bèi liè yú (mǒushì de) děnghòuzhě míngdān

waiting room ['weɪtɪŋ-] N [c] 等候室 děnghòushì [间 jiān]

waitress ['weɪtrɪs] N [c] 女服务(務)员(員) nǚ fúwùyuán [位 wèi]

waive [weɪv] VT **1** [+ *rule, fee*] 取消 qǔxiāo **2** [+ *right*] 放弃(棄) fàngqì

wake [weɪk] (*pt* **woke** *or* **waked**, *pp* **woken** *or* **waked**) **I** VT (*also*: **wake up**) 唤(喚)醒 huànxǐng **II** VI (*also*: **wake up**) 醒来(來) xǐnglái **III** N [c] **1** (*for dead person*) 守灵(靈) shǒulíng **2** [*of boat*] 尾波 wěibō ▶ **in the wake of sth** 紧(緊)随(隨)某事而来(來) jǐn suí mǒushì ér lái ▶ **to follow in sb's wake** 紧(緊)随(隨)某人 jǐn suí mǒurén ▶ **to leave sth in one's wake** 走后(後)留下某物 zǒu hòu liúxià mǒuwù

▶**wake up** **I** VT 唤(喚)醒 huànxǐng **II** VI 醒来(來) xǐnglái ▶ **to wake up to sth** 意识(識)到某事 yìshídào mǒushì

waken ['weɪkn] VT, VI = **wake**

Wales [weɪlz] N 威尔(爾)士 Wēi'ěrshì ▶ **the Prince of Wales** 威尔(爾)士王子 Wēi'ěrshì Wángzǐ

★**walk** [wɔ:k] **I** N **1** [c] 散步 sànbù [次 cì] **2** [s] (*gait*) 步态(態) bùtài **3** [c] (*route*) 散步场(場)所 sànbù chǎngsuǒ **II** VI 走 zǒu **III** VT **1** [+ *distance*] 走 zǒu **2** [+ *dog*] 遛 liù ▶ **it's 10 minutes' walk from here** 从(從)这(這)儿(兒)走有10分钟(鐘)的路程 cóng zhèr zǒu yǒu shí fēnzhōng de lùchéng ▶ **to go for a walk** 去散步 qù sànbù ▶ **to slow to a walk** 放慢速度改为(為)步行 fàngmàn sùdù gǎiwéi bùxíng ▶ **people from all walks of life** 各界人士 gè jiè rénshì ▶ **to walk in one's sleep** 梦(夢)游(遊) mèngyóu ▶ **I'll walk you home** 我陪你走回家 wǒ péi nǐ zǒuhuí jiā

▶**walk off with** (*inf*) VT FUS **1** (*steal*) 顺(順)手拿走 shùnshǒu názǒu **2** (*win*) [+ *prize*] 轻(輕)易赢(贏)得 qīngyì yíngdé

▶**walk out** VI

1 ▶ **to walk out (of sth)** 退出(某事) tuìchū (mǒushì) **2** ▶ **to walk out (on sb)** 离(離)开(開)(某人) líkāi (mǒurén) **3** (*strike*) 罢(罷)工 bàgōng

walker ['wɔ:kə^r] N [c] 散步者 sànbùzhě [个 gè]

walkie-talkie ['wɔ:kɪ'tɔ:kɪ] N [c] 步话(話)机(機) bùhuàjī [个 gè]

walking ['wɔ:kɪŋ] N [U] 步行 bùxíng ▶ **it's within walking distance** 只有几(幾)步路 zhǐ yǒu jǐ bù lù

walking stick N [c] 手杖 shǒuzhàng [个 gè]

Walkman® ['wɔ:kmən] N [c] 随(隨)身听(聽) suíshēntīng [部 bù]

walkway ['wɔ:kweɪ] N [c] 人行道 rénxíngdào

★**wall** [wɔ:l] N [c] **1** [*of building, room*] 墙(牆) qiáng [堵 dǔ] **2** (*around city*) 城墙(牆) chéngqiáng; (*around garden, field*) 围(圍)墙(牆) wéiqiáng [圈 quān] **3** (*side*) [*of tunnel, cave*] 内(內)壁 nèibì; [*of stomach, artery*] 壁 bì ▶ **to go to the wall** (*inf*) 破产(產) pòchǎn

▶**wall in** VT 用墙(牆)围(圍)住 yòng qiáng wéizhù

wallet ['wɔlɪt] N [c] 钱(錢)包 qiánbāo [个 gè]

wallpaper ['wɔ:lpeɪpə^r] **I** N [c/U] **1** 墙(牆)纸(紙) qiángzhǐ [张 zhāng] **2** (*Comput*) 桌面 zhuōmiàn **II** VT 糊墙(牆)纸(紙)于(於) hú qiángzhǐ yú

Wall Street N 华(華)尔(爾)街 Huá'ěr Jiē

walnut ['wɔ:lnʌt] **I** N **1** [c] (*nut*) 核桃 hétao [个 gè] **2** [c] (*also*: **walnut tree**) 胡桃树(樹) hútáoshù **3** [U] (*wood*) 胡桃木 hútáomù **II** CPD [+ *desk, table etc*] 胡桃 hútáo

walrus ['wɔ:lrəs] (*pl* **walrus** *or* **walruses**) N [c] 海象 hǎixiàng

waltz [wɔ:lts] **I** N [c] (*music*) 圆(圓)舞曲 yuánwǔqǔ; (*dance*) 华(華)尔(爾)兹(茲)舞 huá'ěrzīwǔ **II** VI **1** (*dance*) 跳华(華)尔(爾)兹(茲)舞 tiào huá'ěrzīwǔ **2** (*inf*) ▶ **to waltz in/off** *etc* 大摇(搖)大摆(擺)地走进(進)/离(離)开(開)等 dà yáo dà bǎi de zǒujìn/líkāi *děng*

wand [wɔnd] N [c] (*also*: **magic wand**) 魔杖 mózhàng [根 gēn]

wander ['wɔndə^r] **I** VI **1** (*roam*) 漫游(遊) mànyóu; (*because lost*) 迷失 míshī **2** [*mind,* *thoughts* +] 恍惚 huǎnghū **II** VT [+ *streets, countryside*] 在…闲(閒)逛 zài...xiánguàng **III** N [s] 漫步 mànbù ▸ **to wander off/away** 走失/走散 zǒushī/zǒusàn ▸ **to have** *or* **go for** *or* **take a wander** 出去逛逛 chūqù guàngguang

wane [weɪn] **I** VI **1** [*moon* +] 亏(虧)缺 kuīquē **2** [*interest, influence etc* +] 减(減)弱 jiǎnruò **II** N ▸ **to be on the wane** 日益衰落 rìyì shuāiluò

★ **want** [wɔnt] **I** VT **1** (*wish for*) 想要 xiǎng yào **2** (*inf: need*) 需要 xūyào **II** N [s] (*frm: lack*) ▸ **want of** 缺乏 quēfá **III wants** N PL (*needs*) 需求 xūqiú ▸ **to want to do sth** 想要做某事 xiǎng yào zuò mǒushì ▸ **to want sb to do sth** 希望某人做某事 xīwàng mǒurén zuò mǒushì ▸ **to want sth done** 要别(別)人把某事做好 yào biérén bǎ mǒushì zuòhǎo ▸ **your hair wants cutting/washing** 你的头(頭)发(髮)要剪剪/洗洗了 nǐ de tóufa yào jiǎnjian/xǐxi le ▸ **you want to be more careful** (*inf*) 你要多加小心 nǐ yào duō jiā xiǎoxīn ▸ **you're wanted on the phone** 有你的电(電)话(話) yǒu nǐ de diànhuà ▸ **he is wanted by the police** 他被警察通缉(緝) tā bèi jǐngchá tōngjī ▸ **"cook wanted"** "招聘厨(廚)师(師)" "zhāopìn chúshī" ▸ **if you want** 如果你乐(樂)意的话(話) rúguǒ nǐ lèyì de huà ▸ **to want out** (*inf: of deal etc*) 想退出 xiǎng tuìchū ▸ **to want in** (*inf: on deal etc*) 想要加入 xiǎng yào jiārù ▸ **for want of** 因为(為)缺乏 yīnwèi quēfá

wanted ['wɔntɪd] ADJ [+ *criminal, man*] 受通缉(緝)的 shòu tōngjī de

★ **war** [wɔːʳ] N [c/ʊ] **1** (*fighting*) 战(戰)争(爭) zhànzhēng [场 chǎng] **2** (*fig: competition*) 战(戰)争(爭) zhànzhēng ▹ *a trade/price war* 一场贸易/价格战 yī chǎng màoyì/jiàgé zhàn ▸ **to be at war (with sb)** (与(與)某人)进(進)行战(戰)争(爭) (yǔ mǒurén) jìnxíng zhànzhēng ▸ **to go to war** 开(開)战(戰) kāizhàn ▸ **to make war on sb/sth** 向某人/某事开(開)战(戰) xiàng mǒurén/mǒushì kāizhàn ▸ **a war on drugs/crime** 同毒品/犯罪的斗(鬥)争(爭) tóng dúpǐn/fànzuì de dòuzhēng ▸ **war of words** 口诛(誅)笔(筆)伐 kǒu zhū bǐ fá

ward [wɔːd] N [c] **1** (*in hospital*) 病房 bìngfáng [间 jiān] **2** (*Pol*) (*district*) 行政区(區) xíngzhèngqū **3** (*Law*) (*child*) 被监(監)护(護)人 bèijiānhùrén ▸**ward off** VT [+ *threat, danger*] 防止 fángzhǐ; [+ *attacker*] 避开(開) bìkāi

warden ['wɔːdn] N [c] **1** (*in park, game reserve*) 管理员(員) guǎnlǐyuán [个 gè] **2** (*at jail*) (*Brit*) 看守 kānshǒu; (*US*) 监(監)狱(獄)长(長) jiānyùzhǎng [英 = **governor**] **3** (*Brit*) (*at youth hostel*) 舍监(監) shèjiān

wardrobe ['wɔːdrəub] N **1** [c] (*cupboard*) 衣橱(櫥) yīchú [个 gè] **2** [c] (*clothes*) 衣服 yīfu **3** [ʊ] (*Cine, Theat*) 戏(戲)装(裝) xìzhuāng

warehouse ['wɛəhaus] N [c] 仓(倉)库(庫) cāngkù [间 jiān]

warfare ['wɔːfɛəʳ] N [ʊ] 战(戰)争(爭) zhànzhēng

warhead ['wɔːhɛd] N [c] 弹(彈)头(頭) dàntóu [枚 méi]

warm [wɔːm] **I** ADJ **1** [+ *meal, soup, water*] 温(溫)热(熱)的 wēnrè de; [+ *day, weather*] 暖和的 nuǎnhe de **2** [+ *clothes, blankets*] 保暖的 bǎonuǎn de **3** [+ *applause, welcome*] 热(熱)情的 rèqíng de **4** (*friendly*) [+ *person*] 友爱(愛)的 yǒu'ài de **II** VT 使暖和 shǐ nuǎnhuo ▸ **it's warm** 天很暖和 tiān hěn nuǎnhuo ▸ **are you warm enough?** 你觉(覺)得够(夠)暖和吗(嗎)? nǐ juéde gòu nuǎnhuo ma? ▸ **to keep warm** 保暖 bǎonuǎn ▸ **to keep sth warm** [+ *food*] 使某物保温(溫) shǐ mǒuwù bǎowēn; [+ *building, house etc*] 使某物保持温(溫)暖 shǐ mǒuwù bǎochí wēnnuǎn ▸ **with my warmest thanks** 顺(順)致我最诚(誠)挚的谢(謝)意 shùnzhì wǒ zuì chéngzhì de xièyì ▸ **to warm one's hands/feet** 暖暖手/脚(腳) nuǎnnuǎn shǒu/jiǎo ▸ **to warm to sb/sth** 对(對)某人/某事产(產)生好感 duì mǒurén/mǒushì chǎnshēng hǎogǎn ▸**warm up** **I** VI **1** [*room, weather* +] 暖起来(來) nuǎn qǐlái; [*water, substance etc* +] 变(變)热(熱) biàn rè **2** [*athlete, pianist* +] 热(熱)身 rèshēn **3** [*engine, photocopier etc* +] 预(預)热(熱) yùrè **II** VT **1** [+ *food*] 加热(熱) jiārè **2** [+ *person*] 使暖起来(來) shǐ nuǎn qǐlái

▮ 用法参见 **hot**

warmly ['wɔːmlɪ] ADV **1** [*welcome, greet, applaud* +] 热(熱)情地 rèqíng de **2** [*dress, wrap up* +] 暖和地 nuǎnhuo de

warmth [wɔːmθ] N [ʊ] **1** [*of fire*] 温(溫)暖 wēnnuǎn **2** [*of clothing, blanket*] 暖和 nuǎnhuo **3** (*friendliness*) 热(熱)情 rèqíng ▸ **we huddled together for warmth** 我们(們)挤(擠)在一起取暖 wǒmen jǐ zài yīqǐ qǔnuǎn

warm-up ['wɔːmʌp] N [c] **1** (*Sport*) 热(熱)身活动(動) rèshēn huódòng **2** (*fig: rehearsal*) 预(預)演 yùyǎn ▸ **a warm-up match** *or* **game** 一场(場)热(熱)身赛(賽) yī chǎng rèshēnsài

warn [wɔːn] **I** VT ▸ **to warn sb that** 警告某人… jǐnggào mǒurén... **II** VI ▸ **to warn of sth** 警告提防某事 jǐnggào dīfang mǒushì ▸ **"War may break out," he warned** "战(戰)争(爭)可能会(會)爆发(發)," 他警告道 "zhànzhēng kěnéng huì bàofā," tā jǐnggào dào ▸ **to warn sb not to do sth** 告诫(誡)某人不要做某事 gàojiè mǒurén bùyào zuò mǒushì ▸ **to warn sb of sth** 警告某人某事 jǐnggào mǒurén mǒushì ▸ **to warn sb against sth** 告诫(誡)某人提防某事 gàojiè mǒurén dīfang mǒushì ▸ **to warn against doing sth** 告诫(誡)不准做某事 gàojiè bùzhǔn zuò mǒushì

warning ['wɔːnɪŋ] N **1** [c] (*action, words, sign*) 警告 jǐnggào [个 gè] **2** [c/ʊ] (*notice*) 预(預)兆 yùzhào [个 gè] ▸ **to give sb a warning** 给(給)某人一个(個)警告 gěi mǒurén yī gè jǐnggào

W

▸ **let this be a warning to you** 让(讓)这(這)事成为(為)你的鉴(鑑)诫(誡) ràng zhè shì chéngwéi nǐ de jiànjiè ▸ **without (any) warning** (*suddenly*) 出人意料地 chū rén yìliào de; (*without notice*) 毫无(無)征(徵)兆地 háo wú zhēngzhào de

warrant ['wɔrnt] **I** N [c] **1** (*for arrest*) 逮捕令 dàibǔlìng [张 zhāng] **2** (*also*: **search warrant**) 搜查令 sōucháling [张 zhāng] **II** VT (*merit*) 应(應)受到 yīng shòudào

warranty ['wɔrəntɪ] N [c] 担(擔)保 dānbǎo ▸ **under warranty** 在质(質)保期内(內) zài zhìbǎoqī nèi

warrior ['wɔrɪəʳ] N [c] 战(戰)士 zhànshì [名 míng]

warship ['wɔːʃɪp] N [c] 军(軍)舰(艦) jūnjiàn [艘 sōu]

wart [wɔːt] N [c] 疣 yóu

wartime ['wɔːtaɪm] **I** N ▸ **in wartime** 在战(戰)时(時) zài zhànshí **II** ADJ 战(戰)时(時)的 zhànshí de

wary ['wɛərɪ] ADJ ▸ **to be wary (of sb/sth)** 提防(某人/某事) dīfang (mǒurén/mǒushì) ▸ **to be wary about** *or* **of doing sth** 对(對)做某事很谨(謹)慎 duì zuò mǒushì hěn jǐnshèn

was [wɔz] PT *of* **be**

wash [wɔʃ] **I** VT **1** [+ *clothes, dishes, paintbrush*] 洗 xǐ **2** (*carry*) ▸ **to be washed ashore/out to sea** *etc* 被冲(沖)到岸边(邊)/冲(沖)向大海等 bèi chōngdào ànbiān/chōngxiàng dàhǎi *děng* **II** VI **1** [*person* +] 洗净(淨) xǐjìng **2** [*sea, waves etc* +] ▸ **to wash over/against sth** 冲(沖)过(過)/拍打某物 chōngguò/pāidǎ mǒuwù **III** N **1** [c] (*clean*) 洗 xǐ **2** [s] [*of ship*] 涡(渦)流 wōliú ▸ **to wash one's face/hands/hair** 洗脸(臉)/手/头(頭)发(髮) xǐ liǎn/shǒu/tóufa ▸ **to wash one's hands of sth/sb** 洗手不干(乾)某事/断(斷)绝(絕)与(與)某人的关(關)系(係) xǐshǒu bù gàn mǒushì/duànjué yǔ mǒurén de guānxì ▸ **to wash sth out of sth** 将(將)某物从(從)某物上冲(沖)掉 jiāng mǒuwù cóng mǒuwù shang chōngdiào ▸ **to have a wash** 洗一下 xǐ yīxià ▸ **to give sth a wash** 洗一洗某物 xǐ yī xǐ mǒuwù ▸ **to be in the wash** 正在洗 zhèngzài xǐ

▸**wash away** VT [+ *bridge, building, village etc*] 冲(沖)走 chōngzǒu

▸**wash down** VT **1** (*with wine, lager etc*) [+ *food*] 吞下 tūnxià **2** (*clean*) [+ *wall, path*] 冲(沖)洗 chōngxǐ

▸**wash off** VI, VT 洗掉 xǐdiào

▸**wash out I** VI [*dye, colour* +] 洗褪色 xǐ tuìsè; [*dirt, stain* +] 洗掉 xǐdiào **II** VT [+ *tank, bucket etc*] 刷洗 shuāxǐ

▸**wash up I** VI **1** (*Brit*) (*wash dishes*) 洗餐具 xǐ cānjù **2** (*US*) (*have a wash*) 洗一洗 xǐ yī xǐ **II** VT **1** (*Brit*) [+ *plates*] 洗 xǐ **2** (*onto land*) 把…冲(沖)上岸 bǎ...chōngshàng àn

washbasin ['wɔʃbeɪsn] N [c] 脸(臉)盆 liǎnpén [个 gè]

washcloth ['wɔʃklɔθ] (*US*) N [c] 毛巾 máojīn [条 tiáo] [英 = **face cloth, flannel**]

washer ['wɔʃəʳ] N [c] (*on tap etc*) 垫(墊)圈 diànquān [个 gè]

washing ['wɔʃɪŋ] N [U] **1** (*dirty*) 待洗衣物 dài xǐ yīwù **2** (*clean*) 洗好的衣物 xǐhǎo de yīwù ▸ **to do the washing** 洗衣服 xǐ yīfu

washing line (*Brit*) N [c] 晾衣绳(繩) liàngyīshéng [根 gēn]

washing machine N [c] 洗衣机(機) xǐyījī [台 tái]

washing powder (*Brit*) N [c/U] 洗衣粉 xǐyīfěn [袋 dài] [美 = **soap powder, laundry detergent**]

washing-up [wɔʃɪŋ'ʌp] (*Brit*) N [U] 待洗餐具 dài xǐ cānjù [美 = **dirty dishes**] ▸ **to do the washing-up** 洗餐具 xǐ cānjù [美 = **wash the dishes**]

washing-up liquid (*Brit*) N [U] 洗洁(潔)剂(劑) xǐjiéjì [美 = **dishwashing liquid**]

washroom ['wɔʃrum] N [c] 盥洗室 guànxǐshì [间 jiān]

wasn't ['wɔznt] = **was not**

wasp [wɔsp] N [c] 黄(黃)蜂 huángfēng [只 zhī]

waste [weɪst] **I** N **1** [s/U] [*of resources, food, money*] 浪费(費) làngfèi **2** [U] (*rubbish*) 废(廢)料 fèiliào **II** ADJ [+ *material*] 废(廢)的 fèi de **III** VT [+ *money, energy, time*] 浪费(費) làngfèi; [+ *opportunity*] 失去 shīqù **IV wastes** N PL (*land*) 荒地 huāngdì ▸ **what a waste!** 真可惜！Zhēn kěxī! ▸ **it's a waste of money** 这(這)是白费(費)钱(錢) zhè shì bái fèi qián ▸ **it's a waste of time** 这(這)是浪费(費)时(時)间(間) zhè shì làngfèi shíjiān ▸ **you're wasting your time** 你是在浪费(費)时(時)间(間) nǐ shì zài làngfèi shíjiān ▸ **to go to waste** 浪费(費)掉 làngfèidiào ▸ **to lay waste (to) sth** 毁(毀)坏(壞)某物 huǐhuài mǒuwù

▸**waste away** VI 消瘦下去 xiāoshòu xiàqù

waste ground (*Brit*) N [U] 荒地 huāngdì

wastepaper basket ['weɪstpeɪpə-] (*Brit*) N [c] 废(廢)纸(紙)篓(簍) fèizhǐlǒu [个 gè]

★ **watch** [wɔtʃ] **I** N [c] **1** (*wristwatch*) 手表(錶) shǒubiǎo [块 kuài] **2** (*guards*) 警卫(衛) jǐngwèi [个 gè] **3** (*spell of duty*) 值班 zhíbān **II** VT **1** (*look at*) [+ *people, objects*] 注视(視) zhùshì; [+ *match, programme, TV*] 看 kàn **2** (*spy on, guard*) 监(監)视(視) jiānshì **3** (*pay attention to*) 关(關)注 guānzhù **4** (*be careful of*) 留意 liúyì **III** VI 注视(視) zhùshì ▸ **to keep watch** 放哨 fàngshào ▸ **to keep a close watch on sb/sth** 密切注意某人/某事 mìqiè zhùyì mǒurén/mǒushì ▸ **on watch** 放哨 fàngshào ▸ **to be under watch** 被监(監)视(視) bèi jiānshì ▸ **to watch sb do/doing sth** 看着(著)某人做某事 kànzhe mǒurén zuò mǒushì ▸ **watch what you're doing/how you drive** 小心你现(現)在做的事/小心驾(駕)驶(駛) xiǎoxīn nǐ xiànzài zuò de shì/xiǎoxīn jiàshǐ ▸ **watch it!** (*inf*)

当(當)心！ dāngxīn!
▶**watch for, watch out for** VT FUS 留心 liúxīn
▶**watch out** VI 提防 dīfang ▶ **watch out!** (*inf*) 小心！ xiǎoxīn!
▶**watch out for** VT FUS = **watch for**

watchdog ['wɔtʃdɔg] N [c] (*authority*) 监(監)察人员(員) jiānchá rényuán [名 míng]

watchstrap ['wɔtʃstræp] N [c] 表(錶)带(帶) biǎodài [根 gēn]

★ **water** ['wɔːtəʳ] **I** N [U] 水 shuǐ **II** VT [+ *plant*] 给(給)…浇(澆)水 gěi...jiāoshuǐ **III** VI **1** [*eyes* +] 流泪(淚) liúlèi **2** [*mouth* +] 流口水 liú kǒushuǐ **IV waters** N PL (*area of water*) 水域 shuǐyù ▶ **a drink of water** 一杯水 yī bēi shuǐ ▶ **to pass water** 小便 xiǎobiàn ▶ **the water's edge** 水边(邊) shuǐbiān ▶ **in British waters** 在英国(國)海域 zài Yīngguó hǎiyù
▶**water down** VT **1** [+ *drink, paint*] 搀(攙)水冲(沖)淡 chānshuǐ chōngdàn **2** [+ *article, proposal*] 使缓(緩)和 shǐ huǎnhé

watercolour, (*US*) **watercolor** ['wɔːtəkʌləʳ] **I** N [c] (*painting*) 水彩画(畫) shuǐcǎihuà **II watercolours** N PL (*paints*) 水彩颜(顏)料 shuǐcǎi yánliào

watercress ['wɔːtəkrɛs] N [U] 水田芥 shuǐtiánjiè

waterfall ['wɔːtəfɔːl] N [c] 瀑布 pùbù [条 tiáo]

watering can ['wɔːtərɪŋ-] N [c] 喷(噴)壶(壺) pēnhú [个 gè]

watermelon ['wɔːtəmɛlən] N [c] 西瓜 xīguā [个 gè]

waterproof ['wɔːtəpruːf] ADJ 防水的 fángshuǐ de

water-skiing ['wɔːtəskiːɪŋ] N [U] ▶ **to go water-skiing** 去滑水 qù huáshuǐ

water sports N PL 水上运(運)动(動) shuǐshàng yùndòng

watery ['wɔːtərɪ] ADJ **1** (*thin*) [+ *coffee, soup etc*] 稀的 xī de **2** (*resembling water*) [+ *liquid, substance, discharge etc*] 水状(狀)的 shuǐzhuàng de **3** [+ *eyes*] 眼泪(淚)汪汪的 yǎnlèi wāngwāng de **4** (*pale*) [+ *light*] 淡淡的 dàndàn de

watt [wɔt] N [c] 瓦 wǎ ▶ **a 100-watt light-bulb** 一只100瓦的灯(燈)泡 yī zhī yībǎi wǎ de dēngpào

wave [weɪv] **I** N [c] **1** [*of hand*] 挥(揮)动(動) huīdòng [下 xià] **2** (*on water*) 波浪 bōlàng [个 gè] **3** (*Rad*) 波 bō **4** (*in hair*) 卷(捲)曲 juǎnqū **5** [*of emotion, panic, anger*] 高涨(漲) gāozhàng; [*of violence, attacks, strikes*] 风(風)潮 fēngcháo **II** VI **1** (*gesture*) 挥(揮)手示意 huīshǒu shìyì **2** [*branches, grass* +] 摆(擺)动(動) bǎidòng; [*flag* +] 飘(飄)动(動) piāodòng **III** VT **1** (*motion with*) [+ *hand*] 挥(揮) huī; [+ *flag, handkerchief*] 挥(揮)动(動) huīdòng **2** (*brandish*) [+ *weapon, gun, spear*] 挥(揮)舞 huīwǔ; [+ *letter, newspaper, photo*] 晃动(動) huàngdòng ▶ **to give sb a wave** 向某人挥(揮)挥(揮)手 xiàng mǒurén huīhuī shǒu ▶ **the pain came in waves** 痛感阵(陣)阵(陣)袭(襲)来(來) tònggǎn zhènzhèn xí lái ▶ **to wave to/at sb** 对(對)/向某人挥(揮)手 duì/xiàng mǒurén huīshǒu ▶ **to wave goodbye to sb, wave sb goodbye** 向某人挥(揮)手告别(別) xiàng mǒurén huīshǒu gàobié ▶ **he waved me away/over** 他挥(揮)手让(讓)我离(離)开(開)/过(過)来(來) tā huīshǒu ràng wǒ líkāi/guòlái
▶**wave aside** VT [+ *suggestion, objection*] 对(對)…置之不理 duì...zhì zhī bù lǐ

wavelength ['weɪvlɛŋθ] N [c] (*Rad, Phys*) [*of light, sound*] 波长(長) bōcháng ▶ **to be on the same wavelength** 和谐(諧)融洽 héxié róngqià

waver ['weɪvəʳ] VI **1** [*voice* +] 颤(顫)抖 chàndǒu; [*flame, shadow* +] 摇(搖)曳 yáoyè **2** [*feeling* +] 动(動)摇(搖) dòngyáo **3** (*hesitate*) [*person* +] 犹(猶)豫不决(決) yóuyù bù jué

wavy ['weɪvɪ] ADJ [+ *line*] 波浪式的 bōlàngshì de; [+ *hair*] 卷(捲)曲的 juǎnqū de

wax [wæks] **I** N [U] **1** (*in candles, polish*) 蜡(蠟) là **2** (*earwax*) 耳垢 ěrgòu **II** VT [+ *floor, car*] 给(給)…打蜡(蠟) gěi...dǎlà **III** VI [*moon* +] 渐(漸)圆(圓) jiànyuán

★ **way** [weɪ] **I** N **1** [c] (*route*) 路 lù [条 tiáo] ▷ *A man asked me the way to St Paul's.* 有一个人问我去圣保罗教堂的路怎么走。Yǒu yī gè rén wèn wǒ qù Shèngbǎoluó jiàotáng de lù zěnme zǒu. **2** [c] (*path, access*) 路线(線) lùxiàn ▷ *This is the way in.* 这是进来的路线。Zhè shì jìnlái de lùxiàn. **3** [s] (*distance*) 距离(離) jùlí ▷ *We've a fair way to go yet.* 我们还颇有一段距离要走。Wǒmen hái pō yǒu yī duàn jùlí yào zǒu. **4** [c] (*direction*) 方向 fāngxiàng [个 gè] ▷ *Which way did she go?* 她朝哪个方向去了？Tā cháo nǎge fāngxiàng qù le? **5** [c] (*manner*) 方式 fāngshì [种 zhǒng] ▷ *Do you like the way he dealt with the problem?* 你喜欢他处理这个问题的方式吗？Nǐ xǐhuān tā chǔlǐ zhège wèntí de fāngshì ma? ▷ *She smiled in a friendly way.* 她友好地笑了笑。Tā yǒuhǎo de xiào le xiào. **6** [c] (*method*) 方法 fāngfǎ [个 gè] ▷ *different ways of cooking fish* 不同的烹调鱼的方法 bùtóng de pēngtiáo yú de fāngfǎ **II** ADV (*far, a lot*) 远(遠)远(遠)地 yuǎnyuǎn de ▷ *He was way behind.* 他远远落在了后面。Tā yuǎnyuǎn là zài le hòumiàn. ▷ *We'll have to decide way in advance.* 我们得早早地提前作决定。Wǒmen děi zǎozǎo de tíqián zuò juédìng. **III ways** N PL (*habits*) 习(習)俗 xísú ▶ **"which way?" — "this way"** "往哪边(邊)？" "这(這)边(邊)" "wǎng nǎbiān?" "zhèbiān" ▶ **on the way** 在路上 zài lùshàng ▶ **to be on one's way** 在途中 zài túzhōng ▶ **to fight one's way through a crowd** 费(費)劲(勁)地挤(擠)过(過)人群 fèijìn de jǐ guò rénqún ▶ **to keep out of sb's way** 别(別)去惹某人 bié qù rě mǒurén ▶ **it's a long way away** 离(離)这(這)儿(兒)很远(遠) lí zhèr hěn yuǎn ▶ **all the way/most of the way/half the**

W

way 完全地/大部分地/一半地 wánquán de/dà bùfen de/yībàn de ▸ **to go out of one's way to do sth** 不辞(辭)辛苦地做某事 bù cí xīnkǔ de zuò mǒushì ▸ **to be in the way** 挡(擋)道的 dǎngdào de ▸ **out of the way** (*finished*) 解决(決)掉的 jiějuédiào de; (*secluded*) 偏远(遠)的 piānyuǎn de ▸ **to lose one's way** 迷路 mílù ▸ **under way** (*activity, project etc*) 在进(進)行中 zài jìnxíng zhōng ▸ **the way back** 回去的路 huíqù de lù ▸ **to make way (for sb/sth)** 让(讓)位(给(給)某人/某物) ràngwèi(gěi mǒurén/mǒuwù) ▸ **to get one's (own) way, have one's (own) way** 自主行事 zìzhǔ xíng shì ▸ **to give way** (*break, collapse*) 倒塌 dǎotā; (*stop resisting*) 屈服 qūfú ▸ **the right/wrong way up** (*Brit*) 正面/反面朝上 zhèngmiàn/fǎnmiàn cháo shàng ▸ **the wrong way round** (*Brit*) 刚(剛)好相反 gānghǎo xiāngfǎn ▸ **he's in a bad way** (*inf*) 他健康状(狀)况(況)不佳 tā jiànkāng zhuàngkuàng bù jiā ▸ **you can't have it both ways** 你不能两(兩)者兼得 nǐ bùnéng liǎngzhě jiān dé ▸ **to have a way of doing sth** 善于(於)做某事 shànyú zuò mǒushì ▸ **in a way** 在某种(種)程度上 zài mǒu zhǒng chéngdù shàng ▸ **in some ways** 在某些方面 zài mǒu xiē fāngmiàn ▸ **no way!** (*inf*) 没(沒)门(門)! méi mén! ▸ **by the way...** 顺(順)便提一下… shùnbiàn tíyīxià... ▸ **"way in"** (*Brit*) "入口" "rùkǒu" ▸ **"way out"** (*Brit*) "出口" "chūkǒu" ▸ **"give way"** (*Brit*) "减(減)速让(讓)车(車)" "jiǎnsù ràng chē" ▸ **way of life** 生活方式 shēnghuó fāngshì ▸ **do it this way** 这(這)么(麼)做 zhème zuò ▸ **I had no idea you felt that way (about it)** 我不知道你(对(對)这(這)事)是那样(樣)想的 wǒ bù zhīdào nǐ(duì zhè shì)shì nàyàng xiǎng de

WC (*Brit*) N ABBR (= **water closet**) 厕(廁)所 cèsuǒ

★ **we** [wi:] PL PRON 我们(們) wǒmen ▹ *We live in London.* 我们住在伦敦。Wǒmen zhù zài Lúndūn.

weak [wi:k] ADJ **1** [+ *person, muscle, back etc*] 虚(虛)弱的 xūruò de; [+ *heart, voice, eyesight*] 衰弱的 shuāiruò de; [+ *object, material*] 易坏(壞)的 yìhuài de **2** (*morally*) [+ *person*] 懦弱的 nuòruò de **3** (*Econ*) [+ *currency, pound, dollar etc*] 疲软(軟)的 píruǎn de **4** (*poor*) [+ *performance*] 差的 chà de; [+ *position*] 软(軟)弱的 ruǎnruò de **5** (*not convincing*) [+ *argument, evidence*] 不充分的 bù chōngfèn de **6** (*low-strength*) [+ *tea, coffee, substance*] 淡的 dàn de **7** [+ *smile*] 淡淡的 dàndàn de

weaken ['wi:kn] **I** VI [*resolve, person* +] 变(變)得优(優)柔寡断(斷) biànde yōu róu guǎ duàn; [*influence, power* +] 变(變)弱 biàn ruò **II** VT [+ *person*] 使虚(虛)弱 shǐ xūruò; [+ *institution*] 削弱 xuēruò

weakness ['wi:knɪs] N **1** [C] (*frailty*) 虚(虛)弱 xūruò **2** [U] [*of system, method*] 薄弱 bóruò; [*of economy, currency, market*] 疲软(軟) píruǎn; [*of sound, signal*] 微弱 wēiruò **3** [C] (*problem*) 缺点(點) quēdiǎn ▸ **to have a weakness for sth** 特别(別)偏爱(愛)某物 tèbié piān'ài mǒuwù

wealth [wɛlθ] N [C] **1** (*riches*) 财(財)富 cáifù **2** (*prosperity*) 富裕 fùyù **3** ▸ **a wealth of...** 大量的… dàliàng de...

wealthy ['wɛlθɪ] **I** ADJ 富有的 fùyǒu de **II** N PL ▸ **the wealthy** 富人 fùrén

weapon ['wɛpən] N [C] **1** (*lit*) 武器 wǔqì [种 zhǒng] **2** (*fig*) 手段 shǒuduàn

wear [wɛəʳ] (*pt* **wore**, *pp* **worn**) **I** N [U] **1** (*use*) 使用 shǐyòng **2** (*damage*) 磨损(損) mósǔn **3** (*clothing*) ▸ **evening/beach wear** 晚装(裝)/沙滩(灘)装(裝) wǎnzhuāng/shātān zhuāng **II** VT [+ *clothes, shoes*] 穿着(著) chuānzhe; [+ *spectacles, jewellery*] 戴着(著) dàizhe **III** VI (*become shabby*) 磨损(損) mósǔn ▸ **to wear one's hair up/long/loose** *etc* 把头(頭)发(髮)梳上去/留着(著)长(長)发(髮)/松(鬆)散着(著)头(頭)发(髮)等 bǎ tóufa shū shàngqù/liúzhe chángfà/sōngsǎn zhe tóufa děng ▸ **to wear a hole in sth** 在某物上磨出一个(個)洞 zài mǒuwù shàng mó chū yī gè dòng ▸ **I can't decide what to wear** 我拿不定主意该(該)穿什么(麼) wǒ nábùdìng zhǔyì gāi chuān shénme ▸ **to wear well** 经(經)久耐用 jīng jiǔ nàiyòng ▸ **to wear thin** [*material* +] 磨薄 móbáo; [*excuse, joke* +] 渐(漸)失效力 jiàn shī xiàolì; [*patience* +] 快磨没(沒)了 kuài mó méi le

▸**wear away** **I** VT 使磨损(損) shǐ mósǔn **II** VI 磨损(損) mósǔn

▸**wear down** VT **1** [+ *heel*] 使磨薄 shǐ mó báo **2** [+ *person*] 使精疲力竭 shǐ jīng pí lì jié

▸**wear off** VI 逐渐(漸)消失 zhújiàn xiāoshī

▸**wear on** VI 消逝 xiāoshì

▸**wear out** **I** VT **1** [+ *shoes, clothing*] 穿破 chuānpò **2** (*tire: inf*) 使疲乏 shǐ pífá **II** VI 耗尽(盡) hàojìn

weary ['wɪərɪ] **I** ADJ (*tired*) 疲劳(勞)的 píláo de **II** VI ▸ **to weary of sb/sth** 厌(厭)烦(煩)某人/某事 yànfán mǒurén/mǒushì ▸ **to be weary of sb/sth** 厌(厭)倦某人/某事 yànjuàn mǒurén/mǒushì

weasel ['wi:zl] N [C] 鼬 yòu

weather ['wɛðəʳ] **I** N [U] 天气(氣) tiānqì **II** VT **1** [+ *crisis*] 经(經)受住 jīngshòu zhù **2** [+ *wood, rock*] 使经(經)风(風)历(歷)雨 shǐ jīng fēng lì yǔ **III** VI 褪色 tuìsè ▸ **what's the weather like?** 天气(氣)怎么(麼)样(樣)? tiānqì zěnmeyàng? ▸ **under the weather** 不舒服 bùshūfu ▸ **to weather the storm** 经(經)受住风(風)暴的袭(襲)击(擊) jīngshòu zhù fēngbào de xíjī

weather forecast N [C] 天气(氣)预(預)报(報) tiānqì yùbào [个 gè]

weatherman ['wɛðəmæn] (*pl* **weathermen**) N [C] 天气(氣)预(預)报(報)员(員) tiānqì yùbàoyuán [个 gè]

weave [wi:v] (*pt* **wove**, *pp* **woven**) **I** VT [+ *cloth*] 织(織) zhī; [+ *basket*] 编(編) biān **II** VI (*pt*, *pp* *weaved*) ▸ **to weave in and out of/among** 在…中穿进(進)穿出/在…中迂回(迴)行进(進) zài...zhōng chuānjìn chuānchū/zài...zhōng yūhuí xíngjìn **III** N [c] 织(織)法 zhīfǎ

web [wɛb] N [c] **1** [*of spider*] 网(網) wǎng **2** [*of paths*] 网(網) wǎng; (*of reasons, lies*) 一套 yī tào **3** ▸ **the Web** 互联(聯)网(網) hùliánwǎng [个 gè] ▸ **on the Web** 在互联(聯)网(網)上 zài hùliánwǎng shàng

web address N [c] 网(網)络(絡)地址 wǎngluò dìzhǐ [个 gè]

web browser N [c] 网(網)络(絡)浏(瀏)览(覽)器 wǎngluò liúlǎnqì [个 gè]

webcam ['wɛbkæm] N [c] 网(網)络(絡)摄(攝)影器 wǎngluò shèyǐngqì [个 gè]

webmaster ['wɛbmɑ:stə^r] N [c] 网(網)站管理员(員) wǎngzhàn guǎnlǐyuán [位 wèi]

web page N [c] 网(網)页(頁) wǎngyè [个 gè]

website ['wɛbsaɪt] N [c] 网(網)址 wǎngzhǐ [个 gè]

wed [wɛd] (*pt* **wed**, *pp* **wedded** *or* **wed**) **I** VT 与(與)…结(結)婚 yǔ...jiéhūn **II** VI 结(結)婚 jiéhūn

we'd [wi:d] = **we had, we would**

Wed(s). ABBR (= **Wednesday**) 星期三 xīngqīsān

wedding ['wɛdɪŋ] N [c] 婚礼(禮) hūnlǐ [场 chǎng]

wedding anniversary N [c] 结(結)婚纪(紀)念(唸)日 jiéhūn jìniànrì [个 gè]

wedding day N [c] 婚礼(禮)日 hūnlǐrì [个 gè]

wedding dress N [c] 婚纱(紗) hūnshā [件 jiàn]

wedding ring N [c] 结(結)婚戒指 jiéhūn jièzhi [枚 méi]

wedge [wɛdʒ] **I** N [c] **1** (*under door etc*) 三角木 sānjiǎomù **2** [*of cheese, cake etc*] 楔形 xiēxíng **3** (*tool*) 楔子 xiēzi **II** VT **1** ▸ **to wedge sth open/shut** 顶(頂)住某物使之开(開)着(著)/关(關)着(著) dǐngzhù mǒuwù shǐ zhī kāizhe/guānzhe **2** (*push*) ▸ **to wedge sth in sth** 将(將)某物楔入某物 jiāng mǒuwù xiērù mǒuwù ▸ **to be wedged (in) between** 被紧(緊)紧(緊)地夹(夾)在…中间(間) bèi jǐnjǐn de jiā zài...zhōngjiān ▸ **to drive a wedge between** 在…之间(間)挑拨(撥)离(離)间(間) zài...zhījiān tiǎobō líjiàn

Wednesday ['wɛdnzdɪ] N [c/u] 星期三 xīngqīsān [个 gè]; *see also* **Tuesday**

wee [wi:] **I** ADJ (*Scottish*) 很小的 hěnxiǎo de **II** VI (*Brit*; *inf*) 撒尿 sāniào **III** N [c] (*Brit*; *inf*) **1** (*urine*) 尿 niào **2** (*act*) 撒尿 sāniào ▸ **to have a wee** (*Brit*; *inf*) 去小便 qù xiǎobiàn

weed [wi:d] **I** N [c] **1** (*plant*) 杂(雜)草 zácǎo **2** (*inf*, *pej*: *person*) 孱弱的人 chánruò de rén **II** VT [+ *garden*] 给(給)…除杂(雜)草 gěi...chú zácǎo
▸ **weed out** VT 淘汰 táotài

weedkiller ['wi:dkɪlə^r] N [c/u] 除草剂(劑) chúcǎojì

★ **week** [wi:k] N [c] **1** 星期 xīngqī [个 gè] ▷ *I had a letter from my mother last week.* 上星期我收到一封我母亲的信。Shàng xīngqī wǒ shōudào yī fēng wǒ mǔqīn de xìn. **2** (*working week*) 工作周(週) gōngzuòzhōu ▷ *workers on a three-day week* 实行3天制工作周的工人 shíxíng sān tiān zhì gōngzuòzhōu de gōngrén **3** (*Monday to Friday*) ▸ **the week** 工作日 gōngzuòrì ▸ **this/next/last week** 本/下/上周(週) běn/xià/shàngzhōu ▸ **once/twice a week** 一周(週)一次/两(兩)次 yī zhōu yī cì/liǎng cì ▸ **in two weeks' time** 在两(兩)周(週)后(後) zài liǎng zhōu hòu ▸ **a week today/on Friday** 下星期的今天/下星期五 xià xīngqī de jīntiān/xià xīngqī wǔ ▸ **during the week** 在工作日期间(間) zài gōngzuòrì qījiān

weekday ['wi:kdeɪ] N [c] 工作日 gōngzuòrì [个 gè] ▸ **on weekdays** 在工作日 zài gōngzuòrì

weekend [wi:k'ɛnd] N [c] 周(週)末 zhōumò [个 gè] ▸ **at the weekend** 在周(週)末 zài zhōumò ▸ **this/next/last weekend** 这(這)个(個)周(週)末/下周(週)末/上周(週)末 zhège zhōumò/xià zhōumò/shàngzhōu mò

weekly ['wi:klɪ] **I** ADV 每周(週) měi zhōu **II** ADJ [+ *newspaper, magazine*] 每周(週)一期的 měi zhōu yī qī de; [+ *payment, meeting, visit etc*] 按周(週)的 ànzhōu de **III** N [c] **1** (*newspaper*) 周(週)报(報) zhōubào **2** (*magazine*) 周(週)刊 zhōukān

weep [wi:p] (*pt*, *pp* **wept**) **I** VI **1** [*person* +] 哭泣 kūqì **2** [*wound* +] 渗(滲)出液体(體) shènchū yètǐ **II** N [c] ▸ **to have a weep** 大哭一场(場) dàkū yī chǎng

weigh [weɪ] **I** VT **1** [+ *parcel, baby, flour*] 称(稱)…的重量 chēng...de zhòngliàng **2** (*consider*) [+ *evidence, facts, risks etc*] 权(權)衡 quánhéng **II** VI ▸ **she weighs 50kg** 她的体(體)重为(為)50公斤 tāde tǐzhòng wéi wǔshí gōngjīn ▸ **how much do you weigh?** 你有多重？ nǐ yǒu duō zhòng? ▸ **to weigh on sb** 使某人心情沉重 shǐ mǒurén xīnqíng chénzhòng ▸ **to weigh anchor** 起锚(錨) qǐmáo
▸ **weigh down** VT **1** (*physically*) 压(壓)垮 yākuǎ **2** (*with worry, problems*) ▸ **to be weighed down with** *or* **by sth** 深受某事重压(壓)之苦 shēnshòu mǒushì zhòngyā zhīkǔ
▸ **weigh out** VT 称(稱)出 chēngchū
▸ **weigh up** (*esp Brit*) VT [+ *evidence, alternatives*] 掂量 diānliang; [+ *person*] 评(評)价(價) píngjià

weight [weɪt] **I** N **1** [u] 重量 zhòngliàng **2** [c] (*heavy object*) 重物 zhòngwù **3** [c] (*for scales*) 砝码(碼) fǎmǎ **4** [c] (*problem, responsibility*) 重压(壓) zhòngyā **II** VT ▸ **to be weighted in favour of sb/sth** 设(設)置得有利于(於)某人/某事 shèzhì de yǒulì yú mǒurén/mǒushì **III weights** N PL (*in gym*) 举(舉)重器械 jǔzhòng qìxiè ▸ **sold by weight** 按分量出售 àn fènliàng chūshòu ▸ **to lose weight** 体(體)重减(減)轻(輕) tǐzhòng jiǎnqīng ▸ **to put on**

weight 体(體)重增加 tǐzhòng zēngjiā ▸ **to throw one's weight behind sth/sb** 全力支持某事/某人 quánlì zhīchí mǒushì/mǒurén ▸ **to pull one's weight** 做好本分工作 zuò hǎo běnfèn gōngzuò ▸ **weights and measures** 度量衡 dùliànghéng
▸**weight down** VT 压(壓)住 yāzhù

weightlifting ['weɪtlɪftɪŋ] N [U] 举(舉)重 jǔzhòng

weir [wɪəʳ] N [C] 堰 yàn

weird [wɪəd] ADJ [+ *object, situation, effect*] 奇特的 qítè de; [+ *person*] 古怪的 gǔguài de

welcome ['wɛlkəm] **I** ADJ [+ *visitor, news, change etc*] 受欢(歡)迎的 shòu huānyíng de **II** N [C] 欢(歡)迎 huānyíng **III** VT **1** [+ *visitor, speaker etc*] 欢(歡)迎 huānyíng **2** [+ *news, change etc*] 欢(歡)迎 huānyíng ▸ **welcome to Beijing!** 欢(歡)迎到北京来(來)! huānyíng dào Běijīng lái! ▸ **to make sb (feel) welcome** 使某人(感到)受欢(歡)迎 shǐ mǒurén (gǎn dào) shòu huānyíng ▸ **to be welcome to do sth** 欢(歡)迎做某事 huānyíng zuò mǒushì ▸ **"thank you" — "you're welcome!"** "谢(謝)谢(謝)你。" "别(別)客气(氣)!" "xièxie nǐ" "bié kèqi!" ▸ **to give sb a warm welcome** 热(熱)烈欢(歡)迎某人 rèliè huānyíng mǒurén

weld [wɛld] **I** VT 焊(銲)接 hànjiē **II** N [C] 焊(銲)接点(點) hànjiēdiǎn ▸ **to weld sth to sth** 将(將)某物同某物结(結)合起来(來) jiāng mǒuwù tóng mǒuwù jiéhé qǐlái

welder ['wɛldəʳ] N [C] 焊(銲)工 hàngōng

welfare ['wɛlfɛəʳ] **I** N [U] **1** (*well-being*) 幸福 xìngfú **2** (*US*) (*social aid*) 福利救济(濟) fúlì jiùjì [英 = **social security**] **II** CPD [+ *system, services*] 福利的 fúlì de

welfare state N ▸ **the welfare state** 福利国(國)家 fúlì guójiā

★ **well** [wɛl] **I** N [C] **1** (*for water*) 井 jǐng [口 kǒu] **2** (*oil well*) 油井 yóujǐng **II** ADV **1** (*to a high standard*) 好 hǎo ▹ *She speaks French well.* 她法语说得好。Tā fǎyǔ shuō de hǎo. **2** (*completely*) 充分地 chōngfèn de ▹ *Mix all the ingredients well.* 将所有的配料充分混合。Jiāng suǒyǒu de pèiliào chōngfèn hùnhé. ▹ *I don't know him well.* 我不是很了解他。Wǒ bùshì hěn liǎojiě tā. **3** (*emphatic with adv, adj, phrase*) 很 hěn ▹ *The film is well worth seeing.* 这部电影很值得一看。Zhè bù diànyǐng hěn zhíde yī kàn. **III** ADJ (*healthy*) 身体(體)好的 shēntǐ hǎo de ▹ *He's not very well.* 他身体不太好。Tā shēntǐ bù tài hǎo. **IV** VI [*tears* +] 涌(湧)上 yǒngshàng **V** INT 唔 ńg ▹ *Well! I don't know what to say to that.* 唔,我不知道对此该说些什么。Ńg, wǒ bù zhīdào duì cǐ gāi shuō xiē shénme. ▸ **to do well** [*person* +] 做得好 zuòde hǎo; [*business* +] 进(進)展顺(順)利 jìnzhǎn shùnlì ▸ **well done!** 棒极了! bàng jí le! ▸ **well done** [+ *meat*] 煮得老的 zhǔ de lǎo de ▸ **he did as well as he could** 他尽(盡)可能做得好 tā jìn kěnéng zuò de hǎo ▸ **how well do you know him?** 你对(對)他有多了解? nǐ duì tā yǒu duō liǎojiě? ▸ **as well** (*in addition*) 也 yě ▸ **X as well as Y** (*in addition to*) 除了Y还(還)有X chúle Y háiyǒu X ▸ **you might** *or* **may as well tell me** 你还(還)是告诉(訴)我吧 nǐ háishì gàosù wǒ ba ▸ **you may** *or* **could well be right** 你很可能是对(對)的 nǐ hěn kěnéng shì duì de ▸ **it's just as well** 幸好 xìnghǎo ▸ **well and truly** 确(確)实(實)地 quèshí de ▸ **I don't feel well** 我觉(覺)得不舒服 wǒ juéde bù shūfu ▸ **get well soon!** 早日康复(復)! zǎorì kāngfù! ▸ **well, as I was saying...** 那么(麼),像我刚(剛)才所说(說)的··· nàme, xiàng wǒ gāngcái suǒshuō de... ▸ **oh well** 噢,那好吧 ō, nà hǎo ba
▸**well up** VI [*tears, emotions etc* +] 涌(湧)上 yǒngshàng

we'll [wiːl] = **we will, we shall**

well-behaved ['wɛlbɪ'heɪvd] ADJ 行为(為)端正的 xíngwéi duānzhèng de

well-being ['wɛl'biːɪŋ] N [U] 康乐(樂) kānglè

well-built ['wɛl'bɪlt] ADJ [+ *person*] 体(體)格健美的 tǐgé jiànměi de

well-dressed ['wɛl'drɛst] ADJ 穿着(著)考究的 chuānzhuó kǎojiū de

wellington ['wɛlɪŋtən] (*esp Brit*) N [C] (*also:* **wellington boot**) 橡胶(膠)长(長)统(統)靴 xiàngjiāo chángtǒngxuē [美 = **rubber boot**]

well-known ['wɛl'nəun] ADJ [+ *person*] 有名的 yǒumíng de; [+ *fact, brand*] 众(眾)所周知的 zhòng suǒ zhōu zhī de ▸ **to be well-known for sth** 因某事而著名 yīn mǒushì ér zhùmíng ▸ **it is well-known that...** ···是众(眾)所周(週)知的 ...shì zhòng suǒ zhōu zhī de
用法参见 **famous**

well-off ['wɛl'ɔf] ADJ 富裕的 fùyù de

well-paid ['wɛl'peɪd] ADJ [+ *person*] 报(報)酬优(優)厚的 bàochóu yōuhòu de; [+ *job*] 高薪的 gāoxīn de

welly ['wɛlɪ] (*Brit; inf*) N [C] 橡胶(膠)长(長)统(統)靴 xiàngjiāo chángtǒngxuē [美 = **rubber boot**]

Welsh [wɛlʃ] **I** ADJ 威尔(爾)士的 Wēi'ěrshì de **II** N [U] (*language*) 威尔(爾)士语(語) Wēi'ěrshìyǔ **III** N PL ▸ **the Welsh** 威尔(爾)士人 Wēi'ěrshìrén

Welshman ['wɛlʃmən] (*pl* **Welshmen**) N [C] 威尔(爾)士男子 Wēi'ěrshì nánzǐ [名 míng]

Welshwoman ['wɛlʃwumən] (*pl* **Welshwomen**) N [C] 威尔(爾)士女子 Wēi'ěrshì nǚzǐ [名 míng]

went [wɛnt] PT *of* **go**

wept [wɛpt] PT, PP *of* **weep**

were [wəːʳ] PT *of* **be**

we're [wɪəʳ] = **we are**

weren't [wəːnt] = **were not**

★ **west** [wɛst] **I** N **1** [U/S] (*direction*) 西方 xīfāng **2** ▸ **the West** (*Pol*) 西方国(國)家 xīfāng guójiā **II** ADJ 西部的 xībù de **III** ADV 向西 xiàng xī ▸ **the west of Ireland** 爱(愛)尔(爾)兰(蘭)西部

Ài'ěrlán xībù ▸ **to the west** 以西 yǐ xī ▸ **the west wind** 西风(風) xīfēng ▸ **west of** …以西 …yǐxī ▹ *It's 15 miles or so west of Oxford.* 它位于牛津以西15英里左右。Tā wèiyú Niújīn yǐxī shíwǔ yīnglǐ zuǒyòu.

westbound ['wɛstbaund] ADJ 向西的 xiàngxī de ▹ *The truck was westbound on the M5.* 卡车在五号公路上西行。Kǎchē zài wǔhào gōnglùshàng xīxíng. ▹ *Westbound traffic is moving very slowly.* 西行的车很缓慢。Xīxíng de chē hěn huǎnmàn.

western ['wɛstən] **I** ADJ **1** (*Geo*) 西部的 xībù de **2** (*Pol*) 西方国(國)家的 xīfāng guójiā de **II** N [c] 西部影片 xībù yǐngpiàn [部 bù]

West Indian I ADJ 西印度群岛(島)的 Xīyìndù Qúndǎo de **II** N [c] 西印度群岛(島)人 Xīyìndù Qúndǎorén [个 gè]

West Indies [-'ɪndɪz] N PL ▸ **the West Indies** 西印度群岛(島) Xīyìndù Qúndǎo

westward(s) ['wɛstwəd(z)] ADV 向西 xiàngxī

wet [wɛt] **I** ADJ **1** [+ *person, clothes*] 湿(濕)的 shī de; [+ *paint, cement, glue*] 未干(乾)的 wèigān de **2** (*rainy*) [+ *weather, day*] 多雨的 duōyǔ de **II** N [c] (*Brit: Pol*) 采取自由主义的保守党成员 **III** VT (*dampen*) 把…弄湿(濕) bǎ…nòngshī ▸ **soaking wet** 湿(濕)透了 shītòu le ▸ **to get wet** 弄湿(濕) nòngshī ▸ **to get sth wet** 把某物弄湿(濕) bǎ mǒuwù nòng shī ▸ **his face was wet with tears** 他泪(淚)流满(滿)面 tā lèi liú mǎn miàn ▸ **"wet paint"** "油漆未干(乾)" "yóuqī wèi gān" ▸ **wet blanket** 扫(掃)兴(興)的人 sǎoxìng de rén ▸ **to wet one's pants** *or* **o.s.** 尿裤(褲)子 niào kùzi ▸ **to wet the bed** 尿床(牀) niàochuáng

wet suit N [c] 紧(緊)身潜(潛)水衣 jǐnshēn qiánshuǐyī

we've [wi:v] = **we have**

whack [wæk] VT 猛击(擊) měngjī

whale [weɪl] N [c] 鲸(鯨) jīng [头 tóu]

wharf [wɔ:f] (*pl* **wharves** [wɔ:vz]) N [c] 码(碼)头(頭) mǎtóu [个 gè]

KEYWORD

★ **what** [wɔt] **I** PRON **1** (*interrogative subject, object, object of prep*) 什么(麼) shénme ▸ **what is happening?** 发(發)生了什么(麼)事? fāshēng le shénme shì? ▸ **what is it?** 那是什么(麼)? nàshì shénme? ▸ **what are you doing?** 你在干(幹)什么(麼)? nǐ zài gànshénme? ▸ **what are you talking about?** 你在说(說)什么(麼)? nǐ zài shuō shénme? ▸ **what?** ▸ **what did you say?** 你说(說)什么(麼)? nǐshuō shénme? ▸ **what about me?** 那我呢? Nà wǒ ne? ▸ **what about going to a movie?** 去看电(電)影怎么(麼)样(樣)? Qù kàn diànyǐng zěnmeyàng?
2 (*in indirect questions/speech subject, object*) 什么(麼) shénme ▸ **do you know what's happening?** 你知道发(發)生了什么(麼)事吗(嗎)? nǐ zhīdào fāshēng le shénme shì ma? ▸ **tell me what he said** 告诉(訴)我他说(說)了什么(麼) gàosù wǒ tā shuōle shénme
3 (*relative*) 所…的 suǒ…de ▸ **I saw what was on the table** 我看见(見)了桌上的东(東)西 wǒ kànjiàn le zhuōshàng de dōngxi ▸ **what you say is wrong** 你所说(說)的是错(錯)的 nǐ suǒ shuō de shì cuò de
II ADJ **1** (*interrogative, in indirect questions/speech*) 什么(麼) shénme ▸ **what time is it?** 几(幾)点(點)了? jǐdiǎn le? ▸ **what size is this shirt?** 这(這)件衬(襯)衫是几(幾)码(碼)的? zhè jiàn chènshān shì jǐmǎ de? ▸ **what number do I dial?** 我要拨(撥)什么(麼)号(號)码(碼)? wǒ yào bō shénme hàomǎ? ▸ **what books do you need?** 你需要什么(麼)书(書)? nǐ xūyào shénme shū?
2 (*in exclamations*) 多么(麼) duōme ▸ **what a mess!** 真是一团(團)糟! zhēnshì yītuán zāo! ▸ **what a lovely day!** 多么(麼)好的天气(氣)啊! duōme hǎo de tiānqì a! ▸ **what a fool I am!** 我真是个(個)傻子! wǒ zhēn shì ge shǎzi!
III INT (*disbelieving*) 什么(麼) shénme ▸ **what, no coffee!** 什么(麼), 没(沒)咖啡了! shénme, méi kāfēi le!

对某人或某事物的外表或外形特征进行提问时，应该用 **what** 或 **like** 引导的问句，而不能用 **how** 引导的问句。例如，*How is Susan?*，可以用来询问 **Susan** 的健康状况。如果想知道她的外貌，则应问*What does Susan look like?* 如果想了解她的个性，可以问 *What is Susan like?*

whatever [wɔt'ɛvəʳ] **I** ADJ (*any*) 任何的 rènhé de **II** CONJ (*no matter what*) 无(無)论(論)什么(麼) wúlùn shénme **III** ADV (*whatsoever*) 任何 rènhé **IV** PRON **1** (*indicating vagueness*) 不论(論)什么(麼) bùlùn shénme **2** (*what*) 究竟什么(麼) jiūjìng shénme **3** ▸ **do whatever is necessary/you want** 做任何必要的/你想做的事情 zuò rènhé bìyào de/nǐ xiǎngzuò de shìqing ▸ **whatever happens** 无(無)论(論)发(發)生什么(麼) wúlùn fāshēng shénme ▸ **no reason whatever** 没(沒)有任何原因 méiyǒu rènhé yuányīn ▸ **nothing whatever** 根本没(沒)有什么(麼) gēnběn méiyǒu shénme

whatsoever [wɔtsəu'ɛvəʳ] ADV = **whatever**

wheat [wi:t] N [U] 小麦(麥) xiǎomài

wheel [wi:l] **I** N [c] **1** 轮(輪) lún [个 gè] **2** (*also:* **steering wheel**) 方向盘(盤) fāngxiàngpán [个 gè] **3** (*on ship*) 舵轮(輪) duòlún **II** VT 推 tuī **III** VI ▸ **to wheel around** 猛地转(轉)过(過)身 měng de zhuǎnguò shēn ▸ **at the wheel** 正在开(開)车(車) zhèngzài kāichē

wheelbarrow ['wi:lbærəu] N [c] 独(獨)轮(輪)

W

车(車) dúlúnchē

wheelchair ['wiːltʃɛəʳ] N [c] 轮(輪)椅 lúnyǐ [部 bù]

wheel clamp (Brit) N [c] 车(車)轮(輪)固定夹(夾) chēlún gùdìngjiā [美 = **Denver boot**]

wheeze [wiːz] **I** VI 气(氣)喘 qìchuǎn **II** N [c] (*Brit; o.f., inf*) (*scheme*) 巧妙主意 qiǎomiào zhǔyi

KEYWORD

★ **when** [wɛn] **I** ADV (*interrogative*) 什么(麼)时(時)候 shénme shíhou ▸ **when did it happen?** 什么(麼)时(時)候发(發)生的? shénme shíhou fāshēng de?
II PRON (*relative*) ▸ **the day when** 当(當)…的那一天 dāng...de nà yī tiān
III CONJ **1** (*in time clauses*) 当(當)…时(時) dāng...shí ▸ **when you've read it, tell me what you think** 当(當)你读(讀)过(過)之后(後), 告诉(訴)我你是怎么(麼)想的 dāng nǐ dúguò zhīhòu, gàosù wǒ nǐ shì zěnme xiǎng de ▸ **be careful when you cross the road** 过(過)马(馬)路时(時)要当(當)心 guò mǎlù shí yào dāngxīn ▸ **that was when we needed you** 那是我们(們)需要你的时(時)候 nà shì wǒmen xūyào nǐ de shíhòu ▸ **she was reading when I came in** 当(當)我进(進)来(來)时(時)她正在阅(閱)读(讀) dāng wǒ jìnlái shí tā zhèngzài yuèdú ▸ **I know when it happened** 我知道什么(麼)时(時)候发(發)生的 wǒ zhīdào shénme shíhou fāshēng de
2 (*whereas*) 而 ér ▸ **you said I was wrong when in fact I was right** 你说(說)我是错(錯)的而事实(實)上我是对(對)的 nǐ shuō wǒ shì cuò de ér shìshí shàng wǒ shì duì de
3 (*considering*) 既然 jìrán ▸ **why did you buy that when you can't afford it?** 既然你买(買)不起为(為)什么(麼)还(還)要买(買)? Jìrán nǐ mǎi bù qǐ wèishénme hái yào mǎi?

whenever [wɛn'ɛvəʳ] **I** CONJ **1** (*any time that*) 无(無)论(論)何时(時) wúlùn héshí **2** (*every time that*) 每当(當) měidāng **3** (*showing uncertainty*) 任何什么(麼)时(時)候 rènhé shénme shíhou **II** ADV 随(隨)便什么(麼)时(時)候 suíbiàn shénme shíhou

★ **where** [wɛəʳ] **I** ADV (*in or to what place*) 在哪里(裡) zài nǎli ▹ *Where's Jane?* 简在哪里? Jiǎn zài nǎlǐ? **II** CONJ **1** (*the place in which*) 哪里(裡) nǎli ▹ *Do you know where he is?* 你知道他在哪里吗? Nǐ zhīdào tā zài nǎlǐ ma? ▹ *People looked to see where the noise was coming from.* 人们想弄清噪音是从哪里传来的。Rénmen xiǎng nòng qīng zàoyīn shì cóng nǎlǐ chuán lái de.
2 (*relating to phase*) 在…阶(階)段 zài...jiēduàn ▹ *The government is at a stage where it is willing to talk.* 政府正处于乐于进行会谈的阶段。Zhèngfǔ zhèng chǔyú lèyú jìnxíng huìtán de jiēduàn. ▹ *That's where you're wrong!* 那就是你的错误所在! Nà jiùshì nǐ de cuòwù suǒzài!
3 (*whereas*) 然而 rán'ér ▹ *Sometimes a teacher will be listened to, where a parent might not.* 有时老师的话听得进去, 而父母的可能就不行了。Yǒushí lǎoshī de huà tīng de jìnqù, ér fùmǔ de kěnéng jiù bù xíng le. ▸ **where are you from?** 你是哪里(裡)人? nǐ shì nǎlǐ rén? ▸ **where will it all end?** 到哪儿(兒)才是个(個)头(頭)? dào nǎr cái shì ge tóu? ▸ **this is where...** (*lit*) 这(這)是…的地方 zhè shì...de dìfang; (*fig*) 这(這)是…之处(處) zhè shì...zhī chù ▸ **where possible** 如有可能的话(話) rú yǒu kěnéng de huà

whereabouts [*adv* wɛərə'bauts, *n* 'wɛərəbauts] **I** ADV 在哪里(裡) zài nǎli **II** N ▸ **the whereabouts of sb/sth** 某人的下落/某物的所在 mǒurén de xiàluò/mǒuwù de suǒzài

whereas [wɛər'æz] CONJ 而 ér

whereby [wɛə'baɪ] ADV ▸ **a system whereby we...** 我们(們)借以…的一种(種)制度 wǒmen jièyǐ...de yī zhǒng zhìdù

wherever [wɛər'ɛvəʳ] **I** CONJ **1** (*no matter where*) 无(無)论(論)在哪里(裡) wúlùn zài nǎlǐ **2** (*not knowing where*) 不管在哪里(裡) bùguǎn zài nǎlǐ **II** ADV (*showing surprise*) 究竟在哪里(裡) jiūjìng zài nǎlǐ ▸ **sit wherever you like** 你喜欢(歡)坐哪儿(兒)就坐哪儿(兒) nǐ xǐhuān zuò nǎr jiù zuò nǎr

★ **whether** ['wɛðəʳ] CONJ 是否 shìfǒu ▹ *I can't tell whether she loves me or she hates me.* 我搞不清她是爱我还是恨我。Wǒ gǎo bù qīng tā shì ài wǒ háishì hèn wǒ. ▸ **I don't know whether to accept or not** 我不知道是接受还(還)是不接受 wǒ bù zhīdào shì jiēshòu háishì bù jiēshòu ▸ **whether we like it or not** 无(無)论(論)我们(們)喜欢(歡)与(與)否 wúlùn wǒmen xǐhuān yǔ fǒu ▸ **it's doubtful whether...** 是否…还(還)不肯定 shìfǒu...hái bù kěndìng

 KEYWORD

★ **which** [wɪtʃ] **I** ADJ **1** (*interrogative singular*) 哪个(個) nǎge; (*plural*) 哪些 nǎxiē ▸ **which picture do you want?** 你要哪幅画(畫)? nǐ yào nǎfú huà? ▸ **which books are yours?** 哪些书(書)是你的? Nǎxiē shū shì nǐ de? ▸ **which one/ones?** 哪个(個)/些? nǎgè/xiē? ▸ **which one of you did it?** 你们(們)中的哪个(個)人做的? nǐmen zhōng de nǎge rén zuò de?
2 (*in indirect questions/speech singular*) 哪个(個) nǎge; (*plural*) 哪些 nǎxiē ▸ **he asked which book I wanted** 他问(問)我要哪本书(書) tā wènwǒ yào nǎběn shū
3 (*relative*) ▸ **in which case** 在这(這)种(種)情况(況)下 zài zhèzhǒng qíngkuàng xià ▸ **by which time** 到那时(時)为(為)止 dào nàshí wéizhǐ
II PRON **1** (*interrogative subject, object*) 哪个(個)

nǎge ▸ **which of these is yours?** 这(這)些中的哪个(個)是你的？ zhèxiē zhōng de nǎgè shì nǐde? ▸ **which of you are coming?** 你们(們)中的哪些人会(會)来(來)？ nǐmen zhōng de nǎxiē rén huì lái? ▸ **which do you want?** (*singular*) 你要哪个(個)？ nǐ yào nǎge?; (*plural*) 你要哪些？ nǐ yào nǎxiē?
2 (*in indirect questions/speech subject, object*) 哪个(個) nǎge ▸ **ask him which of the models is the best** 问(問)他哪种(種)型号(號)是最好的 wèn tā nǎzhǒng xínghào shì zuìhǎo de ▸ **tell me which you want** (*singular*) 告诉(訴)我你要哪个(個) gàosù wǒ nǐ yào nǎge; (*plural*) 告诉(訴)我你要哪些 gàosù wǒ nǐ yào nǎxiē ▸ **I don't mind which** 哪个(個)都行 nǎge dōu xíng
3 (*relative subject, object*) …的那个(個)… …de nàge… ▸ **the shot which you heard/which killed him** 你听(聽)到的那一枪(槍)/杀(殺)死他的那一枪(槍) nǐ tīngdào de nà yī qiāng/shāsǐ tā de nà yī qiāng ▸ **the chair on which you are sitting** 你正坐着(著)的那把椅子 nǐ zhèng zuòzhe de nà bǎ yǐzi ▸ **he said he knew, which is true** 他说(說)他知道，事实(實)的确(確)如此 tā shuō tā zhīdào, shìshí díquè rúcǐ ▸ **after which** 在那以后(後) zài nà yǐhòu

whichever [wɪtʃˈɛvəʳ] **I** ADJ (*any... that*) 无(無)论(論)哪个(個) wúlùn nǎge **II** PRON **1** (*no matter which*) 无(無)论(論)哪个(個) wúlùn nǎge **2** (*specifying*) …的那一个(個) …de nà yī gè ▸ **whichever way you look at it** 无(無)论(論)你以何种(種)方式看待它 wúlùn nǐ yǐ hé zhǒng fāngshì kàndài tā

★ **while** [waɪl] **I** N [s] 一会(會)儿(兒) yīhuìr ▹ *a book that I read a little while ago* 我不久前刚看的一本书 wǒ bùjiǔ qián gāng kàn de yī běn shū **II** CONJ **1** (*at the same time as*) 当(當)…的时(時)候 dāng...de shíhou ▹ *While I was in London she was in Paris.* 当我在伦敦的时候，她在巴黎。Dāng wǒ zài Lúndūn de shíhòu, tā zài Bālí. **2** (*during the time that*) 在…时(時) zài...shí ▹ *Someone opened the door while he was making his speech.* 在他演讲时有人打开了门。Zài tā yǎnjiǎng shí yǒu rén dǎkāile mén. **3** (*although*) 虽(雖)然 suīrán ▹ *While I'm very fond of him, I don't actually want to marry him.* 虽然我很喜欢他，但我真的不想嫁给他。Suīrán wǒ hěn xǐhuān tā, dàn wǒ zhēnde bùxiǎng jiàgěi tā. **4** (*but*) 而 ér ▹ *The first two services are free, while the third costs £35.* 头两次服务是免费的，而第3次要花费35镑。Tóu liǎng cì fúwù shì miǎnfèi de, ér dì sān cì yào huāfèi sānshíwǔ bàng. ▸ **for a while** 有一会(會)儿(兒) yǒu yīhuìr ▸ **in a while** 过(過)一会(會)儿(兒) guò yīhuìr ▸ **all the while** 一直 yīzhí
▸**while away** VT 消磨 xiāomó ▹ *They whiled away the hours telling stories.* 他们以讲故事消磨时间。Tāmen yǐ jiǎng gùshi xiāomó shíjiān.

whilst [waɪlst] CONJ = **while**

whim [wɪm] N [c] 一时(時)的兴(興)致 yīshí de xìngzhì ▸ **on a whim** 一时(時)心血来(來)潮 yīshí xīn xuè lái cháo ▸ **at the whim of** 由…随(隨)心所欲(慾)地 yóu...suí xīn suǒ yù de

whimper [ˈwɪmpəʳ] **I** N [c] 呜(嗚)咽声(聲) wūyèshēng **II** VI 呜(嗚)咽 wūyè ▸ **without a whimper** (*without complaining*) 一声(聲)不吭地 yī shēng bù kēng de

whine [waɪn] **I** N [c] **1** [*from person, animal*] 哀鸣(鳴) āimíng **2** [*of engine, siren*] 呜(嗚)呜(嗚)声(聲) wūwūshēng **II** VI **1** [*person, animal* +] 哀叫 āijiào **2** [*engine, siren* +] 发(發)呜(嗚)呜(嗚)声(聲) fā wūwūshēng **3** (*complain*) 发(發)牢骚(騷) fā láosāo ▸ **to whine about sth** 没(沒)完没(沒)了地抱怨某事 méi wán méi liǎo de bàoyuàn mǒushì

whip [wɪp] **I** N [c] **1** (*for hitting*) 鞭子 biānzi [根 gēn]; (*riding crop*) 马(馬)鞭 mǎbiān [根 gēn] **2** (*Pol*) (*person*) 组(組)织(織)秘(祕)书(書) zǔzhī mìshū [个 gè] **II** VT **1** (*hit*) [+ *person, animal*] 鞭打 biāndǎ **2** (*beat*) [+ *cream, eggs*] 搅(攪)打 jiǎodǎ **3** (*snatch*) ▸ **to whip sth out/off/away** 猛地掏出/脱(脫)下/拿走 měng de tāochū/tuōxià/názǒu **4** ▸ **to whip sb into hysteria/a frenzy** 煽动(動)得某人歇斯底里(裡)/如痴(癡)如狂 shāndòng de mǒurén xiēsīdǐlǐ/rú chī rú kuáng
▸**whip up** VT **1** [+ *cream*] 搅(攪)打 jiǎodǎ **2** (*inf*) [+ *meal, dress*] 迅速做好 xùnsù zuòhǎo **3** [+ *support, hatred, hysteria etc*] 煽动(動) shāndòng

whipped cream [wɪpt-] N [U] 泡沫奶油 pàomò nǎiyóu

whirl [wəːl] **I** VT 使旋转(轉) shǐ xuánzhuǎn **II** VI [*snow, leaves etc* +] 回(迴)旋 huíxuán; [*dancer, object* +] 旋转(轉) xuánzhuǎn **III** N [s] [*of activity, pleasure*] 一连(連)串 yī liánchuàn ▸ **her mind** *or* **head is in a whirl** 她的思绪(緒)一片纷(紛)乱(亂) tā de sīxù yī piàn fēnluàn ▸ **to give sth a whirl** (*inf: try*) 试(試)一试(試)某事 shìyishì mǒushì
▸**whirl around I** VI **1** (*turn*) 猛地转(轉)身 měng de zhuǎnshēn **2** (*move*) [*dancer* +] 旋转(轉)起舞 xuánzhuǎn qǐwǔ; [*snow, leaves etc* +] 飞(飛)旋 fēixuán **II** VT 使旋转(轉) shǐ xuánzhuǎn

whisk [wɪsk] **I** N [c] 打蛋器 dǎdànqì **II** VT [+ *cream, eggs*] 搅(攪)打 jiǎodǎ ▸ **to whisk sb away** *or* **off** 飞(飛)快地把某人送走 fēikuài de bǎ mǒurén sòng zǒu

whiskers [ˈwɪskəz] N PL [*of animal*] 须(鬚) xū; [*of man*] 髯 rán

whisky, (*US*) **whiskey** [ˈwɪskɪ] N [c/U] 威士忌酒 wēishìjì jiǔ [瓶 píng]

whisper [ˈwɪspəʳ] **I** N [c] **1** 低语(語) dīyǔ **2** (*liter*) [*of wind, leaves*] 沙沙声(聲) shāshāshēng **II** VI 低语(語) dīyǔ **III** VT 悄声(聲)说(說)出 qiāoshēng shuōchū ▸ **to say sth/speak in a whisper** 小声(聲)说(說)某事/小声(聲)说(說)

W

话(話) xiǎoshēng shuō mǒushì/xiǎoshēng shuōhuà ▸ **to whisper sth to sb** 低声(聲)对(對)某人说(說)某事 dīshēng duì mǒurén shuō mǒushi

whistle ['wɪsl] **I** VI **1** [*person* +] (*melodiously*) 吹口哨 chuī kǒushào; (*in surprise*) 吹了声(聲)口哨 chuīleshēng kǒushào; [*bird* +] 啭(囀)鸣(鳴) zhuànmíng **2** [*kettle, train* +] 鸣(鳴)笛 míngdí **3** [*bullet* +] 呼啸(嘯)而行 hūxiào ér xíng **II** VT [+ *tune*] 用口哨吹出 yòng kǒushào chuīchū **III** N [C] **1** (*device*) 哨子 shàozi [个 gè] **2** (*sound*) 口哨声(聲) kǒushàoshēng [声 shēng]

★ **white** [waɪt] **I** ADJ **1** 雪白的 xuěbái de; [+ *wine*] 白的 bái de **2** (*with milk*) [+ *coffee*] 加奶的 jiā nǎi de **3** [+ *person*] (*racially*) 白种(種)人的 báizhǒngrén de; (*with fear, anger, illness etc*) 苍(蒼)白的 cāngbái de **II** N **1** [U] (*colour*) 白色 báisè ▹ *A woman dressed in white came up to me.* 一位身穿白色衣服的女子朝我走来。Yī wèi shēnchuān báisè yīfu de nǚzǐ cháo wǒ zǒu lái. **2** [C] (*person*) 白人 báirén [个 gè] **3** [C/U] [*of egg*] 蛋白 dànbái **4** [C] [*of eye*] 眼白 yǎnbái **III whites** N PL (*washing*) 白色衣物 báisè yīwù ▸ **to go white** (*with fear, anger, illness etc*) 脸(臉)色变(變)得煞白 liǎnsè biànde shābái; (*lose hair colour*) [*person, hair* +] 头(頭)发(髮)变(變)白 tóufa biàn bái

white coffee (*Brit*) N [C/U] 加奶咖啡 jiā nǎi kāfēi

White House N ▸ **the White House** 白宫(宮) Báigōng

whitewash ['waɪtwɔʃ] **I** N **1** [U] (*paint*) 白涂(塗)料 bái túliào **2** [C/U] (*cover-up*) 粉饰(飾) fěnshì **3** [C] (*inf*) (*Sport*) 得零分的惨(慘)败(敗) dé língfēn de cǎnbài **II** VT **1** (*paint*) 粉刷 fěnshuā **2** (*cover up*) 粉饰(飾) fěnshì

whiting ['waɪtɪŋ] (*pl* **whitings** *or* **whiting**) N [C/U] 牙鳕(鱈) yáxuě

whittle ['wɪtl] VT ▸ **to whittle sth down/away** 削减(減)/消耗某物 xuējiǎn/xiāohào mǒuwù

whizz [wɪz] VI ▸ **to whizz past (sth)** 飕(颼)飕(颼)地飞(飛)过(過)(某物) sōusōu de fēiguò (mǒuwù)

WHO N ABBR (= **World Health Organization**) ▸ **the WHO** 国(國)际(際)卫(衛)生组(組)织(織) Guójì Wèishēng Zǔzhī

KEYWORD

★ **who** [hu:] PRON **1** (*interrogative subject, object, object of prep*) 谁(誰) shéi ▸ **who is it?** 是谁(誰)? shì shuí? ▸ **who's there?** 是谁(誰)? shì shuí? ▸ **who are you?** 你是谁(誰)? nǐ shì shuí? ▸ **who did you call?** 你给(給)谁(誰)打电(電)话(話)了? nǐ gěi shuí dǎ diànhuà le? ▸ **who did you discuss it with?** 你和谁(誰)讨(討)论(論)了? nǐ hé shuí tǎolùn le?
2 (*in indirect questions/speech subject, object, after preposition*) 谁(誰) shéi ▸ **I told her who I was** 我告诉(訴)了她我是谁(誰) wǒ gàosù le tā wǒ shì shuí ▸ **can you tell me who lives here?** 你能告诉(訴)我谁(誰)住在这(這)儿(兒)吗(嗎)? nǐ néng gàosù wǒ shuí zhù zài zhèr ma? ▸ **tell me who you invited** 告诉(訴)我你邀请(請)了谁(誰) gàosù wǒ nǐ yāoqǐng le shuí ▸ **I don't know who he gave it to** 我不知道他把它给(給)了谁(誰) wǒ bù zhīdào tā bǎ tā gěile shuí
3 (*relative subject, object*) …的那个(個)… ...de nàge... ▸ **the girl who came in** 进(進)来(來)的那个(個)女孩 jìnlai de nàge nǚhái ▸ **the man who we met in Sydney** 我们(們)在悉尼遇到的那个(個)男子 wǒmen zài Xīní yùdào de nàge nánzǐ ▸ **my cousin who lives in New York** 我住在纽(紐)约(約)的表亲(親) wǒ zhù zài Niǔyuē de biǎoqīn ▸ **Nicole, who you've met, is getting married** 你所见(見)过(過)的那个(個)尼科尔(爾), 就要结(結)婚了 nǐ suǒ jiàn guò de nàge Níkē'ěr, jiù yào jiéhūn le

whoever [hu:'ɛvəʳ] PRON **1** (*the person who*) 谁(誰) shéi **2** (*anyone*) 无(無)论(論)谁(誰) wúlùnshéi **3** (*no matter who*) 不管什么(麼)人 bùguǎn shénme rén **4** (*in questions: who*) ▸ **whoever told you that?** 那事究竟是谁(誰)告诉(訴)你的? nàshì jiūjìng shì shéi gàosù nǐ de?

★ **whole** [həul] **I** ADJ **1** (*entire: lit*) 整个(個)的 zhěnggè de ▹ *We spent the whole summer in Italy.* 我们整个夏天都是在意大利过的。Wǒmen zhěnggè xiàtiān dōu shì zài Italy guò de.; (*fig: emphatic*) 完全的 wánquán de ▹ *a whole new way of doing business* 一个全新的商业运作方式 yī gè quánxīn de shāngyè yùnzuò fāngshì **2** (*unbroken*) 完整的 wánzhěng de ▹ *He swallowed it whole.* 他把它完整地吞了下去。Tā bǎ tā wánzhěng de tūnle xiàqù. **II** N **1** [C] (*entirety*) 整体(體) zhěngtǐ [个 gè] **2** ▸ **the whole of sth** 某物的全部 mǒuwù de quánbù [个 gè] ▸ **the whole (of the) time** 所有的时(時)间(間) suǒyǒu de shíjiān ▸ **the whole lot (of it)** 全部 quánbù ▸ **the whole lot (of them)** 全部 quánbù ▸ **as a whole** 整个(個)看来(來) zhěnggè kàn lái ▸ **on the whole** 大体(體)上 dàtǐ shàng

wholefood(s) ['həulfu:d(z)] N PL (*esp Brit*) 天然食品 tiānrán shípǐn

wholeheartedly [həul'hɑ:tɪdlɪ] ADV [*agree, support etc* +] 全心全意地 quán xīn quán yì de

wholemeal ['həulmi:l] (*Brit*) ADJ [+ *bread, flour, pasta*] 全麦(麥)的 quánmài de

wholesale ['həulseɪl] **I** N [C] 批发(發) pīfā **II** ADJ **1** [+ *price, market*] 批发(發)的 pīfā de **2** (*widespread*) 大规(規)模的 dàguīmó de **III** ADV [*buy, sell* +] 以批发(發)价(價) yǐ pīfājià

wholesome ['həulsəm] ADJ **1** [+ *food*] 健康的 jiànkāng de **2** (*innocent*) 健康向上的 jiànkāng xiàngshàng de

wholewheat ['həulwi:t] ADJ = **wholemeal**
wholly ['həulɪ] ADV 完全地 wánquán de
whom [hu:m] (*frm*) PRON **1** (*interrogative*) 谁(誰) shéi **2** (*relative*) 所…的那个(個)… suǒ...de nàge... ▶ **whom did you see?** 你见(見)到谁(誰)了？ nǐ jiàn dào shuí le? ▶ **to whom did you give it?** 你把它给(給)谁(誰)了？ nǐ bǎ tā gě... shuí le? ▶ **tell me from whom you received it** 告诉(訴)我你从(從)谁(誰)那儿(兒)得来(來)的 gàosù wǒ nǐ cóng shuí nàr dé lái de ▶ **the man whom I saw/to whom I spoke** 我见(見)到的/我跟他说(說)过(過)话(話)的那个(個)男的 wǒ jiàndào de/wǒ gēn tā shuō guò huà de nàgè nánde ▶ **her brother, whom you've met, is a gifted pianist** 你所见(見)过(過)的她哥哥，是位有天赋(賦)的钢(鋼)琴家 nǐ suǒ jiàn guò de tā gēge，shì wèi yǒu tiānfù de gāngqínjiā
whore [hɔːʳ] (*inf, pej*) N [c] 娼妓 chāngjì [个 gè]
★ **whose** [hu:z] I ADJ **1** (*interrogative*) 谁(誰)的 shéi de **2** (*relative*) …的 ...de II PRON 谁(誰)的 shéi de ▶ **whose is this?** 这(這)是谁(誰)的？ zhè shì shéi de? ▶ **whose are these?** 这(這)些是谁(誰)的？ zhèxiē shì shuí de? ▶ **whose book is this/coats are these?** 这(這)本书(書)是谁(誰)的/这(這)些外套是谁(誰)的？ zhèběnshū shì shuíde/zhèxiē wàitào shì shuíde? ▶ **whose tent did you borrow?** 你借了谁(誰)的帐(帳)篷？ nǐ jièle shuí de zhàngpéng? ▶ **the woman whose car was stolen** 汽车(車)给(給)偷走的那个(個)女的 qìchē gěi tōuzǒu de nàgè nǚde ▶ **Jane Smith, whose voice you liked so much, is performing live** 简(簡)•史密斯–她的嗓音为(為)你所喜欢(歡)–正在做现(現)场(場)表演 Jiǎn Shǐmìsī-tā de sǎngyīn wéi nǐ suǒ xǐhuān-zhèngzài zuò xiànchǎng biǎoyǎn ▶ **I know whose it is** 我知道这(這)是谁(誰)的 wǒ zhīdào zhè shì shuí de

KEYWORD

★ **why** [waɪ] I ADV 为(為)什么(麼) wèishénme ▶ **why is he always late?** 为(為)什么(麼)他总(總)是迟(遲)到？ wèishénme tā zǒngshì chídào? ▶ **why not?** 为(為)什么(麼)不呢？ wèishénme bù ne? ▶ **why not do it now?** 为(為)什么(麼)不现(現)在做呢？ Wèishénme bù xiànzài zuò ne? ▶ **I don't know why** 我不知道为(為)什么(麼) wǒ bù zhīdào wèishénme ▶ **can you tell me the reason why?** 你能告诉(訴)我为(為)什么(麼)吗(嗎)？ nǐ néng gàosù wǒ wèishénme ma?
II CONJ 为(為)什么(麼) wèishénme ▶ **I wonder why he said that** 我想知道他为(為)什么(麼)那么(麼)说(說) wǒxiǎng zhīdào tā wèishénme nàme shuō ▶ **the reason why he did it** 他那么(麼)做的原因 tā nàme zuò de yuányīn ▶ **that's not the reason why I'm here** 那不是我在这(這)儿(兒)的原因 nà bùshì wǒ zài zhèr de yuányīn
III INT (*expressing surprise, shock, annoyance*) 嗯 nǜg; (*explaining*) 那么(麼) nàme ▶ **why, it's you!** 呦，是你呀！ yōu，shì nǐ yā! ▶ **why, that's impossible!** 嗯，那是不可能的！ nǜg，nàshìbùkěnéngde! ▶ **"I don't understand" — "why, it's obvious!"** "我不明白" "嗨，这(這)是显(顯)而易见(見)的！" "wǒ bù míngbai" "Hāi，zhè shì xiǎn ér yì jiàn de!"

wicked ['wɪkɪd] ADJ **1** (*evil*) [+ *person*] 邪恶(惡)的 xié'è de; [+ *act, crime*] 罪恶(惡)的 zuì'è de **2** (*mischievous*) [+ *smile, sense of humour*] 顽(頑)皮的 wánpí de **3** (*inf: terrible*) 可怕的 kěpà de
wicket ['wɪkɪt] N [c] **1** (*stumps*) 三柱门(門) sānzhùmén **2** (*area*) 三柱门(門)之间(間)的场(場)地 sānzhùmén zhījiān de chǎngdì ▶ **to take a wicket** 使一个(個)击(擊)球员(員)出局 shǐ yī gè jīqiúyuán chūjú
★ **wide** [waɪd] I ADJ **1** [+ *road, river, area etc*] 宽(寬)的 kuān de **2** [+ *range, variety, publicity, choice*] 广(廣)泛的 guǎngfàn de II ADV ▶ **to open sth wide** [+ *window, mouth*] 张(張)大某物 zhāngdà mǒuwù ▶ **to go wide** [*shot etc* +] 打偏 dǎpiān ▶ **how wide is it?** 它有多宽(寬)？ tā yǒu duō kuān? ▶ **it's 3 metres wide** 它有3米宽(寬) tā yǒu sān mǐ kuān
widely ['waɪdlɪ] ADV **1** [*differ, vary* +] 大大地 dàdà de; [*travel* +] 范(範)围(圍)广(廣)地 fànwéi guǎng de **2** [+ *spaced, separated*] 相距远(遠)地 xiāngjù yuǎn de **3** [+ *believed, known*] 广(廣)泛地 guǎngfàn de ▶ **to be widely read** 博览(覽)群书(書) bó lǎn qún shū
widen ['waɪdn] I VT **1** [+ *road, river etc*] 拓宽(寬) tuòkuān **2** [+ *experience, horizons etc*] 扩(擴)展 kuòzhǎn **3** [+ *gap, difference etc*] 扩(擴)大 kuòdà II VI **1** [*road, river etc* +] 变(變)宽(寬) biànkuān **2** [*gap, difference etc* +] 扩(擴)大 kuòdà
wide open ADJ [+ *eyes, mouth*] 大张(張)的 dàzhāng de; [+ *window*] 大开(開)的 dàkāi de
widespread ['waɪdsprɛd] ADJ [+ *use, practice, belief, feeling*] 分布(佈)广(廣)的 fēnbù guǎng de; [+ *support, opposition*] 普遍的 pǔbiàn de
widget ['wɪdʒɪt] N [c] (*Comput*) 微件 wēijiàn [个 gè]
widow ['wɪdəu] N [c] 寡妇(婦) guǎfù [个 gè]
widowed ['wɪdəud] ADJ 丧(喪)偶的 sàng'ǒu de
widower ['wɪdəuəʳ] N [c] 鳏(鰥)夫 guānfū [个 gè]
width [wɪdθ] N **1** [c/u] 宽(寬)度 kuāndù [个 gè] **2** [c] (*in swimming pool*) 池宽(寬) chíkuān ▶ **it's 7 metres in width** 它的宽(寬)度为(為)7米 tā de kuāndù wéi qī mǐ
wield [wi:ld] VT **1** [+ *sword, knife*] 持 chí **2** [+ *power, influence*] 行使 xíngshǐ
★ **wife** [waɪf] (*pl* **wives**) N [c] 妻子 qīzi [个 gè]
Wi-Fi ['waɪfaɪ] N [u] 无线网络 wúxiàn wǎngluò
wig [wɪg] N [c] 假发(髮) jiǎfà [顶 dǐng]; (*worn in*

W

court) 假发(髮)套 jiǎfàtào

wiggle ['wɪgl] **I** VT, VI 扭动(動) niǔdòng **II** N [c] 扭动(動) niǔdòng

wiki ['wɪkiː] N [c] (*Comput*) 维客 wéikè [个 gè]

wild [waɪld] **I** ADJ **1** [+ *animal, plant*] 野生的 yěshēng de **2** (*uncultivated*) [+ *area*] 荒芜(蕪)的 huāngwú de **3** [+ *weather, sea*] 暴风(風)雨的 bàofēngyǔ de **4** [+ *person, behaviour*] 狂野的 kuángyě de **5** (*inf: angry*) 愤(憤)怒的 fènnù de **6** [+ *idea, guess*] 随(隨)便的 suíbiàn de **7** [+ *applause, cheers*] 狂热(熱)的 kuángrè de **II** N ▸ **in the wild** 在野生状(狀)态(態)下 zài yěshēng zhuàngtài xià **III the wilds** N PL 偏僻地区(區) piānpì dìqū ▸ **to run wild** 毫无(無)管束 háo wú guǎn shù ▸ **I'm not wild about it** (*inf*) 我对(對)此无(無)多大兴(興)趣 wǒ duì cǐ wú duō dà xìngqù ▸ **the audience went wild** 观(觀)众(眾)变(變)得非常狂热(熱) guānzhòng biànde fēicháng kuángrè

wilderness ['wɪldənɪs] N [c] 荒野 huāngyě

wildlife ['waɪldlaɪf] N [U] 野生动(動)物 yěshēng dòngwù

wildly ['waɪldlɪ] ADV **1** [*applaud, cheer* +] 狂热(熱)地 kuángrè de **2** [*wave, shake* +] 剧(劇)烈地 jùliè de **3** (*very*) [+ *different, successful, optimistic etc*] 极(極)度地 jídù de **4** (*very much*) [*vary, fluctuate* +] 极(極)大地 jídà de

KEYWORD

★ **will** [wɪl] **I** AUX VB **1** (*forming future tense*) ▸ **I will call you tonight** 我今晚会(會)给(給)你打电(電)话(話)的 wǒ jīnwǎn huì gěi nǐ dǎ diànhuà de ▸ **what will you do next?** 下面你要做什么(麼)? xiàmiàn nǐ yào zuò shénme? ▸ **will you do it? yes I will/no I won't** 你会(會)做吗(嗎)? -是的，我会(會)的/不，我不会(會) nǐ huì zuò ma? -shì de, wǒ huì de/bù, wǒ bù huì ▸ **I will have finished it by tomorrow** 我明天前可以做完 wǒ míngtiān qián kěyǐ zuòwán

2 (*in conjectures, predictions*) 该(該)是 gāishì ▸ **he'll be there by now** 他现(現)在该(該)到了 tā xiànzài gāidào le ▸ **that will be the postman** 那准(準)是邮(郵)差 nà zhǔn shì yóuchāi ▸ **he will have left by now** 他现(現)在一定已经(經)离(離)开(開)了 tā xiànzài yīdìng yǐjīng líkāi le

3 (*in commands, requests, offers*) ▸ **will you be quiet!** 你安静(靜)点(點)! nǐ ānjìng diǎn! ▸ **will you help me?** 你帮(幫)帮(幫)我好吗(嗎)? nǐ bāngbāng wǒ hǎo ma? ▸ **will you have a cup of tea?** 你要来(來)杯茶吗(嗎)? nǐ yào lái bēi chá ma?

4 (*be prepared to*) 会(會) huì ▸ **I won't put up with it!** 我不会(會)容忍它的! Wǒ bùhuì róngrěn tā de!

5 (*characteristic behaviour*) 会(會) huì ▸ **it will dissolve in water** 它会(會)溶解在水中 tā huì róngjiě zài shuǐzhōng

6 (*emphatic annoyance*) 总(總)是 zǒngshì ▸ **he will leave the gate open** 他总(總)是开(開)着(著)门(門) tā zǒngshì kāizhe mén

II VT ▸ **to will sb to do sth** 用意志力促成某人做某事 yòng yìzhìlì cùchéng mǒurén zuò mǒushì ▸ **he willed himself to go on** 他尽(盡)力使自己继(繼)续(續) tā jìnlì shǐ zìjǐ jìxù

III N **1** (*volition*) 意志 yìzhì ▸ **she lost her will to live** 她失去了活下去的意志 tā shīqùle huó xiàqù de yìzhì ▸ **against his will** 违(違)背他的意愿(願) wéibèi tāde yìyuàn

2 (*testament*) 遗(遺)嘱(囑) yízhǔ [个 gè] ▸ **to make a will** 立遗(遺)嘱(囑) lì yízhǔ

willing ['wɪlɪŋ] ADJ **1** ▸ **to be willing to do sth** 愿(願)意做某事 yuànyì zuò mǒushì **2** (*enthusiastic*) 热(熱)切的 rèqiè de **3** [+ *helper, participant etc*] 积(積)极(極)肯干(幹)的 jījí kěngàn de ▸ **to show willing** 表现(現)得乐(樂)意 biǎoxiàn de lèyì

willingly ['wɪlɪŋlɪ] ADV 乐(樂)意地 lèyì de

willingness ['wɪlɪŋnɪs] N [c] **1** (*readiness*) 愿(願)意 yuànyì **2** (*enthusiasm*) 热(熱)切 rèqiè

willow ['wɪləu] N **1** [c] (*tree*) 柳树(樹) liǔshù **2** [U] (*wood*) 柳木 liǔmù

willpower ['wɪl'pauəʳ] N [U] 意志力 yìzhìlì

wilt [wɪlt] VI 枯萎 kūwěi

★ **win** [wɪn] (*pt, pp* **won**) **I** N [c] 胜(勝)利 shènglì [个 gè] **II** VT **1** [+ *game, fight, argument, election*] 在…中获(獲)胜(勝) zài...zhōng huòshèng **2** [+ *prize, medal*] 赢(贏)得 yíngdé; [+ *support, popularity, order*] 获(獲)得 huòdé **III** VI 获(獲)胜(勝) huòshèng

▸ **win over** VT [+ *person*] 争(爭)取过(過)来(來) zhēngqǔ guòlái

▸ **win round** (*Brit*) VT = **win over**

wince [wɪns] **I** VI 咧嘴 liězuǐ **II** N [c] 咧嘴 liězuǐ

wind[1] [wɪnd] **I** N **1** [c/U] 风(風) fēng [阵 zhèn] **2** [U] (*flatulence*) 肠(腸)胃气(氣)胀(脹) chángwèi qìzhàng **3** [U] (*breath*) 呼吸 hūxī **II** VT 使呼吸困难(難) shǐ hūxī kùnnan ▸ **into** *or* **against the wind** 逆风(風) nìfēng ▸ **to get wind of sth** (*inf*) 听(聽)到某事的风(風)声(聲) tīngdào mǒushì de fēngshēng ▸ **the wind (section)** (*Mus*) 管乐(樂)器(部) guǎnyuèqì(bù) ▸ **to break wind** 放屁 fàngpì

wind[2] [waɪnd] (*pt, pp* **wound**) **I** VT **1** ▸ **to wind sth around sth** [+ *rope, bandage*] 把某物绕(繞)在某物上 bǎ mǒuwù rào zài mǒuwù shang **2** [+ *watch, clock, toy*] 给(給)…上发(發)条(條) gěi...shàng fātiáo **II** VI ▸ **to wind through/uphill** *etc* 蜿蜒穿过(過)/上坡等 wānyán chuānguò/shàngpō děng

▸ **wind down** VT **1** [+ *window*] 摇(搖)下 yáoxià **2** (*cut back*) [+ *activity*] 逐步减(減)少 zhúbù jiǎnshǎo

▸ **wind up I** VT **1** [+ *watch, clock, toy*] 给(給)…上发(發)条(條) gěi...shàng fātiáo **2** [+ *window*]

摇(搖)上 yáoshàng **3** [+ *firm*] 停业(業) tíngyè **4** [+ *meeting, discussion*] 结(結)束 jiéshù **5** (*Brit; inf*) (*tease*) 哄骗(騙) hǒngpiàn; (*annoy*) 烦(煩)扰(擾) fánrǎo **II** VI 告终(終) gàozhōng

windfall ['wɪndfɔːl] N [c] **1** (*money*) 意外收获(穫) yìwài shōuhuò [个 gè] **2** (*apple*) 落果 luòguǒ [个 gè]

winding ['waɪndɪŋ] ADJ [+ *road, river*] 蜿蜒的 wānyán de ▶ **a winding staircase** 盘(盤)旋式楼(樓)梯 pánxuánshì lóutī

wind instrument ['wɪnd-] N [c] 管乐(樂)器 guǎnyuèqì [件 jiàn]

windmill ['wɪndmɪl] N [c] 风(風)车(車) fēngchē [个 gè]

window ['wɪndəu] N [c] **1** (*in house, building*) 窗户(戶) chuānghu [扇 shàn]; (*in shop*) 橱(櫥)窗 chúchuāng [个 gè]; (*in car, train*) 窗 chuāng [个 gè] **2** (*pane*) 窗玻璃 chuāng bōlí **3** (*Comput*) 视(視)窗 shìchuāng [个 gè]

window box N [c] 窗台(臺)花箱 chuāngtái huāxiāng [个 gè]

window cleaner N [c] 擦窗工人 cāchuāng gōngrén [个 gè]

window pane N [c] 窗玻璃 chuāng bōlí

windowsill ['wɪndəusɪl] N [c] 窗台(臺) chuāngtái

wind power ['wɪnd-] N [U] 风(風)力 fēnglì

windscreen ['wɪndskriːn] (*Brit*) N [c] 挡(擋)风(風)玻璃 dǎngfēng bōlí [块 kuài] [美 = **windshield**]

windscreen wiper [-waɪpəʳ] (*Brit*) N [c] 挡(擋)风(風)玻璃雨刮器 dǎngfēng bōlí yǔguāqì [美 = **windshield wiper**]

windshield ['wɪndʃiːld] (*US*) N [c] 挡(擋)风(風)玻璃 dǎngfēng bōlí [块 kuài] [英 = **windscreen**]

windshield wiper [-waɪpəʳ] (*US*) N [c] 挡(擋)风(風)玻璃雨刮器 dǎngfēng bōlí yǔguāqì [英 = **windscreen wiper**]

windsurfing ['wɪndsəːfɪŋ] N [U] 帆板运(運)动(動) fānbǎn yùndòng

windy ['wɪndɪ] ADJ [+ *weather, day*] 有风(風)的 yǒufēng de ▶ **it's windy** 今天风(風)很大 jīntiān fēng hěndà

wine [waɪn] **I** N [c/U] **1** (*from grapes*) 葡萄酒 pútáojiǔ [瓶 píng] **2** (*from other fruits etc*) 果酒 guǒjiǔ **II** VT ▶ **to wine and dine sb** 以酒宴款待某人 yǐ jiǔyàn kuǎndài mǒurén

wine bar N [c] 酒吧 jiǔbā [家 jiā]

wine glass N [c] 酒杯 jiǔbēi [个 gè]

wine list N [c] 酒水单(單) jiǔshuǐdān [张 zhāng]

wing [wɪŋ] **I** N [c] **1** [*of bird, insect*] 翅膀 chìbǎng [个 gè]; [*of aeroplane*] 机(機)翼 jīyì [个 gè] **2** [*of building*] 侧(側)楼(樓) cèlóu [座 zuò] **3** [*of organization*] 派系 pàixì **4** (*Brit*) [*of car*] 挡(擋)泥板 dǎngníbǎn [美 = **fender**] **II the wings** N PL (*Theat*) 舞台(臺)的侧(側)面 wǔtái de cèmiàn

winger ['wɪŋəʳ] N [c] 边(邊)锋(鋒) biānfēng

wing mirror (*Brit*) N [c] 侧(側)视(視)镜(鏡) cèshì jìng [美 = **sideview mirror**]

wink [wɪŋk] **I** N [c] [*of eye*] 眨眼 zhǎyǎn **II** VI **1** [*person* +] 眨眼 zhǎyǎn **2** [*light* +] 闪(閃)烁(爍) shǎnshuò ▶ **to give sb a wink, wink at sb** 向某人眨了眨眼 xiàng mǒurén zhǎlezhǎ yǎn

winner ['wɪnəʳ] N [c] 获(獲)胜(勝)者 huòshèngzhě [位 wèi]

winning ['wɪnɪŋ] ADJ **1** [+ *team, entry*] 获(獲)胜(勝)的 huòshèng de; [+ *shot, goal*] 致胜(勝)的 zhìshèng de **2** (*attractive*) [+ *smile, personality*] 迷人的 mírén de; *see also* **winnings**

winnings ['wɪnɪŋz] N PL 赢(贏)得的钱(錢) yíngdé de qián

winter ['wɪntəʳ] **I** N [c/U] 冬季 dōngjì [个 gè] **II** VI 过(過)冬 guòdōng ▶ **in (the) winter** 在冬季 zài dōngjì

wipe [waɪp] **I** VT **1** (*dry, clean*) 擦 cā **2** (*remove*) 擦去 cāqù **3** (*erase*) [+ *tape*] 抹掉 mǒdiào **II** N [c] ▶ **to give sth a wipe** 把某物擦一擦 bǎ mǒuwù cā yī cā ▶ **to wipe one's nose** 擦鼻子 cā bízi

▶**wipe away** VT [+ *tears*] 擦去 cāqù; [+ *mark*] 除去 chúqù

▶**wipe off** VT 擦掉 cādiào

▶**wipe out** VT (*destroy*) [+ *city, population, wildlife*] 消灭(滅) xiāomiè

▶**wipe up** VT 把…擦干(乾)净(淨) bǎ...cā gānjìng

wire ['waɪəʳ] **I** N **1** [c/U] (*metal*) 金属(屬)丝(絲) jīnshǔsī [根 gēn] **2** [c] (*Elec*) (*uninsulated*) 电(電)线(線) diànxiàn [根 gēn]; (*insulated*) 电(電)缆(纜) diànlǎn [条 tiáo] **3** [c] (*esp US*) (*telegram*) 电(電)报(報) diànbào **II** VT **1** (*US*) (*with telegram*) 发(發)电(電)报(報)给(給) fā diànbào gěi **2** (*also*: **wire up**) (*Elec*) [+ *building*] 给(給)…布(佈)线(線) gěi...bùxiàn; [+ *appliance, plug*] (*put cables in*) 给(給)…接线(線) gěi...jiēxiàn; (*connect*) 给(給)…连(連)线(線) gěi...liánxiàn

wiring ['waɪərɪŋ] N [U] 线(線)路 xiànlù

wisdom ['wɪzdəm] N [U] [*of person*] 智慧 zhìhuì; [*of action, remark*] 明智 míngzhì

wisdom tooth (*pl* **wisdom teeth**) N [c] 智齿(齒) zhìchǐ [颗 kē]

wise [waɪz] ADJ [+ *person*] 睿智的 ruìzhì de; [+ *action, remark*] 明智的 míngzhì de ▶ **I'm none the wiser** 我仍然糊里(裡)糊涂(塗) wǒ réngrán hú li hútu ▶ **it would be wise to do it now** 现(現)在去做这(這)件事应(應)是明智之举(舉) xiànzài qù zuò zhè jiàn shì yīng shì míngzhì zhī jǔ

▶**wise up** (*inf*) VI ▶ **to wise up to sth** 了解某事 liǎojiě mǒushì

wish [wɪʃ] **I** N [c] 愿(願)望 yuànwàng [个 gè] **II** VT 但愿(願) dànyuàn ▶ **to make a wish** (*silently*) 默默地许(許)愿(願) mòmò de xǔyuàn; (*out loud*) 大声(聲)地许(許)愿(願) dàshēng de xǔyuàn ▶ **we have no wish to**

cause problems 我们(們)并(並)不想引起麻烦(煩) wǒmen bìng bùxiǎng yǐnqǐ máfan ▸ **best wishes** (*on birthday, promotion etc*) 良好的祝愿(願) liánghǎo de zhùyuàn ▸ **with best wishes** (*in letter*) 祝好 zhùhǎo ▸ **give her my best wishes** 代我向她致意 dài wǒ xiàng tā zhìyì ▸ **to wish to do sth** 想要做某事 xiǎngyào zuò mǒushì ▸ **to wish sb goodbye/good night** 向某人告别(別)/道晚安 xiàng mǒurén gàobié/dào wǎnān ▸ **to wish sb well** 祝某人一切顺(順)利 zhù mǒurén yīqiè shùnlì ▸ **to wish sth on sb** 想让(讓)某事发(發)生在某人身上 xiǎng ràng mǒushì fāshēng zài mǒurén shēnshang ▸ **to wish for sth** 渴望某物 kěwàng mǒuwù

wishful [ˈwɪʃful] ADJ ▸ **wishful thinking** 痴(癡)心妄想 chī xīn wàng xiǎng

wistful [ˈwɪstful] ADJ 憧憬的 chōngjǐng de

wit [wɪt] **I** N **1** [U] (*wittiness*) 风(風)趣 fēngqù **2** [C] (*person*) 风(風)趣的人 fēngqù de rén [个 gè] **3** [U] (*sense*) 领(領)悟力 lǐngwùlì **II wits** N PL (*intelligence*) 才智 cáizhì ▸ **to be at one's wits' end** 智穷(窮)计(計)尽(盡) zhì qióng jì jìn ▸ **to have one's wits about one** 保持头(頭)脑(腦)清醒 bǎochí tóunǎo qīngxǐng

witch [wɪtʃ] N [C] 女巫 nǚwū [个 gè]

 KEYWORD

★ **with** [wɪð, wɪθ] PREP **1** (*together with, at the house of*) 和…在一起 hé…zài yīqǐ ▸ **I was with him** 我和他在一起 wǒ hé tā zài yīqǐ ▸ **I'll be with you in a minute** 请(請)稍等 qǐng shāoděng ▸ **we'll take the children with us** 我们(們)会(會)带(帶)着(著)孩子们(們)的 wǒmen huì dàizhe háizǐmen de ▸ **mix the sugar with the eggs** 把糖和鸡(雞)蛋混在一起 bǎ táng hé jīdàn hùn zài yīqǐ ▸ **we stayed with friends** 我们(們)和朋友们(們)呆在一起 wǒmen hé péngyoumen dāizài yīqǐ ▸ **a waiter came round with some wine** 服务(務)员(員)拿着(著)酒过(過)来(來)了 fúwùyuán názhe jiǔ guòlái le ▸ **I'm with you** (*inf: I understand*) 我明白你的意思 wǒ míngbai nǐ de yìsi ▸ **to argue/fight/compete with sb** 与(與)某人争(爭)论(論)/斗(鬥)争(爭)/竞(競)争(爭) yǔ mǒurén zhēnglùn/dòuzhēng/jìngzhēng
2 (*indicating feature, possession*) 有 yǒu ▸ **a room with a view** 能观(觀)景的房间(間) néng guānjǐng de fángjiān ▸ **the man with the grey hat/blue eyes** 戴着(著)灰帽子/有蓝(藍)眼睛的男人 dàizhe huī màozi/yǒu lán yǎnjīng de nánrén
3 (*indicating manner*) 带(帶)着(著) dàizhe ▸ **with tears in her eyes** 眼睛里(裡)含着(著)泪(淚)水地 yǎnjīng lǐ hánzhe lèishuǐ de ▸ **with a sigh/laugh** 叹(嘆)了口气(氣)/笑着(著)地 tànle kǒuqì/xiàozhe de ▸ **she stood with her hands on her hips** 她叉着(著)腰站着(著) tā chāzhe yāo zhàn zhe
4 (*indicating means, substance*) 用 yòng ▸ **to walk with a stick** 拄着(著)拐(枴)杖走 zhǔzhe guǎizhàng zǒu ▸ **you can open the door with this key** 你可以用这(這)把钥(鑰)匙开(開)门(門) nǐ kěyǐ yòng zhè bǎ yàoshi kāimén ▸ **he was covered with bruises/mud** 他满(滿)身淤伤(傷)/泥巴 tā mǎnshēn yūshāng/níbā ▸ **to fill sth with water** 在某物里(裡)装(裝)满(滿)水 zài mǒuwù lǐ zhuāngmǎn shuǐ
5 (*indicating cause*) ▸ **red with anger** 气(氣)得涨(漲)红(紅)了脸(臉) qìde zhànghóngle liǎn ▸ **to shake with fear** 怕得发(發)抖 pàde fādǒu ▸ **he spent a week in bed with flu** 他因为(為)流感卧(臥)病在床一星期 tā yīnwèi liúgǎn wòbìng zài chuáng yī xīngqī
6 (*in relation to*) 后接 with 的动词，例如 to deal with，to cope with，参阅动词。▸ **to be bored/pleased with sth/sb** 因某事/某人而觉(覺)得闷(悶)/高兴(興) yīn mǒushì/mǒurén ér juéde mèn/gāoxìng ▸ **to deal/cope with sth** 对(對)付/应(應)付某事 duìfù/yìngfù mǒushì ▸ **to have a problem with money** 在经(經)济(濟)上有麻烦(煩) zài jīngjì shàng yǒu máfan
7 (*according to*) 随(隨)着(著) suízhe ▸ **it will improve with time** 会(會)随(隨)着(著)时(時)间(間)而改进(進) huì suízhe shíjiān ér gǎijìn

withdraw [wɪθˈdrɔː] (*pt* **withdrew**, *pp* **withdrawn**) **I** VT **1** (*take away*) [+ *object*] 抽回 chōuhuí **2** (*frm: take back*) [+ *offer, remark*] 收回 shōuhuí **3** ▸ **to withdraw money** (*from bank*) 提款 tíkuǎn **II** VI **1** [*troops* +] 撤回 chèhuí **2** (*from activity, organization*) 退出 tuìchū **3** (*from room*) 离(離)开(開) líkāi ▸ **to withdraw into o.s.** 变(變)得孤僻 biànde gūpì

withdrawal [wɪθˈdrɔːəl] N **1** [C/U] (*removal*) [*of troops*] 撤退 chètuì [次 cì]; [*of offer, remark*] 收回 shōuhuí; [*of services*] 撤销(銷) chèxiāo **2** [U] (*from activity, organization*) 退出 tuìchū **3** [C/U] (*Fin*) [*of money*] 提款 tíkuǎn **4** [U] (*Med*) (*following addiction*) 戒毒期 jièdú qī **5** [U] (*Psych*) (*uncommunicative behaviour*) 社交冷漠 shèjiāo lěngmò

withdrawn [wɪθˈdrɔːn] **I** PP *of* **withdraw II** ADJ 性格内(內)向的 xìnggé nèixiàng de

wither [ˈwɪðəʳ] VI **1** [*flower, plant* +] 枯萎 kūwěi **2** (*become weak*) 衰败(敗) shuāibài ▸**wither away** VI 消亡 xiāowáng

withhold [wɪθˈhəuld] (*pt, pp* **withheld**) VT [+ *money, aid*] 拒给(給) jùgěi; [+ *permission*] 不给(給) bùgěi; [+ *information, facts*] 拒绝(絕)提供 jùjué tígōng

★ **within** [wɪðˈɪn] **I** PREP **1** [+ *place*] 在…里(裡)面 zài…lǐmiàn; [+ *society, organization*] 在…内(內)部 zài…nèibù; [+ *person*] 在…内(內)心 zài…nèixīn **2** [+ *time, distance*] 在…之内(內) zài…zhīnèi **3** [+ *limit, budget*] 在…限度以

内(内) zài...xiàndù yǐnèi **II** ADV *(in place, area, object)* 在里(裡)面 zài lǐmiàn; *(in society, organization)* 在内(内)部 zài nèibù ▸ **within reach (of sb)** 在(某人)伸手可及的地方 zài (mǒurén) shēnshǒu kě jí de dìfāng ▸ **within sight (of sth)** 在看得到(某物)的地方 zài kàn de dào (mǒuwù) de dìfāng ▸ **within the week** 在本周(週)内(内) zài běnzhōu nèi ▸ **within a mile of sth** 在离(離)某地不出一英里的地方 zài lí mǒu dì bù chū yī yīnglǐ de dìfāng ▸ **within an hour of his arrival** 在他到达(達)后(後)一小时(時)内(内) zài tā dàodá hòu yī xiǎoshí nèi ▸ **within the law** 合法的 héfǎ de

★ **without** [wɪð'aut] PREP 没(沒)有 méiyǒu ▸ **without a coat** 未穿外套 wèi chuān wàitào ▸ **without speaking** 不曾说(說)话(話) bùcéng shuōhuà ▸ **it goes without saying** 这(這)不消说(說) zhè bùxiāo shuō ▸ **without anyone knowing** 不为(為)人知地 bù wéi rén zhī de

withstand [wɪθ'stænd] *(pt, pp* **withstood***)* VT 经(經)受住 jīngshòu zhù

witness ['wɪtnɪs] **I** N [c] *(gen, also in court)* 目击(擊)者 mùjīzhě [位 wèi]; *(to document)* 联(聯)署人 liánshǔrén **II** VT **1** *(see)* [+ *event*] 目击(擊) mùjī; *(fig: experience)* 经(經)历(歷) jīnglì **2** *(confirm)* [+ *signature*] 联(聯)署 liánshǔ ▸ **witness for the prosecution** 控方证(證)人 kòngfāng zhèngrén ▸ **witness for the defence** 辩(辯)方证(證)人 biànfāng zhèngrén ▸ **to be (a) witness to sth** 为(為)某事的目击(擊)者 wéi mǒushì de mùjīzhě ▸ **to bear witness to sth** 表明某事 biǎomíng mǒushì ▸ **to witness to sth** 为(為)某事作证(證) wèi mǒushì zuòzhèng

witty ['wɪtɪ] ADJ 诙(詼)谐(諧)的 huīxié de

wives [waɪvz] N PL *of* **wife**

wizard ['wɪzəd] N [c] **1** *(with magical powers)* 男巫 nánwū [个 gè] **2** *(inf: expert)* 奇才 qícái

wk ABBR (= **week**) 星期 xīngqī

WKND *(Texting)* ABBR (= **weekend**) 周(週)末 zhōumò

WLTM ABBR (= **would like to meet**) 想结(結)识(識) xiǎng jiéshí

wobble ['wɔbl] VI [*object, table, jelly* +] 摇(搖)晃 yáohuàng; [*person, knees* +] 颤(顫)抖 chàndǒu

woe [wəu] **I** N [U] *(sorrow)* 悲哀 bēi'āi **II woes** N PL *(misfortunes)* 不幸 bùxìng

woke [wəuk] PT *of* **wake**

woken ['wəukn] PP *of* **wake**

wolf [wulf] *(pl* **wolves** [wulvz]*)* **I** N [c] 狼 láng [条 tiáo] **II** VT *(inf) (also:* **wolf down***)* 狼吞虎咽(嚥)地吃(喫)下 láng tūn hǔ yàn de chīxià

★ **woman** ['wumən] *(pl* **women***)* N [c] 妇(婦)女 fùnǚ [位 wèi] ▸ **young woman** 年轻(輕)女子 niánqīng nǚzǐ ▸ **woman doctor/friend** 女医(醫)生/女性朋友 nǚ yīshēng/nǚxìng péngyou

womb [wu:m] N [c] 子宫(宮) zǐgōng [个 gè]

women ['wɪmɪn] N PL *of* **woman**

won [wʌn] PT, PP *of* **win**

wonder ['wʌndəʳ] **I** N **1** [c] *(miracle)* 奇迹(蹟) qíjì **2** [U] *(awe)* 惊(驚)奇 jīngqí **II** VT ▸ **to wonder whether/why** *etc* 想知道是否/为(為)什么(麼)等 xiǎng zhīdào shìfǒu/wèishénme děng **III** VI 感到奇怪 gǎndào qíguài ▸ **it's a wonder that...** 奇怪的是… qíguài de shì... ▸ **(it's) no/little/small wonder that...** (这(這))难(難)怪… (zhè)nánguài... ▸ **to work** *or* **do wonders** 创(創)造奇迹(蹟) chuàngzào qíjì ▸ **to wonder about sth** 对(對)某事感到疑惑 duì mǒushì gǎndào yíhuò ▸ **to wonder at sth** 对(對)某事感到诧(詫)异(異) duì mǒushì gǎndào chàyì ▸ **I wonder if you could help me** 不知你是否可以帮我 bùzhī nǐ shìfǒu kěyǐ bāng wǒ

wonderful ['wʌndəful] ADJ 绝(絕)妙的 juémiào de ▸ **it's wonderful to see you** 见(見)到你真是太好了 jiàn dào nǐ zhēnshì tài hǎo le

won't [wəunt] = **will not**

wood [wud] N **1** [U] 木材 mùcái **2** [c] *(forest)* 树(樹)林 shùlín [棵 kē]

wooden ['wudn] ADJ **1** [+ *object*] 木制(製)的 mùzhì de **2** *(fig)* [+ *performance, actor*] 呆(獃)板的 dāibǎn de

woodwind ['wudwɪnd] ADJ [+ *instrument*] 木管乐(樂)器的 mùguǎn yuèqì de ▸ **the woodwind (section)** *(Mus)* 木管乐(樂)器(部) mùguǎn yuèqì(bù)

woodwork ['wudwə:k] N [U] **1** *(craft)* 木工手艺(藝) mùgōng shǒuyì **2** *(wooden parts)* 木制(製)品 mùzhìpǐn

wool [wul] N [U] 羊毛 yángmáo ▸ **to pull the wool over sb's eyes** 蒙(矇)骗(騙)某人 mēngpiàn mǒurén

woollen, *(US)* **woolen** ['wulən] ADJ 羊毛的 yángmáo de

woolly, *(US)* **wooly** ['wulɪ] ADJ **1** [+ *socks, hat etc*] 羊毛的 yángmáo de **2** *(confused)* [+ *ideas, person*] 糊涂(塗)的 hútu de

★ **word** [wə:d] **I** N **1** [c] 词(詞) cí [个 gè] **2** [s] *(promise)* 诺(諾)言 nuòyán **3** [U/s] *(news)* 消息 xiāoxi **II** VT 措辞(辭) cuòcí ▸ **what's the word for "pen" in French?** "钢(鋼)笔(筆)"这(這)个(個)词(詞)在法语(語)里(裡)怎么(麼)说(說)? "gāngbǐ"zhège cí zài Fǎyǔ lǐ zěnme shuō? ▸ **word for word** *(verbatim)* 一字不变(變)地 yī zì bù biàn de; *(in translation)* 逐字地 zhú zì de ▸ **to put sth into words** 用语(語)言表达(達)某事 yòng yǔyán biǎodá mǒushì ▸ **not a word** 一句也不 yī jù yě bù ▸ **in a word** 简(簡)而言之 jiǎn ér yán zhī ▸ **in other words** 换(換)句话(話)说(說) huàn jù huà shuō ▸ **to have a word (with sb)** (和某人)谈(談)谈(談) (hé mǒurén) tántan ▸ **to have words (with sb)** (和某人)争(爭)论(論) (hé mǒurén) zhēnglùn ▸ **I'll take your word for it** 我相信你说(說)的

话(話) wǒ xiāngxìn nǐ shuō de huà ▸ **by word of mouth** 口头(頭)地 kǒutóu de ▸ **a word of warning/thanks** *etc* 警告/感谢(謝)等的话(話) jǐnggào/gǎnxiè *děng* de huà ▸ **the last word** 定论(論) dìnglùn ▸ **in so many words** 直截了当(當)地 zhíjié liǎo dàng de ▸ **to break one's word** 食言 shíyán ▸ **to give sb one's word** 对(對)某人许(許)下诺(諾)言 duì mǒurén xǔ xià nuòyán ▸ **to keep one's word** 遵守诺(諾)言 zūnshǒu nuòyán ▸ **to send word of sb/sth** 转(轉)告某人/某事的消息 zhuǎngào mǒurén/mǒushì de xiāoxi ▸ **to leave word (with sb/for sb) that...** (通过(過)某人/给(給)某人)留个(個)口信儿(兒)··· (tōngguò mǒurén/gěi mǒurén) liú gè kǒuxìnr...

wording ['wə:dɪŋ] N [U] 措辞(辭) cuòcí

word processing [-'prəusɛsɪŋ] N [U] 文字处(處)理 wénzì chǔlǐ

word processor [-prəusɛsəʳ] N [C] **1** (*machine*) 文字处(處)理器 wénzì chǔlǐqì [个 gè] **2** (*software*) 文字处(處)理软(軟)件 wénzì chǔlǐ ruǎnjiàn [个 gè]

wore [wɔːʳ] PT *of* **wear**

★ **work** [wə:k] **I** N **1** [U] (*tasks, duties*) 事情 shìqing ▷ *I must go, I've got loads of work to do.* 我得走了，我有一大堆事情要做。Wǒ děi zǒu le, wǒ yǒu yīdàduī shìqing yào zuò. **2** [U] (*job*) 工作 gōngzuò ▷ *The work of a doctor is very interesting and varied.* 医生的工作非常有趣而且丰富多彩。Yīshēng de gōngzuò fēicháng yǒuqù érqiě fēngfù duōcǎi. **3** [U] (*place*) 工作场(場)所 gōngzuò chǎngsuǒ **4** [C] (*Art, Liter*) 作品 zuòpǐn ▷ *Chopin's works* 萧邦的作品 Xiāobāng de zuòpǐn **II** VI **1** (*have job, do tasks*) 工作 gōngzuò ▷ *She works for a drug company.* 她在一家药品公司工作。Tā zài yī jiā yàopǐn gōngsī gōngzuò. ▷ *We were working 24 hours a day.* 我们曾一天工作24小时。Wǒmen céng yī tiān gōngzuò èrshísì xiǎoshí. **2** (*function*) [*mechanism, machine* +] 运(運)行 yùnxíng ▷ *The new machine is working well.* 新机器运行良好。Xīn jīqì yùnxíng liánghǎo. ▷ *The traffic lights weren't working.* 红绿灯坏了。Hónglǜdēng huài le. **3** (*take effect*) [*medicine etc* +] 见(見)效 jiànxiào ▷ *How long does a sleeping pill take to work?* 一颗安眠药要多长时间开始见效？ Yī kē ānmiányào yào duō cháng shíjiān kāishǐ jiànxiào? **4** (*be successful*) [*idea, method* +] 起作用 qǐ zuòyòng ▷ *95% of these diets do not work.* 95%的这些减肥食谱都不起作用。Bǎifēnzhī jiǔshíwǔ de zhèxiē jiǎnféi shípǔ dōu bù qǐ zuòyòng. **III** VT **1** (*shape*) [+ *clay, wood, leather etc*] 加工 jiāgōng **2** (*exploit*) [+ *mine*] 开(開)采(採) kāicǎi; [+ *land*] 耕种(種) gēngzhòng **3** (*operate*) [+ *machine*] 操作 cāozuò **4** (*cause*) [+ *miracle*] 创(創)造 chuàngzào ▷ *I can't work miracles, you know.* 你要知道，我不能创造奇迹。Nǐ yào zhīdào, wǒ bùnéng chuàngzào qíjì. **IV works** N PL (*activities*) 作业 zuòyè; *see also* **works** ▸ **to set to work** *or* **start work (on sth)** 着(著)手做(某项(項)工作) zhuóshǒu zuò (mǒu xiàng gōngzuò)

▸ **to be at work (on sth)** 在做(某项(項))工作 zài zuò (mǒuxiàng) gōngzuò ▸ **to go to work** 去上班 qù shàngbān ▸ **to be out of work** 失业 shīyè ▸ **to be in work** 有工作 yǒu gōngzuò ▸ **to have your work cut out** 面临(臨)艰(艱)巨(鉅)的任务(務) miànlín jiānjù de rènwù ▸ **to work hard** 努力工作 nǔlì gōngzuò ▸ **to work on the principle that...** 按照···原则(則)行事 ànzhào...yuánzé xíngshì ▸ **to work one's way to the top** 费(費)力地一点(點)点(點)爬到高职(職) fèilì de yīdiǎndiǎn pádào gāozhí ▸ **to work loose** [*part, knot* +] 渐(漸)渐(漸)变(變)松 jiànjiàn biàn sōng ▸ **to work sth into sth/work sth in** [+ *substance*] 将(將)某物和进(進)某物/将(將)某物和进(進)去 jiāng mǒuwù huò jìn mǒuwù/jiāng mǒuwù huò jìnqù

▸**work off** VT [+ *energy, anger*] 发(發)泄(洩) fāxiè

▸**work on** VT FUS **1** (*busy o.s. with*) 从(從)事于(於) cóngshì yú **2** (*try to influence*) [+ *person*] 设(設)法说(說)服 shèfǎ shuōfú

▸**work out I** VI **1** (*Sport*) 锻(鍛)炼(鍊) duànliàn **2** (*progress*) [*job, plans etc* +] 发(發)展 fāzhǎn **II** VT [+ *answer, solution*] 努力找出 nǔlì zhǎochū; [+ *plan, details*] 制(製)订(訂)出 zhìdìng chū ▸ **it works out at 100 pounds** 算下来(來)达(達)100镑(鎊)。suàn xiàlái dá yībǎi bàng ▸ **I can't work out why...** 我弄不懂为(為)什么(麼)··· wǒ nòng bù dǒng wèishénme...

▸**work up** VT [+ *courage, enthusiasm*] 激发(發) jīfā ▸ **to get worked up (about sth)** (对(對)某事)很激动(動) (duì mǒushì) hěn jīdòng

★ **worker** ['wə:kəʳ] N [C] (*employed person*) 工人 gōngrén [位 wèi] ▷ *The dispute affected relations between management and workers.* 这场争端影响到管理层和工人的关系。Zhè chǎng zhēngduān yǐngxiǎng dào guǎnlǐcéng hé gōngrén de guānxì. ▸ **a hard/good worker** 工作努力/良好的人 gōngzuò nǔlì/liánghǎo de rén ▸ **factory/postal/health** *etc* **worker** 工厂(廠)工人/邮(郵)政/医(醫)疗(療)工作者等 gōngchǎng gōngrén/yóuzhèng/yīliáo gōngzuòzhě *děng*

work experience N [U] 工作经(經)历(歷) gōngzuò jīnglì

workforce ['wə:kfɔ:s] N [C] [*of region, country*] 劳(勞)动(動)力 láodònglì; [*of company*] 职(職)工总(總)数(數) zhígōng zǒngshù

★ **working** ['wə:kɪŋ] **I** ADJ **1** [+ *person, population, mother*] 在职(職)的 zàizhí de **2** [+ *life, clothes*] 工作的 gōngzuò de; [+ *hours, conditions, practice*] 工作上的 gōngzuòshang de **3** (*moving*) [+ *part*] 运(運)行的 yùnxíng de **4** (*functioning*) [+ *model*]

发(發)挥(揮)机(機)能的 fāhuī jīnéng de **5** (*temporary*) [+ *title, definition*] 暂(暫)行的 zànxíng de **II workings** N PL [*of device, brain*] 运(運)转(轉) yùnzhuǎn; [*of institution*] 运(運)作 yùnzuò ▸ **to have a working knowledge of sth** 具有足够(夠)运(運)用的某方面的知识(識) jùyǒu zúgòu yùnyòng de mǒu fāngmiàn de zhīshi ▸ **to have a good working relationship with sb** 和某人有良好的工作关(關)系(係) hé mǒurén yǒu liánghǎo de gōngzuò guānxì

working class I N ▸ **the working class(es)** 工人阶(階)级(級) gōngrén jiējí **II** ADJ (*also*: **working-class**) 工人阶(階)级(級)的 gōngrén jiējí de

working day (*esp Brit*) N [c] (*not holiday*) 工作日 gōngzuòrì [个 gè]; (*working hours*) 工作时(時)间(間) gōngzuò shíjiān

working week (*esp Brit*) N [c] 工作周(週) gōngzuòzhōu [个 gè]

workman ['wə:kmən] (*pl* **workmen**) N [c] 劳(勞)动(動)者 láodòngzhě [个 gè]

workout ['wə:kaut] N [c] 锻(鍛)炼(鍊) duànliàn ▸ **to go for a workout** 去健身 qù jiànshēn

work permit N [c] 工作许(許)可证(證) gōngzuò xǔkězhèng [个 gè]

workplace ['wə:kpleɪs] N [c] 工作场(場)所 gōngzuò chǎngsuǒ [个 gè]

works [wə:ks] (*pl* **works**) (*Brit*) N [c] **1** (*factory*) 工厂(廠) gōngchǎng **2** (*inf*) ▸ **the works** 相关(關)的所有事物 xiāngguān de suǒyǒu shìwù

worksheet ['wə:kʃi:t] N [c] 工作表 gōngzuòbiǎo [个 gè]

workshop ['wə:kʃɔp] N [c] **1** (*building*) 车(車)间(間) chējiān [个 gè] **2** (*session*) 专(專)题(題)研讨(討)会(會) zhuāntí yántǎohuì [个 gè]

workstation ['wə:ksteɪʃən] N [c] **1** (*desk*) 工作台(臺) gōngzuòtái [个 gè] **2** (*computer*) 工作站 gōngzuòzhàn [个 gè]

work surface N [c] 厨房橱柜上的操作面

worktop ['wə:ktɔp] (*Brit*) N [c] 厨房橱柜上的操作面 [美 = **countertop**]

★ **world** [wə:ld] I N **1** (*earth*) ▸ **the world** 世界 shìjiè ▹ *in many parts of the world* 在世界的许多地方 zài shìjiè de xǔduō dìfāng **2** [c] (*planet*) 星球 xīngqiú **3** [c] (*everyday existence*) 生活 shēnghuó ▹ *It was as if my world had collapsed.* 这就好像我的生活已经崩溃了。Zhè jiù hǎoxiàng wǒ de shēnghuó yǐjīng bēngkuì le. **4** [c] (*sphere*) 界 jiè ▹ *The world of football is very competitive.* 足球界竞争很激烈。Zúqiújiè jìngzhēng hěn jīliè. **II** CPD [+ *champion, record, power, authority*] 世界 shìjiè; [+ *tour*] 环(環)球 huánqiú ▸ **all over the world** 全世界 quán shìjiè ▸ **to think the world of sb** 非常看重某人 fēicháng kànzhòng mǒurén ▸ **what in the world is he doing?** 他究竟在做什么(麼)? tā jiūjìng zài zuò shénme? ▸ **it'll do you a** *or* **the world of good** (*inf*) 这(這)会(會)对(對)你大有好处(處) zhè huì duì nǐ dà yǒu hǎochù ▸ **out of this world** (*inf*) 无(無)与(與)伦(倫)比的 wú yǔ lún bǐ de ▸ **World War One/Two** 第一次/第二次世界大战(戰) dì yī cì/dì èr cì shìjiè dàzhàn

World Cup (*Football*) N ▸ **the World Cup** 世界杯(盃)足球赛(賽) Shìjièbēi Zúqiúsài

worldwide ['wə:ld'waɪd] I ADJ 世界范(範)围(圍)的 shìjiè fànwéi de **II** ADV 在全世界 zài quán shìjiè

World-Wide Web [wə:ld'waɪd-] N ▸ **the World-Wide Web** 万(萬)维(維)网(網) Wànwéiwǎng

worm [wə:m] I N [c] **1** (*also*: **earthworm**) 蚯蚓 qiūyǐn [只 zhī] **2** (*Comput*) 蠕虫(蟲)病毒 rúchóng bìngdú **II** VT 给(給)…驱(驅)肠(腸)虫(蟲) gěi…qū chángchóng ▸ **to have worms** 患有寄生虫(蟲)病 huànyǒu jìshēngchóng bìng ▸ **to worm one's way into sth** [+ *position*] 费(費)尽(盡)心机(機)地钻(鑽)入某处(處) fèijìn xīnjī de zuānrù mǒuchù; [+ *sb's affections*] 千方百计(計)地获(獲)取某事 qiān fāng bǎi jì de huòqǔ mǒushì ▸ **to worm sth out of sb** 从(從)某人口中慢慢探出某事 cóng mǒurén kǒu zhōng mànmàn tànchū mǒushì

worn [wɔ:n] I PP *of* **wear** **II** ADJ [+ *carpet, shoe, patch, brakes etc*] 用旧(舊)的 yòng jiù de

worn-out ['wɔ:naut] ADJ **1** (*damaged*) [+ *object*] 破旧(舊)的 pòjiù de **2** (*exhausted*) [+ *person*] 疲惫(憊)不堪的 píbèi bù kān de

worried ['wʌrɪd] ADJ 闷(悶)闷(悶)不乐(樂)的 mènmèn bù lè de ▸ **to be worried about sth/sb** 担(擔)心某事/某人 dānxīn mǒushì/mǒurén ▸ **to be worried that...** 担(擔)心… dānxīn…

worry ['wʌrɪ] I N **1** [U] (*feeling of anxiety*) 忧(憂)虑(慮) yōulǜ **2** [c] (*cause of anxiety*) 担(擔)心 dānxīn [种 zhǒng] **II** VT 使担(擔)心 shǐ dānxīn **III** VI 担(擔)心 dānxīn ▸ **to worry about** *or* **over sth/sb** 担(擔)心某事/某人 dānxīn mǒushì/mǒurén

worrying ['wʌrɪɪŋ] ADJ 令人担(擔)心的 lìng rén dānxīn de

worse [wə:s] I ADJ (*comparative of bad*) 更坏(壞)的 gènghuài de **II** ADV (*comparative of badly*) 更糟地 gèngzāo de **III** N [U] 更坏(壞)的事 gènghuài de shì ▸ **to get worse** 逐渐(漸)恶(惡)化 zhújiàn èhuà ▸ **to go from bad to worse** 每况(況)愈下 měi kuàng yù xià ▸ **you could do worse (than to...)** (做…)还(還)是不错(錯)的 (zuò…)háishì bùcuò de ▸ **a change for the worse** 向更坏(壞)方向的转(轉)变(變) xiàng gèng huài fāngxiàng de zhuǎnbiàn ▸ **he is none the worse for it** 他并(並)未因此怎么(麼)样(樣) tā bìng wèi yīncǐ zěnmeyàng ▸ **so much the worse for you!** 那你就更加不妙! Nà nǐ jiù gèngjiā bùmiào!

worsen ['wə:sn] I VT 使变(變)得更坏(壞) shǐ

W

biàn de gènghuài **II** VI 变(變)得更坏(壞) biàn de gènghuài

worse off ADJ **1** (*financially*) 收入变(變)少的 shōurù biànshǎo de **2** (*not as good*) 变(變)得更糟糕的 biàn de gèng zāogāo de ▸ **he is now worse off than before** (*in situation*) 他现(現)在的情况(況)比以前更糟糕 tā xiànzài de qíngkuàng bǐ yǐqián gèng zāogāo

worship ['wəːʃɪp] **I** N [U] 礼(禮)拜 lǐbài **II** VT **1** [+ *god*] 敬奉 jìngfèng **2** (*adore*) [+ *person, thing*] 崇拜 chóngbài ▸ **Your Worship** (*Brit*) (*to mayor*) 阁(閣)下 géxià; (*to judge*) 法官大人 fǎguān dàrén

worst [wəːst] **I** ADJ (*superlative of bad*) 最坏(壞)的 zuì huài de **II** ADV (*superlative of badly*) 最糟地 zuì zāo de **III** N [S/U] 最坏(壞)的事 zuì huài de shì ▸ **at worst** 在最坏(壞)的情况(況)下 zài zuìhuài de qíngkuàng xià ▸ **if the worst comes to the worst** 如果最坏(壞)的事情发(發)生 rúguǒ zuì huài de shìqíng fāshēng ▸ **at one's worst** 在最糟糕的状(狀)态(態)下 zài zuì zāogāo de zhuàngtài xià

worth [wəːθ] **I** N [U] 价(價)值 jiàzhí **II** ADJ ▸ **to be worth £50** 值50英镑(鎊) zhí wǔshí yīngbàng ▸ **it's worth it** 这(這)是值得的 zhèshì zhídé de ▸ **how much is it worth?** 它值多少钱(錢)？ tā zhí duōshǎo qián? ▸ **400 dollars' worth of damage** 价(價)值400美元的损(損)失 jiàzhí sìbǎi měiyuán de sǔnshī ▸ **50 pence worth of apples** 50便士的苹(蘋)果 wǔshí biànshì de píngguǒ ▸ **it would be worth your while to do something about the problem** 花工夫处(處)理这(這)个(個)问(問)题(題)是值得的 huā gōngfu chǔlǐ zhège wèntí shì zhíde de ▸ **it would be (well) worth doing...** (很)值得做… (hěn) zhídé zuò...

worthless ['wəːθlɪs] ADJ 毫无(無)价(價)值的 háo wú jiàzhí de

worthwhile ['wəːθ'waɪl] ADJ [+ *activity*] 值得做的 zhídé zuò de; [+ *cause, job*] 有价(價)值的 yǒu jiàzhí de ▸ **it might be worthwhile to write to them** 给(給)他们(們)写(寫)信是值得的 gěi tāmen xiěxìn shì zhíde de

worthy [wəːðɪ] ADJ **1** (*respectable*) [+ *person*] 可敬的 kějìng de; [+ *motive, goal*] 高尚的 gāoshàng de **2** (*deserving*) [+ *winner, successor*] 相称(稱)的 xiāngchèn de ▸ **to be worthy of sth/sb** (*deserving of*) 值得某物/配得上某人 zhíde mǒuwù/pèi de shàng mǒurén; (*reminiscent of*) 和某物/某人相称(稱)的 hé mǒuwù/mǒurén xiāngchèn de

KEYWORD

★ **would** [wud] AUX VB **1** (*conditional tense*) ▸ **I would love to go to Italy** 我很愿(願)意去意大利 wǒ hěn yuànyì qù Yìdàlì ▸ **you would never guess that...** 你永远(遠)猜不到… nǐ yǒngyuǎn cāi bù dào... ▸ **I'm sure he wouldn't do that** 我确(確)定他不会(會)那么(麼)做的 wǒ quèdìng tā bùhuì nàme zuòde ▸ **if you asked him he would do it** 如果你要求的话(話)他会(會)做的 rúguǒ nǐ yāoqiú de huà tā huì zuò de ▸ **if you had asked him he would have done it** 如果你问(問)过(過)他的话(話)，他早就会(會)做了 rúguǒ nǐ wènguò tā de huà，tā zǎo jiù huì zuò le

2 (*in offers, invitations, requests*) ▸ **would you like a biscuit?** 你要来(來)块(塊)饼(餅)干(乾)吗(嗎)？ nǐ yào lái kuàn bǐnggān ma? ▸ **would you ask him to come in?** 你要叫他进(進)来(來)吗(嗎)？ nǐ yào jiàotā jìnlai ma? ▸ **would it be all right if I sat down?** 我可以坐下吗(嗎)？ wǒ kěyǐ zuòxià ma? ▸ **he asked me if I would go with him** 他问(問)我是否愿(願)意和他一起去 tā wèn wǒ shìfǒu yuànyì hé tā yīqǐ qù

3 (*be willing to*) ▸ **she wouldn't help me** 她不愿(願)意帮(幫)助我 tā bù yuànyì bāngzhù wǒ ▸ **she wouldn't behave** 她不会(會)老老实(實)实(實)的 tā bùhuì lǎolǎo-shíshí de ▸ **the door wouldn't open** 门(門)是打不开(開)的 mén shì dǎ bù kāi de ▸ **I wish you would tidy your room** 但愿(願)你会(會)收拾你的房间(間) dànyuàn nǐ huì shōushi nǐ de fángjiān

4 (*in indirect speech*) ▸ **he said he would be at home later** 他说(說)他晚点(點)儿(兒)会(會)在家的 tā shuō tā wǎndiǎnr huì zàijiā de ▸ **she asked me if I would be angry if...** 她问(問)我如果…我是否会(會)生气(氣) tā wèn wǒ rúguǒ...wǒ shìfǒu huì shēngqì

5 (*used to*) ▸ **he would spend every day on the beach** 他以前天天都呆在沙滩(灘)上 tā yǐqián tiāntiān dōu dāi zài shātān shàng

6 (*conjecture*) ▸ **you wouldn't know him** 你一定认(認)不出他的 nǐ yīdìng rèn bù chū tā de ▸ **it would have been midnight** 可能已经(經)是半夜了 kěnéng yǐjīng shì bànyè le

7 (*emphatic annoyance*) 老是 lǎoshì ▸ **it would have to snow today!** 今天又得下雪！ Jīntiān yòu děi xiàxuě! ▸ **you would say that, wouldn't you!** 你会(會)那么(麼)说(說)，是不是！ nǐ huì nàme shuō，shì bù shì!

8 (*insistence*) ▸ **I didn't want her to, but she would do it** 我不想她这(這)么(麼)做，但她会(會)的 wǒ bù xiǎng tā zhème zuò, dàn tā huì de

wouldn't ['wudnt] = **would not**

wound[1] [waund] PT, PP *of* **wind**[2]

wound[2] [wuːnd] **I** N [C] 伤(傷)口 shāngkǒu **II** VT **1** (*physically*) 使受伤(傷) shǐ shòushāng **2** (*emotionally*) 伤(傷)害 shānghài ▸ **to be wounded in the leg/arm** *etc* 腿部/手臂等受伤(傷) tuǐbù/shǒubì *děng* shòushāng

wove [wəuv] PT *of* **weave**

woven ['wəuvn] PP *of* **weave**

WPC(Brit) N ABBR (= **woman police constable**) 女警官 nǚ jǐngguān

wrap[ræp] **I** N [c] (*shawl*) 披肩 pījiān; (*cape*) 斗篷 dǒupéng **II** VT **1** (*cover*) 包 bāo **2** ▶ **to wrap sth around sth/sb** [+ *paper, scarf, cloth etc*] 用某物把某物/某人裹起来(來) yòng mǒuwù bǎ mǒuwù/mǒurén guǒ qǐlái; [+ *arms, legs etc*] 用某物紧(緊)紧(緊)环(環)绕(繞)着(著)某物/某人 yòng mǒuwù jǐnjǐn huánràozhe mǒuwù/mǒurén ▶ **under wraps** [+ *plan, scheme*] 保密 bǎomì

▶**wrap up I** VI (*warmly*) 穿得暖和 chuān de nuǎnhuo **II** VT **1** (*pack*) 包起来(來) bāo qǐlái **2** (*complete*) [+ *deal, agreement*] 完成 wánchéng

wrapper['ræpəʳ] N [c] **1** (*on food, goods*) 包装(裝)纸(紙) bāozhuāngzhǐ [张 zhāng] **2** (Brit) [*of book*] 书(書)皮 shūpí [张 zhāng]

wrapping paper['ræpɪŋ-] N [U] (*brown*) 牛皮纸(紙) niúpízhǐ; (*gift wrap*) 包装(裝)纸(紙) bāozhuāngzhǐ

wreath[riːθ] (*pl* **wreaths** [riːðz]) N [c] **1** (*funeral wreath*) 花圈 huāquān [个 gè] **2** (*garland*) 花环(環) huāhuán [个 gè]

wreck[rɛk] **I** N [c] **1** (*wreckage*) [*of vehicle, ship*] 残(殘)骸 cánhái [个 gè] **2** (US) (*accident*) 事故 shìgù [次 cì] [英 = **crash**] **3** (*inf: person*) 憔悴的人 qiáocuì de rén **II** VT **1** (*ruin*) [+ *equipment, room etc*] 毁(毀)坏(壞) huǐhuài; [+ *process, life, chances, marriage*] 破坏(壞) pòhuài **2** (*sink*) [+ *ship*] 使失事 shǐ shīshì **3** (*destroy*) [+ *car, building*] 摧毁(毀) cuīhuǐ

wreckage['rɛkɪdʒ] N [S/U] [*of car, plane, ship etc*] 残(殘)骸 cánhái; [*of building*] 废(廢)墟 fèixū

wren[rɛn] N [c] 鹪(鷦)鹩(鷯) jiāoliáo

wrench[rɛntʃ] **I** N **1** [c] (*tool*) 扳手 bānshǒu **2** [S] (*tug*) 猛扭 měngniǔ **3** [S] (*sadness*) 痛苦 tòngkǔ **II** VT **1** (*pull*) ▶ **to wrench sth away/out etc** 猛力将(將)某物挣(掙)开(開)/拔出等 měnglì jiāng mǒuwù zhèngkāi/báchū děng **2** (*injure*) [+ *arm, back, ankle etc*] 扭伤(傷) niǔshāng ▶ **to wrench sth from sb** 从(從)某人手里(裡)抢(搶)走某物 cóng mǒurén shǒu lǐ qiǎngzǒu mǒuwù ▶ **to wrench sth open** 用力扭开(開)某物 yònglì niǔkāi mǒuwù ▶ **to wrench o.s. free** 用力挣(掙)脱(脫) yònglì zhèngtuō

wrestle['rɛsl] VI **1** ▶ **to wrestle (with sb)** (*Sport*) (和某人)摔跤 (hé mǒurén) shuāijiāo; (*fight*) (和某人)打架 (hé mǒurén) dǎjià **2** ▶ **to wrestle with sth** [+ *problem, issue, question*] 努力解决(決)某事 nǔlì jiějué mǒushì; [+ *conscience*] 与(與)某事做苦苦挣(掙)扎(紮) yǔ mǒushì zuò kǔkǔ zhēngzhá

wrestler['rɛsləʳ] N [c] 摔跤选(選)手 shuāijiāo xuǎnshǒu

wrestling['rɛslɪŋ] N [U] 摔跤 shuāijiāo

wretched['rɛtʃɪd] ADJ **1** (*miserable*) 悲惨(慘)的 bēicǎn de **2** (*bad*) 糟糕的 zāogāo de **3** (*expressing irritation: damned*) 讨(討)厌(厭)的 tǎoyàn de **4** (*unhappy*) ▶ **to be wretched** 感到苦恼(惱) gǎndào kǔnǎo

wriggle['rɪgl] **I** VI (*also*: **wriggle about**) 扭动(動) niǔdòng **II** VT [+ *one's toes, fingers*] 扭动(動) niǔdòng **III** N [c] 扭动(動) niǔdòng

▶**wriggle out of** VT FUS (*inf*) ▶ **to wriggle out of sth/of doing sth** 摆(擺)脱(脫)某事/做某事 bǎituō mǒushì/zuò mǒushì

wring[rɪŋ] (*pt, pp* **wrung**) VT **1** [+ *neck*] 扭 niǔ **2** ▶ **to wring one's hands** (*lit*) 扭绞(絞)双(雙)手 niǔjiǎo shuāngshǒu; (*fig*) 无(無)能为(為)力 wú néng wéi lì **3** ▶ **to wring sth out of sb** 千方百计(計)从(從)某人处(處)索取某物 qiān fāng bǎi jì cóng mǒurén chù suǒqǔ mǒuwù

▶**wring out** VT [+ *cloth etc*] 绞(絞)干(乾) jiǎogān

wrinkle['rɪŋkl] **I** N [c] (*on skin*) 皱(皺)纹(紋) zhòuwén; (*in paper, cloth etc*) 褶皱(皺) zhězhòu [个 gè] **II** VT [+ *forehead*] 皱(皺)起 zhòuqǐ **III** VI [*skin* +] 起皱(皺)纹(紋) qǐ zhòuwén; [*paint, paper etc* +] 有皱(皺)痕 yǒu zhòuhén ▶ **to wrinkle one's nose (at sth)** (对(對)某事)皱(皺)鼻子 (duì mǒushì) zhòu bízi

wrinkled['rɪŋkld] ADJ [+ *skin, face*] 布(佈)满(滿)皱(皺)纹(紋)的 bùmǎn zhòuwén de; [+ *person*] 满(滿)脸(臉)皱(皺)纹(紋)的 mǎnliǎn zhòuwén de; [+ *clothing, fabric, paper*] 起皱(皺)的 qǐzhòu de

wrist[rɪst] N [c] 手腕 shǒuwàn [个 gè]

★**write**[raɪt] (*pt* **wrote**, *pp* **written**) **I** VT **1** (*note down*) [+ *address, number*] 写(寫)下 xiěxià **2** (*compose*) [+ *letter, note*] 写(寫) xiě **3** (*create*) [+ *novel, music*] 创(創)作 chuàngzuò **4** (*also*: **write out**) [+ *cheque, receipt, prescription*] 开(開) kāi **II** VI 写(寫)字 xiězì ▶ **to write sb a letter, write a letter to sb** 给(給)某人写(寫)信 gěi mǒurén xiěxìn ▶ **to write to sb** 写(寫)信给(給)某人 xiěxìn gěi mǒurén

▶**write away** VI ▶ **to write away for sth** [+ *information*] 发(發)信索要某物 fā xìn suǒyào mǒuwù; [+ *goods*] 函购(購)某物 hángòu mǒuwù

▶**write down** VT 记(記)下 jìxià

▶**write in** VI 发(發)函 fāhán

▶**write into** VT ▶ **to write sth into sth** [+ *contract, agreement*] 把某事写(寫)入某物 bǎ mǒushì xiěrù mǒuwù

▶**write off I** VT **1** [+ *debt, money*] 注(註)销(銷) zhùxiāo **2** [+ *person*] 把…看作不存在 bǎ…kànzuò bù cúnzài **3** [+ *plan, project*] 取消 qǔxiāo **4** (Brit) (*wreck*) [+ *vehicle*] 报(報)废(廢) bàofèi **II** VI ▶ **to write off for sth** [+ *information*] 写(寫)信索要某物 xiě xìn suǒyào mǒuwù; [+ *goods*] 函购(購)某物 hángòu mǒuwù

▶**write out** VT **1** [+ *list, name and address, report*] 写(寫)下 xiěxià **2** (*copy out*) 誊(謄)写(寫) téngxiě **3** [+ *cheque, receipt etc*] 开(開) kāi

▶**write up** VT [+ *minutes, report, findings*] 把…整理成文 bǎ…zhěnglǐ chéngwén; [+ *event, visit* etc] 详(詳)细(細)记(記)述 xiángxì jìshù

write-off ['raɪtɔf] N [c] 报(報)废(廢)物 bàofèiwù [个 gè]

writer ['raɪtəʳ] N [c] **1** (*author*) 作家 zuòjiā [位 wèi] **2** [*of report, document etc*] 作者 zuòzhě

writing ['raɪtɪŋ] N [u] **1** (*sth written*) 文字 wénzì **2** (*handwriting*) 笔(筆)迹(跡) bǐjì **3** (*style*) 文风(風) wénfēng **4** (*activity*) 写(寫)作 xiězuò ▸ **in writing** 以书(書)面形式 yǐ shūmiàn xíngshì

writing paper N [u] 信纸(紙) xìnzhǐ

written ['rɪtn] PP *of* **write**

wrong [rɔŋ] **I** ADJ **1** (*inappropriate*) [+ *choice, action, decision*] 不恰当(當)的 bù qiàdàng de; [+ *person, equipment, kind, job*] 不合适(適)的 bù héshì de **2** (*incorrect*) [+ *answer, information, report*] 错(錯)误(誤)的 cuòwù de **3** (*unsatisfactory*) 不好的 bù hǎo de **4** (*morally bad*) 不道德的 bù dàodé de **II** ADV (*incorrectly*) [*do, spell etc* +] 错(錯)误(誤)地 cuòwù de **III** N **1** [c] (*injustice*) 不公 bùgōng **2** [u] (*evil*) 邪恶(惡) xié'è **IV** VT (*treat unfairly*) 冤枉 yuānwang ▸ **you've got it wrong** 你搞错(錯)了 nǐ gǎocuò le ▸ **to be wrong** [*answer* +] 是错(錯)的 shì cuòde; [*person* +] (*about sth*) 弄错(錯)的 nòng cuò de; (*in doing, saying sth*) 搞错(錯)了 gǎocuò le ▸ **to be wrong to do sth** [*person* +] 做某事是不对(對)的 zuò mǒushì shì bùduì de ▸ **it is wrong to steal, stealing is wrong** 偷窃(竊)是不道德的 tōuqiè shì bù dàodé de ▸ **what's wrong?** 出了什么(麼)事? chūle shénme shì? ▸ **what's wrong with you?** 你怎么(麼)了? nǐ zěnme le? ▸ **there's nothing wrong** 没(沒)问(問)题(題) méi wèntí ▸ **to go wrong** [*plan* +] 失败(敗) shībài; [*machine* +] 发(發)生故障 fāshēng gùzhàng ▸ **where did I go wrong?** 我错(錯)在哪里(裡)了? wǒ cuò zài nǎlǐ le? ▸ **to be in the wrong** 做错(錯) zuòcuò

wrongful ['rɔŋful] ADJ 不正当(當)的 bù zhèngdàng de

wrongly ['rɔŋlɪ] ADV **1** (*incorrectly*) [*answer, translate, spell, believe* +] 错(錯)误(誤)地 cuòwù de **2** (*by mistake*) [*diagnose, identify* +] 错(錯)误(誤)地 cuòwù de **3** (*unjustly*) [*accuse, imprison* +] 不公正地 bù gōngzhèng de **4** (*inappropriately*) [+ *dressed, arranged*] 不恰当(當)地 bù qiàdàng de ▸ **she supposed, wrongly, that...** 她错(錯)误(誤)地假定… tā cuòwù de jiǎdìng...

wrong number N [c] ▸ **you've got the wrong number** 你打错(錯)了 nǐ dǎcuò le ▸ **it was a wrong number** 这(這)个(個)电(電)话(話)号(號)码(碼)是错(錯)的 zhège diànhuà hàomǎ shì cuò de

wrote [rəut] PT *of* **write**

wrung [rʌŋ] PT, PP *of* **wring**

WWW (*Comput*) N ABBR (= **World-Wide Web**) 万(萬)维(維)网(網) Wànwéiwǎng

X, x [ɛks] N [c/u] (*letter*) 英语的第二十四个字母

Xerox® ['zɪərɔks] N [c] (*US*) 复(複)印机(機) fùyìnjī [台 tái]

XL ABBR (= **extra large**) 特大号(號) tèdàhào

Xmas ['ɛksməs] N ABBR (= **Christmas**) 圣(聖)诞(誕)节(節) Shèngdàn Jié

X-ray ['ɛksreɪ] **I** N [c] **1** (*ray*) X射线(線) X shèxiàn **2** (*photo*) X光照片 X guāng zhàopiàn [张 zhāng] **II** VT 用X光检(檢)查 yòng X guāng jiǎnchá ▸ **to have an X-ray** 做一次X光检(檢)查 zuò yī cì X guāng jiǎnchá ▸ **to take an X-ray of sth** 对(對)某物做X光检(檢)查 duì mǒuwù zuò X guāng jiǎnchá

xylophone ['zaɪləfəun] N [c] 木琴 mùqín [个 gè]

Yy

Y, y [waɪ] N [c/ʊ] (*letter*) 英语的第二十五个字母
Y (*Texting*) ABBR (= **why**) 为(為)什么(麼) wèishénme
yacht [jɔt] N [c] **1** (*sailing boat*) 帆船 fānchuán [艘 sōu] **2** (*luxury craft*) 游(遊)艇 yóutǐng [艘 sōu]
yachting [ˈjɔtɪŋ] N [ʊ] 帆船驾(駕)驶(駛)运(運)动(動) fānchuán jiàshǐ yùndòng
yard [jɑːd] N **1** [c/ʊ] (*paved area*) 院子 yuànzi **2** [c] (*US*) (*garden*) 庭院 tíngyuàn [座 zuò] [英 = **garden**] **3** (*measure*) 码，长度单位。一码等于3英尺或0. 9144米 ▸ **builder's yard** 建筑(築)工地 jiànzhù gōngdì
yarn [jɑːn] N **1** [c/ʊ] (*thread*) 纱(紗)线(線) shāxiàn **2** [c] (*inf: tale*) 奇谈(談) qítán
yawn [jɔːn] **I** VI 打呵欠 dǎ hēqiàn **II** N [c] 呵欠 hēqiàn [个 gè]
yd ABBR (= **yard**) 码，长度单位。一码等于3英尺或0. 9144米
★ **yeah** [jɛə] (*inf*) ADV 是的 shìde
★ **year** [jɪəʳ] N [c] **1** 年 nián **2** (*Scol, Univ*) 学(學)年 xuénián [个 gè] **3** (*Comm*) 年度 niándù **4** [*of wine*] 年份 niánfèn ▸ **in the year 2000** 在2000年 zài èr líng líng líng nián ▸ **every year** 每年 měinián ▸ **this year** 今年 jīnnián ▸ **last year** 去年 qùnián ▸ **next year** 明年 míngnián ▸ **a** *or* **per year** 每年 měinián ▸ **all year round** 一年到头(頭) yī nián dào tóu ▸ **year in, year out** 年复(復)一年 nián fù yī nián ▸ **he's 8 years old** 他8岁(歲) tā bā suì ▸ **an eight-year-old child** 一个(個)8岁(歲)的小孩 yī gè bā suì de xiǎohái ▸ **I hadn't seen him for** *or* **in years** 我有好多年没(沒)见(見)他了 wǒ yǒu hǎoduō nián méi jiàn tā le ▸ **we lived there for years** 我们(們)住在那儿(兒)有好多年了 wǒmen zhùzài nàr yǒu hǎoduō nián le
yearly [ˈjɪəlɪ] **I** ADJ **1** [+ *event, meeting etc*] 一年一度的 yī nián yī dù de **2** [+ *rate, income etc*] 一年的 yī nián de **II** ADV **1** (*once a year*) 一年一次地 yī nián yī cì de **2** (*every year*) 每年地 měinián de ▸ **twice yearly** (*as adv*) 一年两(兩)次地 yī nián liǎngcì de; (*as adj*) 一年两(兩)次的 yī nián liǎng cì de
yearn [jəːn] VI ▸ **to yearn for sth** 渴望某事 kěwàng mǒushì ▸ **to yearn to do sth** 渴望做某事 kěwàng zuò mǒushì
yeast [jiːst] N [ʊ] 酵母 jiàomǔ
yell [jɛl] **I** N [c] 叫喊 jiàohǎn **II** VI 叫喊 jiàohǎn **III** VT 叫喊着(著)说(說) jiàohǎnzhe shuō ▸ **to let out a yell** 大喊一声(聲) dà hǎn yī shēng ▸ **to yell at sb** (*scold*) 对(對)某人大喊大叫 duì mǒurén dà hǎn dà jiào
★ **yellow** [ˈjɛləu] **I** ADJ 黄(黃)色的 huángsè de **II** N [c/ʊ] 黄(黃)色 huángsè [种 zhǒng] **III** VI 变(變)黄(黃) biàn huáng
Yellow Pages® N PL ▸ **the Yellow Pages®** 黄页(頁)电(電)话(話)号(號)码(碼)簿
Yemen [ˈjɛmən] N 也门(門) Yěmén
Yemeni [ˈjɛmənɪ] **I** ADJ 也门(門)的 Yěmén de **II** N [c] (*person*) 也门(門)人 Yěménrén [个 gè]
★ **yes** [jɛs] **I** ADV **1** (*replying to question*) 是的 shìde **2** (*contradicting*) 不 bù ▹ *"That isn't possible." — "Oh yes it is!"* “那是不可能的。” “不，是可能的！” "Nà shì bù kěnéng de." "Bù, shì kěnéng de!" **II** N [c] **1** (*vote*) 赞(贊)成 zànchéng **2** (*answer*) 是 shì **3** (*person*) 投赞(贊)成票者 tóu zànchéngpiàozhě ▸ **to say yes** 同意 tóngyì
★ **yesterday** [ˈjɛstədɪ] **I** ADV 昨天 zuótiān ▹ *She left yesterday.* 她昨天走的。Tā zuótiān zǒu de. **II** N [ʊ] 昨天 zuótiān ▸ **all day yesterday** 昨天一整天 zuótiān yī zhěngtiān ▸ **the day before yesterday** 前天 qiántiān ▸ **yesterday morning/afternoon** 昨天上午/下午 zuótiān shàngwǔ/xiàwǔ
★ **yet** [jɛt] **I** ADV **1** (*up to now*) (*with negative*) 还(還) hái; (*in questions*) 已经(經) yǐjīng ▹ *Have you written to him yet?* 你已经写信给他了吗？ Nǐ yǐjīng xiěxìn gěi tā le ma? **2** (*now*) (*in negatives*) 还(還) hái ▹ *He hasn't arrived yet.* 他还没来呢。Tā hái méi lái ne. ▹ *Don't get up yet.* 先别起床。Xiān bié qǐchuáng. **3** (*still*) 仍然 réngrán ▹ *There may yet be time.* 仍有时间。Réng yǒu shíjiān. **II** CONJ 然而 rán'ér ▸ **they haven't finished yet** 他们(們)还(還)没(沒)完工。tāmen hái méi wángōng ▸ **not just yet** 现(現)在不 xiànzài bù ▸ **the best yet** 迄今最好的 qìjīn zuì hǎo de ▸ **as yet** 迄今为(為)止 qìjīn wéizhǐ ▸ **a few days yet** 还(還)有几(幾)天 hái yǒu jǐtiān ▸ **to have yet to do sth** 还(還)没(沒)做某事 hái méi zuò mǒushì ▸ **yet another** 又一个(個) yòu yī gè ▸ **yet again** 又一次 yòu yī cì
yew [juː] N **1** [c] (*tree*) 紫杉 zǐshān **2** [ʊ] (*wood*) 紫杉木 zǐshānmù
yield [jiːld] **I** N [c] **1** (*Agr*) 产(產)量 chǎnliàng **2** (*Comm*) 利润(潤) lìrùn **II** VT **1** (*give up*) [+ *control, responsibility*] 让(讓)出 ràngchū **2** (*produce*) [+ *harvest*] 出产(產) chūchǎn; [+ *results, profit*] 产(產)生 chǎnshēng **III** VI **1** (*surrender*) ▸ **to yield (to sth)** 屈服(于(於)某事) qūfú (yú mǒushì) **2** [*door, lock* +] 弯(彎)曲 wānqū **3** (*US*) (*in car etc*) 让(讓)路 rànglù [英 = **give way**] ▸ **a yield of 5%** 5%的利润(潤) bǎifēnzhī wǔ de lìrùn
YMCA N ABBR (= **Young Men's Christian Association**) (*hostel*) 由基督教青年会运营的

供男子住宿的旅馆

yob [jɔb] (*Brit; inf, pej*) N [c] 粗俗的男人 cūsú de nánrén [个 gè]

yoga ['jəugə] N [u] 瑜珈 yújiā

yog(h)urt ['jəugət] N **1** [c/u] (*substance*) 酸奶 suānnǎi [瓶 píng] **2** [c] (*also*: **pot of yoghurt**) 一盒酸奶 yī hé suānnǎi

yolk [jəuk] N [c/u] 蛋黄(黃) dànhuáng

★ **you** [ju:] PRON **1** (*singular*) 你 nǐ; (*plural*) 你们(們) nǐmen ▷ *Do you know her?* 你/你们认识她吗？ Nǐ/Nǐmen rènshí tā ma? ▷ *I like you.* 我喜欢你/你们。Wǒ xǐhuān nǐ/nǐmen. ▷ *I'll send you the photos when I've got them.* 我拿到照片后会寄给你/你们的。Wǒ ná dào zhàopiàn hòu huì jì gěi nǐ/nǐmen de. ▷ *I gave it to you.* 我把它给你/你们。Wǒ bǎ tā gěi nǐ/nǐmen. ▷ *It's for you.* 是给你/你们的。Shì gěi nǐ/nǐmen de. **2** (*in generalizations: one*) 任何人 rènhérén ▷ *You can't put metal dishes in a microwave.* 金属制的碟子不能用于微波炉。Jīnshǔ zhì de diézi bùnéng yòngyú wēibōlú. ▶ **you never know** 谁(誰)知道 shuí zhīdào

you'd [ju:d] = **you had, you would**

you'll [ju:l] = **you will, you shall**

★ **young** [jʌŋ] **I** ADJ 幼小的 yòuxiǎo de **II the young** N PL (*people*) 年轻(輕)人 niánqīngrén; [*of animal*] 幼仔 yòuzǎi ▶ **a young man** 一个(個)小伙(夥)子 yī gè xiǎohuǒzi ▶ **a young lady** 一位少女 yī wèi shàonǚ ▶ **my younger brother/sister** 我的弟弟/妹妹 wǒde dìdi/mèimei ▶ **the younger generation** 年轻(輕)一代 niánqīng yī dài ▶ **in my younger days** 在我年轻(輕)的时(時)候 zài wǒ niánqīng de shíhòu

youngest ['jʌŋgəst] ADJ 最小的 zuìxiǎode ▷ *my youngest brother* 我最小的弟弟 wǒ zuìxiǎode dìdi. ▷ *She's the youngest.* 她是最小的。Tā shì zuìxiǎode.

youngster ['jʌŋstə^r] N [c] 小孩 xiǎohái

★ **your** [jɔ:^r] ADJ (*of one person*) 你的 nǐ de; (*of more than one person*) 你们(們)的 nǐmen de ▷ *your house* 你/你们的房子 nǐ/nǐmen de fángzi ▷ *Have you cleaned your teeth?* 你/你们刷牙了吗？ Nǐ/Nǐmen shuā yá le ma?

> 请勿将 **your** 和 **you're** 混淆。**your** 是指与正在和你谈话的人相关，或从属于他们的某事物。*Is that your brother?...Your spelling is terrible.* **your** 也可用来泛指与人有关的事物。*I've heard that diets can be bad for your health.* **you're** 是 **you are** 的缩略形式。*If you're not well, you should go to bed.*

you're [juə^r] = **you are**

▮用法参见 **your**

yours [jɔ:z] PRON (*of one person*) 你的 nǐ de; (*of more than one person*) 你们(們)的 nǐmen de ▶ **is this yours?** 这(這)是你/你们(們)的吗(嗎)? zhè shì nǐ/nǐmen de ma? ▶ **a friend of yours** 你/你们(們)的一个(個)朋友 nǐ/nǐmen de yī gè péngyou ▶ **yours sincerely/faithfully** 你真挚的/忠实(實)的 nǐ zhēnzhì de/zhóngshí de ▶ **yours** (*in letter*) 谨(謹)上 jǐnshàng

yourself [jɔ:'sɛlf] PRON **1** 你自己 nǐ zìjǐ ▷ *Have you hurt yourself?* 你伤到自己了吗？ Nǐ shāng dào zìjǐ le ma? ▷ *Did you paint the room yourself?* 你自己粉刷了房间? Nǐ zìjǐ fěnshuā le fángjiān? ▷ *Buy yourself something nice.* 给你自己买点好东西。Gěi nǐ zìjǐ mǎi diǎn hǎo dōngxi. ▷ *Be honest with yourself.* 你得正视自己。Nǐ děi zhèngshì zìjǐ. **2** (*emphatic*) 你本人 nǐběnrén ▷ *So you yourself live in London, do you?* 那你本人住在伦敦，是吗? Nà nǐ běnrén zhù zài Lúndūn, shì ma? **3** (*you*) 你 nǐ ▷ *an intelligent person like yourself* 像你一样有智慧的人 xiàng nǐ yīyàng yǒu zhìhuì de rén ▶ **by yourself** (*unaided*) 独(獨)立地 dúlì de ▷ *Did you make the cake by yourself?* 你自己一个人做了蛋糕? Nǐ zìjǐ yī gè rén zuòle dàngāo?; (*alone*) 独(獨)自地 dúzì de ▷ *Do you live by yourself?* 你独自一个人住吗? Nǐ dúzì yī gè rén zhù ma?

yourselves [jɔ:'sɛlvz] PL PRON **1** 你们(們)自己 nǐmen zìjǐ ▷ *Have you hurt yourselves?* 你们伤到自己了吗？ Nǐmen shāng dào zìjǐ le ma? ▷ *Did you paint the house yourselves?* 你们自己粉刷了房子? Nǐmen zìjǐ fěnshuāle fángzi? ▷ *Buy yourselves something nice.* 给你们自己买点好东西。Gěi nǐmen zìjǐ mǎi diǎn hǎo dōngxi. **2** (*emphatic*) 你们(們)本人 nǐmen běnrén ▷ *So you yourselves live in London, do you?* 那你们本人住在伦敦，是吗？ Nà nǐmen běnrén zhù zài Lúndūn, shì ma? **3** (*you*) 你们(們) nǐmen ▷ *intelligent people like yourselves* 像你们一样有智慧的人 xiàng nǐmen yīyàng yǒu zhìhuì de rén ▶ **by yourselves** (*unaided*) 独(獨)力地 dúlì de ▷ *Did you make the cake by yourselves?* 你们自己做了蛋糕？ Nǐmen zìjǐ zuòle dàngāo?; (*alone*) 独(獨)自地 dúzì de

youth [ju:θ] **I** N **1** [u] (*young days*) 青少年时(時)期 qīngshàonián shíqī **2** [u] (*being young*) 年轻(輕) niánqīng **3** [c] (*young man*) 男青年 nán qīngnián **II the youth** N PL 青年人 qīngniánrén ▶ **in my youth** 在我的青年时(時)代 zài wǒ de qīngnián shídài

youth club N [c] 青年俱乐(樂)部 qīngnián jùlèbù [个 gè]

youthful ['ju:θful] ADJ [+ *appearance, enthusiasm etc*] 年轻(輕)的 niánqīng de; [+ *indiscretion*] 不成熟的 bù chéngshú de

youth hostel N [c] 青年招待所 qīngnián zhāodàisuǒ [个 gè]

you've [ju:v] = **you have**

YR (*Texting*) ABBR (= **your**) 你的 nǐ de

yr ABBR (= **year**) 年 nián

Yugoslavia [ju:gəu'slɑ:vɪə] N 南斯拉夫 Nánsīlāfū ▷ *in the former Yugoslavia* 在前南斯拉夫 zài qián Nánsīlāfū

YWCA N ABBR (= **Young Women's Christian Association**) (*hostel*) 由基督教青年会运营的供女子住宿的旅馆

Zz

Z, z [zɛd], *US* ziː] N [c/ʊ] *(letter)* 英语的第二十六个字母
Zambia ['zæmbɪə] N 赞(贊)比亚(亞) Zànbǐyà
Zambian ['zæmbɪən] **I** ADJ 赞(贊)比亚(亞)的 Zànbǐyà de **II** N [c] *(person)* 赞(贊)比亚(亞)人 Zànbǐyàrén [个 gè]
zany ['zeɪnɪ] ADJ 滑稽的 huájì de
zeal [ziːl] N [ʊ] 热(熱)情 rèqíng
zebra ['ziːbrə] N [c] 斑马(馬) bānmǎ
zebra crossing ['ziːbrə-] *(Brit)* N [c] 斑马(馬)线(線) bānmǎxiàn [条 tiáo]
zero ['zɪərəu] *(pl* **zero** *or* **zeroes)** **I** N **1** [ʊ/c] *(number)* 零 líng [个 gè] **2** [ʊ] *(nothing)* 没(沒)有 méiyǒu ▷ *Visibility at the city's airport came down to zero.* 这个城市机场的能见度降为零。Zhège chéngshì jīchǎng de néngjiàndù jiàng wéi líng. **II** ADJ 为(為)零的 wéilíng de ▸ **5 degrees below zero** 零下5度 língxià wǔdù
▸**zero in on** VT FUS 瞄准(準) miáozhǔn
zest [zɛst] N **1** [ʊ] *(enthusiasm)* 热(熱)忱 rèchén **2** [ʊ/s] *(excitement)* 兴(興)趣 xìngqù **3** [ʊ] [*of orange, lemon*] 外皮 wàipí ▸ **zest for life** 对(對)生命的热(熱)情 duì shēngmìng de rèqíng
zigzag ['zɪgzæg] **I** N [c] 弯(彎)弯(彎)曲曲的线(線)条(條) wānwān qūqū de xiàntiáo **II** VI 曲折前进(進) qūzhé qiánjìn
Zimbabwe [zɪm'baːbwɪ] N 津巴布韦(韋) Jīnbābùwéi
Zimbabwean [zɪm'baːbwɪən] **I** ADJ 津巴布韦(韋)的 Jīnbābùwéi de **II** N [c] *(person)* 津巴布韦(韋)人 Jīnbābùwéirén [个 gè]
Zimmer frame® ['zɪmə-] N [c] 齐(齊)默式助行架 Qímóshì zhùxíngjià
zinc [zɪŋk] N [ʊ] 锌(鋅) xīn
zip [zɪp] **I** N [c] *(Brit)* *(fastener)* 拉链(鏈) lāliàn [条 tiáo] [美 = **zipper**] **II** VT *(also:* **zip up**) 拉…的拉链(鏈) lā...de lāliàn
zip code *(US)* N [c] 邮(郵)政编(編)码(碼) yóuzhèng biānmǎ [个 gè] [英 = **post code**]
zipper ['zɪpə^r] *(US)* N [c] 拉链(鏈) lāliàn [条 tiáo] [英 = **zip**]
zit [zɪt] *(inf)* N [c] *(pimple)* 青春痘 qīngchūndòu
zodiac ['zəudɪæk] N ▸ **the zodiac** 黄(黃)道十二宫(宮)图(圖) huángdào shí'èr gōng tú
zone [zəun] N [c] *(area)* 地带(帶) dìdài [个 gè]
zoo [zuː] *(pl* **zoos)** N [c] 动(動)物园(園) dòngwùyuán [个 gè]
zoology [zuː'ɔlədʒɪ] N [ʊ] 动(動)物学(學) dòngwùxué
zoom [zuːm] VI **1** ▸ **to zoom past/along** 疾驰(馳)而过(過)/沿…疾驰(馳) jíchí ér guò/yán...jíchí **2** ▸ **to zoom in (on sth/sb)** *(Phot, Cine)* (对(對)准(準)某物/某人)拉近镜(鏡)头(頭) (duìzhǔn mǒuwù/mǒurén) lājìn jìngtóu
zoom lens ['zuːm-] N [c] 变(變)焦透镜(鏡) biànjiāo tòujìng [块(塊) kuài]
zucchini [zuː'kiːnɪ] *(pl* **zucchini** *or* **zucchinis)** *(US)* N [c/ʊ] 绿(綠)皮西葫芦(蘆) lùpí xīhúlu [个 gè] [英 = **courgette**]

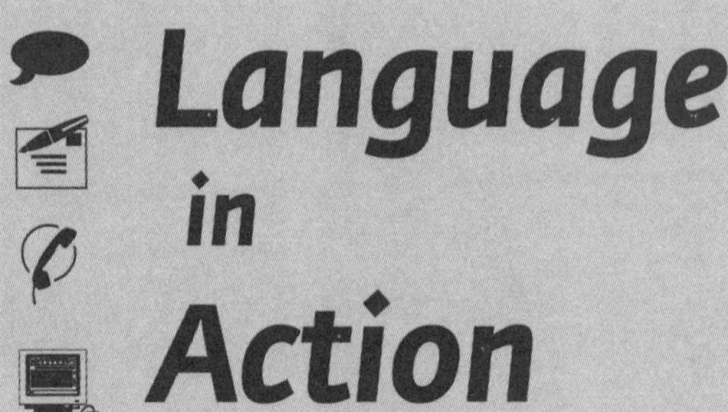
Language
in
Action

Chinese
in
Action

GREETINGS

▼ MEETING PEOPLE

- It is very important to use the appropriate form of greeting in China. As with other cultures, the way that you greet somebody will depend on whether you know them or whether they are a stranger. The most common greeting is:

  你好 (nǐ hǎo), *or*
  您好 (nín hǎo)

- The form 您好 (nín hǎo) is more formal and should be used when you want to show particular respect.

- Chinese people show great respect for the wisdom and experience of their elders. The senior people present will usually initiate the greetings, and you should greet the oldest, most senior person before any others.

▼ SOME TYPICAL GREETINGS

你好！(nǐ hǎo) *Hello!*
嗨！(hāi) *Hi!*
喂！(wèi) *Hello! (usually on the phone)*
早上好! (zǎoshang hǎo) *Good morning!*
早！(zǎo) *Morning!*
最近身体怎么样？(zuìjìn shēntǐ zěnmeyàng)
How have you been?
还不错，谢谢 (hái bùcuò, xièxie)
Fine, thanks.
好久不见! 最近还好吗？(hǎojiǔ bù jiàn! zuìjìn hái hǎo ma?)
Long time no see! How are you doing?
很好，谢谢，你怎么样？(hěn hǎo, xièxie, nǐ zěnmeyàng)
Very well, thank you, and you?
挺好的，多谢。(tǐng hǎo de, duōxiè)
Fine, thanks.
棒极了！(bàng jí le) *Great!*
一般。(yībān) *So-so.*

▼ CHINESE NAMES

- Chinese family names are placed first, followed by the given name. For instance, in the name "Zhao Li," "Zhao" is the family name, "Li" the given name. Family names usually consist of one syllable, whereas given names can have either one or two syllables.

- Chinese people call their close friends and family members by their given names. For example, "Ma Wenli" may be addressed by close friends as "Wenli."

CHINESE IN ACTION

GREETINGS

- In formal situations you should address Chinese people by their family name or full name and the appropriate courtesy title. Unlike English, professional, social, and family titles always follow the name:

  Mr. Liu would be 刘先生 (Liú xiānsheng)
  Mr. Li Nan 李楠先生 (Lǐ Nán xiānsheng)
  Mrs. Liu 刘夫人 (Liú fūrén)
  Miss Liu 刘小姐 (Liú xiǎojiě)
  Ms. Liu 刘女士 (Liú nǚshì)
  Dr. Ma would be 马医生 (Mǎ yīshēng)
  Professor Xu would be 徐教授 (Xú jiàoshòu)

- Chinese people will often address people by their surname followed by their job title, for example

  叶主任 (Yè zhǔrèn) Director Ye
  林老师 (Lín lǎoshī) Teacher Lin

- Most Chinese women continue using their maiden names even after marriage, but they may indicate their marital status by using 太太 (tàitai) or 夫人 (fūrén) with their maiden name.

- 小姐 (xiǎojiě) is a polite and common form of address for a woman. An older woman can be addressed as 大姐 (dàjiě).

- If you want to address a group of people formally – for example, at a meeting – you say 女士们先生们 (nǚshìmen xiānshengmen) meaning 'Ladies and Gentlemen' (or just 女士们 ('Ladies') or 先生们 ('Gentlemen') if the group is not mixed).

- When you are not sure about someone's name or title, you should address him or her as 先生 (xiānsheng) (Sir) or 女士(nǚshì) (Madam) or 小姐 (xiǎojiě) (Miss).

▼ INTRODUCTIONS

让我把你介绍给我的朋友们。(ràng wǒ bǎ nǐ jièshào gěi wǒ de péngyoumen) *Let me introduce you to my friends.*
我想让你认识一下我的丈夫。(wǒ xiǎng ràng nǐ rènshi yīxià wǒ de zhàngfu) *I'd like you to meet my husband.*
请允许我介绍一下到场的嘉宾。(qǐng yǔnxǔ wǒ jièshào yīxià dàochǎng de jiābīn) *Please allow me to introduce these distinguished guests.*
这是珍妮特。(zhè shì Zhēnnítè) *This is Janet.*

In response:
很高兴见到您。(hěn gāoxìng jiàndào nín) *Pleased to meet you.*
嗨，你好。(hāi, nǐ hǎo) *Hi, how are you doing?*

您好。(nín hǎo) *How do you do?*

- If you want to attract the attention of someone you do not know – for example, in the street or in a shop – you say 劳驾 (láojià).

▼ PARTING

- The most common way to say goodbye to someone is 再见(zàijiàn). Other alternatives are 回见 (huíjiàn) and 再会 (zàihuì).

再见！(zàijiàn) *Goodbye!*
再会！(zàihuì) *Bye!*
7点见。(qīdiǎn jiàn) *See you at seven.*
晚安！(wǎn'ān) *Good night!*
明天见！(míngtiān jiàn) *See you tomorrow!*
星期一见！(xīngqīyī jiàn) *See you on Monday!*
"回见!" "好，再会" (huíjiàn – hǎo, zàihuì) *'See you later.' – 'Okay, bye.'*

▼ BUSINESS CARDS

- Business/name cards are frequently used in business circles in China and will almost always be exchanged when meeting someone for the first time on business.
- Cards should be held in both hands when they are being offered or received. When receiving another person's card, you should take the time to look at it attentively before putting it away.
- Business cards are often printed in English on one side and Chinese on the other.

寰宇进出口有限责任公司

王长海 总经理

地址：北京市和平路15号
邮编：100082
电话：+8610 64446666
传真：+8610 64446688
E-mail: wangchanghai@huanyu.com

Huan Yu Import & Export Co. Ltd.

Wang Changhai General Manager

Address: No. 15 Heping Road, Beijing, China
Zip Code: 100082
Tel.: +8610 64446666
Fax: +8610 64446688
E-mail: wangchanghai@huanyu.com

TELEPHONE

▼ MAKING A PHONE CALL

- When Chinese people make a phone call, they ask for the person they wish to speak to by name. It is not the Chinese caller's habit to give their own name first when making or receiving a call.

- When answering the telephone the standard response upon picking up the receiver is 喂 (wèi).

- When giving telephone numbers, Chinese speakers normally read out the numbers one by one so that:

  020 7900 0283 would be read:

  零二零 七九零零 零二八三
  líng'èrlíng qījiǔlínglíng líng'èrbāsān

- When making a phone call, you might want to say:

喂？(wèi) *Hello?*
请问…在吗？(qǐngwèn...zài ma) *Could I speak to ... please?*
是…吗？(shì...ma) *Is that ...?*
我怎么拨外线电话？(wǒ zěnme bō wàixiàn diànhuà) *How do I make an outside call?*
…的区号是多少？(...de qūhào shì duōshao) *What is the code for ... ?*
我5分钟后打回来。(wǒ wǔ fēnzhōng hòu dǎ huílái) *I'll call back in 5 minutes.*
他回来时，可否让他给我回电话？(tā huílái shí, kěfǒu ràng tā gěi wǒ huí diànhuà) *Could you ask him to call me when he gets back?*
对不起，我拨错号了。(duìbuqǐ,wǒ bōcuò hào le) *Sorry, I must have dialled the wrong number.*
电话掉线了。(diànhuà diàoxiàn le) *We were cut off.*
线路很不清楚。(xiànlù hěn bù qīngchu) *This is a very bad line.*

- You might hear:

请讲。(qǐng jiǎng) *Speaking.*
请问您是哪位？(qǐngwèn nín shì nǎ wèi) *Who's speaking?*
请问您找哪位？(qǐngwèn nín zhǎo nǎ wèi) *Who would you like to speak to?*
请别挂断。(qǐng bié guàduàn) *Please hold (the line).*
没人接听。(méi rén jiētīng) *There's no reply.*
电话占线。(diànhuà zhànxiàn) *The line is engaged (Brit) or busy (US).*
请问您是哪位？(qǐngwèn nín shì nǎ wèi) *Who shall I say is calling?*
您要留言吗？(nín yào liúyán ma) *Would you like to leave a message?*

TELEPHONE

▼ AN EXAMPLE CONVERSATION

您好，这里是北京饭店。
Hello, Beijing Hotel.

请转二零一六房间分机，我找张先生。
Please could you put me through to room number 2016? I'd like to speak to Mr. Zhang.

好的，请稍等。
Hold on one moment, please.

他不在，您能帮我给他捎个话吗？
He doesn't seem to be in at the moment. Can I leave a message?

当然可以。
Of course.

请让他给约翰·史密斯回电话，电话号码是零零四四二零七三零六三八九二。
Could you ask him to call John Smith back? The phone number is 00442073063892.

好的。
Okay.

▼ USEFUL TELEPHONE VOCABULARY

打电话 (dǎ diànhuà) *make a phone call*
电话号码 (diànhuà hàomǎ) *phone number*
分机号码 (fēnjī hàomǎ) *extension number*
市话 (shìhuà) *local call*
长途电话 (chángtú diànhuà) *national call*
国际长途电话 (guójì chángtú diànhuà) *international call*

CORRESPONDENCE

▼ PERSONAL LETTERS

● Starting and ending a personal letter

Opening lines:
亲爱的妈妈: *Dear Mum*
小强: *Dear Xiao Qiang*

Closing lines:
祝身体健康! *Take care!*
祝万事如意! *All the best*

● Sample letter

Note the use of a colon after the recipient's name.

婷婷:

好久没给你写信了。近来还好吗？最近工作忙吗？你是否还在上夜校？

我工作还很忙，天天加班。但老板对我很好，晚上经常开车顺路送我回家。过两天公司放假，准备和同事一起去旅游。

先写到这儿吧，有空给你打电话。

祝
万事如意!

毛毛
2012年2月4日

i The date should be written after your signature.

● Useful expressions

真高兴收到你的来信。*It was lovely to hear from you.*
对不起, 没能及时给你回信，只因… *Sorry I didn't reply sooner but ...*
代我向…问好。*Give my regards to ...*
东东谨祝一切安好。*Dong Dong sends his best wishes.*
盼早日回信。*Looking forward to hearing from you.*

CORRESPONDENCE

▼ FORMAL LETTERS

● Starting and ending a formal letter

Opening lines:
致启者: *Dear Sir or Madam*
致有关人: *To whom it may concern*

Closing lines:
敬上 *Regards*
此致 敬礼! *Yours sincerely*

● Sample letter

长江商贸公司
山东省青岛市市南区香港中路16号 （250920）

王先生：

不胜感激您在10月14日的来信中确认收到旅游费的定金。

可否告知余款的到期日？根据贵方提供信息，全部款项应于本月定付讫，我将尽早支付其余款项。

此致
敬礼！

苏眉莉
2003年10月5日

i Note that the closing line is split over two lines.

● Useful expressions

现答复您…的来信。*In reply to your letter of ...*
有关… *With reference to ...*
收到您…来信不胜感激。*Thank you for your letter of ...*
我们荣幸地通知您… *We are pleased to inform you that ...*
我们很遗憾地通知您… *We regret to inform you that ...*
为…致信给您。*I am writing to you to ...*
如需详情，尽请与我联系。*If you require any further information, please do not hesitate to contact me.*
切盼回复。*I look forward to hearing from you.*

CHINESE IN ACTION

CORRESPONDENCE

▼ ADDRESSING AN ENVELOPE IN CHINESE

- You should start in the upper left hand corner with the addressee's post code. The address is written in the middle of the envelope, followed by the name of the addressee.

- Note that the address is written in the order:
  province, city
  street, house number
  addressee's name

- The sender's address and name, followed by their postcode, should be written in the lower right hand corner of the envelope.

- **Sample envelope**

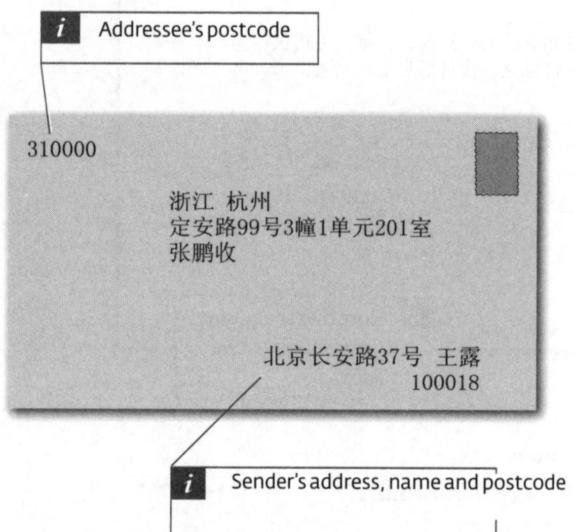

i Addressee's postcode
310000
浙江 杭州
定安路99号3幢1单元201室
张鹏收
北京长安路37号 王露
100018
i Sender's address, name and postcode

CHINESE IN ACTION

CORRESPONDENCE

▼ E-MAIL

- E-mail is becoming very popular in China, but it is important to check that the person you are writing to actually uses it. Many Chinese executives and officials have an e-mail address but do not check their mail very regularly.

- Business e-mails should be brief but not too familiar or chatty.

- **Sample e-mail**

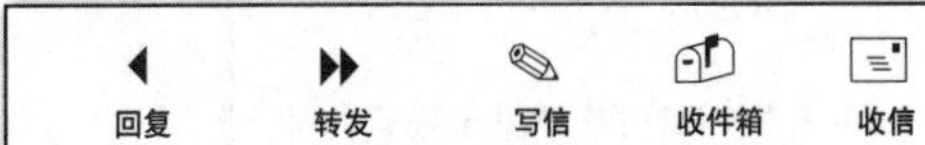

收件人：lili@cmail.com.cn

抄送：

主题：拓展产品系列讨论会

王经理:

根据近期的市场调研，我公司的彩电产品系列目前有些滞后于市场的发展需要，为提高企业竞争力，建议召开一次讨论会，共同商讨、制定相应措施。

会议时间暂定为2012年6月2日星期三下午2:00，地点在公司二楼小会议室。请通知相关人员准时参加。

如有问题，请尽早回复。

此致

敬礼!

张 力

收件人:	To:
抄送:	Cc:
主题:	Subject:

CHINESE IN ACTION

CVS AND COVERING LETTERS

▼ APPLYING FOR A JOB

- When applying for a job in China, the general principles of covering letters, CVs and interview etiquette should be followed.

- Your CV should be no longer than three pages.

▼ SAMPLE COVERING LETTER

尊敬的人事部经理：

从2012年5月22日的《中国青年报》招聘版上获悉贵公司国际部需要一名英语专业应届毕业生。我深感自己符合招聘广告上的各项要求，特申请这一职位。

我将于2012年6月获得北京技术大学文科硕士学位，并于7月份毕业，所学专业为商务英语。我本科阶段的专业为科技英语。多年对英语的专门研究使自己具有扎实的英语基本功，顺利通过了英语专业四级和八级考试，并且在TOEFL和GRE考试中也获得了较高的分数。

在校期间，除了认真完成学业外还积极参加各种实践、实习活动。我分别在惠普（中国）公司和中国技术进出口公司进行了实习，在工作过程中学以致用，进一步提高了英语水平，锻炼了处理实际问题的能力，增强了团队配合的意识。

读研究生之前，我在青岛贸促会全职工作的一年中，参加了多次贸易谈判，并参与组织了两届大型国际贸易洽商会，工作得到了领导和同事的一致肯定。

贵公司在外贸界很有声誉，欣闻你们的招聘信息，我郑重地递交简历一份（随信附上），如蒙给予面试机会，将不胜感激。

联系地址：北京技术大学外贸英语系 （100008）
手机：13503321245

此致

敬礼!

李 明
2012年5月23日

CHINESE IN ACTION

▼ SAMPLE CV

个人简历

求职意向:	外贸公司、外企、国家机关及其他能发挥个人潜力的机构		
姓名:	李明	性别:	男
出生年月:	1987年9月1日	健康状况:	良好
毕业院校:	北京技术大学	专业:	外贸英语
电子邮件:	liming@yahoo.com.cn	联系电话:	010-87656666，13503321245
通信地址:	北京技术大学外贸英语系		
邮编:	100008		

教育背景:

2009年9月—2012年7月 北京技术大学 外贸英语专业 文科硕士学位
2005年9月—2008年7月 北京技术大学 科技英语专业 文科学士学位

外语水平:

英语
* 基本技能: 听、说、读、写、口笔译能力
* 标准测试: 国家英语专业四、八级;TOEFL;GRE

法语
* 基本技能: 听、说、读、写、翻译能力

计算机水平:

编程、操作应用系统、网络、数据库

获奖情况:

2007年 北京市“优秀大学生”称号
2005年9月—2008年7月 一等奖学金

实践与实习:

2009年7月—2009年8月 惠普(中国)公司口、笔译工作
2010年5月—2011年5月 中国技术进出口公司

工作经历:

2008年7月—2009年8月 山东省青岛市贸易促进委员会

个性特点:

性格开朗，脚踏实地，乐于助人，善与人沟通

最喜欢的话:

有志者，事竟成

证明人:

王成 硕士论文导师 010-68997543
田刚 山东省青岛市贸易促进委员会主任 0532-6789432

i CVs often include a proverb as an expression of a salient feature of the applicant's personality.

NUMBERS

▼ CARDINAL NUMBERS

0 零 (líng)
1 一 (yī)
2 二 (èr)
3 三 (sān)
4 四 (sì)
5 五 (wǔ)
6 六 (liù)
7 七 (qī)
8 八 (bā)
9 九 (jiǔ)
10 十 (shí)
11 十一 (shíyī)
12 十二 (shí'èr)
13 十三 (shísān)
14 十四 (shísì)
15 十五 (shíwǔ)
16 十六 (shíliù)
17 十七 (shíqī)
18 十八 (shíbā)
19 十九 (shíjiǔ)
20 二十 (èrshí)
21 二十一 (èrshíyī)
22 二十二 (èrshí'èr)
23 二十三 (èrshísān)
24 二十四 (èrshísì)
25 二十五 (èrshíwǔ)
30 三十 (sānshí)
31 三十一 (sānshíyī)
40 四十 (sìshí)
50 五十 (wǔshí)
60 六十 (liùshí)
70 七十 (qīshí)
80 八十 (bāshí)
90 九十 (jiǔshí)
100 一百 (yībǎi)
101 一百零一 (yībǎi líng yī)
212 二百一十二 (èrbǎi yīshí'èr)
1,000 一千 (yīqiān)
1,001 一千零一 (yīqiān líng yī)
2,500 二千五百 (èrqiān wǔbǎi)
100,000 十万 (shíwàn)
1,000,000 一百万 (yībǎi wàn)
1,000,000,000 十亿 (shíyì)

▼ ORDINAL NUMBERS

1st 第一 (dì-yī)
2nd 第二 (dì-èr)
3rd 第三 (dì-sān)
4th 第四 (dì-sì)
5th 第五 (dì-wǔ)
6th 第六 (dì-liù)
7th 第七 (dì-qī)
8th 第八 (dì-bā)
9th 第九 (dì-jiǔ)
10th 第十 (dì-shí)
15th 第十五 (dì-shíwǔ)
20th 第二十 (dì-èrshí)
50th 第五十 (dì-wǔshí)
100th 第一百 (dì-yībǎi)
101st 第一百零一 (dì-yībǎi líng yī)
110th 第一百一十 (dì yībǎi yīshí)
1,000th 第一千 (dì-yīqiān)

▼ FRACTIONS AND PERCENTAGES

½ 二分之一 (èr fēn zhī yī)
⅓ 三分之一 (sān fēn zhī yī)
¼ 四分之一 (sì fēn zhī yī)
⅔ 三分之二 (sān fēn zhī èr)
0.5 零点五 (líng diǎn wǔ)
3.5 三点五 (sān diǎn wǔ)
6.89 六点八九 (liù diǎn bājiǔ)
10% 百分之十 (bǎi fēn zhī shí)
100% 百分之百 (bǎi fēn zhī bǎi)

CHINESE IN ACTION

DATE

▼ DAYS OF THE WEEK

星期一 (xīngqīyī)	Monday
星期二 (xīngqī'èr)	Tuesday
星期三 (xīngqīsān)	Wednesday
星期四 (xīngqīsì)	Thursday
星期五 (xīngqīwǔ)	Friday
星期六 (xīngqīliù)	Saturday
星期日 (xīngqīrì)	Sunday

▼ MONTHS OF THE YEAR

一月 (yīyuè)	January
二月 (èryuè)	February
三月 (sānyuè)	March
四月 (sìyuè)	April
五月 (wǔyuè)	May
六月 (liùyuè)	June
七月 (qīyuè)	July
八月 (bāyuè)	August
九月 (jiǔyuè)	September
十月 (shíyuè)	October
十一月 (shíyīyuè)	November
十二月 (shí'èryuè)	December

▼ TALKING ABOUT THE DATE

今天几号?	What's the date today?
今天星期几?	What day is it today?
今天是2004年1月20日。	It's the 20th of January 2004.
在20日	on 20th
1月1日	the first of January
在2月	in February
在2005年	in 2005
在十九世纪	in the nineteenth century
在九十年代	in the nineties

▼ WHEN?

今天	today
昨天	yesterday
明天	tomorrow
前天	the day before yesterday
后天	the day after tomorrow
昨天上午/下午/晚上	yesterday morning/afternoon/evening
明天上午/下午/晚上	tomorrow morning/afternoon/evening
第二天	the next day
每个星期六	every Saturday
下周日	next Sunday
上周二	last Tuesday

TIME

▾ WHAT TIME IS IT?

几点了? (jǐ diǎn le?)

1点
(yī diǎn)

1点15分 / 1点一刻
(yī diǎn shíwǔ fēn / yī diǎn yīkè)

1点25分
(yī diǎn èrshíwǔ fēn)

1点30分 / 1点半
(yī diǎn sānshí fēn / yī diǎn bàn)

1点45分 / 2点差一刻
(yī diǎn sìshíwǔ fēn / liǎng diǎn chà yī kè)

1点50分 / 2点差10分
(yī diǎn wǔshí fēn / liǎng diǎn chà shí fēn)

上午9点 / 晚上9点
(shàngwǔ jiǔ diǎn / wǎnshang jiǔ diǎn)

中午12点 / 凌晨零点
(zhōngwǔ shí'èr diǎn / língchén líng diǎn)

▾ USEFUL EXPRESSIONS

几点开始? What time does it start?
20分钟后 in twenty minutes
大约在8点钟 at around eight o'clock
上午 in the morning
下午 in the afternoon
傍晚 in the evening

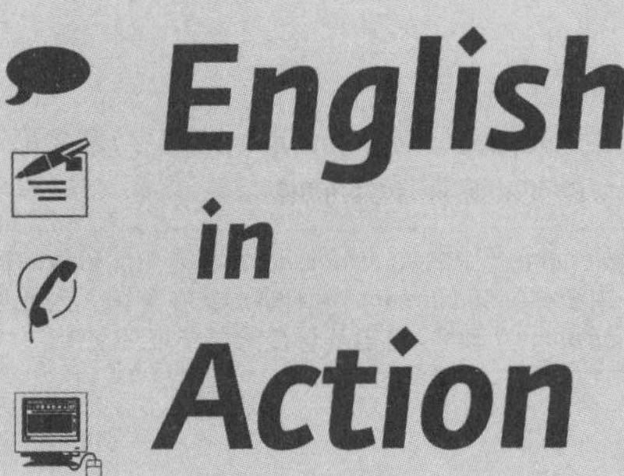
English
in
Action

▼ 姓名和称谓

姓名

在说英语的国家中，姓名是由父母取的 *first name*（名字）和父母双方或一方的 *surname*（姓氏）组成。*forename* 即 *first name*。

> *i* 许多人还有 *middle name*（中名）。*middle name* 也是由父母取的，通常用缩略形式，而不用全称。*middle name* 用缩略形式在美国尤为常见：*John F Kennedy*。*Christian name*（教名）是指基督徒给孩子取的名字。

姓名缩写

initials（姓名缩写）是由某人的 *first name, middle name* 和 *surname* 的第一个字母的大写形式组成。例如，如果某人的全名是 *Elizabeth Margaret White*，她的姓名缩写即为 *EMW*。在某些商务和银行业环境中，她可以自称或被称为：*E.M. White*。
作者的姓名通常用 *initials*：*J.K. Rowling, E.M. Forster*。

先生、夫人等

如果某人不是你的朋友，你可以用头衔加姓氏礼貌地称呼他。*Mr*（先生）用于男士的姓氏前。已婚女士被称为 *Mrs*（夫人），未婚女士使用 *Miss*（小姐）或 *Ms*（女士）。

Mr Nichols can see you now.（用于办公室会话）

人们有时也用这种比较礼貌的方式称呼比自己年长的人。

We'd better let Mrs Townsend know.
Perhaps you should invite Mr Thomson as well.

> *i* 过去，已婚的女性总是改用夫姓。如今，一些女性婚后仍延用自己的姓氏。如果不清楚一位女士是否已婚，可使用称呼 *Ms*。一些较年轻的女性更倾向于使用 *Ms*，而不是 *Mrs* 或 *Miss*，但是较年长的女性则不喜欢使用 *Ms* 这一称呼。

知名人士

一般只用姓氏来称呼作家、作曲家、艺术家和其他知名人士。

the works of Shakespeare
the paintings of Van Gogh

昵称

人们常用 *nickname*，名字的非正式形式，来称呼他人，在会话中更是如此。许多名字都有约定俗成的简短形式。例如，如果某人的名字是 *James*，人们可以称他为 *Jamie*，*Jim* 或 *Jimmy*。

日常交流

▼ 称呼他人

称呼不认识的人

- 如果你想引起某个不认识的人的注意 —— 比如，在大街上或在商店里 —— 通常说 *Excuse me*。

  Excuse me. You've dropped your scarf.
  Excuse me. I think I'm next.

- 在现代英语中，*Mr*，*Mrs*，*Miss* 和 *Ms* 作为头衔， 只用在姓氏前，而不能单独使用。*gentleman* 或 *lady*，*sir* 或 *madam* 也都不能单独用来称呼不认识的人。*sir* 或 *madam* 通常是商店中的工作人员用于招呼顾客时才用的礼貌性称呼。

> **i** 在正式的场合称呼一群人 —— 例如，开会时 —— 可用 *ladies and gentlemen*。如果是性别单一的一群人，可以只称呼 *ladies* 或 *gentlemen*。
> *Good evening, ladies and gentlemen.*

称呼认识的人

- 如果你知道对方的姓氏，你可用头衔（通常是 *Mr*，*Mrs* 或 *Miss*）加姓氏称呼他们。这种用法相当正式。初次见面，或在电话中与你不认识的人交谈时，你会使用这种称呼方式。

  Thank you, Mr Jones.
  Goodbye, Dr Kirk

- 在英国、美国、澳大利亚等国的工作场所中，人们通常直呼名字，甚至对老板也是如此。在学校里，学生通常用 *Mr*，*Mrs* 或 *Miss* 加上姓氏称呼老师。在许多日常会话中，除非你想特别指明说话的对象，否则根本不用提及对方的姓名。

  What do you think, John?
  Are you going to the meeting with the new Finance Director?

> ⚠ 在 *Mr*， *Mrs* 和 *Miss* 后，只能加姓氏，而绝对不能加名。

ENGLISH IN ACTION

日常交流

▼问候

与人打招呼

- 与人打招呼通常用*hello*。这个词既非太正式，又不会太随便，适用于大多数场合。在 *hello* 的后面，通常加上对方的名字或寒暄的话。

  'Hello, Tina.' — 'Hello. How are you today?'
  Hello, John. Had a good day?

- *hi*或*hiya*是更为随便的问候方式，在年轻人中以及美式英语中尤为常用。

  Hiya, Tommy. How are you doing?

- 若要以正式方式问候他人，所用的词要视一天里的具体时间而定。

  中午12点钟之前说 *good morning*。

  Good morning, Mr Wright. How are you today?

  中午12点钟和6点钟之间说 *good afternoon*，6点之后人们说*good evening*。

  Good afternoon. Could I speak to Ms Duff, please?
  Good evening. I'd like a table for four, please.

在拨打正式电话，以及与政府官员、商界人士等会面时，通常使用这些问候形式。

> ⚠ 只有晚间与人告别，或当自己或他人上床睡觉之前，才能说 *good night*。它不能用来问候别人。
> *good day* 在英式英语中是一种已经过时，并且相当正式的说法，但在美式英语和澳大利亚英语中仍较为常见。

- 如果某人说 *How are you?*，你可以简单地回答 *Very well, thank you.* 或 *Fine, thanks.*。你也可以礼貌地反问一声 *How are you?*，或更随便些 *And you?*。

  'Hello, John. How are you?' — 'Fine, thanks, Mark. And you?'

- 在见面问候或告别时显得热情而有礼貌，人们有时说 *Nice to see you.*。

  'Hello, it's nice to see you again. How are you?' – 'Nice to see you too, Mr Bates.'

日常交流

特别的日子

- 在某人的生日见到其人时，可以说 *Happy Birthday!* 或 *Many happy returns!*。
- 在圣诞节见到别人时，可以说 *Merry Christmas!* 或 *Happy Christmas!*。
- 在新年，你可以祝愿人们 *Happy New Year!*。

分别

- 与人分别时，说 *goodbye*。这种表达方式有点正式。

  'Goodbye, John,' Miss Saunders said.

- *bye* 是更常用的告别方式，而且比较随便。

  See you about seven. Bye.

- *bye-bye* 的语气更加随便，它用于关系密切的亲戚和朋友之间，以及向小孩子道别时。

  Bye-bye, dear. See you tomorrow.

> **i** 道晚安时，可以用 *goodnight* 或 *night*。
> *Well, I must be going. Night, John.*
> *I'm off to bed. Goodnight, everyone.*

- 如果你认为很快能再次见到对方，可以说 *See you later.*。

  'See you later.' – 'Okay, bye.'
  See you on Monday.

- 许多讲美式英语的人会用 *have a nice day* 向他们不太熟识的人道别。例如，在商店或酒店中工作的人员会对顾客这样说。

> ⚠ 在现代英语中，*good morning*，*good afternoon* 和 *good evening* 不用于告别。

> **i** 在正式场合，比如商务会议，人们通常用握手以示问候或道别。在不太正式的场合下表示问候或道别，男士们也会握手，或者，互相轻拍后背或肩膀，而女士们则常常亲吻女性或男性亲友。在问候或道别时，你也可以只用上述表达方式而不使用任何肢体动作，如握手、拍肩或是亲吻。

▼ 自我介绍和介绍他人

自我介绍

- 与陌生人初次见面，在自我介绍时，可以告诉对方你的姓名或介绍你是谁。你需要先说 *hello* 或其他客套的话。

  'Hello. I'm Harry,' said the boy.

  'I don't think we've met, have we? Are you visiting?' – 'Yes, I'm Peter Taylor.'

- 如果想显得正式些，则说 *May I introduce myself?*。

  May I introduce myself? I'm Dr Anderson.

> **i** 初次见面说 *How do you do?*，是一种极为正式，并且已经过时的表达方式。正确的回答也应是 *How do you do?*。
>
> *'I'm Nigel Jessop. How do you do?' – 'How do you do? I'm Alison Vere.'*

介绍他人

- 在介绍从未谋面的人相互认识时，说 *This is ...*。介绍时，使用何种姓名形式可以视场合的正式程度而定（见第2页）。

  This is Shirley, Mr McKay. Shirley, this is Mr McKay.

- 如果需要正式些，则说 *I'd like to introduce ...*。

  Mr Anderson, I'd like to introduce my wife.

- 比较随意的介绍某人的方式是 *I don't think you know ..., do you?*。

  'I don't think you know Ann, do you?' – ' No, I don't think we've met. How are you?'

> ⚠ 用手指指着别人介绍是很无礼的行为。但是，可以用手指指着物品或指示方向。

对介绍的应答

- 当你被介绍给对方后，你们双方都互道 *hello*。

  'Francis, this is James.' – 'Hello, Francis. How are you?'

- 如果双方都很年轻，而且不是在很正式的场合，可以说 *hi*。

  'Jan, this is my boyfriend Jeff.' – 'Hi, Jeff.'

日常交流

▼ 邀请

邀请某人做某事

- 通常，礼貌地邀请某人做某事，应说*Would you like to ...?*。

  Would you like to come to my party on Saturday?
  Well, would you like to comment on that, Tessa?(在会议或讨论中)

- 另一种礼貌的邀请形式是，祈使句与*please*连用。这种形式多由处于主导位置的一方使用。

  Please help yourself to a drink.
  Sit down, please.

- 也可用*How would you like to ...?*或*Why don't you ...?*间接地邀请某人，或用以*how about*开头的问句邀请。

  How would you like to come and work for me?
  Why don't you come to the States with us in November?
  How about coming to stay for a few days?
  How about some lunch?

> *i* 如果应邀到某人家中做客，通常要带小礼物，比如鲜花或蛋糕。如被邀请就餐，大多数人会顺便带一瓶酒。主人通常会当面打开礼物。

回应邀请

- 如果接受邀请，就说*thank you*。如果更加随便的话，就说声*thanks*。

  'You could borrow our tent if you'd like.' – 'Thank you. I'll come round and pick it up some time.'

  也可加一句*Yes, I'd love to.*或*I'd like that very much.*。

  'Won't you join me for lunch?' – 'Thanks, I'd like that very much.'

- 如果拒绝邀请，不愿拜访某人或随某人去某地，则说*I'm sorry, I can't.*。如果想解释原因，则用*I'm afraid ...*或*I'd like to but ...*，再加上原因。

  'Can you come and spend the day with me on Sunday?' – 'Oh, I'm sorry. I can't.'
  'We're having a party on Saturday. Can you come?' – 'I'm afraid I'm busy.'
  'Would you like to stay for dinner?' – 'I'd like to but I can't tonight.'

日常交流

▼ 感谢他人

表示感谢

- 如果别人刚刚为你做了某事，或送给你某物，表示感谢的常用方式是说*thank you*，或更随意地说声*thanks*。

  'Don't worry. I've given you a good reference.' – 'Thank you, Mr Dillon.'
  'There's your receipt.' – 'Thanks.'（在商店）

- 人们常常加上*very much*以加强语气。

  'Here you are.' – 'Thank you very much.'

  你也可以说*Thanks a lot.*（但不能说*Thank you a lot.* 或*Thanks lots.*）。

  'I'll ring you tomorrow morning.' – 'OK. Thanks a lot.'

- 如果需要解释为何感谢对方，则说*Thank you for ...* 或*Thanks for ...*。

  Thank you for the earrings, Dad.
  Thanks for helping out.

  在信中感谢某人（见第19页），一般都说 *Thank you for ...*。

  Dear Madam, Thank you for your letter of 5 June.

  在正式的商务信函中，可以用*I am grateful for ...*。

  I am grateful for your prompt reply to my request.

  如果是给朋友的信，则用*Thanks for ...*。

  Thanks for writing.

> **i** 你会听到一些讲英式英语的人说 *cheers* 或 *ta* 表示感谢，这是非正式的表达方式。

如果某人请你吃东西，表示拒绝时，可以说 *No, thank you.* 或*No, thanks.*（不能只说*Thank you.*）。

'Would you like a coffee?' – 'No, thank you.'

如何回答感谢

- 如果某人因你帮忙而表示感谢，则应回答*That's all right.* 或*That's OK.*。

  'Thank you, Charles.' – 'That's all right, David.'

  如果想显得既礼貌又友好，可以说*It's a pleasure.* 或*Pleasure.*。

  'Thank you very much for talking to us about your research.' – 'It's a pleasure.'

ENGLISH IN ACTION

日常交流

▼道歉

致歉

- 如果打扰了某人或麻烦了某人，有多种道歉方式。最常用的是*sorry*或*I'm sorry*。

  'Stop that, you're giving me a headache.' – 'Sorry.'
  Sorry I'm late.

  可以在*I'm sorry*中加上副词*very*，*so*，*terribly*或*extremely*，加强语势。

  I'm very sorry if I worried you.
  I'm terribly sorry but I have to leave.

> **i** 当不小心做了某事，例如踩了某人的脚，可以说*sorry*或*I'm sorry*。讲美式英语的人则说 *excuse me*。

- 当打搅了某人或打断了某人的工作时，用*Excuse me, I'm sorry to disturb you.*。这是礼貌的道歉方式。

  Excuse me for disturbing you at home.
  I'm sorry to disturb you but I need your signature.

- 如果想请某人让一下路，或想同陌生人讲话时，可以用*excuse me*。一些说美式英语的人则会说*pardon me*。

  Excuse me, but is there a good restaurant near here?
  Excuse me, do you mind if I squeeze past you?
  Pardon me, Sergeant. I wonder if you'd do me a favor? (美)

- 如果因需要做某事而不得不离开片刻，例如在商务环境中，或与不太熟识的人在一起时，也可以说*Excuse me*。

  Excuse me for a moment. I have to make a telephone call.

> **i** 如果做了令人尴尬或失礼的事时，譬如打饱嗝、打嗝、打喷嚏或吃东西时发出声音，应该道歉。人们通常会说*excuse me*或*I beg your pardon*。

接受道歉

- 接受道歉通常有固定的表达形式，例如*That's okay.*，*Don't worry about it.*，或 *It doesn't matter.*。

  'I'm sorry.' – 'That's okay.'
  'I apologize for what I said.' – 'Don't worry about it.'
  'I'm sorry to ring so late.' – 'I'm still up. It doesn't matter.'

▼请某人重复所说过的话

- 让某人重复所说的话时，通常用固定的简短表达方式，例如*Sorry?*，*I'm sorry?*，或*Pardon?*。这些都是非正式的说法。

  'Have you seen the guide book anywhere?'
  'Sorry?'
  'The guide book.' (英)

  在美式英语中，通常用 *Excuse me?* 或 *Pardon me?*。

  'How old is she?'
  'Pardon me?'
  'I said how old is she?' (美)

- 也可用*wh-*开头的特殊疑问词，核对对方所说过的部分内容。

  'Can I speak to Nick, please?'
  'Who?'
  'Nick.'
  'We're going to Spain in April.'
  'Where?'
  'Spain.'

> ⚠ 当与不太熟识的人说话时 —— 例如，在电话中 —— 使用稍长一些的表达形式，譬如 *I'm sorry, I didn't quite catch that.* 或 *I'm sorry, would you mind repeating that, please?*。
>
> *'What about tomorrow at three?'*
> *'I'm sorry, would you mind repeating that, please?'*
> *'I said, what about meeting tomorrow at three?'*

▼ 许可

请求许可

- *Can I ...?*用于请求许可做某事。

  Can I put the heating on? I'm cold.

  *Could I ...?*更礼貌些。若要显得愈加礼貌，例如在电话中或在商务环境中，则加上*please*。

  Could I stay at your place for a bit, Rob?
  Good afternoon. Could I speak to Mr Duff, please?

- 用*Would it be all right if I ...?* 或*Would it be all right to ...?*一类的表达形式，比较间接地请求许可。

  Would it be all right if I used your phone?
  Would it be all right to take one of these brochures?

  在不太正式的情况下，可以说 *Is it okay if I ...?*

  Is it okay if I smoke?

  更加礼貌的方式是说*Do you mind if I ...?* 或*Would you mind if I ...?*。

  Do you mind if we speak English?
  Would you mind if I just asked you a few questions?

> *i* 在英国和美国，许多人不喜欢别人抽烟，所以当在某人家中做客或与他人外出时，在抽烟前先征求对方许可是非常礼貌的做法。

准许某人的请求

- 在非正式的场合，可以只说OK 或*all right*。

  'Could I have a word with you, please?' – 'OK.'

- *sure*语气稍微强些，且用于美式英语。

  'Can I go with you?' – 'Sure.'

- *of course*和 *by all means*比较正式，语气也较强。

  'Could I make a telephone call?' – 'Of course.'
  'Can I come too?' – 'By all means.'

拒绝请求

- 拒绝某人请求最常用的方式是用*Sorry*，*I'm sorry*或*I'm afraid not*等，然后解释原因。

  'Could I see him for a few minutes?' – 'I'm sorry, you can't. He's very ill.'

▼ 同意和不同意

寻求赞同

- 反问句可以用来询问某人是否同意自己的说法。使用反问句，通常是期望他人同意自己的观点。

  That's an extremely interesting point, isn't it?
  The film was really good, wasn't it, Andy?
  Property in London is quite expensive, isn't it?

- 在表示喜欢或不喜欢某事，或认为某事是对是错后，可以用反问句 *don't you?* 寻求对方的赞同。代词 *you* 重读。

  I love these shoes, don't you?
  I think it would be best if I left, don't you?

表示同意

- 表明赞同某人或某事最简单的方式，是说 *yes*。人们常常用 *mm* 来代替 *yes*。

  'You like jazz, don't you?' – 'Yes.'
  'She's a bit strange, isn't she?' – 'Mm.'

  可以在 *yes* 后面加上适当的动词形式。

  'I was really rude to you at the party.' – 'Yes, you were.'

  也可以在 *yes* 后面跟一个反问句。

  'That car's fantastic!' – 'Yes, it is, isn't it?'

⚠ 如果对某个带有否定词的陈述表示同意，应说 *no* 而不是 *yes*。
'She's not a very nice person.' - 'No.'

- 在表示同意某事是事实时，可以用以下表达方式 *That's right.*，*That's true.* 或 *True.*。

  'I'll have more to spend then.' – 'Yes, that's true.'

i *I agree* 是相当正式的表达方式。
'The whole thing's a disaster.' – 'I agree.'

- 当某人说出他所喜欢的事物或他的想法时，可以用 *So do I.* 或 *I do too.* 来表明自己同意他的观点。

  'I find that amazing.' – 'So do I.'
  'I love champagne.' – 'Yes, I do too.'

  如果对某人带有否定的观点表示同意时，则可以说 *Neither do I.* 或 *I don't either.*。

  'I don't like him.' – 'Neither do I.'

- 可以用 *absolutely* 这样的表达方式来表示完全同意，语气强烈。

  'I thought her performance was brilliant.' '– Absolutely.'

  如果表示同意，但并不完全同意某人的观点时，可以说 *I suppose so.* 或 *I suppose not.*。美式英语用 *I guess so.*。

  'Some of these places haven't changed a bit.' – 'I suppose not.' (英)

> **i** 你会发现，说英语国家的人们常运用面部表情、手势或其他肢体动作，来强调同意或不同意，或发表看法。其中最常见的是，上下点头表示同意或允许某人做某事，左右摇头表示不同意或不允许做某事。

表示不同意

- 人们通常避免说 *no*，不直接表示完全不赞同，以此显得比较礼貌。人们用 *I don't think so.* 和 *Not really.* 等表达方式使不赞同的话听上去柔和些。

  'You'll change your mind one day.' – 'Well, I don't think so.'
  'That sort of holiday must be really expensive.' – 'Well, not really.'

- 人们常常先说 *yes* 或 *I see what you mean*，然后再用 *but* 引出表示反对的观点。

  'It's a very clever book.' – 'Yes, perhaps, but I didn't like it.'

- 在正式场合，可以使用以下任何一种表达方式：

'She was a brilliant prime minister.' – 'I totally disagree.'
'University education can divide families.' – 'I can't go along with that.'
'We ought to be asking the teachers what they think.' – 'With respect, shouldn't you be asking the students too?'

▼ 反应

有几种对听到和看到的事作出反应的方式表达。

感叹句

- 感叹句常用来表达对某事的反应。

  Wonderful!
  Oh dear!
  That's awful!

- 有时用 *how* 和 *what* 引出感叹句。*how* 一般与形容词连用，并且形容词后没有其他句子成分。

  'He never rang, even though he said he would.' – 'How strange!'

  what 用于名词前。如果用单数可数名词，则必须在 *what* 后面加不定冠词 *a*(或 *an*)。

  'I can't come on Saturday. I've got to work.' – 'What a shame!'
  What an awful thing to say!

表示惊奇或感兴趣

- 表示惊奇可以用 *Really?*，或其他简短的固定表达方式，譬如*good heavens*。

  'It only takes 35 minutes to get into town from my house.' – 'Really?'
  Good heavens, is that the time?

⚠ *Good God* 和 *My God* 是相当常见的表达方式，语气强烈。因为这可能会冒犯信仰宗教的人，所以应该慎用。

- 反问句可用于表示惊奇或感兴趣。

  'He goes swimming every day.' – 'Does he?'

- *that's ...* 或 *how ...* 可与形容词连用，例如 *strange* 或*interesting*，用于表示惊奇或感兴趣。

  'He said he hated the place.' – 'How strange! I wonder why.'
  'They both say they saw a light in the sky.' – 'How interesting.'

表示愉快

- 可以用 *That's great.* 或 *That's wonderful.* 等表示对某个情形或某人所说的话感到高兴。

  'I've booked the flights.' – 'Oh, that's great.'

- 你也可单独使用形容词，例如*Wonderful.*。

  'We can give you an idea of what the final price would be.' – 'Wonderful.'

表示如释重负

- *Oh good.* 或 *That's all right then.* 用于表达听到某事感到松了口气。

  'I think he'll understand.' – 'Oh good.'
  'Are the earrings all right?' – 'They're perfect.' – 'Good, that's all right then.'

- 也可以说 *That's a relief.* 或*What a relief!*。

  He didn't seem to notice.' – 'Well, that's a relief.'

- *thank God* 或 *thank goodness* 之类的表达方式可用于表示如释重负。

  Thank God you're safe!
  'I've found your passport.' – 'Thank goodness for that.'

表示恼怒

- 可以用 *Oh no!* 来表示恼怒。也可以说 *That's a nuisance.* 或*What a nuisance.*。

  'I don't know if we'll make it to the airport in time.' – 'Oh no!'
  'I'm sorry. He's just left.' – 'What a nuisance!'

⚠ 你可能会听到有人用骂人的话表示恼怒，但你不能这么说，因为，听上去特别粗鲁无礼。

ENGLISH IN ACTION

表示失望或忧虑

- 可以用 *Oh dear.*，*That's/What a pity.* 或 *That's/What a shame.* 来表达失望、烦乱之情。

  Oh dear. I wonder where they are.
  'I'm leaving New York tomorrow.' – 'That's a shame.'

- 如果非常心烦，则说 *Oh no!*。

  'John's had a nasty accident.' – 'Oh no! What happened?'

表示同情

- 当某人告诉你发生在他们身上不好的事情时，可以说 *Oh dear.*。

  'It was pouring with rain.' – 'Oh dear.'

  也可以用 *how* 加一个恰当的形容词。

  'We couldn't even see the stage.' – 'Oh, how annoying.'

  也可以说 *What a pity.* 或 *What a shame.*。

  'The journey took us four hours.' – 'What a shame.'

- *I'm sorry to hear that.* 显得比较正式。

  'I was ill last week.' – 'I'm sorry to hear that.'

- 如果所发生的事情非常严重，可以说 *I'm so sorry.* 或 *That's terrible.*。

  'You remember my sister? Well, she died last month.' – 'I'm so sorry.'
  'I've just lost my job.' – 'That's terrible.'

  如果某人未能做成某事，你可以说 *Bad luck.* 或 *Hard luck.*，暗示失败并非他们的过错。

  'I failed my driving test again.' – 'Oh, bad luck.'

▼写信该如何开头和结尾

给公司或组织机构的信件

称谓	结束语
Dear Sir *Dear Madam* *Dear Sir or Madam* *Dear Sirs* (英)/*Gentlemen* (美)	*Yours faithfully* (英) *Yours truly* (美)

如果是非常正式的信件，或不知道收信人的姓名，对男士用 *Dear Sir*，对女士则用 *Dear Madam*。如果不确定收信人的性别，写 *Dear Sir or Madam* 是最保险的。如果是写给公司而不是个人时，在英式英语中用 *Dear Sirs*，在美式英语中用 *Gentlemen*。

写给已知姓名的个人正式信件

称谓	结束语
Dear Ms Roberts *Dear Dr Jones* *Dear Professor Honeyford*	*Yours sincerely* (英) *Sincerely yours/Yours truly* (美)

结尾可用下列表达方式，显得不那么正式：

Yours
Kind regards
(With) best wishes

给朋友或熟人的信件

称谓	结束语
Dear Jeremy *Dear Aunt Jane* *Dear Granny* *Hi Josh*	*All the best* *Love (from)* *Lots of love (from)* *All my love*

男士给男士写信时，不常用 *Love*，*All my love* 和 *Lots of love*，而多用 *Yours*，*Best wishes* 或 *All the best* 一类的表达方式。

电子邮件

尽管有时也需要用电子邮件发送正式信函，但是，当人们写电子邮件时，普遍比写信要随意。信件的开头和结尾方式同样适用于电子邮件。

信件和电话

> *i* 人们在给关系亲密的朋友或男/女朋友写信或电子邮件时，往往在落款后加几个X。X代表吻。

▼ 英国地址

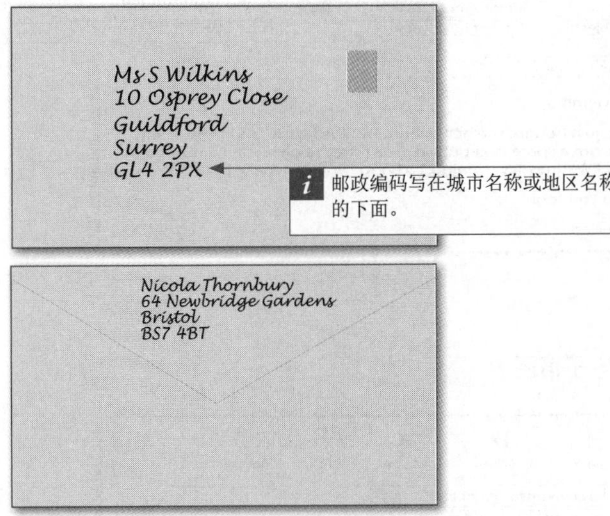

▼ 美国地址

Mark Smith
968 Michigan St
Seattle WA 98060-1024
USA
i 邮政编码写在城市名称和州名之后，州名用缩略形式。

- 寄往海外的信件通常要写发件人的地址。发件人的地址写在信封的背面，并在地址前加注 sender 或 from。
- 称呼通常由收信人的头衔、名字的首字母及姓氏组成：

Ms S Wilkins
Dr P Smith

- 如果是非正式书信，可以只写收信人的名和姓：

Sarah Wilkins

- 如果收信人是已婚的夫妇，通常只写男方名字的首字母：

Mr and Mrs G T Black

ENGLISH IN ACTION

▼给朋友的电子邮件

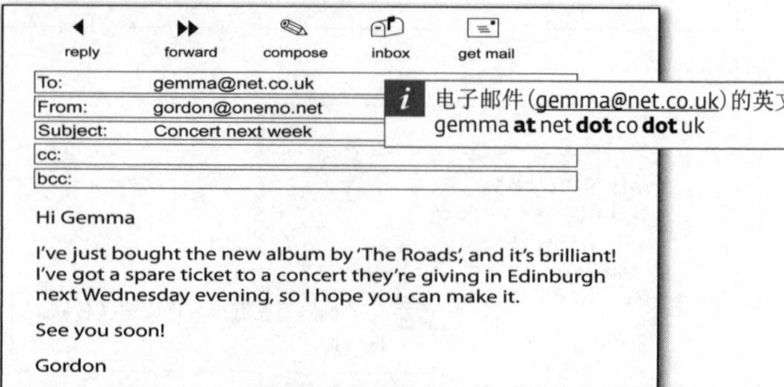

I've just bought the new album by 'The Roads', and it's brilliant! I've got a spare ticket to a concert they're giving in Edinburgh next Wednesday evening, so I hope you can make it.

i 电子邮件(gemma@net.co.uk)的英文读法为: gemma **at** net **dot** co **dot** uk

▼商业电子信函

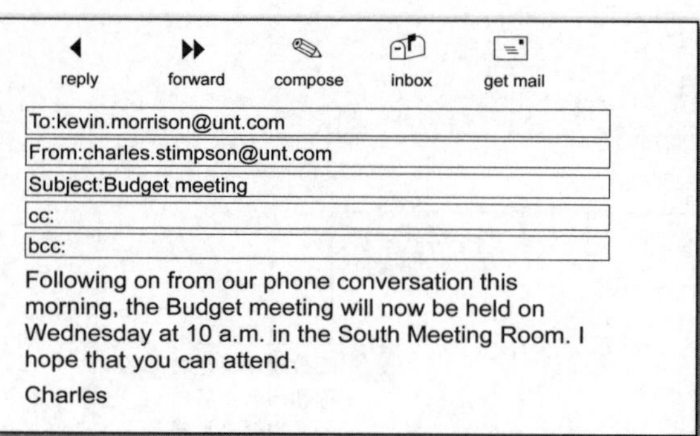

reply
forward
compose
inbox
get mail
From: gordon@onemo.net
Subject: Concert next week
To:kevin.morrison@unt.com
From:charles.stimpson@unt.com
Subject:Budget meeting
cc:
bcc:
Following on from our phone conversation this morning, the Budget meeting will now be held on Wednesday at 10 a.m. in the South Meeting Room. I hope that you can attend.
Charles

重点词组

To	收件人	Send	发送
From	发件人	Forward	转发
Subject	主题	Reply	答复发件人
Cc	抄送	Compose	撰写
Bcc	密件抄送	Delete	删除
Attachment	附件		

信件和电话

▼ **感谢信（英式）**

> *i* 在非正式信件中，地址和日期写在右上角，或只写日期。参见第45页日期的写法。

41 Mallard Crescent
Leeds
LS6 9BR

2 January 2011

Dear Tom and Lucy

Thank you for the lovely Christmas presents you sent me. The scarf is beautiful and the book is just what I wanted. As you know, J K Rowling is my favourite author.

I hear you're off to Spain soon. I'm so envious! I haven't got any holidays planned, but I'm going to London next weekend to see my aunt and uncle.

Thanks again for the presents, and have a great time in Spain. Don't forget to send me a postcard!

Lots of love

Carolyn

重点词组

可以用下列方式开头：
It was lovely to hear from you.
Thanks for your letter.
Sorry I haven't written sooner.
It was great to see you last weekend/week/Monday.

可以用下列方式结尾：
Write soon.
Look forward to seeing you soon.
Give my regards to Sally.
Julia sends you a big hug.

▼给笔友的信

14 Glebe Avenue
Bristol
BR6 7AL

14 August 2011

Dear Xiao Ming

I'm so excited to have a Chinese pen pal! I'm hoping to learn lots about your country and the way you live from your letters.

I thought I would start by telling you a few things about myself. I'm 14 years old and live with my mum and dad and my little sister, Jenny, in a city in the south of England. Our house has three bedrooms and a big garden. We have two cats who are quite old now and sleep all the time. My best friend, Jack, lives next door.

My school isn't far from the house, so I can walk there when it isn't raining. My favourite subjects are languages and geography. I'd like to learn to speak a few words in Chinese. Can you teach me something?

What sorts of things do you like doing in your spare time? I like playing on the computer and watching football. Mum says I should get more exercise!

Please write back soon and tell me all about yourself and your family. I can't wait to hear from you!

All the best

Nick

• 重点词组

I'm hoping to ...
... a few things about myself/you ...
What sorts of things ... ?
I can't wait to hear from you

1386 Pine Boulevard
Los Angeles, California
20015

May 25, 2011

> *i* 以英式风格写信的人，在*Dear*... 后面加逗号或不加任何标点。以美式风格写信的人，则在*Dear*... 后面加冒号。参见第2页有关姓名和头衔的内容。

Dear Julia:
How are things? I'm sorry I haven't written earlier but I've been so busy moving into my new apartment.

It's my birthday on June 14 and I'm having a party to celebrate. Can you come? It starts at 7 p.m. and will probably end around midnight. There'll be food but please bring a bottle! If you'd like to stay the night, I have plenty of room and it will give us a chance to catch up on each other's news.

I hope you'll be able to come and look forward to hearing from you soon.

Love

Marie

▼酒店预订函(英式)

26 Guanghua Road
Chaoyang District
Beijing 100027
China

Mrs Elaine Hudson
Manager
Poppywell Cottage
Devon
DV3 9SP

23rd June 2011

> *i* 在商务信函的右上角，写上发信人自己的地址，但不要写发信人的姓名。日期紧跟在收信人地址的下一行。在信纸的左上角，通常在日期的下一行，写上收信人的姓名和 / 或职务头衔。如果使用带信头的信纸，日期写在收信人地址的上一行上或下一行，或写在信纸的右上角。参见第45页有关日期的写法。

Dear Mrs Hudson

My sister stayed with you last year and has recommended your guest house very highly.

I would like to reserve a room for one week from 18th–24th August. I would be very grateful if you would let me know how much this would be for two adults and two children and whether you have a room free between these dates.

Yours sincerely
Ming Li

▼投诉信（美式）

323 Florida Grove Rd
Hopelawn
New Jersey
NJ 08851

Railroad Inc.
43 Abbeyhill Drive
Hopelawn
New Jersey
NJ 08952

November 27, 2011

Dear Sir or Madam:

I traveled from Atlantic City to New York on one of your trains last Thursday November 20 and am writing to let you know that I am very dissatisfied with the service you are providing.

The train was not only one hour late leaving Atlantic City it lost a further 30 minutes en route. The heating did not appear to be working and there was no restaurant car. I feel that your customers are paying very high prices for tickets to travel on your trains but are receiving a very unsatisfactory level of service. I have been very reluctant to take my car into the city and have no wish to add to the general congestion and pollution but you can be sure that I will be driving from now on.

Yours truly

Michael Pentangeli

▼英式工作申请函

CURRICULUM VITAE

Name: **Sarah Williamson**
Address:11 North Street, Barnton, NE6 2BT
Telephone: 01294 476230
E-mail: sarah@metalcomp.co.uk
Date of birth: 2 February 1978
Nationality: British

Qualifications

BA (Hons) in Business Studies (2.1), University of Newby,1999–2003
3 A-levels: Economics (A), German (B), Mathematics (C)
7 GCSEs: English Language, Mathematics, Physics, Biology, French, German, Geography

Employment

2005–present: *Sales and Marketing Executive*, Metal Company plc, Barnton
2003–2005: *Marketing Assistant*, Metal Company plc

Other skills

- Computer literate (Word for Windows, Excel)
- Good working knowledge of German
- Full, clean driving licence

Interests

- Travel (have travelled extensively throughout Europe and North America)
- Sailing
- Running marathons (New York 2007, Glasgow 2010)

Referees

Mrs Susan Beattie
Sales and Marketing Director
Metal Company plc
Barnton
NE4 3KL

Dr John Findlay
Department of Business Studies
University of Newby
Newby
NE13 2RR

▼工作申请书(英式)

11 North Street
Barnton
NE6 2BT

Director of Human Resources
Clifton Manufacturing Ltd
Firebrick House
Clifton
MK45 6RB

17 January 2011

Dear Sir or Madam

Re: Job Reference 685Z

With reference to your advertisement in the Guardian of 16 January, I wish to apply for the position of Marketing Manager in your company.

I am currently employed as a Sales and Marketing Executive for the Metal Company in Barnton, where my role is maintaining and developing links with our customers within the UK and producing material for marketing purposes.

I am interested in this position as it offers an opportunity to apply my sales and marketing skills in a new and challenging direction. I enclose my curriculum vitae for your consideration. Please do not hesitate to contact me if you require any further details.

Yours faithfully

Sarah Williamson

▼美式工作申请函

RÉSUMÉ

Name: Lisa Brown
Address: 110 West 92nd Street
New York
New York 10025
Telephone: 1-212-873-4150
E-mail: lisa.brown@skynet.com

Education
University of Pennsylvania, 2000-2002
Master of Arts in Business

Cornell University, 1995-1999
Bachelor of Arts in History, Magna Cum Laude

Employment
2005-present: General Sportswear Company, New York, New York: *Export Sales Co-ordinator:*
Sell the entire range of sportswear products to all key German accounts. Negotiate terms with all German customers, and conduct regular sales trips to Germany.

2002-2005: Brooklyn Candy Company, Brooklyn, New York: *Sales Representative:*
Sold the entire range of products to all key national and French accounts. Increased domestic sales by 24% in the fiscal year 2005.

Skills
- Fluent German. Working knowledge of French, Spanish, and Italian.
- Negotiating.
- Selling.
- Familiarity with many computer programs.
- Typing at 65 words per minute.

References
References available upon request.

▼工作申请书(美式)

110 West 92nd Street
New York, New York
10025

Mr. John Smith
Personnel Director
Thomas International Corporation
53 Madison Avenue
New York, New York
10016

January 17, 2011

Dear Mr. Smith

With reference to your advertisement in the New York Times of January 25, I wish to apply for the position of Export Sales Manager in your company.

I am currently employed as an Export Sales Co-ordinator with General Sportswear Company, have almost ten years of experience in sales and marketing, and am responsible for all sales to the German market. I speak fluent German, and have a working knowledge of French, Spanish, and Italian. I feel that my skills and experience would be great assets for your company in this position.

I enclose my résumé for your reference, and am available for an interview at any time. Please feel free to contact me if you require any further information.

Thank you for your time and consideration.

Sincerely

Lisa Brown

信件和电话

▼打电话

接通

- 下列表达可以帮助你找到正确的电话号码：

  What is the dialling code for Liverpool? (英式)
  What is the area code for Los Angeles? (美式)
  What is the number for directory enquiries? (英式)
  What is the number for directory assistance? (美式)
  I want to make a reverse-charge call to London. (英式)
  I want to make a collect call to London. (美式)
  How do I get an outside line?

开始通话

<u>接听电话</u>

- 接听电话时，通常先说*hello*，或使用比较正式的问候方式（参见第4页）。如果当时你在工作，可以给出自己的姓名，所在部门或公司的名称，或给出电话号码或分机号码。参见第41页，如何报电话号码。

  Hello?
  Hello, Li Xin speaking.
  Good morning, Lotus Blossom Hotel. Can I help you?
  Eight six nine two three five seven. Hello?

<u>如何问候接听电话的人</u>

- 当对方接听电话并致以问候后，打电话的人通常也要问候对方，然后说*It's ...*或*This is ...*以表明自己的身份。

  Oh, hello. It's Mei Rong here.
  Hello. This is Rong.

<u>结束通话</u>

- 可以用第5页中任何一种告别方式结束通话。也可以说*Speak to you soon.*或*Thanks for ringing.*。

在办公室

<u>要求接通某人</u>

- 如果你知道联络对方的姓名或分机号码，或想转接到某个特定部门，可以使用下列的短语。

  Hello. Could I speak to Susan, please?
  Hello. Is Paul there, please?
  Could you put me through to Dr Henderson, please?
  Can I have extension 5443, please?

- 如果你认为自己知道接听电话的人是谁，则可以问*Is that ...?*。

如果正是其人，对方则回答*Speaking.*。

'Hello. Is that Emma?' – 'Speaking.'

<u>接线员或秘书可能会说…</u>

- 如果是与接线员或秘书通话，他们可能会使用以下表达方式：

Who shall I say is calling?
Hold the line, please.
Hold on, I'll see if she's in.
I'll just get him.
One moment, please.
I'm putting you through now.
Dr Jackson is on another line. Do you want to hold?
There's no reply.
I'm sorry. Mr Green isn't here at the moment.
Would you like to leave a message?

<u>留言</u>

- 如果想找的人不在，你可以留言，告知晚些时候会再打，或者让别人转告，请他回电话。

Could I leave a message, please?
I'll call back in half an hour.
Would you ask him to call me when he gets back?

通话故障

- 如果无法接通想拨打的号码，可以用下列惯用语解释问题所在：

I can't get through.
Their phone is out of order.
I can't get a signal here.
I must have dialled the wrong number.
We were cut off.

- 也有可能无法听清对方的话：

We've got a crossed line.
This is a very bad line.
The line is breaking up.

<u>录音留言</u>

- 录音留言在英国和美国非常普遍，在大型公司或组织里就更加常见。无人接听电话时就会听到：

Your call is in a queue and will be answered shortly.
All our operatives (美) *are busy at the moment. Please hold the line.*
Please replace the handset and try again.
The number you are calling is engaged (英)*/busy* (美)*. Please try again later.*

The number you have dialled has not been recognized.
Please hold the line while we try to connect you.

- 人们通常也会在家中的电话答录机上录下个人留言，以下是告知拨打电话的人何时开始录音的标准方式：

Please speak after the tone (英)/*beep* (美).

▼ 手机短信

随着手机的出现, 一种新的短信“语言”诞生了, 并且因其迅捷、有趣, 尤其受到年轻人的青睐。它的特点是, 根据类似的发音, 采用简短的拼写方式: 例如, *U* 代表 *you*, *R* 代表 *are*, *d8* 代表 *date* 以及 *2nite* 代表 *tonight*。新的表达方式总是不断地出现。

2 = to
2DAY = today
2MORO = tomorrow
2NITE = tonight
2U = to you
4 = for
B = be
B4 = before
COZ = because
CU = see you
D8 = date
EZ = easy
GR8 = great
H8 = hate
L8R = later
LOL = laugh out loud/lots of love
LV = love
M8 = mate
MSG = message
NE = any
NE1 = anyone
OIC = oh I see
PLS = please
PPL = people
R = are
RN = right now
RU = are you
RUOK = are you OK?
S/O = someone
S/TH = something
SUM1 = someone
THX = thanks
TTFN = ta ta *or* bye for now
TTYL = talk to you later
TXT = text
U = you
V = very
WAN2 = want to
WIV = with
XLNT = excellent
WKND = weekend
W/O = without
WUD = what are you doing?
Y = why
YR = your

THX 4 THE MSG.
XLNT NEWS! CU AT
THE WKND THEN.
LOL JAMES

拼写和标点

▼大写字母

- 大写字母用于句子的第一个单词，或某人所说的原话的第一个单词：

  We went to the theatre yesterday.
  Then our friends said, "We're going."

- 下列单词的第一个字母也必须大写：

  – 人名或机构名：

  Miss Helen Perkins from PriceWaterhouse

  – 书名、电影名和戏剧名（但其间常用短词不用大写，比如*of*，*the* 和 *and*）：

  Johnny Depp's new film, Pirates of the Caribbean

  – 地名：

  He was born in India in 1941.
  I'm going to Edinburgh tomorrow.

  – 日期、月份和节日名称：

  The trial continues on Monday.
  It was mid-December and she was going home for Christmas.

  – 表示来自或在某个特定国家或地方的人、物、事件的名词和形容词：

  the Germans and the British　*a French poet*
  the Californian earthquake

  – 作为商标的产品的名称：

  a secondhand Volkswagen
  a new Hoover

  – 用于某人名字前的头衔：

  President Bush
  King Henry II

  – 代词I：

  I thought I was alone.

- 下列大写字母和小写字母均可：

  – 表示方向的单词，例如 *north* 和 *southeast*：

  I'm from the north/North of England.

  – 表示年代的单词：

  music from the seventies/Seventies

  – 不带人名的头衔：

  a great prime minister/Prime Minister

拼写和标点

▼ 表示所属关系的撇号

● 撇号(')用于表示某物属于某人。它加在单数名词、代词或人名后,其后跟s。

my friend's house　*someone's house*　*Helen's house*

⚠ ● 在以 s 结尾的名词的复数形式后加撇号。

our friends' houses (= the houses of our friends)

● 撇号不用于构成物主代词: *yours, hers, ours* 和 *theirs*。也不用于构成名词复数: *apples, cars*。

● 以英语为母语的人也会被这些规则弄糊涂。在果蔬店或市场小摊上,你经常可以看到诸如 *tomatoe's* 或 *orange's* 这样的拼写,而不是 *tomatoes* 或 *oranges*。有时这种错误的用法被幽默地称为"果蔬店老板的撇号"。

▼ 动词缩写形式中的撇号

● 撇号用于单词的缩写形式中,表示一个或多个字母已经被省略。它常用于 *be, have, shall, will* 和 *would* 等词的缩写形式前:

I'm terribly sorry. (= I am)
I'll come round about seven. (= I will)
It's really hot today. (= It is)

● 当 *not* 与前面的动词连写时,撇号也用于 *n* 和 *t* 之间:

I can't see a thing. (= I cannot)
I don't like him very much. (= I do not)
I wouldn't do that if I were you. (= I would not)

● 你有时会发现撇号用在表示年份或年代的两个数字前:

souvenirs from the '68 campaign (= 1968)
the clothes we used to wear in the '60s and '70s (= 1960s and 1970s)

▼ 何时用连字符

● 连字符(-)用于连接构成一个形容词的两个或多个单词之间。只有当形容词位于被它所形容的名词前时,才使用连字符。当形容词位于名词之后时,连字符省略。

a twentieth-century painter
a step-by-step guide to giving up smoking
a stained-glass window
a painter from the twentieth century
the stained glass above the door

● 一些表示家庭成员的常用名词,书写时使用连字符:

mother-in-law　father-in-law　parents-in-law

sister-in-law brother-in-law

如果一个名词是由多个词构成，而且第一部分只有一个字母，也应使用连字符：

X-ray T-shirt

- 从21到99的数字，书写时通常带有连字符，不以 a 开头的分数也用连字符：

sixty-two people
one-third of those interviewed
three-quarters of the company's senior management

- 前缀用于以大写字母开头的单词前时，往往后加连字符：

a wave of anti-British feeling
anti-American protesters

- 连字符用于表示有关联的两个国家或团体的形容词之间，或表示往返于两地之间：

Swedish-Norwegian relations
the New York-Montreal train

i 在印刷文本中，当一个完整的单词在一行中写不下，而得断开写到下一行时，在断词的行末使用连字符，表示该单词转至下一行。

⚠ 许多由多个词构成的名词、动词和形容词，书写时使用连字符。为确定单词的拼写，你应该查阅字典英语部分的相关词条：

non-smoker push-up self-confidence
absent-minded short-lived

▼ 基本拼写规则

这些基本拼写规则旨在帮助你拼写新词或难词。

双写辅音字

- 以元音开头的词尾，例如 *-ance*, *-ence*, *-ing*, *-er* 或 *-ed*，加在以单元音加一个辅音结尾的词后时，如果重音落在单词的最后一个音节上，或单词只有一个音节时，双写辅音。（在下列例子中，重读音节用横线标出）

*ad<u>mit</u> + ance = admi**tt**ance*
*be<u>gin</u> + ing = begi**nn**ing*
*stop + ed = sto**pp**ed*
*run + er = ru**nn**er*

- 以元音开头的词尾加在以一个元音 +l 或 +p 结尾的词后，不论重音落在哪个音节，通常双写 l 或 p。

*<u>can</u>cel + ation = cance**ll**ation*
*dial + ing = dia**ll**ing*
*ful<u>fil</u> + ed = fulfi**ll**ed*

*kidnap + er = kidna**pp**er*
*slip + ing = sli**pp**ing*

⚠ 词尾 *-ful* 总是拼写成一个 l，而词尾 *-fully* 则总是拼写成两个 l。

grateful – gratefully
careful – carefully
beautiful – beautifully

以不发音的 e 结尾的词

- 当以元音开头的词尾，例如 *-ible, -able, -ing, -ed, -er* 或 *-ity*，加在以不发音的 e 结尾的词后时，省略 e。

response + ible = responsible
value + able = valuable
fascinate + ing = fascinating
secure + ity = security
fame + ous = famous
nice + est = nicest

⚠ 当以元音开头的词尾加在以 *-ce* 或 *-ge* 结尾的词后时，保留 e 。这是为了保持 c 或 g 仍发清音。

*notice + able = noti**cea**ble*
*change + able = chan**gea**ble*
*outrage + ous = outra**geo**us*

- 在英语中，许多副词以 *-ly* 结尾。如果 *-ly* 加在以辅音字母加 *-le* 结尾的形容词后，形容词词末的 *-e* 省略。

gentle + ly = gently
idle + ly = idly
subtle + ly = subtly

在以 -y 结尾的词后加词尾

- 当词尾加在以辅音 *-y* 结尾的词后时，y 通常变成 i：

*carry + es = carr**ie**s*
*early + er = earl**i**er*
*lovely + est = lovel**i**est*
*beauty + ful = beaut**i**ful*
*crazy + ly = craz**i**ly*

⚠ 但是，加 *-ing* 时，y 不变成 i 。

carry + ing = carrying
try + ing = trying

像 *dry* 和 *shy* 这样的单音节形容词，结尾的 y 通常不变。

dry + ness = dryness
shy + ly = shyly

以 -y 结尾的名词复数

- 以辅音 + y 结尾的单词的复数，先变 y 为 i 再加 *-es*：

*story + es = stor**ie**s*
*quality + es = qualit**ie**s*
*spy + es = sp**ie**s*

- 以一个元音 + y 结尾的单词，其复数通过加 *-s* 构成：

donkey + s = donkeys
holiday + s = holidays
boy + s = boys

以 -s, -x, -z, -sh 或 -ch 结尾的单词

以 *-s*，*-x*，*-z*，*-sh*，或 *-ch* 结尾的名词，其复数通过加 *-es* 构成。以这些字母或字母组合结尾的动词，其第三人称单数形式也同样由加 *-es* 构成。

名 词	动 词
bus + es = buses	*fuss + es = fusses*
mass + es = masses	*pass + es = passes*
fox + es = foxes	*mix + es = mixes*
buzz + es = buzzes	*buzz + es = buzzes*
rash + es = rashes	*diminish + es = diminishes*
match + es = matches	*reach + es = reaches*

以 -c 结尾的单词

- 当以 e 或 i 开头的词尾加在以 c 结尾的单词后时，c 后加一个 k，以保持 c 仍发浊音：

mimic + k + ed = mimicked
picnic + k + ing = picnicking

- 以 *-ic* 结尾的形容词，其副词形式是加 *-ally* 而不是 *-ly*：

artistic – artistically
automatic – automatically
specific – specifically

> *i* 词尾 *-ally* 的发音同 *-ly*。

以 -ous/-ary 结尾的形容词

- 英语中，许多形容词以 *-ous* 或 *-ary* 结尾。在英式英语中，当 *-ous* 或 *-ary* 加在以 *-our* 结尾的单词后时，*-our* 变成 *-or*。

glamour + ous = glamorous
honour + ary = honorary
humour + ous = humorous

-ie- 或 -ei-?

- 有时很难记住发音 /iː/ 的字母排列顺序。基本规则是，i 在 e 之前，但当 i 和 e 的组合在 c 之后时，i 在 e 之后，但也有一些例外：

i 在 e 之前

believe field piece relief thief

e 在 i 之前

ceiling conceited deceive receipt receive

▼ 难拼写的单词

下面是许多人认为很难拼写的单词列表：

accommodation（英）/*accommodations*（美）
address
alcohol
autumn
awkward
beautiful
committee
confident
disappointment
doubt
embarrass
foreign

government
handkerchief
independent
island
lightning
necessary
occasion
opportunity
precede
proceed
professor
pronunciation
psychiatrist
recommend
sandwich
science
sign
succeed
suspicious
tomorrow
vegetable
vehicle
Wednesday

▼英式英语和美式英语的拼写差异

英式英语和美式英语的拼写，有一些非常常见的区别，多数情况下可以通过规则掌握。最重要的规则列出如下：

-our 和 -or

英式英语中以 *-our* 结尾的单词在美式英语中拼作 *-or*。

英式英语	美式英语
behaviour	*behavior*
flavour	*flavor*
neighbour	*neighbor*

-re 和 -er

英式英语中以 *-re* 结尾的单词在美式英语中拼作 *-er*。

英式英语	美式英语
centre	*center*
litre	*liter*
theatre	*theater*

-ae-/-oe- 和 -e-

某些英式英语中含有 *-ae-* 或 *-oe-* 的单词在美式英语中只拼作一个 e。

英式英语	美式英语
anaesthetic	*anesthetic*
diarrhoea	*diarrhea*
manoeuvre	*maneuver*

-oul- 和 -ol-

- 英式英语中带有 *-oul* 拼写的单词在美式英语中拼作 *-ol*。

英式英语	美式英语
mould	*mold*
moult	*molt*
smoulder	*smolder*

双写辅音

- 在美式英语中，当一个词尾加在双音节单词后，而该双音节单词的最后一个音节不重读时，不双写 l。

	英式英语	美式英语
cancel + ed	*cancelled*	*canceled*
jewel + er	*jeweller*	*jeweler*
travel + ing	*travelling*	*traveling*

- 一些单词在英式英语中含有双辅音但在美式英语中是单辅音。

英式英语	美式英语
carburettor	*carburetor*
jewellery	*jewelry*
programme	*program*
tranquillize	*tranquilize*
woollen	*woolen*

⚠ 若最后一个音节重读，不论在英国英语还是美国英语中，最后的辅音都要双写。

	英式英语	美式英语
admit + ed	*admitted*	*admitted*
admit + ing	*admitting*	*admitting*

拼写和标点

有些动词, 例如 *appal, distil, enrol* 和 *fulfil*, 在英式英语中, 其基本形式和带 *-s* 的形式只有一个单辅音, 但在美式英语中是双辅音。

英式英语	美式英语
appal	*appall*
appals	*appalls*

-iz- 和 –is-

- 英语中的许多动词, 例如 *criticize–criticise* 和 *organize–organise*, 以及由它们派生的名词, 例如 *organization–organisation*, 可以拼写成 *-iz-* 或 *-is-*。英式英语中, 两种拼法都是正确的, 但在美式英语中, *-iz-* 是唯一正确的拼写形式。

英式英语	美式英语
apologize apologise	*apologize*
emphasize emphasise	*emphasize*
recognize recognise	*recognize*

- 在英式英语中以 *-yse* 结尾的动词, 在美式英语中拼作 *-yze*。

英式英语	美式英语
analyse	*analyze*
paralyse	*paralyze*

i 为避免麻烦, 你可以全部使用 *-ze-* 形式, 但下列单词是例外, 它们必须拼作 *-is-*。

advertise	*disguise*	*revise*
advise	*exercise*	*supervise*
comprise	*franchise*	*surprise*
despise	*improvise*	*televise*
devise	*promise*	

重要单词的不同拼写形式

英式英语	美式英语
analogue	*analog*
axe	*ax*
catalogue	*catalog*
cheque	*check*
defence	*defense*
dialogue	*dialog*
disk	*disc*
grey	*gray*

拼写和标点

英式英语	美式英语
licence（名词） （动词都拼作 *license*）	*license*（名词）
offence	*offense*
practise（动词） （名词都拼作 *practice*）	*practice*（动词）
pretence	*pretense*
pyjamas	*pajamas*
sceptical	*skeptical*
speciality	*specialty*
storey	*story*
tyre	*tire*

数字

▼基数

下列的数字称作基数。根据此表，你可以知道如何构成其他数字。数字可用作形容词（用于名词前，有时也称作限定词）或代词（用于代替名词）。

0	nought (英)/naught (美), zero, nothing, oh
1	one
2	two
3	three
4	four
5	five
6	six
7	seven
8	eight
9	nine
10	ten
11	eleven
12	twelve
13	thirteen
14	fourte en
15	fifteen
16	sixteen
17	seventeen
18	eighteen
19	nineteen
20	twenty
21	twenty-one
22	twenty-two
23	twenty-three
24	twenty-four
25	twenty-five
26	twenty-six
27	twenty-seven
28	twenty-eight
29	twenty-nine
30	thirty
40	forty
50	fifty
60	sixty
70	seventy
80	eighty
90	ninety
100	one hundred/a hundred
101	one hundred and one/ a hundred and one
102	one hundred and two/ a hundred and two
110	one hundred and ten/ a hundred and ten
120	one hundred and twenty/ a hundred and twenty
200	two hundred
300	three hundred
400	four hundred
500	five hundred
1000	one thousand/ a thousand
1001	one thousand and one/ a thousand and one
1010	one thousand and ten/ a thousand and ten
1100	one thousand one hundred
1200	one thousand two hundred
1500	one thousand five hundred
2000	two thousand
5000	five thousand
10,000	ten thousand
20,000	twenty thousand
100,000	one hundred thousand/ a hundred thousand
150,000	one hundred and fifty thousand/a hundred and fifty thousand
1,000,000	one million/a million
2,000,000	two million
1,000,000,000	one billion/a billion

▼重点短语

She's fifteen (years old).
on page two hundred and fifty-six
two plus seven are nine
eight minus two are six
hundreds of years
the two women
all five candidates
two small children
Fifteen people were missing.
Five of the children came with their father.
in fives
They sold the house for £150,000.

数字

- one 作为数字用在名词前，强调只有一个事物，或用于表示表达的精确性。当谈论一个团体中的特定一员时也用 one。否则，就用 a。

  There was only one gate into the palace.
  One member said that he would never vote for such a proposal.
  A car came slowly up the road.

- 数字0有如下几种表达方式：

  在温度、税率、利率中，用 *zero*
  It was fourteen below zero when they woke up.
  在小数点前，用 *nought* (英式)/*naught* (美式)
  nought point eight nine (0.89)
  表示计算，在口语中用 *nothing*
  five minus five is nothing
  当一个一个地报数字，或在小数点后时，用 oh 或字母 o
  point oh eight nine (.089)
  在体育比分中，用 *nil*
  England beat Germany one-nil.

- 介于999和100的数字通常用阿拉伯数字表示。当朗读或写成单词时，在英式英语中，百位数和十位数之间用 *and* 连接，而在美式英语中，省略 *and*。

  261 → *two hundred and sixty-one* (英)
  two hundred sixty-one (美)

- 介于1000和9999之间的数字，逗号通常放在第1个数字后：1,526

- 有时以空格代替逗号：15 000 1 986 000

- 当大于 9999 的数字写成阿拉伯数字时，通常在右起第3位数字前加逗号，在右起第6位数字前加逗号，依次类推，从而把数字分成3个数字一组的几组：15,000 1,986,000

> **i 欲知更多？**
> 报电话号码时，要单独报出每个数字
>
> 0171 447 3352
> *oh one seven one four four seven three three five two*
>
> 当重复数字时，英国人用单词“double”，美国人直接重复数字
>
> 0171 447 3352
> *oh one seven one double four seven double three five two* (英)
> *zero one seven one four four seven there three five two* (美)

ENGLISH IN ACTION

数字

▾ 序数词

序数词用于表明某物在一个系列或序列中所处的位置，可以用作形容词（用于名词前，*the* 或 *her*一类的限定词之后）、代词（代替名词）或副词（在谈论赛跑或其他比赛时，与某些动词连用，比如*come* 或 *finish*）。大多数分数的分母用序数词表示。

1st	first	26th	twenty-sixth
2nd	second	27th	twenty-seventh
3rd	third	28th	twenty-eighth
4th	fourth	29th	twenty-ninth
5th	fifth	30th	thirtieth
6th	sixth	31st	thirty-first
7th	seventh	32nd	thirty-second
8th	eighth	40th	fortieth
9th	ninth	41st	forty-first
10th	tenth	42nd	forty-second
11th	eleventh	50th	fiftieth
12th	twelfth	60th	sixtieth
13th	thirteenth	70th	seventieth
14th	fourteenth	80th	eightieth
15th	fifteenth	90th	ninetieth
16th	sixteenth	100th	hundredth
17th	seventeenth	101st	hundred and first
18th	eighteenth	102nd	hundred and second
19th	nineteenth	103rd	hundred and third
20th	twentieth	110th	hundred and tenth
21st	twenty-first	200th	two hundredth
22nd	twenty-second	1000th	thousandth
23rd	twenty-third	2000th	two thousandth
24th	twenty-fourth	10,000th	ten thousandth
25th	twenty-fifth	1,000,000th	millionth

1,000,000,000th billionth

We live on the fourth floor.
in the twelfth century
on her twenty-first birthday
The first two years have been very successful.
An Italian came second.
I was the first to arrive.
the third of a series of documentaries

- 如上表所示，序数词常用缩略形式表示，1加 *st* 为 *first*，2加 *nd* 为 *second*，3加 rd 为 *third*，*fourth* 到 *ninth* 分别用相应的基数词加 *th* 表示 —— 例如，*6th*。这些缩写形式在日期中尤为常用。

- 10 以上不是 10 的倍数的序数词，由基数词加序数词构成，之间用连字符分开。

  my thirty-third birthday
  on the fifty-sixth floor
  our forty-fifth wedding anniversary

> *i* 楼房的第一层，在英式英语中被称为ground floor，在美式英语中则被称为first floor。在英式英语中，再往上的一层为first floor，在美式英语中则为second floor。

▼ 分数、小数和百分数

½	a half
⅓	a third
¼	a quarter
⅕	a fifth
⅙	a sixth
⅒	a tenth
⅔	two-thirds
⅝	five-eigths
0.5	(nought) point five (英)/(naught) point five (美)
3.5	three point five
6.89	six point eight nine
10%	ten per cent (英)/ten percent (美)
100%	one hundred per cent (英)/one hundred percent (美)

- 除了half（一半）和quarter（四分之一）以外，分数的分母用序数词表示。

  four and a half centuries
  a mile and a half below the surface
  The state produces a third of the nation's oil.
  More than two-thirds of the Earth is water.

- 分数的分子通常可以用不定冠词a。

  The country spends over a fifth of its budget on education.

  正式用语和书面语中，或需要强调数量时，用one。

  one quarter of the total population

- 分子大于1时，通常要加连字符。

  the first two-thirds of this century
  He's due at the office in three-quarters of an hour.

星期和日期

▼ 星期

Monday	星期一	Saturday	星期六
Tuesday	星期二	Sunday	星期日
Wednesday	星期三		
Thursday	星期四		
Friday	星期五		

What day is it today? It's Thursday.
Why didn't you come to the meeting on Wednesday?
I'm usually here on Mondays and Fridays.
Deliveries usually arrive on a Thursday.
The attack took place last Thursday.
Talks are likely to start next Tuesday.
We meet here every Saturday morning.
I'll be away from Monday to Friday.
I'll need an answer by Monday.
We're having a party on the last Sunday in May.

▼ 月份

January	一月	July	七月
February	二月	August	八月
March	三月	September	九月
April	四月	October	十月
May	五月	November	十一月
June	六月	December	十二月

- 月份前用介词 in。

It always snows in January.
I flew to London in early March.
It happened in late May, and the apple trees were in bloom.
He spent two weeks with us in July 1993.

⚠ next (下一个) 或 last (上一个) 加月份，前面不用介词 in。

Staff were on strike last June.
I don't know where I'll be next November.

- 某月中的具体日子前用介词 on。

His exhibition opens on 5 February (英)/*February 5* (美).
The trial will begin on August the twenty-second.

i 在英国，一学年分为三个 terms (学期)，夏季有长假期，圣诞节和复活节各有一个较短的假期。在美国，一学年分为两个 semesters (学期)，十月、四月以及圣诞节和复活节都会放假。

ENGLISH IN ACTION

星期和日期

▼季节

Spring	春季	Autumn (英)/Fall (美)	秋季
Summer	夏季	Winter	冬季

- 季节前的介词用 in。

  In winter the nights are extremely cold.
  It's nice to get away in the spring.
  We met again in the spring of 1977.

⚠ next（下一个）或 last（上一个）加上季节，前面不用介词 in。
The final report is due out next autumn (英)/fall (美).
I was supposed to go last summer.

▼日期的写法

- 书写日期有几种不同的方式:

  13 September   *September 13*
  13th September   *September 13th*

- 上面的例子是书信中日期的书写方式。美国人通常把月份放在最前面。

- 若想给出年份，则将年份放在最后。如果将日放在月后，则用逗号将年份与日期分开。

  13th September 2004 (in a letter)
  My date of birth is 13 September 1957.
  I was born on September 13th, 1957.

- 也可按如下所示的方式，将日期完全用数字表达。数字形式常常用于信或表格的上部。在英国，日放在最前面。

  13/9/57 或 13.9.57

- 在美国，月份放在日之前。

  9/13/57 或 9.13.57

▼日期的读法

- 即使日期是用基数词表示，也要读作序数词。

  September 13 读作 *September the thirteenth* (英)

- 若月放在表示日的数字之后，月份前要加介词 of。

13 September 读作 *the thirteenth of September*

i 在以上两种情况下，美国人通常都读作 September thirteenth。

ENGLISH IN ACTION

- 若所指的月份很明确，就可省略月份。

  'What's the date today?' – 'It's the twelfth.'

▼ 年的读法

- 读年份时一般分成两部分。例如：

  1957 读作 *nineteen fifty-seven*
  1860 读作 *eighteen sixty*

  以"20-"开头的年份 —— 例如，2003 和 2010 —— 可以读作 *two thousand and ...*。例如：

  2003 读作 *two thousand and three*
  2010 读作 *two thousand and ten*

  以"20-"开头的年份也可以分成两部分读，例如：

  2020 可读作 *twenty twenty*
  2004 可读作 *twenty oh four*

- 以"-00"结尾的年份，可将第二部分读作 *hundred*。例如：

  1900 读作 *nineteen hundred*

  人们常常写 *the year 2000*，而不是仅仅写成 2000。人们通常将其读作 *the year two thousand*。

- 以"01–09"结尾的年份有两种读法。例如：

  1807 可以读作 *eighteen oh seven* 或 *eighteen hundred and seven*。

▼ 年代和世纪

- 1970–1979 可以读作 *the nineteen seventies*，或非正式的读法为*the* seventies。

  the 1960s 读作 *the (nineteen) sixties*
  the 1970s 读作 *the (nineteen) seventies*

- 说到 20 世纪的年代时，不必指出世纪。例如，1920s 可以读作 the twenties。它可以写作 the '20s, the 20s 或 the Twenties。

> ⚠ 1400 – 1499 称作 the fifteenth century (15世纪)，而不是 "the fourteenth century" (14世纪)。这非常合逻辑，因为1世纪是指从1年 —— 公元纪年的开始 —— 到99年。我们现在正处于 21 世纪 (2000–2099)。

- 世纪还可以写作序数词，例如，the 20th century。

ENGLISH IN ACTION

时间

▼几点了?

It's one o'clock

It's a quarter past one (英)
It's a quarter after one (美)
It's one fifteen

It's half past one (英)
It's half after one (美)
It's one thirty

It's a quarter to two (英)
It's a quarter of two (美)
It's one forty-five

It's twenty-five past one (英)
It's twenty-five after one (美)
It's one twenty-five

It's ten to two (英)
It's ten of two (美)
It's one fifty

It's 13 minutes to two (英)
It's 13 minutes of two (美)
It's one forty-seven

⚠ o'clock 只用在表示整点的时间后。例如，可以说five o'clock，但不能说"ten past five o'clock"或"a quarter past five o'clock"。

- 可以用 minutes 表示5分钟以内的时间，或精确地表示时间。

  It was twenty-four minutes past ten.
  We left home at exactly five minutes to ten.

- 从以上例子可知，可以用小时加过了多少分钟来表示时间。

  7.35 可以读作 *seven thirty-five* 或 *twenty-five minutes to eight*。

- 在整点后未必一定用 o'clock。人们常常只用数字。

  I used to get up every morning at six.

- 如果过整点的分钟数小于10，许多人在分钟数前用 o，读作 oh。例如：

  10.07 可以读作 *ten oh seven* 或 *ten seven*。

ENGLISH IN ACTION

时间

注意，在写时间时，英国人在小时后加圆点，譬如：10.07。而美国人多用冒号：7:35。

- 若所指的钟点很明确，在介词 past 或 to 之后不必加钟点。

  'What time is it?' – 'Twenty-five past.'
  'What time does the train leave?' – 'I think it's at quarter to.'

问时间	回答
What time is it?	*It's nearly ten past twelve.* (英)
	It's nearly ten after twelve. (美)
What's the time now?	*It's three o'clock exactly.*
What time do you make it?	*I make it four twenty-seven.*
Do you have the time (on you)?	*Yes, it's half past nine.*
Can you tell me the time?	*Yes, it's nearly quarter to eight.*

相关用语

Mary left at three and caught the bus.
The students must leave their rooms by nine o'clock this morning.
He was home by six for dinner.
She was busy until three o'clock, when she had to meet her parents.
I've been awake since four.
Did you see the eleven o'clock news?

04:00
four in the morning
4 a.m.

16:00
four in the afternoon
4 p.m.

09:00
nine in the morning
9 a.m.

21:00
nine in the evening
9 p.m.

12:00
twelve in the morning
12 a.m.

midday
noon

- 可以加 a.m.（代表 ante meridiem，拉丁语，表示"中午之前"）表示午夜到中午之间的时间。同样，p.m.（代表 post meridiem，表示"中午之后"）表示中午到午夜之间的时间。这些缩写通常不用于对话中，而且从不与 o'clock 连用。

  The doors will be opened at 10 a.m.
  He finally got home at 11.30 p.m., having set out at 6 a.m.

ENGLISH IN ACTION

▼与时间有关的惯用语

- 时间表达法中经常用到名词词组

yesterday
today
tomorrow

yesterday { *morning* / *afternoon* / *evening*
last night

tomorrow { *morning* / *afternoon* / *evening* / *night*

last { *Friday* / *week* / *month* / *year*

next { *Friday* / *week* / *month* / *year*

the day before yesterday
the day after tomorrow
the previous day
the day before
the next day
the following day
the day after
the week before last
the week after next
a week on Thursday (下周二起的一个星期)

> ⚠ 表示时间的词或短语不与介词at, in或on连用。
> One of my friends wrote to me today.
> So, you're coming back next week?

- 表示时间的词或短语常常与动词的一般现在时或现在进行时连用，表示将来会发生的事情。

The plane leaves tomorrow morning.
They're coming next week.

时间

▼定期发生的事

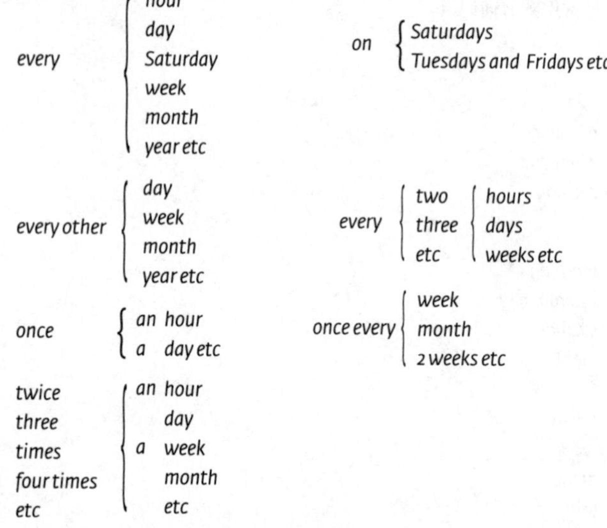

The nurse comes in to see him every day.
He has driving lessons on Mondays and Fridays.
We wrote to each other every other day.
The Olympics are held every four years.
The group meets once a week.
It only rains here once every five or ten years.
The medicine should be taken three times a day.

▼与时间连用的介词

AT

- at用于:
  - ▸表示钟点的时间: at eight o'clock, at three fifteen
  - ▸宗教节日: at Christmas, at Easter
  - ▸用餐时间: at breakfast, at lunchtimes
  - ▸具体的较短的一段时间: at night, at the weekend, at weekends, at half-term

IN

- in用于:
  - ▸季节: in winter, in the spring
  - ▸年份、年代和世纪: in 1985, in the year 2000, in the thirties, in the nineteenth century
  - ▸月份: in July, in December
  - ▸一天中的各时段: in the morning, in the evenings

▸ 较长的一段时间: in wartime, in the holidays

- in 也可用于表示某事将要发生在将来的某个时间段期间或之后。

  I think we'll find out in the next few days.

ON

- on 用于:

▸ 星期: on Monday, on Tuesday morning, on Sunday evenings
▸ 特殊的日子: on Christmas Day, on my birthday
▸ 具体日期: on the twentieth of July, on June 21st, on the twelfth

DURING/OVER

- during 和 over 表示某事发生在某个特定的时间段中的某个时候, 或贯穿于整个时间段。

  I saw him twice during the holidays.
  Will you stay here over Christmas?

FROM ... TO ...

- from ... to ... 表示某段时间从开始到结束的整段时间。

  The building is closed from April to June.
  We had no rain from March to October.

  也可用 till 或 until 代替 to。

  The ticket office will be open from 10 a.m. until 1 p.m.
  They were working from dawn till dusk.

BY

- by 表示 "不迟于"。

  By eleven o'clock, Brody was back in his office.
  Can we get this finished by tomorrow?

SINCE/FOR/AGO

- for 可与任何时态的动词连用, 表示某事持续发生或不发生了多长时间, 具体指一段时间时也用 for。

  He didn't speak for a long time.
  I will be in London for three weeks.
  I've lived here for nine years.

- since 用于现在完成时或过去完成时, 表示某事从何时开始发生。

  Marilyn has lived in Paris since 1984.
  I had eaten nothing since breakfast.

- ago 用于一般过去时, 表示某事是在距离说话时间多久前发生的。

  We saw him about a month ago.
  John's wife died five years ago.

⚠ ago常与时间段连用。ago不与现在完成时连用。不能说 "We have seen him about a month ago."。

度量衡

> i 英国沿用两种度量系统："公制"系统，如中国所使用的，和"英制"（非公制）系统。公制系统是官方系统，用途广泛。但英制系统仍用于度量人的身高和体重、酒吧饮品，显示在路标上的距离和某些体育运动，譬如板球、足球和马术等。在美国，公制系统除了在军事、医学和科学领域外，并不太常用。

- 每种系统都有自己的度量单位名词，如下所示。缩写形式在括号中给出。若用公制单位，就用十进制数字表示：1.69 metres (读作 one point six nine metres), 4.8 kilograms (读作 four point eight kilograms)。
- 对于非公制单位，常用分数形式：6¾ inches (读作 six and three quarter inches), 1½ tons of wheat (one and a half tons of wheat)。

长度

公制

1 kilometre (km)	=	1000 metres	=	0.6214 miles
1 metre (m)	=	100 centimetres	=	1.094 yards
1 centimetre (cm)	=	10 millimetres	=	0.394 inches

非公制

1 mile	=	1760 yards	=	1.609 kilometres
1 yard (yd)	=	3 feet	=	0.914 metres
1 foot (ft)	=	12 inches	=	30.48 centimetres
1 inch (in)	=	25.4 millimetres		

> i 符号 ' 有时用于表示英尺；符号 " 表示英寸。例如，3'6" 表示3英尺6英寸。
> - 单数形式 foot 和复数形式 feet 都可与数字连用。
>   *The room is almost 20 foot long.*

面积

公制

1 square kilometre (km²)	=	100 hectares	=	0.386 square miles
1 hectare (ha)	=	100 ares	=	2.471 acres
1 are (a)	=	100 square metres	=	119.6 square yards
1 square metre (m²)	=	1.196 square yards		

非公制

1 square mile	=	640 acres	=	2.59 square kilometres
1 acre	=	4840 square yards	=	0.405 hectares
1 square yard	=	9 square feet	=	0.836 square metres
1 square foot	=	144 square inches	=	929.03 square centimetres
1 square inch			=	6.452 square centimetres

ENGLISH IN ACTION

度量衡

重量

公制

1 tonne	=	1000 kilograms	=	19.688 hundredweight
1 kilogram (kg)	=	1000 grams	=	2.205 pounds
1 gram (g)	=	1000 milligrams		

非公制

1 ton	=	20 hundredweight	=	1.016 tonnes
1 hundredweight (cwt)	=	8 stone	=	50.8 kilograms
1 stone (st)	=	14 pounds	=	6.356 kilograms
1 pound (lb)	=	16 ounces	=	454 grams
1 ounce (oz)	=	28.35 grams		

i 有时 kilo（公斤）可以代替 kilogram，metric ton（公吨）代替tonne。

容量

公制

1 decalitre (dal)	=	10 litres	=	2.2 gallons (2.63 US gallons)
1 litre (l)	=	100 centilitres	=	1.76 pints (2.1 US pints)
1 centilitre (cl)	=	10 millilitres	=	0.018 pints (0.021 US pints)

非公制

1 gallon (gal)	=	4 quarts	=	4.546 litres
1 quart (qt)	=	2 pints	=	1.136 litres
1 pint (pt)	=	20 fluid ounces	=	56.8 centilitres
1 fluid ounce (fl oz)	=	28.4 millilitres		

i 在美式英语中，metre 和 litre 拼写为 meter（米）和 liter（公升）。

- 美国非公制容量度量单位不同于英国。一美制品脱等于0.833英制品脱，相当于16美制液量盎司。

提问	回答
How tall is he?	*He's about six feet/foot tall.*
How high is the Shanghai TV Tower?	*It's 468 metres* (英)*/meters* (美) *high.*
How far is it to Glasgow from here?	*It's about fifteen miles.*
How much do you weigh? / *What weight are you?*	*I'm/I weigh twelve stone four* (英), *I'm/I weigh 68 pounds* (美).
You're about ten and a half stone, aren't you? (英)	*I'm a little heavier than that.*

ENGLISH IN ACTION

度量衡

● 下列形容词和相应的介词短语可用于表示尺寸的度量单位名词后。

- *long/in length*
- *deep/in depth*
- *high/in height*
- *tall*
- *thick/in thickness*
- *wide/in width*

The room is almost 20 foot long.
I need a piece of wood two foot six long.
The water was 2 metres deep.
Each layer is 6 metres thick.
He was five foot seven tall.
The island is about 25 miles long by 12 miles wide.

i 在英国，a pint 单独使用时，常指一品脱啤酒。a half 也可以单独使用，指酒吧里的半品脱饮品。a quarter 单独使用时，指四分之一磅的物品，譬如蔬菜等。

He's gone out to the pub for a pint.
I'll have a half of lager.
A quarter of mushrooms, please.

货币

▼ 英国货币

- 英国的货币单位为英镑，1英镑等于100便士。
- 英镑的符号为£，写在数字之前。字母p代表便士，写在数字之后。

  £40 读作 *forty pounds*

  60p 读作 *sixty pence or sixty p (pronounced /piː/)*

  £2.50 读作 *two pounds fifty or two fifty*

i 在日常生活中，人们常用一些非正式的说法，表示不同面值的纸币和硬币。

美式英语		**英式英语**	
penny	1 cent	*quid*	£1
nickel	5 cents	*fiver*	£5
dime	10 cents	*tenner*	£10
quarter	25 cents	*ton*	£100
Buck	$1	*grand*	£1000

- 美国的货币单位为美元，1美元等于100美分。
- 美元的符号为$，写在数字之前。字母c代表美分，写在数字之后。

  $40 读作 *forty dollars*

  60c 读作 *sixty cents*

  $2.50 读作 *two dollars fifty cents*

提问	**回答**
How much is that?	*That's four seventy-eight, please.*
How much is it to park?	*Two dollars twenty cents.*
How much will it cost?	*It'll cost you about a hundred pounds.*
Do you have any change?	*I'm sorry, I don't.*
Do you have change for five pounds?	*Yes, I can give you five pound coins.*

国家、语言和货币

- 下表列出了世界上人口超过750,000的大多数国家的名称。
- 形容词(ADJ)一列的词条，表示来自某国或与某国有关的事物。人民(people)一列的词条，表示某个国家或来自某个国家的人。人民(people)的表示方法通常与表示国籍的形容词(ADJ)是一样的，故不重复列出。例如，Belgian(比利时的)首都为布鲁塞尔，来自比利时的人称为Belgian(比利时人)。
- 人民(people)一列中，前面有定冠词the的词条只能用作复数。以-man结尾的词条只能用来指男性；以-woman结尾的词条只能指女性。

i 当心别冒犯了别人！Great Britain或Britain是一个地理名词，指包括英格兰、威尔士和苏格兰在内的英伦岛。the United Kingdom是一个政治名词，包括英格兰、威尔士、苏格兰和北爱尔兰。尽管苏格兰、威尔士和北爱尔兰分别有自己的议会，但他们和英格兰一起，都从属于伦敦议会。苏格兰人、爱尔兰人和威尔士人都不是英格兰人，如果称他们为"英格兰人"或来自英格兰，对他们是一种冒犯。不列颠群岛(the British Isles)也是一个地理名词，指包括英伦岛、爱尔兰岛及其附近小岛在内的所有岛屿。但是，爱尔兰共和国是一个独立的国家，首都是都柏林。

the United States of America, America, the USA和the US都用于指同一个国家。然而，必须得慎用America，因为它实际上是指整个美洲大陆，加拿大、墨西哥等国家的人会认为他们也是America的一部分。

国家		形容词	人民	语言	货币
Afghanistan	阿富汗	Afghan, Afghani		Pashto, Dari	afghani
Albania	阿尔巴尼亚	Albanian		Albanian	lek
Algeria	阿尔及利亚	Algerian		Arabic, French	Algerian dinar
America	美国	American		English	US dollar
Angola	安哥拉	Angolan		Portuguese	new kwanza
Argentina	阿根廷	Argentine, Argentinian		Spanish	Argentinian peso
Armenia	亚美尼亚	Armenian		Armenian	dram
Australia	澳大利亚	Australian		English	Australian dollar
Austria	奥地利	Austrian		German	euro (previously schilling)
Azerbaijan	阿塞拜疆	Azeri, Azerbaijani		Azeri	manat

国家、语言和货币

国家		形容词	人民	语言	货币
Bangladesh	孟加拉国	Bangladeshi		Bengali	taka
Belarus	白俄罗斯	Belarussian		Belorussian, Russian	Belarussian rouble
Belgium	比利时	Belgian		Dutch, French	euro (previously franc)
Benin	贝宁	Beninese, Beninois		French, Fon	CFA franc
Bhutan	不丹	Bhutanese		Dzongkha, Nepali	ngultrum
Bolivia	玻利维亚	Bolivian		Spanish, Quechua, Aymara	boliviano
Bosnia and Herzegovina	波斯尼亚和黑塞哥维那	Bosnian, Herzegovinian		Bosnian, Croatian, Serbian	convertible marka
Botswana	博茨瓦纳	Botswanan		English, Setswana	pula
Brazil	巴西	Brazilian		Portuguese	real
Britain	英国	British	Briton, the British	English	pound sterling
Bulgaria	保加利亚	Bulgarian		Bulgarian	lev
Burkina Faso	布基纳法索	Burkinabé		French, Mossi	CFA franc
Burundi	布隆迪	Burundi	Burundian	Kirundi, French	Burundi franc
Cambodia	柬埔寨	Cambodian		Khmer	new riel
Cameroon	喀麦隆	Cameroonian		French, English	CFA franc
Canada	加拿大	Canadian		English, French	Canadian dollar
Central African Republic	中非共和国	Central African		French, Sango	CFA franc
Chad	乍得	Chadian		French, Arabic, Sara, Sango	CFA franc
Chile	智利	Chilean		Spanish	Chilean peso
China	中国	Chinese	the Chinese	Chinese	yuan
Colombia	哥伦比亚	Colombian		Spanish	Colombian peso

国家		形容词	人民	语言	货币
Congo, Democratic Republic of	刚果民主共和国	Congolese		French	Congolese franc
Congo, Republic of	刚果共和国	Congolese		French	CFA franc
Costa Rica	哥斯达黎加	Costa Rican		Spanish	colón
Côte d'Ivoire	科特迪瓦	Ivorian		French	CFA franc
Croatia	克罗地亚	Croat, Croatian		Croatian	Croatian kuna
Cuba	古巴	Cuban		Spanish	Cuban peso
Cyprus	塞浦路斯	Greek Cypriot, Turkish Cypriot		Greek, Turkish	euro (previously Cypriot pound, Turkish lira)
Czech Republic	捷克共和国	Czech		Czech, Slovak	koruna
Denmark	丹麦	Danish	Dane	Danish	Danish krone
Dominican Republic	多米尼加共和国	Dominican		Spanish	Dominican peso
Ecuador	厄瓜多尔	Ecuadorean		Spanish, Quechua	US dollar
Egypt	埃及	Egyptian		Arabic	Egyptian pound
El Salvador	萨尔瓦多	Salvadoran, Salvadorean		Spanish	Salvadoran colón
Eritrea	厄立特里亚	Eritrean		Tigrinya, Arabic, English	nakfa
Estonia	爱沙尼亚	Estonian		Estonian	euro (previously kroon)
Ethiopia	埃塞俄比亚	Ethiopian		Amharic	birr
Finland	芬兰	Finnish	Finn	Finnish, Swedish	euro (previously markka)
France	法国	French	Frenchman, Frenchwoman, the French	French	euro (previously franc)
Gabon	加蓬	Gabonese		French, Fang	CFA franc

国家		形容词	人民	语言	货币
Gambia, The	冈比亚	Gambian		English	dalasi
Georgia	格鲁吉亚	Georgian		Georgian, Russian	lari
Germany	德国	German		German	euro (previously Deutschmark)
Ghana	加纳	Ghanaian		English, Akan	new cedi
Great Britain	大不列颠及北爱尔兰联合王国	British	Briton, the British	English	pound sterling
Greece	希腊	Greek		Greek	euro (previously drachma)
Guatemala	危地马拉	Guatemalan		Spanish	quetzal
Guinea	几内亚	Guinean		French	Guinean franc
Guinea-Bissau	几内亚比绍	Guinea Bissauan		Portuguese, Creole	CFA franc
Guyana	圭亚那	Guyanese, Guyanan	the Guyanese	English	Guyanese dollar
Haiti	海地	Haitian		French, Creole	gourde
Honduras	洪都拉斯	Honduran		Spanish	lempira
Hungary	匈牙利	Hungarian		Hungarian	forint
Iceland	冰岛	Icelandic	Icelander	Icelandic	krona
India	印度	Indian		Hindi, English	Indian rupee
Indonesia	印度尼西亚	Indonesian		Bahasa Indonesia	Indonesian rupiah
Iran	伊朗	Iranian		Farsi	Iranian rial
Iraq	伊拉克	Iraqi		Arabic, Kurdish	Iraqi dinar
Ireland, Republic of	爱尔兰共和国	Irish	Irishman, Irishwoman, the Irish	Irish, English	euro (previously punt)
Israel	以色列	Israeli		Hebrew, Arabic	new Israeli shekel
Italy	意大利	Italian		Italian	euro (previously lira)

国家		形容词	人民	语言	货币
Jamaica	牙买加	Jamaican		English	Jamaican dollar
Japan	日本	Japanese	the Japanese	Japanese	yen
Jordan	约旦	Jordanian		Arabic	Jordanian dinar
Kazakhstan	哈萨克斯坦	Kazakh, Kazakhstani		Kazakh, Russian	tenge
Kenya	肯尼亚	Kenyan		Kiswahili, English	Kenyan shilling
Kuwait	科威特	Kuwaiti		Arabic	Kuwaiti dinar
Kyrgyzstan	吉尔吉斯斯坦	Kyrgyzstani, Kyrgyz		Kyrgyz	som
Laos	老挝	Lao, Laotian		Lao, Laotian	new kip
Latvia	拉脱维亚	Latvian		Latvian	lat
Lebanon	黎巴嫩	Lebanese	the Lebanese	Arabic, French	Lebanese pound
Lesotho	莱索托	Lesothan, Basotho	Mosotho, Basotho	Sesotho, English	loti
Liberia	利比里亚	Liberian		English	Liberian dollar
Libya	利比亚	Libyan		Arabic	Libyan dinar
Lithuania	立陶宛	Lithuanian		Lithuanian	litas
Luxembourg	卢森堡	Luxembourg	Luxembourger	French, German, Luxembourgish	euro (previously Luxembourg franc, Belgian franc)
Macedonia	马其顿	Macedonian		Macedonian	denar
Madagascar	马达加斯加	Malagasy		French, Malagasy	Malagasy ariary
Malawi	马拉维	Malawian		English, Chichewa	Malawian kwacha
Malaysia	马来西亚	Malaysian		Malay	ringgit
Maldives	马尔代夫	Maldivian		Divehi	rufiyaa
Mali	马里	Malian		French, Bambara	CFA franc

国家		形容词	人民	语言	货币
Malta	马耳他	Maltese	the Maltese	Maltese, English	euro (previously Maltese lira)
Mauritania	毛里塔尼亚	Mauritanian		French, Arabic	ouguiya
Mauritius	毛里求斯	Mauritian		English, Creole	Mauritian rupee
Mexico	墨西哥	Mexican		Spanish	new Mexican peso
Moldova	摩尔多瓦	Moldovan		Moldovan, Romanian, Russian	leu
Mongolia	蒙古共和国	Mongol Mongolian		Khalkha, Mongolian	tugrik
Montenegro	黑山	Montenegrin	Montenegrin	Serbian, Montenegrin	euro (previously dinar)
Morocco	摩洛哥	Moroccan		Arabic, Berber	Moroccan dirham
Mozambique	莫桑比克	Mozambican		Portuguese	metical
Myanmar	缅甸	Myanmar		Burmese	kyat
Namibia	纳米比亚	Namibian		Afrikaans, English	Namibian dollar
Nepal	尼泊尔	Nepalese	the Nepalese	Nepali	Nepalese rupee
Netherlands, The	荷兰	Dutch	Dutchman, Dutchwoman, the Dutch	Dutch	euro (previously guilder)
New Zealand	新西兰	New Zealand	New Zealander	English, Maori	New Zealand dollar
Nicaragua	尼加拉瓜	Nicaraguan		Spanish	gold córdoba
Niger	尼日尔	Nigerien		French	CFA franc
Nigeria	尼日利亚	Nigerian		English, Hausa, Yoruba, Ibo	naira
North Korea	朝鲜	North Korean		Korean	North Korean won
Norway	挪威	Norwegian		Norwegian	Norwegian krone
Oman	阿曼	Omani		Arabic	Omani rial

国家		形容词	人民	语言	货币
Pakistan	巴基斯坦	Pakistani		Urdu, English, Punjabi	Pakistani rupee
Panama	巴拿马	Panamanian		Spanish	balboa
Papua New Guinea	巴布亚新几内亚	Papua New Guinea		Pidgin, English, Motu	kina
Paraguay	巴拉圭	Paraguayan		Spanish, Guaraní	guaraní
Peru	秘鲁	Peruvian		Spanish, Quechua	nuevo sol
Philippines, The	菲律宾	Filipino, Philippine	Filipino, Filipina (women only), Philippine	Filipino, English	Philippine peso
Poland	波兰	Polish	Pole	Polish	zloty
Portugal	葡萄牙	Portuguese	the Portuguese	Portuguese	euro (previously escudo)
Puerto Rico (US)	波多黎各(美)	Puerto Rican		Spanish, English	US dollar
Romania	罗马尼亚	Romanian		Romanian	leu
Russia	俄罗斯	Russian		Russian	rouble
Rwanda	卢旺达	Rwandan		Kinyarwanda, French, English	Rwandan franc
Saudi Arabia	沙特阿拉伯	Saudi, Saudi Arabian		Arabic	Saudi riyal
Senegal	塞内加尔	Senegalese	the Senegalese	French	CFA franc
Serbia	塞尔维亚	Serb, Serbian	Serb	Serbian	new dinar
Sierra Leone	塞拉利昂	Sierra Leonean		English	leone
Singapore	新加坡	Singapore, Singaporean	Singaporean	Malay, Chinese, Tamil, English	Singapore dollar
Slovakia	斯洛伐克	Slovak		Slovak	euro (previously koruna)
Slovenia	斯洛文尼亚	Slovenian, Slovene		Slovenian	euro (previously tolar)
Somalia	索马里	Somali		Somali, Arabic	Somali shilling

国家		形容词	人民	语言	货币
South Africa	南非	South African		Afrikaans, English, Bantu	rand
South Korea	韩国	South Korean		Korean	South Korean won
Spain	西班牙	Spanish	Spaniard, the Spanish	Castilian Spanish	euro (previously peseta)
Sri Lanka	斯里兰卡	Sri Lankan		Singhalese, Tamil, English	Sri Lankan rupee
Sudan	苏丹	Sudanese	the Sudanese	Arabic	Sudanese dinar
Swaziland	斯威士兰	Swazi		English, siSwati	lilangeni
Sweden	瑞典	Swedish	Swede	Swedish	Swedish krona
Switzerland	瑞士	Swiss	the Swiss	German, French, Italian	Swiss franc
Syria	叙利亚	Syrian		Arabic	Syrian pound
Tajikistan	塔吉克斯坦	Tajik		Tajik, Uzbek, Russian	somoni
Tanzania	坦桑尼亚	Tanzanian		Swahili, English	Tanzanian shilling
Thailand	泰国	Thai		Thai	baht
Timor-Leste	东帝汶	Timorese		Tetum, Portuguese	US dollar
Togo	多哥	Togolese		French, Ewe	CFA franc
Trinidad and Tobago	特立尼达和多巴哥	Trinidadian, Tobagonian		English	Trinidad and Tobago dollar
Tunisia	突尼斯	Tunisian		Arabic, French	Tunisian dinar
Turkey	土耳其	Turkish	Turk	Turkish, Kurdish, Arabic	Turkish lira
Turkmenistan	土库曼斯坦	Turkmen		Turkmen, Russian	manat
Uganda	乌干达	Ugandan		English, Luganda, Swahili, Luo	Ugandan shilling
Ukraine	乌克兰	Ukrainian		Ukrainian, Russian	hryvnia
United Arab Emirates	阿联酋	Emirian		Arabic	Emirian dirham

国家		形容词	人民	语言	货币
United Kingdom	大不列颠及北爱尔兰联合王国	British	Briton, the British	English	pound sterling
United States of America	美利坚合众国	American		English	US dollar
Uruguay	乌拉圭	Uruguayan		Spanish	Uruguayan peso
Uzbekistan	乌兹别克斯坦	Uzbek		Uzbek, Russian	sum
Venezuela	委内瑞拉	Venezuelan		Spanish	bolivar
Vietnam	越南	Vietnamese	the Vietnamese	Vietnamese	new dong
Yemen	也门	Yemeni		Arabic	yemeni rial
Zambia	赞比亚	Zambian		English	Zambian kwacha
Zimbabwe	津巴布韦	Zimbabwean		English, Shona	Zimbabwean dollar